U0943535

中華人民共和國國務院批准的重大文化出版工程

國家文化發展規劃綱要的重點出版工程項目

新聞出版總署列爲「十一五」國家重大工程出版規劃之首

國家出版基金重點支持項目

中華大典

圖書在版編目（CIP）數據

中華大典．數學典．會通中西算法分典：全三册 /《中華大典》工作委員會，《中華大典》編纂委員會．—濟南：山東教育出版社，2018

ISBN 978-7-5701-0155-9

Ⅰ．①中…　Ⅱ．①中…②中…　Ⅲ．①百科全書—中國②數學—中國　Ⅳ．①Z227②024

中國版本圖書館CIP數據核字（2018）第042572號

中華大典・數學典・會通中西算法分典

編　　纂：《中華大典》工作委員會
　　　　　《中華大典》編纂委員會
主管單位：山東出版傳媒股份有限公司
出版發行：山東教育出版社
　　　　　地址：濟南市緯一路321號　郵編：250001
　　　　　電話：（0531）82092664　網址：www.sjs.com.cn
排　　版：南京展望文化發展有限公司
印　　刷：山東臨沂新華印刷物流集團有限責任公司
版　　次：2018年5月第1版
印　　次：2018年5月第1次印刷
開　　本：787毫米×1092毫米　1/16
印　　張：163.75
字　　數：5200千
印　　數：1—1000

定價：1500.00圓（全三册）

《中華大典》工作委員會

主　任：柳斌傑

　　　　金人慶

副主任：李　彦　于永湛　鄔書林　張少春　李衛紅

　　　　周和平　陳金泉　李静海

委　員：張小影　伍　傑　朱新均　吴尚之　孫　明

　　　　王家新　徐維凡　劉小琴　毛群安　遲　計

　　　　曹清堯　彭常新　王志勇　潘教峰　姜文明

　　　　王　正　石立英　安平秋　陳祖武　詹福瑞

　　　　戴龍基　宋焕起　孫　顒　陳　昕　魏同賢

　　　　王建輝　朱建綱　高紀言　莫世行　段志洪

　　　　李　維　何學惠　甄樹聲　馮俊科　譚　躍

　　　　羅小衛　王兆成

《中華大典》辦公室

主任：于永湛

副主任：伍傑

姜學中

編審：趙含坤

崔望雲

馮寶志

宋志英

谷笑鵬

封面裝幀設計：章耀達

《中華大典》編纂委員會

總主編：任繼愈

副主編：席澤宗 程千帆 戴 逸 吴文俊 柯 俊

傅熹年

編 委：卞孝萱 任繼愈 李明富 余瀛鰲 林仲湘

郁賢皓 馬繼興 袁世碩 席澤宗 陳美東

黄永年 章培恒 張永言 張晉藩 葛劍雄

董治安 程千帆 傅世垣 曾棗莊 龐 樸

趙振鐸 劉家和 潘吉星 錢伯城 戴 逸

楊寄林 穆祥桐 吴文俊 金正耀 戴念祖

柯 俊 金維諾 白化文 汪子春 周少川

孫培青 朱祖延 傅熹年 李 申 郭書春

熊月之 柴劍虹 吴子勇 寧 可 江曉原

鄭國光 吴征鎰 尹偉倫 魏明孔

《中華大典》前言

《中華大典》是運用我國歷代漢文古籍編纂的一部大型工具書。其目的是爲學術界及願意瞭解中國古代珍貴文化典籍的人士提供準確詳實、便於檢索的漢文古籍分類資料。

中國是世界文明古國之一，幾千年來纂寫和聚集的文化典籍浩如烟海。我國歷代都有編纂類書的優良傳統，具有代表性的《永樂大典》等大多已佚失，現存《古今圖書集成》編就距今也已數百年。爲了適應今天和以後研究和檢索的需要，一九八八年海内外三百多位專家學者和各古籍出版社同仁倡議，在已有類書的基礎上，用現代科學方法編纂一部新的類書《中華大典》。

國務院在關於編纂《中華大典》問題的批覆中指出，編纂《中華大典》「是我國建國以來最大的一項文化出版工程」。本書所收漢文古籍上起先秦，下迄清末，約三萬種，達七億多字，分爲二十四個典，近百個分典，内容廣博，規模宏大，前所未有。

《中華大典》的編纂工作堅持科學態度和百花齊放、百家争鳴方針。儘量採用古精校精刻本，優先採用我國建國後文獻學和考古學的優秀成果。對傳統文化中重要的不同學派的資料，兼收并蓄。運用現代圖書分類的方法，對收集到的資料，精選、精編，力求便於檢索、準確可信。

這項工作從開始起就受到中共中央、國務院和有關部門的重視和支持。國家主席江澤民、國務院總理李鵬分别爲《中華大典》題詞。江澤民的題詞是「同心同德群策群力認真編好中華大典爲建設有中國特色的社會主義服務」。李鵬的題詞是「繼承和弘揚民族優秀傳統文化」。全國政協主席李瑞環、國務委員李鐵映也作了重要指示，要求抓緊辦理。一九九〇年五月，國務院批准《中華大典》爲國家重點古籍整理項目。一九九二年九月，正式成立了《中華大典》工作委員會和《中華大典》編纂委員會，召開了《中華大典》工作、編纂會議。自此，《中華大典》的編纂工作由試點轉入正式啓動，逐步鋪開。

編纂《中華大典》，學術性很强，工作量很大，工程十分艱巨，全賴廣大專家學者和全國各有關高等院校、科研院所、圖書館、出版單位的鼎力支持與積極參與。大家本着弘揚中華民族優秀文化的心願，發揚奉獻精神，克服各種困難，團結協作，給這部巨大類書的出版提供了根本保證。在此謹表示誠摯的謝意。

對本書的批評與建議，我們將十分歡迎。

《中華大典》編纂委員會
一九九七年四月
二〇〇六年十一月修訂

《中華大典》編纂通則

一、性質：《中華大典》（以下簡稱《大典》）是對漢文古籍（含已翻譯成漢文的少數民族古籍）進行全面的、系統的、科學的分類整理和彙編總結的新型類書，是在繼承歷代類書優良傳統、考慮漢文古籍固有特點的基礎上，借鑒和參照近代編纂百科全書的經驗和方法編纂而成。編纂《大典》的目的，是爲學術界及願意瞭解中國古代珍貴文化典籍的人士提供各種分門别類的、準確詳細的古代漢文專題資料。

二、規模和體例：《大典》所收古籍的時限，上自先秦，下迄辛亥革命。全書共收各類漢文古籍三萬餘種，七億多字。全書體例，着重汲取清代《古今圖書集成》所採用的經目和緯目相交織這一統一框架結構的模式，同時參照現代科學的學科、目録分類方法，並根據各類學科内容的實際情況，一般將每一大類學科輯爲一典，也有將幾個相關學科共輯爲一典的。對各典名稱，均以現代學科命名，對於所收入的各種古籍資料，亦儘可能納入現代科學分類體系之中。

三、經目：大典共分二十四個典，即哲學典、宗教典、政治典、軍事典、經濟典、法律典、教育典、語言文字典、文學典、藝術典、歷史典、地理典、民俗典、數學典、物理化學典、天文典、地學典、生物學典、醫藥衛生典、農業典、林業典、工業典、交通運輸典、文獻目録典。典以下以分典、總部、部、分部分級，分部之下的標目根據各學科特點由各典自行擬定。

四、緯目：共設置九項緯目，用以包容各級經目的具體内容：

（一）題解：對有關學科的名稱、概念、含義、特點等作總體介紹的資料。

（二）論説：有關理論部分的資料。

（三）綜述：有關學科或事物的系統性資料，凡有關學科或事物的性狀、制度、範疇、特點及學科地位、發展情況等具體内容均編入此緯目中。

（四）傳記：有關人物的傳記資料。

（五）紀事：有關學科或事物的具體活動或事例的資料。

（六）著録：重要人物或文獻的有關著作資料，如專集介紹、序跋、藏書題記，以及有關著作的成書經過、版本源流等。

（七）藝文：有關屬於文學欣賞性的散文或韵文。

（八）雜録：凡未收入以上各緯目，而又有較高參考價值的資料，均入雜録。

（九）圖表：根據有關經目的内容需要，圖與表附於相關專題之下，或集中彙總於某級經目之後。

《大典》以内容分類安排各級緯目，各級緯目的正文，一般以原書爲單位，按時代順序排列。每一條資料前標明出處，包括書名或作者名、篇名或卷次，以利讀者核對原書。

五、書目：每分典後附有該分典所收書之書目，書目包括書名、作者、時（年）代、版本等内容。時代以成書時代爲準，成書時代不詳者，以作者主要活動時代爲準，並遵從歷史習慣。

六、版本：《大典》在選用版本時儘量採用古人的精校精刻本，亦採用學術界通用的近、現代整理圈點本及現代學者校點整理本。

七、校點：爲儘可能保存古籍原貌，《大典》衹對底本中明顯的脱、訛、衍、倒進行勘正。古本中的避諱字一般不作改動，衹對缺筆字補足筆劃。後人刻書時避當朝人諱而改動的字，據古本改回。《大典》採用新式標點法。

一九九六年八月

二〇〇六年十一月修訂

《中華大典·數學典》編纂委員會

名譽主編：吴文俊

主　編：郭書春

副 主 編：郭世榮　馮立昇

編　委：（按姓氏拼音爲序）

鄧　亮　鄧可卉　董　傑　段耀勇　馮立昇

付　佳　高　峰　郭金海　郭世榮　郭書春

李民芬　劉　飛　劉建軍　劉芹英　吕興焕

潘澍原　宋　華　宋建昃　特古斯　童慶鈞

王雪迎　徐　君　徐澤林　楊　楠　姚　芳

張　祺　張　昇　張俊峰　趙栓林　鄭振初

鄒大海

《中華大典·數學典》項目領導小組

項目負責人： 劉東傑　陸　炎

項目聯絡人： 陸　炎　韓義華

項目組成員：（按姓氏拼音爲序）

白漢坤　陳　霞　韓義華　胡明濤

劉　純　陸　炎　孟旭虹　齊　飛

石　静　孫金棟　吴江楠

《中華大典·數學典》序

數學是中國古代最爲發達的基礎科學學科之一。《中華大典·數學典》在保留中國古代數學的特色基礎上，運用現代數學的觀念和方法，對遠古到清末（一九一一年十二月三十一日）以前在中國疆域范圍內産生的漢文數學典籍以及文史典籍、出土文物等中，有關數學概論、數學成就、數學家、數學教育及規章制度、數學與社會經濟及思想的關係等等的資料，進行系統的整理、分類、彙編，以期爲中國科學史和文化史、數學和數學史的研究者、愛好者提供準確、全面、可信的學科資料。

由於中國古代數學的形態及術語、表達方式與人們現在學習的數學迥然不同，爲了便於讀者閱讀，在此有必要簡要介紹一下中國古代數學的發展概況、典籍、成就、特點、弱點及其在世界文明史、科學史和數學史上的地位。

數、算、算數、筭術、算學、數術和數學

數學在先秦通常稱爲「數」。《周髀筭經》中周公稱精通數學的商高「善數」。「數」在西周初年被列爲貴族子弟受教育的「六藝」即六門科目之一。它有九個分支，稱爲「九數」，表明數學在當時已經初步形成爲一門學科。不過當時「九數」的内容尚不清楚。數學需要計算，自然被稱爲「算」（筭）。三國魏劉徽稱編纂《九章筭術》的張蒼、耿壽昌「善筭」。計算當然是「數」的運算，數學又稱爲「筭數」。《世本》云「隸首作筭數」，一作「隸首作數」。唐之前通常將數學方法稱爲「術」，秦漢時期也有作「朮」「述」者。《周髀筭經》中陳子荅榮方問中有「筭數之術」和「筭術」，後者實際上是前者的簡稱。東漢許慎《説文解字》云：「筭，長六寸，計歷數者。從竹，從弄，言常弄乃不誤也。」清段玉裁云：「此謂筭籌，與算數字各用……古書多不别。」「筭」有一個同音字「算」。許慎《説文》云：「算，數也，從竹，從具，讀若筭。」就是説，許慎和段玉裁都認爲「筭」主要指算籌，而「算」指計算。然而古代數學著作中訓計算者亦多用「筭」字，鮮有用「算」者。清代

以降，才多用「算」字，鮮有用「筭」者。自然，數學又稱爲「筭學」或「算學」，隋唐國子監設算學館。西漢之後又有「數術」之名，成帝「詔咸校數術」，劉歆《七略》之數術略包括天文、曆譜、五行、蓍龜、雜占、形法六類圖書，算術書《許商筭術》等列入曆譜類。南宋數學家秦九韶將「數術之書」分爲外算、内算兩類，外算指現今之數學書，内算指象數書。「數術」有一同義語「數學」，大約起源於北宋，既指象數學，如邵雍便以研究數學聞名，《宣和遺事》云：陳摶「精於數學，預知未來之事」，也指象數學。秦九韶自述「嘗從隱君子受數學」，這裏的「數學」大約包括象數學和現今數學兩種内容。而著名數學家榮棨在南宋初年説《九章筭術》「凡善數學者人人服膺而重之」，元大數學家朱世傑被譽爲「數學名家」，這裏的「數學」當然是現今所説的數學。此後「算學」「數學」一直並用。一九三九年六月，中國數學會決定廢止術語「算學」，只用「數學」。

不言而喻，古代的術語算術、算學等對應于英文的mathematics而不是arithmetic。在初等範圍之内，它包括今天數學教科書的算術、代數、幾何、三角等方面的内容。即使是微積分等高等數學傳入中國之後，也被納入算學的範疇。

十進位值制記數法和算籌、籌算、珠算

中國古代數學一直使用十進位值制記數法，它比十進非位值制簡潔，比其他進位制的位值制方便，是當時世界上最優越的記數制度。十進位值制記數法什麼時候完成的，已不可考。《墨經・經説下》：「一少於二而多於五，説在建位。」其《經説下》：「五有一焉，一有五焉，十二焉。」反映了墨家對十進位值制記數法中同一數字在不同的位置上表示不同數值的認識。經文是説：一在個位上表示一，故小於二，而在十位上表示十，則比五多。經説是説：從個位看一，五中包含有一，從十位看一，有兩個五，可見一中包含有五。這表明最晚在春秋時代，十進位值制記數法已經相當完善，它的産生當在西周。事實上，殷墟甲骨文數字和金文數字都是十進制，並有了位值制萌芽。

宋元之前的主要計算工具是算籌，又稱爲算、籌、策、算子等。它通常用竹或木製作，也有用象牙或骨製造的。《漢書・律曆志》云：「其算法用竹，徑一分，長六寸。」徑約合今〇．二三釐米，長約一三．八釐米。在長期使用過程中，算籌逐步由長變短，截面由圓變方。算籌是甚麽時候産生的，亦不可考。《老子》説「善數者不用籌策」。《左傳・襄公三十年》（公元前五四三年）記載一個字謎：「史趙曰：亥有二首六身，下二如身，是其日數也。士文伯曰：然則二萬六千六百有六旬也。」亥

字拆開來爲𝍡𝍥𝍮𝍥，即二六六六〇日。這都說明，算籌最遲在春秋時期已經普遍使用。上世紀以來在戰國秦漢墓葬發現的算籌很多，其形制與《漢書・律曆志》的記載基本一致。

現存資料中，算籌數字的記數法則最先出現在《孫子筭經》卷上，而《夏侯陽筭經》更爲完整：「一從十橫，百立千僵，千十相望，萬百相當。滿六以上，五在上方。六不積算，五不單張。」可見，算籌數字分縱橫兩式，縱式表示個位數、百位數、萬位數……橫式表示十位數、千位數、十萬位數……一至九的算籌數字與阿拉伯數字對應如下：

數字	1	2	3	4	5	6	7	8	9
縱式	𝍠	𝍡	𝍢	𝍣	𝍤	𝍥	𝍦	𝍧	𝍨
橫式	𝍩	𝍪	𝍫	𝍬	𝍭	𝍮	𝍯	𝍰	𝍱

用這種縱橫相間的算籌，加上用空位表示〇，可以表示任何自然數、分數、小數、負數，以及多項式、一元方程、綫性方程組與多元高次方程組。這種記法十分便於進行加減乘除四則運算、開方及方程組消元等其他運算。加之漢語中的數字都是單音節，容易編成口訣，促進籌算的乘除捷算法向口訣的轉化，並導致珠算最遲在南宋産生。

珠算和珠算盤在明代之後對中國和東亞各民族的生産生活發生了極大的影響，至今爲人們所使用。而在計算機普及的今天，人們更加重視珠算的教育及開發人類智力的功能。二〇一三年十二月四日聯合國教科文組織政府間委員會第八次會議審議通過：將「中國珠算——運用算盤進行數學計算的知識與實踐」列入人類非物質文化遺産代表作名錄。其決議指出：「珠算不僅是一種計算工具，而且是『一直適用於日常生活的許多領域，具有多重的社會文化功能，爲世界提供了另一種知識體系』。」

數學典籍

歷代數學家的數學著述是數學進步的腳印，是數學成就的載體。中國古代的數學著述通常稱爲「某某筭術」，唐初李淳風等整理漢唐十部算書，大約爲了提高數學的地位，並與列入國子監其他館的儒家經典相匹配，統統改爲「筭經」。清中葉開辦《四庫全書》館，戴震整理漢唐算書，遂改爲「算經」，有的改爲「算術」。清末以前出現過多少數學著作，不得而知。有學者估計，自漢至清末所存者有二千餘種。由於清代翻刻著作很多，而翻刻時又常改名，同書異名者很多，精確統計的難度很大，不過説現存千種左右，還是可信的。

先秦數學著作在西漢末年前已全部失傳，《漢書・藝文志》已不見先秦數學著作的記載。所幸二十世紀八十年代起，有幾批先秦、秦漢數學簡牘出土或被收藏，填補了西漢初年以前數學著作的空白。漢簡《筭數書》等是從幾部著作中摘抄而成的，説明先秦出現了不止一部數學著作。二十四史《藝文志》《經籍志》所著録的西漢至明末的算經亦大多亡佚，目前僅存不足四十種。因此，對明末以前的中國古代數學而言，目前祇能瞭解幾個片斷或幾個點。上面所述千種著作，大多數産生於明末之後，尤其是清中葉之後。

中國古代數學著作有很大的差異。

首先它們的體例不同。二十世紀許多著述將《九章筭術》等中國古代數學著作統統稱之爲應用問題集，甚至説都是「一題、一答、一術，概莫能外」，術都是應用問題的具體解法。然而只要打開《九章筭術》，就會發現這種看法並不符合事實，因而是錯誤的。實際上，《九章筭術》的主體部分或先列出一個或幾個問題，然後給出抽象、嚴謹、普適性的術文，或先給出抽象、嚴謹、普適性的術文，再列出若干應用題。顯然，這裏以術文爲中心，採取了術文統率例題的形式。應當指出，這種形式在秦漢數學簡牘佔有相當大的比重。但是，確實有一部分著作，如《孫子筭經》等，採用應用問題集的形式，不僅是「一題、一答、一術」，而且術文都是應用問題的具體解法。

其次，它們的内容高深程度不同。《周髀筭經》《九章筭術》《海島筭經》《緝古筭經》《黄帝九章筭經細草》《數書九章》《測圓海鏡》《詳解九章筭法》《筭學啓蒙》《四元玉鑒》等是具有高深内容的著作，《孫子筭經》《張丘建筭經》《五曹筭經》《夏侯陽筭經》《楊輝筭法》《九章筭法比類大全》《筭法統宗》等都是淺顯的或普及性的著作。

第三，抽象程度不同。抽象性是數學的重要特點。前已指出，《九章筭術》主體部分的術文大都是抽象性非常高的公式、算法，劉徽《九章筭術注》、賈憲《黄帝九章筭經細草》等進一步抽象了《九章筭術》抽象程度不高的術文。《測圓海鏡》卷一展示了全書所需的基本理論，其「圓城圖式」用漢字記點，是個創舉；其「識别雜記」提出六百餘條抽象命題，集中國句股容圓知識之大成；卷二在「洞淵九容」基礎上以非常抽象的形式表示了句股形與圓的十種基本關係。許多著作中也都有不同程度的抽象命題。而《九章筭術》的一少部分，以及《孫子筭經》《五曹筭經》《夏侯陽筭經》《九章筭法比類大全》《筭法統宗》等的術文大都是具體問題的演算細草。

第四，嚴謹性不同。嚴謹性也是數學的一大特點，是數學著作的生命綫。《九章筭術》《海島筭經》《孫子筭經》《張丘建筭經》《緝古筭經》《夏侯陽筭經》《黄帝九章筭經細草》《數書九章》《測圓海鏡》《詳解九章筭法》《楊輝筭法》《筭學啓蒙》《四元玉鑒》《筭學寶鑒》《句股算術》《測圓海鏡分類釋術》《弧矢算術》《測圓算術》，以及明末至清末許多著作等的算法都很嚴謹，而《五曹筭經》《算法全能集》《詳明算法》《九章筭法比類大全》等的錯誤比較多，甚至重複某些已被前人糾正了的錯誤。

此外，在是不是有數學推理和證明上，當然更是不同的。

中國古代數學的分期

數學史的分期應以數學内部的發展爲主要依據，同時考慮相應時期的社會經濟、政治的變革和思想、文化背景。自遠古到西周是中國古代數學的萌芽階段，完成了十進位值制記數法，創造了算籌，創造了畫圓的工具規和畫方的工具矩。規矩不僅是數學作圖的工具，而且成爲表示中華民族禮法和道德規範的習慣用語。當時還掌握了簡單的測望技術及對句股定理的初步認識。

《九章筭術》在西漢由張蒼、耿壽昌删補成書，奠定了中國傳統數學的基本框架，在分數四則運算、比例和比例分配算法、盈不足算法、開方法、綫性方程組解法、正負數加減法則、解句股形和句股數組等方面走在了世界的前面。根據劉徽《九章筭術注·序》「九數之流，《九章》是矣」的提示和《九章筭術》所提供的物價等資料的分析，《九章筭術》的主體部分與「九數」暗合，表明它在春秋戰國時期已經完成了。因此，中國傳統數學的第一個高潮出現在春秋戰國，西漢完成《九章筭術》等著作的編纂，是這個高潮的總結。秦漢數學簡牘雖然不是《九章筭術》的前身，卻爲上述看法提供了佐證。因此，春秋戰國秦漢是奠定中國數學基本框架的階段。

魏景元四年（公元二六三年）劉徽撰《九章筭術注》，「析理以辭，解體用圖」，提出了許多嚴格的數學定義，並以演繹邏輯爲主要方法全面證明了《九章筭術》的算法，奠定了中國傳統數學的理論基礎。他在世界數學史上首次將極限思想和無窮小分割方法引入數學證明。祖冲之父子《綴術》的數學水平不會低於劉徽，遺憾的是，由於隋唐算學館的學官對其「莫能究其深奥，是故廢而不理」，導致其失傳，我們只知道祖冲之將圓周率精確到八位有效數字等隻鱗片爪。此外，汉末《數術記遺》，南北朝《孫子筭經》《張丘建筭經》，唐初《緝古筭經》等，在計算工具的改進、不定方程解法、三次方程上有貢獻。唐初李淳風等整理漢唐十部算經，是中國數學框架確立和理論奠基時期著作的總結。總之，自東漢末至唐中葉是中國古代數學完成其理論體系的階段。

自唐中葉起，人們簡化乘除運算，創造各種口訣，導致珠算最遲在宋代誕生。另一方面，北宋賈憲撰《黄帝九章筭經細草》，南宋秦九韶撰《數書九章》，楊輝撰《詳解九章筭法》《楊輝筭法》，元李冶撰《測圓海鏡》《益古演段》，朱世傑撰《筭學啓蒙》《四元玉鑒》等，在高次方程解法（增乘開方法和正負開方術）、設未知數列方程（天元術）、高次方程組解法（四元術）、一次同餘方程組解法（大衍總數術）、垜積術和招差術等高深數學的許多分支，取得了超前其他文化傳統的成果。這就是人們常説的宋元籌算高潮的階段。

元中葉到明末，人們繼續改進籌算、珠算技術，珠算得到普及，並最遲在明中葉之後完全取代籌算，完成了中國計算工具的改革。數學家的興趣在爲人們日常生產生活提出的問題服務上。因此，中國傳統的高深數學急劇衰落，明代數學家没有一個能看懂宋元時期的重大數學貢獻，漢唐宋元數學著作也瀕於失傳。中國數學在東漢、隋唐都出現過衰微，但三五百年後便重新繁榮。即使是衰微的時候，其水平也不低於當時其他文化傳統的數學。而元中葉和明代的這次衰微卻使中國數學失去了在世界上領先的地位，並且長達六七百年。

正當中國明代數學衰微的時候，西方卻經歷着文藝復興，發達的古希臘數學被重新發掘出來，同時引進東方的數學方法，創造了若干新的數學分支和方法，超過了中國。明末利瑪竇等傳教士將《幾何原本》等西方初等數學傳入中國，隨後傳教士又傳入三角函數和對數，給中國數學注入了新的血液，中國從此邁入了中西數學融會貫通的新階段，徐光啓、李之藻、梅文鼎等都做出了貢獻。一七二三年，雍正帝將傳教士除在欽天監供職者外悉數趕到澳門，西方數學知識的傳入中斷，中國數學家一方面繼續消化前此傳入的西方數學知識，一方面致力於傳統數學著作的發掘、整理和研究，《九章筭術》《數書九章》《測圓海鏡》《筭學啓蒙》《四元玉鑒》等漢唐宋元許多著作重新面世，並取得了一些新的研究成果。李善蘭的尖錐術則踏到了微積分的門檻。西方列强通過鴉片戰争轟開了清帝國的大門，微積分等近代數學傳入中國，中國數學開始跨入變量數學。

有清一代，官方對數學教育之重視，知識份子對數學認識之高，數學家對數學研究之執着，出版數學著作之多，涉及的數學分支之廣泛，遠遠超過歷代任何一個王朝，其數學水平也超過了宋元，但是與世界數學先進水平的差距卻越來越大。不過，近代數學知識的廣泛傳播，人們對數學認識的提高，爲中國數學在二十世紀完全融入世界統一的數學準備了必要的條件。

中國古代數學的特點

中國傳統數學有自己明顯的特點。

首先，與古希臘將數學看成思辨的產物、鄙視實際應用不同，中國傳統數學注重數學理論密切聯繫實際。《周易·繫辭下》云：「庖羲氏作八卦，「以通神明之德，以類萬物之情」，劉徽將其寫入《九章筭術注·序》，遂成爲中國古代對數學作用的代表性論述。但是宋元之前的數學家幾乎都不關心「通神明」，而專注於「類萬物」，正如南宋數學家秦九韶所說「數術之傳，以實爲體」。因此，人們認爲數學是艱深的學問，但又認爲不是不可以研究的，正如金元數學家李冶所說：「謂數爲難窮，斯可。謂數爲不可窮，斯不可。」

其次，中國傳統數學以計算爲中心。所有的問題，包括現今所謂幾何内容都是計算面積、體積，句股測望等問題的長度的公式、解法。劉徽說數學「其能窮纖入微，探測無方。至於以法相傳，亦猶規矩度量可得而共」，道出了中國傳統數學中數與形相結合，幾何問題都要化成算術、代數問題求解的特點。宋元時期，數學家發明了天元術，將幾何問題通過天元多項式，化爲一元方程求解。後來又創造了二元術、三元術、四元術，即二元、三元、四元高次方程組。這就是幾何學代數化。

還有，位值制在中國傳統數學中有特殊的作用。位值制的思想不僅體現在記數與數學運算中，而且貫穿於求解過程中。這大大方便了計算。

更重要的是，正如吳文俊先生所指出的，構造性與機械化是中國古代數學的兩大特色，貫穿其始終。所謂構造性數學是指從某些初始條件出發，通過明確規定的操作展開的數學理論。所謂機械化，就是刻板化和規格化。中國古代的分數四則運算法則、盈不足術、方程術即綫性方程組解法、劉徽求圓周率的程序、開方術和求高次方程正根的增乘開方法、設未知數列方程的天元術、求解多元高次方程組的四元術、大衍總數術即一次同餘方程組解法等，都是典型的構造性和機械化方法。吴文俊受中國傳統數學的構造性和機械化特點的啟發，開創了數學機械化理論。

中國古代數學的弱點和理論研究

對數學理論研究不够重視，是中國古代數學的突出弱點。一個明顯的事實是，大多數數學著作的本文没有數學定義、推理，更没有數學證明，一部分著作是「一題、一答、一術」的應用問題集，甚至没有抽象性、普適性的術文，還有個別錯誤解法長期流傳，得不到糾正。其次，二千餘年間，許多著作沿襲「九數」框架，有的按應用，有的按數學方法，分類標準不同一。但是，國内外數學界和學術界，包括對中國古代數學成就十分推崇的某些學者在内，也多認爲中國古代數學的所謂成就都是經驗的積累，没有數學理論，則是不完全符合事實，因而是不正確的。

所謂數學理論，最主要的有兩個方面：首先是具有普適性的抽象性的嚴謹算法。其次是關於這些算法的推理和論證，以及數學定義，並且其推理和論證主要是演繹的。前已指出，許多著作中存在大量抽象性術文，它們正如先秦數學家陳子所概括的具有「言約而用博」的特點。這當然是數學理論。

另一方面，李冶的《測圓海鏡》《益古演段》，楊輝的《詳解九章筭法》《楊輝筭法》，王文素的《筭學寶鑒》等都有不同程度的定義、推理和論證。而最妙的推理與證明往往在後人給筭經的注解中，如趙爽《周髀筭經注》的句股圓方圖注、劉徽的《九章筭術注》。因爲是注解，往往被人忽視。只要認真考察劉徽的《九章筭術注》就會發現，現今形式邏輯教程中關於演繹推理的幾種主要形式，如三段論、關係推理、假言推理、選言推理、聯言推理、二難推理等演繹邏輯的最重要的推理形式，以及數學歸納法的雛形，劉徽都嫻熟地使用過，而且没有任何循環推理。有人説中國古代數學中没有形式邏輯，尤其没有演繹邏輯，「在從實踐到純知識領域的飛躍中，中國數學是未曾參與過的」，顯然是不符合事實的。

由此可見，中國古代實際上存在着純數學研究。就實際應用而言，《九章筭術》和許多數學著作提出的公式、算法，只要能夠無數次的應用，並且在應用中表明它們正確就夠了，不證明之，並不影響它們的應用。劉徽對《九章筭術》的公式、算法進行了全面而且基本上是嚴謹的證明，顯然是純數學的活動。同時，對計算中精確度的追求，比如，劉徽對開方不盡時提出求

「微數」的思想，以十進分數逼近無理根，劉徽、祖冲之將圓周率精確到三位，五位，甚至八位有效數字，都不是人們的實際需要，而是純數學活動，是數學發展的需要。

中國古代數學在世界數學史上的地位

人類進入文明社會以來，世界數學研究的重心發生了幾次大的變化。先是約公元前三十一世紀開始的尼羅河流域數學和約公元前二十四世紀開始的兩河流域數學。公元前七世紀起希臘地區取代了上述地區，數學非常發達。約公元前三世紀至公元十四世紀初，中國取代古希臘，成爲世界數學研究的重心；後來印度、阿拉伯地區的數學也發展起來。十六、十七世紀，歐洲數學伴隨着文藝復興，度過了中世紀的黑暗，進入變量數學時代。從此，歐洲以及二十世紀的蘇聯、美國一直佔據着世界數學研究的重心位置。另一方面，在歷史長河中，數學機械化算法體系與數學公理化演繹體系曾多次反復互爲消長，交替成爲數學發展中的主流。可見，從公元前三世紀至十四世紀初，中國數學屬於世界數學的主流。正是以中國數學爲其源頭和重要組成部分的東方數學傳到歐洲，與發掘出來的古希臘數學相結合，導致西方數學模式和數學家的數學觀的改變，重視數學計算，走向幾何問題的代數化，從而開闢了文藝復興後歐洲數學的繁榮，並開闢了通向解析幾何和微積分的道路。

《數學典》的編纂

我們在《數學典》的編纂中力圖做到內容全面而沒有重大脱漏，分類科學而基本上沒有交叉重複，取材精當而防止揀小失大，版本精善而擯棄粗製濫造，校點得當而避免錯校誤改，使資料的選編體現全面性、科學性、系統性和實用性。

所謂全面性就是要覆蓋清末以前整個中國數學發展的各個時代，各個分支，各個方面，力求不漏收主要的典籍、重要的數學家與成就。對不同學術流派、觀點和論見要兼收並蓄，不應以編纂者的主觀意見決定其取捨。

所謂科學性就是資料的選編要科學準確地體現中國古代數學的思想、方法、成就、典籍、數學家及各分支的發展情況。所用資料盡可能使用善本。凡是所用典籍有原本者，一般不用後世類書的引文。採集的文字一般自成段落，不割裂文句或斷章取義，不隨意删節古文，意義不大或不屬於本緯目論題的必須要删節者則在删節處綴「【略】」字樣，不將不同段落的內容連綴成一段。

所謂系統性就是要通過所選編的資料系統反映中國古代數學思想、數學方法的真實情況，傳統數學各個分支的發展史，中西數學會通時期各分支的引進、發展、研究的歷史，既展現中國古代數學的整體情況，又使讀者由此可系統瞭解中國數學各分支的發展情況。

所謂實用性就是便於讀者使用。

《數學典》分爲四個分典：

數學概論分典　彙集中國古代在數學著作的序跋、數學典籍的注疏、二十四史的《律曆志》及其他文史典籍中對數學的起源、內容、意義和功用，對數學教育、中外交流，對數學與其他學科的關係等的論述。

中國傳統算法分典　彙集秦漢數學簡牘、漢至清末中國數學著作在分數與率、籌算捷算法和珠算、盈不足術、面積、體積、開方術、句股測望、方程術、天元術和四元術、垛積招差、不定問題、極限思想與無窮小分割方法、數學與天文曆法等方面的主要成就。

會通中西算法分典　彙集明末至清末在算術、代數、數論、幾何和畫法幾何、圓錐曲綫、三角學、對數、冪級數、微積分等方面融會中西算法的成就。由於這一時期傳世的數學著作多，我們對資料進行了精選，而不是有聞必錄。

數學家與數學典籍分典　數學家的傳記是數學史研究的重要方面，然而二十四史中沒有爲數學家立傳（祖冲之、李冶分别以文學、名臣而不是以數學家的身份入二十四史）。數學典籍是數學思想、數學方法和數學成就的主要載體。本分典按漢至唐數學家和著作、宋元數學家和著作、明代數學家和著作、明末至清前期數學家和著作、清中期數學家和著作、清後期數學家和著作彙集歷代典籍中數學家的傳記資料，以及對數學典籍的記述和論述。

每個分典又按專題或數學分支分成若干總部，每個總部之下設若干部，必要時在部下設若干分部，甚至在分部設若干小標題，以使讀者掌握各個專題、分支的原始文獻，並由此瞭解清末以前數學的概貌。

由吴文俊、任繼愈、席澤宗三位大師推薦，我主持《中華大典·數學典》的編纂，勉爲其難。好在有郭世榮、馮立昇和各位同仁的鼎力相助，在《數學典》立項第十年之時，完成了編纂。在《數學典》即將付梓之時，我們特別懷念李儼、錢寶琮、任繼愈、嚴敦傑、席澤宗、李迪等先生。李儼、錢寶琮是中國數學史學科的奠基人，他們開闢草萊，篳路襤褸的著述使我們能够從橫觀上把握中國數學史的發展歷程。李儼的中算藏書，海内外獨步，去世時贈中國科學院中國自然科學史研究室（今自然科學史研究所）圖書館，爲我們的編纂提供了得天獨厚的條件。嚴敦傑、李迪是中國數學史事業的主要繼承者，李儼的藏書主要是嚴敦傑帮助採購的，李迪桃李滿天下，《數學典》的大半編纂者是李迪門下或再傳弟子。特别要感謝當代中國數學泰斗、《中華大典》總主编任繼愈，副主编席澤宗生前不斷親自指導《數學典》的編纂，經常耳提面命。著名學者、《中華大典》副主編、《數學典》名譽主編吴文俊先生，他四十年來一直倡導支持中國數學史研究，十年來一直關心《數學典》的編纂。感謝中國科學院基礎局、規劃局和自然科學史研究所、内蒙古師範大學、清華大學等高等院校及其圖書館、國家圖書館，它們爲《數學典》的編纂提供了良好的工作條件和豐富的數學典籍。感謝數學史界同仁，他們近四十餘年在數學史園地的辛勤耕耘，使「文革」前研究基礎最爲堅實的中國數學史學科度過了因「文革」十年和中國數學史已成爲「貧礦」的迷信而造成的低潮，焕發出青春，在先秦和秦漢數學簡牘、《九章筭術》及其劉徽注、宋元數學、明清數學、中日中韓數學交流等領域取得了豐碩成果，爲《數學典》的編纂打下了良好的基礎。感謝國家出版基金委和中國科學院提供了必要的經費，感謝中華大典工作委員會及其辦公室的領導，感謝山東教育出版社，他們爲《數學典》的編纂出版盡心竭力，保證了《數學典》編纂工作的順利進行。當然，更要感謝參加編纂工作的各位先生，他們都具有碩士、博士學位，都是中國數學史學科的科研骨干或學術帶頭人，並承担繁重的科研和教學任務，有的還是教學和科研單位的領導或有的單位的領導幹部，在繁重的科研、教學和日常工作之暇，妥善安排，圓滿完成了編纂工作。

由於清末以前的數學典籍卷帙浩繁，有許多著作，尤其是某些明清典籍，尚未深入、系統研究，加之我們自己的水平有限，儘管廢寢忘食，全力以赴，仍不免有缺憾和不足，懇請方家和廣大讀者不吝指正，則不勝感激之至。

郭書春

乙未　羊年春節　於北京華嚴北里寓所

《中華大典·數學典》總目

中華大典・數學典

會通中西算法分典

主　編　郭世榮
副主編　董　傑

《數學典·會通中西算法分典》編纂委員會

主　　編：郭世榮

副 主 編：董　傑

編　　委：（按姓氏拼音爲序）

董　傑　郭金海　郭世榮　李民芬

潘澍原　特古斯　徐　君　張　祺

張　昇　趙栓林

《數學典·會通中西算法分典》編纂説明

中西數學會通是明末西學東漸以來直到清末中國數學史上最重要的內容之一。會通工作涉及數學的所有方面，內容頗豐，工作頗多，是整個中國數學史中頗為重要的組成部分。因此，《中華大典·數學典》設《會通中西算法分典》，且是內容篇幅較大的分典。兹將本分典有關的情況介紹如下。

一、歐洲數學東傳中國

十六世紀中期，隨着西方國家向東方擴張，基督教也開拓了向東方發展的道路。一五八二年，意大利耶穌會傳教士利瑪竇(Matteo Ricci，1552—1610)抵達澳門，次年進入中國大陸，成為明末最早在中國大陸傳教並逐步立住脚的西方人，也成了耶穌會傳教士在中國開拓傳教事業的先鋒。利瑪竇起初在中國的工作相當艱難，他翻譯和編寫了一些宣傳基督教的圖書與資料，但不能引起中國士人的重視與認同。經過一段時間的努力，他認識到知識分子在中國具有較高的社會地位，廣受社會尊重，於是他把自己打扮成「西儒」，以知識分子的面目展開其傳教事業。他與同伴製定了以科技促傳教的策略，利用科技知識吸引中國人的注意，以引起中國人的重視。利瑪竇通過展示與贈送世界地圖、自鳴鐘、音樂盒以及天體儀、地球儀、日晷等中國人未曾見識的新鮮科技作品結交知識分子和官員，逐漸確立了自己「西儒」的身份和地位。

利瑪竇深知，僅僅靠自鳴鐘等幾件小玩藝是不能讓中國知識分子信服的，也難以在中國展開他的傳教事業，祇有給知識分子提供更多有用的新知識，才能真正使傳教活動在中國打開道路。在結交了徐光啟等官員與學者之後，向他們介紹西方科技知識，撰寫《萬國圖志》，繪製西方地圖，展現西方世界。《萬國圖志》受到明神宗喜愛，經李之藻刊印成《坤輿萬國全圖》，頗有影響。利瑪竇與徐光啟(1533—1629)、李之藻(1565—1630)等人合作翻譯了西方數學典籍，包括《幾何原本》《同文算指》《測量法義》《圜容較義》《渾蓋通憲圖説》等，這些著作成為向中國介紹歐洲數學的第一批漢譯數學典籍。其他傳教士也走上利瑪竇開闢的通過翻譯科技圖書來結交士人的道路，由此明清之際大量西方科技圖書被譯成中文。

明末，《大統曆》的誤差日益增大，改曆呼聲很高，也有一些改進的嘗試，但或不理想或歸於失敗。基於對傳教士所掌握的科技知識的先進性的瞭解和認識，徐光啟力主啟用傳教士進行國家的曆法改革工作，並得到朝廷批准。他認識到數學對於天文曆法的重要性，在製定的改革計劃中，把數學作為基礎。他提出「度數旁通十事」，充分論述數學的重要性，視數學為治曆、測量、音律、軍事、理財、營建、機械、輿地、醫藥、計時等事務的基礎。他在一六二九至一六三三年間主持了我國歷史上最大的科技引進計劃，組織一批傳教士編譯《崇禎曆書》一百三十七卷，入清後又由湯若望增刪修改成《西洋新法曆書》一百卷，其中包括大量中國傳統數學所沒有的新數學內容。《崇禎曆書》整體上包括「法原」「法數」「法算」「法器」與「會通」五個部分，每部分都包括大量數學內容。同時，另外一些傳教士也翻譯了一批數學著作，如穆尼閣(P. Nicolas Smogolenski，1611—1656)與薛鳳祚(1600—1680)編譯了與三角學和對數相關的著作。

清前期，康熙皇帝本人在宮中聘請了一批傳教士專門為他教授數學。雍正乾隆年間，雖然在禁教狀態下，但是在清宮工作的傳教士與中國數學家之間的交往依然存在。這期間也引進了一些新數學內容，如用滿文新譯了《幾何原本》，引進了西方代數方法「借根方算法」和「阿爾熱巴拉新法」等。法國傳教士杜德美(Petrus Jartoux)還向梅瑴成(1680—1763)、明安圖(1690？—1762？)等人介紹了牛頓等人的無窮級數公式。在民間，年希堯(1671—1739)向傳教士學習了視學(畫法幾何)。

總之，明末清初由傳教士和中國學者合作翻譯引進的新數學知識相當豐富，內容包括初等算術(筆算、比例、四則運算等等)、三角學、對數、歐幾里得幾何學、代數學、圓錐曲綫、無窮級數，以及一些計算工具如納貝爾籌算、比例規及其算法等。

鴉片戰爭之後，西方國家再次打開了中國的大門，大批新教傳教士湧入中國。一八五〇年左右開始了第二次西學東漸，偉烈亞力(Alexander Wylie，1815—1887)、傅蘭雅(John Fryer，1839—1928)等人與中國學者李善蘭(1811—1882)、華蘅芳(1834—1902)等人聯合翻譯了《代微積拾級》《代數學》《代數術》《微積溯源》《決疑數學》《圓錐曲綫說》等一批數學著作，再次傳入了包括微積分、解析幾何、代數學、概率論等新數學內容。接着，明清之際傳入的如對數、三角學、圓錐曲綫及其他初等數學知識的更新譯本也大量出現。

二、中西數學會通的必要性

徐光啟等強烈要求並積極實踐引進西方曆算知識，是因為認識到西方在這些方面比中國先進，而且中國正迫切需要這些先進的知識。為了引進西方曆算知識，推動明末曆法改革，徐光啟提出「欲求超勝，必須會通，會通之先，必須翻譯」的口號。「超勝」是當時徐光啟等改革曆法派人士提出的目標和希望，他們試圖讓上自皇帝下至學者都相信：通過翻譯引進西方更先進的天算知識之後，經過中國學者的會通，必能達到「超勝」的目標。所謂「超勝」，就是使中國的天文曆算達到或超過西方水準，這個目標最終當然是沒有實現。但是，中國學者在消化、吸收、會通和應用方面做了不懈的努力。

會通中西數學，是中國學者努力理解、消化、吸收與應用西方傳入的數學並把它與傳統數學相結合的一個過程，這是必不可少的。之所以需要會通，主要有兩方面的原因。

第一，傳入的西方數學對於中國學者來說是嶄新的，其數學內容、數學思維和推理模式等都與中國傳統數學有很大的不同。東西方數學傳統不同，西方數學注重演繹推理，而中國傳統數學則「寓理於算」，通過算例來展示數學方法、數學邏輯與數學推理。正如吳文俊院士指出的：「我國傳統數學在從問題出發以解決問題為主旨的發展過程中建立了以構造性與機械化為其特色的算法體係，這與西方數學以歐幾里得《幾何原本》為代表的所謂公理化演繹體係正好遙遙相對。」中算家不僅不熟悉引進的新知識，而且不熟悉西方數學的論述方式與表述習慣，要想很好地理解傳入的新數學，必須進行會通，設法在東西兩種傳統之間建立起通道和橋樑。

第二，傳入的西方數學並不是系統的。自明末開始至清末，在翻譯引進西方數學三百年的歷史中，不論是前期還是後期，翻譯介紹過來的數學知識都不是十分系統的。事實上，在明清科技翻譯和引進過程中，信息流失或信息不完整的現象普遍存在。每一部西方數學著作都是為西方讀者所寫的。西方讀者是在其自身的學術傳統中培養起來的，不論學生學習、教師教學，還是學者著書，都是在其自身的學術傳統中進行的，其知識背景、思維模式和閱讀習慣都在自有系統之中，所以教師編寫教材和學者著書，都不必完整地將其學術傳統與背景全部寫在教材或著作中。當其教材或著作被譯成中文時，其知識背景與傳統方面的信息，對中國讀者來說是自然缺失的。不僅如此，引進數學著作的目的不同，選擇的底本也各有詳略，有的還是編譯，而其譯者和編者並不是數學家或數學教師，而是學習過一些數學的傳教士，他們所掌握的數學畢竟有限，因而翻譯或者編譯的著作出現不成體係的現象並不奇怪。例如，利瑪竇與徐光啟翻譯的《幾何原本》祇有前六卷，而各卷中有前後參考引用的現象，其中前六卷有引用後九卷的情況，這就給中國數學家學習《幾何原本》帶來了困難，清初數學家梅文鼎(1633—1721)就因此而頗感困惑。由利瑪竇和李之藻合作編譯的《同文算指》，介紹了西方初等數學內容，如筆算、比例、基本運算等等，但也編入了一些中國明代數學著作的內容，兩者的結合也不是很好。又如，《崇禎曆書》本來是為了曆法改革而編譯的，其中的數學著作是為天文曆法計算服務的，因此以引進曆法計算所需要的數學為主。比如，引進三角學是為了確定天體運行的位置，因此重點在三角公式和應用，而較少涉及三角公式的推導和證明。總之，介紹到中國來的西方數學著作本身中存在着大量的缺環，中國學者讀這些書確實有很大難度。另外，還有一些傳入的西方數學著作艱澀難讀。所有這些，都需要數學家來補充完善，進行會通。

總之，中國數學家要想徹底弄清傳入中國的西方數學，僅讀譯著本身是遠遠不夠的，必須進行會通。正如梅文鼎所認識到的：「自利氏以西算鳴，於是中西兩家之法，派別枝分，而理實同歸……夫理求其是，事求其適用而已，中西何擇？雖然，不為之各異其趣，便無以觀其會通。」

三、會通中西數學的實踐

會通中西數學的實踐在明末即已開始，當時數學著作的翻譯者徐光啟就對會通有很高的期望，其《幾何原本雜議》《測量異同》等著作都嘗試會通。之後，中國數學家的著作凡涉及西方數學的，都涉及會通。明末到清前期，一批數學家在會通中西數學方面做了重要工作，著名的如徐光啟、李之藻、孫元化（1581—1632）、薛鳳祚、李子金（1622—1701）、杜知耕（1622？—1722？）、王錫闡（1628—1682）、梅文鼎、方中通（1633—1698）、陳厚耀（1648—1722）、梅瑴成、明安圖等等數學家。康熙皇帝組織大批人力，設立專門機構研究數學，編纂了被史家評論為清初數學百科全書的《數理精蘊》，是舉全國之力完成的國家級研究成果，該書將中國傳統與西方傳入的數學彙聚在一起，在會通中西數學方面做了大量工作。清中期的數學家在數學研究方面表現出復古傾向，但他們在發掘整理漢唐和宋元數學的同時，特別注意把發掘出來的新內容與傳入的西學進行會通，這種會通工作一直延續至清末。

那麼，什麼是會通呢？會通就是對西方數學的理解、消化、吸收過程，以及在這個過程中與中國傳統數學相結合，進而進行再創造的過程，亦即在中國傳統的知識體係與傳入中國的西文體係之間建立聯繫。具體而言，主要有以下兩個重要方面。

第一，補充細節，提供證明，疏通文本，聯通缺環，把零散的知識系統化。儘管西方數學以邏輯推理為主要特徵，但早期傳入中國的數學著作有不少並不是完全按邏輯推理體係寫成，其中的缺漏很多，有許多內容衹有綱要，缺少細節，還有的更缺少公式的推導與論證。雖然中國傳統數學著作也不給出細節，但因為中算有自身的傳統，成熟的數學教師可以給學生補上相關的細節。而外來的西方數學，是過去中算家所沒有接觸到的，補充細節就成了重要工作。沒有細節，沒有公式推導，沒有論證，這是中算家學習研討和使用西方數學著作遇到的最大困難。舉例來説，在多部傳入的數學著作中都提到了所謂的「理分中末線」（黄金分割比），但是都沒有系統的論述，梅文鼎花了很大氣力，終於搞清了其意義與應用。再如，《大測》等書傳入的三角函數造表法不僅不完整，而且還有錯誤，特别是最為基礎的1°正弦值的計算，語焉不詳，經過清初一批數學家的努力才給出了可靠的推算。又如，傳入的對數也是不完善和不系統的，從康熙時編纂《數理精蘊》直到晚清都有人在研究對數值的計算問題，結合級數等方法給出新的計算方法和新的對數表。

第二，在中西數學之間建立聯繫。把陌生的事物與熟悉的事物進行比較與聯繫，這是做學問的常理。數學也是一樣。在傳入的新數學與傳統數學之間建立聯繫，這是從徐光啟到清末的數學家一直從事的工作，也是會通中西數學的又一個重點。徐光啟翻譯完《幾何原本》之後，馬上完成《幾何原本雜議》，闡述中西數學的異同。之後，在會通的道路上，中算家繼續做了大量重要的工作。例如，明安圖花三十年功夫研究西方傳來的無窮級數，董祐誠（1791—1823）、汪萊（1768—1813）、項名達（1789—1850）、戴煦（1805—1860），以及長沙數學學派的數學家都沿着這個方向繼續前進。再如，梅瑴成對比研究天元術與借根方，發現借根方即天元一，清中期的《四庫全書》整理者和李鋭（1769—1817）等數學家一直在對比研究天元術與借根方。又如，《代數學》傳入後不久，長沙學派的數學家立即給予回應，特别是吴嘉善（1825？—1900？）把代數學與天元術相結合，改進了天元術。

值得提出的一點是，清代頗有影響的「西學中原説」，也是在會通中西數學過程中逐步提出來的。以今日觀點看，西學中原當然不正確。提出和宣揚西學中原可能有政治等方面的策略，但是這確實是在中西數學之間建立聯繫的一種努力。例如，梅文鼎强調西學中原，是因為他對中西數學做了大量的比較研究，他的研究認為三角學的基礎是勾股，把三角學、幾何都與中國傳統較為發達的勾股學建立聯繫。

總之，會通中西數學是清代數學的主流之一，其成果豐富多彩。

四、《會通中西算法分典》的内容

《中華大典·數學典·會通中西算法分典》試圖體現明末至清末中算家會通中西數學的工作。整個分典分為算術、對數、數論、幾何、畫法幾何、三角、代數、冪級數、圓錐曲綫、微積分共十個總部，這些總部大體上反映了會通中西數學的整體情況。考慮到與其他分典的關係以及受篇幅大小的限制，並沒有收集全部相關的資料，而是有目的地選擇了其中的一部分內容。

本分典各總部的情況如下。

1. 算術總部（以下各總部的简介分别由各總部主編撰寫）

算術是數學的基礎部分，主要解決數學基礎運算問題，涉及到的內容非常豐富，包括四則運算、比例、各種運算方法等。「算術總部」主要收録中算家在筆算、籌算、比例規算法和運算律幾個部分的會通工作。

約在宋代，中國數學家開始逐漸放棄在傳統籌算板上進行計算，而是通過筆在紙上書寫籌碼進行運算。明代，阿拉伯地區的一些算法傳入中國，如「鋪地錦」算法；一些數學家還使用了其他一些筆算的方法，如程大位（1533—1606）《算法統宗》中的「一筆錦」算法。《同文算指》較為系統地介紹了西方的筆算方法。納貝爾籌是納貝爾（J. Napier，1550—1617）在其 *Rabdology* 一書中介紹的一種計算工具。一六二八年，意大利傳教士羅雅谷（Jacques Rho，1593—1638）撰寫了《籌算》一書，介紹了這種算法。比例規是伽利略（Galileo Galilei，1564—1642）發明的計算工具，也是由羅雅谷傳入中國的。

這些計算方法或工具傳入中國以後，受到數學家的廣泛重視。清代對筆算、籌算和比例規有大量的研究，這裏彙集早期的一些重要成果，重點是方中通、梅文鼎的著作和《數理精蘊》中的相關內容。其中應該特別提出的是，梅文鼎對筆算、籌算和比例規都做了相當深刻的會通工作。例如，他不僅分析和論述了筆算的特點和便利之處，還對筆算進行了改造，以適應漢文豎寫的特點。他對納貝爾籌也做了易横為直、易方框為圓形框等改造。比例規傳入中國之初，人們對其使用不是很熟悉，經過陳藎謨、方中通、梅文鼎等人的研究和改造，纔逐步掌握。此外，清中期數學家焦循（1763—1820）根據《同文算指》和清初傳入的一些代數方法，認識到了使用符號代替數字的重要性，他通過使用甲乙丙丁等字代具體數字而獲得了大量的運算規律，都是一般化的公式，這是算術方面會通中西數學的重要成果。

「算術總部」中所選擇的資料反映了中算家會通這些內容的過程。

需要説明的是，中國傳統數學中與比例相關的內容，古代稱為今有術，明代將其細化，出現了異乘同除、異乘同乘等一些新術語，所以中算家對比例的內容並不陌生。雖然清代也有一些會通工作，例如羅士琳（1789—1853）就撰有《比例匯通》四卷，但是本分典沒有選擇相關的內容。還有，筆算、籌算和比例規都涉及開方方面的內容，但是它不是最基本的，所以也衹涉及了很少一部分。

2. 對數總部

「對數總部」收録自薛鳳祚以來至方克猷的絶大部分中算家有關對數、對數表、對數原理的著作，整理出自對數傳入中國以來的各個時期的主要對數表，並對這些對數表中的錯誤進行了校改。從對數表的體例、對數位數等可以看出中算家在對數表現形式上的演變過程。收録了傳入中國的對數内容和清代中算家對數會通工作所取得的成就（包括對數表、造對數表法、求對數、對數尺）。客觀地反映出對數傳入中國後演變發展的全貌。

「對數總部」所收録的資料中，含有大量的數表、公式和插圖。除了完整的對數表以外，還有行文中相當數量的演算過程中的數表，而大多數表中的數字，由於年代久遠，大部分模糊不清、難以辨認，非經驗算，不能確定。晚清時期的對數著作中的大量公式是極為重要的部分，但彼時中算表示公式甚是繁雜，如遇分數之分子分母又有指數，加之符號多數為艱澀難認的漢字，伴之若干錯誤，編纂工作十分繁重。插圖中表示點或邊的甲乙丙丁戊己庚辛壬癸等文字常與行文有出入，特别是「己」字，時「已」時「巳」，在編纂中都一一予以排查。

3. 數論總部

「數論總部」力求反映數論在晚清的傳播與研究的脈絡和概貌，主要收録十九世紀中葉至二十世紀初，由國人撰寫的有關數論方面的重要成果。包括屬於數論範疇的專著、綜合性著作中的數論相關部分以及國人與西人合譯的相關著作等。具體篇目有張敦仁的《求一筭術》、駱騰鳳的《藝遊録》、時曰醇的《百雞數衍》、李善蘭的《考數根法》、華蘅芳的《數根術解》《開方别術》、華世芳的《恒河沙館算草》、龔傑的《求一捷術附古歌解》、崔朝慶與楊冰的《算表合璧》、徐虎臣的《溥通新代數》、曹汝英的《直方大齋筭稿》、陳志堅的《求一得齋算學》、劉鷁華的《生數表》、劉澤楨的《中西數學通解》等。這些著作基本可以代表國人在第二次西學東漸背景下，有關數論傳播與研究的主要工作。

結合晚清時期數論在中國的傳播和研究内容，本總部包括整除部、連分數部、同餘部、不定方程部。

數論是研究數的性質的學科，曾被高斯（C. F. Gauss，1777—1855）譽之為「數學中之皇冠」，是數學史上最為悠久的學科方向之一。中國古代的數論比較發達，曾出現過孫子剩餘定理、百雞術等一系列成果，但整體上較為偏重實用，理論不夠嚴密，作為數論基礎的素數及其相關概念中國古代一直沒有出現。十九世紀，西方數論隨着第二次西學東漸傳入中國，促使中國實現了數論知識從傳統到現代的轉變。當時的中國學者或以西方數論重新審視中國傳統數論問題，或對之進行消化與傳播，取得一系列成就，這是會通中西數學的重要成果。通過展示數論傳播與研究的脈絡和概貌，不僅可以反映當時中算家研究數論的水準，還可以從一個側面展現中國數學由傳統向現代過渡的歷程。

4. 幾何總部

「幾何總部」力求反映西學影響下幾何學的傳播與研究的脈絡和概貌，主要收録一九一一年之前，由國人撰寫的有關幾何方面的重要成果。包括屬於幾何範疇的數學專著、綜合性著作中的幾何相關部分以及國人與西人合譯的相關著作等。具體篇目有徐光啓的《勾股義》、梅文鼎的《幾何通解》《幾何補編》《方圓冪積》、方中通的《數度衍》、李子金的《幾何易簡集》、杜知耕的《幾何論約》、年希堯的《面體比例便覽》《數理精藴》、莊亨陽《幾何原本舉要》、王澤沛《行學演》、崔朝慶與楊冰的《算表合璧》等。這些著作基本可以代表國人在兩次西學東漸背景下，有關幾何傳播與研究的主要工作。

結合清代幾何在中國的傳播和研究内容，本總部包括平面幾何部、立體幾何部。

幾何是研究圖形的形狀、大小和相對位置等空間區域關係以及空間形式的度量的學科，是中國古代科學領域中最爲重要的數學知識，測天量地為用甚廣。但傳統幾何以實用為主要目的。明末清初，西學逐漸開始在中國傳播。其中具有代表性的就是一六〇七年徐光啓和傳教士利瑪竇翻譯的《幾何原本》前六卷。從此之後，中國幾何學注重實用的傳統開始發生轉變。一八五七年李善蘭和偉烈亞力又續譯了後九卷，《幾何原本》全本得以問世並在中國廣泛傳播。清代學者如梅文鼎、方中通、李子金、杜知耕、李善蘭、顧觀光、周達等都撰有幾何學著作，逐漸形成了具有中算特色的幾何學體系。通過展示幾何傳播與研究的脈絡和概貌，不僅可以反映當時中算家研究幾何的水準，還可以從一個側面展現中國數學由傳統向現代過渡的歷程。

5. 畫法幾何總部

「畫法幾何總部」力求反映視學在清代的傳播的概貌，主要收録清中期與清晚期，由國人撰述以及國人與西人合譯的視學方面的重要著作，包括視學方面的數學專著與包含視學内容的相關著作等。具體書目主要是年希堯的《視學》和英國人傅蘭雅(John Fryer，1839—1928)口譯、國人徐建寅删述的《器象顯真》等。

結合視學發展的源流及其在清代的傳播和研究内容，本總部包括中心投影部、多面正投影部。

視學中的數學内容即畫法幾何，是在平面上表現空间形体的繪圖原理與方法。視學在中國古代有所應用，如宋代李誡《營造法式》中的建築圖示就基本上是應用投影方法繪製而成的，但作爲視學基礎的畫法幾何理論及相關概念在中國古代并未出現。西方的繪圖方法在十六至十七世紀已相當成熟，清雍正七年(1729)，年希堯將此前向清廷著名畫師、意大利耶穌會士郎世寧(Giuseppe Castiglione)所學西洋畫法撰述成《視學》一書，是爲中國首部研究、介紹透視原理及繪圖方法的專書。晚清時期，西方機器製圖方法隨第二次西學東漸傳入中國，其中既包含視學方面的內容。通過展示視學傳播與研究的脈絡和概貌，不僅可以反映當時中算家研究透視原理與繪圖方法的水準，還可以展現中國傳統數學西化歷程的一個具體方面。

6. 三角總部

明末翻譯的《大測》等書將三角學傳入中國，經過清初一批數學家的努力纔使它真正為中國學者所接受和理解，相關的會通著作很多。「三角總部」包括平面三角學部、三角函數部、球面三角學部。

「三角總部」力求梳理出明末清初以來三角學從天文、測量學中獨立出來的演變進程和發展脈絡，以及三角學的不斷完善與成熟，及其對社會進步、科學發展的推動和影響。客觀地反映出三角學發展的全貌。

7. 代數總部

「代數總部」力求反映西方代數學在清代的傳播與研究的脈絡和概貌，主要收録十八世紀二〇年代以來訖於一九一一年間，國人撰著的會通中西方代數學著作、綜合性著作中的相關內容等。其中，前期較少，包括《數理精蘊・借根方比例》《比例匯通》《借根方法淺説》等。後期較多，包括《學算筆談》《天代蒙泉》《中西算學入門匯通》《種竹書齋算草》《代數引蒙》《代數通藝録》《時務齋算稿叢鈔》《絜矩齋代數勾股草》《借根代數會通》《溥通新代數》《公式演算》《分類演代》和《元代開方通義》等。為了相關部類的完整性，收録了譯著《代微積拾級》《代數學》和《微積溯源》中的少量內容。這些著作在會通中西代數學方面具有一定的代表性，如《數理精蘊・借根方比例》是第一次系統引進西方代數學知識，在中國數學史上具有特殊的歷史意義。《天代蒙泉》則是國人對中西代數學所進行的比較和反思。

結合清代西方代數學在中國的傳播和研究內容，本總部包括方程部、函數部。

代數學是基礎數學分支之一，西文名稱 algebra 來源於九世紀阿拉伯數學家花拉子米的重要著作。初等代數學是算術的推廣和發展，其核心內容是解方程。中國傳統數學中代數學較為發達，在宋元時期出現了半符號式代數學「天元術」。清初傳入的西方代數學，被音譯為「阿爾熱巴拉」，《數理精蘊》中稱為「借根方」，十九世紀後期李善蘭和偉烈亞力改譯為「代數」。在中國數學的西化歷程中，中國傳統代數學被西方符號代數取代經歷了漫長的過程。本總部收録的著作大致反映了清代中算家會通和傳播西方代數學的程度，從一個側面展現中國數學如何西化與如何由傳統向現代過渡的歷程。

8. 冪級數總部

「冪級數總部」力求反映冪級數在晚清的傳播與研究的脈絡和概貌，主要收録十八世紀初至十九世紀中葉一百多年間，中算家引進與會通冪級數的主要著作。包括清初學者引進的西法，清代學者明安圖的《割圜密率捷法》、董祐誠的《割圜連比例圖解》、晚清學者項名達的《象數一原》、徐有壬的《割圜八綫綴術》《造各表簡法》、戴煦的《外切密率》《對數簡法》《續對數簡法》《假數測圓》、李善蘭的《對數探源》《級數回求》《方圓闡幽》以及夏鸞翔的《萬象一原》等。這些著作都是此間具有代表性的著作，在中國數學史上具有特殊的歷史意義。

根據清代學者的相關工作，本總部包括三角函數與反三角函數部、對數函數與指數函數展開法部、部分函數展開法部。

弦矢無法表為弧長的有限形式，中算家被這個問題困擾了一千五百年，直到十八世紀。十八世紀初，西士杜德美來華，帶入弦矢關於弧長的冪級數。它們簡便實用，其效率「古今所未有」，可惜「僅有其法而未詳其義」。由此引發的會通工作持續一百多年，至十九世紀中葉，基本初等函數均已展開，中算家進而得到其他一些函數的展開式。中算家的展開式涉及割圓連比例法、無窮小方法、級數回求法與尖錐術，會通工作的特點由此得到説明。清末會通工作效益遞減，隨着數學教育的改革，上述展開方法皆被西算新法取而代之。

9. 圓錐曲綫總部

「圓錐曲綫總部」主要收録國人撰寫的圓錐曲綫著作、屬於圓錐曲綫範疇的數學著作、綜合性著作中的內容等，其中包括焦循的《釋橢》、項名達和戴煦的《橢圓求周術》、馮桂芬的《西算新法直解》、黄宗憲的《曲面容方》等。

結合晚清時期圓錐曲綫理論在中國的傳播和研究內容，本總部包括橢圓部、拋物綫部、雙曲綫部。

圓錐曲綫理論起源於古希臘，重興於十六世紀。一五七九年，蒙蒂（Guidobaldo del Monte，1545—1607）採用焦點、定長的方式，定義了橢圓，改變以往平面截圓錐的定義方式。十七世紀，隨着射影幾何的肇始，本來為畫家提供幫助的投射和截影的方法，與圓錐曲綫有着天然的聯繫，也被用來研究圓錐曲綫，並得出了一些關於圓錐曲綫的特殊的定理。解析幾何的創立，使圓錐曲綫的研究方法朝着解析方法的方嚮發展。即建立坐標系，得出圓錐曲綫的方程，再利用方程描述圓錐曲綫的性質，以期擺脱幾何直觀而達到抽象化的目標，也可以求得對圓錐曲綫研究的高度的概括與統一。歐拉（L. Euler，1707—1783）的《分析引論》系統地研究了圓錐曲綫的各種情形，並證明通過坐標變換，一定可以把任何圓錐曲綫化為某種標準形式。明末清初，隨着西方曆法，圓錐曲綫傳入中國後，被中算家認識與研究。通過對圓錐曲綫傳播與研究脈絡的考查，可以從一個側面展現中國數學如何西化與如何由傳統向現代過渡的歷程。

10. 微積分總部

「微積分總部」力求反映微積分在晚清的傳播與研究的脈絡和概貌，主要收録一八五九年至一九一一年間，國人撰著的重要微積分著作、屬於微積分範疇的數學專著、綜合性著作中的相關内容、國人與西人合譯的微積分著作等。其中，包括英國傳教士偉烈亞力口譯、李善蘭筆述的《代微積拾級》，傅蘭雅口譯、華蘅芳筆述的《微積溯源》，傅蘭雅的《微積須知》。同時，還包括馮桂芬和陳暘所著《西算新法直解》、林傳甲的《微積集證》、黄啟明的《微積通詮》、周藩的《代微積拾級詳草》、陳志堅的《微積闡詳》、徐異的《沿沂亭算稿》、美國傳教士潘慎文(A. P. Parker)與謝洪賚合譯的《最新微積學教科書》。這些著作大都是此間具有代表性的微積分著作。有的在中國數學史上還具有特殊的歷史意義。如《代微積拾級》是國人與西人合譯的第一部微積分著作，《西算新法直解》是國人自撰的第一部高等數學著作，《微積闡詳》則是國人自撰的第一部微積分教科書。

結合微積分發展的源流與晚清時期微積分在中國的傳播和研究内容，本總部包括微分部、積分部。

微積分是研究函數的微分、積分以及有關概念和應用的數學分支，由牛頓(Isaac Newton，1642—1727)和萊布尼茲(Gottfried Wilhelm Freiherr von Leibniz，1646—1716)於十七世紀後半葉創立，至十九世紀逐步走向嚴密化。微積分於十九世紀下半葉隨第二次西學東漸大潮開始傳入中國，被一代中算名家李善蘭視作「算學中上乘功夫」。那時中國數學的西化歷程已逐步加速，正處於融入統一的世界現代數學前由傳統向現代過渡的階段。通過微積分的傳播與研究的脈絡和概貌，可以反映那時中算家研究微積分的水準，可以從一個側面展現中國數學如何西化與如何由傳統向現代過渡的歷程。

郭世榮

二〇一五年十二月

《中華大典·數學典·會通中西算法分典》是集體工作的結果，各總部主編和參編人員如下：

算術總部：郭世榮，參編人員有李民芬；對數總部：張昇；數論總部：張祺；幾何總部：李民芬；畫法幾何總部：潘澍原；三角總部：董傑；代數總部：趙栓林；冪級數總部：特古斯；圓錐曲綫總部：徐君；微積分總部：郭金海。引用書目由高峰統一整理。

《數學典·會通中西算法分典》簡目

一

算術總部

主編　郭世榮
參編　李民芬

題解

清・屠文漪《九章録要》卷一

乘除諸法

九章乘除之法各有不同，因以分著各章。其通用者宜先講也，具詳於左。

并乘并除

算以速見巧，乘或屢乘，除或屢除，不若一乘一除之捷也。假如有數須用一十五乘，復一十八乘者，直以二百七十乘之。先以十五與十八相乘。餘可意推。其在除法尤以并爲便，蓋使分除而前除不盡，以後必用零除之法，仍是并除而更多事，固不如先并也。惟前除適盡，則後除雖有零餘亦當無幾，特便於命分。而并除者餘實反多，然約之亦正相同耳。

分乘分除

再三乘除不若一乘除之便，而亦有時宜用分者，不可以一律拘。假如有數須二百四十五乘，凡爲四十九者五。則先以五乘之，復以七乘之，又以七乘之，既無易誤之患，而算較捷也。其在除法，則須審量。何也？恐前除不盡而後仍零除也。蓋以法除實或不能盡者，非必如三、六、七、九等除，雖破實之一爲十爲百與千，如實米一石破爲十斗，爲百升，爲千合之類是也。而終不盡也。即如二、四、五、八等除，但破實之一爲千與百千，自無不盡，而若不破實則仍不盡矣。前除既破實以至於盡，後除勢不中止，此於命分反遠，特求分釐數者宜之耳。夫既已命分，而以母除子，亦得分釐數，既得分釐數，而以原法乘之，亦可命分，二者固亦相通。然而各自取捷，豈須借徑？此其宜審者也。更恐前除破實且不盡，則雖求分釐數，亦未能精細，故所分之除法，孰先孰後，大抵二、四、五、八等除宜居前，三、六、七、九等除宜居末。又不可不審。總之，運算之巧，存乎一心，非言所可悉矣。假如有銀四百五十兩，用一百六十八除。若并除得二兩又一百六十八分兩之一百一十四，即不復破實細除，但約之爲二十八分兩之一十九，而可以命分矣；若分除者先用三除，次八除，次七除，以原數四百五十，故先用三除，若係三百五十，便當先用七除，次八，次三也。得二兩六錢七分八釐五毫七絲又七分絲之一，尚可再除，而數做已甚矣。倘欲以兩命分，則惟二兩整數已定外，餘須以原法乘之，乃得一百一十四之數，仍再約之，反不捷也。

乘除相減歸一法

數須乘除並用，而可用乘省除或用除省乘，則歸一尤爲至便。如數須一十八乘，復三除者，直以六乘之。須四乘復十二除者，直以三除之。其法：乘數多則從乘，除數多則從除，而必先取乘除兩數，以少除多，除之可盡即用，除得之數不可盡者，不能歸一也。省乘用除，倘有零餘，則約分，簡易更非原數乘除之比。

兩數一半一倍乘法

置兩數欲相乘者，若倍其一，半其一，而乘之，所得數同。如一數五百二十五，一數三十二，倍上數爲一千零五十，半下數爲一十六，乘之，視以原數相乘者捷矣。此特宜於數之少者，蓋直可以臆計，而不煩布算也。

倍除法

置兩數欲以法除實者，若倍其法除之，所得數亦倍之，即應得之數。如有數，須四十五除，則用九十除，須一百三十五除，則用二百七十除，亦倍所得數，捷於以原法除也。遇零分欲求分釐數者，依此除之。若欲命分，則仍其子還用原母即原法也以命之，或須約者，更約之，滿原母者歸整爲一數，俱不用倍。

乘除通用法

二乘與五除同，二除與五乘同。置銀十兩，以二乘之，得二十兩，以五除之，得二兩，其差十倍。然而可通用者，其乘除俱得二數，則同耳。四乘與二五除同，四除與二五乘同。其差百倍。八乘與一二五除同，八除與一二五乘同。其差千倍。

以加減代乘法

假如有數須八乘者，即於實下一位減二，若實數係五，二五當減一十，則於實之本位減一也。有數須一零五乘者，即於實下第二位加五，若實數係二，二五當加一十，則於實下一位加一也。加減俱從小數始。

綜論

清・梅文鼎《籌算・序》 唐有《九執曆》，不用布算，唯以筆紀，史謂其繁重，其法不傳，今西儒筆算，或其遺意歟？筆算之法詳見《同文算指》中，曆書出乃有籌算，其法與舊傳鋪地錦相似，而加便捷。又昔但以乘者，今兼以除，且益之開方諸率，可謂盡變矣。但本法橫書，彷彿於珠算之位，至於除法則實橫而商數縱，頗難定位。愚謂既用筆書，宜一行直下爲便，輒以鄙意，改用橫籌直寫，而於定位之法尤加詳焉，俾用者無復纖疑。即不敢謂兼中西兩家之長，而於籌算庶幾無憾矣。

籌算有數便：奚囊遠涉，便於佩帶，一也。所用乘除，存諸片楮，久可覆核，二也。斗室匡坐，點筆徐觀，諸數歷然，人不能測，三也。布算未終，無妨泛應，前功可續，四也。乘除一理，不須歌括，五也。尤便習學，朝得暮能，六也。

原法橫書故用直籌，籌直則積數橫。彼中文字，實用橫書也。今直書，故用橫籌，籌橫則積數直，其理一也。亦有數便：自上而下，乃中土筆墨之宜，便寫，一也。兩半圓合一位，便查數，二也。商數與實平行，便定位，三也。

清・《數理精蘊》下編卷一

命位

凡數視所命單位爲本。如度法命丈爲單位，則尺寸分釐皆爲奇零。命尺爲單位，則寸以下爲奇零，而丈則進而爲十。若命寸爲單位，則分以下爲奇零，而尺則進而爲十，丈則進而爲百。量法命石爲單位，則斗升合勺皆爲奇零。命斗爲單位，則升以下爲奇零，而石則進而爲十。若命升爲單位，則合以下爲奇零，而斗則進而爲十，石則進而爲百。衡法命兩爲單位，則錢分釐豪皆爲奇零。命錢爲單位，則分以下爲奇零，而兩則進而爲十。若命分爲單位，則釐以下爲奇零，而錢則進而爲十，兩則進而爲百。故凡列數，單爲一位，十爲二位，百爲三位，千爲四位，萬爲五位。如有數一萬二千三百四十五，則以單位爲末，向前列之，共有五位，即知此數首位是萬矣。至於曆法宮度分秒日時刻分之定位，則每項命兩位。如宮曰幾十幾宮，度曰幾十幾度，分曰幾十幾分之類。蓋因秒以六十而進分，分以六十而進度，度以三十而進宮。故常例一位即命一等者，宮度時刻則兩位命爲一等，而每一等有十單之別焉，此又命位之最要者也。

凡數未至單位者，必須作〇以存其位。如有數一萬二千三百四十丈，則補作〇以存單位，如上式。又如有數一萬二千丈，則補作〇〇以存百十單之位，如下式。

凡數單位後有奇零者，必作點於單位上以誌之。如有金三百四十五兩六錢七分，命兩爲單位，則於五上作點誌之，如上式。又如有

一二三四〇

一二〇〇〇

三四五̇六七

六̇五四三

二〇四五六

一〇〇三四

十宮十度十分十秒
一一二〇三二四五

十日十時刻十分
二一一八三〇二

米六石五斗四升三合，命石爲單位，則於六上作點誌之，如下式。

凡列衆數幾多位，中有空者，必作〇以存其位。如有數二萬零四百五十六，此中千位無數，故必作〇於萬後百前以存其位，如上式。又如有數一萬零三十四，此中千位百位俱無數，故補作兩〇於萬後十前以存其位，如下式。

凡宮度分秒，皆兩位列之。如有一十一宮二十度三十二分四十五秒，列位如上式。又如日時刻分列位，日時分則兩位，刻止一位列之。如二十一日一十八時三刻零二分，列位如下式。

加減乘除

算法以加減乘除爲入門，然究其終，雖至於千變萬化，總不出乎此，但用法不同耳。或應取其相和之數則用加，或應取其相較之數則用減，或應聚而總其積則用乘，或應散而取其分則用除。又有先加而後減者，或先減而後加者。有先乘而後除者，或先除而後乘者。又有加減與乘除先後互用者。古稱九章，命算自方田以至勾股，數有繁簡，理有顯晦，法有淺深，算有難易，然何一不從加減乘除而得？故淺言之，則算法之入門，究言之，實算法之全體也。

清・焦循《加減乘除釋》卷一

以甲當甲爲適足，以甲當乙爲盈，以乙當甲爲朒。

數之多少無定，少至於一，而絲忽之下，尚有塵沙。多至於萬，而兆秭之上，尚有溝澗。惟是兩數相比，而後爲盈、爲朒、爲適足乃定，故算法起於相比也。論數之理，取於相通，不偏舉數，而以甲乙明之，古之次弟皆乙下於甲，用其意以甲當盈，以乙當朒。

以甲加甲，爲倍之。以乙加乙、以丙加丙、以丁加丁，並同。

兩相當，未相入也，加減則相入矣。兩甲數爲適足，故相加爲倍也。

以甲減甲，爲減盡。

減盡之法，爲除法、開方法之止境，用之於方程者尤精。蓋除法者，除其所乘；開方者，除其所自乘。故必減盡而除乃止。除法、開方法之有減盡，正也。方程馭錯糅正負，數色相錯，不可以囫圇得之。其兩色者，必先去其一色。故互乘之後，列首位者對減必盡。對減盡，則一色去矣。數既錯糅，則一

色減盡，一色減之必不盡。惟三色者，兩行互有空位，互相減，而其下位者適盡，則爲兩色之較適足，與首位之減盡者，又異矣。如馬一、騾一，共載四石二斗；騾二、驢一，共載四石二斗；馬一、驢三，共載四石二斗。馬首位減盡，此去其一色也。右中之騾一、左下之驢三，所對皆空，而未列之載數左右均四石二斗，減盡。此爲騾一較驢三，其載適足，與兩馬之減盡不同也。蓋適足者，相當之名，減盡者，相入之名。相入則兩數皆去，故曰盡；相當則兩數尚存，故曰適。盈不足術有適足，而非出於相減。盈不足之所與適足者，隱伏不見，而所見之兩盈、兩朒，以上兩率互乘之，斷無適足之理。故方程有減盡、有適足，盈不足有適足、無減盡也。

以甲中分爲半之。

半之亦曰折半，於除法爲二而一。

遞相倍爲自倍，遞相半爲自半。

《九章算術》衰分云：今有女子善織，日自倍。術云：置一、二、四、八、十六，爲列衰。蓋倍一爲二，倍二爲四，倍四爲八，倍八爲十六，所謂自倍也。又盈不足題云：蒲生一日長三尺，莞生一日長一尺，蒲生日自半，莞生日自倍，問幾何日而長等。又題云：垣厚五尺，兩鼠對穿，大鼠日一尺，小鼠亦日一尺，大鼠日自倍，小鼠日自半，問幾何日相逢。

三分甲，以二爲太半，以一爲少半。

太半即大半，少半即小半。衰分術云：田一畝，收粟六升太半升。商功術云：圓囷高一丈三尺三寸少半寸是也。少半寸，猶言少於半寸，非謂缺少半寸也。

有甲乙，欲得其中平，則相加而半之。欲仍得甲乙，則倍之而相減。

得數視所求爲倍者，則豫半之。視所求爲半者，則豫倍之。

以乙加甲，則差隱。以乙減甲，則差見。

甲乙，其有差者也。既相加，乙即化於甲中。惟以乙減甲，則甲中去一乙。主客兩乙俱減盡，然甲本盈於乙，減去兩乙，乙盡矣，甲尚有所留，則差也。加者，容納之謂，故長短偏雜之皆渾。減者，鑒別之謂，故纖豪蕖末之盡露。二者相爲用，而數可定矣。《緝古算經》謂差爲多數少數。

以甲加乙或以乙加甲，其和數等。於和數減甲得乙，減乙得甲，其較數必不等。

和即古所謂并，較即古所謂差。加減者，用法之名。和較者，得數之名。甲乙本有差，相加則無差，故無論甲加乙、乙加甲，其得數必等。若復以甲乙互減之，則仍有差矣。既有差，則數自不相等也。惟和數等，故用加者可以相通。惟較數不等，故用減者必不容相借。

以甲加乙，以乙加甲，則差平。以甲加甲，以乙加乙，則差倍。以甲加甲，以甲加乙，或以乙加甲，以乙加乙，則差如初。以丙減甲，以丙減乙，或以丁減甲，以丁減乙，則差亦如初。

甲本盈，以乙消之；乙本朒，以甲補之。故有差而無差，此互加互乘之法所由用也。詳見後。甲盈又益以甲，乙朒止益以乙，有兩甲乙，即有兩甲乙之差，故倍之也。同加以甲，同加以乙，原數雖增，而原差不增。同減以丙、同減以丁，原數雖損，而原差不損。論數之理，甲乙不足以括之，又假丙以次乙，假丁以次丙云爾。後用戊、己、庚、辛、壬、癸亦然。

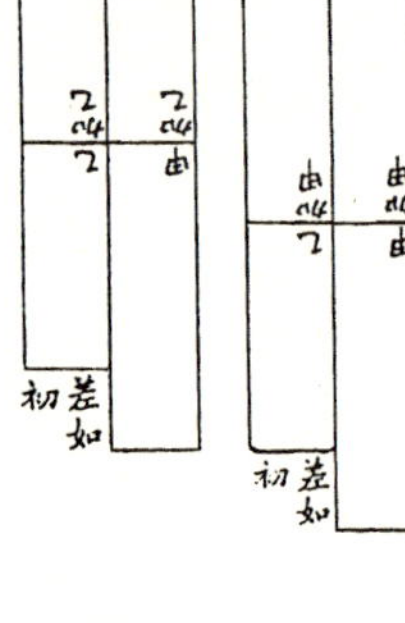

以乙加甲，以丙加乙，或以丙加甲，以丁加乙，則差必增。反是以減，則差必損。以乙加乙，以丙加甲，或以丙加乙，以丁加甲，則差必損。反是以加，則差必增。若乙丙之差如甲乙之差，則以乙加乙，以丙加甲，或以乙減甲，以丙減乙，其差皆平。以乙加甲，以丙減乙，差之增，如乙丙之和加甲乙之差。以乙加乙，以丙減甲，差之變，如乙丙之和減甲乙之差。

甲盈乙朒，故有差。乙盈(兩)[丙]朒，亦有差。今以盈加盈，以朒加朒，是於甲乙差又增一乙丙之差矣。若以朒加盈，以盈加朒，是甲乙差損去一乙丙之差矣。所以不能平者，以乙丙之差殊於甲乙之差也。其差亦有同者。如二四之差二，四六之差亦二。以二加六，以四加四，皆得八。於四減二，於六減四，皆得二，固不必以四加二，以二加四，而後皆爲六也。甲盈又加乙，是盈益其盈。乙朒又減丙，是朒益其朒。合此盈朒，爲所增之差矣。甲盈而減丙，是盈變爲朒。乙朒而加乙，是朒變爲盈。合此一盈一朒，爲甲少於乙之差。因本是乙少於甲，故又必減去此原差也。

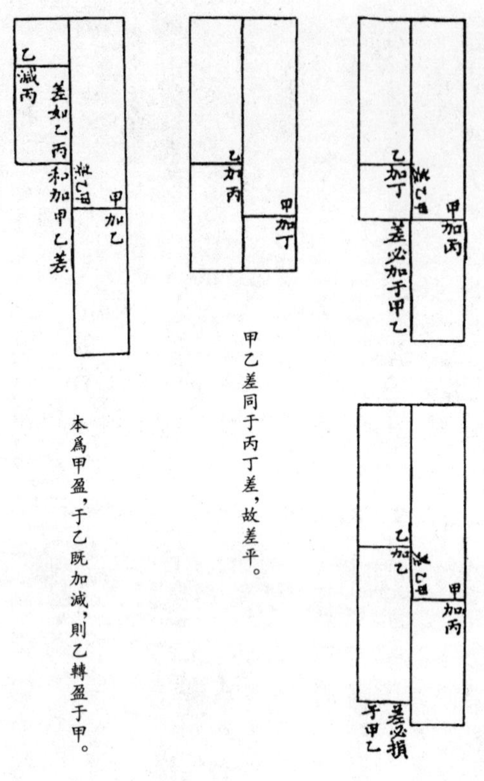

甲乙差同于丙丁差，故差平。

本爲甲盈，于乙既加減，則乙轉盈于甲。

減乙於甲而加丙，則甲少一丙乙之差。減丙於甲而加乙，則甲多一丙乙之差。

乙盈於丙，丙朒於乙，取盈而償朒，則所償自不及於所取。取朒而償盈，則所償自過於所取。

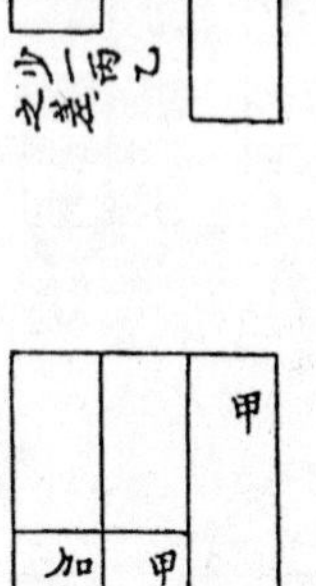

有二甲，減此以加彼，其差必倍於所減之數。半其差以加於朒，則等。有三甲，減左以加右，其差必倍於中差。半左右之差，得中差，倍中差得左右之差。減此以加彼，則此朒而彼盈。減左以加右，則左中視右爲兩朒，右中視左爲兩盈，左右視中爲一盈一朒。以兩盈兩朒之差相加，如一盈一朒之相加。

同名相減，異名相加，所以爲兩盈兩朒及一盈一朒者，爲之法也。云兩盈、云兩朒、云一盈一朒，必有三色而後有比較。若二色，則此之盈必彼之朒，不獨無兩盈、無兩朒，亦並無一盈一朒之名。故《九章》盈不足術起於三色。知起於三色，則同名之相減，異名之相加，不待解而釋然矣。

丙	乙	甲
丙	乙	甲
	乙	甲
		丙

甲、乙、丙皆三，減丙之一以加于甲，則甲四、丙二。甲盈于丙二、乙盈于丙一爲兩盈，相減得甲乙之差。乙朒于甲一、丙朒于甲二爲兩朒，相減得乙丙之差。甲盈于乙一、丙朒于乙一，爲一盈一朒，相加爲甲丙之差。

甲本盈於乙，又減乙以加甲，爲一盈一朒。甲本盈於乙，今減甲以加乙，爲兩盈。乙本朒於甲，今減甲以加乙，爲兩朒。

此兩色亦有兩盈，亦有兩朒及一盈一朒。蓋本有盈朒在先，雖二色猶之三色也。甲盈於乙是甲盈，減乙是乙朒，乙之朒仍甲之盈，甲本盈，是乙本朒，盈皆在甲，朒皆在乙，故爲一朒一盈。盈而又盈，非加法乎？甲本盈，是甲盈，減甲加乙是乙亦盈，故爲兩盈。或甲盈多加乙者少，則盈仍在甲。或加乙之數過於本盈之數，則盈轉在乙，故必減也。兩朒之理亦然。

甲甲甲甲乙
乙乙

甲盈于乙本一，又減乙之一以加于甲，當差一則相加爲差三。

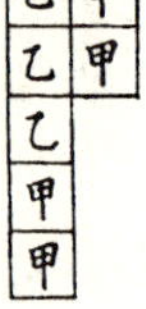

甲甲
乙乙乙甲甲

甲盈于乙本一，今減甲之二以加乙，當差四相減爲差三。

兩數相等，減此以加彼，復減彼以加此，所加同，則兩數仍相等。所加不同，則兩數之差倍於所加之差。

此所謂交易。此減多，彼減少，已有差數。此加少，彼加多，又有差數。而所加即原於所減，故其差爲倍也。《張邱建算經》題云：金方七，銀方九，秤之適相當。交易其一，則金輕七兩。問金銀各重幾何。法以相差七兩半之爲一之較。蓋惟差倍於所加，今惟計所加者之較，故半其差也。《九章算術》方程題云：五雀六燕集稱之衡，雀俱重，燕俱輕，一雀一燕交而處，衡適平，并燕雀重一斤。術云：如方程，交易質之，各重八兩。此本有差，而交易得平，雖有總數可分得其平數，而燕雀相雜，故必以方程得之也。

甲甲甲乙乙乙
乙乙乙甲甲

甲、乙各六，以甲之二加乙，以乙之三加甲，二與三之差止一，而五與七之差已二，二于一爲倍于所加之差。

減甲則數與乙等者，倍甲乙以相減，其差必倍於減甲之數。加乙則數與甲等者，倍甲乙以相減，其差必等於加乙之數。減甲以加乙，則數與乙等者，倍甲乙以相減，其差必四倍於減甲加乙之數。

減甲而後等，是甲盈於乙，均倍之，其差之亦倍，不待智者知之也。加乙而後等，是乙朒於甲，均倍之，其差之亦倍，又不待智者知之也。若減甲以加乙而後等，是甲之盈於乙，本倍於所減，乙之朒於甲，本倍於所加，今均倍之，故甲之所盈必四倍於所減之數也。四倍之理，無異倍差之理耳。

甲甲甲
乙乙甲

甲六、乙二，減甲之二以加乙，則均四。

甲甲甲甲倍甲倍甲倍甲倍甲
乙乙倍乙倍乙

相減甲差八，較前加之甲二爲四倍。

減乙之數而甲倍者，倍乙以減甲，其差必倍於減乙之數。加甲之數而甲倍於乙者，倍乙以減甲，其差必倍於加甲之數。減乙以加甲，而甲倍於乙者，倍乙以減甲，其差必三倍於加甲之數。

甲倍乙，必倍乙而後與甲等。前條甲乙等，故倍甲乙。此甲倍乙，故止倍乙。前條甲乙並倍，故四倍於所減。此止倍乙，故三倍於所減。蓋止減乙，是乙雖本盈，謂本盈於既減之後，非必盈於甲也。而甲不朒，故倍乙而乙之盈倍，甲之不朒自若也。或止加甲，是甲雖本朒，謂本朒於既加之後，非必朒於乙也。而乙不盈，故倍乙而所以當甲之朒者亦倍，此外乙別無所盈也。減乙加甲，是乙之盈本倍於所減，爲加減之常例。又倍乙而不倍甲，是甲止朒一，而乙已盈兩，故不爲四倍，而爲三倍也。由此推之，乙雖三倍、四倍，以至十倍，而乙之盈，隨倍而增，甲之朒長爲一而自若也。

甲甲甲甲
乙乙乙減減

甲八、乙六，減乙之二，則甲倍于乙。

甲甲甲甲
乙乙乙倍倍倍

倍乙六爲十二，與甲八相減差四，爲倍于前圖所減之二。

甲甲甲甲乙
乙乙乙

甲六、乙六，減乙之二以加于甲，則甲八乙四爲甲倍于乙。

甲甲甲甲
乙乙乙乙倍倍倍倍

倍乙六爲十二，與甲六相減差六，爲三倍于前圖所減之二。

有甲乙之全數，則較其全以得其差。有甲乙之差數，則舍其差以得其平。

差之相去等者，謂之錐行。甲無差，乙之差一，丙之差二，丁之差三，戊之差四，己之差五，庚之差六，辛之差七，壬之差八，癸之差九。

以甲減癸，其差必九倍於甲乙。以甲減壬，其差必八倍於甲乙。以甲減辛，其差必

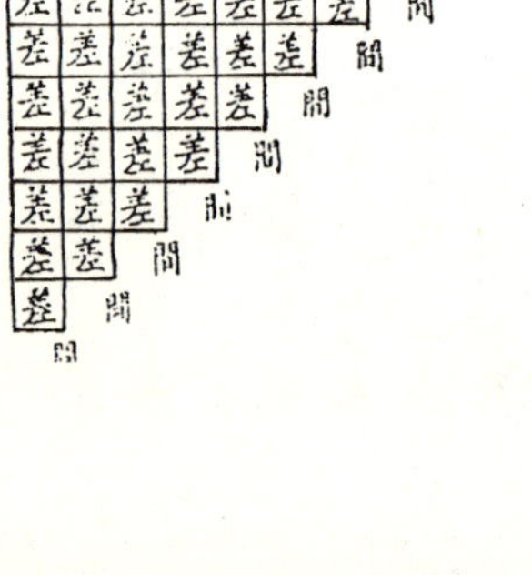

甲	乙	丙	丁	戊	己	庚	辛	壬	癸
	差	差	差	差	差	差	差	差	差
		差	差	差	差	差	差	差	差
			差	差	差	差	差	差	差
				差	差	差	差	差	差
					差	差	差	差	差
						差	差	差	差
							差	差	差
								差	差
									差

間 間 間 間 間 間 間 間 間

七倍於甲乙。以甲減庚，其差必六倍於甲乙。以甲減己，其差必五倍於甲乙。以甲減戊，其差必四倍於甲乙。以甲減丁，其差必三倍於甲乙。以甲減丙，其差必二倍於甲乙。

其差遞增，其兩兩相比之差必等，故其首尾之差必視其閒數爲倍數也。蓋依其倍數而乘之，則自壬癸可以得甲癸。依其倍數而除之，則自甲癸可以得壬癸。劉氏於金筆之術，謂以四約之，即得每尺之差者，其理如是也。凡奇數，并本末而半之，即中之奇。倍中之奇，即本末之并數。凡偶數，并本末即中之偶。并中之偶，即本末之并數。

奇皆視乎三，偶皆視乎二。自中之奇，至本以遞減，至末以遞增。減與增，適相補也。自中之偶至本、至末，其相補亦然，惟視奇多半差之增減耳。《張邱建算經》題云：今有與人錢，初一人與三錢，次一人與四錢，次一人與五錢，以次與之，轉多一錢。與訖，還斂聚與均分之，人得一百錢，問人幾何。草曰：置人得錢一百，減初人錢三文，得九十七。倍之加初人，得一百九十五。此一百即中之奇，自此至初人爲遞減，至與訖爲遞增，恰爲一人一錢，故倍錢即得人數也。減初人者，自三文起，是一百少二人，倍之少四人，初人無對，又少一人，此三文止得一人，與一文得一人不類，故先減得數，而又加也。是數在加減之理爲盈不足，易加減爲乘除，則爲衰分之比例。何也？三數相次，中之盈於上，猶下之盈於中，上中下或四五六、或三五七、或二五八皆是。故倍中即上下之合數，半上下之合數即中數。倍中數，加一倍也。中數自乘，則加數倍也。於是亦以上乘下爲互加數倍，則爲三率比例。自一至十，乃天地自然之數，而盈不足之至精至妙，不離乎是。西人用爲對數表，以加減代乘除，其理固如是爾。

【略】

并甲乙而半之，減半差得甲，加半差得乙。并甲丙而半之，即乙，減差得甲，加差得(乙)[丙]。并甲丁而半之，得乙丙并而半之之數，減半差得乙，加半差得丙，減差得甲，加差得丁。

乙	甲
乙	乙

半差

丙	乙	甲
丙	乙	丙

丁	丙	乙	甲
丁	丙	乙	丁
丁	丙	丙	丁

半差

差倍於所減，則欲補其所減，必半差矣。甲丙之差既倍於甲乙，故自乙加損之也。於此可悟衰分盈朒相表裏。詳見卷七。

并甲乙而半之，并壬癸而半之，相減即壬甲之差。并甲乙而半之，并辛壬而半之，相減即辛甲之差。并甲乙而半之，并庚辛而半之，相減即庚甲之差。并甲乙而半之，并己庚而半之，相減即己甲之差。并甲乙而半之，并戊己而半之，相減即戊甲之差。并甲乙而半之，并丁戊而半之，相減即丁甲之差。并甲乙而半之，并丙丁而半之，相減即丙甲之差。

差依數而遞增，故得其差。而以閒數除之，得相去之率。若以甲乙并，又以壬癸并，則差數已和，減得之差非真差矣。欲於和之中得其真差，故用并而半之之法。甲乙相較，其差一，并而半之各得半差。壬癸相較，其差一，并而半之亦各得半差，合兩半差爲一整差，自癸至甲其差本九，今合去其一，則化九爲八，是不爲癸至甲，而爲壬至甲也。凡舉本末之偶數共差者視乎此，如丁之於甲其差三，今并甲乙爲三，并丙丁爲七，相減得四，非丁差也，必半甲乙之三爲一五，半丙丁之七爲三五，是甲有乙差之半，丙有丁差之半，甲於正數既多半差，丁又嫁半差於丙，兩相減是丁較原差爲去其一矣，較原差雖去其一，乃已化和數而爲單數，直變三閒爲二閒，以除之無不合矣。

丁	丙	乙	甲
丁	丙	乙	乙
丁	丙		
丁	丙		

并甲丙而半之，并辛癸而半之，相減即辛甲之差。并甲丙而半之，并庚壬而半之，相減即庚甲之差。并甲丙而半之，并己辛而半之，相減即己甲之差。并丙而半之，并戊庚而半之，相減即戊甲之差。并甲丙而半之，并丁己而半之，相減即丁甲之差。

偶數并而半之，甲多半差，癸少半差。奇數并首尾而半之，甲多一差，癸少一差。多半差，少半差，合之爲一差，癸之九差減一差爲八差，如壬甲。多一差，少一差，合之爲二差，癸之九差減二差爲七差，如辛甲。故凡并本末兩數之和，則用偶數并半之法。凡并本末三數之和，則用奇數并半之法。若甲丙、乙丙和數六，丁戊己和數十五，己甲之原差五，今以六減十五差九視五殊矣，故兩相并半，以加減之，知甲借丙差之一，己分一差於丁，爲損去原差之二也。

己	戊	丁	丙	乙	甲
己	戊	丁	丙	乙	丙
己	戊	丁			
己	戊	丁			
己	戊	己			

并甲丁而半之，并庚癸而半之，相減即庚甲之差。并甲丁而半之，并己壬而半之，相減即己甲之差。并甲丁而半之，并戊辛而半之，相減即戊甲之差。

甲分丁之一差有半，辛以一差有半與戊，合之較原差爲少三，故癸如庚、壬如己、辛如戊也。

并甲乙而半之，并辛癸而半之，相減如辛甲之差盈半差。并甲乙而半之，并庚壬而半之，相減如庚甲之差盈半差。并甲乙而半之，并己辛而半之，相減如己甲之差盈半差。并甲乙而半之，并戊庚而半之，相減如戊甲之差盈半差。并甲乙而半之，并丁巳而半之，相減如丁甲之差盈半差。并甲乙而半之，并丙戊而半之，相減如丙甲之差盈半差。

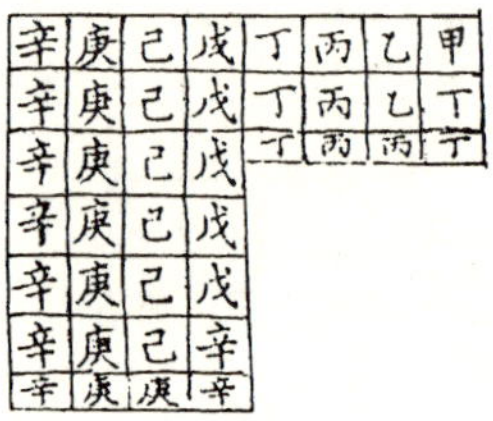

辛	庚	己	戊	丁	丙	乙	甲
辛	庚	己	戊	丁	丙	乙	丁
辛	庚	己	戊	丁	丙	丙	丁
辛	庚	己	戊				
辛	庚	己	戊				
辛	庚	己	辛				
辛	庚	庚	辛				

甲分乙之半差，戊以一差與丙合之，較原差爲少一差半，是較丙甲盈半差也。此奇偶雜舉之例。

并甲乙而半之，并庚癸而半之，相減如辛甲之差。并甲乙而半之，并己壬而半之，相減如庚甲之差。并甲乙而半之，并戊辛而半之，相減如己甲之差。

戊	丁	丙	乙	甲
戊	丁	丙	乙	乙
戊	丁	丙		
戊	丁	戊		

甲乙兩數并半，甲多半差，戊辛間兩數并半，辛少一差半，合爲二差，故退二差也。此首尾雖皆偶，而多寡不同之例。首二尾六、首四尾八之類，可類推。

并甲丙而半之，并己癸而半之，相減如庚甲之差，亦如辛乙之差、壬丙之差。并甲丙而半之，并戊壬而半之，相減如己甲之差，亦如庚乙之差、辛丙之差。并甲丙而半之，并丁辛而半之，相減如戊甲之差，亦如己乙之差、庚丙之差。

甲丙并半，甲多一差，丁辛間三數并半，辛少二差，合之少三差，辛甲退三差，如戊甲矣。此首尾皆奇而多寡不同之例。三之與七、五之與九可類推，總之不離乎三奇兩偶之義而已矣。

并乙丙之差，并丁戊之差，相減爲甲之平率，則甲乙丙之共數必等於丁戊之共數。并乙丙丁之差，并戊己之差，相減爲甲之倍平率，則甲乙丙丁之共數必等於戊己之共數。并乙丙丁戊之差，并己庚之差，相減爲甲之三倍平率，則甲乙丙丁戊之共數必等於己庚之共數。并乙丙丁戊己之差，并庚辛之差，相減爲甲之四倍平率，則甲乙丙丁戊己之共數必等於庚辛之共數。并乙丙丁戊己庚之差，并辛壬之差，相減爲甲之五倍平率，則甲乙丙丁戊己庚之共數必等於辛壬之共數。并乙丙丁戊庚辛之差，并壬癸之差，相減爲甲之六倍平率，則甲乙丙丁戊己庚辛之共數必等於壬癸之共數。

《九章算術》均輸有題云：今有五人分五錢，令上二人所得與下三人等，問各得幾何。術曰：置錢錐行衰，并上二人爲九，并下三人爲六，六少於九三，以三均加焉，副并爲法，以所分錢乘未并者各自爲實，實如法得一錢。按此理不易了，蓋以全數言之。且因二三減得一，可少一除，未嘗明其倍數也。若舍其平率而用其差，甲無差、乙差一、丙差二，合三，丁差三、戊差四，合七，以七減三是丁戊之差多於乙丙者四也。丁戊之差多於乙丙，而甲乙丙較丁戊之數多一甲，故以差之減餘爲甲之平率以當丁戊差之盈，其餘兩兩亦相當矣，此甲乙丙與丁戊止多一甲也。設甲乙丙丁與戊己則多甲乙，又必以戊己差之盈當甲乙兩數，當甲乙兩數，則差之盈當兩平率矣。推此而當三平率以上，無不皆然。以數之盈除差之盈，自得平率也。或用全數，或用差數，皆合者。全數於差帶平率一，故每數加三，連甲而較之也。差數於全數去平率一，故以減餘爲甲數，離甲而較之也。劉氏謂：假令七人分七錢，欲令上二人與下五人等，則上下部差三人，并上部爲十三，下部爲十五，下多上少，下不足減上，當以上下部列差而後均減，乃合所問耳。列差而後均減者，不用全數而用差數也。全數上少下多，差數上合得十一，下合得十，是亦上多下少也。杜知耕《數學鑰》用自乘，令五十五減八十五亦爲上多下少。蓋上之數少，下之數多，平率各當數之一，連平率則下之附者多，故化少爲多。去平率則上之舍者少，故多不移爲少也。

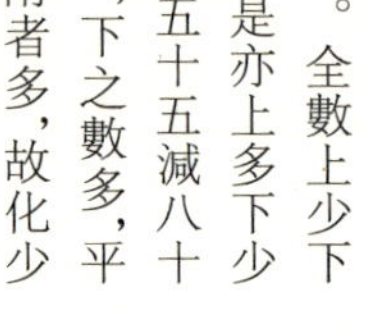

				甲
				甲
				甲
				甲
戊	丁	丙	乙	
戊	丁	丙		
戊	丁			
戊				

并甲乙兩單數半之，并壬癸兩單數半之，以減自甲至癸之數，即壬甲之差，與兩偶數并半相減等。并甲乙丙三單數半之，并辛壬癸三單數半之，以減自甲至癸之數，即辛甲之差，與兩奇數并半相減等。并甲乙丙三單數半之，半庚辛壬癸四單數半之，以減自甲至癸之數，即辛甲之差盈半差，與奇偶雜舉并半相減等。

并全數者，并一二爲三，并九十爲十九是也。并差數者，并一二三之差爲三，并八九十之差爲二十四甲辛甲壬甲癸之差。是也。并單數者，即去差之列數，并一二三爲三，并八九十亦爲三，并一二三四爲四，并五六七八亦爲四，渾舉其目之名也。用其全與用其差既屬相通，用其去差之率與用其去率之差亦何爲其不通耶？《九章算術》均輸題云：有竹九節，下三節容四升，上四節容三升，問中間二節欲均容各多少。術曰：以下三節分四升爲下率，以上四節分三升爲上率，上下率以少減多，餘爲實，置四節、三節各半之以減九節，餘爲法，實如法得一升，即衰相去也。上四分三，即并甲丙而半之也。下三分四，即并己壬而半之也。上下節以少減多，即以兩并而半者相減也。知甲丙、知己癸，而後可用并而半之法。此渾舉三節四節，故用除以得平數，法少殊而義正合也。四節、三節各半之，即并甲乙丙三單數半之、并己庚辛壬四單數半之也。以減九節者，即以并而半者與自甲至壬之九數減也。并甲一丙三半之爲二，并己六壬九半之爲七五，相減得五五。并甲乙丙半之爲一五，并己庚辛壬半之爲二，合三五，與九相減亦得五五。故一爲實、一爲法適相印合。蓋自甲至壬之九數即壬之全數，壬之全數比己多三，半之爲一五，甲之全數比丙少二，半之爲一，合爲二五，此去平率而言差，故於壬甲之差八數中減二五爲五五也。甲之一爲差上之平率，因合乙丙而半之爲一五，是於正數一外多半數，壬之一亦差上之平率，因合己庚辛而半之爲二，是於正數一外多一數，并甲壬之正數多數爲三五，而化而歸之於壬，是壬之正數一外多二五，此連正數平率以言差，故於自甲至壬九數中減三五爲五五也。戴東原訂譌云：以四節、三節爲分母，三升、四升爲分子，子母互乘，子得上率九、下率十六，母相乘得十二，十六減九餘七，以十二通五節半得六十六爲一升之率。循謂此題本可用齊同法，以三互三升爲九，以四互四升爲十六，復以三互四之共差二十六爲七十八，四互三之共差三爲十二，以九減十六爲七，以十二減七十八爲六十六，是爲六十六分之七與數合。蓋六十六者，五五之十二倍也。七者，五八三三三不盡之十二倍也。然依經之術，以三除四得一三三三不盡，以四除三得七五，相減餘五八三三不盡。因除之不盡，乃不用除得之數，而用命分。以

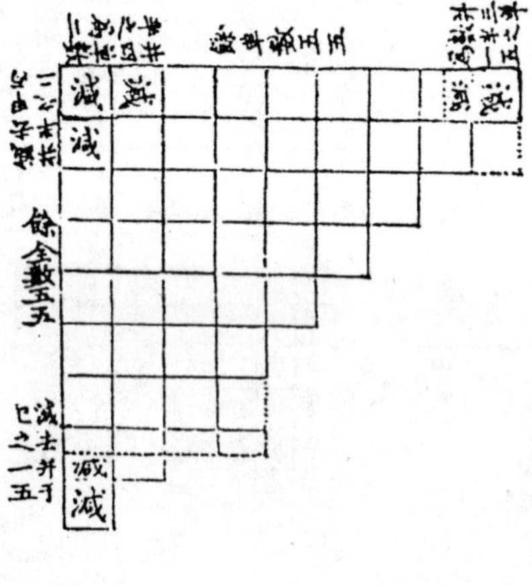

三人四升命爲三分之四，以四人三升命爲四分之三，以四分之三與三分之四相減得十二分之七，減分術用兩母相乘，母子互乘，以互乘數相減。此十二分之七以五五除之得差之相去。又因十二分之七不便於除，故去其分母之十二，而用分子之七爲整數，則此七爲分子之十二倍矣。五八三三不盡，以十二乘之爲七。此爲十二倍之實，亦必以十二倍之法除之，故以十二乘五五爲六十六，而以六十六分之七爲相去之差，非經文上下率分減之術，即互乘齊同之術也，戴氏尚言之未詳耳。

又　卷二

乘以馭加之緐，除以馭減之緐，乘除爲加減之簡法，而不足以盡加減之用。

加減至數倍，一一加減之，不免於緐，故通之以乘除。若所加之數不一，則必一一加之，而不可以乘代也。如有九人，人三錢，一一加之，必始加爲六，次加爲九，爲十二、爲十五、爲十八、爲二十一、爲二十四、爲二十七。若以三九相乘爲二十七，是以一代八矣。要之三九二十七之呼，始亦緣於加而得之。加之省爲乘，亦猶測量之有八綫諸表也。設此九人者，或出三、或出四、或出一二，重疊縣異，則必一一加之，非乘法所能代矣。加之反則減，有積二十七以等給九人，以三減之，至於九次，恰盡，而後信其爲人三錢。設二十六，必以二減之至於九次，不盡，又遞減九次，尤緐於加，故用除。除者視積數與乘法所呼者合否，盡則已，不盡更視所餘與乘法所呼者合否，而遞盡之。減者減去一倍，除者除去欲減之數倍也。然則除法不離於乘，而乘法不外於加，故明乎加減之理，即明乎乘除之理。

甲乘甲爲自乘，以甲除之，復得甲。

甲加甲，弟兩面齊耳。甲乘甲，則四面齊矣。蓋如其數以加一倍，則左右數同。如其數以加若干倍，則不獨左右數同，上下數亦同矣。左右上下皆同，故用以爲方田少廣之術。甲乘甲，方田也；甲除甲之所自乘，則少廣也，合之爲開平方除。名見《夏侯陽算經》五除內。開方即自乘之還原也，知自乘即知開方矣。開方本即除法，以其專用自乘，故別標一術，久之遂獨立於加減乘除之外。向令開方在除之外，詎自乘在乘之外乎？且自乘而除名見《九章算經》少廣章注。所用至廣，凡兩數相當者，均可以此用之。如云：有錢若干買物，物價與物數等，是以物乘價即自乘之數。又如云：有衆船不知數，共載總粟若干，分一船之粟於各船，而本船餘其一，題見屈曾發《九數通考》。此亦船數與粟數

等，故亦以自乘開方法得之。然學者知除法，往往昧於開方者，亦有故。除法有實有法，開方法有實無法。若以圍棋三百六十一之積，明告以每行十九爲法，彼固游刃有餘也，不知告之以開方，不啻告之以法。數有九，每數相乘亦九，每數中必有一自乘，如二一如二至二九一十八，是數之二徧乘九數也，內二二如四爲自乘。合九數之自乘，亦止於九。今告之實，且告之法，使除實固必以法徧試九數，以求合於實。如有實五十四，有法六，必以六遞商至九而得之也。今告之實，且告之開方，使得方亦弟於九數之自乘，求合於實。如有實三十六，可於自乘中六乘六之數得之也。同商於九數之中，其理同、其術同，又何疑於開方之異於除也？

一一如一　實一則法一　六六三十六　實三十六則法六

二二如四　實四則法二　七七四十九　實四十九則法七

三三如九　實九則法三　八八六十四　實六十四則法八

四四一十六　實一十六則法四　九九八十一　實八十一則法九

五五二十五　實二十五則法五

甲乙自乘，爲平方廉隅積。以甲乙除之，復得甲乙。甲自乘，乙自乘，又甲乙互乘而倍之，其數等。

單數自乘爲方，兩數自乘亦爲方。惟乘有兩數，則商有兩次。三數則三次、四數則四次。開方法以積爲實，先商得數，自乘，與實相減，減盡則無次商。減餘爲次商實。倍初商爲廉法，商得數與倍法相乘爲兩廉，又自乘之爲隅，與實減盡則止。不盡，又倍隅法，合前爲三商之廉法。自《九章算術》及今之籌算、筆算皆同。循謂此省法也。以廉隅之形作圖，其理亦明。然廉隅亦屬後設之名，而究之即兩數相乘之數也。今設兩數於此，命貨殖者計以殊盤，皆必四次乘之。推之設三數於此，則必九次乘之。設四數於此，則必十六次乘之。惟籌算則省。以邊求積如此，則以積求邊何獨不如此？若棋局積三百六十一，方一十九，以一十九自乘，必呼曰一一如一即初商方數也，一九如九，一九如九即次商兩廉也，九九八十一即隅數也。凡兩數自乘，其中兩乘數必等，其位必平列，無論珠盤、筆算、籌算皆然。其首尾必皆自乘。一一如一，九九八十一。倍初商爲廉，以尾數爲隅，倍初商者省兩次乘爲一次乘也，不明廉隅求之乘法可矣。

兩數自乘算法	兩數自乘列位
一一如一	○一
一九如九 中兩數必等，列位必平	○九 兩次乘
一九如九	○九
九九八十一	八一

開方廉隅列位	開方廉隅算法
○一	一一如一
一八 倍初商爲法 一次乘	二九一十八
八一	九九八十一

以甲乘甲，又以甲乘之，爲再乘，以甲再除之，仍得甲。又以甲乘之爲三乘，以甲三次除之，仍得甲。

再乘即立方也。甲乘甲爲平方，修廣皆等矣，又以甲乘之，則高與修廣皆等矣。又以甲乘之，則立方相累之數，與立方之高修廣皆等矣，是爲三乘方。由三乘方而乘以甲，則三乘方之累數，亦如立方之高，是爲四乘方矣。由五乘方以上，雖至十乘方、百乘方，均可類推。三乘方之狀似於帶縱立方，但帶縱立方出於異數相乘，三乘方以上出於一數自乘。異數相乘則縱成於較，一數自乘則累如其根。若帶縱立方，更以一數乘之，即爲帶縱三乘方，可知三乘方與帶縱立方之異矣。

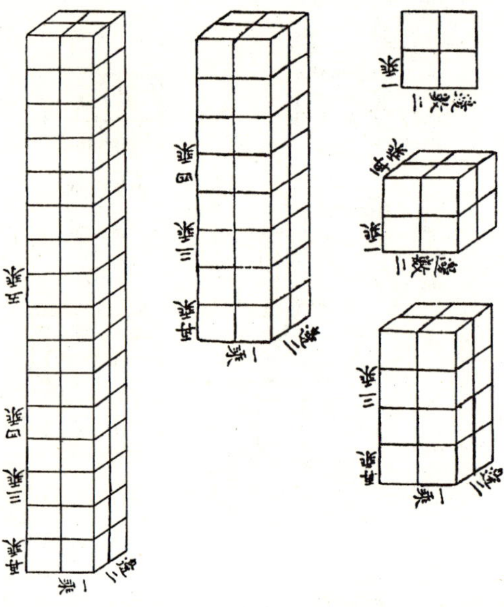

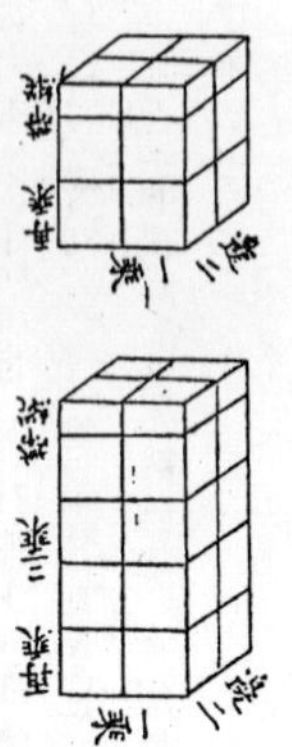

以甲乙自乘，又以甲乙乘之，爲再乘廉隅積，以甲乙再除之，復得甲乙。以甲自乘再乘，以乙自乘再乘，又以乙乘甲冪，以甲乘乙冪，各三之，其數等。

甲乙自乘，是甲自乘、乙自乘、甲乘乙、乙乘甲也。又以甲乙乘之，是甲再乘、乙再乘、甲再乘乙、乙再乘甲也。甲再乘乙，即乙乘甲冪也。同是乙甲甲累乘。乙再乘甲，即甲乘乙冪也。乘法先後相通，故可合甲乙自乘，而後累乘，亦可分甲乙自乘，而後互乘。自邊求積與自積求邊，各從其便，數則一也。甲乙自乘得數必有三位，又以甲乙各三乘之，是有六矣。甲乙各自乘再乘，其相交之處亦共有六，乙三面，甲三面。是甲乙與冪互乘亦有六矣。以甲乙各乘平方之積與甲乙互乘平方之積，其義一也。以一九爲根，明之於左。

先以一九自乘

一乘一　○一

一乘九　○九

一乘九　○九

九乘九　八一

次以一九乘三百六十一

一乘三　○三

一乘六　○六

一乘一　○一

九乘三　二七

九乘六　五四

九乘一　○九

右以一九自乘，又以一九乘之，共得六千八百五十九。

先以一九自乘再乘。一十自乘得冪一百，再乘得一千爲初商方。九自乘得冪八十一，再乘得七百二十九爲隅。

次以一十乘九冪九乘一冪。一十乘八十一得八百一十，又三之得二千四百三十爲三長廉。九乘一百得九百，又三之得二千七百爲三平廉。

右以九一自乘再乘，又以一乘九冪，九乘一冪，各三之，亦共得六千八百五十九。

以甲乙自乘再乘，又以甲乙乘之，爲三乘廉隅積。以甲乙三次除之，復得甲乙。以甲乙自乘，又以自乘所得之數自乘，其數等。以甲自乘再乘三乘，又以乙乘之，以乙自乘再乘三乘，又以甲乘之，以乙乘甲冪而三之，又以甲乙分乘之，以甲乘乙冪而三之，又以甲乙分乘之，其數等。以甲三乘，以乙三乘，以乙乘甲之再乘而四之，以甲乘乙之再乘而四之，以甲自乘乘乙之自乘而六之，其數等。

三乘方以上廉法極繁，梅勿菴作《少廣拾遺》言不可以繪圖，循嘗述爲《乘方釋例》五卷，專詳其法，又擬爲乘方廉隅諸圖，附之卷末。然要而言之，不外自乘之例而已。平方以甲自乘爲方，以乙自乘爲隅，以甲乙互乘爲二廉。蓋兩數自乘，必有互乘者二也。立方以甲再乘爲方，以乙再乘爲隅，以甲乙互再乘爲六廉。蓋兩數再乘，必有互乘者六也。三乘方以甲三乘爲方，以乙三乘爲隅，然甲亦有隅，乙亦有方，故以甲乙互乘之，而後方與隅，乃各如其根數也。乙乘甲冪而三，甲乘乙冪而三，此一立方之六廉，各以甲乙乘之，則所累之立方，各有三平廉三長廉矣。蓋多一乘，則多一互。平方根與根互，仍一乘也。立方根與冪互，仍再乘也。三乘方根與體互，仍三乘也。惟根與體互，故不獨與平廉長廉之體互，並與初商三乘之方次商三乘之隅互。何也？合方廉隅乃成立方體也，若四乘方則根與三乘方體互，五乘方則根與四乘方體互，體之所分愈緐，而算亦緐。其實一言以蔽之，曰互也。先一乘得平方，再乘平方積得立方，三乘立方積得三乘方，術之常也。先自乘得方體隅體，次互乘得諸平廉長廉，術之變也。以乙之方合甲之三平廉爲弟一廉之四率，以乙之三平廉合甲之三長廉爲弟二廉之六率，以乙之三長廉合甲之諸隅爲弟三廉之四率，以數之同者相配，術之巧也。以根三乘，即以冪自乘。先以積求得平方之邊，次以平方之邊爲積，又求得平方之邊，術之便也。

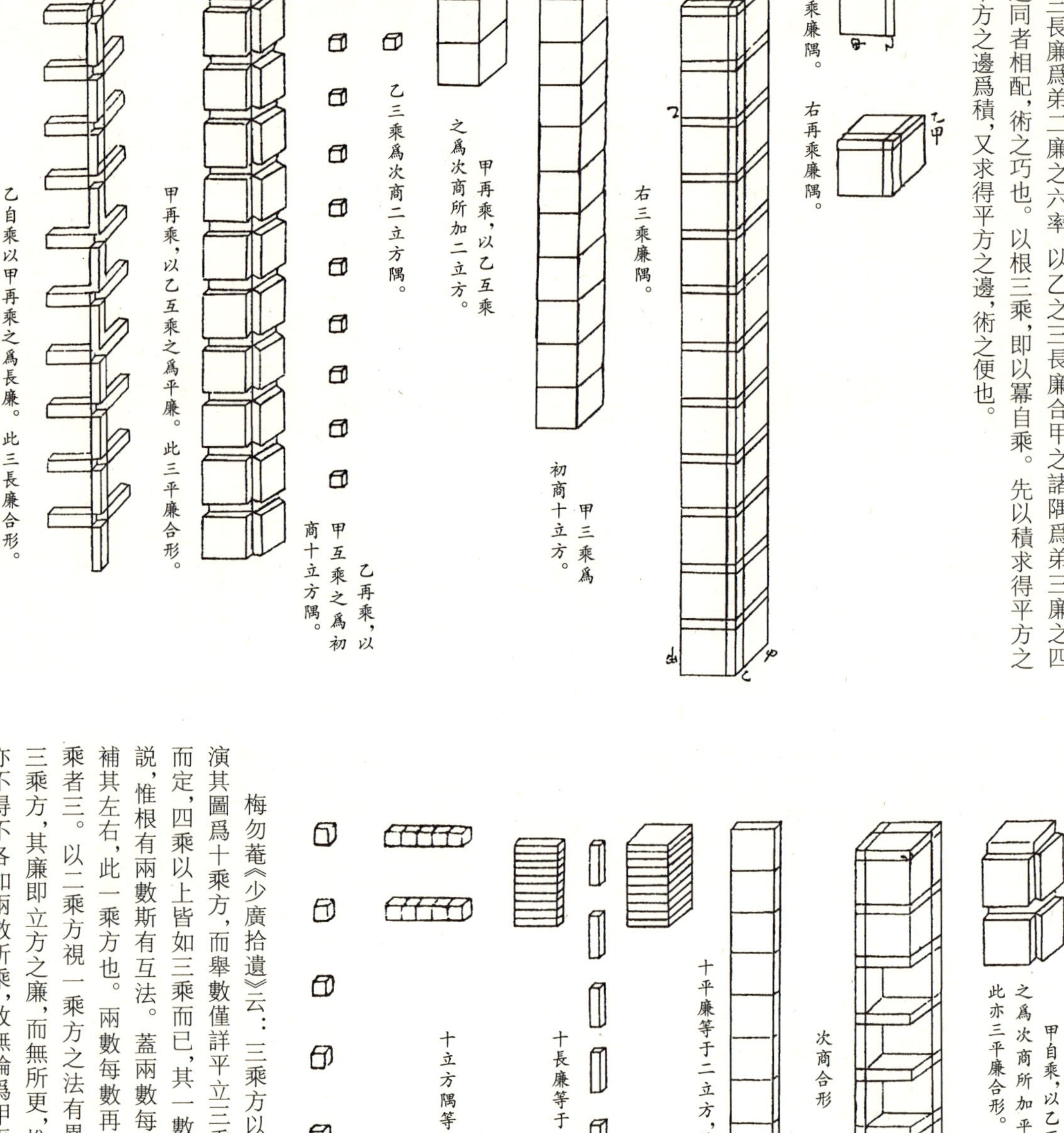

梅勿菴《少廣拾遺》云：三乘方以上知之者蓋已尠。又云：《西鏡録》演其圖爲十乘方，而舉數僅詳平立三乘一式而已。循謂乘方之法，自三乘而定，四乘以上皆如三乘而已，其一數自乘者，止以本數叠叠乘之，無庸解説，惟根有兩數斯有互法。蓋兩數每數自乘爲方，又必互乘爲兩縱方，以補其左右，此一乘方也。兩數每數再乘爲立方，立方必三面相補，故各互乘者三。以二乘方視一乘方之法有異，宜更詳之者也。兩數每數三乘爲三乘方，其廉即立方之廉，而無所更，惟方隅各如兩數所乘，而諸平廉長廉亦不得不各如兩數所乘，故無論爲甲再乘之方、爲乙再乘之方、即隅。爲甲乙互乘再乘之三長廉三平廉，皆一一以甲乙乘之，此三乘方視再乘方之法又有異，亦宜更詳之者也。若四乘方以上，則仍此三乘方以甲乙遞加乘之耳。

乘方表

一乘方	再乘方	三乘方	四乘方
甲自乘爲方	又以甲乘之	又以甲乘之	又以甲乘之
		以乙互乘之	以乙互乘之
乙自乘爲方	又以乙乘之	又以乙乘之	又以乙乘之
		以甲互乘之	以甲互乘之
算書皆謂之爲隅，其實根有兩數，自然有兩自乘之方。			
甲乘乙爲縱方	又以甲乘之而	又以甲乘之	又以甲乘之
	三之爲平廉	以乙互乘之	以乙互乘之
乙乘甲爲縱方	又以乙乘之而	又以乙乘之	又以乙乘之
	三之爲長廉	以甲互乘之	以甲互乘之
	一乘之廉已屬互乘，此直以甲乙再乘之以爲廉耳，但方隅各有二廉相錯，故必三之也。	立方三平廉三長廉已定三乘方，但累立方以爲形，故止多一乘一互耳。	自四乘以上雖至百乘不過多一乘一互，故表四乘而止，可例其餘也。

問者曰：子以三乘方爲原於自乘之相互，而古有廉率本原圖，則每乘之廉皆出自然。子以爲巧術相配，何也？余曰：所謂術之常者，以方名三乘，自由一乘而二乘，由二乘而三乘，此乘法之自然者也。然此由平方而增至三乘方，若先以甲乙各自乘再乘，爲大小兩立方，互補以成一立方，又由大小各幾立方，互補各爲一立方，因相累而成三乘方。此法雖變，而亦自然者也。然此由立方而增至三乘方，若竟以甲乙各三乘爲大小兩三乘方，互補以成一三乘方，則竟以甲之平廉從乎乙之甲方，以乙之長廉從乎甲之乙方，以甲之長廉從乎乙之平廉，圖見前。於是廉之等有三，而廉之率有十四。立法精巧，而亦自然者也。要之其數皆加一倍，其廉數即是乘數，其由平方積數而遞乘也，以兩數自乘爲四數，兩數如九九，四數如九九乘九九爲九八□一。又如一一爲兩數，一一乘一一得□一二一爲四數。兩數以兩位言，四數以四位言，下放此。以兩數乘四數得六數，合兩數爲八數，如九九兩數，乘九八□一，得九七□二(□)[九]九。又如一一兩數，乘□一二一得□□一三三一，皆六位。凡空處以□記之，無數而有位。以兩數乘六數得八數，如九九兩數，乘九七□二□九，得九六□五□六九一，爲八位。合兩兩數及四數爲十六數。兩兩數，一爲根，一爲立方所合，四數爲平方。以兩數乘八數得十數，如九九兩數乘九、六□五□六九一，得九五□九□一八四□九爲十位。合兩兩數、四數三乘方所合。及兩數、立方所合。四數、一乘方。八數再乘方。得三十二數。爲四乘方。以兩數乘十數，得十二數。如九九兩數，乘九五□九□一八四，得九四一三九二八二二六，爲十二位。合兩兩數、四數、兩數、四數、八數，四乘方所合。又合兩兩數、四數、三乘方所合。及兩數、再乘方所合。四數、一乘方。八數、再乘方。十六數、三乘方。爲六十四數。爲五乘方。所以必合之而後倍者，積因累乘而漸得，故仍必積累而合之，而後得其廉數也。其由平方之冪而遞增也，兩數偏乘兩數爲四率，兩平方、兩縱方。兩數偏乘四率爲八，大小兩立方、三平廉、三長廉。兩數偏乘八率爲十六，初商大小兩三乘方，三平廉、三長廉，次商大小兩三乘方、三平廉、三長廉，共得十六率。兩數偏乘十六率，爲三十二，初商大小兩四乘方、三平廉、三長廉，次商大小兩四乘方、三平廉、三長廉，初商所加大小兩三乘方、三平廉三長廉，次商所加大小兩三乘方、三平廉、三長廉，共得三十二率。兩數偏乘三十二率爲六十四，初商大小兩五乘方、三平廉、三長廉，次商大小兩五乘方、三平廉、三長廉，初商所加大小兩四乘方、三平廉、三長廉，次商所加大小兩四乘方、三平廉、三長廉，初商所加大小兩三乘方、三平廉、三長廉，次商所加大小兩三乘方、三平廉、三長廉，初商所加四乘方加大小兩三乘方、三平廉、三長廉，次商所加四乘方加大小兩三乘方、三平廉、三長廉，共六十四。求得之率，即加一倍，不必復合前數者，率隨乘而化也，其方與廉相配而遞乘也。一乘之甲方與兩廉之乙互乘，其數等，用爲三平廉。乙方與兩廉之甲互乘，其數等，用爲三長廉。合甲乙各再乘方，其數亦八。再乘之甲方，與三平廉之乙互乘，其數等，用爲弟一廉之四率。乙方與三長廉之甲互乘，其數等，用爲弟三廉之四率。三平廉之甲，與三長廉之乙互乘，其數等，用爲弟二廉之六率。合甲乙各三乘方，其數亦一十六。三乘方之甲方，與弟一廉之乙互乘，其數等，用爲四乘方弟一廉之五率。乙方與弟三廉之甲互乘，其數等，用爲弟四廉之五率。弟一廉之乙，與弟二廉之甲互乘，其數等，用爲四乘方弟二廉之十率。弟三廉之甲，與

弟二廉之乙互乘，其數等，用爲四乘方弟三廉之十率。合甲乙各四乘方，其數亦三十二。四乘方之甲方，與弟一廉之乙互乘，其數等，用爲五乘方弟一廉之六率。乙方與弟四廉之甲互乘，其數等，用爲五乘方弟五廉之六率。弟一廉之乙，與弟二廉之甲互乘，其數等，用爲五乘方弟二廉之一十五率。弟四廉之甲，與弟三廉之乙互乘，其數等，用爲五乘方弟四廉之一十五率。弟二廉之甲，與弟三廉之乙互乘，其數等，用爲五乘方弟三廉之二十率。合甲乙各五乘方，其數亦六十四。法有不同而爲加倍之數無異，本原之圖，實包諸法也。

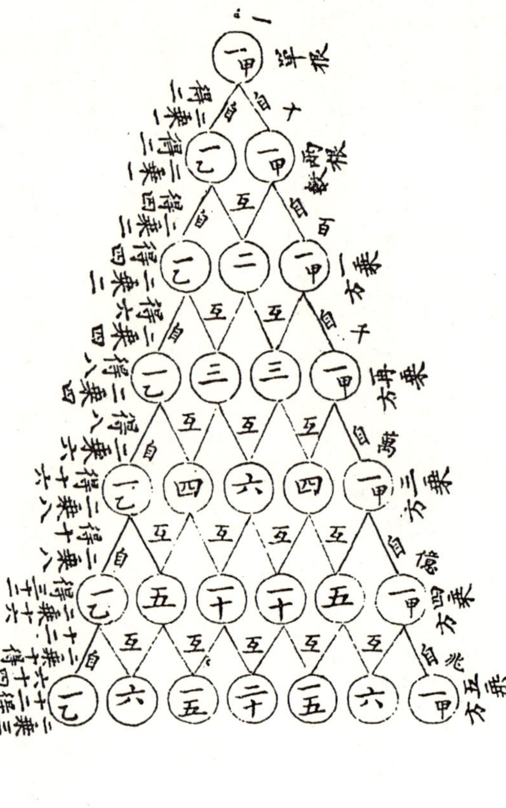

右古開方本原圖也。梅勿菴謂其僅及五乘，廣至八乘方，又去兩畔之單數爲廉率立成。循謂此圖義蕴精深，非《算法統宗》等書所能擬，解者有所未盡也。正視之，自根而方而體爲諸乘方遞增之等。斜視之，自單數以至兆數爲諸乘方列位之等。橫視之，自甲方以至乙方爲諸乘方廉隅之數。平視其圍內之數，合一、二、一爲四，合一、三、三、一爲八，合一、四、六、四、一爲十六，合一、五、十、十、五、一爲三十二，合一、六、十五、二十、十五、六、一爲六十四，即甲乙偏乘之率，余所謂術之變也。分察其數外之圍，或二共一圍，或三共一圍，或四共一圍，或五共一圍，或六、或十、或十五、或二十各共一圍，即互乘相配之數，余所謂術之巧也。縷計其相繫之綫，由二而四、而六、而八、而十、而十二，即由平方遞乘之等，余所謂數之常也。以兩數遞乘，自得倍數，緣互乘數等，因相配，而四配爲三，八配爲四，十六配爲五，三十二配爲六，六十四配爲七，於是二自乘位爲四者，適絡於二三之閒，二乘四位爲六者，適絡於三四之閒，二乘六位爲八者，適絡於四五之閒，二乘八位爲十者，適絡於五六之閒，二乘十爲十二者，適絡於六七之閒。由此觀之，余所舉諸法之不同，皆不出此圖之範圍。終於五乘者，取卦終於六十四之義，解者以左爲積數，已非，以一爲本積，亦非，知解者非能爲圖者也，更析以明之。

一

此單數自一至九，凡舉一數者，其乘皆無廉隅。如黄鍾之律，以三自乘至十乘，得十七萬七千一百四十七，皆單數，皆乘得一方，舊説以爲本數，梅勿菴解本數爲大方，不知此單數之根，尚未乘，何得有方。

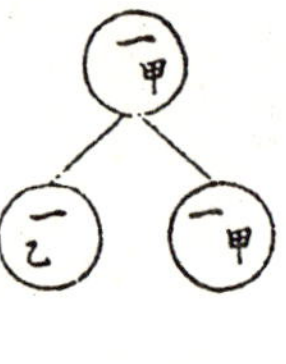

單數無互乘，故無廉率。然爲一二三之自乘也，則甲仍得甲。三三如九，九仍單數。若四五六七八九之自乘，則乙必得甲乙。四四一十六，一六爲兩數。有甲乙兩數，而諸廉之法乃立。

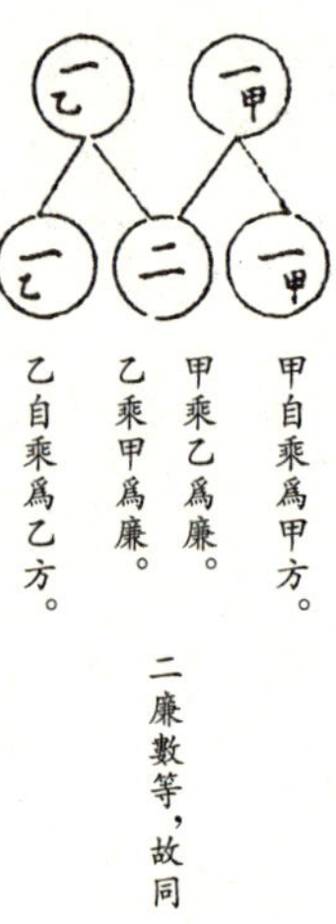

甲自乘爲甲方。
甲乘乙爲廉。
乙乘甲爲廉。
乙自乘爲乙方。

二廉數等，故同一圍下凡同圍者放此。

右一乘方。甲乘乙猶乙乘甲。二乘三爲(五)[六]，三乘二亦(五)[六]。

甲再乘爲甲立方。
甲自乘，又以乙乘之爲三平廉。
乙自乘，又以甲乘之爲三長廉。
乙再乘爲乙立方。

右再乘方。甲乘甲、又以乙乘之，猶甲乘乙、又以甲乘之。一之甲方，本是甲乘甲，又與二廉之乙相乘，是又以乙乘之也。二廉之乙以甲方乘之，是不啻既以甲乘，又以甲乘也。其義詳見於後。乙乘乙、又以甲乘之，猶乙乘甲、又以乙乘之。一之乙方，本是乙乘乙，又與二廉之甲相乘，是又以甲乘之也。二廉之甲以乙方乘之，是不啻既以乙乘，又以乙乘也。平方廉有二，每廉半甲半乙，是爲兩甲兩乙，以兩甲與一乙互乘，故得長廉有三，以兩乙與一甲互乘，故得平廉有三。

甲三乘爲甲三乘方。
三平廉以初商根甲乘之，初商立方以次商根乙乘之，其數皆等爲弟一廉。
三平廉以乙乘之，三長廉以甲乘之，其數皆等爲弟二廉。
三長廉以乙乘之，次商隅以甲乘之，其數皆等爲弟三廉。
乙三乘爲乙三乘方。

右三乘方。甲乘甲二次，乙乘一次，爲次商所加之立方平廉，本甲乘甲一次，乙乘一次，又以甲乘之，爲甲數諸立方之平廉，亦甲乘二次，乙乘一次也，故弟一廉有四。平廉三所加立方一。乙乘乙二次，甲乘一次，爲甲數諸立方之隅，長廉本乙乘乙一次，甲乘一次，又以乙乘之，爲次商所加立方之長廉，亦乙乘二次，甲乘一次也，故弟三廉有四。初商立方之隅一，次商所加長廉三。乙乘乙一次，甲乘二次，爲甲數諸立方之長廉，甲乘甲一次，乙乘二次，爲乙數諸立方之平廉，皆甲甲乙乙之累乘也，故弟二廉有六。長廉三所加平廉三。

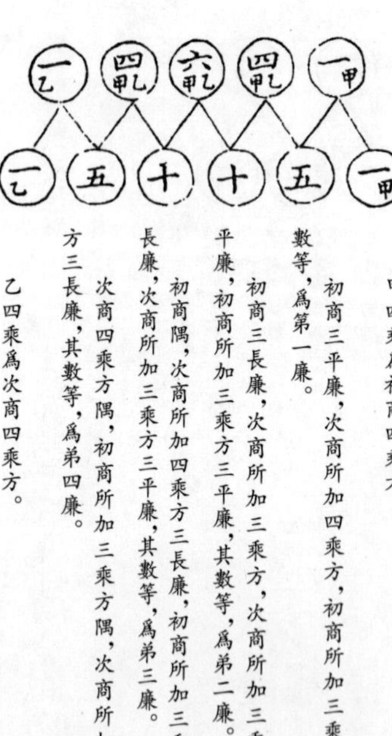

甲四乘爲初商四乘方。
初商三平廉，次商所加四乘方，初商所加三乘方，其數等，爲弟一廉。
初商三長廉，次商所加三乘方，次商所加三乘方三平廉，初商所加三乘方三平廉，其數等，爲弟二廉。
初商隅，次商所加四乘方三長廉，初商所加三乘方三長廉，次商所加三乘方三平廉，其數等，爲弟三廉。
次商四乘方隅，初商所加三乘方隅，次商所加三乘方三長廉，其數等，爲弟四廉。
乙四乘爲次商四乘方。

右四乘方。不獨初商之四乘方，因次商而加，而初商四乘方所累之三乘方，亦必因次商之根，而各加三乘方也。三乘方以乙乘之，次商所加四乘方，乃以乙乘三乘方所得。三平廉以甲再乘之，甲一乘之爲三乘方平廉，再乘之爲四乘方平廉。皆四甲一乙累乘之數。以乙乘立方，加於各三乘方、立方，三甲累乘也，各三乘方累數視乎甲，各加之，又一甲也，是亦四甲一乙累乘矣。故弟一廉之率有五。抑不獨初商所累之三乘方，因次商而加，而所加四乘方所累之三乘方，亦必因次商之根，而各加三乘方也。以乙乘立方，各加於三乘方，又以乙乘之，初商三長廉，以甲再乘之，皆三甲兩乙累乘之數，所加四乘方之三平廉，平廉二甲一乙三乘之數，甲所加四乘之數乙，亦合爲三甲兩乙。初商所加三乘方之三平廉、平廉二甲一乙，初商所加之數乙，初商三乘方之累數甲，亦三甲兩乙，故弟二廉之率十。初商之隅，爲三乙二甲累乘之數，所加四乘方之三長廉，初商所加三乘方之三長廉、長廉二乙一甲所累乘，所加四乘方屬乙，而所累三乘方屬甲。初商所累之三乘方屬甲，而三乘方所加之立方屬乙，亦三乙二甲，次商所加三乘方之三平廉、平廉二甲一乙，次商屬乙，所加三乘方亦屬乙，凡云所加，皆屬乙。是亦三乙二甲也。故弟三廉之率有十。隅三乙，所加乙，初商三乘方甲，則所加四乘方隅。初商三乘方隅，皆四乙一甲矣。長廉二乙一甲，次商所加三乘方爲二乙，合之亦四乙一甲，故弟四廉之率五。

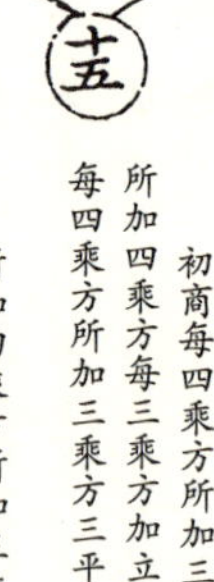

甲五乘爲初商五乘方。

次商加四乘方，初商每四乘方加三乘方，初商每三乘方加立方，初商三平廉。

初商每四乘方所加三乘方每加立方，所加四乘方每加三乘方，所加四乘方每三乘方加立方，初商三長廉，所加四乘方三平廉，初商每四乘方所加三乘方三平廉，初商每三乘方所加立方三平廉。

所加四乘方所加三乘方每加立方，初商隅所加四乘方三長廉，初商每四乘方所加三乘方三長廉，初商每三乘方所加立方三長廉，初商每四乘方所加三乘方所加立方三平廉，所加四乘方所加三乘方三平廉，所加四乘方每三乘方所加立方三平廉。

所加四乘方隅，初商每四乘方所加三乘方隅，初商每四乘方每三乘方所加立方隅，初商每四乘方所加三乘方所加立方三長廉，所加四乘方所加三乘方三長廉，所加四乘方每三乘方所加立方三長廉，所加四乘方所加三乘方所加立方三平廉。

初商每四乘方所加三乘方所加立方隅，所加四乘方所加三乘方隅，所加四乘方每三乘方所加立方隅，所加四乘方所加三乘方所加立方三長廉。

乙五乘爲次商五乘方。

右五乘方。初商四乘積與五乘方共冪等，次商根與次商所加數等，與平廉厚數亦等，故以初商四乘積乘次商根爲弟一廉之率六。如根二十，以四乘之，積三百二十萬，五乘之冪亦三百二十萬。如次商五，則每四乘方加五個三乘方，四乘方二十，則三乘方加一百，每四乘方爲三乘方二十，每三乘方加五個立方，合二千個立方，二千個立方即一百個三乘方，一百個三乘方即五個四乘方，故合之爲弟一廉。初商三乘積與四乘方冪等，與五乘方綫數等。五乘方之立方有千，則綫積一萬。次商平冪與次根乘兩次等，故以初商三乘積乘次商平冪爲弟二廉之率十五。次根五，冪二十五，乘初商三乘積十六萬，爲四百萬。四乘方之冪積十六萬，以次根乘之八十萬，又以所加之數乘之，亦爲四百萬。初商立積與三乘方冪等，與四乘方綫積等，與五乘方立方累數等，次商立積即立方隅與次根乘三次等，故以初商立積乘次商立積爲弟三廉之率二十。初商平冪與三乘方綫積等，與四乘方之立方累數等，次商三乘積與次根乘四次等，與次冪乘一次次根乘兩次等，與次冪乘兩次等，與次根次立積各乘一次等，故以初商平冪乘次商三乘積爲弟四廉之率十五。初商根與三乘方之立方累數等，次商四乘積與次根乘五次等，與次根乘三次、次冪乘一次等，與次立積乘一次、次根乘兩次等，故以初商根乘次商四乘積爲弟五廉之率六。自此推至十二乘方，其理可見，其率似緐，其理實自然而無牽致。試更以甲乙表之於左。

甲單根方

甲甲一乘方　此爲自乘。

甲乙平方廉一　此爲相乘詳見卷三。

乙甲平方廉二

乙乙平方隅

甲甲甲再乘方

甲甲乙平廉一　此爲連乘詳見卷三。

甲乙甲平廉二

乙甲甲平廉三

甲乙乙長廉一

乙甲乙長廉二

乙乙甲長廉三

乙乙乙再乘方隅

甲甲甲甲三乘方

甲甲甲乙弟一廉之一　四數以上，凡甲乙雜相乘者皆連乘。

甲甲乙甲弟一廉之二

甲乙甲甲弟一廉之三

乙甲甲甲弟一廉之四

甲甲乙乙弟二廉之一

甲乙乙甲弟二廉之二

甲乙甲乙弟二廉之三
乙甲乙甲弟二廉之四
乙甲甲乙弟二廉之五
乙乙甲甲弟二廉之六
甲乙乙乙弟三廉之一
乙甲乙乙弟三廉之二
乙乙甲乙弟三廉之三
乙乙乙甲弟三廉之四
乙乙乙乙三乘方隅

甲甲甲甲甲四乘方
甲甲甲甲乙弟一廉之一
甲甲甲乙甲弟一廉之二
甲甲乙甲甲弟一廉之三
甲乙甲甲甲弟一廉之四
乙甲甲甲甲弟一廉之五
甲甲甲乙乙弟二廉之一
甲甲乙乙甲弟二廉之二
甲乙乙甲甲弟二廉之三
乙乙甲甲甲弟二廉之四
甲乙甲乙甲弟二廉之五
甲甲乙甲乙弟二廉之六
甲乙甲甲乙弟二廉之七
乙甲乙甲甲弟二廉之八
乙甲甲乙甲弟二廉之九
乙甲甲甲乙弟二廉之十
甲甲乙乙乙弟三廉之一
甲乙乙乙甲弟三廉之二
乙乙乙甲甲弟三廉之三
甲乙甲乙乙弟三廉之四
甲乙乙甲乙弟三廉之五
甲乙乙乙甲弟三廉之六
乙甲乙甲乙弟三廉之七
乙甲乙乙甲弟三廉之八
乙甲甲乙乙弟三廉之九
乙乙甲甲乙弟三廉之十
甲乙乙乙乙弟四廉之一
乙甲乙乙乙弟四廉之二
乙乙甲乙乙弟四廉之三
乙乙乙甲乙弟四廉之四
乙乙乙乙甲弟四廉之五
乙乙乙乙乙四乘方隅

甲甲甲甲甲甲五乘方
甲甲甲甲甲乙弟一廉之一
甲甲甲甲乙甲弟一廉之二
甲甲甲乙甲甲弟一廉之三
甲甲乙甲甲甲弟一廉之四
甲乙甲甲甲甲弟一廉之五
乙甲甲甲甲甲弟一廉之六
甲甲甲甲乙乙弟二廉之一
甲甲甲乙乙甲弟二廉之二
甲甲乙乙甲甲弟二廉之三
甲乙乙甲甲甲弟二廉之四
乙乙甲甲甲甲弟二廉之五
甲甲甲乙甲乙弟二廉之六
甲甲乙甲甲乙弟二廉之七
甲乙甲甲甲乙弟二廉之八
乙甲甲甲甲乙弟二廉之九
甲甲乙甲乙甲弟二廉之十
甲乙甲甲乙甲弟二廉之十一
乙甲甲甲乙甲弟二廉之十二
甲乙甲乙甲甲弟二廉之十三
乙甲甲乙甲甲弟二廉之十四
乙甲乙甲甲甲弟二廉之十五
甲甲甲乙乙乙弟三廉之一
甲甲乙乙乙甲弟三廉之二
甲乙乙乙甲甲弟三廉之三
乙乙乙甲甲甲弟三廉之四
甲甲乙乙甲乙弟三廉之五
甲乙乙甲甲乙弟三廉之六
乙乙甲甲甲乙弟三廉之七
甲乙乙甲乙甲弟三廉之八
乙乙甲甲乙甲弟三廉之九
乙乙甲乙甲甲弟三廉之十
甲乙甲甲乙乙弟三廉之十一
乙甲甲甲乙乙弟三廉之十二
甲乙甲乙乙甲弟三廉之十三
乙甲甲乙乙甲弟三廉之十四
甲甲乙甲乙乙弟三廉之十五
甲乙甲乙甲乙弟三廉之十六
乙甲甲乙甲乙弟三廉之十七
乙甲乙乙甲甲弟三廉之十八
乙甲乙甲甲乙弟三廉之十九
乙甲乙甲乙甲弟三廉之二十
甲甲乙乙乙乙弟四廉之一
甲乙乙乙乙甲弟四廉之二
乙乙乙乙甲甲弟四廉之三
甲乙乙乙甲乙弟四廉之四
乙乙乙甲甲乙弟四廉之五
甲乙乙甲乙乙弟四廉之六
乙乙甲甲乙乙弟四廉之七
甲乙甲乙乙乙弟四廉之八
乙甲甲乙乙乙弟四廉之九
乙乙甲乙乙甲弟四廉之十
乙乙乙甲乙甲弟四廉之十一
乙甲乙甲乙乙弟四廉之十二
乙乙甲乙甲乙弟四廉之十三
乙甲乙乙甲乙弟四廉之十四
乙甲乙乙乙甲弟四廉之十五
甲乙乙乙乙乙弟五廉之一
乙甲乙乙乙乙弟五廉之二
乙乙甲乙乙乙弟五廉之三
乙乙乙甲乙乙弟五廉之四
乙乙乙乙甲乙弟五廉之五
乙乙乙乙乙甲弟五廉之六
乙乙乙乙乙乙五乘方隅

以甲乘乙、或以乙乘甲爲相乘。以乙除之得甲，以甲除之得乙。

相乘，兩數不同之乘也，所得即從方形。方田術云：廣十五步，從十六步，廣從步數相乘得積步。里田術云：廣二里，從三里，廣從里數相乘得積里，是也。合分術云：母互乘子，并以爲實，母相乘爲法。乘分術云：母相乘爲法，子相乘爲實，蓋數不同而等級同也。帶從開方之法：徒示以從，故必先得廣數，自乘，然後與從乘得如積也。從方所示之從，從之差非從之全，於從之全，減去廣數，即餘從之差，所示惟差，斯多一乘也。劉氏注方田術相乘得積步云：此積謂田冪，凡廣從相乘謂之冪。李淳風以冪是方面單布之名，積乃衆數聚居之稱，斥注爲乖。循謂廣從相乘爲冪，而經不言冪言積，故注云：此積謂田冪。謂之云者，不專於是之稱也，劉氏未嘗以積訓冪，李斥之，非矣。

三數相乘爲連乘。或先以乙乘甲，連以丙乘之。或先以丙乘乙，連以甲乘之。或先以甲乘丙，連以乙乘之。其得數皆等。以甲除之，得乙丙相乘之數。以乙除之，得甲丙相乘之數。以丙除之，得甲乙相乘之數。任以一數除之，皆盡。若以甲乘乙、以乙乘丙、以丙乘甲，并之，任以三數除之，皆不盡。

算經統謂之相乘。方田平分術云：母相乘爲法，均輸假田術云：畝法相乘，五渠注池術云：日數相乘，張邱建獵鹿術云：以右三位相乘，蕩盃術云：令人數相乘，細草云：以二三四相乘得二十四是也。乘同於加，以甲加乙，以乙加甲，其數既等，則以甲乘乙猶之以乙乘甲也。或先以甲乙相加後加以丙，或先以乙丙相加後加以甲，或先以甲丙相加後加以乙，其得數皆同。則以甲乙丙相乘而先甲乙者，猶之先丙乙也，且猶之先丙甲也。諸乘方廉隅相配之法全以此義，三數以上至五數六數亦然。梅勿菴云「凡數三宗以上，用各母連乘爲共母」是也。除者乘之反，三者皆以乘得數，故皆可以除盡之。如甲三、乙五、丙七，連乘爲一百零五，以三除之得三十五而盡，以五除之得二十一而盡，以七除之得十五而盡，不必再商之而後盡也。若三五相乘爲十五，五七相乘爲三十五，三七相乘爲二十一，并之爲七十一，以三除之則不盡二，以五除之則不盡一，以七除之則不盡一，蓋本各少一乘，少一乘而多一除，自不足以相消矣。三乘五爲十五，以七除之，去十四，不盡一。五乘七爲三十五，以三除之，去三十三，不盡二。三乘七爲二十一，以五除之，去二十，不盡一。不盡一者，合之仍不盡一。不盡二者，合之仍不盡二。何也？不盡之數化於所入，不能化於所出也。分而除之不盡者一，合而除之不盡者三，何也？不盡之數各居其一，合聚爲三也。蓋在此爲盡，在彼爲不盡，分之爲兩數之盡、一數之不盡，合之則盡者從乎不盡、不盡者從乎盡。不盡者從乎盡，則不盡者無所移。盡者從乎不盡，則盡者化爲不盡，於是各有所盡。已各有所不盡，所不盡各合於所盡，故不相碍而恰相齊也。《孫子算經》云：有物不知其數，三三數之賸二，五五數之賸三，七七數之賸二，問物幾何。術云：凡三三數之賸一，則置七十。五五數之賸一，則置二十一。七七數之賸一，則置十五。一百六以上，以一百五減之，即得。一百五者，即連乘之數也。七十、二十一、十五者，遞乘相并之數也。賸一者，三數遞除之差也。明乎二乘一除之理，可悟孫子比例之意也。乃二乘一除亦有盡者，如三、七、九，以七乘九爲六十三，以三除之亦盡。然三乘九而七除則不盡，七乘三而九除則不盡。知三除之而盡者爲偶然，非定理。設三五九爲率，五九除亦不能盡矣，此奇數也。以偶數言之，二四六遞乘并之，四與二除之則盡，六除之則不盡。四六八遞乘并之，六與八除之則盡，四除之則不盡。二四八遞乘并之，三率除之皆盡。二六八遞乘并之，六與八除之不盡，二除之則盡。又以奇偶相間言之，三六九遞乘并之，三與九除之皆盡，六除之不盡。二五八遞乘并之，五與八除之不盡，二除之則盡，其盡亦皆偶然也。

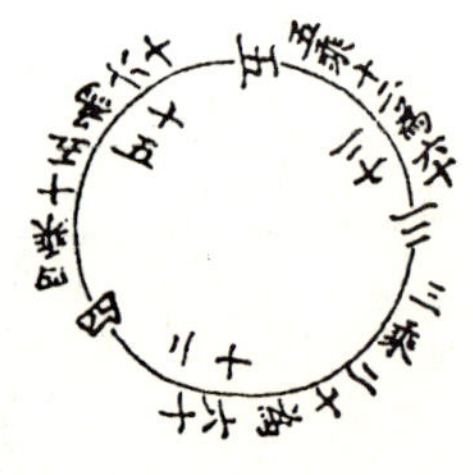

以甲乙與乙甲相乘爲從方廉隅積。如甲乙爲一十九，乙甲爲九十一，相乘得一千七百二十九。以甲乙減乙甲，以甲乙乘之，又以甲乙自乘，其數等。一九與九一相減餘七十二，以一十九乘七十二得一千三百六十八，又以一十九自乘得三百六十一，合之爲一千七百二十九。以乙甲任分之，以甲乙偏乘之，其數等。或分九十一爲七十二與一十九，而以一九偏乘之，或分九十一爲四十五與四十六，以一九偏乘之，或三分之，或四分之，其偏乘得數皆同。

帶從開方之法初商有方有從，即從差。次商有廉有隅有從隅，其原出於兩異數之相乘，如甲乙之乘乙甲是也。甲乙乘甲乙，如一九乘一九，爲自乘。甲乙乘乙甲，如一九乘九一，爲相乘。推之以甲乙乘乙乙，以乙甲乘甲甲，以乙甲乘乙乙，以甲乙乘甲甲，及以甲乙乘丙丁，以甲乙乘戊己，皆然。獨舉甲乙乙甲言之，見同是兩甲兩乙，一經顛倒，則變自乘爲相乘，變平方爲從方也。蓋從即兩數之較數，亦即本數之分數，先自乘而又與從相乘者，即以一數偏乘諸數之理也。

一九與九一兩數相乘。　　兩數相減，先以一九自乘，次以一九乘七二。

一乘九　〇九　　〇一　〇七
一乘一　〇一　　〇九　〇二
九乘九　八一　　〇九　六三
九乘一　〇九　　八一　一八
廣一九　仍原數　一九　一九
從九一　分爲兩　一九 七二　四五 四六

偏乘。

一乘七　〇七　一乘四　〇四
一乘一　〇一　一乘四　〇四
一乘二　〇二　一乘五　〇五
一乘九　〇九　一乘六　〇六
九乘七　六三　九乘四　三六
九乘一　〇九　九乘四　三六
九乘二　一八　九乘五　四五
九乘九　八一　九乘六　五四

從方之定位最易混淆，蓋方廉隅以次相列，從法不與廉隅相次，必審酌而後得之。若明偏乘之理，如一七一同列上層，則一乘七一得數亦並列上層。一列上層，二九列下層，則相乘必並低一格。九列下層，與上層七一相乘，以下乘上猶以上乘下，故亦並列。九二九皆列下層，其乘得之數自又低一格矣。

大從　方

小從　方

從方之例有二：曰大從：以甲乙乘乙甲，或以甲乙乘丙丁是也。曰小從：以甲乙乘甲甲，或以甲乙乘甲丁是也。上數同，下數異，則從必小於上數也。上數亦異，則從必數倍於上數也。以從與積推之可見，譬以一九爲修，一二爲廣，則從零七而已。若以一九爲廣，三九爲修，則從二零視廣爲倍矣。至於廣一九，修九一，則兩數皆有從，而從益大矣。

小從　相減　大從　相減
一二　一二　一九　一九
一九　一二 〇七　三九　一九 二〇

偏乘　　　　　偏乘
一乘一　〇一　一乘一　〇一
一乘〇　〇〇　一乘二　〇二
一乘二　〇二　一乘九　〇九
一乘七　〇七　一乘〇　〇〇
二乘一　〇一　九乘一　〇九
二乘〇　〇〇　九乘二　一八
二乘二　〇四　九乘九　八一
二乘七　一四　九乘〇　〇〇

從爲數之所分，於所分存其空位，於偏乘依次乘之，自明定位之理。

兩乙一甲連乘之爲帶一從立方形。甲與乙相減，以乙再乘之，又以乙自乘再乘，相加，其數等。兩甲一乙連乘之爲帶兩從相等立方形。甲與乙相減，以甲再乘之，又以甲自乘再乘，相加，其數等。甲乙丙連乘之爲帶兩從不等立方形。以甲乙與丙相減，以丙各再乘之，又以丙自乘再乘，相加，其數等。

凡此數盈於彼數者爲從。兩朒一盈則一從。此立方長廉。兩盈一朒則兩從。此立方平廉。兩盈之數同，故其從相等。兩盈之數不同，故其從不相等。一從者置一從乘之，兩從者置兩從乘之，固也。然以朒自乘而加從，可也。以盈自乘而減從，亦可也。

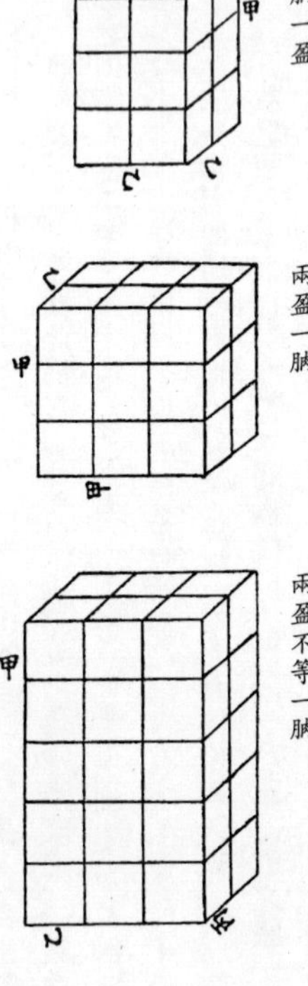

兩朒一盈　兩盈一朒　兩盈不等一朒

兩甲兩乙連乘之，或間乘之，並得帶從三乘方形。甲乙相乘，又以冪自乘，其數等。甲乙各自乘，又以兩冪相乘，其數等。甲如句，乙如股，以句自乘，以弦自乘乘之，減句自乘之冪，其數等。以股自乘，以弦自乘乘之，減股自乘之冪，其數等。以句自乘，以句弦較乘之，又以句弦和乘之，其數等。句自乘，以方積乘之，又以句自乘之數乘股，以句股較乘之，相加，其數等。股自乘，以方積乘之，又以股自乘之數乘股，以句股較乘之，相減，其數等。

算書有倍積自乘之術，用爲減從開三乘方，義殊奧秘，細爲繹之，其原發於兩甲兩乙之累乘，而通其變於句股。蓋乘法先後相通，列甲乙甲乙而累乘之，可也。列甲甲乙乙而累乘之，亦可也。列甲乙乙甲而累乘之，可也。列乙甲甲乙而累乘之，亦無不可也。由是既以甲乘乙，又以乙乘甲，而後乘之，可也。既以甲自乘，又以乙自乘而乘之，可也。在乘法無不可通，故所得皆同其數。句股即方之分形，故倍其積而自乘之亦如以方積乘方積之數。倍句股積自乘，即以甲乘乙又以乙乘甲而後乘之也。句自乘以股自乘之數乘之，即以甲自乘又以乙自乘而後乘之也。弦之自乘，即句股各自乘之合數。今既句自乘，又以股自乘乘之，若以弦自乘之數乘之，則多一句自乘乘之之數矣。於股亦然，而理甚明。句弦較乘句弦和得股自乘之數，股弦較乘股弦和得句自乘之數，則以較乘和，而用乘句股之自乘，即不啻股自乘句自乘之相乘也。方積者，句乘股之數。今句自乘，不以股自乘乘之，而以句乘股乘之，句乘股比之股乘股則少一句股較乘股之數，故必以句股較乘股，又用之乘句自乘之數，加之，而後合於股自乘以乘句自乘之數也。股自乘，不以句自乘乘之，而以股乘句之數乘之，股乘句比之句自乘則多一句股較乘句之數，故必以句股較乘句以乘句自乘之數減之，而後合於句自乘以乘股自乘之數也。或直而得之，或變化展轉而得之，其數均合，故不能直而得，可以變化展轉之者舍其所隱，用其所彰，即其所彰，探其所隱，不啻緣陰平而反出劍閣之外也。先輩用此法於上廉、下廉、益隅、負隅、翻積等術，曲折甚多。梅總憲《赤水遺珍》列諸條解之，然主於明借根之理，而未晰諸法之原，因爲詳之。有弦有句股相乘之積求句股，已爲句股相乘，則不必倍。以積自乘爲從立方積，以弦自乘爲從，商得數爲句自乘，又以從乘之，減句冪自乘之數，與從立方積減盡則得句。如《四元玉鑑》所舉：方積二百四十步，弦二十六步，求句。以二百四十自乘得五萬七千六百爲實，以二十六自乘得六百七十六爲從，商得一十，自乘得一百，以六百七十六乘之得六萬七千六百，存之。又以句冪一百自乘爲一萬，用減六萬七千六百餘五萬七千六百，與實合，則得句一十。若求股，商得二十四，自乘爲五百七十六，與從相乘得三十八萬九千三百七十六，存之。又以股自乘之五百七十六自乘得三十三萬一千七百七十六，與所存相減餘五萬七千六百，與實合，則得股二十四。按用冪自乘相減，即負隅也，此即以句股馭句股，以廉隅名之者，以從之增數名之也。有股弦和有句股積求句股，倍積自乘爲實，句股積倍之乃成從方。商得數爲股自乘，以股弦和爲從，除實得數爲股弦較之總數，以此總數除股自乘之數爲股弦較，以較減股弦和，半之得股。試以句三股四弦五明之，句股積六，股弦和九，求句股。倍六爲一十二，自乘爲一百四十四，以從九除之得一十六，存之，商得四爲股，自乘得一十六，除所存得一爲股弦較，於股弦和之九減較一得八，半之得四，所商同，即得股四。若句弦和八，則以八除一百四十四得一十八，存之，商得三爲句，自乘得九，以九除所存得二爲句弦較，於句弦和之八減較二得六，半之得三，所商同，即得句三。又試以梅總憲所舉法推之，句股積五百四十，股弦和九十六，求股。倍積自乘爲一百一十六萬六千四百，以九十六除之得一十二萬一千五百，存之，商得四十五，自乘之得二千零二十五，除所存一十二萬一千五百得六，以減股弦和之九十六餘九十，折半得四十五與所商合，即得股四十五。此比翻積開三乘方法似爲簡便，而其理易明。《算法統宗》設圜田徑十步，截弧矢積十步，問弦矢。其法以倍積自乘得四百步爲實，四乘積得四十爲上廉，四乘徑得四十爲泛下廉，五爲負隅，用開三乘方法，商二步乘上廉得八十爲上廉法，乘負隅得十步以減泛下廉餘三十爲定下廉，二自乘得四步以乘定下廉得一百二十步爲下廉法，併上下廉法，共二百步爲下法，復以商數二步乘之得四百步，除實恰盡。循案古弧田法：以矢乘弦半之，又以矢自乘半之，合之爲弧矢形。此術較今法爲疎，故梅總憲以爲不合密術也。形雖弧矢，而以矢自乘，及矢乘弦言之，已是從方，弧矢積既爲矢自乘與弦矢相乘之半，今倍之，則矢自乘及弦矢相乘之從方矣。倍之自乘，較不倍自乘之數爲四倍，故以四乘爲上下廉。然設負隅并下法，其理不易了。試以前法馭之，積十步其爲從方也，非廣二修五，即廣一修十。今以積自乘從方已是兩句股，不必倍。得一百爲實，積一十爲從，商得二，其廣即矢。自乘爲四，以從乘之得四十，減實餘六十，以所商自乘之四除之得一十五，以二乘之得三十，以積十除之得三爲句股較，加二爲五，以二乘之得十，減盡，即得矢二。再以矢折半得一，與五相減得四，倍之得八爲弦，以圜徑十步衡之合數，若廣一修十，則不合數。若倍數自乘得四百，以四乘積得四十爲從，商得二，自乘得四，與從乘得一百六十，減四百餘二百四十，以四除之得六十，以十除之得六爲較，以六除之得十，除六十非除六。以二乘之得二十，與倍積恰合，即得矢二、弦八。試以句三股四明之，積一十二，自乘一百四十四爲實，以積十二爲從，商得三，自乘得九，九乘從十二得一百零八，用減實，實餘三十六，以九除之得四，以商得之三乘之得一十二，以十二除之得一，爲句股較。加三爲四，得股四。或商得四，自乘一十六，乘從得一百九十二，減去實餘四十八，以一十六除之得三，以商得之四乘之得一十二，以積一十二除之得一，爲較。減四爲三，得句三。蓋積爲句乘股之數，以句自乘比之則不足，以股自乘比之則有餘。不足則相加，有餘則相減，故以較加句爲股，以較減股爲句也。句股以盈朒分加減，則積之所乘亦有加減。故以積乘句冪爲朒於實，則於實中減所得數；以積乘股冪爲盈於實，則於所得數中減實。於所得數中減實，而用其餘，所謂翻積法也。明乎加減之理、盈朒之原，則翻積之指固淺近無艱奥也。開平方立方之法所得數朒於原實，則以減餘爲次商，此積乘句冪而減實以用其餘者貌爲似之，開方之法所商數盈於原實，則爲不合，所以有改商之法。此以積乘股冪爲盈於實，乃即減實翻積以用其餘，與改商之法大異，初學或駭之以至於惑，不知開方之從真從也。以積爲從，假從也。真從而不合，是真不合也。假從而不合，是不合於假，而轉可合於真也。真從藏於實中，與所商爲表裏。假從不離於句股中，與真從爲消息，故明於句股相乘與股句各自乘之較，則用於實外用於實内其義本同也。吾友歙縣汪萊孝嬰於算數精思入理，每發前人所未發，嘗推梅總憲以句股和求諸數立法爲誤，其説云：凡一句弦和，任設一句弦較，求得句股積必有又一句弦較所求之句股積與之相等。蓋兩句弦較兩數及兩句弦較相併，與句弦和相減之餘數必爲連比例之三率。兩句弦較兩數必爲首末二率，兩句弦較相并與句弦和相減之餘數必爲中率，句弦和必爲三率併數，此等積等句弦和得有兩形之故也。於是立有兩積相等，兩句弦和相等，求兩句股形各數之法云：四倍句股積自乘，句弦和除之得數爲帶縱長立方積，以句弦和爲所帶之縱，用帶縱長立方法開之，得本方根數爲兩句股形中兩句弦較之中率，自乘得數爲帶縱平方積，又以中率與句弦和相減，得數爲帶縱平方長闊和，用帶縱平方長闊和法開之，得長闊兩根爲兩句股形中兩句弦較數，再用句弦較與句弦和求句股弦法，即得兩句股形各數。循按止求一數，故倍而自乘，今求兩形，故四倍而自乘，倍而自乘，即得一形之句弦較，四倍而自乘，即得兩形之中率。孝嬰獨得之解，真可補梅氏之所未及，詳見其所著《衡齋算學》中。又按梅氏《赤水遺珍》載丁維烈翻積之法而説之云：有句股積及股弦和較、或句弦和較求句股，向無其法，苦思力索知其須用帶縱立方，因立法四條，嘗考王孝通《緝古算經》，有題云：假令有句股相乘冪七百六十六五十分之一，弦多於句三十六十分之九，問三事各多少。句股相乘冪即積也，弦多於句即句弦較也。其術云：冪自乘，倍多數而一爲實，半多數爲廉法從，開立方除之即句，以弦多數加之即弦，以句除冪即股。倍多數而一爲實者，倍句弦較除句股積自乘之數也。以較除股冪，必得兩句與一句弦較之數，故倍較除股冪，必得一句與半較之數。一句與半較之數，即句爲根半較爲從之立方也。弦冪中去句冪所餘廉隅形，詳見下條。是爲句股積、句弦較求句股。又繼一題云：假令有句股相乘冪四千三十六五分之一，股少於弦六五分之一，問弦多少？是則句股積、股弦較求弦也。然則是法唐初有之，實爲倍積自乘之術所始，梅氏以爲向無其法，其未見此書歟。王氏立句股積、句弦較之題，而不及句弦和者，固以較數有定，和數無定，故較有算法，而和無算法。孝嬰兩形之説王氏固已知之，引而不發，躍如也。孝嬰立兩形之術不獨正梅氏之誤，亦所以探王氏之隱，而補其闕矣。

自乘而倍之，開方得弦，相乘而倍之，加其從數之自乘，亦開方得弦。

開平方出於自乘，開從方出於相乘，既有方，即有斜綫，既有從，即有盈朒，故句股之術由從方而生也。其名見於《周髀》，其術見於《九章》，所謂「句股各自乘并而開方之，即弦」是也。循謂立法之原皆由純以推至於互，由繁以省至於約。自乘，乘之純。相乘，乘之互。以自乘之平方緣斜綫分剖之，使斜綫向外爲邊綫，使邊綫向内相合，已成一平方之半，又加以半，則弦變爲邊，故欲得弦數，倍而開方之也。因推此意於相乘之從方，亦以同數兩從方斜剖，使弦向外爲邊，使邊向内相合，而邊既有盈朒，則短長相抵，中必空，有一小方即從數自乘之方，此句股之術所由立，亦即句股相求諸術所由生也。因又推之，平方用倍，即以兩邊各自乘也。倍從方而缺一從自乘者，以盈朒兩邊各自乘，以盈補朒，而從自乘之方自在也。故用句股各自乘并而開方之，以其簡於相乘而倍之，又加從自乘也。《周髀》云：數之法出於圓方，圓出於方，方出於矩，矩出於九九八十一，故折矩以爲句廣三，股修四，徑隅五。既方其外，半之一矩環而共盤，得成三四五。兩矩共長二十有五，是謂積矩。趙君卿注云：方，周帀也。矩，廣長也。九九，乘除之原也。按矩即綫，方即冪，數不離於九九，以數爲綫，乘之爲方也。下乃言句股之數而歸諸折矩，可知句股之原亦出於九九矣。出於九九者，由自乘相乘而推致之也。折矩之義，原注未明。於折矩下繫以句股弦，此折字即下環而共盤之義，以矩折爲三而環之也。下云既方其外者，從方之兩面向外而爲正角，故曰方其外。言方，則從方矣。今半之，以所以半之之一綫與句股兩端相接，環成三角之形，於是三四五之率成，故曰一矩環而共盤得成三四五也。向外非句股而何？此一矩爲弦，下云兩矩共長二十有五，此兩矩即句股矣，即方其外者矣。共長二十五者，三四各自乘之共數也。

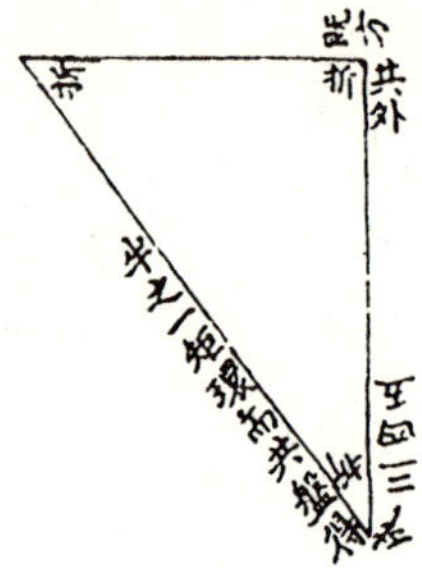

倍自乘之數，即兩邊各自乘之數。倍相乘之數，即兩邊各自乘之數少一差自乘也。蓋自乘兩邊無盈朒，相乘兩邊有盈朒，相乘者，以盈乘朒。今以盈乘盈，則多一盈乘從之數。以朒乘朒，則少一朒乘從之數。以所多盈乘從之數，補所少朒乘從之數，仍餘一從乘從之數，故倍自乘，必增一從自乘乃與邊各自乘之數合也。在從方謂之帶從，在句股謂之句股差，又曰句股較。句股各自乘，并之得弦積，則弦自乘減股自乘，自然得句。減句自乘，自然得股矣。倍從方加從自乘得弦積，則弦自乘減從自乘，半之，即從方矣。弦既統乎句股各自乘之數，則弦股之較屬句，弦句之較屬股。方其股於弦中，於五五二十五中，取四四一十六爲平方。句必磬折而讓之。句積九，必不能爲方。方其句於弦中，股必磬折以讓之。其狀若開方之有廉隅，故以股爲方，倍弦股較乘股，又以較自乘并之，即句積。以句爲方，倍弦句較乘句，又以較自乘并之，即股積。方如初商之方，倍之爲二廉，較自乘即隅法。於是有弦較而句股可求矣。若句股兩方並爭於弦方之中，則兩隅必相蝕。兩隅相蝕之數，即兩畔磬折相蝕之數。故以句弦較乘股弦較，倍其數與兩隅相蝕之數等。因而開方之，即與兩隅相蝕之方等。是方也，加句弦較即股，加股弦較即句。於是有句弦較、股弦較，而句股可求矣。斜剖兩從方，以弦向外，其中爲較，若以同數四從方，盈朒相續，成平方，其中亦爲較，盈朒相續，即句股和，故四其從方之積加從自乘之積開方之，即句股和。句股和自乘，減去從自乘之積，四除之，即一從方積，其義與弦股求句弦句求股同也。弦股和自乘，弦爲方，股爲隅，弦乘股、股乘弦爲兩廉，狀亦如開方。蓋倍弦自乘，則統句股積各四。今弦股和自乘，股必得四，句且不能滿二，何也？弦自乘之積統句股各自乘之積，弦股和自乘，則股自乘之方四，股乘弦股較之方亦四。弦股較自乘之方一，股乘弦股較倍之，合弦股較自乘積爲句自乘積。弦股和自乘爲股乘弦股和者二，爲股弦較乘弦股和者一，以股弦較乘股弦和，即句自乘積。今股乘弦股較之積有四，而弦股較自乘積止有一，故不滿兩句冪也。若減去一句冪，則爲股自乘者二，股乘弦股較者亦二，半之則股自乘者一，股乘弦股較者亦一，並之爲股乘弦股和，以弦股和除之即股，若加一句冪，則股乘弦股和之積一，股弦較乘股弦和之積一，並之爲弦乘股弦和，以股弦和除之，即弦，於是有弦和而句股可求矣。以股弦和乘句弦和，倍而開方之，即句股弦之合數，故減句弦和得股，減股弦和得句，於是有股弦和句弦和而句股可求矣。《九章算術》立句股弦相求之術，以圓材求方版之術明句弦之求股，以葛纏木齊之術明句股之求弦，又有股弦差與句求股弦之題五，葭生池中一，立木繫索二，倚木於垣三，圓材鋸道四，開門去閫五。句股差與弦求句股之題一，户高多於廣六尺八寸，兩隅相去適一丈，問户高廣各幾何。句弦差股弦差求句股弦之題一，户不知高廣，竿不知長短，横之不出四尺，從之不出二尺，邪之適出，問户高廣袤之數各幾何。句及股弦并求股之題一，竹高一丈，末折抵地，去本三尺，問折者高幾何。股及句弦并求句股弦之題一，二人同所立，甲行率七，乙行率三，乙東行，甲南行十步而邪，東北與乙會，問甲乙行各幾何。趙君卿注《周髀》推而明之，作三圖以括其義，實爲割圜三角之所從出，前輩於此推之至精，循此書主於明加減乘除之理，故止辨其術之出於自乘相乘，不復詳其術也。

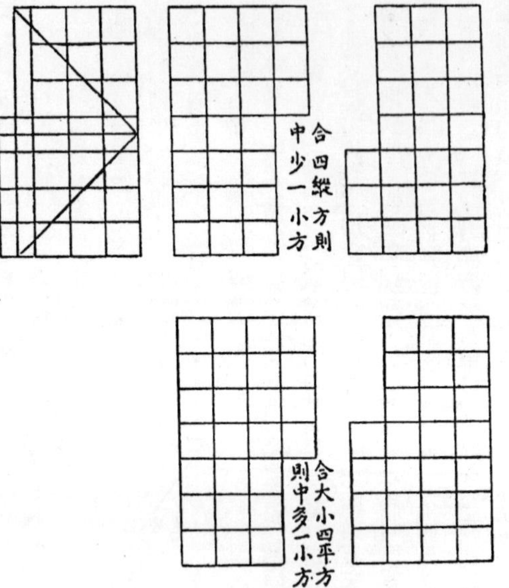

有句股，則必有斜弦，固矣。若同此句股，同此句股之積，不斜絙之，而曲其線與句股平行，以成一縱方之廉隅曲尺形，此曲線之數與斜絙之弦數等，其隅之徑數即弦與句股和之較數。於是曲尺内亦成句股形，以内句乘内股，即外句乘外股之半。舊法以句股和減弦即容圓徑，然則於句股和數中減此容圓徑數即得弦數。既減此容圓徑數，而以餘句乘餘股，即得句股積數。何也？餘句即當内句，餘股即當内股也。李欒城《測圓海鏡》以圓城立算術第十六問云：出西門南行四百八十步有樹，出北門東行二百步見之。出西門而南，則餘股也。出北門而東，則餘句也。行二百步見樹，則弦也。此弦即餘句餘股之數。其法云：以二行步相乘爲實，二行步相併爲從一步，常法得半徑。常法者，開從方法也，然則有弦有積，以弦爲從，猶之有餘句餘股，相乘爲積，復并以爲從也。惟餘句餘股即弦，故句股相乘之積以容圓半徑除之，適得句股弦之和數。何也？以此曲尺形而直之，以一廉一隅爲句，其一廉爲股，則少一隅。以一廉一隅爲股，其一廉爲句，則亦少一隅。句少一隅，正是餘句，股少一隅，正是餘股。餘句餘股，正是斜弦。故倍句股積而除之爲半徑，倍相乘之積而除之爲全徑也。以弦與句股和相較，其差爲半徑。若於弦中去一句，於句股和中亦去一句，則弦句差與股相較，其差仍爲半徑。或於弦中去一股，於句股和中亦去一股，則弦股差與句相較，其差亦仍爲半徑，即卷一所謂各減一甲，其差相等者也。弦句差與股較，餘爲半徑。弦股差與句較，餘爲半徑。並弦句弦股兩差，與句股和相較，餘必爲兩半徑。句股和與弦較既多一半徑，則弦股弦句之差與句股和相較，爲多兩半徑者，而與弦相較，必爲多一半徑矣。故并兩差以減弦，亦得容圓半徑也。推之有句股差、有弦，以差減弦，折半之爲餘句，加差爲餘股。有餘句、有弦，相減爲餘股。有餘股、有弦，相減爲餘句。由餘句、餘股而得半徑，得半徑，則得句股矣。昔人闡句股之理，精詳至矣，然皆以斜線言，未有變斜爲曲以明之者，補以於此。

容圓半徑　隅　餘句　餘股

縱方廉隅曲尺形。

甲　乙　丙　丁　戊　己　庚　辛　壬

甲壬作斜線爲弦五，丁戊辛作曲線亦如弦數之五，丁戊與辛戊相乘恰得甲丙乘壬丙之半，丁戊辛與甲丙壬相減，餘乙丙己，即容圓徑。

股　弦　句

餘股　隅　餘句　餘股　隅　餘句　容圓半徑

再乘而半之，爲塹堵之積。再乘而三分之，爲陽馬之積、方錐之積。再乘而六分之，爲鼈臑之積。

商功有堢壔、方亭、方錐、塹堵、陽馬、鼈臑、羡除、芻甍、芻童等術，究之惟塹堵、陽馬、方錐、鼈臑而已。《數學鑰》以屬少廣章，《九數通考》以屬方田章，均非古法。方錐爲四陽馬形，而與陽馬同數者。試以一立方斜解之，成兩塹堵。若自中分兩畔斜解之，必成塹堵形二。兩塹堵背連形一是兩塹堵當一塹堵之積矣。一塹堵斜解爲一陽馬、一鼈臑。若亦以兩畔斜解之，必成鼈臑形四，兩陽馬背連形一是兩陽馬當一陽馬之積矣。一塹堵分兩畔斜解，得兩陽馬背連之形。若以兩塹堵背連之形分兩畔斜解之，自必得四陽馬背連之形，故其形爲四陽馬，而其積仍一陽馬也。由是剖方錐爲二，間於兩塹堵背連形之兩端，則爲芻甍。《九章算術》云：芻甍下廣三丈，袤四丈，上袤二丈無廣，高一丈是也。《數學鑰》誤以兩塹堵背連形爲芻甍，又誤爲芻薨。由是截方錐爲二，上半仍爲方錐，下半爲方亭。《九章算術》云：方亭下方五丈，上方四丈，高五丈是也。截芻甍爲二，上半仍爲芻甍，下半爲芻童。《九章算術》云：芻童下廣二丈，袤三丈，上廣三丈，袤四丈，高三丈是也。蓋以方亭之廣袤化立爲平，則廣袤交午之處隅隅相貫，與斜綫若合符節，而題湊於中，以芻童之廣袤化立爲平，則廣袤交午之處必不能兩隅相貫，而兩斜綫之端可遇，四斜綫之端不可遇。方亭爲一立方，四陽馬及相等之四塹堵或爲一帶從立方四陽馬及不相等之四塹堵。而上方之形必等於底，底之形必等於四陽馬之底。若芻童雖猶是一帶從立方四陽馬及不相等之四塹堵，而上方之形必不等於底，底之形必不等於四陽馬之底。等則可相比例，不等則否。方亭術云：上下方相乘又各自乘并之，以高乘之，三而一。芻童術云：倍上袤，下袤從之，亦倍下袤，上袤從之，各以其廣從之，并以高乘之，皆六而一。曰方曰芻名既各别，或三或六術亦分附。循謂方亭可以用六，芻童必不可用三，觀於其底，固理之自然也。方錐與陽馬同積，而術有自乘相乘之分，故别其名。塹堵之形有二，鼈臑之形有三，不别之者其術同也。塹堵之二何？斜解立方兩端句股者一也。兩畔斜解立方作屋形者二也。鼈臑之三何？自方錐斜解之，成四面三角形一也。自塹堵斜解之，成四面句股形二也。自陽馬斜解之，或以四面三角者中分之，成三面句股、一面三角形三也。而皆謂之鼈臑，亦皆謂之立三角，立方之有鼈臑，猶平方之有句股也。

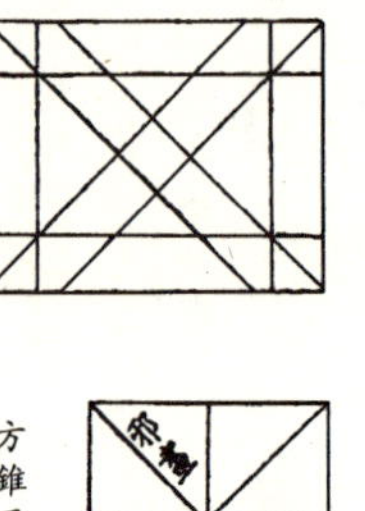

方錐正解爲四陽馬，邪畫爲四鼈臑。邪畫則陽馬悉中解。

芻童兩隅之線不能相貫。

方亭隅隅相貫，題湊于中。

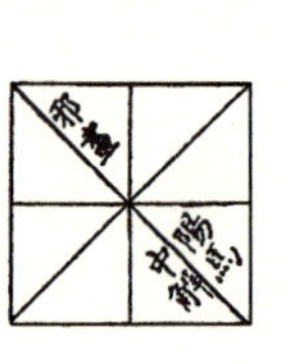

王孝通上《緝古算經》表云：「伏尋《九章》商功篇有平地役功受袤之術，至於上寬下狹、前高後卑，正經之内闕而不論。臣晝思夜想，臨書浩歎，於平地之餘續狹邪之法，請訪能算之人考論得失。如排其一字，臣欲謝以千金。」循按商功以邊求積，王氏此書以積求邊，如少廣方田，適相表裏，誠爲善於得間矣，然其法仍不外商功之理。劉氏之注極精至巧，會而通之，已足括孕此書。且以其義核王氏之術，可排者正不止一字，推而窮之，雖不敢遽攫其金，亦庶幾少申其義也。其弟二題云：仰觀臺上下廣差二丈，上下袤差四丈，上廣袤差三丈，高多上廣一十一丈，問廣高袤。答曰：高一十八丈，上廣七丈，下廣九丈，上袤一十丈，下袤一十四丈。術曰：以上下袤差乘廣差，三而一，爲隅陽冪。以乘截高，爲隅陽截積冪。又半廣差乘塹上袤，爲隅頭冪。以乘截高，爲隅頭截積。并二積以減臺積，別有求積之法，詳見本書，其法近易，故不載。餘爲實，又并截高及截上袤，及并廣差袤差而半之之正數，爲廉法從。開立方除之，得上廣。弟六題云：窖上袤多上廣一丈，少於下袤三丈，多於深六丈，少於下廣一丈，問深。答曰：深三丈，上廣八丈，上袤九丈，下廣十丈，下袤十二丈。術曰：廣差乘袤差，三而一，爲隅陽冪。置塹上廣，半廣差相加以乘塹上袤，爲隅頭冪。又置塹上袤塹上廣并爲大廣，又并廣差袤差半之，加大廣爲廉法從。開立方除之，即深。弟七題云：亭倉上下方差六尺，高多上方九尺，問上方。答曰：上方三尺，下方九尺，高一丈二尺。術云：方差自乘，三而一，爲隅陽冪。以乘截高，以減積，餘爲實。置方差加截高爲廉法從，開立方除之，即上方。方亭爲一立方四塹堵四陽馬，故先減四陽馬積，餘一立方四塹堵，四塹堵合爲二，故以方差爲一從，截高爲一從也。凡差皆并兩畔言。陽馬在隅，故謂之隅陽。以乘截高，故曰隅陽截積冪。截高，即高差也。方亭爲正方，故無袤廣之名。若中爲帶兩從立方，而上下廣袤皆不等，則隅陽之冪必爲從方形，故并而半之爲正數。蓋四塹堵兩大兩小并而半之，適合爲大小兩立方矣。惟是上袤既侈於廣，則減去廣差，而上下廣相附減去袤差，下袤與上廣尚間一廣袤之差，廣袤之差所謂塹上袤也，以廣差及高乘而減之，而後所存之四塹堵乃與中方相附合也，是乘得之形廣直下而袤殺下，故預半廣差乘之，是謂隅頭截積，在陽馬塹堵之間，東西有而南北無也。窖形同於臺，而多一大廣者，所知者袤，所求者深，袤差之内又有袤與深差，是爲塹上袤，廣差之内又有廣與深差，是爲塹上廣，以塹上廣，乘塹上袤，得深方之四隅，其角與隅陽冪角相貫，位當塹堵之兩畔，而塹堵之兩畔適與深差尚不可與深合，於是以半廣差加塹上廣，而後以塹上袤乘之，如是則適當深袤與袤差之間，而上下袤俱如深之袤矣，是爲隅頭冪，半廣差者猶方亭之半廣差也，然袤與深之袤齊，而廣與深之廣尚不齊，何也？塹堵之横於南北者，其兩畔當塹上廣之處，未有處也。

於是又以塹上廣乘半袤差以消之，消之而後廣與深合矣。王氏術云又半袤差乘塹上廣，加隅陽冪隅頭冪，以爲方法是也。深之度與廣袤俱等，而廉從必合塹上廣塹上袤，廣差袤差可知矣。塹上袤廣體本全，無容半之，故并爲大廣。廣差袤差皆塹堵邪殺體，故并而半之也。總之王氏此術所舉皆差，所不舉即立方諸線之相等者。所求在廣，則必裁袤高以就廣，所求在深則必裁袤廣以就深，裁其不相合者，而相合者皆其從矣。乃循之疑也。方亭積減四陽馬，所餘以兩差爲兩從，以差乘差爲隅，固然。惟是以高差乘隅陽冪所得之陽馬，非方亭陽馬之全數。夫陽馬自高差而截，則尚有四陽馬尖附於立方之四隅，仍爲四小陽馬。而自截以下之陽馬，其端不鋭而童，如縱横剖方亭四分之一狀也。王氏依截高乘除爲陽馬，則改童爲鋭，而鋭外尚有所餘，此積既少，彼積乃多，求之何以得密數？如方差六，自乘三而一得十二，以截高乘之爲一百口八，減積餘三百六十，陽馬原積一百四十四尺，全高一丈二尺，乘隅陽冪十二之數也，今陽馬積僅一百口八，比原積少三十六尺。又試以下方九尺，乘上方三尺，爲從方底。以高一十二乘爲帶兩從立方體，積三百二十四，與三百六十相較，正餘三十六尺，此三十六尺者即四小陽馬及鋭外所餘之數，將何以處之乎？循謂此術不密，試依方亭求積之術，會而通之，宜三其積，以方差自乘，乘高差爲十二陽馬下半截積，以減積，餘積三而一，得數爲實。然後以高差廣差爲兩從法，求方邊，又以邊例上小陽馬邊，高差一率，下方二率，商得立方邊三率，求得小陽馬底邊四率。自乘以乘商得之邊，減實而恰盡，即方邊定數。又一法：餘積不三而一，而以三因方差及高差爲從法，方差冪爲隅法，求得數，再乘而三因之，減餘積恰盡，亦即方邊定數。如是而得數較密。蓋劉氏注《九章之術》法雖有闕，而義旨實包孕無遺，依之則合，離之則疎也。有如塹堵二爲立方一，二其積以開立方，則塹堵之邊可得矣。陽馬三爲立方一，三其積以開立方，則陽馬之邊可得矣。鼈臑六爲立方一，六其積以開立方，則鼈臑之邊可得矣。稱是以爲方亭臺窖等求之，原始返終之道，有如此也。

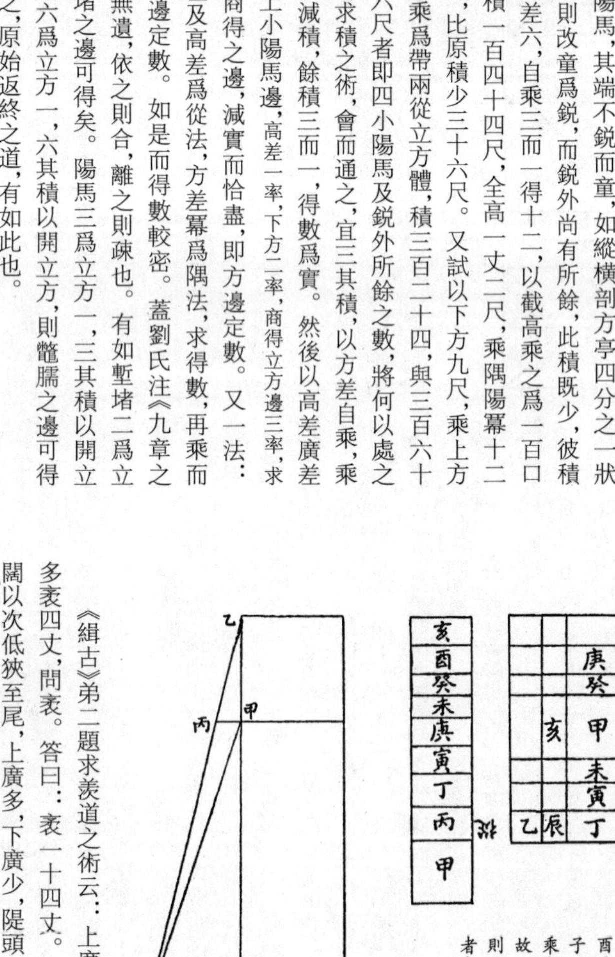

乙爲隅陽冪，丙丁爲塹堵□。

戊爲隅頭冪，壬己爲塹上袤乘上方冪，即上袤多于上廣之數。

甲爲深冪，未寅爲塹上袤，酉爲塹上廣，卯爲深冪之四隅，子丑午卯爲隅頭冪，辰爲半袤差乘塹上廣。術并兩畔之差立算，故曰半袤差半廣差。圖分兩畔，則丁即半袤差，丙即半廣差。閲者會之。

乙甲爲上方，丁己爲下方，乙戊爲高，甲戊爲截高，戊丁爲方差，乙戊丁爲陽馬全積，甲丁戊爲隅陽截積，乙甲丙爲上立方小陽馬，甲丙丁爲鋭外所餘。

《緝古》第二題求羡道之術云：上廣多下廣一丈二尺，少袤一百四尺，高多袤四丈，問袤。答曰：袤一十四丈。第四題云：築龍尾隄，其隄從頭高上闊以次低狹至尾，上廣多，下廣少，隄頭上下廣差六尺，下廣少高一丈二尺，少袤四丈八尺，問下廣。答曰：一十八丈。其自注云：龍尾猶羡除也。其塹堵一、鼈臑一，并而相連。其龍尾術云：隄積六因之爲虛積，以少高乘少袤爲隅冪，以少上廣乘之爲鼈隅冪，以減虛積，餘三約之即三而一。爲實，并少高袤，以少上廣乘之爲鼈從横廉冪，三而一，加隅冪爲方法，又三除少上廣，以少袤少高加之爲廉法從，開立方除之得下廣。循按此術是也，而義有未盡。《九章》羡除術云：并三廣，以深乘之，又以袤乘之，六而一。劉氏注云：假令上廣三尺，深一尺，下廣一尺，末廣一尺，無深，袤一尺，下廣皆塹堵之廣，上廣者兩鼈臑與一塹堵相連之廣也，以深袤乘得積五尺，鼈臑居二，塹堵居三，其於本基皆以爲六，故六而一。蓋乘上廣爲立方，是六鼈臑，以兩畔言之，則十二鼈臑。兩塹堵，兩與六不合，故又乘下廣及末廣爲四塹堵，合之恰得六羡除。王氏此術六其積是塹堵鼈臑各六矣，塹堵之六爲同數三立方，鼈臑之六爲上下廣差所乘之一立方。隅冪者，此立方之隅冪也。從横廉者，如平方之兩廉也，此即一縱一横之兩從，隅冪即從隅也。除去此立方六鼈隅，存六塹堵，適當三立方之積，故三除其積，而存二塹堵，適當一立方之積也。六鼈積所當之一立方，其中所減者鼈隅，而從横兩廉及一立方尚在，此積已隨而三除之，故必以廣差三除之以加袤差高差而爲從法也。循之疑也，推此術以袤差高差合立方爲高，以三除廣差，合袤差高差立方爲袤，固也。惟是鼈積之立方，既減去鼈隅，則二塹堵之立方所當鼈隅者，其積將何以位置，則於減積三而一之後，既合而算之，則兩猶一也。惟所舉者上廣，所求者下廣，故必以上廣多下廣數加，上廣少袤，爲下廣少袤。又以高多袤，加下廣少袤，爲下廣少高，餘盡同也。又弟三題有築隄術云：隄西頭上下廣差六丈八尺二寸，東頭上下廣差六尺二寸，東頭高少於西頭高三丈一尺，東頭上廣多東頭高四尺九寸，正袤多於東頭高四百七十六尺九寸，問東頭高？答曰：三尺一寸。術曰：以高差乘下廣差，六而一爲鼈冪。以高差乘小頭廣差，二而一爲大臥塹頭冪。半高差乘東頭上廣多高之數，爲小臥塹頭冪。并三冪，爲大小塹鼈率，乘正袤多小高之數，以減隄積，餘爲實，又并正袤多小高，并上廣多小高及半高差而增之，兼半小頭廣差，加之爲廉法從，開立方除之即小高。自注云：此爲平隄在上，羡除在下，兩高之差即除高。其餘兩邊各一鼈臑、中一塹堵。循按此平隄既有廣差，又高與廣不等，則在上之平隄不得竟以立方視之也。以高差乘下廣差，此所謂下廣差者，東下廣與西下廣之差也，爲鼈臑，故六而一。高差、小頭廣差俱邪殺線，故二而一，高差殺上廣多東頭東之差不殺，故止半高差乘之，東廣差六尺四寸，故爲大臥塹。上廣高差四尺九寸，故爲小臥塹。減此二塹一鼈，下餘一塹堵，爲半高差乘小高之冪。上餘一小高乘上廣高差之冪，一東下廣乘小高而半之之冪，其線度皆與小高齊，故以爲從。唯大小塹冪鼈冪俱袤差乘之，較全袤乘得者爲少，則亦猶方亭之隅陽截積也。其邪附於小高之下及大小塹鼈率之所餘，又何以處乎？試仍用龍尾隄術馭之，六其隄積爲虛積，爲上平隄形六，下鼈隅立方一，臥塹形三，因以下廣差乘高差，又連乘袤差，爲鼈截積。尚有所餘小立方形。又并東廣差東上廣與小高差，三因之，乘高差爲小臥塹大臥塹截積，尚餘立方形。減虛積，其餘三而一，爲帶從立方積。以高差及倍東上廣多高差、東廣差三者爲從，又以東頭上廣多高差加東廣差及三除下廣差，共乘以高差，又以求數自乘，二者共爲隅法，此隅法猶龍尾隄術以隅冪爲隅法也。要之所知者皆差，所不知者必立方，即所已知者而減去所不知者，必相脗合於立方，則以所知爲從，而數莫遁矣。王氏創爲此法，實大益後人神智。元欒城李氏《益古演段》《測圓海鏡》兩書用平方立方三乘方等，以馭諸術，其理無踰於此，而所以然則出於劉氏《九章》注之用三品赤黑棊法。棊者，蓋以金玉木石之類爲之，作立方塹堵陽馬鼈臑四形，每形赤黑各若干數，簇爲方錐、方亭、芻甍，芻童，羡除等狀，即知其方正斜直之殊及方隅廉從之故，累而合之，裁廣就袤，合半爲整，可成從方，變化無端，立算之妙，莫精於是，王氏謂其未爲司南，而自詡曲盡無遺，尚非至論，循服膺於劉氏，而甚慕王氏之善悟，因申其義趣，而改其疏率，以爲用平方立方乘方者述其門徑，願有道正之。

六鼈臑積

己隅先減去

二塹堵積

午丑丁丙爲從横廉。

乙隅未減去宜有以消之。

子丑午合甲丁丙爲從方。

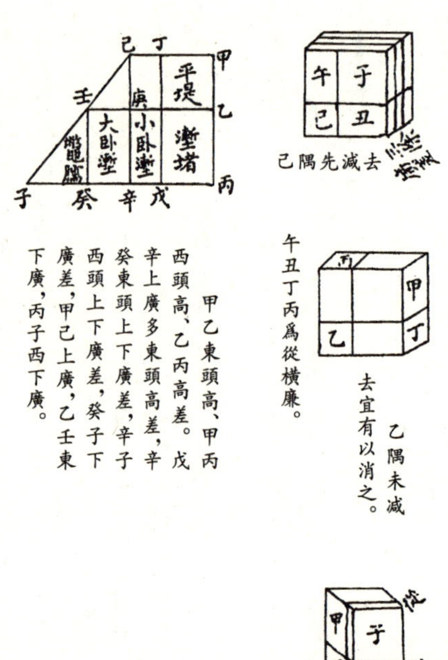

甲乙東頭高、甲丙西頭高、乙丙高差。戊辛上廣多東頭高差，辛癸東頭上下廣差，辛子西頭上下廣差，癸子下廣差，甲己上廣，乙壬東下廣，丙子西下廣。

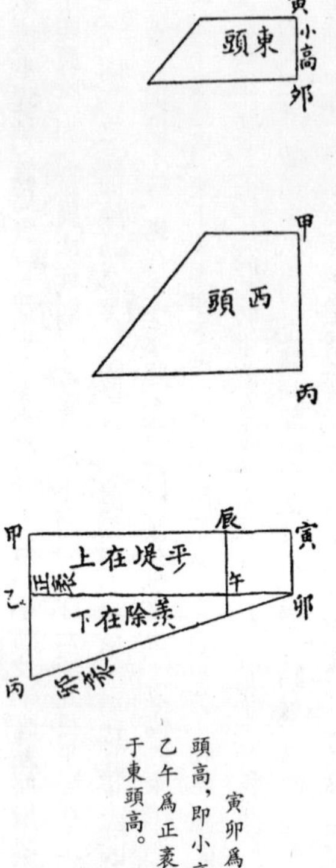

寅卯爲東頭高，即小高。乙午爲正袤多于東頭高。

有句股而後可以馭平圓，有鼈臑而後可以馭立圓。

自一至九，數也。加減乘除，錯綜此數者也。乘而後有冪，再乘而後有體，有冪有體，則數已成形。故平方、立方、縱方生於加減乘除，而加減乘除所生而致者實盡乎此。句股者，生於形者也，形復生形，而非數無以馭，則加減乘除又爲句股之所用也。句股爲用形之始，故爲衆形之所從生。蓋有句股而復用以割圓，則圓之形成，有句股而化之爲鋭鈍，則三角之用著。鼈臑爲句股之立者，規之即成立圓，又弧三角之弦切所集也。西人薩几理得《幾何原本》一書精於説形，梅勿菴明以句股之理。夫論形未有不本諸句股，猶論數未有不本諸加減乘除也。學者由數以知形，由形以用數，悉諸加減乘除之理，自可識方圓冪積之妙。論形之書多矣，余别有著，緣句股商功及方田少廣中，有求圓之術，因論其梗槩於此。

又 卷四

受除者爲實，所以除之者爲法，實如法而一，爲法除。

考諸算經，於乘不言法實，於除乃云實如法而一。蓋乘法可以相通，故實與法之名不必立。除法不容倒置，故實與法必嚴以爲限也。實如法而一者，實與法相等則得一，推此實倍於法則得二，再倍於法則得三也。《夏侯陽算經》云：凡算者，有五乘五除。一曰法除，此之謂也，倘不如法，則不足於一，宜降一位可知矣。授時術有定子法，其法十定一，百定二，千定三，萬定四，十萬定五，百萬定六，千萬定七，萬萬定八，不

法	法	法	法	法	法	法

一	實	實	實	實	實	實	實
二	實	實	實	實	實	實	實
三	實	實	實	實	實	實	實

滿法去一，滿法即實如法也。不滿法去一，即降一位也。梅勿菴説之云：「不論十百千萬之等，惟論自一至九之數。假如以八十除六百，亦爲不滿法，若以八百除九十，亦爲滿法，皆以得數有進位不進位而分，算中精理也。」循按：以八十除六百，已於六百之二子減去一子爲十，不滿法，又減去一子爲單，蓋既減百之於十，又減八之於六，非止減八之於六，不減百之於十也。乘法自單長至十，而後自十長至百至千至萬，則除法自萬減至千至百至十，亦必自十減至單，理之一定，數之必然。梅氏以爲精理，實平易無他奇也。

以法爲母，以實爲子，是爲命分。法除以總數爲實，命分以一數爲實。

命分之法，即除之理。如二人分一百枚，人得五十，此除得實數也。然五十即二分之一，則謂之二分之一亦可矣。又如四人分三枚，人得大半枚彊，此大半枚彊者，即四分枚之三。又若三人分六枚，人得二枚，此二枚者，即三分枚之六。蓋在三枚爲四分之一，在一枚則爲四分之三，在六枚爲三分之一，在一枚則爲三分之六，曰「實如法而一」，自三枚六枚言之也，曰幾分之幾，自一枚言之也，幾分幾之一，猶幾分一之幾也。

丁	丙	丙	乙	甲	甲
丁	丁	丙	乙	乙	甲

四分三之一即四分一之三。

丙	丙	乙	乙	甲	甲
丙		乙		甲	
丙	丙	乙	乙	甲	甲
丙		乙		甲	

三分六之一即三分一之六。

滿法用法除，不滿法用命分。

《九章算術》方田章云：不滿法者，以法命之。《孫子算經》云：實有餘者，以法命之。循謂滿法亦可命分，如前云，三分枚之六是也。但正數可得，則不必不法除。正數已得，則不必不命分。或法除之不盡者，用命分以盡之，皆從其便也。實有餘，亦謂正數既得，而尚有待除者也。少廣開方術云：「若開之不盡者，爲不可開，當以面命之。」劉氏注云：「術或有以借算加定法而命分者，雖麤相近，不可因也。凡開積爲方，方之自乘當還復其積分，令不加借算而命分，則常微少，其加借算而命分，則又微多。其數不可得而定，故以面命之爲不失耳。辟猶以三除十，以其餘爲三分之一，而復其數可舉，不以面命之，加定法如前，求其微數，微數無名者，以爲分子，其一退，以十爲母，其再退，以百爲母，退之彌下，其分彌細，則朱冪雖有所乘之數，不足言之也。」循案：《五經算術》於《論語》千乘之國用開方法，既得九萬四千八百六十八數，有未盡，乃命分云倍隅法得一十八萬九

千七百三十七分步之六萬二千五百七十六，此以定法加借算也。《孫子算經》開方，積二十三萬四千五百六十七步，既得四百八十四步，尚有未盡，乃命分云倍隅法從方法，上商得四百八十四，下法得九百六十八，不盡三百一十一，是爲九百六十八分步之三百一十一，此定法不加借算也。蓋除豫有定法，開方除不豫有定法，故先借一算列位以求之，求得數即得法，數定而後法定，逐漸而得數，亦逐漸而得法，因亦逐漸而借算。初借之一數，方也，方有數矣。又借一數，則隅也。所餘之實乃兩方邊一隅邊之所除。今倍方爲兩方邊隅邊之數，則正未豫知，遂姑以虛借之一數，合兩方邊之數以爲分母，而究之分母終非真數，焉得隅數之盡，巧合於一哉。設積一百二十一，開方之初商得一十，餘二十一不盡，乃倍方爲二十加虛借之一合二十一以爲母，是二十一分之二十一巧合於一十一。劉氏以爲不定而不可用是也，面命之説，今不依用亦未有詳之者，審其於開方術云，言百之面十也，言萬之面百也。又云：倍之者，豫張兩面。又云：再以黄乙之面加定法。是面即指方邊而言，故以三分之一言之。積十、初商三，減去實之九，餘實一，命爲三分之一，亦以三爲方邊也。但此據一邊爲母，謂之不失，恐亦未然，因又有求微數爲分子之説，何也？據一邊言，則止有一廉，已變平方爲縱方，故必開至豪忽微秒以下，無名可言，然後命分於一邊，爲數無多，不見縱方之形，故曰不足言之也。非定術不爲立例，而辨之於此。

滿法者爲全，以母乘全得積分，以子入之爲内子，別以數乘之爲乘散，據法以命實爲命分，化母以就子爲通分。

劉氏注《九章算術》云：分母乘全，内子乘散，全則爲積分，積分則與分子相通，故可令相從。《張邱建算經》云：以九乘二十一五分之三，問得幾何。答曰：一百九十四五分之二。草曰：置二十一以分母五乘之，内子三，得一百八，以九乘之得九百七十二。循案通分内子之義劉氏數語了然，張邱建、劉孝孫足以發明之。蓋九者散也，二十一者全也，五者母也，三者子也。二十一爲法除實之得數，三爲實所餘之數，欲以九乘之則枘鑿不相入，必仍以二十一乘母之五得原數，而後與子相通，内子得原積矣。得原積，而後乘散數之九，乃不礙也。如一斤爲十六兩，則十六兩爲法，亦爲母，足十六兩得一斤之全，不足十六兩則不得一斤之全，而爲子數。今有二十一斤三兩，是二十一斤十六分斤之三也。以十六兩乘二十一斤，則化二十一斤爲三百三十六兩，然後與三兩相通，可内三兩爲三百三十九兩也。又如一年爲十二月，則十二月爲法，亦爲母。足十二月，得一年之全。不足十二月，則不得一年之全，而爲子數。今有二十一年零三月，是二十一年十二分年之三也。以十二月乘二十一年，則化二十一年爲二百五十二月，然後與三月相通，内三月爲二百五十五月也。因其不能成斤而命之爲兩，不能成年而命之爲月，是命分也。因兩之不能成斤，而化斤以就兩，因月之不能成年，而化年以就月，是通分也。有命分，因有通分，通分出於命分，二者實相表裏矣。

通分以乘散，以法收之得全，乘子而過母，以法收之亦得全。

劉氏《九章算術》注云：凡實不滿法者，乃有母子之名。若有分以乘其實而長之，則亦滿法，乃爲全耳。《張邱建算經》草云：置二十一，以分母五乘之，内子三，得一百八，以九乘之，得九百七十二，却以分母五而一，按以分母五而一者，仍收所通爲全，得一百九十四又五分之二也。《九章算術》云：三分之二、七分之四、九分之五，合之得幾何。答曰：得一六十三分之五十。按三七九連乘得一百八十九，約之爲六十三，互乘二四五爲三百三十九，過母數，故升一百八十九爲全數之一，餘一百五十，亦約爲五十，故得全數一又六十三分之五十也。

倍其母則子半，半其母則子倍。

母子之名起於帶分，亦通於諸率。如若干物，若干價，則物母而價子。若干邑，若干人，則邑母而人子。設良馬二匹，值錢千貫，欲倍之，則倍千貫爲二千貫，可也。半二匹爲一匹，亦可也。半二匹爲一匹，子不倍而自倍矣。設嘉穀一石，值錢一千六百，欲半之，則半一千六百爲八百，可也。倍一石爲二石，亦可也。倍一石爲二石，子不半而自半矣。劉氏注云：子不可半者，倍其母，倍半之用，異而同也。開方術云：除已，倍法爲定法，初商得平方，尚有餘實，必分加於四面，而補其四隅，半其四面爲二廉，即省其四隅爲一隅，是即可半而半之義，於四爲半，於一爲倍，此用倍正用半之妙也。弦自乘而半之，如廣自乘之積，則廣自乘而倍之，如弦自乘之積。句自乘，股自乘，相并猶廣自乘而倍之也。弦自乘方積中，以股自乘爲正方，則句自乘必爲兩廉一隅，如開方狀。股弦差自乘，即隅。股弦差乘股，即廉。以股弦差乘句積，即兩廉一隅相連之縱方。故以股弦差乘句積，視兩股則多一差，視兩弦則少一差。多一差，故減差而半之得股，少一差，故加差而半之得弦。《張邱建算經》葭池術云：置葭去岸尺數自相乘，以出水尺數而一，所得加出水而半之得葭長，減出水尺數即得水深。蓋水深爲股，葭長爲弦，出水爲股弦差，葭去岸尺數爲句也。《九章算術》葭池術云：半池方自乘，以出水一尺自乘減之，餘倍出水除之，即得水深，加出水數得葭長，此亦以水深爲股，葭長爲弦，出水爲股弦差，葭去岸爲句，乃不用半而用倍者，以差乘句積而半之，與倍差乘句積其義一也。又題云：立木繫索，其末委地三尺，引索卻行，去本八尺而索盡。術云：以去本自乘，令如委數而一，所得加委地數而半之即索長。又題云：垣高一丈，倚木於垣，高與垣齊，引木卻行一尺，其木至地。術云：以垣高自乘，如卻行尺數而一，所得以加卻行尺數，半之即木長數。二者即張邱建求葭長之法。又題云：竹高一丈，末折抵地，去本三尺，問折者高幾何。術曰：以去本自乘，令如高而一，所得以減竹高，而半其餘，即折者之高。此去本爲句，高爲股弦并，以股弦差除句積得股弦并，則以股弦并除句積得股弦差，減差而半之得股，猶減出水而半之得水深也，是用半正用倍之妙也。鐻道術云：圓材以鐻鐻之，深一寸，鐻道長一尺半，鐻道自乘，如深寸而一，以深寸增之即材徑。蓋材徑爲弦，鐻道爲句，深寸爲股弦差之半，就鐻道則必倍深寸以除鐻道之自乘而半之。今就深寸，則半鐻道自乘而以深寸除之，所得爲半徑者二，合之正爲全徑，不必更半之也。又術云：開門去閫一尺，不合二寸，問門廣幾何。以去閫一尺自乘，所得，以不合二寸半之而一，所得，增不合之半，即得門廣。此門廣如材徑，以爲股，則去閫之一尺，僅得句之半，必倍之自乘，以不合二寸爲股弦差除之，減差而半之，乃得廣。今不倍去閫之一尺，故必半不合之二寸，既半不合之二寸，故不必半已除之句積。鐻道之半在差，故半句同於倍差。門廣之半在句，故半差同於倍句也。又題云：户高多於廣六尺八寸，兩隅相去適一丈，問户高廣各幾何。術云：令一丈自乘爲實，半相多，令自乘倍之減實，半其餘以開方除之，所得減相多之半即户廣，加相多之半即户高。劉氏注云：弦冪適滿萬寸，倍之，減句股差冪，開方除之，所得即句股并數，以差減并而半之即户廣，加相多之數即户高。今此術先求其半，蓋弦自乘爲句股者四，爲句股差自乘者一，倍之則爲句股者八，爲句股差自乘者二。若句股并自乘，則爲句股者八，爲句股差自乘者一，於弦自乘倍之，而減一句股差之自乘，適得句股并之自乘，故開方之即得句股并。得句股并，則加差而半之得股，減差而半之得句。欲得句股并，故倍之於前。欲得句股，故半之於後，此劉氏注義也。經乃半相多自乘倍之減實者，相多即句股差。半而自乘，而又倍之，即相多自乘而半之也。弦自乘之實爲句股四，爲句股差自乘者一，減去差自乘之半，是餘句股四及差自乘之半，復於此所餘者而半之，是得句股二，句股差自乘者四分之一，亦即爲句股并自乘者四分之一，開方得句股并之半，故在句股并加差者，在此加差之半，在句股并減差者，在此減差之半，本爲句股并之半，則不必更爲半之，故曰先求其半，其用倍用半之通，亦鐻道門廣之義也。容圓術云：八步爲句，十五步爲股，爲之求弦，三位并之爲法，以句乘股倍之爲實，實如法得徑一步。蓋句乘股得積，以句股弦并而除之，即圓半徑。倍積而後除，猶既除而後倍也。若以句乘股爲子，句股弦并爲母，并句股弦而半之，則不必倍句乘股之積矣。商功芻甍術云：倍下袤，上袤從之，以廣乘之，又以高乘之，六而一。芻童術云：倍上袤，下袤從之，亦倍下袤，上袤從之，各以其廣乘之，并以高若深乘之，皆六而一。蓋立方邪剖爲二，曰塹堵。邪剖爲三，曰陽馬。二塹堵背連兩端各附以二陽馬，曰芻甍。一立方、四塹堵、四陽馬相連，曰芻童。二者之高及下袤下廣皆同於立方，袤廣高三者相乘爲立方，較芻甍多二塹堵、八陽馬，較芻童多四塹堵、八陽馬，均不便於算，故倍下袤乘爲兩立方，則爲塹堵者八，爲陽馬者二十四。又以上袤與高廣相乘爲立方、爲塹堵者四，合之得塹堵十二、陽馬二十四，恰當六芻甍之數。倍芻童之下袤，乘下廣及高，則爲立方者二，爲塹堵者十六，爲陽馬者二十四。上袤從之，則爲立方者一，爲塹堵者四。（上袤承下廣，故有兩旁無四隅。）又倍上袤，乘上廣及高，則爲立方者二。下袤從之，則爲立方者一，爲塹堵者四，合之得立方六，塹堵陽馬各二十四亦恰當六芻童之數。劉氏注芻甍云：亦可令上下袤差乘廣，以高乘之，三而一，即四陽馬。下廣乘上袤而半之，高乘之，即二塹堵，并之以爲甍積，經合陽馬於塹堵，故倍之以合其數，注分陽馬於塹堵，故半之以得其實也。注芻童云：又可令上下廣袤差相乘，以高乘之，三而一，上下廣袤互相乘，并而半之，以高乘之，并之爲芻童積。此亦分陽馬塹堵，義如芻甍。注又云：又可令上下廣袤互相乘而半之，上下廣袤又各自乘，并以高乘之，三而一，即得。蓋上下廣袤各乘爲平方，又各乘以高爲大小兩立方，得立方二、（形如小立方。）塹堵八、陽馬十二，（大立方多於小立方之形。）是兩芻童多四陽馬也，三芻童少一立方、四塹堵也。上下廣袤互相乘而乘以高，是成兩縱方體，爲立方者二、爲塹堵者八，兩芻童少八陽馬也，合之是四芻童多四陽馬也。試以廣袤各自乘者爲母，廣袤互相乘者爲子，母多四陽馬，子少八陽馬。若倍母爲四芻童，則多八陽馬，正與子盈虛相補，而恰成六芻童也。若半子爲一芻童，則少四陽馬，亦正與母盈虛相補，而恰成三芻童也。就其母則半其子，就其子則倍其母，舉一反三，術可知矣。

塹堵陽馬出於立方，詳見於前，此弟以明用倍用半之義爾。

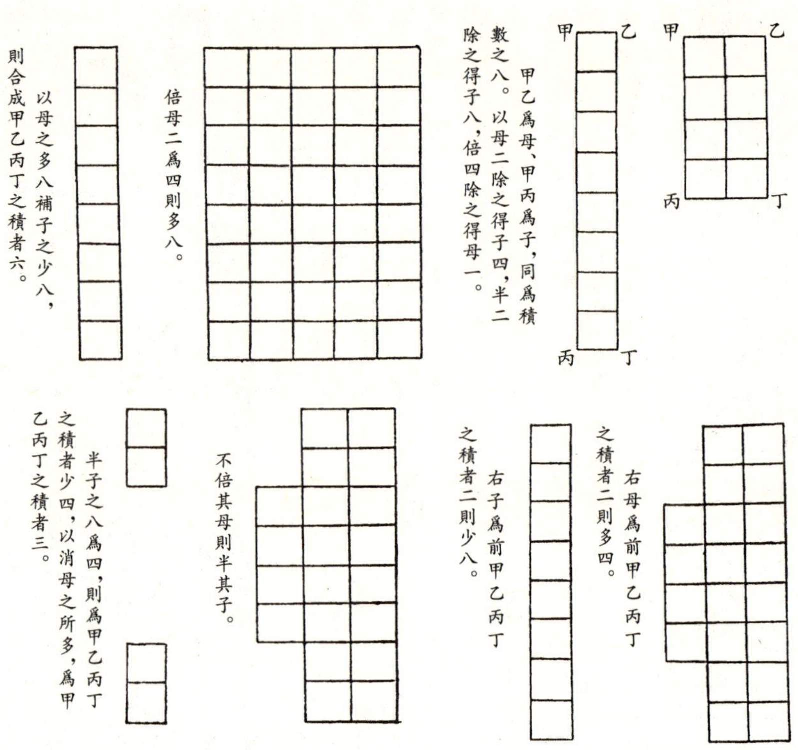

甲乙爲母，甲丙爲子，同爲積數之八。以母二除之得子四，半二除之得子八，倍四除之得母一。

右母爲前甲乙丙丁之積者二則多四。

右子爲前甲乙丙丁之積者二則少八。

倍母二爲四則多八。

不倍其母則半其子。

以母之多八補子之少八，則合成甲乙丙丁之積者六。

半子之八爲四，則爲甲乙丙丁之積者少四，以消母之所多，爲甲乙丙丁之積者三。

母之所增，視全母爲幾分，則子之所減，亦視全子爲幾分。母之所減，視全母爲幾分，則子之所增，亦視全子爲幾分。

母子倍半之互易，除法之理，已不外是，由倍半而推之，則無論增減幾分，皆可以倍半互易之理例之。如以三除九得三，倍三爲六，以除九，則得一五爲三之半，再倍三爲九，以除九則得一，九之於三爲增三分之二，一之於三爲減三分之二。又如句三股四，相乘爲十二，若倍三爲六，以除十二，則股得二爲四之半，或增股爲六，以除十二，則句得二，六之於四猶三之於二也。句股容方術云：并句股爲法，句股相乘爲實，實如法而一，按句股相乘，即方積也。并句於股，即母子倍半之術也。設正方之積四，旁午畫之，則爲方一者四，以弦斜界之，所容一方，正其一邊之半。蓋二除四爲二，并二於二爲四，以除四則得一。既爲二之半，亦即爲容方之邊矣。正方如是，縱方可知。句六股十二相乘，積七十二，並六於十二爲十八，以除七十二得四，即容方之邊。而六於十八爲三分之一，二於六亦三分之一，增四減二，其義一也。於是分容方之兩邊，即爲中垂綫。倍句股積，并句股除之，得容方之兩邊，則倍三角積，以底除之，得中垂綫，剖句股爲兩三角，則在句股爲容方之兩邊者，在三角爲中垂綫矣。

庚壬丁爲句股，甲乙丙丁爲所容之方。

庚壬丁句股形，自甲丁分之爲兩三角形。一爲甲庚丁，以甲乙爲中垂綫。一爲壬甲丁，以甲丙爲中垂綫。合兩中垂綫即爲容方。倍甲庚丁，以庚丁除之，得丙丁，即得甲乙。倍壬甲丁，以壬丁除之，得乙丁，即得甲丙。

分其母爲幾倍之多，子亦視其母之幾倍而分之。并其母爲幾倍之損，子亦視其母之幾倍而并之，爲約除。

母倍則子半，母半則子倍，此倍半於母子原數之外也。母倍子亦倍，母半子亦半，此倍半於母子原數之中也。《九章算術》明諸分之理，首詳約分。題曰：今有十八分之十二，問約之得幾何。答曰：三分之二。又曰：有九十一分之四十九，問約之得幾何。答曰：十三分之七。術曰：可半者半之，不可半者副置分母子之數，以少減多，更相減損，求其等也，以等數約之。劉氏注云：約分者，物之數量，不可悉全，必以分言之，分之爲數繁則難用。設有四分之二者，繁而言之，亦可爲八分之四，約而言之，則二分之一也。雖則異辭，至於爲數，亦同歸爾。按：以十八半爲九，十二半爲六，爲九分之六，所謂可半者半之也。以十八減十二餘六，即以六除母子，爲三分之二，六除十八爲三，六除十二爲二。所謂副置分母以少減多也。以九十一減四十九餘四十二，又以四十二減四十九餘七，所謂更相減損也。蓋母較子爲若干倍，以其積數言之，可也。以其倍數統言之，亦可也。子本一數，則以母遞減得其同。子本二倍、三倍以上，則必以母子互減而得其同。詳見卷一。同者數之根，故以根約爲母子也。不曰除曰約者，化繁爲約之謂也。乃化繁爲約者，亦可化約爲繁。古人適於用，故不備其義爾。《孫子算經》題云：今有九家，共輸租一千斛，甲出三十五，乙出四十六，丙出五十七，丁出六十八，戊出七十九，己出八十，庚出一百，辛出二百一十，壬出三百二十五，僦運值折二百斛外，問家各幾何。術以各家所出之率以四乘之，以五除之，按此九家出率合得一千共輸之，一千折去二百存八百，是宜以一千爲首率，八百爲二率，與各家出率異乘同除，而得各家之數。今不用一千八百，而用五四者，五爲一千之半，四爲八百之半，可半而半之也。是故粟率五十，糲米二十四，菽荅麻麥各四十五，而求粟爲糲米之法。十二之二十五而一，十二者糲米率之半也，二十五者粟率之半也。又均輸：有人當稟粟二斛，倉無粟，欲與米一菽二。李淳風云：置粟率五，乘米一，米率三除之，粟率十以乘菽二，菽率九除之，粟率十者，五十之倍也，菽率九者，四十五之倍也。母倍子亦倍，母半子亦半，此可例矣。

【略】

自乘則母有二，必由一母求二母之通分，再自乘則母有三，必由一母求三母之通分。

《九章》少廣開方術云：實有分者，通分內子爲定實，乃開之訖，開其母報除。若母不可開者，又以母再乘定實，乃開之訖，令如母而一。李淳風云：分母可開者，並通之積，先合二母，既開之後，一母尚存，故開分母，求一母爲法，以報除也。分母不可開者，本一母也，又以母乘之，乃合二母，既開之後，亦一母存焉，故令如母而一，得全面也。循按：二母者，平方之邊一也，方邊自乘之數二也。如方七十里國二十一，則方七十里爲母，不足七十里爲子。若方三十里，則云七十分國之三十矣，此一母也。乃方七十，則積四千九百里，以此積爲母，亦以方三十里之積九百爲子，又云四千九百分國之九百矣，是又一母也。以此二十一國開方，通其分爲一千四百七十，二十一乘七十。不可以開，必通爲十萬□□二千九百，二十一乘四千九百。而後可開。既開得數，以四千九百除之，即得每面若干國。問者舉積十萬□□二千九百及母數四千九百者，必以四千九百開方得七十爲母，以除得每面國數，所謂開其母報除也。若止舉七十里爲母，則必以七十自乘得四千九百，合爲十萬□□二千九百。既開，以七十除之，所謂以母再乘定實也。和而開之，是母之四千九百，已合入十萬□□二千九百矣，所謂分母可開者並通之積也。邊化於積中，所謂先合二母也。所開者積，所得者邊，是一母存也。舉積可開，舉邊不可開，積二母，邊一母，故曰本一母也。又以母乘之，乃合二母者，求得積，邊數化於其中也。本是邊，不必再求，故如母而一即得也。總之實宜用積，不可用邊，故必合二母。報除宜用邊，不可用積，故必求一母。明乎一母二母之理，開方之能事盡矣。二母如是，三母可知。三母者，立方之積也。邊爲一母，冪爲二母，立方體爲三母。開立方術云：積有分者通分內子爲定實，定實乃開之，訖開其母以報除，若母不可開者，又以母再乘定實乃開之，訖令如母而一。李淳風云：分母可開者，並通之積，先合三母，既開之後，一母尚存，故開分母求一母爲法，以報除也。分母不可開者，本一母也。又以母再乘之，令合三母，既開之後，一母猶存，故令如母而一，其術與平方二母同。如方明之制，方四尺，設有八枚，欲合爲立方，問根幾何。每方四尺爲一母，自乘十六尺爲二母，再乘六十四尺爲三母，必以八枚乘三母之數爲五百一十二尺，以此開立方得八尺，是不可以六十四除之，亦不可以十六除之，必仍以一母之四尺除之得二，是爲每邊得二方明也。

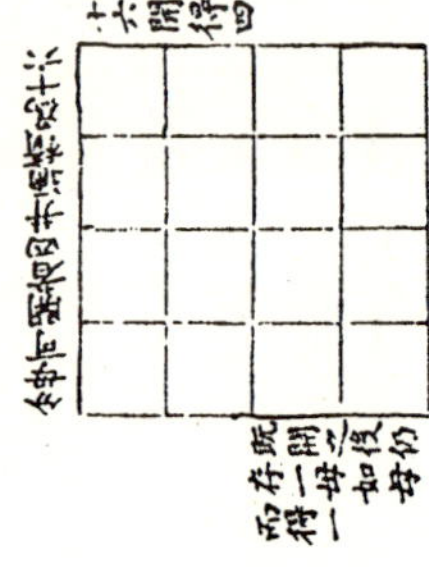

倍其子爲實，倍其母爲法，除之如母除子之數。以子之差爲實，以母之差爲法，除之亦得母除子之數。以倍子乘倍母，以一數除之，如除子乘母之數。以子差乘母差，以一數除之，亦如除子乘母之數。

方程之術於齊同之後，繼以減除。蓋凡母子兩數，用其全以除全，與用其零以除零，其理正同。若甲三、乙四、丙五，以三乘五爲一十五，以四乘五爲二十，并三四爲七，并一十五與二十爲二十五，以七除之得五，若以四減三爲一，以一十五減二十爲五，以一除五亦得五。方程以兩色爲和較，而每色相當，既減去其一色，則所餘之差即一色之差，故除之而得也。若盈不足於齊同之後，以出率相減爲法，以乘盈朒之并數。蓋盈不足本整數之差，不必更減，而即爲以差除差，兩盈兩朒則又必差中求差而後以差減差也。差分本以差爲名，故貴賤之數全以用差除差爲巧。蓋既以賤價乘總物，必少於總價之數，其所少正貴物總價多於賤物總價之數，而以貴物之價多於賤物者除之，以差除差，而得貴物價矣。以貴價乘總物，必多於總價之數，其所多正賤物總價少於貴物總價之數，而以賤物之價少於貴物者除之，亦以差除差，而得賤物價矣。梅氏於乘法還原，有九試、七試之法，以九與七減法實，得餘法餘實之數。又用以減法乘實之數及餘法乘餘實之數，所餘必等，此即以差爲母子之理。法乘實之數，以九減之，如是。法差實差所乘之數，以九減之，亦如是。以此數減之，不啻以此數除之，用九用七可也，用二三四五六八，亦可也。

直以母除子爲徑分，不可徑分，而徑分之得貴賤之數，謂之法賤實貴。

今有貴賤差分之術，即粟米章貴賤之術也。其術於錢多物少者，以錢爲實，物爲法，除之，其不盡者，即貴物之數。復以此數減法所餘，即賤物之數。錢少物多者，以錢爲法，物爲實，除之，其不盡者即多物之價。復以此價減法所餘，即少物之價。經曰：法賤實貴，法少實多是也。李淳風注釋云：乘實宜以多，乘法宜以少。蓋既得物價，欲由價求物數，故以少物乘少價之共數，得少價之共物，以多物乘多價之共數，得多價之共物，推此既得物數。欲由物求物價，則以貴價乘貴物之共數，得貴價之共數。以賤價乘賤物之共數，得賤價之共數。古謂之其率，返其率不以貴賤爲術名也。今貴賤衰分不用徑除，用徑乘者，古以其數求之，故用除。貴賤衰分有出率，以出率求之，故反乎除而用乘，用除則以實之餘減法，用乘則以實之餘減共數，術詳於古，其究不外其率、反其率之二術也。徑除者，《九章》方田謂之經分，粟米謂之經率。題云：出錢一百六十買瓴甓十八枚，問枚幾何。術曰：以所買率爲法，所出錢數爲實，實如法得一。李淳風注釋云：按今有之義，以所求率乘所有數，合以瓴甓一枚乘錢一百六十爲實，但以一乘不長，故不復乘，是以徑將所買之率與所出之錢爲法實也，此即除法之常。因以共價共物求一物之價，有似於今有術，而三率爲單數，可省一乘，此經之所以名也。貴賤兩數不可一除而即得，而一除可以得貴數，故不可徑除。而亦徑除之，常推其術之意。凡句股形，有一角一邊，可以求邊。三角形，則一角一邊，不可以求邊，乃不可以求而徑求之，遂得垂綫，再由垂綫而得邊，此即貴賤衰分用徑乘徑除之理也。明於其理，而貫通之，天下焉有死法與？

又 卷五

以朒減盈，合減數差數，必與盈數等。以兩朒減一盈，合減數之兩朒與差數，必與盈數等。以一朒減兩數之盈，或兩盈、或一朒一盈、或兩朒，合之皆盈於一朒。合減數差數，必與兩數之盈等。盈數爲和，減數差數爲較，分和即爲較，合較即爲和。和常在盈，較常在朒。以兩較言之，較亦有盈。以兩和言之，盈亦有朒。

加減之法婦孺所共知，然其理至精，其用至奥，在算數如方程，在測量如矢較，及其精微，不過加減而已，爲推其例，大略有三：曰以朒減盈，兩色方程之和較也；曰以兩朒減一盈，曰以一朒減兩數之盈，三色方程之和較也。四色五色以上，皆可以此爲例。以朒減盈，分一爲二也。以兩朒減一盈，分一爲三也。以一朒減兩數之盈，合二爲一，又互分一爲二也。分一爲二，則一即二之和，二即一之較也。分一爲三，則一即三之和，三即一之較也。合二爲一，又分一爲二，則合爲分之和，分爲合之較也。

一
二　減一餘一
三　減一餘二　減二餘一
四　減一餘三　減三餘一　減二餘二
五　減一餘四　減四餘一　減二餘三　減三餘二
六　減一餘五　減五餘一　減二餘四　減四餘二　減三餘三
七　減一餘六　減六餘一　減二餘五　減五餘二　減三餘四
減四餘三
八　減一餘七　減七餘一　減二餘六　減六餘二　減三餘五
減五餘三　減四餘四
九　減一餘八　減八餘一　減二餘七　減七餘二　減三餘六
減六餘三　減四餘五　減五餘四
右以朒減盈。

一
二
三　減一一餘一
四　減一一餘二　減一二餘一
五　減一一餘三　減一二餘二　減一三餘一　減二二餘一
六　減一一餘四　減一二餘三　減一三餘二　減一四餘一
減二二餘二　減二三餘一
七　減一一餘五　減一二餘四　減一三餘三　減一四餘二
減一五餘一　減二二餘三　減二三餘二　減二四餘一
減三三餘一
八　減一一餘六　減一二餘五　減一三餘四　減一四餘三
減一五餘二　減一六餘一　減二二餘四　減二三餘三
減二四餘二　減二五餘一　減三三餘二　減三四餘一
九　減一一餘七　減一二餘六　減一三餘五　減一四餘四
減一五餘三　減一六餘二　減一七餘一　減二二餘五
減二三餘四　減二四餘三　減二五餘二　減二六餘一
減三三餘三　減三四餘二　減三五餘一　減四四餘一

右以兩朒減一盈。

一一
一二
一三　二二
一四　二三
一五　二四　三三
一六　二五　三四
一七　二六　三五　四四
一八　二七　三六　四五
一九　二八　三七　四六　五五
一一十　二九　三八　四七　五六
一十一　二一十　三九　四八　五七　六六
一十二　二十一　三一十　四九　五八　六七
一十三　二十二　三十一　四一十　五九　六八　七七
一十四　二十三　三十二　四十一　五一十　六九　七八
一十五　二十四　三十三　四十二　五十一　六一十　七九　八八
一十六　二十五　三十四　四十三　五十二　六十一　七一十　八九
一十七　二十六　三十五　四十四　五十三　六十二　七十一　八一十
九九

右以一朒減兩數之盈。如一減二二餘三，二減一三餘二。

自一行言之，和較因加減而後名。自兩行言之，加減因和較而始定。一行兩行詳見後圖。以和較言之，因加減而有盈朒。以加減言之，因盈朒以生和較。以朒減盈，必有一和兩較。和較純，盈朒純，則用加減純，所得和從乎和，較從乎較。和較互，盈朒純，則用加減互，所得和從乎和之盈，較從乎較。和較純，盈朒互，則用加減純，所加得之和從乎和，減得之和從乎較之盈。和較互，盈朒互，則用加減互，所加得之和從乎和之盈，減得之和從乎較之並。

《九章算術》於方程一章設爲禾秉牛羊燕雀等術，有云：上若干，中若干，下若干，實若干，題之曰方程。李淳風注釋云：此都術也。蓋上列較數，下列和數，爲方程之正。故又有云：如方程，損之曰益，益之曰損，損益者即相較之差也。又有云：如方程，以正負術入之。正負術云：同名相除，異名相益，正無入負之，負無入正之。其異名相除，同名相益，正無入正之，負無入負之。李籍音義云：正與正同名，負與負同名，同名相除，則異名者相益。異名相除，則同名者相益。一正一負，相反而相爲用。此解正負至精至當。元明以來，不知正負之旨，於是以空位立負，往往推之不可以通。梅勿菴反復推求，撰論六卷，痛斥立負之非，遂株連於異減同加之術，而以爲誤，立四例：曰和、曰較、曰和較雜、曰和較變，又定爲同名相加減，異名相減加之例。於是有變正爲負變負爲正之説，使首位皆爲同名。法之畫一，非同偶中，誠爲不朽之功。然求乎加減之原，則和較正負之名皆爲僑設，非其本也。梅勿菴《句股舉隅》説窺望海島云：程賓渠著《算法統宗》頗能備九章，其句股章言劉徽注九章立重差之法，以窺望海島爲篇目，迨後唐李淳風、宋揚輝釋名圖解，以彰前美。劉李諸君之書，必有精義，而世不多有。梅氏此説蓋未見劉氏九章注也。 循嘗細推究之，方程設問，列兩率於上，下言總數者，舉和數以求較數也。列兩率於上，下言差數者，舉較數以求和數較數也。今專就所舉以爲名目，已爲偏指，若正負之立，弟用之以標同異，非若盈不足術之同名異名，爲加減一定之臬。正負標明，或同減而異加，或同加而異減，如李籍所注，非不畫一易辨。今膠柱於同減異加，必斥去同加異減之説，而別立爲正負交變之法，恐轉不免於拘，且緐於舊術矣。蓋推夫加減之原，不獨和較之名不可彊分，即正負之名亦不必假設也。方程之術必以和較並立，有和較較者，有較和較者，有較較和者。兩行皆較較和，即勿菴之和數。兩行皆和較較，或皆較和較，即勿菴之較數。一行較較和、一行和較較，即勿菴之和較雜。兩和相當，或兩較相當，即兩正兩負之同名。一和一較相當，即一正一負之異名。加減所得，和從和，較從較，則勿菴之所謂不變。較從乎和，和從乎較，則勿菴之所謂和較變。試細推之，和較純，盈朒純者，和較爲本行之盈朒，盈朒爲隔行之和較。皆純，則一行均盈，一行均朒，以和加和，以和減和，仍得和，以較加較，以較減較，仍得較。列位本無糅雜，則加減亦不得糅雜。加減不糅雜，所得之和較亦自無糅雜也。或兩行之盈朒雖純，而和較相互，以和當較，以較當和，以較當較，是兩異名、一同名。異加則同減，異減則同加，故加減亦互也。蓋以和加較，以較加和，互相消息，而多少相補，既齊其所不齊，而別爲新差，故兩較相減，亦齊其所不齊，而別爲新差也。若齊其不齊，遂無差數，則爲適足矣。以和減較，以較減和，是盈中所減者少，朒中所減者多，則此率之差必增於原差，而所以增者即緣彼率之有差，彼率以差相減即以差相予，新予之差既受，原有之差亦存，詳見卷一。故并兩較而適如所減兩數相減之差也，此兩較加減之所以仍得較。兩較既仍得較，則和必從乎一和一較矣。一和一較有兩，則兩和必有一盈。于兩較中去一和而償一較，則此和數中多彼一較數矣。故減去此較數，而和仍爲和。於兩較中去一較，而償一和，則和數中少彼一較矣。故加此較數，而和亦仍爲和。此和從乎和之盈也。若和之朒者，其兩較之加減皆必從乎彼率，烏得仍爲和數乎？其或和較既互，盈朒亦互，其加減互用之理同乎前，而所得之和較則有異。然所得和較之異屬於減，不屬於加。何也？所異於盈朒純者，惟左右之互易，亦既左右相加，遂無分於孰左孰右，故於左右之互易者而加之。和從乎和之盈，自若也。以言乎減，本以左兩盈減右兩朒，故朒從乎盈，而和較相值。今以左朒減右盈，以右朒減左盈，是兩盈中各減一朒。兩盈中各減一朒，即兩盈中共減兩朒，此兩盈即兩和。本於兩和中減去兩較，雖縱橫互易，而減差不易，故減兩和而爲較，加兩較而爲和也。其或盈朒互而和較純，皆同名，則用加減不可互，均用加，則和較之仍和較，自若也。均用減，於左盈減右朒，是左右各減一同數之朒也。左四中減去右三。是左右各減去一三。於右盈減左朒，是亦左右各減一同數之朒也。右六中減去左二，是左右各減去二。左右所減皆同，則兩盈之減餘雖朒於兩和，而差則存而不改。故減兩和，即兩盈之差。而較從乎和，兩較相減，減餘必屬較之盈，故減兩盈，而和從乎較之盈也。以兩和列於下，其上中必兩較。以兩較列於下，其兩和或在上、或在中、或上中各一和一較。以一和一較列於下，其上或兩較、或亦一和一較且舉其下，正所以求其上中，故曰和較之名不可以彊分。勿菴分和較之名自其下列者而名之耳。

和九　較六　較三
加　加　加
和三　較二　較一　三二一皆朒於六四二，是朒之純。

和六　較四　較二　六四二皆盈於三二一，是盈之純。
減　減　減
和三　較二　較一

右和較純，盈朒純，加減純。

較七　和八　較一
加　加　減
和三　較二　較一

是本行之和內減彼行兩朒較也。於本行兩盈較本行之和盈於彼行，則本行必有兩盈較。各減一彼行之朒較，與本行之和爲同少彼行之兩朒較矣。惟和數繫三較之總，此止兩較，則和內尚多一較。既於彼行所償較中減去此尚多之較數，則此和彼較之減餘自與兩較之減餘相等，此所以變也。若和較盈朒皆互，於互用加，與盈朒之未互者同，和仍依乎和之盈也。於互用減，則本行之和與彼行之和各減去一較，則兩和之減餘即其餘四較之總數也。

和十五（加）　較七（加）　較五（加）　較三（加）
和六　較三　較二　較一
和九（減）　較四（減）　較三（減）　較二
和三　較一　較一　較一

右和較盈朒加減皆純。

和十（加）　較七（加）　較二（減）　較一（減）
和九　較四　較三　較二
較一（減）　和三（減）　較一（加）　較一（加）
和八　較一　較四　較三

右和較互，盈朒純，加減互。

和十五（加）　較五（加）　較六（加）　較四（加）
和六　較三　較二　較一
和九（減）　較二（減）　較四（減）　較三（減）
較三　較一　和二　和二

右和較純，盈朒互，加減純。

較十（加）　和十二（加）　較一（減）　較一（減）
和六　較三　較二　較一
較四（減）　和九（減）　較三（加）　較二（加）
和二　和六　較五　較三

右和較互，盈朒互，加減互。

較四（減）　和六（減）　較二（加）
較一　和四　較三

較七（加）　較一（減）　和八（加）
和三　較一　較二
較四（減）　較二（加）　和六（減）
較一　較三　和四

右二圖和較互，盈朒純，加減互。

較七（加）　較八（加）　和十五（加）
較三　較六　和九　三朒於四，六盈於二，九盈於六，是朒與盈互。
較四（減）　較二（減）　和六（減）　四盈於三，二朒於六，六朒於九，是盈與朒互。
較一　和四　較三

右和較純，盈朒互，加減純。

較七（加）　和八（加）　較一（減）
較三　和六　較三
和四（減）　較二（減）　較二（加）
較一　較四　和五

右和較互，盈朒互，加減互。

以兩朒減一盈，則有一和三較。和較純，盈朒純，用加減純，所得和從乎和，較從乎較。和較互，盈朒純，用加減互，所得和從乎和之盈，較從乎較。和較純，盈朒互用加減純，用加則所得之和從乎和，用減則變兩和兩較，而所得之兩和從乎較之盈。和較互，盈朒互，用加減互，於互用加，則所得之和從乎和之盈，於互用減，則變兩和兩較，而所得之兩和從乎一和一較之盈。

一和三較與一和二較理同，惟和較純盈朒互者，用加和從乎和，用減從乎較之盈。雖亦與一和二較之例同，乃用減則一和變爲二和，三較變爲兩較者，何也？於本行和內以和之盈爲本行。減去彼行之和，而償以彼行較數之盈者，右和較純，盈朒純，加減純，所得和較亦純。

和九　較二　和四　較十一
加　減　減　加
和三　和二　較一　較四
和六　較四　和五　較七
減　加　加　減
和三　較六　和六　較三

較七　和七　和三　較三
加　加　減　減
和三　較一　和二　較四
較四　和六　和五　較七
減　減　加　加
較一　和五　和七　較十一

和七　和八　較六　較九
加　加　加　加
和三　和六　較一　較八
和四　和二　較五　較一
減　減　減　減
較一　和四　和四　較七

右二圖和較互，盈朒純，加減互，所得兩和從乎兩和之盈。和六和五皆盈於和三和二，故所得之和從之。

和七　和四　較六　較五
加　減　加　減
和三　和六　較一　較八
較四　和二　和五　較三
減　加　減　加
較一　和八　和四　較十一

右和較純，盈朒互，加減純，加得兩和仍從兩和，減得兩和互當一和一較。加得兩和七八仍當兩和三六，減得兩和一當和二一當較五。

和七　和四　較六　較五
加　減　加　減
和三　和六　較一　較八
較四　和二　和五　較三
減　加　減　加
較一　和八　和四　較十一

右和較互，盈朒互，加減互，減餘在左者，所得兩和從左之兩和，減餘在右者，所得兩和從右之兩和，所互之盈朒同名不互，故和各從和。六一當二五爲盈朒互，兩和爲同名。

較七　較四　較四　和十五
加　減　減　加
和三　和六　較一　較八

以一朒減兩數之盈，必有兩和兩較。和較純，盈朒純，則用加減純，所得和從乎和，較從乎較。和較互，盈朒純，則用加減互，所得和從乎和之盈，較從乎較。和較純，盈朒互，則用加減純，加得之和從乎兩和，減得之和從乎一和一較。和較互，盈朒互，而和之盈不互，則用加減互，減餘在左，兩和從乎左，減餘在右，兩和從乎右。和較互，盈朒互，而和之盈亦互，則用加減互，所得爲三較一和，於和之盈用加，則和從乎和之盈，於和之盈用減，則和從乎較之並。

兩和兩較其理與一和兩較一和三較同，惟多一和，則多一盈朒。和之盈，和之朒。多一盈朒，則多一互矣。其和較盈朒皆純，及和較互盈朒純者，皆無異於一和兩較之理。若和較純，盈朒互，其純加亦無異，惟純減則兩和互從於一和一較者，蓋兩和與兩較其數本同。今兩和用其朒以減隔行之盈，用其盈以受減於隔行之朒，兩較亦然。夫本行之兩和兩較，隔行之兩和兩較，犬牙相錯，數屬參差，必不能於既減之後，使兩和之數仍同兩較之數，故減得之兩和，不能從乎原有之兩和，亦不能從乎原有之兩較也。但本行之兩和兩較數既相當，而隔行之兩和兩較數亦相當。放之於和之朒者，收之於較之盈。奪之於和之盈者，償之於較之朒。蓋兩和與兩較始之數同，既減而數不同，以同者相消息爲不同也。一和一較與一和一較始之數不同，既減而數必同，以不同者相消息而爲同也。故兩和必互從於一較一和。然一較一和，又必一盈一朒相消息，故兩和所從，和盈則較朒，較盈則和朒也。其和較盈朒皆互，而和之盈有互不互者。蓋兩和兩較，左右相錯，必有一和一較之不相錯。皆互，則四位均爲異名純，用加減矣。不相錯者在和較之盈，則相錯者皆從乎盈，故兩和加減仍得和，兩較加減仍得較，其餘一和一較亦和較互從，亦消息之勢然也。所互之和較在盈，其三位皆從之，則相加爲三位之和。和較互，斯兩較皆盈，故於和較之互用減，兩較用加，則三位從兩較之盈，而和即屬於兩較，至此則兩和兩較變而爲一和三較，勿菴所謂較變和也。夫一和二較及一和三較，和較必不可通易，惟二和二較，數本相當，位亦相等，和可謂之較，較亦可謂之和，然和較無定，而盈朒有定，加減之際則不容少紊矣。

和九　和七　較五　較十一
加　加　加　加
和三　和二　較一　較四
和六　和五　較四　較七
減　減　減　減
和三　和三　較三　較三

和四　較二　和五　較七
減　加　加　減
較一　和八　較六　較一

右和較互,盈朒互,加減互,所互之盈朒不同名,則變爲三較一和,所互用加則和從和之盈,用減則和從較之並。和六於和五爲盈,和八從之,較八較七相並,和十五從之。

以一和三較與兩和兩較相當,則和較不能皆純,必三加而一減,或三減而一加。其盈朒純者,盈屬乎一和三較,所得亦從之爲一和三較,盈屬乎兩和兩較,所得亦從之爲兩和兩較。其盈朒之互左右各兩者,若互於縱不互於橫,則所得均一和三較,若互於縱復互於橫,則所得均兩和兩較。均一和三較者,加則和從乎加之盈,減則和從乎減之盈。均兩和兩較者,加則兩和從乎兩和,減則兩和從乎一和一較。其盈朒之互左右三之一者,或左三盈、或右三盈。若互於縱不互於橫,用三加一減,仍得乎一和三較,若互於縱復互於橫,用三減一加,亦得乎一和三較,而和皆從乎加數之盈者。

循因方程而探究加減之原,其大略有三矣。然兩和兩較與一和三較均爲四位,亦可相雜以求之,因得六例。無和較純者,一則兩和兩較,一則一和三較,三位同名,必有一位異名,或有三位異名,必有一位同名。和當和、較當較爲同名,和當較爲異名。同名異名有三,故加減有三也。盈在一和,則得一和,盈在兩和,則得兩和者,數必從乎盈也。左右各兩盈,故或加或減所得正同。惟互之二位,一位皆盈,一位皆朒。此兩位者,一行合之爲其餘二較數之和,一行以一總數帶一較數。以較比總,總中尚缺其餘二較之數,既以三較之和與兩較之和相加,以比五較之合數,尚少一和數,故減去此和,即得一和三較也。若於此兩和中減彼一和,則於兩較中減其三較可矣。然盈朒相互,以彼朒較減此盈較者,又以此朒較減彼盈較,此和已分爲二,彼和專位於一,不可並二以減一,據二以受三也,惟本行兩和原同兩較之數。今於兩和減彼和,而加彼之較,則消息之,猶少彼之兩較,彼一和與三較同數,減一和償一較是仍少二較。是本行兩和比本行兩較少彼行兩較也。於本行兩較中減去彼行一較,是仍比兩和多一彼行較數。若以彼行較數合入本行兩和,則數平於本行兩較矣。於兩行兩較中取一較與彼較相減,然後以減餘與本行兩和合,則數平於本行之一較矣,故亦得一和三較也。和之所從,在加則相加之至盈,在減則減餘之至盈,仍從乎盈而已矣。若互之二位,既左右兩盈,又上下相錯,相加之數與減餘之數無至盈者,故所得皆兩和兩較耳,其三加一減也。於兩和中減一較、加一和,則比本行兩較多一彼行兩較之數。以彼行兩較加入本行兩較,其數齊矣。其數齊,則兩和仍從乎兩和也。若以本行之朒和減彼行之和,以本行之盈和加彼行之較,則數已浮乎所餘之兩較,並浮乎本行之兩較,亦且浮乎四較之合數,四與十一共十五,多於一九二一,圖見後。則四較或加或減皆不合矣,故以此和加彼較,必多於此和減彼和。因互減兩較,以減餘之盈者,補彼受減之和,以減餘之朒者,合彼既加之較,而其數平,於是兩和必當一和一較也。若所互之盈,左右不等,或三或一,則所得亦不相等。在左右互,上下不互,加則爲一和,減則爲兩和者,加減指三加三減非純加純減。兩盈加爲至盈,減餘無至盈也。左右互,上下亦互,加則爲兩和,減則爲一和者,彼三位加無至盈,此一位加爲至盈也。至於一和兩和之故,仍前之理而已矣。

和十一　較四　較二　較五
加　加　減　加
和九　較三　較三　較三
和二　較一　和一　較二
減　減　加　減
和七　較二　較四　較一

右盈屬一和三較。九三三三皆盈於二一一二。

和十二　較十四　和三　較一
加　加　加　減
較三　和六　較一　較二
和九　較八　和二　較三
減　減　減　加
和六　較二　和一　較五

右盈屬兩和兩較。九八二三皆盈於三六一二。

和十四　較一　較十　較三
加　減　加　加
和六　較三　較一　較二
和八　和二　較九　較一
減　加　減　減
較二　較五　和八　較一

右左右各兩盈。八九盈於六一,三二盈於二一。盈朒互於縱不互於橫。六八皆盈於二三,故橫不互。

和四　較十一　和八　較一
減　加　減　減
和六　較三　較一　較二
和二　和八　較九　較一
加　減　加　加
和八　和五　較十　較三

右盈朒縱橫皆互。八九盈於三一，六二盈於二一。六與二互，三與八互，六與三互，二與八互。

和十五　較十　較一　較四
加　加　減　加
和六　較二　較三　較一
和九　較八　和二　較三
減　減　加　減
和三　較六　和五　較二

右盈朒之互，左右三之一。一行九八三盈於六二一，一行三盈於二。互於縱不互於橫。六九盈於二八是橫不互，九盈於六、三盈於二是縱互。

和七　較八　和六　較五
加　加　加　減
較三　和六　較一　較二
和四　較二　和五　較七
減　減　減　加
較一　較四　較四　和九

右盈朒之互，左右三之一。一行四五七盈於三一二，一行六盈於二。縱橫皆互。三六與四二爲縱互，三四與六二爲橫互。

上兩數同，下三數純盈純朒，而相加之兩色相當，均用減則變和，相加之兩數雖不相當，而以相當之一色與兩差同加減，較亦變和。上兩數同，下三數盈朒雜，均用減則較亦變和，純較數不可以相加變和，必一和一較，而上兩數同，下三數純盈純朒也。

梅勿菴《方程論》和較變，立例最詳。於和之變較，止一例，減餘分在兩行者是也。較之變和，例則有三，減餘或有一行內皆正，或皆負，一也。雖減餘分在兩行，而一行餘正物，一行餘負物，二也。兩異并皆左正右負，或皆左負右正，三也。總而言之，則曰隔行之同名，乃本行之異名，隔行之異名，乃本行之同名。循因推而言之，此皆爲互乘之後，首位減盡以言之也。首位同正，二位三位同負，兩差即負多於正之數。今減去首位兩正，則兩差較四負，恰每行少一正之數。兩正之數既同，則兩差所各少者，雖於四負有殊，而於差之差實無增減，蓋於兩差，每加一正數，即爲四負之和數。今雖每少一正數，而相減之差與四負之和數等，是雖兩較之用減，不啻兩和之用減也。兩和用減，而減餘在一行仍不變，在兩和仍爲和，在兩較則變爲和矣。首位不同正、一正一負。或二位同正、或三位同正，必於首位及不同之一色用減，其同之一色及兩差用加，何也？首位數同必減去，所存兩行其一行減去一正，存兩負一差，差即兩負多於一正之數，以差較兩負，必少首位一正之數。其一行減去一負，存一正一負一差，以一正較一負，所餘必較一差少首位一負之數。以多於一正之數補少於一負之數，則兩行之差，一爲兩負之和、一爲一負一正之較。雖兩較之用加減，不啻一和一較之用加減也。一和一較之法，兩盈在和，及差數用加者，皆爲和數，此兩負皆盈。而兩差用加，在一和一較從乎和者，在兩較變爲和矣。此二者皆必下三位純盈純朒，若三位盈朒雜錯，首位既用減，則下三位若皆用減，則必無一行餘正一行餘負之理，勢必兩負不能相當而後可。兩負既不能相當，則首位用減盡，下三位止有兩加一減，何有減餘分左右而一正一負乎？勿菴之言一行餘正物，一行餘負物，當謂盈朒分於兩行，一行盈屬正，一行盈屬負，以首位減盡，下三位爲減餘，非謂三位用減之餘也。一行盈屬正，一行盈屬負，其用加減而變和之理，與純盈純朒之用加減同。若所謂異加，必皆左正右負，或皆左負右正者，此兩較中所必無。蓋左右之正負兩位皆同，則其主客必相當。主客既相當，則首位用減，下三位亦必隨之而減，無所爲異加矣。若主客不相當，則首位用減，中二位必一加一減，無兩位用加之理。細求之，蓋謂一和一較之三色者言之也。一和一較，則和之一行，不分主客，正則皆正，負則皆負，較之一行或首色盈於中二色，或首色朒於中二色，惟差數從之以爲加減，而中兩色皆用加，故得有兩異并成和數之理也。差數從之以爲加減，奈何首色盈於中二色，則差數爲中二色少於首色之數，首色朒於中二色，則差數爲中二色多於首色之數。兩首色既同數減盡，則和之中二色較其和數必少一首色。今以和之中二色與較之中二色相加，若較之中二色視首色少一差數，必以差減總。蓋和之中二色較總數少一首色之數所補入較數之中二色仍少一差，故必於總中去一差也。若較之中二色視首色多一差數，必以差加總。蓋和之中二色較總數少一首色之數所補入較數之中二色反多一差，故必於總中加一差也。相加得和，必一行爲和數乃可，若較數下爲兩差，未有相加而得和者矣。勿菴之論方程極爲精確，而疑似之際，尤宜辨而明之。

一正 [二]負 [三]負 四

一正盡減 [四]負減 [五]負減 八

二 二 四變和

右圖上兩數同下三數純盈純朒，四五八皆盈，二三四皆朒。而相加之兩數相當，二與三相加爲五，四與五相加爲九。兩兩相當。用減則變和，四爲二二之和。勿菴所云：一行皆正、一行皆負也。

[一] 二 [三] 二

一盡減 [四]減 [五]加 八加

二 一 八 一十變和

右上兩數同下三數純盈純朒，相加之兩數雖不相當，一與三相加爲四，四與五相加爲九，三五相當一四不相當。而以相當之一色即五三。與兩差二與八。同加減，加則俱加，減則俱減。較亦變和。二較三餘一，今餘二是多餘一矣。四五和九，今和八是少一矣。故以三加五，則以多補少矣。

[一]正 [四]盈屬正 三負 二正

減盡 加得六 減餘二 加得八

一正 [二]負 [五]盈屬負 六負

右圖首兩數同下三數盈朒雜，四盈於二，五盈於三。雜用加減，則較亦變和，勿菴所謂減餘分在兩行，一行餘正物，一行餘負物也。減必同名，故首兩一皆正。左行二五六皆負，右行四二皆正，三屬負三五兩負相減四二二六皆用加。

六 [二] [三] 差數一

六盡減 四加 五加 總數十五

六 八 十四變和

右圖梅氏所謂異加皆左正右負，或皆左負右正，亦和數是也。然必一和一較乃有之，總數爲和，差數爲較。純較數不可以相加變和也。

又　卷六

以甲乙各爲母子，以甲母乘乙子、以乙母乘甲子，爲維乘，亦爲互乘。

甲乙平列，以甲乘乙，以乙乘甲，此相乘也。以甲列右上，乙列左上，丙列右下，丁列左下，以甲乘丁，以乙乘丙，謂之維乘。維者，斜角之名，不直相乘而以斜，故曰維。《九章算術》盈不足術云：「置所出率，盈不足各居其下，令維乘所出率」是也。《張邱建算經》有燕雀之術，劉孝孫草云：「置雀一十五隻於右上，置盈四銖於右下，又置雀一十二隻於左上，置不足八銖於左下，維乘之。以右下四乘左上一十二得四十八，以左下八乘右上一十五得一百二十。」維乘之式，於此益明。盈不足方程之妙，全以維乘。蓋左右之數不齊，惟維乘則齊之也。在方田法謂之互乘，用於均輸亦然。其實維乘互乘，一而已矣。《孫子算經》云：「今有三女，長女五日一歸，中女四日一歸，少女三日一歸，問三女幾何日相會。術曰：置長女五日、中女四日、少女三日於右，各列一算於左，維乘之，各得所到數。又各以歸日乘到數，即得。」此三色平列，而亦曰維乘者。蓋置五於右上，亦置一於左上，置四於右中，亦置一於左中，置三於右下，亦置一於左下，三四乘一是(左)[右]下中乘(右)[左]上，五三乘一是(左)[右]上下乘(右)[左]中，四五乘一是(左)[右]中(下)[上]乘(右)[左]下，皆以斜行，故曰維乘。

凡不齊者，以兩母相乘，又以兩子互乘兩母，則母同而子齊。

《九章算術》方田合分術云：「母互乘子，并以爲實，母相乘爲法。」劉氏注云：「母互乘子謂之齊，羣母相乘謂之同。同者，相與通同共一母也。齊者，子與母齊，勢不可失本數也。方以類聚，物以羣分，數同類者無遠，數異類者無近。遠而通體者，雖異位而相從也。近而殊形者，雖同列而相違也。錯綜度數，動之則諧，其猶佩觿解結，無往而不理焉。乘以散之，約以聚之，齊同以通之，此其算之綱紀乎。」循按：相乘則兩數如一，故謂之同。三乘五得一十五，五乘三亦得一十五。互乘則兩子之差立見，可以施加施減，故謂之齊。相乘者，同加以數倍也。維乘者，互加以數倍也。如出八盈三，出七朒四，盈不足題。七八相乘均得五十六，而八四維乘三十二，七三維乘二十一，三十二爲四之八倍，二十一爲三之七倍，化七個八個爲七倍八倍，則七八相較多一個者爲多一倍，合盈不足之五十三，即此所多之一倍矣。又如三人共羹，四人共肉，三四相乘一十二，以三乘肉，肉得三倍，以四乘羹，羹得四倍，知十二人共三肉四羹。蓋共肉之四人，即共羹之三人，而多一人不能齊，非相乘於上，維乘於下，不可得而齊也。此齊同之術，用諸算術最多，神而明之，運化無窮，故合分減分等法首列於方田，而劉氏之注亦不殫詳析以明其理，試舉而言之。方田合分術云：三分之一，五分之二，問合之得幾何。答曰：十五分之十一。循按：三分之一、五分之二，猶云：三人共一，五人共二也。三人共一，五人共二，欲合而觀之，用相乘維乘知十五人共十一也，即知三分之一合五分之二爲十五分之十一也。減分術云：九分之八減五分之一，問餘幾何。答曰：四十五分之三十一。術曰：母互乘子，以少減多，餘爲實，母相乘爲法。循按：九五相乘得四十五，九互乘一得九，五互乘八得四十，以九減四十故爲三十一。此如云有物九而價八，如俗云八錢買九枚。今損之，每五枚減一錢，則是四十五枚減九錢也。以四十五爲五九之數，則五八得四十爲原價。以四十五爲九五之數，則九一如九爲減數。同是物而減價，故同是母而減子耳。課分術云：九分之八，七分之六，問孰多，多幾何。答曰：九分之八多，多六十三分之二。術曰：母互乘子，以少減多，餘爲實，母相乘爲法，實如法而一，即相多。循按：九七相乘爲六十三，九互乘六爲五十四，七互乘八爲五十六，以五十六減五十四餘二，知九分之八多六十三分之二也。如九桃值八錢，七杏值六錢，欲知孰貴孰賤，故加桃七倍，加杏九倍，皆爲六十三。桃之六十三爲七九之數，七八則價五十六，杏之六十三爲九七之數，九六則價五十四。兩者相較，知六十三桃之值多於六十三杏二錢。此術同於減分。李淳風云：減分求其餘數有幾，課分以其餘數相多。蓋兩數相減，其存者即其多者，故題不同，而術則合。一減於原價之中，一較於本數之外，術既可通，數乃相合，其妙又有如是者。均輸鳧雁之術云：鳧起南海，七日至北海，鴈起北海，九日至南海。今鳧鴈皆起，問何日相逢。答曰：三日十六分日之十五。術曰：并日數爲法，日數相乘爲實，實如法得一日。劉氏注云：置鳧七日一至，鴈九日一至，齊其至，同其日，定六十三日鳧九至，鴈七至。循按：術不言互乘注言齊同者，置七日、九日於上，置兩一至於下，七九相乘得六十三，與兩一至互乘，仍得七得九，并日數者，并此互乘所得之七與九也。以一乘不長，故省之，弟并其日數而已。又甲發長安，五日至齊，乙發齊，七日至長安，今乙發已先二日，甲乃發長安，問幾何日相逢。答曰：二日十二分日之一。術曰：并五日七日以爲法，以乙先發二日減七日，餘以乘甲日數爲實。劉氏注云：并五日七日爲法者，猶并齊爲法，置甲五日一至，乙七日一至，齊而同之，定三十五日甲七至、乙五至，并之爲十二至者，用三十五日也。又一人一日爲牡瓦三十八枚，一人一日爲牝瓦七十六枚，今令一人一日作瓦，牝牡相半，問成瓦幾何。答曰：并牝牡爲法，牝牡相乘爲實，實如法得一枚。劉氏注云：此術亦與鳧鴈術同，牝牡瓦相并猶如鳧鴈日飛相并也。李淳風云：并牝牡爲法者，并齊之意，牝牡相乘爲實者，猶以同爲實也。循按：兩術皆同鳧鴈之術，惟發齊先甲二日，故減而後相乘也。減而後相乘，不減而後互乘者，互乘爲每日定率，故必依其原數。每日之率既定，隨母數之增減，而皆合矣。

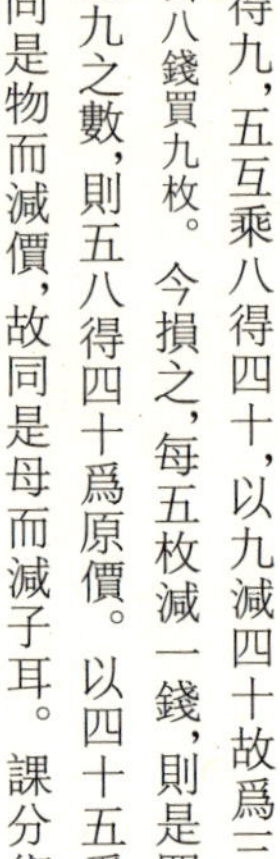

母七　子一　五
三十五
母五　子一　七

母八　子三　二十一
五十六
母七　子四　三十二

以兩母互乘諸子者，爲偏乘。

盈不足、方程兩章均以互乘爲術，而在方程謂之偏乘。蓋以首列之色爲母，本二色則共有四子，本三色則共有六子。子有四，則左子之二皆以右母互乘，右子之二皆以左母互乘。子有六，則左子之三皆以右母互乘，右子之三皆以左母互乘，所謂偏也。《九章算術》方程都術云：今有上禾三秉，中禾二秉，下禾一秉，實三十九斗；上禾二秉，中禾三秉，下禾一秉，實三十四斗；上禾一秉，中禾二秉，下禾三秉，實二十六斗。問上中下禾實一秉各幾何。術曰：置上禾三秉、中禾二秉、下禾一秉、實三十九斗於右方，中左禾列如右方，以右行上禾偏乘中行。劉氏注云：先令右行上禾乘中行爲齊同之意。循按：爲齊同者，謂中行上禾，亦乘右行也。蓋非上禾減盡，不能以知下禾。非相乘維乘，不能令減盡上禾而知下禾。極參差雜錯，而有以齊之，無不一一就範，如亂絲齊其一端，其一端之長短皆燦然可覩，故方程之術不能舍此。或云：「如方程，損之曰益，益之曰損。」或云：「如方程，各置所取，以正負術入之。」或云：「如方程，交易質之。」術有不同，而所謂如方程者，皆此偏乘術也。均輸術云：今有金箠長五尺，斬本一尺，重四斤，斬末一尺，重二斤，問次一尺，各重幾何。術曰：以本重四斤偏乘列衰各自爲實。此以一本重之數乘衆差，而謂之偏乘，則偏乘之名亦不專屬於方程之交互。方程之交互，蓋維乘之偏乘耳，緣方程所舉，因屬之互乘，而復據均輸之稱，而辨明之。

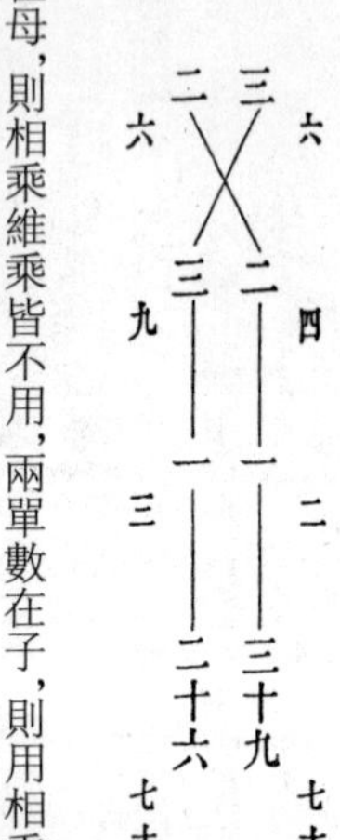

六　四　二　七十八
三╳二—一—三十九
二╳三—一—二十六
六　九　三　七十八

兩單數在母，則相乘維乘皆不用，兩單數在子，則用相乘而不用互乘。

如云：每桃一枚三錢，每杏一枚五錢，此兩單數在母也。如云：每桃三枚一錢，每杏五枚一錢，此兩單數在子也，詳見前。鳧鴈之術，即兩單數在子。

兩單數互在子母，則以兩母兩子各相乘，而專以子母之不單數者互乘。

兩單數互在子母者，如云物一價三、物三價一是也。物一價三，則三分物之一而價一也，必三分物之一而價一，而後與物三價一相齊。今曰物一價三，則既參差而不等，若以齊同之常法馭之，則以物一乘物三價一，仍得物三價一。若置物一於左上，置價三於左下，又置物三於右上，置價一於右下，以右上之物三平乘左上之物一爲物三，是兩母相乘也。又維乘左下之價三爲價九，是物一價三化爲物三價九也。以左下價三平乘右下價一爲價三，是兩子相乘也。又維乘右上物三爲物九，是物三價一化爲物九價三也。物三價九，物九價三，乃兩兩相當，而無單數矣。《張邱建算經》有雞翁之術云：今有雞翁一直錢五，雞母一值錢三，雞雛三值錢一，凡百錢買雞百隻，問翁母雛各幾何。下列答云：翁四、錢二十，母十八、錢五十四，雛七十八、錢二十六。又答云：翁八、錢四十，母十一、錢三十三，雛八十一、錢二十七。又答云：翁十二、錢六十，母四、錢十二，雛八十四、錢二十八。術曰：雞翁每增四，雞母每減七，雞雛每益三，即得。甄鸞以此術難以通曉而定其術，云：置錢一百在地，以九爲法除之得雞母之數。不盡者，反減下法，爲雞翁之數。李淳風釋云：既雛三直錢一，則是每雛值三分錢之一，宜以雞翁母各三因，并之爲九。劉孝孫草云：置錢一百文在地爲實，又置雞翁一、雞母一，各以雞雛三因之，翁得三，母得三，並雛三，并之共得九爲法，除實得一十一爲雞母數。不盡一，返減下法九，餘八爲雞翁數。循謂此術既非經旨，亦非通術。《術數記遺》云：計數既舍算術，宜從心計。甄鸞注舉計數之事云：今有雞翁一隻值五文，雞母一隻值四文，雞兒一文得四隻，合有錢一百文，買雞大小一百隻，若依前術，以雞兒四乘翁母并得十二爲法，除實得八餘四，減十二亦得八，則是雞母雞翁皆八。翁八得錢四十，母八得錢三十二，於實內減七十二，存二十八，以雞兒一文四隻計之，當得雞兒一百十二，更加雞翁雞母之十六，則百二十八矣。《術數記遺》注又舉一問云：雞翁一隻四文，雞母一隻三文，雞兒一文三隻，合錢一百文，還買雞大小一百隻，還字承上所舉言之。依前術算之，以雞兒乘翁母，并得九，除實得一十一餘一，減九爲八，是雞母一十一，錢三十三，雞翁八，錢三十二，并得六十五，減實餘三十五，以雞兒一文三隻計之，當得一百□五隻，合翁母一十九爲一百二十四，均與百隻不符，故曰非通術也。然則其術何如，此貴賤差分之法耳。貴賤之術，於《九章》屬粟米。如云：今有出錢五百七十六買竹七十八箇，欲其大小率之，問各幾何。術曰：置所買以爲法，以所率乘錢數爲實，實如法而一，不滿法者反以實減法，法賤實貴依此術算之。一百錢除一百雞不成法，宜以三色差分之法馭之。以三除一百得三十三爲中數，雞母處翁雛之中，以當中數，則以三十三爲雞母之值，以三錢一隻除之，是雞母爲一十一隻也。於共物減一十一，存八十九，於共價減三十三，存六十七，是爲六十七錢共買雞翁、雞雛八十九，錢少物多，宜與反率之貴賤術等。乃以六十七除八十九得一物，餘二十二，以二十二爲雛與翁皆不合。蓋粟米貴賤之術，雖有共錢共物，而所謂貴賤者，原無定率，故除餘即貴，以貴減法即賤。今既有共錢共物，而復有貴賤之率，是必以雞翁之價五乘物餘之八十九得四百四十五，以雞雛之數三乘價餘之六十七得二百□一，以二百□一減八十七餘一百一十二，以四百四十五減六十七餘三百七十八，五文一枚，與一文三枚不便於減，乃通一文三枚爲五文十五枚，以十五枚與一枚相減餘十四枚，用除一百一十二得數八，即雞翁之八也。又通五文一枚爲十五文三枚，與一文三枚相減餘十四，以除三百七十八得二十七，即雞雛之價二十七也。惟術有一定，而數非一定，故又立增四減七益三之例，所以連列三答者此也。李淳風、劉孝孫所立之術所謂不盡返減者，似本諸粟米貴賤之術，然不用共價除共物，而以翁母雛并數除之，亦異於本法，以雞雛之三乘翁母，此乘之無義理可言也。蓋此術無他難，惟五文一枚與一文三枚不便於減耳，故必先以五文乘一文爲五文，又乘三雞爲十五雞，以三雞乘一雞爲三雞，又乘五文爲十五文，如是始有減地也。

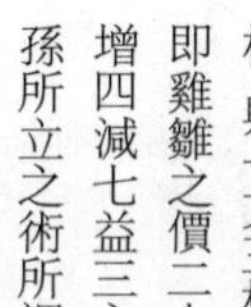

一　　三
五　　一十五
三　　一十五
一　　五

甲乙丙各爲母子，以甲乙兩母相乘得數維乘丙子，以甲乙兩母互乘兩子，相加得數維乘丙母，又相加，則母同而子齊。　若以乙丙兩母相乘，以維乘甲子，以乙丙兩母維乘兩子相加，以維乘甲母，又相加，其數等。　以甲丙兩母相乘，以維乘乙子，以甲丙兩母維乘兩子，相加，維乘乙母，又相加，其數等。　以甲母乘丙子，以乙母連乘之，以丙母乘甲子，以乙母連乘之，以甲母乘乙子，以丙母連乘之，相加，其數等。　以甲母乙母相乘，以丙子連乘之，以乙母丙母相乘，以甲子連乘之，以甲母丙母相乘，以乙子連乘之，其數等。　三母連乘，各以母除之，以子乘之，其數等。

乘法不分先後，故以兩母一子連乘，如是者三，而後并之，猶夫以兩母相乘，兩母兩子互乘，而後與一母一子互乘之也。以甲母乘乙子，又以丙母連乘，是不啻丙甲之母相乘，而乙子乘之也。以乙母乘丙子，又以甲母連乘，是不啻乙甲之母相乘，而丙子乘之也。以丙母乘甲子，又以乙母連乘，是不啻丙乙之母相乘，而甲子乘之也。以甲母乘乙子，而丙母連乘之，以乙母乘甲子，而丙母連乘之，并之得數，不啻以甲母乘乙子，以乙母乘甲子，先相并而後以丙母總乘之也。以乙母乘丙子，而甲母連乘之，以丙母乘乙子，而甲母連乘之，并之得數，不啻以乙母乘丙子，以丙母乘乙子，先相并，而後以甲母總乘之也。以甲母乘丙子，而乙母連乘之，以丙母乘甲子，而乙母連乘之，「并之得數，」不啻以甲母乘丙子，以丙母乘甲子，先相并，而乙母總乘之也。故以甲乙之母互乘子，先相并，而以丙母總乘之，以甲乙之母相乘，而以丙子連乘之，即不啻兩母一子連乘，如是者三也。以母除共母，以子乘之，而數亦等者，何也？本以三四相乘，以子一互之，今以二三四連乘，以一互之，是多一以二乘之之數，故以二除之，即不啻三四相乘，而以一互之也。本以二三相乘，以子三互之，今以二三四連乘，以三互之，是多一以四乘之之數，故以四除之，即不啻二三相乘而以三互之也。本以二四相乘，以子二互之，今以二三四連乘，以二互之，是多一以三乘之之數，故以四除之，即不啻二四相乘，而以二互之也。除爲乘之反，多一乘，而以一除消之，如不乘矣。《九章算術》方田平分術云：今有三分之一，三分之二，四分之三，問減多益少各幾何而平。答曰：減三分之二者一，四分之三者(四)[三]，并，以益(二)[三]分之一而各平於三十六分之二十(三)[一]。術曰：母互乘子，副并爲平實，母相乘爲法，以列數乘未并者，各自爲列實，亦以列數乘法，以平實減列實，餘約之爲所減，并所減以益於少，以法命平實各得其平。《孫子算經》載此條而解之云：置三分、三分、四分在右方，之一、之二、之三在左方，母互乘子，副并得六十三，置右爲平實，母相乘得三十六爲法，以列數三乘未并者及法，等數爲九，約訖，減四分之三者二，減三分之二者一，并，以益三分之一，各平於一十二分之七。此較《九章算術》爲詳。循按：母三母四互乘子一爲十二者，三乘一爲三，四乘三爲十二也。母三母四乘子二爲二十四者，三乘二爲六，四乘六爲二十四也。母三母三乘子三爲二十七者，三乘三爲九，九乘三爲二十七也。并十二與二十四、二十七爲六十三，所謂母互乘子，副并爲平實也。以三三四連乘爲三十六，所謂母相乘爲法也。已并爲六十三，未并則一十二、二十四、二十七也。列數所列之行數也，三行則以三乘一十二爲三十六，三乘二十四爲七十二，三乘二十七爲八十一，列三十六、七十二、八十一爲三行，所謂各自爲列實也。又以列數乘法者，以列數三乘法三十六爲一百□八也。以平實減列實者，以六十三減三十六爲少二十七，減七十二爲餘九，減八十一爲餘十八也。以十八與九并補於三十六，則皆六十三，是爲一百□八分之六十三，以(九)[七]約之故爲十二分之七也。均輸術云：今有程耕，一人一日發七畝，一人一日耕三畝，一人一日耰種五畝，今令一人一日自發耕耰種之，問治田幾何。術曰：置發耕耰畝數，令互乘人數，并以爲法，畝數相乘爲實，實如法得一畝。又今有假田，初假之歲三畝一錢，明年四畝一錢，後年五畝一錢，凡三歲得一百，問田幾何。術曰：置畝數及錢數，令畝數互乘錢數，并以爲法，畝數相乘又以百錢乘之爲實，實如法得一畝。所云互乘相乘皆平分之法也。《孫子算經》有蕩盃之術云：二人共飯，三人共羹，四人共肉，凡用盃六十五，不知客幾何。術以一十二爲率，而未詳其義。張邱建以爲未得其妙，更造新術，推盡其理，其術云：今有婦人於河上蕩盃，津吏問曰：盃何以多？婦人答曰：家中有客，不知其數，但二人共醬，三人共羹，四人共飯，凡用盃六十五，問人幾何。答曰：六十人。術曰：列置共盃人數於右方，又置共盃數於左方，以人數互乘盃數，并以爲法，令人數相乘，以乘盃數爲實，實如法得一。劉孝孫草曰：置人數二三四列於右行，置一一一盃數左行，以右中三乘左上一得三，又以右下四乘之得一十二，又以右上二乘左中一得二，又以右下四乘之得八，以右上二乘左下一得二，又以右中三乘左下一得六，三位并之，得二十六爲法，又以二三四相乘得二十四，以乘六十五得一千五百六十，以二十六除之得六十人數，合前問。循謂此術即《孫子》三女同歸之術，惟歸無定日，盃有共數，爲異，歸無定日，故止用維乘，不用爲率更除。蕩盃用十二、十三爲率，十二即二十四之半，十三即二十六之半，正由互乘連乘既得其率數，而故爲半之。張邱建以爲未得其妙者，恐不足以斥孫子。此術子皆一數，可以省乘，而劉氏細草於右行之二三四，必與左行之一一一維乘者，所以備維乘之法也。張邱建又有獵鹿之術云：今有官獵得鹿，賜圍兵，初圍三人中賜鹿五頭，次圍五人中賜鹿七頭，次圍七人中賜鹿九頭，并三圍賜鹿一十五萬二千三百三十三頭少半頭，問圍兵幾何。答曰：三萬五千人。術曰：以三賜人數，互乘三賜鹿數，并以爲法，三賜人數相乘，并賜鹿數爲實，實如法而得一。此子母皆無單數，觀於此，而知蕩盃用維乘之理矣。三色以上之方程，各以兩色偏乘，以爲對減之地，與蕩盃獵鹿並殊，此所以不曰維乘，而改云徧乘也與。

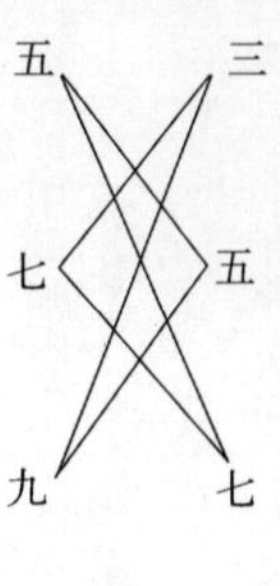

五乘五爲二十五，又七乘爲一百七十五
三乘七爲二十一，又七乘爲一百四十七
三乘九爲二十七，又五乘爲一百三十五

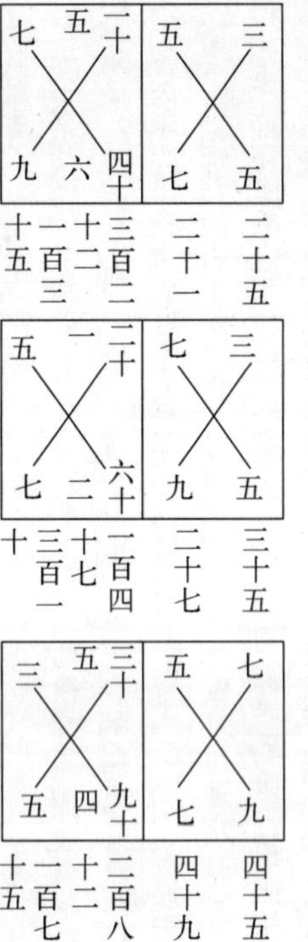

右獵鹿維乘式。

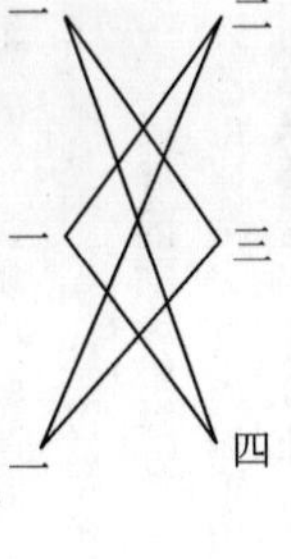

二乘一爲二，又以三乘之爲六
三乘一爲三，又以四乘之爲一十二
四乘一爲四，又以二乘之爲八

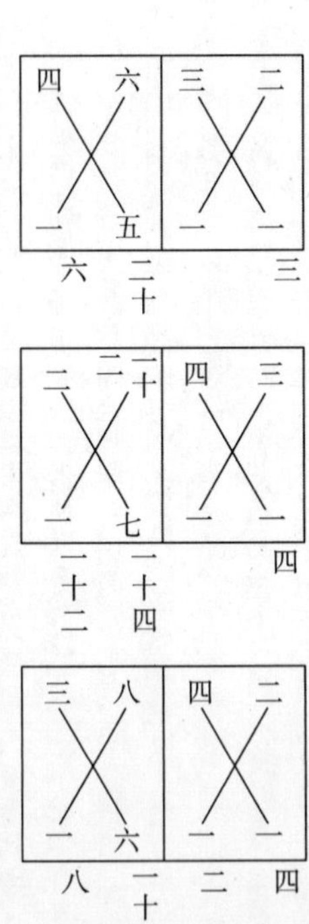

右蕩盃維乘式。

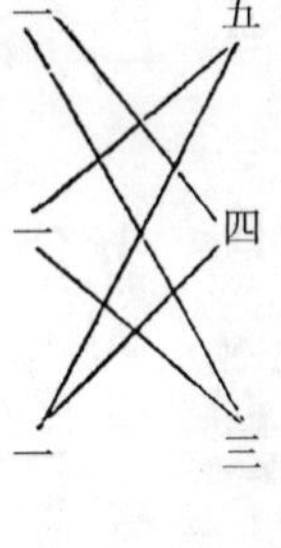

右三女同歸維乘式。

上三 六 中二 四 下一 二 實三十九 七十八
上二 六 中三 九 下一 三 實三十四 二百〇二
上二 二 中二 四 下三 六 實二十六 五十二

右方程偏乘式。

據甲以除甲乙，以所據爲母，以所除得爲子，亦母同而子齊，據乙以除甲乙，其數等，據甲以除乙丙，據丙以除甲乙，據乙以除甲丙，其齊同等。

同者，同其所不同。齊者，齊其所不齊。何爲不同？如云：三人賜五鹿，七人賜九鹿，三人七人所謂不同也，以三七相乘均得二十一，則同其所不同矣。惟不同，故不齊。母既同矣，子可以齊，故互乘之而不齊者齊。此梟鴈之術，亦即蕩盃之術也。又有矯矢之術，《九章》均輸術云：今有一人一日矯矢五十,一人一日羽矢三十,一人一日筈矢十五,今令一人一日自矯羽筈,問成矢幾何。答曰:八矢少半矢。術曰:矯矢五十用徒一人,羽矢五十用徒一人太半人,筈矢五十用徒三人少半人,并之得六人以爲法,以五十矢爲實,實如法得一矢。劉氏注云:此術言成矢五十用徒六人,一日工也。此同功共作,猶凫鴈共至之類,亦以同爲實,并齊爲法,可令矢互乘一人爲齊,矢相乘爲同。今先令同於五十矢,矢同則徒齊,其歸一也。以此術爲凫鴈者,當鴈飛九日而一至,凫飛七日而一至七分至之二,并之得二至七分至之二以爲法,以九日爲實,實如法而一,得一人日矯矢之數也。又今有池,五渠注之,其一渠開之,少半日一滿,次一日一滿,次二日半一滿,次三日一滿,次五日一滿,今皆決之,問幾何日滿池。答曰:七十四分日之十五。術曰:各置渠一日滿池之數,并以爲法,以一日爲實,實如法得一日。其一術:列置日數及滿數,令日互相乘滿,并以爲法,日數相乘爲實,實如法得一日。劉氏注云:同齊有二術焉,可隨率宜也。循按:凫鴈之術出於和,矯矢之術出於較,凫七日,鴈九日,以七加九爲十六,以九加七,亦爲十六,乘即加也。以七而九倍之爲六十三,以九而七倍之亦爲六十三,故曰出於和。矯矢五十用一人,羽矢三十用一人,筈矢十五用一人,五十、三十、十五數不同也。今據矯矢之五十,徑令羽矢筈矢皆從之,於羽矢三十用一人者,依矯矢亦爲五十,則一人所造外尚不足二十,爲三分之二,故益太半人。於筈矢十五用一人者,依矯矢亦爲五十,則一人所造外尚不足三十五,三十宜益二人,五爲三分十五之一,故又益少半人,推此而據筈矢之十五,則令矯矢羽矢亦爲十五,而又必損矯之一人爲十分人之三,損羽之一人爲十分人之五,兩相比較而得之,故曰出於較。較即減,減即除,令羽矢筈矢就矯矢,必以除而得數。羽矢之化一爲一人三分之二者,以三十除五十而得之也。筈矢之化一爲三分之一者,以一十五除五十而得之也。用較猶之用和,各視其所便以施之,故曰可隨率宜也。算數不外於齊同,齊同不外於和較而已。

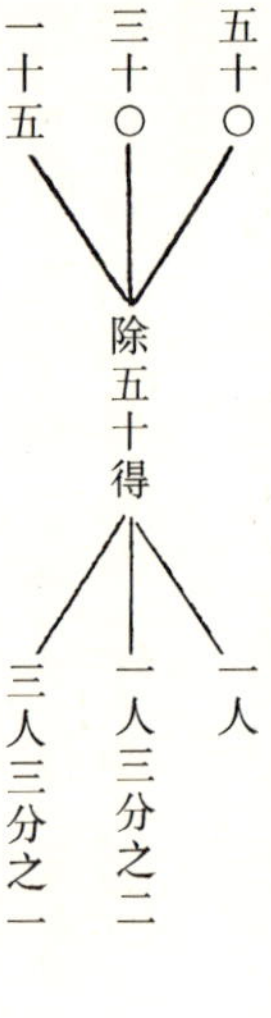

五十〇 三十〇 一十五
除五十得
一人 一人三分之二 三人三分之一
合六人

一十五除
五十〇——得三人三分之一
三十〇——得二人
一十五——得一人
合六人三分之一

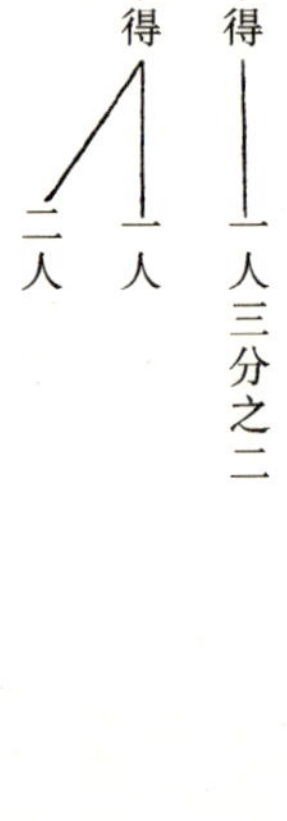

三十〇 除五十得——一人三分之二
一十五 除三十得——一人 二人
合四人三分之二

又 卷七

以母子分列,而以維乘互之,則爲齊同。以母子相間,而以乘除消之,則爲比例。

算之爲術也,有乘除而後有子母,有子母而後乘除之用緐,亦巧之所由生也。以母子分列爲二,將由分以求合,則必齊同之,於是有維乘、偏乘、連乘等術。以母子間列爲四,將由此以知彼,則必比例之,於是有三率、連比例四率、斷比例等術。惟舉此可以例彼,故同其母,即齊其子也。子母者,法實也。法實者,主客也。算之至精極巧不外此而已矣。

以甲除乙,以乙乘之,得丙。丙之於乙,猶乙之於甲,是爲三率連比例。以乙自乘,以甲除之,得丙,其比例等。以甲減乙,以甲除之,以乙乘之,又與乙原數相加,其比例等。

衰分之等有遞析之衰分、有四六之衰分、有三七之衰分、有二八之衰分,於四六以四爲首,而每加五,蓋四之於六,減餘二,以四除之,得□五,故以五爲率,每一數加五分也。四加爲六,自六加之,必爲九,自九加之,必爲一十三□五分,即以甲減乙,以甲除之,又以乙乘之,與乙相加之謂也,其實即同於以甲除之以乙乘之之術。蓋甲除而乙乘,既省去一減,自省去一加,四六以五爲加,雖簡法而實止用於四六之衰,非通法也。中法有異乘同除,西法有三率比例。在《九章》爲粟米、衰分、均輸，而總之爲今有。推之爲均輸，用其相連之數，則以二率自乘，用爲今有之例，則二率三率相乘，無論自乘相乘，皆異乘也。蓋三率與首率例，不與二率例。今二率三率相乘是爲異乘，其二率自乘者亦由二率三率數同之故。如云：一人出三，設三人出幾何？以三自乘，實以人與出異乘也。

以甲乘甲得丙，又乘乙得丁，丁之於丙猶乙之於甲，是爲四率斷比例。以甲乘甲得丙，以甲除乙乘之得丁，其比例等。以甲乘甲，以甲除之，以乙乘之，其比例等。以甲自乘，又以甲減乙，以甲除之，而乘之，以相加，其比例等。

衰分之法於四六既以五爲加，於二八則用四因，於三七則雜用三因九因，而歸之於三除七乘，豈二八三七真殊於四六哉？二八用四乘者，以二除八得四，以八乘之得三十二，不異於四六之求得九也。三七之衰以三除七得二三三，不盡。三七相減得四，以三除四得一三三，亦不盡。不盡之數，雖有子母命分之法，而不可用爲衰分之率，故常法有不可用者，舍其疏，求其密，而別設一數。如以三乘三爲九，以甲乘甲。以三除之爲三，以甲除之。以七乘三爲二十一，以乙乘之。於是二十一之於九猶之七之於三。又以三除二十七得七，以七乘之得四十九，於是四十九之於二十一猶之二十一之於九矣。此用之於四六二八無不然，所以通其術之變，而非法有不同也。

以甲除乙，以丙乘之得丁，丁之於丙猶乙之於甲。以乙乘丙，以甲除之，其比例等。

《九章》粟米今有術云：以所有數乘所求率爲實，以所有率爲法，實如法而一。衰分術云：各置列衰副并爲法，以所分乘未并者各自爲實，實如法而一。二者，其法一也。粟米者有定率，衰分者無定率而副并以爲定率。衰分後十一條即粟米之今有術，粟米後之貴賤術即後世之貴賤差分。如四六衰分，共數二十，甲乙分之，甲得六，乙得四，必并四六爲十，以除二十得二。甲得六，則以六乘二得十二，乙得四，則以四乘二得八。或先乘後除，亦可以甲之六乘二十爲一百二十，以十除之得十二，以乙之四乘二十爲八十，以十除之得八，先除後乘者，以實得實，其理易明，先乘後除者，以虛得實，其理似秘，其實不出於一乘一除之相消。先乘則數多於所得，故除以損之。先除則數少於所得，故乘以益之。必先乘者，劉氏注云：先除後乘，或有餘分，故術反之是也。衰分視粟米多一副并，蓋有所求率、所有數，而無所有率，必副并所有數以爲所有率，所以於無定率求定率也。推之均輸亦第以無定率求定率，近有疊借互徵，借衰互徵，大抵不外乎均輸，而究其原，則衰分而已矣。蓋以已定之率求今有之數，固爲米鹽交易之所便。若當艱深隱伏之際，有不可以常法馭者，於無定之中，立爲有定之率，以相比例，小之如孫子之蕩杯，用十二十三相例，大之如海島之重差，用餘句、餘股相例，以至弧三角之以角度例經緯度，矢較之以先數例後數，詳見《釋弧》。橢圓之以倍差例句股，大徑例小徑，詳見《釋橢》。爲法甚易，而爲用甚神。梅氏謂方程之術，所用至廣，吾謂衰分之術，所用尤廣也。

二　以四除之得五　以六乘之得三
四　以二除之得二　以三乘之得六
三　以六除之得五　以四乘之得二
六　以三除之得二　以二乘之得四

右先除後乘。

二　以六乘之得一十二　以四除之得三
四　以三乘之得一十二　以二除之得六
三　以四乘之得一十二　以六除之得二
六　以二乘之得一十二　以三除之得四

右先乘後除。

以乙乘丙，以甲除之，又以戊除之得己。以乙乘丙，以甲乘丁，除之亦得己。

《九章算術》方田乘分術云：今有田廣七分步之四，從五分步之三，問爲田幾何。答曰：三十五分步之十二。術曰：母相乘爲法，子相乘爲實，實如法而一。劉氏注云：此田有廣從，難以廣諭。設有問者曰：馬二十匹，直金十二斤，今賣馬二十匹，三十五人分之，人得幾何。答曰：二十五分斤之十二。其爲之也，當如經分術。以十二斤金爲實，三十五人爲法。設更言馬五匹，直金三斤，今賣四匹，七人分之，人得幾何。答曰：人得三十五分斤之十二。其爲之也，當齊其金人之數，皆合初問，入於經分矣。然則分子相乘爲實者，猶齊其金也。母相乘爲法者，猶齊其人也。同其母爲二十，馬無事於同，但欲求齊而已。又馬五匹，直金三斤，完全之率，分而言之，則爲一匹直金五分斤之三，七人賣四馬，一人賣七分馬之四，分子與人交互相生，所從言之異，而計數則三術同歸也。循案：以廣乘從，則以母子各相乘而得數，其理易明。

劉氏推言之，以見此術之妙，而用之廣也。馬二十四，值金十二斤，今賣馬二十四，則價之爲十二斤，不容算矣。惟是賣者三十五人，故以三十五除十二斤也。又設如馬五匹，值金三斤，今賣馬四匹，此三率比例爲差分今有之常法，詳見後。惟是賣馬四匹者爲七人，則必以今有術求得數，而又以七除之也。以今有率求得數，是以馬四乘價三而以馬五除之，即不啻馬五除價三而以馬四乘之也。以馬五除價三而以馬四乘之又以人七除之，即不啻以馬五除價三，又以人七除馬四而以所除乘所除也。以馬五除價三得一馬之價，以人七除馬四得一人之馬，以一人之馬乘一馬之價，即不啻三十五人除二十馬之價也。乃不用兩除，而用兩乘，則消息之妙矣。馬五而價三，人七而馬四，是馬五人七爲母，價三馬四爲子，馬五馬四以同名而互爲母子，故兩用相乘，不用維乘也。馬五價三，以馬四乘價三，亦二率三率相乘之例，而不以馬五除之，而以馬五乘人七得數而後除之者，蓋兩除而以一乘并之也。又《九章》均輸術云：今有程傳委輸，空車日行七十里，重車日行五十里，今載太倉粟輸上林，五日三返，問太倉去上林幾何。術曰：并空重里數以三返乘之爲法，令空重相乘，又以五日乘之爲實，實如法得一里，此宜以今有術除得三返之數，又以三返除之得太倉去上林之數。今不以三返除於後，而以三返乘於前，以乘代除之法也，與賣馬之術同爲一理。然乘主增而除主損，連除雖損之又損，而其法則增，故乘其法以除之，而增損如故，連乘則有增而無損，故不可以除代也。

馬五　一率

金三　二率

馬四　三率

金二四　四率

人七除金二四得七之二十四，半之爲三十五之十二。

馬五　人七　乘得三十五

馬四　金三　乘得一十二

三十五除一十二爲三十五之十二，倍之爲七之二十四。

以乙乘丙，以甲除之得丁，又以己乘，以戊除之得庚，庚之於丁猶己之於戊，丁之於丙猶乙之於甲，是爲重今有。以乙丙己連乘爲實，以甲乘戊爲法，除之，其比例等。

《九章算術》均輸有絡絲之術云：今有絡絲一斤爲練絲十二兩，練絲一斤爲青絲一斤十二銖，今有青絲一斤，問本絡絲幾何。術曰：以練絲十二兩乘青絲一斤十二銖爲法，以青絲一斤銖數乘練絲一斤兩數，又以絡絲一斤乘之爲實，實如法得一斤。劉氏注云：置今有青絲一斤，以練絲三百八十四乘之爲實，實如青絲率三百九十六而一，所得青絲一斤，練絲之數也。又以絡率十六乘之，所得爲實，以練率十二爲法，所得即練絲用絡絲之數也。雖各有率，不用中閒，故令後實乘前實，後法乘前法，而并除也。按：此絡絲與練絲有定率，練絲與青絲有定率，若由青絲求練絲，則衰分今有之常術。今由青絲求絡絲，必先以青絲練絲定率求得練絲數，而後以爲三率，用練絲絡絲定率求得絡絲數疊，用衰分今有之術，故曰重今。有云不用中閒者，中閒謂練絲數也。有練絲數可求絡絲數，今有青絲以求絡絲，故非用中閒不可。不用中閒，則青絲可以徑求絡絲。何也？齊兩定率爲一定率也，其理與馬五人七同。見卷五。馬五疋價三斤，今賣馬四疋，七人分其價，故必用衰分今有術。求得四馬之賣而後以七人除之，是既以馬五除，又以人七除，乃以馬五乘人七除之，即不啻兩除者化人七於馬五中也。重用今有，亦兩次用除。今以首率乘首率，二率乘二率，亦化練絲與絡絲之定率，於青絲練絲之中也。練絡之率，練一而絡二，青練之率，青一而練二。其乘也化練於青，亦化練於絡，於是青與絡無定率者，有定率矣。青與絡有定率，則不必求得練數，而自得合數，所以不用中閒也。由青練之率而得練，是化青於練，則用練之率以得絡，以練之率乘青之率，是化練於青，則用青之數以得絡，消息之妙也。欲自青得絡，故以練從青，以練從青，自不得不以練從絡互以相乘，故劉注云：凡率錯互不通者，皆積齊同用之，雖四五轉不異也。均輸術又云：今有人持米出三關，外關三而取一，中關五而取一，內關七而取一，餘米五斗，問本持米幾何。術曰：置米五斗，以所稅三之五之七之爲實，以餘不稅者二四六互相乘爲法，實如法得一斗。又云：今有人持金出五關，前關二而稅一，次關三而稅一，次關四而稅一，次關五而稅一，次關六而稅一，并五關所稅適重一斤，問本持金幾何。術曰：置一斤，通所稅者以乘之爲實，亦通其不稅者以減所通餘爲法，實如法得一斤。劉氏皆以重今有後解之，蓋一爲稅之餘，一爲稅之總，所舉雖殊，而一爲三色衰分，一爲五色衰分，其術不異。由內關之所餘求得內關之原數，以爲中關之所餘，由中關之所餘求得中關之原數，以爲外關之所餘。又由外關之所餘，求得外關之原數，七而一是七爲原率，六爲餘率，五而一是五爲原率，四爲餘率，三而一是三爲原率，二爲餘率，以原率之七五三相乘爲一百○五，以餘率之六四二相乘爲四十八，則已化外關中關於内關之中，由内關之餘可以得外關之原，如化練於青之中，由青可得絡也。由五關之并税，求得五關之原數。以原數六分之一減并税爲四關之并税，求得四關之原數。以五分之一減并税爲三關之并税，求得三關之原數。以四分之一減并税爲二關之并税，求得二關之原數。以三分之一減并税爲前關之税，求得前關之原數爲本持金數。因以并數求原數，在五關則并五次之税，故六之一以六爲原率，必以五乘一爲并率。在四關，則并四次之税，故五之一以五爲原率，必以四乘一爲并率。在三關，則并三次之税，故四之一以四爲原率，必以三乘一爲并率。在二關，則并二次之税，故三之一以三爲原率，必以二乘一爲并率。前關二之一，則二爲原率，一爲税率。以原率之六五四三二相乘爲七百二十，以并率之五四三二一相乘爲一百二十，則化四次之關於五關之中。以并率相乘之數減原率相乘之數爲總税之率，則由五關之并税可徑得前關之原數。雖多一乘減之繇，而理與絡絲持米之理一也。然則以練從青絡，可得絡，不可得練者，以青絡從練，已爲兩練，練與練不可以例練也。《張邱建算經》云：今有生絲一斤，練之折五兩，練絲一斤，染之出三兩，今有生絲五十六斤八兩七分兩之四，問染得幾何。術曰：置一斤兩數，以折兩數減之，餘乘今有絲斤兩之數。又以出兩數併一斤兩數乘之爲實，一斤兩數自乘爲法，實如法得一兩數。按此即重今有術，以常法馭之，用生絲一斤爲一率，減折數爲二率，今有生絲爲三率，求得練絲之數。又以練絲一斤爲一率，加出數爲二率，求得練絲爲三率，求得染絲之數，以法乘法，則以生絲一斤乘練絲一斤也。因皆是一斤故云以一斤兩數自乘也。以實乘實，則以生絲一斤減折數，乘練絲一斤，加出數也。然後以實乘實之數，乘生絲斤兩，用法乘法之數除之，得染數。今先以減數生絲，乘生絲斤兩，後以加數練絲乘之者，乘法先後同也。術又云：今有絲一斤八兩，直絹一疋，今持絲一斤，裨錢五十，得絹三丈，今有錢一千，得絹幾何。術曰：置絲一斤兩數，以一疋尺數乘之，以絲一斤八兩數而一，所得以減得絹尺數，餘以一千錢乘之爲實，以五十錢爲法，實如法而一。此亦重今有術，惟三丈之絹爲絲錢之總數。今以錢求絹，不可爲率，故先以絲得絹，減爲錢絹之率也。又術云：今有鐵十斤，一經入爐得七斤，今有鐵三經入爐得七十九斤一十一兩，問未入爐本鐵幾何。術云：置鐵三經入爐得斤兩數，以十斤再自乘，乃乘上爲實，以七斤再自乘爲法，實如法而一，按七斤爲一率，十斤爲二率，七十九斤一十一兩爲三率，求得四率爲兩經入爐之數。又以四率爲三率，求得四率爲一經入爐之數。又以四率爲三率，求得四率爲未經入爐之數。三次皆七斤十斤爲定率，故以七斤再自乘爲法乘法，以十斤再自乘爲實乘實，猶絡絲之術，雖率數不改，而法無異也。術又云：今有絹一疋，買紫草三十斤，染絹二丈五尺，今有絹七疋，欲減買紫草、還數染餘絹，問減絹買紫草各幾何。術曰：置今有絹疋數，以本絹一疋尺數乘之爲減絹實，以紫草三十斤乘之爲買紫草實，以本絹尺數并染尺爲法，實如法得一。按此以重今有術得之也。七疋爲買草及自染之總數，則紫草三十斤與所染之二十五尺總數爲六十五尺也，一疋四十尺合二十五尺爲六十五尺。故總數六十五尺與紫草三十斤猶總數二百八十尺七疋尺數。與所買草之總數六十五尺，與買草絹四十尺，一疋尺數。猶總數二百八十尺與所減絹數。一以總數得絹，一以總數得草。若問染數，則以總數六十五尺爲一率，染數二十五尺爲二率，總數二百八十尺爲三率，求得四率，亦以總數得染數也。有重今有術，不可以法乘法、實乘實求之者，《張邱建算經》云：今有人持錢之洛賈，利五之，初返歸一萬六千，弟二返歸一萬七千，弟三返歸一萬八千，弟四返歸一萬九千，弟五返歸二萬，凡五返，歸本利俱盡，問本錢幾何。術曰：置後返歸錢數以五乘之，以七乘弟四返歸錢數加之，以五乘之，以四十九乘弟三返歸錢數加之，以五乘之，以三百四十三乘弟二返歸錢數加之，以五乘之，以二千四百一乘初返歸錢數加之，以五乘之，以一萬六千八百七而一得本錢數。循按：利五之，以一萬得利五千言之，則一萬五千爲本利共率，一萬爲本率，以本率爲二率，以弟五返之二萬爲三率，求得弟五返之本，加入弟四返之一萬九千爲弟四返之本利共數。又以五乘之，以一五除之，得弟四返之本，加入弟三返之一萬八千爲弟三返之本利共數。又以五乘之，以一五除之，得弟三返之本，加入弟二返之一萬七千爲弟二返之本利共數。又以五乘之，以一五除之，得弟二返之本，加入弟一返之一萬六千得弟一返之本利共數。以五乘之，以一五除之，得弟一返之本，即所持往洛之本錢也。法本李淳風《九章算術》注釋。惟後次之本，即分自前次之本利共數。而每次返歸之本利，又分自後次之本，互相牽制，故必遞用今有之術。而遞相加求得之本，必加而後爲次求之三率，故不可實乘實法乘法，以徑從最後之錢得最初之本也。張邱建遞以五乘，而總以一萬六千八百七除之者，一萬六千八百七者，七自乘五次之數，即法乘法之理。實不可乘實，故遞用五乘。蓋利五之，當作利五之二，五爲本，二爲利，合得七爲本利共率，故五乘而七除。若五是利，不得以五乘之，而七亦無著，算書不可有一字誤，亦不容有一字誤也。以五乘之，直加前次錢數以待除可也。必以七遞自乘乘之者，下既以七自乘者總除，則此乘猶不乘。言算者，非省之以自便，即故爲艱深以惑人，皆宜細審之耳。

青甲本有之法　一率　　練戊本有之法　一率
練乙本有之實　二率　　絡已本有之實　二率
青丙今有之數　三率　　練丁求得之數　三率
練丁求得之數　四率　　絡庚求得之數　四率

右重今有算式。

青前法　　練後法　　青青乘練則化練於青
練前實　　絡後實　　絡絡乘練則化練於絡
青移與絡爲比例　　練不用中閒　　青移丙於此以練乘絡爲二率以此三率乘之似於連乘
練不用中閒　　絡移爲青率所得　　絡所得絡仍爲庚

右後實乘前實後法乘前法式。

有兩率以比例之，是爲衰分。無兩率而求爲兩率以比例之，是爲均輸。

《九章算術》於諸章皆有定法，惟均輸一章，極變化錯綜之致，無一定之齊法，而無不齊，皆會歸於衰分之今有。而所以爲比例之用者，無率而有率，此實算數之至神。自重差、八綫、弧三角、橢圓諸術，極幾何之巧，無非無率而有率，以會歸於衰分之今有也。試爲詳述之。均輸弟一題云：今有均輸粟，甲縣一萬戶，行道八日，乙縣九千五百戶，行道十日，丙縣一萬二千三百五十戶，行道十三日，丁縣一萬二千二百戶，行道二十日，各到輸所，凡四縣賦當輸二十五萬斛，用車一萬乘，欲以道里遠近，戶數多少衰出之，問粟車各幾何。按止有戶數多少之不同，則衰分法也。今於戶數多寡中，又兼道里遠近，是衰又有衰，必先齊其衰，而後可用衰分法也。術云：令縣戶數，各如其本行道日數而一以爲衰。劉氏注云：據甲行道八日，因使八戶共出一車，乙行道十日，因使十戶共出一車，計其在道，則皆戶一日出一車，故可爲均平之率，此以除爲齊同者也。弟二題云：今有均輸卒，甲縣一千二百人薄塞，乙縣一千五百五十人，行道一日，丙縣一千二百八十人，行道二日，丁縣九百九十人，行道三日，戊縣一千七百五十人，行道五日，凡五縣賦輸卒一月一千二百人，欲以遠近戶率多少衰出之，問縣各幾何。術曰：令縣卒各如其居所，及行道日數而一，以爲衰，按此遠近與多少相兼，同於前，但前皆在道，此有所居，故必先以居所三十日一月日數。各加行道日數，然後除縣卒之數也。弟三題云：今有均賦粟，甲縣二萬五百二十戶，粟一斛二十錢，自輸其縣，乙縣一萬二千三百一十二戶，粟一斛十錢，至輸所二百里，丙縣七千一百八十二戶，粟一斛十二錢，至輸所一百五十里，丁縣一萬三千三百三十八戶，粟一斛十七錢，至輸所二百五十里，戊縣五千一百三十戶，粟一斛十三錢，至輸所一百五十里。凡五縣賦，輸粟一萬斛，一車載二十五斛，與僦一里一錢，欲以縣戶賦粟令勞費等，問縣各粟幾何。術曰：以一里僦價乘至輸所里，以一車二十五斛除之，加一斛粟價，則致一斛之費按每車一里一錢，二百里則二百錢矣。此以一里僦價，乘至輸所里也。然一車二十五斛必以二十五斛除二百錢得八，乃爲每斛一里僦八錢也。加於每斛粟價，則各項之衰并而歸於每斛矣。又以每斛之費除戶數，則每戶出一錢爲均賦之率。蓋遠近多少同於前，而粟價有貴賤，僦價有多寡，故必以僦價乘里數，而以一車之數除之，以加於每斛粟價，而後齊也。弟四題云：今有均賦粟，甲縣四萬二千算，粟一斛二十，傭價一日一錢，自輸其縣，乙縣三萬四千二百七十二算，粟一斛十八，傭價一日十錢，到輸所七十里，丙縣一萬九千三百二十八算，粟一斛十六，傭值一日五錢，至輸所一百四十里，丁縣一萬七千七百算，粟一斛十四，傭值一日五錢，到輸所一百七十五里，戊縣二萬三千四十算，粟一斛十二，傭價一日五錢，到輸所二百一十里，已縣一萬九千一百三十六算，粟一斛一十，傭價一日五錢，到輸所二百八十里。凡六縣賦粟六萬斛皆輸甲縣，六人共車，車載二十五斛，重車日行五十里，空車日行七十里，載輸之閒各一日，粟有貴賤，傭各別價以算出錢，令費勞等，問縣各粟幾何。術曰：以車程行空重相乘爲法，并空重以乘道里各自爲實，實如法得一日，加載輸各一日，而以六人乘之。又以傭價乘之，以二十五斛除之，加一斛粟價，即致一斛之費。各以約其算數爲衰，按空重之行不齊，故先齊同之得三百五十里，行十二日，用今有術，求得各縣輸到日數，因傭價視人視日，故既以人數乘之，復以傭價乘之，得每縣每一車傭價之總數。一車載二十五斛，以二十五除之，得每斛傭價之總數矣。以一斛輸到之傭值，加入一斛之粟價，是道里遠近、粟價貴賤、傭值多寡俱均而歸之於斛。又以每斛之費除算數，猶以每斛之費除户數也。輸載之閒各一日注云：各一日者，即二日也。此宜是停駐之日數，故用加於在道之日數。乃日數以往來爲齊同，宜倍到輸所之里以乘人數，術未備也。又云：今有善行者，行一百步，不善行者，行六十步，今不善行者先行一百步，善行者追之，問幾何步及之。術曰：置善行者一百步減不善行者六十步，餘四十步爲法，以善行者之一百步乘不善行者先行一百步爲實，實如法得一步，按先行百步而追及之，必能餘一百步而後可也，故用減法得其所餘之率。以善行之一百步乘不善行之一百步者，其實以善行之一百步乘善行所餘之一百步也。又云：今有不善行者先行十里，善行者追之一百里，先至不善行者二十里，問善行者幾何里及之。術曰：置不善行者先行十里，以善行者先至二十里增之以爲法，以不善行者先行十里乘善行者一百里爲實，實如法得一里，按先行十里而追之，止餘十里便及。今餘三十里，故行一百里耳。是三十里與一百里，可例一十里與追及之里數也。以不善行之十里乘善行之一百里者，其實以善行所餘之十里乘所行之一百里也。又云：今有兔先走一百步，犬追之二百五十步，不及三十步而止，問犬不止，復行幾何步及之。術曰：置兔先走一百步，以犬走不及三十步減之，餘爲法，以不及三十步乘犬追步數爲實，實如法得一步，按先走百步，犬追二百五十步不及三十步，然則若先走七十步，則二百五十步剛追及矣，故七十與二百五十猶三十之與復行追及步數也。以不及三十步乘犬追步數者，即以兔走之三十步乘二百五十步也。又云：今有客馬日行三百里，客去忘持衣，日已三分之一，主人乃覺持衣追及，與之而還，至家視日四分之三，問主人馬不休日行幾何。術曰：置四分日之三除三分日之一，半其餘以爲法，副置法，增三分日之一，以三百里乘之爲實，實如法得主人馬一日行，按四分日之三爲客馬之行與主人馬往還之行共數也。三分日之一爲客馬單行之數，四分日之三内減去三分日之一劉氏注云：除即減也。爲主人馬往還之數，半之爲主人馬追及之數，詳見前。加三分之一爲客馬當主人馬追及之數，是客行十三當主人之行五也，亦主人行五當客行之十三也，故五與十三猶三百與主人馬不休之數也。又云：今有金箠，長五尺，斬本一尺，重四斤，斬末一尺，重二斤，問次一尺，各重幾何。術曰：今末重減本重，餘即差率也。又置本重以四閒乘之爲下弟一衰，副置以差率減之，每尺各自爲衰。劉氏注云：此術五尺有四閒者，有四差也，令本末相減，餘即四差之凡數，以四約之，即得每尺之差，以差數減本重，餘即次尺之重，今此率以四爲母，故令母乘本爲衰通其率也。又注云：此雖迂迴，然是其舊，故就新而言之，按甲戊相減得二尺，以四除之得半尺，於二尺加半尺爲丁，於二尺半加半尺爲丙，於三尺加半尺爲乙，此注所云，以四約之，即得每尺之差也。然爲捷法，非均輸法，經列此題以明均輸之義，故不從省。注以爲遲回，未知經意，不用四閒除之，而用四閒乘之，不用加之，而用減之，欲得比例之率也，此可明加減乘除相表裏之指，亦可明比例之法，無在不可用也。又《張邱建算經》題云：今有方亭，下方三丈，上方一丈，高二丈五尺，欲接築爲方錐，問接築高幾何。術曰：置上方尺數以高乘之爲實，以上方尺數減下方尺數餘爲法，實如法而一。按所有者方亭，所求者方錐，不可爲比例，故必減去上方，合兩旁之句股爲方錐也。又題云：今有築城，上廣一丈，下廣三丈，高四丈，今已築高一丈五尺，問已築上廣幾何。術曰：置城下廣以上廣減之，又置城高以減築高，餘相乘，以城高而一所得，加城上廣即得。按先以三丈與一丈減，是去其中之縱方，而存其兩畔之兩句股也。以一丈五與四丈減者，去其新築之高，而存其未築之數也。何也？三丈者，四丈之底也。二丈二尺五寸者，二丈五尺之底也。惟兩底同，乃可比例。此所以不用築高，而用減餘也。又題云：今有鹿直西走，馬獵追之，未及三十六步鹿回直北走，馬俱斜逐之，走五十步，未及一十步，斜直射之得鹿，若鹿不回，馬獵追之，問幾何里而及之。術曰：置斜逐步數，以射步數增之，自相乘，以追之未及步數，自相乘，減之，餘以開方除之，所得以減斜逐步數餘爲法，以斜逐步數乘未及步數爲實，實如法得一。按此始以開方，終以衰分也。馬比鹿每五十步多二步，必九百步而後多三十六步也。二與五十，爲三十六與九百之比例也。題亦可云斜逐六十步得之，此則六十步多十二步，當一二與六十爲三十六與一百八十之比例。今題云未及十步，斜射得之，此故爲隱伏以示學者，前用開方，宜連未及之步，後用比例，止取斜逐之餘，變化存乎一心，實自然之理耳。

有兩率，以衰分求之。有兩差，以盈不足求之。無率而欲有率，以均輸求之。無差而欲有差，以盈不足之假令求之。設率與設差之術通，率不可設，則設其差。

《九章算術》盈不足云：今有人持錢之蜀賈，利十三，初返歸一萬四千，次返歸一萬三千，次返歸一萬二千，次返歸一萬一千，後返歸一萬，凡五返歸錢本利俱盡，問本持錢及利各幾何。術曰：假令本錢三萬，不足一千七百三十八錢半，令之四萬，多三萬五千三百九十錢八分，此即張邱建持錢之洛之題也。又云：今有漆三，得油四，油四和漆五，今有漆三斗，欲令分以易油，還自和餘漆，問出油得漆和漆各幾何。此即紫草染絹之術也。并漆三漆五爲總數，與油四可求三斗中所易之油，與漆三可求三斗中所出之漆，與漆五可求三斗中所和之漆。《九章》不以隸均輸，而以隸盈不足者。均輸者，於均之中求其均。假令者，設爲不均以求其均。衰分與盈不足相表裏，故衰分之均輸亦與盈不足之假令相表裏。蓋有定率，則可馭以衰分。有盈朒，則可馭以盈不足。無盈朒而設爲盈朒，猶之無定率而設爲定率也。試推言之，盈不足術云：今有米在十斗桶中，不知其數，滿中添粟而舂之，得七斗，問故米幾何。術曰：假令故米二斗，不足二升，令之三斗，有餘二升，此以十斗七斗與粟米之率心計，而先得盈朒數也。《張邱建算經》云：今有器容九㪷，中有米不知其數，滿中粟舂之，得米五㪷八升，問滿粟幾何。術曰：置器容九㪷，以米數減之餘以五之二而一。草曰：置九㪷，以米五斗八升減之得三㪷二升，以粟率五因之得石六㪷，以糲率二㪷除之得八㪷爲粟，按原有之米與粟所舂之米合爲五斗八升，則原粟之數不能於合數中求得之。然米則合而糲則專，故於九斗中減去米餘三斗二升，則糲矣。於是用糲率二爲一率，粟率五爲二率，糲三斗二升爲三率，求得粟八斗爲四率，此以減得糲數於無定率得定率也。又今有醇酒一斗，直錢五十，行酒一斗，直錢一十，今將錢三十得酒二斗，問醇行酒各幾何。術曰：假令醇酒五升，行酒一斗五升，有餘一十，令之醇酒二升，行酒一斗八升，不足二。《張邱建算經》云：今有清酒一斗，直粟十斗，醑酒一斗，直粟三㪷，今持粟三斛，得酒五斗，問清醑酒各幾何。術曰：置得酒斗數，以清酒直數乘之，減去持粟斗數，餘爲醑酒實。又置得酒斗數，以醑酒直數乘之，以減持粟斗數，餘爲清酒實。各以二直相減，餘爲法，實如法而一。按此有共數共值，有貴賤率，故以貴賤衰分之術馭之也。盈不足術云：今有黃金九枚，白銀十一枚，稱之重適等，交易其一，金輕十三兩，問金銀一枚，各重幾何。術曰：假令黃金三斤，白銀二斤十一分斤之五，不足四十九於右行，令之黃金二斤、白銀一斤十一分斤之七多十五於左行。《張邱建算經》云：今有金方七，銀方九，稱之適相當，交易其一，金輕七兩，問金銀各重幾何。術曰：金銀方數相乘，各以半輕數乘之爲實，以超方數乘金銀方數各自爲法，實如法而一，按以金方七、銀方九爲母，金之超數二、銀之超數二爲子，母同子齊，以爲定率，然後兩用今有術，以得之。子齊爲一率，母同爲二率，半輕數爲三率，求得每方重數爲四率。蓋以金銀並言爲交易，分言之則爲損金以益銀，損銀以益金，凡損此益彼，其數必倍，詳卷一。故交易其一，而超數爲二也。此可相參而悟者，在本書亦自明之，均輸鳧雁之術，循既詳之於前矣。於盈不足術，又列題云：今有垣高九尺，瓜生其上，蔓日長七寸，瓠生其下，蔓日長一尺，問幾何日相逢，瓜瓠各長幾何。術曰：假令五日不足五寸，令之六日有餘一尺二寸，按鳧雁無里數，此垣高有尺數似有不同。然試通之，并瓠蔓瓜蔓爲一十七寸，以除九尺之垣，即得日數。以瓠蔓乘之得瓠尺，以瓜蔓乘之得瓜尺。鳧雁無里數，故必相乘而後除之。此有尺，徑除此尺數可矣。又二題云：今有蒲生一日長三尺，莞生一日長一尺，蒲生日自半，莞生日自倍，問幾何日而長等。今有垣厚五尺，兩鼠對穿，大鼠日一尺，小鼠亦日一尺，大鼠日自倍，小鼠日自半，問幾何日相逢，各穿幾何。此二者不可通於均輸，何也？日自倍之率爲一、二、四、八、十六。衰分術云：今有女子善織，日自倍，五日織五尺，問日織幾何。此知五日，則有五日之率。蒲莞、大小鼠之術，雖有各率，而無日數，無日數，則率不可定，故必以盈不足之假令馭之，而不可通諸衰分也。又良馬駑馬之術，見於衰分者甚多。盈不足術云：今有良馬與駑馬發長安至齊，齊去長安三千里，良馬初日行一百九十三里，日增十三里，駑馬初日行九十七里，日減半里，良馬先至齊，復還迎駑馬，問幾何日相逢，及各行幾何。日增十三者，今日於初日里數外，增十三，明日則於所增外，又增十三也。日減半者，今日於初日里數外，減半里，明日則於所減外，又減半里也。與日自倍日自半之數不同，而其不可爲定率則同，故亦必以盈不足之假令馭之，而不可通諸衰分也。

凡比例，以甲率乘丙率，與乙率自乘等。

比例之理，出於盈朒。比例之法，出於互乘。盈朒之理，甲乙丙爲平列，乙多於甲之數，即乙少於丙之數，其相去以加減，故倍中數即首尾相加之數，亦例之以加減也。比例之理，甲乙丙爲遞列，乙乘於甲之數，即乙除於丙之數，其相去以乘除，故中數自乘即首尾相乘之數，亦例之以乘除也。其法出於互乘者，甲乙丙丁平例爲四率，縱列爲母子，以一率乘四率，即以左母維乘右子也。以二率乘三率，即以右母維乘左子也。

甲一　一加一爲二　一加三爲四　甲一　一乘二爲二　一乘四爲四

乙二　三減一爲二　二倍之爲四　乙二　二除四爲二　二自乘爲四

丙三　三加一爲四　丙四　四乘一爲四

右比例用加減乘除同理。

甲二　維乘　乙四　得一十二

丙三　維乘　丁六　得一十二

甲二　一率乘丁爲一十二

乙四　二率乘丙爲一十二

丙三　三率乘乙爲一十二

丁六　四率乘甲爲一十二

右比例與維乘同法。

乙率自乘，以甲率除之得丙率。以乙率自乘，與甲丙并率之半自乘，相減，餘開方除之，與并數之半相減，其數等。乙率自乘，以丙率除之，得甲率。以乙率自乘，與甲丙并率之半自乘，相減，餘開方除之，與并率之半相加，其數等。

乙率自乘，既等於甲之乘丙，甲除之得丙，丙除之得甲，即母半則子倍，母倍則子半之理也。同是積也，在乙自乘爲方，在丙甲相乘爲縱方，爲縱方，則甲爲長丙爲濶矣。知乙自乘積，知丙，而求甲，則以丙除之是也。知乙自乘積，知甲，而求丙，則以甲除之是也。若知乙自乘積，知甲丙共積，而不能分析甲與丙之各數，則以之求丙，無甲可除，以之求甲，無丙可除，則仍以縱方之理求之。聚平方之四，如田字，聚縱方之四，盈朒相觸，中餘縱乘縱之小平方，乙自乘之平方，既化爲甲乘丙之長方，則甲丙相并，即縱廣相和，故用求帶縱平方和之術以得之。求帶縱平方和之術，以和數自乘，減積數之四倍，而開方之，得縱乘縱之方。與和數相加而半之，得縱。與和數相減而半之，得廣。今不以積數四倍，而以和數折半，凡倍之自乘，必得四倍，則凡四之一自乘其邊必當四倍者之半也。已豫半之，而開方所得縱乘縱之方，不待半之矣，此又豫半豫倍之理也。見卷一。

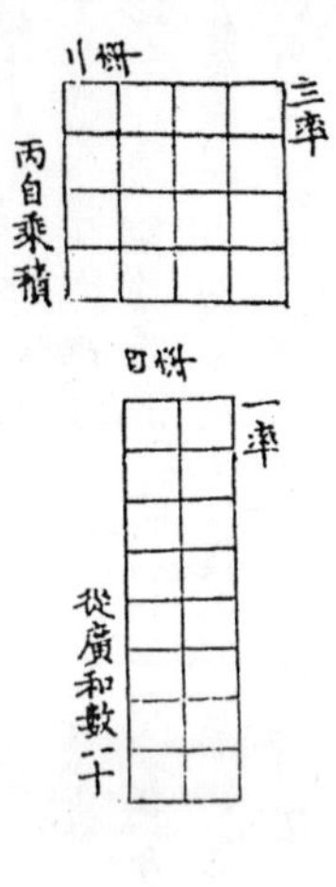

甲率乘丙率，以乙率除之，仍得乙。以甲率乘乙丙之并率，以甲率爲縱，開方除之，其數等。

知甲乘丙之數，知乙數，不必以乙除之，自知乙矣。若知甲率，知乙丙合率，而不知乙，或知丙率知甲乙合率，而不知乙，則亦以縱方之理通之。夫丙乘甲，以乙除之，仍得乙者，以乙之自乘，其數即丙甲之相乘也。乙自乘，既即爲丙甲之相乘，則以甲乘乙丙之并率，爲甲乘乙甲乘丙各一者，不啻甲乘乙乙乘乙各一也。甲乘乙乙乘乙，又不啻乙乘甲乙之并也。乙乘甲乙之并，即以甲爲縱以乙爲廣之帶縱平方。今求爲廣之乙，故以甲乘乙丙，以甲爲縱，開方除之即得乙也。抑乙自乘，既即爲丙甲之相乘，則以丙乘甲乙之并率，爲丙乘乙丙乘甲各一者，不啻丙乘乙乙乘乙之各一也。丙乘乙乙乘乙，又不啻乙乘丙乙之并也。乙乘丙乙之并，即以丙爲縱以乙爲廣之帶縱平方。今求爲廣之乙，故以丙乘甲乙，以甲爲縱，開方除之，亦即得乙也。

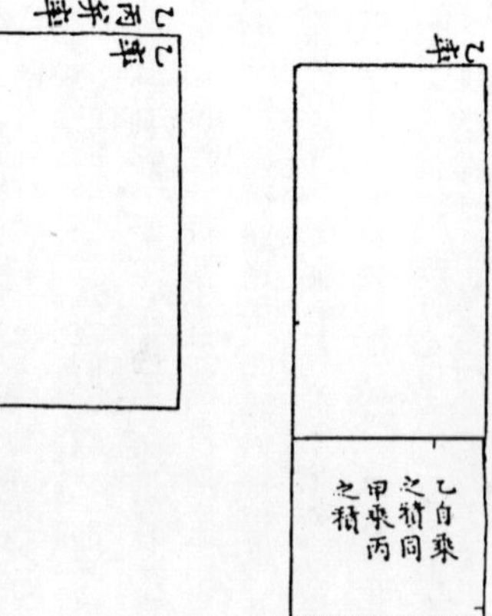

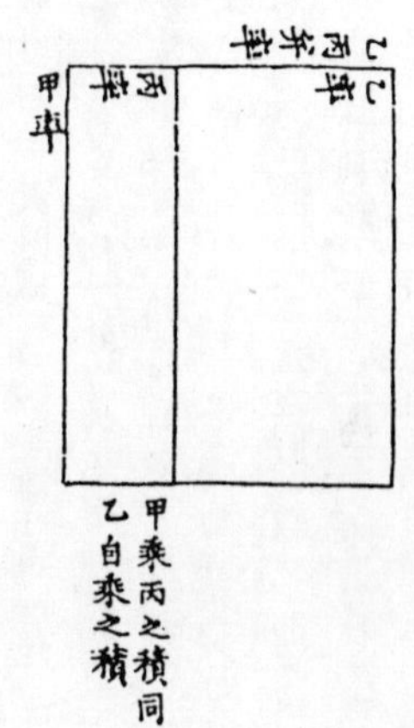

乙丙相乘，以丁除之，得甲。以甲除之，得丁。甲丁相乘，以乙除之，得丙。以丙除之，得乙。甲丁相乘，減乙丙并率自乘之半，開方除之，相加得乙，相減得丙。乙丙相乘，減甲丁并率自乘之半，開方除之，相加得甲，相減得丁。

《九章》句股題云：今有邑方，不知大小，各中開門，出北門二十步有木，出南門十四步，折而西行一千七百七十五步見木，問邑方幾何。術曰：以出北門步數乘西行步數，倍之爲實，并出南門步數爲從法，開方除之即邑方。汪云：以折而西行爲股，自木至邑南十四步爲句，以出北門二十步爲句率，北門至西隅爲股率，按依注當以句爲一率，股爲二率，句率爲三率，求得四率爲城之半廣。但句無數，二率三率相乘，不能以一率除之得數，故以二率乘三率之數倍之，而以一率之數可知者爲縱，而開方之，其故何也？二率三率相乘之積即一率四率相乘之積，是積也，邑方之半在其中，倍之則邑方全在其中矣，故以縱方法求之而得其數。蓋不得之於邊，而得之於積，得之於邊，則用異乘同除，得之於積，則用帶從開方，其術之精巧，總本於二三之相乘，等一四之相乘也。

以乙乘丙丁并率，甲乙并率除之得丁。以甲乘丙丁并率，甲乙并率除之得丙。以乙乘甲丁并率，乙丙并率除之得甲。以丙乘甲丁并率，以乙丙并率乘之得丁。以丙乘甲乙并率，以丙丁除之得甲。以丁乘甲乙并率，以丙丁除之得乙。以甲乘乙丙并率，以甲丁除之得乙。以丁乘乙丙并率，以甲丁除之得丙。

連比例中率自乘，故可以縱法馭之。斷比例中率相乘，不可以爲方，故不可以連比例之術通之也。然既有四率，則比例之中分合皆可爲比例，故仍以比例通之，而其用無窮矣。西法《幾何原本》列比例之法一十有二：曰同理比例，曰相連比例，曰順推比例，曰反推比例，曰遞轉比例，曰分數比例，曰合數比例，曰更數比例，曰隔位比例，曰錯綜比例，曰加數比例，曰減數比例，統而計之，即維乘之理而已。

甲率自乘，以丙率乘之，與乙率自乘，以甲率乘之等。甲率自乘，以丁率乘之，與甲乙丙三率連乘等，與乙率再自乘等。

甲丙相乘，既同於乙之自乘，則以甲丙相乘之數，又以甲乘之，以乙自乘之數，又以甲乘之，其數之同可知也。甲丁相乘，既同於乙丙相乘，則以甲丁相乘之數，又以甲乘之，以乙丙相乘之數，又以甲乘之，其數之同可知也。甲丙相乘，既同於乙之自乘，則乙自乘之數，又以乙乘之，以甲丙相乘之數，又以乙乘之，其數之同可知也。以甲丙相乘之數，又以乙乘之，不啻以乙丙相乘之數，又以甲乘之，所謂甲乙丙三率連乘也，乙之再乘，既同於甲乙丙之連乘，則與甲丁相乘，又以甲乘之之數亦同矣。

以丙自乘，乙爲斜弦，以乙自乘，甲爲斜弦，甲之於乙如乙之於丙。以乙乘丙，甲爲斜弦，以丁乘戊，乙爲斜弦以丁乘己，丙爲斜弦，甲之於乙如乙之於戊，甲之於丙如丙之於己。

句股之比例，千變萬化，舉之不勝舉，惟句股有連比例之三率。以弦爲首率，句爲中率，尾率必弦之小半。以弦爲首率，股爲中率，尾率必弦之大半。小半大半之所分，恰當中垂線。法詳《幾何原本》。其法以自乘通之，以一自乘之數畫而爲四，小弦必同於大弦，小邊必同於大邊，推之相乘之縱方，形雖差，而理亦同也。

以丙乘乙，甲爲斜弦，甲乙丙兩句股形等。

以丙乘乙，甲爲斜弦，以丙中分之，半丙於半甲半乙猶全丙於全甲全乙。

衰分均輸之術合之句股，此西法比例相求之原。蓋以一方形斜剖爲兩句股，則此形之句股等於彼形之句股，而共一弦。此整形也，既剖爲兩句股，又隨以句股中分之，則兩大句股之形內必又成兩隅相連之兩小句股形。兩小句股，即兩大句股之比例也。蓋小之視大，雖得其半，而句同此句，股同此股，弦共此弦，依然一方形斜剖之理也。以兩隅相連觀之，則四表之立可明矣。以小句股在大句股內觀之，則兩表之立可明矣。《九章算術》句股題云：有木去人不知遠近，立四表，相去各一丈，令左右兩表與所望參相直，從後右表望之，入前右表三寸，問木去人幾何。術曰：令一丈自乘爲實，以三寸爲法，實如法而一。《張邱建算經》云：今有城，不知大小，去人遠近，於城西北隅而立四表，相去各六丈，令左兩表與西北隅南北望參相直，從右後表望城西北隅，入右前表一尺二寸，又望西南隅，亦入右前表四寸，又望東北隅，亦入左後表二丈四尺。術曰：置表相去自乘，以望城西北隅入數而一得城去表。又以望城西南隅入數而一，所得減城去表，餘爲城之南北。以望城東北隅入左後表數減城去表，餘以乘表相去。又以入左後表數而一，即得城之東西。二書爲算，雖有不同，而其爲兩隅相連之理則同也。《九章算》云：有山居木西，不知其高，山去木五十三里，木高九丈五尺，人立木東三里，望木末適與山峯斜平，人目高七尺，問山高幾何。術曰：置木高減人目高七尺，餘以乘五十三里爲實，以人去木爲法，實如法而一，所得加木高即山高。此術木爲半股，木至人爲半句，木頂至人目爲半弦，以例山高之全股，山至人目之全句，山頂至人目之全弦。劉徽撰《海島算經》用兩竿，即本木與人之意也。《九章算術》又有算邑方題云：邑方二百步，各中開門，出東門十五步有木，問出南門幾何而見木。術曰：出東門步數爲法，半邑方自乘爲實，實如法得一步，此句股中減去容方，餘存兩句股爲比例也。因所減去之容方，一爲句、一爲股，故自乘即二三率相乘也。若此句彼股出於所容之從方，則不可以用自乘

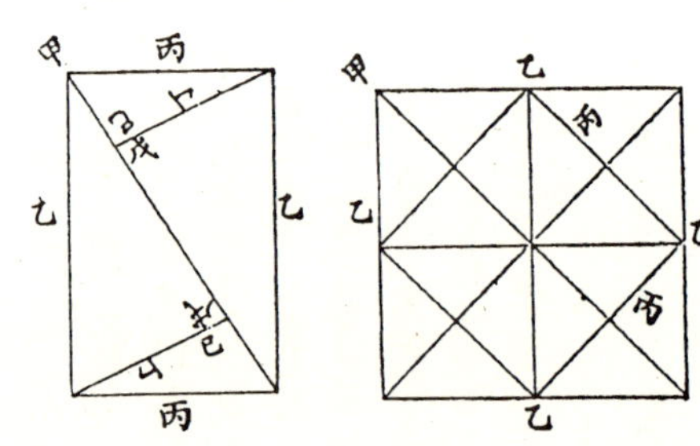

矣。《幾何原本》有兩線平行之率，爲内外角對角並角之所從生，究其原，則出於一正方斜剖，而參伍錯綜之無不合也。

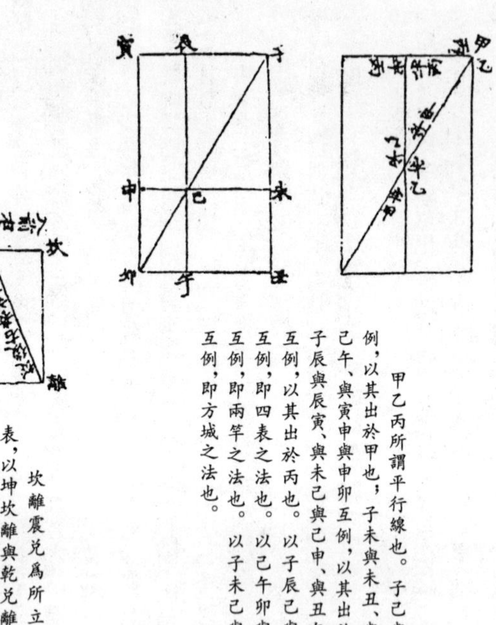

甲乙丙所謂平行線也。子巳與巳卯互例，以其出於甲也；子未與未丑、與辰巳與巳午、與寅申與申卯互例，以其出於乙也；子辰與辰寅、與未巳與巳申、與丑午與午卯互例，以其出於丙也。以子辰巳與巳午卯互例，即四表之法也。以巳午卯與子丑卯互例，即兩竿之法也。以子未巳與巳午卯互例，即方城之法也。

坎離震兑爲所立四表，以坤坎離與乾兑離爲例，猶前圖子辰巳與巳午卯互例。

右《九章算術》立四表圖。

角亢氐房所立四表，心尾女與角亢女、尾井房與角氐井、斗牛房與角牛氐，並猶前圖子辰巳與巳午卯。

右《張邱建算經》立四表圖。

甲自乘，以甲爲縱而開方之得乙，以乙減甲得丙，丙之於乙猶乙之於甲。以甲爲股，半之爲句，求得弦，以句減弦得乙，以乙減股得丙，其比例等。以乙爲股，半之爲句，求得弦，以句加弦得甲，以乙減甲得丙，其比例等。

比例之法有二：其一出於差分，異乘同除也。其一出於自乘，理分中末也。異乘同除者，有定率二，以例今有之數，如四之與六，例六之與九是也。理分中末者有全分一，以求大分小分之比例。如全分一十，則中六一八〇三，末三八一九七是也。異乘同除，上既詳言之矣。而理分中末之術爲西人所獨擅之奇，秘其名曰神分綫。梅勿菴以句股和句股較倍句之法通之，循謂皆自然之數也。異乘同除之比例，但如其分析之數以相乘，其比在例之外也。理分中末之比例必如其首率之數以中分，其比在例之内也。彼以中率自乘，首率除之，而得末率，此以首率自乘，縱方開之，而得中率末率，其法有不同也。彼有二而得三，此有一而得三。有二得三，則三生於二，故中末二率合之與首率差。有一求三，則三生於一，故中末二率合之與首率同。彼以馭隱伏糅雜，而假以爲憑，此以求等邊諸面，而資以爲鵠，其用有不同也。法用平方縱方，故亦可用句股和句股較以首率自乘，用縱方開之，而得中率，以中率自乘，用縱方開之，而得末率，末率之縱方積同於中率之平方積，而中率之縱方積同於首率之平方積，此比例之根也。若合首率中率爲首率，則首率爲中率，中率爲末率。若以中率爲首率，則末率爲中率，末率減中率爲末率。二下推之，至於無窮，無不皆然。唯其出於平方縱方，故又可馭之以句股，唯其以平方化縱方，故必令句半於股，股倍於句。平方化縱方，必爲一小縱方連於大縱方，又即爲一小平方連於大平方。若廣之爲一縱方斜剖爲句股，則一小平方必爲句股内所容之方。大平方即容方界上之餘，此容方界上之餘不必定爲平方，而理分中末，則必得其爲平方，故倍句爲股半股爲句也。以大平方之邊爲股，半之爲句，其弦必小平方之邊加大平方邊之半。今既以大平方之邊爲首率，則股爲首率矣。以小平方之邊爲中率，則弦減句爲中率矣。以小平方邊減大平方邊所餘爲末率，則以弦句較減股爲末率矣。連大平方小平方兩邊爲首率，則句弦和爲首率矣。大平方邊爲中率，則股爲中率，小平方爲末率，則句弦較爲末率矣。

又　卷八

以加來者，消之以減，以乘來者，消之以除。

劉氏《九章算術》方田注云：子有所乘，故母當報除。此爲方田之乘分而言。循謂算法之精妙，無踰此兩言也。《九章》之盈不足方程，所以馭叢雜不齊之數者，至精至奥。大率所舉而問者，以乘爲隱伏，多一乘則多一重隱伏，而所以發其隱伏，則用除，多一重隱伏，則多一除以發之，是以乘入之，以除出之，故曰報除也。蓋算之艱惟其叢雜而隱伏，有相乘維乘，可以化叢雜爲齊同。有報除，可以化隱伏爲顯著，而算之能事盡矣。如有物，一錢得三枚，此無俟算也。若以乘通之云：有物二錢得六枚，三錢得九枚。此則以二乘三爲六，以三乘三爲九矣。是爲多一乘，必以二除六，以三除九，而後得之。或并二三爲五，并六九爲十五，以五除十五而後得三。或六九相減爲三，二三相減爲一，以一除三而後得三。或二三相乘爲六，倍之爲十二，二維乘九，三維乘六，相加爲三十六，以十二除三十六而後得三，所謂報除以發之也。又如有二物，甲一錢得二枚，乙一錢得三枚，此亦無俟算也。若以乘通之云：有二物不知價，但言甲二錢、乙三錢，共得一十三枚，甲五錢、乙四錢，共得二十二枚。此則以二乘二爲四，以三乘三爲九，合爲一十三，以二乘五爲一十，以三乘四爲一十二，合爲二十二。是爲多一乘，又多一并。多一并則叢雜矣，多一乘則隱伏矣。叢雜用相乘維乘以齊之，以甲二甲五相乘爲一十，減盡，以甲二偏乘乙四爲八，偏乘二十二枚爲四十四，以甲五偏乘乙三爲一十五，偏乘一十三枚爲六十五，以八與一十五相減爲七，以四十四與六十五相減爲二十一是也。隱伏用報除以發之，以七除二十一得三，爲乙數是也。若舉其較數，則云甲二乙三較五，甲五乙四較二，亦兩甲相乘減盡，甲二偏乘乙四爲八，偏乘二爲四，甲五偏乘乙三爲一十五，偏乘五爲二十五，八與十五相減爲七，二十五與四相減爲二十一，以七除二十一爲三，亦用偏乘報除之術以得之。此方程所爲用除法也。以言盈不足之術，如云：三盈一，五朒一，不俟算而知其爲四。如云：人出三，盈三，人出五，朒三，此則以三乘四爲十二，乘三爲九，乘五爲一十五，以一十二較九爲盈三，較十五爲朒三，是爲多一乘，必以三維乘三爲九，以五維乘三爲一十五，九與一十五異名相加爲二十四，以三與五相減爲二，以二除二十四得一十二，是亦報除以發其隱伏也。并兩三爲六，以減餘二除之得三爲人數。兩三皆差數，故以出率之差除之，不啻方程之以減餘除減餘也。物數必由差得整數，乃可求，由差得整數，故維乘以齊之也。劉氏注衰分法云：一乘一除適足相消。相消亦報之謂也。如有物九枚，二人分之，人得四枚半耳。若甲得三分之二，乙得三分之一，必先以二乘九爲一十八，以三除之爲六爲甲所得，以一乘九爲九，以三除之爲三爲乙所得。其法數本三除，而又二除，（三分之二、三分之一，是先分爲三，又分爲二也。）是多一除，故必先乘以通此一除，後除以消此一乘，所謂一乘一除，以相消也。若以六乘甲二爲十二，以三乘乙一爲三，并之爲共價十五，并六與三爲共物九，問曰：共物九，共價十五，物有一枚值二，一枚值一，求得幾物與每物價若干？是又多一乘，今謂之貴賤差分者也。凡有共物共價，以價除物，則得每物之價。今物價有不同，則不得平除之，然不得平除，而徑用平除，故以賤價乘總物，必朒於總價。以貴價乘總物，必盈於總價。以朒價減總價爲朒餘，以盈價減總價爲盈餘，以不同之價，貴賤相減，除朒餘得貴價，除盈餘得賤價，亦以除消其乘也。蓋有共物之所分，有不同之數之所乘，有所乘之分數，有所乘之共價，今舉共價而隱其所分，舉其不同之數而隱其所乘，舉所乘之共價而隱其所乘之分數，故於所舉之共物與不同之數分乘，而又與共價相減，而所隱者不終隱矣。

以甲之半加甲，爲一甲有半，以甲之半減之，仍得甲。有二甲，各加甲之半，爲一甲有半，各倍之，互以一甲有半減之，仍各得一甲有半。有三甲，各加兩甲之半爲兩甲，各再倍之，互以一甲加兩甲之半，倍而減之，仍各得兩甲。有甲乙，以乙之半加甲，倍之，以甲之半加乙減之，亦得一甲有半，以甲之半加乙，倍之，以乙之半加甲減之，亦得一乙有半。有甲乙丙，以乙之半、丙之半加甲，再倍之，以甲之半、丙之半加乙，以甲之半、乙之半加丙，合而減之，亦得兩甲。以甲之半、丙之半加乙，再倍之，以甲之半、乙之半加丙，以乙之半、丙之半加甲，合而減之亦得兩乙。以甲之半、乙之半加丙，再倍之，以乙之半、丙之半加甲，以甲之半、丙之半加乙，合而減之亦得兩丙。

《張邱建算經》有方程之題云：孟仲季兄弟三人，各持絹不知匹數。大兄謂二弟曰：我得女等絹各半，滿七十九匹。仲弟曰：我得兄弟絹各半，滿六十八匹。小弟曰：我得二兄絹各半，滿五十七匹。問兄弟本持絹各幾何。術以大兄二，中弟一，小弟一，合一百五十八。大兄一，中弟二，小弟一，合一百三十六。大兄一，中弟一，小弟二，合一百一十四。如方程而求即得是也。《孫子算經》有術云：甲乙丙三人持錢，甲語乙丙各將公等所持錢半以益我，錢成九十。乙語甲丙各將公等所持錢半以益我，錢成七十。丙語甲乙各將公等所持錢半以益我，錢成五十六。問三人原持錢各幾何。此即兄弟持絹之術，乃不用方程，別爲法云：先置三人所語爲位，以三乘之各爲積，甲得二百七十，乙得二百一十，丙得一百六十八。各半之，甲得一百三十五，乙得一百零五，丙得八十四。又置甲九十，乙七十，丙五十六，各半之，以甲乙減丙，以甲丙減乙，以乙丙減甲，即各得原數。術捷於方程，而消息甚巧。循謂以半言之似奥，以全觀之，則顯而易知也。以甲乙丙不等言之似雜，以平分觀之，則純而可見也。如甲之數二，加半甲一爲三，是爲一甲有半，倍之爲六，而以三減之仍得三，婦孺所共知也。甲之數二，加兩半甲二爲四，是爲兩甲，三之爲十二，而以八減之仍得四，亦婦孺所共知也。蓋倍一甲，即不啻并兩甲。再倍一甲，即不啻并三甲。倍一甲，而以一甲減之，再倍一甲，而以二甲減之，即不啻以一甲減二甲，以二甲減三甲也。若變二甲爲甲乙，有如甲四乙二，以乙之半一加甲爲五，固不同以甲之半加甲，爲一甲有半也。倍之爲一十，亦不同倍一甲有半，爲三甲也。乃互以甲之半二加乙爲四，以減一十得六，亦爲一甲有半，且推之倍四爲八，以五減八得三，亦即一乙有半也。若變三甲爲甲乙丙，有如甲六乙四丙二，合乙丙之半爲三，加甲得九，固不同於以兩甲之半加丙爲兩甲也。再倍之爲二十七，亦不同再倍兩甲，爲六甲也。乃互以甲乙之半加丙爲七，以甲丙之半加乙爲八，合之爲十五，減二十七爲十二，亦爲兩甲。推之再倍乙八爲二十四，以甲九丙七合爲十六，減之得八，亦爲兩乙。再倍丙爲二十一，以甲九乙八合爲十七，減之得四，亦爲兩丙，爲兩甲兩乙兩丙，半之即一甲一乙一丙也。三甲與甲乙丙之數不同，一經加減，而其數無不同者，則消息之妙也。甲之所加者爲乙之半，倍之是爲二甲一乙，乙之所加者爲甲之半，倍之是爲二乙一甲，以甲與乙之半減二乙一甲，餘非一乙有半乎？以乙與甲之半減二甲一乙，餘非一甲有半乎？甲之所加者半丙半乙，再倍之，是爲三甲及一乙有半一丙有半。乙之所加者半甲半丙，再倍之，是爲三乙及一甲有半一丙有半。丙之所加者半甲半乙，再倍之，是爲三丙及一甲有半一乙有半。合一乙半甲半丙、一丙半甲半乙爲一甲一乙有半一丙有半，減三甲一乙有半一丙有半，餘非二甲乎？合一丙半甲半乙、一甲半乙半丙爲一乙一甲有半一丙有半，減三乙一甲有半一丙有半，餘非二乙乎？合一甲半乙半丙、一丙半甲半乙爲一丙一甲有半一乙有半，減三丙一甲有半一乙有半，餘非二丙乎？由互加而雜，復以互減而純，盈虛相補，殊途而同歸，其理固了然可見也。以既減之餘得兩甲兩乙兩丙，今所求者一甲一乙一丙，故半其三乘之積復半其所知之數，此即豫半之理耳，至奥之義以至平易推之，無不可渙然冰釋也。

甲甲甲甲，本數四。甲甲，加其半爲六甲。

乙乙，本數二。乙，加其半爲三乙。

甲甲甲甲，本數四。乙，加乙之半爲四甲一乙。甲甲甲甲乙，倍之爲八甲二乙。

乙乙，本數二。甲甲，加甲之半爲二乙二甲。乙乙甲甲，倍之爲四乙四甲。以四以二乙二甲減之亦得六甲。

甲一乙減之亦得三乙。

右甲乙兩數加減相消。

甲甲甲甲甲甲，本數六。甲甲甲，加其半。甲甲甲，加其半。共十二

乙乙乙乙，本數四。乙乙，加其半。乙乙，加其半。共八。

丙丙，本數二。丙，加其半。丙，加其半。共四。

甲甲甲甲甲甲，本數六。乙乙，加乙之半。丙，加丙之半爲六甲二乙一丙。甲甲甲甲甲甲乙乙丙，加一倍。甲甲甲甲甲甲乙乙丙，又加一倍爲十八甲六乙三丙。以六乙三丙六甲減之亦得十二甲。

乙乙乙乙，本數四。甲甲甲，加甲之半。丙，加丙之半爲四乙三甲一丙。乙乙乙乙甲甲甲丙，倍之。乙乙乙乙甲甲甲丙，再倍之爲十二乙九甲三丙。以九甲三丙四乙減之亦得八乙。

丙丙，本數二。甲甲甲，加甲之半。乙乙，加乙之半爲二丙三甲二乙。丙丙甲甲甲乙乙，倍之。丙丙甲甲甲乙乙，再倍之爲六丙九甲六乙。以九甲六乙二丙減之亦得四丙。

右甲乙丙三數相消。

以甲加乙，以乙加丙，以丙加甲，合而半之，以甲乙減之得丙，以乙丙減之得甲，以甲丙減之得乙。以甲加乙而減丙，以甲加丙而減乙，合之爲倍甲。以乙加甲而減丙，以乙加丙而減甲，合之爲倍乙。以丙加甲而減乙，以丙加乙而減甲，合之爲倍丙。以甲乙丙相加而減倍丁，以甲乙丁相加而減倍丙，以甲丙丁相加而減倍乙，合之得三甲。以甲乙丙相加而減倍丁，以甲乙丁相加而減倍丙，以乙丙丁相加而減倍甲，合之得三乙。以甲乙丙相加而減倍丁，以甲丙丁相加而減倍乙，以乙丙丁相加而減倍甲，合之得三丙。以甲乙丁相加而減倍丙，以甲丙丁相加而減倍乙，以乙丙丁相加而減倍甲，合之得三丁。

甲乙相加，減乙得甲，減甲得乙，詳見卷一。推此則甲乙丙相加，減乙丙

仍得甲，減甲乙仍得丙，減甲丙仍得乙可知也。乃於此加即於此減固也。有所加在此，而所減在彼，則以交互得之。何也？甲乙丙相加，猶是一甲一乙一丙也。甲加乙、乙加丙、丙加甲，則兩甲兩乙兩丙矣，故合而半之也。然此爲和數，其減法易明。若甲加乙而減去一丙，甲加丙而減去一乙，是兩甲一乙一丙之中互減一乙一丙也。於兩甲一乙一丙之中互減去一乙一丙，所存者非兩甲乎？所謂合之爲倍甲也。蓋彼之甲加乙減丙，此之甲加丙減乙，一經轉移，即不啻彼之甲加乙而復減乙，此之甲加丙而復減丙，加而復減，不啻無加，故仍存彼此之兩甲耳。於此而舉其差，即舉兩甲也。推之甲與乙丙丁三數相加相減，亦可以甲與乙丙兩數相加相減之理通之。但兩數爲兩甲者，三數自爲三甲，兩數爲一乙一丙相互者，三數自爲兩乙兩丙兩丁相互也。何也？甲與三數相加減，其目有四，甲乙丙丁。其數則九。甲乙丙甲乙丁甲丙丁。九數中甲居其三，乙丙丁各居其二也。乙丙丁既各居其二，則於三甲兩乙兩丙兩丁之中，必互減去兩乙兩丙兩丁，而後乃得三甲也。若止減一乙一丙一丁，則仍有一乙一丙一丁，與三甲相糅入，而不能辨。舉一乙一丙一丁之減餘，必不可以知甲也。方程章偏乘之後兩行相減名曰直除。劉氏注云：消去一物，蓋方程本數色相并，今以偏乘齊之，而兩行相減即減其所并也。原於甲之價加乙之價，偏乘之後消去乙之價，仍存甲之價矣。立天元一法用相消，吾友元和李尚之鋭云：相消即相減，方程所謂直除，精核足補梅總憲之説。詳其所校《測圓海鏡》中。

以甲中分之，各乘以甲，合之如甲自乘之數。以甲盈朒分之，各乘以甲，合之，其數等。

甲自乘爲平方，以甲乘半甲，則爲平方之半，故合之仍爲平方，盈朒分之亦然。

以甲中分之，各乘以乙，合之如甲乙相乘之數。以甲盈朒分之，各乘以乙，合之，其數等。以甲盈朒分之，又以乙盈朒分之，或以甲之盈朒偏乘乙之盈朒，或以乙之盈朒偏乘甲之盈朒，合之，其數等。

甲乙相乘爲縱方，甲爲縱，乙爲廣，半甲乘乙則廣如故而縱半，半乙乘甲則縱如故而廣半，故必合之也。若以甲之盈乘乙之盈，則僅得縱與廣之大半，又必以甲之盈乘乙之朒爲得縱之大半廣之小半，合之爲縱之大半乘廣之全，爲甲乙相乘之縱方大半也。是又必以甲之朒乘乙之盈與朒爲甲乙相乘之縱方小半，而後合成縱方之全也。是爲以甲之盈朒偏乘乙之盈朒，若以乙之盈朒偏乘甲之盈朒，其數亦等者，即甲乘乙同於乙乘甲之理也。

六乘八得四八。設爲甲六乙八。

二
四乘八得一六
三二合之亦四八。二爲甲之朒，四爲甲之盈。

六乘三
五得一八
三〇合之亦四八。三爲乙之朒，五爲乙之盈。

二乘三
五得六
一〇合之爲一六。

四乘三
五得一二
二〇合之爲三二。　合之亦得四八。

二
四乘三得六
一二合之爲一八。

二
四乘五得一〇
二〇合之爲三〇。　合之亦得四八。

以甲之盈朒偏乘乙之盈朒，各相加而減之，以甲盈甲朒之差除之得乙。以乙之盈朒偏乘甲之盈朒，各相加而減之，以乙盈乙朒之差除之得甲。

甲乙相乘，甲除之得乙，乙除之得甲，易知也。以甲之盈乘乙，以乙除之，得甲之盈。以甲之朒乘乙，以乙除之，得甲之朒。以乙之盈朒乘甲，以甲除之，得乙之盈朒，亦易知也。并盈朒所偏乘，并盈朒除之得甲乙，以盈朒所偏乘相減，以盈朒相減除之，亦得甲乙，此即以差除差之理也。

一六減三二餘一六，以二減四餘二，除之得八。

一八減三〇餘一二，以三減五餘二，除之得六。

以甲之盈朒偏乘乙之盈朒，互相加而減之，以甲盈甲朒之差除之，得乙盈乙朒之差。以乙盈乙朒之差除之，得甲盈甲朒之差。

互相加者，以甲之所偏乘與乙之所偏乘錯綜加之也。同一以差除差，在各相加，則得甲乙之全。在互相加，則僅得甲乙盈朒之差者，各相加雖有盈朒之分，而盈朒之差原與偏乘得數之差相應，故除之即得甲乙之全數。一經交互，則以盈朒相補，不復如各相加者之差，有數倍之多，但乘既犬牙，數即枘鑿，一以甲盈乘乙盈，甲朒乘乙朒，一以甲盈乘乙朒，甲朒乘乙盈，二者相較，正差一甲盈甲朒之差乘乙盈乙朒之差，既差一甲盈甲朒之差乘乙盈乙朒之差，則以甲盈甲朒之差除之，得乙盈乙朒之差，以乙盈乙朒之差除之，得甲盈甲朒之差，又何疑乎？

（二/四）乘（三/五）得（〇六/二〇）互加爲二六。

（二/四）乘（五/三）得（一〇/一二）互加爲二二。合之亦得四八。

（二/四）相減餘二（二六/二二）相減餘四，以二除四得二。

（三/五）相減餘二（二六/二二）相減餘四，以二除四得二。

右二四與三五皆差二，恐不足以明，更設差二、差三以明之。

（三/五）乘（二/五）得（〇六/二五）互加爲三一。

（三/五）乘（五/二）得（一五/一〇）互加爲二五。

（三/五）相減餘二（〇一/二五）相減餘六，以二除六得三。

（二/五）相減餘三（三一/二五）相減餘六，以三除六得二。

以甲盈朒分之，以乙盈朒分乘之，互相加，以所乘得之盈偏乘甲之盈朒，相減，以甲盈甲朒之差除之，仍得所乘之盈。以所乘得之朒偏乘甲之盈朒，相減，以甲盈甲朒之差除之，仍得所乘之朒。以所乘得之盈偏乘乙之盈朒，相減，以乙盈乙朒之差除之，仍得所乘得之盈。以所乘得之朒偏乘乙之盈朒，相減，以乙盈乙朒之差除之，仍得所乘得之朒。

此亦以差除差，本無所互，故盈仍得盈，朒仍得朒也。前甲乙分立，則甲差除得乙，乙差除得盈，此所乘得之盈朒爲甲乙所共，故無分別耳。

二六偏乘（二/四）得（〇五二/一〇四）減餘五二，以（二/四）相減餘二，除五二仍得二六。

二二偏乘（二/四）得（〇四四/〇八八）減餘四四，以（二/四）相減餘二，除四四仍得二二。

二六偏乘（三/五）得（〇七八/一三〇）減餘五二，以（三/五）相減餘二，除五二仍得二六。

二二偏乘（三/五）得（〇六六/一一〇）減餘四四，以（三/五）相減餘二，除四四仍得二二。

以甲盈朒分之，以乙盈朒分乘之，互相加，以甲之盈乘加之朒，朒乘加之盈，相減，以甲盈甲朒之差除之，又以甲除之，得乙之朒。以甲之盈乘加之盈，朒乘加之朒，相減，以甲盈甲朒之差除之，又以甲除之，得乙之盈。以乙之盈乘加之朒，朒乘加之盈，相減，以乙盈乙朒之差除之，又以乙除之，得甲之朒。以乙之盈乘加之盈，朒乘加之朒，相減，以乙盈乙朒之差除之，又以乙除之，得甲之盈。

互加之後，亦有盈朒，前偏乘乃各相乘，猶各相加也。此互相乘，猶互相加也。盈朒互乘，兩相補，則其差必少，故除得朒。盈乘盈則益盈，朒乘朒則愈朒。兩相較，則其差必多，故除得盈。以甲乘得者，其減餘爲乙之盈朒，以乙乘得者，其減餘爲甲之盈朒。何也？本甲乙之盈朒互乘，又乘之以甲，則甲與甲相消，而乙之差獨著矣。或乘之以乙，則乙與乙相消，而甲之差獨著矣。消息之妙，其理甚微，會而通之，自得矣。

以甲之（盈四/朒二）乘加之（朒二二/盈二六）得（〇五二/〇八八）相減餘三六，以（二/四）相減餘二除之得一八，以甲六除之得乙之朒三。

以甲之（盈四/朒二）乘加之（盈二六/朒二二）得（一〇四/〇四四）相減餘六〇，以（二/四）相減餘二除之得三〇，以甲六除之得乙之盈五。

以乙之（朒三/盈五）乘加之（盈二六/朒二二）得（〇七八/一一〇）相減餘三二，以（三/[五]）相減餘二除之得一六，以乙八除之得甲之朒二。

以乙之（盈五/朒三）乘加之（盈二六/朒二二）得（一三〇/〇六六）相減餘六四，以（三/五）相減餘二除之得三二，以乙八除之得甲之盈四。

凡邊之倍者，其冪必四倍。邊之半者，其冪止得四分之一。故甲之半各自乘，止得甲自乘之半也。

以甲中分之，各自乘得甲自乘之半。以甲盈朒分之，各自乘其數等。

以甲乙各中分之，各相乘得甲乙相乘之半。以甲乙各盈朒分之，以甲盈乘乙盈得盈，以甲朒乘乙朒得朒，乙之盈朒互乘所得之盈朒更得盈朒。又以乙之盈朒自互乘，以除更得之盈，得甲之盈，以除更得之朒，得甲之朒。甲之盈朒，互乘所得之盈朒，更得盈朒。又以甲之盈朒自互乘，以除更得之盈，得乙之盈。以除更得之朒，得乙之朒。

中分甲乙，兩半相乘猶兩半自乘之理也。若盈朒分之，則所得之半亦有或盈或朒之殊矣。蓋甲乙而分其一，是一而二，故以半乘之，恰當其半。甲乙而並分之，是二而四，故以半乘半，恰當四分之一。分之有盈朒，則所爲四分之一者，亦必有盈朒，故合之或得其半而盈，或得其半而朒也。甲乙之盈朒互乘所得之盈朒者，即子母維乘也。甲乙之盈朒自互乘者，兩母之相乘也。以相乘所得除互乘所得，即得甲乙之原數。蓋如以四乘五爲二十，以五除二十仍得四可知也。以三乘五爲十五，乘二十爲六十，是五與二十各加三倍，以加三倍之五除加三倍之二十仍得四，亦可知也。二乘三爲六，以三除六仍得二可知也。以五乘三爲十五，乘六爲三十，是三與六各加五倍，以加五倍之三除加五倍之六仍得二，亦可知也。齊同之理，前已明之，此更詳其入算之用。凡隱甲之盈朒，舉乙之盈朒，與甲乘乙之盈朒，或隱乙之盈朒，舉甲之盈朒，與乙乘甲之盈朒，均視此以發其隱矣。

以甲盈四乘乙盈五得盈二〇，以乙朒三維乘之，更得盈六十，以三五相乘得一五，除之得甲之盈四。

以甲朒二乘乙朒三得朒〇六，以乙盈五維乘之，更得朒三十，以三五相乘得一五，除之得甲之朒二。

以乙盈五乘甲朒二得朒一〇，以甲盈四維乘之，更得盈四十，以二四相乘得〇八，除之得乙之盈五。

以乙朒三乘甲盈四得盈一二，以甲朒二維乘之，更得朒二四，以二四相乘得〇八，除之得乙之朒三。

以甲乘乙之盈朒更得盈朒，以甲之盈朒分乘乙之盈朒，相加，與甲乘乙盈所得之盈減，得朒。與甲乘乙朒所得之朒減，得盈。以此盈朒相減，以乙之盈朒相減除之得甲。若除盈得甲盈，除朒得甲朒。以乙乘甲之盈朒更得盈朒，以甲之盈朒分乘乙之盈朒，相加，與乙乘甲盈所得之盈減，得朒。與乙乘甲朒所得之朒減，得盈。以此盈朒相減，以甲之盈朒相減除之得乙，若除盈得乙盈，除朒得乙朒。

甲，共物也。甲乙之盈朒分乘相加，共價也。乙之盈朒，貴賤也。甲乘乙之盈朒，即以貴價乘共價、以賤價乘共價也。此即貴賤差分之法。有甲之共數，有乙之分數，有甲乘乙之共數，而可求甲之分數。明於其理，可隨所宜而用矣。

二/四乘三/五〇六/得二〇，合之爲二六，以六乘三/五得一八/三〇，與二六相減餘〇八/〇四，以三/五相減餘二，除之得四/二。

三/五乘四/二得一二/一〇，合之爲二二，以八乘四/二得三二/一六，與二二相減餘一〇/〇六，以四/二相減餘二，除之得五/三。

【略】

清·華蘅芳《學算筆談》卷三　論比例之用

中法之異乘同除，即西法之四率比例也。九章之中惟粟米一章真爲四率比例之題。方田、差分、商功、均輸，雖非全是比例，而其中藏有比例之理，故皆可以比例通之。若少廣、盈朒、方程、句股，每章各有專術，不必强以比例明之。羅茗香作《比例滙通》，將一切算法皆歸比例，識者譏之。

題中所藏之比例，其理未必盡顯，是在乎學者探索題意而得其相比之理，則能將題中各數用加減乘除造成比例之率。有衹用一次比例者，亦有必用數次比例者，所以比例之名甚多，有正比例、轉比例、合率比例、按分遞折比例、遞加遞減比例、超位加減比例、和較比例等名。名目愈多，頭緒愈亂。余以爲比例只有一法，乃二三兩率相乘，以一率除之，而得四率也。其名目之多，乃是造此諸率之法，隨題異形，稍有分別耳。

又　卷五　論加減乘除開方之用

算學中各種題，若非用加減乘除開方等法以馭之，則不能得其所求之數。可見此五者實爲算學中各種利器，藉以攻堅入深者也。有此五者，則於尋常淺近之算學中已無不能推算之題。然學算之人每不以加減乘除開方爲難，而以用此五者爲難。因題中所言之各數，但有其彼此相關之理，而未明言其何數爲實，何數爲法，何數當加減，何數當乘除開方也。況題之形狀萬變不窮，知其一未必知其二，通於此未必通於彼，則加減乘除開方雖已習之極熟，而不得其用之之道，亦幾與不習者無異焉。

然則如之何而後可？惟有將從古迄今所有之各種算學題目，由淺及深，分門別類，一一立術演草，或加以圖説，以明其何以當加減，何以當乘除，何以當開方，則題意明而馭題之法亦明，可不致遇題束手矣。

吾且掩卷思之，古今來所有之算學書，流傳於世者奚止數百種，吾所曾經寓目者亦有數十種。此數十種書，何種非將算學之題由淺入深、分門別類、按題立術、演草附圖，以明其加減乘除開方之故者，與其抄撮前人之書以侈吾之卷帙，曷若請學算之人自觀各種算書，以明其加減乘除開方之用也哉？

果如此説，則《筆談》之作即可從此而止矣。然而仍不能已者何也？余於算學中寖饋者已數十年，此中之甘苦知之最悉，故欲將已歷過之境界，已見到之地步，爲學者縷述之，以助其觀書之功，而省其枉費之力，俾不致如余之盡從暗中摸索得來，則吾願慰矣！吾於算學生平未嘗受業於人，即與能算者相友善，亦未嘗數數問難也。惟樂觀各種算學之書，自十五六歲時偶於故書中檢得坊本算法，心竊喜之，日夕展玩，不數月而盡通其義。吾父見其癖嗜此學，必是性之所近也，遂爲之購求算學之書，爰得《周髀》《九章》《孫子》《五曹》《張邱建》《夏侯陽》《輯古》《海島》《益古演段》《測圓海鏡》，俾縱觀之。除《益古》《海鏡》二書以外，其爲常法所能通者，以加減乘除開方之法馭之，無不迎刃而解。惟於天元之術，則格格不相入者，幾及一年，始得渙然冰釋。後又得秦氏《數書九章》、梅氏《曆算全書》、羅氏《觀我生室》、李氏《遺書》、董方立《遺書》《衡齋算學》、焦理堂《學算記》、駱春池《游藝録》，始知算學有古今中西之異同，而《幾何原本》當時尚未譯全，其前六卷世無單行之本，惟《數理精藴》中有之，及購得《數理精藴》，遂能通幾何之學，而吾年亦已二十矣。是時海内算學名家，如項氏梅侣、徐氏君青、戴氏鄂士、李氏秋紉，其所著各書尚未出，因訪秋紉於墨海書館，見其方與西士偉烈亞力對譯《代數學》及《代微積拾級》，尚未告竣。秋紉謂余曰：此爲算學中上乘功夫，此書一出，非特中法幾可盡廢，即西法之古者，亦無所用之矣。余於是知天元之外更有代數、微分、積分之術，爰從其譯稿中録得數條視之，迄不得其用意之處。又閲數年，其譯本先後刊竣，惠我一編，披閲數頁外，已不知其所語云何也。蓋其格格不相入者，猶之初讀《海鏡》時也，詰諸李君，則云此中微妙，非可以言語形容，其法盡在書中，吾無所隱也，多觀之，則自解耳，是豈旦夕之工所能通曉者哉？余信其言，反覆展玩不輟，乃得稍有頭緒。譬如傍晚之星，初見一點，旋見數點，又見數十點數百點，以致燦然布滿天空。是余之於代數其明也以漸，非如天元之術，不悟則已，一悟則豁然開朗也。然後知代數之術，其層累曲折多於天元，故其致用之處亦比天元更廣。從此以後，無時不究心於代數，每覺李氏所譯之二種殊非易於入手之書，故余又與西士傅蘭雅譯出《代數術》《微積溯源》《三角數理》《代數難題解法》流播於世。於是今之言算者，皆知西法之代數即是中法之四元，而其淺深難易則不可同日而語矣。或有問者曰：如子之説，則必先羅致多書，而後可以學算乎？抑不必羅致多書，而亦可學算乎？

答之曰：學算不必多書也，惟擇其要者觀之而已。其最易入手者爲程氏《算法統宗》、屈氏《九數通考》。此二書於加減乘除開方之用言之極詳，故於初學最相宜。且從此又可學得開帶縱平方及正立方之法，亦可稍知西法中各種名目。

《九章算術》爲中法最古之書，其文義與古書相往來，亦學者不可不讀之書也。能讀《九章》，則一切古算書無不能讀矣。是書雲閒李雲門演有《細草圖説》極爲詳細，外間有刻本矣。

《幾何原本》爲西法中最古之書，不言法而言理，不言數而言象。蓋徹乎立法之源，凡九章所不及者，無不賅也。不讀《幾何》則不能明點線面體之理，而於加減乘除開方之用終不能了然於心目之閒。是書第十卷之理甚深，非初學所能通曉，但觀其前六卷可也。

《幾何》之界説及各題字字齊着力，其釋題之語無一字不周到，無一句無來歷，學者讀慣此書，其心思自能縝密，則看各種算學之題如禹鼎燭奸可以無遁形矣。

又　卷一二　論各種算學不外乎加減乘除

余作《學算筆談》，從算學之至淺者起，由漸而深，至第十卷而論微分，第十一卷而論積分，已爲今日算學中極深之事矣。微積之外，或能更有他種算學，深妙於此，亦未可知。然當今之世尚未能有其書，須俟後之算學家創之，非余之所及見矣。

夫算學之自淺而深，亦處於勢之不得不然，正如殷因夏禮，周因殷禮，其所損益者可知也。吾以爲，後世之算學，無論至如何精深，可以一言蔽之曰加減乘除而已。古今之算學不外乎此四字，則可知百世之下其算學仍不離乎此四字也。

何以言之？數之最易明者爲整數，故算學中亦以整數之加減乘除爲最易之事。童而習之，夫人而能爲之也。其稍難者爲分數，故又有分數之加減乘除。再進而論之，則有小數，故又有小數之加減乘除。凡習數學者非熟習此三種加減乘除之法，則但能演數而不能演元。故言天元者又必習天元之加減乘除，言代數者又必習代數之加減乘除。而代數中之加減乘除，又有整數、分數、指數，其法各不相同。至於微分、積分，仍無非加減乘除也。各種函數之公微分式，即微分中加減乘除之式也。由各種函數之公微分式，返求其所由生之函數，即積分中加減乘除之式也。吾故曰：自古迄今之算學無非加減乘除也。

惟天元代數之加減乘除，必兼用數學之加減乘除。而微分、積分之加減乘除，又必兼用代數之加減乘除，故亦兼用數學之加減乘除。所以算術愈深，則其所用之各種加減乘除之法愈多，而事亦愈繁矣。

學者若知各種算法無非加減乘除，則於學算之事大有稗益。因心中常存此意，則視各種算學皆非甚難之事，祇須留心熟習其加減乘除之法，便可更進一步也。數學如是，元代如是，微積亦如是，則可知微積之後若再有別種深妙之法，亦當如是也。

各種算法莫不自有其加減乘除之法，學算者必先從數學之加減乘除起。不明數學之加減乘除，不能明元代之加減乘除也。不明代數之加減乘除，不能明微積之加減乘除也。明其加減乘除，則其術自明，不明其加減乘除，而能明其術者，蓋未之有也。

學者心中必以爲，算術愈深則其加減乘除之法愈難，余謂不然。最難者數學之加減乘除也。元代微積之加減乘除，皆因數學之加減乘除以爲用。既有數學之各法以爲基，而更習他法乃是增高繼長之功夫耳，有何難事哉？

然此語人必不信，以爲故作此說，爲循循善誘之計耳。吾亦不必深辯，惟請學者自思之：從甫經識數，而習熟整數、分數之加減乘除，用功幾何？用力幾何？迨已明數學而習元代之加減乘除，用功幾何？用力幾何？必有辨矣。

故以不明元代之人而學元代，必比不明數學之人而學數學，其事較易；以不明微積之人而學微積，又必比不明元代之人而學元代，其事更易。故學算者惟患自己不肯進步耳，若孳孳不已，其精進之功，固日易一日也。

學算之人每以數學爲易，而元代爲難。其事亦非無因。蓋以數學之加減乘除其事雖難，而其理極淺，且有各種便於初學之書，其中有各種歌訣，可以記誦，故出於口應於手，已可會於心，又因書中題目甚多，日夕演算，不覺其煩，而斯時學者之心自知，不習此法，斷不能算，故心虛而力勤。迨既明數學，自以爲一切之數無不能算，此心便存自滿之見，而志亦稍怠，又見元代之書，其言加減乘除之法，不過寥寥數語，所設之題亦不甚多，且不能如數學之明晰，則誰肯用力揣摩而索其加減乘除之義哉？此所以誘之於難，而其術遂不易明也。

余惟深知此弊，故《筆談》之中於各術之加減乘除無不詳釋其法，而一一表明之，使學者易習其法，則不致惘無頭緒也。余之作此《筆談》之意，原欲使不明算法之人，觀此便能明算也。

清・鄧建章《中西算學入門匯通》 盛朝聖祖仁皇帝諭云：論者嘗謂今法古法不同，殊不知原自中國流傳西土，西人守之不失，歲歲增修，以致精密，毋庸歧視。又有云：鎔西洋之巧算，入中法之型模。梅文穆公贈江慎修先生扇，録勿菴先生咏歷代天文曆志詩一首，結句云：能忘創始勞，萬事有權輿。又親書一聯云：殫精已入歐邏室，用夏還思亞聖言。併恭録之，以見聖君賢相皆有中西合轍之意焉。鄙意所謂歐室者蓋本於此。

筆算部

算法

明・李之藻《同文算指》前編卷上

定位第一

古法用竹，徑一分，長六寸，二百七十一而成六觚，爲一握。度長短者，不失毫釐。量多少者，不失圭撮。權輕重者，不失黍絫。紀於一，協於十，長於百，大於千，衍於萬，算之原也。後世乃爲珠算，而其法較便。然率以定位爲難，差毫釐失千里矣。兹以書代珠，始於一，究於九，隨其所得而書識之，滿一十則不書十，而書一于左進位，乃作〇于本位〇，曰一十，由十進百，由百進千，由千進萬，皆倣此。

假如四萬三千二百一十，作何排列。

〇單數　一十數　二百數　三千數　四萬數

自左方寫起平行，大數列左，小數列右。若從小數起積者，每滿十則進位，一十者書一，二十者書二，餘倣此。若大數積多，則於左方漸進加字，如後圖萬、億、兆、京是也。若小數積餘，則于右方漸退加字，如兩下有錢，錢下有分，分下有釐，又有毫、有絲、有忽之類是也。

大衍式

四六二九五四一八六九七三五二四三八〇六一九五六三四

京數，亦即億兆　千萬兆數，即萬萬兆　百萬兆數　十萬兆數　萬兆數　千兆數　百兆數　十兆數　兆數，即萬萬億　千萬億數　百萬億數　十萬億數　萬億數　千億數　百億數　十億數　億數，即萬萬數　千萬數　百萬數　十萬數　萬數　千數　百數　十數　單數

凡度：十丈曰引，五丈曰端，四丈曰疋，十尺曰丈，十寸曰尺，十分曰寸。而計田，則横一丈縱六十丈爲畝，即濶一步，長二百四十步。十分其畝爲一分，分得方丈者六，得方尺者六百。分以下釐毫析之。四分其畝爲一角，角得方丈者十五。而以百畝爲頃，五頃四十畝爲丘。凡量：六粟爲圭，十圭爲撮，十撮爲抄，十抄爲勺，滿十而進之，爲合、爲升、爲斗、爲石，亦曰斛。凡衡：以兩爲君，兩有十錢，錢有十分，自分以下，什而析之，曰釐、曰毫、曰絲、曰忽、曰微、曰纖、曰沙、曰塵、曰埃、曰渺、曰漠，至細之倪，惟所立名。而十六兩爲斤，二百斤爲引，今公私通用之則也。古法之衡，則十黍爲絫，十絫爲銖，八銖爲錙，六銖爲分，二十四銖爲兩，兩即四分也。【略】

加法第二

凡數惟加法最易，加之不已至於無算，故算首論加。加也，併也。積也，一也。少曰併，多曰積，皆加也。列散數於上，各横置，以類相比，如十從十，百從百，及兩從兩，斗從斗之類。先從小數併之，而以所得數紀本位下，遇十則進一位，遇百則進二位。

第一圖　係進一位式

四七九〇　〇　併四七九得二十。下紀〇，二進位。
五〇八八　三　併五八八，又併前二，得二十三。下紀三，二進位。
六九七八　二　併六九七八，又併前二，得三十二。下紀二，三進位。
〇八六　七　併八六，又併前三，得一十七。下紀七，一進位。
一　五　七　併一五，又併前一，得七。下紀七。
七　七　只七，下紀七。

右式散數四項列格上，併總得數七十七萬七千二百三十，列格下。

第二圖　係進二位式

八九九八九八八九八九九八　二　初併一百零二，下紀二，以一百進二位。
〇〇〇三〇〇〇二〇〇〇　五　次併五，下紀五。
〇〇〇三二一一三一〇二三　七　再併一十六，前一得一十七，下紀七，一進位。
六五四　四三　三　終併連前共得二十三，下紀三，二進位。
二

右式散數一十二項，併總得數二萬三千七百五十二。以上二圖盡加法矣，另有試法具後。

一法：先自上數下得若干，復自下數上得若干，然後紀總。

一法：以減法試加，隨意減一行得若干，再加所減仍得若干。

又有將散數總數錯綜覈之者，有九減、七減二法。先減散數餘若干，次減總數餘若干，以其所餘兩數對列相較，同則無差，異則有差。

第一圖　用九減

四七九〇　五〇八八　六九七八　〇八六　一五　七
〇三二七七七
八╳八

此法不論進位，只以見數爲準。紥用九減，去〇不用，先以散數九減之，餘置於左。次以總數九減之，餘置於右。俱得八，故知不差。

又用七減

四七九〇　五〇八八　六九七八　〇八六　一五　七｜〇三五五
〇三二七七七
六╳六

此法與九減者稍異，乃以實數七七減之。從左起連〇算者，如首行首七竟減淨，次一〇減七餘三，次即作三六減七餘一，次作一五減七餘一，次作一四，七減無餘，乃於首行之左格外紀〇。又以次行之首八九，七減餘五，次即作五〇，七減餘一，次作一七，七減餘三，乃於次行之左格外紀三。

其第三行依法減之，餘得五。第四行依法減之，亦餘得五。各以紀於其左。次將總數七減，如前法，餘得六。乃合四項散數所七減而餘者，據見數更七減之，三五五餘得六，紀於×左，以總數所餘之六，紀於右，六六相合，固知不差。

第二圖　用九減

八九九八九八八九八九九八　〇〇〇〇三〇〇〇二〇〇〇　〇〇〇三二一一三一〇二三　六五四　四三
二五七三二
一╳一

先減散，去九不用，六箇八共四十八餘三，加次行五得八，又加次行得二十四，又加末行得四十六，九減餘一，紀左。次閲總數共一十九，九減亦餘一，紀右。

又用七減

八九九八九八八九八九九八　〇〇〇〇三〇〇〇二〇〇〇　〇〇〇三二一一三一〇二三　六五四　四三　二四五〇一三三一五六六〇
二五七三二
一╳一

照前七減法，先將散數逐減，紀左，紥而減之餘一。次將總數亦以七減餘一，相合無差。

右九減七減法，繁碎難用，然出巧思具至理，録之備翫。

減法第三

減與加反，用稽所餘。其法先較數之多寡，多中減寡，亦自右方小數減起，以漸進位。其辨多寡之法，於左方首位辨之。首位相等，乃視次位，次復相等，逐位退求，則多寡分焉。

〇九　〇九　〇九　一〇　〇〇　〇〇　七七　此數首位視之相等，然退至三位上，一係一千，一係九百九十九，多寡自分。

八六　七八　〇九　五四　四四　此就四十五數減四十四數。

四九　三八　二七　一六　〇八　〇九　三二　此就三十數減二十九數。

既審多寡，乃以原數列上，減數列下，依法右起，所餘逐紀於下。如就多中減少者，不須別立借法，如後第一圖。若少內減多，須立借法，以通其變，如後第二圖云。

第一圖

原數　八五一七二
減數　三二〇四
五三一三二

此上下相減俱係以少減多，不須更立借法。

第二圖　亦係以少減多，但中有上數小、下數反大者，須立借法。

七二　五
二九　三　二不能減九，借作一十二，減九得三，進位還。
八八　九　因前借過一，今作八減九，又不足，仍借作一十八，減九得九，進位還。
四七　六　因前借過一，今作四減八，又不足，借作一十四，減八得六，進位還。
〇六　三　因前借過一，今作〇減七，〇無可減，借作一十，減七餘三，進位還。
三五　七　因前借過一，今作三減六，借作一十三，減六餘七，進位還。
六四　一　因前借過一，今作六減五餘一。
二三　九　二不能減三，借作一十二，減三餘九，進位還。
〇〇　九　前借一，今作〇減一，〇無可減，借作一十，減一餘九，進位還。
〇九　〇　前借一，今作〇減一十，仍作〇，進位明加一。
〇二　七　二併前加一共三，然〇不能減三，借一十，減三餘七，進位還。
五九　五　前借一，今作五減十，仍借作一十五，減十餘五，進位還。
四二　一　前借一，今作四減三餘一。

右借法乃借大數兼小數以便總減者。又法直於借數一十用減，却加入本數，尤爲便捷。假如二不能減九，當借作一十二，內減九得三。今却不作一十二，只就所借一十之內先減九餘一，次乃加二，仍得三也。先減後加，比前較易。以上二圖減法盡矣。其間有差與否，何以覈之？

一法：用加法驗之，以減數合減餘數得原數。如三加六合原九之類。

又法：以減餘數減其原數，應與所減數合。如原數七減二餘五，今却減五合餘二，爲不差。

亦有用九減七減二法者，俱以第一行原數爲一項，第二行減數、第三行餘數共爲一項，而較零之同否，同即不差。

九減

四三一〇〇〇四
三二八七六
一一三二三九三

三╳三

原數四、一、三、四，共一十二，減九餘三，紀左。

減數六、七、八、二、三，餘數三、九、三、二、三、一、一，共四十八，亦餘三，紀右。

三、三相合無差。

七減

四三一〇〇〇四
三二八七六
一一三二三九三

五×五

原數首作四十餘五，次作五十餘一，又作一十餘三，又作三十一餘三，又作三十三餘五，又作五十四餘五，紀左。

減數首作六十七餘四，次作四十八餘六，又作六十二餘六，又作六十三無零。其餘數首作三十九餘四，次作四十三餘一，次作一十二餘五，次作五十三餘四，次作四十一餘六，次作六十一餘五，紀右。

五、五相合無差。

乘法第四

既知加減，當論因乘。單位曰因，位多曰乘，通謂之乘。凡乘之數紗於九九，作九九圖。

九九相乘圖

九	八	七	六	五	四	三	二	一
一八	一六	一四	一二	一〇	八	六	四	二
二七	二四	二一	一八	一五	一二	九	六	三
三六	三二	二八	二四	二〇	一六	一二	八	四
四五	四〇	三五	三〇	二五	二〇	一五	一〇	五
五四	四八	四二	三六	三〇	二四	一八	一二	六
六三	五六	四九	四二	三五	二八	二一	一四	七
七二	六四	五六	四八	四〇	三二	二四	一六	八
八一	七二	六三	五四	四五	三六	二七	一八	九

首横一行自上讀下，右直一行自右讀左，其相值處即是乘得數，指掌可盡也。

附九九相乘歌

一一如一　一二如二　一三如三
二二如四　二三如六　二四如八
三三如九　三四十二　二五得一十
一五如五　四四十六　三五一十五
二六一十二　一六如六　四五得二十
五五二十五　五六得三十　四六二十四
三六一十八　六六三十六　三七二十一
二七一十四　一七如七　四七二十八
五七三十五　六七四十二　七七四十九
四八三十二　三八二十四　二八一十六
一八如八　五八得四十　六八四十八
七八五十六　八八六十四　一九如九
二九一十八　三九二十七　四九三十六
五九四十五　六九五十四　七九六十三
八九七十二　九九八十一

又法：就小乘得大乘，不用九而用十。假如二數並列，因其數大難乘，未知乘得若干。且連註二數，而取十數與較，看所不足若干，因連註不足數於本數右，平衡相對，其所不足數必其小於原數者也。小者易乘，乃以不足數上下相乘，註乘得數於下爲單數。又以不足數與原數上下互減，註減餘數於其下爲進位數，即得所求大乘數。

九八╳一二，七｜二

乘得一二如二，而以右一減左八、右二減左九俱餘七，是爲八九七十二。

八八╳二二，六｜四

乘得二二如四，左右上下互減俱餘六，是爲八八六十四。

右法專爲未熟大乘者設也。若小數相乘，不必用此。蓋以小數減十，則不足之數反多，而乘出亦多。但多出十數外者，以十外之數寄於進位，就於互除還之，其數未嘗不合。

七六╳三四，四｜二

乘得三四一十二，下紀二，以一十寄進位。乃以右三減左六、右四減左七俱得三，合所寄進位一共得四，是爲六七四十二。

三三╳七七，九

乘得七七四十九，寄四於左三俱得七，互減盡，是爲三三如九。

既知乘數，乃列乘位。凡乘亦從右小數乘起，次第進位偏乘。有以一位乘一位者，有以一位乘二位、十數。三位、百數。及數十位者，有以二位乘一位或二位、三位以至數十百位者，其變無窮，其法一定。

若以幾位乘幾位者，無拘上下隨意互乘。

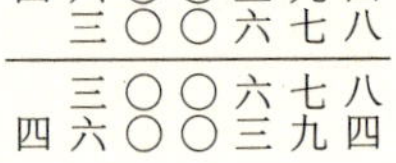

四八　八四
九七　七九
三六　六三
〇〇　〇〇
〇〇　〇〇
六三　三六
四　　四

上圖位數相近，隨意互乘。如第一圖者，先以八乘上四，次九、次三、次〇、〇、六、四，俱偏，各以其乘得數置本位下。次乃以七乘四、乘九、乘三、乘〇，而以乘四所得置於七本位下，以乘九所得置於七進一位下，以乘三所得置於七進二位下，其餘偏乘倣此，畢乘諸位，仍以加法通併詳具于後。

一位乘此以八之一位偏乘上六位者，從小數起，數多，進位如常法。

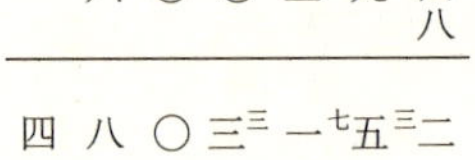

四八　二三二
九　　七五
三　　一
〇　　三三
〇　　〇
六　　八
　　　四

先以八乘四乘得三十二，紀二進三。

次以八乘九得七十二，以二加前三共五，紀五進七。

次以八乘三得二十四，以四加前七共一十一，紀一進二，又進一。

次以八乘〇無乘，有前所進二及所進一，共紀三。

次以八乘〇無乘，紀〇。

次以八乘六得四十八，紀八進四。

二位乘此以三十八乘三百九十四者，是爲二位乘。

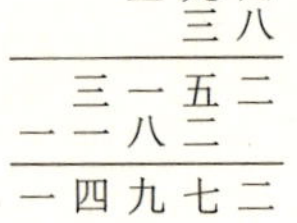

四八　二
九三　五二　七
三　　一八　九
　　　三二　四
　　　一　　一

先以八偏乘上三位如前法。次亦以三偏乘上三位，但以尾位所得置於三本位下，而其進位及進乘所得，皆以次遞進一位，不可紊亂。如三乘四者得一二，紀二於三下，一進位。如三乘九者得二七，加前一共二八，紀八於三之次位，二又進位。如三乘三者得九，加前二得一一。紀一於又次位，一又進位。

兩位所乘，魚鱗相比畢，則總併其數。

以上二圖乘法之大略也。覈其差否，須以除法還原。列乘出總數爲實。如以第一行爲法除之，必得第二行數。如前一萬四千九百七十二爲實，以三百九十四爲法，除之必得三十八。如以第二行爲法除之，必得第一行數。如前實，以三十八爲法除之，必得三百九十四數。合即不差。

又有九除、七除法。列原數所餘於左，列乘數所餘於右，左右相乘，列乘出數於上，乃以乘積總數依法除之，餘數列下，上下相比，同即不差。中間逐位乘出散數，俱不用。

九除第一圖

五
四　八
五

只除見數。首行餘四，列左。次行只八，列右。四八乘得三十二，以九除餘五，列上。總數以九除亦餘五列下。

第二圖

五
七　二
五

首行餘七列左，次行餘二列右，二七乘得一十四，以九除，餘五列上，其乘出總數亦餘五列下。

七除第一圖

四
四　一
四

依法實除。原數餘四列左，乘數餘一列右，一四如四列上，總數餘四列下。

第二圖

六
二　三
六

依法實除。原數首三十九餘四，次作四十四餘二，紀左。乘數三十八餘三，紀右。二三乘得六，紀上。次除總數，一十四除盡，次九十七餘六，次六十二餘六，紀下。

六位乘

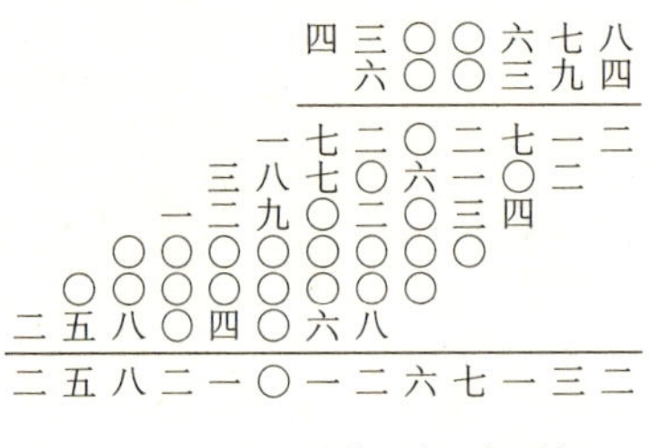

八四　二　二
七九　一二　三
六三　七〇四　一
〇〇　二一三〇　七
〇〇　二〇六〇〇　六
三六　七七〇二〇〇　二
四　　一八九〇〇八　一
　　　三二〇〇四　〇
　　　一〇〇〇　一
　　　〇〇〇　二
　　　〇八　八
　　　二五　五
　　　　　二

先以四乘上諸位，尾位所得挨身下。次以九乘上諸位，尾位亦挨本身下，餘以漸進位排列。次以三乘上諸位，挨身進位如前。次以〇偏乘上位無乘，各挨身照位作〇紀之，或空其本位亦可。次以六偏乘上位，尾位所得就挨六之本身，其餘以漸而進云。

七位乘

二五八二一○一二六七一三二

此即前數上下易位爲乘，故散數不同而總數同。

○無所乘，姑空本位。

試上圖用九除：

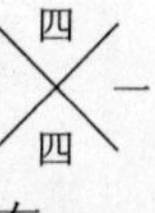

首行原數九除，餘四列左，次行乘數九除餘一列右，一四如四列上。總積數九除餘四列下。

用七除：

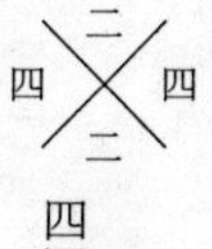

依法按實七除。首行餘四列左。次行餘四列右，四四一十六，仍除餘二列上。總數餘二列下。

九五三六二四○

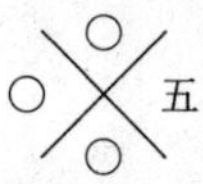

亦有原數乘數並除而一有零一無零，照無乘例，只作○。用九除首行，原數無餘列左。次行乘數餘五列右，以五遇○無乘，只作○列上。次除總數無餘，亦只作○列下。比同。

五○一八三一

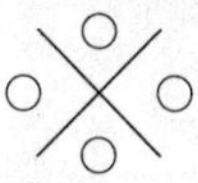

亦有左右上下俱無零數者，用九除，原數、乘數俱無餘，左右上俱○，其總數又無餘，亦作○，比同。

凡乘法，或上行原數首尾俱係實數，而次行乘數之尾却係幾○，或次行乘數首尾俱實數而首行原數之尾却幾○者，不必多作諸○，第從簡便，將各實數如法相乘訖，却照其尾餘幾○，逐加於後，即見全數。蓋凡以○乘數者，只是作○，緣其無可乘出，但存其位而已。

○○○四二六三一

此原數首尾皆實而乘數尾却多○者，○無可乘且置不用，只以四乘六挨身下數，乘徧而止，乃將三○系之於尾，但不可遺其○位，所差不小。

若原數及乘數之尾俱各有○若干，即須一一相乘，以存其位，嗣以實數所乘出者，挨次進位，不得僅如前圖照位加○而已。

○○○○○○○六九六一四一四

以下四○乘上三○，該進七位，共得七○，四就本位乘尾○起挨進四位，方四四相乘得一十六也。

○○○○六九六一四一四

右圖上下尾位皆○，須留其位，故數尾四四未敢竟下挨身，必○○偏乘，共得七○爲尾。上有○○○亦進三位，乃下四四一十六。若但就身下數乘畢，補○如下圖，然則尾少三○，其失非小。

若以一數爲首，而尾帶多○，其數雖多，總只是一。以此相乘，無復可乘，但照首行原數挨身進位録之，乃視尾有幾○照加於後，即成全數。

六三五六九七八
○○○○○一
○○○○○六三五六九七八

以一乘六，一六如六，紀六而已，挨身下之，其餘準此。

除法第五

凡數以少剖多曰除，亦名歸除。歸者各分所入，除者分。分除減，其義一也。法列原數於上層，列除數於次層，舊以原數爲實，除數爲法。從左大數除起，上下挨身列位，然必以小數系大數下。若上層原數小，下層除數大者，須退一位系之。詳具左。

列位圖

不退位

陸 ○ 捌 柒
七 四

原數七八多於除數之四七，故系四於七下，系七於八下，不退位。

退位

○ 捌 柒 叁
七 四

四比三反多，故退位。凡退位，只退一位。

同首退位

○ ○ 捌 陸 肆
七 四

四與四等，然七不能除六，故亦退一位。

同首異尾退位

柒 肆 ○ 陸 柒 肆
二 六 七 四

四七六皆相等，但至上○下二則不能除，亦退一位。

若首尾俱等者，只隨系不退

貳 玖 柒 肆
七 四

凡除法，原數列上，除數列下，於原數尾右界格如半規，然而於格外註所得數。其歸除，率以下字除上字，要見幾除而盡。如九除而盡者，格外註九字。八除而盡者，格外註八字，餘倣此。所除不盡之數，就原數變之抹原數而書其上。凡欲知除出之數得幾位者，視除數之末位去原數之尾位得若干字，即是歸除所得位數。

一位除假如七萬六千○四十八數，以八除之。

五 九（ 捌 肆 ○「八」 「四」「陸」「八」 柒

格右爲除得數，第一除得九，第二除得五，未畢。先看八除七六得幾，轉以乘法除之，八九七十二，是九也，註九於格右。尚餘四，變六作四，四寫於六上。削去首七，亦削去次行除數之八。挨身另下八，以八除。四○依乘法五八四十，格右再紀五，其上層四○俱削，亦削八。

同前。

六 ○ 五 九（ 捌「八」 肆「八」 ○八 四陸八 柒

第一除得九，第二除得五，第三除得○，第四除得六，是爲每得九千五百○六，恰盡。

第一次除得九，削去七六及八，以六變四。第二次除得五，削去四○及八盡。另挨身下八。八雖不除四，而當存其位，乃於格右紀○，而存四削八。另挨身下八，以八除四八得六八四十八，恰盡，紀六於格右，削去四八及下八畢。若除數至二位、三位者，除訖，一位挨身布退一位，如魚鱗。然其格右所註數每次所除不論幾位，總之只得一數，但其除數首位必須兼顧次位。如以首位除之已得某數，即取除餘變數爲實，以所得其數呼次位乘之，看是恰盡或有餘否，方可紀於格右。若有不足，則將首位所除量減數以爲次位之地。如九乘不足，則減而用八。如八乘不足，則減而用七用六之類。務取通融恰當。其三位除、四位除者，亦如之。

三位除此有一百八十三萬二千四百八十七之數，而以四百六十九除之。

先以首四除一十八，儘乘得四四一十六，用四，而餘二。然次位是六，以六乘，二十三不足矣，不得不減數從三，只用三，以除一十八，除得三四一十二，尚餘六，四上八變六，進位削一，而格右紀三爲用數。併削首位之四。嗣以三因次位之六，三六一十八，六上三變五，進位四上六變四，乃削三，削六，下又削次位六。嗣以三因九，三九二十七，九上二變五，進位六上五變二，乃削二，削五，亦削九。是以三除之，餘四十二萬五千四百八十七數，故當用三。餘再除，如後圖。

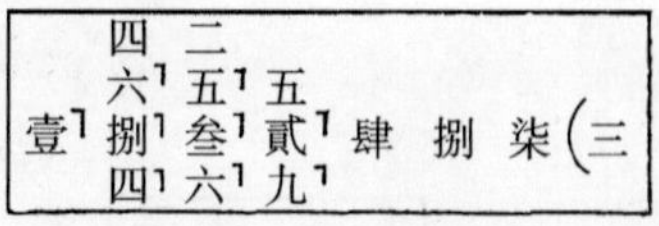

（三　柒　捌　肆
五貳九
二五叁六
四六捌四
壹

右圖下層次位，以三因六，三六一十八，其六上三變五者，三小八大，照減法借進位一數，於一十之內除八餘得二，再加三是變五也。若除法未熟，不妨小註於下：假上層六三，下層用三因六，三六一十八，即於三下且註八，於六下且註一。三除八，如前借法；六除一，乃還借除二，爲六變四。餘倣此。

另退一位挨下四六九，先以四除四十二看得幾箇四。凡數極於九，用九乘，四九三十六，尚餘六四上二變六，進位四削盡，亦削下首位之四，格右紀九。

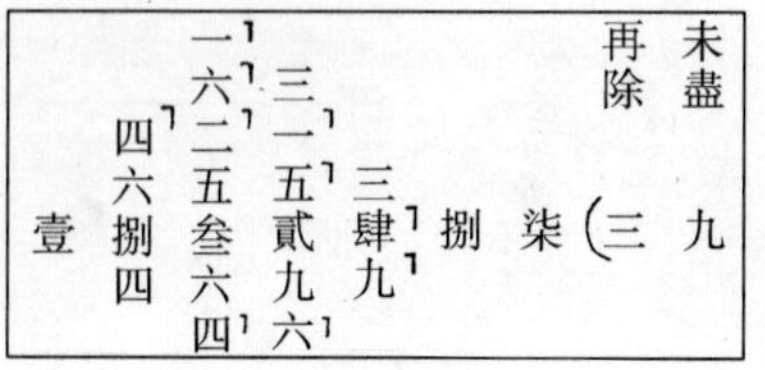

未盡　再除　　九
（三　柒　捌
三肆九
三二五貳九六
一六二五叁六四
四六捌四
壹

嗣以次位六因九，六九五十四，餘一十一，六上五變一，進位六變一，亦削下位六。

嗣以次位九因九，九九八十一，尚餘三十三，九上四變三，進位一變三，係借除，進位一削盡，亦削九。其不盡三千三百八十七數，再除如後圖。

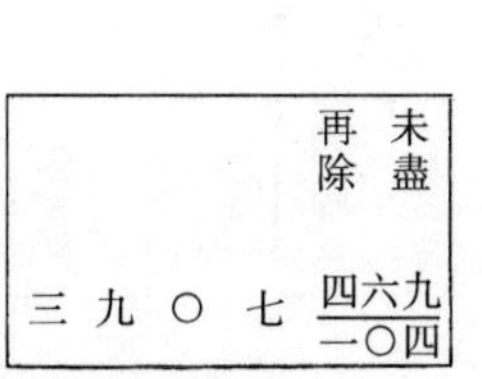

未盡　再除
四六九／一〇四　七　〇　九　三

四柒九
〇六捌九六
一五三肆九六四
三一五貳九六四
一六二五叁六四
四六捌四
壹

復列四六九，而四不能除三，姑存其位作〇於格右，其下層四六九皆削去。又列四六九，以四除三十三看除得幾，轉四八三十二，餘一矣。然六乘一十八則不足，故減而用七除，得四七二十八，四上三變五，進位削三。嗣以六因七，六七四十二，六上八變六，進位五變一，亦削下位六。嗣以九因七，七九六十三，九上七變四，進位削六，緣尚有進位之數，仍作〇，以紀其位，而削九，存一百〇四爲不盡之數，不復可分，以法命之，曰四百六十九之一百〇四也。以四百六十九爲母數，以一百〇四爲子數，法別詳。

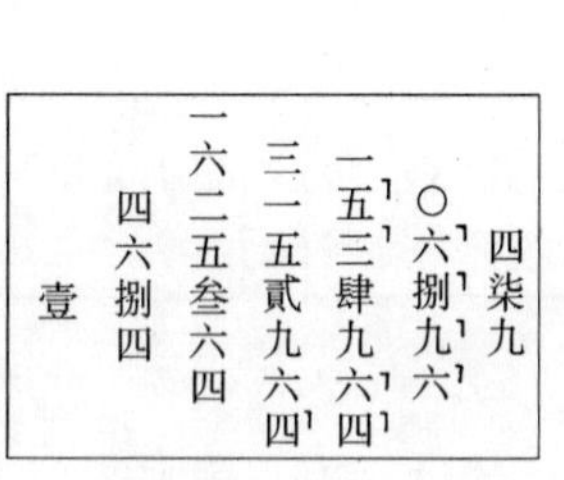

右尾第二位變六作〇，緣進位尚有一數，須作〇，以存其位，此法切記。

清・方中通《數度衍》卷二《筆算上》

加法

術曰：列散數，各横置，以類相從。十從十，百從百。大左小右，自右併起，零數紀本位下，十進一位，百進二位，無零本位紀〇。諸位至左併畢，即下紀數爲所求總數也。

進一位式：有一萬零六百五十四，又八千九百零七，又五萬六千七百八十九，又八百八十，問共若干。

曰：七萬七千二百三十。

單	四七九〇	〇
十	五〇八八 ‖	三
百	六九七八 ‖	二
千	〇八六 |||	七
萬	一五		七

術：先併單數四、七、九爲二十，此有十無零也，本位紀〇，進二於左。次併十數五、八、八及單數所進之二，爲二十三，本位紀三，進二於左。次併百數六、九、七、八及十數所進之二，爲三十二，本位紀二，進三於左。次併千數八、六及百數所進之三，爲一十七，本位紀七，進一於左。次併萬數一、五及千數所進之一，爲七，本位紀七。合問。

進二位式：有散數，如圖所列，問共若干。曰：二萬三千七百五十二。

單	十	百	千	萬
八	〇	〇	六	
九	〇	〇	五	
九	〇	〇	四	
八	〇	三		
九	三	二		
八	〇	一		
八	〇	一		
九	〇	三		
八	二	一	四	
九	〇	〇	三	
九	〇	二		
八	〇	三		
		一	一	二
二	五	七	三	二

術：先併單數爲一百零二，本位紀二，進一於左隔位，此百進二位也。次併十數爲五，本位紀五。次併百數及單數所進之一，爲一十七，本位紀七，進一於左。次併千數及所進一，爲二十三，本位紀三，進二於左。萬無數，即紀所進二。合問。

通曰：多層者截作兩段、三段爲便。如右，試截上六層，得總數一五六八一，即將此數及下六層求得總數，亦合。

試加差法

術曰：有九減、七減二法。九，用見數而九減之；七，用實積數而七減之。先減散數餘若干，次減總數餘若干，兩餘相比，同則無差。

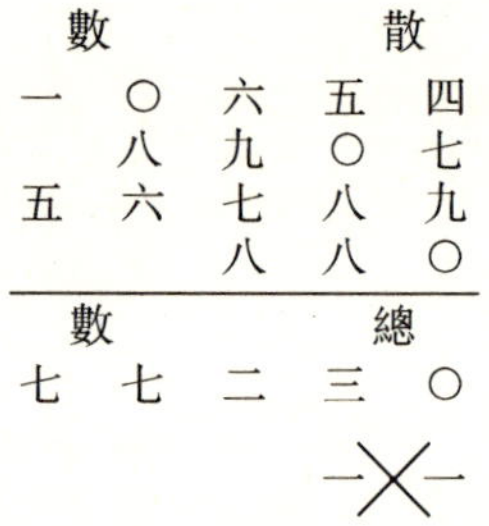

散數：四七九〇　五〇八八　六九七八　〇八六　一五

總數：〇三二七七

一╳一

九減式試第一式：先減散數，去〇與九，不入減。併四、七、五、八、八、六、七、八、八、六、一、五，共爲七十三，九減餘一。減去八九七十二。列×左。次併總數三、二、七、七，共爲一十九，九減餘一。減去二九一十八。列×右。左右相比，數同，無差。

通曰：此以見數爲主，不論千、百位也。

七減式試第一式：散數首行之左一〇作一十，七減餘三。減五七三十五。次作三十六，七減餘一。減二七一十四。次作一十四，七減無餘，右下紀〇。次行左八九作八十九，七減餘五，次作五十，七減餘一，次作一十七，七減餘三，右下紀三。三行依法減餘五，四行依法減餘五，俱紀右下。再以各行紀餘〇、三、五、五，併爲十三，七減餘六。乃以總數，依法減之，餘六。左右列比，無差。

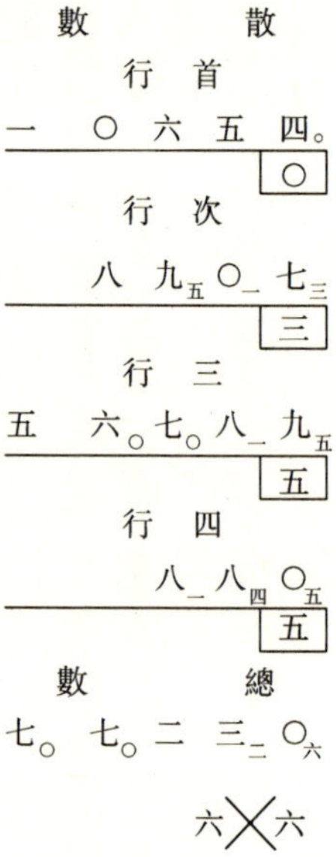

散數
首行：一　〇　六　五　四。［〇］
次行：八　九五　〇一　七三［三］
三行：五　六〇　七〇　八一　九五［五］
四行：八一　八四　〇五［五］
總數：七〇　七〇　二　三二　〇六

六╳六

減法

術曰：多者列上爲原數，少者列下爲減數，所求數爲減餘。從類列位，自右減起，下紀其餘也。下數多於上數者，爲不足減，上〇而下有數者，爲無可減，二者用借法。

式：有二千七百一十五，減四百零二，問餘若干。曰：二千三百一十三。

單	十	百	千
五	一	七	二
二	〇	四	
三	一	三	二

術：原數列上，減數列下。減數首百從原數百下順列。單位五，內減二，餘三。抹去原數五，本位紀三。次十位一，遇〇無減，本位仍紀一。次百位七，減四，餘三。抹去原數七，本位紀三。次千位二，遇無減數，本位仍紀(一)[二]。合問。

用借式：有四千八百四十，減二千五百九十二，問餘若干。曰：(三)[二]千二百四十八。

單	十	百	千
〇	四三	八七	四
二	九	五	二
八	四	二	二

術：列原數、減數。單位〇不能減二，須借左原數一，在本位作十，減二餘八，下紀八。次十位原數四，因右借一，存三，不能減九，借左原數一，在本位作十，併存三，爲十三，減九，餘四，下紀四。次百位原數八，因右借一，存七，減五，餘二，下紀二。次千位四，減二，餘二，下紀二。合問。

用借用還式：數如前式。

單	十	百	千
〇	四	八	四
二	九十	五六	二
八	四	二	二

術：單位〇不能減二，借左原數一，在本位作十，減二，餘八。乃於十位減數九，加一，作十，以還借數。四不能減十，借左原數一，在本位作十，併四爲十四，減十，餘四。百位減數五，加一作六，以還借數。八內減六，餘二。千位四，減二餘二。亦合。

單	十	百	千
	四	二	
八	五	三	二
〇	肆	捌	肆
貳	玖	伍	貳

左減式：數如前式術。通曰：舊法自右起，今易自左起。千位四內減二，餘二，抹去原數四、減數二，而變爲二。次百位八內減五餘三，八變爲(二)[三]。次十位四不能減九，於百位變三內退一，三又變爲二，十位四上加十爲十四，減九餘五，四變爲五。次單位〇不能減二，於十位變五內退一，五又變爲四，單位〇上作十減二餘八，〇變爲八。此法較便。

試減差法

術曰：一用如法試之，以減數併減餘得原數。或以減餘減其原數，應與所減數合。又有九減、七減二法，如試加。然但以減數及減餘合爲一處，又如加之散數，首行、次行耳。

用加法式試第一式：以減數四百零二併減餘二千三百一十三，爲二千七百一十五，合原數，無差。

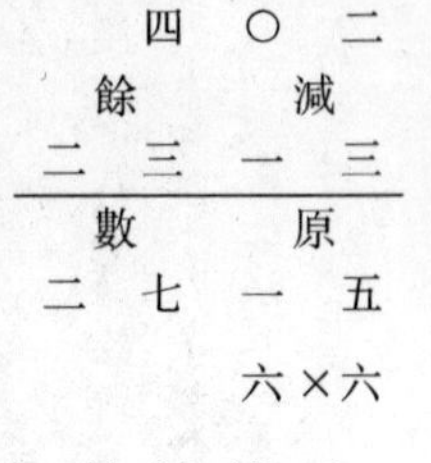

二 三 原 五 六
減 減 〇 一 一 六 ×
數 四 三 七
餘 二 數 二

用減法式試第一式：以減餘二千三百一十三，於原數二千七百一十五内減之，餘四百零二，合減數，無差。九減式試第一式：先併減數四、二、及減餘二、三、一、三，共爲一十五，九減餘六。次併原數二、七、一、五，爲一十五，九減餘六。左右列比無差。

通曰：九減用實積數亦可，蓋九數無往不合故也。

七減式試第一式：先以減數之左四〇作四十，七減餘五。次作五十二，七減餘三。又以減數之左二、三，作二十三，七減餘二。次作二十一，七減無餘。次三不足減，仍餘三。俱紀右下。乃以各數紀餘之三、二併爲六，不足減仍作六。再以原數之左二、七作二十七，七減餘六，次作六十一，七減餘五，次作五十五，七減餘六。左右列比無差。

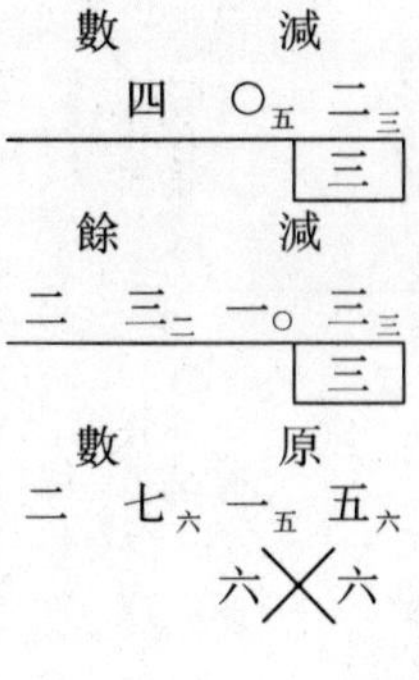

減 二 三 原 五 六
〇 一 一 六 ╳ 六
數 四 三 七
餘 二 數 二

乘法

術曰：乘即因也，用九因法。上列原數，即實數。下列乘數，即法數。齊於右。尾算即始右，將下一位遍乘上諸位，向左逐位紀所乘數於下，盡下數乃止，諸所紀爲散數，用加法得所求總數。若定總首何數，從乘數左首推至總數左首，即知。

通曰：凡以下乘上，一數有二位，左十右零，右即本位也。遇十有數，而零亦有數者，曰平，三四一十二，四四一十六之類。本位紀零數，左位紀十數。遇十有數而零無數者，曰足，五四得二十，五八得四十之類。本位紀〇，而其數紀左位也。遇十無數而零有數者，曰如，一三如三，二三如六之類。左位紀〇，而其數紀本位也。舊法紀數每併爲一，令人難曉。凡原尾有〇而乘尾無〇者，雖〇亦乘之，以存其位。乘尾有〇而原尾無〇者，即自乘數之有數位乘起，若上下尾與中或俱有〇者，亦須乘之，以存位。下數乘上〇，下〇乘上數，皆曰某〇如〇，下〇乘上〇，曰〇〇如〇，則本位左位俱紀〇也。

【略】

諸式

一位乘式：有一百五十二人，每人六兩，問共若干。曰：九百一十二兩。

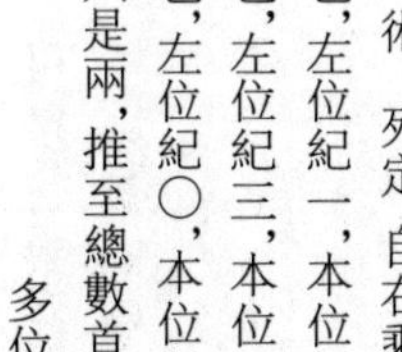

一 五 二
　　 六
〇六 三〇 一二
九 一 二

術：列定，自右乘起。先以六乘二，曰二六一十二，此平也，左位紀一，本位紀二。次以六乘五，曰五六三十，此足也，左位紀三，本位紀〇。次以六乘一，曰一六如六，此如也，左位紀〇，本位紀六。所紀散數用加法。合問。乘數六是兩，推至總數首爲百。

多位乘而原數中有〇式：有四千六百零八人，每人三百二十五兩，問共若干。曰：一百四十九萬七千六百兩。

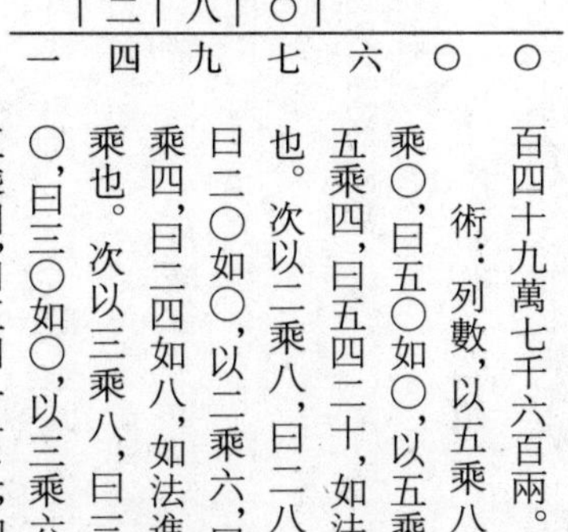

四 六 〇 八
　 三 二 五
二〇 三〇 〇〇 四〇
〇八 一二 〇〇 一六
一二 一八 〇〇 二四
一 四 九 七 六 〇 〇

術：列數，以五乘八，曰五八四十，以五乘〇，曰五〇如〇，以五乘六，曰五六三十，以五乘四，曰五四二十，如法紀之。此五之偏乘也。次以二乘八，曰二八一十六，以二乘〇，曰二〇如〇，以二乘六，曰二六一十二，以二乘四，曰二四如八，如法進位紀之。此二之偏乘也。次以三乘八，曰三八二十四，以三乘〇，曰三〇如〇，以三乘六，曰三六一十八，以三乘四，曰三四一十二，如法又進位紀之。此三之偏乘也。用加法。合問。

原數尾有〇式：有六百人，每人六兩，問共若干。曰：三千六百兩。

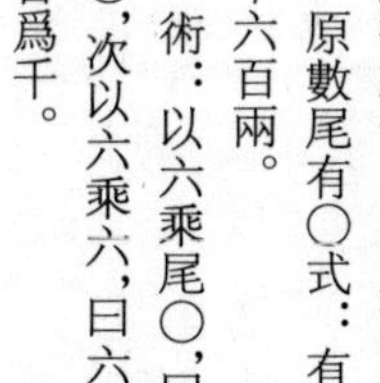

六 〇 〇
　　 六
三六 〇〇 〇〇
三 六 〇 〇

術：以六乘尾〇，曰六〇如〇，次以六乘次〇，曰六〇如〇，次以六乘六，曰六六三十六。此乘〇以存位也。推至總首爲千。

乘數尾有〇式：有四十五人，每人六十兩，問共若干。

曰：二千七百兩。

術：乘數尾有〇，雖不必乘，然一〇爲十，二〇爲百，不可不列位。列後從六乘起可耳。以六乘五，曰五六三十，以六乘四，曰四六二十四，推至總首爲干。

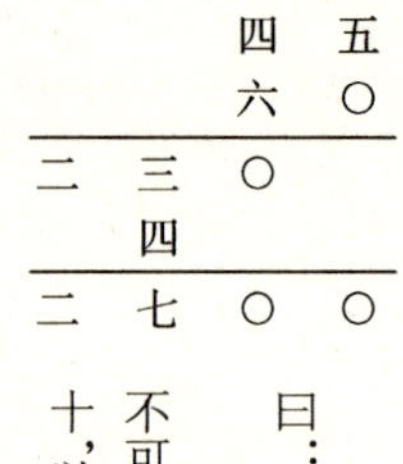

原數乘數尾俱有〇式：有六百人，每人三百四十兩，問共若干。曰：二十萬零四千兩。

術：列定，先以四偏乘，次以三偏乘，得總數尾三〇便於定位。

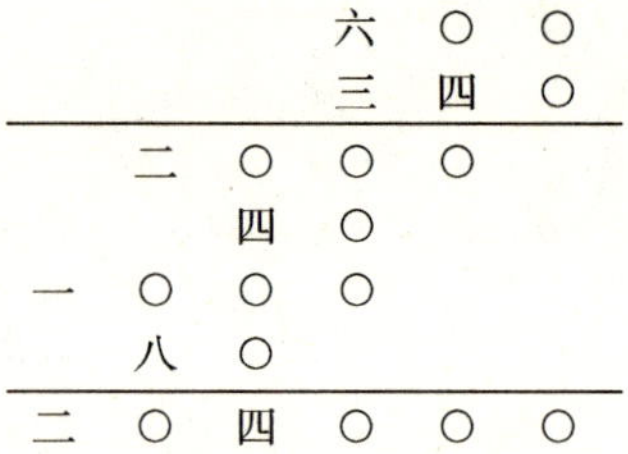

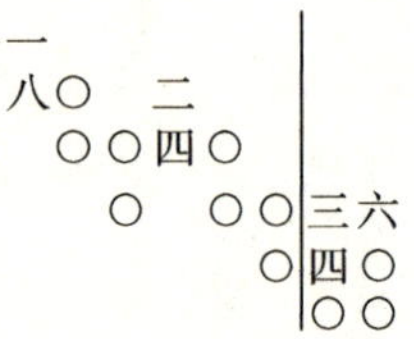

通曰：加減乘除皆可易橫爲直，而乘用直覺便，故附於此，至於諸〇，立法不得不存，熟則不用矣。

試乘差法

術曰：九減七減如前，但左右列數，多一互乘得數，又減之餘列上，總數減餘列下，上下相比也，不用散數。

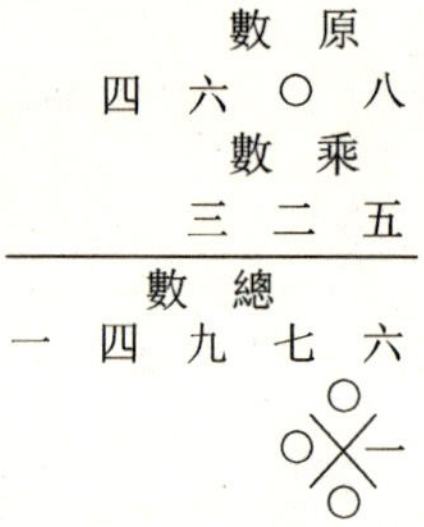

九減式試第二式：除〇九外，併原數四、六、八爲一十八，九減無餘，列〇於×左。併乘數三、二、五爲一十，九減餘一，列×右。以左右一與〇乘，曰一〇如〇，無數，列〇於×上。併總數一、四、七、六爲一十八，九減無餘，列〇於×下。上下相比無差。

七減式試第四式：原數如法減之，餘三，列×左。乘數如法減之，餘四，列×右。以左右三四乘得一十二，七減餘五，列上。總數如法減之餘五，列下。上下相比無差。

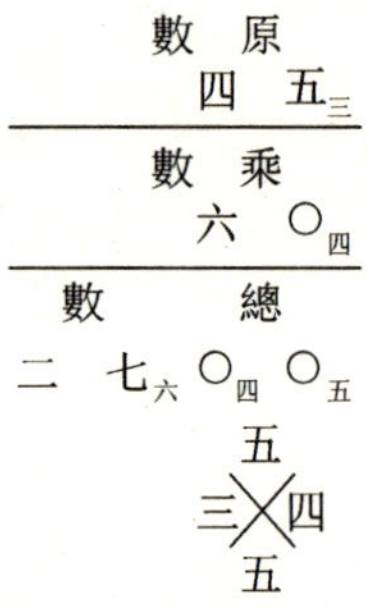

通曰：九減用見數，可去〇、九不用。七減用實積數，必存〇、九之位與數，以便逐位減至右末而止也。

除法

術曰：有實有法有用數。實即原數列上，法即除數列下，用即所求分數也。上下齊左，從左起算，下首少於上首者齊列，下首多於上首者退位列之。於右界格以法除實，視法首於實内有幾回即用幾除之，而紀其幾除之數於格外，爲用數也。原實變後即爲餘實，存上，次法乘用數除實，盡法位而止。又將法數退一位列下，一偏用數，一偏退位，與初列退位不同。再視法首於餘實内有幾回當用幾除，而又紀其幾除之數於第一次用數之右，次法又乘第二次用數除實也。以法尾退至實尾齊右而止。格外所紀爲分數，有餘實亦當存之。再除實尾數即用尾數推而知用數之首也。

通曰：以下除上，凡除亦有二位，左除十，右除零。右即本位，本位上左有實者，將左右兩實作爲幾十幾也，左有實而右無實者，作幾十也，左無實而右有實者，爲零數也。若遇實數可以除此一偏，而不足以除下偏者，則知用數中當有零矣。詳後式。

定列位

通曰：其法有五：不退者二，退位者三，與珠算無除説同。蓋不退者有可除之數也，退者無可除之數也。

不退位：七八〇六／四七。實首七數多於法首四數，故不退。

同首同尾不退：四七九二／四七九。四七九上下相同，亦不退。

異首退位：三七八〇／四七。法首四多于實首三，故退止退一位。

同首退位：四六〇〇／四七。四與四等，而次位七多于六，故亦退。

同首異尾退位：四七〇四／四七二。四七兩位皆等，但至法尾二，列實〇，下亦須退位。

諸式

退位式：有三百四十二兩，九人分之，問各若干。曰：三十八兩。

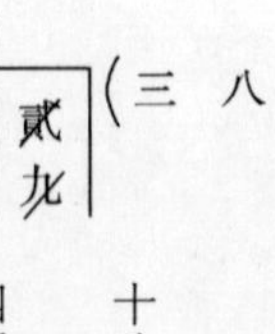

術：法首九多於實首三，當退位，列法實首三、四作三十四，退位故作幾十幾也。視三十四内有三回九，當以三爲用數，紀格右，以九乘三得二十七，於三十四内除之，抹去三，變四爲七。次以法九退，列餘實七、二，作七十二，内有八回九，當以八爲次用數，紀首用數三右，於餘實内除八九七十二，實盡，俱抹去。法尾齊實尾，兩數則知用數尾八爲兩也。

格右所紀三八，即所求分數。

不退位及減用數式：有八百五十五兩，四十五人分之，問各若干。曰：一十九兩。

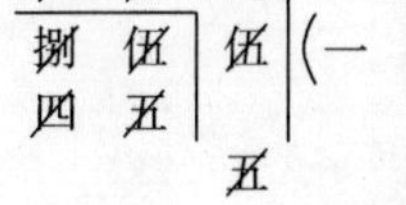

術：法首四少於實首八，不退位。實八即作八，視八内有二回四，當以二爲用數，但二四除實首八，而次法二五除一十則無實可除，遇此則減用數一，止以一爲用數。一四除四，一五除五，次以法退，列餘實四、〇，作四十，視有九回四，當以九爲次用數，四九除三十六，五九除四十五，實盡。合問。

用數中當有〇式：有七萬六千零四十八兩，八人分之，問各若干。曰：九千五百零六兩。

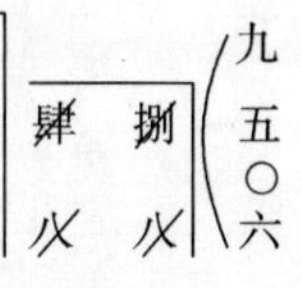

術：退位列法，首用數該九，八九除七十二。又退位列法，次用數該五，五八除四十。又退位列法八，適至實之四下，左無餘實，四不足除，遇此則紀〇，以當一徧用數。又退位列法，次用數該六，六八除四十八，實盡。合問。

通曰：前式格外用數，用横列，今易爲直，蓋横直俱可用也。

實尾有〇式：有三百兩，六人分之，問各若干。曰：五十兩。

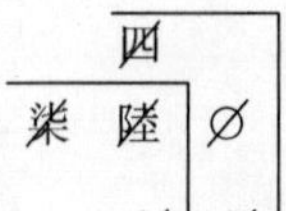

退位列法，首用數五，五六除三十，紀五於格右，實數盡矣。尚有餘〇，乃退位列法，次用數無數而紀〇，故知所得爲五十兩也。

通曰：視實盡後法尾去實尾尚空幾位，每空一位加一〇於用數之右，亦合。

實不盡式：有六百五十三兩，五十八人分之，問各若干。曰：一十一兩。餘實一十五兩未分。又各二錢五分。餘實五錢未分。

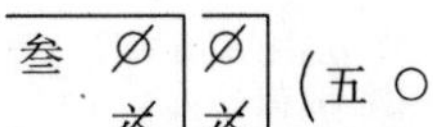

術：不退位列，首用數該一，一五除五，一八除八。退位列法，次用數該一，一五除五，一八除八。法尾已齊實尾，當暫止，以察用尾爲何數。既知爲兩數，餘實再除。

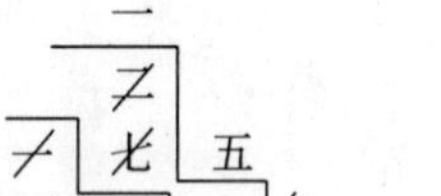

術：右式餘實一十五兩，法當退位列，用數該二，二五除一十，二八除一十六。退位列法，次用數該五，五五除二十五，五八除四十。此用數首根前式用數尾下當是錢數也。尚餘實，俟再除。

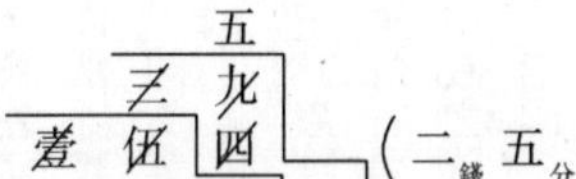

通曰：初列實時，先於實右加〇，每加一〇，作降實尾一數。兩降錢，錢降分。即以〇末爲實尾較便。

試除差法

術曰：亦用九減、七減。其除畢無餘實者，將除數減餘列左，用數減餘列右，左右相乘，減餘列上，原數減餘列下，相比。其未盡實者，於左右乘後併入餘實，減餘列上，原數減餘列下，比之。若除實至半者，亦以除數減餘列左，用數減餘列右，相乘。又取本位，法尾止處。以前餘實減，餘以併左右乘數，再減，餘列上，以抹過原數，減餘列下，相比也。

除無餘九減式，試第一式：除數九，九減無餘，左列〇。併用數三、八爲一十一，九減餘二，右列二。乘無數列〇於×上。併原數三、四、二爲九，九減無餘，列〇於×下。上下相比，無差。

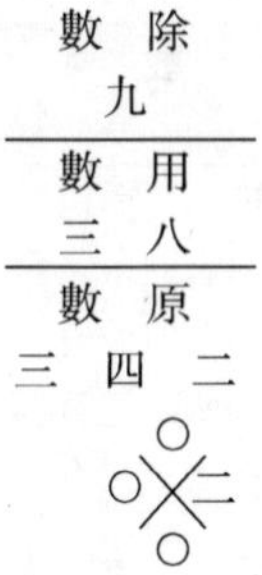

除數九　用數三八　原數三四二

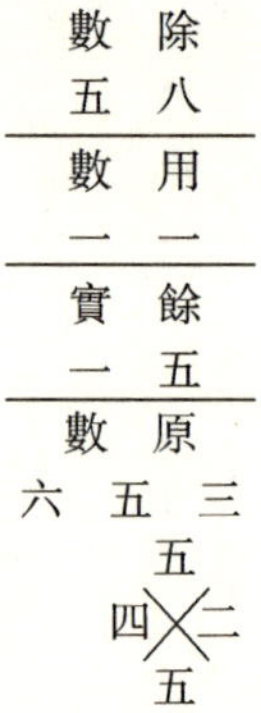

除八　用一　餘五　原
數五　數一　實一　數六五三

五
四╳二
五

除有餘九減式，試第五式：併除數五、八爲一十三，九減餘四，左列四。併用數一、一爲二，不足九減，右即列二。乘得八，又併餘實一、五，爲一十四，九減餘五，列上。併原數六、五、三爲一十四，九減餘五，列下，上下相比，無差。

除九
數

用八三
數三

原
數三四六二六

六
二╳三
六

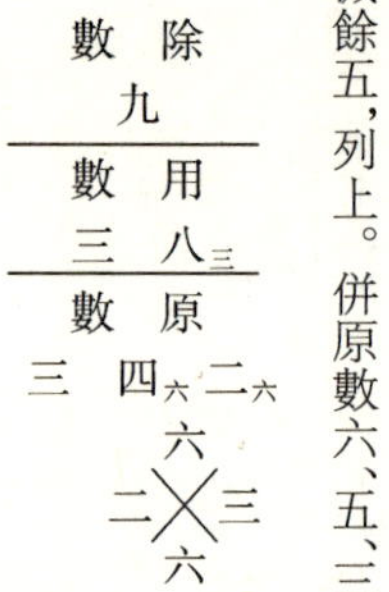

除無餘七減式，試第一式：除數九作九，七減餘二，列左。用數三、八作三十八，七減餘三，列右，乘得六，不足七減，即列六於上。原數三、四作三十四，七減餘六，次作六十二，七減餘六，列下。上下相比，無差。

除有餘七減式，試第五式：除數五、八作五十八，七減餘二，列左。用數一、一作一十一，七減餘四，列右，乘得八，又以餘實一、五作一十五，七減餘一，以此用一併左右所乘八爲九，七減餘二，列上。原數六、五作六十五，七減餘二，次作二十三，七減餘二，列下。上下相比，無差。

除八二　用一四　餘五二　原
數五　數一　實一　數六五三二

二
二╳四
二

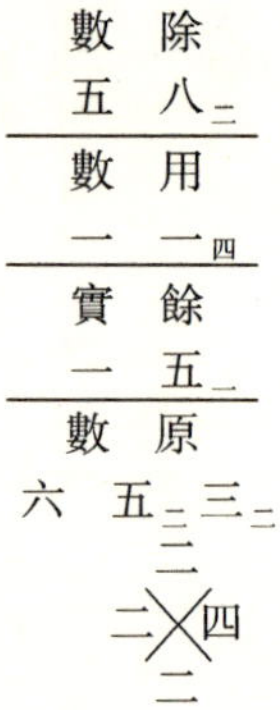

半除試差式：除數六、五，用數一、三，原數八、六、六、三，餘實二、一、三。用九減：併除數六、五爲一十一，九減餘二，列左。又併用數一、三爲四，不足九減，右即列四。乘得八乃併法尾止處以前之餘實二、一爲三，不足九減，即以此三併左右所乘八爲一十一，九減餘二，列上。併原數抹去三位之八、六、六，爲二十，九減餘二，列下。上下相比，無差。用七減：除數六、五作六十五，七減餘二，列左。用數一、三作一十三，七減餘六，列右。乘得一十二，乃以法尾止處以前之餘實二、一作二十一，七減無餘，與左右所乘數相併，仍是一十二，七減餘五，列上。原數抹去之八、六作八十六，七減餘二，次作二十六，七減餘五，列下。上下相比，無差。

三　一（叁
二　二　一
三　一　陸　陸　捌
五　五　六
六　六
九減　七減

二　　五
二╳四　二╳六
二　　五

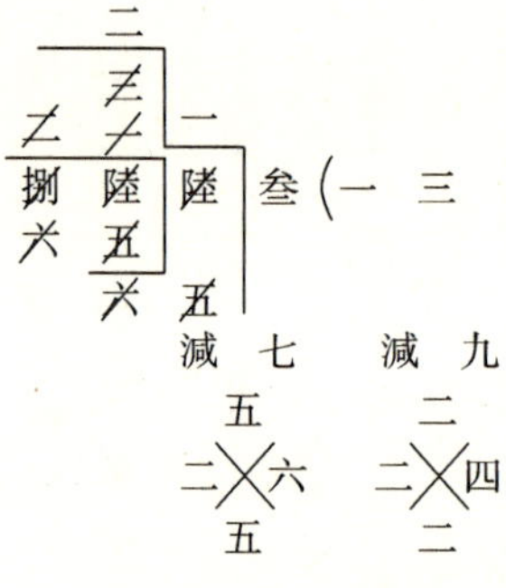

通曰：試差之法，獨用九、七，何也？蓋十者數之窮也，數窮則變，十復爲一，故數始於一，終於九。九陽數也，下九之陽數爲七，故七與九同用。自七九而外，或有合者，於率不通，不可立法。所以加減試差用實積，則無不可用，見數則七與五不可也。乘除試差，用實積，則亦無不可。用見數，則自九而外皆不可也。若夫論除之餘，六與三之餘同九，是用九而六、三可無用矣。四與二之餘同八，是用八而四、二之餘可無用矣。且八或可以試加減，而或不可以試，乘除亦不可用。然則試差之法，舍七與九又何所取用哉？

命分法【略】

清・梅文鼎《筆算》卷一

列位法

數始於一，究於九，畢於十，十則又復爲一矣。等而上之，爲百，爲千，爲萬，乃至兆億，皆得名之爲一，即皆得名之爲二三四五六七八九，故必先稽其位而列之。併減乘除以此爲基，非是則算無可施矣。法具如後。以一位言之，有自一至九之名，此如同輩之有長幼。合上下之位言之，有單十百千萬之等，此如已身而上，有高曾祖父，已身而下，又有子孫雲仍，故單以下復有畸零之位也。

列位式

萬　千　百　十　零

此始以五位爲式，位有多寡，皆以零數爲根，零亦曰單。

假如有數二萬四千七百五十九，依法列之：

二　四　七　五　九

凡列數，以最下小數爲單，單上有一位，共二位即是十數，有三位是百，有四位是千，有五位是萬，不必更書十百千萬等字，但指其有若干位，即得之矣。

【略】

畸零列位式

凡整數自單而陞，若畸零數，則自單而析，故單位者數之根也。然整數之陞以十爲等，自單而十而百而千而萬，皆一法也。萬以上有以十萬爲億，十億爲兆，十兆爲京，自此而垓而秭壤溝澗正載皆以十而變，謂之小數。有以萬萬爲億，億億爲兆，兆兆爲京，以上盡然，皆以自乘而變，謂之大數。今所用者以萬萬爲億，萬億爲兆，萬兆爲京。以上盡然，皆以萬而變，謂之中數。三者不同，然其列位皆以十爲等，故曰一法也。若畸零之式，其故多端，約而言之，亦只二法。其一以十爲等，其一不以十爲等，而各以其所立之率爲等。是二法者，又各分二類，列之各有其法。

詳後。

其一，以十爲等分二類。

假如錢糧料，則每田一畝，該五分九釐八毫六絲七忽九微三纖四沙八塵九埃二渺一漠。

依法列之：

〇〇五九八六七九三四八九二一

兩錢分釐毫絲忽微纖沙塵埃渺漠

右式今所通用，自兩而下，以十之一爲錢，又以錢十之一爲分，分十之一爲釐，如是遞析，爲毫爲絲忽，以至渺漠皆以十爲等。

原料則自分起，以至渺漠計十二位，今加兩〇爲十四位者，乃列位之法也。何也？分之上有錢，錢之上有兩，兩爲單數，凡列畸零之數，必以單數爲根，始便合總，故兩數雖空，必存其位也。

【略】

併法

凡數合總法當用併，有諸數於此併而合之爲一總數，又名堺積，即珠盤之上法也。數相併，則相益而多，故亦名加法，在錢穀之用，則所以稽總數。

法曰：置所有散數幾宗，各依列位法自上而下對位列之，萬千百十單各以類從。

列訖仍併之，自上而下如畫卦之法。

數滿十者進位作號，而本位紀其零。

紀號式

〡〢〣〤〥〦〧〨〩此古算位也，用以別原數，便稽核也。

散數
〡八九二
一〇八八
三五〇
總數
二三三〇

假如有絲八百九十二斤，又一千〇八十八斤，又三百五十斤，合之若干。

如上式散數三宗，依法列位併之，得總數二千三百三十斤。

散數
〡四五六
五〇三
八五〇
總數
一八〇九

假如有絹四丈五尺六寸，又五丈〇三寸，又八丈五尺，合之若干。

此數有丈、又有尺、有寸，是帶有畸零也。依法併之，得總數十八丈零九寸。

九減試法

凡九減之法，不論單十百千之位，亦不計〇位，只據現有之數而合計之。

第一圖
八九二
一〇八八
三五〇
二三三〇
八｜八

先試散數首行八九二合得十九，減去二九餘一，以合次行一八八共得十八，減去二九恰盡，只餘三行，三五合成八數紀於右。次減總數二三三合得八紀於左。左右相同，知其不誤。

第二圖
四五六
五〇三
八五〇
一八〇九
〇｜〇

第二圖先試散數首行四五成九，減去餘六，合次行三成九，減去餘五，合三行八五共十八，成二九減盡紀〇於右。次以總數一八九成二九減盡紀〇於左，左右相同，知其無誤。或問九減不計上下之位何也？曰：此捷法也。凡九減者，數不變。設如以九減一十，則仍餘一，減二十則仍餘二，推之百千萬亦然，故不論位。

七減試法

凡七減與九減不同，須論位減實數。第一圖先試散數，自上而下頭一排只有一作一十算，合第二排八三得十一，共二十一，以七減之盡。第三排九八五合得二十二，以七減之餘一，作一十。合第四排八二得十，共得二十，以七減之餘六紀於右。次減總數，亦自上起首位無七有二，合第二位作二十三，以七減之餘二，又合第三位作二十三，以七減之餘二，合末位〇作二十，減二七餘六紀於左。左右相同，不誤。

第一圖
八九二
一〇八八
三五〇
二三三〇
六｜六

第二圖
四五六
五〇三
八五〇
一八〇九
三｜三

第二圖先減散數，頭一排四五八合十七，以七減之餘三，作三十，合第一排兩個五成十，共四十，以七減之餘五，作五十，合下六三成九，共五十九，以七減之餘三紀右。

次減總數首兩位十八，以七減之餘四，合第三位〇作四十，以七減之餘五，作五十，合下位九，共五十九，以七減之餘三紀左。左右相同，不誤。

畸零併法

假如有物十斤四兩十二銖，又九斤十一兩十二銖，共若干。答曰：二十斤。

銖數併得廿四，成一兩進位，併原數共十六兩，成斤進位，併原數十九斤，共廿斤。

一〇.〇	四.一二.
九.一	一.一二.
二〇.〇	〇.〇〇.
十斤 十	兩 十 銖

銖率廿四，兩率十六，不同，故以點隔之。

凡率不同，雖用九減、七減，只以試法還原其法。於總數內減原散數一宗，其餘一宗，必合減餘，是爲無誤。減法見後，詳通分。

假如品官計俸，原歷任過三年〇九個月，今又歷任一年十一個月，共若干。

答曰：共歷任五年〇八個月。

三.〇九.
一.一一.
五.〇八.

先併月得二十，再以十二個月成一年進位，紀號，餘八個月，次併一年三年加所進一年共五年，併得五年〇八個月。此因月法十二，非以滿十而進，故以點隔之。

此亦非滿十而進，不用九減、七減，只以試法還原。

遞加法

假如《授時曆》歲實三百六十五日二十四刻二十五分。兩次加氣策，一十五日二十一刻八十四分三十七秒五十微。共若干。答曰：三百九十五日六十七刻九十三分七十五秒。

百刻成日，百分成刻，百秒成分，百微成秒，故隔位作點。雖隔位皆滿十進，可用試法。

三六五.二四.二五 〇〇.〇〇.
加一五.二一.八四.三七.五〇.
三八〇.四六.〇九.三七.五〇.
百十日 十刻 十分 十秒 十微

〇|〇 先用九減散數及總數，俱無餘知其不誤。　〇|〇 再用遞減散數總數亦俱減，盡知其不誤。

又加一五.二一.八四.三七.五〇.
三九五 六七 九三 七五 〇〇

〇|〇 九減散數總數，俱無餘，不誤。　〇|〇 七減亦俱盡，無誤。

此遞併法借前總數當散數用之，如此則可以層累而加。前條三百八十〇日四十六刻奇，是從歲前冬至算至本年小寒，此條三百九十五日六十八刻弱，是又算至本年大寒。

截小總法凡併法頭項太多者，截分小總則易清，乃採積之捷法。

假如河工一十二宗，一工五千〇十四工，又三千三百工，又八百九十一工，又二千〇九十工，又九百〇九工，又一千〇八十工，又二千〇二十工，又九十一工，又六百六十七工，又四千七百工，又七百三十工，又八十二工。問共數。答曰：二萬一千五百七十四工。

法曰：先以河工十二宗任分爲三段，依法併之各成小總，再合各小總依法併之爲一大總。合問。

五〇一四	九〇九	六六七	一一二九五
三三〇〇	一〇八〇	四七〇〇	四一〇〇
八九一	二〇二〇	七三〇	六一七九
二〇九〇	九一	八二	
一一二九五	四一〇〇	六一七九	二一五七四 萬千百十工

或有極多至百十宗者，宜多分小總，小總又併爲小總，末乃併爲一大總，變繁爲簡，最便復核。

減法

凡數相較，法當用減。有兩數於此以相減，則得其大小之較也。有全數於此減其所去，則得其留餘之數也。

在錢穀之用則減爲開除、減餘爲實，在若收受則所減爲已完、減餘爲未完，其法與併法正相對，其用亦相需也。

法曰：置原數於右，置減數於左，依列位法自上而下對位列之，若兩數相較，則以大數列右以當原數，小較列左爲減數。乃以兩數相較以少減多，原數必多，減數必少，若原數反少，則有轉減。減訖列減餘之數於左行。

凡減自下小數起，本位無可減，借上位一數化十而減之，則於上位作點以爲誌。還原時即用此點爲進位之誌，或不用點用短直亦同。

假如有庫銀十萬兩，支放過五萬九千五百〇三兩，問存庫若干。答曰：四萬〇四百九十七兩。

原銀 一〇〇〇〇〇
支放 五九五〇三
存留 四〇四九七

此因數萬以下俱空，故皆用借十作點之法，自最下兩位起，兩位空，作點於上位借十兩減三存七，支數原無十兩，因借減之點，宜減十兩，而十兩亦空，復作點於上位，借一百內減一十存九十，支數五百加借點共六百，亦作點。

借一千減六百，存四百。支數九十湊借點成一萬，作點於萬位，湊原支五萬共六萬，又作點於首位，借十萬減六萬存四萬。

還原：用併法：即借用本圖。從兩位起，以支放三兩併存留七兩得十兩，作點於十兩位。湊存留九十兩成一百兩，又作點於百位。湊支放五百存留四百併得一千，作點於千位。湊支放九千成一萬，作點於萬位。湊支放五萬存留四萬共成十萬，作點於首位。至此存留支放俱無可湊，浄十萬兩作一十萬字，於原銀位合總無差。

遞減法

假如有應進貢貂皮一千五百張，收過九百〇五張，次年補收四百九十五張，仍欠若干。答曰：一百張。

原額一五〇〇
收　九〇五
欠〇五九五
續收　四九五
仍欠　一〇〇

以頭一次九百〇五張依法減原額一千五百張，得減餘五百九十五張爲欠數。

次以補收四百九十五張減欠數五百九十五張，得減餘一百張爲仍欠數。

因兩次遞減，亦減兩次試之。

九減　六|六　七減　二|二
試法　一|一　試法　〇|〇

先以原額減餘數列右，合收欠減餘數列左。

次以欠數取減餘列右，合續收仍欠減餘列左。

還原：倒用前圖。以仍欠一百併續收四百九十五，得五百九十五，合前欠數。又以欠五百九十五，併先收九百〇五，得一千五百，合原額。凡遞減者，亦以遞併還原。

透支轉減法

假如有錢一萬五千〇三十文，陸續支用過一萬六千〇五十文，該有透支若干。答曰：浄多支一千〇二十文。

支用一六〇五〇
原錢一五〇三〇
多支〇一〇二〇

九減支用　三|三　餘三，九減原錢及透支亦餘三。

七減支用　六|六　餘六，七減原錢及多支亦餘六。

此因支數多於原數，故以原數轉減支數，而得透支之數。凡兩數相較，多寡皆做此。

還原：以多支一千〇二十併原錢一萬五千〇三十，得一萬六千〇五十，合支用數。

畸零減法

假如有地丁銀三千五百零三兩，徵完三千二百一十兩零三錢五分，仍未完若干。答曰：二百九十二兩六錢五分。

額編三五〇三〇〇
已完三二一〇三五
未完〇二九二六五

九減　二|二　七減　六|六

試法皆以額編爲總，紀右。以已完未完爲散，紀左。

還原：以已完未完相併得數合額編之數。此原數至兩而止，因減而有錢與分之數，蓋以兩爲單數，其錢爲兩十之一，分又爲錢十之一，皆畸零也。

假如《授時曆》每月二節氣共三十〇日四十三刻六十八分七十五秒，經朔二十九日五十三刻〇五分九十三秒，兩數不同，是生月閏該若干。答曰：月閏九十〇刻六十二分八十二秒。

太陽節氣三〇四三六八七五
太陰經朔二九五三〇五九三
月閏　　〇〇九〇六二八二

此經朔減節氣也。經朔小，節氣大，相減之較是爲月閏。

還原：以月閏併經朔得總，即仍合節氣之數。

試　〇|〇　凡減節氣減盡無餘，紀〇於右。七減節氣亦減盡無餘，紀〇於右。
法　〇|〇　合經朔月閏九減無餘，紀〇於左。合經朔月閏七減無餘，紀〇於左。

假如品官計俸以三年爲滿，今歷任過一年零七箇月，該補若干。答曰：該補一年零五箇月。

定例三·〇〇
已歷一·〇七
該補一·〇五

此以十二個月爲一年，故試法不同。先減七個月，月位無可減，作點於年位，借一年爲十二月，減七存五。次減一年併所借一點共二年，以減三年餘一年。

還原：以已歷一年〇七箇月補俸一年〇五箇月相併，得三年合總。

假如有海濱田一百三十一頃四十畝，被潮坍損二頃八十五畝一百五十九步，仍餘若干。答曰：仍存田一百二十八頃五十四畝八十一步。

解曰：此以百畝成頃，二百四十步爲畝，故列位時類作點別之，而減法亦同。

原田 一三一.四〇.‖‖‖‖〇.
坍損 〇〇二.八五.一五九.
仍存 一二八.五四.〇八一.

先減一百五十九步，原數無步，作點於畝位借一，故爲二百四十步，紀號於原位，乃如法減之。

還原：以坍損田及仍存田相併得原田數合總。

右二式畸零之率不同，難用九減、七減，只以併法還原。餘詳通分。

錢糧四柱法

四柱者，舊管、新收、開除、實在也。各衙門造册必歸四柱，則收放可稽。在筆算爲減併合用。蓋舊管、新收用併法，開除用減法，其實在則減餘也，亦有減盡無餘者，則無實在，即於實在項下直注曰無其事件，創立前無所承者，則無舊管。亦有存留不動之項，則有舊管而無新收，其法並同。如無舊管，則注曰舊管無。或無新收，則亦曰新收無。

若所出浮於所入，則爲透支，當用轉減之法也。開除本用以減，今反將併舊管、新收以減開除，故曰轉減。凡轉減者亦當於實在項下註明，如云實在無外多支若干是也。式如後。

假如藩庫原存地丁銀一十二萬〇三百〇三兩，今於康熙三十年徵收一百四十一萬〇五十五兩六錢，節次支放過一百二十二萬二千〇五兩六錢，問該存留若干。答曰：三十萬〇八千三百五十三兩。

舊管 一二〇三〇三
新收 一四一〇〇五五六
共 一五三〇三五八六
開除 一二二二〇〇五六
實在 〇三〇八三五三〇

先用併法得舊管、新收共一百五十三萬〇三百五十八兩六錢，再用減法於共數內減去開除一百廿二萬二千〇五兩六錢，得實在存留三十萬〇八千三百五十三兩。

以舊管、新收共數與開除、實在併數各依試法左右列減餘相同，知其不誤。

四｜四
四

九減、七減並餘四，可省一圖。

假如倉内原存米四千四百石，新收某處解到米五百〇三石，麥三千六百石，奉文支放兵米五千石，問實在若干。答曰：米支放訖仍缺額九十七石，麥實在三千六百石存倉。

米
舊管 四四〇〇
新收 五〇三
開除 五〇〇〇
實在 無
外缺項 〇〇九七

法以舊管新收共米四千九百〇三石，轉減開除五千石，得缺項九十七石。

麥
舊管 無
新收 三六〇〇
開除 無
實在 三六〇〇

試法合舊管、新收加入缺項而九減、七減之紀餘於右，又單用開除一項九減、七減紀餘於左，以左右相同知其無誤。

九 五｜五 試
七 二｜二 試

凡轉減者，倣此試之。

假如某鎮軍餉原存二千一百〇三兩，支放過正月分口糧折銀一千八百〇九兩，續於二月有某處解到協濟銀三千五百兩，於四月內發過草料銀八百九十二兩，又製造盔甲銀用過九百九十九兩五錢，續準某軍門公文發到餉銀一千〇九十兩。問今庫内現存若干。答曰：仍存二千九百九十二兩五錢。

原存 二一〇三
協濟 三五〇〇
院發 一〇九〇
共數 六六九三
千百十兩

口糧 一八〇九
草料 八九二
盔甲 九九九五
共支數 三七〇〇五
千百十兩錢

以上先用併法變六宗爲兩宗，然後相減。

共 六六九三
支 三七〇〇五
存 二九九二五
千百十兩錢

若依四柱法，則當以協濟三千五百兩、院發一千〇九十兩另併爲新收四千五百九十兩。

計開
舊管 二一〇三
新收 四五九〇
開除 三七〇〇五
實在 二九九二五
千百十兩錢

九 六｜六 試
七 三｜三 試

右試法並以舊管、新收併爲一宗而九減之紀餘於右，以開除實在併爲一宗而九減之紀餘於左。

七減亦然。所不同者，開除、實在減至錢數，則舊管、新收亦必減至〇錢位止，然後左右相較可以無誤。此七減之要訣，所當熟說。

又 卷二

乘法

以數生數是之謂乘，數不能自生，相得乃生，故乘亦曰因。生則不窮，故乘有陞義。生則曰積，故乘有載義。有一位乘，有多位乘，或分一位曰因，多位曰乘，然古皆謂之乘，今從古。皆有法、有實、有得數。

列位圖式

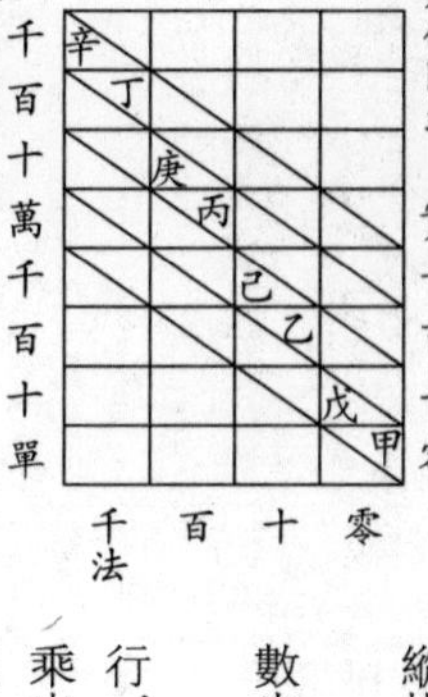

實 千 百 十 零

零 十 百 千 法

甲 戊 乙 己 丙 庚 丁 辛

得數 千 百 十 萬 千 百 十 單
萬 萬 萬

凡實數縱列於右，凡法數橫列於下，縱橫相遇而得數生焉。

直行所對者法數也，斜行所對者實數也，而紀得數則以橫行定之。

或問：實何以對斜行？曰：法有進行，故得數斜陞。是故右第一行是法單位乘出之數也。其次行則法十位乘出之數也。又次而百而千視此矣。故其乘得數不出斜格，此虛位也。單十百千周流遠居，皆於臨時定之。

凡乘出數皆有本位、有進位。如有十數，又有零數，三四一十二，四四一十六之類。則紀零於本位，本格之右方。紀十於進位。上一格之左方。有十數無零數，則紀十於進位，而本位作〇。五四成二十，五六成三十之類。有零數無十數，則紀零於本位，而進位作〇。一一如一，二二如四之類。凡法實有空位，則本位進位俱紀〇。

凡乘皆從法尾位起，即右第一行。對定實數相乘，自下而上如畫卦之法。右行乘畢，挨乘左行，每移一行必進上一位，其各行中斜對實數自下而上皆如右行法。

凡法與實有空位，則無可乘，然必於本位進位各作〇，以存其位。若實尾有空位，則於合摠時補之。

凡各行乘訖，必覆核之。乃以并法合總而紀於左方，以爲得數。實尾有幾〇，皆作於總數之下。

凡乘訖定位，皆於原實內尋原問每數爲根，以橫行對定得數，命爲法尾數，則上下之位皆定。

凡數，單乘單成單，甲爲本位，戊爲進位。十乘十成百，乙爲本位，己爲進位。百乘百成萬，丙爲本位，庚爲進位。千乘千成百萬。丁爲本位，辛爲進位。前圖可明。

定位又法。法曰：有本數、有大數、有小數。如原問是每畝之價而原實恰止於畝數，是本數也。凡本數即用得數尾位命爲法尾數。若原問是每畝之價而原實只有十畝，或只有百畝，是大數也。凡大數當於得數尾每下增〇，然後於所增〇位命爲法尾數，若大幾位亦增幾〇，皆增至每位止，即命末〇爲法尾數也。若原問是每畝之價，而原實不止於畝，畝下帶有分釐，是小數也。凡小數當於得數之尾截去之原帶畸零幾位，亦截去幾位，然後命之，即所截之上一位爲法尾數是也。

凡乘畢恐其有誤，宜用除法還原。置得數爲實，以法數爲法除之，即得原實。或置得數爲實，以實數爲法除之，亦得法數。不則以九減、七減試之尤捷。

先以法數如法九減之，而紀其餘於右，如甲。次以實數亦九減之，而紀其餘於左，如乙。再以左右兩減餘相乘，得數仍九減之，而紀其餘於上方，如丙。末以得數亦九減之，而紀其餘於下方，如丁。丁丙相同，即知無誤。七減亦然。

試法

丙
乙 甲
丁

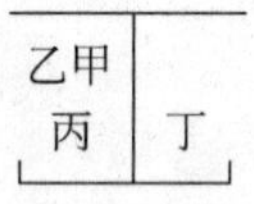

先以法數、實數各如法九減之，而並紀其餘如甲與乙。次以兩減餘相乘得數仍九減之，而紀其餘如丙，以上並居左方。末以得數亦九減之，而紀其餘于右方，如丁。視丙丁相同，即知無誤。如甲乙二者內有一〇，即丙亦〇。又或甲爲一數，即丙數同，乙皆不用乘。七減亦然。

又式

甲 丁
乙 丙

一位乘式

假如有熟田三千五百一十九畝，每畝編銀六分，問該若干。答曰：二百一十一兩一錢四分。

實 三 五 一 九 根

丨 八 〢 六 四
一 三 〇 五

六分 法

乘得數 二 一 一 一 四

百 十 兩 錢 分 法尾

法從下起，先以法數六乘實數九，呼六九五十四，紀四於本位，紀五於進位。進乘實數一，呼一六得六，紀六於本位，紀〇於進位。進乘實數五，呼五六成三十，紀〇於本位，紀三於進位。進乘實數三，呼三六一十八，紀八於本位，紀一於進位，乘畢以併法合總。

定位法：因原問是每畝科，則就於右行原實内尋每畝數爲定位之根，横對左行得數，命法尾分，則其餘皆定。根是九，故横對是四分，則上位是錢，又上是兩，又上十兩，又上是百兩，定所得爲二百一十一兩一錢四分。

九試 ○ 六 ○ ○　七試 二 六 五 二

定位又法。此本數也，實止畝，故得數尾即法尾分位。

兩位以上乘式

假如有金九錢八分五釐，每兩價銀八兩八錢，問該若干。答曰：八兩六錢六分八釐。

根

實 ○九八五　法 八錢 八兩

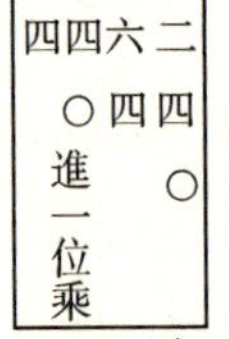

一 一 二 四 ○
七 六 四
七 六 二 四 四 ○ 進一位乘

得 八六六八○
兩錢分釐毫

先以法八錢乘實數五，呼五八成四十，紀○於本位，紀四於進位。進乘實數八，呼八八六十四，紀四於本位，紀六於進位。進乘實數九，呼八九七十二，紀二於本位，紀七於進位。

次進一位，以法八兩乘實五，呼五八成四十，紀○於本位，[紀四於進位。]進乘實八，呼八八六十四，紀四本位，紀六進位。進乘實九，呼八九七十二，紀二本位，紀七進位，乘畢以併法合總。

定位法：原問每兩之價，而實無兩，當於實九錢上補作○兩位爲根，以横對得數定爲法尾錢，即上下之位俱定。

定位又法：此小數也。原問以每兩價爲法，而實有錢分釐共小三位，即於得數截去尾三位，定第四位爲六錢。

九試 一 七 一 四　七試 六 四 六 五

法實減餘平列左上，相乘而減之列左下，得數減餘列右下，以相同爲定。

假如有錢三十萬零五百八十文，每千賣銀九錢零五釐，該若干。答曰：二百七十二兩零二分四釐九毫。

根

實 三○○五八　法 五釐 ○ 九錢

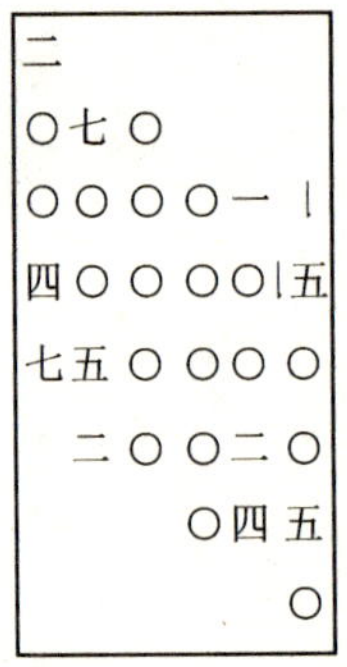

一 五 ○ 五 ○
一 ○ ○ 二 ○ 四
○ ○ ○ ○ ○ ○
○ ○ ○ ○ ○
○ 七 ○ ○ ○ 五 二
二 ○ 四 七

得 二七二○二四九○
百十兩錢分釐毫

先以法數五乘實數八，紀四○。次乘實數五，紀二五。次乘實數○○，本位、進位俱紀○。次乘實數三，紀一五。進一位，以法數○乘實○，無可乘於本位，進位各紀○，以存其位。

又進一位，以法數九乘實數八，紀七二。進乘實數五，紀四五。進乘兩○，紀○。進乘實數三，紀二七。乘畢以併法合總。

定位法：原問是每千之價，當於原實内尋千位爲根，以對得數命爲法尾釐，則其餘皆定。

定位又法：此亦小數也。實有十文，於原問每千爲小兩位，當於得數截去末兩位定爲法尾釐。

九試 八 七五 八　七試 ○ 二○ ○

省空位式

實 三○○五八　法 五 ○ 九

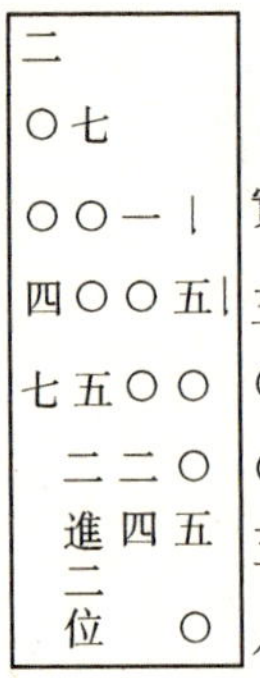

一 五 ○ 五 ○
一 ○ 二 四
○ ○ 二 ○ 五 七
七 ○ ○ 四 ○ 二 進二位

得 二七二○二四九○

此即前問也。因法有空位，省不乘，但於法首九錢起進二位乘之，即得數無訛，與前法同。

本宜進一位乘九錢，今進兩位以合空位之數。

若法有兩空，即進三位，以上倣此。

原數 三六○
加四 一二四（二·）
共得 五○四
百十石

【略】省乘法古謂之加法。

假如有漕糧三百六十石，每石帶耗米四斗，問正耗共若干。答曰：共五百○四石。

此就身加法也。原數即當得數不動，只挨身加四。

先於六十石加四六二十四石，又於三百石加三四一百二十石，末用併法進原數併之合總。凡加法定位：依原數不須更求下同。

試法 ○｜○ 加法九試七試略同併法，並合原數加數減餘列右，共數減餘列左，此及下條並九減七減併無餘。

假如銀五十四兩，每兩月息二分五釐，今兩箇月共本息若干。答曰：共五十六兩七錢。

原數 五四
隔位加五 二二〇
　　　　 五
共得 五六七〇

此因所加是分，在兩下二位，故隔位加。

又因每月二分半，今兩箇月該五分，故以五分爲法，先於四兩加二〇，進於五十加二五，末以併法連原數合總。

省乘又法古謂之求一乘法。

凡法數之首爲一數者，即原數不動而挨身加之，與前兩條同也。若法首非一數者，以法變爲一數，則亦可挨加。此爲本非一數求而得之，故名求一乘法也。其法遇法首爲二、爲三，則折半用之，而倍其實，法首遇五六七八九，則加倍用之，而半其實，法首遇四，則取四之一用之，而四其實。如此，則法首成一數可用省乘。

凡求一乘法定位亦於原實内尋每數爲根，以横行對得數定之，但此所對得數恒爲法首位數。若乘法則爲法尾位數，與此不同，乃理勢之自然，不可不知。

假如前條珠三分五釐，價每兩值銀二十四兩，用乘法得價銀八錢四分。今以法數折半作一十二兩，實數加倍作七分，挨身加之，所得正同，而用加捷矣。

根
原數 〇〇七
挨身加二 一四
總數 〇〇八四
法首 十兩錢分

原數不動，即用爲法首一數所乘也。

挨身以法次位二與原數相乘，呼二七加一十四，本位紀一，下位紀四，加訖，以併法合總，亦連原數作數併之。

定位亦從原數七分上加兩〇，尋每兩位爲定位之根，横對左行總數得法首位是十兩，下一位是兩，俱空位補作兩〇，再下一位即錢，定所得爲八錢四分。

【略】

併乘法凡有數次乘者，併爲一次乘，亦算家簡法，舊謂之異乘同乘。

假如原本銀三千二百兩，每兩一年獲息一錢五分六釐二毫五絲，已經四年，該息若干。

答曰：二千兩。

法：先以三千二百兩乘四年得一萬二千八百兩，再以息銀乘之，是併兩次乘爲一次乘也。

截乘法凡乘法位多者，截作數次乘之，以便初學。其法，與併乘相反，而其理相通。

實 一二八〇〇 根
〇‖ 一五 四〇 〇
〇| 〇二 一四 六
〇‖ 一六 四二 |八
〇| 五 四〇 〇
〇 〇二 八 〇 〇
法 一五六二五
得 二〇〇〇〇〇〇〇〇
千百十兩錢分釐毫絲

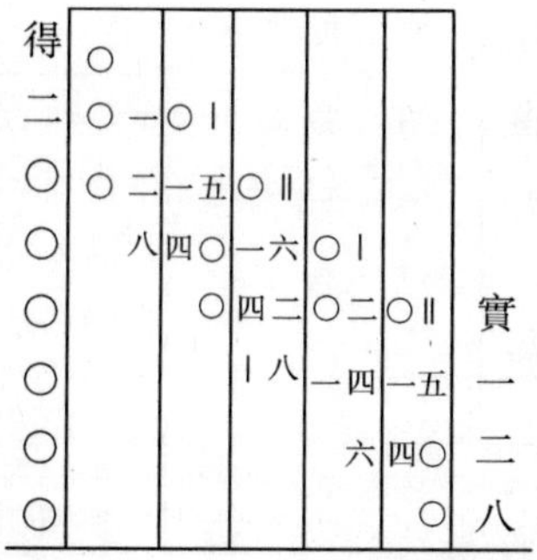

尾法

假如有三十二人各給布六丈四尺，共若干。答曰：二百〇四丈八尺。

先置六丈四尺以十六人爲法，用省乘就身加六得一百〇二丈四尺，又二乘，加倍，合總。

原實 |六 四
就身加六 三二四
　　　　 六
共 一〇二四
加倍 二〇四八
百十丈尺

解曰：十六乘，又二乘，即三十二乘也。

定位：凡就身加者，原數即可定位。如前條漕糧每石加四年是也。此條是十六加首行六四，雖以原數當得數，而六丈四尺已陞爲六十四丈矣。若加倍，自是本位。此在用算者臨時消息之也。

或置三十二人以八丈乘兩次，亦同。

原實 六四
以四乘 二一 四六
得 二五六
又以八乘 |六〇八 一四四
得 二〇四八

原數 三二
八乘 二一四 六
又八乘 |六〇八 一四四
得 二〇四八

解曰：八乘二次，即六十四乘也。

或置六丈四尺以四乘之，得數又以八乘之，所得亦同。

解曰：四乘一次，又八乘一次，即三十二乘也。

除法

以數剖數，是之謂除。除其原數以歸各數，故除亦曰歸。除與乘對，理精用博，近或謂之分，義則淺矣。

有一位除，有多位除，或分一位曰歸，多位曰除，或曰歸除、曰混歸，然古皆曰除。皆有法、有實、有得數。得數一名商數。

實其物也，法其則也。法實在乘法或可互用，而除法必須審定。乘法以法與實相遇而生一數，如陰陽相交而生物也，故雖互用而其交之理不易，其生之用亦不易也。除法以實滿法而成一數，如鎔金以就型也，故曰實如法而一，若倒用之，則非矣。實如法而一，或變文曰如某數而一，如用三除者，省文曰以三而一，言以三數成一數也，而字皆連上爲文，或者不察，遂竟以而一當除之字義，失其旨矣。

定法實訣

凡審法實有二訣：一曰先有定則，即以定則爲法，其所除者必同名之物也。如有定則之銀爲法而除總銀，以定則之米爲法而除總米是也。一曰先無定則，而求定則，須詳問意，以所用求之者爲法，其所除者必異名之物也。如以總米除總銀，以總銀除總米是也。

何以爲先有定則也？以事明之，如銀糴米，而先知每米一石之銀若干，是先有定則之銀也。即以此定則之銀爲法，而以總銀爲實，以法除實，則得總銀所糴之總米矣。此爲有總銀數，又有米每石之銀數，故以銀除銀而得總米。

若先知每銀一兩之米若干，是先有定則之米也。即以此定則之米爲法，而以總米爲實，以法除實，則得總米所糴之總銀矣。此爲有總米數，又有銀每兩之米數，故以米除米而得總銀。

是皆所除者同名，而所得者異名也，又謂之以每數求每銀一兩之米，是以銀分米也，則以總銀爲法，總米爲實，是所除者異名，而所得者亦異名也，又謂之以總數求每數。凡以總數求每數，先無定則，故必於問者之所求酌之，亦有比例之理。

比例圖

總米若干　爲法　　總銀若干　法　　此亦異乘同除，三率

總銀若干　相乘　　總米若干

今米一石　爲實　　今銀一兩　實　　比例也。因第三率是一

該銀若干　法除實得數　　該米若干　得數　　數，故亦省乘。

又捷法

凡不動者爲法，動者爲實。何以明之？如有總米總銀而欲知每米一石之銀，則將變總銀爲每米之銀，是銀動而米不動也。故以米爲法。若欲知每銀一兩之米，則將變總米爲每銀之米，是米動而銀不動也。故以銀爲法。其以每數求總數者，先有定，則不動即用爲法，尤爲易見。

凡布算乘易，而除難。除法之難尤在法實，法實無誤，則思過半矣。此乃珠算、筆算所同也，故首辨之如右。若筆算除法更有宜知者數端，具如後方。

一列位法實既辨，即當列位。

其法：先作兩直綫，自上而下平行相望，約其間可容字兩行爲率，其長短則視位數多寡定之。先以實數列於右直線之右，自上而下依列位法書之。次以法數列於右直線之左，亦自上而下，其千百十單皆與實相對，或法數有千而實只有百者，即對書於上一位，餘皆倣此。亦有實數無分秒，而法數有之者，亦對書於實尾之下。

次約實，以求得數。得數亦名商數。以法約實，紀其得數於左線之右，視法首位是言如之數，如三三如九之數。則書於實之上一位，而於實首添作〇以遥對之。或法首位是言十之數，如二六一十二之類。則書於實首之對位，其次商、三商以上皆依此書之。若書之而不相接轄，是商數有空位也，補作〇。此定位之根，慎不可錯。

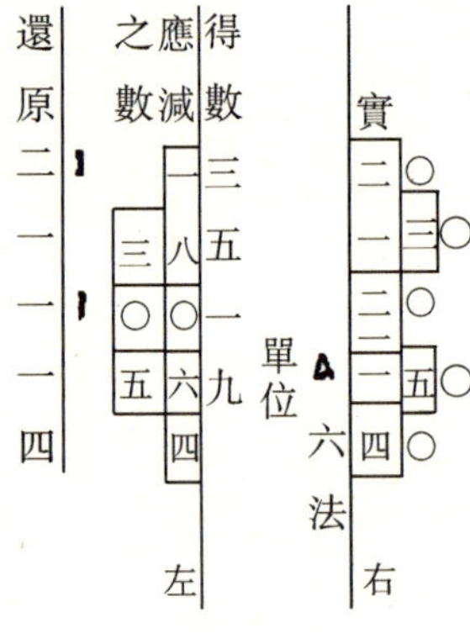

次乘商數，求應減之數，以減原實。以商得數與法數相呼乘之，而紀數於左線之左，皆以乘數之進位對商數紀之，如二六一十二，則以一十對商數書之，如三三如九是爲〇九，則以九上之〇對商數書之，他皆倣此。乃遂以乘出數與右行原實對減，用減法。足減者，於原實抹改之，不足減者，改商數，其乘出數亦抹去，便續商也。

次定得數之位。先於法數之上一位作△爲識，以對得數命爲單位，等而上之，則十百千萬，等而下之，則分秒忽微，皆從此定。

【略】

一位除式

假如有額編地丁銀二百一十一兩

一錢四分，其科則每畝六分，問原地若干？答曰：三千五百一十九畝。

審法實訣此爲以每數求總數也，其每數六分爲先有之定則不動，故以爲法。

右併法還原，即用原列應減之數，併之必合原實，是爲簡法。

列位法：如法作兩直線，先以實數二一一四列於右直線之右，自上而下順布之。次以法數六列於右直線之左，因法係六分，故與實分位相對。

商除法：次以法數約實，法是六、實是二，以六除二當合下位，作廿一除之，商作三。以乘法六，呼三六一十八，是言十之數，特商得三以法首二書於左直線之右，以乘得一八書於左直線之左，因是言十之數，以乘得進位一字對商數三字書之，遂以此乘得一八用減法，與原實二一對減，先於實次位減八，實係一，不足減，作點借上一數爲十一，減八餘三，改書三於實一之右，次於實首位減一，實係二，因借去一點只作一，減盡作○，乃作線抹去二一存○，三亦於左作線，抹去減數一八。

次商以六除三，亦當合下位作三一除之，商作五。以乘法六，呼五六成三十，是言十之數，將次商五對實三字書於初商之下，亦以乘得三○，依法以三字爲進位對次商五字書於左直線之左，依法對減實三作○，仍作線抹去實三，亦於左減數抹去三○。

三商以六除一，合下位作十一，商作一，呼一六如六，是言如之數，將三商一對實上位一字書於次商五之下，依法以乘得○六，對所商一字書於左線之左，以對減實一，一以六減，一不足減，作點借上成十一，減六餘五，改書○五於右，抹去二一，亦於左減數抹去○六。

末商以六除五，亦合下位作五十四，商作九，呼六九五十四，是言十之數，將商得九對實五字書於三商一之下，依法以乘得五四，對所商九字書左線之左，以對減實五四恰盡，俱改書○，而抹去五四，左減數亦抹去，共商得三五一九。

定位訣：於右線法數六字上一位作△爲單位之識，以橫對左得數九字定爲單九畝，進位是十畝，又進百畝，又進千畝，命所得爲三千五百一十九畝。

乘法還原：以法六分乘得數三千五百一十九畝，仍得原實，見乘法。

除法還原：以得數爲法，除原實仍得法數六分，見後條。

試法

九減得數無餘紀○於左，法數餘六紀於右，左右相乘仍紀○於上，九減原實無餘紀○於下。

凡○位與他數相乘，所得皆○。

七減得數餘五紀左，法數餘六紀右，左右相乘，仍以七減餘二紀於上，七減原實餘二紀於下。

兩試皆上下相同，知其不誤。

九減　乘○　六法○　得○　○　原　實

七減　乘二　六法二　得五　原　實

論曰：除法以乘法還原，猶之乘法以除法還原。此舊法珠算所必需，若除法以除法還原，則舊所無也。《同文算指》用九減、七減試法，可免還原，頗稱巧捷。今以併法代之，則試法亦省，故稱簡法焉。茲各具一，則用相參互以明算理，糧算者擇而用之可也。今定筆除只用簡法還原，若筆乘仍用試法。

多位除式

假如有熟地三千五百一十九畝，共徵銀二百一十一兩一錢四分，問每畝科則若干？答曰：每畝六分。

審法實：此以總數求每數也，問者欲知每畝科則，是將以總銀變爲每銀，銀數動地畝不動，故以地爲法，銀爲實。

列位法：先以實數自上而下順布於右線之右，次以法數對書於右線之左，實首位是二百，法首是三千，法大於實一位，故進一位列之，凡進位列者皆不滿法。

商除法：以法數約實，法首是三，實是二，合兩位二一除之，宜商七，因法有次位，須留餘地，改商六，以乘法三，呼三六一十八，是言十之數，以商數六對實首二書於左直線之右，以乘得一八書於左線之左，遂以商數六徧乘法次位五，呼五六成三十，乘得三○，挨書於一八之下一位。又以商數徧乘法第三位一，呼一六如六，乘得○六挨書下一位。又以商數六徧乘法末位九，呼六九五十四，乘得五四，又挨書下一位，如此徧乘法四位訖，乃以乘出數爲減數，對減原實，恰盡。

定位：尋法首上一位爲單位，橫對左線得數上二位定爲兩，順下一位是錢，此二位俱空，補作〇〇，再下是分，定所得爲六分。

此一次除盡例也。又爲法大實小，故所得不能成整數。兩爲整數，今所得是分，在兩下二位。

若用乘法還原，同前條還原法。

若用除法還原，即前條除法。

此所定單位在得數之外，乃借虛位以定實數，下條同。其故何也？曰：法是三千有零，能滿此數始能成一兩，故曰：實如法而一。今法大實小，是實不滿法，不能成一數，所得者乃剖一整數，而得其若干，如此條所得乃百分兩之六也。即命分。

【略】

命分法

凡除法至單而止，故曰實如法而一。所謂一者，即單一數也。其有除至單數，而仍有不盡之餘實，或法之數本大於實，皆不能成一整數，則以法命之。其法有二：

其一除之至盡，如計輕重者不滿一兩，則除之爲若干錢若干分及釐毫絲忽，前條法大實小及得數單下仍有數位者是也。若《授時曆》萬分爲度，百秒爲分，及錢鈔論貫，貫之下有百、有十、有零文，尤爲易見。

其一以法數爲分母，不盡之數爲分子，命爲幾分之幾。如以三除五，內除三數滿法成一整數，餘實二，不能成整，則以此二數各剖爲三分，共成六分，而以三除之，各得二分，是爲三分之二也。

假如十九人，分銀二百五十四兩，問各若干。答曰：各十三兩零十九分之七。

以十九人爲法除二百五十四兩，各得一十三兩，不盡七兩，以法命之，其法以法十九命爲分母，不盡七數爲分子，命爲十九分兩之七。

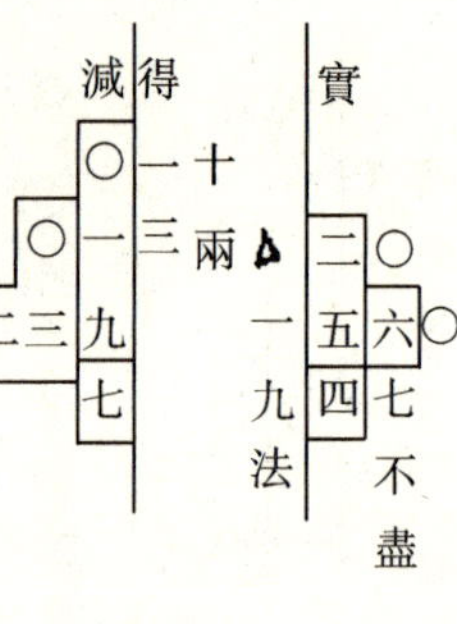

解曰：一整兩各剖爲十九分，則不盡之七兩共剖爲一百三十三分，以十九人分之各得七分，并整數分數爲每人分得一十三兩零十九分兩之七。

若用乘法還原，法以十九人乘得數十三兩得共二百四十七兩，加入不盡七兩，共二百五十四兩，合原實。

若用除法還原，法置原實內減不盡之數七兩餘二百四十七兩爲實，每人十三兩爲法，法除實得十九人。

還　共減數二四七
　　加不盡　一七
原　合原實二五四

論曰：古人只用命分，後世乃有除之至盡之法，然終不能盡。如以十九人除七兩，各得三錢六分八釐四毫二絲一忽，終餘一忽。故不如命分之簡妙。如錢糧尾數一忽之下仍有微纖等七位不等，徒滋繁文，無裨實用，然亦終不能盡，若命分之法只一語喝盡，更無滲漏，然後知古法爲無弊。

省除法舊名定身除，亦名減法，凡法首位是一數者用之。

定位：凡省除，皆以原數定位。

省除又法古謂之求一除法。

凡定身除，惟法首是一數者可用，今以倍半之法求之，則法首皆變爲一數。其法：遇法首位是二、是三，法實皆折半。遇四，則折半兩次，遇五、六、七、八、九，法實皆加倍。如此，則法首位皆成一數。

假如前條六十四人分銀四萬八千兩，用除法，各得七百五十兩。今以法實各折半兩次，用定身除，所得亦同。

就身　〇
減六　〇〇八
原實　一六〇〇
得　七五〇
減　四二〇
　　三

先以法六十四折半作三十二，又折半一十六爲法，實四萬八千折半作二萬四千，又折半一萬二千爲實。用定身除法，先以實首兩位一二定七爲得數，法去首位一不用，只用六以乘得數七，得四十二書左，併得數七共一一二，以減原實一二餘〇〇八。次以餘實八定五爲得數，亦以法六乘得三〇挨書於左，以減餘實八，恰盡。

定位：得數七對原實千，因法是有十之數，退一等作七百，定所得爲七百五十石，假如十人七千即每人七百，故法有十者退一位也。准此推之，法有百退二位，有千退三位，萬以上倣此論之。凡省除，依原實定位，當知此訣。

併除法舊名異除同除。

凡有當除數次者，則以法相乘爲法，作一次除之，亦簡法也。如以四除之，又以五除之，又以七除之，則以四乘五得二十，又以七乘得一百四十，共爲法以除之，是併數次除爲一次除也。

假如經商獲利二千兩,原本三千二百兩,已經四年,問每年每兩之息。答曰:每兩息一錢五分六釐二毫半。

法曰:先以四年乘原本三千二百,得一萬二千八百爲總法。

本法宜以三千二百除二千得每兩之息,再以四年除之得每年每兩之息,今併兩次除爲一次除,是簡法也。

實 一二八〇〇 法
兩 錢 分 釐 毫 絲
得 〇一五六二五
減

截除法與併除相反,所以便初學。

凡除有法數位繁者,或可以截爲兩次除,以從簡易。

假如五十六人,分銀一千五百一十二兩,各若干。答曰:各二十七兩。

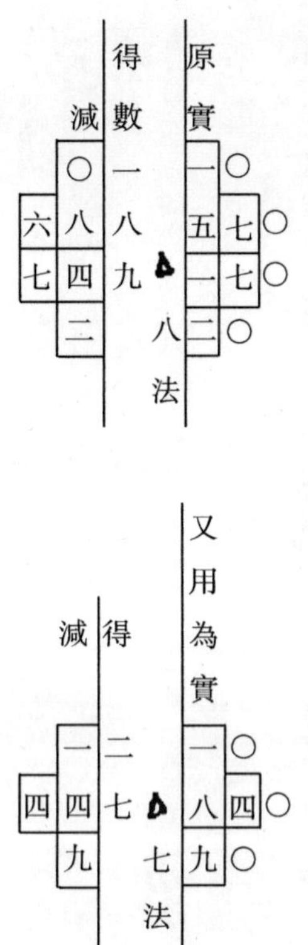

此因法五十六是七八相乘之數,故先以八除得一百八十九兩,仍用爲實,再以七除之得二十七兩。合問。

清・《數理精蘊》下編卷一

加法

加者,合衆數而成總也。蓋數始於一,終於九,至十又復爲一。等而上之,十百千萬以至億兆京垓,皆得名之爲一,即皆自一而加者也。今自一位言之,有自一至九之數。合前後之位言之,有單十百千萬之等。先自單數加起,成十則進前一位,仍爲一。以單數紀本位下,挨次併之,即得總數。若夫宮度時刻斤兩之類,則不以十進,必足其所命之分,始進一位。如宮度足六十分進一度,足三十度進一宮。如時刻足十五分進一刻,足四刻進一時,足二十四時進一日。如斤兩足十六兩進一斤之類。至於定位,則以原數列於上,加數列於下;或大數列於上,小數列於下。按法依次對位列之,加畢所得之數,依原列之位定之。

設如有數一萬二千三百四十五,與六千七百八十九相加。

五	九	四
四	八	三
三	七	一
二	六	九
一		一

法以原數橫列於上,加數橫列於下,按位相對加之。如九與五相對,單從單,八與四相對,十從十,百千萬數俱各從其類。單位之五九相加得十四,進十於前位爲一誌之,作一點於前位爲誌,如進二十則作二點。如進三十則作三點。本位紀四。書於橫格下。次十位之四八相加得十二,併所進之一爲十三,復進十於前位爲一誌之,本位紀三。次百位之三七相加得十,併所進之一爲十一,復進十於前位爲一誌之,本位紀一。次千位之二六相加得八,併所進之一爲九,於是本位紀九。至於萬位獨有原數,無可加,則仍紀一。所加之數,共得一萬九千一百三十四,即總數也。

設如有數一萬四千五百四十五,與一萬七千三百五十相加。

五	〇	五
四	五	九
五	三	八
四	七	一
一	一	三

法以原數橫列於上,加數橫列於下,加數內單位無數,故作〇以存其位,仍按位相對加之。單位之五對〇無可加,仍紀五。次十位之四五相加得九,本位紀九。次百位之五三相加得八,本位紀八。次千位之四七相加得十一,進十於前位爲一誌之,本位紀一。次萬位之一與一相加得二,併所進之一爲三,於是本位紀三。所加之數,共得三萬一千八百九十五,即總數也。

設如有二十三丈零五寸六分,與二丈八尺六寸二分相加。

分	六	二	八
寸	五	六	一
尺	〇	八	九
丈	三	二	五
十	二		二

法以原數橫列於上,加數橫列於下,原數內尺位無數,故作〇以存其位,仍按位相對加之。分位之六二相加得八,本位紀八。次寸位之五六相加得十一,進十於前位爲一誌之,本位紀一。次尺位之八對〇,無可加,乃併所進之一爲九,本位紀九。次丈位之三二相加得五,本位紀五。至於十位獨有原數,無可加,則仍紀二。所加之數,共得二十五丈九尺一寸八分,即總數也。

設如有糧四萬五千零三十一石,與三千零九十石相加。

石	一	〇	一
十	三	九	二
百	〇	〇	一
千	五	三	八
萬	四		四

法以原數橫列於上,加數橫列於下,原數內百位無數,加數

內百位、單位俱無數，故各作〇以存其位，仍按位相對加之。石位之一對〇，無可加，仍紀一。次十位之三九相加得十二，進十於前位爲一誌之，本位紀二。次百位〇與〇無可加，則以所進之一爲本位數，故下紀一。次千位之五三相加得八，本位紀八。至於萬位獨有原數，無可加，則仍紀四。所加之數，共得四萬八千一百二十一石，即總數也。

設如有銀八兩六錢五分四釐，與四兩零六分二釐相加。

十	兩	錢	分	釐
	八	六	五	四
	四	〇	六	二
一	二	七	一	六

法以原數橫列於上，加數橫列於下，加數內錢位無數，故作〇以存其位，仍按位相對加之。釐位之四二相加得六，本位紀六。次分位之五六相加得十一，進十於前位爲一誌之，本位紀一。次錢位之六對〇，無可加，乃併所進之一爲七，本位紀七。次兩位之八四相加得十二，進十於前位爲一誌之，本位紀二。至於十位無數，則紀所進之一爲一。所加之數，共得十二兩七錢一分六釐，即總數也。

設如有田三區，一區五百九十二畝三分，一區八百五十五畝九分，一區七百八十二畝五分，相加。

千	百	十	畝	分
	五	九	二	三
	八	五	五	九
	七	八	二	五
二	二	三	〇	七

法以田三區按位橫列，相對加之。分位之三九五相加得十七，進十於前位爲一誌之，本位紀七。次畝位之二五二相加得九，併所進之一爲十，進十於前位爲一誌之，本位紀〇。次十位之九五八相加得二十二，併所進之一爲二十三，進二十於前位爲二誌之，本位紀三。次百位之五八七相加得二十，併所進之二爲二十二，進二十於前位爲二誌之，本位紀二。至於千位無數，則紀所進之二爲二。所加之數，共得二千二百三十畝零七分，即總數也。

設如有銀九宗，一宗八千八百五十二兩，一宗三千二百一十一兩，一宗五百二十兩，一宗九百三十八兩，一宗二千五百九十兩，一宗一千二百一十五兩，一宗二千五百一十八兩，一宗五千三百六十六兩，一宗四千三百七十二兩，相加。

法因九宗數繁難加，故分爲三次，三次復併爲一次，則得共數。其八千八百五十二兩、三千二百一十一兩、五百二十兩相併，則得一萬二千五百八十三兩。其九百三十八兩、二千五百九十兩、一千二百一十五兩相併，則得四千七百四十三兩。其二千五百一十八兩、五千三百六十六兩、四千三百七十二兩相併，則得一萬二千二百五十六兩。既得三總數，又將三數併之，得二萬九千五百八十二兩，即九宗共數也。

	八	八	五	二
	三	二	一	一
		五	二	〇
一	二	五	八	三

	九	三	八
二	五	九	〇
一	二	一	五
四	七	四	三

	二	五	一	八
	五	三	六	六
	四	三	七	二
一	二	二	五	六

一	二	五	八	三
	四	七	四	三
一	二	二	五	六
二	九	五	八	二

設如九宮二十度三十分二十六秒，與六宮一十八度二十分五十秒相加。

宮	十	度	十	分	十	秒
九	二	〇	三	〇	二	六
六	一	八	二	〇	五	〇
四	〇	八	五	一	一	六

法以原數橫列於上，加數橫列於下，其每項各命兩位，仍按各位相對加之。秒之單位六對〇，無可加，仍紀六。秒之十位二五相加得七十，乃以六十秒進一分誌於分之本位，秒之十位紀一。次分之單位〇與〇無可加，則以所進之一爲本位數，故下紀一。次分之十位三二相加得五，故下紀五。次度之單位八對〇，無可加，仍紀八。次度之十位二一相加得三十，乃以三十度進一宮誌於宮之本位，度之十位紀〇。次宮之本位九六相加得十五，併所進之一爲十六，因十二宮滿一周天，故逢十二去之，餘四，故下紀四。所加之數，共得四宮八度五十一分一十六秒，即總數也。

設如一日一十五時二刻八分，與一日一十二時三刻九分相加。

日	十	時	刻	十	分
一	一	五	二	〇	八
一	一	二	三	〇	九
三	〇	四	二	〇	二

法以原數橫列於上，加數橫列於下，日時分則合兩位共加，刻則仍命以單位。蓋以四刻進一小時故也。分位之八與九相加得十七，十五分進一刻，故於刻之本位下誌一，餘二，故單位下紀二，十位下紀〇。次刻位之二與三相加得五，併所進之一爲六，四刻進一時，故於時之本位下誌一，餘二，故本位紀二。次時之單位五二相加得七，併所進之一得八，時之十位一與一相加得二，共爲二十八，二十四時進一日，故於日之本位下誌一，餘四，故時之單位下紀四，十位下紀〇。次日之單位一與一相加得二，併所進之一爲三，故下紀三。所加之數，共得三日四時二刻二分，即總數也。

設如有物重三十四斤十五兩五錢，與二十一斤十四兩三錢相加。

十	斤	十	兩	錢
三	四	一	五	五
二	一	一	四	三
五	六	一	三	八

法以原數橫列於上，加數橫列於下，其錢位斤位與斤之十位仍皆按位相對加之，兩位與兩之十位則合其數共加之。兩以十六

方進一斤，故合兩加之。如列數有兩數無十數者，仍作○以存十兩之位。錢位之五三相加得八，本位紀八。兩位之原數十五加數十四相加，共得二十九，則進十六兩於前斤位爲一誌之，其所餘十三兩，則於兩位紀三，十位紀一。次斤位之四一相加得五，併所進之一爲六，本位紀六。次十位之三二相加得五，本位紀五。所加之數，共得五十六斤十三兩八錢，即總數也。

減法

減者，較衆數而得餘也。凡以少減多，以小減大，原有之數書於上，應減之數書於下。横列必對其位，相減必從其類。如千減千，百減百之類。如或下數大於上數，不足減，則借前位之一以減本位，加法由後而進前，減法則借前而退後，其理一也。詳見設如中。前位作一點以誌之。既得本位，則前位所借之一，併於前數而爲減數，然兩數相減，必先辨其多寡，首位必大於減數始可。其定位，亦照原列之次爲減餘位。

設如有數五萬六千七百八十九，內減四萬三千六百四十二。

五	六	七	八	九
四	三	六	四	二
一	三	一	四	七

法自單位減起，單位之九減二餘七，故下紀七。十位之八減四餘四，故下紀四。百位之七減六餘一，故下紀一。千位之六減三餘三，故下紀三。萬位之五減四餘一，故下紀一。所減之數，得一萬三千一百四十七，即餘數也。

設如有數二萬三千六百七十二，內減一萬六千四百八十一。

二	三	六	七	二
一	六	四	八	一
○	七	一	九	一

法自單位減起，單位之二減一餘一，故下紀一。十位之七減八，爲下大於上，則借前位之一，前位下作一點爲誌。作本位之十，共十七，減八餘九，故下紀九。百位之六減四，併十位所借之一，則爲六減五餘一，故下紀一。千位之三減六，爲下大於上，則借前位之一，前位亦作一點爲誌。作本位之十，共十三，減六餘七，故下紀七。萬位之二減一，併千位所借之一，則爲二減二恰盡，故下紀○。所減之數，得七千一百九十一，即餘數也。

設如有六丈七尺八寸九分一釐，內減三丈四尺五寸九分九釐。

丈	尺	寸	分	釐
六	七	八	九	一
三	四	五	九	九
三	五	二	九	二

法自釐位減起，釐位之一減九，爲下大於上，則借前位之一，前位下作一點爲誌。作本位之十，共十一減九餘二，故下紀二。分位之九減九，併釐位所借之一，則爲九減十，亦爲下大於上，故復借前位之一，前位下作一點爲誌。作本位之十，共十九減十餘九，故下紀九。寸位之八減五，併所借之一，則爲八減六餘二，故下紀二。尺位之七減四餘三，故下紀三。丈位之六減三餘三，故下紀三。所減之數，得三丈三尺二寸九分二釐，即餘數也。

設如有米六十五石四斗三升二合，內減四十六石二斗七升三合。

十	石	斗	升	合
六	五	四	三	二
四	六	二	七	三
一	九	一	五	九

法自合位減起，合位之二減三，爲下大於上，則借前位之一，前位下作一點爲誌。作本位之十，共十二減三餘九，故下紀九。升位之三減七，併合位所借之一，則爲三減八，爲下大於上，則借前位之一，前位下作一點爲誌。作本位之十，共十三減八餘五，故下紀五。斗位之四減二，併升位所借之一，則爲四減三餘一，故下紀一。石位之五減六，爲下大於上，則借前位之一，前位下作一點爲誌。作本位之十，共十五減六餘九，故下紀九。十位之六減四，併所借之一，則爲六減五餘一，故下紀一。所減之數，得十九石一斗五升九合，即餘數也。

設如有銀十五兩三錢六分七釐，內減九兩二錢三分四釐。

十	兩	錢	分	釐
一	五	三	六	七
	九	二	三	四
○	六	一	三	三

法自釐位減起，釐位之七減四餘三，故下紀三。分位之六減三餘三，故下紀三。錢位之三減二餘一，故下紀一。兩位之五減九，爲下大於上，則借前位之一，前位下作一點爲誌。作本位之十，共十五減九餘六，故下紀六。十位之一減兩位所借之一，恰盡，故下紀○。所減之數，得六兩一錢三分三釐，即餘數也。

設如七宮一十八度二十七分五十二秒，內減九宮二十一度三十五分四十三秒。

十	宮	十	度	十	分	十	秒
	七	一	八	二	七	五	二
	九	二	一	三	五	四	三
	九	二	六	五	二	○	九

法自秒位減起，秒之單位二減三，爲下大於上，則借前位之一，前位下作一點爲誌。作本位之十，共十二減三餘九，故下紀九。秒之十位五減四，併所借之一，則爲五減五，恰盡，故下紀○。分之單位七減五餘二，故下紀二。分之十位二減三，爲下大於上，則借度位之一爲六十分，度位下作一點爲誌。六十分與原二十分共爲八十分，內減三十分餘五十分，故下紀五。度之單位八減一，併所借之一，則爲八減二餘六，故下紀六。度之十位一減二，爲下大於上，則借宮位之一爲三十度，宮位下作一點爲誌。三十度與原十度共爲四十度，內減二十度餘二十度，故下紀二。宮之單位七減九，併所借之一，則爲

七減十，爲下大於上，則外借一周天爲十二宮，十二宮與原七宮共爲十九宮，内減十宮餘九宮，故下紀九。所減之數，得九宮二十六度五十二分九秒，即餘數也。

設如一十二日二十二時三刻零九分，内減一十一日二十三時三刻十分。

十	日	十	時	刻	十	分
一	二	二	二	三	〇	九
一	一	二	三	三	一	〇
〇	〇	二	二	三	一	四

法自分位減起，日位、刻位俱各按單位相減，其分位、時位則合兩位減之。分位之九減十，爲下大於上，則借刻位之一爲十五分，刻之本位下作一點爲誌。十五分與原九分共爲二十四分，内減十分餘十四分，故分之單位紀四，分之十位紀一。刻之本位三減三，併所借之一，則爲三減四，爲下大於上，則借時位之一爲四刻，時之單位下作一點爲誌。四刻與原三刻共爲七刻，内減四刻餘三刻，故本位下紀三。時位之二十二減二十三，併所借之一，則爲二十二減二十四，爲下大於上，則借日位之一爲二十四時，日之本位下作一點爲誌。二十四時與原二十二時共爲四十六時，内減二十四時餘二十二時，故時之單位下紀二，時之十位下亦紀二。日位之二減一，併所借之一，則爲二減二，恰盡，故下紀〇。日之十位之一減一，恰盡，故亦紀〇。所減之數，得二十二時三刻一十四分，即餘數也。

設如有物十五斤零四兩八錢，内減十二斤十二兩三錢。

十	斤	十	兩	錢
一	五	〇	四	八
一	二	一	二	三
〇	二	〇	八	五

法自錢位減起，錢位之八減三餘五，故下紀五。兩位之四減二，似非下大於上，然原數兩之十位爲〇，十六兩爲一斤，故作〇於斤復兩前，以存十兩之位。而減數兩之十位爲一，則爲四兩減十二兩，亦爲下大於上，故借斤位之一爲十六兩，斤位下作一點爲誌。十六兩與原四兩共爲二十兩，内減十二兩餘八兩，故兩之單位紀八，十位紀〇。斤位之五減二，併所借之一，則爲五減三餘二，故下紀二。十位之一減一，恰盡，故下紀〇。所減之數，得二斤零八兩五錢，即餘數也。

因乘

因乘者，生數也。以數生數，有生生不已之義焉。凡有幾數，彼此按次加之，爲得總數。然所加之次數多，則必至於煩而無統，此因乘之所以立也。因者，一位相因而得。如二因三而成六，四因二而成八也。乘者，多位相乘而得。如兩位以上，則各以每位所因之數，而又層累以積之也。其法以原數爲實，乘數爲法，實列於上，法列於下，必使法實相當，如千對千、百對百、十對十、單對單之類。按法乘實，合而加之，爲所得數。定位之法，視其法實所命之單位後有奇零與否。如無奇零，則實中所命之單位相對即法尾之數。若有奇零，則法實相乘者，法實之一位，統得數之二位。如單位後奇零有一位，則截得數之二位。奇零有二位，則截得數之四位。問前爲單位計之。法實相乘，再以法乘者，即自乘再乘也。法實之一位，統得數之三位。如單位後奇零有一位，則截得數之三位。奇零有二位，則截得數之六位。向前爲單位計之。是故得數以一位論者，則爲單十百千之類。以兩位論者，則爲自乘之類。以三位論者，則爲自乘再乘之類。錯綜交互用法不一，必須臨題詳審，求其無誤，始爲得之。具見設如於左。

設如有三人，每人賞緞二疋，問共得幾疋。

三
二
六

法以三人爲實列於上，二疋爲法列於下，以二因三得六，即書於本位下，定位以實之三人即是單位，而法又止一位爲疋，今得數之六與實之單位相對，故知六是疋位，得共數爲六疋也。

設如有八人，每人賞米六石，問共得幾石。

	八
	六
四	八

法以八人爲實列於上，六石爲法列於下，以六因八得四十八，將四書於前位下，前位爲十位，故十數紀前位下。八書於本位下，本位爲單位，故單數紀本位下。定位以實之八人，即是單位，而法亦止一位爲石，今得數之八與實之單位相對，即知八是石位，而四在石之前一位，故知四是十位，得共數爲四十八石也。

設如有一十二人，每人賞銀五兩，問共得幾兩。

一	二
	五
六	〇

法以一十二人爲實列於上，五兩爲法列於下，命兩位與人之單位相齊，先以五乘二得一十，將十進前一位作一點誌之，紀〇於本位下。此數無單，故下紀〇。次以五乘一仍得五，併所進之一爲六，故書六於本位下。一雖爲十位，而以五乘一，則一下爲本位矣。共得六〇。定位因實之單位對法之兩位，而得數之〇與實之單位相對，故知〇爲兩位，而六爲十位，得共數爲六十兩也。

設如有二十四人，每人賞銀三兩六錢，問共得幾兩。

	二	四
	三	六
一	四	四
七	二	
八	六	四

法以二十四人爲實列於上，三兩六錢爲法列於下，命錢位與人之單位相齊，乃以法之六，遍乘實之二四，其所得之單位數，即對本法位下書之。六乘四得二十四，將二十進前一位作二點誌之，四書於本位下。次以六乘二得一十二，將十進前一位爲一書之，

二併所進之二爲四，故書四於本位下。二雖爲十位，而以六乘二，則二下即爲本位矣。法之六既與實乘畢，次以法之三，遍乘實之二四，其所得之單位數即對本法位下書之。三乘四得一十二，將十進前一位作一點誌之，二書於本位下。次以三乘二得六，併所進之一爲七，故書七於本位下。法之三又與實乘畢，乃用加法併之，共得八六四，總書於下。定位以實尾之四係四人爲單位，而法尾爲錢，今得數末位之四與實之單位相對，即知四是錢位，二位爲兩，三位爲十兩，得共數爲八十六兩四錢也。

設如有田三百六十畝，每畝納糧三升五合，問共得若干。

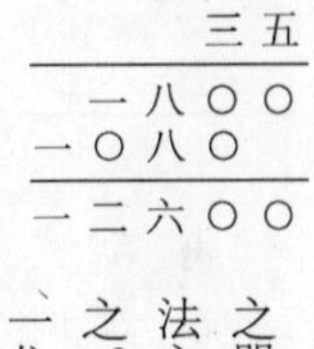

〇五　〇〇　〇〇
六三　〇〇　六
三　八八　二
一〇　二
一

法以三百六十畝爲實列於上，三升五合爲法列於下，實之單位無數，則補〇以存其位，命合位與畝之單位相齊，乃以法之五，遍乘實之三六〇，其所得之單位數，即對本法位下書之。五乘〇仍爲〇，故下紀〇。五乘六得三十，將三十進前一位作三點誌之，本位紀〇。五乘三得一十五，將十進前一位爲一書之，五併所進之三爲八，故書八於本位下。又以法之三，遍乘實之三六〇，其所得之單位數，即對本法位下書之。三乘〇仍爲〇，故下紀〇。三乘六得一十八，將十進前一位作一點誌之，八書於本位下。三乘三得九，併所進之一爲十，故進前一位爲一書之，本位紀〇。乘畢用加法併之，共得一二六〇〇，總書於下。定位以實尾之〇係單位，法尾是合，今得數末位之〇與實之單位相對，即知末位之〇是合，前一位是升，向前數至首位得十石，因知共數爲一十二石六斗也。

設如有田三頃五十畝，每頃納糧一石二斗三升，問共得若干。

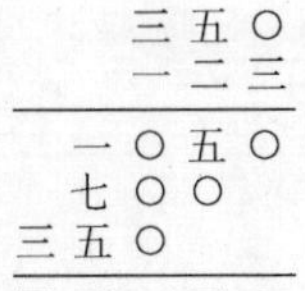

〇三　〇〇　〇
五二　五〇　五
三一　〇〇〇　三
一七五　四
三

法以三頃五十畝爲實列於上，因畝位無數，故作〇以存其位。一石二斗三升爲法列於下，命石位與頃之單位相齊，題中言每頃納一石，故石與頃對爲單位。乃以法之三，遍乘實之三五〇，其所得之單位數即對本法位下書之。三乘〇仍得〇，故下紀〇。次以三乘五得一十五，將十進前一位作一點誌之，五書於本位下。次以三乘三得九，併所進之一爲十，故進前一位爲一書之，本位紀〇。又以法之二，遍乘實之三五〇，其所得之單位數即對本法位下書之。二乘〇仍得〇，故下紀〇。二乘五得一十，將十進前一位作一點誌之，本位紀〇。二乘三得六，併所進之一爲七，故書七於本位下。又以法之一，遍乘實之三五〇，其所得之單位數即對本法位下書之。一乘〇仍得〇，一乘五仍得五，一乘三仍得三，俱各書於本位下。乘畢用加法併之，共得四三〇五〇，總書於下。定位因每頃納糧一石二斗三升，即命頃爲單位，而石亦爲單位，其後二位則爲奇零。凡法實之奇零有一位，則統得數之兩位。今奇零既有二位，則統得數之四位。故從後截去四位，而第五位定爲石，因知共數爲四石三斗零五合也。

設如有金三十六兩，每兩價銀九兩九錢八分，問共價幾何。

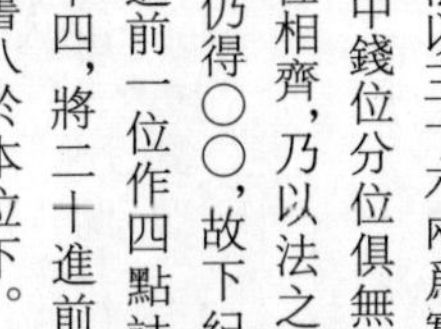

〇八　〇〇　〇〇
〇九　八〇　八〇
六九　八四〇　二
三　二二四　九
三二　五
三　三

法以三十六兩爲實列於上，九兩九錢八分爲法列於下，實中錢位分位俱無數，則補作〇〇以存其位，命分位與分位相齊，乃以法之八，遍乘實之三六〇〇，先以八乘〇〇，仍得〇〇，故下紀〇〇。次以八乘六得四十八，將四十進前一位作四點誌之，八書於本位下。次以八乘三得二十四，將二十進前一位爲二書之，四併所進之四爲八，故書八於本位下。又以法之九，遍乘實之三六〇〇，先以九乘〇〇，仍得〇〇，故下紀〇〇。次以九乘六得五十四，將五十進前一位作五點誌之，四書於本位下。次以九乘三得二十七，將二十進前一位作二點誌之，七併所進之五爲十二，十又進前一位爲一，併所誌之二爲三，故前位書三，本位書二。又以法之九，遍乘實之三六〇〇，先以九乘〇〇仍得〇〇，故下紀〇〇。次以九乘六得五十四，將五十進前一位作五點誌之，四書於本位下。次以九乘三得二十七，將二十進前一位作二點誌之，七併所進之五爲十二，十又進前一位爲一，併所誌之二爲三，故前位書三，本位書二。乘畢用加法併之，共得三五九二八〇〇。定位因題言每兩價銀九兩九錢八分，爰以兩爲單位，其後二位則爲奇零。奇零既有二位，則統得數之四位。故從後截去四位，而第五位定爲兩，第六位爲十，第七位爲百，因知共數爲三百五十九兩二錢八分也。

設如有物二十六斤，求兩數。

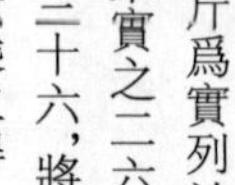

六六　六　六
二一　五六　一
一二　四

法以二十六斤爲實列於上，以每斤十六兩爲法列於下，乃以法之六，遍乘實之二六，其所得之單位數即對本法位下書之。六乘六得三十六，將三十進前一位作三點誌之，六書於本位下。次以六乘二得一十二，將十進前一位爲一書之，二併所進之三爲五，故書五於本位下。又以法之一，遍乘實之二六，其所得之單位數即對本法位下書之。一乘六仍得六，故下書六。次以一乘二仍得二，故下書二。乘畢用加法併之，得四一六。定位因實尾是單位，而法尾又是兩位，故得數末位之六即爲單位爲兩，而前一位爲十，又前一位爲百，因知得數爲四百一十六兩也。

六六
二三一
二一四

又法：斤求兩身加六，名爲定身加法。蓋以十六兩之十爲一，乘之仍得原數，故以本身加六即得。如二十六斤，則從首位加起，二六加一十二，將一對實之十位二對實之單位下書之。又六六加三十六，則三對實之單位而六對實之單位後一位書之。用加法相併得四一六。定位以原斤數之後一位爲兩，今得數末位之六，在原斤數之後一位，即知是兩，因知得數爲四百一十六兩也。

設如周天三百六十度，每度六十分，問共得若干分。

○○○
六六六
三六○
一一
二二

法以三百六十度爲實列於上，以六十分爲法列於下，因單位俱無數，故各作○以存其位。乃以法之○，遍乘實之三六○，仍皆得○，故各紀○於各位下。又以法之六，遍乘實之三六○，其所得之單位數，即對本法位下書之。六乘○仍得○，故本位下紀○。次以六乘六得三十六，將三十進前一位作三點誌之，六書於本位下。次以六乘三得一十八，將十進前一位作一點誌之，八併所進之三爲十一，十又進前一位爲一，併所誌之一爲二，故前位書二，本位書一。乘畢用加法併之，共得二一六○○。定位以實之末位是單位，法之末位是分，今求分數，故得數末位之○，即是分之單位，向前數至首位得萬，因知共數爲二萬一千六百分也。

設如有驗時儀墜子，來一秒，往一秒，今十五分，問共得來往幾秒。

五○○
一六○○
九九

法以十五分爲實列於上，以每分六十秒爲法列於下，乃以法之○，遍乘實之一五，仍皆得○，故各紀○於本位下。又以法之六，遍乘實之一五，其所得之單位數，即對本法位下書之。六乘五得三十，將三十進前一位作三點誌之，本位紀○。次以六乘一仍得六，併所進之三爲九，故書九於本位下。定位以實之末位是單位，法之末位是秒，今求秒數，故得數末位之○，即是秒之單位，其前一位爲十，又前一位爲百，因知其數爲九百秒也。

設如一尺二寸，自乘求積。以本數乘本數，故爲自乘。

一二
一二
二四
一二
一四四

法以一尺二寸互爲法實列於上下，乃以法之二，遍乘實之一二，其所得之單位數，即對本法位下書之。二乘二得四，故下書四。次以二乘一，仍得二，故下書二。又以法之一，遍乘實之一二，其所得之單位數，即對本法位下書之。一乘二仍得二，故下書二。次以一乘一仍得一，故下書一。乘畢用加法併之，共得一四四。

一二
一二
二四
一二
一四四

定位：因自乘數成平方面，其每一尺正方面容積一百寸，故百寸爲尺，百尺爲丈，俱以兩位命之，今實之末位爲寸，即命爲單位，法之末位是寸，得數末位之四與實之單位相對，即知爲寸位，向前第二位爲十寸，第三位爲百寸，既以百寸爲尺，即知得數爲一尺四十四寸也。若命尺爲單位，則於尺上命位，其後一位爲奇零，故於得數內從末截去二位，以第三位爲尺，蓋自乘乃兩數相乘，兩數既各有一位零數，故截去兩位算也。今得數有三位，即知首位爲一尺，首位既爲尺，末位又既爲寸，則中一位爲十寸可知矣。

設如一尺二寸，自乘再乘求積。以本數乘本數，所得之數，又以本數乘之。故謂之自乘再乘。

一二
一二
二四
一二
一四四
一二
二八八
一四四
一七二八

法先以一尺二寸互爲法實，按法自乘得一尺四十四寸。又以一尺四十四寸爲實，復以一尺二寸爲法，按法乘之共得一七二八。定位：因自乘再乘數成立方體，其每一尺正方體容積一千寸，故以千寸爲尺，千尺爲丈，俱以三位命之。今實之末位爲寸，即命爲單位，法之末位是寸，得數末位之八與實之單位相對，即知爲寸位，向前第二位爲十寸，第三位爲百寸，第四位爲千寸。既以千寸爲尺，即知得數爲一尺七百二十八寸也。

一二
一二
二四
一二
一四四
一二
二八八
一四四
一七二八

若命尺爲單位，則於尺上命位，其後一位爲奇零，故於得數內從末截去三位，以第四位爲尺。蓋自乘再乘，乃以三數相乘，三數既各有一位零數，故截去三位算也。今得數有四位，即知首位爲一尺，首位既爲尺，末位又既爲寸，則中二位爲十寸百寸可知矣。

歸除

歸除者，分數也。以數分數，有各得均齊之義焉。凡有兩數，以此數減彼數，減得幾次，即爲所得。然所減之次數多，則益至於紛而難紀，此歸除之所以立也。歸者一位歸之而得，如歸作幾分而均分之也。除者多位除之而得，蓋以所得之數，與法相因，而於實內除去也。其法以原數爲實，橫列於下，除數爲法，橫列於上。法之小於實者，法之首位與實之首位列齊。法之大於實者，則法比實退一位。看實足法幾倍，即爲得數，自法之末位上紀所得之數。既得數，乃以所得與法相因，書於實下，與實相減，餘者即爲次商實，依次按法歸除，以恰盡爲度。減餘者，乃所得與法相因之數在實中所減者，其數每與法位相對，即初商之餘實也。至於實位所餘之數，則每次取下一位，續於減餘之末，以爲每商之實。若實無餘位而歸除仍未盡者，則按位添〇以紀之。如實不足法之一倍者，則得數爲〇。定位之法，以法中所命單位，與原實相對之數，爲所得之首位數。若實之位數少於法者，則作幾〇位以補足法，然後位數一覽即明。至於一位歸除捷法，則竟以原數書於上，就身用幾分分之，得數書於下，其定位仍照原列之位定之，其見設如於左。

設如有緞六疋，令三人分之，問每人得幾疋。

　二
三|六
　六
　〇

法以六疋爲實列於下，三人爲法列於上，今法與實俱爲單位，而法比實小，故列法與實相齊。爰看實足法幾倍，今足二倍，故書二於法上。乃以得數之二與法之三相因得六書於實下，與實相減恰盡，即得數爲二疋也。定位：因法之三人，即爲單位，而實亦止一位爲疋，是法之單位，與實之疋位相對，故得數爲二疋也。

設如有米六十四石，令八人分之，問每人得幾石。

　　八
八|六四
　六四
　〇〇

法以六十四石爲實列於下，八人爲法列於上，因法之八大於實之首位之六，故將法退一位書之。爰看實足法幾倍，今足八倍，故書八於法上。乃以得數之八，與法之八相因得六十四，書於實下，其所得單位數，即對得數之本位下書之。與實相減恰盡，即得數爲八石也。定位：因法之八人，即爲單位，而與實之石位相對，故得數爲八石也。

設如有銀三百四十三兩，令七人分之，問每人得幾兩。

　　四九
七|三四三
　二八
　〇六三
　　六三
　　〇〇

法以三百四十三兩爲實列於下，七人爲法列於上，因法之七大於實之首位之三，故將法退一位書之。爰看實足法幾倍，今實前兩位爲三四，足法之四倍，何以知其足法之四倍？蓋實之三十四內，足法之七之四倍爲二十八，如法之七之五倍，則爲三十五，比實則大矣。故書四於法上。乃以得數之四與法之七相因得二十八，書於實下，其所得單位數，即對得數之本位下書之。後倣此。與實相減餘六。次取實數所餘之三，書於減餘之後，共六三爲次商實。爰看實之六三足法幾倍，今足九倍，故書九於得數之次。乃以得數之九，與法之七相因得六十三書於次商實之下，與實相減恰盡，即得數爲四十九兩也。定位：因法之七人，即爲單位，而與實中之兩之十位相對，故得數首位即爲十，而次位爲兩，是知每人得四十九兩也。

設如有絲四十五斤，共織得緞九十二丈二尺五寸，問每斤織得若干。

　　二〇五
四五|九二二五
　九〇
　〇二二
　　〇〇
　　二二五
　　二二五
　　〇〇〇

法以九十二丈二尺五寸爲實列於下，四十五斤爲法列於上，因法之首位四小於實之首位九，故列法與實相齊。爰看實之九二，足法之二倍，故書二於法上。乃以得數之二與法之四五相因得九〇書於實下，與實相減餘二。次取實數所餘之二，書於減餘之後，共二二爲次商實。今實之二二不足法之四五之一分，故得數爲〇，乃紀〇於上，復取實數所餘之五，書於二二之後，共二二五爲三商實。次商實之二二，不足法之四五，故再取實之一位續書於下，謂之三商實者，〇位爲次商故也。爰看實之二二五，足法之五倍，故書五於上。乃以得數之五，與法之四五相因得二二五，書於實下，與實相減恰盡，即得數爲二丈零五寸也。定位：因法之五斤爲單位，而與實之丈位相對，故得數首位即爲丈，等而下之爲尺，爲寸，是知每斤織得二丈零五寸也。

設如有田四十五畝六分，共納穀五十七石，問每畝納穀若干。

　　　一二五
四五六|五七〇
　四五六
　一一四〇
　　九一二
　　二二八〇
　　二二八〇
　　〇〇〇〇

法以五十七石爲實列於下，四十五畝六分爲法列於上，因法之首位四小於實之首位五，故列法與實相齊。又因實之位數少於法，故補作〇以足其位。爰看實之五七〇，足法之一倍，故書一於法上。乃以得數之一，與法之四五六相因，仍得四五六，書於實下，與實相減，餘一一四，此後實無餘位，故添書一〇於減餘之末，爲次商實。爰看一一四〇，足法之二倍，故書二於上。乃以得數之二與法之四五六相因得九一二，書於實下，與實相減，餘二二八。又添書一〇於減餘之末，爲三商實。爰看二二八〇，足法之五倍，故書五於上。乃以得數之五，與法之四五六相因得二二八〇，書於實下，與實相減恰盡，即得數爲一石二斗五升也。定位：因法之五畝爲單位，而與實之石位相對，故得數首位爲石，是知每畝納穀一石二斗五升也。

設如有丹砂一兩，價值錢二萬五千文，問每錢一文該得丹砂幾何。

四
二五〇〇〇
一〇〇〇〇〇
一〇〇〇〇〇
〇〇〇〇〇〇

法以丹砂一兩爲實列於下，錢二萬五千爲法列於上，因法之首位二大於實之首位一，故將法退一位列之。又因法之百位、十位、單位俱無數，故各作〇以存其位，而實亦作五〇位以補足法。爰看實足法之四倍，故書四於法上。乃以得數之四，與法之二五〇〇〇相因得一〇〇〇〇〇，書於實下，與實相減恰盡，即得數爲四絲也。定位：因法之末位〇係單位，故從實之首位一兩，數至法之單位相對之位爲絲，是知每錢一文得丹砂四絲也。

設如有銀一千二百五十兩，買果賞人，每果一枚，價二釐五毫，問買果若干。

五〇〇〇〇〇
二五
一二五〇〇〇〇〇
一二五
〇〇〇

法以一千二百五十兩補五〇位爲實列於下，因法之末位是毫，故補五〇位與法相對，蓋命實爲一千二百五十萬毫也。二釐五毫爲法列於上。爰看實之一二五，足法之五倍，故書五於法上。乃以得數之五，與法之二五相因得一二五，書於實下，與實相減恰盡，然實後尚有五〇位，故得數後亦添五〇位爲五十萬也。定位：因法實俱至毫位止，即命毫爲單位。爰從實之末位數至法之單位，相對之位爲十萬，是知得果爲五十萬枚也。

設如有物重三百八十四兩，問得斤數若干。

二四
一六
三八四
三二
〇六四
六四
〇〇

法以三百八十四兩爲實列於下，每斤一十六兩爲法列於上。爰看實之三八，足法之二倍，故書二於法上。乃以得數之二，與法之一六相因得三十二書於實下，與實相減餘六。次取實數之四，書於減餘之後，共爲六四。因足法之四倍，故書四於上，乃以得數之四，與法之一六相因得六十四，書於實下，與實相減恰盡，即得數爲二十四斤也。定位：因法之兩數爲單位，而與實之十位相對，故知得數爲二十四斤也。

又法名爲斤稱流法。其法曰：一退六二五、如一萬兩則爲六百二十五斤，一千兩則爲六十二斤半，一百兩則爲六斤二分半，皆以十遞析，退者退一位命之也。二一二五、如二萬兩則爲一千二百五十斤，二千兩則爲一百二十五斤，二百兩則爲十二斤半，不書退者對位命之也。餘倣此。三一八七五、四二五、五三一二五、六三七五、七四三七五、八五、九五六二五。

三八四
一八七五
五〇〇
二五
二四〇〇

如三百八十四兩，則列於上，先以三之一八七五通之，爰將一對三之本位以下依次向後書之。次以八之五通之，將五對八之本位書之。次以四之二五通之，將二對四之本位書之。五則列於次位，三數書畢，乃以加法併之，得數爲二十四斤。定位：因兩之前一位爲斤，今得數之四在兩之前一位，故四即爲斤位，而又前一位則爲十位，是知得數爲二十四斤也。

設如周天三百六十度，分十二宮，問每宮得若干度。

三〇
一二
三六〇
三六
〇〇

法以三百六十度爲實列於下，一十二宮爲法列於上。爰看實之三六，足法之三倍，故書三於法上。乃以得數之三，與法之一二相因得三六，書於實下，與實相減恰盡，然實後尚有〇位，故得數後亦添一〇位，即得數爲三十度也。定位：因法之二爲單位，而與實之十位相對，故得數首位爲十，而每宮爲三十度也。

設如一日之中，得一千四百四十分，以九十六刻分之，問每刻得若干分。

一五
九六
一四四〇
九六
〇四八〇
四八〇
〇〇〇

法以一千四百四十分爲實列於下，以九十六刻爲法列於上。爰看實之一四四，僅足法之一倍，故書一於法上。乃以得數之一，與法之九六相因仍得九六，書於實下，與實相減，餘四八。次取實之〇位書於減餘之後，共爲四八〇，因足法之五倍，故書五於上。乃以得數之五，與法之九六相因得四八〇，書於實下，與實相減恰盡，即得數爲一十五分也。定位：因法之六爲單位，而與實之十位相對，故得數首位爲十，而每刻爲一十五分也。

一位歸除捷法

設如有銀三十四萬五千六百七十八兩，作二分分之，問每分若干。

三四五六七八
一七二八三九

法以三十四萬五千六百七十八兩爲實列於上，視首位之三，足二分之幾何。今足一倍，故下書一，一二除二餘一，乃移於下位爲十，下位作無爲誌。併下位之四，共爲十四，足二分之七倍，故下書七，二七除一十四恰盡。次五足二分之二倍，故下書二，二二除四餘一，移於下位爲十，併下位之六，共爲十六，足二分之八倍，故下書八，二八除一十六恰盡。次七足二分之三倍，故下書三，二三除六餘一，移於下位爲十，併下位之八，共爲十八，足二分之九倍，故下書九，二九除一十八恰盡。定位：因得數仍原數之位，故知每分得一十七萬二千八百三十九兩也。

設如有銀一十二萬三千四百五十三兩，作九分分之，問每分若干。

法以一十二萬三千四百五十三兩爲實列於上，因首位之一小於九分，故移於下位爲十，併下位之二，共爲十二，足九分之一倍，故下書一。一九除九餘三，移於下位爲三十，併下位之三，共爲三十三，足九分之三倍，故下書三。三九除二十七餘六，移於下位爲六十，併下位之四，共爲六十四，足九分之七倍，故下書七。七九除六十三餘一，移於下位爲十，併下位之五，共爲十五，足九分之一倍，故下書一。一九除九餘六，移於下位爲六十，併下位之三，共爲六十三，足九分之七倍，故下書七，七九除六十三恰盡。定位：因得數比原數退一位，故知每分得一萬三千七百一十七兩也。

一二三四五三
一三七一七

清·駱騰鳳《藝游録》卷一

筆算定位

筆算西法也，亦古人用籌策之遺意。即謂歐羅獨智，亦當如翻切之學，出於波羅門書，相承而不可廢也。古算用籌，以一握之策爲之。然從横之積易紊，即并差之分難明矣。今算用珠，以九歸之訣行之。然法實之數易棼，即正負之名難别矣。筆算則有數可稽，有文可識，既不病於紛煩，復不難於循省。蓋日用間莫捷於珠算，而推步家莫便於筆算也。但操觚易習，定位難知。乘祇一途，除分兩類。苟非立爲成例，布算時鮮有不茫然無據者，故知乘除而不知定位，猶弗知也。《算法統宗》載定位歌訣，特爲珠盤而設，不可施於筆算也。故兹於定位之法，特致詳云。

乘法

凡乘：實列於上，法列於下，法有幾位，乘有幾次。言十自過，不滿自當，并而計之，紀於下方。

定位：法實皆齊尾位，以實中每數所對爲法尾位。

今有金三十六兩，每兩價銀九兩九錢八分。問共價幾何。

此以實中兩爲每數，所對得數之八，即法尾分位也。定共銀三百五十九兩二錢八分。

實法
三六
九九八
二八八
三二四
三二四
三五九二八

實法
〇〇三五
二四
一四〇
七〇
〇八四〇

實法
四六
一五五五
二三〇
二三〇
二三〇
四六
七一五三〇

實法
〇〇三五
二四
一四〇
七〇
〇八四〇

今有珠三分五釐，每珠一兩，價銀二十四兩。問今價幾何。

此以兩爲每數，而實中無兩，故於實前補作二〇，以存兩位，爲每數也。所對得數之〇位，即法尾兩位。定得銀八錢四分。

又法：原實每數下帶奇零，或有奇零而無每數者，其奇零小每數幾位，得數後即截去幾位，以所截之前一位爲法尾位也。

今有金四兩六錢，每金一兩價銀十五兩五錢五分。問今價幾何。

此以實中兩爲每數，而兩下有錢，是帶一位奇零也。得數後截去末位〇位，即以所截之前一位三爲法尾分位矣。定得銀七十一兩五錢三分。

今有珠三分五釐，每珠一兩價銀二十四兩。問今價幾何。

此以兩爲每數，而實無每數，有分釐。是爲奇零也，釐小於兩數三位，得數後截去末三位，即以所截之前〇位爲法尾兩位矣。本位空補作〇。定得銀八錢四分。

除法

除者，以商得之數與法相因，而於實内除去也。凡實列於下，法列於上。法小於實者，法首位與實首位列齊。法大於實，則法退一位列之也。看實足法幾倍，即定爲商得數。於法之末位上紀之，乃以商得數與法相因，書於實下，與實相減，實盡而止。如有餘實，即爲次商實，依次按法除之。如實不足法之一倍者，則得數爲〇位。　按：今世所行之歸除歌訣，係後人爲珠盤而立，古無此法也。觀《五經正義》所用除法，皆以因法得之，亦可見古人商除之制矣。

凡總數求每數，爲異名除。定位以法中每數所對爲得數首位。

今有絲四十五斤，織緞得九十二丈二尺五寸。問每斤得緞幾何。

此以斤爲每數，法中每數斤，所對實中之位爲丈，定得數首位二爲二丈，即每斤得緞二丈〇五寸也。

今有丹砂一兩，價錢二萬五千文。問每錢一文得丹砂幾何。

法大於實，退一位列之。此以一錢爲每數，法中無之，故補三〇以存其位，而實亦補五〇以相對也。法中補出之每數所對實中補出之位爲絲，即定得數首位四爲四絲也。

今有珠三分五釐，價銀八錢四分。問珠百兩得價幾何。

此問求百兩之價，即以百兩爲每數，而法中無之，故法前補四〇，以存其位，而實亦補四〇，以相對也。法中補出之每數百兩所對實中補出之位爲千，即定得數首位二爲二千。凡得二千四百，即珠百兩之價也。

凡每數求總數爲同名除，定位尋實中法尾位爲每數，以法尾所對爲得數首位。

今有銀四錢八分七釐五毫，每錢一千換銀七錢五分。問今得錢幾何。

此以實中法尾分位爲每數千位也。則實中之八分定爲千位，而法尾所對實中之位在八分之下一位，即爲千位之下百位也。法尾所對爲百，即定得數首位六爲六百，凡得六百五十錢也。

今有芝麻四石八斗三升換豆，每豆一石換芝麻六斗四升四合。問今換豆幾何。

此以實中法尾合位爲每數石位也。實中無合，故於實後補一〇，以存其位，而法尾所對實中之位，即所補之合位，是每數石位也。法尾所對爲石，即定得數首位七爲七石，凡得七石五斗，即今換之豆也。

今有銀一千二百五十兩買果，每果一枚價銀二釐五毫。問今買果幾何。

此以實中法尾毫位爲每數枚位也。實中無毫，故於實後補五〇，以存其位，而法尾所對實中之位在所補毫位之前五位，即爲枚位之前十萬位也，法尾所對爲十萬，即定得數首位五爲五十萬枚也。

今有銀四千九百三十八兩買米，每米一石價銀五錢。問今買米幾何。

以實中法尾錢位爲每數石位，實中無錢，補一〇，以存其位，而法尾所對在錢位之前三位，即爲石位之前千位也，法尾所對爲千，即定得數首位爲千，凡得九千八百七十六石。

今有銀一百二十兩買菜，每菜八十斤價銀五分。問今買菜幾何。

此以斤爲每數，亦每數求總數也。術用異乘同除。法以八十斤乘一百二十兩，得九千六百兩爲實，銀五分爲法，除之，除爲同除，故定位之法不異。

以實中法尾分位爲每數斤位，實中無分，補作四〇，以存其位，而法尾所對在分位之前五位，即爲斤位之前十萬位也，法尾所對爲十萬，即定得數首位爲十萬，凡得一十九萬二千斤，以石約之，即一千九百二十石也。

清・鄭復光《筆算説畧》

加法

設有錢六千五百零八文，再加五千零八十文，問共加得幾何。曰：十一千五百八十八文。

法自左而右先横列六五〇八於上一層，次列五〇八〇爲二層，五千〇八十末位是十，加一圈以存單位，若是百則加兩圈，此一定之例也。餘仿此推之。列畢，畫一横線以灣眉目。從末位起，凡列數俱從首位起，至末位止，而算時加減及乘法列從末起挨次而左。呼曰八加圈不須加，仍書八於線下。挨上一行呼曰圈加八不須加，亦書八於線下。挨上一行呼曰五加圈不須加，仍書五於線下。挨上一行呼曰六加五得十一，則進十爲一，作點於左行線上，而書一於本行線下。挨上一行呼曰只一點不須加，即書一於線下。加訖。但視線下以末位定單位爲八，又逆上至首位得十千，即是共十一千五百八十八文。合問。

設收銀二兩九錢七分，又收八兩七錢六分九釐，又收七千零〇七兩八錢五分，問共收得幾何。答曰：七千〇十九兩五錢八分九釐。

二九七〇
八七六九
———
一一七三九

一一七三九
七〇〇七八五〇
———
七〇一九五八九

法作兩次加之，先任列二九七〇因題有釐故加一圈。於上一層，次列八七六九於二層畢，畫橫線於下。末位起，呼圈加九書九。挨上呼七加六得十三，進一點於左行線上，書三於本行。挨上一行七加點爲八，呼九加八得十七，進一點於左行線上，書七於本行。挨上一行呼二加九得十一，進一點於左行線上，書一於本行。挨上呼只一點，即書一。加訖。視線下末位定爲釐，逆上得十一兩七錢三分九釐。次接前所得數，加列七千零七兩八錢五分爲四層，作七〇〇緣千與兩隔二位當加兩圈。七八五〇，如法畫線，加得七千〇十九兩五錢八分九釐。合問。

減法

設有錢五百八十八文，用去三百五十七文，問仍存幾何。答曰：存二百三十一文。

五八八
三五七
———
二三一

法先列五八八於上爲寔，次列三五七於下爲法，加法法實任列，減法必寔在上，法在下，不可倒置。畢，畫橫線於下，從末位起，呼曰八減七餘一，即書一於本行下。挨上呼八減五餘三，即書三於本行。挨上呼五減三餘二，即書二於本行，訖。視線下以末位定單位，逆上至首位，得百，即是餘二百三十一文。合問。

設借錢十六千五百零八文，還過九千三百八十文，答曰：仍欠七千一百二十八文。

一六五〇八
九三八〇
———
〇七一二八

法先列一六五〇八於上層爲寔，次列九三八〇於下層爲法，畢，畫橫線於下。末位起，呼八減圈無須減，即書八於本行下。挨上呼圈減八無可減，借上一作點於前行線上。爲十，呼十減八存二，即書二於本行下。挨上呼五減四本數三加借點爲四。存一，即書一於本行下。挨上呼六減九不敷減，借上一作點於前行線上。共成十六，呼十六減九存七。挨上呼曰一減點恰盡，即作圈於本行下，訖。視線下以末位定單位，逆上至首位得千，即是仍欠七千一百二十八文。合問。

設庫存銀十萬兩，數次開支無存，耗平九錢八分七釐六毫，問共支過幾何。答曰：九萬九千九百九十九兩零一分二釐四毫。

兩（△）　　毫
一〇〇〇〇〇〇〇〇〇
九八七六
———
〇九九九九九〇一二四

法列十萬兩於上爲寔，十萬至平共六位，當加五圈，旁用尖圈爲記，上書兩字。次列九錢八分七釐六毫於下爲法，法在兩下四位，即於上層補四圈。畢，畫橫線於下。末位起，呼圈減六無可減，借空位皆當借點。借一爲十，呼十減六存四，書四於下。挨上呼借十減八存二，書二。挨上呼借十減九存一，書一。挨上呼借十減十無存，作圈。挨上呼借十減點存九，書九。逐行上至首位，呼一減點無存，作圈。訖。即得答數。合問。

乘除立表法

筆算乘除各有本法，茲爲易學計，可省歌括，然乘除歌括，古用商除，亦只有因乘一訣，故學乘法較易於除。然法寔多至六七位以上者，較算訛誤，雖精熟珠盤者難之，故古有立鈴法。其術豫作一隔如甲丁，中橫分十層，直分左右二方，左方恒書一至十止，十作一〇，此凡表定例。右方於用時將法數先填第一層，首位前留空位作一圈，豫爲進位地。逐加法第一條之數挨填之，至十層必爲一層之十倍，則知表無誤算矣，所謂立鈴也。乘時逐位檢取加之即得。因思乘爲加之捷，除爲減之捷，今乘既立鈴加之，則除亦可立鈴減之，自是通爲一率。但乘不妨法寔互易，可於兩數中擇其數少者立表，而除則必用法數立表，不可任用。又乘法表亦不須立全，視寔中所有之數已備即止，除則不能豫定。然用法既熟，神明存乎其人。今以一二三四立表，爲鈴式焉。圈於右方。

左方　辛　丙　　　右方　甲

左方	右方				
一	〇	一	二	三	四
二	〇	二	四	六	八
三	〇	三	七	〇	二
四	〇	四	九	三	六
五	〇	六	一	七	〇
六	〇	七	四	〇	四
七	〇	八	六	三	八
八	〇	九	八	七	二
九	一	一	一	〇	六
一〇	一	二	三	四	〇

丁　壬　　　乙

乘法

設砌地一行用磚二百四十塊，問十六行用磚幾何。答曰：三千六百四十塊。

法以十六爲法立鈐。

一	○	一	六
二	○	三	二
三	○	四	八
四	○	六	四
五	○	八	○
六	○	九	六
七	一	一	二
八	一	二	八
九	一	四	四
一○	一	六	○

先以法一六横列爲一層，六爲單，旁作△識之。其法首一十之左一位作方匡，其式如□，爲所豫定之數位。次以寔二百四十列爲二層，末位是十，未至單位，補一圈，旁作△識之，再補二圈齊法尾，法首必在寔單位之右一位，而寔之單位與方匡相當，次作横線。乃於實末位起自右而左逐位逆上，以表左方檢表右方乘之，每實一位檢得右方，即將寔已檢之一位勾去，每乘得兩層數，即用加法并之，舊法乘畢復加，不如每兩層即一并數簡少誤。寔位勾畢即是算訖。最下一層即得數也。如圈法列一層，寔列二層，從寔末位起，此末位○是空位可省算，只作○於三層以存空位，畢即將寔末○勾去，次挨上得四，以檢表左方四，右方得○六四，列爲四層，首○齊實四，餘仿此。即將寔四勾去。次挨實上得二，以檢表左方二，右方得○三二，列爲五層，畢即將寔二勾去。既得兩層，下作横線并之，寔勾畢即算訖。定位：法視得數末位未齊法末位，補○齊之爲單，得三千八百四十塊，爲所求。又簡法，法末位即得數末位之單也。

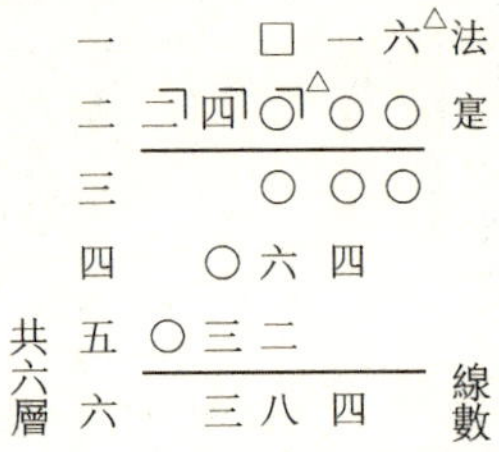

法　□ 一 六△
寔　二 四 ○△ ○ ○
　　○ ○ ○
　　○ 六 四
　　○ 三 二
線數　三 八 四
一 二 三 四 五 六　共六層

除法

設有銀九十兩，令四十人分之，問每人各得幾何。答曰：二兩二錢五分。

法以人四十爲法立鈐。

左		右	
一	○	四	○
二	○	八	○
三	一	二	○
四	一	六	○
五	二	○	○
六	二	四	○
七	二	八	○
八	三	二	○
九	三	六	○
一○	四	○	○

先作一横爲初線，上分上下二段，上段留空位爲填得數之地，不在層數之列。初線下以法是四十補○，旁作△識單位，列第一層，再作横線隔之。次於法首左一位作方匡爲所定單位，次列寔九十爲二層，其單位是兩，補圈與法之原單位相當。乃以寔檢右方，視其恰合者列三層，減實，如不恰合，則於表退上一層取其相近畧小者減之，其不盡者逐次檢表減之，期於恰盡而止，總不可盡求至單位下滿半收爲一，不滿半去之。

如圖，先畫初線，次列法爲下一層，又作横線列寔爲二層，法首四之左一位作方匡爲單位兩，此題以兩爲單位故。乃以寔九十檢表，兩位空數省算。右方相近畧小者得○八○，列爲三層，左方得二，書於初線上，與首□相當，餘仿此。下作線用減法減之，餘○一○爲四層，以檢表右方，首位是○無數不計，遂以一爲首位視表最小者爲一二，仍大，乃退上一層爲相近畧小者得○八○，列爲五層，左方得二，書於初線上，下作線減之，餘○二○爲六層，以檢表右方得二○○，其數恰合，列爲七層，左方得五，書於初線上，下作線減之，得八層恰盡，即算訖。定位：法視法所定□與初線上得數相當處爲二，即加□爲單位，此單位是兩，即定爲二兩二錢五分爲所求。

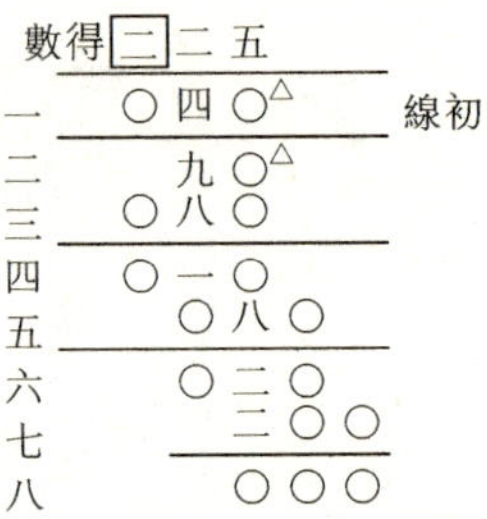

數得　[二] 二 五
初線
一　○ 四 ○△
二　九 ○△
三　○ 八 ○
四　○ 一 ○
五　○ 八 ○
六　○ 二 ○
七　二 ○ ○
八　○ ○ ○

清·鄧建章《中西算學入門匯通》卷上

筆算加法

設如有數一千五百六十四，與三百八十二相加，該得幾何。

法以二數挨次横列，自單位相對加之，四二相加得六，即紀六。六八相加，得一十四，進位誌一點，本位紀四。五三相加得八，併一點得九，即紀九。一無可加，則仍紀一。共得一千九百四十六，即總數也。

一 五 六 四
　 三· 八 二
一 九 四 六

設如有數一十二宗：一宗三十八，一宗二十五，一宗七十，一宗一百零五，一宗三百五十四，一宗六百六十，一宗一千零九十三，一宗三千零零四，一宗八千二百六十七，一宗三萬四千零八十六，一宗一萬零三百零二，一宗五萬五千一百，相加該得幾何。

法以一十二宗分爲四次，先以三宗挨次横列一十二宗或分爲三次，或分爲二次，不拘。八五相加得一十三，進位紀一點，本位紀三；三、二、七併一點相加，得一十三，進位紀一點，本位紀三，一點即紀一，得共數一百三十三。次以三宗如前法，五四相加，得九，即紀九；五六相加，得一十一，進位誌一點，本位紀一；一、

三、六併一點相加，得一十一，進位誌一點，本位紀一；一點即紀一，共得一千一百一十九。次以三宗如前法，三、四、七相加，得一十四，進位誌一點，本位紀四；九六併一點相加，得一十六，進位誌一點，本位紀六；二併一點相加，得三，即紀三；一、三、八相加，得一十二，進位誌一點，本位紀二；一點即紀一。共得一萬二千三百六十四。次以三宗如前法，六二相加得八，即紀八；八只一數，即紀八；三二相加得四，即紀四；四五相加，得九，即紀九；三一五相加，得九，即紀九，共得九萬九千四百八十八。又以得數四宗如前法，三、九、四、八相加得二十四，進位誌二點，本位紀四；三、一、六、八併二點相加，得二十，進位誌二點，本位紀○；一、一、三、四併二點相加，得一十一，進位誌一點，本位紀一；一、二、九併一點相加，得一十三，進位誌一點，本位紀三；一、九併一點相加，得一十一，進位誌一點，本位紀一；一點即紀一，共得一十一萬三千一百零四，即總數也。

三八
二五
七○
———
一三三

一○五
三五四
六六○
———
一一一九

一○九三
三○○四
八二六七
———
一二三六四

三四○八六
一○三○二
五五一○○
———
九九四八八

一三三
一一一九
一二三六四
九九四八八
———
一一三一○四

筆算減法

設如有數八百七十九，內減四百五十三，該餘若干。

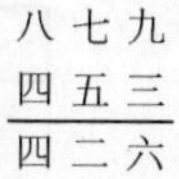

八七九
四五三
———
四二六

法以大數列於上，小數列於下，自單減起。單位之九，減三餘六，下紀六；十位之七，減五餘二，下紀二；百位之八，減四餘四，下紀四得，餘數四百二十六。

設如有數一千零五十八，內減九百六十二，該餘若干。

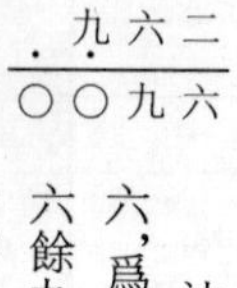

一○五八
九六二
———
○○九六

法自單位減起。單位之八，減二餘六，下紀六；十位之五減六，爲下大於上，則借前位之一，誌一點，作本位之十，共十五，減六餘九，下紀九；百位之○，無數可減，仍借前位之一，作本位之十，百位之十減九，併十位所借之一，則爲十減十恰盡，下紀○。千位之一，與百位所借之一，相減恰盡，得餘數九十六。

筆算乘法

單位乘

設如有數一十二，以五乘之，共得幾何。

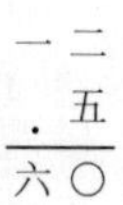

一二
五
———
六○

法以一十二爲實列於上，五爲法列於下，單位相對。依合數表而因，先以五因二，呼二五一十，得十，進位誌一點，本位下紀○；次以五乘一，呼一五如五，仍得五，併一點爲六，本位下紀六。共得六○，即六十也。

設如有數五千八百六十九，以三十乘之，該得幾何。

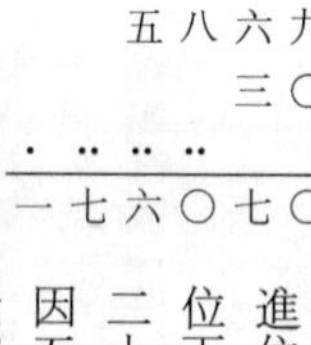

凡法實之末，不拘幾位有○，俱不必乘，俟乘訖併之，於得數之尾，照法實加幾○。觀左算草自明。

五八六九
三○
———
一七六○七○

法如前因法。三係十位，故加一○。以三因九得二十七，進位誌二點，本位下書七；以三因六得一十八，進位誌一點，本位下八，與二點相加得十，仍進位加一點，得二點；以三因八得二十四，進位誌二點，本位下四與二點相加得六，即書六；以三因五得一十五，進位誌一點，即書一，本位下五與二點相加得七，即書七；進位一點即書一。乘訖，照法末之○加一○於得數之尾，即得一百七十六千零七十，爲乘出之數也。

設如有數三百六十，以六十乘之，該得幾何。

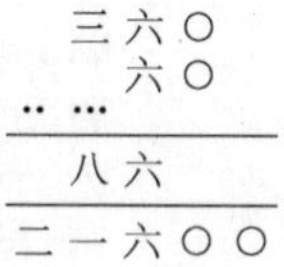

三六○
六○
———
八六
———
二一六○○

法如前，因法實之單位無數，故皆加○。以六因六得三十六，進位誌三點，本位下書六；以六因三得一十八，進位誌一點，本位下八與三點相加得一十一，進位加一點，本位下書一，進位二點即書二。乘訖，照法實末之○，加二○於得數之尾，即得二萬一千六百爲積也。

雙位乘

設如有數三千六百四十二，以一十八乘之，該得幾何。

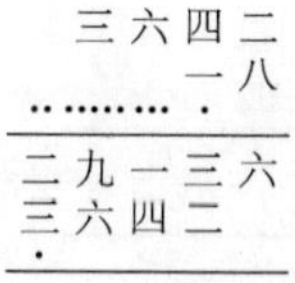

三六四二
一八
———
二九一三六
三六四二
———
六五五五六

法如前，先以八因二得一十六，進位誌一點，本位下書六；以八因四得三十二，進位誌三點，本位下二與一點相加得三，即書三；以八因六得四十八，進位誌四點，本位下八與三點相加得一十一，進位加一點得五點，本位下書一；以八因三得二十四，進位誌二點；本位下四與五點相加得九，即書九∴進位二點即書二。次以一因二得二，本位下書二∴以一因四得四，本位下書四∴以一因六得六，本位下書六∴以一因三得三，本位下書三。乘訖，併之，得六萬五千五百五十六，即乘出之數也。

上法係一次乘。如法數十八，可作二次乘，因一十八係三與六，二與九，相因所生之數，故可以三或二因實得數，再以六或九因實得數，俱同，觀左式自明。

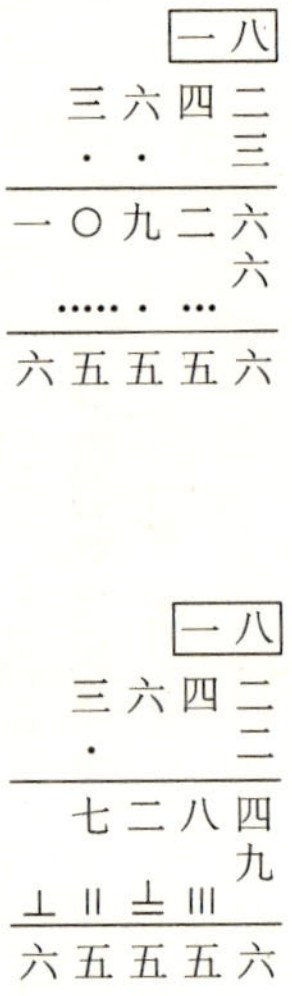

又法因法首爲一，可就本身加之。法首非一則不能。

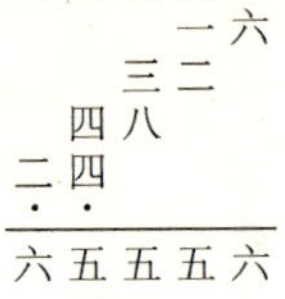

法以八因二得一十六，本位下書一，以六續書於右∴以八因四得三十二，本位下書三，以二續書於右∴以八因三得二十四，本位下書二，以四續書於右。乘訖，將本身與得數挨次自右而左併之，得數亦同。以下多位乘∴

凡法實有〇，不須算，仍紀〇於下，觀左式自明。

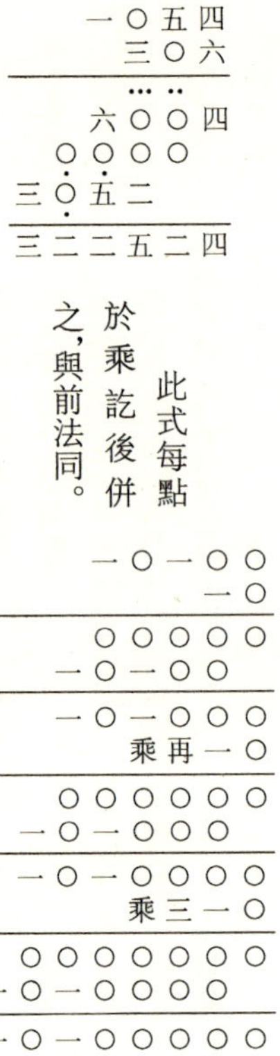

此式每點於乘訖後併之，與前法同。

右法名爲定身加法。蓋以十位之十爲一，乘之仍得原數，如斤求兩，以本身加六即得。

又一式∴將相因所生之數，按位寫明，乘訖挨次併之。

設如有數三百八十四，以二百三十五乘之，共得幾何。

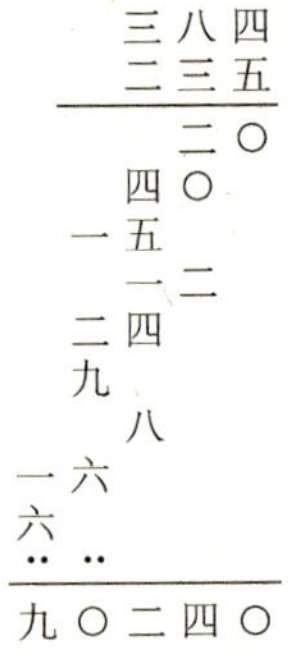

法以三百八十四爲實列於上，二百三十五爲法列於下，自單位起算。以五因四得二十，於本位下進位書之∴以五因八得四十，進位書之∴以五因三得一十五，進位書之∴次以三因四得一十二，於本位下進位書之∴以三因八得二十四，進位書之∴以三因三得九，此係單位，於前得數首位下書之∴次以二因四得八，於本位下書之∴以二因八得一十六，進位書之∴以二因三得六，此係單位於前得數首位下書之。乘畢併之，二三相加得四，即紀四∴四、五、一、四、八相加得二十二，即紀二，進位誌二點∴一、二、九、六與二點相加得二十，本位紀〇，進位誌二點∴一、六與二點相加得九，即紀九。共得九十千零二百四十，爲積也。

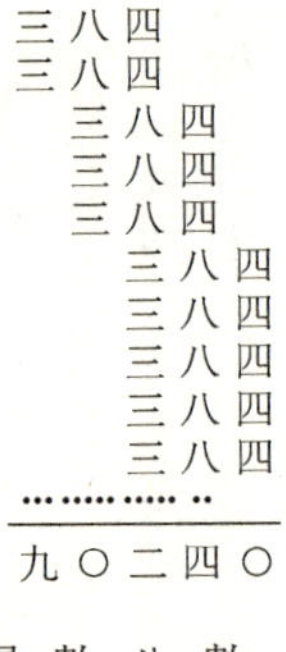

乘法之理，本從加法而生，其一次相乘之數，即多次相加之數。如二百三十五，乘三百八十四，先横書兩箇實數，次降一位書三箇實數，再降一位書五箇實數，書畢，用加法併之，得數同，觀此即知乘法所由來。

寄零定位法

法實相乘者，如單位後奇零有一位，則截得數之二位，奇零有二位，則截得數之四位，向前爲單位計之。法實相乘再以法乘者，如單位後奇零有一位，則截得數之三位，奇零有二位，則截得數之六位，向前爲單位計之。

設如有數三丈五尺，以一丈二尺五寸乘。

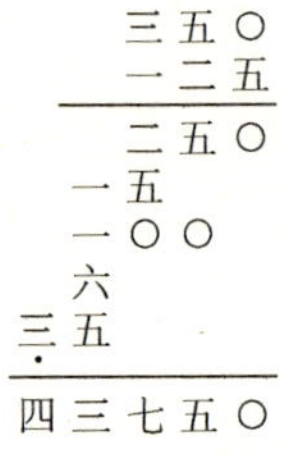

法實各有奇零一位，則截得數之二位，向前第三位七上定尺，該得四丈三十七尺五十寸。因乘出之數成平方面，每一尺正方面容積一百寸，故知百寸爲尺，百尺爲丈。

設如有數一尺六寸，自乘，再乘。

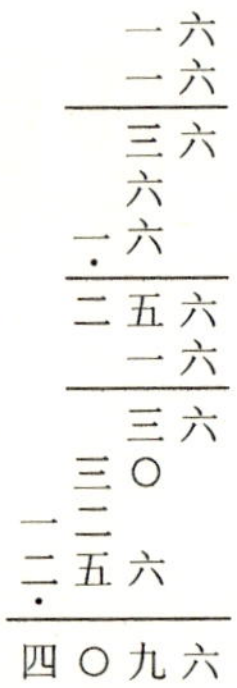

法於尺上命位，則奇零有一位，應截得數之三位，向前第四位四上定尺，該得四尺〇百九十六寸。因乘出之數成立方體，每一尺容積一千寸，故知千寸爲尺。

筆算除法

一位歸除

設如有數八，以四除之，該得何數。

```
   二
四|八
   八
   ○
法 實
```

法以八爲實列於下，四爲法列於上，法比實小，列位與實相齊。視實足法幾倍，足二倍，書二於法上，以二與四相因得八，書於實下，相減適盡，即以二爲得數也。

設如有數三十六，以六除之，該得何數？

```
   六
六|三六
  三六
   ○
法 實
```

法如前。法大於實之首位，退一位書之。視實足法幾倍，足六倍，書六於法上，以六與六相因得三十六，書於實下，相減適盡，即以六爲得數也。

設如有數一萬五千三百八十一，以九除之，該得若干。

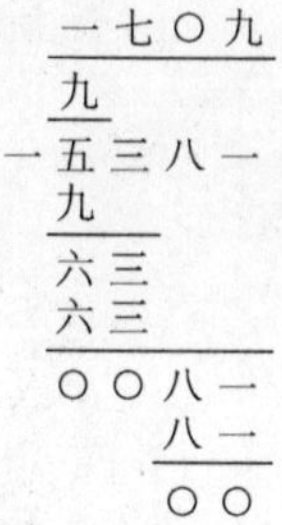

```
   一七○九
九|一五三八一
  九
  六三
  六三
    八一
    八一
    ○○
```

法如前。法大於實之首位，退一位書之，視實一五足法幾倍，足一倍，書一於法上，以一與九相因得九，減實餘六。以實之三續書於六之右，爲六三。視六三足法幾倍，足七倍，書七於得數一之右，以七因九得六三，減餘實適盡。以實之八移下，八不能容九，即於得數一七之右作○，以實之末位一，續書於八之右，爲八一。視八一足法幾倍，足九倍，書九於得數一七○之右。以九因九得八十一，減餘實適盡無餘，即得一千七百零九爲得數也。

凡法末位幾位有○，則截去，亦將實數末幾位截去，而附爲奇零之末幾位。

設有數八萬四千七百五十二，以四百除之，該得幾何。

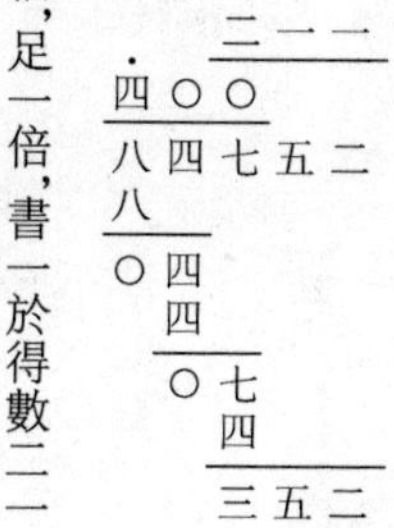

```
       二一一
四○○|八四七五二
     八
     ○四
      四
      ○七
       四
       三五二
```

法如前。法比實小，列位與實相齊，視實八足法幾倍，足法二倍，書二於法尾之上。以二與四相因得八，減實適盡。以實四移下，視實四足法幾倍，足一倍，書一於得數二之右。以一因四得四，減餘實適盡。以實七移下，視實七足法幾倍，足一倍，書一於得數二一之右。以一因四得四，減餘實餘三。乃以實之末二位五二附之，即得二百一十一，不盡三五二，命爲四百分之三百五十二，約爲二十五分之二十二，爲得數也。約分法見前等數。

多位歸除

設如有數八千四百三十三，以二十五除之，當得幾何。

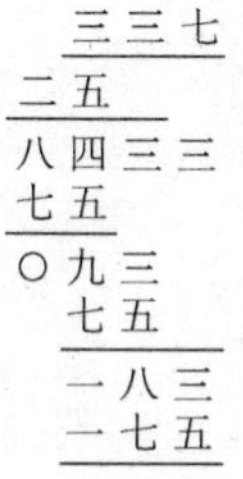

```
    三三七
二五|八四三三
   七五
    九三
    七五
    一八三
    一七五
      八
```

法如前。法之首位小於實之首位，法應與實相齊，視實之八四足法之三倍，書三於法上。以三與法之二五相因得七十五，書於實下，與實相減餘九。次取實數所餘之三書於減餘之後，共九三，爲次商實。視實之九三足法之三倍，書三於法上，以三與法相因得七十五，書於實下，相減餘一八。復取實數所餘之三書於一八之後，共一八三，爲三商實。視實之一八三足法之七倍，書七於上。以七與法相因得一七五，書於實下，相減仍餘八，則得三百三十七又二十五分之八，爲得數也。

凡法雙位，如係二數相因所生之數，可分一次除爲二次除法。二四，則用六歸四歸，或用八歸三歸。法三五，則用五歸七歸。次得之餘數，因先歸之法，加入先得之餘數，而得奇零數也。

如前題八千四百三十三，以二十五除之，先以五除實，即爲首位小於實之首位，法應與實相齊，視實足法一倍，書一於法上，以一與法相因得五，減八餘三，復取實數所餘之四書於右，爲三四。足法六倍，書六於上。以六與法相因，得三十，減三四餘四。復取實數所餘之三書於右，爲四三，足法八倍，書八於上，以八與法相因得四十，減四三餘三，復取實數所餘之三書於右，爲三三，足法六倍，書六於上，以六因實得三十，減三三餘三。即得一千六百八十六，又奇零三也。次以得數爲實，仍以五爲法，如上法除之，即得三百三十七，又奇零八，爲除出之數也。此式法比實大，故將法退一位書之。

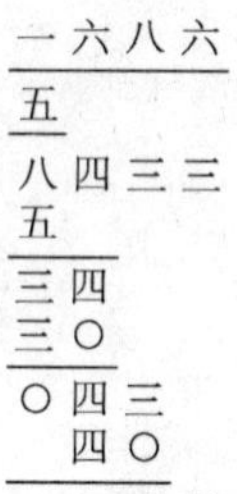

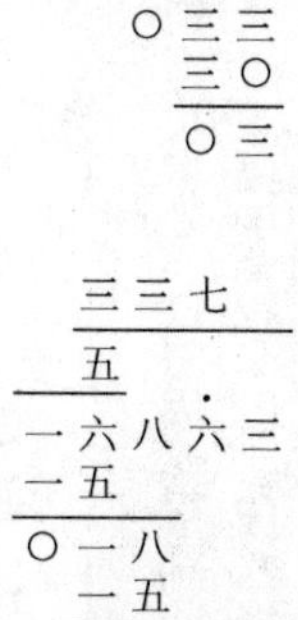

```
  一六八六
五|八四三三
  五
  三四
  三○
   四三
   四○
    三三
    三○
     三
```

```
   三三七
五|一六八六
  一五
   一八
   一五
    三六
    三五
     一
```

以一因先歸之法得五與前所餘之三相加得八

設如有數四億七千三百九十萬，以八百八十八除之，當得何數。此題仍係多位除。

五三三六七一
八八八
四七三九〇〇〇〇〇
四四四〇
〇二九九〇
二六六四
〇三二六〇
二六六四
〇五九六〇
五三二八
〇六三二〇
六二一六
〇一〇四〇
八八八
〇一五二

法如前。法之首位，大於實之首位，退一位書之。實之末位是萬位，應補五〇。視實足法五倍，書五於法上，以五因法得四四四〇，相減餘二九九。復取所餘一〇書於右，得二九九〇，足法三倍，書三於上。以三因法得二六六四，相[減餘三二六，再取所餘一〇書於右，得三二六〇，足法三倍，書三於上。以三因法得二六六四，相]減餘五九六，再取所餘一〇書於右，得五九六〇，足法(三)[六]倍，書(三)[六]於上。以(三)[六]因法得五三二八，相減餘六三二，再取所餘一〇書於右，得六三二〇，足法(六)[七]倍，書(六)[七]於上。以(六)[七]因法得六二一六，相減餘一〇四，再取所餘一〇書於右，得一〇四〇，足法一倍，書一於上。以一因法得八八八，相減餘一五二。得數首位，對下實數拾萬之位，是知得數爲五拾三萬三千六百(一十)[七十一]，又奇零一百五十二也。

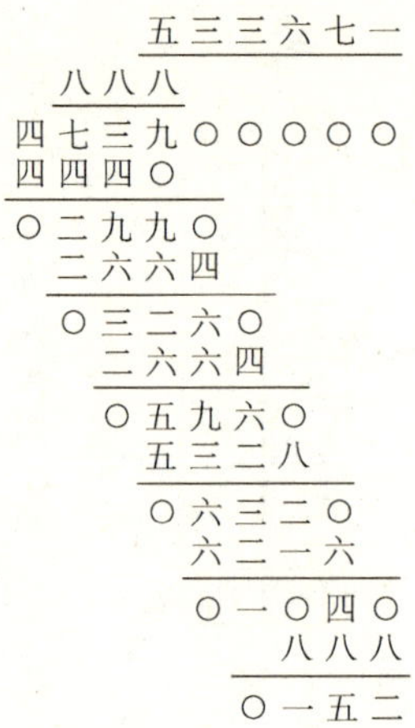

筆算歸除説

歸除者，分數也，以數分數，有各得均齊之義焉。凡有兩數，以此數減彼數，減得幾次，即爲所得。然所減之次數多，則益至於紛而難紀。此歸除之所以立也。歸者，一位歸之而得，如歸作幾分而均分之也。除者，多位除之而得。蓋以所得之數與法相因而於實内除去也。其法以原數爲實，横列於下，除數爲法，横列於上，法之小於實者，法之首位與實之首位列齊，法之大於實者，則法比實退一位。看實足法幾倍，即爲得數，自法之末位上紀所得之數。既得數，乃以所得與法相因，書於實下，與實相減，餘者即爲次商實，依次按位歸除，以恰盡爲度。如實不足法之一倍者，則得數爲〇。定位之法，以法中所命單位與原實相對之數，爲所得之首位數，若實之位數少於法者，則作幾〇位以補足法。然後位數一覽即明。

減餘者，乃所得與法相因之數在實中所減者，其數每與法位相對，即初商之餘實也。至於實位所餘之數，則每次取下一位續於減餘之末，以爲每商之實，若實無餘位，而歸除仍未盡者，則按位添〇以紀之。

籌算部

算法

清・方中通《數度衍》卷四《籌算》

九籌

一	二	三	四	五	六	七	八	九	零
一	二	三	四	五	六	七	八	九	○
二	四	六	八	一○	一二	一四	一六	一八	○
三	六	九	一二	一五	一八	二一	二四	二七	○
四	八	一二	一六	二○	二四	二八	三二	三六	○
五	一○	一五	二○	二五	三○	三五	四○	四五	○
六	一二	一八	二四	三○	三六	四二	四八	五四	○
七	一四	二一	二八	三五	四二	四九	五六	六三	○
八	一六	二四	三二	四○	四八	五六	六四	七二	○
九	一八	二七	三六	四五	五四	六三	七二	八一	○

通曰：珠算筆算皆有數而後乘，籌算無數而先乘也。故乘以籌爲捷，數盡九九。除亦因乘，故隨時施用，所遇數更而先乘之數亦變多寡，前後相合自成。至若零籌無，又無用之用也。

開方籌

通曰：籌有二。曰平方，自乘之還原也，故用自乘之數。曰立方，自乘再乘之還原也。故用自乘再乘之數。

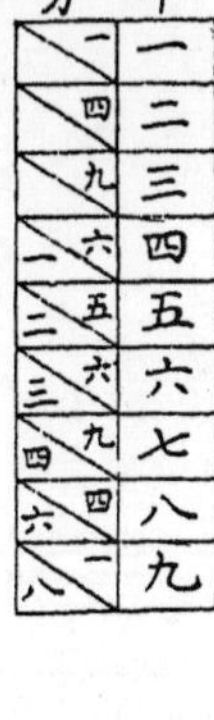

立方

立	方	
一	一	○一
四	八	○八
九	七	二七
一六	四	六四
二五	五	一二五
三六	六	二一六
四九	三	三四三
六四	二	五一二
八一	九	七二九

乘法

術曰：有實有法，先將實數查籌，從左向右齊列，其兩籌每格平行綫斜方形合成一位，併爲一數矣。次以籌之格爲法數，如法數是五，即查第五格也。若法有二位，先查法尾所得數，横列之，次查法首所得數，進一位，横列之，再用筆算加法得所求數。

一位法式：有五十九人，每人八兩，問共若干。曰：四百七十二兩。

以五十九人爲實，八兩爲法，先依實數查第五籌、第九籌，五左九右並列。次依法八查第八格内横數，曰二，曰七、○，曰四，去○不用，自左向右横視之，得四百七十二兩也。得數尾與法尾數同，故知爲兩。

二位法式：有五十四人，每人六十四兩，問共若干。曰：三千四百五十六兩。

以五十四人爲實，六十四兩爲法。依實查五四兩籌齊列。先依法尾四查第四格，曰六，曰一、○，曰二，自右向左横列之。次依法首六查第六格，曰四，曰二、○，曰三，進一位横列之。用筆算加法得三千四百五十六兩也。多位法者視此，每查格一回進一位列數。

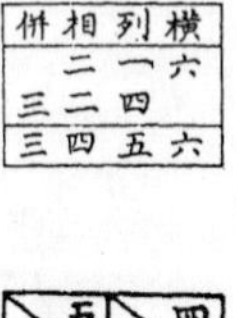

横	列	相	併
六	一	二	
	四	二	三
六	五	四	三

通曰：九格内凡遇右尾有○者必須列之，以存位，其○在數中者，説詳後式。

籌内斜方有○無數式：有五十四人，每人二十八兩，問共若干。曰：一千五百一十二兩。

以五十四人爲實，查籌並列。二十八兩爲法，先查八格，曰二，曰三、○，曰四，横列之。次查二格，曰八，曰○，曰一，進一位列之，加得合問。

横	列	相	併
二	三	四	
	八	○	一
二	一	五	一

通曰：斜方之中有數有○，則去○不用，若無數有○，則須存之，以定位。如八格，去○列三，二格列○存位是也。

籌内斜方併數進十式：有八十七人，每人六兩，問共若干。曰：五百二十二兩。以八十七人爲實，查籌並列。六兩爲法，查六格，曰二，曰四、八，曰四。其曰四、八者，併爲十二，本位存二，以十進位作一。其曰四者，併所進之一爲五，當自右向左列，曰二二五矣。

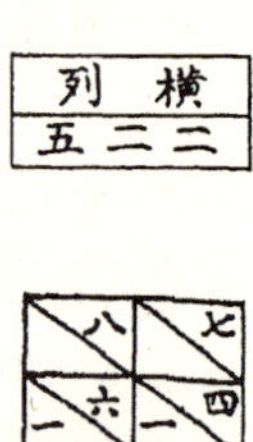

横	列
二	二 五

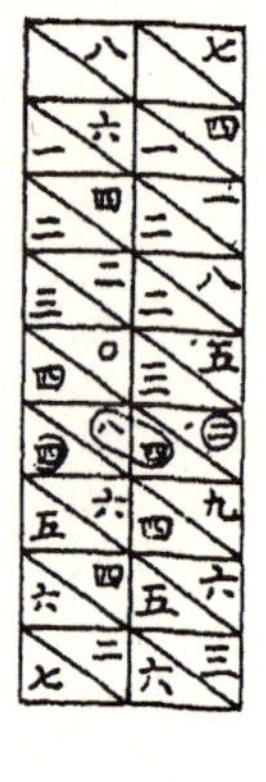

用零籌式：有六百零八人，每人三十四兩，問共若干。曰：二萬零六百七十二兩。

以六百零八人爲實，查六籌、零籌、八籌，並列。三十四兩爲法，先查四格，曰二，曰三、○，曰四，曰二，横列之。次查三格，曰四，曰二、○，曰八，曰一，進一位列之，加得合問。

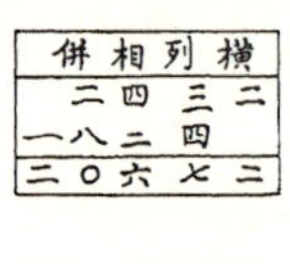

横	列	相	併
二	三	四	二
	四	二	八 一
二	七	六	○ 二

通曰：實數整幾十者，列一零籌於右，整幾百者，列二零籌於右，以定位也。

除法

術曰：有實、有法、有商。别列實數，以法數依號查籌，從左向右齊列。於諸籌九格内查横行數之等於實數或畧少於實數者，在第幾格，即是初商數。如在第一格，即一爲初商也。次以查得之數減其實數，已盡則止一商。如未盡，則有再商。即再查横行内數之等於存實或畧少於存實者，在第幾格，即是再商數。又以查得之數減其存實如前，又未盡，則更有三商。倘初商已除實，雖未盡而次位無實，則商有○位，即作○，以當次商，再以存實於格内查之，若至餘實數少於法數，是爲不盡法，當命分之。

一位商式：有三百二十五兩，六十五人分之，問各若干。曰：五兩。

術：别列三百二十五兩爲實，以六十五人爲法。查六五兩籌，左右齊列，查九格内何格數與實相等，一格至四格皆少，五格内自左向右曰三二五，適等，即五爲商數矣。

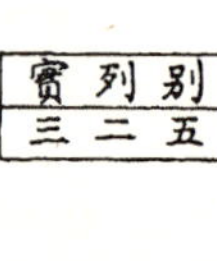

别	列	實
五	二	三

二位商式：有三千三百二十五兩，九十五人分之，問各若干。曰：三十五兩。

術：列三千三百二十五兩爲實，九十五人爲法。列籌，二籌横數止三位，須截實左三位，曰三三二，作三百三十二，於格内查之，至三格自左向右曰二八五，中位一七併八。作二百八十五，畧少於實數，四格則多矣。用三爲初商，相減，餘四十七。再以餘實四七及截外之五作四百七十五，查至五格，四七二五併七。五適等，用五爲次商。

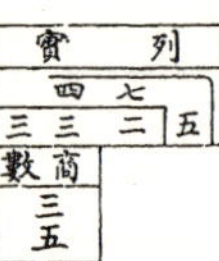

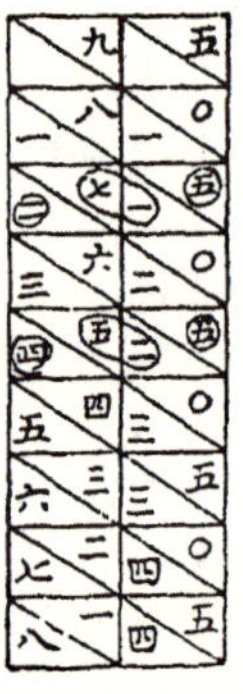

商當有○式：有三十二萬三千八百七十六兩，五百三十八人分之，問各若干。曰：六百零二兩。

術：列實查籌，三籌横數止四位，截實左四位，曰三二三八，作三千二百三十八，查至六格，自左向右曰三二二八，作三千二百二十八，畧少於實數，七格則多矣，用六爲初商，相減餘一十。以餘實一〇及截七六，作一千零七十六，此乃次位無實也，次商當作〇，竟不除實，餘實仍是一千零七十六，查至二格一〇七六，適等，用二爲三商。

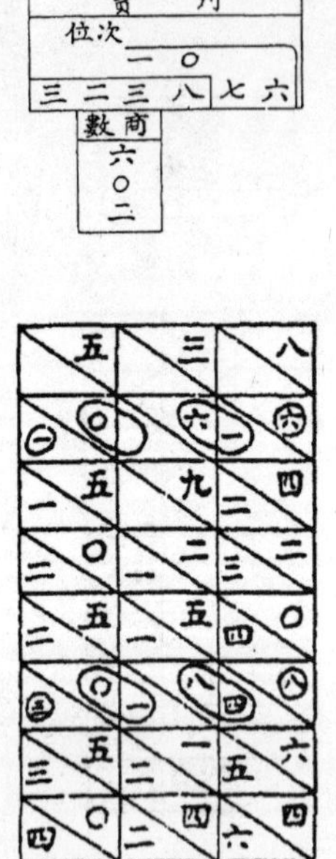

通曰：次位三位俱無實者，即一連兩商皆當作〇也。

實不盡式：有三千三百三十六兩，九十五人分之，問各若干。曰：三十五兩，餘實一十一兩。

列實查籌，二籌橫數止三位，截實左三位，曰三三三，查至三格，自左向右曰二八五，畧少於實數，用三爲初商，相減餘四八。以餘實四八及截外六，作四八六，查至五格，四七五，畧少於餘實，用五爲次商，相減，尚餘一十一，爲不盡數也。

清・梅文鼎《籌算》卷一

作籌之度

凡籌，以牙爲之，或紙或竹片皆可，長短任意，以方正爲度。

凡籌，背面皆平分九行，每行以曲線界之，爲兩半圓狀。

凡籌，背面皆相對，第一籌之陰即爲第九，便檢尋也，二與八，三與七，四與六，五與空位，皆倣此。共五類，類各五籌。當珠盤二十五位，或更加之亦可，式如左。外有開方籌，爲平方、立方之用，詳見本法。

第一籌式　第二籌式　第三籌式　第四籌式　第五籌式

第一行　第二行　第三行　第四行　第五行　第六行　第七行　第八行　第九行

第六籌式　第七籌式　第八籌式　第九籌式　空位籌式

第一行　第二行　第三行　第四行　第五行　第六行　第七行　第八行　第九行

作籌之理

凡籌，每行以曲線界之，成兩位，其下爲本位，上爲進位。假如本位一兩，則進位爲十兩。

凡列兩籌，則行內成三位，下之進位，與上之本位，兩半圓合成一位故也。列三籌，則成四位，列四籌，則成五位，五籌以上皆倣此。

凡籌，有明數，有暗數。明數者籌面所有之數是也，暗數者行數也。假如第一行即爲一數，第二行即爲二數。

凡籌與行數相因而成積數，假如第二籌之第四行，即爲八數。第九籌之第八行，即爲七二數。

籌算之資

凡用籌算，當先知併減二法。詳《筆算》。

籌算之用

凡算先別乘除。乘除皆有法實，實者現有之物也，法者今所用以乘之除之之規則也。

凡籌算，皆以實列位，而以籌爲法。法有幾位，則用幾籌，如法有十係兩位，則用兩籌，法有百係三位，則用三籌。

凡法實不可誤用，唯乘法或可通融，若除法必須細認，俱詳後。

乘法

凡理之可言者，皆其有數者也。數始於一，相緣以至於無窮，故曰一與一爲二，二與一爲三，自此以往，巧歷不能盡，乘之義也，故首乘法。

解曰：乘者增加之義，其數漸陞，如乘高而進也。亦曰因，言相因而多也。在珠算則有因法，有乘法，在籌算總一乘法，與筆算同。

法曰：凡兩數相乘，任以一爲實，一爲法。如以人數給糧，或以人爲實，糧爲法，或以糧爲實，人爲法之類。

凡算先列實，列書之於紙，或粉板亦可，依千百十零之位列之，自左而右。次以法數用籌乘之，法有幾位，則用幾籌。如法爲六十四，則用第六、第四兩籌，法爲三百八十四，則用第三、第八、第四共三籌。

凡乘皆從實末位最小數起，視原實某數，即於籌某行取數列之。如實是二，則取第二行數之類。

凡列乘數，皆自下而上，如畫卦。

凡實有幾位，挨次乘之，但次乘之數，必高於前所列之數一位。如先乘者是單，次乘者必是十，故進位列之。如法乘訖，乃以併法併之，與筆算同。

假如有軍匠一十二名，每名給米三石六斗，共幾何。

答曰：四十三石二斗。

此以三石六斗爲實，一十二名爲法，宜用一、二兩籌。法是兩位，故用兩籌。若以三石六斗爲法，則用三六兩籌，其乘得之數並同。

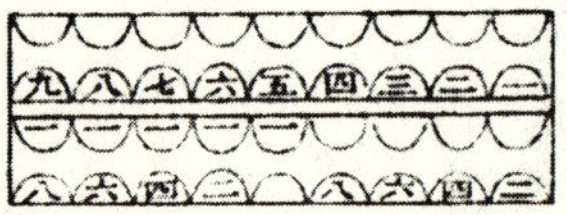

實
六斗　〇七二
三石　〇三六
四三二
十石斗

先乘六斗，取籌第六行數〇七二書於實六斗上。次乘三石，取籌三行數〇三六進一位，書於三石上。乘訖併之，得四三二。

法一十二名

定位法：問者是共米數，而每人之米末數是斗，則知得數之末位是二斗，而以上之位皆定矣。

假如方田之法，以二百四十步爲一畝，今有田一百二十五畝，該步幾何。答曰：共三萬步。

此以二百四十步爲法，宜用二、四兩籌。

實
五畝　一二〇
二十　〇四八
二百　〇二四
三〇〇〇〇
萬千百十步

先乘五畝，取籌第五行數書於五畝上。次乘二十，取籌第二行數進一位書之。末乘一百，取籌第一行數又進一位書之。併之得，三〇〇〇〇。

法二百四十

定位法：問者是共步數，而畝法尾數是十步，則知得數之末位是十步，既知末位是十步，則首位爲三萬步明矣。

假如焦氏易林四千零九十六卦，若每卦又變六十四，共幾何。答曰：二十六萬二千(二)[一]百四十四卦。

此以六十四變爲法，用六、四兩籌。

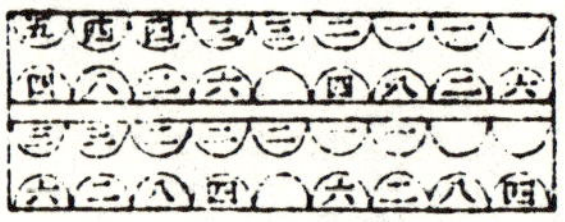

實
六卦　三八四
九十　五七六　進一位書。
四〇　二五六　竟進兩位書。因百位空，省不乘，竟乘四千，故進兩位也。
二六二一四四
十萬千百十卦

法六十四

右實中有空位省乘式也。若法中有空位，則須用空籌。如此問，若以四千零九十六爲法，則宜用四〇九六之四籌也。

除法

天地之道，消息盈虛而已，無有消而不息，無有盈而不虛。乘者，息也盈也；除者，消也虛也，二者相反而不能相無，其數每相當，不失毫釐，如相報也。邵子曰：算法雖多，乘除盡之矣。故除法次之。

解曰：除者分物之法也，原物幾何，今作幾分分之，則成各得之數。而除去原數也，有歸除，有商除，珠算任用。籌算則用商除爲便，以意商量用之，與筆算同。

法曰：凡除，以所分之物爲實，而以分之之物爲法，法實須審定。儻一倒置，則毫釐千里矣。如有糧若干，分給若干人，則當以糧爲實，以人之數爲法除之，蓋以糧數是所分之物，人數是用以分之之法也。若倒用糧分人，則所誤多矣。

凡法有幾位，則用幾籌。與乘法同。

凡列實自上而下，直書之。

凡初商，視籌之第幾行内積數，有與實相同者，或畧少於實者，用其數以減實，而視所用數係籌之第幾行，其行數即爲初商數。如所減數是籌之第一行，即商一，第二行，即商二，第三行，即商三是也。

凡次商，用初商減餘之實，與籌之積數相較而減之，而得次商，並與初商同。三商以上皆如之。實盡而止。不盡者，以法命之，詳筆算。

凡書商數，皆與減數第一位相對，若減數之首位是○，則補作○於實首位上，而以商數對之。此定位之根，不可忽畧。

凡定位，以得數即商得之共數。與實數對位求之，於法首位之上一位，命爲單數。即珠盤所謂歸於法前得零也。與筆算同。

法七十二候

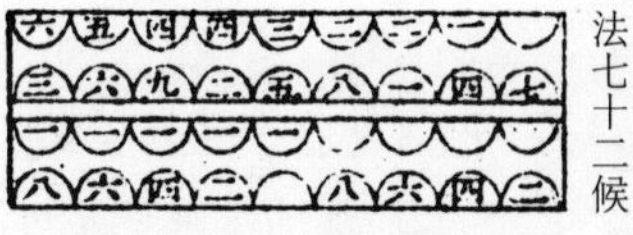

假如太陽每歲行天三百六十度，分爲七十二候，每侯幾何度。

答曰：每候五度。

此欲分爲七十二分也，故以七十二爲法，用七、二兩籌，而三百六十爲所分之度以爲實。

實 三六○
百十度

得數 五度 法首

先列實三六○，次簡籌之第五行有三六○，與實相同，用以減實恰盡。乃商五，因減數係第五行也。對實首位三字書之。減數首位是三字故。

定位：於實内尋十度位爲法首位，再上一位爲單度，定得數爲五度。

假如《皇極經世》，一元共一十二萬九千六百年，分爲十二會，每會各幾何。

答曰：每會一萬零八百年。

此欲分爲十二分也，故以一十二爲法，用一、二兩籌，而以共年爲實。

法一十二會

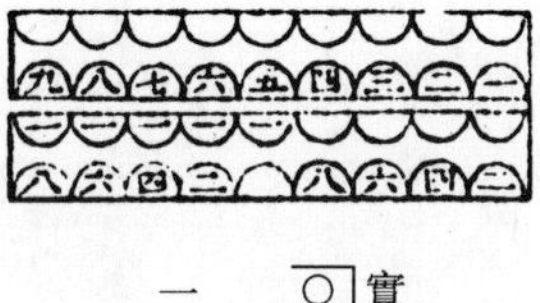

實 ○十二九六○○
十萬千百十年
一

先列實一二九六○○，次簡籌之第一行是○一二，乃補作○於實首位上，始減之，減去○一二，餘九六○○。

商作一，第一行。故對實首上一位○書之。減數首位是○。故此定位之根，要留意。

實○一二九六○○
十萬千百十年

得數 一○八○○
萬千百十年 法首

又簡籌之第八行，是○九六，與餘實相同，減之恰盡。乃商八，第八行。故對餘實九字之上一位書之，因減數是○九六首位是○，故以商數八進位書之，以暗對其○。

如此審定，商數位置已知不錯，而初商次商空一位，不相接，是得數有空位也，乃於其間補作○，爲一○八。

儻隔兩位，則作兩○，三位以上倣此。若非於商數審定書之，鮮不誤矣。

定位：從原實内法首十位再上一位是單年，單位空補作○，又上一位是十年，十位亦空，亦補作○，又上一位是百年，故定爲一萬零八百年。

假如有布二萬一千七百六十八丈，給與九百零七人，各幾何。答曰：每人二十四丈。

此欲分爲九百零七分也，故以九百零七人爲法，用九、○、七共三籌，而以共布爲實。

實原 三六二
二一七六八
萬千百十丈

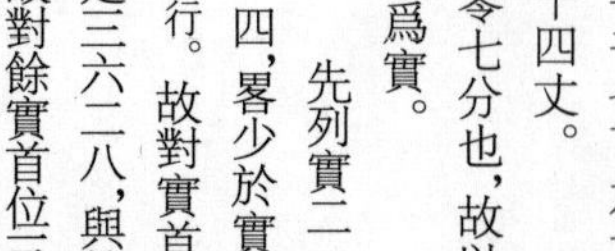

得數 二四
十丈 法首

先列實二一七六八，次簡籌惟第二行一八一四，畧少於實，減之，餘三六二八，商作二，第二行。故對實首位二萬書之。又簡籌第四行，是三六二八，與餘實同，減實盡，商作四，第四行。故對餘實首位三千書之，定位同前。

法九百零七人

假如有大珠重九錢六分五釐，換得小珠三十四萬三千一百五十四粒，每大珠一錢，換小珠幾何粒。答曰：每錢換三萬五千五百六十粒。

以九錢六分五釐爲法，用三籌。小珠共數爲實，如法列實。

法九錢六分五釐

先簡籌第三行二八九五，畧少於實，減之，餘五三六五四，乃商三。次簡籌第五行四八二五，畧少於餘實，減之，仍餘五四〇四，乃商五。又簡籌第五行四八二五，畧少於餘實，仍商五，減餘實，仍餘五七九。又簡籌第六行是五七九〇，與餘實同，恰減盡，商六。

	原實			
十萬	三			
萬	四	五		
千	三	三	五	
百	一	六	四	五
十	五	〇	七	
粒	△四	九		

得數	
三	萬
五	千
五	百
六	十
〇	粒
法	首

定位：從原實中尋單位爲法之首位，法首位之上一位爲單粒，從單粒逆上計之，至得數首位爲萬，定所得爲三萬五千五百六十粒，爲大珠每錢所换小珠之數。

或曰：法首是錢，實尾是粒，不類也，何爲竟以粒爲錢位乎？勿庵曰：此定位之法，所以的確不易也，子疑錢與粒不類，抑知單與單爲一類乎？蓋所問是每錢若干，故以錢爲單。若問每分若干，則法首錢爲十位。所得爲三千五百五十六粒矣。故定位須詳問意也。

開平方法

自《周髀算經》特著開平方法，其説謂周公受於商高，矩地規天，爲用甚大。然有實無法，故少廣之在九數，別自爲章，今以籌御之，簡易直截，亦數學之一樂也。

解曰：平方者，長濶相等之形也，其中所容，古謂之冪積，亦曰面冪，西法謂之面。面有方有圓，此所求者方面也。其法有方有廉有隅，總曰平方也。開亦除也，以所有散數，整齊而布列之爲正方形，故不曰除而曰開。平方四邊相等，今所求者其一邊之數，西法謂之方根。

方者初商也，初商不盡，則有次商，次商則有兩廉，一隅。三商以上倣此。圖如後。

如圖，甲爲初商方形，乙與丙爲次商之兩廉，丁爲次商之隅。以補乙丙兩廉之空，合一方兩廉一隅成一正方形。

如圖，甲乙丙丁爲初商次商之一方兩廉一隅，戊與己爲三商之兩廉，庚爲三商之隅，以補戊己兩廉之空，合三商之兩廉一隅，以輔次商廉隅之外，成一正方形。四商以上，倣此加之。

次商圖

乙廉	甲方
丁隅	丙廉

三商圖

戊廉	乙廉	甲方
	丁隅	丙廉
庚	己廉	

解曰：每行兩位者，自乘之積也。假如方根一十，則其積一百，方根二十，則其積四百，以至方根九十，則其積八千一百也。籌之行數即方根也。假如第一行積一百，則其根一十，第二行積四百，則其根二十，乃至第九行積八千一百，則其根九十也。

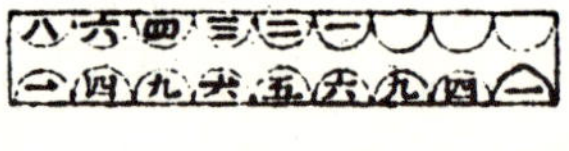

開平方籌只用兩位，何也？曰：爲初商設也。平方積數雖多，而初商所用者只兩位，次商以後皆廉積也。

籌下一位單數也，而實百也，萬也，百萬也，億也，百億也，萬億也，百萬億也，皆于單同理。故獨商首位者，用下位之積數焉。其積自〇一至〇九，其方根爲一二三。

籌上一位十數也，而實有千也，十萬也，千萬也，十億也，千億也，十萬億也，千萬億也，皆與十同理。故合商兩位者，用上下兩位之積數焉。其積自一六至八一，其方根自四至九。

平方籌式

凡列實至單位止，實有空，作〇以存其位，列畢乃作點。

凡作點之法皆從實單位作一點起，每隔一位則點之，而視其最上一點以爲用。點在實首位者，即以首一位爲初商實，乃補作一〇于原實之上，亦成兩位之形。點在實次位者，合實首兩位爲初商實，皆視平方籌積數，有與實相同，或差小于實者用之，以減原實而得初商。

凡定位，既得初商，則計實之點以定其位，知其所得爲何等，或單或十之類。如只一點者，初商必單數也，自一根至九根。則初商已盡，無次商矣。有二點者，初商必十數也，自根一十至根九十。初商十數者，有次商矣。有三點者，初商必百數也，自根一百至根九百。初商百數者，有次商，又有三商。有四點者，初商千也，有商四次焉。有五點者，初商萬也，有商五次焉。

次商法曰：若初商已開得單數，雖減積不盡，不必更求次商也。雖未開得單數，而初商減積已盡，亦不必更求次商也。惟初商未是單數，而減積又有不盡，是有次商矣。乃倍初商爲廉法，廉有二，故倍之。用籌，初商一，則用第二籌，初商七，則用一、四兩籌，皆取倍數。加於平方籌上，爲廉隅共法，隅小平方也，故用平方籌爲隅法又隅之數必小於廉之數一位，故以平方籌列於廉法籌下。視籌積數，有與餘實等，或畧小於餘實者，用之爲廉隅共積。即視積數在籌之某行，命爲次商數。

商三次以上法曰：次商所得尚非單數，而減積又有不盡，是有第三次商矣。乃合初商次商數皆倍之，爲三商廉法，用籌以除餘實而得三商，皆如次商，商四次五次以上並同。

命分法曰：但開至單數而有餘實者，是不盡也，不盡者以法命之。法以所開得數倍之，又加隅一爲命分，不盡之數爲得分。凡得分必小於命分。亦有開未至單宜有續商，而其餘實甚少，不能除作單一者，亦如法命之，而於其開得平方數下作圈紀其位。如云平方每面幾十〇又幾十分之幾，或平方每面幾百〇〇又幾百幾十幾分之幾。

若欲知單下之零分，則於餘實下加〇〇，則多開一位，其所得者爲單下之零分，開法與次商三商同。

凡書商數，依前隔位所作點，以最上一點爲主，視得數自一至四，皆對此點之上一位書之，五以上者則又進一位書之，其故何也？五以上之廉倍之則十，故豫進一位以居次商，四以下雖倍之猶單數也，所以不同。凡歸除開平方，須明此理，不則皆誤矣。大約所商單數，必在廉法之上一位，乃法上得零之理也。平方有實無法，廉法者乃其法也，至次商以上，其書法並同除法。

審空位法曰：若次商實小於廉隅共法之第一行，凡籌第一行數最小。則次商是空位也。即作〇於初商下以爲次商，乃于廉法籌下，平方籌上，加一空籌，爲廉隅共法，以求三商。三商實小有空位並同。

假如有積一十二萬九千六百，平方開之，其方根幾何。答曰：方根三百六十。

一
三
一二 九六、〇〇
三六〇

列位作點，有三點，應商三次。

視首位無點，點在次位，合兩位一十二萬爲初商實。

視平方籌積，有小於一二者是〇九，其根三也。第三行。故於是商三百，三點故初商百。對點之上一位書之，減去方積九萬，餘三萬九千六百，爲次商實。

次倍初商三百作六百爲廉法，用第六籌，加於平方籌上，視籌第六行積數三九六與餘實等，乃商六十，書於初商三百之下，減積恰盡。

實有三點，宜商三次，而次商減積已盡，是方根無單數也。凡開得方根三百六十。

假如有積一千六百七十七萬七千二百一十六尺，其方根幾何。答曰：四千零九十六尺。

〇　四九一
一六、七七、七二、一六、
四〇九六

列位作點，有四點，應商四次。

點在次位，合兩位一千六百萬爲初商實。

視平方籌之第四行積數一六與實同，商四千尺，書於點之上一位，以減初商實恰盡。

次倍初商四作八爲廉法，用第八籌列於平方籌上，爲廉隅共法，以二點上餘實七七爲次商實，凡餘實必在商數下一位起，儻空位，則作〇補之，此其例也。

視籌第一行是〇八一，大於實，知次商空也，乃作〇於初商四千尺下以存次商位，亦減去餘實首位之〇。

次加空籌於次商廉下平方籌上，爲三商廉隅共法。

以第三點上餘實七七七二爲三商實。

視籌第九行是七二八一，小於實，商九十尺，對三商實首位書之，仍用前圖。以減三商實，餘四九一。

次倍初商次商三商數共四〇九，倍之作八一八爲廉法，用八一八共三籌，列於平方籌上，爲四商廉隅共法。

以第四點上餘實四九一一六爲四商實。

視籌第六行積數是四九一一六，與四商實等，乃商六尺，書於三商之下，仍用前圖。以減四商實，恰盡。

凡開得平方每面方根四千零九十六尺。

清·鄧建章《中西算學入門匯通》卷上

作籌法

籌以牙、木、銅、紙爲之皆可。每籌九位，每位上下作半圓界，列數其中。第一籌：以自一至九書之於半圓界内。第二籌：以二如二至二九一十八書之，數有兩位，上半圓書一數，下半圓書一數。餘類推。另置一空籌。籌二面皆用，正面爲第一籌，背面爲第九籌，餘俱倣此。爲籌二十五，足以敷用。兩籌相合，兩半圓合爲一，若上半圓爲三，下半圓爲二，合之爲五也。

籌算最便於乘除，不便於加減，故無加減二法。

籌式

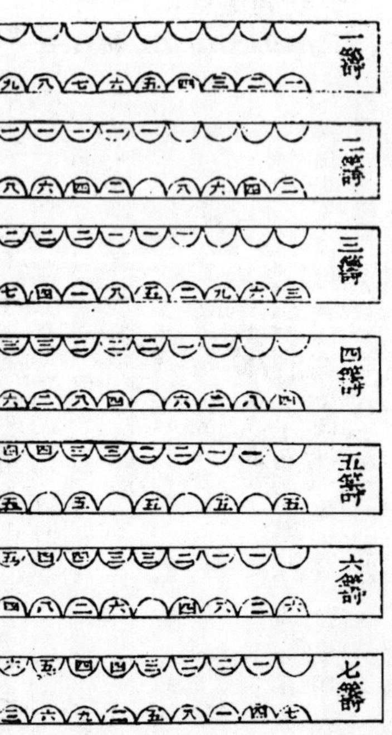

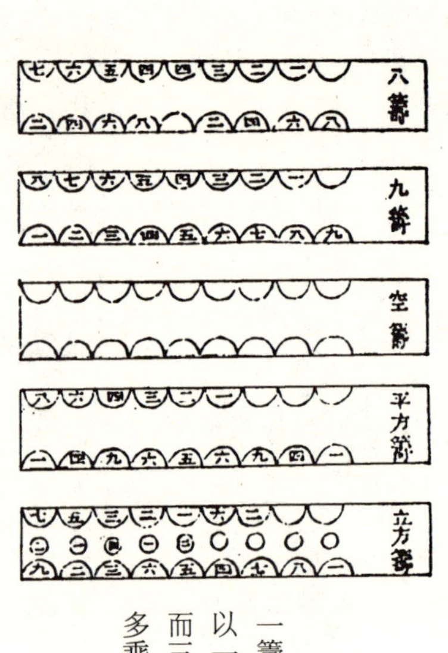

平方籌：以一籌自乘，立方籌以一籌再乘，由是而三乘、四乘以至多乘。倣此類推。

籌算乘法

設如有數三十六，以一十二乘之，該得幾何。

法一二，用一、二籌。

實數六，取第六行七二書之。實數三，取第三行三六進位書之，併之爲四百三十二，即得數也。

除法還原

即用原籌視籌內少於四三之數是三六，係第三行，商三，書於法尾之上，於實內減三六餘七。次取實所餘之二，書於減餘之右，得七二。視籌內七二相減恰盡，係第六行，商六，書於初商三之右，爲三六，還原是三十六。

籌算除法

設如有數一二九六〇〇，以一二分之，該得幾何。

法一二，用一、二籌。

視籌內〇一二與實同，是第一行商一，書於法尾之上，於實內減一二恰盡。次取九書於後，得〇九，爲次商實，今實之〇九，不足法之一二之一分，故得數爲〇，紀〇於上。復取實所餘之六，書於〇九之後，得〇九六，爲三商實，視籌內〇九六，以減恰盡，是第八行，商八，書於上。

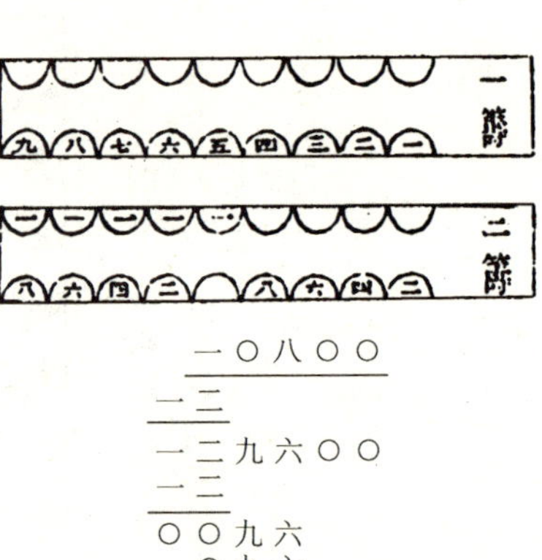

得數之首位，對下實數之萬位，故知是一萬零八百，爲得數也。

乘法還原

即用原籌以一萬〇八〇〇爲實，以一二爲法，實數尾位是〇，紀三〇，逆上第二位仍是〇，進位加三〇，實數八，取第八行〇九六進位書之，實數〇，進位加三〇，實數一，取第一行〇一二進位書之，併之，爲一二九六〇〇。故知還原是一十二萬九千六百，即得數也。

設如有數三四三一五四，以九六五除之，當得何數。

法九六五，用九六五籌。

視籌內少於三四三一之數，是二八九五，係第三行，商三，書於法尾之上。於實內減二八九五，餘五三六五四。第五行四八二五，少於實，減之而商五，餘五四〇四。再以五行四八二五減之，而商五，餘五七九。以第六行五七九減盡，商六。是以三五五六爲得數也。

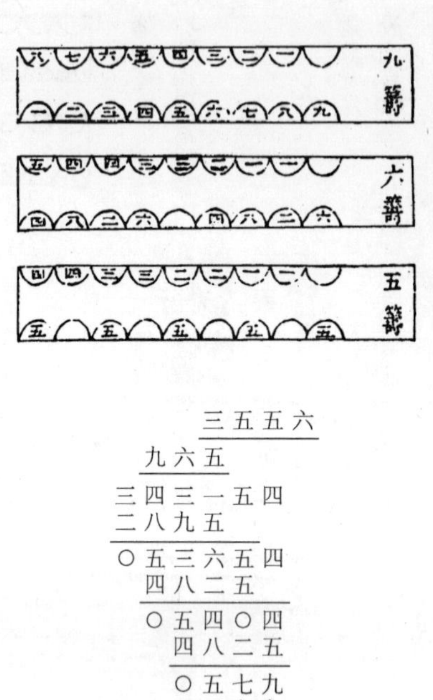

三五五六
九六五
三四三一五四
二八九五
〇五三六五四
四八二五
〇五四〇四
四八二五
〇五七九
五七九
〇〇〇

設如有數一〇〇〇〇〇〇〇〇〇，以五一二除之，該得何數。

法五一二，用五、一、二籌。

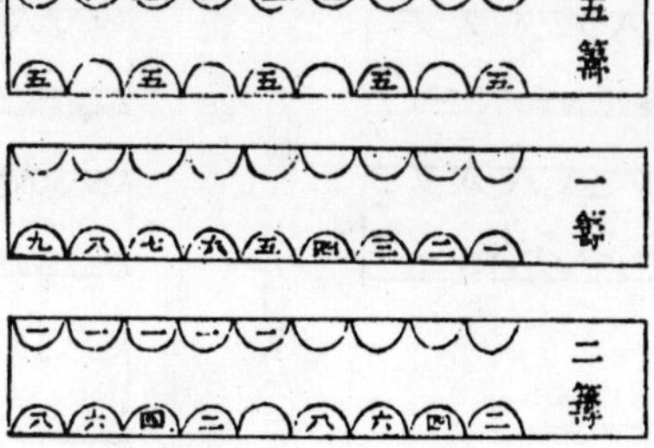

籌內少於一〇〇〇，惟第一行，〇五一二減之，商一，餘四八八〇。少於四八八〇，是九行四六〇八，減之，商九，餘二七二〇。以五行二五六〇減之，商五，餘一六〇〇。以三行一五三六減之，商三，餘〇六四〇。以一行〇五一二減之，商一，餘一二八〇。以二行一〇二四減之，商二，餘二五六〇。以五行二五六〇減盡，商五。是爲一(億)[百]九十(三)[五]萬(五)[三]千一百二十五，即得數也。

一九五三一二五
五一二
一〇〇〇〇〇〇〇〇〇
〇五一二
四八八〇
四六〇八
〇二七二〇
二五六〇
〇一六〇〇
一五三六
〇〇六四〇
〇五一二
一二八〇
一〇二四
〇二五六〇
二五六〇
〇〇〇〇

乘法還原

如以五一二爲實，以一九五三一二五爲法，則用一九五三一二五籌。實數二，以第二行三九〇六二五〇書之；實數一，以第一行一九五三一二五進位書之；實數五，以第五行九七六五六二五進位書之，併之得一〇〇〇〇〇〇〇〇〇爲乘出之數也。

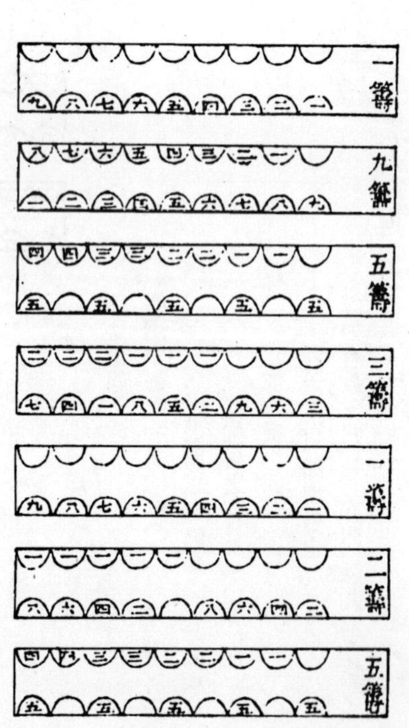

三九〇六二五〇
一九五三一二五
九七六五六二五
一〇〇〇〇〇〇〇〇〇

籌內各數，皆係乘過之數，故乘法只用併法，即得乘出之數；除法只用減法，即得除出之數。用籌以筆佐之，算莫便於此矣。

比例規部

算法

清・陳藎謨《度算解》 西人有籌算一則，載在《崇禎曆書》，已極數學之簡捷。又有比例規者，簡捷更倍焉。但限長徑尺纖忽秒芒不能畢備，與籌算、珠算互有低昂，因輯是編，拓其精微，删其晦混，存十線之略，廣未及之藴，使學人知以度算者自此始，其他運規布尺，悉具篇中。

天文曆法等學，舍度與數則授受不能措其辭，故量法算法恒相發焉，乃綱領也。其節目有四，曰點，曰線，曰面，曰體。法不出于比例，比例法又不出于句股。第句股爲正方角，而別有等角、邪角，句股不能盡其理，因置爲比例規尺一器。器不越咫尺，而量法算法，若線、若面、若體、若弧矢方圓諸法，因尺用數，開闔其尺，以規揩度，得算最捷，可謂越超千古者矣。

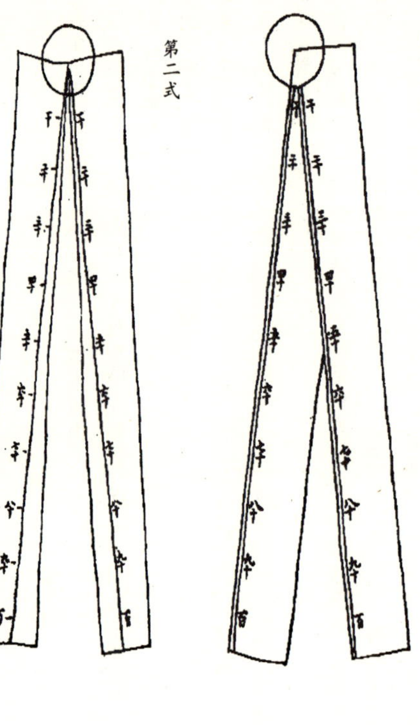
第一式　第二式

以銅板、或堅木、或厚紙作兩股如圖，任長一尺上下，廣如長八之一，前式等廣等長，股首上角爲樞，以樞心爲心，從心出各直線，以尺大小定線數。次式其一規面與尺面平而空其中，其一剡規而入于彼尺之空，令密無罅也，樞欲其無偏也，兩尺並欲其無罅也。樞心爲心，與兩尺之合，欲其中繩也。用則翕張游移之，張盡令兩首相就成一直線，可作長尺，或以兩半相就成一直角，可作矩尺。

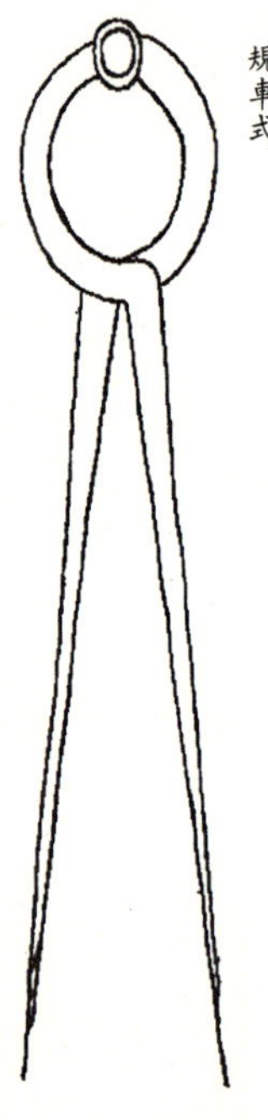
規車式

先以銅或鐵範成二股，上闊下窄，至末而鋭，次以釘釘其圓頭，貴寬緊得宜，可任意開收，以出度數。規下半截爲規髀，一髀去末寸許作小窩，窩下漸細至末，用時以墨汁(八)[入]其小窩。一髀立心，一髀畫外圈墨線，瑩細如絲，以出大圓。

第一平分線

物有短長，兩端曰點，兩點中之長曰設線。凡有設線，任欲作幾分，總以規量設線，置爲百分之句，次斂規對量兩股五十分，得設線十之五，對量二十五分，得設線十之四，對量七十分，得設線三七分。

遇百平分線不可分者，則移設線就之。如設線欲作三分，則以設線置句九十九，對量三十三爲三之一，或置句九十對量三十爲三之一。

設線欲作不平細分，如以設線爲六十七，直以設線置六十七爲句，對量細分無少差悞。

設線欲作多多細分，如以設線爲一百三十七，則折半取六十八半爲句，斂規對量五十分，爲百分，餘者三十七分。

有大小兩線，欲定其比例，以規量大線，置爲百分之句，斂規量小線，就兩股度上進退取定，如得三十七，即爲大線百分之三十七。

若大線有定數者，即以原數取度爲句，以小線進退取之。如大線爲六十七，以規量大線置六十七爲句，斂規量小線取得四十五，即爲六十七分之四十五。

有大設線長丈尺，非度尺之所及者，則分丈尺爲幾平分，定其一，得其餘。

如設線長九尺，欲分爲十七分，先十分九尺爲九寸，置八十五分折半爲句，對量五分，得一分之長，十分得一分之長，九寸句，共得十七分之長，十而一，得大設線爲十七分。

乘法

今有馬日行一百三十里，計七日，共得里幾何。

法以規側量一十三分，對移一十分上取度，置定，就七十分上對量取數，側移度上，得總里數九百一十。

今有田積步八百六十四，該田幾何。

本法以規側量二十四分，對移一十分上作畝法二百四十步，但兩股一十分上分開至一直止，得二十分，既有礙，若以畝法二十四移至百分盡處爲句，則近度樞處太密難清，故乃通爲後法。

法以規側量一十二分作畝法，折半對量一十分上作一畝或十畝，又折半積步作四百三十二步進退對量，恰合三十六分上，知爲田三畝六分。量度尺宜細密審定，如以畝法折半，十二對量一十分作畝法，此處略有短長，則以上俱不準，宜以十二爲法，對量一十分上置定，又側量二十四分或三十六分，對量二十分及三十分處，審得皆合，不合則再詳定之。

歸法

今有八五色金八百六十兩，取足色金幾何。

法以規側量八十五分，移對百分爲句，斂規對量八十六分，取數側移得七十三分一，是爲足金七百三十一兩。

今有馬行九百一十里，共七日，日行幾何。

法以規側量度九十一分，以原度對量七十分上取度置定，斂規就一日一十分上對量取數，側移度上，得一十三分，知爲日行一百三十里。或于二十分上對量取數，側移度上量之，得二十六分，平分之亦得。

今有米五百六十石，一百四十人分之，人各得米幾何。

法以規側量一十四分，對移一十分，或二十八分，對移二十分上置定，次側量五十六分，對移進退合之，得四十分，知人各得米四石。

有米七百四十石，一百三十人分之，人得五石七斗不足。

有米七百二十石，一百五十人分之，人得四石八斗。

數多者，如有米一千三百五十石，一百八十人分之，法以規側量十八分，對移一十分，或三十六分，對移二十分上置定，次欲側量一百三十五分，度分不足，則收大爲小，側量一十三分半，對移進退，合之得七分半，知人得米七石五斗。

異乘同除

原有銀四百四十一兩，換珠二百四十五顆，今有珠三百六十五顆，該銀幾何。

法以規側量四百四十一分，十作百分。對移二百四十五分置尺，再以規對量三百六十五分，側移之，得銀六百五十七兩。

異乘同乘

原每人開河一日開積一百二十尺，今十六人共二十四日，開河若干尺。

法以規側量十六分爲人數，對移一十分，十分作百分，爲百工置定，對量二十四分上側移之，得三百八十四分爲工數。再以規側量十二分作百二十分爲數，對移一十分上，十分作千分，爲每百工數置定，對量三百八十四分上側移之，得四萬六千〇八十尺。

異除同除

今有客十五人，住十二日，共用米三石六斗，每客日用米若干。

法以規側量一十五分，對移一十分，爲一日十五客之數，即是十日百五十客之數，置定，對量十二分上側移之，得十八分，是爲十二日百八十客用米一石八斗一客一升之數，又倍量之，得三十六分，得三石六斗每客二升之數。

假如客同上，住日同上，用米二石七斗，每客日用米若干。

法依上至十二日側移得十八分皆同，但未合二石七斗之數，法自十八分外起量至二十七分止，得九分，是爲十分十八數之五，得二石七斗每客一升五合之數。

句股

横曰句，直曰股，斜曰弦，其大綱也。三體外略有十名，句股相減曰句股較，句弦相減曰句弦較，股弦相減曰股弦較，句與股併曰句股和，句與弦併曰句弦和，股與弦併曰股弦和，弦與句股較併曰弦較和，弦與句股和併曰弦和和，弦與句股和相減曰弦和較，弦與句股較相減曰弦較較，以至求句股中容圓容方，求山之高、水之深、城之廣、路之遠，皆從此出。九章法所以句股爲難也，然施之度算，則甚易，斯亦奇矣。句股法名家自有專書，謨亦有《度測》一帙，備論其理，但門路多端，未可殫述，今略舉其法，以闡度數精微。

定法句三股四弦五。句股求弦，句股自乘相併爲實，平方開之，得弦。句弦求股，句弦自乘相減爲實，平方開之，得股。其股求句同法。蓋一弦實自藏一句一股之實，一句一股之實併得一弦實也。今法以規側量五十分爲弦，一髀抵四十分爲股，一髀抵三十分爲句是焉。正方角置定，以待用量之，即得不待自乘減併開方矣。

句股求弦：

今有句二十七尺，股三十六尺，弦斜若干。

法以度尺直方角，一髀抵二十七分，一髀抵三十六分，側移之，得弦斜四十五尺。

股弦求勾：

今有股三十六尺，弦四十五尺，句濶若干。

法以度尺直方角，側量四十五分，一髀抵三十六分上，一髀進退就度，得句濶二十七尺。

求句股中容方容圓：

直方角：法以規側量八十五分，對置六十分。

正斜角：法以規側量七十六分半，對置一百分。

正斜準：方五斜有七〇七一〇六八，此是細數，今于規上七〇八處作正斜準。

容方準：正斜準既定，即于五十分對量求之。

容圓準：正斜準既定，即于五十六分八厘處對量求之。

舊法句股相乘爲實，併句股爲法，除之得容方。句股相乘倍爲實，併句股弦數爲法，除之得容圓，又《比例規》所未及者。今先定度尺之正斜準、容方準、容圓準三法于後。

百分方角

既得句股弦，今定正斜角，得句股之中，乃兩平分方角，非無定之斜角。正方角者全矩也，正斜角者半矩也，以規量本度七十六分五厘，對移度尺百分上，則得斜角之中正，故名正斜角。從此出句股之中得幾何度，即得設線之正斜角若干。

得正斜角數，則得容方容圓矣。何以見之？從來以方求斜、以斜求方者，每言方五斜七，亦知方五則斜七餘，斜七則方五不足。置之不用，今審定之，方五則斜有七〇七一〇六八也，斜七〇七一〇六八則方有五也。從度尺求之更爲易易，于百分線上在七十〇分八厘定爲正斜準，在五十分定爲容方準，然他法求方內容圓即以方徑爲圓徑，求圓内容方即以斜徑爲圓徑，蓋其心同也。今句股中容圓則不然，若取方心爲圓，則弦之邊有餘，而句股之方角不足，故又于百分線上因正斜準定後取五十六分八厘定爲容圓準，如取得句股之正斜度幾何，對移度尺之七十〇分八厘爲斜徑，置定，即取度尺五十分上對量之，爲容方徑。又于五十六分八厘上對量之，爲容圓徑。不煩句股弦相乘相併、相倍及商除、開方矣。況夫求容方容圓各自立法費時，此則一法而容方容圓俱得，敏鈍相懸，奚啻數十百倍。

今有句三十五尺二寸，股四十七尺三寸，弦五十八尺九寸六分，容圓若干、容方若干。

法以正方角取句股之中線，量得二十八尺二寸爲正斜角數，正方角説見上段。即以正斜角數二十八尺二寸，移對正斜準，置定，對量方準得二十〇尺一寸八一，爲容方徑。

又對量圓準得二十三尺五寸三分八厘，爲容圓徑。

求餘句餘股得容方容圓：即上段句股數。

今有餘句一十五尺〇一分九厘，餘股二十七尺一寸一分九厘，容方若干、容圓若干。

法以句數側量度尺分，對移一十分上，置定，對量餘股數，側移度尺，得相乘四十〇分有奇，查方根表，得容方二十尺有奇。

對量容方數于方準上，置定，于圖準對量，側移度尺，得容圓二十三尺半有奇。

求餘句餘股得容方：

今有方邑不知大小，四面居中開門，西門外三十步有木一根，出南門外七百五十步見木，該邑方幾何。

法以餘句三十步側量度尺三分，對移一十分上，以三分移于十分，恐度細不準，更三倍爲九分，四倍爲一十二分，對移三十、四十分上，置定，則三十步乃準矣。後對量餘股七十五分上，側移度尺，得相乘二萬二千五百步，平方求之，得容方一百五十步，從邑中心起方倍之，得邑方三百步。

周徑

舊法徑一周三太疎，徽術、密術稍近，新法徑一則周三一四一五九二。今施之度尺，則于百分線三十一分四二處作徑，曰徑準，百分盡處作周，曰周準。徑求周側量徑數，對移徑準處置定，次張規量周準處，側移之，得周數。周求徑易地即是。

徑求周：

今有徑十二尺，該周幾何。

法以規側量一十二分，對移徑準，置定，又張規對量周準，側移之，得三十七尺七寸微有餘。

周求徑：

今有周三十七尺七寸，該徑幾何。

法以規側量三十七分七，對移周準，置定，又斂規對量徑準，側移之得一十二尺。

第二分弦線

別作象限圈分，令半徑與度線等長，分弧爲九十度，各作識，從一角向各識取度，移入度線，從樞起度，各依所取度作識加字。

徑求弦

法以規量所有半徑，對量徑準，置定，次張規對量弦準，即其法。

弦求徑

法以規量所有弦，對量弦準，置定，次斂規對量徑準，即其半徑。

半徑六十，倍得全徑一百二十，全徑得大圜，半徑得四象，四弧之弦三百六十，是爲大圜中之方體，大圜之廣狹無定度，即分全徑百二十度爲其度，圜中四弦三百六十度，大圜弧周三百七十六度九九〇四，今以徑求周亦作三百六十度者，皆直度非弧度也，規上九十度爲弦度，爲圜法四之一。

有全圈求作分

法取全圈直徑半之，于徑準置定，即爲全圈六之一，以所命分爲法，全圈三百六十爲實而一，得數以分全圈爲若干，如九十爲四之一，七十二爲五之一，五十一半弱爲七之一，四十五爲八之一，四十爲九之一，三十六爲十之一，三十二半强爲十一之一，三十爲十二之一，二十五三强爲十三之一，二十五强爲十四之一，二十四爲十五之一，二十二半爲十六之一，二十一强爲十七之一，二十爲十八之一，十八六强爲十九之一，十八爲二十之一。

直角求度

弦直角求度，以角爲心，任作圈弧之盡處，是正弦度，三正弦度去一，爲半徑度。

清·方中通《數度衍》卷五《尺算》

法尺

通曰：法尺之式，上連下分。下則可開可合，上則相對不移。如此乃可爲法。

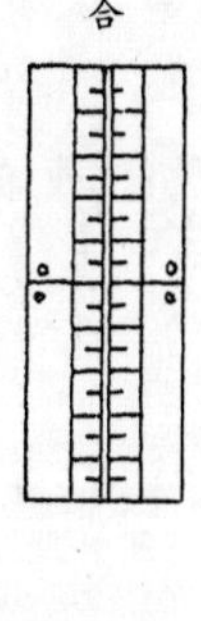

實尺

兩尺分寸須等，不可稍異。作一法尺，二實尺。

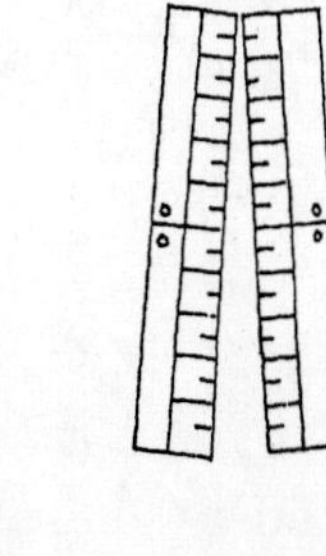

通曰：兩端變爲三角，因參知兩勾股矩度、直景、倒景，蓋同一源。加實尺於法尺之上，謂之三角可也，謂之勾股可也。

乘法

術曰：先定實數、法數，與他算不同。既定，乃以法數作法尺何數，實數作實尺何數，或寸或分，又須預定。然後將實尺比照實數横安於法尺之一分或一寸上，令法尺開而就之，隨量法尺之法數空處，得何數，即爲所求數也。

通曰：變通升降，其用始廣。如實尺數大，不便安放者，須降實數。寸降爲分，分降爲釐；或將實數折半。法實俱大，必須俱折。先降後升，先半後倍，得數原無異也。或用升法以代降實。

式：有五人，每人四兩，問共若干。曰：二十兩。

術：以四兩爲四分作實數，以五人爲五寸作法數。將實尺比定四分，横安於法尺一寸空處，乃量法尺五寸空處，得何數，今得二寸，因以分爲兩，則寸即爲十，故知所得二寸，爲二十兩也。

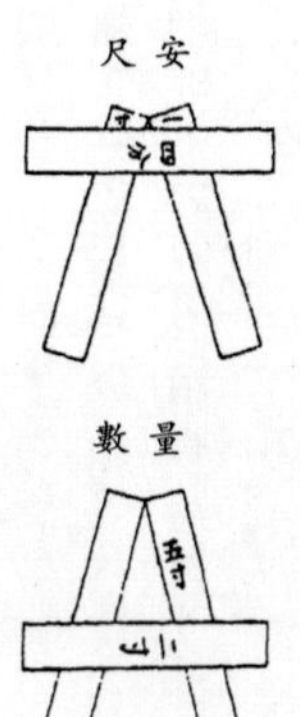

降數式：有五十九人，每人八兩，問共若干。曰：四百七十二兩。

術：以八兩爲八分作實數，以五十九人作五寸九分爲法數。用實尺比定八分，安於法尺一分上。八大一小，不可安放。乃降十倍，安於法尺一寸空處。量法尺五寸九分空處，得四寸七分二釐。先降後升，應升爲四尺七寸二分。原以分爲兩，故知所得爲四百七十二兩也。此係升法以代降實。

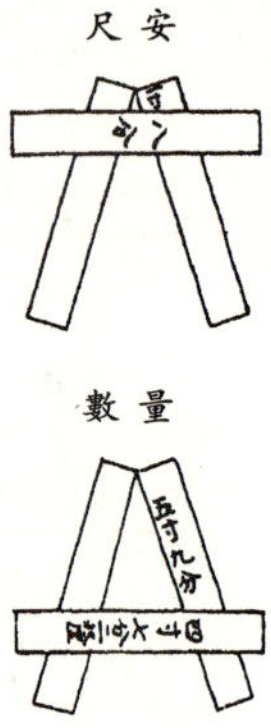

實數折半式：有八人，每人一十二兩，問共若干。曰：九十六兩。

術：以八人作八寸爲法，以一十二兩折半得六兩，作六分爲實。用實尺比定六分，安於法尺一寸空處，量法尺八寸空處，得四寸八分，原以分爲兩，是爲四十八兩。先半後倍，倍得九十六兩也。

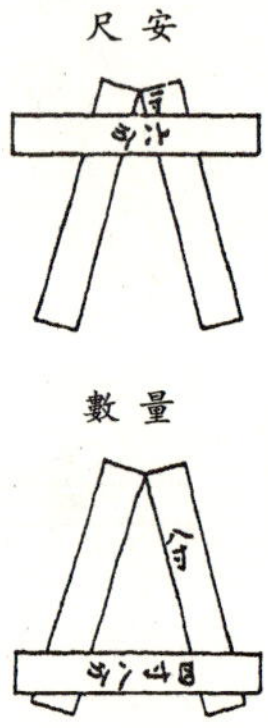

法實俱折半式：有一十六人，每人一十二兩，問共若干。曰：一百九十二兩。

術：以一十六人折半得八人，作八寸爲法，以一十二兩折半得六兩，作六分爲實。用實尺比定六分，安於法尺一寸空處，量法尺八寸空處，得四寸八分，以分爲兩，是爲四十八兩，倍之得九十六兩，再倍之得一百九十二兩。合問。

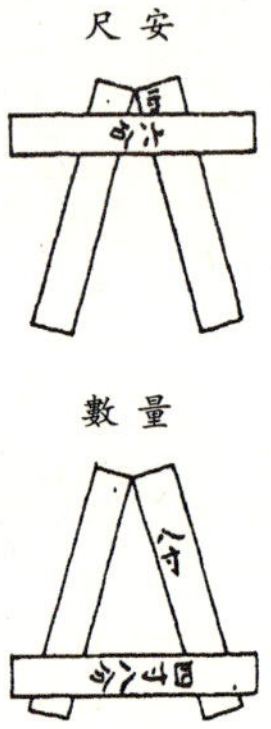

通曰：因法實俱折半，故加倍以還實，再加一倍以還法也。

實數再折式：有八人，每人二十四兩，問共若干。曰：一百九十二兩。

術：以八人作八寸爲法，以二十四兩折半得一十二兩，又折半爲六兩，作六分爲實。用實尺比定六分，安於法尺一寸空處，量法尺八寸空處，得四寸八分。以分爲兩，是爲四十八兩，倍之得九十六兩，再倍之得一百九十二兩。合問。

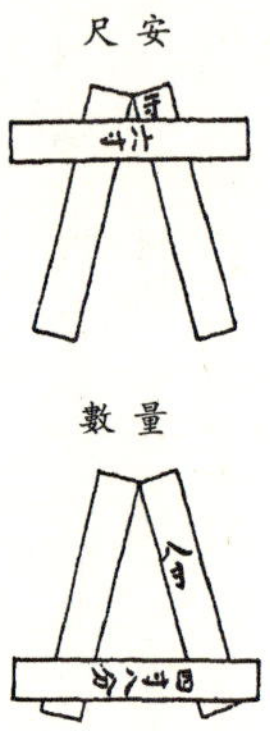

通曰：再折故再倍。或將實二分之，得數三乘之，亦合。

法實俱再折式：有三十二人，每人二十四兩，問共若干。曰：七百六十八兩。

術：以三十二人折半得一十六人，又折半得八人，作八寸爲法。以二十四兩折半得一十二兩，又折半得六兩，作六分爲實。用實尺比定六分，安於法尺一寸空處，量法尺八寸空處，得四寸八分，以分爲兩，是爲四十八兩，倍之得九十六兩，再倍之得一百九十二兩，再倍之得三百八十四兩，再倍之得七百六十八兩。合問。

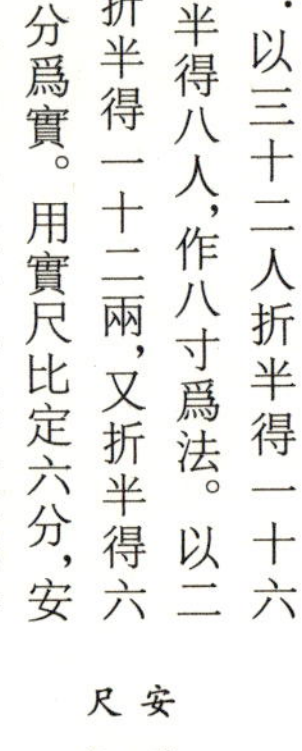

通曰：四其折半，故四其加倍。如以四自乘得十六，又乘四十八，亦合。

整零截量式：有二十四人，每人五錢三分，問共若干。曰：一十二兩七錢二分。

術：以二十四人作法尺二寸四分，以五錢三分作實尺五分三釐。先截整數二十人求之：將實尺比定五分三釐，安於法尺一分空處，實大不便安頓，降之，安於法尺一寸空處，將五分三釐升作五寸三分，此爲十人所得數，倍之得十寸六分，便是二十人所得數也。後截零數四人求之：量法尺四分空處，得二分一釐二毫，亦升作二寸一分二釐，便是四人所得數，併兩得數，得十二寸七分二釐，爲二十四人所得總數也。因以尺之釐爲銀之分，故知爲十二兩七錢二分。又術以二十四人作法尺二尺四寸，以五錢三分作實尺五分三釐。將實尺比定五分三釐，安於法尺一寸空處，量法尺十寸空處得五寸三分，倍之，得一尺〇六分，爲二十人所得數。又於法尺四寸空處，量得二寸一分二釐，併得一尺二寸七分二釐，亦合。

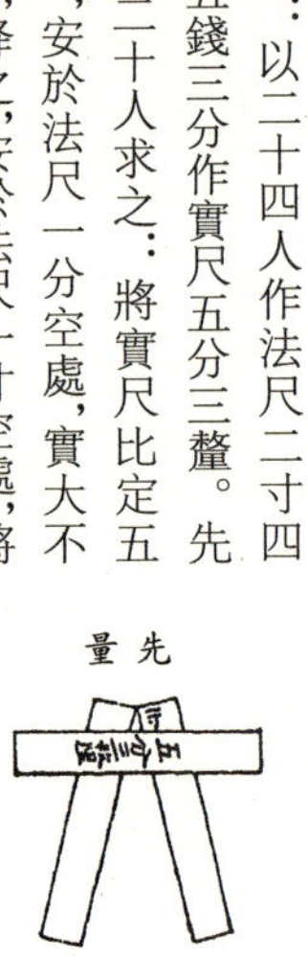

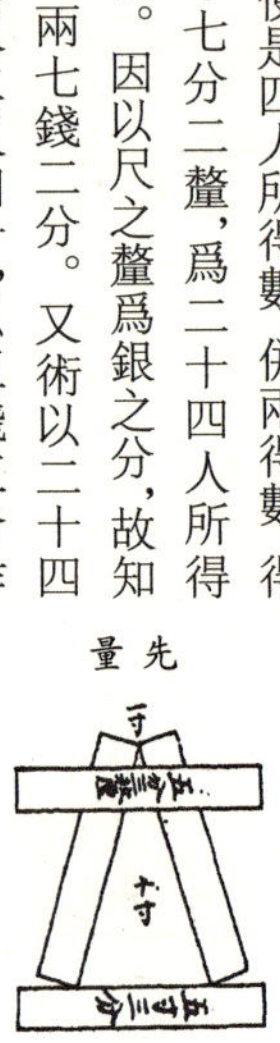

通曰：所截爲二十人，故加倍。若三十人，則用三乘，四十人，則用四乘也。

除法

術曰：法實數定之後，將實尺比定實數，定於法尺之法數空處，乃量法尺之一分或一寸空處，得幾何，即爲所求除出數也。亦用降數、折數二法。或有實無法，任意作幾分者，不論實數多寡，將實尺比數安於法尺之百分空處，用隨分法量之。

式：有銀二十二兩，四十四人分之，問各若干。曰：五錢。

術：以二十二兩作二寸二分爲實，以四十四人作四寸四分爲法。將實尺比定二寸二分，安於法尺四寸四分空處，乃量法尺之一分空處，得幾何，今得五釐。因以尺之分爲銀之兩，則釐當爲錢。又因以分爲人，則五錢爲一人所得數也。

通曰：量一寸空處，得五分，降爲五釐，亦合。一分爲一人，一寸則爲十人。量四寸空處得四十人銀數，四分空處得四人銀數。此用乘以知除也。

降數式：有銀四十四兩，二十二人分之，問各若干。曰：二兩。

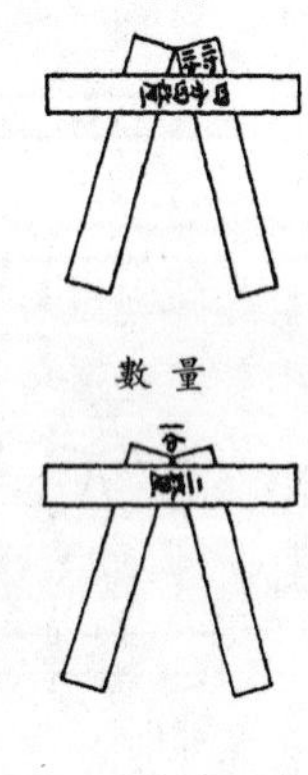

術：以四十四兩作四寸四分爲實，以二十二人作二寸二分爲法。將實尺比定四寸四分，安於法尺二寸二分上。實大不可安頓，降爲四分四釐，安於法尺二寸二分空處，乃量法尺一分空處，得二釐。因先降數，此當升爲二分。分爲銀之兩，則知所得爲二兩也。

折實式：有一十八兩，六人分之，問各若干。曰：三兩。

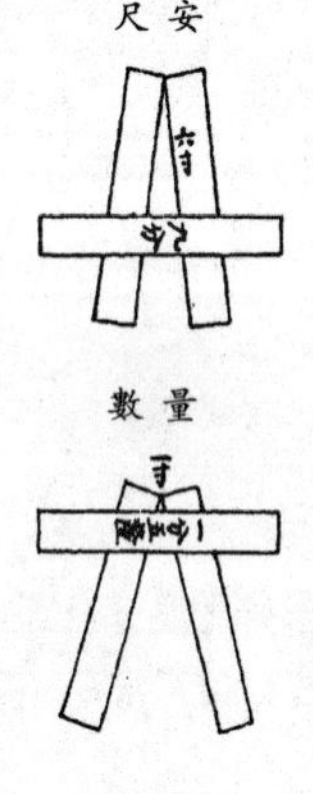

術：以一十八兩折半得九兩，作九寸爲實，以六人作六寸爲法。將實尺比定九寸，安於法尺六寸上。實大，降作九分，安於法尺六寸空處，乃量法尺一寸空處，得一分五釐。因降實，此當升爲一寸五分。又因折實，此當倍爲三寸。以寸爲兩，故知一人所得爲三兩也。

法實俱折式：有一十八兩，一十二人分之，問各若干。曰：一兩五錢。

術：以一十八兩折半得九兩，作九寸爲實，以一十二人折半得六人，作六寸爲法。將實尺比定九寸，安於法尺六寸上。實大，降作九分，安於法尺六寸空處，乃量法尺一寸空處，得一分五釐。因降實，當升爲一寸五分。寸爲兩，故知一人所得爲一兩五錢也。

通曰：法實俱折者，除與乘不同。乘折，則所得止半數，故須倍之。除折，則所得即所求數，不必又倍矣。蓋折亦除故也。

隨分式：有銀八十兩，或四平分，或五平分，問各若干。曰：四分之一得二十兩，五分之一得一十六兩。

術：以八十兩作八十分爲實，將實尺比定八十分，安於法尺百分空處。如欲作四平分者，則量法尺二寸五分空處，得二十分，每人即得二十兩也。如欲作五平分者，則量法尺二寸空處，得一十六分，每人即得一十六兩也。

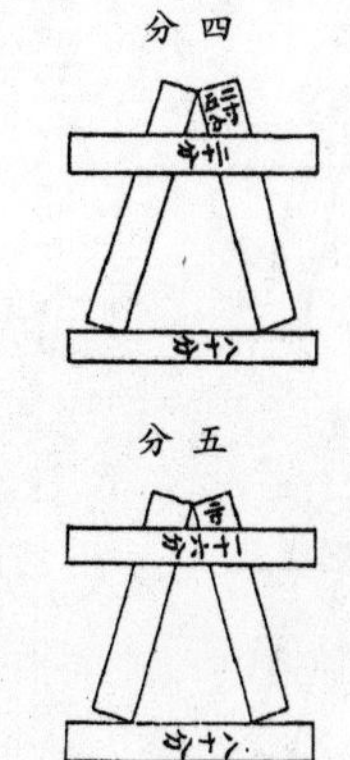

通曰：四平分者，先將四除十寸得二寸五分，五平分者，先將五除十寸得二寸。

整零截量式：有三十二兩，五人分之，問各若干。曰：六兩四錢。

術：以三十二兩作三尺二寸爲實，以五人作五寸爲法。先截實末二寸求之：將實尺比定二寸，安於法尺五寸空處，量法尺一寸空處得四分。後截實首三尺求之：將實尺比定三尺，降作三寸，安於法尺五寸空處，量法尺一寸空處，得六分。應升爲六寸。併前四分，得六寸四分。以兩爲寸，故知每人得六兩四錢也。

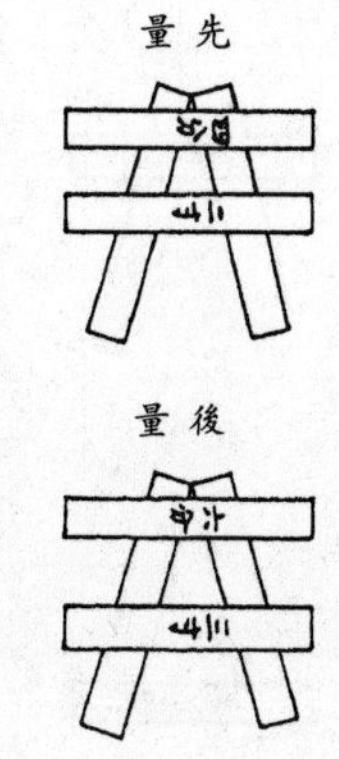

通曰：後量法尺之十寸空處，得六寸，亦合。此不升數而升度也。

比例法

術曰：有實數於此，以某法數分之，得某數。今又有實於此，照前分例，求法幾何。將實尺比前實數，安法尺之前法數上，又將實尺比後實數，於法尺空處上下推移，求至脗合處，視法尺之分寸幾何，即所求數也。

通曰：比例無窮，不可盡舉，引而推之，存乎其人。

式：有銀四百四十兩，二百二十人分之，人得二兩。今又有銀八百八十兩，照前二兩分數，該人幾何。曰：四百四十人。

術：將二百二十人作二寸二分爲法，將四百四十兩作四寸四分爲實。以實尺比定四寸四分，安於法尺二寸二分上。實大，降作四分四釐，安於法尺二寸二分空處。又將八百八十兩作八寸八分，亦降作八分八釐。以實尺比定八分八釐，於法尺空處上下推移，至四寸四分空處適合。以寸爲百數，即知爲四百四十人矣。

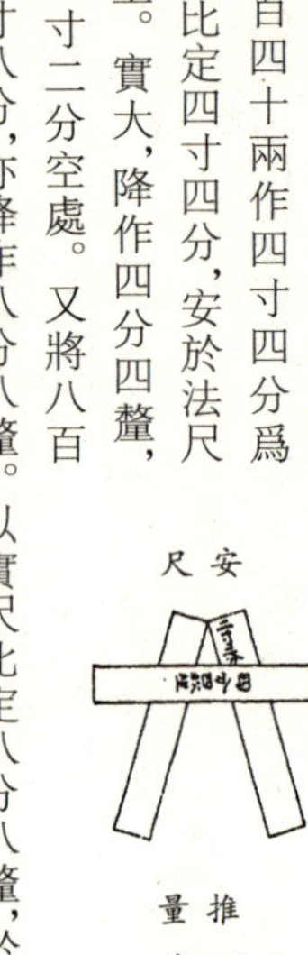

通曰：前後俱降實，故不升。且前以人爲法，銀爲實，後亦以銀爲實，求出法數人，降實則不升法也。

又式：有銀三兩，給六人。今又有銀七兩，照前例，應給幾人。曰：一十四人。

術：以三兩作三寸爲法，以六人作六分爲實。將實尺比定六分，安於法尺三寸空處，乃量法尺七寸空處，視得幾何，今得一寸四分，以分爲人，即知所得爲一十四人也。又術：以三兩作三分爲實，以六人作六分爲法。將實尺比定三分，安於法尺六分空處，又將實尺比定七分，在於法尺空處，上下推移，至法尺一寸四分空處，適得脗合一寸四分，即一十四人也。

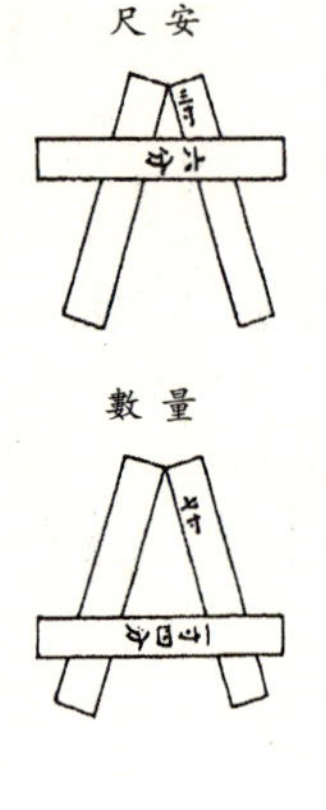

通曰：法實可互更，乘除可互用，此尺算之異於他算也。凡求得數，皆以比例，即乘除亦然非比例，故比例以尺爲便。

清・梅文鼎《度算釋例》卷一

作尺之度

用厚銅片，或厚紙，或堅木，黄楊等木。作兩長股，任長一尺上下，廣如長八之一。兩股等長等廣，股首上角爲樞，以樞心爲心，從心出各直線，以尺大小定線數，今折中作五線，兩股兩面共十線，可用十種比例之法。線行相距之地，取足書字而止，尺首半規餘地以固樞也。用時張翕游移，式如後。

比例尺式即度數尺也，原名比例規，以兩尺可開可合，有似作員之器，故亦可云規。

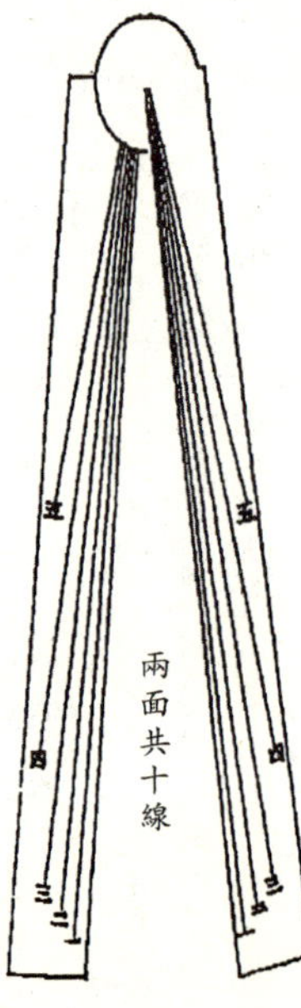

尺用兩股相並，股上兩用之際以爲心，規餘地以安樞，其一規面與尺面平而空其中，其一剡規而入於彼尺之空，令密無罅也。樞欲其無偏也。兩尺並欲其無罅也。樞心爲心，與兩尺之合線，欲其中繩也。張盡令兩首相就成一直線，可作長尺，或以兩尺橫直相得，成一方角，可作矩尺。

又式，兩股相疊。

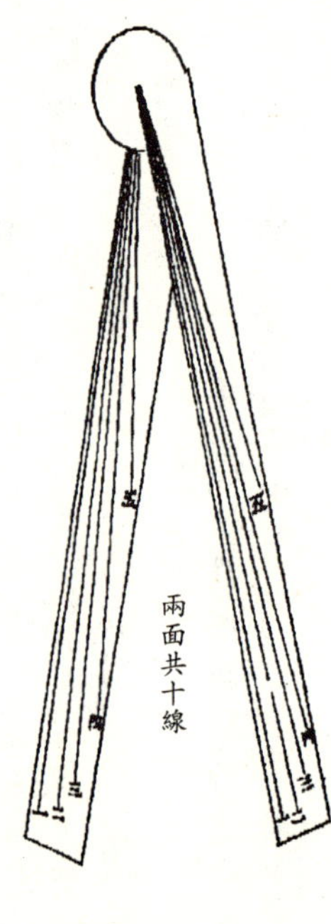

又式，用法與前式同。

規式

此本爲畫圓之器，尺算賴之以取底數，蓋相須爲用者也。

用銅或鐵，亦如尺作兩股，但尺

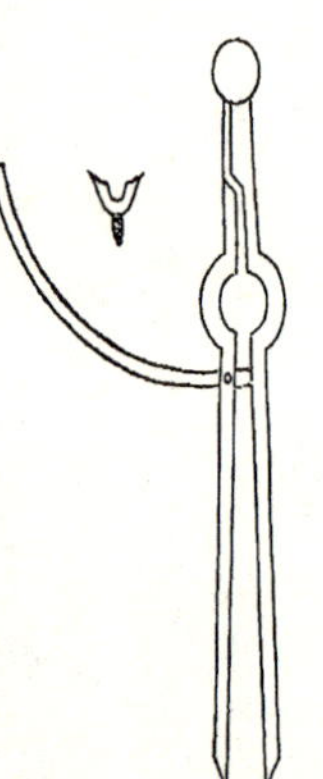

式扁方，此可圓也。首爲樞，可張可翕，末鋭，以便於尺上取數也。當其半腰，綴一銅條横貫之，勢曲而長，如割圓象限之弧，與樞相應，得數後，用螺釘固之。

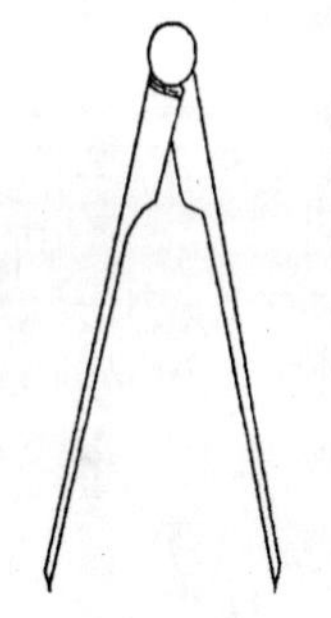

又式，凡算例假如有言取某數爲底線者，並以規之兩鋭于平分線上量而得之。其用底線爲得數者，並以規取兩尺上弦線相等之距，于平分線上量而命之。故規之兩鋭可當横尺，《數度衍》以横尺比量，反不如用規之便利而得數且真也。

第一平分線

此線爲諸線之根。取數貴多，尺大可作一千，然過密又恐其不清也，故以二百爲率。

分法

如設一直線，欲作百分，先平分之爲二，又平分之爲四，又於每一分内各五分之，則已成二十分矣。于是用更分法，取元分四改作五分，如甲乙内有丙丁戊三點，是元分之四也，今復勾作五分，加己庚辛壬四點。則元分與次分之較，如壬丙及己戊。皆元分五之一，亦即設線百分之一分。準此爲度而周布之，即百分以成。

解曰：元分爲設線百分，二十分之一，即每一分内函五分也。今壬丙、己戊既皆五分之一，則甲壬、己乙皆五分之四，亦即百分之四也。又丙辛、庚戊皆三，而辛丁、丁庚皆二也，任用一度，參差作點，互相考訂，即成百分勻度矣。每數至十至百，皆作字記之。或取元分六，復五分之，亦同。何則？元分一，内函五分，則元分四，共函二十分，故可以五分之。若元分六，即共函三十分，故亦可五分之。其理一也。

用法一　凡設一直線，任欲作幾分。假如四分，即以規量設線爲度，而數兩尺之各一百以爲弦，乃張尺以就度，令設線度爲兩弦之底，置尺，置尺者，置不復動，故亦可云定尺，下倣此。數兩尺之各二十五以爲弦，斂規取二十五兩點間之底以爲度，即所求分數。即四分中一分也，以此爲度而分其線，即成四分。若求極微分，如一百之一，如上以一百爲弦，設線爲底，置尺，次以九十九爲弦，取底，比設線，其較爲百之一。若欲設線内取零數，如七之三，即以七十爲弦，設線爲底，置尺，次以三十爲弦，斂規取底，即設線七之三。謹按：尺算上兩等邊三角形，分之即兩句股也。兩句聯爲一線而在下，直謂之底宜也。若兩尺上數原係斜弦，改而稱腰，於義無取，今直正其名曰弦。

用法二　凡有線求幾倍之。以十爲弦，設線爲底，置尺。如求七倍，以七十爲弦取底，即元線之七倍。若求十四倍，則倍得線。或先取十倍，更取四倍，并之。

用法三　有兩直線欲定其比例。以大線爲尺末之數，尺百即百，千即千。置尺，斂規取小線度，于尺上進退就其兩弦等數，如大線爲一百，小線爲三十七，即兩線之比例若一百與三十七。可約者約之。約法：以兩大數約爲兩小數，其比例不異。如一百與三十，約爲十與三。

用法四　有兩數求相乘。假如以七乘十三，先以十點爲弦，取十三點爲底，置尺。次檢七十之等弦取其底，得九十一爲所求乘數。若以十爲弦，七爲底置尺，而檢一百三十點之底，得數亦同。

論曰：乘法與倍法相通，故以七乘十三，是以十三之數七倍之，是七個十三也，以十三乘七，是以七數十三倍之，是十三個七也，故得數並同。

用法五　有兩數求相除。假如有數九十一，七人分之。即以本線七十爲弦，取九十一爲底，置尺，次檢十點之弦取底，必得十三爲所求。

又法，以九十一爲弦，用規取七十爲底，置尺。斂規取一十爲底，進退求其等弦，亦得十三如所求。

論曰：算家最重法實，今當以七人爲法，所分九十一數爲實。乃前法以法數七爲弦，實數九十一爲底，又法反之，而所得並同，何也？曰：異乘同除，以先有之兩率爲比例，算今有之兩率，雖曰三率，實四率也。徵之于尺，則大弦與大底，小弦與小底，兩兩相比，明明四率，較若列眉。故先有之兩率當弦，則今所求者在底，是以弦之比例例底也。若先有之率當底，則今所求者在弦，是以底之例例弦也。但四率中原缺一率，比而得之，固不必先審法實。殊爲簡易矣。

然則乘除一法乎？曰：凡四率中所缺之一率求而得之，謂之得數，乘則先缺者必大數也，故得亦大數，除則先缺者必小數也，故得亦小數。所不同者此耳。是故乘除皆有四率，得尺算而其理愈明，亦諸家所未發也。

假如有銀九十六兩，四人分之。法以人數取四十分爲底，置銀數九十六兩爲弦，定尺。斂規取一十分爲底，進退求其等弦，得二十四兩爲每人得數。

又法，取銀數九十六兩爲底，置一百分爲弦，定尺。斂規于二十五分等弦取其底，亦得二十四兩爲每人數。

又如有數一百二十三，欲折取三分之一。

法以規取三十分爲底，置一百二十三等數爲兩弦，定尺。斂規取一十數爲底，進退求其等數爲弦，必得四十一。爲設數三分之一，如所求。

用法六　凡所求數大，尺所不能具，則退位取之。假如有數一百二十，欲加五倍。即退一位取一十二爲底，以尺之一十點爲兩弦，定尺。取兩弦五十點之底，即五倍。得六十，進一位，命所得爲六百，以一十二當一百二十，是一而當十，故進位命之也。凡用尺數，須得此通融之法。爲原數之五倍。

又法，以規取一十數爲底，于尺之一十二點爲兩弦，一十二以當一百二十，是一當十也。或二十四亦可，爲一當五。定尺。展規取五十數，以當五倍。爲底，進退求其等數之弦，必得六十，進位成六百。

用法七　凡四率法，有中兩率同數者，謂之連比例。假如有大數三十六，小數二十四，再求一小數與此兩數爲連比例。法以大數爲弦如辛甲，小數爲底如辛己，定尺。再以辛己底爲弦，如甲丁，而取其底，如丁戊。其數必十六，則三十六與廿四之比例，若廿四與十六也。其比例爲三分損一。若先有小數十六，大數二十四，而求連比例之大數，則以小數爲底如丁戊，大數爲弦如丁甲，定尺。再以丁甲弦爲底如辛巳，取其弦如辛甲，其數必三十六。則十六與廿四，若廿四與三十六也。其比例爲三分增一。他倣此。

用法八　凡句股形，有句有股有弦，共三件。先有兩件而求其不知之一件。法以尺作正角取之，假如有句八尺，股十五尺，欲知其弦。法以規量取八十點爲底，一端指尺上之六十四點如丙，一端指四十八點如乙，以定尺。則尺之甲角成正角，乃于尺上取八十點如辛爲句，又取一百五十點如丁爲股，張規取辛丁兩點之距必一百七十，退一位，得弦十七尺如所求。取句股數時原進一位，故所得弦數退一位命之，説見前。

用法九　凡三角形内無正角，不可以句股算。法先作角，假如先有一角，及角旁之兩邊，求餘一邊。法于平分線任用一邊如甲乙。取數爲底，於分圓線六十度，定尺。以規取所設角之底，移於平分線上，如所設甲乙邊度，定尺。則尺間角如所設。如乙角。乃于尺上，依所設角旁兩邊之數，各作識，如甲乙、丙乙，遂用規取斜距之底如甲丙，即所求餘一邊。

用法十　有小圖，欲改作大幾倍之圖，用前倍法。假如有小圖濶一尺二寸，今欲展作五倍，即取十二爲十點之底，定尺。展規取五十點之底，必得六十，命爲六尺如所求。

用法十一　平圓形周徑相求。法于平分線上作兩識，以一百八十八半弱上爲周，六十爲徑，各書其號，假如有徑七十一，求周。法以規取七十一加于徑點爲底，定尺。展規取周點之底，即得周二百二十三如所求。以周求徑，反此用之。

用法十二　求理分中末線法。于線上定三點，于九十六定全分，五十九又三之一爲大分，三十六又三之二爲小分。假如有一直線，一百四十四。欲分中末線，即以設線加于全分點爲底，取其大小分點之底即得。八十九強爲大分，五十五弱爲小分。

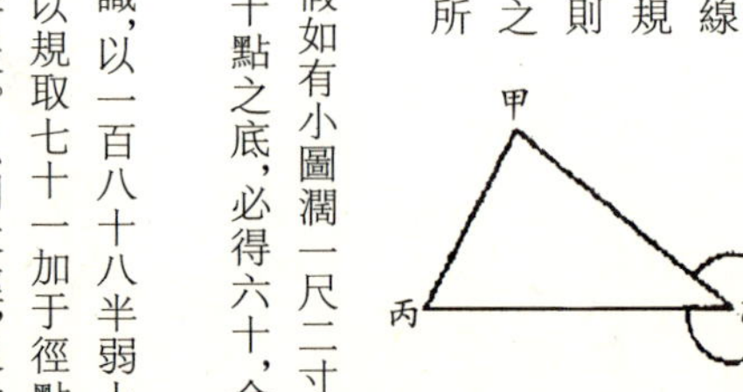

按：平分線上既作周徑之號，若又作此則太繁，不如另作一線，其上可寄五金線也。又按：原書全分七十二，大分四十二又三之一，小分二十七又三之二，大有訛錯，今改定。

以上十二用法姑舉其概，其實平分線之用不止于是，善用者自知之耳。

第二平方線舊名分面線，凡平方形有積有邊，積謂之冪，亦謂之面，邊線亦謂之根，即開平方法也。

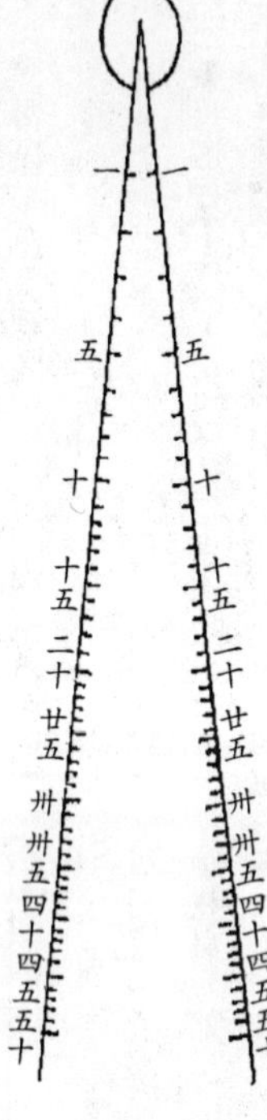

原爲一百不平分。今按：若尺小欲其清，則但爲五十分亦可。

假如有積六千四百，則以平分線之二十自之，得四百，于積爲十六倍之一，若置二十分于一點爲底，求十六點之底，則得方根八十。或置于二點爲底，則求三十二點之底。或置于三點爲底，則求四十八點之底。皆同。

分法有二：一以算，一以量。

以算分

一百之根　甲　乙
二百之根　甲　乙　丙
三百之根　甲　乙　丁
四百之根　甲　乙　戊

算法者，自樞心甲任定一度命爲十分如甲乙，即平方積一百分之根。今求加倍平方二百分之根，爲十四又廿九之四，即于甲乙線上加四分强如丙，命甲丙爲倍積之根。求三倍，則開平方三百分之根，得十七又三十五之十一，即又于甲乙線上加七分半弱如丁，即甲丁爲三倍積之根。求四倍，則平方四百之根二十，即以甲乙倍之，得甲戊爲四倍積之根。五六七以上並同。按：用方根表甚簡易。

以量分

以任取之甲乙度作正方形如丙乙甲，乃于乙甲横邊引長之以當積數，丙乙直邊引長之作垂線以當根數。如求倍積之根，即于横線上截丁乙爲甲乙之倍，次平分甲丁于戊，戊爲心，甲爲界，作半圈，截垂線於己，即己乙爲二百分之邊。求三倍，則乙丁三倍于甲乙。四倍以上並同。

又捷法：如前作句股形法，定尺兩股成正方角如甲，乃任于一股上取甲乙命爲一點，而又于一股取甲丙度與甲乙相等，即皆爲一百之根。次取乙丙底加于甲乙上爲二百之根如甲丁，又取丁丙底加于甲乙上爲三百之根如甲戊，又取戊丙底加于甲乙上爲四百之根如甲己，如此遞加，即得各方之根，其加法俱從尺心起。如求得丙乙，即以丙加甲，乙加丁，成甲丁，他皆倣此。

試法：甲乙爲一正方形之邊，倍其度即四倍方積之邊，否即不合。三倍得九倍方積之邊，四倍得十六，五倍得二十五。又取三倍之邊倍之，即十二倍之邊，四其三也。再加一倍，得二十七倍之邊，九其三也。再加倍，得四十八倍之邊，十六其三也。再加倍，得七十五倍之邊。廿五其三也。若以五倍之邊倍之，得二十倍之邊，四其五也。再加倍，得四十五倍之邊，九其五也。再加倍，得八十倍之邊。十六其五也。

凡言倍其度者，線上度也，如正方四百分之邊二十分，甲乙正方一百分之邊十分，其大爲一倍也，言幾倍方積者，積數也，如邊二十者積四百，即尺上所書。

用法一　有平方積求其邊。即開平方。法先求設數與某數能相爲比例得幾倍，如法求之。

假如有平方積一千二百二十五尺，欲求其根。以約分法求得二十五爲設數四十九

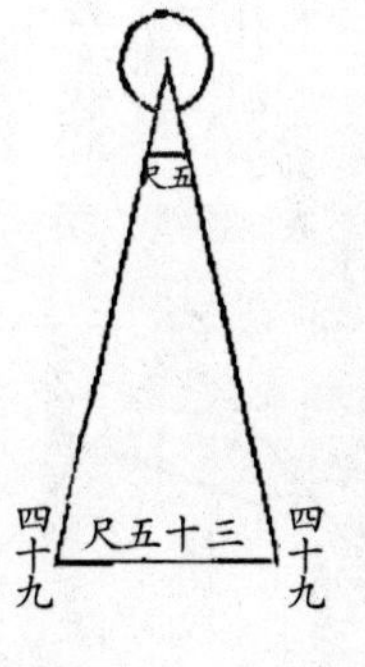
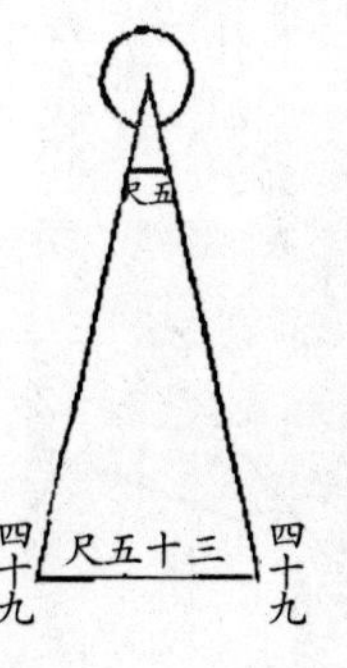

之一，即以規于平分線取五點爲平方線上一點之底，定尺。展規于四十九點取其底，即得一邊三十五尺爲平方根。積二十五方(積)[根]五，加四十九倍爲積一千二百二十五，方根三十五。或用四十九爲設數，一千二百二十五尺，二十五之一，即以規取七點爲平方一點之底，而取平方二十五點之底，亦得方根三十五如所求。積四十九，其方根七，加二十五倍爲積一千二百二十五，則其方根三十五。又法若無比例可求者，但以十分爲一點之底，定尺，有假如在用法七。

用法二　凡同類之平面形，可併爲一大形。或方或圓或三角多邊等形，但形相似，即爲同類。

假如有平面正方四形，求作一大正方形與之等積。其第一形之幂積爲二，第二形之積爲三，第三形之積四有半，第四形之積六又四之三。法先併其積，得十六又四之一，乃任取第一小形之邊爲底，二點爲弦定尺。若用第二形之邊爲底，定尺，即用三點爲弦。而于十六點又四之一取其底，爲大形邊，其面積與四形總數等。

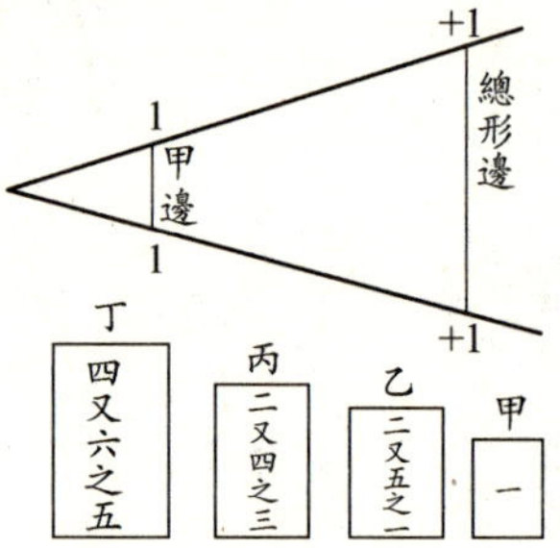

若但有同類之形而不知面積，亦不知邊數，則先求其積之比例。如甲乙丙丁方形四，法以小形甲之邊爲底，平方線第一點爲弦，定尺。次以乙形邊爲底，進退求等數，得第二點外又五分之一，即命其積爲二又五之一。此與小形一之比例，不拘丈尺。次丙形邊爲底，求得二又四之三，丁形邊得四又六之五，并諸數及甲形一，得十又六十分之四十七，約爲五之四弱，向元定尺上尋十一點弱十又五之四即十一弱，爲兩弦，取其底爲大方形邊，其面積與四形併數等。

此加形法也，圓面及三角等面凡相似之形，並可相併，其法同上。

用法三　平面形求作一同類之他形，大于設形幾倍。以設形之邊爲一點之底，定尺。

用法四　平面形，求別作一同類之形，爲設形幾分之幾。以設形之邊爲命分定尺，而於得分取數。

用法五　有兩數，求中比例，即三率連比例之第二率。

用法六　有長方形，求作正方形。

用法七　有設積求其方根，而不能與他數爲比例，則以一十數爲比例。

第三更面線

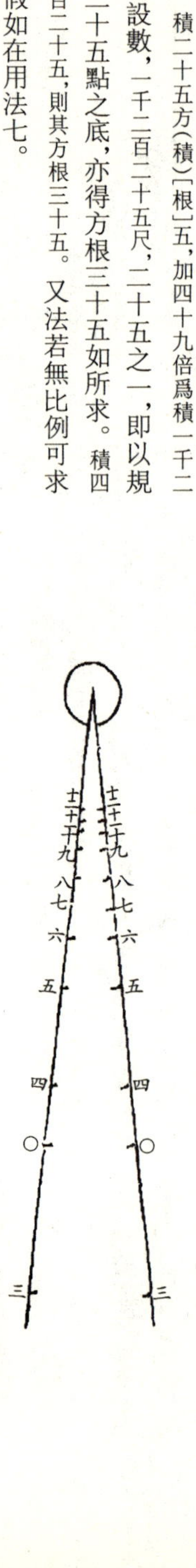

各面形

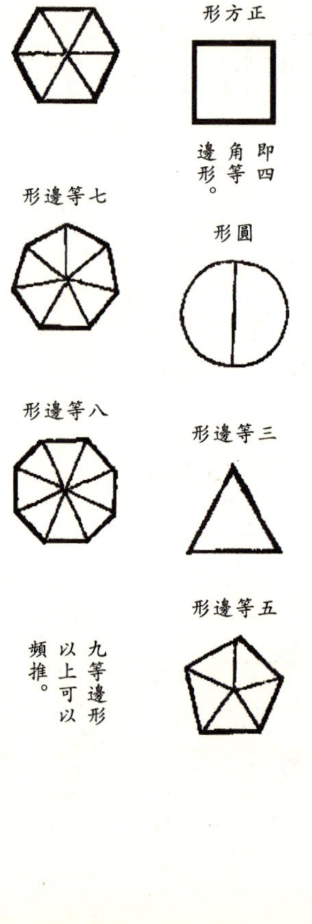

凡平面形，方必中矩，圓必中規，其餘各形並等邊等角，故皆爲有法之形，而可以相求。

分法

置公積四三二九六四，以開方，得正方形之根六五八，三邊形之根一千，五邊形之根五〇一，六邊形之根四〇八，七邊形之根三四五，八邊形之根二九九，九邊形之根二六〇，十邊形之根二三七，十一邊形之根二一四，十二邊形之根一九七，圓徑七四二，以本線爲千平分，而取各類之數從心至末，取各數加本類之號。

用法一　有平面積，求各類之根。凡三角及多邊各平面形，其邊既等，故並以形之一邊爲根，圓形則以徑爲根。法先以設數，于平方線上求其正方根，以此爲度，于更面線之正方號爲底，定尺，次于各形之號取底，即得所求各形邊。

用法二　有平面形不同類，欲相併爲一大形。法先以各形邊爲更面線上各本號之底，定尺，而取其正方號之底，作線，爲所變正方形之邊，次以所變方邊，于分面線上求其積數而併之，爲總積。

用法三　有平面形，欲變爲他形，如上法，以本形邊爲本號之底，定尺，而取所求他形號之底。

用法四　有兩平面形不同類，欲定其相較之比例，如前法，各以所設形變爲平方。

第四立方線舊名分體線。凡平方形如棊局，其四邊橫直相等，而無高與厚之數，立方則如方櫃，有橫有直，又有高，而皆相等。平方之積曰平積，亦曰面積，亦曰冪積，如棊局中之細分方罫，立方之積曰體積，亦曰立積，並如骰子之積累成方。

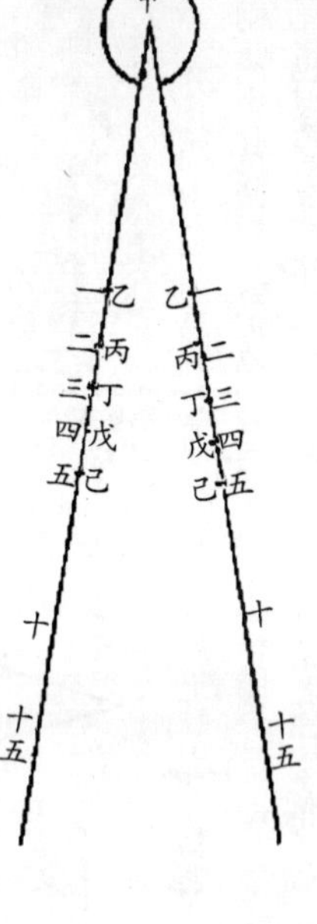

舊圖誤以尺樞心甲書于一點上，今改正。甲乙一，亦即一十，則其內細數亦不平分，舊圖作十平分，亦誤，今刪去。分法有二，一以算，一以量。

以算分

從尺心甲任定一點爲乙，則甲乙之度當十分邊之積爲一千，十分自之，再自之，即成一千，假如立方一尺，其積必千寸。紀其號曰一，次加一倍爲立積二千，開立方求其根，得十二又三之一，即于甲乙上加二又三之一爲甲丙，紀其號曰二。再加一倍立積三千，開立方得數紀三。以上並同。

捷法：取甲乙邊四分之一加甲乙，成甲丙，即倍體邊。又取甲丙七分之一加甲丙，成甲丁，即三倍體邊。又取甲丁十之一加甲丁，成甲戊，即四倍體邊。再分再加，如圖。

元體 甲乙	倍 甲丙	三倍 甲丁	四 甲戊	五 甲己	六 甲庚	七 甲辛	八 甲壬	九 甲癸	十 甲子
一	加四之一	七之一	十之一	十三之一	十六之一	十九之一	廿二之一	廿五之一	廿七之一

右加法，與開立方數所差不遠，但尾數不清，難爲定率，姑存其意。

又捷法：用立方表。

以量分

如後圖作四率連比例而求其第二，蓋元體之邊，與倍體之邊，爲三加之比例也。假如邊爲一，倍之則二，若求平方面，則復倍之爲四，是再加之比例也。今求立方體，必再倍之爲八。故曰三加。三加者，即四率連比例也。

幾何法曰：第二線上之體與第一線上之體，若四率連比例之第四與第一。第一爲元邊線，第二爲加倍之邊線，第三以邊線自乘，爲加倍線上之面，第四以邊線再自乘，爲加倍線上之體。今開立方，是以體積求邊線，即是以第四率求第二率也。

假如有立方體積，又有加倍之積，法以兩積變爲線，元積如辛庚，倍積如辛己。作壬己辛庚長方形，次于壬己、壬庚兩各引長之，以形心戊爲心，作圈分，截引長線于子、于午，作子午直線切辛角，如不切辛角，必漸試之，令正相切乃止。即辛庚一率，午庚二率，子己三率，己辛四率，爲四率連比例。末用第二率午庚爲倍積之一邊，其體倍大于元積。

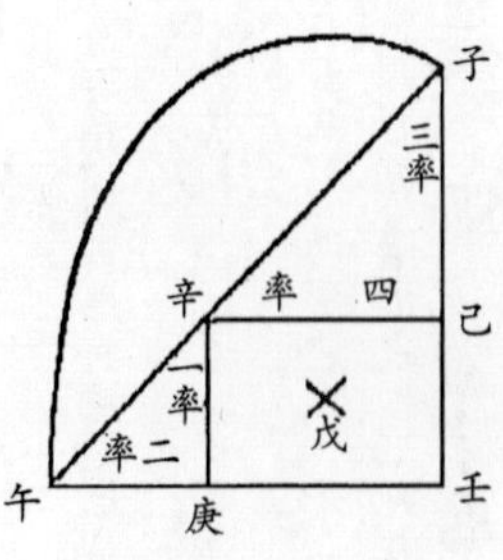

若辛己爲辛庚之三倍四倍，則午庚邊上體積，亦大于元積三倍四倍。以上倣此。

解四率連比例之理

試于辛點作卯辛，爲子午之垂線。次用子壬度，從午作卯午直線，截卯辛線于卯，又從卯作直線至子，又從辛點引辛庚邊至辰，引辛己邊至丑，成各句股形，皆相似而比例等。

卯辛午句股形，從辛正角作垂線至丑，分爲兩句股形，則形相似而比例等。

午丑辛形，以午丑爲句，丑辛爲股。辛丑卯形以丑辛爲句，丑卯爲股，則午丑與丑辛，若丑辛與丑卯也，連比例也。

卯辛子句股形，從辛正角作垂線至辰，分兩句股形，亦形相似而比例等。卯辰辛形，卯辰爲句，辰辛爲股，辛辰子形，辰辛爲句，辰子爲股，則卯辰與辰辛，若辰辛與辰子也，亦連比例也。而辰辛即丑卯，故合之成四率連比例。

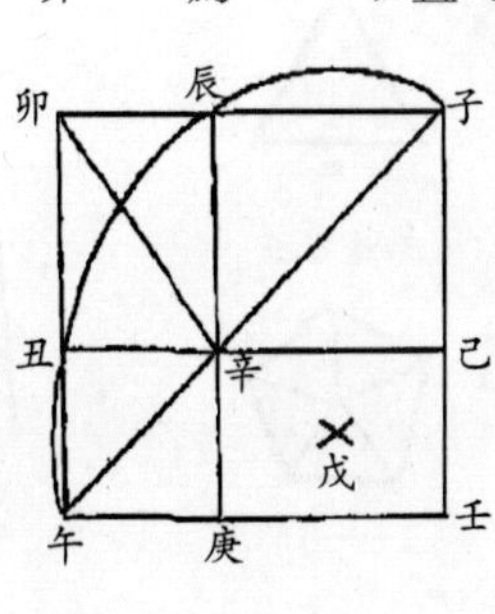

一率　辛庚　即午丑

二率　午庚　即丑辛亦即辰卯

三率　子巳　即辛辰亦即丑卯

四率　巳辛　即辰子

用法一　有立積求其根。即開立方。

用法二　有兩數，求其雙中率。謂有連比例之第一與第四，而求其第二第三。法以小數爲一率，用作本線一點之底，而取大數之底爲二率，既有二率，可求三率。

用法三　設一體，求作同類之體，大于設體爲幾倍。此乘體之法。

用法四　有同類之體，欲併爲一，法累計其積而併之，爲總積，求其根，即得。

用法五　有兩同類之體，求其比例與其較，此分體之法。

用法六　有立方體，欲別作一體爲其幾分之幾。

第五更體線舊名變體線。

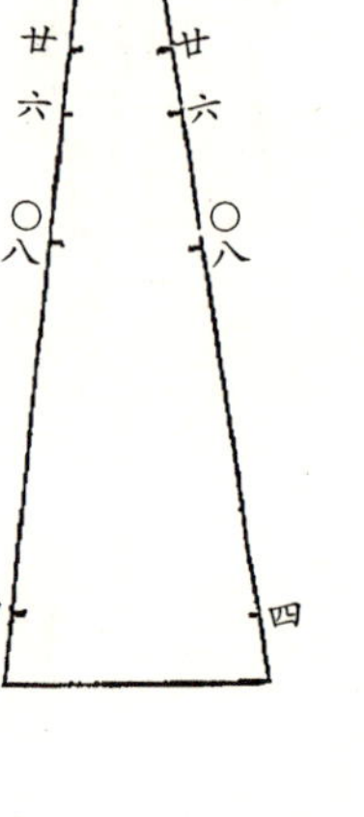

體之有法者曰立方，曰立圓，曰四等面，曰八等面，曰十二等面，曰二十等面，凡六種，外此皆不能爲有法之體。

六等面體

六等面體，各面皆正方。即立方也，有十二稜八角，《測量全義》曰：設邊一百，求其容爲一〇〇〇〇〇〇。

渾圓體

渾圓體亦曰球體，即立圓也，《幾何補編》曰：同徑之立方積與立圓積，若六〇〇〇〇〇〇與三一四一五九二，設徑一百，求其容爲五二三五九八。

四等面體

此三角平面形相合而成，有六稜四角，《測量全義》曰：設邊一百，求其容，爲一一七四七二半。

八等面體

此體各面亦皆三等邊形，有十二稜六角，《測量全義》曰：設邊一百，求其容，爲四七一四二五有奇。

十二等面體

此體各面皆五等邊，有三十稜二十角，《測量全義》曰，設邊一百求其容，爲七六八八六三八九。

二十等面體

此體各面亦皆三等邊，有三十稜十二角，按《幾何補編》，二十等面體設邊一百，其積二百一十八萬一八二八，《測量全義》作邊一百容五二三八〇九，相差四倍，故今不用。

分法

置公積百萬，依算法開各類之根，則立方六等面體之根爲一百，四等面體之根爲二〇四，八等面體之根爲一二八半，十二等面體之根爲五〇半强，二十等面體之根爲七七，圓球之徑爲一二四。原本十二等而根五〇，二十等而根七大，圓徑一二六，今並依《幾何補編》改定。

因諸體中獨四等面體之根最大，故本線用二〇四平分之，從心數各類之根，至本數加字。

用法一　有各類之立體，以積求根。即開各類有法體之方。

法皆以設積，于立方線求其根，乃移置更體線，求本號之根，即得。

用法二　有各類之立體，以根求積。法先以所設根變爲正方根，乃于立方線求其積。

用法三　有不同類之體，欲相併爲一。此以體相加之法，並變爲正方體積，即可相併。

用法四　有不同類之兩體，求其比例與其較。此以體相減之法。法各變爲立方體，即可相較以得其比例，並同更面線法。

又　卷二

第六分圓線即各弧之通弦也，舊名分弦線，亦曰分圈。

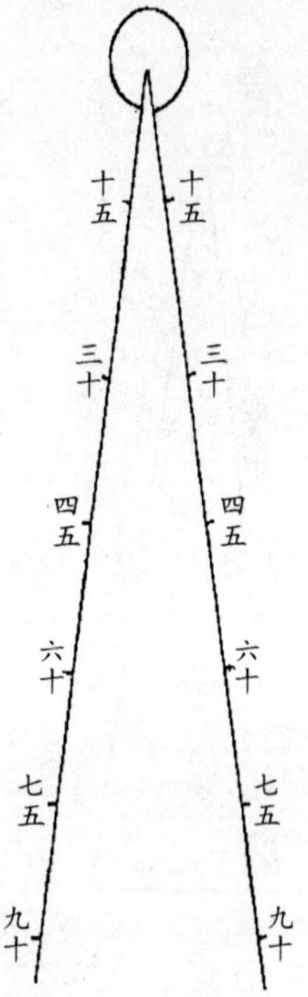

分法有二，一以量，一以算。

以量分

法作半方形如甲乙丙，令甲丙斜弦與本線等長，以乙方角爲心，甲爲界，作象限弧如甲丁丙。乃匀分之爲九十度，各識之，次從甲點作直線至各度，移入斜弦上識其號。若尺小可作六十度，即本線之長爲六十度號。若尺大可作一百八十度，即本線之半爲六十度號。

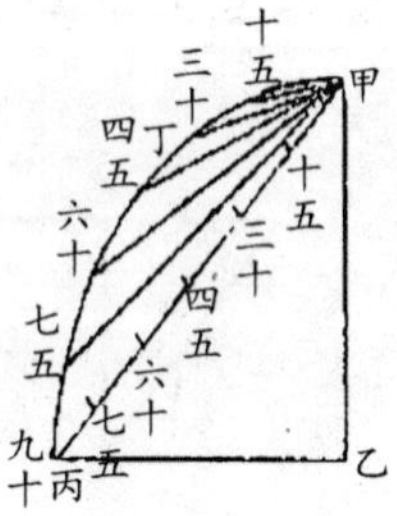

以算分

法查八線表正弦數倍之，爲倍度之通弦。假如求六十度通弦，即以三十度之弦五〇〇〇〇倍之，得一〇〇〇〇〇，即六十度之通弦。他皆若是。

試法：十八爲半周十之一，即全圈二十之一也，三十六爲半周五之一，即全圈十之一，四十五爲半周四之一，即全圈八之一，七十二爲半周五之二，即全圈五之一，九十爲半周之半，即全圈四之一，謂一象限，百二十度爲半周三之二，即全圈三之一。

用法一　有圓徑求若干度之弧，以半徑當六十度取之。

用法二　若以弧問徑，則反之。

用法三　直線三角形，求量角度。法以角爲心，任用規截角旁兩線作通弦，如法得角度。

用法四　平面等邊形求其徑。

第七正弦線舊名節氣線，然正弦爲用甚多，不止節氣一事，不如直言正弦以免掛漏。

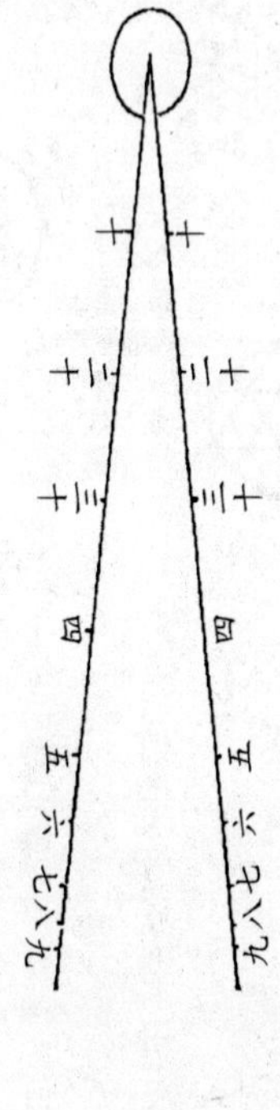

正弦線不平分，亦近樞心大，而漸遠漸小，與分圓同。

分法

全尺爲一百平分，尺大可作一千，于正弦表取數，從樞心至各度分之，每十度加號。

簡法：第一平分線可當此線，其線兩旁一書平分號，一書正弦號。

又法：分圓線可當此線，以分圓線兩度當正弦一度，紀其號，假如分圓六十度齡，即紀正弦三十，但分圓之號直書，則正弦橫書以別之。

用法一　有設弧求其正弦，法以九十度當半徑。

用法二　有弧度之正弦數，求徑數，則以前條反用之。

用法三　句股形，有角度有弦，求句求股，法以弦當半徑，正弦當句與股。

用法四　三角形以邊求角。

用法五　三角形以角求邊。

用法六　作平儀，求太陽二至日離赤道緯度。

用法七　定時刻。仍用平儀。

第八切線舊名時刻線，今按平儀時刻原用正弦，惟以日景取高度定時刻，斯用切線耳。

又如渾蓋通憲等法，亦皆切線，其用甚多，故不如直名切線。

切線不平分，先小漸大，至九十度竟平行無界，故只用八十度，或只作六十度亦可。

分法

簡切線表，六十度之切線一七三，即取本尺度於平分線上一七三定尺爲底，次簡切線表各十度之數取底加識。

用法一　三角形求角。

用法二　求太陽地平上高度用直表。

用法三　求太陽高度用橫表。

植橫木于牆，以候日影，即得倒影，爲正切線之度。

用法四　求北極出地度分。

第九割線舊名表心線，今按制線非表心，又割線之用甚多，非只作日晷一事，故直名割線爲是。

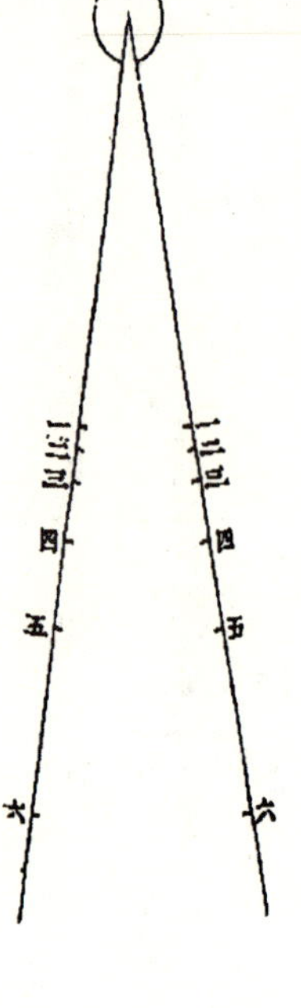

割線不平分，先小後大，並與切線畧同，故亦只作八十度，或只作六十度亦可。

分法

用割線本表六十度之割線二〇〇，以本尺度於平分線上二〇〇定尺爲底，次取每十度之底加識，與切線同。

用法一　三角形以割線求角。

用法二　作平面日晷。兼用割、切二線。

用法三　先有表，求作日晷。借用前圖可解。

用法四　有立面，向正南作日晷，並同平面法。但以北極高度之餘切線定表位，以正切線定晷心，則自晷心作線至表端能上指北極，爲兩極軸線。又立晷書時刻並逆旋，與平面反。然以立晷正立于北，與平晷相連成垂線，則其時刻一一相符。

用法五　用橫表作向東向西日晷。

新增時刻線以切線分時刻，本亦非誤，但切線無半度，取度難清，今另作一線，得數既易，時刻尤真。

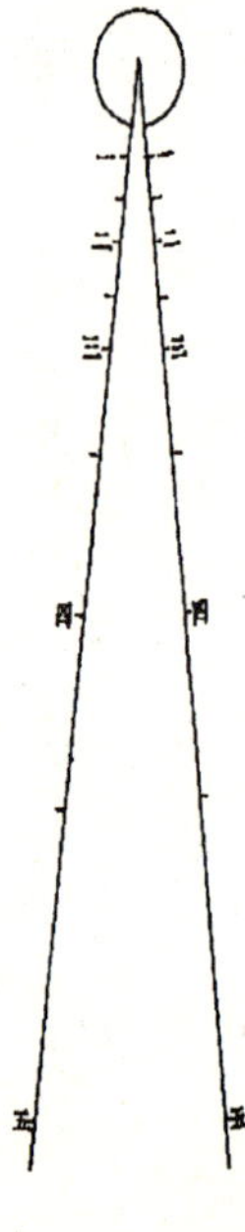

分法

依尺長短作直線，如後圖乙丙，于線端作橫垂線。如乙甲爲乙丙垂線。又作直線略短，與設線平行，交橫線如十字。如甲己線交橫線于甲。以甲爲心，作象限弧，六平分之，爲時限各一分內四平分之爲刻限。次于甲心出直線，過各時限至直線，成六時，過各刻限者成刻，乃作識紀之。並如後圖。

尺短移直線近甲心取之。移進線並與原直線平行，以遇第六時第二刻爲度，如庚戊虛線，遇丁戊線于戊，即戊爲第六時之二刻。

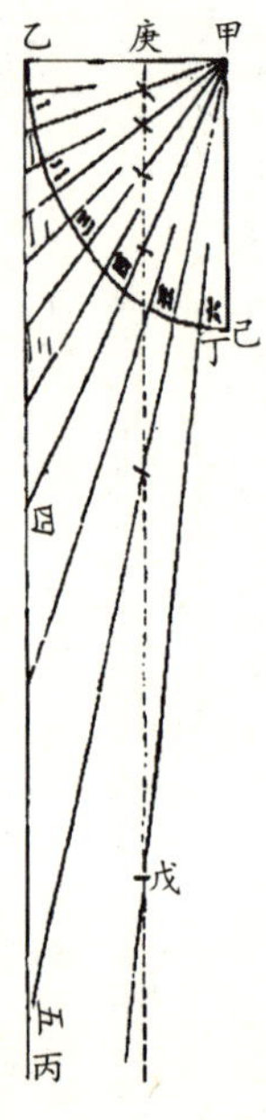

用法　凡作日晷，並以所設半徑置第三時爲底定尺，而取各時刻之底移于赤道線上，午前午後，並起午正左右爲第一時依次加識，即各得午正前後時刻。並如前法。

又　第十五金線即輕重之學。

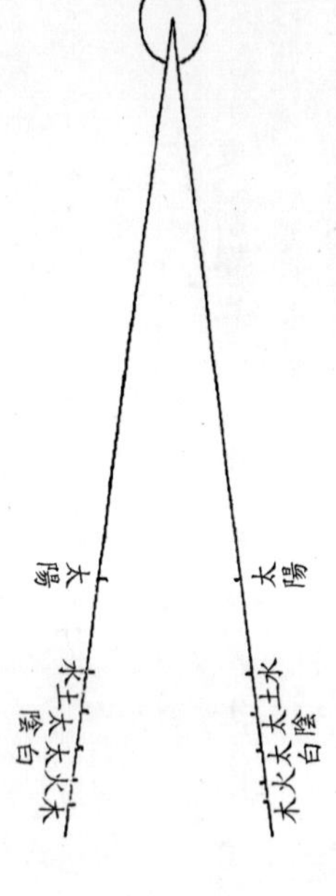

物有輕重以此權之，獨言五金者，以其有定質也。

五金之性情，有與七政相類者，因以爲識。

金太陽，水銀水星，鉛土星，銀太陰，銅太白，鐵火星，錫木星。

分法

用各分率及立方線。

比例率先取諸色金造成立方體，其大小一般無二，乃權其輕重以爲比例。

黃金一

水銀一又七十五分之三十八《儀象志》作九十五分之三十八。

鉛一又二十三分之一十五

銀一又三十一分之二十六

銅二又九分之一

鐵二又八分之三

錫二又三十七分之二十一《比例規解》原作三十七分之一，則錫率反小于銅鐵，而輕重之序乖，今依《儀象志》。

金體最重，故以爲準。自尺心向外，任定一度，爲金之根率，自此依各率增之，並以金度爲立方線上十分之底，定尺。次依各率爲底，進退求等數，取以爲各色五金之根率，自心向金率點外作識。

又法：用立方根比例率。

黃金一六六弱　銅二一三　若金立方根一百六十六，銀立方

水銀一九一弱　鐵二二二　根二百〇四，則其重相等，他色倣此。

鉛二〇二　錫二二八　今本線用此，以二二八爲末點，

銀二〇四　依各色之根作識。

用法一　有某色金之立方體，求作他色金之立方體與之同重。或立圓及各種等面體並同。

用法二　若同類之體，其根同大，求其重。

清·《數理精蘊》下編卷三九　比例規解

比例尺代算，凡點、線、面、體、乘、除、開方，皆可以規度而得，然於畫圖製器尤所必需，誠算器之至善者焉。究其立法之原，總不越乎同式三角形之比例。蓋同式三角形，其各角各邊皆爲相當之率。今張尺之兩股，爲三角形之兩腰，其尺末相距，即三角形之底，遂成兩邊相等之三角形。於中任截兩邊相等之各三角形，則其各腰之比例，必與各底之比例相當也。一曰平分線，以御三率。一曰分面線，一曰更面線，以御面冪。一曰分體線，一曰更體線，以御體積。一曰五金線，以御輕重。一曰分圓線，一曰正弦線，一曰正切線，一曰正割線，以御測量。併製平儀諸器，凡此十線，或總歸一器，或分爲數體，任意爲之，無所不可，今將各線之分法及用法併著於篇。此外又有假數尺，即用對數及正弦割切諸線之對數爲之，用於三率比例測量尤爲簡捷，亦詳其法於後。

平分線

自甲樞心至乙、丙兩股之末，作甲乙、甲丙二線。依《幾何原本》十二卷十九節之法，將甲乙、甲丙二線俱平分爲二百分，即爲平分線也。尺之長短任意爲之，尺短則平分一百分，尺長則平分四五百分，或一千分亦可，分愈多而用愈便也。

設如一丁戊線，欲加五倍，問得幾何。

法以比例尺平分線第十分之己、庚二點，依丁戊線度展開，勿令移動。次取平分線第五十分之辛、壬二點相離之度，作丁癸線，即丁戊線之五倍也。蓋十分之點爲己與庚，而甲己庚爲兩邊相等之三角形，甲己、甲庚爲腰，己庚相距爲底。又五十分之點爲辛與壬，而甲辛壬爲兩邊相等之三角形，甲辛、甲壬爲腰，辛壬相距爲底。此兩三角形爲同式形，故甲庚與己庚之比，同於甲壬與辛壬之比。而甲庚與甲壬之比，亦同於己庚與辛壬之比。甲壬既爲甲庚之五倍，則辛壬必爲己庚之五倍，而丁癸亦爲丁戊之五倍可知矣。若欲將丁戊線加

十五倍，則仍以丁戊線度於十分上定尺，取平分線第一百五十分之子、丑二點相離之度，作寅卯線，即爲丁戊線之十五倍也。若欲將丁戊線加三分之二，則將平分線第三十分之辰、巳二點，依丁戊線度展開，勿令移動。而取平分線第五十分之午、未二點相離之度，作申酉線，即爲丁戊線加三分之二也。以丁戊線爲三分，而加二分，共得五分。因三與五之點近樞難用，故用三十與五十，其比例同也。若有丁癸、丁戊二線，欲定其比例之分數，則將平分線第一百分之戊、亥二點，依丁癸線度展開，勿令移動。次取丁戊線度，尋至平分線第二十分之乾、坎二點，其相離之度恰符，即定爲一百分之二十，約爲五分之一，即丁癸、丁戊兩線之比例也。要之用尺之法，不外於三率求四率。如以一率爲腰，二率爲底而定尺，則三率復爲腰而其底即四率也。以一率爲腰三率爲底而定尺，則二率復爲腰，而其底亦即四率也。若以一率爲底二率爲腰而定尺，則三率復爲底，而其腰則四率也。諸線之用雖各不同，其比例之理則一也。

設如一丁戊線，欲分爲六分，問每分幾何。

法以比例尺平分線第六十分之己、庚二點，依丁戊線度展開，勿令移動。次取平分線第十分之辛、壬二點相離之度，截丁戊線於癸，則丁癸即丁戊線六分之一也。蓋六十分之點爲己與庚，而甲己庚爲兩邊相等之三角形，甲己、甲庚爲腰，己庚相距爲底。又十分之點爲辛與壬，而甲

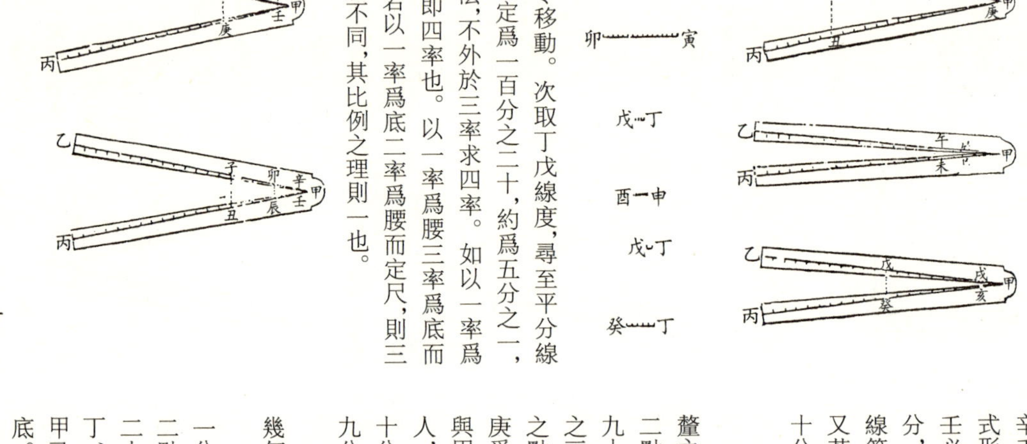

辛壬亦爲兩邊相等之三角形，甲辛、甲壬爲腰，辛壬相距爲底。此兩三角形爲同式形，則甲庚與甲壬之比，同於己庚與辛壬之比。甲壬既爲甲庚六分之一，則辛壬必爲己庚六分之一，而丁癸亦爲丁戊線六分之一可知矣。若欲分丁戊線爲七分，則將平分線第七十分之子、丑二點，依丁戊線度展開，勿令移動。次取平分線第十分之辛、壬二點相離之度，截丁戊線於寅，則丁寅即丁戊線七分之一也。又若丁戊線欲取七分之三，則仍以丁戊線度於七十分上定尺。而取平分線第三十分之卯、辰二點相離之度，截丁戊線於己，則丁己即丁戊線七分之三也。

設如有十三人，每人給銀七兩，問共銀幾何。

法以比例尺平分線第十分之丁、戊二點，依分釐尺七釐之度展開，勿令移動。次取平分線第一百三十分之己、庚二點相離之度，於分釐尺上量之，得九分一釐，即得共銀爲九十一兩也。蓋十分之點爲丁與戊，而甲丁戊爲兩邊相等之三角形，甲丁、甲戊爲腰，丁戊相距爲底。又一百三十分之點爲己與庚，而甲己庚亦爲兩邊相等之三角形，甲己、甲庚爲腰，己庚相距爲底。此兩三角形爲同式形，故甲戊十分與甲庚一百三十分之比，同於丁戊七釐與己庚九分一釐之比也。又以十分當一人，故以一百三十分當十三人。以七釐當七兩，故九分一釐即爲九十一兩。蓋十分與一人之比，同於一百三十分與十三人之比。而七釐與七兩之比，亦同於九分一釐與九十一兩之比也。

設如每官一員，每月給公費錢二千二百文，共給錢八千八百文，問官員幾何。

法以比例尺平分線第二十二分之丁、戊二點，依分釐尺一分之度展開，勿令移動。次取平分線第八十八分之己、庚二點相離之度，於分釐尺上量之，得四分，即得官四員也。蓋二十二分之點爲丁與戊，而甲丁戊爲兩邊相等之三角形，甲丁、甲戊爲腰，丁戊相距爲底。又八十八分之點爲己與庚，而甲己庚爲兩邊相等之三角形，甲己、甲庚爲腰，己庚相距爲底。此兩三角形爲同式形，故甲戊二十二分與甲庚八十八分之比，同於丁戊一分與己庚四分之比也。又以二十二分當錢二千二百，故以八十八分當錢八千八百。以一分當官一員，

故四分即爲官四員。蓋二十二分與二千二百之比，同於八十八分與八千八百之比。而一分與一員之比，亦同於四分與四員之比也。

設如原有粟五斗，易布二疋。今有粟三石，問易布幾何。

法以比例尺平分線第二十分之丁、戊二點，四倍五斗之數，因五分近樞難用，故用四倍之數也。依分釐尺二分之度展開，勿令移動。次取平分線第一百二十分之己、庚二點相離之度，四倍三石之數，三石爲三十斗，故四倍之得一百二十也。於分釐尺上量之，得一寸二分，即得布十二疋也。蓋二十分之點爲丁與戊，一百二十分之點爲己與庚，而甲丁戊與甲己庚爲同式兩三角形。故甲戊二十分與甲庚一百二十分之比，同於丁戊二分與己庚一寸二分之比也。又以二十分當五斗爲四倍之數，故以一百二十分當三石亦爲四倍之數。以二分當二疋，故一寸二分即爲十二疋。蓋二十分與五斗之比，同於一百二十分與三石之比。而二分與二疋之比，亦同於一寸二分與十二疋之比也。

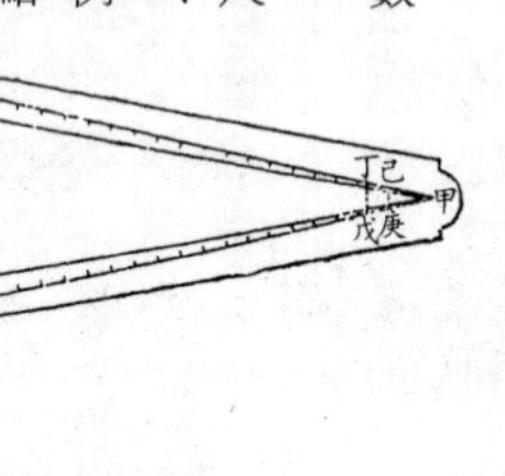

設如有二十七及十八之兩數，問相連比例之第三數幾何。

法以比例尺平分線第二十七分之丁、戊二點，依分釐尺一分八釐之度展開，勿令移動。次取平分線第十八分之己、庚二點相離之度，於分釐尺上量之，得一分二釐，即相連比例之第三數爲十二也。蓋二十七分之點爲丁與戊，十八分之點爲己與庚，而甲丁戊與甲己庚爲同式三角形。故甲戊二十七與甲庚十八之比，同於丁戊十八與己庚十二之比也。丁戊與甲庚既同爲十八，既連比例之中率，則己庚十二爲連比例之第三率無疑矣。

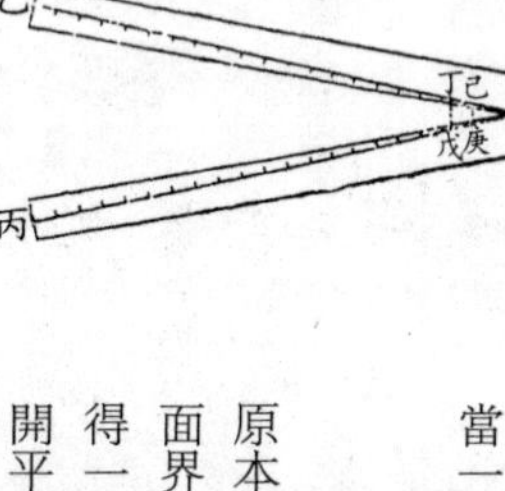

設如有勾五尺，股十二尺，問弦幾何。

法以比例尺平分線甲丁四十分、甲戊三十分之丁、戊二點，依本線五十分之度展開，勿令移動。次取平分線甲庚五十分、當勾數。甲己一百二十分當股數。之己、庚二點相離之度，於本線上量之爲一百三十分，即得弦十三尺也。蓋勾三、股四、弦五，爲勾股弦之定數。今以甲戊三十、甲丁四十爲兩腰，而丁戊五十爲底，則其兩腰相交之

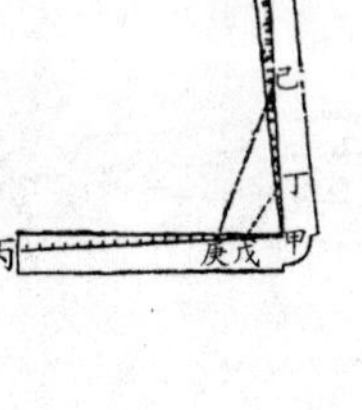

甲角必爲直角。故以今有之勾股數爲兩腰，而取其底，即爲所求之弦數也。若有勾五尺，有弦十三尺而求股，則取本線一百三十分之度，自五十分之庚點尋至一百二十分之己點，其相離之度恰符，即得股十二尺矣。

設如有圓徑三十五寸，問圓周幾何。

法以比例尺平分線第二十一分之丁、戊二點，徑率七之三倍也。因七分近樞，故用三倍之數。依分釐尺三分五釐之度展開，勿令移動。次取平分線第六十六分之己、庚二點相離之度，周率二十二之三倍也。因徑率用三倍，故周率亦三倍之。於分釐尺上量之，得一寸一分，即一百一十寸，爲所求之圓周也。蓋二十一分之點爲丁與戊，六十六分之點爲己與庚，而甲丁戊與甲己庚爲同式三角形。故甲戊二十一與丁戊三分五釐之比，同於甲庚六十六與己庚一寸一分之比。而甲戊與甲庚既爲徑與周之比例，則丁戊與己庚亦必爲徑與周之比例矣。又甲戊爲徑率之三倍，故甲庚亦用周率之三倍。而丁戊以一釐當一寸，故己庚亦以一釐當一寸，其比例俱相當也。

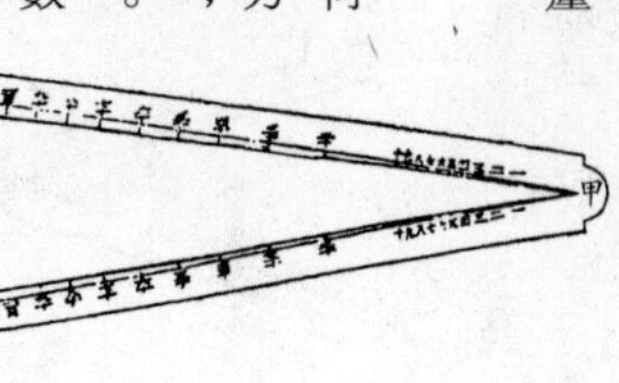

分面線

自甲樞心至乙、丙兩股之末，作甲乙、甲丙二線，依《幾何原本》十二卷二十一節之法分之，即爲分面線也。或設正方面界一百釐，其積數一萬釐。以二因之，得二萬釐。開平方，得一百四十一釐，爲積二萬釐之根。又以三因之，得三萬釐。開平方，得一百七十三釐，爲積三萬釐之根。照此屢倍積數開平方，將所得之數於分釐尺上取其度，按度截比例尺之甲乙、甲丙二線，即成分面線也。

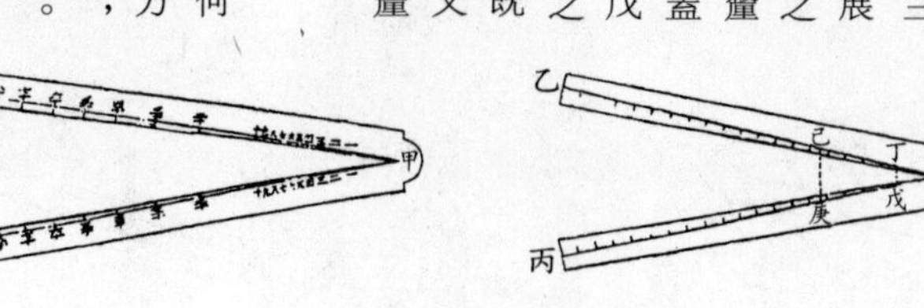

設如有甲、乙、丙三正方形，甲形每邊一寸，其積數之比例，甲爲一分，乙爲六分，丙爲九分。今欲作一大正方形，與甲、乙、丙三正方形之積等，問其邊幾何。

法以比例尺分面線第一分之兩點，因甲方之積爲一分，故用一分也。依甲正方形每邊一寸之度展開，勿令移動。乃併三正方面積共十六分，即取分面線第十六分兩點相距之度，於分釐尺上量之，得四寸即所求大正方形之每一邊。用其度作正方形，其積與甲、乙、丙三正方

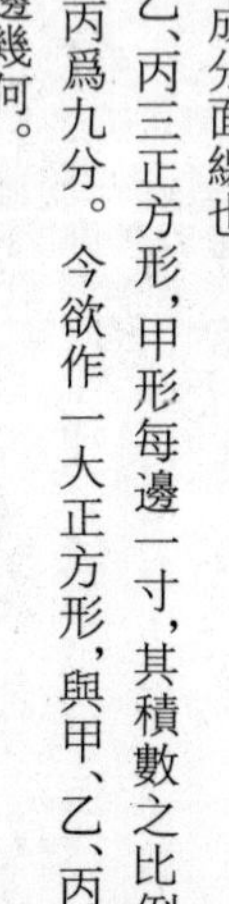

形之共積等也。蓋十六分所作正方形，原比一分所作正方形大十六倍，則十六分相距之度所作正方形，亦必比一分相距之度所作正方形大十六倍矣。一分相距之度即甲正方形之一邊，其積爲一分，則以十六分相距之度所作正方形，其積必爲十六分，與三正方形之共積相等也。

設如有大小等邊三角形，小形每邊一寸，大形每邊四寸。今欲將兩面積相減，取其餘積作同式等邊三角形，問其邊幾何。

法以比例尺分面線第一分之兩點，依小形每邊一寸之度展開，勿令移動。次以大形每邊四寸之度，於分面線上尋至第十六分之兩點，其相距之度恰合，即大形與小形之比例爲十六與一。相減餘十五爲較積，即取分面線第十五分兩點相距之度，於分釐尺上量之，得三寸八分七釐，即較形之每一邊也。蓋大小同式多邊形之比例，同於相當界所作正方形之比例。見《幾何原本》八卷第九節。今十六分所作正方形與一分所作正方形之比例，爲十六與一，則十六分相距之度所作正方形與一分相距之度所作正方形之比例，亦爲十六與一矣。夫大小兩距度，即大小兩三角形之相當界。其所作兩正方形之比例，既爲十六與一，則大小兩三角形之比例，亦必爲十六與一矣。既得兩形之比例，乃相減以得較。既得較積之比例，復用積以求邊，即得所求之邊數也。

設如有五等邊形，每邊二尺。欲三倍其積，作同式五等邊形，問其每邊幾何。

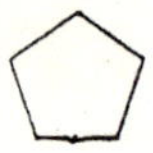

法以比例尺分面線第一分之兩點，依分釐尺二寸之度展開，勿令移動。次取第三分兩點相距之度，於分釐尺上量之，得三寸四分五釐，即三尺四寸五分爲所求大形之每一邊。用其度作五等邊形，其積與原形之三倍等也。蓋大小同式形之比例，同於相當界所作正方形之比例。見《幾何原本》八卷第九節。今一分所作正方形與三分所作正方形之比例，爲一與三，則一分相距之度所作正方形與三分相距之度所作正方形之比例，亦必爲一與三矣。夫一分相距之度即原形之界，則以三分相距之度爲大形之界，其積爲原形之三倍可知矣。又以二寸當原形之邊一尺，故三寸四分五釐即爲三尺四寸五分也。

設如有六等邊形，每邊三尺。欲取其積四分之三，作同式六等邊形，問其每邊幾何。

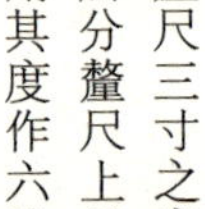

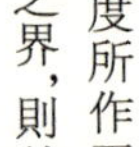

法以比例尺分面線第四分之兩點，依分釐尺三寸之度展開，勿令移動。次取分面線第三分兩點相距之度，於分釐尺上量之，得二寸六分，即二尺六寸爲所求小形之每一邊。用其度作六邊形，其積即爲原形四分之三也。蓋大小同式形之比例，同於相當界所作正方形之比例。今四分所作正方形與三分所作正方形之比例，爲四與三，則四分相距之度所作正方形與三分相距之度所作正方形之比例，亦必爲四與三矣。夫四分相距之度即原形之界，則以三分相距之度爲小形之界，其積爲原形四分之三可知矣。又以三寸當原形之邊三尺，故二寸六分即爲二尺六寸也。

設如有三率相連比例數，首率二尺，末率八尺，問中率幾何。

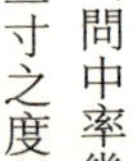

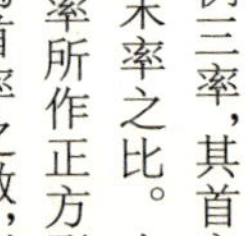

法以比例尺分面線第二分之兩點，依分釐尺二寸之度展開，勿令移動。次取分面線第八分兩點相距之度，於分釐尺上量之，得四寸，即四尺爲相連比例之中率也。蓋相連比例三率，其首率所作正方形與中率所作正方形之比，同於首率與末率之比。今首率爲二尺，末率爲八尺，則首率所作正方形與中率所作正方形之比例，即如二與八之比例。故以二分相距之度爲首率之數，則八分相距之度必爲中率之數可知矣。又首率用二寸當二尺，故中率四寸即爲四尺也。

設如有正方面積一千六百尺，問每一邊幾何。

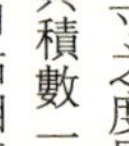

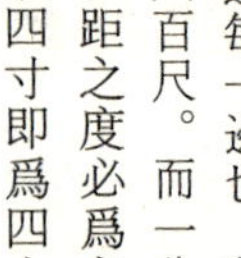

法以比例尺分面線第一分之兩點，依分釐尺一寸之度展開，勿令移動。乃以一寸之十分作十尺，自乘得一百尺，與積數一千六百尺相較，其比例如一與十六。即取分面線第十六分兩點相距之度，於分釐尺上量之，得四寸，即四十尺爲所求正方之每一邊也。蓋一分之積既爲一百尺，則十六分之積必爲一千六百尺。而一分相距之度既爲方積一百尺之每一邊，則十六分相距之度必爲方積一千六百尺之每一邊矣。又以一寸當十尺，故四寸即爲四十尺也。

設如有正方面積九千零二十五尺，問每一邊幾何。

法以比例尺分面線第一百分之兩點，依分釐尺一寸之度展開，勿令移動。乃以一寸之一百釐作一百尺，自乘得一萬尺，與積數九千零二十五尺相較，其比例如一百與九十有餘。即取分面線第九十分有餘相距之度，於分釐尺上量之，得九分五釐，即九十五尺爲所求正方之每一邊也。蓋一百分之積既爲一萬尺，則九十分有餘之積必爲九千餘尺。而一百分相距之度既爲方積一萬尺之每一邊，則九十分有餘相距之度必爲方積九千餘尺之每一邊矣。又以一寸當一百尺，故九分五釐即爲九十五尺也。

更面線

自甲樞心至乙、丙兩股之末，作甲乙、甲丙二線。設積數一億，用面部內面積相等邊線不同之定率比例，得各形之邊線。其方邊一萬，圜徑一萬一千二百八十四，三等邊一萬五千一百九十七，五等邊七千六百二十四，六等邊六千二百零四，七等邊五千二百四十六，八等邊四千五百五十一，九等邊四千零二十二，十等邊三千六百零五。將各形邊數於分釐尺上取其度，按度截比例尺之甲乙、甲丙二線，即成更面線也。

設如有甲圓形徑一尺二寸，欲作一正方形，其積與圓積等，問每邊幾何。

法以比例尺更面線圓號之兩點，依分釐尺一寸二分之度展開，勿令移動。次取方號之兩點相距之度，於分釐尺上量之，得一寸零六釐，即一尺零六分爲正方形之每一邊。用其度作正方形，其積與圜積等也。蓋圓號與方號之比例，原爲同積之圓徑與方邊之比例，則其兩距度之比例，亦必爲圓徑與方邊之比例。今圓號相距之度既爲圓徑，則方號相距之度，必爲方邊無疑矣。又以一寸二分當圓徑一尺二寸，故一寸零六釐即爲方邊一尺零六分也。

設如有甲三邊形，每邊一十五尺。又有乙五邊形，每邊十尺。欲併作一正方形，問每邊幾何。

法以比例尺更面線三邊號之兩點，依分釐尺一寸五分之度展開，勿令移動。次取方號之兩點相距之度，於分釐尺上量之，得九分八釐七豪，即九尺八寸七分爲正方形之每一邊。用其度作正方形，其積與甲三邊形積等也。又以五邊號之兩點，依分釐尺一寸之度展開，勿令移動。次取方號之兩點相距之度，於分釐尺上量之，得一寸三分一釐，即十三尺一寸爲正方形之每一邊。用其度作正方形，其積與乙五邊形積等也。乃將兩正方形用分面線求其積之比例，以分面線第十分之兩點，依小方邊九分八釐七豪之度展開，勿令移動。復以大方邊一寸三分一釐之度，於分面線上尋至第十七分六釐之處，其相距之度恰合。即兩方形之比例，爲十分與十七分六釐，併之得二十七分六釐。即取分面線第二十七分六釐相距之度，於分釐尺上量之，得一寸六分四釐，即十六尺四寸爲正方形之每一邊。用其度作正方形，其積與甲、乙兩形之積等也。蓋甲、乙兩形不同類，不能得其比例，即不能相加。故先用更面線，將甲、乙兩形俱變爲正方形。復用分面線求其比例而併之，即得所求大正方形之一邊也。

設如有甲八邊形，每邊十二尺。又有乙六邊形，每邊六尺。今將兩面積相減，用其餘積作一七邊形，問其邊幾何。

法以比例尺更面線八邊號之兩點，依分釐尺一寸二分之度展開，勿令移動。次取七邊號兩點相距之度，於分釐尺上量之，得一寸三分八釐，即十三尺八寸爲七邊形之每一邊。用其度作七邊形，其積與甲八邊形積等也。又以六邊號之兩點，依分釐尺六分之度展開，勿令移動。次取七邊號兩點相距之度，於分釐尺上量之，得五分零七豪，即五尺零七分爲七邊形之每一邊。用其度作七邊形，其積與乙六邊形積等也。乃將兩七邊形用分面線求其比例，以分面線第十分之兩點，依小七邊形之邊五分零七豪之度展開，勿令移動。復以大七邊形之邊一寸三分八釐之度，於分面線上尋至第七十八分之處，其相距之度恰合，即兩七

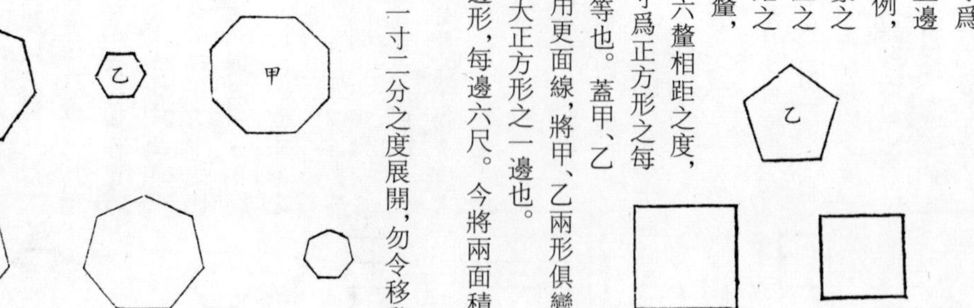

邊形之比例爲十分與七十八分。相減餘六十八分，即取分面線第六十八分相距之度，於分釐尺上量之，得一寸三分，即十三尺爲所求七邊形之每一邊。用其度作七邊形，其積與甲、乙兩形相減之餘積等也。蓋甲、乙兩形不同類，不能得其比例。即不能相減，故先用更面線，將甲、乙兩形俱變爲七邊形。復用分面線求其比例而後相減，即得所求七邊形之一邊也。

設如有十等邊形，積四千四百四十五尺，問每一邊幾何。

法先以比例尺分面線第一分之兩點，依分釐尺一寸之度展開，勿令移動。乃以一寸之十分作十尺，自乘得一百尺，與積四千四百四十五尺相較，其比例如一與四十四又九之五。即取分面線第四十四分又九之五相距之度，於分釐尺上量之，得六寸六分又三之二，即六十六尺又三分尺之二爲方形之一邊。用其度作正方形，其積與十邊形積等也。乃以更面線方號之兩點，依方形每邊六寸六分又三分之二之度展開，勿令移動。次取十邊號兩點相距之度，於分釐尺上量之，得二寸四分，即二十四尺。爲所求十邊形之每一邊也。蓋正方形爲各面形比例之宗，故凡有積求邊者，必先用分面線求得方形之邊，然後用更面線，使方號兩點相距之度與方邊等。而取所求形之號兩點相距之度，即所求形之一邊。自圓形三邊形以至九邊形，皆同一法也。

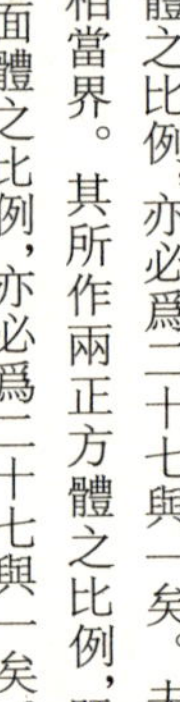

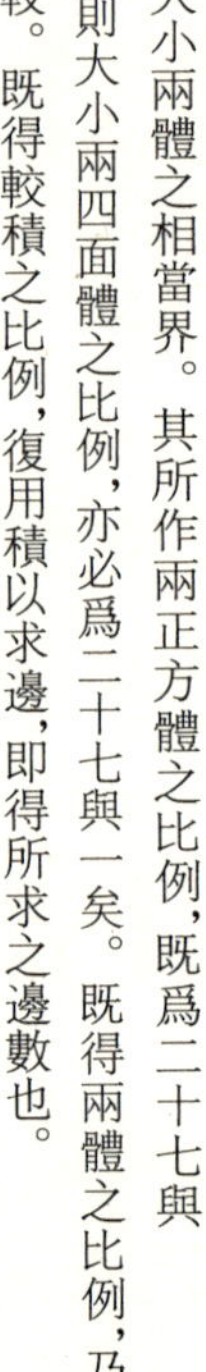

分體線

自甲樞心至乙、丙兩股之末，作甲乙、甲丙二線，依《幾何原本》十二卷二十二節之法分之，即爲分體線也。或設正方體界一百釐，其積數一百萬釐。以二因之，得二百萬釐。開立方，得一百二十六釐，爲積二百萬釐之根。又以三因之，得三百萬釐。開立方，得一百四十四釐，爲積三百萬釐之根。照此屢倍積數開立方，將所得之數於分釐尺上取其度，按度截比例尺之甲乙、甲丙二線，即成分體線也。

設如有甲、乙、丙三正方體，甲形每邊二寸，其積數之比例，甲爲一分，乙爲三分，丙爲四分。今欲作一大正方體，與甲、乙、丙三正方體之積等，問其邊幾何。

法以比例尺分體線第一分之兩點，依甲正方體每邊二寸之度展開，勿令移動。乃併三正方體積，共八分，即取八分兩點相距之度，於分釐尺上量之，得四寸，即所求大正方體之每一邊。用其度作正方體，其積與甲、乙、丙三正方體之共積等也。蓋八分所作正方體，原比一分所作正方體大八倍，則八分相距之度所作正方體，亦必比一分相距之度所作正方體大八倍矣。一分相距之度，即甲正方體之一邊，其積爲一分，則以八分相距之度所作正方體，其積必爲八分，與三正方體之共積相等也。

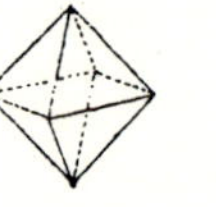

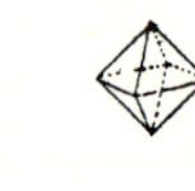

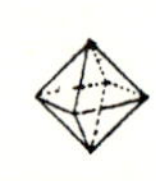

設如有大小兩四等面體，小體每邊一寸，大體每邊三寸。今將兩體積相減，取其餘積作同式四面體，問其邊幾何。

法以比例尺分體線第一分之兩點，依小體每邊一寸之度展開，勿令移動。次以大體每邊三寸之度，於分體線尋至第二十七分之兩點，其相距之度恰合，即大形與小形之比例，爲二十七與一。相減餘二十六爲較積，即取分體線第二十六分兩點相距之度，於分釐尺上量之，得二寸九分六釐，即較體之每一邊也。蓋大小同式體之比例，同於相當界所作正方體之比例。見《幾何原本》十卷第七節。今二十七分所作正方體與一分所作正方體之比例，爲二十七與一，則二十七分相距之度所作正方體與一分相距之度所作正方體之比例，亦必爲二十七與一矣。夫大小兩距度，即大小兩體之相當界。其所作兩正方體之比例，既爲二十七與一，則大小兩四面體之比例，亦必爲二十七與一矣。既得兩體之比例，乃相減以得較。既得較積之比例，復用積以求邊，即得所求之邊數也。

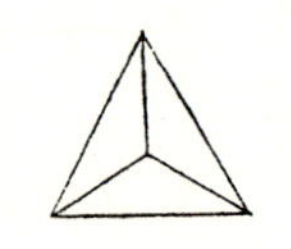

設如有八等面體，每邊一尺。欲四倍其積，作同式八等面體，問其每邊幾何。

法以比例尺分體線第一分之兩點，依分釐尺一寸之度展開，勿令移動。次取第四分兩點相距之度，於分釐尺上量之，得一寸五分九釐，即一尺五寸九分爲所求體之一邊。用其度作八等面體，其積與原體之四倍等也。蓋大小同式體之比例，同於相當界所作正方體之比例。今一分所作正方體與四分所作正方體之比

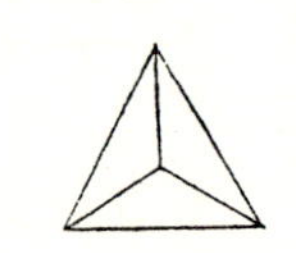

例，爲一與四，則一分相距之度所作正方體與四分相距之度所作正方體之比例，亦必爲一與四矣。夫一分相距之度，即原體之界，則以四分相距之度爲大體之界，其積爲原體之四倍可知矣。又以一寸當原形邊一尺，故一寸五分九釐，即爲一尺五寸九分也。

設如有圓球徑三尺，欲取其積五分之二，作同式圓球體，問其徑幾何。

法以比例尺分體線第五分之兩點，依分釐尺三寸之度展開，勿令移動。次取分體線第二分兩點相距之度，於分釐尺上量之，得二寸二分一釐，即二尺二寸一分爲所求小體之一邊。用其度爲徑，作圓球體，其積爲原體五分之二也。蓋大小同式體之比例，同於相當界所作正方體之比例。今五分所作正方體與二分所作正方體之比例，爲五與二，則五分相距之度所作正方體與二分相距之度所作正方體之比例，亦必爲五與二矣。夫五分相距之度，即原體之徑，則以二分相距之度爲小體之徑，其積爲原體五分之二可知矣。又以三寸當原體之徑三尺，故二寸二分一釐即爲二尺二寸一分也。

設如有四率相連比例數，一率八尺，四率二十七尺，求二率三率各幾何。

法以比例尺分體線第八分之兩點，依分釐尺八分之度展開，勿令移動。次取分體線第二十七分之兩點相距之度，於分釐尺上量之，得一寸二分，即十二尺爲連比例四率之第二率。既得二率，乃用平分線有一率二率求連比例第三率之法，以平分線第八分之兩點，依分釐尺一寸二分之度展開，勿令移動。次取平方線第十二分兩點相距之度，於分釐尺上量之，得一寸八分，即十八尺爲連比例四率之第三率也。蓋相連比例四率，其一率所作正方體與二率所作正方體之比例，同於一率與四率之比例。今一率爲八尺，四率爲二十七尺，則一率所作正方體與二率所作正方體之比例，即如八與二十七之比例。故以八分相距之度爲一率之數，則二十七分相距之度必爲二率之數可知矣。又一率用八分當八尺，故二率一寸二分即爲十二尺，至於求第三率之法，即平分線求連比例三率之理也。

設如有正方體積二萬七千尺，問每一邊幾何。

法以比例尺分體線第一分之兩點，依分釐尺一寸之度展開，勿令移動。乃以一寸之十分作十尺，自乘再乘，得一千尺。與積數二萬七千尺相較，其比例如一與二十七。即取分體線第二十七分兩點相距之度，於分釐尺上量之，得三寸，即三十尺爲所求正方體之每一邊也。蓋一分之積既爲一千尺，則二十七分之積必爲二萬七千尺。而一分相距之度既爲方積一千尺之每一邊，則二十七分相距之度必爲方積二萬七千尺之每一邊矣。又以一寸當十尺，故三寸即爲三十尺也。

設如有正方體積八十三萬零五百八十四尺，問每一邊幾何。

法以比例尺分體線第一百分之兩點，依分釐尺一寸之度展開，勿令移動。乃以一寸之一百釐作一百尺，自乘再乘，得一百萬尺。與積數八十三萬零五百八十四尺相較，其比例如一百與八十三有餘。即取分體線第八十三分有餘相距之度，於分釐尺上量之，得九分四釐，即九十四尺爲所求正方體之每一邊也。蓋一百分之積，既爲一百萬尺，則八十三分有餘之積，必爲八十三萬餘尺。而一百分相距之度，既爲方積一百萬尺之每一邊，則八十三分有餘相距之度，必爲方積八十三萬餘尺之每一邊矣。又以一寸當一百尺，故九分四釐即爲九十四尺也。

設如有銀正方體，每邊二寸，問重幾何。

法以比例尺分體線第九分之兩點，銀正方一寸之定率爲九兩，故用九分度。依分釐尺一寸之度展開，勿令移動。次取分釐尺二寸之度，於分體線上尋至第七十二分之兩點，其相距之度恰合，即七十二兩爲銀正方體之重數也。蓋各體重數之比例與積數之比例等。相距之度一寸，其積爲九分。相距之度二寸，其積則爲七十二分。今相距一寸之九分，既爲正方一寸銀體之重數，則相距二寸之七十二分，必爲正方二寸銀體之重數矣。又以九分當九兩，故七十二分爲七十二兩也。

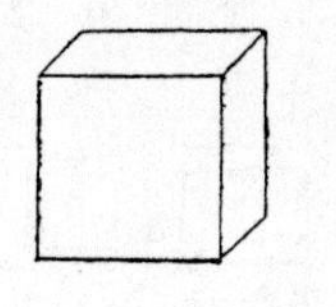

設如有大銅球體，徑二寸，重三十一兩四錢一分。今有小銅球體徑一寸二

分，問重幾何。

法以比例尺分體線第三十一分四釐之處，依大珠徑二寸之度展開，勿令移動。次取小珠徑一寸二分之度，於分體線上尋至第六分七釐有餘之處，其相距之度恰合，即六兩七錢有餘爲小銅球體之重數也。蓋各體重數之比例，與積數之比例等。相距之度二寸，其積爲三十一分四釐。相距之度一寸二分，其積則爲六分七釐。今相距一寸之三十一分四釐，既爲徑二寸大銅球體之重數，則相距一寸二分之六分七釐，必爲徑一寸二分小銅球體之重數矣。又以三十一分四釐當三十一兩四錢，故六分七釐即爲六兩七錢也。

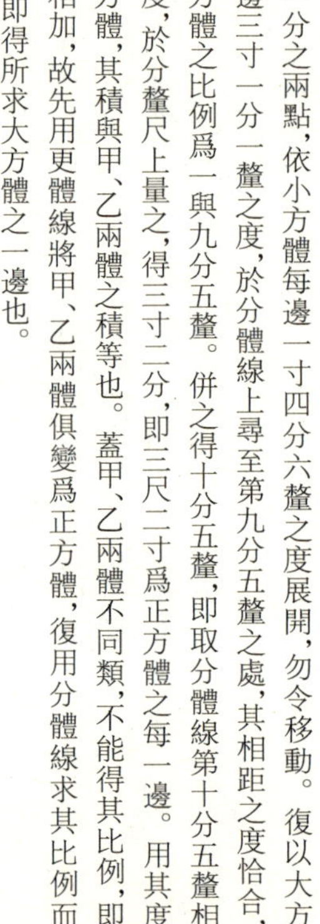

更體線

自甲樞心至乙、丙兩股之末，作甲乙、甲丙二線。設積數一兆，用體部内體積相等邊線不同之定率比例，得各體之邊線。其立方邊一萬，球徑一萬二千四百零七，四面體邊二萬零三百九十七，八面體邊一萬二千八百四十九，十二面體邊五千零七十二，二十面體邊七千七百一十。將各體邊線數於分釐尺上取其度，按度截比例尺之甲乙、甲丙二線，即成更體線也。

設如有甲球體，徑二尺。欲作一正方體，其積與球積等，問每邊幾何。

法以比例尺更體線球號之兩點，依分釐尺二寸之度展開，勿令移動。次取方號之兩點相距之度，於分釐尺上量之，得一寸六分一釐，即一尺六寸一分爲正方體之每一邊。用其度作正方體，其積與甲球積等也。蓋球號與方號之比例，原爲同積之球徑與立方邊之比例。則其兩距度之比例，亦必爲球徑與立方邊之比例。今球號相距之度既爲球徑，則方號相距之度必爲方邊無疑矣。又以二寸當球徑二尺，故一寸六分一釐即爲一尺六寸一分也。

設如有甲四面體，每邊三尺。又有乙八面體，每邊四尺。欲併作一正方體，問每邊幾何。

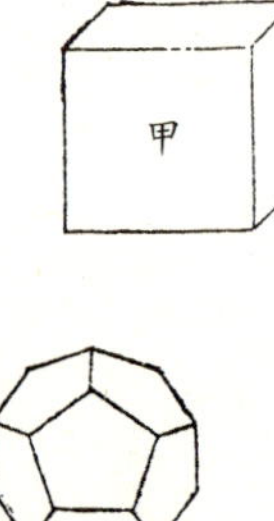

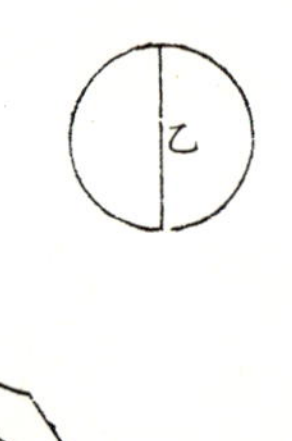

法以比例尺更體線四面號之兩點，依分釐尺三寸之度展開，勿令移動。次取方號兩點相距之度，於分釐尺上量之，得一寸四分六釐，即一尺四寸六分爲正方體之每一邊。用其度作正方體，其積與甲四面體積等也。又以八面號之兩點，依分釐尺四寸之度展開，勿令移動。次取方號兩點相距之度，於分釐尺上量之，得三寸一分一釐，即三尺一寸一分，爲正方體之每一邊。用其度作正方體，其積與乙八面體積等也。乃將兩正方體用分體線求其積之比例，以分體線第一分之兩點，依小方體每邊一寸四分六釐之度展開，勿令移動。復以大方體每邊三寸一分一釐之度，於分體線上尋至第九分五釐之處，其相距之度恰合，即兩方體之比例爲一與九分五釐。併之得十分五釐，即取分體線第十分五釐相距之度，於分釐尺上量之，得三寸二分，即三尺二寸爲正方體之每一邊。用其度作正方體，其積與甲、乙兩體之積等也。蓋甲、乙兩體不同類，不能得其比例，即不能相加，故先用更體線將甲、乙兩體俱變爲正方體，復用分體線求其比例而併之，即得所求大方體之一邊也。

設如有甲正方體，每邊二尺。又有乙球體，徑亦二尺。今將兩體積相減，用其餘積作十二面體，問其邊幾何。

法以比例尺更體線方號之兩點，依分釐尺二寸之度展開，勿令移動。次取十二面號兩點相距之度，於分釐尺上量之，得一寸零一釐四豪，即一尺零一分四釐爲十二面體之每一邊。用其度作十二面體，其積與甲正方體積等也。又以球號之兩點，依分釐尺二寸之度展開，勿令移動。次取十二面號兩點相距之度，於分釐尺上量之，得八分一釐七豪，即八寸一分七釐爲十二面體之每一邊。用其度作十二面體，其積與乙球體積等也。乃將兩

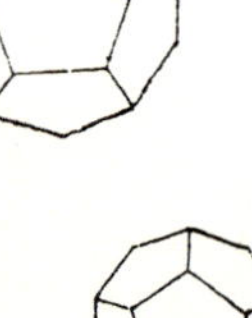

十二面體用分體線求其比例，以分體線第十分之兩點，依小十二面體每邊八分一釐七豪之度展開，勿令移動。復以大十二面體每邊一寸零一釐四豪之度，於分體線上尋至第十九分，其相距之度恰合，即兩十二面體之比例爲十分與十九分。相減餘九分，即取分體線第九分兩點相距之度，於分釐尺上量之，得七分九釐，即七寸九分爲所求十二面體之每一邊。用其度作十二面體，與甲、乙兩體相減之餘積等也。蓋甲、乙兩體不同類，不能得其比例，即不能相減，故先用更體線將甲、乙兩體俱變爲十二面體，復用分體線求其比例而後相減，即得所求十二面體之一邊也。

設如有二十面體積一萬七千四百五十五尺，問每一邊幾何。

法先以比例尺分體線第一分之兩點，依分釐尺一寸之度展開，勿令移動。乃以一寸之十分作十尺，自乘再乘，得一千尺。與積數一萬七千四百五十五尺相較，其比例如一與十七又九之五。即取分體線第十七分又九之五相距之度，於分釐尺上量之，得二寸五分九釐，即二十五尺九寸爲正方體之一邊。用其度作正方體，其積與二十面體積等也。乃以更體線方號之兩點，依正方體每邊二寸五分九釐之度展開，勿令移動。次取二十面號兩點相距之度，於分釐尺上量之，得二寸，即二十尺爲所求二十面體之每一邊也。蓋正方體爲各體形比例之宗，故凡有積求邊者，必先用分體線求得方體之邊。然後用更體線使方號兩點相距之度與方邊等，而取所求體之號兩點相距之度，即所求體之一邊。自球體、四面體至二十面體，皆同一法也。

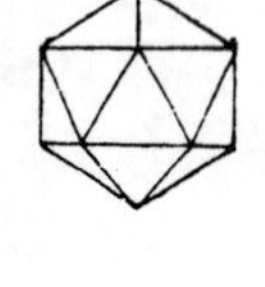
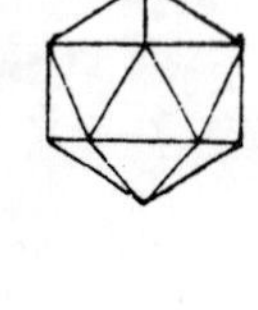
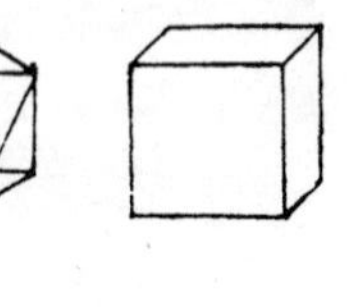
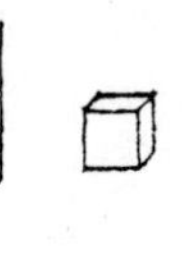

五金線

自甲樞心至乙、丙兩股之末，作甲乙、甲丙二線。用各體權度比例定率數，金重十六兩八錢，水銀重十二兩二錢八分，鉛重九兩九錢三分，銀重九兩，銅重七兩五錢，鐵重六兩七錢，錫重六兩三錢，爲各體正方一寸輕重之比例。定率數有三十餘種，尺不能盡載。惟此數者其用爲多，故止載此。若重數相等，則其積數必不同，故又用轉比例之法，求其體積之比例。命金之積爲十億，則與金同重之水銀積爲十三億六千八百零七萬八千一百七十五，水銀重十二兩二錢八分爲一率，金重十六兩八錢爲二率，金積十億爲三率，得四率即水銀積。餘倣此。鉛之積爲十六億九千一百八十四萬二千九百，銀之積爲十八億六千六百六十六萬六千六百六十六，銅之積爲二十二億四千萬，鐵之積爲二十五億零七百四十六萬二千六百八十六，錫之積爲二十六億六千六百六十六萬六千六百六十六。既得各體之積數，乃開立方求其方根，則金之數爲一千，水銀之數爲一千一百一十，鉛之數爲一千一百九十一，銀之數爲一千二百三十一，銅之數爲一千三百零八，鐵之數爲一千三百五十八，錫之數爲一千三百八十六。爰將各根數於分釐尺上取其度，按度截比例尺之甲乙、甲丙二線，即成五金線也。

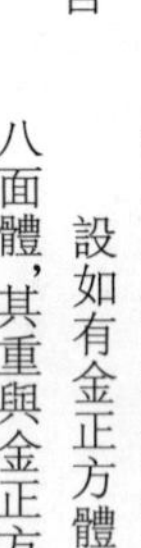

設如有金球，徑二尺。欲作一銀球，其重與金球等，問徑幾何。

法以比例尺五金線金號之兩點，依分釐尺二寸之度展開，勿令移動。次取銀號兩點相距之度，於分釐尺上量之，得二寸四分六釐，即二尺四寸六分爲銀球徑。用其度作銀球，即與金球重等也。蓋金號與銀號之比例，原爲同重之金體邊與銀體邊之比例，則金號與銀號兩距度之比例，亦必爲同重之金體邊與銀體邊之比例。今金號相距之度既爲金球徑，則銀號相距之度必爲銀球徑可知矣。又以二寸當金球徑二尺，故二寸四分六釐即爲二尺四寸六分也。

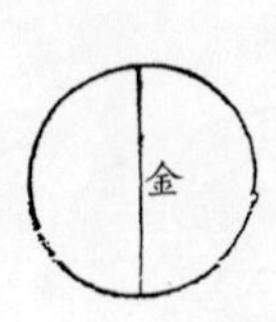

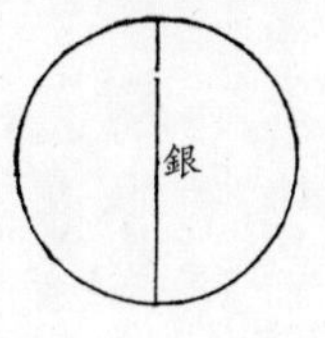

設如有金正方體，每邊一寸，重十六兩八錢。今欲作銀八面體，其重與金正方體等，問每一邊幾何。

法先以比例尺更體線正方體之兩點，依正方每邊一寸之度展開，勿令移動。次取八面體兩點相距之度，於分釐尺上量之，得一寸二分八釐有餘，即爲金正方體等重之金八面體之每一邊數。乃以五金線金號之兩點，依金八面體每邊一寸二分八釐之度展開，勿令移動。次取銀號兩點相距之度，於分釐尺上量之，得一寸五分八釐有餘，即爲銀八面體之每一邊。用其度作八面體，其重與金正方體等也。蓋兩體不同類，不能得其比例，故先用更體線變正方體爲八面體，而後用五金線比例之，其法與前同也。

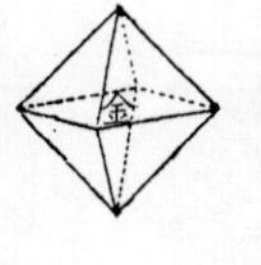

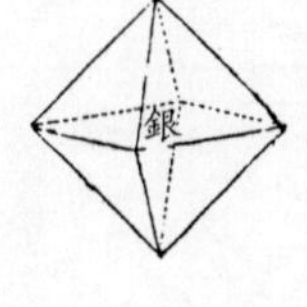

設如有銅正方體，每邊二寸，重六十兩。今有鉛一百兩，欲鑄爲球體，問徑幾何。

法先以分體線第六十分之兩點，原重六十兩，故取六十分。依銅正方體每邊二寸之度展開，勿令移動。次取分體線第一百分兩點相距之度，今重一百兩，故取一百分。於分釐尺上量之，得二寸三分七釐，即重一百兩之銅正方體之每一邊。又以更體線正方號之兩點，依正方每邊二寸三分七釐之度展開，勿令移動。次取球號兩點相距之度，於分釐尺上量之，得二寸九分四釐，即重一百兩之銅球徑。復以五金線銅號之兩點，依銅球徑二寸九分四釐之度展開，勿令移動。次取鉛號兩點相距之度，於分釐尺上量之，得二寸六分八釐，即重一百兩之鉛球徑也。蓋兩重數不同，而兩體又不同，不能得其比例。故先用分體線變爲同重之銅正方體，又用更體線變爲同重之銅球體，乃用五金線銅與鉛之邊線以比例之，而後得其徑數也。

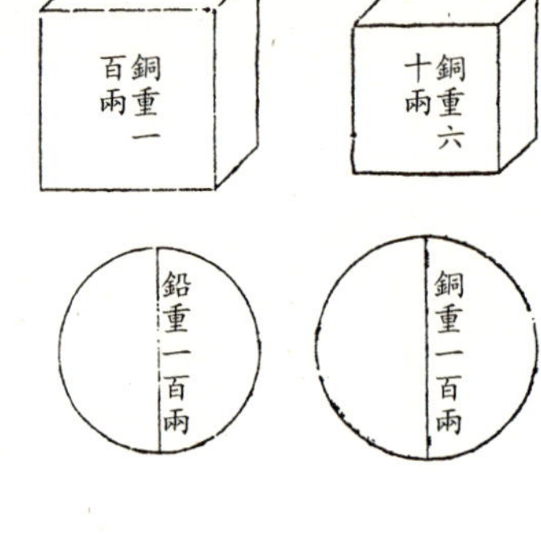

設如銀正方一寸，重九兩，問銅正方一寸重幾何。

法以五金線銀號之兩點，依正方一寸之度展開，勿令移動。次取銅號兩點相距之度，於分釐尺上量之，得一寸零五釐二毫，即爲重九兩之銅正方邊數。乃以分體線九十分之兩點，依一寸零五釐二毫之度展開，勿令移動。而以今銅正方一寸之度，於分體線上尋至七十五分之兩點，其相距之度恰合，即七兩五錢爲銅正方一寸重數也。蓋銀重九兩，其方邊一寸，則銅重九兩，其方邊必爲一寸零五釐二毫。又銅方邊一寸零五釐二毫，其重九兩，則銅方邊一寸，其重即爲七兩五錢也。

設如有銀正方體每邊二寸，重七十二兩。今欲作一銅二十面體，其邊與正方體等，問重幾何。

法先以比例尺更體線正方體之兩點，依正方每邊二寸之度展開，勿令移動。次取二十面體兩點相距之度，於分釐尺上量之，得一寸五分四釐有餘，即爲銀正方體等重之銀二十面體之每一邊。乃以五金線銀號之兩點，依銀二十面體每邊一寸五分四釐之度展開，勿令移動。次取銅號兩點相距之度，於分釐尺上量之，得一寸六分三釐有餘，即爲銀二十面體同重之銅二十面體之每一邊。復以分體線第七十二分之兩點，依銅二十面體每邊一寸六分三釐之度展開，勿令移動。而以今所作銅二十面體每邊二寸之度，於分體線上尋至第一百三十分有餘之處，其相距之度恰合，即一百三十兩有餘爲銅二十面體之重數也。蓋兩體不同類，不能得其比例，故先用更體線變正方體爲二十面體，又用五金線變銀二十面體爲銅二十面體，復用分體線有邊求重之法比例之，然後得其重數也。

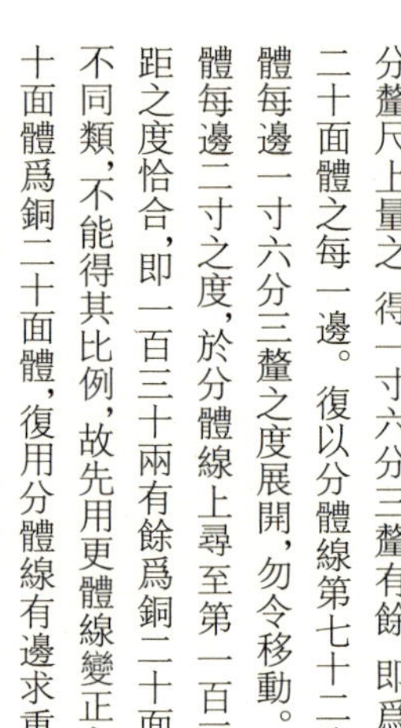

又 下編卷四〇 比例規解

分圓線即圓內之通弦線。

自甲樞心，至乙、丙兩股之末，作甲乙、甲丙二線。依《幾何原本》十二卷二十節之法分之，即爲分圓線也。或用八線表，三十分之正弦倍之即一度之通弦，一度之正弦倍之即二度之通弦，一度三十分之正弦倍之即三度之通弦，至於九十度之正弦倍之即一百八十度之通弦。以所得通弦之數於分釐尺上取其度，按度截比例尺之甲乙、甲丙二線，即成分圓線也。

設如甲乙半徑六寸，丙乙弧二十九度，問丙乙通弦幾何。

法以比例尺分圓線六十度之兩點，依半徑六寸之度展開，勿令移動。次取分圓線二十九度兩點相距之度，於分釐尺上量之得三寸，即丙乙通弦之數也。蓋圓之半徑與六十度之通弦等，六十度之通弦既爲六寸，則二十九度相距之三寸，即爲二十九度之通弦可知矣。

正弦線

自甲樞心，至乙、丙兩股之末，作甲乙、甲丙二線。用八線表，正弦線自一度至九十度之數，自八十度至九十度正弦每度之較甚微，若尺小不能分，或隔一度而作一點，或隔五度而作一點。於分釐尺上取其度，按度截比例尺之甲乙、甲丙二線，即成正弦線也。

設如甲乙半徑六寸，丙乙弧二十一度，問丙丁正弦

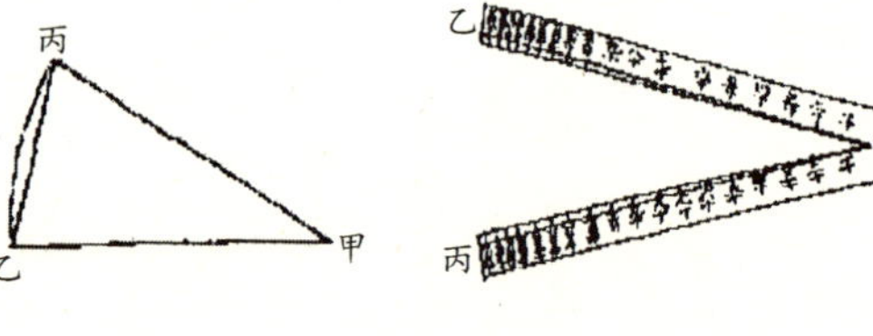

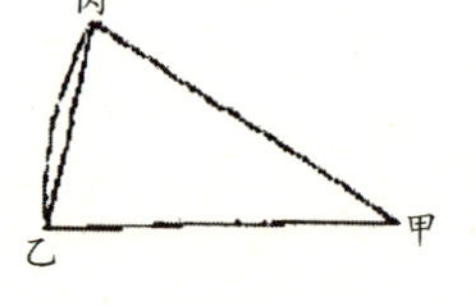

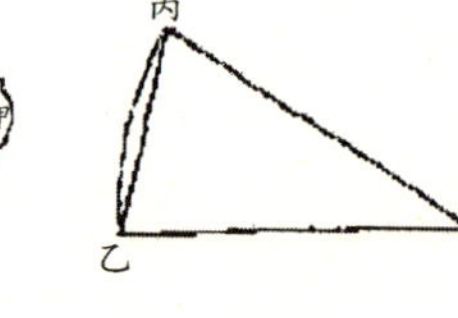

幾何。

法以比例尺正弦線九十度之兩點依半徑六寸之度展開，勿令移動。次取正弦線二十一度兩點相距之度，於分釐尺上量之，得二寸一分五釐，即丙丁正弦之數也。蓋圓之半徑與九十度之正弦等，九十度之正弦既爲六寸，則二十一度相距之二寸一分五釐，即爲二十一度之正弦可知矣。若用分圓線，則以分圓線六十度之兩點，依半徑六寸之度展開，勿令移動。次以丙乙弧二十一度倍之得四十二度，即取分圓線四十二度兩點相距之度於分釐尺上量之，得四寸三分，爲四十二度之通弦，折半得二寸一分五釐，即丙丁正弦之數也。蓋正弦之弧爲弧背之一半，正弦爲通弦之一半，故求得倍弧之通弦，折半即半弧之正弦。此分圓線與正弦線可以互相爲用也。

正切線

自甲樞心，至乙、丙兩股之末，作甲乙、甲丙二線。用八線表，正切線自一度至四十五度之數，於分釐尺上取其度。按度截比例尺之甲乙、甲丙二線，即成正切線也。至於四十五度以後，則與四十五度以前相爲正餘，蓋四十五度之正切線與半徑等，四十五度以前之正切線即四十五度以後之餘切線，而半徑與正切之比，同於餘切與半徑之比，故切線止用四十五度，即足九十度之用也。

設如甲乙半徑六寸，乙丙弧三十五度，問丁乙切線幾何。

法以比例尺正切線四十五度之兩點，依半徑六寸之度展開，勿令移動。次取正切線三十五度兩點相距之度，於分釐尺上量之，得四寸二分，即丁乙切線之數也。蓋圓之半徑與四十五度之切線等，四十五度之切線既爲六寸，則三十五度相距之四寸二分，即爲三十五度之切線可知矣。

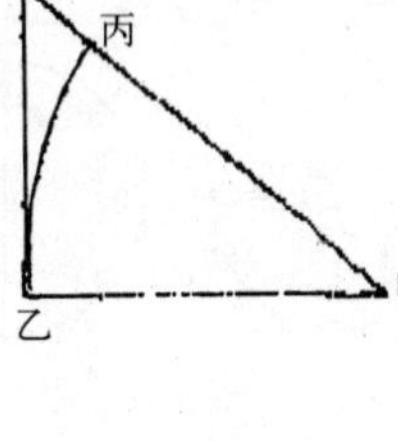

正割線

自甲樞心，至乙丙兩股之末，作甲乙、甲丙二線。用八線表正割線，自初度至七十度之數，初度割線即圓之半徑，自一度至十度，其每度之較甚微，若尺小不能分，或隔五度作一點，自七十度以上漸與切線平行，其數甚大，尺上不能容，故止取七十度也。於分釐尺上取其度，按度截比例尺之甲乙、甲丙二線，即成正割線也。

設如甲乙半徑六寸，乙丙弧四十一度，問甲丁割線幾何。

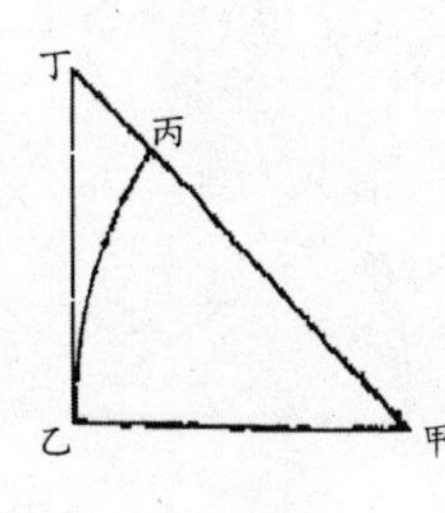

法以比例尺正割線初度之兩點，依半徑六寸之度展開，勿令移動。次取正割線四十一度兩點相距之度，於分釐尺上量之，得七寸九分五釐，即甲丁割線之數也。蓋初度尚無切線，故其割線即圓之半徑，初度之割線既爲六寸，則四十一度相距之七寸九分五釐，即爲四十一度之割線可知矣。

作地平日晷法以北極出地四十度爲準。

法先作南北東西線相交於甲，各成直角。次作甲乙丙晷表，取甲角五十度爲赤道高，丙角四十度爲北極高，而乙角爲直角。次取晷表之甲乙度，截南北線於丁，爲半徑作圜。用比例尺分圓線，比得十五度、三十度、四十五度、六十度、七十五度之各分分圜界，作識。乃自丁圜心引出各界作線，至東西線上，即得午正前後各初正時刻。或以甲乙爲半徑，用比例尺正切線比得十五度、三十度、四

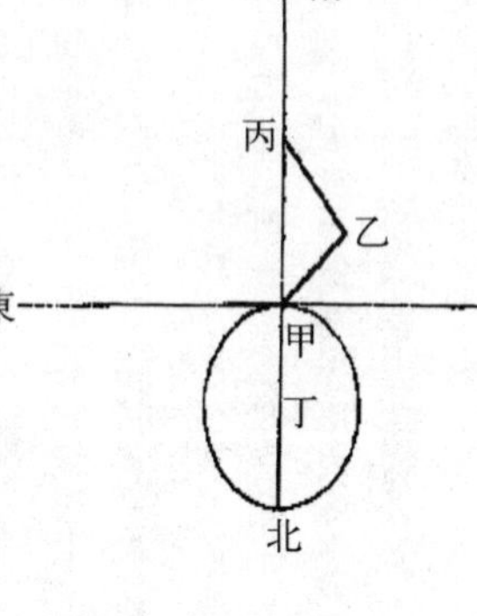

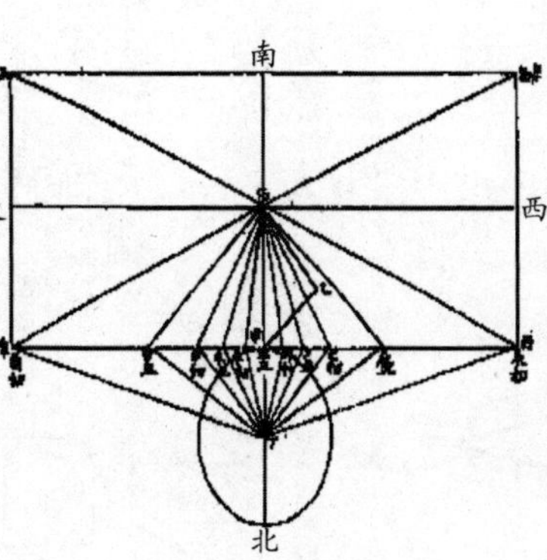

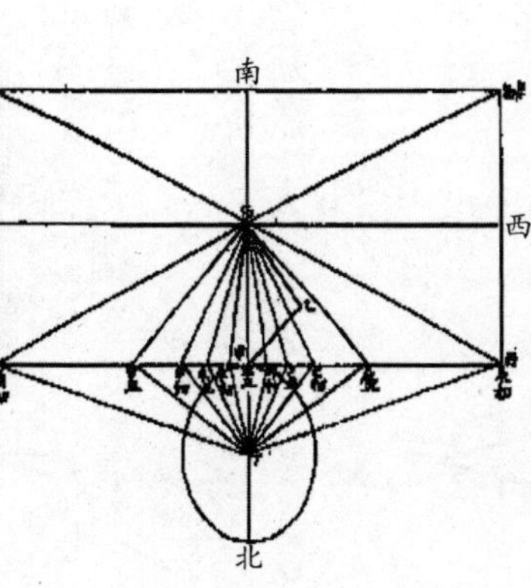

十五度、六十度、七十五度之各切線，自甲左右作識，於東西線上亦即午正前後各初正時刻。甲爲午正，距甲十五度前爲午初，後爲未初，距甲三十度前爲巳正，後爲未正，距甲四十五度前爲巳初，後爲申初，距甲六十度前爲辰正，後爲申正，距甲七十五度前爲辰初，後爲酉初也。乃以晷表之丙爲晷心，至各點作線，即時刻線也。卯正、酉正各距午正前後九十度，故自丙晷心與東西線平行作線，即卯正酉正線。卯正以前酉正以後，則日轉在北，影轉在南，故與辰初酉初反對作線，即卯初戌初線也。次按刻細分，則自午正甲點，每加三度四十五分，而得一刻。蓋十五度當四刻，而三度四十五分則當一刻也。此法蓋因北極爲天之樞，赤道爲天之帶，太陽雖由黃道而行，時刻皆以赤道而定，故以晷表之甲乙指赤道，丙乙指北極，而東西線即爲赤道線，丙乙即爲過極經圈，甲乙即爲半徑。午正太陽在正南，則影在正北，若偏東偏西若干度，則其切線即其影之長。故以甲乙爲半徑作圜，而分圜界者，即所以求切線。至於用比例尺正切線者，正以切線分時刻也。

假數尺

法按分釐尺二百分之度，作甲丁、乙丙二平行線。又作甲乙、丁丙二線，令成直角。乃取假數表内自一至一百所對之假數，於分釐尺上取其度，如二之假數爲〇三〇一，則爲三寸零一釐。截甲丁、乙丙二邊，依所截點作線，與甲乙邊平行。又將甲乙、丁丙二邊各平分爲十分，作線與甲丁平行。自一十以上，又依分釐尺法於各平行線之間悉作斜線，則斜線與直線相交之處，即其間零數之度。如一〇至一一之斜線，其與第一直線相交之處，即一〇一也。故假數雖止於一百，而可以當一千之用。若尺止長一尺，則如上圈截去自一至九之數，從一十起至一百止。蓋十之假數爲一，而百之假數爲二，今既截去一尺，則假數即減去首位之一，取其零數作寸分釐毫，用時則以十爲單。總之，假數尺雖始於一十終於一百，小之則可以爲單，爲零，大之則可以爲千，爲萬。皆因假數之首位雖遞加一數，而其後之零數皆同，故可以進退爲用，惟在比例分明加減，詳審則其用自無窮也。

正弦假數尺

法按分釐尺二百分之度，作甲丁、乙丙二平行線。又作甲乙、丁丙二線，令成直角。乃取八線對數表内自一度至九十度之正弦假數，減去首位之八，於分釐尺上取其度，如一度之正弦假數爲八二四一八，減去首位之八，餘二四一八，即爲二寸四分一釐八毫。截甲丁、乙丙二邊，依所截點作線，與甲乙邊平行。又將甲乙、丁丙二邊各平分爲十二分，作線與甲丁平行。又依分釐尺法，於各平行線之間悉作斜線。則斜線與直線相交之處，即其間之分數。如自一度至二度之斜線，其與第一直線相交之處，即一度五分，其與第二直線相交之處，即一度十分。蓋一度有六十分，故直線分爲十二，每一直線當五分。若於直線之間酌量取之，則五分中之零分亦可得其大槩矣。若尺小止用一百分，則截去自一度至五度之數，從六度起至九十度止。蓋九十度之正弦假數，首位爲一〇，一度之正弦假數，首位爲八，相減餘二，故二尺之内，始可容自一度至九十度之分，今既截去一尺，則假數首位須再減去一數，故從六度起。六度之正弦假數，首位爲九，減去首位之九，取其零數作寸分釐毫，至九十度則恰

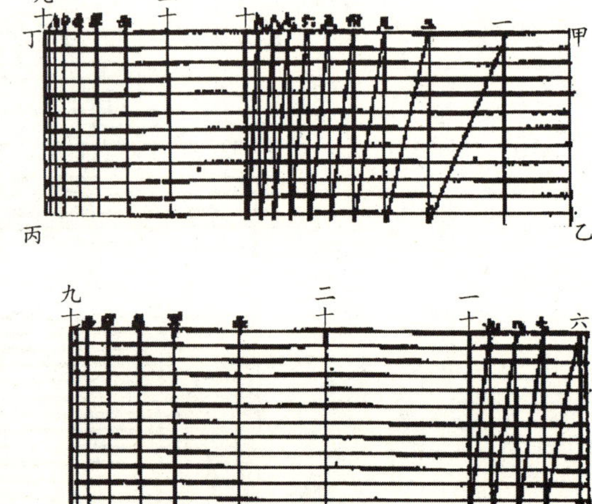

得一尺之分也。

切線假數尺

法按分釐尺二百分之度，作甲丁、乙丙二平行線。又作甲乙、丁丙二線，令成直角。乃取八線對數表内自一度至四十五度之切線假數，減去首位之八，於分釐尺上取其度，截甲丁、乙丙二邊。依所截點作線，與甲乙邊平行。又將甲乙、丁丙二邊各平分爲十二分，作線與甲丁平行。又依分釐尺法，於各平行線之間悉作斜線，則斜線與直線相交之處，即其間之分數。皆與正弦假數尺同。至於四十五度以後，則與四十五度以前相爲正餘。蓋四十五度之正切線，與半徑等，四十五度以前之正切線，即四十五度以後之餘切線，而半徑與正切之比，同於餘切與半徑之比。故切線尺止用四十五度正餘，相對即足八十九度之用。若尺小止用一百分，則截去自一度至五度之數，從六度起至四十五度止，其餘度則至八十四度止，亦與正弦假數尺同也。

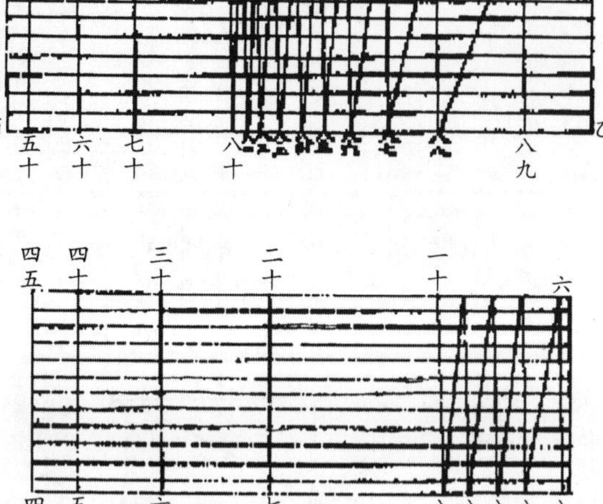

割線假數尺

法按分釐尺二百分之度，作甲丁、乙丙二平行線。又作甲乙、丁丙二線，令成直角。乃取八線對數表内自一度至八十九度之割線假數，減去首位之一，於分釐尺上取其度，截甲丁、乙丙二邊，依所截點作線與甲乙邊平行。又將甲乙、丁丙二邊各平分爲十二分，作線與甲丁平行。又依分釐尺法，於各平行線之間悉作斜線，則斜線與直線相交之處，即其間之分數，皆與正弦假數尺同。若尺小，止用一百分，則截去自八十五度至八十九度之數，從〇度起至八十四度止。蓋〇度之割線即半徑，其假數爲一〇。今從〇度起，即減去半徑之數，至八十四度以後，則假數甚大，一尺之内不能容，故止八十四度止也。

清·劉衡《尺算日晷新義》卷上

尺式

西人謂之比例規。規之云者，兩尺張翕任意，似畫圓之器也，此乃質言尺。

作尺法

用薄銅版或堅木作兩長尺扁方，任長一尺上下，廣約五分，取足作線、作點、書字而已。兩尺相並，等長、等廣，無毫髮差。然兩尺相並，則無由相聯也。乃于兩尺之一端近隅處多留餘地，以隅爲心圓之。其一圓頭與尺面

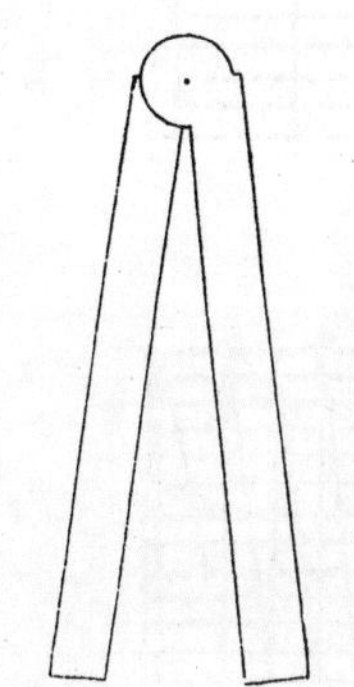

平，而空其中，令空處之圓與尺面之圓相等，如乾。其一如坤，則刻其圓頭，上下二面俱刻。令二面刻去之圓與乾尺中空之圓相等，以相入密無罅也。乃于尺隅圓頭之中心作小孔洞之而貫以樞，聯兩尺爲一樞，欲其無偏也，兩尺並欲其無罅也。樞心爲心與兩尺相並之縫，欲其中繩也。

規式

用銅或銕爲之，鋭其兩端，欲其細也。兩股交處貫以樞，欲其固也。規爲畫圓之器，尺筭藉之以取諸數，故並圖其式如右。

尺上分線

西法用割線，查割線表各度之數，作點，識于兩尺間，名之曰表心線。得數難清，取度不真，不便于用。玆作此線，與切線同理，而變其數，取度較真，即名之曰日晷線。

法曰：作直線如斗牛，次作横線如斗女，與斗牛線相遇于斗。斗角爲正方角，必中矩，合九十度。毋毫髮出入，或鈍或鋭。次以斗爲心，以斗牛或斗女。爲界取規，以一端指斗，其一端指牛，或女。作弧形，得圓周四之一，成象限弧。

次三分其弧，作點于弧，識之。次于每一分内又八分之，得二十四平分，作點于弧識之。

士琳案：原稿因弧小，以十二平分，當二十四限。今仍其舊，又脱點作識，今補。

次于斗牛線左作直線，與斗牛線平行，如井亢。此線長與尺等。次從斗心向弧各點作直線聯之，每直線皆從斗心斜出，過各限之點，遇井亢直線而止。惟斗牛線平行無度，終古不能與井亢線相遇，故斗牛毋庸出直線，即近斗牛一二線亦不必出直線至井亢線，恐尺短不能容也。

或問井亢線之義，曰：即割圓八線中之切線也。切線九十度。末度平行無度，故只以八十九度立筭。玆變爲二十四限，末限平行無度，故只以二十三限具尺。每限當切線三度四十五分，爲一刻。每四限當切線十五度，爲半時。玆詳譜之如左。

第一限，即一刻也，即切線三度四十五分；

二限，即二刻也，即切線七度半；

三限，即三刻也，即切線十一度十五分；

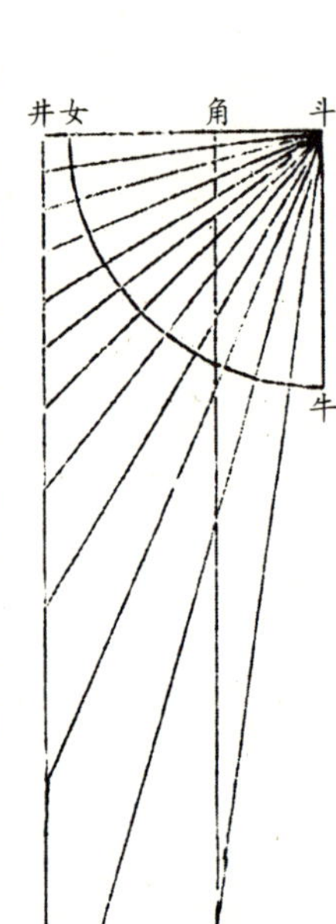

四限，即四刻也，滿半時矣，即切線十五度；

五限，又一刻也，即切線十八度四十五分；

六限，又二刻也，即切線二十二度半；

七限，又三刻也，即切線二十六度十五分；

八限，又四刻也，滿半時矣，即切線三十度；

九限，又一刻也，即切線三十三度四十五分；

十限，又二刻也，即切線三十七度半；

十一限，又三刻也，即切線四十一度十五分；

十二限，又四刻也，滿半時矣，即切線四十五度；

十三限，又一刻也，即切線四十八度四十五分；

十四限，又二刻也，即切線五十二度半；

十五限，又三刻也，即切線五十六度十五分；

十六限，又四刻也，滿半時矣，即切線六十度；

十七限，又一刻也，即切線六十三度四十五分；

十八限，又二刻也，即切線六十七度半；

十九限，又三刻也，即切線七十一度十五分；

二十限，又四刻也，滿半時矣，即切線七十五度；

二十一限，又一刻也，即切線七十八度四十五分；

二十二限，又二刻也，即切線八十二度半；

二十三限，又三刻也，即切線八十六度十五分。

若井亢線稍短，秖容二十限，或十八、十九限，則不足日晷時刻之用法，將井亢線進移于右，稍近斗牛線，務令本線遇二十三限，或遇二十二限，不遇則再移近斗牛取之，遇則止，如角氐線，此線務與右左之斗牛、井亢線平行，其長則如井亢線，務與尺等。

士琳案：原稿此下但注「即用右圖可也」六字，而缺圖，今據後文兩尺必等語，故取前圖各線點併入尺式，以補之。

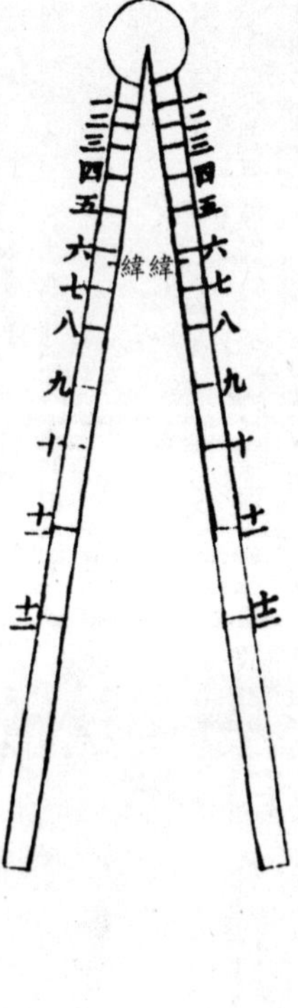

又按：日晷定各節氣，須取太陽緯度二十三度半，爲冬至、夏至日日影所到，内本尺各限無二十三度半之度，須添設此線。法將女牛弧上第七限第八限并之而平分，爲十五分，士琳案：自第六限起至第八限止即爲第七限第八限，今以一平分當兩限，應于女牛弧上，自第三線點至第四線點之中，又平分十五分也。其第六限下之第二分，即二十三度半也，作點識之。亦自斗心斜出直線，遇弧本限之點，而至角氐線。

問：何以知第六限下第二分之確爲二十三度半也？曰：第六限二十二度半也，而第八限則三十度也，每限三度四十五分，併七八兩限得七度半，倍之爲十五，則一分爲半度，二分爲一度矣。第六限既爲二十二度半，則限下第一分即二十三度，而其第二分爲二十三度半無疑也。

次于角氐線上量取各限，以次移于兩尺相並處，作點識之，旁書字爲記，兩尺必等。

對數總部

主編 張 昇

對數理論部

題解

清・薛鳳祚《曆學會通》 比例對數表

三角三邊大小度數久傳天下。今用之以作新曆，其推步精詳，斷無可議。而愚今爲新表特爲簡易省便，今解新表法。

三角測量用三率法，二與三相乘一除，此法千古難易。但天文乘除位數繁多難以當用。愚今授以新法變乘除爲加減，較舊術特爲便截，其於斯道未必無補，解此別有專書，今特略明其理如下二表二同餘筭。不論從一、二、三、四起，或從五、七、九、十一起，但同餘之内中三相連度數可取第四。

比例筭　一、二、四、八、十六、三二、六四、一百二八、二百五六、五百十二、一千〇二四、二千〇四八。

同餘筭　一、二、三、四、五、六、七、八、九、十、十一、十二。

同餘筭　五、七、九、十一、十三、十五、十七、十九、二一、二三、二五、二七。

如六、七、八、九，中間七八十五，去首位六是九。如五、七、九、十一，中間七九十六，去五是十一。此表第一根。又如三率之内其三筭同四筭有定比例。如一率得二率之半，第四率即得三率之半。一率得二率三分之一，即四率得三率三分之一。今以此理作上二小表，其筭在第一表内者不用乘除但用表對數。第二同第三相加第一減第四即對數所求之數。

如三率法，一率四對三，二率三十二對六，三率一百二十八對八，用六加八爲十四，用三減十四爲十一，十一之對，即一〇二四。愚得此理即作大表，其取用之理尚有他解，暇時當細詮傳世。

清・《數理精藴》下編卷三八 對數比例

對數比例乃西士若往訥白爾所作。以借數與真數對列成表，故名對數表。又有恩利格巴理知斯者，復加增修，行之數十年，始至中國。其法以加代乘以減代除，以加倍代自乘，故折半即開平方，以三因代再乘，故三歸即開立方。推之至於諸乘方，莫不皆以假數相求而得真數。蓋爲乘除之數甚繁，而以假數代之甚易也。其立數之原起於連比例。蓋比例四率，二率與三率相乘，一率除之得四率。而遞加遞減之四數，第二數第三數相加，減第一數則得第四數。作者有見於此，故設假數，以加減代乘除之用，此表之所以立也。然連比例之大者莫如十、百、千、萬。蓋一與十，十與百，百與千，千與萬，萬與十萬，其數皆爲一而遞進一位，取其整，齊而無奇零也。一爲數之始，以之乘除，數皆不變。故一之假數定爲〇，而十之假數定爲一，百之假數定爲二，千之假數定爲三，萬之假數定爲四，十萬之假數定爲五，推之百千萬億皆遞加一數。此對數之大綱也。其間之零數則用中比例累求而得。以首率、末率兩真數相乘，開方即得中率之真數。以首率、末率兩假數相加，折半即得中率之假數。又法用遞乘而得。以真數遞次相乘，其乘得之位數即所得之假數。此二法者理雖易明，而數則甚繁也。又有遞次開方一法。以真數遞次開方，假數遞次折半，至於數十次，使彼此皆可爲比例，而假數由之而生。又有相較之一法，省開方之多次，尤爲甚捷。至於他數之可以乘除得者，如二與三相乘而得六，則以二之假數與三之假數相加，即爲六之假數。又以二除十而得五，則以二之假數與十之假數相減，即爲五之假數。之類其不由乘除而得者，則又以累乘累除之法求之，此對數之細目也。今爲推其理考其數，先詳作表之原，次明用表之法，使學者知作者之難而用之甚易。甚勿以易而忘其難也。

［英］偉烈亞力《數學啟蒙》卷二 對數者，遇繁難之數易於算也。其用必須立表，以假數與真數對列，故名對數。以加代乘，以減代除。以加倍代自乘，故折半即開平方。以三因代再乘，故三歸即開立方。推之至於諸乘方。莫不以假數相求而得真數。其立數之原，起於連比例。蓋比例四率，二率與三率相乘，一率除之得四率。而遞加遞減之四數，第二數、第三數相加，減第一數，則得第四數。故設假數，以加減代乘除。表之所以立也。

對數乃大英訥白爾創作，明萬曆時播揚於世。凡西士之曆數家，莫不心悅誠服，是則是效焉。同時有巴理知者，精純數理，亦英人也，特來訥白爾處，參互考訂，以舊表浩繁，擬另立新表，歸於便宜敏捷。未幾，訥白爾卒。惟巴理知自行改易，其真數由一至二萬，又由九萬至十萬，對數均以十四位止。崇禎一年，付之剞劂後四載，又有荷蘭佛拉哥出，將巴理知未及之二萬後以至九萬，均逐數補齊。凡一至十萬一千，毫無缺陷。因對數十四位尚繁，是以删去四位存十位，即在荷蘭復行刊刻，現中華通行之本，乃佛拉哥手訂之書也。

清・李善蘭《對數探源》卷一　明理

正數以乘除爲比例，對數以加減爲比例。正數連比例之率，以前率與後率遞減之，則所餘者仍爲連比例之率，且仍如原率之比例。對數連比例之率，以前率與後率遞減之，則所餘者必爲齊同之數，是故有對數萬求其逐一相對之正數，則爲連比例萬率，其理夫人而知之也。有正數萬求其逐一相對之對數，則雖歐羅巴造表之人，僅能得其數，未能知其理也。間嘗深思得之，歎其精微玄妙，且用以造表較西人簡易萬倍。然後知言數者之不可不先得夫理也。

又李善蘭《對數尖錐變法釋》　善蘭昔年作《對數探源》二卷，明對數之積爲諸乘方合尖錐，金山錢氏刊入指海中。後與西士遊譯泰西天算諸種，其言雙曲綫與漸近綫中間之積即對數積。核其數與善蘭所定諸乘方尖錐合，而其求對數諸較則法又不同。蓋善蘭所用正法也，西人所用變法也。不明其故，幾疑二法所用之根不同。

清・戴煦《假數測圓・序》　表者何，對數表、八線表、八線對數表是也。三表爲新法推步所必須，惟用之甚便，而求之甚難。非集數十人之力，積數十年之功，未易藏事。往歲得連比例開平方法，用以求開方表，且即開方表求諸對數，立術較簡，而未出舊法範圍。復變通天元一術，先求假設對數，因以求定準對數，而求對數者，遂可不復開方。後又悟連比例平方法，即開諸乘方通法，因用連比例求諸對數，而得數益捷，此求對數表捷術也。至割圓八線，必資大測，無能舍六宗三要者，自循齋梅氏譯泰西杜氏德美以連比例求弦矢諸術，而八線乃可徑求。特其術但有求弦矢之法，而無求切割二線之法，緣復補爲推演弧背與切割二線互求諸術，于是割圓之法乃大備。此求八線表捷術也。若八線對數，則必由弧背求得八線，然後再由八線真數求其對數，縱有捷法，亦須兩次推求。兹復會合對數捷法與割圓捷法，以盡其變，而知四十五度以内割綫及四十五度以外正弦諸對數，均可由弧背徑求。既得半象限割綫或正弦對數，而一象限内諸綫對數皆可加減而得，此又求八線對數捷術也。

清・徐有壬《造各表簡法》　圜不可量，綴之以方。弧不可比，綴之弦矢。乘除不可省，綴之對數，皆不可無立成。昔人名之曰鈐，曰表，皆立成之别名，皆法。有八綫表、有對數表，萬算皆從此出。表之用大矣哉。惜其創造之初，取徑紆徊，布算繁賾，不示人簡易之方。令學者望洋興歎。如八綫對數一表，至今無人知其立表之根者，不可謂非缺事也。余讀《四元玉鑑》，究心於垛積招差之法，推之割圜諸術，無所不通。蓋垛積者，遞加數也。招差者，連比例也。合二術，以施之割圜六通四闢，而簡易之法生焉。導源於杜德美氏，發揮於董方立氏，旁推交通於項梅侶氏，戴鄂士氏，李秋紉氏，幾無遺蘊矣。

清・鄒伯奇《乘方捷術》卷二　對數者，設假數與真數相對，立爲表，以備加減代乘除之用，故名對數表，創自西人訥白爾。其初爲表也。以真數開九乘方，極多次所得方根零數，即爲對數，故名自然對數。今西書稱爲訥表對數。即戴氏所謂假設對數。後有佛拉哥，以訥表對數十之對數是二三〇二五八五，不便於進位，乃改十之對數爲一，百之對數爲二，千之對數爲三，萬之對數爲四，十萬之對數爲五，是爲十進對數。始刻於荷蘭，乃流入中國，即今《數理精蘊》之十萬對數表是也。即戴氏所稱定準對數。其立表之源《精蘊》已詳載之。戴鄂士以其起數必藉開方，而商除不易，故立開方捷法，載之編首。其實此捷法，凡開方皆可用之，非但可施諸求對數也。至《續對數簡法》求折小術，則是開極多乘方法，可逕求自然對數。以十進對數根乘之，即得十進對數。此本修改對數表之根源也。因訥表未流入中國，故戴氏以爲假設對數，此偶失檢。

清・丁取忠《對數詳解・序》　言算至今日可謂無法不備，無美不臻矣。即對數一術，乃西士所稱爲至精至簡者。而近日海甯李壬叔善蘭，南海鄒特夫伯奇，皆創立新法，較西人舊法簡易數倍。而與西人近日所推之新法，不謀而隱隱合符。後人之心力不可突過先民耶。然常對之外又有訥對，頭緒紛繁，每令學者望洋生歎。即有鋭意此道者，亦病其語焉不詳，詳焉不顯，窮極鑽研，亦廢然思返。余幼嗜數學，閲舊書對數比例，喜其演數之詳，復病其抉理之不顯，則雖詳如未詳也。近年與曾君栗諴交，講求天元借根之理，而尤孜孜於《代數術》一書。偶思對數之繁賾，唯代數可顯其理，因謂栗諴曰，子穎悟絶倫，心精力果，何弗用代數式詳解對數乎。栗諴曰，此夙志也。遂以數月之力，譔對數詳解五卷。始明代數之理，爲不知代數者開其先路也。中言對數之理，末言對數之用，作書之本意，爲對數設也。其於常對、訥對，辨晰分明，常對以十爲底，訥對以二七一八二八二爲底，常對以〇四三四二九四五爲根。先求得各真數之訥對，復以對數根乘之，即爲常對數級數。

代數釋號

代數者筭學至精之詣也，嘗以甲、乙、丙、丁等字代已知之數，以天、地、人、物等字代未知之數。其誌號諸例節録於左。

○者，無數也，無數而數生焉。故首釋之。按：即中法所謂適足也。

⊥者，正也，加也，多也。

丅者，負也，減也，少也。

×者，乘也。凡二元甲、乙、天、地等字，皆謂之元。相乘，則並列之，省×亦可。唯二真數相乘，則必用×。或二真數相乘中作·亦可。

—者，除也，約也。法居上而實居下。如分子有多項不能遍約，則以長綫括而約之。凡居綫内者，皆分母之所約也。或列實於左列法於右，中作÷號亦可。

（ ）者，括弧也。實有多項，不能遍乘，則以弧綫括兩旁而乘之。或自乘者，加指數於括弧外之右上角，若括弧外又用括弧，則常用［ ］或用︷ ︸以別之。義同。

√者，開方也。$^{二}\surd$ 開平方，$^{三}\surd$ 開立方，$^{四}\surd$ 開三乘方，餘倣此。或以指數記之亦爲開方除。指開平方用二一，指開立方用三一，指開三乘方用四一，餘倣此。

＝者，平也。左右二數相等也。即天元術中之爲字也。

∕、∕∕者，同類而有分別也。同類之元，皆同用一字，故加號以別之也。

∷者，四率比例也。

指數者，記小字於元之右角上，名指數也。式如甲^{己卯}，以母指除方即開方。以子指乘方。而以丅號指此元之爲法以除一。推論之，以⊥號指此元之爲法以乘一亦可，然式無用⊥號者以其可省而省之，故亦不必詳也。凡指數皆應有母子，其不列母者，以一爲母故省之。猶之凡元皆應有指數，以一爲指數，故省之。分四類釋之，曰整指數、曰分指數、曰負整指數、曰負分指數。

式如元^{卯}者，此爲整指數也，卯指乘方。又如元^{二}，指平方。又如元^{三}，指立方。又如元^{四}，指三乘方，餘倣此。

式如元^{己卯}者，此爲分指數也，己指除方，卯指乘方。又如元^{二一}指平方除。與$^{二}\sqrt{元}$仝。又如元^{二三}，指平方除之，所得根數之立方。與$(\sqrt{元})^{三}$仝。餘倣此。

式如元^{丅卯}者，此爲負整指數也。卯指乘方，丅指爲法以除一。又如元^{丅一}指元爲法以除一。與$\frac{一}{元}$仝。又如元^{丅二}指元之平方爲法以除一。與$\frac{一}{元^{二}}$仝。餘倣此。

式如元^{丅己卯}者，此爲負分指數也。己指除方，卯指乘方，丅指爲法以除一。又如元^{丅二一}指元開平方爲法以除一。與$\frac{一}{\sqrt{元}}$仝。又如元^{丅二三}指元開平方所得根數之立方爲法以除一。與$\frac{一}{(\sqrt{元})^{三}}$仝。餘倣此。

⫻者，無窮也。數可窮而不可窮，故釋無窮終焉。

清·江衡《對數淺釋》

對數一術，至精且奇，攷其緣起，則至淺顯焉。數何以有對，以假對真也。數何以有假，假者借也。借數求數，求得者謂之真。借用者謂之假，假數生於遞加數，真數生於連比例。遞加與連乘相對，假數即與真數相對，故謂之對數。

清·陳松《天文算學纂要》卷一八 算學對數表説

緣起

對數表，爲西術步天之一。其法以真數自一至十萬俱造假數，逐一與真數對列成表，故名對數表。相傳爲前明西士訥白爾所創，復有布里格斯變通其術，改爲十進，用之益便。國朝順治間西士穆尼閣始傳此法至中土。以加代乘，以減代除，以加倍代自乘，故折半即開平方，以三因代再乘，故三歸即開立方。推之，多乘方皆遞加一數。誠算學至捷之術也。顧其全表，僅見御製《數理精藴》。因字數浩繁，外無別刻全書，既不易求，世遂罕習其術。蓋步算必擇簡便，不假思索，莫捷於表，舍表幾不成算。今刻一萬零數，尚可敷用。首明造表之原，次詳用表之法，俾得乘除開方均可表代，且所求之位數爽然。庶可開習算之門徑云。

造法

假數本可任意造之，必欲定一之假數爲圈，十之假數爲一者，取其乘除之後，便於定位也。近來算學家如錢塘鄂士戴先生《對數簡法》，有假設對數。又海甯秋紉李先生《對數探源》，有尖錐泛積表。皆與訥白爾造表之理相合。在彼國名自然之對數，恒以二七一八二八一八爲其底率。又如戴氏術以十之假設對數二三〇二五八五二〇八爲法，以除假設對數，即爲定準對數。以及李氏尖錐定積表求法，皆布里格斯變爲十進之表也。考彼國創始此表，用連比例真數屢次開方，假數屢次折半，求至幾十次，而真數假數始能會通。旬日之工，僅得一數，法甚繁重，見《數理精蘊》。故近日造表不用舊術，而以李氏《探源》之定積表，爲造法之捷徑云。見《則古昔齋算學》。

首位

假數起首一位，用以辨真數之位數，本不關於求數。考西表多有不列首位者，故首位不對。第二位以下皆對者，所對之真數，亦即所求之數也。惟位數必視首位而定。如十之假數爲一，其自乘冪，即百之假數二也。又如十乘百，以十之假數一，加百之假數二，即千之假數三也。以上遞推莫不皆然。雖屢經乘除，而位數仍不淆者，賴有首位故也。

單位

假數命位比真數恒少一數。如真數止有單位，假數之首位命爲圈。有兩位命爲一，有三位命爲二，有四位命爲三，觀表内自知。如算度分秒，則以秒爲單位。兩錢分釐，則以分爲單位。丈尺寸分，亦以分爲單位。如所設位數多於表内所列數者，並依中比例法求之。

截尾

對數表以真數列於左，假數列於右。真數止於十萬，十萬以後，假數之前幾位皆同，而其後之差數略相等，故可用中比例求之。考其假數除首位，尚列十位者，所以備中比例之用。其實真數十萬以内者，假數止用八位，其第九位滿五以上則進一數，不滿五即截去末二位。真數一萬以内者，假數止用六位，其第七位滿五以上則進一數，不滿五即截去末四位。因真數小則假數之前幾位相差已多，不待細求而自見。備列全表以便截用也。

清・方克猷《方子壯數學》　諸乘差對數説

自屢乘屢除之術出，而割圜得捷徑焉。前賢推之於對數，而求對數亦得捷法焉。蓋弧矢之與對數，不類而類者也。八綫之數由開方而得，對數之數亦由開方而得，二術之難皆難於開方耳。非連比例可以通開方之率。非通開方之率，無以得求對數之法也。導源於項梅侶氏，發揮於戴鄂士氏，而會通於李秋紉氏，顧尚氏之幾美備矣。顧率數用數尚苦其繁，乘法除法未能畫一。李氏之術簡矣，而遞求一較尚非通法，且約法尤有大弊於用表，甚爲不便。顧氏從而變通之，亦未能得其要領也。西法則今表之外又有各種對數，有各對數底，各對數根，頭緒紛繁，而以訥氏之對數爲之樞紐，所謂自然對數也。其求各對數之法，均有公式，而要皆借徑於訥對。蓋無論何對數之根，皆與其底之訥對爲連比例三率也。惟其求對數之級數式於立術之源，不直抉其所以然。故級數公式間有異同其於得式之根，往往武斷費解。初學閲之萬難了然於心。此外李、戴諸家亦各自立術，要之均非通法也。夫萬算皆生於和較，對數何獨不然。弦矢之所可求者，其較也。對數之所可求者，亦其較也。故西人衍其術爲微分，然較爲一者，乘法可省，較非一者，乘法不可省。以本數爲法者，諸乘方須遞次求之，而降位較遲。以和數爲法者，諸乘方可間一用之，而得數較速。此西法之所以異於李氏，而李君於尖錐變法中尚未能自言其所以然者也。間嘗本此以攷之諸家，證之西法，而後知其能暗用和較之術，而或不自知。今以此術推之，則六通四闢一以貫之，而執簡馭繁之法生焉。

綜論

清・《數理精蘊》下編卷三八

明對數之原之一

凡真數連比例四率，任對設遞加遞減之較相等之四假數，其第二率相對之假數與第三率相對之假數相加，内減第一率相對之假數，即得第四率相對之假數。若減第四率相對之假數即得第一率相對之假數。

假	真
一	二
二	四
三	八
四	一六

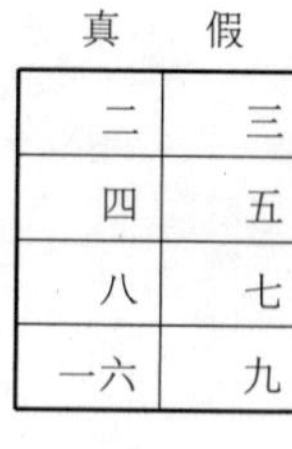

假	真
三	二
五	四
七	八
九	一六

如二，四，八，十六，連比例四率，任對設二之假數爲一，四之假數爲二，八之假數爲三，十六之假數爲四，其遞加遞減之數皆爲一，以二率四相對之假數二與三率八相對之假數三相加，得五，内減一率二相對之假數一，即得四率十六相對之假數四。

若減四率十六相對之假數四，即得一率二相對之假數一，或以二之假數爲三，四之假數爲五，八之假數爲七，十六之假數爲九，其遞加遞減之數皆爲二。以二率四相對之假數五與三率八相對之假數七相加，内減一率二相對之假數三，即得四率十六相對之假數九。

若減四率十六相對之假數九，即得一率二相對之假數三。

明對數之原之二

凡真數連比例三率，任對設遞加遞減之較相等之三假數，其中率相對之假數倍之，內減首率相對之假數，即得末率相對之假數。若減末率相對之假數，即得首率相對之假數。

假	四	五	六
真	一	三	九

如一，三，九，連比例三率，任對設一之假數爲四，三之假數爲五，九之假數爲六，其遞加遞減之數皆爲一。以中率三相對之假數五倍之，得十，內減首率一相對之假數四，即得末率九相對之假數六。若減末率九相對之假數六，即得首率一相對之假數四。

或以一之假數爲八，三之假數爲五，九之假數爲二，其遞加遞減之數皆爲三。以中率三相對之假數五倍之，內減首率一相對之假數八，即得末率九相對之假數二。若減末率九相對之假數二，即得首率一相對之假數八。

假	八	五	二
真	一	三	九

明對數之原之三

凡真數連比例幾率，任對設遞加遞減之較相等之假數，其中隔位取比例四率，其第二率相對之假數與第三率相對之假數相加，內減第一率相對之假數，亦得第四率相對之假數。若減第四率相對之假數，亦得第一率相對之假數。

假	一	二	三	四	五	六	七	八
真	二	四	八	一六	三二	六四	一二八	二五六

如二，四，八，十六，三十二，六十四，一百二十八，二百五十六，連比例幾率。任對設二之假數爲一，四之假數爲二，八之假數爲三，十六之假數爲四，三十二之假數爲五，六十四之假數爲六，一百二十八之假數爲七，二百五十六之假數爲八，其遞加遞減之數皆爲一。任取四，八，六十四，一百二十八之四率，以二率八相對之假數三與三率六十四相對之假數六相加，得九，內減一率四相對之假數二，即得四率一百二十八相對之假數七。若減四率一百二十八相對之假數七，即得一率四相對之假數二。

明對數之綱之一

凡假數皆可隨意而定，然一之假數必定爲〇，方與真數相應。而真數連比例率十，百，千，萬，皆爲一，但遞進一位，則其假數亦皆遞加一數。

假	真
〇	一
一	一〇
二	一〇〇
三	一〇〇〇
四	一〇〇〇〇
五	一〇〇〇〇〇
六	一〇〇〇〇〇〇
七	一〇〇〇〇〇〇〇
八	一〇〇〇〇〇〇〇〇

蓋乘除之數始於一，故一不用乘亦不用除。而加減之數始於〇，故〇無可加亦無可減也。假數既以加減代乘除，故一之假數必定爲〇。而一與十，十與百，百與千，千與萬，萬與十萬，皆爲加十倍之相連比例率。然其數皆爲一，但遞進一位，故一之假數定爲〇者，十之假數即定爲一，百之假數即定爲二，千之假數即定爲三，萬之假數即定爲四，十萬之假數即定爲五，百萬之假數即定爲六，千萬之假數即定爲七，億之假數即定爲八，亦皆遞加一數。而假數即與位數相同。試以一百與一千相乘，得十萬爲進二位，以一百相對之假數二與一千相對之假數三相加，即得十萬相對之假數五，亦爲加二數也。以一十除一千得一百，爲退一位，以一十相對之假數一與一千相對之假數三相減，即得一百相對之假數二，亦爲減一數也。如或以十之假數定爲二，百之假數定爲四，千之假數定爲六，是爲遞加二數，未嘗不可。然真數進一位者，假數則加二數，即不得與位數相同矣。

明對數之綱之二

凡真數不同而位數同者，其假數雖不同而首位必同。真數相同而遞進幾位者，其假數首位必遞加幾數，而次位以後却相同。

真	假
二	〇三〇一〇二九九九五七
三	〇四七七一二一二五四七
四	〇六〇二〇五九九九一三
五	〇六九八九七〇〇〇四三
六	〇七七八一五一二五〇四

如自一至九真數皆爲單位，則假數首位皆爲〇。故二之假數爲〇三〇一〇二九九九五七，三之假數爲〇四七七一二一二五四七，四之假數爲〇六〇二〇五九九九一三，五之假數爲〇六九八九七〇〇〇四三，六之假數爲〇七七八一五一二五〇四。首位以後零數遞增至十，則首位皆爲一，至百則首位皆爲二，至千則首位皆爲三，至萬則首位皆爲四，至十萬則首位皆爲五。

如一十一，一百一十，一千一百，一萬一千，一十一萬，雖遞進一位而其數皆爲一一，故其假數首位雖遞加一數，而次位以後皆同爲〇四一三九二六八五二。

假	真
一〇四一三九二六八五二	一一
二〇四一三九二六八五二	一一〇
三〇四一三九二六八五二	一一〇〇
四〇四一三九二六八五二	一一〇〇〇
五〇四一三九二六八五二	一一〇〇〇〇

清・華蘅芳《代數術》卷一八　論對數與指數之式

第一百六十四款　無論何整數皆可爲任何正數之各乘方。

即如二之各方，可以等於各數。自一起以至無窮。雖其數未必能真相等，然所差者極微，其兩數之較，可小至莫可名言。若其各方之指數爲整數，則其相等之數不過能成一級數。如一，二，四，八，十六，等類。若其各方之指數爲分數，則其相等之數可爲遞加數。

今試以二之各方明其相等之各數，自一起以至於十。其式如左。

$二^{〇}＝一$，$二^{一}＝二$，$二^{一.五八五}＝三$，$二^{二}＝四$，$二^{二.三二二}＝五$，$二^{二.五八五}＝六$，$二^{二.八〇七}＝七$，$二^{三}＝八$，$二^{三.一七〇}＝九$，$二^{三.三二二}＝一〇$，

又依同法，可將二之各方約一之數，以明小於一之數。如 $\frac{一}{二^{三.三二二}}＝.一$，$\frac{一}{二^{二.三二二}}＝.二$，$\frac{一}{二^{一.七三七}}＝.三$ 即 $二^{丅三.三二二}＝.一$，$二^{丅二.三二二}＝.二$，$二^{丅一.七三七}＝.三$ 可見，其各方之指數必爲負。

又依同法，可以十爲底，則各數又可以十之各方明之。如 $一〇^{〇}＝一$，$一〇^{.三〇一}＝二$，$一〇^{.四七七}＝三$ 及 $一〇^{丅一}＝.一$，$一〇^{丅.六九九}＝.二$，$一〇^{丅.五二三}＝.三$ 等等。

然此法不但能用二與十兩箇整數爲底，亦可用任何分數爲底，而求其各指數。可令其各方之數等於自一起以至任若干多數。所以凡對數可用任何整數或分數爲其底，惟一及負數則不能爲對數之底。因一之各方皆爲一，而負數之各方必有不能等於真數之數故也。

第一百六十五款　所以，如命地爲任何真數，又任取已知之數未，則可求得未之相配之指數天，而令未之天方等於地，則天即爲地之對數，未即爲對數之底。

第一百六十六款　由以上所論可究對數之理。其最要之例有三。

一例　任兩數之對數相加恒等於相乘數之對數。

如令地與地′爲兩箇真數，而令天與天′爲其相配之對數。則 $未^{天}＝地$，$未^{天'}＝地'$，而 $未^{天}×未^{天'}＝地地'$，即 $未^{天丄天'}＝地地'$，所以依上款之論，其 天丄天′ 必爲 地地′ 之對數。故地與地′兩箇真數之對數，其和必爲 地地′ 之對數。

二例　任兩數之對數相減恒等於相約數之對數。

如 $未^{天}＝地$，$未^{天'}＝地'$，則 $\frac{未^{天}}{未^{天'}}＝\frac{地}{地'}$ 即 $未^{天丅天'}＝\frac{地}{地'}$ 所以依上款之論，天丅天′ 必爲 $\frac{地}{地'}$ 之對數。故地之對數與地′之對數相較，必即爲 $\frac{地}{地'}$ 之對數。

三例　設卯爲任何數，則$地^{卯}$之對數恒等於卯倍地之對數。

因$地^{卯}$爲地之卯方之數，所以$地^{卯}$之對數等于地之對數之卯倍，故即爲 卯×對地

第一百六十七款　由以上之論，如果能造一表，備列各真數與其相配之各對數相對，則用此表可以甚省算學中乘除之功夫。因只須將其對數或加或減，即可檢表而得乘約之真數也。又用此表亦可省多乘方及開各方之功夫，因只須將其對數或乘或約，即可檢表而得其積與根之真數故也。

假如有兩箇真數天與地，欲相乘，則可取天之對數與地之對數相加，則其和數即爲天地相乘積之對數。所以凡求任幾數相約之數，或求任何數之各方各根，俱可依此類推之。

第一百六十八款　對數之公理，與其底數之大小無相關。所以可有數種對數，每種各起一名字以別之。

如以十爲底者，其對數名曰常對數，亦名十進對數，亦名布里格斯對數。

如以 二.七一八二八一八 爲底者，其對數昔人名之曰雙曲線對數，亦名訥白爾對數，亦名自然對數。

前於一百六十五款中已言凡真數與對數相關之理，可以 $未^{天}＝地$ 之式明之。若其地爲任何真數，則天爲其真數之對數，而未爲其對數之底。此三數

中，任有其二即可推得其又一數。如地或未爲未知之數，則求之易得。如其指數天爲未知之數，而未與地爲已知之數，則欲求天之同數，其方程式與以上各卷中所論之各種方程式不同。故名之曰指數之方程式，欲解此種方程式，其法與求任何真數之對數同。

第一百六十九款　凡以　$未^{天}＝地$　之式而求其天之同數，則各項必以未與地明之。

設　$未＝一丄甲$　又　$地＝一丄亥$　則其方程式爲　$(一丄甲)^{天}＝一丄亥$　若將兩邊各乘至卯方，即得　$(一丄甲)^{卯天}＝(一丄亥)^{卯}$　此式之兩邊各以二項例詳之，爲級數。則得　$一丄卯天甲丄\frac{一·二}{卯天(卯天丅一)}甲^{二}丄\frac{一·二·三}{卯天(卯天丅一)(卯天丅二)}甲^{三}丄\frac{一·二·三·四}{卯天(卯天丅一)(卯天丅二)(卯天丅三)}甲^{四}丄…$等于　$一丄卯亥丄\frac{一·二}{卯(卯丅一)}亥^{二}丄\frac{一·二·三}{卯(卯丅一)(卯丅二)}亥^{三}丄\frac{一·二·三·四}{卯(卯丅一)(卯丅二)(卯丅三)}亥^{四}丄…$　將此式之兩邊各減去一，而俱以卯約之，則得　$天甲丄\frac{一·二}{天(卯天丅一)}甲^{二}丄\frac{一·二·三}{天(卯天丅一)(卯天丅二)}甲^{三}丄\frac{一·二·三·四}{天(卯天丅一)(卯天丅二)(卯天丅三)}甲^{四}丄…$　等於　$亥丄\frac{二}{(卯丅一)}亥^{二}丄\frac{二·三}{(卯丅一)(卯丅二)}亥^{三}丄\frac{二·三·四}{(卯丅一)(卯丅二)(卯丅三)}亥^{四}丄…$

設將前式中各項之乘數相乘，而依卯方列之，則其式變爲　$天甲丄\left(吧卯丅\frac{二}{天}\right)甲^{二}丄\left(吧'卯丄吘卯^{二}丄\frac{三}{天}\right)甲^{三}丄\left(吧''卯丄吘'卯^{三}丄味卯丅\frac{四}{天}\right)甲^{四}丄…$　等於　$亥丄\left(巳卯丅\frac{二}{一}\right)亥^{二}丄\left(巳'卯丄午卯^{二}丄\frac{三}{一}\right)亥^{三}丄\left(巳''卯丄午'卯^{二}丄未卯^{三}丅\frac{四}{一}\right)亥^{四}丄…$　此式中之吧、吧′、吧″…吘、吘′…味…等字，以代詳式中卯之各方之倍數，亦即爲天之函數。又其巳、巳′、巳″…午、午′…未…　等字，以代詳式中卯之各方之倍數，而非天之函數。蓋因卯爲任取之數，與未、地二數本無相關，且至後必要消去之，故不必書其詳式，而但以一字誌之已足用矣。

細觀以上所變得之級數相等式，可見兩邊之諸項皆可分之兩行，而依次序列之，其第一行中之各項皆不含卯之各方，其第二行中之各項皆含卯之各方在內。其式如左。

$$天甲丅\frac{二}{天}甲^{二}丄\frac{三}{天}甲^{三}丅\frac{四}{天}甲^{四}丄…丄吧卯甲^{二}丄(吧'卯丄吘卯^{二})甲^{三}丄(吧''卯丄吘'卯^{二}丄味卯^{三})甲^{四}丄…＝丄亥丅\frac{二}{一}亥^{二}丄\frac{三}{一}亥^{三}丅\frac{四}{一}亥^{四}丄…丄巳卯亥^{二}丄(巳'卯丄午卯^{二})亥^{三}丄(巳''卯丄午'卯^{二}丄未卯^{三})亥^{四}丄…$$

此式無論卯之同數如何，均合於理。惟因卯爲任何數，所以應在指明天與亥相關之方程式內消去之，故前式中兩邊含卯之各項，應彼此抵消，則所餘者不過其不含卯之各項而已。故得　$天甲丅\frac{二}{天甲^{二}}丄\frac{三}{天甲^{三}}丅\frac{四}{天甲^{四}}丄…＝亥丅\frac{二}{亥^{二}}丄\frac{三}{亥^{三}}丅\frac{四}{亥^{四}}丄…$　即　$\left(甲丅\frac{二}{甲^{二}}丄\frac{三}{甲^{三}}丅\frac{四}{甲^{四}}丄…\right)天＝亥丅\frac{二}{亥^{二}}丄\frac{三}{亥^{三}}丅\frac{四}{亥^{四}}丄…$

前式中天之倍數　$甲丅\frac{二}{甲^{二}}丄\frac{三}{甲^{三}}丅\frac{四}{甲^{四}}丄…＝(未丅一)丅\frac{二}{(未丅一)^{二}}丄\frac{三}{(未丅一)^{三}}丅\frac{四}{(未丅一)^{四}}丄…$　爲常數。故可以呷字代之，又令亥之同數　地丅一　代前式中之亥，則得　$天＝對地＝\frac{呷}{一}(地丅一)丅\frac{二}{(地丅一)^{二}}丄\frac{三}{(地丅一)^{三}}丅\frac{四}{(地丅一)^{四}}丄…$　則依此式可求真數之對數。惟其真數必大於一而小於二方可。

第一百七十款　用上法以求真數之對數。若地微小於二，則級數之斂甚遲，若地大於二，則其級數爲發級數。所以欲求各真數之對數，前款之式不可爲通法。今本款另變一箇級數式，可以斂得較速。故可爲公用之法。

惟因　$對(一丄亥)＝\frac{呷}{一}\left(亥丅\frac{二}{亥^{二}}丄\frac{三}{亥^{三}}丅\frac{四}{亥^{四}}…\right)$㊀　如以　丅亥　代其　丄亥　則得　$對(一丅亥)＝\frac{呷}{一}\left(丅亥丅\frac{二}{亥^{二}}丅\frac{三}{亥^{三}}丅\frac{四}{亥^{四}}丅…\right)$㊁　惟

對(一丄亥)丅對(一丅亥)＝對$\left(\frac{一丅亥}{一丄亥}\right)$ 所以若將㊀㊁兩式相減，即得

對$\left(\frac{一丅亥}{一丄亥}\right)=\frac{呷}{二}\left(亥丄\frac{三}{亥^{三}}丄\frac{五}{亥^{五}}丄\frac{七}{亥^{七}}丄\cdots\right)$ ㊂ 如令 $\frac{一丅亥}{一丄亥}=地$

則 $亥=\frac{地丄一}{地丅一}$ 而㊂式變爲 $對地=\frac{呷}{二}丄\frac{地丄一}{地丅一}丄\frac{三}{二}\left(\frac{地丄一}{地丅一}\right)^{三}丄\frac{五}{二}\left(\frac{地丄一}{地丅一}\right)^{五}丄\cdots$ 則地之同數，無論如何，此式必爲斂級數。故用此公式易推出奇零各小數之對數。

第一百七十一款 無論何真數，若非數根，必爲他兩數或多數相乘而得之積。則既有各乘數之對數，可將其各乘數之對數相加，而以所得之和數爲其積數之對數。惟真數若爲數根，則必藉他數之對數，並用前款之級數式而得本數之對數。

設卯爲任何真數，其對數已知，則可將 $\frac{卯}{卯丄人}$ 代公式中之地，則得式如左。

$對\frac{卯}{卯丄人}=\frac{呷}{二}\left(\frac{二卯丄人}{二人}丄\frac{三(二卯丄人)^{三}}{二人^{三}}丄\frac{五(二卯丄人)^{五}}{二人^{五}}丄\cdots\right)$

惟 $對\frac{卯}{卯丄人}=對(卯丄人)丅對卯$ 所以 $對(卯丄人)=對卯丄\frac{呷}{二}\left(\frac{二卯丄人}{二人}丄\frac{三(二卯丄人)^{三}}{二人^{三}}丄\frac{五(二卯丄人)^{五}}{二人^{五}}丄\cdots\right)$ 由此級數則可藉卯之對數而得 卯丄人 之對數。如卯爲大數，則級數之斂最速。

第一百七十二款 由以上所得之級數式，可見任何數之對數式，其第二項恒必爲兩數相乘之積。此兩數中，其一數能因本數而變，其又一數呷一爲常數，故名此數爲對數之根。

第一百七十三款 對數之最自然者以 $\frac{呷}{一}=一$ 即 呷＝一 此種對數與訥白爾所設之對數同。昔人因其能明各種雙曲線之面積，故謂之雙曲線對數。然他種對數亦能明雙曲線之面積，則雙曲線對數，未可爲此種對數之專名。今因其創自訥白爾，故以下凡遇用此種對數之處，俱以訥字別之，若用常對數者，則但作對字而已。

設命任何真數爲地，則地之訥對爲 $(地丅一)丅\frac{二}{一}(地丅一)^{二}丄\frac{三}{一}(地丅一)^{三}丅\frac{四}{一}(地丅一)^{四}丄\cdots$ 又無論何種對數，若其底爲未，則恒以 $(未丅一)丅\frac{二}{一}(未丅一)^{二}丄\frac{三}{一}(未丅一)^{三}丅\frac{四}{一}(未丅一)^{四}丄\cdots$ 之倒數爲其根。惟此級數之式，與未之訥對級數同。故可見任何種對數之根，恒爲其底之訥對約一之數。

由此可見，任欲得何種對數，可藉他種對數而得。只須求其本底之訥對，及其本數之訥對而已。

第一百七十四款 令毌爲任何數之訥對，又丑、丑′爲本數之他兩種對數，寅、寅′爲兩種對數根之訥對，則 丑＝寅毌 又 丑′＝寅′毌 所以 $\frac{寅}{丑}=\frac{寅'}{丑'}$ 又 寅∶寅′＝丑∶丑′ 即知任何數之各種對數，與其根之訥對，有正比例，所以各種對數，相與有一定之比例。

第一百七十五款 茲將以上所得之級數，求得十之訥對，以其數約一，爲常對數之根。

求十之訥對可令 一〇 代 $訥地=\frac{地丄一}{二(地丅一)}丄\frac{三}{二}\left(\frac{地丄一}{地丅一}\right)^{三}丄\frac{五}{二}\left(\frac{地丄一}{地丅一}\right)^{五}丄\cdots$ 公式中之地，則得 $\frac{一一}{二\times九}丄\frac{三\times一一^{三}}{二\times九^{三}}丄\frac{五\times一一^{五}}{二\times九^{五}}丄\cdots$ 惟因此式之級數，其斂太遲，故無甚用處。則不如先求二與五兩數之訥對，而得十之訥對爲最妙。

如以二代公式中之地，則得 $訥二=二\left(\frac{三}{一}丄\frac{三\times三^{三}}{一}丄\frac{五\times三^{五}}{一}丄\frac{七\times三^{七}}{一}丄\cdots\right)$ 此級數之斂甚速，所以可將其各項變爲奇零之數，而取第一項至第七項之和，即得二之訥對爲 ．六九三一四七二

欲求五之訥對，亦可用同法求之。然不如依一百七十五款之法求之則更易。因二之訥對已知，而四爲二之平方，故依一百六十六款之例，四之訥對亦爲已知。

如令 訥四＝二×訥二 以代 $訥(卯丄人)=訥卯丄二\left(\frac{二卯丄人}{人}丄\frac{三(二卯丄人)^{三}}{一人^{三}}丄\frac{五(二卯丄人)^{五}}{一人^{五}}丄\cdots\right)$ 式中之卯，而以一代其人，則式變

爲 訥五=二×訥二丄二($\frac{九}{二}$丄$\frac{三×九^{三}}{一}$丄$\frac{五×九^{五}}{一}$丄…) 由此級數式之首三項，可得七位奇零之數，故得五之訥對爲 一．六○九四三七九 而十之訥對等于 訥二丄訥五 故十之訥對爲 二．三○二五八五一 所以常對數之根即爲 $\frac{訥一○}{一}$=四三四二九四五

對數之根，因造對數表之時，必須用之，故已有人推得許多位數爲○．四三四二九四四八一九○三二五一八二七六五一一二八九一八九一六六○五○八二二九四三九七○○五八○三六六六五六六一一四四五四，凡六十位。

已知二之訥對爲 ．六九三一四七二 則二之常對數亦易得。法將二之訥對，以常對數之根乘之，即得 對二=．四三四二九四五×．六九三一四七二=．三○一○三○○

已于一百六十九款中，言任何對數之式爲 甲^{天}=乙 其未知之數天恒爲其底之指數。今若欲解此種式，可不必用前設之級數，因已有對數表可檢，則天之同數易推也。

如依一百六十六款之例，可見 天×對甲=對乙 所以 天=$\frac{對甲}{對乙}$

第一百七十六款 對數之理又有一事須解之，如已有某種對數之底，又有其任一箇對數，欲求其相配之真數，或已有方程式 未^{天}=地 其未、天、地所代之數，與一百六十五款同，欲求一級數之式爲地之同數，其級數之各項爲未與天所成。

法令 未=一丄甲 則 未^{天}=地 變爲 地=(一丄甲)^{天} 又可令變爲 地=[(一丄甲)^{卯}]$^{\frac{卯}{天}}$ ㊀ 其卯爲任何數，後來必消去之，則依二項例得 (一丄甲)^{卯}=一丄卯甲丄$\frac{一．二}{卯(卯丅一)}$甲^{二}丄$\frac{一．二．三}{卯(卯丅一)(卯丅二)}$甲^{三}丄…

如將其各項中之乘數，以元代之，而依卯方列之，則得 (一丄甲)^{卯}=一丄呷卯丄吧卯^{二}丄哂卯^{三}丄… ㊁ 觀此式則易見 呷=甲丅$\frac{二}{甲^{二}}$丄$\frac{三}{甲^{三}}$丅$\frac{四}{甲^{四}}$丄… 其吧、哂等同數，因須消去，故不詳。

如將 (一丄甲)^{卯} 之同數，代入㊀式，則得 地=(一丄呷卯丄吧卯^{二}丄哂卯^{三}丄…)$^{\frac{卯}{天}}$ 將此式之右邊依二項之例詳爲級數，則得 地=一丄$\frac{卯}{天}$(呷卯丄吧卯^{二}丄…)丄$\frac{一．二卯^{二}}{天(天丅卯)}$(呷卯丄吧卯^{二}丄…)^{二}丄$\frac{一．二．三卯^{三}}{天(天丅卯)(天丅二卯)}$(呷卯丄吧卯^{二}丄…)^{三}丄… ㊂ 因其 呷卯丄吧卯^{二}丄…=卯(呷丄吧卯丄…)、(呷卯丄吧卯^{二}丄…)^{二}=卯^{二}(呷丄吧卯丄…)^{二}、(呷卯丄吧卯^{二}丄…)^{三}=卯^{三}(呷丄吧卯丄…)^{三} 等等，所以在㊂式之各項中，可汰去其卯之各方之母子相同者，則得 地=一丄天(呷丄吧卯丄…)丄$\frac{一．二}{天(天丅卯)}$(呷丄吧卯丄…)^{二}丄$\frac{一．二．三}{天(天丅卯)(天丅二卯)}$(呷丄吧卯丄…)^{三}丄… 爲㊃式。惟卯爲任何數，其在地之同數中本不應見，所以前式中所有以卯爲乘數之諸項，理應彼此相滅，所以㊃式可變爲 未^{天}=地=一丄$\frac{一}{天呷}$丄$\frac{一．二}{天^{二}呷^{二}}$丄$\frac{一．二．三}{天^{三}呷^{三}}$丄$\frac{一．二．三．四}{天^{四}呷^{四}}$丄… 因已知 呷=甲丅$\frac{二}{甲^{二}}$丄$\frac{三}{甲^{三}}$丅$\frac{四}{甲^{四}}$丄…=(未丅一)丅$\frac{二}{(未丅一)^{二}}$丄$\frac{三}{(未丅一)^{三}}$丅$\frac{四}{(未丅一)^{四}}$丄… 則依一百七十三款之理，可見其呷必爲本種對數底之訥對。

第一百七十七款 如于 未^{天}=地 之式中，令 天=一 則其地之同數爲 未=一丄$\frac{一}{呷}$丄$\frac{一．二}{呷^{二}}$丄$\frac{一．二．三}{呷^{三}}$丄… 此式中之對數底，以訥對明之。如令 天=$\frac{一}{呷}$ 則 未$^{\frac{一}{呷}}$=一丄$\frac{一}{一}$丄$\frac{一．二}{一}$丄$\frac{一．二．三}{一}$丄$\frac{一．二．三．四}{一}$丄… 即可見 未$^{\frac{一}{呷}}$ 等于一箇常數。如將級數各項之分數并之，則得其常數爲二．七一八二八一八二八四五九○四五不盡，此數以戊代之，則得 未$^{\frac{一}{呷}}$=戊 所以 未=戊^{呷} 惟因呷爲訥對中未之對數，故依一百六十五款及一百七十三款之理，可見戊即爲訥對之底。

又因 未$^{\frac{一}{呷}}$=戊 所以，$\frac{一}{呷}$×對未=對戊 而 呷=$\frac{對戊}{對未}$ 此式無論何種對數，其理皆通。

第一百七十八款 再將前 未^{天}=地=一丄$\frac{一}{天呷}$丄$\frac{一．二}{天^{二}呷^{二}}$丄$\frac{一．二．三}{天^{三}呷^{三}}$丄 式中之呷，以其同數 $\frac{戊對}{未對}$ 代之，得任何指數之公式爲 未^{天}=一丄

$\frac{一}{天}\left(\frac{對戊}{對未}\right)上\frac{一·二}{天^{二}}\left(\frac{對戊}{對未}\right)^{二}上\frac{一·二·三}{天^{三}}\left(\frac{對戊}{對未}\right)^{三}上\cdots$　令　未＝戊

則得　$戊^{天}＝一上\frac{一}{天}上\frac{一·二}{天^{二}}上\frac{一·二·三}{天^{三}}上\cdots$

［英］偉烈亞力《數學啓蒙》卷二　凡設真數連比例諸率，所謂連比例者，先推正比例，所得四率，再二率以乘一率除，再得四率，又以二率乘，一率除，任累推，是得諸四率，俱爲連比例諸率。無論其率有幾倍之比，任對設相等遞加減之假數，是謂之對數。將式列於左，以顯其理。

假	〇	一	二	三	四	五	六
真	一	二	四	八	一六	三二	六四

假	〇	一	二	三	四	五	六
真	一	三	九	二七	八一	二四三	七二九

假	〇	一	二	三	四	五	六
真	一	一〇	一〇〇	一〇〇〇	一〇〇〇〇	一〇〇〇〇〇	一〇〇〇〇〇〇

對數之原，視上表而可了然。如換真數之倍數，而假數雖不移，然其數同處而異意。觀首表之率，以二而進，則假數遞加一，所對真數遞倍。又觀（中）［左］表之率，以十而進，則假數仍遞加一，而真數遞倍十。斯例可推至於無窮之式。只宜曉一乃數之本，而非可謂倍，故一之假數恒存爲〇。然此三表中，自始至終，數多間缺。若欲補各整數之假數，則推中比例，而各對數可得也。

凡以此一表中之兩假數，再以是兩假數之真數相乘，其所得之數爲兩假數相加共數之真數。

如首表之假數，二與三相加得五，再以假數二之真數四與假數三之真數八相乘，得三十二，即假數五之真數也。

假	二	三	五
真	四	八	三二

又以表中之兩假數，再將是兩假數之真數，以小除大，所得必爲兩假數較餘所對之真數。

如首表之假數六，內減假數四，餘二，再假數六之真數六十四，以假數四之真數一十六除之所得之真數四，即兩假數較餘二相對之真數也。

假	六	四	二
真	六四	一六	四

又以某真數自乘幾次，而此真數之假數，與乘方數加一相乘，即爲真數幾乘方所對之假數矣。

如首表之真數四，其再乘方爲六十四，將真數四之假數二以乘方數二加一共三，乘之，得六，即真數四之再乘方六十四所對之假數也。

真	四	四	一六	四	六四
假	二	三	六		

又以某真數，用幾乘方開之，再將此真數之假數，以乘方數加一除之，即得真數開幾乘方所對之假數矣。

如首表之真數六十四，以平方開之，得八。再將真數六十四之假數六，以乘方數一加一共二除之，得三，即真數六十四開平方得八所對之假數也。

真	八	六四	六四	
假	三	二	六	六

連比例式無定次第，然算家之多用，莫如十百千萬。蓋一與十，十與百，百與千，千與萬，萬與十萬，其數皆一而遞進一位，取其整齊而無奇零也。一爲數始，以之乘除，數皆不變，故一之假數定爲〇，十之假數定爲一，百之假數定爲二，千之假數定爲三，萬之假數定爲四，十萬之假數定爲五，推之百千萬億，皆遞加一數。至單位下有真數，單下一位數爲負一，單下二位假數爲負二，單下三位假數爲負三，以至無窮之小數，皆可類推。其真數有幾位，總減一，爲假數之整數。如真數十即兩位，可知假數之整數爲一。如真數百即三位，可知假數之整數爲二。以及千萬等數皆如此。真數一之假數既定爲〇，則一與十兩數之間，各真數必對〇加奇零之假數。又十與百兩真數之間，必對一加奇零之假數，餘可類推。凡對數雖有正又有負，然而其奇零小數莫不正耳。此對數之大綱也。

清・李善蘭《對數探源》卷一　明理

對數之積，諸乘尖錐之合積也。與方圓之較同。說詳《方圓闡幽》。但方圓之較自立尖錐起，此則自一長方起。方圓之較次四乘尖錐，次六乘尖錐，次八，次十，皆用其偶去其奇。此則次平尖錐，次立尖錐，次三乘，次四乘，次五，次六，奇偶皆用。方圓之較諸尖錐之底皆以漸而減，此則諸尖錐之底皆爲齊同之數，三者其異也。

如圖，甲爲長方形，乙爲平尖錐，丙爲立

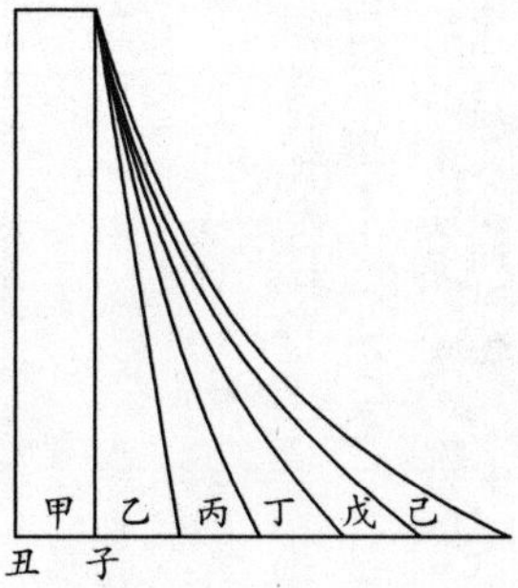

尖錐，丁爲三乘尖錐，戊爲四乘尖錐，己爲五乘尖錐，由是自六乘以上至於無窮，可以類推不能盡圖也。諸尖錐之底則盡如子丑，無增減也。

此尖錐合積中截爲二，便與二分之正數對。若均截爲三，便與三分之正數對。均截爲四，便與四分之正數對。由是或五或六以至於千百均截之，即與或五或六以至於千百分之正數對也。

如圖，子寅正數三百，分爲子丑、丑寅各一百五十，則合積上之甲丙線亦均分爲甲乙、乙丙二線而自乙横截之，分其積爲二，甲乙、戊己一段與子丑對，乙丙、丁戊一段與丑寅對也。若子寅分爲子卯、卯辰、辰寅各一百，則甲丙線亦均分爲甲庚、庚辛、辛丙三線而自庚自辛横截之，分其積爲三，甲庚、壬己一段與子卯對，庚辛、癸壬一段與卯辰對，辛丙、丁癸一段與辰寅對也。四分以上倣此。

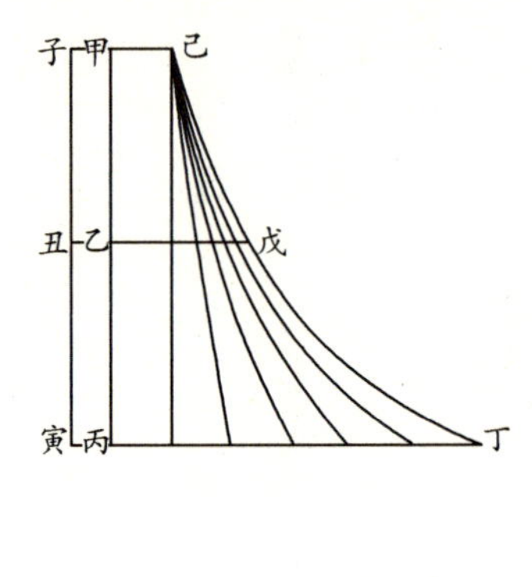

正數無論多少，但分作幾分，所對之對數皆同。

如前圖，子寅正數三百，分爲二分，各一百五十，則所對者爲甲乙、戊己等二段截積。分爲三分各一百則所對者爲甲庚、壬己等三段。截積若命子寅正數爲一千二百，分爲二分，各六百，所對者仍爲甲乙、戊己等二段截積。分爲三分，各四百，所對者仍爲甲庚、壬己等三段截積也。又或命子寅正數爲六，分爲二分，各三分，爲三分各二，所對者仍爲甲乙、戊己等二段截積，及甲庚、壬己等三段截積也。

此尖錐合積無論截爲幾段，自最下第二段以上其積皆同。

如圖，甲截爲二段，乙截爲三段，丙截爲四段，丁截爲五段。甲上之第二段子丑辰巳積，必與乙上第二段卯午未申積同，亦與丙上第二段戊己庚辛積同，亦與丁上第二段房心尾箕積同也。乙上之第三段寅卯申酉積必與丙上第三段亥戊辛壬積同，亦與丁上第三段氐房箕斗積同也。丙上之第四段戊亥壬癸積，必與丁上第四段亢氐斗牛積同也。五段以上理可類推。

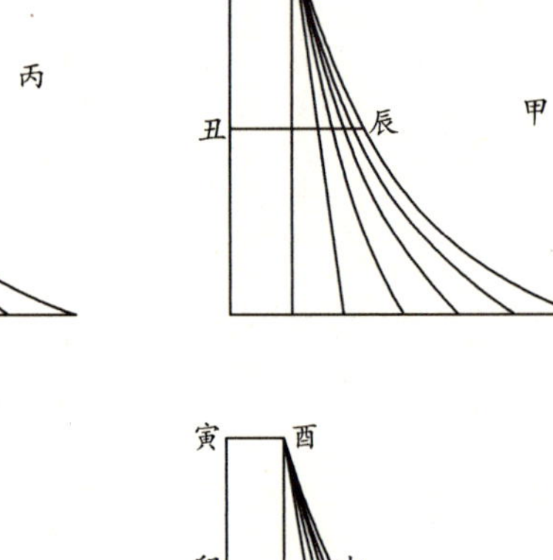

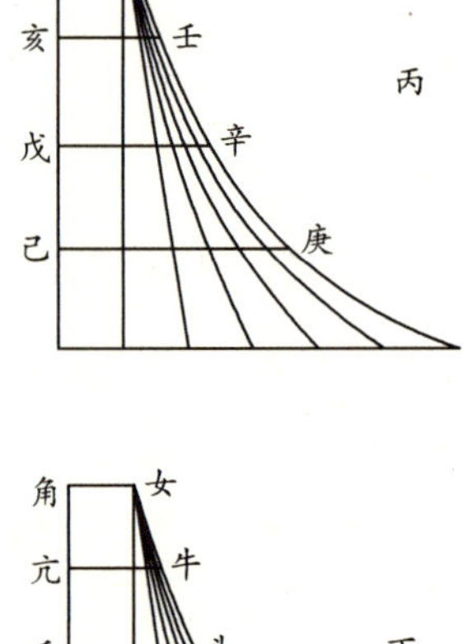

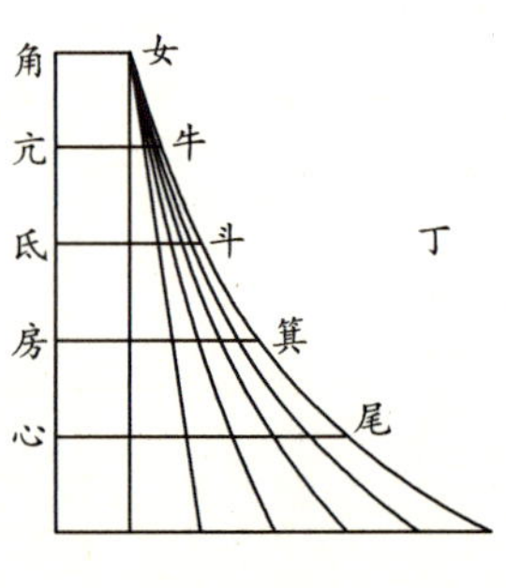

此尖錐合積，無論全積殘積，但同截爲幾段，則自上而下至最下第二段，其逐段之積皆同。

如圖，甲爲全積，乙爲殘積。凡殘積皆截去上一段。試同截爲二段，則全積上第二段子寅午辰積，必與殘積上第二段丙戊壬庚積同也。或同截爲四段，則全積上第四段子丑巳辰積，必與殘積上第四段丙丁辛庚積同。全積上第三段丑寅午巳積，必與殘積上第三段丁戊壬辛積同。全積上第二段寅卯未午積，必與殘積上第二段戊己癸壬積同也。

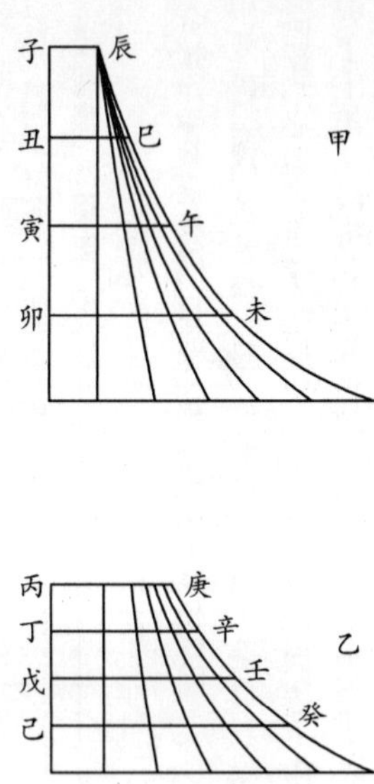

此尖錐合積，無論全積殘積，且無論截爲幾段，自第二段以上其積皆同。

如圖，甲全積截爲四段，乙殘積截爲三段，全積上第二段戊己癸壬積，必與殘積上第二段丑寅巳辰積同，全積上第三段丁戊壬庚積，必與殘積上第三段子丑辰卯積同也。

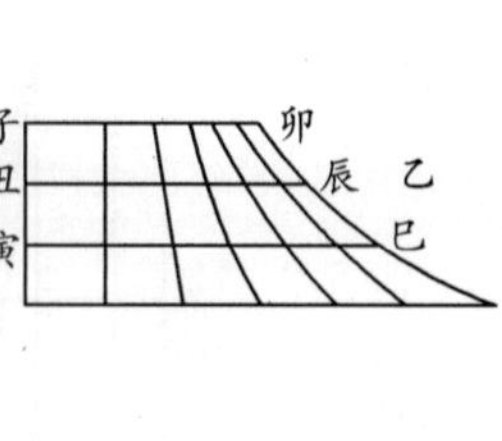

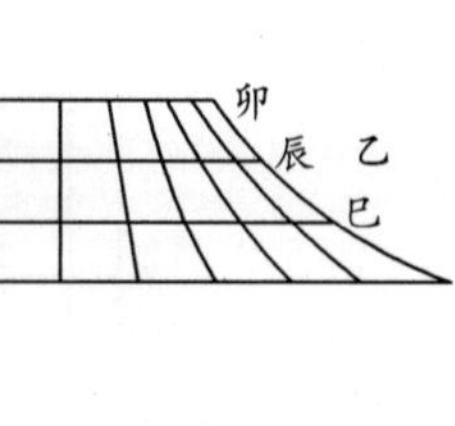

此尖錐合積於其直線上作比例四率線，各如其線截其積，則一率截積與二率截積之較，必與三率截積與四率截積之較同。一率截積與三率截積之較，必與二率截積與四率截積之較同。

如圖，甲乙爲一率線，甲乙癸壬爲一率截積。丙乙爲二率線，丙乙癸辛爲二率截積。丁乙爲三率線，丁乙癸庚爲三率截積。戊乙爲四率線，戊乙癸己爲四率截積。丙甲壬辛爲一率、二率兩截積之較，戊丁庚己爲三率、四率兩截積

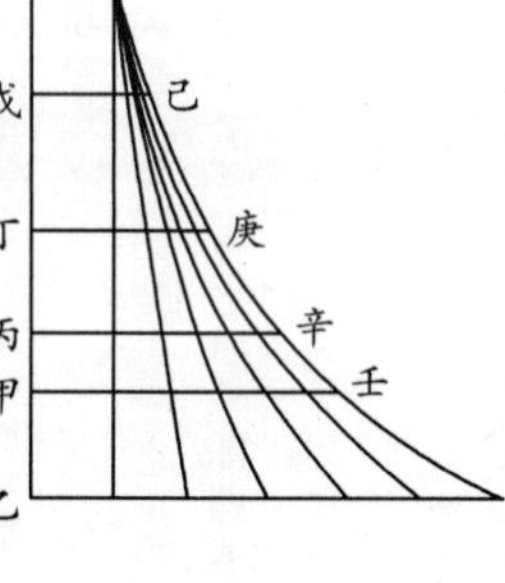

之較，此二較之積必同。丁甲壬庚爲一率、三率兩截積之較，戊丙辛己爲二率、四率兩截積之較，此二較之積亦必同也。

若於其直線上作連比例諸率線，各如其線截之則逐層前率截積與後率截積之較，其積皆同也。

如圖，作連比例五率，戊子爲首率，戊子丑癸爲首率截積。丁子爲二率，丁子丑壬爲二率截積。丙子爲三率，丙子丑辛爲三率截積。乙子爲四率，乙子丑庚爲四率截積。甲子爲五率，甲子丑己爲五率截積。丁戊癸壬爲首率、二率兩截積之較，丙丁壬辛爲二率、三率兩截積之較，乙丙辛庚爲三率、四率兩截積之較，甲乙庚己爲四率、五率兩截積之較，此四較之積必同也。

此合尖錐之底爲無窮連比例，此合尖錐上任於何處作截線其截線亦爲無窮連比例。

如圖，甲乙、乙丙、丙丁、丁戊、戊己、己庚一長方五尖錐之底，皆爲一。此外，無窮尖錐之底亦必皆爲一，是爲一與一之比例，連之無窮也。若取室辛線，爲室甲全線一百分之九十九，於辛點上作辛亥截線則辛壬與壬癸，壬癸與癸子，癸子與子丑，子丑與丑寅，丑寅與寅亥，此六截線皆如一百與九十九之比例。此外，無窮尖錐上之截線，亦必如一百與九十九之比例，是爲一百與九十九之比例，連之無窮也。如辛壬一百，則壬癸九十九，壬癸一百，則癸子九十九，所謂一百與九十九之比例也。後俱同。若取室卯線爲全線八分之七，於卯點作截線，則卯辰與辰巳，辰巳與巳未，巳未與未申，未申與申酉，申酉與酉戌，皆如八與七之比例。此外，無窮尖錐之截線，亦必如八與七之比例，是爲八與七之比例，連之無窮也。又或取室角線爲全線四分之三，於角點作線截之，則角亢與亢氐，亢氐與氐房，皆如四與

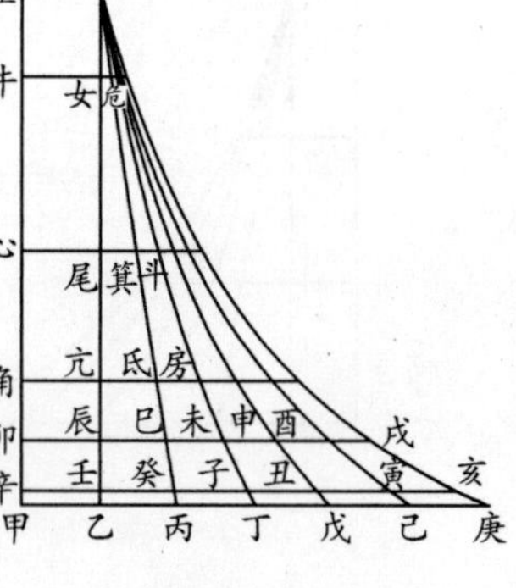

三之比例，是爲四與三之比例，連之無窮也。又或取室心線爲全線二分之一，於心點作線截之，則心尾與尾箕，尾箕與箕斗，皆如二與一之比例，是爲二與一之比例連之無窮也。又或取室牛線爲全線二十分之三，則牛女與女危即如二十與三之比例，是[爲]二十與三之比例，連之無窮也。凡連比例後率與前率之比，即如所取線與全線之比也。

凡截線皆有盡界，其界皆可求，而底無盡界。

如前圖，壬癸爲辛壬一百分之九十九，則辛壬必爲全截線一百分之一。設辛壬爲一百，則全截線之盡界必爲一萬也。又如亢氐爲角亢四分之三，則角亢必爲全截線四分之一。設角亢爲一百，則全截線之盡界必爲四百也。故以首率、二率較與首率之比，即同於首率與全截線之比也。何則？試任作一線，如尾角，取其四分之一爲角亢，餘亢尾。再取其四分之一爲亢氐，餘氐尾。再取其四分之一爲氐房，餘房尾。如此累取之可以無窮，而角亢與亢氐，亢氐與氐房，必皆如四分之三，是即四與三之無窮連比例也。而亢尾爲角尾四分之三，亢氐爲角亢四分之三。角亢、亢氐之較爲角氐，角尾、亢尾之較爲角亢，故以角氐爲一率，角亢爲二率，仍以角亢爲三率，四率必爲角尾也。曰亢氐與角亢，何以知其爲四分之三也？曰角亢者角尾四分之一也，亢氐者亢尾四分之一也，其母既如四與三之比例，故其子亦如四與三之比例也。凡截線上之連比例皆漸小，故必有一盡界。任爾無窮比例總不能越此界。底上之連比例皆如首率，而其比例又無盡，則烏得有盡界也。

凡兩截積同者，此截積之高與彼截積之高，彼截線與此截線可相爲比例。

如圖，子午尖錐合積之高平分於丑，作丑辰截線。又以丑午之高平分於寅，作寅巳截線。令子丑辰卯一段截積與丑寅巳辰一段截積等，準前第五條之理，子丑辰卯爲全積上第二段截積，丑寅巳辰爲殘積上第二段截積，故相等也。則子丑截積之高與丑寅截積之高之比，必同於寅巳截線丑寅之下截線。與丑辰截線子丑之下截線。之比，亦必同於丑辰截線丑寅之上截線。與子卯截線子丑之上截線。之比也。

凡兩殘積此殘積之高與彼殘積之高，彼截線與此截線可相爲比例。

如圖，任作子卯、丑辰兩截線，成子寅巳卯及丑寅巳辰兩殘積，則子寅殘積之高與丑寅殘積之高之比，必同于丑辰截線與子卯截線之比也。

此尖錐合積，無論截爲幾段，逐段之積皆可求，而最下一段其積不可求，故其總積亦不可求。

如圖，截爲三段，則甲、乙二段其積可求，而丙段之積不可求。或截爲四段，則子、丑、寅三段其積可求，而卯段之積不可求。蓋諸段皆以截線爲界，截線有盡界，故其積可求。丙、卯二段以底爲界，底無盡界，故其積不可求，總積必連最下一段，故亦不可求也。

又李善蘭《對數尖錐變法釋》

合尖錐圖説

《對數探源》圖　甲爲長方積，乙爲平尖錐，丙爲立尖錐，丁爲三乘尖錐，戊爲四乘以下無窮諸乘尖錐之并積。子庚爲長方底，庚辛爲平尖錐底，辛壬爲立尖錐底，壬己爲三乘尖錐底，己午、午未、未申等爲四乘以下無窮諸乘尖錐之底。諸尖錐之底皆相等，高亦相等。子丑線長至無窮，寅卯曲線亦長至無窮，二線永不能相遇。

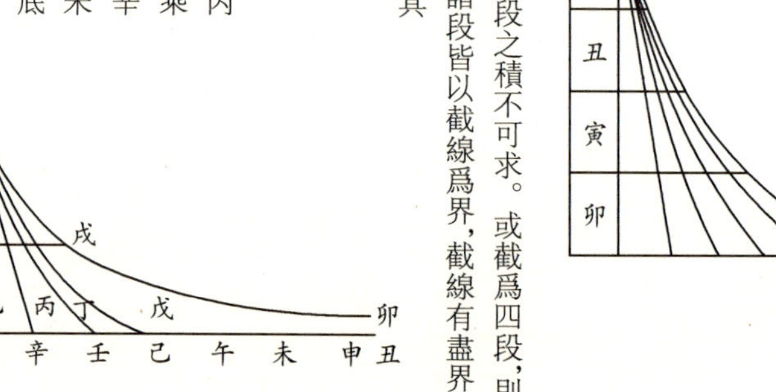

此合尖錐任平截爲若干分，最下一層爲一之對

數，次上一層爲一與二兩對數之較，再上一層爲二、三兩對數之較，餘可類推。不論層之多少，自二層至百千萬層俱合。最下一層爲無窮數，故一之對數不可得，以〇代之。圖平截爲三，酉戌爲一、二兩對數之較，寅酉爲二、三兩對數之較也。

《圜錐曲線説》圖　癸丑爲雙曲線，丙已、丙子俱爲漸近線，作丙丁、丙戊、丙已諸連比例數。設丙丁爲一，則辛丁戊壬、辛丁已癸二段積，必與丙戊、丙已之對數相符。若丙爲直角，丙丁、丁辛俱爲一，丙戊爲十，丙已爲百，則丁戊壬辛面積必爲二三〇二五八五〇九，丁已癸辛面積必爲四六〇五一七〇一八，此即訥白爾表十與百之對數也。丙丁、丙戊、丙已成漸大連比例，則丁辛、戊壬、已癸必成漸小連比例，因丙丁乘丁辛，丙戊乘戊壬，丙已乘已癸，皆等積故也。

右《圜錐曲線説》之理，皆與《對數探源》合。細觀二原書自明。又訥白爾十之對數，即《對數探源》泛積也。

真數求對數

《對數探源》法　先求諸尖錐。置長方積，取二分之一，爲平尖錐積，取三分之一，爲立尖錐積，取四分之一，爲三乘尖錐積，取五分之一，爲四乘錐積，餘可類推。

真數求對數，以真數除長方一次，除平尖錐二次，除立尖錐三次，除三乘尖錐四次，除四乘尖錐五次，如此遞除至得數不滿表之末位十分之一而止。乃併其除得數，爲本數之對數較，加入前一數之對數爲本數之對數。如三爲本數，則以較加入二之對數爲三之對數也。

《代數學》及《代微積拾級》法　以真數倍之減一爲法，除長方一次，除立尖錐三次，除四乘尖錐五次，除六乘尖錐七次，如此遞除至得數不滿表之末位而止。乃併其除得數，倍之爲本數之對數較，加入前一數之對數爲本數之對數。

右《探源》以本數爲法，西術以倍本數減一爲法，《探源》各乘尖錐全用，西術間一尖錐用之，而得數皆合。

《對數探源》法乃依真數截合尖錐爲若干層，取其最上一層也。西法則又截最上一層爲上下二層，而取下一層方面及諸偶乘尖錐截積倍之也。其兩數恰合者，則諸尖錐廉隅正負相消之理也。

如真數爲三，則分長方邊辰子爲辰酉、酉丑、丑子三等分，作酉乙、丑甲二線皆與辰寅平行，截合尖錐爲三層。《探源》取最上一層辰乙爲二與三之兩對數較，西法又分辰乙一層爲辰卯、巳乙上下二層，辰巳、巳酉等分。而取巳乙層長方及諸偶乘尖錐截積，倍之與辰乙全積等，故亦爲二與三兩對數之較。

凡尖錐中截爲二層，則下一層有方廉隅諸數，上一層惟一隅方爲方面，第一廉爲平尖錐，第二廉爲立尖錐，第三廉爲三乘尖錐，餘可類推。隅爲本乘尖錐，有若干廉，每廉若干。視本尖錐底之乘方，平尖錐之底爲線，立尖錐之底爲平方，三乘尖錐之底爲立方，本尖錐之乘數減一，即底之乘方數也。詳《方圜闡幽》。查廉法表，即得方廉隅之底皆相等，即上一層之底也。

如甲乙丙爲平尖錐，中分甲乙于丁，作丁戊線與乙丙平行，截爲上下二層。下層有乙戊方面爲方，戊已丙平尖錐爲隅。上層惟一甲丁戊平尖錐爲隅，乙已、已丙皆與丁戊等。又如甲乙丙丁戊爲立尖錐，中分甲乙、甲丙、甲丁、甲戊四線于丑、子、卯、寅四點，作子寅面截立尖錐爲二層。下層有午寅方，午寅爲立方。合尖錐中立尖錐化爲面，則立方化爲方面，故曰方爲方面也。三乘方以上仿此。有子午乙、子午丁二平尖錐爲廉，有子午丙立尖錐爲隅。上層惟一甲寅子立尖錐亦爲隅。戊午、辰酉、未申、午丙四底皆與上層之底寅子等。三乘尖錐以上可類推。三乘尖錐有第一廉三個，第二廉三個。四乘尖錐有第一廉四個，第二廉六個，第四廉四個。觀廉法表各乘尖錐之廉數皆可知已。廉法表附卷末。

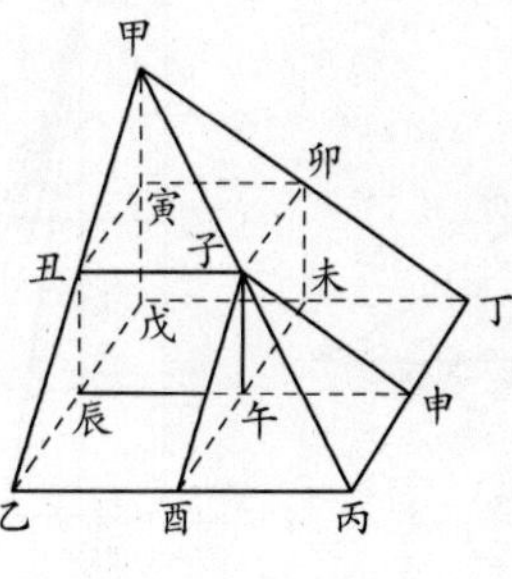

凡尖錐變爲同底同高之方面亦有方廉隅諸數。方爲本尖錐正，第一廉爲平尖錐正，第二廉爲立尖錐負，第三廉爲三乘尖錐正，第四廉爲四乘尖錐負，餘可類推。隅爲本乘尖錐乘數，奇者正，偶者負。有若干廉每廉若干，視本尖錐底爲幾乘方，查廉法表即得方廉隅之底與高皆相等。

如甲乙丙爲平尖錐，變爲甲丁長方，則有方甲乙丙本尖錐，有隅甲丁丙平尖錐，俱爲正。

又如甲乙丙丁戊立尖錐，變爲戊辛方，戊辛爲立方，合尖錐皆化爲平面，則立方亦化方面矣。故曰同底同高之方面也。三乘方以上仿此。則有甲乙丙丁戊本尖錐爲方正，甲己丙丁庚辛、甲庚丙乙己辛二平尖錐爲廉正，丙辛庚甲己立尖錐爲隅負。蓋正方内加二正廉減去負隅，恰得立方積也。三乘尖錐以上可類推。

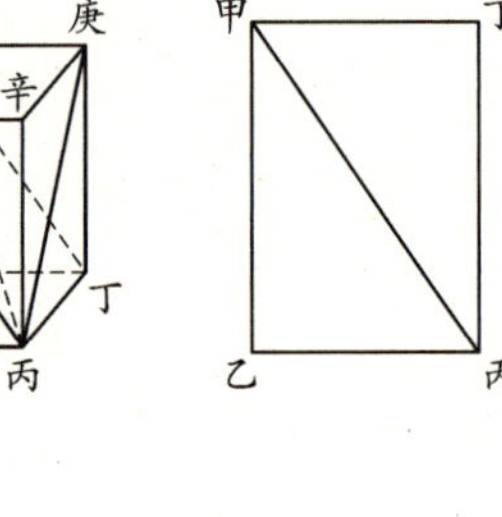

凡合尖錐截爲二層，上層另成一合尖錐，下層方廉隅諸積各依類併之，亦另成一合尖錐。

如各方併之，仍爲方面，各第一廉及平尖錐之隅併之仍爲平尖錐，各第二廉及立尖錐之隅併之仍爲立尖錐，各第三廉及三乘尖錐之隅併之仍爲三乘尖錐，第四廉以上皆如是，併之爲四乘以上諸尖錐。故下層另成一合尖錐也。

上所列三條之理既明，乃可論《探源》與西術相合之理。試置各乘尖錐下層之方，依第二條求其同數，乃並置上下二層諸方廉隅，以方加之，以同數減之，則上層消盡下層方與諸偶乘尖錐皆得倍積，諸奇乘尖錐亦消盡，而全積仍不變。乃依第三條併之，又加入原有之方面，未分爲上下層時所有長方面也。得下層方面及諸偶乘尖錐之倍。故兩術不同而得數相合，蓋同用一合尖錐但一爲正法一爲變法耳。

列一乘至十乘尖錐相消圖以明之。

命方面爲甲，一乘尖錐爲乙，二乘尖錐爲丙，三乘尖錐爲丁，四乘尖錐爲戊，五乘尖錐爲己，六乘尖錐爲庚，七乘尖錐爲辛，八乘尖錐爲壬，九乘尖錐爲癸，十乘尖錐爲子。

一乘　方甲⊥同數乙|乙|

尖錐　上層乙|下層甲|乙|

以右減左甲‖

二乘　方甲⊥同數丙|乙‖丙⊥

尖錐　上層丙|下層甲|乙‖丙|

以右減左甲‖丙‖

三乘　方甲⊥同數丁|乙‖丙丰丁|

尖錐　上層丁|下層甲|乙‖丙‖丁|

以右減左甲‖丙丅

四乘　方甲⊥同數戊|乙Ⅲ丙下丁Ⅲ戊⊥

尖錐　上層戊|下層甲|乙Ⅲ丙丅丁Ⅲ戊|

以右減左甲‖丙〡二戊‖

五乘　方甲⊥同數己|乙Ⅲ丙〡〇丁〡〇戊丰己|

尖錐　上層己|下層甲|乙Ⅲ丙〡〇丁〡〇戊Ⅲ己|

以右減左甲‖丙‖〇戊〡〇

六乘　方甲⊥同數庚|乙丅丙〡𠄟丁‖〇戊〡𠄟己丅庚⊥

尖錐　上層庚|下層甲|乙丄丙〡〣丁‖〇戊〸〣己丄庚|

以右減左甲‖丙〣〇戊〣〇庚‖

七乘　方甲⊥同數辛|乙亠丙二丅丁‖〣戊〣丰己‖一庚丅辛|

尖錐　上層辛|下層甲|乙丌丙‖一丁〣Ⅲ戊〣Ⅲ己二丨庚亠辛|

以右減左甲‖丙〣‖戊丌〇庚〡〣

八乘　方甲⊥同數壬|乙丌丙‖𠄟丁Ⅲ丄戊亠〇己Ⅲ丄庚‖𠄟辛丌壬⊥

尖錐　上層壬|下層甲|乙丌丙‖亠丁Ⅲ丄戊丌〇己〣丅庚二丌辛丌壬|

以右減左甲‖丙〣丅戊〣〇庚Ⅲ丄壬‖

九乘　方甲⊥同數癸|乙丌丙‖𠄟丁丌〣戊〡二丅己〡二丅庚〣丰辛〣丅壬𠄟癸|

尖錐　上層癸|下層甲|乙亖丙〣丅丁亠Ⅲ戊〡二丅己一‖丄庚丌〣辛Ⅲ丄壬丌癸|

以右減左甲‖丙亠‖戊‖〣‖庚‖丌壬〡亠

十乘　方甲⊥同數子|乙〡〇丙〣丰丁〡二〇戊‖一〇己‖〣‖庚二〡〇辛一‖〇壬〣丰癸〡〇子⊥

尖錐　上層子〡下層甲〡乙〡〇丙𝍣𝍭丁𝍩𝍡〇戊𝍡𝍩〇己𝍡𝍭𝍡庚𝍡𝍩〇辛𝍩𝍡〇壬𝍣𝍭癸〡〇

子〡

以右減左甲𝍡丙𝍢〇戊𝍪𝍡〇庚𝍪𝍡〇壬𝍫𝍡〇子𝍡

右十尖錐減餘皆得下層方及諸偶乘尖錐之倍。十一乘以上一切尖錐皆如是。設上下層總積爲真數二三之對數較，則下層總積即四五之對數較，并諸減餘加入原有之方面，一二三對數較之方面也。必爲四五對數較中之方及諸偶乘尖錐之倍，與二三之對數較等積。若上下層總積爲六七之對數較，則下層總積即十二十三之對數較，并諸減餘加入原有之方面，六七對數較之方面也。必爲十二十三對數較中之方及諸偶乘尖錐之倍，與六七之對數較等積。餘可類推。

附各乘方廉法表

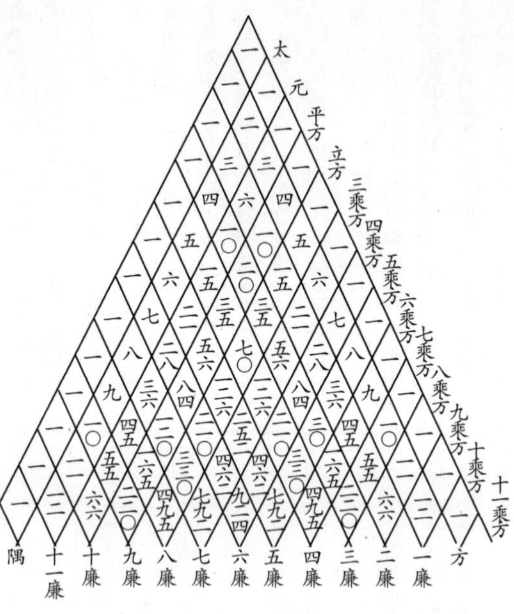

清·戴煦《續對數簡法》 論率

對數生於連比例率。如設一數爲本數第一率，命爲方根，則其自乘之積爲倍大第二率，再自乘之積爲倍大第三率，三自乘之積爲倍大第四率。故以本數之對數二乘之，即自乘積之對數。三乘之，即再乘積之對數。四乘之，即三乘積之對數。若反言之，則設一數爲本數第一率，命爲方積，而其開平方之根爲折小第二率，開立方之根爲折小第三率，三乘方之根爲折小第四率。故以本數之對數二除之，即平方根之對數。三除之，即立方根之對數。四除之，即三乘方根之對數。推之多乘，其倍大折小之率莫不皆然。然倍大各率與連比例率相應，而折小各率不相應者，謂二率平方積自乘，一率方根除之，得三率立方積。一二三率平方立方二積相乘，一率方根除之，得四率三乘方積。推之各率皆然。折小各率則不然。蓋倍大之率，率數也，故求對數用乘法。折小之率，率分也，故求對數用除法。倍大不僅率數，亦有率分。如以二率之二除一率之一，得〇五，即倍大第二率之率分。以三率之三除一率之一，得〇三三三零，即倍大第三率之率分。折小不僅率分，亦有率數。如〇五即折小第二率之率數，〇三三三零即折小第三率之率數。其倍大折小同率之率分率數，恒兩兩反對。其每率之率分率數恒與第一率之一爲三率連比例，而必以一爲中率。故以率分除之或以率數乘之，得數必同，且不特此也。率有整亦有零。整率者，如倍大折小一、二、三、四等率，非率分爲整數，即率數爲整數。零率者，如有一數較本數開平方根則不足，較本數開立方根則有餘，其率分必爲二而下帶畸零小餘，或較本數自乘積則有餘，較本數再乘積則不足，其率數亦必爲二而下帶畸零小餘，而以此種帶畸零之率分或率數爲首率，一爲中率，求其末率，必仍帶畸零，是此種倍大折小之率分率數，皆帶畸零而成零率矣。若今所用之對數正真數之率數也。非率分。而其本數第一率爲一〇，故一〇之對數爲一，即一率之一，而一〇〇爲本數倍大第二率，其對數亦爲二，一〇〇〇爲本數倍大第三率，其對數亦爲三。若一以上一〇以下，自二至九。則不滿一率，故對數首位爲〇，而下帶畸零。一〇以上一〇〇以下，自十一至九十九。則不滿二率，故對數首位爲一，而下帶畸零。此即所謂零率也。知對數之爲連比例率數，而求對數之法可得而言矣。

清·丁取忠《對數詳解》卷一　凡真數當用二數相乘者，對數只用二真數之對數相加得對數若干，乃檢表得此對數相配之真數若干，即爲二真數相乘數。

凡真數當用小數除大數者，對數只於大對數内減小對數得對數若干，乃檢表得此對數相配之真數若干，即爲小真數除大真數所得之數。

凡真數須自乘者，只用二乘其對數得對數若干，乃檢表得此對數相配之真數若干，即爲真數平方之積。真數須自乘再乘者，只用三乘其對數得對數若干，乃檢表得相配之真數，即爲立方之積。真數須自乘再乘三乘者，只用四乘其對數，乃檢表得相配之真數，即三乘方之積。

凡真數須開平方者，只用二除其對數，乃檢表得相配之真數，即平方根。凡真數須開立方者，只用三除其對數，乃檢表得相配之真數，即立方根。凡真數須開三乘方者，只用四除其對數，乃檢表得相配之真數，即三乘方根。

對數爲用甚廣，而其理甚深。《數理精蘊》中用兩真數相乘開平方，兩對數相加折半。欲求一真數之對數，須開多位乘方至百十餘次，未免迂迴。近數十年中西天算名家日出，對數亦設有捷法。

清・江衡《對數淺釋》 連比例率以乘除爲比例，遞加數以加減爲比例，皆有比例之用。

連比例率二、四、八， $(四)^{二}=二\times八$、$\frac{(四)^{二}}{二}=八$、$\frac{(四)^{二}}{八}=二$ 遞加數二、三、四， 二(三)＝二丄四、二(三)丅二＝四、二(三)丅四＝二

連比例率二、四、八、一六， $四\times八=二\times一六$、$\frac{四\times八}{二}=一六$、$\frac{四\times八}{一六}=二$ 遞加數二、三、四、五， 三丄四＝二丄五、(三丄四)丅二＝五、(三丄四)丅五＝二

後式中之 四×八 與前式中之 (四)二 一爲相乘，一爲自乘，皆用乘。後式中之 三丄四 與前式中之 (三) 一爲相加，一爲自倍，皆用加。用加與用乘對，故用減與用除對。

連比例率以公倍數遞加，遞加數以公較數遞加，皆有遞加之理。

連比例率二、四、八、十六，是遞加二倍也，其公倍數爲二。遞加數二、四、六、八，是遞加二數也，其公較數爲二。倍與較不同，其爲遞加之理則同。

連比例各率遞相乘，仍成連比例率。遞加數各數遞相併，亦仍成遞加數。

連比例率一、二、四、八、一六，遞以兩率相乘之，得二、八、三二、一二八，仍爲連比例率也。 遞加數一、二、三、四、五，遞以兩數相併之，得三、五、七、九，仍爲遞加之數也。

是故，遞加數之用加，對連比例率之用乘。

連比例各率遞約之，成齊同之數。遞加數各數遞減之，亦成齊同之數。

連比例率一、二、四、八、一六，遞以前率約後率，得二、二、二、二，齊同之數，即公倍數。 遞加數一、二、三、四、五，遞以前數減後數，得一、一、一、一，齊同之數，即公較數。

是故，遞加數之用減，對連比例率之用除。

遞加數各數遞次加倍，仍各爲遞加數，猶連比例各率遞次自乘，仍各爲連比例率。

設連比例諸率 甲二、乙四、丙八、丁一六、戊三二、巳六四、庚一二八、辛二五六、壬五一二、癸一〇二四、子二〇四八、丑四〇九六、寅八一九二、卯一六三八四、辰三二七六八、巳六五五三六 遞加一倍，以下類推。甲、乙等字作誌，以顯下所云間率之理。

連比例率 甲二、乙四、丙八 各率自乘，得 乙四、丁一六、巳六四 成間一率之連比例。又自乘，得 丁一六、辛二五六、丑四〇九六 成間三率之連比例。又自乘，得 辛二五六、巳六五五三六、地一六七七七二一六 成間七率之連比例。任自乘至若干次，俱倣此，恒以前次之中率爲後次之首率。

遞加數二、三、四，各數倍之，得四、六、八，成遞加二之數。又倍之，得八、一二、一六，成遞加四之數。又倍之，得一六、二四、三二，成遞加八之數。任倍至若干次，俱倣此，恒以前次之第三數爲後次之第一數。

反言之，遞加數各較遞次折半，仍各爲遞加數，猶連比例各率遞次開方，仍各爲連比例率。

試於前所得之各數，自下而上，遞次溯之自見。

是故，遞加數之加倍，對連比例率之自乘； 遞加數之折半，對連比例率之開方。

遞加數各數，三因以至多因，仍各爲遞加數，猶連比例各率，再乘以至多乘，仍各爲連比例率。

連比例率二、四、八，各率再乘之，得八、六四、五一二，成立方積之連比例。三乘之，得一六、二五六、四〇九六，成三乘方積之連比例。四乘之，得三二、一〇二

四、三二七六八，成四乘方積之連比例。五乘以上倣此。

遞加數二、三、四，各數三因之，得六、九、一二，成三倍之遞加數。四因之，得八、一二、一六，成四倍之遞加數。五因之，得一〇、一五、二〇，成五倍之遞加數。六因以上倣此。

反言之，遞加數各數，三除以至多除，仍各爲遞加數。猶連比例各率，開立方以至開多乘方，仍各爲連比例率。

試於前所得之各數，自下而上，遞次溯之，自見。

是故，遞加數之三因，對連比例率之再乘，四因對三乘，五因對四乘，六因以上類推，其因數恒等於方之指數。遞加數之三除，對連比例率之開立方，四除對開三乘方，五除對開四乘方。六除以下類推，其除數亦等於方之指數。

以上所論，加減之於乘除，加倍之於自乘，折半之於開方，幾因之於幾乘方，幾除之於開幾乘方，其所以能對之故，業已各節疏明。此對數之大綱也。

由遞加數可得連比例率之假數，而以連比例率爲其真數。

數莫小於一，一不用乘，亦不用除。故最小之連比例率爲一、二、四，首率乘末率仍爲四，首率除中率之自乘仍爲四。故連比例最小之首率必爲一。然一雖無可乘除，而尚可以加減。故遞加數最小之第一數，不爲一，必爲〇。其最小之遞加數爲〇、一、二，以〇加二仍爲二，以〇減二仍爲二。夫遞加數之加減，本以當連比例之乘除，則以無可加減之〇，當無可乘除之一，而〇與一乃適相當。是故一之假數必爲〇。

遞加數最小之第一數既爲〇，則最小之第二數必爲一，最小之第三數必爲二，由〇而一而二，是遞進一率，遞加一數也。連比例之遞進一率，則爲遞增一乘。如二、四、八、十六，四爲二之一乘，八爲二之再乘，十六爲二之三乘。一以遞加爲比例，一以增乘爲比例，可見遞加與增乘相當，增乘者進位也。一進位爲十，十進位爲百，百進位爲千，一、十、百、千原爲連比例，〇、一、二、三原爲遞加數，〇既與一相當，可並列之於左。

連比例率一、十、百、千、萬、十萬、百萬、千萬…

遞加數〇、一、二、三、四、五、六、七…

〇既與一相當，則遞進之亦皆相當。故十之假數爲一，百之假數爲二，千之假數爲三，萬之假數爲四，十萬之假數爲五，百萬之假數爲六，千萬之假數爲七。推之億兆以上，皆遞加一數。試並列之於左。

真數		假數
一	＝	〇
一〇	＝	一
一〇〇	＝	二
一〇〇〇	＝	三
一〇〇〇〇	＝	四
一〇〇〇〇〇	＝	五
一〇〇〇〇〇〇	＝	六
一〇〇〇〇〇〇〇	＝	七
一〇〇〇〇〇〇〇〇	＝	八
一〇〇〇〇〇〇〇〇〇	＝	九
一〇〇〇〇〇〇〇〇〇〇	＝	十
⋮		⋮

觀右所列之各層，其假數各等於〇之位數。真數第一層無〇，相對之假數不能爲一，故爲〇。第二層有〇一位，假數始爲一。第三層有〇兩位，假數即爲二。第四層有〇三位，假數即爲三。每增〇一位，假數即增一。試用第二層爲第一層，各以指數記其方數，並列之於左。

$(一〇)^{一}＝一$
$(一〇)^{二}＝二$
$(一〇)^{三}＝三$
$(一〇)^{四}＝四$
$(一〇)^{五}＝五$
$(一〇)^{六}＝六$
$(一〇)^{七}＝七$
$(一〇)^{八}＝八$
$(一〇)^{九}＝九$
$(一〇)^{一〇}＝十$
$(一〇)^{一一}＝十一$
$(一〇)^{一二}＝十二$
⋮

$(一〇)^{一}$ 即 一〇、$(一〇)^{二}$ 即 一〇〇、$(一〇)^{三}$ 即 一〇〇〇

餘可推，皆與前同。

觀此又知其指數即等於〇之位數，又等於右列之假數。然則指數即可爲假數。以一〇爲其底，而右列之假數，可以不設，轉以指數相配之，真數列於右。如下：

$(一〇)^{〇}$ ＝＝＝＝一
$(一〇)^{一}$ ＝＝＝＝一〇
$(一〇)^{二}$ ＝＝＝＝一〇〇
$(一〇)^{三}$ ＝＝＝＝一〇〇〇
$(一〇)^{四}$ ＝＝＝＝一〇〇〇〇
$(一〇)^{五}$ ＝＝＝＝一〇〇〇〇〇
$(一〇)^{六}$ ＝＝＝＝一〇〇〇〇〇〇
$(一〇)^{七}$ ＝＝＝＝一〇〇〇〇〇〇〇
$(一〇)^{八}$ ＝＝＝＝一〇〇〇〇〇〇〇〇
$(一〇)^{九}$ ＝＝＝＝一〇〇〇〇〇〇〇〇〇
⋮

右所列者，真數也。左所列者以一〇爲對數之底，其指數爲對數，底不變，指數屢變也。

指數本爲乘方數，其能通於對數者，因指數之例。以加減代乘除，

加倍代自乘，折半代開方。凡此皆與遞加數之用法同。故指數有對數之用。假如右邊真數第三層百，欲以第四層千乘之，但取左邊相對之兩指數二與三相加，得五，乃視指數五所對之真數第六層十萬，即百與千乘得之數也。假如真數第七層百萬，欲以第五層萬除之，但取相對之指數六與四相減，得二，乃視指數二所對之真數百，即萬除百萬之得數也。假如真數第四層千，欲自乘之，但取相對之指數三，倍之爲六，乃視指數六所對之真數百萬，即千之平方積也。假如真數第三層百，欲開平方，但取相對之指數二，折半爲一，乃視指數一所對之真數十，即百之平方根也。假如真數第二層十，欲再乘之但取相對之指數一，三因之，得三，乃視指數三所對之真數千，即十之立方積也。假如真數第四層千，欲開立方，但取相對之指數三，三除之得一，乃視指數一所對之真數十，即千之立方根也。餘倣此。遞加數之用法，皆與此同。故先以遞加數疏證於前，然後及於指數。

觀以上所論，爲對數造表之緣起，而其原出於遞加數與連比例。既有以證明之矣。若夫造表之法，舊迂今捷，屢有修明。如烏程徐氏、錢唐夏氏、南海鄒氏、海甯李氏皆有求對數較法。抽祕騁奇，窮極變化。而充類至義之盡，總之不離遞加數與連比例。各家之書具在，可取而按之。是卷特揭其綱領耳。

清・蔣士棟《思棗室對數旁通》 對數之根底，宛如平圓之弧弦，平圓以半徑爲一，對數以底之對數爲一。蓋對數中之根，猶平圓中之徑。背差亦即微分中變比例之變率也。

凡有底求根者，以底數遞次開方，底之對數遞次折半，至極多次取開方之零數爲一率，折半之分數爲二率，設等於開方零數首位之一爲三率，比例得四率，即所求之對數根也。

凡開方數至首位爲單一，若再遞次開之，其首位必恒爲一，但其零數漸開漸降，致零數以前爲無數空位。故準此例，則凡有根求底者，亦可以逆取之。先設根數爲四率，絲髮之一爲三率，最大之折半率數約底對數爲二率，倒比得一率，爲底數開方單一以下無數空位之零數，於是加一，復依折半之率數乘至最大乘方，即所求之對數底也。今用代數演其公式如左。

設　甲＝根、戊＝底、一＝對底、辛＝絲髮之一、卯＝最大率數　則　$\frac{卯甲}{辛}:\frac{卯}{一}::辛:甲$　故　$\frac{卯甲}{辛}=\sqrt[卯]{戊}丅一$　而　$\left(一丄\frac{卯甲}{辛}\right)^{卯}=戊$　依二項例詳之，爲級數　$\left(一丄\frac{卯甲}{辛}\right)^{卯}=一丄\frac{卯甲}{卯辛}丄\frac{二卯^{二}甲^{二}}{(卯^{二}丅卯)辛^{二}}丄\frac{二\cdot三卯^{三}甲^{三}}{(卯^{三}丅三卯^{二}丄二卯)辛^{三}}丄\cdots$　即　$\left(一丄\frac{卯甲}{辛}\right)^{卯}=一丄\frac{甲}{辛}丄\frac{二甲^{二}}{辛^{二}丅\frac{卯}{辛^{二}}}丄\frac{二\cdot三甲^{三}}{辛^{三}丅\frac{卯}{三辛^{三}}丄\frac{卯^{二}}{二辛^{三}}}丄\cdots$　如能設想各項中之卯爲無窮大，其分子辛^{二}、辛^{三}爲無窮小，則　$\frac{卯}{辛^{二}}$、$\frac{卯^{二}}{辛^{三}}$　必更小至莫可名狀，幾無異於〇，故皆可棄之不計，而其全式化爲　$戊＝一丄\frac{甲}{辛}丄\frac{二甲^{二}}{辛^{二}}丄\frac{二\cdot三甲^{三}}{辛^{三}}丄\cdots$　此式中之辛爲與甲同時而起之數，若令　甲＝一　則　辛＝一　所以併其各項之和，得　戊＝二．七一八二八一八⋯　即訥白爾之對數底也。既有求底之公式，若反求其級數，即爲求根之公式，唯原式之戊一過於二，即爲發級數，故不如先化其式，使戊可變爲斂級數。試移原式爲

$$\frac{戊}{戊丅一}=\frac{一丄\frac{甲}{辛}丄\frac{二甲^{二}}{辛^{二}}丄\frac{二\cdot三甲^{三}}{辛^{三}}丄\cdots}{\frac{甲}{辛}丄\frac{二甲^{二}}{辛^{二}}丄\frac{二\cdot三甲^{三}}{辛^{三}}丄\cdots}$$

除之，即　$\frac{戊}{戊丅一}=\frac{甲}{辛}丅\frac{二甲^{二}}{辛^{二}}丄\frac{二\cdot三甲^{三}}{辛^{三}}丅\cdots$　再用泛倍數法變，得　$\frac{戊}{戊丅一}$　之各項以明甲之同數，則得求根之公式爲　甲＝

$$\frac{\frac{一}{一}\left(\frac{戊}{戊丅一}\right)丄\frac{二}{一}\left(\frac{戊}{戊丅一}\right)^{二}丄\frac{三}{一}\left(\frac{戊}{戊丅一}\right)^{三}丄\cdots}{辛}$$

令　戊＝二．七一八二八一八⋯　以各項之和除辛，得　甲＝一　爲訥對根。設令　戊＝一〇　以各項之和除辛，得　甲＝．四三四二九四四八⋯　即布里格斯之對數根也。因其爲常用之數，故以　$\frac{甲}{二}$　代之，名曰常對根。但　（一〇）　爲近底之數，

求之甚難，所以竟將 $\frac{地丅一}{地}$ 代其各級中之戊，變爲李氏求較式

$$對地丅對(地丅一)=\frac{呷}{一}\left(\frac{一}{一}\left(\frac{地}{一}\right)丄\frac{一}{二}\left(\frac{地^{二}}{一}\right)丄\frac{一}{三}\left(\frac{地^{三}}{一}\right)丄\cdots\right)$$

分求得 訥二丅訥一＝訥二＝．六九三一四七一三… 訥五丅訥四＝訥一．二五＝．二二三一四三五三… 對數較，併爲 訥(二)^{三}(一．二五)＝三×．六九三一四七…丄二二三一四三… 即 訥(一〇)＝二．三〇二五八五〇九… 其式可爲訥對與常對求較公用之式，所異者不過 $\frac{呷}{一}$ 根數之別耳。

又準幾何之理，凡 $\sqrt[卯]{戊}丅一:\frac{卯}{一}::辛:\frac{呷}{一}$ 若 $\frac{\sqrt[卯]{戊}丅一}{\left(\frac{卯}{一}\right)}=\frac{辛}{\left(\frac{呷}{一}\right)}$

故 $對戊=一=\frac{辛}{卯(\sqrt[卯]{戊}丅一)\left(\frac{呷}{一}\right)}$ 細思此式中之戊，其相關之理甚奇。

如以 (一〇) 或 (二．七一八二八一八) 代之，而令 $\frac{呷}{一}=一$ 則得 訥(一〇)＝二．三〇二五八五… 并 訥(二．七一八二八一八)＝一 若令 $\frac{呷}{一}$＝.四三四二九四四八… 則得 對(一〇)＝一 并 對(二．七一八二八)＝．四三四二九四… 可見原式必爲求訥對與常對之公式。第其戊由開方減一比例而來，故不能爲任何數之徑求公式也。

所以《數理精蘊》真數開方求對數法，必先化真數首位爲一，命之爲單位，遞次開至單位以下有十餘空位，取其零數爲二率，對數根爲一率，絲髮之一爲三率，求得四率即零數之對數。復以開方之率數乘之，即首位爲單之對數。

試以代數證之，其理自顯。命 地＝首位爲單數 天＝對地 則

$$\left(\frac{呷}{一}\right):一::\left(\frac{卯}{天}\right):\frac{\left(\frac{呷}{一}\right)卯}{天}$$

常根絲髮　零對

所以 $\frac{\left(\frac{呷}{一}\right)卯}{天}=\sqrt[卯]{地}丅一$ 而 $\left[一丄\frac{\left(\frac{呷}{一}卯\right)}{天}\right]^{卯}=地$ 依二項例，詳爲級數

$$\left[一丄\frac{\left(\frac{呷}{一}\right)卯}{天}\right]^{卯}=一丄\frac{\left(\frac{呷}{一}\right)卯}{卯天}丄\frac{二\left(\frac{呷^{二}}{一}卯^{二}\right)}{(卯^{二}丅卯)天^{二}}丄\frac{二\cdot三\left(\frac{呷}{一}\right)^{三}卯^{三}}{(卯^{三}丅三卯^{二}丄二卯)天^{三}}丄\cdots$$

復準前界說消去卯係數，得

$$地=一丄\frac{\left(\frac{呷}{一}\right)}{天}丄\frac{二\left(\frac{呷}{一}\right)^{二}}{天^{二}}丄\frac{二\cdot三\left(\frac{呷}{一}\right)^{三}}{天^{三}}丄\cdots$$

用泛倍數法反求天之同數，得

$$天=\frac{呷}{一}\left((地丅一)丅\frac{二}{(地丅一)^{二}}丄\frac{三}{(地丅一)^{三}}丅\cdots\right)$$

與《代數術》第一百六十九款配得指數方程式 $未^{天}=地$ 所求之級數同。

案：長沙丁取忠序《對數詳解》云，舊書對數比例，喜其演數之詳，復病其扶理之不顯，又謂對數之繁賾唯代數可顯其理，遂與湘鄉曾紀鴻成《對數詳解》五卷。顧其書中所演各式，仍未能軼《代數術》論對數諸款範圍，閱之頗難愜意。因思代數既有開方比例各種式號，則不妨徑從開方比例起算，再四推求，始得匯通。既得之，後覺式中化卯方根及去卯分數，卯倍數等法，皆明白簡易，而且與微分之理亦極相近。尤妙者，訥對之爲自然對，數常對之爲十進數對，已可不言而喻。

清·顧觀光《算賸續編》

用屢乘屢除求對數法甲寅

對數之術愈簡愈精。李氏《對數探原》可謂簡矣，然求二十尖堆，以相乘併，猶苦其繁，且其所求皆前對數與後對數之較，而不能得本位之對數，但可用以立表，不可用以步算也。戴氏《對數簡法》，西人《數學啟蒙》，並有新術而未盡其妙。余爲引而伸之，變而通之，先定一至九之八對數，而諸對數任意可求。曲暢旁通，左宜右有。後之言對數者或有取於斯焉。

以一之正數一〇爲平方積，用開方法開得方根三一六二二七七六六〇。乃以方根首位減一爲實，方根首位加一爲法，除之，得〇五一九四九二八五三三〇爲初數，自之得〇二六九八七三八六三六六爲屢乘數。初數倍之，得一〇三八九八七〇六五九爲第一數。以屢乘數乘之，取三之一，得九三四六五二

〇八八九爲第二數。又以屢乘數乘之，取五之三，得一五一三四二九〇二二爲第三數。又以屢乘數乘之，取七之五，得二九一七三九二四一爲第四數。又以屢乘數乘之，取九之七，得六一二三六一九爲第五數。又以屢乘數乘之，取十一之九，得一三五二一四〇六爲第六數。又以屢乘數乘之，取十三之十一得，三〇八七六七八爲第七數。又以屢乘數乘之，取十五之十三，得七二二一七八爲第八數。又以屢乘數乘之，取十七之十五，得一七一九六八爲第九數。又以屢乘數乘之，取十九之十七，得四一五二四爲第十數。又以屢乘數乘之，取二十一之十九，得一〇一三九爲第十一數。又以屢乘數乘之，取二十三之二十一，得二四九八爲第十二數。又以屢乘數乘之，取二十五之二十三，得六二〇爲第十三數。又以屢乘數乘之，取二十七之二十五，得一五五爲第十四數。又以屢乘數乘之，取二十九之二十七，得三九爲第十五數。又以屢乘數乘之，取三十一之二十九得，一〇爲第十六數。併諸數，得一一五一二九二五四六四五爲連比例首率，單一爲中率，求得末率〇八六八五八八九六三八〇，即定率對數也。

如不用開平方，則分兩次乘除算之。以平方積爲第一數。取二十七之一，得三七〇三七〇四爲第二數。又取四十五之三，得二四六九一三五八〇爲第三數。又取六十三之五，得一九五九六三一六爲第四數。又取八十一之七，得一六九三五〇九爲第五數。又取九十九之九，得一五三九五五爲第六數。又取一百十七之十一，得一四四七四爲第七數。又取一百三十五之十三，得一三九四爲第八數。又取一百五十三之十五，得一三七爲第九數。又取一百七十一之十七，得一四爲第十數。併之，得一〇三九七二〇七七〇八三，寄左。次取第一數九之一，得一一一一一一一一一一一爲第十一數。取第二數八十一之一，得四五七二四七三七爲第十二數。取第三數七百二十九之一，得三三八七〇二爲第十三數。取第四數六千五百六十一之一，得二九八七爲第十四數。取第五數五萬九千〇四十九之一，得二九爲第十五數。併之，得一一一五七一一七七五六六，以加寄左數，得一一五一二九二五四六四九爲連比例首率。與前算合。

此即李氏《對數探原》，先求八段共積，而後求第五段積之法也。原用二十尖堆，今以西法會而通之，簡易如此。此以長方積爲定率對數，即對數根之倍也，次立尖堆，次四乘尖堆，次六乘尖堆，皆偶數無奇數，亦與李術不同。

既得定率對數，即可求二至九之八對數。

置定率對數八六八五八八九六三八〇，十九除之，得四五七一五二〇八六二爲第一數。又以十九自乘之三百六十一除之，取三之一，得四二一一六四爲第二數。又以三百六十一除之，取五之三，得七〇一六爲第三數。又以三百六十一除之，取七之五，得一四爲第四數。併四數得四五七五七四九〇五六，以減十之對數，得九五四二四二五〇九四四，即九之對數也。

置定率對數八六八五八八九六三八〇，十七除之，得五一〇九三四六八四六，爲第一數。又以十七自乘之二百八十九除之，取三之一，得五八九三一三四，爲第二數。又以二百八十九除之，取五之三，得一二二三五，爲第三數。又以二百八十九除之，取七之五，得三〇，爲第四數。併四數得五一一五二五二二四五，以減九之對數，得九〇三〇八九九八六九九，即八之對數也。

置定率對數八六八五八八九六三八〇，十五除之，得五七九〇五九三〇九二，爲第一數。又以十五自乘之二百二十五除之，取三之一，得八五七八六五六，爲第二數。又以二百二十五除之，取五之三，得二二八七六，爲第三數。又以二百二十五除之，取七之五，得七三，爲第四數。併四數得五七九九一九四六九七，以減八之對數，得八四五〇九八〇四〇〇二，即七之對數也。

乃以九之對數，二除之，得四七七一二一二五四七二，即三之對數。以八之對數，三除之，得三〇一〇二九九九五六六，即二之對數，又二乘之，得六〇二〇五九九九一三二，即四之對數。又以二之對數減十之對數，得六九八九七〇〇〇四三四，即五之對數。以二之對數加三之對數，得七七八一五一二五〇三八，即六之對數也。

既得二至九之八對數，則餘皆可推。設正數二十三，求其對數。

第一術，正數截去首位餘三，爲乘法。倍正數減乘法，得四十三，爲除法。

置定率對數八六八五八八九六三八〇，乘法乘之，除法除之，得六〇五九九二三〇〇三爲第一數。又以乘法自乘之九乘之，除法自乘之一千八百四十九除之，取三之一，得九八三二一七爲第二數。又以九乘之，一千八百四十九除之，取五之三，得二八七一五爲第三數。又以九乘之，一千八百四十九除之，取七之五得一〇〇爲第四數。併四數得六〇六九七八四〇三五，以加二之對數三〇一〇二九九九五六六，再加首位之一，首位十故加一。得一三六一七二七八三六〇一，即二十三之對數也。

第二術，截取正數首位加一，內減正數，餘七，爲乘法。倍正數加乘法得五十三，爲除法。

置定率對數八六八五八八九六三八〇，乘法乘之，除法除之，得一一四七一九二九七〇〇爲第一數。又以乘法自乘之四十九乘之，除法自乘之二千八百〇九除之，取三之一，得六六七〇五一八〇爲第二數。又以四十九乘之二千八百〇九除之，取五之三，得六九八一六〇爲第三數。又以四十九乘之二千八百〇九除之，取七之五，得八六九九爲第四數。又以四十九乘之二千八百〇九除之，取九之七，得一一八爲第五數。併五數得一一五三九三四一八五六，以減三之對數四七七一二一二五四七二，再加首位之一，得一三六一七二七八三六一六，與前算合。

右本《數學啟蒙》之術而小變之，又補求定率對數法，覆閱之下，差爲明晰矣。但未知西人以爲然否。

第三術，正數二十三爲除法，截去首位餘三爲乘法。

置對數根四三四二九四四八一九〇，乘法乘之，除法除之，得五六六四七一〇六三三爲第一數。又以乘法乘之，除法除之，取二之一，得三六九四三七六五〇爲第二數。又以乘法乘之，除法除之，取三之二，得三二一二五〇一三爲第三數。又以乘法乘之，除法除之，取四之三，得三一四二一六六四爲第四數。又以乘法乘之，除法除之，取五之四，得三二七九三〇爲第五數。又以乘法乘之，除法除之，取六之五，得三五六四四爲第六數。又以乘法乘之，除法除之，取七之六，得三九八五爲第七數。又以乘法乘之，除法除之，取八之七，得四五五爲第八數。又以乘法乘之，除法除之，取九之八，得五三爲第九數。又以乘法乘之，除法除之，取十之九，得〇六爲第十數。併諸數得六〇六九七八四〇三三，以加二之對數，再加首位之一，而得二十三之對數，並與前同。此下四術用對數根，即以定率對數折半得之。

第四術，截取正數首位二十爲除法，以減正數餘三爲乘法。

置對數根四三四二九四四八一九〇，乘法乘之，除法除之，得六五一四四一七二二八爲第一數，正。又以乘法乘之，除法除之，取二之一，得四八八五八一二九二爲第二數，負。又以乘法乘之，除法除之，取三之二，得四八八五八一二九爲第三數，正。又以乘法乘之，除法除之，取四之三，得五四九六五三九爲第四數，負。又以乘法乘之，除法除之，取五之四，得六五九五八五爲第五數，正。又以乘法乘之，除法除之，取六之五，得八二四四八爲第六數，負。又以乘法乘之，除法除之，取七之六，得一〇六〇〇爲第七數，正。又以乘法乘之，除法除之，取八之七，得一三九一爲第八數，負。又以乘法乘之，除法除之，取九之八，得一八五爲第九數，正。又以乘法乘之，除法除之，取十之九，得二五爲第十數，負。併諸正數，又併諸負數，減之得六〇六九七八四〇三二。與前算合。

第五術，截取正數首位加一得三十爲除法，內減正數餘七爲乘法。

置對數根四三四二九四四八一九〇，乘法乘之，除法除之，得一〇一三三五三七九一一爲第一數。又以乘法乘之，除法除之，取二之一，得一一八二二四六〇八九爲第二數。又以乘法乘之，除法除之，取三之二，得一八三九〇四九四七爲第三數。又以乘法乘之，除法除之，取四之三，得三二一八三三六六爲第四數。又以乘法乘之，除法除之，取五之四，得六〇〇七五六一爲第五數。又以乘法乘之，除法除之，取六之五，得一一六八一三七爲第六數。又以乘法乘之，除法除之，取七之六，得二三三六二七爲第七數。又以乘法乘之，除法除之，取八之七，得四七六九九爲第八數。又以乘法乘之，除法除之，取九之八，得九八九三爲第九數。又以乘法乘之，除法除之，取十之九，得二〇七七爲第十數。又以乘法乘之，除法除之，取十一之十，得四四一爲第十一數。又以乘法乘之，除法除之，取十二之十一，得九四爲第十二數。又以乘法乘之，除法除之，取十三之十二，得二〇爲第十三數。又以乘法乘之，除法除之，取十四之十三，得〇四爲第十四數。併諸數得一一五三九三四一八六六，以減三之對數，又加首位之一，而得二十三之對數，並與前同。

第六術，正數二十三爲除法，截取正數首位加一內減除法餘七爲乘法。

置對數根四三四二九四四八一九〇，乘法乘之，除法除之，得一三二一七六五八一一四五爲第一數，正。又以乘法乘之，除法除之，取二之一得二〇一一三八二七六一爲第二數，負。又以乘法乘之，除法除之，取三之二得，四〇八一〇六六四七爲第三數，正。又以乘法乘之，除法除之，取四之三，得九三一五四七七八爲第四數，負。又以乘法乘之，除法除之，取五之四，得二一六八一一六三爲第五數，正。又以乘法乘之，除法除之，取六之五，得五七五二四六九爲第六數，負。又以乘法乘之，除法除之，取七之六，得一五〇〇六四四爲第七數，正。又以乘法乘之，除法除之，取八之七，得三九九六二八爲第八數，負。又以乘法乘之，除法除之，取九之八，得一〇八一一二爲第九數，正。又以乘法乘之，除法除之，取十之九，得二九六一三爲第十數，負。又以乘法乘之，除法除之，取十一之十，得八一九三爲第十一數，正。又以乘法乘之，除法除之，取十二之十一，得二二八六爲第十二數，負。又以乘法乘之，除法除之，取十三之十二，得六四二爲第十三數，正。又以乘法乘之，除法除之，取十四之十三，得一八一爲第十四數，負。又以乘法乘之，除法除之，取十五之十四，得五一爲第十五數，正。又以乘法乘之，除法除之，取十六之十五，得一四爲第十六數，負。併諸正數又併諸負數減之，得一一五三九三四一八六七。與前算合。

此即戴氏求折小率之四術也。戴術之繁，病在先求用數之對數。今既有二至九之八對數，按十、百、千、萬之位，遞增一數即得首位之對數。而次位後之對數必遞降而可遞求，不必更求用數之對數矣。以開方言之，首位即初商積，其對數即初商也。前二術截取正數首位，是以略小數爲初商，後二術截取正數首位加一，是以略大數爲初商。第一、第三術以大積比減積，故其得數皆正，第二、第四術以小積比減積，故其得數皆正負相間。此乃自然而然，天造地設，無可疑惑者也。凡正數次位在五以下者，用前二術，在五以上者，用後二術。則初商積近於本積而降位亦易故并存之。

對數還原甲寅

以對數求正數，僅見於戴鄂士之《對數簡法》。然必先求六十三對數，以遞減之，而得數後復以七正數累乘，紆折已甚。今亦如求對數例，但取二至九之八對數，以定首位，而其餘數則以屢乘屢除之術御之，取徑非遥，入算亦易。西人見之當有相視而莫逆者爾。

以一之正數一〇爲九乘方積，用開方法開得方根一二五八九二五四一一，内減首位之一，一爲單位。餘二五八九二五四一一，爲實方根，爲法除之，得二〇五六七一七七六即正數根也。

設對數一三六一七二七八三六〇二，求其正數。

第一術，以單一爲第一數。

對數減去首位視其餘數大於二之對數，即命正數之首位爲二十，對數首位是一，故正數之首位爲十。而以二十之對數一三〇一〇二九九九五六六減所設之對數，餘〇六〇六九七八四〇三六，以正數根二〇五六七一七七六乘之，得〇一二四八三八三三，爲第一乘法，即爲第二數。第一數單一，故省一乘。次以第一乘法加正數根，得〇三三〇五一〇一〇，爲第二乘法，以乘第二數，取二之一，得二〇六三〇一六爲第三數。又以第二乘法加正數根，得〇五三六一八一八七，爲第三乘法，以乘第三數，取三之一，得三六八七一七爲第四數。又以第三乘法加正數根，得〇七四一八五三六六，爲第四乘法，以乘第四數，取四之一，得六八三八四爲第五數。又以第四乘法加正數根，得〇九四七五二五四三，爲第五乘法，以乘第五數，取五之一，得一二九五九爲第六數。又以第五乘法加正數根，得一一五三一九七二〇，爲第六乘法，以乘第六數，取六之一，得二四九一爲第七數。又以第六乘法，加正數根，得一三五八八六九〇〇，爲第七乘法，以乘第七數，取七之一，得四八四爲第八數。又以第七乘法，加正數根，得一五六四五四〇七六，爲第八乘法，以乘第八數，取八之一，得九五爲第九數。又以第八乘法，加正數根，得一七七〇二二二五三，爲第九乘法，以乘第九數，取九之一，得二五爲第十數。又以第九乘法，加正數根，得一九七五八八四三一，爲第十乘法，以乘第十數，取十之一，得五爲第十一數。併諸數得一一五〇〇〇〇，以乘正數首位之二十，即二十三之正數。

第二術，以單一爲第一數，正。

置對數減餘〇六〇六九七八四〇三六，以九乘方根之零數二五八九二五四一一乘之，得〇一五七一六二一三，爲第一乘法，即爲第二數，正。次以第一乘法減方根零數，餘〇一〇一七六三二八，爲第二乘法，以乘第二數，取二之一，得七九九六六七爲第三數，負。如第一乘法大，以方根零數減之，則第三數變爲正。次以第二乘法加方根零數，得〇三六〇六八八六九，爲第三乘法，以乘第三數，取三之一，得九六一四三爲第四數，正。又以第三乘法加方根零數，得〇六一九六一四一〇，爲第四乘法，以乘第四數，取四之一，得一四九七爲第五數，負。又以第四乘法加方根零數，得〇八七八五三九五一，爲第五乘法，以乘第五數，取五之一，得二六〇〇爲第六數，正。又以第五乘法加方根零數，得一一三七四六四九二，爲第六乘法，以乘第六數，取六之一，得四九三爲第七數，負。又以第六乘法加方根零數，得一三九六三九〇三三，爲第七乘法，以乘第七數，取七之一，得九八爲第八數，正。又以第七乘法加方根零數，得一六五五三一五七四，爲第八乘法，以乘第八數，取八之一，得二〇爲第九數，負。併諸正數又併諸負數減之，得一一五〇〇〇〇，與前算合。

第三術，以單一爲第一數。

對數減去首位視其餘數少於三之對數，即命正數之首位爲三十。而以所設之對數減三十之對數一四七七一二一二五四七二，餘一一五三九三四一八七○，以正數根二○五六七一七七六乘之，得○二三七三三一六九，爲第一乘法，即爲第二數。次以第一乘法加正數根，得○四四三○○三四七，爲第二乘法，以乘第二數，取二之一，得五二五六九三八爲第三數。又以第二乘法加正數根，得○六四八六七五二四，爲第三乘法，以乘第三數，取三之一，得一一三六六八二爲第四數。又以第三乘法加正數根，得○八五四三四七○一，爲第四乘法，以乘第四數，取四之一，得二四二七八○爲第五數。又以第四乘法加正數根，得一○六○○一八七八，爲第五乘法，以乘第五數，取五之一，得五一四七○爲第六數。又以第五乘法加正數根，得一二六五六九○五七，爲第六乘法，以乘第六數，取六之一，得一○八五七爲第七數。又以第六乘法加正數根，得一四七一三六二三五，爲第七乘法，以乘第七數，取七之一，得二二八二爲第八數。又以第七乘法加正數根，得一六七七○三四一二，爲第八乘法，以乘第八數，取八之一，得四七九爲第九數。又以第八乘法加正數根，得一八八二七○五九○，爲第九乘法，以乘第九數，取九之一，得一○○爲第十數。又以第九乘法加正數根，得二○八八三七七六七，爲第十乘法，以乘第十數，取十之一，得二一爲第十一數。又以第十乘法加正數根，得二二九四○四九四四，爲第十一乘法，以乘第十一數，取十一之一，得四爲第十二數。併諸數得一三○四三四七八二，以除正數首位之三十，得二十三爲正數。

第四術，以單一爲第一數，正。

置對數減餘一一五三九三四一八七○，以九乘方根之零數二五八九二五四一一乘之，得○二九八七八二八八，爲第一乘法，即爲第二數，正。次以方根零數減第一乘法，餘○○三九八五七四七，爲第二乘法，以乘第二數，取二之一，得五九五四三六爲第三數，正。如第一乘法小，反減方根零數，則第三數變爲負。次以第二乘法減方根零數，餘○二一九○六七九四，爲第三乘法，以乘第三數，取三之一，得四三四八○爲第四數，負。次以第三乘法加方根零數，得○四七七九九三三五，爲第四乘法，以乘第四數，取四之一，得五一九五爲第五數，正。又以第四乘法加方根零數，得○七三六九一八七六，爲第五乘法，以乘第五數，取五之一，得七六六爲第六數，負。又以第五乘法加方根零數，得○九九五八四四一七，爲第六乘法，以乘第六數，取六之一，得一二九爲第七數，正。又以第六乘法加方根零數，得一二五四七六九五八，爲第七乘法，以乘第七數，取七之一，得二三爲第八數，負。又以第七乘法加方根零數，得一五一三六九四九九，爲第八乘法，以乘第八數，取八之一，得四爲第九數，正。併諸正數又併諸負數減之得，一三○四三四七八三。與前算合。

此即戴氏求倍大率之四術而小變之也。前二術正負與戴氏同，後二術與戴氏異。對數爲正數之率數，而以一○爲第一率。今以二至九之八對數截去正數首位之對數，則以一二五八九二五四爲第一率，即九乘方根。蓋一二五八九二五四之對數爲一率十分之一也。既於正數截去首位，則置正數，而以截去數除之，或置截去數加一而以正數除之，其首位必爲單一。而以九乘方根之首位除其零數，或以方根除其零數，所得皆爲十分之二有奇，故數必遞降而可遞求也。夫二至九之八對數簡而易明者也。以八對數定正數之首位，顯而易見者也。由顯以知隱，由簡以得繁，則非屢乘屢除之術，無從下手。西人名其術爲微分有旨哉。

清·夏鸞翔《萬象一原》卷一《用術》卷一爲微分術，卷二以下皆積分術。

求真數之訥氏對數本徐氏中國對數術，變通之。

取略小於真數之數爲借真數，其對數爲借對數。真數與借真數相加爲和數，相減爲較數。借對數爲第一數。次置第一數，倍之，以較數乘之，和數除之，一除之，爲第二數。次置第二數，以較數冪乘之，和數冪除之，一乘之，三除之，爲第三數。次置第三數，以較數冪乘之，和數冪除之，三乘之，五除之，爲第四數。以下皆正。順是以下皆如是，求至單位下止。乃相并爲真數之訥氏對數。

$$訥(卯丄人)=對卯\left(一丄\frac{(二卯丄人)}{二人}丄\frac{三}{一}\frac{(一卯丄人)^{三}}{二人^{三}}丄\frac{五}{一}\frac{(二卯丄人)^{五}}{二人^{五}}丄\cdots\right)$$

依術得上式，與《代數術》十八卷異，且以數核之，亦譌。

又按：乘方捷術云此四條，次置第一數倍之句當改作次置對數根倍之，則通矣。

又按：其對數爲借對數及鄰校對數，求真數，訥對根，俱係訥。

又同上。

取略大於真數之數爲借真數，其對數爲借對數，真數與借真數相加爲和數，相減爲較數。借對數爲第一數正。次置第一數倍之，以較數乘之，和數除之，一除之，爲第二數負。次置第二數，以較數冪乘之，和數冪除之，一乘之，三除之，爲第三數負。次置第三數，以較數冪乘之，和數冪除之，三乘之，五除之，爲第四數負。以下皆負。順是以下皆如是，求至單位下止。乃正負并減，爲真數之訥氏對數。

求真數之訥氏負對數

取略小於真數之數爲借真數，其對數爲借對數，真數與借真數相加爲和數，相減爲較數。借對數爲第一數負。次置第一數倍之，以較數乘之，和數除之，一除之，爲第二數正。次置第二數，以較數冪乘之，和數冪除之，一乘之，三除之，爲第三數正。次置第三數，以較數冪乘之，和數冪除之，三乘之，五除之，爲第四數正。以下皆正。順是以下皆如是，求至單位下止。乃正負并減，爲真數之訥氏負對數。

又新術。

取略大於真數之數爲借真數，其對數爲借對數，真數與借真數相加爲和數，相減爲較數。借對數爲第一數負。次置第一數倍之，以較數乘之，和數除之，一除之，爲第二數負。次置第二數，以較數冪乘之，和數冪除之，一乘之，三除之，爲第三數負。次置第三數，以較數冪乘之，和數冪除之，三乘之，五除之，爲第四數負。以下皆負。順是以下皆如是，求至單位下止。乃相并爲真數之訥氏負對數。

右四術爲求訥白爾對數法。訥白爾對數以一爲根，造表最便，且微分積分術中，必須用之，猶算法之乘除開方也。故列於用術之末。

右所得訥氏對數，如欲改爲中國對數，祇須以中國對數根乘訥氏對數，即得本真數之中國對數。

清・劉彝程《簡易庵算稿》卷一 丙子冬二問對數之作。類以本數開方至極多次，取其方根單一下隔許多空位之零數，爲本數之對數。此零數能以加減代乘除，加倍折半代自乘開方。試證其理。

以本數開平方至極多次，即是開一次無量數乘方。法置二項例開方級數，

$$(\text{甲上天})^{\frac{卯}{二}}=\text{甲}^{\frac{卯}{二}}\left\{\text{一上}\frac{\text{甲}}{\frac{卯}{二}}\text{天上}\frac{\text{二甲}^{二}}{\frac{卯}{二}\left(\frac{卯}{二}\text{丅一}\right)}\text{天}^{二}\text{上}\frac{\text{二・三甲}^{三}}{\frac{卯}{二}\left(\frac{卯}{二}\text{丅一}\right)\left(\frac{卯}{二}\text{丅二}\right)}\text{天}^{三}\text{丅}\cdots\right\}=\text{甲}^{\frac{卯}{二}}\left\{\text{一上}\frac{\text{甲}}{\frac{卯}{二}}\text{天丅}\frac{\text{二甲}^{二}}{\frac{卯}{二}\left(\frac{卯}{二卯丅一}\right)}\text{天}^{二}\text{上}\frac{\text{二・三甲}^{三}}{\frac{卯}{二}\left(\frac{卯}{二卯丅一}\right)\left(\frac{卯}{二卯丅一}\right)}\text{天}^{三}\text{丅}\cdots\right\}$$

凡開方至極多乘，須將其數變爲僅大於單一之數爲本數，以一代其甲，以零數代其天，則開方級數變爲 $(\text{一上天})^{\frac{卯}{二}}=\text{一上}\frac{卯}{二}\text{天丅}\frac{\text{二卯}^{二}}{\text{卯丅一}}\text{天}^{二}\text{上}$

$$\frac{\text{二・三卯}^{三}}{(\text{卯丅一})(\text{二卯丅一})}\text{天}^{三}\text{丅}\cdots$$

若以無量數代卯，則 卯丅一、二卯丅一、三卯丅一……負數甚微，可不計。即可汰去負數，得 $(\text{一上天})^{\frac{卯}{二}}=\text{一上}\frac{卯}{二}\text{天丅}$

$$\frac{\text{二卯}^{二}}{卯}\text{天}^{二}\text{上}\frac{\text{二・三卯}^{三}}{\text{二卯}^{二}}\text{天}^{三}\text{丅}\cdots=\text{一上}\frac{卯}{二}\text{天丅}\frac{\text{二卯}}{二}\text{天}^{二}\text{上}\frac{\text{三卯}}{二}\text{天}^{三}\text{丅}\cdots=$$

$$\text{一上}\frac{卯}{二}\left(\text{天丅}\frac{二}{\text{天}^{二}}\text{上}\frac{三}{\text{天}^{三}}\text{丅}\cdots\right)$$

此爲無量數乘方之根。其第一級爲單一，第一級以下，卯除括弧爲方根零數。但卯爲無量數，此括弧既爲無量數所除，則必爲單位下隔許多空位之數。試以真數 一上子 代一加天，則第一級仍爲一，即方根首位。第一級以下爲○○○○○○○○○○○○○○○○戌，即方根零數。故無量數乘方根全數，爲一○○○○○○○○○○○○○○○戌。又以同理得 一上丑 之無量數乘方根，爲一○○○○○○○○○○○○○○○亥。如以此二根相乘，得一○○○○○○○○○○○○ 戌上亥 ○○○○○○○○○○○○○○ 戌亥。以此二根相除，得一○○○○○○○○○○○○ 戌丅亥 ○○○○○○○○○○○○○○○○○○○○ 亥丅戌亥 又如以一根自乘，得一○○○○○○○○○○○○○○○○二戌 ○○○○○○○○○○○○○ 戌 以一根開方得一○○○○○○○○○○○○○○○○○ $\frac{二}{戌}$ ○○○○○○○○○○○○○ $\frac{八}{戌^{二}}$ 以上四種僅以中段言之，則加可代乘，減可代除，加倍折半，可代自乘開方。又以同理得諸數相加，或相減，可代諸數相乘，或相除。又加倍，或折半數次，可代累乘，或開多乘方。假如置一切數之無量數乘方根零數，取其十位列表，則僅取中段已足。又中段無論加減數次，猶在末段以上，故末段可廢而不用。此表既成，可藉爲加減代乘除，加倍折半代自乘開方之用。但此表向不命爲方根零數表，在戴鄂士氏，名曰自然對數，在西書名曰訥白爾對數。今即因其名而名之可也。至於今用之表，名曰常對數，乃以十之訥對，除一切數之訥對所得。既與訥對有比例，則仍可以加減代乘除，又因其十之對數爲一，在真數進一位者，在對數即以一加之，取其

便於升降，故人恒用之。

清·陳修齡《公式演算》卷四　對數公式

命　天＝對數、地＝真數、未＝對數底　其方程式爲　$未^{天}=地$　求地之訥對數。其公式爲　$\frac{一}{二}\left(\frac{地上一}{地丅一}\right)上\frac{三}{二}\left(\frac{地上一}{地丅一}\right)^{三}上\frac{五}{二}\left(\frac{地上一}{地丅一}\right)^{五}$ 上…＝訥對地＝天　求地之常對數。其公式爲　$\frac{呷}{二}\left[\frac{一}{二}\left(\frac{地上一}{地丅一}\right)上\frac{三}{二}\left(\frac{地上一}{地丅一}\right)^{三}上\frac{五}{二}\left(\frac{地上一}{地丅一}\right)^{五}上\cdots\right]$＝常對地＝天　其　呷＝二.三〇二五八五一　即常對數底　一〇　之訥對，而 $\frac{呷}{一}$＝〇.四三四二九四五即常對數之根，常對數乃《數理精蘊》所用之對數也。訥對數乃訥白爾之對數也。如求　卯上人　數根之對數，其公式爲　$對卯上\frac{呷}{二}\left[\frac{一(二卯上人)}{二\quad 人}上\frac{三(二卯上人)^{三}}{二\quad 人^{三}}上\frac{五(三卯上人)^{五}}{二\quad 人^{五}}上\cdots\right]$＝對(卯上人)　須先得卯之對數，乃藉卯之對數，而可得　卯上人　之對數。理詳代數術。如有對數表可檢，命甲＝真數、乙＝真數、甲′＝甲之對數、乙′＝乙之對數　凡兩真數相乘之對數，其公式①　對甲乙＝甲′上乙′　凡兩真數相除之對數，其公式②

$對\frac{乙}{甲}$＝甲′丅乙′　凡真數乘方之對數，其公式③　$對甲^{卯}$＝卯甲′　凡真數方根之對數，其公式④　$對乙^{\frac{卯}{一}}=\frac{卯}{一}乙'$　如有式　$甲^{天}$＝乙　則　天甲′＝乙′

其公式⑤　天＝$\frac{甲'}{乙'}$

清·方克猷《方子壯數學》

明理

對數之與真數，猶弧線之與直線，無相通之理也。所以然者，因真數開方對數折半，不能爲比例也。惟因開平方之法，得初商後恒倍初商爲廉法，以除餘實而得次商。故方根首位爲單一者，任開至無數次方，首位必仍爲單一，而單一以下必得無數空位。無數空位後之零數，必同於餘實折半之數，而比例之法生矣。此天造地設，適有此巧合之數，以爲真數對數相求之率也。迺以真數一〇開平方至五十四次，則單一下得十七空位，而零數爲一二七八一九一四九三二有奇。凡單一開多次平方，得數空方後前數幾已略與折半相同，用五十四次十七空位者，取其密率也。又任設兩數爲一〇幾與一〇〇幾均可，但不可大於一耳。又對設對數一〇折半至五十四次，亦得十七空位，而零數爲五五五一一一五一二三一二六有奇，是爲開方與折半兩邊相等之限也。略相等耳，非真等數也。惟此後開方與折半不同之差，在三十四位以後，其差極微，可以不計。若求其再加多位之密率數，尚須遞加若干次方準。爾後第五十五次開方所得開數，必與前五十四次數折半所得相同。是開至五十五次以後，兩邊所設真數對數之商數，彼此均可徑以折半得之。而真數亦可以折半代開方，是爲真數與對數一開方一折半，兩邊同情得有比例之限，而真數與對數相比之率從此可通。即於無比例中彙出比例矣。乃以真數開方所得之零數爲一率，對數折半所得之零數爲二率，今再設真數無數空位之零數一爲三率。得四率爲四三四二九四四八一九〇三二五一八〇四有奇，實即一又十七空位後零一之對數也。前亦仍補十七空位以足其分。此法因真數一，則對數爲〇。今所設真數之零數爲比一多之較，則對數之零數爲比〇多之較。蓋一之對數雖定爲〇，而單一下幾位零幾之對數必得〇下幾空位後之零數，不得謂盡爲〇也。此數命爲對數根，實只是此所設對數之定率，猶古法所立周徑定率，金銀定率之類耳。故西名名之曰常數。常數者，以其爲相比之定率，常用之爲一率二率也。此作法之本原無論何種對數，其比例率皆從此出。詳《數理精蘊》中其理至當不易，實作對數之本法也。

開平方之所以不能等於折半者，以倍廉之外多小隅一層耳。設隅愈小，則愈近於折半。以數明之，如初商十，次商一，則倍廉爲二，隅爲一，并得二一，商數與廉法折半比，其差一。如初商十，次商〇一，則廉隅共法爲二〇一，而與廉法折半比，其差〇一。如初商十，次商〇〇一，則廉隅共法爲二〇〇一，而與廉法折半比，其差〇〇一，即千分之一也。可見次商愈小，位愈降，則廉與隅相差愈大，即愈近於折半之比例。若次商極小，降至十七位以下，則小隅極微，爲初商億萬分之一，而廉隅共法與倍廉折半之差即略相等。因所多之小隅積一層退至十七位以後，幾等於無也，因此係平方，故比例之限爲二與一。若立方，則爲三與一。三乘方，則爲四與一。此微分之要理也。積分式中之常數呐即此小隅之積。今列開平方及折半五十四次表於左。

七三五一六一七○五

五三八九一四二四七三

四九三二八一八三四八四七七六○六九九五○四九八七三二二三九九九四二

五九五五七四一三九○○九二八○九八一○六一八七九○七六七一二○八七九一七○四一五二六三

八一四一三七○三一二四七七三八一四五四七四二七八○七二三○七一三五二八六一五四六六八二一○五二一○○

八三三三四九一六八八三七八七二四○七九二四五七○八五九九九八五二五七八四○二三九○一八八四一二○○○○

四三○一五一一三一一三一一四二○○八七八七二○五九八五三七二二六四一九五一一二九○五八六二五二六八四二六八四二

五一三二六三八一六七五九六三七三七○八○七六二六一七九一四四七一五九五九六七五六二九四七八九九四二一五二六三

三四九八七七三五○一五五九七一一六四一七四六一二七二九一八七○七一三六一五二七一○四七三一五二六八九四七八九

九○八一一二三○七一九九四六一八四七八一五二九八三一一五九六五一三八四一一七二六○一○○五二一一五七八九九九四

八三三九八六七○六六三四二七八五八五二三七六○二七九七○一七○三七三九九八八九四二六八九四二一一五七三一五二一

八七五一三○三九四五五八九二八八三六六三九四五三五三四三四七四三○六○九九九四二一五七八四二一一五二六三六八九

九九六六一九七五六六八一九六三○三四三○○一九八二八八○五七一一七二六七三六八四七三一○○○五二一○五七三一

九一六六二二四七六四八六三一五六八一二二四一二○○八七一三三一四六三一○五七八九四二六八四七八四二一五二六八

一一五九七七一七五五五六二八五六三二七四○一八一一一三五三九九四二六三一五七八四七三六三一○○○五二一一五七

三○二七九九四三一一七三三五三五七一六五二二三五二二六四六七三六八九四二一五七八九四七八四二六八九四二一一五二

三八○一四九八四五九八六一二四八六六一五○八七九六二九九九四七三一○○○五七三一○五七八四七三一○○○五二一

九二四八七七一七二二九八○七一一二四三五五六○五五二五七八九四一六八四七三六八四七三一○五二六八四二一一○○○

七二二五一九八四六一七○八四一六二三七七三一七七八九九九八四二一一五二一○五七八九四二六三六三一○○○○○○

三九三四三六一四四九八二七九四四六一六七二五七三一五七八四二一○○○五七三一○○五二一一○○○○○○○○○○

八八三九一七八一四二九二七六九七四三二八八九九四二一五七八四二六八四七三六八四一一○○○○○○○○○○○○○

六三六八一三一四三九九○八一八七八○四一五七八四二一一五七八四七三六三六三一○○○○○○○○○○○○○○○○

一○一六三四七八一三三六七五七二四七八九九九四二六三一五一一○五一二○○○○○○○○○○○○○○○○○○○○

○○二四八八一四四八一二六八一五七三一五七八四七八四七八四一二○○○○○○○○○○○○○○○○○○○○○○○

六一三八二二二四六四四一一四七三六八九九九四七三六三一○○○○○○○○○○○○○○○○○○○○○○○○○○○

六四四九八九七○三一九三一五二一五七三一○五二一○○○○○○○○○○○○○○○○○○○○○○○○○○○○○○

七九一一七二一五七一四二一○○五七八四二一○○○○○○○○○○○○○○○○○○○○○○○○○○○○○○○○○

七七二八○三五三○五二六八四七三一○○○○○○○○○○○○○○○○○○○○○○○○○○○○○○○○○○○○○

二二五七六六一○五二一五二一○○

二八三四六八九四二一○○

六七三五七三一○○○

○一七三一○○

一三一一一

一二三四五六七八九○一二三四五六七八九○一二三四五六七八九○一二三四五六七八九○一二三四五六七八九○一二三四

一一一一一一一一一二二二二二二二二二二三三三三三三三三三三四四四四四四四五五五五五

假數遞次折半表

	一〇
一	〇五
二	〇二五
三	〇一二五
四	〇〇六二五
五	〇〇三一二五
六	〇〇一五六二五
七	〇〇〇七八一二五
八	〇〇〇三九〇六二五
九	〇〇〇一九五三一二五
一〇	〇〇〇〇九七六五六二五
一一	〇〇〇〇四八八二八一二五
一二	〇〇〇〇二四四一四〇六二五
一三	〇〇〇〇一二二〇七〇三一二五
一四	〇〇〇〇〇六一〇三五一五六二五
一五	〇〇〇〇〇三〇五一七五七八一二五
一六	〇〇〇〇〇一五二五八七八九〇六二五
一七	〇〇〇〇〇〇七六二九三九四五三一二五
一八	〇〇〇〇〇〇三八一四六九七二六五六二五
一九	〇〇〇〇〇〇一九〇七三四八六三二八一二五
二〇	〇〇〇〇〇〇〇九五三六七四三一六四〇六二五
二一	〇〇〇〇〇〇〇四七六八三七一五八二〇三一二五
二二	〇〇〇〇〇〇〇二三八四一八五七九一〇一五六二五
二三	〇〇〇〇〇〇〇一一九二〇九二八九五五〇七八一二五
二四	〇〇〇〇〇〇〇〇五九六〇四六四四七七五三九〇六二五
二五	〇〇〇〇〇〇〇〇二九八〇二三二二三八七六九五三一二五
二六	〇〇〇〇〇〇〇〇一四九〇一一六一一九三八四七六五六二五
二七	〇〇〇〇〇〇〇〇〇七四五〇五八〇五九六九二三八二八一二五
二八	〇〇〇〇〇〇〇〇〇三七二五二九〇二九八四六一九一四〇六二五
二九	〇〇〇〇〇〇〇〇〇一八六二六四五一四九二三〇九五七〇三一二五
三〇	〇〇〇〇〇〇〇〇〇〇九三一三二二五七四六一五四七八五一五六二五
三一	〇〇〇〇〇〇〇〇〇〇四六五六六一二八七三〇七七三九二五七八一二五
三二	〇〇〇〇〇〇〇〇〇〇二三二八三〇六四三六五三八六九六二八九〇六二五
三三	〇〇〇〇〇〇〇〇〇〇一一六四一五三二一八二六九三四八一四四五三一二五
三四	〇〇〇〇〇〇〇〇〇〇〇五八二〇七六六〇九一三四六七四〇七二二六五六二五
三五	〇〇〇〇〇〇〇〇〇〇〇二九一〇三八三〇四五六七三三七〇三六一三二八一二
三六	〇〇〇〇〇〇〇〇〇〇〇一四五五一九一五二二八三六六八五一八〇六六四〇六
三七	〇〇〇〇〇〇〇〇〇〇〇〇七二七五九五七六一四一八三四二五九〇三三二〇三
三八	〇〇〇〇〇〇〇〇〇〇〇〇三六三七九七八八〇七〇九一七一二九五一六六〇一
三九	〇〇〇〇〇〇〇〇〇〇〇〇一八一八九八九四〇三五四五八五六四七五八三〇〇
四〇	〇〇〇〇〇〇〇〇〇〇〇〇〇九〇九四九四七〇一七七二九二八二三七九一五〇
四一	〇〇〇〇〇〇〇〇〇〇〇〇〇四五四七四七三五〇八八六四六四一一八九五七五
四二	〇〇〇〇〇〇〇〇〇〇〇〇〇二二七三七三六七五四四三二三二〇五九四七八七
四三	〇〇〇〇〇〇〇〇〇〇〇〇〇一一三六八六八三七七二一六一六〇二九七三九三
四四	〇〇〇〇〇〇〇〇〇〇〇〇〇〇五六八四三四一八八六〇八〇八〇一四八六九六
四五	〇〇〇〇〇〇〇〇〇〇〇〇〇〇二八四二一七〇九四三〇四〇四〇〇七四三四八
四六	〇〇〇〇〇〇〇〇〇〇〇〇〇〇一四二一〇八五四七一五二〇二〇〇三七一七四
四七	〇〇〇〇〇〇〇〇〇〇〇〇〇〇〇七一〇五四二七三五七六〇一〇〇一八五八七
四八	〇〇〇〇〇〇〇〇〇〇〇〇〇〇〇三五五二七一三六七八八〇〇五〇〇九二九八
四九	〇〇〇〇〇〇〇〇〇〇〇〇〇〇〇一七七六三五六八三九四〇〇二五〇四六四六
五〇	〇〇〇〇〇〇〇〇〇〇〇〇〇〇〇〇八八八一七八四一九七〇〇一二五二三二一
五一	〇〇〇〇〇〇〇〇〇〇〇〇〇〇〇〇四四四〇八九二〇九八五〇〇六二六一六一
五二	〇〇〇〇〇〇〇〇〇〇〇〇〇〇〇〇二二二〇四四六〇四九二五〇三一三〇八〇
五三	〇〇〇〇〇〇〇〇〇〇〇〇〇〇〇〇一一一〇二二三〇二四六二五一五六五四〇
五四	〇〇〇〇〇〇〇〇〇〇〇〇〇〇〇〇〇五五五一一一五一二三一二五七八二七〇

按前表可知，真數一〇開方在六次以上，其前次根數折半與後次開數等者，祇得一位。如七與三，及三與一，而二位後即不合。在十一次以上，則得二位。如一八與〇九，及九〇與四五，及四五〇與二二五，等等。在十四次以上，則得三位等數。十七次以上，則得四位等數。至降及三十五次後，即可得前十位等數。五十二次，即可得前十五位等數。必須開至五十四次方根，乃盡得前十七位等數之準數。而與第五十三次開方所得方根折半之數始逐一相同。若下推至十八位以後，尾數尚嫌微大，仍不能密合。是可見開方根得單一後，若其前得幾〇位，即後次有幾位開數能與上次方根折半數相等也。又對數根若止用十位者，則開方至三十五次已可立率矣。由此可知，對數根爲幾何，所云無一度可以度盡之數，必爲無盡數，或無窮級數。與方圓率之分數同例。

計開比例四率式

一率開方分數。　一二七八一九一四九三二〇〇三二三五

二率折半分數。　五五五一一一五一二三二一二五七八二七

三率真數十七空位後之零數。　一〇〇〇〇〇〇〇〇〇〇〇〇〇〇〇〇〇

四率得單一，十七空位後之對數。　四三四二九四四八一九〇三二五一八〇

此數命曰對數根，實爲十進對數定率，亦爲各種對數之通率。因此係開方與折半兩分數相比之定率也。故以此轉數約一，即得本數之自然對數。而無論何對數，均與此數有比例率。若以首率約二率，則齊同通分變爲連比例三率，而首率分數爲二三〇二五八五〇(二)[九]二九九四〇四五六八四，即常底一〇之訥對數。

按：常對數之根，已經西人推至六十位，見《代數術》中。今特記之，以備求多位對數密率時，酌加入本術立成表尾數之用。其數爲〇四三四二九四四八一九〇三二五一八二七六五一一二八九一八九一六六〇五〇八二二九四三九七〇〇五八〇三六六六五六六一一四四五四，不盡。

然則新法求常對數根，則用連比例三率。何以得數同而立法不同也？曰，無不同也。此不過用合率比例，即古法之異乘同除也。質言之，只是一通分化分法耳。凡比例四率，任以一數乘約其前二率，或後二率，得數仍如原率之比例也。試置原法之四率，在地取二率之數，並約其首二兩率，而齊同通分之，即首率變爲二三〇二五八九有奇，而二率變爲一，又其三率原爲一，故中二率可省乘，而徑以約過之首率除之，亦得末率，爲對數根。是即變相當四率爲連比例三率矣。造訥氏對數之本，原大約從此悟出，不可不知。

對數根之外，又有對數底，即借根方之根，而中法立天元之元也。蓋對數原可隨意而設，故有各種對數。但必先立於求對數之用也。按：訥對數中無一、二、三等整對數。非無整對數也，蓋其底既設爲奇數，則在常對中爲整數者，在訥對中必變爲零數。因對數均與其底相關也。故訥對之整數一，在二與三之間，整數二，在四與五之間，均爲奇零不盡之數，而表中不見也。

對數之與八線不類而類者也。八線爲句股之立成數，對數爲乘除之立成數。故檢八線表，可以省句股互求之煩，檢對數表，可以省乘除多次之煩。而表中則奇零之數爲多其求之也。非假累乘累除代開方之法，無從下手。故西人謂之微積分，一言以蔽之。曰連比例，而已在割圜連比例借半徑爲首率，故半徑常爲法。對數連比例借對數之定率爲中率，故對數根常爲實。蓋内弦外切，其數萬，而圜半徑爲之率，自一至億。其數萬，而對數根爲之率數，萬變而此率不變，西人名之曰常數有以也。

李氏秋紉以尖錐術釋對數，是已而只可遞加一差，以求對數之較，祇便造表之用。顧尚之變爲遞減一差，以返求之而本對數可得要亦爲李説所囿均非通法也。蓋李氏所定之術，只是一差上之尖錐合積耳。以四率言之，是爲真數爲一率，真數之較一爲二率，對數根爲三率，故四率爲一差對數之較也。其術亦應有乘法，因是一而省之，此理恐李君尚由之而未知之也。今試以真數爲首率，以真數之較二爲二率，或三或四以至十萬皆然。仍以對數根爲三率，則所得四率必爲二差或三或四以至千萬皆然。之對數較無疑也。是故任舉兩數，無論其差懸絶，而對數較均可求。即一無可借，而一之對數〇已知，則借一求之而亦可以得本對數。且求之之術，法皆一貫，實通法也。

又恠西人《代數術》及《數學啓蒙》中所定之級數式，亦只爲遞求一差之法，豈亦未見及此耶。至式之上層，除法定爲倍真數減一，則尤爲無理，而有似乎故祕之矣。倍真數減一即前後兩真數之和也。如本數二倍之減一得三，實即本數二與前一數一之和也。本數五倍之減一得九，實即本數五與前一數四之和也。此四兩真數遞加之較均爲一耳。倘或較數二或三，則必須倍本數減二或減三，乃合。故非通法。且明明和較之法，以和較列之，何等簡明。而立法故爲紆回，實所不解。李君未明此理，故其尖錐變法中之解西術，支支節節，從條段演出解説愈煩，其理愈晦宜也。今試以四率列之。李氏以本數爲一率，本數之較一爲二率。西術以兩數和爲一率，倍兩數之較爲二率，故其相當之比例不變，而所得四率均爲對數較也。然用李術，則必遞求諸尖錐積，而西術間一尖錐用之，則降位較速，不可不知也。

用諸乘差造表，起於郭太史之垛積招差。其法屢乘屢除，均自下而上，如階

級重重，迤邐遞進，依法演荪，不勞審定，其理蓋出於天元諸乘方之式。綰級數之術於立成之中，用之良便，省荪亦多。故今取之，學者試以級數式與用立成表同演荪一次，兩相比較，則繁簡勞逸自知之矣。

凡代數、微積、級數公式，諸項内均涵有常數、變數二種。其各級之中，傍係之子母倍數恒爲常數，而與天之諸乘方絶無相關。天方屢變而係數有定程，不與同變，如弦矢式、二項例式，無論天方之值數大小如何，而各級所係屢之子母乘除數均不變。故謂之泛倍數。此爲級數式要理。而代數均未明言，即泛倍數術中，亦未能抉其所以然。演微積者，尤不可不明此理。凡級數公式内有常數爲倍數者，如弧背弦矢互求式，暨合名法。二乘項方例諸公式中，尤爲明白易見也。按：弦矢諸公式，如將每級内傍係之倍數爲常數者，先乘除，訖演爲立成表，則演算時省功甚多，不翅對數式，而已特識於此。

用法

法曰：準前理既得〇四三四二九四四八一九有奇爲常對數根，截取十位，命爲諸乘差之根於上。迺依對數公式，置差根倍之爲定差於上。置定差，三而一爲立差，五而一爲四乘差，七而一爲六乘差，九而一爲八乘差，下皆如是，遞加二數除之，爲各隅乘差。如法求至二十乘差，表而列之，爲常對數諸乘差立成。按：《數理（經）[精]蘊》云，真數十萬以上對數應用八位，一萬以上止用六位，其末位滿五進之，不滿五者，棄之。唯八綫對數表，則爲十位，故今立成表只取十位數。如欲加求多位者，依前對數根六十位密率截用，並酌增乘差，尾數乃準。

常對級數式諸乘差立成

定差	〇八六八五八八九六四
立差	〇二八九五二九六五五
第四乘差	〇一七三七一七七九三
第六乘差	〇一二四〇八四一三八
第八乘差	〇〇九六五〇九八八五
第十乘差	〇〇七八九六二六三三
十二乘差	〇〇六六八一四五三六
十四乘差	〇〇五七九〇五九三一
十六乘差	〇〇五一〇九三四六八
十八乘差	〇〇四五七一五二〇八
二十乘差	〇〇四一三六一三七九
廿二乘差	〇〇三七七六四七三七
廿四乘差	〇〇三四七四三五五八
廿六乘差	〇〇三二一六九九六二

求對數

法曰：任借一所知之對數，其真數與本數相加爲和，相減爲較。置較爲乘法，和爲除法，以約法約之。置應用本表中最下一層，以較冪乘之，和冪除之，加入上一層。再以較冪乘之，和冪除之，再加入上一層。如是遞加遞乘遞除至立差一層，乘除畢，迺以定差加之，又以較乘之，和除之，爲本對數與所借對數之較也。借大求小以所得減之，借小求大以所得加之，得本數之對數。

又法，置較數，以和除之，得數自之，爲乘法。以乘法乘下一層，得數加入上一層。再以乘法乘之，再加入上一層。如是遞乘遞加至立差畢，以定差加之，乃以較乘之，和除之，爲對數較，得數亦同。

又法，置和數，以較除之，得數自之，爲除法。以除法除下一層，得數加入上一層。再以除法除之，再加入上一層。如是遞加遞乘遞除至立差畢，以定差加之，乃以較乘之，和除之，爲對數較，得數亦同。以上三法可視所用乘除法數齊同通分，取其最簡便者用之。

無論何種對數，凡一之對數均爲〇，故徑求本對數者，可借一求之。法以真數加一爲和，真數減一爲較，如前和較術入之，所得即本對數。

凡較數爲一者，則衹有除法無乘法，因一乘其數不變也。至若一與一〇〇與一〇〇〇之類，亦同爲一，以之乘除，但每次升降其位即得。

凡和較之數有可以化之爲一者，則用通分法化之，以省荪。因真數比例之分數相等，則對數較皆同也。

總之，其級數公式爲　$兩對數之較 = 倍根 \times \left[\frac{和}{較} \perp \frac{三和^{三}}{一較^{三}} \perp \frac{五和^{五}}{一較^{五}} \perp \frac{七和^{七}}{一較^{七}} \perp \frac{九和^{九}}{一較^{九}} \perp \cdots \right]$　此式若令右邊第一項公乘數倍根等於二，即爲訥氏對數之級數。

約法

先置乘法冪，以除法冪約之，視得數降幾位。如每次降一位者，自第八層起。每次降二位者，自第四層起，餘類推。

本法求對數，依李氏以十位爲限。表中末位即作單位用。若求多位須依次加尾數及酌添級層，得數方密。

又按：用立成表自下逆乘而上，全恃約法以定截數降位之限。李氏秋紉所定約法，乃須連次乘除，以與表中各層積數逐一相較，煩難已極。今定新術，明白簡易。足與立成相輔而行。《則古昔齋祘(書)[學]》諸表得此術，以彌缺陷，庶乎其無遺憾矣。

通分法

凡和數較數襍糅者，則用通分法，約爲最簡之分數。如和二十萬與較二萬，可約爲十萬與一萬亦可，約爲十與一，并可約爲五與〇五，因均爲倍半之比例也。如和四百與較四，可約爲二百與二，亦可約爲百與一，因均爲百與一之比例也。以至十二與六，即二與一；十五與五，即三與一；四與二，即二與一。法無一定，惟取其便者因之，因真數比例等者，對數較皆同也。

凡所得較數能受和除者，則置較以和除之，即化和數爲一，而省去除法，只用乘法。凡和數能受較除者，則置和數以較除之，即化較數爲一，而省去乘法，只用除法。此外，通分化分要之，唯變所適，視其便者用之。在乎心知其意，並無定程，即古法之異乘同除、同乘同除也。

求八線對數法

舊術割圜八線求對數，必須別立一術，以御之，不能如對數之徑求之也。因對數爲虛立之數，無句股比例之可言耳。今以和較術馭之，則任舉一線，而諸線無不可求，且與上術通爲一法。足見理之至者，法無不通也。金山顧氏於對數八線求法，用功至深且勤，自謂心力已盡此矣。其求切線煩難尤甚，引爲遺憾。今得此和較術，則八線通爲一法，均坦途矣。

術曰：先取本弧正切、正弦兩線真數相加爲和，相減爲較。如上和較術入之，用以乘除本表，求得本弧弦切對數較，以減半徑對數，得餘弦對數，以加半徑對數，得正割對數。又取餘弧弦切兩線真數相加爲和，相減爲較。如和較術入之，用以乘除本表，求得餘弧弦切對數較，以減半徑對數，得正弦對數，以加半徑對數，得餘割對數。

又以正弦對數加本弧弦切對數較，得正切對數。又倍半徑對數，內減正切對數，得餘切對數。

另以本弧半之如法，求其半本弧弦切對數較，倍之，以減二之半徑對數，爲大矢對數。又以大矢對數倍之，以減二之正弦對數，得正矢對數。

另以餘弧半之如法，求其半餘弧弦切對數較，倍之，以減二之半徑對數，爲餘弧大矢對數。再減二之餘弦對數，爲餘矢對數。

若任舉一線求之者，即以本線真數與半徑真數相加爲和，相減爲較，如上和較術入之，求其一線與半徑兩對數較，凡對數八線表，設半徑爲百億，其對數爲一〇。各數須以今表升位取之。以與半徑對數爲加減，即得本線對數。

附對數八線表識別本徐君卿氏。此識別數條最爲簡明，求對數(入)[八]綫與查對數八綫所當用，節録之。

凡正弦、正切對數較，即半徑、餘弦對數較，即半徑、正割對數較，即餘切、餘弦對數較，又即通弧通弦、倍弧正弦對數較，又即外弧通弦、倍弧大矢對數較，又即圜徑與外弧通弦對數較。

凡圜外內股與弦比例等者，其對數較皆同，總名股弦對數較。

凡餘弦、餘切對數較，即半徑、正弦對數較，即半徑、餘割對數較，即正切、正割對數較，又即外(弦)[弧]通弦、倍弧正矢對數較，又即圜徑與通弧通弦對數較。

凡圜外內句與弦比例等者，其對數較皆同。總名曰句弦對數較。

凡半弧弦切對數較加本弦正弦對數，即本弧通弦對數。

凡半弧弦切對數較加本弧大矢對數，即外弧通弦對數。若倍之加本弦大矢對數，又即圜徑對數。

凡正弦對數，倍之爲正矢、大矢兩對數之和，餘弦同。

算法

清・薛鳳祚《曆學會通》

比例表用法

乘　如一九九乘九九，其一九九對數二二九八八五三，其九九對數一九九五六三五，總數四二九四四八八，原數一九七〇一即乘數。

除　如一二六四〇除三二，其一二六四〇對數四一〇一七四七，其三二對數一五〇五一五〇，較數二五九六五九七，原數三九五即除數。

開平方　開方數其比例數之半，原數即根數。如九八〇一取根數，其比例數三九九一二七〇，半之，一九九五六三五，(對)[原]數九九，即平方根。用根數取方數，如方根八十八，度其比例數一九四四八三，加一倍，三八八九六六，其原數七七四四即平方數。

開立方　立方凡[比]例數三分之一，原數即立方根。如一九六八三爲根數，用比例數四二九四〇九一，其三分之一爲一四三一三六三，原數二七即立方根。若用根數取方數，如二七，其比例數一四三一三六四，三倍，四二九四〇九三，其原數一九六八三即立方數。

四方，五方，六方等取各方根。四方取方數比例數作四分之一，其原數即四方根。五方取比例數作五分之一，六方取比例數作六分之一，皆其方根數。筭時自知其易數倍平日。

此三角内用法，别筭中多法，難以殫述，候再解。

原數當用十萬，其表久成。邇西來不戒，失之于途。今止一萬，遇數有在一萬之外者用下法。

如原數一六〇二三二，原數六位，取前四位一六〇二，比例數三二〇四六六二，再詳原數幾位，今系六位，去一位作五，即以五易三爲五二〇四六六二。若系八位，即去一位作七，爲七二〇四六六二。又取相連近大之數三二〇四九三三，相較餘二七一，以原數末位三二乘之，得八六七二，因原數止二位，此去下二位止用八六，總數爲五二〇四七四八，即其比例數。

欲知原數幾位，比例數首位是三即原數爲四位。若首位五，即原數六。

比例數取原數法

如比例數四三〇一〇〇八，去首位四爲三〇一〇〇八，尋原數四位與比例數相近者即有一九九九，其比例數三三〇〇八一三，去首一位，即三〇〇八一三與三〇一〇〇八相較餘一九五，再因原數五位加一零數爲一九五〇。若原數六位加二數，又取相連近大之數三〇一〇三〇相較餘二一七，以比例數較餘一九五〇除之得近九數續原數之末一九九九九爲原數。若位再多另有别解，候再作他表傳世。

解四線比例表用法

用上法有此對數有此(格)[各]例，取八線表度數求對數爲新四線表。無他法。止第一位加三數。如四十五度，舊表正線七〇七一〇六八，用上法得對數六八四九四八六，第一位加三即得九八四九四八六爲四十五度新正線。

有正線取切線及余切線、割線、餘割線[諸]線等同。

清・《數理精蘊》下編卷三八　對數比例

明對數之目用中比例求假數法之一

凡連比例率，以首率、末率兩真數相乘，開方即得中率之真數。以首率、末率兩假數相加，折半即得中率之假數。

如一十爲首率，一百爲中率，一千爲末率。以首率一十之假數一〇〇〇〇〇〇〇〇〇〇與末率一千之假數三〇〇〇〇〇〇〇〇〇〇相加折半，得二〇〇〇〇〇〇〇〇〇〇即中率一百之假數。蓋首率末率相乘與中率自乘之數等，以首率末率兩假數相加即與中率之假數加倍之數等，故折半爲中率之假數也。

真	假
一〇	一〇〇〇〇〇〇〇〇〇〇
一〇〇	二〇〇〇〇〇〇〇〇〇〇
一〇〇〇	三〇〇〇〇〇〇〇〇〇〇

明對數之目用中比例求假數法之二

凡十百千萬之假數既定，而欲求其間零數之假數，則以前後相近之兩數，一爲首率一爲末率，求得中率之真數，並求得中率之假數。累次比例使中率恰得所求之真數，其假數即爲所求之假數。

	真	假
第一次	一〇〇〇〇〇〇〇	〇〇〇〇〇〇〇〇〇〇〇
	三一六二二七七七	〇五〇〇〇〇〇〇〇〇〇
	一〇〇〇〇〇〇〇〇	一〇〇〇〇〇〇〇〇〇〇
二次	三一六二二七七七	〇五〇〇〇〇〇〇〇〇〇
	五六二三四一三二	〇七五〇〇〇〇〇〇〇〇
	一〇〇〇〇〇〇〇〇	一〇〇〇〇〇〇〇〇〇〇

如求九之假數，因九在一與十之間，則以一爲首率十爲末率，相乘開方得三一六二二七七七，爲第一次之中率。即以首率一之假數〇〇〇〇〇〇〇〇〇〇〇與末率十之假數一〇〇〇〇〇〇〇〇〇〇相加折半，得〇五〇〇〇〇〇〇〇〇〇，爲第一次中率之假數。此所得之中率較之首率去九爲近，故以所得之中率復爲首率，十爲末率，相乘開方，得五六二三四一三二，爲第二次之中率。即以第二次之首率末率兩假數相加折半，得〇七五〇〇〇〇〇〇〇〇，爲第二次中率之假數。又以第二次所得之中率復爲首率，十爲末率，相乘開方，得七四九八九四二一，爲第三次之中率。即以第三次之首率末率兩假數相加折半，得〇八七五〇〇〇〇〇〇〇，爲第三次中率之假數，又以第三次所得之中率

復爲首率，十爲末率，相乘開方，得八六五九六四三二，爲第四次之中率。即以第四次之首率末率兩假數相加折半，得〇九三七五〇〇〇〇〇〇，爲第四次中率之假數。又以第四次所得之中率復爲首率，十爲末率，相乘開方，得九三〇五七二〇四，爲第五次之中率。即以第五次之首率末率兩假數相加折半，得〇九六八七五〇〇〇〇〇，爲第五次中率之假數。此所得之中率較之末率去九爲近，故以第五次所得之中率復爲末率，仍以第五次之首率爲首率，相乘開方，得八九七六八七一三，爲第六次之中率。即以第六次首率末率兩假數相加折半，得〇九五三一二五〇〇〇〇，爲第六次中率之假數。由此遞推，去九漸近，而即以相近之兩率比例相求，得第七次之中率爲九一三九八一七〇，其假數爲〇九六〇九三七五〇〇〇。第八次之中率爲九〇一七九七七七，其假數爲〇九五七〇三一二五〇〇。第九次之中率爲九〇一七三三三三，其假數爲〇九五五〇七八一二五〇。第十次之中率爲八九九七〇七九六，其假數爲〇九五四一〇一五六二五。第十一次之中率爲九〇〇七二〇〇八，其假數爲〇九五四五八九八四三七。第十二次之中率爲九〇〇二一三八八，其假數爲〇九五四三四五七〇三一。第十三次之中率爲八九九九六〇八八，其假數爲〇九五四二二三六三二八。第十四次之中率爲九〇〇〇八七三七，其假數爲〇九五四二八四六六七

	真	假
三次	五六二三四一三二	〇七五〇〇〇〇〇〇〇〇
	七四九八九四二一	〇八七五〇〇〇〇〇〇〇
	一〇〇〇〇〇〇〇〇	一〇〇〇〇〇〇〇〇〇〇
四次	七四九八九四二一	〇八七五〇〇〇〇〇〇〇
	八六五九六四三二	〇九三七五〇〇〇〇〇〇
	一〇〇〇〇〇〇〇〇	一〇〇〇〇〇〇〇〇〇〇
五次	八六五九六四三二	〇九三七五〇〇〇〇〇〇
	九三〇五七二〇四	〇九六八七五〇〇〇〇〇
	一〇〇〇〇〇〇〇〇	一〇〇〇〇〇〇〇〇〇〇
六次	八六五九六四三二	〇九三七五〇〇〇〇〇〇
	八九七六八七一三	〇九五三一二五〇〇〇〇
	九三〇五七二〇四	〇九六八七五〇〇〇〇〇
七次	八九七六八七一三	〇九五三一二五〇〇〇〇
	九一三九八一七〇	〇九六〇九三七五〇〇〇
	九三〇五七二〇四	〇九六八七五〇〇〇〇〇
八次	八九七六八七一三	〇九五三一二五〇〇〇〇
	九〇一七九七七七	〇九五七〇三一二五〇〇
	九一三九八一七〇	〇九六〇九三七五〇〇〇

	真	假
九次	九〇一七九七七七	〇九五七〇三一二五〇〇
	九〇一七三三三三	〇九五五〇七八一二五〇
	八九七六八七一三	〇九五三一二五〇〇〇〇
十次	八九七六八七一三	〇九五三一二五〇〇〇〇
	八九九七〇七九六	〇九五四一〇一五六二五
	九〇一七三三三三	〇九五五〇七八一二五〇
十一次	八九九七〇七九六	〇九五四一〇一五六二五
	九〇〇七二〇〇八	〇九五四五八九八四三七
	九〇一七三三三三	〇九五五〇七八一二五〇
十二次	八九九七〇七九六	〇九五四一〇一五六二五
	九〇〇二一三八八	〇九五四三四五七〇三一
	九〇〇七二〇〇八	〇九五四五八九八四三七
十三次	八九九七〇七九六	〇九五四一〇一五六二五
	八九九九六〇八八	〇九五四二二三六三二八
	九〇〇二一三八八	〇九五四三四五七〇三一
十四次	八九九九六〇八八	〇九五四二二三六三二八
	九〇〇〇八七三七	〇九五四二八四六六七九
	九〇〇二一三八八	〇九五四三四五七〇三一

九。第十五次之中率爲九〇〇〇二四一二，其假數爲〇九五四二五四一五〇三。第十六次之中率爲八九九九九二五〇，其假數爲〇九五四二三八八九一五。第十(六)[七]次之中率爲九〇〇〇〇八二一，其假數爲〇九五四二四六五二〇九。第十八次之中率爲九〇〇〇〇〇四一，其假數爲〇九五四二四二七〇六二。第十

	真	假
十五次	八九九九六〇八八	〇九五四二二三六三二八
	九〇〇〇二四一二	〇九五四二五四一五〇三
	九〇〇〇八七三七	〇九五四二八四六六七九
十六次	八九九九六〇八八	〇九五四二二三六三二八
	八九九九九二五〇	〇九五四二三八八九一五
	九〇〇〇二四一二	〇九五四二五四一五〇三
十七次	八九九九九二五〇	〇九五四二三八八九一五
	九〇〇〇〇八二一	〇九五四二四六五二〇九
	九〇〇〇二四一二	〇九五四二五四一五〇三
十八次	八九九九九二五〇	〇九五四二三八八九一五
	九〇〇〇〇〇四一	〇九五四二四二七〇六二
	九〇〇〇〇八二一	〇九五四二四六五二〇九

	真	假
十九次	八九九九九二五〇	〇九五四二三八八九一五
	八九九九九六五〇	〇九五四二四〇七九八九
	九〇〇〇〇〇四一	〇九五四二四二七〇六二
二十次	八九九九九六五〇	〇九五四二四〇七九八九
	八九九九九八四五	〇九五四二四一七五二六
	九〇〇〇〇〇四一	〇九五四二四二七〇六二
二十一次	八九九九九八四五	〇九五四二四一七五二六
	八九九九九九四三	〇九五四二四二二二九四
	九〇〇〇〇〇四一	〇九五四二四二七〇六二
二十二次	八九九九九九四三	〇九五四二四二二二九四
	八九九九九九九二	〇九五四二四二四六七八
	九〇〇〇〇〇四一	〇九五四二四二七〇六二

	真	假
二十三次	八九九九九九九二	〇九五四二四二四六七八
	九〇〇〇〇〇一六	〇九五四二四二五八七〇
	九〇〇〇〇〇四一	〇九五四二四二七〇六二
二十四次	八九九九九九九二	〇九五四二四二四六七八
	九〇〇〇〇〇〇四	〇九五四二四二五二七四
	九〇〇〇〇〇一六	〇九五四二四二五八七〇
二十五次	八九九九九九九二	〇九五四二四二四六七八
	八九九九九九九八	〇九五四二四二四九七六
	九〇〇〇〇〇〇四	〇九五四二四二五二七四
二十六次	八九九九九九九八	〇九五四二四二四九七六
	九〇〇〇〇〇〇〇	〇九五四二四二五一二五
	九〇〇〇〇〇〇四	〇九五四二四二五二七四

九次之中率爲八九九九九六五〇，其假數爲〇九五四二四〇七九八九。第二十次之中率爲八九九九九八四五，其假數爲〇九五四二四一七五二六。第二十一次之中率爲八九九九九九四三，其假數爲〇九五四二四二二二九四。第二十二次之中率爲八九九九九九九二，其假數爲〇九五四二四二四六七八。第二十三次之中率爲九〇〇〇〇〇一六，其假數爲〇九五四二四二五八七〇。第二十四次之中率爲九〇〇〇〇〇〇四，其假數爲〇九五四二四二五二七四。第二十五次之中率爲八九九九九九九八，其假數爲〇九五四二四二四九七六。至第二十六次之中率則恰得九〇〇〇〇〇〇〇，其假數爲〇九五四二四二五一二五，即所求之假數也。然所得中率雖爲九，而七空位之後尚有奇零，故所得之假數猶爲稍大。故開方之位數愈多則所得之假數愈密也。

明對數之目用遞次自乘求假數法之一

凡連比例率之自小而大者，以第一率之真數遞次自乘即得加倍各率之真數，以第一率之假數遞次加倍即得加倍各率之假數。而以各率之假數按率除之即得第一率之假數。

如以二爲連比例第一率，其假數爲〇三〇一〇二九九九五七，以第一率之真數二自乘得四，爲第二率之真數，以第一率之假數〇三〇一〇二九九九五七加倍，得〇六〇二〇五九九九一三，爲第二率之假數。而以第二率之假數用二除之，即得第一率之假數。又以第二率之真數四自乘得十六，爲第四率之真數。以第二率之假數〇六〇二〇五九九九一三加倍，得一二〇四一一九九八二六，爲第四率之假數。而以第四率之假數用四除之，即得第一率之假數也。

率	真	假
一	二	〇三〇一〇二九九九五七
二	四	〇六〇二〇五九九九一三
四	一六	一二〇四一一九九八二六

明對數之目用遞次自乘求假數法之二

凡連比例率自小而大者，其假數之首位既因真數之位數而遞加，故求假數者，以所求之真數爲連比例第一率，遞次自乘即得加倍各率之真數。以第一率假數之首位遞次加倍即得加倍各率之假數。而真數自乘又進一位者則假數加倍後又加一數。而以各率之假數按次除之，即得所求第一率之假數。

率	真	假
一	二	〇
二	四	〇
四	一六	一
八	二五六	二
一六	六五五三六	四
三二	四二九四九六七二九六	九

如求二之假數，則以二爲連比例第一率，是爲單位，故傍紀〇，即第(二)[一]率之假數首位爲〇也。又以第一率之真數二自乘得四，爲第二率之真數，仍爲單位故傍亦紀〇，即第二率之假數首位亦爲〇也。又以第二率之真數四自乘得十六，爲第四率之真數，是爲進前一位故傍紀一，即第四率之假數首位爲一也。又以第四率之真數十六自乘得二百五十六，爲第八率之真數，以第四率之假數一倍之得二，是爲進前二位故傍紀二，即第八率之假數首位爲二也。又以第八率之真數二百五十六自乘得六萬五千五百

三十六，爲第十六率之真數，以第八率之假數二倍之得四，是爲進前四位故傍紀四，即第十六率之假數首位爲四也。又以第十六率之真數六萬五千五百三十六自乘得四十二億九千四百九十六萬七千二百九十六，爲第三十二率之真數，以第十六率之假數四倍之得八，又因第十六率真數自乘所得首位乃逢十又進一位之數，故將假數加倍所得之八又加一得九，是爲進前九位故傍紀九，即第三十二率之假數首位爲九也。由此遞乘至第一萬六千三百八十四率之真數，則自單位以前共得四千九百三十二位故傍紀四九三二，爲第一萬六千三百八十四率之假數，以一萬六千三百八十四除之，得〇三〇一〇，即爲第一率二之假數。蓋以一萬除四千爲實，不足法一倍，則其首位必爲〇也。然其位數尚少故僅得五位。若再遞乘至第一千三百七十四億四千六百九十五萬三千四百七十二率之真數，則自單位以前共得四百一十三億七千五百六十五萬五千三百零七位，即其假數爲四一三七五六五五三〇七，以率數除之得〇三〇一〇二九九九五六(六)，即爲第一率二之假數也。此法蓋因真數進一位則假數首位加一數，今遞乘所得之真數既得若干位，則其假數首位必加若干數，乃以首位爲單位遞進向前者也。而連比例各率之假數以率數除之，即得第一率之假數。故以率數除之，所得第一率之假數，爲首位以後之零數也。

假	率
四九三二	一六三八四
四一三七五六五五三〇七	一三七四四六九五三四七二
〇三〇一〇二九九九五六	一

明對數之目用遞次開方求假數法之一

凡連比例率之自大而小者，以第一率之真數遞次開方，即得加倍各率之真數。以第一率之假數遞次折半即得加倍各率之假數。而以各率之假數按率乘之即得第一率之假數。

如以二百五十六爲連比例第一率，其假數爲二四〇八二三九九六五三。以第一率之真數二百五十六開方得十六，爲第二率之真數，以第一率之假數二四〇八二三九九六五三折半，得一二〇四一一九九八二六，爲第二率之假數。而以第二率之假數用二乘之即得第一率之假數。又以第二率之真數十六開方得四，爲第四率之真數。以第二率

假	真	率
二四〇八二三九九六五三	二五六	一
一二〇四一一九九八二六	一六	二
〇六〇二〇五九九九一三	四	四

之假數一二〇四一一九九八二六折半，得〇六〇二〇五九九九一三，爲第四率之假數。而以第四率之假數用四乘之即得第一率之假數。

明對數之目用遞次開方求假數法之二

凡遞次開方率皆用二倍。蓋真數開方假數折半，而折半即二歸。故遞次折半之假數，以遞次加倍之率數乘之，即得第一率之假數。

如原數爲第一率，加倍得二，爲第一次開方之率數。蓋折半即二歸，以二歸者復用二乘，必仍得原數也。又加倍得四，爲第二次開方之率數。蓋折半二次即四歸，以四歸者復用四乘，必亦得原數也。遞次加倍則第三次之率爲八，第四次之率爲十六，第五次之率爲三十二，第六次之率爲六十四，第七次之率爲一百二十八，第八次之率爲二百五十六，第九次之率爲五百一十二，第十次之率爲一千零二十四。第二十次之率爲一百零四萬八千五百七十六，第三十次之率爲十億七千三百七十四萬一千八百二十四，第四十次之率爲一兆零九百九十五億一千一

一	二
二	四
三	八
四	一六
五	三二
六	六四
七	一二八
八	二〇六
九	五一二
一〇	一〇二四

一一	二〇四八
一二	四〇九六
一三	八一九二
一四	一六三八四
一五	三二七六八
一六	六五五三六
一七	一三一〇七二
一八	二六二一四四
一九	五二四二八八
二〇	一〇四八五七六

二一	二〇九七一五二
二二	四一九四三〇四
二三	八三八八六〇八
二四	一六七七七二一六
二五	三三五五四四三二
二六	六七一〇八八六四
二七	一三四二一七七二八
二八	二六八四三五四五六
二九	五三六八七〇九一二
三〇	一〇七三七四一八二四
三一	二一四七四八三六四八
三二	四二九四九六七二九六
三三	八五八九九三四五九二
三四	一七一七九八六九一八四
三五	三四三五九七三八三六八
三六	六八七一九四七六七三六
三七	一三七四三八九五三四七二
三八	二七四八七七九〇六九四四
三九	五四九七五五八一三八八八
四〇	一〇九九五一一六二七七七六

四一	二一九九〇二三二五五五二
四二	四三九八〇四六五一一一〇四
四三	八七九六〇九三〇二二二〇八
四四	一七五九二一八六〇四四四一六
四五	三五一八四三七二〇八八八三二
四六	七〇三六八七四四一七七六六四
四七	一四〇七三七四八八三五五三二八
四八	二八一四七四九七六七一〇六五六
四九	五六二九四九九五三四二一三一二
五〇	一一二五八九九九〇六八四二六二四

百六十二萬七千七百七十六，第五十次之率爲一千一百二十五兆八千九百九十九億零六百八十四萬二千六百二十四。凡有真數求假數，皆以所求之數爲第一率，真數開方幾次則假數必折半幾次。今雖無第一率之假數，而苟得其折半第幾次之假數，則加倍幾次必得第一率之假數。故以加倍第幾次之率數與折半第幾次之假數相乘，即得第一率之假數也。

	一〇
一次	三一六二二七七六六〇一六八三七九三三一九九八八九三五四
二次	一七七八二七九四一〇〇三八九二二八〇一一九七三〇四一三
三次	一三三三五二一四三二一六三三二四〇二五六六五三八九三〇八
四次	一一五四七八一九八四六八九四五八一七九六六一九一八二一三
五次	一〇七四六〇七八二八三二一三一七四九七二一三八一七六五三八
六次	一〇三六六三二九二八四三七六九七九七二九〇六二七三一三一
七次	一〇一八一五一七二一七一八一八一八四一四七三七二三八一四四
五四	一〇〇〇〇〇〇〇〇〇〇〇〇〇〇〇一二七八一九一四九三二〇〇三二三五

明對數之目用遞次開方求假數法之三

凡真數不可與假數爲比例者，因真數開方假數折半，其相比之分數不同。若開方至於數十次，則開方之數即與折半之數相同，故假數即可用真數比例而得。是以凡求假數者，皆以其真數開方至幾十次，與此所得之假數相比，即得其開方第幾十次之假數。按前率數乘之，即得所求之假數。

如真數爲一十，假數爲一〇。以真數一十開方，得三一六二二七七六六〇一六八三七九三三一九九八八九三五四，第二次開方得一七七八二七九四一〇〇三八九二二八〇一一九七三〇四一三，第三次開方得一三三三五二一四三二一六三三二四〇二五六六五三八九三〇八，第四次開方得一一五四七八一九八四六八九四五八一七九六六一九一八二一三，第五次開方得一〇七四六〇七八二八三二一三一七四九七二一三八一七六五三八，第六次開方得一〇三六六三二九二八四三七六九七九七二九〇六二七三一三一，第七次開方得一〇一八一五一七二一七一八一八一八四一四七三七二三八一四四。如此遞次開方至第五十四次，則得一〇〇〇〇〇〇〇〇〇〇〇〇〇〇〇一二七八一九一四九三二〇〇三二三五。而與第五十三次開方所得折半之數同，是故真數即可與假數爲比例矣。

	一〇
一次	〇五
二次	〇二五
三次	〇一二五
四次	〇〇六二五
五次	〇〇三一二五
六次	〇〇一五六二五
七次	〇〇〇七八一二五
五四	〇〇〇〇〇〇〇〇〇〇〇〇〇〇〇〇〇五五五一一一五一二三一二五七八二七〇

乃以一十之假數一〇折半得〇五，第二次折半得〇二五，第三次折半得〇一二五，第四次折半得〇〇六二五，第五次折半得〇〇三一二五，第六次折半得〇〇一五六二五，第七次折半得〇〇〇七八一二五。如此遞次折半亦至第五十四次，則得十七空位五五五一一一五一二三一二五七八二七〇，即爲第五十四次開方之假數。於是以真數之零數一二七八一九一四九三二〇〇三二三五爲一率，假數之零數五五五一一一五一二三一二五七八二七〇爲二率，真數之零數一爲三率，（一率爲十七位，則三率亦加十六空位以足其分。）得四率四三四二九四四八一九〇三二五一八〇四，即爲一〇〇〇〇〇〇〇〇〇〇〇〇〇〇〇〇一之假數，前亦仍得十七空位。蓋真數爲一，則假數爲〇。今真數之零數即比一多之較，假數之零數即比〇多之較，故以真

真數遞次開方表

	一〇
一	三一六二二七七六六〇一六八三七九三三一九九八八九三五四
二	一七七八二七九四一〇〇三八九二二八〇一一五六〇三四一三
三	一三三三五二一四三二一六三三二四〇二五六六五三八九七〇八
四	一一五四七八一九八四六八九四五八一七九六六一九二八一一三
五	一〇七四六〇七八二八三二一三一七四九七二一三八一七六五三八
六	一〇三六六三二九二八四三七六九七九九七二九〇六二七三一三一
七	一〇一八一五一七二一七一八一八一八四一四七三七二三八一四四
八	一〇〇九〇三五〇四四八四一四四七四三七七五九〇〇五一三九一
九	一〇〇四五〇七三六四二五四四六二五一五六六四六七〇六一一三
一〇	一〇〇二二五一一四八二九二九一二九一五四六五六一一七三六七
一一	一〇〇一一二四九四一三九九八七九八七五八八五三九五五一八〇五
一二	一〇〇〇五六二三一二六〇二二〇八六三六六一八四九五九一八三九
一三	一〇〇〇二八一一一六七八七七八〇一三二三九九二四九六四三二五
一四	一〇〇〇一四〇五四八五一六九四七二五八一六二七六七三二七一五
一五	一〇〇〇〇七〇二七一七八九四一一四三五五三八八一一七〇八四五
一六	一〇〇〇〇三五一三五二七七四六一八五六六〇八五八一三〇七七七
一七	一〇〇〇〇一七五六七四八四四二二六七三八三三八四六七八二七四
一八	一〇〇〇〇〇八七八三七〇三六三四六一二一四六五七四〇七四三一
一九	一〇〇〇〇〇四三九一八四二一七三一六七二三六二八一八八〇八三
二〇	一〇〇〇〇〇二一九五九一八六七五五五四二〇三三一七〇七七一九
二一	一〇〇〇〇〇一〇九七九五八七三五〇二〇四〇九七五四七二九四〇
二二	一〇〇〇〇〇〇五四八九七九二一六八二一一一四六二六六〇二五〇四
二三	一〇〇〇〇〇〇二七四四六九五七〇七三八二九五〇九一二五四四九九
二四	一〇〇〇〇〇〇一三七二四四七七五九五一〇八三二八二六九五七二五
二五	一〇〇〇〇〇〇〇六八六二二三八五六二一〇二五七三七一八七四八二
二六	一〇〇〇〇〇〇〇三四三一一一九二二二一八八三九一二七五〇二〇八
二七	一〇〇〇〇〇〇〇一七一五五五九五九六三七八四七一九九三八七九一
二八	一〇〇〇〇〇〇〇〇八五七七七九七九四五一〇三〇五一一七五八八八
二九	一〇〇〇〇〇〇〇〇四二八八八九八九六三三五四一九八四二九〇一三
三〇	一〇〇〇〇〇〇〇〇二一四四四四九四七九三七七七六七四二九七〇四
三一	一〇〇〇〇〇〇〇〇一〇七二二二四七三九一一四〇五〇七六九二六八
三二	一〇〇〇〇〇〇〇〇〇五三六一一二三六九四一三三一七一四八三一四
三三	一〇〇〇〇〇〇〇〇〇二六八〇五六一八四六七〇七三一五一五〇八七
三四	一〇〇〇〇〇〇〇〇〇一三四〇二八〇九二三二六三八三九九二七七七
三五	一〇〇〇〇〇〇〇〇〇〇六七〇一四〇四六一六〇九四六五五五一九六
三六	一〇〇〇〇〇〇〇〇〇〇三三五〇七〇二三〇七九九一一九一七三〇〇
三七	一〇〇〇〇〇〇〇〇〇〇一六七五三五一一五三九八一五六一八五七六
三八	一〇〇〇〇〇〇〇〇〇〇〇八三七六七五五七六九八七二七二四二六九
三九	一〇〇〇〇〇〇〇〇〇〇〇四一八八三七七八八四九二七五九〇八七九
四〇	一〇〇〇〇〇〇〇〇〇〇〇二〇九四一八八九四二四六一六〇二六二五
四一	一〇〇〇〇〇〇〇〇〇〇〇一〇四七〇九四四七一二三〇二五三一一〇
四二	一〇〇〇〇〇〇〇〇〇〇〇〇五二三五四七二三五六一四九八九五〇四
四三	一〇〇〇〇〇〇〇〇〇〇〇〇二六一七七三六一七八〇七四六〇四八九
四四	一〇〇〇〇〇〇〇〇〇〇〇〇一三〇八八六八〇八九〇三七二一六七八
四五	一〇〇〇〇〇〇〇〇〇〇〇〇〇六五四四三四〇四四五一八五八六九七五
四六	一〇〇〇〇〇〇〇〇〇〇〇〇〇三二七二一七〇二二二五九二八八一三三七
四七	一〇〇〇〇〇〇〇〇〇〇〇〇〇一六三六〇八五一一一二九六四二七二八三
四八	一〇〇〇〇〇〇〇〇〇〇〇〇〇〇八一八〇四二五五五六四八二一〇二九五
四九	一〇〇〇〇〇〇〇〇〇〇〇〇〇〇四〇九〇二一二七七八二四一〇四三一一
五〇	一〇〇〇〇〇〇〇〇〇〇〇〇〇〇二〇四五一〇六三八九一二〇五一九四六
五一	一〇〇〇〇〇〇〇〇〇〇〇〇〇〇一〇二二五五三一九四五六〇二五九二一
五二	一〇〇〇〇〇〇〇〇〇〇〇〇〇〇〇五一一二七六五九七二八〇一二九四七
五三	一〇〇〇〇〇〇〇〇〇〇〇〇〇〇〇二五五六三八二九八六四〇〇六四七〇
五四	一〇〇〇〇〇〇〇〇〇〇〇〇〇〇〇一二七八一九一四九三一〇〇三二三五

假數遞次折半表

一	一〇
二	〇五
三	〇二五
四	〇一二五
五	〇〇六二五
六	〇〇三一二五
七	〇〇一五六二五
八	〇〇〇七八一二五
九	〇〇〇三九〇六二五
一〇	〇〇〇一九五三一二五
一一	〇〇〇〇九七六五六二五
一二	〇〇〇〇四八八二八一二五
一三	〇〇〇〇二四四一四〇六二五
一四	〇〇〇〇一二二〇七〇三一二五
一五	〇〇〇〇〇六一〇三五一五六二五
一六	〇〇〇〇〇三〇五一七五七八一二五
一七	〇〇〇〇〇一五二五八七八九〇六二五
一八	〇〇〇〇〇〇七六二九三九四五三一二五
一九	〇〇〇〇〇〇三八一四六九七二六五六二五
二〇	〇〇〇〇〇〇一九〇七三四八六三二八一二五
二〇	〇〇〇〇〇〇〇九五三六七四三一六四〇六二五
二一	〇〇〇〇〇〇〇四七六八三七一五八二〇三一二五
二二	〇〇〇〇〇〇〇二三八四一八五七九一〇一五六二五
二三	〇〇〇〇〇〇〇一一九二〇九二八九五五〇七八一二五
二四	〇〇〇〇〇〇〇〇五九六〇四六四四七七五三九〇六二五
二五	〇〇〇〇〇〇〇〇二九八〇二三二二三八七六九五三一二五
二六	〇〇〇〇〇〇〇〇一四九〇一一六一一九三八四七六五六二五
二七	〇〇〇〇〇〇〇〇〇七四五〇五八〇五九六九二三八二八一二五
二八	〇〇〇〇〇〇〇〇〇三七二五二九〇二九八四六一九一四〇六二五
二九	〇〇〇〇〇〇〇〇〇一八六二六四五一四九二三〇九五七〇三一二五
三〇	〇〇〇〇〇〇〇〇〇〇九三一三二二五七四六一五四七八五一五六二五
三一	〇〇〇〇〇〇〇〇〇〇四六五六六一二八七三〇七七三九二五七八一二五
三二	〇〇〇〇〇〇〇〇〇〇二三二八三〇六四三六五三八六九六二八九〇六二五
三三	〇〇〇〇〇〇〇〇〇〇一一六四一五三二一八二六九三四八一四四五三一二五
三四	〇〇〇〇〇〇〇〇〇〇〇五八二〇七六六〇九一三四六七四〇七二二六五六二五
三五	〇〇〇〇〇〇〇〇〇〇〇二九一〇三八三〇四五六七三三七〇三六一三二八一二
三六	〇〇〇〇〇〇〇〇〇〇〇一四五五一九一五二二八三六六八五一八〇六六四〇六
三七	〇〇〇〇〇〇〇〇〇〇〇〇七二七五九五七六一四一八三四二五九〇三三二〇三
三八	〇〇〇〇〇〇〇〇〇〇〇〇三六三七九七八八〇七〇九一七一二九五一六六〇一
三九	〇〇〇〇〇〇〇〇〇〇〇〇一八一八九八九四〇三五四五八五六四七五八三〇〇
四〇	〇〇〇〇〇〇〇〇〇〇〇〇〇九〇九四九四七〇一七七二九二八二三七九一五〇
四一	〇〇〇〇〇〇〇〇〇〇〇〇〇四五四七四七三五〇八八六四六四一一八九五七五
四二	〇〇〇〇〇〇〇〇〇〇〇〇〇二二七三七三六七五四四三二三二〇五九四七八七
四三	〇〇〇〇〇〇〇〇〇〇〇〇〇一一三六八六八三七七二一六一六〇二九七三九三
四四	〇〇〇〇〇〇〇〇〇〇〇〇〇〇五六八四三四一八八六〇八〇八〇一四八六九六
四五	〇〇〇〇〇〇〇〇〇〇〇〇〇〇二八四二一七〇九四三〇四〇四〇〇七四三四八
四六	〇〇〇〇〇〇〇〇〇〇〇〇〇〇一四二一〇八五四七一五二〇二〇〇三七一七四
四七	〇〇〇〇〇〇〇〇〇〇〇〇〇〇〇七一〇五四二七三五七六〇一〇〇一八五八七
四八	〇〇〇〇〇〇〇〇〇〇〇〇〇〇〇三五五二七一三六七八八〇〇五〇〇九二九三
四九	〇〇〇〇〇〇〇〇〇〇〇〇〇〇〇一七七六三五六八三九四〇〇二五〇四六四六
五〇	〇〇〇〇〇〇〇〇〇〇〇〇〇〇〇〇八八八一七八四一九七〇〇一二五二三二三
五一	〇〇〇〇〇〇〇〇〇〇〇〇〇〇〇〇四四四〇八九二〇九八五〇〇六二六一六一
五二	〇〇〇〇〇〇〇〇〇〇〇〇〇〇〇〇二二二〇四四六〇四九二五〇三一三〇八〇
五三	〇〇〇〇〇〇〇〇〇〇〇〇〇〇〇〇一一一〇二二三〇二四六二五一五六五四〇
五四	〇〇〇〇〇〇〇〇〇〇〇〇〇〇〇〇〇五五五一一一五一二三一二五七八二七〇

一率　一二七八一九一四九三二〇〇三二三五

二率　五五五一一一五一二三一二五七八二七〇

三率　一〇〇〇〇〇〇〇〇〇〇〇〇〇〇〇〇

四率　四三四二九四四八一九〇三二五一八〇四

真　一〇〇〇〇〇〇〇〇〇〇〇〇〇〇〇〇

假　〇〇〇〇〇〇〇〇〇〇〇〇〇〇〇〇〇四三四二九四四八一九〇三二五一八〇四

數之較與假數之較爲比例也。凡求假數者，皆以真數開方至幾十次，首位得一又得十五空位，則以其後之零數與此所得之假數爲比例，即得其開方第幾十次之假數。按前率數乘之，即得第一率之假數也。

明對數之目用遞次開方求假數法之四

凡真數首位爲一者，則開方首位必得一。若首位非一者，則以真數遞乘幾次使首位得一，即以遞乘所得之真數遞次開方至得十五空位，乃以其後之零數與前法所得一〇〇〇〇〇〇〇〇〇〇〇〇〇〇〇一之假數相比例，即得開方第幾次之假數。按前率數乘之，即得遞乘所得真數之假數。再看遞乘所得真數爲連比例第幾率，則以第幾率之數除之即得所求之假數。

如求二之假數，則以二爲連比例第一率，遞次乘之。第二率得四，第三率得八，第四率得十六，第五率得三十二，第六率得六十四，第七率得一百二十八，第八率得二百五十六，第九率得五百一十二，第十率得一千零二十四，是首位既得一，又得一空位。

一	二
二	四
三	八
四	一六
五	三二
六	六四
七	一二八
八	二〇六
九	五一二
一〇	一〇二四

乃以此數命爲第一率，其首位之一千命爲單位，開方得一〇一一九二八八五一二五三八八一三八六二三九七，第二次開方得一〇〇五九四六七四三七四六三四八三二六六五四二四，第三次開方得一〇〇二九六八九六四四九八〇七八七三七三六二六八，第四次開方得一〇〇一四八三三八二〇三七九〇四一八〇三〇一八三八，第五次開方得一〇〇〇七四一四一六一六九九八三五三三六二四九〇六，第六次開方得一〇〇〇三七〇六三六三九八二一〇〇一四〇七一七六一五，第七次開方得一〇〇〇一八五三〇二五三〇五九一〇八五三〇五八二七七。如此遞次開方至第十七次，則得一〇〇〇〇〇〇一八〇九四二七五四八四四五三四三六三九五〇一五四四。第二十七次，則得一〇〇〇〇〇〇〇〇〇一七六七〇一八九三〇五七〇一四一九四八二六二，第三十七次則得一〇〇〇〇〇〇〇〇〇〇〇〇一七二五六〇四四二四二三二五九四三四七七。第四十七次則得一〇〇〇〇〇〇〇〇〇〇〇〇〇〇〇一六八五一六〇五七〇五三九四九七七，是已得十五空位矣。

	一〇二四
一	一〇一一九二八八五一二五三八八一三八六二三九七
二	一〇〇五九四六七四三七四六三四八三二六六五四二四
三	一〇〇二九六八九六四四九八〇七八七三七三六二六八
四	一〇〇一四八三三八二〇三七九〇四一八〇三〇一八三八
五	一〇〇〇七四一四一六一六九九八三五三三六二四九〇六
六	一〇〇〇三七〇六三六三九八二一〇〇一四〇七一七六一五
七	一〇〇〇一八五三〇二五三〇五九一〇八五三〇五八二七七
一七	一〇〇〇〇〇〇一八〇九四二七五四八四四五三四三六三九五〇一五四四
二七	一〇〇〇〇〇〇〇〇〇一七六七〇一八九三〇五七〇一四一九四八二六二
三七	一〇〇〇〇〇〇〇〇〇〇〇〇一七二五六〇四四二四二三二五九四三四七七
四七	一〇〇〇〇〇〇〇〇〇〇〇〇〇〇〇一六八五一六〇五七〇五三九四九七七

乃以前法所得真數之零數一爲一率，三率有十七位，則一率亦加十六空位以足其分。其假數十七空位後之零數四三四二九四四八一九〇三二五一八〇四爲二率，今所得真數之零數一六八五一六〇五七〇五三九四九七七爲三率，得四率七三一八五五九三六九〇六二三九二六八，即爲開方第四十七次之假數，前亦仍爲十七空位，以加倍四十七次之率數一四〇七三七四八八三五五三二八乘之，得〇〇一〇二九九九五六六三九八一一九五二六五，

一率　一〇〇〇〇〇〇〇〇〇〇〇〇〇〇〇〇

二率　四三四二九四四八一九〇三二五一八〇四

三率　一六八五一六〇五七〇五三九四九七七

四率　七三一八五五九三六九〇六二三九二六八

真　一〇〇〇〇〇〇〇〇〇〇〇〇〇〇〇一六八五一六〇五七〇五三九四九七七

假　〇〇〇〇〇〇〇〇〇〇〇〇〇〇〇〇〇七三一八五五九三六九〇六二三九二六八

即爲第一率一〇二四之假數。蓋開方第四十七次之假數爲十八位，前十七空位共三十五位，今相乘得三十三位，故前止有二空位，亦共三十五位也。此截用二十一位。然一〇二四首位之一開方雖命爲單位，而其實則爲千位，千之假數首位應爲三，故首位加三得三〇一〇二九九九五六六三九八一一九五二六五，是爲一千零二十四之假數。又因一千零二十四爲二之連比例第十率，故以十歸之得〇三〇一〇二九九九五六六三九八一一九五二六五，即爲所求之連比例第一率二之假數也。

一〇二四	〇〇一〇二九九九五六六三九八一一九五二六五
一〇二四	三〇一〇二九九九五六六三九八一一九五二六五
二	〇三〇一〇二九九九五六六三九八一一九五二六五

明對數之目用遞次開方求假數法之五

凡求假數，真數開方之次數愈多，則所得之假數愈密。然用假數不過至十二位，觀前遞次開方表内至九空位以後，其開方之數與折半之數已同七位，其零數所差甚微，故真數開方至二十七次即可以立率。

如求二之假數，按前法遞次乘之至第十率，得一〇二四，開方至二十七次得一〇〇〇〇〇〇〇〇五一七六七〇一八九三〇五七〇一四一九四八二六二，是已得九空位矣。於是察前真數一〇遞次開方表内第三十四次數，得一〇〇〇〇〇〇〇〇〇一三四〇二八〇九二三二六三八三九九二七七七亦爲九空位，即以其真數之零數一三四〇二八〇九二三二六三八三九九二七七七爲一率，其假數十一空位後之零數五八二〇七六六〇九一三四六七四〇七二二六五六二五爲二率，真數之零數一爲三率，一率爲二十一位，則三率亦加二十空位，以足其分。得四率四三四二九四四八一八七四一四七九九七二〇六九五五，即爲一〇〇〇〇〇〇〇〇〇〇一之假數。前亦仍爲十一空位，乃即用此數爲比例。以真數之零數一爲一率。三率爲二十二位，則一率亦加二十一空位，以足其分。其假數十一空位後之零數四三四二九四四八一八七四一四七九九七二〇六九五五爲二率。今以一〇二四開方二十七次所得之零數一七六七〇一八九三〇五七〇一四一九四八二六二爲三率。得四率七六七四〇六五七〇九一三七七〇八九〇七〇一四三九，即爲一〇二四開方第二十七次之假數，前亦仍爲十一空位。以加倍二十七次之率數一三四二一七七二八乘之，得〇〇一〇二九九九五六六四〇〇即爲第一率一〇二四之假數，與前法所得之數同。前法得三九八，收之，亦爲四〇〇。以後奇零微有不合，止截用十二位。再按前法首位加三，而以率數十歸之，即得〇三〇一〇二九九九五六六四〇，爲二之假數也。此法較之前法開方省二十次，而所得之數同，故求假數者用此法亦便也。

一率　一三四〇二八〇九二三二六三八三九九二七七七

二率　五八二〇七六六〇九一三四六七四〇七二二六五六二五

三率　一〇〇〇〇〇〇〇〇〇〇〇〇〇〇〇〇〇〇〇〇

四率　四三四二九四四八一八七四一四七九九七二〇六九五五

真　一〇〇〇〇〇〇〇〇〇

假　〇〇〇〇〇〇〇〇〇〇〇四三四二九四四八一八七四一四七九九七二〇六九五五

一率　一〇〇〇〇〇〇〇〇〇〇〇〇〇〇〇〇〇〇〇〇〇〇

二率　四三四二九四四八一八七四一四七九九七二〇六九五五

三率　一七六七〇一八九三〇五七〇一四一九四八二六二

四率　七六七四〇六五七〇九一三七七〇八九〇七〇一四三九

一〇二四	〇〇一〇二九九九五六六四〇〇
二	〇三〇一〇二九九九五六六四〇

明對數之目用遞次開方求假數法之六

凡開方之數與折半之數，雖不同，然而不同之較遞次漸少，故又有相較之法，至開方第十次以後，則以較數相減，即得開方之數。

一	六
二	三六
三	二一六
四	一二九六
五	七七七六
六	四六六五六
七	二七九九三六
八	一六七九六一六
九	一〇〇七七六九六

如求六之假數，以六爲連比例第一率，遞次乘之，得連比例第九率爲一千零七萬七千六百九十六。乃以此數命爲第一率，其首位之一千萬命爲單位，開方得一〇〇三八七七二八三三三六九六二四五六六三八四六五五一，第二次開方得一〇〇一九三六七六六一三六九四六六一六七五八七〇二二九，第三次開方得一〇〇〇九六七九一四六三九〇九九〇一七二八八九〇七二〇，第四次開方得一〇〇〇四八三八

	一〇〇七七六九六
一	一〇〇三八七七二八三三三六九六二四五六六三八四六五五一
二	一〇〇一九三六七六六一三六九四六六一六七五八七〇二二九
三	一〇〇〇九六七九一四六三九〇九九〇一七二八八九〇七二〇
四	一〇〇〇四八三八四〇二六八八四六六二九八五四九二五三五
五	一〇〇〇二四一八九〇八七八八二四六八五六三八〇八七二七
	二四一九二〇一三四四二三三一四九二七四六二六七
	二九二五五九八六二九二八九三七五四〇

四〇二六八八四六六二九八五四九二五三五。第五次開方得一〇〇〇二四一八九〇八七八八二四六八五六三八〇八七二七，與第四次開方所得折半之數漸近。

乃以第四次開方所得數折半，首位之一不折半。蓋首位之一諸次開方皆同，其數不變也。得二四一九二〇一三四四二三三一四九二七四六二六七，與第五次開方所得數相減，餘二九二五五九八六二九二八九三七五四〇，爲第五次之較。設使有第五次之較，則將第四次開方所得數折半，內減第五次之較，即第五次開方所得數。然第五次之較乃與第五次開方數相減而得，故第五次猶必用開方也。

第六次開方得一〇〇〇一二〇九三八一二六三九七一三四五九四三九一九四，又以第五次開方所得數折半，得一二〇九四五四三九四一二三四二八一九〇四三六三，與第六次開方所得數相減，餘七三一三〇一五二〇八二二四六五一六九，爲第六次之第一較。又將第五次之較四歸之，得七三一三八九九六五七三二三四三八五，與第六次之第一較相減，餘八八四四九〇九七六九二一五，爲第六次之第二較。設使有第二較，則將第五次之較四歸之，內減第六次之第二較，即爲第六次之第一較。將第五次開方所得數折半，內減第六次之第一較，即第六次開方所得數。然第二較乃與第一較相減而得，而第一較乃與第六次開方數相減而得，故第六次猶必用開方也。

六	一〇〇〇一二〇九三八一二六三九七一三四五九四三九一九四
	一二〇九四五四三九四一二三四二八一九〇四三六三
	七三一三〇一五二〇八二二四六五一六九
	七三一三八九九六五七三二三四三八五
	八八四四九〇九七六九二一五

第七次開方得一〇〇〇〇六〇四六七二三五〇五五三〇九六八〇一六〇〇五，又以第六次開方所得數折半，得六〇四六九〇六三一九八五六七二九七一九五九七，與第七次開方所得數相減，餘一八二八一四三二五七六一七〇三五九二，爲第七次之第一較。又將第六次之第一較四歸之，得一八二八二五三八〇二〇五六一六二九二，與第七次之第一較相減，餘一一〇五四四三九一二七〇〇，爲第七次之第二較。又將第六次之第二較八歸之，得一一〇五五六一三七二一一五二，與第七次之第二較相減，餘一一六九八〇八四五二，爲第七次之第三較。設使有第三較，則將第六次之第二較八歸之，內減第七次之第三較，即爲第七次之第二較。將第六次之第一較四歸之，內減第七次之第二較，即爲第七次之第一較。將第六次開方所得數折半，內減第七次之第一較，即第七次開方所得數。然第三較乃與第二較相減而得，第二較乃與第一較相減而得，而第一較乃與第七次開方數相減而得，故第七次猶必用開方也。

七	一〇〇〇〇六〇四六七二三五〇五五三〇九六八〇一六〇〇五
	六〇四六九〇六三一九八五六七二九七一九五九七
	一八二八一四三二五七六一七〇三五九二
	一八二八二五三八〇二〇五六一六二九二
	一一〇五四四三九一二七〇〇
	一一〇五五六一三七二一一五二
	一一六九八〇八四五二

第八次開方得一〇〇〇〇三〇二三三一六〇五〇五六五七七五九六四七九四，又以第七次開方所得數折半，得三〇二三三六一七五二七六五四八四〇〇八〇〇二，與第八次開方所得數相減，餘四五七〇二一九九七〇八〇四三二〇八，爲第八次之第一較。又將第七次之第一較四歸之，得四五七〇三五八一四四〇四二五八九八，與第八次之第一較相減，餘一三八一七三二三八二六九〇，爲第八次之第二較。又將第七次之第二較八歸之，得一三八一八〇五四八九〇八七，與第八次之第二較相減，餘七三一〇六三九七，爲第八次之第三較。又將第七次之第三較十六歸之，得七三一一三〇二八，與

八	一〇〇〇〇三〇二三三一六〇五〇五六五七七五九六四七九四
	三〇二三三六一七五二七六五四八四〇〇八〇〇二
	四五七〇二一九九七〇八〇四三二〇八
	四五七〇三五八一四四〇四二五八九八
	一三八一七三二三八二六九〇
	一三八一八〇五四八九〇八七
	七三一〇六三九七
	七三一一三〇二八
	六六三一

第八次之第三較相減，餘六六三一，爲第八次之第四較。設使有第四較，則將第七次之第三較十六歸之，內減第八次之第四較，即爲第八次之第三較。將第七次之第二較八歸之，內減第八次之第三較，即爲第八次之第二較。將第七次之第一較四歸之，內減第八次之第二較，即爲第八次之第一較，將第七次之開方數折半，內減第八次之第一較，即第八次開方數。然第四較乃與第三較相減而得，第三較乃與第二較相減而得，第二較乃與第一較相減而得，而第一較乃與第八次開方數相減而得，故第八次猶必用開方也。

九	
	一〇〇〇〇一五一一六四六五九九九〇五六七二九五〇四八八
	一五一一六五八〇二五二八二八八七九八二三九七
	一一四二五三七七二一五〇三一九〇九
	一一四二五五四九九二七〇一〇八〇二
	一七二七一一九七八八九三
	一七二七一六五四七八三六
	四五六八九四三
	四五六九一五〇
	二〇七
	二〇七

至第九次開方得一〇〇〇〇一五一一六四六五九九九〇五六七二九五〇四八八，又以第八次開方數折半，得一五一一六五八〇二五二八二八八七九八二三九七，與第九次開方數相減，餘一一四二五三七七二一五〇三一九〇九，爲第九次之第一較。又將第八次之第一較四歸之，得一一四二五五四九九二七〇一〇八〇二，與第九次之第一較相減，餘一七二七一一九七八八九三，爲第九次之第二較。又將第八次之第二較八歸之，得一七二七一六五四七八三六，與第九次之第二較相減，餘四五六八九四三，爲第九次之第三較。又將第八次之第三較十六歸之，得四五六九一五〇，與第九次之第三較相減，餘二〇七，爲第九次之第四較。又將第八次之第四較三十二除之，亦得二〇七，與第九次之第四較同。

故自第十次以後則不用開方，若開方，止用二十二位，則第八次之第三較已同，至第九次即不用開方，亦不用第四較。即以第九次之第四較三十二除之，得六，爲第十次之第四較。將第九次之第三較十六除之，得二八五五五八，內減第十次之第四較，餘二八五五五二，即爲第十次之第三較。將第九次之第二較八歸之，得二一五八八九九七三六一，內減第十次之第三較，餘二一五八八七一一八〇九，即爲第十次之第二較。將第九次之第一較四歸之，得二八五六三四四三〇三七五七九七七，內減第十次之第二較，餘二八五六三二二七一五〇四六一六八，即爲第十次之第一較。將第九次開方所得數折半，得七五五八二三二九九五二八三六四七五二四四，內減第十次之第一較，又加首位之一，得一〇〇〇〇〇七五五八二〇四四三六三〇一二一四二九〇七六，即爲第十次開方所得數也。至第十一次，則將第十次之第四較三十二除之，不足一倍，故無第四較，而以第十次之第三較十六除之，得一七八四七，即爲第十一次之第三較。將第十次之第二較八歸之，得二六九八五八八九七六，內減第十一次之第三較，餘二六九八五七一一二九，即爲第十一次之第二較，將第十次之第一較四歸之，得七一四〇八〇六七八七六一五四二，內減第十一次之第二較，餘七一四〇七七九八〇一九〇四一三，即爲第十一次之第一較。將第十次開方所得數折半，得三七七九一〇二二一八一五〇六〇七一四五三八，內減第十一次之第一較，又加首位之一，得一〇〇〇〇〇三七七九九〇九五〇七七三七〇八〇五二四一二五，即爲第十一次開方所得數也。由此遞推至第二十三次開方數，得一〇〇〇〇〇〇〇〇〇九二二六二八八九一〇四三〇七六六七，是已得九空位矣。乃以前法所得真數之零數一爲一率，三率截用十四位，則一率亦加十三空位，以足其分。其假數十一空位後之零數四三四二九四四八一

一〇	
	六
	二八五五五八
	二八五五五二
	二一五八八九九七三六一
	二一五八八七一一八〇九
	二八五六三四四三〇三七五七九七七
	二八五六三二二七一五〇四六一六八
	七五五八二三二九九五二八三六四七五二四四
	一〇〇〇〇〇七五五八二〇四四三六三〇一二一四
	二九〇七六

一一	
	一七八四七
	二六九八五八八九七六
	二六九八五七一一二九
	七一四〇八〇六七八七六一五四二
	七一四〇七七九八〇一九〇四一三
	三七七九一〇二二一八一五〇六〇七一四五三八
	一〇〇〇〇〇三七七九九〇九五〇七七三七〇八〇五
	二四一二五
二三	一〇〇〇〇〇〇〇〇〇九二二六二八八九一〇四三
	〇七六六七

一率　一〇〇〇〇〇〇〇〇〇〇〇〇〇〇

二率　四三四二九四四八一八七四一四

三率　九二二六二八八九一〇四三〇七

四率　四〇〇六九二六三六一九七六五二

一〇〇七七六九六	七〇〇三三六一二五三四五
六	〇七七八一五一二五〇三八

八七四一四爲二率，截用十四位以從簡易。今開方二十三次所得之零數九二二六二八八九一〇四三〇七爲三率。得四率四〇〇六九二六三六一九七六五二，即爲開方第二十三次之假數。前則爲十空位。二率有十四位，而其前爲十一空位，今四率得十五位，故前爲十空位。以加倍二十三次之率數八三八八六〇八乘之，得〇〇〇三三六一二五三四五，蓋開方第二十三次之假數爲十五位，并前十空位共二十五位，今相乘得二十二位，故前止有三空位，亦共爲二十五位也。此截用十二位。即爲第一率一〇〇七七六九六之假數。然首位之一開方雖命爲單位，其實則爲千萬千萬之假數，首位應爲七，故首位爲七，得七〇〇三三六一二五三四五，是爲一千零七萬七千六百九十六之假數。又因其爲連比例第九率，故用九歸之，得〇七七八一五一二五〇三八，即爲連比例第一率六之假數也。

明對數之目用遞次開方求假數法之七

凡求假數，先求得一至九，一一至一九，一〇一至一〇九，一〇〇一至一〇〇九，以及三〇位零一至九，四空位零一至九，五空位零一至九，六空位零一至九，七空位零一至九，八空位零一至九，九空位零一至九之九十九數。而他數皆由此生。然此九十九數內有以兩數相乘除而得者，則以兩假數相加減即爲所求真數之假數。至五空位以後則又可以比例而得不必逐一而求也。

如一至九之九數惟二、三、七之三數用前遞次開方求假數法求之，至於四則係二與二相乘所得之數，故以二之假數〇三〇一〇二九九九五六六倍之得〇六〇二〇五九九九一三三，即爲四之假數。

二	〇三〇一〇二九九九五六六
四	〇六〇二〇五九九九一三三
八	〇九〇三〇八九九八六九九

至於五係以二除十所得之數故以二之假數與十之假數相減餘〇六九八九七〇〇〇四三四，即爲五之假數。

一〇	一〇〇〇〇〇〇〇〇〇〇〇〇
二	〇三〇一〇二九九九五六六
五	〇六九八九七〇〇〇四三四

至於六係二與三相乘所得之數，故以二之假數與三之假數相加，得〇七七八一五一二五〇三八，即爲六之假數。或先得六之假數，內減二之假數，即得三之假數。至於八係二與四相乘所得之數，故以二之假數與四之假數相加得〇九〇三〇八九九八六九九即爲八之假數。至於九係三與三相乘所得之數，故以三之假數〇四七七一二一二五四七二倍之，得〇九五四二四二五〇九四四，即爲九之假數。或先得九之假數，折半即得三之假數。

二	〇三〇一〇二九九九五六六
三	〇四七七一二一二五四七二
六	〇七七八一五一二五〇三八

三	〇四七七一二一二五四七二
九	〇九五四二四二五〇九四四

如一一至一九之九數，惟一一、一三、一七、一九之四數，用前遞次開方求假數法求之。至於一二係二與六相乘所得之數，故以二之假數與六之假數相加，得一〇七九一八一二四六〇四，爲一十二之假數。內減首位之一，餘〇〇七九一八一二四六〇四，即爲一二之假數。蓋自一一至九，空位零九，其首位之一皆爲單位，首位以下爲小餘。試將一十二以十除之，仍得一二，則其首位之一即爲單位，二爲小餘，故於十二之假數內減首位之一，即減去十之假數，而所餘爲一二之假數也。

二	〇二〇一〇二九九九五六六
六	〇七七八一五一二五〇三八
一二	一〇七九一八一二四六〇四
一二	〇〇七九一八一二四六〇四

二	〇五〇一〇二九九九五六六
七	〇八四五〇九八〇四〇〇一
一四	一一四六一二八〇三五六七
一四	〇一四六一二八〇三五六七

至於一四乃二與七相乘所得之數，故以二之假數與七之假數相加得一一四六一二八〇三五六七爲一十四之假數。內減首位之一，餘〇一四六一二八〇三五六七，即爲一四之假數。至於一五乃三與五相乘所得之數，故以三之假數與五之假數相加，得一一七六〇九一二五九〇六，爲一十五之假數。內減首位之一，餘〇一七六〇九一二五九〇六，即爲一五之假數。餘皆倣此。詳見《對數闡微》。

三	〇四七七一二一二五四七二
五	〇六九八九七〇〇〇四五四
一五	一一七六〇九一二五九〇六
一五	〇一七六〇九一二五九〇六

至於一〇〇〇〇〇一以後之假數，則即可用前遞次開方表內相近數比例而得之。如求一〇〇〇〇〇一之假數則以前表內開方第二十一次真數五空位後之零數一〇九七九五八七三五爲一率，截用十位以從簡便。其假數七空位後之零數四七六八三七

一率　一〇九七九五八七三五

二率　四七六八三七一五八二

三率　一〇〇〇〇〇〇〇〇〇

四率　四三四二九四三〇〇〇

一〇〇〇〇〇一	〇〇〇〇〇〇〇四三四二九
一〇〇〇〇〇二	〇〇〇〇〇〇〇八六八五九
一〇〇〇〇〇三	〇〇〇〇〇〇一三〇二八八

一五八二爲二率，亦截用十位。今真數之零數一爲(一)[三]率。添九空位，以足其分。得四率四三四二九四三有餘，前亦仍爲七空位，因假數止用十二位，故四率止求七位并七空位爲十四位已爲足用。截前十二位得〇〇〇〇〇〇〇四三四二九，即爲一〇〇〇〇〇一之假數。二因之，得〇〇〇〇〇〇八六八五九，第十三位滿五，則進一數，餘倣此。即爲一〇〇〇〇〇二之假數。三因之得〇〇〇〇〇〇一三〇二八八，即爲一〇〇〇〇〇三之假數。又以前表內開方第十九次真數五空位後之零數四三九一八四二一七三爲一率，其假數六空位後之零數一九〇七三四八六三二爲二率，今真數之零數四爲三率。添九空位，以足其分。得四率一七三七一七四〇，前亦仍爲六空位，截前十二位得〇〇〇〇〇〇一七三七一七，即爲一〇〇〇〇〇四之假數。不以前所得四率四因之者，因前所得一〇〇〇〇〇一之假數，四因之則微小且表內第十九次開方數與此所求真數相近，故又用比例以求其準。

一率　四三九一八四二一七三

二率　一九〇七三四八六三二

三率　四〇〇〇〇〇〇〇〇〇

四率　一七三七一七四〇〇〇

一〇〇〇〇〇四	〇〇〇〇〇〇一七三七一七
一〇〇〇〇〇五	〇〇〇〇〇〇二一七一四七
一〇〇〇〇〇六	〇〇〇〇〇〇二六〇五七六

將所得一〇〇〇〇〇四之假數四歸五因，將一〇〇〇〇〇四之假數四歸五因者，因欲得一〇〇〇〇〇一之假數而以五因之也。得〇〇〇〇〇〇二一七一四七，即爲一〇〇〇〇〇五之假數。將所得一〇〇〇〇〇四之假數四歸六因，得〇〇〇〇〇〇二六〇五七六，即爲一〇〇〇〇〇六之假數。又以前表內開方第十八次真數五空位後之零數八七八三七〇三六三四爲一率，其假數六空位後之零數三八一四六九七二六五爲二率，今真數之零數七爲三率。得四率三〇四〇〇四八〇，前亦仍爲六空位，截前十二位，得〇〇〇〇〇〇三〇四〇〇五，即爲一〇〇〇〇〇七之假數。不以前所得四率四歸七因者，因前所得一〇〇〇〇〇四之假數四歸七因之則微小且表內第十八次開方數與此所求真數相近，故又用比例以求其準。

一率　八七八三七〇三六三四

二率　三八一四六九七二六五

三率　七〇〇〇〇〇〇〇〇〇

四率　三〇四〇〇四八〇〇〇

一〇〇〇〇〇七	〇〇〇〇〇〇三〇四〇〇五
一〇〇〇〇〇八	〇〇〇〇〇〇三四七四三四
一〇〇〇〇〇九	〇〇〇〇〇〇三九〇八六三

將所得一〇〇〇〇〇七之假數七歸八因，得一〇〇〇〇〇三四七四三四，即爲一〇〇〇〇〇八之假數。又將所得一〇〇〇〇〇七之假數七歸九因，得〇〇〇〇〇〇三九〇八六三，即爲一〇〇〇〇〇九之假數。

至於一〇〇〇〇〇一以後之假數，則并不用比例。蓋五空位零一之假數爲四三四二九，而前所得十五空位零一之假數亦爲四三四二九，其假數皆相同，但遞退一位，故以五空位零一至九之假數從(未)[末]截去一位，末位滿五以上則進一數。前添一空位，即得六空位零一至九之假數。以六空位零一至九之假數從末截去一位，前添一空位，即得七空位零一至九之假數。以七空位零一至九之假數從末截去一位，前添一空位，即得八空位零一至九之假數。以八空位零一至九之假數從末截去一位，前添一空位，即得九空位零一至九之假數。

二	〇三〇一〇二九七九五六六
二〇	一三〇一〇二九九九五六六
二〇〇	二三〇一〇二九七九五六六
二〇〇〇	三三〇一〇二九九九五六六
二〇〇〇〇	四五〇一〇二九九九五六六

明對數之目用前所得九十九數求他假數法之一

凡求假數，既得前九十九數，而他數有由此乘除而得者，則以假數相加減即得所求之假數。其不由乘除而得者，謂之數根，因無他數可以度盡，即算法原本所謂連比例之至小數。則其假數亦不可以加減而得。然有雖爲數根而前九十九數中有爲其根所生者，則逆求之即得原根之假數。

如前九十九數。首位既皆爲單位，則以十乘之即爲十，以百乘之即爲百，以千乘之即爲千，以萬乘之即爲萬。故以二之假數，與一十之假數相加即爲二十之假數，與一百之假數相加即爲二百之假數，與一千之假數相加即爲二千之假數，與一萬之假數相加即爲二萬之假數。又如十一之假數與一十之假數相加即爲一

一〇〇〇〇六	〇〇〇〇〇二六〇五六八九	一	〇〇〇〇〇〇〇〇〇〇〇〇〇
一〇〇〇〇七	〇〇〇〇〇三〇三九九五五	二	〇三〇一〇二九九九五六六
一〇〇〇〇八	〇〇〇〇〇三四七四二一七	三	〇四七七一二一二五四七二
一〇〇〇〇九	〇〇〇〇〇三九〇八四七四	四	〇六〇二〇五九九九一三三
一〇〇〇〇〇一	〇〇〇〇〇〇〇四三四二九	五	〇六九八九七〇〇〇四三四
一〇〇〇〇〇二	〇〇〇〇〇〇〇八六八五九	六	〇七七八一五一二五〇三八
一〇〇〇〇〇三	〇〇〇〇〇〇一三〇二八八	七	〇八四五〇九八〇四〇〇一
一〇〇〇〇〇四	〇〇〇〇〇〇一七三七一七	八	〇九〇三〇八九九八六九九
一〇〇〇〇〇五	〇〇〇〇〇〇二一七一四七	九	〇九五四二四二五〇九四四
一〇〇〇〇〇六	〇〇〇〇〇〇二六〇五七六	一一	〇〇四一三九二六八五一六
一〇〇〇〇〇七	〇〇〇〇〇〇三〇四〇〇五	一二	〇〇七九一八一二四六〇五
一〇〇〇〇〇八	〇〇〇〇〇〇三四七四三四	一三	〇〇一三九四三三五二三一
一〇〇〇〇〇九	〇〇〇〇〇〇三九〇八六三	一四	〇〇四六一二八〇三五六八
一〇〇〇〇〇〇一	〇〇〇〇〇〇〇〇四三四三	一五	〇〇七六〇九一二五九〇六
一〇〇〇〇〇〇二	〇〇〇〇〇〇〇〇八六八六	一六	〇〇〇四一一九九八二六六
一〇〇〇〇〇〇三	〇〇〇〇〇〇〇一三〇二九	一七	〇〇三〇四四八九二一三八
一〇〇〇〇〇〇四	〇〇〇〇〇〇〇一七三七二	一八	〇〇五五二七二五〇五一〇
一〇〇〇〇〇〇五	〇〇〇〇〇〇〇二一七一五	一九	〇〇七八七五三六〇〇九五
一〇〇〇〇〇〇六	〇〇〇〇〇〇〇二六〇五八	一〇一	〇〇〇四三二一三七三七八
一〇〇〇〇〇〇七	〇〇〇〇〇〇〇三四〇一	一〇二	〇〇〇八六〇〇一七一七六
一〇〇〇〇〇〇八	〇〇〇〇〇〇〇三四七四四	一〇三	〇〇一二八三七二二四七一
一〇〇〇〇〇〇九	〇〇〇〇〇〇〇三九〇八六	一〇四	〇〇一七〇三三三三九三〇
一〇〇〇〇〇〇〇一	〇〇〇〇〇〇〇〇〇四三四	一〇五	〇〇二一一八九二九九〇七
一〇〇〇〇〇〇〇二	〇〇〇〇〇〇〇〇〇八六九	一〇六	〇〇二五三〇五八六五二六
一〇〇〇〇〇〇〇三	〇〇〇〇〇〇〇〇一三〇三	一〇七	〇〇二九三八三七七七六九
一〇〇〇〇〇〇〇四	〇〇〇〇〇〇〇〇一七三七	一〇八	〇〇三三四二三七五五四九
一〇〇〇〇〇〇〇五	〇〇〇〇〇〇〇〇二一七一	一〇九	〇〇三七四二六四九七九四
一〇〇〇〇〇〇〇六	〇〇〇〇〇〇〇〇二六〇六	一〇〇一	〇〇〇〇四三四〇七七四八
一〇〇〇〇〇〇〇七	〇〇〇〇〇〇〇〇三〇四〇	一〇〇二	〇〇〇〇八六七七二一五三
一〇〇〇〇〇〇〇八	〇〇〇〇〇〇〇〇三四七四	一〇〇三	〇〇〇一三〇〇九三三〇二
一〇〇〇〇〇〇〇九	〇〇〇〇〇〇〇〇三九〇九	一〇〇四	〇〇〇一七三三七一二八一
一〇〇〇〇〇〇〇〇一	〇〇〇〇〇〇〇〇〇〇四三	一〇〇五	〇〇〇二一六六〇六一七六
一〇〇〇〇〇〇〇〇二	〇〇〇〇〇〇〇〇〇〇八七	一〇〇六	〇〇〇二五九七九八〇七二
一〇〇〇〇〇〇〇〇三	〇〇〇〇〇〇〇〇〇一三〇	一〇〇七	〇〇〇三〇二九四七〇五五
一〇〇〇〇〇〇〇〇四	〇〇〇〇〇〇〇〇〇一七四	一〇〇八	〇〇〇三四六〇五三二一一
一〇〇〇〇〇〇〇〇五	〇〇〇〇〇〇〇〇〇二一七	一〇〇九	〇〇〇三八九一一六六二四
一〇〇〇〇〇〇〇〇六	〇〇〇〇〇〇〇〇〇二六一	一〇〇〇一	〇〇〇〇〇四三四二七二八
一〇〇〇〇〇〇〇〇七	〇〇〇〇〇〇〇〇〇三〇四	一〇〇〇二	〇〇〇〇〇八六八五〇二一
一〇〇〇〇〇〇〇〇八	〇〇〇〇〇〇〇〇〇三四七	一〇〇〇三	〇〇〇〇一三〇二六八八一
一〇〇〇〇〇〇〇〇九	〇〇〇〇〇〇〇〇〇三九一	一〇〇〇四	〇〇〇〇一七三六八三〇六
一〇〇〇〇〇〇〇〇〇一	〇〇〇〇〇〇〇〇〇〇〇四	一〇〇〇五	〇〇〇〇二一七〇九二九七
一〇〇〇〇〇〇〇〇〇二	〇〇〇〇〇〇〇〇〇〇〇九	一〇〇〇六	〇〇〇〇二六〇四九八五五
一〇〇〇〇〇〇〇〇〇三	〇〇〇〇〇〇〇〇〇〇一三	一〇〇〇七	〇〇〇〇三〇三八九九七八
一〇〇〇〇〇〇〇〇〇四	〇〇〇〇〇〇〇〇〇〇一七	一〇〇〇八	〇〇〇〇三四七二九六六九
一〇〇〇〇〇〇〇〇〇五	〇〇〇〇〇〇〇〇〇〇二二	一〇〇〇九	〇〇〇〇三九〇六八九二五
一〇〇〇〇〇〇〇〇〇六	〇〇〇〇〇〇〇〇〇〇二六	一〇〇〇〇一	〇〇〇〇〇〇四三四二九二
一〇〇〇〇〇〇〇〇〇七	〇〇〇〇〇〇〇〇〇〇三〇	一〇〇〇〇二	〇〇〇〇〇〇八六八五八〇
一〇〇〇〇〇〇〇〇〇八	〇〇〇〇〇〇〇〇〇〇三五	一〇〇〇〇三	〇〇〇〇〇一三〇二八六四
一〇〇〇〇〇〇〇〇〇九	〇〇〇〇〇〇〇〇〇〇三九	一〇〇〇〇四	〇〇〇〇〇一七三七一四三
		一〇〇〇〇五	〇〇〇〇〇二一七一四一八

一一	一〇四一三九二六八五一六
一一〇	二〇四一三九二六八五一六
一〇五	〇〇二一一八九二九九〇七
一〇五	二〇二一一八九二九九〇七
一〇五〇	三〇二一一八九二九九〇七

三	〇四七七一二一二五四七一
七	〇八四五〇九八〇四〇〇一
二一	一三二二二一九二九四七二

二	〇三〇一〇二九九九五六六
一一	一〇四一三九二六八五一六
二二	一三四二四二二六八〇八二

一〇六	二〇二五三〇五八六五二六
二	〇三〇一〇二九九九五六六
五三	一七二四二七五八六九六〇

百一十之假數。以一〇五之假數與一百之假數相加即爲一百零五之假數，與一千之假數相加即爲一千零五十之假數。真數同則假數亦同，但真數進一位則假數首位加一數耳。又如三與七相乘得二十一，則以三之假數，與七之假數相加即爲二十一之假數。二與十一相乘得二十二，則以二之假數與十一之假數相加，即爲二十二之假數。至於二十三、二十九之類，則不以乘除而得，是爲數根。若夫五十三雖亦爲數根，然以五十三與二相乘則得一百零六，前既得一〇六之假數，則與一百之假數相加，即爲一百零六之假數，内減二之假數即爲五十三之假數。由此類推，數自繁衍而其不可以乘除而得者，則又以累乘累除之法而得之，詳見後。要未有出於前九十九數之外者也。

明對數之目用前所得九十九數求他假數法之二

凡求假數其真數有以累乘而得者則以假數累加之即得所求之假數。

如二萬零七百零三，爲二萬與一〇三及一〇〇五累乘所得之數。則以二萬之假數四三〇一〇二九九九五六六與一〇三之假數〇〇一二八三七二二四七一及一〇〇五之假數〇〇〇二一六六〇六一七六相加，得四三一六〇三三二八二一三，即爲二萬零七百零三之假數。若先有假數四三一六〇三三二八二一三求真數，則視假數内足減二萬之假數，即以二萬之假數書於原假數下相減，餘〇〇一五〇〇三

二〇〇〇〇 | 四三〇一〇二九九九五六六
一〇三 | 〇〇一二八三七二二四七一
一〇〇五 | 〇〇〇二一六六〇六一七六
二〇七〇三 | 四三一六〇三三二八二一三

四三一六〇三三二八二一三
二〇〇〇〇 四三〇一〇二九九九五六六
〇〇一五〇〇三二八六四七
一〇三 〇〇一二八三七二二四七一
一〇〇五 〇〇〇二一六六〇六一七六

二〇〇〇〇〇〇
一〇三
六〇〇〇〇〇〇
〇〇〇〇〇〇〇
二〇〇〇〇〇〇
二〇六〇〇〇〇〇〇
一〇〇五
一〇三〇〇〇〇〇〇〇
〇〇〇〇〇〇〇〇
〇〇〇〇〇〇〇〇〇
二〇六〇〇〇〇〇
二〇七〇三〇〇〇〇〇〇〇

二八六四七，足減一〇三之假數，即以一〇三之假數書於減餘之下相減，餘〇〇〇二一六六〇六一七六，與一〇〇五之假數恰合，是知其假數爲二萬與一〇三及一〇〇五之三假數相加所得之數，則其真數即知爲三真數累乘所得之數矣。乃以二萬與一〇三相乘得二萬零六百，再以一〇〇五乘之得二萬零七百零三，即爲所求之真數也。

明對數之目用前所得九十九數求他假數法之三

凡求假數，而不知其真數爲何數累乘而得者，則以所知前位之整數累除之，除得累乘之真數，則以其假數累加之，即得所求之假數。

一一
二〇
二三
二〇
〇三〇
二〇
一〇

一〇四
二二
二三
二二
〇一〇〇
八八
〇一二

一〇〇五
二二八八
二三〇〇
二二八八
〇〇一二〇〇〇
一一四四〇
〇〇五六〇

一〇〇〇二
二二九九四四
二三〇〇〇〇
二二九九四四
〇〇〇〇五六〇〇〇〇
四五九八八八
一〇〇一一二

一〇〇〇〇四
二二九九八九九八八八
二三〇〇〇〇〇〇〇〇
二二九九八九九八八八
〇〇〇〇一〇〇一一二〇〇〇〇〇
九一九九五九九五五二
〇〇八一一六〇〇四四八

如求二十三之假數，而不知其爲何數累乘而得。但知二十之假數爲一三〇一〇二九九九五六六，則以二十三爲實以二十爲法除之，得一一，又以兩層所減數按位相加得二一，即二十與一一相乘之數，以之爲法除原實二十三得一〇四，又以兩層所減數按位相加得二二八八，即二二與一〇四相乘之數，以之爲法除原實二十三得一〇〇五，又以兩層所減數按位相加得二二九九四四，即二二八八與一〇〇五相乘之數，

一〇〇〇〇〇三
二二九九九九一八八四
二三〇〇〇〇〇〇〇〇
二二九九九九一八八四
〇〇〇〇〇〇八一一六〇〇〇〇〇〇
六八九九九七五六五二
一二一六〇二四三四八

一〇〇〇〇〇〇五
二二九九九九八七八四
二三〇〇〇〇〇〇〇〇
二二九九九九八七八四
〇〇〇〇〇〇一二一六〇〇〇〇〇〇〇
一一四九九九九三九二〇
〇〇六六〇〇〇六〇八〇

以之爲法除原實二十三得一〇〇〇二，又以兩層所減數按位相加得二二九九八九九八八，即二二九九四四與一〇〇〇二相乘之數，以之爲法除原實二十三，得一〇〇〇〇四又以兩層所減數，按位相加得二二九九九九一八八四，法止用十位，故第十一位滿五以上者進一數用，若不滿五則去之。即二二九九八九九八八與一〇〇〇四相乘之數，以之爲法除原實二十三，得一〇〇〇〇〇三。又以兩層所減數相加，得二二九九九九八七八四，即二二九九九九一八八四與一〇〇〇〇〇三相乘之數，以之爲法除原實

一〇〇〇〇〇〇〇二
二二九九九九九九三四
二三〇〇〇〇〇〇〇〇
二二九九九九九九三四
〇〇〇〇〇〇〇〇六六〇〇〇〇〇〇〇〇〇
四五九九九九九九八六八
一〇〇〇〇〇〇一三二

一〇〇〇〇〇〇〇〇八
二二九九九九九九八〇
二三〇〇〇〇〇〇〇〇
二二九九九九九九八〇
〇〇〇〇〇〇〇〇二〇〇〇〇〇〇〇〇〇〇
一八三九九九九九八四〇
〇一六〇〇〇〇〇一六〇

一〇〇〇〇〇〇〇〇〇八
二二九九九九九九九八
二三〇〇〇〇〇〇〇〇
二二九九九九九九九八
〇〇〇〇〇〇〇〇〇二〇〇〇〇〇〇〇〇〇〇
一八三九九九九九九八四
〇一六〇〇〇〇〇〇一六

二十三，得一〇〇〇〇〇五。又以兩層所減數，按位相加得二二九九九九九三四，即二二九九九九八七八四與一〇〇〇〇〇五相乘之數，以之爲法除原實二十三，得一〇〇〇〇〇〇二。又以兩層所減數，按位相加得二二九九九九九九八〇，即二二九九九九九三四與一〇〇〇〇〇〇〇二相乘之

二〇	一三〇一〇二九九九五六六
一一	〇〇四一三九二六八五一六
一〇四	〇〇一七〇三三三三九三〇
一〇〇五	〇〇〇二一六六〇六一七六
一〇〇〇二	〇〇〇〇〇八六八五〇二一
一〇〇〇〇四	〇〇〇〇〇一七三七一四三
一〇〇〇〇〇三	〇〇〇〇〇〇一三〇二八八
一〇〇〇〇〇〇五	〇〇〇〇〇〇〇二一七一五
一〇〇〇〇〇〇〇二	〇〇〇〇〇〇〇〇〇八六九
一〇〇〇〇〇〇〇〇八	〇〇〇〇〇〇〇〇〇三四七
一〇〇〇〇〇〇〇〇〇八	〇〇〇〇〇〇〇〇〇〇三五
二三	一三六一七二七八三六〇六

	一三六一七二七八三六〇六
二〇	一三〇一〇二九九九五六六
	〇〇六〇六九七八四〇四〇
一一	〇〇四一三九二六八五一六
	〇〇一九三〇五一五五二四

數，以之爲法除原實二十三，得一〇〇〇〇〇〇〇八。又以兩層所減數，按位相加得二二九九九九九九九八，即二二九九九九九九八〇與一〇〇〇〇〇〇〇八相乘之數，以之爲法除原實二十三，得一〇〇〇〇〇〇〇〇八。是知二十三係二十與一一，及一〇四，一〇〇五，一〇〇〇二，一〇〇〇〇四，一〇〇〇〇〇三，一〇〇〇〇〇〇五，一〇〇〇〇〇〇〇二，一〇〇〇〇〇〇〇〇〇八，一〇〇〇〇〇〇〇〇〇八累乘所得之數。乃以其各假數累加之，得一三六一七二七八三六〇六，即爲二十三之假數也。若先有假數一三六一七二七八三六〇六，求真數，則視假數內足減二十之假數，即以二十之假數書於原假數之下，相減餘〇〇六〇六九七八四〇四〇，足減一一之假數，即以一一之假數書於減餘之下，相減餘〇〇一九三〇五一五五二四，足減一〇四之假數，即以一〇四之假數書於減餘之下，相減餘〇〇〇二二七一八一五九四，足減一〇〇五之假數，即以一〇〇五之假數書於減餘之下，相減餘〇〇〇〇一〇五七五四一八，足減一〇〇〇二之假數，即以一〇〇〇二之假數書於減餘之下，相減餘

○○一九三○五一五五二四
一○四　○○一七○三三三三九三○
○○○二二七一八一五九四
一○○五　○○○二一六六○六一七六
○○○○一○五七五四一八
一○○○二　○○○○○八六六八五○二一
○○○○○一八九○三九七

○○○○○一八九○三九七
一○○○○四　○○○○○一七三七一四四
○○○○○○一五三二五四
一○○○○○三　○○○○○○一三○二八八
○○○○○○○二二九六六
一○○○○○○五　○○○○○○○二一七一五
○○○○○○○○一二五一

○○○○○○○○一二五一
一○○○○○○○二　○○○○○○○○○八六九
○○○○○○○○○三八二
一○○○○○○○○八　○○○○○○○○○三四七
○○○○○○○○○○三五
一○○○○○○○○○八　○○○○○○○○○○三五
○○○○○○○○○○○○○

○○○○○一八九○三九七，足減一○○○○四之假數，即以一○○○○四之假數書於減餘之下，相減餘○○○○○一五三二五四，足減一○○○○○三之假數，即以一○○○○○三之假數書於減餘之下，相減餘○○○○○○○二二九六六，足減一○○○○○○五之假數，即以一○○○○○○五之假數書於減餘之下，相減餘○○○○○○○○一二五一，足減一○○○○○○○二之假數，即以一○○○○○○○二之假數書於減餘之下，相減餘○○○○○○○○○三八二，足減一○○○○○○○○八之假數，即以一○○○○○○○○八之假數書於減餘之下，相減餘○○○○○○○○○○三五，足減一○○○○○○○○○八之假數，即以一○○○○○○○○○八之假數書於減餘之下，相減恰盡，是知其假數爲此十一假數累加所得之數，而真數即爲此十一真數累乘所得之數，乃以此十一真數累乘之得二十三，即爲所求之真數也。

一○一
五六○○）五六八九
五六○○
○○八九○○
五六○○
三三○○

又如求五千六百八十九之假數，而不知其爲何數累乘而得，但知五千六百之假數爲三七四八一八八○二七○○，則以五千六百八十九爲實，以五千六百爲法，除之，得一○一。又以兩層所減數，按位相加，得五六五六，即五千六百與一○一相乘之數，以之爲法，除原實五千六百八十九，得一○○五。又以兩層所減數，按位相加，得五六八四二八，即五六五六與一○○五相乘之數，以之爲法，除原實五千六百八十九得一○○○八。又以兩層所減數，按位相加，得五六八八八二七四二四，即五六八四二八與一○○○八相乘之數，以之爲法，除原實五千六百八十九得一○○○○三。

一○○五
五六五六）五六八九
五六五六
○○三三○○○
二八二八○
○四七二○

一○○○八
五六八四二八）五六八九○○
五六八四二八
○○○四七二○○○○
四五四七四二四
○一七二五七六

一○○○○三
五六八八八二七四二四）五六八九○○○○○○
五六八八八二七四二四
○○○○一七二五七六○○○○○
一七○六六四八二二七二
○○一九一一一七七二八

一○○○○○○三
五六八八九九八○八九）五六八九○○○○○○
五六八八九九八○八九
○○○○○○一九一一○○○○○○○
一七○六六九九四二六七
○二○四三○○五七三三

一○○○○○○○三
五六八八九九九七九六）五六八九○○○○○○
五六八八九九九七九六
○○○○○○○二○四○○○○○○○○
一七○六六九九九三八八
○三三三三○○○六一二

一○○○○○○○○五
五六八八九九九九六七）五六八九○○○○○○
五六八八九九九九六七
○○○○○○○○三二○○○○○○○○○
二八四四四九九九九八三五
○三五五五○○○一六五

一○○○○○○○○○八
五六八八九九九九九五）五六八九○○○○○○
五六八八九九九九九五
○○○○○○○○○五○○○○○○○○○○○○
四五五一一九九九九九六○
○四四八八○○○○四○

又以兩層所減數，按位相加，得五六八八九九八○八九，即五六八八二七四二四與一○○○○三相乘之數，以之爲法，除原實五千六百八十九得一○○○○○三。又以兩層所減數，按位相加，得五六八八九九九七九六，即五六八八九九八○八九與一○○○○○三相乘之數，以之爲法，除原實五千六百八十九，得一○○○○○○○三。又以兩層所減數按位相加，得五六八八九九九九六七，即五六八八九九九七九六與一○○○○○○○三相乘之數，以之爲法，除原實五千六百八十九，得一○○○○○○○○○五。又以兩層所減數，按位相加，得五六八八九九九九五，即五六八八九九九九九六七與一〇〇〇〇〇〇五相乘之數，以之爲法，除原實五千六百八十九，得一〇〇〇〇〇〇〇〇八。是知五千六百八十九係五千六百與一〇一，及一〇〇五，一〇〇〇八，一〇〇〇〇三，一〇〇〇〇〇〇三，一〇〇〇〇〇〇〇三，一〇〇〇〇〇〇〇〇五，一〇〇〇〇〇〇〇〇〇八累乘所得之數。

|三七五五〇三五九三三七一
五六〇〇 |三七四八一八八〇二七〇〇
|〇〇〇六八四七九〇六七一
一〇一 |〇〇〇四三二一三七三七八
|〇〇〇二五二六五三二九三
一〇〇五 |〇〇〇二一六六〇六一七六
|〇〇〇〇三六〇四七一一七

乃以其各假數累加之，得三七五五〇三五九三三七一，即爲五千六百八十九之假數也。若先有假數三七五五〇三五九三三七一，求真數，則視假數內足減五千六百之假數，即以五千六百之假數書於原假數之下，相減餘〇〇〇六八四七九〇六七一，足減一〇一之假數，即以一〇一之假數，書於減餘之下相減，餘〇〇〇二五二六五三二九三，足減一〇〇五之假數，即以一〇〇五之假數書於減餘之下，相減餘〇〇〇〇三六〇四七一一七，足減一〇〇〇八之假數，即以一〇〇〇八之假數書於減餘之下，相減餘〇〇〇〇〇一三一七四四八，足減一〇〇〇〇三之假數，即以一〇〇〇〇三之假數書於減餘之下，相減餘〇〇〇〇〇〇〇一四五八四，足減一〇〇〇〇〇〇三之假數，即以一〇〇〇〇〇〇三之假數書於減餘

五六〇〇 |三七四八一八八〇二七〇〇
一〇一 |〇〇〇四三二一三七三七八
一〇〇五 |〇〇〇二一六六〇六一七六
一〇〇〇八 |〇〇〇〇三四七二九六六九
一〇〇〇〇三 |〇〇〇〇〇一三〇二八六四
一〇〇〇〇〇〇三 |〇〇〇〇〇〇〇一三〇二九
一〇〇〇〇〇〇〇三 |〇〇〇〇〇〇〇〇一三〇三
一〇〇〇〇〇〇〇〇五 |〇〇〇〇〇〇〇〇〇二一七
一〇〇〇〇〇〇〇〇〇八 |〇〇〇〇〇〇〇〇〇〇三五
五六八九 |三七五五〇三五九三三七一

|〇〇〇〇三六〇四七一一七
一〇〇〇八 |〇〇〇〇三四七二九六六九
|〇〇〇〇〇一三一七四四八
一〇〇〇〇三 |〇〇〇〇〇一三〇二八六四
|〇〇〇〇〇〇〇一四五八四
一〇〇〇〇〇〇三 |〇〇〇〇〇〇〇一三〇二九
|〇〇〇〇〇〇〇〇一五五五

之下，相減餘〇〇〇〇〇〇〇〇一五五五，足減一〇〇〇〇〇〇〇三之假數，即以一〇〇〇〇〇〇〇三之假數書於減餘之下，相減餘〇〇〇〇〇〇〇〇〇二五二，足減一〇〇〇〇〇〇〇〇五之假數，即以一〇〇〇〇〇〇〇〇五之假數書於減餘之下，相減餘〇〇〇〇〇〇〇〇〇〇三五，足減一〇〇〇〇〇〇〇〇〇八之假數，即以一〇〇〇〇〇〇〇〇〇八之假數書於減餘之下，相減恰盡，是知其假數爲此九假數累加所得之數，而真數即爲此九真數累乘所得之數，乃以此九真數累乘之，得五千六百八十九，即爲所求之真數也。

|〇〇〇〇〇〇〇〇一五五五
一〇〇〇〇〇〇〇三 |〇〇〇〇〇〇〇〇一三〇三
|〇〇〇〇〇〇〇〇〇二五二
一〇〇〇〇〇〇〇〇五 |〇〇〇〇〇〇〇〇〇二一七
|〇〇〇〇〇〇〇〇〇〇三五
一〇〇〇〇〇〇〇〇〇八 |〇〇〇〇〇〇〇〇〇〇三五
|〇〇〇〇〇〇〇〇〇〇〇〇

求八線對數

凡求八線之假數，定半徑爲一百億位數，既多，爲用愈密，且真數十一位則假數百位爲一〇，又取其便於用也。先以正弦、餘弦之真數求得假數，復以正弦、餘弦之假數加減之，即得切線、割線之假數。

如一分之正弦爲二九〇八八八二，求其假數得六四六三七二六一一〇九。又如六十度之正弦爲八六六〇二五四〇三八，求其假數得九九三七五三〇六三一七。如求六十度切線之假數，則以六十度正弦之假數九九三七五三〇六三一七爲二率，半徑之假數一〇〇〇〇〇〇〇〇〇〇〇爲三率，六十度餘弦之假數九六九八九七〇〇〇四三爲一率。二、三率相加，內減一率，餘一〇二三八五六〇六二七四，即六十度正切線之假數。如求六十度割線之假數，則以半徑之假數一〇〇〇〇〇〇〇〇〇〇〇爲二率，又爲三率，六十度餘弦之假數九六九八九七〇〇〇四三爲一率。二率倍之內減一率，餘一〇三〇一〇二九九九五七，即六十度正割線之假數也。

六四六三七二六一一〇九
六〇〇〇 | 九九三七五三〇六三一七

九九三七五三〇六三一七
一〇〇〇〇〇〇〇〇〇〇〇
一九九三七五三〇六三一七
九六九八九七〇〇〇四三
一〇二三八五六〇六二七四

一〇〇〇〇〇〇〇〇〇〇〇
二〇〇〇〇〇〇〇〇〇〇〇
九六九八九七〇〇〇四三
一〇三〇一〇二九九九五七

對數用法

設如一百二十三與四百五十六相乘，問得

幾何。

一二三	二〇八九九〇五一一一四
四五六	二六五八九六四八四二七
五六〇八八	四七四八八六九九五四一

法以對數表之一二三之假數二〇八九九〇五一一一四與四五六之假數二六五八九六四八四二七相加，得四七四八八六九九五四一，乃查假數四七四八八六九九五四一所對之真數，得五六〇八八，即五萬六千零八十八，爲相乘所得之數也。

設如三千四百五十六與二千六百七十九相乘。問得幾何。

法以對數表之三四五六之假數三五三八五七三七三三八與二六七九之假數三四二七九七二七一三六相加，得六九六六五四六四四七四。因對數表假數首位止於四，真數止於五位，故將相加所得假數首位之六暫當四，查假數四九六六五四六四四七四相近畧少者爲四九六六五四五三二一六，其相對之真數，得九二五八六，即爲九二五八六〇〇。因假數首位多二數則真數必多二位。又以九二五八六〇〇之假數與九二五八七〇〇之假數相減，餘四六九〇七爲一率。以九二五八六〇〇與九二五八七〇〇相減，餘一〇〇爲二率。今相加所得之假數與九二五八六〇〇之假數相減，餘一一二五八爲三率。得四率二四，即真數九二五八六之後二位之數。蓋假數多四六九〇七，則真數多一百，今假數多一一二五八，則真數應多二十四，爲比例四率也。乃以所得二四與九二五八六〇〇相加，得九二五八六二四，即九百二十五萬八千六百二十四爲相乘所得之數也。

三四五六	三五三八五七三七三三八
二六七九	三四二七九七二七一三六
	六九六六五四六四四七四

九二五八七〇〇	六九六六五五〇〇一二三
九二五八六〇〇	六九六六五四五三二一六
一〇〇	〇〇〇〇〇〇四六九〇七
	六九六六五四六四四七四
九二五八六〇〇	六九六六五四五三二一六
二四	〇〇〇〇〇〇一一二五八

一率　四六九〇七
二率　一〇〇
三率　一一二五八
四率　二四

大凡真數二四位以後，其假數之較相差無多，故真數即可與假數爲比例。若用前累乘累除之法固爲甚密，然較之比例，則難而得數則同。此對數表所以止於五位也。

設如三千七百四十四，以十六除之。問得幾何。

三七四四	三五七三三三五八四〇一
一六	一二〇四一一九九八二七
二三四	二三六九二一五八五七四

法以對數表之三七四四之假數三五七三三三五八四〇一內減一六之假數一二〇四一一九九八二七，餘二三六九二一五八五七四，乃查假數二三六九二一五八五七四所對之真數，得二三四，即二百三十四爲歸除所得之數也。

設有米三十二石，令一千零二十四人分之。問每一人應得幾何。

法以對數表之三二之假數首位加二爲三五〇五一四九九七八三，因法之假數大於實之假數，故以實之假數加二，即如以實之真數加兩空位也。內減一〇二四之假數三〇一〇二九九五六六，餘〇四九四八五〇〇二一七，因假數首位爲〇，即知真數應得單位，其得數首位爲升，仍以假數首位加三，查三四九四八五〇〇二一七所對之真數，得三一二五，因真數得四位，故將假數首位作三查表。若真數求五位，則將假數首位作四查表，或五位後仍有餘數，則用比例求之。即三升一合二勺五撮爲每人所應得之數也。

三二〇〇	三五〇五一四九九七八三
一〇二四	三〇一〇二九九五六六
三一二五	〇四九四八五〇〇二一七

設如甲乙丙直角形，甲角五十度、丙角四十度、甲乙邊十二丈。求丙乙邊、丙甲邊各幾何。

法以甲角五十度之正弦假數九八八四二五三九六六五與甲乙邊十二丈作一二〇〇〇。之假數四〇七九一八一二四六〇相加，得一三九六三四三三五二一二五，內減丙角四十度之正弦假數九八〇八〇六七四九六七，餘四一五五三六七七一五八，爲丙乙邊之假數，查假數相近所對之真數，得一四三〇一，即一十四丈三尺零一分爲丙乙邊也。

丙
乙　甲

求丙甲邊，則以乙角九十度之正弦假數一〇〇〇〇〇〇〇〇〇〇〇〇即半徑之數。與甲乙邊十二丈之假數四〇七九一八一二四六〇相加，得一四〇七九一八一二四六〇，內減丙角四十度之正弦假數九八〇八〇六七四九六

五〇〇〇	九八八四二五三九六六五
一二〇〇〇	四〇七九一八一二四六〇
	一三九六三四三三五二一二五
四〇〇〇	九八〇八〇六七四九六七
一四三〇一	〇四一五五三六七七一五八

九〇〇〇	一〇〇〇〇〇〇〇〇〇〇〇〇
一二〇〇〇	四〇七九一八一二四六〇
	一四〇七九一八一二四六〇
四〇〇〇	九八〇八〇六七四九六七
一八六六九	〇四二七一一一三七四九三

七，餘四二七一一一三七四九三，爲丙甲邊之假數，查假數相近所對之真數，得一八六六九，即一十八丈六尺六寸九分，爲丙甲邊也。

設如甲乙丙三角形，甲角五十度、甲乙邊十六丈、甲丙邊十二丈。問丙角乙角及乙丙邊各若干。

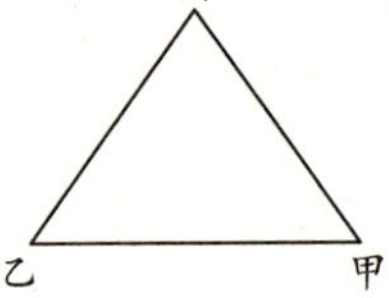

法以甲乙邊十六丈與甲丙邊十二丈，相加，得二十八丈爲邊總。甲乙邊與甲丙邊相減，餘四丈爲邊較。甲角五十度與一百八十度相減，餘一百三十度，折半爲六十五度，爲半外角。乃以邊較四丈作四〇〇〇。之假數三六〇二〇五九九九一三，與半外角六十五度之正切假數一〇三三一三三二七四五二二，相加得一三九三三三八七四四三五，內減邊總二十八丈作二八〇〇〇。之假數四四四七一五八〇三一三，餘九四八六二二九四一二二，爲半較角正切之假數。查正切假數相近所對之真數，得十七度二分，爲半較角，與半外角相加得八十二度二分，爲對甲乙大邊之丙角與半外角六十五度相減，餘四十七度五十八分，爲對甲丙小邊之乙角也。

四〇〇〇	三六〇二〇五九九九一三
六五〇〇	一〇三三一三三二七四五二二
	一三九三三三八七四四三五
二八〇〇〇	四四四七一五八〇三一三
一七〇二	〇九四八六二二九四一二二
五〇〇〇	九八八四二五三九六六五
一六〇〇〇	四二〇四一一九九八二七
	一四〇八八三七三九四九二
八二〇二	九九九五七八八二〇九八
一二三七六	〇四〇九二五八五七三九四

又求丙乙邊，則以五十度之正弦假數九八八四二五三九六六五，與十六丈作一六〇〇〇。之假數四二〇四一一九九八二七相加，得一四〇八八三七三九四九二，內減丙角八十二度二分之正弦假數九九九五七八八二〇九八，餘四〇九二五八五七三九四，爲丙乙邊之假數。查假數相近所對之真數，得一二三七六，即一十二丈三尺七寸六分，爲丙乙邊也。

凡真數用加減然後比例者，須以真數加減得數，再查假數，依法算之，餘皆倣此。

設如六十四自乘，問得幾何。

六四	一八〇六一七九九七四〇
	二
四〇九六	三六一二三五九九四八〇

法以對數表之六四之假數一八〇六一七九九七四〇，用二因之，得三六一二三五九九四八〇，仍查假數所對之真數，得四〇九六，即四千零九十六爲自乘所得之數也。

蓋自乘兩數相同，則其兩假數亦相同，故二因之即如二假數相加也。

設如正方面積三百六十一尺，開平方。問每一邊數幾何。

三六一	二五五七五〇七二〇一九
一九	一二七八七五三六〇〇九

法以對數表之三六一之假數二五五七五〇七二〇一九，折半，得一二七八七五三六〇〇九，仍查假數所對之真數，得一九即一十九尺，爲開平方所得每邊之數也。

蓋正方面積之假數乃以每邊之假數加倍所得之數，故折半即得每邊之假數，對其真數即得每邊之數也。

一五二二七	四一八二六一四三四七七
	二
一五二二七〇〇	六一八二六一四三四七七
一五二二八〇〇	六一八二六四二八六八一
一五二二七〇〇	六一八二六一四三四七七
一〇〇	〇〇〇〇〇二八五二〇四
一五二二七〇〇	六一八二六一四三四七七
五六	一五九七一四
一五二二七五六	六一八二六三〇三一九一
一二三四	三〇九一三一五一五九六

設如正方面積一百五十二萬二千七百五十六尺，開平方，問每一邊數幾何。

法先以方積前五位一五二二七，查得假數爲四一八二六一四三四七七，因方積係七位，今止查得五位，仍餘二位，故將假數首位之四加二，得六一八二六一四三四七七，即爲一五二二七〇〇之假數。

又以一五二二七〇〇與一五二二八〇〇相減，餘一〇〇爲一率。以一五二二七〇〇之假數與一五二二八〇〇之假數相減餘二八五二〇四爲二率。方積之後二位數五六爲三率。得四率一五九七〇四，蓋真數多一百，則假數多二八五二〇四，今真數多五十六，則假數應多一五九七一四爲比例四率也。乃以所得四率與一五二二七〇〇之假數相加，得六一八二六三〇三一九一，即爲一五二二七五六之假數，折半得三〇九一三一五一五九六。

一率	一〇〇
二率	二八五二〇四
三率	五六
四率	一五九七一四

仍查假數所對之真數，得一二三四，即一千二百三十四尺，爲開平方所得每邊之數也。

又捷法，以一五二二七之假數首位加二，得六一八二六一四三四七七，即爲一五二二七〇〇之假數，折半，得三〇九一三〇七一七三八。查假數相近畧大者蓋一五二二七〇〇之假數畧少於一五二二七五六之假數，則其折半之假數亦必畧少於一二三四之假數，亦取畧大者用之。對其真數，得一二三四，即爲每邊之數也。

一五二二七〇〇｜六一八二六一四三四七七
一二三四｜三〇九一三〇七一七三八

此法因方根止四位，查表即得，不用比例。故以方積前五位查表後有幾位，則假數首位加幾數，折半，查假數相近者即可得之。若方根過五位以上者，須用比例，則以方積查假數，亦須用比例方得密合。

設如正方面積一百五十二兆四千一百五十七億六千五百二十七萬九千三百八十四尺。問每一邊數幾何。

法以方積前五位一五二四一，查得假數爲四一八三〇一三四六三一。因方積係十五位，今止查得五位，仍餘十位，故將假數首位之四加十得一四一八三〇一三四六三一，即爲一五二四一〇〇〇〇〇〇〇〇〇〇之假數。又以一五二四一〇〇〇〇〇〇〇〇〇〇與一五二四二〇〇〇〇〇〇〇〇〇〇相減，截用六空位，得一〇〇〇〇〇〇爲一率。以一五二四一之假數與一五二四二之假數相減，餘二八四九四二爲二率。方積後十位數截用前六位得五七六五二七爲三率。因表中假數止於十一位，則真數亦止須用十一位。雖真數後再多幾位，其假數前十一位亦相同。故查表用五位，比例用六位，共爲十一位。得四率一六四二七

一五二四一｜一四一八三〇一三四六三一
｜一〇
一五二四一〇〇〇〇〇〇〇〇〇〇｜一四一八三〇一三四六三一

一五二四二〇〇〇〇〇〇〇〇〇〇〇｜一四一八三〇四一九五七三
一五二四一〇〇〇〇〇〇〇〇〇〇〇｜一四一八三〇一三四六三一
一〇〇〇〇〇〇〇〇〇〇｜〇〇〇〇〇〇二八四九四二

一五二四一〇〇〇〇〇〇〇〇〇〇〇｜一四一八二〇一三四六三一
五七六五二七〇〇〇〇｜一六四二七七
一五二四一五七六五二七九三八四｜一四一八三〇二九八九〇八
｜七〇九一五一四九四五四

一率　一〇〇〇〇〇〇
二率　二八四九四二
三率　五七六五二七
四率　一六四二七七

七，與一五二四一〇〇〇〇〇〇〇〇〇〇之假數相加，得一四一八三〇二九八九〇八，即爲一五二四一五七六五二七〇〇〇〇之假數，亦即同於一五二四一五七六五二七九三八四之假數，折半，得七〇九一五一四九四五四。因假數首位爲七，即知真數應得八位，今對數表假數首位止於四，真數止於五位，故將折半所得假數首位之七減去三，得四〇九一五一四九四五四，查假數相近畧少者，爲四〇九一四九一〇九四三，對其真數，得一二三四五即爲一二三四五〇〇〇。因假數首位多三數，則真數進三位。

一二三四六〇〇〇｜七〇九一五二六二七二六
一二三四五〇〇〇｜七〇九一四九一〇九四三
一〇〇〇｜〇〇〇〇〇三五一七八三

｜七〇九一五一四九四五四
一二三四五〇〇〇｜七〇九一四九一〇九四三
六七八｜〇〇〇〇〇二三八五一一

又以一二三四五〇〇〇之假數與一二三四六〇〇〇之假數相減，餘三五一七八三爲一率。以一二三四五〇〇〇與一二三四六〇〇〇相減餘一〇〇〇爲二率。今折半，所餘之假數與一二三四五〇〇〇之假數相減，餘二三八五一一爲三率。得四率六七八，與一二三四五〇〇〇相加，得一二三四五六七八，即一千二百三十四萬五千六百七十八尺，爲開平方所得每一邊之數也。

一率　三五一七八三
二率　一〇〇〇
三率　二三八五一一
四率　六七八

設如勾二十七尺，股三十六尺。求弦若干。

法以對數表之二七之假數一四三一三六三七六四二，倍之得二八六二七二七五二八四，爲勾自乘之假數，仍查假數所對之真數，得七二九，爲勾自乘之真數。又以三六之假數一五五六三〇二五〇〇八，倍之得三一一二六〇五〇〇一六，爲股自乘之假數。仍查假數所對之真數，得一二九六，爲股自乘之真數，兩自乘之真數相加不以兩自乘之假數相加者，蓋假數相加則是相乘，故必對其真數，然後相加也。得二〇二五，爲弦自乘之真數，查其假數得三三〇六四二五〇二七六，折半，得

二七｜一四三一三六三七六四二
七二九｜二八六二七二七五二八四

三六｜一五五六三〇二五〇〇八
一二九六｜三一一二六〇五〇〇一六

二〇二五｜三三〇六四二五〇二七六
四五｜一六五三二一二五一三八

三六｜一五五六三〇二五〇〇八
三

四六六五六｜四六六八九〇七五〇二四

一六五三二一二五一三八，仍查假數所對之真數，得四五即四十五尺，爲開方所得之弦數也。

設如三十六自乘再乘。問得幾何。

法以對數表之三六之假數一五五六三〇二五〇〇八，用三因之，得四六六八九〇七五〇二四，仍查假數所對之真數，得四六六五六，即四萬六千六百五十六，爲自乘再乘所得之數也。

蓋自乘再乘係以方根乘二次，則假數亦加二次，故以方根之假數三因之，即如以方根之假數加二次也。其或位數多者，依乘法之例推之。

設如正方體積一萬三千八百二十四尺，開立方。問每一邊數幾何。

法以對數表之一三八二四之假數四一四〇六三三七二五一，用三歸之，得一三八〇二一一二四一七，仍查假數所對之真數，得二四，即二十四尺爲開立方所得每邊之數也。

蓋正方體積之假數，乃以每邊之假數三因所得之數，故三歸之即得每邊之假數，對其真數即得每邊之數也。其或位數多者，依平方之例推之。

設如方根一十六尺。問三乘方積幾何。

一三八二四｜四一四〇六三三七二五一

二四｜一五八〇二一一二四一七

法以對數表之一六之假數一二〇四一一九九八二七，用四因之，得四八一六四七九九三〇八，仍查假數所對之真數，得六五五三六，即六萬五千五百三十六尺，爲三乘方之積數也。

蓋三乘方係以方根乘三次，則其假數亦加三次，故以方根之假數四因之，即如以方根之假數加三次也。其或位數多者，亦依乘法之例推之。

設如三乘方積二萬零七百三十六尺。問方根幾何。

法以對數表之二〇七三六之假數四三一六七二四九八四二，用四歸之，得一〇七九一八一二四六〇，仍查假數所對之真數，得一二即一十二尺，爲開三乘方所得方根之數也。

一六｜一二〇四一一九九八二七
四

六五五三六｜四八一六四七九九三〇八

二〇七三六｜四三一六七二四九八四二

一二｜一〇七九一八一二四六〇

蓋三乘方積之假數，乃以方根之假數四因所得之數，故四歸之即得方根之假數，對其真數即得方根之數也。其或位數多者，亦依平方之例推之。大凡開諸乘方之理，亦皆由於連比例。蓋方根爲連比例第一率，平方積爲第二率，立方積爲第三率，三乘方積爲第四率，四乘方積爲第五率，五乘方積爲第六率，六乘方積爲第七率，七乘方積爲第八率，八乘方積爲第九率，九乘方積爲第十率。與借根方比例定位表同。以第一率方根之假數，各以率數乘之，即得各乘方積之假數。而以各乘方積之假數，各以率數除之，亦即得第一率方根之假數。故由三乘方而進之四乘方，求積則用五因，求根則用五歸。五乘方求積，則用六因，求根則用六歸。推之至於九乘方，求積則用十因，求根則用十歸。即至於一百乘方，則以方根之假數用一百零一乘之，即得方積之假數，以方積之假數用一百零一除之，即得方根之假數。乘除之數，愈繁愈見對數之易。此對數之大用也。

方根	平方	立方	三乘	四乘
一	二	三	四	五

五乘	六乘	七乘	八乘	九乘
六	七	八	九	一〇

又 下編卷四〇　假數尺

法按分釐尺二百分之度，作甲丁、乙丙二平行線，又作甲乙、丁丙二線，令成直角。乃取假數表內自一至一百所對之假數，於分釐尺上取其度，如二之假數爲〇三〇一，則爲三寸零一釐。截甲丁、乙丙二邊，依所截點作線與甲乙邊平行，又將甲乙、丁丙二邊各平分爲十分，作線與甲丁平行。自一十以上，又依分釐尺法於各平行線之間悉作斜線，則斜線與直線相交之處即其間零數之度。如一〇至一一之斜線，其與第一直線相交之處即一〇一也。故假數雖止於一百而可以當一千之用。若尺止長一尺，則如上圖截去自一至九之數，從一十起至一百止。蓋十之假數爲一，而百之假數爲二，今既截去一尺，則假數即減去首位之一，取其零數作寸分釐豪用時，則以十爲單。

總之，假數尺雖始於一十終於一百，小之則可以爲單爲零，大之則可以爲千爲萬，皆因假數之首位雖遞加一數，而其後之零數皆同。故可以進退爲用，惟在比例分明，加減詳審，則其用自無窮也。

設如有十二人，每人給銀四兩五錢。問共銀幾何。

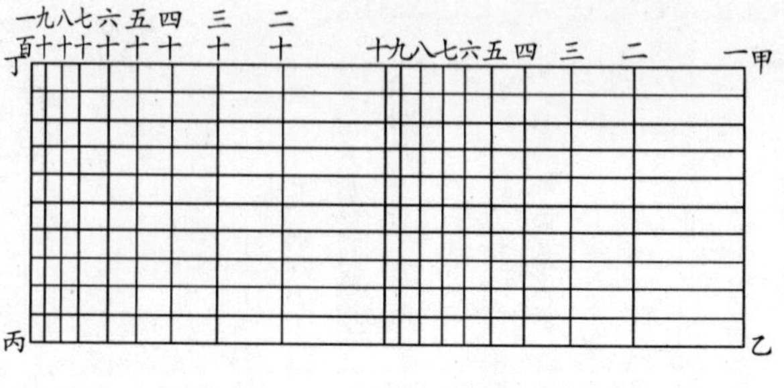

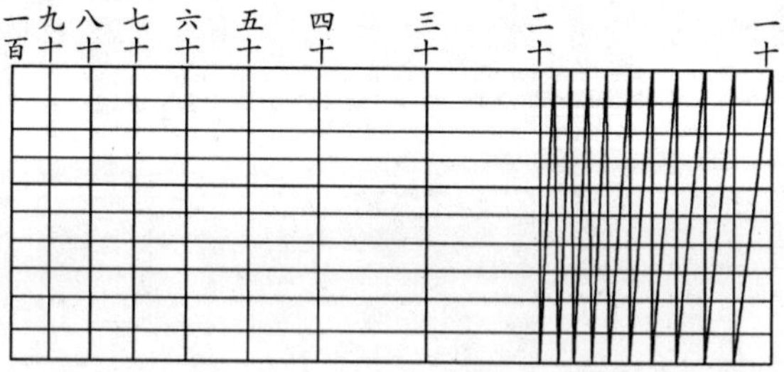

法以假數尺之四分五釐即從一十至四十五之度。與一十二分相加，得五十四分，即五十四兩爲共銀數也。

蓋一人與四兩五錢之比，同於一十二人與五十四兩之比，而真數以乘得者，假數以加得之。故以四分五釐當四兩五錢，以十二分當十二人，兩線相加即得五十四兩爲共銀數也。

四率表

一率　一人

二率　四兩五錢

三率　十二人

四率　五十四兩

設如有米四百八十石，每石價銀七錢五分。問共價銀幾何。

法以假數尺之七分五釐即自一十至七十五之度。與四十八分相加，過於一百分，乃以其過於一百分之餘度，自假數尺十分以上量之，得三十六分，即三百六十兩爲共價銀數也。

蓋以四十八分當四百八十石，是以單當十，則相加過於一百分，即爲過於一千分矣。而以其過於一千分之餘度，自十分以上量之，是以十分當千分，則三十六分，即爲三百六百分。既以七分五釐當七錢五分，故三千六百分即爲三百六十兩也。

一率　一石

二率　七錢五分

三率　四百八十石

四率　三百六十兩

設如有銀五百一十二兩，令三十二人分之。問每人幾何。

法以假數尺之五十一分二釐內減去三十二分，以其餘度自假數尺十分以上量之，得十六分，即十六兩爲每人之銀數也。

一率　三十二人

二率　五百一十[二]兩

三率　一人

四率　十六兩

蓋三十二人與五百一十二兩之比，同於一人與十六兩之比，而真數以除得者，假數以減得之，故以五十一分二釐當五百一十二兩，以三十二分當三十二人，相減用其餘度，自十分以上量之，是以十分當一分，故十六分即爲一分六釐。既以五十一分二釐當五百一十二兩，則一分六釐即爲十六兩也。

設如有米四十二石，令六十人分之。問每人幾何。

法以假數尺之四十二分，內減去六分即自一十至六十七度。不足於一十之分，乃以其不足於一十之度，自假數尺一百以下減之，餘七十分，即七斗爲每人之米數也。

一率　六十人

二率　四十二石

三率　一人

四率　七斗

蓋以四十二分當四十二石，以六分當六十人，而以相減不足於一十之分，自一百以下減之，是以百分當十分，則所餘之七十分，即爲七分矣，且以六分當六十人是所減之數，以單當十，則減餘之數，即以十爲單，而單即爲零。故所餘之七分即爲七釐。既以四十二分當四十二石，故七釐即爲七斗也。

設如每銀二兩五錢兑錢四千七百五十文。今有銀八兩，問兑錢幾何。

法以假數尺之二十五分與四十七分五釐相減，餘度與八十分相加，過於一百分，乃以其過於一百分之餘度，自假數尺十分以上量之，得十五分二釐，即一萬五千二百爲共錢數也。

一率　二兩五錢

二率　四千七百五十

三率　八兩

四率　一萬五千[二]百

蓋二兩五錢與四千七百五十文之比，同於八兩與一萬五千二百文之比。故以二兩五錢爲一率，四千七百五十爲二率，八兩爲三率。得一萬五千二百爲四率。本宜以二率與三率相加，內減去一率，而得四率。今先於二率内減去一率，以其餘度與三率相加，而得四率，其理同也。又四率既過於一百分，而以其過於一百分之餘度，自十分上量之，是以十分當百分，故十五分二釐即爲一百五十二分，既以四十七分半當四千七百五十則，一百五十二分即爲一萬五千二百也。

設如有銀六兩，買米五石。今有銀四兩八錢。問買米幾何。

法以假數尺之六十分，内減去五十分，餘度與四十八分相減，得四十分即四石爲米數也。

一率　六兩

二率　五石

三率　四兩八錢

四率　四石

蓋六兩與五石之比，同於四兩八錢與四石之比。故以六兩爲一率，五石爲二率，四兩八錢爲三率。得四石爲四率。

本宜以二率與三率相加，内減去一率而得四率。今先於一率内減去二率，以其餘度與三率相減，而得四率，其理同也。總之，二率大於一率者，則四率亦大於三率。故以二率多於一率之分，與三率相加，而得四率。若二率小於一率者，則四率亦小於三率。故以二率小於一率之分，與三率相減，而得四率，用雖不同而理實一也。

正弦假數尺

法按分釐尺二百分之度，作甲丁、乙丙二平行線。又作甲乙、丁丙二線，令成直角，乃取八線對數表内，自一度至九十度之正弦假數，減去首位之八，於分釐尺上取其度，如一度之正弦假數爲八二四一八，減去首位之八，餘二四一八，即爲二寸四分一釐八毫。截甲丁、乙丙二邊，依所截點作線與甲乙邊平行，又將甲乙、丁丙二邊各平分爲十二分，作線與甲丁平行。又依分釐尺法於各平行線之間悉作斜線，則斜線與直線相交之處即其間之分數。如自一度至二度之斜線，其與第一直線相交之處，即一度五分。其與第二直線相交之處，即一度十分。蓋一度有六十分，故直線分爲十二，每一直線當五分。若於直線之間酌量取之，則五分中之零分，亦可得其大槩矣。若尺小止用一百分，則截去自一度至五度之數，從六度起至九十度止。蓋九十度之正弦假數首位爲一〇，一度之正弦假數首位爲八，相減餘二。故二尺之内始可容自一度至九十度之分。今既截去一尺，則假數首位須再減去一數，故從六度起，六度之正弦假數首位爲九，減去首位之九，取其零數作寸分釐毫，至九十度則恰得一尺之分也。

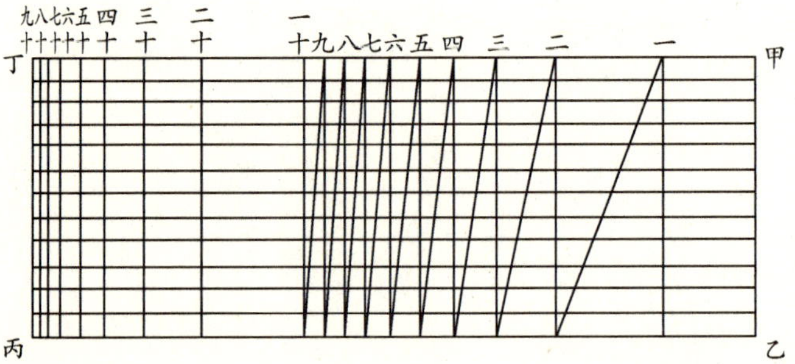

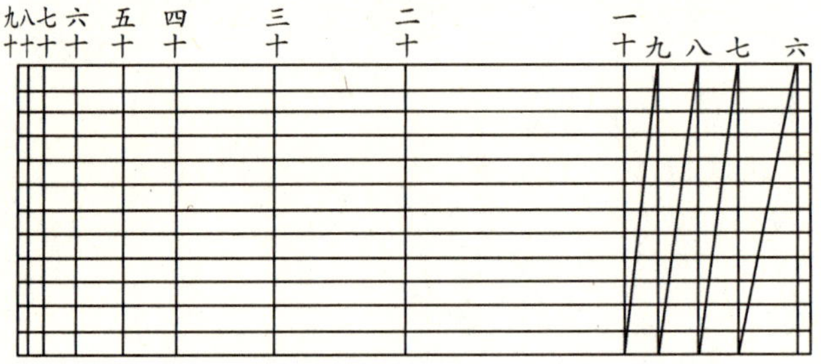

設如甲乙丙三角形，甲角四十四度三十分，丙角五十三度，乙丙邊五尺三寸七分。問甲乙邊幾何。

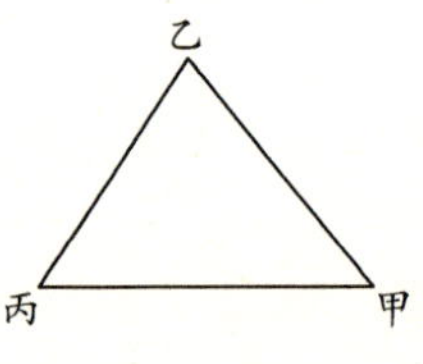

法以正弦假數尺之四十四度三十分與五十三度相減，用其餘度與假數尺之五十三分七釐相加，得六丁一分一釐，即六尺一寸一分，爲甲乙邊也。蓋甲角正弦與丙角正弦之比，同於乙丙邊與甲乙邊之比。故以四十四度三十分之正弦爲一率，五十三度之正弦爲二率，假數尺之五十三分七釐當乙丙邊爲三率。得六十一分一釐當甲乙邊爲四率。本宜以二率與三率相加，内減去一率，而得四率。今先於二率内減去一率，以其餘度與三率相加，而得四率，其理同也。

設如甲乙丙三角形，甲乙邊六尺一寸一分，甲丙邊七尺五寸九分，乙角八十二度三十分。問丙角幾何。

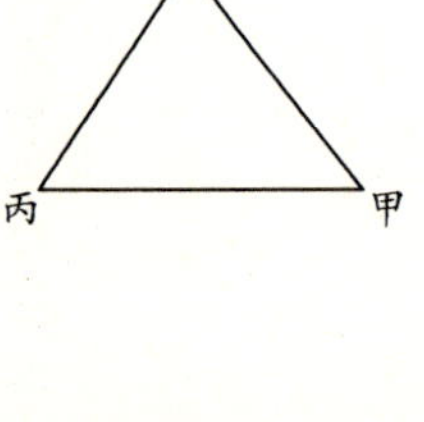

法以假數尺之六十一分一釐與七十五分九釐相減，用其餘度與正弦假數尺之八十二度三十分相減，得五十三度爲丙角度也。

蓋甲丙邊與甲乙邊之比，同於乙角正弦與丙角正弦之比。故以七十五分九釐當甲丙邊爲一率，六十一分一釐當甲乙邊爲二率，八十二度三十分之正弦爲三率。得乙角五十三度爲四率。本宜以二率與三率相加，内減去一率，而得四率。今先於一率內減去二率，餘度與三率相減，而得四率，其理同也。

切線假數尺

法按分釐尺二百分之度，作甲丁、乙丙二平行線，又作甲乙、丁丙二線，令成直角。乃取八線對數表內，自一度至四十五度之切線假數，減去首位之八，於分釐尺上取其度，截甲丁、乙丙二邊，依所截點作線與甲乙邊平行，又將甲乙、丁丙二邊，各平分爲十二分，作線與甲丁平行。又依分釐尺法於各平行線之間悉作斜線，則斜線與直線相交之處，即其間之分數，皆與正弦假數尺同。至於四十五度以後，則與四十五度以前相爲正餘。蓋四十五度之正切線與半徑等，四十五度以前之正切線，即四十五度以後之餘切線。而半徑與正切之比，同於餘切與半徑之比。故切線尺止用四十五度，正餘相對，即足八十九度之用。若尺小止用一百分，則截去自一度至五度之數，從六度起，至四十五度止，其餘度則至八十四度止，亦與正弦假數尺同也。

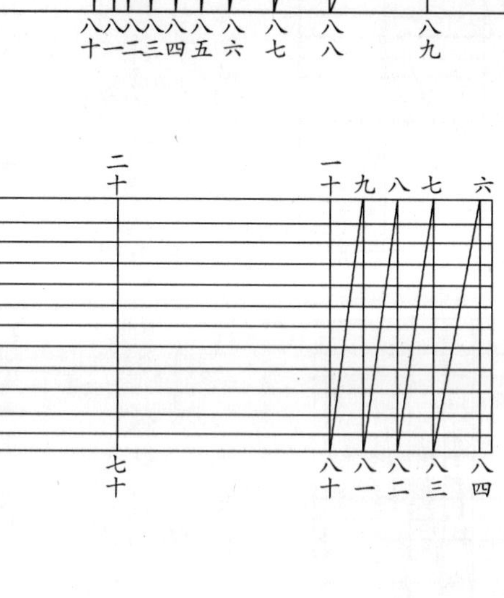

設如甲乙丙直角三角形，甲丙邊四尺三寸六分，乙丙邊四尺二寸九分。問甲角幾何。

法以假數尺之四十三分六釐與四十二分九釐相減，用其餘度與切線假數尺之四十五度相減，得四十四度三十分爲甲角度也。

蓋甲丙邊與乙丙邊之比，同於半徑與甲角切線之比。故以四十三分六釐當甲丙邊爲一率，四十二分九釐當乙丙邊爲二率，四十五度之切線當半徑爲三率，得甲角四十四度三十分爲四率也。因二率小於一率，故於一率內減去二率，餘數於三率內減之，即得四率也。

設如甲乙丙直角三角形，甲角五十三度，甲丙邊三十二尺三寸。問乙丙邊幾何。

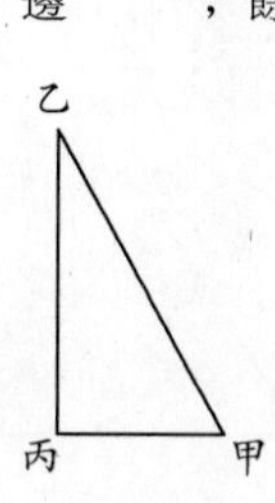

法以切線假數尺之五十三度與半徑相減，用其餘度與假數尺之三十二分三釐相加，得四十二分九釐，即四十二尺九寸爲乙丙邊也。

蓋半徑與甲角正切線之比，同於甲丙邊與乙丙邊之比，而甲角餘切線與半徑之比，亦同於甲丙邊與乙丙邊之比。故以五十三度之餘切線爲一率，四十五度之切線當半徑爲二率，三十二分三釐當甲丙邊爲三率。得四十二分九釐當乙丙邊爲四率。因五十三度切線，自四十五度起是已減去半徑矣。故以二率與三率相加，即得四率，不必更減一率也。

割線假數尺

法按分釐尺二百分之度，作甲丁、乙丙二平行線，又作甲乙、丁丙二線，令成直角。乃取八線對數表內，自一度至八十九度之割線假數，減去首位之一，於分釐尺上取其度，截甲丁、乙丙二邊，依所截點作線與甲乙邊平行。又將甲乙、丁丙二邊，各平分爲十二分，作線與甲丁平行。又依分釐尺法於各平行線之間悉作斜線，則斜線與直線相交之處，即其間之分數，皆與正弦假數尺同。若尺小止用一百分，則截去自八十五度至八十九度之數，從〇度起，

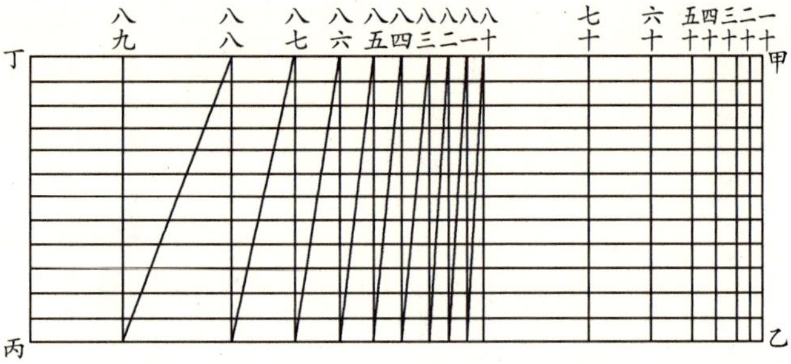

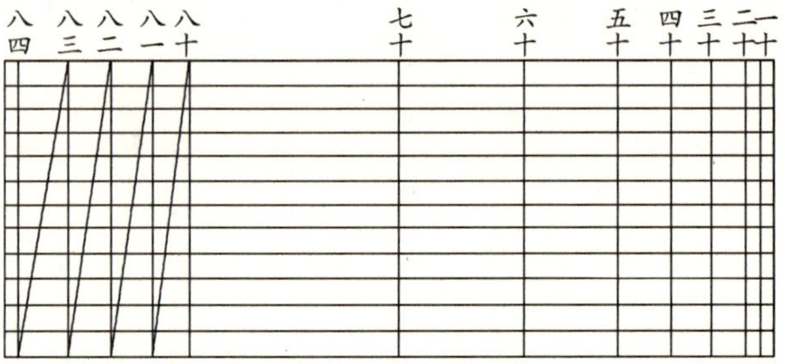

至八十四度止。蓋〇度之割線即半徑，其假數爲一〇。今從〇度起，即減去半徑之數。至八十四度以後，則假數甚大，一尺之内不能容，故止八十四度止也。

設如甲乙丙直角三角形，甲角四十五度三十分，甲丙邊四十二尺九寸，問甲乙邊幾何。

法以割線假數尺之四十五度三十分與假數尺之四十二分九釐相加，得六十一分一釐，即六十一尺一寸爲甲乙邊也。

蓋半徑與甲角割線之比，同於甲丙邊與甲乙邊之比。故以半徑爲一率，四十五度三十分之割線爲二率，四十二分九釐當甲丙邊爲三率。得六十一分一釐當甲乙邊爲四率。因割線先已減去半徑之數，故二率與三率相加，即得四率，不必更減半徑也。

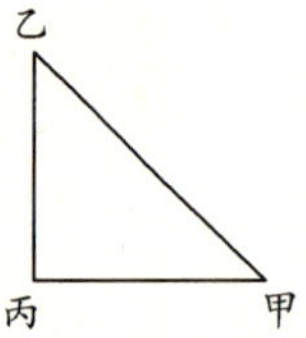

設如甲乙丙直角三角形，甲丙邊四十二尺九寸，甲乙邊五十三尺七寸。問甲角幾何。

法以假數尺之四十二分九釐與五十三分七釐相減，用其餘度自割線假數尺〇度以上量之，得三十七度爲甲角度也。蓋甲丙邊與甲乙邊之比，同於半徑與甲角割線之比。故以四十二分九釐當甲丙邊爲一率，五十三分七釐當甲乙邊爲二率，半徑爲三率。得三十七度當甲角爲四率。因〇度之割線即半徑，故以一率二率相減之餘度，自〇度以上量之，即如與半徑相加也。

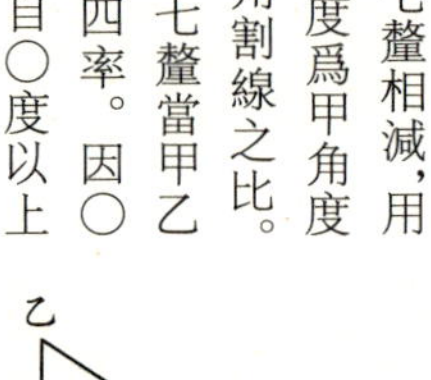

［英］偉烈亞力《數學啟蒙》卷二

有真數檢表求對數法

凡求對數，先視真數有幾位，然後於表内求之。

若真數不過二位［數］，即百下之數，其自一至百各數之對數。如求五，得假數奇零六九八九七〇。求二十三，得假數一零三六一七二八。求五十，得一零六九八九七〇。其他數均依此例。

如有或三位或四位，即百以上萬下之數，依前論因位數定對數之整數，則三位數之對數應整數二，四位數之對數應整數三，其理不待，見表而已可知。故於表内凡百以後各對數之整數，並不紀出至奇零幾位，必須觀表可得。如三位之數，在表左第一行尋得，則第二行内與之平列者，即爲對數之奇零。若真數有四數，則首三位之數，於第一行中尋之既得，乃以第二行所平列者，止用首兩位之數，乃在衆行之上，觀有第四位之數，自上順下有與第一行之真數平列者，是爲奇零末四位之數爰。以整數爲首，第二行之兩位次之，末四位又次之，合而共得爲所求之對數也。

真	假
五	六九八九七〇
二三	一三六一七二八
五〇	一六九八九七〇

如有二百五十一，即三位之數，是以整數爲二，列之爲首位。乃觀表内第二行，與第一行二五一平列者，即爲奇零三九九六七四，續於整數二之右，共得二零三九九六七四，即二百五十一之對數也。如有三千四百零九，即四位之數，故將整數三列爲首。觀表内第一行遇首三位數三四〇，再觀第二行内與之平列者，用首兩位五三，爲奇零之二位，復觀末行頂上有第四位之數九，即自上順下，有與第一行三四〇平列者之二六二七，爲奇零之末四位，乃併列其整數三與第

二行兩位之五三及末行四位之二六二七，共爲三零五三二六二七，即三千四百零九之對數也。

如有五位以外，皆萬以上之數，其真數之首四位數，依前例於表中得其對數。此所得對數，即於表中與其次大者之對數相較，再以此兩對數之真數相較，而後用比例法求之。以兩真數所較之餘數爲一率，以兩對數相較之餘數爲二率，以所求真數之餘數爲三率。推得四率，即三率餘數之對數也。所得餘之對數，併與初得之對數，則得所求之對數矣。

假　二三九九六七四
　　三五三二六二七

真　二五一
　　三四〇九

如有數三十四萬零九百二十六，按前例求其四位三四〇九之對數，得五零五三二六二七，爲其對數。

此四位之數加一即三四一〇，其對數爲五零五三二七五四，其兩真數相較餘一，列爲一率，其對數相較餘一二七，列爲二率，以所求之餘二六爲三率，推得四率三三，爲餘二六之對數。既得此餘之對數三三，以加於初得之對數五零五三二六二七，共得五零五三二六六〇，即三十四萬零九百二十六所求之對數也。

假　五・五三二七五四
　　五・五三二六二七
　　　　一二七
　　五・五三二六二七
　　　　　三三
　　五・五三二六六〇

真　三四一〇
　　三四〇九
　　　　一
　　三四〇九二六

一率　一
二率　一二七
三率　二六
四率　三三

凡真數中或有奇零小數，不拘幾位，其求對數之奇零小數，與整數例同。其求對數之整數，即將真數去其奇零，止因整數之位而定之。

凡求母子分數之對數，以分母之對數於分子之對數內減之，得餘，即爲所求分數之對數。如母大於子，則其對之整數爲負，子大於母，則整數爲正。

如求九十四分之三十七之對數。以分子三十七之對數一零五六八二〇二內減分母九十四之對數一零九七三一二八，餘負一零五九五〇七四，即所求九十四分之三十七之對數也。

凡求整數帶分數之對數，以通分法得共分數，依前例而推之。

如求整數一十七零二十三分之一十四之對數，以通分法化之，得二十三分之四百零五，以分子四百零五之對數二零六〇七四五五，內減分母二十三之對數一零三六一七二八，餘一零二四五七二七，即所求整數一十七零二十三分之一十四之對數也。

假　二・六〇七四五五
　　一・三六一七二八
　　一・二四五七二七

真　四〇五
　　二三
　　一七 一四/二三

假　一・五六八二〇二
　　一・九七三一二八
　丅一・五九五〇七四

真　三七
　　九四
　丅三七/九四

一七 一四/二三 ＝ 四〇五/二三

設如有真數四十八，問假數得幾何。答曰：一零六八一二四一。

設如有真數一百七十九，問假數得幾何。答曰：二零二五二八五三。

設如有真數一千六百五十二，問假數得幾何。答曰：三零二一八〇一。

設如有真數一萬八千三百五十七，問假數得幾何。答曰：四零二六三八〇二。

設如有真數一百二十分之四十五，問假數得幾何。答曰：負一零五七四〇三一。

有假數檢表求真數法

凡由假數求真數，均與真數求假數相反。所有假數，先去其整數，而奇零於表內逐行逐層尋之，即可知真數之對數矣。以假數之整數加一，便爲真數之整數幾位，如不滿真數之位數，其餘爲奇零小數。若假數之整數乃負，以此數之幾爲真數之首位，退單幾位之奇零小數。如負一者爲單下一位，負二者爲單下二位，餘可類推。

若有假數一零五三二八八二，則其真數乃三四一一，假數之整數既爲正一，則真數之整數必有二位，即整數三十四零小數一一也。若有假數負一零五三二八八二，其真數亦三四一一，數目雖同，然假數之整數乃負一，故真數之首數爲退單一位之奇零，即奇零三四一一也。

真　三四一一
　　三四一一

假　一五三二八八二
　丅一五三二八八二

如有假數在表內，不能照數得者，則以比例法求之。檢表內一略大於原假數，一略小於原假數，相較，得餘爲一率，其一小一大平列之，兩真數亦相較，得餘爲二率，以原假數與略小之假數相較，得餘爲三率，推得四率，續於略小者之真數，即原數所求之真數也。

真
三四一〇
三四〇九
二
三四〇九六四

假
五三二七五四
五三二六二七
一二七
五三二七〇八
五三二六二七
八一

一率 一二七　二率 一　三率 八一　四率 六四

如有假數一零五三二七〇八，求其真數。此對數表內未備。則檢表內一大一小兩數之奇零，其大者乃五三二七五四，小者乃五三二六二七，即以此兩數相較，餘一二七爲一率。其兩數之真數大者乃三四一〇，小者三四〇九，相較餘一爲二率。以原假數之五三二七〇八與略小假數之五三二六二七相較，餘八一爲三率。推得四率六四，續於略小真數三四〇九，共得三四〇九六四，

其假數之整數乃一，故真數之整數有二位，則爲整數三十四零小數〇九六四，即所求原有假數之真數也。

設如有假數一零七七〇八五二，問真數得幾何。答曰：五十九。

設如有假數二零一八七五二一，問真數得幾何。答曰：一百五十四。

設如有假數三零二三三七五七，問真數得幾何。答曰：一千七百一十三。

設如有如數四零二五四八八六，問真數得幾何。答曰：一萬七千九百八十四。

設如有假數五零四八二五三六，問真數得幾何。答曰：三十萬零三千七百六十四。

設如有假數六零四五三八七七，問真數得幾何。答曰：二百八十四萬三千六百五十四。

對數代乘法

對數可代乘者，如有兩數欲相乘，檢表得兩數之對數，相併，共得之對數於表內查之，其所對者乃兩真數相乘所得之數矣。假數奇零首位所進之幾，與整數之正則併，負則減。如兩對數之整數同號或兩數皆正，或兩數皆負。則相併，而正負不變。異號一正一負。則相減，其餘之號與大者同，至定真數之整數有幾位，以所得對數之整數，推前例則得之。

設如有二十三零一四與五零〇六二相乘，問得幾何。

法以對數表內二十三零一四之假數一零三六四三六三，與五零〇六二之假數奇零七〇四三二二相加，得二零〇六八六八五。乃查假數之零〇六八六八五相近畧少者，爲〇六八五五七，其所對之真數乃一一七一。又推比例法而得益密，即餘三四七，續於初得之末，所得假數之整數乃二，故真數之整數必三位，則共計得一百一十七零一三四七，即二十三零一四與五零〇六二兩真數相乘所得之數也。

假
一三六四三六三
·七〇四三二二
二·〇六八六八五

真
二三 一四
五·〇六二
一一七·一三四七

設如有一百二十三與四百五十六相乘，問得幾何。答曰：五萬六千零八十八。

設如有二千五百六十四與三千零二十五相乘，問得幾何。答曰：七百七十五萬六千一百。

設如有四萬八千五百五十七與三千九百六十二相乘，問得幾何。答曰：一億九千二百三十八萬二千八百三十四。

設如有四百六十五帶小數四八二與四百三十六帶小數二五相乘，問得幾何。答曰：二十萬三千零六十六帶小數五二一五。

以上之法雖止云兩數相乘者，然斯法之例無論幾層，以對數之加代真數之乘均可矣。

〇·五九一二八七
二·七七六〇九一
二·四九七九三五
一 八六五三一三

七三三四　八六五三四一
七三三三　八六五二八二
〇〇〇〇五九
八六五三一三
七三三三　八六五二八二
〇〇〇〇三一

三·九〇二
五九七·一六
·〇三一四七二八
七三·三三五三

一率 五九　二率 一　三率 三一　四率 〇五三

設如有三零九〇二與五百九十七零一六與小數〇三一四七二八俱相乘，問得幾何。

法以對數表內三零九〇二之假數奇零五九一二八七，與五百九十七零一六之假數二零七七六〇九一又小數〇三一四七二八之假數負二零四九七九三五相加，得一零八六五三一三。乃查此假數之零八六五三一三相近畧少者，爲八六五二八二，其相對之真數得七三三三，又以七三三三之假數與七三三四之假數相減，餘〇〇〇〇五九爲一率。以七三三三與七三三四之較餘一

爲二率。今相加所得之假數與七三三三之假數相減餘〇〇〇〇三一爲三率。推得四率〇五三,即真數七三三三之後二位,其所得假數之整數既一,必知其真數之整數有二位,則共記之得七十三零三三五三,即原有三真數乘得之數矣。

設如有三十六與三十九零八與八十七零二俱相乘,問得幾何。答曰:一十二萬四千九百四十有餘。

設如有九十三零〇四與四百八十二與五零五五俱相乘,問得幾何。答曰:二十四萬八千八百九十一有餘。

設如有三零五八六與二零一〇四六與小數八三七二與小數二九四俱相乘,問得幾何。答曰:小數一八五七六一有餘。

設如有六百一十五與四零三六四與七零二一與小數八五五三俱相乘,問得幾何。答曰:一萬六千五百五十帶小數五有餘。

設如有小數〇九四八與七十八與六零六六與一十三零一〇六與小數四三四七俱相乘,問得幾何。答曰:二百八十零五六七有餘。

設小數〇〇〇五與九零二三與五千四百二十與六十一零一一與小數〇五四九與三百零五俱相乘,問得幾何。答曰:二萬五千五百九十五有餘。

對數代除法

對數可代除者,如有法實兩數,欲除。檢表得法實之兩對數,實內減法,其整數同號則相減,所得者不變正負。異號則相加,所得與實之號同。凡法對數之奇零大於實對數之奇零,則借整數之一作實本位之十,乃如法之整數正則加一,負則減一,餘如乘法。用對數之位數不一,《數理精蘊》用十位,欽天監用八位,此書中止用六位,蓋第七位數滿五以上者進一用之,不滿者棄之。

設如有三十七零一四九,以五百二十三零七六除之,問得幾何。

法以對數表內三十七零一四九之假數一零五六九九四七,內減五百二十三零七六之假數二零七一九一三二,餘負二零八五〇八一五。乃查此假數之零八五〇八一五相近畧少者爲八五〇七六九,其相對之真數得七〇九二,又以七〇九二之假數與七〇九三之假數相減,餘〇〇〇〇六一爲一率。以七〇九二與七〇九三之較餘一爲二率。今餘之假數與七〇九二之假數相減餘〇〇〇〇四六爲三率。得四率〇七五,即真數七〇九二之後二位,其假數之整數既負二,則真數之首爲單下二位乃補〇以足其位,即有小數〇七〇九二七五也。

假	真
一・五六九九四七	三七・一四九
二・七一九一三二	五二三 七六
下二 八五〇八一五	・〇七〇九二七五

設如有九百五十,以二十五除之,問得幾何。答曰:三十八。

設如有三千七百四十四,以一十六除之,問得幾何。答曰:二百三十四。

設如有二萬四千一百六十三,以四千五百六十七除之,問得幾何。答曰:五零二九〇七八有餘。

設如有小數六三一四,以小數〇〇七二四一除之,問得幾何。答曰:八零七一九七九有餘。

對數正比例

對數正比例者,其立率與真數比例同。乃以二率與三率之對數相加,內減一率之對數,餘爲四率,即所求之對數也。

設如有銀二十兩七錢二分,換錢三十千零四十四文。問乙有銀二十三兩四錢六分該換錢若干。

法以甲銀數二千零七十二之假數三零三一六三九〇爲一率,以甲錢數三萬零四十四之假數四零四七七七五八爲二率,以乙銀數二千三百四十六之假數三零三七〇三二八爲三率。然後以二率與三率相加,共得七零八四八〇六,內減一率三零三一六三九〇,餘四零五三一六九六爲四率。此四率之假數所對之真數三萬四千零一十七,即所求乙之錢數。

	真	假
一率	二〇七二	三三一六三九〇
二率	三〇〇四四	四四七七七五八
三率	二三四六	三三七〇三二八
四率	三四〇一七	四五三一六九六

設如有布七疋,作錢十千零十文,問二十二疋,作錢幾何。答曰:三十一千四百六十文。

設張家有田七畝,收米一十三石四斗四升,問李家有田一十九畝,該收米若干。答曰:李家收米三十六石四斗八升。

設如有粳米三百二十四石,每米一石五斗,換糯米一石,問共該糯米幾何。答曰:二百一十六石。

設如甲有銀三十一兩九錢,換錢四十六千二百五十五,今乙有銀一千五百三十五兩三錢,該換錢若干。答曰:二千二百二十六千一百八十五文。

設如有大小同式兩勾股形,知小勾四萬三千七百,大勾七十八萬六千六百,小股四萬三千八百七十五，問大股幾何。答曰：大股七十八萬九千七百五十。
設如有同式勾股形四，知其一形勾三股四弦五，又一形知其勾六，又一形知其股一十二，又一形知其弦二十，問三形勾股弦各若干。答曰：勾六一形股八弦十，股一十二一形勾九弦一十五，弦二十一形勾一十二股一十六。

對數連比例

對數連比例者，以二率之假數倍之，所得內減首率之假數，餘爲三率之假數。以二率與三率之假數相加，內減首率之假數，餘爲四率之假數。其四以上之各率每加二率，所得內減首率，則得餘爲次各率之假數也。

設如有連比例之首率七，二率四十九，問三率、四率、五率、六率各若干。

	真	假
率一	七	八四五〇九八
率二	四九	一六九〇一九六
率三	三四三	二五三五二九四
率四	二四〇一	三・三八〇三九二
率五	一六八〇七	四二二五四九〇
率六	一一七六四九	五・〇七〇五八八

法以二率四十九之假數一零六九〇一九六倍之，得三零三八〇三九二，內減首率七之假數奇零八四五〇九八，餘二零五三五二一九四，爲三率之假數。又以二率假數與三率假數相加，內減首率假數，餘三零三八〇三九二，爲四率之假數。又以二率假數與四率假數相加，內減首率假數，餘四零二二五四九〇，爲五率之假數。又以二率假數與五率假數相加，內減首率假數，餘五零〇七〇五八八，爲六率之假數。乃以對數表查各率假數之真數，即得三率三百四十三，四率二千四百零一，五率一萬六千八百零七，六率一十一萬七千六百四十九。

設三率連比例有首率二，中率四，問末率若干。答曰：八。

設有連比例之一率一萬，二率九千九百，問三率、四率、五率、六率、七率、八率各若干。答曰：三率九千八百零一，四率九千七百零二帶小數九有餘，五率九千六百零五帶小數九有餘，六率九千五百零九有餘，七率九千四百一十四有餘，八率九千三百二十帶小數六有餘。

設三率連比例有首率九，中率五，問末率若干。答曰：二帶循環數七。

設有長方池與正方池，大小相同。知長方池之闊七丈五尺，正方池邊一十三丈五尺。問兩池積尺及長方池之長各若干。答曰：積尺一萬八千二百二十五，兩池同。長方池之長二十四丈三尺。

對數代乘方法

對數代自乘者，如有真數欲自乘幾次，檢表得真數之對數。自乘一次者，二乘之，自乘二次者，三乘之，自乘三次者，四乘之。每多一自乘，則每加一乘之，以乘得之假數檢表，得真數，即自乘幾次之數也。設假之整數負，然奇零首位所進之數既恒正，則於乘得之整數內減得餘之數仍爲負矣。

設如有小數〇九一六三，以三乘方積之，問得幾何。

法檢表得真數奇零〇九一六三之對數，負二零九六二〇三八。以四乘之，自末位起乘，以至奇零首位得數，既進上位三，而整數負二所得之數負八，內減所進之三餘負五，共得負五零八四八一五二，爲真數奇零〇〇〇〇七〇四九有餘，即小數〇九一六三之三乘方積數也。

真	假
·〇九一六三	丅二・九六二〇三八
	四
·〇〇〇〇七〇四九	丅五・八四八一五二

設如有二帶小數五七九一，自乘之，問得幾何。答曰：六帶小數六五一七五有餘。

設如有三帶小數〇七一四六，以立方積之，問得幾何。答曰：二十八帶小數九七五有餘。

設如有小數〇三四〇五，以四乘方積之，問得幾何。答曰：小數四五有餘 〇〇〇〇〇〇。

設如有小數六三五〇一，以五乘方積之，問得幾何。答曰：小數六五五五六有餘。

設有小數二三，以七乘方積之，問得幾何。答曰：〇〇〇〇〇七八三一有餘。

設如有一帶小數〇〇四五，以三百六十四乘方積之，問得幾何。答曰：五帶小數一四九三有餘。

對數代開方法

對數可代開方者，如有真數欲開方，檢表得真數之對數，欲開平方者，二除之。開立方者，三除之。開三乘方者，四除之。每多一乘，則每加一數除，以所除得之假數檢表，得真數，即開方所得之元數也。若整數爲負，無論爲法之一倍，二倍，以至多倍，必令與法齊。設以法之除有不滿者，必加數以滿之。但整數加一，則奇零之首位必加十，或加二，則奇零之首位必加二十也。餘倣此。

設如正方體積小數〇〇〇四八，開立方，問每一邊數幾何。

法以對數表之小數〇〇〇四八之假數負四零六八一二四一，用三歸之，以假數之整數爲負四，即法三所歸不盡，則加二，令之與法齊，共爲六，即得法三之二倍，乃紀二。又以所借之二，移於奇零之首位，爲二十，加本位之六，得二十六。以後按法歸之，得負二零八九三七四七，仍查假數所對之真數，得小數(〇〇〇〇)〇七八二九七三，即立方所得每邊之數也。

丅二・八九三七四七	〇七八二九七三
三	
丅四　六八一二四一	〇〇〇四八

設如有正方體積一萬三千八百二十四尺，開立方，問每一邊數幾何。答曰：二十四。

設如有正方冪積三百六十五，開平方，問每一邊數幾何。答曰：一十九帶小數一〇四九有餘。

設如有體積二，開九乘方，問元得幾何。答曰：一帶小數〇七一七七三有餘。

一次

	假	真
首	〇・〇	一・〇〇〇〇〇〇〇
中	〇・五	三・一六二二七七七
末	一・〇	一〇　〇〇〇〇〇〇〇

二次

	假	真
首	〇・五〇	三　一六二二七七七
中	〇・七五	五　六二三四一三二
末	一・〇〇	一〇　〇〇〇〇〇〇〇

假

〇・七五〇	二
〇・八七五	一
一・〇〇〇	〇

〇・八七五〇	一
〇・九三七五	二
一・〇〇〇〇	〇

設如有正方冪積小數九三，開平方，問每一邊數幾何。答曰：小數三〇四九五八有餘。

造對數法之一

凡十百千萬之假數既定，而欲求其間零數之假數。法以前後相近已知假數之兩數，一爲首率，一爲末率，求中率之真數。以首末兩率相乘開平方而得求中率之假數，以首末兩率之假數相加折半而得，累次推比例，使中率恰得所求之真數，其假數即爲所求之假數。

設如有真數九，求假數得幾何。

法因九在一與十之間，以一爲首率，十爲末率，相乘開方得三零一六二二七七七，爲第一次中率之真數。即以首率一之假數〇與末率十之假數一相加折半得奇零五，爲第一次中率之假數。此所得之中率較之首率去九爲近，故以所得之中率復爲首率，仍以十爲末率，相乘開方得五零六二三四一三二爲第二次中率之真數，即以二次首率末率兩假數相加折半，得奇零七五，爲第二次中率之假數。又以第二次中率復爲首率，十爲末率，相乘開方得七零四九八九四二一，爲三次中率之真數。即以三次首率末率兩假數相加折半，得奇零八七五爲三次中率之假數。又以三次中率復爲首率，十爲末率，相乘開方得八零六五九六四三二爲四次中率之真數。即以四次首率末率兩假數相加折半，得奇零九三七五，爲四次中率之假數。又以四次中率復爲首率，十爲末率，相乘開方得九零三〇五七二〇四，爲五次中率之真數。即以五次首率末率兩假數相加折半，得奇零九六八七五，爲五次中率之假數。此所得之中率較之末率去九爲近，故以爲末率，仍以五次首率爲首率，按法以得六次中率之真數假數。由此遞推，去九漸近。要必有一數較九微小，一數微大，恒以微小者爲首率，大者爲末率，按法遞求至二十餘次幾及三十次，則恰得九零。

其假數奇零九五四二四二五，即所求之假數也。求二，三，四，五，六，七，八，及自一十一以下各真數所對之假數倣此。

真

三次	首	五・六二三四一三
	中	七・四九八八四二
	末	一〇　〇〇〇〇〇〇
四次	首	七・四九八九四二
	中	八・六五九六四三
	末	一〇　〇〇〇〇〇〇

次五

	假	真
首	〇・九三七五〇	八・六五九六四三二
中	〇・九六八七五	九・三〇五七二〇四
末	一・〇〇〇〇〇	一〇・〇〇〇〇〇〇〇

設如有真數七，求假數，問得幾何。答曰：奇零八四五〇九八〇。

設如有真數一十一，求假數，問得幾何。答曰：一零〇四一三九二七。

設如有真數一十七，求假數，問得幾何。答曰：一零二三〇四四八九。

設如有真數二十三，求假數，問得幾何。答曰：一零三六一七二七八。

設如有真數二十九零五四七，求假數，問得幾何。答曰：一零四七〇五一三四。

設如有真數三百六十七零二七，求假數，問得幾何。答曰：二零五六四九八五五。

造對數法之二

置定數奇零八六八五八八九六四爲實，以真數倍之減一爲法，以法除實爲

八六八五八八九六四	五
一七三七一七七九三	二五
六九四八七一二	二五
二七七九四八	二五
一一一一八	二五
四四五	二五
一八	

	一七三七一七七九三
	二三一六二三七
	五五五九〇
	一五八八
	五〇
	二
真	·一七六〇九一二六〇
二	·三〇一〇二九九九五
三	·四七七一二一二五五

一	一七三七一七七九三
三	六九四八七一二
五	二七七九四八
七	一一一一八
九	四四五
	一八

第一數,以法自乘除第一數爲第二數,以法自乘除第二數爲第三數,如次遞除至盡位而止。乃置第一數以一除之,第二數以三除之,第三數以五除之,每數遞次加二除之,除畢并之,爲對數之較,加入真數減一之對數,而所求之對數也。

設如有真數三,求假數,問得幾何。

法以三倍之減一餘五爲法,以除定數奇零八六八五八八九六四,得奇零一七三七一七七九三,爲第一數。乃以法五自乘得二十五除第一數得奇零〇〇六九四八七一二,爲第二數。再以五之乘方二十五爲法,除第二數得奇零〇〇〇二七七九四八,爲第三數。又以二十五爲法,除第三數得奇零〇〇〇〇一一一一八,爲第四數。又以二十五爲法,除第四數得奇零〇〇〇〇〇〇四四五,爲第五數。又以二十五爲法,除第五數得奇零〇〇〇〇〇〇〇一八,爲第六數。此一十八較二十五爲少,故除不得而止。爰置第一數以一除之,仍得奇零一七三七一七七九三,列於上。第二數以三除之,得奇零〇〇二三一六二三七,列於一得數下。第三數以五除之,得奇零〇〇〇〇五五五九〇,列於二得數下。第四數以七除之,得奇零〇〇〇〇〇一五八八,列於三得數下。第五數以九除之,得奇零〇〇〇〇〇〇〇五〇,列於四得數下。第六數以一十一除之,得奇零〇〇〇〇〇〇〇〇〇二,列於五得數下。除畢,併其所得之幾數,共計得奇零一七六〇九一二六〇爲二與三之假數之較,加入二之假數奇零三〇一〇二九九九五共得奇零四七七一二一二五五,即爲所求三之假數也。

設如有真數二,求假數,問得幾何。答曰:奇零三〇一〇二九九九六。

設如有真數八,求假數,問得幾何。答曰:奇零九〇三〇八九九八七。

設如有真數一十三,求假數,問得幾何。答曰:一零一一三三三五二。

設如有真數一十九,求假數,問得幾何。答曰:一零二七八七五三六〇一。

設如有真數三十一,求假數,問得幾何。答曰:一零四九一三六一六九四。

設如有真數三十七,求假數,問得幾何。答曰:一零五六八二一七二四。

設如有真數四十一,求假數,問得幾何。答曰:一零六一二七八三八五七。

設如有真數四十三,求假數,問得幾何。答曰:一零六三三四六八四五六。

設如有真數四十七,求假數,問得幾何。答曰:一零六七二〇九七八五八。

設如有真數五十一,求假數,問得幾何。答曰:一零七〇七五七〇一七六。

造對數法之三

凡求假數先求得一至九,十一至十九,一百零一至一百零九,一千零一至一千零九,一萬零一至一萬零九,十萬零一至十萬零九,一百萬零一至一百萬零九,一千萬零一至一千萬零九,一億零一至一億零九,十億零一至十億零九,一百億零一至一百億零九之九十九數,而他數皆由此生。然此九十九數內有以兩數相乘除而得者,則以兩假數相加減,即爲所求真數之假數。至十萬以後,則又可以比例而得,不必逐一而求也。

設如有四、五、六、一十二四真數,求假數,問得幾何。

真	假
二	〇·三〇一〇二九九九五
	二
四	〇·六〇二〇五九九九〇
一〇	一·〇〇〇〇〇〇〇〇〇〇
二	〇·三〇一〇二九九九五
五	〇 六九八九七〇〇〇五

真	假
二	〇·三〇一〇二九九九五
三	〇·四七七一二一二五五
六	〇·七七八一五一二五〇
二	〇·三〇一〇二九九九五
六	〇·七七八一五一二五〇
一二	一·〇七九一八一二四五

如一至九之九數,惟二、三、七之三數,用前例求之。至於四,則係二自乘之數,故以二之假數倍之,即得四之假數。至於五係以二除十所得之數,故以二之假數減十之假數,即得五之假數。至於六,係二與三相乘之數,故以二與三之兩假數相併,即得六之假數。推之於八於九,無不皆然。又如一十一至一十九,凡九數,惟一十一、一十三、一十七、一十九四數,必用前例求之。至於一十二,係二與六相乘之數,故以二與六之兩假數相併,即得一十二之假數。若一十四、一十五、一十六、一十八四數,則真數皆有兩數相乘而得,其假數皆有兩數相加而得。餘皆倣此。

設如有真數九，求假數，問得幾何。答曰：奇零九五四二四二五九。

設如有真數一十四，求假數，問得幾何。答曰：一零一四六一二八〇三五。

清・李善蘭《對數探源》卷二　詳法

先求二十尖錐汎積尖錐本無盡，然用以造表二十已足矣。

法借一萬萬爲長方積，即爲諸尖錐之根于上。二除得五千萬爲平尖錐積。三除得三千三百三十三萬三千三百三十三爲立尖錐積。四除得二千五百萬爲三乘尖錐積。五除得二千萬爲四乘尖錐積。六除得一千六百六十六萬六千六百六十六爲五乘尖錐積。七除得一千四百二十八萬五千七百一十四爲六乘尖錐積。八除得一千二百五十萬爲七乘尖錐積。九除得一千一百一十一萬一千一百一十一爲八乘尖錐積。十除得一千萬爲九乘尖錐積。十一除得九百〇九萬〇九百〇九爲十乘尖錐積。十二除得八百三十三萬三千三百三十三爲十一乘尖錐積。十三除得七百六十九萬二千三百〇七爲十二乘尖錐積。十四除得七百一十四萬二千八百五十七爲十三乘尖錐積。十五除得六百六十六萬六千六百六十六爲十四乘尖錐積。十六除得六百二十五萬爲十五乘尖錐積。十七除得五百八十八萬二千三百五十三爲十六乘尖錐積。十八除得五百五十五萬五千五百五十五爲十七乘尖錐積。十九除得五百二十六萬三千一百五十七爲十八乘尖錐積。二十除得五百萬爲十九乘尖錐積。

二十尖錐汎積表

長方	一〇〇〇〇〇〇〇〇
平	〇五〇〇〇〇〇〇〇
立	〇三三三三三三三三
三乘	〇二五〇〇〇〇〇〇
四乘	〇二〇〇〇〇〇〇〇
五乘	〇一六六六六六六六
六乘	〇一四二八五七一四
七乘	〇一二五〇〇〇〇〇
八乘	〇一一一一一一一一
九乘	〇一〇〇〇〇〇〇〇
十乘	〇〇九〇九〇九〇九
十一乘	〇〇八三三三三三三
十二乘	〇〇七六九二三〇七
十三乘	〇〇七一四二八五七
十四乘	〇〇六六六六六六六
十五乘	〇〇六二五〇〇〇〇
十六乘	〇〇五八八二三五三
十七乘	〇〇五五五五五五五
十八乘	〇〇五二六三一五七
十九乘	〇〇五〇〇〇〇〇〇

乃分此汎積爲十段，求其第二段至第十段之共積。

法置汎積表最下一層，以二除之，得二百五十萬，加入第二層，得七百七十六萬三千一百五十七。又以二除之，得三百八十八萬一千五百七十八，加入第三層，得九百四十三萬七千一百三十四。又以二除之，得四百七十一萬八千五百六十七，加入第四層，得一千〇六十萬〇九百二十〇。又以二除之，得五百三十萬〇四百六十〇，加入第五層，得一千一百五十五萬〇四百六十〇。又以二除之，得五百七十七萬五千二百三十，加入第六層，得一千二百四十四萬一千八百九十六。又以二除之，得六百二十二萬〇九百四十八，加入第七層，得一千三百三十六萬三千八百〇五。又以二除之，得六百六十八萬一千九百〇二，加入第八層，得一千四百三十七萬四千二百〇九。又以二除之，得七百一十八萬七千一百〇四，加入第九層，得一千五百五十二萬〇四百三十七。又以二除之，得七百七十六萬〇二百一十八，加入第十層，得一千六百八十五萬一千一百二十七。又以二除之，得八百四十二萬五千五百六十三，加入第十一層，得一千八百四十二萬五千五百六十三。又以二除之，得九百二十一萬二千七百八十一，加入第十二層，得二千〇三十二萬三千八百九十二。又以二除之，得一千〇一十六萬一千九百四十六，加入第十三層，得二千二百六十六萬一千九百四十六。又以二除之，得一千一百三十三萬〇九百七十三，加入第十四層，得二千五百六十一萬六千六百八十七。又以二除之，得一千二百八十萬〇八千三百四十三，加入第十五層，得二千九百四十七萬五千〇〇九。又以二除之，得一千四百七十三萬七千五百〇四，加入第十六層，得三千四百七十三萬七千五百〇四。又以二除之，得一千七百三十六萬八千七百五十二，加入第十七層，得四千二百三十六萬八千七百五十二。又以二除之，得二千一百一十八萬四千三百七十六，加入第十八層，得五千四百五十一萬七千七百〇九。又以二除之，得二千七百二十五萬八千八百五十四，加入第十九層，得七千七百二十五萬八千八百五十四。又以二除之，得三千八百六十二萬九千四百二十七，加入最上一層，得一萬三千八百六十二萬九千四百二十七。又以二除之，得六千九百三十一萬四千七百一十三，爲第二段積。

另置汎積表第十二層，以五除之，得二百二十二萬二千二百二十二，加入第十三層，得一千四百七十二萬二千二百二十二。又以五除之，得二百九十四萬四千四百四十四，加入第十四層，得一千七百二十三萬〇一百五十八。又以五除之，得三百四十四萬六千〇三十一，加入第十五層，得二千〇一十一萬二千六百九十七。又以五除之，得四百〇二萬二千五百三十九，加入第十六層，得二千四百〇二萬二千五百三十九。又以五除之，得四百八十萬〇四千五百〇七，加入第十七層，得二千九百八十萬〇四千五百〇七。又以五除之，得五百九十六萬〇九百〇一，加入第十八層，得三千九百二十九萬四千二百三十四。又以五除之，得七百八十五萬八千八百四十六，加入第十九層，得五千七百八十五萬八千八百四十六。又以五除之，得一千一百五十七萬一千七百六十九，加入最上一層，得一萬一千一百五十七萬一千七百六十九。又以五除之，得二千二百三十一萬四千三百五十三，爲第五段積，加入三個第二段積，按：準上卷第四條，分尖錐爲二段，則第二段積，即第三第四兩段之共積。若分五段，則第二段積，即第六至第十凡五段之共積。故三個第二段積即八段共積也。得二萬三千〇二十五萬八千四百九十二，即第二段至第十段共積也。

求第五段止用九個尖錐者，九乘尖錐用五連除十次已不足一數，故九乘以下俱不用也。

次求二十尖錐定積

法以二段至十段共積二三〇二五八四九二爲一率，長方積一〇〇〇〇〇〇〇〇爲二率，二段至十段定共積一〇〇〇〇〇〇〇〇〇爲三率。求得四率〇四三四二九四五一爲定長方積，即爲諸尖錐定積之根，于上。如前求汎積，法二而一，得〇二一七一四七二五爲平尖錐定積。三而一，得〇一四四七六四八三爲立尖錐定積。四而一，得〇一〇八五七三六二爲三乘尖錐定積。五而一，得〇〇八六八五八九〇爲四乘尖錐定積。六而一，得〇〇七二三八二四一爲五乘尖錐定積。七而一，得〇〇六二〇四二〇七爲六乘尖錐定積。八而一，得〇〇五四二八六八一爲七乘尖錐定積。九而一，得〇〇四八二五四九四爲八乘尖錐定積。十而一，得〇〇四三四二九四五爲九乘尖錐定積。十一而一，得〇〇三九四八一三一爲十乘尖錐定積。十二而一，得〇〇三六一九一二〇爲十一乘尖錐定積。十三而一，得〇〇三三四〇七二七爲十二乘尖錐定積。十四而一，得〇〇三一〇二一〇三爲十三乘尖錐定積。十五而一，得〇〇二八九五二九六爲十四乘尖錐定積。十六而一，得〇〇二七一四三四〇爲十五乘尖錐定積。十七而一，得〇〇二五五四六七三爲十六乘尖錐定積。十八而一，得〇〇二四一二七四七爲十七乘尖錐定積。十九而一，得〇〇二二八五七六〇爲十八乘尖錐定積。二十而一，得〇〇二一七一四七二爲十九乘尖錐定積。

二十尖錐定積表

十二	〇四三四二九四五一	方長
九十	〇二一七一四七二五	平
八十	〇一四四七六四八三	立
七十	〇一〇八五七三六二	乘三
六十	〇〇八六八五八九〇	乘四
五十	〇〇七二三八二四一	乘五
四十	〇〇六二〇四二〇七	乘六
三十	〇〇五四二八六八一	乘七
二十	〇〇四八二五四九四	乘八
一十	〇〇四三四二九四五	乘九
十	〇〇三九四八一三一	乘十
九	〇〇三六一九一二〇	乘一十
八	〇〇三三四〇七二七	乘二十
七	〇〇三一〇二一〇三	乘三十
六	〇〇二八九五二九六	乘四十
五	〇〇二七一四三四〇	乘五十
四	〇〇二五五四六七三	乘六十
三	〇〇二四一二七四七	乘七十
二	〇〇二二八五七六〇	乘八十
一	〇〇二一七一四七二	乘九十

既得二十尖錐定積，便可依此造表。今取正數自一至十，逐一求其對數，以爲例，餘可類推也。

一之對數不可求，故借〇爲對數。

正數 對數

一 〇〇〇〇〇〇〇〇〇

解曰：一之對數即尖錐合積中之最下一段，其數無盡不可求，故命爲〇也。

求二之對數。

法置尖錐定積表最下一層〇〇二一七一四七二。以二除之，得〇〇一〇八五七三六，加入第二層，得〇〇三三七一四九六。又以二除之，得〇〇一六八五七四八，加入第三層，得〇〇四〇九八四九五，又以二除之，得〇〇二〇四九二四七，加入第四層，得〇〇四六〇三九二〇。又以二除之，得〇〇二三〇一九六〇，加入第五層，得〇〇五〇一六三〇〇。又以二除之，得〇〇二五〇八一五〇，加入第六層，得〇〇五四〇三四四六。又以二除之，得〇〇二七〇一七二三，加入第七層，得〇〇五八〇三八二六。又以二除之，得〇〇二九〇一九一三，加入第八層，得〇〇六二四二六四〇。又以二除之，得〇〇三一二一三二〇，加入第九層，得〇〇六七四〇四四〇。又以二除之，得〇〇三三七〇二二〇，加入第十層，得〇〇七三一八三五一。又以二除之，得〇〇三六五九一七五，加入第十一層，得〇〇八〇〇二一二〇。又以二除之，得〇〇四〇〇一〇六〇，加入第十二層，得〇〇八八二六五五四。又以二除之，得〇〇四四一三二七七，加入第十三層，得〇〇九八四一九五八。又以二除之，得〇〇四九二〇九七九，加入第十四層，得〇一一一二五一八六。又以二除之，得〇〇五五六二五九三，加入第十五層，得〇一二八〇〇八三四。又以二除之，得〇〇六四〇〇四一七，加入第十六層，得〇一五〇八六三〇七。又以二除之，得〇〇七五四三一五三，加入第十七層，得〇一八四〇〇五一五。又以二除之，得〇〇九二〇〇二五七，加入第十八層，得〇二三六七六七四〇。又以二除之，得〇一一八三八三七〇，加入第十九層，得〇三三五五三〇九五。又以二除之，得〇一六七七六五四七，加入第二十層，得〇六〇二〇五九九八。又以二除之，得〇三〇一〇二九九九，末三位收爲整數，得〇三〇一〇三〇〇〇，爲一與二兩對數之較，一無對數，故一與二兩對數之較即二之對數也。

正數	對數
一	〇〇〇〇〇〇〇〇〇
二	〇三〇一〇三〇〇〇

解曰：以正數爲法，除尖錐表最下一層，加入上一層，再以法除之，加入再上一層，再以法除之，如此遞加遞除，至最上一層而止，得兩對數之較，加入前對數得本對數。凡依次求對數者皆用此法。

求三之對數。

法以三連次自乘至十三次，得〇〇四七八二九六九，大於表中十三乘尖錐積，便以十三乘尖錐〇〇三一〇二一〇三爲最下一層。以三除之，得〇〇一〇三四〇三四，加入第八層，得〇〇四三七四七六一。又以三除之，得〇〇一四五八二五三，加入第九層，得〇〇五〇七七三七三。又以三除之，得〇〇一六九二四五七，加入第十層，得〇〇五六四〇五八八。又以三除之，得〇〇一八八〇一九六，加入第十一層，得〇〇六二二三一四一。又以三除之，得〇〇二〇七四三八〇，加入第十二層，得〇〇六八九九八七四。又以三除之，得〇〇二二九九九五八，加入第十三層，得〇〇七七二八六三九。又以三除之，得〇〇二五七六二一三，加入第十四層，得〇〇八七八〇四二〇。又以三除之，得〇〇二九二六八〇六，加入第十五層，得〇一〇一六五〇四七。又以三除之，得〇〇三三八八三四九，加入第十六層，得〇一二〇七四一三九。又以三除之，得〇〇四〇二四七四六，加入第十七層，得〇一四八八二〇八。又以三除之，得〇〇四九六〇七〇二，加入第十八層，得〇一九四三七一八五。又以三除之，得〇〇六四七九〇六一，加入第十九層，得〇二八一九三七八六。又以三除之，得〇〇九三九七九二八，加入最上一層，得〇五二八二七三七九。又以三除之，得〇一七六〇九一二六，爲二與三兩對數之較，加入二之對數〇三〇一〇三〇〇〇，得〇四七七一二一二六，即三之對數也。

正數	對數
一	〇〇〇〇〇〇〇〇〇
二	〇三〇一〇三〇〇〇
三	〇四七七一二一二六

解曰：以正數自乘十三次大於十三乘尖錐積，則十三乘尖錐積以正數除十四次已不滿法，十四乘以下諸尖錐必愈不滿法矣。故竟命十三乘尖錐爲最下一層，十四乘以下俱去不用也。後俱仿此。

求四之對數。

法置二之對數〇三〇一〇三〇〇〇，倍之，得〇六〇二〇六〇〇〇，即四之對數也。

正數	對數
一	〇〇〇〇〇〇〇〇〇
二	〇三〇一〇三〇〇〇
三	〇四七七一二一二六
四	〇六〇二〇六〇〇〇

解曰：正數可以乘除得者，對數即可以加減得。正數以二自乘得四，故以二之對數倍之，即成四之對數。

求五之對數。

法置十之對數一〇〇〇〇〇〇〇〇〇，以二之對數〇三〇一〇三〇〇〇減之，得〇六九八九七〇〇〇，即五之對數也。

正數	對數
一	〇〇〇〇〇〇〇〇〇
二	〇三〇一〇三〇〇〇
三	〇四七七一二一二六
四	〇六〇二〇六〇〇〇
五	〇六九八九七〇〇〇

解曰：前所設二段至十段定共積一萬萬，即一與十兩對數之較，一無對數，故知十之對數爲一萬萬也。餘見第四條下。

求六之對數。

法置二之對數〇三〇一〇三〇〇〇，以三之對數〇四七七一二一二六加之，得〇七七八一五一二六，即六之對數也。

正數	對數
一	〇〇〇〇〇〇〇〇〇
二	〇三〇一〇三〇〇〇
三	〇四七七一二一二六
四	〇六〇二〇六〇〇〇
五	〇六九八九七〇〇〇
六	〇七七八一五一二六

解見第四條下。

求七之對數。

法以七連次自乘至七次，得〇〇五七六四八〇一，大于表中七乘尖錐積，便以七乘尖錐〇〇五四二八六八一爲最下一層。以七除之，得〇〇〇七七五五二五，加入第十四層，得〇〇六九七九九七三二。又以七除之，得〇〇〇九九七一〇四，加入第十五層，得〇〇八二三五三四五。又以七除之，得〇〇一一七六四七七，加入第十六層，得〇〇九八六二三六七。又以七除之，得〇〇一四〇八九〇九，加入第十七層，得〇一二二六六二七一。又以七除之，得〇〇一七五二三三二四，加入第十八層，得〇一六二二八八〇七。又以七除之，得〇〇二三一八四〇一，加入第十九層，得〇二四〇三三一二六。又以七除之，得〇〇三四三三三〇三，加入最上一層，得〇四六八六二七五四。又以七除之，得〇〇六六九四六七九，爲六與七兩對數之較，以加六之對數〇七七八一五一二六，得〇八四五〇九八〇五，即七之對數也。

正數	對數
一	〇〇〇〇〇〇〇〇〇
二	〇三〇一〇三〇〇〇
三	〇四七七一二一二六
四	〇六〇二〇六〇〇〇
五	〇六九八九七〇〇〇
六	〇七七八一五一二六
七	〇八四五〇九八〇五

解見第二及第三條下。

求八之對數。

法置四之對數〇六〇二〇六〇〇〇，以二之對數〇三〇一〇三〇〇〇加之，得〇九〇三〇九〇〇〇，即八之對數也。

正數	對數
一	〇〇〇〇〇〇〇〇〇
二	〇三〇一〇三〇〇〇
三	〇四七七一二一二六
四	〇六〇二〇六〇〇〇
五	〇六九八九七〇〇〇
六	〇七七八一五一二六
七	〇八四五〇九八〇五
八	〇九〇三〇九〇〇〇

解見第四條下。

求九之對數。

法置三之對數〇四七七一二一二六，倍之得〇九五四二四二五二，即九之對數也。

正數	對數
一	〇〇〇〇〇〇〇〇
二	〇三〇一〇三〇〇
三	〇四七七一二一二六
四	〇六〇二〇六〇〇
五	〇六九八九七〇〇
六	〇七七八一五一二六
七	〇八四五〇九八〇五
八	〇九〇三〇九〇〇
九	〇九五四二四二五二

解見第四條下。

求十之對數。

法置前求尖錐定積時所設之二段至十段定共積一〇〇〇〇〇〇〇〇〇，即十之對數也。

正數	對數
一	〇〇〇〇〇〇〇〇
二	〇三〇一〇三〇〇
三	〇四七七一二一二六
四	〇六〇二〇六〇〇
五	〇六九八九七〇〇
六	〇七七八一五一二六
七	〇八四五〇九八〇五
八	〇九〇三〇九〇〇
九	〇九五四二四二五二
一〇	一〇〇〇〇〇〇〇〇〇

解見第五條下。

右第四、第五、第六、第八、第九五條，其對數皆以加減得，與舊術同。第二、第三、第七三條，其對數皆用諸尖錐遞加遞除得。而二之對數用二十個尖錐，三之對數止用十四個尖錐，七之對數止用八個尖錐。正數愈多，則所用之尖錐愈少，至正數五千以上，可止用一長方，除一次即得兩對數之較。以視舊術之正數屢次相乘開平方，對數屢次相加折半至開方數十次而得者，其簡易何啻倍蓰也。

清・戴煦《對數簡法》卷上

開方第一術

開平方向用商除。商除者，以意商度商。度一次僅得一位，故初商次商三商以次遞求。位數多者頗覺繁重，其所以繁重之故，緣乘除皆係有法有實，而開方但有實而無法，必以意商度始得其數。兹別立一法，不用商除，但用乘除，而得數仍合，可免以意商度之難，爲較便也。

術曰：自一至九爲初商根，各自乘以次列之爲初商實，以所設方積較初商實，取其稍大于方積者，以其方根爲第一數。次以初商實内減方積爲減餘數，以第一數除之，二除之，爲第二數。又以減餘數除初商實，所得爲每數除法，乃以除法除第二數，一乘之，四除之，爲第三數。以除法除第三數，三乘之，六除之，爲第四數。以除法除第四數，五乘之，八除之，爲第五數。以除法除第五數，七乘之，十除之，爲第六數。每數以一三五七九諸奇數爲乘法，以二四六八十諸偶數爲除法，依次遞求至應求位數下第一數恒爲正，第二數以下均爲負，并諸負數，以減第一正數，得所求方根。

假如有平方積一〇，欲求方根五位。

法檢初商實得一六，爲較大于設數。即以其方根四〇〇〇〇〇〇凡求方根，須增求位數，則尾位方準。故加六空位，求至七位。又凡單位加□別之。爲第一數。次以初商實内減平方積得減餘數六〇〇〇〇〇〇，以第一數除之，二除之，得七五〇〇〇〇爲第二數。又以減餘數除初商實，得二六六六六六七，爲每數除法。乃以除法除第二數，一乘之，四除之，得七〇三一二爲第三數。以除法除第三數，三乘之，六除之，得一三一八四爲第四數。如是遞求得第五數三〇九〇，第六數八一一，第七數二二八，第八數六七，第九數二〇，第十數六，第十一數二。于是并第二數以下得八三七七二〇，以減第一數，得[三]一六二二八〇，截用五位，尾位以下滿五進一，算得[三]一六二三，即方根也。

第一數	[四]〇〇〇〇〇〇
二	七五〇〇〇〇
三	七〇三一二
四	一三一八四
五	三〇九〇
六	八一一
七	二二八
八	六七
九	二〇
十	六
十一	二
并得數	〇八三七七二〇
減得數	[三]一六二二八〇
	[四]〇〇〇〇〇〇

開方第二術

前術求五位之方根已求至十一數，若求多位必至數十百數，雖免商除之難，而立術仍屬繁重。所以然者，以逐數降位之難也。或一數而降一位，或兩數而始降一位。夫至兩數而始降一位，則求兩數方可代商除一次矣。而降位之難，實由于逐數除法之小，除法之小，又由于減餘數之大。茲復立截位開方之法，則減餘數小，而一數可降數位，視前術爲較便也。

術曰依前術先求數位方根，然後以此數位之方根虛加一算如先求之方根尾位以下未滿五棄之者應虛加一算，如滿五進一算者不必加。再爲第一數。次以第一數自乘內減方積爲減餘數，以第一數除之，二除之，爲第二數。又以第一數自乘以減餘數除之，爲逐數除法。以下仍如前術入之。

假如有平方積一〇，欲求十六位方根。

法依前術先求五位方根得[三]一六二三〇〇〇〇〇〇〇〇〇〇〇〇，即以爲第一數。以前求方根尾位滿五進一算，故不復虛加一算。次以第一數自乘得一[〇]〇〇〇一四一二九〇〇〇〇〇〇〇〇〇〇〇，內減方積，得減餘數一四一二九〇〇〇〇〇〇〇〇〇〇〇〇，以第一數除之，二除之，得二二三三九七五二七一一六三爲第二數。又以減餘數除第一數，自乘冪得七〇七七四[一]七爲除法，第三數止七位，故除法止用八位。又單位以下之數以除一數，則除後必大于原實。減餘數首位在單位下四位，故能除自乘冪首位十成七百萬。以除第二數，止須截用九位。一乘之，四除之，得七八九〇八四八爲第三數。以除法除第三數，第四數止二位，除法止須截三位，其第三數亦止須截用四位爲實。三乘之，六除之，得五六，爲第四數。于是并第二數以下諸負數，得二二三三九八三一六二〇六七，以減第一正數，得[三]一六二二七七六六〇一六八三七九三三，截去尾位下三三即十六位方根也。

第一數	[三]一六二三〇〇〇〇〇〇〇〇〇〇〇〇
二	二二三三九七五二七一一六三
三	七八九〇八四八
四	五六
并得數	〇〇〇〇〇二二三三九八三一六二〇六七
減得數	[三]一六二二七七六六〇一六八三七九三三
	[三]一六二三〇〇〇〇〇〇〇〇〇〇〇〇

開方第三術

前術較之第一術誠便矣。然前五位方根仍須求至十一數，且若位數再多，則第二數即當求至多位，故又有屢次截位。開方法不復用第三數，而惟求第三數之首位，以驗第二數之相合者，幾位下即變求，而所得之方根屢次自倍，視前術爲較便也。

術曰：以方積較初商實，取稍大者，以其根爲第一數。依前術求得第二數，再求第三數之首位，并入第二數，以減第一數，所得取前二位，尾位下不論滿五未滿咸進一算，再爲第一數，自乘內減方積，得減餘數。依前求第二數，再求第三數之首位，并入第二數，以減第一數，取前四位，尾位下進一算，再爲第一數，如是遞求至應求位數而止，得所求方根。

假如有平方積一〇，欲求三十二位方根。

法以方積較商實得一[六]，爲較大，即以其方根[四]〇〇爲第一數。又以方積減商實，得減餘數[六]〇〇，二除之，又第一數除之，得七五，爲第二數。又以減餘數除商實，得除法[二]六七，以四除第二數，除法除之，得第三數。首位七并入第二數，得八二，以減第一數得[三]一八，去尾位進一算，得[三]二，爲第一次求得數。

又以[三]二〇〇〇爲第一數，自乘得一[〇]二四〇〇，內減方積，得減餘數二四〇〇，二除之，又第一數除之，得三七五，爲第二數。又以減餘數除第一數，自乘冪得除法四[二]七,以四除第二數,除法除之,得第三數。首位二并入第二數,得三七七,以減第一數,得[三]一六二三去尾位進一算,得[三]一六三,爲第二次求得數。

又以[三]一六三○○○○○爲第一數,自乘得一[○]○○四五六九○○,内減方積,得減餘數四五六九○○,二除之,又第一數除之,得七二二二六,爲第二數。又以減餘數除第一數,自乘冪,得除法二一九[○],以四除第二數,除法除之,得第三數。首位八,并入第二數,得七二二三四,以減第一數,得[三]一六二二七七六六,去尾位進一算,得[三]一六二二七七七,爲第三次求得數。

又以[三]一六二二七七○○○○○○爲第一數,自乘得一[○]○○○○○二五一九一七二九○○,内減方積,得減餘數二五一九一七二九○○,二除之,又以第一數除之,得三九八三一六二○四爲第二數。又以減餘數除第一數,自乘冪,得除法三九七○○○○[○],以四除第二數,除法除之,得第三數首位二,并入第二數,得三九八三一六二○六,以減第一數,得[三]一六二二七七六六○一六八三七九四,去尾位進一算,得[三]一六二二七七六六○一六八三八○爲第四次求得數。

又以[三]一六二二七七六六○一六八三八○○○○○○○○○○○○○○○○○○○○爲第一數,自乘得一[○]○○○○○○○○○○四二二四八○九九五一八二四四○○○○,内減方積,得減餘數四二二四八○九九五一八二四四○○○○,二除之,又第一數除之,得六六八○○一一○六四五五五三九○爲第二數。又以減餘數除第一數自乘冪,得除法二三六○○○○○○○○○○○[○],以四除第二數,除法除之,得七,并入第二數,得六六八○○一一○六四五五五三九七,以減第一數,得[三]一六二二七七六六○一六八三七九三三一九九八八九三五四四四六○三,截去尾位三,即三十二位方根也。

第一次　第二次　第三次

	第一次	第二次	第三次
第一數	[四]○○	[三]二○○○	[三]一六三○○○○○
二	七五	三七五	七二二二六
三	七	一	八
并得數	○八二	○○三七七	○○○○七二二三四
減得數	[三]一四	[三]一六二三	[三]一六二二七七六六
	[四]○○	[三]二○○○	[三]一六三○○○○○

第四次

第一數	[三]一六二二七七○○○○○○
二	三九八三一六二○四
三	二
并得數	○○○○○○○三九八三一六二○六
減得數	[三]一六二二七七六六○一六八三七九四
	[三]一六二二七七○○○○○○○○

第五次

第一數	[三]一六二二七七六六○一六八三八○○○○○○○○○○○○○○○○
二	六六八○○一一○六四五五五三九○
三	七
并得數	○○○○○○○○○○○○○○○六六八○○一一○六四五五五三九七
減得數	[三]一六二二七七六六○一六八三七九三三一九九八八九三五四四四六○三
	[三]一六二二七七六六○一六八○○○○○○○○○○○○○○○○

右術求至第五次即得三十二位方根,誠甚便矣,所難者第四、五次多位乘除耳。但除法用珠算口訣既定,商數以下逐次遞減,若至尾位下,則除法位數亦可逐漸省算。若乘法,則起尾位,故以珠算而論,則定位難,若用筆算,則乘後并數難。兹變通籌算,立對表乘法,又參用平方廉隅,立截位乘法二術,庶可化難爲

易，不嫌繁重爲較便也。

表乘術曰，以乘法挨次遞加列爲九行，如原實内九數不全者，不必全列九行。視原實首位何數，即以第幾行爲第一數。再視次位更以第幾行降一位爲第二數。每至三四數，則相并一次，如是遞求至原實末位，乃併諸并數，即乘得數。

第四次三一六二二七七七自乘算式表

第一行	三一六二二七七七
二行	六三二四五五五四
三行	九四八六八三三一
六行	一八九七三六六六二
七行	二二一三五九四三九

併諸併數（即乘得數）	一〇〇〇〇〇〇〇二五一九一七二九
第二併數	〇〇〇〇八七八一六四五一七二九
八	二二一三五九四三九
七	二二一三五九四三九
六	二二一三五九四三九
五	六三二四五五五四
第一併數	九九九九一二二〇八七四〇〇〇
四	六三二四五五五四
三	一八九七三六六六二
二	三一六二二七七七
第一數	九四八六八三三一
原實	三一六二二七七七

截乘術曰，法實各截分爲二，以法上截乘實上截，爲第一乘得數，法下截乘實上截爲第二乘得數，法上截乘實下截爲第三乘得數，法下截乘實下截爲第四乘得數，相并得總乘得數。若自乘，則上截自乘爲第一乘得數，上下截互乘倍之爲第二乘得數，下截自乘爲第三乘得數，相并得總乘得數。

第五次三一六二二七七六六〇一六八三八〇自乘算式[表]

上截表

第一行	三一六二二七七八
二行	六三二四五五五二
三行	九四八六八三二八
六行	一八九七三六六五六
七行	二二一三五九四三二
八行	二五二九八二二〇八

下截表

第一行	六〇一六八三八〇
三行	一八〇五〇五一四〇
六行	三六一〇一〇二八〇
八行	四八一三四七〇四〇

原實中	六〇一六八三八〇
第一數	一八九七三六六五六
二	〇三一六二二七七六
三	一八九七三六六五六
并數一	一九〇二四二六二〇四一六〇〇〇〇
四	二五二九八二二〇八
五	九四八六八三二八
六	二五二九八二二〇八
并數二	二六四九九八八六二八八〇
總并	一九〇二六九一二〇三〇二二八八〇
倍之	三八〇五三八二四〇六〇四五七六〇

左右三數相併（乘得數）	一〇〇〇〇〇〇〇〇〇〇〇〇〇〇〇四二二四八〇九九五一八二四四〇〇
總并	九九九九九九九六一九四六一七六
并數二	〇〇〇〇八七七八四八二六一七六
八	一八九七三六六五六
七	二二一三五九四三二
六	二二一三五九四三二
五	六三二四五五五二
并數一	九九九九一二二一七七二二〇〇〇〇
四	六三二四五五五二
三	一八九七三六六五六
二	三一六二二七七六
第一數	九四八六八三二八
原實上	三一六二二七七六

總并	三六二〇二三三九五一八二四四〇〇
并數	〇〇〇〇五〇四二一一〇二四四〇〇
六	四八一三四七〇四〇
五	一八〇五〇五一四〇
四	四八一三四七〇四〇
并數一	三六一九七二九七四〇八〇
三	三六一〇一〇二八〇
二	〇六〇一六八三八〇
第一數	三六一〇一〇二八〇
原實下	六〇一六八三八〇

開方第四術

凡方積首位單一者，若用前術則必以二爲第一數，而減餘數甚大。故遇平方積首位係單一，而第一數即可用兩位，不必更用初商根，亦較便也。

術曰：以方積第二位折半加一并入首位單一爲第一數。餘依前術入之。

假如有方積[一]七七八二七九四一〇〇三八九，求十四位方根。

法以方積第二位七折半加一得四，再加首位之單一得[一]四〇〇〇爲第一數。自乘得[一]九六〇〇，以方積截用五位。減之，得一八一八，爲減餘數，二除之，又以第一數除之，得六四九，爲第二數。又以減餘數除第一數自乘冪，得除法一〇七八，以四除第二數，除法除之，得第三數。首二位一五并入第二數，得六六四以減第一數，得[一]三三三六，去尾位六進一算，爲第一次求得數。

又以[一]三三四〇〇〇〇爲第一數。自乘得[一]七七九五五六〇，以方積截用八位減之，得一二七六六，爲減餘數，二除之，又第一數除之，得四七八四爲第二數。又以減餘數除第一數自乘冪，得除法一〇四，以四除第二數，除法除之，得第三數。首位一，并入第二數，得四七八五，以減第一數，得[一]三三三五二一五，去尾位五進一算，爲第二次求得數。

	第一次	第二次	第三次
第一數	[一]四〇〇〇	[一]三三四〇〇〇〇	[一]三三三五二二〇〇〇〇〇〇〇
二	六四九	四七八四	五六七八三六五六
三	一五	一	一二
并得數	〇〇六六四	〇〇〇〇四七八五	〇〇〇〇〇〇〇五六七八三六六八
減得數	[一]三三三六	[一]三三三五二一五	[一]三三三五二一四三二一六三三二
	[一]四〇〇〇	[一]三三四〇〇〇〇	[一]三三三五二二〇〇〇〇〇〇〇

又以[一]三三三五二二〇〇〇〇〇〇〇爲第一數。自乘得[一]七七八二八〇九二四四八四〇〇，以方積減之，得減餘數一五一四四四五一〇，以二除之，又第一數除之，得五六七八三六五六爲第二數。又以減餘數除第一數自乘冪，得除法一一三，以四除第二數，除法除之，得第三數。首二位一二，并入第二數，得五六七八三六六八，以減第一數，得[一]三三三五二一四三二一六三三二，去尾位二得十四位方根。

開方第五術

凡方積首位單一下有一空位者，則以空位下一位之數折半加一，而第一數可得三位矣。然單一下有一空位，則空位下一位自乘之隅尚在第五位，故第一數可得四位，不必更用前法也。

術曰：以空位下二位折半加一，併入首二位爲第一數。餘依前術入之。

假如有方積[一]〇七四六〇七八二八三三一三，欲求十四位方根。

法以方積第三四位七四折半加一，得三八，加首二位得[一]〇三八〇〇〇〇爲第一數。自乘得[一]〇七七四四四〇，以方積截用八位。減之，得減餘數二八三六二，以二除之，又第一數除之，得一三六六二爲第二數。以減餘除第一數，得三七，以除第二數，又四除之，得第三數九。并入第二數，得一三六七一，減第一數，尾位進一得[一]〇三六六三三〇，爲第一次求得數。

又以[一]〇三六六三三〇〇〇〇〇〇〇爲第一數。自乘得[一]〇七四六〇七六六八九〇〇，以方積減之，得減餘數一四八三六七七，以二除之，又第一數除之，得七一五六二三〇爲第二數。第三數在十五位下不須求，即以第二數減第一數，得[一]〇三六六三一九二八四三七七〇，去尾位〇，即得十四位方根。

	第一次	第二次
第一數	[一]〇三八〇〇〇〇	[一]〇三六六三三〇〇〇〇〇〇〇
二	一三六七一	七一五六二三〇
三	九	
減得數	[一]〇三六六三三〇	[一]〇三六六三一九二八四三七七〇
	[一]〇三八〇〇〇〇	[一]〇三六六三三〇〇〇〇〇〇〇

開方第六術

凡方積首位單一下有二空位或數空位，依前術求之第一數，已可得多位。若再參用求較數法，則第一數之位數更多，較易于前法。

術曰：以方積自乘，以其單一下之零數折半，內減方積零數爲第一較，四歸之，以減方積零數折半之數。如方積空位二，則截用其四位加一，再加首三位爲第一數。如方積空位三，則截用其六位加一，再加首四位爲第一數，餘依前術入之。

假如有方積[一]○○四五○七三六四二五四五，其自乘數爲[一]○○九○三五○四四八四一四，欲求十四位方根。

法以自乘零數折半，得四五一七五二二四二○七，內減方積零數，得○○一○一五八一六六二爲第一較。以方積零數折半，得二二五三六八二一一七二，以第一較前二位○○一○，用四歸之，得○○○二五，以減方積折半之零數，截用四位進一算，得二二五二，加首三位，得[一]○○二二五二○○○○○○○○爲第一數。自乘得[一]○○四五○九○七一五○四○○，內減方積得減餘數一七○七二四九五○，以二除之，又第一數除之，得八五一七○六七○爲第二數。又以減餘數除第一數，得五八八，以四除第二數，除之，得第三數首二位三六，并入第二數，得八五一七○七○六，以減第一數，得[一]○○二二五一一四八二九二九四，去尾位四，得十四位方根。

第一數	[一]○○二二五二○○○○○○○○
二	八五一七○六七○
三	三六
并得數	○○○○○○○○八五一七○七○六
減得數	[一]○○二二五一一四八二九二九四
	[一]○○二二五二○○○○○○○○

第一較	
四五一七五二二四二○七	二二五三六八二一一七二
四五○七三六四二五四五	○○○二五
○○一○一五八一六六二	二二五二一

開方第七術

凡方積有空位已開方數次，而逐次求其較數，如開方數之第若干較與前一次之第若干較幾歸之相同，則以下開方數只須加減而得，不必更開方。此舊法也。

術曰：以方積零數折半，內減第一次開方零數爲第一次之第一較。以第一次之第一較用四歸之，內減第二次之第一較，爲第二次之第二較。以第二次開方零數折半，內減第三次開方零數，爲第三次之第一較。以第二次之第一較，四歸之，內減第三次之第一較，爲第三次之第二較。以第二次之第二較，八歸之，內減第三次之第二較，爲第三次之第三較。以第三次開方零數折半，內減第四次開方零數，爲第四次之第一較。以第三次之第一較，四歸之，內減第四次之第一較，爲第四次之第二較。以第三次之第二較，八歸之，內減第四次之第二較，爲第四次之第三較。以第三次之第三較，十六歸之，內減第四次之第三較，爲四次之第四較。

如是遞求諸較至無較而止。設第三次之第三較，十六歸之，與第四次之第三較相減卻盡，是第四次無第四較。以下不必開方，即可得其開方數矣。

法以第四次之第三較，十六歸之，爲第五次之第三較。以第四次之第二較，八歸之，內減第五次之第三較，爲第五次之第二較。以第四次之第一較，四歸之，內減第五次之第二較，爲第五次之第一較。以第四次開方零數折半，內減第五次之第一較，爲第五次開方零數加空位及首位之單一，即得第五次開方數。

假如有方積一○一八一五一七二一七一八二，第一次開方得一○○九○三五○四四八四一四，第二次得一○○四五○七三六四二五四五，第三次得一○○二二五一一四八二九二九四，第四次得一○○一一二四九四一三九九九，欲求第五次開方數。

法以方積零數折半，得九○七五八六○八五九一，內減第一次開方零數，得第一次之第一較四○八一六○一七七。

又以第一次開方零數折半，得四五一七五二二四二○七，內減第二次開方零數，得第二次之第一較一○一五八一六六二。以第一次之第一較，四歸之，得一○二○四○○四四，內減第二次之第一較，得第二次之第二較四五八三八二。

又以第二次開方零數折半，得二二五三六八二一一七二，內減第三次開方零數，得第三次之第一較二五三三八三四三。以第二次之第一較，四歸之，得二五三九五四一五，內減第三次之第一較，得第三次之第二較五七○七二。以第二次之第二較，八歸之，得五七二九七，內減第三次之第二較，得第三次之第三較二二五。

又以第三次開方零數折半，得一一二五五七四二四六四，內減第四次開方零數，得第四次之第一較六三二七四六五。以第三次之第一較，四歸之，得六三三四五八五，內減第四次之第一較，得第四次之第二較七一二〇。以第三次之第二較，八歸之，得七一三四，內減第四次之第二較，得第四次之第三較一四。以第三次之第三較，十六歸之，仍得一四，知第四次開方數無四較。

于是，以第四次之第三較，十六歸之，實不滿法而滿五進一算，得一爲第五次之第三較。以第四次之第二較，八歸之，得八九〇，內減第三較，得第五次之第二較八八九。以第四次之第一較，四歸之，得一五八一八六六，內減第二較，得第五次之第一較一五八〇九七七。以第四次開方零數折半，得五六二四七〇六九九九，內減第一較，得第五次開方零數五六二三一二六〇二二，加三空位及首位之單一，得一〇〇〇五六二三一二六〇二二，即第五次開方數也。

第一次

	九〇七五八六〇八五九一 九〇三五〇四四八四一四
第一較	四〇八一六〇一七七

第二次

	四五一七五二二四二〇七 四五〇七三六四二五四五
第一較	一〇一五八一六六二 一〇二〇四〇〇四四
第二較	四五八三八二

第三次

	一一二五三六八二一一二七二 一一二五一一四八二九二九
第一較	二五三三八三四三 二五三九五四一五
第二較	五七〇七二 五七二九七
第三較	二二五

第四次

	一一二五五七四二四六四 一一二四九四一三九九九
第一較	六三二七四六五 六三三四五八五
第二較	七一二〇 七一三四
第三較	一四 一四
第四較	〇〇

第五次

第三較	一
第二較	八九〇 八八九
第一較	一五八一八六六 一五八〇九七七
	五六二四七〇六九九九
	一〇〇〇五六二三一二六〇二二

求開方表

舊法開方表求至三十三位五十四次。其實求十二位之對數開方表，祇須用十四位，可省十九位，其次數亦祇須二十一次，可省開三十三次。

假如方積一〇，求十四位二十一次之開方表。

法以開方第三術開二次，以第四術開三次，以第五術開三次，以第六術開三次，以第七術開十次，依次列之。又以第二十一次爲一率，二十次爲二率，十九次爲四率，遞次加倍至第一次，爲一百零四萬八千五百七十六率，其方根爲二百零九萬七千一百五十二率，亦依次列之。

有開方表徑求諸對數

舊法既有開方表，而求諸數根之對數，仍須開方，多則四十餘次，少亦二十餘次。茲別立一法，以表內各開方數爲除法，逐次除之，即可得各對數，較之數十次開方爲甚便也。

假如有開方表，求二之對數。

法檢開方表，視第二次首二位一七與二相近而較小，乃以第二次率數五二四二八八〇〇〇〇〇〇〇〇爲首數。次以二爲實，以第二次一七七八二七九四一〇〇三八九除之，得一一二四六八二六五〇三八〇七爲第二次實，檢表，與第五次相近，乃以第五次率數六五五三六〇〇〇〇〇〇〇〇爲第二數。置二次實，以第五次一〇七四六〇七八二八三二一三除之，得一〇四六五九八二二九三六三〇爲三次實，檢表，與第六次相近，乃以第六次之率數三二七六八〇〇〇〇〇〇爲第三數。置三次實，以第六次一〇三六六三二九二八四三七七除之，得一〇〇九六一三一四三三三五爲四次實，檢表，與第八次相近，乃以第八次率數

二〇九七一五二率	方積	一〇
一〇四八五七六率	一次	三一六二二七七六六〇一六八四
五二四二八八率	二次	一七七八二七九四一〇〇三八九
二六二一四四率	三次	一三三三五二一四三二一六三三
一三一〇七二率	四次	一一五四七八一九八四六八九五
六五五三六率	五次	一〇七四六〇七八二八三二一三
三二七六八率	六次	一〇三六六三二九二八四三七七
一六三八四率	七次	一〇一八一五一七二一七一八二
八一九二率	八次	一〇〇九〇三五〇四四八四一四
四〇九六率	九次	一〇〇四五〇七三六四二五四五
二〇四八率	一〇次	一〇〇二二五一一四八二九二九
一〇二四率	一一次	一〇〇一一二四九四一三九九九
五一二率	一二次	一〇〇〇五六二三一二六〇二二
二五六率	一三次	一〇〇〇二八一一一六七八七八
一二八率	一四次	一〇〇〇一四〇五四八五一六九
六四率	一五次	一〇〇〇〇七〇二七一七八九四
三二率	一六次	一〇〇〇〇三五一三五二七七五
一六率	一七次	一〇〇〇〇一七五六七四八四四
八率	一八次	一〇〇〇〇〇八七八三七〇三六
四率	一九次	一〇〇〇〇〇四三九一八四二二
二率	二〇次	一〇〇〇〇〇二一九五九一八七
一率	二一次	一〇〇〇〇〇一〇九七九五八七

八一九二〇〇〇〇〇〇爲第四數。置四次實，以第八次一〇〇九〇三五〇四四八四一四除之，得一〇〇五七二九二三二一四三爲五次實，檢表，與第十二次相近，乃以十二次率數五一二〇〇〇〇〇〇〇爲第五數。置五次實，以第十二次一〇〇〇五六二三一二六〇二二除之，得一〇〇〇〇一〇六〇三五四九六爲六次實，檢表，與第十八次相近，乃以十八次率數八〇〇〇〇〇〇〇爲第六數。置六次實，以第十八次一〇〇〇〇〇八七八三七〇三六除之，得一〇〇〇〇〇一八一一九八三〇〇爲七次實，檢表，與第二十一次相近，乃以二十一次率數一〇〇〇〇〇〇〇爲第七數。置七次實，以第二十一次一〇〇〇〇〇一〇九七九五八七除之，得一〇〇〇〇〇〇七二一八七〇五，乃以其零數七二一八七〇五爲實，以二十一次開方零數一〇九七九五八七除之，得六五七四六六〇爲末數。于是併諸數，得六三一三〇五六五七四六六〇爲實，以加倍二十二次率數二〇九七一五二除之，得〇三〇一〇二九九九五六六三有餘，即二之對數也。

首數	二	三	四	五	六	七	末數	并得數	除得數
五二四二八八〇〇〇〇〇〇〇	六五五三六〇〇〇〇〇〇〇	三二七六八〇〇〇〇〇〇〇	八一九二〇〇〇〇〇〇〇	五一二〇〇〇〇〇〇〇	八〇〇〇〇〇〇〇	一〇〇〇〇〇〇〇	六五七四六六〇	六三一三〇五六五七四六六〇	〇三〇一〇二九九九五六六三

按：凡真數爲兩真數相乘而得者，其對數爲兩對數相加而得。真數爲數真數累乘而得者，其對數亦爲數對數累加而得。又凡單一下有五六零位之真數，其對數可以第二十一次之開方數比例而得。今所設真數二，以第二次，第五次，第六次，第八次，第十二次，第十八次，第二十一次，各開方數除之，而得一〇〇〇〇〇〇七二一八七〇五。以還原而言，是真數二係以一〇〇〇〇〇〇七二一八七〇五與第二，第五，第六，第八，第十二，第十八，第二十一各次開方數累乘而得也。其對數應以第二，第五等次開方數之對數與一〇〇〇〇〇〇七二一八七〇五之對數累加而得。而一〇〇〇〇〇〇七二一八七〇五之對數，以開方表第二十一次之零數除其零數，又以二十二次率數除之而得其對數。其逐次開方數之對數，則置各次率數亦以二十二次率數除之而得其對數，故以第二第五(第)次率數加第二十一次開方零數，除累除所得零數之數，以二十二次率數除之而得二之對數也。凡諸數皆依此術求之。如首位非單位者，命爲單位，求得數後再加或十或百千萬之對數。

又 卷下 前術以開方表徑求諸對數，法已簡矣。但除法畸零易致譌舛，故必先求七十二數之對數。七十二數者，自一至九，自一一至一九，自一〇一至一〇九，自一〇〇一至一〇〇九，自一〇〇〇一至一〇〇〇九，自一〇〇〇〇一至一〇〇〇〇九，自一〇〇〇〇〇一至一〇〇〇〇〇九，自一〇〇〇〇〇〇一至一〇〇〇〇〇〇〇九之七十二數也。有七十二對數，則諸對數皆從此而生。然求七十二數之法，若用前術以開方數遞除法，猶藉二十一次之開方表，以資其用。若假設一數爲一〇〇〇〇〇〇一之對數，挨次遞求即可得諸數之假設對數。因而轉求十之假設對數，以與十之定準對數爲比例之率，亦可得七十二數之定準對數。既得七十二對數，則諸對數皆在是矣。如此則不但無須逐數用屢次開方法，即開方表亦可省求。此誠求對數至簡之法也。

假如定十之對數爲一〇〇〇〇〇〇〇〇〇〇，求七十二對數。

法假設單一爲一〇〇〇〇〇〇一之對數，下加七空位得一〇〇〇〇〇〇〇爲一〇〇〇〇〇〇一之假設對數。次求一〇〇〇〇〇〇二之假設對[數]。

法以一〇〇〇〇〇〇一之假設對數一〇〇〇〇〇〇〇爲首數。置一〇〇〇〇〇〇二，以一〇〇〇〇〇〇一除之，得一〇〇〇〇〇〇〇九九九九九九九，以其七空位後零數九九九九九九九爲末數。并首末二數，得一九九九九九九九爲一〇〇〇〇〇〇二之假設對數。次求一〇〇〇〇〇〇三之假設對數。

法以一〇〇〇〇〇〇二之假設對數一九九九九九九九爲首數。置一〇〇〇〇〇〇三，以一〇〇〇〇〇〇二除之，除得七空位後之零數九九九九九九八爲末數。并二數得二九九九九九七爲一〇〇〇〇〇〇三之假設對數。如是遞求至一〇〇〇〇〇〇九以及一〇〇〇〇〇一〇，並同此法。

其自一〇〇〇〇〇二以下則用二次除法。如求一〇〇〇〇〇二之假設對數。法以一〇〇〇〇〇一之假設對數九九九九九五五爲首數。置一〇〇〇〇〇二，以一〇〇〇〇〇一除之，得一〇〇〇〇〇〇九九九九九九〇〇，視前八位係六空位零九，即以一〇〇〇〇〇〇九之假設對數八九九九九九六四爲第二數，置除得數，以一〇〇〇〇〇〇九除之，除得七空位後零數九九九九九八九一爲末數。并三數得一九九九九八一〇，爲一〇〇〇〇〇二之假設對數。如是遞求至一〇〇〇〇〇九以及一〇〇〇〇〇一，並同此法。

其自一〇〇〇〇二以下則用三次除法。如求一〇〇〇〇二之假設對數。法以一〇〇〇〇一之假設對數九九九九五〇五〇爲首數。置一〇〇〇〇二，以一〇〇〇〇一除之，得一〇〇〇〇九九九九〇〇〇〇爲第一除得數，視前七位係五空位零九，即以一〇〇〇〇〇九之假設對數八九九九九五九九五爲第二數。置第一除得數，以一〇〇〇〇〇九除之，得一〇〇〇〇〇〇九九九九八九一〇〇爲第二除得數，視前八位係六空位零九，即以一〇〇〇〇〇〇九之假設對數八九九九九九六四爲第三數。置第二除得數，以一〇〇〇〇〇〇〇九除之，除得七空位後零數九九八九〇九一爲末數。并四數得一九九九九八〇一〇〇，爲一〇〇〇〇〇二之假設對數。如是遞求至一〇〇〇〇〇九以及一〇〇〇一，並同此法。

其自一〇〇〇二以下則用四次除法。如求一〇〇〇二之假設對數。法以一〇〇〇一之假設對數九九九五〇〇五三三爲首數。置一〇〇〇二，以一〇〇〇一除之，得一〇〇〇九九九九〇〇〇一〇〇爲第一除得數，視前六位係四空位零九，即以一〇〇〇〇九之假設對數八九九九五九五四七四爲第二數，置第一除得數，以一〇〇〇〇九除之，得一〇〇〇〇〇九九八九一〇一九八九九九五九九五爲第三數。置第二除得數，以一〇〇〇〇〇九除之，得一〇〇〇〇〇〇九八九〇九三〇八爲第三除得數。視前八位係六空位零九，即以一〇〇〇〇〇〇九之假設對數八九九九九九六四爲第四數。置第三除得數，以一〇〇〇〇〇〇〇九除之，除得七空位後零數八九〇九三〇〇爲末數。并五數得一九九九八〇〇一二六六，爲一〇〇〇二之假設對數。如是遞求至一〇〇〇九以及一〇〇一，並同此法。

其自一〇〇二以下則用五次除法。如求一〇〇二之假設對數。法以一〇〇一之假設對數九九九五〇〇三八三〇二爲首數。置一〇〇二，以一〇〇一除之，得一〇〇〇九九九〇〇〇九九九〇〇爲第一除得數，視前五位係三空位零九，即以一〇〇〇九之假設對數八九九九五九五二八七七八爲第二數。置第一除得數，以一〇〇〇九除之，得一〇〇〇〇九八九一一九七八二二爲第二除得數，視前六位係四空位零九，即以一〇〇〇〇九之假設對數八九九九五九五四七四爲第三數。置第二除得數，以一〇〇〇〇九除之，得一〇〇〇〇〇八九一一一七六二一爲第三除得數，視前七位係五空位零八，即以一〇〇〇〇〇八之假設對數七九九九九六八四〇爲第四數。置第三除得數，以一〇〇〇〇〇八除之，得一〇〇〇〇〇〇九二一一六八九三爲第四除得數，視前八位係六空位零九，即以一〇〇〇〇〇〇九之假設對數八九九九九九六四爲第五數。置第四除得數，以一〇〇〇〇〇〇〇九除之，除得七空位後零數一一一六八九二爲末數。并六數得一九九八〇〇二七六二五〇，爲一〇〇二之假設對數。如是遞求至一〇〇九以及一〇一，並同此法。

其自一〇二至一〇九，以及一一之假設對數，則用六次除法。其自一二至一九以及二之假設對數，則用七次除法，均依前術求之。既得二以上諸假設對數，乃以二之假設對數六九三一四七一八〇五五九九四五三〇九四一七二三二一二一四五八，倍之，得一三八六二九四四三〇三五九三六，爲四之假設對數。加一八之假設對數五八七七八六六九四二五九九八，得一九七四〇八一一二四六一九三四，爲七二之假設對數。加再一四之假設對數三三六四七二二五三四二七三六，得二三一〇五五三三七八〇四六七〇，爲十〇〇八之假設對數。內減一〇〇八之假設對數七九六八一七〇〇四七二七，得二三〇二五八五二〇七九九九四三，爲十之假設對數也。

按： 以二之假設對數，四因之，得十六之假設對數，內減一六之假設對數，亦得十之假設對數。又或以二之假設對數三因之，得八之假設對數。加一三之假設對數，得十〇四之假設對數。內減一〇四之假設對數，亦得十之假設對數。此二假設對數前十二位與前所得相同，而尾位較小，以爲除法，見後。則得數太贏，故置不用。

假設對數表

真數		假設對數	
	一〇〇〇〇〇〇一		〇〇〇〇〇〇〇一〇〇〇〇〇〇〇
	一〇〇〇〇〇〇二		〇〇〇〇〇〇〇一九九九九九九九
	一〇〇〇〇〇〇三		〇〇〇〇〇〇〇二九九九九九九七
	一〇〇〇〇〇〇四		〇〇〇〇〇〇〇三九九九九九九四
	一〇〇〇〇〇〇五		〇〇〇〇〇〇〇四九九九九九九〇
	一〇〇〇〇〇〇六		〇〇〇〇〇〇〇五九九九九九八五
	一〇〇〇〇〇〇七		〇〇〇〇〇〇〇六九九九九九七九
	一〇〇〇〇〇〇八		〇〇〇〇〇〇〇七九九九九九七二
	一〇〇〇〇〇〇九		〇〇〇〇〇〇〇八九九九九九六四
	一〇〇〇〇〇一		〇〇〇〇〇〇〇九九九九九九五五
	一〇〇〇〇〇二		〇〇〇〇〇〇一九九九九九八一〇
	一〇〇〇〇〇三		〇〇〇〇〇〇二九九九九九五六五
	一〇〇〇〇〇四		〇〇〇〇〇〇三九九九九九二二〇
	一〇〇〇〇〇五		〇〇〇〇〇〇四九九九九八七七五
	一〇〇〇〇〇六		〇〇〇〇〇〇五九九九九八二三〇
	一〇〇〇〇〇七		〇〇〇〇〇〇六九九九九七五八五
	一〇〇〇〇〇八		〇〇〇〇〇〇七九九九九六八四〇
	一〇〇〇〇〇九		〇〇〇〇〇〇八九九九九五九九五

假設對數表

真數		假設對數	
	一〇〇〇〇一		〇〇〇〇〇〇九九九九九五〇五〇
	一〇〇〇〇二		〇〇〇〇〇一九九九九八〇一〇〇
	一〇〇〇〇三		〇〇〇〇〇二九九九九五五一五一
	一〇〇〇〇四		〇〇〇〇〇三九九九九二〇二〇二
	一〇〇〇〇五		〇〇〇〇〇四九九九八七五二五四
	一〇〇〇〇六		〇〇〇〇〇五九九九八二〇三〇七
	一〇〇〇〇七		〇〇〇〇〇六九九九七五五三六一
	一〇〇〇〇八		〇〇〇〇〇七九九九六八〇四一七
	一〇〇〇〇九		〇〇〇〇〇八九九九五九五四七四
	一〇〇〇一		〇〇〇〇〇九九九九五〇〇五三三
	一〇〇〇二		〇〇〇〇一九九九八〇〇一二六六
	一〇〇〇三		〇〇〇〇二九九九五五〇二三九九
	一〇〇〇四		〇〇〇〇三九九九二〇〇四一三一
	一〇〇〇五		〇〇〇〇四九九八七五〇六六六三
	一〇〇〇六		〇〇〇〇五九九八二〇一〇一九四
	一〇〇〇七		〇〇〇〇六九九七五五一四九二四
	一〇〇〇八		〇〇〇〇七九九六八〇二一〇五二
	一〇〇〇九		〇〇〇〇八九九五九五二八七七八

真數		假設對數	
	一〇〇一		〇〇〇〇九九九五〇〇三八三〇三
	一〇〇二		〇〇〇一九九八〇〇二七六二五〇
	一〇〇三		〇〇〇二九九五五〇九一二九四六
	一〇〇四		〇〇〇三九九二〇二一四六八九八
	一〇〇五		〇〇〇四九八七五四一七六〇二二
	一〇〇六		〇〇〇五九八二〇七一九一六四一
	一〇〇七		〇〇〇六九七五六一四〇八四九三
	一〇〇八		〇〇〇七九六八一七〇〇四七二七
	一〇〇九		〇〇〇八九五九七四一八一九一〇
	一〇一		〇〇〇九九五〇三三一三五〇二九
	一〇二		〇〇一九八〇二六二八二八五五三
	一〇三		〇〇二九五五八八〇三七一八三二
	一〇四		〇〇三九二二〇七一五一一二七七
	一〇五		〇〇四八七九〇一六六六〇六〇一
	一〇六		〇〇五八二六八九一一〇三四〇九
	一〇七		〇〇六七六五八六五一八五三〇四
	一〇八		〇〇七六九六一〇四四九八〇一一
	一〇九		〇〇八六一七七〇〇五四五五〇

真數	假設對數	
一一		○○九五三一○一八四五六四九九
一二		○一八二三二一五六五九○○七二
一三		○二六二三六四二七七五七二二○
一四		○三三六四七二二五三四二七三六
一五		○四○五四六五一二八三六○二○
一六		○四七○○○三六五二七二一一二
一七		○五三○六二八二七七五六五三七
一八		○五八七七八六六九四二五九九八
一九		○六四一八五三九一八二三○四八
二		○六九三一四七二一五一七九六八
四		一三八六二九四四三○三五九三六
七二		一九七四○八一一二四六一九三四
一○○八		二三一○五五三三七八○四六七○
一○		二三○二五八五二○七九九九四三

既得十之假設對數，以爲除法，用除逐數之假設對數，即得逐數之定準對數也。如以二三○二五八五二○七九九九四三爲除法，除四之假設對數一三八六二九四四三○三五九三六，得○六○二○五九九九一三三二八爲四之定準對數。以除法除二之假設對數○六九三一四七二一五一七九六八，得○三○一○二九九五六六四爲二之定準對數。以除法除一九之假設對數○六四一八五三九一八二三○四八，得○二七八七五三六○○九五三爲一九之定準對數。如是遞除至一○○○○○○一之假設對數，可盡得二以上六十四定準對數。并四之定準對數爲定準對數六十有五，有七十二對數內，除一之對數恒爲○不須求外，祇須補求三、五、六、七、八、九共六數之定準對數耳。于是以一二之定準對數首位加一，得一○七九一八一二四六○四八爲十二之定準對數，內減四之定準對數，得○四七七一二一二五四七二○，爲三之定準對數。以三之定準對數，內加二之定準對數，得○七七八一五一二五○三八四，爲六之定準對數。以十之定準數對數一○○○○○○○○○○○○○○○，內減二之定準對數，得○六九八九七○○○四三三六，爲五之定準對數。以一四之定準對數，首位加一，得一一四六一二八○三五六七九，爲十四之定準對數，內減二之定準對數，得○八四五○九八○四○○一五，爲七之定準對數。以二之定準對數與四之定準對數相加，得○九○三○八九九八六九九二，爲八之定準對數。以一八之定準對數首位加一，得一二五五二七二五○五一○三，爲十八之定準對數，內減二之定準對數，得○九五四二四二五○九四三九，爲九之定準對數。而七十二數之對數全矣。

七十二數定準對數表

數真		數對	
	一○○○○○○一		○○○○○○○○四三四二九
	○○○○○○○二		○○○○○○○○八六八五九
	一○○○○○○三		○○○○○○○一三○二八八
	一○○○○○○四		○○○○○○○一七三七一八
	一○○○○○○五		○○○○○○○二一七一四七
	一○○○○○○六		○○○○○○○二六○五七七
	一○○○○○○七		○○○○○○○三○四○○六
	一○○○○○○八		○○○○○○○三四七四三五强
	一○○○○○○九		○○○○○○○三九○八六五弱
	一○○○○○一		○○○○○○○四三四二九四
	一○○○○○二		○○○○○○○八六八五八八
	一○○○○○三		○○○○○○一三○二八八一
	一○○○○○四		○○○○○○一七三七一七四
	一○○○○○五		○○○○○○二一七一四六七
	一○○○○○六		○○○○○○二六○五七五九
	一○○○○○七		○○○○○○三○四○○五一
	一○○○○○八		○○○○○○三四七四三四二
	一○○○○○九		○○○○○○三九○八六三三

數真	一〇〇一	數對	〇〇〇〇四三四〇七七四七九
	一〇〇二		〇〇〇〇八六七七二一五三一
	一〇〇三		〇〇〇一三〇〇九三三〇二〇
	一〇〇四		〇〇〇一七三三七一二八〇九
	一〇〇五		〇〇〇二一六六〇六一七五七
	一〇〇六		〇〇〇二五九七九八〇七二〇
	一〇〇七		〇〇〇三〇二九四七〇五五四
	一〇〇八		〇〇〇三四六〇五三二一〇九
	一〇〇九		〇〇〇三八九一一六六二三七
	一〇一		〇〇〇四三二一三七三七八三
	一〇二		〇〇〇八六〇〇一七一七六二
	一〇三		〇〇一二八三七二二四七〇五强
	一〇四		〇〇一七〇三三三三九二九九
	一〇五		〇〇二一一八九二九九〇七〇
	一〇六		〇〇二五三〇五八六五二六五弱
	一〇七		〇〇二九三八三七七七六八五强
	一〇八		〇〇三三四二三七五五四八七
	一〇九		〇〇三七四二六四九七九四一

數真	一〇〇〇〇一	數對	〇〇〇〇〇〇四三四二九二三
	一〇〇〇〇二		〇〇〇〇〇〇八六八五八〇三
	一〇〇〇〇三		〇〇〇〇〇一三〇二八六三九
	一〇〇〇〇四		〇〇〇〇〇一七三七一四三二
	一〇〇〇〇五		〇〇〇〇〇二一七一四一八一
	一〇〇〇〇六		〇〇〇〇〇二六〇五六八八七
	一〇〇〇〇七		〇〇〇〇〇三〇三九九五五〇
	一〇〇〇〇八		〇〇〇〇〇三四七四二一六九
	一〇〇〇〇九		〇〇〇〇〇三九〇八四七四五弱
	一〇〇〇一		〇〇〇〇〇四三四二七二七七
	一〇〇〇二		〇〇〇〇〇八六八五〇二一二
	一〇〇〇三		〇〇〇〇一三〇二六八八〇五强
	一〇〇〇四		〇〇〇〇一七三六八三〇五八
	一〇〇〇五		〇〇〇〇二一七〇九二九七二
	一〇〇〇六		〇〇〇〇二六〇四九八五四七
	一〇〇〇七		〇〇〇〇三〇三八九九七八五弱
	一〇〇〇八		〇〇〇〇三四七二九六六八五强
	一〇〇〇九		〇〇〇〇三九〇六八九二五〇

數真	一一	數對	〇〇四一三九二六八五一五九
	一二		〇〇七九一八一二四六〇四八
	一三		〇一一三九四三三五二三〇七
	一四		〇一四六一二八〇三五六七九
	一五		〇一七六〇九一二五九〇五六
	一六		〇二〇四一一九九八二六五六
	一七		〇二三〇四四八九二一三七八
	一八		〇二五五二七二五〇五一〇三
	一九		〇二七八七五三六〇〇九五三
	一		〇〇〇〇〇〇〇〇〇〇〇〇〇
	二		〇三〇一〇二九九九五六六四
	三		〇四七七一二一二五四七二〇
	四		〇六〇二〇五九九九一三二八
	五		〇六九八九七〇〇〇四三三六
	六		〇七七八一五一二五〇三八四
	七		〇八四五〇九八〇四〇〇一五弱
	八		〇九〇三〇八九九八六九九二
	九		〇九五四二四二五〇九四三九

按：凡求對數者，惟一之對數爲〇，不可動。其餘對數皆定于十之對數。如今定十之對數爲一，故一百之對數爲二，一千之對數爲三，而二之對數爲〇三〇一〇二九九五六六四，三之對數爲〇四七七一二一二五四七二〇。若定十之對數爲一，則一百之對數爲四，而一千之對數必爲六，其二之對數必爲〇六〇二〇五九九九一三二八，三之對數必爲〇九五四二四二五〇九四三九。用以加減代乘除，亦無不可通。而其諸對數與今用對數之比例，恒若一與二。若以二逐數除之，即得今用對數。又若定十之對數爲三，則一百之對數必爲六，一千之對數必爲九，而二之對數必爲〇九〇三〇八九九八六九九一，三之對數必爲一四三一三六三七六四一六〇，其諸對數與今用對數之比例，恒若一與三。若以三逐數除之，亦得今用對數。今不知一〇〇〇〇〇一之對數，而假設爲單一，未知其大于定準對數若干倍也，及以次遞求至十之假設對數爲二三〇二五八五二〇七九九四三，而十之對數曾定準爲一，而可知則知十之假設對數大于十之定準對數二千三百〇二萬五千八百五十一倍有餘，即可知諸假設對數皆大于諸定準對數二千三百〇二萬五千八百五十一倍有餘。故以二三〇二五八五二小餘〇七九九九四三。逐數除之，而得逐數，今用之定準對數也。

又按：尾位遇五，分强弱者，以備截位之用，五强則進一算，五弱則棄之。

又如欲增求位數，則借一算爲單一下七空位零一，或八空位九空位以及多空位零一之假設對數，依前挨次求之，則所得之位數愈加而愈密矣。

有七十二對數求諸對數

舊法求諸對數用九十九對數，七十二對數外尚有單一下七八九空位零一至九諸數之對數，顧求十一二位之對數，除得六七空位即可一次乘除而得，故七十二數已敷用不必九十九數也。

假如有七十二對數，求二十三之對數。

法視二十三之首位係十，即以十之對數爲第一數。次置二十三降一位得二三，視前一位係二，即以二之對數爲第二數。次置二三以二除之，得一一五○○○○○○○○○○爲第一除得數，視前二位係一一，即以一一之對數爲第三數。次置第一除得數，以一一除之，得一○四五四五四五四五四五爲第二除得數，視前三位係一○四，即以一○四之對數爲第四數。次置第二除得數，以一○四除之，得一○○五二四四七五五二四四八爲第三除得數，視前四位係一○○五，即以一○○五之對數爲第五數。次置第三除得數，以一○○五除之，得一○○○二四三五三七五五七○爲第四除得數，視前五位係一○○○二，即以一○○○二之對數爲第六數。次置第四除得數，以一○○○二除之，得一○○○○四三五二八八五一二爲第五除得數，視前六位係一○○○○四，即以一○○○○○四之對數爲第七數。次置第五除得數，以一○○○○四除

第一數	一○	對數	一○○○○○○○○○○○
二	二	又	○三○一○二九九九五六六四
三	一一	又	○○四一三九二六八五一五九
四	一○四	又	○○一七○三三三九二九九
五	一○○五	又	○○○二一六六○六一七五七
六	一○○○二	又	○○○○○八六八五○二一二
七	一○○○○四	又	○○○○○一七三七一四三二
八	一○○○○○三	又	○○○○○○一三○二八八一
九	一○○○○○○五	又	○○○○○○○二一七一四七
十			一二四六八
			一三六一七二七八三六○一九

之，得一○○○○○三五二八七一○一爲第六除得數，視前七位係一○○○○○○三，即以一○○○○○○三之對數爲第八數。次置第六除得數，以一○○○○○○三除之，得一○○○○○○五二八七○八五爲第七除得數，視前八位係一○○○○○○○五，即以一○○○○○○○五之對數爲第九數。次置第七除得數，以一○○○○○○○五除之，除得七空位後零數二八七○八五，以十之假設對數除之，截用八位。得一二四六八爲第十數。并十數得一三六一七二七八三六○一九，爲二十三之對數。

按：今所求尾位三六○一九，截用十一位，當得三六○，與表合。舊法所求尾位三六○六，截用十一位尾位，滿五進一算，當得三六一，尚稍贏也。

假如有七十二對數，求五千六百八十九之對數。

法視五千六百八十九之首位係千，即以十之對數三因之，得千之對數爲第一數。次置五千六百八十九，降三位得五六八九，以首位之五除之，得一一三七八○○○○○○○○○，又以前二位之一一除之，得一○三四三六三六三六三六三六，又以前三位之一○三除之，得一○○四二三六五四○一五八九，又以前四位之一○○四除之，得一○○○二三五五九七七六七八，又以前五位之一○○○二除之，得一○○○○三五五九○六四九七，又以前六位之一○○○○三除之，得一○○○○○五五九○四八二○，又以前七位之一○○○○○五除之，得一○○○○○○五九○四七九○，又以前八位之一○○○○○○五除之，除得七空位後零數九○四七九○。于是，以五與一、一與一○、三與一○○、四與一○○○、二與一○○○○、三與一○○○○○、五與一○○○○○○五之各對數爲第二、三、四、五、六、七、八、九等數，又以十之假設對數除七空位後零數，得三九二九四爲第十數。并十數得三七五五○三五九三三七六八，爲五千六百八十九之對數。

第一數	千○○○	對數	三○○○○○○○○○○○
二	五	又	○六九八九七○○○四三三六
三	一一	又	○○四一三九二六八五一五九
四	一○三	又	○○一二八三七二二四七○五
五	一○○四	又	○○○一七三三七一二八○九
六	一○○○二	又	○○○○○八六八五○二一二
七	一○○○○三	又	○○○○○一三○二八六三九
八	一○○○○○五	又	○○○○○○二一七一四六七
九	一○○○○○○五	又	○○○○○○○二一七一四七
十			三九二九四
			三七五五○三五九三三七六八

按：今所求得尾數三三七六八截用十一位，尾位進一與表中所列三三八合，舊法所求三三七一稍弱也。

又法

前術求諸對數必須求至十數，尚覺煩重。夫十萬對數挨次遞求，必先得前一數之對數。若以前一數之對數爲第一數，則真數二位者可省二數，三位可省三數，四位五位可省四數及五數，位數愈多求法愈省。今檢《對數闡微》，凡非兩數相乘而得之數根共九千五百九十三，除單位之二、三、五、七已在七十二數內不計外，二位者止有二十一數，三位者止有一百四十三數，四位者亦止一千○六十一數，其五位者乃有八千三百六十四數。內尚有由七十二數加減而得者未除去。故以此法較前法爲甚易也。

假如有三十六之對數一五五六三○二五○○七六八，求三十七之對數。

法以三十六之對數爲第一數。置三十七，以三十六除之，得一○二七七七七七七七七七七七，又以前三位一○二除之，得一○○七六二五二七二三三三一二，又以前四位一○○七除之，得一○○○六二○九二五八五○二，又以前五位一○○○六除之，得一○○○○二○九一三三○二二，又以前六位一○○○○二除之，得一○○○○○○九一三二八四○，又以前八位一○○○○○○九除之，除得七空位後零數一三二八三九。于是，以一○二，與一○○七，與一○○○六，與一○○○○二，與一○○○○○○九之各對數，爲第二、三、四、五、六等數。又以十之假設對數除七空位後零數，得五七六九爲第七數。并七數得一五六八二○一七二四○六八，爲三十七之對數也。

第一數	三六	對數	一五五六三○二五○○七六八
二	一○二	又	○○○八六○○一七一七六二
三	一○○七	又	○○○三○二九四七○五五四
四	一○○○六	又	○○○○二六○四九八五四七
五	一○○○○二	又	○○○○○○八六八五八○三
六	一○○○○○○九	又	○○○○○○○三九○八六五
七			五七六九
			一五六八二○一七二四○六八

按：真數二位應用八數，此因第五次除法得兩空位，故省一數。

假如有一百三十之對數二一一三九四三三五二三○七，求一百三十一之對數。

法以一百三十之對數爲第一數。置一百三十一，以一百三十除之，得一○○七六九二三○七六九二三又以前四位一○○七除之得一○○○六八七四九五二二五七，又以前五位一○○○六除之，得一○○○○八七四四二七六○一，又以前六位一○○○○八除之，得一○○○○○七四四二一六四七，又以前七位一○○○○○七除之，得一○○○○○○○四四二一六一六，又以前八位一○○○○○○○四除之，除得七空位後零數四二一六一六。于是，以一○○七，與一○○○六，與一○○○○八，與一○○○○○七，與一○○○○○○○四之各對數，爲第二、三、四、五、六等數。又以十之假設對數除七空位後零數，得一八三一一爲第七數。并七數得二一一七二七一二九五六五七，爲一百三十一之對數也。

第一數	一三○	對數	二一一三九四三三五二三○七
二	一○○七	又	○○○三○二九四七○五五四
三	一○○○六	又	○○○○二六○四九八五四七
四	一○○○○八	又	○○○○○三四七四二一六九
五	一○○○○○七	又	○○○○○○三○四○○五一
六	一○○○○○○○四	又	○○○○○○○一七三七一八
七			一八三一一
			二一一七二七一二九五六五七

假如有一千○四十八之對數三○二○三六一二八二六四九，求一千○四十九之對數。

法以一千○四十八之對數爲第一數。置一千○四十九，以一千○四十八除之，得一○○○九五四一九八四七三三，又以前五位一○○○九除之，得一○○○○五四一四九七三八五，又以前六位一○○○○五除之，得一○○○○○四一四九五三一○，又以前七位一○○○○○四除之，得一○○○○○○一四九五三○四，又以前八位一○○○○○○一除之，除得七空位後零數四九五三○四。于是，以一○○○九，與一○○○○五，與一○○○○○四，與一○○○○○○一之各對數，爲第二、三、四、五等數。又以十之假設對數除七空位後零數，得二一五一一爲第六數。并六數得三○二○七七五四八八一九四，爲一千○四十九之對數也。

第一數	一〇四八	對數	三〇二〇三六一二八二六四九
二	一〇〇九	又	〇〇〇〇三九〇六八九二五〇
三	一〇〇〇五	又	〇〇〇〇〇二一七一四一八一
四	一〇〇〇〇四	又	〇〇〇〇〇〇一七三七一七四
五	一〇〇〇〇〇一	又	〇〇〇〇〇〇〇四三四二九
六			二一五一一
			三〇二〇七七五四八八一九四

假如有五萬六千八百九十之對數四七五五〇三五九三三七二五，求五萬六千八百九十一之對數。

法以五萬六千八百九十之對數爲第一數。置五萬六千八百九十一，以五萬六千八百九十除之，得一〇〇〇〇一七五七七八一七，又以前六位一〇〇〇〇一除之，得一〇〇〇〇〇七五七七〇五九，又以前七位一〇〇〇〇〇七除之，得一〇〇〇〇〇〇五七七七〇一九又，以前八位一〇〇〇〇〇〇五除之，除得七空位後零數七七七〇一八。于是，以一〇〇〇一，與一〇〇〇〇〇七，與一〇〇〇〇〇〇五之各對數，爲第二、三、四等數。又以十之假設對數除七空位後零數，得三三七四五爲第五數。并五數得四七五五〇四三五六七五九一，爲五萬六千八百九十一之對數也。

第一數	五六八九〇	對數	四七五五〇三五九三三七二五
二	一〇〇〇一	又	〇〇〇〇〇四三四二九二三
三	一〇〇〇〇〇七	又	〇〇〇〇〇〇三〇四〇〇五一
四	一〇〇〇〇〇〇五	又	〇〇〇〇〇〇〇二一七一四七
五			三六七四五
			四七五五〇四三五六七五九一

按：此法求得數，數後尾位畸零累積恐有不合，仍須用前法以定尾數，方無進退一筭之差。

又戴煦《續對數簡法》

倍大率

率數	一率	率分
一〇〇〇	方根	一〇〇〇
	二率	
二〇〇〇	平方積	〇五〇〇
	三率	
三〇〇〇	立方積	〇三三三
	四率	
四〇〇〇	三乘方積	〇二五〇
	五率	
五〇〇〇	四乘方積	〇二〇〇
	六率	
六〇〇〇	五乘方積	〇一六六
	七率	
七〇〇〇	六乘方積	〇一四二
	八率	
八〇〇〇	七乘方積	〇一二五
	九率	
九〇〇〇	八乘方積	〇一一一
	十率	
十〇〇〇	九乘方積	〇一〇〇

折小率

率數	一率	率分
一〇〇〇	方積	一〇〇〇
	二率	
〇五〇〇	平方根	二〇〇〇
	三率	
〇三三三	立方根	三〇〇〇
	四率	
〇二五〇	三乘方根	四〇〇〇
	五率	
〇二〇〇	四乘方根	五〇〇〇
	六率	
〇一六六	五乘方根	六〇〇〇
	七率	
〇一四二	六乘方根	七〇〇〇
	八率	
〇一二五	七乘方根	八〇〇〇
	九率	
〇一一一	八乘方根	九〇〇〇
	十率	
〇一〇〇	九乘方根	十〇〇〇

以本數爲積求折小各率

第一術

法檢本率乘數之開方初商表，取其較小於本數者，以其根爲第一數正。次以本數爲除法，以初商實減本數，其減餘數爲乘法，其所求第幾率名爲率分，乃以乘法乘第一數，除法除之，又以率分除之爲第二數正。以乘法乘第二數，除法除之，又以率分加一乘之，二因率分除之爲第三數正。乘法乘第三數，除法除之，二因率分加一乘之，三因率分除之爲第四數正。乘法乘第四數，除法除之，三因率分加一乘之，四因率分除之，爲第五數正。如是遞求至應求位數，乃并諸正數得所求。

按：此術項氏所定。

第二術

法檢本率乘數之開方初商表，取其較小於本數者，以其根爲第一數正。次以初商實爲除法，以初商實減本數，其減餘數爲乘法，乃以乘法乘第一數，除法除之，又以率分除之爲第二數正。乘法乘第二數，除法除之，又以率分減一乘之，二因率分除之爲第三數負。乘法乘第三數，除法除之，二因率分減一乘之，三因率分除之爲第四數正。乘法乘第四數，除法除之，三因率分減一乘之，四因率分除之爲第五數負。如是遞求至應求位數，乃并諸正數，又并諸負數減之，得所求。

按：此術予所定。

第三術

法檢本率乘數之開方初商表，取其較大於本數者，以其根爲第一數正。次以初商實爲除法，初商實内減本數，其減餘數爲乘法，乃以乘法乘第一數，除法除之，又以率分除之爲第二數負。乘法乘第二數，除法除之，又以率分減一乘之，二因率分除之爲第三數負。乘法乘第三數，除法除之，二因率分減一乘之，三因率分除之爲第四數負。乘法乘第四數，除法除之，三因率分減一乘之，四因率分除之爲第五數負。如是遞求至應求位數，乃并諸負數，減第一正數，得所求。

按：前開平方七術即此法。

第四術

法檢本率乘數之開方初商表，取其較大於本數者，以其根爲第一數正。次以本數爲除法，初商實内減本數，其減餘數爲乘法，乃以乘法乘第一數，除法除之，又以率分除之爲第二數負。乘法乘第二數，除法除之，又以率分加一乘之，二因率分除之爲第三數正。乘法乘第三數，除法除之，二因率分加一乘之，三因率分除之爲第四數負。乘法乘第四數，除法除之，三因率分加一乘之，四因率分除之爲第五數正。如是遞求至應求位數，乃并諸正數，又并諸負數，減之，得所求。

按：前二術予所定與項氏所定暗合。

以本數爲根求倍大各率

第一術

法任截本數幾位，依本率乘數累乘之爲第一數正。次以本數爲除法，本數内減截去數爲乘法，其所求第幾率名爲率數，乃以乘法乘第一數，除法除之，又以率數乘之爲第二數正。乘法乘第二數，除法除之，又以率數加一乘之，二除之爲第三數正。乘法乘第三數，除法除之，率數加二乘之，三除之爲第四數正。乘法乘第四數，除法除之，率數加三乘之，四除之爲第五數正。如是遞求至單位下，乃并諸正數得所求。

第二術

法任截本數幾位，依本率乘數累乘之爲第一數正。次以截去數爲除法，本數内減截去數，其減餘數爲乘法，乃以乘法乘第一數，除法除之，又以率數乘之爲第二數正。乘法乘第二數，除法除之，率數減一乘之，二除之爲第三數正。乘法乘第三數，除法除之，率數減二乘之，三除之爲第四數正。乘法乘第四數，除法除之，率數減三乘之，四除之爲第五數正。如是遞求至率數減盡而止，乃并諸正數，得所求。

第三術

法任截本數幾位於末位加一，依本率乘數累乘之爲第一數正。次以截去數加一爲除法，截去數加一内減本數，其減餘數爲乘法，乃以乘法乘第一數，除法除之，又以率數乘之爲第二數負。乘法乘第二數，除法除之，率數減一乘之，二除之爲第三數正。乘法乘第三數，除法除之，率數減二乘之，三除之爲第四數負。乘法乘第四數，除法除之，率數減三乘之，四除之爲第五數正。如是遞求至率數減盡而止，乃并諸正數，又并諸負數減之，得所求。

第四術

法任截本數幾位，依前術加一，依本率乘數累乘之爲第一數正。次以本數爲除法，截去數加一内減本數，其減餘數爲乘法，乃以乘法乘第一數，除法除之，又以率數乘之爲第二數負。乘法乘第二數，除法除之，率數加一乘之，二除之爲第三數正。乘法乘第三數，除法除之，率數加二乘之，三除之爲第四數負。乘法乘第四數，除法除之，率數加三乘之，四除之爲第五數正。如是遞求至單位下，乃并諸正數，又并諸負數減之，得所求。

按：有本數求倍大折小各率，本通爲一法，非有二義。其第二數倍大用率數乘者，緣率分率數與單一爲三率連比例，率分爲首率，則單一爲中率，率數爲末率。故以率分除之之數，即同於率數乘之之數。而折小各率，率分整而率數零，故用率分爲便。倍大各率，率數整而率分零，故用率數爲便也。其第三數以率數加減一乘之，二除之者，緣連比例首率與中率之比，同於中率與末率之比。前四術首率内加減中率乘之，倍首率除之，後四術中率内加減末率乘之，倍中率除之，其得數必同也。以下各數義倣此。其第二、三術與前第二、三術，正負各異者，緣乘法雖云率數内減一，實一内減率數，其減餘爲負算，故乘爲負乘。既爲負乘，則乘後之正負必變。故能變逐數皆負者，爲正負相間。變正負相間者，爲逐數皆正也。其率數減盡而止者，凡算例以適足爲實，任以正數負數乘除之，必仍爲適足，或正負數爲實，以適足數乘除之，亦爲適足，故率數減盡，則以下無數也。

又按：前四術可爲開方捷法，後四術所求止須以本數累乘即得。而挨次遞求，似乎較煩。然開方與累乘但能求倍大折小各整率。若前八術，則凡第一數可知者，雖零率亦可求，用之對數爲尤要也。又按每數通用之乘法除法，若先以除法除乘法，用爲遞次乘法，則一次乘可代一乘一除。若先以乘法除除法，用爲遞次除法，則一次除可代一乘一除。

論對數根

對數根者，諸對數之所生，即單一下無數空位零一之對數也。舊法以一〇爲積，開方五十四次，以其方根單一下空位後所帶之零數爲一率。單一折半五十四次即一兆八千餘億除單一之數。爲二率。單一下十五空位零一之一爲三率。求得四率爲對數根。夫以一〇爲積開方五十四次，即以一〇爲本數第一率，求折小第一兆八千零一十四萬三千九百八十五億零九百八十四萬一千九百八十四率也。今有本數即可求折小各率，則是第五十四次開方數可以徑求矣。既可徑求，則求第一兆八千餘萬億率不如求第一無量數率一無量數猶云一千或一萬。何也？蓋一兆八千餘萬億率爲第五十四次開方數之率分，其位數甚多，用連比例求得率數亦有多位，即第五十四次開方數之對數。而布算甚繁。一無量數數雖極大，而仍爲一不過一下有無數空位耳。以爲首率，用連比例求末率，必爲單位下無數空位零一，此即求對數根四率之二率數。既爲一可省多位乘法一次，且一無量數較一兆有零爲尤密也。

今定一〇之對數爲單一，求對數根。

法先以一〇開平方五次，或開平方三次三乘方一次，或平方一次三乘方二次皆可，但取其降位易而已。得折小第三十二率一〇七四六〇七八二八三二一三一七四九七爲對數根之用數。用數見後。第三十二率以前各率爲用數，則降位稍難。若三十二率以後，皆可爲用數，不必定用三十二率也。置用數減去首位單一，以除用數得一四四〇三四一九二一八八六八六五三九爲遞次除法。用數爲通用除法，用數減首位爲通用乘法。此即前所云以乘法除除法爲遞次除法，則一次除可代一乘一除也。乃以除法除單一，以折小率三十二乘之，得二三二一六九四六九〇二四九六三二六六爲第一數正。

除法除第一數，一乘之，二除之，得七七一二三八六四〇一〇六七八三〇爲第二數正。除法除第二數，二乘之，三除之，得三五六九七〇一六四九二五一二二爲第三數正。除法除第三數，三乘之，四除之，得一八五八七七八二四九九八〇五爲第四數正。除法除第四數，四乘之，五除之，得一〇三二四〇九四四二〇八三爲第五數正。如是遞求得五九七三一七三三七四一爲第六數正，三五五四

用數	一〇七四六〇七八二八三二一三一七四九七	
除法	一四四〇三四一九二一八八六八六五三九	
第一數	二三二一六九四六九〇二四九六三二六六	除法除之一乘二除得
二	七七一二三八六四〇一〇六七八三〇	同　二　三
三	三五六九七〇一六四九二五一二二	同　三　四
四	一八五八七七八二四九九八〇五	同　四　五
五	一〇三二四〇九四四二〇八三	同　五　六
六	五九七三一七三三七四一	同　六　七
七	三五五四六一六三一三	同　七　八
八	二一五九四一〇四六	同　八　九
九	一三三二六五三〇	同　九　十
十	八三二七一〇	同　十　十一
十一	五二五五七	同　十一　十二
十二	三三四五	同　十二　十三
十三	二一四	同　十三　十四
十四	一四	同　十四　十五
十五	一	
并得數首率	二三〇二五八五〇九二九九四〇四五七七	
中率	一	
末率	〇四三四二九四四八一九〇三二五一八一一	

六一六三一三爲第七數正，二一五九四一〇四六爲第八數正，一三三二六五三〇爲第九數正，八三二七一〇爲第十數正，五二五五七爲第十一數正，三三四五爲第十二數正，二一四爲第十三數正，一四爲第十四數正，一爲第十五數正。乃并諸正數，得二三〇二五八五〇九二九九四〇四五七七爲首率，單一爲中率，求得末率〇四三四二九四四八一九〇三二五一八一一，即對數根也。

按：此即以一〇爲本數第一率，依第一術求折小第一無量數率也。其第一數本爲單一，凡求極多率者，初商恒爲單一。以對數例，以單一下之零數爲比例，而截去首位，故置第一數不用，而竟以第二數爲第一數也。其以三十二乘之者，緣用數係本數之折小第三十二率，當於求得數後，以三十二乘之，爲所求數。而以三十二乘第一數，其得數亦同也。所異者，求法。既依第一術，則第二數應以一無量數加一乘之，二無量數除之。而何以用一乘二除，不知求極多率者，無加一之差也。今試以九乘方言之，其率分爲十，其乘法十一與除法二十之比，較一與二之比所差尚大。若兩位九乘方，謂九十九乘方。其率分爲百，而一百零一與二百之比，較一與二之比所差較微。若三位九乘方謂九百九十九乘方。其率分爲千，而一千零一與二千之比，較一與二之比，其差更微。由是推之多位九乘方，則其差必極微，而可以不計矣。且非特不計已也。譬之割圓有大弧弦求析分小弧弦，每數乘法有分子冪之減差，析之愈小減差愈微。若求弧綫則有分母無分子，并此減差而無之。蓋稍有減差，則綫亦稍有觚稜，而非真弧綫矣。求對數根亦然。必須開無窮無盡極多位九乘方，并此加差而無之。然後求至數百千位而無不合。若稍有加差，則滯於第幾率，而求至多位反不合矣。即如開平方五十四次，而所求之對數根不過十五六位。若欲增求一位，必須再開三四次。不能如前法之求幾位即得幾位者，以其滯於一兆八千餘萬億率也。然則一乘二除，二乘三除，正開無窮無盡極多位九乘方之法無以名之，姑名爲折小第一無量數率耳。

論用數

前言有本數求折小第一無量數率，可以徑求，此立法也。而法有所窮，必須先求三十二率，何也？蓋多率之開方初商表，其數極繁，惟初商單一，則任折小至多率而初商實亦必仍爲單一。幸而求折小多率者，其首位必爲單一，故用第一、第二兩術，其第一數必爲單一，而初商實猶可知。若用第三、四術，則初商必爲二，而初商實即極繁而不可求矣。然即用第一、二術，而其中又有窒礙。今試以一〇爲本數，依第一術求之，則以一〇爲除法，初商實一減一〇得九，爲乘法，乘除法相差甚微，而位不降。位不降即不能遞求。依第二術，則一除九乘，位不惟不降而反升，尤不能遞求是窒礙也。夫求折小多率者，其本數必須單一下有空位，空位後帶零數，則減餘數小而可求。今本數一〇既非單一又無零數，則必假一單一下有空位帶零數之數，以求之。此用數之所由來也。而求用數，約有四法。以本數先求折小第幾率爲用數，其第一數以折小率若干乘之，然後遞求，此一法也。以本數首位降爲單位，以自二至九，自一一至一九諸數累除之，爲用數。求得數後，以除法對數加之，視降幾位再首位加幾，又一法也。以本數先求倍大第幾率，以首位降爲單位爲用數，求得數後，視降幾位則首位加幾，然後以倍大率若干除之，又一法也。置本數以自二至九累乘之，以首位降爲單位爲用數，求得數後，視降幾位首位加幾，然後以乘法之對數減之，又一法也。然第一法取數不易，而有畸零惟求對數根不得已而用之。第二法亦有畸零。第三法雖無畸零，而不可必得，蓋諸數之倍大率不能輒得，首位爲一而下有空位也。惟第四法既無畸零且可必得，故求用數可以倍大率求者，則用倍大率。其不可用倍大率者，則用借數累乘法爲便也。

假如以倍大率，求二之用數。

法以二自乘九次，得一千零二十四，爲二之倍大第十率，降三位得一〇二四，爲二之用數。

假如以累乘法，求七之用數。

法以七用二乘之，得十四，又以八乘之，得一百一十二，又以九乘之，得一千零八，降三位得一〇〇八爲七之用數。

假如兼用倍大率及累乘法，求三之用數。

法以三自乘再乘得二十七，爲三之倍大第三率，以四乘之，得一百零八，降二位得一〇八，爲三之用數。

論借數

借數者，自二至九共八數，借爲累乘之數也。凡諸數擇八數內之數乘之，皆可得首位爲一而下有空位，故借數不必廣求，即八數而已足。但由用數求得(之)之對數，必以乘法之對數減之，則必先求借數之對數，而借數雖有八數，實止三數。何也？二、五、四、八本通爲一數，三、六、九亦通爲一數，惟七則自爲一數，故有三數之對數。而八數之對數已備，有八數之對數，而諸數之用數亦無不備矣。

假如有對數根，求二與四與五與八之對數。

法依前求得二之用數一〇二四，減去單一得〇〇二四，爲遞次乘法。乃以乘法乘對數根，得〇〇一〇四二三〇六七五六五六七八〇四三凡乘法在單位下，則乘得數小於原數。爲第一數正。乘法乘第一數，一乘之，二除之，得一二五〇七六八一〇七八八一三七爲第二數負。乘法乘第二數，二乘之，三除之，得二〇〇一二二八九七二六一〇爲第三數正。乘法乘第三數，三乘之，四除之，得三六〇二二一一二五〇七爲第四數負。

用數	一〇二四	
乘法	〇〇二四	
第一數	〇〇一〇四二三〇六七五六五六七八〇四三	乘法乘之一乘二除得
二	一二五〇七六八一〇七八八一三七	同　二　三
三	二〇〇一二二八九七二六一〇	同　三　四
四	三六〇二二一一二五〇七	同　四　五
五	六九一六二四七三三	同　五　六
六	一三八三二四九五	同　六　七
七	二八四五五四	同　七　八
八	五九七六	同　八　九
九	一二七	同　九　十
十	二	
并正數	〇〇一〇四二五〇六九四八六五六〇〇七六	
并負數	〇〇〇〇一二五一一二八四六七四八一一八	
減得	〇〇一〇二九九五六六三九八一一九四九	
首位加三	三〇一〇二九九五六六三九八一一九四九	
十除之	〇三〇一〇二九九五六六三九八一一九四九	二之對數
二乘之	〇六〇二〇五九九一三二七九六二三八九八	四之對數
以減單一	〇六九八九七〇〇〇四三三六〇一八八〇五一	五之對數
三乘之	〇九〇三〇八九九八六九九一九四三五八四七	八之對數

如是遞求得六九一六二四七三三爲第五數正，一三八三二四九五爲第六數負，二八四五五四爲第七數正，五九七六爲第八數負。一二七爲第九數正，二爲第十數負。乃并諸正數，得〇〇一〇四二五〇六九四八六五六〇〇六七，又并諸負數，得〇〇〇〇一二五一一二八四六七四八一一八，以負減正，得〇〇一〇二九九五六六三九八一一九四九爲用數之對數。以用數係降三位，乃於首位加三，得三〇一〇二九九五六六三九八一一九四九，爲一千零二十四之對數，以一千零二十四係二之倍大第十率，乃以十除之，得〇三〇一〇二九九五六六三九八一一九小餘四九。爲二之對數也。

求四之對數者，以四即二之倍大第二率，乃以二之對數二乘之，得〇六〇二〇五九九一三二七九六二三八九八，即四之對數。

求五之對數者，以二與五相乘，即十，乃以十之對數單一，内減二之對數，得〇六九八九七〇〇〇四三三六〇一八八〇五一，即五之對數。

求八之對數者，以八即二之倍大第三率，乃以二之對數三乘之，得〇九〇三〇八九九八六九九一九四三五八四七，即爲八對數。

假如求三與六與九之對數。

法依前求得三之用數一〇八，減去單一，得〇〇八爲遞次乘法。乃以乘法乘對數根，得〇〇三四七四三五五八五五二二六〇一四四九爲第一數正。乘法乘第一數，一乘之，二除之，得一三八九七四二三四二〇九〇四〇五八爲第二數負。乘法乘第二數，二乘之，三除之，得七四一一九五九一五七八一五五〇爲第三數正。乘法乘第三數，三乘之，四除之，得四四四七一七五四九四六八九三爲第四數負。如是遞求，得二八四六一九二三一六六〇一爲第五數正，一八九七四六一五四四四〇爲第六數負，一三〇一一六四八七六爲第七數正，九一〇七八一五四一爲第八數負，六四七六六六八七爲第九數正，四六六三二〇一爲第十數負，三三九一四二二爲第十一數正，二四八七〇爲第十二數負，一八三七爲第十三數正，一三六爲第十四數負，一〇爲第十五數正，一爲第十六數負。乃并諸正數，得〇〇三四八一七九六四〇七二一一五二二，又并諸負數，得〇〇〇一三九四二〇八五八三七四七五一四〇，以負減正，得〇〇三三四二三七五五四八六九四九七〇一二爲用數之對數。以用數係降二位，乃於首位加二，得二〇三三四二三七五五四八六九四九七〇一二爲一百零八之對數，以係借四乘再減四之對數，得一四三一三六三七六四一五八九八七三一一四爲二十七之對數，以二十七係三之倍大第三率，乃以三除之，得〇四七七一二一二五四七一九六六二四三七一，即三之對數也。

用數	一〇八		
乘法	〇〇八		
第一數	〇〇三四七四三五五八五五二二六〇一四四九	乘法乘之一乘二除得	
二	一三八九七四二三四二〇九〇四〇五八	同	二 三
三	七四一一九五九一五七八一五五〇	同	三 四
四	四四四七一七五四九四六八九三	同	四 五
五	二八四六一五二三一六六〇一	同	五 六
六	一八九七四六一五四四〇	同	六 七
七	一三〇一一六四八七六	同	七 八
八	九一〇七八一五四一	同	八 九
九	六四七六六八七	同	九 十
十	四六六三二〇一	同	十 十一
十一	三三九一四二	同	十一 十二
十二	二四八七〇	同	十二 十三
十三	一八三七	同	十三 十四
十四	一三六	同	十四 十五
十五	一〇	同	十五 十六
十六	一		
并正數	〇〇三四八一七九六四〇七〇六九七二一五二		
并負數	〇〇〇一三九四二〇八五七三七四七五一四〇		
減得	〇〇三四二三七五五四八六九四九七〇二二		
首位加二	二〇三三四二三七五五四八六九四九七〇二二		
內減四之對數	一四三一三六三七六四一五八九八七三一一四		
三除之	〇四七七一二一二五四七一九六六二四三七一	三之對數	
內加二之對數	〇七七八一五一二五〇三八三六四三六三三〇	六之對數	
二乘三之對數	〇九五四二四二五〇九四三九三三二四八七四二	九之對數	

求六之對數者，以二三相乘，即六，乃以二之對數加三之對數，得〇七七八一五一二五〇三八三六四三六三三〇，即六之對數。

求九之對數者，以九係三之倍大第二率，乃以三之對數二乘之，得〇九五四二四二五〇九四三九三三二四八七四二，即九之對數。

假如求七之對數。

法依前求得七之用數一〇〇八，減去單一，得〇〇〇八，爲遞次乘法。乃以乘法乘對數根，得〇〇〇三四七四三五五八五五二二六〇一四五爲第一數正。乘法乘第一數，一乘之，二除之，得一三八九七四二三四二〇九〇四一爲第二數負。乘法乘第二數，二乘之，三除之，得七四一一九五九一五七八二爲第三數正。乘法乘第三數，三乘之，四除之，得四四四七一七五四九五爲第四數負。如是遞求，得二八四六一九二三爲第五數正，一八九七四六爲第六數負，一三〇一爲第七數正，九爲第八數負。乃并諸正數，得〇〇〇三四七四二一九九七七六六三九一五一，又并諸負數，得〇〇〇〇〇一三八九七八六八一五七四二九一，以負減正，得〇〇〇三四六〇五三二一〇九五〇六四八六〇，爲用數之對數。以用數係降三位，乃於首位加三，得三〇〇三四六〇五三二一〇九五〇六四八六〇，爲一千零八之對數，以係二、與八、與九疊乘所得，乃并二八九之三對數，得二一五八三六二四九二〇九五二四九六五三八，減之，得〇八四五〇九八〇四〇〇一四二五六八三二，即七之對數也。

按：此用第二術開極多位九乘方法也。舊法求二之對數，亦以一〇二四爲用數，而以單一下十五空位零一之一爲一率。單一下十五空位零一之對數，即今所用對數根爲二率。用數開平方四十七次，以其單一下之零數爲三率。求得四率，然後以平方四十七次折小率一百四十餘萬億乘之，得用數之對數。夫一率之一，本可省乘。今既開極多位九乘方，其折小之率分爲一無量數，而一無量數之一亦可省乘。開方既用零數，則第一數亦可置不用，而竟以第二數爲第一數，止須求得開方零數，以對數根乘之，即得用數之對數。而遞求法之例，於求得數後乘之，與乘第一數得數必同。故竟以乘法乘對數根爲第一數也。本應以對數根乘不用之第一數，然後以乘法乘之，而不用之第一數係單一，故可省乘。其求對數根用第一術，而此用第二術者，蓋對數根之用數係多位畸零。凡多位畸零者，除便於乘，故以一次除代一乘一除，既用除法，則用第一術與第二術同。一畸零除法不如第一術之降位稍易矣。若今所求之用數均位少而無畸零，不惟乘法止一二位，抑且用第二術，則除法即單一可以省除，故雖降位稍難，而終以第二術爲便也。

用數	一〇〇八			
乘法	〇〇〇八			
第一數	〇〇〇三四七四三五五八五五二二六〇一四五	乘法乘之	一乘	二除得
二	一三八九七四二三四二〇九〇四一	同	二	三
三	七四一一九五九一五七八二	同	三	四
四	四四四七一七五四九五	同	四	五
五	二八四六一九二三	同	五	六
六	一八九七四六	同	六	七
七	一三〇一	同	七	八
八	九			
并正數	〇〇〇三四七四四二九九七七六六三九一五一			
并負數	〇〇〇〇〇一三八九七八六八一五七四二九一			
減得	〇〇〇三四六〇五三二一〇九五〇六四八六〇			
首位加三	三〇〇三四六〇五三二一〇九五〇六四八六〇			
并三對數	二一五八三六二四九二〇九五二四九六五三八			
減得	〇八四五〇九八〇四〇〇一四二五六八三二二	七之對數		

假如有借數，求二十三之對數。

法置二十三，以五乘之，得一百十五，又以九乘之，得一千零三十五，降三位，得一〇三五，爲二十三之用數，減去首位單一，得〇〇三五，爲遞次乘法，乃以乘法乘對數根，得〇〇一五二〇〇三〇六八六六六一三八一三四爲第一數正。乘法乘第一數，一乘之，二除之，得二六六〇〇五三七〇一六五七四一七爲第二數負。乘法乘第二數，二乘之，三除之，得六二〇六七九一九七〇五三四〇爲第三數正。乘法乘第三數，三乘之，四除之，得一六二九二八二八九二二六五爲第四數負。如是遞求，得四五六一九九二〇九八三爲第五數正，一三三〇五八一〇二九爲第六數負。三九九一七四三一爲第七數正，一二二三四七一爲第八數負，三八〇三三爲第九數正，一一九八爲第十數負，三八爲第十一數正，一爲第十二數負。乃并諸正數，得〇〇一五二〇六五一八二二四五七一九九五八，又并諸負數，得〇〇〇〇二六六一六八四三一六三五四三八一，以負減正，得〇〇一四九四〇三四九七九二九三六五五七七爲用數之對數。以係降三位，乃於首位加三，得三〇一四九四〇三四九七九二九三六五五七七爲一千零三十五之對數。以係五與九疊乘所得，乃以五與九兩對數相并，得一六五三二一一二五一三七七五三四三六七九三，減之，得一三六一七二七八三六〇一七五九二八七八四，即二十三之對數也。

用數	一〇三五			
乘法	〇〇三五			
第一數	〇〇一五二〇〇三〇六八六六六一三八一三四	乘法乘之	一乘	二除得
二	二六六〇〇五三七〇一六五七四一七	同	二	三
三	六二〇六七九一九七〇五三四〇	同	三	四
四	一六二九二八二八九二二六五	同	四	五
五	四五六一九九二〇九八三	同	五	六
六	一三三〇五八一〇二九	同	六	七
七	三九九一七四三一	同	七	八
八	一二二三四七一	同	八	九
九	三八〇三三	同	九	十
十	一一九八	同	十	十一
十一	三八	同	十一	十二
十二	一			
并正數	〇〇一五二〇六五一八二二四五七一九九五八			
并負數	〇〇〇〇二六六一六八四三一六三五四三八一			
減得	〇〇一四九四〇三四九七九二九三六五五七七	首位加三		
五與九對數共	一六五三二一一二五一三七七五三四三六七九三			
減得	一三六一七二七八三六〇一七五九二八七八四	二十三之對數		

按：求十萬對數，前法爲便，以真數無畸零也。若求八線對數，則真數本屬畸零，當依求對數根之法爲便矣。大要求對數之法，難於起始，以後偏求各數，審擇用之可耳。又今所求之對數，係十八位小餘二位。故須遞求多數。若求十一二位，更不必遞求多數也。

即求率數之除法也。

論借用率數

前言以一〇〇〇〇〇〇一之對數，除所設對數，爲率數。而一〇〇〇〇〇〇一之對數，單位下有七空位，諸對數至小者止一空位。今以借用本數之對數除之，其率數必甚大，率數既大，則每次通用乘法雖降六位，而每次用率數之乘法，且不止升六位，則位仍不降，而不可求矣。故須參用舊法，先求得自二至九，自一一至一九，自一〇一至一〇九，自一〇〇一至一〇〇九，自一〇〇〇一至一〇〇〇九，自一〇〇〇〇一至一〇〇〇〇九，自一〇〇〇〇〇一至一〇〇〇〇〇九，各對數，列爲表，視所設對數有首位者，先去首位，其餘足減何數之對數，遞次減之，減至(六)六七空位，然後以借用本數之對數除之，爲借用率數，則率數小而可求矣。求得數後，再以遞減對數之真數累乘之，復視首位所減何數，依數升若干位，即得所求之真數也。

求備減表

自二至九各對數依前所求列之，自一一至一九各對數內，其一二、與一四、與一五、與一六、與一八，均可加減而得。惟一一、與一三、與一七、與一九，須仍前求得用數，然後遞求。若一〇一至一〇九，則原數即可遞求不必再求用數。至一〇〇一至一〇〇九，則遞求各數與一〇二至一〇九相同，止須逐數遞降一位并減之即得。若一〇〇〇一至一〇〇〇九，則再降一位并減之，以後各數並同此法。

假如有對數一三六一七二七八三六〇一七五九二八七八四，求借用率數。

法置所設對數，去首位一，得〇三六一七二七八三六〇一七五九二八七八四，檢備減表，足減二之對數，乃以二之對數減之，得〇〇六〇六九七八四〇三五三六一一六八三五，又檢表足減一一之對數，減得〇〇一九三〇五一五五一九五三八六六四一八，又足減一〇四之對數，減得〇〇〇二二七一八一五八九六六〇六二八七五，又足減一〇〇五之對數，減得〇〇〇〇一〇五七五四一四〇〇九八六一一三，又足減一〇〇〇二之對數，減得〇〇〇〇〇一八九〇三九二八四四九六五四一，又足減一〇〇〇〇四之對數，減得〇〇〇〇〇〇一五三二四九六五九九八四四四九，又足減一〇〇〇〇〇三之對數，減得〇〇〇〇〇〇二二九六一五一〇八四五六四。前已得七空位，乃以借用本數之對數四三四二九四二六四七五六二除之，得〇五二八七〇八五九〇二一二〇，爲借用率數也。

又 坿對數還原

論借用本數

對數爲真數之率數，而恒以一〇爲本數第一率，既有本數第一率，又有率數，則依以本數爲根，求倍大各率之法求之可矣。然其中有窒碍，而一〇不可用爲本數，何也？整率之第一數，可截本數，依本率乘數累乘而得。若零率之第一數，則累乘中無其數，對數之爲率數皆零率也。故其第一數不可知，不可知即不可求矣。但不可知之中，自有可知者，在凡整率之首位單一者，則任倍大若干率，而累乘所得之第一數，必仍爲單一而不變。整率遇單一而不變，則零率遇單一其第一數必仍爲單一，而不變無疑矣。故凡零率而第一數可用單一者，則可知，而亦可遞求也。第一數既必須用單一，則以一〇爲第一率，內減單一，其減餘數大而不能遞求矣。此借用本數之所由來也。而借用之本數，莫善於一〇〇〇〇〇一，何以言之？蓋用第二術，則其首位之單一爲通用除法，既可省除，而減去單一，得〇〇〇〇〇〇一爲通用乘法，只須降六位，亦可省乘，而降位又易，故以一〇〇〇〇〇一爲便也。惟諸對數係以一〇爲第一率之率數，今用一〇〇〇〇〇一爲第一率，則率數不合矣。法先求得一〇〇〇〇〇一之對數，用爲除法，凡諸對數以除法除之，其所得數，即以一〇〇〇〇〇一爲本數第一率之率數也。

假如以一〇〇〇〇〇一爲借用本數，求其對數爲除法。

法以對數根降六位，得〇〇〇〇〇〇四三四二九四四八一九〇三三爲第一數正。以第一數降六位，一乘之，二除之，得二一七一四七二爲第二數負。以第二數降六位，二乘之，三除之，得一爲第三數正。乃以第一第三兩數相并，內減第二數，得〇〇〇〇〇〇四三四二九四二六四七五六二爲借用本數之對數，

本數	一〇〇〇〇〇一	
乘法	〇〇〇〇〇〇一	
第一數	〇〇〇〇〇〇四三四二九四四八一九〇三三	乘法乘之一乘二除
二	二一七一四七二	同 二 三
三	一	
并得數	〇〇〇〇〇〇四三四二九四四八一九〇三四	
減得	〇〇〇〇〇〇四三四二九四二六四七五六二	一〇〇〇〇〇一之對數

真數	假數	小餘
二	〇三〇一〇二九九九五六六三九八一一九	四九
三	〇四七七一二一二五四七一九六六二四三	七一
四	〇六〇二〇五九九九一三二七九六二三八	九八
五	〇六九八九七〇〇〇四三三六〇一八八〇	五一
六	〇七七八一五一二五〇三八三六四三六三	二〇
七	〇八四五〇九八〇四〇〇一四二五六八三	二二
八	〇九〇三〇八九九八六九九一九四三五八	四七
九	〇九五四二四二五〇九四三九三二四八七	四二
一一	〇〇四一三九二六八五一五八二二五〇四	一七
一二	〇〇七九一八一二四六〇四七六二四八二	六九
一三	〇一一三九四三三五二三〇六八三六七六	九六
一四	〇一四六一二八〇三五六七八二四八〇二	七一
一五	〇一七六〇九一二五九〇五五六八一二四	二二
一六	〇二〇四一一九九八二六五五九二四七七	九六
一七	〇二三〇四四八九二一三七八二七三九二	七八
一八	〇二五五二七二五〇五一〇三三〇六〇六	九一
一九	〇二七八七五三六〇〇九五二八二八九六	一九

真數	假數	小餘
一〇一	〇〇〇四三二一三七三七八二六四二五六	六五
一〇二	〇〇〇八六〇〇一七一七六一九一七五五	九八
一〇三	〇〇一二八三七二二四七〇五一七二二〇	四六
一〇四	〇〇一七〇三三三三九二九八七八〇三五	四三
一〇五	〇〇二一一八九二九九〇六九九三八〇七	四四
一〇六	〇〇二五三〇五八六五二六六六八四一二	六四
一〇七	〇〇二九三八三七七六八五一〇九六四	〇二
一〇八	〇〇三三四二三七五五四八六九四九七〇	一二
一〇九	〇〇三七四二六四九七九四〇六二三六三	三八
一〇〇一	〇〇〇〇四三四〇七七四七九三一八六四	〇七
一〇〇二	〇〇〇〇八六七七二一五三一二二六九一	二五
一〇〇三	〇〇〇一三〇〇九三三〇二〇四一八一一	八六
一〇〇四	〇〇〇一七三三七一二八〇九〇〇〇五二	九七
一〇〇五	〇〇〇二一六六〇六一七五六五〇七六七	六二
一〇〇六	〇〇〇二五九七九八〇七一九九〇八六一	二二
一〇〇七	〇〇〇三〇二九四七〇五五三六一八〇〇	七〇
一〇〇八	〇〇〇三四六〇五三二一〇九五〇六四八	六〇
一〇〇九	〇〇〇三八九一一六六二三六九一〇五二	一六

真數	假數	小餘
一〇〇〇一	〇〇〇〇〇四三四二七二七六八六二六六	九六
一〇〇〇二	〇〇〇〇〇八六八五〇二一一六四八九五	七二
一〇〇〇三	〇〇〇〇一三〇二六八八〇五二二七〇六	〇九
一〇〇〇四	〇〇〇〇一七三六八三〇五八四六四九一	八七
一〇〇〇五	〇〇〇〇二一七〇九二九七二二三〇二〇	八二
一〇〇〇六	〇〇〇〇二六〇四九八五四七三九〇三四	六九
一〇〇〇七	〇〇〇〇三〇三八九九七八四八一二四九	一九
一〇〇〇八	〇〇〇〇三四七二九六六八五三六三五四	〇八
一〇〇〇九	〇〇〇〇三九〇六八九二四九九一〇一三	一〇
一〇〇〇〇一	〇〇〇〇〇〇四三四二九二三一〇四三〇	八四
一〇〇〇〇二	〇〇〇〇〇〇八六八五八〇二七八〇六二	六三
一〇〇〇〇三	〇〇〇〇〇一三〇二八六三九〇二八四八	九三
一〇〇〇〇四	〇〇〇〇〇一七三七一四三一七四九八〇	九二
一〇〇〇〇五	〇〇〇〇〇二一七一四一八一二四五一五	五一
一〇〇〇〇六	〇〇〇〇〇二六〇五六八八七二一五三九	六九
一〇〇〇〇七	〇〇〇〇〇三〇三九九五四九七六一三九	八六
一〇〇〇〇八	〇〇〇〇〇三四七四二一六八八八四〇三	三三
一〇〇〇〇九	〇〇〇〇〇三九〇八四七四四五八四一六	七五

真數	假數	小餘
一〇〇〇〇〇一	〇〇〇〇〇〇〇四三四二九四二六四七五	六二
一〇〇〇〇〇二	〇〇〇〇〇〇〇八六八五八八〇九五二一	八七
一〇〇〇〇〇三	〇〇〇〇〇〇一三〇二八八一四九一三八	八五
一〇〇〇〇〇四	〇〇〇〇〇〇一七三七一七四四五三二六	六四
一〇〇〇〇〇五	〇〇〇〇〇〇二一七一四六六九八〇八五	三三
一〇〇〇〇〇六	〇〇〇〇〇〇二六〇五七五九〇七四一五	〇一
一〇〇〇〇〇七	〇〇〇〇〇〇三〇四〇〇五〇七三三一五	七七
一〇〇〇〇〇八	〇〇〇〇〇〇三四七四三四一九五六八七	六七
一〇〇〇〇〇九	〇〇〇〇〇〇三九〇八六三二七四八三〇	八三

一三六一七二七八三六〇一七五九二八七八四	首位減一得
〇三六一七二七八三六〇一七五九二八七八四	內減二之對數
〇三〇一〇二九九九五六六三九八一一九四九	減得
〇〇六〇六九七八四〇三五三六一一六八三五	內減一一之對數
〇〇四一三九二六八五一五八二二五〇四一七	減得
〇〇一九三〇五一五五一九五三八六六四一八	內減一〇四之對數
〇〇一七〇三三三三九二九八七八〇三五四三	減得
〇〇〇二三七一八一五八九六六〇六二八七五	內減一〇〇五之對數
〇〇〇二一六八〇六一七五六五〇七六七六二	減得
〇〇〇〇一〇五七五四一四〇〇九八六一一三	內減一〇〇〇二之對數
〇〇〇〇〇八六八五〇二一一六四八九五七二	減得
〇〇〇〇〇一八九〇三九二八四四九六五四一	內減一〇〇〇〇四之對數
〇〇〇〇〇一七三七一四三一八四九八〇九二	減得
〇〇〇〇〇〇一五三三二四九六五九八四四九	內減一〇〇〇〇〇三之對數
〇〇〇〇〇〇一三〇二八八一四九一三八八五	減得
〇〇〇〇〇〇〇二二九六一五一〇八四五六四	以借用本數之對數
〇〇〇〇〇〇〇四三四二九四二六四七五六二	除之得
〇五二八七〇八五九〇二一二〇	借用率數

假如有對數一三六一七二七八三六〇一七五九二八七八四，求其真數。

法依前求得借用率數〇五二八七〇八五九〇二一二〇，乃以借用本數首位單一下加十九空位得一〇〇〇〇〇〇〇〇〇〇〇〇〇〇〇〇〇〇〇爲第一數正。次以借用本數減去單一，得〇〇〇〇〇〇一爲乘法，以乘法乘第一數，又以率數乘之，得五二八七〇八五九〇二一二〇爲第二數正。乘法乘第二數，又以率數反減一，得〇四七一二九一四一截用九位。乘之，二除之，得一二四五九二九爲第三數負。乘法乘第三數，又以率數反減二，得一四七截用三位。乘之，三除之，得一爲第四數正。乃并諸正數，得一〇〇〇〇〇〇五二八七〇八五九〇二一二一，內減第三負數，得一〇〇〇〇〇〇五二八七〇八四六五六一九二，乃以前求借用率數時遞減各對數之真數一〇〇〇〇〇三、與一〇〇〇〇四、與一〇〇〇二、與一〇〇五、與一〇四、與一一、與二累乘之，得二二九九九九九九九九九九九九九九九八五八，棄零進一得二三，又以前求率數時曾減首位之一，應升一位，得二十三，即所求之真數也。

本數	一〇〇〇〇〇一	
乘法	〇〇〇〇〇〇一	
第一數	一〇〇〇〇〇〇〇〇〇〇〇〇〇〇〇〇〇〇〇	降六位率數乘之得
二	五二八七〇八五九〇二一二〇	降六位率數減一乘之二除之得
三	一二四五九二九	降六位率數減二乘之三除之得
四	一	
并正數	一〇〇〇〇〇〇五二八七〇八五九〇二一二一	
減得	一〇〇〇〇〇〇五二八七〇八四六五六一九二	以一〇〇〇〇〇三乘之得
	一〇〇〇〇〇三五二八七一〇〇五一七四四六	以一〇〇〇〇四乘之得
	一〇〇〇〇四三五二八八五一二〇〇一四六七	以一〇〇〇二乘之得
	一〇〇〇二四三五三七五五六九七〇三八六七	以一〇〇五乘之得
	一〇〇五二四四七五五二四四七五五二四四八	以一〇四乘之得
	一〇四五四五四五四五四五四五四五四五四四八一	以一一乘之得
	一一四九九九九九九九九九九九九九九九二九	以二乘之得
	二二九九九九九九九九九九九九九九九八五八	乘零進一升一位
	二三	

按：此即用求倍大各率第二術也。其第三數變爲負者，凡整率必大於單一，其減一減二皆爲正減，至率數減盡而止。而無所爲反減，故逐數皆正，今所用之率數小於單一，其減一減二皆爲反減，反減則爲負，以爲乘法，故能變逐數皆正者，爲正負相間也。又凡對數遞減得三空位，已可遞求。惟逐數用率數之乘法多位畸零，不免繁重，故須減至七空位，然亦爲求十八位對數之真數而設耳。若求十二位，則一〇〇一即可借爲本數，而對數遞減至四空位，即可求借用率數矣。

又戴煦《假數測圓》卷上

求負算對數二術

對數有正有負，自單一以上之對數均屬正數，自單一以下之對數均屬負數。而恒以單一爲正負之界，故其對數爲適足無數。假如以二除一，得〇五，故以二之對數命爲負數，即〇五之對數。蓋於適足無數内減二之對數，適負一二之對數也。又如以二除八，得四，故以二之對數減八之對數，得四之對數。若以八除二得〇二五，故以四之對數命爲負數，即〇二五之對數也。又不滿單一之數，用爲乘法，則乘得數必反小於原數。若用爲除法，則除得數必反大於原數，此定理也。故以〇二五除二得八，在對數爲以〇二五之對數減二之對數，得八之對數。但減法係同名相減，異名相加。今〇二五與二之對數，既正負異名，則當以加爲減，故仍以〇二五之對數加二之對數而得八之對數。若以〇二五乘八，則得二，在對數爲以〇二五之對數加八之對數而得二之對數，但加法係同名相加，異名相減。今〇二五與八之對數，亦正負異名，又當以減爲加，故仍以〇二五之對數減八之對數，而得二之對數矣。惟此種不滿單一之真數，若用續對數簡法求對數根與求借數之對數二術求之，則必借單一下帶零數之數爲用數矣。玆更設二術，即用不滿單一之數爲用數，而其對數亦無不可求，不特以補對數簡法之遺，而求八線對數有賴是術者，故先及之。

假如有不滿單一之真數〇九八，求其對數。

法以真數〇九八減單一，得〇〇二，用爲乘法，乃依續對數簡法，求得對數根〇四三四二九四四八二，以乘法乘之，得〇〇〇八六八五八八九六四爲第一數，負。置第一數，以乘法乘之，又一乘之，二除之，得八六八五八九〇爲第二數，負。置第二數，以乘法乘之，又二乘之，三除之，得一一五八一二爲第三數，負。置第三數，以乘法乘之，又三乘之，四除之，得一七三七爲第四數，負。置第四數，以乘法乘之，又四乘之，五除之，得二八爲第五數，負。乃并諸負數，得負〇〇〇八七七三九二四三一，爲〇九八之對數。若以一百乘之，得九十八，故以一百之對數二内減求得數（正負異名，以減爲加）。得一九九一二二六〇七五六九，爲九十八之對數也。

用數	〇九八	
乘法	〇〇二	
第一數	〇〇〇八六八五八八九六四	
	八六八五八九〇	
	一一五八一二	
	一七三七	
	二八	
并得數	〇〇〇八七七三九二四三一	〇九八對數
以減	二〇〇〇〇〇〇〇〇〇〇	
減餘數	一九九一二二六〇七五六九	九十八對數

此術用續對數簡法，以本數求折小各率。第三術開極多位九乘方也。蓋大於單一各數，則用第三術。其初商必爲二，而初商已極大而不可算。若小於單一各數，則如求對數根，以及求借數之對數二術。其初商必小於單一，如求〇九八之對數，其初商必爲〇九，而初商實又極小而不可算，故用第三術。則初商可用單一，而初商實必仍爲單一，而無所窒礙矣。又第三術之第一數爲正，而第二數以下均爲負，求對數之開方例不用第一數，故所得各數，均爲負算，惟每數當以初商實爲除法，而初商實既爲單一，則可省除。又本法應於求得數後，以對數根乘之，而以之先乘第一數，其得數亦相同也。

又術

法以真數〇九八減單一，得〇〇二，用爲乘法。以〇九八爲除法，乃以乘法乘對數根，除法除之，得〇〇〇八八六三一五二六九爲第一數，負。置第一數，以乘法乘之，除法除之，一乘之，二除之，得九〇四四〇三三爲第二數，正。置第二數，以乘法乘之，除法除之，二乘之，三除之，得一二三〇四八爲第三數，負。置第三數，以乘法乘之，除法除之，三乘之，四除之，得一八八三爲第四數，正。置第四數，以乘法乘之，除法除之，四乘之，五除之，得三一爲第五數，負。置第五數，以乘法乘之，除法除之，五乘之，六除之，滿五進一，得一爲第六數，正。乃并諸負數，得〇〇〇八八六四三八三四八，以并諸正數〇〇〇〇〇九〇四五九一七減之，得負〇〇〇八七七三九二四三一，爲〇九八之對數也。

用數	〇九八
乘法	〇〇二
除法	〇九八
第一數	〇〇〇八八六三一五二六九
二	九〇四四〇三三
三	一二三〇四八
四	一八八三
五	三一
六	一
并負數	〇〇〇八八六四三八三四八
并正數	〇〇〇〇〇九〇四五九一七
減餘數	〇〇〇八七七三九二四三一

此術用以本數求折小各率。第四術開極多位九乘方也，術之乘法，與前術同，而除法，則前術用初商實爲單一，自可省算，此術用本數，故較前術多一次除。其正負相間，本起正數，而求對數者，不用第一數，故其正負相間起負數。既起負數，必負數盈而正數歉，故負正二數相減，而所餘者，在負數也。此二術亦可求單一以上之對數。如遇真數九十八之類，則降二位如前二術求之，求得數後，與二相減，即九十八之對數。又或他數用借數乘之，使首位爲九降位，亦

可爲用數。假如求二十三之用數，置二十三以四乘之，得九十二，降二位，得○九二，爲二十三之用數。依前二術，求得數後與二相減，再減四之對數，即得二十三之對數也。總而論之，開諸乘方有四術，求對數，則求正算對數二術。求對數根一術，求借數之對數一術。求負算對數二術，亦有四術。而求對數之法，於是乎始全矣。凡弧背求正割對數，則生於求正算之術，而求正弦對數，則生於求負算之術，故不可不備也。

以本弧分徑求四十五度以內正割對數。

術曰：先求各率分子爲遞次乘法，以二爲數根，即爲第一乘法。置前數根加二，得四爲數根，置前乘法，四五遞乘之，一二遞除之，得二十爲初減數。以數根減初減得十六，爲第二乘法。置前數根加二，得六爲數根，置前初減，六七遞乘之，三四遞除之，得七十，爲初減數。置前乘法，六七遞乘之，一二遞除之，得三百三十六，爲次減數，以數根減初減，得六十四，再減次減，得二百七十二，爲第三乘法。置前數根加二，得八爲數根，置前初減，八九遞乘之，五六遞除之，得一百六十八，爲初減數。置前次減，八九遞乘之，三四遞除之，得二千○十六，爲次減數。置前乘法，八九遞乘之，一二遞除之，得九千七百九十二，爲三減數。以數根減初減，得一百六十，再減次減，得一千八百五十六，再減三減，得七千九百三十六，爲第四乘法。凡數根均起各耦數，其求各減數，則用耦奇二數乘，而逐次乘法遞加，如第二乘法用四五乘，第三乘法用六七乘。再用奇耦二數除，而挨次減數遞降如第三乘法，初減用三四除，次減用一二除。乘法降一位，則多一減。如是遞求，得各率分子，即爲遞次乘法。

乃以二爲全徑，單一爲半徑，求其逐度弧分，爲弧線表。以所設若干度，檢弧線表，得弧分爲二率。以半徑單一爲一率，二率自乘得三率。本當以一率除之得三率，而一率係單一，可省除。下倣此。以乘對數根，二除之，爲第一數，正。置第一數，以三率乘之，得五率，三四遞除之，爲七率用數。第一乘法乘之，爲第二數，正。置七率用數，以三率乘之，得七率，五六遞除之，爲九率用數。第二乘法乘之，爲第三數，正。置九率用數，以三率乘之，得九率，七八遞除之，爲十一率用數。第三乘法乘之，爲第四數，正。置十一率用數，以三率乘之，得十一率，九十遞除之，爲十三率用數。第四乘法乘之，爲第五數，正。如是遞求至應求位數下，乃并諸正數，視所設半徑，較單一應升若干位，如半徑一百億係十一位，較單一應升十位，則於首位加一○，即得所設度正割對數。

解曰：求對數用以本數求折小各率，第一、第二術，其用數必爲單一下帶零數，則降位易而可求。如續對數簡法，求對數根以及求借數之對數是也。而四十五度以内各正割線，與其用數相似，何也。用數爲單一下帶零數，而割線爲半徑外帶割線半徑差，若命半徑爲單一，則亦爲單一下帶零數。四十五度以外，則割綫半徑差漸大，不類帶零數矣。故有割線求其對數者，不必更求用數，但降半徑爲單一，即可爲用數。其求法用第二術。當以降位割線半徑差爲乘法，半徑單一爲除法，復挨次以一、二、三、四等數乘除之，求得各數，又一正一負加減之，然後以對數根乘之，即得半徑單一之割綫對數。今雖未知割線半徑差真數，而弧背求割線半徑差各率分數，則推演而可知。見外切密率。則即命割線半徑差各率分數爲乘法，以半徑一率爲除法，如求折小各率，第二術演之，而本弧求正割對數之各率分數，即在是矣。蓋本弧求割綫半徑差率分起三率，若自乘爲一率乘五率，以半徑除之，必起五率率數，逐次遞降，則推演率分，亦無所窒礙也。今依外切密率，演得本弧求割線半徑差率分，三率一二分之一，又五率一二三四分之五，又七率自一至六分之六十一，又九率自一至八分之一千三百八十五，又十一率自一至十分之五萬○五百二十一，爲本弧求正割線對數之乘法也。

如圖，置本弧求割線半徑差率分爲實，仍以本弧求割綫半徑差爲乘法乘之，先置原實五率以下分母爲定母，以原實首位三率一二分之一，徧乘乘法，得首層，一率乘五率一二分，又一二分之一，又一率乘七率一二三四分，又一二分之五，又一率乘九率，自一至六分，又一二分之六十一，又一率乘十一率自一至八分，又一二分之一千三百八十五，爲第一乘法式。其五率定母，係一二三四分乘法式分母，係一二分，又一二分，應以二除之，三四乘之，使從定母。其七率定母，係自一至六分，乘法式係一二三四分，又一二分，應以一二除之，五六乘之，其九率定母，係自一至八分，乘法式。係自一至六分，又一二分，應以一二除之，七八乘之，其十一率定母，係自一至十分，乘法式係自一至八分，又一二分，應以一二除之，九十乘之，通計乘除，得如次層，一率乘五率，一二三四分之六，又一率乘七率，自一至六分之七十五，又一率乘九率，自一至八分之一千七百○八，又一率乘十一率，自一至十分之六萬二千三百二十五，爲第一同母式。次以原實次位五率一二三四分之五，徧乘乘法，得三層一率乘七率，一二分，又一二三四分之五，又一率乘九率，一二三四分，又一二三四分之二十五，又一率乘十一率，自一至六分，又一二三四分之三百○五，爲第二乘法式。復依法乘除之，

五率 一二三四	七率 一二三四五六	九率 一二三四五六七八	十一率 一二三四五六七八九十
一二 一二 𝍠	一二三四 一二 𝍤	一二三四五六 一二 𝍮𝍠	一二三四五六七八 一二 𝍩𝍢𝍯𝍤
一二除 三四乘 十	一二除 五六乘 𝍮𝍤	一二除 七八乘 𝍩𝍦〇𝍧	一二除 九十乘 𝍥𝍪𝍢𝍪𝍤
	一二 一二三四 𝍤	一二三四 一二三四 𝍪𝍤	一二三四五六 一二三四 𝍢〇𝍤
	一二三四除 三四五六乘 𝍮𝍤	一二三四除 五六七八乘 𝍩𝍦𝍭〇	一二三四除 七八九十乘 𝍥𝍬〇𝍭〇
		一二 一二三四五六 𝍮𝍠	一二三四 一二三四五六 𝍢〇𝍤
		一二三四五六除 三四五六七八乘 𝍩𝍦〇𝍧	一二三四五六除 五六七八九十乘 𝍥𝍬〇𝍭〇
			一二 一二三四五六七八 𝍩𝍢𝍯𝍤
			一二三四五六七八除 三四五六七八九十乘 𝍥𝍪𝍢𝍪𝍤
𝍥	𝍠𝍭〇	𝍭𝍠𝍮𝍥	𝍪𝍤𝍪𝍦𝍭〇

使從定母，得四層，一率乘七率，自一至六分之七十五，又一率乘九率，自一至八分之一千七百五十，又一率乘十一率自一至十分之六萬四千〇五十，爲第二同母式。次以原實三位七率自一至六分之六十一，徧乘乘法，得五層，一率乘九率一二分，又自一至六分之六十一，又一率乘十一率，一二三四分，又自一至六分之三百〇五，爲第三乘法式。復依法乘除之，使從定母，得六層，一率乘九率，自一至八分之一千七百〇八，又一率乘十一率，自一至十分之六萬四千〇五十，爲第三同母式。次以原實四位九率自一至八分之一千三百八十五，乘乘法，得七層，一率乘十一率一二分，又自一至八分之一千三百八十五，爲第四乘法式。復依法乘除之，使從定母，得一率乘十一率自一至十分之六萬二千三百二十五，爲第四同母式，以四同母式相并，一率除之（一率乘三率者，命爲三率，一率乘五率者，命爲五率，即爲一率除之。）得五率一二三四分之六，又七率自一至六分之一百五十，又九率自一至八分之五千一百六十六，又十一率自一至十分之二十五萬二千七百五十，爲第二數全率。

七率 一二三四五六	九率 一二三四五六七八	十一率 一二三四五六七八九十
一二 一二三四 𝍥	一二三四 一二三四 𝍫〇	一二三四五六 一二三四 𝍢𝍮𝍥
一二三四除 三四五六乘 𝍱〇	一二三四除 五六七八乘 𝍪𝍠〇〇	一二三四除 七八九十乘 𝍦𝍮𝍧𝍮〇
	一二 一二三四五六 𝍠𝍭〇	一二二四 一二三四五六 𝍦𝍭〇
	一二三四五六除 三四五六七八乘 𝍱𝍡〇〇	一二三四五六除 五六七八九十乘 𝍩𝍤𝍯𝍤〇〇
		一二 一二三四五六七八 𝍭𝍠𝍮𝍥 一二三四五六七八除 三四五六七八九十乘 𝍪𝍢𝍪𝍤𝍯〇
𝍱〇	𝍮𝍢〇〇	𝍫𝍥𝍮𝍧𝍫〇

次以第二數全率爲實，以乘法乘之，先置原實七率以下分母爲定母，以原實首位五率一二三四分之六，徧乘乘法，得首層，一率乘七率一二分，又一二三四分之六，又一率乘九率一二三四分，又一二三四分之三十，又一率乘十一率自一至六分又一二三四分之三百六十六，爲第一乘法式。依法乘除之，使從定母，得次層，一率乘七率，自一至六分之九十，又一率乘九率，自一至八分之二千一百，又一率乘十一率自一至十分之七萬六千八百六十，爲第一同母式。次以原實次位七率自一至六分之一百五十，徧乘乘法，得三層，一率乘九率一二分又自一至六分之一百五十，又一率乘十一率一二三四分，又自一至六分之七百五十，爲第二乘法式。復依法乘除之，使從定母，得四層，一率乘九率，自一至八分之四千二百，又一率乘十一率，自一至十分之十五萬七千五百，爲第二同母式。次以原實三位九率自一至八分之五千一百六十六乘乘法，得五層，一率乘十一率一二分，又自一至八分之五千一百六十六，爲第三乘法式。復依法乘除之，使從定

母，得六層，一率乘十一率自一至十分之二十三萬二千四百七十，爲第三同母式。以三同母式相并，一率除之，得七率。自一至六分之九十，又九率自一至八分之六千三百，又十一率自一至十分之四十六萬六千八百三十，爲第三數全率。

九率 一二三四五六七八	十一率 一二三四五六七八九十
一二 一二三四五六 ≟○	一二三四 一二三四五六 ‖‖≣○
一二三四五六除 三四五六七八乘 =‖‖‖=○	一二三四五六除 五六七八九十乘 ⫼≡‖‖‖○○
	一二 一二三四五六七八 ⊥‖‖○○
	一二三四五六七八除 三四五六七八九十乘 =⫪≡‖‖‖○○
一‖‖‖=○	≡⫪≟○○○

次以第三數全率爲實，以乘法乘之，先置原實九率以下分母爲定母。以原實首位七率，自一至六分之九十，偏乘乘法，得首層，一率乘九率一二分，又自一至六分之九十，又一率乘十一率一二三四分又自一至六分之四百五十，爲第一乘法式。依法乘除之，使從定母，得次層，一率乘九率，自一至八分之二千五百二十，又一率乘十一率，自一至十分之九萬四千五百，爲第一同母式。次置原實次位，九率自一至八分之六千三百乘乘法，得三層，一率乘十一率一二分，又自一至八分之六千三百，爲第二乘法式。復依法乘除之，使從定母得四層，一率乘十一率，自一至十分之二十八萬三千五百，爲第二同母式。以二同母式相并，一率除之，得九率，自一至八分之二千五百二十，又十一率自一至十分之三十七萬八千，爲第四數全率。

十一率 一二三四五六七八九十
一二 一二三四五六七八 =‖‖‖=○
一二三四五六七八除 三四五六七八九 一|≡‖‖‖○○

十一率 一二三四五六七八九十
‖‖‖○‖‖‖=|
一‖⊥‖‖⊥‖‖‖
⫪≡⫪≡⫼
一‖‖‖≣T一○
⫪≟⫪≣T
⫼≡‖‖‖○○
|≡⫪≡⫼
‖=T≟○
⊥⫼≡T

次以第四數全率爲實，以乘法乘之，先置原實十一率分母爲定母，以原實首位九率自一至八分之二千五百二十乘乘法，得首層。一率乘十一率一二分，又自一至八分之二千五百二十，爲乘法式，依法乘除之，使從定母，得次層。一率乘十一率，自一至十分之十一萬三千四百，爲同母式。以一率除之，得十一率，自一至十分之十一萬三千四百，爲第五數全率。乃置本弧求割線半徑差率分，爲第一數。次置第二數全率，二除之，得五率，一二三四分之三，又七率，自一至六分之七十五，又九率，自一至八分之二千五百八十三，又十一率自一至十分之十二萬六千三百七十五，爲第二數。係負算，應減第一數，計減得三率一二分之一，又五率一二三四分之二，少七率自一至六分之十四，少九率自一至八分之一千一百九十八，少十一率自一至十分之七萬五千八百五十四，爲第一減得數。

三率 一二	五率 一二三四	七率 一二三四五六	九率 一二三四五六七八
|	‖‖‖	⊥|	一‖‖≟‖‖‖
	‖	⊥‖‖‖	=‖‖‖≟‖‖
|	‖	一⫼	一|≟⫪
		≡○	=|○○
|	‖	一T	⫪○‖
			T≡○
|	‖	一T	‖⊥‖
|	‖	一T	‖⊥‖

次置第三數全率，三除之，求對數之第三數，係二乘三除，彼因第三數生於第二數，原屬二分第三數全率之一，故二乘之得全率，再三除，此既用第三數全率則三除之，已得第三數，不必再用二乘也。下倣此。得七率，自一至六分之三十，又九率自一至八分之二千一百，又十一率自一至十分之十五萬五千六百一十，爲第三數，係正算，應加。而第一減得數七率以下均屬負數，正負異名，仍當以減爲加，計減得三率，一二分之一，又五率一二三四分之二，又七率自一至六分之十六，又九率自一至八分之九百○二，又十一率自一至十分之七萬九千七百五十六，爲第二加得數。次置第四數全率，四除之，得九率，自一至八分之六百三十，又十一率自一至十分之九萬四千五百，爲第四數，係負算，應減，計減得三率，一二分之一，又五率一二三四分之二，又七率自一至六分之十六，又九率自一至八分之二百七十二，少十一率自一至十分之一萬四千七百四十四，爲第三減得數。次置第五數全率，五除之，得十一率，自一至十分之二萬二千六百八十，爲第五數，係正算，應加，因第三減得數之十一率，係負數，仍當以減爲加，計減得三率一二分之一，又五率一二三四分之二，又七率自一至六分之十六，又九率自一至八分之二百七十二，又十一率自一至十分之七千九百三十六，爲本弧求正割線對數各率分數也。

細審本弧求割線對數率分，其分母與本弧求割線半徑差同，是其逐率除法，必自一二而三四而五六矣。惟其分子，則由迭次乘除迭次加減而得，莫能知其所由來，乃取本弧求切線分子，與之相較，本弧求切線分子，見外切密率。則一一相符。如求切線二率分子爲一，而求割線對數三率分子，亦爲一，求切線四率分子爲二，而求割線對數五率分子，亦爲二，求切線六率八率十率分子爲十六爲二百七十二爲七千九百三十六，而求割線對數七率九率十一率，分子亦爲十六爲二百七十二爲七千九百三十六。夫第五分子以前，既一一相符，則第五分子以後，亦必一一相符。蓋迭次乘除加減，層層抵算，適與脗合也。故借本弧求切線術中求各率分子之法，以求遞次乘法，而數適合，更不待他求也。又求得數後，當以對數根乘之，爲正割對數，又先以乘第一數，其得數亦同也。

又術，用以本數求折小各率第一術，如續對數簡法，求對數根之法求之，則當以本弧求割線半徑差率分爲乘法，以本弧求割線半徑差率分首位，加一率一，得本弧求割線率分爲除法。乃置一率一，以乘法乘之，除法除之，爲第一數。次置第一數，又乘法乘之，除法除之，爲第二數全率。次置第二數全率，以乘法乘之，除法除之，爲第三數全率。如是遞求得各數全率，然後置第二數全率，二除之，爲第二數。置第三數全率，三除之，爲第三數。如是遞求得各數，乃以各數相并，亦得本弧求正割線對數率分。但所求得率分之分母分子，與前術相同，而是術以本弧求割線率分，爲除法，衍算較煩重，故不復贅。

弧線表

設全徑二，半徑單一。

弧	弧線
一秒	○○○○○○四八四八一三七
二秒	○○○○○○九六九六二七四
三秒	○○○○○一四五四四一○
四秒	○○○○○一九三九二五四七
五秒	○○○○○二四二四○六八四
六秒	○○○○○二九○八八二一
七秒	○○○○○三三九三六九五八
八秒	○○○○○三八七八五○九四
九秒	○○○○○四三六三三二三一
一十秒	○○○○○四八四八一三六八
二十秒	○○○○○九六九六二七三六
三十秒	○○○○一四五四四一○四
四十秒	○○○○一九三九二五四七二
五十秒	○○○○二四二四○六八四一
一分	○○○○二九○八八二○九
二分	○○○○五八一七七六四一七
三分	○○○○八七二六六四六二六
四分	○○○一一六三五五二八三五
五分	○○○一四五四四一○四三
六分	○○○一七四五三二九二五二
七分	○○○二○三六二一七四六一
八分	○○○二三二七一○五六六九
九分	○○○二六一七九九三八七八
一十分	○○○二九○八八二○八七
二十分	○○○五八一七七六四一七三
三十分	○○○八七二六六四六二六○
四十分	○○一一六三五五二八三四七
五十分	○○一四五四四一○四三三
一度	○○一七四五三二九二五二○
二度	○○三四九○六五八五○四○
三度	○○五二三五九八七七五六○
四度	○○六九八一三一七○○八○
五度	○○八七二六六四六二六○○
六度	○一○四七一九七五五一二○
七度	○一二二一七三○四七六四○
八度	○一三九六二六三四○一六○
九度	○一五七○七九六三二六八○
一十度	○一七四五三二九二五一九九
二十度	○三四九○六五八五○三九九
三十度	○五二三五九八七七五五九九

四十度　〇六九八一三一七〇〇七九八

象限　一五七〇七九六三二六七九五

凡求對數，止用四十五度以内弧分，故弧綫表亦至四十度而止。

求割綫對數各率乘法表

第一乘法　二

第二乘法　一六

第三乘法　二七二

第四乘法　七九三六

第五乘法　三五三七九二

第六乘法　二二三六八二五六

第七乘法　一九〇三七五七三〇〇

第八乘法　二〇九八六五三〇〇〇〇〇

第九乘法　二九〇八八九〇〇〇〇〇〇〇〇

第十乘法　四九五一五〇〇〇〇〇〇〇〇〇〇〇

第十一乘法　一〇一五四二〇〇〇〇〇〇〇〇〇〇〇〇〇

第十二乘法　二四六九二〇〇〇〇〇〇〇〇〇〇〇〇〇〇〇〇

第十三乘法　七〇二五二〇〇〇〇〇〇〇〇〇〇〇〇〇〇〇〇〇〇

第十四乘法　二三一二〇〇〇〇〇〇〇〇〇〇〇〇〇〇〇〇〇〇〇〇〇〇

第七乘法以後，不過截用數位，故不全列，但以〇存其位數。

對數根　〇四三四二九四四八一九〇三二五一八

二之對數　〇三〇一〇二九九九五六六三九八一二

半徑對數一〇〇〇〇〇〇〇〇〇〇〇〇〇〇〇〇此所云半徑係一百億，非單一。

凡求四十五度以内諸正割對數，其降位最難，取數最多者，莫如求四十五度之正割對數。兹將有四十五度弧分求其正割對數算式列於後。

法檢弧綫表，得四十五度弧分單位下七八五三九八一六三四〇，爲二率。自乘得單位下六一六八五〇二七五〇七二，爲三率。以對數根單位下四三四二九四四八一九〇，三乘之，二除之，得〇一三三九四七三三五三一，爲第一數，正。次置第一數，以三率乘之，得五率，三除之，四除之，得連單位三〇下六八八五四五四二一九二六，爲七率用數。第一乘法，二乘之，得一三七七〇九〇八四，爲第二數，正。次置七率用數，以三率乘之，得七率，五除之，六除之，得連單位四〇下一四一五七六四七七六三八，爲九率用數。第二乘法，一六乘之，得二二六五二二三六四，爲第三數，正。次置九率用數，以三率乘之，得九率，七除之，八除之，得連單位六〇下一五五九四九〇八七八二，爲十一率用數。第三乘法，二七二乘之，得四二四一八一五二，爲第四數，正。次置十一率用數，以三率乘之，得十一率，九除之，十除之，得連單位八〇下一〇六八八五八一九七，爲十三率用數。第四乘法，七九三六乘之，得八四八二四五九，爲第五數，正。次置十三率用數，以三率乘之，得十三率，十一除之，十二除之，得連單位十一〇下四九九四八八九九五，爲十五率用數。第五乘法，三五三七九二乘之，得一七六七一五二，爲第六數，正。次置十五率用數，以三率乘之，得十五率，十三除之，十四除之，得連單位十三〇下一六九二九一一七，爲十七率用數。第六乘法，二二三六八二五六乘之，得三七八六七五，爲第七數，正。次置十七率用數，以三率乘之，得十七率，十五除之，十六除之，得連單位十六〇下四三五一一三七七，爲十九率用數。第七乘法，一九〇三七五七三下連單位二〇乘之，得八二八三五，爲第八數，正。次置十九率用數，以三率乘之，得十九率，十七除之，十八除之，得連單位十九〇下八七七二二四三，爲二十一率用數。第八乘法，二〇九八六五三下連單位五〇乘之，得一八四〇八，爲第九數，正。次置二十一率用數，以三率乘之，得二十一率，十九除之，二十除之，得連單位二十一〇下一四二三八二七，爲二十三率用數。第九乘法，二九〇八八九下連單位七〇乘之，得四一四二，爲第十數，正。次置二十三率用數，以三率乘之，得二十三率，二十一除之，二十二除之，得連單位二十四〇下一九〇一〇五，爲二十五率用數。第十乘法，四九五一五〇下連單位十〇乘之，得九四一，爲第十一數，正。次置二十五率用數，以三率乘之，得二十五率，二十三除之，二十四除之，得連單位二十七〇下二一四四，爲二十七率用數。第十一乘法，一〇一五四二下連單位十三〇乘之，得二一六，爲第十二數，正。次置二十七率用數，以三率乘之，得二十七率，二十五除之，二十六除之，得連單位三十〇下二〇一六〇，爲二十九率用數。第十二乘法，二四六九二下連單位十六〇乘之，得五〇，爲第十三數，正。次置二十九率用數，以三率乘之，得二十九率，二十七除之，二十八除之，得連單位三十三〇下一六四五，爲三十一率用數。第十三乘法，七〇二五二下連單位十八〇乘之，得一二，爲第十四數，正。次置三十一率用數，以三率乘之，得三十一率，二十九除之，三十除之，得連單位三十六〇下一一七，第十四乘法，二三一二下連單位二十一〇乘之，得三，爲第十五數，正。乃以諸正數相并，得〇一五〇五一四九九七八四。以半徑一百億係十一位，乃于首位加一〇，尾位未滿五，棄之，得一〇一五〇五一四九九七八，爲四十五度正割對數也。

二率	〇七八五三九八一六三四〇
三率	〇六一六八五〇二七五〇七二

各率用數

〇〇〇六八八五四五四二一九二六
〇〇〇〇一四一五七六四七七六三八
〇〇〇〇〇〇一五五九四九〇八七八二
〇〇〇〇〇〇〇〇一〇六八八五八一九七
〇〇〇〇〇〇〇〇〇〇〇四九九四八八九九五
〇〇〇〇〇〇〇〇〇〇〇〇〇一六九二九一一七
〇〇〇〇〇〇〇〇〇〇〇〇〇〇〇〇四三五一一三七七
〇〇〇〇〇〇〇〇〇〇〇〇〇〇〇〇〇〇〇八七七二二四三
〇〇〇〇〇〇〇〇〇〇〇〇〇〇〇〇〇〇〇〇〇一四二三八二七
〇〇〇〇〇〇〇〇〇〇〇〇〇〇〇〇〇〇〇〇〇〇〇〇一九〇一〇五
〇〇〇〇〇〇〇〇〇〇〇〇〇〇〇〇〇〇〇〇〇〇〇〇〇〇〇二二二四四
〇〇〇〇〇〇〇〇〇〇〇〇〇〇〇〇〇〇〇〇〇〇〇〇〇〇〇〇〇〇二〇一六〇
〇〇〇〇〇〇〇〇〇〇〇〇〇〇〇〇〇〇〇〇〇〇〇〇〇〇〇〇〇〇〇〇〇一六四五
〇〇〇〇〇〇〇〇〇〇〇〇〇〇〇〇〇〇〇〇〇〇〇〇〇〇〇〇〇〇〇〇〇〇〇〇一一七

檢八綫對數表，四十五度正割對數之尾數，係九數屬稍盈，何以知之，蓋四十五度正割爲弦，則半徑爲勾，又爲股，試取半徑對數一〇，倍之得二〇，爲半徑冪對數。再加二之對數，得二〇三〇一〇二九九九五六六三九八一二，爲二之冪對數，半之，得一〇一五〇五一四九九七八三一九九〇六，爲割綫對數。截用十二位，則十三位以下未滿五，當棄其餘尾數，正得八，以是知表中所列差盈也。

求四十五度正割對數，用十五數，自此以下，取數漸少，降位亦漸易，若求至

第一數	正	〇一三三九四七三三五三一
二	正	一三七七〇九〇八四四
三	正	二二六五二二三六四
四	正	四二四一八一五二
五	正	八四八二四五九
六	正	一七六七一五二
七	正	三七八六七五
八	正	八二八三五
九	正	一八四〇八
十	正	四一四二
十一	正	九四一
十二	正	二一六
十三	正	五〇
十四	正	一二
十五	正	三
并得數	正	〇一五〇五一四九九七八四
加	〇	
加得數		一〇一五〇五一四九九七八四

四十五度以外，則降位愈難，而不可求矣。然求八綫對數者，有四十五度以内諸割綫對數，可加減而得，有象限内諸正餘割對數，則諸正餘切諸正餘弦諸正餘矢之對數，皆可加減而得，不必更用連比例也。

有四十五度以内諸正割對數，求四十五度以外諸正割對數。

術曰：以本弧減象限得餘弧，以餘弧減本弧得較弧，乃取較弧正割對數，加半徑對數，以餘弧正割對數内減二之對數減之，即得本弧正割對數。

解曰：凡餘弧半正割與較弧正割之比，同于半徑與本弧正割之比也。

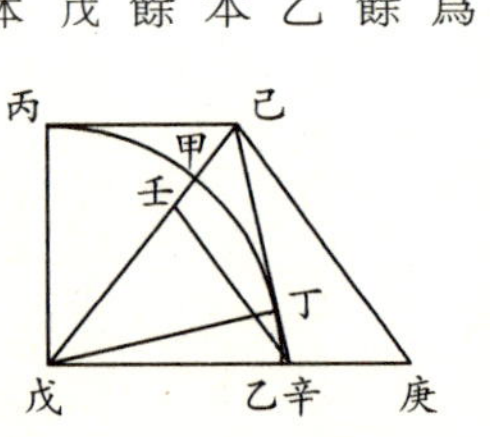

如圖，甲乙爲本弧，甲丙爲餘弧，甲丁同。丁乙爲較弧，戊庚爲本弧割綫，戊己爲餘弧割綫，戊辛爲較弧割綫。戊辛己成兩等邊三角形。甲戊辛角得本弧度，而己戊丁句股形之戊角得餘弧度，則己角亦必得本弧度，兩角相同，必爲兩等邊三角形。試從辛作辛壬垂綫，平分戊己綫爲二，則戊壬辛勾股形與戊甲庚勾股形爲同式形。故以戊壬小勾爲餘弧半割綫，比戊辛小弦爲較弧割綫，若戊甲大句爲半徑與戊庚大弦爲本弧割綫也。

一率　戊壬小句　餘弧半割綫
二率　戊辛小弦　較弧割綫
三率　戊甲大句　半徑
四率　戊庚大弦　本弧割綫

在真數爲以較弧割綫乘半徑爲實，以餘弧割綫半之爲法除之，得本弧割綫，

在對數爲以較弧割線對數與半徑對數相加，又以餘弧割線對數内減二之對數減之，得本弧割線對數也。

假如有四十五度以内諸正割對數，求四十六七度正割對數。

法以四十六度減象限，得四十四度，爲餘弧。轉減本弧，得二度，爲較弧。乃取較弧正割對數一〇〇〇〇二六四六四一一，加半徑對數，得二〇〇〇〇二六四六四一一，又取餘弧正割對數一〇一四三〇六五九〇九九，内減二之對數，得九八四二〇三五九一四三，減之，得一〇一五八二二八七二六八，爲四十六度正割對數也。如求四十七度正割對數，法以本弧四十七度減象限，得四十三度爲餘弧。轉減本弧，得四度，爲較弧。乃取較弧正割對數一〇〇〇一〇五九二一〇二，加半徑對數，得二〇〇〇一〇五九二一〇二，又取餘弧正割對數一〇一三五八七二五三六二，内減二之對數，得九八三四八四二五四〇六，減之，得一〇一六六二一六六六九六，爲四十七度正割對數也。

大凡本弧在四十五度以外，則餘弧必在四十五度以内，惟大于六十七度三十分，則較弧過四十五度，然挨次遞求至六七十度，則此過四十五度之較弧正割對數，必先經求得矣。故有四十五度以内諸正割對數，自可徧求四十五度以外諸正割對數。

有正餘割對數求正餘切對數

術曰：以本弧正割對數，加半徑對數，内減本弧餘割對數，得本弧正切對數。若以本弧餘割對數，加半徑對數，内減本弧正割對數，即得本弧餘切對數。

假如求四十四度正餘切對數。

法以本弧正割對數一〇一四三〇六五九〇九九，加半徑對數，得二〇一四三〇六五九〇九九，内減本弧餘割對數一〇一五八二二八七二六八，得九九八四八三七一八三一，爲正切對數。如以餘割對數，加半徑對數，得二〇一五八二二八七二六八，内減正割對數，得一〇〇一五一六二八一六九，爲餘切對數。

有正餘割對數求正餘弦對數

術曰：以半徑對數倍之，内減本弧餘割對數，得本弧正弦對數。若内減本弧正割對數，即得本弧餘弦對數。

假如求四十四度正餘弦對數。

法以半徑對數倍之，得二〇〇〇〇〇〇〇〇〇〇〇〇，以本弧餘割對數一〇一五八二二八七二六九減之，得九八四一七七一二七三一，爲正弦對數。若以本弧正割對數一〇一四三〇六五九〇九九減之，得九八五六九三四〇九〇一，爲餘弦對數。

有正餘割對數求正餘矢對數

術曰：以半徑對數三之，加二之對數，以半弧倍餘割對數減之，得正矢對數。若以半餘弧之倍餘割對數減之，即得餘矢對數。

假如求四十四度正餘矢對數。

法以四十四度半之，得二十二度爲半弧，以半弧減半象限，得二十三度爲半餘弧，乃以半徑對數三之，加二之對數，得三〇三〇一〇二九九九五六。以半弧餘割對數一〇四二六四二四五八三〇倍之，得二〇八五二八四九一六六〇，減之，得九四四八一八〇八二九六，爲正矢對數。若以半餘弧餘割對數一〇四〇八一二一九八八四倍之，得二〇八一六二四三九七六八，減之，得九四八四七八六〇一八八，爲餘矢對數。

有正餘割對數求正餘大矢對數

術曰：以半徑對數三之，加二之對數，以半弧倍正割對數減之，得本弧大矢對數。若以半餘弧倍正割對數減之，即得餘弧大矢對數。

假如求四十四度正餘大矢對數。

法以四十四度半之，得二十二度爲半弧，以半弧減半象限，得二十三度爲半餘弧。乃取半徑對數三之，加二之對數，得三〇三〇一〇二九九九五六，以半弧正割對數一〇〇三二八三四一三九五倍之，得二〇〇六五六六八二七九〇，減之，得一〇二三五三六一七一六六，爲本弧大矢對數。若以半餘弧正割對數一〇〇三五九七三九一七三倍之，得二〇〇七一九四七八三四六減之，得一〇二二九〇八二一六一〇，爲餘弧大矢對數。

此數術，即八線互求之法，特真數用乘除，而對數則易以加減耳。

又 卷下

以餘弧弧分徑求四十五度以外正弦對數

術曰：依前求正割對數術，求得各率分子，爲遞次乘法。乃以本弧減象限得餘弧弧分爲二率，以半徑單一爲一率，二率自乘得三率半徑單一，故省除，下同，以乘對數根，二除之，爲第一數，負。置第一數，以三率乘之，得五率，三四遞除之，爲七率用數，第一乘法乘之，爲第二數，負。次置七率用數，以三率乘之，得七率，五六遞除之，爲九率用數，第二乘法乘之，爲第三數，負。次置九率用數，以三率乘之，得九率，七八遞除之，爲十一率用數，第三乘法乘之，爲第四數，負。次置十一率用數，以三率乘之，得十一率，九十遞除之，爲十三率用數，第四乘法乘之，爲第五數，負。如是遞求至應求位數下，乃并諸負數，視所設半徑較單一應升若干位，如半徑一百億係十一位，較單一應升十位，即以求得數與一〇相減，即得所設度正弦對數。

五率 一二三四	七率 一二三四五六	九率 一二三四五六七八	十一率 一二三四五六七八九十
一二 一二 𝍠	一二三四 一二 𝍠̸	一二三四五六 一二 𝍠	一二三四五六七八 一二 𝍠̸
一二除 三四乘 𝍥	一二除 五六乘 𝍩𝍤̸	一二除 七八乘 𝍡𝍧	一二除 九十乘 𝍬𝍤
	一二 一二三四 𝍠̸	一二三四 一二三四 𝍠	一二三四五六 一二三四 𝍠̸
	一二三四除 三四五六乘 𝍩𝍤̸	一二三四除 五六七八乘 𝍯〇	一二三四除 七八九十乘 𝍡𝍩̸〇
		一二 一二三四五六 𝍠	一二三四 一二三四五六 𝍠̸
		一二三四五六除 三四五六七八乘 𝍡𝍧	一二三四五六除 五六七八九十乘 𝍡𝍩̸〇
			一二三四五六七八 𝍠̸
			一二三四五六七八除 三四五六七八九十乘 𝍬𝍤̸
𝍥	𝍫̸〇	𝍠𝍡𝍥	𝍣𝍩̸〇

解曰：用以本數求折小各率第三第四術，其用數必微小于單一，則降位易而可求。如前求負算對數二術，求〇九八之對數是也。而四十五度以內各餘弦似之何也，求負算對數之用數，微小于單一，而四十五度以內之餘弦，亦微小于半徑，四十五度以外，則餘弦漸短，非微小于半徑矣。故有餘弦求其對數者，不必更求用數，但降半徑爲單一，則降位餘弦即用數。其求法，若用求負算對數第一術，當以降位餘弦減半徑單一，得正矢爲乘法，半徑單一爲除法，挨次以一二三四乘除之，求得各數，命爲負算，相并。然後以對數根乘之，即得半徑單一之餘弦對數。今雖未知正矢，而本弧求正矢率分，則推衍而可知，見杜氏九術。則即命本弧求正矢各率分數爲乘法，以半徑一率爲除法，如求折小各率第三術衍之。而本弧求餘弦對數即餘弧求正弦對數。各率分數，即在是矣。今依杜氏演得本弧求正矢率分，爲三率一二分之一，少五率一二三四分之一，多七率自一至六分之一，少九率自一至八分之一，多十一率自一至十分之一，爲本弧求餘弦對數之乘法也。

如圖，置本弧求正矢率分爲實，仍以本弧求正矢率分爲乘法乘之，先置原實五率以下分母爲定母，以原實首位三率一二分之一，偏乘乘法，得首層。一率乘五率一二分，又一二分之一，少一率乘七率一二三四分又一二分之一，多一率乘九率自一至六分又一二分之一，少一率乘十一率自一至八分又一二分之一，爲第一乘法式。其五率定母，係一二三四分乘法式，分母係一二分又一二分，應以一二除之，三四乘之，使從定母。其七率定母，係自一至六分，乘法式係一二三四分又一二分，應以一二除之，五六乘之。其九率定母，係自一至八分，乘法式係自一至六分又一二分，應以一二除之，七八乘之。其十一率定母，係自一至十分，乘法式係自一至八分又一二分，應以一二除之，九十乘之，通計乘除得二層。一率乘五率一二三四分之六，少一率乘七率自一至六分之十五，多一率乘九率自一至八分之二十八，少一率乘十一率自一至十分之四十五，爲第一同母式。次以原實次位少五率一二三四分之一偏乘乘法，得三層。少一率乘七率一二分又一二三四分之一，多一率乘九率一二三四分又一二三四分之一，少一率乘十一率自一至六分又一二三四分之一，爲第二乘法式，依法乘除之，使從定母，得四層。少一率乘七率自一至六分之十五，多一率乘九率自一至八分之七十，少一率乘十一率自一至十分之二百一十，爲第二同母式。次以原實三位七率自一至六分之一偏乘乘法，得五層。一率乘九率一二分又自一至六分之一，少一率乘十一率一二三四分又自一至六分之一，爲第三乘法式，復依法乘除之，使從定母，得六層。一率乘九率自一至八分之二十八，少一率乘十一率自一至十分之二百一十，爲第三同母式。次以原實四位少九率自一至八分之一乘乘法，得七層。少一率乘十一率一二分又自一至八分之一，爲第四乘法式，復依法乘除之，使從定母，得八層。少一率乘十一率自一至十分之四十五，爲第四同母式，乃以四同母式相并，一率除之，得五率一二三四分之六，少七率自一至六分之三十，多九率自一至八分之一百二十六，少十一率自一至十分之五百一十，爲第二數全率。

次置第二數全率爲實，以乘法乘之。先置原實七率以下分母爲定母，以原實首位五率一二三四分之六偏乘乘法，得首層。一率乘七率一二分又一二三四分之六，少一率乘九率一二三四分又一二三四分之六，多一率乘十一率自一至六分又一二三四分之六，爲第一乘法式。依法乘除之，使從定母，得次層。一率

七率 一二三四五六	九率 一二三四五六七八	十一率 一二三四五六七八九十
一二 一二三四 丅	一二三四 一二三四 丅	一二三四五六 一二三四 丅
一二三四除 三四五六乘 ≡〇	一二三四除 五六七八乘 ‖‖≡〇	一二三四除 七八九十乘 一‖丅〇
	一二 一二三四五六 ≡〇	一二三四 一二三四五六 三〇
	一二三四五六除 三四五六七八乘 Ⅲ≡〇	一二三四五六除 五六七八九十乘 ⊥Ⅲ〇〇
		一二 一二三四五六七八 ‖=丅
		一二三四五六七八除 三四五六七八九十乘 ≣丅⊥〇
≡〇	一‖丅〇	‖≡‖=‖

乘七率自一至六分之九十，少一率乘九率自一至八分之四百二十，多一率乘十一率自一至十分之一千二百六十，爲第一同母式。次以原實次位少七率自一至六分之三十偏乘乘法，得三層。少一率乘九率一二分又自一至六分之三十，多一率乘十一率一二三四分又自一至六分之三十，爲第二乘法式，復依法乘除之，使從定母，得四層。少一率乘九率自一至八分之八百四十，多一率乘十一率自一至十分之六千三百，爲第二同母式。次以原實三位九率自一至八分之一百二十六乘乘法，得五層。一率乘十一率一二分又自一至八分之一百二十六，爲第三乘法式，復依法乘除之，使從定母，得六層。一率乘十一率自一至十分之五千六百七十，爲第三同母式。乃并三同母式，以一率除之，得七率自一至六分之九十，少九率自一至八分之一千二百六十，多十一率自一至十分之一萬三千二百三十，爲第三數全率。

次置第三數全率爲實，以乘法乘之，先置原實九率以下分母爲定母，以原實首位七率自一至六分之九十偏乘乘法，得首層。一率乘九率一二分又自一至六分之九十，少一率乘十一率一二三四分又自一至六分之九十，爲第一乘法式，依法乘除之，使從定母，得次層。一率乘九率自一至八分之二千五百二十，少一率乘十一率自一至十分之一萬八千九百，爲第一同母式。次以

九率 一二三四五六七八	十一率 一二三四五六七八九十
一二 一二三四五六 ≡〇	一二三四 一二三四五六 ≡〇
一二三四五六除 三四五六七八乘 =‖‖=〇	一二三四五六除 五六七八九十乘 ‖≡Ⅲ一〇〇
	一二 一二三四五六七八 一‖丅〇
	一二三四五六七八除 三四五六七八九十乘 ‖‖⊥丅〇〇
=‖‖=〇	Ⅱ≡丅〇〇

原實次位少九率自一至八分之一千二百六十乘乘法，得三層。少一率乘十一率一二分又自一至八分之一千二百六十，爲第二乘法式，復依法乘除之，使從定母，得四層。少一率乘十一率自一至十分之五萬六千七百，爲第二同母式，乃并二同母式，以一率除之，得九率自一至八分之二千五百二十，少十一率自一至十分之七萬五千六百，爲第四數全率。

次置第四數全率爲實，以乘法乘之，先置原實十一率分母爲定母，以原實首位九率自一至八分之二千五百二十乘乘法，得首層一率乘十一率一二分又自一至八分之二千五百二十，爲乘法式，依法乘除之，使從定母，得次層一率乘十一率自一至十分之十一萬三千四百，爲同母式，以一率除之，得十一率自一至十分之十一萬三千四百，爲第五數全率。乃置本弧求正矢率分，正者負之，負者正之，爲第一數。次置第二數全率，二除之，正負互易，得少五率一二三四分之三，多七率自一至六分之十五，少九率自一至八分之六十三，多十一率自一至十分之二百五十五，爲第二數，應加第一數，正負異名，當以減爲加。計減得少三率

十一率 一二三四五六七八九十
一二 一二三四五六七八 =||||=〇
一二三四五六七八除 三四五六七八九十乘 一丨≡||||〇〇

一二分之一，少五率一二三四分之二，多七率自一至六分之十四，少九率自一至八分之六十二，多十一率自一至十分之二百五十四，爲第一加得數。次置第三數全率，三除之，正負互易，得少七率自一至六分之三十，多九率自一至八分之四百二十，少十一率自一至十分之四千四百一十，爲第三數，應加第一加得數，正負均異名，仍當以減爲加，計減得少三率一二分之一，少五率一二三四分之二，少七率自一至六分之十六，多九率自一至八分之三百五十八，少十一率自一至十分之四千一百五十六，爲第二加得數。次置第四數全率，四除之，正負互易，得少九率自一至八分之六百三十，多十一率自一至十分之一萬八千九百，爲第四數，應加第二加得數，正負仍異名，復以減爲加，計減得少三率一二分之一，少五率一二三四分之二，少七率自一至六分之十六，少九率自一至八分之二百七十二，多十一率自一至十分之一萬四千七百四十四，爲第三加得數。次置第五數全率，五除之，正負互易，得少十一率自一至十分之二萬二千六百八十，應加第三加得數，正負仍異名，復以減爲加，計減得少三率一二分之一，少五率一二三四分之二，少七率自一至六分之十六，少九率自一至八分之二百七十二，少十一率自一至十分之七千九百三十六，爲本弧求餘弦對數率分，

三率 一二	五率 一二三四	七率 一二三四五六	九率 一二三四五六七八	十一率 一二三四五六七八九十
∤	丨	∤	丨	∤
	∦	一|||||	⊥∦	‖≡||||
∤	∦	一|||	⊥∦	‖≡|||
		≢〇	||||=〇	≡||||十〇
∤	∦	一〒	‖≡Ⅲ	≡丨≡〒
			T≢〇	丨≐Ⅲ〇〇
∤	∦	一〒	‖⊥∦	丨≡T≡||||
				‖=T≜〇
∤	∦	一〒	‖⊥∦	⊥Ⅲ≡〒

亦即餘弧求正弦對數率分也。

細審餘弧求正弦對數各率分數，其分母分子，均與求割線對數同，特正負不同，故其求遞次乘法，亦借本弧求切線術，而以對數根乘第一數，亦與求割線對數同意也。

又法，用以本數求折小各率第四術，如求負算對數，第二術之法求之，則當以本弧求正矢率分爲乘法，以本弧求正矢率分轉減一率半徑，得本弧求餘弦率分用爲除法，乃置一率一以乘法乘之，除法除之，正負互易，爲第一數。次置第一數，乘法乘之，除法除之，爲第二數全率。次置第二數全率，乘法乘之，除法除之，爲第三數全率，如是遞求得各數全率。然後置第二數全率，二除之，爲第二數，應加置第三數全率，三除之，爲第三數，應減，遞次加減，亦得餘弧求正弦對數率分，而所得之分母分子，亦與前術同，故不復贅。

凡求四十五度以外諸正弦對數，其降位最難。取數最多者，莫如求四十五度之正弦對數。兹將有四十五度弧分，求其正弦對數算式列於後。

法以四十五度減象限，仍得四十五度，爲餘弧，檢弧線表，得餘弧弧分，單位下七八五三九八一六三四〇，爲二率，自乘，得單位下六一六八五〇二七五〇七二爲三率，乃依求正割對數術，求得〇一三三九四七三三五三一，爲第一數，負求正弦對數逐率之乘法除法，與求正割對數同，今三率又同，故但依前術求之。求得一三七七〇九〇八四四，爲第二數，負。求得二二六五二二三六四，爲第三數，負。求得四二四一八一五二，爲第四數，負。求得八四八二四五九，爲第五數，負。求得一七六七一五二，爲第六數，負。求得三七八六七五，爲第七數，負。求得八二八三五，爲第八數，負。求得一八四〇八，爲第九數，負。求得四一四二，爲第十數，負。求得九四一，爲第十一數，負。求得二一六，爲第十二數，負。求得五〇，爲第十三數，負。求得一二，爲第十四數，負。求得三，爲第十五數，負。乃以諸負數相并，得負〇一五〇五一四九九七八四，爲半徑單一之四十五度正弦對數，正弦恒小于半徑，半徑單一，則正弦爲不滿單一之數，故其對數爲負算。以半徑一百億，係十一位，乃以求得數與一〇相減，得九八四九四八五〇〇二一，爲所求四十五度正弦對數也。

以求折小各率前二術，求正割對數，而所得之分母分子適同。以求折小各率後二術，求餘弦對數，而所得之分母分子亦同。故求對數，雖有四術，而施之於八線對數，實止二術。但此二術之分母分子，亦仍相同。其不同者，正負耳。

所以然者，正割與半徑與餘弦爲三率連比例，既命半徑爲單一，其對數爲適足無數，即半徑冪之對數，亦仍適足無數，故正割對數與餘弦對數相加，亦必爲適足無數。此所以兩對數相同，而異其正負，庶相加而適相抵也。若半徑一百億，其對數爲一〇，半徑冪對數，必爲二〇，故以求得數加一〇，爲正割對數。以減一〇爲餘弦對數，若兩數相加，仍得二〇也。

有四十五度以外諸正弦對數，求四十五度以內諸正弦對數。

術曰：以本弧減象限，得餘弧，又本弧倍之，得倍弧，乃取倍弧正弦對數，加半徑對數，以餘弧正弦對數減之，再減二之對數，即得本弧正弦對數。

解曰：凡餘弧正弦與半徑之比，同于倍弧正弦與倍弧通弦之比也。

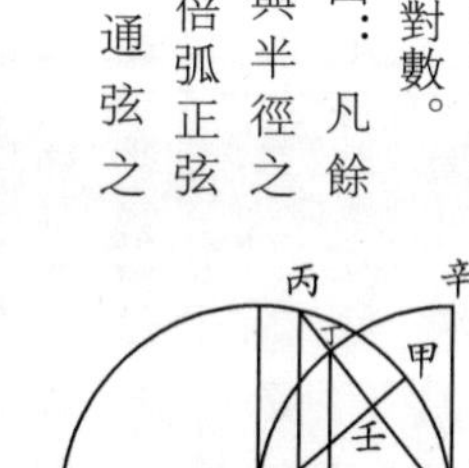

如圖，甲乙爲本弧，丙甲乙爲倍弧，丙癸爲倍餘弧，壬乙爲本弧正弦，丙壬同。丙壬乙爲倍弧通弦，丙庚爲倍弧正弦，丙乙癸角所對爲倍餘弧，則乙角必得餘弧度凡邊角得心角之半。試以乙爲心，己爲界，作己辛象限，截丙乙線于丁，則己丁必爲餘弧，丁乙必爲半徑。又從丁至戊作正弦，爲餘弧正弦，丁戊乙小句股形，與丙庚乙大句股形爲同式形。故以丁戊小句爲餘弧正弦，比丁乙小弦爲半徑，若丙庚大句爲倍弧正弦，與丙乙大弦爲倍弧通弦，半通弦即本弧正弦也。

二率		〇七八五三九八一六三四〇
三率		〇六一六八五〇二七五〇七二
第一數	負	〇一三三九四七三三五三一
二	負	一三七七〇九〇八四四
三	負	二二六五二二三三六四
四	負	四二四一八一五二
五	負	八四八二四五九
六	負	一七六七一五二
七	負	三七八六七五
八	負	八二八三五
九	負	一八四〇八
十	負	四一四二
十一	負	九四一
十二	負	二六
十三	負	五〇
十四	負	一二
十五	負	三
并得數	負	〇一五〇五一四九九七八四
以減		一〇
減得數		九八四九四八五〇〇二一六

一率　丁戊小句。餘弧正弦
二率　丁乙小弦。半徑
三率　丙庚大句。倍弧正弦
四率　丙乙大弦。倍弧通弦

在真數爲以半徑乘倍弧正弦，以餘弧正弦除之，得倍弧通弦，半之，得本弧正弦。在對數則爲以半徑對數，加倍弧正弦對數，以餘弧正弦對數減之，得倍弧通弦對數，內減二之對數，得本弧正弦對數也。

假如有四十五度以外諸正弦對數，求四十三四度正弦對數。

法以本弧四十四度減象限，得四十六度，爲餘弧，又本弧倍之，得八十八度爲倍弧。乃取倍弧八十八度正弦對數九九九九七三五三三五八九，加半徑對數，得一九九九九七三五三三五八九，以餘弧四十六度正弦對數九八五六九三四〇九〇一減之，得一〇一四二八〇一二六八八，再減二之對數，得九八四一七七一二七三二，爲四十四度正弦對數。如求四十三度正弦對數，法以本弧四十三度減象限，得四十七度，爲餘弧。又本弧倍之，得八十六度爲倍弧。乃取倍弧八十六度正弦對數九九九八九四〇七八九八，加半徑對數，得一九九九八九四〇七八九八，以餘弧四十七度正弦對數九八六四一二七四六三八減之，得一〇一三四八一三三二六〇，再減二之對數，得九八三三七八三三〇四，爲四十三度正弦對數也。

大凡本弧在四十五度以內，則餘弧必在四十五度以外，惟本弧小于二十二度三十分，則倍弧不及四十五度。然挨次遞求至二十餘度，而此不及四十五度之倍弧正弦對數，必先經求得矣。故有四十五度以外諸正弦對數，自可徧求四十五度以內諸正弦對數。

有正餘弦對數求正餘切對數

術曰：以本弧正弦對數加半徑對數，內減本弧餘弦對數，得正切對數。若以餘弦對數加半徑對數，內減正弦對數，即得餘切對數。

假如求四十四度正餘切對數。

法以本弧正弦對數九八四一七七一二七三二加半徑對數，得一九八四一七七一二七三二，內減本弧餘弦對數九八五六九三四〇九〇一，得九九八四八三七一八三一，爲正切對數。若以餘弦對數加半徑對數，得一九八五六九三四〇九〇一，內減正弦對數，得一〇〇一五一六二八一六九，爲餘切對數。

有正餘弦對數求正餘割對數

術曰：以半徑對數，倍之，內減本弧餘弦對數，得正割對數。若內減本弧正弦對數，即得餘割對數。

假如求四十四度正餘割對數。
法以半徑對數倍之，得二〇〇〇〇〇〇〇〇〇〇，以本弧餘弦對數九八
五六九三四〇九〇一減之，得一〇一四三〇六五九〇九九，爲正割對數。若以
本弧正弦對數九八四一七七一二七三二減之，得一〇一五八二二八七二六八，
爲餘割對數。

有正餘弦對數求正餘矢對數

術曰：以半弧正弦對數倍之，加二之對數，內減半徑對數，得正矢對數。
以半餘弧正弦對數，倍之，加二之對數，內減半徑對數，得餘矢對數。

假如求四十四度正餘矢對數。
法以四十四度半之，得二十二度，爲半弧，以半弧減半象限，得二十三度爲
半餘弧。乃取半弧正弦對數九五七三五七五四一七〇，倍之，得一九一四七一
五〇八三四〇，再加二之對數，得一九四四八一八〇八二九六，內減半徑對數，
得九四四八一八〇八二九六，爲正矢對數。若以半餘弧正弦對數九五九一八七
八〇一一六倍之，得一九一八三七五六〇二三二，再加二之對數，得一九四八四
七八六〇一八八，內減半徑對數，得九四八四七八六〇一八八，爲餘矢對數。

有正餘弦對數求正餘大矢對數

術曰：以半弧餘弦對數倍之，加二之對數，內減半徑對數，得本弧大矢對
數，以半餘弧餘弦對數倍之，加二之對數，內減半徑對數，得餘弧大矢對數。

假如求四十四度正餘大矢對數。
法以四十四度半之，得二十二度，爲半弧，以半弧減半象限，得二十三度，爲
半餘弧。乃取半弧餘弦對數九九六七一六五八六〇五倍之，得一九九三四三三
一七二一一〇，再加二之對數，得二〇二三五三六一七一六六，內減半徑對數，得
一〇二三五三六一七一六六，爲本弧大矢對數。若以半餘弧餘弦對數九九六四
〇二六〇八二七倍之，得一九九二八〇五二一六五四，再加二之對數，得二〇二
二九〇八二一六一〇，內減半徑對數，得一〇二二九〇八二一六一〇，爲餘弧大
矢對數。

清・徐有壬《造各表簡法》

第一術　造正弦全表

術曰：先設一弧與半徑等，依堆垛術求得正負相間各數，爲初表。次置十
度弧綫，半徑除之，依招差術增乘初表各數爲表根。再任設弧度，以十度除之，
又依招差術增乘表根各數，依正負併減，徧求全表各弧正弦。

識別得圜周率一，圜徑率〇三一八三〇九八八六一八三七九。今設半周百
八十度，半徑五十七度二九五七七九五一三，命爲五十七度十七分四十四秒八
〇六二四六八，其弧綫與半徑等。

堆垛術曰：半徑爲第一數正。二除三除第一數，爲第二數負。四除五除
第二數，爲第三數正。六除七除第三數，爲第四數負。順是以下皆如是，遞求至
單下若干位，分正負列之，爲初表。

識別得圜經率一，圜周率三一四一五九二六五，以十八除之，得十度弧綫〇
一七四五三二九二五，爲表根弧。

招差術曰：十度弧綫以半徑除之，得數爲乘法。乃置初表一次乘第一數，
三次乘第二數，五次乘第三數，七次乘第四數，仍其正負列之，爲表根。

初表各數正加負減，得五十七度十七分四十五秒正弦表根，各數正加負減，
得十度正弦。

求全表招差術曰：六十度以內，二萬一千六百弧任指一弧爲實，十度爲
法，除之，得數爲乘法。乃置表根，一次乘第一數，三次乘第二數，五次乘第三
數，七次乘第四數，依正負併減爲一弧正弦。全表各弧皆依此術，次第求之。六
十度以外之弧減去六十度，餘爲小弧，又以小弧轉減六十度，餘爲中弧，中小兩
弧正弦相併，爲大弧正弦。次第列入全表。

右一術分爲三層，皆極簡明，不相雜糅。初表以半徑爲弧綫入算，故求表根
時以半徑爲除法。表根以十度弧綫入算，故求全表時以十度爲除法。由表根而
十分取一，二分取一，三分取一，得由度而分，由分而秒。各正弦又由秒而二倍
之，三倍之，以至千萬倍之，得全表正弦。其立術並同。舉其簡易明晰者如下。

十分弧之一　第一數降一位，第二數降三位，第三數降五位，第四數降七
位。依正負併減。

百分弧之一　第一數降二位，第二數降六位，第三數降十位，第四數降十四
位。依正負併減。

千分弧之一　第一數降三位，第二數降九位，第三數降十五位，第四數降二
十一位。依正負併減。

二分弧之一　二除第一數，八除第二數，三十二除第三數，百二十八除第四
數。除法遞進以四。

三分弧之一　三除第一數，二十七除第二數，二百四十三除第三數，二千一百八十七除第四數。除法遞進以九。

無論若干分弧之一，皆以分母爲法，一次除第一數，三次除第二數，五次除第三數，七次除第四數。

無論二倍弧，三倍弧，以至若干倍弧，皆以倍數爲乘法，一次乘第一數，三次乘第二數，五次乘第三數，七次乘第四數。

無論若干分弧之幾，皆以分子爲實，分母爲法，除之，得數爲乘法，一次乘第一數，三次乘第二數，五次乘第三數，七次乘第四數。並同一術。

第二術　造正矢全表

術曰：先設一弧與半徑等，依堆垜術求得正負相間各數，爲初表。次置十度弧綫，自乘，半徑除之，依招差術增乘初表各數，爲表根。再任設弧度，自乘，以十度自乘除之，又依招差術增乘表根各數，依正負併減，徧求全表各弧正矢。

堆垜術曰：二除半徑爲第一數正。三除四除第一數爲第二數負。五除六除第二數爲第三數正。七除八除第三數爲第四數負。順是以下皆如是，遞求至單下若干位，分正負列之，爲初表。

招差術曰：十度弧綫自乘，半徑除之，得數爲乘法。乃置初表，一次乘第一數，二次乘第二數，三次乘第三數，四次乘第四數。仍其正負列之，爲表根。

初表各數正加負減，得五十七度十七分四十五秒正矢表根各數，正加負減得十度正矢。

求全表招差術曰：六十度以内，二萬一千六百弧任指一弧，自乘爲實，十度自乘爲法，除之，得數爲乘法。乃置表根，一次乘第一數，二次乘第二數，三次乘第三數，四次乘第四數，依正負併減，爲一弧正矢。全表各弧，皆依此術次第求之。六十度以外之弧減去六十度，餘爲小弧，又以小弧轉減六十度，餘爲中弧，小弧矢加半徑減去中弧矢，得大弧矢。次第列入全表。

十分弧之一　第一數降二位，第二數降四位，第三數降六位，第四數降八位。依正負併減。

百分弧之一　第一數降四位，第二數降八位，第三數降十二位，第四數降十六位。依正負併減。

千分弧之一　第一數降六位，第二數降十二位，第三數降十八位，第四數降二十四位。依正負併減。

二分弧之一　四除第一數，十六除第二數，六十四除第三數，二百五十六除第四數。除法遞進以四。

三分弧之一　九除第一數，八十一除第二數，七百二十九除第三數，六千五百六十一除第四數。除法遞進以九。

無論若干分弧之一，皆以分母自乘爲法，按次數分別除之。

無論二倍弧，三倍弧，以及若干倍弧，皆以倍數自乘爲乘法，按次數分別乘之。

無論若干分弧之幾，皆以分子自乘爲實，分母自乘爲法，除之，得數爲乘法，按次數分別乘之。

第三術　造正切全表

術曰：先求各數乘法，以乘第一術初表。不分正負列之，爲初表。次置十度弧綫，半徑除之，依招差術增乘初表各數，爲表根。再任設弧度，以十度除之，又依招差術增乘表根各數併之，徧求全表各弧正切。

第一數乘法一，第二數乘法二，第三數乘法一六，第四數乘法二七二，第五數乘法七九三六，第六數乘法三五三七九二，第七數乘法二二三六八二五六，第八數乘法一九〇三七五七三一二，第九數乘法二〇九八六五三四二九七六，第十數乘法二九〇八八八五一二一八三二。

堆垜術曰：置第一術初表，第一數乘第一乘法，第二數乘第二乘法，第三數乘第三乘法，第四數乘第四乘法，順是以下皆如是，不分正負列之，爲初表。

招差術曰：十度弧綫，以半徑除之，得數爲乘法。乃置初表，一次乘第一數，三次乘第二數，五次乘第三數，七次乘第四數，列之爲表根。

求全表招差術曰：全表三萬二千四百弧，任指一弧爲實，十度爲法，除之，得數爲乘法。乃置表根，一次乘第一數，三次乘第二數，五次乘第三數，七次乘第四數，併之爲一弧正切。全表各弧皆依此術次第求之。

十分弧之一，百分弧之一，千分弧之一，並如第一術降位併之。二分弧之一，三分弧之一，若干分弧之一，並如第一術遞除併之。二倍弧，三倍弧，若干倍弧，並如第一術遞乘併之。無論若干分弧之幾，均如第一術，乘除惟有併，無減，與第一術異。

第四術　造八綫對數全表

術曰：先造弦切對數較一綫表，用對數根乘半徑，依第二術初表法，求得初表之根，又以第三術乘法，分行乘之，不分正負列爲初表。次以十度弧綫自乘，半徑除之，依招差術增乘初表各數爲表根，再任設弧度自乘，以十度自乘除之。又依招差術增乘表根各數，徧求全表各弧弦切對數較，列爲一綫表。依法加減得八綫，分別列之爲全表。對數根見第五術。

堆垛術曰：二除半徑，乘對數根，爲第一數。三除、四除第一數，爲第二數。五除、六除第二數，爲第三數。七除、八除第三數，爲第四數。順是以下皆如是，不分正負列之，爲初表之根。次以第一乘法乘第一數，第二乘法乘第二數，第三乘法乘第三數，第四乘法乘第四數，如是徧乘訖，不分正負列之，爲初表。

招差術曰：十度弧綫自乘，以半徑除之，得數爲乘法。乃置初表，一次乘第一數，二次乘第二數，三次乘第三數，四次乘第四數，不分正負列之，爲表根。

求一綫全表招差術曰：全表三萬二千四百弧，任指一弧自乘爲實，十度自乘爲法，除之，得數爲乘法。乃置表根，一次乘第一數，二次乘第二數，三次乘第三數，四次乘第四數，併之爲一弧弦切對數較。全表各弧皆依此術次第求之，備列爲一綫表。

十分弧之一，百分弧之一，千分弧之一，並如第二術降位併之。二分弧之一，三分弧之一，若干分弧之一，並如第二術遞除併之。二倍弧，三倍弧，若干倍弧，並如第二術遞乘併之。無論若干分弧之幾，均如第二術，惟有併無減，與第二術異。

識別得正弦正切對數較，即半徑餘弦對數較，亦即半徑正割對數較，亦即餘切餘割對數較，又即通弧通弦倍弧正弦對數較，又即外弧通弦倍弧大矢對數較，又即圜徑與外弧通弦對數較，總名曰股弦對數較。

餘弦餘切對數較，即半徑正弦對數較，亦即半徑餘割對數較，亦即正切正割對數較，又即外弧通弦倍弧正弦對數較，又即通弧通弦倍弧正矢對數較，又即圜徑與通弧通弦對數較，總名曰句弦對數較。

又識別得半弧弦切對數較，加本弧正弦對數，即本弧通弦對數。半弧弦切對數較，加本弧大矢對數，即外弧通弦對數。半弧弦切對數較，倍之，加本弧大矢對數，即圜徑對數。半徑對數加二之對數。正弦對數倍之，爲正矢大矢兩對數之和。

求八綫術曰：檢一綫表，取本弧弦切對數較，以減半徑對數，得餘弦對數。象限内減本弧爲餘弧，檢一綫表，取其弦切對數較，以減半徑對數，得正弦對數。正弦對數加弦切對數較，得正切對數。半徑對數加弦切對數較，得正割對數。半徑對數倍之，内減正切對數，得餘切對數。餘切對數加弦切對數較，得餘割對數。本弧折半爲半弧，檢一綫表，取其弦切對數較，倍之，以減圜徑對數，得大矢對數。正弦對數倍之，内減大矢對數，得正矢對數。餘弧折半爲半餘弧，檢一綫表，取其弦切對數較，倍之，以減圜徑對數，得餘弧大矢對數。餘弦對數倍之，内減餘弧大矢對數，得餘矢對數。

加減所得八綫已全。造全表者，即此已足。惟一綫表既備，八綫之用即不造全表亦無不可。

第五術　造對數全表

術曰：先求對數根。設長三闊一之長方積，取十分之一爲第一小長方，長折半，闊十之二。其長闊和一除之，爲第一數。十分小長方之一爲第二小長方，長又折半，闊又十之二。其長闊和二除之，爲第二數。十分第二小長方之一爲第三小長方，長又折半，闊又十之二。其長闊和三除之，爲第三數。十分第三小長方之一爲第四小長方，長又折半，闊又十之二。其長闊和四除之，爲第四數。順是以下皆如是，遞求至若干位，乃相併爲除法，以除單一得對數根。

省算法，以二除三加二于末位，一除之，爲第一數。以四除三加四于末位，二除之，爲第二數。以八除三加八于末位，三除之，爲第三數。以十六除三加一六于末位，四除之，爲第四數。求至若干位相併爲除法，與對數根爲連比例三率。

首率二三〇二五八五〇九二九九四〇四五七七，中率一，末率〇四三四二九四四八一九〇三二五一八一一。

求全表術曰：任借一對數之真數，與所設真數相加爲和，相減爲較，倍較乘對數根，以和除之，爲第一數。以較除和，得數又自乘，爲通用除法，以除第一數爲第二數。除第二數爲第三數。除第三數爲第四數。分行依次列之，再以一除第一數，三除第二數，五除第三數，七除第四數，求至若干位相併，爲對數較，加減所借之對數，得所設真數之對數。借小求大加，借大求小減。

又法，先求表根與前四術一例附載於後。

堆垛術曰：倍對數根爲第一數，三除第一數爲第二數，五除第一數爲第三數，七除第一數爲第四數。順是以下皆如是，依次列之爲表根。

招差術曰：借數與真數相加爲和，相減爲較，以較除和，得數爲除法。乃置表根，一次除第一數，三次除第二數，五次除第三數，七次除第四數，遞求至若干位相併，爲對數較，與前所得同。

和十較一者，表根第一數降一位，第二數降三位，第三數降五位，第四數降七位，併得對數較。如九與十一，和二十較二。十八與二十二，和四十較四。四十五與五十五，和百較十。八十一與九十九，和百八十較十八。九十九與百二十一，和二百二十較二十二。以至九萬與十一萬，和二十萬較二萬。凡比例等者，其對數較皆同。

和百較一者，表根第一數降二位，第二數降六位，第三數降十位，第四數降十四位，併得九九與一〇一之對數較。和二百較二。其餘如一九八與二〇二，和四百較四。凡比例等者，對數較皆同。

和二較一者，二除表根第一數，八除第二數，三十二除第三數，百二十八除第四數，併得一與三之對數較。和四較二。其餘如二與六，和八較四。三與九，和十二較六。凡真數之比例等者，對數較皆同。

和三較一者，三除表根第一數，二十七除第二數，二百四十三除第三數，二千一百八十七除第四數，併得四與二和六較二。之對數較，亦即二與一之對數較，實即二之對數。一之對數爲〇，對數較即對數。其餘如十與五，和十五較五。十與二十，和三十較十。凡比例等者，對數較皆同。

凡借一求對數者，對數較即所求之對數。

清·鄒伯奇《乘方捷法》卷二

有大小兩真數求對數較法

第一術　以大真數爲屢除法，兩真數之較爲屢乘法，置對數根在位，屢乘法乘之，屢除法除之，爲第一得數。又以屢乘除法乘除之，一乘之，二除之，爲第二得數。又以屢乘除法乘除之，二乘之，三除之，爲第三得數。又以屢乘除法乘除之，三乘之，四除之，爲第四得數。如是屢求至單一位止，所得數皆正，併之得對數較。

第二術　以小真數爲屢除法，兩真數之較爲屢乘法，餘同上。而所得數正負相間，併正數減負數，得對數較，以對數較減大數之對數，爲小數之對數。

第三術　前第一術用大數爲屢除法，第二術用小數爲屢除法，皆降位不易，今再通二術爲第三術。

倍對數根爲實，大小數相減爲較數乘之，大小數相併爲和數除之，爲第一得數。又以較數自乘冪乘之，和數自乘冪除之，一乘之，三除之，爲第二得數。又以較冪乘之，和冪除之，三乘之，五除之，爲第三得數。如是遞求至單一位止，相併爲對數較。

設如有一與二真數，求對數較真數之較。一自乘冪仍一，真數之和三自乘冪九。

自然之對數根一倍爲二，真數較一乘之，真數和三除之，爲第一得數。再用較冪一爲屢乘，和冪九爲屢除。

第一得數	○六六六六六六六六七	一乘	三除
二	二四六九一三五八〇	三	五
三	一六四六〇九〇五	五	七
四	一三〇六四二一	七	九
五	一一二九〇一	九	十一
六	一〇二六四	十一	十三
七	九六五	十三	十五
八	九三	十五	十七
九	九	十七	十九
十	一		

相併，六九三一四七一八〇六，即一與二之自然對數較，加一之對數〇數，仍同爲二之自然對數，亦即以二爲實，開無量數乘方根，初商一下之奇零數也。

三倍二之對數，爲八之對數。

又求八與十之對數較，相加爲十之對數。以十之自然對數，除自然對數根，爲十進對數根。既有十進對數根，可以任求十進對數較。

設如有十之對數，求九之對數。

有十之對數，求八之對數。

有八之對數，求七之對數。
有二十之對數，求十九之對數。
有十之對數，求十一之對數。
有十之對數，求十三之對數。
有十六之對數，求十七之對數。
有二十之對數，求廿三之對數。
有三十之對數，求二十九之對數。
此類俱用求對數較，與所知之對數相加減，即得所求對數。

求對數較第四術　此又通前三術連求三數之較。有前中後三真數，求自然對數較。

以中真數爲屢除法，前後真數較爲屢乘法，自然對數根一〇〇〇〇〇〇〇〇〇〇屢乘法乘之，屢除法除之，爲第一得數。又以屢乘法乘之，屢除法除之，一乘之，二除之，爲第二得數。又以屢乘除法乘除之，二乘之，三除之，爲第三得數。又以屢乘除法乘除之，三乘之，四除之，爲第四得數。如是遞求至一位止。乃併奇得數，另併偶得數，各列以奇偶數相併，爲前與中之對數較。奇偶數相減，爲中與後之對數較。倍奇得數，爲前與後之對數較。倍偶得數，爲前後相乘與中自乘之對數較。

設前數四，中數五，後數六。求自然對數較。
依術中數五爲屢除法，前後較數一爲屢乘法。

一得數　〇二〇〇〇〇〇〇〇〇〇　二得數　〇〇二〇〇〇〇〇〇〇〇
三　二六六六六六六六七　四　四〇〇〇〇〇〇〇
五　六四〇〇〇〇〇　六　一〇六六六六七
七　一八二八五七　八　三二〇〇〇
九　五六八八九　十　一〇二四
十一　一八六　十二　三四
十三　六　十四　一
併奇得數　〇二〇二七三二五五四〇五　併偶得數　〇〇二〇四一〇九九七二六
奇偶相併　〇二二三一四三五五一三一，爲四與五之對數較。
奇偶相減　〇一八二三二一五五六八〇，爲五與六之對數較。
倍奇得數　〇四〇五四六五一〇八一〇，爲四與六之對數較，即二與三之對數較。
倍偶得數　〇〇四〇八二一九九四五二，爲二十四與二十五之對數較。

設前數六，中數七，後數八。求自然對數較。
依術中數七爲屢除法，前後較數一爲屢乘法。

一得數　〇一四二八五七一四二八六　二得數　〇〇一〇二〇四〇八一六三
三　九七一八一七三〇　四　一〇四一二三三八
五　一一八九九八〇　六　一四一六六四
七　一七三四七　八　二一六八
九　二七五　十　三五
十一　五　十二　一
併奇得數　〇一四三八四一〇三六二三　併偶得數　〇〇一〇三〇九六四三五九
奇偶相併　〇一五四一五〇六七九八二，爲六與七之對數較。
奇偶相減　〇一三三五三一三九二六四，爲七與八之對數較。
倍奇得數　〇二八七六八二〇七二四六，爲六與八之對數較，即三與四之對數較。
倍偶得數　〇〇二〇六一九二八七一八，爲四十八與四十九之對數較。

乃以各對數較互求對數。
四與六對數較，六與八對數較，相併，〇六九三一四七一八〇五六，爲二之自然對數。
二之自然對數，六之自然對數，相減，一〇九八六一二二八八六六，[爲]三之自然對數。
二之自然對數，倍之，一三八六二九四三六一一二，[爲]四之自然對數。
四之自然對數，四與五對數較，相併，一六〇九四三七九一二四二，[爲]五之自然對數。
四之自然對數，四與六對數較，相併，一七九一七五九四六九二二，[爲]六之自然對數。

六之自然對數，六與七對數較，相併，一九四五九一〇一四九〇四，〔爲〕七之自然對數。

二之自然對數，三倍，二〇七九四四一五四一六八，〔爲〕八之自然對數。

三之自然對數，倍之，二一九七二二四五七七三二，〔爲〕九之自然對數。

二之自然對數，五之自然對數，相併，二三〇二五八五〇九二九九，〔爲〕十之自然對數。

求十進對數根。十進對數，以十之對數爲一〇〇〇〇〇〇〇〇〇〇〇爲實，以自然對數十之自然對數二三〇二五八五〇九二九九爲法，法除實，得〇四三四二九四四八一九〇，爲十進對數根。

凡有自然對數，求十進對數，以十進對數根乘之。凡有十進對數，求自然對數，以十進對數根除之。既有十進對數根，則依前術可任求十進對數之各對數，及各對數較。

又對數連求法

設八與十之對數較爲甲，則六十四與一百之對數較爲二甲，五百一十二與一千之對數較爲三甲。又設一與二之較爲丙，則一與四之較爲二丙，一與八之較爲三丙。以二乘五百一十二，得一千〇二十四，則五百一十二與一千〇二十四若一與二，其較亦爲一丙。而一千與一千〇二十四若一與一〇二四，其較爲乙，然則三甲一乙與一丙等矣。

求一與一〇二四之對數較。本以二〇二四爲和，〇〇二四爲較約之，則二五三爲和，〇〇三爲較。和自乘六四〇〇九爲屢除法，較自乘九爲屢乘法，倍較爲六，以和二五三除之，爲第一得數。

第一得數	〇〇二三七一五四一五〇一九七六二八	一乘	三除
二	一一一一五〇三七七三八	三	五
三	九三七六九九	五	七
四	九四		

併得，〇〇二三七一六五二六六一七三一五九，即爲一〇二四之對數。

求八與十之對數較。和十八，較二，約之，爲和九。自乘八十一爲屢除法，較一爲屢乘法，倍較以和除之，爲第一得數。

第一得數	〇二二二二二二二二二二二二二	一乘	三除
一	九一四四九四七四一六五五二	三	五
三	六七七四〇三五一二三三	五	七
四	五九七三五七五九四	七	九
五	五七三五九四四	九	一一
六	五七九三九	一一	一三
七	六〇五	一三	一五
八	六		

併得，〇二二三一四三五五一三一四一九五七，即爲八與十之對〔數〕較，即爲一二五之對數。

一與一〇二四之對數較〇〇二三七一六五二六六一七三一五九，三倍八與十之對數較〇六六九四三〇六五三九四二五八七一，併之，爲二之對數〇六九三一四七一八〇五五九九〇三〇。

三倍之，爲八之對數二〇七九四四一五四一六七九七〇六〇。

八與十之對數較〇二二三一四三五五一三一四一九五七，相併爲十之對數二三〇二五八五〇九二九九三九〇一七。

倍二對，數爲四對數一三八六二九四三六一一九八〇六〇。

以一〇二四之對數，三倍之〇〇七一一四九五七九八五一九四七七，以一二五之對數，十倍之，二二三一四三五五一三一四一九五七〇，相併爲十之對數二三〇二五八五〇九二九九三九〇四七。

減十與八之對數較，爲八〔之〕對數二〇七九四四一五四一六七九七〇九〇。

三除之，爲二之對數〇六九三一四七一八〇五五九九〇三〇。

倍之，爲四之對數一三八六二九四三六一一九八〇六〇。

設七與九之對數較爲甲，則二千四百〇一與六千五百六十一之較爲四甲。

設一與三之較爲丙，則二千一百八十七與六千五百六十一之較亦爲丙。而二千一百八十七與二千四百〇一之較爲乙，則四甲一乙必與一丙等矣。

求真數三真數七之對數。三自乘爲九，先求九與七之對數較。和十六，較二，約爲和八，較一。倍較以和除之，爲第一得數。和自乘六十四，爲屢除法，較自乘仍一，爲屢乘法。

		屢乘法乘屢除法除	
第一得數	〇二五〇〇〇〇〇〇〇〇〇〇〇〇	一乘	三除
二	一三〇二〇八三三三三三三三	三	五
三	一二二〇七〇三一二五	五	七
四	一三六二三九一九	七	九
五	一六五五六八	九	一一
六	二一一七	一一	一三
七	二八	一三	一五
八			

併得數〇二五一三一四四二八二八〇九〇，爲九與七之對數較。

又以九自乘八十一，再乘七百二十九，三乘之爲二千一百八十七。又以七自乘，再乘，三乘，得二千四百〇一。求與二千一百八十七之對數較，和四五八八，較二一四。約爲和二二九四，較一〇七。和自乘五二六二四三六爲屢除法，較自乘〇〇一一四四九爲屢乘法。

		屢乘法乘屢除法除	
第一得數	〇〇九三二八六八三五二二二三四	一乘	三除
二	六七六五一八七四二四	三	五
三	八八三一〇四九	五	七
四	一三七二三	七	九
五	二三	九	一一
六			

併得數〇〇九三三五四五七五五四四五〇，爲二四〇一與二一八七之對數較。

四倍(七九)[七與九]對數較一〇〇五二五七七一三一一二三六〇，爲二四〇一與六五六一之對數較。

相併，一〇九八六一二二八八六六八一〇，爲三之對數。

倍三之對數，二一九七二二四五七七三三六二〇，爲九之對數。

減(七九)[七與九]對數較，爲七之對數。

此所求爲自然對數。其對數根爲一，故不用乘。若欲求十進對數，則以對數根〇四三四二九四四八一九〇三二五乘併，得數即合。

以對數尺明之。如圖，甲丙爲七之對數，甲乙爲九之對數，折半甲庚，爲三之對數。丙乙爲九與七之對數較。三倍甲乙爲甲辛，即七二九之對數。又四倍甲丙爲甲戊，即二四〇一之對數。加等甲庚之辛己，爲甲己，即二一八七之對數。與甲己相減，爲己戊，即兩對數之較。若以甲乙四倍爲甲丁，即六五六一之對數。與甲戊相減，餘戊丁，必與丙乙之四倍等，以加戊己，爲己丁，即與甲庚等，故即爲三之對數。倍甲庚爲甲乙，故爲九之對數，減丙乙較得甲丙，爲七之對數也。

又如以真數二[與]真數三，求對數。

法以二自乘再乘爲八，以三自乘爲九，先求八與九之對數較。又以八自乘六十四，二乘之，又二乘之，爲二百五十六。又以九自乘八十一，又三乘之，爲二百四十三。再求二百四十三與二百五十六之對數較，倍之，以五倍八與九之對數較，加入即爲二之對數。三倍二之對數爲八之對數。八之對數，加八與九之對數較，爲九之對數。折半爲三之對數。八倍二之對數，爲二百五十六之對數。五倍三之對數，爲二百四十三之對數。

亦以對數尺明之。如圖，甲乙爲二之對數，甲丁爲八之對數，其半甲辛，與子卯等。甲丙爲三之對數，甲戊爲九之對數，丁戊爲八九對數之較，辛丙爲半較，壬庚同。子丑爲兩較，卯壬同，是卯庚爲丁戊之二倍半也。五倍甲丙爲甲

庚，八倍甲乙爲甲己，其較庚己，併入庚卯，爲己卯，與乙辛同。適得甲乙之半，若倍之爲甲乙，是有丁戊五倍，庚己二倍也。

有對數較，求大小兩真數之比例。

以對數根除對數較，若自然對數較，其對數根是一，可不用除，爲屢乘法。設單一爲第一得數。屢乘法乘之，一除之，爲第二得數。屢乘法乘之，二除之，爲第三得數。屢乘法乘之，三除之，爲第四得數。如是遞求至單一位止，乃以奇偶得數，各併總。總奇數偶數相併與單一之比，若大數與小數之比。奇數偶數相減與單一之比，若小數與大數之比。

用對數開方法

開方用捷法四術，前論之詳矣。惟開極多乘方，初商表不能盡列，無從檢初商。又積實與初商實相較，在一倍以內者，降位尚易。在一倍以外者，則降位甚難。若倣戴氏開平方七術見《對數簡法》初卷。以求得數位爲初商，自乘以爲初商實，在平方立方則甚便。至多乘方，則須自乘多次，積算亦繁。所以開多乘方，又變用對數也。

有對數表，可檢積實真數之假數。以開若干乘方加一除之，爲方根之假數，此定法也。但表列數十萬，止得五位，過此則用中比例以求奇零未爲密合。若用求對數較法，則列一千自然對數，已足借用矣。

設有積實在一千以上，則折爲十分之一，檢表得相近真數之對數，尚有奇零真數，用有真數較求對數較法。求得加入，再加十之對數，即本積實之對數也。以開若干方除之，即方根之對數。檢表得相近真數之對數，相減爲對數較，用有對數較求真數比例，以乘相近真數得方根。

設數四十億，求開三十二乘方之方根。以下原稿缺失，今補之。受業孔繼藩謹識。

案：四十億係十與十相乘，又以十連乘七次，又以四乘之所得，萬萬曰億。乃九因十之自然對數，又以四之自然對數加之，得二二一〇九五六〇一九八〇三，爲四十億之對數。以所開乘方指數三十三除之，得〇六六九九八六六七二六七，爲方根之對數。即爲屢乘法，以一二三等數爲遞除法，設一爲第一得數。依次乘除得各數。

			遞除法
第一得數	一〇〇〇〇〇〇〇〇〇〇〇	屢乘法乘之	一　除之
二	六六九九八六六七二六七		二
三	二二四四一〇七〇七八		三
四	五〇一二四一七五四一		四
五	八三九五六三三三八		五
六	一一二四九九二三六		六
七	一二五六二一六五		七
八	一二〇二三五五		八
九	一〇〇六九五		九
十	七四九六		十
十一	五〇二		十一
十二	三一		十二
十三得數	二		

併各得數一九五四二一一二七六〇六爲方根真數。

前法已捷矣，而猶未甚捷也。又如法求得方根之對數，乃借二之自然對數與之相減，餘〇〇二三一六〇五〇七八九，爲對數較，即以爲屢乘法，借二爲第一得數。餘法同前。

			遞除法
第一得數	二〇〇〇〇〇〇〇〇〇	屢乘法乘之	一　除之
二	四六三二一〇一五七八		二
三	五三六四〇九一三		三
四	四一四一一七		四
五	二三九八		五
第六得數	一一		

併奇數得二〇〇〇五三六四三三一一，併偶數得四六三二五一五七〇六，相減餘一九五四二一一二七六〇五爲方根。以上孔繼藩補。

以設積之真數求對數。以所求開方之指數歸除之，得方根之對數，據此對數求真數即爲方根。以真數求對數，莫便於檢對數表。今無表隨帶，須逕求對數用之。先求自一至十之自然對數，以爲任求各對數之底，求法見前。今列數如左。

一之自然對數	〇〇〇〇〇〇〇〇〇〇〇〇
二之自然對數	〇六九三一四七一八〇五六
三	一〇九八六一二二八八六六
四	一三八六二九四三六一一二
五	一六〇九四三七九一二四二
六	一七九一七五九四六九二二
七	一九四五九一〇一四九〇四
八	二〇七九四四一五四一六八
九	二一九七二二四五七七三二
十之自然對數	二三〇二五八五〇九二九九

既定此十真數之自然對數，於是凡有各真數，是兩真數相乘除而得者，即以兩真數之對數相并減爲其對數。若仍有畸零，則再求對數較，并減之爲其對數。

設如有真數二三〇七六九二三〇八，求自然對數。

此真數有畸零，而與二四相近，即以二四爲借真數，而二四乃三與八相乘，十除之所得，故以三與八之對數相併，乃減去十之對數，得〇八七五四六八七三七三五，爲借對數。又求借真數與本真數之對數較減之，爲本真數之自然對數。求對數較法，以本真數與借真數相併爲和，相減爲較，約之則爲和五一，較〇一，乃倍較以和除之，爲第一得數。又以和自乘得二六〇一，爲屢除法。較自乘仍一爲屢乘法。以一三五七各奇數爲遞次乘法，以一遞加二爲遞次除法，依次乘除得數併之，爲對數較。

		遞乘	遞除	屢除	屢乘
第一得數	〇〇三九二一五六八六二七	一	三	二六〇一	〇〇〇一
二	五〇二五七二	三	五		
三	一一六				

併得數〇〇三九二二〇七一三一五，爲借數與本數之對數較。

減借對數〇八三六二四八〇二四二〇，爲本真數之自然對數。

設有真數二三〇七六九二三〇八，求開十一乘方之根。

法據所求得對數〇八三六二四八〇二四二〇，以所求乘，指數十二歸除之，得方根之對數〇〇六九六八七三三五三三五。有對數求真數法。對數大者，借相近之對數相減，餘爲對數較，以爲屢乘法，以一二三四等數爲遞次除法。置單一爲第一得數，依次乘除得各數。凡所借對數小於本對數，則所借真數必小於本真數，當以所得奇偶數通併之，與借真數相乘，得本真數。今此方根之對數甚小，止可借真數一之對數相減，而真數一之對數空，減餘仍得〇〇六九六八七三三五三三五，即以爲屢乘法求之。

			遞除法
第一得數	一〇〇〇〇〇〇〇〇〇〇〇	屢乘法乘之	一　除之
二	六九六八七三三五三三五		二
三	二四二八一六二三四		三
四	五六四〇四〇五		四
五	九八二六六		五
六	一三七〇		六
七	一六		
併得數	一〇七二一七二八九八二六		

以乘所借真數一，仍得一〇七二一七二八九八二六，爲求得方根真數。若所借對數大於本對數，則所借真數必大於本真數，當以所得併奇數，減偶數，與借真數相乘，得本真數。以對數較求真數之比例。

設如有十爲本積，求開九乘方之方根。

置十之自然對數二三〇二五八五〇九二九九，以九乘方指數是十，應以十分之，得〇二三〇二五八五〇九二九九，即方根之自然對數。乃借真數一，其對數空減之，仍得〇二三〇二五八五〇九二九九，爲對數較，求與真數一之比例。法置一爲第一得數，對數較爲屢乘法，一二三四等數爲遞次除法。

			遞除法
第一得數	一〇〇〇〇〇〇〇〇〇〇〇	屢乘法乘之	一　除之
二	二三〇二五八五〇九二九九		二
三	二六五〇九四九〇五五二		三
四	二〇三四六七八五九二		四

五　一一七一二五五一五
六　五三九三八二九
七　二〇六九九六
八　六八〇九
九　一九六
十　五

併得數一二五八九二五四一一七九三，即爲開九乘方之方根。

若以十爲積，求開九十九乘方根，則對數較降一位，各得數俱遞降多一位。

第一得數一〇〇〇〇〇〇〇〇〇〇〇　屢乘法及遞次除法數同而位降
二　二三〇二五八五〇九二九九　故但取前數降位録之即得。
三　二六五〇九四〇五五
四　二〇三四六七八六
五　一一七一二六
六　五三九

併得數一〇二三二九二九二二八〇五，爲九十九乘方之方根。

若以十爲積，求開九百九十九乘方根，對數較再降一位，各得數亦遞降多一位。

第一得數一〇〇〇〇〇〇〇〇〇〇〇〇
一　二三〇二五八五〇九二九九
二　二六五〇九四九〇六
四　二〇三四六八
五　一一七

併得數一〇〇二三〇五二三八〇七七九〇，即開九百九十九乘方之方根。

又求開九千九百九十九乘方根，對數較再降一位，得數亦再降多一位。

第一得數一〇〇〇〇〇〇〇〇〇〇〇〇〇
二　二三〇二五八五〇九二九九
三　二六五〇九四九一
四　二〇三五

併得數一〇〇〇二三〇二八五〇二〇八〇五，爲九千九百九十九乘方之方根。

又求開九萬九千九百九十九乘方根，對數較再降一位，得數亦再降一位。

第一得數一〇〇〇〇〇〇〇〇〇〇〇〇〇〇
二　二三〇二五八五〇九二九九
三　二六五〇九四九
四　二〇

併得數一〇〇〇〇二三〇二六一一六〇二六八，爲九萬九千九百九十九乘方之方根。

又求開九十九萬九千九百九十九乘方根，亦照前降。

第一得數一〇〇〇〇〇〇〇〇〇〇〇〇〇〇〇
二　二三〇二五八五〇九二九九
三　二六五〇九四

併得數〇〇〇〇〇二三〇二五八七七四三九(四)〔三〕，爲九十九萬九千九百九十九乘方之方根。

有對數較，求兩真數之比例。

設黄鍾半律與黄鍾全律，其自然對數較〇六九三一四七一八〇五六，中分十二律，則每律連比例之對數較爲〇五七七六二二六五〇五，求其連比例之率。以對數較爲屢乘法，以一二三四等數爲遞次除法，設一爲第一得數。

遞除法
第一得數　一〇〇〇〇〇〇〇〇〇〇〇〇　屢乘法乘之　一　除之
二　五七七六二二六五〇五　二
三　一六六八二三九六三　三
四　三二一二〇四三　四
五　四六三八四　五
六　五三六　六
七　五

併奇數　一〇〇一六六八七〇三五二　併偶數　五七七九四三九〇八四

奇偶相併　一〇五九四六三〇九四三六　與單一之比，若長律與短律之比，是遞加率。
奇偶相減　九四三八七四三二二六八　與單一之比，若短律與長律之比，是遞折率。
自黃鍾半律起用遞加率乘，可得各律。自黃鍾全律起，用遞折率乘，亦可得各律。

又法，欲得數降位之易，以對數較折半，得〇〇二八八八一一三三二五二，爲屢乘法。仍設一爲第一得數，遞次除法與前同。

第一得數　一〇〇〇〇〇〇〇〇〇〇〇　屢乘法乘之　一　除之
二　二八八八一一三三二五二　二
三　四一七〇五九九一　三
四　四〇一五〇五　四
五　二八九九　五
六　一七

併奇數　一〇〇〇四一七〇八八九〇　倍爲兩數和之比例率。
併偶數　二八八八五一四七七四　倍爲兩數較之比例率。
奇偶相併一〇二九三〇二二三六六四，即爲大真數之比例率。
奇偶相減　九七一五三一九四一一六，即爲小真數之比例率。

既得各率，則任據所知俱可互求。

求律數連比例率，用對數無庸檢表法。黃鍾正宮九寸，黃鍾清宮三寸九分，求十二律連比例率。

先求首末兩率之對數較，以三寸九分與九寸相併，得一尺二寸九分爲和，相減，餘五寸一分爲較，約之，則爲和四三，較一七。置自然對數根一，倍之爲二，以較乘之，和除之，爲第一得數。乃以較自乘得二八九爲屢乘法。和自乘得一八四九，爲屢除法。置第一得數，屢乘法乘之，屢除法除之，一乘之，三除之，爲第二得數。置第二得數，屢乘除法乘除之，三乘之，五除之，爲第三得數。如是遞求至單一位止，併之爲對數較。

第一得數　〇七九〇六九七六七四四二　二八九乘　一八四九除　一乘　三除
二　四一一九五五三四一五　三　五
三　三八六三三三四五七　五　七
四　四三一三一五六五　七　九
五　五二四三三八四　九　一一
六　六七〇五三六　一一　一三
七　八八六八一　一三　一五
八　一二〇一三　一五　一七
九　一六五七　一七　一九
十　二三二　一九　二一
十一　三三　二一　二三
十二　五

併得數〇八三六二四八〇二四二〇，爲自然對數較。

既得首末兩律之對數較，以十二律分之，則每律之對數較〇〇六九六八七三三五三五，可求其真數之比例。

有對數較，求真數比例法。置單一爲第一得數，以對數較爲屢乘法，以一二三四等數爲遞次除法。乘除各得數，奇偶相併，爲遞加比例，奇偶相減，爲遞折比例。

第一得數　一〇〇〇〇〇〇〇〇〇〇〇　屢乘法乘之　一　除之
二　六九六八七三三五三五　二
三　二四二八一六二三四　三
四　五六四〇四〇五　四
五　九八二六六　五
六　一三七〇　六
七　一六

併奇得數　一〇〇二四二九一四五一六　併偶得數　六九七四三七五三一〇
奇偶相併　一〇七二二七二八九八二六，爲每律遞加率。
奇偶相減　九三二六八五三九二〇六，爲每律遞折率。
自黃鍾清宮三寸九分起，以遞加率遞乘之，得已下各律。
自黃鍾正宮九寸起，以遞折率遞乘之，亦得已上各律。

又按：此所得數，與弧背求正餘弦法所得數同，蓋弧弦相求捷法，亦用連比例率故也。並附列于後。

有弧背求正弦、餘弦捷法

設有半徑一〇〇〇〇〇〇〇〇〇〇〇，有三度五十九分三十四秒三微，其弧背〇〇六九六八七三三五三五，求正弦餘弦各若干。

法置半徑于上，乃以本弧背爲屢乘法，半徑爲屢除法，又以一二三四等數爲遞次除法，遞除得數，分列上下，至單一位止。乃以上層所列奇偶各併，而相減爲餘弦。以下層所列奇偶各併，而相減爲正弦。

上一	半徑	一〇〇〇〇〇〇〇〇〇〇〇	下一　一除	〇〇六九六八七三三五三五
上二	二除	二四二八一六三三四	下二　三除	五六四〇四〇五
上三	四除	九八二六六	下三　五除	一三七〇
上四	六除	一六	下四　七除	〇
併奇數		一〇〇〇〇〇〇九八二六六	併奇數	六九六八七三四九〇五
併偶數		二四二八一六二五〇	併偶數	五六四〇四〇五
相減爲餘弦		九九七五七二八二〇一六	相減爲正弦	六九六三〇九四五〇〇

設有四十五度弧背〇七八五三九八一六三四，照前例求正弦、餘弦。

以本弧背爲屢乘法。

上一	半徑	一〇〇〇〇〇〇〇〇〇〇〇	下一　一除	〇七八五三九八一六三四
上二	二除	三〇八四二五一三七五	下二　三除	八〇七四五五一二三
上三	四除	一五八五四三四四二	下三　五除	二四九〇三九四六
上四	六除	三二五九九一八	下四　七除	三六五七六二
上五	八除	三五九〇九	下五　九除	三一三四
上六	十除	二四六	下六　十一除	一八
併奇數		一〇一五八五七九三五一	併奇數	七八七八八八七一四
併偶數		三〇八七五一一五三九	併偶數	八〇七八二〇九〇二
相減爲餘弦		七〇七一〇六七八一二	相減爲正弦	七〇七一〇六七八一二

凡求四十五度以內正弦、餘弦，當照前例，以本弧背爲屢乘法。若求四十五度以外正弦餘弦，仍用本弧背爲屢乘法，得數降位頗遲，當用餘弧背爲屢乘法，則得數降位反速，而以上列數併減爲正弦，下列數併減爲餘弦。

設如六十六度三十三分，求正弦、餘弦。

此本弧背一一六一五一六六一七二，以減一象限弧背一五七〇七九六三二六八，餘〇四〇九二七九七〇九六，爲餘弧背。

置半徑于上，就用餘弧背爲屢乘法遞除得數。

上一	半徑	一〇〇〇〇〇〇〇〇〇〇〇	下一　一除	〇四〇九二七九七〇九六
上二	二除	八三七五四九四〇三	下二　三除	一一四二六三九九二
上三	四除	一一六九一四八三	下三　五除	九五七〇一七
上四	六除	六五二八一	下四　七除	三八〇三
上五	八除	一九五	下五　九除	九
併奇數		一〇〇一一六九一六七八	併奇數	四〇九三七五四一二三
併偶數		八三七六一四六八四	併偶數	一一四二六七七九五
相減爲正弦		九一七四〇七六九九四	相減爲餘弦	三九七九四八六三二七

又　卷三　對數開方計息

設有銀一千兩，每年得息銀一百兩，此年無閏月。問每月每日息。　答曰：十二個月算，該每月息銀七兩九錢七分四釐。月三十日算，該每日息銀二錢六分四釐七毫。

法曰：一年本息共[一]一，開十一乘方，得每月本息共[一]〇〇七九七四。

若置[一]一爲實，開三百五十九乘方，得每日本息共[一]〇〇〇二六四七。

用對數檢表，[一]一假數[〇]〇四一三九二七，十二除之，得假數[〇]〇〇三四四九四，檢真數，得[一]〇〇七九七四。

若用三百六十除之，得假數[〇]〇〇〇一一四九八，檢真數，得每日本息[一]〇〇〇二六四七。

如有閏年，則置一年本息[一]一假數，十三除之，得假數[〇]〇〇三一八四〇六，檢真數，得每月本息共一千〇〇七兩三錢五分九釐。

置一年本息[一]一假數，以三百九十除之，得假數[〇]〇〇〇一〇六一三五，檢真數，得每日本息共銀一千兩〇〇〇二錢四分四釐四毫三絲。

問曰： 何不以年息均分爲月息日息耶。 答曰： 每年息銀百兩，是年底開支，若每月每日支息，須將此銀照例生息，至年底適足百兩，方爲合公平之理。今試以年息均十三箇月，每月息銀七兩六錢九分二釐三毫，每月遞加生息，至十三箇月，得本息共銀一千一百零四兩七錢五分一釐，是溢多息銀四兩餘也。又以年息均三百九十日，每日該息銀二錢五分六釐四毫二絲，每日遞加生息，至三百九十日，得本息共銀一千一百零五兩一錢四分二釐七毫。又比年息溢多五兩餘矣。

算法： 以一日本息共一〇〇〇二五六四一，檢對數表，得假數〇〇〇〇一一一三三一三百九十乘之，得假數〇〇四三四一九〇九，檢真數，得一一〇五一四二七，即年底本息共銀也。

設如有本銀一千兩，發商生息，遞年將息作本，至十年，得本息共銀二千兩，問每千兩每年息若干。

法曰： 以原本一千兩，除本息共銀二千兩，得真數二，檢表，得假數〇三〇一〇二九九九，十除之，得假數〇〇三〇一〇二九九九，檢得真數一〇七一七七三四，是每年每千兩生息七十一兩七錢七分三釐四毫計。

設如有本銀一千兩每年加一行息，問幾年得本息二千兩。

法以一年本息共一一，假數〇〇四一三九二七爲法，真數二假數〇三〇一〇二九九九六爲實，法除實，得七二七二五，首位爲七，年下化月日，得七年零三箇月零八日。

問七年得本息若干。

法置一一假數，以七年乘之，得假數〇二八九七四八九，檢表，得真數一九四八七一七，原本千兩乘之，得本息共銀一千九百四十八兩七錢一分七釐。若以月息一〇〇七九七四乘三次，又以日息一〇〇〇二六四七乘八次，仍足二千兩矣。

設如有本銀一百兩，每年加一行息，問幾何年得本息共銀一千一百兩。

法置本息共銀一千一百兩，以原本一百兩除之，得十一，檢表，得假數一〇四一三九二七爲實，一年本息一一假數〇〇四一三九二七爲法，法除實，得二五一五八八，首二位爲年餘化月日，得二十五年零一月二十七日。

設如有本銀一千兩，每年加一行息，每年支用銀一百一十兩，問幾何年將此千兩本消盡。 答曰： 亦二十五年零一月二十七日盡。

法置支用一百一十兩，年息一除之，當付本銀一千一百兩，今止得本銀一千，其一百乃借入，共成一千一百。然借他人一百兩，每年該納息十兩，今每年用去，并不納息，至二十五年零則共成本息一千一百矣。其借一百，原本尚在而所欠一千，當舉所有還之而適盡也。

設如每年借人本銀一十兩，年息加一算，問幾何年共欠人本息一千兩。

此亦與前數無異。蓋初年借一百，轉付商生息，用之無以納息，是即每年再欠人銀十兩也。至二十五年共欠人本息一千一百兩，其一百原本尚在，是實欠人一千兩也。

設如每年借人本銀一十兩，每兩每年行息三錢，問幾何年欠人本息銀一千兩。

法曰： 每年加三行息，則本銀三十三兩三錢三分三釐，可得息銀一十兩矣。是每年借人十兩，與初年借三十三兩三錢三分三釐，並不納息無異也。至尾年連本息共欠一千零三十三兩三錢三分三釐，是比原本大三十一倍也。算法置三十一，假數一四九一三六二爲實，加三行息，連本是一三，假數〇一一三九四三爲法，法除實，得一二九七四八，首二位爲年，餘化月日，得一十二年零十一月廿一日。

設如有本銀一千兩，每年加三行息，今每年支用銀三百一十兩，問幾何年將本虧盡。

法曰： 每年加三行息，銀三百兩，其支過十兩，即借人本銀也。與上數同。

設如每年借人本銀，每兩行息一錢，算至十二年零十一月廿一日，欠人本息銀一千兩，問每年借入本銀若干。

法置千兩爲實，以每年本一兩息一錢共一一，檢假數〇〇四一三九二七，年月化爲一十二九七四八，相乘得假數〇五三七〇六，檢真數，得三四四三九八，減一得二四四三九八，爲法法除實，得四百〇九一七息一錢乘之，本一兩除之，得四十兩零九錢一分七釐，是每年借入本銀數也。

設此兩數，一是入銀少而行息多，一是入銀多而行息少，皆同年消盡也。

設如原借本銀二百四十兩，分十年長還，每年還銀六十兩，問每年每兩行息若干。

法曰： 此數應用帶縱開方，而廉數甚煩，商除不易。今亦以對數代之，先置每年還六十兩，原本二百四十兩除之，得〇二五爲初約，得最大年息，即以爲後屢次乘除之實，乃以二五加本一共一二五。檢假數〇〇九六九一〇，十倍之，得〇九六九一〇〇，檢真數，但取表内畧近者，得九三一三爲除法，減一，得八三一三爲乘法，乘除初實二五，至二位止，得二二爲再約，得息加本一共一二二一。檢假數，十倍之，得〇八六三六〇〇，檢真數，得七三〇四爲除法，減一，得六三〇四爲乘法，乘除初實二五，至三位止，得二一四爲三次約，得息加本一共一二一四。檢假數十倍之，得〇八四二一九〇，檢真數，得六九五三爲除法，減一，得五九五三爲乘法，乘除初實二五，應至四位止，因四位空，求至五位止，得二一四〇五，爲四次約，得年息，加本一，共一二一四〇五。檢假數，十倍之，得〇八四二三六八，檢真數，得六九五六爲除法，減一，得五九五六，爲乘法，乘除初實二五，亦至五位止，得二一四〇六，爲五次約，得年息加本一，共一二一四〇六。檢假數，十倍之，得〇八四二四〇四二，檢真數，得近六九五七爲除法，減一，得五九五七爲乘法，乘除初實二五，至六位止，得二一四〇六五，爲六次約，得年息，加本一共一二一四〇六五。檢假數，十倍之，得〇八四二四二二〇檢真數，正得六九五七爲除法，減一，得五九五七爲乘法，乘除初實二五，亦得二一四〇六五，是爲考定每本一百兩，每年息二十一兩四錢零六釐五毫。

右法檢表，乘除至六次，乃得考定，仍屬煩瑣。今再立徑約之法如左。

法曰：先置每年還六十兩，原本二百四十兩除之，得〇二五爲初約最大息，以爲後屢次乘除之實。乃以二五加本一共一二五。檢假數，得〇〇九六九一〇〇一三，以十年乘之，得〇九六九一〇〇一三，檢真數，得九三一三二爲除法，減一，得八三一三二爲乘法，以乘除初實，得次約息〇二三三一五，與初約息較，餘〇〇二六八五，乃以前乘法八三一三二，乘初約本息一二五，得一〇三九一五爲分母，以十年乘初約息〇二五，得二五，減分母，得七八九一五爲分子，以分母乘較餘，分子除之，得全較〇〇三五三五，以減初約息，餘〇二一四六五爲近約息，乃以近約息照依再求之，仍以前〇二五爲初實，近約息加本一共一二一四六。檢假數，得〇〇八四四三三二七六八，十年乘之，得〇八四四三三二七六八，檢真數，得六九八七七爲除法，減一，得五九八七七爲乘法，以乘除初實，得〇二一四二三，與近約息〇二一四六相減，爲較，餘〇〇〇〇三七七，乃以乘法五九八七七，乘近約本息一二一四六，得七二七二七爲分母，以十年乘，近約息〇二一四六，得二一四六，減分母，得五一一二六七爲分子。以分母乘較餘〇〇〇〇三七七，分子除之，得〇〇〇〇五三四八爲全較，以減近約息〇二一四六，餘〇二一四〇六五二，爲再最近息也。

設如原本銀二百四十兩，訂明每百兩每年行息二十一兩四錢零六釐五毫，今每年支用銀六十兩，問十年消盡否。

法置每年支用六十兩，以每年息二一四〇六五除之，該有本銀二百八十兩零二錢八分八釐七毫。今止有本銀二百四十兩，是借入本銀四十兩零二錢八分八釐七毫也。而一年本一，得本息一二一四〇六五，應自乘十次。今用其假數十倍之，得〇八四二四二二，檢真數得六九五七，是十年本一該得本息共六九五七，減去本一當溢出息五九五七，以乘所借入本銀四〇二八八七，得二百三九九九七三毫，位過五進一，實銀二百四十兩，與原本相消恰盡也。

設如借人本銀，只云每年每兩息銀七分算，每年還銀二十兩至十二年本息清訖，問原借本銀若干。

法置每年還二十兩，每年本一兩乘之，息七分除之，得二百八十五兩七錢一分四釐二毫八絲爲實，本息共一〇七爲屢除法，除十二次，得一百二十六兩八錢五分三釐九毫八絲，與實相減，餘一百五十八兩八錢六分零三毫，即原本銀也。此用真數乘除本法也。今欲省乘除，則用對數。置一〇七假數〇〇二九三八四，十二乘之，得〇三五二六〇八，與設實二百八十五兩七錢一分四釐二毫八絲假數二四五五九一二一七相減，餘二一〇三三〇四一七，檢真數，得一百二十六兩八錢五分三釐九毫八絲，與設實真數相減，餘一百五十八兩八錢六分〇三毫。

設如有倉積穀，每年入穀二十石，每年每十石耗爲九石。今貯三十年，問積穀若干。

法置每年入穀二十石，以每十石每年存九石乘之，耗一石除之，得一百八十石爲實，假數二二五五二七三，以九石假數〇九五四二四三，加三十倍，得二八六二七二九，併入，共三〇八八二五六三，以十石假數一〇〇〇〇〇〇，加三十倍，得三〇〇〇〇〇〇〇，減之，餘〇〇八八二五六三，檢真數，得七六三〇六七八，是七石六斗三升〇六勺七抄八撮，以減設實一百八十石，餘爲積穀一百七十二石三斗六升九合三勺二抄二撮。

設如有倉積穀，三百七十四石，每年十耗其一，只存其九，又每年底支放穀二十石，問十年存穀若干。

法置每年底放穀二十石，十乘之，耗一除之，得二百石。借以併入原穀三百七十四，共五百七十四石爲實，乃以十石之假數一〇〇〇〇〇，十年乘之，得假數二[〇]〇〇〇〇〇，以存九之假數〇九五四二四，三十年乘之，得九五四二四三，相減，餘〇四五七五七，檢真數，得二八六七九四爲法，法除實，得二百石〇〇一斗四升三合八勺，減回所借二百石，尚存一斗四升三合八勺。

設如有人付本銀發商生息，只云每兩年息五分，計第一年底支回銀一百兩，自後每年底支回銀俱比上年十分加一。問原付本銀若干可支十年。

法檢一一假數，十倍之，得〇四一三九二七，檢真數二五九三七四二五，即一一乘十次，乘第一年支回銀百兩，得二百五十九兩三錢七分四釐二毫五絲，以每年支回銀遞增率一一與每年息率一〇五相減，餘〇〇五除之，得五千一百八十七兩四錢八分五釐爲實。又以一一自乘十次，數二五九三七四二五除之，得二千兩〇〇〇〇〇，又以一〇五假數十倍之，得〇二一一八九，檢真數，得一六二八八八四，即一〇五乘十次，爲乘法乘之，得三千二百五十七兩七錢六分八釐，與實相減，餘一千九一九七一七。又以一六二八八八四爲除法除之，得一千一百八十四兩六錢九分，爲原付本銀也。

設如原付本銀二千兩，每兩年息五分算，每年支回銀亦比上年十分加一，至二十年消盡。問第一年支回若干。

法以年息率一〇五之假數二十倍之，得〇四二三七八，檢真數，得二六五三二六六二，乘原本二千兩，得五千三〇六五二四爲實。乃以支回增率一一之假數二十倍〇八二七八五四，倒減二六五三二六六二之假數〇四二三七八，得負一正五九五九二六，檢真數，得〇三九四三九，與一相減，得〇六〇五六一爲法。法除實，得八千七百六十二兩二錢八分，一一與一〇五相減餘〇〇五乘之，得四百三十八兩一錢一分四釐。又以一一之假數二十倍〇八二七八五四，檢真數，得六七二七五〇八除之，得第一年支回銀六十五兩一錢二分二釐七毫七絲。

設如照上例第一年支回壹百兩，問二十年支盡，該原付本銀若干。　答曰：　原付本銀三千零七十一兩一錢二分二釐。

法曰：　即照前術比例求之。

設如每年借人本銀一兩四錢四分，每年每兩息一錢算，積至七十年，問共欠本息銀若干。

法曰：　置每年借銀一兩四錢四分，本一〇乘之，息〇一除之，得一十四兩四錢爲實。乃以本息率一一假數〇〇四一三九二七，七十倍之，得二八九七四八九，檢真數，得七百八九七四九爲法。法實相乘，得一萬一千三百七十二兩三錢八分五釐六毫，減實一十四兩四錢，餘一萬一千三百五十七兩九錢八分五釐六毫，即所虧欠本息銀也。

設如每年借人本銀壹兩四錢四分，每兩年息一錢五分算，至七十年，問虧本息若干。

法置每年借銀壹兩四錢四分，本一〇乘之，息〇一五除之，得九兩六錢爲實。乃以本息率一一五，假數〇〇六〇六九八，七十倍之，得假數四二四八八六，檢真數，得一萬七七三六一六爲法。法實相乘，得一十七萬零二百六十七兩一錢三分六釐，減實九兩六錢，餘一十七萬零二百五十七兩五錢三分六釐，即七十年所虧欠本息銀也。

對數尺度表

	尺寸分釐毫	尺寸分釐毫		尺寸分釐毫		尺寸分釐毫
一〇〇	〇〇〇〇〇		二五〇	三九七九	五〇〇	六九九〇
一〇二	八六		二五五	四〇六五	五一〇	七〇七六
一〇四	一七〇		二六〇	四一五〇	五二〇	七一六〇
一〇六	二五三		二六五	四二三二	五三〇	七二四三
一〇八	三三四		二七〇	四三一四	五四〇	七三二四
一一〇	四一四		二七五	四三九三	五五〇	七四〇四
一一二	四九二		二八〇	四四七二	五六〇	七四八二
一一四	五六九		二八五	四五四八	五七〇	七五五九
一一六	六四四		二九〇	四六二四	五八〇	七六三四
一一八	七一九		二九五	四六九八	五九〇	七七〇九
一二〇	七九二		三〇〇	四七七一	六〇〇	七七八二
一二二	八六四		三〇五	四八四三	六一〇	七八五三
一二四	九三四		三一〇	四九一四	六二〇	七九二四
一二六	一〇〇四		三一五	四九八三	六三〇	七九九三
一二八	一〇七二		三二〇	五〇五一	六四〇	八〇六二
一三〇	一一三九		三二五	五一一九	六五〇	八一二九

一三二	一二〇六			三三〇	五一八五	六六〇	八一九五
一三四	一二七一			三三五	五二五〇	六七〇	八二六一
一三六	一三三五			三四〇	五三一五	六八〇	八三二五
一三八	一三九九			三四五	五三七八	六九〇	八三八八
一四〇	一四六一			三五〇	五四四一	七〇〇	八四五一
一四二	一五二三			三五五	五五〇二	七一〇	八五一三
一四四	一五八四			三六〇	五五六三	七二〇	八五七三
一四六	一六四四			三六五	五六二三	七三〇	八六三三
一四八	一七〇三			三七〇	五六八二	七四〇	八六九二
一五〇	一七六一			三七五	五七四〇	七五〇	八七五一
一五二	一八一八			三八〇	五七九八	七六〇	八八〇八
一五四	一八七五			三八五	五八五五	七七〇	八八六五
一五六	一九三一			三九〇	五九一一	七八〇	八九二一
一五八	一九八七			三九五	五九六六	七九〇	八九七六
一六〇	二〇四一	二〇〇	三〇一〇	四〇〇	六〇二一	八〇〇	九〇三一
一六二	二〇九五			四〇五	六〇七五	八一〇	九〇八五
一六四	二一四八	二〇五	三一一八	四一〇	六一二八	八二〇	九一三八
一六六	二二〇一			四一五	六一八〇	八三〇	九一九一
一六八	二二五三	二一〇	三二二二	四二〇	六二三二	八四〇	九二四三
一七〇	二三〇四			四二五	六二八四	八五〇	九二九四
一七二	二三五五	二一五	三三二四	四三〇	六三三五	八六〇	九三四五
一七四	二四〇五			四三五	六三八五	八七〇	九三九五
一七六	二四五五	二二〇	三四二四	四四〇	六四三五	八八〇	九四四五
一七八	二五〇四			四四五	六四八四	八九〇	九四九四
一八〇	二五五三	二二五	三五二二	四五〇	六五三二	九〇〇	九五四二
一八二	二六〇〇			四五五	六五八〇	九一〇	九五九〇
一八四	二六四八	二三〇	三六一七	四六〇	六六二八	九二〇	九六三八
一八六	二六九五			四六五	六六七五	九三〇	九六八五
一八八	二七四二	二三五	三七一一	四七〇	六七二一	九四〇	九七三一
一九〇	二七八八			四七五	六七六七	九五〇	九七七七
一九二	二八三三	二四〇	三八〇二	四八〇	六八一二	九六〇	九八二三
一九四	二八七八			四八五	六八五七	九七〇	九八六八
一九六	二九二三	二四五	三八九二	四九〇	六九〇二	九八〇	九九一二
一九八	二九六七			四九五	六九四六	九九〇	九九五六
二〇〇	三〇一〇	二五〇	三九七九	五〇〇	六九九〇	一十〇〇	一〇〇〇〇
一百〇〇	二〇〇〇〇	一千	三〇〇〇〇	一萬	四〇〇〇〇	十萬	五〇〇〇〇
百萬	六〇〇〇〇	千萬	七〇〇〇〇	一億	八〇〇〇〇	十億	九〇〇〇〇

十億對數表

真	假
十〇〇〇〇〇〇〇〇〇	一〇〇〇〇〇〇〇〇〇
九〇〇〇〇〇〇〇〇〇	〇九五四二四二五〇九
八〇〇〇〇〇〇〇〇〇	〇九〇三〇八九九八七
七〇〇〇〇〇〇〇〇〇	〇八四五〇九八〇四〇
六〇〇〇〇〇〇〇〇〇	〇七七八一五一二五〇
五〇〇〇〇〇〇〇〇〇	〇六九八九七〇〇〇四
四〇〇〇〇〇〇〇〇〇	〇六〇二〇五九九九一
三〇〇〇〇〇〇〇〇〇	〇四七七一二一二五五
二〇〇〇〇〇〇〇〇〇	〇三〇一〇二九九九六
一九〇〇〇〇〇〇〇〇	〇二七八七五三六〇一
一八〇〇〇〇〇〇〇〇	〇二五五二七二五〇五
一七〇〇〇〇〇〇〇〇	〇二三〇四四八九二一
一六〇〇〇〇〇〇〇〇	〇二〇四一一九九八三
一五〇〇〇〇〇〇〇〇	〇一七六〇九一二五九
一四〇〇〇〇〇〇〇〇	〇一四六一二八〇三六
一三〇〇〇〇〇〇〇〇	〇一一三九四三三五二
一二〇〇〇〇〇〇〇〇	〇〇七九一八一二四六
一一〇〇〇〇〇〇〇〇	〇〇四一三九二六八五

真	假	真	假
一〇〇〇九〇〇〇〇〇〇	〇〇〇〇三九〇六八九	一〇九〇〇〇〇〇〇〇	〇〇三七四二六四九八
一〇〇〇八〇〇〇〇〇〇	〇〇〇〇三四七二九七	一〇八〇〇〇〇〇〇〇	〇〇三三四二三七五五
一〇〇〇七〇〇〇〇〇〇	〇〇〇〇三〇三九〇〇	一〇七〇〇〇〇〇〇〇	〇〇二九三八三七七八
一〇〇〇六〇〇〇〇〇〇	〇〇〇〇二六〇四九九	一〇六〇〇〇〇〇〇〇	〇〇二五三〇五八六五
一〇〇〇五〇〇〇〇〇〇	〇〇〇〇二一七〇九三	一〇五〇〇〇〇〇〇〇	〇〇二一一八九二九九
一〇〇〇四〇〇〇〇〇〇	〇〇〇〇一七三六八三	一〇四〇〇〇〇〇〇〇	〇〇一七〇三三三三九
一〇〇〇三〇〇〇〇〇〇	〇〇〇〇一三〇二六九	一〇三〇〇〇〇〇〇〇	〇〇一二八三七二二五
一〇〇〇二〇〇〇〇〇〇	〇〇〇〇〇八六八五〇	一〇二〇〇〇〇〇〇〇	〇〇〇八六〇〇一七二
一〇〇〇一〇〇〇〇〇〇	〇〇〇〇〇四三四二七	一〇一〇〇〇〇〇〇〇	〇〇〇四三二一三七四
一〇〇〇〇九〇〇〇〇〇	〇〇〇〇〇三九〇八五	一〇〇九〇〇〇〇〇〇	〇〇〇三八九一一六六
一〇〇〇〇八〇〇〇〇〇	〇〇〇〇〇三四七四二	一〇〇八〇〇〇〇〇〇	〇〇〇三四六〇五三二
一〇〇〇〇七〇〇〇〇〇	〇〇〇〇〇三〇三九九	一〇〇七〇〇〇〇〇〇	〇〇〇三〇二九四七一
一〇〇〇〇六〇〇〇〇〇	〇〇〇〇〇二六〇五七	一〇〇六〇〇〇〇〇〇	〇〇〇二五九七九八一
一〇〇〇〇五〇〇〇〇〇	〇〇〇〇〇二一七一四	一〇〇五〇〇〇〇〇〇	〇〇〇二一六六〇六二
一〇〇〇〇四〇〇〇〇〇	〇〇〇〇〇一七三七一	一〇〇四〇〇〇〇〇〇	〇〇〇一七三三七一三
一〇〇〇〇三〇〇〇〇〇	〇〇〇〇〇一三〇二九	一〇〇三〇〇〇〇〇〇	〇〇〇一三〇〇九三三
一〇〇〇〇二〇〇〇〇〇	〇〇〇〇〇〇八六八六	一〇〇二〇〇〇〇〇〇	〇〇〇〇八六七七二二
一〇〇〇〇一〇〇〇〇〇	〇〇〇〇〇〇四三四三	一〇〇一〇〇〇〇〇〇	〇〇〇〇四三四〇七七

真	假	真	假
一〇〇〇〇〇〇〇九〇	〇〇〇〇〇〇〇〇三九	一〇〇〇〇〇九〇〇〇	〇〇〇〇〇〇三九〇九
一〇〇〇〇〇〇〇八〇	〇〇〇〇〇〇〇〇三五	一〇〇〇〇〇八〇〇〇	〇〇〇〇〇〇三四七四
一〇〇〇〇〇〇〇七〇	〇〇〇〇〇〇〇〇三〇	一〇〇〇〇〇七〇〇〇	〇〇〇〇〇〇三〇四〇
一〇〇〇〇〇〇〇六〇	〇〇〇〇〇〇〇〇二六	一〇〇〇〇〇六〇〇〇	〇〇〇〇〇〇二六〇六
一〇〇〇〇〇〇〇五〇	〇〇〇〇〇〇〇〇二二	一〇〇〇〇〇五〇〇〇	〇〇〇〇〇〇二一七一
一〇〇〇〇〇〇〇四〇	〇〇〇〇〇〇〇〇一七	一〇〇〇〇〇四〇〇〇	〇〇〇〇〇〇一七三七
一〇〇〇〇〇〇〇三〇	〇〇〇〇〇〇〇〇一三	一〇〇〇〇〇三〇〇〇	〇〇〇〇〇〇一三〇三
一〇〇〇〇〇〇〇二〇	〇〇〇〇〇〇〇〇〇九	一〇〇〇〇〇二〇〇〇	〇〇〇〇〇〇〇八六九
一〇〇〇〇〇〇〇一〇	〇〇〇〇〇〇〇〇〇四	一〇〇〇〇〇一〇〇〇	〇〇〇〇〇〇〇四三四
一〇〇〇〇〇〇〇〇九	〇〇〇〇〇〇〇〇〇四	一〇〇〇〇〇〇九〇〇	〇〇〇〇〇〇〇三九一
一〇〇〇〇〇〇〇〇八	〇〇〇〇〇〇〇〇〇三	一〇〇〇〇〇〇八〇〇	〇〇〇〇〇〇〇三四七
一〇〇〇〇〇〇〇〇七	〇〇〇〇〇〇〇〇〇三	一〇〇〇〇〇〇七〇〇	〇〇〇〇〇〇〇三〇四
一〇〇〇〇〇〇〇〇六	〇〇〇〇〇〇〇〇〇三	一〇〇〇〇〇〇六〇〇	〇〇〇〇〇〇〇二六一
一〇〇〇〇〇〇〇〇五	〇〇〇〇〇〇〇〇〇二	一〇〇〇〇〇〇五〇〇	〇〇〇〇〇〇〇二一七
一〇〇〇〇〇〇〇〇四	〇〇〇〇〇〇〇〇〇二	一〇〇〇〇〇〇四〇〇	〇〇〇〇〇〇〇一七四
一〇〇〇〇〇〇〇〇三	〇〇〇〇〇〇〇〇〇一	一〇〇〇〇〇〇三〇〇	〇〇〇〇〇〇〇一三〇
一〇〇〇〇〇〇〇〇二	〇〇〇〇〇〇〇〇〇一	一〇〇〇〇〇〇二〇〇	〇〇〇〇〇〇〇〇八七
一〇〇〇〇〇〇〇〇一	〇〇〇〇〇〇〇〇〇〇	一〇〇〇〇〇〇一〇〇	〇〇〇〇〇〇〇〇四三

純雜表

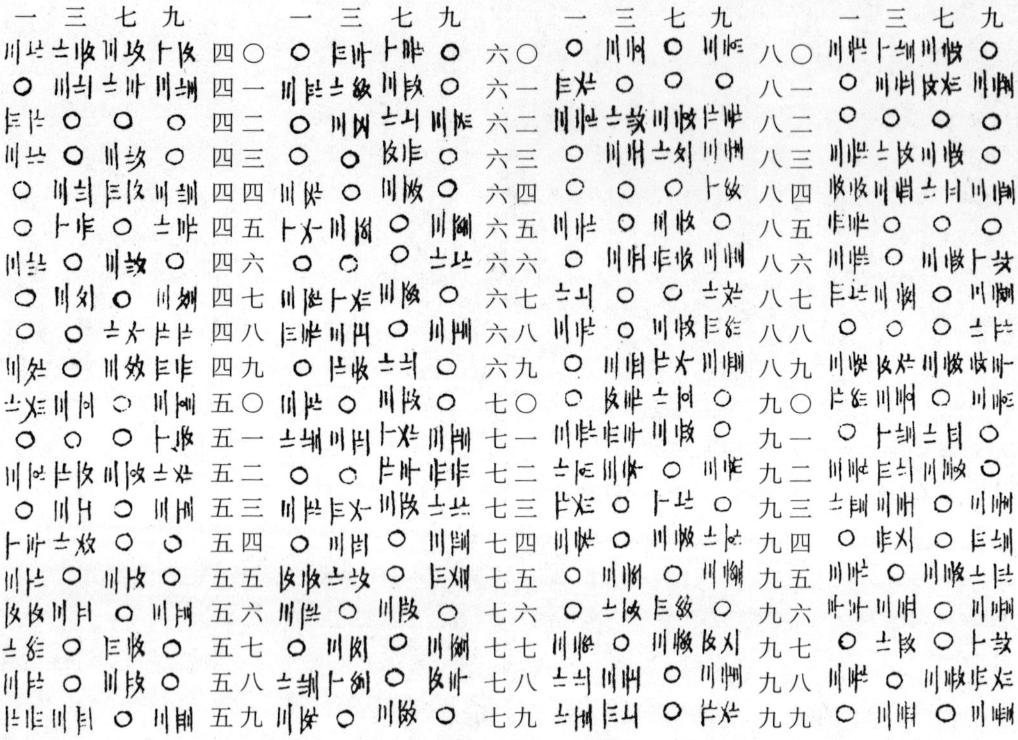

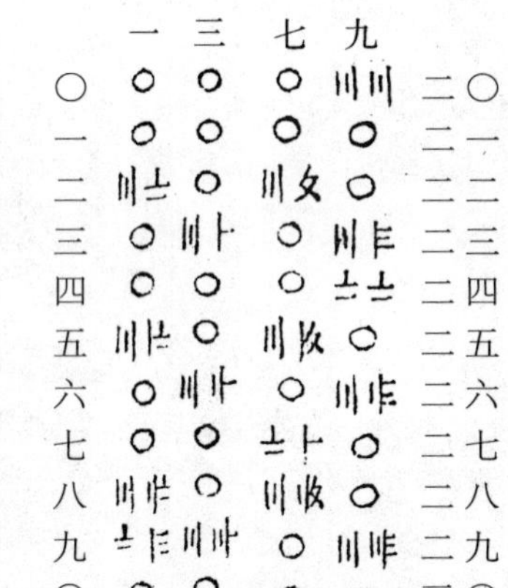

	一	三	七	九
〇	○	○	○	[illegible]
一	○	○	○	○
二	[illegible]	○	[illegible]	○
三	○	[illegible]	○	[illegible]
四	○	○	○	[illegible]
五	[illegible]	○	[illegible]	○
六	○	[illegible]	○	[illegible]
七	○	○	[illegible]	○
八	[illegible]	○	[illegible]	○
九	[illegible]	[illegible]	○	[illegible]
一〇	○	○	○	○
一一	[illegible]	○	[illegible]	[illegible]
一二	[illegible]	[illegible]	○	[illegible]
一三	○	[illegible]	○	○
一四	[illegible]	[illegible]	[illegible]	○
一五	○	[illegible]	○	[illegible]
一六	[illegible]	○	○	[illegible]
一七	[illegible]	○	[illegible]	○
一八	○	[illegible]	[illegible]	[illegible]
一九	○	○	○	○

	一	三	七	九
二〇	[illegible]	[illegible]	[illegible]	[illegible]
二一	○	[illegible]	[illegible]	[illegible]
二二	[illegible]	○	○	○
二三	[illegible]	○	[illegible]	○
二四	○	[illegible]	[illegible]	[illegible]
二五	○	[illegible]	○	[illegible]
二六	[illegible]	○	[illegible]	○
二七	○	[illegible]	○	[illegible]
二八	○	○	[illegible]	[illegible]
二九	[illegible]	○	[illegible]	[illegible]
三〇	[illegible]	[illegible]	○	[illegible]
三一	○	○	○	[illegible]
三二	[illegible]	[illegible]	[illegible]	[illegible]
三三	○	[illegible]	○	[illegible]
三四	[illegible]	[illegible]	○	○
三五	[illegible]	○	[illegible]	○
三六	[illegible]	[illegible]	○	[illegible]
三七	[illegible]	○	[illegible]	○
三八	[illegible]	○	[illegible]	○
三九	[illegible]	[illegible]	○	[illegible]

	一	三	七	九
四〇	○	[illegible]	[illegible]	○
四一	[illegible]	[illegible]	[illegible]	○
四二	○	[illegible]	[illegible]	[illegible]
四三	○	○	[illegible]	○
四四	[illegible]	○	[illegible]	○
四五	[illegible]	[illegible]	○	[illegible]
四六	○	○	○	[illegible]
四七	[illegible]	[illegible]	[illegible]	○
四八	[illegible]	[illegible]	○	[illegible]
四九	○	[illegible]	[illegible]	○
五〇	[illegible]	○	[illegible]	○
五一	[illegible]	[illegible]	[illegible]	[illegible]
五二	○	○	[illegible]	[illegible]
五三	[illegible]	[illegible]	[illegible]	[illegible]
五四	○	[illegible]	○	[illegible]
五五	[illegible]	[illegible]	○	[illegible]
五六	[illegible]	○	[illegible]	○
五七	○	[illegible]	○	[illegible]
五八	[illegible]	[illegible]	○	[illegible]
五九	[illegible]	○	[illegible]	○

	一	三	七	九
六〇	○	[illegible]	○	[illegible]
六一	[illegible]	○	○	○
六二	[illegible]	[illegible]	[illegible]	[illegible]
六三	○	[illegible]	[illegible]	[illegible]
六四	○	○	○	[illegible]
六五	[illegible]	○	[illegible]	○
六六	○	[illegible]	[illegible]	[illegible]
六七	[illegible]	○	○	[illegible]
六八	[illegible]	○	[illegible]	[illegible]
六九	○	[illegible]	[illegible]	[illegible]
七〇	○	[illegible]	[illegible]	○
七一	[illegible]	[illegible]	[illegible]	○
七二	[illegible]	[illegible]	○	[illegible]
七三	[illegible]	○	[illegible]	○
七四	[illegible]	○	[illegible]	[illegible]
七五	○	[illegible]	○	[illegible]
七六	○	[illegible]	[illegible]	○
七七	[illegible]	○	[illegible]	[illegible]
七八	[illegible]	[illegible]	○	[illegible]
七九	[illegible]	[illegible]	○	[illegible]

	一	三	七	九
八〇	[illegible]	[illegible]	[illegible]	○
八一	○	[illegible]	[illegible]	[illegible]
八二	○	○	○	○
八三	[illegible]	[illegible]	[illegible]	○
八四	[illegible]	[illegible]	[illegible]	[illegible]
八五	[illegible]	○	○	○
八六	[illegible]	○	[illegible]	[illegible]
八七	[illegible]	[illegible]	○	[illegible]
八八	○	○	○	[illegible]
八九	[illegible]	[illegible]	[illegible]	[illegible]
九〇	[illegible]	[illegible]	○	[illegible]
九一	○	[illegible]	[illegible]	○
九二	[illegible]	[illegible]	[illegible]	○
九三	[illegible]	[illegible]	○	[illegible]
九四	○	[illegible]	○	[illegible]
九五	[illegible]	○	[illegible]	[illegible]
九六	[illegible]	[illegible]	○	[illegible]
九七	○	[illegible]	○	[illegible]
九八	[illegible]	○	[illegible]	[illegible]
九九	○	[illegible]	○	[illegible]

右自一至九百九十九數純雜表。縱横查之，遇○爲純數，遇數爲雜數。雜數者以兩數相乘得之，純者不可以兩數相乘得之，除五數及偶數皆爲雜不列表外，其餘奇數按表查之。如一、三、七遇○皆爲純，九乃三三所成故爲雜。一十一、一十三、一十七、一十九皆爲純，二十一是三七所成是爲雜，二十三爲純，二十七乃三九所成，九又三三所成，則二十七即三三三之雜也。凡雜數可約純數不可約，通分子母同雜則可約，不同雜亦不可約。凡作對數表遇雜數可以兩數相併而得，凡求句股數無畸零者視句自乘數爲某某數之雜，則股弦和亦爲此某某數之雜。

清・顧觀光《算賸續編》 對數衍甲寅

句股、三角皆有和較相求之術，而對數則未聞。今對數六術皆以兩正數較求兩對數較，還原四術。又以兩對數較求兩正數相除之數，則和較相求之理已寓其中。故爲衍而明之。

設正數二十三，對數一三六一七二七八三六。今有正數十九，求對數幾何。

此以大對數求小對數也。兩正數和四十二爲除法，兩正數較四爲乘法。置定率對數八六八五八八九六四，乘法乘之，除法除之，得八二七二二七五八爲第一數。又以乘法自乘之十六乘之，除法自乘之一千七百六十四除之，取三之一，得二五〇一〇七爲第二數。又以十六乘之，一千七百六十四除之，取五之三，得一三六一，爲第三數。又以十六乘之，一千七百六十四除之，取七之五，得九爲第四數。併諸數得八二九七四二三五，以減二十三之對數，餘一二七八七五三六〇一，即十九之對數也。

設正數十九，對數一二七八七五三六〇一。今有正數二十三，求對數幾何。

此以小對數求大對數也。乘除法數，竝與前同。求得併數八二九七四二三五以加十九之對數，得一三六一七二七八三六，即二十三之對數也。

設正數二十三，對數一三六一七二七八三六。今有對數一二七八七五三六〇一，求正數幾何。

此以大正數求小正數也。法以單一爲第一數。置正數根二〇五六七一七七六，以兩對數較八二九七四二三五乘之，得〇一七〇六五四五八，爲第一乘法，即爲第二數。次以第一乘法加正數根，得〇三七六三二六三五，爲第二乘法，以乘第二數，取二之一，得三二一〇九一爲第三數。又以第二乘法加正數根，得〇五八一九九八一二，爲第三乘法，以乘第三數，取三之一，得六二二九五〇爲第四數。又以第三乘法加正數根，得〇七八七六六九八九，爲第四乘法，以乘第四數，取四之一，得一二二六六九爲第五數。又以第四乘法加正數根，得〇九九三三四一六六，爲第五乘法，以乘第五數，取五之一，得二四三七〇爲第六數。又以第五乘法加正數根，得一一九九〇一三四三，爲第六乘法，以乘第六數，取六之一，得四八七〇爲第七數。又以第六乘法加正數根，得一四〇四六八五二〇，爲第七乘法，以乘第七數，取七之一，得九七七爲第八數。又以第七乘法加正數根，得一六一〇三五六九七，爲第八乘法，以乘第八數，取八之一得一九六爲第九數。又以第八乘法加正數根，得一八一六〇二八七四，爲第九乘法，以乘第九數，取九之一，得三九爲第十數。又以第九乘法加正數根，得二〇二一七〇〇五一，爲第十乘法，以乘第十數，取十之一，得八爲第十一數。又以第十乘法加正數根，得二二二七三七二二八，爲第十一乘法，以乘第十一數，取十一之一，得二爲第十二數。併諸數得一二一〇五二六三〇，以除大正數二十三，得十九爲小正數。

設正數十九，對數一二七八七五三六〇一。今有對數一三六一七二七八三六，求正數幾何。

此以小正數求大正數也。乘除法數，竝與前同。求得併數一二一〇五二六三〇，以乘小正數十九，得二十三爲大正數。設小對數一三六一七二七八三六，大對數一五六八二〇一七二四。但知兩正數和六十，求兩正數各幾何。

法以單一爲第一數。置正數根二〇五六七一七七六，以兩對數較二〇六四七三八八八乘之，得〇四二四六五八五一，爲第一乘法，即爲第二數。次以第一乘法加正數根，得〇六三〇三三〇二八，爲第二乘法，以乘第二數，取二之一，得一三三八三七五六爲第三數。次以第二乘法加正數根，得〇八三六〇〇二〇六，爲第三乘法，以乘第三數，取三之一，得三七二九六一六爲第四數。又以第三乘法加正數根，得一〇四一六七三八四，爲第四乘法，以乘第四數，取四之一，得九七一二六一爲第五數。又以第四乘法加正數根，得一二四七三四五六一，爲第五乘法，以乘第五數，取五之一，得二四二三〇〇爲第六數。又以第五乘法加正數根，得一四五三〇一七三九，爲第六乘法，以乘第六數，取六之一，得五八六七七爲第七數。又以第六乘法加正數根，得一六五八六八九一六，爲第七乘法，以乘第七數，取七之一，得一三九〇四爲第八數。又以第七乘法加正數根，得一八六四三六〇九四，爲第八乘法，以乘第八數，取八之一，得三二四〇爲第九數。又以第八乘法加正數根，得二〇七〇〇三二七一，爲第九乘法，以乘第九數，取九之一，得七四五爲第十數。又以第九乘法加正數根，得二二七五七〇四四九，爲第十乘法，以乘第十數，取十之一，得一六九爲第十一數。又以第十乘法加正數根，得二四八一三七六二七，爲第十一乘法，以乘第十一數，取十一之一，得三八爲第十二數。又以第十一乘法加正數根，得二六八七〇四八〇四，爲第十二乘法，以乘第十二數，取十二之一，得八爲第十三數。又以第十二乘法加正數根，得二八九二七一九八二，爲第十三乘法，以乘第十三數，取十三之一，得二爲第十四數。併諸數得一六〇八六九五六七，首位加一，以除兩正數和，得二十三，即小正數也。又以減兩正數和，得三十七爲大正數。

設小對數一三六一七二七八三六，大對數一五六八二〇一七二四，但知兩正數較十四，求兩正數各幾何。

乘除法數，竝與前同。求得併數一六〇八六九五六七，減去首位之一，餘以除兩正數較，得二十三即小正數也。又加兩正數較，得三十七爲大正數。

設小正數二十三，大正數三十七，但知兩對數和二九二九九二九五六，求兩對數各幾何。

法以大正數三十七命爲單位下之零數，與單一相加得一三七，爲除法。相減餘〇六三，爲乘法。置定率對數八六八五八八九六四，乘法乘之，除法除之，得三九九四二四一二二爲第一數。又以乘法自乘之〇三九六九乘之，除法自乘之一八七六九除之，取三之一，得二八一五四八三六爲第二數。又以〇三九六九乘之，一八七六九除之，取五之三，得三五七二二八〇爲第三數。又以〇三九六九乘之，一八七六九除之，取七之五，得五三九五八二爲第四數。又以〇三九六九乘之，一八七六九除之，取九之七，得八八七四七爲第五數。又以〇三九六九乘之，一八七六九除之，取十一之九，得一五三五五爲第六數。又以〇三九六九乘之，一八七六九除之，取十三之十一，得二七四七爲第七數。又以〇三九六九乘之，一八七六九除之，取十五之十三，得五〇三爲第八數。又以〇三九六九乘之，一八七六九除之，取十七之十五，得九四爲第九數。又以〇三九六九乘之，一八七六九除之，取十九之十七，得一八爲第十數。又以〇三九六九乘之，一八七六九除之，取二十一之十九，得三爲第十一數。併諸數得四三一七九八二八七，即〇三七之對數。以減一百之對數二，得一五六八二〇一七一三，即三十七之對數。以減兩對數和，得一三六一七二七八四七，即二十三之對數也。

設小正數二十三，大正數三十七，但知兩對數較二〇六四七三八八八，求兩對數各幾何。

乘除法數，竝與前同。求得併數四三一七九八二八七，即〇三七之對數，以減一百之對數二，得一五六八二〇一七一三，即三十七之對數。再減兩對數較，得一三六一七二七八二五，即二十三之對數也。

右和較術凡八。其前六術，竝用對數第一、第二術及還原第一、第三術。舉此爲例，則餘可知也。其後二術，正數降至單位以下，即可求其對數，并二至九之八對數亦不復用。以一之對數爲〇，故求兩對數較即得單位下之對數也。又一之對數爲正負之界，一以上之對數皆爲正，一以下之對數皆爲負。正負不同，加減亦異。故以〇三七之對數減一百之對數，得三十七之對數。若以〇三七之對數加一百之對數，則得〇〇〇三七之對數，與常法之以加代乘以減代除者正相反矣。戴鄂士負算對數術亦已見及於此，而除法太小降位太遲故易之。

清・丁取忠《對數詳解》卷二

對數第一條

凡對數之目，有真數，有常對數，有常對數底，有常對數根。常對數最不易求，須先求訥白爾所設對數，既得真數之訥對，乃以常對數之根乘之，即常對數。故又有訥對數，有訥對數底，有訥對數根。元數爲底，指數爲對數。元不變，指數屢變。底不變，對數屢變。逐層與真數相配用其底，依指數求諸乘方之積，與真數相等。

任何正整數、正分數，均可爲對數之底。惟一及負數，則不能爲對數之底，因一之任何乘方皆爲一，而負數之諸乘方每正負相間，必有不能等於正真數之數也。

無論何正整數爲底，其真數一之對數總爲〇。蓋真數以乘除爲比例，對數以加減爲比例。真數一，無論自乘，再乘，三乘，諸方恒爲一。對數〇無論二乘之，三乘之，四乘之，恒爲〇。真數一無論開平方，開立方，開三乘方，恒爲一。對數〇無論以二除，以三除，以四除，恒爲〇。是知真數一之對數必爲〇也。

常對數初表

層一（一〇）^{〇}＝＝一
層二（一〇）^{一}＝＝一〇
層三（一〇）^{二}＝＝一〇〇
層四（一〇）^{三}＝＝一〇〇〇
層五（一〇）^{四}＝＝一〇〇〇〇
層六（一〇）^{五}＝＝一〇〇〇〇〇
層七（一〇）^{六}＝＝一〇〇〇〇〇〇
層八（一〇）^{七}＝＝一〇〇〇〇〇〇〇
層九（一〇）^{八}＝＝一〇〇〇〇〇〇〇〇
層十（一〇）^{九}＝＝一〇〇〇〇〇〇〇〇〇
層十一（一〇）^{一〇}＝＝一〇〇〇〇〇〇〇〇〇〇

常對數恒以十爲對數之底。所謂初表者，知左邊對數底皆爲十。如右邊真數爲一，則左邊指數爲〇，即真數一之對數也。知右邊真數爲十，則左邊指數爲一，即真數十之對數也。知右邊真數爲百，則左邊指數爲二，即真數百之對數也。知右邊真數爲千，則左邊指數爲三，即真數千之對數也。知右邊真數爲萬，則左邊指數爲四，即真數萬之對數也。如右邊第三層真數百，欲以右邊第四層真數千乘之，則不必相乘，但取左邊第三層指數即對數。二與左邊第四層指數即對數。三相加，共得指數即對數。五，乃尋左邊第六層其指數即爲對數。恰爲五。復視右邊第六層相配之真數爲十萬，故知以真數百乘真數千者，必得真數十萬。此對數以加代乘之理也。如右邊第八層真數一千萬，欲以右邊第三層真數一百除之，則不必相除，但取左邊第八層指數即對數。七減去左邊第三層指數二，餘指數即對數。五，乃尋左邊第六層恰爲指數即對數。五。復視右邊第六層相配之真數爲十萬，故知以真數百除真數千萬者，必得真數十萬。此對數以減代除之理也。如右邊第四層真數千，欲自乘求平方積，但將左邊第四層指數即對數。三加倍得指數即對數。六，乃尋第七層指數六，相配之真數爲百萬，故知以真數一千自乘者必得百萬爲平方積。如右邊第三層真數百，欲自乘再乘求立方積，但將左邊第三層指數即對數。二以三乘之得指數即對數。六，乃尋第七層指數即對數。六，相配之真數爲百萬，故知以真數百再乘者必得百萬，爲立方積。此真數應自乘只用二乘其對數，真數應再乘只用三乘其對數之理也。若三乘積只用四乘其對數，四乘積只用五乘其對數，可類推。如右邊第五層真數一萬，欲求平方根，但將左邊第五層指數即對數。四，折半得指數即對數。二，乃尋指數二相配之真數爲百，故知以真數一萬開平方者，必得一百爲平方根。如右邊第四層真數一千，欲開立方根，但將左邊第四層指數即對數。三，以三除之得指數即對數。一，乃尋第二層指數即對數。一，相配之真數爲十，故知以真數一千開立方者，必得真數十，爲立方根。此真數應開平方只用二除其對數，真數應開立方只用三除其對數之理也。若開三乘方只用四除其對數，開四乘方只用五除其對數，又可類推。西人之始創對數表，大約由此初表悟其理。然求二至九及十一以下諸數，無不用開平方者。每求一數，至少亦須開多位平方至十餘次，誠戛戛其難哉。茲所立法，概用乘除於乘除之級數，又取其捷便者，較舊法之繁簡，不可以道里計矣。

常對數密表

$(一〇)^{〇〇〇〇〇〇} = 一$
$(一〇)^{〇三〇一〇三} = 二$
$(一〇)^{〇四七七一二} = 三$
$(一〇)^{〇六〇二〇六} = 四$
$(一〇)^{〇六九八九七} = 五$
$(一〇)^{〇七七八一五} = 六$
$(一〇)^{〇八四五一〇} = 七$
$(一〇)^{〇九〇三〇九} = 八$
$(一〇)^{〇九五四二四} = 九$
$(一〇)^{一〇〇〇〇〇} = 一〇$
$(一〇)^{一〇四一三九} = 一一$
$(一〇)^{一〇七九一八} = 一二$
$(一〇)^{一一一三九四} = 一三$
$(一〇)^{一一四六一三} = 一四$
$(一〇)^{一一七六〇九} = 一五$
$(一〇)^{一二〇四一二} = 一六$
$(一〇)^{一二三〇四五} = 一七$
$(一〇)^{一二五五二七} = 一八$
$(一〇)^{一二七八七五} = 一九$
$(一〇)^{一三〇一〇三} = 二〇$
$(一〇)^{一三二二二二} = 二一$
$(一〇)^{一三四二四二} = 二二$

對數密表皆以十爲對數底，即《數理精蘊》中對數表也。

常對數恒以十爲底，前言無論何數，只取其略大於一者皆可爲底。試以二爲對數之底，求其指數即對數。與一至十各真數相配如左。

$(二)^{〇·} = 一$
$(二)^{一·} = 二$
$(二)^{一·五八五} = 三$
$(二)^{二·} = 四$
$(二)^{二·三二二} = 五$
$(二)^{二·五八五} = 六$
$(二)^{二·八〇八} = 七$
$(二)^{三·} = 八$
$(二)^{三·一七〇} = 九$
$(二)^{三·三二二} = 一〇$

又依上法變之，可將二之各方約一之數，以明小於一之數。如

$\frac{(二)^{三·三二二}}{一} = 〇·一$
$\frac{(二)^{二·三二二}}{一} = 〇·二$
$\frac{(二)^{一七三七}}{一} = 〇·三$

即

$(二)^{T三·三二二} = 〇·一$
$(二)^{T二·三二二} = 〇·二$
$(二)^{T一·七三七} = 〇·三$

故欲求右邊小於一之真數，則左邊指數即對數。必爲負。

又依同法以十爲底，求右邊小於一之各對數。即十爲底之負對數。

負對數表

$(一〇)^{T一} = 〇·一$
$(一〇)^{T〇·六九八九七} = 〇·二$
$(一〇)^{T〇·五二二八七八八} = 〇·三$
$(一〇)^{T〇三九七九四} = 〇·四$
$(一〇)^{T〇三〇一〇二九九九} = 〇·五$
$(一〇)^{T〇二二一八四八七五} = 〇·六$
$(一〇)^{T〇一五四九〇一九六} = 〇·七$
$(一〇)^{T〇〇九六九一〇〇二} = 〇·八$
$(一〇)^{T〇〇四五七五七五} = 〇·九$
$(一〇)^{T〇〇〇〇〇〇〇} = 一〇$

右表第一層右邊真數〇·一者乃 $\frac{一}{一〇}$ 也。左邊爲負指數一，即負對數一也。第二層右邊真數〇·二乃 $\frac{二}{一〇}$ 也。左邊爲負指數即負對數。〇·六九八九七。第三層右邊真數〇·三乃 $\frac{三}{一〇}$ 也。左邊爲負指數即

負對數。○·五二二八七八八。第四層右邊真數○·四乃$\frac{一〇}{四}$也。左邊爲負指數即負對數。○·三九七九四。第五層右邊真數○·五乃$\frac{一〇}{五}$也。左邊爲負指數即負對數。○·三〇一〇二九九。餘倣此。是名負對數表，亦有用處。假如有十分之五，欲以八乘之，則取○·五之對數○·三〇一〇二九九負，與八之對數○九〇三〇八九九正相加，正與負相加則反相減，正數大爲正，負數大爲負。得○六〇二〇五九九，檢對數表得相配之真數爲四，故知以八乘十分之五者必得真數四也。

對數第二條

一例　命任何真數爲地書於右邊。又任取略大於一之數命爲未，是爲對數之底對數底無論略大於一遠大於一皆可，但不可等於一或小於一耳。書於左邊。此對數底既定即不變。如以二爲底，無論若干層，其底恒爲二。如以十爲底，無論若干層，其底恒爲十。故以未爲底，亦常數不變。如已知地爲若干，未爲若干，則可求得未之指數天。而令未之天方等於地，以指數天書於左邊底數未之右上角，則天即爲地之對數，其式爲　$(未)^{天}＝地$

二例　任兩真數之對數相加，恒等于兩真數相乘之對數。如令地與地′爲兩箇真數，而令天與天′爲兩真數相配之對數。令對數底恒爲未，則得　$未^{天}＝地$、$未^{天'}＝地'$　左乘左右乘右，得式　$(未)^{天}(未)^{天'}＝地地'$，變之得　$(未)^{天上天'}＝地地'$，是知左邊指數　天上天′　即爲右邊真數地地′之對數。細閱前指數通例自明。

三例　任兩真數之對數相減，恒等于兩真數相除之對數。如　$未^{天}＝地$、$未^{天'}＝地'$　左上除左下右上除右下，得　$\frac{未^{天}}{未^{天'}}＝\frac{地}{地'}$　變之得　$(未)^{天丅天'}＝\frac{地}{地'}$　是知左邊指數　天丅天′　即爲右邊真數$\frac{地}{地'}$之對數。凡以法除實者，法實之元均相同，但指數不同者，可於實之指數內減法之指數，即得。故　$\frac{未^{天}}{未^{天'}}$　可變爲　$未^{天'丅天}$　也。

四例　設卯爲任何數，則　$地^{卯}$　之對數恒等於卯倍地之對數。如　$未^{天}＝地$　即　$(未)^{天}＝地$㊀　左邊指數天爲右邊真數地之對數，此易知也。若將真數地乘至卯方，則左邊指數亦宜以卯乘之，得　$(未)^{天×卯}＝(地)^{一×卯}$　即　$(未)^{天卯}＝(地)^{卯}$㊁　惟天＝對地　故　$(未)^{卯×對地}＝(地)^{卯}$㊂　左邊指數卯×對地　爲真數　$(地)^{卯}$　之對數，得　$對(地)^{卯}＝卯×對地$㊃

五例　對數之公理與其底數之大小無相關。所以有各種對數，如以十爲底其對數爲常用對數，即《數理精蘊》表也，亦名十進對數，亦名布里斯格對數。茲遇常對數即書對字誌之，如地之常對數作　對地　二之常對數作　對二　十之常對數作　對一〇　皆是也。

如以二·七一八二八一八二八四五九〇四五有奇爲底者，其對數昔人名曰雙曲綫對數，亦名自然對數，亦名訥白爾對數。茲遇此種對數，即書訥字誌之。如地之訥對數作　訥地　二之訥對數作　訥二　是也。

前於二條一例中，言真數與對數相關之理，其式爲　$(未)^{天}＝地$　此三數中，任有其二數，即可推得其又一數。

對數第三條

如有　$未^{天}＝地$　之式，左邊對數底未爲已知，右邊真數地爲已知，欲求左邊指數天，爲右邊真數地之對數。

設　$未＝(一上甲)$㊀　設　$地＝(一上亥)$㊁　則　$未^{天}＝地$　之式變爲　$(一上甲)^{天}＝(一上亥)$㊂　若將兩邊各乘至卯方，即得　$(一上甲)^{卯天}＝(一上亥)^{卯}$㊃　此式之兩邊各依(前乾式中)二項例詳之爲級數，得式如左。

$$一上\frac{卯}{一}亥上\frac{卯(卯丅一)}{一·二}亥^{二}上\frac{卯(卯丅一)(卯丅二)}{一·二·三}亥^{三}上\frac{卯(卯丅一)(卯丅二)(卯丅三)}{一·二·三·四}亥^{四}上\cdots＝一上\frac{卯天}{一}甲上\frac{卯天(卯天丅一)}{一·二}甲^{二}上\frac{卯天(卯天丅一)(卯天丅二)}{一·二·三}甲^{三}上\frac{卯天(卯天丅一)(卯天丅二)(卯天丅三)}{一·二·三·四}甲^{四}上\cdots$$㊄

將此式之兩邊各減去一，而兩邊均以卯除之，得下式。

$$亥上\frac{(卯丅一)}{一·二}亥^{二}上\frac{(卯丅一)(卯丅二)}{一·二·三}亥^{三}上\frac{(卯丅一)(卯丅二)(卯丅三)}{一·二·三·四}亥^{四}上\cdots＝\frac{天}{一}甲上\frac{天(卯天丅一)}{一·二}甲^{二}上\frac{天(卯天丅一)(卯天丅二)}{一·二·三}甲^{三}上\frac{天(卯天丅一)(卯天丅二)(卯天丅三)}{一·二·三·四}甲^{四}上\cdots$$㊅

乃將六式(依前代數化詳爲簡

法。[屯、蒙]兩式)變之得下:　亥⊥$\left(巳卯丅\frac{二}{一}\right)$亥^{二}⊥$\left(巳'卯⊥午卯^{二}⊥\frac{三}{一}\right)$

亥^{三}⊥$\left(巳''卯⊥午'卯^{二}⊥未卯^{三}丅\frac{四}{一}\right)$亥^{四}⊥…＝天甲⊥$\left(吧卯丅\frac{二}{天}\right)$甲^{二}⊥

$\left(吧'卯⊥咋卯^{二}⊥\frac{三}{天}\right)$甲^{三}⊥$\left(吧''卯⊥咋'卯^{二}⊥味卯^{三}丅\frac{四}{天}\right)$甲^{四}⊥…㊆　變

之得　$\left(⊥亥丅\frac{二}{一}亥^{二}⊥\frac{三}{一}亥^{三}丅\frac{四}{一}亥^{四}⊥…\right)$⊥巳卯亥^{二}⊥(巳'卯⊥

午卯^{二})亥^{三}⊥(巳''卯⊥午'卯^{二}⊥未卯^{三})亥^{四}⊥…　即[蒙]式　＝天甲丅$\frac{二}{天}$甲^{二}⊥

$\frac{三}{天}$甲^{三}丅$\frac{四}{天}$甲^{四}⊥…⊥吧卯甲^{二}⊥(吧'卯⊥咋卯^{二})甲^{三}⊥(吧''卯⊥咋'卯^{二}⊥

味卯^{三})甲^{四}⊥…　即[屯]式㊇　前之所以將　(一⊥甲)^{天}＝(一⊥亥)　即[三]式，各乘至卯方者，不過借卯方以求左邊天與甲之級數，及右邊亥之級數耳。今得[八]式，則(左)[右]邊天與甲之級數，(右)[左]邊亥之級數，皆已明顯。試令

卯＝〇　則[八]式變爲　天甲丅$\frac{二}{天甲^{二}}$⊥$\frac{三}{天甲^{三}}$丅$\frac{四}{天甲^{四}}$⊥$\frac{五}{天甲^{五}}$丅…　等於

亥丅$\frac{二}{亥^{二}}$⊥$\frac{三}{亥^{三}}$丅$\frac{四}{亥^{四}}$⊥$\frac{五}{亥^{五}}$丅…㊈　變之，得　$\left(甲丅\frac{二}{甲^{二}}⊥\frac{三}{甲^{三}}丅\frac{四}{甲^{四}}⊥\right.$

$\left.\frac{五}{甲^{五}}丅…\right)$天　等於　亥丅$\frac{二}{亥^{二}}$⊥$\frac{三}{亥^{三}}$丅$\frac{四}{亥^{四}}$⊥$\frac{五}{亥^{五}}$丅…㊉　兩邊各以

甲丅$\frac{二}{甲^{二}}$⊥$\frac{三}{甲^{三}}$丅$\frac{四}{甲^{四}}$⊥$\frac{五}{甲^{五}}$丅…　除之，得　天＝對地　等於

$$\frac{\left(甲丅\frac{二}{甲^{二}}⊥\frac{三}{甲^{三}}丅\frac{四}{甲^{四}}⊥\frac{五}{甲^{五}}丅…\right)}{一}\times\left(亥丅\frac{二}{亥^{二}}⊥\frac{三}{亥^{三}}丅\frac{四}{亥^{四}}⊥\frac{五}{亥^{五}}丅…\right)$$

(十一)　惟因　未＝一⊥甲　故　甲＝未丅一　所以[十]式左邊變爲

$\left[(未丅一)\frac{二}{(未丅一)^{二}}⊥\frac{三}{(未丅一)^{三}}丅\frac{四}{(未丅一)^{四}}⊥\frac{五}{(未丅一)^{五}}丅…\right]$天　前言

未爲對數之底總不變，故此　$\left[(未丅一)丅\frac{二}{(未丅一)^{二}}⊥\frac{三}{(未丅一)^{三}}丅\right.$

$\left.\frac{四}{(未丅一)^{四}}⊥\frac{五}{(未丅一)^{五}}丅…\right]$　亦必不變，是爲常數，故可以呷代之。而[十]式左邊變爲天呷，惟因　地＝一⊥亥　故　亥＝地丅一　所以[十]式右邊變爲

(地丅一)丅$\frac{二}{(地丅一)^{二}}$⊥$\frac{三}{(地丅一)^{三}}$丅$\frac{四}{(地丅一)^{四}}$⊥…　以[十]式均用變數，得

呷天＝一$\left[(地丅一)丅\frac{二}{(地丅一)^{二}}⊥\frac{三}{(地丅一)^{三}}丅\frac{四}{(地丅一)^{四}}⊥…\right]$(十二)　兩邊

均以常數呷除，得　天＝$\frac{呷}{一}\left[(地丅一)丅\frac{二}{(地丅一)^{二}}⊥\frac{三}{(地丅一)^{三}}丅\right.$

$\left.\frac{四}{(地丅一)^{四}}⊥\frac{五}{(地丅一)^{五}}丅…\right]$(十三)　[需]式即地之對數也。用[需]式亦可求真數之對數，惟其真數必大於一而小於二方可求。若地微小於二，則級數之收斂甚遲，欲求小於二之真數之對數，亦嫌煩重。若真數地大於二，則其級數爲發級數，而凡大於二之真數之對數皆不可求。是知需式仍不可爲通法。須另變一級數式，可以斂得較速。以爲公用之法。

對數第四條

如將需式變之得　對(一⊥亥)＝$\frac{呷}{一}\left(亥丅\frac{二}{亥^{二}}⊥\frac{三}{亥^{三}}丅\frac{四}{亥^{四}}⊥\frac{五}{亥^{五}}丅…\right)$

㊀　若令　丅亥＝⊥亥　則[一]式變爲　對(一丅亥)＝

$\frac{呷}{一}\left(丅亥丅\frac{二}{亥^{二}}丅\frac{三}{亥^{三}}丅\frac{四}{亥^{四}}丅\frac{五}{亥^{五}}丅…\right)$㊁　惟因　對(一⊥亥)丅對(一丅亥)＝對$\left(\frac{一丅亥}{一⊥亥}\right)$　觀一條二例自明。所以將[一][二]兩式相減得

對(一⊥亥)丅對(一丅亥)＝$\frac{呷}{一}\left(二亥⊥\frac{三}{二亥^{三}}⊥\frac{五}{二亥^{五}}⊥\frac{七}{二亥^{七}}⊥…\right)$　又

變之，得　對$\left(\frac{一丅亥}{一⊥亥}\right)$＝$\frac{呷}{二}\left(亥⊥\frac{三}{亥^{三}}⊥\frac{五}{亥^{五}}⊥\frac{七}{亥^{七}}⊥…\right)$㊂　如令

$\frac{一丅亥}{一⊥亥}$＝地　即　一⊥亥＝地丅地亥　即　地亥⊥亥＝地丅一　即

亥(地⊥一)＝地丅一　即　亥＝$\frac{地⊥一}{地丅一}$　而[三]式變爲

對地＝$\frac{呷}{一}\left[\frac{一}{一}\left(\frac{地⊥一}{地丅一}\right)⊥\frac{三}{一}\left(\frac{地⊥一}{地丅一}\right)^{三}⊥\frac{五}{一}\left(\frac{地⊥一}{地丅一}\right)^{五}⊥\frac{七}{一}\left(\frac{地⊥一}{地丅一}\right)⊥…\right]$

㊃訟式，此式無論地之同數如何，必爲斂級數，凡對數皆可求。故用此訟式爲公式，易推出奇零各小數之對數。

附公例　無論何真數，若非數根，此數根非對數之根，言不能以他數度之，即是數根。如二、三、五、七等皆是數根。若四、六、八、九、十等非數根。必爲他兩數或多數相乘而得之積，則既有各真數之對數，可將各真數之對數相加，得其對數若干。乃檢表得相配之真數，即各真數相乘之積也。如已知二之對數，三之對數，四之對數，欲將三真數連乘，則不必相乘，只取三對數相加，得其對數若干，乃檢表得相配之真數爲二十四，是知真數二、三、四連乘之積爲二十四也。

對數第五條

若真數爲數根，欲求對數，則須用訟式公法徑求之。然亦可藉他數之已知對數兼用訟式之級數式而得本數之對數。

設任何真數卯爲已知之真數，其對數已知，得式　$(未)^{對卯}=卯$　今有真數　卯丄人　欲求　卯丄人　之對數，先得　$(未)^{對(卯丄人)丅對卯}=\frac{卯}{卯丄人}$　觀二條三例自明。以　$\frac{卯}{卯丄人}$　代訟式中之地，得　$地=\frac{卯}{卯丄人}$　而

$$\frac{地丄一}{地丅一}=\frac{\left(\frac{卯}{卯丄人}丄一\right)}{\left(\frac{卯}{卯丄人}丅一\right)}$$

即　$\frac{地丄一}{地丅一}=\frac{二卯丄人}{人}$　故訟式變爲

$$對\frac{卯}{卯丄入}=\frac{呷}{一}\left(\frac{二卯丄人}{二人}丄\frac{三}{一}\cdot\frac{(二卯丄人)^{三}}{二人^{三}}丄\frac{五}{一}\frac{(二卯丄人)^{五}}{二人^{五}}丄\cdots\right)$$

惟

$$對\frac{卯}{卯丄入}=對(卯丄人)丅對卯$$

即　$對(卯丄人)=對卯丄對\frac{卯}{卯丄人}$　故得

$$對(卯丄人)=對卯丄\frac{呷}{一}\left(\frac{二卯丄人}{二人}丄\frac{三(二卯丄人)^{三}}{一\quad 二人^{三}}丄\frac{五(二卯丄人)^{五}}{一\quad 二人^{五}}丄\cdots\right)$$

師式，由師式之級數，則可藉卯之對數而得　卯丄人　之對數。如卯爲大數，則級數之斂最速。設卯爲一萬，人爲一，已知一萬之對數爲四，欲求一萬〇〇〇一之對數，則用師式求之，其級數之斂最速。

合需、訟、師三式觀之，其右邊皆有　$\frac{呷}{一}$　之數，是知　$\frac{呷}{一}$　爲對數底未之所生，底不變，則　$\frac{呷}{一}$　亦不變，是爲常數。故名　$\frac{呷}{一}$　爲對數之根。

又 卷三

對數第六條

對數之最自然者，令　一＝呷　即　$\frac{呷}{一}=一$　此種對數與訥白爾所設之對數同，茲因其創自訥白爾，故凡遇此種對數，俱以訥字誌之。

常對數以　$\frac{呷}{一}$　爲對數之根，依訥氏例　$\frac{呷}{一}=一$　則訥對數必以一爲訥對數根。命任何真數爲地，則

$$訥地=一\times\left[(地丅一)丅\frac{一}{二}(地丅一)^{二}丄\frac{一}{三}(地丅一)^{三}丅\frac{一}{四}(地丅一)^{四}丄\cdots\right]①$$

比式，前需式右邊常對數根爲　$\frac{呷}{一}$　故左邊所得爲真數地之常對數。比式右邊訥對數根爲一，故左邊所得爲真數地之訥對數。如求常對數底十之訥對，命十等于未，則得

$$訥未=一\times\left[(未丅一)丅\frac{一}{二}(未丅一)^{二}丄\frac{一}{三}(未丅一)^{三}丅\frac{一}{四}(未丅一)^{四}丄\cdots\right]①$$

小畜式，即

$$訥(一〇)=一\times\left[(未丅一)丅\frac{一}{二}(未丅一)^{二}丄\frac{一}{三}(未丅一)^{三}丅\frac{一}{四}(未丅一)^{四}丄\cdots\right]②$$

右邊諸級數以呷代之，得　$訥(一〇)=呷$④　無論何種對數，以其底之訥對數除一，恒爲其對數之根。如以十爲底，以未代之，先求未之訥對，以呷代之，命十之訥對呷爲一率，依訥氏例　$\frac{呷}{一}=一$　其訥對數根一爲二率，以十即常底未。之常對數一爲三率，求得四率　$\frac{呷}{一}$　即常對數根也。然二、三率之數易知，一率呷之數不易知，故必求十即常底未。之訥對即呷也。爲一率。

對數第七條

先將訟式變之，得　$訥地=一\times\left[\frac{地丄一}{二(地丅一)}丄\frac{一}{三}\left(\frac{地丄一}{地丅一}\right)^{三}丄\frac{一}{五}\left(\frac{地丄一}{地丅一}\right)^{五}丄\cdots\right]①$　履式，次將師式變之，得　$訥(卯丄人)=訥卯丄一\times\left[\frac{二卯丄人}{二人}丄\frac{三}{一}\frac{(二卯丄人)^{三}}{二人^{三}}丄\frac{五}{一}\frac{(二卯丄人)^{五}}{二人^{五}}丄\cdots\right]①$　泰式，今欲求十

之訥對，可令一〇代履式中之地，得 $訥(一〇)=\frac{二×九}{一一}⊥\frac{二(九)^{三}}{三(一一)^{三}}⊥\frac{二(九)^{五}}{五(一一)^{五}}⊥\frac{二(九)^{七}}{七(一一)^{七}}⊥\cdots$ ㊂ 否式，用否式以求十之訥對亦可。惟嫌其斂級太遲，故無甚用處，則不如先求二與五兩數之訥對爲最妙。既得二與五之訥對，兩訥對相加，即得十之訥對也。真數二乘真數五得真數十，故以二之訥對加五之訥對爲十之訥對也。

如以二代履式中之地，則得下式： $訥=\frac{二}{三}⊥\frac{二}{三(三)^{三}}⊥\frac{二}{五(三)^{五}}⊥\frac{二}{七(三)^{七}}⊥\frac{二}{九(三)^{九}}⊥\cdots$ ㊃ 此式右邊級數詳之爲三分之二，多八一分之二，多一二一五分之二，多一五三〇九分之二，多一七七一四七分之二，多一九四八六一七分之二，多二〇七二六一九九分之二，多二一五二三三六〇五分之二，多二一九五三八二七七一分之二，多二二〇八二九六七八七三分之二，多二一九六六七四一七二六三分之二，多二一六五二九三一一三〇二一分之二，多二一一八二二一五二三六〇七五分之二。若欲再求多位，則所得二之訥對數更密。乃將各分母各除子，一級得〇六六六六六六六六六六六六六六六六六六六六六六六六，二級得〇〇(一)[二]四六九一三五八〇二四六九一三五八〇二四六九一四，三級得〇〇〇一六四六〇九〇五三四九七九四二五八六八三一二七，四級得〇〇〇〇一三〇六四二一〇五九五〇七四七九二六〇五六五，五級得〇〇〇〇〇一一二九〇〇五八五三八九五三五二四四七四〇，六級得〇〇〇〇〇〇一〇二六三六八九五八〇八六六八四〇四三一，七級得〇〇〇〇〇〇〇〇九六四九六二六八二八六六二六〇二四，八級得〇〇〇〇〇〇〇〇〇九二九二三二九二五〇一六七五〇九九，九級得〇〇〇〇〇〇〇〇〇〇九一一〇二八六七六六三四八一三，十級得〇〇〇〇〇〇〇〇〇〇〇九〇五六七五三六五五一三四〇二，十一級得〇〇〇〇〇〇〇〇〇〇〇〇九一〇四六七二九八六六四二七，十二級得〇〇〇〇〇〇〇〇〇〇〇〇〇九二三六六二四七六九〇五八，十三級得〇〇〇〇〇〇〇〇〇〇〇〇〇〇九四四一八八三〇九七二六，十四級得〇〇〇〇〇〇〇〇〇〇〇〇〇〇〇九七一三八七一四九九二，十五級得〇〇〇〇〇〇〇〇〇〇〇〇〇〇〇一〇〇四八八三三五八五，十六級得〇〇〇〇〇〇〇〇〇〇〇〇〇〇〇〇一〇四四五〇二三一二，十七級得〇〇〇〇〇〇〇〇〇〇〇〇〇〇〇〇〇一〇九〇二二二六，十八級得〇〇〇〇〇〇〇〇〇〇〇〇〇〇〇〇〇〇一一四二一三六五，十九級得〇〇〇〇〇〇〇〇〇〇〇〇〇〇〇〇〇〇〇一二〇〇四四三，二十級得〇〇〇〇〇〇〇〇〇〇〇〇〇〇〇〇〇〇〇〇一二六五四二，二十一級得〇〇〇〇〇〇〇〇〇〇〇〇〇〇〇〇〇〇〇〇〇一三三七四，二十二級得〇〇〇〇〇〇〇〇〇〇〇〇〇〇〇〇〇〇〇〇〇〇一四一七，二十三級得〇〇〇〇〇〇〇〇〇〇〇〇〇〇〇〇〇〇〇〇〇〇〇一四九，二十四級得〇〇〇〇〇〇〇〇〇〇〇〇〇〇〇〇〇〇〇〇〇〇〇〇一六，二十五級得〇〇〇〇〇〇〇〇〇〇〇〇〇〇〇〇〇〇〇〇〇〇〇〇〇二，乃將各級併之，得二之訥對等于〇六九三一四七一八〇五五九九四五三〇九四一七二三二一二一五 同人。因四爲二之平方積，故以二之訥對加倍，得四之訥對等于一·三八六二九四三六一一一九八九〇六一八八三四四六三 大有。

既知四訥，可令四代泰式中之卯，以一代泰式中之人，則

$$訥(卯⊥人)=訥卯⊥\frac{二人}{二卯⊥人}⊥\frac{二人^{三}}{三(二卯⊥人)^{三}}⊥\frac{二人^{五}}{五(二卯⊥人)^{五}}⊥\cdots$$

變爲

$$訥(四⊥一)=訥四⊥\frac{二}{九}⊥\frac{二}{三(九)^{三}}⊥\frac{二}{五(九)^{五}}⊥\frac{二}{七(九)^{七}}⊥\cdots\text{㊄}$$

即

$$訥五=訥四⊥\frac{二}{九}⊥\frac{二}{三(九)^{三}}⊥\frac{二}{五(九)^{五}}⊥\frac{二}{七(九)^{七}}⊥\cdots\text{㊅}$$

此式右邊級數詳之，一級得四之訥對數一·三八六二九四三六一一一九八九〇六一八八三四四六三，二級 $\frac{二}{九}$ 詳之得〇二二二二二二二二二二二二二二二二二二二二二二二二二，三級 $\frac{二}{三×(九)^{三}}$ 詳之得〇〇〇〇九一四四九四七四一六五五二三五四八二三九五九，四級 $\frac{二}{五×(九)^{五}}$ 詳之得〇〇〇〇〇〇六七七四〇三五一二三三七二一一四六八四四，五級詳之得〇〇〇〇〇〇〇〇五九七三五七五九四六五三六二五六三三，六級詳之得〇〇〇〇〇〇〇〇〇〇五七三五九四三九八一五八四八三，七級詳之得〇〇〇〇〇〇〇〇〇〇〇〇五七九

三八八二八〇九六八一七，八級詳之得〇〇〇〇〇〇〇〇〇〇〇〇〇〇〇六〇五二四八九一六四九二，九級詳之得〇〇〇〇〇〇〇〇〇〇〇〇〇〇六四七五九一四三三三，十級詳之得〇〇〇〇〇〇〇〇〇〇〇〇〇〇七〇五四三七二九，十一級詳之得〇〇〇〇〇〇〇〇〇〇〇〇〇〇〇七七九二三五，十二級詳之得〇〇〇〇〇〇〇〇〇〇〇〇〇〇〇〇八七〇四，十三級詳之得〇〇〇〇〇〇〇〇〇〇〇〇〇〇〇〇〇〇九九。乃將各級數併之，得五之訥對數一・六〇九四三七九一二四三四一〇〇三七四六〇〇七五八。謙式。

既知真數二與五之訥對數，又知真數當以二與五相乘得十之真數者，可以二之訥對與五之訥對相加，得十之訥對等于二三〇二五八五〇九二九九四〇四五六八四〇一七九九八九五。豫式。乃以十之訥對數豫式之數。爲一率，訥對數根一爲二率，十之常對數一爲三率，求得四率〇四三四二九四四八一九〇三二五一八二七六五一一二八九有奇爲常對數根。

常對數根，即$\frac{一}{甲}$之數也，造對數表時必須用之。特詳推各數如左。

一倍常對數根詳數〇四三四二九四四八一九〇三二五一八二七六五一一二八九一八九一六六〇五〇八二二九四三九七〇〇五八〇三六六六五六六一一四四五四有奇。

二倍常對數根詳數〇八六八五八八九六三八〇六五〇三六五五三〇二二五七八三三二一〇一六四五八八七九四〇一一六〇七三三三一一二二二八九〇八有奇。

三倍常對數根詳數一・三〇二八三四四五七〇九七五五四八二九五三三八六七五六七四九八一五二四六八八三一九一〇一七四一〇九九九六九八八三四三三六二有奇。

四倍常對數根詳數一・七三七一七七九二七六一三〇〇七三一〇六〇四五一五六七五六六四二〇三二九一七七五八八〇二三二一四六六六二六四四五七八一・六有奇。

五倍常對數根詳數二・一七一四七二四〇九五一六二五九一三八二五五六四四五九四五八三〇二五四一一四七一九八五〇二九〇一八三三二八三〇五七二二七〇有奇。

六倍常對數根詳數二・六〇五七六六八九一四一九五一〇九六五九〇六七七三五一三四九九六三〇四九三七六六三八二〇三四八二一九九九三九六六八六七二四有奇。

七倍常對數根詳數三・〇四〇〇六一三七三三二七六二七九三五五七九〇二四三三四一六二三五五七六〇六〇七七九〇四〇六二五六六五九六二八〇一一七八有奇。

八倍常對數根詳數三・四七四三五五八五五二六〇一四六二二一二〇九〇三一三五一三三二八四〇六五八三五五一七六〇四六四二九三三二五二八九一五六三二有奇。

九倍常對數根詳數三・九〇八六五〇三三七一二九二六六四四八八六〇一六〇二七〇二四九四四五七四〇六四九五七三〇五二二三二九九九〇九五〇三〇〇八六有奇。

對數第八條

已知各倍常對數根，而後各真數之常對數可求。

如欲求一之常對數，前於一條中言，無論何數爲對數底，其真數一之對數總爲〇，因真數一乘除皆不變，對數〇加減皆不變故也。

常對數表

真數	對數
一	〇〇〇〇〇〇〇〇〇〇〇〇〇〇〇〇〇〇〇〇〇

如求二之常對數。先用七條履式求得二之訥對數爲〇・六九三一四七一八〇五五九九四五三〇九四一七二三二一五，乃將常對數根〇四三四二九四四八一九〇三二五一八二七六五一一二八九有奇，乘之，得〇・三〇一〇二九九九五六六三九八一一九五二一三七三八八九六有奇，即爲二之常對數也。

常對數表

真數	對數
二	〇三〇一〇二九九九五六六三九八一一九五二一三七四

如已知二之訥對數爲〇・六九三一四七一八〇五五九九四五三〇九四一

七二三一五有奇，欲求三之常對數，則必先求三之訥對數，以二代七條泰式中之卯而以一代泰式中之人，則得三之訥對數式。先將七條泰式

$$訥(卯丄人)＝訥卯丄\frac{二卯丄人}{二人}丄\frac{三(二卯丄人)^{三}}{二人^{三}}丄\frac{五(二卯丄人)^{五}}{二人^{五}}丄\cdots$$

變爲

$$訥(二丄一)＝訥(二)丄\frac{五}{二}丄\frac{三(五)^{三}}{二}丄\frac{五(五)^{五}}{二}丄\frac{七(五)^{七}}{二}丄\cdots$$

即

$$訥三＝訥二丄\frac{五}{二}丄\frac{三(五)^{三}}{二}丄\frac{五(五)^{五}}{二}丄\frac{七(五)^{七}}{二}丄\cdots㊀$$

將一式右邊級數詳之，一級得二之訥對數〇・六九三一四七一八〇五五九九四五三〇九四一七二三一五，二級得〇・四〇〇〇〇〇〇〇〇〇〇〇〇〇〇〇〇〇〇〇〇〇三，四級得〇〇〇〇一二八〇〇〇〇〇〇〇〇〇〇〇〇〇，五級得〇・〇〇〇〇〇三六五七一四二八五七一四二八五七一四二八，六級得〇・〇〇〇〇〇〇一一三七七七七七七七七七七七七七七，七級得〇・〇〇〇〇〇〇〇三七二三六三六三六三六三六三六，八級得〇・〇〇〇〇〇〇〇一二六〇三〇七六九二三〇七六九二，九級得〇・〇〇〇〇〇〇〇〇〇四三六九〇六六六六六六六六六，十級得〇・〇〇〇〇〇〇〇〇〇〇〇一五四二〇二三五二九四一二，十一級得〇・〇〇〇〇〇〇〇〇〇〇〇五五一八八二一〇五二六，十二級得〇・〇〇〇〇〇〇〇〇〇〇〇〇一九九七二八七六一九，十三級得〇・〇〇〇〇〇〇〇〇〇〇〇〇〇七二九四四一七，十四級得〇・〇〇〇〇〇〇〇〇〇〇〇〇〇〇二六八四三五四，十五級得〇・〇〇〇〇〇〇〇〇〇〇〇〇〇〇〇九九四二，十六級得〇・〇〇〇〇〇〇〇〇〇〇〇〇〇〇〇三七〇三，十七級得〇・〇〇〇〇〇〇〇〇〇〇〇〇〇〇〇〇一四四。乃將各級併之，得三之訥對數等于一・〇九八六一二二八八六六八一〇九六九一三九五二四四二，乃將常對數根〇・四三四二九四四八一九〇三二五一八二七六五一一二八九有奇乘之，得三之常對數爲〇・四七七一二一二五四七一九六六二四三七二九五〇二七三有奇也。

常對數表

真數	對數
三	〇・四七七一二一二五四七一九六六二四三七二九五〇三

如已知二之常對數爲〇・三〇一〇二九九九五六六三九八一一九五二一三七三八六，欲求四之常對數。因四爲二之平方積，真數當自乘者可將對數加倍而得自乘積之對數。故以二之常對數加倍得〇・六〇二〇五九九九一三二七九六二三九〇四二七四七七二有奇，即爲四之常對數也。

常對數表

真數	對數
四	〇・六〇二〇五九九九一三二七九六二三九〇四二七四八

如求五之常對數。因真數二除真數十，得真數五。故於十之常對數一內減二之常對數〇・三〇一〇二九九九五六六三九八一一九五二一三七三八六，餘〇・六九八九七〇〇〇四三三六〇一八八〇四七八六二六一四有奇，即爲五之常對數也。

常對數表

真數	對數
五	〇六九八九七〇〇〇四三三六〇一八八〇四七八六二六

如求六之常對數。因真數二乘真數三得真數六，故將二與三之常對數相加得〇・七七八一五一二五〇三八三六四三六三二五〇八七六五九有奇，爲六之常對數也。

常對數表

真數	對數
六	〇・七七八一五一二五〇三八三六四三六三二五〇八七七

如已知六之常對數爲〇・七七八一五一二五〇三八三六四三六三二五〇八七六五九，欲求七之常對數。以六代五條師式中之卯，以一代師式甲之人，得式如左。

將[師]式 $對(卯丄人)=對卯丄\frac{甲}{二}\left(\frac{二卯丄人}{二人}丄\frac{三(二卯丄人)^{三}}{二人^{三}}丄\frac{五(二卯丄人)^{五}}{二人^{五}}丄\cdots\right)$ 變之爲 $對(六丄一)=對六丄\frac{甲}{二}\left(\frac{二卯丄人}{二人}丄\frac{三(二卯丄人)^{三}}{二八^{三}}丄\frac{五(二卯丄人)^{五}}{二人^{五}}丄\cdots\right)$㊀ 又變得 $對七=對六丄\frac{甲}{二}\left(\frac{一}{三}丄\frac{三(一三)^{三}}{二}丄\frac{五(一三)^{五}}{二}丄\frac{七(一三)^{七}}{二}丄\cdots\right)$㊁ 將[三]式括弧內級數詳之，一級得○·一五三八四六一五三八四六一五三八四六一五三八四六一五，二級得○·○○○三○三四四○九○四二六三三八九四七○四九○一，三級得○·○○○○○一○七七三一六二九七三七一六一一七五六三四八，四級得○·○○○○○○○○四五五三三三一九四○六六六六七九，五級得○·○○○○○○○○○○二○九五五四六五六三八二一九四九九，六級得○·○○○○○○○○○○○○一○一四五一九五八四四二五二，七級得○·○○○○○○○○○○○○○○○五○七九五二四五四六五，八級得○·○○○○○○○○○○○○○○○○○二六○四八八四三八，九級得○·○○○○○○○○○○○○○○○○○○○一三六○○一六，十級得○·○○○○○○○○○○○○○○○○○○○○○○七二三九。乃將諸級詳數併之，得六訥與七訥相較之數爲○·一五四一五○六七九八二七二五八三○四二九二八七四五二，應以對數根二一四九，即爲七之常對數也。

常對數表

真數	對數
七	○·八四五○九八○四○○一四二五六八三○七一二二二

如已知二之常對數爲○·一二○一○二九九九五六六三九八一一九五二一三七三八六，欲求八之常對數。因八爲二之立方積，故以三乘二之常對數，得八之常對數爲○·九○三○八九九八六九九一九四三五八五六四一二一一五八有奇也。

常對數表

真數	對數
八	○·九○三○八九九八六九九一九四三五八五六四一二三

如已知三之常對數爲○·四七七一二一二五四七一九六六一一四三七二九五○二七三，欲求九之常對數。因九爲三之平方積，故將三之常對數加倍，得九之常對數爲○·九五四二四二五○九四三九三二四八七四五九○○五四六有奇也。

常對數表

真數	對數
九	○·九五四二四二五○九四三九三二四八七四五九○○五

如求十之常對數。因常對數底恒爲十，故底之一乘方即指數一又即對數一也。必與真數十相等，故真數十之常對數爲一也。

常對數表

真數	對數
十	一○○○○○○○○○○○○○○○○○○○○○○

又 卷四

對數第九條

前數條皆言有真數有對數底求真數相配之對數，即底指數。而有對數底有對數即指數。欲求對數相配之真數，亦不可不明其理。

如有 $(未)^{天}=地$ 左邊底數未爲已知，左邊指數即對數。天爲已知，欲求右邊相配之真數地。其法如何？

法令 $未=一丄甲$㊀ 則 $地=(未)^{天}$ 變爲 $地=(一丄甲)^{天}$㊁ 將[二]式又變之，得 $地=\left[(一丄甲)^{卯}\right]^{\frac{天}{卯}}$㊂ 取[三]式右邊方括弧內之 $(一丄甲)^{卯}$ 依乾式例詳之，得 $(一丄甲)^{卯}$ 等于 $一丄\frac{二}{卯}甲丄\frac{一\cdot二\cdot三}{卯(卯丅一)}甲^{二}丄\frac{一\cdot二\cdot三}{卯(卯丅一)(卯丅二)}甲^{三}丄\cdots$㊃ 復將[四]式各級詳之，得 $(一丄甲)^{卯}$ 等

于 丄一丄$\frac{二}{卯}$甲丄$\frac{一·二}{卯二丅卯}$甲二丄$\frac{一·二·三}{卯三丅三卯二丄二卯}$甲三丄…㊄ 又變得

(一丄甲)^{卯} 等于 丄一丄$\frac{二}{卯}$甲丄$\frac{一·二}{卯二}$甲二丅$\frac{一·二}{卯}$甲二丄$\frac{一·二·三}{卯三}$

甲三丅$\frac{一·二·三}{三卯二}$甲三丄$\frac{一·二·三}{二卯}$甲三丄…㊅ 又將 [六] 式變之，得 (一丄

甲)^{卯} 等于 丄一丄$\frac{二}{甲}$卯丄$\frac{一·二}{甲二}$卯二丅$\frac{一·二}{甲二}$卯丄$\frac{一·二·三}{甲三}$卯三丅

$\frac{一·二·三}{甲三}$卯二丄$\frac{一·二·三}{甲三}$卯丄…㊆ 又變得 (一丄甲)^{卯} 等于 丄一丄(甲)卯丄

$(\frac{二}{甲二})$卯二丅$(\frac{二}{甲二})$卯丄$(\frac{二·三}{甲三})$卯三丅$(\frac{三}{甲三})$卯二丄$(\frac{三}{甲三})$卯丄…㊇ 又

將 [八] 式依卯之各方列之，得 (一丄甲)^{卯} 等于 丄一丄(甲丅$\frac{二}{甲二}$丄

$\frac{三}{甲三}$丅$\frac{四}{甲四}$丄…)卯丄($\frac{二}{甲二}$丅$\frac{三}{甲三}$丄…)卯二丄($\frac{一·二·三}{甲三}$丅…)卯三丄…

㊈ 將二級、三級、四級括弧內數以呷、叱、呐等字代之，則 [九] 式變爲 (一丄

甲)^{卯}＝一丄呷卯丄叱卯二丄呐卯三丄…㊉ 觀 [十] 式可見呷等于

甲丅$\frac{二}{甲二}$丄$\frac{三}{甲三}$丅$\frac{四}{甲四}$丄$\frac{五}{甲五}$丅$\frac{六}{甲六}$丄$\frac{七}{甲七}$丅…⑪ 前數條中言呷爲底之訥對

數，此呷字仍與前意同。其叱、呐等同數。因須消去卯方，故不詳。如將 [十] 式右

邊數代 [三] 式右邊方括弧內 (一丄甲)^{卯} 之數，得地等于 [一丄呷卯丄叱

卯二丄呐卯三丄…]$^{\frac{卯}{天}}$ ⑫ 將 [十二] 式依（乾式）二項例詳之爲級數，得

地＝一丄$\frac{卯}{天}$(呷卯丄叱卯二丄…)丄$\frac{一·二}{\frac{卯}{天}(\frac{卯}{天}丅一)}$(呷卯丄叱卯二丄…)二丄

$\frac{一·二·三}{\frac{卯}{天}(\frac{卯}{天}丅一)(\frac{卯}{天}丅二)}$(呷卯丄叱卯二丄…)三丄…⑬ 即 地＝一丄

$\frac{卯}{天}$(呷卯丄叱卯二丄…)丄$\frac{一·二卯二}{天(天丅卯)}$(呷卯丄叱卯二丄…)二丄

$\frac{一·二·三卯三}{天(天丅卯)(天丅二卯)}$(呷卯丄叱卯二丄…)三丄…⑭ 惟因 (呷卯丄叱

卯二丄呐卯三丄…)＝卯(呷丄叱卯丄…) 又 (呷卯丄叱卯二丄呐卯三丄…)

二＝卯二(呷丄叱卯丄…)二 又 (呷卯丄叱卯二丄呐卯三丄…)三＝卯三(呷丄

叱卯丄…)三 所以 [十四] 式母子相同用卯者，可汰之得（下）

地＝一丄天(呷丄叱卯丄…)丄$\frac{一·二}{天(天丅卯)}$(呷丄叱卯丄…)二丄

$\frac{一·二·三}{天(天丅卯)(天丅二卯)}$(呷丄叱卯丄…)三丄…⑮ 前 [三] 式借卯指數入算

者，不過欲求呷即底訥對。之級數，消去各指數耳。今試令卯等于〇，則得

地＝未^{天}＝一丄$\frac{一}{天呷}$丄$\frac{一·二}{天二呷二}$丄$\frac{一·二·三}{天三呷三}$丄$\frac{一·二·三·四}{天四呷四}$丄

$\frac{一·二·三·四·五}{天五呷五}$丄…⑯ [隨] 式，前於三條中言呷爲常數，故令 丄呷

即等于 甲丅$\frac{二}{甲二}$丄$\frac{三}{甲三}$丄$\frac{四}{甲四}$丄$\frac{五}{甲五}$丅… 又等于

(未丅一)丅$\frac{二}{(未丅一)二}$丄$\frac{三}{(未丅一)三}$丅$\frac{四}{(未丅一)四}$丄$\frac{五}{(未丅一)五}$丅…⑰

[十七] 式與 [小畜] 式同即未之訥對數，即底之訥對數。既已明呷之同數爲底之訥對，又

知天爲對數即底未之之訥對數指數。若干，用 [十六] 式右邊級數求之，可識地即真

數。之同數。

如于 未^{天}＝地 之式中，令 天＝一 則 (未)^{一}＝地 即 地＝未 而

[十六] 式變爲 未＝一丄$\frac{一}{呷}$丄$\frac{一·二}{呷二}$丄$\frac{一·二·三}{呷三}$丄$\frac{一·二·三·四}{呷四}$丄…

⑱ 如令 天＝$\frac{呷}{二}$ 則 (未)^{天}＝地 變爲 地＝(未)$^{\frac{呷}{二}}$ 而 [十六] 式變爲

(未)$^{\frac{呷}{二}}$一丄$\frac{一}{\frac{呷}{二}×呷}$丄$\frac{一·二}{\frac{呷}{二}×呷}$丄$\frac{一·二·三}{\frac{呷}{二}×呷}$丄$\frac{一·二·三·四}{\frac{呷}{二}×呷}$丄… 即

(未)$^{\frac{呷}{二}}$一丄$\frac{二}{一}$丄$\frac{一·二}{一}$丄$\frac{一·二·三}{一}$丄$\frac{一·二·三·四}{一}$丄…⑲ [蠱] 式，

此式左邊底數爲未，是爲常數。左邊指數爲 $\frac{呷}{二}$ 是乃底即未也。之訥對除一

之數，即常對數根。亦爲常數，可見右邊必爲一常數。試將右邊各項之級數詳之，第一級得一，第二級得一，第三級得○·五，第四級得○·一六六六六六六六六六六六六六六六六六，第五級得○·○四一六六六六六六六六六六六六六六六六六，第六級得○·○○八三三三三三三三三三三三三三三三三三，第七級得○·○○一三八八八八八八八八八八八八八八八八，第八級得○·○○○一九八四一二六九八四一二六九八四一，第九級得○·○○○○二四八○一五八七三○一五八七三○，第十級得○·○○○○○二七五五七三一九二三九八五八九○六五二五，第十一級得○·○○○○○○二七五五七三一九二三九八五八九○六五二，第十二級得○·○○○○○○○二五○五二一○八三八五四四一七一八七七，第十三級得○·○○○○○○○○二○八七六七五六九八七八六八○九九○，第十四級得○·○○○○○○○○○一六○五九○四三八三六八二一六一五，第十五級得○·○○○○○○○○○○一一四七○七四五五九七七二九七二，第十六級得○·○○○○○○○○○○○○七六四七一六三七三一八一九八，第十七級得○·○○○○○○○○○○○○○四七七九四七七三三二三八七，第十八級得○·○○○○○○○○○○○○○○二八一一四五七二五四三四，第十九級得○·○○○○○○○○○○○○○○○一五六一九二○六九六八，第二十級得○·○○○○○○○○○○○○○○○○○八二二○六三五二五，第二十一級得○·○○○○○○○○○○○○○○○○○○四一一○三一七六，第二十二級得○·○○○○○○○○○○○○○○○○○○○一九五七二九四，第二十三級得○·○○○○○○○○○○○○○○○○○○○○○八八九六八，第二十四級得○·○○○○○○○○○○○○○○○○○○○○○○三八六八，第二十五級得○·○○○○○○○○○○○○○○○○○○○○○○○一六八。乃將各級詳數併之，得二·七一八二八一八二八四五九○四五二三五三六○二八七四有奇臨式，此數以戊代之則得　$(未)^{\frac{甲}{一}}=(戊)^{一}$　兩邊指數均以甲乘之得　$未=(戊)^{甲}$　惟因甲爲未即常對數之底。之訥對，故知戊爲訥對數之底，可見訥白爾所設對數之底爲二·七一八二八一八二八四五九○四五二三五三六○二八七四有奇，與常對數以十爲底者不同也。

對數第十條

命任何真數爲地。命已知真數地相配之對數爲　對地　則　$(未)^{天}=地$　之式變爲　$(未)^{對地}=地$　即　$(未)^{對地}=(地)$　兩邊指數各以卯乘之得　$(未)^{卯\times對地}=(地)^{卯}$ ㈠　可見地卯方之對數恒等于卯倍地之對數。

今有　$(未)^{\frac{甲}{一}}=戊$　之式，左邊常對數底爲未，左邊指數爲　$\frac{甲}{一}$　右邊爲訥對[數]底戊，變之得　$對(未^{\frac{甲}{一}})=對戊$ ㈡　又　$(未)^{\frac{甲}{一}\times對未}=(未)^{\frac{甲}{一}}$ ㈢　$\frac{甲}{一}\times對未=對(未)^{\frac{甲}{一}}$ ㈣　以〔四〕式左邊數代〔二〕式左邊數，得　$\frac{甲}{一}\times對未=對戊$ ㈤　兩邊以甲乘之，得　$對未=甲\times對戊$ ㈥　兩邊以　對戊　除之得　$\frac{對戊}{對未}=甲$ ㈦　觀式。此式無論何種對數其理皆通。

如將九條〔隨〕式　$未^{天}=地=一\perp\frac{一}{天甲}\perp\frac{一·二}{天^{二}甲^{二}}\perp\frac{一·二·三}{天^{三}甲^{三}}\perp\frac{一·二·三·四}{天^{四}甲^{四}}\perp\cdots$　中之甲，以　$\frac{對戊}{對未}$　代之，得　$未^{天}=地=一\perp\frac{一}{天}\left(\frac{對戊}{對未}\right)\perp\frac{一·二}{天^{二}}\left(\frac{對戊}{對未}\right)^{二}\perp\frac{一·二·三}{天^{三}}\left(\frac{對戊}{對未}\right)^{三}\perp\frac{一·二·三·四}{天^{四}}\left(\frac{對戊}{對未}\right)^{四}\perp\cdots$　變之，得　$未^{天}=地=一\perp\frac{一}{天}\left(\frac{(對戊)}{(對未)}\right)\perp\frac{一·二}{天^{二}}\left(\frac{(對戊)^{二}}{(對未)^{二}}\right)\perp\frac{一·二·三}{天^{三}}\left(\frac{(對戊)^{三}}{(對未)^{三}}\right)\perp\frac{一·二·三·四}{天^{四}}\left(\frac{(對戊)^{四}}{(對未)^{四}}\right)\perp\cdots$

〔噬嗑〕式。設令　未＝戊　則得　$未^{天}=地=一\perp\frac{一}{天}\left(\frac{對未}{對未}\right)\perp\frac{一·二}{天^{二}}\left[\frac{(對未)^{二}}{(對未)^{二}}\right]\perp\frac{一·二·三}{天^{三}}\left[\frac{(對未)^{三}}{(對未)^{三}}\right]\perp\frac{一·二·三·四}{天^{四}}\left[\frac{(對未)^{四}}{(對未)^{四}}\right]\perp\cdots$

即　$戊^{天}=地=一\perp\frac{一}{天}\perp\frac{一·二}{天^{二}}\perp\frac{一·二·三}{天^{三}}\perp\frac{一·二·三·四}{天^{四}}\perp\frac{一·二·三·四·五}{天^{五}}\perp\cdots$　〔賁〕式。

既知未爲常對數之底，其數爲十，戊爲訥對數之底，其數爲二·七一八二八一八二八四五九○四五二三五三六○二八七四有奇，又知常對[數]底未之常對

數爲　對未＝一　其數爲一，復知訥對[數]底戊之常對數爲　對戊＝$\frac{甲}{二}$　其數爲〇·四三四二九四四八一九〇三三五一八二七六五一一二八九有奇。即常對數根。如已知對數天之數，欲求真數地之數，則用諸同數于[噬嗑]式中，則真數地之同數亦可求得。但對數表各真數恒定爲無奇零之數，若用[噬嗑]式級數求之，不過能得最相近之數，難於奇零除盡，恰恰相等。故不贅述。

又　卷五

對數第十一條

凡常對數表真數首位爲單數者，對數首位必爲〇；真數首位爲十數者，對數首位必爲一；真數首位爲百數者，對數首位必爲二；真數首位爲千數者，對數首位必爲三；真數首位爲萬數者，對數首位必爲四。總而言之，有真數若干位，欲求對數首位之數，止將真數之位數減一即得。如有四千四百四十四萬之真數，欲求其對數，則補真數後空位，得四四四四〇〇〇〇，視真數共得八位，乃於位數八內減一得七，即知四千四百四十四萬對數之首位應爲七也。如有對數首位之數，欲求真數首位之數，止將對數首位之數加一，即知真數共應得若干位，乃由真數末位逆數之，即知真數首位應爲兆億萬千百十等數也。如有對數一五·三〇一〇二九九九五六六四有奇，欲求真數首位之數，先視對數首二位之數爲十五，加一得十六，故知真數當有十六位。乃由真數末位逆數至首位，應爲一千兆。又因一五爲一千兆之對數，〇三〇一〇二九九九五六六四有奇爲二之對數，凡對數相加者，真數必相乘。故知有對數一五三〇一〇二九九九五六六四者，其真數當爲二千兆也。

今有真數十一欲，求其對數若干。

已知十之常對數爲一，乃以十代五條師式中之卯，以一代師式中之人，乃將

師式　$對(卯丄人)=對卯丄\frac{甲}{二}\left(\frac{二卯丄人}{二人}丄\frac{三(二卯丄人)^{三}}{二人^{三}}丄\frac{五(二卯丄人)^{五}}{二人^{五}}丄\cdots\right)$　變爲　$對(一〇丄一)=對(一〇)丄\frac{甲}{二}\left(\frac{二〇丄一}{二}丄\frac{三(二〇丄一)^{三}}{二}丄\frac{五(二〇丄一)^{五}}{二}丄\cdots\right)$　即　$對(一一)=一丄常對根\times\left(\frac{二一}{二}丄\frac{三(二一)^{三}}{二}丄\frac{五(二一)^{五}}{二}丄\cdots\right)$　先求得右邊括弧內諸級數併之，得〇·〇〇九五三一〇一七九八〇四三二四八六〇〇四三九五二一爲十之訥對數少於十一訥對數之較，以常對數根〇·四三四二九四四八一九〇三三五一八二七六五一一二八九一九乘之，得〇·〇四一三九二六八五一五八二二五〇四〇七四九五二五七爲十之常對數少於十一常對數之較，以十之常對數一加之，得一·〇四一三九二六八五一五八二二五〇四〇七四九五二五七，即十一之常對數也。

今有真數百一十，欲求其對數若干。

惟因真數十乘真數十一，得真數百一十，故將十之對數加十一之對數，得二·〇四一三九二六八五一五八二二五〇四〇七四九五二五七，爲百一十之對數也。

今有真數百一十一，求其對數若干。

已知百一十之對數爲二·〇四一三九二六八五一五八二二五〇四〇七四九五二五七，乃以百一十代師式中之卯，以一代師式中之人，乃將師式

$對(卯丄人)=對卯丄\frac{甲}{二}\left(\frac{二卯丄人}{二人}丄\frac{三(二卯丄人)^{三}}{二人^{三}}丄\frac{五(二卯丄人)^{五}}{二人^{五}}丄\cdots\right)$

變爲　$對(一一一)=對(一一〇)丄常對數\times\left(\frac{二二一}{二}丄\frac{三(二二一)^{三}}{二}丄\frac{五(二二一)^{五}}{二}丄\cdots\right)$　先求得右邊括弧內諸級數併之，得〇·〇〇九〇四九八三五五一九九一七九〇七六八三四〇五八有奇，爲百一十之訥對數少於百一十一訥對數之較，以常對數根即$\frac{甲}{[二]}$也。〇·四三四二九四四八一九〇三三五一八二七六五一一二八九一九乘之，得〇·〇〇三九三〇二九三六二八四三三三九三三五三二七八五有奇，爲百一十之常對數少於百一十一常對數之較，以百一十之常對數加之得二·〇四五三二三九七八七八六六五七四三四一〇二八〇四二有奇，即百一十一之常對數也。

今有真數一萬二千三百二十一，求其對數若干。

先撿視《對數闡微》一書，知一萬二千三百二十一爲一百一十一之平方積，乃將一百一十一之對數倍之，得四·〇九〇六四五九五七五七三三一四八六八二〇五六〇八四有奇，即一萬二千三百二十一之對數也。

真數	對數
一	〇・〇〇〇〇〇〇〇〇〇〇〇
二	〇・三〇一〇二九九九五六六
三	〇・四七七一二一二五四七二
四	〇・六〇二〇五九九九一三三
五	〇・六九八九七〇〇〇四三四
六	〇・七七八一五一二五〇三八
七	〇・八四五〇九八〇四〇〇一
八	〇・九〇三〇八九九八六九九
九	〇・九五四二四二五〇九四四
一・一	〇・〇四一三九二六八五一六
一・二	〇・〇七九一八一二四六〇五
一・三	〇・一一三九四三三五二三一
一・四	〇・一四六一二八〇五五六八
一・五	〇・一七六〇九一二五九〇六
一・六	〇・二〇四一一九九八二六六
一・七	〇・二三〇四四八九二一三八
一・八	〇・二五五二七二五〇五一〇
一・九	〇・二七八七五三六〇〇九五
一・〇一	〇・〇〇四三二一三七三七八
一・〇二	〇・〇〇八六〇〇一七一七六
一・〇三	〇・〇一二八三七二二四七一
一・〇四	〇・〇一七〇三三三三九三〇
一・〇五	〇・〇二一一八九二九九〇七
一・〇六	〇・〇二五三〇五八六五二六
一・〇七	〇・〇二九三八三七七七六九
一・〇八	〇・〇三三四二三七五五四九
一・〇九	〇・〇三七四二六四九七九四
一・〇〇一	〇・〇〇〇四三四〇七七四八
一・〇〇二	〇・〇〇〇八六七七二一五三
一・〇〇三	〇・〇〇一三〇〇九三三〇二
一・〇〇四	〇・〇〇一七三三七一二八一
一・〇〇五	〇・〇〇二一六六〇六一七六
一・〇〇六	〇・〇〇二五九七九八〇七二
一・〇〇七	〇・〇〇三〇二九四七〇五五
一・〇〇八	〇・〇〇三四六〇五三二一一
一・〇〇九	〇・〇〇三八九一一六六二四
一・〇〇〇一	〇・〇〇〇〇四三四二七二八
一・〇〇〇二	〇・〇〇〇〇八六八五〇二一
一・〇〇〇三	〇・〇〇〇一三〇二六八八一
一・〇〇〇四	〇・〇〇〇一七三六八三〇六
一・〇〇〇五	〇・〇〇〇二一七〇九二九七
一・〇〇〇六	〇・〇〇〇二六〇四九八五五
一・〇〇〇七	〇・〇〇〇三〇三八九九七八
一・〇〇〇八	〇・〇〇〇三四七二九六六九
一・〇〇〇九	〇・〇〇〇三九〇六八九二五
一・〇〇〇〇一	〇・〇〇〇〇〇四三四二九二
一・〇〇〇〇二	〇・〇〇〇〇〇八六八五八〇
一・〇〇〇〇三	〇・〇〇〇〇一三〇二八六四
一・〇〇〇〇四	〇・〇〇〇〇一七三七一四三
一・〇〇〇〇五	〇・〇〇〇〇二一七一四一八

真數	對數
一・〇〇〇〇六	〇・〇〇〇〇二六〇五六八九
一・〇〇〇〇七	〇・〇〇〇〇三〇三九九五五
一・〇〇〇〇八	〇・〇〇〇〇三四七四二一七
一・〇〇〇〇九	〇・〇〇〇〇三九〇八四七四
一・〇〇〇〇〇一	〇・〇〇〇〇〇〇四三四二九
一・〇〇〇〇〇二	〇・〇〇〇〇〇〇八六八五九
一・〇〇〇〇〇三	〇・〇〇〇〇〇一三〇二八八
一・〇〇〇〇〇四	〇・〇〇〇〇〇一七三七一七
一・〇〇〇〇〇五	〇・〇〇〇〇〇二一七一四七
一・〇〇〇〇〇六	〇・〇〇〇〇〇二六〇五七六
一・〇〇〇〇〇七	〇・〇〇〇〇〇三〇四〇〇五
一・〇〇〇〇〇八	〇・〇〇〇〇〇三四七四三四
一・〇〇〇〇〇九	〇・〇〇〇〇〇三九〇八六三
一・〇〇〇〇〇〇一	〇・〇〇〇〇〇〇〇四三四三
一・〇〇〇〇〇〇二	〇・〇〇〇〇〇〇〇八六八六
一・〇〇〇〇〇〇三	〇・〇〇〇〇〇〇一三〇二九
一・〇〇〇〇〇〇四	〇・〇〇〇〇〇〇一七三七二
一・〇〇〇〇〇〇五	〇・〇〇〇〇〇〇二一七一五
一・〇〇〇〇〇〇六	〇・〇〇〇〇〇〇二六〇五八
一・〇〇〇〇〇〇七	〇・〇〇〇〇〇〇三〇四〇一
一・〇〇〇〇〇〇八	〇・〇〇〇〇〇〇三四七四四
一・〇〇〇〇〇〇九	〇・〇〇〇〇〇〇三九〇八六
一・〇〇〇〇〇〇〇一	〇・〇〇〇〇〇〇〇〇四三四
一・〇〇〇〇〇〇〇二	〇・〇〇〇〇〇〇〇〇八六九
一・〇〇〇〇〇〇〇三	〇・〇〇〇〇〇〇〇一三〇三
一・〇〇〇〇〇〇〇四	〇・〇〇〇〇〇〇〇一七三七
一・〇〇〇〇〇〇〇五	〇・〇〇〇〇〇〇〇二一七一
一・〇〇〇〇〇〇〇六	〇・〇〇〇〇〇〇〇二六〇六
一・〇〇〇〇〇〇〇七	〇・〇〇〇〇〇〇〇三〇四〇
一・〇〇〇〇〇〇〇八	〇・〇〇〇〇〇〇〇三四七四
一・〇〇〇〇〇〇〇九	〇・〇〇〇〇〇〇〇三九〇九
一・〇〇〇〇〇〇〇〇一	〇・〇〇〇〇〇〇〇〇〇四三
一・〇〇〇〇〇〇〇〇二	〇・〇〇〇〇〇〇〇〇〇八七
一・〇〇〇〇〇〇〇〇三	〇・〇〇〇〇〇〇〇〇一三〇
一・〇〇〇〇〇〇〇〇四	〇・〇〇〇〇〇〇〇〇一七四
一・〇〇〇〇〇〇〇〇五	〇・〇〇〇〇〇〇〇〇二一七
一・〇〇〇〇〇〇〇〇六	〇・〇〇〇〇〇〇〇〇二六一
一・〇〇〇〇〇〇〇〇七	〇・〇〇〇〇〇〇〇〇三〇四
一・〇〇〇〇〇〇〇〇八	〇・〇〇〇〇〇〇〇〇三四七
一・〇〇〇〇〇〇〇〇九	〇・〇〇〇〇〇〇〇〇三九一
一・〇〇〇〇〇〇〇〇〇一	〇・〇〇〇〇〇〇〇〇〇〇四
一・〇〇〇〇〇〇〇〇〇二	〇・〇〇〇〇〇〇〇〇〇〇九
一・〇〇〇〇〇〇〇〇〇三	〇・〇〇〇〇〇〇〇〇〇一三
一・〇〇〇〇〇〇〇〇〇四	〇・〇〇〇〇〇〇〇〇〇一七
一・〇〇〇〇〇〇〇〇〇五	〇・〇〇〇〇〇〇〇〇〇二二
一・〇〇〇〇〇〇〇〇〇六	〇・〇〇〇〇〇〇〇〇〇二六
一・〇〇〇〇〇〇〇〇〇七	〇・〇〇〇〇〇〇〇〇〇三〇
一・〇〇〇〇〇〇〇〇〇八	〇・〇〇〇〇〇〇〇〇〇三五
一・〇〇〇〇〇〇〇〇〇九	〇・〇〇〇〇〇〇〇〇〇三九

對數第十二條

凡求對數，或有對數求真數，必先求得九十九數，一至九，一一至一九，一〇一至一〇九，一〇〇一至一〇〇九，一〇〇〇一至一〇〇〇九，一〇〇〇〇一至一〇〇〇〇九，一〇〇〇〇〇一至一〇〇〇〇〇九，一〇〇〇〇〇〇一至一〇〇〇〇〇〇九，一〇〇〇〇〇〇一至一〇〇〇〇〇〇〇九，一〇〇〇〇〇〇〇〇一至一〇〇〇〇〇〇〇〇九，一〇〇〇〇〇〇〇〇〇一至一〇〇〇〇〇〇〇〇〇九。而他數皆由此生。特列九十九數之表。(如左)

凡求對數而不知其真數爲何數累乘而得者，則以所知之前數位之整數須取在九十九數內之整數，或因九十九數乘除而得之整根，方可得此對數。累除之，除得累乘之真數，則以其對數累加之，即得所求之對數。

今有真數五千六百八十九，求其對數若干。

先不知五千六百八十九爲何數累乘而得，但知首二位之五千六百爲七十與八十相乘之數，又知七十爲七與十相乘，八十爲八與十相乘之數，乃將七之對數九十九數有之。與十之對數一相加，得一·八四五〇九八〇四〇〇一，爲七十之對數。又將八之對數九十九數有之。與十之對數一相加，得一·九〇三〇八九九八六九九，爲八十之對數。乃將七十與八十之對數相加，得三·七四八一八八〇二七〇〇爲五千六百之對數。既知五千六百之對數，乃以五千六百八十九爲實，以五千六百爲法除之，得一·〇一，以五千六百乘之，得五六五六即五千六百與一·〇一相乘之數。以之爲法除原實五千六百八十九，得一·〇〇五，又以五六五六乘之，得五六八四·二八，即五六五六與一·〇〇五相乘之數。以之爲法除原實五六八九得一·〇〇〇八，又以五六八四·二八乘之，得五六八八·八二七四二四，即五六八四·二八與一·〇〇〇八相乘之數。以之爲法除原實五六八九得一·〇〇〇〇三，又以五六八八·八二七四二四乘之，得五六八八·九九八〇八九，本應下有數位尾數，滿五則進之，餘截用。即五六八八·八二七四二四與一·〇〇〇〇三相乘之數。以之爲法除原實五六八九，得一·〇〇〇〇〇三，又以五六八八·九九八〇八九乘之，得五六八八·九九九七九六，尾數滿五則進之，餘截用。即五六八八·九九八〇八九與一·〇〇〇〇〇三相乘之數。以之爲法除原實五六八九，得一·〇〇〇〇〇〇三，又以五六八八·九九九七九六乘之，得五六八八·九九九九六七，即五六八八·九九九七九六與一·〇〇〇〇〇〇三相乘之數。以之爲法除原實五六八九，得一·〇〇〇〇〇〇〇五，又以五六八八·九九九九六七乘之，得五六八八·九九九九九九五，尾數截去。即五六八八·九九九九六七與一·〇〇〇〇〇〇〇五相乘之數。以之爲法除原實五六八九，得一·〇〇〇〇〇〇〇〇八，是知五千六百八十九係五千六百與一·〇一，及一·〇〇五，及一·〇〇〇八，及一·〇〇〇〇三，及一·〇〇〇〇〇三，及一·〇〇〇〇〇〇三，及一·〇〇〇〇〇〇〇五，及一·〇〇〇〇〇〇〇〇八，累乘所得之數。乃將五六〇〇之對數三·七四八一八八〇二七〇〇，與一·〇一之對數〇·〇〇四三二一三七三七八，及一·〇〇五之對數〇·〇〇二一六六〇六一七六，及一·〇〇〇八之對數〇·〇〇〇三四七二九六六九，及一·〇〇〇〇三之對數〇·〇〇〇〇一三〇二八六四，及一·〇〇〇〇〇三之對數〇·〇〇〇〇〇一三〇二九，及一·〇〇〇〇〇〇三之對數〇·〇〇〇〇〇〇一三〇三，及一·〇〇〇〇〇〇〇五之對數〇·〇〇〇〇〇〇〇二一七，及一·〇〇〇〇〇〇〇〇八之對數〇·〇〇〇〇〇〇〇〇三五，用各對數累加之，得三·七五五〇·三五九三三七一，即爲五千六百八十九之對數也。

今有對數四·三一六〇三三二八二一三，求其真數若干。

先視原對數內可減二萬之對數，將二之對數加萬之對數四，即二萬之對。乃將二萬之對數四·三〇一〇二九九九五六六減原對數四·三一六〇三三二八二一三，餘〇·〇一五〇〇三二八六四七，爲次餘對數。復視次餘對數內可減一·〇三之對數，乃將一·〇三之對數〇·〇一二八三七二二四七一減次餘對數〇·〇一五〇〇三二八六四七，仍餘〇·〇〇二一六六〇六一七六，爲三餘對數。復視三餘對數內可減一·〇〇五之對數，乃將一·〇〇五之對數〇·〇〇二一六六〇六一七六減三餘對數適盡。是知原對數爲二萬與一·〇三，及一·〇〇五，各對數相加所得之數。凡對數當累加者真數當累乘，乃以二萬與一·〇三及一·〇〇五連乘之，得二萬零七百零三，即對數四·三一六〇三三二八二一三相配真數也。

對數第十三條【略】

對數第十四條

對數之用於多位真數者，八線其尤要也。蓋所以用八線者，原不過借直線密數爲比例，可求弧度密數耳。然八線真數乘除甚繁，若用對數以加減爲比例則較用真數乘除爲比例者簡易多矣。凡求八線之對數，定半徑爲百億，位數既多爲用愈密，且真數十一位則對數首位爲一〇，又取其便於用也。先以正弦餘弦之真數求得假數，復以正弦餘弦之對數加減之，即得切割之對數。【略】

對數第十三條

今有人做工每日賺錢一百二十三文，共做工四百五十六日，問應賺錢若干。

法以對數表一二三因每日賺錢爲一百二十三，故用一二三。之對數二・〇八九九〇五一一四，與四五六因共做工四百五十六日，故用四五六。之對數二・六五八九六四八四二七相加，得四・七四八八六九九五四一，乃查相配之真數，得五六〇八八，即五萬六千零八十八，爲應賺之共工錢也。

設如原有銀二兩，换錢三千四百五十六文，今有銀二千六百七十九兩，問應换錢若干。

法以對數表三四五六之對數三・五三八五七三三八爲二率，以二六七九之對數三・四二七九七二七一三六爲三率，以二兩之對數〇・三〇一〇二九九五六六爲一率，二率、三率相加得六・九六六五四六四七四，以一率減之，得六・六六五五一六四五一七四。因對數表假數首位止於四，真數止於五位，故將求得四率對數首位之六，暫當四查對數表，比四・六六五五一六四五一七四相近略少者爲四・六六五五一五三二六〇〇，其相配之真數得四六二九三，即爲四六二九三〇〇。因對數首位之六較表中首位之四多二數，故真數下必加二位。乃將對數六・六六五五一六四五一七四內減去四六二九三〇〇之對數六・六六五五一五三二六〇〇，餘對數〇・〇〇〇〇〇一一二五七四，爲次餘對數，其所減對數相配真數四六二九三〇〇爲第一真數。於次餘對數內減去〇・〇〇〇〇〇〇八六八五九，於九十九對數內查其相近略少者用之。餘〇・〇〇〇〇〇二五七一五，爲三餘對數，其減數相配真數一・〇〇〇〇〇二爲第二真數。於三餘對數內減去〇・〇〇〇〇〇二一七一五，亦觀前九十九數表自明。餘〇・〇〇〇〇〇〇四〇〇爲四餘對數，其配減數〇・〇〇〇〇〇〇二一七一五之真數一・〇〇〇〇〇五爲第三真數。於四餘對數內減去〇・〇〇〇〇〇〇〇三九〇九，亦在九十九數內。餘〇・〇〇〇〇〇〇〇〇〇九一爲五餘對數，其配減數〇・〇〇〇〇〇〇〇三九〇九之真數一・〇〇〇〇〇〇九爲第四真數。於五餘對數內減去〇・〇〇〇〇〇〇〇〇八七，亦在九十九數內。餘〇・〇〇〇〇〇〇〇〇〇〇四爲六餘對數，其配減數〇・〇〇〇〇〇〇〇〇〇〇八七之真數一・〇〇〇〇〇〇〇〇〇二爲第五真數。於六餘對數內減去一・〇〇〇〇〇〇〇〇〇〇〇一相配之對數〇・〇〇〇〇〇〇〇〇〇〇〇四恰盡，故一・〇〇〇〇〇〇〇〇〇〇〇一爲第六真數。乃將六次真數四六二九三〇〇，與一・〇〇〇〇〇〇二，與一・〇〇〇〇〇〇五，與一・〇〇〇〇〇〇〇九，與一・〇〇〇〇〇〇〇〇〇二，與一・〇〇〇〇〇〇〇〇〇〇一，連乘之，得四六二九三一一九九九六有奇，視單位下有三箇九，可收爲一單數，得四六二九三一二。即知换得錢四百六十二萬九千三百一十二文也。

又捷法：如已知對數六・六六五五一六四五一七四，欲求其相配真數若干。

以四六二九三〇〇之對數六・六六五五一五三二六〇，減四六二九四〇〇之對數六・六六五五二四七〇七三，其對數較〇・〇〇〇〇〇九三八一三爲一率，以四六二九三〇〇減四六二九四〇〇，其真數較一〇〇爲二率，以現有對數六・六六五五一六四五一七四內減去四六二九三〇〇之對數六・六六五五一五三二六〇，其對數較〇・〇〇〇〇〇一一二五七四爲三率，求得四率一一・九九九八爲現對數所配真數多於四六二九三〇〇之較，加入四六二九三〇〇內得四六二九三一一九九九八有奇，視單位下有三箇九，可收爲一數，得四百六十二萬九千三百一十二，即所求真數也。

設如有米三十二石，令一千零二十四人分之，問每人應得幾何。

法以三十二石變作三千二百升，查三二〇〇之對數爲三五〇五一四九九七八三，內減一〇二四之對數三〇一〇二九九五六六，餘〇四九四八五〇〇二一七。因首位爲〇，即知真數應爲升。將對數首位加四，得四・四九四八五〇〇二一七，其相配之真數爲三一二五〇，凡對數首位爲〇，真數當有一位，對數首位爲四，真數當有五位，求五位者取其密率也。即三升一合二勺五撮，爲每人應得之米也。

設有正方面積一百五十二兆四千一百五十七億六千五百二十七萬九千三百八十四尺，問開平方得根若干。

法以方積前五位一五二四一查得對數爲四・一八三〇一三四六三一，因方積係十五位，今止查得五位，仍餘十位，故將對數首位之四加十，得一四・一八三〇一三四六三一，即爲一五二四一〇〇〇〇〇〇〇〇〇〇之對數。又以一五二四一〇〇〇〇〇〇〇〇〇〇與一五二四二〇〇〇〇〇〇〇〇〇〇相減得一〇〇〇〇〇〇〇〇〇〇，截用六空位得一〇〇〇〇〇〇爲一率。以一五二四一〇〇〇〇〇〇〇〇〇〇〇之對數一四一八三〇一三四六三一與一五二四二〇〇

○○○○○○之對數一四一八三○四一九五七三相減，餘○○○○○○二八四九四二爲二率。方積後十位五七六五二七九三八四截用前六位數，得五七六五二七爲三率。因表中假數止於十一位，則真數亦止須用十一位，雖真數後再多幾位，其假數前十一位亦相同，故查表用五位，比例用六位，共爲十一位。得四率○・○○○○一六四二七七，與一五二四一○○○○○○○○○○之對數相加，得一四・一八三○二九八九○八，即爲一五二四一五七六五二七○○○○之對數亦即同於一五二四一五七六五二七九三八四之對數。真數雖多九三八四，然對數前十一位亦相同，若再求對數五六位，其差始見。折半得七・○九一五一四九四五四，因對數首位爲七，即知真數應有八位。今對數表對數首位止於四，真數止於五位，故將折半所得對數首位之七減去三，得四・○九一五一四九四五四，查對數表相近略少者爲四・○九一四九一○九四三，對其真數得一二三四五，即爲一二三四五○○○。因對數首位多三數，故真數尾位加三空位。又以一二三四五○○○之對數七・○九一四九一○九四三與一二三四六○○○之對數七・○九一五二六二七二六相減，餘○・○○○○三五一七八三，爲一率。以一二三四五○○○與一二三四六○○○相減，餘一○○○爲二率。今折半所得之假數與一二三四五○○○之對數相減，餘○○○○○二三八五一一爲三率。得四率六七八，與一二三四五○○○相加，得一二三四五六七八，即一千二百三十四萬五千六百七十八爲方根數也。

今有三乘方積九千六百零五萬九千六百零一，問方根幾何。

法以三乘方積前五位九六○五九查得對數爲四・九八二五三八○六一二，因三乘方積係八位，今止查得五位，仍餘三位，故將對數首位之四加三，得七・九八二五三八○六一二，即爲九六○五九○○○之對數。又以九六○五九○○○之對數與九六○六○○○○之對數七・九八二五四二五八二三相減，得○・○○○○四五二一一爲二率。以三乘方積後三位數六○一爲三率。以九六○五九○○○與九六○六○○○○相減得一○○○爲一率。求得四率○・○○○○○二七一七一八一一，止用十一位，得○・○○○○○二七一七二，與五六○五九○○○之對數相加，得七・九八二五四○七七八四爲三乘方積九六○五九六○一之對數。凡真數當開三乘方者，對數可用四除，故以四除其對數得一・九九五六三五一九四六，查其相配之真數爲九十九，故知三乘方根爲九十九也。

對數第十四條

設如已知六十度之正弦真數爲八六六○二五四○三八，欲求六十度之正弦對數若干。

法以正弦真數前五位八六六○二查對數表得四・九三七五二七九二一八，因真數係十位，今止查得五位，仍餘五位，故將對數首位之四加五，得九・九三七五二七九二一八，即爲八六六○二○○○○○之對數。乃以八六六○二○○○○○與八六六○三○○○○○相減，餘一○○○○○爲一率。以八六六○二○○○○○之對數九・九三七五二七九二一八與八六六○三○○○○○之對數九・九三七五三二九三六六相減餘○・○○○○○五○一四八爲二率。以正弦真數後五位五四○三八爲三率。求得四率○・○○○○○二七○九九，與八六六○二○○○○○之對數相加，得九・九三七五三○六三一七，即六十度正弦八六六○二五四○三八之對數也。

設如已知六十度餘弦爲五十億，求其對數若干。

法於半徑百億之對數一○・○○○○○○○○○○内減去二之對數○・三○一○二九九九五六六餘九・六九八九七○○○四三，即六十度餘弦五十億之對數也。

設如已知六十度正弦八六六○二五四○三八之對數爲九・九三七五三○六三一七，又知六十度餘弦五○○○○○○○○○之對數爲九・六九八九七○○○四三，求六十度切線對數若干。

法以六十度餘弦之對數九・六九八九七○○○四三爲一率。六十度正弦之對數九・九三七五三○六三一七爲二率。半徑百億之對數一○・○○○○○○○○○○爲三率。先以二三率相加得一九・九三七五三○六三一七，以一率減之得一○・二三八五六○六二七四，即六十度正切線之對數也。

如已知六十度餘弦對數，求六十度割線對數若干。

法以六十度餘弦五十億之對數九・六九八九七○○○四三爲一率，以半徑百億之對數一○・○○○○○○○○○○爲二率，又爲三率。二、三率相加，一率減之，得一○・三○一○二九九五七，即六十度正割線之對數也。

設有甲乙丙三角形，甲角五十度，甲乙邊十六丈，甲丙邊十二丈，問丙角乙角及乙丙邊各若干。

如圖甲乙丙三角形，已知甲角、甲乙邊、甲丙邊，若欲求丙角。

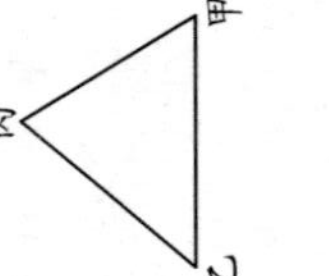

法以甲乙邊十六丈與甲丙邊十二丈相加，得二十八丈爲邊總，甲乙邊與甲丙邊相減，餘四丈爲邊較。甲角五十度與一百八十度相減，餘一百三十度，折半得六十五度爲半外角。乃以邊較四丈作四〇〇〇查表。之對數三·六〇二〇五九九九一三與半外角六十五度正切之對數一〇·三三一三三七四五二二相加，得一三·九三三三九七四四三五，內減邊總二十八丈作二八〇〇〇查表。之對數四·四四七一五八〇三一三，餘對數九·四八六二三九四一二二爲半較角正切之對數，查相配最近之真數，得十七度二分爲半較角，與半外角即半和角。相加，得八十二度二分，即丙角度也。與半外角相減，餘四十七度五十八分，即乙角度也。若求乙丙邊，則以甲角五十度之正弦對數九·八八四二五三九六五爲二率。以甲乙邊十六丈作一六〇〇〇查表。之對數四·二〇四一一九九八二七爲三率。二、三率相加，得對數一四·〇八八三七三九四九二，以丙角八十二度二分之正弦對數九·九九五七八八二〇九八爲一率。用以減二三率相加之數，餘四·〇九二五八五七三九四爲乙丙邊之對數。查對數表相近所對之真數爲一二三七六，即一十二丈三尺七寸六分，爲乙丙邊之數也。

清·曹汝英《算學樸識》卷一《筆算》 對數雜題四則。

（一）設知 對$_{一〇}$二 爲·三〇一〇三〇，對$_{一〇}$三 爲·四七七一二一，求 對$_{二八八}$·〇一 若干。

令 對$_{二八八}$·〇一＝天 則 二八八^{天}＝·〇一、天·對$_{一〇}$二八八＝

$$對_{一〇}\left(\frac{一〇〇}{一}\right)、天=\frac{對二八八}{對一丅二}=\frac{對(二^{五}×三^{二})}{丅二}=$$

$$\frac{五×對二丄二×對三}{丅二}=丅·八一三二=丅一·一八六八$$

（二）求證 $對_{甲}卯=\frac{對_{乙}甲}{對_{乙}卯}$

證法如下：令 對$_{甲}$卯＝天、 對$_{乙}$卯＝地 故

$卯=甲^{天}=乙^{地}$、$甲=乙^{\frac{天}{地}}$ 故 $\frac{天}{地}=對_{乙}甲$ 即 $\frac{對_{甲}卯}{對_{乙}卯}=對_{乙}甲$ 故

$$對_{甲}卯=\frac{對_{乙}甲}{對_{乙}卯}$$

（三）如 對$_{八}$九＝甲 及 對$_{三}$五＝乙 求證

$$對_{一〇}二=\frac{二丄三甲乙}{三}$$

證法如下：因 對$_{三}$五＝乙、 三^{乙}＝五 乙·對三＝對五＝對一〇丅對二＝一丅對二 故 $對三\frac{乙}{一丅對二}$㊀ 又 對$_{八}$九＝甲、 八^{甲}＝九 二^{三甲}＝三^{二} 三甲·對二＝二對三 以㊀式入之，得

$三甲對二=\frac{乙}{二丅二對二}$、三甲乙對二＝二丅二對二、對二（二丄三甲乙）＝二

故 $$對二=\frac{二丄三甲乙}{三}$$

（四）如 甲^{寅}＝乙^{卯} 求證 卯（對$_{甲}$天）＝寅（對$_{乙}$天）

證法如下，令 甲^{寅}＝乙^{卯}＝天 則 寅＝對$_{甲}$天、 卯＝對$_{乙}$天 故 寅卯＝卯對$_{甲}$天、 寅卯＝寅對$_{乙}$天 故 卯對$_{甲}$天＝寅對$_{乙}$天

清·劉澤楨《中西數學通解》卷一三 附對數略例對數表，八線對數表，俱詳載《精蘊》。

凡真數用乘，則對數用加。

凡真數用除，則對數用減。

凡真數用開平方，則對數用折半。

凡真數用開立方，則對數用三分之一。

凡八線對數，照表相加須減去首位之一，其當減之代數式，必加田字作記。

以上各條記明，則如法推算，與真數求得無異，而可省乘除之繁矣。如乘除位少法簡，原可不必定用對數也。

設如甲乙丙直角三角形，乙角爲直角九十度，知丙角五十七度，丙乙邊五丈，求甲乙邊幾何。

答曰：甲乙邊七丈六尺九寸九分三釐有餘。

一率	甲角正弦
二率	丙角正弦
三率	丙乙邊
四率	甲乙邊

法以丙角五十七度與象限九十度相減，餘三十三度爲甲角。乃以甲角爲對所知之角，其正弦五萬四千四百六十四爲一率。丙角爲對所求之角，其正弦八萬三千八百六十七爲二率。丙乙邊爲所知之邊，其數五丈爲三率。求得四率七丈六尺九寸九分三釐有餘，即甲乙爲所求之邊也。如丙丁戊象限，己戊弧爲丙角

之正弧，己庚線爲丙角之正弦，丁己弧爲丙角之餘弧，即甲角之正弧，辛己線爲丙角之餘弦，即甲角之正弦。是故丙角五十七度之餘弧爲三十三度，丙角五十七度之餘弦爲三十三度之正弦。己庚丙與甲乙丙兩句股形爲同式形，故甲角正弦丙庚即辛己。與丙角正弦己庚之比，同於丙乙邊與甲乙邊之比，爲相當比例四率也。

又法，以半徑十萬爲一率，丙角五十七度之正切一十五萬三千九百八十六爲二率，丙乙邊五丈爲三率。求得四率七丈六尺九寸九分三釐，即甲乙邊也。如丙丁戊一象限，切己戊弧作庚戊線，爲丙角之正切，則丙戊爲半徑。庚戊丙與甲乙丙兩句股形爲同式形，故丙戊半徑與庚戊正切之比同於丙乙邊與甲乙邊之比也。

天元草曰：立天元一爲甲乙邊，以丙角五十七度減象限，餘三十三度，其正弦五萬四千四百六十四，乘之，得 [籌式] 元 爲如積，寄左。乃以丙角五十七度之正弦八萬三千八百六十七乘丙乙邊五丈，得 [籌式] 爲同數，與左相消，得 [籌式] 上實下法，得七丈六尺九寸九分三釐有餘，即甲乙邊。

又法，立天元一爲甲乙邊，以半徑十萬乘之，得太 [籌式] 爲如積，寄左。乃以丙角五十七度之正切一十五萬三千九百八十六乘丙乙邊五丈，得 [籌式] 爲同數，與左相消，得 [籌式] 上實下法，得七丈六尺九寸九分三釐，即甲乙邊。

代數草曰：命 天＝甲乙邊 則 九〇°丅丙角＝甲角 故 九〇°丅五七°＝三三°＝甲角 其比例爲 甲角正弦：丙角正弦：：丙乙邊：天 變得 甲角正弦×天＝丙角正弦×丙乙邊 以真數代之，得 五四四六四天＝四一九三三五 即 天＝七六九九三… 爲甲乙邊。

又法，命 天＝甲乙邊 其比例爲 半徑：丙角正切：：丙乙邊：天 變之，得 半徑×天＝丙角正切×丙乙邊 以題之真數代之，得 一〇〇〇〇〇天＝七六九九三〇 即 天＝七六九九三〇 爲甲乙邊。

解如比例，後仿此。

按：此題爲已知正角旁之任一邊與任一鋭角，求其餘三事。代數另有圖解公式如左。

如圖，凡言角者皆加口旁，爲呷角叱角呐角。言邊者不用口旁，爲甲邊乙邊丙邊。故知甲爲呷角所對之邊，乙爲叱角所對之邊，丙爲呐角所對之邊矣。此題爲已知呐角旁之一邊甲，與對角叱，求他角呷、他邊乙與丙。則先從 呷＝九〇°丅叱 得呷角，又因 $\frac{丙}{甲}$＝正弦呷 ㊀ $\frac{甲}{乙}$＝餘切呷 ㊁ 所以 丙＝$\frac{正弦呷}{甲}$ ㊂ 乙＝甲餘切呷 ㊃ 若用對數，則爲 對丙＝對甲丅對正弦呷丄一 (甲) 對乙＝對甲丄對餘切呷丅一 (乙)

前題宜用四式推之，謂 甲乙邊＝乙、丙乙邊＝五＝甲、丙角五七°＝叱 而 九〇°丅叱＝三三°＝呷 所以 乙＝甲 餘切呷 代以數，得 乙＝五×一五三九八六 即 乙＝七六九九三 爲甲乙邊。如求丙邊，即題問之甲丙邊。則依三式推之，即得。

此題甲邊爲五，數止一位，用以乘他數，法甚簡便。可不必用對數。如用對數推之，則乙式 對乙＝對甲丄對餘切呷丅一 即 對乙＝四六九八九七〇丄一〇一八七四八二丅一 即 對乙＝四八八六四五二 即 乙＝七六九九三 與前數同。

案：此即《精藴》又法。試將四式作比例明之，則半徑：餘切呷：：甲：乙變得半徑×乙＝甲×餘切呷須知半徑爲一，所乘除之數不變，故作爲乙＝甲餘切呷又須知呷角餘切即叱角正切。故與《精藴》又法同。而對數所以減一者，蓋對數比例。二、三率相加減一率得四率。依上比例，一率爲半徑一，故對甲加對餘切呷而必減去一也。後仿此。

設如甲乙丙直角三角形，乙角爲直角九十度，知丙角五十一度五十一分，甲丙邊八十九丈零二寸二分，求甲乙邊丙乙邊各幾何。

答曰：甲乙邊七十丈零六分有餘，丙乙邊五十四丈九尺九寸有餘。

法以丙角五十一度五十一分與九十度相減，餘三十八度零九分爲甲角，求甲乙邊。則以乙角爲對所知之角，其正弦即半徑十萬爲一率。以丙角爲對所求之角，其正弦七萬八千六百四十爲二率。甲丙邊爲所知之邊，其數八十九丈零二寸二分爲三率。求得四率七十丈零六分有餘，即甲乙爲所求之邊也。

一率　半徑
二率　丙角正弦
三率　甲丙邊
四率　甲乙邊

求丙乙邊亦以乙角爲對所知之角，其正弦即半徑十萬爲一率。而以甲角爲對所求之角，其正弦六萬一千七百七十二爲二率。甲丙邊爲所知之邊，其數八十九丈零二寸二分爲三率。求得四率五十四丈九尺九寸有餘，即丙乙爲所求之邊也。

一率　半徑
二率　甲角正弦
三率　甲丙邊
四率　甲乙邊

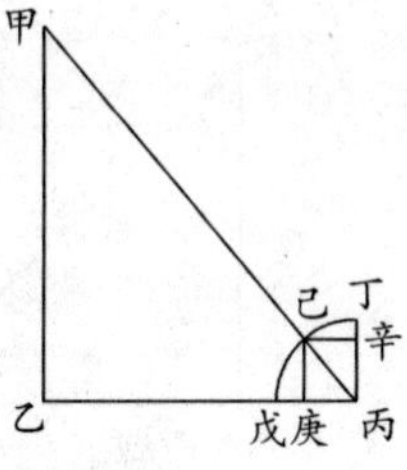

如丙丁戊一象限，己戊弧爲丙角正弧，己庚線爲丙角正弦，丁己弧爲丙角餘弧，即甲角正弧，辛己線爲丙角餘弦，亦爲甲角正弦，己庚丙與甲乙丙兩句股形爲同式形。故半徑己丙與丙角正弦己庚之比同於甲丙邊與甲乙邊之比。又半徑己丙與甲角正弦丙庚之比同於甲丙邊與丙乙邊之比也。

又法，求甲乙邊，以丙角五十一度五十一分正割一十六萬一千八百八十五爲一率，其正切一十二萬七千三百零六爲二率，甲丙邊八十九丈零二寸二分爲三率。求得四率七十丈零六分有餘，即甲乙邊也。

一率　丙角正割
二率　丙角正切
三率　甲丙邊
四率　甲乙邊

求丙乙邊，則仍以丙角正割一十六萬一千八百八十五爲一率，而以半徑十萬爲二率，仍以甲丙邊八十九丈零二寸二分爲三率。求得四率五十四丈九尺九寸有餘，即丙乙邊也。

如丙丁戊一象限，己戊弧爲丙角正弧，庚戊線爲丙角正切，庚丙線爲丙角正割，庚戊丙與甲乙丙兩句股形爲同式形。故丙角正割庚丙與正切庚戊之比同於甲丙邊與甲乙邊之比。又丙角正割庚丙與半徑丙戊之比即同於甲丙邊與丙乙邊之比。皆爲相當比例四率也。

一率　丙角正割
二率　半徑
三率　甲丙邊
四率　丙乙邊

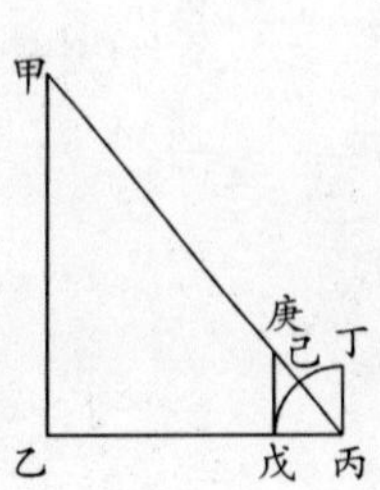

天元草曰：立天元一爲甲乙邊，而以乙角正弦即半徑。十萬乘之，得太|〇〇〇〇〇爲如積，寄左。乃以丙角正弦 丌≐丅三〇 與甲丙邊 ≐Ⅲ〇‖= 相乘，得 丌〇〇〇丅≐〇〇 爲同數，與左相消，得 丌〇〇〇丅≐〇⊘ / |〇〇〇〇〇 上實下法，得七十丈零六分有餘，即甲乙邊。

又立天元一爲丙乙邊，以半徑乘之，得太|〇〇〇〇〇爲如積，寄左。乃以甲角正弦 丅一丌⊥‖ 與甲丙邊 Ⅲ≐〇‖= 相乘，得 ⅢⅢ三Ⅲ≐〇丅⊥Ⅲ≐ⅢⅢ 爲同數，與左相消，得 ⅢⅢ三Ⅲ≐〇丅⊥Ⅲ≐⊠ / |〇〇〇〇〇 上實下法，得五十四丈九尺九寸有餘，爲丙乙邊。

代數草曰：命　天＝甲乙邊　則其比例爲　半徑：丙角正弦：：甲丙邊：天　即　一〇〇〇〇：七八六四〇：：八九・〇二二：天　變得　一〇〇〇〇天＝七〇〇〇六九〇〇　即　天＝七〇・〇〇六　爲甲乙邊。

又命　天＝丙乙邊　則其比例爲　半徑：甲角正弦：：甲丙邊：天　即　一〇〇〇〇：六一七七二：：八九・〇二二：天　變得　一〇〇〇〇天＝五四九九〇六六・九八四　即　天＝五四・九九…　爲丙乙邊。

案：此題爲知其對正角之邊，與任一鋭角，求其餘三事。代數另有公式如後。

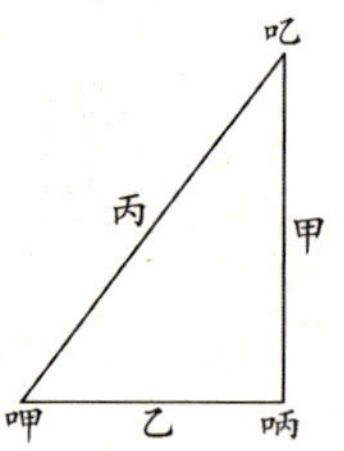

如圖，呷叱呐爲直角三角形，已知其弦丙，又知其叱角，求呷角與甲乙兩邊。

則先從　呷＝九〇°丅叱　得呷角，又因

$\frac{丙}{甲}$＝正弦呷㊀　$\frac{丙}{乙}$＝餘弦呷㊁　所以　甲＝丙正弦呷㊂　乙＝丙餘弦呷㊃　若用對數，則其式爲

對甲＝對丙丄對正弦呷丅一㊄　對乙＝對丙丄對餘弦呷丅一㊅

試以題之真數代之，依三式得　甲＝八九・〇二二×七八六四〇　即　甲＝七〇・〇〇六…　爲所求之甲乙邊。依四式，得　乙＝八九・〇二二×六一七七二　即　乙＝五四・九九〇　爲所求之丙乙邊。用對數，則依五式，得　對甲＝四九四九九四九丄九八九五一四三七丅一　即　對甲＝四八四五一三八七　即　甲＝七〇・〇〇六　依六式，得　對乙＝四九四九丄九七九〇丅一　即　乙＝五四・九九〇

案：此即《精蘊》前法，式不同而理實一也。試將三四式作比例，其故自明。

設如甲乙丙直角三角形，乙角爲直角九十度，知甲乙邊六十尺，丙乙邊三十二尺，求甲丙邊幾何。

答曰：甲丙邊六十八尺零一分二釐有餘。

法以甲乙邊六十尺爲一率，丙乙邊三十二尺爲二率，半徑十萬爲三率，求得四率五萬三千三百三十三爲甲角正切。檢表得二十八度零四分，即甲角度。如用丙乙邊作一率，甲乙邊作二率，即先得丙角度。

一率　甲乙邊
二率　丙乙邊
三率　半徑
四率　甲角正切

乃以甲角爲對所知之角，其正弦四萬七千零五十爲一率，乙角爲對所求之角其正弦即半徑十萬爲二率，丙乙邊爲所知之邊其數三十二尺爲三率。求得四率六十八尺零一分二釐有餘，即甲丙爲所求之邊也。又既得甲角之後，用割線法，則以半徑爲一率，甲角正割爲二率，甲乙邊爲三率，求得四率即甲丙爲所求之邊也。或得丙角，則用丙角正割爲二率，丙乙邊爲三率，亦得甲丙邊。若得丙角，仍用甲乙邊爲三率，則用丙角餘割即甲角正割。爲二率，而亦得甲丙邊也。或用句股求弦，亦得甲丙邊。

一率　甲角正弦
二率　半徑
三率　丙乙邊
四率　甲丙邊

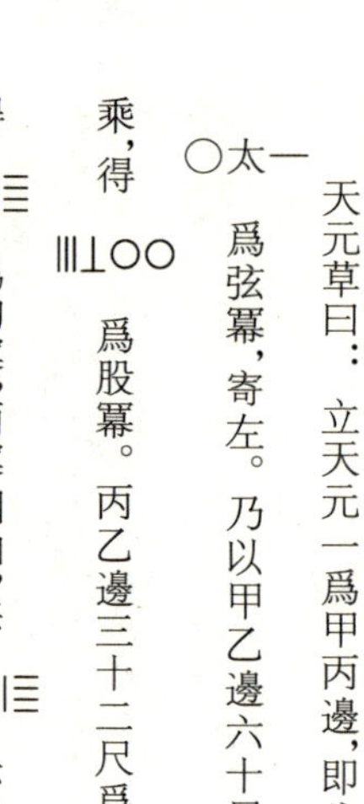

天元草曰：立天元一爲甲丙邊，即弦，自之得 一〇太 爲弦冪，寄左。乃以甲乙邊六十尺爲股，自乘，得 〣丄〇〇 爲股冪。丙乙邊三十二尺爲句，自乘，得 〡〇〢〣 爲句冪，兩冪相加，共 〣丄〢〣 亦爲弦冪，與左相消，得 〣丅〢〣 〇 一 開平方，得六十八尺零一分二釐有餘，即甲丙邊。

代數草曰：命　天＝甲丙邊　則　$天^2＝(六〇)^2丄(三二)^2$　即　$天^2＝三六〇〇丄一〇二四$　即　$天^2＝四六二四$　開方，得　$天＝\sqrt{四六二四}$　即　天＝六八・〇一二…　爲甲丙邊。

解曰：天代二法，謹依《精蘊》句股求弦法推算，其得數仍同比例。

案：此題爲知其正角旁之兩邊，求其餘三事，代數另有公式如左。

如圖，呷叱呐直角三角形，已知正角旁之甲乙兩邊，求其他邊丙，他角呷與叱。

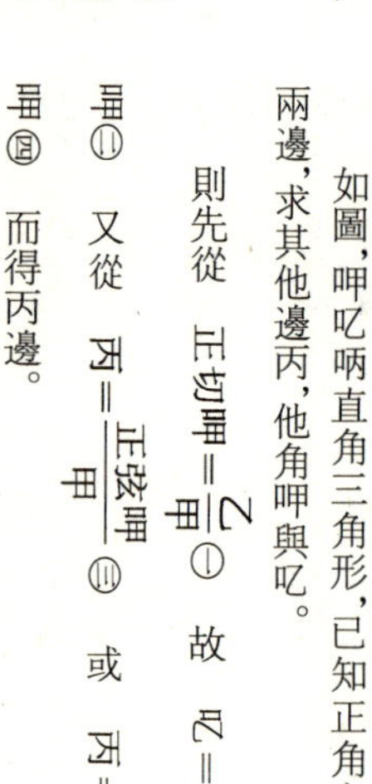

則先從　正切呷＝$\frac{乙}{甲}$㊀　故　叱＝九〇°丅呷㊁　又從　丙＝$\frac{正弦呷}{甲}$㊂　或　丙＝甲餘割呷㊃　而得丙邊。

又法，能從　丙＝$\sqrt{甲^2丄乙^2}$　而得丙。若用對數，則一式爲　對正切呷

$＝對甲丁對乙$㊙甲　三式爲　$對丙＝對甲丁對正弦呷$(乙)　四式爲　$對丙＝對甲丄對餘割呷$(丙)　惟　$丙＝\sqrt{甲^{二}丄乙^{二}}$　即《精藴》句股求弦法，不合於對數之用。

而一式即《精藴》第一個四率比例，三式即《精藴》第二個四率比例，四式即《精藴》第四個四率比例。照上各式，以題之真數代之，無不得其所求數。

設如甲乙丙直角三角形，乙角爲直角九十度，知甲丙邊一百零二丈二尺，丙乙邊四十八丈，求甲角丙角各幾何。

答曰：甲角二十八度零一分，丙角六十一度五十九分。

法以甲丙邊爲對所知之邊，其數一百零二丈二尺爲一率。丙乙邊爲對所求之邊，其數四十八丈爲二率。乙角爲所知之角，其正弦即半徑十萬爲三率。求得四率四萬六千九百六十六爲甲角正弦。檢表，得二十八度零一分，即甲角度也。甲角餘弦即丙角正弦，如檢八線表餘弦數，得六十一度五十九分，即丙角度也。

一率　甲丙邊
二率　丙乙邊
三率　半徑
四率　甲角正弦

如甲丁戊一象限，己庚爲甲角正弦，辛己與甲庚等，爲甲角餘弦，即丙角正弦。甲庚己與甲乙丙兩句股形爲同式形，故甲丙邊與丙乙邊之比同於甲己半徑與己庚正弦之比也。

又法，以丙乙邊四十八丈爲一率，甲丙邊一百零二丈二尺爲二率，半徑十萬爲三率。求得四率二十一萬二千九百一十六爲丙角正割。檢八線表，得六十一度五十九分，即丙角度也。其丙角餘割，即甲角正割。如檢餘割數，得二十八度零一分，即甲角度也。

一率　丙乙邊
二率　甲丙邊
三率　半徑
四率　丙角正割

如丙丁戊一象限，丙戊爲半徑，己戊爲丙角正切，己丙爲丙角正割。甲乙丙與己戊丙兩句股形爲同式形，故丙乙邊與甲丙邊之比，同於丙戊半徑與己丙正割之比也。

天元草曰：立天元一爲甲角正弦，以甲丙邊一百零二丈二尺乘之，得太 |〇‖＝ 爲如積，寄左。乃以丙乙邊四十八丈乘半徑十萬，即乙角正弦。得 ‖‖≡〇〇〇〇〇〇 爲同數，與左相消，得 ‖‖≡〇〇〇〇〇⊘ |〇‖＝ 上實下法，得四萬六千九百六十六爲甲角正弦。檢表得二十八度零一分，爲甲角度，與九十度相減，餘六十一度五十九分，即丙角度。

代數草曰：命　天＝甲角正弦　則作比例爲　甲丙邊：丙乙邊∷半徑：天　即　一〇二．二：四八∷一〇〇〇〇〇：天　變得　一〇．二二天＝四八〇〇〇〇〇　即　天＝四九六六　爲甲角正弦。檢表得　甲角＝二八°〇一′　爲甲角度。則　九〇°丅二八°〇一′＝六一°五九′　爲丙角度。

按：此題爲知其對正角之邊與正角旁之任一邊，求其餘三事。代數另有公式如左。

如圖，呷叱呐直角形，已知其弦丙，又知正角旁之甲邊，求他邊乙，他兩角呷與叱。則先從 $乙^{二}＝丙^{二}丅甲^{二}$ ㊀ 得乙邊，又因 $正弦呷＝\frac{丙}{甲}$ ㊁ 得呷角，則 $叱＝九〇°丅呷$ ㊂ 得叱角。一式不便於用對數，二式可作爲 $對正弦呷＝對甲丁對丙$(甲) 以題之真數代入各式，其得數仍與前同。

以上爲直角三角形邊角相求。

設如甲乙丙(鏡)[鋭]角三角形，知乙丙邊三十二丈，乙角六十度，丙角四十六度。求甲乙邊，甲丙邊，並甲角各幾何。

答曰：甲乙邊二十三丈九尺四寸六分有餘，甲丙邊二十八丈八尺二寸九分有餘，甲角七十四度。

法以乙角六十度與丙角四十六度相加，得一百零六度，與半周一百八十度相減，餘七十四度爲甲角。求甲丙邊，則以甲

一率　甲角正弦
二率　乙角正弦
三率　乙丙邊
四率　甲丙邊

角爲對所知之角，其正弦九萬六千一百二十六爲一率，以乙角爲對所求之角，其正弦八萬六千六百零三爲二率，乙丙邊爲所知之邊，其數三十二丈爲三率，求得四率二十八丈八尺二寸九分有餘，即甲丙爲所求之邊也。

一率　甲角正弦
二率　丙角正弦
三率　乙丙邊
四率　甲乙邊

求甲乙邊，則仍以甲角爲對所知之角，其正弦九萬六千一百二十六爲一率。而以丙角爲對所求之角，其正弦七萬一千九百三十四爲二率。仍以乙丙邊爲所知之邊，其數三十二丈爲三率。求得四率二十三丈九尺四寸六分有餘，即甲乙爲所求之邊也。

如圖，甲乙丙三角形，作含三角形之圜，則每界角各對一弧。試自圜心丁，作三角形各邊之垂線，即將每角所對之弧平分一半，各成兩心角，其每一心角與相當各界角之度等。見《幾何原本》四卷第十三節。是以乙角所對甲丙弧，原係一百二十度，今爲丁庚癸垂線所平分，各爲六十度，一爲甲丁癸，一爲癸丁丙，皆與乙角原度等。丙角所對甲乙弧，原係九十二度，今爲丁戊辛垂線所平分，各爲四十六度，一爲甲丁辛，一爲辛丁乙，皆與丙角原度等。甲角所對乙丙弧，原係一百四十八度，今爲丁己壬垂線所平分，各爲七十四度，一爲乙丁壬，一爲壬丁丙，皆與甲角原度等。乙己爲乙丁壬角之正弦，己丙爲壬丁丙角之正弦，亦即甲角正弦。甲庚爲甲丁癸角之正弦，庚丙爲癸丁丙角之正弦，亦即乙角正弦。甲戊爲甲丁辛角正弦，戊乙爲辛丁乙角正弦，亦即丙角正弦。故求甲丙邊者，以乙己與甲庚比，或己丙與庚丙比，皆同於乙丙與甲丙比。又若求甲乙邊者，以己丙與甲戊比，或乙己與戊乙比，皆同於乙丙與甲乙比。俱是半與半全與全之比也。

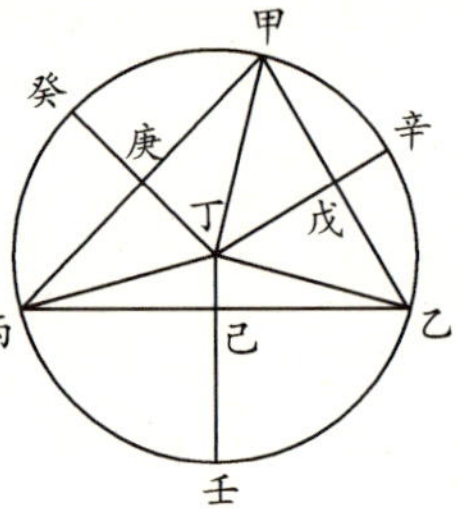

又圖，求甲丙邊者，則用甲丙爲半徑，自丙角至甲乙界作丙丁垂線，爲甲角正弦。又依甲丙度，截丙乙於戊，使戊乙與甲丙等。凡用正弦比例，因在圜內，皆同半徑。今使戊乙與甲丙相同，正弦之大小乃見。乃自戊至甲乙界又作戊己垂線，爲乙角正弦。觀戊己小於丙丁，則知甲丙同戊乙。亦小於乙丙，故甲角正弦丙丁與乙角正弦戊己之比同於乙丙邊與甲丙邊之比也。

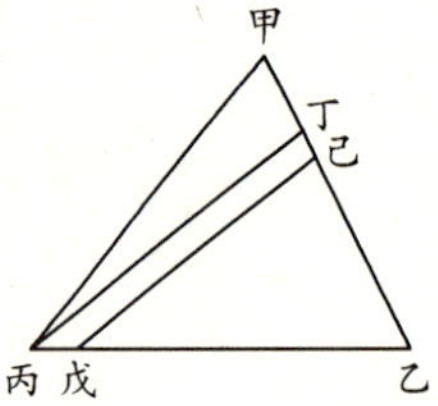

又如求甲乙邊者，則用甲乙爲半徑，自乙角至甲丙界，作乙丁垂線，爲甲角正弦。又依甲乙度，截乙丙於戊，使戊丙與甲乙邊等。乃自戊至甲丙界，又作戊己垂線，爲丙角正弦。觀戊己小於乙丁，則知甲乙同戊丙。亦小於乙丙。故甲角正弦乙丁與丙角正弦戊己之比同於乙丙邊與甲乙邊之比也。

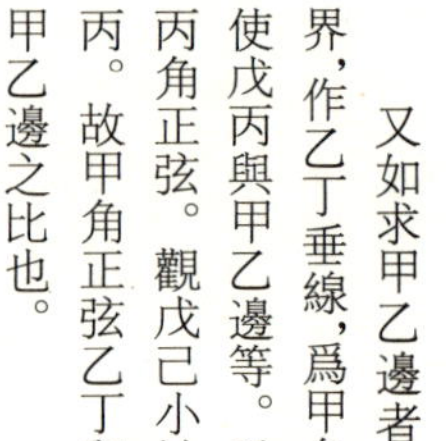

又法，求甲乙邊，以乙角六十度餘切五萬七千七百三十五與丙角四十六度餘切九萬六千五百六十九相加，共一十五萬四千三百零四爲一率，乙角餘割一十一萬五千四百七十爲二率，乙丙邊三十二丈爲三率。求得四率二十三丈九尺四寸六分有餘，即甲乙邊。

一率　乙丙角餘切
二率　乙角餘割
三率　乙丙邊
四率　甲乙邊

求甲丙邊，則仍以兩角餘切相加之一十五萬四千三百零四爲一率，而以丙角餘割一十三萬九千零一十六爲二率，仍以乙丙邊三十二丈爲三率，求得四率二十八丈八尺二寸九分有餘，即甲丙邊也。

一率　乙丙角餘切
二率　丙角餘割
三率　乙丙邊
四率　甲丙邊

此法蓋以甲乙丙一鋭角三角形，分爲甲丁乙，甲丁丙，兩直角三角形，即如乙角六十度與象限九十度相減，餘三十度爲甲丁乙三角形之甲角。又丙角四十六度與象限九十度相減，餘四十四度爲甲丁丙三角形之甲角。乙角之餘切戊己，即甲丁乙三角形之甲角之正切，如壬癸。乙角之餘割己乙，即甲丁乙三角形之甲角之正割，如甲壬。而丙角之餘切庚辛，即甲丁丙三角形之甲角之正切，如癸子。丙角之餘割庚丙，即甲丁丙三角形之甲角之正割，如甲子。若乙角丙角兩餘切相加，即兩甲角正切相加之和，如壬子。甲癸壬與甲丁乙兩三角形爲同式形，甲癸子與甲丁丙兩三角形爲同式形，故甲壬子與甲乙丙兩三角形亦爲同式形，是故求甲乙邊者，以壬子與甲壬之比，同於乙丙與甲乙之比。求甲丙邊者，以壬子與甲子之比，同於乙丙與甲丙之比也。

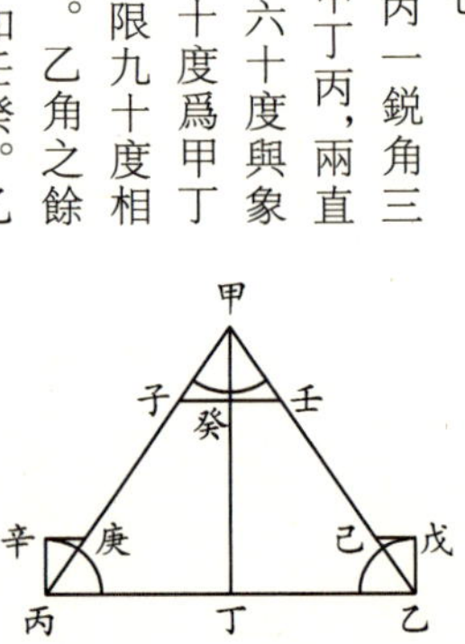

天元草曰：立天元一爲甲丙邊，以乙角丙角相加，得一百零六度，與半周

相減，餘七十四度爲甲角，其正弦九萬六千一百二十六，乘天元，得太 丅=丄Ⅲ 爲如積，寄左。乃以乙角正弦八萬六千六百零三，與乙丙邊三十二丈相乘，得 丅〣一Ⅱ丅Ⅱ 爲同數，與左相消，得 丅〣一Ⅱ丅Ⅱ / 丅=丄Ⅲ 上實下法，得二十八丈八尺二寸九分有餘，爲甲丙邊。

又立天元一爲甲乙邊，以甲角正弦乘之，得太 丅=丄Ⅲ 爲如積，寄左。乃以丙角正弦七萬一千九百三十四，與乙丙邊三十二丈相乘，得 ‖〣〇‖Ⅲ 爲同數，與左相消，得 ‖〣〇‖Ⅲ / 丅=丄Ⅲ 上實下法，得二十三丈九尺四寸六分有餘，即甲乙邊。

代數草曰：命 天=甲丙邊 則 一八〇°T(六〇°丄四六°)=甲角 去括弧，得 一八〇°T六〇°T四六°=七四°。 爲甲角，所以得一比例爲 甲角正弦：乙角正弦 :: 乙丙邊：甲丙邊 〔即〕 九六一二六：八六六〇三 :: 三二：天 變得 九六一二六天=二七七一二九六 即 天=二・八八二九… 爲甲丙邊。

又命 天=甲乙邊 則其比例爲 甲角正弦：丙角正弦 :: 乙丙邊：甲乙邊 〔即〕 九六一二六：七一九三四 :: 三二：天 變得 九六一二六天=二三〇一八八八 即 天=二三・九四六… 爲甲乙邊。

按：此題爲已知兩角，並知對所知任一角之邊，求其餘一角兩邊，代數另有公式如左。

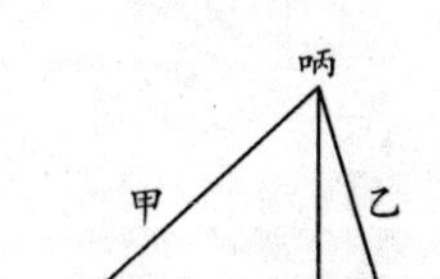

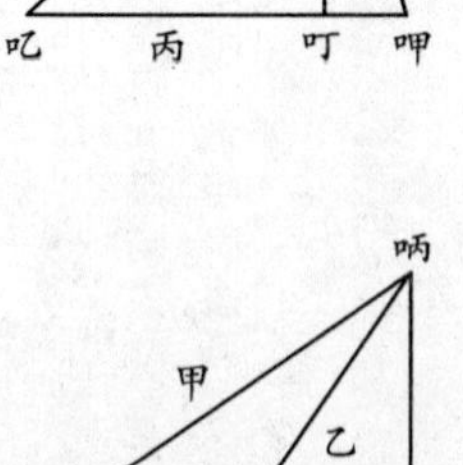

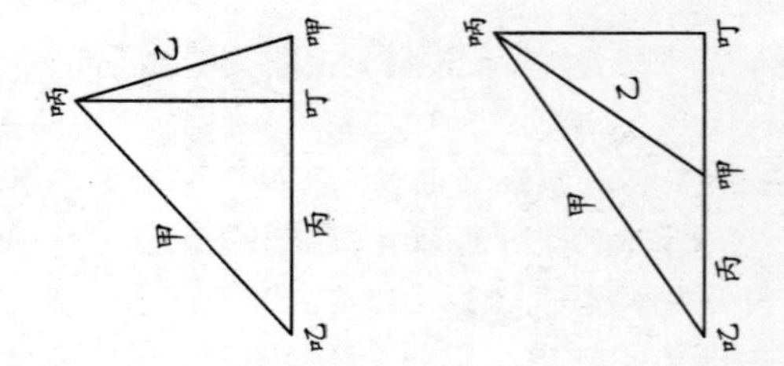

如圖，呷叱哂任何三角形，已知其呷角，及甲邊，又知其叱、哂二角之任一角，欲求其他角，及乙丙兩邊。將已知之兩角相加，以減一百八十度，即得其又一角。乃從 $乙=甲\frac{正弦呷}{正弦叱}$ ㊀ $丙=甲\frac{正弦呷}{正弦哂}$ ㊁ 得其乙與丙兩邊。

若用對數，則爲 對乙=對甲丄對正弦叱丅對正弦呷 ㊂ 對丙=對甲丄對正弦哂丅對正弦呷 ㊃

試以題之真數代之，則 呷=一八〇°T六〇°T四六°=七四°。乃依一式 $乙=甲\frac{正弦呷}{正弦叱}$ 而得 $乙=三二\frac{九六一二六}{八六六〇三}$ 即 乙=二八・八二九… 即前圖之甲丙邊。依二式 $丙=甲\frac{正弦呷}{正弦哂}$ 而得其 $丙=三二\frac{九六一二六}{七一九三四}$ 即 丙=二三・九四六… 即前圖之甲乙邊，用對數同前。

按：此即《精蘊》前法也。一式即第一個四率比例，二式即第二個四率比例。

設如甲乙丙鋭角三角形，知甲角六十度，甲乙邊四十丈，甲丙邊二十六丈一尺零八分，求乙角、丙角及乙丙邊各幾何。

答曰：乙角四十度，丙角八十度，乙丙邊三十五丈一尺七寸五分有餘。

一率 兩邊和
二率 兩邊較
三率 半外角正切
四率 半較角正切

法以甲乙邊四十丈，與甲丙邊二十六丈一尺零八分相加，得六十六丈一尺零八分，爲兩邊之和，爲一率。又以甲乙邊四十丈與甲丙邊二十六丈一尺零八分相減，餘一十三丈八

尺九寸二分爲兩邊之較，爲二率。以甲角六十度與一百八十度相減，餘一百二十度爲外角，折半得六十度爲半外角，其正切一十七萬三千二百零五爲三率。求得四率三萬六千三百九十七，爲半較角正切。檢表得二十度爲半較角，與半外角六十度相減，餘四十度，即乙角。以半較角與半外角相加，得八十度，即丙角。

次以丙角爲對所知之角，其正弦九萬八千四百八十一爲一率。以甲角爲對所求之角，其正弦八萬六千六百零三爲二率。甲乙邊爲所知之邊，其數四十丈爲三率。求得四率三十五丈一尺七寸五分有餘，即乙丙爲所求之邊也。

一率　丙角正弦
二率　甲角正弦
三率　甲乙邊
四率　乙丙邊

如圖，甲乙丙銳角三角形，以甲爲心，甲丙小邊爲半徑，作一丙丁戊圜，截甲乙大邊於戊將甲乙引長至圜界丁，則甲丁、甲戊俱爲半徑，與甲丙等。自丁至乙即兩邊和，自戊至乙即兩邊較。丁甲丙角即甲角之外角。試自丙至戊，作一丙戊線，則成甲丙戊三角形。其甲丙戊與甲戊丙二角併之，與丁甲丙外角度等。今折半用其正切，即如用丁戊丙角正切。又心角與邊角度等，其切線亦等，故自丙至丁，作一丙丁線，即丁戊丙角正切。又戊丙乙角即丙角大於甲戊丙角之較，亦即乙角小於甲戊丙角之較，故自圜甲戊至乙丙邊己，作己戊線，與丙丁平行，即戊丙己角正切。且丁乙丙三角形，與乙戊己三角形爲同式形，故兩邊之和丁乙，與丁戊丙半外角切線丁丙之比，即同於兩邊之較戊乙，與半較角切線戊己之比也。

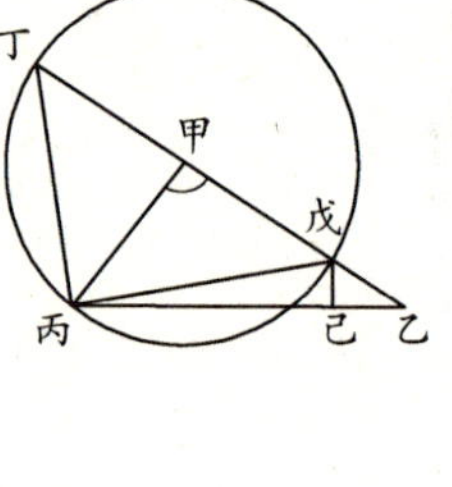

又法，自丙角作丙丁垂線，分爲丙甲丁、丙丁乙兩直角三角形算之，先用丙丁甲直角三角形，求丙丁垂線，及甲丁分邊，以丁角爲對所知之角，其正弦即半徑十萬爲一率。以甲角爲對所求之角，其正弦八萬六千六百零三爲二率。甲丙邊爲所知之邊，其數二十六丈一尺零八分爲三率。求得四率二十二丈六尺一寸有餘，爲丙丁垂線。又以丁角爲對所知之角，其正弦即半徑十萬爲一率。以甲角六十度與九十度相減，餘三十度，即甲丙丁即丙之分角。角爲對所求之角其正弦五萬爲二率。直用甲角餘弦亦可。甲丙邊爲所知之邊，其數二十六丈一尺零八分爲三率。求得四率十三丈零五寸四分，爲甲丁分邊。乃與甲乙邊四十丈相減，餘二十六丈九尺四寸六分，爲丁乙分邊。於是用丙丁乙直角形求乙角及乙丙邊。以丁乙二十六丈九尺四寸六分爲一率，丙丁二十二丈六尺一寸有餘爲二率，半徑十萬爲三率。得四率八萬三千九百零八爲乙角正切。檢表得四十度爲乙角。以乙角四十度與甲角六十度相加，得一百度，與一百八十度相減，餘八十度爲丙角。既得乙丙兩角，則用兩角一邊，求又一邊法算之，即得乙丙邊矣。或先求乙丙邊，則以丁乙二十六丈九尺四寸六分爲句，丙丁二十二丈六尺一寸爲股，求得弦三十五丈一尺七寸五分有餘，即乙丙邊也。

天元草曰：立天元一爲半較角正切，以甲乙邊與甲丙邊相加，共六十六丈一尺零八分乘之，得太 ⊥T一〇Ⅲ 爲如積，寄左。乃以甲角六十度與半周相減，餘一百二十度爲甲外角，半之得六十度爲半外角，其正切一十七萬三千二百零五，乘甲乙邊與甲丙邊相減所餘之一十三丈八尺九寸二分，得 ‖☰〇⊥|⊥Ⅲ≟T… 爲同數，與左相消，得 ‖☰〇⊥|⊥Ⅲ≟T… ⊥T一〇Ⅲ 上實下法，得三萬六千三百九十七爲半較角正切，檢表得二十度爲半較角，以加半外角六十度，共八十度，即丙角。以減半外角六十度，餘四十度，即乙角。

次立天元一爲乙丙邊，以丙角正弦九萬八千四百八十一乘之，得太 Ⅲ≟Ⅲ≟| 爲如積，寄左。乃以甲角正弦八萬六千六百零三乘甲乙邊四十丈，得 ‖☰T☰|=〇 爲同數，與左相消，得 ‖☰T☰|=〇 Ⅲ≟Ⅲ≟| 上實下法，得三十五丈一尺七寸五分有餘，即乙丙邊。

代數草曰：命 天=半較角正切 則其比例爲 兩邊和：兩邊較：：半外角正切：半較角正切 以真數代入，得 六六．一〇八：一三．八九二：：一七三二〇五：天 變之，得 六六．一〇八天=二四〇六一六三八六 即 天=三六三九七 爲半較角正切，檢八線表，得二十度，故 六〇°丄二〇°=八〇°。爲丙角度 六〇°丅二〇°=四〇°。爲乙角度。

次命 天=乙丙邊 其比例爲 丙角正弦：甲角正弦：：甲乙邊：乙丙邊 即 九八四八一：八六六〇三：：四〇：天 變得 九八四八一天=三四六四一二〇 即 天=三五．一七五… 爲乙丙邊。

按：此題爲知其任兩邊及此二邊所成之角，求其餘三事。代數另有公式如左。如圖，呷𠮙𠰳任何三角形，已知甲乙兩邊及所夾之角𠰳，求𠮙呷及丙邊。則從 $\frac{乙}{甲}=\frac{正弦𠮙}{正弦呷}$ 得兩式爲 $\frac{乙}{甲丄乙}=\frac{正弦𠮙}{正弦呷丄正弦𠮙}$ ㊀ $\frac{乙}{甲丅乙}=\frac{正弦𠮙}{正弦呷丅正弦𠮙}$ ㊁ 所以 $\frac{甲丅乙}{甲丄乙}=\frac{正弦呷丅正弦𠮙}{正弦呷丄正弦𠮙}$ ㊂ 推因 $\frac{正弦呷丅正弦𠮙}{正弦呷丄正弦𠮙}=\frac{正切\frac{二}{一}(呷丅𠮙)}{正切\frac{二}{一}(呷丄𠮙)}$ ㊃ 故 $\frac{甲丅乙}{甲丄乙}=\frac{正切\frac{二}{一}(呷丅𠮙)}{正切\frac{二}{一}(呷丄𠮙)}$ ㊄

又因 $\frac{二}{一}(呷丄𠮙)=九〇°丅\frac{二}{𠰳}$ ㊅ 所以 正切$\frac{二}{一}(呷丄𠮙)=$餘切$\frac{二}{𠰳}$ ㊆ 正切$\frac{二}{一}(呷丅𠮙)=\frac{甲丄乙}{甲丅乙}$餘切$\frac{二}{𠰳}$ ㊇ 其 $\frac{二}{一}(呷丄𠮙)$ ㊈

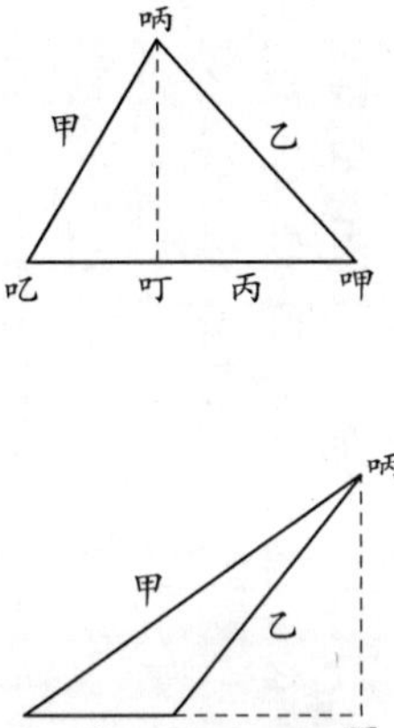

及 $\frac{二}{一}(呷丅𠮙)$ ㊉ 之同數已知，則從 $呷=\frac{二}{一}(呷丄𠮙)丄\frac{二}{一}(呷丅𠮙)$ ⑪ $𠮙=\frac{二}{一}(呷丄𠮙)丅\frac{二}{一}(呷丅𠮙)$ ⑫ 得呷與𠮙。又從 $丙=乙\frac{正弦𠮙}{正弦𠰳}$ ⑬ 而得丙。

試以真數代之，則其㊅式 $\frac{二}{一}(呷丄𠮙)=九〇°丅\frac{二}{𠰳}$ 即 $\frac{二}{一}(呷丄𠮙)=九〇°丅\frac{二}{六〇}$ 即 $\frac{二}{一}(呷丄𠮙)=九〇°丅三〇=六〇°$。所以依㊆式 正切$\frac{二}{一}(呷丄𠮙)=$餘切$\frac{二}{𠰳}$ 即 正切$\frac{二}{一}(呷丄𠮙)=一七三二〇五$ 檢表，得 $\frac{二}{一}(呷丄𠮙)=六〇°$。依㊇式 正切$\frac{二}{一}(呷丅𠮙)=\frac{甲丄乙}{甲丅乙}$餘切$\frac{二}{𠰳}$ 即 正切$\frac{二}{一}(呷丅𠮙)=三六三九七$ 檢表得 $\frac{二}{一}(呷丅𠮙)=二〇°$。則⑪式 $呷=\frac{二}{一}(呷丄𠮙)丄\frac{二}{一}(呷丅𠮙)$ 即 $呷=六〇°丄二〇°=八〇°$。即題問之丙角。又⑫式 $𠮙=\frac{二}{一}(呷丄𠮙)丅\frac{二}{一}(呷丅𠮙)$ 即 $𠮙=六〇°丅二〇°=四〇°$。即題問之乙角。次依⑬式 $丙=乙\frac{正弦𠮙}{正弦𠰳}$ 即 $丙=四〇\times\frac{九八四八一}{八六六〇三}$ 即 $丙=\frac{九八四八一}{三四六四一二〇}$ 即 丙=三五．一七五 即題問之乙丙邊。

以上數式，法較簡便，而其布算之理，仍與《精蘊》相同。如六式即半外角，九式同。八式即四率比例，十式即半較角，十一、十二兩式即半較角與半外角相加爲丙角，相減爲乙角，十三式即第二個四率比例。

設如甲乙丙鋭角三角形，知乙角六十度，甲乙邊八十丈，甲丙邊七十丈三尺四寸，求甲角、丙角及乙丙邊各幾何。

答曰：甲角三十九度五十七分，丙角八十度零三分，乙丙邊五十二丈一尺五寸三分有餘。

法以甲丙邊爲對所知之邊，其數七十丈三尺四寸爲一率。甲乙邊爲對所求之邊，其數八十丈爲二率。乙角爲所知之角，其正弦八萬六千六百零三爲三率。得四率九萬八千四百九十六爲丙角正弦，檢表得八十度零三分即丙角也。既得丙角，則以乙角六十度與丙角八十度零三分相加，得一百四十度零三分，與一百八十度相減餘三十九度五十七分，即甲角也。既得甲角，求乙丙邊，則以乙角爲對所知之角，其正弦八萬六千六百零三爲一率。甲角爲對所求之角，其正弦六萬四千二百一十二爲二率。甲丙邊爲所知之邊，其數七十丈三尺四寸爲三率。得四率五十二丈一尺五寸三分有餘，即乙丙邊爲所求之邊也。

又法，用餘割求丙角，以甲乙邊八十丈爲一率。甲丙邊七十丈三尺四寸爲二率。乙角六十度餘割一十一萬五千四百七十爲三率。求得四率十萬一千五百二十六爲丙角餘割，檢表得八十度零三分即丙角也。

如圖，甲乙丙鋭角三角形，作甲丁垂線，分爲甲丁乙、甲丁丙兩直角三角形，其乙角餘割戊乙，即甲丁乙三角形之甲角正割，如甲庚。丙角之餘割己丙，即甲丁丙三角形之甲角正割，如甲辛。甲庚辛與甲乙丙兩三角形爲同式形，故甲乙邊與甲丙邊之比，同於乙角餘割甲庚即戊乙。與丙角餘割甲辛即己丙。之比也。

天元草曰：立天元一为丙角正弦，以甲丙邊七十丈三尺四寸乘之，得太 T○|||≡ 爲如積，寄左。乃以甲乙邊八十丈乘乙角正弦八萬六千六百零三，得 ⊥||||=|||=||||○ 爲同數，與左數相消，得 ⊥||||=|||=||||⊘ ⊥○|||≡ 上實下法，得九萬八千四百九十六爲丙角正弦。檢表得八十度零三分，即丙角。與乙角相加，得一百四十度零三分，以減一百八十度，餘三十九度五十七分爲甲角度。

另立天元一爲乙丙邊，以乙角正弦八萬六千六百零三乘之，得太 |||○⊥T≐ 爲如積，寄左。乃以甲角正弦六萬四千二百一十二乘甲丙邊七十丈三尺四寸，得 ○||⊥T⊥|≡|||| 爲同數，與左相消，得 ○||⊥T⊥|≡|||| |||○⊥T≐ 上實下法，得五十一丈一尺五寸三分有餘，即乙丙邊。

代數草曰：命　天＝丙角正弦　則其比例爲　甲丙邊：甲乙邊 :: 乙角正弦：丙角正弦，即　七〇・三四：八〇 :: 八六六〇三：天　變得　七〇・三四天＝六九二八二四〇　即　天＝九八四九六　爲丙角正弦，檢表得　八〇°〇三′　爲丙角，則　甲角＝一八〇°T八〇°〇三′T六〇°。即　甲角＝三九°五七′

次命　天＝乙丙邊　則其比例爲　乙角正弦：甲角正弦 :: 甲丙邊：乙丙邊　即　八六六〇三：六四二一二 :: 七〇・三四：天　變之得　八六六〇三天＝四五一六六七二・〇八　即　天＝五二・一五三…　爲乙丙邊。

按：此題爲知其任兩邊及對所知任一邊之角，求其餘三事。代數另有公式如左。

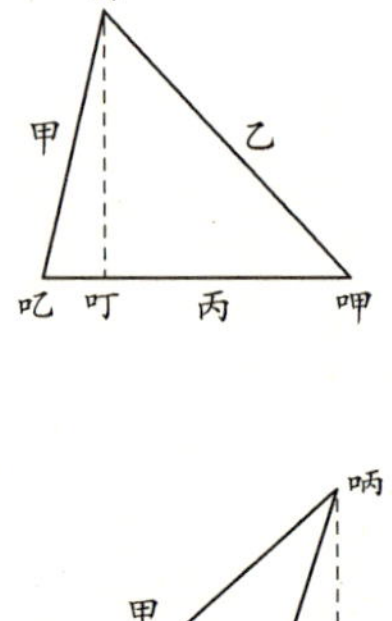

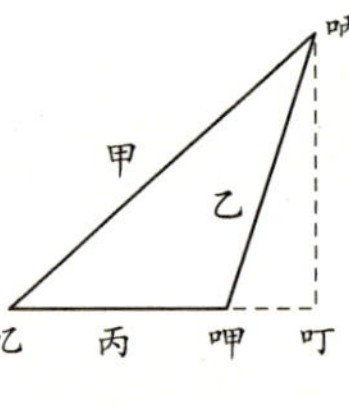

如圖，呷吃呐任何三角形，已知甲乙二邊，又知其呷角，欲求吃呐兩角及丙邊。則從吃角求起，先得　$正弦吃=\frac{甲}{乙}正弦呷$　乃得　呐＝一八〇°T(呷⊥吃)　則　$丙=甲\frac{正弦呐}{正弦呷}$　此題若所知之角爲鋭，而對角之邊，小於角旁之邊，則有兩答。

按：公式各式，仍與《精蘊》法同。若用對數法如前。

設如甲乙丙鋭角三角形，知甲乙邊一百二十二尺，甲丙邊一百一十二尺，乙丙邊一百五十尺，求甲、乙、丙三角各幾何。

答曰：甲角七十九度三十六分四十秒，丙角五十三度零八分，乙角四十七度一十五分二十秒。

法求丙角，以甲丙邊一百一十二尺，與乙丙邊一百五十尺相乘，得一萬六千八百尺，倍之，得三萬三千六百尺爲一率。以甲丙邊一百一十二尺自乘，得一萬二千五百四十四尺。乙丙邊一百五十尺自乘，得二萬二千五百尺。以兩邊各自乘數相加，得三萬五千零四十四尺。又以甲乙邊一百二十二尺自乘，得一萬四千八百八十四尺，與兩邊各自乘相加數三萬五千零四十四尺相減，餘二萬零一百六十尺爲二率。半徑十萬爲三率。求得四率六萬，爲甲分角正弦，即丙角餘弦。檢表得五十三度零八分，即丙角也。求乙角，則以甲乙邊與乙丙邊相乘，得數倍之爲一率。以甲乙邊乙丙邊各自乘相加內減去甲丙邊自乘之數，餘爲二率。半徑十萬爲三率。求得四率，爲甲分角正弦，即乙角餘弦。檢表得乙角度也。或既得丙角，用兩邊一角比例之法，即得乙、甲兩角矣。此法蓋以三邊之面積互相加減，使面與面比，而得線與線之比也。

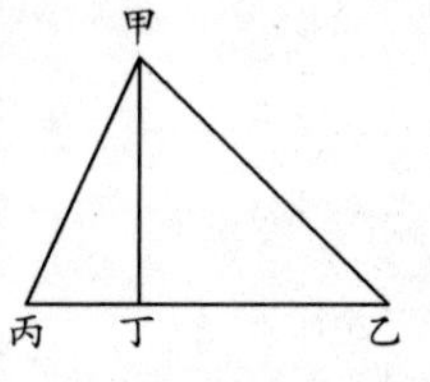

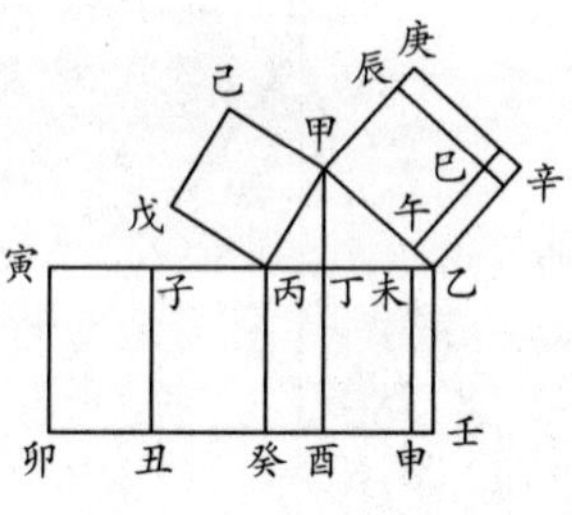

如甲乙丙三角形，自甲角至乙丙邊，作一甲丁垂線，分爲甲丁丙、甲丁乙兩句股形。又作三邊之各正方，復作兩邊相乘之長方，其甲丙戊己爲甲丙邊自乘方，庚辛乙甲爲甲乙自乘方，乙壬癸丙爲乙丙自乘方，丙癸丑子爲甲丙邊與乙丙邊相乘之長方，倍之得丙癸卯寅一大長方。今於甲丙戊己與乙壬癸丙兩方相併數內減庚辛乙甲正方，則減去辰巳午甲一正方，即如甲丙戊己之一正方。又減去庚辛乙午巳辰一磬折形，即如庚辛乙甲正方比甲丙戊己方所得之較。其積與乙壬申未一長方等。甲丁丙、甲丁乙兩句股形，同一用甲丁股，是以甲丙弦方內，有甲丁一股方，丁丙一句方。而甲乙弦方內，有甲丁一股方，乙丁一句方。因兩三角形，同用一股，故其兩弦較與兩弦和相乘之數，兩句較與兩句和相乘之數，必然相等。午乙即兩弦較，辰巳與辛乙相併，即兩弦和。庚辛乙午巳辰磬折形，即兩弦較與兩弦和相乘之數。而乙未爲兩句較，乙丙爲兩句和，乙壬申未即兩句較與兩句和相乘之積。所以知其相等也。所餘爲未申癸丙一長方。試以甲丁垂線引長，則平分未申癸丙長方爲未申酉丁與丁酉癸丙二長方。此二長方與丙癸丑子、子丑卯寅二長方同，用一邊爲二平行線內所有二方面互相爲比，同於其底互相爲比之例，故丙癸卯寅長方與未申癸丙長方比，即同於丙寅邊與未丙邊比也。又比例理，全與全，半與半，比例相同，故丙癸卯寅長方爲甲丙邊與乙丙邊相乘又加一倍之積。與未申癸丙長方即甲丙邊乙丙邊兩方相併內減甲乙邊正方所餘之積。相比，同於丙子邊與甲丙邊同。與丁丙邊比也。又甲丙邊，即如甲丁垂線所分丁直角正弦，而甲丁垂線所分之丁丙邊，即如甲分角正弦。是以甲丙邊與乙丙邊相乘加倍之丙癸卯寅長方積爲一率，甲丙邊乙丙邊兩方相併積內減甲乙邊正方所餘未申癸丙長方積爲二率，對丁直角之正弦半徑十萬爲三率。求得四率爲甲分角正弦，即丙角餘弦也。

又求分邊得角法，以乙丙邊爲底，其數一百五十尺爲一率。甲乙邊大腰一百二十二尺與甲丙小腰一百一十二尺相加，得二百三十四尺爲二率。兩邊相減，餘一十尺爲三率。求得四率一十五尺六寸爲分邊之較，與乙丙邊一百五十尺相減，餘一百三十四尺四寸，折半得六十七尺二寸，爲丁丙分邊。乃以甲丙邊爲對所知之邊，其數一百一十二尺爲一率。丁丙分邊爲對所求之邊，其數六十七尺二寸爲二率。丁角爲所知之角，其正弦即半徑十萬爲三率。求得四率六萬爲甲丁丙三角形之甲角正弦，又即丙角餘弦。檢表得五十三度零八分，爲丙角。既得丙角，則用兩邊一角比例之法，遂得甲乙二角矣。圖解見線面相求術中。

天元草曰：先將甲乙丙原三角形分為甲丁丙、甲丁乙兩直角三角形，求得甲丁丙之丁丙邊六十七尺二寸，則立天元一爲丙角餘弦，以甲丙邊一百一十二尺乘之，則得太 丨一‖ 爲如積，寄左。乃以丁丙邊六十七尺二寸乘丁角正弦即半徑十萬，得 ⊥𝍧=〇〇〇〇 爲同數，與左相消，得 ⊥𝍧=〇〇〇〇 丨一‖ 上實下法，得六萬爲丙角餘弦。檢表得五十三度零八分，即丙角。既得丙角，則用兩邊一角求餘角。

法立天元一爲甲角正弦，以甲乙邊一百二十二尺乘之，得太 丨=‖ 爲如積，寄左。乃以乙丙邊一百五十尺乘丙角正弦八萬，得 丨=〇〇〇〇〇 爲同數，與左相消，得上實下法，得九萬八千三百六十爲甲角正弦。檢表得七十九度三十六分四十秒，即甲角。加丙角共一百三十二度四十四分四十秒，以減半周，餘四十七度一十五分二十秒爲乙角。

代數草曰：如法先求得丁丙分邊　六七·二　次命　天＝丙角餘弦　則得一比例爲　甲丙邊∶丁丙邊∷丁角正弦∶丙角正弦　即　一一二∶六·七二∷一〇〇〇〇∶天　變得　一一二天＝六七二〇〇〇　即　天＝六〇〇〇　爲丙角餘弦，檢表得　五三〇八′　爲丙角度。次命　天＝甲角正弦　其比例爲　甲乙邊∶乙丙邊∷丙角正弦∶甲角正弦　即　一二二∶一五〇∷八〇〇〇∶天　變得　一二二天＝一二〇〇〇〇　即　天＝九八三六〇　爲甲角正弦，檢表得　七九°三六′四〇″　爲甲角度。又因一八〇°丅（甲角丄丙角）＝乙角　故　一八〇°丅（七九°三六′四〇″丄五三°〇八′）＝乙角　即　一八〇°丅一三二°四四′四〇″＝四七°一五′二〇″　爲乙角。

解曰：天代二法，即《精蘊》又法。

按：此題爲知三角形之三邊求三角，代數另有公式如左。

如圖，呷吃呐爲任何三角形，因其呷吃呐三角，至少必有一爲鋭角。令其鋭角爲吃，從呐點作呐叮垂線，因呷角可爲鋭可爲鈍，故其垂線或在三角形内，或在三角形外。呷爲鋭角，則垂線在形内，呷爲鈍角，則垂線在形外。從求垂線法，得　甲^{二}＝乙^{二}丄丙^{二}丅二乙丙餘弦呷　故　餘弦呷＝$\frac{乙^{二}丄丙^{二}丅甲^{二}}{二乙丙}$　可得呷角。此式不便於用對數。

按：此即《精蘊》前法，試以真數代之自見。

以上爲一鈍兩鋭或三鋭角四法。

清·陳崧《天文算學纂要》卷一八《算學對數表説》

乘除

設有磚堆長九尺八寸八分，闊五尺五寸二分，高三尺〇八分，只云磚每塊長五寸二分，闊二寸四分，高一寸四分，問塊數幾何。

真	假
五二	[二]七一六〇〇三
二四	一三八〇二一一
一四	一一四六一二八
法	四二四二三四二
九八八	二九九四七五七
五五二	二七四一九三九
三〇八	二四八八五五一
實	八二二五二四七
九六一四	三九八二九〇五

法命分爲單位。先以每塊之長闊高三數，各檢假數相併，即爲一塊積之假數。又以一堆之長闊高三數，各檢假數相併，即爲一堆積之假數，内減一塊積之假數，餘爲塊數之假數。對其真數，得九千六百十四塊也。既知塊數，不復更求其積數，此用表較便於乘除也。

勾股形求中垂線正比例。

設有勾五百五十五，股七百四十，弦九百二十五，問中垂線幾何。

真	假
五五五	[三]七四四二九三
七四〇	二八六九二三二
	五六一三五二五
九二五	二九六六一四二
四四四	二六四七三八三

常法以弦爲一率，股爲二率，勾爲三率。二率、三率相乘，以一率除之得四率，即中垂線。故以勾之假數與股之假數相加，内減弦之假數，餘爲中垂線之假數，對其真數，得四百四十四，即中垂線也。

勾股形依弦求容方邊

仍如前題勾股弦及垂線，欲以弦爲底，作内容方形，問方邊幾何。

真	假
四四四	二六四七三八三
九二五	二九六六一四二
	五六一三五二五
一三六九	三二三六四〇三
三〇〇	二四七七一二二

常法以弦與垂線相併爲一率，垂線爲二率，弦爲三率。求四率，即内容方邊。故以垂線之假數與弦之假數相加，内減弦與垂線和之假數，餘爲内容方邊之假數，對其真數得三百，即内容方邊也。

勾股形依垂線求分邊連比例。

仍如前題勾股弦，依垂線分原形爲大小同式兩勾股形，問大形之底幾何。

假	二八六九二三二	二八六九二三二	五七三八四六四	二九六六一四二	二七七二三〔二〕二
真	七四〇			九二五	五九二

常法以弦爲首率，股爲中率，中率自乘，首率除之，得末率爲大形之底。故以股之假數倍之，內減弦之假數，餘爲所分大形之底假數，對其真數，得五百九十二，即大形之底也。

勾弦和較求股乘兼開方。

設有勾弦和一千四百八十，勾弦較三百七十，問股幾何。

法以勾弦和之假數，與勾弦較之假數相加，得五七三八四六四，折半得二八六九二三二，對其真數，得七百四十，即股常法。以勾弦和乘勾弦較，開方得股假數，以加代乘，以折半代開方故也。

真	一四八〇	三七〇		七四〇
假	三一七〇二六二	二五六八二〇二	五七三八四六四	二八六九二三二

開立方

設有立方體積六千八百五十九，問每邊幾何。

法以立方體積，檢其假數，三歸之，即立方每邊之假數，對其真數，得十九，即立方每邊之數也。

開四乘方

設有四乘方積七千七百七十六，問元數幾何。

法以四乘方積，檢其假數，五歸之，即爲元數之假數，對其真數，得六，即四乘方積之元數也。多乘方依此遞推。

三八三六二六一	二	一二七八七五四	三八九〇七五六	五	〇七七八一五一
六八五九	法	一九	七七七六	法	六

用表算地畝法部定二百四十步見方爲一畝，每步五尺，見方爲一弓。

設有田或地，南北長一百八十丈，東西寬九十丈，每丈當作二弓算，問得畝數幾何。

法以每畝二百四十弓爲一率，即查二四〇之假數，二三八〇二一一二。一百八十丈長即三百六十弓。爲二率，即查三六〇之假數二五五六三〇二五。九十丈寬二九一百八十弓。是爲三率。即查一八〇之假數二二五五二七二五。乃以二率假數加三率假數，內除一率假數，其餘爲四率假數二四三一三六三七，查其真數應是二七〇爲二百七十數，即所求之二十七畝無零分也。

按：此係算長方之地。大小通法，只改長寬丈尺。如四面長寬皆九十丈，其二三率俱用一百八十數。之假數，除去一畝爲一率二百四十數。之假數，求得四率假數，必是二一三〇三三三七，查其真數一三五，爲一百三十五數。即得一十三畝五分，亦符前算二十七畝得半之數也。

又如南北長三百六十弓，即一百八十丈。量其南頭七十丈，北頭九十丈，是在南之寬，少於北之寬二十丈。應將二十丈折半爲十丈，加入南頭爲八十丈、北頭亦剩八十丈，通作寬一百六十弓，長三百六十弓，算其畝數。則不差矣。

真數求假數中比例法。

設有真數一二三四五六，問假數幾何。

法檢對數表一二三四六之假數，內減一二三四五之假數，餘三五一七八三，爲兩假數之較。乃以兩真數之較一升作十，爲一率，兩假數之較爲二率，所設之真數單位六爲三率，求得四率二一一〇七〇。設數在兩假數之間，故取其較十分之六。併入前一數，得五〇九一五一二二〇一三，即爲所求之假數也。

假	四〇九一五二六二七二六	四〇九一四九一〇九四三	三五一七八三	六	實 二一一〇六九八	得 二一一〇七〇	四〇九一四九一〇九四二	五〇九一五一二二〇一三
真	一二三四六	一二三四五	兩假數之較		法	一〇	一二三四五	一二三四五六

假數求真數

設有假數六九九四六〇四九五八九，問真數幾何。

法以所設假數，檢表中取其相近略大略小兩數，設數比九八七六五之假數略大，比九八七六六之假數略小，即知所求之真數在兩假數之間。所設假數應真數七位，既有五位，要求尾數兩位。故以上下兩真數之較一，升作一百，以比例。九七二，即兩假數之較爲一率。一百爲二率。相減，餘四三略小假數相減，餘一八九〇八，爲三率。求得四率四十三，接於前一數，得九八七六五四三，即

假	四九九四六〇七四六五三	四九九四六〇三〇六八一	法 四三九七二	六九九四六〇四九五八九	四九九四六〇三〇六八一	一八九〇八	一〇〇	實 一八九〇八一〇〇	得 四三
真	九八七六六	九八七六五	兩假數之較	九八七六五四三	九八七六五				

爲所求之真數也。

代乘

假　二二四五五一三
　　一七四八一八八
　　三九九三七〇一

真　一七六
　　三六
　　九八五六

假　三九九三七〇一
　　二二四五五一三
　　一七四八一八八

真　九八五六
　　一七六
　　五六

設有真數一百七十六，以五十六乘之，問得幾何。

法以兩真數各檢其假數相併，即爲兩真數乘出之假數，對其真數，得九千八百五十六，即兩真數乘得之數也。

代除

設有真數九千八百五十六，以一百七十六人分之，問每人得幾何。

法以真數爲實，人數爲法，檢其實之假數內減法之假數，餘爲兩真數除出之假數，對其真數，得五十六，即每人應分之數也。

清・方克猷《方子壯數學》

算例一

求真數二之常對數。識別得一之對數爲〇，任借真數一與本數二相加得三，爲和，相減得一爲較。則得和冪九爲乘法，較冪一爲除法，一省乘。迺以除法約乘法，視得數遞次降一位，知應截用表中第八層起，即十四乘差爲最下一層也。細草如下。

除法八得第層除	〇〇〇𝍥𝍫𝍢𝍫𝍰𝍨𝍪𝍢
加七層得	〇〇𝍮𝍢𝍪𝍣𝍯𝍣𝍪𝍧𝍫
除得	〇〇〇𝍯𝍠𝍪𝍧𝍮𝍡𝍬𝍣
加六層得	〇〇𝍯𝍡𝍩〇𝍠𝍫𝍣𝍯𝍣
除得	〇〇〇𝍰𝍥𝍮𝍦𝍰𝍡𝍯𝍦
加五層得	〇𝍠〇𝍥𝍩𝍧𝍮𝍧𝍩𝍢𝍮
除得	〇〇𝍠𝍩𝍦𝍰𝍧𝍮𝍣𝍬𝍣
加四層得	〇𝍠𝍫𝍣𝍯𝍧𝍪𝍦𝍯𝍣𝍰
除得	〇〇𝍠𝍬〇𝍰𝍧〇𝍯𝍦𝍯
加三層得	〇𝍠𝍯𝍧𝍯𝍠𝍬𝍯𝍧〇𝍧
除得	〇〇𝍡〇𝍰𝍦𝍰𝍤𝍫𝍡𝍫
加二層得	〇𝍢𝍩〇𝍬〇𝍰𝍠𝍰𝍦𝍫
除得	〇〇𝍢𝍫𝍤〇𝍠〇𝍡𝍩𝍰
加一層得	〇𝍰〇𝍢〇𝍯𝍣𝍰𝍢𝍬𝍣
較一乘和三除得	〇𝍢〇𝍠〇𝍡𝍰𝍨𝍰𝍬𝍢

截用前十位，得〇三〇一〇二九九九五爲一與二兩對數之較，即爲二之對數也。

又識別得十之對數一，而二之三次方等於八，若先求八之對數，三除之，即二之對數也。任借真數，十與八相加得十八爲和，相減得二爲較，約爲九與一，則得和冪八十一爲除法，較冪一爲乘法。乃以除法約乘法，視得數遞次降兩位，知應截用表中第五層起，即第八乘差爲最下一層也。草如下。

除除法五層得	〇〇〇𝍠𝍩𝍯𝍠𝍫𝍯〇〇𝍥
加四層得	〇𝍠𝍪𝍤𝍪𝍦𝍬𝍥𝍠𝍯〇𝍥
除得	〇〇〇𝍠𝍬𝍣𝍮𝍥𝍩𝍡𝍬𝍥𝍯𝍦
加三層得	〇𝍠𝍮𝍤𝍪𝍮𝍫𝍣〇𝍬𝍤𝍥𝍯𝍦
除得	〇〇〇𝍡𝍩𝍮𝍢𝍮𝍤𝍯〇𝍰𝍢𝍫
加二層得	〇𝍡𝍰𝍠𝍥𝍰𝍢𝍫𝍠𝍫〇𝍰
除得	〇〇〇𝍢𝍮〇𝍠𝍩𝍤𝍫𝍡𝍬𝍯
加一層得	〇𝍯𝍦𝍪𝍠𝍰〇𝍠𝍩𝍦𝍪𝍣𝍯
又乘除得	〇〇𝍰𝍥𝍰𝍠〇〇𝍠𝍫〇𝍡𝍮
一九之減十對得	〇𝍰〇𝍢〇𝍯𝍧𝍰𝍧𝍮𝍰𝍦𝍫
又三而一得	〇𝍢〇𝍠〇𝍡𝍰𝍧𝍰𝍣𝍮𝍣𝍮

截用十位，得二之對數，與上同。又別得十(二)爲一千〇二十四，而千之對數三已知，可求兩對數較，其兩真數和爲二〇二四，較二四。如法求得對數較，加首位千之對數三，又十歸之，即二之對數也。其降位斂級比前更速，餘可類推。

算例二

有三十度餘弦八百六十六萬〇二百五十四，餘切一千七百三十二萬〇五百〇八，圜半徑一千萬，其常對數十。比真數升三位。任以弦切兩真數相加，得二五九八〇七六二爲和，兩真數相減，得〇八六六〇二五四爲較，約爲三分與一，則得冪九爲乘法，較冪一爲除法，餘得數均與第一草求二之對數同如法，求得六十度弦切對數較〇三〇一〇二九九九五零，以減半徑對數一〇，得〇九六九八九七〇〇〇四三爲三十度正弦對數，以加半徑對數，得一〇三〇一〇二九九九五零，爲三十度餘割對數。

若以三十度正弦五百萬與半徑一千萬相加，得一千五百萬爲和，相減得五百萬爲較，求其約率亦得三分之一，乘除得數與前算同，用減半徑對數，即得正弦對數。又以三十度餘割二千萬與半徑一千萬加減得三千萬爲和，一千萬爲較，約率亦得三分之一，求兩對數較，仍與前算同，用加半徑對數，即得餘割對數。凡比例分數等者，其對數較均同，觀此易明。

清·劉彝程《簡易庵算稿》卷三

辛卯秋二由真數求訥對，有二法。

法以真數減一爲一級，一級屢自再乘爲諸乘方，乃以二除平方爲二級，三除立方爲三級，如是求得諸級，一俱正號，一正負相間號，試言其理，並別其用。

凡數之訥對，即其數之無量數方根内減去首位單一之數，因其加減可代乘除也，理見丙子冬二題。故有真數求訥對。但置真數，開得無量數方根，減首位一，取其方根零數即得。欲開無量數方，須置二項例，先化作開方式，如置前題一二式以 $\frac{卯}{一}$ 代其人，得 $(甲⊥天)^{\frac{卯}{一}}=甲^{\frac{卯}{一}}\left(一⊥\frac{卯甲}{天}丅\frac{卯^{二}二甲^{二}}{(卯丅一)天^{二}}⊥\frac{卯^{三}二·三甲^{三}}{(卯丅一)(二卯丅一)天^{三}}丅\cdots\right)$（壹） 及 $(甲丅天)^{\frac{卯}{一}}=甲^{\frac{卯}{一}}\left(一丅\frac{卯甲}{天}丅\frac{卯^{二}二甲^{二}}{(卯丅一)天^{二}}丅\frac{卯^{三}二·三甲^{三}}{(卯丅一)(二卯丅一)天^{三}}丅\cdots\right)$（貳） 此壹貳式爲開諸乘方公式。惟因開無量數方，其 甲$\pm$天 之甲，必爲單一，否則不能開。又卯爲無窮大，則 卯丅一、二卯丅一…… 及 卯⊥一、二卯⊥一…… 加減之一甚微，皆可不計，故可以一代其甲，以 卯、二卯…… 代其 卯$\mp$一、二卯$\mp$一…… 得 $(一⊥天)^{\frac{卯}{一}}=一⊥\frac{卯}{一}\left(天丅\frac{二}{天^{二}}⊥\frac{三}{天^{三}}丅\cdots\right)$（甲） 及 $(一丅天)^{\frac{卯}{一}}=一丅\frac{卯}{一}\left(天⊥\frac{二}{天^{二}}⊥\frac{三}{天^{三}}⊥\cdots\right)$（乙） 甲乙二式爲開無量數方公式。若各截去第一級，復以卯乘之，得 $天丅\frac{二}{天^{二}}⊥\frac{三}{天^{三}}丅\cdots$（子） 及 $丅天丅\frac{二}{天^{二}}丅\frac{三}{天^{三}}丅\cdots$（丑） 子丑二式即爲求對數公式。若欲由前題三四式，化作開方式，亦可另得二式。惟欲化爲開無量數方式，則應置三式，以一代其 甲丄天，以 一丅天 代其甲，則代得式與二式同。惟逐級除法，易甲爲 一丅天 又置四式，以一代其 甲丅天 以 一丄天 代其甲，則代得式與一式同。惟逐級除法，易甲爲 一丄天 然除法中 一$\mp$天 之天，爲數甚微，在一下隔多空位之外，即在截去數内，故 一$\mp$天 爲除法，與一除無異。所以由三式化之，仍同二式。由四式化之，仍同一式，可知再化求對數式，亦無不同矣。故二項例雖有四式，而化爲求對數式，則僅有二式。代數術中但有子式，茲從二項例化之，乃增得丑式。

求對數。應求小數與大數之對數較，以加小數之對數，得大數之對數，或以減大數之對數，得小數之對數。此對數較，即小數除大數之對數，或即大數除小數之負對數。大數除小數，所得在一以下，故其對數爲負。

假如有四之對數，求五或三之對數。則命 $\frac{四}{五}$ 或 $\frac{四}{三}$ 爲真數，得

真數$=\frac{四}{五}=\frac{四}{四⊥一}=一⊥\frac{四}{一}$ 或 真數$=\frac{四}{三}=\frac{四}{四丅一}=一丅\frac{四}{一}$ 則

真數丅一$=\frac{四}{一}$ 或$=丅\frac{四}{一}$ 命 $\frac{四}{一}=天$、$丅\frac{四}{一}=丅天$ 代入子丑二式，得

對$\frac{四}{五}=\frac{四}{一}丅\frac{二·四^{二}}{一}⊥\frac{三·四^{三}}{一}丅\cdots$（上） 或 對$\frac{四}{三}=丅\frac{四}{一}⊥\frac{二·四^{二}}{一}⊥\frac{三·四^{三}}{一}⊥\cdots$（下） 反負爲正，得 對$\frac{三}{四}=\frac{四}{一}⊥\frac{二·四^{二}}{一}⊥\frac{三·四^{三}}{一}⊥\cdots$（下）

以下式負對數減〇，故應變負爲正，其真數 $\frac{四}{三}$ 應以除單一，故應反其法實。由是得

對四⊥對$\frac{四}{五}$=對五，對四丅對$\frac{三}{四}$=對三 合觀上下二式，可見由小數求大之對數較，用上式，即正負相間級。由大數求大小之對數較，用下式，以下式真數小於單一，故應俱作負級。惟下式原係三與四之對數較，故專指名曰對數較，則宜將俱負改作俱正，如下式。

辛卯秋三有訥對求真數。

法以一爲一級。訥對爲二級。二級自之，二除之，爲三級。二三級相乘，三除之，爲四級。求得諸級，一俱正號，一正負相間號，試證其式。

命訥對爲對，準前篇理訥對爲無量數方根零數，而一爲其初商。由對數求真

數，即由根求積法。若訥對爲正數，則 一丄對＝甲丄天＝方根、（一丄對）卯＝（甲丄天）卯＝卯方積 以代入前篇二項例一式，或四式，因卯大至無量數，則 卯丄丅、卯丄二… 減加之數甚微，可概以卯代之，皆得

$(\text{一丄對})^{\text{卯}}=\text{一丄}\frac{\text{一}}{\text{卯對}}\text{丄}\frac{\text{二}}{\text{卯}^{\text{二}}\text{對}^{\text{二}}}\text{丄}\frac{\text{二·三}}{\text{卯}^{\text{三}}\text{對}^{\text{三}}}\text{丄}\cdots$ ㊤ 惟準丙子冬二題，求對數時，原應以卯除之，但除得數前必有許多空位，不便列表，乃徑頂格書之，猶之寄卯爲母，故今用對數內，已兼有卯之乘法，所以上式二級之卯，應汰去，又二級以下分子，即二級之各方，其卯亦應汰去，故上式變爲

$(\text{一丄對})^{\text{卯}}=\text{一丄}\frac{\text{一}}{\text{對}}\text{丄}\frac{\text{二}}{\text{對}^{\text{二}}}\text{丄}\frac{\text{二·三}}{\text{對}^{\text{三}}}\text{丄}\cdots$ ㊥ 若訥對爲負數，則 一丅對＝甲丅天＝方根、（一丅對）卯＝（甲丅天）卯＝卯方積 以代入前篇二項例二式或三式，代入四式，與代入一式同。代入三式，與代入二式同。理見前篇。則因同理，皆得 $(\text{一丅對})^{\text{卯}}=\text{一丅}\frac{\text{一}}{\text{對}}\text{丅}\frac{\text{二}}{\text{對}^{\text{二}}}\text{丅}\frac{\text{二·三}}{\text{對}^{\text{三}}}\text{丄}\cdots$ ㊦ 甲式之真數 $(\text{一丄對})^{\text{卯}}$ 爲小數除大數，即大於一之數。乙式之真數 $(\text{一丅對})^{\text{卯}}$ 爲大數除小數，即小於一之數。

又 壬辰秋二求對數根，須先求十之訥對。

前人具有成法，茲另思得數法。

取略大於單一之數一·一，求得訥對二十四因之於上。次以一·一屢自再乘至二十四方。求與十之對數較，以加上位得十之訥對。又法取一·二或一·三，各求得訥對，十三或九因之於上。次以一·二或一·三屢自再乘至十三方，或九方，求與十之各對數較，以減上位，亦得。

常對數表以十爲底，故以一爲十之常對。因十之訥對與十之常對比，若任數訥對與任數常對比，即 $\frac{\text{訥一〇}}{\text{訥任數}\times\text{一}}=\text{任數常對}$ 故以 $\frac{\text{訥一〇}}{\text{一}}$ 乘任數訥對，得任數常對。惟因 $\frac{\text{訥一〇}}{\text{一}}$ 向名曰對數根，故欲得對數根，須先求十之訥對。舊法置十開平方五十四次，實即開一無量數方，然後去其首位單一，而取其方根零數，爲十之訥對。其法固極繁重。《代數術》及《則古昔齋》，俱先求二之訥對，斂級亦屬遲緩。茲另得數法，斂級較速。一取 一·一 求其訥對。準辛卯秋二題式，得 $\text{訥一·一}=\text{〇·一丅}\frac{\text{二}}{(\text{〇·一})^{\text{二}}}\text{丄}\frac{\text{三}}{(\text{〇·一})^{\text{三}}}\text{丅}\frac{\text{四}}{(\text{〇·一})^{\text{四}}}\text{丄}\cdots$ 求至八級，并諸負數減諸正數，得 〇·〇九五三一〇一八 二十四因之，得二·二八七四四四三二 於上。次以 一·一 屢自再乘，求得 $(\text{一·一})^{\text{二四}}=$ 九·八四九七三二六七五㊥ 視甲式之數，與十相近而略小，乃以甲式除十，得 一·〇一五二五五九八 爲真數。以甲式自除得一，以減真數，得 〇·〇一五二五五九八 爲真數減一，如前代入對數公式，如

$\text{訥}\frac{\text{甲}}{\text{一〇}}=(\text{真數丅一})\text{丅}\frac{\text{二}}{(\text{真數丅一})^{\text{二}}}\text{丄}\frac{\text{三}}{(\text{真數丅一})^{\text{三}}}\text{丅}\cdots$ 詳之，得

$\text{訥}\frac{\text{甲}}{\text{一〇}}=$ 〇·〇一五二五五九八丅〇·〇〇〇一一六三七五丄〇·〇〇〇〇〇一一八四丅〇·〇〇〇〇〇〇〇一四 并負減正，得

$\text{訥}\frac{\text{甲}}{\text{一〇}}=$ 〇·〇一五一四〇七八 爲甲與十之訥對較。惟上位原爲甲之訥對，故以加上位，得 訥一〇＝二·三〇二五八五二 又法，取略大於 一·一 之數如 一·二 或 一·三 各求訥對，十三因之，或九因之於上。此二法雖視 一·一 斂級較遲，然 一·二 之十三方與 一·三 之九方，其數已俱近於十而略大，各以十除之爲真數，內減一爲真數減一，如前求得正負相間級之訥對較，以減上位，得十之納對。此法較前法乘方次數較少，似亦各有便處。

壬辰秋三求十訥又法。

取一·一屢自乘至二十四方，得九·八四九七三二六七五，代二項例之甲，十內減甲，以代天一代其寅，二十四代其卯，代入甲加天式中，以諸負級減諸正級，得一·一〇〇六九四一七一四。乃以此數求其訥對，二十四因之，即十之訥對。又法，取一·二自乘至十三方，或取一·三自乘至九方，以代甲，甲內減十以代天，一代其寅十三或九代其卯，代入甲減天式中，以二級以下減一級，俱各以其數求得訥對，十三或九因之，亦得。

又 壬辰冬三求十之訥對。

前課已撰二題，茲又思得數法。

法取真數一·一，求其訥對，得正負相間諸級，命爲甲。復將諸負級易作正號，命爲乙。次求三與三·一三八四二八三七六七二一之對數較，乃十二因甲，以

對數較減之，倍之，復以乙加之，即得。又法，取一二求其訥對，得正負相間級，命爲丙，復將諸負級易作正號，命爲丁，次求二與二〇七三六之對數較以減四丙，三因之，復加丁，亦得。

如前課二題，取真數 一·一 求其訥對，得正負相間諸級，命爲甲，則甲即爲 一·一 之訥對。準辛卯秋二題，由大數求大小之對數較，諸級須作正號，故將甲級中負號易作正，命爲乙，則乙即爲一與 〇·九 之對數較，本應以乙減一之對數，得 〇·九 之對數。因一之對數爲〇，故但以乙俱易負號，即爲 〇·九 之對數。凡小於一之數，其對數皆爲負號。理見辛卯秋二題。又凡真數比例同者，其對數較亦同，故乙爲 〇·九 與一之對數較，亦爲九與十之對數較。次以 一·一 屢自再乘至十二方，得 三一三八四二八… 於上，知上位與三相近，乃以十二因 一·一 之對數，得 一二甲· 爲上位對數。次求三與上位之對數較，法以三除上位，得 一·〇四六一四… 如前真數求訥對法得正負相間諸級，爲三與上位對數較。以減 一二甲 得三之對數。倍之，即九之對數。復以九與十之對數較乙加之，得十之訥對。

又法，取 一·二 屢自再乘至四方，得 二·〇七三六 於下。乃四因 一·二 之訥對，得 四丙· 爲下位對數。復求得二與下位對數較，即 一·〇三六八 之對數，以減四丙，得二之對數。三因之，得八之對數。又丁原爲 〇·八 與一之對數較，即爲八與十之對數較，故以丁加八之對數，得十之對數。

又 壬辰冬四又法，取一二求其正負相間級之訥對，命爲甲。

復易負號爲正號，命爲乙。次求一四與一六之對數較，得正負相間級命爲丙。復易負號爲正號，命爲丁。乃以甲乙丙丁相加，三因之，復加乙，即得。又法，如前求得甲乙，次求一六與二之對數較，得正負相間級，命爲戊。復易負號爲正號，命爲己。乃以甲戊己相加，三因之，復加乙，亦得。

如前題以真數 一·二 求其訥對，得正負相間級爲甲，即 一·二 之對數。又以其負號易作正號爲乙，即 〇·八 與一之對數較，亦即 一·六 與二之對數較，亦即八與十之對數較。又以 一·四 除 一·六 求其訥對，得正負相間級，爲 一·四 與 一·六 之對數較，命爲丙。又將負號易作正號，爲大數求大小之對數較，即 一·四 與 一·二 之對數較，命爲丁。故 甲丄丁丄丙 爲 一·六 之對數 甲丄丁丄丙丄乙 爲二之對數 三(甲丄乙丄丙丄丁) 爲八之對數，所以再加乙，得十之對數。又法，如前求得甲乙，又求得戊，爲 一·六 與二之對數較，己爲 一·六 與 一·二 之對數較，故以甲己戊相加，爲二之對數。實則戊即乙也。前題斂級最速。此題 一·四/一·六 之級數，猶較捷於 一·六/二 之級數。

又 癸巳春三求十之訥對，繼又思得數法。

法取真數一五，求得諸正級之訥對，命爲甲。復易正號爲正負相間，命爲乙。次取一一，求得諸級俱正之訥對，命爲丙。乃以倍甲加乙，復倍之，又加丙，即得。又法，如前求得甲乙，次取一二，求得諸級俱正之訥對，命爲丁。乃以甲乙相加，三因之，又加丁，亦得。

由 一·五 求訥對，得諸正級爲甲，則甲爲 一·五 之對數，即爲一與 一·五 之對數較，亦爲二與三之對數較，復易甲作正負相間級爲乙，則乙爲 一·五 與二之對數較，故以甲加乙爲二之對數 二甲丄乙 爲三之對數，倍之爲九之對數。又其 一·一 之正級訥對丙，爲 〇·九 與一之對數較，即九與十之對數較，故以丙加九之對數，即得。又法，取 一·二 之正級訥對丁，爲 〇·八 與一之對數較，即八與十之對數較，故如前求得 甲丄乙 爲二之對數，三之得八之對數，又加丁，即得。

癸巳春四又法，取一六求得諸正級之訥對，命爲甲。

復易正號爲正負相間，命爲乙。次取一一，求得正負相間級之訥對，命爲丙。乃以甲乙相加，內減丙於上，乙丙相減於下。三因上位，以下加之，即得。又法，如前求得甲，次取一二求得諸級俱正之訥對，命爲丁。乃以甲丁相加，三因之，又加丁，亦得。

由 一·六 求訥對，得諸正級爲甲，則甲爲 一·六 之對數。復易作正負相間級爲乙，則乙爲 一·六 與 二·二 之對數較。又其 一·一 之正負相間級訥對丙，爲一與 一·一 之對數較，即二與 二·二 之對數較，故以 甲丄乙 爲 二·二 之對數， 甲丄乙丅丙 爲二之對數，三因之得八之對數。又 乙丅丙 爲 一·六 與二之對數較，即八與十之對數較，故加八之對數，即得。又法，如前求得甲，爲 一·六 之對數。再取 一·二 之正級訥對丁，爲 〇·八 與一之對數較，即 一·六 與二之對數較，亦即八與十之對數較，故以 甲丄丁 爲二之對數，三因之，又加丁，即得。

按：前題求一五之訥對，此題求一六之訥對，視前二課題，斂級較遲。然《則古昔齋》及《代數術》皆逕求二之對數，以此二題較之，則斂級已覺甚速。

又 癸巳秋四求對數半較。

以大小兩數和，除大小兩數較，爲一級。三除一級之三方爲二級。五除一級之五方爲三級。準前數課求對數諸題，則此式即爲一正級，一正負相間級，兩式之半和，試證之。

前數課題，由小數求大數之對數，用正負相間級。由大數求小數之對數，用正級。設有已知之對數，命其真數爲中數，求大中二數或中小二數之對數較。又設大中之較，與中小之較等。則如辛卯秋二題，$對\frac{四}{五}=$四與五對數較$=$
$\frac{四}{三}丅\frac{二四^{二}}{一}丄\frac{三四^{三}}{一}丅\cdots$㊤　$對\frac{四}{三}=丅\left(\frac{四}{三}丄\frac{二四^{二}}{一}丄\frac{三四^{三}}{一}丄\cdots\right)$㊦　反負爲正，得　$對\frac{三}{四}=$三與四對數較$=\frac{四}{三}丄\frac{二四^{二}}{一}丄\frac{三四^{三}}{一}丄\cdots$㊦　以㊦式減㊤式，或以㊦式加㊤式，得　$對\frac{\left(\frac{四}{三}\right)}{\left(\frac{五}{四}\right)}=對\frac{四}{五}\times\frac{三}{四}=對\frac{三}{五}=$
三與五對數較$=二\left(\frac{四}{三}丄\frac{三四^{三}}{一}丄\frac{五四^{五}}{一}丄\cdots\right)$㊥　半之，即三與五之對數半較。式中第一級即大小兩數和　三丄五　除大小兩數較　五丅三　故除得爲　$\frac{八}{二}=\frac{四}{一}$　若大中與中小之較大於一，即如　大＝一一、中＝九、小＝七　則第一級爲　$\frac{一八}{四}=\frac{九}{二}$　惟其較愈大則斂級愈遲。試觀甲式，如求五級，即抵上下式求十級，事同功倍。故求對數半較，法最捷。然用常法代入上下式，則求前或後之對數，即兼得後或前之對數，求一得兩，大有便益。二途不可偏廢，擇其便而用之可也。

按：李氏《則古昔齋》變法一種，即指此法。但僅以變法目之，未能溯厥根源，且專以尖錐釋其乘除之數，未免泥於跡象，似非朗暢之論。代數術百七十款，以　一丄亥　變作　一丅亥　，而得諸級俱負之式，理極明允。但前款並未論及負對數，且未言由大數求大小之對數，較有諸級俱正之法。讀者輒莫名其所自，茲特撰此題以見篇中上下二式，乃分所不得不分，甲式乃合所不得不合。覽是篇者，亦可恍然自悟矣。

清・陳修齡《公式演算》卷四

演算

設如有真數二，試求訥對數幾何。

命　二＝地　照公式㊙　$二\left(\frac{二丄一}{二丅一}\right)丄\frac{三}{二}\left(\frac{二丄一}{二丅一}\right)^{三}丄\frac{五}{二}\left(\frac{二丄一}{二丅一}\right)^{五}丄\cdots=訥對二$　化之　$二\left(\frac{三}{一}\times\frac{三}{一}丄\frac{三}{一}\times\frac{二七}{一}丄\frac{五}{一}\times\frac{二四三}{一}丄\cdots\right)=訥對二$　故　訥對二＝〇·六九三一四七二…

設如有真數三，試求常對數幾何。

命　三＝地　照公式㊁　$\frac{二\cdot三〇二五八五一}{一}\left[二\left(\frac{三丄一}{三丅一}\right)丄\frac{三}{二}\left(\frac{三丄一}{三丅一}\right)^{三}丄\frac{五}{二}\left(\frac{三丄一}{三丅一}\right)^{五}丄\cdots\right]=常對三$　即　〇·四三四二九四五$\left[二\left(二\times\left(\frac{四}{三}\right)丄\frac{三}{二}\left(\frac{四}{三}\right)^{三}丄\frac{五}{二}\times\left(\frac{四}{三}\right)^{五}丄\cdots\right)\right]=常對三$　化之
$〇\cdot四三四二九四五\left[二\left(二\times\frac{四}{三}丄\frac{三}{二}\times\frac{六四}{八}丄\frac{五}{二}\times\frac{一〇二四}{三二}丄\cdots\right)\right]=$常對三　故　常數三＝〇·四七七一二一二五四七…

設如已知五之常對數，試求數根七之常對數。

命　五丄二＝卯丄八　而　常對五＝〇·六九八九七〇〇四三　照公式㊂
〇·六九八九七〇〇四三丄$\frac{二\cdot三〇二五八五一}{一}\left[二\left(\frac{二\times五丄二}{二}\right)丄\frac{三}{二}\left(\frac{二\times五丄二}{二}\right)^{三}丄\frac{五}{二}\left(\frac{二\times五丄二}{二}\right)^{五}丄\cdots\right]=$常對（五丄二）　化之
〇·六九八九七〇〇四三丄〇·四三四二九四五$\left(\frac{一二}{四}丄\frac{五一八四}{一六}丄\frac{一二四四一六〇}{六四}丄\cdots\right)=$常對（五丄二）　故　常對七＝〇·八四五〇九八〇四〇〇

設如有真數二十四及七十二，欲得此兩數相乘及相除之對數，試檢對數表以求之。

檢對數表　對二四＝一·三八〇二一一二四一七、　對七二＝

一八五七三三二四九六四　照公式⑪　對(二四×二七)=

一三八〇二一一二四一七丄一八五七三三二四九六四　故　對(二四×二七)=

三二三七五四三七三八一　將右邊對數檢表真數，得一七二八，則知二四及七二相乘爲一七二八也，又照公式⑪

對$\frac{七二}{二四}$=八五七三三二四九六四丅一三八〇二一一二四一七　故

對$\frac{七二}{二四}$=〇四七七一二一二五四七　將右邊對數檢表真數，得三，則知以二四除七二爲三也。

設如有真數一百二十五，欲得此數二乘方及立方根之對數，試檢對數表以求之。

檢對數表　對一二五=二〇九六九一〇〇一三〇　照公式⑬

(一二五)^{二}=二×二〇九六九一〇〇一三〇　故　對(一二五)^{二}=

四一九三八二〇〇二六〇　將右邊對數檢表真數，得一五六二五，則知一二五之二乘方爲一五六二五也。依題，又照公式⑭

對(一二五)$^{\frac{一}{三}}$=$\frac{一}{三}$×二〇九六九一〇〇一三〇　故

對(一二五)$^{\frac{一}{三}}$=〇六九八九七〇〇〇四三　將右邊對數檢表真數，得五，則知一二五之立方根爲五也。

設如有數三，試求其指數幾何，方與七百二十九相等。

命　天=指數　依題　三^{天}=七二九　因　天×對三=對七二九　，照公式⑮　天=$\frac{對七二九}{對三}$　檢對數表　天=$\frac{二八六二七二七五二八二}{〇四七七一二一二五四七}$，故　天=六

又　卷五

諸乘方開方公式

命　天=所求數、甲=方邊、乙=方積、卯=方指數

$\frac{一}{卯}$=**根指數**　因　對甲^{卯}=卯×對甲　得乘方公式⑪　卯×對甲=對天　因

乙$^{\frac{一}{卯}}$=$\frac{一}{卯}$×對乙　得開方公式⑬　$\frac{一}{卯}$×對乙=對天　此兩法，於對數公式内已經載及。惟有時對數表中無此真數及假數可檢，則須用法推求，方能得所求數。茲照公式演算於後，其推求真數及假數之法附見焉。

演算

設如有方邊一一，求八次正方積幾何。

命　天=所求數　因　對(一一)^{八}=八×對一一　照公式⑪

八×對一一=對天　檢對數表　八×〇四一三九二六八五二=對天　即

八三三一一四一四八一六=對天　因對數表中五位真數之假數其首位爲四，今所得之假數首位爲八，則知真數必爲九位之數。凡假數首位較對數表加大若干，則真數位數加多若干。從第二位起，檢討數表中略小之假數，爲

四三三一一二三四八七八=對二一四三五　略大之假數爲

四三三一一四三七四八四=對二一四三六　將假數首位加大爲八，則真數位數應加多四位，得　八三三一一三四八七八=對二一四三五〇〇〇〇　及

八三三一一四三七四八四=對二一四三六〇〇〇〇　兩假數相減，餘

二〇二六〇六　又以　八三三一一二三四八七八=對二一四三五〇〇〇〇　及

八三三一一四一四八一六=對天　兩假數相減，餘一七九九三八，依中比例法求之，得　二〇二六〇六：一〇〇〇〇∷一七九九三八：八八八一　將八八八一四位加於真數二一四三五之後，則得　八三三一一四一四八一六=對二一四三五八八八一　故　天=二一四三五八八八一

設如有方積二一四三五八八八一，求八次正方根幾何。

命　天=所求數　因　對(二一四三五八八八一)$^{\frac{一}{八}}$=$\frac{一}{八}$×對二一四三五八八八一　照公式⑬　$\frac{一}{八}$對二一四三五八八八一=對天　因對數表中無九位真數之假數，須用中比例法求之。從真數首五位檢對數表，得　對二四三五=四三三一一二三四八七八　又檢真數大一之假數，得

對二一四三六=四三三一一四三七四八四　兩假數相減，餘　二〇二六〇六　因方積位數多四位　八八八一　依中比例法求之，得　一〇〇〇〇：二〇二六〇六∷八八八一：一七九九三四　將　一七九九三四　加入假數四三三一一二三四八七八　之内，得　四三三一一四一四八一二　因真數多四位，應將假數首位加四爲八，則得　對二一四三五八八八一=

八三三一一四一四八一二　所以　$\frac{一}{八}$×八三三一一四一四八一二=對天　即　一〇四一三九二六八五二=對天　檢對數表　一〇四一三九二六八五二=對一一　故　天=一一

常用對數表部

圖表

清·薛鳳祚《曆學會通》卷一二　比例數表

原數自一數至一萬數對比例算　一對位〇

原數	比例數	原數	比例數
一	〇〇〇〇〇〇〇	四一	一六一二七八四
二	〇三〇一〇三〇	四二	一六二三二四九
三	〇四七七一二一	四三	一六三三四六八
四	〇六〇二〇六〇	四四	一六四三四五三
五	〇六九八九七〇	四五	一六五三二一二
六	〇七七八一五一	四六	一六六二七五八
七	〇八四五〇九八	四七	一六七二〇九八
八	〇九〇三〇九〇	四八	一六八一二四一
九	〇九五四二四二	四九	一六九〇一九六
一〇	一〇〇〇〇〇〇	五〇	一六九八九七〇
一一	一〇四一三九三	五一	一七〇七五七〇
一二	一〇七九一八一	五二	一七一六〇〇三
一三	一一一三九四三	五三	一七二四二七六
一四	一一四六一二八	五四	一七三二三九四
一五	一一七六〇九一	五五	一七四〇三六三
一六	一二〇四一二〇	五六	一七四八一八八
一七	一二三〇四四九	五七	一七五五八七五
一八	一二五五二七二	五八	一七六三四二八
一九	一二七八七五四	五九	一七七〇八五二
二〇	一三〇一〇三〇	六〇	一七七八一五一
二一	一三二二二一九	六一	一七八五三三〇
二二	一三四二四二三	六二	一七九二三九二
二三	一三六一七二八	六三	一七九九三四〇
二四	一三八〇二一一	六四	一八〇六一八〇
二五	一三九七九四〇	六五	一八一二九一三
二六	一四一四九七三	六六	一八一九五四四
二七	一四三一三六四	六七	一八二六〇七五
二八	一四四七一五八	六八	一八三二五〇九
二九	一四六二三九八	六九	一八三八八四九
三〇	一四七七一二一	七〇	一八四五〇九八
三一	一四九一三六二	七一	一八五一二五八
三二	一五〇五一五〇	七二	一八五七三三二
三三	一五一八五一四	七三	一八六三三二三
三四	一五三一四七九	七四	一八六九二三二
三五	一五四四〇六八	七五	一八七五〇六一
三六	一五五六三〇二	七六	一八八〇八一三
三七	一五六八二〇二	七七	一八八六四九一
三八	一五七九七八三	七八	一八九二〇九五
三九	一五九一〇六五	七九	一八九七六二七
四〇	一六〇二〇六〇	八〇	一九〇三〇九〇

續表

數例比	數原	數例比	數原	數例比	數原
六二八六〇二二	一六一	五八七二八〇二	一二一	五八四八〇九一	一八
五一五九〇	二六一	〇六三六八〇二	二二一	四一八三一九一	二八
八八一二一	三六一	五〇九九八〇二	三二一	八七〇九一九一	三八
四四八四一	四六一	二二四三九〇二	四二一	九七二四二九一	四八
四八四七一	五六一	〇一九六九〇二	五二一	九一四九二九一	五八
八〇一〇二	六六一	〇七三〇〇一二	六二一	八九四四三九一	六八
六一七二二	七六一	四〇八三〇一二	七二一	九一五九三九一	七八
九〇三五二	八六一	〇一二七〇一二	八二一	三八四四四九一	八八
七八八七二	九六一	〇九五〇一一二	九二一	〇九三九四九一	九八
九四四〇三	〇七一	三四九三一一二	〇三一	二四二四五九一	〇九
六九九二三	一七一	一七二七一一二	一三一	一四〇九五九一	一九
八二五五三	二七一	四七五〇二一二	二三一	八八七三六九一	二九
六四〇八三	三七一	二五八三二一二	三三一	三八四八六九一	三九
九四五〇四	四七一	五〇一七二一二	四三一	八二一三七九一	四九
八三〇三四	五七一	四三三〇三一二	五三一	四二七七七九一	五九
三一五五四	六七一	九三五三三一二	六三一	一七二二八九一	六九
三七九七四	七七一	〇二七六三一二	七三一	二七七六八九一	七九
〇二四〇五	八七一	九七八九三一二	八三一	六二二一九九一	八九
三五八二五	九七一	五一〇三四一二	九三一	五三六五九九一	九九
二七二五五	〇八一	八二一六四一二	〇四一	〇〇〇〇〇〇二	〇〇一
八七六七五	一八一	九一二九四一二	一四一	一二三四〇〇二	一〇一
一七〇〇六	二八一	八八二二五	二四一	〇〇六八〇〇二	二〇一
一五四二六	三八一	六三三五五	三四一	七三八二一〇二	三〇一
八一八四六	四八一	二六三八五	四四一	三三〇七一〇二	四〇一
二七一七六	五八一	八六三一六	五四一	九八一一二〇二	五〇一
三一五九六	六八一	三五三四六	六四一	六〇三五二〇二	六〇一
二四八一七	七八一	七一三七六	七四一	四八三九二〇二	七〇一
八五一四七	八八一	二六二〇七	八四一	四二四三三〇二	八〇一
二六四六七	九八一	六八一三七	九四一	六二四七三〇二	九〇一
四五七八七	〇九一	一九〇六七	〇五一	二九三一四〇二	〇一一
三三〇一八	一九一	七七九八七	一五一	三二三五四〇二	一一一
一〇三三八	二九一	三四八一八	二五一	八一二九四〇二	二一一
七五五五八	三九一	一九六四八	三五一	八七〇三五〇二	三一一
二〇八七八	四九一	一二五七八	四五一	五〇九六五〇二	四一一
五三〇〇九	五九一	二三三〇九	五五一	八九六〇六〇二	五一一
六五二二九	六九一	四二一三九	六五一	八五四四六〇二	六一一
六六四四九	七九一	〇〇九五九	七五一	六八一八六〇二	七一一
五六六六九	八九一	七五六八九	八五一	二八八一七〇二	八一一
三五八八九	九九一	七九三一〇二二	九五一	七四五五七〇二	九一一
〇三〇一〇三二	〇〇二	〇二一四〇二二	〇六一	一八一九七〇二	〇二一

續表

數例比	數原	數例比	數原	數例比	數原
六〇七八四四二	一八二	七一〇二八三二	一四二	六九一三〇三二	一〇二
九四二〇五	二	五一八三八	二	一五三五〇	二
六八七一五	三	六〇六五八	三	六九四七〇	三
八一三三五	四	〇九三七八	四	〇三六九〇	四
五四八四五	五	六六一九八	五	四五七一一	五
六六三六五	六	五五九〇九	六	七六八三一	六
二八八七五	七	七九六二九	七	〇七九五一	七
二九三九五	八	二五四四九	八	三六〇八一	八
八九八〇六	九	九九一六九	九	六四一〇二	九
八九三二六	〇九二	〇四九七九	〇五二	九一二二二	〇一二
三九八三六	一	四七六九九	一五二	二八二四二	一
三八三五六	二	〇〇四一〇四二	二	六三三六二	二
八六八六六	三	〇二一三〇	三	〇八三八二	三
七四三八六	四	四三八四〇	四	四一四〇三	四
二二八九六	五	〇四五六〇	五	八三四二三	五
二九二一七	六	〇四二八〇	六	四五四四三	六
六五七二七	七	三三九九〇	七	〇六四六三	七
六一二四七	八	〇二六一一	八	六五四八三	八
一七六五七	九	〇〇三三一	九	四四四〇四	九
一二一七七	〇〇三	三七九四一	〇六二	三二四二四	〇二二
六六五八七	一〇三	〇四六六一	一	二九三四四	一二二
七〇〇〇八	二	一〇三八一	二	三五三六四	二
三四四一八	三	六五九九一	三	五〇三八四	三
三七八二八	四	四〇六一二	四	八四二〇五	四
〇〇三四八	五	六四二三二	五	二八一二五	五
一二七五八	六	二八八四二	六	八〇一四五	六
八三一七八	七	一一五六二	七	六二〇六五	七
一五五八八	八	五三一八二	八	五三九七五	八
八五九九八	九	二五七九二	九	五三八九五	九
二六三一九	〇一三	四六三一三	〇七二	八二七一六	〇三二
〇六七二九	一一三	九六九二三	一	二一六三六	一
四五一四九	二	九六五四三	二	八八四五六	二
四四五五九	三	三六一六三	三	六五三七六	三
〇三九六九	四	〇五七七三	四	六一二九六	四
〇一三八九	五	三三三九三	五	八六〇一七	五
七八六九九	六	九〇九〇四	六	二一九二七	六
九五〇一〇五二	七	〇八四二四	七	八四七四七	七
七二四二〇	八	五四〇四四	八	七七五六七	八
一九七三〇	九	四〇六五四	九	八九三八七	九
〇五一五〇	〇二三	八五一七四四二	〇八二	一一二〇八	〇四二

續表

數例比	數原	數例比	數原	數例比	數原
四四一三〇六二 六二二四 五〇三五 一八三六 五五四七	一〇四 二 三 四 五	七〇五七五五二 八〇七八五 七〇九九五 一〇一一六 三九二二六	一六三 二 三 四 五	五〇五六〇五二 六五八七〇 二〇二九〇 五四五〇一 三八八一一	一二三 二 三 四 五
六二五八 四九五九 〇六六〇一六二 三二七一 四八七二	六 七 八 九 〇一四	一八四三六 六六六四六 八四八五六 六二〇七六 二〇二八六	六 七 八 九 〇七三	八一二三一 八四五四一 四七八五一 六九一七一 四一五八一	六 七 八 九 〇三三
二四八三 七九八四 〇五九五 〇〇〇七 八四〇八	一 二 三 四 五	四七三九六 三四五〇七 九〇七一七 二七八二七 一三〇四七	一 二 三 四 五	八二八九一 八三一一二 四四四二二 六四七三二 五四〇五二	一 二 三 四 五
三九〇九 六三一〇二六二 六七一一二 四一二二二 九四二三二	六 七 八 九 〇二四	八八一五七 一四三六七 二九四七七 九三六八七 三八七九七	六 七 八 九 〇八三	九三三六二 〇三六七二 七一九八二 〇〇二〇三 九七四一三	六 七 八 九 〇四三
二八二四二 二一三五二 〇四三六二 六六三七二 九八三八二	一 二 三 四 五	五二九〇八五二 三六〇二 九九一三 一三三四 一六四五	一 二 三 四 五	四五七二三 六二〇四三 四九二五三 八五五六三 九一八七三	一 二 三 四 五
九〇四九二 八二四〇三 四四四一三 七五四二三 八六四三三	六 七 八 九 〇三四	七八五六 一一七七 二三八八 〇五九九 五六〇一九五二	六 七 八 九 〇九三	六七〇九三 九二三〇四 九七五一四 五二八二四 八六〇四四	六 七 八 九 〇五三
七七四四三 四八四五三 八八四六三 〇九四七三 九八四八三	一 二 三 四 五	七七一二 六八二三 二九三四 六九四五 七九五六	一 二 三 四 五	七〇三五四 三四五六四 五七七七四 三〇〇九四 八二二〇五	一 二 三 四 五
六八四九三 一八四〇四 四七四一四 四六四二四 三五四三四	六 七 八 九 〇四四	五九六七 〇九七八 三八八九 三七九〇〇六二 〇六〇二	六 七 八 九 〇〇四	〇五四一五 八六六二五 三八八三五 四九〇五五 二〇三六五	六 七 八 九 〇六三

數例比	數原	數例比	數原	數例比	數原
八三八六一七二	一二五	五四一二八六二	一八四	八三四四四六二	一四四
〇七六七	二	七四〇三	二	二二四五	二
二〇五八	三	七四九三	三	四〇四六	三
一三三九	四	五四八四	四	三八三七	四
九五一〇二七二	五	二四七五	五	〇六三八	五
六八九〇	六	六三六六	六	五三三九	六
一一八一	七	九二五七	七	七〇三〇五六二	七
四三六二	八	〇二四八	八	八七二一	八
六五四三	九	九〇三九	九	六四二二	九
六七二四	〇三五	六九一〇九六二	〇九四	二一二三	〇五四
四九〇五	一	一八〇一	一	六七一四	一
二一九五	二	五六九一	二	八三一五	二
七二七六	三	七四八二	三	八九〇六	三
一四五七	四	七二七三	四	六五〇七	四
四五三八	五	五〇六四	五	一一〇八	五
五六一九	六	二八四五	六	五六九八	六
四七九九	七	六五三六	七	六一九九	七
二八七〇三七二	八	九二二七	八	五六八〇六六二	八
九八五一三七二	九	〇〇一八	九	三一八一六六二	九
四九三二三七二	〇四五	〇七九八	〇〇五	八五七二六六二	〇六四
七九一三三七二	一	八三八九	一	一〇七三六	一
九九九三	二	四〇七〇〇七二	二	二四六四六	二
〇〇八四	三	八六五一	三	一八五五六	三
九九五五	四	〇三四二	四	八一五六六	四
六九三六	五	一九二三	五	三五四七六	五
三九一七	六	〇五一四	六	六八三八六	六
七八九七	七	八〇〇五	七	七一三九六	七
〇八七八	八	四六八五	八	六四二〇七	八
二七五九	九	八一七六	九	三七一一七	九
三六三〇四七二	〇五五	〇七五七	〇一五	八九〇二七	〇七四
一五一一	一	一二四八	一	一二〇三七	一
九三九一	二	〇七二九	二	二四九三七	二
五二七二	三	七一一〇一七二	三	一六八四七	三
〇一五三	四	三六九〇	四	八七七五七	四
三九二四	五	七〇八一	五	四九六六七	五
五七〇五	六	〇五六二	六	七〇六七七	六
五五八五	七	〇九四三	七	八一五八七	七
四三六六	八	〇三三四	八	八二四九七	八
二一四七	九	七六一五	九	五三三〇八	九
八八一八	〇六五	三〇〇六	〇二五	一四二一八	〇八四

數例比	數原	數例比	數原	數例比	數原
八五八六〇八二	一四六	四七八八七七二	一〇六	三六九八四七二	一六五
五三五七	二	六九五九七	二	六三七九四	二
一一二八	三	七一三〇八	三	八〇五〇五	三
六八八八	四	七三〇一八	四	九七二一	四
〇六五九	五	五五七一八	五	八四〇二	五
三三二〇一八二	六	三七四二八	六	六一八二	六
四〇九〇	七	九八一三八	七	三八五三	七
五七五一	八	三〇九三八	八	八四三四	八
五四二二	九	七一六四八	九	二一一五	九
三一九二	〇五六	〇三三五八	〇一六	五七八五	〇七五
一八五三	一	一四〇六八	一	六三六六	一
七四二四	二	一五七六八	二	六九三七	二
三一九四	三	〇六四七八	三	五五一八	三
八七五五	四	八六一八八	四	二一九八	四
一四二六	五	五七八八八	五	八六六九	五
四〇九六	六	一八五九八	六	二二四〇六七二	六
五六五七	七	五八二〇九	七	六七一一	七
六二二八	八	八八九〇九	八	八二九一	八
五八八八	九	一九六一九	九	八七六二	九
四四五九	〇六六	二九三二九	〇二六	八二四三	〇八五
一〇二〇二八二	一	二九〇三九七二	一	六七一四六七二	一
八五八〇	二	〇九七三	二	三二九四	二
三一五一	三	八八四四	三	八六六五	三
八六一二	四	四八一五	四	三一四六	四
二二八二	五	〇八八五	五	六五一七	五
四七四三	六	四七五六	六	八九八七	六
六二一四	七	七六二七	七	八三六八	七
六七七四	八	〇六九七	八	七七三九	八
六二四五	九	一五六八	九	五一一〇七七二	九
五七〇六	〇七六	〇四三九	〇三六	二五八〇	〇九五
二二七六	一	九二〇〇〇八二	一	七八五一	一
九六三七	二	七一七〇	二	二二三二	二
五一〇八	三	四〇四一	三	五五〇三	三
〇六六八	四	九八〇二	四	六八七三	四
四〇三九	五	四七七二	五	七一五四	五
七四九九	六	七五四三	六	六四二五	六
九八五〇三八二	七	九三一四	七	四七九五	七
〇三二一三八二	八	一二八四	八	一〇七六	八
〇七八一三八二	九	一〇五五	九	七二四七	九
九〇五二三八二	〇八六	〇八一六	〇四六	一五一八	〇〇六

續表

續表

數例比	數原	數例比	數原	數例比	數原
五八三一八八二 五五九一 四二五二 三九〇三 一六六三	一六七 二 三 四 五	五三九七五八二 七三五八 八三一九 八三七九 八三三〇六八二	一二七 二 三 四 五	七四一三三八二 四八七三 一二四四 六五〇五 〇九六五	一八六 二 三 四 五
九二二四 五九七四 一六三五 六二九五 一九四六	六 七 八 九 〇七七	六三九〇 四三五一 一三一二 七二七二 三二三三	六 七 八 九 〇三七	四二三六 七五九六 八八五七 九一二八 九四八八	六 七 八 九 〇九六
四五〇七 七一六七 九七一八 一四七八 二〇三九	一 二 三 四 五	七一九三 一一五四 四〇一五 六九六五 七八二六	一 二 三 四 五	八七四九 六〇一〇四八二 三三七〇 九五三一 五八九一	一 二 三 四 五
二六八九 一二四〇九八二 九七九〇 七三五一 五九〇二	六 七 八 九 〇八七	八七八六 七六四七 六五〇八 四四六八 二三二九	六 七 八 九 〇四七	九〇六二 三三二三 五五八三 七七四四 八九〇五	六 七 八 九 〇〇七
一五六二 七〇二三 二六七三 六一三四 〇七八四	一 二 三 四 五	八一八九 四〇四〇七八二 九八九〇 三七五一 六五一二	一 二 三 四 五	八一七五 七三三六 五五九六 三七五七 九八一八	一 二 三 四 五
二二四五 五七九五 六二五六 七七〇七 七二六七	六 七 八 九 〇九七	九三七二 一二三三 一〇九三 二八四四 一六〇五	六 七 八 九 〇五七	五〇八八 九一四九 三三〇〇五八二 六四六〇 八五二一	六 七 八 九 〇一七
六七一八 五二七八 三七二九 〇二八九 七六三〇〇九二	一 二 三 四 五	〇四六五 八一二六 五九七六 一七三七 七四九七	一 二 三 四 五	〇七八一 〇八四二 〇九〇三 八九六三 六〇三四	一 二 三 四 五
三一九〇 八五四一 三〇〇二 七四五二 〇九〇三	六 七 八 九 〇〇八	二二五八 六九〇九 九六六九七八二 二四二〇八八二 三一八〇八八二	六 七 八 九 〇六七	三一九四 九一五五 四二一六 九二七六 二三三七	六 七 八 九 〇二七

續表

數例比	數原	數例比	數原	數例比	數原
六七九四四九二	一八八	六九七四二九二	一四八	二三六三〇九二	一〇八
八六四五	二	二一三五	二	四七一四	二
一六九五	三	七二八五	三	五一七四	三
二五四六	四	二四三六	四	六五二五	四
三四九六	五	七五八六	五	六九七五	五
四三四七	六	〇七三七	六	五三三六	六
四二九七	七	三八八七	七	三七八六	七
三一四八	八	六九三八	八	一一四七	八
二〇九八	九	八〇九八	九	八四九七	九
〇九三九	〇九八	九一四九	〇五八	五八四八	〇一八
八七八九	一	九二九九	一	一二〇九	一
五六三〇五九二	二	九三四〇三九二	二	六五五九	二
一五八〇	三	九四九〇	三	〇九〇〇一九二	三
七三三一	四	八五四一	四	四二六〇	四
三二八一	五	六六九一	五	八五一一	五
八〇三二	六	四七四二	六	〇九六一	六
二九七二	七	一八九二	七	二二二二	七
六七二三	八	七八四三	八	三五七二	八
〇六七三	九	三九九三	九	四八二三	九
二四二四	〇〇九	八九四四	〇六八	四一八三	〇二八
五二七四	一	三〇〇五	一	三四三四	一
六〇二五	二	七〇五五	二	二七八四	二
八八六五	三	一一〇六	三	〇〇四五	三
八六一六	四	四一五六	四	七二九五	四
八四六六	五	六一〇七	五	四五四六	五
八二一七	六	八一五七	六	〇八九六	六
七〇六七	七	九一〇八	七	五〇五七	七
六八〇八	八	〇二五八	八	〇三〇八	八
四六五八	九	〇二〇九	九	四五五八	九
一四〇九	〇一九	九一五九	〇七八	八七〇九	〇三八
八一五九	一	八一〇〇四九二	一	一〇六九	一
五九九九	二	六一五〇	二	三二一〇二	二
一七四〇六九二	三	四一〇一	三	五四六〇	三
六四九〇	四	一一五一	四	六六一一	四
一二四一	五	八〇〇二	五	六八六一	五
五九八一	六	四〇五二	六	六〇二二	六
九六三二	七	九九九二	七	五二七一	七
三四八二	八	四九四三	八	四四二三	八
五一三三	九	九八九三	九	二六七三	九
八八七三六九二	〇二九	三八四四	〇八八	九七二四二九二	〇四八

續表

數例比	數原	數例比	數原	數例比	數原
四三四〇〇〇三	一〇〇一	三二七二八九二	一六九	〇六二四六九二	一二九
八六八〇	二	五七一二	二	一三七四	二
一〇三一	三	六二六三	三	二〇二五	三
四三七一	四	七七〇四	四	二七六五	四
六六一二	五	七二五四	五	二四一六	五
八九五二	六	七七九四	六	一一六六	六
九二〇三	七	六二四五	七	〇八〇七	七
〇六四三	八	五七八五	八	八四五七	八
一九八三	九	四二三六	九	六一〇八	九
一二三四	〇一〇一	二七七六	〇七九	三八四八	〇三九
一五七四	一	九一二七	一	〇五九八	一
〇八一五	二	六六六七	二	六一四九	二
九〇六五	三	三一一八	三	二八八九	三
八三〇六	四	九五五八	四	七四三〇七九二	四
六六四六	五	五〇〇九	五	二一八〇	五
四九八六	六	〇五四九	六	六七二一	六
一二三七	七	四九八九	七	九三七一	七
八四七七	八	九三三〇九九二	八	三〇二二	八
四七一八	九	三八七〇	九	五六六二	九
〇〇六八	〇二〇一	六二二一	〇八九	八二一三	〇四九
六二〇九	一	九六六一	一	〇九五三	一
一五四九	二	一一一二	二	一五〇四	二
六七八九	三	三五五二	三	二一五四	三
〇〇三〇一〇三	四	五九九二	四	二七九四	四
四二七〇	五	六三四三	五	二三四五	五
七四一一	六	七七八三	六	一九八五	六
〇七五一	七	七一三四	七	〇五三六	七
三九九一	八	七五七四	八	八〇八六	八
五一四二	九	六九一五	九	六六二七	九
七三八二	〇三〇一	五三六五	〇九九	四二七七	〇五九
九五二三	一	四七〇六	一	〇八一八	一
〇八六三	二	二一五六	二	七三六八	二
〇〇一四	三	九四九六	三	三九〇九	三
〇二五四	四	六八三七	四	八四五九	四
〇四九四	五	三二八七	五	三〇〇〇八九二	五
〇六三五	六	九五二八	六	八五四〇	六
九七七五	七	五九六八	七	二一九〇	七
七九一六	八	〇三一九	八	五六三一	八
五一六六	九	五六五九	九	九一八一	九
三三〇七	〇四〇一	〇〇〇〇〇〇三	〇〇〇一	一七二二	〇六九

續表

數例比	數原	數例比	數原	數例比	數原
六〇六九四〇三 三九九九 〇八三〇五〇三 六六七〇 二五一一	一二一一 二 三 四 五	六二八三三〇三 七二二四 八二六四 九二〇五 〇三四五	一八〇一 二 三 四 五	一五四七一〇三 八六八七 四八二八 〇〇七八 六一一九	一四〇一 二 三 四 五
八三五一 四二九一 九〇三二 四九六二 八七〇三	六 七 八 九 〇三一一	〇三八五 九二二六 九二六六 八二〇七 六二四七	六 七 八 九 〇九〇一	二三五九 七四九九 一六三〇二〇三 五七七〇 九八一一	六 七 八 九 〇五〇一
三六四三 六四八三 〇三二四 三一六四 六九九四	一 二 三 四 五	五二八七 三二二八 〇二六八 七一〇九 四一四九	一 二 三 四 五	三〇六一 六一〇二 八二四二 一四八二 二五二三	一 二 三 四 五
八七三五 〇六七五 二四一六 四二五六 五〇九六	六 七 八 九 〇四一一	〇一八九 七〇二〇四〇三 二〇六〇 八九九〇 三九三一	六 七 八 九 〇〇一一	四六六三 五七〇四 六八四四 六九八四 六〇三五	六 七 八 九 〇六〇一
六八二七 六六六七 六四〇八 六二四八 五〇八八	一 二 三 四 五	七八七一 一八一二 五七五二 九六九二 二六三三	一 二 三 四 五	五一七五 四二一六 三三五六 二四九六 〇五三七	一 二 三 四 五
五八一九 三六五九 二四九九 〇二三〇六〇三 八九六〇	六 七 八 九 〇五一一	五五七三 八四一四 〇四五四 一三九四 三二三五	六 七 八 九 〇一一一	七五七七 四六一八 一七五八 八七九八 四八三九	六 七 八 九 〇七〇一
五七〇一 二五四一 九二八一 六〇二二 二八五二	一 二 三 四 五	四一七五 五〇一六 五九四六 五八八六 五七二六	一 二 三 四 五	九八七九 五九一〇三〇三 〇〇六〇 四〇〇一 八〇四一	一 二 三 四 五
八五九二 三三三三 八〇七三 三八〇四 八五四四	六 七 八 九 〇六一一	四六六七 三五〇八 二四四八 〇三八八 八一二九	六 七 八 九 〇二一一	二一八一 六一二二 九一六二 一二〇三 四二四三	六 七 八 九 〇八〇一

續表

數例比	數原	數例比	數原	數例比	數原
二七七三九〇三 一二一四 一七四四 〇二八四 九六一五	一四二一 二 三 四 五	三四五九七〇三 四〇九九 六六二〇八〇三 六二六〇 七八九〇	一〇二一 二 三 四 五	二三八四六〇三 六〇二五 〇八五五 三五九五 六二三六	一六一一 二 三 四 五
八一五五 六六八五 四一二六 二六五六 〇一九六	六 七 八 九 〇五二一	七四三一 七〇七一 七六〇二 六二四二 五八七二	六 七 八 九 〇一二一	八九六六 一七〇七 三四四七 四一八七 六八一八	六 七 八 九 〇七一一
七五二七 四〇六七 一五九七 七九二八 四四六八	一 二 三 四 五	四四一三 三〇五三 一六八三 九一二四 六七五四	一 二 三 四 五	七五五八 八二九八 八九二九 八六六九 八三〇〇七〇三	一 二 三 四 五
〇九九八 五三三九 一八六九 六二〇〇〇一三 〇七三〇	六 七 八 九 〇六二一	三三九四 〇九二五 七四六五 四〇〇六 〇六三六	六 七 八 九 〇二二一	七〇四〇 六七七〇 五四一一 四一五一 二八八一	六 七 八 九 〇八一一
五一七〇 九五〇一 三〇四一 七四七一 〇九〇二	一 二 三 四 五	六一七六 一七〇七 六二四七 一八七七 六三一八	一 二 三 四 五	〇五二二 七一六二 五八九二 二五三三 八一七三	一 二 三 四 五
四三四二 七七七二 九一一三 二六四三 四〇八三	六 七 八 九 〇七二一	〇九四八 四四八八 八九一九 二五五九 五〇九九	六 七 八 九 〇三二一	五八〇四 一五四四 六一八四 二八一五 七四五五	六 七 八 九 〇九一一
五四一四 七八四四 八二八四 九六一五 〇一五五	一 二 三 四 五	八五二〇九〇三 一一六〇 三六九〇 五一三一 七六六一	一 二 三 四 五	二一九五 六七二六 〇四六六 四〇〇七 八六三七	一 二 三 四 五
一五八五 一九一六 一三五六 〇七八六 〇一二七	六 七 八 九 〇八二一	八一〇二 〇七三二 一二七二 一七〇三 二二四三	六 七 八 九 〇四二一	一三七七 四九〇八 七五四八 九一八八 一八一九	六 七 八 九 〇〇二一

數例比	數原	數例比	數原	數例比	數原
八五八三三一三 七七一四 六九四四 四一八四 三三一五	一六三一 二 三 四 五	三〇九〇二一三 一三二一 〇六五一 八八八一 六一二二	一二三一 二 三 四 五	九四五七〇一三 八八八七 七二二八 五六五八 三〇九八	一八二一 二 三 四 五
一五四五 八六七五 六八〇六 三〇四六 〇二七六	六 七 八 九 〇七三一	三四五二 一七八二 八九一三 五二五三 二五八三	六 七 八 九 〇三三一	一四二九 八七五九 六一九九 三五二〇一一三 〇九五〇	六 七 八 九 〇九二一
七三〇七 四五三七 〇七六七 七八九七 三〇三八	一 二 三 四 五	八七一四 四〇五四 〇三八四 六五一五 一八四五	一 二 三 四 五	六二九〇 二六二一 八九五一 四三九一 〇七二二	一 二 三 四 五
八一六八 四三九八 九四二九 四六五九 九七八九	六 七 八 九 〇八三一	六〇八五 一三一六 六五四六 〇八七六 五〇一七	六 七 八 九 〇四三一	五〇六二 〇四九二 五七二三 九〇六三 三四九三	六 七 八 九 〇〇三一
四九一〇四一三 八〇五〇 二二八〇 六三一一 〇五四一	一 二 三 四 五	九二四七 二五七七 六七〇八 九九三八 二二七八	一 二 三 四 五	七七二四 一一六四 四四九四 七七二五 〇一六五	一 二 三 四 五
三六七一 六七〇二 九八三二 二〇七二 五一〇三	六 七 八 九 〇九三一	五四〇九 七六三九 〇九六九 二一〇〇三一三 四三三〇	六 七 八 九 〇五三一	三四九五 五七二六 八〇六六 〇四九六 一七二七	六 七 八 九 〇一三一
七二三三 九三六三 一五九三 三六二四 四七五四	一 二 三 四 五	五五六〇 七七九〇 八九二一 九一六一 九三九一	一 二 三 四 五	三〇六七 四三九七 五六二八 五九五八 六二九八	一 二 三 四 五
五八八四 六九一五 七〇五五 八一八五 八二一六	六 七 八 九 〇〇四一	〇六二二 〇八五二 〇〇九二 九一二三 九三五三	六 七 八 九 〇六三一	六五二九 六八五九 五一九九 五四二〇二一三 四七五〇	六 七 八 九 〇二三一

續表

續表

數例比	數原	數例比	數原	數例比	數原
五五五〇七一三 八四八〇 一四一一 四三四一 六二七一	一八四一 二 三 四 五	四六六八五一三 五六九八 六六二九 七六五九 八六八九	一四四一 二 三 四 五	八三四六四一三 八四七六 八五〇七 七六三七 六七六七	一〇四一 二 三 四 五
九一〇二 一一三二 三〇六三 五九八二 六八一三	六 七 八 九 〇九四一	八六一〇六一三 八六四〇 八六七〇 八六〇一 八六三一	六 七 八 九 〇五四一	五八九七 四九二八 三〇六八 一一九八 九一二九	六 七 八 九 〇一四一
八七四三 九六七三 〇六〇四 〇五三四 一四六四	一 二 三 四 五	七六六一 七六九一 六六二二 四六五二 三六八二	一 二 三 四 五	七二五九 五三八九 二四一〇五一三 九四四〇 六五七〇	一 二 三 四 五
一三九四 二二二五 二一五五 二〇八五 一九〇六	六 七 八 九 〇〇五一	一六一三 九五四三 七五七三 五五〇四 三五三四	六 七 八 九 〇六四一	三六〇一 〇七三一 六七六一 二八九一 八八二二	六 七 八 九 〇二四一
一八三六 〇七六六 九五九六 八四二七 六三五七	一 二 三 四 五	〇五六四六一三 七四九四 四四二五 一四五五 八三八五	一 二 三 四 五	四九五二五一三 九九八二 五〇二三 〇一五三 五一八三	一 二 三 四 五
五二八七 三一一八 一〇四八 九八六八 七七九八	六 七 八 九 〇一五一	四三一六 〇三四六 六二七六 二二〇七 七一三七	六 七 八 九 〇七四一	九一一四 四二四四 八二七四 二三〇五 六三三五	六 七 八 九 〇三四一
四六二九 二五五九 九三八九 六二一〇八一三 三一四〇	一 二 三 四 五	三一六七 八〇九七 三〇二八 七九四八 二九七八	一 二 三 四 五	〇四六五 三四九五 六四二六 九四五六 二五八六	一 二 三 四 五
九九六〇 五八九〇 二七二一 八五五一 三四八一	六 七 八 九 〇二五一	六八〇九 〇八三九 四七六九 八六九九 二六二〇七一三	六 七 八 九 〇八四一	四五一七 七五四七 九五七七 一六〇八 二六三八	六 七 八 九 〇四四一

續表

數例比	數原	數例比	數原	數例比	數原
一九三四〇二三 二六六四 三三九四 四〇二五 五七四五	一〇六一 二 三 四 五	三〇四三九一三 一八六三 九五九三 七三二四 四一五四	一六五一 二 三 四 五	九二一二八一三 五一四二 〇〇七二 五八九二 〇七二三	一二五一 二 三 四 五
五四七五 六一〇六 六八二六 六五五六 六二八六	六 七 八 九 〇一六一	二九七四 九六〇五 六四三五 三二六五 〇〇九五	六 七 八 九 〇七五一	四五五三 九三八三 三二一四 七〇四四 一九六四	六 七 八 九 〇三五一
五九〇七 五六三七 四三六七 三〇九七 二七一八	一 二 三 四 五	六七一六 二五四六 九二七六 五〇〇七 〇八二七	一 二 三 四 五	五七九四 九五二五 二四五五 五二八五 八〇一六	一 二 三 四 五
一四四八 〇一七八 八七九八 七四二九 五一五九	六 七 八 九 〇二六一	六五五七 二三八七 七〇一八 二八三八 七五六八	六 七 八 九 〇八五一	一九三六 四七六六 六五九六 九三二七 一二五七	六 七 八 九 〇四五一
三八七九〇二三 一五〇〇一二三 八一三〇 六八五〇 三五八〇	一 二 三 四 五	二三九八 六〇二九 一八四九 五五七九 九二〇〇〇二三	一 二 三 四 五	三〇八七 四八〇八 六六三八 七四六八 八二九八	一 二 三 四 五
〇二一一 七八三一 四五六一 一二九一 八八一二	六 七 八 九 〇三六一	三〇三〇 七七五〇 〇五八〇 四二一一 七九三一	六 七 八 九 〇九五一	九〇二九 〇九四九 一七七九 一五〇〇九一三 二三三〇	六 七 八 九 〇五五一
四五四二 〇二七二 六八九二 二五二三 八一五三	一 二 三 四 五	〇七六一 三四九一 六一二二 八八四二 一六七二	一 二 三 四 五	二一六〇 二九八〇 一七一一 一五四一 〇三七一	一 二 三 四 五
三八七三 九四〇四 四一三四 九七五四 四四八四	六 七 八 九 〇四六一	三三〇三 五〇三三 七七五三 八四八三 〇二一四	六 七 八 九 〇〇六一	九〇〇二 九八二二 七六五二 六四八二 四二一三	六 七 八 九 〇六五一

數例比	數原	數例比	數原	數例比	數原
一八七五三二三 三三〇六 五八二六 七三五六 九八七六	一二七一 二 三 四 五	八六五五二二三 六二八五 四八〇六 二四三六 〇〇六六	一八六一 二 三 四 五	八〇一五一二三 三七三五 七三六五 二〇九五 六六一六	一四六一 二 三 四 五
一四〇七 二九二七 四四五七 五九七七 六四〇八	六 七 八 九 〇三七一	七五八六 五一一七 二七三七 〇三六七 七八八七	六 七 八 九 〇九六一	〇三四六 三九六六 七五九六 一二二七 四八四七	六 七 八 九 〇五六一
七九二八 八四五八 八九七八 九四〇九 九九二九	一 二 三 四 五	四四一八 〇〇四八 七五六八 三一九八 〇七一九	一 二 三 四 五	七四七七 〇一〇八 三七二八 五三五八 八九七八	一 二 三 四 五
〇五五九 〇〇八九 〇五〇〇四二三 九九二〇 九四五〇	六 七 八 九 〇四七一	六二四九 二八六九 八三九九 三九一〇三二三 九四四〇	六 七 八 九 〇〇七一	〇六〇九 二二三九 四八五九 六四八九 八〇一〇二二三	六 七 八 九 〇六六一
九九七〇 八四〇一 七九二一 六四五一 五九七一	一 二 三 四 五	四〇七〇 九五九〇 五一二一 九六四一 四二七一	一 二 三 四 五	〇七三〇 一三六〇 二九八〇 三五一一 四一四一	一 二 三 四 五
四四〇二 三九二二 一四五二 〇九七二 八三〇三	六 七 八 九 〇五七一	九七九一 三三二二 八八四二 二四七二 六九九二	六 七 八 九 〇一七一	五七六一 五三九一 六九一二 六五四二 六一七二	六 七 八 九 〇七六一
六八二三 四三五三 二八七三 九二〇四 七七二四	一 二 三 四 五	〇五二三 四〇五三 七五七三 一一〇四 四六二四	一 二 三 四 五	六七九二 六三二三 六九四三 五五七三 五一〇四	一 二 三 四 五
四二五四 二七七四 九一〇五 六六二五 三一五五	六 七 八 九 〇六七一	七一五四 〇七七四 三二〇五 六七二五 八二五五	六 七 八 九 〇二七一	四七二四 三三五四 二九七四 一五〇五 九〇三五	六 七 八 九 〇八六一

續表

續表

數例比	數原	數例比	數原	數例比	數原
四五〇五六二三	一四八一	四一五五五二三	一〇八一	九五七五四二三	一六七一
〇九二五	二	五五七五	二	六〇〇六	二
五二五五	三	六九九五	三	二五二六	三
一六七五	四	六三二六	四	八九四六	四
六九九五	五	七七四六	五	五四七六	五
二三二六	六	八一七六	六	一九九六	六
七六四六	七	八五九六	七	六三二七	七
二〇七六	八	八九一七	八	二八四七	八
七三九六	九	八三四七	九	八二七七	九
二七一七	〇五八一	八七六七	〇一八一	三七九七	〇七七一
六〇四七	一	八一九七	一	八一二八	一
一四六七	二	八五一八	二	四六四八	二
五七八七	三	八九三八	三	九〇七八	三
〇一一八	四	七三六八	四	四五九八	四
四四三八	五	七七八八	五	八九一九	五
八七五八	六	六一一九	六	三四四九	六
二一八八	七	五五三九	七	七八六九	七
六四〇九	八	四九五九	八	二三九九	八
九七二九	九	三三八九	九	六七一〇五二三	九
三一五九	〇六八一	一七〇〇六二三	〇二八一	〇二四〇	〇八七一
六四七九	一	〇一三〇	一	四六六〇	一
〇八九九	二	八四五〇	二	八〇九〇	二
三一二〇七二三	三	七八七〇	三	一五一一	三
六四四〇	四	五二〇一	四	五九三一	四
九七六〇	五	三六二一	五	八三六一	五
二一九〇	六	一〇五一	六	一八八一	六
四四一一	七	八三七一	七	四二一二	七
七七三一	八	六七九一	八	七六三二	八
九〇六一	九	四一二二	九	〇一六二	九
二四八一	〇七八一	一五四二	〇三八一	三五八二	〇九七一
四七〇二	一	八八六二	一	五九〇三	一
六〇三二	二	五二九二	二	八三三三	二
八三五二	三	二六一三	三	〇八五三	三
九六七二	四	九九三三	四	二二八三	四
一〇〇三	五	六三六三	五	四六〇四	五
三三三三	六	三七八三	六	六〇三四	六
四六四三	七	九〇一四	七	八四五四	七
五九六三	八	五四三四	八	〇九七四	八
七二九三	九	二八五四	九	一三〇五	九
八五一四	〇八八一	八一八四	〇四八一	二七二五	〇〇八一

數例比	數原	數例比	數原	數例比	數原
七七四二九二三 九九六二 〇二九二 一四一三 二六三三	一六九一 二 三 四 五	七二五三八二三 三五七三 九七九三 五〇二四 一三四四	一二九一 二 三 四 五	九八三四七二三 〇二六四 〇五八四 一八〇五 一一三五	一八八一 二 三 四 五
三八五三 四〇八三 五二〇四 六四二四 六六四四	六 七 八 九 〇七九一	六五六四 二八八四 七〇一五 二三三五 七五五五	六 七 八 九 〇三九一	二四五五 二七七五 二〇〇六 二三二六 二六七六	六 七 八 九 〇九八一
七八六四 七〇九四 七二一五 七四三五 七六五五	一 二 三 四 五	二八七五 七〇〇六 二三二六 六五四六 一八六六	一 二 三 四 五	一九六六 一二九六 一五一七 〇八三七 九〇六七	一 二 三 四 五
七八七五 七〇〇六 六二二六 六四四六 五六六六	六 七 八 九 〇八九一	五〇九六 一三一七 四五三七 八七五七 二〇八七	六 七 八 九 〇四九一	八三八七 七六〇八 六九二八 五二五八 四五七八	六 七 八 九 〇〇九一
四八八六 四〇一七 三二三七 二四五七 〇六七七	一 二 三 四 五	五二〇八 九四二八 三七四八 六九六八 〇三九九	一 二 三 四 五	二八九八 〇一二九 九三四九 七六六九 五九八九	一 二 三 四 五
九七九七 八九一八 六一四八 五三六八 三五八八	六 七 八 九 〇九九一	三四一九 六六三九 九八五九 二一八九 五三〇〇九二三	六 七 八 九 〇五九一	三二一〇八二三 一五三〇 八七五〇 六〇八〇 三三〇一	六 七 八 九 〇一九一
一七〇九 九八二九 七〇五九 五二七九 三四九九	一 二 三 四 五	七五二〇 〇八四〇 二〇七〇 四二九〇 七四一一	一 二 三 四 五	一六二一 八八四一 五一七一 二四九一 九六一二	一 二 三 四 五
〇六一〇〇三三 八七三〇 五九五〇 三一八〇 〇三〇一	六 七 八 九 〇〇〇二	九六三一 一九五一 三一八一 四三〇二 六五二二	六 七 八 九 〇六九一	五九三二 二二六二 九四八二 五七〇三 一〇三三	六 七 八 九 〇二九一

續表

續表

數例比	數原	數例比	數原	數例比	數原
二七二八一三三	一八〇二	三四八九〇三三	一四〇二	七四二一〇三三	一〇〇二
一八四八	二	六五〇〇一三三	二	四六四一	二
九八六八	三	八六二〇	三	一八六一	三
八九八八	四	一八四〇	四	八九八一	四
六〇一九	五	三九六〇	五	四一一二	五
四一三九	六	六〇九〇	六	一三三二	六
二二五九	七	八一一一	七	七四五二	七
〇三七九	八	〇三三一	八	四六七二	八
八三九九	九	二四五一	九	〇八九二	九
六四一〇二三三	〇九〇二	四五七一	〇五〇二	六九一三	〇一〇二
四五三〇	一	六六九一	一	二一四三	一
二六五〇	二	七七一二	二	八二六三	二
九六七〇	三	九八三二	三	四四八三	三
七七九〇	四	〇〇六二	四	九五〇四	四
四八一一	五	二一八二	五	五七二四	五
一九三一	六	三二〇三	六	〇九四四	六
八九五一	七	四三二三	七	六〇七四	七
五〇八一	八	五四四三	八	一二九四	八
二一〇二	九	六五六三	九	六三一五	九
九一二二	〇〇一二	七六八三	〇六〇二	一五三五	〇二〇二
六二四二	一	八七〇四一三三	一	六六五五	一
三三六二	二	九八二四	二	一八七五	二
九三八二	三	九九四四	三	六九九五	三
六四〇三	四	〇一七四	四	〇一二六	四
二五二三	五	〇二九四	五	五二四六	五
八五四三	六	〇三一五	六	九三六六	六
四六六三	七	〇四三五	七	四五八六	七
一七八三	八	〇五五五	八	八六〇七	八
六七〇四	九	〇六七五	九	二八二七	九
二八二四	〇一一二	〇七九五	〇七〇二	六九四七	〇三〇二
八八四四	一	〇八一六	一	〇一七七	一
四九六四	二	〇九三六	二	四二九七	二
九九八四	三	九九五六	三	七三一八	三
五〇一五	四	九〇八六	四	一五三八	四
〇一三五	五	八一〇七	五	四六五八	五
六一五五	六	七二二七	六	八七七八	六
一二七五	七	六三四七	七	一九九八	七
六二九五	八	五四六七	八	四〇二九	八
一三一六	九	四五八七	九	七一四九	九
六三三六	〇二一二	三六〇八	〇八〇二	〇三六九	〇四〇二

續表

數例比	數原	數例比	數原	數例比	數原
〇二六二四三三	一〇二二	五五六四三三三	一六一二	一四五六二三三	一二一二
七一八二	二	六五八四	二	五四七六	二
四一〇三	三	六五〇五	三	〇五九六	三
一一二三	四	七五二五	四	四五一七	四
八〇四三	五	八五四五	五	九五三七	五
五〇六三	六	八五六五	六	三六五七	六
二〇八三	七	九五八五	七	七六七七	七
九九九三	八	九五〇六	八	二七九七	八
六九一四	九	九五二六	九	六七一八	九
二九三四	〇一二二	〇六四六	〇七一二	〇八三八	〇三一二
九八五四	一	〇六六六	一	三八五八	一
五八七四	二	〇六八六	二	七八七八	二
一八九四	三	〇六〇七	三	一九九八	三
八七一五	四	九五二七	四	四九一九	四
四七三五	五	九五四七	五	八九三九	五
〇七五五	六	九五六七	六	一〇六九	六
六六七五	七	八五八七	七	四〇八九	七
一六九五	八	八五〇八	八	八〇〇〇三三三	八
七五一六	九	七五二八	九	一一二〇	九
三五三六	〇二二二	六五四八	〇八一二	四一四〇	〇四一二
八四五六	一	六五六八	一	七一六〇	一
四四七六	二	五五八八	二	九一八〇	二
九三九六	三	四五〇九	三	二二〇一	三
五三一七	四	三五二九	四	五二二一	四
〇三三七	五	一五四九	五	七二四一	五
五二五七	六	〇五六九	六	〇三六一	六
〇二七七	七	九四八九	七	二三八一	七
五一九七	八	七四〇〇四三三	八	四三〇二	八
〇一一八	九	六四二〇	九	六三二二	九
五〇三八	〇三二二	四四四〇	〇九一二	八三四二	〇五一二
〇〇五八	一	二四六〇	一	〇四六二	一
四九六八	二	〇四八〇	二	二四八二	二
九八八八	三	九三〇一	三	四四〇三	三
三八〇九	四	七三二一	四	六四二三	四
七七二九	五	四三四一	五	七四四三	五
二七四九	六	二三六一	六	五四六三	六
六六六九	七	〇三八一	七	〇五八三	七
〇六八九	八	八二〇二	八	一五〇四	八
四五〇〇五三三	九	五二二二	九	三五二四	九
八四二〇	〇四二二	三二四二	〇〇二二	四五四四	〇六一二

數例比	數原	數例比	數原	數例比	數原
五七六五六三三	一二三二	五二一八五三三	一八二二	二四四〇五三三	一四二二
二六八五	二	六一三八	二	六三六〇	二
九四〇六	三	六〇五八	三	九二八〇	三
六三二六	四	六九六八	四	三二〇一	四
三二四六	五	六八八八	五	六一二一	五
〇一六六	六	六七〇九	六	〇一四一	六
六九七六	七	六六二九	七	三〇六一	七
三八九六	八	六五四九	八	六九七一	八
九六一七	九	六四六九	九	九八九一	九
六五三七	〇三三二	五三八九	〇九二二	二八一二	〇五二二
二四五七	一	五二〇〇六三三	一	五七三二	一
八二七七	二	五一二〇	二	八六五二	二
五一九七	三	四〇四〇	三	一六七二	三
一〇一八	四	三九五〇	四	四五九二	四
七八二八	五	三八七〇	五	六四一三	五
三七四八	六	二七九〇	六	九三三三	六
九五六八	七	一六一一	七	一三五三	七
四四八八	八	〇五三一	八	四二七三	八
〇三〇九	九	九三五一	九	六一九三	九
六二一九	〇四三二	八二七一	〇〇三二	八〇一四	〇六二二
一〇四九	一	七一九一	一	〇〇三四	一
七八五九	二	五〇一二	二	三九四四	二
二七七九	三	四九二二	三	四八六四	三
八五九九	四	二八四二	四	六七八四	四
三四一〇七三三	五	一七六二	五	八六〇五	五
八二三〇	六	九五八二	六	〇六二五	六
三一五〇	七	七四〇三	七	一五四五	七
八九六〇	八	六三二三	八	三四六五	八
三八八〇	九	四二四三	九	四三八五	九
八六〇一	〇五三二	二一六三	〇一三二	六二〇六	〇七二二
三五二一	一	〇〇八三	一	七一二六	一
七三四一	二	八八九三	二	八〇四六	二
二二六一	三	六七一四	三	九九五六	三
六〇八一	四	三六三四	四	〇九七六	四
一九九一	五	一五五四	五	一八九六	五
五七一二	六	八三七四	六	二七一七	六
九五三二	七	六二九四	七	三六三七	七
四四五二	八	三一一五	八	四五五七	八
八二七二	九	一〇三五	九	四四七七	九
二一九二	〇六三二	八八四五	〇二三二	五三九七	〇八二二

續表

數 例 比	數 原	數 例 比	數 原	數 例 比	數 原
八六五七八三三 六四七七 三二九七 一〇一八 九七二八	一四四二 二 三 四 五	二九三〇八三三 三七五〇 四五七〇 四三九〇 五一一一	一〇四二 二 三 四 五	六九〇三七三三 〇八二三 四六四三 七四六三 一三八三	一六三二 二 三 四 五
六五四八 四三六八 一一八八 九八九八 六六一九	六 七 八 九 〇五四二	六九二一 六七四一 六五六一 七三八一 七一〇二	六 七 八 九 〇一四二	五一〇四 八九一四 二八三四 五六五四 八四七四	六 七 八 九 〇七三二
三四三九 〇二五九 七九六九 四七八九 一五〇〇九三三	一 二 三 四 五	七九一二 七七三二 七五五二 七三七二 七一九二	一 二 三 四 五	一三九四 五一一五 八九二五 一八四五 四六六五	一 二 三 四 五
八二二〇 五〇四〇 二八五〇 八五七〇 五三九〇	六 七 八 九 〇六四二	七九〇三 七七二三 六五四三 六三六三 五一八三	六 七 八 九 〇二四二	六四八五 九二〇六 二一二六 四九三六 七七五六	六 七 八 九 〇八三二
二一一一 八八二一 四六四一 一四六一 七一八一	一 二 三 四 五	五九九三 四七一四 三五三四 三三五四 二一七四	一 二 三 四 五	九五七六 二四九六 四二一七 六〇三七 八八四七	一 二 三 四 五
三九九一 九六一二 五四三二 一二五二 七九六二	六 七 八 九 〇七四二	一九八四 〇七〇五 九四二五 七二四五 六〇六五	六 七 八 九 〇三四二	〇七六七 二五八七 四三〇八 六一二八 八九三八	六 七 八 九 〇九三二
三七八二 八四〇三 四二二三 〇〇四三 五七五三	一 二 三 四 五	五八七五 三六九五 二四一六 〇二三六 九九四六	一 二 三 四 五	九七五八 一六七八 三四九八 四二一九 五〇三九	一 二 三 四 五
一五七三 六二九三 一〇一四 六七二四 二五四四	六 七 八 九 〇八四二	七七六六 五五八六 四三〇七 二一二七 〇九三七	六 七 八 九 〇四四二	七八四九 八六六九 九四八九 〇三〇〇八三三 一一二〇	六 七 八 九 〇〇四二

續表

比例數	原數	比例數	原數	比例數	原數
九〇四八〇四三 九七五八 九四七八 八一九八 七八〇九	一六五二 二 三 四 五	三七五一〇四三 五四七一 七一九一 九八〇二 一六二二	一二五二 二 三 四 五	七二六四九三三 二〇八四 七七九四 一五一五 六二三五	一八四二 二 三 四 五
七五二九 六二四九 五九五九 四六七九 三三九九	六 七 八 九 〇七五二	三三四二 五〇六二 七七七二 九四九二 〇二一三	六 七 八 九 〇三五二	一〇五五 六七六五 〇五八五 五二〇六 九九一六	六 七 八 九 〇九四二
二〇一〇一四三 一七二〇 〇四四〇 八〇六〇 七七七〇	一 二 三 四 五	二九二三 四六四三 五三六三 七〇八三 八七九三	一 二 三 四 五	四七三六 八四五六 二二七六 六九八六 〇七〇七	一 二 三 四 五
六四九〇 四一一一 三八二一 一五四一 〇二六一	六 七 八 九 〇八五二	九四一四 〇二三四 二九四四 三六六四 四三八四	六 七 八 九 〇四五二	四四二七 八一四七 二九五七 六六七七 〇四九七	六 七 八 九 〇〇五二
八八七一 六五九一 四二一二 二九二二 〇六四二	一 二 三 四 五	五〇〇五 五七一五 六四三五 七一五五 八八六五	一 二 三 四 五	四一一八 七八二八 一六四八 四三六八 八〇八八	一 二 三 四 五
八二六二 六九七二 四六九二 二三一三 〇〇三三	六 七 八 九 〇九五二	八五八五 九二〇六 九九一六 〇七三六 〇四五六	六 七 八 九 〇五五二	一八九八 四五一九 七二三九 一〇五九 四七六九	六 七 八 九 〇一五二
七六四三 五三六三 二〇八三 〇七九三 七三一四	一 二 三 四 五	〇一七六 一八八六 一五〇七 一二二七 一九三七	一 二 三 四 五	七四八九 〇二〇〇〇四三 二九一〇 五六三〇 八三五〇	一 二 三 四 五
五〇三四 二七四四 九三六四 六〇八四 三七九四	六 七 八 九 〇〇六二	一六五七 一三七七 〇〇九七 〇七〇八 〇四二八	六 七 八 九 〇六五二	一一七〇 三八八〇 六五〇一 八二二一 〇〇四一	六 七 八 九 〇二五二

續表

數例比	數原	數例比	數原	數例比	數原
七九二八二四三 九五四八 一二六八 二八七八 四四九八	一八六二 二 三 四 五	八六七一二四三 三三九一 七九〇二 一六二二 六二四二	一四六二 二 三 四 五	〇四一五一四三 七〇三五 四七四五 一四六五 八〇八五	一〇六二 二 三 四 五
六〇一九 八六二九 九二四九 一九五九 二五七九	六 七 八 九 〇九六二	〇九五二 四五七二 八一九二 二八〇三 六四二三	六 七 八 九 〇五六二	四七九五 一四一六 七〇三六 四七四六 〇四六六	六 七 八 九 〇一六二
四一九九 五七〇〇三四三 六三二〇 七九三〇 九五五〇	一 二 三 四 五	〇一四三 三七五三 七三七三 一〇九三 四六〇四	一 二 三 四 五	七〇八六 三七九六 九三一七 五〇三七 二七四七	一 二 三 四 五
〇二七〇 一八八〇 二四〇一 三〇二一 四六三一	六 七 八 九 〇〇七二	八二二四 一九三四 五五五四 八一七四 二八八四	六 七 八 九 〇六六二	八三六七 四〇八七 〇七九七 五三一八 一〇三八	六 七 八 九 〇二六二
四二五一 五八六一 六四八一 七〇〇二 七六一二	一 二 三 四 五	五四〇五 八〇二五 一七三五 四三五五 七九六五	一 二 三 四 五	七六四八 三三六八 八九七八 四六九八 九二一九	一 二 三 四 五
八二三二 八八四二 九四六二 九〇八二 九六九二	六 七 八 九 〇一七二	〇六八五 三二〇六 六八一六 八四三六 一一五六	六 七 八 九 〇七六二	五九二九 〇六四九 五二六九 〇九七九 六五九九	六 七 八 九 〇三六二
九二一三 〇九二三 〇五四三 〇一六三 〇七七三	一 二 三 四 五	四七六六 六三八六 九九九六 一六一七 四二三七	一 二 三 四 五	一二一〇二四三 六八二〇 一五四〇 六一六〇 一八七〇	一 二 三 四 五
〇三九三 〇九〇四 九四二四 九〇四四 九六五四	六 七 八 九 〇二七二	六八四七 八四六七 〇一八七 三七九七 五三一八	六 七 八 九 〇八六二	五四九〇 〇一一一 五七二一 九三四一 四〇六一	六 七 八 九 〇四六二

續表

數例比	數原	數例比	數原	數例比	數原
三一三七四四三 八六四七 三二六七 八七七七 三三九七	一〇八二 二 三 四 五	六六〇一四四三 四二二一 一八三一 八三五一 五九六一	一六七二 二 三 四 五	八二七四三四三 八八八四 八四〇五 七〇二五 六六三五	一二七二 二 三 四 五
八八〇八 二四二八 七九三八 二五五八 六〇七八	六 七 八 九 〇一八二	二五八一 九〇〇二 六六一二 三二三二 〇八四二	六 七 八 九 〇七七二	六二五五 五八六五 四四八五 三〇〇六 三六一六	六 七 八 九 〇三七二
一六八八 五一〇九 〇七一九 四二三九 八七四九	一 二 三 四 五	六三六二 三九七二 〇五九二 六〇一三 三六二三	一 二 三 四 五	二二三六 一八四六 〇四六六 八九七六 七五九六	一 二 三 四 五
三三六九 七八七九 一四九九 五九〇〇五四三 九四二〇	六 七 八 九 〇二八二	九一四三 六七五三 二三七三 八八八三 五四〇四	六 七 八 九 〇八七二	六一一七 五七二七 三三四七 二九五七 〇五七七	六 七 八 九 〇四七二
三〇四〇 七五五〇 一一七〇 五六八〇 八一〇一	一 二 三 四 五	一〇二四 七五三四 三一五四 九六六四 五二八四	一 二 三 四 五	九〇九七 七六〇八 六二二八 四八三八 二四五八	一 二 三 四 五
二七一一 六二三一 九七四一 三三六一 六八七一	六 七 八 九 〇三八二	一八九四 七三一五 三九二五 八四四五 四〇六五	六 七 八 九 〇九七二	〇〇七八 九五八八 七一〇九 五七一九 三三三九	六 七 八 九 〇五七二
〇四九一 三九〇二 六四二二 〇〇四二 三五五二	一 二 三 四 五	〇六七五 五一九五 一七〇六 六二二六 二八三六	一 二 三 四 五	〇九四九 八四六九 六〇八九 四六九九 二二一〇四四三	一 二 三 四 五
六〇七二 九五八二 二一〇三 五六一三 八一三三	六 七 八 九 〇四八二	七三五六 二九六六 八四八六 三〇〇七 八五一七	六 七 八 九 〇〇八二	九七二〇 七三四〇 四九五〇 二五七〇 九〇九〇	六 七 八 九 〇六七二

續表

數 例 比	數 原	數 例 比	數 原	數 例 比	數 原
一三五五六四三 〇八六五 九二八五 七七九五 六二一六	一二九二 二 三 四 五	三四五九五四三 四九六九 五四八九 五九九九 五四一〇六四三	一八八二 二 三 四 五	一七四三五四三 四二六三 七七七三 九二九三 二八〇四	一四八二 二 三 四 五
四七二六 三二四六 一七五六 九一七六 八六八六	六 七 八 九 〇三九二	六九二〇 七四四〇 七九五〇 七四七〇 八九八〇	六 七 八 九 〇九八二	五三二四 七八三四 〇四五四 二九六四 五四八四	六 七 八 九 〇五八二
六一〇七 四六一七 二一三七 〇六四七 八〇六七	一 二 三 四 五	八四〇一 八九一一 八四三一 八九四一 八四六一	一 二 三 四 五	七九九四 九四一五 二〇三五 四五四五 六〇六五	一 二 三 四 五
六五七七 四〇九七 二五〇八 九九一八 七四三八	六 七 八 九 〇四九二	八九七一 八四九一 八九〇二 八四二二 八九三二	六 七 八 九 〇〇九二	八五七五 〇一九五 二六〇六 四一二六 六六三六	六 七 八 九 〇六八二
五九四八 三四六八 〇九七八 八三九八 五八〇九	一 二 三 四 五	八四五二 七九六二 七四八二 七九九二 六四一三	一 二 三 四 五	八一五六 〇七六六 一二八六 三七九六 五二一七	一 二 三 四 五
三三二九 〇八三九 七二五九 五七六九 二二八九	六 七 八 九 〇五九二	六九二三 五四四三 四九五三 四四七三 三九八三	六 七 八 九 〇一九二	六七二七 八二四七 九七五七 〇三七七 二八八七	六 七 八 九 〇七八二
九六九九 六一一〇七四三 三六二〇 〇一四〇 七五五〇	一 二 三 四 五	二四〇四 一九一四 〇四三四 九八四四 八三六四	一 二 三 四 五	三三〇八 四八一八 六三三八 七八四八 八三六八	一 二 三 四 五
四〇七〇 一五八〇 八九九〇 五四一一 二九二一	六 七 八 九 〇六九二	七八七四 六三九四 五八〇五 四三二五 三八三五	六 七 八 九 〇二九二	九八七八 〇四九八 一九〇九 二四二九 二九三九	六 七 八 九 〇八八二

數例比	數原	數例比	數原	數例比	數原
六一〇三八四三	一四〇三	六六二七七四三	一〇〇三	八三四一七四三	一六九二
九五一三	二	一一四七	二	五八五一	二
二〇三三	三	五五五七	三	二三七一	三
五四四三	四	〇〇七七	四	八七八一	四
七八五三	五	四四八七	五	五二〇二	五
〇三七三	六	九八九七	六	一七一二	六
二七八三	七	三三一八	七	七一三二	七
五一〇四	八	八七二八	八	四六四二	八
七五一四	九	二二四八	九	〇一六二	九
〇〇三四	〇五〇三	六六五八	〇一〇三	六五七二	〇七九二
二四四四	一	一一七八	一	三〇九二	一
四八五四	二	五五八八	二	九四〇三	二
七二七四	三	九九九八	三	五九一三	三
九六八四	四	三四一九	四	一四三三	四
一一〇五	五	七八二九	五	七八四三	五
三五一五	六	一三四九	六	三三六三	六
五九二五	七	五七五九	七	九七七三	七
七三四五	八	九一七九	八	五二九三	八
九七五五	九	三六八九	九	〇七〇四	九
一二七五	〇六〇三	七〇〇〇八四三	〇二〇三	六一二四	〇八九二
三六八五	一	一五一〇	一	二六三四	一
五〇〇六	二	四九二〇	二	八〇五四	二
七四一六	三	八三四〇	三	三五六四	三
九八二六	四	二八五〇	四	九九七四	四
〇三四六	五	五二七〇	五	四四九四	五
二七五六	六	九六八〇	六	〇九〇五	六
四一七六	七	二一〇一	七	五三二五	七
五五八六	八	六五一一	八	〇八三五	八
七九九六	九	九九二一	九	六二五五	九
八三一七	〇七〇三	三四四一	〇三〇三	一七六五	〇九九二
〇八二七	一	六八五一	一	六一八五	一
一二四七	二	九二七一	二	一六九五	二
二六五七	三	二七八一	三	七〇一六	三
四〇七七	四	五一〇二	四	二五二六	四
五四八七	五	九五一二	五	七九三六	五
六八九七	六	二〇三二	六	二四五六	六
七二一八	七	五四四二	七	七八六六	七
九六二八	八	八八五二	八	二三八六	八
〇一四八	九	一三七二	九	六七九六	九
一五五八	〇八〇三	三七八二	〇四〇三	一二一七	〇〇〇三

續表

續表

數例比	數原	數例比	數原	數例比	數原
四二八九九四三 二六九九 九九〇〇〇五三 六三二〇 四七三〇	一六一三 二 三 四 五	四九二四九四三 三三四四 二七五四 一一七四 〇五八四	一二一三 二 三 四 五	二九六八八四三 三三八八 三七九八 四一一九 五五二九	一八〇三 二 三 四 五
一一五〇 八四六〇 五八七〇 二二九〇 九五〇一	六 七 八 九 〇七一三	九八九四 八二一五 七六二五 五〇四五 四四五五	六 七 八 九 〇三一三	六九三九 七三五九 七七六九 八一八九 八五九九	六 七 八 九 〇九〇三
六九一一 三三三一 〇七四一 七〇六一 四四七一	一 二 三 四 五	三八六五 二二八五 〇六九五 九九〇六 七三二六	一 二 三 四 五	九九〇〇九四三 九三二〇 〇八三〇 〇二五〇 一六六〇	一 二 三 四 五
〇八八一 七一〇二 四五一二 〇九二二 七二四二	六 七 八 九 〇八一三	六七三六 四一五六 三五六六 一九七六 〇三九六	六 七 八 九 〇四一三	一〇八〇 一四九〇 一八〇一 一二二一 二六三一	六 七 八 九 〇〇一三
四六五二 〇〇七二 七三八二 三七九二 九〇一三	一 二 三 四 五	八六〇七 六〇二七 四四三七 二八四七 一二六七	一 二 三 四 五	二〇五一 二四六一 二八七一 二二九一 二六〇二	一 二 三 四 五
六四二三 二八三三 八一五三 四五六三 一九七三	六 七 八 九 〇九一三	九五七七 七九八七 五三〇八 三七一八 〇一三八	六 七 八 九 〇五一三	一〇二二 一四三二 一八四二 一二六二 〇六七二	六 七 八 九 〇一一三
七二九三 三六〇四 九九一四 五三三四 一七四四	一 二 三 四 五	八四四八 六八五八 四二七八 二六八八 九九九八	一 二 三 四 五	〇〇九二 九三〇三 九七一三 九一三三 八五四三	一 二 三 四 五
七〇六四 三四七四 八七八四 四一〇五 〇五一五	六 七 八 九 〇〇二三	七三一九 四七二九 二一四九 〇五五九 七八六九	六 七 八 九 〇六一三	七九五三 七三七三 六七八三 五一〇四 四五一四	六 七 八 九 〇二一三

續表

數例比	數原	數例比	數原	數例比	數原
六〇〇六一五三	一八二三	九七六〇一五三	一四二三	六八二五〇五三	一〇二三
八三一六	二	三一八〇	二	一二四五	二
一七二六	三	七四九〇	三	七五五五	三
三〇四六	四	一八〇一	四	二九六五	四
五三五六	五	五一二一	五	八二八五	五
七六六六	六	八四三一	六	三六九五	六
〇〇八六	七	二八四一	七	九九〇六	七
二三九六	八	六一六一	八	四三二六	八
四六〇七	九	〇五七一	九	〇七三六	九
六九一七	〇九二三	三八八一	〇五二三	五〇五六	〇一二三
八二三七	一	七一〇二	一	〇四六六	一
〇六四七	二	〇五一二	二	五七七六	二
二九五七	三	四八二二	三	一一九六	三
三二七七	四	七一四二	四	六四〇七	四
五五八七	五	一五五二	五	一八一七	五
七八九七	六	四八六二	六	六一三七	六
九一一八	七	八一八二	七	一五四七	七
一五二八	八	一五九二	八	六八五七	八
二八三八	九	四八〇三	九	一二七七	九
四一五八	〇〇三三	八一二三	〇六二三	六五八七	〇二二三
五四六八	一	一五三三	一	一九九七	一
七七七八	二	四八四三	二	五二一八	二
八〇九八	三	七一六三	三	〇六二八	三
〇四〇九	四	〇五七三	四	五九三八	四
一七一九	五	三八八三	五	〇三五八	五
三〇三九	六	六一〇四	六	四六六八	六
四三四九	七	九四一四	七	九九七八	七
五六五九	八	二八二四	八	三三九八	八
七九六九	九	五一四四	九	八六〇九	九
八二八九	〇一三三	八四五四	〇七二三	二〇二九	〇三二三
九五九九	一	〇八六四	一	七三三九	一
〇九〇〇二五三	二	三一八四	二	一七四九	二
一二二〇	三	六四九四	三	六〇六九	三
二五三〇	四	九七〇五	四	〇四七九	四
三八四〇	五	一一二五	五	四七八九	五
四一六〇	六	四四三五	六	八〇〇〇一五三	六
五四七〇	七	六七四五	七	三四一〇	七
六七八〇	八	九〇六五	八	七七二〇	八
七〇〇一	九	一四七五	九	一一四〇	九
八三一一	〇二三三	四七八五	〇八二三	五四五〇	〇四二三

比例數	原數	比例數	原數	比例數	原數
七〇六一三五三	一〇四三	八六四六二五三	一六三三	九六二一二五三	一二三三
四三七一	二	八九五六	二	〇〇四一	二
二六八一	三	七二七六	三	〇三五一	三
九八九一	四	六五八六	四	一六六一	四
七一一二	五	五八九六	五	二九七一	五
五四二二	六	四一一七	六	二二九一	六
二七三二	七	三四二七	七	三五〇二	七
九九四二	八	二七三七	八	三八一二	八
七二六二	九	一〇五七	九	四一三二	九
四五七二	〇一四三	〇三六七	〇七三三	四四四二	〇三三三
一八八二	一	九五七七	一	五七五二	一
九〇〇三	二	七八八七	二	五〇七二	二
六三一三	三	六一〇八	三	五三八二	三
三六二三	四	五四一八	四	五六九二	四
一九三三	五	四七二八	五	六九〇三	五
八一五三	六	二〇四八	六	六二二三	六
五四六三	七	一三五八	七	六五三三	七
二七七三	八	〇六六八	八	六八四三	八
九九八三	九	八八七八	九	六一六三	九
六二〇四	〇二四三	七一九八	〇八三三	六四七三	〇四三三
三五一四	一	五四〇九	一	六七八三	一
〇八二四	二	四七一九	二	六〇〇四	二
七〇四四	三	二〇三九	三	六三一四	三
四三五四	四	〇三四九	四	六六二四	四
〇六六四	五	九五五九	五	六九三四	五
七八七四	六	七八六九	六	六二五四	六
四一九四	七	五一八九	七	六五六四	七
一四〇五	八	三四九九	八	五八七四	八
七六一五	九	一七〇〇三五三	九	五一九四	九
四九二五	〇三四三	〇〇二〇	〇九三三	五四〇五	〇五三三
一二四五	一	八二三〇	一	四七一五	一
七四五五	二	六五四〇	二	四〇三五	二
四七六五	三	四八五〇	三	三三四五	三
〇〇八五	四	二一七〇	四	三六五五	四
七二九五	五	〇四八〇	五	二九六五	五
三五〇六	六	八六九〇	六	二二八五	六
九七一六	七	五九〇一	七	一五九五	七
六〇三六	八	三二二一	八	一八〇六	八
二三四六	九	一五三一	九	〇一二六	九
八五五六	〇四四三	九七四一	〇〇四三	九三三六	〇六三三

續表

續表

數例比	數原	數例比	數原	數例比	數原
六六六六四五三	一二五三	四〇七一四五三	一八四三	五八六六三五三	一四四三
九八七六	二	九二八一	二	一一八六	二
三一九六	三	三五九一	三	七三九六	三
六三〇七	四	八七〇二	四	三六〇七	四
九五一七	五	三〇二二	五	九八一七	五
二八二七	六	七二三二	六	五一三七	六
五〇四七	七	二五四二	七	一四四七	七
八二五七	八	六七五二	八	七六五七	八
二五六七	九	一〇七二	九	三九六七	九
五七七七	〇三五三	五二八二	〇九四三	九一八七	〇五四三
八九八七	一	〇五九二	一	五四九七	一
一二〇八	二	四七〇三	二	一七〇八	二
四四一八	三	八九一三	三	六九一八	三
六六二八	四	三二三三	四	二二三八	四
九八三八	五	七四四三	五	八四四八	五
二一五八	六	一七五三	六	四七五八	六
五三六八	七	六九六三	七	九九六八	七
八五七八	八	〇二八三	八	五二八八	八
〇八八八	九	四四九三	九	〇五九八	九
三〇〇九	〇四五三	八六〇四	〇〇五三	六七〇九	〇六四三
六二一九	一	二九一四	一	一〇二九	一
八四二九	二	六一三四	二	七二三九	二
一七三九	三	〇四四四	三	二五四九	三
四九四九	四	四六五四	四	八七五九	四
六一六九	五	八八六四	五	三〇七九	五
九三七九	六	二一八四	六	八二八九	六
一六八九	七	六三九四	七	四五九九	七
四八九九	八	九五〇五	八	九七〇〇四五三	八
六〇一〇五五三	九	三八一五	九	四〇二〇	九
八二二〇	〇五五三	七〇三五	〇一五三	九二三〇	〇七四三
一五三〇	一	一三四五	一	五五四〇	一
三七四〇	二	四五五五	二	〇八五〇	二
五九五〇	三	八七六五	三	五〇七〇	三
七一七〇	四	二〇八五	四	〇三八〇	四
〇四八〇	五	五二九五	五	五五九〇	五
二六九〇	六	九四〇六	六	〇八〇一	六
四八〇一	七	二七一六	七	五〇二一	七
六〇二一	八	六九二六	八	九二三一	八
八二三一	九	九一四六	九	四五四一	九
〇五四一	〇六五三	三四五六	〇二五三	九七五一	〇八四三

續表

數例比	數原	數例比	數原	數例比	數原
一二二一六五三 〇四三一 九五四一 八七五一 七九六一	一四六三 二 三 四 五	三二四六五五三 四四五六 四六六六 五八七六 五〇九六	一〇六三 二 三 四 五	二七五一五五三 四九六一 六一八一 八三九一 九五〇二	一六五三 二 三 四 五
七一八一 六三九一 五五〇二 四七一二 三九二二	六 七 八 九 〇五六三	六二〇七 六四一七 六六二七 七八三七 七〇五七	六 七 八 九 〇一六三	一八一二 三〇三二 五二四二 六四五二 八六六二	六 七 八 九 〇七五三
二一四二 一三五二 〇五六二 八六七二 七八八二	一 二 三 四 五	七二六七 八四七七 八六八七 八八九七 八〇一八	一 二 三 四 五	〇九七二 一一九二 三三〇三 四五一三 六七二三	一 二 三 四 五
六〇〇三 五二一三 四四二三 二六三三 一八四三	六 七 八 九 〇六六三	八二二八 八四三八 八六四八 八八五八 八〇七八	六 七 八 九 〇二六三	七九三三 九一五三 〇四六三 二六七三 三八八三	六 七 八 九 〇八五三
〇〇六三 八一七三 七三八三 五五九三 四七〇四	一 二 三 四 五	八二八八 八四九八 八六〇九 八八一九 八〇三九	一 二 三 四 五	四〇〇四 五二一四 七四二四 八六三四 九八四四	一 二 三 四 五
二九一四 一一三四 九二四四 八四五四 六六六四	六 七 八 九 〇七六三	八二四九 七四五九 七六六九 七八七九 七〇九九	六 七 八 九 〇三六三	〇一六四 一三七四 二五八四 三七九四 四九〇五	六 七 八 九 〇九五三
四八七四 三〇九四 一二〇五 九三一五 七五二五	一 二 三 四 五	六二〇〇六五三 六四一〇 五六二〇 五八三〇 四〇五〇	一 二 三 四 五	五一二五 六三三五 七五四五 八七五五 九九六五	一 二 三 四 五
五七三五 四九四五 二一六五 〇三七五 八四八五	六 七 八 九 〇八六三	四二六〇 三四七〇 三六八〇 二八九〇 一〇一一	六 七 八 九 〇四六三	〇二八五 〇四九五 一六〇六 二八一六 二〇三六	六 七 八 九 〇〇六三

續表

數例比	數原	數例比	數原	數例比	數原
三〇三五七五三	一六七三	〇六六〇七五三	一二七三	六六九五六五三	一八六三
九一四五	二	六七七〇	二	四八〇六	二
四三五五	三	三九八〇	三	二〇二六	三
〇五六五	四	〇一〇一	四	〇二三六	四
五六七五	五	六二一一	五	七三四六	五
〇八八五	六	三四二一	六	五五五六	六
六九九五	七	九五三一	七	三七六六	七
一一一六	八	六七四一	八	一九七六	八
六二二六	九	二九五一	九	九〇九六	九
一四三六	〇七七三	九〇七一	〇三七三	六二〇七	〇九六三
六五四六	一	五二八一	一	四四一七	一
二七五六	二	二四九一	二	二六二七	二
七八六六	三	八五〇二	三	九七三七	三
二〇八六	四	四七一二	四	七九四七	四
七一九六	五	一九二二	五	四一六七	五
二三〇七	六	七〇四二	六	二三七七	六
七四一七	七	三二五二	七	九四八七	七
二六二七	八	九三六二	八	七六九七	八
七七三七	九	五五七二	九	四八〇八	九
二九四七	〇八七三	二七八二	〇四七三	二〇二八	〇〇七三
七〇六七	一	八八九二	一	九一三八	一
一二七七	二	四〇一三	二	六三四八	二
六三八七	三	〇二二三	三	四五五八	三
一五九七	四	六三三三	四	一七六八	四
六六〇八	五	二五四三	五	八八七八	五
一八一八	六	八六五三	六	五〇九八	六
五九二八	七	四八六三	七	二二〇九	七
〇一四八	八	九九七三	八	〇四一九	八
五二五八	九	五一九三	九	七五二九	九
九三六八	〇九七三	一三〇四	〇五七三	四七三九	〇一七三
四五七八	一	七四一四	一	一九四九	一
八六八八	二	三六二四	二	八〇六九	二
三八九八	三	八七三四	三	五二七九	三
七九〇九	四	四九四四	四	二四八九	四
二一二九	五	〇一六四	五	九五九九	五
六二三九	六	五二七四	六	六七〇〇七五三	六
〇四四九	七	一四八四	七	二九一〇	七
五五五九	八	七五九四	八	九〇三〇	八
九六六九	九	二七〇五	九	六二四〇	九
三八七九	〇〇八三	八八一五	〇六七三	三四五〇	〇二七三

續表

數例比	數原	數例比	數原	數例比	數原
四四九八八五三	一八八三	四四四四八五三	一四八三	八九八九七五三	一〇八三
五五〇九	二	七五五四	二	二一〇〇八五三	二
七六一九	三	〇七六四	三	六二一〇	三
九七二九	四	三八七四	四	〇四二〇	四
一九三九	五	六九八四	五	五五三〇	五
三〇五九	六	九〇〇五	六	九六四〇	六
四一六九	七	二二一五	七	三八五〇	七
六二七九	八	五三二五	八	七九六〇	八
八三八九	九	八四三五	九	一一八〇	九
〇五九九	〇九八三	一六四五	〇五八三	五二九〇	〇一八三
一六〇〇九五三	一	三七五五	一	九三〇一	一
三七一〇	二	六八六五	二	三五一一	二
四八二〇	三	九九七五	三	七六二一	三
六九三〇	四	二一九五	四	一八三一	四
七〇五〇	五	四二〇六	五	四九四一	五
九一六〇	六	七三一六	六	八〇六一	六
〇三七〇	七	〇五二六	七	二二七一	七
二四八〇	八	二六三六	八	六三八一	八
三五九〇	九	五七四六	九	〇五九一	九
五六〇一	〇〇九三	七八五六	〇六八三	三六〇二	〇二八三
六七一一	一	〇〇七六	一	七七一二	一
七八二一	二	二一八六	二	一九二二	二
八九三一	三	五二九六	三	四〇四二	三
〇一五一	四	七三〇七	四	八一五二	四
一二六一	五	九四一七	五	一三六二	五
二三七一	六	二六二七	六	五四七二	六
三四八一	七	四七三七	七	八五八二	七
四五九一	八	六八四七	八	二七九二	八
六六〇二	九	九九五七	九	五八〇三	九
七七二二	〇一九三	一一七七	〇七八三	九九一三	〇三八三
八八二二	一	三二八七	一	二一三三	一
九九三二	二	五三九七	二	五二四三	二
〇一五二	三	七四〇八	三	九三五三	三
一二六二	四	〇六一八	四	二五六三	四
二三七二	五	二七二八	五	五六七三	五
三四八二	六	四八三八	六	八七八三	六
三五九二	七	六九四八	七	二九九三	七
四六〇三	八	八〇六八	八	五〇一四	八
五七一三	九	〇二七八	九	八一二四	九
六八二三	〇二九三	二三八八	〇八八三	一三三四	〇四八三

數例比	數原	數例比	數原	數例比	數原
八六一二〇六三	一〇〇四	五〇八七九五三	一六九三	七九三三九五三	一二九三
七七二二	二	四一九七	二	七〇五三	二
五八三二	三	四二〇八	三	八一六三	三
四九四二	四	四三一八	四	九二七三	四
二〇六二	五	三四二八	五	〇四八三	五
一一七二	六	三五三八	六	〇五九三	六
九一八二	七	二六四八	七	一六〇四	七
八二九二	八	二七五八	八	一七一四	八
六三〇三	九	一八六八	九	二八二四	九
四四一三	〇一〇四	〇九七八	〇七九三	二九三四	〇三九三
三五二三	一	〇〇九八	一	三〇五四	一
一六三三	二	九〇〇九	二	三一六四	二
九六四三	三	八一一九	三	四二七四	三
七七五三	四	八二二九	四	四三八四	四
五八六三	五	七三三九	五	五四九四	五
四九七三	六	六四四九	六	五五〇五	六
二〇九三	七	五五五九	七	五六一五	七
〇一〇四	八	五六六九	八	六七二五	八
八一一四	九	四七七九	九	六八三五	九
六二二四	〇二〇四	三八八九	〇八九三	六九四五	〇四九三
四三三四	一	二九九九	一	六〇六五	一
二四四四	二	一〇一〇〇六三	二	七一七五	二
〇五五四	三	〇一二〇	三	七二八五	三
八五六四	四	九一三〇	四	七三九五	四
六六七四	五	八二四〇	五	七四〇六	五
四七八四	六	七三五〇	六	七五一六	六
二八九四	七	六四六〇	七	七六二六	七
九八〇五	八	五五七〇	八	七七三六	八
七九一五	九	四六八〇	九	七八四六	九
五〇三五	〇三〇四	三七九〇	〇九九三	七九五六	〇五九三
三一四五	一	二八〇一	一	七〇七六	一
〇二五五	二	〇九一一	二	七一八六	二
八二六五	三	九九二一	三	七二九六	三
六三七五	四	八〇四一	四	七三〇七	四
三四八五	五	七一五一	五	六四一七	五
一五九五	六	五二六一	六	六五二七	六
九五〇六	七	四三七一	七	六六三七	七
六六一六	八	三四八一	八	六七四七	八
四七二六	九	一五九一	九	五八五七	九
一八三六	〇四〇四	〇六〇二	〇〇〇四	五九六七	〇六九三

續表

原數	比例數	原數	比例數	原數	比例數
四〇四一	三六〇六四八九	四〇八一	三六一〇七六六	四一二一	三六一五〇〇三
二	六五九六	二	〇八七三	二	五一〇八
三	六七〇四	三	〇九七九	三	五二一三
四	六八一一	四	一〇八六	四	五三一九
五	六九一八	五	一一九二	五	五四二四
六	七〇二六	六	一二九八	六	五五二九
七	七一三三	七	一四〇五	七	五六三四
八	七二四〇	八	一五一一	八	五七四〇
九	七三四八	九	一六一七	九	五八四五
四〇五〇	七四五五	四〇九〇	一七二三	四一三〇	五九五〇
一	七五六二	一	一八二九	一	六〇五五
二	七六六九	二	一九三六	二	六一六〇
三	七七七七	三	二〇四二	三	六二六五
四	七八八四	四	二一四八	四	六三七〇
五	七九九一	五	二二五四	五	六四七五
六	八〇九八	六	二三六〇	六	六五八〇
七	八二〇五	七	二四六六	七	六六八五
八	八三一二	八	二五七二	八	六七九〇
九	八四一九	九	二六七八	九	六八九五
四〇六〇	八五二六	四一〇〇	二七八四	四一四〇	七〇〇〇
一	八六三三	一	二八九〇	一	七一〇五
二	八七四〇	二	二九九六	二	七二一〇
三	八八四七	三	三一〇一	三	七三一五
四	八九五四	四	三二〇七	四	七四二〇
五	九〇六〇	五	三三一三	五	七五二四
六	九一六七	六	三四一九	六	七六二九
七	九二七四	七	三五二五	七	七七三四
八	九三八一	八	三六三〇	八	七八三九
九	九四八八	九	三七三六	九	七九四三
四〇七〇	九五九四	四一一〇	三八四二	四一五〇	八〇四八
一	九七〇一	一	三九四七	一	八一五三
二	九八〇八	二	四〇五三	二	八二五七
三	九九一四	三	四一五九	三	八三六二
四	三六一〇〇二一	四	四二六四	四	八四六六
五	〇一二八	五	四三七〇	五	八五七一
六	〇二三四	六	四四七五	六	八六七五
七	〇三四一	七	四五八一	七	八七八〇
八	〇四四七	八	四六八六	八	八八八四
九	〇五五四	九	四七九二	九	八九八九
四〇八〇	〇六六〇	四一二〇	四八九七	四一六〇	九〇九三

續表

數例比	數原	數例比	數原	數例比	數原
八六四七二六三	一四二四	三五三三二六三	一〇二四	八九一九一六三	一六一四
一七五七	二	六五四三	二	二〇三九	二
三七六七	三	九五五三	三	六〇四九	三
五七七七	四	三六六三	四	一一五九	四
八七八七	五	六六七三	五	五一六九	五
〇八九七	六	九六八三	六	九一七九	六
二八〇八	七	二七九三	七	三二八九	七
四八一八	八	六七〇四	八	八二九九	八
七八二八	九	九七一四	九	二三〇〇二六三	九
九八三八	〇五二四	二八二四	〇一二四	六三一〇	〇七一四
一九四八	一	五八三四	一	〇四二〇	一
三九五八	二	八八四四	二	四四三〇	二
五九六八	三	一九五四	三	八四四〇	三
七九七八	四	四九六四	四	二五五〇	四
九九八八	五	七九七四	五	六五六〇	五
二〇〇九	六	一〇九四	六	〇六七〇	六
四〇一九	七	四〇〇五	七	四六八〇	七
六〇二九	八	六〇一五	八	八六九〇	八
八〇三九	九	九〇二五	九	二七〇一	九
九〇四九	〇六二四	二一三五	〇二二四	六七一一	〇八一四
一一五九	一	五一四五	一	〇八二一	一
三一六九	二	八一五五	二	四八三一	二
五一七九	三	一二六五	三	八八四一	三
七一八九	四	四二七五	四	二九五一	四
九一九九	五	七二八五	五	五九六一	五
一二〇〇三六三	六	九二九五	六	九九七一	六
三二一〇	七	二三〇六	七	三〇九一	七
四二二〇	八	五三一六	八	七〇〇二	八
六二三〇	九	八三二六	九	〇一一二	九
八二四〇	〇七二四	〇四三六	〇三二四	四一二二	〇九一四
九二五〇	一	三四四六	一	八一三二	一
一三六〇	二	六四五六	二	一二四二	二
三三七〇	三	八四六六	三	五二五二	三
四三八〇	四	一五七六	四	八二六二	四
六三九〇	五	三五八六	五	二三七二	五
八三〇一	六	六五九六	六	五三八二	六
九三一一	七	八五〇七	七	九三九二	七
一四二一	八	一六一七	八	二四〇三	八
二四三一	九	三六二七	九	六四一三	九
四四四一	〇八二四	六六三七	〇四二四	九四二三	〇〇二四

數 例 比	數 原	數 例 比	數 原	數 例 比	數 原
六八五九三六三	一六三四	四八五五三六三	一二三四	五四五一三六三	一八二四
六八六九	二	五八六五	二	七四六一	二
五八七九	三	五八七五	三	八四七一	三
五八八九	四	六八八五	四	九四八一	四
四八九九	五	六八九五	五	一五九一	五
四八〇〇四六三	六	六八〇六	六	二五〇二	六
三八一〇	七	七八一六	七	三五一二	七
三八二〇	八	七八二六	八	五五二二	八
二八三〇	九	七八三六	九	六五三二	九
一八四〇	〇七三四	八八四六	〇三三四	七五四二	〇九二四
一八五〇	一	八八五六	一	八五五二	一
〇八六〇	二	八八六六	二	〇六六二	二
九七七〇	三	九八七六	三	一六七二	三
九七八〇	四	九八八六	四	二六八二	四
八七九〇	五	九八九六	五	三六九二	五
七七〇一	六	九八〇七	六	四六〇三	六
六七一一	七	九八一七	七	五六一三	七
六七二一	八	九八二七	八	六六二三	八
五七三一	九	〇九三七	九	七六三三	九
四七四一	〇八三四	〇九四七	〇四三四	八六四三	〇〇三四
三七五一	一	〇九五七	一	九六五三	一
二七六一	二	〇九六七	二	〇七六三	二
一七七一	三	〇九七七	三	一七七三	三
〇七八一	四	〇九八七	四	二七八三	四
九六九一	五	〇九九七	五	三七九三	五
九六〇二	六	〇九〇八	六	四七〇四	六
八六一二	七	〇九一八	七	五七一四	七
七六二二	八	九八二八	八	六七二四	八
五六三二	九	九八三八	九	六七三四	九
四六四二	〇九三四	九八四八	〇五三四	七七四四	〇一三四
三六五二	一	九八五八	一	八七五四	一
二六六二	二	九八六八	二	九七六四	二
一六七二	三	九八七八	三	九七七四	三
〇六八二	四	八八八八	四	〇八八四	四
九五九二	五	八八九八	五	一八九四	五
八五〇三	六	八八〇九	六	一八〇五	六
六五一三	七	七八一九	七	二八一五	七
五五二三	八	七八二九	八	三八二五	八
四五三三	九	七八三九	九	三八三五	九
三五四三	〇〇四四	六八四九	〇六三四	四八四五	〇二三四

續表

數例比	數原	數例比	數原	數例比	數原
五七三一五六三	一八四四	一八四七四六三	一四四四	一五五三四六三	一〇四四
二七四一	二	八七五七	二	〇五六三	二
九六五一	三	六七六七	三	九四七三	三
六六六一	四	四七七七	四	七四八三	四
二六七一	五	二七八七	五	六四九三	五
九五八一	六	九六九七	六	四四〇四	六
六五九一	七	七六〇八	七	三四一四	七
三五〇二	八	五六一八	八	一四二四	八
〇五一二	九	二六二八	九	〇四三四	九
六四二二	〇九四四	〇六三八	〇五四四	九三四四	〇一四四
三四三二	一	七五四八	一	七三五四	一
〇四四二	二	五五五八	二	五三六四	二
六三五二	三	三五六八	三	四三七四	三
三三六二	四	〇五七八	四	二三八四	四
〇三七二	五	八四八八	五	一三九四	五
六二八二	六	五四九八	六	九二〇五	六
三二九二	七	三四〇九	七	七二一五	七
九一〇三	八	〇四一九	八	六二二五	八
六一一三	九	七三二九	九	四二三五	九
二一二三	〇〇五四	五三三九	〇六四四	二二四五	〇二四四
九〇三三	一	二三四九	一	〇二五五	一
五〇四三	二	九二五九	二	九一六五	二
二〇五三	三	七二六九	三	七一七五	三
八九五三	四	四二七九	四	五一八五	四
五九六三	五	一二八九	五	三一九五	五
一九七三	六	九一九九	六	一一〇六	六
七八八三	七	六一〇〇五六三	七	九〇一六	七
四八九三	八	三一一〇	八	八〇二六	八
〇八〇四	九	〇一二〇	九	六〇三六	九
六七一四	〇一五四	七〇三〇	〇七四四	四〇四六	〇三四四
三七二四	一	五〇四〇	一	二〇五六	一
九六三四	二	二〇五〇	二	〇〇六六	二
五六四四	三	九九五〇	三	八九六六	三
一六五四	四	六九六〇	四	六九七六	四
八五六四	五	三九七〇	五	四九八六	五
四五七四	六	〇九八〇	六	一九九六	六
〇五八四	七	七八九〇	七	九八〇七	七
六四九四	八	四八〇一	八	七八一七	八
二四〇五	九	一八一一	九	五八二七	九
八三一五	〇二五四	八七二一	〇八四四	三八三七	〇四四四

續表

數例比	數原	數例比	數原	數例比	數原
二五八二六六三 七四九二 一四〇三 五三一三 〇三二三	一〇六四 二 三 四 五	〇六〇九五六三 五五一九 〇五二九 六四三九 一四四九	一六五四 二 三 四 五	四三二五五六三 〇三三五 六二四五 二二五五 八一六五	一二五四 二 三 四 五
四二三三 八一四三 二一五三 七〇六三 一〇七三	六 七 八 九 〇一六四	六三五九 一三六九 六二七九 一二八九 六一九九	六 七 八 九 〇七五四	四一七五 〇一八五 六〇九五 二〇〇六 八九〇六	六 七 八 九 〇三五四
五九七三 九八八三 三八九三 七七〇四 二七一四	一 二 三 四 五	一一〇〇六六三 六〇一〇 一〇二〇 六九二〇 一九三〇	一 二 三 四 五	四九一六 〇九二六 六八三六 一八四六 七七五六	一 二 三 四 五
六六二四 〇六三四 四五四四 八四五四 二四六四	六 七 八 九 〇二六四	六八四〇 一八五〇 六七六〇 一七七〇 五六八〇	六 七 八 九 〇八五四	三七六六 九六七六 四六八六 〇六九六 六五〇七	六 七 八 九 〇四五四
六三七四 〇三八四 四二九四 八一〇五 二一一五	一 二 三 四 五	〇六九〇 五五〇一 〇五一一 五四二一 九三三一	一 二 三 四 五	一五一七 七四二七 三四三七 八三四七 四三五七	一 二 三 四 五
六〇二五 九九二五 三九三五 七八四五 一八五五	六 七 八 九 〇三六四	四三四一 九二五一 三二六一 八一七一 三一八一	六 七 八 九 〇九五四	九二六七 五二七七 〇二八七 六一九七 一一〇八	六 七 八 九 〇五五四
五七六五 八六七五 二六八五 六五九五 〇五〇六	一 二 三 四 五	七〇九一 二〇〇二 六九〇二 一九一二 五八二二	一 二 三 四 五	七〇一八 二〇二八 八九二八 三九三八 八八四八	一 二 三 四 五
三四一六 七三二六 一三三六 四二四六 八一五六	六 七 八 九 〇四六四	〇八三二 四七四二 九六五二 三六六二 八五七二	六 七 八 九 〇〇六四	四八五八 九七六八 四七七八 九六八八 五六九八	六 七 八 九 〇六五四

續表

續表

數例比	數原	數例比	數原	數例比	數原
四三〇四七六三	一二七四	九三三〇七六三	一八六四	一一六六六六三	一四六四
六二一四	二	一三四〇	二	五〇七六	二
八一二四	三	四二五〇	三	九九七六	三
〇一三四	四	七一六〇	四	二九八六	四
二〇四四	五	九〇七〇	五	六八九六	五
四九四四	六	二〇八〇	六	九七〇七	六
六八五四	七	五九八〇	七	三七一七	七
七七六四	八	八八九〇	八	六六二七	八
九六七四	九	〇八〇一	九	九五三七	九
一六八四	〇三七四	三七一一	〇九六四	三五四七	〇五六四
三五九四	一	五六二一	一	六四五七	一
五四〇五	二	八五三一	二	〇四六七	二
六三一五	三	〇五四一	三	三三七七	三
八二二五	四	三四五一	四	六二八七	四
〇二三五	五	五三六一	五	〇二九七	五
二一四五	六	八二七一	六	三一〇八	六
三〇五五	七	〇二八一	七	六〇一八	七
五九五五	八	三一九一	八	九九一八	八
七八六五	九	五〇〇二	九	三九二八	九
八七七五	〇四七四	八九〇二	〇〇七四	六八三八	〇六六四
〇七八五	一	〇九一二	一	九七四八	一
一六九五	二	三八二二	二	二七五八	二
三五〇六	三	五七三二	三	五六六八	三
五四一六	四	七六四二	四	八五七八	四
六三二六	五	〇六五二	五	二五八八	五
八二三六	六	二五六二	六	五四九八	六
九一四六	七	四四七二	七	八三〇九	七
一一五六	八	六三八二	八	一三一九	八
二〇六六	九	九二九二	九	四二二九	九
四九六六	〇五七四	一二〇三	〇一七四	七一三九	〇七六四
五八七六	一	三一一三	一	〇一四九	一
六七八六	二	五〇二三	二	三〇五九	二
八六九六	三	七九二三	三	六九五九	三
九五〇七	四	九八三三	四	九八六九	四
〇五一七	五	二八四三	五	二八七九	五
二四二七	六	四七五三	六	四七八九	六
三三三七	七	六六六三	七	七六九九	七
四二四七	八	八五七三	八	〇六〇〇七六三	八
六一七七	九	〇五八三	九	三五一〇	九
七〇六七	〇六七四	二四九三	〇二七四	六四二〇	〇八六四

續表

數例比	數原	數例比	數原	數例比	數原
五三九四八六三 五二〇五八六三 四一一 四〇二 四九二	一四八四 二 三 四 五	二三三一八六三 二二四 二一五 三〇六 三九六	一〇八四 二 三 四 五	八九六七七六三 九八七 〇八八 二七九 三六〇八七六三	一六七四 二 三 四 五
三八三 三七四 三六五 二五六 二四七	六 七 八 九 〇五八四	四八七 四七八 四六九 五五〇二八六三 五四一	六 七 八 九 〇一八四	四五一 五四二 六三三 七二四 八一五	六 七 八 九 〇七七四
一三八 一二九 〇一〇六八六三 〇〇一 九八一	一 二 三 四 五	五三二 六二三 六一四 六〇五 六九五	一 二 三 四 五	九〇六 〇〇七 一九七 二八八 三七九	一 二 三 四 五
九七二 八六三 七五四 七四五 六三六	六 七 八 九 〇六八四	六八六 七七七 七六八 七五九 七四〇三八六三	六 七 八 九 〇二八四	四六〇九七六三 五五一 六四二 七三三 八二四	六 七 八 九 〇八七四
六二七 五一八 四〇九 三九九 三八〇七八六三	一 二 三 四 五	七三一 七二二 七一三 七〇四 七九四	一 二 三 四 五	九一五 九〇六 〇〇七 一九七 二八八	一 二 三 四 五
二七一 一六二 〇五三 〇四四 九二五	六 七 八 九 〇七八四	七八五 七七六 七六七 七五八 七四九	六 七 八 九 〇三八四	三七九 三六〇〇八六三 四五一 五四二 五三三	六 七 八 九 〇九七四
八一六 七〇七 六九七 五八八 五七九	一 二 三 四 五	七三〇四八六三 七二一 七一二 七〇三 六九三	一 二 三 四 五	六二四 七一五 七〇六 八九六 九八七	一 二 三 四 五
四六〇八八六三 三五一 二四二 一三三 〇二四	六 七 八 九 〇八八四	六八四 六七五 六六六 六五七 五四八	六 七 八 九 〇四八四	九七八 〇七九 〇六〇一八六三 一五一 一四二	六 七 八 九 〇〇八四

續表

比例數	原數	比例數	原數	比例數	原數
九六五五九六三 七五六 四四七 二三八 九一九	一六九四 二 三 四 五	三五〇二九六三 二四一 〇三二 八一三 六〇四	一二九四 二 三 四 五	九〇五八八六三 八九五 七八六 六七七 四六八	一八八四 二 三 四 五
七〇〇六九六三 四九〇 一八一 九六二 六五三	六 七 八 九 〇七九四	四九四 二八五 一七六 九五七 七四八	六 七 八 九 〇三九四	三五九 二四〇九八六三 一三一 〇二二 九〇三	六 七 八 九 〇九八四
四四四 一三五 八一六 六〇七 三九七	一 二 三 四 五	五三九 三二〇三九六三 一一一 九九一 七八二	一 二 三 四 五	八九三 六八四 五七五 四六六 三五七	一 二 三 四 五
〇八八 八六九 五五〇七九六三 二四一 九二二	六 七 八 九 〇八九四	五七三 三六四 一五五 九三六 七二七	六 七 八 九 〇四九四	一四八 〇三九 九一〇〇九六三 七〇一 六九一	六 七 八 九 〇〇九四
六一三 四〇四 一九四 八七五 五六六	一 二 三 四 五	五一八 三〇九 一九九 八七〇四九六三 六六一	一 二 三 四 五	五八二 三七三 二六四 〇五五 九三六	一 二 三 四 五
二五七 九三八 六二九 三一〇八九六三 〇〇一	六 七 八 九 〇九九四	四五二 二四三 〇三四 七一五 五〇六	六 七 八 九 〇五九四	七二七 六一八 四〇九 三九九 一八〇一九六三	六 七 八 九 〇一九四
七八一 五七二 一六三 八四四 五三五	一 二 三 四 五	三九六 一八七 八六八 六五九 四四〇五九六三	一 二 三 四 五	〇七一 八五二 七四三 五三四 三二五	一 二 三 四 五
二二六 九〇七 六九七 三八八 〇七九	六 七 八 九 〇〇〇五	一三一 九一二 六〇三 四九三 二八四	六 七 八 九 〇六九四	二一六 〇〇七 八八七 七七八 五六九	六 七 八 九 〇二九四

續表

數例比	數原	數例比	數原	數例比	數原
九四九五〇七三 五三〇六〇七三 〇二一 五〇二 一九二	一八〇五 二 三 四 五	七一五二〇七三 三〇六 九八六 五七七 一六八	一四〇五 二 三 四 五	七五〇九九六三 四四一 〇三二 七一三 四〇四	一〇〇五 二 三 四 五
六七三 二六四 七四五 二三六 八一七	六 七 八 九 〇九〇五	七四九 三三〇三〇七三 九一一 五〇二 一九二	六 七 八 九 〇五〇五	一九四 七七五 四六六 一五七 八三八	六 七 八 九 〇一〇五
三〇八 八八八 四七九 九五〇七〇七三 四四一	一 二 三 四 五	七七三 三六四 九四五 五三六 一二七	一 二 三 四 五	四二九 一一〇〇〇七三 八九〇 四八一 一七二	一 二 三 四 五
九二二 五一三 〇〇四 五八四 〇七五	六 七 八 九 〇〇一五	七〇八 三九八 九七九 五六〇四〇七三 〇五一	六 七 八 九 〇六〇五	七五三 四四四 一三五 七一六 四〇七	六 七 八 九 〇二〇五
五五六 〇四七 五二八 一一九 六九九	一 二 三 四 五	六三二 二二三 八〇四 四九四 九七五	一 二 三 四 五	〇九七 七七八 三六九 〇五〇一〇七三 六三一	一 二 三 四 五
一八〇八〇七三 六六一 一五二 六三三 一二四	六 七 八 九 〇一一五	五六六 一五七 七三八 二二九 八〇〇五〇七三	六 七 八 九 〇七〇五	二二二 九〇三 五九三 二八四 八六五	六 七 八 九 〇三〇五
六〇五 一九五 六七六 一六七 六四八	一 二 三 四 五	四九〇 九七一 五六二 〇五三 六三四	一 二 三 四 五	四五六 一四七 七二八 三一九 九九九	一 二 三 四 五
〇三九 五一〇九〇七三 〇〇一 五八一 〇七二	六 七 八 九 〇二一五	二二五 七〇六 三九六 八七七 四六八	六 七 八 九 〇八〇五	六八〇二〇七三 二七一 八五二 四四三 〇三四	六 七 八 九 〇四〇五

續表

數例比	數原	數例比	數原	數例比	數原
七八〇六一七三 〇七一 四五二 七三三 一二四	一〇二五 二 三 四 五	四三七二一七三 八一八 二〇九 六八九 〇七〇三一七三	一六一五 二 三 四 五	五五三九〇七三 九三四 四二五 九〇六 四九六	一二一五 二 三 四 五
四〇五 七八五 一七六 四五七 八三八	六 七 八 九 〇一二五	四五一 八三二 二二三 六〇四 〇九四	六 七 八 九 〇七一五	九七七 三六八 八四九 三三〇〇一七三 七一一	六 七 八 九 〇三一五
一二九 四〇〇七一七三 八八〇 一七一 四五二	一 二 三 四 五	四七五 八五六 二四七 六二八 〇一九	一 二 三 四 五	二〇二 七八二 一七三 六五四 〇四五	一 二 三 四 五
七三三 一二四 四〇五 七八五 〇七六	六 七 八 九 〇二二五	四九九 八七〇四一七三 二六一 六四二 〇三三	六 七 八 九 〇八一五	五二六 九〇七 四九七 九七八 三六九	六 七 八 九 〇四一五
四五七 七三八 〇二九 三〇〇八一七三 六八〇	一 二 三 四 五	三一四 七九四 一八五 五六六 九四七	一 二 三 四 五	八四〇一一七三 二三一 六一二 一〇三 五八三	一 二 三 四 五
九六一 二五二 五三三 九一四 二〇五	六 七 八 九 〇三二五	二三八 六一九 〇〇〇五一七三 四八〇 七六一	六 七 八 九 〇九一五	〇七四 四五五 八三六 三二七 七〇八	六 七 八 九 〇五一五
五八五 八六六 一五七 四三八 七一九	一 二 三 四 五	一五二 五三三 八一四 二〇五 五八五	一 二 三 四 五	一九八 六七九 〇六〇二一七三 四四一 九二二	一 二 三 四 五
〇〇〇九一七三 二八〇 五六一 八四二 一三三	六 七 八 九 〇四二五	九六六 三五七 六三八 〇二九 三〇〇六一七三	六 七 八 九 〇〇二五	三一三 七九三 一八四 五六五 〇五六	六 七 八 九 〇六一五

續表

數例比	數原	數例比	數原	數例比	數原
三九九五二七三	一二三五	六一七二二七三	一八二五	四一四九一七三	一四二五
五七〇六二七三	二	八九七	二	七九四	二
六五一	三	一八八	三	〇八五	三
八三二	四	三六九	四	三六六	四
〇二三	五	五四〇三二七三	五	五四七	五
一〇四	六	七二一	六	八二八	六
三八四	七	九〇二	七	一一九	七
四六五	八	一九二	八	四九九	八
六四六	九	三七三	九	六七〇〇二七三	九
七二七	〇三三五	六五三	〇九二五	九五一	〇五二五
九〇八	一	八三五	一	二四二	一
〇九八	二	〇二六	二	五二三	二
一七九	三	二〇七	三	七〇四	三
三五〇七二七三	四	四八七	四	〇九四	四
四三一	五	六六八	五	三七五	五
六一二	六	八四九	六	五五六	六
七九二	七	〇三〇四二七三	七	八三七	七
八七三	八	二一一	八	〇二八	八
〇六四	九	四九一	九	三〇九	九
一四五	〇四三五	六七二	〇〇三五	六八九	〇六二五
二二六	一	八五三	一	八六〇一二七三	一
四〇七	二	〇四四	二	一五一	二
五八七	三	二二五	三	三三二	三
六六八	四	三〇六	四	六一三	四
八四九	五	五八六	五	八九三	五
九二〇八二七三	六	七六七	六	一八四	六
〇一一	七	九四八	七	三六五	七
一九一	八	一三九	八	六四六	八
二七二	九	三一〇五二七三	九	八二七	九
四五三	〇五三五	四九〇	〇一三五	一一八	〇七二五
五三四	一	六七一	一	三九八	一
六一五	二	八五二	二	五七九	二
七九五	三	〇四三	三	八五〇二二七三	三
八七六	四	一二四	四	〇四一	四
九五七	五	三〇五	五	二二二	五
〇四八	六	五八五	六	五〇三	六
二二九	七	七六六	七	七八三	七
三二〇九二七三	八	八四七	八	九六四	八
四八〇	九	〇三八	九	二五五	九
五六一	〇六三五	二一九	〇二三五	四三六	〇八二五

續表

數例比	數原	數例比	數原	數例比	數原
九七六五三七三 八五七 八三八 八一九 八九九	一四四五 二 三 四 五	四七四二三七三 四五五 五三六 五一七 六九七	一〇四五 二 三 四 五	六四二九二七三 七二三 八〇四 九八四 〇七五	一六三五 二 三 四 五
八七〇六三七三 七五一 七三二 七一三 七九三	六 七 八 九 〇五四五	六七八 六五九 七三〇三三七三 七一一 七九一	六 七 八 九 〇一四五	一五六 一三七 二一八 三九八 四七九	六 七 八 九 〇七三五
六七四 六五五 五三六 五一七 五九七	一 二 三 四 五	七七二 八五三 八三四 八一五 八九五	一 二 三 四 五	五五〇〇三七三 六三一 七一二 八九二 八七三	一 二 三 四 五
四七八 四五九 三三〇七三七三 三一一 三九一	六 七 八 九 〇六四五	九七六 六五七 九三八 九一九 九九九	六 七 八 九 〇二四五	九五四 〇四五 一二六 一〇七 二八七	六 七 八 九 〇八三五
二七二 二五三 一三四 一一五 〇九五	一 二 三 四 五	九七〇四三七三 九五一 〇四二 〇二三 〇〇四	一 二 三 四 五	三六八 四四九 四二〇一三七三 五〇一 六八一	一 二 三 四 五
〇七六 九四七 八二八 八〇九 七八九	六 七 八 九 〇七四五	〇八四 〇六五 〇四六 〇二七 〇〇八	六 七 八 九 〇三四五	六六二 七四三 七二四 八〇五 九八五	六 七 八 九 〇九三五
七六〇八三七三 六四一 五二二 五〇三 四八三	一 二 三 四 五	〇八八 〇六九 〇四〇五三七三 〇二一 〇〇二	一 二 三 四 五	九六六 〇五七 〇二八 一一九 一九九	一 二 三 四 五
三六四 三四五 二二六 一〇七 〇八七	六 七 八 九 〇八四五	九七二 九五三 九三四 九一五 九九五	六 七 八 九 〇四四五	二七〇二三七三 二五一 三三二 三一三 四九三	六 七 八 九 〇〇四五

續表

數例比	數原	數例比	數原	數例比	數原
三五一五四七三 一三二 九〇三 七八三 五六四	一六五五 二 三 四 五	八一〇二四七三 六九〇 五七一 四五二 二三三	一二五五 二 三 四 五	〇六八八三七三 九三九 八一〇九三七三 七九〇 七七一	一八四五 二 三 四 五
三四五 一二六 九九六 七七七 五五八	六 七 八 九 〇七五五	一一四 九八四 八六五 六四六 五二七	六 七 八 九 〇三五五	六五二 五三三 四一四 三九四 二七五	六 七 八 九 〇九四五
三三九 一一〇六四七三 九八〇 七六一 五四二	一 二 三 四 五	四〇八 二八八 一六九 九三〇三四七三 八一一	一 二 三 四 五	一五六 〇三七 九〇八 九八八 八六九	一 二 三 四 五
三二三 一〇四 八七四 六五五 四三六	六 七 八 九 〇八五五	六九一 四七二 三五三 一三四 〇一五	六 七 八 九 〇四五五	七四〇〇四七三 六二一 五〇二 四八二 三六三	六 七 八 九 〇〇五五
二一七 〇九七 八六八 五四九 三二〇七四七三	一 二 三 四 五	八八五 六六六 五四七 三二八 一〇九	一 二 三 四 五	二四四 〇二五 九九五 八七六 七五七	一 二 三 四 五
一〇一 九七一 六五二 四三三 二一四	六 七 八 九 〇九五五	〇八九 八五〇四四七三 六三一 五一二 三九二	六 七 八 九 〇五五五	六三八 五一九 四九九 三七〇一四七三 一五一	六 七 八 九 〇一五五
九八四 七六五 五四六 二二七 〇〇八	一 二 三 四 五	一七三 九四四 八二五 六〇六 四八六	一 二 三 四 五	〇三二 九〇三 八八三 七六四 五四五	一 二 三 四 五
八七八 五五九 三三〇八四七三 〇一一 八八一	六 七 八 九 〇〇六五	二六七 〇四八 八一九 七九九 五七〇五四七三	六 七 八 九 〇六五五	四二六 三〇七 二八七 〇六八 九三九	六 七 八 九 〇二五五

續表

數 例 比	數 原	數 例 比	數 原	數 例 比	數 原
五二四四五七三 一〇五 八七五 四五六 〇三七	一八六五 二 三 四 五	六五三一五七三 三三四 〇一五 七八五 四六六	一四六五 二 三 四 五	五六二八四七三 三四三 一二四 八九四 六七五	一〇六五 二 三 四 五
七〇八 三八八 九五九 六三〇五五七三 二一一	六 七 八 九 〇九六五	一四七 八一八 五九八 一七九 八四〇二五七三	六 七 八 九 〇五六五	三五六 〇三七 八〇八 五八八 三六九	六 七 八 九 〇一六五
八八一 五六二 一四三 七一四 四九四	一 二 三 四 五	五二一 二〇二 九七二 六五三 三三四	一 二 三 四 五	〇四〇九四七三 八一一 五九一 二七二 〇五三	一 二 三 四 五
〇七五 六四六 二二七 九九七 五七八	六 七 八 九 〇〇七五	九〇五 六八五 三六六 〇四七 六一八	六 七 八 九 〇六六五	七二四 四〇五 二八五 九五六 六三七	六 七 八 九 〇二六五
一五九 七二〇六五七三 三〇一 九七一 六五二	一 二 三 四 五	三九八 〇七九 六四〇三五七三 三二一 〇〇二	一 二 三 四 五	三一八 一九八 八六九 五四〇〇五七三 二二一	一 二 三 四 五
二三三 八〇四 四八四 〇六五 六三六	六 七 八 九 〇一七五	六七二 三五三 〇三四 六〇五 三八五	六 七 八 九 〇七六五	〇〇二 七七二 四五三 一三四 八〇五	六 七 八 九 〇三六五
二一七 八八七 四六八 〇四九 六一〇七五七三	一 二 三 四 五	〇六六 六三七 三一八 九八八 六六九	一 二 三 四 五	五八五 三六六 〇四七 七一八 四九八	一 二 三 四 五
二九〇 八六一 四四二 〇二三 六九三	六 七 八 九 〇二七五	二四〇四五七三 九一一 五九一 二七二 八四三	六 七 八 九 〇八六五	一七九 八四〇一五七三 五二一 二〇二 九七二	六 七 八 九 〇四六五

續表

數例比	數原	數例比	數原	數例比	數原
三〇五三六七三 八七五 二五六 七二七 二〇八	一〇八五 二 三 四 五	八九四〇六七三 三七五 九四六 四二七 九九七	一六七五 二 三 四 五	二七四七五七三 八四五 四二六 〇〇七 五七七	一二七五 二 三 四 五
七七八 二五九 七二〇四六七三 一〇一 六七一	六 七 八 九 〇一八五	五七八 〇五九 五二〇一六七三 〇〇一 六七一	六 七 八 九 〇七七五	一五八 七二九 三〇〇八五七三 九七〇 五五一	六 七 八 九 〇三七五
一五二 六二三 〇〇四 五七四 〇五五	一 二 三 四 五	一五二 六二三 一〇四 七七四 二五五	一 二 三 四 五	〇三二 六〇三 二八三 八五四 三三五	一 二 三 四 五
四二六 九九六 四七七 八四八 三二九	六 七 八 九 〇二八五	七二六 二〇七 七七七 三五八 八二九	六 七 八 九 〇八七五	九〇六 五八六 〇六七 六三八 二一九	六 七 八 九 〇四七五
七九九四六七三 二七〇五六七三 七四一 一二二 六九二	一 二 三 四 五	三〇〇二六七三 八七〇 三五一 八二二 三〇三	一 二 三 四 五	七八九八五七三 三六〇九五七三 九三一 四一二 〇九二	一 二 三 四 五
〇七三 五四四 九一五 四九五 八六六	六 七 八 九 〇三八五	八七三 三五四 八二五 三〇六 八七六	六 七 八 九 〇九七五	六六三 一四四 七一五 二九五 八六六	六 七 八 九 〇五七五
三四七 七一八 二九八 六六九 一四〇六六七三	一 二 三 四 五	三五七 八二八 三〇九 八七九 三五〇三六七三	一 二 三 四 五	三四七 九一八 四九八 〇七九 五四〇〇六七三	一 二 三 四 五
五一一 〇九一 四六二 八三三 三一四	六 七 八 九 〇四八五	八二一 三〇二 八七二 三五三 八二四	六 七 八 九 〇〇八五	一二一 六九一 二七二 七四三 二二四	六 七 八 九 〇六七五

續表

數例比	數原	數例比	數原	數例比	數原
五九三二七七三	一二九五	一五四九六七三	一八八五	七八四六六七三	一四八五
八六四	二	五二五	二	一六五	二
二四五	三	九九五	三	六三六	三
五一六	四	三七六	四	○一七	四
八八六	五	六四七	五	四八七	五
二六七	六	○二八	六	九五八	六
五三八	七	四九八	七	三三九	七
八○九	八	八六九	八	七○○七六七三	八
一八九	九	一四○○七七三	九	二八○	九
五五○三七七三	○三九五	五一一	○九八五	六五一	○五八五
八二一	一	九八一	一	○三二	一
一○二	二	三六二	二	四○三	二
四七二	三	六三三	三	八七三	三
七四三	四	○一四	四	三五四	四
一二四	五	四八四	五	七二五	五
四九四	六	七五五	六	一○六	六
七六五	七	一三六	七	五七六	七
○四六	八	五○七	八	九四七	八
三一七	九	八七七	九	三二八	九
六八七	○四九五	二五八	○○九五	八九八	○六八五
九五八	一	六二九	一	二七九	一
三三九	二	九九九	二	六四○八六七三	二
六○○四七七三	三	三七○一七七三	三	○二一	三
九七○	四	六四一	四	四九一	四
二五一	五	○二二	五	八六二	五
五二二	六	三九二	六	二四三	六
八九二	七	七六三	七	六一四	七
一七三	八	○四四	八	○九四	八
四四四	九	四一五	九	四六五	九
七二五	○五九五	七八五	○一九五	八三六	○七八五
○九五	一	一六六	一	二一七	一
三六六	二	四三七	二	六八七	二
六三七	三	八○八	三	○六八	三
九○八	四	一八八	四	四三九	四
二八八	五	五五九	五	八○○九六七三	五
五五九	六	八二○二七七三	六	二八○	六
八二○五七七三	七	一○一	七	六五一	七
○○一	八	五七一	八	九二二	八
三七一	九	八四二	九	三○三	九
六四二	○六九五	二二三	○二九五	七七三	○八八五

續表

數例比	數原	數例比	數原	數例比	數原
九〇一一八七三 一八一 二五二 四二三 六九三	一四〇六 二 三 四 五	四二二八七七三 六九二 八六三 一四四 三一五	一〇〇六 二 三 四 五	九一三五七七三 二九三 五六四 八三五 〇一六	一六九五 二 三 四 五
八六四 〇四五 二一六 三八六 五五七	六 七 八 九 〇五〇六	五八五 八五六 〇三七 二〇八 四七八	六 七 八 九 〇一〇六	三八六 六五七 九二八 一〇九 四七九	六 七 八 九 〇七九五
七二八 九九八 一七九 二四〇二八七三 四一一	一 二 三 四 五	七四九 九一〇九七七三 一九〇 三六一 六三二	一 二 三 四 五	七四〇六七七三 〇二一 二九一 五六二 八三三	一 二 三 四 五
六八一 七五二 九二三 一〇四 三七四	六 七 八 九 〇六〇六	八〇三 〇八三 二五四 四二五 六九五	六 七 八 九 〇二〇六	〇一四 三八四 六五五 八二六 一〇七	六 七 八 九 〇八九五
四四五二八七三 六二六 七八六 九五七 一三八	一 二 三 四 五	九六六 一四七 三一八 五八八 七五九	一 二 三 四 五	四七七 六四八 九一九 一九九 四六〇七七七三	一 二 三 四 五
二〇九 四七九 五四〇三八七三 七一一 九八一	六 七 八 九 〇七〇六	九二〇〇八七三 一〇一 三七一 五四二 七一三	六 七 八 九 〇三〇六	七三一 九〇二 二八二 四五三 七二四	六 七 八 九 〇九九五
〇六二 二五三 三〇四 五七四 六四五	一 二 三 四 五	九八三 一六四 三三五 五〇六 七七六	一 二 三 四 五	九九四 二七五 四四六 七一七 九八七	一 二 三 四 五
八一六 九八六 一六七 二三八 三〇九	六 七 八 九 〇八〇五	九四七 一二八 三九八 五六九 七三〇一八七三	六 七 八 九 〇四〇六	二六八 四三九 六〇〇八七七三 九七〇 一五一	六 七 八 九 〇〇〇六

數例比	數原	數例比	數原	數例比	數原
一五六九八七三	一六一六	二二八六八七三	一二一六	五七九三八七三	一八〇六
二二七	二	三九八	二	六四〇四八七三	二
二九七	三	四六九	三	八一一	三
三六八	四	五三〇七八七三	四	九八一	四
三三九	五	六〇一	五	〇六二	五
三〇〇〇九七三	六	七七一	六	二三三	六
四七〇	七	八四二	七	三〇四	七
四四一	八	九一三	八	五七四	八
五一二	九	〇九三	九	六四五	九
五八二	〇七一六	〇六四	〇三一六	七一六	〇九〇六
五五三	一	一三五	一	八八六	一
六二四	二	二〇六	二	〇六七	二
六九四	三	三七六	三	一三八	三
七六五	四	四四七	四	二〇九	四
七三六	五	四一八	五	四七九	五
七〇七	六	五八八	六	五四〇五八七三	六
八七七	七	六五九	七	六一一	七
八四八	八	七二〇八八七三	八	七八一	八
八一九	九	八九〇	九	九五二	九
八八九	〇八一六	八六一	〇四一六	〇三三	〇〇一六
九五〇一九七三	一	九三二	一	一〇四	一
九二一	二	〇一三	二	二七四	二
九九一	三	〇八三	三	三四五	三
九六二	四	一五四	四	四一六	四
〇四三	五	二二五	五	六八六	五
〇一四	六	二九五	六	七五七	六
〇八四	七	三六六	七	八二八	七
〇五五	八	四三七	八	九九八	八
〇二六	九	四〇八	九	〇七九	九
一九六	〇九一六	五七八	〇五一六	一四〇六八七三	〇一一六
一六七	一	六四九	一	二一一	一
一三八	二	六一〇九八七三	二	三八一	二
一〇九	三	七八〇	三	四五二	三
一七九	四	七五一	四	五二三	四
一四〇二九七三	五	八二二	五	六九三	五
一一一	六	九九二	六	七六四	六
一八一	七	九六三	七	八三五	七
一五二	八	〇四四	八	九〇六	八
二二三	九	〇一五	九	〇八六	九
二九三	〇〇二六	一八五	〇六一六	一五七	〇二一六

續表

數例比	數原	數例比	數原	數例比	數原
九二〇八九七三 八九〇 七六一 六三二 五〇三	一八二六 二 三 四 五	四五二五九七三 四二三 三九三 三六四 二三五	一四二六 二 三 四 五	二六四二九七三 二三五 二〇六 二七六 二四七	一〇二六 二 三 四 五
四七三 三四四 二一五 一八五 一五六	六 七 八 九 〇九二六	二〇六 一七六 一四七 〇一八 〇八八	六 七 八 九 〇五二六	二一八 二八八 二五九 二二〇三九七三 二九〇	六 七 八 九 〇一二六
〇二七 九八七 八五八 七二九 六九九	一 二 三 四 五	九四九 九一〇六九七三 八八〇 八五一 七二二	一 二 三 四 五	一六一 一三二 一〇三 一七三 一四四	一 二 三 四 五
五六〇九九七三 四三一 三〇二 二七二 〇四三	六 七 八 九 〇〇三六	七九二 六六三 五三四 五〇五 四七五	六 七 八 九 〇六二六	一一五 一八五 一五六 〇二七 〇九七	六 七 八 九 〇二二六
九〇四 八七四 七四五 六一六 五八六	一 二 三 四 五	四四六 三一七 二八七 二五八 一二九	一 二 三 四 五	〇六八三九七三 〇三九 〇〇〇四九七三 九六〇 九三一	一 二 三 四 五
四五七 三二八 二九八 〇六九 九二〇〇〇八三	六 七 八 九 〇一三六	〇九九 〇六〇七九七三 九二一 八九一 七六二	六 七 八 九 〇七二六	九〇二 九七二 九四三 八一四 八八四	六 七 八 九 〇三二六
八九〇 七六一 六三二 四〇三 三七三	一 二 三 四 五	七三三 六〇四 五七四 四四五 四一六	一 二 三 四 五	八五五 七二六 七九六 七六七 六三八	一 二 三 四 五
二四四 一一五 〇八五 八四六 七一七	六 七 八 九 〇二三六	三八六 二五七 一二八 〇九八 〇六九	六 七 八 九 〇八二六	六〇九 六七九 五四〇五九七三 五一一 四八一	六 七 八 九 〇四二六

續表

續表

數例比	數原	數例比	數原	數例比	數原
八四二六〇八三	一〇四六	五二五三〇八三	一六三六	六八七〇〇八三	一二三六
六一三	二	四九五	二	四五八	二
三八三	三	二六六	三	三二九	三
一五四	四	〇三七	四	二九九	四
九一五	五	八九七	五	〇六〇一〇八三	五
七八五	六	七六八	六	九二一	六
五五六	七	五三九	七	八九一	七
二二七	八	三〇〇四〇八三	八	六六二	八
〇九七	九	一七〇	九	五三三	九
八五八	〇一四六	九三一	〇七三六	四〇四	〇三三六
六二九	一	八〇二	一	二七四	一
三九九	二	六七二	二	一四五	二
一六〇七〇八三	三	四四三	三	九〇六	三
九二一	四	二一四	四	八七六	四
七九一	五	〇八四	五	七四七	五
四六二	六	八四五	六	五一八	六
二三三	七	六一六	七	四八八	七
〇〇四	八	四八六	八	二五九	八
七六四	九	三五七	九	一二〇二〇八三	九
五三五	〇二四六	一二八	〇八三六	九八〇	〇四三六
三〇六	一	九八八	一	八五一	一
〇七六	二	七五九	二	六二二	二
八三七	三	五二〇五〇八三	三	五九二	三
五〇八	四	三九〇	四	三六三	四
三七八	五	一六一	五	二三四	五
一四九	六	九二二	六	〇〇五	六
八〇〇八〇八三	七	七九二	七	八六五	七
六七〇	八	五六三	八	七三六	八
三四一	九	三三四	九	五〇七	九
一一二	〇三四六	一〇五	〇九三六	四七七	〇五三六
八七二	一	九六五	一	二四八	一
六四三	二	七三六	二	〇一九	二
三一四	三	五〇七	三	九七九	三
一八四	四	三七七	四	七四〇三〇八三	四
八四五	五	〇四八	五	五一一	五
六一六	六	八〇九	六	四八一	六
三八六	七	六七九	七	二五二	七
一五七	八	四四〇六〇八三	八	〇二三	八
八一八	九	二一一	九	九八三	九
六八八	〇四四六	〇八一	〇〇四六	七五四	〇六三六

續表

數例比	數原	數例比	數原	數例比	數原
四一三四一八三 一八三 七四四 四一五 〇八五	一二五六 二 三 四 五	二四六一一八三 九〇七 六七七 三四八 〇一九	一八四六 二 三 四 五	三五九八〇八三 一二〇九〇八三 八八〇 五五一 三二二	一四四六 二 三 四 五
七四六 四一七 〇八七 七四八 三一九	六 七 八 九 〇三五六	七七九 四四〇二一八三 一一一 八七一 五四二	六 七 八 九 〇九四六	〇九二 八五三 五二四 二九四 〇六五	六 七 八 九 〇五四六
〇八九 四六〇五一八三 三一一 九七一 五四二	一 二 三 四 五	二一三 八七三 五四四 二一五 九七五	一 二 三 四 五	七二六 四九六 二六七 九二八 六九八	一 二 三 四 五
二一三 八七三 五四四 一一五 八七五	六 七 八 九 〇四五六	六四六 三一七 〇八七 六四八 三一九	六 七 八 九 〇〇五六	三六九 一三〇〇一八三 八九〇 五六一 二三二	六 七 八 九 〇六四六
四四六五一八三 〇一七 七七七 三四八 〇一九	一 二 三 四 五	〇八九二一八三 七四〇三一八三 四一一 〇八一 七四二	一 二 三 四 五	〇〇三 七六三 四三四 一〇五 八六五	一 二 三 四 五
六七九 二四〇六一八三 九〇一 五七一 一四二	六 七 八 九 〇五五六	四一三 一八三 七四四 四一五 一八五	六 七 八 九 〇一五六	六三六 三〇七 〇七七 七三八 四〇九	六 七 八 九 〇七四六
七〇三 四七三 〇四四 六〇五 三七五	一 二 三 四 五	八四六 四一七 一八七 八四八 四一九	一 二 三 四 五	一七九 八三〇一一八三 六〇一 三七一 〇四二	一 二 三 四 五
九三六 五〇七 一七七 八三八 四〇九	六 七 八 九 〇六五六	一八九 八四〇四一八三 四一一 一八一 七四二	六 七 八 九 〇二五六	七〇三 四七三 一四四 八〇五 五七五	六 七 八 九 〇八四六

續表

數例比	數原	數例比	數原	數例比	數原
三三二二二八三 九九二 四六三 〇三四 五九四	一四六六 二 三 四 五	〇一六九一八三 五七六 一四七 七〇八 三七八	一〇六六 二 三 四 五	〇七九六一八三 六三〇七一八三 二〇一 八六一 五三二	一六五六 二 三 四 五
〇六五 六二六 一九六 六五七 二二八	六 七 八 九 〇五六六	八三九 四〇〇〇二八三 〇七〇 六三一 一〇二	六 七 八 九 〇一六六	一〇三 七六三 三三四 九九四 五六五	六 七 八 九 〇七五六
七八八 二五九 七一〇三二八三 三八〇 八四一	一 二 三 四 五	七六二 三三三 八九三 四六四 〇三五	一 二 三 四 五	一三六 七九六 四六七 〇三八 六九八	一 二 三 四 五
三一二 八七二 四四三 九〇四 四七四	六 七 八 九 〇六六六	五九五 一六六 七二七 二九七 八五八	六 七 八 九 〇二六六	二六九 八二〇八一八三 四九〇 〇六一 六二二	六 七 八 九 〇八五六
九三五 五〇六 〇七六 五三七 〇〇八	一 二 三 四 五	三二九 九八九 五五〇一二八三 〇二一 六八一	一 二 三 四 五	二九二 八五三 四二四 〇九四 六五五	一 二 三 四 五
五六八 〇三九 五九九 一六〇四二八三 六二一	六 七 八 九 〇七六六	一五二 七一三 二八三 八四四 三一五	六 七 八 九 〇三六六	二二六 八八六 三五七 九一八 五八八	六 七 八 九 〇九五六
一九一 六五二 一二三 六八三 一五四	一 二 三 四 五	九七五 四四六 〇一七 五七七 一四八	一 二 三 四 五	一五九 七一〇九一八三 三八〇 九四一 五一二	一 二 三 四 五
六一五 一八五 六四六 一一七 六七七	六 七 八 九 〇八六六	六〇九 二七九 七三〇二二八三 三〇一 八六一	六 七 八 九 〇四六六	一八二 六四三 二一四 八七四 四四五	六 七 八 九 〇〇六六

續表

比例數	原數	比例數	原數	比例數	原數
一一〇〇三八三 五七〇 九三一 三〇二 八六二	一六七六 二 三 四 五	四三四七二八三 八九四 三六五 八二六 二九六	一二七六 二 三 四 五	一四八四二八三 六〇九 一七九 六三〇五二八三 一〇一	一八六六 二 三 四 五
二三三 六九三 〇六四 四二五 九八五	六 七 八 九 〇七七六	七五七 一二八 六八八 〇五九 五一〇八二八三	六 七 八 九 〇三七六	六六一 一三二 六九二 一六三 六二四	六 七 八 九 〇九六六
三五六 七一七 一八七 五四八 九〇九	一 二 三 四 五	九七〇 四四一 九〇二 三七二 八三三	一 二 三 四 五	一九四 六五五 一二六 六八六 〇五七	一 二 三 四 五
三七九 七三〇一三八三 一〇一 六六一 〇三二	六 七 八 九 〇八七六	二〇四 六六四 一三五 五九五 〇六六	六 七 八 九 〇四七六	五一八 〇八八 五四九 〇一〇六二八三 五七〇	六 七 八 九 〇〇七六
四九二 八五三 二二四 六八四 〇五五	一 二 三 四 五	四二七 九八七 三五八 七一九 二八九	一 二 三 四 五	〇四一 四〇二 九六二 四三三 九九三	一 二 三 四 五
四一六 八七六 二四七 六〇八 〇七八	六 七 八 九 〇九七六	六四〇九二八三 一一一 五七一 九三二 四〇三	六 七 八 九 〇五七六	三六四 八二五 三九五 八五六 二二七	六 七 八 九 〇一七六
四三九 八九九 二六〇二三八三 五二一 九八一	一 二 三 四 五	八六三 二三四 七九四 一六五 五二六	一 二 三 四 五	七八七 二五八 七一九 一八九 六四〇七二八三	一 二 三 四 五
三五二 七一三 一八三 五四四 九〇六	六 七 八 九 〇〇八六	〇九六 四五七 八一八 二八八 七四九	六 七 八 九 〇六七六	一一一 五七一 〇四二 五〇三 九六三	六 七 八 九 〇二七六

續表

數例比	數原	數例比	數原	數例比	數原
一五六七三八三 五一七 八七七 一四八 四〇九	一八八六 二 三 四 五	九一一五三八三 三八一 六四二 〇一三 三七三	一四八六 二 三 四 五	三七五二三八三 七三六 〇〇七 四六七 八二八	一〇八六 二 三 四 五
七六九 〇三〇八三八三 三九〇 六五一 九一二	六 七 八 九 〇九八六	七三四 〇〇五 四六五 七二六 〇九六	六 七 八 九 〇五八六	二九八 六五九 九一〇三三八三 三八〇 七四一	六 七 八 九 〇一八六
二八二 五四三 八〇四 一七四 四三五	一 二 三 四 五	四五七 七一八 一八八 四四九 七〇〇六三八三	一 二 三 四 五	一一二 五七二 八三三 二〇四 六六四	一 二 三 四 五
七九五 〇六六 三二七 六八七 九四八	六 七 八 九 〇〇九六	一七〇 四三一 七九一 一六二 四二三	六 七 八 九 〇六八六	九二五 三九五 七五六 一二七 四八七	六 七 八 九 〇二八六
二一九 五七九 八三〇九三八三 一〇一 四六一	一 二 三 四 五	七八三 一五四 四一五 七七五 〇四六	一 二 三 四 五	八四八 二一九 五七九 九三〇四三八三 三〇一	一 二 三 四 五
六二二 九八二 二五三 五一四 八七四	六 七 八 九 〇一九六	四〇七 七六七 〇三八 三九八 七五九	六 七 八 九 〇七八六	六六一 〇三二 三九二 七五三 一二四	六 七 八 九 〇三八六
一四五 四〇六 六六六 九二七 二九七	一 二 三 四 五	〇二〇七三八三 三八〇 六四一 九〇二 三七二	一 二 三 四 五	四八四 八四五 一一六 五七六 八三七	一 二 三 四 五
五五八 八一九 〇八九 三四〇〇四八三 六〇一	六 七 八 九 〇二九六	六三三 九九三 二六四 五二五 八八五	六 七 八 九 〇八八六	二〇八 五六八 九二九 三九九 六五〇五三八三	六 七 八 九 〇四八六

續表

數 例 比	數 原	數 例 比	數 原	數 例 比	數 原
〇六一五四八三 二二二 四八二 六四三 八〇四	一〇〇七 二 三 四 五	二七六二四八三 四三七 六九七 九五八 一二九	一六九六 二 三 四 五	九六一〇四八三 一三二 四九二 七五三 〇二四	一二九六 二 三 四 五
〇七四 二三五 四九五 六五六 八一七	六 七 八 九 〇一〇七	三八九 六四〇三四八三 八〇一 〇七一 三三二	六 七 八 九 〇七九六	二八四 五四五 八〇六 〇七六 三三七	六 七 八 九 〇三九六
〇八七 二四八 四〇九 六六九 八二〇六四八三	一 二 三 四 五	五九二 七五三 〇二四 二八四 四四五	一 二 三 四 五	六九七 八五八 一二九 四八九 六四〇一四八三	一 二 三 四 五
九八〇 一五一 三一二 五七二 七三三	六 七 八 九 〇二〇七	六〇六 九六六 一三七 三九七 五五八	六 七 八 九 〇八九六	九〇一 二七一 四三二 七九二 九五三	六 七 八 九 〇四九六
九九三 一六四 三二五 四八五 六四六	一 二 三 四 五	八一九 〇八九 二四〇四四八三 四〇一 六六一	一 二 三 四 五	二二四 五八四 七四五 〇一六 二七六	一 二 三 四 五
八〇七 〇七七 二三八 三九八 五五九	六 七 八 九 〇三〇七	八二二 一九二 三五三 五一四 七七四	六 七 八 九 〇九九六	五三七 七九七 〇六八 二二九 五八九	六 七 八 九 〇五九六
七一〇七四八三 九七〇 一四一 二〇二 四六二	一 二 三 四 五	九三五 一〇六 三六六 六二七 八八七	一 二 三 四 五	七四〇二四八三 〇一一 二七一 五三二 七九二	一 二 三 四 五
六二三 七八三 九四四 一一五 三七五	六 七 八 九 〇四〇七	〇五八 二一九 四七九 六三〇五四八三 八九〇	六 七 八 九 〇〇〇七	九五三 二二四 四八四 七四五 九〇六	六 七 八 九 〇六九六

數例比	數原	數例比	數原	數例比	數原
〇四五二五八三 二〇六 三六六 四二七 五八七	一二一七 二 三 四 五	四九〇〇五八三 六五一 七一二 八七二 〇四三	一八〇七 二 三 四 五	四三六七四八三 六九六 八五七 九一八 一八八	一四〇七 二 三 四 五
六四八 七〇九 八六九 九二〇三五八二 九八〇	六 七 八 九 〇三一七	一〇四 二六四 四二五 五八五 六四六	六 七 八 九 〇九〇七	三四九 四〇〇八四八三 六六〇 七二一 九八一	六 七 八 九 〇五〇七
〇五一 一一二 二七二 三三三 四九三	一 二 三 四 五	七〇七 九六七 〇三八 一九八 二五九	一 二 三 四 五	一五二 二一三 四七三 五三四 七九四	一 二 三 四 五
五五四 六一五 六七五 七三六 八九六	六 七 八 九 〇四一七	四一〇一五八三 五七〇 六三一 七九一 八五二	六 七 八 九 〇〇一七	八五五 〇二六 二八六 三四七 五〇八	六 七 八 九 〇六〇七
九五七 〇二八 一八八 一四九 二〇〇四五八三	一 二 三 四 五	九一三 一八三 二四四 三〇五 四六五	一 二 三 四 五	六六八八四八三 八二九 九八九 一五〇九四八三 二一一	一 二 三 四 五
三六〇 四二一 四八一 五四二 六〇三	六 七 八 九 〇五一七	五二六 六八六 七四七 八〇八 〇七八	六 七 八 九 〇一一七	四七一 五三二 六九二 八五三 九一四	六 七 八 九 〇七〇七
七六三 七二四 八八四 九四五 〇一六	一 二 三 四 五	一三九 二九九 三五〇二五八三 四一一 五七一	一 二 三 四 五	一八四 二四五 四〇六 五六六 六二七	一 二 三 四 五
〇七六 一三七 二九七 二五八 三一九	六 七 八 九 〇六一七	六三二 七九二 八五三 九一四 〇八四	六 七 八 九 〇二一七	八八七 九四八 〇一九 二七九 三三〇〇五八三	六 七 八 九 〇八〇七

續表

數例比	數原	數例比	數原	數例比	數原
八九七九五八三 八五八 八一九 八七九 八三〇〇六八三	一四二七 二 三 四 五	三九三七五八三 三五四 三一五 四七五 四三六	一〇二七 二 三 四 五	四七九四五八三 四三〇五五八三 五九〇 五五一 六一二	一六一七 二 三 四 五
八九〇 八五一 八一二 八七二 八三三	六 七 八 九 〇五二七	四九六 四五七 五一八 五七八 五三九	六 七 八 九 〇一二七	七七二 七三三 八九三 八五四 九一五	六 七 八 九 〇七一七
八九三 八五四 八一五 七七五 七三六	一 二 三 四 五	五九九 六五〇八五八三 六一一 六七一 六三二	一 二 三 四 五	〇八五 〇四六 一〇七 一六七 二二八	一 二 三 四 五
七九六 七五七 七一八 七七八 七三九	六 七 八 九 〇六二七	六九二 七五三 七一四 七七四 七三五	六 七 八 九 〇二二七	二八八 三四九 三〇〇六五八三 四六〇 四二一	六 七 八 九 〇八一七
六九九 六五〇一六八三 六一一 六七一 六三二	一 二 三 四 五	七九五 七五六 八一七 八七七 八三八	一 二 三 四 五	五八一 五四二 六〇三 六六三 七二四	一 二 三 四 五
五九二 五五三 五一四 五七四 四三五	六 七 八 九 〇七二七	八九八 八五九 八一〇九五八三 八七〇 八三一	六 七 八 九 〇三二七	七八四 八四五 八〇六 八六六 九二七	六 七 八 九 〇九一七
四九五 四五六 三一七 三七七 三三八	一 二 三 四 五	八九一 八五二 八一三 八七三 八三四	一 二 三 四 五	九八七 〇五八 〇一九 〇七九 一三〇七五八三	一 二 三 四 五
三九八 二五九 二一〇二六八三 二七〇 一三一	六 七 八 九 〇八二七	八九四 八五五 八一六 八七六 八三七	六 七 八 九 〇四二七	一九〇 一五一 二一二 二七二 二三三	六 七 八 九 〇〇二七

續表

數例比	數原	數例比	數原	數例比	數原
七三九六六八三 六九九 五五〇七六八三 四一一 三七一	一六三七 二 三 四 五	〇七五四六八三 〇三六 九八六 八四七 八〇八	一二三七 二 三 四 五	一九一二六八三 一五二 〇一三 〇七三 九二四	一八二七 二 三 四 五
二三二 一九二 〇五三 八〇四 七六四	六 七 八 九 〇七三七	七六八 六二九 五八九 五四〇五六八三 四〇一	六 七 八 九 〇三三七	九八四 九四五 八〇六 八六六 七二七	六 七 八 九 〇九二七
六二五 五八五 四四六 三〇七 二六七	一 二 三 四 五	三六一 二二二 二八二 一四三 〇〇四	一 二 三 四 五	七八七 七四八 六〇九 六六九 五二〇三六八三	一 二 三 四 五
一二八 〇八八 九三九 七九九 六五〇八六八三	六 七 八 九 〇八三七	九五四 八一五 八七五 七三六 六九六	六 七 八 九 〇四三七	五八〇 四四一 四〇二 三六二 三二三	六 七 八 九 〇〇三七
五一一 四七一 三三二 二九二 〇五三	一 二 三 四 五	五五七 四一八 三七八 三三九 二九九	一 二 三 四 五	二八三 二四四 一〇五 一六五 〇二六	一 二 三 四 五
九〇四 八六四 七二五 六八五 四四六	六 七 八 九 〇九三七	一五〇六六八三 〇一一 九六一 八二二 七八二	六 七 八 九 〇五三七	〇八六 九三七 八九七 八五八 七一九	六 七 八 九 〇一三七
三〇七 二六七 一二八 九七八 八三九	一 二 三 四 五	六四三 五〇四 四六四 四二五 三八五	一 二 三 四 五	七七九 六三〇四六八三 五九〇 五五一 四一二	一 二 三 四 五
七九九 六五〇九六八三 四一一 三七一 二三二	六 七 八 九 〇〇四七	二四六 一〇七 〇六七 九一八 八七八	六 七 八 九 〇六三七	四七二 三三三 二九三 二五四 一一五	六 七 八 九 〇二三七

續表

比例數	原數	比例數	原數	比例數	原數
○六九三七八三	一八四七	一三六一七八三	一四四七	○九二九六八三	一○四七
八一○四七八三	二	○九六	二	九四三	二
六七○	三	八四七	三	八○四	三
四三一	四	六○八	四	六六四	四
二九一	五	五六八	五	五二五	五
○五二	六	三二九	六	四八五	六
八○三	七	一八九	七	二四六	七
六六三	八	○四○二七八三	八	一○七	八
四二四	九	八九○	九	九五七	九
二八四	○九四七	六五一	○五四七	八一八	○一四七
○四五	一	四一二	一	七七八	一
八九五	二	三七二	二	五三九	二
六五六	三	一三三	三	四九九	三
四一七	四	九八三	四	二五○○七八三	四
二七七	五	八四四	五	一一一	五
九二八	六	六○五	六	○七一	六
七八八	七	四六五	七	八二二	七
五四九	八	二二六	八	七八二	八
三○○五七八三	九	一八六	九	五四三	九
一六○	○○五七	九三七	○六四七	四○四	○二四七
九一一	一	七九七	一	二六四	一
七七一	二	五五八	二	一二五	二
五三二	三	三一九	三	九七五	三
三九二	四	二七九	四	八三六	四
一五三	五	○三○三七八三	五	六九六	五
八○四	六	八八○	六	五五七	六
六六四	七	六四一	七	三一八	七
四二五	八	四○二	八	二七八	八
二八五	九	二六二	九	○三九	九
○四六	○一五七	一二三	○七四七	九八九	○三四七
八九六	一	九七三	一	七四○一七八三	一
五五七	二	七三四	二	六○一	二
三一八	三	五九四	三	四六一	三
一七八	四	三五五	四	二二二	四
九二九	五	一一六	五	一八二	五
七八九	六	九六六	六	九三三	六
四四○六七八三	七	七二七	七	八九三	七
二○一	八	五八七	八	六五四	八
○六一	九	三四八	九	四一五	九
八一二	○二五七	一○九	○八四七	三七五	○四四七

續表

數例比	數原	數例比	數原	數例比	數原
一七八〇八八三 八二九 五八九 二四〇一八八三 九九〇	一〇六七 二 三 四 五	九七五八七八三 七三六 四九六 一五七 九〇八	一六五七 二 三 四 五	五七二六七八三 三三三 一九三 九四四 六〇五	一二五七 二 三 四 五
六五一 三一二 〇七二 七二三 五八三	六 七 八 九 〇一六七	六六八 四二九 一八九 八三〇九七八三 六九〇	六 七 八 九 〇七五七	四六五 二二六 〇八六 七三七 五九七	六 七 八 九 〇三五七
二四四 九九四 六五五 三一六 〇七六	一 二 三 四 五	三五一 一一二 八六二 五二三 三八三	一 二 三 四 五	三五八 〇一九 八六九 六二〇七七八三 三八〇	一 二 三 四 五
七二七 四八七 一四八 八九八 五五九	六 七 八 九 〇二六七	〇四四 七九四 五五五 二一六 九六六	六 七 八 九 〇八五七	一四一 八九一 六五二 四一三 一七三	六 七 八 九 〇四五七
二一〇二八八三 九六〇 六二一 三八一 〇四二	一 二 三 四 五	六二七 四八七 一四八 八九八 五五九	一 二 三 四 五	九二四 六八四 四四五 二〇六 九五六	一 二 三 四 五
七九二 四五三 一一四 八六四 四二五	六 七 八 九 〇三六七	三一〇〇八八三 〇七〇 七二一 四八一 二四二	六 七 八 九 〇九五七	七一七 四七七 二三八 九八八 七四九	六 七 八 九 〇五五七
一八五 八三六 五九六 二五七 九〇八	一 二 三 四 五	九九二 六五三 三一四 〇七四 八二五	一 二 三 四 五	四〇〇八七八三 二六〇 九一一 七七一 四三二	一 二 三 四 五
六六八 三二九 〇八九 六三〇三八八三 三九〇	六 七 八 九 〇四六七	五八五 二四六 九九六 六五七 三一八	六 七 八 九 〇〇六七	二九二 九四三 七〇四 四六四 二二五	六 七 八 九 〇六五七

續表

數例比	數原	數例比	數原	數例比	數原
三七六七八八三 〇三七七八八三 六八七 二四八 八九八	一二七七 二 三 四 五	八一四五八八三 四七四 一三五 七八五 四四六	一八六七 二 三 四 五	〇五一三八八三 七〇二 四六二 一二三 七七三	一四六七 二 三 四 五
五五九 一一〇八八八三 七六〇 三二一 九七一	六 七 八 九 〇三七七	〇〇七 七五七 三一八 〇七八 六二九	六 七 八 九 〇九六七	四三四 一九四 八四五 五〇六 一六六	六 七 八 九 〇五六七
六三二 二九二 八四三 四〇四 〇六四	一 二 三 四 五	三八九 九三〇六八八三 六九〇 二五一 九〇二	一 二 三 四 五	八一七 五七七 二三八 八八八 五四九	一 二 三 四 五
六一五 二七五 九二六 五八六 一四七	六 七 八 九 〇四七七	五六二 一二三 八七三 四三四 一九四	六 七 八 九 〇〇七七	二〇〇四八八三 九五〇 五一一 二七一 九二二	六 七 八 九 〇六六七
七九七 三五八 九〇九 五六九 一二〇九八八三	一 二 三 四 五	七四五 三〇六 〇六六 六一七 三七七	一 二 三 四 五	五八二 二四三 九九三 五五四 二一五	一 二 三 四 五
七七〇 三三一 〇九一 六四二 二〇三	六 七 八 九 〇五七七	九二八 五八八 二四九 八九九 四五〇七八八三	六 七 八 九 〇一七七	九六五 五二六 二八六 九三七 五九七	六 七 八 九 〇七六七
八五三 四一四 〇七四 六二五 二八五	一 二 三 四 五	一一一 七六一 三二二 〇八二 六三三	一 二 三 四 五	二五八 八〇九 五六九 二二〇五八八三 八七〇	一 二 三 四 五
八三六 四九六 〇五七 六〇八 二六八	六 七 八 九 〇六七七	二九三 八四四 五〇五 一六五 七一六	六 七 八 九 〇二七七	五三一 一九一 八四二 五〇三 一六三	六 七 八 九 〇八六七

續表

數例比	數原	數例比	數原	數例比	數原
一七三四九八三 七二四 二八四 七三五 三九五	一四八七 二 三 四 五	〇五一二九八三 六〇二 二六二 七一三 三七三	一〇八七 二 三 四 五	八一九九八八三 四七九 九二〇〇九八三 五八〇 一四一	一六七七 二 三 四 五
八四六 四〇七 九五七 四一八 〇七八	六 七 八 九 〇五八七	八二四 四八四 〇四五 五九五 一五六	六 七 八 九 〇一八七	七九一 三五二 九〇三 五六三 一二四	六 七 八 九 〇七七七
五二九 〇八九 五三〇五九八三 一九〇 六四一	一 二 三 四 五	七〇七 二六七 八一八 三七八 九二九	一 二 三 四 五	七七四 三三五 九八五 四四六 〇〇七	一 二 三 四 五
一〇二 七五二 二一三 七六三 二二四	六 七 八 九 〇六八七	四八九 〇四〇三九八三 六九〇 一五一 七〇二	六 七 八 九 〇二八七	六五七 二一八 八六八 四二九 九七九	六 七 八 九 〇八七七
八七四 三三五 八八五 三四六 九九六	一 二 三 四 五	二六二 八一三 三七三 九二四 四八四	一 二 三 四 五	五三〇一九八三 一九〇 七四一 三〇二 九五二	一 二 三 四 五
四五七 九〇八 四六八 九一九 五七九	六 七 八 九 〇七八七	〇四五 五九五 一五六 六〇七 二六七	六 七 八 九 〇三八七	四一三 〇七三 六二四 二八四 七三五	六 七 八 九 〇九七七
〇三〇六九八三 五八〇 〇四一 五九一 〇五二	一 二 三 四 五	七一八 三七八 八二九 三八九 九三〇四九八三	一 二 三 四 五	三九五 九四六 五〇七 〇六七 六一八	一 二 三 四 五
六〇三 一六三 六一四 一七四 六二五	六 七 八 九 〇八八七	四九〇 〇五一 五〇二 一六二 六一三	六 七 八 九 〇四八七	二七八 七二九 三八九 九三〇二九八三 五九〇	六 七 八 九 〇〇八七

續表

數 例 比	數 原	數 例 比	數 原	數 例 比	數 原
八六九〇〇九三	一六九七	〇八七八九八三	一二九七	一八五六九八三	一八八七
二二〇一〇九三	二	五三八	二	六三六	二
七七〇	三	〇九八	三	一九六	三
一三一	四	四四九	四	七四七	四
六八一	五	九九九	五	二〇八	五
〇四二	六	四五〇九九八三	六	七五八	六
五九二	七	九〇一	七	二一九	七
九四三	八	四六一	八	七六九	八
四〇四	九	八一二	九	二二〇七九八三	九
八五四	〇七九七	三七二	〇三九七	七七〇	〇九八七
三一五	一	八二三	一	二三一	一
七六五	二	三八三	二	七八一	二
二二六	三	七三四	三	二四二	三
六七六	四	二九四	四	七九二	四
一三七	五	七四五	五	二五三	五
五八七	六	二〇六	六	七〇四	六
九三八	七	六五六	七	二六四	七
四九八	八	一一七	八	七一五	八
八四九	九	六六七	九	二七五	九
三〇〇二〇九三	〇八九七	〇二八	〇四九七	七二六	〇〇九七
七五〇	一	五七八	一	二八六七九八三	一
二一一	二	〇三九	二	七三七	二
六六一	三	四八九	三	二九七	三
〇二二	四	九三〇〇〇九三	四	七四八	四
五七二	五	四九〇	五	二〇九	五
九二三	六	八四一	六	七五九	六
四八三	七	三〇二	七	二一〇八九八三	七
八三四	八	八五二	八	七六〇	八
二九四	九	二一三	九	一二一	九
七四五	〇九九七	七六三	〇五九七	六七一	〇一九七
一〇六	一	二二四	一	一三二	一
五五六	二	六七四	二	六八二	二
〇一七	三	一三五	三	一四三	三
四六七	四	五八五	四	六九三	四
八一八	五	〇四六	五	一五四	五
三七八	六	五九六	六	六〇五	六
七二九	七	九四七	七	一六五	七
一八九	八	四〇八	八	五一六	八
六三〇三〇九三	九	八五八	九	〇七六	九
〇九〇	〇〇〇八	三一九	〇六九七	五二七	〇二九七

續表

數 例 比	數 原	數 例 比	數 原	數 例 比	數 原
五六四七〇九三 九一五 二七五 六二六 〇八六	一八〇八 二 三 四 五	〇一三五〇九三 四六三 八一四 二七四 六二五	一四〇八 二 三 四 五	四四一三〇九三 八九一 三五二 七〇三 一六三	一〇〇八 二 三 四 五
四三七 七八七 一四八 五九八 八四九	六 七 八 九 〇九〇八	〇八五 四三六 八八六 二四七 六九七	六 七 八 九 〇五〇八	五一四 〇七四 四二五 八七五 二三六	六 七 八 九 〇一〇八
二〇〇八〇九三 六五〇 九〇一 三六一 七一二	一 二 三 四 五	〇五八 四〇九 八五九 二一〇六〇九三 五六〇	一 二 三 四 五	七八六 一四七 五九七 九四八 三〇九	一 二 三 四 五
〇七二 四二三 八七三 一三四 五八四	六 七 八 九 〇〇一八	九一一 三七一 七二二 一八二 五三三	六 七 八 九 〇六〇八	八五九 二一〇四〇九三 六六〇 〇二一 四七一	六 七 八 九 〇二〇八
九三五 二九五 六四六 九九六 三五七	一 二 三 四 五	九八三 三四四 七九四 〇五五 四〇六	一 二 三 四 五	八二二 三八二 七三三 一九三 五四四	一 二 三 四 五
六〇八 〇六八 四一九 七六九 一二〇九〇九三	六 七 八 九 〇一一八	八五六 二一七 六六七 〇二八 三七八	六 七 八 九 〇七〇八	九九四 三五五 七〇六 一六六 五一七	六 七 八 九 〇三〇八
四七〇 八二一 一八一 五三二 八八二	一 二 三 四 五	七二九 一八九 五三〇七〇九三 九八〇 二四一	一 二 三 四 五	〇七七 四二八 八七八 二三九 六八九	一 二 三 四 五
二四三 五九三 九四四 二〇五 六五五	六 七 八 九 〇二一八	六九一 〇五二 四〇三 八五三 一一四	六 七 八 九 〇八〇八	〇四〇五〇九三 四九〇 八四一 二〇二 六五二	六 七 八 九 〇四〇八

續表

比例數	原數	比例數	原數	比例數	原數
七六八三一九三 〇二九 三七九 六二〇四一九三 八七〇	一〇二八 二 三 四 五	三四七一一九三 六九七 〇五八 三〇九 六五九	一六一八 二 三 四 五	九〇六九〇九三 三六六 六一七 〇七七 三二八	一二一八 二 三 四 五
一三一 四八一 七三二 〇九二 三四三	六 七 八 九 〇一二八	九〇〇二一九三 二六〇 六一一 九六一 二二二	六 七 八 九 〇七一八	七七八 〇三九 四八九 七三〇〇一九三 〇九〇	六 七 八 九 〇三一八
六九三 九四四 二〇五 五五五 七〇六	一 二 三 四 五	五七二 二二三 一八三 五三四 八八四	一 二 三 四 五	四四一 七九一 一五二 四〇三 七五三	一 二 三 四 五
〇六六 三一七 六六七 九一八 二七八	六 七 八 九 〇二二八	一四五 四九五 七四六 〇〇七 三五七	六 七 八 九 〇八一八	一一四 四六四 八一五 一七五 四二六	六 七 八 九 〇四一八
五二九 七七九 〇三〇五一九三 三八〇 六三一	一 二 三 四 五	六〇八 九五八 二一九 六六九 九一〇三一九三	一 二 三 四 五	八七六 一三七 四八七 八三八 一九八	一 二 三 四 五
九八一 一四二 四九二 七四三 〇〇四	六 七 八 九 〇三二八	二七〇 五二一 八七一 一三二 四八二	六 七 八 九 〇九一八	四四九 八九九 一五〇一一九三 四〇一 八五一	六 七 八 九 〇五一八
三五四 五〇五 八五五 一一六 四六六	一 二 三 四 五	七三三 〇九三 三四四 六九四 九四五	一 二 三 四 五	一一二 四六二 七一三 一七三 四二四	一 二 三 四 五
六一七 九六七 二二八 四七八 七二九	六 七 八 九 〇四二八	二〇六 五五六 八〇七 一六七 四一八	六 七 八 九 〇〇二八	七七四 〇三五 四八五 七三六 〇九六	六 七 八 九 〇六一八

續表

數例比	數原	數例比	數原	數例比	數原
五七一〇二九三	一二三八	三八〇八一九三	一八二八	〇八九五一九三	一四二八
八二二	二	五三一	二	三三〇六一九三	二
〇八二	三	八八一	三	五八〇	三
二三三	四	〇四二	四	八三一	四
四八三	五	二九二	五	一九一	五
六三四	六	五四三	六	三四二	六
八八四	七	七九三	七	六九二	七
一四五	八	〇五四	八	九四三	八
三九五	九	二〇五	九	一〇四	九
五四六	〇三三八	四五五	〇九二八	四五四	〇五二八
七九六	一	七〇六	一	六〇五	一
九四七	二	九五六	二	九五五	二
一〇八	三	二一七	三	二一六	三
三五八	四	四六七	四	四六六	四
六〇九	五	六一八	五	七一七	五
八五九	六	九六八	六	〇七七	六
〇一〇一二九三	七	一二九	七	二二八	七
二六〇	八	三七九	八	五七八	八
四一一	九	六二〇九一九三	九	七二九	九
六六一	〇四三八	八七〇	〇〇三八	〇八九	〇六二八
八一二	一	〇三一	一	三三〇七一九三	一
〇七二	二	三八一	二	五八〇	二
二二三	三	五三二	三	八三一	三
四七三	四	七八二	四	〇九一	四
六二四	五	〇四三	五	三四二	五
八七四	六	二九三	六	五九二	六
〇三五	七	四四四	七	八四三	七
二八五	八	六九四	八	〇〇四	八
四三六	九	九四五	九	三五四	九
六八六	〇五三八	一〇六	〇一三八	五〇五	〇七二八
八三七	一	三五六	一	八五五	一
〇九七	二	五〇七	二	〇一六	二
二四八	三	八五七	三	三六六	三
四九八	四	〇一八	四	五一七	四
六四九	五	二六八	五	八六七	五
八九九	六	四一九	六	〇二八	六
〇五〇二二九三	七	七六九	七	三七八	七
二〇一	八	九一〇〇二九三	八	五二九	八
四五一	九	一七〇	九	八七九	九
六〇二	〇六三八	三二一	〇二三八	〇三〇八一九三	〇八二八

比例數	原數	比例數	原數	比例數	原數
四九三六二九三 五四四 七九四 八四五 〇〇六	一四四八 二 三 四 五	一三三四二九三 三八三 四三四 六八四 八三五	一〇四八 二 三 四 五	八五二二二九三 〇一三 二六三 四一四 六六四	一六三八 二 三 四 五
一五六 二〇七 四五七 五〇八 七五八	六 七 八 九 〇五四八	九八五 一四六 三九六 四四七 六九七	六 七 八 九 〇一四八	八一五 〇七五 二二六 三七六 五二七	六 七 八 九 〇七三八
八〇九 九五九 一一〇七二九三 二六〇 四一一	一 二 三 四 五	八四八 九九八 一五九 二〇〇五二九三 四五〇	一 二 三 四 五	七七七 九二八 一八八 三三九 五八九	一 二 三 四 五
五六一 六一二 八六二 九一三 〇七三	六 七 八 九 〇六四八	六〇一 七五一 九〇二 〇六二 二二三	六 七 八 九 〇二四八	七三〇三二九三 八八〇 〇四一 二九一 四四二	六 七 八 九 〇八三八
二二四 三七四 四二五 六七五 七二六	一 二 三 四 五	四六三 五一四 七六四 八一五 〇七五	一 二 三 四 五	六九二 八四三 九九三 一五四 三〇五	一 二 三 四 五
八七六 九二七 一八七 二三八 三八八	六 七 八 九 〇七四八	一二六 三七六 四二七 六七七 七二八	六 七 八 九 〇三四八	五五五 七〇六 八五六 〇一七 二六七	六 七 八 九 〇九三八
五三九 六八九 七三〇八二九三 八八〇 〇四一	一 二 三 四 五	九七八 〇三九 二八九 三三〇六二九三 五八〇	一 二 三 四 五	四一八 五六八 七一九 九六九 一二〇四二九三	一 二 三 四 五
一九一 二四二 三九二 五四三 六九三	六 七 八 九 〇八四八	六三一 八八一 九三二 一九二 二四三	六 七 八 九 〇四四八	二七〇 四二一 六七一 七二二 九七二	六 七 八 九 〇〇四八

續表

續表

數例比	數原	數例比	數原	數例比	數原
四二五二三九三 五七五 六二六 七七六 七二七	一六五八 二 三 四 五	〇九四〇三九三 一四五 二九五 三四六 四九六	一二五八 二 三 四 五	七四四八二九三 八九四 九四五 一〇六 二五六	一八四八 二 三 四 五
八七七 九二八 九七八 〇三九 一八九	六 七 八 九 〇七五八	五四七 六九七 七四八 八九八 九四九	六 七 八 九 〇三五八	三〇七 四五七 五〇八 六五八 八〇九	六 七 八 九 〇九四八
一三〇三三九三 二八〇 三三一 三八一 四三二	一 二 三 四 五	〇〇〇一三九三 一五〇 二〇一 三五一 三〇二	一 二 三 四 五	九五九 〇一〇九二九三 一六〇 二一一 三六一	一 二 三 四 五
五八二 五三三 六八三 七三四 七八四	六 七 八 九 〇八五八	四五二 五〇三 六五三 七〇四 八五四	六 七 八 九 〇四五八	四一二 六六二 七一三 八六三 九一四	六 七 八 九 〇〇五八
八三五 八八五 九三六 〇九六 〇四七	一 二 三 四 五	九〇五 九五五 〇一六 一六六 二一七	一 二 三 四 五	〇七四 一二五 二七五 三二六 四七六	一 二 三 四 五
一九七 一四八 二九八 三四九 三九九	六 七 八 九 〇九五八	三六七 四一八 四六八 五一九 六六九	六 七 八 九 〇五五八	五二七 六七七 七二八 八七八 九二九	六 七 八 九 〇一五八
四四〇四三九三 四九〇 五四一 五九一 六四二	一 二 三 四 五	七一〇二三九三 八六〇 八一一 九六一 〇二二	一 二 三 四 五	〇八九 二三〇〇三九三 三八〇 四三一 五八一	一 二 三 四 五
六九二 七四三 七九三 八四四 八九四	六 七 八 九 〇〇六八	一七二 一二三 二七三 三二四 四七四	六 七 八 九 〇六五八	六三二 七八二 八三三 九八三 九三四	六 七 八 九 〇二五八

續表

數例比	數原	數例比	數原	數例比	數原
○七五八三九三	一八六八	四六五六三九三	一四六八	九四五四三九三	一○六八
○二六	二	四一六	二	九九五	二
○七六	三	四六六	三	○五六	三
○二七	四	五一七	四	○○七	四
○七七	五	五六七	五	一五七	五
○二八	六	五一八	六	一○八	六
○七八	七	五六八	七	二五八	七
九一九	八	六一九	八	二○九	八
○七九	九	六六九	九	三五九	九
○一○九三九三	○九六八	六一○七三九三	○五六八	三○○五三九三	○一六八
○七○	一	六六○	一	三五○	一
○二一	二	六一一	二	四○一	二
○七一	三	七六一	三	四五一	三
○二二	四	七一二	四	五○二	四
○七二	五	七六二	五	五五二	五
○二三	六	七一三	六	六○三	六
九六三	七	七六三	七	六五三	七
六一四	八	七一四	八	六○四	八
九六四	九	八六四	九	七五四	九
九一五	○○七八	八一五	○六六八	七○五	○二六八
九六五	一	八六五	一	八五五	一
九一六	二	八一六	二	八○六	二
九六六	三	八六六	三	八五六	三
九一七	四	八一七	四	九○七	四
九六七	五	八六七	五	九五七	五
九一八	六	九一八	六	九○八	六
八六八	七	九六八	七	○六八	七
八一九	八	九一九	八	○一九	八
八六九	九	九六九	九	○六九	九
八一○○四九三	○一七八	九一○八三九三	○七六八	一一○六三九三	○三六八
八六○	一	九六○	一	一六○	一
八一一	二	九一一	二	一一一	二
八六一	三	九六一	三	二六一	三
七一二	四	九一二	四	二一二	四
七六二	五	九六二	五	二六二	五
七一三	六	九一三	六	三一三	六
七六三	七	九六三	七	三六三	七
七一四	八	○二四	八	三一四	八
七六四	九	○七四	九	三六四	九
六一五	○二七八	○二五	○八六八	四一五	○四六八

續表

比例數	原數	比例數	原數	比例數	原數
二三五四四九三 一八五 一三六 〇八六 九二七	一〇八八 二 三 四 五	四五五二四九三 三〇六 三五六 二〇七 二五七	一六七八 二 三 四 五	六六五〇四九三 六一六 六六六 六一七 五六七	一二七八 二 三 四 五
九七七 八二八 七七八 七二九 六七九	六 七 八 九 〇一八八	一〇八 一五八 〇〇九 〇五九 九九九	六 七 八 九 〇七七八	五一八 五六八 五一九 四六九 四一〇一四九三	六 七 八 九 〇三七八
五二〇五四九三 四七〇 四二一 三七一 二二二	一 二 三 四 五	九四〇三四九三 九九〇 八四一 八九一 七四二	一 二 三 四 五	四六〇 四一一 三六一 三一二 三六二	一 二 三 四 五
一七二 一二三 〇七三 九一四 八六四	六 七 八 九 〇二八八	七九二 六四三 五九三 五四四 四九四	六 七 八 九 〇八七八	三一三 二六三 二一四 二六四 一一五	六 七 八 九 〇四七八
八一五 七六五 六一六 五六六 五一七	一 二 三 四 五	四四五 三九五 三四六 二九六 二四七	一 二 三 四 五	一六五 一一六 〇六六 〇一七 〇六七	一 二 三 四 五
四六七 三一八 二六八 一一九 一六九	六 七 八 九 〇三八八	一九七 一四八 〇九八 九三九 九八九	六 七 八 九 〇九七八	九〇八 九五八 九〇九 八五九 八〇〇二四九三	六 七 八 九 〇五七八
〇一〇六四九三 九五〇 八〇一 七五一 六〇二	一 二 三 四 五	八三〇四四九三 八八〇 七三一 六八一 六三二	一 二 三 四 五	八五〇 七〇一 七五一 六〇二 六五二	一 二 三 四 五
六五二 五〇三 四五三 三〇四 二五四	六 七 八 九 〇四八八	五八二 四三三 四八三 三三四 三八四	六 七 八 九 〇〇八八	六〇三 五五三 五〇四 四五四 四〇五	六 七 八 九 〇六七八

數例比	數原	數例比	數原	數例比	數原
三一四〇五九三 二六四 一一五 九五五 八〇六	一二九八 二 三 四 五	二六四八四九三 一一五 〇六五 八〇六 七五六	一八八八 二 三 四 五	一〇五六四九三 〇五五 〇〇六 九四六 八九六	一四八八 二 三 四 五
七五六 五〇七 四五七 三〇八 一五八	六 七 八 九 〇三九八	六〇七 五五七 四〇八 三五八 二〇九	六 七 八 九 〇九八八	七四七 六九七 五四八 四九八 三四九	六 七 八 九 〇五八八
〇〇九 九四九 七九九 六四〇一五九三 四九〇	一 二 三 四 五	一五九 九九九 八四〇九四九三 七九〇 六四一	一 二 三 四 五	二九九 一四〇七四九三 〇九〇 九三一 八八一	一 二 三 四 五
三四一 二九一 〇四二 九八二 七三三	六 七 八 九 〇四九八	五九一 三四二 二九二 一四三 〇九三	六 七 八 九 〇〇九八	八三二 七八二 六三三 五八三 四三四	六 七 八 九 〇六八八
六八三 五三四 三八四 二三五 〇八五	一 二 三 四 五	九三四 七八四 六三五 五八五 四三六	一 二 三 四 五	三八四 二三五 一八五 〇三六 九七六	一 二 三 四 五
九二六 七七六 六二七 四七七 三二八	六 七 八 九 〇五九八	三八六 一三七 〇八七 九二八 八七八	六 七 八 九 〇一九八	八二七 七七七 六二八 五七八 四二九	六 七 八 九 〇七八八
一七八 〇二九 八六九 七一〇二五九三 五六〇	一 二 三 四 五	六二九 五七九 四二〇〇五九三 三七〇 一二一	一 二 三 四 五	二七九 一二〇八四九三 〇七〇 九一一 八六一	一 二 三 四 五
四一一 二六一 一一二 九五二 八〇三	六 七 八 九 〇六九八	〇七一 九一二 七六二 六一三 五六三	六 七 八 九 〇二九八	七一二 六六二 五一三 四六三 三一四	六 七 八 九 〇八八八

續表

數例比	數原	數例比	數原	數例比	數原
六一二六五九三 四六二 二一三 〇六三 八〇四	一四〇九 二 三 四 五	一九二四五九三 九三三 七八三 五三四 四八四	一〇〇九 二 三 四 五	六五三二五九三 五〇四 三五四 二〇五 〇五五	一六九八 二 三 四 五
六五四 四〇五 二五五 〇〇六 八四六	六 七 八 九 〇五〇九	二三五 〇八五 八二六 六七六 五二七	六 七 八 九 〇一〇九	九九五 七四六 五九六 四四七 二九七	六 七 八 九 〇七九八
六九六 四四七 二九七 〇四八 八八八	一 二 三 四 五	三七七 一二八 九六八 七一九 六六九	一 二 三 四 五	一四八 九八八 八三九 六八九 四三〇三五九三	一 二 三 四 五
六三九 四八九 二三〇七五九二 〇八〇 八二一	六 七 八 九 〇六〇九	四一〇五五九三 二六〇 〇一一 八五一 六〇二	六 七 八 九 〇二〇九	三八〇 一三一 〇八一 八二二 六七二	六 七 八 九 〇八九八
六七一 四二二 二七二 〇二三 八六三	一 二 三 四 五	五五二 三〇三 一五三 九九三 七四四	一 二 三 四 五	五二三 三七三 一二四 〇七四 八一五	一 二 三 四 五
六一四 四六四 一一五 九五五 七〇六	六 七 八 九 〇七〇九	五九四 三四五 一九五 〇四六 八八六	六 七 八 九 〇三〇九	六六五 五一六 三六六 一一七 〇六七	六 七 八 九 〇九九八
五五六 三〇七 一五七 九九七 七四八	一 二 三 四 五	六三七 四八七 二三八 〇八八 八二九	一 二 三 四 五	八〇八 六五八 四〇九 三五九 一〇〇四五九三	一 二 三 四 五
四九八 二四九 〇九九 八三〇八五九三 六八〇	六 七 八 九 〇八〇九	六七九 四二〇六五九三 二七〇 〇二一 八六一	六 七 八 九 〇四〇	九四〇 八九〇 六四一 四九一 二四二	六 七 八 九 〇〇〇九

續表

數例比	數原	數例比	數原	數例比	數原
三四九一六九三 〇九九 八三〇二六九三 五八〇 二三一	一六一九 二 三 四 五	二四〇〇六九三 〇九〇 八三一 五八一 三三二	一二一九 二 三 四 五	四三一八五九三 一八一 九二二 七七二 五二三	一八〇九 二 三 四 五
〇八一 七二二 五七二 二二三 九六三	六 七 八 九 〇七一九	〇八二 八二三 六七三 三二四 一七四	六 七 八 九 〇三一九	三七三 〇二四 八六四 六一五 四六五	六 七 八 九 〇九〇九
七一四 四六四 一一五 九五五 六〇六	一 二 三 四 五	八一五 六六五 三一六 一六六 八〇七	一 二 三 四 五	二一六 九五六 七〇七 五五七 三〇八	一 二 三 四 五
三五六 一〇七 八四七 五九七 三四八	六 七 八 九 〇八一九	六五七 四〇八 一五八 九九八 六四九	六 七 八 九 〇四一九	〇五八 八九八 六四九 四九九 一四〇九五九三	六 七 八 九 〇〇一九
〇九八 七三九 四八九 二三〇三六九三 九七〇	一 二 三 四 五	四九九 一四〇一六九三 九八〇 六三一 四八一	一 二 三 四 五	九八〇 七三一 四八一 二三二 〇八二	一 二 三 四 五
六二一 四七一 一二二 八六二 五一三	六 七 八 九 〇九一九	一三二 九七二 六二三 四七三 一二四	六 七 八 九 〇五一九	八二三 五七三 三二四 一七四 八一五	六 七 八 九 〇一一九
三六三 〇一四 七五四 四〇五 二五五	一 二 三 四 五	八六四 六一五 三六五 一一六 八五六	一 二 三 四 五	六六五 四一六 一六六 九〇七 七五七	一 二 三 四 五
九九五 六四六 三九六 一四七 八八七	六 七 八 九 〇〇二九	六〇七 三五七 一〇八 八四八 五九八	六 七 八 九 〇六一九	四〇八 二五八 九九八 七四九 五九九	六 七 八 九 〇二一九

續表

數例比	數原	數例比	數原	數例比	數原
五九五七六九三 一四六 八八六 五三七 二八七	一八二九 二 三 四 五	九一七五六九三 六六七 三一八 〇六八 七〇九	一四二九 二 三 四 五	五三八三六九三 二八八 九二九 七七九 四二〇四六九三	一〇二九 二 三 四 五
九二八 五七八 二二九 九六九 六一〇八六九三	六 七 八 九 〇九二九	四五九 一〇〇六六九三 八四〇 五九〇 二四一	六 七 八 九 〇五二九	一七〇 八一一 五六一 二一二 〇六二	六 七 八 九 〇一二九
二六〇 九〇一 六五一 三〇二 九四二	一 二 三 四 五	九八一 六三二 二八二 九二三 六七三	一 二 三 四 五	七〇三 四五三 一〇四 八四四 五九四	一 二 三 四 五
六九二 三四三 九八三 六三四 三八四	六 七 八 九 〇〇三九	三二四 〇七四 七一五 四六五 一一六	六 七 八 九 〇六二九	二四五 九八五 七三六 四八六 一三七	六 七 八 九 〇二二九
〇三五 六七五 三二六 〇七六 六一七	一 二 三 四 五	八六六 五〇七 二五七 八九七 五四八	一 二 三 四 五	八七七 五二八 二七八 九一九 六六九	一 二 三 四 五
三六七 〇一八 六五八 三〇九 〇五九	六 七 八 九 〇一三九	二九八 九三九 六八九 三三〇七六九三 〇八〇	六 七 八 九 〇七二九	三一〇五六九三 〇六〇 七〇一 五五一 二〇二	六 七 八 九 〇三二九
六九九 三四〇九六九三 〇九〇 六三一 三八一	一 二 三 四 五	六二一 三七一 〇二二 七六二 四一三	一 二 三 四 五	九四二 六九二 三四三 〇九三 七三四	一 二 三 四 五
九二二 六七二 三二三 九六三 六一四	六 七 八 九 〇二三九	一六三 七〇四 四五四 一〇五 八四五	六 七 八 九 〇八二九	四八四 一三五 八七五 五二六 二七六	六 七 八 九 〇四二九

續表

數例比	數原	數例比	數原	數例比	數原
四七一三七九三 〇二二 六六二 三一三 九五三	一〇四九 二 三 四 五	二二三一七九三 九六三 五一四 一六四 八〇五	一六三九 二 三 四 五	二六四九六九三 九〇五 六五五 二〇六 九四六	一二三九 二 三 四 五
五〇四 一五四 七九四 三四五 〇九五	六 七 八 九 〇一四九	四五五 〇〇六 七四六 三九六 九三七	六 七 八 九 〇七三九	五九六 二四七 八八七 五三八 二八八	六 七 八 九 〇三三九
六三六 二八六 八二七 四七七 〇二八	一 二 三 四 五	六八七 二三八 九七八 五二九 一七九	一 二 三 四 五	八二九 五七九 一二〇〇七九三 八六〇 四一一	一 二 三 四 五
六六八 二一九 九五九 五〇〇四七九三 一五〇	六 七 八 九 〇二四九	七一〇二七九三 四六〇 〇一一 六五一 三〇二	六 七 八 九 〇八三九	一六一 七〇二 四五二 〇〇三 七四三	六 七 八 九 〇四三九
七九〇 三四一 九八一 五三二 一八二	一 二 三 四 五	九四二 五九二 二四三 八八三 四三四	一 二 三 四 五	三九三 〇四四 六八四 三三五 九七五	一 二 三 四 五
七二三 三七三 九一四 六六四 二一五	六 七 八 九 〇三四九	〇八四 七二五 三七五 九一六 五六六	六 七 八 九 〇九三九	六二六 二七六 九一七 五六七 二一八	六 七 八 九 〇五三九
八五五 四〇六 〇五六 六九六 二四七	一 二 三 四 五	二一七 八五七 四〇八 〇五八 七九八	一 二 三 四 五	八五八 四〇九 一五九 七九九 四四〇一七九三	一 二 三 四 五
八八七 四三八 〇八八 六二九 二七九	六 七 八 九 〇四四九	三四九 九八九 五三〇三七九三 二八〇 八二一	六 七 八 九 〇〇四九	〇九〇 七三一 三八一 九二二 六七二	六 七 八 九 〇六三九

續表

數例比	數原	數例比	數原	數例比	數原
二八六八七九三	一二五九	四五八六七九三	一八四九	八一〇五七九三	一四四九
八二七	二	〇〇九	二	四六〇	二
四七七	三	六四九	三	〇一一	三
九一八	四	一九九	四	六五一	四
五六八	五	七三〇七七九三	五	二〇二	五
〇一九	六	三八〇	六	八四二	六
六五九	七	九二一	七	四九二	七
二〇〇九七九三	八	五七一	八	〇四三	八
七四〇	九	〇二二	九	六八三	九
三九〇	〇三五九	六六二	〇九四九	二三四	〇五四九
八三一	一	二一三	一	八七四	一
四八一	二	八五三	二	四二五	二
九二二	三	三〇四	三	〇七五	三
五七二	四	九四四	四	五一六	四
一二三	五	五九四	五	一六六	五
六六三	六	一四五	六	七〇七	六
二一四	七	六八五	七	三五七	七
七五四	八	二三六	八	九九七	八
三〇五	九	八七六	九	五四八	九
八四五	〇四五九	四二七	〇〇五九	一九八	〇六四九
四九五	一	九六七	一	七三九	一
九三六	二	五一八	二	三八九	二
五八六	三	一六八	三	九二〇六七九三	三
〇三七	四	六〇九	四	五七〇	四
六七七	五	二五九	五	一二一	五
一二八	六	八九九	六	六六一	六
七六八	七	三四〇八七九三	七	二一二	七
二一九	八	九八〇	八	八五二	八
八五九	九	五三一	九	四〇三	九
三〇〇〇八九三	〇五五九	〇八一	〇一五九	〇五三	〇七四九
九四〇	一	六二二	一	六九三	一
四九〇	二	二七二	二	二四四	二
〇四一	三	七一三	三	七八四	三
五八一	四	三六三	四	三三五	四
一一二	五	九〇四	五	九七五	五
六七二	六	四五四	六	五二六	六
一二三	七	〇〇五	七	一七六	七
七六三	八	六四五	八	七一七	八
二一四	九	一九五	九	二六七	九
八五四	〇六五九	七三六	〇二五九	八〇八	〇八四九

續表

比例數	原數	比例數	原數	比例數	原數
二二一四八九三	一四六九	六一三二八九三	一〇六九	三〇五〇八九三	一六五九
七六一	二	二六三	二	九四五	二
二一二	三	七〇四	三	四九五	三
七五二	四	二五四	四	九三六	四
二〇三	五	七九四	五	五八六	五
七四三	六	二四五	六	〇三七	六
二九三	七	八八五	七	六七七	七
七三四	八	三三六	八	一二八	八
二八四	九	八七六	九	六六八	九
七二五	〇五六九	三二七	〇一六九	二一九	〇七五九
二七五	一	八六七	一	七五九	一
七一六	二	四一八	二	三〇〇一八九三	二
二六六	三	九五八	三	八四〇	三
七〇七	四	四〇九	四	三九〇	四
二五七	五	九四九	五	九三一	五
七九七	六	四九九	六	四八一	六
二四八	七	〇四〇三八九三	七	九二二	七
七八八	八	五八〇	八	五七二	八
二三九	九	〇三一	九	〇二三	九
七七九	〇六六九	五七一	〇二六九	五六三	〇八五九
二二〇五八九三	一	〇二二	一	一一四	一
七六〇	二	五六二	二	六五四	二
二一一	三	〇一三	三	一〇五	三
七五一	四	六五三	四	七四五	四
二〇二	五	一〇四	五	二九五	五
七四二	六	六四四	六	七三六	六
二九二	七	一九四	七	三八六	七
七三三	八	六三五	八	八二七	八
一八三	九	一八五	九	三七七	九
六二四	〇七六九	六二六	〇三六九	九一八	〇九五九
一七四	一	一七六	一	四六八	一
六一五	二	六一七	二	九〇九	二
一六五	三	一六七	三	四五九	三
六〇六	四	七〇八	四	〇〇〇二八九三	四
一五六	五	二五八	五	五四〇	五
六九六	六	七九八	六	〇九〇	六
一四七	七	二四九	七	五三一	七
六八七	八	七八九	八	一八一	八
〇三八	九	二三〇四八九三	九	六二二	九
五七八	〇八六九	七七〇	〇四六九	一七三	〇〇六九

續表

數例比	數原	數例比	數原	數例比	數原
四九四九八九三 九三五 三八五 八二六 二七六	一六七九 二 三 四 五	一一七七八九三 六五七 〇〇八 五四八 〇九八	一二七九 二 三 四 五	〇二九五八九三 五六九 〇一〇六八九三 五五〇 〇〇一	一八六九 二 三 四 五
七一七 一六七 六〇八 〇五八 四九八	六 七 八 九 〇七七九	四三九 九七九 三二〇八八九三 八六〇 三一一	六 七 八 九 〇三七九	四四一 九八一 四三二 九七二 四二三	六 七 八 九 〇九六九
九三九 三八九 八二〇〇九九三 二七〇 七一一	一 二 三 四 五	七五一 二〇二 七四二 一九二 六三三	一 二 三 四 五	八六三 三一四 八五四 三〇五 八四五	一 二 三 四 五
一六一 六〇二 〇五二 四九二 九三三	六 七 八 九 〇八七九	〇八三 五二四 〇七四 四一五 九五五	六 七 八 九 〇四七九	三九五 七三六 二八六 七二七 二七七	六 七 八 九 〇〇七九
三八三 八二四 二七四 六一五 一六五	一 二 三 四 五	三〇六 八四六 三九六 七三七 二八七	一 二 三 四 五	六一八 一六八 六〇九 一五九 五九九	一 二 三 四 五
五〇六 九四六 四九六 八三七 三八七〇九九三	六 七 八 九 〇九七九	六二八 一七八 五一九 〇六九 五〇〇九八九三	六 七 八 九 〇五七九	〇四〇七八九三 五八〇 〇三一 四七一 九一二	六 七 八 九 〇一七九
七二八 一七八 六一九 〇六九 四〇〇一九九三	一 二 三 四 五	九四〇 四九〇 八三一 三八一 七二二	一 二 三 四 五	四六二 九〇三 三五三 八九三 三四四	一 二 三 四 五
九四〇 三九〇 七三一 二八一 六二二	六 七 八 九 〇〇八九	二七二 六一三 一六三 五〇四 〇五四	六 七 八 九 〇六七九	七八四 二三五 七七五 一二六 六六六	六 七 八 九 〇二七九

續表

比例數	原數	比例數	原數	比例數	原數
一〇八四九九三 五四八 九八八 三三九 七七九	一八八九 二 三 四 五	九三〇三九九三 三八〇 七二一 二七一 六一二	一四八九 二 三 四 五	〇七二一九九三 五一三 九五三 三〇四 七四四	一〇八九 二 三 四 五
一二〇五九九三 四六〇 八〇一 二五一 六九一	六 七 八 九 〇九八九	〇六二 四〇三 八四三 二九三 六三四	六 七 八 九 〇五八九	二九四 六三五 〇八五 五二六 九六六	六 七 八 九 〇一八九
〇四二 四八二 八二三 二七三 六一四	一 二 三 四 五	〇八四 四二五 八六五 二一六 七五六	一 二 三 四 五	三一七 七五七 二〇八 六四八 〇九八	一 二 三 四 五
〇六四 三〇五 七四五 一九五 五三六	六 七 八 九 〇〇九九	一〇七 五四七 九八七 三三八 七七八	六 七 八 九 〇六八九	四三九 九七九 三二〇二九九三 七六〇 一一一	六 七 八 九 〇二八九
九七六 三二七 七六七 一一八 四五八	一 二 三 四 五	一二九 五六九 九〇〇四九九三 三五〇 七九〇	一 二 三 四 五	六五一二九九三 〇〇二 四四二 八八二 二三三	一 二 三 四 五
八九八 二四九 六八九 〇三〇六九九三 四七〇	六 七 八 九 〇一九九	一四一 五八一 九二二 三七二 七一三	六 七 八 九 〇七八九	七七三 一二四 五六四 九〇五 三五五	六 七 八 九 〇三八九
七一一 一六一 五〇二 九四二 三九二	一 二 三 四 五	一六三 五〇四 九四四 三九四 七三五	一 二 三 四 五	八九五 二四六 六八六 〇三七 四七七	一 二 三 四 五
六三三 〇八三 四二四 八六四 二一五	六 七 八 九 〇二九九	一八五 五二六 九六六 三一七 七五七	六 七 八 九 〇八八九	八一八 三六八 七〇九 一五九 五九九	六 七 八 九 〇四八九

續表

數例比	數原	數例比	數原
三〇三八九九三 六四三 〇九三 四三四 七七四	一六九九 二 三 四 五	五五五六九九三 九九五 三四六 七八六 〇三七	一二九九 二 三 四 五
一二五 四六五 八〇六 一五六 五九六	六 七 八 九 〇七九九	四七七 八一八 二六八 五〇九 九四九	六 七 八 九 〇三九九
九三七 二八七 六二八 九六八 三一九	一 二 三 四 五	三九九 七三〇七九九三 〇八〇 四二一 八六一	一 二 三 四 五
六五九 〇〇〇九九九三 三四〇 七八〇 〇三一	六 七 八 九 〇八九九	一一二 五五二 九九二 三四三 六八三	六 七 八 九 〇四九九
四七一 七一二 一六二 四〇三 八四三	一 二 三 四 五	〇三四 四七四 七一五 一六五 五〇六	一 二 三 四 五
一九三 五三四 八七四 二二五 五六五	六 七 八 九 〇九九九	八四六 二九六 六三七 九七七 三二八	六 七 八 九 〇五九九
九〇六 二五六 六九六 九三七 三八七	一 二 三 四 五	七六八 〇一九 四五九 八九九 一四〇八九九三	一 二 三 四 五
六二八 〇七八 三一九 六五九 〇〇〇〇〇〇四	六 七 八 九 〇〇〇〇一	五八〇 八二一 二七一 六一二 九五二	六 七 八 九 〇六九九

數	對數
一	〇〇〇〇〇〇〇〇〇〇〇
二	〇三〇一〇二九九九五七
三	〇四七七一二一二五四七
四	〇六〇二〇五九九九一三
五	〇六九八九七〇〇〇四三
六	〇七七八一五一二五〇四
七	〇八四五〇九八〇四〇〇
八	〇九〇三〇八九九八七〇
九	〇九五四二四二五〇九四
一〇	一〇〇〇〇〇〇〇〇〇〇
一一	一〇四一三九二六八五二
一二	一〇七九一八一二四六〇
一三	一一一三九四三三五二三
一四	一一四六一二八〇三五七
一五	一一七六〇九一二五九一
一六	一二〇四一一九九八二七
一七	一二三〇四四八九二一四
一八	一二五五二七二五〇五一
一九	一二七八七五三六〇一〇
二〇	一三〇一〇二九九九五七
二一	一三二二二一九二九四七
二二	一三四二四二二六八〇八
二三	一三六一七二七八三六〇
二四	一三八〇二一一二四一七
二五	一三九七九四〇〇〇八七
二六	一四一四九七三三四八〇
二七	一四三一三六三七六四二
二八	一四四七一五八〇三一三
二九	一四六二三九七九九七九
三〇	一四七七一二一二五四七
三一	一四九一三六一六九三八
三二	一五〇五一四九九七八三
三三	一五一八五一三九三九九
三四	一五三一四七八九一七〇
三五	一五四四〇六八〇四四四
三六	一五五六三〇二五〇〇八
三七	一五六八二〇一七二四一
三八	一五七九七八三五九六六
三九	一五九一〇六四六〇七〇
四〇	一六〇二〇五九九九一三
四一	一六一二七八三八五六七
四二	一六二三二四九二九〇四
四三	一六三三四六八四五五六
四四	一六四三四五二六七六五
四五	一六五三二一二五一三八
四六	一六六二七五七八三一七
四七	一六七二〇九七八五七九
四八	一六八一二四一二三七四
四九	一六九〇一九六〇八〇〇
五〇	一六九八九七〇〇〇四三

數	對數
五一	一七〇七五七〇一七六一
五二	一七一六〇〇三三四三六
五三	一七二四二七五八六九六
五四	一七三二三九三七五九八
五五	一七四〇三六二六八九五
五六	一七四八一八八〇二七〇
五七	一七五五八七四八五五七
五八	一七六三四二七九九三六
五九	一七七〇八五二〇一一六
六〇	一七七八一五一二五〇四
六一	一七八五三二九八三五〇
六二	一七九二三九一六八九五
六三	一七九九三四〇五四九五
六四	一八〇六一七九九七四〇
六五	一八一二九一三三五六六
六六	一八一九五四三九三五五
六七	一八二六〇七四八〇二七
六八	一八三二五〇八九一二七
六九	一八三八八四九〇九〇七
七〇	一八四五〇九八〇四〇〇
七一	一八五一二五八三四八七
七二	一八五七三三二四九六四
七三	一八六三三二二八六〇一
七四	一八六九二三一七一九七
七五	一八七五〇六一二六三四
七六	一八八〇八一三五九二三
七七	一八八六四九〇七二五二
七八	一八九二〇九四六〇二七
七九	一八九七六二七〇九一三
八〇	一九〇三〇八九九八七〇
八一	一九〇八四八五〇一八九
八二	一九一三八一三八五二四
八三	一九一九〇七八〇九二四
八四	一九二四二七九二八六一
八五	一九二九四一八九二五七
八六	一九三四四九八四五一二
八七	一九三九五一九二五二六
八八	一九四四四八二六七二二
八九	一九四九三九〇〇〇六六
九〇	一九五四二四二五〇九四
九一	一九五九〇四一三九二三
九二	一九六三七八七八二七三
九三	一九六八四八二九四八六
九四	一九七三一二七八五三六
九五	一九七七七二三六〇五三
九六	一九八二二七一二三三〇
九七	一九八六七七一七三四三
九八	一九九一二二六〇七五七
九九	一九九五六三五一九四六
一〇〇	二〇〇〇〇〇〇〇〇〇〇

續表

一〇一	二〇〇四三二一三七三八	一五一	二一七八九七六九四七三
一〇二	二〇〇八六〇〇一七一八	一五二	二一八一八四三五八七九
一〇三	二〇一二八三七二二四七	一五三	二一八四六九一四三〇八
一〇四	二〇一七〇三三三三九三	一五四	二一八七五二〇七二〇八
一〇五	二〇二一一八九二九九一	一五五	二一九〇三三一六九八二
一〇六	二〇二五三〇五八六五三	一五六	二一九三一二四五九八四
一〇七	二〇二九三八三七七七七	一五七	二一九五八九九六五二四
一〇八	二〇三三四二三七五五五	一五八	二一九八六五七〇八七〇
一〇九	二〇三七四二六四九七九	一五九	二二〇一三九七一二四三
一一〇	二〇四一三九二六八五二	一六〇	二二〇四一一九九八二七
一一一	二〇四五三二二九七八八	一六一	二二〇六八二五八七六〇
一一二	二〇四九二一八〇二二七	一六二	二二〇九五一五〇一四五
一一三	二〇五三〇七八四四三五	一六三	二二一二一八七六〇四四
一一四	二〇五六九〇四八五一三	一六四	二二一四八四三八四八〇
一一五	二〇六〇六九七八四〇四	一六五	二二一七四八三九四四二
一一六	二〇六四四五七九八九二	一六六	二二二〇一〇八〇八八〇
一一七	二〇六八一八五八六一七	一六七	二二二二七一六四七一一
一一八	二〇七一八八二〇〇七三	一六八	二二二五三〇九二八一七
一一九	二〇七五五四六九六一四	一六九	二二二七八八六七〇四六
一二〇	二〇七九一八一二四六〇	一七〇	二二三〇四四八九二一四
一二一	二〇八二七八五三七〇三	一七一	二二三二九九六一一〇四
一二二	二〇八六三五九八三〇七	一七二	二二三五五二八四四六九
一二三	二〇八九九〇五一一一四	一七三	二二三八〇四六一〇三一
一二四	二〇九三四二一六八五二	一七四	二二四〇五四九二四八三
一二五	二〇九六九一〇〇一三〇	一七五	二二四三〇三八〇四八七
一二六	二一〇〇三七〇五四五一	一七六	二二四五五一二六六七八
一二七	二一〇三八〇三七二一〇	一七七	二二四七九七三二六六四
一二八	二一〇七二〇九九六九六	一七八	二二五〇四二〇〇〇二三
一二九	二一一〇五八九七一〇三	一七九	二二五二八五三〇三一〇
一三〇	二一一三九四三三五二三	一八〇	二二五五二七二五〇五一
一三一	二一一七二七一二九五七	一八一	二二五七六七八五七四九
一三二	二一二〇五七三九三一二	一八二	二二六〇〇七一三八八〇
一三三	二一二三八五一六四一〇	一八三	二二六二四五一〇八九七
一三四	二一二七一〇四七九八四	一八四	二二六四八一七八二三〇
一三五	二一三〇三三三七六八五	一八五	二二六七一七一七二八四
一三六	二一三三五三八九〇八四	一八六	二二六九五一二九四四二
一三七	二一三六七二〇五六七二	一八七	二二七一八四一六〇六五
一三八	二一三九八七九〇六八四	一八八	二二七四一五七八四九三
一三九	二一四三〇一四八〇〇三	一八九	二二七六四六一八〇四二
一四〇	二一四六一二八〇三五七	一九〇	二二七八七五三六〇一〇
一四一	二一四九二一九一一二七	一九一	二二八一〇三三三六七二
一四二	二一五二二八八三四四四	一九二	二二八三三〇一二二八七
一四三	二一五五三三六〇三七五	一九三	二二八五五五七三〇九〇
一四四	二一五八三六二四九二一	一九四	二二八七八〇一七二九九
一四五	二一六一三六八〇〇二二	一九五	二二九〇〇三四六一一四
一四六	二一六四三五二八五五八	一九六	二二九二二五六〇七一四
一四七	二一六七三一七三三四七	一九七	二二九四四六六二二六二
一四八	二一七〇二六一七一五四	一九八	二二九六六六五一九〇三
一四九	二一七三一八六二六八四	一九九	二二九八八五三〇七六四
一五〇	二一七六〇九一二五九一	二〇〇	二三〇一〇二九九九五七

續表

二〇一	二三〇三一九六〇五七四	二五一	二三九九六七三七二一五
二〇二	二三〇五三五一三六九四	二五二	二四〇一四〇〇五四〇八
二〇三	二三〇七四九六〇三七九	二五三	二四〇三一二〇五二一二
二〇四	二三〇九六三〇一六七四	二五四	二四〇四八三三七一六六
二〇五	二三一一七五三八六一一	二五五	二四〇六五四〇一八〇四
二〇六	二三一三八六七二二〇四	二五六	二四〇八二三九九六五三
二〇七	二三一五九七〇三四五五	二五七	二四〇九九三三一二三三
二〇八	二三一八〇六三三三五〇	二五八	二四一一六一九七〇六〇
二〇九	二三二〇一四六二八六一	二五九	二四一三二九九七六四一
二一〇	二三二二二一九二九四七	二六〇	二四一四九七三三四八〇
二一一	二三二四二八二四五五三	二六一	二四一六六四〇五〇七三
二一二	二三二六三三五八六〇九	二六二	二四一八三〇一二九一三
二一三	二三二八三七九六〇三四	二六三	二四一九九五五七四八五
二一四	二三三〇四一三七七三三	二六四	二四二一六〇三九二六九
二一五	二三三二四三八四五九九	二六五	二四二三二四五八七三九
二一六	二三三四四五三七五一二	二六六	二四二四八八一六三六六
二一七	二三三六四五九七三三八	二六七	二四二六五一一二六一四
二一八	二三三八四五六四九三六	二六八	二四二八一三四七九四〇
二一九	二三四〇四四四一一四八	二六九	二四二九七五二二八〇〇
二二〇	二三四二四二二六八〇八	二七〇	二四三一三六三七六四二
二二一	二三四四三九二二七三七	二七一	二四三二九六九二九〇九
二二二	二三四六三五二九七四五	二七二	二四三四五六八九〇四〇
二二三	二三四八三〇四八六三〇	二七三	二四三六一六二六四七〇
二二四	二三五〇二四八〇一八三	二七四	二四三七七五〇五六二八
二二五	二三五二一八二五一八一	二七五	二四三九三三二六九三八
二二六	二三五四一〇八四三九一	二七六	二四四〇九〇九〇八二一
二二七	二三五六〇二五八五七二	二七七	二四四二四七九七六九一
二二八	二三五七九三四八四七〇	二七八	二四四四〇四四七九五九
二二九	二三五九八三五四八二三	二七九	二四四五六〇四二〇三三
二三〇	二三六一七二七八三六〇	二八〇	二四四七一五八〇三一三
二三一	二三六三六一一九七九九	二八一	二四四八七〇六三一九九
二三二	二三六五四八七九八四九	二八二	二四五〇二四九一〇八三
二三三	二三六七三五五九二一〇	二八三	二四五一七八六四三五五
二三四	二三六九二一五八五七四	二八四	二四五三三一八三四〇〇
二三五	二三七一〇六七八六二三	二八五	二四五四八四四八六〇〇
二三六	二三七二九一二〇〇三〇	二八六	二四五六三六六〇三三一
二三七	二三七四七四八三四六〇	二八七	二四五七八八一八九六七
二三八	二三七六五七六九五七一	二八八	二四五九三九二四八七八
二三九	二三七八三九七九〇〇九	二八九	二四六〇八九七八四二八
二四〇	二三八〇二一一二四一七	二九〇	二四六二三九七九九七九
二四一	二三八二〇一七〇四二六	二九一	二四六三八九二九八九〇
二四二	二三八三八一五三六六〇	二九二	二四六五三八二八五一四
二四三	二三八五六〇六二七三六	二九三	二四六六八六七六二〇四
二四四	二三八七三八九八二六三	二九四	二四六八三四七三三〇四
二四五	二三八九一六六〇八四四	二九五	二四六九八二二〇一六〇
二四六	二三九〇九三五一〇七一	二九六	二四七一二九一七一一一
二四七	二三九二六九六九五三三	二九七	二四七二七五六四四九三
二四八	二三九四四五一六八〇八	二九八	二四七四二一六二六四一
二四九	二三九六一九九三四七一	二九九	二四七五六七一一八八三
二五〇	二三九七九四〇〇〇八七	三〇〇	二四七七一二一二五四七

續表

三〇一	二四七八五六六四九五六	三五一	二五四五三〇七一一六五
三〇二	二四八〇〇〇六九四三〇	三五二	二五四六五四二六六三五
三〇三	二四八一四四二六二八五	三五三	二五四七七七四七〇五四
三〇四	二四八二八七三五八三六	三五四	二五四九〇〇三二六二〇
三〇五	二四八四二九九八三九三	三五五	二五五〇二二八三五三一
三〇六	二四八五七二一四二六五	三五六	二五五一四四九九九八〇
三〇七	二四八七一三八三七五五	三五七	二五五二六六八二一六一
三〇八	二四八八五五〇七一六五	三五八	二五五三八八三〇二六六
三〇九	二四八九九五八四七九四	三五九	二五五五〇九四四四八六
三一〇	二四九一三六一六九三八	三六〇	二五五六三〇二五〇〇八
三一一	二四九二七六〇三八九〇	三六一	二五五七五〇七二〇一九
三一二	二四九四一五四五九四〇	三六二	二五五八七〇八五七〇五
三一三	二四九五五四四三三七六	三六三	二五五九九〇六六二五〇
三一四	二四九六九二九六四八一	三六四	二五六一一〇一三八三六
三一五	二四九八三一〇五五三八	三六五	二五六二二九二八六四五
三一六	二四九九六八七〇八二六	三六六	二五六三四八一〇八五四
三一七	二五〇一〇五九二六二二	三六七	二五六四六六六〇六四三
三一八	二五〇二四二七一二〇〇	三六八	二五六五八四七八一八七
三一九	二五〇三七九〇六八三一	三六九	二五六七〇二六三六六二
三二〇	二五〇五一四九九七八三	三七〇	二五六八二〇一七二四一
三二一	二五〇六五〇五〇三二四	三七一	二五六九三七三九〇九六
三二二	二五〇七八五五八七一七	三七二	二五七〇五四二九三九九
三二三	二五〇九二〇二五二二三	三七三	二五七一七〇八八三一八
三二四	二五一〇五四五〇一〇二	三七四	二五七二八七一六〇二二
三二五	二五一一八八三三六一〇	三七五	二五七四〇三一二六七七
三二六	二五一三二一七六〇〇一	三七六	二五七五一八七八四四九
三二七	二五一四五四七七五二七	三七七	二五七六三四一三五〇二
三二八	二五一五八七三八四三七	三七八	二五七七四九一七九九八
三二九	二五一七一九五八九七九	三七九	二五七八六三九二一〇〇
三三〇	二五一八五一三九三九九	三八〇	二五七九七八三五九六六
三三一	二五一九八二七九九三八	三八一	二五八〇九二四九七五七
三三二	二五二一一三八〇八三七	三八二	二五八二〇六三三六二九
三三三	二五二二四四四二三三五	三八三	二五八三一九八七四〇
三三四	二五二三七四六四六六八	三八四	二五八四三三一二二四四
三三五	二五二五〇四四八〇七〇	三八五	二五八五四六〇七二九五
三三六	二五二六三三九二七七四	三八六	二五八六五八七三〇四七
三三七	二五二七六二九九〇〇九	三八七	二五八七七一〇九六五〇
三三八	二五二八九一六七〇〇三	三八八	二五八八八三一七二五六
三三九	二五三〇一九九六九八二	三八九	二五八九九四九六〇一三
三四〇	二五三一四七八九一七〇	三九〇	二五九一〇六四六〇七〇
三四一	二五三二七五四三七九〇	三九一	二五九二一七六七五七四
三四二	二五三四〇二六一〇六一	三九二	二五九三二八六〇六七〇
三四三	二五三五二九四一二〇〇	三九三	二五九四三九二五五〇四
三四四	二五三六五五八四四二六	三九四	二五九五四九六二二一八
三四五	二五三七八一九〇九五一	三九五	二五九六五九七〇九五六
三四六	二五三九〇七六〇九八八	三九六	二五九七六九五一八五九
三四七	二五四〇三二九四七四八	三九七	二五九八七九〇五〇六八
三四八	二五四一五七九二四三九	三九八	二五九九八八三〇七二一
三四九	二五四二八二五四二七〇	三九九	二六〇〇九七二八九五七
三五〇	二五四四〇六八〇四四四	四〇〇	二六〇二〇五九九九一三

續表

四〇一	二六〇三一四四三七二六
四〇二	二六〇四二二六〇五三一
四〇三	二六〇五三〇五〇四六一
四〇四	二六〇六三八一三六五一
四〇五	二六〇七四五五〇二三二
四〇六	二六〇八五二六〇三三六
四〇七	二六〇九五九四四〇九二
四〇八	二六一〇六六〇一六三一
四〇九	二六一一七二三三〇八〇
四一〇	二六一二七八三八五六七
四一一	二六一三八四一八二一九
四一二	二六一四八九七二一六〇
四一三	二六一五九五〇〇五一七
四一四	二六一七〇〇〇三四一一
四一五	二六一八〇四八〇九六七
四一六	二六一九〇九三三三〇六
四一七	二六二〇一三六〇五五〇
四一八	二六二一一七六二八一八
四一九	二六二二二一四〇二三〇
四二〇	二六二三二四九二九〇四
四二一	二六二四二八二〇九五八
四二二	二六二五三一二四五一〇
四二三	二六二六三四〇三六七四
四二四	二六二七三六五八五六六
四二五	二六二八三八八九三〇一
四二六	二六二九四〇九五九九一
四二七	二六三〇四二七八七五〇
四二八	二六三一四四三七六九〇
四二九	二六三二四五七二九二二
四三〇	二六三三四六八四五五六
四三一	二六三四四七七二七〇二
四三二	二六三五四八三七四六八
四三三	二六三六四八七八九六四
四三四	二六三七四八九七二九五
四三五	二六三八四八九二五七〇
四三六	二六三九四八六四八九三
四三七	二六四〇四八一四三七〇
四三八	二六四一四七四一一〇五
四三九	二六四二四六四五二〇二
四四〇	二六四三四五二六七六五
四四一	二六四四四三八五八九五
四四二	二六四五四二二二六九三
四四三	二六四六四〇三七二六二
四四四	二六四七三八二九七〇一
四四五	二六四八三六〇〇一一〇
四四六	二六四九三三四八五八七
四四七	二六五〇三〇七五二三一
四四八	二六五一二七八〇一四〇
四四九	二六五二二四六三四一〇
四五〇	二六五三二一二五一三八
四五一	二六五四一七六五四一九
四五二	二六五五一三八四三四八
四五三	二六五六〇九八二〇二〇
四五四	二六五七〇五五八五二九
四五五	二六五八〇一一三九六七
四五六	二六五八九六四八四二七
四五七	二六五九九一六二〇〇一
四五八	二六六〇八六五四七八〇
四五九	二六六一八一二六八五五
四六〇	二六六二七五七八三一七
四六一	二六六三七〇〇九二五四
四六二	二六六四六四一九七五六
四六三	二六六五五八〇九九一〇
四六四	二六六六五一七九八〇六
四六五	二六六七四五二九五二九
四六六	二六六八三八五九一六七
四六七	二六六九三一六八八〇六
四六八	二六七〇二四五八五三一
四六九	二六七一一七二八四二七
四七〇	二六七二〇九七八五七九
四七一	二六七三〇二〇九〇七一
四七二	二六七三九四一九九八六
四七三	二六七四八六一一四〇七
四七四	二六七五七七八三四一七
四七五	二六七六六九三六〇九六
四七六	二六七七六〇六九五二七
四七七	二六七八五一八三七九〇
四七八	二六七九四二七八九六六
四七九	二六八〇三三五五一三四
四八〇	二六八一二四一二三七四
四八一	二六八二一四五〇七六四
四八二	二六八三〇四七〇三八二
四八三	二六八三九四七一三〇八
四八四	二六八四八四五三六一六
四八五	二六八五七四一七三八六
四八六	二六八六六三六二六九三
四八七	二六八七五二八九六一二
四八八	二六八八四一九八二二〇
四八九	二六八九三〇八八五九一
四九〇	二六九〇一九六〇八〇〇
四九一	二六九一〇八一四九二一
四九二	二六九一九六五一〇二八
四九三	二六九二八四六九一九三
四九四	二六九三七二六九四八九
四九五	二六九四六〇五一九八九
四九六	二六九五四八一六七六五
四九七	二六九六三五六三八八七
四九八	二六九七二二九三四二八
四九九	二六九八一〇〇五四五六
五〇〇	二六九八九七〇〇〇四三

續表

五〇一	二六九九八三七七二五九
五〇二	二七〇〇七〇三七一七一
五〇三	二七〇一五六七九八五一
五〇四	二七〇二四三〇五三六四
五〇五	二七〇三二九一三七八一
五〇六	二七〇四一五〇五一六八
五〇七	二七〇五〇〇七九五九三
五〇八	二七〇五八六三七一二三
五〇九	二七〇六七一七七八二三
五一〇	二七〇七五七〇一七六一
五一一	二七〇八四二〇九〇〇一
五一二	二七〇九二六九九六一〇
五一三	二七一〇一一七三六五一
五一四	二七一〇九六三一一九〇
五一五	二七一一八〇七二二九〇
五一六	二七一二六四九七〇一六
五一七	二七一三四九〇五四三一
五一八	二七一四三二九七五九七
五一九	二七一五一六七三五七八
五二〇	二七一六〇〇三三四三六
五二一	二七一六八三七七二三三
五二二	二七一七六七〇五〇三〇
五二三	二七一八五〇一六八八九
五二四	二七一九三三一二八七〇
五二五	二七二〇一五九三〇三四
五二六	二七二〇九八五七四四二
五二七	二七二一八一〇六一五二
五二八	二七二二六三三九二二五
五二九	二七二三四五五六七二〇
五三〇	二七二四二七五八六九六
五三一	二七二五〇九四五二一一
五三二	二七二五九一一六三二三
五三三	二七二六七二七二〇九〇
五三四	二七二七五四一二五七〇
五三五	二七二八三五三七八二〇
五三六	二七二九一六四七八九七
五三七	二七二九九七四二八五七
五三八	二七三〇七八二二七五七
五三九	二七三一五八八七六五二
五四〇	二七三二三九三七五九八
五四一	二七三三一九七二六五一
五四二	二七三三九九九二八六五
五四三	二七三四七九九八二九六
五四四	二七三五五九八八九九七
五四五	二七三六三九六五〇二三
五四六	二七三七一九二六四二七
五四七	二七三七九八七三二六三
五四八	二七三八七八〇五五八五
五四九	二七三九五七二三四四五
五五〇	二七四〇三六二六八九五
五五一	二七四一一五一五九八九
五五二	二七四一九三九〇七七七
五五三	二七四二七二五一三一三
五五四	二七四三五〇九七六四七
五五五	二七四四二九二九八三一
五五六	二七四五〇七四七九一六
五五七	二七四五八五五一九五二
五五八	二七四六六三四一九九〇
五五九	二七四七四一一八〇七九
五六〇	二七四八一八八〇二七〇
五六一	二七四八九六二八六一三
五六二	二七四九七三六三一五六
五六三	二七五〇五〇八三九四九
五六四	二七五一二七九一〇四〇
五六五	二七五二〇四八四四七八
五六六	二七五二八一六四三一二
五六七	二七五三五八三〇五八九
五六八	二七五四三四八三三五七
五六九	二七五五一一二二六六四
五七〇	二七五五八七四八五五七
五七一	二七五六六三六一〇八二
五七二	二七五七三九六〇二八八
五七三	二七五八一五四六二二〇
五七四	二七五八九一一八九二四
五七五	二七五九六六七八四四七
五七六	二七六〇四二二四八三四
五七七	二七六一一七五八一三二
五七八	二七六一九二七八三八四
五七九	二七六二六七八五六三七
五八〇	二七六三四二七九九三六
五八一	二七六四一七六一三二四
五八二	二七六四九二二九八四六
五八三	二七六五六六八五五四八
五八四	二七六六四一二八四七一
五八五	二七六七一五五八六六一
五八六	二七六七八九七六一六〇
五八七	二七六八六三八一〇一二
五八八	二七六九三七七三二六一
五八九	二七七〇一一五二九四八
五九〇	二七七〇八五二〇一一六
五九一	二七七一五八七四八〇九
五九二	二七七二三二一七〇六七
五九三	二七七三〇五四六九三四
五九四	二七七三七八六四四五〇
五九五	二七七四五一六九六五七
五九六	二七七五二四六二五九七
五九七	二七七五九七四三三一一
五九八	二七七六七〇一一八四〇
五九九	二七七七四二六八二二四
六〇〇	二七七八一五一二五〇四

續表

六〇一	二七七八八七四四七二〇	六五一	二八一三五八〇九八八六
六〇二	二七七九五九六四九一三	六五二	二八一四二四七五九五七
六〇三	二七八〇三一七三一二一	六五三	二八一四九一三一八一三
六〇四	二七八一〇三六九三八六	六五四	二八一五五七七七四八三
六〇五	二七八一七五五三七四七	六五五	二八一六二四一三〇〇〇
六〇六	二七八二四七二六二四二	六五六	二八一六九〇三八三九四
六〇七	二七八三一八八六九一一	六五七	二八一七五六五三六九六
六〇八	二七八三九〇三五七九三	六五八	二八一八二二五八九三六
六〇九	二七八四六一七二九二六	六五九	二八一八八八五四一四六
六一〇	二七八五三二九八三五〇	六六〇	二八一九五四三九三五五
六一一	二七八六〇四一二一〇二	六六一	二八二〇二〇一四五九五
六一二	二七八六七五一四二二一	六六二	二八二〇八五七九八九四
六一三	二七八七四六〇四七四五	六六三	二八二一五一三五二八四
六一四	二七八八一六八三七一一	六六四	二八二二一六八〇七九四
六一五	二七八八八七五一一五八	六六五	二八二二八二一六四五三
六一六	二七八九五八〇七一二二	六六六	二八二三四七四二二九二
六一七	二七九〇二八五一六四〇	六六七	二八二四一二五八三三九
六一八	二七九〇九八八四七五一	六六八	二八二四七七六四六二五
六一九	二七九一六九〇六四九〇	六六九	二八二五四二六一一七八
六二〇	二七九二三九一六八九五	六七〇	二八二六〇七四八〇二七
六二一	二七九三〇九一六〇〇二	六七一	二八二六七二二五二〇二
六二二	二七九三七九〇三八四七	六七二	二八二七三六九二七三一
六二三	二七九四四八八〇四六七	六七三	二八二八〇一五〇六四二
六二四	二七九五一八四五八九七	六七四	二八二八六五九八九六五
六二五	二七九五八八〇〇一七三	六七五	二八二九三〇三七七二八
六二六	二七九六五七四三三三二	六七六	二八二九九四六六九五九
六二七	二七九七二六七五四〇八	六七七	二八三〇五八八六六八七
六二八	二七九七九五九六四三七	六七八	二八三一二二九六九三九
六二九	二七九八六五〇六四五四	六七九	二八三一八六九七七四三
六三〇	二七九九三四〇五四九五	六八〇	二八三二五〇八九一二七
六三一	二八〇〇〇二九三五九二	六八一	二八三三一四七一一一九
六三二	二八〇〇七一七〇七八三	六八二	二八三三七八四三七四七
六三三	二八〇一四〇三七一〇〇	六八三	二八三四四二〇七〇三七
六三四	二八〇二〇八九二五七九	六八四	二八三五〇五六一〇一七
六三五	二八〇二七七三七二五三	六八五	二八三五六九〇五七一五
六三六	二八〇三四五七一一五六	六八六	二八三六三二四一一五七
六三七	二八〇四一三九四三二三	六八七	二八三六九五六七三七一
六三八	二八〇四八二〇六七八七	六八八	二八三七五八八四三八二
六三九	二八〇五五〇〇八五八二	六八九	二八三八二一九二二一九
六四〇	二八〇六一七九九七四〇	六九〇	二八三八八四九〇九〇七
六四一	二八〇六八五八〇二九五	六九一	二八三九四七八〇四七四
六四二	二八〇七五三五〇二八一	六九二	二八四〇一〇六〇九四五
六四三	二八〇八二一〇九七二九	六九三	二八四〇七三三二三四六
六四四	二八〇八八八五八六七四	六九四	二八四一三五九四七〇五
六四五	二八〇九五五九七一四六	六九五	二八四一九八四八〇四六
六四六	二八一〇二三二五一八〇	六九六	二八四二六〇九二三九六
六四七	二八一〇九〇四二八〇七	六九七	二八四三二三二七七八一
六四八	二八一一五七五〇〇五九	六九八	二八四三八五五四二二六
六四九	二八一二二四四六九六八	六九九	二八四四四七七一七五七
六五〇	二八一二九一三三五六六	七〇〇	二八四五〇九八〇四〇〇

續表

七〇一	二八四五七一八〇一八〇
七〇二	二八四六三三七一一二一
七〇三	二八四六九五五三二五〇
七〇四	二八四七五七二六五九一
七〇五	二八四八一八九一一七〇
七〇六	二八四八八〇四七〇一一
七〇七	二八四九四一九四一三八
七〇八	二八五〇〇三三二五七七
七〇九	二八五〇六四六二三五二
七一〇	二八五一二五八三四八七
七一一	二八五一八六九六〇〇七
七一二	二八五二四七九九九三六
七一三	二八五三〇八九五二九九
七一四	二八五三六九八二一一八
七一五	二八五四三〇六〇四一八
七一六	二八五四九一三〇二二三
七一七	二八五五五一九一五五七
七一八	二八五六一二四四四四二
七一九	二八五六七二八八九〇四
七二〇	二八五七三三二四九六四
七二一	二八五七九三五二六四七
七二二	二八五八五三七一九七六
七二三	二八五九一三八二九七三
七二四	二八五九七三八五六六二
七二五	二八六〇三三八〇〇六六
七二六	二八六〇九三六六二〇七
七二七	二八六一五三四四一〇九
七二八	二八六二一三一三七九三
七二九	二八六二七二七五二八三
七三〇	二八六三三二二八六〇一
七三一	二八六三九一七三七七〇
七三二	二八六四五一一〇八一一
七三三	二八六五一〇三九七四六
七三四	二八六五六九六〇五九九
七三五	二八六六二八七三三九一
七三六	二八六六八七七八一四三
七三七	二八六七四六七四八七九
七三八	二八六八〇五六三六一八
七三九	二八六八六四四四三八四
七四〇	二八六九二三一七一九七
七四一	二八六九八一八二〇八〇
七四二	二八七〇四〇三九〇五三
七四三	二八七〇九八八八一三八
七四四	二八七一五七二九三五五
七四五	二八七二一五六二七二七
七四六	二八七二七三八八二七五
七四七	二八七三三二〇六〇一八
七四八	二八七三九〇一五九七九
七四九	二八七四四八一八一七七
七五〇	二八七五〇六一二六三四

七五一	二八七五六三九九三七〇
七五二	二八七六二一七八四〇六
七五三	二八七六七九四九七六二
七五四	二八七七三七一二四五九
七五五	二八七七九四六九五一六
七五六	二八七八五二一七九五五
七五七	二八七九〇九五八七九五
七五八	二八七九六六九二〇五六
七五九	二八八〇二四一七七五九
七六〇	二八八〇八一三五九二三
七六一	二八八一三八四六五六八
七六二	二八八一九五四九七一三
七六三	二八八二五二四五三八〇
七六四	二八八三〇九三三五八六
七六五	二八八三六六一四三五二
七六六	二八八四二二八七六九六
七六七	二八八四七九五三六三九
七六八	二八八五三六一二二〇〇
七六九	二八八五九二六三三九八
七七〇	二八八六四九〇七二五二
七七一	二八八七〇五四三七八一
七七二	二八八七六一七三〇〇三
七七三	二八八八一七九四九三九
七七四	二八八八七四〇九六〇七
七七五	二八八九三〇一七〇二五
七七六	二八八九八六一七二一三
七七七	二八九〇四二一〇一八八
七七八	二八九〇九七九五九七〇
七七九	二八九一五三七四五七七
七八〇	二八九二〇九四六〇二七
七八一	二八九二六五一〇三三九
七八二	二八九三二〇六七五三一
七八三	二八九三七六一七六二一
七八四	二八九四三一六〇六二七
七八五	二八九四八六九六五六七
七八六	二八九五四二二五四六〇
七八七	二八九五九七四七三二四
七八八	二八九六五二六二一七五
七八九	二八九七〇七七〇〇三二
七九〇	二八九七六二七〇九一三
七九一	二八九八一七六四八三五
七九二	二八九八七二五一八一六
七九三	二八九九二七三一八七三
七九四	二八九九八二〇五〇二四
七九五	二九〇〇三六七一二八七
七九六	二九〇〇九一三〇六七七
七九七	二九〇一四五八三二一四
七九八	二九〇二〇〇二八九一四
七九九	二九〇二五四六七七九三
八〇〇	二九〇三〇八九九八七〇

八〇一	二九〇三六三二五一六一
八〇二	二九〇四一七四三六八三
八〇三	二九〇四七一五五四五三
八〇四	二九〇五二五六〇四八七
八〇五	二九〇五七九五八八〇四
八〇六	二九〇六三三五〇四一八
八〇七	二九〇六八七三五三四七
八〇八	二九〇七四一一三六〇八
八〇九	二九〇七九四八五二一六
八一〇	二九〇八四八五〇一八九
八一一	二九〇九〇二〇八五四二
八一二	二九〇九五五六〇二九二
八一三	二九一〇〇九〇五四五六
八一四	二九一〇六二四四〇四九
八一五	二九一一一五七六〇八七
八一六	二九一一六九〇一五八八
八一七	二九一二二二二〇五六五
八一八	二九一二七五三三〇三七
八一九	二九一三二八三九〇一八
八二〇	二九一三八一三八五二四
八二一	二九一四五四三一五七一
八二二	二九一四八七一八一七五
八二三	二九一五三九九八三五二
八二四	二九一五九二七二一一七
八二五	二九一六四五三九四八五
八二六	二九一六九八〇〇四七三
八二七	二九一七五〇五五〇九六
八二八	二九一八〇三〇三三六八
八二九	二九一八五五四五三〇六
八三〇	二九一九〇七八〇九二四
八三一	二九一九六〇一〇二三八
八三二	二九二〇一二三三二六三
八三三	二九二〇六四五〇〇一四
八三四	二九二一一六六〇五〇六
八三五	二九二一六八六四七五五
八三六	二九二二二〇六二七七四
八三七	二九二二七二五四五八〇
八三八	二九二三二四四〇一八六
八三九	二九二三七六一九六〇八
八四〇	二九二四二七九二八六一
八四一	二九二四七九五九九五八
八四二	二九二五三一二〇九一五
八四三	二九二五八二七五七四六
八四四	二九二六三四二四四六六
八四五	二九二六八五六七〇八九
八四六	二九二七三七〇三六三〇
八四七	二九二七八八三四一〇三
八四八	二九二八三九五八五二三
八四九	二九二八九〇七六九〇二
八五〇	二九二九四一八九二五七
八五一	二九二九九二九五六〇一
八五二	二九三〇四三九五九四八
八五三	二九三〇九四九〇三一二
八五四	二九三一四五七八七〇七
八五五	二九三一九六六一一四七
八五六	二九三二四七三七六四七
八五七	二九三二九八〇八二一九
八五八	二九三三四八七二八七八
八五九	二九三三九九三一六三八
八六〇	二九三四四九八四五一二
八六一	二九三五〇〇三一五一五
八六二	二九三五五〇七二六五八
八六三	二九三六〇一〇七九五七
八六四	二九三六五一三七四二五
八六五	二九三七〇一六一〇七五
八六六	二九三七五一七八九二〇
八六七	二九三八〇一九〇九七五
八六八	二九三八五一九七二五二
八六九	二九三九〇一九七七六四
八七〇	二九三九五一九二五二六
八七一	二九四〇〇一八一五五〇
八七二	二九四〇五一六四八四九
八七三	二九四一〇一四二四三七
八七四	二九四一五一一四三二六
八七五	二九四二〇〇八〇五三〇
八七六	二九四二五〇四一〇六二
八七七	二九四二九九九五九三四
八七八	二九四三四九四五一五九
八七九	二九四三九八八八七五一
八八〇	二九四四四八二六七二二
八八一	二九四四九七五九〇八四
八八二	二九四五四六八五八五一
八八三	二九四五九六〇七〇三六
八八四	二九四六四五二二六五〇
八八五	二九四六九四三二七〇七
八八六	二九四七四三三七二一九
八八七	二九四七九二三六一九八
八八八	二九四八四一二九六五八
八八九	二九四八九〇一七六一〇
八九〇	二九四九三九〇〇〇六六
八九一	二九四九八七七七〇四〇
八九二	二九五〇三六四八五四四
八九三	二九五〇八五一四五八九
八九四	二九五一三三七五一八八
八九五	二九五一八二三〇三五三
八九六	二九五二三〇八〇〇九七
八九七	二九五二七九二四四三〇
八九八	二九五三二七六三三六七
八九九	二九五三七五九六九一七
九〇〇	二九五四二四二五〇九四

九〇一	二九五四七二四七九一〇	九五一	二九七八一八〇五一六九
九〇二	二九五五二〇六五三七五	九五二	二九七八六三六九四八四
九〇三	二九五五六八七七五〇三	九五三	二九七九〇九二九〇〇六
九〇四	二九五六一六八四三〇五	九五四	二九七九五四八三七四七
九〇五	二九五六六四八五七九二	九五五	二九八〇〇〇三三七一六
九〇六	二九五七一二八一九七七	九五六	二九八〇四五七八九二三
九〇七	二九五七六〇七二八七一	九五七	二九八〇九一一九三七八
九〇八	二九五八〇八五八四八五	九五八	二九八一三六五五〇九一
九〇九	二九五八五六三八八三二	九五九	二九八一八一八六〇七二
九一〇	二九五九〇四一三九二三	九六〇	二九八二二七一二三三〇
九一一	二九五九五一八三七七〇	九六一	二九八二七二三三八七七
九一二	二九五九九九四八三八三	九六二	二九八三一七五〇七二〇
九一三	二九六〇四七〇七七七五	九六三	二九八三六二六二八七一
九一四	二九六〇九四六一九五七	九六四	二九八四〇七七〇三三九
九一五	二九六一四二一〇九四一	九六五	二九八四五二七三一三三
九一六	二九六一八九五四七三七	九六六	二九八四九七七一二六四
九一七	二九六二三六九三三五七	九六七	二九八五四二六四七四一
九一八	二九六二八四二六八一二	九六八	二九八五八七五三五七三
九一九	二九六三三一五五一一四	九六九	二九八六三二三七七七一
九二〇	二九六三七八七八二七三	九七〇	二九八六七七一七三四三
九二一	二九六四二五九六三〇二	九七一	二九八七二一九二二九九
九二二	二九六四七三〇九二一一	九七二	二九八七六六六二六四九
九二三	二九六五二〇一七〇一〇	九七三	二九八八一一二八四〇三
九二四	二九六五六七一九七一二	九七四	二九八八五五八九五六九
九二五	二九六六一四一七三二七	九七五	二九八九〇〇四六一五七
九二六	二九六六六一〇九八六七	九七六	二九八九四四九八一七七
九二七	二九六七〇七九七三四一	九七七	二九八九八九四五六三七
九二八	二九六七五四七九七六二	九七八	二九九〇三三八八五四八
九二九	二九六八〇一五七一四〇	九七九	二九九〇七八二六九一八
九三〇	二九六八四八二九四八六	九八〇	二九九一二二六〇七五七
九三一	二九六八九四九六八一〇	九八一	二九九一六六九〇〇七四
九三二	二九六九四一五九一二四	九八二	二九九二一一一四八七八
九三三	二九六九八八一六四三七	九八三	二九九二五五三五一七八
九三四	二九七〇三四六八七六二	九八四	二九九二九九五〇九八四
九三五	二九七〇八一一六一〇九	九八五	二九九三四三六二三〇五
九三六	二九七一二七五八四八七	九八六	二九九三八七六九一四九
九三七	二九七一七三九五九〇九	九八七	二九九四三一七一五二七
九三八	二九七二二〇二八三八四	九八八	二九九四七五六九四四六
九三九	二九七二六六五五九二三	九八九	二九九五一九六二九一六
九四〇	二九七三一二七八五三六	九九〇	二九九五六三五一九四六
九四一	二九七三五八九六二三四	九九一	二九九六〇七三六五四五
九四二	二九七四〇五〇九〇二八	九九二	二九九六五一一六七二二
九四三	二九七四五一一六九二七	九九三	二九九六九四九二四八五
九四四	二九七四九七一九九四三	九九四	二九九七三八六三八四四
九四五	二九七五四三一八〇八五	九九五	二九九七八二三〇八〇七
九四六	二九七五八九一一三六四	九九六	二九九八二五九三三八四
九四七	二九七六三四九九七九〇	九九七	二九九八六九五一五八三
九四八	二九七六八〇八三三七三	九九八	二九九九一三〇五四一三
九四九	二九七七二六六二一二四	九九九	二九九九五六五四八八二
九五〇	二九七七七二三六〇五三	一〇〇〇	三〇〇〇〇〇〇〇〇〇〇

續表

續表

一〇〇一	三〇〇〇四三四〇七七五
一〇〇二	三〇〇〇八六七七二一五
一〇〇三	三〇〇一三〇〇九三五〇
一〇〇四	三〇〇一七三三七一二八
一〇〇五	三〇〇二一六六〇六一八
一〇〇六	三〇〇二五九七九八〇七
一〇〇七	三〇〇三〇二九四七〇六
一〇〇八	三〇〇三四六〇五三二一
一〇〇九	三〇〇三八九一一六六二
一〇一〇	三〇〇四三二一三七三八
一〇一一	三〇〇四七五一一五五六
一〇一二	三〇〇五一八〇五一二五
一〇一三	三〇〇五六〇九四四五四
一〇一四	三〇〇六〇三七九五五〇
一〇一五	三〇〇六四六六〇四二二
一〇一六	三〇〇六八九三七〇七九
一〇一七	三〇〇七三二〇九五二九
一〇一八	三〇〇七七四七七七八〇
一〇一九	三〇〇八一七四一八四〇
一〇二〇	三〇〇八六〇〇一七一八
一〇二一	三〇〇九〇二五七四二一
一〇二二	三〇〇九四五〇八九五八
一〇二三	三〇〇九八七五六三三七
一〇二四	三〇一〇二九九九五六六
一〇二五	三〇一〇七二三八六五四
一〇二六	三〇一一一四七三六〇八
一〇二七	三〇一一五七〇四四三六
一〇二八	三〇一一九九三一一四七
一〇二九	三〇一二四一五三七四八
一〇三〇	三〇一二八三七二二四七
一〇三一	三〇一三二五八六六五三
一〇三二	三〇一三六七九六九七三
一〇三三	三〇一四一〇〇三二一五
一〇三四	三〇一四五二〇五三八八
一〇三五	三〇一四九四〇三四九八
一〇三六	三〇一五三五九七五五四
一〇三七	三〇一五七七八七五六四
一〇三八	三〇一六一九七三五三五
一〇三九	三〇一六六一五五四七六
一〇四〇	三〇一七〇三三三三九三
一〇四一	三〇一七四五〇七二九五
一〇四二	三〇一七八六七七一九〇
一〇四三	三〇一八二八四三〇八四
一〇四四	三〇一八七〇〇四九八七
一〇四五	三〇一九一一六二九〇四
一〇四六	三〇一九五三一六八四五
一〇四七	三〇一九九四六六八一七
一〇四八	三〇二〇三六一二八二六
一〇四九	三〇二〇七七五四八八二
一〇五〇	三〇二一一八九二九九一
一〇五一	三〇二一六〇二七一六〇
一〇五二	三〇二二〇一五七三九八
一〇五三	三〇二二四二八三七一二
一〇五四	三〇二二八四〇六一〇九
一〇五五	三〇二三二五二四五九六
一〇五六	三〇二三六六三九一八二
一〇五七	三〇二四〇七四九八七三
一〇五八	三〇二四四八五六六七七
一〇五九	三〇二四八九五九六〇一
一〇六〇	三〇二五三〇五八六五三
一〇六一	三〇二五七一五三八三九
一〇六二	三〇二六一三四五一六七
一〇六三	三〇二六五三三二六四五
一〇六四	三〇二六九四一六二八〇
一〇六五	三〇二七三四九六〇七八
一〇六六	三〇二七七五七二〇四七
一〇六七	三〇二八一六四四一九四
一〇六八	三〇二八五七一二五二七
一〇六九	三〇二八九七七七〇五二
一〇七〇	三〇二九三八三七七七七
一〇七一	三〇二九七八九四七〇八
一〇七二	三〇三〇一九四七八五四
一〇七三	三〇三〇五九九七二二〇
一〇七四	三〇三一〇〇四二八一四
一〇七五	三〇三一四〇八四六四三
一〇七六	三〇三一八一二二七一三
一〇七七	三〇三二二一五七〇三三
一〇七八	三〇三二六一八七六〇九
一〇七九	三〇三三〇二一四四四七
一〇八〇	三〇三三四二三七五五五
一〇八一	三〇三三八二五六九四〇
一〇八二	三〇三四二二七二六〇八
一〇八三	三〇三四六二八四五六六
一〇八四	三〇三五〇二九二八二二
一〇八五	三〇三五四二九七三八二
一〇八六	三〇三五八二九八二五三
一〇八七	三〇三六二二九五四四一
一〇八八	三〇三六六二八八九五四
一〇八九	三〇三七〇二七八七九八
一〇九〇	三〇三七四二六四九七九
一〇九一	三〇三七八二四七五〇六
一〇九二	三〇三八二二二六三八四
一〇九三	三〇三八六二〇一六一九
一〇九四	三〇三九〇一七三二二〇
一〇九五	三〇三九四一四一一九二
一〇九六	三〇三九八一〇五五四一
一〇九七	三〇四〇二〇六六二七六
一〇九八	三〇四〇六〇二三四〇一
一〇九九	三〇四〇九九七六九二四
一一〇〇	三〇四一三九二六八五二

續表

一一五一	三〇六一〇七五三二三六	一一〇一	三〇四一七八七三一九〇
一一五二	三〇六一四五二四七九一	一一〇二	三〇四二一八一五九四五
一一五三	三〇六一八二九三〇七三	一一〇三	三〇四二五七五五一二四
一一五四	三〇六二二〇五八〇八八	一一〇四	三〇四二九六九〇七三四
一一五五	三〇六二五八一九八四二	一一〇五	三〇四三三六二二七八〇
一一五六	三〇六二九五七八三四一	一一〇六	三〇四三七五五一二七〇
一一五七	三〇六三三三三三五九〇	一一〇七	三〇四四一四七六二〇九
一一五八	三〇六三七〇八五五九四	一一〇八	三〇四四五三九七六〇四
一一五九	三〇六四〇八三四三六〇	一一〇九	三〇四四九三一五四六一
一一六〇	三〇六四四五七九八九二	一一一〇	三〇四五三二二九七八八
一一六一	三〇六四八三二二一九七	一一一一	三〇四五七一四〇五八九
一一六二	三〇六五二〇六一二八一	一一一二	三〇四六一〇四七八七二
一一六三	三〇六五五七九七一四七	一一一三	三〇四六四九五一六四三
一一六四	三〇六五九五二九八〇三	一一一四	三〇四六八八五一九〇八
一一六五	三〇六六三二五九二五四	一一一五	三〇四七二七四八六七四
一一六六	三〇六六六九八五五〇四	一一一六	三〇四七六六四一九四六
一一六七	三〇六七〇七〇八五六〇	一一一七	三〇四八〇五三一七三一
一一六八	三〇六七四四二八四二八	一一一八	三〇四八四四一八〇三六
一一六九	三〇六七八一四五一一二	一一一九	三〇四八八三〇〇八六五
一一七〇	三〇六八一八五八六一七	一一二〇	三〇四九二一八〇二二七
一一七一	三〇六八五五六八九五一	一一二一	三〇四九六〇五六一二六
一一七二	三〇六八九二七六一一七	一一二二	三〇四九九九二八五六九
一一七三	三〇六九二九八〇一二一	一一二三	三〇五〇三七九七五六三
一一七四	三〇六九六六八〇九六九	一一二四	三〇五〇七六六三一一二
一一七五	三〇七〇〇三七八六六六	一一二五	三〇五一一五二五二二四
一一七六	三〇七〇四〇七三二一七	一一二六	三〇五一五三八三九〇五
一一七七	三〇七〇七七六四六二八	一一二七	三〇五一九二三九一六〇
一一七八	三〇七一一四五二九〇五	一一二八	三〇五二三〇九〇九九六
一一七九	三〇七一五一三八〇五一	一一二九	三〇五二六九三九四一九
一一八〇	三〇七一八八二〇〇七三	一一三〇	三〇五三〇七八四四三五
一一八一	三〇七二二四九八九七六	一一三一	三〇五三四六二六〇四九
一一八二	三〇七二六一七四七六五	一一三二	三〇五三八四六四二六九
一一八三	三〇七二九八四七四四六	一一三三	三〇五四二二九〇九九
一一八四	三〇七三三五一七〇二四	一一三四	三〇五四六一三〇五四六
一一八五	三〇七三七一八三五〇三	一一三五	三〇五四九九五八六一五
一一八六	三〇七四〇八四六八九〇	一一三六	三〇五五三七八三三一四
一一八七	三〇七四四五〇七一九〇	一一三七	三〇五五七六〇四六四七
一一八八	三〇七四八一六四四〇六	一一三八	三〇五六一四二二六二一
一一八九	三〇七五一八一八五四六	一一三九	三〇五六五二三七二四一
一一九〇	三〇七五五四六九六一四	一一四〇	三〇五六九〇四八五一三
一一九一	三〇七五九一一七六一五	一一四一	三〇五七二八五六四四四
一一九二	三〇七六二七六二五五四	一一四二	三〇五七六六六一〇三九
一一九三	三〇七六六四〇四四三七	一一四三	三〇五八〇四六二三〇四
一一九四	三〇七七〇〇四三二六八	一一四四	三〇五八四二六〇二四五
一一九五	三〇七七三六七九〇五三	一一四五	三〇五八八〇五四八六七
一一九六	三〇七七七三一一七九七	一一四六	三〇五九一八四六一七六
一一九七	三〇七八〇九四一五〇四	一一四七	三〇五九五六三四一七九
一一九八	三〇七八四五六八一八一	一一四八	三〇五九九四一八八八一
一一九九	三〇七八八一九一八三一	一一四九	三〇六〇三二〇〇二八七
一二〇〇	三〇七九一八一二四六〇	一一五〇	三〇六〇六九七八四〇四

一二〇一	三〇七九五四三〇〇七四	一二五一	三〇九七二五七三〇九七
一二〇二	三〇七九九〇四四六七七	一二五二	三〇九七六〇四三二八九
一二〇三	三〇八〇二六五六二七三	一二五三	三〇九七九五一〇七一〇
一二〇四	三〇八〇六二六四八六九	一二五四	三〇九八二九七五三六五
一二〇五	三〇八〇九八七〇四六九	一二五五	三〇九八六四三七二五八
一二〇六	三〇八一三四七三〇七八	一二五六	三〇九八九八九六三九四
一二〇七	三〇八一七〇七二七〇一	一二五七	三〇九九三三五二七七七
一二〇八	三〇八二〇六六九三四三	一二五八	三〇九九六八〇六四一一
一二〇九	三〇八二四二六三〇〇九	一二五九	三一〇〇〇二五七三〇一
一二一〇	三〇八二七八五三七〇三	一二六〇	三一〇〇三七〇五四五一
一二一一	三〇八三一四四一四三一	一二六一	三一〇〇七一五〇八六六
一二一二	三〇八三五〇二六一九八	一二六二	三一〇一〇五九三五四九
一二一三	三〇八三八六〇八〇〇九	一二六三	三一〇一四〇三三五〇六
一二一四	三〇八四二一八六八六七	一二六四	三一〇一七四七〇七三九
一二一五	三〇八四五七六二七七九	一二六五	三一〇二〇九〇五二五五
一二一六	三〇八四九三三五七四九	一二六六	三一〇二四三三七〇五七
一二一七	三〇八五二九〇五七八二	一二六七	三一〇二七七六六一四九
一二一八	三〇八五六四七二八八三	一二六八	三一〇三一一九二五三五
一二一九	三〇八六〇〇三七〇五六	一二六九	三一〇三四六一六二二一
一二二〇	三〇八六三五九八三〇七	一二七〇	三一〇三八〇三七二一〇
一二二一	三〇八六七一五六六三九	一二七一	三一〇四一四五五五〇六
一二二二	三〇八七〇七一二〇五九	一二七二	三一〇四四八七一一一三
一二二三	三〇八七四二六四五七〇	一二七三	三一〇四八二八四〇三七
一二二四	三〇八七七八一四一七八	一二七四	三一〇五一六九四二八〇
一二二五	三〇八八一三六〇八八七	一二七五	三一〇五五一〇一八四八
一二二六	三〇八八四九〇四七〇二	一二七六	三一〇五八五〇六七四四
一二二七	三〇八八八四四五六二七	一二七七	三一〇六一九〇八九七三
一二二八	三〇八九一九八三六六八	一二七八	三一〇六五三〇八五三八
一二二九	三〇八九五五一八八二九	一二七九	三一〇六八七〇五四四五
一二三〇	三〇八九九〇五一一一四	一二八〇	三一〇七二〇九九六九六
一二三一	三〇九〇二五八〇五二九	一二八一	三一〇七五四九一二九七
一二三二	三〇九〇六一〇七〇七八	一二八二	三一〇七八八八〇二五二
一二三三	三〇九〇九六三〇七六六	一二八三	三一〇八二二六六五六四
一二三四	三〇九一三一五一五九七	一二八四	三一〇八五六五〇二三七
一二三五	三〇九一六六六九五七六	一二八五	三一〇八九〇三一二七七
一二三六	三〇九二〇一八四七〇八	一二八六	三一〇九二四〇九六八六
一二三七	三〇九二三六九六九九六	一二八七	三一〇九五七八五四六九
一二三八	三〇九二七二〇六四四七	一二八八	三一〇九九一五八六三〇
一二三九	三〇九三〇七一三〇六四	一二八九	三一一〇二五二九一七四
一二四〇	三〇九三四二一六八五二	一二九〇	三一一〇五八九七一〇三
一二四一	三〇九三七七一七八一五	一二九一	三一一〇九二六二四二三
一二四二	三〇九四一二一五九五八	一二九二	三一一一二六二五一三七
一二四三	三〇九四四七一一二八六	一二九三	三一一一五九八五二四九
一二四四	三〇九四八二〇三八〇四	一二九四	三一一一九三四二七六三
一二四五	三〇九五一六九三五一四	一二九五	三一一二二六九七六八四
一二四六	三〇九五五一八〇四二三	一二九六	三一一二六〇五〇〇一五
一二四七	三〇九五八六六四五三五	一二九七	三一一二九三九九七六一
一二四八	三〇九六二一四五八五三	一二九八	三一一三二七四六九二五
一二四九	三〇九六五六二四三八四	一二九九	三一一三六〇九一五一一
一二五〇	三〇九六九一〇〇一三〇	一三〇〇	三一一三九四三三五二三

續表

一三五一	三一三〇六五五三四九〇	一三〇一	三一一四二七七二九六六
一三五二	三一三〇九七六六九一六	一三〇二	三一一四六一〇九八四二
一三五三	三一三一二九七七九六六	一三〇三	三一一四九四四四一五七
一三五四	三一三一六一八六六四三	一三〇四	三一一五二七七五九一四
一三五五	三一三一九三九二九五二	一三〇五	三一一五六一〇五一一七
一三五六	三一三二二五九六八九五	一三〇六	三一一五九四三一七六九
一三五七	三一三二五七九八四七七	一三〇七	三一一六二七五五八七六
一三五八	三一三二八九九七六九九	一三〇八	三一一六六〇七七四四〇
一三五九	三一三三二一九四五六七	一三〇九	三一一六九三九六四六六
一三六〇	三一三三五三八九〇八三	一三一〇	三一一七二七一二九五七
一三六一	三一三三八五八一二五二	一三一一	三一一七六〇二六九一七
一三六二	三一三四一七七一〇七六	一三一二	三一一七九三三八三五〇
一三六三	三一三四四九五八五五八	一三一三	三一一八二六四七二六一
一三六四	三一三四八一四三七〇三	一三一四	三一一八五九五三六五二
一三六五	三一三五一三二六五一四	一三一五	三一一八九二五七五二八
一三六六	三一三五四五〇六九九三	一三一六	三一一九二五五八八九三
一三六七	三一三五七六八五一四六	一三一七	三一一九五八五七七五〇
一三六八	三一三六〇八六〇九七四	一三一八	三一一九九一五四一〇三
一三六九	三一三六四〇三四四八一	一三一九	三一二〇二四四七九五五
一三七〇	三一三六七二〇五六七二	一三二〇	三一二〇五七三九三一二
一三七一	三一三七〇三七四五四八	一三二一	三一二〇九〇二八一七六
一三七二	三一三七三五四一一一四	一三二二	三一二一二三一四五五一
一三七三	三一三七六七〇五三七二	一三二三	三一二一五五九八四四二
一三七四	三一三七九八六七三二七	一三二四	三一二一八八七九八五一
一三七五	三一三八三〇二六九八二	一三二五	三一二二二一五八七八三
一三七六	三一三八六一八四三三九	一三二六	三一二二五四三五二四一
一三七七	三一三八九三三九四〇三	一三二七	三一二二八七〇九二二九
一三七八	三一三九二四九二一七六	一三二八	三一二三一九八〇七五〇
一三七九	三一三九五六四二六六二	一三二九	三一二三五二四九八〇九
一三八〇	三一三九八七九〇八六四	一三三〇	三一二三八五一六四一〇
一三八一	三一四〇一九三六七八六	一三三一	三一二四一七八〇五五五
一三八二	三一四〇五〇八〇四三〇	一三三二	三一二四五〇四二二四八
一三八三	三一四〇八二二一八〇一	一三三三	三一二四八三〇一四九四
一三八四	三一四一一三六〇九〇一	一三三四	三一二五一五五八二九六
一三八五	三一四一四四九七七三四	一三三五	三一二五四八一二六五七
一三八六	三一四一七六三二三〇三	一三三六	三一二五八〇六四五八一
一三八七	三一四二〇七六四六一一	一三三七	三一二六一三一四〇七三
一三八八	三一四二三八九四六六一	一三三八	三一二六四五六一一三四
一三八九	三一四二七〇二二四五七	一三三九	三一二六七八〇五七七〇
一三九〇	三一四三〇一四八〇〇三	一三四〇	三一二七一〇四七九八四
一三九一	三一四三三二七一三〇〇	一三四一	三一二七四二八七七七九
一三九二	三一四三六三九二三五三	一三四二	三一二七七五二五一五八
一三九三	三一四三九五一一一六四	一三四三	三一二八〇七六〇一二七
一三九四	三一四四二六二七七三八	一三四四	三一二八三九九二六八七
一三九五	三一四四五七四二〇七六	一三四五	三一二八七二二二八四三
一三九六	三一四四八八五四一八三	一三四六	三一二九〇四五〇五九九
一三九七	三一四五一九六四〇六一	一三四七	三一二九三六七五九五七
一三九八	三一四五五〇七一七一四	一三四八	三一二九六八九八九二二
一三九九	三一四五八一七七一四五	一三四九	三一三〇〇一一九四九七
一四〇〇	三一四六一二八〇三五七	一三五〇	三一三〇三三三七六八五

續表

一四〇一	三一四六四三八一三五三	一四五一	三一六一六六七四一二四
一四〇二	三一四六七四八〇一三六	一四五二	三一六一九六六六一六四
一四〇三	三一四七〇五七六七一〇	一四五三	三一六二二六五六一四三
一四〇四	三一四七三六七一〇七八	一四五四	三一六二五六四四〇六五
一四〇五	三一四七六七六三二四二	一四五五	三一六二八六二九九三三
一四〇六	三一四七九八五三二〇七	一四五六	三一六三一六一三七五〇
一四〇七	三一四八二九四〇九七四	一四五七	三一六三四五九五五一八
一四〇八	三一四八六〇二六五四八	一四五八	三一六三七五七五二四〇
一四〇九	三一四八九一〇九九三一	一四五九	三一六四〇五五二九一九
一四一〇	三一四九二一九一一二七	一四六〇	三一六四三五二八五五八
一四一一	三一四九五二七〇一三八	一四六一	三一六四六五〇二一五九
一四一二	三一四九八三四六九六七	一四六二	三一六四九四七三七二六
一四一三	三一五〇一四二一六一八	一四六三	三一六五二四四三二六一
一四一四	三一五〇四四九四〇九五	一四六四	三一六五五四一〇七六七
一四一五	三一五〇七五六四三九九	一四六五	三一六五八三七六二四七
一四一六	三一五一〇六三二五三四	一四六六	三一六六一三三九七〇三
一四一七	三一五一三六九八五〇二	一四六七	三一六六四三〇一一三八
一四一八	三一五一六七六二三〇八	一四六八	三一六六七二六〇五五六
一四一九	三一五一九八二三九五五	一四六九	三一六七〇二一七九五八
一四二〇	三一五二二八八三四四四	一四七〇	三一六七三一七三三四七
一四二一	三一五二五九四〇七七九	一四七一	三一六七六一二六七二七
一四二二	三一五二八九九五九六四	一四七二	三一六七九〇七八一〇〇
一四二三	三一五三二〇四九〇〇一	一四七三	三一六八二〇二七四六八
一四二四	三一五三五〇九九八九三	一四七四	三一六八四九七四八三五
一四二五	三一五三八一四八六四三	一四七五	三一六八七九二〇二〇三
一四二六	三一五四一一九五二五五	一四七六	三一六九〇八六三五七五
一四二七	三一五四四二三九七三一	一四七七	三一六九三八〇四九五三
一四二八	三一五四七二八二〇七四	一四七八	三一六九六七四四三四一
一四二九	三一五五〇三二二二八八	一四七九	三一六九九六八一七四〇
一四三〇	三一五五三三六〇三七五	一四八〇	三一七〇二六一七一五四
一四三一	三一五五六三九六三三八	一四八一	三一七〇五五五〇五八五
一四三二	三一五五九四三〇一八〇	一四八二	三一七〇八四八二〇三六
一四三三	三一五六二四六一九〇四	一四八三	三一七一一四一一五一〇
一四三四	三一五六五四九一五一三	一四八四	三一七一四三三九〇〇九
一四三五	三一五六八五一九〇一一	一四八五	三一七一七二六四五三七
一四三六	三一五七一五四四三九九	一四八六	三一七二〇一八八〇九四
一四三七	三一五七四五六七六八一	一四八七	三一七二三一〇九六八五
一四三八	三一五七七五八八八六〇	一四八八	三一七二六〇二九三一二
一四三九	三一五八〇六〇七九三九	一四八九	三一七二八九四六九七八
一四四〇	三一五八三六二四九二一	一四九〇	三一七三一八六二六八四
一四四一	三一五八六六三九八〇八	一四九一	三一七三四七七六四三五
一四四二	三一五八九六五二六〇四	一四九二	三一七三七六八八二三一
一四四三	三一五九二六六三三一一	一四九三	三一七四〇五九八〇七七
一四四四	三一五九五六七一九三二	一四九四	三一七四三五〇五九七五
一四四五	三一五九八六七八四七一	一四九五	三一七四六四一一九二七
一四四六	三一六〇一六八二九三〇	一四九六	三一七四九三一五九三五
一四四七	三一六〇四六八五三一一	一四九七	三一七五二二一八〇〇三
一四四八	三一六〇七六八五六一九	一四九八	三一七五五一一八一三四
一四四九	三一六一〇六八三八五五	一四九九	三一七五八〇一六三二八
一四五〇	三一六一三六八〇〇二二	一五〇〇	三一七六〇九一二五九一

續表

一五五一	三一九〇六一一七九七八	一五〇一	三一七六三八〇六九二二
一五五二	三一九〇八九一七一六九	一五〇二	三一七六六六九九三二七
一五五三	三一九一一七一四五五七	一五〇三	三一七六九五八九八〇六
一五五四	三一九一四五一〇一四五	一五〇四	三一七七二四七八三六三
一五五五	三一九一七三〇三九三四	一五〇五	三一七七五三六四九九九
一五五六	三一九二〇〇九五九二七	一五〇六	三一七七八二四九七一九
一五五七	三一九二二八八六一二六	一五〇七	三一七八一一三二五二三
一五五八	三一九二五六七四五三三	一五〇八	三一七八四〇一三四一五
一五五九	三一九二八四六一一五二	一五〇九	三一七八六八九二三九八
一五六〇	三一九三一二四五九八四	一五一〇	三一七八九七六九四七三
一五六一	三一九三四〇二九〇三一	一五一一	三一七九二六四四六四三
一五六二	三一九三六八一〇二九五	一五一二	三一七九五五一七九一二
一五六三	三一九三九五八九七八〇	一五一三	三一七九八三八九二八〇
一五六四	三一九四二三六七四八七	一五一四	三一八〇一二五八七五二
一五六五	三一九四五一四三四一九	一五一五	三一八〇四一二六三二八
一五六六	三一九四七九一七五七七	一五一六	三一八〇六九九二〇一三
一五六七	三一九五〇六八九九六五	一五一七	三一八〇九八五五八〇八
一五六八	三一九五三四六〇五八三	一五一八	三一八一二七一七七一六
一五六九	三一九五六二二九四三六	一五一九	三一八一五五七七七三九
一五七〇	三一九五八九九六五二四	一五二〇	三一八一八四三五八七九
一五七一	三一九六一七六一八五〇	一五二一	三一八二一二九二一四一
一五七二	三一九六四五二五四一七	一五二二	三一八二四一四六五二四
一五七三	三一九六七二八七二二六	一五二三	三一八二六九九九〇三三
一五七四	三一九七〇〇四七二八〇	一五二四	三一八二九八四九六七〇
一五七五	三一九七二八〇五五八一	一五二五	三一八三二六九八四三七
一五七六	三一九七五五六二一三二	一五二六	三一八三五五四五三三六
一五七七	三一九七八三一六九三三	一五二七	三一八三八三九〇三七一
一五七八	三一九八一〇六九九八九	一五二八	三一八四一二三三五四二
一五七九	三一九八三八二一三〇〇	一五二九	三一八四四〇七四八五四
一五八〇	三一九八六五七〇八七〇	一五三〇	三一八四六九一四三〇八
一五八一	三一九八九三一八六九九	一五三一	三一八四九七五一九〇七
一五八二	三一九九二〇六四七九二	一五三二	三一八五二五八七六五三
一五八三	三一九九四八〇九一四九	一五三三	三一八五五四二一五四九
一五八四	三一九九七五五一七七三	一五三四	三一八五八二五三五九六
一五八五	三二〇〇〇二九二六六六	一五三五	三一八六一〇八三七九八
一五八六	三二〇〇三〇三一八三〇	一五三六	三一八六三九一二一五七
一五八七	三二〇〇五七六九二六八	一五三七	三一八六六七三八六七五
一五八八	三二〇〇八五〇四九八一	一五三八	三一八六九五六三三五五
一五八九	三二〇一一二三八九七二	一五三九	三一八七二三八六一九八
一五九〇	三二〇一三九七一二四三	一五四〇	三一八七五二〇七二〇八
一五九一	三二〇一六七〇一七九六	一五四一	三一八七八〇二六三八七
一五九二	三二〇一九四三〇六三四	一五四二	三一八八〇八四三七三七
一五九三	三二〇二二一五七七五八	一五四三	三一八八三六五九二六一
一五九四	三二〇二四八八三一七一	一五四四	三一八八六四七二九六〇
一五九五	三二〇二七六〇六八七四	一五四五	三一八八九二八四八三八
一五九六	三二〇三〇三二八八七〇	一五四六	三一八九二〇九四八九六
一五九七	三二〇三三〇四九一六一	一五四七	三一八九四九〇三一三七
一五九八	三二〇三五七六七七五〇	一五四八	三一八九七七〇九五六三
一五九九	三二〇三八四八四六三七	一五四九	三一九〇〇五一四一七八
一六〇〇	三二〇四一一九九八二七	一五五〇	三一九〇三三一六九八二

一六五一	三二一七七四七〇七三三	一六〇一	三二〇四三九一三三一九
一六五二	三二一八〇一〇〇四三〇	一六〇二	三二〇四六六二五一一七
一六五三	三二一八二七二八五三六	一六〇三	三二〇四九三三五二二四
一六五四	三二一八五三五五〇五二	一六〇四	三二〇五二〇四三六三九
一六五五	三二一八七九七九九八一	一六〇五	三二〇五四七五〇三六七
一六五六	三二一九〇六〇三三二四	一六〇六	三二〇五七四五五四〇九
一六五七	三二一九三二二五〇八四	一六〇七	三二〇六〇一五八七六八
一六五八	三二一九五八四五二六二	一六〇八	三二〇六二八六〇四四四
一六五九	三二一九八四六三八六〇	一六〇九	三二〇六五五六〇四四一
一六六〇	三二二〇一〇八〇八八〇	一六一〇	三二〇六八二五八七六〇
一六六一	三二二〇三六九六三二五	一六一一	三二〇七〇九五五四〇四
一六六二	三二二〇六三一〇一九四	一六一二	三二〇七三六五〇三七五
一六六三	三二二〇八九二二四九二	一六一三	三二〇七六三四三六七四
一六六四	三二二一一五三三二二〇	一六一四	三二〇七九〇三五三〇四
一六六五	三二二一四一四二三七八	一六一五	三二〇八一七二五二六七
一六六六	三二二一六七四九九七一	一六一六	三二〇八四四一三五六四
一六六七	三二二一九三五五九九八	一六一七	三二〇八七一〇〇一九九
一六六八	三二二二一九六〇四六三	一六一八	三二〇八九七八五一七三
一六六九	三二二二四五六三三六七	一六一九	三二〇九二四六八四八八
一六七〇	三二二二七一六四七一一	一六二〇	三二〇九五一五〇一四五
一六七一	三二二二九七六四四九九	一六二一	三二〇九七八三〇一四八
一六七二	三二二三二三六二七三一	一六二二	三二一〇〇五〇八四九九
一六七三	三二二三四九五九四一〇	一六二三	三二一〇三一八五一九八
一六七四	三二二三七五五四五三七	一六二四	三二一〇五八六〇二四九
一六七五	三二二四〇一四八一一四	一六二五	三二一〇八五三三六五三
一六七六	三二二四二七四〇一四三	一六二六	三二一一一二〇五四一三
一六七七	三二二四五三三〇六二六	一六二七	三二一一三八七五五二九
一六七八	三二二四七九一九五六五	一六二八	三二一一六五四四〇〇六
一六七九	三二二五〇五〇六九六一	一六二九	三二一一九二一〇八四三
一六八〇	三二二五三〇九二八一七	一六三〇	三二一二一八七六〇四四
一六八一	三二二五五六七七一三四	一六三一	三二一二四五三九六一〇
一六八二	三二二五八二五九九一五	一六三二	三二一二七二〇一五四四
一六八三	三二二六〇八四一一六〇	一六三三	三二一二九八六一八四七
一六八四	三二二六三四二〇八七二	一六三四	三二一三二五二〇五二二
一六八五	三二二六五九九九〇五二	一六三五	三二一三五一七七五七〇
一六八六	三二二六八五七五七〇三	一六三六	三二一三七八三二九九三
一六八七	三二二七一一五〇八二六	一六三七	三二一四〇四八六七九四
一六八八	三二二七三七二四四二三	一六三八	三二一四三一三八九七四
一六八九	三二二七六二九六四九六	一六三九	三二一四五七八九五三六
一六九〇	三二二七八八六七〇四六	一六四〇	三二一四八四三八四八〇
一六九一	三二二八一四三六〇七六	一六四一	三二一五一〇八五八一一
一六九二	三二二八四〇〇三五八七	一六四二	三二一五三七三一五二八
一六九三	三二二八六五六九五八一	一六四三	三二一五六三七五六三四
一六九四	三二二八九一三四〇六〇	一六四四	三二一五九〇一八一三二
一六九五	三二二九一六九七〇二五	一六四五	三二一六一六五九〇二三
一六九六	三二二九四二五八四七九	一六四六	三二一六四二九八三〇九
一六九七	三二二九六八一八四二三	一六四七	三二一六六九三五九九二
一六九八	三二二九九三七六八五九	一六四八	三二一六九五七二〇七四
一六九九	三二三〇一九三三七八九	一六四九	三二一七二二〇六五五六
一七〇〇	三二三〇四四八九二一四	一六五〇	三二一七四八三九四四二

續表

一七〇一	三二三〇七〇四三一三六	一七五一	三二四三二八六一四六一
一七〇二	三二三〇九五九五五五七	一七五二	三二四三五三四一〇一八
一七〇三	三二三一二一四六四八〇	一七五三	三二四三七八一九一六一
一七〇四	三二三一四六九五九〇四	一七五四	三二四四〇二九五八九〇
一七〇五	三二三一七二四三八三三	一七五五	三二四四二七七一二〇八
一七〇六	三二三一九七九〇二六八	一七五六	三二四四五二四五一一六
一七〇七	三二三二二三三五二一一	一七五七	三二四四七七一七六一五
一七〇八	三二三二四八七八六六四	一七五八	三二四五〇一八八七〇七
一七〇九	三二三二七四二〇六二七	一七五九	三二四五二六五八三九五
一七一〇	三二三二九九六一一〇四	一七六〇	三二四五五一二六六七八
一七一一	三二三三二五〇〇〇九五	一七六一	三二四五七五九三五六〇
一七一二	三二三三五〇三七六〇三	一七六二	三二四六〇〇五九〇四一
一七一三	三二三三七五七三六三〇	一七六三	三二四六二五二三一二三
一七一四	三二三四〇一〇八一七六	一七六四	三二四六四九八五八〇八
一七一五	三二三四二六四一二四四	一七六五	三二四六七四四七〇九七
一七一六	三二三四五一七二八三五	一七六六	三二四六九九〇六九九二
一七一七	三二三四七七〇二九五二	一七六七	三二四七二三六五四九五
一七一八	三二三五〇二三一五九五	一七六八	三二四七四八二二六〇七
一七一九	三二三五二七五八七六七	一七六九	三二四七七二七八三二九
一七二〇	三二三五五二八四四六九	一七七〇	三二四七九七三二六六四
一七二一	三二三五七八〇八七〇三	一七七一	三二四八二一八五六一二
一七二二	三二三六〇三三一四七一	一七七二	三二四八四六三七一七六
一七二三	三二三六二八五二七七四	一七七三	三二四八七〇八七三五六
一七二四	三二三六五三七二六一五	一七七四	三二四八九五三六一五五
一七二五	三二三六七八九〇九九四	一七七五	三二四九一九八三五七四
一七二六	三二三七〇四〇七九一四	一七七六	三二四九四四二九六一四
一七二七	三二三七二九二三三七六	一七七七	三二四九六八七四二七八
一七二八	三二三七五四三七三八一	一七七八	三二四九九三一七五六六
一七二九	三二三七七九四九九三三	一七七九	三二五〇一七五九四八一
一七三〇	三二三八〇四六一〇三一	一七八〇	三二五〇四二〇〇〇二三
一七三一	三二三八二九七〇六七九	一七八一	三二五〇六六三九一九五
一七三二	三二三八五四七八八七七	一七八二	三二五〇九〇七六九九七
一七三三	三二三八七九八五六二七	一七八三	三二五一一五一三四三二
一七三四	三二三九〇四九〇九三一	一七八四	三二五一三九四八五〇〇
一七三五	三二三九二九九四七九一	一七八五	三二五一六三八二二〇四
一七三六	三二三九五四九七二〇八	一七八六	三二五一八八一四五四六
一七三七	三二三九七九九八一八四	一七八七	三二五二一二四五五二五
一七三八	三二四〇〇四九七七二一	一七八八	三二五二三六七五一四五
一七三九	三二四〇二九九五八二〇	一七八九	三二五二六一〇三四〇六
一七四〇	三二四〇五四九二四八三	一七九〇	三二五二八五三〇三一〇
一七四一	三二四〇七九八七七一一	一七九一	三二五三〇九五五八五八
一七四二	三二四一〇四八一五〇七	一七九二	三二五三三三八〇〇五三
一七四三	三二四一二九七三八七一	一七九三	三二五三五八〇二八九六
一七四四	三二四一五四六四八〇六	一七九四	三二五三八二二四三八七
一七四五	三二四一七九五四三一三	一七九五	三二五四〇六四四五二九
一七四六	三二四二〇四四二三九四	一七九六	三二五四三〇六三三二三
一七四七	三二四二二九二九〇五〇	一七九七	三二五四五四八〇七七一
一七四八	三二四二五四一四二八三	一七九八	三二五四七八九六八七四
一七四九	三二四二七八九八〇九五	一七九九	三二五五〇三一一六三三
一七五〇	三二四三〇三八〇四八七	一八〇〇	三二五五二七二五〇五一

續表

一八五一	三二六七四〇六四一八八	一八〇一	三二五五五一三七一二八
一八五二	三二六七六四〇九八二三	一八〇二	三二五五七五四七八六六
一八五三	三二六七八七五四一九三	一八〇三	三二五五九九五七二六七
一八五四	三二六八一〇九七二九八	一八〇四	三二五六二三六五三三二
一八五五	三二六八三四三九一四〇	一八〇五	三二五六四七七二〇六二
一八五六	三二六八五七七九七一九	一八〇六	三二五六七一七四六〇
一八五七	三二六八八一一九〇三七	一八〇七	三二五六九五八一五二六
一八五八	三二六九〇四五七〇九七	一八〇八	三二五七一九八四二六一
一八五九	三二六九二七九三八九八	一八〇九	三二五七四三八五六六九
一八六〇	三二六九五一二九四四二	一八一〇	三二五七六七八五七四九
一八六一	三二六九七四六三七三一	一八一一	三二五七九一八四五〇三
一八六二	三二六九九七九六七六六	一八一二	三二五八一五八一九三三
一八六三	三二七〇二一二八五四九	一八一三	三二五八三九七八〇四一
一八六四	三二七〇四四五九〇八〇	一八一四	三二五八六三七二八二七
一八六五	三二七〇六七八八三六一	一八一五	三二五八八七六六二九四
一八六六	三二七〇九一一六三九四	一八一六	三二五九一一五八四四二
一八六七	三二七一一四四三一七九	一八一七	三二五九三五四九二七三
一八六八	三二七一三七六八七一九	一八一八	三二五九五九三八七八九
一八六九	三二七一六〇九三〇一四	一八一九	三二五九八三二六九九一
一八七〇	三二七一八四一六〇六五	一八二〇	三二六〇〇七一三八八〇
一八七一	三二七二〇七三七八七五	一八二一	三二六〇三〇九九四五八
一八七二	三二七二三〇五八四四四	一八二二	三二六〇五四八三七二六
一八七三	三二七二五三七七七七四	一八二三	三二六〇七八六六六八七
一八七四	三二七二七六九五八六六	一八二四	三二六一〇二四八三四〇
一八七五	三二七三〇〇一二七二一	一八二五	三二六一二六二八六八八
一八七六	三二七三二三二八三四〇	一八二六	三二六一五〇〇七七三二
一八七七	三二七三四六四二七二六	一八二七	三二六一七三八五四七四
一八七八	三二七三六九五五八七九	一八二八	三二六一九七六一九一四
一八七九	三二七三九二六七八〇一	一八二九	三二六二二一三七〇五五
一八八〇	三二七四一五七八四九三	一八三〇	三二六二四五一〇八九七
一八八一	三二七四三八八七九五六	一八三一	三二六二六八八三四四三
一八八二	三二七四六一九六一九一	一八三二	三二六二九二五四六九三
一八八三	三二七四八五〇三二〇〇	一八三三	三二六三一六二四六五〇
一八八四	三二七五〇八〇八九八五	一八三四	三二六三三九九三三一三
一八八五	三二七五三一一三五四五	一八三五	三二六三六三六〇六八六
一八八六	三二七五五四一六八八四	一八三六	三二六三八七二六七六九
一八八七	三二七五七七一九〇〇二	一八三七	三二六四一〇九一五六三
一八八八	三二七六〇〇一九九〇〇	一八三八	三二六四三四五五〇七一
一八八九	三二七六二三一九五七九	一八三九	三二六四五八一七二九二
一八九〇	三二七六四六一八〇四二	一八四〇	三二六四八一七八二三〇
一八九一	三二七六六九一五二八八	一八四一	三二六五〇五三七八八五
一八九二	三二七六九二一一三二一	一八四二	三二六五二八九六二五九
一八九三	三二七七一五〇六一四〇	一八四三	三二六五五二五三三五二
一八九四	三二七七三七九九七四七	一八四四	三二六五七六〇九一六七
一八九五	三二七七六〇九二一四三	一八四五	三二六五九九六三七〇五
一八九六	三二七七八三八三三三〇	一八四六	三二六六二三一六九六七
一八九七	三二七八〇六七三三〇九	一八四七	三二六六四六六八九五四
一八九八	三二七八二九六二〇八一	一八四八	三二六六七〇一九六六九
一八九九	三二七八五二四九六四七	一八四九	三二六六九三六九一一二
一九〇〇	三二七八七五三六〇一〇	一八五〇	三二六七一七一七二八四

續表

一九〇一	三二七八九八二一一六九
一九〇二	三二七九二一〇五一二六
一九〇三	三二七九四三八七八八三
一九〇四	三二七九六六六九四四〇
一九〇五	三二七九八九四九八〇〇
一九〇六	三二八〇一二二八九六三
一九〇七	三二八〇三五〇六九三〇
一九〇八	三二八〇五七八三七〇四
一九〇九	三二八〇八〇五九二八四
一九一〇	三二八一〇三三三六七二
一九一一	三二八一二六〇六八七一
一九一二	三二八一四八七八八七九
一九一三	三二八一七一四九七〇〇
一九一四	三二八一九四一九三三四
一九一五	三二八二一六八七七八三
一九一六	三二八二三九五五〇四七
一九一七	三二八二六二二一一二九
一九一八	三二八二八四八六〇二八
一九一九	三二八三〇七四九七四七
一九二〇	三二八三三〇一二二八七
一九二一	三二八三五二七三六四九
一九二二	三二八三七五三三八三三
一九二三	三二八三九七九二八四二
一九二四	三二八四二〇五〇六七七
一九二五	三二八四四三〇七三三八
一九二六	三二八四六五六二八二八
一九二七	三二八四八八一七一四七
一九二八	三二八五一〇七〇二九六
一九二九	三二八五三三二二二七六
一九三〇	三二八五五五七三〇九〇
一九三一	三二八五七八二二七三八
一九三二	三二八六〇〇七一二二一
一九三三	三二八六二三一八五四〇
一九三四	三二八六四五六四六九七
一九三五	三二八六六八〇九六九四
一九三六	三二八六九〇五三五三〇
一九三七	三二八七一二九六二〇七
一九三八	三二八七三五三七七二七
一九三九	三二八七五七七八〇九一
一九四〇	三二八七八〇一七二九九
一九四一	三二八八〇二五五三五四
一九四二	三二八八二四九二二五六
一九四三	三二八八四七二八〇〇六
一九四四	三二八八六九六二六〇六
一九四五	三二八八九一九六〇五七
一九四六	三二八九一四二八三五九
一九四七	三二八九三六五九五一五
一九四八	三二八九五八八九五二五
一九四九	三二八九八一一八三九一
一九五〇	三二九〇〇三四六一一四
一九五一	三二九〇二五七二六九四
一九五二	三二九〇四七九八一三三
一九五三	三二九〇七〇二二四三三
一九五四	三二九〇九二四五五九四
一九五五	三二九一一四六七六一七
一九五六	三二九一三六八八五〇五
一九五七	三二九一五九〇八二五七
一九五八	三二九一八一二六八七五
一九五九	三二九二〇三四四三六〇
一九六〇	三二九二二五六〇七一四
一九六一	三二九二四七七五九三七
一九六二	三二九二六九九〇〇三〇
一九六三	三二九二九二〇二九九六
一九六四	三二九三一四一四八三五
一九六五	三二九三三六二五五四七
一九六六	三二九三五八三五一三五
一九六七	三二九三八〇四三五九九
一九六八	三二九四〇二五〇九四一
一九六九	三二九四二四五七一六一
一九七〇	三二九四四六六二二六二
一九七一	三二九四六八六六二四三
一九七二	三二九四九〇六九一〇六
一九七三	三二九五一二七〇八五三
一九七四	三二九五三四七一四八三
一九七五	三二九五五六七一〇〇〇
一九七六	三二九五七八六九四〇三
一九七七	三二九六〇〇六六六九三
一九七八	三二九六二二六二八七三
一九七九	三二九六四四五七九四二
一九八〇	三二九六六六五一九〇三
一九八一	三二九六八八四四七五五
一九八二	三二九七一〇三六五〇一
一九八三	三二九七三二二七一四二
一九八四	三二九七五四一六六七八
一九八五	三二九七七六〇五一一一
一九八六	三二九七九七九二四四二
一九八七	三二九八一九七八六七一
一九八八	三二九八四一六三八〇一
一九八九	三二九八六三四七八三一
一九九〇	三二九八八五三〇七六四
一九九一	三二九九〇七一二六〇〇
一九九二	三二九九二八九三三四一
一九九三	三二九九五〇七二九八七
一九九四	三二九九七二五一五四〇
一九九五	三二九九九四二九〇〇〇
一九九六	三三〇〇一六〇五三七〇
一九九七	三三〇〇三七八〇六四九
一九九八	三三〇〇五九五四八三九
一九九九	三三〇〇八一二七九四一
二〇〇〇	三三〇一〇二九九九五七

二〇五一	三三一一九六五六六〇四	二〇〇一	三三〇一二四七〇八八六
二〇五二	三三一二一七七三五六四	二〇〇二	三三〇一四六四〇七三一
二〇五三	三三一二三八八九四九四	二〇〇三	三三〇一六八〇九四九三
二〇五四	三三一二六〇〇四三九三	二〇〇四	三三〇一八九七七一七二
二〇五五	三三一二八一一八二六二	二〇〇五	三三〇二一一四三七七〇
二〇五六	三三一三〇二三一一〇三	二〇〇六	三三〇二三三〇九二八七
二〇五七	三三一三二三四二九一七	二〇〇七	三三〇二五四七三七二五
二〇五八	三三一三四四五三七〇四	二〇〇八	三三〇二七六三七〇八五
二〇五九	三三一三六五六三四六六	二〇〇九	三三〇二九七九九三六七
二〇六〇	三三一三八六七二二〇四	二〇一〇	三三〇三一九六〇五七四
二〇六一	三三一四〇七七九九一八	二〇一一	三三〇三四一二〇七〇六
二〇六二	三三一四二八八六六〇九	二〇一二	三三〇三六二七九七六四
二〇六三	三三一四四九九二二八〇	二〇一三	三三〇三八四三七七四九
二〇六四	三三一四七〇九六九三〇	二〇一四	三三〇四〇五九四六六二
二〇六五	三三一四九二〇〇五六〇	二〇一五	三三〇四二七五〇五〇五
二〇六六	三三一五一三〇三一七二	二〇一六	三三〇四四九〇五二七八
二〇六七	三三一五三四〇四七六六	二〇一七	三三〇四七〇五八九八二
二〇六八	三三一五五五〇五三四四	二〇一八	三三〇四九二一一六一九
二〇六九	三三一五七六〇四九〇七	二〇一九	三三〇五一三六三一八九
二〇七〇	三三一五九七〇三四五五	二〇二〇	三三〇五三五一三六九四
二〇七一	三三一六一八〇〇九八九	二〇二一	三三〇五五六六三一三五
二〇七二	三三一六三八九七五一一	二〇二二	三三〇五七八一一五一三
二〇七三	三三一六五九九三〇二一	二〇二三	三三〇五九九五八八二八
二〇七四	三三一六八〇八七五二一	二〇二四	三三〇六二一〇五〇八二
二〇七五	三三一七〇一八一〇一〇	二〇二五	三三〇六四二五〇二七六
二〇七六	三三一七二二七三四九二	二〇二六	三三〇六六三九四四一〇
二〇七七	三三一七四三六四九六五	二〇二七	三三〇六八五三七四八七
二〇七八	三三一七六四五五四三二	二〇二八	三三〇七〇六七九五〇七
二〇七九	三三一七八五四四八九三	二〇二九	三三〇七二八二〇四七〇
二〇八〇	三三一八〇六三三三五〇	二〇三〇	三三〇七四九六〇三七九
二〇八一	三三一八二七二〇八〇二	二〇三一	三三〇七七〇九九二三四
二〇八二	三三一八四八〇七二五二	二〇三二	三三〇七九二三七〇三六
二〇八三	三三一八六八九二六九九	二〇三三	三三〇八一三七三七八六
二〇八四	三三一八八九七七一四六	二〇三四	三三〇八三五〇九四八六
二〇八五	三三一九一〇六〇五九三	二〇三五	三三〇八五六四四一三六
二〇八六	三三一九三一四三〇四一	二〇三六	三三〇八七七七七七三七
二〇八七	三三一九五二二四四九一	二〇三七	三三〇八九九一〇二九〇
二〇八八	三三一九七三〇四九四三	二〇三八	三三〇九二〇四一七九七
二〇八九	三三一九九三八四四〇〇	二〇三九	三三〇九四一七二二五八
二〇九〇	三三二〇一四六二八六一	二〇四〇	三三〇九六三〇一六七四
二〇九一	三三二〇三五四〇三二八	二〇四一	三三〇九八四三〇〇四七
二〇九二	三三二〇五六一六八〇二	二〇四二	三三一〇〇五五七三七八
二〇九三	三三二〇七六九二二八三	二〇四三	三三一〇二六八三六六六
二〇九四	三三二〇九七六六七七三	二〇四四	三三一〇四八〇八九一五
二〇九五	三三二一一八四〇二七三	二〇四五	三三一〇六九三三一二三
二〇九六	三三二一三九一二七八三	二〇四六	三三一〇九〇五六二九四
二〇九七	三三二一五九八四三〇五	二〇四七	三三一一一一七八四二七
二〇九八	三三二一八〇五四八三九	二〇四八	三三一一三二九九五二三
二〇九九	三三二二〇一二四三八六	二〇四九	三三一一五四一九五八四
二一〇〇	三三二二二一九二九四七	二〇五〇	三三一一七五三八六一一

續表

二一〇一	三三二二四二六〇五二四
二一〇二	三三二二六三二七一一七
二一〇三	三三二二八三九二七二七
二一〇四	三三二三〇四五七三五五
二一〇五	三三二三二五二一〇〇二
二一〇六	三三二三四五八三六六八
二一〇七	三三二三六六四五三五六
二一〇八	三三二三八七〇六〇六五
二一〇九	三三二四〇七六五七九七
二一一〇	三三二四二八二四五五三
二一一一	三三二四四八八二三三三
二一一二	三三二四六九三九一三九
二一一三	三三二四八九九四九七一
二一一四	三三二五一〇四九八三〇
二一一五	三三二五三一〇三七一七
二一一六	三三二五五一五六六三四
二一一七	三三二五七二〇八五八〇
二一一八	三三二五九二五九五五八
二一一九	三三二六一三〇九五六七
二一二〇	三三二六三三五八六〇九
二一二一	三三二六五四〇六六八五
二一二二	三三二六七四五三七九六
二一二三	三三二六九四九九九四二
二一二四	三三二七一五四五一二四
二一二五	三三二七三五八九三四四
二一二六	三三二七五六三二六〇二
二一二七	三三二七七六七四八九九
二一二八	三三二七九七一六二三六
二一二九	三三二八一七五六六一四
二一三〇	三三二八三七九六〇三四
二一三一	三三二八五八三四四九七
二一三二	三三二八七八七二〇〇四
二一三三	三三二八九九〇八五五四
二一三四	三三二九一九四四一五一
二一三五	三三二九三九七八七九四
二一三六	三三二九六〇一二四八四
二一三七	三三二九八〇四五二二二
二一三八	三三三〇〇〇七七〇〇九
二一三九	三三三〇二一〇七八四六
二一四〇	三三三〇四一三七七三三
二一四一	三三三〇六一六六六七三
二一四二	三三三〇八一九四六六五
二一四三	三三三一〇二二一七一〇
二一四四	三三三一二二四七八一〇
二一四五	三三三一四二七二九六五
二一四六	三三三一六二九七一七六
二一四七	三三三一八三二〇四四四
二一四八	三三三二〇三四二七七〇
二一四九	三三三二二三六四一五五
二一五〇	三三三二四三八四五九九
二一五一	三三三二六四〇四一〇四
二一五二	三三三二八四二二六七〇
二一五三	三三三三〇四四〇二九八
二一五四	三三三三二四五六九九〇
二一五五	三三三三四四七二七四五
二一五六	三三三三六四八七五六五
二一五七	三三三三八五〇一四五一
二一五八	三三三四〇五一四四〇三
二一五九	三三三四二五二六四二三
二一六〇	三三三四四五三七五一二
二一六一	三三三四六五四七六六九
二一六二	三三三四八五五六八九六
二一六三	三三三五〇五六五一九四
二一六四	三三三五二五七二五六四
二一六五	三三三五四五七九〇〇七
二一六六	三三三五六五八四五二三
二一六七	三三三五八五八九一一三
二一六八	三三三六〇五九二七七九
二一六九	三三三六二五九五五二〇
二一七〇	三三三六四五九七三三八
二一七一	三三三六六五九八二三五
二一七二	三三三六八五九八二〇九
二一七三	三三三七〇五九七二六三
二一七四	三三三七二五九五三九八
二一七五	三三三七四五九二六一三
二一七六	三三三七六五八八九一〇
二一七七	三三三七八五八四二九〇
二一七八	三三三八〇五七八七五四
二一七九	三三三八二五七二三〇二
二一八〇	三三三八四五六四九三六
二一八一	三三三八六五五六六五六
二一八二	三三三八八五四七四六三
二一八三	三三三九〇五三七三五七
二一八四	三三三九二五二六三四〇
二一八五	三三三九四五一四四一三
二一八六	三三三九六五〇一五七六
二一八七	三三三九八四八七八三〇
二一八八	三三四〇〇四七三一七七
二一八九	三三四〇二四五七六一六
二一九〇	三三四〇四四四一一四八
二一九一	三三四〇六四二三七七六
二一九二	三三四〇八三〇五四九八
二一九三	三三四一〇三八六三一七
二一九四	三三四一二三六六二三二
二一九五	三三四一四三四五二四六
二一九六	三三四一六三二三三五八
二一九七	三三四一八三〇〇五六九
二一九八	三三四二〇二七六八八一
二一九九	三三四二二二五二二九四
二二〇〇	三三四二四二二六八〇八

二二〇一	三三四二六二〇〇四二六
二二〇二	三三四二八一七三一四六
二二〇三	三三四三〇一四四九七二
二二〇四	三三四三二一一五九〇二
二二〇五	三三四三四〇八五九三八
二二〇六	三三四三六〇五五〇八一
二二〇七	三三四三八〇二三三三二
二二〇八	三三四三九九九〇六九一
二二〇九	三三四四一九五七一五九
二二一〇	三三四四三九二二七三七
二二一一	三三四四五八八七四二六
二二一二	三三四四七八五一二二六
二二一三	三三四四九八一四一三九
二二一四	三三四五一七七六一六五
二二一五	三三四五三七三七三〇六
二二一六	三三四五五六九七五六一
二二一七	三三四五七六五六九三一
二二一八	三三四五九六一五四一八
二二一九	三三四六一五七三〇二二
二二二〇	三三四六三五二九七四五
二二二一	三三四六五四八五五八五
二二二二	三三四六七四四〇五四六
二二二三	三三四六九三九四六二七
二二二四	三三四七一三四七八二九
二二二五	三三四七三三〇〇一五三
二二二六	三三四七五二五一六〇〇
二二二七	三三四七七二〇二一七〇
二二二八	三三四七九一五一八六五
二二二九	三三四八一一〇〇六八五
二二三〇	三三四八三〇四八六三〇
二二三一	三三四八四九九五七〇三
二二三二	三三四八六九四一九〇三
二二三三	三三四八八八八七二三一
二二三四	三三四九〇八三一六八八
二二三五	三三四九二七七五二七五
二二三六	三三四九四七一七九九二
二二三七	三三四九六六五九八四一
二二三八	三三四九八六〇〇八二二
二二三九	三三五〇〇五四〇九三六
二二四〇	三三五〇二四八〇一八三
二二四一	三三五〇四四一八五六五
二二四二	三三五〇六三五六〇八三
二二四三	三三五〇八二九二七三六
二二四四	三三五一〇二二八五二六
二二四五	三三五一二一六三四五三
二二四六	三三五一四〇九七五一九
二二四七	三三五一六〇三〇七二四
二二四八	三三五一七九六三〇六九
二二四九	三三五一九八九四五五四
二二五〇	三三五二一八二五一八一
二二五一	三三五二三七五四九五〇
二二五二	三三五二五六八三八六二
二二五三	三三五二七六一一九一七
二二五四	三三五二九五三九一一七
二二五五	三三五三一四六五四六二
二二五六	三三五三三三九〇九五三
二二五七	三三五三五三一五五九一
二二五八	三三五三七二三九三七六
二二五九	三三五三九一六二三〇九
二二六〇	三三五四一〇八四三九一
二二六一	三三五四三〇〇五六二三
二二六二	三三五四四九二六〇〇六
二二六三	三三五四六八四五五四〇
二二六四	三三五四八七六四二二五
二二六五	三三五五〇六八二〇六三
二二六六	三三五五二五九九〇五五
二二六七	三三五五四五一五二〇一
二二六八	三三五五六四三〇五〇二
二二六九	三三五五八三四四九五九
二二七〇	三三五六〇二五八五七二
二二七一	三三五六二一七一三四二
二二七二	三三五六四〇八三二七〇
二二七三	三三五六五九九四三五七
二二七四	三三五六七九〇四六〇四
二二七五	三三五六九八一四〇一〇
二二七六	三三五七一七二二五七七
二二七七	三三五七三六三〇三〇六
二二七八	三三五七五五三七一九七
二二七九	三三五七七四四三二五二
二二八〇	三三五七九三四八四七〇
二二八一	三三五八一二五二八五三
二二八二	三三五八三一五六四〇一
二二八三	三三五八五〇五九一一五
二二八四	三三五八六九六〇九九六
二二八五	三三五八八八六二〇四四
二二八六	三三五九〇七六二二六一
二二八七	三三五九二六六一六四六
二二八八	三三五九四五六〇二〇一
二二八九	三三五九六四五七九二七
二二九〇	三三五九八三五四八二三
二二九一	三三六〇〇二五〇八九二
二二九二	三三六〇二一四六一三三
二二九三	三三六〇四〇四〇五四七
二二九四	三三六〇五九三四一三六
二二九五	三三六〇七八二六八九九
二二九六	三三六〇九七一八八三七
二二九七	三三六一一六〇九九五二
二二九八	三三六一三五〇〇二四四
二二九九	三三六一五三八九七一三
二三〇〇	三三六一七二七八三六〇

續表

二三〇一	三三六一九一六六一八七
二三〇二	三三六二一〇五三一九三
二三〇三	三三六二二九三九三八〇
二三〇四	三三六二四八二四七四八
二三〇五	三三六二六七〇九二九七
二三〇六	三三六二八五九三〇三〇
二三〇七	三三六三〇四七五九四五
二三〇八	三三六三二三五八〇四五
二三〇九	三三六三四二三九三二九
二三一〇	三三六三六一一九七九九
二三一一	三三六三七九九九四五五
二三一二	三三六三九八七八二九七
二三一三	三三六四一七五六三二八
二三一四	三三六四三六三三五四六
二三一五	三三六四五五〇九九五四
二三一六	三三六四七三八五五五一
二三一七	三三六四九二六〇三三八
二三一八	三三六五一一三四三一六
二三一九	三三六五三〇〇七四八六
二三二〇	三三六五四八七九八四九
二三二一	三三六五六七五一四〇五
二三二二	三三六五八六二二一五四
二三二三	三三六六〇四九二〇九八
二三二四	三三六六二三六一二三七
二三二五	三三六六四二二九五七二
二三二六	三三六六六〇九七一〇四
二三二七	三三六六七九六三八三三
二三二八	三三六六九八二九七六〇
二三二九	三三六七一六九四八八五
二三三〇	三三六七三五五九二一〇
二三三一	三三六七五四二二七三五
二三三二	三三六七七二八五四六一
二三三三	三三六七九一四七三八八
二三三四	三三六八一〇〇八五一七
二三三五	三三六八二八六八八四九
二三三六	三三六八四七二八三八四
二三三七	三三六八六五八七一二四
二三三八	三三六八八四四五〇六八
二三三九	三三六九〇三〇二二一八
二三四〇	三三六九二一五八五七四
二三四一	三三六九四〇一四一三七
二三四二	三三六九五八六八九〇七
二三四三	三三六九七七二二八八六
二三四四	三三六九九五七六〇七三
二三四五	三三七〇一四二八四七一
二三四六	三三七〇三二八〇〇七八
二三四七	三三七〇五一三〇八九六
二三四八	三三七〇六九八〇九二六
二三四九	三三七〇八八三〇一六八
二三五〇	三三七一〇六七八六二三

二三五一	三三七一二五二六二九一
二三五二	三三七一四三七三一七四
二三五三	三三七一六二一九二七二
二三五四	三三七一八〇六四五八五
二三五五	三三七一九九〇九一一五
二三五六	三三七二一七五二八六一
二三五七	三三七二三五九五八二五
二三五八	三三七二五四三八〇〇八
二三五九	三三七二七二七九四〇九
二三六〇	三三七二九一二〇〇三〇
二三六一	三三七三〇九五九八七一
二三六二	三三七三二七九八九三三
二三六三	三三七三四六三七二一六
二三六四	三三七三六四七四七二二
二三六五	三三七三八三一一四五一
二三六六	三三七四〇一四七四〇三
二三六七	三三七四一九八二五七九
二三六八	三三七四三八一六九八一
二三六九	三三七四五六五〇六〇七
二三七〇	三三七四七四八三四六〇
二三七一	三三七四九三一五五四〇
二三七二	三三七五一一四六八四七
二三七三	三三七五二九七七三八二
二三七四	三三七五四八〇七一四六
二三七五	三三七五六六三六一四〇
二三七六	三三七五八四六四三六三
二三七七	三三七六〇二九一八一七
二三七八	三三七六二一一八五〇三
二三七九	三三七六三九四四四二〇
二三八〇	三三七六五七六九五七一
二三八一	三三七六七五九三九五四
二三八二	三三七六九四一七五七一
二三八三	三三七七一二四〇四二三
二三八四	三三七七三〇六二五一一
二三八五	三三七七四八八三八三四
二三八六	三三七七六七〇四三九三
二三八七	三三七七八五二四一九〇
二三八八	三三七八〇三四三二二五
二三八九	三三七八二一六一四九七
二三九〇	三三七八三九七九〇〇九
二三九一	三三七八五七九五七六一
二三九二	三三七八七六一一七五三
二三九三	三三七八九四二六九八六
二三九四	三三七九一二四一四六一
二三九五	三三七九三〇五五一七八
二三九六	三三七九四八六八一三七
二三九七	三三七九六六八〇三四〇
二三九八	三三七九八四九一七八八
二三九九	三三八〇〇三〇二四八〇
二四〇〇	三三八〇二一一二四一七

續表

二四〇一	三三八〇三九二一六〇一	二四五一	三三八九三四三三一一三
二四〇二	三三八〇五七三〇〇三一	二四五二	三三八九五二〇四六五八
二四〇三	三三八〇七五三七七〇八	二四五三	三三八九六九七五四八二
二四〇四	三三八〇九三四四六三三	二四五四	三三八九八七四五五八四
二四〇五	三三八一一一五〇八〇七	二四五五	三三九〇〇五一四九六五
二四〇六	三三八一二九五六二三〇	二四五六	三三九〇二二八三六二五
二四〇七	三三八一四七六〇九〇三	二四五七	三三九〇四〇五一五六五
二四〇八	三三八一六五六四八二六	二四五八	三三九〇五八一八七八六
二四〇九	三三八一八三六八〇〇〇	二四五九	三三九〇七五八五二八七
二四一〇	三三八二〇一七〇四二六	二四六〇	三三九〇九三五一〇七一
二四一一	三三八二一九七二一〇四	二四六一	三三九一一一一六一三七
二四一二	三三八二三七七三〇三五	二四六二	三三九一二八八〇四八六
二四一三	三三八二五五七三二一九	二四六三	三三九一四六四四一一八
二四一四	三三八二七三七二六五八	二四六四	三三九一六四〇七〇三五
二四一五	三三八二九一七一三五一	二四六五	三三九一八一六九二三六
二四一六	三三八三〇九六九二九九	二四六六	三三九一九九三〇七二三
二四一七	三三八三二七六六五〇四	二四六七	三三九二一六九一四九五
二四一八	三三八三四五六二九六五	二四六八	三三九二三四五一五五四
二四一九	三三八三六三五八六八四	二四六九	三三九二五二一〇八九九
二四二〇	三三八三八一五三六六〇	二四七〇	三三九二六九六九五三三
二四二一	三三八三九九四七八九四	二四七一	三三九二八七二七四五四
二四二二	三三八四一七四一三八八	二四七二	三三九三〇四八四六六四
二四二三	三三八四三五三四一四一	二四七三	三三九三二二四一一六四
二四二四	三三八四五三二六一五五	二四七四	三三九三三九九六九五三
二四二五	三三八四七一一七四二九	二四七五	三三九三五七五二〇三三
二四二六	三三八四八九〇七九六五	二四七六	三三九三七五〇六四〇三
二四二七	三三八五〇六九七七六三	二四七七	三三九三九二六〇〇六六
二四二八	三三八五二四八六八二四	二四七八	三三九四一〇一三〇二〇
二四二九	三三八五四二七五一四八	二四七九	三三九四二七六五二六八
二四三〇	三三八五六〇六二七三六	二四八〇	三三九四四五一六八〇八
二四三一	三三八五七八四九五八八	二四八一	三三九四六二六七六四三
二四三二	三三八五九六三五七〇六	二四八二	三三九四八〇一七七七二
二四三三	三三八六一四二一〇八九	二四八三	三三九四九七六七一九六
二四三四	三三八六三二〇五七三九	二四八四	三三九五一五一五九一五
二四三五	三三八六四九八九六五六	二四八五	三三九五三二六三九三一
二四三六	三三八六六七七二八四〇	二四八六	三三九五五〇一一二四三
二四三七	三三八六八五五五二九二	二四八七	三三九五六七五七八五三
二四三八	三三八七〇三三七〇一三	二四八八	三三九五八五〇三七六〇
二四三九	三三八七二一一八〇〇三	二四八九	三三九六〇二四八九六六
二四四〇	三三八七三八九八二六三	二四九〇	三三九六一九九三四七一
二四四一	三三八七五六七七七九四	二四九一	三三九六三七三七二七五
二四四二	三三八七七四五六五九六	二四九二	三三九六五四八〇三八〇
二四四三	三三八七九二三四六七〇	二四九三	三三九六七二二二七八五
二四四四	三三八八一〇一二〇一六	二四九四	三三九六八九六四四九一
二四四五	三三八八二七八八六三五	二四九五	三三九七〇七〇五五〇〇
二四四六	三三八八四五六四五二七	二四九六	三三九七二四四五八一〇
二四四七	三三八八六三三九六九四	二四九七	三三九七四一八五四二四
二四四八	三三八八八一一四一三五	二四九八	三三九七五九二四三四〇
二四四九	三三八八九八八七八五一	二四九九	三三九七七六六二五六一
二四五〇	三三八九一六六〇八四四	二五〇〇	三三九七九四〇〇〇八七

續表

二五五一	三四〇六七一〇四五八六	二五〇一	三三九八一一三六九一七
二五五二	三四〇六八八〇六七〇〇	二五〇二	三三九八二八七三〇五四
二五五三	三四〇七〇五〇八一四八	二五〇三	三三九八四六〇八四九六
二五五四	三四〇七二二〇八九二九	二五〇四	三三九八六三四三二四五
二五五五	三四〇七三九〇九〇四五	二五〇五	三三九八八〇七七三〇二
二五五六	三四〇七五六〇八四九五	二五〇六	三三九八九八一〇六六七
二五五七	三四〇七七三〇七二八〇	二五〇七	三三九九一五四三三四〇
二五五八	三四〇七九〇〇五四〇一	二五〇八	三三九九三二七五三二二
二五五九	三四〇八〇七〇二八五九	二五〇九	三三九九五〇〇六六一三
二五六〇	三四〇八二三九九六五三	二五一〇	三三九九六七三七二一五
二五六一	三四〇八四〇九五七八五	二五一一	三三九九八四六七一二七
二五六二	三四〇八五七九一二五四	二五一二	三四〇〇〇一九六三五一
二五六三	三四〇八七四八六〇六二	二五一三	三四〇〇一九二四八八六
二五六四	三四〇八九一八〇二〇八	二五一四	三四〇〇三六五二七三三
二五六五	三四〇九〇八七三六九四	二五一五	三四〇〇五三七九八九四
二五六六	三四〇九二五六六五二〇	二五一六	三四〇〇七一〇六三六八
二五六七	三四〇九四二五八六八七	二五一七	三四〇〇八八三二一五五
二五六八	三四〇九五九五〇一九四	二五一八	三四〇一〇五五七二五八
二五六九	三四〇九七六四一〇四三	二五一九	三四〇一二二八一六七五
二五七〇	三四〇九九三三一二三三	二五二〇	三四〇一四〇〇五四〇八
二五七一	三四一〇一〇二〇七六六	二五二一	三四〇一五七二八四五七
二五七二	三四一〇二七〇九六四三	二五二二	三四〇一七四五〇八二二
二五七三	三四一〇四三九七八六二	二五二三	三四〇一九一七二五〇五
二五七四	三四一〇六〇八五四二六	二五二四	三四〇二〇八九三五〇六
二五七五	三四一〇七七七二三三四	二五二五	三四〇二二六一三八二五
二五七六	三四一〇九四五八五八七	二五二六	三四〇二四三三三四六二
二五七七	三四一一一一四四一八六	二五二七	三四〇二六〇五二四一九
二五七八	三四一一二八二九一三〇	二五二八	三四〇二七七七〇六九六
二五七九	三四一一四五一三四二一	二五二九	三四〇二九四八八二九三
二五八〇	三四一一六一九七〇六〇	二五三〇	三四〇三一二〇五二一二
二五八一	三四一一七八八〇〇四五	二五三一	三四〇三二九二一四五二
二五八二	三四一一九五六二三七九	二五三二	三四〇三四六三七〇一三
二五八三	三四一二一二四四〇六二	二五三三	三四〇三六三五一八九八
二五八四	三四一二二九二五〇九三	二五三四	三四〇三八〇六六一〇五
二五八五	三四一二四六〇五四七四	二五三五	三四〇三九七七九六三七
二五八六	三四一二六二八五二〇五	二五三六	三四〇四一四九二四九二
二五八七	三四一二七九六四二八七	二五三七	三四〇四三二〇四六七二
二五八八	三四一二九六四二七二〇	二五三八	三四〇四四九一六一七八
二五八九	三四一三一三二〇五〇四	二五三九	三四〇四六六二七〇〇九
二五九〇	三四一三二九九七六四一	二五四〇	三四〇四八三三七一六六
二五九一	三四一三四六七四一三〇	二五四一	三四〇五〇〇四六六五一
二五九二	三四一三六三四九九七二	二五四二	三四〇五一七五五四六二
二五九三	三四一三八〇二五一六八	二五四三	三四〇五三四六三六〇二
二五九四	三四一三九六九九七一七	二五四四	三四〇五五一七一〇七〇
二五九五	三四一四一三七三六二二	二五四五	三四〇五六八七七八六七
二五九六	三四一四三〇四六八八一	二五四六	三四〇五八五八三九九三
二五九七	三四一四四七一九四九六	二五四七	三四〇六〇二八九四五〇
二五九八	三四一四六三九一四六七	二五四八	三四〇六一九九四二三七
二五九九	三四一四八〇六二七九五	二五四九	三四〇六三六九八三五五
二六〇〇	三四一四九七三三四八〇	二五五〇	三四〇六五四〇一八〇四

二六〇一	三四一五一四〇三五二二
二六〇二	三四一五三〇七二九二二
二六〇三	三四一五四七四一六八一
二六〇四	三四一五六四〇九七九九
二六〇五	三四一五八〇七七二七六
二六〇六	三四一五九七四四一一四
二六〇七	三四一六一四一〇三一二
二六〇八	三四一六三〇七五八七一
二六〇九	三四一六四七四〇七九一
二六一〇	三四一六六四〇五〇七三
二六一一	三四一六八〇六八七一八
二六一二	三四一六九七三一七二六
二六一三	三四一七一三九四〇九七
二六一四	三四一七三〇五五八三二
二六一五	三四一七四七一六九三二
二六一六	三四一七六三七七三九七
二六一七	三四一七八〇三七二二六
二六一八	三四一七九六九六四二二
二六一九	三四一八一三五四九八四
二六二〇	三四一八三〇一二九一三
二六二一	三四一八四六七〇二〇九
二六二二	三四一八六三二六八七四
二六二三	三四一八七九八二九〇六
二六二四	三四一八九六三八三〇七
二六二五	三四一九一二九三〇七七
二六二六	三四一九二九四七二一八
二六二七	三四一九四六〇〇七二八
二六二八	三四一九六二五三六〇九
二六二九	三四一九七九〇五八六一
二六三〇	三四一九九五五七四八五
二六三一	三四二〇一二〇八四八一
二六三二	三四二〇二八五八八四九
二六三三	三四二〇四五〇八五九一
二六三四	三四二〇六一五七七〇六
二六三五	三四二〇七八〇六一九五
二六三六	三四二〇九四五四〇五九
二六三七	三四二一一一〇一二九八
二六三八	三四二一二七四七九一二
二六三九	三四二一四三九三九〇二
二六四〇	三四二一六〇三九二六九
二六四一	三四二一七六八四〇一二
二六四二	三四二一九三二八一三三
二六四三	三四二二〇九七一六三一
二六四四	三四二二二六一四五〇八
二六四五	三四二二四二五六七六四
二六四六	三四二二五八九八三九九
二六四七	三四二二七五三九四一三
二六四八	三四二二九一七九八〇八
二六四九	三四二三〇八一九五八三
二六五〇	三.四二三二四五八七三九

二六五一	三四二三四〇九七二七七
二六五二	三四二三五七三五一九七
二六五三	三四二三七三七二五〇〇
二六五四	三四二三九〇〇九一八五
二六五五	三四二四〇六四五二五四
二六五六	三四二四二二八〇七〇七
二六五七	三四二四三九一五五四四
二六五八	三四二四五五四九七六七
二六五九	三四二四七一八三三七三
二六六〇	三四二四八八一六三六六
二六六一	三四二五〇四四八七四六
二六六二	三四二五二〇八〇五一一
二六六三	三四二五三七一一六六四
二六六四	三四二五五三四二二〇五
二六六五	三四二五六九七二一三四
二六六六	三四二五八六〇一四五一
二六六七	三四二六〇二三〇一五七
二六六八	三四二六一八五八二五二
二六六九	三四二六三四八五七三八
二六七〇	三四二六五一一二六一四
二六七一	三四二六六七三八八八〇
二六七二	三四二六八三六四五三八
二六七三	三四二六九九八九五八八
二六七四	三四二七一六一四〇二九
二六七五	三四二七三二三七八六四
二六七六	三四二七四八六一〇九一
二六七七	三四二七六四八三七一二
二六七八	三四二七八一〇五七二七
二六七九	三四二七九七二七一三六
二六八〇	三四二八一三四七九四〇
二六八一	三四二八二九六八一四〇
二六八二	三四二八四五八七七三五
二六八三	三四二八六二〇六七二七
二六八四	三四二八七八二五一一五
二六八五	三四二八九四四二九〇〇
二六八六	三四二九一〇六〇〇八三
二六八七	三四二九二六七六六六四
二六八八	三四二九四二九二六四四
二六八九	三四二九五九〇八〇二二
二六九〇	三四二九七五二二八〇〇
二六九一	三四二九九一三六九七八
二六九二	三四三〇〇七五〇五五六
二六九三	三四三〇二三六三五三四
二六九四	三四三〇三九七五九一四
二六九五	三四三〇五五八七六九五
二六九六	三四三〇七一九八八七九
二六九七	三四三〇八八〇九四六五
二六九八	三四三一〇四一九四五三
二六九九	三四三一二〇二八八四六
二七〇〇	三四三一三六三七六四二

續表

二七五一	三四三九四九〇五九〇四	二七〇一	三四三一五二四五八四二
二七五二	三四三九六四八四二九六	二七〇二	三四三一六八五三四四七
二七五三	三四三九八〇六二一一四	二七〇三	三四三一八四六〇四五七
二七五四	三四三九九六三九三五九	二七〇四	三四三二〇〇六六八七三
二七五五	三四四〇一二一六〇三二	二七〇五	三四三二一六七二六九四
二七五六	三四四〇二七九二一三二	二七〇六	三四三二三二七七九二三
二七五七	三四四〇四三六七六六一	二七〇七	三四三二四八八二五五八
二七五八	三四四〇五九四二六一八	二七〇八	三四三二六四八六六〇〇
二七五九	三四四〇七五一七〇〇五	二七〇九	三四三二八〇九〇〇五〇
二七六〇	三四四〇九〇九〇八二一	二七一〇	三四三二九六九二九〇九
二七六一	三四四一〇六六四〇六六	二七一一	三四三三一二九五一七六
二七六二	三四四一二二三六七四二	二七一二	三四三三二八九六八五二
二七六三	三四四一三八〇八八四九	二七一三	三四三三四四九七九三八
二七六四	三四四一五三八〇三八七	二七一四	三四三三六〇九八四三三
二七六五	三四四一六九五一三五六	二七一五	三四三三七六九八三三九
二七六六	三四四一八五二一七五八	二七一六	三四三三九二九七六五六
二七六七	三四四二〇〇九一五九一	二七一七	三四三四〇八九六三八四
二七六八	三四四二一六六〇八五八	二七一八	三四三四二四九四五二四
二七六九	三四四二三二二九五五七	二七一九	三四三四四〇九二〇七六
二七七〇	三四四二四七九七六九一	二七二〇	三四三四五六八九〇四〇
二七七一	三四四二六三六五二五八	二七二一	三四三四七二八五四一八
二七七二	三四四二七九三二二五九	二七二二	三四三四八八八一二〇九
二七七三	三四四二九四九八六九六	二七二三	三四三五〇四七六四一三
二七七四	三四四三一〇六四五六七	二七二四	三四三五二〇七一〇三二
二七七五	三四四三二六二九八七五	二七二五	三四三五三六六五〇六六
二七七六	三四四三四一九四六一八	二七二六	三四三五五二五八五一五
二七七七	三四四三五七五八七九八	二七二七	三四三五六八五一三七九
二七七八	三四四三七三二二四一四	二七二八	三四三五八四四三六六〇
二七七九	三四四三八八八五四六八	二七二九	三四三六〇〇三五三五七
二七八〇	三四四四〇四四七九五九	二七三〇	三四三六一六二六四七〇
二七八一	三四四四二〇〇九八八九	二七三一	三四三六三二一七〇〇一
二七八二	三四四四三五七一二五七	二七三二	三四三六四八〇六九五〇
二七八三	三四四四五一三二〇六三	二七三三	三四三六六三九六三一七
二七八四	三四四四六六九二三〇九	二七三四	三四三六七九八五一〇二
二七八五	三四四四八二五一九九五	二七三五	三四三六九五七三三〇七
二七八六	三四四四九八一一一二一	二七三六	三四三七一一六〇九三〇
二七八七	三四四五一三六九六八七	二七三七	三四三七二七四七九七四
二七八八	三四四五二九二七六九四	二七三八	三四三七四三三四四三八
二七八九	三四四五四四八五一四三	二七三九	三四三七五九二〇三二三
二七九〇	三四四五六〇四二〇三三	二七四〇	三四三七七五〇五六二八
二七九一	三四四五七五九八三六五	二七四一	三四三七九〇九〇三五五
二七九二	三四四五九一五四一四〇	二七四二	三四三八〇六七四五〇五
二七九三	三四四六〇七〇九三五七	二七四三	三四三八二二五八〇七六
二七九四	三四四六二二六四〇一八	二七四四	三四三八三八四一〇七〇
二七九五	三四四六三八一八一二二	二七四五	三四三八五四二三四八八
二七九六	三四四六五三七一六七一	二七四六	三四三八七〇〇五三二九
二七九七	三四四六六九二四六六四	二七四七	三四三八八五八六五九四
二七九八	三四四六八四七七一〇二	二七四八	三四三九〇一六七二八四
二七九九	三四四七〇〇二八九八五	二七四九	三四三九一七四七三九八
二八〇〇	三四四七一五八〇三一三	二七五〇	三四三九三三二六九三八

續表

二八〇一	三四四七三一三一〇八八
二八〇二	三四四七四六八一三〇九
二八〇三	三四四七六二三〇九七八
二八〇四	三四四七七七八〇〇九三
二八〇五	三四四七九三二八六五六
二八〇六	三四四八〇八七六六六七
二八〇七	三四四八二四二四一二六
二八〇八	三四四八三九七一〇三五
二八〇九	三四四八五五一七三九二
二八一〇	三四四八七〇六三一九九
二八一一	三四四八八六〇八四五六
二八一二	三四四九〇一五三一六三
二八一三	三四四九一六九七三二二
二八一四	三四四九三二四〇九三一
二八一五	三四四九四七八三九九二
二八一六	三四四九六三二六五〇五
二八一七	三四四九七八六八四六〇
二八一八	三四四九九四〇九八八八
二八一九	三四五〇〇九五〇七五九七
二八二〇	三四五〇二四九一〇八三
二八二一	三四五〇四〇三〇八六二
二八二二	三四五〇九五七〇〇九四
二八二三	三四五〇七一〇八七八一
二八二四	三四五〇八六四六九二四
二八二五	三四五一〇一八四五二二
二八二六	三四五一一七二一五七五
二八二七	三四五一三二五八〇八五
二八二八	三四五一四七九四〇五一
二八二九	三四五一六三二九四七五
二八三〇	三四五一七八六四三五五
二八三一	三四五一九三九八六九四
二八三二	三四五二〇九三二四九〇
二八三三	三四五二二四九五七四五
二八三四	三四五二三九九八四五九
二八三五	三四五二五五三〇六三二
二八三六	三四五二七〇六二二六五
二八三七	三四五二八五九三三五八
二八三八	三四五二〇一二三九一一
二八三九	三四五三一六五三九二五
二八四〇	三四五三三一八三四〇〇
二八四一	三四五三四七一二三三七
二八四二	三四五三六二四〇七三六
二八四三	三四五三七七六八五九七
二八四四	三四五三九二九五九二一
二八四五	三四五四〇八二二七〇七
二八四六	三四五四二三四八九五七
二八四七	三四五四二八七四六七一
二八四八	三四五四五三九九八五〇
二八四九	三四五四六九二四四九二
二八五〇	三四五四八四四八六〇〇

二八五一	三四五四九九七二一七三
二八五二	三四五五一四九五二一二
二八五三	三四五五三〇一七七一七五
二八五四	三四五五四五三九六八八
二八五五	三四五五六〇六一一二六
二八五六	三四五五七五八二〇三一
二八五七	三四五五九一〇二四〇四
二八五八	三四五六〇六二二二四五
二八五九	三四五六二一四一五五四
二八六〇	三四五六三六六〇三三一
二八六一	三四五六五一七八五七八
二八六二	三四五六六六九六二九四
二八六三	三四五六八二一三四八〇
二八六四	三四五六九七三〇一三六
二八六五	三四五七一二四六二六三
二八六六	三四五七二七六一八六一
二八六七	三四五七四二七六九二九
二八六八	三四五七五七九一四七〇
二八六九	三四五七七三〇五四八二
二八七〇	三四五七八八一八九六七
二八七一	三四五八〇三三一九二五
二八七二	三四五八一八四四三五六
二八七三	三四五八三三五六二六〇
二八七四	三四五八四八六七六三八
二八七五	三四五八六三七八四九〇
二八七六	三四五八七八八八八一七
二八七七	三四五八九三九八六一九
二八七八	三四五九〇九〇七八九六
二八七九	三四五九二四一六六四九
二八八〇	三四五九三九二四八七八
二八八一	三四五九五四三二五八三
二八八二	三四五九六九三九七六五
二八八三	三四五九八四四六四二四
二八八四	三四五九九九五二五六〇
二八八五	三四六〇一四五八一七五
二八八六	三四六〇二九六三二六八
二八八七	三四六〇四四六七八三九
二八八八	三四六〇五九七一八八九
二八八九	三四六〇七四七五四一八
二八九〇	三四六〇八九七八四二八
二八九一	三四六一〇四八〇九一七
二八九二	三四六一一九八二八八六
二八九三	三四六一三四八四三三六
二八九四	三四六一四九八五二六八
二八九五	三四六一六四八五六八一
二八九六	三四六一七九八五五七五
二八九七	三四六一九四八四九五二
二八九八	三四六二〇九八三八一一
二八九九	三四六二二四八二一五四
二九〇〇	三四六二三九七九九七九

續表

二九〇一	三四六二五四七七二八八	二九五一	三四六九九六九二〇九五
二九〇二	三四六二六九七四〇八一	二九五二	三四七〇一一六三五三二
二九〇三	三四六二八四七〇三五八	二九五三	三四七〇二六三四四七〇
二九〇四	三四六二九九六六一二〇	二九五四	三四七〇四一〇四九一〇
二九〇五	三四六三一四六一三六七	二九五五	三四七〇五五七四八五二
二九〇六	三四六三二九五六一〇〇	二九五六	三四七〇七〇四四二九七
二九〇七	三四六三四四五〇三一八	二九五七	三四七〇八五一三二四五
二九〇八	三四六三五九四四〇二二	二九五八	三四七〇九九八一六九七
二九〇九	三四六三七四三七二一二	二九五九	三四七一一四四九六五二
二九一〇	三四六三八九二九八九〇	二九六〇	三四七一二九一七一一一
二九一一	三四六四〇四二二〇五四	二九六一	三四七一四三八四〇七四
二九一二	三四六四一九一三七〇六	二九六二	三四七一五八五〇五四二
二九一三	三四六四三四〇四八四六	二九六三	三四七一七三一六五一五
二九一四	三四六四四八九五四七四	二九六四	三四七一八七八一九九三
二九一五	三四六四六三八五五九一	二九六五	三四七二〇二四六九七七
二九一六	三四六四七八七五一九六	二九六六	三四七二一七一一四六七
二九一七	三四六四九三六四二九一	二九六七	三四七二三一七五四六三
二九一八	三四六五〇八五二八七六	二九六八	三四七二四六三八九六六
二九一九	三四六五二三四〇九五〇	二九六九	三四七二六一〇一九七六
二九二〇	三四六五三八二八五一四	二九七〇	三四七二七五六四四九三
二九二一	三四六五五三一五五七〇	二九七一	三四七二九〇二六五一八
二九二二	三四六五六八〇二一一六	二九七二	三四七三〇四八八〇五一
二九二三	三四六五八二八八一五四	二九七三	三四七三一九四九〇九二
二九二四	三四六五九七七三六八三	二九七四	三四七三三四〇九六四二
二九二五	三四六六一二五八七〇四	二九七五	三四七三四八六九七〇一
二九二六	三四六六二七四三二一八	二九七六	三四七三六三二九二六九
二九二七	三四六六四二二七二二四	二九七七	三四七三七七八八三四六
二九二八	三四六六五七一〇七二四	二九七八	三四七三九二四六九三四
二九二九	三四六六七一九三七一七	二九七九	三四七四〇七〇五〇三二
二九三〇	三四六六八六七六二〇四	二九八〇	三四七四二一六二六四一
二九三一	三四六七〇一五八一八四	二九八一	三四七四三六一九七六〇
二九三二	三四六七一六三九六六〇	二九八二	三四七四五〇七六三九一
二九三三	三四六七三一二〇六三〇	二九八三	三四七四六五三二五三四
二九三四	三四六七四六〇一〇九五	二九八四	三四七四七九八八一八八
二九三五	三四六七六〇八一〇五六	二九八五	三四七四九四四三三五五
二九三六	三四六七七五六〇五一二	二九八六	三四七五〇八九八〇三四
二九三七	三四六七九〇三九四六五	二九八七	三四七五二三五二二二六
二九三八	三四六八〇五一七九一五	二九八八	三四七五三八〇五九三一
二九三九	三四六八一九九五八六一	二九八九	三四七五五二五九一五〇
二九四〇	三四六八三四七三三〇四	二九九〇	三四七五六七一一八八三
二九四一	三四六八四九五〇二四五	二九九一	三四七五八一六四一三〇
二九四二	三四六八六四二六六八四	二九九二	三四七五九六一五八九二
二九四三	三四六八七九〇二六二一	二九九三	三四七六一〇六七一六八
二九四四	三四六八九三七八〇五七	二九九四	三四七六二五一七九六〇
二九四五	三四六九〇八五二九九一	二九九五	三四七六三九六八二六七
二九四六	三四六九二三二七四二五	二九九六	三四七六五四一八〇九〇
二九四七	三四六九三八〇一三五八	二九九七	三四七六六八六七四二九
二九四八	三四六九五二七四七九二	二九九八	三四七六八三一六二八五
二九四九	三四六九六七四七七二六	二九九九	三四七六九七六四六五八
二九五〇	三四六九八二二〇一六〇	三〇〇〇	三四七七一二一二五四七

三〇〇一	三四七七二六五九九五四
三〇〇二	三四七七四一〇六八七九
三〇〇三	三四七七五五五三三二二
三〇〇四	三四七七六九九九二八三
三〇〇五	三四七七八四四四七六三
三〇〇六	三四七七九八八九七六三
三〇〇七	三四七八一三三四二八一
三〇〇八	三四七八二七七八三一九
三〇〇九	三四七八四二二一八七七
三〇一〇	三四七八五六六四九五六
三〇一一	三四七八七一〇七五五五
三〇一二	三四七八八五四九六七五
三〇一三	三四七八九九九一三一七
三〇一四	三四七九一四三二四八〇
三〇一五	三四七九二八七三一六五
三〇一六	三四七九四三一三三七二
三〇一七	三四七九五七五三一〇二
三〇一八	三四七九七一九二三五四
三〇一九	三四七九八六三一一三〇
三〇二〇	三四八〇〇〇六九四三〇
三〇二一	三四八〇一五〇七二五三
三〇二二	三四八〇二九四四六〇〇
三〇二三	三四八〇四三八一四七二
三〇二四	三四八〇五八一七八六八
三〇二五	三四八〇七二五三七九〇
三〇二六	三四八〇八六八九二三七
三〇二七	三四八一〇一二四二一〇
三〇二八	三四八一一五五八七〇八
三〇二九	三四八一二九九二七三三
三〇三〇	三四八一四四二六二八五
三〇三一	三四八一五八五九三六四
三〇三二	三四八一七二九一九七〇
三〇三三	三四八一八七二四一〇三
三〇三四	三四八二〇一五五七六五
三〇三五	三四八二一五八六九五四
三〇三六	三四八二三〇一七六七二
三〇三七	三四八二四四四七九一九
三〇三八	三四八二五八七七六九五
三〇三九	三四八二七三〇七〇〇一
三〇四〇	三四八二八七三五八三六
三〇四一	三四八三〇一六四二〇一
三〇四二	三四八三一五九二〇九七
三〇四三	三四八三三〇一九五二四
三〇四四	三四八三四四四六四八一
三〇四五	三四八三五八七二九七〇
三〇四六	三四八三七二九八九九〇
三〇四七	三四八三八七二四五四二
三〇四八	三四八四〇一四九六二七
三〇四九	三四八四一五七四二四四
三〇五〇	三四八四二九九八三九三
三〇五一	三四八四四四二二〇七六
三〇五二	三四八四五八四五二九三
三〇五三	三四八四七二六八〇四三
三〇五四	三四八四八六九〇三二七
三〇五五	三四八五〇一一二一四六
三〇五六	三四八五一五三三四九九
三〇五七	三四八五二九五四三八七
三〇五八	三四八五四三七四八一一
三〇五九	三四八五五七九四七七〇
三〇六〇	三四八五七二一四二六五
三〇六一	三四八五八六三三二九六
三〇六二	三四八六〇〇五一八六四
三〇六三	三四八六一四六九九六八
三〇六四	三四八六二八八七六一〇
三〇六五	三四八六四三〇四七八九
三〇六六	三四八六五七二一五〇五
三〇六七	三四八六七一三七七六〇
三〇六八	三四八六八五五三五五三
三〇六九	三四八六九九六八八八四
三〇七〇	三四八七一三八三七五五
三〇七一	三四八七二七九八一六四
三〇七二	三四八七四二一二一一四
三〇七三	三四八七五六二五六〇三
三〇七四	三四八七七〇三八六三二
三〇七五	三四八七八四五一二〇一
三〇七六	三四八七九八六三三一一
三〇七七	三四八八一二七四九六二
三〇七八	三四八八二六八六一五五
三〇七九	三四八八四〇九六八八九
三〇八〇	三四八八五五〇七一六五
三〇八一	三四八八六九一六九八三
三〇八二	三四八八八三二六三四四
三〇八三	三四八八九七三五二四七
三〇八四	三四八九一一四三六九四
三〇八五	三四八九二五五一六八四
三〇八六	三四八九三九五九二一七
三〇八七	三四八九五三六六二九五
三〇八八	三四八九六七七二九一七
三〇八九	三四八九八一七九〇八三
三〇九〇	三四八九九五八四七九四
三〇九一	三四九〇〇九九〇〇五一
三〇九二	三四九〇二三九四八五二
三〇九三	三四九〇三七九九二〇〇
三〇九四	三四九〇五二〇三〇九四
三〇九五	三四九〇六六〇六五三四
三〇九六	三四九〇八〇〇九五二〇
三〇九七	三四九〇九四一二〇五四
三〇九八	三四九一〇八一四一三四
三〇九九	三四九一二二一五七六二
三一〇〇	三四九一三六一六九三八

續表

三一五一	三四九八四四八四〇三二	三一〇一	三四九一五〇一七六六二
三一五二	三四九八五八六二〇八八	三一〇二	三四九一六四一七九三五
三一五三	三四九八七二三九七〇七	三一〇三	三四九一七八一七七五六
三一五四	三四九八八六一六八九〇	三一〇四	三四九一九二一七一二六
三一五五	三四九八九九九三六三六	三一〇五	三四九二〇六一六〇四五
三一五六	三四九九一三六九九四五	三一〇六	三四九二二〇一四五一四
三一五七	三四九九二七四五八一九	三一〇七	三四九二三四一二五三三
三一五八	三四九九四一二一二五七	三一〇八	三四九二四八一〇一〇一
三一五九	三四九九五四九六二五九	三一〇九	三四九二六二〇七二二〇
三一六〇	三四九九六八七〇八二六	三一一〇	三四九二七六〇三八九〇
三一六一	三四九九八二四四九五八	三一一一	三四九二九〇〇〇一一一
三一六二	三四九九九六一八六五六	三一一二	三四九三〇三九五八八三
三一六三	三五〇〇〇九九一九一九	三一一三	三四九三一七九一二〇七
三一六四	三五〇〇二三六四七四八	三一一四	三四九三三一八六〇八二
三一六五	三五〇〇三七三七一四四	三一一五	三四九三四五八〇五一〇
三一六六	三五〇〇五一〇九一〇五	三一一六	三四九三五九七四四九〇
三一六七	三五〇〇六四八〇六三四	三一一七	三四九三七三六八〇二三
三一六八	三五〇〇七八五一七二九	三一一八	三四九三八七六一一〇九
三一六九	三五〇〇九二二二三九二	三一一九	三四九四〇一五三七四八
三一七〇	三五〇一〇五九二六二二	三一二〇	三四九四一五四五九四〇
三一七一	三五〇一一九六二四二〇	三一二一	三四九四二九三七六八七
三一七二	三五〇一三三三一七八六	三一二二	三四九四四三二八九八七
三一七三	三五〇一四七〇〇七二一	三一二三	三四九四五七一九八四二
三一七四	三五〇一六〇六九二二四	三一二四	三四九四七一一〇二五二
三一七五	三五〇一七四三七二九六	三一二五	三四九四八五〇〇二一七
三一七六	三五〇一八八〇四九三八	三一二六	三四九四九八八九七三七
三一七七	三五〇二〇一七二一四八	三一二七	三四九五一二七八八一二
三一七八	三五〇二一五三八九二九	三一二八	三四九五二六六七四四四
三一七九	三五〇二二九〇五二七九	三一二九	三四九五四〇五五六三一
三一八〇	三五〇二四二七一二〇〇	三一三〇	三四九五五四四三三七五
三一八一	三五〇二五六三六六九一	三一三一	三四九五六八三〇六七六
三一八二	三五〇二七〇〇一七五三	三一三二	三四九五八二一七五三四
三一八三	三五〇二八三六六三八六	三一三三	三四九五九六〇三九四九
三一八四	三五〇二九七三〇五九一	三一三四	三四九六〇九八九九二一
三一八五	三五〇三一〇九四三六七	三一三五	三四九六二三七五四五二
三一八六	三五〇三二四五七七一五	三一三六	三四九六三七六〇五四〇
三一八七	三五〇三三八二〇六三五	三一三七	三四九六五一四五一八七
三一八八	三五〇三五一八三一二七	三一三八	三四九六六五二九三九三
三一八九	三五〇三六五四五一九二	三一三九	三四九六七九一三一五七
三一九〇	三五〇三七九〇六八三一	三一四〇	三四九六九二九六四八一
三一九一	三五〇三九二六八〇四二	三一四一	三四九七〇六七九三六四
三一九二	三五〇四〇六二八八二七	三一四二	三四九七二〇六一八〇七
三一九三	三五〇四一九八九一八五	三一四三	三四九七三四四三八一〇
三一九四	三五〇四三三四九一一八	三一四四	三四九七四八二五三七四
三一九五	三五〇四四七〇八六二五	三一四五	三四九七六二〇六四九八
三一九六	三五〇四六〇六七七〇六	三一四六	三四九七七五八七一八三
三一九七	三五〇四七四二六三六三	三一四七	三四九七八九六七四二九
三一九八	三五〇四八七八四五九四	三一四八	三四九八〇三四七二三七
三一九九	三五〇五〇一四二四〇一	三一四九	三四九八一七二六六〇六
三二〇〇	三五〇五一四九九七八三	三一五〇	三四九八三一〇五五三八

續表

三二〇一	三五〇五二八五六七四一
三二〇二	三五〇五四二一三二七六
三二〇三	三五〇五五五六九三八七
三二〇四	三五〇五六九二五〇七四
三二〇五	三五〇五八二八〇三三九
三二〇六	三五〇五九六三五一八〇
三二〇七	三五〇六〇九八九五九九
三二〇八	三五〇六二三四三五九六
三二〇九	三五〇六三六九七一七一
三二一〇	三五〇六五〇五〇三二四
三二一一	三五〇六六四〇三〇五六
三二一二	三五〇六七七五五三六六
三二一三	三五〇六九一〇七二五六
三二一四	三五〇七〇四五八七二四
三二一五	三五〇七一八〇九七七三
三二一六	三五〇七三一六〇四〇一
三二一七	三五〇七四五一〇六〇九
三二一八	三五〇七五八六〇三九八
三二一九	三五〇七七二〇九七六七
三二二〇	三五〇七八五五八七一七
三二二一	三五〇七九九〇七二四八
三二二二	三五〇八一二五五三六一
三二二三	三五〇八二六〇三〇五五
三二二四	三五〇八三九五〇三三一
三二二五	三五〇八五二九七一九〇
三二二六	三五〇八六六四三六三一
三二二七	三五〇八七九八九六五四
三二二八	三五〇八九三三五二六一
三二二九	三五〇九〇六八〇四五〇
三二三〇	三五〇九二〇二五二二三
三二三一	三五〇九三三六九五八〇
三二三二	三五〇九四七一三五二一
三二三三	三五〇九六〇五七〇四六
三二三四	三五〇九七四〇〇一五六
三二三五	三五〇九八七四二八五〇
三二三六	三五一〇〇〇八五一二九
三二三七	三五一〇一四二六九九四
三二三八	三五一〇二七六八四四四
三二三九	三五一〇四一〇九四八〇
三二四〇	三五一〇五四五〇一〇二
三二四一	三五一〇六七九〇三一〇
三二四二	三五一〇八一三〇一〇五
三二四三	三五一〇九四六九四八七
三二四四	三五一一〇八〇八四五五
三二四五	三五一一二一四七〇一一
三二四六	三五一一三四八五一五五
三二四七	三五一一四八二二八八六
三二四八	三五一一六一六〇二〇六
三二四九	三五一一七四九七一一三
三二五〇	三五一一八八三三六一〇

三二五一	三五一二〇一六九六九五
三二五二	三五一二一五〇五三六九
三二五三	三五一二二八四〇六三三
三二五四	三五一二四一七五四八六
三二五五	三五一二五五〇九九二九
三二五六	三五一二六八四三九六二
三二五七	三五一二八一七七五八六
三二五八	三五一二九五一〇八〇〇
三二五九	三五一三〇八四三六〇五
三二六〇	三五一三二一七六〇〇一
三二六一	三五一三三五〇七九八八
三二六二	三五一三四八三九五六七
三二六三	三五一三六一七〇七三八
三二六四	三五一三七五〇一五〇一
三二六五	三五一三八八三一八五六
三二六六	三五一四〇一六一八〇四
三二六七	三五一四一四九一三四五
三二六八	三五一四二八二〇四七九
三二六九	三五一四四一四九二〇六
三二七〇	三五一四五四七七五二七
三二七一	三五一四六八〇五四四一
三二七二	三五一四八一三二九五〇
三二七三	三五一四九四六〇〇五三
三二七四	三五一五〇七八六七五一
三二七五	三五一五二一一三〇四三
三二七六	三五一五三四三八九三一
三二七七	三五一五四七六四四一四
三二七八	三五一五六〇八九四九二
三二七九	三五一五七四一四一六七
三二八〇	三五一五八七三八四三七
三二八一	三五一六〇〇六二三〇四
三二八二	三五一六一三八五七六七
三二八三	三五一六二七〇八八二七
三二八四	三五一六四〇三一四八四
三二八五	三五一六五三五三七三九
三二八六	三五一六六六七五五九一
三二八七	三五一六七九九七〇四一
三二八八	三五一六九三一八〇八九
三二八九	三五一七〇六三八七三五
三二九〇	三五一七一九五八九七九
三二九一	三五一七三二七八八二三
三二九二	三五一七四五九八二六五
三二九三	三五一七五九一七三〇七
三二九四	三五一七七二三五九四八
三二九五	三五一七八五五四一八九
三二九六	三五一七九八七二〇三〇
三二九七	三五一八一一八九四七一
三二九八	三五一八二五〇六五一三
三二九九	三五一八三八二三一五五
三三〇〇	三五一八五一三九三九九

續表

三三五一	三五二五一七四四二七八	三三〇一	三五一八六四五五二四三
三三五二	三五二五三〇四〇一〇〇	三三〇二	三五一八七七七〇六八九
三三五三	三五二五四三三五五三四	三三〇三	三五一八九〇八五七三七
三三五四	三五二五五六三〇五八三	三三〇四	三五一九〇四〇〇三八六
三三五五	三五二五六九二五二四五	三三〇五	三五一九一七一四六三八
三三五六	三五二五八二一九五二二	三三〇六	三五一九三〇二八四九二
三三五七	三五二五九五一三四一二	三三〇七	三五一九四三四一九四九
三三五八	三五二六〇八〇六九一八	三三〇八	三五一九五六五五〇〇九
三三五九	三五二六二一〇〇〇三八	三三〇九	三五一九六九六七六七二
三三六〇	三五二六三三九二七七四	三三一〇	三五一九八二七九九三八
三三六一	三五二六四六八五一二五	三三一一	三五一九九五九一八〇八
三三六二	三五二六五九七七〇九一	三三一二	三五二〇〇九〇三二八一
三三六三	三五二六七二六八六七三	三三一三	三五二〇二二一四三五九
三三六四	三五二六八五五九八七一	三三一四	三五二〇三五二五〇四一
三三六五	三五二六九八五〇六八六	三三一五	三五二〇四八三五三二七
三三六六	三五二七一一四一一一六	三三一六	三五二〇六一四五二一九
三三六七	三五二七二四三一一六四	三三一七	三五二〇七四五四七一五
三三六八	三五二七三七二〇八二八	三三一八	三五二〇八七六三八一七
三三六九	三五二七五〇一〇一一〇	三三一九	三五二一〇〇七二五二四
三三七〇	三五二七六二九九〇〇九	三三二〇	三五二一一三八〇八三七
三三七一	三五二七七五八七五二五	三三二一	三五二一二六八八七五六
三三七二	三五二七八八七五六六〇	三三二二	三五二一三九九六二八一
三三七三	三五二八〇一六三四一二	三三二三	三五二一五三〇三四一三
三三七四	三五二八一四五〇七八三	三三二四	三五二一六六一〇一五一
三三七五	三五二八二七三七七七二	三三二五	三五二一七九一六四九六
三三七六	三五二八四〇二四三八〇	三三二六	三五二一九二二二四四九
三三七七	三五二八五三一〇六〇六	三三二七	三五二二〇五二八〇〇九
三三七八	三五二八六五九六四五二	三三二八	三五二二一八三三一七六
三三七九	三五二八七八八一九一八	三三二九	三五二二三一三七九五二
三三八〇	三五二八九一六七〇〇三	三三三〇	三五二二四四四二三三五
三三八一	三五二九〇四五一七〇八	三三三一	三五二二五七四六三二七
三三八二	三五二九一七三六〇三三	三三三二	三五二二七〇四九九二七
三三八三	三五二九三〇一九九七八	三三三三	三五二二八三五三一三七
三三八四	三五二九四三〇三五四四	三三三四	三五二二九六五五九五五
三三八五	三五二九五五八六七三〇	三三三五	三五二三〇九五八三八三
三三八六	三五二九六八六九五三八	三三三六	三五二三二二六〇四二〇
三三八七	三五二九八一五一九六六	三三三七	三五二三三五六二〇六七
三三八八	三五二九九四三四〇一七	三三三八	三五二三四八六三三二三
三三八九	三五三〇〇七一五六八八	三三三九	三五二三六一六四一九一
三三九〇	三五三〇一九九六九八二	三三四〇	三五二三七四六四六六八
三三九一	三五三〇三二七七八九八	三三四一	三五二三八七六四七五六
三三九二	三五三〇四五五八四三六	三三四二	三五二四〇〇六四四五六
三三九三	三五三〇五八三八五九六	三三四三	三五二四一三六三七六六
三三九四	三五三〇七一一八三八〇	三三四四	三五二四二六六二六八八
三三九五	三五三〇八三九七七八六	三三四五	三五二四三九六一二二一
三三九六	三五三〇九六七六八一六	三三四六	三五二四五二五九三六六
三三九七	三五三一〇九五五四六九	三三四七	三五二四六五五七一二四
三三九八	三五三一二二三三七四五	三三四八	三五二四七八五四四九三
三三九九	三五三一三五一一六四六	三三四九	三五二四九一五一四七五
三四〇〇	三五三一四七八九一七〇	三三五〇	三五二五〇四四八〇七〇

續表

三四〇一	三五三一六〇六六三一九
三四〇二	三五三一七三四三〇九三
三四〇三	三五三一八六一九四九一
三四〇四	三五三一九八九五五一四
三四〇五	三五三二一一七一一六二
三四〇六	三五三二二四四六四三六
三四〇七	三五三二三七二一三三六
三四〇八	三五三二四九九五八六一
三四〇九	三五三二六二七〇〇一二
三四一〇	三五三二七五四三七九〇
三四一一	三五三二八八一七一九四
三四一二	三五三三〇〇九〇二二五
三四一三	三五三三一三六二八八三
三四一四	三五三三二六三五一六八
三四一五	三五三三三九〇七〇八〇
三四一六	三五三三五一七八六二〇
三四一七	三五三三六四四九七八八
三四一八	三五三三七七二〇五八四
三四一九	三五三三八九九一〇〇八
三四二〇	三五三四〇二六一〇六一
三四二一	三五三四一五三〇七四二
三四二二	三五三四二八〇〇〇五二
三四二三	三五三四四〇六八九九一
三四二四	三五三四五三三七五六〇
三四二五	三五三四六六〇五七五八
三四二六	三五三四七八七三五八六
三四二七	三五三四九一四一〇四四
三四二八	三五三五〇四〇八一三三
三四二九	三五三五一六七四八五一
三四三〇	三五三五二九四一二〇〇
三四三一	三五三五四二〇七一八一
三四三二	三五三五五四七二七九二
三四三三	三五三五六七三八〇三四
三四三四	三五三五八〇〇二九〇八
三四三五	三五三五九二六七四一四
三四三六	三五三六〇五三一五五二
三四三七	三五三六一七九五三二一
三四三八	三五三六三〇五八七二四
三四三九	三五三六四三二一七五八
三四四〇	三五三六五五八四四二六
三四四一	三五三六六八四六七二六
三四四二	三五三六八一〇八六六〇
三四四三	三五三六九三七〇二二七
三四四四	三五三七〇六三一四二八
三四四五	三五三七一八九二二六二
三四四六	三五三七三一五二七三一
三四四七	三五三七四四一二八三四
三四四八	三五三七五六七二五七二
三四四九	三五三七六九三一九四四
三四五〇	三五三七八一九〇九五一
三四五一	三五三七九四四九五九三
三四五二	三五三八〇七〇七八七〇
三四五三	三五三八一九六五七八三
三四五四	三五三八三二二三三三二
三四五五	三五三八四四八〇五一七
三四五六	三五三八五七三七三三八
三四五七	三五三八六九九三七九五
三四五八	三五三八八二四九八八九
三四五九	三五三八九五〇五六二〇
三四六〇	三五三九〇七六〇九八八
三四六一	三五三九二〇一五九九三
三四六二	三五三九三二七〇六三五
三四六三	三五三九四五二四九一五
三四六四	三五三九五七七八八三三
三四六五	三五三九七〇三二三八九
三四六六	三五三九八二八五五八四
三四六七	三五三九九五三八四一七
三四六八	三五四〇〇七九〇八八八
三四六九	三五四〇二〇四二九九八
三四七〇	三五四〇三二九四七四八
三四七一	三五四〇四五四六一三七
三四七二	三五四〇五七九七一六五
三四七三	三五四〇七〇四七八三三
三四七四	三五四〇八二九八一四一
三四七五	三五四〇九五四八〇八九
三四七六	三五四一〇七九七六七八
三四七七	三五四一二〇四六九〇七
三四七八	三五四一三二九五七七七
三四七九	三五四一四五四四二八七
三四八〇	三五四一五七九二四三九
三四八一	三五四一七〇四〇二三三
三四八二	三五四一八二八七六六八
三四八三	三五四一九五三四七四五
三四八四	三五四二〇七八一四六三
三四八五	三五四二二〇二七八二四
三四八六	三五四二三二七三八二八
三四八七	三五四二四五一九四七四
三四八八	三五四二五七六四七六三
三四八九	三五四二七〇〇九六九四
三四九〇	三五四二八二五四二七〇
三四九一	三五四二九四九八四八八
三四九二	三五四三〇七四二三五〇
三四九三	三五四三一九八五八五六
三四九四	三五四三三二二九〇〇六
三四九五	三五四三四四七一八〇一
三四九六	三五四三五七一四二四〇
三四九七	三五四三六九五六三二三
三四九八	三五四三八一九八〇五一
三四九九	三五四三九四三九四二五
三五〇〇	三五四四〇六八〇四四四

續表

三五五一	三五五〇三五〇六七二三	三五〇一	三五四四一九二一一〇八
三五五二	三五五〇四七二九五七一	三五〇二	三五四四三一六一四一七
三五五三	三五五〇五九五二〇七五	三五〇三	三五四四四四〇一三七三
三五五四	三五五〇七一七四二三五	三五〇四	三五四四五六四〇九七五
三五五五	三五五〇八三九六〇五一	三五〇五	三五四四六八八〇二二三
三五五六	三五五〇九六一七五二三	三五〇六	三五四四八一一九一一八
三五五七	三五五一〇八三八六五二	三五〇七	三五四四九三五七六五九
三五五八	三五五一二〇五九四三七	三五〇八	三五四五〇五九五八四七
三五五九	三五五一三二七九八八〇	三五〇九	三五四五一八三三六八二
三五六〇	三五五一四四九九九八〇	三五一〇	三五四五三〇七一一六五
三五六一	三五五一五七一九七三七	三五一一	三五四五四三〇八二九五
三五六二	三五五一六九三九一五一	三五一二	三五四五五五四五〇七二
三五六三	三五五一八一五八二二四	三五一三	三五四五六七八一四九八
三五六四	三五五一九三七六九五四	三五一四	三五四五八〇一七五七二
三五六五	三五五二〇五九五三四二	三五一五	三五四五九二五三二九四
三五六六	三五五二一八一三三八八	三五一六	三五四六〇四八八六六四
三五六七	三五五二三〇三一〇九三	三五一七	三五四六一七二三六八三
三五六八	三五五二四二四八四五七	三五一八	三五四六二九五八三五一
三五六九	三五五二五四六五四八〇	三五一九	三五四六四一九二六六八
三五七〇	三五五二六六八二一六一	三五二〇	三五四六五四二六六三五
三五七一	三五五二七八九八五〇二	三五二一	三五四六六六六〇二五一
三五七二	三五五二九一一四五〇二	三五二二	三五四六七八九三五一六
三五七三	三五五三〇三三〇一六二	三五二三	三五四六九一二六四三二
三五七四	三五五三一五四五四八二	三五二四	三五四七〇三五八九九七
三五七五	三五五三二七六〇四六一	三五二五	三五四七一五九一二一三
三五七六	三五五三三九七五一〇一	三五二六	三五四七二八二三〇八〇
三五七七	三五五三五一八九四〇一	三五二七	三五四七四〇五四五九七
三五七八	三五五三六四〇三三六二	三五二八	三五四七五二八五七六五
三五七九	三五五三七六一六九八四	三五二九	三五四七六五一六五八四
三五八〇	三五五三八八三〇二六六	三五三〇	三五四七七七四七〇五四
三五八一	三五五四〇〇四三二一〇	三五三一	三五四七八九七七一七六
三五八二	三五五四一二五五八一五	三五三二	三五四八〇二〇六九四九
三五八三	三五五四二四六八〇八二	三五三三	三五四八一四三六三七四
三五八四	三五五四三六八〇〇一〇	三五三四	三五四八二六六五四五二
三五八五	三五五四四八九一六〇〇	三五三五	三五四八三八九四一八一
三五八六	三五五四六一〇二八五二	三五三六	三五四八五一二二五六三
三五八七	三五五四七三一三七六七	三五三七	三五四八六三五〇五九八
三五八八	三五五四八五二四三四四	三五三八	三五四八七五七八二八六
三五八九	三五五四九七三四五八三	三五三九	三五四八八八〇五六二六
三五九〇	三五五五〇九四四四八六	三五四〇	三五四九〇〇三二六二〇
三五九一	三五五五二一五四〇五一	三五四一	三五四九一二五九二六八
三五九二	三五五五三三六三二八〇	三五四二	三五四九二四八五五六九
三五九三	三五五五四五七二一七二	三五四三	三五四九三七一一五二三
三五九四	三五五五五七八〇七二八	三五四四	三五四九四九三七一三二
三五九五	三五五五六九八八九四七	三五四五	三五四九六一六二三九五
三五九六	三五五五八一九六八三一	三五四六	三五四九七三八七三一三
三五九七	三五五五九四〇四三七八	三五四七	三五四九八六一一八八五
三五九八	三五五六〇六一一五九〇	三五四八	三五四九九八三六一一二
三五九九	三五五六一八一八四六七	三五四九	三五五〇一〇五九九九三
三六〇〇	三五五六三〇二五〇〇八	三五五〇	三五五〇二二八三五三一

三六〇一	三五五六四二三一二一四
三六〇二	三五五六五四三七〇八五
三六〇三	三五五六六六四二六二一
三六〇四	三五五六七八四七八二三
三六〇五	三五五六九〇五二六九一
三六〇六	三五五七〇二五七二二四
三六〇七	三五五七一四六一四二三
三六〇八	三五五七二六六五二八九
三六〇九	三五五七三八六八八二一
三六一〇	三五五七五〇七二〇一九
三六一一	三五五七六二七四八八四
三六一二	三五五七七四七七四一六
三六一三	三五五七八六七九六一六
三六一四	三五五七九八八一四八二
三六一五	三五五八一〇八三〇一六
三六一六	三五五八二二八四二一八
三六一七	三五五八三四八五〇八八
三六一八	三五五八四六八五六二五
三六一九	三五五八五八八五八三一
三六二〇	三五五八七〇八五七〇五
三六二一	三五五八八二八五二四八
三六二二	三五五八九四八四四六〇
三六二三	三五五九〇六八三三四〇
三六二四	三五五九一八八一八九〇
三六二五	三五五九三〇八〇一〇九
三六二六	三五五九四二七七九九八
三六二七	三五五九五四七五五五六
三六二八	三五五九六六七二七八四
三六二九	三五五九七八六九六八二
三六三〇	三五五九九〇六六二五〇
三六三一	三五六〇〇二六二四八九
三六三二	三五六〇一四五八三九八
三六三三	三五六〇二六五三九七九
三六三四	三五六〇三八四九二三〇
三六三五	三五六〇五〇四四一五二
三六三六	三五六〇六二三八七四五
三六三七	三五六〇七四三三〇一一
三六三八	三五六〇八六二六九四七
三六三九	三五六〇九八二〇五五六
三六四〇	三五六一一〇一三八三六
三六四一	三五六一二二〇六七八九
三六四二	三五六一三三九九四一五
三六四三	三五六一四五九一七一二
三六四四	三五六一五七八三六八三
三六四五	三五六一六九七五三二七
三六四六	三五六一八一六六六四三
三六四七	三五六一九三五七六三三
三六四八	三五六二〇五四八二九七
三六四九	三五六二一七三八六三四
三六五〇	三五六二二九二八六四五
三六五一	三五六二四一一八三二九
三六五二	三五六二五三〇七六八九
三六五三	三五六二六四九六七二二
三六五四	三五六二七六八五四三〇
三六五五	三五六二八八七三八一三
三六五六	三五六三〇〇六一八七一
三六五七	三五六三一二四九六〇三
三六五八	三五六三二四三七〇一一
三六五九	三五六三三六二四〇九五
三六六〇	三五六三四八一〇八五四
三六六一	三五六三五九九七二八九
三六六二	三五六三七一八三四〇〇
三六六三	三五六三八三六九一八七
三六六四	三五六三九五四六五〇
三六六五	三五六四〇七三九七九〇
三六六六	三五六四一九二四六〇六
三六六七	三五六四三一〇九一〇〇
三六六八	三五六四四二九三二七〇
三六六九	三五六四五四七七一一八
三六七〇	三五六四六六六〇六四三
三六七一	三五六四七八四三八四五
三六七二	三五六四九〇二六七二五
三六七三	三五六五〇二〇九二八三
三六七四	三五六五一三九一五二〇
三六七五	三五六五二五七三四三四
三六七六	三五六五三七五五〇二七
三六七七	三五六五四九三六二九九
三六七八	三五六五六一一七二四九
三六七九	三五六五七二九七八七八
三六八〇	三五六五八四七八一八七
三六八一	三五六五九六五八一七四
三六八二	三五六六〇八三七八四二
三六八三	三五六六二〇一七一八九
三六八四	三五六六三一九六二一五
三六八五	三五六六四三七四九二二
三六八六	三五六六五五五三三〇九
三六八七	三五六六六七三一三七六
三六八八	三五六六七九〇九一二四
三六八九	三五六六九〇八六五五二
三六九〇	三五六七〇二六三六六二
三六九一	三五六七一四四〇四五二
三六九二	三五六七二六一六九二四
三六九三	三五六七三七九三〇七七
三六九四	三五六七四九六八九一一
三六九五	三五六七六一四四四二七
三六九六	三五六七七三一九六二五
三六九七	三五六七八四九四五〇六
三六九八	三五六七九六六九〇六八
三六九九	三五六八〇八四三三一三
三七〇〇	三五六八二〇一七二四一

續表

三七〇一	三五六八三一九〇八五一	三七五一	三五七四一四七〇六四二
三七〇二	三五六八四三六四一四四	三七五二	三五七四二六二八二九七
三七〇三	三五六八五五三七一二〇	三七五三	三五七四三七八五六四四
三七〇四	三五六八六七〇九七八〇	三七五四	三五七四四九四二六八三
三七〇五	三五六八七八八二一二三	三七五五	三五七四六〇九九四一三
三七〇六	三五六八九〇五四一五〇	三七五六	三五七四七二五五八三六
三七〇七	三五六九〇二二五八六〇	三七五七	三五七四八四一一九五一
三七〇八	三五六九一三九七二五五	三七五八	三五七四九五六七七五八
三七〇九	三五六九二五六八三三三	三七五九	三五七五〇七二三二五七
三七一〇	三五六九三七三九〇九六	三七六〇	三五七五一八七八四五〇
三七一一	三五六九四九〇九五四三	三七六一	三五七五三〇三三三三四
三七一二	三五六九六〇七九六七五	三七六二	三五七五四一八七九一二
三七一三	三五六九七二四九四九二	三七六三	三五七五五三四二一八三
三七一四	三五六九八四一八九九四	三七六四	三五七五六四九六一四八
三七一五	三五六九九五八八一八一	三七六五	三五七五七六四九八〇五
三七一六	三五七〇〇七五七〇五三	三七六六	三五七五八八〇三一五七
三七一七	三五七〇一九二五六一一	三七六七	三五七五九九五六二〇二
三七一八	三五七〇三〇九三八五四	三七六八	三五七六一一〇八九四一
三七一九	三五七〇四二六一七八四	三七六九	三五七六二二六一三七四
三七二〇	三五七〇五四二九三九九	三七七〇	三五七六三四一三五〇二
三七二一	三五七〇六五九六七〇〇	三七七一	三五七六四五六五三二四
三七二二	三五七〇七七六三六八八	三七七二	三五七六五七一六八四一
三七二三	三五七〇八九三〇三六二	三七七三	三五七六六八六八〇五二
三七二四	三五七一〇〇九六七二三	三七七四	三五七六八〇一八九五八
三七二五	三五七一一二六二七七一	三七七五	三五七六九一六九五六〇
三七二六	三五七一二四二八五〇六	三七七六	三五七七〇三一九八五六
三七二七	三五七一三五九三九二八	三七七七	三五七七一四六九八四八
三七二八	三五七一四七五九〇三七	三七七八	三五七七二六一九五三六
三七二九	三五七一五九二三八三四	三七七九	三五七七三七六八九一九
三七三〇	三五七一七〇八八三一八	三七八〇	三五七七四九一七九九八
三七三一	三五七一八二五二四九〇	三七八一	三五七七六〇六六七七四
三七三二	三五七一九四一六三五一	三七八二	三五七七七二一五二四五
三七三三	三五七二〇五七九八九九	三七八三	三五七七八三六三四一三
三七三四	三五七二一七四三一三六	三七八四	三五七七九五一一二七七
三七三五	三五七二二九〇六〇六二	三七八五	三五七八〇六五八八三八
三七三六	三五七二四〇六八六七六	三七八六	三五七八一八〇六〇九六
三七三七	三五七二五二三〇九七八	三七八七	三五七八二九五三〇五一
三七三八	三五七二六三九二九七〇	三七八八	三五七八四〇九九七〇三
三七三九	三五七二七五五四六五二	三七八九	三五七八五二四六〇五三
三七四〇	三五七二八七一六〇二二	三七九〇	三五七八六三九二一〇〇
三七四一	三五七二九八七七〇八二	三七九一	三五七八七五三七八四四
三七四二	三五七三一〇三七八三二	三七九二	三五七八八六八三二八七
三七四三	三五七三二一九八二七一	三七九三	三五七八九八二八四二七
三七四四	三五七三三三五八四〇一	三七九四	三五七九〇九七三二六六
三七四五	三五七三四五一八二二〇	三七九五	三五七九二一一七八〇二
三七四六	三五七三五六七七七三〇	三七九六	三五七九三二六二〇三八
三七四七	三五七三六八三六九三一	三七九七	三五七九四四〇五九七一
三七四八	三五七三七九九五八二二	三七九八	三五七九五五四九六〇四
三七四九	三五七三九一五四四〇四	三七九九	三五七九六六九二九三六
三七五〇	三五七四〇三一二六七七	三八〇〇	三五七九七八三五九六六

續表

三八〇一	三五七九八九七八六九六
三八〇二	三五八〇〇一二一一二五
三八〇三	三五八〇一二六三二五四
三八〇四	三五八〇二四〇五〇八三
三八〇五	三五八〇三五四六六一一
三八〇六	三五八〇四六八七八四〇
三八〇七	三五八〇五八二八七六八
三八〇八	三五八〇六九六九三九七
三八〇九	三五八〇八一〇九七二七
三八一〇	三五八〇九二四九七五七
三八一一	三五八一〇三八九四八八
三八一二	三五八一一五二八九二〇
三八一三	三五八一二六六八〇五三
三八一四	三五八一三八〇六八八七
三八一五	三五八一四九四五四二三
三八一六	三五八一六〇八三六六〇
三八一七	三五八一七二二一五九九
三八一八	三五八一八三五九二四一
三八一九	三五八一九四九六五八四
三八二〇	三五八二〇六三三九二九
三八二一	三五八二一七三〇三七七
三八二二	三五八二二九〇六八二七
三八二三	三五八二四〇四二九八〇
三八二四	三五八二五一七八八三六
三八二五	三五八二六三一四三九五
三八二六	三五八二七四四九六五七
三八二七	三五八二八五八四六二二
三八二八	三五八二九七一九二九一
三八二九	三五八三〇八五三六六三
三八三〇	三五八三一九八七七四〇
三八三一	三五八三三一二一五二〇
三八三二	三五八三四二五五〇〇四
三八三三	三五八三五三八八一九三
三八三四	三五八三六五二一〇八五
三八三五	三五八三七六五三六八三
三八三六	三五八三八七八五九八五
三八三七	三五八三九九一七九九二
三八三八	三五八四一〇四九七〇四
三八三九	三五八四二一八一一二一
三八四〇	三五八四三三一二二四四
三八四一	三五八四四四四三〇七二
三八四二	三五八四五五七三六〇五
三八四三	三五八四六七〇三八四五
三八四四	三五八四七八三三七九〇
三八四五	三五八四八九六三四四一
三八四六	三五八五〇〇九二七九九
三八四七	三五八五一二二一八六三
三八四八	三五八五二三五〇六三四
三八四九	三五八五三四七九一一一
三八五〇	三五八五四六〇七二九五

三八五一	三五八五五七三五一八六
三八五二	三五八五六八六二七八五
三八五三	三五八五七九九〇〇九〇
三八五四	三五八五九一一七一〇三
三八五五	三五八六〇二四三八二四
三八五六	三五八六一三七〇二五二
三八五七	三五八六二四九六三八九
三八五八	三五八六三六二二二三三
三八五九	三五八六四七四七七八六
三八六〇	三五八六五八七三〇四七
三八六一	三五八六六九九八〇一六
三八六二	三五八六八一二二六九四
三八六三	三五八六九二四七〇八一
三八六四	三五八七〇三七一一七七
三八六五	三五八七一四九四九八三
三八六六	三五八七二六一八四九七
三八六七	三五八七三七四一七二一
三八六八	三五八七四八六四六五四
三八六九	三五八七五九八七二九七
三八七〇	三五八七七一〇九六五〇
三八七一	三五八七八二三一七一三
三八七二	三五八七九三五三四八六
三八七三	三五八八〇四七四八七〇
三八七四	三五八八一五九六一六四
三八七五	三五八八二七一七〇六八
三八七六	三五八八三八三七六八四
三八七七	三五八八四九五八〇一〇
三八七八	三五八八六〇七八〇四七
三八七九	三五八八七一九七七九六
三八八〇	三五八八八三一七二五六
三八八一	三五八八九四三六四二七
三八八二	三五八九〇五五五三一一
三八八三	三五八九一六七三九〇五
三八八四	三五八九二七九二二一二
三八八五	三五八九三九一〇二三一
三八八六	三五八九五〇二七九六三
三八八七	三五八九六一四五四〇六
三八八八	三五八九七二六二五六三
三八八九	三五八九八三七九四三一
三八九〇	三五八九九四九六〇一三
三八九一	三五九〇六〇一二三〇八
三八九二	三五九〇一七二八三一六
三八九三	三五九〇二八四四〇三七
三八九四	三五九〇三九五九四七二
三八九五	三五九〇五〇七四六二〇
三八九六	三五九〇六一八九四八二
三八九七	三五九〇七三〇四〇五八
三八九八	三五九〇八四一八三四八
三八九九	三五九〇九五三二三五二
三九〇〇	三五九一〇六四六〇七〇

續表

三九〇一	三五九一一七五九五〇三	三九五一	三五九六七〇七〇二九七
三九〇二	三五九一二八七二六五一	三九五二	三五九六八一六九三五九
三九〇三	三五九一三九八五五一三	三九五三	三五九六九二六八一四三
三九〇四	三五九一五〇九八〇九〇	三九五四	三五九七〇三六六六五〇
三九〇五	三五九一六二一〇三八二	三九五五	三五九七一四六四八七八
三九〇六	三五九一七三二二三九〇	三九五六	三五九七二五六二八二九
三九〇七	三五九一八四三四一一二	三九五七	三五九七三六六〇五〇三
三九〇八	三五九一九五四五五五〇	三九五八	三五九七四七五七八九九
三九〇九	三五九二〇六五六七〇四	三九五九	三五九七五八五五〇一八
三九一〇	三五九二一七六七五七四	三九六〇	三五九七六九五一八五九
三九一一	三五九二二八七八一六〇	三九六一	三五九七八〇四八四二四
三九一二	三五九二三九八八四六一	三九六二	三五九七九一四四七一二
三九一三	三五九二五〇九八四七九	三九六三	三五九八〇二四〇七二三
三九一四	三五九二六二〇八二一三	三九六四	三五九八一三三六四五八
三九一五	三五九二七三一七六六四	三九六五	三五九八二四三一九一七
三九一六	三五九二八四二六八三一	三九六六	三五九八三五二七〇九九
三九一七	三五九二九五三五七一五	三九六七	三五九八四六二二〇〇五
三九一八	三五九三〇六四四三一七	三九六八	三五九八五七一六六三五
三九一九	三五九三一七五二六三五	三九六九	三五九八六八一〇九八九
三九二〇	三五九三二八六〇六七〇	三九七〇	三五九八七九〇五〇六八
三九二一	三五九三三九六八四二三	三九七一	三五九八八九九八八七一
三九二二	三五九三五〇七五八九三	三九七二	三五九九〇〇九二三九八
三九二三	三五九三六一八三〇八一	三九七三	三五九九一一八五六五一
三九二四	三五九三七二八九九八七	三九七四	三五九九二二七八六二八
三九二五	三五九三八三九六六一一	三九七五	三五九九三三七一三三〇
三九二六	三五九三九五〇二九五三	三九七六	三五九九四四六三七五七
三九二七	三五九四〇六〇九〇一三	三九七七	三五九九五五五五九一〇
三九二八	三五九四一七一四七九一	三九七八	三五九九六六四七七八八
三九二九	三五九四二八二〇二八八	三九七九	三五九九七七三九三九一
三九三〇	三五九四三九二五五〇四	三九八〇	三五九九八八三〇七二一
三九三一	三五九四五〇三〇四三八	三九八一	三五九九九九二一七七六
三九三二	三五九四六一三五〇九二	三九八二	三六〇〇一〇一二五五七
三九三三	三五九四七二三九四六四	三九八三	三六〇〇二一〇三〇六四
三九三四	三五九四八三四三五五六	三九八四	三六〇〇三一九三二九八
三九三五	三五九四九四四七三六七	三九八五	三六〇〇四二八三二五七
三九三六	三五九五〇五五〇八九八	三九八六	三六〇〇五三七二九四四
三九三七	三五九五一六五四一四八	三九八七	三六〇〇六四六二三五七
三九三八	三五九五二七五七一一八	三九八八	三六〇〇七五五一四九六
三九三九	三五九五三八五九八〇八	三九八九	三六〇〇八六四〇三六三
三九四〇	三五九五四九六二二一八	三九九〇	三六〇〇九七二八九五七
三九四一	三五九五六〇六四三四九	三九九一	三六〇一〇八一七二七八
三九四二	三五九五七一六六一九九	三九九二	三六〇一一九〇五三二六
三九四三	三五九五八二六七七七一	三九九三	三六〇一二九九三一〇二
三九四四	三五九五九三六九〇六三	三九九四	三六〇一四〇八〇六〇五
三九四五	三五九六〇四七〇〇七五	三九九五	三六〇一五一六七八三七
三九四六	三五九六一五七〇八〇九	三九九六	三六〇一六二五四七九六
三九四七	三五九六二六七一二六四	三九九七	三六〇一七三四一四八三
三九四八	三五九六三七七一四四〇	三九九八	三六〇一八四二七八九八
三九四九	三五九六四八七一三三七	三九九九	三六〇一九五一四〇四一
三九五〇	三五九六五九七〇九五六	四〇〇〇	三六〇二〇五九九九一三

續表

四〇〇一	三六〇二一六八五五一四	四〇五一	三六〇七五六二二四三二
四〇〇二	三六〇二二七七〇八四三	四〇五二	三六〇七六六九四三六七
四〇〇三	三六〇二三八五五九〇一	四〇五三	三六〇七七七六六〇三七
四〇〇四	三六〇二四九四〇六八八	四〇五四	三六〇七八八三七四四四
四〇〇五	三六〇二六〇二五二〇四	四〇五五	三六〇七九九〇八五八五
四〇〇六	三六〇二七一〇九四五〇	四〇五六	三六〇八〇九七九四六三
四〇〇七	三六〇二八一九三四二四	四〇五七	三六〇八二〇五〇〇七七
四〇〇八	三六〇二九二七七一二九	四〇五八	三六〇八三一二〇四二七
四〇〇九	三六〇三〇三六〇五六三	四〇五九	三六〇八四一九〇五一三
四〇一〇	三六〇三一四四三七二六	四〇六〇	三六〇八五二六〇三三六
四〇一一	三六〇三二五二六六二〇	四〇六一	三六〇八六三二九八九五
四〇一二	三六〇三三六〇九二四三	四〇六二	三六〇八七三九九一九一
四〇一三	三六〇三四六九一五九七	四〇六三	三六〇八八四六八二二三
四〇一四	三六〇三五七七三六八二	四〇六四	三六〇八九五三六九九三
四〇一五	三六〇三六八五五四九六	四〇六五	三六〇九〇六〇五四九九
四〇一六	三六〇三七九三七〇四一	四〇六六	三六〇九一六七三七四三
四〇一七	三六〇三九〇一八三一七	四〇六七	三六〇九二七四一七二四
四〇一八	三六〇四〇〇九九三二四	四〇六八	三六〇九三八〇九四四三
四〇一九	三六〇四一一八〇〇六二	四〇六九	三六〇九四八七六八九九
四〇二〇	三六〇四二二六〇五三一	四〇七〇	三六〇九五九四四〇九二
四〇二一	三六〇四三三四〇七三一	四〇七一	三六〇九七〇一一〇二四
四〇二二	三六〇四四四二〇六六三	四〇七二	三六〇九八〇七七六九三
四〇二三	三六〇四五五〇〇三二六	四〇七三	三六〇九九一四四一〇一
四〇二四	三六〇四六五七九七二〇	四〇七四	三六一〇〇二一〇二四七
四〇二五	三六〇四七六五八八四七	四〇七五	三六一〇一二七六一三一
四〇二六	三六〇四八七三七七〇六	四〇七六	三六一〇二三四一七五三
四〇二七	三六〇四九八一六二九六	四〇七七	三六一〇三四〇七一一五
四〇二八	三六〇五〇八九四六一九	四〇七八	三六一〇四四七二二一四
四〇二九	三六〇五一九七二六七四	四〇七九	三六一〇五五三七〇五三
四〇三〇	三六〇五三〇五〇四六一	四〇八〇	三六一〇六六〇一六三一
四〇三一	三六〇五四一二七九八二	四〇八一	三六一〇七六六五九四八
四〇三二	三六〇五五二〇五二三四	四〇八二	三六一〇八七三〇〇〇四
四〇三三	三六〇五六二八二二二〇	四〇八三	三六一〇九七九三七九九
四〇三四	三六〇五七三五八九三九	四〇八四	三六一一〇八五七三三四
四〇三五	三六〇五八四三五三九一	四〇八五	三六一一一九二〇六〇九
四〇三六	三六〇五九五一一五七六	四〇八六	三六一一二九八三六二三
四〇三七	三六〇六〇五八七四九四	四〇八七	三六一一四〇四六三七七
四〇三八	三六〇六一六六三一四六	四〇八八	三六一一五一〇八八七一
四〇三九	三六〇六二七三八五三二	四〇八九	三六一一六一七一一〇六
四〇四〇	三六〇六三八一三六五一	四〇九〇	三六一一七二三三〇八〇
四〇四一	三六〇六四八八八五〇四	四〇九一	三六一一八二九四七九五
四〇四二	三六〇六五九六三〇九二	四〇九二	三六一一九三五六二五〇
四〇四三	三六〇六七〇三七四一三	四〇九三	三六一二〇四一七四四六
四〇四四	三六〇六八一一一四六九	四〇九四	三六一二一四七八三八三
四〇四五	三六〇六九一八五二五九	四〇九五	三六一二二五三九〇六一
四〇四六	三六〇七〇二五八七八四	四〇九六	三六一二三五九九四八〇
四〇四七	三六〇七一三三二〇四四	四〇九七	三六一二四六五九六四〇
四〇四八	三六〇七二四〇五〇三八	四〇九八	三六一二五七一九五四一
四〇四九	三六〇七三四七七七六八	四〇九九	三六一二六七七九一八三
四〇五〇	三六〇七四五五〇二三二	四一〇〇	三六一二七八三八五六七

續表

四一五一	三六一八一五二七三三四	四一〇一	三六一二八八九七六九三
四一五二	三六一八二五七三四四八	四一〇二	三六一二九九五六五六〇
四一五三	三六一八三六一九三一一	四一〇三	三六一三一〇一五一七〇
四一五四	三六一八四六六四九二二	四一〇四	三六一三二〇七三五二一
四一五五	三六一八五七一〇二八一	四一〇五	三六一三三一三一六一五
四一五六	三六一八六七五五三八九	四一〇六	三六一三四一八九四五〇
四一五七	三六一八七八〇〇二四五	四一〇七	三六一三五二四七〇二九
四一五八	三六一八八八四四八五〇	四一〇八	三六一三六三〇四三四九
四一五九	三六一八九八八九二〇四	四一〇九	三六一三七三六一四一三
四一六〇	三六一九〇九三三三〇六	四一一〇	三六一三八四一八二一九
四一六一	三六一九一九七七一五八	四一一一	三六一三九四七四七六八
四一六二	三六一九三〇二〇七五九	四一一二	三六一四〇五三一〇六〇
四一六三	三六一九四〇六四一〇九	四一一三	三六一四一五八七〇九五
四一六四	三六一九五一〇七二〇八	四一一四	三六一四二六四二八七四
四一六五	三六一九六一五〇〇五七	四一一五	三六一四三六九八三九五
四一六六	三六一九七一九二六五六	四一一六	三六一四四七五三六六一
四一六七	三六一九八二三五〇〇五	四一一七	三六一四五八〇八六七〇
四一六八	三六一九九二七七一〇三	四一一八	三六一四六八六三四二三
四一六九	三六二〇〇三一八九五一	四一一九	三六一四七九一七九二〇
四一七〇	三六二〇一三六〇五五〇	四一二〇	三六一四八九七二一六〇
四一七一	三六二〇二四〇一八九八	四一二一	三六一五〇〇二六一四五
四一七二	三六二〇三四四二九九八	四一二二	三六一五一〇七九八七四
四一七三	三六二〇四四八三八四七	四一二三	三六一五二一三三三四八
四一七四	三六二〇五五二四四四七	四一二四	三六一五三一八六五六六
四一七五	三六二〇六五六四七九八	四一二五	三六一五四二三九五二九
四一七六	三六二〇七六〇四九〇〇	四一二六	三六一五五二九二二三六
四一七七	三六二〇八六四四七五三	四一二七	三六一五六三四四六八九
四一七八	三六二〇九六八四三五六	四一二八	三六一五七三九六八八六
四一七九	三六二一〇七二三七一一	四一二九	三六一五八四四八八二九
四一八〇	三六二一一七六二八一八	四一三〇	三六一五九五〇〇五一七
四一八一	三六二一二八〇一六七六	四一三一	三六一六〇五五一九五〇
四一八二	三六二一三八四〇二八五	四一三二	三六一六一六〇三一二八
四一八三	三六二一四八七八六四六	四一三三	三六一六二六五四〇五三
四一八四	三六二一五九一六七五九	四一三四	三六一六三七〇四七二三
四一八五	三六二一六九五四六二三	四一三五	三六一六四七五五一三九
四一八六	三六二一七九九二二四〇	四一三六	三六一六五八〇五三〇一
四一八七	三六二一九〇二九六〇九	四一三七	三六一六六八五五二〇九
四一八八	三六二二〇〇六六七三〇	四一三八	三六一六七九〇四八六三
四一八九	三六二二一一〇三六〇四	四一三九	三六一六八九五四二六四
四一九〇	三六二二二一四〇二三〇	四一四〇	三六一七〇〇〇三四一一
四一九一	三六二二三一七六六〇八	四一四一	三六一七一〇五二三〇五
四一九二	三六二二四二一二七四〇	四一四二	三六一七二一〇〇九四六
四一九三	三六二二五二四八六二四	四一四三	三六一七三一四九三三三
四一九四	三六二二六二八四二六一	四一四四	三六一七四一九七四六七
四一九五	三六二二七三一九六五二	四一四五	三六一七五二四五三四九
四一九六	三六二二八三五四七九五	四一四六	三六一七六二九二九七八
四一九七	三六二二九三八九六九二	四一四七	三六一七七三四〇三五四
四一九八	三六二三〇四二四三四二	四一四八	三六一七八三八七四七七
四一九九	三六二三一四五八七四六	四一四九	三六一七九四三四三四八
四二〇〇	三六二三二四九二九〇四	四一五〇	三六一八〇四八〇九六七

四二〇一	三六二三三五二六八一五
四二〇二	三六二三四五六〇四八一
四二〇三	三六二三五五九三九〇〇
四二〇四	三六二三六六二七〇七四
四二〇五	三六二三七六六〇〇〇一
四二〇六	三六二三八六九二六八四
四二〇七	三六二三九七二五一二〇
四二〇八	三六二四〇七五七三一一
四二〇九	三六二四一七八九二五七
四二一〇	三六二四二八二〇九五八
四二一一	三六二四三八五二四一四
四二一二	三六二四四八八三六二五
四二一三	三六二四五九一四五九一
四二一四	三六二四六九四五三一三
四二一五	三六二四七九七五七九〇
四二一六	三六二四九〇〇六〇二二
四二一七	三六二五〇〇三六〇一〇
四二一八	三六二五一〇六五七五四
四二一九	三六二五二〇九五二五四
四二二〇	三六二五三一二四五一〇
四二二一	三六二五四一五三五二二
四二二二	三六二五五一八二二九〇
四二二三	三六二五六二一〇八一四
四二二四	三六二五七二三九〇九五
四二二五	三六二五八二六七一三三
四二二六	三六二五九二九四九二七
四二二七	三六二六〇三二二四七八
四二二八	三六二六一三四九七八六
四二二九	三六二六二三七六八五一
四二三〇	三六二六三四〇三六七四
四二三一	三六二六四四三〇二五三
四二三二	三六二六五四五六五九〇
四二三三	三六二六六四八二六八五
四二三四	三六二六七五〇八五三七
四二三五	三六二六八五三四一四七
四二三六	三六二六九五五九五一四
四二三七	三六二七〇五八四六四〇
四二三八	三六二七一六〇九五二四
四二三九	三六二七二六三四一六六
四二四〇	三六二七三六五八五六六
四二四一	三六二七四六八二七二五
四二四二	三六二七五七〇六六四二
四二四三	三六二七六七三〇三一八
四二四四	三六二七七七五三七五二
四二四五	三六二七八七七六九四六
四二四六	三六二七九七九九八九八
四二四七	三六二八〇八二二六一〇
四二四八	三六二八一八四五〇八一
四二四九	三六二八二八六七三一一
四二五〇	三六二八三八八九三〇一

四二五一	三六二八四九一一〇五〇
四二五二	三六二八五九三二五五九
四二五三	三六二八六九五三八二七
四二五四	三六二八七九七四八五六
四二五五	三六二八八九九五六四四
四二五六	三六二九〇〇一六一九三
四二五七	三六二九一〇三六五〇二
四二五八	三六二九二〇五六五七一
四二五九	三六二九三〇七六四〇一
四二六〇	三六二九四〇九五九九一
四二六一	三六二九五一一五三四二
四二六二	三六二九六一三四四五四
四二六三	三六二九七一五三三二六
四二六四	三六二九八一七一九六〇
四二六五	三六二九九一九〇三五五
四二六六	三六三〇〇二〇八五一一
四二六七	三六三〇一二二六四二九
四二六八	三六三〇二二四四一〇八
四二六九	三六三〇三二六一五四八
四二七〇	三六三〇四二七八七五〇
四二七一	三六三〇五二九五七一四
四二七二	三六三〇六三一二四四〇
四二七三	三六三〇七三二八九二八
四二七四	三六三〇八三四五一七八
四二七五	三六三〇九三六一一九一
四二七六	三六三一〇三七六九六五
四二七七	三六三一一三九二五〇三
四二七八	三六三一二四〇七八〇二
四二七九	三六三一三四二二八六五
四二八〇	三六三一四四三七六九〇
四二八一	三六三一五四五二二七八
四二八二	三六三一六四六六六三〇
四二八三	三六三一七四八〇七四四
四二八四	三六三一八四九四六二二
四二八五	三六三一九五〇八二六三
四二八六	三六三二〇五二一六六七
四二八七	三六三二一五三四八三五
四二八八	三六三二二五四七七六七
四二八九	三六三二三五六〇四六二
四二九〇	三六三二四五七二九二二
四二九一	三六三二五五八五一四五
四二九二	三六三二六五九七一三三
四二九三	三六三二七六〇八八八五
四二九四	三六三二八六二〇四〇一
四二九五	三六三二九六三一六八二
四二九六	三六三三〇六四二七二七
四二九七	三六三三一六五三五三七
四二九八	三六三三二六六四一一二
四二九九	三六三三三六七四四五一
四三〇〇	三六三三四六八四五五六

續表

四三〇一	三六三三五六九四四二六
四三〇二	三六三三六七〇四〇六一
四三〇三	三六三三七七一三四六一
四三〇四	三六三三八七二二六二七
四三〇五	三六三三九七三一五五八
四三〇六	三六三四〇七四〇二五五
四三〇七	三六三四一七四八七一八
四三〇八	三六三四二七五六九四六
四三〇九	三六三四三七六四九四一
四三一〇	三六三四四七七二七〇二
四三一一	三六三四五七八〇二二九
四三一二	三六三四六七八七五二二
四三一三	三六三四七七九四五八一
四三一四	三六三四八八〇一四〇八
四三一五	三六三四九八〇八〇〇一
四三一六	三六三五〇八一四三六〇
四三一七	三六三五一八二〇四八七
四三一八	三六三五二八二六三八〇
四三一九	三六三五三八三二〇四〇
四三二〇	三六三五四八三七四六八
四三二一	三六三五五八四二六六三
四三二二	三六三五六八四七六二五
四三二三	三六三五七八五二三五五
四三二四	三六三五八八五六八五三
四三二五	三六三五九八六一一一八
四三二六	三六三六〇八六五一五一
四三二七	三六三六一八六八九五二
四三二八	三六三六二八七二五二一
四三二九	三六三六三八七五八五八
四三三〇	三六三六四八七八九六四
四三三一	三六三六五八八一八三七
四三三二	三六三六六八八四四八〇
四三三三	三六三六七八八六八九〇
四三三四	三六三六八八八九〇七〇
四三三五	三六三六九八九一〇一八
四三三六	三六三七〇八九二七三五
四三三七	三六三七一八九四二二一
四三三八	三六三七二八九五四七七
四三三九	三六三七三八九六五〇一
四三四〇	三六三七四八九七二九五
四三四一	三六三七五八九七八五八
四三四二	三六三七六八九八一九一
四三四三	三六三七七八九八二九四
四三四四	三六三七八八九八一六六
四三四五	三六三七九八九七八〇八
四三四六	三六三八〇八九七二二〇
四三四七	三六三八一八九六四〇二
四三四八	三六三八二八九五三五四
四三四九	三六三八三八九四〇七七
四三五〇	三六三八四八九二五七〇

四三五一	三六三八五八九〇八三三
四三五二	三六三八六八八八八六七
四三五三	三六三八七八八六六七二
四三五四	三六三八八八八四二四七
四三五五	三六三八九八八一五九三
四三五六	三六三九〇八七八七一一
四三五七	三六三九一八七五五九九
四三五八	三六三九二八七二二五九
四三五九	三六三九三八六八六九〇
四三六〇	三六三九四八六四八九三
四三六一	三六三九五八六〇八六七
四三六二	三六三九六八五六六一二
四三六三	三六三九七八五二一三〇
四三六四	三六三九八八四七四一九
四三六五	三六三九九八四二四八〇
四三六六	三六四〇〇八三七三一四
四三六七	三六四〇一八三一九一九
四三六八	三六四〇二八二六二九七
四三六九	三六四〇三八二〇四四七
四三七〇	三六四〇四八一四三七〇
四三七一	三六四〇五八〇八〇六五
四三七二	三六四〇六八〇一五三三
四三七三	三六四〇七七九四七七三
四三七四	三六四〇八七八七七八七
四三七五	三六四〇九七八〇五七四
四三七六	三六四一〇七七三一三三
四三七七	三六四一一七六五四六六
四三七八	三六四一二七五七五七二
四三七九	三六四一三七四九四五二
四三八〇	三六四一四七四一一〇五
四三八一	三六四一五七三二五三二
四三八二	三六四一六七二三八三二
四三八三	三六四一七七一四七〇七
四三八四	三六四一八七〇五四五五
四三八五	三六四一九六九五九七七
四三八六	三六四二〇六八六二七三
四三八七	三六四二一六七六三四四
四三八八	三六四二二六六六一八九
四三八九	三六四二三六五五八〇八
四三九〇	三六四二四六四五二〇二
四三九一	三六四二五六三四三七一
四三九二	三六四二六六二三三一四
四三九三	三六四二七六一二〇三三
四三九四	三六四二八六〇〇五二六
四三九五	三六四二九五八八七九四
四三九六	三六四三〇五七六八三八
四三九七	三六四三一五六四六五六
四三九八	三六四三二五五二二五〇
四三九九	三六四三三五三九六二〇
四四〇〇	三六四三四五二六七六五

續表

四四〇一	三六四三五五一三六八六
四四〇二	三六四三六五〇〇三八二
四四〇三	三六四三七四八六八五五
四四〇四	三六四三八四七三一〇三
四四〇五	三六四三九四五九一二七
四四〇六	三六四四〇四四四九二八
四四〇七	三六四四一四三〇五〇五
四四〇八	三六四四二四一五八五八
四四〇九	三六四四三四〇〇九八八
四四一〇	三六四四四三八五八九五
四四一一	三六四四五三七〇五七八
四四一二	三六四四六三五五〇三八
四四一三	三六四四七三三九二七四
四四一四	三六四四八三二三二八八
四四一五	三六四四九三〇七〇七九
四四一六	三六四五〇二九〇六四七
四四一七	三六四五一二七三九九三
四四一八	三六四五二二五七一一五
四四一九	三六四五三二四〇〇一六
四四二〇	三六四五四二二二六九三
四四二一	三六四五五二〇五一四九
四四二二	三六四五六一八七三八二
四四二三	三六四五七一六九三九四
四四二四	三六四五八一五一一八三
四四二五	三六四五九一三二七五〇
四四二六	三六四六〇一一四〇九六
四四二七	三六四六一〇九五二二〇
四四二八	三六四六二〇七六一二二
四四二九	三六四六三〇五六八〇三
四四三〇	三六四六四〇三七二六二
四四三一	三六四六五〇一七五〇〇
四四三二	三六四六五九九七五一七
四四三三	三六四六六九七七三一三
四四三四	三六四六七九五六八八八
四四三五	三六四六八九三六二四二
四四三六	三六四六九九一五三七五
四四三七	三六四七〇八九四二八七
四四三八	三六四七一八七二九七九
四四三九	三六四七二八五一四五〇
四四四〇	三六四七三八二九七〇一
四四四一	三六四七四八〇七七三二
四四四二	三六四七五七八五五四二
四四四三	三六四七六七六三一三二
四四四四	三六四七七七四〇五〇三
四四四五	三六四七八七一七六五三
四四四六	三六四七九六九四五八四
四四四七	三六四八〇六七一二九四
四四四八	三六四八一六四七七八六
四四四九	三六四八二六二四〇五七
四四五〇	三六四八三六〇〇一一〇
四四五一	三六四八四五七五九四三
四四五二	三六四八五五五一五五七
四四五三	三六四八六五二六九五一
四四五四	三六四八七五〇二一二七
四四五五	三六四八八四七七〇八四
四四五六	三六四八九四五一八二二
四四五七	三六四九〇四二六三四一
四四五八	三六四九一四〇〇六四一
四四五九	三六四九二三七四七二三
四四六〇	三六四九三三四八五八七
四四六一	三六四九四三二二二三二
四四六二	三六四九五二九五六六〇
四四六三	三六四九六二六八八六八
四四六四	三六四九七二四一八五九
四四六五	三六四九八二一四六三二
四四六六	三六四九九一八七一八七
四四六七	三六五〇〇一五九五二五
四四六八	三六五〇一一三一六四四
四四六九	三六五〇二一〇三五四七
四四七〇	三六五〇三〇七五二三一
四四七一	三六五〇四〇四六六九九
四四七二	三六五〇五〇一七九四九
四四七三	三六五〇五九八八九八二
四四七四	三六五〇六九五九七九八
四四七五	三六五〇七九三〇三九七
四四七六	三六五〇八九〇〇七七九
四四七七	三六五〇九八七〇九四四
四四七八	三六五一〇八四〇八九二
四四七九	三六五一一八一〇六二四
四四八〇	三六五一二七八〇一四〇
四四八一	三六五一三七四九四三九
四四八二	三六五一四七一八五二二
四四八三	三六五一五六八七三八九
四四八四	三六五一六六五六〇三九
四四八五	三六五一七六二四四七四
四四八六	三六五一八五九二六九二
四四八七	三六五一九五六〇六九五
四四八八	三六五二〇五二八四八二
四四八九	三六五二一四九六〇五四
四四九〇	三六五二二四六三四一〇
四四九一	三六五二三四三〇五五一
四四九二	三六五二四三九七四七六
四四九三	三六五二五三六四一八六
四四九四	三六五二六三三〇六八一
四四九五	三六五二七二九六九六一
四四九六	三六五二八二六三〇二六
四四九七	三六五二九二二八八七六
四四九八	三六五三〇一九四五一一
四四九九	三六五三一一五九九三二
四五〇〇	三六五三二一二五一三八

續表

四五〇一	三六五三三〇九〇一二九	四五五一	三六五八一〇六八三五五
四五〇二	三六五三四〇五四九〇七	四五五二	三六五八二〇二二五三四
四五〇三	三六五三五〇一九四七〇	四五五三	三六五八二九七六五〇三
四五〇四	三六五三五九八三八一八	四五五四	三六五八三九三〇二六三
四五〇五	三六五三六九四七九五三	四五五五	三六五八四八八三八一三
四五〇六	三六五三七九一一八七四	四五五六	三六五八五八三七一五四
四五〇七	三六五三八八七五五八一	四五五七	三六五八六七九〇二八六
四五〇八	三六五三九八三九〇七四	四五五八	三六五八七七四三二〇八
四五〇九	三六五四〇八〇二三五三	四五五九	三六五八八六九五九二二
四五一〇	三六五四一七六五四一九	四五六〇	三六五八九六四八四二七
四五一一	三六五四二七二八二七一	四五六一	三六五九〇六〇〇七二二
四五一二	三六五四三六九〇九一〇	四五六二	三六五九一五五二八〇九
四五一三	三六五四四六五三三三五	四五六三	三六五九二五〇四六八八
四五一四	三六五四五六一五五四七	四五六四	三六五九三四五六三五七
四五一五	三六五四六五七七五四六	四五六五	三六五九四四〇七八一九
四五一六	三六五四七五三九三三三	四五六六	三六五九五三五九〇七二
四五一七	三六五四八五〇〇九〇六	四五六七	三六五九六三一〇一一六
四五一八	三六五四九四六二二六六	四五六八	三六五九七二六〇九五二
四五一九	三六五五〇四二三四一三	四五六九	三六五九八二一一五八一
四五二〇	三六五五一三八四三四八	四五七〇	三六五九九一六二〇〇一
四五二一	三六五五二三四五〇七〇	四五七一	三六六〇〇一一二二一三
四五二二	三六五五三三〇五五八〇	四五七二	三六六〇一〇六二二一七
四五二三	三六五五四二六五八七七	四五七三	三六六〇二〇一二〇一四
四五二四	三六五五五二二五九六三	四五七四	三六六〇二九六一六〇三
四五二五	三六五五六一八五八三五	四五七五	三六六〇三九一〇九八四
四五二六	三六五五七一四五四九六	四五七六	三六六〇四八六〇一五八
四五二七	三六五五八一〇四九四五	四五七七	三六六〇五八〇九一二四
四五二八	三六五五九〇六四一八二	四五七八	三六六〇六七五七八八三
四五二九	三六五六〇〇二三二〇七	四五七九	三六六〇七七〇六四三五
四五三〇	三六五六〇九八二〇二〇	四五八〇	三六六〇八六五四七八〇
四五三一	三六五六一九四〇六二二	四五八一	三六六〇九六〇二九一八
四五三二	三六五六二八九九〇一二	四五八二	三六六一〇五五〇八四九
四五三三	三六五六三八五七一九一	四五八三	三六六一一四九八五七二
四五三四	三六五六四八一五一五八	四五八四	三六六一二四四六〇九〇
四五三五	三六五六五七七二九一四	四五八五	三六六一三三九三四〇〇
四五三六	三六五六六七三〇四五九	四五八六	三六六一四三四〇五〇四
四五三七	三六五六七六八七七九三	四五八七	三六六一五二八七四〇一
四五三八	三六五六八六四四九一五	四五八八	三六六一六二三四〇九二
四五三九	三六五六九六〇一八二七	四五八九	三六六一七一八〇五七七
四五四〇	三六五七〇五五八五二九	四五九〇	三六六一八一二六八五五
四五四一	三六五七一五一五〇一九	四五九一	三六六一九〇七二九二八
四五四二	三六五七二四七一二九九	四五九二	三六六二〇〇一八七九四
四五四三	三六五七三四二七三六八	四五九三	三六六二〇九六四四五四
四五四四	三六五七四三八三二二七	四五九四	三六六二一九〇九九〇九
四五四五	三六五七五三三八八七六	四五九五	三六六二二八五五一五七
四五四六	三六五七六二九四三一四	四五九六	三六六二三八〇〇二〇〇
四五四七	三六五七七二四九五四二	四五九七	三六六二四七四五〇三八
四五四八	三六五七八二〇四五六〇	四五九八	三六六二五六八九六六九
四五四九	三六五七九一五九三六八	四五九九	三六六二六六三四〇九六
四五五〇	三六五八〇一一三九六七	四六〇〇	三六六二七五七八三一七

續表

數	對數
四六〇一	三六六二八五二二三三三
四六〇二	三六六二九四六六一四三
四六〇三	三六六三〇四〇九七四九
四六〇四	三六六三一三五三一五〇
四六〇五	三六六三二二九六三四五
四六〇六	三六六三三二三九三三六
四六〇七	三六六三四一八二一二三
四六〇八	三六六三五一二四七〇四
四六〇九	三六六三六〇六七〇八一
四六一〇	三六六三七〇〇九二五四
四六一一	三六六三七九五一二二二
四六一二	三六六三八八九二九八六
四六一三	三六六三九八三四五四六
四六一四	三六六四〇七七五九〇二
四六一五	三六六四一七一七〇五四
四六一六	三六六四二六五八〇〇一
四六一七	三六六四三五九八七四六
四六一八	三六六四四五三九二八六
四六一九	三六六四五四七九六二二
四六二〇	三六六四六四一九七五六
四六二一	三六六四七三五九六八五
四六二二	三六六四八二九九四一一
四六二三	三六六四九二三八九三四
四六二四	三六六五〇一七八二五四
四六二五	三六六五一一一七三七一
四六二六	三六六五二〇五六二八四
四六二七	三六六五二九九四九九五
四六二八	三六六五三九三三五〇三
四六二九	三六六五四八七一八〇八
四六三〇	三六六五五八〇九九一〇
四六三一	三六六五六七四七八一〇
四六三二	三六六五七六八五五〇七
四六三三	三六六五八六二三〇〇二
四六三四	三六六五九五六〇二九五
四六三五	三六六六〇四九七三八五
四六三六	三六六六一四三四二七三
四六三七	三六六六二三七〇九五九
四六三八	三六六六三三〇七四四三
四六三九	三六六六四二四三七二五
四六四〇	三六六六五一七九八〇六
四六四一	三六六六六一一五六八四
四六四二	三六六六七〇五一三六一
四六四三	三六六六七九八六八三七
四六四四	三六六六八九二二一一一
四六四五	三六六六九八五七一八三
四六四六	三六六七〇七九二〇五五
四六四七	三六六七一七二六七二五
四六四八	三六六七二六六一一九四
四六四九	三六六七三五九五四六二
四六五〇	三六六七四五二九五二九
四六五一	三六六七五四六三三九五
四六五二	三六六七六三九七〇六一
四六五三	三六六七七三三〇五二五
四六五四	三六六七八二六三七九〇
四六五五	三六六七九一九六八五三
四六五六	三六六八〇一二九七一六
四六五七	三六六八一〇六二三七九
四六五八	三六六八一九九四八四二
四六五九	三六六八二九二七一〇四
四六六〇	三六六八三八五九一六七
四六六一	三六六八四七九一〇二九
四六六二	三六六八五七二二六九二
四六六三	三六六八六六五四一五五
四六六四	三六六八七五八五四一八
四六六五	三六六八八五一六四八一
四六六六	三六六九九四四七三四五
四六六七	三六六九〇三七八〇〇九
四六六八	三六六九一三〇八四七四
四六六九	三六六九二二三八七三九
四六七〇	三六六九三一六八八〇六
四六七一	三六六九四〇九八六七三
四六七二	三六六九五〇二八三四一
四六七三	三六六九五九五七八一〇
四六七四	三六六九六八八七〇八一
四六七五	三六六九七八一六一五二
四六七六	三六六九八七四五〇二五
四六七七	三六六九九六七三六九九
四六七八	三六七〇〇六〇二一七五
四六七九	三六七〇一五三〇四五二
四六八〇	三六七〇二四五八五三一
四六八一	三六七〇三三八六四一一
四六八二	三六七〇四三一四〇九四
四六八三	三六七〇五二四一五七八
四六八四	三六七〇六一六八八六四
四六八五	三六七〇七〇九五九五二
四六八六	三六七〇八〇二二八四三
四六八七	三六七〇八九四九五三五
四六八八	三六七〇九八七六〇三〇
四六八九	三六七一〇八〇二三二七
四六九〇	三六七一一七二八四二七
四六九一	三六七一二六五四三二九
四六九二	三六七一三五八〇〇三四
四六九三	三六七一四五〇五五四二
四六九四	三六七一五四三〇八五三
四六九五	三六七一六三五五九六六
四六九六	三六七一七二八〇八八二
四六九七	三六七一八二〇五六〇二
四六九八	三六七一九一三〇一二四
四六九九	三六七二〇〇五四四五〇
四七〇〇	三六七二〇九七八五七九

四七五一	三六七六七八五〇三〇四	四七〇一	三六七二一九〇二五一二
四七五二	三六七六八七六四三二〇	四七〇二	三六七二二八二六二四八
四七五三	三六七六九六七八一四三	四七〇三	三六七二三七四九七八七
四七五四	三六七七〇五九一七七四	四七〇四	三六七二四六七三一三一
四七五五	三六七七一五〇五二一三	四七〇五	三六七二五五九六二七八
四七五六	三六七七二四一八四五九	四七〇六	三六七二六五一九二二八
四七五七	三六七七三三三一五一四	四七〇七	三六七二七四四一九八三
四七五八	三六七七四二四四三七七	四七〇八	三六七二八三六四五四二
四七五九	三六七七五一五七〇四八	四七〇九	三六七二九二八六九〇四
四七六〇	三六七七六〇六九五二七	四七一〇	三六七三〇二〇九〇七一
四七六一	三六七七六九八一八一五	四七一一	三六七三一一三一〇四二
四七六二	三六七七七八九三九一一	四七一二	三六七三二〇五二八一八
四七六三	三六七七八八〇五八一五	四七一三	三六七三二九七四三九八
四七六四	三六七七九七一七五二八	四七一四	三六七三三八九五七八二
四七六五	三六七八〇六二九〇五〇	四七一五	三六七三四八一六九七一
四七六六	三六七八一五四〇三八〇	四七一六	三六七三五七三七九六四
四七六七	三六七八二四五一五一九	四七一七	三六七三六六五八七六二
四七六八	三六七八三三六二四六七	四七一八	三六七三七五七九三六五
四七六九	三六七八四二七三二二四	四七一九	三六七三八四九九七七三
四七七〇	三六七八五一八三七九〇	四七二〇	三六七三九四一九九八六
四七七一	三六七八六〇九四一六六	四七二一	三六七四〇三四〇〇〇四
四七七二	三六七八七〇〇四三五〇	四七二二	三六七四一二五九八二七
四七七三	三六七八七九一四三四四	四七二三	三六七四二一七九四五六
四七七四	三六七八八八二四一四七	四七二四	三六七四三〇九八八八九
四七七五	三六七八九七三三七五九	四七二五	三六七四四〇一八一二八
四七七六	三六七九〇六四三一八一	四七二六	三六七四四九三七一七三
四七七七	三六七九一五五二四一三	四七二七	三六七四五八五六〇二三
四七七八	三六七九二四六一四五四	四七二八	三六七四六七七四六七九
四七七九	三六七九三三七〇三〇五	四七二九	三六七四七六九三一四〇
四七八〇	三六七九四二七八九六六	四七三〇	三六七四八六一一四〇七
四七八一	三六七九五一八七四三七	四七三一	三六七四九五二九四八〇
四七八二	三六七九六〇九五七一八	四七三二	三六七五〇四四七三六〇
四七八三	三六七九七〇〇三八〇九	四七三三	三六七五一三六五〇四五
四七八四	三六七九七九一一七一〇	四七三四	三六七五二二八二五三六
四七八五	三六七九八八一九四二一	四七三五	三六七五三一九九八三三
四七八六	三六八〇九七二六九四三	四七三六	三六七五四一一六九三七
四七八七	三六八〇〇六三四二七五	四七三七	三六七五五〇三三八四七
四七八八	三六八〇一五四一四一七	四七三八	三六七五五九五〇五六四
四七八九	三六八〇二四四八三七〇	四七三九	三六七五六八六七〇八七
四七九〇	三六八〇三三五五一三四	四七四〇	三六七五七七八三四一七
四七九一	三六八〇四二六一七〇九	四七四一	三六七五八六九九五五三
四七九二	三六八〇五一六八〇九四	四七四二	三六七五九六一五四九六
四七九三	三六八〇六〇七四二九〇	四七四三	三六七六〇五三一二四七
四七九四	三六八〇六九八〇二九七	四七四四	三六七六一四四六八〇四
四七九五	三六八〇七八八六一一五	四七四五	三六七六二三六二一六八
四七九六	三六八〇八七九一七四四	四七四六	三六七六三二七三三九
四七九七	三六八〇九六九七一八五	四七四七	三六七六四一九二三一七
四七九八	三六八一〇六〇二四三六	四七四八	三六七六五一〇七一〇二
四七九九	三六八一一五〇七四九九	四七四九	三六七六六〇二一六九六
四八〇〇	三六八一二四一二三七四	四七五〇	三六七六六九三六〇九六

續表

四八〇一	三六八一三三一七〇六〇
四八〇二	三六八一四二二一五五七
四八〇三	三六八一五一二五八六六
四八〇四	三六八一六〇二九九八七
四八〇五	三六八一六九三三九二〇
四八〇六	三六八一七八三七六六五
四八〇七	三六八一八七四一二二一
四八〇八	三六八一九六四四五九〇
四八〇九	三六八二〇五四七七七一
四八一〇	三六八二一四五〇七六四
四八一一	三六八二二三五三五六九
四八一二	三六八二三二五六一八七
四八一三	三六八二四一五八六一七
四八一四	三六八二五〇六〇八五九
四八一五	三六八二五九六二九一五
四八一六	三六八二六八六四七八二
四八一七	三六八二七七六六四六三
四八一八	三六八二八六六七九五七
四八一九	三六八二九五六九二六三
四八二〇	三六八三〇四七〇三八二
四八二一	三六八三一三七一三一五
四八二二	三六八三二二七二〇六〇
四八二三	三六八三三一七二六一九
四八二四	三六八三四〇七二九九一
四八二五	三六八三四九七三一七七
四八二六	三六八三五八七三一七六
四八二七	三六八三六七七二九八八
四八二八	三六八三七六七二六一四
四八二九	三六八三八五七二〇五四
四八三〇	三六八三九四七一三〇八
四八三一	三六八四〇三七〇三七五
四八三二	三六八四一二六九二五六
四八三三	三六八四二一六七九五一
四八三四	三六八四三〇六六四六一
四八三五	三六八四三九六四七八四
四八三六	三六八四四八六二九二二
四八三七	三六八四五七六〇八七四
四八三八	三六八四六六五八六四〇
四八三九	三六八四七五五六二二一
四八四〇	三六八四八四五三六一六
四八四一	三六八四九三五〇八二六
四八四二	三六八五〇二四七八五一
四八四三	三六八五一一四四六九〇
四八四四	三六八五二〇四一三四五
四八四五	三六八五二九三七八一四
四八四六	三六八五三八三四〇九八
四八四七	三六八五四七三〇一九七
四八四八	三六八五五六二六一一二
四八四九	三六八五六五二一八四一
四八五〇	三六八五七四一七三八六
四八五一	三六八五八三一二七四六
四八五二	三六八五九二〇七九二二
四八五三	三六八六〇一〇二九一三
四八五四	三六八六〇九九七七二〇
四八五五	三六八六一八九二三四二
四八五六	三六八六二七八六七八一
四八五七	三六八六三六八一〇三五
四八五八	三六八六四五七五一〇五
四八五九	三六八六五四六八九九一
四八六〇	三六八六六三六二六九三
四八六一	三六八六七二五六二一一
四八六二	三六八六八一四九五四五
四八六三	三六八六九〇四二六九六
四八六四	三六八六九九三五六六三
四八六五	三六八七〇八二八四四六
四八六六	三六八七一七二一〇四六
四八六七	三六八七二六一三四六二
四八六八	三六八七三五〇五六九六
四八六九	三六八七四三九七七四五
四八七〇	三六八七五二八九六一二
四八七一	三六八七六一八一二九六
四八七二	三六八七七〇七二七九六
四八七三	三六八七七九六四一一四
四八七四	三六八七八八五五二四八
四八七五	三六八七九七四六二〇〇
四八七六	三六八八〇六三六九六九
四八七七	三六八八一五二七五五六
四八七八	三六八八二四一七九六〇
四八七九	三六八八三三〇八一八一
四八八〇	三六八八四一九八二二〇
四八八一	三六八八五〇八八〇七七
四八八二	三六八八五九七七七五一
四八八三	三六八八六八六七二四三
四八八四	三六八八七七五六五五三
四八八五	三六八八八六四五六八一
四八八六	三六八八九五三四六二六
四八八七	三六八九〇四二三三九〇
四八八八	三六八九一三一一九七二
四八八九	三六八九二二〇〇三七三
四八九〇	三六八九三〇八八五九一
四八九一	三六八九三九七六六二八
四八九二	三六八九四八六四四八四
四八九三	三六八九五七五二一五八
四八九四	三六八九六六三九六五〇
四八九五	三六八九七五二六九六一
四八九六	三六八九八四一四〇九一
四八九七	三六八九九三〇一〇四〇
四八九八	三六九〇〇一八七八〇八
四八九九	三六九〇一〇七四三九五
四九〇〇	三六九〇一九六〇八〇〇

續表

四九〇一	三六九〇二八四七〇二五
四九〇二	三六九〇三七三三〇六九
四九〇三	三六九〇四六一八九三二
四九〇四	三六九〇五五〇四六一五
四九〇五	三六九〇六三九〇一一七
四九〇六	三六九〇七二七五四三九
四九〇七	三六九〇八一六〇五八〇
四九〇八	三六九〇九〇四五五四一
四九〇九	三六九〇九九三〇三二一
四九一〇	三六九一〇八一四九二一
四九一一	三六九一一六九九三四一
四九一二	三六九一二五八三五八一
四九一三	三六九一三四六七六四一
四九一四	三六九一四三五一五二一
四九一五	三六九一五二三五二二二
四九一六	三六九一六一一八七四二
四九一七	三六九一七〇〇二〇八三
四九一八	三六九一七八八五二四四
四九一九	三六九一八七六八二二六
四九二〇	三六九一九六五一〇二八
四九二一	三六九二〇五三三六五〇
四九二二	三六九二一四一六〇九四
四九二三	三六九二二二九八三五八
四九二四	三六九二三一八〇四四三
四九二五	三六九二四〇六二三四八
四九二六	三七九二四九四四〇七五
四九二七	三六九二五八二五六二三
四九二八	三六九二六七〇六九九二
四九二九	三六九二七五八八一八二
四九三〇	三六九二八四六九一九三
四九三一	三六九二九三五〇〇二五
四九三二	三六九三〇二三〇六七九
四九三三	三六九三一一一一一五五
四九三四	三六九三一九九一四五二
四九三五	三六九三二八七一五七〇
四九三六	三六九三三七五一五一〇
四九三七	三六九三四六三一二七二
四九三八	三六九三五五一〇八五六
四九三九	三六九三六三九〇二六二
四九四〇	三六九三七二六九四八九
四九四一	三六九三八一四八五三九
四九四二	三六九三九〇二七四一一
四九四三	三六九三九九〇六一〇五
四九四四	三六九四〇七八四六二一
四九四五	三六九四一六六二九五九
四九四六	三六九四二五四一一二〇
四九四七	三六九四三四一九一〇四
四九四八	三六九四四二九六九一〇
四九四九	三六九四五一七四五三八
四九五〇	三六九四六〇五一九八九
四九五一	三六九四六九二九二六三
四九五二	三六九四七八〇六三六〇
四九五三	三六九四八六八三二八〇
四九五四	三六九四九五六〇〇二二
四九五五	三六九五〇四三六五八八
四九五六	三六九五一三一二九七七
四九五七	三六九五二一八九一八九
四九五八	三六九五三〇六五二二四
四九五九	三六九五三九四一〇八三
四九六〇	三六九五四八一六七六五
四九六一	三六九五五六九二二七〇
四九六二	三六九五六五六七五九九
四九六三	三六九五七四四二七五二
四九六四	三六九五八三一七七八二
四九六五	三六九五九一九二五二八
四九六六	三六九六〇〇六七一五二
四九六七	三六九六〇九四一六〇〇
四九六八	三六九六一八一五八七二
四九六九	三六九六二六八九九六七
四九七〇	三六九六三五六三八八七
四九七一	三六九六四四三七六三一
四九七二	三六九六五三一一二〇〇
四九七三	三六九六六一八四五九二
四九七四	三六九六七〇五七八〇九
四九七五	三六九六七九三〇八五一
四九七六	三六九六八八〇三七一七
四九七七	三六九六九六七六四〇七
四九七八	三六九七〇五四八九二三
四九七九	三六九七一四二一二六三
四九八〇	三六九七二二九三四二八
四九八一	三六九七三一六五四一七
四九八二	三六九七四〇三七二三二
四九八三	三六九七四九〇八八七二
四九八四	三六九七五七八〇三三七
四九八五	三六九七六六五一六二六
四九八六	三六九七七五二二七四二
四九八七	三六九七八三九三六八二
四九八八	三六九七九二六四四四八
四九八九	三六九八〇一三五〇三九
四九九〇	三六九八一〇〇五四五六
四九九一	三六九八一八七五六九九
四九九二	三六九八二七四五七六七
四九九三	三六九八三六一五六六一
四九九四	三六九八四四八五三八〇
四九九五	三六九八五三五四九二六
四九九六	三六九八六二二四二九七
四九九七	三六九八七〇九三四九四
四九九八	三六九八七九六二五一八
四九九九	三六九八八八三一三六八
五〇〇〇	三六九八九七〇〇〇四三

續表

五〇〇一	三六九九〇五六八五四五	五〇五一	三七〇三三七七三六八五
五〇〇二	三六九九一四三六八七四	五〇五二	三七〇三四六三三四一九
五〇〇三	三六九九二三〇五〇二九	五〇五三	三七〇三五四九二九八二
五〇〇四	三六九九三一七三〇一〇	五〇五四	三七〇三六三五二三七六
五〇〇五	三六九九四〇四〇八一八	五〇五五	三七〇三七二一一五九九
五〇〇六	三六九九四九〇八四五三	五〇五六	三七〇三八〇七〇六五三
五〇〇七	三六九九五七七五九一四	五〇五七	三七〇三八九二九五三六
五〇〇八	三六九九六六四三二〇二	五〇五八	三七〇三九七八八二五〇
五〇〇九	三六九九七五一〇三一七	五〇五九	三七〇四〇六四六七九四
五〇一〇	三六九九八三七七二五九	五〇六〇	三七〇四一五〇五一六八
五〇一一	三六九九九二四四〇二七	五〇六一	三七〇四二三六三三七三
五〇一二	三七〇〇〇一一〇六二三	五〇六二	三七〇四三二二一四〇八
五〇一三	三七〇〇〇九七七〇四六	五〇六三	三七〇四四〇七九二七四
五〇一四	三七〇〇一八四三二九六	五〇六四	三七〇四四九三六九七〇
五〇一五	三七〇〇二七〇九三七四	五〇六五	三七〇四五七九四四九七
五〇一六	三七〇〇三五七五二七八	五〇六六	三七〇四六六五一八五五
五〇一七	三七〇〇四四四一〇一〇	五〇六七	三七〇四七五〇九〇四三
五〇一八	三七〇〇五三〇六五七〇	五〇六八	三七〇四八三六六〇六二
五〇一九	三七〇〇六一七一九五七	五〇六九	三七〇四九二二二九一二
五〇二〇	三七〇〇七〇三七一七一	五〇七〇	三七〇五〇〇七九五九三
五〇二一	三七〇〇七九〇二二一四	五〇七一	三七〇五〇九三六一〇五
五〇二二	三七〇〇八七六七〇八四	五〇七二	三七〇五一七九二四四九
五〇二三	三七〇〇九六三一七八二	五〇七三	三七〇五二六四八六二三
五〇二四	三七〇一〇四九六三〇七	五〇七四	三七〇五三五〇四六二九
五〇二五	三七〇一一三六〇六六一	五〇七五	三七〇五四三六〇四六六
五〇二六	三七〇一二二二四八四三	五〇七六	三七〇五五二一六一三四
五〇二七	三七〇一三〇八八八五二	五〇七七	三七〇五六〇七一六三四
五〇二八	三七〇一三九五二六九〇	五〇七八	三七〇五六九二六九六五
五〇二九	三七〇一四八一六三五六	五〇七九	三七〇五七七八二一二八
五〇三〇	三七〇一五六七九八五一	五〇八〇	三七〇五八六三七一二三
五〇三一	三七〇一六五四三一七三	五〇八一	三七〇五九四九一九四九
五〇三二	三七〇一七四〇六三二四	五〇八二	三七〇六〇三四六六〇七
五〇三三	三七〇一八二六九三〇四	五〇八三	三七〇六一二〇一〇九七
五〇三四	三七〇一九一三二一一二	五〇八四	三七〇六二〇五五四一九
五〇三五	三七〇一九九九四七四九	五〇八五	三七〇六二九〇九五七三
五〇三六	三七〇二〇八五七二一四	五〇八六	三七〇六三七六三五五八
五〇三七	三七〇二一七一九五〇九	五〇八七	三七〇六四六一七三七六
五〇三八	三七〇二二五八一六三二	五〇八八	三七〇六五四七一〇二六
五〇三九	三七〇二三四四三五八四	五〇八九	三七〇六六三二四五〇九
五〇四〇	三七〇二四三〇五三六四	五〇九〇	三七〇六七一七七八二三
五〇四一	三七〇二五一六六九七四	五〇九一	三七〇六八〇三〇九七〇
五〇四二	三七〇二六〇二八四一三	五〇九二	三七〇六八八八三九五〇
五〇四三	三七〇二六八八九六八二	五〇九三	三七〇六九七三六七六二
五〇四四	三七〇二七七五〇七七九	五〇九四	三七〇七〇五八九四〇六
五〇四五	三七〇二八六一一七〇六	五〇九五	三七〇七一四四一八八三
五〇四六	三七〇二九四七二四六二	五〇九六	三七〇七二二九四一九三
五〇四七	三七〇三〇三三三〇四七	五〇九七	三七〇七三一四六三三六
五〇四八	三七〇三一一九三四六二	五〇九八	三七〇七三九九八三一一
五〇四九	三七〇三二〇五三七〇七	五〇九九	三七〇七四八五〇一二〇
五〇五〇	三七〇三二九一三七八一	五一〇〇	三七〇七五七〇一七六一

五一〇一	三七〇七六五五三二三五
五一〇二	三七〇七七四〇四五四三
五一〇三	三七〇七八二五五六八三
五一〇四	三七〇七九一〇六六五七
五一〇五	三七〇七九九五七四六四
五一〇六	三七〇八〇八〇八一〇五
五一〇七	三七〇八一六五八五七九
五一〇八	三七〇八二五〇八八八六
五一〇九	三七〇八三三五六〇二七
五一一〇	三七〇八四二〇九〇〇一
五一一一	三七〇八五〇五八八一〇
五一一二	三七〇八五九〇八四五二
五一一三	三七〇八六七五七九二七
五一一四	三七〇八七六〇七二三七
五一一五	三七〇八八四五六三八〇
五一一六	三七〇八九三〇五三五八
五一一七	三七〇九〇一五四一七〇
五一一八	三七〇九一〇〇二八一六
五一一九	三七〇九一八五一二九六
五一二〇	三七〇九二六九九六一〇
五一二一	三七〇九三五四七七五八
五一二二	三七〇九四三九五七四一
五一二三	三七〇九五二四三五五九
五一二四	三七〇九六〇九一二一一
五一二五	三七〇九六九三八六九七
五一二六	三七〇九七七八六〇一八
五一二七	三七〇九八六三三一七四
五一二八	三七〇九九四八〇一六五
五一二九	三七一〇〇三二六九九一
五一三〇	三七一〇一一七三六五一
五一三一	三七一〇二〇二〇一四七
五一三二	三七一〇二八六六四七七
五一三三	三七一〇三七一二六四三
五一三四	三七一〇四五五八六四三
五一三五	三七一〇五四〇四四七九
五一三六	三七一〇六二五〇一五一
五一三七	三七一〇七〇九五六五七
五一三八	三七一〇七九四〇九九九
五一三九	三七一〇八七八六一七七
五一四〇	三七一〇九六三一一九〇
五一四一	三七一一〇四七六〇三九
五一四二	三七一一一三二〇七二三
五一四三	三七一一二一六五二四三
五一四四	三七一一三〇〇九五九九
五一四五	三七一一三八五三七九一
五一四六	三七一一四六九七八一九
五一四七	三七一一五五四一六八三
五一四八	三七一一六三八五三八二
五一四九	三七一一七二二八九一八
五一五〇	三七一一八〇七二二九〇

五一五一	三七一一八九一五四九九
五一五二	三七一一九七五八五四四
五一五三	三七一二〇六〇一四二五
五一五四	三七一二一四四四一四二
五一五五	三七一二二二八六六九六
五一五六	三七一二三一二九〇八七
五一五七	三七一二三九七一三一四
五一五八	三七一二四八一三三七八
五一五九	三七一二五六五五二七九
五一六〇	三七一二六四九七〇一六
五一六一	三七一二七三三八五九一
五一六二	三七一二八一八〇〇〇二
五一六三	三七一二九〇二一二五〇
五一六四	三七一二九八六二三三六
五一六五	三七一三〇七〇三二五九
五一六六	三七一三一五四四〇一八
五一六七	三七一三二三八四六一五
五一六八	三七一三三二二五〇五〇
五一六九	三七一三四〇六五三二二
五一七〇	三七一三四九〇五四三一
五一七一	三七一三五七四五三七八
五一七二	三七一三六五八五一六二
五一七三	三七一三七四二四七八四
五一七四	三七一三八二六四二四四
五一七五	三七一三九一〇三五四一
五一七六	三七一三九九四二六七七
五一七七	三七一四〇七八一六五〇
五一七八	三七一四一六二〇四六一
五一七九	三七一四二四五九一一〇
五一八〇	三七一四三二九七五九七
五一八一	三七一四四一三五九二三
五一八二	三七一四四九七四〇八六
五一八三	三七一四五八一二〇八八
五一八四	三七一四六六四九九二九
五一八五	三七一四七四八七六〇七
五一八六	三七一四八三二五一二四
五一八七	三七一四九一六二四八〇
五一八八	三七一四九九九九六七四
五一八九	三七一五〇八三六七〇七
五一九〇	三七一五一六七三五七八
五一九一	三七一五二五一〇二八九
五一九二	三七一五三三四六八三八
五一九三	三七一五四一八三二二六
五一九四	三七一五五〇一九四五三
五一九五	三七一五五八五五五一九
五一九六	三七一五六六九一四二四
五一九七	三七一五七五二七一六八
五一九八	三七一五八三六二七五二
五一九九	三七一五九一九八一七四
五二〇〇	三七一六〇〇三三四三六

續表

五二〇一	三七一六〇八六八五三八	五二五一	三七二〇二四二〇一八三
五二〇二	三七一六一七〇三四七九	五二五二	三七二〇三二四七一七四
五二〇三	三七一六二五三八二五九	五二五三	三七二〇四〇七四〇〇八
五二〇四	三七一六三三七二八七九	五二五四	三七二〇四九〇〇六八五
五二〇五	三七一六四二〇七三三八	五二五五	三七二〇五七二七二〇四
五二〇六	三七一六五〇四一六三八	五二五六	三七二〇六五五三五六六
五二〇七	三七一六五八七五七七七	五二五七	三七二〇七三七九七七〇
五二〇八	三七一六六七〇九七五六	五二五八	三七二〇八二〇五八一八
五二〇九	三七一六七五四三五七四	五二五九	三七二〇九〇三一七〇八
五二一〇	三七一六八三七七二三三	五二六〇	三七二〇九八五七四四二
五二一一	三七一六九二一〇七三二	五二六一	三七二一〇六八三〇一八
五二一二	三七一七〇〇四四〇七〇	五二六二	三七二一一五〇八四三七
五二一三	三七一七〇八七七二四九	五二六三	三七二一二三三三七〇〇
五二一四	三七一七一七一〇二六八	五二六四	三七二一三一五八八〇六
五二一五	三七一七二五四三一二八	五二六五	三七二一三九八三七五五
五二一六	三七一七三三七五八二七	五二六六	三七二一四八〇八五四八
五二一七	三七一七四二〇八三六七	五二六七	三七二一五六三三一八四
五二一八	三七一七五〇四〇七四八	五二六八	三七二一六四五七六六三
五二一九	三七一七五八七二九六九	五二六九	三七二一七二八一九八六
五二二〇	三七一七六七〇五〇三〇	五二七〇	三七二一八一〇六一五二
五二二一	三七一七七五三六九三二	五二七一	三七二一八九三〇一六二
五二二二	三七一七八三六八六七五	五二七二	三七二一九七五四〇一六
五二二三	三七一七九二〇〇二五八	五二七三	三七二二〇五七七七一三
五二二四	三七一八〇〇三一六八三	五二七四	三七二二一四〇一二五五
五二二五	三七一八〇八六二九四八	五二七五	三七二二二二二四六四〇
五二二六	三七一八一六九四〇五四	五二七六	三七二二三〇四七八六九
五二二七	三七一八二五二五〇〇一	五二七七	三七二二三八七〇九四二
五二二八	三七一八三三五五七八九	五二七八	三七二二四六九三八五九
五二二九	三七一八四一八六四一八	五二七九	三七二二五五一六六二〇
五二三〇	三七一八五〇一六八八九	五二八〇	三七二二六三三九二二五
五二三一	三七一八五八四七二〇〇	五二八一	三七二二七一六一六七五
五二三二	三七一八六六七七三五三	五二八二	三七二二七九八三九六九
五二三三	三七一八七五〇七三四七	五二八三	三七二二八八〇六一〇七
五二三四	三七一八八三三七一八三	五二八四	三七二二九六二八〇八九
五二三五	三七一八九一六六八六〇	五二八五	三七二三〇四四九九一六
五二三六	三七一八九九九六三七九	五二八六	三七二三一二七一五八八
五二三七	三七一九〇八二五七三九	五二八七	三七二三二〇九三一〇四
五二三八	三七一九一六五四九四一	五二八八	三七二三二九一四四六五
五二三九	三七一九二四八三九八四	五二八九	三七二三三七三五六七〇
五二四〇	三七一九三三一二八七〇	五二九〇	三七二三四五五六七二〇
五二四一	三七一九四一四一五九七	五二九一	三七二三五三七七六一五
五二四二	三七一九四九七〇一六六	五二九二	三七二三六一九八三五五
五二四三	三七一九五七九八五七七	五二九三	三七二三七〇一八九四〇
五二四四	三七一九六六二六八三〇	五二九四	三七二三七八三九三七〇
五二四五	三七一九七四五四九二五	五二九五	三七二三八六五九六四四
五二四六	三七一九八二八二八六三	五二九六	三七二三九四七九七六四
五二四七	三七一九九一一〇六四二	五二九七	三七二四〇二九九七二九
五二四八	三七一九九九三八二六四	五二九八	三七二四一一一九五四〇
五二四九	三七二〇〇七六五七二八	五二九九	三七二四一九三九一九五
五二五〇	三七二〇一五九三〇三四	五三〇〇	三七二四二七五八六九六

續表

五三五一	三七二八四三四九五一〇	五三〇一	三七二四三五七八〇四二
五三五二	三七二八五一六一〇四八	五三〇二	三七二四四三九七二三四
五三五三	三七二八五九七二四三四	五三〇三	三七二四五二一六二七一
五三五四	三七二八六七八三六六九	五三〇四	三七二四六〇三五一五四
五三五五	三七二八七五九四七五二	五三〇五	三七二四六八五三八八二
五三五六	三七二八八四〇五六八三	五三〇六	三七二四七六七二四五六
五三五七	三七二八九二一六四六四	五三〇七	三七二四八四九〇八七六
五三五八	三七二九〇〇二七〇九三	五三〇八	三七二四九三〇九一四二
五三五九	三七二九〇八三七五七〇	五三〇九	三七二五〇一二七二五三
五三六〇	三七二九一六四七八九七	五三一〇	三七二五〇九四五二一一
五三六一	三七二九二四五八〇七二	五三一一	三七二五一七六三〇一四
五三六二	三七二九三二六八〇九六	五三一二	三七二五二五八〇六六四
五三六三	三七二九四〇七七九七〇	五三一三	三七二五三三九八一五九
五三六四	三七二九四八八七六九二	五三一四	三七二五四二一五五〇一
五三六五	三七二九五六九七二六三	五三一五	三七二五五〇三二六八九
五三六六	三七二九六五〇六六八三	五三一六	三七二五五八四九七二三
五三六七	三七二九七三一五九五三	五三一七	三七二五六六六六六〇三
五三六八	三七二九八一二五〇七二	五三一八	三七二五七四八三三三〇
五三六九	三七二九八九三四〇四〇	五三一九	三七二五八二九九九〇三
五三七〇	三七二九九七四二八五七	五三二〇	三七二五九一一六三二三
五三七一	三七三〇〇五五一五二四	五三二一	三七二五九九三二五八九
五三七二	三七三〇一三六〇〇四〇	五三二二	三七二六〇七四八七〇二
五三七三	三七三〇二一六八四〇六	五三二三	三七二六一五六四六六二
五三七四	三七三〇二九七六六二一	五三二四	三七二六二三八〇四六八
五三七五	三七三〇三七八四六八六	五三二五	三七二六三一九六一二一
五三七六	三七三〇四五九二六〇〇	五三二六	三七二六四〇一一六二一
五三七七	三七三〇五四〇〇三六五	五三二七	三七二六四八二六九六八
五三七八	三七三〇六二〇七九七九	五三二八	三七二六五六四二一六二
五三七九	三七三〇七〇一五四四三	五三二九	三七二六六四五七二〇二
五三八〇	三七三〇七八二二七五七	五三三〇	三七二六七二七二〇九〇
五三八一	三七三〇八六二九九二〇	五三三一	三七二六八〇八六八二五
五三八二	三七三〇九四三六九三四	五三三二	三七二六八九〇一四〇七
五三八三	三七三一〇二四三七九八	五三三三	三七二六九七一五八三七
五三八四	三七三一一〇五〇五一二	五三三四	三七二七〇五三〇一一四
五三八五	三七三一一八五七〇七六	五三三五	三七二七一三四四二三八
五三八六	三七三一二六六三四九一	五三三六	三七二七二一五八二〇九
五三八七	三七三一三四六九七五五	五三三七	三七二七二九七二〇二八
五三八八	三七三一四二七五八七一	五三三八	三七二七三七八五六九五
五三八九	三七三一五〇八一八三六	五三三九	三七二七四五九九二〇九
五三九〇	三七三一五八八七六五二	五三四〇	三七二七五四一二五七〇
五三九一	三七三一六六九三三一八	五三四一	三七二七六二二五七八〇
五三九二	三七三一七四九八八三五	五三四二	三七二七七〇三八八三七
五三九三	三七三一八三〇四二〇三	五三四三	三七二七七八五一七四二
五三九四	三七三一九一〇九四二一	五三四四	三七二七八六六四四九五
五三九五	三七三一九九一四四九〇	五三四五	三七二七九四七七〇九五
五三九六	三七三二〇七一九四一〇	五三四六	三七二八〇二八九五四四
五三九七	三七三二一五二四一八一	五三四七	三七二八一一〇一八四一
五三九八	三七三二二三二八八〇二	五三四八	三七二八一九一三九八六
五三九九	三七三二三一三三二七五	五三四九	三七二八二七二五九七九
五四〇〇	三七三二三九三七五九八	五三五〇	三七二八三五三七八二〇

續表

五四〇一	三七三二四七四一七七三
五四〇二	三七三二五五四五七九九
五四〇三	三七三二六三四九六七五
五四〇四	三七三二七一五三四〇三
五四〇五	三七三二七九五六九八三
五四〇六	三七三二八七六〇四一四
五四〇七	三七三二九五六三六九六
五四〇八	三七三三〇三六六八二九
五四〇九	三七三三一一六九八一四
五四一〇	三七三三一九七二六五一
五四一一	三七三三二七七五三三九
五四一二	三七三三三五七七八七九
五四一三	三七三三四五八〇二七一
五四一四	三七三三五一八二五一四
五四一五	三七三三五九八四六一〇
五四一六	三七三三六七八六五五七
五四一七	三七三三七五八八三五六
五四一八	三七三三八三九〇〇〇七
五四一九	三七三三九一九一五一〇
五四二〇	三七三三九九九二八六五
五四二一	三七三四〇七九四〇七三
五四二二	三七三四一五九五一三二
五四二三	三七三四二三九六〇四四
五四二四	三七三四三一九六八〇九
五四二五	三七三四三九九七四二五
五四二六	三七三四四七九七八九四
五四二七	三七三四五五九八二一六
五四二八	三七三四六三九八三九〇
五四二九	三七三四七一九八四一七
五四三〇	三七三四七九九八二九六
五四三一	三七三四八七九八〇二八
五四三二	三七三四九五九七六一三
五四三三	三七三五〇三九七〇五〇
五四三四	三七三五一一九六三四一
五四三五	三七三五一九九五四八四
五四三六	三七三五二七九四四八一
五四三七	三七三五三五九三三三〇
五四三八	三七三五四三九二〇三三
五四三九	三七三五五一九〇五八八
五四四〇	三七三五五九八八九九七
五四四一	三七三五六七八七二五九
五四四二	三七三五七五八五三七四
五四四三	三七三五八三八三三四三
五四四四	三七三五九一八一一六五
五四四五	三七三五九九七八八四一
五四四六	三七三六〇七七六三七〇
五四四七	三七三六一五七三七五三
五四四八	三七三六二三七〇九八九
五四四九	三七三六三一六八〇七九
五四五〇	三七三六三九六五〇二三
五四五一	三七三六四七六一八二〇
五四五二	三七三六五五五八四七二
五四五三	三七三六六三五四九七七
五四五四	三七三六七一五一三三六
五四五五	三七三六七九四七五四九
五四五六	三七三六八七四三六一六
五四五七	三七三六九五三九五三八
五四五八	三七三七〇三三五三一三
五四五九	三七三七一一三〇九四三
五四六〇	三七三七一九二六四二七
五四六一	三七三七二七二一七六五
五四六二	三七三七三五一六九五八
五四六三	三七三七四三一二〇〇五
五四六四	三七三七五一〇六九〇七
五四六五	三七三七五九〇一六六三
五四六六	三七三七六六九六二七四
五四六七	三七三七七四九〇七三九
五四六八	三七三七八二八五〇五九
五四六九	三七三七九〇七九二三四
五四七〇	三七三七九八七三二六三
五四七一	三七三八〇六六七一四八
五四七二	三七三八一四六〇八八七
五四七三	三七三八二二五四四八一
五四七四	三七三八三〇四七九三一
五四七五	三七三八三八四一二三五
五四七六	三七三八四六三四三九五
五四七七	三七三八五四二七四〇九
五四七八	三七三八六二二〇二七九
五四七九	三七三八七〇一三〇〇四
五四八〇	三七三八七八〇五五八五
五四八一	三七三八八五九八〇二一
五四八二	三七三八九三九〇三一二
五四八三	三七三九〇一八二四五九
五四八四	三七三九〇九七四四六一
五四八五	三七三九一七六六三一九
五四八六	三七三九二五五八〇三三
五四八七	三七三九三三四九六〇二
五四八八	三七三九四一四一〇二七
五四八九	三七三九四九三二三〇八
五四九〇	三七三九五七二三四四五
五四九一	三七三九六五一四四三七
五四九二	三七三九七三〇五二八六
五四九三	三七三九八〇九五九九〇
五四九四	三七三九八八八六五五一
五四九五	三七三九九六七六九六八
五四九六	三七四〇〇四六七二四一
五四九七	三七四〇一二五七三七〇
五四九八	三七四〇二〇四七三五五
五四九九	三七四〇二八三七一九七
五五〇〇	三七四〇三六二六八九五

五五〇一	三七四〇四四一六四四九
五五〇二	三七四〇五二〇五八六一
五五〇三	三七四〇五九九五一二八
五五〇四	三七四〇六七八四二五二
五五〇五	三七四〇七五七三二三三
五五〇六	三七四〇八三六二〇七一
五五〇七	三七四〇九一五〇七六五
五五〇八	三七四〇九九三九三一六
五五〇九	三七四一〇七二七七二四
五五一〇	三七四一一五一五九八九
五五一一	三七四一二三〇四一一〇
五五一二	三七四一三〇九二〇八九
五五一三	三七四一三八七九九二五
五五一四	三七四一四六六七六一八
五五一五	三七四一五四五五一六八
五五一六	三七四一六二四二五七五
五五一七	三七四一七〇二九八四〇
五五一八	三七四一七八一六九六一
五五一九	三七四一八六〇三九四一
五五二〇	三七四一九三九〇七七七
五五二一	三七四二〇一七七四七一
五五二二	三七四二〇九六四〇二三
五五二三	三七四二一七五〇四三二
五五二四	三七四二二五三六六九九
五五二五	三七四二三三二二八二四
五五二六	三七四二四一〇八八〇六
五五二七	三七四二四八九四六四六
五五二八	三七四二五六八〇三四四
五五二九	三七四二六四六五八九九
五五三〇	三七四二七二五一三一三
五五三一	三七四二八〇三六五八五
五五三二	三七四二八八二一七一四
五五三三	三七四二九六〇六七〇二
五五三四	三七四三〇三九一五四八
五五三五	三七四三一一七六二五二
五五三六	三七四三一九六〇八一四
五五三七	三七四三二七四五二三五
五五三八	三七四三三五二九五一四
五五三九	三七四三四三一三六五一
五五四〇	三七四三五〇九七六四七
五五四一	三七四三五八八一五〇二
五五四二	三七四三六六六五二一四
五五四三	三七四三七四四八七八六
五五四四	三七四三八二三二二一六
五五四五	三七四三九〇一五五〇五
五五四六	三七四三九七九八六五二
五五四七	三七四四〇五八一六五九
五五四八	三七四四一三六四五二四
五五四九	三七四四二一四七二四八
五五五〇	三七四四二九二九八三一
五五五一	三七四四三七一二二七三
五五五二	三七四四四四九四五七四
五五五三	三七四四五二七六七三五
五五五四	三七四四六〇五八七五四
五五五五	三七四四六八四〇六三三
五五五六	三七四四七六二二三七一
五五五七	三七四四八四〇三九六八
五五五八	三七四四九一八五四二四
五五五九	三七四四九九六六七四〇
五五六〇	三七四五〇七四七九一六
五五六一	三七四五一五二八九五一
五五六二	三七四五二三〇九八四五
五五六三	三七四五三〇九〇五九九
五五六四	三七四五三八七一二一三
五五六五	三七四五四六五一六八七
五五六六	三七四五五四三二〇二〇
五五六七	三七四五六二一二二一三
五五六八	三七四五六九九二二六六
五五六九	三七四五七七七二一七九
五五七〇	三七四五八五五一九五二
五五七一	三七四五九三三一五八五
五五七二	三七四六〇一一一〇七八
五五七三	三七四六〇八九〇四三一
五五七四	三七四六一六六九六四四
五五七五	三七四六二四四八七一七
五五七六	三七四六三二二七六五一
五五七七	三七四六四〇〇六四四五
五五七八	三七四六四七八五〇九九
五五七九	三七四六五五六三六一四
五五八〇	三七四六六三四一九八九
五五八一	三七四六七一二〇二二五
五五八二	三七四六七八九八三二二
五五八三	三七四六八六七六二七九
五五八四	三七四六九四五四〇九六
五五八五	三七四七〇二三一七七五
五五八六	三七四七一〇〇九三一四
五五八七	三七四七一七八六七一四
五五八八	三七四七二五六三九七四
五五八九	三七四七三三四一〇九六
五五九〇	三七四七四一一八〇七九
五五九一	三七四七四八九四九二三
五五九二	三七四七五六七一六二七
五五九三	三七四七六四四八一九三
五五九四	三七四七七二二四六二〇
五五九五	三七四七八〇〇〇九〇九
五五九六	三七四七八七七七〇五八
五五九七	三七四七九五五三〇六九
五五九八	三七四八〇三二八九四一
五五九九	三七四八一一〇四六七五
五六〇〇	三七四八一八八〇二七〇

續表

五六〇一	三七四八二六五五七二七
五六〇二	三七四八三四三一〇四五
五六〇三	三七四八四二〇六二二五
五六〇四	三七四八四九八一二六六
五六〇五	三七四八五七五六一六九
五六〇六	三七四八六五三〇九三四
五六〇七	三七四八七三〇五五六一
五六〇八	三七四八八〇八〇〇五〇
五六〇九	三七四八八八五四四〇〇
五六一〇	三七四八九六二八六一三
五六一一	三七四九〇四〇二六八七
五六一二	三七四九一一七六六二四
五六一三	三七四九一九五〇四二二
五六一四	三七四九二七二四〇八三
五六一五	三七四九五四九七六〇六
五六一六	三七四九四二七〇九九一
五六一七	三七四九五〇四四二三九
五六一八	三七四九五八一七三四九
五六一九	三七四九六五九〇三二一
五六二〇	三七四九七三六三一五六
五六二一	三七四九八一三五八五三
五六二二	三七四九八九〇八四一三
五六二三	三七四九九六八〇八三五
五六二四	三七五〇〇四五三一二〇
五六二五	三七五〇一二二五二六八
五六二六	三七五〇一九九七二七八
五六二七	三七五〇二七六〇一五二
五六二八	三七五〇三五四〇八八八
五六二九	三七五〇四三一二四八七
五六三〇	三七五〇五〇八三九四九
五六三一	三七五〇五八五五二七三
五六三二	三七五〇六六二六四六一
五六三三	三七五〇七三九七五一二
五六三四	三七五〇八一六八四二六
五六三五	三七五〇八九三九二〇四
五六三六	三七五〇九七〇九八四四
五六三七	三七五一〇四八〇三四八
五六三八	三七五一一二五〇七一五
五六三九	三七五一二〇二〇九四六
五六四〇	三七五一二七九一〇四〇
五六四一	三七五一三五六〇九九七
五六四二	三七五一四三三〇八一八
五六四三	三七五一五一〇〇五〇三
五六四四	三七五一五八七〇〇五一
五六四五	三七五一六六三九四六三
五六四六	三七五一七四〇八七三八
五六四七	三七五一八一七七八七七
五六四八	三七五一八九四六八八〇
五六四九	三七五一九七一五七四七
五六五〇	三七五二〇四八四四七八
五六五一	三七五二一二五三〇七三
五六五二	三七五二二〇二一五三二
五六五三	三七五二二七八九八五五
五六五四	三七五二三五五八〇四二
五六五五	三七五二四三二六〇九三
五六五六	三七五二五〇九四〇〇八
五六五七	三七五二五八六一七八七
五六五八	三七五二六六二九四三一
五六五九	三七五二七三九六九三九
五六六〇	三七五二八一六四三一二
五六六一	三七五二八九三一五四九
五六六二	三七五二九六九八六五〇
五六六三	三七五三〇四六五六一六
五六六四	三七五三一二三二四四七
五六六五	三七五三一九九九一四二
五六六六	三七五三二七六五七〇二
五六六七	三七五三三五三二一二六
五六六八	三七五三四二九八四一六
五六六九	三七五三五〇六四五七〇
五六七〇	三七五三五八三〇五八九
五六七一	三七五三六五九六四七三
五六七二	三七五三七〇六二二二二
五六七三	三七五三八一二七八三六
五六七四	三七五三八八九三三一五
五六七五	三七五三九六五八六五九
五六七六	三七五四〇四二三八六八
五六七七	三七五四一一八八九四二
五六七八	三七五四一九五三八八二
五六七九	三七五四二七一八六八七
五六八〇	三七五四三四八三三五七
五六八一	三七五四四二四七八九三
五六八二	三七五四五〇一二二九四
五六八三	三七五四五七七六五六〇
五六八四	三七五四六五四〇六九三
五六八五	三七五四七三〇四六九〇
五六八六	三七五四八〇六八五五四
五六八七	三七五四八八三二二八三
五六八八	三七五四九五九五八七七
五六八九	三七五五〇三五九三三八
五六九〇	三七五五一一二二六六四
五六九一	三七五五一八八五八五六
五六九二	三七五五二六四八九一四
五六九三	三七五五三四一一八三八
五六九四	三七五五四一七四六二八
五六九五	三七五五四九三七二八四
五六九六	三七五五五六九九八〇六
五六九七	三七五五六四六二一九五
五六九八	三七五五七二二四四四九
五六九九	三七五五七九八六五七〇
五七〇〇	三七五五八七四八五五七

五七〇一	三七五五九五一〇四一〇
五七〇二	三七五六〇二七二一三〇
五七〇三	三七五六一〇三三七一六
五七〇四	三七五六一七九五一六八
五七〇五	三七五六二五五六四八八
五七〇六	三七五六三三一七六七三
五七〇七	三七五六四〇七八七二五
五七〇八	三七五六四八三九六四四
五七〇九	三七五六五六〇〇四三〇
五七一〇	三七五六六三六一〇八二
五七一一	三七五六七一二一六〇二
五七一二	三七五六七八八一九八八
五七一三	三七五六八六四二二四一
五七一四	三七五六九四〇二三六〇
五七一五	三七五七〇一六二三四七
五七一六	三七五七〇九二二二〇一
五七一七	三七五七一六八一九二二
五七一八	三七五七二四四一五一〇
五七一九	三七五七三二〇〇九六五
五七二〇	三七五七三九六〇二八八
五七二一	三七五七四七一九四七八
五七二二	三七五七五四七八五三五
五七二三	三七五七六二三七四五九
五七二四	三七五七六九九六二五一
五七二五	三七五七七七五四九一〇
五七二六	三七五七八五一三四三七
五七二七	三七五七九二七一八三一
五七二八	三七五八〇〇三〇〇九三
五七二九	三七五八〇七八八二二二
五七三〇	三七五八一五四六二二〇
五七三一	三七五八二三〇四〇八五
五七三二	三七五八三〇六一八一七
五七三三	三七五八三八一九四一八
五七三四	三七五八四五七六八八六
五七三五	三七五八五三三四二二二
五七三六	三七五八六〇九一四二七
五七三七	三七五八六八四八四九九
五七三八	三七五八七六〇五四三九
五七三九	三七五八八三六二二四七
五七四〇	三七五八九一一八九二四
五七四一	三七五八九八七五四六九
五七四二	三七五九〇六三一八八二
五七四三	三七五九一三八八一六三
五七四四	三七五九二一四四三一二
五七四五	三七五九二九〇〇三三〇
五七四六	三七五九三六五六二一七
五七四七	三七五九四四一一九七一
五七四八	三七五九五一六七五九五
五七四九	三七五九五九二三〇八六
五七五〇	三七五九六六七八四四七
五七五一	三七五九七四三三六七六
五七五二	三七五九八一八八七七四
五七五三	三七五九八九四三七四〇
五七五四	三七五九九六九八五七六
五七五五	三七六〇〇四五三二八〇
五七五六	三七六〇一二〇七八五三
五七五七	三七六〇一九六二二九五
五七五八	三七六〇二七一六六〇五
五七五九	三七六〇三四七〇七八五
五七六〇	三七六〇四二二四八三四
五七六一	三七六〇四九七八七五二
五七六二	三七六〇五七三二五三九
五七六三	三七六〇六四八六一九六
五七六四	三七六〇七二三九七二一
五七六五	三七六〇七九九三一一六
五七六六	三七六〇八七四六三八一
五七六七	三七六〇九四九九五一四
五七六八	三七六一〇二五二五一七
五七六九	三七六一一〇〇五三九〇
五七七〇	三七六一一七五八一三二
五七七一	三七六一二五一〇七四三
五七七二	三七六一三二六三二二四
五七七三	三七六一四〇一五五七五
五七七四	三七六一四七六七七九五
五七七五	三七六一五五一九八八六
五七七六	三七六一六二七一八四六
五七七七	三七六一七〇二三六七五
五七七八	三七六一七七七五三七五
五七七九	三七六一八五二六九四五
五七八〇	三七六一九二七八三八四
五七八一	三七六二〇〇二九六九四
五七八二	三七六二〇七八〇八七三
五七八三	三七六二一五三一九二三
五七八四	三七六二二二八二八四三
五七八五	三七六二三〇三三六三三
五七八六	三七六二三七八四二九三
五七八七	三七六二四五三四八二四
五七八八	三七六二五二八五二二四
五七八九	三七六二六〇三五四九六
五七九〇	三七六二六七八五六三七
五七九一	三七六二七五三五六四九
五七九二	三七六二八二八五五三二
五七九三	三七六二九〇三五二八五
五七九四	三七六二九七八四九〇九
五七九五	三七六三〇五三四四〇三
五七九六	三七六三一二八三七六八
五七九七	三七六三二〇三三〇〇四
五七九八	三七六三二七八二一一〇
五七九九	三七六三三五三一〇八七
五八〇〇	三七六三四二七九九三六

續表

五八〇一	三七六三五〇二八六五五	五八五一	三七六七二三〇〇九八一
五八〇二	三七六三五七七七二四五	五八五二	三七六七三〇四三一七五
五八〇三	三七六三六五二五七〇六	五八五三	三七六七三七八五二四一
五八〇四	三七六三七二七四〇三八	五八五四	三七六七四五二七一八一
五八〇五	三七六三八〇二二二四一	五八五五	三七六七五二六八九九四
五八〇六	三七六三八七七〇三一五	五八五六	三七六七六〇一〇六八一
五八〇七	三七六三九五一八二六〇	五八五七	三七六七六七五二二四〇
五八〇八	三七六四〇二六六〇七七	五八五八	三七六七七四九二六七三
五八〇九	三七六四一〇一三七六五	五八五九	三七六七八二三四九八〇
五八一〇	三七六四一七六一三二四	五八六〇	三七六七八九七六一六〇
五八一一	三七六四二五〇八七五四	五八六一	三七六七九七一七二一四
五八一二	三七六四三二五六〇五六	五八六二	三七六八〇四五八一四一
五八一三	三七六四四〇〇三二三〇	五八六三	三七六八一一九八九四二
五八一四	三七六四四七五〇二七四	五八六四	三七六八一九三九六一六
五八一五	三七六四五四九七一九一	五八六五	三七六八二六八〇一六五
五八一六	三七六四六二四三九七九	五八六六	三七六八三四二〇五八六
五八一七	三七六四六九九〇九三八	五八六七	三七六八四一六〇八八二
五八一八	三七六四七七三七一六九	五八六八	三七六八四九〇一〇五二
五八一九	三七六四八四八三五七二	五八六九	三七六八五六四一〇九五
五八二〇	三七六四九二二九八四六	五八七〇	三七六八六三八一〇一二
五八二一	三七六四九九七五九九三	五八七一	三七六八七一二〇八〇四
五八二二	三七六五〇七二二〇一一	五八七二	三七六八七八六〇四六九
五八二三	三七六五一四六七九〇一	五八七三	三七六八八六〇〇〇〇八
五八二四	三七六五二二一三六六三	五八七四	三七六八九三三九四二二
五八二五	三七六五二九五九二九七	五八七五	三七六九〇〇七八七〇九
五八二六	三七六五三七〇四八〇三	五八七六	三七六九〇八一七八七一
五八二七	三七六五四四五〇一八一	五八七七	三七六九一五五六九〇七
五八二八	三七六五五一九五四三一	五八七八	三七六九二二九五八一七
五八二九	三七六五五九四〇五五三	五八七九	三七六九三〇三四六〇二
五八三〇	三七六五六六八五五四八	五八八〇	三七六九三七七三二六一
五八三一	三七六五七四三〇四一四	五八八一	三七六九四五一一七九四
五八三二	三七六五八一七五一五三	五八八二	三七六九五二五〇二〇二
五八三三	三七六五八九一九七六四	五八八三	三七六九五九八八四八四
五八三四	三七六五九六六四二四八	五八八四	三七六九六七二六六四一
五八三五	三七六六〇四〇八六〇四	五八八五	三七六九七四六四六七二
五八三六	三七六六一一五二八三二	五八八六	三七六九八二〇二五七八
五八三七	三七六六一八九六九三三	五八八七	三七六九八九四〇三五八
五八三八	三七六六二六四〇九〇七	五八八八	三七六九九六七八〇一三
五八三九	三七六六三三八四七五三	五八八九	三七七〇〇四一五五四三
五八四〇	三七六六四一二八四七一	五八九〇	三七七〇一一五二九四八
五八四一	三七六六四八七二〇六二	五八九一	三七七〇一八九〇二二七
五八四二	三七六六五六一五五二六	五八九二	三七七〇二六二七三八二
五八四三	三七六六六三五八八六三	五八九三	三七七〇三三六四四一一
五八四四	三七六六七一〇二〇七三	五八九四	三七七〇四一〇一三一五
五八四五	三七六六七八四五一五五	五八九五	三七七〇四八三八〇九四
五八四六	三七六六八五八八一一〇	五八九六	三七七〇五五七四七四九
五八四七	三七六六九三三〇九三八	五八九七	三七七〇六三一一二七八
五八四八	三七六七〇〇七三六三九	五八九八	三七七〇七〇四七六八二
五八四九	三七六七〇八一六二一四	五八九九	三七七〇七七八三九六二
五八五〇	三七六七一五五八六六一	五九〇〇	三七七〇八五二〇一一六

續表

五九〇一	三七七〇九二五六一四六
五九〇二	三七七〇九九九二〇五二
五九〇三	三七七一〇七二七八三二
五九〇四	三七七一一四六三四八八
五九〇五	三七七一二一九九〇一九
五九〇六	三七七一二九三四四二六
五九〇七	三七七一三六六九七〇九
五九〇八	三七七一四四〇四八六六
五九〇九	三七七一五一三九九〇〇
五九一〇	三七七一五八七四八〇九
五九一一	三七七一六六〇九五九三
五九一二	三七七一七三四四二五四
五九一三	三七七一八〇七八七九〇
五九一四	三七七一八八一三二〇二
五九一五	三七七一九五四七四九〇
五九一六	三七七二〇二八一六五三
五九一七	三七七二一〇一五六九三
五九一八	三七七二一七四九六〇八
五九一九	三七七二二四八三四〇〇
五九二〇	三七七二三二一七〇六七
五九二一	三七七二三九五〇六一一
五九二二	三七七二四六八四〇三一
五九二三	三七七二五四一七三二六
五九二四	三七七二六一五〇四九八
五九二五	三七七二六八八三五四七
五九二六	三七七二七六一六四七一
五九二七	三七七二八三四九二七二
五九二八	三七七二九〇八一九五〇
五九二九	三七七二九八一四五〇三
五九三〇	三七七三〇五四六九三四
五九三一	三七七三一二七九二四〇
五九三二	三七七三二〇一一四二四
五九三三	三七七三二七四三四八三
五九三四	三七七三三四七五四二〇
五九三五	三七七三四二〇七二三三
五九三六	三七七三四九三八九二三
五九三七	三七七三五六七〇四八九
五九三八	三七七三六四〇一九三三
五九三九	三七七三七一三三二五三
五九四〇	三七七三七八六四四五〇
五九四一	三七七三八五九五五二四
五九四二	三七七三九三二六四七五
五九四三	三七七四〇〇五七三〇三
五九四四	三七七四〇七八八〇〇八
五九四五	三七七四一五一八五九〇
五九四六	三七七四二二四九〇四九
五九四七	三七七四二九七九三八五
五九四八	三七七四三七〇九五九八
五九四九	三七七四四四三九六八九
五九五〇	三七七四五一六九六五七

五九五一	三七七四五八九九五〇三
五九五二	三七七四六六二九二二五
五九五三	三七七四七三五八八二六
五九五四	三七七四八〇八八三〇三
五九五五	三七七四八八一七六五八
五九五六	三七七四九五四六八九一
五九五七	三七七五〇二七六〇〇一
五九五八	三七七五一〇〇四九八九
五九五九	三七七五一七三三八五四
五九六〇	三七七五二四六二五九七
五九六一	三七七五三一九一二一八
五九六二	三七七五三九一九七一七
五九六三	三七七五四六四八〇九三
五九六四	三七七五五三七六三四八
五九六五	三七七五六一〇四四八〇
五九六六	三七七五六八三二四九〇
五九六七	三七七五七五六〇三七八
五九六八	三七七五八二八八一四五
五九六九	三七七五九〇一五七八九
五九七〇	三七七五九七四三三一一
五九七一	三七七六〇四七〇七一二
五九七二	三七七六一一九七九九一
五九七三	三七七六一九二五一四七
五九七四	三七七六二六五二一八三
五九七五	三七七六三三七九〇九六
五九七六	三七七六四一〇五八八八
五九七七	三七七六四八三二五五八
五九七八	三七七六五五五九一〇七
五九七九	三七七六六二八五五三四
五九八〇	三七七六七〇一一八四〇
五九八一	三七七六七七三八〇二四
五九八二	三七七六八四六四〇八七
五九八三	三七七六九一九〇〇二八
五九八四	三七七六九九一五八四九
五九八五	三七七七〇六四一五四七
五九八六	三七七七一三六七一二五
五九八七	三七七七二〇九二五八一
五九八八	三七七七二八一七九一七
五九八九	三七七七三五四三一三一
五九九〇	三七七七四二六八二二四
五九九一	三七七七四九九三一九六
五九九二	三七七七五七一八〇四七
五九九三	三七七七六四四二七七七
五九九四	三七七七七一六七三八六
五九九五	三七七七七八九一八七四
五九九六	三七七七八六一六二四二
五九九七	三七七七九三四〇四八八
五九九八	三七七八〇〇六四六一四
五九九九	三七七八〇七八八六一九
六〇〇〇	三七七八一五一二五〇四

六〇〇一	三七七八二二三六二六八
六〇〇二	三七七八二九五九九一一
六〇〇三	三七七八三六八三四三四
六〇〇四	三七七八四四〇六八三六
六〇〇五	三七七八五一三〇一一七
六〇〇六	三七七八五八五三二七九
六〇〇七	三七七八六五七六三一九
六〇〇八	三七七八七二九九二四〇
六〇〇九	三七七八八〇二二〇四〇
六〇一〇	三七七八八七四四七二〇
六〇一一	三七七八九四六七二八〇
六〇一二	三七七九〇一八九七一九
六〇一三	三七七九〇九一二〇三八
六〇一四	三七七九一六三四二三八
六〇一五	三七七九二三五六三一七
六〇一六	三七七九三〇七八二七六
六〇一七	三七七九三八〇〇一一五
六〇一八	三七七九四五二一八三四
六〇一九	三七七九五二四三四三三
六〇二〇	三七七九五九六四九一三
六〇二一	三七七九六六八六二七二
六〇二二	三七七九七四〇七五一二
六〇二三	三七七九八一二八六三二
六〇二四	三七七九八八四九六三二
六〇二五	三七七九九五七〇五一二
六〇二六	三七八〇〇二九一二七三
六〇二七	三七八〇一〇一一九一五
六〇二八	三七八〇一七三二四三六
六〇二九	三七八〇二四五二八三九
六〇三〇	三七八〇三一七三一二一
六〇三一	三七八〇三八九三二八五
六〇三二	三七八〇四六一三三二九
六〇三三	三七八〇五三三三二五三
六〇三四	三七八〇六〇五三〇五八
六〇三五	三七八〇六七七二七四四
六〇三六	三七八〇七四九二三一一
六〇三七	三七八〇八二一一七五九
六〇三八	三七八〇八九三一〇八七
六〇三九	三七八〇九六五〇二九六
六〇四〇	三七八一〇三六九三八六
六〇四一	三七八一一〇八八三五七
六〇四二	三七八一一八〇七二〇九
六〇四三	三七八一二五二五九四二
六〇四四	三七八一三二四四五五七
六〇四五	三七八一三九六三〇五二
六〇四六	三七八一四六八一四二八
六〇四七	三七八一五三九九六八六
六〇四八	三七八一六一一七八二五
六〇四九	三七八一六八三五八四五
六〇五〇	三七八一七五五三七四七
六〇五一	三七八一八二七一五二九
六〇五二	三七八一八九八九一九四
六〇五三	三七八一九七〇六七三九
六〇五四	三七八二〇四二四一六六
六〇五五	三七八二一一四一四七五
六〇五六	三七八二一八五八六六五
六〇五七	三七八二二五七五七三七
六〇五八	三七八二三二九二六九〇
六〇五九	三七八二四〇〇九五二五
六〇六〇	三七八二四七二六二四二
六〇六一	三七八二五四四二八四〇
六〇六二	三七八二六一五九三二〇
六〇六三	三七八二六八七五六八二
六〇六四	三七八二七五九一九二六
六〇六五	三七八二八三〇八〇五二
六〇六六	三七八二九〇二四〇六〇
六〇六七	三七八二九七三九九四九
六〇六八	三七八三〇四五五七二一
六〇六九	三七八三一一七一三七五
六〇七〇	三七八三一八八六九一一
六〇七一	三七八三二六〇二三二九
六〇七二	三七八三三三一七六二九
六〇七三	三七八三四〇三二八一一
六〇七四	三七八三四七四七八七六
六〇七五	三七八三五四六二八二三
六〇七六	三七八三六一七七六五二
六〇七七	三七八三六八九二三六三
六〇七八	三七八三七六〇六九五七
六〇七九	三七八三八三二一四三四
六〇八〇	三七八三九〇三五七九三
六〇八一	三七八三九七五〇〇三四
六〇八二	三七八四〇四六四一五八
六〇八三	三七八四一一七八一六五
六〇八四	三七八四一八九二〇五四
六〇八五	三七八四二六〇五八二六
六〇八六	三七八四三三一九四八〇
六〇八七	三七八四四〇三三〇一八
六〇八八	三七八四四七四六四三八
六〇八九	三七八四五四五九七四一
六〇九〇	三七八四六一七二九二六
六〇九一	三七八四六八八五九九五
六〇九二	三七八四七五九八九四七
六〇九三	三七八四八三一一七八一
六〇九四	三七八四九〇二四四九九
六〇九五	三七八四九七三七一〇〇
六〇九六	三七八五〇四四九五八三
六〇九七	三七八五一一六一九五〇
六〇九八	三七八五一八七四二〇〇
六〇九九	三七八五二五八六三三四
六一〇〇	三七八五三二九八三五〇

續表

六一〇一	三七八五四〇一〇二五〇	六一五一	三七八八九四五七二七〇
六一〇二	三七八五四七二二〇三三	六一五二	三七八九〇一六三二六八
六一〇三	三七八五五四三三七〇〇	六一五三	三七八九〇八六九一五一
六一〇四	三七八五六一四五二四九	六一五四	三七八九一五七四九一九
六一〇五	三七八五六八五六六八三	六一五五	三七八九二二八〇五七三
六一〇六	三七八五七五六八〇〇〇	六一五六	三七八九二九八六一一二
六一〇七	三七八五八二七九二〇〇	六一五七	三七八九三六九一五三六
六一〇八	三七八五八九九〇二八四	六一五八	三七八九四三九六八四六
六一〇九	三七八五九七〇一二五一	六一五九	三七八九五一〇二〇四一
六一一〇	三七八六〇四一二一〇二	六一六〇	三七八九五八〇七一二二
六一一一	三七八六一一二二八三七	六一六一	三七八九六五一二〇八八
六一一二	三七八六一八三三四五六	六一六二	三七八九七二一六九四〇
六一一三	三七八六二五四三九五八	六一六三	三七八九七九二一六七七
六一一四	三七八六三二五四三四四	六一六四	三七八九八六二六三〇〇
六一一五	三七八六三九六四六一四	六一六五	三七八九九三三〇八〇九
六一一六	三七八六四六七四七六七	六一六六	三七九〇〇〇三五二〇四
六一一七	三七八六五三八四八〇五	六一六七	三七九〇〇七三九四八四
六一一八	三七八六六〇九四七二六	六一六八	三七九〇一四四三六五〇
六一一九	三七八六六八〇四五三二	六一六九	三七九〇二一四七七〇二
六一二〇	三七八六七五一四二二一	六一七〇	三七九〇二八五一六四〇
六一二一	三七八六八二二三七九五	六一七一	三七九〇三五五五四六四
六一二二	三七八六八九三三二五三	六一七二	三七九〇四二五九一七四
六一二三	三七八六九六四二五九四	六一七三	三七九〇四九六二七七〇
六一二四	三七八七〇三五一八二〇	六一七四	三七九〇五六六六二五一
六一二五	三七八七一〇六〇九三〇	六一七五	三七九〇六三六九六一九
六一二六	三七八七一七六九九二五	六一七六	三七九〇七〇七二八七三
六一二七	三七八七二四七八八〇三	六一七七	三七九〇七七七六〇一三
六一二八	三七八七三一八七五六六	六一七八	三七九〇八四七九〇四〇
六一二九	三七八七三八九六二一四	六一七九	三七九〇九一八一九五二
六一三〇	三七八七四六〇四七四五	六一八〇	三七九〇九八八四七五一
六一三一	三七八七五三一三一六一	六一八一	三七九一〇五八七四三六
六一三二	三七八七六〇二一四六二	六一八二	三七九一一二九〇〇〇七
六一三三	三七八七六七二九六四七	六一八三	三七九一一九九二四六五
六一三四	三七八七七四三七七一六	六一八四	三七九一二六九四八〇九
六一三五	三七八七八一四五六七一	六一八五	三七九一三三九七〇四〇
六一三六	三七八七八八五三五〇九	六一八六	三七九一四〇九九一五七
六一三七	三七八七九五六一二三三	六一八七	三七九一四八〇一一六〇
六一三八	三七八八〇二六八八四一	六一八八	三七九一五五〇三〇五〇
六一三九	三七八八〇九七六三三四	六一八九	三七九一六二〇四八二七
六一四〇	三七八八一六八三七一一	六一九〇	三七九一六九〇六四九〇
六一四一	三七八八二三九〇九七四	六一九一	三七九一七六〇八〇四〇
六一四二	三七八八三〇九八一二一	六一九二	三七九一八三〇九四七七
六一四三	三七八八三八〇五一五三	六一九三	三七九一九〇一〇八〇〇
六一四四	三七八八四五一二〇七〇	六一九四	三七九一九七一二〇一〇
六一四五	三七八八五二一八八七二	六一九五	三七九二〇四一三一〇七
六一四六	三七八八五九二五五五九	六一九六	三七九二一一一四〇九一
六一四七	三七八八六六三二一三一	六一九七	三七九二一八一四九六一
六一四八	三七八八七三三八五八八	六一九八	三七九二二五一五七一九
六一四九	三七八八八〇四四九三〇	六一九九	三七九二三二一六三六四
六一五〇	三七八八八七五一一五八	六二〇〇	三七九二三九一六八九五

續表

六二〇一	三七九二四六一七三一三
六二〇二	三七九二五三一七六一九
六二〇三	三七九二六〇一七八一二
六二〇四	三七九二六七一七八九一
六二〇五	三七九二七四一七八五八
六二〇六	三七九二八一一七七一二
六二〇七	三七九二八八一七四五四
六二〇八	三七九二九五一七〇八三
六二〇九	三七九三〇二一六五九八
六二一〇	三七九三〇九一六〇〇二
六二一一	三七九三一六一五二九二
六二一二	三七九三二三一四四七一
六二一三	三七九三三〇一三五三六
六二一四	三七九三三七一二四八九
六二一五	三七九三四四一一三三〇
六二一六	三七九三五一一〇〇五八
六二一七	三七九三五八〇八六七四
六二一八	三七九三六五〇七一七七
六二一九	三七九三七二〇五五六八
六二二〇	三七九三七九〇三八四七
六二二一	三七九三八六〇二〇一三
六二二二	三七九三九三〇〇〇六八
六二二三	三七九三九九九八〇一〇
六二二四	三七九四〇六九五八四〇
六二二五	三七九四一三九三五五八
六二二六	三七九四二〇九一一六三
六二二七	三七九四二七八八六五七
六二二八	三七九四三四八六〇三九
六二二九	三七九四四一八三三〇九
六二三〇	三七九四四八八〇四六七
六二三一	三七九四五五七七五一三
六二三二	三七九四六二七四四四七
六二三三	三七九四六九七一二六九
六二三四	三七九四七六六七九七九
六二三五	三七九四八三六四五七八
六二三六	三七九四九〇六一〇六五
六二三七	三七九四九七五七四四一
六二三八	三七九五〇四五三七〇四
六二三九	三七九五一一四九八五六
六二四〇	三七九五一八四五八九七
六二四一	三七九五二五四一八二六
六二四二	三七九五三二三七六四三
六二四三	三七九五三九三三三四九
六二四四	三七九五四六二八九四四
六二四五	三七九五五三二四四二七
六二四六	三七九五六〇一九七九九
六二四七	三七九五六七一五〇五九
六二四八	三七九五七四一〇二〇九
六二四九	三七九五八一〇五二四七
六二五〇	三七九五八八〇〇一七三
六二五一	三七九五九四九四九八九
六二五二	三七九六〇一八九六九三
六二五三	三七九六〇八八四二八七
六二五四	三七九六一五七八七六九
六二五五	三七九六二二七三一四〇
六二五六	三七九六二九六七四〇一
六二五七	三七九六三六六一五五〇
六二五八	三七九六四三五五五八八
六二五九	三七九六五〇四九五一六
六二六〇	三七九六五七四三三三二
六二六一	三七九六六四三七〇三八
六二六二	三七九六七一三〇六三三
六二六三	三七九六七八二四一一七
六二六四	三七九六八五一七四九〇
六二六五	三七九六九二一〇七五三
六二六六	三七九六九九〇三九〇五
六二六七	三七九七〇五九六九四七
六二六八	三七九七一二八九八七八
六二六九	三七九七一九八二六九八
六二七〇	三七九七二六七五四〇八
六二七一	三七九七三三六八〇〇八
六二七二	三七九七四〇六〇四九七
六二七三	三七九七四七五二八七五
六二七四	三七九七五四四五一四四
六二七五	三七九七六一三七三〇二
六二七六	三七九七六八二九三四九
六二七七	三七九七七五二一二八七
六二七八	三七九七八二一三一一四
六二七九	三七九七八九〇四八三一
六二八〇	三七九七九五九六四三七
六二八一	三七九八〇二八七九三四
六二八二	三七九八〇九七九三二一
六二八三	三七九八一六七〇五九七
六二八四	三七九八二三六一七六四
六二八五	三七九八三〇五二八二〇
六二八六	三七九八三七四三七六七
六二八七	三七九八四四三四六〇四
六二八八	三七九八五一二五三三〇
六二八九	三七九八五八一五九四七
六二九〇	三七九八六五〇六四五四
六二九一	三七九八七一九六八五二
六二九二	三七九八七八八七一四〇
六二九三	三七九八八五七七三一七
六二九四	三七九八九二六七三八六
六二九五	三七九八九九五七三四四
六二九六	三七九九〇六四七一九四
六二九七	三七九九一三三六九三三
六二九八	三七九九二〇二六五六三
六二九九	三七九九二七一六〇八三
六三〇〇	三七九九三四〇五四九五

續表

六三〇一	三七九九四〇九四七九六	六三五一	三八〇二八四二一一二七
六三〇二	三七九九四七八三九八八	六三五二	三八〇二九一〇四八九四
六三〇三	三七九九五四七三〇七一	六三五三	三八〇二九七八八五五三
六三〇四	三七九九六一六二〇四五	六三五四	三八〇三〇四七二一〇五
六三〇五	三七九九六八五〇九〇九	六三五五	三八〇三一一五五五四九
六三〇六	三七九九七五三九六六四	六三五六	三八〇三一八三八八八五
六三〇七	三七九九八二二八三一〇	六三五七	三八〇三二五二二二一四
六三〇八	三七九九八九一六八四七	六三五八	三八〇三三二〇五二三六
六三〇九	三七九九九六〇五二七四	六三五九	三八〇三三八八八二五〇
六三一〇	三八〇〇〇二九三五九二	六三六〇	三八〇三四五七一一五六
六三一一	三八〇〇〇九八一八〇二	六三六一	三八〇三五二五三九五六
六三一二	三八〇〇一六六九九〇二	六三六二	三八〇三五九三六六四八
六三一三	三八〇〇二三五七八九三	六三六三	三八〇三六六一九二三二
六三一四	三八〇〇三〇四五七七六	六三六四	三八〇三七三〇一七一〇
六三一五	三八〇〇三七三三五四九	六三六五	三八〇三七九八四〇八〇
六三一六	三八〇〇四四二一二一三	六三六六	三八〇三八六六六三四三
六三一七	三八〇〇五一〇八七六九	六三六七	三八〇三九三四八四九九
六三一八	三八〇〇五七九六二一六	六三六八	三八〇四〇〇三〇五四七
六三一九	三八〇〇六四八三五五四	六三六九	三八〇四〇七一二四八九
六三二〇	三八〇〇七一七〇七八三	六三七〇	三八〇四一三九四三二三
六三二一	三八〇〇七八五七九〇三	六三七一	三八〇四二〇七六〇五一
六三二二	三八〇〇八五四四九一五	六三七二	三八〇四二七五七六七一
六三二三	三八〇〇九二三一八一八	六三七三	三八〇四三四三九一八五
六三二四	三八〇〇九九一八六一三	六三七四	三八〇四四一二〇五九一
六三二五	三八〇一〇六〇五二九八	六三七五	三八〇四四八〇一八九一
六三二六	三八〇一一二九一八七六	六三七六	三八〇四五四八三〇八四
六三二七	三八〇一一九七八三四五	六三七七	三八〇四六一六四一七〇
六三二八	三八〇一二六六四七〇五	六三七八	三八〇四六八四五一四九
六三二九	三八〇一三三五〇九五七	六三七九	三八〇四七五二六〇二二
六三三〇	三八〇一四〇三七一〇〇	六三八〇	三八〇四八二〇六七八七
六三三一	三八〇一四七二三一三五	六三八一	三八〇四八八八七四四六
六三三二	三八〇一五四〇九〇六二	六三八二	三八〇四九五六七九九九
六三三三	三八〇一六〇九四八八〇	六三八三	三八〇五〇二四八四四四
六三三四	三八〇一六七八〇五九〇	六三八四	三八〇五〇九二八七八三
六三三五	三八〇一七四六六一九二	六三八五	三八〇五一六〇九〇一六
六三三六	三八〇一八一五一六八六	六三八六	三八〇五二二八九一四二
六三三七	三八〇一八八三七〇七一	六三八七	三八〇五二九六九一六二
六三三八	三八〇一九五二二三四九	六三八八	三八〇五三六四九〇七五
六三三九	三八〇二〇二〇七五一八	六三八九	三八〇五四三二八八八一
六三四〇	三八〇二〇八九二五七九	六三九〇	三八〇五五〇〇八五八二
六三四一	三八〇二一五七七五三二	六三九一	三八〇五五六八八一七五
六三四二	三八〇二二二六二三七七	六三九二	三八〇五六三六七六六三
六三四三	三八〇二二九四七一一四	六三九三	三八〇五七〇四七〇四四
六三四四	三八〇二三六三一七四三	六三九四	三八〇五七七二六三一九
六三四五	三八〇二四三一六二六四	六三九五	三八〇五八四〇五四八八
六三四六	三八〇二五〇〇〇六七八	六三九六	三八〇五九〇八四五五一
六三四七	三八〇二五六八四九八三	六三九七	三八〇五九七六三五〇七
六三四八	三八〇二六三六九一八一	六三九八	三八〇六〇四四二三五七
六三四九	三八〇二七〇五三二七一	六三九九	三八〇六一一二一一〇二
六三五〇	三八〇二七七三七二五三	六四〇〇	三八〇六一七九九七四〇

續表

六四〇一	三八〇六二四七八二七二
六四〇二	三八〇六三一五六六九八
六四〇三	三八〇六三八三五〇一八
六四〇四	三八〇六四五一三二二二
六四〇五	三八〇六五一九一三四一
六四〇六	三八〇六五八六九三四三
六四〇七	三八〇六六五四七二四〇
六四〇八	三八〇六七二二五〇三一
六四〇九	三八〇六七九〇二七一六
六四一〇	三八〇六八五八〇二九五
六四一一	三八〇六九二五七七六九
六四一二	三八〇六九九三五一三七
六四一三	三八〇七〇六一二三九九
六四一四	三八〇七一二八九五五六
六四一五	三八〇七一九六六六〇七
六四一六	三八〇七二六四三五五三
六四一七	三八〇七三三二〇三九三
六四一八	三八〇七三九九七一二八
六四一九	三八〇七四六七三七五七
六四二〇	三八〇七五三五〇二八一
六四二一	三八〇七六〇二六六九九
六四二二	三八〇七六七〇三〇一二
六四二三	三八〇七七三七九二二〇
六四二四	三八〇七八〇五五三二三
六四二五	三八〇七八七三一三二〇
六四二六	三八〇七九四〇七二一二
六四二七	三八〇八〇〇八二九九九
六四二八	三八〇八〇七五八六八一
六四二九	三八〇八一四三四二五八
六四三〇	三八〇八二一〇九七二九
六四三一	三八〇八二七八五〇九六
六四三二	三八〇八三四六〇三五七
六四三三	三八〇八四一三五五一四
六四三四	三八〇八四八一〇五六六
六四三五	三八〇八五四八五五一二
六四三六	三八〇八六一六〇三五四
六四三七	三八〇八六八三五〇九一
六四三八	三八〇八七五〇九七二三
六四三九	三八〇八八一八四二五一
六四四〇	三八〇八八八五八六七四
六四四一	三八〇八九五三二九九二
六四四二	三八〇九〇二〇七二〇五
六四四三	三八〇九〇八八一三一三
六四四四	三八〇九一五五五三一七
六四四五	三八〇九二二二九二一七
六四四六	三八〇九二九〇三〇一二
六四四七	三八〇九三五七六七〇二
六四四八	三八〇九四二五〇二八八
六四四九	三八〇九四九二三七六九
六四五〇	三八〇九五五九七一四六

六四五一	三八〇九六二七〇四一九
六四五二	三八〇九六九四三五八七
六四五三	三八〇九七六一六六五一
六四五四	三八〇九八二八九六一一
六四五五	三八〇九八九六二四六六
六四五六	三八〇九九六三五二一七
六四五七	三八一〇〇三〇七八六四
六四五八	三八一〇〇九八〇四〇七
六四五九	三八一〇一六五二八四五
六四六〇	三八一〇二三二五一八〇
六四六一	三八一〇二九九七四一〇
六四六二	三八一〇三六六九五三七
六四六三	三八一〇四三四一五五九
六四六四	三八一〇五〇一三四七八
六四六五	三八一〇五六八五二九二
六四六六	三八一〇六三五七〇〇三
六四六七	三八一〇七〇二八六〇九
六四六八	三八一〇七七〇〇一一二
六四六九	三八一〇八三七一五一一
六四七〇	三八一〇九〇四二八〇七
六四七一	三八一〇九七一三九九八
六四七二	三八一一〇三八五〇八六
六四七三	三八一一一〇五六〇七〇
六四七四	三八一一一七二六九五一
六四七五	三八一一二三九七七二八
六四七六	三八一一三〇六八四〇一
六四七七	三八一一三七三八九七一
六四七八	三八一一四四〇九四三七
六四七九	三八一一五〇七九七九九
六四八〇	三八一一五七五〇〇五九
六四八一	三八一一六四二〇二一五
六四八二	三八一一七〇九〇二六七
六四八三	三八一一七七六〇二一六
六四八四	三八一一八四三〇〇六二
六四八五	三八一一九〇九九八〇四
六四八六	三八一一九七六九四四三
六四八七	三八一二〇四三八九七九
六四八八	三八一二一一〇八四一二
六四八九	三八一二一七七七四二
六四九〇	三八一二二四四六九六八
六四九一	三八一二三一一六〇九一
六四九二	三八一二三七八五一一二
六四九三	三八一二四四五四〇二九
六四九四	三八一二五一二二八四三
六四九五	三八一二五七九一五五四
六四九六	三八一二六四六〇一六二
六四九七	三八一二七一二八六六八
六四九八	三八一二七七九七〇七〇
六四九九	三八一二八四六五三七〇
六五〇〇	三八一二九一三三五六六

續表

六五五一	三八一六三〇七五九九四	六五〇一	三八一二九八〇一六六〇
六五五二	三八一六三七三八八八八	六五〇二	三八一三〇四六九六五二
六五五三	三八一六四四〇一六八〇	六五〇三	三八一三一一三七五四〇
六五五四	三八一六五〇六四三七〇	六五〇四	三八一三一八〇五三二六
六五五五	三八一六五七二六九六〇	六五〇五	三八一三二四七三〇〇九
六五五六	三八一六六三八九四四九	六五〇六	三八一三三一四〇五八九
六五五七	三八一六七〇五一八三七	六五〇七	三八一三三八〇八〇六七
六五五八	三八一六七七一四一二三	六五〇八	三八一三四四七五四四三
六五五九	三八一六八三七六三〇九	六五〇九	三八一三五一四二七一五
六五六〇	三八一六九〇三八三九四	六五一〇	三八一三五八〇九八八六
六五六一	三八一六九七〇〇三七八	六五一一	三八一三六四七六九五三
六五六二	三八一七〇三六二二六一	六五一二	三八一三七一四三九一九
六五六三	三八一七一〇二四〇四三	六五一三	三八一三七八一〇七八二
六五六四	三八一七一六八五七二四	六五一四	三八一三八四七七五四二
六五六五	三八一七二三四七三〇四	六五一五	三八一三九一四四二〇〇
六五六六	三八一七三〇〇八七八四	六五一六	三八一三九八一〇七五六
六五六七	三八一七三六七〇一六三	六五一七	三八一四〇四七七二一〇
六五六八	三八一七四三三一四四一	六五一八	三八一四一一四三五六一
六五六九	三八一七四九九二六一九	六五一九	三八一四一八〇九八一〇
六五七〇	三八一七五六五三六九六	六五二〇	三八一四二四七五九五七
六五七一	三八一七六三一四六七二	六五二一	三八一四三一四二〇〇二
六五七二	三八一七六九七五五四八	六五二二	三八一四三八〇七九四五
六五七三	三八一七七六三六三二三	六五二三	三八一四四四七三七八五
六五七四	三八一七八二九六九九七	六五二四	三八一四五一三九五二四
六五七五	三八一七八九五七五七二	六五二五	三八一四五八〇五一六〇
六五七六	三八一七九六一八〇四五	六五二六	三八一四六四七〇六九五
六五七七	三八一八〇二七八四一九	六五二七	三八一四七一三六一二七
六五七八	三八一八〇九三八六九一	六五二八	三八一四七八〇一四五七
六五七九	三八一八一五九八八六四	六五二九	三八一四八四六六六八六
六五八〇	三八一八二二五八九三六	六五三〇	三八一四九一三一八一三
六五八一	三八一八二九一八九〇八	六五三一	三八一四九七九六八三八
六五八二	三八一八三五七八七八〇	六五三二	三八一五〇四六一七六一
六五八三	三八一八四二三八五五一	六五三三	三八一五一一二六五八二
六五八四	三八一八四八九八二二二	六五三四	三八一五一七九一三〇一
六五八五	三八一八五五五七七九三	六五三五	三八一五二四五五九一九
六五八六	三八一八六二一七二六四	六五三六	三八一五三一二〇四三五
六五八七	三八一八六八七六六三四	六五三七	三八一五三七八四八五〇
六五八八	三八一八七五三五九〇五	六五三八	三八一五四四四九一六二
六五八九	三八一八八一九五〇七五	六五三九	三八一五五一一三三七四
六五九〇	三八一八八八五四一四六	六五四〇	三八一五五七七七四八三
六五九一	三八一八九五一三一一六	六五四一	三八一五六四四一四九一
六五九二	三八一九〇一七一九八七	六五四二	三八一五七一〇五三九八
六五九三	三八一九〇八三〇七五七	六五四三	三八一五七七六九二〇三
六五九四	三八一九一四八九四二八	六五四四	三八一五八四三二九〇七
六五九五	三八一九二一四七九九九	六五四五	三八一五九〇九六五〇九
六五九六	三八一九二八〇六四七〇	六五四六	三八一五九七六〇〇一〇
六五九七	三八一九三四六四八四一	六五四七	三八一六〇四二三四〇九
六五九八	三八一九四一二三一一二	六五四八	三八一六一〇八六七〇七
六五九九	三八一九四七八一二八四	六五四九	三八一六一七四九九〇四
六六〇〇	三八一九五四三九三五五	六五五〇	三八一六二四一三〇〇〇

續表

六六〇一	三八一九六〇九七三二八
六六〇二	三八一九六七五五二〇〇
六六〇三	三八一九七四一二九七三
六六〇四	三八一九八〇七〇六四六
六六〇五	三八一九八七二八二二〇
六六〇六	三八一九九三八五六九四
六六〇七	三八二〇〇〇四三〇六八
六六〇八	三八二〇〇七〇〇三四三
六六〇九	三八二〇一三五七五一九
六六一〇	三八二〇二〇一四五九五
六六一一	三八二〇二六七一五七二
六六一二	三八二〇三三二八四四九
六六一三	三八二〇三九八五二二七
六六一四	三八二〇四六四一九〇六
六六一五	三八二〇五二九八四八五
六六一六	三八二〇五九五四九六五
六六一七	三八二〇六六一一三四六
六六一八	三八二〇七二六七六二八
六六一九	三八二〇七九二三八一一
六六二〇	三八二〇八五七九八九四
六六二一	三八二〇九二三五八七九
六六二二	三八二〇九八九一七六四
六六二三	三八二一〇五四七五五〇
六六二四	三八二一一二〇三二三八
六六二五	三八二一一八五八八二六
六六二六	三八二一二五一四三一五
六六二七	三八二一三一六九七〇六
六六二八	三八二一三八二四九九七
六六二九	三八二一四四八〇一九〇
六六三〇	三八二一五一三五二八四
六六三一	三八二一五七九〇二七九
六六三二	三八二一六四四五一七五
六六三三	三八二一七〇九九九七三
六六三四	三八二一七七五四六七二
六六三五	三八二一八四〇九二七二
六六三六	三八二一九〇六三七七四
六六三七	三八二一九七一八一七六
六六三八	三八二二〇三七二四八一
六六三九	三八二二一〇二六六八六
六六四〇	三八二二一六八〇七九四
六六四一	三八二二二三三四八〇二
六六四二	三八二二二九八八七一三
六六四三	三八二二三六四二五二四
六六四四	三八二二四二九六二三八
六六四五	三八二二四九四九八五三
六六四六	三八二二五六〇三三六九
六六四七	三八二二六二五六七八八
六六四八	三八二二六九一〇一〇八
六六四九	三八二二七五六三三三〇
六六五〇	三八二二八二一六四五三
六六五一	三八二二八八六九四七八
六六五二	三八二二九五二二四〇五
六六五三	三八二三〇一七五二三四
六六五四	三八二三〇八二七九六五
六六五五	三八二三一四八〇五九八
六六五六	三八二三二一三三一三三
六六五七	三八二三二七八五五七〇
六六五八	三八二三三四三七九〇八
六六五九	三八二三四〇九〇一四九
六六六〇	三八二三四七四二二九二
六六六一	三八二三五三九四三三七
六六六二	三八二三六〇四六二八四
六六六三	三八二三六六九八一三三
六六六四	三八二三七三四九八八四
六六六五	三八二三八〇〇一五三七
六六六六	三八二三八六五三〇九三
六六六七	三八二三九三〇四五五一
六六六八	三八二三九九五五九一二
六六六九	三八二四〇六〇七一七四
六六七〇	三八二四一二五八三三九
六六七一	三八二四一九〇九四〇七
六六七二	三八二四二五六〇三七六
六六七三	三八二四三二一一二四九
六六七四	三八二四三八六二〇二三
六六七五	三八二四四五一二七〇〇
六六七六	三八二四五一六三二八〇
六六七七	三八二四五八一三七六二
六六七八	三八二四六四六四一四七
六六七九	三八二四七一一四四三五
六六八〇	三八二四七七六四六二五
六六八一	三八二四八四一四七一八
六六八二	三八二四九〇六四七一三
六六八三	三八二四九七一四六一一
六六八四	三八二五〇三六四四一二
六六八五	三八二五一〇一四一一六
六六八六	三八二五一六六三七二三
六六八七	三八二五二三一三二三二
六六八八	三八二五二九六二六四四
六六八九	三八二五三六一一九六〇
六六九〇	三八二五四二六一一七八
六六九一	三八二五四九一〇二九九
六六九二	三八二五五五五九三二三
六六九三	三八二五六二〇八二五〇
六六九四	三八二五六八五七〇八〇
六六九五	三八二五七五〇五八一三
六六九六	三八二五八一五四四五〇
六六九七	三八二五八八〇二九八九
六六九八	三八二五九四五一四三二
六六九九	三八二六〇〇九九七七八
六七〇〇	三八二六〇七四八〇二七

續表

六七〇一	三八二六一三九六一七九	六七五一	三八二九三六八一〇八〇
六七〇二	三八二六二〇四四二三五	六七五二	三八二九四三二四三三六
六七〇三	三八二六二六九二一九四	六七五三	三八二九四九六七四九七
六七〇四	三八二六三三四〇〇五六	六七五四	三八二九五六一〇五六三
六七〇五	三八二六三九八七八二二	六七五五	三八二九六二五三五三四
六七〇六	三八二六四六三五四九一	六七五六	三八二九六八九六四〇九
六七〇七	三八二六五二八三〇六三	六七五七	三八二九七五三九一八九
六七〇八	三八二六五九三〇五三九	六七五八	三八二九八一八一八七四
六七〇九	三八二六六五七七九一九	六七五九	三八二九八八二四四六四
六七一〇	三八二六七二二五二〇二	六七六〇	三八二九九四六六九五九
六七一一	三八二六七八七二三八八	六七六一	三八三〇〇一〇九三五九
六七一二	三八二六八五一九四七八	六七六二	三八三〇〇七五一六六四
六七一三	三八二六九一六六四七二	六七六三	三八三〇一三九三八七四
六七一四	三八二七九八一三三六九	六七六四	三八三〇二〇三五九八九
六七一五	三八二七〇四六〇一七〇	六七六五	三八三〇二六七八〇〇九
六七一六	三八二七一一〇六八七五	六七六六	三八三〇三三一九九三五
六七一七	三八二七一七五三四八三	六七六七	三八三〇三九六一七六五
六七一八	三八二七二三九九九九五	六七六八	三八三〇四六〇三五〇〇
六七一九	三八二七三〇四六四一一	六七六九	三八三〇五二四五一四一
六七二〇	三八二七三六九二七三一	六七七〇	三八三〇五八八六六八七
六七二一	三八二七四三三八九五四	六七七一	三八三〇六五二八一三八
六七二二	三八二七四九八五〇八一	六七七二	三八三〇七一六九四九四
六七二三	三八二七五六三一一一三	六七七三	三八三〇七八一〇七五六
六七二四	三八二七六二七七〇四八	六七七四	三八三〇八四五一九二三
六七二五	三八二七六九二二八八七	六七七五	三八三〇九〇九二九九五
六七二六	三八二七七五六八六三〇	六七七六	三八三〇九七三三九七三
六七二七	三八二七八二一四二七七	六七七七	三八二一〇三七四八五六
六七二八	三八二七八八五九八二八	六七七八	三八三一一〇一五六四五
六七二九	三八二七九五〇五二八三	六七七九	三八三一一六五六三三九
六七三〇	三八二八〇一五〇六四二	六七八〇	三八三一二二九六九三九
六七三一	三八二八〇七九五九〇六	六七八一	三八三一二九三七四四四
六七三二	三八二八一四四一〇七三	六七八二	三八三一三五七七八五四
六七三三	三八二八二〇八六一四五	六七八三	三八三一四二一八一七一
六七三四	三八二八二七三一一二一	六七八四	三八三一四八五八三九二
六七三五	三八二八三三七六〇〇一	六七八五	三八三一五四九八五二〇
六七三六	三八二八四〇二〇七八五	六七八六	三八三一六一三八五五三
六七三七	三八二八四六六五四七四	六七八七	三八三一六七七八四九二
六七三八	三八二八五三一〇〇六六	六七八八	三八三一七四一八三三六
六七三九	三八二八五九五四五六四	六七八九	三八三一八〇五八〇八七
六七四〇	三八二八六五九八九六五	六七九〇	三八三一八六九七七四三
六七四一	三八二八七二四三二七一	六七九一	三八三一九三三七三〇五
六七四二	三八二八七八八七四八二	六七九二	三八三一九九七六七七二
六七四三	三八二八八五三一五九七	六七九三	三八三二〇六一六一四六
六七四四	三八二八九一七五六一六	六七九四	三八三二一二五五四二五
六七四五	三八二八九八一九五四〇	六七九五	三八三二一八九四六一一
六七四六	三八二九〇四六三三六九	六七九六	三八三二二五三三七〇二
六七四七	三八二九一一〇七一〇二	六七九七	三八三二三一七二六九九
六七四八	三八二九一七五〇七三九	六七九八	三八三二三八一一六〇二
六七四九	三八二九二三九四二八一	六七九九	三八三二四四五〇四一二
六七五〇	三八二九三〇三七七二八	六八〇〇	三八三二五〇八九一二七

續表

六八五一	三八三五七五三九六七五	六八〇一	三八三二五七二七七四八
六八五二	三八三五八一七三五四三	六八〇二	三八三二六三六六二七六
六八五三	三八三五八八〇七三一八	六八〇三	三八三二七〇〇四七一〇
六八五四	三八三五九四四一〇〇一	六八〇四	三八三二七六四三〇四九
六八五五	三八三六〇〇七四五九一	六八〇五	三八三二八二八一二九五
六八五六	三八三六〇七〇八〇八九	六八〇六	三八三二八九一九四四八
六八五七	三八三六一三四一〇九五	六八〇七	三八三二九五五七五〇六
六八五八	三八三六一九七四八〇八	六八〇八	三八三三〇一九五四七一
六八五九	三八三六二六〇八〇二九	六八〇九	三八三三〇八三三三四二
六八六〇	三八三六三二四一一五七	六八一〇	三八三三一四七一一一九
六八六一	三八三六三八七四一九三	六八一一	三八三三二一〇八八〇三
六八六二	三八三六四五〇七一三七	六八一二	三八三三二七四六三九三
六八六三	三八三六五一三九九八九	六八一三	三八三三三三八三八八九
六八六四	三八三六五七七二七四八	六八一四	三八三三四〇二一二九二
六八六五	三八三六六四〇五四一六	六八一五	三八三三四六五八六〇二
六八六六	三八三六七〇三七九九一	六八一六	三八三三五二九五八一八
六八六七	三八三六七六七〇四七四	六八一七	三八三三五九三二九四〇
六八六八	三八三六八三〇二八六五	六八一八	三八三三六五六九九六九
六八六九	三八三六八九三五一六四	六八一九	三八三三七二〇六九〇四
六八七〇	三八三六九五六七三七一	六八二〇	三八三三七八四三七四七
六八七一	三八三七〇一九九四八五	六八二一	三八三三八四八〇四九五
六八七二	三八三七〇八三一五〇八	六八二二	三八三三九一一七一五一
六八七三	三八三七一四六三四三九	六八二三	三八三三九七五三七一三
六八七四	三八三七二〇九五二七八	六八二四	三八三四〇三九〇一八二
六八七五	三八三七二七二七〇二五	六八二五	三八三四一〇二六五五七
六八七六	三八三七三三五八六八〇	六八二六	三八三四一六六二八三九
六八七七	三八三七三九九〇二四三	六八二七	三八三四二二九九〇二九
六八七八	三八三七四六二一七一五	六八二八	三八三四二九三五一二四
六八七九	三八三七五二五三〇九四	六八二九	三八三四三五七一一二七
六八八〇	三八三七五八八四三八二	六八三〇	三八三四四二〇七〇三七
六八八一	三八三七六五一五五七八	六八三一	三八三四四八四二八五三
六八八二	三八三七七一四六六八三	六八三二	三八三四五四七八五七七
六八八三	三八三七七七七七六九六	六八三三	三八三四六一一四二〇七
六八八四	三八三七八四〇八六一七	六八三四	三八三四六七四九七四五
六八八五	三八三七九〇三九四四六	六八三五	三八三四七三八五一八九
六八八六	三八三七九六七〇一八四	六八三六	三八三四八〇二〇五四〇
六八八七	三八三八〇三〇〇八三〇	六八三七	三八三四八六五五七九九
六八八八	三八三八〇九三一三八四	六八三八	三八三四九二九〇九六五
六八八九	三八三八一五六一八四八	六八三九	三八三四九九二六〇三七
六八九〇	三八三八二一九二二一九	六八四〇	三八三五〇五六一〇一七
六八九一	三八三八二八二二四九九	六八四一	三八三五一一九五九〇四
六八九二	三八三八三四五二六八八	六八四二	三八三五一八三〇六九八
六八九三	三八三八四〇八二七八五	六八四三	三八三五二四六五四〇〇
六八九四	三八三八四七一二七九一	六八四四	三八三五三一〇〇〇〇九
六八九五	三八三八五三四二七〇五	六八四五	三八三五三七三四五二五
六八九六	三八三八五九七二五二八	六八四六	三八三五四三六八九四八
六八九七	三八三八六六〇二二六〇	六八四七	三八三五五〇〇三二七九
六八九八	三八三八七二三一九〇〇	六八四八	三八三五五六三七五一七
六八九九	三八三八七八六一四四九	六八四九	三八三五六二七一六六二
六九〇〇	三八三八八四九〇九〇七	六八五〇	三八三五六九〇五七一五

續表

六九五一	三八四二〇四七二八八五	六九〇一	三八三八九一二〇二七四
六九五二	三八四二一〇九七六三四	六九〇二	三八三八九七四九五五〇
六九五三	三八四二一七二二二九四	六九〇三	三八三九〇三七八七三四
六九五四	三八四二二三四六八六三	六九〇四	三八三九一〇〇七八二七
六九五五	三八四二二九七一三四三	六九〇五	三八三九一六三六八二九
六九五六	三八四二三五九五七三三	六九〇六	三八三九二二六五七四〇
六九五七	三八四二四二二〇〇三四	六九〇七	五八三九二八九四五六〇
六九五八	三八四二四八四四二四四	六九〇八	三八三九三五二三二八九
六九五九	三八四二五四六八三六五	六九〇九	三八三九四一五一一二七
六九六〇	三八四二六〇九二三九六	六九一〇	三八三九四七八〇四七四
六九六一	三八四二六七一六三三八	六九一一	三八三九五四〇八九三〇
六九六二	三八四二七三四〇一八九	六九一二	三八三九六〇三七二九五
六九六三	三八四二七九六三九五二	六九一三	三八三九六六六五五六九
六九六四	三八四二八五八七六二四	六九一四	三八三九七二九三七五二
六九六五	三八四二九二一一二〇八	六九一五	三八三九七九二一八四四
六九六六	三八四二九八五四七〇一	六九一六	三八三九八五四九八四六
六九六七	三八四三〇四五八一〇五	六九一七	三八三九九一七七七五七
六九六八	三八四三一〇八一四二〇	六九一八	三八三九九八〇五五七七
六九六九	三八四三一七〇四六四五	六九一九	三八四〇〇四三三三〇六
六九七〇	三八四三二三二七七八一	六九二〇	三八四〇一〇六〇九四五
六九七一	三八四三二九五〇八二七	六九二一	三八四〇一六八八四九二
六九七二	三八四三三五七三七八四	六九二二	三八四〇二三一五九五〇
六九七三	三八四三四一九六六五二	六九二三	三八四〇二九四三三一六
六九七四	三八四三四八一九四三〇	六九二四	三八四〇三五七〇五九二
六九七五	三八四三五四四二一一九	六九二五	三八四〇四一九七七七七
六九七六	三八四三六〇六四七一九	六九二六	三八四〇四八二四八七二
六九七七	三八四三六六八七二三〇	六九二七	三八四〇五四五一八七六
六九七八	三八四三七三〇九六五一	六九二八	三八四〇六〇七八七九〇
六九七九	三八四三七九三一九八三	六九二九	三八四〇六七〇五六一三
六九八〇	三八四三八五五四二二六	六九三〇	三八四〇七三三二三四六
六九八一	三八四三九一七六三八〇	六九三一	三八四〇七九五八九八八
六九八二	三八四三九七九八四四五	六九三二	三八四〇八五八五五四〇
六九八三	三八四四〇四二〇四二〇	六九三三	三八四〇九二一二〇〇二
六九八四	三八四四一〇四二三〇七	六九三四	三八四〇九八三八三七三
六九八五	三八四四一六六四一〇五	六九三五	三八四一〇四六四六五四
六九八六	三八四四二二八五八一三	六九三六	三八四一一〇九〇八四五
六九八七	三八四四二九〇七四三三	六九三七	三八四一一七一六九四五
六九八八	三八四四三五二八九六三	六九三八	三八四一二三四二九五五
六九八九	三八四四四一五〇四〇五	六九三九	三八四一二九六八八七五
六九九〇	三八四四四七七一七五七	六九四〇	三八四一三五九四七〇五
六九九一	三八四四五三九三〇二一	六九四一	三八四一四二二〇四四四
六九九二	三八四四六〇一四一九六	六九四二	三八四一四八四六〇九三
六九九三	三八四四六六三五二八二	六九四三	三八四一五四七一六五三
六九九四	三八四四七二五六二八〇	六九四四	三八四一六〇九七一二二
六九九五	三八四四七八七七一八八	六九四五	三八四一六七二二五〇一
六九九六	三八四四八四九八〇〇八	六九四六	三八四一七三四七七九〇
六九九七	三八四四九一一八七三九	六九四七	三八四一七九七二九八九
六九九八	三八四四九七三九三八一	六九四八	三八四一八五九八〇九八
六九九九	三八四五〇三五九九三五	六九四九	三八四一九二二三一一七
七〇〇〇	三八四五〇九八〇四〇〇	六九五〇	三八四一九八四八〇四六

續表

Number	Logarithm
七〇〇一	三八四五一六〇〇七七七
七〇〇二	三八四五二二二二一〇六四
七〇〇三	三八四五二八四一二六三
七〇〇四	三八四五三四六一三七四
七〇〇五	三八四五四〇八一三九六
七〇〇六	三八四五四七〇一三三〇
七〇〇七	三八四五五三二一一七五
七〇〇八	三八四五五九四〇九三二
七〇〇九	三八四五六五六〇六〇〇
七〇一〇	三八四五七一八〇一八〇
七〇一一	三八四五七七九九六七一
七〇一二	三八四五八四一九〇七四
七〇一三	三八四五九〇三八三八九
七〇一四	三八四五九六五七六一五
七〇一五	三八四六〇二七六七五四
七〇一六	三八四六〇八九五八〇四
七〇一七	三八四六一五一四七六五
七〇一八	三八四六二一三三六三九
七〇一九	三八四六二七五二四二四
七〇二〇	三八四六三三七一一二一
七〇二一	三八四六三九八九七三〇
七〇二二	三八四六四六〇八二五一
七〇二三	三八四六五二二六六八四
七〇二四	三八四六五八四五〇二九
七〇二五	三八四六六四六三二八六
七〇二六	三八四六七〇八一四五五
七〇二七	三八四六七六九九五三五
七〇二八	三八四六八三一七五二八
七〇二九	三八四六八九三五四三三
七〇三〇	三八四六九五五三二五〇
七〇三一	三八四七〇一七〇九七九
七〇三二	三八四七〇七八八六二一
七〇三三	三八四七一四〇六一七四
七〇三四	三八四七二〇二三六四〇
七〇三五	三八四七二六四一〇一八
七〇三六	三八四七三二五八三〇八
七〇三七	三八四七三八七五五一〇
七〇三八	三八四七四四九二六二五
七〇三九	三八四七五一〇九六五二
七〇四〇	三八四七五七二六五九一
七〇四一	三八四七六三四三四四三
七〇四二	三八四七六九六〇二〇七
七〇四三	三八四七七五七六八八四
七〇四四	三八四七八一九三四七三
七〇四五	三八四七八八〇九九七四
七〇四六	三八四七九四二六三八八
七〇四七	三八四八〇〇四二七一五
七〇四八	三八四八〇六五八九五四
七〇四九	三八四八一二七五一〇六
七〇五〇	三八四八一八九一一七〇
七〇五一	三八四八二五〇七一四七
七〇五二	三八四八三一二三〇三六
七〇五三	三八四八三七三八八三八
七〇五四	三八四八四三五四五五三
七〇五五	三八四八四九七〇一八一
七〇五六	三八四八五五八五七二一
七〇五七	三八四八六二〇一一七四
七〇五八	三八四八六八一六五四〇
七〇五九	三八四八七四三一八一九
七〇六〇	三八四八八〇四七〇一一
七〇六一	三八四八八六六二一一五
七〇六二	三八四八九二七七一三二
七〇六三	三八四八九八九二〇六三
七〇六四	三八四九〇五〇六九〇六
七〇六五	三八四九一一二一六六二
七〇六六	三八四九一七三六三三一
七〇六七	三八四九二三五〇九一三
七〇六八	三八四九二九六五四〇八
七〇六九	三八四九三五七九八一七
七〇七〇	三八四九四一九四一三八
七〇七一	三八四九四八〇八三七二
七〇七二	三八四九五四二二五二〇
七〇七三	三八四九六〇三六五八一
七〇七四	三八四九六六五〇五五五
七〇七五	三八四九七二六四四四二
七〇七六	三八四九七八七八二四二
七〇七七	三八四九八四九一九五六
七〇七八	三八四九九一〇五五八三
七〇七九	三八四九九七一九一二三
七〇八〇	三八五〇〇三三二五七七
七〇八一	三八五〇〇九四五九四四
七〇八二	三八五〇一五五九二二四
七〇八三	三八五〇二一七二四一八
七〇八四	三八五〇二七八五五二五
七〇八五	三八五〇三三九八五四六
七〇八六	三八五〇四〇一一四八〇
七〇八七	三八五〇四六二四三二八
七〇八八	三八五〇五二三七〇八九
七〇八九	三八五〇五八四九七六四
七〇九〇	三八五〇六四六二三五二
七〇九一	三八五〇七〇七四八五四
七〇九二	三八五〇七六八七二六九
七〇九三	三八五〇八二九九五九八
七〇九四	三八五〇八九一一八四一
七〇九五	三八五〇九五二三九九八
七〇九六	三八五一〇一三六〇六八
七〇九七	三八五一〇七四八〇五二
七〇九八	三八五一一三五九九五〇
七〇九九	三八五一一九七一七六二
七一〇〇	三八五一二五八三四八七

續表

七一五一	三八五四三六六七七八〇	七一〇一	三八五一三一九五一二六
七一五二	三八五四四二七五〇五八	七一〇二	三八五一三八〇六六八〇
七一五三	三八五四四八八二二五〇	七一〇三	三八五一四四一八一四七
七一五四	三八五四五四八九三五八	七一〇四	三八五一五〇二九五二八
七一五五	三八五四六〇九六三八一	七一〇五	三八五一五六四〇八二三
七一五六	三八五四六七〇三三一九	七一〇六	三八五一六二五二〇三二
七一五七	三八五四七三一〇一七二	七一〇七	三八五一六八六三一五四
七一五八	三八五四七九一六七四一	七一〇八	三八五一七四七四一九一
七一五九	三八五四八五二三六二四	七一〇九	三八五一八〇八五一四二
七一六〇	三八五四九一三〇二二三	七一一〇	三八五一八六九六〇〇七
七一六一	三八五四九七三六七三七	七一一一	三八五一九三〇六七八六
七一六二	三八五五〇三四三一六七	七一一二	三八五一九九一七四八〇
七一六三	三八五五〇九四九五一二	七一一三	三八五二〇五二八〇八七
七一六四	三八五五一五五五七七二	七一一四	三八五二一一三八六〇八
七一六五	三八五五二一六一九四七	七一一五	三八五二一七四九〇四四
七一六六	三八五五二七六八〇三八	七一一六	三八五二二三五九三九四
七一六七	三八五五三三七四〇四五	七一一七	三八五二二九六九六五八
七一六八	三八五五三九七九九六七	七一一八	三八五二三五七九八三七
七一六九	三八五五四五八五八〇四	七一一九	三八五二四一八九九二九
七一七〇	三八五五五一九一五五七	七一二〇	三八五二四七九九九三六
七一七一	三八五五五七九七二二五	七一二一	三八五二五四〇九八五八
七一七二	三八五五六四〇二八〇九	七一二二	三八五二六〇一九六九三
七一七三	三八五五七〇〇八三〇八	七一二三	三八五二六六二九四四三
七一七四	三八五五七六一三七二三	七一二四	三八五二七二三九一〇八
七一七五	三八五五八二一九〇五四	七一二五	三八五二七八四八六八七
七一七六	三八五五八八二四三〇〇	七一二六	三八五二八四五八一八〇
七一七七	三八五五九四二九四六二	七一二七	三八五二九〇六七五八八
七一七八	三八五六〇〇三四五四〇	七一二八	三八五二九六七六九一〇
七一七九	三八五六〇六三九五三三	七一二九	三八五三〇二八六一四七
七一八〇	三八五六一二四四四四二	七一三〇	三八五三〇八九五二九九
七一八一	三八五六一八四九二六七	七一三一	三八五三一五〇四三六四
七一八二	三八五六二四五四〇〇八	七一三二	三八五三二一一三三四五
七一八三	三八五六三〇五八六六四	七一三三	三八五三二七二二二四〇
七一八四	三八五六三六六三二三七	七一三四	三八五三三三三一〇五〇
七一八五	三八五六四二六七七二五	七一三五	三八五三三九三九七七五
七一八六	三八五六四八七二一二九	七一三六	三八五三四五四八四一四
七一八七	三八五六五四七六四四九	七一三七	三八五三五一五六九六八
七一八八	三八五六六〇八〇六八四	七一三八	三八五三五七六五四三六
七一八九	三八五六六六八四八三六	七一三九	三八五三六三七三八二〇
七一九〇	三八五六七二八八九〇四	七一四〇	三八五三六九八二一一八
七一九一	三八五六七八九二八八八	七一四一	三八五三七五九〇三三一
七一九二	三八五六八四九六七八七	七一四二	三八五三八一九八四五九
七一九三	三八五六九一〇〇六〇三	七一四三	三八五三八八〇六五〇一
七一九四	三八五六九七〇四三三五	七一四四	三八五三九四一四四五九
七一九五	三八五七〇三〇七九八三	七一四五	三八五四〇〇二二三三一
七一九六	三八五七〇九一一五四七	七一四六	三八五四〇六三〇一一九
七一九七	三八五七一五一五〇二七	七一四七	三八五四一二三七八二一
七一九八	三八五七二一一八四二三	七一四八	三八五四一八四五四三八
七一九九	三八五七二七二一七三六	七一四九	三八五四二四五二九七一
七二〇〇	三八五七三三二四九六四	七一五〇	三八五四三〇六〇四一八

七二〇一	三八五七三七二八一〇九	七二五一	三八六〇三九七九〇五一
七二〇二	三八五七四五三一一七〇	七二五二	三八六〇四五七七九五四
七二〇三	三八五七五一三四一四八	七二五三	三八六〇五一七六七七五
七二〇四	三八五七五七三七〇四一	七二五四	三八六〇五七七五五一二
七二〇五	三八五七六三三九八五二	七二五五	三八六〇六三七四一六八
七二〇六	三八五七六九四二五七八	七二五六	三八六〇六九七二七四一
七二〇七	三八五七七五四五二二一	七二五七	三八六〇七五七一二三一
七二〇八	三八五七八一四七七八〇	七二五八	三八六〇八一六九六三九
七二〇九	三八五七八七五〇二五五	七二五九	三八六〇八七六七九六四
七二一〇	三八五七九三五二六四七	七二六〇	三八六〇九三六六二〇七
七二一一	三八五七九九五四九五六	七二六一	三八六〇九九六四三六八
七二一二	三八五八〇五五七一八一	七二六二	三八六一〇五六二四四六
七二一三	三八五八一一五九三二二	七二六三	三八六一一一六〇四四二
七二一四	三八五八一七六一三八〇	七二六四	三八六一一七五八三五五
七二一五	三八五八二三六三三五四	七二六五	三八六一二三五六一八六
七二一六	三八五八二九六五二四五	七二六六	三八六一二九五三九三五
七二一七	三八五八三五六七〇五三	七二六七	三八六一三五五一六〇二
七二一八	三八五八四一六八七七七	七二六八	三八六一四一四九一八六
七二一九	三八五八四七七〇四一八	七二六九	三八六一四七四六六八九
七二二〇	三八五八五三七一九七六	七二七〇	三八六一五三四四一〇九
七二二一	三八五八五九七三四五〇	七二七一	三八六一五九四一四四六
七二二二	三八五八六五七四八四一	七二七二	三八六一六五三八七〇二
七二二三	三八五八七一七六一四九	七二七三	三八六一七一三五八七六
七二二四	三八五八七七七七三七三	七二七四	三八六一七七三二九六七
七二二五	三八五八八三七八五一四	七二七五	三八六一八三二九九七七
七二二六	三八五八八九七九五七二	七二七六	三八六一八九二六九〇四
七二二七	三八五八九五八〇五四七	七二七七	三八六一九五二三七四九
七二二八	三八五九〇一八一四三九	七二七八	三八六二〇一二〇五一三
七二二九	三八五九〇七八二二四七	七二七九	三八六二〇七一七一九四
七二三〇	三八五九一三八二九七三	七二八〇	三八六二一三一三七九三
七二三一	三八五九一九八三六一五	七二八一	三八六二一九一〇三一一
七二三二	三八五九二五八四一七五	七二八二	三八六二二五〇六七四六
七二三三	三八五九三一八四六五一	七二八三	三八六二三一〇三一〇〇
七二三四	三八五九三七八五〇四四	七二八四	三八六二三六九九三七一
七二三五	三八五九四三八五三五五	七二八五	三八六二四二九五五六一
七二三六	三八五九四九八五五八二	七二八六	三八六二四八九一六六九
七二三七	三八五九五五八五七二六	七二八七	三八六二五四八七六九五
七二三八	三八五九六一八五七八八	七二八八	三八六二六〇八三六四〇
七二三九	三八五九六七八五七六六	七二八九	三八六二六六七九五〇二
七二四〇	三八五九七三八五六六二	七二九〇	三八六二七二七五二八三
七二四一	三八五九七九八五四七五	七二九一	三八六二七八七〇九八二
七二四二	三八五九八五八五二〇五	七二九二	三八六二八四六六六〇〇
七二四三	三八五九九一八四八五二	七二九三	三八六二九〇六二一三六
七二四四	三八五九九七八四四一六	七二九四	三八六二九六五七五九〇
七二四五	三八六〇〇三八三八九八	七二九五	三八六三〇二五二九六二
七二四六	三八六〇〇九八三二九七	七二九六	三八六三〇八四八二五三
七二四七	三八六〇一五八二六一三	七二九七	三八六三一四四三四六三
七二四八	三八六〇二一八一八四七	七二九八	三八六三二〇三八五九〇
七二四九	三八六〇二七八〇九九八	七二九九	三八六三二六三三六三七
七二五〇	三八六〇三三八〇〇六六	七三〇〇	三八六三三二二八六〇一

續表

七三〇一	三八六三三八二三四八四
七三〇二	三八六三四四一八七八六
七三〇三	三八六三五〇一三〇〇六
七三〇四	三八六三五六〇七六四五
七三〇五	三八六三六二〇二二〇三
七三〇六	三八六三六七九六六七九
七三〇七	三八六三七三九一〇七三
七三〇八	三八六三七九八五三八七
七三〇九	三八六三八五七九六一九
七三一〇	三八六三九一七三七七〇
七三一一	三八六三九七六七八三九
七三一二	三八六四〇三六一八二七
七三一三	三八六四〇九五五七三四
七三一四	三八六四一五四九五六〇
七三一五	三八六四二一四三三〇五
七三一六	三八六四二七三六九六八
七三一七	三八六四三三三〇五五〇
七三一八	三八六四三九二四〇五二
七三一九	三八六四四五一七四七二
七三二〇	三八六四五一一〇八一一
七三二一	三八六四五七〇四〇六九
七三二二	三八六四六二九七二四五
七三二三	三八六四六八九〇三四一
七三二四	三八六四七四八三三五六
七三二五	三八六四八〇七六二九〇
七三二六	三八六四八六六九一四三
七三二七	三八六四九二六一九一五
七三二八	三八六四九八五四六〇七
七三二九	三八六五〇四四七二一七
七三三〇	三八六五一〇三九七四六
七三三一	三八六五一六三二一九五
七三三二	三八六五二二二四五六三
七三三三	三八六五二八一六八五〇
七三三四	三八六五三四〇九〇五六
七三三五	三八六五四〇〇一一八二
七三三六	三八六五四五九三二二七
七三三七	三八六五五一八五一九一
七三三八	三八六五五七七七〇七四
七三三九	三八六五六三六八八七七
七三四〇	三八六五六九六〇五九九
七三四一	三八六五七五五二二四一
七三四二	三八六五八一四三八〇二
七三四三	三八六五八七三五二八二
七三四四	三八六五九三二六六八二
七三四五	三八六五九九一八〇〇一
七三四六	三八六六〇五〇九二四〇
七三四七	三八六六一一〇〇三九八
七三四八	三八六六一六九一四七六
七三四九	三八六六二二八二四七四
七三五〇	三八六六二八七三三九一

七三五一	三八六六三四六四二二七
七三五二	三八六六四〇五四九八四
七三五三	三八六六四六四五六六〇
七三五四	三八六六五二三六二五五
七三五五	三八六六五八二六七七一
七三五六	三八六六六四一七二〇六
七三五七	三八六六七〇〇七五六〇
七三五八	三八六六七五九七八三五
七三五九	三八六六八一八八〇二九
七三六〇	三八六六八七七八一四三
七三六一	三八六六九三六八一七七
七三六二	三八六六九九五八一三一
七三六三	三八六七〇五四八〇〇五
七三六四	三八六七一一三七七九八
七三六五	三八六七一七二七五一二
七三六六	三八六七二三一七一四五
七三六七	三八六七二九〇六六九九
七三六八	三八六七三四九六一七二
七三六九	三八六七四〇八五五六五
七三七〇	三八六七四六七四八七九
七三七一	三八六七五二六四一一二
七三七二	三八六七五八五三二六五
七三七三	三八六七六四四二三三九
七三七四	三八六七七〇三一三三三
七三七五	三八六七七六二〇二四七
七三七六	三八六七八二〇九〇八〇
七三七七	三八六七八七九七八三五
七三七八	三八六七九三八六五〇九
七三七九	三八六七九九七五一〇三
七三八〇	三八六八〇五六三六一八
七三八一	三八六八一一五二〇五三
七三八二	三八六八一七四〇四〇九
七三八三	三八六八二三二八六八四
七三八四	三八六八二九一六八八〇
七三八五	三八六八三五〇四九九六
七三八六	三八六八四〇九三〇三三
七三八七	三八六八四六八〇九九〇
七三八八	三八六八五二六八八六八
七三八九	三八六八五八五六六六六
七三九〇	三八六八六四四四三八四
七三九一	三八六八七〇三二〇二三
七三九二	三八六八七六一九五八二
七三九三	三八六八八二〇七〇六二
七三九四	三八六八八七九四四六二
七三九五	三八六八九三八一七八三
七三九六	三八六八九九六九〇二五
七三九七	三八六九〇五五六一八七
七三九八	三八六九一一四三二七〇
七三九九	三八六九一七三〇二七三
七四〇〇	三八六九二三一七一九七

續表

七四〇一	三八六九二九〇四〇四二	七四五一	三八七二二一七五六三四
七四〇二	三八六九三四九〇八〇八	七四五二	三八七二二七二八四六二
七四〇三	三八六九四〇七七四九四	七四五三	三八七二三三一一二一二
七四〇四	三八六九四六六四一〇一	七四五四	三八七二三八九三八八四
七四〇五	三八六九五二五〇六二九	七四五五	三八七二四四七六四七八
七四〇六	三八六九五八三七〇七七	七四五六	三八七二五〇五八九九三
七四〇七	三八六九六四二三四四七	七四五七	三八七二五六四一四三一
七四〇八	三八六九七〇〇九七三七	七四五八	三八七二六二二三七九〇
七四〇九	三八六九七五九五九四八	七四五九	三八七二六八〇六〇七二
七四一〇	三八六九八一八二〇八〇	七四六〇	三八七二七三八八二七五
七四一一	三八六九八七六八一三三	七四六一	三八七二七九七〇四〇〇
七四一二	三八六九九三五四一〇六	七四六二	三八七二八五五二四四七
七四一三	三八六九九九四〇〇〇一	七四六三	三八七二九一三四四一六
七四一四	三八七〇〇五二五八一七	七四六四	三八七二九七一六三〇七
七四一五	三八七〇一一一一五五四	七四六五	三八七三〇二九八一二一
七四一六	三八七〇一六九七二一一	七四六六	三八七三〇八七九八五六
七四一七	三八七〇二二八二七九〇	七四六七	三八七三一四六一五一三
七四一八	三八七〇二八六八二九〇	七四六八	三八七三二〇四三〇九三
七四一九	三八七〇三四五三七一一	七四六九	三八七三二六二四五九四
七四二〇	三八七〇四〇三九〇五三	七四七〇	三八七三三二〇七〇一八
七四二一	三八七〇四六二四三一六	七四七一	三八七三三七八七三六四
七四二二	三八七〇五二〇九五〇〇	七四七二	三八七三四三六八六三二
七四二三	三八七〇五七九四六〇六	七四七三	三八七三四九四九八二三
七四二四	三八七〇六三七九六三二	七四七四	三八七三五五三〇九三五
七四二五	三八七〇六九六四五八〇	七四七五	三八七三六一一一九七〇
七四二六	三八七〇七五四九四四九	七四七六	三八七三六六九二九二七
七四二七	三八七〇八一三四二三九	七四七七	三八七三七二七三八〇六
七四二八	三八七〇八七一八九五一	七四七八	三八七三七八五四六〇八
七四二九	三八七〇九三〇三五八三	七四七九	三八七三八四三五三三二
七四三〇	三八七〇九八八八一三八	七四八〇	三八七三九〇一五九七九
七四三一	三八七一〇四七二六一三	七四八一	三八七三九五九六五四七
七四三二	三八七一一〇五七〇一〇	七四八二	三八七四〇一七七〇三九
七四三三	三八七一一六四一三二八	七四八三	三八七四〇七五七四五二
七四三四	三八七一二二二五五六八	七四八四	三八七四一三三七七八八
七四三五	三八七一二八〇九七二九	七四八五	三八七四一九一八〇四七
七四三六	三八七一三三九三八一一	七四八六	三八七四二四九八二二八
七四三七	三八七一三九七七八一五	七四八七	三八七四三〇七八三三一
七四三八	三八七一四五六一七四〇	七四八八	三八七四三六五八三五七
七四三九	三八七一五一四五五八七	七四八九	三八七四四二三八三〇六
七四四〇	三八七一五七二九三五五	七四九〇	三八七四四八一八一七七
七四四一	三八七一六三一三〇四五	七四九一	三八七四五三九七九七一
七四四二	三八七一六八九六六五七	七四九二	三八七四五九七七六八七
七四四三	三八七一七四八〇一九〇	七四九三	三八七四六五五七三二六
七四四四	三八七一八〇六三六四五	七四九四	三八七四七一三六八八八
七四四五	三八七一八六四七〇二一	七四九五	三八七四七七一六三七二
七四四六	三八七一九二三〇三一九	七四九六	三八七四八二九五七七九
七四四七	三八七一九八一三五三八	七四九七	三八七四八八七五一〇八
七四四八	三八七二〇三九六六八〇	七四九八	三八七四九四五四三六一
七四四九	三八七二〇九七九七四三	七四九九	三八七五〇〇三三五三六
七四五〇	三八七二一五六二七二七	七五〇〇	三八七五〇六一二六三四

續表

七五〇一	三八七五一一九一六五五	七五五一	三八七八〇〇四四七〇三
七五〇二	三八七五一七七〇五九八	七五五二	三八七八〇六一九八一三
七五〇三	三八七五二三四九四六五	七五五三	三八七八一一九四八四七
七五〇四	三八七五二九二八二五四	七五五四	三八七八一七六九八〇五
七五〇五	三八七五三五〇六九六六	七五五五	三八七八二三四四六八七
七五〇六	三八七五四〇八五六〇一	七五五六	三八七八二九一九四九二
七五〇七	三八七五四六六四一五九	七五五七	三八七八三四九四二二二
七五〇八	三八七五五二四二六三九	七五五八	三八七八四〇六八八七六
七五〇九	三八七五五八二一〇四三	七五五九	三八七八四六四三四五三
七五一〇	三八七五六三九九三七〇	七五六〇	三八七八五二一七九五五
七五一一	三八七五六九七七六二〇	七五六一	三八七八五七九二三八一
七五一二	三八七五七五五五七九三	七五六二	三八七八六三六六七三〇
七五一三	三八七五八一三三八八八	七五六三	三八七八六九四一〇〇四
七五一四	三八七五八七一一九〇七	七五六四	三八七八七五一五二〇二
七五一五	三八七五九二八九八四九	七五六五	三八七八八〇八九三二四
七五一六	三八七五九八六七七一四	七五六六	三八七八八六六三三七〇
七五一七	三八七六〇四四五五〇二	七五六七	三八七八九二三七三四〇
七五一八	三八七六一〇二三二一四	七五六八	三八七八九八一一二三四
七五一九	三八七六一六〇〇八四八	七五六九	三八七九〇三八五〇五二
七五二〇	三八七六二一七八四〇六	七五七〇	三八七九〇九五八七九五
七五二一	三八七六二七五五八八七	七五七一	三八七九一五三二四六二
七五二二	三八七六三三三三二九一	七五七二	三八七九二一〇六〇五三
七五二三	三八七六三九一〇六一八	七五七三	三八七九二六七九五六八
七五二四	三八七六四四八七八六九	七五七四	三八七九三二五三〇〇八
七五二五	三八七六五〇六五〇四三	七五七五	三八七九三八二六三七二
七五二六	三八七六五六四二一四〇	七五七六	三八七九四三九九六六〇
七五二七	三八七六六二一九一六〇	七五七七	三八七九四九七二八七二
七五二八	三八七六六七九六一〇四	七五七八	三八七九五五四六〇〇九
七五二九	三八七六七三七二九七一	七五七九	三八七九六一一九〇七一
七五三〇	三八七六七九四九七六二	七五八〇	三八七九六六九二〇五六
七五三一	三八七六八五二六四七六	七五八一	三八七九七二六四九六六
七五三二	三八七六九一〇三一一三	七五八二	三八七九七八三七八〇一
七五三三	三八七六九六七九六七四	七五八三	三八七九八四一〇五六〇
七五三四	三八七七〇二五六一五九	七五八四	三八七九八九八三二四三
七五三五	三八七七〇八三二五六七	七五八五	三八七九九五五五八五一
七五三六	三八七七一四〇八八九八	七五八六	三八八〇〇一二八三八四
七五三七	三八七七一九八五一五三	七五八七	三八八〇〇七〇〇八四一
七五三八	三八七七二五六一三三一	七五八八	三八八〇一二七三二二二
七五三九	三八七七三一三七四三三	七五八九	三八八〇一八四五五二八
七五四〇	三八七七三七一三四五九	七五九〇	三八八〇二四一七七五九
七五四一	三八七七四二八九四〇八	七五九一	三八八〇二九八九九一四
七五四二	三八七七四八六五二八一	七五九二	三八八〇三五六一九九四
七五四三	三八七七五四四一〇七七	七五九三	三八八〇四一三三九九九
七五四四	三八七七六〇一六七九七	七五九四	三八八〇四七〇五九二八
七五四五	三八七七六五九二四四一	七五九五	三八八〇五二七七七八二
七五四六	三八七七七一六八〇〇九	七五九六	三八八〇五八四九五六一
七五四七	三八七七七七四三五〇〇	七五九七	三八八〇六四二一二六四
七五四八	三八七七八三一八九一五	七五九八	三八八〇六九九二八九二
七五四九	三八七七八八九四二五四	七五九九	三八八〇七五六四四四五
七五五〇	三八七七九四六九五一六	七六〇〇	三八八〇八一三五九二三

續表

七六〇一	三八八〇八七〇七三二五
七六〇二	三八八〇九二七八六五三
七六〇三	三八八〇九八四九九〇五
七六〇四	三八八一〇四二一〇八二
七六〇五	三八八一〇九九二一八四
七六〇六	三八八一一五六三二一一
七六〇七	三八八一二一三四一六三
七六〇八	三八八一二七〇五〇三九
七六〇九	三八八一三二七五八四一
七六一〇	三八八一三八四六五六八
七六一一	三八八一四四一七二一九
七六一二	三八八一四九八七七九六
七六一三	三八八一五五五八二九八
七六一四	三八八一六一二八七二五
七六一五	三八八一六六九九〇七七
七六一六	三八八一七二六九三五四
七六一七	三八八一七八三九五五六
七六一八	三八八一八四〇九六八三
七六一九	三八八一八九七九七三六
七六二〇	三八八一九五四九七一三
七六二一	三八八二〇一一九六一六
七六二二	三八八二〇六八九四四四
七六二三	三八八二一二五九一九八
七六二四	三八八二一八二八八七六
七六二五	三八八二二三九八四八〇
七六二六	三八八二二九六八〇〇九
七六二七	三八八二三五三七四六四
七六二八	三八八二四一〇六八四四
七六二九	三八八二四六七六一四九
七六三〇	三八八二五二四五三八〇
七六三一	三八八二五八一四五三六
七六三二	三八八二六三八三六一七
七六三三	三八八二六九五二六二四
七六三四	三八八二七五二一五五六
七六三五	三八八二八〇九〇四一四
七六三六	三八八二八六五九一九七
七六三七	三八八二九二二七九〇六
七六三八	三八八二九七九六五四〇
七六三九	三八八三〇三六五一〇〇
七六四〇	三八八三〇九三三五八六
七六四一	三八八三一五〇一九九七
七六四二	三八八三二〇七〇三三四
七六四三	三八八三二六三八五九六
七六四四	三八八三三二〇六七八四
七六四五	三八八三三七七四八九七
七六四六	三八八三四三四二九三七
七六四七	三八八三四九一〇九〇二
七六四八	三八八三五四七八七九三
七六四九	三八八三六〇四六六〇九
七六五〇	三八八三六六一四三五二
七六五一	三八八三七一八二〇二〇
七六五二	三八八三七七四九六一四
七六五三	三八八三八三一七一三三
七六五四	三八八三八八八四五七九
七六五五	三八八三九四五一九五〇
七六五六	三八八四〇〇一九二四八
七六五七	三八八四〇五八六四七一
七六五八	三八八四一一五三六二〇
七六五九	三八八四一七二〇六九五
七六六〇	三八八四二二八七六九六
七六六一	三八八四二八五四六二三
七六六二	三八八四三四二一四七六
七六六三	三八八四三九八八二五六
七六六四	三八八四四五五四九六一
七六六五	三八八四五一二一五九二
七六六六	三八八四五六八八一四九
七六六七	三八八四六二五四六三三
七六六八	三八八四六八二一〇四二
七六六九	三八八四七三八七三七八
七六七〇	三八八四七九五三六三九
七六七一	三八八四八五一九八二七
七六七二	三八八四九〇八五九四二
七六七三	三八八四九六五一九八二
七六七四	三八八五〇二一七九四九
七六七五	三八八五〇七八三八四一
七六七六	三八八五一三四九六六一
七六七七	三八八五一九一五四〇六
七六七八	三八八五二四八一〇七八
七六七九	三八八五三〇四六六七六
七六八〇	三八八五三六一二二〇〇
七六八一	三八八五四一七七六五一
七六八二	三八八五四七四三〇二八
七六八三	三八八五五三〇八三三二
七六八四	三八八五五八七三五六二
七六八五	三八八五六四三八七一八
七六八六	三八八五七〇〇三八〇一
七六八七	三八八五七五六八八一一
七六八八	三八八五八一三三七四七
七六八九	三八八五八六九八六〇九
七六九〇	三八八五九二六三三九八
七六九一	三八八五九八二八一一四
七六九二	三八八六〇三九二七五六
七六九三	三八八六〇九五七三二四
七六九四	三八八六一五二一八二〇
七六九五	三八八六二〇八六二四二
七六九六	三八八六二六五〇五九〇
七六九七	三八八六三二一四八六六
七六九八	三八八六三七七九〇六八
七六九九	三八八六四三四三一九六
七七〇〇	三八八六四九〇七二五二

續表

七七〇一	三八八六五四七一二三四	七七五一	三八八九三五七七三六九
七七〇二	三八八六六〇三五一四三	七七五二	三八八九四一三七六四〇
七七〇三	三八八六六五九八九七九	七七五三	三八八九四六九七八四〇
七七〇四	三八八六七一六二七四一	七七五四	三八八九五二五七九六七
七七〇五	三八八六七七二六四三一	七七五五	三八八九五八一八〇二一
七七〇六	三八八六八二九〇〇四七	七七五六	三八八九六三七八〇〇四
七七〇七	三八八六八八五三五九〇	七七五七	三八八九六九三七九一四
七七〇八	三八八六九四一七〇六〇	七七五八	三八八九七四九七七五三
七七〇九	三八八六九九八〇四五七	七七五九	三八八九八〇五七五一九
七七一〇	三八八七〇五四三七八一	七七六〇	三八八九八六一七二一三
七七一一	三八八七一一〇七〇三一	七七六一	三八八九九一七六八三四
七七一二	三八八七一六七〇二〇九	七七六二	三八八九九七三六三八四
七七一三	三八八七二二三三三一四	七七六三	三八九〇〇二九五八六二
七七一四	三八八七二七九六三四五	七七六四	三八九〇〇八五五二六七
七七一五	三八八七三三五九三〇四	七七六五	三八九〇一四一四六〇一
七七一六	三八八七三九二二一九〇	七七六六	三八九〇一九七三八六二
七七一七	三八八七四四八五〇〇二	七七六七	三八九〇二五三三〇五二
七七一八	三八八七五〇四七七四二	七七六八	三八九〇三〇九二一六九
七七一九	三八八七五六一〇四〇九	七七六九	三八九〇三六五一二一四
七七二〇	三八八七六一七三〇〇三	七七七〇	三八九〇四二一〇一八八
七七二一	三八八七六七三五五二五	七七七一	三八九〇四七六九〇九〇
七七二二	三八八七七二九七九七三	七七七二	三八九〇五三二七九一九
七七二三	三八八七七八六〇三四八	七七七三	三八九〇五八八六六七七
七七二四	三八八七八四二二六五一	七七七四	三八九〇六四四五三六三
七七二五	三八八七八九八四八八一	七七七五	三八九〇七〇〇三九七七
七七二六	三八八七九五四七〇三八	七七七六	三八九〇七五六二五一九
七七二七	三八八八〇一〇九一二二	七七七七	三八九〇八一二〇九九〇
七七二八	三八八八〇六七一一三四	七七七八	三八九〇八六七九三八八
七七二九	三八八八一二三三〇七三	七七七九	三八九〇九二三七七一五
七七三〇	三八八八一七九四九三九	七七八〇	三八九〇九七九五九七〇
七七三一	三八八八二三五六七三三	七七八一	三八九一〇三五一四五三
七七三二	三八八八二九一八四五四	七七八二	三八九一〇九一二二六五
七七三三	三八八八三四八〇一〇二	七七八三	三八九一一四七〇三〇四
七七三四	三八八八四〇四一六七七	七七八四	三八九一二〇二八二七三
七七三五	三八八八四六〇三一八〇	七七八五	三八九一二五八六一六九
七七三六	三八八八五一六四六一一	七七八六	三八九一三一四三九九四
七七三七	三八八八五七二五九六九	七七八七	三八九一三七〇一七四七
七七三八	三八八八六二八七二五四	七七八八	三八九一四二五九四二八
七七三九	三八八八六八四八四六七	七七八九	三八九一四八一七〇三八
七七四〇	三八八八七四〇九六〇七	七七九〇	三八九一五三七四五七七
七七四一	三八八八七九七〇六七五	七七九一	三八九一五九三二〇四三
七七四二	三八八八八五三一六七〇	七七九二	三八九一六四八九四三九
七七四三	三八八八九〇九二五九三	七七九三	三八九一七〇四六七六二
七七四四	三八八八九六五三四四三	七七九四	三八九一七六〇四〇一五
七七四五	三八八九〇二一四二二一	七七九五	三八九一八一六一一九五
七七四六	三八八九〇七七四九二七	七七九六	三八九一八七一八三〇四
七七四七	三八八九一三三五五六〇	七七九七	三八九一九二七五三四二
七七四八	三八八九一八九六一二〇	七七九八	三八九一九八三二三〇九
七七四九	三八八九二四五六六〇九	七七九九	三八九二〇三八九二〇三
七七五〇	三八八九三〇一七〇二五	七八〇〇	三八九二〇九四六〇二七

續表

七八〇一	三八九二一五〇二七七九	七八五一	三八九四九二四九七七四
七八〇二	三八九二二〇五九四六〇	七八五二	三八九四九八〇二九〇九
七八〇三	三八九二二六一六〇六九	七八五三	三八九五〇三五五九七五
七八〇四	三八九二三一七二六〇七	七八五四	三八九五〇九〇八九六九
七八〇五	三八九二三七二九〇七四	七八五五	三八九五一四六一八九四
七八〇六	三八九二四二八五四七〇	七八五六	三八九五二〇一四七四八
七八〇七	三八九二四八四一七九四	七八五七	三八九五二五六七五三一
七八〇八	三八九二五三九八〇四七	七八五八	三八九五三一二〇二四五
七八〇九	三八九二五九五四二二八	七八五九	三八九五三六七二八八八
七八一〇	三八九二六五一〇三三九	七八六〇	三八九五四二二五四六〇
七八一一	三八九二七〇六六三七八	七八六一	三八九五四七七七九六三
七八一二	三八九二七六二二三四六	七八六二	三八九五五三三〇三九五
七八一三	三八九二八一七八二四三	七八六三	三八九五五八八二七五七
七八一四	三八九二八九三四〇六九	七八六四	三八九五六四三五〇四八
七八一五	三八九二九二八九八二四	七八六五	三八九五六九八七二七〇
七八一六	三八九二九八四五五〇七	七八六六	三八九五七五三九四二一
七八一七	三八九三〇四〇一一二〇	七八六七	三八九五八〇九一五〇二
七八一八	三八九三〇九五六六六一	七八六八	三八九五八六四三五一二
七八一九	三八九三一五一二一三一	七八六九	三八九五九一九五四五三
七八二〇	三八九三二〇六七五三一	七八七〇	三八九五九七四七三二四
七八二一	三八九三二六二二八五九	七八七一	三八九六〇二九九一二四
七八二二	三八九三三一七八一一六	七八七二	三八九六〇八五〇八五四
七八二三	三八九三三七三三三〇二	七八七三	三八九六一四〇二五一四
七八二四	三八九三四二八八四一八	七八七四	三八九六一九五四一〇五
七八二五	三八九三四八四三四六二	七八七五	三八九六二五〇五六二五
七八二六	三八九三五三九八四三六	七八七六	三八九六三〇五七〇七五
七八二七	三八九三五九五三三三八	七八七七	三八九六三六〇八四五五
七八二八	三八九三六五〇八一七〇	七八七八	三八九六四一五九七六五
七八二九	三八九三七〇六二九三一	七八七九	三八九六四七一一〇〇五
七八三〇	三八九三七六一七六二一	七八八〇	三八九六五二六二一七五
七八三一	三八九三八一七二二四〇	七八八一	三八九六五八一三二七五
七八三二	三八九三八七二六七八八	七八八二	三八九六六三六四三〇五
七八三三	三八九三九二八一二六五	七八八三	三八九六六九一五二六六
七八三四	三八九三九八三五六七二	七八八四	三八九六七四六六一五六
七八三五	三八九四〇三九〇〇〇八	七八八五	三八九六八〇一六九七七
七八三六	三八九四〇九四四二七三	七八八六	三八九六八五六七七二七
七八三七	三八九四一四九八四六八	七八八七	三八九六九一一八四〇八
七八三八	三八九四二〇五二五九一	七八八八	三八九六九六六九〇一九
七八三九	三八九四二六〇六六四四	七八八九	三八九七〇二一九五六一
七八四〇	三八九四三一六〇六二七	七八九〇	三八九七〇七七〇〇三二
七八四一	三八九四三七一四五三九	七八九一	三八九七一三二〇四三四
七八四二	三八九四四二六八三八〇	七八九二	三八九七一八七〇七六六
七八四三	三八九四四八二二一五〇	七八九三	三八九七二四二一〇二八
七八四四	三八九四五三七五八五〇	七八九四	三八九七二九七一二二一
七八四五	三八九四五九二九四七九	七八九五	三八九七三五二一三四三
七八四六	三八九四六四八三〇三八	七八九六	三八九七四〇七一三九七
七八四七	三八九四七〇三六五二六	七八九七	三八九七四六二一三八〇
七八四八	三八九四七五八九九四四	七八九八	三八九七五一七一二九四
七八四九	三八九四八一四三三〇一	七八九九	三八九七五七二一一三八
七八五〇	三八九四八六九六五六七	七九〇〇	三八九七六二七〇九一三

續表

七九〇一	三八九七六八二〇六一八
七九〇二	三八九七七三七〇二五三
七九〇三	三八九七七九一九八一九
七九〇四	三八九七八四六九三一六
七九〇五	三八九七九〇一八七四三
七九〇六	三八九七九五六八一〇〇
七九〇七	三八九八〇一一七三八八
七九〇八	三八九八〇六六六六〇六
七九〇九	三八九八一二一五七五五
七九一〇	三八九八一七六四八三五
七九一一	三八九八二三一三八四五
七九一二	三八九八二八六二七八六
七九一三	三八九八三四一一六五七
七九一四	三八九八三九六〇四五九
七九一五	三八九八四五〇九一九二
七九一六	三八九八五〇五七八五五
七九一七	三八九八五六〇六四四九
七九一八	三八九八六一五四九七四
七九一九	三八九八六七〇三四三〇
七九二〇	三八九八七二五一八一六
七九二一	三八九八七八〇〇一三三
七九二二	三八九八八三四八三八一
七九二三	三八九八八八九六五五九
七九二四	三八九八九四四四六六九
七九二五	三八九八九九九二七〇九
七九二六	三八九九〇五四〇六八〇
七九二七	三八九九一〇八八五八二
七九二八	三八九九一六三六四一五
七九二九	三八九九二一八四一七九
七九三〇	三八九九二七三一八七三
七九三一	三八九九三二七九四九九
七九三二	三八九九三八二七〇五五
七九三三	三八九九四三七四五四三
七九三四	三八九九四九二一九六一
七九三五	三八九九五四六九三一一
七九三六	三八九九六〇一六五九一
七九三七	三八九九六五六三八〇三
七九三八	三八九九七一一〇九四六
七九三九	三八九九七六五八〇一九
七九四〇	三八九九八二〇五〇二四
七九四一	三八九九八七五一九六〇
七九四二	三八九九九二九八八二七
七九四三	三八九九九八四五六二五
七九四四	三九〇〇〇三九二三五五
七九四五	三九〇〇〇九三九〇一五
七九四六	三九〇〇一四八五六〇七
七九四七	三九〇〇二〇三二一三〇
七九四八	三九〇〇二五七八五八四
七九四九	三九〇〇三一二四九七〇
七九五〇	三九〇〇三六七一二八七
七九五一	三九〇〇四二一七五三五
七九五二	三九〇〇四七六三七一四
七九五三	三九〇〇五三〇九八二五
七九五四	三九〇〇五八五五八六六
七九五五	三九〇〇六四〇一八四〇
七九五六	三九〇〇六九四七七四五
七九五七	三九〇〇七四九三五八一
七九五八	三九〇〇八〇三九三四八
七九五九	三九〇〇八五八五〇四七
七九六〇	三九〇〇九一三〇六七七
七九六一	三九〇〇九六七六二三九
七九六二	三九〇一〇二二一七三二
七九六三	三九〇一〇七六七一五七
七九六四	三九〇一一三一二五一四
七九六五	三九〇一一八五七八〇一
七九六六	三九〇一二四〇三〇二一
七九六七	三九〇一二九四八一七二
七九六八	三九〇一三四九三二五四
七九六九	三九〇一四〇三八二六八
七九七〇	三九〇一四五八三二一四
七九七一	三九〇一五一二八〇九一
七九七二	三九〇一五六七二九〇〇
七九七三	三九〇一六二一七六四一
七九七四	三九〇一六七六二三一三
七九七五	三九〇一七三〇六九一七
七九七六	三九〇一七八五一四五三
七九七七	三九〇一八三九五九二一
七九七八	三九〇一八九四〇三二〇
七九七九	三九〇一九四八四六五一
七九八〇	三九〇二〇〇二八九一四
七九八一	三九〇二〇五七三一〇八
七九八二	三九〇二一一一七二三四
七九八三	三九〇二一六六一二九三
七九八四	三九〇二二二〇五二八三
七九八五	三九〇二二七四九二〇五
七九八六	三九〇二三二九三〇五九
七九八七	三九〇二三八三六八四四
七九八八	三九〇二四三八〇五六二
七九八九	三九〇二四九二四二一二
七九九〇	三九〇二五四六七七九三
七九九一	三九〇二六〇一一三〇七
七九九二	三九〇二六五五四七五二
七九九三	三九〇二七〇九八一三〇
七九九四	三九〇二七六四一四三九
七九九五	三九〇二八一八四六八一
七九九六	三九〇二八七二七八五四
七九九七	三九〇二九二七〇九六〇
七九九八	三九〇二九八一三九九八
七九九九	三九〇三〇三五六九六八
八〇〇〇	三九〇三〇八九九八七〇

八〇〇一	三九〇三一四四二七〇四
八〇〇二	三九〇三一九八五四七〇
八〇〇三	三九〇三二五二八一六九
八〇〇四	三九〇三三〇七〇八〇〇
八〇〇五	三九〇三三六一三三六三
八〇〇六	三九〇三四一五五八五八
八〇〇七	三九〇三四六九八二八五
八〇〇八	三九〇三五二四〇六四五
八〇〇九	三九〇三五七八二九三七
八〇一〇	三九〇三六三二五一六一
八〇一一	三九〇三六八六七三一七
八〇一二	三九〇三七四〇九四〇六
八〇一三	三九〇三七九五一四二七
八〇一四	三九〇三八四九三三八一
八〇一五	三九〇三九〇三五二六七
八〇一六	三九〇三九五七七〇八五
八〇一七	三九〇四〇一一八八三六
八〇一八	三九〇四〇六六〇五一九
八〇一九	三九〇四一二〇二一三五
八〇二〇	三九〇四一七四三六八三
八〇二一	三九〇四二二八五一六三
八〇二二	三九〇四二八二六五七六
八〇二三	三九〇四三三六七九二二
八〇二四	三九〇四三九〇九二〇〇
八〇二五	三九〇四四四五〇四一一
八〇二六	三九〇四四九九一五五四
八〇二七	三九〇四五五三二六三〇
八〇二八	三九〇四六〇七三六三八
八〇二九	三九〇四六六一四五七九
八〇三〇	三九〇四七一五五四五三
八〇三一	三九〇四七六九六二五九
八〇三二	三九〇四八二三六九九八
八〇三三	三九〇四八七七七六七〇
八〇三四	三九〇四九三一八二七四
八〇三五	三九〇四九八五八八一一
八〇三六	三九〇五〇三九九二八一
八〇三七	三九〇五〇九三九六八三
八〇三八	三九〇五一四八〇〇一九
八〇三九	三九〇五二〇二〇二八七
八〇四〇	三九〇五二五六〇四八七
八〇四一	三九〇五三一〇〇六二一
八〇四二	三九〇五三六四〇六八八
八〇四三	三九〇五四一八〇六八七
八〇四四	三九〇五四七二〇六一九
八〇四五	三九〇五五二六〇四八四
八〇四六	三九〇五五八〇〇二八二
八〇四七	三九〇五六三四〇〇一三
八〇四八	三九〇五六八七九六七七
八〇四九	三九〇五七四一九二七四
八〇五〇	三九〇五七九五八八〇四

八〇五一	三九〇五八四九八二六六
八〇五二	三九〇五九〇三七六六二
八〇五三	三九〇五九五七六九九一
八〇五四	三九〇六〇一一六二五三
八〇五五	三九〇六〇六五五四四八
八〇五六	三九〇六一一九四五七五
八〇五七	三九〇六一七三三六三六
八〇五八	三九〇六二二七二六三一
八〇五九	三九〇六二八一一五五八
八〇六〇	三九〇六三三五〇四一八
八〇六一	三九〇六三八八九二一二
八〇六二	三九〇六四四二七九三八
八〇六三	三九〇六四九六六五九八
八〇六四	三九〇六五五〇五一九一
八〇六五	三九〇六六〇四三七一七
八〇六六	三九〇六六五八二一七七
八〇六七	三九〇六七一二〇五六九
八〇六八	三九〇六七六五八八九五
八〇六九	三九〇六八一九七一五五
八〇七〇	三九〇六八七三五三四七
八〇七一	三九〇六九二七三四七三
八〇七二	三九〇六九八一一五三二
八〇七三	三九〇七〇三四九五二五
八〇七四	三九〇七〇八八七四五一
八〇七五	三九〇七一四二五三一〇
八〇七六	三九〇七一五六三一〇三
八〇七七	三九〇七二五〇〇八二九
八〇七八	三九〇七三〇三八四八八
八〇七九	三九〇七三五七六〇八一
八〇八〇	三九〇七四一一三六〇八
八〇八一	三九〇七四六五一〇六八
八〇八二	三九〇七五一八八四六一
八〇八三	三九〇七五七二五七八八
八〇八四	三九〇七六二六三〇四八
八〇八五	三九〇七六八〇〇二四二
八〇八六	三九〇七七三三七三七〇
八〇八七	三九〇七七八七四四三一
八〇八八	三九〇七八四一一四二六
八〇八九	三九〇七八九四八三五四
八〇九〇	三九〇七九四八五二一六
八〇九一	三九〇八〇〇二二〇一二
八〇九二	三九〇八〇五五八七四一
八〇九三	三九〇八一〇九五四〇四
八〇九四	三九〇八一六三二〇〇一
八〇九五	三九〇八二一六八五三一
八〇九六	三九〇八二七〇四九九五
八〇九七	三九〇八三二四一三九三
八〇九八	三九〇八三七七七七二四
八〇九九	三九〇八四三一三九九〇
八一〇〇	三九〇八四八五〇一八九

續表

八一〇一	三九〇八五三八六三二二
八一〇二	三九〇八五九二二三八八
八一〇三	三九〇八六四五八三八九
八一〇四	三九〇八六九九四三二四
八一〇五	三九〇八七五三〇一九二
八一〇六	三九〇八八〇六五九九四
八一〇七	三九〇八八六〇一七三〇
八一〇八	三九〇八九一三七四〇〇
八一〇九	三九〇八九六七三〇〇四
八一一〇	三九〇九〇二〇八五四二
八一一一	三九〇九〇七四四〇一四
八一一二	三九〇九一二七九四二〇
八一一三	三九〇九一八一四七六〇
八一一四	三九〇九二三五〇〇三四
八一一五	三九〇九二八八五二四二
八一一六	三九〇九三四二〇三八四
八一一七	三九〇九三九五五四六〇
八一一八	三九〇九四四九〇四七〇
八一一九	三九〇九五〇二五四一四
八一二〇	三九〇九五五六〇二九二
八一二一	三九〇九六〇九五一〇五
八一二二	三九〇九六六二九八五二
八一二三	三九〇九七一六四五三二
八一二四	三九〇九七六九九一四七
八一二五	三九〇九八二三三六九七
八一二六	三九〇九八七六八一八〇
八一二七	三九〇九九三〇二五九八
八一二八	三九〇九九八三六九四九
八一二九	三九一〇〇三七一二三六
八一三〇	三九一〇〇九〇五四五六
八一三一	三九一〇一四三九六一一
八一三二	三九一〇一九七三七〇〇
八一三三	三九一〇二五〇七七二三
八一三四	三九一〇三〇四一六八一
八一三五	三九一〇三五七五五七三
八一三六	三九一〇四一〇九三九九
八一三七	三九一〇四六四三一六〇
八一三八	三九一〇五一七六八五五
八一三九	三九一〇五七一〇四八五
八一四〇	三九一〇六二四四〇四九
八一四一	三九一〇六七七七五四七
八一四二	三九一〇七三一〇九八〇
八一四三	三九一〇七八四四三四八
八一四四	三九一〇八三七七六五〇
八一四五	三九一〇八九一〇八八六
八一四六	三九一〇九四四四〇五七
八一四七	三九一〇九九七七一六三
八一四八	三九一一〇五一〇二〇三
八一四九	三九一一一〇四三一七八
八一五〇	三九一一一五七六〇八七
八一五一	三九一一二一〇八九三一
八一五二	三九一一二六四一七一〇
八一五三	三九一一三一七四四二三
八一五四	三九一一三七〇七〇七一
八一五五	三九一一四二三九六五四
八一五六	三九一一四七七二一七一
八一五七	三九一一五三〇四六二三
八一五八	三九一一五八三七〇一〇
八一五九	三九一一六三六九三三一
八一六〇	三九一一六九〇一五八八
八一六一	三九一一七四三三七七九
八一六二	三九一一七九六五九〇四
八一六三	三九一一八四九七九六五
八一六四	三九一一九〇二九九六〇
八一六五	三九一一九五六一八九一
八一六六	三九一二〇〇九三七五六
八一六七	三九一二〇六二五五五六
八一六八	三九一二一一五七二九一
八一六九	三九一二一六八八九六一
八一七〇	三九一二二二二〇五六五
八一七一	三九一二二七五二一〇五
八一七二	三九一二三二八三五八〇
八一七三	三九一二三八一四九八九
八一七四	三九一二四三四六三三四
八一七五	三九一二四八七七六一三
八一七六	三九一二五四〇八八二八
八一七七	三九一二五九三九九七八
八一七八	三九一二六四七一〇六二
八一七九	三九一二七〇〇二〇八二
八一八〇	三九一二七五三三〇三七
八一八一	三九一二八〇六三九二七
八一八二	三九一二八五九四七五二
八一八三	三九一二九一二五五一二
八一八四	三九一二九六五六二〇七
八一八五	三九一三〇一八六八三七
八一八六	三九一三〇七一七四〇三
八一八七	三九一三一二四七九〇四
八一八八	三九一三一七七八三四〇
八一八九	三九一三二三〇八七一一
八一九〇	三九一三二八三九〇一八
八一九一	三九一三三三六九二五九
八一九二	三九一三三八九九四三六
八一九三	三九一三四四二九五四九
八一九四	三九一三四九五九五九六
八一九五	三九一三五四八九五七九
八一九六	三九一三六〇一九四九七
八一九七	三九一三六五四九三五一
八一九八	三九一三七〇七九一四〇
八一九九	三九一三七六〇八八六四
八二〇〇	三九一三八一三八五二四

八二五一	三九一六五〇六五八七一	八二〇一	三九一三八六六八一一九
八二五二	三九一六五五九二一九三	八二〇二	三九一三九一九七六五〇
八二五三	三九一六六一一八四五一	八二〇三	三九一三九七二七一一六
八二五四	三九一六六六四四六四五	八二〇四	三九一四〇二五六五一七
八二五五	三九一六七一七〇七七六	八二〇五	三九一四〇七八五八五四
八二五六	三九一六七六九六八四三	八二〇六	三九一四一三一五一二六
八二五七	三九一六八二二二八四六	八二〇七	三九一四一八四四三三四
八二五八	三九一六八七四八七八五	八二〇八	三九一四二三七三四七八
八二五九	三九一六九二七四六六一	八二〇九	三九一四二九〇二五五七
八二六〇	三九一六九八〇〇四七三	八二一〇	三九一四三四三一五七一
八二六一	三九一七〇三二六二二二	八二一一	三九一四三九六〇五二一
八二六二	三九一七〇八五一九〇六	八二一二	三九一四四四八九四〇七
八二六三	三九一七一三七七五二八	八二一三	三九一四五〇一八二二八
八二六四	三九一七一九〇三〇八五	八二一四	三九一四五五四六九八五
八二六五	三九一七二四二八五七九	八二一五	三九一四六〇七五六七八
八二六六	三九一七二九五四〇〇九	八二一六	三九一四六六〇四三〇六
八二六七	三九一七三四七九三七六	八二一七	三九一四七一三二八七〇
八二六八	三九一七四〇〇四六八〇	八二一八	三九一四七六六一三六九
八二六九	三九一七四五二九九一九	八二一九	三九一四八一八九八〇四
八二七〇	三九一七五〇五五〇九六	八二二〇	三九一四八七一八一七五
八二七一	三九一七五五八〇二〇八	八二二一	三九一四九二四六四八二
八二七二	三九一七六一〇五二五七	八二二二	三九一四九七七四七二四
八二七三	三九一七六六三〇二四三	八二二三	三九一五〇三〇二九〇三
八二七四	三九一七七一五五一六六	八二二四	三九一五〇八三一〇一七
八二七五	三九一七七六八〇〇二四	八二二五	三九一五一三五九〇六六
八二七六	三九一七八二〇四八二〇	八二二六	三九一五一八八七〇五二
八二七七	三九一七八七二九五五二	八二二七	三九一五二四一四九七三
八二七八	三九一七九二五四二二一	八二二八	三九一五二九四二八三〇
八二七九	三九一七九七七八二六	八二二九	三九一五三四七〇六二三
八二八〇	三九一八〇三〇三三六八	八二三〇	三九一五三九九八三五二
八二八一	三九一八〇八二七八四六	八二三一	三九一五四五二六〇一七
八二八二	三九一八一三五二二六二	八二三二	三九一五五〇五三六一八
八二八三	三九一八一八七六六一四	八二三三	三九一五五五八一一五四
八二八四	三九一八二四〇〇九〇二	八二三四	三九一五六一〇八六二七
八二八五	三九一八二九二五一二八	八二三五	三九一五六六三六〇三五
八二八六	三九一八三四四九二九〇	八二三六	三九一五七一六三三七九
八二八七	三九一八三九七三三八八	八二三七	三九一五七六九〇六六〇
八二八八	三九一八四四九七四二四	八二三八	三九一五八二一七八七六
八二八九	三九一八五〇二一三九六	八二三九	三九一五八七四五〇二九
八二九〇	三九一八五五四五三〇六	八二四〇	三九一五九二七二一一七
八二九一	三九一八六〇六九一五一	八二四一	三九一五九七九九一四一
八二九二	三九一八六五九二九三四	八二四二	三九一六〇三二六一〇二
八二九三	三九一八七一一六六五四	八二四三	三九一六〇八五二九九八
八二九四	三九一八七六四〇三一〇	八二四四	三九一六一三七九八三一
八二九五	三九一八八一六三九〇四	八二四五	三九一六一九〇六六〇〇
八二九六	三九一八八六八七四三四	八二四六	三九一六二四三三三〇五
八二九七	三九一八九二一〇九〇一	八二四七	三九一六二九五九九四六
八二九八	三九一八九七三四三〇五	八二四八	三九一六三四八六五二三
八二九九	三九一九〇二五七六四六	八二四九	三九一六四〇一三〇三六
八三〇〇	三九一九〇七八〇九二四	八二五〇	三九一六四五三九四八五

續表

續表

八三五一	三九二一七三八四八三七	八三〇一	三九一九一三〇四一三九
八三五二	三九二一七九〇四八五七	八三〇二	三九一九一八二七二九〇
八三五三	三九二一八四二四八一四	八三〇三	三九一九二三五〇三七九
八三五四	三九二一八九四四七〇九	八三〇四	三九一九二八七三四〇五
八三五五	三九二一九四六四五四二	八三〇五	三九一九三三九八三六八
八三五六	三九二一九九八四三一三	八三〇六	三九一九三九一九二六八
八三五七	三九二二〇五〇四〇二二	八三〇七	三九一九四四四二一〇五
八三五八	三九二二一〇二三六六八	八三〇八	三九一九四九六四七八九
八三五九	三九二二一五四三二五二	八三〇九	三九一九五四八七五九〇
八三六〇	三九二二二〇六二七七四	八三一〇	三九一九六〇一〇二三八
八三六一	三九二二二五八二二三四	八三一一	三九一九六五三二八二三
八三六二	三九二二三一〇一六三二	八三一二	三九一九七〇五五三四五
八三六三	三九二二三六二〇九六八	八三一三	三九一九七五七七八〇五
八三六四	三九二二四一四〇二四一	八三一四	三九一九八一〇〇二〇二
八三六五	三九二二四六五九四五三	八三一五	三九一九八六二二五三六
八三六六	三九二二五一七八六〇二	八三一六	三九一九九一四四八〇七
八三六七	三九二二五六九七六九〇	八三一七	三九一九九六六七〇一五
八三六八	三九二二六二一六七一五	八三一八	三九二〇〇一八九一六〇
八三六九	三九二二六七三五六七九	八三一九	三九二〇〇七一一二四三
八三七〇	三九二二七二五四五八〇	八三二〇	三九二〇一二三三二六三
八三七一	三九二二七七七三四一九	八三二一	三九二〇一七五五二二〇
八三七二	三九二二八二九二一九七	八三二二	三九二〇二二七七一一五
八三七三	三九二二八八一〇九一二	八三二三	三九二〇二七九八九四六
八三七四	三九二二九三二九五六六	八三二四	三九二〇三三二〇七一五
八三七五	三九二二九八四八一五七	八三二五	三九二〇三八四二四二二
八三七六	三九二三〇三六六六八七	八三二六	三九二〇四三六四〇六六
八三七七	三九二三〇八八五一五四	八三二七	三九二〇四八八五六四七
八三七八	三九二三一四〇三五六〇	八三二八	三九二〇五四〇七一六五
八三七九	三九二三一九二一九〇四	八三二九	三九二〇五九二八六二一
八三八〇	三九二三二四四〇一八六	八三三〇	三九二〇六四五〇〇一四
八三八一	三九二三二九五八四〇七	八三三一	三九二〇六九七一三四五
八三八二	三九二三三四七六五六五	八三三二	三九二〇七四九二六一三
八三八三	三九二三三九九四六六二	八三三三	三九二〇八〇一三八一八
八三八四	三九二三四五一二六九六	八三三四	三九二〇八五三四九六一
八三八五	三九二三五〇三〇六六九	八三三五	三九二〇九〇五六〇四二
八三八六	三九二三五五四八五八一	八三三六	三九二〇九五七七〇六〇
八三八七	三九二三六〇六六四三〇	八三三七	三九二一〇〇九八〇一五
八三八八	三九二三六五八四二一八	八三三八	三九二一〇六一八九〇八
八三八九	三九二三七一〇一九四四	八三三九	三九二一一一三九七三八
八三九〇	三九二三七六一九六〇八	八三四〇	三九二一一六六〇五〇六
八三九一	三九二三八一三七二一一	八三四一	三九二一二一八一二一二
八三九二	三九二三八六五四七五二	八三四二	三九二一二七〇一八五五
八三九三	三九二三九一七二二三一	八三四三	三九二一三二二二四三六
八三九四	三九二三九六八九六四九	八三四四	三九二一三七四二九五四
八三九五	三九二四〇二〇七〇〇五	八三四五	三九二一四二六三四一〇
八三九六	三九二四〇七二四二九九	八三四六	三九二一四七八三八〇四
八三九七	三九二四一二四一五三二	八三四七	三九二一五三〇四一三五
八三九八	三九二四一七五八七〇三	八三四八	三九二一五八二四四〇四
八三九九	三九二四二二七五八一三	八三四九	三九二一六三四四六一一
八四〇〇	三九二四二七九二八六一	八三五〇	三九二一六八六四七五五

續表

八四〇一	三九二四三三〇九八四七
八四〇二	三九二四三八二六七七二
八四〇三	三九二四四三四三六三五
八四〇四	三九二四四八六〇四三七
八四〇五	三九二四五三七七一七八
八四〇六	三九二四五八九三八五七
八四〇七	三九二四六四一〇四七四
八四〇八	三九二四六九二七〇三〇
八四〇九	三九二四七四四三五二五
八四一〇	三九二四七九五九九五八
八四一一	三九二四八四七六三三〇
八四一二	三九二四八九九二六四〇
八四一三	三九二四九五〇八八八九
八四一四	三九二五〇〇二五〇七七
八四一五	三九二五〇五四一二〇三
八四一六	三九二五一〇五七二六八
八四一七	三九二五一五七三二七二
八四一八	三九二五二〇八九二一四
八四一九	三九二五二六〇五〇九五
八四二〇	三九二五三一二〇九一五
八四二一	三九二五三六三六六七四
八四二二	三九二五四一五二三七一
八四二三	三九二五四六六八〇〇七
八四二四	三九二五五一八三五八二
八四二五	三九二五五六九九〇九五
八四二六	三九二五六二一四五四八
八四二七	三九二五六七二九九三九
八四二八	三九二五七二四五二六九
八四二九	三九二五七七六〇五三八
八四三〇	三九二五八二七五七四六
八四三一	三九二五八七九〇八九三
八四三二	三九二五九三〇五九七九
八四三三	三九二五九八二一〇〇三
八四三四	三九二六〇三三五九六七
八四三五	三九二六〇八五〇八六九
八四三六	三九二六一三六五七一一
八四三七	三九二六一八八〇四九一
八四三八	三九二六二三九五二一〇
八四三九	三九二六二九〇九八六九
八四四〇	三九二六三四二四四六六
八四四一	三九二六三九三九〇〇三
八四四二	三九二六四四五三四七八
八四四三	三九二六四九六七八九三
八四四四	三九二六五四八二二四六
八四四五	三九二六五九九六五三九
八四四六	三九二六六五一〇七七一
八四四七	三九二六七〇二四九四二
八四四八	三九二六七五三九〇五二
八四四九	三九二六八〇五三一〇一
八四五〇	三九二六八五六七〇八九
八四五一	三九二六九〇八一〇一七
八四五二	三九二六九五九四八八四
八四五三	三九二七〇一〇八六九〇
八四五四	三九二七〇六二二四三五
八四五五	三九二七一一三六一一九
八四五六	三九二七一六四九七四三
八四五七	三九二七二一六三三〇六
八四五八	三九二七二六七六八〇八
八四五九	三九二七三一九〇二五〇
八四六〇	三九二七三七〇三六三〇
八四六一	三九二七四二一六九五一
八四六二	三九二七四七三〇二一〇
八四六三	三九二七五二四三四〇九
八四六四	三九二七五七五六五四七
八四六五	三九二七六二六九六二四
八四六六	三九二七六七八二六四一
八四六七	三九二七七二九五五九八
八四六八	三九二七七八〇八四九三
八四六九	三九二七八三二一三二九
八四七〇	三九二七八八三四一〇三
八四七一	三九二七九三四六八一七
八四七二	三九二七九八五九四七一
八四七三	三九二八〇三七二〇六四
八四七四	三九二八〇八八四五九七
八四七五	三九二八一三九七〇六九
八四七六	三九二八一九〇九四八〇
八四七七	三九二八二四二一八三二
八四七八	三九二八二九三四一二二
八四七九	三九二八三四四六三五三
八四八〇	三九二八三九五八五二三
八四八一	三九二八四四七〇六三二
八四八二	三九二八四九八二六八一
八四八三	三九二八五四九四六七〇
八四八四	三九二八六〇〇六五九八
八四八五	三九二八六五一八四六七
八四八六	三九二八七〇三〇二七四
八四八七	三九二八七五四二〇二二
八四八八	三九二八八〇五三七〇九
八四八九	三九二八八五六五三三六
八四九〇	三九二八九〇七六九〇二
八四九一	三九二八九五八八四〇九
八四九二	三九二九〇〇九九八五五
八四九三	三九二九〇六一一二四一
八四九四	三九二九一一二二五六七
八四九五	三九二九一六三三八三二
八四九六	三九二九二一四五〇三七
八四九七	三九二九二六五六一八三
八四九八	三九二九三一六七二六八
八四九九	三九二九三六七八二九二
八五〇〇	三九二九四一八九二五七

續表

八五〇一	三九二九四七〇〇一六二
八五〇二	三九二九五二一一〇〇六
八五〇三	三九二九五七二一七九一
八五〇四	三九二九六二三二五一五
八五〇五	三九二九六七四三一七九
八五〇六	三九二九七二五三七八四
八五〇七	三九二九七七六四三二八
八五〇八	三九二九八二七四八一二
八五〇九	三九二九八七八五二三七
八五一〇	三九二九九二九五六〇一
八五一一	三九二九九八〇五九〇五
八五一二	三九三〇〇三一六一五〇
八五一三	三九三〇〇八二六三三四
八五一四	三九三〇一三三六四五八
八五一五	三九三〇一八四六五二三
八五一六	三九三〇二三五六五二八
八五一七	三九三〇二八六六四七二
八五一八	三九三〇三三七六三五七
八五一九	三九三〇三八八六一八二
八五二〇	三九三〇四三九五九四八
八五二一	三九三〇四九〇五六五三
八五二二	三九三〇五四一五二九九
八五二三	三九三〇五九二四八八四
八五二四	三九三〇六四三四四一〇
八五二五	三九三〇六九四三八七七
八五二六	三九三〇七四五三二八三
八五二七	三九三〇七九六二六三〇
八五二八	三九三〇八四七一九一七
八五二九	三九三〇八九八一一四四
八五三〇	三九三〇九四九〇三一二
八五三一	三九三〇九九九九四二〇
八五三二	三九三一〇五〇八四六八
八五三三	三九三一一〇一七四五六
八五三四	三九三一一五二六三八五
八五三五	三九三一二〇三五二五五
八五三六	三九三一二五四四〇六四
八五三七	三九三一三〇五二八一四
八五三八	三九三一三五六一五〇五
八五三九	三九三一四〇七〇一三六
八五四〇	三九三一四五七八七〇七
八五四一	三九三一五〇八七二一九
八五四二	三九三一五五九五六七一
八五四三	三九三一六一〇四〇六四
八五四四	三九三一六六一二三九七
八五四五	三九三一七一二〇六七一
八五四六	三九三一七六二八八八五
八五四七	三九三一八一三七〇四〇
八五四八	三九三一八六四五一三五
八五四九	三九三一九一五三一七一
八五五〇	三九三一九六六一一四七

八五五一	三九三二〇一六九〇六四
八五五二	三九三二〇六七六九二二
八五五三	三九三二一一八四七二〇
八五五四	三九三二一六九二四五九
八五五五	三九三二二二〇〇一三九
八五五六	三九三二二七〇七七五九
八五五七	三九三二三二一五三二〇
八五五八	三九三二三七二二八二一
八五五九	三九三二四二三〇二六四
八五六〇	三九三二四七三七六四七
八五六一	三九三二五二四四九七一
八五六二	三九三二五七五二二三五
八五六三	三九三二六二五九四四〇
八五六四	三九三二六七六六五八六
八五六五	三九三二七二七三六七三
八五六六	三九三二七七八〇七〇一
八五六七	三九三二八二八七六六九
八五六八	三九三二八七九四五七八
八五六九	三九三二九三〇一四二八
八五七〇	三九三二九八〇八二一九
八五七一	三九三三〇三一四九五一
八五七二	三九三三〇八二一六二四
八五七三	三九三三一三二八二三七
八五七四	三九三三一八三四七九二
八五七五	三九三三二三四一二八七
八五七六	三九三三二八四七七二三
八五七七	三九三三三三五四一〇一
八五七八	三九三三三八六〇四一九
八五七九	三九三三四三六六六七八
八五八〇	三九三三四八七二八七八
八五八一	三九三三五三七九〇二〇
八五八二	三九三三五八八五一〇二
八五八三	三九三三六三九一一二五
八五八四	三九三三六八九七〇九〇
八五八五	三九三三七四〇二九九五
八五八六	三九三三七九〇八八四一
八五八七	三九三三八四一四六二九
八五八八	三九三三八九二〇三五八
八五八九	三九三三九四二六〇二七
八五九〇	三九三三九九三一六三八
八五九一	三九三四〇四三七一九〇
八五九二	三九三四〇九四二六八四
八五九三	三九三四一四四八一一八
八五九四	三九三四一九五三四九三
八五九五	三九三四二四五八八一〇
八五九六	三九三四二九六四〇六八
八五九七	三九三四三四六九二六七
八五九八	三九三四三九七四四〇八
八五九九	三九三四四四七九四八九
八六〇〇	三九三四四九八四五一二

續表

八六〇一	三九三四五四八九四七七
八六〇二	三九三四五九九四三八二
八六〇三	三九三四六四九九二二九
八六〇四	三九三四七〇〇四〇一七
八六〇五	三九三四七五〇八七四七
八六〇六	三九三四八〇一三四一七
八六〇七	三九三四八五一八〇三〇
八六〇八	三九三四九〇二二五八三
八六〇九	三九三四九五二七〇七八
八六一〇	三九三五〇〇三一五一五
八六一一	三九三五〇五三五八九二
八六一二	三九三五一〇四〇二一二
八六一三	三九三五一五四四四七二
八六一四	三九三五二〇四八六七四
八六一五	三九三五二五五二八一八
八六一六	三九三五三〇五六九〇三
八六一七	三九三五三五六〇九二九
八六一八	三九三五四〇六四八九八
八六一九	三九三五四五六八八〇七
八六二〇	三九三五五〇七二六五八
八六二一	三九三五五五七六四五一
八六二二	三九三五六〇八〇一八五
八六二三	三九三五六五八三八六一
八六二四	三九三五七〇八七四七八
八六二五	三九三五七五九一〇三七
八六二六	三九三五八〇九四五三八
八六二七	三九三五八五九七九八〇
八六二八	三九三五九一〇一三六四
八六二九	三九三五九六〇四六九〇
八六三〇	三九三六〇一〇七九五七
八六三一	三九三六〇六一一一六六
八六三二	三九三六一一一四三一七
八六三三	三九三六一六一七四〇九
八六三四	三九三六二一二〇四四三
八六三五	三九三六二六二三四一九
八六三六	三九三六三一二六三三七
八六三七	三九三六三六二九一九六
八六三八	三九三六四一三一九九七
八六三九	三九三六四六三四七四〇
八六四〇	三九三六五一三七四二五
八六四一	三九三六五六四〇〇五一
八六四二	三九三六六一四二六二〇
八六四三	三九三六六六四五一三〇
八六四四	三九三六七一四七五八二
八六四五	三九三六七六四九九七六
八六四六	三九三六八一五二三一二
八六四七	三九三六八六五四五九〇
八六四八	三九三六九一五六八〇九
八六四九	三九三六九六五八九七一
八六五〇	三九三七〇一六一〇七五
八六五一	三九三七〇六六三一二〇
八六五二	三九三七一一六五一〇八
八六五三	三九三七一六六七〇三七
八六五四	三九三七二一六八九〇九
八六五五	三九三七二六七〇七二二
八六五六	三九三七三一七二四七八
八六五七	三九三七三六七四一七五
八六五八	三九三七四一七五八一五
八六五九	三九三七四六七七三九六
八六六〇	三九三七五一七八九二〇
八六六一	三九三七五六八〇三八六
八六六二	三九三七六一八一七九四
八六六三	三九三七六六八三一四四
八六六四	三九三七七一八四四三六
八六六五	三九三七七六八五六七〇
八六六六	三九三七八一八六八四七
八六六七	三九三七八六八七九六六
八六六八	三九三七九一八九〇二六
八六六九	三九三七九六九〇〇三〇
八六七〇	三九三八〇一九〇九七五
八六七一	三九三八〇六九一八六二
八六七二	三九三八一一九二六九二
八六七三	三九三八一六九三四六四
八六七四	三九三八二一九四一七八
八六七五	三九三八二六九四八三五
八六七六	三九三八三一九五四三三
八六七七	三九三八三六九五九七五
八六七八	三九三八四一九六四五八
八六七九	三九三八四六九六八八四
八六八〇	三九三八五一九七二五二
八六八一	三九三八五六九七五六二
八六八二	三九三八六一九七八一五
八六八三	三九三八六六九八〇一〇
八六八四	三九三八七一九八一四八
八六八五	三九三八七六九八二二八
八六八六	三九三八八一九八二五〇
八六八七	三九三八八六九八二一五
八六八八	三九三八九一九三一二二
八六八九	三九三八九六九七九七二
八六九〇	三九三九〇一九七七六四
八六九一	三九三九〇六九七四九九
八六九二	三九三九一一九七一七六
八六九三	三九三九一六九六七九六
八六九四	三九三九二一九六三五九
八六九五	三九三九二六九五八六三
八六九六	三九三九三一九五三一一
八六九七	三九三九三六九四七〇一
八六九八	三九三九四一九四〇三三
八六九九	三九三九四六九三三〇八
八七〇〇	三九三九五一九二五二六

續表

八七〇一	三九三九五六九一六八七
八七〇二	三九三九六一九〇七九〇
八七〇三	三九三九六六八九八三五
八七〇四	三九三九七一八八八二四
八七〇五	三九三九七六八七七五五
八七〇六	三九三九八一八六六二八
八七〇七	三九三九八六八五四四五
八七〇八	三九三九九一八四二〇四
八七〇九	三九三九九六八二九〇六
八七一〇	三九四〇〇一八一五五〇
八七一一	三九四〇〇六八〇一三七
八七一二	三九四〇一一七八六六七
八七一三	三九四〇一六七七一四〇
八七一四	三九四〇二一七五五五六
八七一五	三九四〇二六七三九一四
八七一六	三九四〇三一七二二一六
八七一七	三九四〇三六七〇四六〇
八七一八	三九四〇四一六八六四七
八七一九	三九四〇四六六六七七七
八七二〇	三九四〇五一六四八四九
八七二一	三九四〇五六六二八六五
八七二二	三九四〇六一六〇八二三
八七二三	三九四〇六六五八七二五
八七二四	三九四〇七一五六五六九
八七二五	三九四〇七六五四三五六
八七二六	三九四〇八一五二〇八七
八七二七	三九四〇八六四九七六〇
八七二八	三九四〇九一四七三七六
八七二九	三九四〇九六四四九三五
八七三〇	三九四一〇一四二四三七
八七三一	三九四一〇六三九八八二
八七三二	三九四一一一三七二七〇
八七三三	三九四一一六三四六〇二
八七三四	三九四一二一三一八七六
八七三五	三九四一二六二九〇九三
八七三六	三九四一三一二六二五四
八七三七	三九四一三六二三三五七
八七三八	三九四一四一二〇四〇四
八七三九	三九四一四六一七三九三
八七四〇	三九四一五一一四三二六
八七四一	三九四一五六一一二〇二
八七四二	三九四一六一〇八〇二二
八七四三	三九四一六六〇四七八四
八七四四	三九四一七一〇一四八九
八七四五	三九四一七五九八一三八
八七四六	三九四一八〇九四七三〇
八七四七	三九四一八五九一二六五
八七四八	三九四一九〇八七七四四
八七四九	三九四一九五八四一六五
八七五〇	三九四二〇〇八〇五三〇
八七五一	三九四二〇五七六八三八
八七五二	三九四二一〇七三〇九〇
八七五三	三九四二一五六九二八五
八七五四	三九四二二〇六五四二三
八七五五	三九四二二五六一五〇四
八七五六	三九四二三〇五七五二九
八七五七	三九四二三五五三四九七
八七五八	三九四二四〇四九四〇九
八七五九	三九四二四五四五二六三
八七六〇	三九四二五〇四一〇六二
八七六一	三九四二五五三六八〇三
八七六二	三九四二六〇三二四八八
八七六三	三九四二六五二八一一七
八七六四	三九四二七〇二三六八九
八七六五	三九四二七五一九二〇四
八七六六	三九四二八〇一四六六三
八七六七	三九四二八五一〇〇六六
八七六八	三九四二九〇〇五四一一
八七六九	三九四二九五〇〇七〇一
八七七〇	三九四二九九九五九三四
八七七一	三九四三〇四九一一一〇
八七七二	三九四三〇九八六二三〇
八七七三	三九四三一四八一二九四
八七七四	三九四三一九七六三〇一
八七七五	三九四三二四七一二五一
八七七六	三九四三二九六六一四六
八七七七	三九四三三四六〇九八四
八七七八	三九四三三九五五七六五
八七七九	三九四三四四五〇四九〇
八七八〇	三九四三四九四五一五九
八七八一	三九四三五四三九七七二
八七八二	三九四三五九三四三二八
八七八三	三九四三六四二八八二八
八七八四	三九四三六九二三二七一
八七八五	三九四三七四一七六五八
八七八六	三九四三七九一一九八九
八七八七	三九四三八四〇六二六四
八七八八	三九四三八九〇〇四八二
八七八九	三九四三九三九四六四五
八七九〇	三九四三九八八八七五一
八七九一	三九四四〇三八二八〇一
八七九二	三九四四〇八七六七九四
八七九三	三九四四一三七〇七三二
八七九四	三九四四一八六四六一三
八七九五	三九四四二三五八四三八
八七九六	三九四四二八五二二〇七
八七九七	三九四四三三四五九二〇
八七九八	三九四四三八三九五七六
八七九九	三九四四四三三三一七七
八八〇〇	三九四四四八二六七二二

八八〇一	三九四四五三二〇二一〇
八八〇二	三九四四五八一三六四二
八八〇三	三九四四六三〇七〇一九
八八〇四	三九四四六八〇〇三三九
八八〇五	三九四四七二九三六〇三
八八〇六	三九四四七七八六八一一
八八〇七	三九四四八二七九九六三
八八〇八	三九四四八七七三〇六〇
八八〇九	三九四四九二六六一〇〇
八八一〇	三九四四九七五九〇八四
八八一一	三九四五〇二五二〇一二
八八一二	三九四五〇七四四八八五
八八一三	三九四五一二三七七〇一
八八一四	三九四五一七三〇四六二
八八一五	三九四五二二二三一六六
八八一六	三九四五二七一五八一五
八八一七	三九四五三二〇八四〇八
八八一八	三九四五三七〇〇九四五
八八一九	三九四五四一九三四二六
八八二〇	三九四五四六八五八五一
八八二一	三九四五五一七八二二一
八八二二	三九四五五六七〇五三四
八八二三	三九四五六一六二七九二
八八二四	三九四五六六五四九九四
八八二五	三九四五七一四七一四一
八八二六	三九四五七六三九二三一
八八二七	三九四五八一三一二六六
八八二八	三九四五八六二三二四五
八八二九	三九四五九一一五一六八
八八三〇	三九四五九六〇七〇三六
八八三一	三九四六〇〇九八八四八
八八三二	三九四六〇五九〇六〇四
八八三三	三九四六一〇八二三〇四
八八三四	三九四六一五七三九四九
八八三五	三九四六二〇六五五三八
八八三六	三九四六二五五七〇七二
八八三七	三九四六三〇四八五五〇
八八三八	三九四六三五三九九七二
八八三九	三九四六四〇三一三三九
八八四〇	三九四六四五二二六五〇
八八四一	三九四六五〇一三九〇六
八八四二	三九四六五五〇五一〇六
八八四三	三九四六五九九六二五〇
八八四四	三九四六六四八七三三九
八八四五	三九四六六九七八三七二
八八四六	三九四六七四六九三五〇
八八四七	三九四六七九六〇二七三
八八四八	三九四六八四五一一四〇
八八四九	三九四六八九四一九五一
八八五〇	三九四六九四三二七〇七
八八五一	三九四六九九二三四〇七
八八五二	三九四七〇四一四〇五三
八八五三	三九四七〇九〇四六四二
八八五四	三九四七一三九五一七六
八八五五	三九四七一八八五六五五
八八五六	三九四七二三七六〇七九
八八五七	三九四七二八六六四四七
八八五八	三九四七三三五六七五九
八八五九	三九四七三八四七〇一七
八八六〇	三九四七四三三七二一九
八八六一	三九四七四八二七三六六
八八六二	三九四七五三一七四五七
八八六三	三九四七五八〇七四九三
八八六四	三九四七六二九七四七四
八八六五	三九四七六七八七三九九
八八六六	三九四七七二七七二七〇
八八六七	三九四七七七六七〇八五
八八六八	三九四七八二五六八四四
八八六九	三九四七八七四六五四九
八八七〇	三九四七九二三六一九八
八八七一	三九四七九七二五七九二
八八七二	三九四八〇二一五三三一
八八七三	三九四八〇七〇四八一五
八八七四	三九四八一一九四二四四
八八七五	三九四八一六八三六一七
八八七六	三九四八二一七二九三六
八八七七	三九四八二六六二一九九
八八七八	三九四八三一五一四〇七
八八七九	三九四八三六四〇五六〇
八八八〇	三九四八四一二九六五八
八八八一	三九四八四六一八七〇一
八八八二	三九四八五一〇七六八八
八八八三	三九四八五五九六六二一
八八八四	三九四八六〇八五四九九
八八八五	三九四八六五七四三二一
八八八六	三九四八七〇六三〇八九
八八八七	三九四八七五五一八〇二
八八八八	三九四八八〇四〇四五九
八八八九	三九四八八五二九〇六二
八八九〇	三九四八九〇一七六一〇
八八九一	三九四八九五〇六一〇二
八八九二	三九四八九九九四五四〇
八八九三	三九四九〇四八二九二三
八八九四	三九四九〇九七一二五一
八八九五	三九四九一四五九五二四
八八九六	三九四九一九四七七四二
八八九七	三九四九二四三五九〇六
八八九八	三九四九二九二四〇一四
八八九九	三九四九三四一二〇六八
八九〇〇	三九四九三九〇〇〇六六

續表

八九五一	三九五一八七一五五七一	八九〇一	三九四九四三八八〇一〇
八九五二	三九五一九二〇〇七三五	八九〇二	三九四九四八七五八九九
八九五三	三九五一九六八五八四五	八九〇三	三九四九五三六三七三四
八九五四	三九五二〇一七〇九〇〇	八九〇四	三九四九五八五一五一三
八九五五	三九五二〇六五五九〇二	八九〇五	三九四九六三三九二三八
八九五六	三九五二一一四〇八四九	八九〇六	三九四九六八二六九〇八
八九五七	三九五二一六二五七四二	八九〇七	三九四九七三一四五二三
八九五八	三九五二二一一〇五八一	八九〇八	三九四九七八〇二〇八四
八九五九	三九五二二五九五三六六	八九〇九	三九四九八二八九五八九
八九六〇	三九五二三〇八〇〇九七	八九一〇	三九四九八七七七〇四〇
八九六一	三九五二三五六四七七三	八九一一	三九四九九二六四四三七
八九六二	三九五二四〇四九三九六	八九一二	三九四九九七五一七七八
八九六三	三九五二四五三三九六四	八九一三	三九五〇〇二三九〇六五
八九六四	三九五二五〇一八四七九	八九一四	三九五〇〇七二六二九八
八九六五	三九五二五五〇二九三九	八九一五	三九五〇一二一三四七五
八九六六	三九五二五九八七三四五	八九一六	三九五〇一七〇〇五九八
八九六七	三九五二六四七一六九八	八九一七	三九五〇二一八七六六六
八九六八	三九五二六九五五九九六	八九一八	三九五〇二六七四六八〇
八九六九	三九五二七四四〇二四〇	八九一九	三九五〇三一六一六三九
八九七〇	三九五二七九二四四三〇	八九二〇	三九五〇三六四八五四四
八九七一	三九五二八四〇八五六七	八九二一	三九五〇四一三五三九四
八九七二	三九五二八八九二六四九	八九二二	三九五〇四六二二一八九
八九七三	三九五二九三七六六七八	八九二三	三九五〇五一〇八九三〇
八九七四	三九五二九八六〇六五二	八九二四	三九五〇五五九五六一六
八九七五	三九五三〇三四四五七三	八九二五	三九五〇六〇八二二四八
八九七六	三九五三〇八二八四三九	八九二六	三九五〇六五六八八二五
八九七七	三九五三一三一二二五二	八九二七	三九五〇七〇五五三四八
八九七八	三九五三一七九六〇一一	八九二八	三九五〇七五四一八一六
八九七九	三九五三二二七九七一六	八九二九	三九五〇八〇二八二三〇
八九八〇	三九五三二七六三三六七	八九三〇	三九五〇八五一四五八九
八九八一	三九五三三二四六九六四	八九三一	三九五〇九〇〇〇八九四
八九八二	三九五三三七三〇五〇七	八九三二	三九五〇九四八七一四四
八九八三	三九五三四二一三九九七	八九三三	三九五〇九九七三三四〇
八九八四	三九五三四六九七四三三	八九三四	三九五一〇四五九四八一
八九八五	三九五三五一八〇八一四	八九三五	三九五一〇九四五五六八
八九八六	三九五三五六六四一四三	八九三六	三九五一一四三一六〇一
八九八七	三九五三六一四七四一七	八九三七	三九五一一九一七五七九
八九八八	三九五三六六三〇六三七	八九三八	三九五一二四〇三五〇三
八九八九	三九五三七一一三八〇四	八九三九	三九五一二八八九三七三
八九九〇	三九五三七五九六九一七	八九四〇	三九五一三三七五一八八
八九九一	三九五三八〇七九九七七	八九四一	三九五一三八六〇九四九
八九九二	三九五三八五六二九八二	八九四二	三九五一四三四六六五五
八九九三	三九五三九〇四五九三四	八九四三	三九五一四八三二三〇八
八九九四	三九五三九五二八八三二	八九四四	三九五一五三一七九〇五
八九九五	三九五四〇〇一一六七七	八九四五	三九五一五八〇三四四九
八九九六	三九五四〇四九四四六八	八九四六	三九五一六二八八九三八
八九九七	三九五四〇九七七二〇五	八九四七	三九五一六七七四三七三
八九九八	三九五四一四五九八八八	八九四八	三九五一七二五九七五四
八九九九	三九五四一九四二五一八	八九四九	三九五一七七四五〇八一
九〇〇〇	三九五四二四二五〇九四	八九五〇	三九五一八二三〇三五三

續表

九〇〇一	三九五四二九〇七六一七
九〇〇二	三九五四三三九〇〇八六
九〇〇三	三九五四三八七二五〇一
九〇〇四	三九五四四三五四八六三
九〇〇五	三九五四四八三七一七二
九〇〇六	三九五四五三一九四二六
九〇〇七	三九五四五八〇一六二七
九〇〇八	三九五四六二八三七七五
九〇〇九	三九五四六七六五八六九
九〇一〇	三九五四七二四七九一〇
九〇一一	三九五四七七二九八九七
九〇一二	三九五四八二一一八三一
九〇一三	三九五四八六九三七一一
九〇一四	三九五四九一七五五三七
九〇一五	三九五四九六五七三一一
九〇一六	三九五五〇一三九〇三〇
九〇一七	三九五五〇六二〇六九七
九〇一八	三九五五一一〇二三一〇
九〇一九	三九五五一五八三八六九
九〇二〇	三九五五二〇六五三七五
九〇二一	三九五五二五四六八二八
九〇二二	三九五五三〇二八二二八
九〇二三	三九五五三五〇九五七四
九〇二四	三九五五三九九〇八六六
九〇二五	三九五五四四七二一〇六
九〇二六	三九五五四九五三二九二
九〇二七	三九五五五四三四四二五
九〇二八	三九五五五九一五五〇四
九〇二九	三九五五六三九六五三〇
九〇三〇	三九五五六八七七五〇三
九〇三一	三九五五七三五八四二三
九〇三二	三九五五七八三九二八九
九〇三三	三九五五八三二〇一〇二
九〇三四	三九五五八八〇〇八六二
九〇三五	三九五五九二八一五六九
九〇三六	三九五五九七六二二二二
九〇三七	三九五六〇二四二八二三
九〇三八	三九五六〇七二三三七〇
九〇三九	三九五六一二〇三八六四
九〇四〇	三九五六一六八四三〇五
九〇四一	三九五六二一六四六九二
九〇四二	三九五六二六四五〇二七
九〇四三	三九五六三一二五三〇八
九〇四四	三九五六三六〇五五三七
九〇四五	三九五六四〇八五七一二
九〇四六	三九五六四五六五八三四
九〇四七	三九五六五〇四五九〇三
九〇四八	三九五六五五二五九一九
九〇四九	三九五六六〇〇五八八二
九〇五〇	三九五六六四八五七九二
九〇五一	三九五六六九六五六四九
九〇五二	三九五六七四四五四五三
九〇五三	三九五六七九二五二〇四
九〇五四	三九五六八四〇四九〇二
九〇五五	三九五六八八八四五四七
九〇五六	三九五六九三六四一三八
九〇五七	三九五六九八四三六七七
九〇五八	三九五七〇三二三一六三
九〇五九	三九五七〇八〇二五九七
九〇六〇	三九五七一二八一九七七
九〇六一	三九五七一七六一三〇四
九〇六二	三九五七二二四〇五七八
九〇六三	三九五七二七一九八〇〇
九〇六四	三九五七三一九八九六九
九〇六五	三九五七三六七八〇八四
九〇六六	三九五七四一五七一四七
九〇六七	三九五七四六三六一五七
九〇六八	三九五七五一一五一一五
九〇六九	三九五七五五九四〇一九
九〇七〇	三九五七六〇七二八七一
九〇七一	三九五七六五五一六六九
九〇七二	三九五七七〇三〇四一五
九〇七三	三九五七七五〇九一〇九
九〇七四	三九五七七九八七七四九
九〇七五	三九五七八四六六三三七
九〇七六	三九五七八九四四八七二
九〇七七	三九五七九四二三三五四
九〇七八	三九五七九九〇一七八四
九〇七九	三九五八〇三八〇一六一
九〇八〇	三九五八〇八五八四八五
九〇八一	三九五八一三三六七五七
九〇八二	三九五八一八一四九七六
九〇八三	三九五八二二九三一四二
九〇八四	三九五八二七七一二五五
九〇八五	三九五八三二四九三一六
九〇八六	三九五八三七二七三二五
九〇八七	三九五八四二〇五二八一
九〇八八	三九五八四六八三一八四
九〇八九	三九五八五一六一〇三四
九〇九〇	三九五八五六三八八三二
九〇九一	三九五八六一一六五七八
九〇九二	三九五八六五九四二七一
九〇九三	三九五八七〇七一九一一
九〇九四	三九五八七五四九四九九
九〇九五	三九五八八〇二七〇三四
九〇九六	三九五八八五〇四五一七
九〇九七	三九五八八九八一九四七
九〇九八	三九五八九四五九三二五
九〇九九	三九五八九九三六六五〇
九一〇〇	三九五九〇四一三九二三

續表

九一〇一	三九五九〇八九一一四四
九一〇二	三九五九一三六八三一二
九一〇三	三九五九一八四五四二七
九一〇四	三九五九二三二二四九一
九一〇五	三九五九二七九九五〇一
九一〇六	三九五九三二七六四六〇
九一〇七	三九五九三七五三三六六
九一〇八	三九五九四二三〇二一九
九一〇九	三九五九四七〇七〇二一
九一一〇	三九五九五一八三七七〇
九一一一	三九五九五六六〇四六六
九一一二	三九五九六一三七一一一
九一一三	三九五九六六一三七〇三
九一一四	三九五九七〇九〇二四二
九一一五	三九五九七五六六七三〇
九一一六	三九五九八〇四三一六五
九一一七	三九五九八五一九五四八
九一一八	三九五九八九九五八七九
九一一九	三九五九九四七二一五七
九一二〇	三九五九九九四八三八三
九一二一	三九六〇〇四二四五五七
九一二二	三九六〇〇九〇〇六七九
九一二三	三九六〇一三七六七四九
九一二四	三九六〇一八五二七六六
九一二五	三九六〇二三二八七三一
九一二六	三九六〇二八〇四六四四
九一二七	三九六〇三二八〇五〇五
九一二八	三九六〇三七五六三一四
九一二九	三九六〇四二三二〇七一
九一三〇	三九六〇四七〇七七七五
九一三一	三九六〇五一八三四二八
九一三二	三九六〇五六五九〇二八
九一三三	三九六〇六一三四五七六
九一三四	三九六〇六六一〇〇七三
九一三五	三九六〇七〇八五五一七
九一三六	三九六〇七五六〇九〇九
九一三七	三九六〇八〇三六二四九
九一三八	三九六〇八五一一五三七
九一三九	三九六〇八九八六七七三
九一四〇	三九六〇九四六一九五七
九一四一	三九六〇九九三七〇八九
九一四二	三九六一〇四一二一七〇
九一四三	三九六一〇八八七一九八
九一四四	三九六一一三六二一七四
九一四五	三九六一一八三七〇九八
九一四六	三九六一二三一一九七〇
九一四七	三九六一二七八六七九一
九一四八	三九六一三二六一五五九
九一四九	三九六一三七三六二七六
九一五〇	三九六一四二一〇九四一
九一五一	三九六一四六八五五五四
九一五二	三九六一五一六〇一一四
九一五三	三九六一五六三四六二四
九一五四	三九六一六一〇九〇八一
九一五五	三九六一六五八三四八六
九一五六	三九六一七〇五七八四〇
九一五七	三九六一七五三二一四二
九一五八	三九六一八〇〇六三九二
九一五九	三九六一八四八〇五九〇
九一六〇	三九六一八九五四七三七
九一六一	三九六一九四二八八三一
九一六二	三九六一九九〇二八七四
九一六三	三九六二〇三七六八六六
九一六四	三九六二〇八五〇八〇五
九一六五	三九六二一三二四六九三
九一六六	三九六二一七九八五二九
九一六七	三九六二二二七二三一四
九一六八	三九六二二七四六〇四六
九一六九	三九六二三二一九七二七
九一七〇	三九六二三六九三三五七
九一七一	三九六二四一六六九三四
九一七二	三九六二四六四〇四六一
九一七三	三九六二五一一三九三五
九一七四	三九六二五五八七三五八
九一七五	三九六二六〇六〇七二九
九一七六	三九六二六五二四〇四九
九一七七	三九六二七〇〇七三一七
九一七八	三九六二七四八〇五三四
九一七九	三九六二七九五三六九九
九一八〇	三九六二八四二六八一二
九一八一	三九六二八八九九八七四
九一八二	三九六二九三七二八八四
九一八三	三九六二九八四五八四三
九一八四	三九六三〇三一八七五一
九一八五	三九六三〇七九一六〇六
九一八六	三九六三一二六四四一一
九一八七	三九六三一七三七一六四
九一八八	三九六三二二〇九八六五
九一八九	三九六三二六八二五一五
九一九〇	三九六三三一五五一一四
九一九一	三九六三三六二七六六一
九一九二	三九六三四一〇〇一五七
九一九三	三九六三四五七二六〇一
九一九四	三九六三五〇四四九九四
九一九五	三九六三五五一七三三六
九一九六	三九六三五九八九六二六
九一九七	三九六三六四六一八六五
九一九八	三九六三六九三四〇五二
九一九九	三九六三七四〇六一八九
九二〇〇	三九六三七八七八二七三

續表

九二〇一	三九六三八三五〇三〇七
九二〇二	三九六三八八二二二八九
九二〇三	三九六三九二九四二二〇
九二〇四	三九六三九七六六一〇〇
九二〇五	三九六四〇二三七九二八
九二〇六	三九六四〇七〇九七〇六
九二〇七	三九六四一一八一四三二
九二〇八	三九六四一六五三一〇六
九二〇九	三九六四二一二四七三〇
九二一〇	三九六四二五九六三〇二
九二一一	三九六四三〇六七八二三
九二一二	三九六四三五三九二九三
九二一三	三九六四四〇一〇七一二
九二一四	三九六四四四八二〇七九
九二一五	三九六四四九五三三九六
九二一六	三九六四五四二四六六一
九二一七	三九六四五八九五八七五
九二一八	三九六四六三六七〇三八
九二一九	三九六四六八三八一五〇
九二二〇	三九六四七三〇九二一一
九二二一	三九六四七七八〇二二〇
九二二二	三九六四八二五一一七九
九二二三	三九六四八七二二〇八六
九二二四	三九六四九一九二九四三
九二二五	三九六四九六六三七四八
九二二六	三九六五〇一三四五〇三
九二二七	三九六五〇六〇五二〇六
九二二八	三九六五一〇七五八五八
九二二九	三九六五一五四六四六〇
九二三〇	三九六五二〇一七〇一〇
九二三一	三九六五二四八七五一〇
九二三二	三九六五二九五七九五八
九二三三	三九六五三四二八三五六
九二三四	三九六五三八九八七〇二
九二三五	三九六五四三六八九九八
九二三六	三九六五四八三九二四二
九二三七	三九六五五三〇九四三六
九二三八	三九六五五七七九五七九
九二三九	三九六五六二四九六七一
九二四〇	三九六五六七一九七一二
九二四一	三九六五七一八九七〇二
九二四二	三九六五七六五九六四二
九二四三	三九六五八一二九五三〇
九二四四	三九六五八五九九三六八
九二四五	三九六五九〇六九一五五
九二四六	三九六五九五三八八九一
九二四七	三九六六〇〇〇八五七六
九二四八	三九六六〇四七八二一一
九二四九	三九六六〇九四七七九四
九二五〇	三九六六一四一七三二七
九二五一	三九六六一八八六八一〇
九二五二	三九六六二三五六二四一
九二五三	三九六六二八二五六二二
九二五四	三九六六三二九四九五二
九二五五	三九六六三七六四二三一
九二五六	三九六六四二三三四五九
九二五七	三九六六四七〇二六三七
九二五八	三九六六五一七一七六四
九二五九	三九六六五六四〇八四一
九二六〇	三九六六六一〇九八六七
九二六一	三九六六六五七八八四二
九二六二	三九六六七〇四七七六七
九二六三	三九六六七五一六六四一
九二六四	三九六六七九八五四六四
九二六五	三九六六八四五四二三七
九二六六	三九六六八九二二九五九
九二六七	三九六六九三九一六三〇
九二六八	三九六六九八六〇二五一
九二六九	三九六七〇三二八八二二
九二七〇	三九六七〇七九七三四一
九二七一	三九六七一二六五八一一
九二七二	三九六七一七三四二三〇
九二七三	三九六七二二〇二五九八
九二七四	三九六七二六七〇九一六
九二七五	三九六七三一三九一八三
九二七六	三九六七三六〇七四〇〇
九二七七	三九六七四〇七五五六六
九二七八	三九六七四五四三六八二
九二七九	三九六七五〇一一七四七
九二八〇	三九六七五四七九七六二
九二八一	三九六七五九四七七二七
九二八二	三九六七六四一五六四一
九二八三	三九六七六八八三五〇五
九二八四	三九六七七三五一三一八
九二八五	三九六七七八一九〇八一
九二八六	三九六七八二八六七九三
九二八七	三九六七八七五四四五五
九二八八	三九六七九二二二〇六七
九二八九	三九六七九六八九六二九
九二九〇	三九六八〇一五七一四〇
九二九一	三九六八〇六二四六〇一
九二九二	三九六八一〇九二〇一一
九二九三	三九六八一五五九三七一
九二九四	三九六八二〇二六六八一
九二九五	三九六八二四九三九四一
九二九六	三九六八二九六一一五〇
九二九七	三九六八三四二八三一〇
九二九八	三九六八三八九五四一八
九二九九	三九六八四三六二四七七
九三〇〇	三九六八四八二九四八六

九三〇一	三九六八五二九六四四四	九三五一	三九七〇八五八〇五七〇
九三〇二	三九六八五七六三三五二	九三五二	三九七〇九〇四四九八二
九三〇三	三九六八六二三〇二一〇	九三五三	三九七〇九五〇九三四三
九三〇四	三九六八六六九七〇一七	九三五四	三九七〇九九七三六五六
九三〇五	三九六八七一六三七七五	九三五五	三九七一〇四三七九一八
九三〇六	三九六八七六三〇四八二	九三五六	三九七一〇九〇二一三一
九三〇七	三九六八八〇九七一三九	九三五七	三九七一一三六六二九五
九三〇八	三九六八八五六三七四六	九三五八	三九七一一八三〇四〇九
九三〇九	三九六八九〇三〇三〇三	九三五九	三九七一二二九四四七三
九三一〇	三九六八九四九六八一〇	九三六〇	三九七一二七五八四八七
九三一一	三九六八九九六三二六六	九三六一	三九七一三二二二四五二
九三一二	三九六九〇四二九六七三	九三六二	三九七一三六八六三六八
九三一三	三九六九〇八九六〇三〇	九三六三	三九七一四一五〇二三四
九三一四	三九六九一三六二三三六	九三六四	三九七一四六一四〇五〇
九三一五	三九六九一八二八五九二	九三六五	三九七一五〇七七八一七
九三一六	三九六九二二九四七九九	九三六六	三九七一五五四一五三四
九三一七	三九六九二七六〇九五五	九三六七	三九七一六〇〇五二〇二
九三一八	三九六九三二二七〇六一	九三六八	三九七一六四六八八三一
九三一九	三九六九三六九三一一七	九三六九	三九七一六九三二三八九
九三二〇	三九六九四一五九一二四	九三七〇	三九七一七三九五九〇九
九三二一	三九六九四六二五〇八〇	九三七一	三九七一七八五九三七九
九三二二	三九六九五〇九〇九八六	九三七二	三九七一八三三二七九九
九三二三	三九六九五五五六八四二	九三七三	三九七一八七八六一七〇
九三二四	三九六九六〇二二六四八	九三七四	三九七一九二四九四九二
九三二五	三九六九六四八八四〇五	九三七五	三九七一九七一二七六四
九三二六	三九六九六九五四一一一	九三七六	三九七二〇一七五九八七
九三二七	三九六九七四一九七六八	九三七七	三九七二〇六三九一六〇
九三二八	三九六九七八八五三七四	九三七八	三九七二一一〇二二八四
九三二九	三九六九八三五〇九三一	九三七九	三九七二一五六五三五九
九三三〇	三九六九八八一六四三七	九三八〇	三九七二二〇二八三八四
九三三一	三九六九九二八一八九四	九三八一	三九七二二四九一三六〇
九三三二	三九六九九七四七三〇一	九三八二	三九七二二九五四二八六
九三三三	三九七〇〇二一二六五八	九三八三	三九七二三四一七一六三
九三三四	三九七〇〇六七七九六五	九三八四	三九七二三八七九九九一
九三三五	三九七〇一一四三二二三	九三八五	三九七二四三四二七七〇
九三三六	三九七〇一六〇八四三〇	九三八六	三九七二四八〇五四九九
九三三七	三九七〇二〇七三五八八	九三八七	三九七二五二六八一七九
九三三八	三九七〇二五三八六九六	九三八八	三九七二五七三〇八〇九
九三三九	三九七〇三〇〇三七五四	九三八九	三九七二六一九三三九一
九三四〇	三九七〇三四六八七六二	九三九〇	三九七二六六五五九二三
九三四一	三九七〇三九三三七二一	九三九一	三九七二七一一八四〇五
九三四二	三九七〇四三九八六三〇	九三九二	三九七二七五八〇八三九
九三四三	三九七〇四八六三四八八	九三九三	三九七二八〇四三二二三
九三四四	三九七〇五三二八二九八	九三九四	三九七二八五〇五五五八
九三四五	三九七〇五七九三〇五七	九三九五	三九七二八九六七八四四
九三四六	三九七〇六二五七七六七	九三九六	三九七二九四三〇〇八一
九三四七	三九七〇六七二二四二七	九三九七	三九七二九八九二二六九
九三四八	三九七〇七一八七〇三七	九三九八	三九七三〇三五四四〇七
九三四九	三九七〇七六五一五九八	九三九九	三九七三〇八一六四九六
九三五〇	三九七〇八一一六一〇九	九四〇〇	三九七三一二七八五三六

續表

九四〇一	三九七三一七四〇五二七
九四〇二	三九七三二二〇二四六九
九四〇三	三九七三二六六四三六一
九四〇四	三九七三三一二六二〇五
九四〇五	三九七三三五八七九九九
九四〇六	三九七三四〇四九七四四
九四〇七	三九七三四五一一四四〇
九四〇八	三九七三四九七三〇八七
九四〇九	三九七三五四三四六八五
九四一〇	三九七三五八九六二三四
九四一一	三九七三六三五七七三四
九四一二	三九七三六八一九一八五
九四一三	三九七三七二八〇五八七
九四一四	三九七三七七四一九四〇
九四一五	三九七三八二〇三二四四
九四一六	三九七三八六六四四九八
九四一七	三九七三九一二五七〇四
九四一八	三九七三九五八六八六一
九四一九	三九七四〇〇四七九六九
九四二〇	三九七四〇五〇九〇二八
九四二一	三九七四〇九七〇〇三八
九四二二	三九七四一四三〇九九九
九四二三	三九七四一八九一九一一
九四二四	三九七四二三五二七七四
九四二五	三九七四二八一三五八九
九四二六	三九七四三二七四三五四
九四二七	三九七四三七三五〇七一
九四二八	三九七四四一九六七三九
九四二九	三九七四四六五六三五七
九四三〇	三九七四五一一六九二七
九四三一	三九七四五五七七四四九
九四三二	三九七四六〇三七九二一
九四三三	三九七四六四九八三四四
九四三四	三九七四六九五八七一九
九四三五	三九七四七四一九〇四五
九四三六	三九七四七八七九三二二
九四三七	三九七四八三三九五五〇
九四三八	三九七四八七九九七三〇
九四三九	三九七四九二五九八六一
九四四〇	三九七四九七一九九四三
九四四一	三九七五〇一七九九七六
九四四二	三九七五〇六三九九六一
九四四三	三九七五一〇九九八九七
九四四四	三九七五一五五九七八四
九四四五	三九七五二〇一九六二三
九四四六	三九七五二四七九四一二
九四四七	三九七五二九三九一五四
九四四八	三九七五三三九八八四六
九四四九	三九七五三八五八四九〇
九四五〇	三九七五四三一八〇八五
九四五一	三九七五四七七七六三二
九四五二	三九七五五二三七一三〇
九四五三	三九七五五六九六五七九
九四五四	三九七五六一五五九八〇
九四五五	三九七五六六一五三三二
九四五六	三九七五七〇七四六三五
九四五七	三九七五七五三三八九〇
九四五八	三九七五七九九三〇九七
九四五九	三九七五八四五二二五五
九四六〇	三九七五八九一一三六四
九四六一	三九七五九三七〇四二五
九四六二	三九七五九八二九四三七
九四六三	三九七六〇二八八四〇一
九四六四	三九七六〇七四七三一六
九四六五	三九七六一二〇六一八三
九四六六	三九七六一六六五〇〇一
九四六七	三九七六二一二三七七一
九四六八	三九七六二五八二四九三
九四六九	三九七六三〇四一一六六
九四七〇	三九七六三四九九七九〇
九四七一	三九七六三九五八三六六
九四七二	三九七六四四一六八九四
九四七三	三九七六四八七五三七三
九四七四	三九七六五三三三八〇四
九四七五	三九七六五七九二一八六
九四七六	三九七六六二五〇五二一
九四七七	三九七六六七〇八八〇六
九四七八	三九七六七一六七〇四四
九四七九	三九七六七六二五二三三
九四八〇	三九七六八〇八三三七三
九四八一	三九七六八五四一四六六
九四八二	三九七六八九九九五一〇
九四八三	三九七六九四五七五〇六
九四八四	三九七六九九一五四五三
九四八五	三九七七〇三七三三五二
九四八六	三九七七〇八三一二〇三
九四八七	三九七七一二八九〇〇六
九四八八	三九七七一七四六七六〇
九四八九	三九七七二二〇四四六六
九四九〇	三九七七二六六二一二四
九四九一	三九七七三一一九七三四
九四九二	三九七七三五七七二九五
九四九三	三九七七四〇三四八〇九
九四九四	三九七七四四九二二七四
九四九五	三九七七四九四九六九一
九四九六	三九七七五四〇七〇五九
九四九七	三九七七五八六四三八〇
九四九八	三九七七六三二一六五二
九四九九	三九七七六七七八七七七
九五〇〇	三九七七七二三六〇五三

九五五一	三九八〇〇四八八四五一	九五〇一	三九七七七六九三一八一
九五五二	三九八〇〇九四三一三八	九五〇二	三九七七八一五〇二六一
九五五三	三九八〇一三九七七七七	九五〇三	三九七七八六〇七二九三
九五五四	三九八〇一八五二三六九	九五〇四	三九七七九〇六四二七六
九五五五	三九八〇二三〇六九一四	九五〇五	三九七七九五二一二一二
九五五六	三九八〇二七六一四一一	九五〇六	三九七七九九七八一〇〇
九五五七	三九八〇三二一五八六〇	九五〇七	三九七八〇四三四九三九
九五五八	三九八〇三六七〇二六二	九五〇八	三九七八〇八九一七三一
九五五九	三九八〇四一二四六一六	九五〇九	三九七八一三四八四七四
九五六〇	三九八〇四五七八九二三	九五一〇	三九七八一八〇五一六九
九五六一	三九八〇五〇三三一八二	九五一一	三九七八二二六一八一七
九五六二	三九八〇五四八七三九四	九五一二	三九七八二七一八四一六
九五六三	三九八〇五九四一五五八	九五一三	三九七八三一七四九六七
九五六四	三九八〇六三九五六七四	九五一四	三九七八三六三一四七一
九五六五	三九八〇六八四九七四四	九五一五	三九七八四〇八七九二六
九五六六	三九八〇七三〇三七六五	九五一六	三九七八四五四四三三四
九五六七	三九八〇七七五七七四〇	九五一七	三九七八五〇〇〇六九三
九五六八	三九八〇八二一一六六六	九五一八	三九七八五四五七〇〇五
九五六九	三九八〇八六六五五四六	九五一九	三九七八五九一三二六八
九五七〇	三九八〇九一一九三七八	九五二〇	三九七八六三六九四八四
九五七一	三九八〇九五七三一六二	九五二一	三九七八六八二五六五二
九五七二	三九八一〇〇二六八九九	九五二二	三九七八七二八一七七一
九五七三	三九八一〇四八〇五八九	九五二三	三九七八七七三七八四三
九五七四	三九八一〇九三四二三一	九五二四	三九七八八一九三八六七
九五七五	三九八一一三八七八二六	九五二五	三九七八八六四九八四三
九五七六	三九八一一八四一三七四	九五二六	三九七八九一〇五七七二
九五七七	三九八一二二九四八七四	九五二七	三九七八九五六一六五二
九五七八	三九八一二七四八三二七	九五二八	三九七九〇〇一七四八五
九五七九	三九八一三二〇一七三三	九五二九	三九七九〇四七三二六九
九五八〇	三九八一三六五五〇九一	九五三〇	三九七九〇九二九〇〇六
九五八一	三九八一四一〇八四〇二	九五三一	三九七九一三八四六九五
九五八二	三九八一四五六一六六五	九五三二	三九七九一八四〇三三七
九五八三	三九八一五〇一四八八一	九五三三	三九七九二二九五九三〇
九五八四	三九八一五四六八〇五〇	九五三四	三九七九二七五一四七六
九五八五	三九八一五九二一一七二	九五三五	三九七九三二〇六九七四
九五八六	三九八一六三七四二四七	九五三六	三九七九三六六二四二四
九五八七	三九八一六八二七二七四	九五三七	三九七九四一一七八二六
九五八八	三九八一七二八〇二五四	九五三八	三九七九四五七三一八一
九五八九	三九八一七七三三一八六	九五三九	三九七九五〇二八四八八
九五九〇	三九八一八一八六〇七二	九五四〇	三九七九五四八三七四七
九五九一	三九八一八六三八九一〇	九五四一	三九七九五九三八九五八
九五九二	三九八一九〇九一七〇一	九五四二	三九七九六三九四一二二
九五九三	三九八一九五四四四四五	九五四三	三九七九六八四九二三八
九五九四	三九八一九九九七一四一	九五四四	三九七九七三〇四三〇七
九五九五	三九八二〇四四九七九一	九五四五	三九七九七七五九三二七
九五九六	三九八二〇九〇二三九三	九五四六	三九七九八二一四三〇〇
九五九七	三九八二一三五四九四八	九五四七	三九七九八六六九二二六
九五九八	三九八二一八〇七四五六	九五四八	三九七九九一二四一〇三
九五九九	三九八二二二五九九一七	九五四九	三九七九九五七八九三三
九六〇〇	三九八二二七一二三三〇	九五五〇	三九八〇〇〇三三七一六

續表

續表

九六〇一	三九八二三一六四六九七
九六〇二	三九八二三六一七〇一六
九六〇三	三九八二四〇六九二八九
九六〇四	三九八二四五二一五一四
九六〇五	三九八二四九七三六九二
九六〇六	三九八二五四二五八二三
九六〇七	三九八二五八七七九〇七
九六〇八	三九八二六三二九九四四
九六〇九	三九八二六七八一九三四
九六一〇	三九八二七二三三八七七
九六一一	三九八二七六八五七七三
九六一二	三九八二八一三七六二一
九六一三	三九八二八五八九四二三
九六一四	三九八二九〇四一一七八
九六一五	三九八二九四九二八八六
九六一六	三九八二九九四四五四七
九六一七	三九八三〇三九六一六〇
九六一八	三九八三〇八四七七二七
九六一九	三九八三一二九九二四七
九六二〇	三九八三一七五〇七二〇
九六二一	三九八三二二〇二一四六
九六二二	三九八三二六五三五二六
九六二三	三九八三三一〇四八五八
九六二四	三九八三三五五六一四三
九六二五	三九八三四〇〇七三八二
九六二六	三九八三四四五八五七三
九六二七	三九八三四九〇九七一八
九六二八	三九八三五三六〇八一六
九六二九	三九八三五八一一八六七
九六三〇	三九八三六二六二八七一
九六三一	三九八三六七一三八二九
九六三二	三九八三七一六四七三九
九六三三	三九八三七六一五六〇三
九六三四	三九八三八〇六六四二〇
九六三五	三九八三八五一七一九〇
九六三六	三九八三八九六七九一三
九六三七	三九八三九四一八五九〇
九六三八	三九八三九八六九二二〇
九六三九	三九八四〇三一九八〇三
九六四〇	三九八四〇七七〇三三九
九六四一	三九八四一二二〇八二九
九六四二	三九八四一六七一二七一
九六四三	三九八四二一二一六六八
九六四四	三九八四二五七二〇一七
九六四五	三九八四三〇二二三二〇
九六四六	三九八四三四七二五七六
九六四七	三九八四三九二二七八五
九六四八	三九八四四三七二九四八
九六四九	三九八四四八二三〇六四
九六五〇	三九八四五二七三一三三
九六五一	三九八四五七二三一五六
九六五二	三九八四六一七三一三二
九六五三	三九八四六六二三〇六二
九六五四	三九八四七〇七二九四五
九六五五	三九八四七五二二七八一
九六五六	三九八四七九七二五七一
九六五七	三九八四八四二二三一四
九六五八	三九八四八八七二〇一一
九六五九	三九八四九三二一六六一
九六六〇	三九八四九七七一二六四
九六六一	三九八五〇二二〇八二一
九六六二	三九八五〇六七〇三三二
九六六三	三九八五一一一九七九五
九六六四	三九八五一五六九二一三
九六六五	三九八五二〇一八五八四
九六六六	三九八五二四六七九〇八
九六六七	三九八五二九一七一八六
九六六八	三九八五三三六六四一七
九六六九	三九八五三八一五六〇二
九六七〇	三九八五四二六四七四一
九六七一	三九八五四七一三八三三
九六七二	三九八五五一六二八七九
九六七三	三九八五五六一一八七八
九六七四	三九八五六〇六〇八三一
九六七五	三九八五六五〇九七三七
九六七六	三九八五六九五八五九七
九六七七	三九八五七四〇七四一一
九六七八	三九八五七八五六一七八
九六七九	三九八五八三〇四八九九
九六八〇	三九八五八七五三五七三
九六八一	三九八五九二〇二二〇一
九六八二	三九八五九六五〇七八三
九六八三	三九八六〇〇九九三一九
九六八四	三九八六〇五四七八〇八
九六八五	三九八六〇九九六二五一
九六八六	三九八六一四四四六四七
九六八七	三九八六一八九二九九七
九六八八	三九八六二三四一三〇一
九六八九	三九八六二七八九五五九
九六九〇	三九八六三二三七七七一
九六九一	三九八六三六八五九三六
九六九二	三九八六四一三四〇五五
九六九三	三九八六四五八二一二七
九六九四	三九八六五〇三〇一五四
九六九五	三九八六五四七八一三四
九六九六	三九八六五九二六〇六八
九六九七	三九八六六三七三九五六
九六九八	三九八六六八二一七九八
九六九九	三九八六七二六九五九三
九七〇〇	三九八六七七一七三四三

續表

九七〇一	三九八六八一六五〇四六	九七五一	三九八九〇四九一五六四
九七〇二	三九八六八六一二七〇三	九七五二	三九八九〇九三六九二六
九七〇三	三九八六九〇六〇三一四	九七五三	三九八九一三八二二四二
九七〇四	三九八六九五〇七八七九	九七五四	三九八九一八二七五一三
九七〇五	三九八六九九五五三九七	九七五五	三九八九二二七二七三七
九七〇六	三九八七〇四〇二八七〇	九七五六	三九八九二七一七九一六
九七〇七	三九八七〇八五〇二九六	九七五七	三九八九三一六三〇五〇
九七〇八	三九八七一二九七六七七	九七五八	三九八九三六〇八一三八
九七〇九	三九八七一七四五〇一一	九七五九	三九八九四〇五三一八〇
九七一〇	三九八七二一九二二九九	九七六〇	三九八九四四九八一七七
九七一一	三九八七二六三九五四一	九七六一	三九八九四九四三一二八
九七一二	三九八七三〇八六七三七	九七六二	三九八九五三八八〇三三
九七一三	三九八七三五三三八八七	九七六三	三九八九五八三二八九三
九七一四	三九八七三九八〇九九一	九七六四	三九八九六二七七七〇七
九七一五	三九八七四四二八〇四九	九七六五	三九八九六七二二四七六
九七一六	三九八七四八七五〇六一	九七六六	三九八九七一六七一九九
九七一七	三九八七五三二二〇二七	九七六七	三九八九七六一一八七七
九七一八	三九八七五七六八九四七	九七六八	三九八九八〇五六五〇九
九七一九	三九八七六二一五八二一	九七六九	三九八九八五〇一〇九六
九七二〇	三九八七六六六二六四九	九七七〇	三九八九八九四五六三七
九七二一	三九八七七一〇九四三一	九七七一	三九八九九三九〇一三三
九七二二	三九八七七五五六一六七	九七七二	三九八九九八三四五八三
九七二三	三九八七八〇〇二八五八	九七七三	三九九〇〇二七八九八八
九七二四	三九八七八四四九五〇二	九七七四	三九八〇〇七二三三四七
九七二五	三九八七八八九六一〇〇	九七七五	三九九〇一一六七六六一
九七二六	三九八七九三四二六五二	九七七六	三九九〇一六一一九二九
九七二七	三九八七九七八九一五九	九七七七	三九九〇二〇五六一五二
九七二八	三九八八〇二三五六一九	九七七八	三九九〇二五〇〇三二九
九七二九	三九八八〇六八二〇三四	九七七九	三九九〇二九四四四六一
九七三〇	三九八八一一二八四〇三	九七八〇	三九九〇三三八八五四八
九七三一	三九八八一五七四七二六	九七八一	三九九〇三八三二五八九
九七三二	三九八八二〇二一〇〇三	九七八二	三九九〇四二七六五八五
九七三三	三九八八二四六七二三四	九七八三	三九九〇四七二〇五三五
九七三四	三九八八二九一三四一九	九七八四	三九九〇五一六四四四〇
九七三五	三九八八三三五九五五九	九七八五	三九九〇五六〇八三〇〇
九七三六	三九八八三八〇五六五二	九七八六	三九九〇六〇五二一一四
九七三七	三九八八四二五一七〇〇	九七八七	三九九〇六四九五八八三
九七三八	三九八八四六九七七〇二	九七八八	三九九〇六九三九六〇七
九七三九	三九八八五一四三六五八	九七八九	三九九〇七三八三二八五
九七四〇	三九八八五五八九五六九	九七九〇	三九九〇七八二六九一八
九七四一	三九八八六〇三五四三三	九七九一	三九九〇八二七〇五〇六
九七四二	三九八八六四八一二五二	九七九二	三九九〇八七一四〇四八
九七四三	三九八八六九二七〇二五	九七九三	三九九〇九一五七五四五
九七四四	三九八八七三七二七五三	九七九四	三九九〇九六〇〇九九七
九七四五	三九八八七八一八四三五	九七九五	三九九一〇〇四四四〇三
九七四六	三九八八八二六四〇七〇	九七九六	三九九一〇四八七七六五
九七四七	三九八八八七〇九六六一	九七九七	三九九一〇九三一〇八〇
九七四八	三九八八九一五五二〇五	九七九八	三九九一一三七四三五一
九七四九	三九八八九六〇〇七〇四	九七九九	三九九一一八一七五七七
九七五〇	三九八九〇〇四六一五七	九八〇〇	三九九一二二六〇七五七

續表

九八〇一	三九九一二七〇三八九二
九八〇二	三九九一三一四六九八二
九八〇三	三九九一三五九〇〇二六
九八〇四	三九九一四〇三三〇二六
九八〇五	三九九一四四七五九八〇
九八〇六	三九九一四九一八八八九
九八〇七	三九九一五三六一七五三
九八〇八	三九九一五八〇四五七二
九八〇九	三九九一六二四七三四五
九八一〇	三九九一六六九〇〇七四
九八一一	三九九一七一三二七五七
九八一二	三九九一七五七五三九五
九八一三	三九九一八〇一七九八八
九八一四	三九九一八四六〇五三六
九八一五	三九九一八九〇三〇三九
九八一六	三九九一九三四五四九七
九八一七	三九九一九七八七九一〇
九八一八	三九九二〇二三〇二七八
九八一九	三九九二〇六七二六〇〇
九八二〇	三九九二一一一四八七八
九八二一	三九九二一五五七一一〇
九八二二	三九九二一九九九二九八
九八二三	三九九二二四四一四四〇
九八二四	三九九二二八八三五三八
九八二五	三九九二三三二五五九〇
九八二六	三九九二三七六七五九八
九八二七	三九九二四二〇九五六一
九八二八	三九九二四六五一四七八
九八二九	三九九二五〇九三三五一
九八三〇	三九九二五五三五一七八
九八三一	三九九二五九七六九六一
九八三二	三九九二六四一八六九九
九八三三	三九九二六八六〇三九二
九八三四	三九九二七三〇二〇四〇
九八三五	三九九二七七四三六四三
九八三六	三九九二八一八五二〇一
九八三七	三九九二八六二六七一四
九八三八	三九九二九〇六八一八二
九八三九	三九九二九五〇九六〇六
九八四〇	三九九二九九五〇九八四
九八四一	三九九三〇三九二三一八
九八四二	三九九三〇八三三六〇七
九八四三	三九九三一二七四八五一
九八四四	三九九三一七一六〇五〇
九八四五	三九九三二一五七二〇五
九八四六	三九九三二五九八三一四
九八四七	三九九三三〇三九三七九
九八四八	三九九三三四八〇三九九
九八四九	三九九三三九二一三七四
九八五〇	三九九三四三六二三〇五
九八五一	三九九三四八〇三一九一
九八五二	三九九三五二四四〇三二
九八五三	三九九三五六八四八二八
九八五四	三九九三六一二五五七九
九八五五	三九九三六五六六二八六
九八五六	三九九三七〇〇六九四八
九八五七	三九九三七四四七五六六
九八五八	三九九三七八八八一三八
九八五九	三九九三八三二八六六六
九八六〇	三九九三八七六九一四九
九八六一	三九九三九二〇九五八八
九八六二	三九九三九六四九九八二
九八六三	三九九四〇〇九〇三三一
九八六四	三九九四〇五三〇六三六
九八六五	三九九四〇九七〇八九六
九八六六	三九九四一四一一一一一
九八六七	三九九四一八五一二八二
九八六八	三九九四二二九一四〇八
九八六九	三九九四二七三一四九〇
九八七〇	三九九四三一七一五二七
九八七一	三九九四三六一一五一九
九八七二	三九九四四〇五一四六七
九八七三	三九九四四四九一三七〇
九八七四	三九九四四九三一二二九
九八七五	三九九四五三七一〇四三
九八七六	三九九四五八一〇八一三
九八七七	三九九四六二五〇五三八
九八七八	三九九四六六九〇二一八
九八七九	三九九四七一二九八五四
九八八〇	三九九四七五六九四四六
九八八一	三九九四八〇〇八九九三
九八八二	三九九四八四四八四九六
九八八三	三九九四八八八七九五四
九八八四	三九九四九三二七三六七
九八八五	三九九四九七六六七三六
九八八六	三九九五〇二〇六〇六一
九八八七	三九九五〇六四五三四二
九八八八	三九九五一〇八四五七七
九八八九	三九九五一五二三七六九
九八九〇	三九九五一九六二九一六
九八九一	三九九五二四〇二〇一九
九八九二	三九九五二八四一〇七七
九八九三	三九九五三二八〇〇九一
九八九四	三九九五三七一九〇六〇
九八九五	三九九五四一五七九八五
九八九六	三九九五四五九六八六六
九八九七	三九九五五〇三五七〇三
九八九八	三九九五五四七四四九五
九八九九	三九九五五九一三二四三
九九〇〇	三九九五六三五一九四六

續表

九九五一	三九九七八六六七二六二	九九〇一	三九九五六七九〇六〇五
九九五二	三九九七九一〇三六七三	九九〇二	三九九五七二二九二二〇
九九五三	三九九七九五四〇〇四一	九九〇三	三九九五七六六七七九〇
九九五四	三九九七九九七六三六四	九九〇四	三九九五八一〇六三一七
九九五五	三九九八〇四一二六四四	九九〇五	三九九五八五四四七九九
九九五六	三九九八〇八四八八七九	九九〇六	三九九五八九八三二三六
九九五七	三九九八一二八五〇七一	九九〇七	三九九五九四二一六三〇
九九五八	三九九八一七二一二一九	九九〇八	三九九五九八五九九七九
九九五九	三九九八二一五七三二四	九九〇九	三九九六〇二九八二八四
九九六〇	三九九八二五九三三八四	九九一〇	三九九六〇七三六五四五
九九六一	三九九八三〇二九四〇一	九九一一	三九九六一一七四七六一
九九六二	三九九八三四六五三七四	九九一二	三九九六一六一二九三四
九九六三	三九九八三九〇一三〇三	九九一三	三九九六二〇五一〇六二
九九六四	三九九八四三三七一八九	九九一四	三九九六二四八九一四六
九九六五	三九九八四七七三〇三〇	九九一五	三九九六二九二七一八五
九九六六	三九九八五二〇八八二八	九九一六	三九九六三三六五一八一
九九六七	三九九八五六四四五八三	九九一七	三九九六三八〇三一三二
九九六八	三九九八六〇八〇二九三	九九一八	三九九六四二四一〇四〇
九九六九	三九九八六五一五九六〇	九九一九	三九九六四六七八九〇三
九九七〇	三九九八六九五一五八三	九九二〇	三九九六五一一六七二二
九九七一	三九九八七三八七一六三	九九二一	三九九六五五五四四九六
九九七二	三九九八七八二二六九八	九九二二	三九九六五九九二二二七
九九七三	三九九八八二五八一九〇	九九二三	三九九六六四二九九一四
九九七四	三九九八八六九三六三九	九九二四	三九九六六八六七五五六
九九七五	三九九八九一二九〇四四	九九二五	三九九六七三〇五一五四
九九七六	三九九八九五六四四〇五	九九二六	三九九六七七四二七〇九
九九七七	三九九八九九九七二二	九九二七	三九九六八一八〇二一九
九九七八	三九九九〇四三四九九六	九九二八	三九九六八六一七六八五
九九七九	三九九九〇八七〇二二六	九九二九	三九九六九〇五五一〇七
九九八〇	三九九九一三〇五四一三	九九三〇	三九九六九四九二四八五
九九八一	三九九九一七四〇五五六	九九三一	三九九六九九二九八一九
九九八二	三九九九二一七五六五五	九九三二	三九九七〇三六七一〇九
九九八三	三九九九二六一〇七一一	九九三三	三九九七〇八〇四三五五
九九八四	三九九九三〇四五七二三	九九三四	三九九七一二四一五五七
九九八五	三九九九三四八〇六九二	九九三五	三九九七一六七八七一四
九九八六	三九九九三九一五六一七	九九三六	三九九七二一一五八二八
九九八七	三九九九四三五〇四九九	九九三七	三九九七二五五二八九八
九九八八	三九九九四七八五三三七	九九三八	三九九七二九八九九二四
九九八九	三九九九五二二〇一三一	九九三九	三九九七三四二六九〇六
九九九〇	三九九九五六五四八八二	九九四〇	三九九七三八六三八四四
九九九一	三九九九六〇八九五九〇	九九四一	三九九七四三〇〇七三八
九九九二	三九九九六五二四二五四	九九四二	三九九七四七三七五八八
九九九三	三九九九六九五八八七四	九九四三	三九九七五一七四三九四
九九九四	三九九九七三九三四五一	九九四四	三九九七五六一一一五六
九九九五	三九九九七八二七九八五	九九四五	三九九七六〇四七八七五
九九九六	三九九九八二六二四七五	九九四六	三九九七六四八四五四九
九九九七	三九九九八六九六九二一	九九四七	三九九七六九二一一七九
九九九八	三九九九九一三一三二四	九九四八	三九九七七三五七七六六
九九九九	三九九九九五六五六八四	九九四九	三九九七七七九四三〇九
一〇〇〇〇	四〇〇〇〇〇〇〇〇〇〇〇	九九五〇	三九九七八二三〇八〇七

常對數	訥對數	真數
〇〇〇〇〇〇〇〇〇〇〇	〇〇〇〇〇〇〇〇〇〇〇	一
〇三〇一〇二九九九五七	〇六九三一四七一八〇六	二
〇四七七一二一二五四七	一〇九八六一二二八八七	三
〇六〇二〇五九九九一三	一三八六二九四三六一一	四
〇六九八九七〇〇〇四三	一六〇九四三七九一二四	五
〇七七八一五一二五〇四	一七九一七五九四六九二	六
〇八四五〇九八〇四〇〇	一九四五九一〇一四九一	七
〇九〇三〇八九九八七〇	二〇七九四四一五四一七	八
〇九五四二四二五〇九四	二一九七二二四五七七三	九
一〇〇〇〇〇〇〇〇〇〇	二三〇二五八五〇九三〇	一〇
一〇四一三九二六八五二	二三九七八九五二七二八	一一
一〇七九一八一二四六〇	二四八四九〇六六四九八	一二
一一一三九四三三五二三	二五六四九四九三五七五	一三
一一四六一二八〇三五七	二六三九〇五七三二九六	一四
一一七六〇九一二五九一	二七〇八〇五〇二〇一一	一五
一二〇四一一九九八二七	二七七二五八八七二二二	一六
一二三〇四四八九二一四	二八三三二一三三四四〇	一七
一二五五二七二五〇五一	二八九〇三七一七五七九	一八
一二七八七五三六〇一〇	二九四四四三八九七九二	一九
一三〇一〇二九九九五七	二九九五七三二二七三六	二〇
一三二二二一九二九四七	三〇四四五二二四三七七	二一
一三四二四二二六八〇八	三〇九一〇四二四五三四	二二
一三六一七二七八三六〇	三一三五四九四二一五九	二三
一三八〇二一一二四一七	三一七八〇五三八三〇三	二四
一三九七九四〇〇〇八七	三二一八八七五八二四九	二五
一四一四九七三三四八〇	三二五八〇九六五三八〇	二六
一四三一三六三七六四二	三二九五八三六八六六〇	二七
一四四七一五八〇三一三	三三三二二〇四五一〇二	二八
一四六二三九七九九七九	三三六七二九五八三〇〇	二九
一四七七一二一二五四七	三四〇一一九七三八一七	三〇
一四九一三六一六九三八	三四三三九八七二〇四五	三一
一五〇五一四九九七八三	三四六五七三五九〇二八	三二
一五一八五一三九三九九	三四九六五〇七五六一五	三三
一五三一四七八九一七〇	三五二六三六〇五二四六	三四
一五四四〇六八〇四四四	三五五五三四八〇六一五	三五
一五五六三〇二五〇〇八	三五八三五一八九三八五	三六
一五六八二〇一七二四一	三六一〇九一七九一二六	三七
一五七九七八三五九六六	三六三七五八六一五九七	三八
一五九一〇六四六〇七〇	三六六三五六一六四六一	三九
一六〇二〇五九九九一三	三六八八八七九四五四一	四〇
一六一二七八三八五六七	三七一三五七二〇六六七	四一
一六二三二四九二九〇四	三七三七六六九六一八三	四二
一六三三四六八四五五六	三七六一二〇〇一一五七	四三
一六四三四五二六七六五	三七八四一八九六三三九	四四
一六五三二一二五一三八	三八〇六六六二四八九八	四五
一六六二七五七八三一七	三八二八六四一三九六五	四六
一六七二〇九七八五七九	三八五〇一四七六〇一七	四七
一六八一二四一二三七四	三八七一二〇一〇一〇九	四八
一六九〇一九六〇八〇〇	三八九一八二〇二九八一	四九
一六九八九七〇〇〇四三	三九一二〇二三〇〇五四	五〇

常對數	訥對數	真數
一七〇七五七〇一七六一	三九三一八二五六三二七	五一
一七一六〇〇三三四三六	三九五一二四三七一八六	五二
一七二四二七五八六九六	三九七〇二九一九一三六	五三
一七三二三九三七五九八	三九八八九八四〇四六六	五四
一七四〇三六二六八九五	四〇〇七三三三一八五二	五五
一七四八一八八〇二七〇	四〇二五三五一六九〇七	五六
一七五五八七四八五五七	四〇四三〇五一二六七八	五七
一七六三四二七九九三六	四〇六〇四四三〇一〇五	五八
一七七〇八五二〇一一六	四〇七七五三七四四三九	五九
一七七八一五一二五〇四	四〇九四三四四五六二二	六〇
一七八五三二九八三五〇	四一一〇八七三八六四二	六一
一七九二三九一六八九五	四一二七一三四三八五〇	六二
一七九九三四〇五四九五	四一四三一三四七二六四	六三
一八〇六一七九九七四〇	四一五八八八三〇八三四	六四
一八一二九一三三五六六	四一七四三八七二六九九	六五
一八一九五四三九三五五	四一八九六五四七四二〇	六六
一八二六〇七四八〇二七	四二〇四六九二六一九四	六七
一八三二五〇八九一二七	四二一九五〇七七〇五二	六八
一八三八八四九〇九〇七	四二三四一〇六五〇四六	六九
一八四五〇九八〇四〇〇	四二四八四九五二四二〇	七〇
一八五一二五八三四八七	四二六二六七九八七七〇	七一
一八五七三三二四九六四	四二七六六六六一一九〇	七二
一八六三三二二八六〇一	四二九〇四五九四四一一	七三
一八六九二三一七一九七	四三〇四〇六五〇九三二	七四
一八七五〇六一二六三四	四三一七四八八一一三五	七五
一八八〇八一三五九二三	四三三〇七三三三四〇三	七六
一八八六四九〇七二五二	四三四三八〇五四二一九	七七
一八九二〇九四六〇二七	四三五六七〇八八二六七	七八
一八九七六二七〇九一三	四三六九四四七八五二五	七九
一九〇三〇八九九八七〇	四三八二〇二六六三四七	八〇
一九〇八四八五〇一八九	四三九四四四九一五四七	八一
一九一三八一三八五二四	四四〇六七一九二四七三	八二
一九一九〇七八〇九二四	四四一八八四〇六〇七八	八三
一九二四二七九二八六一	四四三〇八一六七九八八	八四
一九二九四一八九二五七	四四四二六五一二五六五	八五
一九三四四九八四五一二	四四五四三四七二九六三	八六
一九三九五一九二五二六	四四六五九〇八一一八七	八七
一九四四四八二六七二二	四四七七三三六八一四五	八八
一九四九三九〇〇〇六六	四四八八六三六六九七	八九
一九五四二四二五〇九四	四四九九八〇九六七〇三	九〇
一九五九〇四一三九二三	四五一〇八五九五〇六五	九一
一九六三七八七八二七三	四五二一七八八五七七〇	九二
一九六八四八二九四八六	四五三二五九九四九三二	九三
一九七三一二七八五三六	四五四三二九四七八二二	九四
一九七七七二三六〇五三	四五五三八七六八九一六	九五
一九八二二七一二三三〇	四五六四三四八一九一五	九六
一九八六七七一七三四三	四五七四七一〇九七八五	九七
一九九一二二六〇七五七	四五八四九六七四七八七	九八
一九九五六三五一九四六	四五九五一一九八五〇一	九九
二〇〇〇〇〇〇〇〇〇〇	四六〇五一七〇一八六〇	一〇〇

常對數	訥對數	真數
二〇〇四三二一三七三八	四六一五一二〇五一六八	一〇一
二〇〇八六〇〇一七一八	四六二四九七二八一三三	一〇二
二〇一二八三七二二四七	四六三四七二八九八八二	一〇三
二〇一七〇三三三三九三	四六四四三九〇八九九一	一〇四
二〇二一一八九二九九一	四六五三九六〇三五〇二	一〇五
二〇二五三〇五八六五三	四六六三四三九〇九四一	一〇六
二〇二九三八三七七七七	四六七二八二八八三四五	一〇七
二〇三三四二三七五五五	四六八二一三一二二七一	一〇八
二〇三七四二六四九七九	四六九一三四七八八二二	一〇九
二〇四一三九二六八五二	四七〇〇四八〇三六五八	一一〇
二〇四五三二二九七八八	四七〇九五三〇二〇一三	一一一
二〇四九二一八〇二二七	四七一八四九八八七一三	一一二
二〇五三〇七八四四三五	四七二七三八七八一八七	一一三
二〇五六九〇四八五一三	四七三六一九八四四八四	一一四
二〇六〇六九七八四〇四	四七四四九三二一二八四	一一五
二〇六四四五七九八九二	四七五三五九〇一九一一	一一六
二〇六八一八五八六一七	四七六二一七三九三四八	一一七
二〇七一八八二〇〇七三	四七七〇六八四六二四四	一一八
二〇七五五四六九六一四	四七七九一二三四九三一	一一九
二〇七九一八一二四六〇	四七八七四九一七四二八	一二〇
二〇八二七八五三七〇三	四七九五七九〇五四五六	一二一
二〇八六三五九八三〇七	四八〇四〇二一〇四四七	一二二
二〇八九九〇五一一一四	四八一二一八四三五五四	一二三
二〇九三四二一六八五二	四八二〇二八一五六五六	一二四
二〇九六九一〇〇一三〇	四八二八三一三七三七三	一二五
二一〇〇三七〇五四五一	四八三六二八一九〇七〇	一二六
二一〇三八〇三七二一〇	四八四四一八七〇八六五	一二七
二一〇七二〇九九六九六	四八五二〇三〇二六三九	一二八
二一一〇五八九七一〇三	四八五九八一二四〇四四	一二九
二一一三九四三三五二三	四八六七五三四四五〇五	一三〇
二一一七二七一二九五七	四八七五一九七三二三二	一三一
二一二〇五七三九三一二	四八八二八〇一九二二六	一三二
二一二三八五一六四一〇	四八九〇三四九一二八二	一三三
二一二七一〇四七九八四	四八九七八三九七九九九	一三四
二一三〇三三三七六八五	四九〇五二七四七七八四	一三五
二一三三五三八九〇八四	四九一二六五四八八五七	一三六
二一三六七二〇五六七二	四九一九九八〇九二五八	一三七
二一三九八七九〇八六四	四九二七二五三六八五二	一三八
二一四三〇一四八〇〇三	四九三四四七三九三三一	一三九
二一四六一二八〇三五七	四九四一六四二四二二六	一四〇
二一四九二一九一一二七	四九四八七五九八九〇三	一四一
二一五二二八八三四四四	四九五五八二七〇五七六	一四二
二一五五三三六〇三七五	四九六二八四四六三〇三	一四三
二一五八三六二四九二一	四九六九八一三二九九六	一四四
二一六一三六八〇〇二二	四九七六七三三七四二四	一四五
二一六四三五二八五五八	四九八三六〇六六二一七	一四六
二一六七三一七三三四七	四九九〇四三二五八六八	一四七
二一七〇二六一七一五四	四九九七二一二二七三八	一四八
二一七三一八六二六八四	五〇〇三九四六三〇五九	一四九
二一七六〇九一二五九一	五〇一〇六三五二九四一	一五〇

續表

常對數	訥對數	真數
二一七八九七六九四七三	五〇一七二七九八三六八	一五一
二一八一八四三五八七九	五〇二三八八〇五二〇八	一五二
二一八四六九一四三〇八	五〇三〇四三七九二一四	一五三
二一八七五二〇七二〇八	五〇三六九五二六〇二四	一五四
二一九〇三三一六九八二	五〇四三四二五一一六九	一五五
二一九三一二四五九八四	五〇四九八五六〇〇七二	一五六
二一九五八九九六五二四	五〇五六二四五八〇五三	一五七
二一九八六五七〇八七〇	五〇六二五九五〇三三〇	一五八
二二〇一三九七一二四三	五〇六八九〇四二〇二二	一五九
二二〇四一一九九八二七	五〇七五一七三八一五二	一六〇
二二〇六八二五八七六〇	五〇八一四〇四三六五〇	一六一
二二〇九五一五〇一四五	五〇八七五九六三三五二	一六二
二二一二一八七六〇四四	五〇九三七五〇二〇〇八	一六三
二二一四八四三八四八〇	五〇九九八六六四二七八	一六四
二二一七四八三九四四二	五一〇五九四五四七三九	一六五
二二二〇一〇八〇八八〇	五一一一九八七七八四	一六六
二二二二七一六四七一一	五一一七九九三八一二四	一六七
二二二五三〇九二八一七	五一二三九六三九七九四	一六八
二二二七八八六七〇四六	五一二九八九八七一四九	一六九
二二三〇四四八九二一四	五一三五七九八四三七〇	一七〇
二二三二九九六一一〇四	五一四一六六三五五六五	一七一
二二三五五二八四四六九	五一四七四九四四七六八	一七二
二二三八〇四六一〇三一	五一五三二九一五九四五	一七三
二二四〇五四九二四八三	五一五九〇五五二九九二	一七四
二二四三〇三八〇四八七	五一六四七八五九七三九	一七五
二二四五五一二六六七八	五一七〇四八三九九五〇	一七六
二二四七九七三二六六四	五一七六一四九七三二六	一七七
二二五〇四二〇〇〇二三	五一八一七八三五五〇三	一七八
二二五二八五二〇三一〇	五一八七二八五八〇五八	一七九
二二五五二七二五〇五一	五一九二九五六八五〇九	一八〇
二二五七六七八五七四九	五一九八四九七〇三一三	一八一
二二六〇〇七一三八八〇	五二〇四〇〇六六八七一	一八二
二二六二四五一〇八九七	五二〇九四八六一五二八	一八三
二二六四八一七八二三〇	五二一四九三五七五七六	一八四
二二六七一七一七二八四	五二二〇三五五八二五一	一八五
二二六九五一二九四四二	五二二五七四六六七三七	一八六
二二七一八四一六〇六五	五二三一一〇八六一六八	一八七
二二七四一五七八四九三	五二三六四四一九六二八	一八八
二二七六四六一八〇四二	五二四一七四七〇一五一	一八九
二二七八七五三六〇一〇	五二四七〇二四〇七二二	一九〇
二二八一〇三三三六七二	五二五二二七三四二八〇	一九一
二二八三三〇一二二八七	五二五七四九五三七二〇	一九二
二二八五五五七三〇九〇	五二六二六九〇一八八九	一九三
二二八七八〇一七二九九	五二六七八五八一五九一	一九四
二二九〇〇三四六一一四	五二七二九九九五五八六	一九五
二二九二二五六〇七一四	五二七八一一四六五九二	一九六
二二九四四六六二二六二	五二八三二〇三七二八七	一九七
二二九六六六五一九〇三	五二八八二六七〇三〇七	一九八
二二九八八五三〇七六四	五二九三三〇四八二四七	一九九
二三〇一〇二九九九五七	五二九八三一七三六六五	二〇〇

續表

常對數	訥對數	真數
二三〇三一九六〇五七四	五三〇三三〇四九〇八〇	二〇一
二三〇五三五一三六九四	五三〇八二六七六九七四	二〇二
二三〇七四九六〇三七九	五三一三二〇五九七九〇	二〇三
二三〇九六三〇一六七四	五三一八一一九九九三八	二〇四
二三一一七五三八六一一	五三二三〇〇九九七九一	二〇五
二三一三八六七二二〇四	五三二七八七六一六八八	二〇六
二三一五九七〇三四五五	五三三二七一八七九三三	二〇七
二三一八〇六三三三五〇	五三三七五三八〇七九七	二〇八
二三二〇一四六二八六一	五三四二三三四二五二〇	二〇九
二三二二二一九二九四七	五三四七一〇七五三〇七	二一〇
二三二四二八二四五五三	五三五一八五八一三三五	二一一
二三二六三三五八六〇九	五三五六五八六二七四七	二一二
二三二八三七九六〇三四	五三六一二九二一六五七	二一三
二三三〇四一三七七三三	五三六五九七六〇一五〇	二一四
二三三二四三八四五九九	五三七〇六三八〇二八一	二一五
二三三四四五三七五一二	五三七五二七八四〇七七	二一六
二三三六四五九七三三八	五三七九八九七三五三五	二一七
二三三八四五六四九三六	五三八四四九五〇六二八	二一八
二三四〇四四四一一四八	五三八九〇七一七二九八	二一九
二三四二四二二六八〇八	五三九三六二七五四六四	二二〇
二三四四三九二二七三七	五三九八一六二七〇一五	二二一
二三四六三五二九七四五	五四〇二六七七三八一九	二二二
二三四八三〇四八六三〇	五四〇七一七一七七一五	二二三
二三五〇二四八〇一八三	五四一一六四六〇五一九	二二四
二三五二一八二五一八一	五四一六一〇〇四〇二二	二二五
二三五四一〇八四三九一	五四二〇五三四九九九三	二二六
二三五六〇二五八五七二	五四二四九五〇〇一七五	二二七
二三五七九三四八四七〇	五四二九三四五六二九〇	二二八
二三五九八三五四八二三	五四三三七二二〇〇三六	二二九
二三六一七二七八三六〇	五四三八〇七九三〇八九	二三〇
二三六三六一一九七九九	五四四二四一七七一〇五	二三一
二三六五四八七九八四九	五四四六七三七三七一七	二三二
二三六七三五五九二一〇	五四五一〇三八四五三六	二三三
二三六九二一五八五七四	五四五五三二一一一五四	二三四
二三七一〇六七八六二三	五四五九五八五五一四一	二三五
二三七二九一二〇〇三〇	五四六三八三一八〇五〇	二三六
二三七四七四八三四六〇	五四六八〇六〇一四一一	二三七
二三七六五七六九五七一	五四七二二七〇六七三七	二三八
二三七八三九七九〇〇九	五四七六四六三五五一九	二三九
二三八〇二一一二四一七	五四八〇六三八九二三三	二四〇
二三八二〇一七〇四二六	五四八四七九六九三三五	二四一
二三八三八一五三六六〇	五四八八九三七七二六二	二四二
二三八五六〇六二七三六	五四九三〇六一四四三三	二四三
二三八七三八九八二六三	五四九七一六八二二五三	二四四
二三八九一六六〇八四四	五五〇一二五八二一〇五	二四五
二三九〇九三五一〇七一	五五〇五三三一五三五九	二四六
二三九二六九六九五三三	五五〇九三八八三三六六	二四七
二三九四四五一六八〇八	五五一三四二八七四六二	二四八
二三九六一九九三四七一	五五一七四五二八九六五	二四九
二三九七九四〇〇〇八七	五五二一四六〇九一七九	二五〇

續表

常對數	訥對數	真數
二三九九六七三七二一五	五五二五四五二九三九一	二五一
二四〇一四〇〇五四〇八	五五二九四二九〇八七五	二五二
二四〇三一二〇五二一二	五五三三三八九四八八七	二五三
二四〇四八三三七一六六	五五三七三三四二六七〇	二五四
二四〇六五四〇一八〇四	五五四一二六三五四五二	二五五
二四〇八二三九九六五三	五五四五一七七四四四五	二五六
二四〇九九三三一二三三	五五四九〇七六〇八四九	二五七
二四一一六一九七〇六〇	五五五二九五九五八四九	二五八
二四一三二九九七六四一	五五五六八二八〇六一七	二五九
二四一四九七三三四八〇	五五六〇六八一六三一〇	二六〇
二四一六六四〇五〇七三	五五六四五二〇四〇七三	二六一
二四一八三〇一二九一三	五五六八三四四五〇三七	二六二
二四一九九五五七四八五	五五七二一五四〇三二二	二六三
二四二一六〇三九二六九	五五七五九四九一〇三一	二六四
二四二三二四五八七三九	五五七九七二九八二六〇	二六五
二四二四八八一六三六六	五五八三四九六三〇八八	二六六
二四二六五一一二六一四	五五八七二四八六五八四	二六七
二四二八一三四七九四〇	五五九〇九八六九八〇五	二六八
二四二九七五二二八〇〇	五五九四七一一三七九六	二六九
二四三一三六三七六四二	五五九八四二一九五九〇	二七〇
二四三二九六九二九〇九	五六〇二一一八八二〇九	二七一
二四三四五六八九〇四〇	五六〇五八〇二〇六六三	二七二
二四三六一六二六四七〇	五六〇九四七一七九五二	二七三
二四三七七五〇五六二八	五六一三一二八一〇六四	二七四
二四三九三三二六九三八	五六一六七七一〇九七七	二七五
二四四〇九〇九〇八二一	五六二〇四〇〇八六五七	二七六
二四四二四七九七六九一	五六二四〇一七五〇六二	二七七
二四四四〇四四七九五九	五六二七六二一一一三七	二七八
二四四五六〇四二〇三三	五六三一二一一七八一八	二七九
二四四七一五八〇三一三	五六三四七八九六〇三二	二八〇
二四四八七〇六三一九九	五六三八三五四六六九三	二八一
二四五〇二四九一〇八三	五六四一九〇七〇七〇九	二八二
二四五一七八六四三五五	五六四五四四六八九七六	二八三
二四五三三一八三四〇〇	五六四八九七四二三八二	二八四
二四五四八四四八六〇〇	五六五二四八九一八〇三	二八五
二四五六三六六〇三三一	五六五五九九一八一〇八	二八六
二四五七八八一八九六七	五六五九四八二二一五八	二八七
二四五九三九二四八七八	五六六二九六〇四八〇一	二八八
二四六〇八九七八四二八	五六六六四二六六八八一	二八九
二四六二三九七九九七九	五六六九八八〇九二三〇	二九〇
二四六三八九二九八九〇	五六七三三二三二六七二	二九一
二四六五三八二八五一四	五六七六七五三八〇二三	二九二
二四六六八六七六二〇四	五六八〇一七二六〇九〇	二九三
二四六八三四七三三〇四	五六八三五七九七六七三	二九四
二四六九八二二〇一六〇	五六八六九七五三五六三	二九五
二四七一二九一七一一一	五六九〇三五九四五四三	二九六
二四七二七五六四四九三	五六九三七三二一三八八	二九七
二四七四二一六二六四一	五六九七〇九三四八六五	二九八
二四七五六七一一八八三	五七〇〇四四三五七三四	二九九
二四七七一二一二五四七	五七〇三七八二四七四七	三〇〇

續表

常對數	訥對數	真數
二四七八五六六四九五六	五七〇七一一〇二六四七	三〇一
二四八〇〇〇六九四三〇	五七一〇四二七〇一七四	三〇二
二四八一四四二六二八五	五七一三七三二八〇五五	三〇三
二四八二八七三五八三六	五七一七〇二七七〇一四	三〇四
二四八四二九九八三九三	五七二〇三一一七七六六	三〇五
二四八五七二一四二六五	五七二三五八五一〇一九	三〇六
二四八七一三八三七五五	五七二六八四七七四七六	三〇七
二四八八五五〇七一六五	五七三〇〇九九七八三〇	三〇八
二四八九九五八四七九四	五七三三三四一二七六九	三〇九
二四九一三六一六九三八	五七三六五七二二九七五	三一〇
二四九二七六〇三八九〇	五七三九七九二九一二二	三一一
二四九四一五四五九四〇	五七四三〇〇三一八七八	三一二
二四九五五四四三三七六	五七四六二〇三一九〇五	三一三
二四九六九二九六四八一	五七四九三九二九八五九	三一四
二四九八三一〇五五三八	五七五二五七二六三八八	三一五
二四九九六八七〇八二六	五七五五七四二二一三六	三一六
二五〇一〇五九二六二二	五七五八九〇一七七三九	三一七
二五〇二四二七一二〇〇	五七六二〇五一三八二八	三一八
二五〇三七九〇六八三一	五七六五一九一一〇二八	三一九
二五〇五一四九九七八三	五七六八三二〇九九五八	三二〇
二五〇六五〇五〇三二四	五七七一四四一一二三一	三二一
二五〇七八五五八七一七	五七七四五五一五四五五	三二二
二五〇九二〇二五二二三	五七七七六五二三二三二	三二三
二五一〇五四五〇一〇二	五七八〇七四三五一五八	三二四
二五一一八八三三六一〇	五七八三八二五一八二三	三二五
二五一三二一七六〇〇一	五七八六八九七三八一四	三二六
二五一四五四七七五二七	五七八九九六〇一七〇九	三二七
二五一五八七三八四三七	五七九三〇一三六〇八四	三二八
二五一七一九五八九七九	五七九六〇五七七五〇七	三二九
二五一八五一三九三九九	五七九九〇九二六五四五	三三〇
二五一九八二七九九三八	五八〇二一一八三七五四	三三一
二五二一一三八〇八三七	五八〇五一三四九六八九	三三二
二五二二四四四二三三五	五八〇八一四二四九〇〇	三三三
二五二三七四六四六六八	五八一一一四〇九九三〇	三三四
二五二五〇四四八〇七〇	五八一四一三〇五三一八	三三五
二五二六三三九二七七四	五八一七一一一一六〇〇	三三六
二五二七六二九九〇〇九	五八二〇〇八二九三〇四	三三七
二五二八九一六七〇〇三	五八二三〇四五八九五五	三三八
二五三〇一九九六九八二	五八二六〇〇〇一〇七四	三三九
二五三一四七八九一七〇	五八二八九四五六一七六	三四〇
二五三二七五四三七九〇	五八三一八八二四七七三	三四一
二五三四〇二六一〇六一	五八三四八一〇七三七一	三四二
二五三五二九四一二〇〇	五八三七七三〇四四七二	三四三
二五三六五五八四四二六	五八四〇六四一六五七四	三四四
二五三七八一九〇九五一	五八四三五四四四一七〇	三四五
二五三九〇七六〇九八八	五八四六四三八七七五一	三四六
二五四〇三二九四七四八	五八四九三二四七七九九	三四七
二五四一五七九二四三九	五八五二二〇二四七九八	三四八
二五四二八二五四二七〇	五八五五〇七一九二二二	三四九
二五四四〇六八〇四四四	五八五七九三三一五四五	三五〇

常對數	訥對數	真數
二五四五三〇七一一六五	五八六〇七八六二二三五	三五一
二五四六五四二六六三五	五八六三六三一一七五六	三五二
二五四七七四七〇五四	五八六六四六八〇五六九	三五三
二五四九〇〇三二六二〇	五八六九二九六九一三一	三五四
二五五〇二二八三五三一	五八七二一一七七八九五	三五五
二五五一四四九九九八〇	五八七四九三〇七三〇八	三五六
二五五二六六八二一六一	五八七七七三五七八一八	三五七
二五五三八八三〇二六六	五八八〇五三二九八六四	三五八
二五五五〇九四四四八六	五八八三三二二三八八五	三五九
二五五六三〇二五〇〇八	五八八六一〇四〇三一五	三六〇
二五五七五〇七二〇一九	五八八八八七七九五八三	三六一
二五五八七〇八五七〇五	五八九一六四四二一一八	三六二
二五五九九〇六六二五〇	五八九四四〇二八三四三	三六三
二五六一一〇一三八三六	五八九七一五三八六七六	三六四
二五六二二九二八六四五	五八九九八九七三五三六	三六五
二五六三四八一〇八五四	五九〇二六三三三三三四	三六六
二五六四六六六〇六四三	五九〇五三六一八四八〇	三六七
二五六五八四七八一八七	五九〇八〇八二九三八二	三六八
二五六七〇二六三六六二	五九一〇七九六六四四〇	三六九
二五六八二〇一七二四一	五九一三五〇三〇〇五六	三七〇
二五六九三七三九〇九六	五九一六二〇二〇六二六	三七一
二五七〇五四二九三九九	五九一八八九三八五四三	三七二
二五七一七〇八八三一八	五九二一五七八四一九六	三七三
二五七二八七一六〇二二	五九二四二五五七九七四	三七四
二五七四〇三一二六七七	五九二六九二六〇二六〇	三七五
二五七五一八七八四四九	五九二九五八九一四三三	三七六
二五七六三四一三五〇二	五九三二二四五一八七四	三七七
二五七七四九一七九九八	五九三四八九四一九五六	三七八
二五七八六三九二一〇〇	五九三七五三六二〇五一	三七九
二五七九七八三五九六六	五九四〇一七一二五二七	三八〇
二五八〇九二四九七五七	五九四二七九九三七五一	三八一
二五八二〇六三三六二九	五九四五四二〇六〇八六	三八二
二五八三一九八七七四〇	五九四八〇三四九八九二	三八三
二五八四三三一二二四四	五九五〇六四二五五二六	三八四
二五八五四六〇七二九五	五九五三二四三三三四三	三八五
二五八六五八七三〇四七	五九五五八三七三六九五	三八六
二五八七七一〇九六五〇	五九五八四二四六九三〇	三八七
二五八八八三一七二五六	五九六一〇〇五三三九六	三八八
二五八九九四九六〇一三	五九六三五七九三四三六	三八九
二五九一〇六四六〇七〇	五九六六一四六七三九一	三九〇
二五九二一七六五七四	五九六八七〇七五六〇〇	三九一
二五九三二八六〇六七〇	五九七一二六一八三九八	三九二
二五九四三九二五五〇四	五九七三八〇九六一一九	三九三
二五九五四九六二二一八	五九七六三五〇九〇九三	三九四
二五九六五九七〇九五六	五九七八八八五七六四九	三九五
二五九七六九五一八五九	五九八一四一四二一一三	三九六
二五九八七九〇五〇六八	五九八三九三六二八〇七	三九七
二五九九八八三〇七二一	五九八六四五二〇〇五三	三九八
二六〇〇九七二八九五七	五九八八九六一四一六九	三九九
二六〇二〇五九九九一三	五九九一四六四五四七一	四〇〇

續表

常對數	訥對數	真數
二六〇三一四四三七二六	五九九三九六一四二七三	四〇一
二六〇四二二六〇五三一	五九九六四五二〇八八六	四〇二
二六〇五三〇五〇四六一	五九九八九三六五六一九	四〇三
二六〇六三八一三六五一	六〇〇一四一四八七八〇	四〇四
二六〇七四五五〇二三二	六〇〇三八八七〇六七一	四〇五
二六〇八五二六〇三三六	六〇〇六三五三一五九六	四〇六
二六〇九五九四四〇九二	六〇〇八八一三一八五四	四〇七
二六一〇六六〇一六三一	六〇一一二六七一七四四	四〇八
二六一一七二三三〇八〇	六〇一三七一五一五六〇	四〇九
二六一二七八三八五六七	六〇一六一五七一五九七	四一〇
二六一三八四一八二一九	六〇一八五九三二一四五	四一一
二六一四八九七二一六〇	六〇二一〇二三四九三	四一二
二六一五九五〇〇五一七	六〇二三四四七五九二九	四一三
二六一七〇〇〇三四一一	六〇二五八六五九七三八	四一四
二六一八〇四八〇九六七	六〇二八二七八五二〇二	四一五
二六一九〇九三三三〇六	六〇三〇六八五二六〇三	四一六
二六二〇一三六〇五五〇	六〇三三〇八六二二一八	四一七
二六二一一七六二八一八	六〇三五四八一四三二五	四一八
二六二二二一四〇二三〇	六〇三七八七〇九一九九	四一九
二六二三二四九二九〇四	六〇四〇二五四七一一三	四二〇
二六二四二八二〇九五八	六〇四二六三二八三三七	四二一
二六二五三一二四五一〇	六〇四五〇〇五三一四〇	四二二
二六二六三四〇三六七四	六〇四七三七二一七九〇	四二三
二六二七三六五八五六六	六〇四九七三三四五五二	四二四
二六二八三八八九三〇一	六〇五二〇八九一六八九	四二五
二六二九四〇九五九九一	六〇五四四三九三四六三	四二六
二六三〇四二七八七五〇	六〇五六七八四〇一三二	四二七
二六三一四四三七六九〇	六〇五九一二三一九五六	四二八
二六三二四五七二九二二	六〇六一四五六九一八九	四二九
二六三三四六八四五五六	六〇六三七八五二〇八七	四三〇
二六三四四七七二七〇二	六〇六六一〇八〇九〇一	四三一
二六三五四八三七四六八	六〇六八四二五八八二	四三二
二六三六四八七八九六四	六〇七〇七三七七二八〇	四三三
二六三七四八九七二九五	六〇七三〇四四五三四一	四三四
二六三八四八九二五七〇	六〇七五三四六〇三一一	四三五
二六三九四八六四八九三	六〇七七六四二二四三三	四三六
二六四〇四八一四三七〇	六〇七九九三三一九五一	四三七
二六四一四七四一一〇五	六〇八二二一八九一〇四	四三八
二六四二四六四五二〇二	六〇八四四九九四一三一	四三九
二六四三四五二六七六五	六〇八六七七四七二六九	四四〇
二六四四四三八五八九五	六〇八九〇四四八七五四	四四一
二六四五四二二二六九三	六〇九一三〇九八八二一	四四二
二六四六四〇三七二六二	六〇九三五六九七七〇〇	四四三
二六四七三八二九七〇一	六〇九五八二四五六二四	四四四
二六四八三六〇〇一一〇	六〇九八〇七四二八二二	四四五
二六四九三三四八五八七	六一〇〇三一八九五二〇	四四六
二六五〇三〇七五二三一	六一〇二五五八五九四六	四四七
二六五一二七八〇一四〇	六一〇四七九三二三二四	四四八
二六五二二四六三四一〇	六一〇七〇二二八八七七	四四九
二六五三二一二五一三八	六一〇九二四七五八二八	四五〇

續表

常對數	訥對數	真數
二六五四一七六五四一九	六一一一四六七三三九五	四五一
二六五五一三八四三四八	六一一三六八二一七九八	四五二
二六五六〇九八二〇二〇	六一一五八九二一二五五	四五三
二六五七〇五五八五二九	六一一八〇九七一九八〇	四五四
二六五八〇一一三九六七	六一二〇二九七四一九〇	四五五
二六五八九六四八四二七	六一二二四九二八〇九五	四五六
二六五九九一六二〇〇一	六一二四六八三三九〇九	四五七
二六六〇八六五四七八〇	六一二六八六九一八四一	四五八
二六六一八一二六八五五	六一二九〇五〇二一〇一	四五九
二六六二七五七八三一七	六一三一二二六四八九五	四六〇
二六六三七〇〇九二五四	六一三三三九八〇四三〇	四六一
二六六四六四一九七五六	六一三五五六四八九一一	四六二
二六六五五八〇九九一〇	六一三七七二七〇五四一	四六三
二六六六五一七九八〇六	六一三九八八四五五二二	四六四
二六六七四五二九五二九	六一四二〇三七四〇五六	四六五
二六六八三八五九一六七	六一四四一八五六三四一	四六六
二六六九三一六八八〇六	六一四六三二九二五七七	四六七
二六七〇二四五八五三一	六一四八四六八二九五九	四六八
二六七一一七二八四二七	六一五〇六〇二七六八四	四六九
二六七二〇九七八五七九	六一五二七三二六九四七	四七〇
二六七三〇二〇九〇七一	六一五四八五八〇九四〇	四七一
二六七三九四一九九八六	六一五六九七八九八五六	四七二
二六七四八六一一四〇七	六一五九〇九五三八八五	四七三
二六七五七七八三四一七	六一六一二〇七三二一七	四七四
二六七六六九三六〇九六	六一六三三一四八〇四〇	四七五
二六七七六〇六九五二七	六一六五四一七八五四二	四七六
二六七八五一八三七九〇	六一六七五一六四九〇九	四七七
二六七九四二七八九六六	六一六九六一〇七三二五	四七八
二六八〇三三五五一三四	六一七一七〇〇五九七四	四七九
二六八一二四一二三七四	六一七三七八六一〇三九	四八〇
二六八二一四五〇七六四	六一七五八六七二七〇一	四八一
二六八三〇四七〇三八二	六一七七九四四一一四一	四八二
二六八三九四七一三〇八	六一八〇〇一六六五三七	四八三
二六八四八四五三六一六	六一八二〇八四九〇六七	四八四
二六八五七四一七三八六	六一八四一四八八九〇九	四八五
二六八六六三六二九三	六一八六二〇八六二三九	四八六
二六八七五二八九六一三	六一八八二六四一二三一	四八七
二六八八四一九八二二〇	六一九〇三一五四〇五八	四八八
二六八九三〇八八五九一	六一九二三六二四八九五	四八九
二六九〇一九六〇八〇〇	六一九四四〇五三九一一	四九〇
二六九一〇八一四九二一	六一九六四四四一二七八	四九一
二六九一九六五一〇二八	六一九八四七八七一六五	四九二
二六九二八四六九一九三	六二〇〇五〇九一七四〇	四九三
二六九三七二六九四八九	六二〇二五三五五一七二	四九四
二六九四六〇五一九八九	六二〇四五五七七六二六	四九五
二六九五四八一六七六五	六二〇六五七五九二六七	四九六
二六九六三五六三八八七	六二〇八五九〇〇二六一	四九七
二六九七二二九三四二八	六二一〇六〇〇〇七七〇	四九八
二六九八一〇〇五四五六	六二一二六〇六〇九五八	四九九
二六九八九七〇〇〇四三	六二一四六〇八〇九八四	五〇〇

常對數	訥對數	真數
二六九九八三七七二五九	六二一六六〇六一〇一一	五〇一
二七〇〇七〇三七一七一	六二一八六〇〇一一九七	五〇二
二七〇一五六七九八五一	六二二〇五九〇一七〇一	五〇三
二七〇二四三〇五三六四	六二二二五七六二六八一	五〇四
二七〇三二九一三七八一	六二二四五五八四二九三	五〇五
二七〇四一五〇五一六八	六二二六五三六六六九三	五〇六
二七〇五〇〇七九五九三	六二二八五一一〇〇三六	五〇七
二七〇五八六三七一二三	六二三〇四八一四四七六	五〇八
二七〇六七一七七八二三	六二三二四四八〇一六六	五〇九
二七〇七五七〇一七六一	六二三四四一〇七二五七	五一〇
二七〇八四二〇九〇〇一	六二三六三六九五九〇二	五一一
二七〇九二六九九六一〇	六二三八三二四六二五〇	五一二
二七一〇一一七三六五一	六二四〇二七五八四五二	五一三
二七一〇九六三一一九〇	六二四二二二三二六五五	五一四
二七一一八〇七二二九〇	六二四四一六六九〇〇七	五一五
二七一二六四九七〇一六	六二四六一〇六七六五五	五一六
二七一三四九〇五四三一	六二四八〇四二八七四五	五一七
二七一四三二九七五九七	六二四九九七五二四二三	五一八
二七一五一六七三五七八	六二五一九〇三八八三二	五一九
二七一六〇〇三三四三六	六二五三八二八八一一六	五二〇
二七一六八三七七二三三	六二五五七五〇〇四一七	五二一
二七一七六七〇五〇三〇	六二五七六六七五八七九	五二二
二七一八五〇一六八八九	六二五九五八一四六四一	五二三
二七一九三三一二八七〇	六二六一四九一六八四三	五二四
二七二〇一五九三〇三四	六二六三三九八二六二六	五二五
二七二〇九八五七四四二	六二六五三〇一二一二七	五二六
二七二一八一〇六一五二	六二六七二〇〇五四八五	五二七
二七二二六三三九二二五	六二六九〇九六二八三七	五二八
二七二三四五五六七二〇	六二七〇九八八四三一九	五二九
二七二四二七五八六九六	六二七二八七七〇〇六五	五三〇
二七二五〇九四五二一一	六二七四七六二〇二一二	五三一
二七二五九一一六三二三	六二七六六四三四八九三	五三二
二七二六七二七二〇九〇	六二七八五二一四二四二	五三三
二七二七五四一二五七〇	六二八〇三九五八三九〇	五三四
二七二八三五三七八二〇	六二八二二六六七四六九	五三五
二七二九一六四七八九七	六二八四一三四一六一一	五三六
二七二九九七四二八五七	六二八五九九八〇九四五	五三七
二七三〇七八二二七五七	六二八七八五八五六〇二	五三八
二七三一五八八七六五二	六二八九七一五五七〇九	五三九
二七三二三九三七五九八	六二九一五六九一三九六	五四〇
二七三三一九七二六五一	六二九三四一九二七八八	五四一
二七三三九九九二八六五	六二九五二六六〇〇一四	五四二
二七三四七九九八二九六	六二九七一〇九三一九九	五四三
二七三五五九八八九九七	六二九八九四九二四六八	五四四
二七三六三九六五〇二三	六三〇〇七八五七九四七	五四五
二七三七一九二六四二七	六三〇二六一八九七五七	五四六
二七三七九八七三二六三	六三〇四四四八八〇二四	五四七
二七三八七八〇五五八五	六三〇六二七五二八六九	五四八
二七三九五七二三四四五	六三〇八〇九八四四一五	五四九
二七四〇三六二六八九五	六三〇九九一八二七八二	五五〇

續表

常對數	訥對數	真數
二七四一一五一五九八九	六三一一七三四八〇九一	五五一
二七四一九三九〇七七七	六三一三五四八〇四六三	五五二
二七四二七二五一三一三	六三一五三五八〇〇一五	五五三
二七四三五〇九七六四七	六三一七一六四六八六八	五五四
二七四四二九二九八三一	六三一八九六八一一三七	五五五
二七四五〇七四七九一六	六三二〇七六八二九四二	五五六
二七四五八五五一九五二	六三二二五六五二三九九	五五七
二七四六六三四一九九〇	六三二四三五八九六二四	五五八
二七四七四一一八〇七九	六三二六一四九四七三二	五五九
二七四八一八八〇二七〇	六三二七九三六七八三七	五六〇
二七四八九六二八六一三	六三二九七二〇九〇五五	五六一
二七四九七三六三一五六	六三三一五〇一八四九九	五六二
二七五〇五〇八三九四九	六三三三二七九六二八一	五六三
二七五一二七九一〇四〇	六三三五〇五四二五一五	五六四
二七五二〇四八四四七八	六三三六八二五七三一一	五六五
二七五二八一六四三一二	六三三八五九四〇七八二	五六六
二七五三五八三〇五八九	六三四〇三五九三〇三七	五六七
二七五四三四八三三五七	六三四二一二一四一八七	五六八
二七五五一一二二六六四	六三四三八八〇四三四一	五六九
二七五五八七四八五五七	六三四五六三六三六〇八	五七〇
二七五六六三六一〇八二	六三四七三八九二〇九七	五七一
二七五七三九六〇二八八	六三四九一三八九九一四	五七二
二七五八一五四六二二〇	六三五〇八八五七一六七	五七三
二七五八九一一八九二四	六三五二六二九三九六三	五七四
二七五九六六七八四四七	六三五四三七〇〇四〇八	五七五
二七六〇四二二四八三四	六三五六一〇七六六〇七	五七六
二七六一一七五八一三二	六三五七八四二二六六五	五七七
二七六一九二七八三八四	六三五九五七三八六八七	五七八
二七六二六七八五六三七	六三六一三〇二四七七六	五七九
二七六三四二七九九三六	六三六三〇二八一〇三五	五八〇
二七六四一七六一三二四	六三六四七五〇七五六九	五八一
二七六四九二二九八四六	六三六六四七〇四四七七	五八二
二七六五六六八五五四八	六三六八一八七一八六四	五八三
二七六六四一二八四七一	六三六九九〇〇九八二八	五八四
二七六七一五五八六六一	六三七一六一一八四七二	五八五
二七六七八九七六一六〇	六三七三三一九七八九六	五八六
二七六八六三八一〇一二	六三七五〇二四八一九八	五八七
二七六九三七七三二六一	六三七六七二六九四七九	五八八
二七七〇一一五二九四八	六三七八四二六一八三六	五八九
二七七〇八五二〇一一六	六三八〇一二二五三六九	五九〇
二七七一五八七四八〇九	六三八一八一六〇一七四	五九一
二七七二三二一七〇六七	六三八三五〇六六三四九	五九二
二七七三〇五四六九三四	六三八五一九四三九九〇	五九三
二七七三七八六四四五〇	六三八六八七九三一九四	五九四
二七七四五一六九六五七	六三八八五六一四〇五五	五九五
二七七五二四六二五九七	六三九〇二四〇六六七一	五九六
二七七五九七四三三一一	六三九一九一七一一三四	五九七
二七七六七〇一一八四〇	六三九三五九〇七五三九	五九八
二七七七四二六八二二四	六三九五二六一五九八一	五九九
二七七八一五一二五〇四	六三九六九二九六五五二	六〇〇

續表

續表

常對數	訥對數	真數
二七七八八七四四七二〇	六三九八五九四九三四五	六〇一
二七七九五九六四九一三	六四〇〇二五七四四五三	六〇二
二七八〇三一七三一二一	六四〇一九一七一九六七	六〇三
二七八一〇三六九三八六	六四〇三五七四一九七九	六〇四
二七八一七五五三七四七	六四〇五二二八四五八〇	六〇五
二七八二四七二六二四二	六四〇六八七九九八六一	六〇六
二七八三一八八六九一一	六四〇八五二八七九一一	六〇七
二七八三九〇三五七九三	六四一〇一七四八八二〇	六〇八
二七八四六一七二九二六	六四一一八一八二六七七	六〇九
二七八五三二九八三五〇	六四一三四五八九五七二	六一〇
二七八六〇四一二一〇二	六四一五〇九六九五九一	六一一
二七八六七五一四二二一	六四一六七三二二八二五	六一二
二七八七四六〇四七四五	六四一八三六四九三五九	六一三
二七八八一六八三七一一	六四一九九九四九二八一	六一四
二七八八八七五一一五八	六四二一六二二二六七八	六一五
二七八九五八〇七一二二	六四二三二四六九六三五	六一六
二七九〇二八五一六四〇	六四二四八六九〇二三九	六一七
二七九〇九八八四七五一	六四二六四八八四五七四	六一八
二七九一六九〇六四九〇	六四二八一〇五二七二七	六一九
二七九二三九一六八九五	六四二九七一九四七八〇	六二〇
二七九三〇九一六〇〇二	六四三一三三一〇八一九	六二一
二七九三七九〇三八四七	六四三二九四〇〇九二七	六二二
二七九四四八八〇四六七	六四三四五四六五一八八	六二三
二七九五一八四五八九七	六四三六一五〇三六八四	六二四
二七九五八八〇〇一七三	六四三七七五一六四九七	六二五
二七九六五七四三三三二	六四三九三五〇三七一一	六二六
二七九七二六七五四〇八	六四四〇九四六五四〇六	六二七
二七九七九五九六四三七	六四四二五四〇一六六五	六二八
二七九八六五〇六四五四	六四四四一三一二五六七	六二九
二七九九三四〇五四九五	六四四五七一九八一九四	六三〇
二八〇〇〇二九三五九二	六四四七三〇五八六二五	六三一
二八〇〇七一七〇七八三	六四四八八八九三九四一	六三二
二八〇一四〇三七一〇〇	六四五〇四七〇四二二一	六三三
二八〇二〇八九二五七九	六四五二〇四八九五四四	六三四
二八〇二七七三七二五三	六四五三六二四九九八九	六三五
二八〇三四五七一一五六	六四五五一九八五六三三	六三六
二八〇四一三九四三二三	六四五六七六九六五五六	六三七
二八〇四八二〇六七八七	六四五八三三八二八三三	六三八
二八〇五五〇〇八五八二	六四五九九〇四四五四四	六三九
二八〇六一七九九七四〇	六四六一四六八一七六四	六四〇
二八〇六八五八〇二九五	六四六三〇二九四五六九	六四一
二八〇七五三五〇二八一	六四六四五八八三〇三七	六四二
二八〇八二一〇九七二九	六四六六一四四七二四二	六四三
二八〇八八八五八六七四	六四六七六九八七二六一	六四四
二八〇九五五九七一四六	六四六九二五〇三一六八	六四五
二八一〇二三二五一八〇	六四七〇七九九五〇三八	六四六
二八一〇九〇四二八〇七	六四七二三四六二九四五	六四七
二八一一五七五〇〇五九	六四七三八九〇六九六四	六四八
二八一二二四四六九六八	六四七五四三二七一六七	六四九
二八一二九一三三五六六	六四七六九七二三六二九	六五〇

續表

常對數	訥對數	真數
二八一三五八〇九八八六	六四七八五〇九六四二二	六五一
二八一四二四七五九五七	六四八〇〇四四五六一九	六五二
二八一四九一三一八一三	六四八一五七七一二九三	六五三
二八一五五七七七四八三	六四八三一〇七三五一五	六五四
二八一六二四一三〇〇〇	六四八四六三五二三五六	六五五
二八一六九〇三八三九四	六四八六一六〇七八八九	六五六
二八一七五六五三六九六	六四八七六八四〇一八五	六五七
二八一八二二五八九三六	六四八九二〇四九三一三	六五八
二八一八八八五四一四六	六四九〇七二三五三四五	六五九
二八一九五四三九三五五	六四九二二三九八三五〇	六六〇
二八二〇二〇一四五九五	六四九三七五三八三九九	六六一
二八二〇八五七九八九四	六四九五二六五五五五九	六六二
二八二一五一三五二八四	六四九六七七四九九〇二	六六三
二八二二一六八〇七九四	六四九八二八二一四九五	六六四
二八二二八二一六四五三	六四九九七八七〇四〇七	六六五
二八二三四七四二二九二	六五〇一二八九六七〇五	六六六
二八二四一二五八三三九	六五〇二七九〇〇四五九	六六七
二八二四七七六四六二五	六五〇四二八八一七三五	六六八
二八二五四二六一一七八	六五〇五七八四〇六〇一	六六九
二八二六〇七四八〇二七	六五〇七二七七七一二四	六七〇
二八二六七二二五二〇二	六五〇八七六九一三七〇	六七一
二八二七三六九二七三一	六五一〇二五八三四〇五	六七二
二八二八〇一五〇六四二	六五一一七四五三二九六	六七三
二八二八六五九八九六五	六五一三二三〇一一〇九	六七四
二八二九三〇三七七二八	六五一四七一二六九〇九	六七五
二八二九九四六六九五九	六五一六一九三〇七六〇	六七六
二八三〇五八八六六八七	六五一七六七一二七二九	六七七
二八三一二二九六九三九	六五一九一四七二八七九	六七八
二八三一八六九七七四三	六五二〇六二一一二七六	六七九
二八三二五〇八九一二七	六五二二〇九二七九八二	六八〇
二八三三一四七一一一九	六五二三五六二三〇六一	六八一
二八三三七八四三七四七	六五二五〇二九六五七八	六八二
二八三四四二〇七〇三七	六五二六四九四八五九六	六八三
二八三五〇五六一〇一七	六五二七九五七九一七六	六八四
二八三五六九〇五七一五	六五二九四一八八三八三	六八五
二八三六三二四一一五七	六五三〇八七七六二七七	六八六
二八三六九五六七三七一	六五三二三三四二九二二	六八七
二八三七五八八四三八二	六五三三七八八三七九	六八八
二八三八二一九二二一九	六五三五二四一二七一〇	六八九
二八三八八四九〇九〇七	六五三六六九一五九七六	六九〇
二八三九四七八〇四七四	六五三八一三九八二三八	六九一
二八四〇一〇六〇九四五	六五三九五八五九五五六	六九二
二八四〇七三三二三四六	六五四一〇二九九九二	六九三
二八四一三五九四七〇五	六五四二四七一九六〇五	六九四
二八四一九八四八〇四六	六五四三九一一八四五六	六九五
二八四二六〇九二三九六	六五四五三四九六六〇三	六九六
二八四三二三二七七八一	六五四六七八五四一〇八	六九七
二八四三八五五四二二六	六五四八二一九一〇二八	六九八
二八四四四七七一七五七	六五四九六五〇七四二二	六九九
二八四五〇九八〇四〇〇	六五五一〇八〇三三五〇	七〇〇

常對數	訥對數	真數
二八四五七一八〇一八〇	六五五二五〇七八八七〇	七〇一
二八四六三三七一一二一	六五五三九三三四〇四〇	七〇二
二八四六九五五三二五〇	六五五五三五六八九一八	七〇三
二八四七五七二六五九一	六五五六七七八三五六二	七〇四
二八四八一八九一一七〇	六五五八一九七八〇二八	七〇五
二八四八八〇四七〇一一	六五五九六一五二三七五	七〇六
二八四九四一九四一三八	六五六一〇三〇六六五九	七〇七
二八五〇〇三三二五七七	六五六二四四四〇九三七	七〇八
二八五〇六四六二三五二	六五六三八五五五二六五	七〇九
二八五一二五八三四八七	六五六五二六四九七〇〇	七一〇
二八五一八六九六〇〇七	六五六六六七二四二九八	七一一
二八五二四七九九九三六	六五六八〇七七九一一四	七一二
二八五三〇八九五二九九	六五六九四八一四二〇四	七一三
二八五三六九八二一一八	六五七〇八八二九六二三	七一四
二八五四三〇六〇四一八	六五七二二八二五四二七	七一五
二八五四九一三〇二二三	六五七三六八〇一六七〇	七一六
二八五五五一九一五五七	六五七五〇七五八四〇六	七一七
二八五六一二四四四四二	六五七六四六九五六九〇	七一八
二八五六七二八八九〇四	六五七七八六一三五七七	七一九
二八五七三三二四九六四	六五七九二五一二一二〇	七二〇
二八五七九三五二六四七	六五八〇六三九一三七三	七二一
二八五八五三七一九七六	六五八二〇二五一三八九	七二二
二八五九一三八二九七三	六五八三四〇九二二二二	七二三
二八五九七三八五六六二	六五八四七九一三九二四	七二四
二八六〇三三八〇〇六六	六五八六一七一六五四九	七二五
二八六〇九三六六二〇七	六五八七五五〇〇一四八	七二六
二八六一五三四四一〇九	六五八八九二六四七七五	七二七
二八六二一三一三七九三	六五九〇三〇一〇四八二	七二八
二八六二七二七五二八三	六五九一六七三七三二〇	七二九
二八六三三二二八六〇一	六五九三〇四四五三四一	七三〇
二八六三九一七三七七〇	六五九四四一三四五九七	七三一
二八六四五一一〇八一一	六五九五七八〇五一三九	七三二
二八六五一〇三九七四六	六五九七一四五七〇一九	七三三
二八六五六九六〇五九九	六五九八五〇九〇二八六	七三四
二八六六二八七三三九一	六五九九八七〇四九九二	七三五
二八六六八七七八一四三	六六〇一二三〇一一八七	七三六
二八六七四六七四八七九	六六〇二五八七八九二二	七三七
二八六八〇五六三六一八	六六〇三九四三八二四六	七三八
二八六八六四四四三八四	六六〇五二九七九二〇九	七三九
二八六九二三一七一九七	六六〇六六五〇一八六二	七四〇
二八六九八一八二〇八〇	六六〇八〇〇〇六二五三	七四一
二八七〇四〇三九〇五三	六六〇九三四九二四三二	七四二
二八七〇九八八八一三八	六六一〇六九六〇四四七	七四三
二八七一五七二九三五五	六六一二〇四一〇三四八	七四四
二八七二一五六二七二七	六六一三三八四二一八四	七四五
二八七二七三八八二七五	六六一四七二五六〇〇二	七四六
二八七三三二〇六〇一八	六六一六〇六五一八五一	七四七
二八七三九〇一五九七九	六六一七四〇二九七八〇	七四八
二八七四四八一八一七七	六六一八七三八九八三五	七四九
二八七五〇六一二六三四	六六二〇〇七三二〇六五	七五〇

續表

常對數	訥對數	真數
二八七五六三九九三七〇	六六二一四〇五六五一八	七五一
二八七六二一七八四〇六	六六二二七三六三二三九	七五二
二八七六七九四九七六二	六六二四〇六五二二七八	七五三
二八七七三七一三四五九	六六二五三九二三六八〇	七五四
二八七七九四六九五一六	六六二六七一七七四九二	七五五
二八七八五二一七九五五	六六二八〇四一三七六二	七五六
二八七九〇九五八七九五	六六二九三六三二五三四	七五七
二八七九六六九二〇五六	六六三〇六八三三八五六	七五八
二八八〇二四一七七五九	六六三二〇〇一七七七四	七五九
二八八〇八一三五九二三	六六三三三一八四三三三	七六〇
二八八一三八四六五六八	六六三四六三三三五七九	七六一
二八八一九五四九七一三	六六三五九四六五五五七	七六二
二八八二五二四五三八〇	六六三七二五八〇三一三	七六三
二八八三〇九三三五八六	六六三八五六七七八九二	七六四
二八八三六六一四三五二	六六三九八七五八三三八	七六五
二八八四二二八七六九六	六六四一一八二一六九七	七六六
二八八四七九五三六三九	六六四二四八六八〇一三	七六七
二八八五三六一二二〇〇	六六四三七八九七三三一	七六八
二八八五九二六三三九八	六六四五〇九〇九六九五	七六九
二八八六四九〇七二五二	六六四六三九〇五一四八	七七〇
二八八七〇五四三七八一	六六四七六八八三七三六	七七一
二八八七六一七三〇〇三	六六四八九八四五五〇〇	七七二
二八八八一七九四九三九	六六五〇二七九〇四八六	七七三
二八八八七四〇九六〇七	六六五一五七一八七三六	七七四
二八八九三〇一七〇二五	六六五二八六三〇二九四	七七五
二八八九八六一七二一三	六六五四一五二五二〇二	七七六
二八九〇四二一〇一八八	六六五五四四〇三五〇四	七七七
二八九〇九七九五九七〇	六六五六七二六五二四二	七七八
二八九一五三七四五七七	六六五八〇一一〇四五九	七七九
二八九二〇九四六〇二七	六六五九二九三九一九七	七八〇
二八九二六五一〇三三九	六六六〇五七五一四九八	七八一
二八九三二〇六七五三一	六六六一八五四七四〇五	七八二
二八九三七六一七六二一	六六六三一三二六九六〇	七八三
二八九四三一六〇六二七	六六六四四〇九〇二〇四	七八四
二八九四八六九六五六七	六六六五六八三七一七八	七八五
二八九五四二二五四六〇	六六六六九五六七九二四	七八六
二八九五九七四七三二四	六六六八二二八二四八四	七八七
二八九六五二六二一七五	六六六九四九八〇八九九	七八八
二八九七〇七七〇〇三二	六六七〇七六六三二〇八	七八九
二八九七六二七〇九一三	六六七二〇三二九四五五	七九〇
二八九八一七六四八三五	六六七三二九七九六七八	七九一
二八九八七二五一八一六	六六七四五六一三九一八	七九二
二八九九二七三一八七三	六六七五八二三二二一六	七九三
二八九九八二〇五〇二四	六六七七〇八三四六一二	七九四
二九〇〇三六七一二八七	六六七八三四二一一四七	七九五
二九〇〇九一三〇六七七	六六七九五九九一八五八	七九六
二九〇一四五八三二一四	六六八〇八五四六七八八	七九七
二九〇二〇〇二八九一四	六六八二一〇八五九七四	七九八
二九〇二五四六七七九三	六六八三三六〇九四五七	七九九
二九〇三〇八九九八七〇	六六八四六一一七二七七	八〇〇

續表

常對數	訥對數	真數
二九〇三六三二五一六一	六六八五八六〇九四七一	八〇一
二九〇四一七四三六八三	六六八七一〇八六〇七九	八〇二
二九〇四七一五五四五三	六六八八三五四七一三九	八〇三
二九〇五二五六〇四八七	六六八九五九九二六九二	八〇四
二九〇五七九五八八〇四	六六九〇八四二二七七四	八〇五
二九〇六三三五〇四一八	六六九二〇八三七四二五	八〇六
二九〇六八七三五三四七	六六九三三二三六六八三	八〇七
二九〇七四一一三六〇八	六六九四五六二〇五八五	八〇八
二九〇七九四八五二一六	六六九五七九八九一七一	八〇九
二九〇八四八五〇一八九	六六九七〇三四二四七七	八一〇
二九〇九〇二〇八五四二	六六九八二六八〇五四一	八一一
二九〇九五五六〇二九二	六六九九五〇〇三四〇二	八一二
二九一〇〇九〇五四五六	六七〇〇七三一一〇九五	八一三
二九一〇六二四四〇四九	六七〇一九六〇三六六〇	八一四
二九一一一五七六〇八七	六七〇三一八八一一三二	八一五
二九一一六九〇一五八八	六七〇四四一四三五五〇	八一六
二九一二二二二〇五六五	六七〇五六三九〇九四九	八一七
二九一二七五三三〇三七	六七〇六八六二三三六六	八一八
二九一三二八三九〇一八	六七〇八〇八四〇八三九	八一九
二九一三八一三八五二四	六七〇九三〇四三四〇三	八二〇
二九一四三四三一五七一	六七一〇五二三一〇九五	八二一
二九一四八七一八一七五	六七一一七四〇三九五〇	八二二
二九一五三九九八三五二	六七一二九五六二〇〇七	八二三
二九一五九二七二一一七	六七一四一七〇五二九九	八二四
二九一六四五三九四八五	六七一五三八三三八六三	八二五
二九一六九八〇〇四七三	六七一六五九四七七三五	八二六
二九一七五〇五五〇九六	六七一七八〇四六九五〇	八二七
二九一八〇三〇三三六八	六七一九〇一三一五四四	八二八
二九一八五五四五三〇六	六七二〇二二〇一五五一	八二九
二九一九〇七八〇九二四	六七二一四二五七〇〇八	八三〇
二九一九六〇一〇二三八	六七二二六二九七九四九	八三一
二九二〇一二三三二六三	六七二三八三二四四〇八	八三二
二九二〇六四五〇〇一四	六七二五〇三三六四二二	八三三
二九二一一六六〇五〇六	六七二六二三三四〇二四	八三四
二九二一六八六四七五五	六七二七四三一七二四九	八三五
二九二二二〇六二七七四	六七二八六二八六一三一	八三六
二九二二七二五四五八〇	六七二九八二四〇七〇五	八三七
二九二三二四四〇一八六	六七三一〇一八一〇〇五	八三八
二九二三七六一九六〇八	六七三二二一〇七〇六五	八三九
二九二四二七九二八六一	六七三三四〇一八九一八	八四〇
二九二四七九五九九五八	六七三四五九一六六〇〇	八四一
二九二五三一二〇九一五	六七三五七八〇〇一四二	八四二
二九二五八二七五七四六	六七三六九六六九五八〇	八四三
二九二六三四二四四六六	六七三八一五二四九四六	八四四
二九二六八五六七〇八九	六七三九三三六六二七四	八四五
二九二七三七〇三六三〇	六七四〇五一九三五九六	八四六
二九二七八八三四一〇三	六七四一七〇〇六九四七	八四七
二九二八三九五八五二三	六七四二八八〇六三五八	八四八
二九二八九〇七六九〇二	六七四四〇五九一八六三	八四九
二九二九四一八九二五七	六七四五二三六三四九五	八五〇

常對數	訥對數	真數
二九二九九二九五六〇一	六七四六四一二一二八六	八五一
二九三〇四三九五九四八	六七四七五八六五二六八	八五二
二九三〇九四九〇三一二	六七四八七五九五四七五	八五三
二九三一四五七八七〇七	六七四九九三一一九三八	八五四
二九三一九六六一一四七	六七五一一〇一四六八九	八五五
二九三二四七三七六四七	六七五二二七〇三七六一	八五六
二九三二九八〇八二一九	六七五三四三七九一八六	八五七
二九三三四八七二八七八	六七五四六〇四〇九九五	八五八
二九三三九九三一六三八	六七五五七六八九二二〇	八五九
二九三四四九八四五一二	六七五六九三二三八九二	八六〇
二九三五〇〇三一五一五	六七五八〇九四五〇四四	八六一
二九三五五〇七二六五八	六七五九二五五二七〇七	八六二
二九三六〇一〇七九五八	六七六〇四一四六九一一	八六三
二九三六五一三七四二五	六七六一五七二七六八八	八六四
二九三七〇一六一〇七五	六七六二七二九五〇六九	八六五
二九三七五一七八九二〇	六七六三八八四九〇八六	八六六
二九三八〇一九〇九七五	六七六五〇三八九七六八	八六七
二九三八五一九七二五二	六七六六一九一七一四七	八六八
二九三九〇一九七七六五	六七六七三四三一二五三	八六九
二九三九五一九二五二六	六七六八四九三二一一六	八七〇
二九四〇〇一八一五五〇	六七六九六四一九七六八	八七一
二九四〇五一六四八四九	六七七〇七八九四二三九	八七二
二九四一〇一四二四三七	六七七一九三五五五五八	八七三
二九四一五一一四三二六	六七七三〇八〇三七五七	八七四
二九四二〇〇八〇五三〇	六七七四二二三八八六四	八七五
二九四二五〇四一〇六二	六七七五三六六〇九〇九	八七六
二九四二九九九五九三四	六七七六五〇六九九二四	八七七
二九四三四九四五一五九	六七七七六四六五九三六	八七八
二九四三九八八八七五一	六七七八七八四八九七七	八七九
二九四四四八二六七二二	六七七九九二一九〇七五	八八〇
二九四四九七五九〇八四	六七八一〇五七六二五九	八八一
二九四五四六八五八五一	六七八二一九二〇五六〇	八八二
二九四五九六〇七〇三六	六七八三三二五二〇〇六	八八三
二九四六四五二二六五〇	六七八四四五七〇六二六	八八四
二九四六九四三二七〇七	六七八五五八七六四五〇	八八五
二九四七四三三七二一九	六七八六七一六九五〇六	八八六
二九四七九二三六一九八	六七八七八四四九八二三	八八七
二九四八四一二九六五八	六七八八九七一七四三〇	八八八
二九四八九〇一七六一〇	六七九〇〇九七二三五五	八八九
二九四九三九〇〇〇六六	六七九一二二一四六二七	八九〇
二九四九八七七七〇四〇	六七九二三四四四二七五	八九一
二九五〇三六四八五四四	六七九三四六六一三二六	八九二
二九五〇八五一四五八九	六七九四五八六五八〇八	八九三
二九五一三三七五一八八	六七九五七〇五七七五二	八九四
二九五一八二三〇三五三	六七九六八二三七一八三	八九五
二九五二三〇八〇〇九七	六七九七九四〇四一三〇	八九六
二九五二七九二四四三〇	六七九九〇五五八六二一	八九七
二九五三二七六三三六七	六八〇〇一七〇〇六八三	八九八
二九五三七五九六九一七	六八〇一二八三〇三四五	八九九
二九五四二四二五〇九四	六八〇二三九四七六三三	九〇〇

續表

常對數	訥對數	真數
二九五四七二四七九一〇	六八〇三五〇五二五七六	九〇一
二九五五二〇六五三七五	六八〇四六一四五二〇一	九〇二
二九五五五六八七七五〇三	六八〇五七二二五五三四	九〇三
二九五六一六八四三〇五	六八〇六八二九三六〇四	九〇四
二九五六六四八五七九二	六八〇七九三四九四三七	九〇五
二九五七一二八一九七七	六八〇九〇三九三〇六〇	九〇六
二九五七六〇七二八七一	六八一〇一四二四五〇一	九〇七
二九五八〇八五八四八五	六八一一二四四三七八六	九〇八
二九五八五六三八八三二	六八一二三四五〇九四二	九〇九
二九五九〇四一三九二三	六八一三四四四五九九五	九一〇
二九五九五一八三七七〇	六八一四五四二八九七三	九一一
二九五九九九四八三八三	六八一五六三九九九〇一	九一二
二九六〇四七〇七七七五	六八一六七三五八八〇六	九一三
二九六〇九四六一九五七	六八一七八三〇五七一五	九一四
二九六一四二一〇九四一	六八一八九二四〇六五三	九一五
二九六一八九五四七三七	六八二〇〇一六三六四七	九一六
二九六二三六九三三五七	六八二一一〇七四七二二	九一七
二九六二八四二六八一五	六八二二一九七三九〇六	九一八
二九六三三一五五一一四	六八二三二八六一二二三	九一九
二九六三七八七八二七三	六八二四三七三六七〇〇	九二〇
二九六四二五九六三〇二	六八二五四六〇〇三六二	九二一
二九六四七三〇九二一一	六八二六五四五二二三六	九二二
二九六五二〇一七〇一〇	六八二七六二九二三四五	九二三
二九六五六七一九七一二	六八二八七一二〇七一六	九二四
二九六六一四一七三二七	六八二九七九三七三七五	九二五
二九六六六一〇九八六七	六八三〇八七四二三四七	九二六
二九六七〇七九七三四一	六八三一九五三五六五六	九二七
二九六七五四七九七六二	六八三三〇三一七三二八	九二八
二九六八〇一五七一四〇	六八三四一〇八七三八八	九二九
二九六八四八二九四八六	六八三五一八四五八六一	九三〇
二九六八九四九六八一〇	六八三六二五九二七七三	九三一
二九六九四一五九一二四	六八三七三三二八一四七	九三二
二九六九八八一六四三七	六八三八四〇五二〇〇八	九三三
二九七〇三四六八七六二	六八三九四七六四三八二	九三四
二九七〇八一一六一〇九	六八四〇五四六五二九三	九三五
二九七一二七五八四八七	六八四一六一五四七六五	九三六
二九七一七三九五九〇九	六八四二六八三二八二二	九三七
二九七二二〇二八三八四	六八四三七四九九四九〇	九三八
二九七二六六五五九二三	六八四四八一五四七九二	九三九
二九七三一二七八五三六	六八四五八七九八七五二	九四〇
二九七三五八九六二三四	六八四六九四三一三九五	九四一
二九七四〇五〇九〇二八	六八四八〇〇五二七四六	九四二
二九七四五一一六九二七	六八四九〇六六二八二六	九四三
二九七四九七一九九四三	六八五〇一二六一六六一	九四四
二九七五四三一八〇八五	六八五一一八四九二七五	九四五
二九七五八九一一三六四	六八五二二四二五六九一	九四六
二九七六三四九九七九〇	六八五三二九〇九三二	九四七
二九七六八〇八三三七三	六八五四三五四五〇二三	九四八
二九七七二六六二一二四	六八五五四〇八七九八六	九四九
二九七七七二三六〇五三	六八五六四六一九八四六	九五〇

續表

常對數	訥對數	真數
二九七八一八〇五一六九	六八五七五一四〇六二五	九五一
二九七八六三六九四八四	六八五八五六五〇三四八	九五二
二九七九〇九二九〇〇六	六八五九六一四九〇三六	九五三
二九七九五四八三七四七	六八六〇六六三六七一四	九五四
二九八〇〇〇三三七一六	六八六一七一一三四〇五	九五五
二九八〇四五七八九二三	六八六二七五七九一三〇	九五六
二九八〇九一一九三七八	六八六三八〇三三九一五	九五七
二九八一三六五五〇九一	六八六四八四七七七八〇	九五八
二九八一八一八六〇七二	六八六五八九一〇七四九	九五九
二九八二二七一二三三〇	六八六六九三三二八四五	九六〇
二九八二七二三三八七七	六八六七九七四四〇九〇	九六一
二九八三一七五〇七二〇	六八六九〇一四四五〇七	九六二
二九八三六二六二八七一	六八七〇〇五三四一一八	九六三
二九八四〇七七〇三三九	六八七一〇九一二九四六	九六四
二九八四五二七三一三三	六八七二一二八一〇一三	九六五
二九八四九七七一二六四	六八七三一六三八三四二	九六六
二九八五四二六四七四一	六八七四一九八四九五五	九六七
二九八五八七五三五七三	六八七五二三二〇八七三	九六八
二九八六三二三七七七一	六八七六二六四六一一九	九六九
二九八六七七一七三四三	六八七七二九六〇七一五	九七〇
二九八七二一九二二九九	六八七八三二六四六八三	九七一
二九八七六六六二六四九	六八七九三五五八〇四五	九七二
二九八八一一二八四〇三	六八八〇三八四〇八二二	九七三
二九八八五五八九五六九	六八八一四一一三〇三六	九七四
二九八九〇〇四六一五七	六八八二四三七四七一〇	九七五
二九八九四四九八一七七	六八八三四六二五八六四	九七六
二九八九八九四五六三七	六八八四四八六六五二〇	九七七
二九九〇三三八八五四八	六八八五五〇九六七〇〇	九七八
二九九〇七八二六九一八	六八八六五三一六四二五	九七九
二九九一二二六〇七五七	六八八七五五二五七一七	九八〇
二九九一六六九〇〇七四	六八八八五七二四五九六	九八一
二九九二一一一四八七八	六八八九五九一三〇八四	九八二
二九九二五五三五一七八	六八九〇六〇九一二〇一	九八三
二九九二九九五〇九八四	六八九一六二五八九七一	九八四
二九九三四三六二三〇五	六八九二六四一六四一二	九八五
二九九三八七六九一四九	六八九三六五六三五四六	九八六
二九九四三一七一五二七	六八九四六七〇〇三九四	九八七
二九九四七五六九四四六	六八九五六八二六九七七	九八八
二九九五一九六二九一六	六八九六六九四三三一六	九八九
二九九五六三五一九四六	六八九七七〇四九四三一	九九〇
二九九六〇七三六五四五	六八九八七一四五三四三	九九一
二九九六五一一六七二二	六八九九七二三一〇七三	九九二
二九九六九四九二四八五	六九〇〇七三〇六六四〇	九九三
二九九七三八六三八四四	六九〇一七三七二〇六七	九九四
二九九七八二三〇八〇七	六九〇二七四二七三七二	九九五
二九九八二五九三三八四	六九〇三七四七二五七六	九九六
二九九八六九五一五八三	六九〇四七五〇七七〇〇	九九七
二九九九一三〇五四一三	六九〇五七五三二七六三	九九八
二九九九五六五四八八二	六九〇六七五四七七八六	九九九
三〇〇〇〇〇〇〇〇〇〇	六九〇七七五五二七九〇	一〇〇〇

度	分	正弦	正切	正割		
○	○				九○	○
	一○	七四六三七二五五○四六	七四六三七二七三四二○	一○○○○○○一八三七四		五○
	二○	七七六四七五三六六二九	七七六四七六一○一二六	一○○○○○○七三四九七		四○
	三○	七九四○八四一八五九六	七九四○八五八三九六五	一○○○○○一六五三六九		三○
	四○	八○六五七七六三○八九	八○六五八○五七○八二	一○○○○○二九三九九三		二○
	五○	八一六二六八○八○九五	八一六二七二六七四六四	一○○○○○四五九三六九		一○
一	○	八二四一八五五三一八四	八二四一九二一四六八七	一○○○○○六六一五○三	八九	○
	一○	八三○八七九四一四五八	八三○八八八四一八五二	一○○○○○九○○三九四		五○
	二○	八三六六七七六九○五三	八三六六八九四五一○四	一○○○○一一七六○五一		四○
	三○	八四一七九一九○一五四	八四一八○六七八六二九	一○○○○一四八八四七五		三○
	四○	八四六三六六四八六八三	八四六三八四八六三五四	一○○○○一八三七六七一		二○
	五○	八五○五○四四六九○七	八五○五二六七○五五五	一○○○○二二二三六四八		一○
二	○	八五四二八一九一六三八	八五四三○八三八○四九	一○○○○二六四六四一一	八八	○
	一○	八五七七五六五九五六九	八五七七八七六五五三六	一○○○○三一○五九六七		五○
	二○	八六○九七三四一○二○	八六一○○九四三三四四	一○○○○三六○二三二四		四○
	三○	八六三九六七九五六一六	八六四○○九三一一○六	一○○○○四一三五四九○		三○
	四○	八六六七六八九二九五九	八六六八一五九八四三三	一○○○○四七○五四七四		二○
	五○	八六九三九九八○二○○	八六九四五二九二四八七	一○○○○五三一二二八七		一○
三	○	八七一八八○○一六三六	八七一九三九五七五七三	一○○○○五九五五九三七	八七	○
	一○	八七四二二五八五九三六	八七四二九二二二三七三	一○○○○六六三六四三七		五○
	二○	八七六四五一一○九六九	八七六五二四六四七六七	一○○○○七三五三七九八		四○
	三○	八七八五六七五二七八七	八七八六四八六○八一九	一○○○○八一○八○三二		三○
	四○	八八○五八五二三三一六	八八○六七四二二三六七	一○○○○八八九九一五一		二○
	五○	八八二五一二九九○七八	八八二六一○二六二四八	一○○○○九七二七一七○		一○
四	○	八八四三五八四五一八四	八八四四六四三七二八六	一○○○一○五九二一○二	八六	○
	一○	八八六一二八三二六四一	八八六二四三二六六○三	一○○○一一四九三九六二		五○
	二○	八八七八二八五三五五九	八八七九五二八六三二四	一○○○一二四三二七六五		四○
	三○	八八九四六四三二九八三	八八九五九八四一五一○	一○○○一三四○八五二七		三○
	四○	八九一○四○三八六五三	八九一一八四五九九一九	一○○○一四四二一二六六		二○
	五○	八九二五六○八九○四九	八九二七一五六○○四六	一○○○一五四七○九九七		一○
五	○	八九四○二九六○○八三	八九四一九五一七八二三	一○○○一六五五七七四○	八五	○
	一○	八九五四四九九○六六九	八九五六二六七二一八一	一○○○一七六八一五一二		五○
	二○	八九六八二四八七四四二	八九七○一三二九七七五	一○○○一八八四二三三三		四○
	三○	八九八一五七二八七一五	八九八三五七六八九三八	一○○○二○○四○二二三		三○
	四○	八九九四四九六七八七○	八九九六六二四三○七一	一○○○二一二七五二○一		二○
	五○	九○○七○四三六二五六	九○○九二九八三五四六	一○○○二二五四七二九○		一○
六	○	九○一九二三四五六五六	九○二一六二○二一六七	一○○○二三八五六五一一	八四	○
	一○	九○三一○八九○四四九	九○三三六○九三三三四	一○○○二五二○二八八五		五○
	二○	九○四二六二四九四五六	九○四五二八三五八九三	一○○○二六五八六四三七		四○
	三○	九○五三八五八七五六三	九○五六六五九四七五三	一○○○二八○○七一九○		三○
	四○	九○六四八○五七一二八	九○六七七五二二二九七	一○○○二九四六五一六九		二○
	五○	九○七五四七九九二二○	九○七八五七五九六一七	一○○○三○九六○三九七		一○
七	○	九○八五八九四四七一二	九○八九一四三七六一四	一○○○三二四九二九○二	八三	○
	一○	九○九六○六一五二三三	九○九九四六七七九四二	一○○○三四○六二七○九		五○
	二○	九一○五九九二四○二二	九一○九五五九三八六七	一○○○三五六六九八四五		四○
	三○	九一一五六九七六六八七	九一一九四二九一○二六	一○○○三七三一四三三九		三○
	四○	九一二五一八七一八六五	九一二九○八六八○八二	一○○○三八九九六二一七		二○
	五○	九一三四四七○一八三四	九一三八五四一七三四四	一○○○四○七一五五一○		一○
八	○	九一四三五五五三○三九	九一四七八○二五二八五	一○○○四二四七二二四六	八二	○
	一○	九一五二四五○六五八一	九一五六八七七三○三八	一○○○四四二六六四五七		五○
	二○	九一六一一六三八六三六	九一六五七七三六八○八	一○○○四六○九八一七二		四○
	三○	九一六九七○二○八六八	九一七四四九八八二九三	一○○○四七九六七四二五		三○
	四○	九一七八○七二○七五一	九一八三○五九四九九七	一○○○四九八七四二四六		二○
	五○	九一八六二八○一九一五	九一九一四六二○五八五	一○○○五一八一八六七○		一○
九	○	九一九四三三二四四一三	九一九九七一二五一四三	一○○○五三八○○七三○	八一	○
	一○	九二○二二三四四九九五	九二○七八一六五四五四	一○○○五五八二○四五九		五○
	二○	九二○九九九一七三四四	九二一五七七九五二三八	一○○○五七八七七八九四		四○
	三○	九二一七六○九二二八九	九二二三六○六五三五九	一○○○五九九七三○七○		三○
	四○	九二二五○九一八○○九	九二三一三○二四○三二	一○○○六二一○六○二三		二○
	五○	九二三二四四四○二一二	九二三八八七一七○○二	一○○○六四二七六七九○		一○
一○	○	九二三九六七○二三○○	九二四六三一八七七一一	一○○○六六四八五四一一	八○	○
		餘弦	餘切	餘割	度	分

續表

度	分	正弦	正切	正割		
一〇	〇	九二三九六七〇二三〇〇	九二四六三一八七七一一	一〇〇〇六六四八五四一一	八〇	〇
	一〇	九二四六七七四五五二一	九二五三六四七七四四二	一〇〇〇六八七三一九二一		五〇
	二〇	九二五三七六〇九一一四	九二六〇八六二五四七六	一〇〇〇七一〇一六三六二		四〇
	三〇	九二六〇六三三〇四三三	九二六七九六六九二〇六	一〇〇〇七三三三八七七三		三〇
	四〇	九二六七三九四五〇六六	九二七四九六四四二六一	一〇〇〇七五六九九一九五		二〇
	五〇	九二七四〇四八六九四四	九二八一八五八四六一二	一〇〇〇七八〇九七六六八		一〇
一一	〇	九二八〇五九八八四四八	九二八八六五二二六八四	一〇〇〇八〇五三四二三六	七九	〇
	一〇	九二八七〇四八〇四九五	九二九五三四八九四三五	一〇〇〇八三〇〇八九四〇		五〇
	二〇	九二九三三九九二六二六	九三〇一九五一四四五〇	一〇〇〇八五五二一八二四		四〇
	三〇	九二九九六五五三〇九二	九三〇八四六二六〇二五	一〇〇〇八八〇七二九三三		三〇
	四〇	九三〇五八一八八九二三	九三一四八八五一二三五	一〇〇〇九〇六六二三一二		二〇
	五〇	九三一一八九二五九九四	九三二一二二一五九九九	一〇〇〇九三二九〇〇〇五		一〇
一二	〇	九三一七八七八九一〇二	九三二七四七四五一六二	一〇〇〇九五九五六〇六〇	七八	〇
	一〇	九三二三七八〇二〇一三	九三三三六四六二五三七	一〇〇〇九八六六〇五二四		五〇
	二〇	九三二九五九八七五二一	九三三九七三九〇九六五	一〇〇一〇一四〇三四四四		四〇
	三〇	九三三五三三六七五〇五	九三四五七五五二三七四	一〇〇一〇四一八四八六九		三〇
	四〇	九三四〇九九六二九七六	九三五一六九六七八二四	一〇〇一〇七〇〇四八四八		二〇
	五〇	九三四六五七九四一一七	九三五七五六五七五三〇	一〇〇一〇九八六三四三三		一〇
一三	〇	九三五二〇八八〇三三〇	九三六三三六四一〇〇二	一〇〇一一二七六〇六七二	七七	〇
	一〇	九三五七五二四〇二七八	九三六九〇九三六八九七	一〇〇一一五六九六六一九		五〇
	二〇	九三六二八八九一九一六	九三七四七五六三二四〇	一〇〇一一八六七一三二四		四〇
	三〇	九三六八一八五二五三五	九三八〇三五三七三七八	一〇〇一二一六八四八四三		三〇
	四〇	九三七三四一三八七八〇	九三八五八八七六〇〇七	一〇〇一二四七三七二二七		二〇
	五〇	九三七八五七六六七〇三	九三九一三五九五二三六	一〇〇一二七八二八五三三		一〇
一四	〇	九三八三六七五一七六七	九三九六七七一〇五八二	一〇〇一三〇九五八八一五	七六	〇
	一〇	九三八八七一〇八八九五	九四〇二一二三七〇二五	一〇〇一三四一二八一三〇		五〇
	二〇	九三九三六八五二四八一	九四〇七四一八九〇一六	一〇〇一三七三三六五三五		四〇
	三〇	九三九八五九九六四二一	九四一二六五八〇五〇八	一〇〇一四〇五八四〇八七		三〇
	四〇	九四〇三四五五四一三四	九四一七八四二四九七九	一〇〇一四三八七〇八四五		二〇
	五〇	九四〇八二五三八五八六	九四二二九七三五四五六	一〇〇一四七一九六八七〇		一〇
一五	〇	九四一二九九六二三〇五	九四二八〇五二四五二四	一〇〇一五〇五六二二一九	七五	〇
	一〇	九四一七六八三七四〇七	九四三三〇八〇四三六三	一〇〇一五三九六六九五六		五〇
	二〇	九四二二三一七五六〇五	九四三八〇五八六七四五	一〇〇一五七四一一一四〇		四〇
	三〇	九四二六八九八二四一	九四四二九八三〇七八	一〇〇一六〇八九四八三七		三〇
	四〇	九四三一四二八六二八一	九四四七八七〇四三八八	一〇〇一六四四一八一〇七		二〇
	五〇	九四三五九〇八〇三五六	九四五二七〇六一三七三	一〇〇一六七九八一〇一七		一〇
一六	〇	九四四〇三三八〇七五〇	九四五七四九六四三八〇	一〇〇一七一五八三六三〇	七四	〇
	一〇	九四四四七一九七四三七	九四六二二四二三四五〇	一〇〇一七五二二六〇一三		五〇
	二〇	九四四九〇五四〇〇八一	九四六六九四四八三一四	一〇〇一七八九〇八二三三		四〇
	三〇	九四五三三四一八〇四五	九四七一六〇四八四〇二	一〇〇一八二六三〇三五七		三〇
	四〇	九四五七五八四〇四二一	九四七六二二三二八七五	一〇〇一八六三九二四五四		二〇
	五〇	九四六一七八一六〇二二	九四八〇八〇一〇六一五	一〇〇一九〇一九四五九三		一〇
一七	〇	九四六五九三五三四〇〇	九四八五三三九〇二四四	一〇〇一九四〇三六八四四	七三	〇
	一〇	九四七〇〇四六〇八六〇	九四八九八三八〇一三八	一〇〇一九七九一九二七八		五〇
	二〇	九四七四一一四六四六二	九四九四二九八八四二九	一〇〇二〇一八四一九六七		四〇
	三〇	九四七八一四一八〇四〇	九四九八七二二三〇二四	一〇〇二〇五八〇四九八四		三〇
	四〇	九四八二一二八三二〇二	九五〇三一〇九一六〇五	一〇〇二〇九八〇八四〇三		二〇
	五〇	九四八六〇七四九三四〇	九五〇七四六〇一六三八	一〇〇二一三八五二二九八		一〇
一八	〇	九四八九九八二三六四〇	九五一一七七六〇三八五	一〇〇二一七九三六七四五	七二	〇
	一〇	九四九三八五一三〇九二	九五一六〇五七四九一二	一〇〇二二二〇六一八一九		五〇
	二〇	九四九七六八二四四九三	九五二〇三〇五二〇九二	一〇〇二二六二二七五九九		四〇
	三〇	九五〇一四七六四四五四	九五二四五一九八六一六	一〇〇二三〇四三四一六二		三〇
	四〇	九五〇五二三三九四〇七	九五二八七〇二〇九九四	一〇〇二三四六八一五八七		二〇
	五〇	九五〇八九五五五六一五	九五三二八五二五五七〇	一〇〇二三八九六九九五五		一〇
一九	〇	九九一二六四一九一七六	九五三六九七一八五二二	一〇〇二四三二九九三四六	七一	〇
	一〇	九五一六二九三六〇二五	九五四一〇六〇五八六八	一〇〇二四七六六九八四三		五〇
	二〇	九五一九九一一一九四三	九五四五一一八三四七〇	一〇〇二五二〇八一五二七		四〇
	三〇	九五二三四九五二五六六	九五四九一四八七〇五〇	一〇〇二五六五三四四八四		三〇
	四〇	九五二七〇四六三三七九	九五五三一四九二一七六	一〇〇二六一〇二八七九七		二〇
	五〇	九五三〇五六四九七三四	九五五七一二一四二八六	一〇〇二六五五六四五五二		一〇
二〇	〇	九五三四〇五一六八四六	九五六一〇六五八六八二	一〇〇二七〇一四一八三六	七〇	〇
		餘弦	餘切	餘割	度	分

度	分	正弦	正切	正割		
二〇	〇	九五三四〇五一六八四六	九五六一〇六五八六八二	一〇〇二七〇一四一八三六	七〇	〇
	一〇	九五三七五〇六九八〇〇	九五六四九八三〇五三六	一〇〇二七四七六〇七三六		五〇
	二〇	九五四〇九三一三五五七	九五六八八七三四八九九	一〇〇二七九四二一三四二		四〇
	三〇	九五四四三二五二九五三	九五七二七三七六六九五	一〇〇二八四一二三七四二		三〇
	四〇	九五四七六八九二七〇九	九五七六五七六〇七三七	一〇〇二八八八六八〇二八		二〇
	五〇	九五五一〇二三七四三二	九五八〇三八九一七二三	一〇〇二九三六五四二九一		一〇
二一	〇	九五五四三二九一六一七	九五八四一七七四二四〇	一〇〇二九八四八二六二三	六九	〇
	一〇	九五五七六〇五九六五五	九五八七九四一二七七四	一〇〇三〇三三五三一一九		五〇
	二〇	九五六〇八五四五八二八	九五九一六八一一七〇〇	一〇〇三〇八二六五八七二		四〇
	三〇	九五六四〇七五四三二五	九五九五三九七五三〇四	一〇〇三一三二二〇九七九		三〇
	四〇	九五六七二六八九二三三	九五九九〇九〇七七七〇	一〇〇三一八二一八五三七		二〇
	五〇	九五七〇四三五四五四八	九六〇二七六一三一九一	一〇〇三二三二五八六四三		一〇
二二	〇	九五七三五七五四一七〇	九六〇六四〇九五五六五	一〇〇三二八三四一三九五	六八	〇
	一〇	九五七六六八九一九一五	九六一〇〇三五八八一〇	一〇〇三三三四六六八九五		五〇
	二〇	九五七九七七七一五一二	九六一三六四〇六七五五	一〇〇三三八六三五二四三		四〇
	三〇	九五八二八三九六六〇五	九六一七二二四三一四六	一〇〇三四三八四六五四一		三〇
	四〇	九五八五八七七〇七五九	九六二〇七八七一六五一	一〇〇三四九一〇〇八九二		二〇
	五〇	九五八八八八九七四六〇	九六二四三二九五八六一	一〇〇三五四三九八四〇一		一〇
二三	〇	九五九一八七八〇一一六	九六二七八五一九二八九	一〇〇三五九七三九一七三	六七	〇
	一〇	九五九四八四二二〇六五	九六三一三五四五三八〇	一〇〇三六五一二三三一五		五〇
	二〇	九五九七七八二六五六八	九六三四八三七七五〇二	一〇〇三七〇五五〇九三四		四〇
	三〇	九六〇〇六九九六八一九	九六三八三〇一八九五七	一〇〇三七六〇二二一三八		三〇
	四〇	九六〇三五九三五九四六	九六四一七四七二九八五	一〇〇三八一五三七〇三九		二〇
	五〇	九六〇六四六四七〇〇七	九六四五一七四二七五四	一〇〇三八七〇九五七四七		一〇
二四	〇	九六〇九三一三二九九九	九六四八五八三一三七四	一〇〇三九二六九八三七五	六六	〇
	一〇	九六一二一三九六八五四	九六五一九七四一八八九	一〇〇三九八三四五〇三五		五〇
	二〇	九六一四九四四一四四六	九六五五三四七七二八九	一〇〇四〇四〇三五八四三		四〇
	三〇	九六一七七二六九五八六	九六五八七〇四〇五〇〇	一〇〇四〇九七七〇九一四		三〇
	四〇	九六二〇四八八四〇三四	九六六二〇四三四四〇〇	一〇〇四一五五五〇三六六		二〇
	五〇	九六二三二二八七四八八	九六六五三六六一八〇五	一〇〇四二一三七四三一七		一〇
二五	〇	九六二五九四八二五九三	九六六八六七二五四七八	一〇〇四二七二四二八八五	六五	〇
	一〇	九六二八六四七一九四五	九六七一九六二八一三八	一〇〇四三三一五六一九三		五〇
	二〇	九六三一三二五八〇八五	九六七五二三七二四四七	一〇〇四三九一一四三六二		四〇
	三〇	九六三三九八四三五〇二	九六七八四九六一〇一七	一〇〇四四五一一七五一五		三〇
	四〇	九六三六六二三〇六四一	九六八一七三九六四一七	一〇〇四五一一六五七七六		二〇
	五〇	九六三九二四二一八九六	九六八四九六八一一六九	一〇〇四五七二五九二七三		一〇
二六	〇	九六四一八四一九六一五	九六八八一八一七七四六	一〇〇四六三三九八一三一	六四	〇
	一〇	九六四四四二二六一〇三	九六九一三八〇八五八二	一〇〇四六九五八二四七九		五〇
	二〇	九六四六九八四三六一六	九六九四五六五六〇六三	一〇〇四七五八一二四四七		四〇
	三〇	九六四九五二七四三七三	九六九七七三六二五三九	一〇〇四八二〇八八一六六		三〇
	四〇	九六五二〇五二〇五四九	九七〇〇八九三〇三一七	一〇〇四八八四〇九七六八		二〇
	五〇	九六五四五五八四二七六	九七〇四〇三六一六六四	一〇〇四九四七七七三八八		一〇
二七	〇	九六五七〇四六七六四九	九七〇七一六五八八〇九	一〇〇五〇一一九一一六〇	六三	〇
	一〇	九六五九五一七二七二〇	九七一〇二八二三九四〇	一〇〇五〇七六五一二二〇		五〇
	二〇	九六六一九七〇一五一〇	九七一三三八五九二一七	一〇〇五一四一五七七〇七		四〇
	三〇	九六六四四〇五五九九八	九七一六四七六六七五九	一〇〇五二〇七一〇七六一		三〇
	四〇	九六六六八二三八一二七	九七一九五五四八六四八	一〇〇五二七三一〇五二一		二〇
	五〇	九六六九二二四九八〇五	九七二二六二〇六九三五	一〇〇五三三九五七一三〇		一〇
二八	〇	九六七一六〇九二九〇九	九七二五六七四三六四〇	一〇〇五四〇六五〇七三一	六二	〇
	一〇	九六七三九七六九二七九	九七二八七一六〇七五〇	一〇〇五四七三九一四七一		五〇
	二〇	九六七六三二八〇七二二	九七三一七四六〇二一六	一〇〇五五四一七九四九四		四〇
	三〇	九六七八六六二九〇一五	九七三四七六四三九六四	一〇〇五六一〇一四九四九		三〇
	四〇	九六八〇九八一五九〇三	九七三七七七一三八九〇	一〇〇五六七八九七九八七		二〇
	五〇	九六八三二八四三一〇〇	九七四〇七六七一八五七	一〇〇五七四八二八七五七		一〇
二九	〇	九六八五五七一二二九一	九七四三七五一九七〇四	一〇〇五八一八〇七四一三	六一	〇
	一〇	九六八七八四二五一三〇	九七四六七二五九二三八	一〇〇五八八八三四一〇八		五〇
	二〇	九六九〇〇九八三二四六	九七四九六八九二二四四	一〇〇五九五九〇八九九八		四〇
	三〇	九六九二三三八八二三五	九七五二六四二〇四七六	一〇〇六〇三〇三二二四一		三〇
	四〇	九六九四五六四一六七三	九七五五五八四五六六九	一〇〇六一〇二〇三九九六		二〇
	五〇	九六九六七七四五一〇三	九七五八五一六九五二六	一〇〇六一七四二四四二三		一〇
三〇	〇	九六九八九七〇〇〇四三	九七六一四三九三七二六	一〇〇六二四六九三六八三	六〇	〇
		餘弦	餘切	餘割	度	分

續表

度	分	正弦	正切	正割		
三〇	〇	九六九八九七〇〇〇四三	九七六一四三九三七二六	一〇〇六二四六九三六八三	六〇	〇
	一〇	九七〇一一五〇七九八八	九七六四三五一九九二九	一〇〇六三二〇一一九四一		五〇
	二〇	九七〇三三一七〇四〇八	九七六七二五四九七七一	一〇〇六三九三七九三六三		四〇
	三〇	九七〇五四六八八七四五	九七七〇一四八四八六〇	一〇〇六四六七九六一一五		三〇
	四〇	九七〇七六〇六四四二二	九七七三〇三二六七八八	一〇〇六五四二六二三六六		二〇
	五〇	九七〇九七二九八八三五	九七七五九〇七七一二一	一〇〇六六一七七八二八六		一〇
三一	〇	九七一一八三九三三六一	九七七八七七三七四一〇	一〇〇六六九三四四〇四九	五九	〇
	一〇	九七一三九三四九三四八	九七八一六三〇九一七四	一〇〇六七六九五九八二六		五〇
	二〇	九七一六〇一六八一三一	九七八四四七九三九二六	一〇〇六八四六二五七九五		四〇
	三〇	九七一八〇八五一〇一七	九七八七三一九三一五一	一〇〇六九二三四二一三四		三〇
	四〇	九七二〇一三九九二九六	九七九〇一五〇八三一七	一〇〇七〇〇一〇九〇二一		二〇
	五〇	九七二二一八一四二三二	九七九二九七四〇八六八	一〇〇七〇七九二六六三六		一〇
三二	〇	九七二四二〇九七〇七七	九七九五七八九二二四二	一〇〇七一五七九五一六五	五八	〇
	一〇	九七二六二二四九〇五八	九七九八五九六三八四九	一〇〇七二三七一四七九一		五〇
	二〇	九七二八二二七一三八一	九八〇一三九五七〇八一	一〇〇七三一六八五七〇〇		四〇
	三〇	九七三〇二一六五二四一	九八〇四一八七三三二四	一〇〇七三九七〇八〇八三		三〇
	四〇	九七三二一九三一八〇四	九八〇六九七一三九三一	一〇〇七四七七八二一二七		二〇
	五〇	九七三四一五七二二二八	九八〇九七四八〇二五六	一〇〇七五五九〇八〇二八		一〇
三三	〇	九七三六一〇八七六四五	九八一二五一七三六二二	一〇〇七六四〇八五九七七	五七	〇
	一〇	九七三八〇四七九一七八	九八一五二七九五三五二	一〇〇七七二三一六一七四		五〇
	二〇	九七三九九七四七九二四	九八一八〇三四六七三九	一〇〇七八〇五九八八一三		四〇
	三〇	九七四一八八九四九七一	九八二〇七八二九〇七二	一〇〇七八八九三四一〇一		三〇
	四〇	九七四三七九二一三八六	九八二三五二四三六二一	一〇〇七九七三二二二三五		二〇
	五〇	九七四五六八二八二二一	九八二六二五九一六四二	一〇〇八〇五七六三四二一		一〇
三四	〇	九七四七五六一六五一三	九八二八九八七四三七八	一〇〇八一四二五七八六五	五六	〇
	一〇	九七四九四二八七二八三	九八三一七〇九三〇六〇	一〇〇八二二八〇五七七七		五〇
	二〇	九七五一二八四一五三九	九八三四四二四八九〇七	一〇〇八三一四〇七三六八		四〇
	三〇	九七五三一二八〇二六八	九八三七一三四三一一六	一〇〇八四〇〇六二八四八		三〇
	四〇	九七五四九六〇四四五二	九八三九八三七六八八九	一〇〇八四八七七二四三七		二〇
	五〇	九七五六七八一五〇五一	九八四二五三五一四〇一	一〇〇八五七五三六三五〇		一〇
三五	〇	九七五八五九一三〇一三	九八四五二二六七八一九	一〇〇八六六三五四八〇六	五五	〇
	一〇	九七六〇三八九九二七三	九八四七九一二七三〇〇	一〇〇八七五二二八〇二七		五〇
	二〇	九七六二一七七四七五六	九八五〇五九三〇九九六	一〇〇八八四一五六二四〇		四〇
	三〇	九七六三九五四〇三六五	九八五三二六八〇〇三三	一〇〇八九三一三九六六八		三〇
	四〇	九七六五七一九六九九九	九八五五九三七五五四二	一〇〇九〇二一七八五四三		二〇
	五〇	九七六七四七四五五三八	九八五八六〇一八六三二	一〇〇九一一二七三〇九四		一〇
三六	〇	九七六九二一八六八五二	九八六一二六一〇四〇六	一〇〇九二〇四二三五五四	五四	〇
	一〇	九七七〇九五二一八〇二	九八六三九一五一九六四	一〇〇九二九六三〇一六二		五〇
	二〇	九七七二六七五一二三一	九八六六五六四四三八六	一〇〇九三八八九三一五五		四〇
	三〇	九七七四三八七五九七三	九八六九二〇八八七四六	一〇〇九四八二一二七七三		三〇
	四〇	九七七六〇八九六八五一	九八七一八四八六一一三	一〇〇九五七五八九二六二		二〇
	五〇	九七七七七八一四六七七	九八七四四八三七五四三	一〇〇九六七〇二二八六六		一〇
三七	〇	九七七九四六三〇二四九	九八七七一一四四〇八四	一〇〇九七六五一三八三五	五三	〇
	一〇	九七八一一三四四三五六	九八七九七四〇六七七六	一〇〇九八六〇六二四二〇		五〇
	二〇	九七八二七九五七七七七	九八八二三六二六六五一	一〇〇九九五六六八八七四		四〇
	三〇	九七八四四四七一二七八	九八八四九八〇四七三二	一〇一〇〇五三三三四五四		三〇
	四〇	九七八六〇八八五六一七	九八八七五九四二〇三六	一〇一〇一五〇五六四一九		二〇
	五〇	九七八七七二〇一五四一	九八九〇二〇三九五七四	一〇一〇二四八三八〇三三		一〇
三八	〇	九七八九三四一九七八七	九八九二八〇九八三四六	一〇一〇三四六七八五五九	五二	〇
	一〇	九七九〇九五四一〇八〇	九八九五四一一九三四四	一〇一〇四四五七八二六四		五〇
	二〇	九七九二五五六六一三九	九八九八〇一〇三五五九	一〇一〇五四五三七四二〇		四〇
	三〇	九七九四一四九五六七〇	九九〇〇六〇五一九六九	一〇一〇六四五五六二九九		三〇
	四〇	九七九五七三三〇三七三	九九〇三一九六五五五一	一〇一〇七四六三五一七八		二〇
	五〇	九七九七三〇七〇九二五	九九〇五七八四五二七一	一〇一〇八四七七四三三六		一〇
三九	〇	九七九八八七一八〇三九	九九〇八三六九二〇九五	一〇一〇九四九七四〇五六	五一	〇
	一〇	九八〇〇四二七二三五一	九九一〇九五〇六九七一	一〇一一〇五二三四六二〇		五〇
	二〇	九八〇一九七三四五三九	九九一三五二九〇八五九	一〇一一一五五五六三二〇		四〇
	三〇	九八〇三五一〇五二五二	九九一六一〇四四六九七	一〇一一二五九三九四四五		三〇
	四〇	九八〇五〇三八五一三九	九九一八六七六九四三〇	一〇一一三六三八四二九一		二〇
	五〇	九八〇六五五七四八三四	九九二一二四六五九八七	一〇一一四六八九一一五三		一〇
四〇	〇	九八〇八〇六七四九六七	九九二三八一三五三〇二	一〇一一五七四六〇三三五	五〇	〇
		餘弦	餘切	餘割	度	分

度	分	正弦	正切	正割		
四〇	〇	九八〇八〇六七四九六七	九九二三八一三五三〇二	一〇一一五七四六〇三三五	五〇	〇
	一〇	九八〇九五六八六一五九	九九二六三七七八二九八	一〇一一六八〇九二一三九		五〇
	二〇	九八一一〇六〇九〇二一	九九二八九三九五八九三	一〇一一七八七八六八七二		四〇
	三〇	九八一二五四四四一六〇	九九三一四九八九〇〇七	一〇一一八九五四四八四七		三〇
	四〇	九八一四〇一九二一七二	九九三四〇五五八五四七	一〇一二〇〇三六六三七五		二〇
	五〇	九八一五四八五三六四七	九九三六六一〇五四二三	一〇一二一一二五一七七六		一〇
四一	〇	九八一六九四二九一六八	九九三九一六三〇五三九	一〇一二二二二〇一三七一	四九	〇
	一〇	九八一八三九一九三〇九	九九四一七一三四七九二	一〇一二三三二一五四八三		五〇
	二〇	九八一九八三二四六三八	九九四四二六一九〇七八	一〇一二四四二九四四四〇		四〇
	三〇	九八二一二六四五七一七	九九四六八〇八四二九三	一〇一二五五四三八五七六		三〇
	四〇	九八二二六八八三〇九八	九九四九三五三一三二二	一〇一二六六六四八二二四		二〇
	五〇	九八二四一〇三七三三〇	九九五一八九六一〇五四	一〇一二七七九二三七二四		一〇
四二	〇	九八二五五一〇八九五一	九九五四四三七四三七〇	一〇一二八九二六五四一九	四八	〇
	一〇	九八二六九〇九八四九六	九九五六九七七二一五〇	一〇一三〇〇六七三六五四		五〇
	二〇	九八二八三〇〇六四九三	九九五九五一五二七六	一〇一三一二一四八七八三		四〇
	三〇	九八二九六八三三四六〇	九九六二〇五二四六一七	一〇一三二三六九一一五七		三〇
	四〇	九八三一〇五七九九一三	九九六四五八八一〇四九	一〇一三三五五三〇一一三六		二〇
	五〇	九八三二四二四六三六〇	九九六七一二二五四四二	一〇一三四六九七九〇八二		一〇
四三	〇	九八三三七八三三三〇三	九九六九六五五八六六五	一〇一三五八七二五三六二	四七	〇
	一〇	九八三五一三四一二三八	九九七二一八八一五八三	一〇一三七〇五四〇三四五		五〇
	二〇	九八三六四七七〇六五三	九九七四七一九五〇六二	一〇一三八二四二四四〇九		四〇
	三〇	九八三七八一二二〇三六	九九七七二四九九九六六	一〇一三九四三七七九三〇		三〇
	四〇	九八三九一三九五八六二	九九七九七七九七一五五	一〇一四〇六四〇一二九三		二〇
	五〇	九八四〇四五九二六〇五	九九八二三〇八七四九一	一〇一四一八四九四八八六		一〇
四四	〇	九八四一七七一二七三二	九九八四八三七一八三一	一〇一四三〇六五九〇九九	四六	〇
	一〇	九八四三〇七五六七〇四	九九八七三六五一〇三六	一〇一四四二八九四三三二		五〇
	二〇	九八四四三七二四九七六	九九八九八九二五九六一	一〇一四五五二〇〇九八五		四〇
	三〇	九八四五六六一八〇〇二	九九九二四一九七四六四	一〇一四六七五七九四六二		三〇
	四〇	九八四六九四三六二二六	九九九四九四六六四〇二	一〇一四八〇〇三〇一七六		二〇
	五〇	九八四八二一八〇〇八八	九九九七四七三三六三〇	一〇一四九二五五三五四二		一〇
四五	〇	九八四九四八五〇〇二一	一〇〇〇〇〇〇〇〇〇〇〇	一〇一五〇五一四九九七九	四五	〇
		餘弦	餘切	餘割	度	分

續表

弦切割對數輔表

度	分	正弦	正切	正割		
八九	○	九九九九九三三八四九七	一一七五八○七八五三一三	一一七五八一四四六八一六	一	○
	一	九九九九九三六○三六五	一一七六五三七九二二八一	一一七六五四四三一九一六		五九
	二	九九九九九三八一八六五	一一七七二八○四六七九六	一一七七二八六六四九三一		五八
	三	九九九九九四○二九九七	一一七八○三五九二二六一	一一七八○四一八九二六四		五七
	四	九九九九九四二三七六二	一一七八八○四七四三九四	一一七八八一○五○六三二		五六
	五	九九九九九四四四一五九	一一七九五八七四一三六八	一一七九五九二九七二○九		五五
	六	九九九九九四六四一八八	一一八○三八四四四○一八	一一八○三八九七九八三○		五四
	七	九九九九九四八三八五○	一一八一一九六三六○二七	一一八一二○一五二一七七		五三
	八	九九九九九五○三一四四	一一八二○二三七四一四九	一一八二○二八七一○○五		五二
	九	九九九九九五二二○七一	一一八二八六七一八四四三	一一八二八七一九六三七二		五一
	一○	九九九九九五四○六三一	一一八三七二七三二五三六	一一八三七三一九一九○五		五○
	一一	九九九九九五五八八二三	一一八四六○四八三九○八	一一八四六○九二五○八五		四九
	一二	九九九九九五七六六四六	一一八五五○○四四二一五	一一八五五○四六七五六九		四八
	一三	九九九九九五九四一○三	一一八六四一四八九六四七	一一八六四一八九五五四四		四七
	一四	九九九九九六一一一九二	一一八七三四九○一三○三	一一八七三五二九○一一一		四六
	一五	九九九九九六二七九一三	一一八八三○三六五六二九	一一八八三○七三七七一六		四五
	一六	九九九九九六四四二六七	一一八九二七九七四九○六	一一八九二八三三○六三九		四四
	一七	九九九九九六六○二五四	一一九○二七八二七七七五	一一九○二八一六七五二一		四三
	一八	九九九九九六七五八七三	一一九一三○○二九八三八	一一九一三○三五三九六五		四二
	一九	九九九九九六九一一二四	一一九二三四六九四三四四	一一九二三五○○三二二○		四一
	二○	九九九九九七○六○○七	一一九三四一九四二九一八	一一九三四二二三六九一一		四○
	二一	九九九九九七二○五二三	一一九四五一九○六四三八	一一九四五二○八五九一五		三九
	二二	九九九九九七三四六七二	一一九五六四七二五九七六	一一九五六四九九一三○四		三八
	二三	九九九九九七四八四五三	一一九六八○五五三八八四	一一九六八○八○五四三一		三七
	二四	九九九九九七六一八六六	一一九七九九五五五○六三	一一九七九九七九三一九七		三六
	二五	九九九九九七七四九一二	一一九九二一九○八三二五	一一九九二二一三三四一三		三五
	二六	九九九九九七八七五九一	一二○○四七八○八○五○	一二○○四八○二○四五九		三四
	二七	九九九九九七九九九○二	一二○一七七四六六○三○	一二○一七七六六六一二八		三三
	二八	九九九九九八一一八四五	一二○三一一一一三六○八	一二○三一一三○一七六三		三二
	二九	九九九九九八二三四二二	一二○四四九○○四一七一	一二○四四九一八○七四九		三一
	三○	九九九九九八三四六三一	一二○五九一四一六○三五	一二○五九一五八一四○四		三○
	三一	九九九九九八四五四七二	一二○七三八六五五八三二	一二○七三八八一○三六○		二九
	三二	九九九九九八五五九四五	一二○八九一○六二四七九	一二○八九一二○六五三四		二八
	三三	九九九九九八六六○五一	一二一○四九○一一八八九	一二一○四九一四五八三八		二七
	三四	九九九九九八七五七九○	一二一二一二九二二五四二	一二一二一三○四六七五二		二六
	三五	九九九九九八八五一六一	一二一三八三二六二一八四	一二一三八三三七七○二三		二五
	三六	九九九九九八九四一六五	一二一五六○五五五八五六	一二一五六○六六一六九一		二四
	三七	九九九九九九○二八○一	一二一七四五三九五六七○	一二一七四五四九二八六九		二三
	三八	九九九九九九一一○六九	一二一九三八四五二七三四	一二一九三八五四一六六五		二二
	三九	九九九九九九一八九六九	一二二一四○四九一八六○	一二二一四○五七二八九一		二一
	四○	九九九九九九二六五○三	一二二三五二三八九八七四	一二二三五二四六三三七一		二○
	四一	九九九九九九三三六六九	一二二五七五一五八五九九	一二二五七五二二四九三○		一九
	四二	九九九九九九四○四六七	一二二八○九九七四○八八	一二二八一○○三三六二一		一八
	四三	九九九九九九四六八九八	一二三○五八二一四二一二	一二三○五八二六七三一四		一七
	四四	九九九九九九五二九六二	一二三三二一五○七六四四	一二三三二一五五四六八二		一六
	四五	九九九九九九五八六五八	一二三六○一七九八六七七	一二三六○一八四○○一九		一五
	四六	九九九九九九六三九八六	一二三九○一四三四四六三	一二三九○一四七○四七七		一四
	四七	九九九九九九六八九四七	一二四二二三二八四六○三	一二四二二三三一五六五六		一三
	四八	九九九九九九七三五四一	一二四五七○九○八七三○	一二四五七○九三五一八九		一二
	四九	九九九九九九七七七六七	一二四九四八七九七一五六	一二四九四八八一九三八九		一一
	五○	九九九九九九八一六二六	一二五三六二七二六五八○	一二五三六二七四四九五四		一○
	五一	九九九九九九八五一一七	一二五八二○三○三八一二	一二五八二○三一八六九五		九
	五二	九九九九九九八八二四○	一二六三三一八三一一一九	一二六三三一八四二八七九		八
	五三	九九九九九九九○九九六	一二六九一一七五二四二六	一二六九一一七六一四三○		七
	五四	九九九九九九九三三八五	一二七五八一二二一九一六	一二七五八一二二八五三一		六
	五五	九九九九九九九五四○六	一二八三七三○三五七二三	一二八三七三○四○三一七		五
	五六	九九九九九九九七○六○	一二九三四二一三六九五六	一二九三四二一三九八九六		四
	五七	九九九九九九九八三四六	一三○五九一五二五一八○	一三○五九一五二六八三四		三
	五八	九九九九九九九九二六五	一三二三五二四三八三八三	一三二三五二四三九一一八		二
	五九	九九九九九九九九八一六	一三五三六二七三八七○七	一三五三六二七三八八九一		一
九○	○	一○○○○○○○○○○○			○	○
		餘弦	餘切	餘割	度	分

數論總部

主編 張 祺

整除部

題解

清・李善蘭《考數根法》 凡數，他數度之不能盡，惟一可度盡者，謂之數根。見《幾何原本》。然任舉一數，欲辨其是數根否，古無法焉。精思既久，得攷之之法四，以補《幾何》之未備。

所考之數爲本數。

二與三爲用數。不用他數，獨用二、三者，取其最小，便於乘除也。

一及用數之諸方積爲正數。二之一方積二，二方積四，三方積八，四方積一六。三之一方積三，二方積九，三方積二七，四方積八一。五方以上可類推。

諸正數減本數，餘爲諸負數。如本數八十七，八六爲一之負數。若二爲用數，則八五爲一方之負數，八三爲二方之負數，七九爲三方之負數，七一爲四方之負數。若三爲用數，則八四爲一方之負數，七八爲二方之負數，六〇爲三方之負數，六爲四方之負數。餘可類推。

本數度諸正數，餘爲諸賸數。如本數二百十一，則四五爲二之八方賸數，九〇爲二之九方賸數，三二爲三之五方賸數，九三爲三之六方賸數。餘可類推。

右諸數爲諸法所同用。

清・華蘅芳《數根術解》 數根者，惟一可度，他數不能度，故凡他數所不能約之數，謂之數根。

如三不能以二約之，五不能以二與三約之，七不能以二與三及五約之，故三、五、七等類之數，皆爲數根。

數之有他數可約者，皆非數根。

如四可以二約之，九可以三約之，十五可以三與五約之，故此類之數皆非數根。

一者，數之始，凡數皆從此出，故任何數中皆有一之數根。凡數以一乘之猶不乘也，以一除之猶不除也，所以無論何數中皆可有一之根。此根視之雖若無用，然不可忘之。若忘之，有時必致有窒礙不通之處，不可不知。

非數根之數，或爲兩數根相乘所生，或爲多數根連乘所生。

如二十一，爲三與七兩數根相乘所生。一百〇五，爲三與五與七之三數根連乘所生。

數之偶根只有一數，其數爲二。

二爲偶數之數根，除二之外任何偶數皆非數根。因其數既爲偶，則皆可以二約之故也。

二之所以爲數根者，因更無小於二之偶數可以約二，所以二爲偶數之根。

數之奇根，其數無窮。

奇數之根單位者，如一、三、五、七共四數。兩位者，如十一、十三、十七、十九、二十三、二十九、三十一、三十七、四十一、四十三、四十七、五十三、五十九、六十一、六十七、七十一、七十三、七十九、八十三、八十九、九十七，共有二十一數。兩位以上以至無窮位，其間皆有奇數之數根，雖位數愈多，其數根之次亦愈稀。然位數可任何多，數根可任何稀，而總無一窮盡之界，所以知奇數之數根有無窮之數。

非數根之數，必有數根可約之。其約之之數根，從二數起，以至多數皆有。

如十五可以三約之，亦可以五約之。如十八可以二約之，亦可以三再約之。如一百〇五可以三約之，又可以五約之，又可以七約之是也。

凡數有數根可約者，其約之之數根，即其數之根。

如六可以二與三約之，則二與三之兩數根，即六之根。非此兩數，不能成六。如一百〇五可以三與五與七約之，則三與五與七即一百〇五之根。非此三數，不能成一百〇五也。

數根之數，其本數自爲根；非數根之數，以數根爲根。

如三爲數根，則三之根即是三。五爲數根，則五之根即是五。七爲數根，則七之根即是七。

如十五非數根，則以三與五爲根。二十一非數根，則以三與七爲根。三十五非數根，則以五與七爲根。一百〇五非數根，則以三與五與七爲根。

所以，數根之數，除一之外，只有本數爲根；而非數根之數，則有兩根、三根以至多根。

非數根之偶數中，有偶根亦有奇根。

偶與偶相乘仍爲偶，而偶與奇相乘亦爲偶，所以偶數中每有偶根亦有奇根。

非數根之奇數，其中只有奇根，無偶根。

奇與奇相乘仍爲奇，若與偶相乘則爲偶，所以奇數之中只有奇根，絶無偶根。

非數根之數，有一見即知，無待於攷者，如偶數及單位爲五之奇數是也。大於二之偶數，皆可以二約之，故凡遇偶數之大於二者，即知其非數根。奇數之單位爲五者，則皆可以五約之，故亦知其非數根。

除此之外，皆須用法攷之，方能知其數之是否數根。除偶數之大於二者，及奇數之單位爲五者，皆不能一見而辨其是否數根，故非有法以攷之不可。

又華蘅芳《學算筆談》卷二

公度數

凡此數能約彼數而無餘，則彼數中能容此數之若干倍，而此數即可度彼數。若此數能度彼兩數，則此數即爲彼兩數之公度數。此數能度彼三數，則此數即爲彼三數之公度數。

公度數亦名公約數，亦名等數。惟名之爲等數之意又稍有不同，因凡有大于一之公度數者，謂之有等之數，否則爲無等之數。

有時其數能有數箇公度數，所有凡求公度數，必求其最大之數。即如三百六十與一百六十八，此兩數之公度數爲二、爲三、爲四、爲六、爲二十四，則有五數皆爲其公度數，其五箇公度數中以二十四爲最大，則謂之最大之公度數。

公倍數

有數能度所設之各數者，謂之公度數。若有數能爲所設之各數所度者，則謂之公倍數。因將各數累以本數自相加，皆能到此數也。亦謂之公乘數，因各以他數乘之，皆能得此數也。

如所設之數爲八、爲十二、爲二十四、爲四十八，則此四數之公倍數爲九十六。

凡將任何兩數相乘，或將任幾數連乘，其乘得之積，必爲各數之公倍數。惟各數之公倍數，每有小于其積者，所以必求其最小之公倍數。

如所設之數爲三十六、爲八，則其相乘之積爲二百八十八，其最小之公倍數爲七十二。

又　卷三　循環小數

凡常分數或十分數，于分子之右屢加〇，而以分母爲法除之，有除得若(于)[干]位小數而餘數爲〇者，則爲可以除盡之數。亦有任除至多位而餘數總不能盡者，則爲除不盡之數。

除不盡之數，其小數之位數可以多至無窮。然其數往往依次第先後重複，所以能反覆無窮，此種小數名曰循環小數。

小數之循環，有從小數之首位起者，亦有數位之後方起循環者。其循環之位數有爲一位者，有爲數位者，有爲多位者。

如三分之一，其小數爲 .三三三…　如九分之一，其小數爲 .一一一…　是以一位爲循環，其循環從小數之首位起也。

如六分之一，其小數爲 .一六六六…　是以一位爲循環，其循環從小數之第二位起也。

如十一分之一，其小數爲 .〇九〇九…　則以 〇九 兩位爲循環也。

如二十七分之一，其小數爲 .〇三七〇三七…　則以 〇三七 三位爲循環也。

如四十一分之一，其小數爲 .〇二四三九…　則以 〇二四三九 五位爲循環也。

小數之循環，其位數之最多者，必以分母少一之數爲限。

如七分之一，其小數以 一四二八五七 六位爲循環。

如十七分之一，其小數 〇五八八二三五二九四一一七六四七 十六位爲循環。

凡遇循環之小數，可作點于首末兩數之上以記之。若其小數爲一位循環者，則于其上作一點。

如 .三三三…　可作 .三̇　如 .一六六六…　可作 .一六̇　如 .〇九〇九…　可作 .〇̇九̇　如 .〇三七〇三…　可作 .〇̇三七̇　如 .一四二八五七…　可作 .一̇四二八五七̇

既知分數之除不盡者，其小數必有循環，則觀除得之若干位，若其數已有兩三位，依次序與前重複，則知其數已循環。故可依循環之法記之，不必再除，向下又可任引長至若干位。

小數之所以能循環，因其除餘之數能前後相同，故其除得之數，亦能前後相同。

如以七除一，其算式爲

```
七)一〇(·一四二八五七
   七
   三〇
   二八
    二〇
    一四
     六〇
     五六
      四〇
      三五
       五〇
       四九
        一
```

則因已除得六位小數 一四二八五七 而餘數爲一，與原實之數相同。若將此餘數加〇再除，向下必又得 一四二八五七 而餘數再爲一。所以除至又得數位之數，如 一四二 即知其數已循環，則以循環之法記之，而可不必除下矣。

清・曹汝英《算學雜識》卷一 循環小數

凡命分既經約後，其分母若爲二與五，或二與五之各乘方數，或二與五各乘方相乘數，則加〇於分子之後，以分母除之必除盡。非然者，恆不能盡，且除出之數循環不竭，故名曰循環小數。

循環小數有所謂清循環小數者，如 ·三三三三… 或 ·二七二七二七… 之類是也。亦有所謂雜循環小數者，如 ·一二八八八八… 或 ·一一三六三六… 之類是也。循環小數恆於循環之位，頭上加點作誌。如有 ·三三三三三三… 則作 ·三̇ 如有 ·三六三六三六三六… 則作 ·三̇六̇ 如有 ·六三九六三九六三九… 則作 ·六̇三九̇ 如有 ·一三八八八… 則作 ·一三八̇ 如有 ·一一三六三六三六… 則作 ·一一三̇六̇ 如有 ·〇一二六三四二六三四… 則作 ·〇一二̇六三四̇ 餘可類推。

又曹汝英《直方大齋數學》上編卷六 公約數

第五十欵 有兩數或有幾數於此，若能另尋他數以除之而皆盡，則尋出之數，即名曰原各數之公約數。即如原有之數爲二十四與一十八，則三爲其公約數。因以三除二十四或除一十八，皆能盡也。

又如原有之數爲四十二、五十六、八十四、九十八，則七爲其公約數。餘可類推。

第五十一欵 有兩數或有幾數於此，若能另尋一最大之數以除之而皆盡，則尋出之數，名曰原各數之最大公約數。

即如前欵所舉之二十四與一十八，以三除之而皆盡，以六除之而亦皆盡，則三可謂之公約數，六亦可謂之公約數。惟三不如六之大，而六之上又不能更有他數可爲公約者，故稱六爲最大公約數也。

又 上編卷七 公倍數

第五十五欵 有兩數或有幾數於此，若能另尋一數，以原有(谷)[各]數除之而皆盡者，則尋出之數名爲原有各數之公倍數。

即如原有數爲八與十二，則四十八爲其公倍數。因以八除四十八，或以十二除四十八，皆能除盡也。

又如原有數爲六、爲十二、爲十八，則七十二爲其公倍數。因以六除七十二，或以十二除七十二，或以十八除七十二，皆能除盡也，餘可類推。

第五十六欵 有兩數或有幾數於此，若能另尋一最小之數，以原有各數除之而皆盡者，則尋出之數，名爲原有各數之最小公倍數。

即如上欵所舉之八與十二，以之除四十八皆能盡，則四十八爲其公倍數矣。惟以之除二十四亦皆能盡，是二十四亦爲其公倍數。然二十四小於四十八，而二十四之下，又不能更有他數可爲公倍者，故稱二十四爲最小公倍數也。

又 第五十八欵 【略】今將數之性情略舉數條於後。

凡數以二除之而能盡者，則名曰偶數。如二、四、六、八之類是也。凡數之單位爲〇者，亦歸此類。

凡數以二除之而不能盡者，則名曰奇數。如一、三、五、七、九之類是也。

凡數祇能以一除之，或祇以本數除之而盡者，則名曰數根。如二、三、五、一一、一三之類是也。偶數之中惟二爲數根。

今將一百以內之數根開列於後，以備查檢：二、三、五、七、一一、一三、一七、一九、二三、二九、三一、三七、四一、四三、四七、五三、五九、六一、六七、七一、七三、七九、八三、八九、九七。

凡數不獨以一及本數除之而盡，即以他數除之而亦盡者，則名曰非數根數。如六、九、一四、一七之類是也。

非數根之數，必能析爲生數。所析諸生數中如有爲數根者，則名曰數根生數。即如十八可析爲兩箇生數，二爲三、一爲六。三即名曰數根生數。數根生數別名曰質生數。

凡有兩數或有幾數，同以大於一之數爲生數者，則原有各數名曰有等之數。非然者，則名曰無等之數。即如八與六皆同以二爲生數，則八與六名曰有等之數。又如八與九，則名曰無等之數。

凡數之單位爲偶者，以二除之必能盡。

凡數之各位相加，加得之數以三除之而能盡，則原數以三除之亦必能盡。即如有數爲 三一五 各位相加得九，以三除九適盡，則以三除 三一五 亦必能盡。

凡數之末兩位皆爲〇，或末兩位以四除之適盡，則原數以四除之，亦必能盡。即如 三〇〇、四三二、九四八 之類，皆能以四除之而盡者也。

凡數之單位爲〇或爲五，則原數以五除之必能盡。即如 三〇、四五、八〇、九五 之類，皆是以五除之而能盡者也。

凡偶數能以三除之而盡者，則以六除之亦必盡。即如 一六八、四〇二及一三一四 之類，皆能以六除之而盡者也。

凡數之末三位爲〇，或末三位之數能以八除之而盡，則原數以八除之亦必盡。即如 三〇〇〇、二七二八、一〇五七六 之類，以八除之皆能盡者也。

凡數之各位相加，而加得之數，以九除之能盡，則原數以九除之亦必盡。即如 二一七六八三、三〇一五 之類，皆能以九除之而盡者也。

凡有四位之數，若首末兩位之數相同，而當中兩位皆爲〇，則全數以七除之，或以一十一除之，或以一十三除之皆能盡。即如 二〇〇二、三〇〇三、五〇〇五 之類是也。

凡以奇數除偶數或可盡，以偶數除奇數皆不能盡。

以上所舉各條除盡之數，皆有法可證，其證法俟《中編》言之。學者此時但記明，若何之數能以某數除之可也。

又 坿卷上

第十六款　循環小數分兩種，從定點後一位即起循環者，名曰清循環小數，如 ·六̇、·一̇二三̇ 之類是也。若定點後隔幾位始起循環者，名曰雜循環小數，如 ·一六̇、·〇一̇二八三̇ 之類是也。

清·徐虎臣《溥通新代數》卷五

第一六三款　論完數及最小積數

所謂完數者，其原數之二倍，與各整除數之和等之數也。例如 六＝二·三 則

$$總數和=\frac{(一丅二^{二})(一丅三^{二})}{(一丅二)(一丅三)}=一二$$

例二 二八＝二^{二}·七 則

$$總數和=\frac{(一丅二^{三})(一丅七^{二})}{(一丅二)(一丅七)}=五六$$

例三 四九六＝二^{四}·三一 則

$$總數和=\frac{(一丅二^{五})(一丅三一^{二})}{(一丅二)(一丅三一)}=九九二$$

准此三例，如整除數和不等於原數之二倍，即爲不完數也。

又 第一六八款　循環小數之性情

凡分數式乙|甲如乙與甲爲素數，而與 一〇 互爲素數者，其分數之值必爲循環小數，而循環之位爲 乙丅一 或 乙丅一 之約數。

如循環位爲 乙丅一 即可將循環位分之爲二，其前半與後半相加必爲連九數也。惟因 $\frac{乙}{甲}=\frac{一〇^{寅}丅一}{卯}$ 故 甲(一〇^{寅}丅一)＝乙卯＝乙丑

但甲與乙互爲素數，準前理則 一〇^{乙丅一}丅一＝乙丑 如 甲＝一 則 一〇^{乙丅一}丅一＝一〇^{寅}丅一 而 乙丅一＝寅 若 甲>一 則 乙丅一＝寅 或 乙丅一＝寅丑 準循環小數理，凡循環之位數皆等於寅，故任何循環小數之位數，必等於 乙丅一 之約數，或 乙丅一 又因乙|甲，所以能成循環小數者，無論甲爲何數時，乙必爲無約數之奇數。如乙爲耦數，則不能成純循環小數矣。惟 一〇^{乙丅一}丅一＝乙丑$_{(一)}$、一〇^{乙丅一}丅一＝九丑$_{(二)}$′ 因乙爲奇數，則 一〇^{乙丅一}丅一＝一一丑″ 由是 一〇^{乙丅一}丅一＝九九乙丑″ 故 $\frac{乙}{甲}=\frac{九九乙丑''}{卯}$ 即 九九甲丑″＝卯 若 甲＝一 則 卯＝九九丑″ 而

$\frac{乙}{甲}=\frac{一〇寅丁一}{九九丑'''}$ 因 $\frac{一〇寅丁一}{卯}$ 式中之卯爲循環之數，則 卯$=$九九丑‴ 由是任何循環數必能以 九九 約之得整。反言之，任何循環數必皆有 九九 之一因子。惟任何數以 九九 乘之，若位數爲耦，即可分之爲二。齊位相加，而加得之各位皆爲九。準前理，乙必爲奇，則 乙丄一 爲耦，故循環之位數等於 乙丁一 者，若將循環之數截而爲二，前後挨次相加，則加得之各位必皆爲九，故云連九數也。然有時循環位數不爲耦，而爲奇者，其循環數之首位必皆爲〇。如循環數爲三位者，準前理得 $\frac{九九九}{卯}$ 依劈生法，則 $\frac{乙}{二}=\frac{三七}{二}\times\frac{三七}{卯}$ 或 $\frac{乙}{二}=\frac{三七}{二}\times\frac{三七}{卯}$ 由是 乙卯$=$二七$\times$三七 準前論，乙爲素數，故 乙$=$三七、卯$=$二七 而 $\frac{三七}{二}=$.〇二七 但循環之位數雖爲三，而首位爲〇，若將兩數字相加，則仍得九。准此式之性情，知循環之位數，欲求原分數之數值，皆可依上式求乙之理而推之，均無不合。如甲非一者，則 乙卯$=$二七$\times$三七$\times$甲 由是乙爲素數而不變，卯必隨甲而消長。然其數雖變，而循環之性情仍不變也。如 $\frac{七}{二}=$.一四二八五七、二$\times\frac{七}{二}=$.二八五七一四、三$\times\frac{七}{二}=$.四二八五七一… 又如 $\frac{一三}{二}=$.〇七六九二三、$\frac{二三}{二}=$.一五三八四六、$\frac{三三}{二}=$.二三〇七六九… 準以上二式，凡甲爲一之循環數，任以何數乘之，其數雖隨乘數而變，若截而相加，則仍爲連九數，故云同性情也。反言之，除法亦然。

第一六九款　數理拾遺

本篇論數理之性情，所以反覆詳明者無他，只爲求各種約數而已。嘗考歐美諸書，於約數之法雖云略備，然於七約之理缺焉無聞。茲因解前款之性情，從七之倒數而推及七約之理。惟七所不能約之數强約之，必成六位循環小數。若截爲二而相加，則加得之數爲三位連九數。如將所截之三位數相減，其差若以七約之，餘一者爲七丨一，餘二者爲七丨二，餘三者爲七丨三，由是餘七者即爲七丨七。惟七丨七能約之爲一，故凡六位數截而爲二，其差能以七約之得整者，則全數必能以七約之得整。苟非六位數而不足六位者，於所有數之左加〇，而補成六位之數，如法求之。若大於六位數而爲任何多位數者，乃以原數從末位起每三位爲一幅，作點以誌之。無論能分幾幅，皆以諸奇幅數相加，諸耦幅數相加，而互減之。其餘數或等於〇或能以七約之得整者，則全數必能以七約之得整。由是準前款，十三之倒數亦爲六位循環小數，故十三與七必爲同性情之數。由是凡任何數，使每三位分爲一幅，其諸奇幅、諸耦幅各相加之和之差，能以十三約之得整者，則全數必能以十三約之得整。此法施諸任何大數，皆易知其七與十一之能約與否。與此同性情者仍有十一，然不若直取奇位、耦位之差之爲便，所以論及十一者，以表七與十一與十三爲同性情之數也。其他素數之性情甚夥，然欲求十七能約與否，非取十六位而不能知，故論素約數之便於用者，止於十三而已。

綜論

清・李善蘭《開方別術序》 算術莫難於開方，開平立方不難，開三乘已上諸方爲難。開三乘以上諸方尚不難，開實從廉隅、正負、雜糅諸方爲難。自元和李氏取宋秦道古法，演爲開方說，則開正負、雜糅諸方亦不難矣。然有益積、有翻積，開之雖不難，而定商甚難。定商難，則開之仍不易矣。

金匱華君若汀創立數根開方法。數根者，他數不能度，惟一可度之數也。凡開方之實，必爲諸數根連乘之積，而開得之元數，必即實中一數根，或即實中若干數根相乘之數。其法先求元之尾數及元之位數，乃視實中之數根，及若干數根相乘之數，其尾數、位數與所求合者，爲商數。有若干商數一一開之，其開法亦如秦氏，但無次商。其式可開若干次者，即有若干商法開之恰盡。此法併諸商爲一商，故無翻積、益積，不特生面獨開，且較舊法簡易什倍。

余又告以倒開法，蓋順開法以商數乘隅，自下而上，逐層加減而乘之，必至減實不能恰盡，始知商數非元數。倒開法以商數除實，自上而下，逐層加減而除之，不必至隅，但除之不盡，即知商數非元數，則簡易之中又簡易焉。

華君即取而用之，可謂從善如流矣。余所譯所著各種算書，自謂俱遠勝古人，當今之世能讀而盡解之者，惟吳太史子登及華君耳。太史著《九章》，翼力求簡易。而華君所著，獨務精深。此卷爲《行素軒算稿》第一種，已自空前絶後，他日盡出其藴以問世，余又烏能量其所至耶。余近著攷數根四法，華君倘能一一詳解之，亦可與此卷相輔而行也。

清・華蘅芳《開方别術》 數根開方術

數根之術所以能通於開方者，因諸數相乘之數，一如其諸根連乘之數。

如六與七相乘得四十二，試以六之根二與三，及七之根七連乘之，亦得四十二。

如四與九相乘得三十六，試以四之根二與二，及九之根三與三連乘之，亦得三十六。

兩數根相乘之數，即以相乘之兩數爲根。多數根連乘之數，即以連乘之多數根爲根。

如三與七相乘得二十一，則二十一即以三與七兩數爲根。

如三與五與七連乘得一百〇五，則一百〇五即以三與五與七之三數根爲根。

兩數相乘之數，即以兩數之根爲根。多數連乘之數，即以多數之根爲根。

如六之根爲二與三，而七之根爲七，則六與七相乘得四十二，其根即爲二與三與七。

如二十一之根爲三與七，而二之根爲二，則二與二十一相乘所得四十二，其根亦爲二與三與七。

故其數爲兩數相乘所生，必兼有兩數之根。其數爲三數相乘所生，必兼有三數之根。其數爲若干數相乘所生，必兼有若干數之根。

如六之根爲 二·三 而四之根爲 二·二 則四與六相乘之數，其根必爲 二·二·二·三 也。

又如九之根爲 三·三 六之根爲 二·三 十之根爲 二·五 則九與六與十連乘之數，其根必爲 二·二·三·三·三·五 也。

凡兩不相等之數相乘，則所生之數，其根非兩兩相等。

如六之根爲 二·三 四之根爲 二·二 惟六與四不等，故其相乘所得之數二十四，其根爲 二·二·二·三 其 二·二 與 二·三 不能兩兩相等。

若相等之兩數相乘，則所生之數，其根必兩兩相等。

如六之根爲 二·三 則六自乘之數三十六其根爲 二·二·三·三 其二、三之根各有兩箇是也。

又如九之根爲 三·三 四之根爲 二·二 其九與四雖不等，而相乘得三十六，其根爲 二·二·三·三 仍兩兩相等，此因三十六可作六與六相乘所生故也。

所以凡自乘之數，其根必俱兩倍。再乘之數，其根必俱三倍。其數爲若干乘方之數，其根必有若干倍。

如六之根爲 二·三 則三十六之根爲 二·二·三·三 而二百十六之根爲 二·二·二·三·三·三 一千二百九十六之根爲 二·二·二·二·三·三·三·三 之類是也。

凡諸正乘方之數，若求得其根，即可知其爲某乘方及方邊之根若何。

如九之根爲 三·三 則見 三·三 即知九爲平方數，且知其方邊之根爲三。

如十六之根爲 二·二·二·二 則見之即知其數爲二之三乘方，又知其平方邊之根爲 二·二

如見二百十六之根爲 二·二·二·三·三·三 則知其數爲立方數，且知其方邊之根爲 二·三

如見一千二百九十六之根 二·二·二·二·三·三·三·三 則知其數爲三乘方，且知其方邊之根亦爲 二·三

凡數之諸根相同，或諸根中各自相同，而相同之倍數有等，則可開正乘方。

如四之根爲 二·二 八之根爲 二·二·二 二十七之根爲 三·三·三 三十六之根爲 二·二·三·三 之類是也。

諸正乘方之積，爲方邊累乘所得，則方邊必可約其積，故積之根恒爲幾倍其方邊之根。所以，凡見其數之諸根有幾倍者，即知可開得幾乘方邊整數。

如十六之根爲 二·二·二·二 則十六等於 二×二×二×二 即$二^{四}$，亦即$四^{二}$。所以可開三乘方，其方邊爲二。亦可開平方，其方邊爲四。此因 二·二·二·二 有四箇二根，亦爲二箇 二·二 根，故也。

今有數二千四百〇一。問可開幾乘方，其方邊之數幾何。

求得其根爲 七·七·七·七 知其數等於 七×七×七×七 亦等於

四九×四九　所以知此數可開平方，其方邊爲四十九。亦可開三乘方，其方邊爲七。

今有數一千七百二十八。欲開立方，問方邊幾何。

求得其根爲　二·二·二·二·二·二·三·三·三　即　(二·二·三)(二·二·三)(二·二·三)　故其立方邊之根爲　二·二·三　即　二×二×三　故知其立方之邊爲十二。

數之是數根者，其數恒不能開正乘方。

蓋數之可開正乘方者，必爲幾箇相等之數連乘所得，故其根必不止一數。今數根之數只有一根，故不能開得整數及分數之方邊，蓋其方邊之數必奇零不盡，以至無窮故也。

數之諸根不相同，或有相同之根，而根之倍數無等，則不能開正乘方整數。

如一百〇五之根　三·五·七　諸根皆不相同。又如二百之根　二·二·二·五·五　其兩箇五與三箇二，倍數無等，則不能得其方邊之根，故不能開得整數。

今有數十二，問此爲正乘方數否。答曰不能。因其根爲　二·二·三　倍數不同，故知其方邊必非整數。

今有數二百十，問此爲正乘方數否。答曰不能。因其根爲　二·三·五·七　諸根之數不同故也。

今有數三百二十四，問此爲立方數否。答曰不能。祇能開平方，因其根爲　二·二·三·三·三·三　故祇能作　(二·三·三)(二·三·三)

今有數四百〇五，問此爲平方及三乘方數否。答曰不能。祇能開五箇相等之平方，或五箇相等之三乘方。因其根爲　三·三·三·三·五　即五(三·三·三·三)　即五箇　三×三　之平方，亦即五箇三之三乘方也。此式若已知五之平方邊，及三乘方邊之密率，即可得其平方邊、三乘方邊之密率。

數之不能開正乘方整數者，必可開帶縱乘方，其帶縱乘方之形或只有一形，或有兩形及多形。

如三十五之根爲　五·七　則爲濶五長七之帶縱平方。

如一百〇五之根爲　三·五·七　則爲廣三長五高七之帶縱立方，亦可爲濶三長三十五，或濶五長二十一，或濶七長十五之帶縱平方。

如四百〇五之根爲　三·三·三·三·五　則可作　五×八一、三×一三五、一五×二七、(八)[九]×四五　亦可作　五×九×九、五×三×二七、三×九×一五、三×三×四五　亦可作　三×三×三×一五、三×三×九×五　亦可作　三×三×三×三×五　凡可作四箇平方、四箇立方、兩箇三乘方、一箇四乘方，皆帶縱不同式。

凡開帶縱方，求得其實之諸根數，必兼紀一根。

如實之根爲　三·三·三·三·五　則必紀　一·三·三·三·三·五　是也。

凡正負諸乘方式，無論如何雜糅，其實之諸根中必包有元之諸根。

如平方式 [illegible]　其元之同數二十八，則實 [illegible] 之根　一·二·二·二·三·七　其中必包有元之根　二·二·七　也。

如立方式 [illegible]　其元之同數爲十與二，則其實 [illegible] 之根　一·二·二·二·二·五·五　其中必包有元之根　二·五　與二也。

實之諸根既包有元之諸根，而恒多於元之諸根，其故由於諸方數之和較。諸方之數有大小及正負，則另生他根或與元之根同，或與元之根異，故有元只一兩根，而實有多根者。夫實之根既恒多於元之根，則不知何者是元之根，何者非元之根，亦不知幾根相乘而可等於元。設實之根有十餘數，則兩根相乘已有數十數。若欲盡窮諸根相乘之變，不且有數百數乎？於此數百數中，而欲擇其一二，仍茫然也。

算法

清·李善蘭《考數根法》

一曰屢乘求一考數根法

法以用數之諸方積，或大於本數，或大於本數之半者，與本數相減，餘爲乘法。乘法自乘，或再乘，以本數度之，不盡。復以乘法乘之，以本數度之，不盡。復以乘法乘之，以本數度之。如此遞求，至不盡數爲諸正數，或諸負數而止。乃計共用乘法若干次，以次數乘用數之方數，爲泛次。若不盡數爲一，或一之負數，則泛次即定次。若爲諸方積，或諸方之負數，則以其方數減泛次，爲定次。以定次度本數，若所餘非一，則本數非數根。若餘一，則視定次爲何二數相乘之積。其相乘數爲偶者，即爲遞加數。爲奇者，倍之爲遞加數。乃置一，加一遞加數，再加一遞加數。如此遞加，以遞除本數，恰盡即止。若至得數小於法，仍不恰盡，則本數是數根。

如本數三十一，用數二之四方積一六，大於本數之半。以減本數，餘一五爲乘法。自乘，得二二五。以本數度之，不盡八，爲用數三方積。計用乘法二次，以方數四乘之，得八，爲泛次。以不盡之方數三減之，得五，爲定次。以度本數，餘一。定次五，爲一與五用乘積。五爲奇數，倍之，得一〇，爲遞加數。以加一，得一一。以除本數，得二，不盡九。得數已小於法，乃定三十一是數根。

如本數一千〇九十三，用數三之六方積七二九，大於本數之半。以減本數，餘三六四，爲乘法。自乘，得一三二四九六，以本數度之，不盡二四三，爲用數之五方積。計用乘法二次，以方數六乘之，得一二。以不盡之方數五減之，得七，爲定次。以度本數，餘一。定次七即相乘數，倍之得一四，爲遞加數。以加一，得一五。再加之，得二九。遞除本數，皆不盡。再加之，得四三。以除本數，得二五，仍不盡。得數已小於法，乃定一千〇九十三是數根。

右二數是數根，度之餘一，除之不盡。

如本數三百四十一，用數二之九方積五一二，大於本數。以本數減之，餘一七一，爲乘法。自乘，得二九二四一，以本數度之，不盡二五六，爲用數之八方積。計用乘法二次，以方數九乘之，得一八。以不盡之方數八減之，得一〇，爲定次。以度本數，餘一。定次一〇，爲二與五相乘積，倍五得一〇，爲遞加數。以加一，得一一，以除本數，得三一，恰盡。則三百四十一非數根。

如本數九十一，用數三之四方積八一，大於本數之半。以減本數，餘一〇，自乘，得一〇〇，以本數度之，不盡九，爲用數之二方積。計用乘法二次，以方數四乘之，得八。以不盡之方數二減之，得六，爲定次。以度本數，餘一。定次六爲二三相乘積，倍三得六，爲遞加數。以加一，得七，以除本數，得一三，恰盡。則九十一非數根。

右二數非數根，度之得一，除之恰盡。

如本數三百二十三，用數二之八方積二五六，大於本數之半。以減本數，餘六七，爲乘法。乘法自乘，以本數度之，不盡二九〇。以乘法乘之，以本數度之，不盡五〇。以乘法乘之，以本數度之，不盡一一〇。以乘法乘之，以本數度之，不盡二八八。以乘法乘之，以本數度之，不盡二三九。以乘法乘之，以本數度之，不盡一八六。以乘法乘之，以本數度之，不盡一八八。以乘法乘之，以本數度之，不盡三二二，爲一之負數。計用乘法九次，以方數八乘之，得七二，爲定次。以度本數，餘三五，則三百二十三非數根。定次爲八九相乘積，倍九得一八。以加一，得一九。除本數，得一七，恰盡。

如本數一萬四千二百〇九，用數三之九方積一九六八三，大於本數。以本數減之，餘五四七四，爲乘法。乘法自乘，以本數度之，不盡一二一〇四。以乘法乘之，以本數度之，不盡七二九，爲用數之六方積。計用乘法三次，以方數九乘之，得二七。以不盡之方數六減之，得二一，爲定次。以度本數，餘一三，則一萬四千二百〇九非數根。定次爲三七相乘積，倍三得六，爲遞加數。以加一得七，再加之得一三，以除本數得一〇九三，恰盡。

右二數非數根，度之不得一。

一曰天元求一致數根法

法以用數之諸方積，大於本數，或大於本數之半者，與本數求得一。以其天元數爲乘法，如前屢乘屢度，至得諸正數或負數而止。以不盡之方數加泛次爲定次。餘如前法。

如本數一百〇三，與用數二之七方積一二八求一。以大衍術入之。

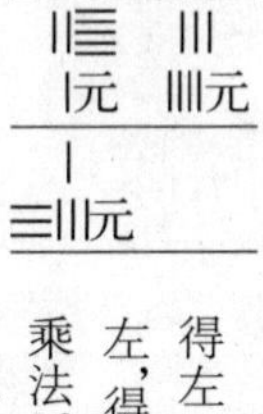

〡〢〣　〡元	〡〇〣
〢〤　〡元	〣　〤元
〡　〣〢元	

以二數左右列之，立天元一於左下。先以右減左，得左二層。四倍之，以減右，得右二層。八倍之，以減左，得左三層。上爲一，下爲三十三天元。乃以三三爲乘法。乘法自乘，以本數度之，不盡五九。以乘法乘之，以本數度之，不盡九三。以乘法乘之，以本數度之，不盡八二。以乘法乘之，以本數度之，不盡二八。以乘法乘之，以本數度之，不盡一〇〇。以乘法乘之，以本數度之，不盡四。爲用數之二方積。計用乘法七次，以方數七乘之，得四九。以不盡之方數二加之，得五一，爲定次。以度本數，餘一。定次爲三與一七相乘積。倍三得六，再以加一，得七。與一三；倍一七得三四，加一得三五，以除本數，皆不盡。乃定一百〇三爲數根。

右數是數根。度之得一，除之不盡。

如本數六萬三千九百七十三，與用數三之十方積五九〇四九求一。以大衍術入之。

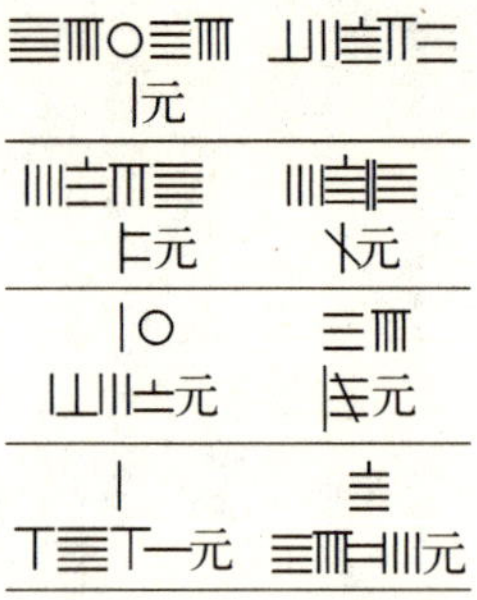

以二數左右列之，立天元一於左下。以左減右，得右二層。十一倍之以減左，得左二層。轉減右二層，得右三層。一百二十五倍之，以減左二層，得左三層。三倍之，以減右三層，得右四層。轉減左三層，得左四層。上爲一，下爲六千五百六十一天元。當以六五六一爲乘法，六五六一爲用數之八方積，無須再乘。以八方加十方，得一八，爲定次。以度本數，餘一。定次爲三、六相乘之積，亦爲二、九相乘之積。以六加一，得七。除本數，得九一三九。倍六加一，得一三。除本數，得四九二一。倍九加一，得一九。除本數，得三三六七。倍一八加一，得三七，除本數，得一七二九。俱恰盡，則六萬三千九百七十三非數根。

右數非數根，度之雖得一，除之恰盡。

如本數四千六百八十一，與用數三之九方積一九六八三求一。以大衍術入之。

二數左右列之，立天元一於左下。右數四倍之，以減左，得左二層。四倍之，以減右，得右二層。轉減左二層，得左三層。七倍之，以減右二層，得右三層。二倍之，以減左三層，得左四層。二倍之，以減右三層，得右四層。二倍之，以減左四層，得左五層。轉減右四層，得右五層。上爲一，下爲六百九十八天元，即以六九八爲乘法。乘法自乘，以本數度之，不盡三八〇。以乘法乘之，以本數度之，不盡三二〇四。以乘法乘之，以本數度之，不盡三九七〇。以乘法乘之，以本數度之，不盡四五八九。以乘法乘之，以本數度之，不盡一三一八。以乘法乘之，以本數度之，不盡二四八八。以乘法乘之，以本數度之，不盡四六五四，爲用數三方之負數。計用乘法八次，以方數九乘之，得七二。以不盡之方數加之，得七五，爲定次。以度本數，餘三一，則四千六百八十一非數根。定次爲五與一五相乘積，倍一五加一，得三一。以除本數，得一五一，恰盡。

右數非數根，度之不得一。

一曰小數迴環考數根法

凡本數爲法，以除一，皆成迴環不盡之小數。其迴環數有正負相間者，有有正無負者，視有幾位而得迴環，以其位數代前法之定次。餘皆如前法。

如本數二百七十一，爲法除一，得三六九〇〇、三六九〇〇，迴環不盡。其位數五，以五度本數，餘一。位數爲一、五相乘之積，倍一得二，倍五得一〇，俱爲遞加數。置一，以二數各遞加之，以次除本數，至得數小於法，皆不能盡，則二百七十一是數根。

右數是數根。度之得一，除之不盡。

如本數四百八十一，爲法除一，得二〇七九〇〇、二〇七九〇〇……迴環不盡。其位數六，以度本數，餘一。位數爲二、三相乘積，倍三得六，爲遞加數。二次加一得一三，又六次加一得三七。以除本數，皆恰盡，則四百八十一非數根。

如本數一萬一千一百一十一，爲法以除一，得九〇〇〇〇、九〇〇〇〇……迴環不盡。其位數五，以度本數，餘一。位數爲一五相乘積，倍五得一〇，爲遞加數。四次加一得四一。以除本數得二七一，恰盡，則一萬一千一百一十一非數根。

右數非數根，度之雖得一，除之恰盡。

如本數一萬三千八百三十七，爲法除一，得七二二七〇〇〇〇、七二二七〇〇〇〇……迴環不盡。其位數八，以度本數，餘五，則一萬三千八百三十七非數根。位數爲二、四相乘積，亦爲一、八相乘積。四爲遞加數，遞以加一，至二十五次，得一〇一。以除本數，得一三七，恰盡。或八爲遞加數，遞以加一，至十七次，得一三七。以除本數，得一〇一，恰盡。

右數非數根，度之不得一。

一曰準根分級考數根法

多位數用此法便，法以本數減一，半之，爲總分。視總分爲若干小數根相乘之積，以此諸根爲乘次之準。乃以用數準最大之根，用超乘補乘法，乘若干次爲第一級。以本數度之，若餘數爲一或爲負一，則不須再乘。若不得一，則以餘數準次大根，用超乘補乘法，乘若干次，爲第二級。以本數度之，其餘數若爲一或負一，則不須再乘。若不得一，則以餘數準第三根再乘之，如此乘至總分而止。若仍不得一，則本數非數根。若諸級之末得一或負一者，再用遞加數遞除本數，以定其是數根否也。若得用數之諸方積或負數者，本數非數根。若乘次未滿級末，忽得一，則本數非數根。若得用數之諸方積或負數者，則視其定次與級數不等者，非數根。等者，再用遞加數定之也。

如本數一千二百八十九，減一，半之，得六四四爲總數，乃二、二、七、二三凡四根相乘之積。以二爲用數，用超乘法。二自乘得四，再自乘得一六，再自乘得二五六，再自乘，滿本數去之，得一〇八六，即用乘法十六次之減餘也。一六較二三少七，乃以用數之七方積一二八補乘之，以本數度之，得一〇八五爲第一級之餘數。即以爲乘法，自乘，滿本數去之，得三六八。自乘，再乘，滿本數去之得七一四，即用乘法六次之減餘也。六較七少一，乃以乘法補乘之，以本數度之，得一。無須再乘，第一級二三倍之，得四六。第二級七倍之，得一四，俱爲遞加數。遞以加一，爲法除本數，至得數小於法，俱不盡，乃定一千二百八十九是數根。

如本數十三萬一千〇七十一，減一，半之，得六五五三五爲總數，乃三、五、一七、二五七凡四根相乘之積。以二爲用數，用超乘法。二自乘得四，再自乘得一六，再自乘得二五六，再自乘得六五五三六，再自乘，滿本數去之，得三二七六八，乃用數之十五方也。計超乘五次，即用乘法三十二次，減不盡方數一五，餘一七，爲定次，與第二級等。定次倍之，得三四爲遞加數。遞以加一，爲法除本數，至得數小於法，仍不盡，乃定十三萬一千〇七十一是數根。

右二數是數根。定次等於級，除之不盡。

如本數一百三十九萬八千一百〇一，減一，半之，得六九九〇五〇爲總數，乃二、五、五、一一、三一、四一凡六根相乘之積。以二爲用數，用超乘法。二自乘得四，再自乘得一六，再自乘得二五六，再自乘得六五五三六，再自乘，滿本數去之，得一〇二四爲用數之十方積。計超乘五次，即用乘法三十二次也。以方數一〇減之，得二二爲定次，與第二級一一、末級二二有等。即以定次爲遞加數，加一得二三，以除本數得六〇七八七，恰盡。又四倍遞加數，加一得八九，以除本數，得一五七〇九，恰盡。故一百三十九萬八千一百〇一非數根。

右數非數根。定次雖等於級，除之恰盡。

如本數一萬三千四百四十七，減一，半之，得六七二三爲總數，乃三、三、三、三、八三凡五根相乘之積。以二爲用數，用超乘法。二自乘得四，再自乘得一六，再自乘得二五六。再自乘，滿本數去之，得一一七四八。再自乘，滿本數去之，得八九四三。再自乘，滿本數去之，得七九四〇。於上，凡超乘六次，即用乘法六十四次也。較八三少一九，乃置用數之十九方積五二四二八八，滿本數去之，得一二三〇二。以補乘上，以本數度之，得五一四二，是爲第一級。不得一，即以五一四二爲乘法，自乘再乘，以本數度之，得八〇〇九，是爲第二級。仍不得一，即以八〇〇九爲乘法，自乘再乘，以本數度之，得三六九七，是爲第三級。仍不得一，即以三六九七爲乘法，自乘再乘，以本數度之，得三八四四，是爲第四級。仍不得一，即以三八四四爲乘法，自乘再乘，以本數度之，得八，是爲第五級。已滿總數，仍不得一，則一萬三千四百四十七非數根。

八爲用數之三方積，乃以三減總數，得六七二〇。此數中有七根，倍七得一四，爲遞加數。八倍以加一，得一一三，以除本數，得一一九，恰盡。其中又有三根，倍三得六，爲遞加數。以加一，得七，除本數，得一九二一，恰盡。

如本數一萬六千六百三十七，減一，半之，得八三一八爲總數，乃二、四一五九凡二根相乘之積。以二爲用數，用超乘法。二自乘得四，再自乘得一六，再自乘得二五六。再自乘，滿本數去之，得一五六二五。再自乘，滿本數去之，得九二八七。再自乘，滿本數去之，得二二六一。再自乘，滿本數去之，得一一五六一。再自乘，滿本數去之，得一一七〇〇。再自乘，滿本數去之，得七六四。再自乘，滿本數去之，得一四〇一。再自乘，滿本數去之，得一六二七二。再自乘，滿本數去之，得一二九。於上，凡超乘十二次，即用乘法四千〇九十六次也。較四一五九少六三，乃置超乘第六次之餘數二二六一，以本數加之，折半，得九三九九，即用數六三方積滿本數去之之餘也。以補乘上，以本數度之，得一四六〇七，是爲第一級。又以餘數自乘，以本數度之，得一一五六一，是爲第二級。已滿總數，不得一，則一萬六千六百三十七非數根。末餘數一一五六一，非方積，亦非負數，欲知本數之根，當以大衍術入之。以用數之十五方積三二七六八，與本數求一，列式如左。

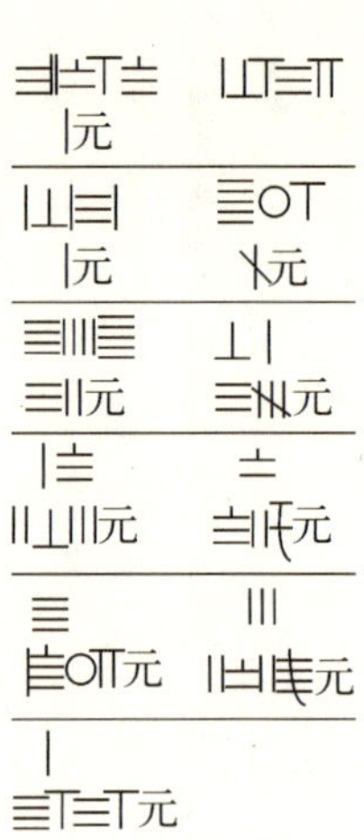

二數左右列之，立天元一於左下。以右減左，得左二層。三十一轉以減右，得右二層。七倍之，以減左二層，得左三層。轉減右二層，得右三層。七倍之，以減左三層，得左四層。三

[illegible] 元	[illegible]
[illegible] 元	[illegible] 元
[illegible] 元	[illegible] 元
[illegible] 元	[illegible] 元
[illegible] 元	[illegible] 元
[illegible] 元	

倍之，以減右三層，得右四層。二倍之，以減左四層，得左五層。轉減右四層，得右五層。轉減左五層，得左六層。上爲一，下爲四千六百三十六天元。乃以四六三六爲乘法，以乘末餘數，以本數度之，餘九〇一九。以乘法乘之，以本數度之，餘三三〇三。以乘法乘之，以本數度之，餘六六六八。以乘法乘之，以本數度之，餘一三〇二。以乘法乘之，以本數度之，餘一三四七八。以乘法乘之，以本數度之，餘一二〇七三。以乘法乘之，以本數度之，餘三五六〇。以乘法乘之，以本數度之，餘二五六爲用數之八方積。計用乘法八次，以方數一五乘之，又以餘方數加之，得一二八。以減總數，得八一九〇。此數中有十三根，亦有七根。倍一三，得二六爲遞加數。五倍之，以加一，得一三一。以除本數，得一二七，恰盡。或倍七，得一四爲遞加數。九倍之，以加一，得一二七。以除本數，得一三一，恰盡。

右二數非數根，乘次滿總數，不得一。

第一法之乘法，第二、第四法之天元求一，所用之方數愈大，則屢乘屢度之次數愈少，故用數之數十方、數百方皆可用。但其積數之位太多，不能用正數而用賸數。賸數者，滿本數去之之餘也。又凡小於所用方積，大於本數之諸方積，必盡求其賸數一一列之。屢乘屢度時，餘數得諸方之賸數，與得正數之理無異也。

求賸數法，自用數之一方起，其積小於本數者，皆用正數。其初大於本數之積，以本數減之，爲第一賸數。用數乘之，再乘之，滿本數則去之，爲第二、第三賸數。如此以用數遞乘之，滿本數即去之，至所用方之賸數而止。得一切賸數，與諸正數依次列之，屢乘屢度時，每得餘數，必查對也。

清・華蘅芳《數根術解》 奇數之根，或即爲其數之平方邊，或有一根大於其數之平方邊，或諸根俱小於其數之平方邊。

奇數自乘仍爲奇數，故奇數之根或即爲其數之平方邊。如九之平方邊爲三，二十五之平方邊爲五，四十九之平方邊爲七，等類是也。

大小兩奇數相乘仍爲奇數，故奇數之根或有一根大於其數之平方邊。如三十五之平方邊畧近於六，而其數爲五與七兩數根相乘所生是也。

多奇數連乘仍爲奇數，故奇數如有多根，則其根必俱小於其數之平方邊。如一百〇五之平方邊畧近於十，而其根三與五與七，俱小於十是也。

凡大於平方邊之根，以小於平方邊之根約本數可得之。如三十五以五約之，可得七是也。

所以，有單位之數根，即可求兩位之數根；有兩位之數根，即可求四位之數根。法以單位之數根，三與五與七連乘，得一百〇五，以與兩位之數求等。其有等者，可以等數約之，故非數根。其無等者，除一之外俱不能度，故爲數根。如欲知六十一是數根否，則以六十一與一百〇五求等，得一，即知六十一是數根。如欲知五十七是數根否，則以五十七與一百〇五求等，得三，即知五十七有三可約，非數根。

用此法以攷一百以内之數，得一位及兩位之數根，其數如左。

三、五、七、一一、一三、一七、一九、二三、二九、三一、三七、四一、四三、四七、五三、五九、六一、六七、七一、七三、七九、八三、八九、九七。

如以此諸數連乘之，與他數求等，則可得三位、四位之諸數根。惟數根之數無窮，而連乘之數位數愈多，用之不便。故用此法以攷數位之數根，則甚便，而施之多位之數，則不便。

李氏秋紉有攷數根之捷術曰：以本數乘二之對數，求得其真數減二。餘以本數度之，能度盡者，本數爲數根。不能度盡者，本數非數根。

此術雖爲攷數根之公法，惟所設之數若太大，則乘二之對數已爲極多位，真數之對數不能檢表而得真數。若用對數求真數法求之，演算亦非易事，故用之仍覺不便。余欲舍對數外別求簡易之術，遂窮索數理之奧賾，乃知李氏立術之源，亦不外乎諸乘尖堆及連比例而已。試爲一一詳論之。

無論何數，以本數累多加一數乘之，以一累多加一數除之，各求至若干次，則得數必爲整數。

此即諸乘尖堆之積數也。如任設一數，以本數加一乘之，二除之，得本數之二乘尖堆。又以本數加二乘之，三除之，得本數之三乘尖堆。又以本數加三乘之，四除之，得本數之四乘尖堆。順是以下，其乘法每多加一數，除法亦每多加

一數，任求至若干次，則能得本數之若干乘尖堆積，其數必皆爲整數。

無論何數，以本數累多減一數乘之，以一累多加一數除之，各求至若干次，則得數亦必爲整數。

此亦諸乘尖堆之積數也，惟前條之法所求得者，皆爲本數之諸乘尖堆，而此條之法所求得者，爲本數遞減一數之增乘尖堆。如任設一數爲本數，以本數減一乘之，二除之，得本數減一之二乘尖堆。又以本數減二乘之，三除之，得本數減二之三乘尖堆。又以本數減三乘之，四除之，得本數減三之四乘尖堆。順是以下，其乘法每多減一數，除法每多加一數，任求至若干次，得本數減幾之某乘尖堆，至本數減盡而止，則此減數增乘之諸尖堆，其數亦必爲整數。

試以數明之，設本數爲五，則以四乘之，二除之，得四之二乘尖堆積十。又以三乘之，三除之，得三之三乘尖堆積十。又以二乘之，四除之，得二之四乘尖堆積五。又以一乘之，五除之，得一之五乘尖堆積一。

以上二種尖堆，其數必爲整數。此因前此之乘法中，每藏有後次除法之數根。不然，則本數中藏有除法之數根，所以除之恒能得整數，此非理之奇，乃數之巧也。

如本數爲五，其乘法六，以二除之，能得整數三，故其二乘尖堆積十五爲整數。又七乘之，三除之，其以三除七雖不能得整數，而前此之乘法六既受二除，尚能受三除，所以其三乘尖堆積三十五仍爲整數。又如本數爲五，其乘法四，以二除之，能得整數，故其四之二乘尖堆積十爲整數。又乘法三，除法亦三，故三之三乘尖堆積十爲整數。又乘法二，除法四，其四雖不能除二，而前次之乘法四僅以二除，今次之乘法二乃以四除，則統計之，猶以二除二，以四除四也，所以其二之四乘尖堆積五仍爲整數。又乘法一，除法五，其五雖不能除一，而可約本數爲一，故其一之五乘尖堆積一仍爲整數。

凡本數之諸乘尖堆，其乘數小於本數者，皆與本數有等。惟乘數等於本數者，則或與本數無等。

如本數爲五，則其二乘尖堆積十五，三乘尖堆積三十五，四乘尖堆積七十，皆與本數有等，惟其五乘尖堆積一百二十六與本數無等。

如本數爲九，則其二乘尖堆積四十五，三乘尖堆積一百六十五，四乘尖堆積四百九十五，五乘尖堆積一千二百八十七，六乘尖堆積三千〇〇三，七乘尖堆積六千四百三十五，八乘尖堆積一萬二千八百七十，皆與本數有等，惟其九乘尖堆積二萬四千三百一十與本數無等。

凡減數增乘之諸尖堆，其乘數小於本數者，亦皆與本數有等。惟乘數等於本數者，則其數爲一。若乘數比本數大一數，則其數爲〇。

如本數爲五，則其四之二乘尖堆積十，三之三乘尖堆積十，二之四乘尖堆積五，皆與本數有等，而一之五乘尖堆積其數爲一。

如本數爲九，則其八之二乘尖堆積三十六，七之三乘尖堆積八十四，六之四乘尖堆積一百二十六，五之五乘尖堆積一百二十六，四之六乘尖堆積八十四，三之七乘尖堆積三十六，二之八乘尖堆積九，皆與本數有等，而一之九乘尖堆積其數亦爲一。

又如五減五，則其數爲〇，故〇之六乘尖堆爲〇。九減九，則其數亦爲〇，故〇之十乘尖堆亦爲〇。設減數再大，則乘法爲負數，而得負積。

無論本數之諸乘尖堆，及減數增乘之諸尖堆，其本數若可以某數約之者，則以本數度其某乘之尖堆積，必不能度盡，而可與本數輾轉相度，求得等數。

如本數爲九，則以本數度其三乘尖堆積一百六十五，餘三。或以本數度其減二之三乘尖堆積八十四，亦餘三。試以三轉度本數，適盡。

如本數爲十五，則以本數度其三乘尖堆積六百八十，餘五。或以本數度其減二之三乘尖堆積四百五十五，亦餘五。以本數度其五乘尖堆積一萬一千六百二十八，餘三。或以本數度其減四之五乘尖堆積三千〇〇三，亦餘三。試以三與五轉度本數，皆適盡。

所以，取本數諸乘尖堆之乘數小於本數者，與本數求等，可知本數之是否數根。如本數爲數根，則本數必皆能度盡小於本數之乘數各尖堆。如本數非數根，則必有度之不能盡，而可與本數輾轉相減，求得等數，以約本數者。

諸乘尖堆之乘數小於本數者，皆與本數有等。故本數若爲數根，則無他數可約本數，而可以本數約其諸尖堆。所以本數度諸尖堆，必皆適盡。本數若非數根，則必有某數爲等數，其等數可約本數，亦可約諸尖堆。故以本數度諸尖堆，必有某尖堆不能適盡，而可與本數輾轉相減，以得等數，其等數必可約其本數。

如本數爲五，則以本數五度其二乘尖堆積十五，三乘尖堆積三十五，四乘尖堆積七十，皆適度盡無餘，所以知本數五爲數根。

如本數爲九，則以九度其二乘尖堆積四十五，四乘尖堆積四百九十五，五乘尖堆積一千二百八十七，七乘尖堆積六千四百三十五，八乘尖堆積一萬二千八百七十，皆適度盡無餘。而以九度其三乘尖堆積一百六十五，六乘尖堆積三千〇〇三，皆不能適盡。而可以餘數轉度本數，求得等數三，可約本數九爲三，所以知九非數根。

若取減數增乘諸尖堆之乘數小於本數者，與本數求等，亦可知本數之是否數根，其法與前同。

減數增乘尖堆之乘數小於本數者，亦必與本數有等，故本數若爲數根，則必可度盡諸尖堆。本數若非數根，則必有輾轉度餘之數，可約其本數。

如本數爲五，則以五度減一之二乘尖堆積十，減二之三乘尖堆積十，減三之四乘尖堆積五，皆適盡，所以知本數五爲數根。

如本數爲九，則其減一之二乘尖堆積與減六之七乘尖堆積皆爲三十六，減三之四乘尖堆積，減四之五乘尖堆積皆爲一百二十六，減七之八乘尖堆積爲九，以九度之，皆適盡。而其減二之三乘尖堆積，減五之六乘尖堆積皆爲八十四，以本數度之，不盡三，以三轉度本數九，適盡。故可以三約本數，所以知本數九非數根。

用此法以攷數之是否數根，其理其數俱甚確，惟所設之數愈大，則所用之尖堆愈多，所以未爲捷法。

如所設數爲五，則祇須用二乘至四乘之三箇尖堆積。所設數爲九，則須用二乘至八乘之七箇尖堆積。所設數爲一百〇一，則須用二乘至百乘之九十九箇尖堆積。若所設數爲千萬，則豈能遍求其千萬箇之尖堆積，而一一課之乎。所以必變其術，使不必逐一求其尖堆庶幾簡捷可用。

淮《幾何》例，凡數與本數有等，其和數亦與本數有等，則本數根所度之諸尖堆，其和數亦爲本數根可度，所以欲設法以求其諸尖堆之總積。

如本數爲五，若能求得其本數之一乘至四乘之尖堆總積一百二十五，或能求得減數之一乘至四乘之增乘尖堆總積三十，則皆與五有等。

求本數之本乘以上諸尖堆總積，須用本數之本乘尖堆求之，其術仍甚繁重。又其總積雖仍與本數有等，而本數之非數根者，往往亦能度盡之，所以攷數根之法不用本數之諸乘尖堆總積，而用減數增乘之諸尖堆總積。

凡本數之本乘以上諸尖堆總積，等於本數之本乘尖堆積減一之數。而求本數之本乘尖堆積，必以本數累多加一爲乘法，乘至如本數之次數。亦必以一累多加一爲除法，除至如本數之次數。所以本數愈大，求之愈繁重，況即使求得總積，而本數之非數根者，亦能度之適盡，故不能用。

如本數爲九，以九度其三乘尖堆積一百六十五，餘三。以九度其六乘尖堆積三千〇〇三，餘六。他尖堆積，皆適爲本數度盡。設求得其諸尖堆之總積，以九度之，則餘三之數與餘六之數兩者相并，得九，適亦爲九所度盡。不能得九之等數三，所以亦不能用。

減數增乘之諸尖堆，其總積加一之數，等於廉法表橫層之總數。

廉法表之斜層：第一層諸數皆爲一；第二層一、二、三、四等數，爲各數之一乘尖堆數；第三層一、三、六、十等數，爲二乘尖堆數；第四層一、四、十、二十等數，爲三乘尖堆數。順是以下，每下一斜層爲多一乘之尖堆數，以至無窮。

廉法表之橫層：第一數爲一；第二數爲本數，亦爲一乘尖堆數；第三數爲本數減一之二乘尖堆數；第四數爲本數減二之三乘尖堆數；第五數爲本數減三之四乘尖堆數。順是以下，每後一數爲本數多減一之增一乘尖堆數，以至於一而止。

廉法表

一
一 一
一 二 一
一 三 三 一
一 四 六 四 一
一 五 十 十 五 一
一 六 十五 二十 十五 六 一
一 七 二十一 三十五 三十五 二十一 七 一

如舉第六橫層言之，其式爲 一（甲） 五（乙） 十（丙） 十（丁） 五（戊） 一（己） 或 一（己） 五（戊） 十（丁） 十（丙） 五（乙） 一（甲） 以甲、乙等字指之爲

則甲爲一，乙爲本數，丙爲本數減一之二乘尖堆，丁爲本數減一之三乘尖堆，戊爲本數減三之四乘尖堆，(巳)[己]爲本數減四之五乘尖堆。

所以廉法表之橫層，即減數增乘之諸尖堆數而多一數。

凡求廉法表橫層之總數，以一加倍至層數減一之次數即得。

如其層爲第三層，則以一加倍二次，即得第三橫層(之)之總數四。

如其層爲第四層，則以一加倍三次，即得第四橫層之總數八。順是以下，每下一層，則多加倍一次，以至任何層皆合。

置廉法表橫層之總數，減去二，即自一乘起，以至比本數少一乘之減數增乘之諸尖堆積總數。

廉法表橫層之總數內減去多數一，又減去一之本乘尖堆一，則所餘者，即是

自本數之一乘尖堆起，以至二之本數減一乘之尖堆止，之總數也。

如本數爲五，則以廉法表第六横層之總數三十二減二得三十，爲五之一乘尖堆，與四之二乘尖堆，三之三乘尖堆，二之四乘尖堆之總數。

所以有任何數欲攷其是數根否，祇須以一加倍之。如本數之次數又減去二，餘以本數度之適盡者，本數爲數根。不盡者，本數非數根。其不盡之數，或與本數有等，或與本數無等。

此不過求一之累倍連比例率至本數之次數，爲本數加一之廉法表横層總數耳。既得廉法表横層之總數，減去二，即爲本數以内之減數增乘諸尖堆總積，故以本數度之，可攷數根。

李氏之術亦本此意，惟因以二連乘多次爲繁，故以對數代之耳。余以爲求二之連比例率數，可以超位而得，且數之大於本數者，可以隨時先去之，則竟用真數亦非難求，不必借徑於對數也。故更立一術如左。

術曰：凡奇數欲攷其是數根與否，則以本數減一爲偶數，屢折半至遇奇數，則減一，折之，至一而止。乃以折減之次序顛倒之，從二起，凡遇折半處，則用自乘，遇減一處，則用二乘，乘時有滿本數者，則隨時去之。末以二減之，適盡者，本數爲數根。

如本數爲五，則減一得四，折半二次，得一。乃以二自乘二次，得十六，滿五去之，得一。又以二乘之，得二，減二，得〇，即知本數五爲數根。

如本數爲九，則減一得八，折半三次，得一。乃以二自乘二次，滿九去之，得七。又自乘一次，得四十九，滿九去之，得四。又以二乘之，得八，減二，得六，與本數九求等，得三。

如本數爲一百〇一，則減一，折半二次。又減一，折半三次。又減一，折半一次，得一。乃以二自乘得四，以二乘之得八，又自乘得六十四，又自乘得四千〇九十六，滿本數去之，得五十六。自乘得三千一百三十六，滿本數去之，得五，以二乘之，得十。自乘得一百，又自乘得一萬，滿本數去之，得一，以二乘之，得二，減二適盡，即知一百〇一爲數根。

如有數十二萬三千四百五十七，則減一，折半六次。又減一，折半三次。又減一，折半四次。又減一，折半一次。又減一，折半一次。又減一，折半一次，得一。故其術應以二自乘，倍之，又自乘，倍之，又自乘，倍之，又自乘四次而倍之，又自乘三次而倍之，又自乘六次而倍之，滿本數則隨時去之，至末減二與本數求等。

草曰：二自乘得四，以二乘之得八。又自乘得六十四，以二乘之得一百二十八。又自乘得一六三八四，以二乘之得三二七六八。又自乘得一〇七三七四一八二四，滿本數去之得三六二九五。又自乘得一三一七三一七〇二五，滿本數去之得四〇八三五。又自乘得一六六七四九七二二五，滿本數去之得八六九八三。又自乘得七五六六〇四二二八九，滿本數去之得一〇三五〇一。二乘之，滿本數去之，得八三五四五。又自乘得六九七九七六七〇二五，滿本數去之，得二〇七三。又自乘得四二九七三二九，滿本數去之，得九九七九一。又自乘得九九五八二四三六八一，滿本數去之，得七八六〇四。以二乘之，滿本數去之，得三三七五一。又自乘得一一三九一三〇〇〇一，滿本數去之，得一一五七一九。又自乘得一三三九〇八八六九六一，滿本數去之，得一二三四五六。又自乘得一五二四一三八三九三六，滿本數去之，得一。又自乘三次仍得一，以二乘之得二，減二適盡，則知本數十二萬三千四百五十七爲數根。

合以上諸法，有時可求得多位數之各根。

如有數十一萬七千九百三十六，欲求其根。

草曰：其數可以二約四次，得七千三百七十一，即知中有四箇二爲根。又以七千三百七十一與一百〇五求等，得二十一，即知有三與七爲根。乃以三與七約之，得三百五十一，又與一百〇五求等，得三，即知尚有三爲根。又以三約之，得一百十七，又與一百〇五求等，得三，即知仍有三爲根。又以三約之，得三十九，再與一百〇五求等，得三，即知仍有三爲根。又以三約之，得十三，與一百〇五無等。共求得四箇二根、四箇三根、一箇七根、一箇十三根，所以知其數之根爲　二·二·二·二·三·三·三·三·七·十三

如有數十六萬二千七百二十，欲求其根。

草曰：其數可五次以二約之，得五千〇八十五，即知其中有五箇二根。又視五千〇八十五之單位爲五，知其中有五爲根。以五約之，得一千〇十七，與一百〇五求等，得三，知其中有三爲根。以三約之，得三百三十九，仍與一百〇五求等，得三，知其中尚有三爲根。以三約之得一百十三，與一百〇五無等，知其中更無三·五·七·爲根。乃以一百十三減一，折半四次。又減一，折半一次。又減一，折半一次，得一。乃以二自乘，倍之，得八。又自乘，倍之，得一百二十八，滿一一三去之，得十五。又自乘得二百二十五，滿一一三去之，得一百十二。又自乘得一二五四四，滿一一三去之，得一。又自乘二次，仍得一，以二乘之得

二,減二得〇,知一一三亦爲數根,所以十六萬二千七百二十之根爲 𝍡·𝍡·
𝍡·𝍡·𝍡·𝍢·𝍢·𝍤·𝍩𝍩𝍢

又 凡以元之諸乘方乘式之從、廉、隅諸數并之,必與實之數正負相當。則以元之諸乘方之單位數,乘從、廉、隅之單位數,并之亦必與實之單位數正負相當。

法用自一至九之九箇單位數,各取其諸乘方之單位數,與從、廉、隅之單位數並列而對乘之。取其單位之數并之,仍取其單位數,與實之單位數相課,則必有一數或幾數正負適相當者,則記其所用之單位數,爲元之尾數。

自一至九之九數,其諸乘方之單位數皆爲循環數,故每數只須記其四數。如:

一爲　一一一一

二爲　二四八六

三爲　三九七一

四爲　四六四六

五爲　五五五五

六爲　六六六六

七爲　七九三一

八爲　八四二六

九爲　九一九一

如有九乘方式

𝍩𝍦𝍯𝍠𝍮𝍡̸
𝍫̸
𝍡
𝍯𝍥
𝍣𝍦𝍣
𝍣𝍬𝍫̸
𝍢𝍩𝍡
𝍡𝍰𝍫̸
𝍮〇
𝍮𝍫̸
𝍮

以自一至九之諸乘方單位數各列爲行:

第一行　𝍠𝍠𝍠𝍠𝍠𝍠𝍠𝍠𝍠𝍠

第二行　𝍡𝍣𝍧𝍥𝍡𝍣𝍧𝍥𝍡𝍣

第三行　𝍢𝍨𝍦𝍠𝍢𝍨𝍦𝍠𝍢𝍨

第四行　𝍣𝍥𝍣𝍥𝍣𝍥𝍣𝍥𝍣𝍥

第五行　𝍤𝍤𝍤𝍤𝍤𝍤𝍤𝍤𝍤𝍤

第六行　𝍥𝍥𝍥𝍥𝍥𝍥𝍥𝍥𝍥𝍥

第七行　𝍦𝍨𝍢𝍠𝍦𝍨𝍢𝍠𝍦𝍨

第八行　𝍧𝍣𝍡𝍥𝍧𝍣𝍡𝍥𝍧𝍣

第九行　𝍨𝍠𝍨𝍠𝍨𝍠𝍨𝍠𝍨𝍠

以從、廉、隅單位數　𝍢̸𝍢𝍥𝍣𝍢̸𝍡𝍢̸〇𝍢̸𝍥　各齊其等而乘之,仍取其單位數得

第一行　𝍢̸𝍢𝍥𝍣𝍢̸𝍡𝍢̸〇𝍢̸𝍥

第二行　𝍧̸𝍡𝍧〇𝍧̸𝍧𝍡̸〇𝍧̸𝍣

第三行　𝍡̸𝍦𝍡𝍣𝍡̸𝍧𝍧̸〇𝍡̸𝍣

第四行　𝍥̸𝍧𝍣〇𝍥̸𝍡𝍥̸〇𝍥̸𝍥

第五行　〇𝍤〇𝍤〇〇〇〇〇〇

第六行　𝍢̸𝍧𝍥〇𝍢̸𝍡𝍢̸〇𝍢̸𝍥

第七行　𝍧̸𝍦𝍧𝍤𝍧̸𝍧𝍡̸〇𝍧̸𝍣

第八行　𝍡̸𝍡𝍡〇𝍡̸𝍧𝍧̸〇𝍡̸𝍣

第九行　𝍥̸𝍢𝍣𝍤𝍥̸𝍡𝍥̸〇𝍥̸𝍥

并每行正負之數,仍取其單位數與實之單位數相課。惟第三、第八兩行皆并得𝍡,與實之單位𝍡̸正負之數適相當。故記三與八兩數爲尾數,言元之單位數非三即八也。

如欲求負尾數者,則以自一至九之九數爲負。故其諸乘方之單位數,每層正負相間。

第一行　𝍠̸𝍠𝍠̸𝍠𝍠̸𝍠𝍠̸𝍠𝍠̸𝍠

第二行　𝍡̸𝍣𝍧̸𝍥𝍡̸𝍣𝍧̸𝍥𝍡̸𝍣

第三行　𝍢̸𝍨𝍦̸𝍠𝍢̸𝍨𝍦̸𝍠𝍢̸𝍨

第四行　𝍣̸𝍥𝍣̸𝍥𝍣̸𝍥𝍣̸𝍥𝍣̸𝍥

第五行　𝍤̸𝍤𝍤̸𝍤𝍤̸𝍤𝍤̸𝍤𝍤̸𝍤

第六行　𝍥̸𝍥𝍥̸𝍥𝍥̸𝍥𝍥̸𝍥𝍥̸𝍥

第七行　𝍦̸𝍨𝍢̸𝍠𝍦̸𝍨𝍢̸𝍠𝍦̸𝍨

第八行　𝍧̸𝍣𝍡̸𝍥𝍧̸𝍣𝍡̸𝍥𝍧̸𝍣

第九行　𝍨̸𝍠𝍨̸𝍠𝍨̸𝍠𝍨̸𝍠𝍨̸𝍠

以從、廉、隅單位數各齊其等而乘之,仍取其單位數,則得

第一行　𝍣𝍢𝍥̸𝍤𝍣𝍡𝍢〇𝍢𝍥

第二行　𝍧𝍡𝍧̸〇𝍧𝍧𝍡〇𝍧𝍣

第三行 [illegible]
第四行 [illegible]
第五行 [illegible]
第六行 [illegible]
第七行 [illegible]
第八行 [illegible]
第九行 [illegible]

并每行正負之數，仍取其單位數。則第一、第四、第六、第九四行皆得[illegible]，第三、第八兩行皆得丅，第二、第七兩行皆得[illegible]，第五行得〇。皆與實之單位[illegible]不相當，所以知負元之尾數非整數。

又如立方式 [illegible] 則求得其正尾數 二·八 負尾數二。

元之尾數既有法求之矣。然實之根數中，及根與根相乘、連乘之數，其單位數與尾數合者，猶厭其多。欲删繁就簡，非求得元之位數不可。

如平方式 [illegible] 其實之根爲 一·二·二·三·五·七·七·七 尾數爲 四·五·九 則 一×五 爲五，二×二 爲四，二×七 爲 一四，三×五 爲 一五，七×七 爲 四九，五×七 爲 三五，二×二×三×七 爲 八四，三×五×七 爲 一〇五，五×七×七 爲 二四五，五×七×七×七 爲 一七一五，三×五×七×七×七 爲 五一四五。以上十一數，其單位數皆與尾數合，若必以此十一數一一試之，無乃太繁乎。所以若能先知元數有幾位，則位數之不合者，可棄之不用，而其商數可稍簡。

求元之位數，仍用舊術、廉、隅超步之法。異名相步，得正商之位。同名相步，得負商之位。

如平方式 [illegible] 則以廉步實，其廉、隅各可進一位，故知元之位數爲二。又以正隅步正廉，可進二位，故知負元爲三位數。

既知實之根數，元之尾數、位數，則可於實之根數中求商數。

如前式 [illegible] 其實根爲 一·二·二·三·五·七·七·七 元之正尾數 四·五·九 負尾數 一·五·六 位數 二·[illegible] 則視其根數中，有乘得兩位、三位之數，而單位與尾數合者，則記之爲商數。故得正商之數爲 一五·三五·四九·八四 負商之數爲 一〇五

凡正負諸乘方式，若以元之同數乘隅，以加減上一層。又以元之同數乘之，以加減上一層。如是遞求而上，必減實適盡。

如立方式 [illegible] 以元數三乘隅數一得三以減上一層[illegible]得[illegible]又以三乘之，得[illegible]以減上一層[illegible]得[illegible]又以三乘之，得[illegible]以減上層[illegible]適盡。

如平方式 [illegible] 以元數四十九乘隅，得[illegible]以加上層[illegible]得[illegible]又以四十九乘之，得[illegible]以減實[illegible]適盡。

凡正負諸乘方式，若以元之同數除實，以加減下一層。又以元之同數除之，以加減下一層。如是遞求而下，亦必減隅適盡。

如平方式 [illegible] 以元數四十九除實[illegible]得[illegible]與下一層[illegible]相減，得[illegible]又以四十九除之，得[illegible]以減下層隅一適盡。

如立方式 [illegible] 以元數三除實[illegible]得[illegible]以減下一層[illegible]得[illegible]又以三除之，得[illegible]以減下一層[illegible]得[illegible]又以三除之，得[illegible]以減下一層隅一適盡。

所以既有商數，欲求元之同數有二法。一法以商數乘隅，以加減上一層。又以商數乘之，加減上一層。如是遞求而上，若減實適盡者，其商數即元之同數。若減實不能適盡，則更置原式，用他

商數如法求之。

一法以商數除實，以加減下一層。又以商數除之，加減下一層。如是遞求而下，至減隅適盡者，其商數即元之同數。若不能適盡，亦更置原式，用他商數如法求之。

如平方式 [illegible] 以商數十五乘隅丨得[illegible]以加上層[illegible]得[illegible]又以十五乘之，得[illegible]以減上層[illegible]得[illegible]不能適盡，故知元之同數非十五。

如立方式 [illegible] 以商數九乘隅丨得[illegible]以減上層[illegible]得[illegible]又以九乘之，得[illegible]以減上層[illegible]得[illegible]又以九乘之，得[illegible]以減上層實[illegible]適盡，故知其商數九即元之同數。

如前式 [illegible] 以商數七除實[illegible]得[illegible]以減下一層[illegible]得[illegible]又以七除之，得[illegible]以減下一層[illegible]得[illegible]又以七除之，得[illegible]以減下層隅丨適盡，故知其商數七亦元之同數。

此二術，余初以爲用乘法遞求而上者較便。李氏秋紉言用商數乘隅遞求而上，必求至最上一層方能知之。若用除法遞求而下，則不必求至最下一層已可知之。蓋商數之不合於元數者，求至數層，其除得之數必不能俱爲整數，故易識別。若上下二層正負異名，而除減之後除之仍得整數，則其商數即爲元之同數。此理非李君揭出之余不知也。

如立方式 [illegible] 試以商數三除實[illegible]得[illegible]以減下一層[illegible]得[illegible]又以三除之，得[illegible]仍爲整數，即知商數三爲元之同數。

如前式，試以商數七除實[illegible]得[illegible]以減下一層[illegible]得[illegible]又以七除之，得[illegible]仍爲整數。即知商數七亦爲元之同數。

如前式，試以商數九除實[illegible]得[illegible]以減下一層[illegible]得[illegible]又以九除之，得[illegible]仍爲整數，即知商數九亦爲元之同數。

如立方式 [illegible] 試以商數五除實[illegible]得[illegible]以減下一層[illegible]得[illegible]又以商數五除之，得[illegible]仍爲整數，故知五爲元之同數。

如前式，試以商數七除實[illegible]得[illegible]以減下一層[illegible]得[illegible]又以七除之得[illegible]仍爲整數，故知元之同數又爲七。

如前式，試以商數三十三除實，得[illegible]以減下一層[illegible]得[illegible]又以三十三除之，得[illegible]亦爲整數，故知元之同數又爲三十三。

如平方式 [illegible] 試以商數二十四除實[illegible]得[illegible]以加下一層[illegible]得[illegible]又以二十四除之，不能適得整數，即知二十四非元之同數。

如立方式 [illegible] 試以商數十二除實[illegible]得[illegible]以加下一層[illegible]得[illegible]又以十二除之，不能適得整數，即知元之同數非十二。

如前式，試以商數十八除實，得[illegible]以加下一層[illegible]得[illegible]又以十八除之，得[illegible]以加下一層[illegible]得[illegible]又以十八除之，不能盡，故知元之同數非十八。

如六乘方式 [illegible] 試以商數四除實[illegible]得[illegible]以減下一層[illegible]得[illegible]又以四除之，得[illegible]以減下一層〇得[illegible]又以四除之，得[illegible]以加下一層[illegible]得[illegible]又以四除之，不能適盡，故知元之同數非四。

如前式，試以商數九除實[illegible]得[illegible]以減下一層〇得[illegible]又以九除之，不能適得整數，所以知元之同數非九。

用此法以開正負諸乘方，無論式有若干層，亦無論其正負如何雜糅，均以一法通之。

今有平方式 [illegible] 求得實根 二·三 尾數 二·三 位數一，商數 二·三 元數 二·三

今有平方式 [illegible] 求得實根 一·二·二·二·三·七 尾數 四·八 位數二，商數 二四·二八 元數二十八。

今有平方式 [illegible] 求得實根 一·二·二·三·三·一一 尾數 二·八 位數二，商數 一八·二三 元數 十八·二(十)三

今有平方式 [illegible] 求得實根 一·二·二·三·三·一三 尾數 六·八 位數二，商數一八·二六·三六·七八 元數 十八·二(十)六

今有立方式 [illegible] 求得實根 一·二·二·二·二·三·三·五·七 尾數 二·八 位數二，商數 一二·一八·二八·四八 元數二十八。

今有立方式 [illegible] 求得實根 一·二·二·二·二·二·二·二·三·七 尾數二，位數二，商數 一二·四二 元數十二。

今有立方式 [illegible] 求得實根 一·二·五·五·七三一 尾數 三·四·五·八·九 位數 二·三 商數 二五 元數二十五。

今有三乘方式 [illegible] 求得實根 一·三·三·五·五·一三 尾數 三·五·七 位數 一·二 商數 三·五·一三·一五·二五·四五·六五 元數十五。

今有四乘方式 [illegible] 求得實根 一·三·三·三·三·六五三 尾數九，位數 一·二 商數九，元數九。

今有五乘方式 [illegible] 求得實根 二·三·七·一八六七 尾數七，位數 一·二 商數七，元數七。

今有六乘方式 [illegible] 求得實根 一·二·二·二·三·一九·二三·五七七 尾數六，位數一，商數六，元數六。

今有六乘方式 [illegible] 求得實根 一·二·二·二·二·二·二·三·三 尾數 二·四·七·九 位數一，商數 二·四·九 元數二。

今有七乘方式 [illegible] 求得實根 一·二·二·三·三·七·一三 尾數二，位數一，商數二，元數二。

今有八乘方式 [illegible] 求得實根 一·二·二·三〇六七 尾數二，位數一，商數二，元數二。

今有九乘方式 [illegible] 求得實根 一·二·三·二九五二七 尾數 三·八 位數一，商數三，元數三。

今有十三乘方式 [illegible] 求得實根 一·二·二·二·二·二·二·三·三 尾數二，位數 一·二 商數 二·二·二·七二 元數二。

凡諸乘方式，任以一數(偏)[徧]乘之，其元數不變。任以一數徧除之，其元數亦不變。故遇諸層有公等者，可以公等之數徧約之。

如原式　求得實根　〡·〣·〣·〣·〣·六五三

尾數九，位數　〡·〢　商數九，元數九。

設以五徧乘原式爲　則其實根變爲　〡·〣·〣·〣·三·五·六五三　尾數仍爲九，位數仍爲　〡·〢　商數仍爲九，元數仍爲九。

所以遇式如　可求得其公等五約之爲

凡正負諸乘方式，任取一數爲法，乘其某層之上，除其某層之下。每上一層多乘一次，每下一層多除一次，則其變式之元，恒等於法乘原式之元。

如原式爲　其元數爲一。

甲乙丙丁戊己

設以五，一次除乙，二次除丙，三次除丁，四次除戊，五次除己，則變爲　爲㊂子式。

設以五，一次乘甲，一次除丙，二次除丁，三次除戊，四次除己，則變爲　爲丑式。

設以五，一次乘乙，二次乘甲，一次除丁，二次除戊，三次除己，則變爲　爲寅式。

設以五，一次乘丙，二次乘乙，三次乘甲，一次除戊，二次除己，則變爲　爲卯式。

設以五，一次乘丁，二次乘丙，三次乘乙，四次乘甲，一次除己，則變爲　爲辰式。

設以五，一次乘戊，二次乘丁，三次乘丙，四次乘乙，五次乘甲，則變爲　爲巳式。

以上子丑寅卯辰巳諸式，其元數皆爲五，所以等於五乘原式之元。

凡正負諸乘方式，任取一數爲法，除其某層之上，乘其某層之下。每上一層多除一次，每下一層多乘一次，則其變式之元，恒等於法除原式之元。

如原式爲　其元數爲五。

甲乙丙丁戊己

設以五，一次乘乙，二次乘丙，三次乘丁，四次乘戊，五次乘己，則變爲　爲午式。

設以五，一次除甲，一次乘丙，二次乘丁，三次乘戊，四次乘己，則變爲

爲㊍式。

設以五，一次除乙，二次除甲，一次乘丁，二次乘戊，三次乘己，則變爲

爲㊎式。

設以五，一次除丙，二次除乙，三次除甲，一次乘戊，二次乘己，則變爲

爲㊏式。

設以五，一次除丁，二次除丙，三次除乙，四次除甲，一次乘己，則變爲

爲戌式。

設以五，一次除戊，二次除丁，三次除丙，四次除乙，五次除甲，則變爲

爲亥式。

以上午未申酉戌亥諸式，其元數皆爲一，所以等於五除原式之元。

凡正負諸乘之式，或求尾數不得，或商數、元數不得。若其實之單位爲〇，而位數大於一者，則其元之單位或爲〇。可以升降其式而求其元，求得之後以十報乘之，爲原式之元。

如原式爲 甲乙丙丁

令甲層降一位，丙層升一位，丁層升二位，則變爲

求得實根 一·三·三·三·三·七·一七·九七 尾數一，位數二，商數二十一，元數二十一。以十乘之，得二百十爲原式之元數。

如原式爲 甲乙丙丁

令甲層降二位，乙層降一位，丁層升一位，則變爲

求得實根 一·二·二·二·二·三·七·二七七 尾數一，位數二，商數二十一，元數二十一。以十乘之，得二百十爲原式之元數。

如原式爲 甲乙丙丁戊

其位數爲一，故不可升降。

如原式爲

令甲層降四位，丙層降二位，則變爲

求得元數八十四，故原式之元數爲八百四十。

西法之代數，即中法之天元，故凡代數式，以兩邊之項移於一邊，即可變作開方式。

如代數式 天三丅天二丅天＝二 即 天三丅天二丅天丅二＝〇 即

如代數式 天五丄二天四丄三天三丅四天二丅五天＝二七八 即 天五丄二天四丄三天三丅四天二丅五天丅二七八＝〇 即

如代數式 天三丄天二丄天＝二七/三八 即 二七(天三丄天二丄天)＝三八 即 二七(天三丄天二丄天)丅三八＝〇 即

如代數式 三天三上三天二丁五天＝五四/八上二七/四丁一五/二 即 三〇/一五天三上三〇/一〇天二丁三〇/六天＝二一八七〇/三五六四 即 一五天三上一〇天二丁六天＝二一八七〇/一〇六九二〇 即 三二八〇五天三上二一八七〇天二丁一三一二二天＝一〇六九二 即 三二八〇五天三上二一八七〇天二丁一三一二二天丅一〇六九二＝〇 即 〓

凡正負諸乘方式隅大於一者，其元皆有之分。若方、廉、隅無公等，則以隅爲分母。方、廉、隅有公等，則以公等之繁根數爲分母。皆可以分母變其式，而開得其分子。

今有開方式 甲乙丙丁戊 〓 其方、廉、隅無公等，則以隅〓爲分母，以分母一次除戊，一次乘丙，二次乘乙，三次乘甲，則式變爲 〓 求得其實根 一・二・二・二・二 尾數 一・六 位數一，商數一，元數一，故原式天元之同數爲二分之一。

今有開方式 〓 方、廉、隅無公等，以隅〓爲分母，除隅，乘實，變其式爲 〓 求得其實根 一・二・二・二・二・二・二・三 尾數 四・八 位數 一・二 商數 四・八・二四 元數 八・二四 故原式之元有二同數，其一數爲八，其又一數爲二又三分之二。

今有式 甲乙丙丁戊 〓 方、廉、隅求公等得〓其公等之根爲 五・五・五・五 則以五爲分母，一次除乙，二次除丙，三次除丁，四次除戊，變其式爲 〓 求得其實根 一・三・七三三 尾數 三・九 位數一，商數三，元數三，故原式元之同數爲五分之三。

今有式 〓 其方、廉、隅之公等〓其根 三・三 以三爲分母，變其式爲 〓 求得其元數二，故原式元之同數爲三分之二。

用此法求得之分數皆可還原。

如前式 〓 其元爲三分之二。試以分子乘隅〓得〓分母除之得〓以加上層〓得〓分子乘之得〓分母除之得〓以加上層〓得〓分子乘之得〓分母除之得〓與實正負相當。

凡正負諸乘方，其元之同數若非整數及分數者，則數根開方之術不能馭。數根開方之法所求得者，爲元之真同數。故遇元之同數非整數亦非分數者，則爲奇零不盡之數，無單位數可言，所以數根開方之法不能馭。

又華蘅芳《學算筆談》卷二

公度數

求兩數之最大公度數，其法可分爲三事。一將兩數中之小者爲法，大者爲實，除至餘數小于法而止。二將其餘數爲法，前法爲實，除至餘數小于法而止。三依同法屢爲之，至無餘數，則其末次爲法之數，即爲所求之最大公度數。

一題 設有兩數，其第一數爲三百六十，第二數爲一百十二。求其最大之公度數。

則先以 一一二 爲法， 三六〇 爲實，用除法得其餘數 二四 乃以 二四 爲法， 一一二 爲實，除得其餘數 一六 又以 一六 爲法， 二四 爲實，除得餘數 八。以八除 一六 則適盡無餘，即得其所求之最大公度數爲八。

```
一一二)三六〇(三
       三三六
       二四)一一二(四
             九六
             一六)二四(一
                  一六
                  八)一六(二
                      一六
                       〇
```

二題 設有兩數，其第一數爲九百三十六，第二數爲一千九百零八。求其最大之公度數。

則以一千九百零八爲實，九百三十六爲法除之，餘三十六。以三十六除九百三十六，則適盡而無餘數，所以知末次爲法之數三十六，即爲所求之最大公度數。

九三六)一九〇八(二
一八七二
三六)九三六(二六
七二
二一六
二一六
〇

學者既明除法，則觀以上兩題之算式，自能明最大公度數之求法矣。然其每次除得之數皆不用，而惟取其末次所用之法，爲所求之數。則此法雖名之曰除，實則輾轉相減耳。所以用珠盤算之，可將兩數各列于盤之一邊，以數之小者屢減其大者，至不足減則反減之，如是屢減至盡，則末次所用之減法，即爲所求之數，其減去之數可不必計也。

輾轉相減之法，在中法謂之求等，其所求得之數，謂之等數，即西法之最大公度數也。惟等數與公度數，其命名之意微有不同，因求等而得一者，不謂之有等，而謂之無等也。

或有問者曰：如所設之兩數本無公度數者，用以上兩題之法，能知其無公度數乎？

答之曰：兩數之無公度數者，未之有也。因無論何整數，皆爲一所積累而成，則必能以一度之，所以任兩箇整數必以一爲公度數。若無他箇公度數，則其末次之法必爲一，而一即爲兩數之最大公度數。

三題　設以八十七與二十五，求其最大公度數。

二五)八七(三
七五
一二)二五(二
二四
一)一二(一二
一
二
二
〇

則以二十五除其八十七，餘一十二。以一十二除其二十五，餘一。以一除其一十二，適盡無餘。則知所設之兩數，其公度數更無大于一者，故其求得之一，即爲其最大之公度數。

或又問曰：既名其一爲最大之公度數，豈尚有公度數能小于一者乎？

答之曰：無有矣。凡求最大之公度數而得一，則其一固爲最大之公度數，亦即爲最小之公度數，因此兩數只有一箇公度數，不能再有第二箇公度數也。

或又曰：然則求等而得一，則其一即可爲最大之等數，何以又謂之無等之數？

答之曰：其命名之時取意不同也。蓋求等之意，原欲使所求之數可以約小其原兩數。若求等而得一，則一不能約其原兩數使小，所以謂其原兩數，爲彼此無等之數。若所得之等數大于一，則可以等數爲法，而約小其原兩數，所以謂其原兩數爲彼此有等之數。其有等無等是指其原兩數而言，非指其求得之數而言也。惟用之既久，則將其有等無等之名漸移于求得之數，于是遂以一爲無等，大于一者爲有等，而不復顧其不通。猶之以有等代可約二字，無等代不可約三字而已。

凡有三數，而欲求其最大之公度數者，可將其任兩數先求得最大之公度數，乃以此兩數之公度數，再與又一數求其最大之公度數，即得。三數以上仿此。

四題　設有三數，其第一數爲十八，第二數爲十二，第三數爲九。求其最大之公度數。

則先以十八與十二，求得其最大之公度數爲六。又以六與九，求其最大之公度數得三。則三可度盡十八，亦可度盡十二，又可度盡九，故即爲三數之公度數。因更無大于三之數能兼度其三數，所以三必爲所求之最大公度數。

求三數及三數以上之最大公度數，中法謂之求總等，詳見秦道古《數書九章》，學者取而觀之可也。

公倍數

凡有兩數，欲求其最小之公倍數，必先求兩數之最大公度數。將兩數中之任一數，以最大公度數約之，以約得之數與其又一數相乘，則其乘得之積，即爲兩數之最小公倍數。

一題　設有兩數，其第一數爲十四，第二數爲二十一。求其最小之公倍數。

則先求得兩數之最大公度數爲七，以七約其第一數得二，以二乘其第二數得四十二，即爲所求之最小公倍數。

所以，兩數之最大公度數若爲一，則其最小之公倍數即爲兩數相乘之積。

二題　設有兩數，其第一數爲十一，第二數爲九。求其最小之公倍數。

則因此兩數之最大公度數爲一，以一任約何數皆仍爲本數，故其最小之公倍數即爲其兩數相乘之積，即九十九是也。

若欲求三數之最小公倍數，則先將其任兩數求得其最小之公倍數，再將此最小公倍數與又一數求其最小之公倍數，即爲三數之最小公倍數。

三題　設有三數，其第一數爲五，第二數爲十六，第三數爲二十四。求其最小之公倍數。

則先將第一數與第二數，求其其最小之公倍數爲八十。以八十與第三數二十四，求其最小之公倍數得二百四十，此即爲三數之最小公倍數。

西法之最小公倍數，即中法求一術内之衍母也。故無論有若干數，皆可用衍母之法求之。學者觀秦氏《數書九章》自能明其曲折，故不贅及。

又 卷三

循環小數

凡循環之小數，其循環之位數若爲偶數，則中分其數爲左右兩數而相加，其加得之數，各位必相等。

如將 ·一四二八五七̇ 中作縱線分之爲 一四二|八五七 以左數 一四二 右數 八五七 如常法相加

一四二
八五七
———
九九九

則各位俱成九。

如二[十]一分之一，其小數之循環爲 ·〇̇四七六一九̇ 分爲左數 〇四七 右數 六一九 相加

〇四七
六一九
———
六六六

則各位俱爲六。

所以，用除法以求循環之數，若除至位數已過半限，而未見其循環之迹，可將除得之若干位用此法試之。

如以十七除一，已除得 ·〇五八八二三五二九四 則因其最多之循環位數以十六爲限，其半限爲八。今已除得十位之數，爲已過半限，所以可將其 ·〇五八八二三五二九四 作縱線，分其左八位之數如 〇五八八二三五二|九四 而將 九四 與 〇五 相加得 九九 則知其左右兩邊之數相加，必各位俱爲九。故可列 九九九九九九九九 以 〇五八八二三五二 減之，得其右邊之數 九四一一七六四七

從分母、分子用除法，求得之各餘數，爲分子與第一餘數所成之連比率，滿分母去之之數。所以可任從第幾餘數，求其以下各餘數。

如七分之一，其分子與各餘數爲一、三、二、六、四、五、一。若以一、三爲連比例之首兩率，則求得各率如一、三、九、二七、八一、二四三、七二九。去其滿七之數，亦得一、三、二、六、四、五、一。

從此得一捷法，可將除得之任幾位數，累以餘數乘之，分子除之。或將分子先約其餘數，然後累乘之。乃將乘得之各數，各降幾位相加，即得任多位之數，與除得者無異。

如十九分之一，其除法爲

一九)一〇〇(·〇五二六
　　九五
　　　五〇
　　　三八
　　　一二〇
　　　一一四
　　　　　六

以餘數六累乘其 〇五二六 則得

〇五二六
　　　六
————
三一五六
　　　六
————
一八九三六
　　　六
————
一一三六一六
　　　六
————
六八一六九六
　　　六
————
四〇九〇一七六
　　　六
————
二四五四一〇五六

將此各數遞降四位相加，

·〇五二六
　　三一五六
　　　一八九三六
　　　　一一三六一六
　　　　　六八一六九六
　　　　　　四〇九〇一七六
　　　　　　　二四五四
————————
·〇̇五二六三一五七八九四七三六八四二一̇〇五二六三一

若將十九分之一用除法，得

一九)一〇〇(·〇五二六三
　　九五
　　　五〇
　　　三八
　　　一二〇
　　　一一四
　　　　六〇
　　　　五七
　　　　　三

以餘數三累乘

○五二六三　則得

```
○五二六三
        三
一五七八九
        三
四七三六七
        三
一四二一○一
        三
四二六三○三
        三
一二七八九○九
```

將此各數遞降五位相加，

```
·○五二六三
     一五七八九
          四七三六七
               一四二一○一
                    四二六三○三
                         一二七八九○九
                              三八
```

·○五二六三一五七八九四七三六八四二一○五二六三一五七八九四七

如十九分之三用除法，得

```
一九)三○(·一五七八九
     一九
     一一○
      九五
      一五○
      一三三
       一七○
       一五二
        一八○
        一七一
           九
```

以三約其餘數九，得三。以此約得之三，累乘其除得之數　一五七八九　則得

```
一五七八九
      ○三
四七三六七
      ○三
一四二一○一
        三
四二六三○三
        三
一二七八九○九
        三
三八三六七二七
```

將此各乘得數遞降五位相加，

```
·一五七八九
     四七三六七
          一四二一○一
               四二六三○三
                    一二七八九○九
                         三八三六七二七
                              一一五
```


·一五七八九四七三六八四二一○五二六三一五七八九四七三六八四二

由此知，兩箇分數，其分母同而分子不同者，其循環之小數惟爲首之位不同，而其依次而下之數則同。所以既求得一箇分數之循環小數，即可由此而得同母異子各分數之循環小數。

如已知十九分之一，其循環小數爲　·○五二六三一五七八九四七三六八四二一。又欲求十九分之三之循環小數，可從除法得

```
一九)三○(·一五七
     一九
     一一○
      九五
      一五○
      一三三
       一七
```

則可從一式中之　一五七　起，周而復始，即得　·一五七八九四七三六八四二一○五二六三　爲十九分之三之循環小數。

或有問者曰：小數循環之理，可謂神妙莫測矣。而究其源，則從分數而出。不知此外尚有他種精深微妙之數，能從分數變出者乎？

答之曰：從分數又可化爲連分數，而連分數中又有一種名曰循環連分數。其理甚深，其用愈妙，惟其數不能以尋常之數學算式明之。學者未通代數之術，不能與論此種算法也。

清・曹汝英《直方大齋數學》上編卷六　公約數

第五十二款　原有之數若爲甚小之數，則其最大公約數尚可思索而得。若原有之數甚大，則須立法以求之。惟立法必須有理，而其理略爲深奥，俟《中編》乃言之，今祇言其法于後。

於原有兩數中取其小數，以除大數。若有餘，則以餘數再除小數。若仍有

餘，則以第二次餘數，再除第一次餘數。以下倣此推之，直至除盡爲止。則最後所用之法數，即爲最大公約數也。設題明之。

設如有數爲四千一百九十九與五千零八十三，試求其最大公約數。

先以小數除大數，所餘爲 八八四 即以之除小數，尚餘 六六三 復以 六六三 除 八八四 尚餘 二二一 復以 二二一 除 六六三 適盡。則 二二一 即爲原兩數之最大公約數。

四一九九)五〇八三(一
四一九九
八八四)四一九九(四
三五三六
六六三)八八四(一
六六三
二二一(六六三(三
六六三

此欵之法雖稍迂曲，然最易明曉。學者姑先照此求之可也，其他巧法俟《中編》言之。

第五十三欵 原有之數若不祇兩條，則其最大公約數亦有法來之。其法如下。

先於原有各數中任取兩條，照上欵之法以求之，所求得者是爲兩條數之最大公約數。次將求得之最大公約數偕第三數求之，所求得者是爲三條數之最大公約數。次將第二次之最大公約數偕第四數求之，所求得者是爲四條數之最大公約數。原有之數任爲若干條，均照此推之。再觀下兩題自明。

第一題 設如有數爲五百零四，又有數爲五千二百九十二，又有數爲一千五百二十。試求其最大公約數幾何。

算草列後。

五〇四)五二九二(一〇
五〇四
二二二)五〇四(二
五〇四

次將二百五十二偕第三數求之，其算草如下：

二五二)一五二〇(六
一五一二
八)二五二(三一
二四
一二
八
四)八(二
八

答曰：求得最大公約數爲四。

第二題 設如有數爲九百三十五，又有數爲一千三百零九，又有數爲二千零五十七，又有數爲一千五百七十三。問最大公約數幾何。

算草：

九三五)一三〇九(一
九三五
三七四)九三五(二
七四八
一八七)三七四(二
三七四

次將一百八十七偕第三數求之，其算草如下：

一八七)二〇五七(一一
一八七
一八七
一八七

次將一百八十七偕第四數求之，其算草如下：

一八七)一五七三(八
一四九六
七七)一八七(二
一五四
三三)七七(二
六六
一一)三三(三
三三

答曰：最大公約數爲一十一。

第五十四欵 求最大公約數之法，於推算諸分題中甚爲有用，習至第八卷自必知之，此時可不必深論。然除推算諸分題外，尚有一種算學題，亦非用此法不能推出答數者。今設題於後，以見梗概。

設如有木棍三枝，一長一丈三尺二寸，一長一丈七尺六寸，一長一丈九尺八寸。今欲截爲短棍，令每棍之長皆相等。問最少可得短棍若干。

此題所問爲最少之棍數，棍數既爲最少，則棍度之長須爲最大。然則以原有三棍之長，求其最大公約數，即可得短棍之度矣。既得短棍之度，乃以之除原有各棍之長度而加之，則得所求之棍數矣。

算草如下。

一三二)一七六(一
一三二
四四)一三二(三
一三二
四四)一九八(四
一七六
二二)四四(二
四四

求得短棍之度爲二尺二寸。

二二)一三二(六
一三二

二二)一七六(八
一七六

二二)一九八(九
一九八

六丄八丄九＝二三

答曰：最少可得短棍二十三枝。

右列算草乃將原有之數作爲以寸爲單位，故通幅可不作定點也。

又 上編卷七 公倍數

第五十七欵 如原有兩數，欲求其最小公倍數，宜先求其最大公約數。既得最大公約數，則以原有兩數相乘，復以最大公約數除之，即得最小公倍數。

若原有三條數，則先取兩條求其最小公倍數，次以求出之最小公倍數偕第三數求之，是爲三條數之最小公倍數矣。四數以上倣此推之。

又 第五十九欵 如有一數欲析爲質生數，則將原設之數以數根叠次除之便合。設題明之。

設如有數爲四萬四千八百五十六，試析爲質生數。

二)四四八五六
二)二二四二八
二)一一二一四
三)五六〇七
三)一八六九
七)六二三
八九

原數爲偶，知其以二除之必盡，故先以二除之，除得之數亦爲偶。再以二除之，除得之數仍爲偶。再以二除之，此時除得之數變爲奇，知其必不能以二除之而盡矣。惟將奇數各位相加得十八，可以三除之而盡。故用三以除奇數，除得之數各位相加得二十四，以三除之可盡。故再用三以爲法，除得數爲六百二十三，此數各位相加，不能以三除之而盡，則知不能再用三爲法矣。於是換五，惟六百二十三之末位非爲五，亦非爲〇，知其必不能以五爲生數。於是換七，七除之得八十九，惟八十九爲數根，不能再析生數，於以知原數之質生數爲二、二、二、三、三、七、八十九也。

第六十欵 學者至此可習今日求最小公倍數之法矣。其法如下。

先將各數橫列一排，如各數中有此數可除彼數者，則先消去小數。爰視消餘各數中，有兩數或幾數，能同以一箇質生數除之而盡者，則取此箇質生數以除之，而書除得數於第二層。其不受除者，仍照列之。既得第二層，如法相消并如法取質生數以除之，得第三層。第三層以下照此推之，直至除得之數不能有相同之質生數爲止。乃將各質生數及末一層之數連乘，即爲所求之最小公倍數。設題明之。

設如有數爲三十、四十二、二百四十五、六十三、一十五，試求其最小公倍數。

二)三〇　四二　二四五　六三　一五
三)一五　二一　二四五　六三
七)五　二四五　二一
三五　三

二×三×七×三五×三＝四四一〇

先將原有各數排列一行，每兩數之間略留隙地以清眉目。爰視各數中一十五可以除三十，即將一十五消去。消去之後，則見三十與四十二同以二爲質生數，即取二以除之，一得十五，一得二十一，其餘兩數不受除，仍置之是爲第二層數。第二層中二十一可以除六十三，即將二十一消去。消去之後，則見十五與六十三同以三爲質生數，即取三以除之，一得五，一得二十一，其餘一數不受除，仍置之是爲第三層數。第三層中五可以除二百四十五，即將五消去。消去之後，則見所餘兩數同以七爲質生數，即取七以除之，除得之數爲三十五與三，此兩數不能有相同之質生數，不必再取數除之。於是將已用過之質生數，及末層之數連乘，得四千四百一十，即爲最小公倍數。

照此欵用質生數以求公倍數，其法雖稍迂曲，然最穩當。學者勿以質生數爲繁，而任意取一他數以除之也。蓋任取一數以除之，其法未嘗不較捷於此，然須另有法以取之。苟未知其法，則有時不能得最小之公倍數者矣。其法俟《中編》言之。

第六十一欵 求最小公倍數法，於推算諸分之題甚爲有用，習至下卷自必知之。然除推算分數題外，尚有尋常算題，亦須用最小公倍法以求之者，今設兩題於後，以見梗概。

第一題 設如甲六日到會館一次，乙八日到一次，丙十日到一次。今三人於正月初一齊到會館，問何時再齊到。但云此年正月、二月俱大建，三月、四月俱小建。

$$二)\underline{六\quad 八\quad 一〇}$$
$$\quad 三\quad 四\quad 五$$

二×三×四×五＝一二〇

一二〇丅六〇丅五八＝二

此題因三人所到之日數不同，故將其日數求最小公倍，即爲三人再齊到之日數也。如法求之得一百二十日，則知正月初一之後須越一百二十日，始能再齊到。扣去小建，則應於五月初二滿一百二十日之期，故知五月初三即爲三人再齊到之日也。

第二題　設如有錢不知幾何，但知其多於六千而又未及七千。若以之分爲七文一堆，或爲九文一堆，或爲十一文一堆，或爲十五文一堆，皆餘四文。問原有錢數幾何。

先將七、九、十一、十五求得最小公倍數爲三千四百六十五。惟原有錢數在六七千之間，則應以最小公倍數倍之，得六千九百三十。夫最小公倍數既可以七、九、十一、十五除之而盡，則倍得之數當亦可以七、九、十一、十三除之而盡也。惟照題所云，每次尚餘四文，則應以倍得之數加四，得六千九百三十四，即爲原有之錢數也。

$$三)\underline{七\quad 九\quad 一一\quad 一五}$$
$$\quad 七\quad 三\quad 一一\quad 五$$

三×七×三×一一×五＝三四六五

二×三四六五＝六九三〇

六九三〇⊥四＝六九三四

又　坿卷上

第十七款　循環小數無論清雜，皆可變爲常分數，惟變之須有法。今先言立法之理，然後設數明之。

欲明立法之理，先須知逕用除法除之必可得 $\frac{一}{九}=.\dot{一}$、$\frac{一}{九九}=.\dot{〇}\dot{一}$、$\frac{一}{九九九}=.\dot{〇}〇\dot{一}$、$\frac{一}{九九九九}=.\dot{〇}〇〇\dot{一}$、$\frac{一}{九九九九九}=.\dot{〇}〇〇〇\dot{一}$……

以上各式既是不誤，則反而列之，亦當不誤，故又可得下各式。

$.\dot{一}=\frac{一}{九}$、$.\dot{〇}\dot{一}=\frac{一}{九九}$、$.\dot{〇}〇\dot{一}=\frac{一}{九九九}$、$.\dot{〇}〇〇\dot{一}=\frac{一}{九九九九}$、$.\dot{〇}〇〇〇\dot{一}=\frac{一}{九九九九九}$……

上段各式如已明曉，則可知∵ $.\dot{七}=七\times.\dot{一}=七\times\frac{一}{九}=\frac{七}{九}$、

$.\dot{四}\dot{三}=四三\times.\dot{〇}\dot{一}=四三\times\frac{一}{九九}=\frac{四三}{九九}$、

$.\dot{八}三\dot{七}=八三七\times.\dot{〇}〇\dot{一}=八三七\times\frac{一}{九九九}=\frac{八三七}{九九九}=\frac{三一}{三七}$

細察上三式，即可得清循環變常分數之通法如下。

法曰：以原設之清循環數作爲整數，置於分子之位。爰視若干位循環，即書若干箇九以爲分母，子母可約則約之，即得所求之常分數。

又 $.五七\dot{九}三\dot{四}=\frac{一〇〇}{一〇〇}\times.五七\dot{九}三\dot{四}=\frac{一}{一〇〇}\times五七.\dot{九}三\dot{四}=\frac{一}{一〇〇}\times五七\frac{九三四}{九九九}=\frac{一}{一〇〇}\times\frac{五七\times九九九⊥九三四}{九九九}=\frac{五七(一〇〇〇丅一)⊥九三四}{九九九〇〇}=\frac{五七〇〇〇丅五七⊥九三四}{九九九〇〇}=\frac{五七九三四丅五七}{九九九〇〇}$

右邊最末之式，乃從上層各式節節推求而得，自然是不誤。惟將最末之式與原設之數互相推勘，則得雜循環變常分數之通法如下。

法曰：將原設之數作爲整數，減去不循環之位，所餘者置於分子之位。爰視有若干位循環，即書若干箇九。又視有若干位不循環，即續若干箇〇於九之後，以爲分母，子母可約則約之，即得所求之常分數。今再設兩題明之。

設如有數爲 $.\dot{三}二\dot{四}$ 及 $.〇\dot{三}二\dot{四}$ 試變爲常分數。

㈠ $.\dot{三}二\dot{四}=\frac{三二四}{九九九}=\frac{三六}{一一一}=\frac{一二}{三七}$　㈡ $.〇\dot{三}二\dot{四}=\frac{三二四丅三}{九九〇〇}=\frac{三二一}{九九〇〇}=\frac{一〇七}{三三〇〇}$

第十八款　若有幾條循環小數相加減，本可將各原數變爲常分數，然後按加減分法，求其所值之分數，再用[第]十一、十五兩款之法變爲小數，即得所求。惟照此施算，略嫌費時，不如用下兩題之法求之，較爲省事也。

第一題　下列各數相加，問得小數幾何。

$三.\dot{九}四\dot{八}⊥九.\dot{六}五\dot{三}⊥一一.四\dot{八}九\dot{六}$　算草如下。

三.九四	八九四八九四	八九
九.六五	三五三五三五	三五
一一.四八	九六九六九六	九六
二五.〇九	二一八一二七	二〇

即爲 $二五.〇九\dot{二}一八一二\dot{七}$

先將各數齊其定點列之。惟列第一數時，即宜察看所設各數中，定點後不循環之位最多有幾位，即於此位之右，作縱線間之。如本題各數中，定點後不循環之位數最多者爲二，故於定點後兩位作縱線。此線既定，再察看所設諸數中，各循環之位數以何數爲最小公倍，即照此數引長各循環位，并作縱線於末位之右。如本題諸數中，有

三位循環者，亦有兩位循環者，惟三與二之最小公倍爲六，故將循環數引至六位，再畫縱線。此線既定，再引兩位乃止。第一條列畢，即續列第二、第三兩條於下。惟須記明，定位之點必令相齊，各循環位亦引至相齊，乃照常法加之。加得數中，兩縱線所夾之位，即爲循環數也。故得答數爲二十五又小數〇九，循環二一八一二七。

上文算草中，其所以從定點後第二位畫縱線者，因原設各數中，其最多之不循環位數爲二。則可預知，加得總數必在定點後第三位乃起循環。既是從第三位乃起循環，則宜於此位前作誌以別之，此畫第一縱線之故也。又第一縱線後，既須將各循環位引長之，而各循環之位數又不相同，故欲各直行內有相同之字者，必須令引長之位數，爲各原位數之公倍乃合。惟公倍之數可大至無窮，而第一次相同之字，必於最小公倍之位見之，此前題之數所以必取六位也。既定出位數爲六，則縱線後第七位之直行，必與第一直行同矣。直行既同，則知循環之位必在此行復起，故作第二縱線以誌之也。第二縱線後所以多寫兩位者，因各直行相加，必有進位之數，苟不多寫兩位，則進位之數難以查考也。

第二題　下列兩數相減，問餘幾何。

八·七四八$\dot{九}$二丁六·三八四$\dot{三}$七　算草如下。

八·七四八	九二八九二八	九二
六·三八四	三七三七三七	三七
二·三六四	五五五一九一	五五

即爲　二·三六四$\dot{五}$五五一九$\dot{一}$

減法之理與加法同，學者能明上題，即能明此題矣。

第十九款　若有循環小數相乘除，則宜將原設各數變爲常分數乃得便捷，觀下列各式自明。

㊀ $·\dot{二}\dot{七}\times·九\dot{一}\dot{六}=\frac{二七}{九九}\times\frac{九一六丁九一}{九〇〇}=\frac{二七}{九九}\times\frac{八二五}{九〇〇}=\frac{一}{四}=·二五$

㊁ $·九\dot{五}\dot{四}\times·\dot{四}二八五七\dot{一}=\frac{九五四丁九}{九九〇}\times\frac{四二八五七一}{九九九九九九}=\frac{九四五}{九九〇}\times\frac{三\times一四二八五七}{七\times一四二八五七}=\frac{九}{二二}=·四\dot{〇}\dot{九}$

㊂ $八五·\dot{八}\dot{五}\div六·\dot{八}〇\dot{六}=八五\frac{八五}{九九}\div六\frac{八〇六}{九九九}=\frac{八五〇〇}{九九}\div\frac{六八〇〇}{九九九}=\frac{八五〇〇}{九九}\times\frac{九九九}{六八〇〇}=\frac{五五五}{四四}=$ 一二·六一$\dot{三}\dot{六}$

第二十款　凡循環位內之數若俱是九，則此數必可變爲不循環之小數。今設式明之。

㊀ $·\dot{九}=\frac{九}{九}=一$　㊁ $·〇\dot{九}=\frac{九}{九〇}=\frac{一}{一〇}=·一$　㊂ $·〇〇\dot{九}=\frac{九}{九〇〇}=\frac{一}{一〇〇}=·〇一$　㊃ $·六〇\dot{九}=\frac{六〇九丁六〇}{九〇〇}=\frac{五四九}{九〇〇}=\frac{六一}{一〇〇}=·六一$

上列各式既能推出·$\dot{九}$與一等、·〇$\dot{九}$與·一等、·〇〇$\dot{九}$與·〇一等、·六〇$\dot{九}$與·六一等，則可悟凡有循環九之數，皆可將本位之九棄去，而於前位增一，既增之後，即成不循環之小數矣。

又上列各式皆照第十七款之法推算而得，自然是不誤。惟本款㊀式所設之數，明明是小數，而何以能與整數相等耶。此學者所必疑者也，欲釋疑團，須看下列之式：

$$\frac{\quad·九九九九九九九…}{·〇〇〇〇〇〇〇〇…}$$

上式爲一與·$\dot{九}$相減之式，由此式即可悟減餘之數必成循環〇，而不能爲他數。因法數多取一箇九，則餘數亦多一箇〇。惟九之箇數無盡，故〇之箇數亦無盡，必至循環〇而後已也。既是減餘之數必成循環〇，則逕與〇無別，故·$\dot{九}$亦與一無別也。明乎此，則上段㊁㊂㊃各式之數，皆能於前位增一者，亦當了然矣。

第二十一款　有十八條循環數，爲算題中所常見者。今臚列於下，以便遇見此等數時，即能逕寫其相當之常分數也。

$\frac{一}{七}=·\dot{一}四二八五\dot{七}$、$\frac{二}{七}=·\dot{二}八五七一\dot{四}$、$\frac{三}{七}=·\dot{四}二八五七\dot{一}$、

$\frac{四}{七}=·\dot{五}七一四二\dot{八}$、$\frac{五}{七}=·\dot{七}一四二八\dot{五}$、$\frac{六}{七}=·\dot{八}五七一四\dot{二}$

細察右邊各數，不獨數目字相同，其相挨之次序亦同。故能記第一條，則以

下各數亦不難推之。假如欲知四|七之同數，則以七除四，除得初商爲五，即不必再商，而能寫出所求之數爲 $\dot{五}七一四二\dot{八}$ 循環也。

第一條數亦有法記之，試將此數勻分兩截，則見第一截爲一四二，第二截爲八五七。惟此兩截之數，若將相當之位相加，皆可得九。如一與八，或四與五，或二與七，皆成九。然則此六字中，祇須記前三字，即能推出後三字矣。又前三字亦易記之，因前兩位之一四，即爲分母七之倍，而第三位之二，即爲七除一四所得之數也。

又 $\frac{一}{一三}=\cdot\dot{〇}七六九二\dot{三}$、$\frac{三}{一三}=\cdot\dot{二}三〇七六\dot{九}$、$\frac{四}{一三}=\cdot\dot{三}〇七六九\dot{二}$、$\frac{九}{一三}=\cdot\dot{六}九二三〇\dot{七}$、$\frac{一〇}{一三}=\cdot\dot{七}六九二三\dot{〇}$、$\frac{一二}{一三}=\cdot\dot{九}二三〇七\dot{六}$

此六條數，其數目字彼此相同，相挨之次序亦同，故能記第一條，則以下各數亦不難推之。

記第一條之法，亦是將此數勻分兩截，即見兩截之相當位皆成九，故能記第一截，即能推出第二截矣。又第一截之記法，祇須記首明位爲〇，第二、第三之和與分母十三等，而以七在前，六在後者也。

又 $\frac{二}{一三}=\cdot\dot{一}五三八四\dot{六}$、$\frac{五}{一三}=\cdot\dot{三}八四六一\dot{五}$、$\frac{六}{一三}=\cdot\dot{四}六一五三\dot{八}$、$\frac{七}{一三}=\cdot\dot{五}三八四六\dot{一}$、$\frac{八}{一三}=\cdot\dot{六}一五三八\dot{四}$、$\frac{一一}{一三}=\cdot\dot{八}四六一五\dot{三}$

此六條亦是相挨之字相同者也。

第一條記法，亦是將此數勻分兩截，即見兩截相當之位皆成九。惟第一截三字皆是奇數，以五居中，而兩旁之字與左邊分母同。

第二十二款　凡兩位循環之數，若將兩位相加而可得九者，則原數之相當常分數，必以十一爲分母，如下列各數是也。

$\frac{一}{一一}=\cdot\dot{〇}\dot{九}$、$\frac{二}{一一}=\cdot\dot{一}\dot{八}$、$\frac{三}{一一}=\cdot\dot{二}\dot{七}$、$\frac{四}{一一}=\cdot\dot{三}\dot{六}$、$\frac{五}{一一}=\cdot\dot{四}\dot{五}$、$\frac{六}{一一}=\cdot\dot{五}\dot{四}$、$\frac{七}{一一}=\cdot\dot{六}\dot{三}$、$\frac{八}{一一}=\cdot\dot{七}\dot{二}$、$\frac{九}{一一}=\cdot\dot{八}\dot{一}$、$\frac{一〇}{一一}=\cdot\dot{九}\dot{〇}$

右邊各數，其爲九之若干倍者，則左邊分子亦爲若干，故任舉一邊之數，皆甚易記憶餘一邊之數也。

第二十三款　尚有一種列式法，爲算循環小數題所常用者，今列其法如下。

平常算數定點後，罕有列分數式，惟算循環小數，則有時小數後須列分數式，乃便如下式是也。

$$\frac{\cdot一七六\dot{二}八五七一\dot{四}}{\cdot一一\dot{二}一\dot{八}}=\frac{\cdot一七六\frac{二}{七}}{\cdot一一\frac{二}{一一}}=\frac{一\cdot二三四}{七}\div\frac{一\cdot二三四}{一一}=\frac{一\cdot二三四}{七}\times\frac{一一}{一\cdot二三四}=\frac{一一}{七}=一\frac{四}{七}=一\cdot\dot{五}七一四二\dot{八}$$

又曹汝英《算學雜識》卷一　求任若干數之最小公倍數法

公倍數者，以各數約此數，均能約盡之謂也。最小云者，再無有小於此數，而各數均能約盡之者也。其法先將各數排列一行，如各數中有可以此度彼，則先消去其小者。然後另取一數，能度各數中兩數以上者，按數度之。書度得之數於下行，其不能度者，仍置之。如法屢求，至不能再度爲止，乃連乘最下行之各數及所取各數，即爲公倍數。試設題明之。

設如欲求七十二、四十八、五、六、三十、十四、二十一之公倍數。其式如下。

二四|七二，四八，五，六，三〇，一四，二一
七|三，二，　　　三〇，一四，二一
　　三〇

二四×七×三〇＝五〇四〇＝公倍數

如法先書各數於上行，因五可約三十，先消去。六又可約三十，又消去。二十四可度七十二，又可度四十八，於是取二十四爲法，度七十二得三，度四十八得二。後三數不能度，仍置之得第二行。又因此行之三可約三十，故消去。二可約十四，又消去。七可度十四，又可度二十一，乃取七爲法，度十四得二，度二十一得三。三十不能度，仍置之，得第三行。惟因此行之三可度三十，故消去。二亦可度三十，亦消去。至此不能再度，乃連乘 二四、七、三〇 得 五〇四〇 即爲所求之最小公倍數。

設如有數，以二數之餘一，三數之餘一，四數之餘一，五數之餘一，六數之餘一。問此數若干。

此題可用求公倍數法馭之，其式如後。

二|二三四五六
　　二五三

二×二×五×三＝六〇　則　所求數＝六〇卯＋一

若　卯＝一　則所求數＝六一　卯＝二　［則所求數］＝一二一　卯＝三　［則所求數］＝一八一……

有循環小數反求其命分之式。

若爲清循環小數，則以循環數爲分子，視有幾位循環，則以幾箇九爲分母，能約再約之，即爲命分之式。

如有 $.\dot{三}$ 則 $.\dot{三}=\frac{九}{三}=\frac{三}{一}$　如有 $.\dot{二}\dot{七}$ 則 $.\dot{二}\dot{七}=\frac{九九}{二七}=\frac{一一}{三}$　如有 $.\dot{八}五七一四\dot{二}$ 則 $.\dot{八}五七一四\dot{二}=\frac{九九九九九九}{八五七一四二}=\frac{七}{六}$　餘可類推。

試列式解之，如第一式。命 天＝·三三三三三三三…　則 一〇天＝三·三三三三三三三…　兩式相減得 九天＝三　故 天＝$\frac{九}{三}$　即 天＝$\frac{三}{一}$

天＝·二七二七二七…　則 一〇〇天＝二七·二七二七二七…　相減得 九九天＝二七　故 天＝$\frac{九九}{二七}$　即 天＝$\frac{一一}{三}$　餘可類推。

若爲雜循環小數，則以不循環數減雜循環數，所餘爲分子。視有若干循環位，則作若干箇九。再視有若干不循環位，即加若干〇於九之後，以作分母。能約再約之，即爲命分之式。

如有 $.一\dot{四}$ 則 $.一\dot{四}=\frac{九〇}{一四丅一}=\frac{九〇}{一三}$　如有 $.〇一三\dot{八}$ 則 $.〇一三\dot{八}=\frac{九〇〇〇}{一三八丅一三}=\frac{九〇〇〇}{一二五}=\frac{七二}{一}$　如有 $.二\dot{四}一\dot{八}$ 則 $.二\dot{四}一\dot{八}=\frac{九九九〇}{二四一八丅二}=\frac{九九九〇}{二四一六}=\frac{四九九五}{一二〇八}$　餘可類推。

試列式解之，如第一式。命 天＝·一四四四四…　則 一〇天＝一·四四四四…　一〇〇天＝一四·四四四四…　相減得 九〇天＝一三　故 天＝$\frac{九〇}{一三}$

如第二式，命 天＝·〇一三八八八…　則 一〇〇〇天＝一三·八八八八…　一〇〇〇〇天＝一三八·八八八…　相減得 九〇〇〇天＝一二五　故 天＝$\frac{九〇〇〇}{一二五}$　即 天＝$\frac{七二}{一}$　餘可類推。

天之倍數，當取能令不循環之數爲整，及雜循環之初度爲整。則兩式相減，其循環之數自消去也。

清·徐虎臣《溥通新代數》卷二

第七二款　公倍數化分母法

如有式 $\frac{天丅一}{二天}丅\frac{天^{二}丅一}{一〇}=\frac{天丄一}{七}$　欲解此方程式，必先化去分母。準小公倍理，可將各分母求得最小之公倍數，即得 $\frac{天^{二}丅一}{(天丄一)二天}丅\frac{天^{二}丅一}{一〇}=\frac{天^{二}丅一}{(天丅一)七}$　方程式之諸項既同分母，故可去其分母乘之，二天^{二}丄二天丅一〇＝七天丅七　消之，得 二天^{二}丅五天丅三＝〇　依劈生法，得 (二天丄一)(天丅三)＝〇　故 天＝三　或 天＝丅$\frac{三}{一}$

例二 $\frac{天^{二}丅一}{天^{二}丅三天}丄二丄\frac{天丅一}{一}＝〇$　依求公倍數理，求得同母之分數方程式 $\frac{天^{二}丅一}{天^{二}丅三天}丄\frac{天^{二}丅一}{二(天^{二}丅一)}丄\frac{天^{二}丅一}{天丄一}＝〇$　去分母而消之，得 三天^{二}丅二天丅一＝〇　可劈爲 (三天丄一)(天丅一)＝〇　故 天＝一　或 天＝丅$\frac{三}{一}$　但此種方程式若令 $\left(\frac{天^{二}丅一}{天^{二}丅三天}丄\frac{天丅一}{一}\right)=\left(\frac{天^{二}丅一}{天^{二}丅三天丄天丄一}\right)=\left(\frac{天^{二}丅一}{天^{二}丅二天丄一}\right)$　因 天^{二}丅二天丄一 劈爲 (天丅一)(天丅一)　故 $\frac{天^{二}丅一}{天^{二}丅二天丄一}=\frac{天丄一}{天丅一}$　所以 $\frac{天丄一}{天丅一}=丅二$　即 天丅一＝丅(二天丄二)　移項而消之，三天＝丅一　則 天＝丅$\frac{三}{一}$　故凡二次式能依劈生法化爲一次式者，準此多次式亦可化爲簡次式解矣。理詳三次式以上各題。

又　卷五

第一五九款　求約數法

整數之性情雖略見於《數學》分數篇中，然自理極多，非代數精深而不能知其奧妙，特詳論於此篇，以期爲解題之助。其素數與積數之淺理已見於《數學》書中，無庸贅敘。本款所論者，皆極繁之數求各種約數，而約得整數之法也。

例如 有 二九六四五、一三六八九、九〇五〇八 求此三數之各種約數如何。其第一數末位爲五，必能以五約之。約得之數其奇位與耦位之較爲〇，故能以十一約之。而約得之數仍可以十一約之，得四九，即爲$七^{二}$，而第一數之諸因子爲 五、$一一^{二}$、$七^{二}$ 準是理，即 二九六四五＝五・$一一^{二}$・$七^{二}$ 準而 一三六八九＝$九^{二}$・$一三^{二}$ 則 九〇五〇八＝$一一^{三}$・$二^{二}$・一七 準此三例，凡任何數皆能如是求各種素因子。

例二 如有 $\underline{|卯}$，欲求任何素數所能約之次數者。設素數爲甲，而各次約得之倍數爲乙、丙、丁、戊。故 $\frac{甲}{卯}$＝乙丄丑、$\frac{甲}{乙}$＝丙丄丑′、$\frac{甲}{丙}$＝丁丄丑″… 則 乙丄丙丄丁丄…＝天 而天爲所約之次數。若 卯＝五〇、甲＝二 則 $\frac{二}{五〇}$＝二五丄〇、$\frac{二}{二五}$＝一二丄一、$\frac{二}{一二}$＝六丄〇、$\frac{二}{六}$＝三丄〇、$\frac{二}{三}$＝一丄一 而 天＝四七 故 $二^{四七}$ 即以二爲根最大之約數。若 卯＝一〇〇、甲＝七 則 $\frac{七}{一〇〇}$＝一四丄二 、$\frac{七}{一四}$＝二 而 天＝一六 故 $七^{一六}$ 即以七爲根最大之約數。

觀此類之題，置餘數於不問，似不合理。以二題論之，但自一至 一〇〇 之連乘數，其連乘之內，凡爲七之倍數而生者，始能以七約之得整。因 一〇〇 內由七之倍數而生者，凡十四。而十四由七倍數而生者，凡二。故 $\underline{|一〇〇}$ 之內可以七約十六次，而決不關係於餘數之如何，故可置餘數於不問也。

第一六〇款 約數之二

如卯爲素數，則 $(甲丄乙)^{卯}$ 除首項與末項外，其他皆能以卯約之得整。此由二項例級數除首末二項外，其他各項皆含有卯之因子。故 $(甲丄乙丄丙丄…)^{卯}$ 其詳式除 $甲^{卯}$、$乙^{卯}$、$丙^{卯}$… 等之外，各項皆能以卯約之得整。又如丑爲任何整數，則 卯(卯丄一)(二卯丄一)＝六丑 惟 卯(卯丄一)(二卯丄一)＝卯(卯丄一){(卯丄二)丄(卯丅一)}＝(卯(卯丄一)(卯丄二)丄(卯丅一)卯(卯丄一)) 此式之卯任爲何數，必能以六約之得整。

例二 如卯爲任何奇數，則 $(卯^{二}丄三)(卯^{二}丄七)$＝三二丑 此因 卯＝二寅丄一 則 $(卯^{二}丄三)(卯^{二}丄七)＝\{(二寅丄一)^{二}丄三\}\{(二寅丄一)^{二}丄七\}＝一六(寅^{二}丄寅丄一)(寅^{二}丄寅丄一丄一)$ 命 $寅^{二}丄寅丄一$＝午 則 $(卯^{二}丄三)(卯^{二}丄七)$＝一六午(午丄一) 午爲任何數時，而 午(午丄一)＝二丑 故 $(卯^{二}丄三)(卯^{二}丄七)$＝三二丑

例三 如卯爲奇，則 $卯^{四}丄四卯^{二}丄一一$＝一六丑 惟 二寅丄一＝卯 即 $卯^{四}丄四卯^{二}丄一一＝卯^{四}丄四卯^{二}丅五丄一六＝(卯^{二}丄五)(卯^{二}丅一)丄一六＝[(二寅丄一)^{二}丄五][(二寅丄一)^{二}丅一]丄一六$ 乘之得 $(二寅丄一)^{四}丄四(二寅丄一)^{二}丅五丄一六＝八(二寅^{二}丄二寅丄三)寅(寅丄一)丄一六＝八(二寅^{二}丄二寅丄三)二丑丄一六＝一六丑丄一六＝一六丑$

例四 卯爲任何數，則 $一丄七^{二卯丅一}$＝八丑 惟 $(甲^{二卯丅一}丄一)÷(甲丄一)＝甲^{二卯丅二}丅甲^{二卯丅三}丄…\frac{丄}{丅}一$ 故 $(一丄七^{二卯丅一})÷(一丄七)$ 得整，則 $一九^{二卯}丅一$＝三六〇丑、$二五^{二卯}丅一$＝六二四丑

例五 如 卯>三 則 $卯(卯^{二}丅一)(卯^{二}丅四)$＝三六〇丑 惟 $卯(卯^{二}丅一)(卯^{二}丅四)$＝(卯丅二)(卯丅一)卯(卯丄一)(卯丄二) 因卯不能小於三，故 (卯丅二)(卯丅一)卯(卯丄一)(卯丄二)＝$\underline{|五}$・丑 但 $\underline{|五}$・丑＝一二〇丑 若令 三寅丄一＝卯 則 (三寅丅一)三寅(三寅丄一)(三寅丄二)(三寅丄三)＝九丑 若再令 三寅丄二＝卯 則 原式＝三寅(三寅丄一)(三寅丄二)(三寅丄三)(三寅丄四)＝九丑 惟九與 一二〇 有公生數三，故 $卯(卯^{二}丅一)(卯^{二}丅四)$＝三・一二〇・丑＝三六〇丑 而卯與三互爲素數始合此理。

第一六一款 傅爾麼氏之約法

設有 $寅^{卯丅一}丅一$ 若卯爲素數，而寅與卯又無約數者，皆可以卯約之得整。

準前款 $(甲_{一}丄甲_{二}丄甲_{三}丄…丄甲_{寅})^{卯}＝甲_{一}^{卯}丄甲_{二}^{卯}丄甲_{三}^{卯}丄…丄甲_{寅}^{卯}丄卯丑$ 惟 $甲_{一}＝甲_{二}＝…＝一$ 故 $寅^{卯}$＝寅丄卯丑 即 $寅(寅^{卯丅一}丅一)$＝卯丑 準此理可解左之諸題。

例如 卯爲素數，則 $一^{卯丅一}丄二^{卯丅一}丄三^{卯丅一}丄…丄(卯丅一)^{卯丅一}丄一$＝卯丑 惟 原式＝$(一^{卯丅一}丅一)丄(二^{卯丅一}丅一)丄(三^{卯丅一}丅一)丄…丄((卯丅一)^{卯丅一}丅一)丄(一丄一丄一丄…)丄一$ 故 原式＝卯丑丄卯丑丄…丄(卯

丅一)丄一＝卯丑

例二　如甲、乙、卯互爲素數時，則　甲^{卯丅一}丅乙^{卯丅一}＝卯丑　惟　甲^{卯丅一}丅乙^{卯丅一}＝(甲^{卯丅一}丅一)丅(乙^{卯丅一}丅一)＝卯丑　爲本題之證也。

例三　卯^{五}丅卯＝三〇丑　惟　卯^{五}丅卯＝卯(卯^{四}丅一)　但　卯^{四}丅一＝五丑　而　卯^{五}丅卯＝(卯丅一)卯(卯丄一)(卯^{二}丄一)＝(一・二・三)(卯^{二}丄一)＝六丑　故　卯^{五}丅卯＝(五・六)丑＝三〇丑

例四　卯^{七}丅卯＝四二丑　惟　卯^{七}丅卯＝卯(卯^{六}丅一)　但　卯^{六}丅一＝七丑　而　卯^{七}丅卯＝(卯丅一)卯(卯丄一)(卯^{四}丄卯^{二}丄一)　則　卯^{七}丅卯＝六丑　故　卯^{七}丅卯＝(七・六)丑＝四二丑

例五　天^{一二}丅地^{一二}＝一三六五丑　惟　一三六五＝三・五・七・一三　但　(天^{二}丅地^{二})、(天^{四}丅地^{四})、(天^{六}丅地^{六})、(天^{一二}丅地^{一二})　皆爲天^{一二}丅地^{一二}之因子，而　天^{二}丅地^{二}＝(天^{二}丅一)丅(地^{二}丅一)＝三丑　依同理，天^{四}丅地^{四}＝五丑、天^{六}丅地^{六}＝七丑、天^{一二}丅地^{一二}＝一三丑　故　天^{一二}丅地^{一二}＝(三・五・七・一三)丑

例六　如寅與卯互爲素數時，則　寅^{卯丅一}丄卯^{寅丅一}丅一＝寅・卯・丑　惟　寅^{卯丅一}丄卯^{寅丅一}丅一＝(寅^{卯丅一}丅一)丄卯^{寅丅一}　或　寅^{卯丅一}丄卯^{寅丅一}丅一＝(卯^{寅丅一}丅一)丄寅^{卯丅一}　故　寅^{卯丅一}丄卯^{寅丅一}丅一＝寅・卯・丑

例七　如寅、卯、辰互爲素數時，則　(卯辰)^{寅丅一}丄(寅辰)^{卯丅一}丄(寅卯)^{辰丅一}丅一＝寅・卯・辰・丑　惟　原式＝{(卯辰)^{寅丅一}丄(寅辰)^{卯丅一}}丄{(寅卯)^{辰丅一}丅一}(一)　或　原式＝{(卯辰)^{寅丅一}丄(卯寅)^{辰丅一}}丄{(寅辰)^{卯丅一}丅一}(二)　或　原式＝{(寅辰)^{卯丅一}丄(寅卯)^{辰丅一}}丄{(辰卯)^{寅丅一}丅一}(三)　觀上，(一)式能以辰約得整，(二)式能以卯約得整，(三)式能以寅約之得整，故　(卯辰)^{寅丅一}丄(卯寅)^{辰丅一}丄(辰寅)^{卯丅一}丅一＝寅・辰・卯・丑

例八　如甲爲任何平方數，則　甲^{八}丅一＝一七丑　惟　甲^{六}丅一＝一七丑　而　甲^{八}丅一＝$\sqrt{甲^{一六}}$丅一　故　甲^{八}丅一＝一七丑　後凡類此之約數，皆可準本款，例而推之。

第一六二款　求整約數之總

凡任何數求約數者，可令卯爲本數，而以甲、乙、丙、丁等爲約數之因子，故卯＝甲^{天}・乙^{地}・丙^{人}…　而　(一丄甲丄甲^{二}丄…丄甲^{天})(一丄乙丄乙^{二}丄…丄乙^{地})(一丄丙丄丙^{二}丄…丄丙^{人})…　爲整約數之總數。惟　(一丄甲丄甲^{二}丄…丄甲^{天})＝(一丄天)丑　(一丄乙丄乙^{二}丄…丄乙^{地})＝(一丄地)丑…　故　總數＝(一丄天)(一丄地)(一丄人)…

例如　有　六〇〇＝二^{三}・三・五^{二}　則　總數＝(一丄三)(一丄一)(一丄二)＝二四　由是六百有二十四種之整約數。如求二十四種整約數之和者，則　(一丄甲丄甲^{二}丄…丄甲^{天})(一丄乙丄乙^{二}丄…丄乙^{地})…

$$＝\frac{(一丅甲^{天丄一})(一丅乙^{地丄一})(一丅丙^{人丄一})}{(一丅甲)(一丅乙)(一丅丙)\cdots}$$

故

$$\frac{(一丅二^{四})(一丅三^{二})(一丅五^{三})}{(一丅二)(一丅三)(一丅五)}＝一八六〇$$

例二　如有　三六〇〇　及　一四五五三　求整除數之總數者，惟因三六〇〇＝二^{四}・三^{二}・五^{二}　故　總數＝(一丄四)(一丄二)(一丄二)＝四五　而　一四五五三＝三^{三}・七^{二}・一一　則　總數＝(一丄三)(一丄二)(一丄一)＝二四

第一六三款　論完數及最小積數

【略】例四　如整除數有六種，求最小數者。惟因　卯＝甲^{天}・乙^{地}・丙^{人}…　其甲、乙、丙等爲不同之素因子，而比一大，但　整除數＝(一丄天)(一丄地)(一丄人)…＝六＝二・三　則　一丄天＝二、一丄地＝三　故　天＝一、地＝二　由是　卯＝甲・乙^{二}　其最小數爲　甲＝三、乙＝二，卯＝一二　故求得十二爲最小數。

例五　如整除數有十五種，則　一五＝三・五　故　天丄一＝三、地丄一＝五　而　天＝二、地＝四　則　卯＝甲^{二}・乙^{四}＝三^{二}・二^{四}＝一四四

例六　已知整除數有二十種，求最小數者。惟　二〇＝二・二・五　則天丄一＝二、地丄一＝二、人丄一＝五　故　天＝一、地＝一、人＝四　而卯＝甲・乙・丙^{四}＝三・五・二^{四}＝二四〇　即求得二百四十爲最小數，而整除數有二十種也。

例七　如有　四七二五　求以如何最小數乘之而爲平方數，或爲立方數者。惟因　四七二五＝五^{二}・三^{三}・七　故以　三・七　乘之，爲　$\sqrt{五^{二}・三^{四}・七^{二}}$　得整。以　五・七^{二}　乘之，爲　$\sqrt[三]{五^{三}・三^{三}・七^{三}}$　亦得整也。

第一六四款　求相對之素因子法

凡任何數非素數者，必皆能求得相對之兩約數而互爲素數。

例如 三六〇 欲求兩兩相對之互約數者，惟 三六〇 等於 二^{三}・三^{二}・五 則約數爲 (一⊥二^{三})(一⊥三^{二})(一⊥五) 即 (一⊥一)(一⊥一)(一⊥一)=八 而八爲互約數之數。欲詳此式者，惟 (一⊥二^{三})(一⊥三^{二})(一⊥五)=一⊥二^{三}⊥三^{二}⊥五⊥二^{三}・三^{二}⊥五(二^{三}⊥三^{二}⊥二^{三}・三^{二})=一⊥八⊥九⊥五⊥七二⊥四〇⊥四五⊥三六〇 由是一與三六〇、八與四五、九與四〇、五與七二 各爲 三六〇 之互約數。而兩兩之互約數皆互爲素數，故求得互約數共有八種，而爲四對也，準此。

例如 已知數爲卯，依 卯=甲^{天}・乙^{地}・丙^{人}… 則約數爲 (一⊥甲^{天})(一⊥乙^{地})(一⊥丙^{人})… 若甲、乙、丙等之素因子有寅箇時，則 (一⊥一)(一⊥一)(一⊥一)…=二^{寅} 由是約數即有二^{寅}之多，而兩兩相對之約數爲 $\frac{二^{寅}}{二}$=二$^{寅⊥一}$ 故凡任何數，其兩兩相對之互約數爲 二^{寅丅一} 也。

第一六五款 求素數法

凡任何數，必皆能求小於原數，而與原數互爲素數者之數。

設原數爲 一〇〇 而 一〇〇=二^{二}・五^{二} 惟 一〇〇 除單一外，其他凡尾位爲一、三、七、九之數，皆與 一〇〇 互爲素數。故凡小於 一〇〇 而與 一〇〇 互爲素數者，有 三九 數。若從素因子二與五而變之，則爲 一〇〇($\frac{一}{二}$×$\frac{四}{五}$)丅一 再變之，爲 一〇〇(一丅$\frac{一}{二}$)(一丅$\frac{一}{五}$)丅一=三九

例二 如 一五七五 求素數者。惟 一五七五=三^{二}・五^{二}・七 故 一五七五(一丅$\frac{一}{三}$)(一丅$\frac{一}{五}$)(一丅$\frac{一}{七}$)丅一 即爲 七一九 由是比 一五七五 小而互爲素數者，有七百十九數。

例三 如 三八五 求所含之素數者。惟 三八五=五・七・一一 故 三八五(一丅$\frac{一}{五}$)(一丅$\frac{一}{七}$)(一丅$\frac{一}{一一}$)丅一=二三九 由是求得所含之素數，共有二百三十九種。餘仿此例而推之。

第一六六款 平方數之形狀

凡平方數有種種之形狀，茲於本款遞詳論之，以區別其性質。

例一 如平方數從三之倍數而成，即能以三約之得整。若非三之倍數而成，必從三之倍數加一或減一而成。

其平方數減一，必能以三約之得整。惟 (三丑±一)^{二}=(三丑)^{二}±二(三丑)⊥一 而 (三丑)^{二}±二(三丑)⊥一=三丑⊥一 則 (三丑±一)^{二}丅一=三丑

例二 如平方數從五之倍數而成，能以五除得整。苟非五之倍數，必從五之倍數加一或減一，加二或減二而成，其平方數減一或加一，必能以五除得整。惟 (五丑±一)^{二}=(五丑)^{二}±二(五丑)⊥一 而 (五丑)^{二}±二(五丑)⊥一=五丑⊥一 又 (五丑±二)^{二}=(五丑)^{二}±四(五丑)⊥四 而 (五丑)^{二}±四(五丑)⊥四=五丑丅一

例三 如有 甲^{二}⊥乙^{二}=丙^{二} 則 甲・乙・丙=六〇丑 準例一理 甲^{二}=三丑 乙^{二}=三丑 或 甲^{二}=三丑⊥一、乙^{二}=三丑⊥一 由加法 甲^{二}⊥乙^{二}=丙^{二}=三丑⊥二 然平方數不能爲 三丑⊥二 之形，故 甲^{二}=三丑 或 乙^{二}=三丑 即 甲^{二}・乙^{二}=三丑 而 甲・乙=三丑 準例二 甲^{二}=五丑 及 乙^{二}=五丑 或 甲^{二}=五丑±一 及 乙^{二}=五丑±一 則 甲^{二}⊥乙^{二}=丙^{二}=五丑⊥二 惟平方數不能爲 五丑⊥二 之形，故 甲^{二}=五丑 或 乙^{二}=五丑 則 甲^{二}・乙^{二}=五丑 而 甲・乙=五丑 又凡平方數從 四丑 或 四丑⊥一 或 四丑⊥二 而生者，則其平方數必爲 一六丑 或 八丑⊥一 或 一六丑⊥四 惟 (四丑)^{二}=一六丑 又 (四丑⊥一)^{二}=(四丑)^{二}⊥八丑⊥一=八丑⊥一 則 (四丑⊥一)^{二}=八丑⊥一 但 (四丑⊥二)^{二}=(四丑)^{二}⊥一六丑⊥四=一六丑⊥四 所以 (四丑⊥二)^{二}=一六丑⊥四 由是 甲^{二} 及 乙^{二}爲 一六丑 或 八丑⊥一 或 一六丑⊥四 故 甲^{二}⊥乙^{二}=丙^{二}=一六丑 或 甲^{二}⊥乙^{二}=丙^{二}=八丑⊥二 或 甲^{二}⊥乙^{二}=丙^{二}=八丑⊥五 或 甲^{二}⊥乙^{二}=丙^{二}=一六丑⊥四 因 八丑⊥二 與 八丑⊥五 皆不合理，故 甲^{二}⊥乙^{二}=丙^{二}=一六丑⊥四 由是 甲^{二}・乙^{二}=一六丑 或 甲^{二}・乙^{二}=一六丑⊥四 故 甲・乙=四丑 從上三理，則 甲・乙・丙=(三・四・五)丑=六〇丑

例四　凡立方數，如由七之倍數而成者，即能以七約之得整。若非七之倍數而成者，必爲七之倍數加一或減一，加二或減二，加三或減三而成。其立方數加一或減一，必能以七約之得整。又如立方數從三之倍數而成者，即能以九約之得整。苟非三之倍數而成，亦必爲三之倍數加一或減一而成。其立方數加一或減一，必能以九約之得整。惟 $(七丑\pm一)^{三}$ 爲 $(七丑)^{三}\pm三(七丑)^{二}丄三(七丑)\pm一$ ㈠ $(七丑\pm二)^{三}$ 爲 $(七丑)^{三}\pm六(七丑)^{二}丄一二(七丑)\pm八$ ㈡ $(七丑\pm三)^{三}$ 爲 $(七丑)^{三}\pm九(七丑)^{二}丄二七(七丑)\pm二七$ ㈢ 觀以上三式，若加一或減一必能以七約之得整。又因 $(三丑\pm一)^{三}$ 爲 $(三丑)^{三}\pm三(三丑)^{二}丄九丑\pm一$ 若於此式加一或減一，必能以九約之得整。

例五　凡四方數，若從五之倍數而生者，必能以五約之得整。若從五之倍數加一或減一，加二或減二而生者，於其四方數減一，即能以五約之得整。惟因 $(五丑\pm一)^{四}＝五丑丄一$ 而 $(五丑\pm二)^{四}＝五丑丄一$ 於此二式之兩邊減一，則皆能以五約之得整。

例六　凡平方數之末位不能有二、三、七、八之四數。惟任何數根之末位，惟〇、一、二、三、四、五、六、七、八、九等，其平方數之末位皆爲〇、一、四、五、六、九之六數。

例七　如平方數之末位爲奇者，其右邊之第二位數皆爲耦或爲〇也。設以一、三、五、七、九爲根，則各平方數爲一、九、二十五、四十九、八十一，故凡末位之左一位爲耦或爲〇也。

例八　凡連續四數之相乘積，決不能成平方數。惟因 $甲(甲丄一)(甲丄二)(甲丄三)＝(甲^{二}丄三甲)(甲^{二}丄三甲丄二)＝\{(甲^{二}丄三甲丄一)丅一\}\{(甲^{二}丄三甲丄一)丄一\}＝(甲^{二}丄三甲丄一)^{二}丅一$ 由是凡連續四數之相乘積加一爲平方數。

清・劉澤楨《中西數學通解》卷二

代數求公倍數去分法同前多項加分次法。

如有式 $\frac{二}{天}丄\frac{三}{天}丄\frac{四}{天}＝二六$ (一)法以三母二、三、四連乘，則得 二×三×四 即 二四 爲公倍數。次以公倍數之 二四 倍其各項分子及他項整數，故一式變爲 $\frac{二}{二四天}丄\frac{三}{二四天}丄\frac{四}{二四天}＝六二四$ (二)於是以各母除子，則分母可去，而得 $一二天丄八天丄六天＝六二四$ (三) 即 $二六天＝六二四$ 即 $天＝二四$ 其公式爲 $\frac{甲}{天}丄\frac{乙}{天}丄\frac{丙}{天}＝丁丄戊$ 分母連乘，得 甲×乙×丙 即 甲乙丙 爲公倍數。以乘各分子及他整數，得 $\frac{甲}{甲乙丙天}丄\frac{乙}{甲乙丙天}丄\frac{丙}{甲乙丙天}＝甲乙丙(丁丄戊)$ 各母除各子，則分母可去，得 $乙丙天丄甲丙天丄甲乙天＝甲乙丙(丁丄戊)$ 即 $(乙丙丄甲丙丄甲乙)天＝甲乙丙(丁丄戊)$

求公倍數簡法

如有式 $\frac{二}{天}丄\frac{三}{天}丄\frac{四}{天}＝二六$ 列表

三	二	三	四
二	二	一	四
	一	一	二

法以三母橫列於上，以線界之。乃以三爲法，對所列數書於邊外，以除各母數，則三約二不能約，仍書二於下。三約三得一，書一於下。三約四不能約，仍書四於下。次以二爲法，對二層數書於邊外，以除二層數，則二約二得一，書一於下。二約一，不能約，仍書一於下。二約四，得二，書於下，約訖。將左邊外數三與二，與下邊之二連乘，一所乘數不變，故下邊兩一字可不用。而得 三×二×二＝一二 爲小公倍。以小公倍 一二 遍乘各子，及他項整數，得 $\frac{二}{一二天}丄\frac{三}{一二天}丄\frac{四}{一二天}＝三一二$ 各母除各子，得 $六天丄四天丄三天＝三一二$ 併得 $一三天＝三一二$ 移乘作除，得 $天＝二四$

清・黃慶澂《算學報・開方提要一》 附論西人通分連乘用公倍數法

設有三十五分之十七，二十一分之十二，十八分之十一，二十四分之十五。求公母數并各子數。

二四/一五、一八/一一、二一/一二、三五/一七

	二四	一八	二一	三五
二	一二	九	二一	三五
三	四	三	七	三五
七	四	三	一	五
五	四	三	一	一

公母數　二×三×七×五×四×三×一×一　即　二五二〇

二五二〇
一五七五
一五四〇
一四四〇
一二二四

各項子數　一七×二×三×四×三×一×一、一二×二×五×四×三×一×一、一一×七×五×四×一×一、一五×七×五×三×一×一

說曰：此即求數根法也。法以二除二十四,得十二,而十八、二十一、三十五,亦隨帶除之。以三除九,得三,而十二、二十一、三十五,亦隨帶除之。以七除七,得一,而四與三、與三十五,亦隨帶除之。以五除五,得一,而四與三、與一,亦隨帶除之。惟除時遇受除者,則除之;不受除者,寄之俟。除畢,將邊外縱横所列各數連乘之,即各項之公母數也。如欲求各項連乘之子數,則以公母數中先剔去原母數,然後以原子數乘之。如母係三十五,則先將公母數中剔去五與七,乃以子數十七連乘之,得千二百二十四,即其連乘之子數也。餘類推。

又曰：華氏蘅芳《數根開方術》甚爲簡捷,可以此法互證之。

圖表

清・崔朝慶　楊冰《算表合璧》例言

《數根表》係冷仙所撰,余與季笙、庠簠各校一遍不用二與五可度盡之數。凡二與五可度盡之數,可視尾數而知。故一萬以内祇有四千數,分作十葉,每葉列四百數。數之前二位横列於上,數之後二位順列於左,其縱横相當格中所列之數,爲最小之因數。無因數者,爲數根。

《數根表附表》載大於一萬,小於十萬之數根。書眉左之第一字,即根之首位。每葉分十行,行分十格,視行數可知根之第二位,視格數可知根之第三位。設根之第二位、第三位俱爲〇,則在第一行之第一格。根之第二位、第三位俱爲九,則在第十行之第十格。他數可類推,格中所列算馬係根之尾數。此表依據御製《數理精蘊》中之《對數闡微表》,而力求簡易,省字殊多。余自校畢付季笙覆校,原表前後兩歧者,均已審定。

數根表

九三	九四	九五	九六	九七	九八	九九
七一	七	三		八九	三	
三		一三	三	三一		三
四一	二三	三	一三	一七	三	
三	九七	三七	三	七	一七	三
	三		七	三		一一
六七		三		一一	三	二三
七	三	三一	五九	三		四七
		三			三	七
三			三		七	三
	三	八九		三	一一	
三	一一	七	三	七一	三一	三
一九	三	一三		三		
七		三		三七	三	
三			三			三
		三	二三	七	三	一九
三			三			三
	三	七	三一	三	一三	
	七	三			三	六一
一三	三		一一	三	四三	七
	一一	三			三	
三	一三		三	七		三
四七	三	四一	七	三	五九	三七
三	七	一九	三	一一		三
七	三	一一	一三	三		二三
一一		三		四三	三	七
三		七三	三	一三	七	三
一七		三	七		三	
三	一七	七	三		七一	三
	三	一七	一九	三		一三
七		三	一七	二九	三	
	三	六一		三	七	一一
八三		三		七	三	一七
三	一九	一一	三		四一	三
一一	三	七	二三	三		六七
三	五三		三			三
四一	三	四三		三	一一	七
		三	一一		三	九七
三	一一	五三	三	七	一三	三
		三		九七	三	一三
三	七	二九	三	四一	一九	三

續表

	八〇	八一	八二	八三	八四	八五	八六	八七	八八	八九		九〇	九一	九二
一	三		五九	三	三一		三	七	一三	三	一		一九	三
三	五三	三	一三	一九	三	一一	七	三		二九	三	三		
七	三	一一	二九	三	七	四七	三			三	七		七	三
九		三		七	三	六七		三	二三	五九	九	三		
一一			三		一三	三	七九	三一	三	七	一一		三	六一
三	三	七	四三	三	四七		三		七	三	三		一三	三
七			三		一九	三	七	二三	三	三七	七	七一	三	一三
九	三	二三		三		七	三			三	九	二九	一一	三
二一	一三	三		五三	三		三七	三		一一	二一	三	七	
三	七一		三	七		三		一一	三		三	七	三	二三
七	二三	三	一九	一一	三			三	七	七九	七	三		
九	七	一一	三			三		七	三		九		三	一一
三一	三	四七		三		一九	三			三	三一	一一	二三	三
三	二九	三		一三	三	七	八九	三	一一		三	三		七
七	三	七九		三	一一		三			三	七	七		三
九		三	七	三一	三		五三	三		七	九	三	一三	
四一	一一	七	三	一九	二三	三			三		四一		三	
三	三	一七		三			三	七	三七	三	三		四一	三
七	一三		三	一七		三			三	二三	七	八三	三	七
九	三	二九	七三	三	七	八三	三	一三		三	九		七	三
五一	八三	三	三七	七	三	一七	四一	三	五三		五一	三		一一
三		三一	三		七九	三	一七		三	七	三	一一	三	一九
七	七	三	二三	六一	三	四三	一一	三	一七	一三	七	三		
九		四一	三	一三	一一	三	七	一九	三	一七	九		三	四七
六一	三		一一	三		七	三			三	六一	一三		三
三	一一	三			三			三			三	三	七	五九
七	三		七	三		一三	三	一一		三	七		八九	三
九		三			三	一一		三	七		九	三	五三	一三
七一	七		三	一一	四三	三	一三	七	三		七一	四七	三	七三
三	三	一一		三	三七		三	三一	一九	三	三	四三		三
七	四一	一三	三		七	三		六七	三	四七	七	二九	三	
九	三		一七	三	六一	二三	三		一三	三	九	七	六七	三
八一		三	七	一七	三			三	八三	七	八一	三		
三	五九	七	三	八三	一七	三	一九		三	一三	三	三一	三	
七		三			三	三一	七	三		一一	七	三		三七
九		一九	三		一三	三		一一	三	八九	九	六一	三	七
九一	三			三	七	一一	三	五九	一七	三	九一		七	三
三		三		七	三	一三		三		一七	三	三	二九	
七	三	七		三	二九		三	一九	七	三	七	一一	一七	三
九	七	三	四三	三七	三			三	一一		九	三		一七

續表

	七〇	七一	七二	七三	七四	七五	七六	七七	七八	七九
一		三	一九	七	三	一三	一一	三	二九	
三	四七		三	六七	一一	三			三	七
七	七	三			三			三	三七	
九	四三		三		三一	三	七	一三	三	一一
一一	三	一三		三		七	三	一一	七三	三
三		三		七一	三	一一	二三	三	一三	四一
七	三	一一	七	三			三			三
九		三		一三	三	七三	一九	三	七	
二一	七		三		四一	三		七	三	八九
三	三	一七	三一	三	一三		三			三
七			三	一七	七	三	二九		三	
九	三			三	一七		三	五九		三
三一	七九	三	七		三	一七	一三	三	四一	七
三	一三	七	三			三	一七	一一	三	
七	三一	三		一一	三		七	三	一七	
九		一一	三	四一	四三	三		七一	三	一七
四一	三	三七	一三	三	七		三			三
三		三		七	三	一九		三	一一	一三
七	三	七		三	一一		三	六一	七	三
九	七	三	一一		三			三	四七	
五一	一一		三			三	七	二三	三	
三	三	二三		三	二九	七	三			三
七		一七	三	七		三	一三		三	七三
九	三		七	三			三		二九	三
六一	二三	三	五三	一七	三		四七	三	七	一九
三	七	一三	三	三七	一七	三	七九	七	三	
七	三七	三	一三	五三	三	七	一一	三		三一
九		六七	三		七	三		一七	三	一三
七一	三	七一	一一	三	三一	六七	三	一九	一七	三
三	一一	三	七	七三	三			三		七
七	三		一九	三			三	七		三
九		三	二九	四七	三	一一	七	三		七九
八一	七三	四三	三	一一		三		三一	三	二三
三	三	一一		三	七		三	四三		三
七	一九		三	八三		三		一三	三	七
九	三	七	三七	三			三		七	三
九一	七	三	二三	一九	三			三	一三	六一
三	四一		三		五九	三	七		三	
七	四七	三		一三	三	七一	四三	三	五三	一一
九	三一	二三	三	七		三		一一	三	一九

續表

	六〇	六一	六二	六三	六四	六五	六六	六七	六八	六九
一	一七		三		三七	三	七		三	六七
三	三	一七		三	一九	七	三			三
七		三一	三	七	四三	三		一九	三	
九	三	四一	七	三	一三	二三	三		一一	三
一一		三			三	一七	一一	三	七	
三	七		三	五九	一一	三	一七	七	三	三一
七	一一	三			三	七	一三	三	一七	
九	一三	二九	三	七一	七	三			三	一一
二一	三			三			三	一一	一九	三
三	一九	三	七		三	一一	三七	三		七
七	三	一一	一三	三		六一	三	七		三
九		三			三		七	三		一三
三一	三七		三	一三	五九	三	一九	五三	三	二九
三	三		二三	三	七	四七	三			三
七		一七	三		四一	三			三	七
九	三	七	一七	三	四七	一三	三	二三	七	三
四一	七	三	七九	一七	三	三一	二九	三		一一
三			三		一七	三	七	一一	三	五三
七		三		一一	三		一七	三	四一	
九	二三	一一	三	七		三	六一	一七	三	
五一	三		一七	三			三	四三	一三	三
三		三	一三		三			三	七	一七
七	三	四七		三	一一	七九	三	二九		三
九	七三	三	一一		三	七		三	一九	
六一	一一	六一	三		七	三			三	
三	三			三	二三		三			三
七		七	三		二九	三	五九	六七	三	
九	三	三一		三			三	七		三
七一	一三	三		二三	三		七	三		
三			三			三		一三	三	一九
七	五九	三		七	三		一一	三	一三	
九		三七	三		一一	三			三	七
八一	三	七	一一	三			三		七	三
三	七	三	六一	一三	三	二九	四一	三		
七	三	二三		三	一三	七	三	一一	七一	三
九		三	一九		三	一一		三	八三	二九
九一		四一	三	七		三			三	
三	三	一一	七	三	四三	一九	三		六一	三
七	七		三		七三	三	三七	七	三	
九	三			三	六七		三	一三		三

續表

	五〇	五一	五二	五三	五四	五五	五六	五七	五八	五九
一	三		七	三	一一		三			三
三		三	一一		三		一三	三	七	
七	三		四一	三			三	一三		三
九		三			三	七	七一	三	三七	一九
一一		一九	三	四七	七	三	三一		三	二三
三	三		一三	三		三七	三	二九		三
七	二九	七	三	一三		三	四一		三	六一
九	三		一七	三			三	七	一一	三
二一		三	二三	一七	三		七	三		三一
三		四七	三		一一	三		五九	三	
七	一一	三		七	三		一七	三		
九	四七	二三	三	七三	六一	三	一三	一七	三	七
三一	三	七		三			三	一一	七	三
三	七	三			三	一一	四三	三	一九	一七
七	三	一一		三		七	三		一三	三
九		三	一三	一九	三	二九		三		
四一	七一	五三	三	七		三			三	一三
三	三	三七	七	三		二三	三			三
七	七		三		一三	三		七	三	一九
九	三	一九	二九	三		三一	三			三
五一		三	五九		三	七		三		一一
三	三一		三	五三	七	三		一一	三	
七	一三	三	七	一一	三			三		七
九		七	三	二三	五三	三		一三	三	五九
六一	三	一三		三	四三	六七	三	七		三
三	六一	三	一九	三一	三		七	三	一一	六七
七	三		二三	三	七	一九	三	七三		三
九	三七	三	一一	七	三			三		四七
七一	一一		三	四一		三	五三	二九	三	七
三	三	七		三	一三		三	二三	七	三
七		三一	三	一九		三	七	五三	三	四三
九	三			三		七	三			三
八一		三			三		一三	三		
三	一三	七一	三	七		三			三	三一
七		三	一七		三	三七	一一	三	七	
九	七		三	一七	一一	三		七	三	五三
九一	三	二九	一一	三	一七		三		四三	三
三	一一	三	六七		三	七		三	七一	一三
七	三			三	二三	二九	三	一一		三
九		三	七		三	一一	四一	三	一七	七

續表

	四〇	四一	四二	四三	四四	四五	四六	四七	四八	四九
一		三		一一	三	七	四三	三		一三
三		一一	三	一三	七	三			三	
七		三	七	五九	三		一七	三	一一	七
九	一九	七	三	三一		三	一一	一七	三	
一一	三			三	一一	一三	三	七	一七	三
三		三	一一	一九	三		七	三		一七
七	三	二三		三	七		三	五三		三
九		三		七	三		三一	三	六一	
二一		一三	三	二九		三			三	七
三	三	七	四一	三			三		七	三
七			三		一九	三	七	二九	三	一三
九	三			三	四三	七	三		一一	三
三一	二九	三		六一	三	二三	一一	三		
三	三七		三	七	一一	三	四一		三	
七	一一	三	一九		三	一三		三	七	
九	七		三		二三	三		七	三	一一
四一	三	四一		三		一九	三	一一	四七	三
三	一三	三		四三	三	七		三	二九	
七	三	一一	三一	三			三	四七	三七	三
九		三	七		三			三	一三	七
五一		七	三	一九		三			三	
三	三			三	六一	二九	三	七	二三	三
七			三			三		六七	三	
九	三			三	七	四七	三		四三	三
六一	三一	三		七	三		五九	三		一一
三	一七	二三	三			三		一一	三	七
七	七	三	一七	一一	三		一三	三	三一	
九	一三	一一	三	一七	四一	三	七	一九	三	
七一	三	四三		三	一七	七	三	一三		三
三		三			三	一七		三	一一	
七	三		七	三	一一	二三	三	一七		三
九		三	一一	二九	三	一九		三	七	一三
八一	七	三七	三	一三		三	三一	七	三	一七
三	三	四七		三			三		一九	三
七	六一	五三	三	四一	七	三	四三		三	
九	三	五九		三	六七	一三	三			三
九一		三	七		三			三	六七	七
三		七	三	二三		三	一三		三	
七	一七	三			三		七	三	五九	一九
九		一七	三	五三	一一	三	三七		三	

續表

	三〇	三一	三二	三三	三四	三五	三六	三七	三八	三九
一		七	三		一九	三	一三		三	四七
三	三	二九		三	四一	三一	三	七		三
七	三一	一三	三			三		一一	三	
九	三			三	七	一一	三		一三	三
一一		三	一三	七	三		二三	三	三七	
三	二三	一一	三			三		四七	三	七
七	七	三		三一	三			三	一一	
九			三		一三	三	七		三	
二一	三			三	一一	七	三	六一		三
三		三	一一		三	一三		三		
七	三	五三	七	三	二三		三		四三	三
九	一三	三			三		一九	三	七	
三一	七	三一	三		四七	三		七	三	
三	三	一三	五三	三			三			三
七			三	四七	七	三		三七	三	三一
九	三	四三	四一	三	一九		三		一一	三
四一		三	七	一三	三		一一	三	二三	七
三	一七	七	三		一一	三		一九	三	
七	一一	三	一七		三		七	三		
九		四七	三	一七		三	四一	二三	三	一一
五一	三	二三		三	七	五三	三	一一		三
三	四三	三		七	三	一一	一三	三		五九
七	三	七		三			三	一三	七	三
九	七	三			三			三	一七	三七
六一		二九	三			三	七		三	一七
三	三		一三	三		七	三	五三		三
七			三	七		三	一九		三	
九	三		七	三		四三	三		五三	三
七一	三七	三			三			三	七	一一
三	七	一九	三		二三	三		七	三	二九
七	一七	三	二九	一一	三	七		三		四一
九		一一	三	三一	七	三	三		三	二三
八一	三		一七	三	五九		三	一九		三
三		三	七	一七	三		二九	三	一一	七
七	三		一九	三	一一	一七	三	七	一三	三
九		三	一一		三	三七	七	三		
九一	一一		三			三		一七	三	一三
三	三	三一	三七	三	七		三		一七	三
七	一九	二三	三	四三	一三	三			三	七
九	三	七		三		五九	三	二九	七	三

續表

	二〇	二一	二二	二三	二四	二五	二六	二七	二八	二九
一	三	一一	三一	三	七	四一	三	三七		三
三		三		七	三		一九	三		
七	三	七		三	二九	二三	三		七	三
九	七	三	四七		三	一三		三	五三	
一一			三			三	七		三	四一
三	三			三	一九	七	三		二九	三
七		二九	三	七		三		一一	三	
九	三	一三	七	三	四一	一一	三			三
二一	四三	三		一一	三			三	七	二三
三	七	一一	三	二三		三	四三	七	三	三七
七		三	一七	一三	三	七	三七	三	一一	
九			三	一七	七	三	一一		三	二九
三一	三		二三	三	一一		三		一九	三
三	一九	三	七		三	一七		三		七
七	三			三		四三	三	七		三
九		三			三		七	三	一七	
四一	一三		三			三	一九		三	一七
三	三			三	七		三	一三		三
七	二三	一九	三			三		四一	三	七
九	三	七	一三	三	三一		三		七	三
五一	七	三			三		一一	三		一三
三			三	一三	一一	三	七		三	
七	一一	三	三七		三			三		
九	二九	一七	三	七		三		三一	三	一一
六一	三		七	三	二三	一三	三	一一		三
三		三	三一	一七	三	一一		三	七	
七	三	一一		三		一七	三		四七	三
九		三		二三	三	七	一七	三	一九	
七一	一九	一三	三		七	三		一七	三	
三	三	四一		三		三一	三	四七	一三	三
七	三一	七	三			三			三	一三
九	三		四三	三	三七		三	七		三
八一		三			三	二九	七	三	四三	一一
三		三七	三		一三	三		一一	三	一九
七		三		七	三	一三		三		二九
九		一一	三		一九	三			三	七
九一	三	七	二九	三	四七		三		七	三
三	七	三			三			三	一一	四一
七	三	一三		三	一一	七	三			三
九		三	一一		三	二三		三	一三	

續表

	一〇	一一	一二	一三	一四	一五	一六	一七	一八	一九
一	七	三			三	一九		三		
三	一七		三		二三	三	七	七	三	一一
七	一九	三	一七		三	一一		三	一三	
九			三	七		三			三	二三
一一	三	一一	七	三	一七		三	二九		三
三		三		一三	三	一七		三	七	
七	三			三	一三	三七	三	一七	二三	三
九		三	二三		三	七		三	一七	一九
二一		一九	三		七	三			三	一七
三	三			三			三			三
七	一三	七	三			三		一一	三	四一
九	三			三		一一	三	一七	三一	三
三一		三		一一	三		七	三		
三		一一	三	三一		三	二三		三	
七	一七	三		七	三	二九		三	一一	一三
九		一七	三	一三		三	一一	三七	三	七
四一	三	七	一七	三	一一	二三	三		七	三
三	七	三	一一	一七	三		三一	三	一九	二九
七	三	三一	二九	三		七	三			三
九		三		一九	三		一七	三	四三	
五一			三	七		三	一三	一七	三	
三	三		七	三			三		一七	三
七	七	一三	三	二三	三一	三		七	三	一九
九	三	一九		三			三		一一	三
六一		三	一三		三	七	一一	三		三七
三			三	二九	七	三		四一	三	一三
七	一一	三	七		三			三		七
九		七	三	三七	一三	三		二九	三	一一
七一	三		三一	三			三	七		三
三	二九	三	一九		三	一一	七	三		
七	三	一一		三	七	一九	三			三
九	一三	三		七	三		二三	三		
八一	二三		三			三	四一	一三	三	七
三	三	七		三			三		七	三
七			三	一九		三	七		三	
九	三	二九		三		七	三			三
九一		三		一三	三	三七	一九	三	三一	一一
三			三	七		三		一一	三	
七		三		一一	三			三	七	
九	七	一一	三			三		七	三	

續表

	〇	一	二	三	四	五	六	七	八	九
一			三	七		三			三	一七
三			七	三	一三		三	一九	一一	三
七			三		一一	三		七	三	
九	三		一一	三			三			三
一一		三			三	七	一三	三		
三			三		七	三		二三	三	一一
七		三	七		三	一一		三	一九	七
九		七	三	一一		三			三	
二一	三	一一	一三	三			三	七		三
三		三		一七	三		七	三		一三
七	三			三	七	一七	三			三
九		三		七	三	二三	一七	三		
三一			三			三		一七	三	一七
三	三	七		三		一三	三		七	三
七			三		一九	三	七	一一	三	
九	三			三		七	三			三
四一		三		一一	三			三	二九	
三		一一	三	七		三			三	二三
七		三	一三		三			三	七	
九	七		三			三	一一	七	三	一三
五一	三			三	一一	一九	三		二三	三
三		三	一一		三	七		三		
七	三			三			三			三
九		三	七		三	一三		三		七
六一		七	三	一九		三			三	三一
三	三			三			三	七		三
七			三			三	二三	一三	三	
九	三	一三		三	七		三		一一	三
七一		三		七	三		一一	三	一三	
三			三		一一	三			三	七
七	七	三		一三	三			三		
九			三			三	七	一九	三	一一
八一	三			三	一三	七	三	一一		三
三		三			三	一一		三		
七	三	一一	七	三			三			三
九		三	一七		三	一九	一三	三	七	二三
九一	七		三	一七		三		七	三	
三	三			三	一七		三	一三	一九	三
七			三		七	三	一七		三	
九	三		一三	三			三	一七	二九	三

九〇〇〇〇<根<一〇〇〇〇〇

[illegible]	[illegible]	[illegible]	[illegible]	[illegible]	[illegible]	[illegible]	[illegible]	[illegible]	[illegible]
[illegible]	[illegible]	[illegible]	[illegible]	[illegible]	[illegible]	[illegible]	[illegible]	[illegible]	[illegible]
[illegible]	[illegible]	[illegible]	[illegible]	[illegible]	[illegible]	[illegible]	[illegible]	[illegible]	[illegible]
[illegible]	[illegible]	[illegible]	[illegible]	[illegible]	[illegible]	[illegible]	[illegible]	[illegible]	[illegible]
[illegible]	[illegible]	[illegible]	[illegible]	[illegible]	[illegible]	[illegible]	[illegible]	[illegible]	[illegible]
[illegible]	[illegible]	[illegible]	[illegible]	[illegible]	[illegible]	[illegible]	[illegible]	[illegible]	[illegible]
[illegible]	[illegible]	[illegible]	[illegible]	[illegible]	[illegible]	[illegible]	[illegible]	[illegible]	[illegible]
[illegible]	[illegible]	[illegible]	[illegible]	[illegible]	[illegible]	[illegible]	[illegible]	[illegible]	[illegible]
[illegible]	[illegible]	[illegible]	[illegible]	[illegible]	[illegible]	[illegible]	[illegible]	[illegible]	[illegible]
[illegible]	[illegible]	[illegible]	[illegible]	[illegible]	[illegible]	[illegible]	[illegible]	[illegible]	[illegible]

續表

八〇〇〇〇<根<九〇〇〇〇									
[illegible]	[illegible]	[illegible]	[illegible]	[illegible]	[illegible]	[illegible]	[illegible]	[illegible]	[illegible]
[illegible]	[illegible]	[illegible]	[illegible]	[illegible]	[illegible]	[illegible]	[illegible]	[illegible]	[illegible]
[illegible]	[illegible]	[illegible]	[illegible]	[illegible]	[illegible]	[illegible]	[illegible]	[illegible]	[illegible]
[illegible]	[illegible]	[illegible]	[illegible]	[illegible]	[illegible]	[illegible]	[illegible]	[illegible]	[illegible]
[illegible]	[illegible]	[illegible]	[illegible]	[illegible]	[illegible]	[illegible]	[illegible]	[illegible]	[illegible]
[illegible]	[illegible]	[illegible]	[illegible]	[illegible]	[illegible]	[illegible]	[illegible]	[illegible]	[illegible]
[illegible]	[illegible]	[illegible]	[illegible]	[illegible]	[illegible]	[illegible]	[illegible]	[illegible]	[illegible]
[illegible]	[illegible]	[illegible]	[illegible]	[illegible]	[illegible]	[illegible]	[illegible]	[illegible]	[illegible]
[illegible]	[illegible]	[illegible]	[illegible]	[illegible]	[illegible]	[illegible]	[illegible]	[illegible]	[illegible]
[illegible]	[illegible]	[illegible]	[illegible]	[illegible]	[illegible]	[illegible]	[illegible]	[illegible]	[illegible]

續表

七〇〇〇〇<根<八〇〇〇〇									
[illegible]	[illegible]	[illegible]	[illegible]	[illegible]	[illegible]	[illegible]	[illegible]	[illegible]	[illegible]
[illegible]	[illegible]	[illegible]	[illegible]	[illegible]	[illegible]	[illegible]	[illegible]	[illegible]	[illegible]
[illegible]	[illegible]	[illegible]	[illegible]	[illegible]	[illegible]	[illegible]	[illegible]	[illegible]	[illegible]
[illegible]	[illegible]	[illegible]	[illegible]	[illegible]	[illegible]	[illegible]	[illegible]	[illegible]	[illegible]
[illegible]	[illegible]	[illegible]	[illegible]	[illegible]	[illegible]	[illegible]	[illegible]	[illegible]	[illegible]
[illegible]	[illegible]	[illegible]	[illegible]	[illegible]	[illegible]	[illegible]	[illegible]	[illegible]	[illegible]
[illegible]	[illegible]	[illegible]	[illegible]	[illegible]	[illegible]	[illegible]	[illegible]	[illegible]	[illegible]
[illegible]	[illegible]	[illegible]	[illegible]	[illegible]	[illegible]	[illegible]	[illegible]	[illegible]	[illegible]
[illegible]	[illegible]	[illegible]	[illegible]	[illegible]	[illegible]	[illegible]	[illegible]	[illegible]	[illegible]
[illegible]	[illegible]	[illegible]	[illegible]	[illegible]	[illegible]	[illegible]	[illegible]	[illegible]	[illegible]

續表

六〇〇〇〇<根<七〇〇〇〇									
[illegible]	[illegible]	[illegible]	[illegible]	[illegible]	[illegible]	[illegible]	[illegible]	[illegible]	[illegible]
[illegible]	[illegible]	[illegible]	[illegible]	[illegible]	[illegible]	[illegible]	[illegible]	[illegible]	[illegible]
[illegible]	[illegible]	[illegible]	[illegible]	[illegible]	[illegible]	[illegible]	[illegible]	[illegible]	[illegible]
[illegible]	[illegible]	[illegible]	[illegible]	[illegible]	[illegible]	[illegible]	[illegible]	[illegible]	[illegible]
[illegible]	[illegible]	[illegible]	[illegible]	[illegible]	[illegible]	[illegible]	[illegible]	[illegible]	[illegible]
[illegible]	[illegible]	[illegible]	[illegible]	[illegible]	[illegible]	[illegible]	[illegible]	[illegible]	[illegible]
[illegible]	[illegible]	[illegible]	[illegible]	[illegible]	[illegible]	[illegible]	[illegible]	[illegible]	[illegible]
[illegible]	[illegible]	[illegible]	[illegible]	[illegible]	[illegible]	[illegible]	[illegible]	[illegible]	[illegible]
[illegible]	[illegible]	[illegible]	[illegible]	[illegible]	[illegible]	[illegible]	[illegible]	[illegible]	[illegible]
[illegible]	[illegible]	[illegible]	[illegible]	[illegible]	[illegible]	[illegible]	[illegible]	[illegible]	[illegible]

續表

五〇〇〇〇<根<六〇〇〇〇									
[illegible]	[illegible]	[illegible]	[illegible]	[illegible]	[illegible]	[illegible]	[illegible]	[illegible]	[illegible]
[illegible]	[illegible]	[illegible]	[illegible]	[illegible]	[illegible]	[illegible]	[illegible]	[illegible]	[illegible]
[illegible]	[illegible]	[illegible]	[illegible]	[illegible]	[illegible]	[illegible]	[illegible]	[illegible]	[illegible]
[illegible]	[illegible]	[illegible]	[illegible]	[illegible]	[illegible]	[illegible]	[illegible]	[illegible]	[illegible]
[illegible]	[illegible]	[illegible]	[illegible]	[illegible]	[illegible]	[illegible]	[illegible]	[illegible]	[illegible]
[illegible]	[illegible]	[illegible]	[illegible]	[illegible]	[illegible]	[illegible]	[illegible]	[illegible]	[illegible]
[illegible]	[illegible]	[illegible]	[illegible]	[illegible]	[illegible]	[illegible]	[illegible]	[illegible]	[illegible]
[illegible]	[illegible]	[illegible]	[illegible]	[illegible]	[illegible]	[illegible]	[illegible]	[illegible]	[illegible]
[illegible]	[illegible]	[illegible]	[illegible]	[illegible]	[illegible]	[illegible]	[illegible]	[illegible]	[illegible]
[illegible]	[illegible]	[illegible]	[illegible]	[illegible]	[illegible]	[illegible]	[illegible]	[illegible]	[illegible]

續表

四○○○○<根<五○○○○									
[illegible]	[illegible]	[illegible]	[illegible]	[illegible]	[illegible]	[illegible]	[illegible]	[illegible]	[illegible]
[illegible]	[illegible]	[illegible]	[illegible]	[illegible]	[illegible]	[illegible]	[illegible]	[illegible]	[illegible]
[illegible]	[illegible]	[illegible]	[illegible]	[illegible]	[illegible]	[illegible]	[illegible]	[illegible]	[illegible]
[illegible]	[illegible]	[illegible]	[illegible]	[illegible]	[illegible]	[illegible]	[illegible]	[illegible]	[illegible]
[illegible]	[illegible]	[illegible]	[illegible]	[illegible]	[illegible]	[illegible]	[illegible]	[illegible]	[illegible]
[illegible]	[illegible]	[illegible]	[illegible]	[illegible]	[illegible]	[illegible]	[illegible]	[illegible]	[illegible]
[illegible]	[illegible]	[illegible]	[illegible]	[illegible]	[illegible]	[illegible]	[illegible]	[illegible]	[illegible]
[illegible]	[illegible]	[illegible]	[illegible]	[illegible]	[illegible]	[illegible]	[illegible]	[illegible]	[illegible]
[illegible]	[illegible]	[illegible]	[illegible]	[illegible]	[illegible]	[illegible]	[illegible]	[illegible]	[illegible]
[illegible]	[illegible]	[illegible]	[illegible]	[illegible]	[illegible]	[illegible]	[illegible]	[illegible]	[illegible

續表

三〇〇〇〇<根<四〇〇〇〇									
[illegible]	[illegible]	[illegible]	[illegible]	[illegible]	[illegible]	[illegible]	[illegible]	[illegible]	[illegible]
[illegible]	[illegible]	[illegible]	[illegible]	[illegible]	[illegible]	[illegible]	[illegible]	[illegible]	[illegible]
[illegible]	[illegible]	[illegible]	[illegible]	[illegible]	[illegible]	[illegible]	[illegible]	[illegible]	[illegible]
[illegible]	[illegible]	[illegible]	[illegible]	[illegible]	[illegible]	[illegible]	[illegible]	[illegible]	[illegible]
[illegible]	[illegible]	[illegible]	[illegible]	[illegible]	[illegible]	[illegible]	[illegible]	[illegible]	[illegible]
[illegible]	[illegible]	[illegible]	[illegible]	[illegible]	[illegible]	[illegible]	[illegible]	[illegible]	[illegible]
[illegible]	[illegible]	[illegible]	[illegible]	[illegible]	[illegible]	[illegible]	[illegible]	[illegible]	[illegible]
[illegible]	[illegible]	[illegible]	[illegible]	[illegible]	[illegible]	[illegible]	[illegible]	[illegible]	[illegible]
[illegible]	[illegible]	[illegible]	[illegible]	[illegible]	[illegible]	[illegible]	[illegible]	[illegible]	[illegible]
[illegible]	[illegible]	[illegible]	[illegible]	[illegible]	[illegible]	[illegible]	[illegible]	[illegible]	[illegible]

續表

二〇〇〇〇<根<三〇〇〇〇									
[illegible]	[illegible]	[illegible]	[illegible]	[illegible]	[illegible]	[illegible]	[illegible]	[illegible]	[illegible]
[illegible]	[illegible]	[illegible]	[illegible]	[illegible]	[illegible]	[illegible]	[illegible]	[illegible]	[illegible]
[illegible]	[illegible]	[illegible]	[illegible]	[illegible]	[illegible]	[illegible]	[illegible]	[illegible]	[illegible]
[illegible]	[illegible]	[illegible]	[illegible]	[illegible]	[illegible]	[illegible]	[illegible]	[illegible]	[illegible]
[illegible]	[illegible]	[illegible]	[illegible]	[illegible]	[illegible]	[illegible]	[illegible]	[illegible]	[illegible]
[illegible]	[illegible]	[illegible]	[illegible]	[illegible]	[illegible]	[illegible]	[illegible]	[illegible]	[illegible]
[illegible]	[illegible]	[illegible]	[illegible]	[illegible]	[illegible]	[illegible]	[illegible]	[illegible]	[illegible]
[illegible]	[illegible]	[illegible]	[illegible]	[illegible]	[illegible]	[illegible]	[illegible]	[illegible]	[illegible]
[illegible]	[illegible]	[illegible]	[illegible]	[illegible]	[illegible]	[illegible]	[illegible]	[illegible]	[illegible]
[illegible]	[illegible]	[illegible]	[illegible]	[illegible]	[illegible]	[illegible]	[illegible]	[illegible]	[illegible]

續表

一〇〇〇〇<根<二〇〇〇〇									
[illegible]	[illegible]	[illegible]	[illegible]	[illegible]	[illegible]	[illegible]	[illegible]	[illegible]	[illegible]
[illegible]	[illegible]	[illegible]	[illegible]	[illegible]	[illegible]	[illegible]	[illegible]	[illegible]	[illegible]
[illegible]	[illegible]	[illegible]	[illegible]	[illegible]	[illegible]	[illegible]	[illegible]	[illegible]	[illegible]
[illegible]	[illegible]	[illegible]	[illegible]	[illegible]	[illegible]	[illegible]	[illegible]	[illegible]	[illegible]
[illegible]	[illegible]	[illegible]	[illegible]	[illegible]	[illegible]	[illegible]	[illegible]	[illegible]	[illegible]
[illegible]	[illegible]	[illegible]	[illegible]	[illegible]	[illegible]	[illegible]	[illegible]	[illegible]	[illegible]
[illegible]	[illegible]	[illegible]	[illegible]	[illegible]	[illegible]	[illegible]	[illegible]	[illegible]	[illegible]
[illegible]	[illegible]	[illegible]	[illegible]	[illegible]	[illegible]	[illegible]	[illegible]	[illegible]	[illegible]
[illegible]	[illegible]	[illegible]	[illegible]	[illegible]	[illegible]	[illegible]	[illegible]	[illegible]	[illegible]
[illegible]	[illegible]	[illegible]	[illegible]	[illegible]	[illegible]	[illegible]	[illegible]	[illegible]	[illegible]

清・劉鷗華《生數表》

凡例

一，此編將一至一萬數中之有生數者，逐一録出，定名《生數表》。其他純數無生數者，亦悉載之，以備参攷。

【略】

一，是表小註中之點，仿若代數中之乘號。如數十二，小註中之 2・6 言二乘六，即爲十二也。3・4 言三乘四，亦爲十二也。

一，是表可爲整數除法之用。譬如有數十二，用二可除。設有數十三，而欲以二除之，必不能盡。此數少尚易明，如有數稍多者，恐難一望而知。若一檢此表，自能瞭然，不至多費心力矣。舉簡，而繁者可知。

一，是表可爲約法之用。如數十二，小註中之二、三、四、六諸數，皆可爲十二之約數。且二與六相對，三與四相對，以二約，即得六。以六約，即得二。以三約，即得四。以四約，即得三也。分數之乘分除分，用之最多。

一，是表可爲求大公度之用。如取十二及十六兩數，求大公度。檢此表，見兩數相同之最大者爲四，即知四爲此數之大公度矣。他可隅反。

一，是表可爲比例之用。如有題云：設有一工程，三人作之，四日而畢。若用十二人作之，問幾日可畢。定率一率十二，二率三，三率四，四率一，[即] 12：3：：4：1 以一率除二三率，檢表見十二小註中有三與四，即以二率之三，與三率之四同一率之十二對銷，得一，即知四率爲整數一，是化繁爲簡矣。

一，是表可爲開平方及帶縱平方之用。如有題云：設有正方面，積十六尺。問開之每邊若干尺。檢此表十六，得 4・4 可知其每邊四尺矣。又如有題云：設有長方面，積十二尺，縱多一尺。問長、闊幾何。檢此表十二，得 3・4 其較爲一，可知其長四尺、闊三尺矣。凡萬以内之積數，皆可用。

一，是表可爲代數用，劈生開方之用。如有式 $天^2+7天+12=0$ 觀末項之數爲十二，檢表得 3・4 已知爲三與四之積數。又觀中項之係數爲七，亦知爲三與四之和數，可劈爲 $(天+4)(天+3)=0$ 又化爲 $(天=-4)$ [天＝4]、$(天=-3)$ [天＝3] 是爲得數。

一，是表雖止一萬數，即在一萬以外者，亦可輾轉檢之。如有數爲一萬七千九百八十六，此數單位爲偶數，可用二約得八千九百九十三，再檢表得 17・529 23・391 諸數皆可約矣，即數更大者約之，再約之，亦依表可檢。【略】

生數表

1	2	3	4 2・2	5	6 2・3	7	8 2・4	9 3・3	10 2・5
11	12 2・6 3・4	13	14 2・7	15 3・5	16 2・8 4・4	17	18 2・9 3・6	19	20 2・10 4・5
21 3・7	22 2・11	23	24 2・12 3・8 4・6	25 5・5	26 2・13	27 3・9	28 2・14 4・7	29	30 2・15 3・10 5・6
31	32 2・16 4・8	33 3・11	34 2・17	35 5・7	36 2・18 3・12 4・9 6・6	37	38 2・19	39 3・13	40 2・20 4・10 5・8
41	42 2・21 3・14 6・7	43	44 2・22 4・11	45 3・15 5・9	46 2・23	47	48 2・24 3・16 4・12 6・8	49 7・7	50 2・25 5・10

續表

51 3·17	52 2·26 4·13	53	54 2·27 3·18 6·9	55 5·11	56 2·28 4·14 7·8	57 3·19	58 2·29	59	60 2·30 3·20 4·15 5·12 6·10
61	62 2·31	63 3·21 7·9	64 2·32 4·16 8·8	65 5·13	66 2·33 3·22 6·11	67	68 2·34 4·17	69 3·23	70 2·35 5·14 7·10
71	72 2·36 3·24 4·18 6·12 8·9	73	74 2·37	75 3·25 5·15	76 2·38 4·19	77 7·11	78 2·39 3·26 6·13	79	80 2·40 4·20 5·16 8·10
81 3·27 9·9	82 2·41	83	84 2·42 3·28 4·21 6·14 7·12	85 5·17	86 2·43	87 3·29	88 2·44 4·22 8·11	89	90 2·45 3·30 5·18 6·15 9·10
91 7·13	92 2·46 4·23	93 3·31	94 2·47	95 5·19	96 2·48 3·32 4·24 6·16 8·12	97	98 2·49 7·14	99 3·33 9·11	100 2·50 4·25 5·20 10·10
101	102 2·51 3·34 6·17	103	104 2·52 4·26 8·13	105 3·35 5·21 7·15	106 2·53	107	108 2·54 3·36 4·27 6·18 9·12	109	110 2·55 5·22 10·11
111 3·37	112 2·56 4·28 7·16 8·14	113	114 2·57 3·38 6·19	115 5·23	116 2·58 4·29	117 3·39 9·13	118 2·59	119 7·17	120 2·60 3·40 4·30 5·24 6·20 8·15 10·12
121 11·11	122 2·61	123 3·41	124 2·62 4·31	125 5·25	126 2·63 3·42 6·21 7·18 9·14	127	128 2·64 4·32 8·16	129 3·43	130 2·65 5·26 10·13
131	132 2·66 3·44 4·33 6·22 11·12	133 7·19	134 2·67	135 3·45 5·27 9·15	136 2·68 4·34 8·17	137	138 2·69 3·46 6·23	139	140 2·70 4·35 5·28 7·20 10·14
141 3·47	142 2·71	143 11·13	144 2·72 3·48 4·36 6·24 8·18 9·16 12·12	145 5·29	146 2·73	147 3·49 7·21	148 2·74 4·37	149	150 2·75 3·50 5·30 6·25 10·15
151	152 2·76 4·38 8·19	153 3·51 9·17	154 2·77 7·22 11·14	155 5·31	156 2·78 3·52 4·39 6·26 12·13	157	158 2·79	159 3·53	160 2·80 4·40 5·32 8·20 10·16

續表

161 7·23	171 3·57 9·19	181	191	201 3·67	211	221 13·17	231 3·77 7·33 11·21	241	251	261 3·87 9·29
162 2·81 3·54 6·27 9·18	172 2·86 4·43	182 2·91 7·26 13·14	192 2·96 3·64 4·48 6·32 8·24 12·16	202 2·101	212 2·106 4·53	222 2·111 3·74 6·37	232 2·116 4·58 8·29	242 2·121 11·22	252 2·126 3·84 4·63 6·42 7·36 9·28 12·21 14·18	262 2·131
163	173	183 3·61	193	203 7·29	213 3·71	223	233	243 3·81 9·27	253 11·23	263
164 2·82 4·41	174 2·87 3·58 6·29	184 2·92 4·46 8·23	194 2·97	204 2·102 3·68 4·51 6·34 12·17	214 2·107	224 2·112 4·56 7·32 8·28 14·16	234 2·117 3·78 6·39 9·26 13·18	244 2·122 4·61	254 2·127	264 2·132 3·88 4·66 6·44 8·33 11·24 12·22
165 3·55 5·33 11·15	175 5·35 7·25	185 5·37	195 3·65 5·39 13·15	205 5·41	215 5·43	225 3·75 5·45 9·25 15·15	235 5·47	245 5·49 7·35	255 3·85 5·51 15·17	265 5·53
166 2·83	176 2·88 4·44 8·22 11·16	186 2·93 3·62 6·31	196 2·98 4·49 7·28 14·14	206 2·103	216 2·108 3·72 4·54 6·36 8·27 9·24 12·18	226 2·113	236 2·118 4·59	246 2·123 3·82 6·41	256 2·128 4·64 8·32 16·16	266 2·133 7·38 14·19
167	177 3·59	187 11·17	197	207 3·69 9·23	217 7·31	227	237 3·79	247 13·19	257	267 3·89
168 2·84 3·56 4·42 6·28 7·24 8·21 12·14	178 2·89	188 2·94 4·47	198 2·99 3·66 6·33 9·22 11·18	208 2·104 4·52 8·26 13·16	218 2·109	228 2·114 3·76 4·57 6·38 12·19	238 2·119 7·34 14·17	248 2·124 4·62 8·31	258 2·129 3·86 6·43	268 2·134 4·67
169 13·13	179	189 3·63 7·27 9·21	199	209 11·19	219 3·73	229	239	249 3·83	259 7·37	269
170 2·85 5·34 10·17	180 2·90 3·60 4·45 5·36 6·30 9·20 10·18 12·15	190 2·95 5·38 10·19	200 2·100 4·50 5·40 8·25 10·20	210 2·105 3·70 5·42 6·35 7·30 10·21 14·15	220 2·110 4·55 5·44 10·22 11·20	230 2·115 5·46 10·23	240 2·120 3·80 4·60 5·48 6·40 8·30 10·24 12·20 15·16	250 2·125 5·50 10·25	260 2·130 4·65 5·52 10·26 13·20	270 2·135 3·90 5·54 6·45 9·30 10·27 15·18

續表

271–280	281–290	291–300	301–310	311–320	321–330	331–340	341–350	351–360	361–370	371–380
271	281	291 3・97	301 7・43	311	321 3・107	331	341 11・31	351 3・117 9・39 13・27	361 19・19	371 7・53
272 2・136 4・68 8・34 16・17	282 2・141 3・94 6・47	292 2・146 4・73	302 2・151	312 2・156 3・104 4・78 6・52 8・39 12・26 13・24	322 2・161 7・46 14・23	332 2・166 4・83	342 2・171 3・114 6・57 9・38 18・19	352 2・176 4・88 8・44 11・32 16・22	362 2・181	372 2・186 3・124 4・93 6・62 12・31
273 3・91 7・39 13・21	283	293	303 3・101	313	323 17・19	333 3・111 9・37	343 7・49	353	363 3・121 11・33	373
274 2・137	284 2・142 4・71	294 2・147 3・98 6・49 7・42 14・21	304 2・152 4・76 8・38 16・19	314 2・157	324 2・162 3・108 4・81 6・54 9・36 12・27 18・18	334 2・167	344 2・172 4・86 8・43	354 2・177 3・118 6・59	364 2・182 4・91 7・52 13・28 14・26	374 2・187 11・34 17・22
275 5・55 11・25	285 3・95 5・57 15・19	295 5・59	305 5・61	315 3・105 5・63 7・45 9・35 15・21	325 5・65 13・25	335 5・67	345 3・115 5・69 15・23	355 5・71	365 5・73	375 3・125 5・75 15・25
276 2・138 3・92 4・69 6・46 12・23	286 2・143 11・26 13・22	296 2・148 4・74 8・37	306 2・153 3・102 6・51 9・34 17・18	316 2・158 4・79	326 2・163	336 2・168 3・112 4・84 6・56 7・48 8・42 12・28 14・24 16・21	346 2・173	356 2・178 4・89	366 2・183 3・122 6・61	376 2・188 4・94 8・47
277	287 7・41	297 3・99 9・33 11・27	307	317	327 3・109	337	347	357 3・119 7・51 17・21	367	377 13・29
278 2・139	288 2・144 3・96 4・72 6・48 8・36 9・32 12・24 16・18	298 2・149	308 2・154 4・77 7・44 11・28 14・22	318 2・159 3・106 6・53	328 2・164 4・82 8・41	338 2・169 13・26	348 2・174 3・116 4・87 6・58 12・29	358 2・179	368 2・184 4・92 8・46 16・23	378 2・189 3・126 6・63 7・54 9・42 14・27 18・21
279 3・93 9・31	289 17・17	299 13・23	309 3・103	319 11・29	329 7・47	339 3・113	349	359	369 3・123 9・41	379
280 2・140 4・70 5・56 7・40 8・35 10・28 14・20	290 2・145 5・58 10・29	300 2・150 3・100 4・75 5・60 6・50 10・30 12・25 15・20	310 2・155 5・62 10・31	320 2・160 4・80 5・64 8・40 10・32 16・20	330 2・165 3・110 5・66 6・55 10・33 11・30 15・22	340 2・170 4・85 5・68 10・34 17・20	350 2・175 5・70 7・50 10・35 14・25	360 2・180 3・120 4・90 5・72 6・60 8・45 9・40 10・36 12・30 15・24 18・20	370 2・185 5・74 10・37	380 2・190 4・95 5・76 10・38 19・20

續表

381–390	391–400	401–410	411–420	421–430	431–440	441–450	451–460	461–470	471–480	481–490
381 3·127	391 17·23	401	411 3·137	421	431	441 3·147 7·63 9·49 21·21	451 11·41	461	471 3·157	481 13·37
382 2·191	392 2·196 4·98 7·56 8·49 14·28	402 2·201 3·134 6·67	412 2·206 4·103	422 2·211	432 2·216 3·144 4·108 6·72 8·54 9·48 12·36 16·27 18·24	442 2·221 13·34 17·26	452 2·226 4·113	462 2·231 3·154 6·77 7·66 11·42 14·33 21·22	472 2·236 4·118 8·59	482 2·241
383	393 3·131	403 13·31	413 7·59	423 3·141 9·47	433	443	453 3·151	463	473 11·43	483 3·161 7·69 21·23
384 2·192 3·128 4·96 6·64 8·48 12·32 16·24	394 2·197	404 2·202 4·101	414 2·207 3·138 6·69 9·46 18·23	424 2·212 4·106 8·53	434 2·217 7·62 14·31	444 2·222 3·148 4·111 6·74 12·37	454 2·227	464 2·232 4·116 8·58 16·29	474 2·237 3·158 6·79	484 2·242 4·121 11·44 22·22
385 5·77 7·55 11·35	395 5·79	405 3·135 5·81 9·45 15·27	415 5·83	425 5·85 17·25	435 3·145 5·87 15·29	445 5·89	455 5·91 7·65 13·35	465 3·155 5·93 15·31	475 5·95 19·25	485 5·97
386 2·193	396 2·198 3·132 4·99 6·66 9·44 11·36 12·33 18·22	406 2·203 7·58 14·29	416 2·208 4·104 8·52 13·32 16·26	426 2·213 3·142 6·71	436 2·218 4·109	446 2·223	456 2·228 3·152 4·114 6·76 8·57 12·38 19·24	466 2·233	476 2·238 4·119 7·68 14·34 17·28	486 2·243 3·162 6·81 9·54 18·27
387 3·129 9·43	397	407 11·37	417 3·139	427 7·61	437 19·23	447 3·149	457	467	477 3·159 9·53	487
388 2·194 4·97	398 2·199	408 2·204 3·136 4·102 6·68 8·51 12·34 17·24	418 2·209 11·38 19·22	428 2·214 4·107	438 2·219 3·146 6·73	448 2·224 4·112 7·64 8·56 14·32 16·28	458 2·229	468 2·234 3·156 4·117 6·78 9·52 12·39 13·36 18·26	478 2·239	488 2·244 4·122 8·61
389	399 3·133 7·57 19·21	409	419	429 3·143 11·39 13·33	439	449	459 3·153 9·51 17·27	469 7·67	479	489 3·163
390 2·195 3·130 5·78 6·65 10·39 13·30 15·26	400 2·200 4·100 5·80 8·50 10·40 16·25 20·20	410 2·205 5·82 10·41	420 2·210 3·140 4·105 5·84 6·70 7·60 10·42 12·35 14·30 15·28 20·21	430 2·215 5·86 10·43	440 2·220 4·110 5·88 8·55 10·44 11·40 20·22	450 2·225 3·150 5·90 6·75 9·50 10·45 15·30 18·25	460 2·230 4·115 5·92 10·46 20·23	470 2·235 5·94 10·47	480 2·240 3·160 4·120 5·96 6·80 8·60 10·48 12·40 15·32 16·30 20·24	490 2·245 5·98 7·70 10·49 14·35

續表

數	因數
491	
492	2·246　3·164　4·123　6·82　12·41
493	17·29
494	2·247　13·38　19·26
495	3·165　5·99　9·55　11·45　15·33
496	2·248　4·124　8·62　16·31
497	7·71
498	2·249　3·166　6·83
499	
500	2·250　4·125　5·100　10·50　20·25
501	3·167
502	2·251
503	
504	2·252　3·168　4·126　6·84　7·72　8·63　9·56　12·42　14·36　18·28　21·24
505	5·101
506	2·253　11·46　22·23
507	3·169　13·39
508	2·254　4·127
509	
510	2·255　3·170　5·102　6·85　10·51　15·34　17·30
511	7·73
512	2·256　4·128　8·64　16·32
513	3·171　9·57　19·27
514	2·257
515	5·103
516	2·258　3·172　4·129　6·86　12·43
517	11·47
518	2·259　7·74　14·37
519	3·173
520	2·260　4·130　5·104　8·65　10·52　13·40　20·26
521	
522	2·261　3·174　6·87　9·58　18·29
523	
524	2·262　4·131
525	3·175　5·105　5·75　15·35　21·25
526	2·263
527	17·31
528	2·264　3·176　4·132　6·88　8·66　11·48　12·44　16·33　22·24
529	23·23
530	2·265　5·106　10·53
531	3·177　9·59
532	2·266　4·133　7·76　14·38　19·28
533	13·41
534	2·267　3·178　6·89
535	5·107
536	2·268　4·134　8·67
537	3·179
538	2·269
539	7·77　11·49
540	2·270　3·180　4·135　5·108　6·90　9·60　10·54　12·45　15·36　18·30　20·27
541	
542	2·271
543	3·181
544	2·272　4·136　8·68　16·34　17·32
545	5·109
546	2·273　3·182　6·91　7·78　13·42　14·39　21·26
547	
548	2·274　4·137
549	3·183　9·61
550	2·275　5·110　10·55　11·50　22·25
551	19·29
552	2·276　3·184　4·138　6·92　8·69　12·46　23·24
553	7·79
554	2·277
555	3·185　5·111　15·37
556	2·278　4·139
557	
558	2·279　3·186　6·93　9·62　18·31
559	13·43
560	2·280　4·140　5·112　7·80　8·70　10·56　14·40　16·35　20·28
561	3·187　11·51　17·33
562	2·281
563	
564	2·282　3·188　4·141　6·94　12·47
565	5·113
566	2·283
567	3·189　7·81　9·63　21·27
568	2·284　4·142　8·71
569	
570	2·285　3·190　5·114　6·95　10·57　15·38　19·30
571	
572	2·286　4·143　11·52　13·44　22·26
573	3·191
574	2·287　7·82　14·41
575	5·115　23·25
576	2·288　3·192　4·144　6·96　8·72　9·64　12·48　16·36　18·32　24·24
577	
578	2·289　17·34
579	3·193
580	2·290　4·145　5·116　10·58　20·29
581	7·83
582	2·291　3·194　6·97
583	11·53
584	2·292　4·146　8·73
585	3·195　5·117　9·65　13·45　15·39
586	2·293
587	
588	2·294　3·196　4·147　6·98　7·84　12·49　14·42　21·28
589	19·31
590	2·295　5·118　10·59
591	3·197
592	2·296　4·148　8·74　16·37
593	
594	2·297　3·198　6·99　9·66　11·54　18·33　22·27
595	5·119　7·85　17·35
596	2·298　4·149
597	3·199
598	2·299　13·46　23·26
599	
600	2·300　3·200　4·150　5·120　6·100　8·75　10·60　12·50　15·40　20·30　24·25

續表

601	611 13・47	621 3・207 9・69 23・27	631	641	651 3・217 7・93 21・31	661	671 11・61	681 3・227	691	701
602 2・301 7・86 14・43	612 2・306 3・204 4・153 6・102 9・68 12・51 17・36 18・34	622 2・311	632 2・316 4・158 8・79	642 2・321 3・214 6・107	652 2・326 4・163	662 2・331	672 2・336 3・224 4・168 6・112 7・96 8・84 12・56 14・48 16・42 21・32 24・28	682 2・341 11・62 22・31	692 2・346 4・173	702 2・351 3・234 6・117 9・78 13・54 18・39 26・27
603 3・201 9・67	613	623 7・89	633 3・211	643	653	663 3・221 13・51 17・39	673	683	693 3・231 7・99 9・77 11・63 21・33	703 19・37
604 2・302 4・151	614 2・307	624 2・312 3・208 4・156 6・104 8・78 12・52 13・48 16・39 24・26	634 2・317	644 2・322 4・161 7・92 14・46 23・28	654 2・327 3・218 6・109	664 2・332 4・166 8・83	674 2・337	684 2・342 3・228 4・171 6・114 9・76 12・57 18・38 19・36	694 2・347	704 2・352 4・176 8・88 11・64 16・44 22・32
605 5・121 11・55	615 3・205 5・123 15・41	625 5・125 25・25	635 5・127	645 3・215 5・129 15・43	655 5・131	665 5・133 7・95 19・35	675 3・225 5・135 9・75 15・45 25・27	685 5・137	695 5・139	705 3・235 5・141 15・47
606 2・303 3・202 6・101	616 2・308 4・154 7・88 8・77 11・56 14・44 22・28	626 2・313	636 2・318 3・212 4・159 6・106 12・53	646 2・323 17・38 19・34	656 2・328 4・164 8・82 16・41	666 2・333 3・222 6・111 9・74 18・37	676 2・338 4・169 13・52 26・26	686 2・343 7・98 14・49	696 2・348 3・232 4・174 6・116 8・87 12・58 24・29	706 2・353
607	617	627 3・209 11・57 19・33	637 7・91 13・49	647	657 3・219 9・73	667 23・29	677	687 3・229	697 17・41	707 7・101
608 2・304 4・152 8・76 16・38 19・32	618 2・309 3・206 6・103	628 2・314 4・157	638 2・319 11・58 22・29	648 2・324 3・216 4・162 6・108 8・81 9・72 12・54 18・36 24・27	658 2・329 7・94 14・47	668 2・334 4・167	678 2・339 3・226 6・113	688 2・344 4・172 8・86 16・43	698 2・349	708 2・354 3・236 4・177 6・118 12・59
609 3・203 7・87 21・29	619	629 17・37	639 3・213 9・71	649 11・59	659	669 3・223	679 7・97	689 13・53	699 3・233	709
610 2・305 5・122 10・61	620 2・310 4・155 5・124 10・62 20・31	630 2・315 3・210 5・126 6・105 7・90 9・70 10・63 14・45 15・42 18・35 21・30	640 2・320 4・160 5・128 8・80 10・64 16・40 20・32	650 2・325 5・130 10・65 13・50 25・26	660 2・330 3・220 4・165 5・132 6・110 10・66 11・60 12・55 15・44 20・33 22・30	670 2・335 5・134 10・67	680 2・340 4・170 5・136 8・85 10・68 17・40 20・34	690 2・345 3・230 5・138 6・115 10・69 15・46 23・30	700 2・350 4・175 5・140 7・100 10・70 14・50 20・35 25・28	710 2・355 5・142 10・71

續表

711 3·237 9·79	721 7·103	731 17·43	741 3·347 13·57 19·39	751	761	771 3·257	781 11·71	791 7·113	801 3·267 9·89	811
712 2·356 4·178 8·89	722 2·361 19·38	732 2·366 3·244 4·183 6·122 12·61	742 2·371 7·106 14·53	752 2·376 4·188 8·94 16·47	762 2·381 3·254 6·127	772 2·386 4·193	782 2·391 17·46 23·34	792 2·396 3·264 4·198 6·132 8·99 9·88 11·72 12·66 18·44 22·36 24·33	802 2·401	812 2·406 4·203 7·116 14·58 28·29
713 23·31	723 3·241	733	743	753 3·251	763 7·109	773	783 3·261 9·87 27·29	793 13·61	803 11·73	813 3·271
714 2·357 3·238 6·119 7·102 14·51 17·42 21·34	724 2·362 4·181	734 2·367	744 2·372 3·248 4·186 6·124 8·93 12·62 24·31	754 2·377 13·58 26·29	764 2·382 4·191	774 2·387 3·258 6·129 9·86 18·43	784 2·392 4·196 7·112 8·98 14·56 16·49 28·28	794 2·397	804 2·402 3·268 4·201 6·134 12·67	814 2·407 11·74 22·37
715 5·143 11·65 13·55	725 5·145 25·29	735 3·245 5·147 7·105 15·49 21·35	745 5·149	755 5·151	765 3·255 5·153 9·85 15·51 17·45	775 5·155 25·31	785 5·157	795 3·265 5·159 15·53	805 5·161 7·115 23·35	815 5·163
716 2·358 4·179	726 2·363 3·242 6·121 11·66 22·33	736 2·368 4·184 8·92 16·46 23·32	746 2·373	756 2·378 3·252 4·189 6·126 7·108 9·84 12·63 14·54 18·42 21·36 27·28	766 2·383	776 2·388 4·194 8·97	786 2·393 3·262 6·131	796 2·398 4·199	806 2·403 13·62 26·31	816 2·408 3·272 4·204 6·136 8·102 12·68 16·51 17·48 24·34
717 3·239	727	737 11·67	747 3·249 9·83	757	767 13·59	777 3·259 7·111 21·37	787	797	807 3·269	817 19·43
718 2·359	728 2·364 4·182 7·104 8·91 13·56 14·52 26·28	738 2·369 3·246 6·123 9·82 18·41	748 2·374 4·187 11·68 17·44 22·34	758 2·379	768 2·384 3·256 4·192 6·128 8·96 12·64 16·48 24·32	778 2·389	788 2·394 4·177	798 2·399 3·266 6·133 7·114 14·57 19·42 21·38	808 2·404 4·202 8·101	818 2·409
719	729 3·243 9·81 27·27	739	749 7·107	759 3·253 11·69 23·33	769	779 19·41	789 3·263	799 17·47	809	819 3·273 7·117 9·91 13·63 21·39
720 2·360 3·240 4·180 5·144 6·120 8·90 9·80 10·72 12·60 15·48 16·45 18·40 20·36 24·30	730 2·365 5·146 10·73	740 2·370 4·185 5·148 10·74 20·37	750 2·375 3·250 5·150 6·125 10·75 15·50 25·30	760 2·380 4·190 5·152 8·95 10·76 19·40 20·38	770 2·385 5·154 7·110 10·77 11·70 14·55 22·35	780 2·390 3·260 4·195 5·156 6·130 10·78 12·65 13·60 15·52 20·39 26·30	790 2·395 5·158 10·79	800 2·400 4·200 5·160 8·100 10·80 16·50 20·40 25·32	810 2·405 3·270 5·162 6·135 9·90 10·81 15·54 18·45 27·30	820 2·410 4·205 5·164 10·82 20·41

續表

數	因數
821	
822	2・411　3・274　6・137
823	
824	2・412　4・206　8・103
825	3・275　5・165　11・75　15・55　25・33
826	2・413　7・118　14・59
827	
828	2・414　3・276　4・207　6・138　9・92　12・69　18・46　23・36
829	
830	2・415　5・166　10・83
831	3・277
832	2・416　4・208　8・104　13・64　16・52　26・32
833	7・119　17・49
834	2・417　3・278　6・139
835	5・167
836	2・418　4・209　11・76　19・44　22・38
837	3・279　9・93　27・31
838	2・419
839	
840	2・420　3・280　4・210　5・168　6・140　7・120　8・105　10・84　12・70　14・60　15・56　20・42　21・40　24・35　28・30
841	29・29
842	2・421
843	3・281
844	2・422　4・211
845	5・169　13・65
846	2・423　3・282　6・141　9・94　18・47
847	7・121　11・77
848	2・424　4・212　8・106　16・53
849	3・283
850	2・425　5・170　10・85　17・50　25・34
851	23・37
852	2・426　3・284　4・213　6・142　12・71
853	
854	2・427　7・122　14・61
855	3・285　5・171　9・95　15・57　19・45
856	2・428　4・214　8・107
857	
858	2・429　3・286　6・143　11・78　13・66　22・39　26・33
859	
860	2・430　4・215　5・172　10・86　20・43
861	3・287　7・123　21・41
862	2・431
863	
864	2・432　3・288　4・216　6・144　8・108　9・96　12・72　16・54　18・48　24・36　27・32
865	5・173
866	2・433
867	3・289　17・51
868	2・434　4・217　7・124　14・62　28・31
869	11・79
870	2・435　3・290　5・174　6・145　10・87　15・58　29・30
871	13・67
872	2・436　4・218　8・109
873	3・291　9・97
874	2・437　19・46　23・38
875	5・175　7・125　25・35
876	2・438　3・292　4・219　6・146　12・73
877	
878	2・439
879	3・293
880	2・440　4・220　5・176　8・110　10・88　11・80　16・55　20・44　22・40
881	
882	2・441　3・294　6・147　7・126　9・98　14・63　18・49　21・42
883	
884	2・442　4・221　13・68　17・52　26・34
885	3・295　5・177　15・59
886	2・443
887	
888	2・444　3・296　4・222　6・148　8・111　12・74　24・37
889	7・127
890	2・445　5・178　10・89
891	3・297　9・99　11・81　27・33
892	2・446　4・223
893	19・47
894	2・447　3・298　6・149
895	5・179
896	2・448　4・224　7・128　8・112　14・64　16・56　28・32
897	3・299　13・69　23・39
898	2・449
899	29・31
900	2・450　3・300　4・225　5・180　6・150　9・100　10・90　12・75　15・60　18・50　20・45　25・36　30・30
901	17・53
902	2・451　11・82　22・41
903	3・301　7・129　21・43
904	2・452　4・226　8・113
905	5・181
906	2・453　3・302　6・151
907	
908	2・454　4・227
909	3・303　9・101
910	2・455　5・182　7・130　10・91　13・70　14・65　26・35
911	
912	2・456　3・304　4・228　6・152　8・114　12・76　16・57　19・48　24・38
913	11・83
914	2・457
915	3・305　5・183　15・61
916	2・458　4・229
917	7・131
918	2・459　3・306　6・153　9・102　17・54　18・51　27・34
919	
920	2・460　4・230　5・184　8・115　10・92　20・46　23・40
921	3・307
922	2・461
923	13・71
924	2・462　3・308　4・231　6・154　7・132　11・84　12・77　14・66　21・44　22・42　28・33
925	5・185　25・37
926	2・463
927	3・309　9・103
928	2・464　4・232　8・116　16・58　29・32
929	
930	2・465　3・310　5・186　6・155　10・93　15・62　30・31

續表

數	因數
931	7・133　19・49
932	2・466　4・233
933	3・311
934	2・467
935	5・187　11・85　17・55
936	2・468　3・312　4・234　6・156　8・117　9・104　12・78　13・72　18・52　24・39　26・36
937	
938	2・469　7・134　14・67
939	3・313
940	2・470　4・235　5・188　10・94　20・47
941	
942	2・471　3・314　6・157
943	23・41
944	2・472　4・236　8・118　16・59
945	3・315　5・189　7・135　9・105　15・63　21・45　27・35
946	2・473　11・86　22・43
947	
948	2・474　3・316　4・237　6・158　12・79
949	13・73
950	2・475　5・190　10・95　19・50　25・38
951	3・317
952	2・476　4・238　7・136　8・119　14・68　17・56　28・34
953	
954	2・477　3・318　6・159　9・106　18・53
955	5・191
956	2・478　4・239
957	3・319　11・87　29・33
958	2・479
959	7・137
960	2・480　3・320　4・240　5・192　6・160　8・120　10・96　12・80　15・64　16・60　20・48　24・40　30・32
961	31・31
962	2・481　13・74　26・37
963	3・321　9・107
964	2・482　4・241
965	5・193
966	2・483　3・322　6・161　7・138　14・69　21・46　23・42
967	
968	2・484　4・242　8・121　11・88　22・44
969	3・323　17・57　19・51
970	2・485　5・194　10・97
971	
972	2・486　3・324　4・243　6・162　9・108　12・81　18・54　27・36
973	7・139
974	2・487
975	3・325　5・195　13・75　15・65　25・39
976	2・488　4・244　8・122　16・61
977	
978	2・489　3・326　6・163
979	11・89
980	2・490　4・245　5・196　7・140　10・98　14・70　20・49　28・35
981	3・327　9・109
982	2・491
983	
984	2・492　3・328　4・246　6・164　8・123　12・82　24・41
985	5・197
986	2・493　17・58　29・34
987	3・329　7・141　21・47
988	2・494　4・247　13・76　19・52　26・38
989	23・43
990	2・495　3・330　5・198　6・165　9・110　10・99　11・90　15・66　18・55　22・45　30・33
991	
992	2・496　4・248　8・124　16・62　31・32
993	3・331
994	2・497　7・142　14・71
995	5・199
996	2・498　3・332　4・249　6・166　12・83
997	
998	2・499
999	3・333　9・111　27・37
1000	2・500　4・250　5・200　8・125　10・100　20・50　25・40
1001	7・143　11・91　13・77
1002	2・501　3・334　6・167
1003	17・59
1004	2・502　4・251
1005	3・335　5・201　15・67
1006	2・503
1007	19・53
1008	2・504　3・336　4・252　6・168　7・144　8・126　9・112　12・84　14・72　16・63　18・56　21・48　24・42　28・36
1009	
1010	2・505　5・202　10・101
1011	3・337
1012	2・506　4・253　11・92　22・46　23・44
1013	
1014	2・507　3・338　6・169　13・78　26・39
1015	5・203　7・145　29・35
1016	2・508　4・254　8・127
1017	3・339　9・113
1018	2・509
1019	
1020	2・510　3・340　4・255　5・204　6・170　10・102　12・85　15・68　17・60　20・51　30・34
1021	
1022	2・511　7・146　14・73
1023	3・341　11・93　31・33
1024	2・512　4・256　8・128　16・64　32・32
1025	5・205　25・41
1026	2・513　3・342　6・171　9・114　18・57　19・54　27・38
1027	13・79
1028	2・514　4・257
1029	3・343　7・147　21・49
1030	2・515　5・206　10・103
1031	
1032	2・516　3・344　4・258　6・172　8・129　12・86　24・43
1033	
1034	2・517　11・94　22・47
1035	3・345　5・207　9・115　15・69　23・45
1036	2・518　4・259　7・148　14・74　28・37
1037	17・61
1038	2・519　3・346　6・173
1039	
1040	2・520　4・260　5・208　8・130　10・104　13・80　16・65　20・52　26・40

續表

1041	3·347
1042	2·521
1043	7·149
1044	2·522 3·348 4·261 6·174 9·116 12·87 18·58 29·36
1045	5·209 11·95 19·55
1046	2·523
1047	3·349
1048	2·524 4·262 8·131
1049	
1050	2·525 3·350 5·210 6·175 7·150 10·105 14·75 15·70 21·50 25·42 30·35
1051	
1052	2·526 4·263
1053	3·351 9·117 13·81 27·39
1054	2·527 17·62 31·34
1055	5·211
1056	2·528 3·352 4·264 6·176 8·132 11·96 12·88 16·66 22·48 24·44 32·33
1057	7·151
1058	2·529 23·46
1059	3·353
1060	2·530 4·265 5·212 10·106 20·53
1061	
1062	2·531 3·354 6·177 9·118 18·59
1063	
1064	2·532 4·266 7·152 8·133 14·76 19·56 28·38
1065	3·355 5·213 15·71
1066	2·533 13·82 26·41
1067	11·97
1068	2·534 3·356 4·267 6·178 12·89
1069	
1070	2·535 5·214 10·107
1071	3·357 7·153 9·119 17·63 21·51
1072	2·536 4·267 8·134 16·67
1073	29·37
1074	2·537 3·358 6·179
1075	5·215 25·43
1076	2·538 4·269
1077	3·359
1078	2·539 7·154 11·98 14·77 22·49
1079	13·83
1080	2·540 3·360 4·270 5·216 6·180 8·135 9·120 10·108 12·90 15·72 18·60 20·54 24·45 27·40 30·36
1081	23·47
1082	2·541
1083	3·361 19·57
1084	2·542 4·271
1085	5·217 7·155 31·35
1086	2·543 3·362 6·181
1087	
1088	2·544 4·272 8·136 16·68 17·64 32·34
1089	3·363 9·121 11·99 33·33
1090	2·545 5·218 10·109
1091	
1092	2·546 3·364 4·273 6·182 7·156 12·91 13·84 14·78 21·52 26·42 28·39
1093	
1094	2·547
1095	3·365 5·219 15·73
1096	2·548 4·274 8·137
1097	
1098	2·549 3·366 6·183 9·122 18·61
1099	7·157
1100	2·550 4·275 5·220 10·110 11·100 20·55 22·50 25·44
1101	3·367
1102	2·551 19·58 29·38
1103	
1104	2·552 3·368 4·276 6·184 8·138 12·92 16·69 23·48 24·46
1105	5·221 13·85 17·65
1106	2·553 7·158 14·79
1107	3·369 9·123 27·41
1108	2·554 4·277
1109	
1110	2·555 3·370 5·222 6·185 10·111 15·74 30·37
1111	11·101
1112	2·556 4·278 8·139
1113	3·371 7·159 21·53
1114	2·557
1115	5·223
1116	2·558 3·372 4·279 6·186 9·124 12·93 18·62 31·36
1117	
1118	2·559 13·86 26·43
1119	3·373
1120	2·560 4·280 5·224 7·160 8·140 10·112 14·80 16·70 20·56 28·40 32·35
1121	19·59
1122	2·561 3·374 6·187 11·102 17·66 22·51 33·34
1123	
1124	2·562 4·281
1125	3·375 5·225 9·125 15·75 25·45
1126	2·563
1127	7·161 23·49
1128	2·564 3·376 4·282 6·188 8·141 12·94 24·47
1129	
1130	2·565 5·226 10·113
1131	3·377 13·87 29·39
1132	2·566 4·283
1133	11·103
1134	2·567 3·378 6·189 7·162 9·126 14·81 18·63 21·54 27·42
1135	5·227
1136	2·568 4·284 8·142 16·71
1137	3·379
1138	2·569
1139	17·67
1140	2·570 3·380 4·285 5·228 6·190 10·114 12·95 15·76 19·60 20·57 30·38
1141	7·163
1142	2·571
1143	3·381 9·127
1144	2·572 4·286 8·143 11·104 13·88 22·52 26·44
1145	5·229
1146	2·573 3·382 6·191
1147	31·37
1148	2·574 4·287 7·164 14·82 28·41
1149	3·383
1150	2·575 5·230 10·115 23·50 25·46

續表

1151

1152 2·576 3·384 4·288 6·192 8·144 9·128 12·96 16·72 18·64 24·48 32·36

1153

1154 2·577

1155 3·385 5·231 7·165 11·105 15·77 21·55 33·35

1156 2·578 4·289 17·68 34·34

1157 13·89

1158 2·579 3·386 6·193

1159 19·61

1160 2·580 4·290 5·232 8·145 10·116 20·58 29·40

1161 3·387 9·129 27·43

1162 2·581 7·166 14·83

1163

1164 2·582 3·388 4·291 6·194 12·97

1165 5·233

1166 2·583 11·106 22·53

1167 3·389

1168 2·584 4·292 8·146 16·73

1169 7·167

1170 2·585 3·390 5·234 6·195 9·130 10·117 13·90 15·78 18·65 26·45 30·39

1171

1172 2·586 4·293

1173 3·391 17·69 23·51

1174 2·587

1175 5·235 25·47

1176 2·588 3·392 4·294 6·196 7·168 8·147 12·98 14·84 21·56 24·49 28·42

1177 11·107

1178 2·589 19·62 31·38

1179 3·393 9·131

1180 2·590 4·295 5·236 10·118 20·59

1181

1182 2·591 3·394 6·197

1183 7·169 13·91

1184 2·592 4·296 8·148 16·74 32·37

1185 3·395 5·237 15·79

1186 2·593

1187

1188 2·594 3·396 4·297 6·198 9·132 11·108 12·99 18·66 22·54 27·44 33·36

1189 29·41

1190 2·595 5·238 7·170 10·119 14·85 17·70 34·35

1191 3·397

1192 2·596 4·298 8·149

1193

1194 2·597 3·398 6·199

1195 5·239

1196 2·598 4·299 13·92 23·52 26·46

1197 3·399 7·171 9·133 19·63 21·57

1198 2·599

1199 11·109

1200 2·600 3·400 4·300 5·240 6·200 8·150 10·120 12·100 15·80 16·75 20·60 24·50 25·48 30·40

1201

1202 2·601

1203 3·401

1204 2·602 4·301 7·172 14·86 28·43

1205 5·241

1206 2·603 3·402 6·201 9·134 18·67

1207 17·71

1208 2·604 4·302 8·151

1209 3·403 13·93 31·39

1210 2·605 5·242 10·121 11·110 22·55

1211 7·173

1212 2·606 3·404 4·303 6·202 12·101

1213

1214 2·607

1215 3·405 5·243 9·135 15·81 27·45

1216 2·608 4·304 8·152 16·76 19·64 32·38

1217

1218 2·609 3·406 6·203 7·174 14·87 21·58 29·42

1219 23·53

1220 2·610 4·305 5·244 10·122 20·61

1221 3·407 11·111 33·37

1222 2·611 13·94 26·47

1223

1224 2·612 3·408 4·306 6·204 8·153 9·136 12·102 17·72 18·68 24·51 34·36

1225 5·245 7·175 25·49 35·35

1226 2·613

1227 3·409

1228 2·614 4·307

1229

1230 2·615 3·410 5·246 6·205 10·123 15·82 30·41

1231

1232 1·616 4·308 7·176 8·154 11·112 14·88 16·77 22·56 28·44

1233 3·411 9·137

1234 2·617

1235 5·247 13·95 19·65

1236 2·618 3·412 4·309 6·206 12·103

1237

1238 2·619

1239 3·413 7·177 21·59

1240 2·620 4·310 5·248 8·155 10·124 20·62 31·40

1241 17·73

1242 2·621 3·414 6·207 9·138 18·69 23·54 27·46

1243 11·113

1244 2·622 4·311

1245 3·415 5·249 15·83

1246 2·623 7·178 14·89

1247 29·43

1248 2·624 3·416 4·312 6·208 8·156 12·104 13·96 16·78 24·52 26·48 32·39

1249

1250 2·625 5·250 10·125 25·50

1251 3·417 9·139

1252 2·626 4·313

1253 7·179

1254 2·627 3·418 6·209 11·114 19·66 22·57 33·38

1255 5·251

1256 2·628 4·314 8·157

1257 3·419

1258 2·629 17·74 34·37

1259

1260 2·630 3·420 4·315 5·252 6·210 7·180 9·140 10·126 12·105 14·90 15·84 18·70 20·63 21·60 28·45 30·42 35·36

續表

數	因數
1261	13·97
1262	2·631
1263	3·421
1264	2·632　4·316　8·158　16·79
1265	5·253　11·115　23·55
1266	2·633　3·422　6·211
1267	7·181
1268	2·634　4·317
1269	3·423　9·141　27·47
1270	2·635　5·254　10·127
1271	31·41
1272	2·636　3·424　4·318　6·212　8·159　12·106　24·53
1273	19·67
1274	2·637　7·182　13·98　14·91　26·49
1275	3·425　5·255　15·85　17·75　25·51
1276	2·638　4·319　11·116　22·58　29·44
1277	
1278	3·639　2·426　6·214　9·142　18·71
1279	
1280	2·640　4·320　5·256　8·160　10·128　16·80　20·64　32·40
1281	3·427　7·183　21·61
1282	2·641
1283	
1284	2·642　3·428　4·321　6·214　12·107
1285	5·257
1286	2·643
1287	3·429　9·143　11·117　13·99　33·39
1288	2·644　4·322　7·184　8·161　14·92　23·56　28·46
1289	
1290	2·645　3·430　5·258　6·215　10·129　15·86　30·43
1291	
1292	2·646　4·323　17·76　19·68　34·38
1293	3·431
1294	2·647
1295	5·259　7·185　35·37
1296	2·648　3·432　4·324　6·216　8·162　9·144　12·108　16·81　18·72　24·54　27·48　36·36
1297	
1298	2·649　11·118　22·59
1299	3·433
1300	2·650　4·325　5·260　10·120　13·100　20·65　25·52　26·50
1301	
1302	2·651　3·434　6·217　7·186　14·93　21·62　31·42
1303	
1304	2·652　4·326　8·163
1305	3·435　5·261　9·145　15·87　29·45
1306	2·653
1307	
1308	2·654　3·436　4·327　6·218　12·109
1309	7·187　11·119　17·77
1310	2·655　5·262　10·131
1311	3·437　19·69　23·57
1312	2·656　4·328　8·164　16·82　32·41
1313	13·101
1314	2·657　3·438　6·219　9·146　18·73
1315	5·263
1316	2·658　4·329　7·188　14·94　28·47
1317	3·439
1318	2·659
1319	
1320	2·660　3·440　4·330　5·264　6·220　8·165　10·132　11·120　12·110　15·88　20·66　22·60　24·55　30·44　33·40
1321	
1322	2·661
1323	3·441　7·189　9·147　21·63　27·49
1324	2·662　4·331
1325	5·265　25·53
1326	2·663　3·442　6·221　13·102　17·78　26·51　34·39
1327	
1328	2·664　4·332　8·166　16·83
1329	3·443
1330	2·665　5·266　7·190　10·133　14·95　19·70　35·38
1331	11·121
1332	2·666　3·444　4·333　6·222　9·148　12·111　18·74　36·37
1333	31·43
1334	2·667　23·58　29·46
1335	3·445　5·267　15·89
1336	2·668　4·334　8·167
1337	7·191
1338	2·669　3·446　6·223
1339	13·103
1340	2·670　4·335　5·268　10·134　20·67
1341	3·447　9·149
1342	2·671　11·122　22·61
1343	17·79
1344	2·672　3·448　4·336　6·224　7·192　8·168　12·112　14·96　16·84　21·64　24·56　28·48　32·42
1345	5·269
1346	2·673
1347	3·449
1348	2·674　4·337
1349	19·71
1350	2·675　3·450　5·270　6·225　9·150　10·135　15·90　18·75　25·54　27·50　30·45
1351	7·193
1352	2·676　4·338　8·169　13·104　26·52
1353	3·451　11·123　33·41
1354	2·677
1355	5·271
1356	2·678　3·452　4·339　6·226　12·113
1357	23·59
1358	2·679　7·194　14·97
1359	3·453　9·151
1360	2·680　4·340　5·272　8·170　10·136　16·85　17·80　20·68　34·40
1361	
1362	2·681　3·454　6·227
1363	29·47
1364	2·682　4·341　11·124　22·62　31·44
1365	3·455　5·273　7·195　13·105　15·91　21·65　35·39
1366	2·683
1367	
1368	2·684　3·456　4·342　6·228　8·171　9·152　12·114　18·76　19·72　24·57　36·38
1369	37·37
1370	2·685　5·274　10·137

續表

1371
3・457

1372
2・686
4・343
7・196
14・98
28・49

1373

1374
2・687
3・458
6・229

1375
5・275
11・125
25・55

1376
2・688
4・344
8・172
16・86
32・43

1377
3・459
9・153
17・81
27・51

1378
2・689
13・106
26・53

1379
7・197

1380
2・690
3・460
4・345
5・276
6・230
10・138
12・115
15・92
20・69
23・60
30・46

1381

1382
2・691

1383
3・461

1384
2・692
4・346
8・173

1385
5・277

1386
2・693
3・462
6・231
7・198
9・154
11・126
14・99
18・77
21・66
22・63
33・42

1387
19・73

1388
2・694
4・347

1389
3・463

1390
2・695
5・278
10・139

1391
13・107

1392
2・696
3・464
4・348
6・232
8・174
12・116
16・87
24・58
29・48

1393
7・199

1394
2・697
17・82
34・41

1395
3・465
5・279
9・155
15・93
31・45

1396
2・698
4・349

1397
11・127

1398
2・699
3・466
6・233

1399

1400
2・700
4・350
5・280
7・200
8・175
10・140
20・70
25・56
28・50
35・40

1401
3・467

1402
2・701

1403
23・61

1404
2・702
3・468
4・351
6・234
9・156
12・117
13・108
18・78
26・54
27・52
36・39

1405
5・281

1406
2・703
19・74
37・38

1407
3・469
7・201
21・67

1408
2・704
4・352
8・176
11・128
16・88
22・64
32・44

1409

1410
2・705
3・470
5・282
6・235
10・141
15・94
30・47

1411
17・83

1412
2・706
4・353

1413
3・471
9・157

1414
2・707
7・202
14・101

1415
5・283

1416
2・708
3・472
4・354
6・236
8・177
12・118
24・59

1417
13・109

1418
2・709

1419
3・473
11・129
33・43

1420
2・710
4・355
5・284
10・142
20・71

1421
7・203
29・49

1422
2・711
3・474
6・237
9・158
18・79

1423

1424
2・712
4・356
8・178
16・89

1425
3・475
5・285
15・95
19・75
25・57

1426
2・713
23・62
31・46

1427

1428
2・714
3・476
4・357
6・238
7・204
12・119
14・102
17・84
21・68
28・51
34・42

1429

1430
2・715
5・286
10・143
11・130
13・110
22・65
26・55

1431
3・477
9・159
27・53

1432
2・716
4・358
8・179

1433

1434
2・717
3・478
6・239

1435
5・287
7・205
35・41

1436
2・718
4・359

1437
3・479

1438
2・719

1439

1440
2・720
3・480
4・360
5・288
6・240
8・180
9・160
10・144
12・120
15・96
16・90
18・80
20・72
24・60
30・48
32・45
36・40

1441
11・131

1442
2・721
7・206
14・103

1443
3・481
13・111
37・39

1444
2・722
4・361
19・76
33・38

1445
5・289
17・85

1446
2・723
3・482
6・241

1447

1448
2・724
4・362
8・181

1449
3・483
7・207
9・161
21・69
23・63

1450
2・725
5・290
10・145
25・58
29・50

1451

1452
2・726
3・484
4・363
6・242
11・132
12・121
22・66
33・44

1453

1454
2・727

1455
3・485
5・291
15・97

1456
2・728
4・364
7・208
8・182
13・112
14・104
16・91
26・56
28・52

1457
31・47

1458
2・729
3・486
6・243
9・162
18・81
27・54

1459

1460
2・730
4・335
5・292
10・146
20・73

1461
3・487

1462
2・731
17・86
34・43

1463
7・209
11・133
19・77

1464
2・732
3・488
4・366
6・244
8・188
12・122
24・61

1465
5・293

1466
2・733

1467
3・489
9・163

1468
2・734
4・367

1469
13・113

1470
2・735
3・490
5・294
6・245
7・210
10・147
14・105
15・98
21・70
30・49
35・42

1471

1472
2・736
4・368
8・184
16・92
23・64
32・46

1473
3・491

1474
2・737
11・134
22・67

1475
5・295
25・59

1476
2・738
3・492
4・369
6・246
9・164
12・123
18・82
36・41

1477
7・211

1478
2・739

1479
3・493
17・87
29・51

1480
2・740
4・370
5・296
8・185
10・148
20・74
37・40

續表

1481

1482　2·741　3·494　6·247　13·114　19·78　26·57　38·39

1483

1484　2·742　4·371　7·212　14·106　23·53

1485　3·495　5·297　9·165　11·135　15·99　27·55　33·45

1486　2·743

1487

1488　2·744　3·496　4·372　6·248　8·186　12·124　16·93　24·62　31·48

1489

1490　2·745　5·298　10·149

1491　3·497　7·213　21·71

1492　2·746　4·373

1493

1494　2·747　3·498　6·249　9·166　18·83

1495　5·299　13·115　23·65

1496　2·748　4·374　8·187　11·136　17·88　22·68　34·44

1497　3·499

1498　2·749　7·214　14·107

1499

1500　2·750　3·500　4·375　5·300　6·250　10·150　12·125　15·100　20·75　25·60　30·50

1501　19·79

1502　2·751

1503　3·501　9·167

1504　2·752　4·376　8·183　16·94　32·47

1505　5·301　7·215　35·43

1506　2·753　3·502　6·251

1507　11·137

1508　2·754　4·377　13·116　26·58　29·52

1509　3·503

1510　2·755　5·302　10·151

1511

1512　2·756　3·594　4·378　6·252　7·216　8·189　9·168　12·126　14·103　18·84　21·72　24·63　27·56　28·54　36·42

1513　17·89

1514　2·757

1515　3·505　5·303　15·101

1516　2·758　4·379

1517　37·41

1518　2·759　3·506　6·253　11·138　22·69　23·66　33·46

1519　7·217　31·49

1520　2·760　4·380　5·304　8·190　10·152　16·95　19·80　20·76　38·40

1521　3·507　9·169　13·117　39·39

1522　2·761

1523

1524　2·762　3·508　4·381　6·254　12·127

1525　5·305　25·61

1526　2·763　7·218　14·109

1527　3·509

1528　2·764　4·382　8·191

1529　11·139

1530　2·765　3·510　5·306　6·255　9·170　10·153　15·102　17·90　18·85　30·51　34·45

1531

1532　2·766　4·383

1533　3·511　7·219　21·73

1534　2·767　13·118　26·59

1535　5·307

1536　2·768　3·512　4·384　6·256　8·192　12·128　16·96　24·64　32·48

1537　29·53

1538　2·769

1539　3·513　9·174　19·81　27·57

1540　2·770　4·385　5·308　7·220　10·154　11·140　14·110　20·77　22·70　28·55　35·44

1541　23·67

1542　2·771　3·514　6·257

1543

1544　2·772　4·386　8·193

1545　3·515　5·309　15·103

1546　2·773

1547　7·221　13·119　17·91

1548　2·774　3·516　4·387　6·258　9·172　12·129　18·86　36·43

1549

1550　2·775　5·310　10·155　25·62　31·50

1551　3·517　11·141　33·47

1552　2·776　4·388　8·194　16·97

1553

1554　2·777　3·518　6·259　7·222　14·111　21·74　37·42

1555　5·311

1556　2·778　4·389

1557　3·519　9·173

1558　2·779　19·82　38·41

1559

1560　2·780　3·520　4·390　5·312　6·260　8·195　10·156　12·130　13·120　15·104　20·78　24·65　26·60　30·52　39·40

1561　7·223

1562　2·781　11·142　22·71

1563　3·521

1564　2·782　4·391　17·92　23·68　34·46

1565　5·313

1566　2·783　3·522　6·261　9·174　18·87　27·58　29·54

1567

1568　2·784　4·392　7·224　8·196　14·112　16·98　28·56　32·49

1569　3·523

1570　2·795　5·314　10·157

1571

1572　2·786　3·524　4·393　6·262　12·131

1573　11·143　13·121

1574　2·787

1575　3·525　5·315　7·225　9·175　15·105　21·75　25·63　35·45

1576　2·788　4·394　8·197

1577　19·83

1578　2·789　3·526　6·263

1579

1580　2·790　4·395　5·316　10·158　20·79

1581　3·527　17·93　31·51

1582　2·791　7·226　14·113

1583

1584　2·792　3·528　4·396　6·264　8·198　9·176　11·144　12·132　16·99　18·88　22·72　24·66　33·48　36·44

1585　5·317

1586　2·793　13·122　26·61

1587　3·529　23·69

1588　2·794　4·397

1589　7·227

1590　2·795　3·530　5·318　6·262　10·159　15·106　30·53

續表

數	因數
1591	37·43
1592	2·796　4·398　8·199
1593	3·531　9·177　27·59
1594	2·797
1595	5·319　11·145　29·55
1596	2·798　3·532　4·399　6·266　7·228　12·133　14·114　19·84　21·76　28·57　38·42
1597	
1598	2·799　17·94　34·47
1599	3·533　13·123　39·41
1600	2·800　4·400　5·320　8·200　10·160　20·80　25·64　32·50　40·40
1601	
1602	2·801　3·534　6·267　9·178　18·89
1603	7·229
1604	2·802　4·401
1605	3·535　5·321　15·107
1606	2·803　11·146　22·73
1607	
1608	2·804　3·536　4·402　6·268　8·201　12·134　24·67
1609	
1610	2·805　5·322　7·230　10·161　14·115　23·70　35·46
1611	3·537　9·179
1612	2·806　4·403　13·124　26·62　31·52
1613	
1614	2·807　3·538　6·269
1615	5·323　17·95　19·85
1616	2·808　4·404　8·202　16·101
1617	3·539　7·231　11·147　21·77　33·49
1618	2·809
1619	
1620	2·810　3·540　4·405　5·324　6·270　9·180　10·162　12·135　15·108　18·90　20·81　27·60　30·54　36·45
1621	
1622	2·811
1623	3·541
1624	2·812　4·406　7·232　8·203　14·116　28·58　29·56
1625	5·325　13·125　25·65
1626	2·813　3·542　6·271
1627	
1628	2·814　4·407　11·148　22·74　37·44
1629	3·543　9·181
1630	2·815　5·326　10·163
1631	7·233
1632	2·816　3·544　4·408　6·272　8·204　12·136　16·102　17·96　24·68　32·51　34·48
1633	23·71
1634	2·817　19·86　38·43
1635	3·545　5·327　15·109
1636	2·818　4·409
1637	
1638	2·819　3·546　6·273　7·234　9·182　13·126　14·117　18·91　21·78　26·63　39·42
1639	11·149
1640	2·820　4·410　5·328　8·205　10·164　20·82　40·41
1641	3·547
1642	2·821
1643	31·53
1644	2·822　3·548　4·411　6·274　12·137
1645	5·329　7·235　35·47
1646	2·823
1647	3·549　9·183　27·61
1648	2·824　4·412　8·206　16·103
1649	17·97
1650	2·825　3·550　5·330　6·275　10·165　11·150　15·110　22·75　25·66　30·55　33·50
1651	13·127
1652	2·826　4·413　7·236　14·118　28·59
1653	3·551　19·87　29·57
1654	2·827
1655	5·331
1656	2·828　3·552　4·414　6·276　8·207　9·184　12·138　18·92　23·72　24·69　36·46
1657	
1658	2·829
1659	3·553　7·237　21·79
1660	2·830　4·415　5·332　10·166　20·83
1661	11·151
1662	2·831　3·554　6·277
1663	
1664	2·832　4·416　8·208　13·128　16·104　26·64　32·52
1665	3·555　5·333　9·185　15·111　37·45
1666	2·833　7·238　14·119　17·98　34·49
1667	
1668	2·834　3·556　4·417　6·278　12·139
1669	
1670	2·835　5·334　10·167
1671	3·557
1672	2·836　4·418　8·209　11·152　19·88　22·76　38·44
1673	7·239
1674	2·837　3·558　6·279　9·186　18·93　27·62　31·54
1675	5·335　25·67
1676	2·838　4·419
1677	3·559　13·129　39·43
1678	2·839
1679	23·73
1680	2·840　3·560　4·420　5·336　6·280　7·240　8·210　10·168　12·140　14·120　15·112　16·105　20·84　21·80　24·70　28·60　30·56　35·48　40·42
1681	41·41
1682	2·841　29·58
1683	3·561　9·187　11·153　17·99　33·51
1684	2·842　4·421
1685	5·337
1686	2·843　3·562　6·281
1687	7·241
1688	2·844　4·422　8·211
1689	3·563
1690	2·845　5·338　10·169　13·130　26·65
1691	19·89
1692	2·846　3·564　4·423　6·282　9·188　12·141　18·94　36·47
1693	
1694	2·847　7·242　11·154　14·121　22·77
1695	3·565　5·339　15·113
1696	2·848　4·424　8·212　16·106　32·53
1697	
1698	2·849　3·566　6·283
1699	
1700	2·850　4·425　5·340　10·170　17·100　20·85　25·68　34·50

續表

1701 3·567 7·243 9·189 21·81 27·63	1711 29·59	1721	1731 3·577	1741	1751 17·103	1761 3·587	1771 7·253 11·161 23·77	1781 13·137	1791 3·597 9·199	1801
1702 2·851 23·74 37·46	1712 2·856 4·428 8·214 16·107	1722 2·861 3·574 6·287 7·246 14·123 21·82 41·42	1732 2·866 4·433	1742 2·871 13·134 26·67	1752 2·876 3·584 4·438 6·292 8·219 12·146 24·73	1762 2·881	1772 2·886 4·443	1782 2·891 3·594 6·297 9·198 11·162 18·99 22·81 27·66 33·54	1792 2·896 4·448 7·256 8·224 14·128 16·112 28·64 32·56	1802 2·901 17·106 34·53
1703 13·131	1713 3·571	1723	1733	1743 3·581 7·249 21·83	1753	1763 41·43	1773 3·591 9·197	1783	1793 11·163	1803 3·601
1704 2·852 3·568 4·426 6·284 8·213 12·142 24·71	1714 2·857	1724 2·862 4·431	1734 2·867 3·578 6·289 17·102 34·51	1744 2·872 4·436 8·218 16·109	1754 2·877	1764 2·882 3·588 4·441 6·294 7·252 9·196 12·147 14·126 18·98 21·84 28·63 36·49 42·42	1774 2·887	1784 2·892 4·446 8·223	1794 2·897 3·598 6·299 13·138 23·78 26·69 39·46	1804 2·902 4·451 11·164 22·82 41·44
1705 5·341 11·155 31·55	1715 5·343 7·245 35·49	1725 3·575 5·345 15·115 23·75 25·69	1735 5·347	1745 5·349	1755 3·585 5·351 9·195 13·135 15·117 27·65 39·45	1765 5·353	1775 5·355 25·71	1785 3·595 5·357 7·255 15·119 17·105 21·85 35·51	1795 5·359	1805 5·361 19·95
1706 2·853	1716 2·858 3·572 4·429 6·286 11·156 12·143 13·132 22·78 26·66 33·52 39·44	1726 2·863	1736 2·868 4·434 7·248 8·217 14·124 28·62 31·56	1746 2·873 3·582 6·291 9·194 18·97	1756 2·878 4·439	1766 2·883	1776 2·888 3·592 4·444 6·296 8·222 12·148 16·111 24·74 37·48	1786 2·893 19·94 38·47	1796 2·898 4·449	1806 2·903 3·602 6·301 7·258 14·129 21·86 42·43
1707 3·569	1717 17·101	1727 11·157	1737 3·579 9·193	1747	1757 7·251	1767 3·589 19·93 31·57	1777	1787	1797 3·599	1807 13·139
1708 2·854 4·427 7·244 14·122 28·61	1718 2·859	1728 2·864 3·576 4·432 6·288 8·216 9·192 12·144 16·108 18·96 24·72 27·64 32·54 36·48	1738 2·869 11·158 22·79	1748 2·874 4·437 19·92 23·76 38·46	1758 2·879 3·586 6·293	1768 2·884 4·442 8·221 13·136 17·104 26·68 34·52	1778 2·889 7·254 14·127	1788 2·894 3·596 4·447 6·298 12·149	1798 2·899 29·62 31·58	1808 2·904 4·452 8·226 16·113
1709	1719 3·573 9·191	1729 7·247 13·133 19·91	1739 37·47	1749 3·583 11·159 33·53	1759	1769 29·61	1779 3·593	1789	1799 7·257	1809 3·603 9·201 27·67
1710 2·855 3·570 5·342 6·285 9·190 10·171 15·114 18·95 19·90 30·57 38·45	1720 2·860 4·430 5·344 8·215 10·172 20·86 40·43	1730 2·865 5·346 10·173	1740 2·870 3·580 4·435 5·348 6·290 10·174 12·145 15·116 20·87 29·60 30·58	1750 2·875 5·350 7·250 10·175 14·125 25·70 35·50	1760 2·880 4·440 5·352 8·220 10·176 11·160 16·110 20·88 22·80 32·55 40·44	1770 2·885 3·590 5·354 6·295 10·177 15·118 30·59	1780 2·890 4·445 5·356 10·178 20·89	1790 2·895 5·358 10·179	1800 2·900 3·600 4·450 5·360 6·300 8·225 9·200 10·180 12·150 15·120 18·100 20·90 24·75 25·72 30·60 36·50 40·45	1810 2·905 5·362 10·181

續表

1811	
1812	2・906　3・604　4・453　6・302　12・151
1813	7・259　37・49
1814	2・907
1815	3・605　5・363　11・165　15・121　33・55
1816	2・908　4・454　8・227
1817	23・79
1818	2・909　3・606　6・303　9・202　18・101
1819	17・107
1820	2・910　4・455　5・364　7・260　10・182　13・140　14・130　20・91　26・70　28・65　35・52
1821	3・607
1822	2・911
1823	
1824	2・912　3・608　4・456　6・304　8・228　12・152　16・114　19・96　24・76　32・57　38・48
1825	5・365　25・73
1826	2・913　11・166　22・83
1827	3・609　7・261　9・203　21・87　29・63
1828	2・914　4・457
1829	31・59
1830	2・915　3・610　5・366　6・305　10・183　15・122　30・61
1831	
1832	2・916　4・458　8・229
1833	3・611　13・141　39・47
1834	2・917　7・262　14・131
1835	5・367
1836	2・918　3・612　4・459　6・306　9・204　12・153　17・108　18・102　27・68　34・54　36・51
1837	11・167
1838	2・919
1839	3・613
1840	2・920　4・460　5・368　8・230　10・184　16・115　20・92　23・80　40・46
1841	7・263
1842	2・921　3・614　6・307
1843	19・97
1844	2・922　4・461
1845	3・615　5・369　9・205　15・123　41・45
1846	2・923　13・142　26・71
1847	
1848	2・924　3・616　4・462　6・308　7・264　8・231　11・168　12・154　14・132　21・88　22・84　24・77　28・66　33・56　42・44
1849	43・43
1850	2・925　5・370　10・185　25・74　37・50
1851	3・617
1852	2・926　4・463
1853	17・109
1854	2・927　3・618　6・309　9・206　18・103
1855	5・371　7・265　35・53
1856	2・928　4・464　8・232　16・116　29・64　32・58
1857	3・619
1858	2・929
1859	11・169　13・143
1860	2・930　3・620　4・465　5・372　6・310　10・186　12・155　15・124　20・93　30・62　31・60
1861	
1862	2・931　7・266　14・133　19・98　38・49
1863	3・621　9・207　23・81　27・69
1864	2・932　4・466　8・233
1865	5・373
1866	2・933　3・622　6・311
1867	
1868	2・934　4・467
1869	3・623　7・267　21・89
1870	2・935　5・374　10・187　11・170　17・110　22・85　34・55
1871	
1872	2・936　3・624　4・468　6・312　8・234　9・208　12・156　13・144　16・117　18・104　24・78　26・72　36・52　39・48
1873	
1874	2・937
1875	3・625　5・375　15・125　25・75
1876	2・938　4・469　7・268　14・134　28・67
1877	
1878	2・939　3・626　6・313
1879	
1880	2・940　4・470　5・376　8・235　10・188　20・94　40・47
1881	3・627　9・209　11・171　19・99　33・57
1882	2・941
1883	7・269
1884	2・942　3・628　4・471　6・314　12・357
1885	5・377　13・145　29・65
1886	2・943　23・82　41・46
1887	3・629　17・111　37・51
1888	2・944　4・472　8・236　16・118　32・59
1889	
1890	2・945　3・630　5・378　6・315　7・270　9・210　10・189　14・135　15・126　18・105　21・90　27・70　30・63　35・54　42・45
1891	31・61
1892	3・946　4・473　11・172　22・86　43・44
1893	3・631
1894	2・947
1895	5・379
1896	2・948　3・632　4・474　6・316　8・237　12・158　24・79
1897	7・271
1898	2・949　13・146　26・73
1899	3・633　9・211
1900	2・950　4・475　5・380　10・190　19・100　20・95　25・76　38・50
1901	
1902	2・951　3・634　6・317
1903	11・173
1904	2・952　4・476　7・272　8・238　14・136　16・119　17・112　28・68　34・56
1905	3・635　5・381　15・127
1906	2・953
1907	
1908	2・954　3・636　4・477　6・318　9・212　12・159　18・106　36・53
1909	23・83
1910	2・955　5・382　10・191
1911	3・637　7・273　13・147　21・91　39・49
1912	2・956　4・478　8・239
1913	
1914	2・957　3・638　6・319　11・174　22・87　29・66　33・58
1915	5・383
1916	2・958　4・479
1917	3・639　9・213　27・71
1918	2・959　7・274　14・137
1919	19・101
1920	2・960　3・640　4・480　5・384　6・320　8・240　10・192　12・160　15・128　16・120　20・96　24・80　30・64　32・60　40・48

續表

數	因數
1921	17・113
1922	2・961 31・62
1923	3・641
1924	2・962 4・481 13・148 26・74 37・52
1925	5・385 7・275 11・175 25・77 35・55
1926	2・963 3・642 6・321 9・214 18・107
1927	41・47
1928	2・964 4・482 8・241
1929	3・643
1930	2・965 5・386 10・193
1931	
1932	2・966 3・644 4・483 6・322 7・276 12・161 14・138 21・92 23・84 28・69 42・46
1933	
1934	2・967
1935	3・645 5・387 9・215 15・129 43・45
1936	2・968 4・484 8・242 11・176 16・121 22・88 44・44
1937	13・149
1938	2・969 3・646 6・323 17・114 19・102 34・57 38・51
1939	7・277
1940	2・970 4・485 5・388 10・194 20・97
1941	3・647
1942	2・971
1943	29・67
1944	2・972 3・648 4・486 6・324 8・243 9・216 12・162 18・108 24・81 27・72 36・54
1945	5・389
1946	2・973 7・278 14・139
1947	3・649 11・177 33・59
1948	2・974 4・487
1949	
1950	2・975 3・630 5・390 6・325 10・195 13・150 15・130 25・78 26・75 30・65 39・50
1951	
1952	2・976 4・488 8・244 16・122 32・61
1953	3・651 7・279 9・217 21・93 31・63
1954	2・977
1955	5・391 17・115 23・85
1956	2・978 3・652 4・489 6・326 12・163
1957	19・103
1958	2・979 11・178 22・89
1959	3・653
1960	2・980 4・490 5・392 7・280 8・245 10・196 14・140 20・98 28・70 35・56 40・49
1961	37・53
1962	2・981 3・654 6・327 9・218 18・109
1963	13・151
1964	2・982 4・491
1965	3・655 5・393 15・131
1966	2・983
1967	7・281
1968	2・984 3・656 4・492 6・328 8・246 12・164 16・123 24・82 41・48
1969	11・179
1970	2・985 5・394 10・197
1971	3・657 9・219 27・73
1972	2・986 4・493 17・116 29・68 34・58
1973	
1974	2・987 3・658 6・329 7・282 14・141 21・94 42・47
1975	5・395 25・79
1976	2・988 4・494 8・247 13・152 19・104 26・76 38・52
1977	3・659
1978	2・989 23・86 43・46
1979	
1980	2・990 3・660 4・495 5・396 6・330 9・220 10・198 11・180 12・165 15・132 18・110 20・99 22・90 30・66 33・60 36・55 44・45
1981	7・283
1982	2・991
1983	3・661
1984	2・992 4・496 8・248 16・124 31・64 32・62
1985	5・397
1986	2・993 3・662 6・331
1987	
1988	2・994 4・497 7・284 14・142 28・71
1989	3・663 9・221 13・153 17・117 39・51
1990	2・995 5・398 10・199
1991	11・181
1992	2・996 3・664 4・498 6・332 8・249 12・166 24・83
1993	
1994	2・997
1995	3・665 5・399 7・285 15・133 19・105 21・95 35・57
1996	2・998 4・499
1997	
1998	2・999 3・666 6・333 9・222 18・111 27・74 37・54
1999	
2000	2・1000 4・500 5・400 8・250 10・200 16・125 20・100 25・80 40・50
2001	3・667 23・87 29・69
2002	2・1001 7・286 11・182 13・154 14・143 22・91 26・77
2003	
2004	2・1002 3・668 4・501 6・334 12・167
2005	5・401
2006	2・1003 17・118 34・59
2007	3・669 9・223
2008	2・1004 5・502 8・251
2009	7・287 41・49
2010	2・1005 3・670 5・402 6・335 10・201 15・134 30・67
2011	
2012	2・1006 4・503
2013	3・671 11・183 33・61
2014	2・1007 19・106 38・53
2015	5・403 13・155 31・65
2016	2・1008 3・672 4・504 6・336 7・288 8・252 9・224 12・168 14・144 16・126 18・112 21・96 24・84 28・72 32・63 36・56 42・48
2017	
2018	2・1009
2019	3・673
2020	2・1010 4・505 5・404 10・202 20・101
2021	43・47
2022	2・1011 3・674 6・337
2023	7・289 17・119
2024	2・1012 4・506 8・253 11・184 22・92 33・88 44・46
2025	3・675 5・405 9・225 15・135 25・81 27・75 45・45
2026	2・1013
2027	
2028	2・1014 3・676 4・507 6・388 12・169 13・156 26・78 39・52
2029	
2030	2・1015 5・406 7・290 10・203 14・145 29・70 35・58

續表

數	因數分解
2031	3·677
2032	2·1016 4·508 8·254 16·127
2033	19·107
2034	2·1017 3·678 6·339 9·226 18·113
2035	5·407 11·185 37·55
2036	2·1018 4·509
2037	3·679 7·291 21·97
2038	2·1019
2039	
2040	2·1020 3·680 4·510 5·408 6·340 8·255 10·204 12·170 15·136 17·120 20·102 24·85 30·68 34·60 40·51
2041	13·157
2042	2·1021
2043	3·681 9·227
2044	2·1022 4·511 7·292 14·146 28·73
2045	5·409
2046	2·1023 3·682 6·341 11·186 22·93 31·66 33·62
2047	23·89
2048	2·1024 4·512 8·256 16·128 32·64
2049	3·683
2050	2·1025 5·410 10·205 25·82 41·50
2051	7·293
2052	2·1026 3·684 4·513 6·342 9·228 12·171 18·114 19·108 27·76 36·57 38·54
2053	
2054	2·1027 13·158 26·79
2055	3·685 5·411 15·137
2056	2·1028 4·514 8·257
2057	11·187 17·121
2058	2·1029 3·686 6·343 7·294 14·147 21·98 42·49
2059	29·71
2060	2·1030 4·515 5·412 10·206 20·103
2061	3·687 9·220
2062	2·1031
2063	
2064	2·1032 3·688 4·516 6·344 8·258 12·172 16·129 24·86 43·48
2065	5·413 7·295 35·59
2066	2·1033
2067	3·689 13·159 39·53
2068	2·1034 4·517 11·188 22·94 44·47
2069	
2070	2·1035 3·690 5·414 6·345 9·230 10·207 15·138 18·115 23·90 30·69 45·46
2071	19·109
2072	2·1036 4·518 7·296 8·259 14·148 28·74 37·56
2073	3·691
2074	2·1037 17·122 34·61
2075	5·415 25·83
2076	2·1038 3·692 4·519 6·346 12·173
2077	31·67
2078	2·1039
2079	3·693 7·297 9·231 11·189 21·99 27·77 33·63
2080	2·1040 4·520 5·416 8·260 10·208 13·160 16·130 20·104 26·80 32·65 40·52
2081	
2082	2·1041 3·694 6·347
2083	
2084	2·1042 4·521
2085	3·695 5·417 15·139
2086	2·1043 7·298 14·149
2087	
2088	2·1044 3·696 4·522 6·348 8·261 9·232 12·174 18·116 24·87 29·72 36·58
2089	
2090	2·1045 5·418 10·209 11·190 19·110 22·95 38·55
2091	3·697 17·123 41·51
2092	2·1046 4·523
2093	7·999 13·161 23·91
2094	2·1047 3·698 6·349
2095	5·419
2096	2·1048 4·524 8·202 16·131
2097	3·699 9·233
2098	2·1049
2099	
2100	2·1050 3·700 4·525 5·420 6·350 7·300 10·210 12·175 14·150 15·140 20·105 21·100 25·84 28·75 30·70 35·60 42·50
2101	11·191
2102	2·1051
2103	3·701
2104	2·1052 4·526 8·263
2105	5·421
2106	2·1053 3·702 6·351 9·234 13·162 18·117 26·81 27·78 39·54
2107	7·301 34·49
2108	2·1054 4·527 17·124 31·68 34·62
2109	3·703 19·111 37·57
2110	2·1055 5·422 10·211
2111	
2112	2·1056 3·704 4·528 6·352 8·264 11·192 12·176 16·132 22·96 24·88 32·66 33·64 44·48
2113	
2114	2·1057 7·302 14·151
2115	3·705 5·423 9·235 15·141 45·47
2116	2·1058 4·529 23·92 46·46
2117	29·73
2118	2·1059 3·706 6·353
2119	13·163
2120	2·1060 4·530 5·424 8·265 10·212 20·106 40·53
2121	3·707 7·303 21·101
2122	2·1061
2123	11·193
2124	2·1062 3·708 4·531 6·354 9·236 12·177 18·118 36·59
2125	5·425 17·125 25·85
2126	2·1063
2127	3·709
2128	2·1064 4·532 7·304 8·266 14·152 16·133 19·112 28·76 38·56
2129	
2130	2·1065 3·710 5·426 6·355 10·213 15·142 30·71
2131	
2132	2·1066 4·533 13·164 26·82 41·52
2133	3·711 9·237 27·79
2134	2·1067 11·194 22·97
2135	5·427 7·305 35·61
2136	2·1068 3·712 4·534 6·356 8·267 12·178 24·89
2137	
2138	2·1069
2139	3·713 23·93 31·69
2140	2·1070 4·535 5·428 10·214 20·107

續表

2141

2142　2・1071　3・714　6・357　7・306　9・238　14・153　17・126　18・119　21・102　34・63　42・51

2143

2144　2・1072　4・536　8・268　16・134　32・67

2145　3・715　5・429　11・195　13・165　15・143　33・65　39・55

2146　2・1073　29・74　37・58

2147　19・113

2148　2・1074　3・716　4・537　6・358　12・179

2149　7・307

2150　2・1075　5・430　10・215　25・86　43・50

2151　3・717　9・239

2152　2・1076　4・538　8・269

2153

2154　2・1077　3・718　6・359

2155　5・431

2156　2・1078　4・539　7・308　11・196　14・154　22・98　28・77　44・49

2157　3・719

2158　2・1079　13・166　26・83

2159　17・127

2160　2・1080　3・720　4・540　5・432　6・360　8・270　9・240　10・216　12・180　15・144　16・135　18・120　20・108　24・90　27・80　30・72　36・60　40・54　45・48

2161

2162　2・1081　23・94　46・47

2163　3・721　7・309　21・103

2164　2・1082　4・541

2165　5・433

2166　2・1083　3・722　6・361　19・114　38・57

2167　11・197

2168　2・1084　4・542　8・271

2169　3・723　9・241

2170　2・1085　5・434　7・310　10・217　14・155　31・70　35・62

2171　13・167

2172　2・1086　3・724　4・543　6・362　12・181

2173　41・53

2174　2・1087

2175　3・725　5・435　15・145　25・87　29・75

2176　2・1088　4・544　8・272　16・136　17・128　32・68　34・64

2177　7・311

2178　2・1089　3・726　6・363　9・242　11・198　18・121　22・99　33・66

2179

2180　2・1090　4・545　5・436　10・218　20・109

2181　3・727

2182　2・1091

2183　37・59

2184　2・1092　3・728　4・546　6・364　7・312　8・273　12・182　13・168　14・156　21・104　24・91　26・84　28・78　39・56　42・52

2185　5・437　19・115　23・95

2186　2・1093

2187　3・729　9・243　27・81

2188　2・1094　4・547

2189　11・199

2190　2・1095　3・730　5・438　6・365　10・219　15・146　30・73

2191　7・313

2192　2・1096　4・548　8・274　16・137

2193　3・731　17・129　43・51

2194　2・1097

2195　5・439

2196　2・1098　3・732　4・549　6・366　9・244　12・183　18・122　36・61

2197　13・169

2198　2・1099　7・314　14・157

2199　3・733

2200　2・1100　4・550　5・440　8・275　10・220　11・200　20・110　22・100　25・88　40・55　44・50

2201　31・71

2202　2・1101　3・734　6・367

2203

2204　2・1102　4・551　19・116　29・76　38・58

2205　3・735　5・441　7・315　9・245　15・147　21・105　35・63　45・49

2206　2・1103

2207

2208　2・1104　3・736　4・552　6・368　8・276　12・184　16・138　23・96　24・92　32・69　46・48

2209　47・47

2210　2・1105　5・442　10・221　13・170　17・130　26・85　34・65

2211　3・737　11・201　33・67

2212　2・1106　4・553　7・316　14・158　28・79

2213

2214　2・1107　3・738　6・369　9・246　18・123　27・82　41・54

2215　5・443

2216　2・1108　4・554　8・277

2217　3・739

2218　2・1109

2219　7・317

2220　2・1110　3・740　4・555　5・444　6・370　10・222　12・185　15・148　20・111　30・74　37・60

2221

2222　2・1111　11・202　22・101

2223　3・741　9・247　13・171　19・117　39・57

2224　2・1112　4・556　8・278　16・139

2225　5・445　25・89

2226　2・1113　3・742　6・371　7・318　14・159　21・106　42・53

2227　17・131

2228　2・1114　4・557

2229　3・743

2230　2・1115　5・446　10・223

2231

2232　2・1116　3・744　4・558　6・372　8・279　9・248　12・186　18・124　24・93　31・72　36・62

2233　7・319　11・203　29・77

2234　2・1117

2235　3・745　5・447　15・149

2236　2・1118　4・559　13・172　26・86　43・52

2237

2238　2・1119　3・746　6・373

2239

2240　2・1120　4・560　5・448　7・320　8・280　10・224　14・160　16・140　20・112　28・80　32・70　35・64　40・56

2241　3・747　9・249　27・83

2242　2・1121　19・118　38・59

2243

2244　2・1122　3・748　4・561　6・374　11・204　12・187　17・132　22・102　33・68　34・66　41・51

2245　5・449

2246　2・1123

2247　3・749　7・321　21・107

2248　2・1124　4・562　8・281

2249　13・173

2250　2・1125　3・750　5・450　6・375　9・250　10・225　15・150　18・125　25・90　30・75　45・50

續表

數	因數
2251	
2252	2・1126 4・563
2253	3・751
2254	2・1127 7・322 14・161 23・98 46・49
2255	5・451 11・205 41・55
2256	2・1128 3・752 4・564 6・376 8・282 12・188 16・141 24・94 47・48
2257	37・61
2258	2・1129
2259	3・753 9・251
2260	2・1130 4・565 5・452 10・226 20・113
2261	7・323 17・133 19・119
2262	2・1131 3・754 6・377 13・174 26・87 29・78 39・58
2263	31・73
2264	2・1132 4・566 8・283
2265	3・755 5・453 15・151
2266	2・1133 11・206 22・103
2267	
2268	2・1134 3・756 4・567 6・378 7・324 9・252 12・189 14・162 18・126 21・108 27・84 28・81 36・63 42・54
2269	
2270	2・1135 5・454 10・227
2271	3・757
2272	2・1136 4・568 8・284 16・142 32・71
2273	
2274	2・1137 3・758 6・379
2275	5・455 7・325 13・175 25・91 35・65
2276	2・1138 4・569
2277	3・759 9・253 11・207 23・99 33・69
2278	2・1139 17・134 34・67
2279	43・53
2280	2・1140 3・760 4・570 5・456 6・380 8・285 10・228 12・190 15・152 19・120 20・114 24・95 30・76 38・60 40・57
2281	
2282	2・1141 7・326 14・163
2283	3・761
2284	2・1142 4・571
2285	5・457
2286	2・1143 3・762 6・381 9・254 18・127
2287	
2288	2・1144 4・572 8・286 11・208 13・176 16・143 22・104 26・88 44・52
2289	3・763 7・327 21・109
2290	2・1145 5・458 10・229
2291	29・79
2292	2・1146 3・764 4・573 6・382 12・191
2293	
2294	2・1147 31・74 37・62
2295	3・765 5・459 9・255 15・153 17・135 27・85 45・51
2296	2・1148 4・574 7・328 8・287 14・164 28・82 41・56
2297	
2298	2・1149 3・766 6・383
2299	11・209 19・121
2300	2・1150 4・575 5・460 10・230 20・115 23・100 25・92 46・50
2301	3・767 13・177 39・59
2302	2・1151
2303	7・329 47・49
2304	2・1152 3・768 4・576 6・384 8・288 9・256 12・192 16・144 18・128 24・96 32・72 36・64 48・48
2305	5・461
2306	2・1153
2307	3・769
2308	2・1154 4・577
2309	
2310	2・1155 3・770 5・462 6・385 7・330 10・231 11・210 14・165 15・154 21・110 22・105 30・77 33・70 35・66 42・55
2311	
2312	2・1156 4・578 8・289 17・136 34・68
2313	3・771 9・257
2314	2・1157 13・178 26・89
2315	5・463
2316	2・1158 3・772 4・579 6・386 12・193
2317	7・331
2318	2・1159 19・122 38・61
2319	3・773
2320	2・1160 4・580 5・464 8・290 10・232 16・145 20・116 29・80 40・58
2321	11・211
2322	2・1161 3・774 6・387 9・258 18・129 27・86 43・54
2323	23・101
2324	2・1162 4・581 7・332 14・166 28・83
2325	3・775 5・465 15・155 25・93 31・75
2326	2・1163
2327	13・179
2328	2・1164 3・776 4・582 6・388 8・291 12・194 24・97
2329	17・137
2330	2・1165 5・466 10・233
2331	3・777 7・333 9・259 21・111 37・63
2332	2・1166 4・583 11・212 22・106 44・53
2333	
2334	2・1167 3・778 6・389
2335	5・467
2336	2・1168 4・584 8・292 16・146 32・73
2337	3・779 19・123 41・57
2338	2・1169 7・334 14・167
2339	
2340	2・1170 3・780 4・585 5・468 6・390 9・260 10・234 12・195 13・180 15・156 18・130 20・117 26・90 30・78 36・65 39・60 45・52
2341	
2342	2・1171
2343	3・781 11・213 33・71
2344	2・1172 4・586 8・293
2345	5・469 7・335 35・67
2346	2・1173 3・782 6・391 17・138 23・102 34・69 46・51
2347	
2348	2・1174 4・587
2349	3・783 9・261 27・87 29・81
2350	2・1175 5・470 10・235 25・94 47・50
2351	
2352	2・1176 3・784 4・588 6・392 7・336 8・294 12・196 14・168 16・147 21・112 24・98 28・84 42・56 48・49
2353	13・181
2354	2・1177 11・214 22・107
2355	3・785 5・471 15・157
2356	2・1178 4・589 19・124 31・76 38・62
2357	
2358	2・1179 3・786 6・393 9・262 18・131
2359	7・337
2360	2・1180 4・590 5・472 8・295 10・236 20・118 40・59

續表

2361 3·787
2362 2·1181
2363 17·139
2364 2·1182 3·788 4·591 6·394 12·197
2365 5·473 11·215 43·55
2366 2·1183 7·338 13·182 14·169 26·91
2367 3·789 9·263
2368 2·1184 4·592 8·296 16·148 32·74 37·64
2369 23·103
2370 2·1185 3·790 5·474 6·395 10·237 15·158 30·79
2371
2372 2·1186 4·593
2373 3·791 7·339 21·113
2374 2·1187
2375 5·475 19·125 25·95
2376 2·1188 3·792 4·594 6·396 8·297 9·264 11·216 12·198 18·132 22·108 24·99 27·88 33·72 36·66 44·54
2377
2378 2·1189 29·82 41·58
2379 3·793 13·183 39·61
2380 2·1190 4·595 5·476 7·340 10·238 14·170 17·140 20·119 28·85 34·70 35·68
2381
2382 2·1191 3·794 6·397
2383
2384 2·1192 4·596 8·298 16·149
2385 3·795 5·477 9·265 15·159 45·53
2386 2·1193
2387 7·341 11·217 31·77
2388 2·1194 3·796 4·597 6·398 12·199
2389
2390 2·1195 5·478 10·239
2391 3·797
2392 2·1196 4·598 8·299 13·184 23·104 26·92 46·52
2393
2394 2·1197 3·798 6·399 7·342 9·266 14·171 18·133 19·126 21·114 38·63 42·57
2395 5·479
2396 2·1198 4·599
2397 3·799 17·141 47·51
2398 2·1199 11·218 22·109
2399
2400 2·1200 3·800 4·600 5·480 6·400 8·300 10·240 12·200 15·160 16·150 20·120 24·100 25·96 30·80 32·75 40·60 48·50
2401 7·343 49·49
2402 2·1201
2403 3·801 9·267 27·89
2404 2·1202 4·601
2405 5·481 13·185 37·65
2406 2·1203 3·802 6·401
2407 29·83
2408 2·1204 4·602 7·344 8·301 14·172 28·86 43·56
2409 3·803 11·219 33·73
2410 2·1205 5·482 10·241
2411
2412 2·1206 3·804 4·603 6·402 9·268 12·201 18·134 36·67
2413 19·127
2414 2·1207 17·142 34·71
2415 3·805 5·483 7·345 15·161 21·115 23·105 35·69
2416 2·1208 4·604 8·302 16·151
2417
2418 2·1209 3·806 6·403 13·186 26·93 31·78 39·62
2419 41·59
2420 2·1210 4·605 5·484 10·242 11·220 20·121 22·110 44·55
2421 3·807 9·269
2422 2·1211 7·346 14·173
2423
2424 2·1212 3·808 4·606 6·404 8·303 12·202 24·101
2425 5·485 25·97
2426 2·1213
2427 3·809
2428 2·1214 4·607
2429 7·347
2430 2·1215 3·810 5·486 6·405 9·270 10·243 15·162 18·135 27·90 30·81 45·54
2431 11·221 13·187 17·143
2432 2·1216 4·608 8·304 16·152 19·128 32·76 38·64
2433 3·811
2434 2·1217
2435 5·487
2436 2·1218 3·812 4·609 6·406 7·348 12·203 14·174 21·116 28·87 29·84 42·58
2437
2438 2·1219 23·106 46·53
2439 3·813 9·271
2440 2·1220 4·610 5·488 8·305 10·244 20·122 40·61
2441
2442 2·1221 3·814 6·407 11·222 22·111 33·74 37·66
2443 7·349
2444 2·1222 4·611 13·188 26·94 47·52
2445 3·815 5·489 15·163
2446 2·1223
2447
2448 2·1224 3·816 4·612 6·408 8·306 9·272 12·204 16·153 17·144 18·136 24·102 34·72 36·68 48·51
2449 31·79
2450 2·1225 5·490 7·350 10·245 14·175 25·98 35·70 49·50
2451 3·817 19·129 43·57
2452 2·1226 4·613
2453 11·223
2454 2·1227 3·818 6·409
2455 5·491
2456 2·1228 4·614 8·307
2457 3·819 7·351 9·273 13·189 21·117 27·91 39·63
2458 2·1229
2459
2460 2·1230 3·820 4·615 5·492 6·410 10·246 12·205 15·164 20·123 30·82 41·60
2461 23·107
2462 2·1231
2463 3·821
2464 2·1232 4·616 7·352 8·308 11·224 14·176 16·154 22·112 28·88 32·77 44·56
2465 5·493 17·145 29·85
2466 2·1233 3·822 6·411 9·274 18·137
2467
2468 2·1234 4·617
2469 3·823
2470 2·1235 5·494 10·247 13·190 19·130 26·95 38·65

續表

2471
7・353

2472
2・1236
3・824
4・618
6・412
8・309
12・206
24・103

2473

2474
2・1237

2475
3・825
5・495
9・275
11・225
15・165
25・99
33・75
45・55

2476
2・1238
4・619

2477

2478
2・1239
3・826
6・413
7・354
14・177
21・118
42・59

2479
37・67

2480
2・1240
4・620
5・496
8・310
10・248
16・155
20・124
31・80
40・62

2481
3・827

2482
2・1241
17・146
34・73

2483
13・191

2484
2・1242
3・828
4・621
6・414
9・276
12・207
18・138
23・108
27・92
36・69
46・54

2485
5・497
7・355
35・71

2486
2・1243
11・226
22・113

2487
3・829

2488
2・1244
4・622
8・311

2489
19・131

2490
2・1245
3・830
5・498
6・415
10・249
15・166
30・83

2491
47・53

2492
2・1246
4・623
7・356
14・178
28・89

2493
3・831
9・277

2494
2・1247
29・86
43・58

2495
5・499

2496
2・1248
3・832
4・624
6・416
8・312
12・208
13・192
16・156
24・104
26・96
32・78
39・64
48・52

2497
11・227

2498
2・1249

2499
3・833
7・357
17・147
21・119
49・51

2500
2・1250
4・625
5・500
10・250
20・125
25・100
50・50

2501
41・61

2502
2・1251
3・834
6・417
9・278
18・139

2503

2504
2・1252
4・626
8・313

2505
3・835
5・501
15・167

2506
2・1253
7・358
14・179

2507
23・109

2508
2・1254
3・836
4・627
6・418
11・228
12・209
19・132
22・114
33・76
38・66
44・57

2509
13・193

2510
2・1255
5・502
10・251

2511
3・837
9・279
27・93
31・81

2512
2・1256
4・628
8・314
16・157

2513
7・359

2514
2・1257
3・838
6・419

2515
5・503

2516
2・1258
4・629
17・148
34・74
37・68

2517
3・839

2518
2・1259

2519
11・229

2520
2・1260
3・840
4・630
5・504
6・420
7・360
8・315
9・280
10・252
12・210
14・180
15・168
18・140
20・126
21・120
24・105
28・90
30・84
35・72
36・70
40・63
42・60
45・56

2521

2522
2・1261
13・194
26・97

2523
3・841
29・87

2524
2・1262
4・631

2525
5・505
25・101

2526
2・1263
3・842
6・421

2527
7・361
19・133

2528
2・1264
4・632
8・316
16・158
32・79

2529
3・843
9・281

2530
2・1265
5・506
10・253
11・230
22・115
23・110
46・55

2531

2532
2・1266
3・844
4・633
6・422
12・211

2533
17・149

2534
2・1267
7・362
14・181

2535
3・845
5・507
13・195
15・169
39・65

2536
2・1268
4・634
8・317

2537
43・59

2538
2・1269
3・846
6・423
9・282
18・141
27・94
47・54

2539

2540
2・1270
4・635
5・508
10・254
20・127

2541
3・847
7・363
11・231
21・121
33・77

2542
2・1271
31・82
41・62

2543

2544
2・1272
3・848
4・636
6・424
8・318
12・212
16・159
24・106
48・53

2545
5・509

2546
2・1273
19・134
38・67

2547
3・849
9・283

2548
2・1274
4・637
7・364
13・196
14・182
26・98
28・91
49・52

2549

2550
2・1275
3・850
5・510
6・425
10・255
15・170
17・150
25・102
30・85
34・75
50・51

2551

2552
2・1276
4・638
8・319
11・232
22・116
29・88
44・58

2553
3・851
23・111
37・69

2554
2・1277

2555
5・511
7・365
35・73

2556
2・1278
3・852
4・639
6・426
9・284
12・213
18・142
36・71

2557

2558
2・1279

2559
3・853

2560
2・1280
4・640
5・512
8・320
10・256
16・160
20・128
32・80
40・64

2561
13・197

2562
2・1281
3・854
6・427
7・366
14・183
21・122
42・61

2563
11・233

2564
2・1282
4・641

2565
3・855
5・513
9・285
15・171
19・135
27・95
45・57

2566
2・1283

2567
17・151

2568
2・1284
3・856
4・642
6・428
8・321
12・214
24・107

2569
7・367

2570
2・1285
5・514
10・257

2571
3・857

2572
2・1286
4・643

2573
31・83

2574
2・1287
3・858
6・429
9・286
11・234
13・198
18・143
22・117
26・99
33・78
39・66

2575
5・515
25・103

2576
2・1288
4・644
7・368
8・322
14・184
16・161
23・112
28・92
46・56

2577
3・859

2578
2・1289

2579

2580
2・1290
3・860
4・645
5・516
6・430
10・258
12・215
15・172
20・129
30・86
43・60

續表

2581–2590	2591–2600	2601–2610	2611–2620	2621–2630	2631–2640	2641–2650	2651–2660	2661–2670	2671–2680	2681–2690
2581 29·89	2591	2601 3·867 9·289 17·153 51·51	2611 7·373	2621	2631 3·877	2641 19·139	2651 11·241	2661 3·887	2671	2681 7·283
2582 2·1291	2592 2·1296 3·864 4·648 6·432 8·324 9·288 12·216 16·162 18·144 24·108 27·96 32·81 36·72 48·54	2602 2·1301	2612 2·1306 4·653	2622 2·1311 3·874 6·437 19·138 23·114 38·69 46·57	2632 2·1316 4·658 7·376 8·329 14·188 28·94 47·56	2642 2·1321	2652 2·1326 3·884 4·663 6·442 12·221 13·204 17·156 26·102 34·78 39·68 51·52	2662 2·1331 11·242 22·121	2672 2·1336 4·668 8·334 16·167	2682 2·1341 3·894 6·447 9·298 18·149
2583 3·861 7·369 9·287 21·123 41·63	2593	2603 19·137	2613 3·871 13·201 39·67	2623 43·61	2633	2643 3·881	2653 7·379	2663	2673 3·891 9·297 11·243 27·99 33·81	2683
2584 2·1292 4·646 8·323 17·152 19·136 34·76 38·68	2594 2·1297	2604 2·1302 3·868 4·651 6·434 7·372 12·217 14·186 21·124 28·93 31·84 42·62	2614 2·1307	2624 2·1312 4·656 8·328 16·164 32·82 41·64	2634 2·1317 3·878 6·439	2644 2·1322 4·661	2654 2·1327	2664 2·1332 3·888 4·666 6·444 8·333 9·296 12·222 18·148 24·111 36·74 37·72	2674 2·1337 7·382 14·191	2684 2·1342 4·671 11·244 22·122 44·61
2585 5·517 11·235 47·55	2595 3·865 5·519 15·173	2605 5·521	2615 5·523	2625 3·875 5·525 7·375 15·175 21·125 25·105 35·75	2635 5·527 17·155 31·85	2645 5·529 23·115	2655 3·885 5·531 9·295 15·177 45·59	2665 5·533 13·205 41·65	2675 5·535 25·107	2685 3·895 5·537 15·179
2586 2·1293 3·862 6·431	2596 2·1298 4·649 11·236 22·118 44·59	2606 2·1303	2616 2·1308 3·872 4·654 6·436 8·327 12·218 24·109	2626 2·1313 13·202 26·101	2636 2·1318 4·659	2646 2·1323 3·882 6·441 7·378 9·294 14·189 18·147 21·126 27·98 42·63 49·54	2656 2·1328 4·664 8·332 16·166 32·83	2666 2·1333 31·86 43·62	2676 2·1338 3·892 4·669 6·446 12·223	2686 2·1343 17·158 34·79
2587 13·199	2597 7·371 49·53	2607 3·869 11·237 33·79	2617	2627 37·71	2637 3·879 9·293	2647	2657	2667 3·889 7·381 21·127	2677	2687
2588 2·1294 4·647	2598 2·1299 3·866 6·433	2608 2·1364 4·652 8·326 16·163	2618 2·1309 7·374 11·238 14·187 17·154 22·119 34·77	2628 2·1314 3·876 4·657 6·438 9·292 12·219 18·146 36·73	2638 2·1319	2648 2·1324 4·662 8·331	2658 2·1329 3·886 6·443	2668 2·1334 4·667 23·116 29·92 46·58	2678 2·1339 13·206 26·103	2688 2·1344 3·896 4·672 6·448 7·384 8·336 12·224 14·192 16·168 21·128 24·112 28·96 32·84 42·64 48·56
2589 3·863	2599 23·113	2609	2619 3·873 9·291 27·97	2629 11·239	2639 7·377 13·203 29·91	2649 3·883	2659	2669 17·157	2679 3·893 19·141 47·57	2689
2590 2·1295 5·518 7·370 10·259 14·185 35·74 37·70	2600 2·1300 4·650 5·520 8·325 10·260 13·200 20·130 25·104 26·100 40·65 50·52	2610 2·1305 3·870 5·522 6·435 9·290 10·261 15·174 18·145 29·90 30·87 45·58	2620 2·1310 4·655 5·524 10·262 20·131	2630 2·1315 5·526 10·263	2640 2·1320 2·880 4·660 5·528 6·440 8·330 10·264 11·240 12·220 15·176 16·165 20·132 22·120 24·110 30·88 33·80 40·66 44·60 48·55	2650 2·1325 5·530 10·265 25·106 50·53	2660 2·1330 4·665 5·532 7·380 10·266 14·190 19·140 20·133 28·95 35·76 38·70	2670 2·1335 3·890 5·534 6·445 10·267 15·178 30·89	2680 2·1340 4·670 5·536 8·335 10·268 20·134 40·67	2690 2·1345 5·538 10·269

續表

2691
3·897
9·299
13·207
23·117
39·69

2692
2·1346
4·673

2693

2694
2·1347
3·898
6·449

2695
5·539
7·385
11·245
35·77
49·55

2696
2·1348
4·674
8·337

2697
3·899
29·93
31·87

2698
2·1349
19·142
38·71

2699

2700
2·1350
3·900
4·675
5·540
6·450
9·300
10·270
12·225
15·180
18·150
20·135
25·108
27·100
30·90
36·75
45·60
50·54

2701
37·73

2702
2·1351
7·386
14·193

2703
3·901
17·159
51·53

2704
2·1352
4·676
8·338
13·208
16·169
26·104
52·52

2705
5·541

2706
2·1353
3·902
6·451
11·246
22·123
33·82
41·66

2707

2708
2·1354
4·677

2709
3·903
7·387
9·301
21·129
43·63

2710
2·1355
5·542
10·271

2711

2712
2·1356
3·904
4·678
6·452
8·339
12·226
24·113

2713

2714
2·1357
23·118
46·59

2715
3·905
5·543
15·181

2716
2·1358
4·679
7·388
14·194
28·97

2717
11·247
13·209
19·143

2718
2·1359
3·906
6·453
9·302
18·151

2719

2720
2·1360
4·680
5·544
8·340
10·272
16·170
17·160
20·136
32·85
34·80
40·68

2721
3·907

2722
2·1361

2723
7·389

2724
2·1362
3·908
4·681
6·454
12·227

2725
5·545
25·109

2726
2·1363
29·94
47·58

2727
3·909
9·303
27·101

2728
2·1364
4·682
8·341
11·248
22·124
31·88
44·62

2729

2730
2·1365
3·910
5·516
6·455
7·390
10·273
13·210
14·195
15·182
21·130
26·105
30·91
35·78
39·70
42·65

2731

2732
2·1366
4·683

2733
3·911

2734
2·1367

2735
5·547

2736
2·1368
3·912
4·684
6·456
8·342
9·304
12·228
16·171
18·152
19·144
24·114
36·76
38·72
48·57

2737
7·391
17·161
23·119

2738
2·1369
37·74

2739
3·913
11·249
33·83

2740
2·1370
4·685
5·548
10·274
20·137

2741

2742
2·1371
3·914
6·457

2743
13·211

2744
2·1372
4·686
7·392
8·343
14·196
28·98
49·56

2745
3·915
5·549
9·305
15·183
45·61

2746
2·1373

2747
41·67

2748
2·1374
3·916
4·687
6·458
12·229

2749

2750
2·1375
5·550
10·275
11·250
22·125
25·110
50·55

2751
3·917
7·393
21·131

2752
2·1376
4·688
8·344
16·172
32·86
43·64

2753

2754
2·1377
3·918
6·459
9·306
17·162
18·153
27·102
34·81
51·54

2755
5·551
19·145
29·95

2756
2·1378
4·689
13·212
26·106
52·53

2757
3·919

2758
2·1379
7·394
14·197

2759
31·89

2760
2·1380
3·920
4·690
5·552
6·460
8·345
10·276
12·230
15·184
20·138
23·120
24·115
30·92
40·69
46·60

2761
11·251

2762
2·1381

2763
3·921
9·307

2764
2·1382
4·691

2765
5·553
7·395
35·79

2766
2·1383
3·922
6·461

2767

2768
2·1384
4·692
8·346
16·173

2769
3·923
13·213
39·71

2770
2·1385
5·554
10·277

2771
17·163

2772
2·1386
3·924
4·693
6·462
7·396
9·308
11·252
12·231
14·198
18·154
21·132
22·126
28·99
33·84
36·77
42·66
44·63

2773
47·59

2774
2·1387
19·146
38·73

2775
3·925
5·555
15·185
25·111
37·75

2776
2·1388
4·694
8·347

2777

2778
2·1389
3·926
6·463

2779
7·397

2780
2·1390
4·695
5·556
10·278
20·139

2781
3·927
9·309
27·103

2782
2·1391
13·214
26·107

2783
11·253
23·121

2784
2·1392
3·928
4·696
6·464
8·348
12·232
16·174
24·116
29·96
32·87
48·58

2785
5·557

2786
2·1393
7·398
14·199

2787
3·929

2788
2·1394
4·697
17·164
34·82
41·68

2789

2790
2·1395
3·930
5·558
6·465
9·310
10·279
15·186
18·155
30·93
31·90
45·62

2791

2792
2·1396
4·698
8·349

2793
3·931
7·399
19·147
21·133
49·57

2794
2·1397
11·254
22·127

2795
5·559
13·215
43·65

2796
2·1398
3·932
4·699
6·466
12·233

2797

2798
2·1399

2799
3·933
9·311

2800
2·1400
4·700
5·560
7·400
8·350
10·280
14·200
16·175
20·140
25·112
28·100
35·80
40·70
50·56

續表

2801

2802
2·1401
3·934
6·467

2803

2804
2·1402
4·701

2805
3·935
5·561
11·255
15·187
17·165
33·85
51·55

2806
2·1403
23·122
46·61

2807
7·401

2808
2·1404
3·936
4·702
6·468
8·351
9·312
12·234
13·216
18·156
24·117
26·108
27·104
36·78
39·72
52·54

2809
53·53

2810
2·1405
5·562
10·281

2811
3·937

2812
2·1406
4·703
19·148
37·76
38·74

2813
29·97

2814
2·1407
3·938
6·469
7·402
14·201
21·134
42·67

2815
5·563

2816
2·1408
4·704
8·352
11·256
16·176
22·128
32·88
44·64

2817
3·939
9·313

2818
2·1409

2819

2820
2·1410
3·940
4·705
5·564
6·470
10·282
12·235
15·188
20·141
30·94
47·60

2821
7·403
13·217
31·91

2822
2·1411
17·166
34·83

2823
3·941

2824
2·1412
4·706
8·353

2825
5·565
25·113

2826
2·1413
3·942
6·471
9·314
18·157

2827
11·257

2828
2·1414
4·707
7·404
14·202
28·101

2829
3·943
23·123
44·69

2830
2·1415
5·566
10·283

2831
19·149

2832
2·1416
3·944
4·708
6·472
8·354
12·236
16·177
24·118
48·59

2833

2834
2·1417
13·218
26·109

2835
3·945
5·567
7·405
9·315
15·189
21·135
27·105
35·81
45·63

2836
2·1418
4·709

2837

2838
2·1419
3·946
6·473
11·258
22·129
33·86
43·66

2839
17·167

2840
2·1420
4·710
5·568
8·355
10·284
20·142
40·71

2841
3·947

2842
2·1421
7·406
14·203
29·98
49·58

2843

2844
2·1422
3·948
4·711
6·474
9·316
12·237
18·158
36·79

2845
5·569

2846
2·1423

2847
3·949
13·219
39·73

2848
2·1424
4·712
8·356
16·178
32·89

2849
7·407
11·259
37·77

2850
2·1425
3·950
5·570
6·475
10·285
15·190
19·150
25·114
30·95
38·75
50·57

2851

2852
2·1426
4·713
23·124
31·92
46·62

2853
3·951
9·317

2854
2·1427

2855
5·571

2856
2·1428
3·952
4·714
6·476
7·408
8·357
12·238
14·204
17·168
21·136
24·119
28·102
34·84
42·68
51·56

2857

2858
2·1429

2859
3·953

2860
2·1430
4·715
5·572
10·286
11·260
13·220
20·143
22·130
26·110
44·65
52·55

2861

2862
2·1431
3·954
6·477
9·318
18·159
27·106
53·54

2863
7·409

2864
2·1432
4·716
8·358
16·179

2865
3·955
5·573
15·191

2866
2·1433

2867
47·61

2868
2·1434
3·956
4·717
6·478
12·239

2869
19·151

2870
2·1435
5·574
7·410
10·287
14·205
35·82
41·70

2871
3·957
9·319
11·261
29·99
33·87

2872
2·1436
4·718
8·359

2873
13·221
17·169

2874
2·1437
3·958
6·479

2875
5·575
23·125
25·115

2876
2·1438
4·719

2877
3·959
7·411
21·137

2878
2·1439

2879

2880
2·1440
3·960
4·720
5·576
6·480
8·360
9·320
10·288
12·240
15·192
16·180
18·160
20·144
24·120
30·96
32·90
36·80
40·72
45·64
48·60

2881
43·67

2882
2·1441
11·262
22·131

2883
3·961
31·93

2884
2·1442
4·721
7·412
14·206
28·103

2885
5·577

2886
2·1443
3·962
6·481
13·222
26·111
37·78
39·74

2887

2888
2·1444
4·722
8·361
19·152
38·76

2889
3·963
9·321
27·107

2890
2·1445
5·578
10·289
17·170
34·85

2891
7·413
49·59

2892
2·1446
3·964
4·723
6·482
12·241

2893
11·263

2894
2·1447

2895
3·965
5·579
15·193

2896
2·1448
4·724
8·362
16·181

2897

2898
2·1449
3·966
6·483
7·414
9·322
14·207
18·161
21·138
23·126
42·69
46·63

2899
13·223

2900
2·1450
4·725
5·580
10·290
20·145
25·116
29·100
50·58

2901
3·967

2902
2·1451

2903

2904
2·1452
3·968
4·726
6·484
8·363
11·264
12·242
22·132
24·121
33·88
44·66

2905
5·581
7·415
35·83

2906
2·1453

2907
3·969
9·323
17·171
19·453
51·57

2908
2·1451
4·727

2909

2910
2·1455
3·970
5·582
6·485
10·291
15·194
30·97

續表

數	因數分解
2911	41·71
2912	2·1456, 4·728, 7·416, 8·364, 13·224, 14·208, 16·182, 26·112, 28·104, 32·91, 52·56
2913	3·971
2914	2·1457, 31·94, 47·62
2915	5·583, 11·265, 53·55
2916	2·1458, 3·972, 4·729, 6·486, 9·324, 12·243, 18·162, 27·108, 36·81, 54·54
2917	
2918	2·1459
2919	3·973, 7·417, 21·139
2920	2·1460, 4·730, 5·584, 8·365, 10·292, 20·146, 40·73
2921	23·127
2922	2·1461, 3·974, 6·487
2923	37·79
2924	2·1462, 4·731, 17·172, 34·86, 43·68
2925	3·975, 5·585, 9·325, 13·225, 15·195, 25·117, 39·75, 45·65
2926	2·1463, 7·418, 11·266, 14·209, 19·154, 22·133, 38·77
2927	
2928	2·1464, 3·976, 4·732, 6·488, 8·366, 12·244, 16·183, 24·122, 48·61
2929	29·101
2930	2·1465, 5·586, 10·293
2931	3·977
2932	2·1466, 4·733
2933	7·419
2934	2·1467, 3·978, 6·489, 9·326, 18·163
2935	5·587
2936	2·1468, 4·734, 8·367
2937	3·979, 11·267, 33·89
2938	2·1469, 13·226, 26·113
2939	
2940	2·1470, 3·980, 4·735, 5·588, 6·490, 7·320, 10·294, 12·245, 14·210, 15·196, 20·147, 21·140, 28·105, 30·98, 35·84, 42·70, 49·60
2941	17·173
2942	2·1471
2943	3·981, 9·327, 27·109
2944	2·1472, 4·736, 8·368, 16·184, 23·128, 32·92, 46·64
2945	5·589, 19·155, 31·95
2946	2·1473, 3·982, 6·491
2947	7·421
2948	2·1474, 4·737, 11·268, 22·134, 44·67
2949	3·983
2950	2·1475, 5·590, 10·295, 25·118, 50·59
2951	13·227
2952	2·1476, 3·984, 4·738, 6·492, 8·369, 9·328, 12·246, 18·164, 24·123, 36·82, 41·72
2953	
2954	2·1477, 7·422, 14·211
2955	3·985, 5·591, 15·197
2956	2·1478, 4·739
2957	
2958	2·1479, 3·986, 6·493, 17·174, 29·102, 34·87, 51·58
2959	11·269
2960	2·1480, 4·740, 5·592, 8·370, 10·286, 16·185, 20·148, 37·80, 40·74
2961	3·987, 7·423, 9·329, 21·141, 47·63
2962	2·1481
2963	
2964	2·1482, 3·988, 4·741, 6·494, 12·247, 13·228, 19·156, 26·114, 38·78, 39·76, 52·57
2965	5·593
2966	2·1483
2967	3·989, 23·129, 43·69
2968	2·1484, 4·742, 7·424, 8·371, 14·212, 28·106, 53·56
2969	
2970	2·1485, 3·990, 5·594, 6·495, 9·330, 10·297, 11·270, 15·198, 18·165, 22·135, 27·110, 30·99, 33·90, 45·66, 54·55
2971	
2972	2·1486, 4·743
2973	3·991
2974	2·1487
2975	5·595, 7·425, 17·175, 25·119, 35·85
2976	2·1488, 3·992, 4·744, 6·496, 8·372, 12·248, 16·186, 24·124, 31·96, 32·93, 48·62
2977	13·229
2978	2·1489
2979	3·993, 9·331
2980	2·1490, 4·745, 5·596, 10·298, 20·149
2981	11·271
2982	2·1491, 3·994, 6·497, 7·426, 14·213, 21·142, 42·71
2983	19·157
2984	2·1492, 4·746, 8·373
2985	3·995, 5·597, 15·199
2986	2·1493
2987	29·103
2988	2·1494, 3·996, 4·747, 6·498, 9·332, 12·249, 18·166, 36·83
2989	7·427, 49·61
2990	2·1495, 5·598, 10·299, 13·230, 23·130, 26·115, 46·65
2991	3·997
2992	2·1496, 4·748, 8·374, 11·272, 16·187, 17·176, 22·136, 34·88, 44·68
2993	41·73
2994	2·1497, 3·998, 6·499
2995	5·599
2996	2·1498, 4·749, 7·428, 14·214, 28·107
2997	3·999, 9·333, 27·111, 37·81
2998	2·1499
2999	
3000	2·1500, 3·1000, 4·750, 5·600, 6·500, 8·375, 10·300, 12·250, 15·200, 20·150, 24·125, 25·120, 30·100, 40·75, 50·60
3001	
3002	2·1501, 19·158, 38·79
3003	3·1001, 7·429, 11·273, 13·231, 21·143, 33·91, 39·77
3004	2·1502, 4·751
3005	5·601
3006	2·1503, 3·1002, 6·501, 9·334, 18·167
3007	31·97
3008	2·1504, 4·752, 8·376, 16·188, 32·94, 47·64
3009	3·1003, 17·177, 51·59
3010	2·1505, 5·602, 7·430, 10·301, 14·215, 35·86, 43·70
3011	
3012	2·1506, 3·1004, 4·753, 6·502, 12·251
3013	23·131
3014	2·1507, 11·274, 22·137
3015	3·1005, 5·603, 9·335, 15·201, 45·67
3016	2·1508, 4·754, 8·377, 13·232, 26·116, 29·104, 52·58
3017	7·431
3018	2·1509, 3·1006, 6·503
3019	
3020	2·1510, 4·755, 5·604, 10·302, 20·151

續表

3021 3·1007 19·159 53·57

3022 2·1511

3023

3024 2·1512 3·1008 4·756 6·504 7·432 8·378 9·336 12·252 14·216 16·189 18·168 21·144 24·126 27·112 28·108 36·84 42·72 48·63 54·56

3025 5·605 11·275 25·121 55·55

3026 2·1513 17·178 34·89

3027 3·1009

3028 2·1514 4·757

3029 13·233

3030 2·1515 3·1010 5·606 6·505 10·303 15·202 30·101

3031 7·433

3032 2·1516 4·758 8·379

3033 3·1011 9·337

3034 2·1517 37·82 41·74

3035 5·607

3036 2·1518 3·1012 4·759 6·506 11·276 12·253 22·138 23·132 33·92 44·69 46·66

3037

3038 2·1519 7·434 14·217 31·98 49·62

3039 3·1013

3040 2·1520 4·760 5·608 8·380 10·304 16·190 19·160 20·152 32·95 38·80 40·76

3041

3042 2·1521 3·1014 6·507 9·338 13·234 18·169 26·117 39·78

3043 17·179

3044 2·1522 4·761

3045 3·1015 5·609 7·435 15·203 21·145 29·105 35·87

3046 2·1523

3047 11·277

3048 2·1524 3·1016 4·762 6·508 8·381 12·254 24·127

3049

3050 2·1525 5·610 10·305 25·122 50·61

3051 3·1017 9·339 27·113

3052 2·1526 4·763 7·436 14·218 28·109

3053 43·71

3054 2·1527 3·1018 6·509

3055 5·611 13·235 47·65

3056 2·1528 4·764 8·382 16·191

3057 3·1019

3058 2·1529 11·278 22·139

3059 7·437 19·161 23·133

3060 2·1530 3·1020 4·765 5·612 6·510 9·340 10·306 12·255 15·204 17·180 18·170 20·153 30·102 34·90 36·85 45·68 51·60

3061

3062 2·1531

3063 3·1021

3064 2·1532 4·766 8·383

3065 5·613

3066 2·1533 3·1022 6·511 7·438 14·219 21·146 42·73

3067

3068 2·1534 4·767 13·236 26·118 52·59

3069 3·1023 9·341 11·279 31·99 33·93

3070 2·1535 5·614 10·307

3071 37·83

3072 2·1536 3·1024 4·768 6·512 8·384 12·256 16·192 24·128 32·96 48·64

3073 7·436

3074 2·1537 29·106 53·58

3075 3·1025 5·615 15·205 25·123 41·75

3076 2·1538 4·769

3077 17·181

3078 2·1539 3·1026 6·513 9·342 18·171 19·162 27·114 38·81 54·57

3079

3080 2·1540 4·770 5·616 7·440 8·385 10·208 11·280 14·220 20·154 22·140 28·110 35·88 40·77 44·70 55·56

3081 3·1027 13·237 39·79

3082 2·1541 23·134 46·67

3083

3084 2·1542 3·1028 4·771 6·514 12·257

3085 5·617

3086 2·1543

3087 3·1029 7·441 9·343 21·147 49·63

3088 2·1544 4·772 8·386 16·193

3089

3090 2·1545 3·1030 5·618 6·515 10·309 15·206 30·103

3091 11·281

3092 2·1546 4·773

3093 3·1031

3094 2·1547 7·442 13·238 14·221 17·182 26·119 34·91

3095 5·619

3096 2·1548 3·1032 4·774 6·516 8·387 9·344 12·258 18·172 24·129 36·86 43·72

3097 19·163

3098 2·1549

3099 3·1033

3100 2·1550 4·775 5·620 10·310 20·155 25·124 31·100 50·62

3101 7·443

3102 2·1551 3·1034 6·517 11·282 22·141 33·94 47·66

3103 29·107

3104 2·1552 4·776 8·388 16·194 32·97

3105 3·1035 5·621 9·345 15·207 23·135 27·115 45·69

3106 2·1553

3107 13·239

3108 2·1554 3·1036 4·777 6·518 7·444 12·259 14·222 21·148 28·111 37·84 42·74

3109

3110 2·1555 5·622 10·311

3111 3·1037 17·183 51·61

3112 2·1556 4·778 8·389

3113 11·283

3114 2·1557 3·1038 6·519 9·340 18·173

3115 5·623 7·445 35·89

3116 2·1558 4·779 19·164 38·82 41·78

3117 3·1039

3118 2·1559

3119

3120 2·1560 3·1040 4·780 5·624 6·520 8·390 10·312 12·290 13·240 15·208 16·195 20·156 24·130 26·120 30·104 39·80 40·78 48·65 52·60

3121

3122 2·1561 7·446 14·223

3123 3·1041 9·347

3124 2·1562 4·781 11·284 22·142 44·71

3125 5·625 25·125

3126 2·1563 3·1042 6·521

3127 53·59

3128 2·1564 4·782 8·391 17·184 23·186 34·92 46·68

3129 3·1043 7·447 21·149

3130 2·1565 5·626 10·313

3131 31・101
3132 2・1566 3・1044 4・783 6・522 9・348 12・261 18・174 27・116 29・108 36・87 54・58
3133 13・241
3134 2・1567
3135 3・1045 5・627 11・285 15・209 19・165 33・95 55・57
3136 2・1568 4・784 7・448 8・392 14・224 16・196 28・112 32・98 49・64 56・56
3137
3138 2・1569 3・1046 6・523
3139 43・73
3140 2・1570 4・785 5・628 10・314 20・157
3141 3・1047 9・340
3142 2・1571
3143 7・449
3144 2・1572 3・1048 4・786 6・524 8・393 12・262 24・131
3145 5・629 17・185 37・85
3146 2・1573 11・286 13・242 22・143 26・121
3147 3・1049
3148 2・1574 4・787
3149 47・67
3150 2・1575 3・1050 5・630 6・525 7・450 9・350 10・315 14・225 15・210 18・175 21・150 25・126 30・105 35・90 42・75 45・70 50・63
3151 23・137
3152 2・1576 4・788 8・394 16・197
3153 3・1051
3154 2・1577 19・166 38・83
3155 5・631
3156 2・1578 3・1052 4・789 6・526 12・263
3157 7・451 11・287 41・77
3158 2・1579
3159 3・1053 9・351 13・243 27・117 39・81
3160 2・1580 4・790 5・632 8・395 10・316 20・158 40・79
3161 29・109
3162 2・1581 3・1054 6・527 17・186 31・102 34・93 51・62
3163
3164 2・1582 4・791 7・452 14・226 28・113
3165 3・1055 5・633 15・211
3166 2・1583
3167
3168 2・1584 3・1056 4・792 6・528 8・396 9・352 11・288 12・264 16・198 18・176 22・144 24・132 32・99 33・96 36・88 44・72 48・66
3169
3170 2・1585 5・634 10・317
3171 3・1057 7・453 21・151
3172 2・1586 4・793 13・244 26・122 52・61
3173 19・167
3174 2・1587 3・1058 6・529 23・138 46・69
3175 5・635 25・127
3176 2・1588 4・794 8・397
3177 3・1059 9・353
3178 2・1589 7・454 14・227
3179 11・289 17・787
3180 2・1590 3・1060 4・795 5・636 6・530 10・318 12・265 15・212 20・159 30・106 53・60
3181
3182 2・1591 37・86 43・74
3183 3・1061
3184 2・1592 4・796 8・398 16・199
3185 5・637 7・455 13・245 35・91 49・65
3186 2・1593 3・1062 6・531 9・354 18・177 27・118 54・59
3187
3188 2・1594 4・797
3189 3・1063
3190 2・1595 5・638 10・319 11・290 22・145 29・110 55・58
3191
3192 2・1096 3・1064 4・798 6・532 7・456 8・399 12・266 14・228 19・168 21・152 24・133 28・114 38・84 42・76 56・57
3193 31・103
3194 2・1597
3195 3・1065 5・639 9・355 15・213 45・71
3196 2・1598 4・799 17・188 34・54 47・68
3197 23・139
3198 2・1599 3・1066 6・533 13・246 26・123 39・82 41・78
3199 7・457
3200 2・1600 4・800 5・640 8・400 10・320 16・200 20・160 25・128 32・100 40・80 50・64
3201 3・1067 11・291 33・97
3202 2・1601
3203
3204 2・1602 3・1068 4・801 6・534 9・356 12・267 18・178 36・89
3205 5・641
3206 2・1603 7・458 14・229
3207 3・1069
3208 2・1604 4・802 8・401
3209
3210 2・1605 3・1070 5・642 6・535 10・321 15・214 30・107
3211 13・247 19・169
3212 2・1606 4・803 11・292 22・146 44・73
3213 3・1071 7・459 9・357 17・189 21・153 27・119 51・63
3214 2・1607
3215 5・643
3216 2・1608 3・1072 4・804 6・536 8・402 12・268 16・201 24・134 48・67
3217
3218 2・1609
3219 3・1073 29・111 37・87
3220 2・1610 4・805 5・644 7・460 10・322 14・230 20・161 23・140 28・115 25・92 46・70
3221
3222 2・1611 3・1074 6・537 9・358 18・179
3223 11・293
3224 2・1612 4・806 8・403 13・248 26・124 31・104 52・62
3225 3・1075 5・645 15・215 25・129 43・75
3226 2・1613
3227 7・461
3228 2・1614 3・1076 4・807 6・538 12・269
3229
3230 2・1615 5・646 10・323 17・190 19・170 34・95 38・85
3231 3・1077 9・359
3232 2・1616 4・808 8・404 16・202 32・101
3233 53・61
3234 2・1617 3・1078 6・539 7・462 11・294 14・231 21・154 22・147 33・98 42・77 49・66
3235 5・647
3236 2・1618 4・809
3237 3・1079 13・249 39・83
3238 2・1619
3239 41・79
3240 2・1620 3・1080 4・810 5・648 6・540 8・405 9・360 10・324 12・270 15・216 18・180 20・162 24・135 27・120 30・108 36・90 40・81 45・72 54・60

續表

數	因數
3241	7·463
3242	2·1621
3243	3·1081, 23·141, 47·69
3244	2·1622, 4·811
3245	5·649, 11·295, 55·59
3246	2·1623, 3·1082, 6·541
3247	17·191
3248	2·1624, 4·812, 7·464, 8·406, 14·232, 16·203, 28·116, 29·112, 56·58
3249	3·1083, 9·361, 19·171, 57·57
3250	2·1625, 5·650, 10·325, 13·250, 25·130, 26·125, 50·65
3251	
3252	2·1626, 3·1084, 4·813, 6·542, 12·271
3253	
3254	2·1627
3255	3·1085, 5·651, 7·465, 15·217, 21·155, 31·105, 35·93
3256	2·1628, 4·814, 8·407, 11·296, 22·148, 37·88, 44·74
3257	
3258	2·1629, 3·1086, 6·543, 9·362, 18·181
3259	
3260	2·1630, 4·815, 5·652, 10·326, 20·163
3261	3·1087
3262	2·1631, 7·466, 14·233
3263	13·251
3264	2·1632, 3·1088, 4·816, 6·544, 8·408, 12·272, 16·204, 17·192, 24·136, 32·102, 34·96, 48·68, 51·64
3265	5·653
3266	2·1633, 23·142, 46·71
3267	3·1089, 9·363, 11·297, 27·121, 33·99
3268	2·1634, 4·817, 19·172, 38·86, 43·76
3269	7·467
3270	2·1635, 3·1090, 5·654, 6·545, 10·327, 15·218, 30·109
3271	
3272	2·1636, 4·818, 8·409
3273	3·1091
3274	2·1637
3275	5·655, 25·131
3276	2·1638, 3·1092, 4·819, 6·546, 7·468, 9·364, 12·273, 13·252, 14·234, 18·182, 21·156, 26·126, 28·117, 36·91, 39·84, 42·78, 52·63
3277	29·113
3278	2·1639, 11·298, 22·149
3279	3·1093
3280	2·1640, 4·820, 5·656, 8·410, 10·328, 16·205, 20·164, 40·82, 41·80
3281	17·193
3282	2·1641, 3·1094, 6·547
3283	7·469, 49·67
3284	2·1642, 4·821
3285	3·1095, 5·657, 9·365, 15·219, 45·73
3286	2·1643, 31·106, 53·62
3287	19·173
3288	2·1644, 3·1096, 4·822, 6·548, 8·411, 12·274, 24·137
3289	11·299, 13·253, 23·143
3290	2·1645, 5·658, 7·470, 10·329, 14·235, 35·94, 47·70
3291	3·1097
3292	2·1646, 4·823
3293	37·89
3294	2·1647, 3·1098, 6·549, 9·366, 18·183, 27·122, 54·61
3295	5·659
3296	2·1648, 4·824, 8·412, 16·206, 32·103
3297	3·1099, 7·471, 21·157
3298	2·1649, 17·194, 34·97
3299	
3300	2·1650, 3·1100, 4·825, 5·660, 6·550, 10·330, 11·300, 12·275, 15·220, 20·165, 22·150, 25·132, 30·110, 33·100, 44·75, 50·66, 55·60
3301	
3302	3·1651, 13·254, 26·127
3303	3·1101, 9·367
3304	2·1652, 4·826, 7·472, 8·413, 14·236, 28·118, 56·59
3305	5·661
3306	2·1653, 3·1102, 6·551, 19·174, 29·114, 38·87, 57·58
3307	
3308	2·1654, 4·827
3309	3·1103
3310	2·1655, 5·662, 10·331
3311	7·473, 11·301, 43·77
3312	2·1656, 3·1104, 4·828, 6·552, 8·414, 9·368, 12·276, 16·207, 18·184, 23·144, 24·133, 36·92, 46·72, 48·69
3313	
3314	2·1657
3315	3·1105, 5·663, 13·255, 15·221, 17·195, 39·85, 51·65
3316	2·1658, 4·829
3317	31·107
3318	2·1659, 3·1106, 6·553, 7·474, 14·237, 21·158, 42·79
3319	
3320	2·1660, 4·830, 5·664, 8·415, 10·332, 20·166, 40·83
3321	3·1107, 9·369, 27·123, 41·81
3322	2·1661, 11·302, 22·151
3323	
3324	2·1662, 3·1108, 4·831, 6·554, 12·277
3325	5·665, 7·475, 19·175, 25·133, 35·95
3326	2·1663
3327	3·1109
3328	2·1664, 4·832, 8·416, 13·256, 16·208, 26·128, 32·104, 52·64
3329	
3330	2·1665, 3·1110, 5·666, 6·555, 9·370, 10·333, 15·222, 18·185, 30·111, 37·90, 45·74
3331	
3332	2·1666, 4·833, 7·476, 14·238, 17·196, 23·119, 34·98, 49·68
3333	3·1111, 11·303, 33·101
3334	2·1667
3335	5·667, 23·145, 29·115
3336	2·1668, 3·1112, 4·834, 6·556, 8·417, 12·278, 24·139
3337	47·71
3338	2·1669
3339	3·1113, 7·477, 9·371, 21·159, 53·63
3340	2·1670, 4·835, 5·668, 10·334, 20·167
3341	13·257
3342	2·1671, 3·1114, 6·557
3343	
3344	2·1672, 4·836, 8·418, 11·304, 16·209, 19·176, 22·152, 38·88, 44·76
3345	3·1115, 5·669, 15·223
3346	2·1673, 7·478, 14·239
3347	
3348	2·1674, 3·1116, 4·837, 6·558, 9·372, 12·279, 18·186, 27·124, 31·108, 36·93, 54·62
3349	17·197
3350	2·1675, 5·670, 10·335, 25·134, 50·67

續表

數	因數分解
3351	3·1117
3352	2·1676　4·838　8·419
3353	7·479
3354	2·1677　3·1118　6·559　13·258　26·129　39·86　43·78
3355	5·671　11·305　55·61
3356	2·1678　4·839
3357	3·1119　9·373
3358	2·1679　23·146　46·73
3359	
3360	2·1680　3·1120　4·840　5·672　6·560　7·480　8·420　10·336　12·280　14·240　15·224　16·210　20·168　21·160　24·140　28·120　30·112　32·105　35·96　40·84　42·80　48·70　56·60
3361	
3362	2·1681　41·82
3363	3·1121　19·177　57·59
3364	2·1682　4·841　29·116　58·58
3365	5·673
3366	2·1683　3·1122　6·561　9·374　11·306　17·198　18·187　22·153　33·102　34·99　51·66
3367	7·481　13·259　37·91
3368	2·1684　4·842　8·421
3369	3·1123
3370	2·1685　5·674　10·337
3371	
3372	2·1686　3·1124　4·843　6·562　12·281
3373	
3374	2·1687　7·482　14·241
3375	3·1125　5·675　9·375　15·225　25·135　27·125　45·75
3376	2·1688　4·844　8·422　16·211
3377	11·307
3378	2·1689　3·1126　6·563
3379	31·109
3380	2·1690　4·845　5·676　10·338　13·260　20·169　26·130　52·65
3381	3·1127　7·483　21·161　23·147　49·69
3382	2·1691　19·178　38·89
3383	17·199
3384	2·1692　3·1128　4·846　6·564　8·423　9·376　12·282　18·188　24·141　36·94　47·72
3385	5·677
3386	2·1693
3387	3·1129
3388	2·1694　4·847　7·484　11·308　14·242　22·154　28·121　44·77
3389	
3390	2·1695　3·1130　5·678　6·565　10·339　15·226　30·113
3391	
3392	2·1696　4·848　8·424　16·212　32·106　53·64
3393	3·1131　9·377　13·261　29·117　39·87
3394	2·1697
3395	5·679　7·485　35·97
3396	2·1698　3·1132　4·849　6·566　12·283
3397	43·79
3398	2·1699
3399	3·1133　11·309　33·103
3400	2·1700　4·850　5·680　8·425　10·340　17·200　20·170　25·136　34·100　40·85　50·68
3401	19·179
3402	2·1701　3·1134　6·567　7·486　9·378　14·243　18·189　21·162　27·126　42·81　54·63
3403	41·83
3404	2·1702　4·851　23·148　37·92　46·74
3405	3·1135　5·681　15·227
3406	2·1703　13·262　26·131
3407	
3408	2·1704　3·1136　4·852　6·568　8·426　12·284　16·213　24·142　48·71
3409	7·487
3410	2·1705　5·682　10·341　11·310　22·155　31·110　55·62
3411	3·1137　9·379
3412	2·1706　4·853
3413	
3414	2·1707　3·1138　6·569
3415	5·683
3416	2·1708　4·854　7·488　8·427　14·244　28·122　56·61
3417	3·1139　17·201　51·67
3418	2·1709
3419	13·263
3420	2·1710　3·1140　4·855　5·684　6·570　9·380　10·342　12·285　15·228　18·190　19·180　20·171　30·114　36·95　38·90　45·76　57·60
3421	11·311
3422	2·1711　29·118　58·59
3423	3·1141　7·489　21·163
3424	2·1712　4·856　8·428　16·214　32·107
3425	5·685　25·137
3426	2·1713　3·1142　6·571
3427	23·149
3428	2·1714　4·857
3429	3·1143　9·381　27·127
3430	2·1715　5·686　7·490　10·343　14·245　35·98　49·70
3431	47·73
3432	2·1716　3·1144　4·858　6·572　8·429　11·312　12·286　13·264　22·156　24·143　26·132　33·104　39·88　44·78　52·66
3433	
3434	2·1717　17·202　34·101
3435	3·1145　5·687　15·220
3436	2·1718　4·859
3437	7·491
3438	2·1719　3·1146　6·573　9·382　18·191
3439	19·181
3440	2·1720　4·860　5·688　8·430　10·344　16·215　20·172　40·86　43·80
3441	3·1147　31·111　37·93
3442	2·1721
3443	11·313
3444	2·1722　3·1148　4·861　6·574　7·492　12·287　14·246　21·164　28·123　41·84　42·82
3445	5·689　13·265　53·65
3446	2·1723
3447	3·1149　9·383
3448	2·1724　4·862　8·431
3449	
3450	2·1725　3·1150　5·690　6·575　10·345　15·230　23·150　25·138　30·115　46·75　50·69
3451	7·493　17·203　29·119
3452	3·1726　2·863　4·863
3453	3·1151
3454	2·1727　11·314　22·157
3455	5·691
3456	2·1728　3·1152　4·864　6·576　8·432　9·384　12·288　16·216　18·192　24·144　27·128　32·108　36·96　48·72　54·64
3457	
3458	2·1729　7·494　13·266　14·247　19·182　26·133　38·91
3459	3·1153
3460	2·1739　4·865　5·692　10·346　20·173

續表

3461
3462 2·1731 3·1154 6·577
3463
3464 2·1732 4·866 8·433
3465 3·1155 5·693 7·495 9·385 11·345 15·231 21·165 33·105 35·99 45·77 55·63
3466 2·1733
3467
3468 2·1734 3·1156 4·867 6·578 12·289 17·204 34·102 51·68
3469
3470 2·1735 5·694 10·347
3471 3·1157 13·267 39·80
3472 2·1733 4·868 7·496 8·434 14·243 16·217 28·124 31·112 56·62
3473 23·151
3474 2·1737 3·1158 6·579 9·386 18·193
3475 5·695 25·139
3476 2·1738 4·869 11·316 22·158 44·79
3477 3·1159 19·183 57·61
3478 2·1739 37·94 47·74
3479 7·497 49·71
3480 2·1740 3·1160 4·870 5·696 6·580 8·435 10·348 12·290 15·232 20·174 24·145 29·120 30·116 40·87 58·60
3481 59·59
3482 2·1741
3483 3·1161 9·387 27·129 43·81
3484 2·1742 4·871 13·268 26·134 52·67
3485 5·697 17·205 41·85
3486 2·1743 3·1162 6·581 7·498 14·249 21·166 42·83
3487 11·317
3488 2·1744 4·872 8·436 16·218 32·109
3489 3·1163
3490 2·1745 5·698 10·349
3491
3492 2·1746 3·1164 4·873 6·582 9·388 12·291 18·194 36·97
3493 7·499
3494 2·1747
3495 3·1165 5·699 15·233
3496 2·1748 4·874 8·437 19·184 23·152 38·92 46·76
3497 13·269
3498 2·1749 3·1166 6·583 11·318 22·159 33·106 53·66
3499
3500 2·1750 4·875 5·700 7·500 10·350 14·250 20·175 25·140 28·125 35·100 50·70
3501 3·1167 9·389
3502 2·1751 17·206 34·103
3503 31·113
3504 2·1752 3·1168 4·876 6·584 8·438 12·292 16·249 24·146 48·73
3505 5·701
3506 2·1753
3507 3·1169 7·501 21·167
3508 2·1754 4·877
3509 11·319 29·121
3510 2·1755 3·1170 5·702 6·585 9·390 10·351 13·270 15·234 18·195 26·135 27·130 30·117 39·90 45·78 54·65
3511
3512 2·1756 4·878 8·439
3513 3·1171
3514 2·1757 7·502 14·251
3515 5·703 19·185 37·95
3516 2·1758 3·1172 4·879 6·586 12·293
3517
3518 2·1759
3519 3·1173 9·391 17·207 23·153 51·69
3520 2·1760 4·880 5·704 8·440 10·352 11·320 16·220 20·176 22·160 32·110 40·88 44·80 55·64
3521 7·503
3522 2·1761 3·1174 6·587
3523 13·271
3524 2·1762 4·881
3525 3·1175 5·705 15·235 25·141 47·75
3526 2·1763 41·86 43·82
3527
3528 2·1764 3·1176 4·882 6·588 7·504 8·441 9·392 12·294 14·252 18·196 21·168 24·147 28·126 36·98 42·84 49·72 56·63
3529
3530 2·1765 5·706 10·353
3531 3·1177 11·321 33·107
3532 2·1766 4·883
3533
3534 2·1767 3·1178 6·589 19·186 31·114 38·93 57·62
3535 5·707 7·505 35·101
3536 2·1768 4·884 8·442 13·272 16·221 17·208 26·136 34·104 52·68
3537 3·1179 9·393 27·131
3538 2·1769 29·122 58·61
3539
3540 2·1770 3·1180 4·885 5·708 6·590 10·354 12·295 15·236 20·177 30·118 59·60
3541
3542 2·1771 7·506 11·322 14·253 22·161 23·154 46·77
3543 3·1181
3544 2·1772 4·886 8·443
3545 5·709
3546 2·1773 3·1182 6·591 9·394 18·197
3547
3548 2·1774 4·887
3549 3·1183 7·507 13·273 21·169 39·91
3550 2·1775 5·710 10·355 25·142 50·71
3551 53·67
3552 2·1776 3·1184 4·888 6·592 8·444 12·296 16·222 24·148 32·111 37·96 48·74
3553 11·323 17·209 19·187
3554 2·1777
3555 3·1185 5·711 9·395 15·237 45·79
3556 2·1778 4·889 7·508 14·254 28·127
3557
3558 2·1779 3·1186 6·593
3559
3560 2·1780 4·890 5·712 8·445 10·356 20·178 40·89
3561 3·1187
3562 2·1781 13·274 26·137
3563 7·509
3564 2·1782 3·1188 4·891 6·594 9·396 11·324 12·297 18·198 22·162 27·132 33·108 36·99 44·81 54·66
3565 5·713 23·155 31·115
3566 2·1783
3567 3·1189 29·123 41·87
3568 2·1784 4·892 8·446 46·223
3569 43·83
3570 2·1785 3·1190 5·714 6·595 7·510 10·357 14·255 15·233 17·210 21·170 30·119 34·105 35·102 42·85 51·70

續表

3571
3572 2・1786 4・893 19・188 38・94 47・76
3573 3・1191 9・397
3574 2・1787
3575 5・715 11・325 13・275 25・143 55・65
3576 2・1788 3・1192 4・894 6・596 8・447 12・298 24・149
3577 7・511 49・73
3578 2・1789
3579 3・1193
3580 2・1790 4・895 5・716 10・358 20・179

3581
3582 2・1791 3・1194 6・597 9・398 18・199
3583
3584 2・1792 4・896 7・512 8・448 14・256 16・224 28・128 32・112 56・64
3585 3・1195 5・717 15・239
3586 2・1793 11・326 22・163
3587 17・211
3588 2・1794 3・1196 4・897 6・508 12・299 13・276 23・156 26・138 39・92 46・78 52・69
3589 37・97
3590 2・1795 5・718 10・359

3591 2・1197 7・513 9・399 19・189 21・171 27・133 57・63
3592 2・1796 4・898 8・449
3593
3594 2・1797 3・1198 6・599
3595 5・719
3596 2・1798 4・899 29・124 31・116 58・62
3597 3・1199 11・327 33・109
3598 2・1709 7・514 14・257
3599 59・61
3600 2・1800 3・1200 4・900 5・720 6・600 8・450 9・400 10・360 12・300 15・240 16・225 18・200 20・180 24・150 25・144 30・120 36・100 40・90 45・80 84・75 50・72 60・60

3601 13・277
3602 2・1801
3603 3・1201
3604 2・1802 4・901 17・212 34・106 53・68
3605 5・721 7・515 35・103
3606 2・1803 3・1202 6・601
3607
3608 2・1804 4・902 8・451 11・328 22・164 41・88 44・82
3609 3・1203 9・401
3610 2・1805 5・722 10・361 19・190 38・95

3611 23・157
3612 2・1806 3・1204 4・903 6・602 7・516 12・301 14・258 21・172 28・129 42・86 43・84
3613
3614 2・1807 13・278 26・139
3615 3・1205 5・723 15・241
3616 2・1808 4・904 8・452 16・226 32・113
3617
3618 2・1809 3・1206 6・603 9・402 18・201 27・134 54・67
3619 7・517 11・329 47・77
3620 2・1810 4・905 5・724 10・362 20・181

3621 3・1207 17・213 51・71
3622 2・1811
3623
3624 2・1812 3・1208 4・906 6・604 8・453 12・302 24・151
3625 5・725 25・145 29・125
3626 2・1813 7・518 14・259 37・98 49・74
3627 3・1209 9・403 13・279 31・117 39・93
3628 2・1814 4・907
3629 19・191
3630 2・1815 3・1216 5・726 6・605 10・363 11・330 15・242 22・165 30・121 33・110 55・66

3631
3632 2・1816 4・908 8・454 16・227
3633 3・1211 7・519 21・173
3634 2・1817 23・158 46・79
3635 5・727
3636 2・1818 3・1212 4・909 6・606 9・404 12・303 18・202 36・101
3637
3638 2・1819 17・214 34・107
3639 3・1213
3640 2・1820 4・910 5・728 7・520 8・455 10・364 13・280 14・260 20・182 26・140 28・130 35・104 40・91 52・70 56・65

3641 11・331
3642 2・1821 3・1214 6・607
3643
3644 2・1822 4・911
3645 3・1215 5・729 9・405 15・243 27・135 45・81
3646 2・1823
3647 7・521
3648 2・1824 3・1216 4・912 6・608 8・456 12・304 16・228 19・192 24・152 32・114 38・96 48・76 57・64
3649 41・89
3650 2・1825 5・730 10・365 25・146 50・73

3651 3・1217
3652 2・1826 4・913 11・332 22・166 44・83
3653 13・281
3654 2・1827 3・1218 6・609 7・522 9・406 14・261 18・203 21・174 29・126 42・87 58・63
3655 5・731 17・215 43・85
3656 2・1828 4・914 8・457
3657 3・1219 23・159 53・69
3658 2・1829 31・118 59・62
3659
3660 2・1830 3・1220 4・915 5・732 6・610 10・366 12・305 15・244 20・183 30・122 60・61

3661 7・523
3662 2・1831
3663 3・1221 9・407 11・333 33・111 37・99
3664 2・1832 4・916 8・458 16・229
3665 5・733
3666 2・1833 3・1222 6・611 13・282 26・141 39・94 47・78
3667 19・193
3668 2・1834 4・917 7・524 14・262 28・131
3669 3・1223
3670 2・1835 5・734 10・367

3671
3672 2・1836 3・1224 4・918 6・612 8・459 9・408 12・306 17・216 18・204 24・153 27・136 34・108 36・102 51・72 54・68
3673
3674 2・1837 11・334 22・167
3675 3・1225 5・735 7・525 15・241 21・175 25・147 35・105 49・75
3676 2・1838 4・919
3677
3678 2・1839 3・1226 6・613
3679 13・283
3680 2・1840 4・920 5・736 8・460 10・366 16・230 20・184 23・160 32・115 40・92 46・80

續表

3681　3·1227　9·409
3682　2·1841　7·526　14·263
3683　29·127
3684　2·1842　3·1228　4·921　6·614　12·307
3685　5·737　11·335　55·67
3686　2·1843　19·194　38·97
3687　3·1229
3688　2·1844　4·922　8·461
3689　7·527　17·217　31·119
3690　2·1845　3·1230　5·738　6·615　9·410　10·369　15·246　18·205　30·123　41·90　45·82

3691
3692　2·1846　4·923　13·284　26·142　52·71
3693　3·1231
3694　2·1847
3695　5·739
3696　2·1848　3·1232　4·924　6·616　7·528　8·462　11·336　12·308　14·264　16·231　21·176　22·168　24·154　28·132　33·112　42·88　44·84　48·77　56·66
3697
3698　2·1849　43·86
3699　3·1233　9·411　27·137
3700　2·1850　4·925　5·740　10·370　20·185　25·148　37·100　50·74

3701
3702　2·1851　3·1234　6·617
3703　7·529　23·161
3704　2·1852　4·926　8·463
3705　3·1235　5·741　13·285　15·247　19·195　39·95　57·65
3706　2·1853　17·218　34·109
3707　11·337
3708　2·1854　3·1236　4·927　6·618　9·412　12·309　18·206　36·103
3709
3710　2·1855　5·742　7·530　10·371　14·265　35·106　53·70

3711　3·1237
3712　2·1856　4·928　8·464　16·232　29·128　32·116　58·64
3713　47·79
3714　2·1857　3·1238　6·619
3715　5·743
3716　2·1858　4·929
3717　3·1239　7·531　9·413　21·177　59·63
3718　2·1859　11·338　13·286　22·169　26·143
3719
3720　2·1860　3·1240　4·930　5·744　6·620　8·465　10·372　12·310　15·248　20·186　24·155　30·124　31·120　40·93　60·62

3721　61·61
3722　2·1861
3723　3·1241　17·219　51·73
3724　2·1862　4·931　7·532　14·266　19·196　28·133　38·98　49·76
3725　5·745　25·149
3726　2·1863　3·1242　6·621　9·414　18·207　23·162　27·138　46·81　54·69
3727
3728　2·1864　4·932　8·466　16·233
3729　3·1243　11·339　33·113
3730　2·1865　5·746　10·373

3731　7·533　13·287　41·91
3732　2·1866　3·1244　4·933　6·622　12·311
3733
3734　2·1867
3735　3·1245　5·747　9·415　15·249　45·83
3736　2·1868　4·934　8·467
3737　37·101
3738　2·1869　3·1246　6·623　7·534　14·267　21·178　42·89
3739
3740　2·1870　4·935　5·748　10·374　11·340　17·220　20·187　22·170　34·110　44·85　55·68

3741　3·1247　29·129　43·87
3742　2·1871
3743　19·197
3744　2·4872　3·1248　4·936　6·624　8·468　9·416　12·312　13·288　16·234　18·208　24·156　26·144　32·117　36·104　39·96　48·78　52·72
3745　5·749　7·535　35·107
3746　2·1873
3747　3·1249
3748　2·1874　4·937
3749　23·163
3750　2·1875　3·1250　5·750　6·625　10·375　15·250　25·150　30·125　50·75

3751　11·341　31·121
3752　2·1876　4·938　7·536　8·469　14·268　28·134　56·67
3753　3·1251　9·417　27·139
3754　2·1877
3755　5·751
3756　2·1878　3·1252　4·939　6·626　12·313
3757　13·289　17·221
3758　2·1879
3759　3·1253　7·537　21·179
3760　2·1880　4·940　5·752　8·470　10·376　16·235　20·188　40·94　47·80

3761
3762　2·1881　3·1254　6·627　9·418　11·342　18·209　19·198　22·171　33·114　38·99　57·66
3763　53·71
3764　2·1882　4·941
3765　3·1255　5·753　15·251
3766　2·1883　7·538　14·269
3767
3768　2·1884　3·1256　4·942　6·628　8·471　12·314　21·157
3769
3770　2·1885　5·754　10·377　13·290　26·145　29·130　58·65

3771　3·1257　9·419
3772　2·1886　4·943　23·164　41·92　46·82
3773　7·539　11·343　49·77
3774　2·1887　3·1258　6·629　17·222　34·111　37·102　51·74
3775　5·755　25·151
3776　2·1888　4·944　8·472　16·236　32·118　59·64
3777　3·1259
3778　2·1889
3779
3780　2·4890　3·1260　4·945　5·756　6·630　7·540　9·420　10·378　12·315　14·270　15·252　18·210　20·189　21·180　27·140　28·135　30·126　35·108　36·105　42·90　45·84　54·70　60·63

3781　19·199
3782　2·1891　31·122　61·62
3783　3·1261　13·291　39·97
3784　2·1892　4·946　8·473　11·344　22·172　43·88　44·86
3785　5·757
3786　2·1893　3·1262　6·631
3787　7·541
3788　2·1894　4·947
3789　3·1263　9·421
3790　2·1895　5·758　10·379

續表

3791
17・223

3792
2・1896
3・1264
4・948
6・632
8・474
12・316
16・237
24・158
48・79

3793

3794
2・1897
7・542
14・271

3795
3・1265
5・759
11・345
15・253
23・165
33・115
55・69

3796
2・1898
3・949
13・292
26・146
52・73

3797

3798
2・1899
3・1266
6・633
9・422
18・211

3799
29・131

3800
2・1900
4・950
5・760
8・475
10・380
19・200
20・190
25・152
38・100
40・95
50・76

3801
3・1267
7・543
21・181

3802
2・1901

3803

3804
2・1902
3・1268
4・951
6・634
12・317

3805
5・761

3806
2・1903
11・346
22・173

3807
3・1269
9・423
27・141
47・81

3808
2・1904
4・952
7・544
8・476
14・272
16・238
17・224
28・136
32・119
34・112
56・68

3809
13・293

3810
2・1905
3・1270
5・762
6・635
10・381
15・254
30・127

3811
37・103

3812
2・1906
4・953

3813
3・1271
31・123
41・93

3814
2・1907

3815
5・763
7・545
35・109

3816
2・1908
3・1272
4・954
6・636
8・477
9・424
12・318
18・212
24・159
36・108
53・72

3817
11・347

3818
2・1909
23・166
46・83

3819
3・1273
19・201
57・67

3820
2・1910
4・955
5・764
10・382
20・191

3821

3822
2・1911
3・1274
6・637
7・546
13・294
14・273
21・182
26・147
39・98
42・91
49・78

3823

3824
2・1912
4・956
8・478
16・239

3825
3・1275
5・765
9・425
15・255
17・225
25・153
45・85
51・75

3826
2・1913

3827
43・89

3828
2・1914
3・1276
4・957
6・638
11・348
12・319
22・174
29・132
33・116
44・87
58・66

3829
7・547

3830
2・1915
5・766
10・383

3831
3・1277

3832
2・1916
4・958
8・479

3833

3834
2・1917
3・1278
6・639
9・426
18・213
27・142
54・71

3835
5・767
13・295
59・65

3836
2・1918
4・959
7・548
14・274
28・137

3837
3・1279

3838
2・1919
19・202
38・101

3839
11・349

3840
2・1920
3・1280
4・960
5・768
6・640
8・480
10・384
12・320
15・256
16・240
20・192
24・160
30・128
32・120
40・96
48・80
60・64

3841
23・167

3842
2・1921
17・226
34・113

3843
3・1281
7・549
9・427
21・183
61・63

3844
2・1922
4・961
31・124
62・62

3845
5・769

3846
2・1923
3・1282
6・641

3847

3848
2・1924
4・962
8・481
13・296
26・148
37・104
52・74

3849
3・1283

3850
2・1925
5・770
7・550
10・385
11・350
14・275
22・175
25・154
35・110
50・77
55・70

3851

3852
2・1926
3・1284
4・963
6・642
9・428
12・321
18・214
36・107

3853

3854
2・1927
41・94
47・82

3855
3・1285
5・777
15・257

3856
2・1928
4・964
8・482
16・241

3857
7・551
19・203
29・133

3858
2・1929
3・1286
6・643

3859
17・227

3860
2・1930
4・965
5・772
10・386
20・193

3861
3・1287
9・429
11・351
13・297
27・143
33・117
39・99

3862
2・1931

3863

3864
2・1932
3・1288
4・966
6・644
7・552
8・483
12・322
14・276
21・184
23・168
24・161
28・138
42・92
46・84
56・69

3865
5・773

3866
2・1933

3867
3・1289

3868
2・1934
4・967

3869
53・73

3870
2・1935
3・1290
5・774
6・645
9・430
10・387
15・258
18・215
30・129
43・90
45・86

3871
7・553
49・79

3872
2・1936
4・968
8・484
11・352
16・242
22・176
32・121
44・88

3873
3・1291

3874
2・1937
13・298
26・149

3875
5・775
25・155
31・125

3876
2・1938
3・1292
4・969
6・646
12・323
17・228
19・204
34・114
38・102
51・76
57・68

3877

3878
2・1939
7・554
14・277

3879
3・1293
9・431

3880
2・1940
4・970
5・776
8・485
10・388
20・194
40・97

3881

3882
2・1941
3・1294
6・647

3883
11・353

3884
2・1942
4・971

3885
3・1295
5・777
7・555
15・259
21・185
35・111
37・105

3886
2・1943
29・134
58・67

3887
13・299
23・169

3888
2・1944
3・1296
4・972
6・648
8・486
9・432
12・324
16・243
18・216
24・162
27・144
36・108
48・81
54・72

3889

3890
2・1945
5・778
10・389

3891
3・1297

3892
2・1946
4・973
7・556
14・278
28・139

3893
17・229

3894
2・1947
3・1298
6・649
1・354
22・177
33・118
59・66

3895
5・779
19・205
41・95

3896
2・1948
4・974
8・487

3897
3・1299
9・433

3898
2・1949

3899
7・557

3900
2・1950
3・1300
4・975
5・780
6・650
10・390
12・325
13・300
15・260
20・195
25・156
26・150
30・130
39・100
50・78
52・75
60・65

續表

3901
47·83

3902
2·1951

3903
3·1301

3904
2·1952
4·976
8·488
16·244
32·122
61·64

3905
5·781
11·355
55·71

3906
2·1953
3·1302
6·651
7·558
9·434
14·279
18·217
21·186
31·126
42·93
62·63

3907

3908
2·1954
4·977

3909
3·1303

3910
2·1955
5·782
10·391
17·230
23·170
34·115
46·85

3911

3912
2·1956
3·1304
4·978
6·652
8·489
12·326
24·163

3913
7·559
13·301
43·91

3914
2·1957
19·206
38·103

3915
3·1305
5·783
9·435
15·261
27·145
29·135
45·87

3916
2·1958
4·979
11·356
22·178
44·89

3917

3918
2·1959
3·1306
6·653

3919

3920
2·1960
4·980
5·784
7·560
8·490
10·392
14·280
16·245
20·196
28·140
35·112
40·98
49·80
56·70

3921
3·1307

3922
2·1961
37·106
53·74

3923

3924
2·1962
3·1308
4·981
6·654
9·436
12·327
18·218
36·109

3925
5·785
25·157

3926
2·1963
13·302
26·151

3927
3·1309
7·561
11·357
17·231
21·187
33·119
51·77

3928
2·1964
4·982
8·491

3929

3930
2·1965
3·1310
5·786
6·655
10·393
15·262
30·131

3931

3932
2·1966
4·983

3933
3·1311
9·437
19·207
23·171
57·69

3934
2·1967
7·562
14·281

3935
5·787

3936
2·1968
3·1312
4·984
6·656
8·492
12·328
16·246
24·164
32·123
41·96
48·82

3937
31·127

3938
2·1969
11·358
22·179

3939
3·1313
13·303
39·101

3940
2·1970
4·985
5·788
10·394
20·197

3941
7·563

3942
2·1971
3·1314
6·657
9·438
18·219
27·146
54·73

3943

3944
2·1972
4·986
8·493
17·232
29·136
34·116
58·68

3945
3·1315
5·789
15·263

3946
2·1973

3947

3948
2·1974
3·1316
4·987
6·658
7·564
12·329
14·282
21·188
28·141
42·94
47·84

3949
11·359

3950
2·1975
5·790
10·395
25·158
50·79

3951
3·1317
9·439

3952
2·1976
4·988
8·494
13·304
16·247
19·208
26·152
38·104
52·76

3953
59·67

3954
2·1977
3·1318
6·659

3955
5·791
7·565
35·113

3956
2·1978
4·989
23·172
43·92
46·86

3957
3·1319

3958
2·1979

3959
37·107

3960
2·1980
3·1320
4·990
5·792
6·660
8·495
9·440
10·396
11·360
12·330
15·264
18·220
20·198
22·180
24·165
30·132
33·120
36·110
40·99
44·90
45·88
55·72
60·66

3961
17·233

3962
2·1981
7·566
14·283

3963
3·1321

3964
2·1982
4·991

3965
5·793
13·305
61·65

3966
2·1983
3·1322
6·661

3967

3968
2·1984
4·992
8·496
16·248
31·128
32·124
62·64

3969
3·1323
7·567
9·441
21·189
27·147
49·81
63·63

3970
2·1985
5·794
10·397

3971
11·361
19·209

3972
2·1986
3·1324
4·993
6·662
12·331

3973
29·137

3974
2·1987

3975
3·1325
5·795
15·265
25·159
53·75

3976
2·1988
4·994
7·568
8·497
14·284
28·142
56·71

3977
41·97

3978
2·1989
3·1326
6·663
9·442
13·306
17·234
18·221
26·153
34·117
39·102
51·78

3979
23·173

3980
2·1990
4·995
5·796
10·398
20·199

3981
3·1327

3982
2·1991
11·362
22·181

3983
7·569

3984
2·1992
3·1328
4·996
6·664
8·498
12·332
16·249
24·166
48·83

3985
5·797

3986
2·1993

3987
3·1329
9·443

3988
2·1994
4·997

3989

3990
2·1995
3·1330
5·798
6·665
7·570
10·399
14·285
15·266
19·210
21·190
30·133
35·114
38·105
42·95
57·70

3991
13·307

3992
2·1996
4·998
8·499

3993
3·1331
11·363
33·121

3994
2·1997

3995
5·799
17·235
47·85

3996
2·1998
3·1332
4·999
6·666
9·444
12·333
18·222
27·148
36·111
37·108
54·74

3997
7·571

3998
2·1999

3999
3·1333
31·129
43·93

4000
2·2000
4·1000
5·800
8·500
10·400
16·250
20·200
25·160
32·125
40·100
50·80

4001

4002
2·2001
3·1334
6·667
23·174
29·138
46·87
58·69

4003

4004
2·2002
4·1001
7·572
11·364
13·308
14·286
22·182
26·154
28·143
44·91
52·77

4005
3·1335
5·801
9·445
15·267
45·89

4006
2·2003

4007

4008
2·2004
3·1336
4·1002
6·668
8·501
12·334
24·167

4009
19·211

4010
2·2005
5·802
10·401

4011
3・1337
7・573
21・191

4012
2・2006
4・1003
17・236
34・118
59・68

4013

4014
2・2007
3・1338
6・669
9・446
18・223

4015
5・803
11・365
55・73

4016
2・2008
4・1004
8・502
16・251

4017
3・1339
13・309
39・103

4018
2・2009
7・574
14・287
41・98
49・82

4019

4020
2・2010
3・1340
4・1005
5・804
6・670
10・402
12・335
15・268
20・201
30・134
60・67

4021

4022
2・2011

4023
3・1341
9・447
27・149

4024
2・2012
4・1006
8・503

4025
5・805
7・575
23・175
25・161
35・115

4026
2・2013
3・1342
6・671
11・366
22・183
33・122
61・66

4027

4028
2・2014
4・1007
19・212
38・106
53・76

4029
3・1343
17・237
51・79

4030
2・2015
5・806
10・403
13・310
26・155
31・130
62・65

4031
29・139

4032
2・2016
3・1344
4・1008
6・672
7・576
8・504
9・448
12・336
14・288
16・252
18・224
21・192
24・168
28・144
32・126
36・112
42・96
48・84
56・72
63・64

4033
37・109

4034
2・2017

4035
3・1345
5・807
15・269

4036
2・2018
4・1009

4037
11・367

4038
2・2019
3・1346
6・673

4039
7・577

4040
2・2020
4・1010
5・808
8・505
10・404
20・202
40・101

4041
3・1347
9・449

4042
2・2021
43・94
47・86

4043
13・311

4044
2・2022
3・1348
4・1011
6・674
12・337

4045
5・809

4046
2・2023
7・578
14・289
17・238
34・119

4047
3・1349
19・213
57・71

4048
2・2024
4・1012
8・506
1・368
16・253
22・184
23・176
44・92
46・88

4049

4050
2・2025
3・1350
5・810
6・675
9・450
10・405
15・270
18・225
25・162
27・150
30・135
45・90
50・81
54・75

4051

4052
2・2026
4・1013

4053
3・1551
7・579
21・193

4054
2・2027

4055
5・811

4056
2・2028
3・1352
4・1014
6・676
8・507
12・338
13・312
24・169
26・156
39・104
52・78

4057

4058
2・2029

4059
3・1353
9・451
11・369
33・123
41・99

4060
2・2030
4・1015
5・812
7・580
10・406
14・290
20・203
28・145
29・140
35・116
58・70

4061
31・131

4062
2・2031
3・1354
6・677

4063
17・239

4064
2・2032
4・1016
8・508
16・254
32・127

4065
3・1355
5・813
15・271

4066
2・2023
19・214
38・107

4067
7・581
49・83

4068
2・2034
3・1356
4・1017
6・678
9・452
12・339
18・226
36・113

4069
13・313

4070
2・2035
5・814
10・407
11・370
22・185
37・110
55・74

4071
3・1357
23・177
59・69

4072
2・2036
4・1018
8・509

4073

4074
2・2037
3・1358
6・679
7・582
14・291
21・194
42・97

4075
5・815
25・163

4076
2・2038
4・1019

4077
3・1359
9・453
27・151

4078
2・2039

4079

4080
2・2040
3・1360
4・1020
5・816
6・680
8・510
10・408
12・340
15・272
16・255
17・240
20・204
24・170
30・136
34・120
40・102
48・85
51・80
60・68

4081
7・583
11・371
53・77

4082
2・2041
13・314
26・157

4083
3・1361

4084
2・2042
4・1021

4085
5・817
19・215
43・95

4086
2・2043
3・1362
6・681
9・454
18・227

4087
61・67

4088
2・2044
4・1022
7・584
8・511
14・292
28・146
56・73

4089
3・1363
29・141
47・87

4090
2・2045
5・818
10・409

4091

4092
2・2046
3・1364
4・1023
6・682
11・372
12・341
22・186
31・132
33・124
44・93
62・66

4093

4094
2・2047
23・178
46・89

4095
3・1365
5・819
7・585
9・455
13・315
15・273
21・195
35・117
39・105
45・91
63・65

4096
2・2048
4・1024
8・512
16・256
32・128
64・64

4097
17・241

4098
2・2049
3・1366
6・683

4099

4100
2・2050
4・1025
5・820
10・410
20・205
25・164
41・100
50・82

4101
3・1367

4102
2・2051
7・586
14・293

4103
11・373

4104
2・2052
3・1368
4・1026
6・684
8・513
9・456
12・342
18・228
19・216
24・171
27・152
36・114
38・108
54・76
57・72

4105
5・821

4106
2・2053

4107
3・1369
37・111

4108
2・2054
4・1027
13・316
20・158
52・79

4109
7・587

4110
2・2055
3・1370
5・822
6・685
10・411
15・274
30・137

4111

4112
2・2056
4・1028
8・514
16・257

4113
3・1371
9・457

4114
2・2057
11・374
17・242
22・187
34・121

4115
5・823

4116
2・2058
3・1372
4・1029
6・686
7・588
12・343
14・294
21・196
28・147
42・98
49・84

4117
28・179

4118
2・2059
29・142
58・71

4119
3・1373

4120
2・2060
4・1030
5・824
8・515
10・412
20・206
40・103

續表

4121 13·317
4122 2·2061 3·1374 6·687 9·458 18·229
4123 7·589 19·217 31·133
4124 2·2062 4·1031
4125 3·1375 5·825 11·375 15·275 25·165 33·125 55·75
4126 2·2063
4127
4128 2·2064 3·1376 4·1032 6·688 8·516 12·344 16·258 24·172 32·129 43·96 48·86
4129
4130 2·2065 5·826 7·590 10·413 14·295 35·118 59·70

4131 3·1377 9·459 17·243 27·153 51·81
4132 2·2066 4·1033
4133
4134 2·2067 3·1378 6·689 13·318 26·159 39·106 53·78
4135 5·827
4136 2·2068 4·1034 8·517 11·376 22·188 44·94 47·88
4137 3·1379 7·591 21·197
4138 2·2069
4139
4140 2·2070 3·1380 4·1035 5·828 6·690 9·460 10·414 12·345 15·276 18·230 20·207 23·180 30·138 36·115 45·92 46·90 60·69

4141 41·101
4142 2·2071 19·218 38·109
4143 3·1381
4144 2·2072 4·1036 7·592 8·518 14·296 16·259 28·148 37·112 56·74
4145 5·829
4146 2·2073 3·1382 6·691
4147 11·377 13·319 29·143
4148 2·2074 4·1037 17·244 34·122 61·68
4149 3·1383 9·461
4150 2·2675 5·830 10·415 25·166 50·83

4151 7·593
4152 2·2076 3·1384 4·1038 6·692 8·519 12·346 24·173
4153
4154 2·2077 31·134 62·67
4155 3·1385 5·831 15·277
4156 2·2078 4·1039
4157
4158 2·2079 3·1386 6·693 7·594 9·462 11·378 14·297 18·231 21·198 22·189 27·154 33·126 42·99 54·77 63·66
4159
4160 2·2080 4·1040 5·832 8·520 10·416 13·320 16·260 20·208 26·160 32·130 40·104 52·80 64·65

4161 3·1387 19·219 57·73
4162 2·2081
4163 23·181
4164 2·2082 3·1388 4·1041 6·694 12·347
4165 5·833 7·595 17·245 35·119 49·85
4166 2·2083
4167 3·1389 9·463
4168 2·2084 4·1042 8·521
4169 11·379
4170 2·2085 3·1390 5·834 6·695 10·417 15·278 30·139

4171 43·97
4172 2·2086 4·1043 7·596 14·298 28·149
4173 3·1391 13·321 39·107
4174 2·2087
4175 5·835 25·167
4176 2·2088 3·1392 4·1044 6·696 8·522 9·464 12·348 16·261 18·232 24·174 29·144 36·116 48·87 58·72
4177
4178 2·2089
4179 3·1393 7·597 21·199
4180 2·2090 4·1045 5·836 10·418 11·380 19·220 20·209 22·190 38·110 44·95 55·76

4181 37·113
4182 2·2091 3·1394 6·697 17·246 34·123 41·102 51·82
4183 47·89
4184 2·2092 4·1046 8·523
4185 3·1395 5·837 9·465 15·279 27·155 31·135 45·93
4186 2·2093 7·598 13·322 14·299 23·182 26·161 46·91
4187 53·79
4188 2·2094 3·1396 4·1047 6·698 12·349
4189 59·71
4190 4·2095 5·838 10·419

4191 3·1397 11·381 33·127
4192 2·2096 4·1048 8·524 16·262 32·131
4193 7·599
4194 2·2097 3·1398 6·699 9·466 18·233
4195 5·839
4196 2·2098 4·1049
4197 3·1399
4198 2·2099
4199 13·323 17·247 19·221
4200 2·2100 3·1400 4·1050 5·840 6·700 7·600 8·525 10·420 12·350 14·300 15·280 20·210 21·200 24·175 25·168 28·150 30·140 35·120 40·105 42·100 50·84 56·75 60·70

4201
4202 2·2101 11·382 22·191
4203 3·1401 9·467
4204 2·2102 4·1051
4205 5·841 29·145
4206 2·2103 3·1402 6·701
4207 7·601
4208 2·2104 4·1052 8·526 16·263
4209 3·1403 23·183 61·69
4210 2·2105 5·842 10·421

4211
4212 2·2106 3·1404 4·1053 6·702 9·468 12·351 13·324 18·234 26·162 27·156 36·117 39·108 52·81 54·78
4213 11·383
4214 2·2107 7·602 14·301 43·98 49·86
4215 3·1405 5·843 15·281
4216 2·2108 4·1054 8·527 17·248 31·136 34·124 62·68
4217
4218 2·2109 3·1406 6·703 19·222 37·114 38·111 57·74
4219
4220 2·2110 4·1055 5·844 10·422 20·211

4221 3·1407 7·603 9·469 21·201 63·67
4222 2·2111
4223 41·103
4224 2·2112 3·1408 4·1056 6·704 8·528 11·384 12·352 16·264 22·192 24·176 32·132 33·128 44·96 48·88 64·66
4225 5·845 13·325 25·169 65·65
4226 2·2113
4227 3·1409
4228 2·2114 4·1057 7·604 14·302 28·151
4229
4230 2·2115 3·1410 5·846 6·705 9·470 10·423 15·282 18·235 30·141 45·94 47·90

續表

4231
4232 2・2116 4・1058 8・529 23・184 46・92
4233 3・1411 17・249 51・83
4234 2・2117 29・146 58・73
4235 5・847 7・605 11・385 35・121 55・77
4236 2・2118 3・1412 4・1059 6・706 12・353
4237 19・223
4238 2・2119 13・326 26・163
4239 3・1413 9・471 27・157
4240 2・2120 4・1060 5・848 8・530 10・424 16・265 20・212 40・106 53・80

4241
4242 2・2121 3・1414 6・707 7・606 14・303 21・202 42・101
4243
4244 2・2122 4・1061
4245 3・1415 5・849 15・283
4246 2・2123 11・386 22・193
4247 31・137
4248 2・2124 3・1416 4・1062 6・708 8・531 9・472 12・354 18・236 24・177 36・118 59・72
4249 7・607
4250 2・2125 5・850 10・425 17・250 25・170 34・125 50・85

4251 3・1417 13・327 39・109
4252 2・2126 4・1063
4253
4254 2・2127 3・1418 6・709
4255 5・851 23・185 37・115
4256 2・2128 4・1064 7・608 8・532 14・304 16・266 19・224 28・152 32・133 38・112 56・76
4257 3・1419 9・473 11・387 33・129 43・99
4258 2・2129
4259
4260 2・2130 3・1420 4・1065 5・852 6・710 10・426 12・355 15・284 20・213 30・142 60・71

4261
4262 2・2131
4263 3・1421 7・609 21・203 29・147 49・87
4264 2・2132 4・1066 8・533 13・328 26・164 41・104 52・82
4265 5・853
4266 2・2133 3・1422 6・711 9・474 18・237 27・158 54・79
4267 17・251
4268 2・2134 4・1067 11・388 22・194 44・97
4269 3・1423
4270 2・2135 5・854 7・610 10・427 14・305 35・122 61・70

4271
4272 2・2136 3・1424 4・1068 6・712 8・534 12・356 16・267 24・178 48・89
4273
4274 2・2137
4275 3・1425 5・855 9・475 15・285 19・225 25・171 45・95 57・75
4276 2・2138 4・1069
4277 7・611 13・329 47・91
4278 2・2139 3・1426 6・713 23・186 31・138 46・93 62・69
4279 11・389
4280 2・2140 4・1070 5・856 8・535 10・428 20・214 40・107

4281 3・1427
4282 2・2141
4283
4284 2・2142 3・1428 4・1071 6・714 7・612 9・476 12・357 14・306 17・252 18・238 21・204 28・153 34・126 36・119 42・102 51・84 63・68
4285 5・857
4286 2・2143
4287 3・1429
4288 2・2144 4・1072 8・536 16・268 32・134 64・67
4289
4290 2・2145 3・1430 5・858 6・715 10・429 11・390 13・330 15・286 22・195 26・165 30・143 33・130 39・110 55・78 65・66

4291 7・613
4292 2・2146 4・1073 29・148 37・116 58・74
4293 3・1431 9・477 27・159 53・81
4294 2・2147 19・226 38・113
4295 5・859
4296 2・2148 3・1432 4・1074 6・716 8・537 12・358 24・179
4297
4298 2・2149 7・614 14・307
4299 3・1433
4300 2・2150 4・1075 5・860 10・430 20・215 25・172 43・100 50・86

4301 11・391 17・253 23・187
4302 2・2151 3・1434 6・717 9・478 18・239
4303 13・331
4304 2・2152 4・1076 8・538 16・269
4305 3・1435 5・861 7・615 15・287 21・205 35・123 41・105
4306 2・2153
4307 59・73
4308 2・2154 3・1436 4・1077 6・718 12・359
4309 31・139
4310 2・2155 5・862 10・431

4311 3・1437 9・479
4312 2・2156 4・1078 7・616 8・539 11・392 14・308 22・196 28・154 44・98 49・88 56・77
4313 19・227
4314 2・2157 3・1438 6・719
4315 5・863
4316 2・2158 4・1079 13・332 26・166 52・83
4317 3・1439
4318 2・2159 17・254 34・127
4319 7・617
4320 2・2160 3・1440 4・1080 5・864 6・720 8・540 9・480 10・432 12・360 15・288 16・270 18・240 20・216 24・180 27・160 30・144 32・135 36・120 40・108 45・96 48・90 54・80 60・72

4321 29・149
4322 2・2161
4323 3・1441 11・393 33・131
4324 2・2162 4・1081 23・188 46・94 47・92
4325 5・865 25・173
4326 2・2163 3・1442 6・721 7・618 14・309 21・206 42・103
4327
4328 2・2164 4・1082 8・541
4329 3・1443 9・481 13・333 37・117 39・111
4330 2・2165 5・866 10・433

4331 61・71
4332 2・2166 3・1444 4・1083 6・722 12・361 19・228 38・114 57・76
4333 7・619
4334 2・2167 11・394 22・197
4335 3・1445 5・867 15・289 17・255 51・85
4336 2・2168 4・1084 8・542 16・271
4337
4338 2・2169 3・1446 6・723 9・482 18・241
4339
4340 2・2170 4・1085 5・868 7・620 10・434 14・310 20・217 28・155 31・140 35・124 62・70

續表

4341
3·1447

4342
2·2171
13·334
26·167

4343
43·101

4344
2·2172
3·1448
4·1086
6·724
8·543
12·362
24·181

4345
5·869
11·395
55·79

4346
2·2173
41·106
53·82

4347
3·1449
7·621
9·483
21·207
23·189
27·161
63·69

4348
2·2174
4·1087

4349

4350
2·2175
3·1450
5·870
6·725
10·435
15·290
25·174
29·150
30·145
50·87
58·75

4351
19·229

4352
2·2176
4·1088
8·544
16·272
17·256
32·136
34·128
64·68

4353
3·1457

4354
2·2177
7·622
14·311

4355
5·871
13·335
65·67

4356
2·2178
3·1452
4·1089
6·726
9·484
11·396
12·368
18·242
22·198
33·132
36·121
44·99
66·66

4357

4358
2·2179

4359
3·1453

4360
2·2180
4·1090
5·872
8·545
10·436
20·218
40·109

4361
7·623
49·89

4362
2·2181
3·1454
6·727

4363

4364
2·2182
4·1091

4365
3·1455
5·873
9·485
15·291
45·97

4366
2·2183
37·118
59·74

4367
11·397

4368
2·2184
3·1456
4·1092
6·728
7·624
8·546
12·364
13·336
14·312
16·273
21·208
24·182
26·168
28·156
39·112
42·104
48·91
52·84
56·78

4369
17·257

4370
2·2185
5·874
10·437
19·230
23·190
38·115
46·95

4371
3·1457
31·141
47·93

4372
2·2186
4·1093

4373

4374
2·2187
3·1458
6·729
9·486
18·243
27·162
54·81

4375
5·875
7·625
25·175
35·125

4376
2·2188
4·1094
8·547

4377
3·1459

4378
2·2189
11·398
22·199

4379
29·151

4380
2·2190
3·1460
4·1095
5·876
6·730
10·438
12·365
15·292
20·219
30·146
60·73

4381
13·337

4382
2·2192
7·626
14·313

4383
3·1461
9·487

4384
2·2192
4·1096
8·548
16·274
32·137

4385
5·877

4386
2·2193
3·1462
6·731
17·258
34·129
43·102
51·86

4387
41·107

4388
2·2194
4·1097

4389
3·1463
7·627
11·399
19·231
21·209
33·133
57·77

4390
2·2195
5·878
10·439

4391

4392
2·2196
3·1464
4·1098
6·732
8·549
9·488
12·366
18·244
24·183
36·122
21·72

4393
23·191

4394
2·2197
13·338
26·169

4395
3·1465
5·879
15·293

4396
2·2198
4·1099
7·628
14·314
28·157

4397

4398
2·2199
3·1466
6·733

4399
53·83

4400
2·2200
4·1100
5·880
8·550
10·440
11·400
16·275
20·220
22·200
25·176
40·110
44·100
50·88
55·80

4401
3·1467
9·489
27·163

4402
2·2201
31·142
62·71

4403
7·629
17·259
37·119

4404
2·2202
3·1468
4·1101
6·734
12·367

4405
5·881

4406
2·2203

4407
3·1469
13·339
39·113

4408
2·2204
4·1102
8·551
19·232
29·152
38·116
58·76

4409

4410
2·2205
3·1470
5·882
6·735
7·630
9·490
10·441
14·315
15·294
18·245
21·210
30·147
35·126
42·105
45·98
49·90
63·70

4411
11·401

4412
2·2206
4·1103

4413
3·1471

4414
2·2207

4415
5·883

4416
2·2208
3·1472
4·1104
6·736
8·552
12·368
16·276
23·192
24·184
32·138
46·96
48·92
64·69

4417
7·631

4418
2·2209
47·94

4419
3·1473
9·491

4420
2·2210
4·1105
5·884
10·442
13·340
17·260
20·221
26·170
34·130
52·85
65·68

4421

4422
2·2211
3·1474
6·737
11·402
22·201
33·134
66·67

4423

4424
2·2212
4·1106
7·632
8·553
14·316
28·158
56·79

4425
3·1475
5·885
15·295
25·177
59·75

4426
2·2213

4427
19·233

4428
2·2214
3·1476
4·1107
6·738
9·492
12·369
18·246
27·164
36·123
41·108
54·82

4429
43·103

4430
2·2215
5·886
10·443

4431
3·1477
7·633
21·211

4432
2·2216
4·1108
8·554
16·277

4433
11·403
13·341
31·143

4434
2·2217
3·1478
6·739

4435
5·887

4436
2·2218
4·1109

4437
3·1479
9·493
17·261
29·153
51·87

4438
2·2219
7·634
14·317

4439
23·193

4440
2·2220
3·1480
4·1110
5·888
6·740
8·555
10·444
12·370
15·296
20·222
24·185
30·148
37·120
40·111
60·74

4441

4442
2·2221

4443
3·1481

4444
2·2222
4·1111
11·404
22·202
44·101

4445
5·889
7·635
35·127

4446
2·2223
3·1482
6·711
9·494
13·342
18·247
19·234
26·171
38·117
39·114
57·78

4447

4448
2·2224
4·1112
8·556
16·278
32·189

4449
3·1483

4450
2·2225
5·890
10·445
25·178
50·89

續表

4451

4452
2·2226
3·1484
4·1113
6·742
7·636
12·371
14·318
21·212
28·159
42·106
53·84

4453
61·73

4454
2·2227
17·262
34·131

4455
3·1485
5·891
9·495
11·405
15·297
27·165
33·135
45·99
55·81

4456
2·2228
4·1114
8·557

4457

4458
2·2229
3·1486
6·743

4459
7·637
13·343
49·91

4460
2·2230
4·1115
5·892
10·446
20·223

4461
3·1487

4462
2·2234
23·194
46·97

4463

4464
2·2232
3·1488
4·1116
6·744
8·558
9·496
12·372
16·279
18·248
24·186
31·144
36·124
48·93
62·72

4465
5·893
19·235
47·95

4466
2·2233
7·638
11·406
14·319
22·203
29·154
58·77

4467
3·1489

4468
2·2234
4·1117

4469
41·109

4470
2·2235
3·1490
5·894
6·745
10·447
15·298
30·149

4471
17·263

4472
2·2236
4·1118
8·559
13·344
26·172
43·104
52·86

4473
3·1491
7·639
9·497
21·213
63·71

4474
2·2237

4475
5·895
25·179

4476
2·2238
3·1492
4·1119
6·746
12·373

4477
11·407
37·121

4478
2·2239

4479
3·1493

4480
2·2240
4·1120
5·896
7·640
8·560
10·448
14·320
16·280
20·224
28·160
32·140
35·128
40·112
56·80
64·70

4481

4482
2·2241
3·1494
6·747
9·498
18·249
27·166
54·83

4483

4484
2·2242
4·1121
19·236
38·118
59·76

4485
3·1495
5·897
13·345
15·299
23·195
39·115
65·69

4486
2·2243

4487
7·644

4488
2·2244
3·1496
4·1122
6·748
8·561
11·408
12·371
17·264
22·204
24·187
33·136
34·132
44·102
51·88
66·68

4489
67·67

4490
2·2245
5·898
10·449

4491
3·1497
9·499

4492
2·2246
4·1123

4493

4494
2·2247
3·1498
6·749
7·642
14·321
21·214
42·107

4495
5·899
29·155
31·145

4496
2·2248
4·1124
8·562
16·281

4497
3·1499

4498
2·2249
13·346
26·173

4499
11·409

4500
2·2250
3·1500
4·1125
5·900
6·750
9·500
10·450
12·375
15·300
18·250
20·225
25·180
30·150
36·125
45·100
50·90
60·75

4501
7·643

4502
2·2251

4503
3·1501
19·237
57·79

4504
2·2252
4·1126
8·563

4505
5·901
17·265
53·85

4506
2·2253
3·1502
6·751

4507

4508
2·2254
4·1127
7·644
14·322
23·196
28·161
46·98
49·92

4509
3·1503
9·501
27·167

4510
2·2255
5·902
10·451
11·410
22·205
41·110
55·82

4511
13·347

4512
2·2256
3·1504
4·1128
6·752
8·561
12·376
16·282
24·188
32·144
47·96
48·94

4513

4514
2·2257
37·122
61·74

4515
3·1505
5·903
7·645
15·301
21·215
35·129
43·105

4516
2·2258
4·1129

4517

4518
2·2259
3·1506
6·753
9·502
18·251

4519

4520
2·2260
4·1130
5·904
8·565
10·452
20·226
40·113

4521
3·1507
11·411
33·137

4522
2·2261
7·646
14·323
17·266
19·238
34·133
38·119

4523

4524
2·2262
3·1508
4·1131
6·754
12·377
13·348
26·174
29·156
39·116
52·87
58·78

4525
5·905
25·181

4526
2·2263
31·146
62·73

4527
3·1509
9·503

4528
2·2264
4·1132
8·566
16·283

4529
7·647

4530
2·2265
3·1510
5·906
6·755
10·453
15·302
30·151

4531
23·197

4532
2·2266
4·1133
11·412
22·206
44·103

4533
3·1511

4534
2·2267

4535
5·907

4536
2·2268
3·1512
4·1134
6·756
7·648
8·567
9·504
12·378
14·324
18·252
21·216
24·189
27·168
28·162
36·126
42·108
54·84
56·81
63·72

4537
13·349

4538
2·2269

4539
3·1513
17·267
51·89

4540
2·2270
4·1135
5·908
10·454
20·227

4541
19·239

4542
2·2271
3·1514
6·757

4543
7·649
11·413
59·77

4544
2·2272
4·1136
8·568
16·284
32·142
64·71

4545
3·1515
5·909
9·505
15·303
45·101

4546
2·2273

4547

4548
2·2274
3·1516
4·1137
6·758
12·379

4549

4550
2·2275
5·910
7·650
10·455
13·350
14·325
25·182
26·175
35·130
50·91
65·70

4551
3·1517
37·123
41·111

4552
2·2276
1·1138
8·569

4553
29·157

4554
2·2277
3·1518
6·759
9·506
11·414
18·253
22·207
23·198
33·138
46·99
66·69

4555
5·911

4556
2·2278
4·1139
17·268
34·134
67·68

4557
3·1519
7·651
21·217
31·147
49·93

4558
2·2279
43·106
53·86

4559
47·97

4560
2·2280
3·1520
4·1140
5·912
6·760
8·570
10·456
12·380
15·304
16·285
19·240
20·228
24·190
30·152
38·120
40·114
48·95
57·80
60·76

續表

4561

4562 2·2281

4563 3·1521 9·507 13·351 27·169 39·117

4564 2·2282 4·1141 7·652 14·326 28·163

4565 5·913 11·415 55·83

4566 2·2283 3·1522 6·761

4567

4568 2·2284 4·1142 8·571

4569 3·1523

4570 2·2285 5·914 10·457

4571 7·653

4572 2·2286 3·1524 4·1143 6·762 9·508 12·381 18·254 36·127

4573 17·269

4574 2·2287

4575 3·1525 5·915 15·305 25·183 61·75

4576 2·2288 4·1144 8·572 11·416 13·352 16·286 22·208 26·176 32·143 44·104 52·88

4577 23·199

4578 2·2289 3·1526 6·763 7·654 14·327 21·218 42·109

4579 19·241

4580 2·2290 4·1145 5·916 10·458 20·229

4581 3·1527 9·509

4582 2·2291 29·158 58·79

4583

4584 2·2292 3·1528 4·1146 6·764 8·573 12·382 24·191

4585 5·917 7·655 35·131

4586 2·2293

4587 3·1529 11·417 33·139

4588 2·2294 4·1147 31·148 37·124 62·74

4589 13·353

4590 2·2295 3·1530 5·918 6·765 9·510 10·459 15·306 17·270 18·255 27·170 30·153 34·135 45·102 51·90 54·85

4591

4592 2·2296 4·1148 7·656 8·574 14·328 16·287 28·164 41·112 56·82

4593 3·1531

4594 2·2297

4595 5·919

4596 2·2298 3·1532 4·1149 6·766 12·383

4597

4598 2·2299 11·418 19·242 22·209 38·121

4599 3·1533 7·657 9·511 21·219 63·73

4600 2·2300 4·1150 5·920 8·575 10·460 20·230 23·200 25·184 40·115 46·100 50·92

4601 43·107

4602 2·2301 3·1534 6·767 13·354 26·177 39·118 59·78

4603

4604 2·2302 4·1151

4605 3·1535 5·921 15·307

4606 2·2303 7·658 14·329 47·98 49·94

4607 17·271

4608 2·2304 3·1536 4·1152 6·768 8·576 9·512 12·334 16·288 18·256 24·192 32·144 36·128 48·96 64·72

4609 11·419

4610 2·2305 5·922 10·461

4611 3·1537 29·159 53·87

4612 2·2306 4·1153

4613 7·659

4614 2·2307 3·1538 6·769

4615 5·923 13·355 65·71

4616 2·2308 4·1154 8·577

4617 3·1539 9·513 19·243 27·171 57·81

4618 2·2309

4619 31·149

4620 2·2310 3·1540 4·1155 5·924 6·770 7·660 10·462 11·420 12·385 14·330 15·308 20·231 21·220 22·210 28·165 30·154 33·140 35·132 42·110 44·105 55·84 60·77 66·70

4621

4622 2·2311

4623 3·1541 23·201 67·69

4624 2·2312 4·1156 8·578 16·289 17·272 34·136 63·68

4625 5·925 25·185 37·125

4626 2·2313 3·1542 6·771 9·514 18·257

4627 7·661

4628 2·2314 4·1157 13·356 26·178 52·89

4629 3·1513

4630 2·2315 5·926 10·463

4631 11·421

4632 2·2316 3·1544 4·1158 6·772 8·579 12·386 24·193

4633 41·113

4634 2·2317 7·662 14·331

4635 3·1545 5·927 9·515 15·309 45·103

4636 2·2318 4·1159 19·244 38·122 61·76

4637

4638 2·2319 3·1546 6·773

4639

4640 2·2320 4·1160 5·928 8·580 10·464 16·290 20·232 29·160 32·145 40·116 58·80

4641 3·1547 7·663 13·357 17·273 21·221 39·119 51·91

4642 2·2321 11·422 22·211

4643

4644 2·2322 3·1548 4·1161 6·774 9·516 12·387 18·258 27·172 36·129 43·108 54·86

4645 5·929

4646 2·2323 23·202 46·101

4647 3·1549

4648 2·2324 4·1162 7·664 8·581 14·332 28·166 56·83

4649

4650 2·2325 3·1550 5·930 6·775 10·465 15·310 25·186 30·155 31·150 50·93 62·75

4651

4652 2·2326 4·1163

4653 3·1551 9·517 11·423 33·141 47·99

4654 2·2327 13·358 26·179

4655 5·931 7·665 19·245 35·133 49·95

4656 2·2328 3·1552 4·1164 6·776 8·582 12·388 16·291 24·194 48·97

4657

4658 2·2329 17·274 34·137

4659 3·1553

4660 2·2330 4·1165 5·932 10·466 20·233

4661 59·79

4662 2·2331 3·1554 6·777 7·666 9·518 14·333 18·259 21·222 37·126 42·111 63·74

4663

4664 2·2332 4·1166 8·583 11·424 22·212 44·106 53·88

4665 3·1555 5·933 15·311

4666 2·2333

4667 13·359

4668 2·2334 3·1556 4·1167 6·778 12·389

4669 7·667 23·203 29·161

4670 2·2335 5·934 10·467

續表

4671
3・1557
9・519
27・173

4672
2・2336
4・1168
8・584
16・292
32・146
64・73

4673

4674
2・2337
3・1558
6・779
19・246
38・123
41・114
57・82

4675
5・935
11・425
17・275
25・187
55・85

4676
2・2338
4・1169
7・668
14・334
28・167

4677
3・1559

4678
2・3339

4679

4680
2・2340
3・1560
4・1170
5・936
6・780
8・585
9・520
10・468
12・390
13・360
15・312
18・260
20・234
24・195
26・180
30・156
36・130
39・120
40・117
45・104
52・90
60・78
65・72

4681
31・151

4682
2・2341

4683
3・1561
7・669
21・223

4684
2・2342
4・1171

4685
5・937

4686
2・2343
3・1562
6・781
11・426
22・213
33・142
66・71

4687
43・109

4688
2・2344
4・1172
8・586
16・293

4689
3・1563
9・521

4690
2・2345
5・938
7・670
10・469
14・335
35・134
67・70

4691

4692
2・2346
3・1564
4・1173
6・782
12・391
17・276
23・204
34・138
46・102
51・92
68・69

4693
13・361
19・247

4694
2・2347

4695
3・1565
5・939
15・313

4696
2・2348
4・1174
8・587

4697
7・671
11・427
61・77

4698
2・2349
3・1566
6・783
9・522
18・261
27・174
29・162
54・87
58・81

4699
37・127

4700
2・2350
4・1175
5・940
10・470
20・235
25・188
47・100
50・94

4701
3・1567

4702
2・2351

4703

4704
2・2352
3・1568
4・1176
6・784
7・672
8・588
12・392
14・336
16・294
21・224
24・196
28・168
32・147
42・112
48・98
49・96
56・84

4705
5・941

4706
2・2353
13・362
26・181

4707
3・1569
9・523

4708
2・2354
4・1177
11・428
22・214
44・107

4709
17・277

4710
2・2355
3・1570
5・942
6・785
10・471
15・314
30・157

4711
7・673

4712
2・2356
4・1178
8・589
19・248
31・152
38・124
62・76

4713
3・1571

4714
2・2357

4715
5・943
23・205
41・115

4716
2・2358
3・1572
4・1179
6・786
9・524
12・393
18・262
36・131

4717
53・89

4718
2・2359
7・674
14・337

4719
3・1573
11・429
13・363
33・143
39・121

4720
2・2360
4・1180
5・944
8・590
10・472
16・295
20・236
40・118
59・80

4721

4722
2・2361
3・1574
6・787

4723

4724
2・2362
4・1181

4725
3・1575
5・945
7・675
9・525
15・315
21・225
25・189
27・175
35・135
45・105
63・75

4726
2・2363
17・278
34・139

4727
29・163

4728
2・2364
3・1576
4・1182
6・788
8・591
12・394
24・197

4729

4730
2・2365
5・946
10・473
11・430
22・215
43・110
55・86

4731
3・1577
19・249
57・83

4732
2・2366
4・1183
7・676
13・364
14・338
26・182
28・169
52・91

4733

4734
2・2367
3・1578
6・789
9・526
18・263

4735
5・947

4736
2・2368
4・1184
8・592
16・296
32・148
37・128
64・74

4737
3・1579

4738
2・2369
23・206
46・103

4739
7・677

4740
2・2370
3・1580
4・1185
5・948
6・790
10・474
12・395
15・316
20・237
30・158
60・79

4741
11・431

4742
2・2371

4743
3・1581
9・527
17・279
31・153
51・93

4744
2・2372
4・1186
8・593

4745
5・949
13・365
65・73

4746
2・2373
3・1582
6・791
7・678
14・339
21・226
42・113

4747
47・101

4748
2・2374
4・1187

4749
3・1583

4750
2・2375
5・950
10・475
19・250
25・190
38・125
50・95

4751

4752
2・2376
3・1584
4・1188
6・792
8・594
9・528
11・432
12・396
16・297
18・264
22・216
24・198
27・176
33・144
36・132
44・108
48・99
54・88
66・72

4753
7・679
49・97

4754
2・2377

4755
3・1585
5・951
15・317

4756
2・2378
4・1189
29・164
41・116
58・82

4757
67・71

4758
2・2379
3・1586
6・793
13・366
26・183
39・122
61・78

4759

4760
2・2380
4・1190
5・952
7・680
8・595
10・476
14・340
17・280
20・238
28・170
34・140
35・136
40・119
56・85
68・70

4761
3・1587
9・529
23・207
69・69

4762
2・2381

4763
11・433

4764
2・2382
3・1588
4・1191
6・794
12・397

4765
5・953

4766
2・2383

4767
3・1589
7・681
21・227

4768
2・2384
4・1192
8・596
16・298
32・149

4769
19・251

4770
2・2385
3・1590
5・954
6・795
9・530
10・477
15・318
18・265
30・159
45・106
53・90

4771
13・367

4772
2・2386
4・1193

4773
3・1591
37・129
43・111

4774
2・2387
7・682
11・434
14・341
22・217
31・154
62・77

4775
5・955
25・191

4776
2・2388
3・1592
4・1194
6・796
8・597
12・398
24・199

4777
17・281

4778
2・2389

4779
3・1593
9・531
27・177
59・81

4780
2・2390
4・1195
5・956
10・478
20・239

續表

4781
7・683

4782
2・2391
3・1594
6・797

4783

4784
2・2392
4・1196
8・598
13・368
16・299
23・208
26・184
46・104
52・92

4785
3・1595
5・957
11・435
15・319
29・165
33・145
55・87

4786
2・2393

4787

4788
2・2394
3・1596
4・1197
6・798
7・684
9・532
12・399
14・342
18・266
19・252
21・228
28・171
36・133
38・126
42・114
57・84
63・76

4789

4790
2・2395
5・958
10・479

4791
3・1597

4792
2・2396
4・1198
8・599

4793

4794
2・2397
3・1598
6・799
17・282
34・141
47・102
51・94

4795
5・959
7・685
35・137

4796
2・2398
4・1199
11・436
22・218
44・109

4797
3・1599
9・533
13・369
39・123
41・117

4798
2・2399

4799

4800
2・2400
3・1600
4・1200
5・960
6・800
8・600
10・480
12・400
15・320
16・300
20・240
24・200
25・192
30・160
32・150
40・120
48・100
50・96
60・80
64・75

4801

4802
2・2401
7・686
14・343
49・98

4803
3・1601

4804
2・2402
4・1201

4805
5・961
31・155

4806
2・2403
3・1602
6・801
9・534
18・267
27・178
54・89

4807
11・437
19・253
23・209

4808
2・2404
4・1202
8・601

4809
3・1603
7・687
21・229

4810
2・2405
5・962
10・481
13・370
26・185
37・130
65・74

4811
17・283

4812
2・2406
3・1604
4・1203
6・802
12・401

4813

4814
2・2407
29・166
58・83

4815
3・1605
5・963
9・535
15・321
45・107

4816
2・2408
4・1204
7・688
8・602
14・344
16・301
28・172
43・112
56・86

4817

4818
2・2409
3・1606
6・803
11・438
22・219
33・146
66・73

4819
61・79

4820
2・2410
4・1205
5・964
10・482
20・241

4821
3・1607

4822
2・2411

4823
7・689
13・371
53・91

4824
2・2412
3・1608
4・1206
6・804
8・603
9・536
12・402
18・268
24・201
36・134
67・72

4825
5・965
25・193

4826
2・2413
19・254
38・127

4827
3・1609

4828
2・2414
4・1207
17・284
34・142
68・71

4829
11・439

4830
2・2415
3・1610
5・966
6・805
7・690
10・483
14・345
15・322
21・230
23・210
30・161
35・138
42・115
46・105
69・70

4831

4832
2・2416
4・1208
8・604
16・302
32・151

4833
3・1611
9・537
27・179

4834
2・2417

4835
5・967

4836
2・2418
3・1612
4・1209
6・806
12・403
13・372
26・186
31・156
39・124
52・93
62・78

4837
7・691

4838
2・2419
41・118
59・82

4839
3・1613

4840
2・2420
4・1210
5・968
8・605
10・484
11・440
20・242
22・220
40・121
44・140
55・88

4841
47・103

4842
2・2421
3・1614
6・807
9・538
18・269

4843
29・167

4844
2・2422
4・1211
7・692
14・346
28・173

4845
3・1615
5・969
15・323
17・285
19・255
51・95
57・85

4846
2・2423

4847
37・131

4848
2・2424
3・1616
4・1212
6・808
8・606
12・404
16・303
24・202
48・101

4849
13・373

4850
2・2425
5・970
10・485
25・194
50・97

4851
3・1617
7・693
9・539
11・441
21・231
33・147
49・99
63・77

4852
2・2426
4・1213

4853
23・211

4854
2・2427
3・1618
6・809

4855
5・971

4856
2・2428
4・1214
8・607

4857
3・1619

4858
2・2429
7・694
14・347

4859
43・113

4860
2・2430
3・1620
4・1215
5・972
6・810
9・540
10・486
12・405
15・324
18・270
20・243
27・180
30・162
36・135
45・108
54・90
60・81

4861

4862
2・2431
11・442
13・374
17・286
22・221
26・187
34・443

4863
3・1621

4864
2・2432
4・1216
8・608
16・304
19・256
32・152
38・128
64・76

4865
5・973
7・695
35・139

4866
2・2433
3・1622
6・811

4867
31・157

4868
2・2434
4・1217

4869
3・1623
9・541

4870
2・2435
5・974
10・487

4871

4872
2・2436
3・1624
4・1218
6・812
7・696
8・609
12・406
14・348
21・232
24・203
28・174
29・168
42・116
56・87
58・84

4873
11・443

4874
2・2437

4875
3・1625
5・975
13・375
15・325
25・195
39・125
65・75

4876
2・2438
4・1219
23・212
46・106
53・92

4877

4878
2・2439
3・1626
6・813
9・542
18・271

4879
7・697
17・287
41・119

4880
2・2440
4・1220
5・976
8・610
10・488
16・305
20・244
40・122
61・80

4881
3・1627

4882
2・2441

4883
19・257

4884
2・2442
3・1628
4・1221
6・814
11・444
12・407
22・222
33・148
37・132
44・111
66・74

4885
5・977

4886
2・2443
7・698
14・349

4887
3・1629
9・543
27・181

4888
2・2444
4・1222
8・611
13・376
26・188
47・104
52・94

4889

4890
2・2445
3・1630
5・978
6・815
10・489
15・326
30・163

續表

4891
67·73
4892
2·2446
4·1223
4893
3·1631
7·699
21·233
4894
2·2447
4895
5·979
11·445
55·89
4896
2·2448
3·1632
4·1224
6·816
8·612
9·544
12·408
16·306
17·288
18·272
24·204
32·153
34·144
36·136
48·102
51·96
68·72
4897
50·83
4898
2·2449
31·158
62·79
4899
3·1633
23·213
69·71
4900
2·2450
4·1225
5·980
7·700
10·490
14·350
20·245
25·196
28·175
35·140
49·100
50·98
70·70

4901
13·377
29·169
4902
2·2451
3·1634
6·817
19·258
38·129
43·114
57·86
4903
4904
2·2452
4·1226
8·613
4905
3·1635
5·981
9·545
15·327
45·109
4906
2·2453
11·446
22·223
4907
7·701
4908
2·2454
3·1636
4·1227
6·818
12·409
4909
4910
2·2455
5·982
10·491

4911
3·1637
4912
2·2456
4·1228
8·614
16·307
4913
17·289
4914
2·2457
3·1638
6·819
7·702
9·546
13·378
14·351
18·273
21·234
26·189
27·182
39·126
42·117
54·91
63·78
4915
5·983
4916
2·2458
4·1229
4917
3·1639
11·447
33·149
4918
2·2459
4919
4920
2·2460
3·1640
4·1230
5·984
6·820
8·615
10·492
12·410
15·328
20·246
24·205
30·164
40·123
41·120
60·82

4921
7·703
19·259
37·133
4922
2·2461
23·214
46·107
4923
3·1641
9·547
4924
2·2462
4·1231
4925
5·985
25·197
4926
2·2463
3·1642
6·821
4927
13·379
4928
2·2464
4·1232
7·704
8·616
11·448
14·352
16·308
22·224
28·176
32·154
44·112
56·88
64·77
4929
3·1643
31·159
53·93
4930
2·2465
5·986
10·493
17·290
29·170
34·145
58·85

4931
4932
2·2466
3·1644
4·1233
6·822
9·548
12·411
18·274
36·137
4933
4934
2·2467
4935
3·1645
5·987
7·705
15·329
21·235
35·141
47·105
4936
2·2468
4·1234
8·617
4937
4938
2·2469
3·1646
6·823
4939
11·449
4940
2·2470
4·1235
5·988
10·494
13·380
19·260
20·247
26·190
38·130
52·95
65·76

4941
3·1647
9·549
27·183
61·81
4942
2·2471
7·706
14·353
4943
4944
2·2472
3·1648
4·1236
6·824
8·618
12·412
16·309
24·206
48·103
4945
5·989
23·215
43·115
4946
2·2473
4947
3·1649
17·291
51·97
4948
2·2474
4·1237
4949
7·707
49·101
4950
2·2475
3·1650
5·990
6·825
9·550
10·495
11·450
15·330
18·275
22·225
25·198
30·165
33·150
45·110
50·99
55·90
66·75

4951
4952
2·2476
4·1238
8·619
4953
3·1651
13·381
39·127
4954
2·2477
4955
5·991
4956
2·2478
3·1652
4·1239
6·826
7·708
12·413
14·354
21·236
28·177
42·118
59·84
4957
4958
2·2479
37·134
67·74
4959
3·1653
9·551
19·261
29·171
57·87
4960
2·2480
4·1240
5·992
8·620
10·496
16·310
20·248
31·160
32·155
40·124
62·80

4961
11·451
41·121
4962
2·2481
3·1654
6·827
4963
7·709
4964
2·2482
4·1421
17·292
34·146
68·73
4965
3·1655
5·993
15·331
4966
2·2483
13·382
26·191
4967
4968
2·2484
3·1656
4·1242
6·828
8·621
9·552
12·414
18·276
23·216
24·207
27·184
36·138
46·108
54·92
69·72
4969
4970
2·2485
5·994
7·710
10·497
14·355
35·142
70·71

4971
3·1657
4972
2·2486
4·1243
11·452
22·226
44·113
4973
4974
2·2487
3·1658
6·829
4975
5·995
25·199
4976
2·2488
4·1244
8·622
16·311
4977
3·1659
7·711
9·553
21·237
63·79
4978
2·2489
19·262
38·131
4979
13·383
4980
2·2490
3·1660
4·1245
5·996
6·830
10·498
12·415
15·332
20·249
30·166
60·83

4981
17·293
4982
2·2491
47·106
53·94
4983
3·1661
11·453
33·151
4984
2·2492
4·1246
7·712
8·623
14·356
28·178
56·89
4985
5·997
4986
2·2493
3·1662
6·831
9·554
18·277
4987
4988
2·2494
4·1247
29·172
43·116
58·86
4989
3·1663
4990
2·2495
5·998
10·499

4991
7·713
23·217
31·161
4992
2·2496
3·1664
4·1248
6·832
8·624
12·416
13·384
16·312
24·208
26·192
32·156
39·128
48·104
52·96
64·78
4993
4994
2·2497
11·454
22·227
4995
3·1665
5·999
9·555
15·333
27·185
37·135
45·111
4996
2·2498
4·1249
4997
19·263
4998
2·2499
3·1666
6·833
7·714
14·357
17·294
21·238
34·147
42·119
49·102
51·98
4999
5000
2·2500
4·1250
5·1000
8·625
10·500
20·250
25·200
40·125
50·100

續表

數	分解
5001	3・1667
5002	2・2501　41・122　61・82
5003	
5004	2・2502　3・1668　4・1251　6・834　9・556　12・417　18・278　36・139
5005	5・1001　7・715　11・455　13・385　35・143　55・91　65・77
5006	2・2503
5007	3・1669
5008	2・2504　4・1252　8・626　16・313
5009	
5010	2・2505　3・1670　5・1002　6・835　10・501　15・334　30・167
5011	
5012	2・2506　4・1253　7・716　14・358　28・179
5013	3・1671　9・557
5014	2・2507　23・218　46・109
5015	5・1003　17・295　59・85
5016	2・2503　3・1672　4・1254　6・836　8・627　11・456　12・418　19・264　22・228　24・209　33・152　38・132　44・114　57・88　66・76
5017	29・173
5018	2・2509　13・386　26・193
5019	3・1673　7・717　21・239
5020	2・2510　4・1255　5・1004　10・502　20・251
5021	
5022	2・2511　3・1674　6・837　9・558　18・279　27・186　31・162　54・93　62・81
5023	
5024	2・2512　4・1256　8・628　16・314　32・157
5025	3・1675　5・1005　15・335　25・201　67・75
5026	2・2513　7・718　14・359
5027	11・457
5028	2・2514　3・1676　4・1257　6・838　12・419
5029	47・107
5030	2・2515　5・1006　10・503
5031	3・1677　9・559　13・387　39・129　43・117
5032	2・2516　4・1258　8・629　17・296　34・148　37・136　68・74
5033	7・719
5034	2・2517　3・1678　6・839
5035	5・1007　19・265　53・95
5036	2・2518　4・1259
5037	3・1679　23・219　69・73
5038	2・2519　11・458　22・229
5039	
5040	2・2520　3・1680　4・1260　5・1008　6・840　7・720　8・630　6・560　10・504　12・420　14・360　15・336　16・315　18・280　20・252　21・240　24・210　28・180　30・168　35・144　36・140　40・126　42・120　45・112　48・105　56・90　60・84　63・80　70・72
5041	71・71
5042	2・2521
5043	3・1681　41・123
5044	2・2522　4・1261　13・388　26・194　52・97
5045	5・1009
5046	2・2523　3・1682　6・841　29・174　58・87
5047	7・721　49・103
5048	2・2524　4・1262　8・631
5049	3・1683　9・561　11・459　17・297　27・187　33・153　51・99
5050	2・2525　5・1010　10・505　25・202　50・101
5051	
5052	2・2526　3・1684　4・1263　6・842　12・421
5053	31・163
5054	2・2527　7・722　14・361　19・266　38・133
5055	3・1685　5・1011　15・337
5056	2・2528　4・1264　8・632　16・316　32・158　64・79
5057	13・389
5058	2・2529　3・1686　6・843　9・562　18・281
5059	
5060	2・2530　4・1265　5・1012　10・506　11・460　20・253　22・230　23・220　44・115　46・110　55・92
5061	3・1687　7・723　21・241
5062	2・2531
5063	61・83
5064	2・2532　3・1688　4・1266　6・844　8・633　12・422　24・211
5065	5・1013
5066	2・2533　17・298　34・149
5067	3・1689　9・563
5068	2・2534　4・1267　7・724　14・362　28・181
5069	37・137
5070	2・2535　3・1690　5・1014　6・845　10・507　13・390　15・338　26・195　30・169　39・130　65・78
5071	11・461
5072	2・2536　4・1268　8・634　16・317
5073	3・1691　19・267　57・89
5074	2・2537　43・118　59・86
5075	5・1015　7・725　25・203　29・175　35・145
5076	2・2538　3・1692　4・1269　6・846　9・564　12・423　18・282　27・188　36・141　47・108　54・94
5077	
5078	2・2539
5079	3・1693
5080	2・2540　4・1270　5・1016　8・635　10・508　20・254　40・127
5081	
5082	2・2541　3・1694　6・847　7・726　11・462　14・363　21・242　22・231　33・154　42・121　66・77
5083	13・391　17・299　23・221
5084	2・2542　4・1271　31・164　41・124　62・82
5085	3・1695　5・1017　9・565　15・339　45・113
5086	2・2543
5087	
5088	2・2544　3・1696　4・1272　6・848　8・636　12・424　16・318　24・212　32・159　48・106　53・96
5089	7・727
5090	2・2545　5・1018　10・509
5091	3・1697
5092	2・2546　4・1273　19・268　38・134　67・76
5093	11・463
5094	2・2547　3・1698　6・849　9・566　18・283
5095	5・1019
5096	2・2548　4・1274　7・728　8・637　13・392　14・364　26・196　23・182　49・104　52・98　56・91
5097	3・1699
5098	2・2549
5099	
5100	2・2550　3・1700　4・1275　5・1020　6・850　10・510　12・425　15・340　17・300　20・255　25・204　30・170　34・150　50・102　51・100　60・85　68・75
5101	
5102	2・2551
5103	3・1701　7・729　9・567　21・243　27・189　63・81
5104	2・2552　4・1276　8・638　11・464　16・319　22・232　29・176　44・116　58・88
5105	5・1021
5106	2・2553　3・1702　6・851　23・222　37・138　46・111　69・74
5107	
5108	2・2554　4・1277
5109	3・1703　13・393　39・131
5110	2・2555　5・1022　7・730　10・511　14・365　35・146　70・73

5111 19 · 269
5112 2 · 2556 3 · 1704 4 · 1278 6 · 852 8 · 639 9 · 568 12 · 426 18 · 284 24 · 213 36 · 142 71 · 72
5113
5114 2 · 2557
5115 3 · 1705 5 · 1023 11 · 465 15 · 341 31 · 165 33 · 155 55 · 93
5116 2 · 2558 4 · 1279
5117 7 · 731 17 · 301 43 · 119
5118 2 · 2559 3 · 1706 6 · 853
5119
5120 2 · 2560 4 · 1280 5 · 1024 8 · 640 10 · 512 16 · 320 20 · 256 32 · 160 40 · 128 64 · 80

5121 3 · 1707 9 · 569
5122 2 · 2561 13 · 394 26 · 197
5123 47 · 109
5124 2 · 2562 3 · 1708 4 · 1281 6 · 854 7 · 732 12 · 427 14 · 366 21 · 244 28 · 183 42 · 122 61 · 84
5125 5 · 1025 25 · 205 41 · 125
5126 2 · 2563 11 · 466 22 · 233
5127 3 · 1709
5128 2 · 2564 4 · 1282 8 · 641
5129 23 · 223
5130 2 · 2565 3 · 1710 5 · 1026 6 · 855 9 · 570 10 · 513 15 · 342 18 · 285 19 · 270 27 · 190 30 · 171 38 · 135 45 · 114 54 · 95 57 · 90

5131 7 · 733
5132 2 · 2566 4 · 1283
5133 3 · 1711 29 · 177 59 · 87
5134 2 · 2567 17 · 302 34 · 151
5135 5 · 1027 13 · 395 65 · 79
5136 2 · 2568 3 · 1712 4 · 1284 6 · 856 8 · 642 12 · 428 16 · 321 24 · 214 48 · 107
5137 11 · 467
5138 2 · 2569 7 · 734 14 · 367
5139 3 · 1713 9 · 571
5140 2 · 2570 4 · 1285 5 · 1028 10 · 514 20 · 257

5141 53 · 97
5142 2 · 2571 3 · 1714 6 · 857
5143 37 · 139
5144 2 · 2572 4 · 1286 8 · 643
5145 3 · 1715 5 · 1029 7 · 735 15 · 343 21 · 245 35 · 147 49 · 105
5146 2 · 2573 31 · 166 62 · 83
5147
5148 2 · 2574 3 · 1716 4 · 1287 6 · 858 9 · 572 11 · 468 12 · 429 13 · 396 18 · 286 22 · 234 26 · 198 33 · 156 36 · 143 39 · 132 44 · 117 52 · 99 66 · 78
5149 19 · 271
5150 2 · 2575 5 · 1030 10 · 515 25 · 206 50 · 103

5151 3 · 1717 17 · 303 51 · 101
5152 2 · 2576 4 · 1288 7 · 736 8 · 644 14 · 368 16 · 322 23 · 224 28 · 184 32 · 161 46 · 112 56 · 92
5153
5154 2 · 2577 3 · 1718 6 · 859
5155 5 · 1031
5156 2 · 2578 4 · 1289
5157 3 · 1719 9 · 573 27 · 191
5158 2 · 2579
5159 7 · 737 11 · 469 67 · 77
5160 2 · 2580 3 · 1720 4 · 1290 5 · 1032 6 · 860 8 · 645 10 · 516 12 · 430 15 · 344 20 · 258 24 · 215 30 · 172 40 · 129 43 · 120 60 · 86

5161 13 · 397
5162 2 · 2581 29 · 178 58 · 89
5163 3 · 1721
5164 2 · 2582 4 · 121
5165 5 · 1033
5166 2 · 2583 3 · 1722 6 · 861 7 · 738 9 · 574 14 · 369 18 · 287 21 · 246 41 · 126 42 · 123 63 · 82
5167
5168 2 · 2584 4 · 1292 6 · 861 8 · 646 16 · 323 17 · 304 19 · 272 34 · 152 38 · 136 68 · 76
5169 3 · 1723
5170 2 · 2585 5 · 1034 10 · 517 11 · 470 22 · 235 47 · 110 55 · 94

5171
5172 2 · 2586 3 · 1724 4 · 1293 6 · 862 12 · 431
5173 7 · 739
5174 2 · 2587 13 · 398 26 · 199
5175 3 · 1725 5 · 1035 9 · 575 15 · 345 23 · 225 25 · 207 45 · 115 69 · 75
5176 2 · 2588 4 · 1294 8 · 647
5177 31 · 167
5178 2 · 2589 3 · 1726 6 · 863
5179
5180 2 · 2590 4 · 1295 5 · 1036 7 · 740 10 · 518 14 · 370 20 · 259 28 · 185 35 · 148 37 · 140 70 · 74

5181 3 · 1727 11 · 471 33 · 157
5182 2 · 2591
5183 71 · 73
5184 2 · 2592 3 · 1728 4 · 1296 6 · 864 8 · 648 9 · 576 12 · 432 16 · 324 18 · 288 24 · 216 27 · 192 32 · 162 36 · 144 48 · 108 54 · 96 64 · 81 72 · 72
5185 5 · 1037 17 · 305 61 · 85
5186 2 · 2593
5187 3 · 1729 7 · 741 13 · 399 19 · 273 21 · 247 39 · 133 57 · 91
5188 2 · 2594 4 · 1297
5189
5190 2 · 2595 3 · 1730 5 · 1038 6 · 865 10 · 519 15 · 346 30 · 173

5191 29 · 179
5192 2 · 2596 4 · 1298 8 · 649 11 · 472 22 · 236 44 · 118 59 · 88
5193 3 · 1731 9 · 577
5194 2 · 2597 7 · 742 14 · 371 49 · 106 53 · 98
5195 5 · 1039
5196 2 · 2598 3 · 1732 4 · 1299 6 · 866 12 · 433
5197
5198 2 · 2599 23 · 226 46 · 113
5199 3 · 1733
5200 2 · 2600 4 · 1300 5 · 1040 8 · 650 18 · 520 13 · 460 16 · 325 20 · 260 25 · 208 26 · 200 40 · 130 50 · 104 52 · 100 65 · 80

5201 7 · 743
5202 2 · 2601 3 · 1734 6 · 867 9 · 578 17 · 306 18 · 289 34 · 153 51 · 102
5203 43 · 121 11 · 473
5204 2 · 2602 4 · 1301
5205 3 · 1735 5 · 1041 15 · 347
5206 2 · 2603 19 · 274 38 · 137
5207 41 · 127
5208 2 · 2604 3 · 1736 4 · 1302 6 · 868 7 · 744 8 · 651 12 · 434 14 · 372 21 · 248 24 · 217 28 · 186 31 · 168 42 · 124 56 · 93 62 · 84
5209
5210 2 · 2605 5 · 1042 10 · 521

5211 3 · 1737 9 · 579 27 · 193
5212 2 · 2606 4 · 1303
5213 13 · 401
5214 2 · 2607 3 · 1738 6 · 869 11 · 474 22 · 237 33 · 158 66 · 79
5215 5 · 1043 7 · 745 35 · 149
5216 2 · 2608 4 · 1304 8 · 652 16 · 326 32 · 163
5217 3 · 1739 37 · 141 47 · 111
5218 2 · 2609
5219 17 · 307
5220 2 · 2610 3 · 1740 4 · 1305 5 · 1044 6 · 870 9 · 580 10 · 522 12 · 435 15 · 348 18 · 290 20 · 261 29 · 180 30 · 174 36 · 145 45 · 116 58 · 90 60 · 87

續表

5221 23 · 227
5222 2 · 2611 7 · 746 14 · 373
5223 3 · 1741
5224 2 · 2612 4 · 1306 8 · 653
5225 5 · 1045 11 · 475 19 · 275 25 · 209 55 · 95
5226 2 · 2613 3 · 1742 6 · 871 13 · 402 26 · 201 39 · 134 67 · 78
5227
5228 2 · 2614 4 · 1307
5229 3 · 1743 7 · 747 9 · 581 21 · 249 63 · 83
5230 2 · 2615 5 · 1046 10 · 523

5231
5232 2 · 2616 3 · 1744 4 · 1308 6 · 872 8 · 654 12 · 436 16 · 327 24 · 218 48 · 109
5233
5234 2 · 2617
5235 3 · 1745 5 · 1047 15 · 349
5236 2 · 2618 4 · 1309 7 · 748 11 · 476 14 · 374 17 · 308 22 · 238 28 · 187 24 · 154 44 · 119 68 · 77
5237
5238 2 · 2619 3 · 1746 6 · 873 9 · 582 18 · 291 27 · 194 54 · 97
5239 13 · 403 31 · 109
5240 2 · 2620 4 · 1310 5 · 1048 8 · 655 10 · 524 20 · 262 40 · 131

5241 3 · 1747
5242 2 · 2621
5243 7 · 749 49 · 107
5244 2 · 2622 3 · 1748 4 · 1311 6 · 874 12 · 437 19 · 276 23 · 228 38 · 138 46 · 114 57 · 92 69 · 76
5245 5 · 1049
5246 2 · 2623 43 · 122 61 · 86
5247 3 · 1749 9 · 583 11 · 477 33 · 159 53 · 99
5248 2 · 2624 4 · 1312 8 · 656 16 · 328 32 · 164 41 · 128 64 · 82
5249 29 · 181
5250 2 · 2625 3 · 1750 5 · 1050 6 · 875 7 · 750 10 · 525 14 · 375 15 · 350 21 · 250 25 · 210 30 · 175 35 · 150 42 · 125 50 · 105 70 · 75

5251 59 · 89
5252 2 · 2626 4 · 1313 13 · 404 26 · 202 52 · 101
5253 3 · 1751 17 · 309 51 · 103
5254 2 · 2627 37 · 142 71 · 74
5255 5 · 1051
5256 2 · 2628 3 · 1752 4 · 1314 6 · 876 8 · 657 9 · 584 12 · 438 18 · 292 24 · 219 36 · 146 72 · 73
5257 7 · 751
5258 2 · 2629 11 · 478 22 · 239
5259 3 · 1753
5260 2 · 2630 4 · 1315 5 · 1052 10 · 526 20 · 263

5261
5262 2 · 2631 3 · 1754 6 · 877
5263 19 · 277
5264 2 · 2632 4 · 1316 7 · 752 8 · 658 14 · 376 16 · 329 28 · 188 47 · 112 56 · 94
5265 3 · 1755 5 · 1053 9 · 585 13 · 405 15 · 351 27 · 195 39 · 135 45 · 117 65 · 81
5266 2 · 2633
5267 23 · 229
5268 2 · 2634 3 · 1756 4 · 1317 6 · 878 12 · 439
5269 11 · 479
5270 2 · 2635 5 · 1054 10 · 527 17 · 310 31 · 170 34 · 155 62 · 85

5271 3 · 1757 7 · 753 21 · 251
5272 2 · 2636 4 · 1318 8 · 659
5273
5274 2 · 2637 3 · 1758 6 · 879 9 · 586 18 · 293
5275 5 · 1055 25 · 211
5276 2 · 2638 4 · 1319
5277 3 · 1759
5278 2 · 2639 7 · 754 13 · 406 14 · 377 26 · 203 29 · 182 58 · 91
5279
5280 2 · 2640 3 · 1760 4 · 1320 5 · 1056 6 · 880 8 · 660 10 · 528 11 · 480 12 · 440 15 · 352 16 · 330 20 · 264 22 · 240 24 · 220 30 · 176 32 · 165 33 · 160 40 · 132 44 · 120 48 · 110 55 · 96 60 · 88 66 · 80

5281
5282 2 · 2641 19 · 278 38 · 139
5283 3 · 1761 9 · 587
5284 2 · 2642 4 · 1321
5285 5 · 1057 7 · 755 35 · 151
5286 2 · 2643 3 · 1762 6 · 881
5287 17 · 311
5288 2 · 2644 4 · 1322 8 · 661
5289 3 · 1763 41 · 129 43 · 123
5290 2 · 2645 5 · 1058 10 · 529 23 · 230 46 · 115

5291 11 · 481 13 · 407 37 · 143
5292 2 · 2646 3 · 1764 4 · 1323 6 · 882 7 · 756 9 · 588 12 · 441 14 · 378 18 · 294 21 · 252 27 · 196 28 · 189 36 · 147 42 · 126 49 · 108 54 · 98 63 · 84
5293 67 · 79
5294 2 · 2647
5295 3 · 1765 5 · 1059 15 · 353
5296 2 · 2648 4 · 1324 8 · 662 16 · 331
5297
5298 2 · 2649 3 · 1766 6 · 883
5299 7 · 757
5300 2 · 2650 4 · 1325 5 · 1060 10 · 530 20 · 265 25 · 212 50 · 106 53 · 100

5301 3 · 1767 9 · 589 19 · 279 31 · 171 57 · 93
5302 2 · 2651 11 · 482 22 · 241
5303
5304 2 · 2652 3 · 1768 4 · 1326 6 · 884 8 · 663 12 · 442 13 · 408 17 · 312 24 · 221 26 · 204 34 · 156 39 · 136 51 · 104 52 · 102 68 · 78
5305 5 · 1061
5306 2 · 2653 7 · 758 14 · 379
5307 3 · 1769 29 · 183 61 · 87
5308 2 · 2654 4 · 1327
5309
5310 2 · 2655 3 · 1770 5 · 1062 6 · 885 9 · 590 10 · 531 15 · 354 18 · 295 30 · 177 45 · 118 59 · 90

5311 47 · 113
5312 2 · 2656 4 · 1328 8 · 664 16 · 332 32 · 166 64 · 83
5313 3 · 1771 7 · 759 11 · 483 21 · 253 23 · 231 33 · 161 69 · 77
5314 2 · 2657
5315 5 · 1063
5316 2 · 2658 3 · 1772 4 · 1329 6 · 886 12 · 443
5317 13 · 409
5318 2 · 2659
5319 3 · 1773 9 · 591 27 · 197
5320 2 · 2660 4 · 1330 5 · 1064 7 · 760 8 · 665 10 · 532 14 · 380 19 · 280 20 · 266 28 · 190 35 · 152 38 · 140 40 · 133 56 · 95 70 · 76

5321 17 · 313
5322 2 · 2661 3 · 1774 6 · 887
5323
5324 2 · 2662 4 · 1331 11 · 484 22 · 242 44 · 121
5325 3 · 1775 5 · 1065 15 · 355 25 · 213 71 · 75
5326 2 · 2663
5327 7 · 761
5328 2 · 2664 3 · 1776 4 · 1332 6 · 888 8 · 666 9 · 592 12 · 444 16 · 333 18 · 296 24 · 222 36 · 148 37 · 144 48 · 111 72 · 74
5329 73 · 73
5330 2 · 2665 5 · 1066 10 · 533 13 · 410 26 · 205 41 · 130 65 · 82

5331
3·1777

5332
2·2666 4·1333 31·172 43·124 62·86

5333

5334
2·2667 3·1778 6·889 7·762 14·381 21·254 42·127

5335
5·1067 11·485 55·97

5336
2·2668 4·1334 8·667 23·232 29·184 46·116 58·92

5337
3·1779 9·593

5338
2·2669 17·314 34·157

5339
19·281

5340
2·2670 3·1780 4·1335 5·1068 6·890 10·534 12·445 15·356 20·267 30·178 60·89

5341
7·763 49·109

5342
2·2671

5343
3·1781 13·411 39·137

5344
2·2672 4·1336 8·668 16·334 32·167

5345
5·1069

5346
2·2673 3·1782 6·891 9·594 11·486 18·297 22·243 27·198 33·162 54·99 66·81

5347

5348
2·2674 4·1337 7·764 14·382 28·191

5349
3·1783

5350
2·2675 5·1070 10·535 25·214 50·107

5351

5352
2·2676 3·1784 4·1338 6·892 8·669 12·446 24·223

5353
53·101

5354
2·2677

5355
3·1785 5·1071 7·765 9·595 15·357 17·315 21·255 35·153 45·119 51·105 63·85

5356
2·2678 4·1339 13·412 26·206 52·103

5357
11·487

5358
2·2679 3·1786 6·893 19·282 38·141 47·114 57·94

5359
23·233

5360
2·2680 4·1340 5·1072 8·670 10·536 16·335 20·268 40·134 67·80

5361
3·1787

5362
2·2681 7·766 14·383

5363
31·173

5364
2·2682 3·1788 4·1341 6·894 9·596 12·447 18·298 36·149

5365
5·1073 29·185 37·145

5366
2·2683

5367
3·1789

5368
2·2684 4·1342 8·671 11·488 22·244 44·122 61·88

5369
7·767 13·413 59·91

5370
2·2685 3·1790 5·1074 6·895 10·537 15·358 30·179

5371
41·131

5372
2·2686 4·1343 17·316 34·158 68·79

5373
3·1791 9·597 27·199

5374
2·2687

5375
5·1075 25·215 43·125

5376
2·2688 3·1792 4·1344 6·896 7·768 8·672 12·448 14·384 16·336 21·256 24·224 28·192 32·168 42·128 48·112 56·96 64·84

5377
19·283

5378
2·2689

5379
3·1793 11·489 33·163

5380
2·2690 4·1345 5·1076 10·538 20·269

5381

5382
2·2691 3·1794 6·897 9·598 13·414 18·299 23·234 26·207 39·138 46·117 69·78

5383
7·769

5384
2·2692 4·1342 8·673

5385
3·1795 5·1077 15·359

5386
2·2693

5387

5388
2·2694 3·1796 4·1347 6·898 12·449

5389
17·317

5390
2·2695 5·1078 7·770 10·539 11·490 14·385 22·245 35·154 49·110 55·98 70·77

5391
3·1797 9·599

5392
2·2696 4·1348 8·674 16·337

5393

5394
2·2697 3·1798 6·899 29·186 31·174 58·93 62·87

5395
5·1079 13·415 65·83

5396
2·2698 4·1349 19·284 38·142 71·76

5397
3·1799 7·771 21·257

5398
2·2699

5399

5400
2·2700 3·1800 4·1350 5·1080 6·900 8·675 9·600 10·540 12·450 15·360 18·300 20·270 24·225 25·216 27·200 30·180 36·150 40·135 45·120 50·108 54·100 60·90 72·75

5401
11·491

5402
2·2701 37·146 73·74

5403
3·1801

5404
2·2702 4·1351 7·772 14·386 28·193

5405
5·1081 23·235 47·115

5406
2·2703 3·1802 6·901 17·318 34·159 51·106 53·102

5407

5408
2·2704 4·1352 8·676 13·416 16·338 26·208 32·169 52·104

5409
3·1803 9·601

5410
2·2705 5·1082 10·541

5411
7·773

5412
2·2706 3·1804 4·1353 6·902 11·492 12·451 22·246 33·164 41·132 44·123 66·82

5413

5414
2·2707

5415
3·1805 5·1083 15·361 19·285 57·95

5416
2·2708 4·1354 8·677

5417

5418
2·2709 3·1806 6·903 7·774 9·602 14·387 18·301 21·258 42·129 43·126 63·86

5419

5420
2·2710 4·1355 5·1084 10·542 20·271

5421
3·1807 13·417 39·139

5422
2·2711

5423
11·493 17·319 29·187

5424
2·2712 3·1808 4·1356 6·904 8·678 12·452 16·339 24·226 48·113

5425
5·1085 7·775 25·217 31·175 35·155

5426
2·2713

5427
3·1809 9·603 27·201 67·81

5428
2·2714 4·1357 23·236 46·118 59·92

5429
61·89

5430
2·2715 3·1810 5·1086 6·905 10·543 15·362 30·181

5431

5432
2·2716 4·1358 7·776 8·679 14·388 28·194 56·97

5433
3·1811

5434
2·2717 11·494 13·418 19·286 22·247 26·209 38·143

5435
5·1087

5436
2·2718 3·1812 4·1359 6·906 9·604 12·453 18·302 36·151

5437

5438
2·2719

5439
3·1813 7·777 21·259 37·147 49·111

5440
2·2720 4·1360 5·1088 8·680 10·544 16·340 17·320 20·272 32·170 34·160 40·136 64·85 68·80

續表

5441
5442 2・2721 3・1814 6・907
5443
5444 2・2722 4・1361
5445 3・1815 5・1089 9・605 11・495 15・363 33・165 45・121 55・99
5446 2・2723 7・778 14・389
5447 13・419
5448 2・2724 3・1816 4・1362 6・908 8・681 12・454 24・227
5449
5450 2・2725 5・1090 10・545 25・218 50・109
5451 3・1817 23・237 69・79
5452 2・2726 4・1363 29・186 47・116 58・84
5453 7・779 19・287 41・138
5454 2・2727 3・1818 6・909 9・606 18・303 27・202 54・101
5455 5・1091
5456 2・2728 4・1364 8・682 11・496 16・341 22・248 31・176 44・124 62・88
5457 3・1819 17・321 51・107
5458 2・2729
5459 53・103
5460 2・2730 3・1820 4・1365 5・1092 6・910 7・780 10・546 12・455 13・420 14・390 15・364 20・273 21・260 26・210 28・195 30・182 35・156 39・140 42・130 52・105 60・91 65・84 70・78
5461 43・127
5462 2・2731
5463 3・1821 9・607
5464 2・2732 4・1366 8・683
5465 5・1093
5466 2・2733 3・1822 6・911
5467 7・781 11・497 71・77
5468 2・2734 4・1367
5469 3・1823
5470 2・2735 5・1094 10・547
5471
5472 2・2736 3・1824 4・1368 6・912 8・684 9・608 12・456 16・342 18・304 19・288 24・228 32・171 36・152 38・144 48・114 57・96 72・76
5473 13・421
5474 2・2737 7・782 14・391 17・322 23・238 34・161 46・119
5475 3・1825 5・1095 15・365 25・219 73・75
5476 2・2738 4・1369 37・148 74・74
5477
5478 2・2739 3・1826 6・913 11・498 22・249 33・166 66・83
5479
5480 2・2740 4・1370 5・1096 8・685 10・548 20・274 40・137
5481 3・1827 7・783 9・609 21・261 27・203 29・189 63・187
5482 2・2741
5483
5484 2・2742 3・1828 4・1371 6・914 12・457
5485 5・1097
5486 2・2743 13・422 26・211
5487 3・1829 31・177 59・93
5488 2・2744 4・1372 7・784 8・686 14・392 16・343 28・196 49・112 56・98
5489 11・499
5490 2・2745 3・1830 5・1098 6・915 9・610 10・549 15・366 18・305 30・183 45・122 61・90
5491 17・323 19・289
5492 2・2746 4・1373
5493 3・1831
5494 2・2747 41・134 67・82
5495 5・1099 7・785 35・157
5496 2・2748 3・1832 4・1374 6・916 8・687 12・458 24・229
5497 23・239
5498 2・2749
5499 3・1833 9・611 13・423 39・141 47・117
5500 2・2750 4・1375 5・1100 10・550 11・500 20・275 22・250 25・220 44・125 50・110 55・100
5501
5502 2・2751 3・1834 6・917 7・786 14・393 21・262 42・131
5503
5504 2・2752 4・1376 8・688 16・344 32・172 43・128 64・86
5505 3・1835 5・1101 15・367
5506 2・2753
5507
5508 2・2754 3・1836 4・1377 6・918 9・612 12・459 17・324 18・306 27・204 34・162 36・153 51・108 54・102 68・81
5509 7・787
5510 2・2755 5・1102 10・551 19・290 29・190 38・145 58・95
5511 3・1837 11・501 33・167
5512 2・2756 4・1378 8・689 13・424 26・212 52・106 53・104
5513 37・149
5514 2・2757 3・1838 6・919
5515 5・1103
5516 2・2758 4・1379 7・788 14・394 28・197
5517 3・1839 9・613
5518 2・2759 31・178 62・89
5519
5520 2・2760 3・1840 4・1380 5・1104 6・920 8・690 10・552 12・400 15・368 16・345 20・276 23・240 24・230 30・184 40・138 46・120 48・115 60・92 69・80
5521
5522 2・2761 11・502 22・251
5523 3・1841 7・789 21・263
5524 2・2762 4・1381
5525 5・1105 13・425 17・325 25・221 65・85
5526 2・2703 3・1842 6・921 9・614 18・307
5527
5528 2・2764 4・1382 8・691
5529 3・1843 19・291 57・97
5530 2・2765 5・1106 7・790 10・553 14・395 35・158 70・79
5531
5532 2・2766 3・1844 4・1383 6・922 12・461
5533 11・503
5534 2・2767
5535 3・1845 5・1107 9・615 15・369 27・205 41・135 45・123
5536 2・2768 4・1384 8・692 16・346 32・173
5537 7・791 49・113
5538 2・2769 3・1846 6・923 13・426 26・213 39・142 73・76
5539 29・191
5540 2・2770 4・1385 5・1108 10・554 20・277
5541 3・1847
5542 2・2771 17・326 34・163
5543 23・241
5544 2・2772 3・1848 4・1386 6・924 7・792 8・693 9・616 11・564 12・462 14・396 18・308 21・264 22・252 24・231 28・198 33・168 36・154 42・132 44・126 56・99 63・88 66・84 72・77
5545 5・1109
5546 2・2773 47・118 59・94
5547 3・1849 43・129
5548 2・2774 4・1387 19・292 38・146 71・78
5549 31・179
5550 2・2775 3・1850 5・1110 6・925 10・555 15・370 25・222 30・185 37・150 50・111 74・75

續表

數	因數
5551	7·793 13·427 61·91
5552	2·2776 4·1388 8·694 16·347
5553	3·1851 9·617
5554	2·2777
5555	5·1111 11·505 55·101
5556	2·2778 3·1852 4·1389 6·926 12·463
5557	
5558	2·2779 7·794 14·397
5559	3·1853 17·327 15·109
5560	2·2780 4·1390 5·1112 8·695 10·556 20·278 40·139
5561	67·83
5562	2·2781 3·1854 6·927 9·618 18·309 27·206 54·103
5563	
5564	2·2782 4·1391 13·428 26·214 52·107
5565	3·1855 5·1113 7·705 15·371 21·265 35·159 53·105
5566	2·2783 11·506 22·253 23·242 46·121
5567	19·293
5568	2·2784 3·1856 4·1392 6·928 8·696 12·464 16·348 24·232 29·192 32·174 48·116 58·96 64·87
5569	
5570	2·2785 5·1114 10·557
5571	3·1857 9·619
5572	2·2786 4·1393 7·796 14·398 28·199
5573	
5574	2·2787 3·1858 6·929
5575	5·1115 25·223
5576	2·2788 4·1394 8·697 17·328 34·164 41·136 68·82
5577	3·1859 11·507 13·429 33·169 39·143
5578	2·2789
5579	7·797
5580	2·2790 3·1860 4·1395 5·1116 6·930 9·620 10·558 12·465 15·372 18·310 20·279 30·186 31·180 36·155 45·124 60·93 62·90
5581	
5582	2·2791
5583	3·1861
5584	2·2792 4·1396 8·698 16·349
5585	5·1117
5586	2·2793 3·1862 6·931 7·798 14·399 19·294 21·266 38·147 42·133 49·114 57·98
5587	37·151
5588	2·2794 4·1397 11·508 22·254 44·127
5589	3·1863 9·621 23·243 27·207 69·81
5590	2·2795 5·1118 10·559 13·430 26·215 43·130 65·86
5591	
5592	2·2796 3·1864 4·1398 6·932 8·699 12·466 24·233
5593	7·799 17·329 47·119
5594	2·2797
5595	3·1865 5·1119 15·373
5596	2·2798 4·1399
5597	29·193
5598	2·2799 3·1866 6·933 9·622 18·311
5599	11·509
5600	2·2800 4·1400 5·1120 7·800 8·700 10·560 14·400 16·350 20·280 25·224 28·200 32·175 35·160 40·140 50·112 56·100 70·80
5601	3·1867
5602	2·2801
5603	13·431
5604	2·2802 3·1868 4·1401 6·931 12·467
5605	5·1121 19·295 59·95
5606	2·2803
5607	3·1869 7·801 9·623 21·267 63·89
5608	2·2804 4·1402 8·701
5609	71·79
5610	2·2805 3·1870 5·1122 6·935 10·561 11·510 15·374 17·330 22·255 30·187 33·170 34·165 51·110 55·102 66·85
5611	31·181
5612	2·2806 4·1403 23·244 46·122 61·92
5613	3·1871
5614	2·2807 7·802 14·401
5615	5·1123
5616	2·2808 3·1872 4·1404 6·936 8·702 9·624 12·468 13·432 16·351 18·312 24·234 26·216 27·208 36·156 39·144 48·117 52·108 54·104 72·78
5617	41·137
5618	2·2809 53·106
5619	3·1873
5620	2·2810 4·1405 5·1124 10·562 20·281
5621	7·803 11·511 73·77
5622	2·2811 3·1874 6·937
5623	
5624	2·2812 4·1406 8·703 19·296 37·152 38·148 74·76
5625	3·1875 5·1125 9·625 15·375 25·225 45·125 75·75
5626	2·2813 29·194 58·97
5627	17·331
5628	2·2814 3·1876 4·1407 6·938 7·804 12·469 14·402 21·263 28·201 42·134 67·84
5629	13·433
5630	2·2815 5·1126 10·563
5631	3·1877
5632	2·2816 4·1408 8·704 11·512 16·352 22·256 32·176 44·128 64·88
5633	43·131
5634	2·2817 3·1878 6·939 9·626 18·313
5635	5·1127 7·805 23·245 35·161 49·115
5636	2·2818 4·1409
5637	3·1899
5638	2·2819
5639	
5640	2·2820 3·1880 4·1410 5·1128 6·940 8·705 10·564 12·470 15·376 20·282 24·235 30·188 40·141 47·120 60·94
5641	
5642	2·2821 7·806 13·434 14·403 26·217 31·182 62·91
5643	3·1881 9·627 11·513 19·297 27·209 33·171 57·99
5644	2·2322 4·1411 17·332 34·166 63·83
5645	5·1129
5646	2·2823 3·1882 6·941
5647	
5648	2·2824 4·1412 8·706 16·353
5649	8·1883 7·807 21·269
5650	2·2825 5·1130 10·565 25·226 50·113
5651	
5652	2·2826 3·1884 4·1413 6·942 9·623 12·471 18·314 36·157
5653	
5654	2·2827 11·514 22·257
5655	3·1885 5·1131 13·435 15·377 29·195 39·145 65·87
5656	2·2828 4·1414 7·808 8·707 14·404 28·202 56·101
5657	
5658	2·2829 3·1886 6·943 23·246 41·138 46·123 69·82
5659	
5660	2·2830 4·1415 5·1132 10·566 20·283

續表

5661
3·1887
9·629
17·333
37·153
51·111

5662
2·2831
19·298
38·149

5663
7·809

5664
2·2832
3·1888
4·1416
6·944
8·703
12·472
16·354
34·236
32·177
48·118
59·96

5665
5·1133
11·515
55·103

5666
2·2833

5667
3·1889

5668
2·2831
4·1417
13·436
26·218
52·109

5669

5670
2·2835
3·1890
5·1134
6·945
7·810
9·630
10·567
14·405
15·378
18·315
21·270
27·210
30·189
35·162
42·135
45·126
54·105
63·90
70·81

5671
53·107

5672
2·2836
4·1418
8·709

5673
3·1891
31·183
61·93

5674
2·2837

5675
5·1135
25·227

5676
2·2838
3·1892
4·1419
6·946
11·516
12·473
22·258
33·172
83·132
44·129
66·86

5677
7·811

5678
2·2839
17·334
34·167

5679
3·1893
9·631

5680
2·2840
4·1420
5·1136
8·710
10·568
16·355
20·284
40·142
71·80

5681
13·437
19·299
23·247

5682
2·2841
3·1894
6·947

5683

5684
2·2842
4·1421
7·812
14·406
28·203
29·196
49·116
58·98

5685
3·1895
5·1137
15·379

5686
2·2843

5687
11·517
47·121

5688
2·2844
3·1896
4·1422
6·948
8·711
9·632
12·474
18·316
24·237
36·158
72·79

5689

5690
2·2845
5·1138
10·569

5691
3·1897
7·813
21·271

5692
2·2846
4·1423

5693

5694
2·2847
3·1898
6·949
13·438
26·219
39·146
73·78

5695
5·1139
17·335
67·85

5696
2·2848
4·1424
8·712
16·356
32·178
64·89

5697
3·1899
9·633
27·211

5698
2·2819
7·814
11·518
14·407
22·259
37·154
74·77

5699
41·139

5700
2·2350
3·1900
4·1425
5·1140
6·950
10·570
12·475
15·380
19·300
20·285
25·228
30·190
38·150
50·114
57·100
60·95
75·76

5701

5702
2·2851

5703
3·1901

5704
2·2852
4·1426
8·713
23·248
31·184
46·124
62·92

5705
5·1141
7·815
35·163

5706
2·2853
3·1902
6·951
9·634
18·317

5707
13·439

5708
2·2854
4·1427

5709
3·1903
11·519
33·173

5710
2·2855
5·1142
10·571

5711

5712
2·2856
3·1904
4·1423
6·952
7·816
8·714
12·476
14·408
16·357
17·336
21·272
24·238
28·204
34·168
42·136
48·119
51·112
56·102
68·84

5713
29·197

5714
2·2857

5715
3·1905
5·1143
9·635
15·381
45·127

5716
2·2858
4·1429

5717

5718
2·2859
3·1906
6·953

5719
7·817
19·301
43·133

5720
2·2860
4·1430
5·1144
8·715
10·572
11·520
13·440
20·286
22·260
26·220
40·143
44·130
52·110
55·104
65·88

5721
3·1907

5722
2·2861

5723
59·97

5724
2·2862
3·1908
4·1431
6·954
9·636
12·477
18·318
27·212
36·150
53·108
54·106

5725
5·1145
25·220

5726
2·2863
7·818
14·409

5727
3·1909
23·249
69·83

5728
2·2864
4·1432
8·716
16·358
32·179

5729
17·337

5730
2·2865
3·1910
5·1146
6·955
10·573
15·382
30·191

5731
11·521

5732
2·2866
4·1433

5733
3·1911
7·819
9·637
13·441
21·273
39·147
49·117
63·91

5734
2·2867
47·122
61·94

5735
5·1147
31·185
37·155

5736
2·2868
3·1912
4·1434
6·956
8·717
12·478
24·239

5737

5738
2·2869
19·302
58·151

5739
3·1913

5740
2·2870
4·1435
5·1148
7·820
10·574
14·410
20·287
28·205
35·164
41·140
70·82

5741

5742
2·2871
3·1914
6·957
9·638
11·522
18·319
22·261
29·198
33·174
58·99
66·87

5743

5744
2·2872
4·1436
8·718
16·359

5745
3·1915
5·1149
15·383

5746
2·2873
13·442
17·338
26·221
34·169

5747
7·821

5748
2·2874
3·1916
4·1437
6·958
12·479

5749

5750
2·2875
5·1150
10·575
23·250
25·230
46·125
50·115

5751
2·1917
9·639
27·213
71·81

5752
2·2876
4·1438
8·719

5753
11·523

5754
2·2877
3·1918
6·959
7·822
14·411
21·274
42·137

5755
5·1151

5756
2·2878
4·1439

5757
3·1919
19·303
57·101

5758
2·2879

5759
13·443

5760
2·2880
3·1920
4·1440
5·1152
6·960
8·720
9·640
10·576
12·480
15·384
16·360
18·320
20·288
24·240
30·192
32·180
36·160
40·144
45·128
48·120
60·96
64·90
72·80

5761
7·823

5762
2·2881
43·134
67·86

5763
3·1921
17·339
51·113

5764
2·2882
4·1441
11·524
22·262
44·131

5765
5·1153

5766
2·2883
3·1922
6·961
31·186
62·93

5767
73·79

5768
2·2884
4·1442
7·824
8·721
14·412
28·206
56·103

5769
3·1923
9·641

5770
2·2885
5·1154
10·577

續表

5771
29 · 199
5772
2 · 2886
3 · 1924
4 · 1443
6 · 962
12 · 481
13 · 444
26 · 222
37 · 156
39 · 148
52 · 111
74 · 78
5773
23 · 251
5774
2 · 2887
5775
3 · 1925
5 · 1155
7 · 825
11 · 525
15 · 385
21 · 275
25 · 231
33 · 175
35 · 165
55 · 105
75 · 77
5776
2 · 2888
4 · 1444
8 · 722
16 · 361
19 · 304
38 · 152
76 · 76
5777
53 · 109
5778
2 · 2889
3 · 1926
6 · 963
9 · 642
18 · 321
27 · 214
54 · 107
5779
5780
2 · 2890
4 · 1445
5 · 1156
10 · 578
17 · 340
20 · 289
34 · 170
68 · 85

5781
3 · 1927
41 · 141
47 · 123
5782
2 · 2891
7 · 826
14 · 413
49 · 118
50 · 98
5783
5784
2 · 2892
3 · 1928
4 · 1446
6 · 964
8 · 723
12 · 482
24 · 241
5785
5 · 1157
13 · 445
65 · 89
5786
2 · 2893
11 · 526
22 · 263
5787
3 · 1929
9 · 643
5788
2 · 2894
4 · 1447
5789
7 · 827
5790
2 · 2895
3 · 1930
5 · 1158
6 · 965
10 · 579
15 · 388
30 · 193

5791
5792
2 · 2896
4 · 1448
8 · 724
16 · 362
32 · 181
5793
3 · 1931
5794
2 · 2897
5795
5 · 1159
19 · 305
61 · 95
5796
2 · 2893
3 · 1932
4 · 1449
6 · 966
7 · 828
9 · 644
12 · 483
14 · 414
18 · 322
21 · 276
23 · 252
28 · 207
36 · 161
42 · 138
46 · 126
63 · 92
69 · 84
5797
11 · 557
17 · 341
31 · 187
5798
2 · 2899
13 · 446
26 · 223
5799
3 · 1933
5800
2 · 2900
4 · 1450
5 · 1160
8 · 725
10 · 580
20 · 290
25 · 232
29 · 200
40 · 145
50 · 116
58 · 100

5801
5802
2 · 2901
3 · 1934
6 · 967
5803
7 · 829
5804
2 · 2902
4 · 1451
5805
3 · 1935
5 · 1161
9 · 645
15 · 389
27 · 215
43 · 135
45 · 129
5806
2 · 2903
5807
5808
2 · 2904
3 · 1936
4 · 1452
6 · 968
8 · 726
11 · 528
12 · 484
16 · 363
22 · 264
24 · 242
33 · 176
44 · 132
48 · 121
66 · 88
5809
37 · 157
5810
2 · 2905
5 · 1162
7 · 830
10 · 581
14 · 415
35 · 166
70 · 83

5811
3 · 1937
13 · 447
39 · 149
5812
2 · 2906
4 · 1453
5813
5814
2 · 2907
3 · 1938
6 · 969
9 · 646
17 · 342
18 · 323
19 · 306
34 · 171
38 · 153
51 · 114
57 · 102
5815
5 · 1163
5816
2 · 2908
4 · 1454
8 · 727
5817
3 · 1939
7 · 831
21 · 277
5818
2 · 2909
5819
11 · 529
23 · 253
5820
2 · 2910
3 · 1940
4 · 1455
5 · 1164
6 · 970
10 · 582
12 · 485
15 · 388
20 · 291
30 · 194
60 · 97

5821
5822
2 · 2911
41 · 142
71 · 82
5823
3 · 1941
9 · 647
5824
2 · 2912
4 · 1456
7 · 832
8 · 728
13 · 448
14 · 416
16 · 364
26 · 224
28 · 208
32 · 182
52 · 112
56 · 104
64 · 91
5825
5 · 1165
25 · 233
5826
2 · 2913
3 · 1942
6 · 971
5827
5828
2 · 2914
4 · 1457
31 · 188
47 · 124
62 · 94
5829
3 · 1943
29 · 201
67 · 87
5830
2 · 2915
5 · 1166
10 · 583
11 · 530
22 · 265
53 · 110
55 · 106

5831
7 · 833
17 · 343
49 · 119
5832
2 · 2916
3 · 1944
4 · 1458
6 · 972
8 · 729
9 · 648
12 · 486
18 · 324
24 · 243
27 · 216
36 · 162
54 · 108
72 · 81
5833
19 · 307
5834
2 · 2917
5835
3 · 1945
5 · 1167
15 · 389
5836
2 · 2918
4 · 1459
5837
13 · 449
5838
2 · 2919
3 · 1946
6 · 973
7 · 834
14 · 417
21 · 278
42 · 139
5839
5840
2 · 2920
4 · 1460
5 · 1168
8 · 730
10 · 584
16 · 365
20 · 292
40 · 146
73 · 80

5841
3 · 1947
9 · 649
11 · 531
33 · 177
59 · 99
5842
2 · 2921
23 · 254
46 · 127
5843
5844
2 · 2922
3 · 1948
4 · 1461
6 · 974
12 · 487
5845
5 · 1169
7 · 835
35 · 167
5846
2 · 2923
37 · 158
74 · 79
5847
3 · 1949
5848
2 · 2924
4 · 1462
8 · 731
17 · 344
34 · 172
43 · 136
68 · 86
5849
5850
2 · 2925
3 · 1950
5 · 1170
6 · 975
9 · 650
10 · 585
13 · 450
15 · 390
18 · 325
25 · 234
26 · 225
30 · 195
39 · 150
45 · 130
50 · 117
65 · 90
75 · 78

5851
5852
2 · 2926
4 · 1463
7 · 836
11 · 532
14 · 418
19 · 308
22 · 266
28 · 209
33 · 154
44 · 133
76 · 77
5853
3 · 1951
5854
2 · 2927
5855
5 · 1171
5856
2 · 2928
3 · 1952
4 · 1464
6 · 976
8 · 732
12 · 488
16 · 366
24 · 244
32 · 183
48 · 122
61 · 96
5857
5858
2 · 2929
29 · 202
58 · 101
5859
3 · 1953
7 · 837
9 · 651
21 · 279
27 · 217
31 · 189
63 · 93
5860
2 · 2930
4 · 1465
5 · 1172
10 · 586
20 · 293

5861
5862
2 · 2931
3 · 1954
6 · 977
5863
11 · 533
13 · 451
41 · 143
5864
2 · 2932
4 · 1466
8 · 733
5865
3 · 1955
5 · 1173
15 · 391
17 · 345
23 · 255
51 · 115
69 · 85
5866
2 · 2933
7 · 838
14 · 419
5867
5868
2 · 2934
3 · 1956
4 · 1467
6 · 978
9 · 652
12 · 489
18 · 326
36 · 163
5869
5870
2 · 2935
5 · 1174
10 · 587

5871
3 · 1957
19 · 309
57 · 103
5872
2 · 2933
4 · 1468
8 · 734
16 · 367
5873
7 · 839
5874
2 · 2937
3 · 1958
6 · 979
11 · 534
22 · 267
33 · 178
66 · 89
5875
5 · 1175
25 · 235
47 · 125
5876
2 · 2938
4 · 1469
13 · 452
26 · 226
52 · 113
5877
3 · 1959
9 · 653
5878
2 · 2939
5879
5880
2 · 2940
3 · 1960
4 · 1470
5 · 1176
6 · 980
7 · 840
8 · 735
10 · 588
12 · 490
14 · 420
15 · 392
20 · 294
21 · 280
24 · 245
28 · 210
30 · 196
35 · 168
40 · 147
42 · 140
49 · 120
56 · 105
60 · 98
70 · 84

續表

5881

5882
2·2941　17·346　34·173

5883
3·1961　37·159　53·111

5884
2·2942　4·1471

5885
5·1177　11·535　55·107

5886
2·2943　3·1962　6·981　9·654　18·327　27·218　54·109

5887
7·841　29·203

5888
2·2944　4·1472　8·736　16·368　23·256　32·184　46·128　64·92

5889
3·1963　13·453　39·151

5890
2·2945　5·1178　10·589　19·310　31·190　38·155　62·95

5891
43·137

5892
2·2946　3·1964　4·1473　6·982　12·491

5893
71·83

5894
2·2947　7·842　14·421

5895
3·1965　5·1179　9·655　15·393　45·131

5896
2·2948　4·1474　8·737　11·536　22·268　44·134　67·88

5897

5898
2·2949　3·1966　6·983

5899
17·347

5900
2·2950　4·1475　5·1180　10·590　20·295　25·236　50·118　59·100

5901
3·1967　7·843　21·281

5902
2·2951　13·454　26·227

5903

5904
2·2952　3·1968　4·1476　6·984　8·738　9·656　12·492　16·369　18·328　24·246　36·164　41·144　48·123　72·82

5905
5·1181

5906
2·2953

5907
3·1969　11·537　33·179

5908
2·2954　4·1477　7·844　14·422　28·211

5909
19·311

5910
2·2955　3·1970　5·1182　6·985　10·591　15·394　30·197

5911
23·257

5912
2·2956　4·1478　8·739

5913
3·1971　9·657　27·219　73·81

5914
2·2957

5915
5·1183　7·845　13·455　35·169　65·91

5916
2·2958　3·1972　4·1479　6·986　12·493　17·348　29·204　34·174　51·116　58·102　68·87

5917
61·97

5918
2·2959　11·538　22·269

5919
3·1973

5920
2·2960　4·1480　5·1184　8·740　10·592　16·370　20·296　32·185　37·160　40·148　74·80

5921
31·191

5922
2·2961　3·1974　6·987　7·846　9·658　14·423　18·329　21·282　42·141　47·126　63·94

5923

5924
2·2962　4·1481

5925
3·1975　5·1185　15·395　25·237　75·79

5926
2·2963

5927

5928
2·2964　3·1976　4·1482　6·988　8·741　12·494　13·456　19·312　24·247　26·228　38·156　39·152　52·114　57·104　76·78

5929
7·847　11·539　49·121　77·77

5930
2·2965　5·1186　10·593

5931
3·1977　9·659

5932
2·2966　4·1483

5933
17·349

5934
2·2967　3·1978　6·989　23·258　43·138　46·129　69·86

5935
5·1187

5936
2·2968　4·1484　7·848　8·742　14·424　16·371　28·212　53·112　56·106

5937
3·1979

5938
2·2969

5939

5940
2·2970　3·1980　4·1485　5·1188　6·990　9·660　10·594　11·540　12·495　15·396　18·330　20·297　22·270　27·220　30·198　33·180　36·165　44·135　45·132　54·110　55·108　60·99　66·90

5941
13·457

5942
2·2971

5943
3·1981　7·849　21·283

5944
2·2972　4·1486　8·743

5945
5·1189　29·205　41·145

5946
2·2973　3·1982　6·991

5947
19·313

5948
2·2974　4·1487

5949
3·1983　9·661

5950
2·2975　5·1190　7·850　10·595　14·425　17·350　25·238　34·175　35·170　50·119　70·85

5951
11·541

5952
2·2976　3·1984　4·1483　6·992　8·744　12·496　16·372　24·248　31·192　32·186　48·124　62·96　64·93

5953

5954
2·2977　13·458　26·229

5955
3·1985　5·1191　15·397

5956
2·2978　4·1489

5957
7·851　23·259　37·161

5958
2·2979　3·1986　6·993　9·662　18·331

5959
59·101

5960
2·2980　4·1490　5·1192　8·745　10·596　20·298　40·149

5961
3·1987

5962
2·2981　11·542　22·271

5963
67·89

5964
2·2982　3·1988　4·1491　6·994　7·852　12·407　14·426　21·284　28·213　42·142　71·84

5965
5·1193

5966
2·2983　19·314　38·157

5967
3·1989　9·663　13·459　17·351　27·221　39·153　51·117

5968
2·2984　4·1492　8·746　16·373

5969
47·127

5970
2·2985　3·1990　5·1194　6·995　10·597　15·398　30·199

5971
7·853

5972
2·2986　4·1493

5973
3·1991　11·543　33·181

5974
2·2987　29·206　58·103

5975
5·1195　25·239

5976
2·2988　3·1992　4·1494　6·996　8·747　9·664　12·498　18·332　24·249　36·116　72·83

5977
43·139

5978
2·2989　7·854　14·427　49·122　61·98

5979
3·1993

5980
2·2990　4·1495　5·1196　10·598　13·460　20·299　23·260　26·230　46·130　52·115　65·92

5981

5982
2·2991　3·1994　6·997

5983
31·193

5984
2·2992　4·1496　8·748　11·544　16·374　17·352　22·272　32·187　34·176　44·136　68·88

5985
3·1995　5·1197　7·855　9·665　15·399　19·315　21·285　35·171　45·133　57·105　63·95

5986
2·2993　41·146　73·82

5987

5988
2·2994　3·1996　4·1497　6·998　12·499

5989
53·113

5990
2·2995　5·1198　10·599

續表

5991 3・1997

5992 2・2996 4・1498 7・856 8・749 14・428 28・214 56・107

5993 13・461

5994 2・2997 3・1998 6・999 9・666 18・333 27・222 37・162 35・111 74・81

5995 5・1199 11・545 55・109

5996 2・2998 4・1499

5997 3・1999

5998 2・2999

5999 7・857

6000 2・3000 3・2000 4・1500 5・1200 6・10000 8・750 10・600 12・500 15・400 16・375 20・300 24・250 25・240 30・200 40・150 48・125 50・120 60・100 75・80

6001 17・353

6002 2・3001

6003 3・2001 9・667 23・261 29・207 69・87

6004 2・3002 4・1501 19・316 38・158 76・79

6005 5・1201

6006 2・3003 3・2002 6・1001 7・858 11・546 13・462 14・429 21・286 22・278 26・231 33・182 39・154 42・143 66・91 77・78

6007

6008 2・3004 4・1502 8・751

6009 3・2003

6010 2・3005 5・1202 10・601

6011

6012 2・3006 3・2004 4・1503 6・1002 9・668 12・501 18・334 36・167

6013 7・859

6014 2・3007 31・194 62・97

6015 3・2005 5・1203 15・401

6016 2・3008 4・1504 8・752 16・376 32・188 47・128 64・94

6017 11・547

6018 2・3009 3・2006 6・1003 17・354 34・177 51・118 59・102

6019 13・463

6020 2・3010 4・1505 5・1204 7・860 10・602 14・430 20・301 28・215 35・172 43・140 70・86

6021 3・2007 9・669 27・223

6022 2・3011

6023 19・317

6024 2・3012 3・2008 4・1506 6・1004 8・753 12・502 24・251

6025 5・1205 25・241

6026 2・3013 23・262 46・131

6027 3・2009 7・861 21・287 41・147 49・123

6028 2・3014 4・1507 11・548 22・274 44・137

6029

6030 2・3015 3・2010 5・1206 6・1005 9・670 10・603 15・402 18・335 30・201 45・134 67・90

6031 37・163

6032 2・3016 4・1508 8・754 13・464 16・377 26・232 29・208 52・116 58・104

6033 3・2011

6034 2・3017 7・862 14・431

6035 5・1207 17・355 71・85

6036 2・3018 3・2012 4・1509 6・1006 12・503

6037

6038 2・3019

6039 3・2013 9・671 11・549 33・183 61・90

6040 2・3020 4・1510 5・1208 8・755 10・604 20・302 40・151

6041 7・863

6042 2・3021 3・2014 6・1007 19・318 38・159 53・114 57・106

6043

6044 2・3022 4・1511

6045 3・2015 5・1209 13・465 15・403 31・195 39・155 65・93

6046 2・3023

6047

6048 2・3024 3・2016 4・1512 6・1008 7・864 8・756 9・672 12・504 14・432 16・378 18・336 21・288 24・252 27・224 28・216 32・189 36・168 42・144 48・126 54・112 56・108 63・96 72・84

6049 23・263

6050 2・3025 5・1210 10・605 11・550 22・275 25・242 50・121 55・110

6051 3・2017

6052 2・3026 4・1513 17・356 34・178 68・87

6053

6054 2・3027 3・2018 6・1009

6055 5・1211 7・865 35・173

6056 2・3028 4・1514 8・757

6057 3・2019 9・673

6058 2・3029 13・466 26・233

6059 73・83

6060 2・3030 3・2020 4・1515 5・1212 6・1010 10・606 12・505 15・404 20・303 30・202 60・101

6061 11・551 19・319 29・209

6062 2・3031 7・866 14・433

6063 3・2021 43・141 47・129

6064 2・3032 4・1516 8・758 16・379

6065 5・1213

6066 2・3033 3・2022 6・1011 9・674 18・337

6067

6068 2・3034 4・1517 37・164 41・148 74・82

6069 3・2023 7・867 17・357 21・289 51・119

6070 2・3035 5・1214 10・607

6071 13・467

6072 2・3086 3・2024 4・1515 6・1012 8・750 11・552 12・506 22・276 23・264 24・253 33・184 44・138 46・132 66・92 69・88

6073

6074 2・3037

6075 3・2025 5・1215 9・675 15・405 25・243 27・225 45・135 75・81

6076 2・3038 4・1519 7・868 14・434 28・217 31・196 49・124 62・98

6077 59・103

6078 2・3039 3・2026 6・1013

6079

6080 2・3040 4・1520 5・1216 8・760 10・608 16・330 19・320 20・304 32・190 33・160 40・152 64・95 76・80

6081 3・2027

6082 2・3041

6083 7・869 11・553 77・79

6084 2・3042 3・2028 4・1521 6・1014 9・676 12・507 13・468 18・388 26・234 36・169 39・156 52・117 78・78

6085 5・1217

6086 2・3043 17・358 34・179

6087 3・2029

6088 2・3044 4・1522 8・761

6089

6090 2・3045 3・2030 5・1218 6・1015 7・870 10・609 14・425 15・406 21・200 29・210 30・203 35・174 42・145 53・105 70・87

6091

6092 2・3046 4・1523

6093 8・2031 9・677

6094 2・3047 11・554 22・277

6095 5・1210 23・265 53・115

6096 2・3048 3・2032 4・1524 6・1016 8・752 12・503 16・331 24・254 48・127

6097 7・871 13・469 67・91

6098 2・3049

6099 3・2033 19・321 57・107

6100 2・3050 4・1525 5・1220 10・610 20・305 25・244 50・122 61・100

續表

6101

6102
2・3051
3・2034
6・1017
9・678
18・339
27・226
54・113

6103
17・359

6104
2・3052
4・1526
7・772
8・763
14・436
28・218
56・109

6105
3・2035
5・1221
11・555
15・407
33・185
37・165
55・111

6106
2・3053
43・142
71・86

6107
31・199

6108
2・3054
8・2036
4・1527
6・1018
12・509

6109
41・149

6110
2・3055
5・1222
10・611
13・470
26・235
47・130
65・94

6111
3・2037
7・873
9・679
21・291
63・97

6112
2・3056
4・1528
8・764
16・382
32・121

6113

6114
2・3057
3・2083
6・1019

6115
5・1223

6116
2・3058
4・1529
11・556
22・278
44・139

6117
3・2039

6118
2・3059
7・874
14・437
19・322
23・266
38・161
46・133

6119
29・211

6120
2・3060
3・2040
4・1530
5・1224
6・1020
8・765
9・680
10・612
12・510
15・408
17・360
18・340
20・306
24・255
30・204
34・180
36・170
40・153
45・136
51・120
60・102
68・90
72・85

6121

6122
2・3061

6123
3・2041
13・471
39・157

6124
2・3062
4・1531

6125
5・1225
7・875
25・245
35・175
49・125

6126
2・3053
3・2042
6・1021

6127
11・557

6128
2・3064
4・1532
8・766
16・383

6129
3・2043
8・631
27・227

6130
2・3065
5・1226
10・613

6131

6132
2・3064
3・2044
4・1533
6・1022
7・876
12・511
14・438
21・292
28・219
42・146
73・84

6133

6134
2・3067

6135
3・2045
5・1227
15・409

6136
2・3063
4・1534
8・767
13・472
26・236
52・118
59・104

6137
17・361
19・823

6138
2・3069
3・2046
6・1023
9・682
11・558
18・341
22・279
31・198
33・186
62・99
66・93

6139
7・877

6140
2・3070
4・1535
5・1228
10・614
20・307

6141
3・2047
23・267
69・89

6142
2・3071
37・166
74・83

6143

6144
2・3072
3・2048
4・1536
6・1024
8・763
12・512
16・384
24・256
32・192
48・128
64・96

6145
5・1229

6146
2・3073
7・878
14・439

6147
3・2049
9・683

6148
2・3074
4・1537
29・212
53・116
58・106

6149
11・539
13・473
43・143

6150
2・3075
3・2050
5・1230
6・1025
10・615
15・410
25・246
30・205
41・150
50・123
75・82

6151

6152
2・3076
4・1538
8・769

6153
3・2051
7・579
21・293

6154
2・3077
17・362
34・181

6155
5・1231

6156
2・3076
3・2052
4・1539
6・1026
9・634
12・513
18・342
19・324
27・228
36・171
33・162
54・114
57・108
76・81

6157
47・131

6158
2・3079

6159
3・2053

6160
2・3039
4・1540
5・1282
7・880
8・770
10・616
11・560
14・440
16・385
20・308
22・230
28・220
35・176
40・154
44・140
55・112
56・110
70・88
77・80

6161
61・101

6162
2・3081
3・2084
6・1027
13・474
26・237
39・158
78・79

6163

6164
2・3082
4・1541
23・263
46・134
67・92

6165
3・2055
5・1233
9・635
15・411
45・137

6166
2・3083

6167
7・881

6168
2・3084
3・2056
4・1542
6・1023
8・771
12・514
24・257

6169
31・109

6170
2・3085
5・1234
10・617

6171
3・2057
11・561
17・363
33・187
51・121

6172
2・3086
4・1543

6173

6174
2・3087
3・2058
6・1929
7・882
9・686
14・441
18・343
21・294
42・147
49・126
63・93

6175
5・1235
13・475
19・325
25・247
65・95

6176
2・3088
4・1544
8・772
16・386
32・193

6177
3・2059
29・213
71・87

6178
2・3089

6179
37・167

6180
2・3090
3・2060
4・1545
5・1233
6・1030
10・613
12・515
15・412
20・309
30・206
60・103

6181
7・883

6182
2・3091
11・562
22・281

6183
3・2061
9・687
27・229

6184
2・3092
4・1546
8・773

6185
5・1237

6186
2・3093
3・2062
6・1031

6187
23・209

6188
2・3094
4・1547
7・834
13・476
14・442
17・334
26・238
28・221
34・182
52・119
63・91

6189
3・2063

6190
2・3095
5・1233
10・619

6191
41・151

6192
2・3096
3・2064
4・1548
6・1032
8・774
9・688
12・516
16・337
18・344
24・253
36・172
43・144
48・120
72・86

6193
11・563

6194
2・3097
19・326
38・163

6195
3・2065
5・1239
7・885
15・413
21・295
35・177
59・105

6196
2・3098
4・1549

6197

6198
2・3099
3・2066
6・1033

6199

6200
2・3100
4・1550
5・1240
8・775
10・620
20・310
25・248
31・200
40・155
50・124
62・100

6201
3・2067
9・639
13・477
39・159
53・117

6202
2・3101
7・886
14・443

6203

6204
2・3102
3・2068
4・1551
6・1034
11・534
12・517
22・282
33・183
44・141
47・132
66・94

6205
5・1241
17・365
73・85

6206
2・3103
20・214
58・107

6207
3・2069

6208
2・3104
4・1552
8・776
16・388
32・194
64・97

6209
7・887

6210
2・3105
3・2070
5・1242
6・1035
9・690
10・621
15・414
18・345
23・270
27・230
30・207
45・138
46・135
54・115
69・90

續表

6211

6212
2·3106 4·1553

6213
3·2071 19·327 57·109

6214
2·3107 13·478 26·239

6215
5·1243 11·565 55·113

6216
2·3103 3·2072 4·1554 6·1036 7·888 8·777 12·518 14·444 21·296 24·259 28·222 37·168 42·148 56·111 74·84

6217

6218
2·3109

6219
3·2073 9·691

6220
2·3110 4·1555 5·1244 10·622 20·311

6221

6222
2·3111 3·2074 6·1037 17·366 34·183 51·122 61·102

6223
7·889 49·127

6224
2·3112 4·1526 8·778 16·389

6225
3·2975 5·1245 15·415 25·249 75·83

6226
2·3113 11·566 22·283

6227
13·479

6228
2·3114 3·2076 4·1557 6·1038 9·692 12·519 18·346 36·173

6229

6230
2·3115 5·1246 7·890 10·623 14·445 35·178 70·89

6231
3·2077 31·201 67·93

6232
2·3116 4·1558 8·779 19·328 38·164 41·152 76·82

6233
23·271

6234
2·3117 3·2078 6·1039

6235
5·1247 29·215 43·145

6236
2·3118 4·1559

6237
3·2079 7·891 9·693 11·567 21·297 27·231 33·189 63·99 77·81

6238
2·3119

6239
17·367

6240
2·3120 3·2080 4·1560 5·1248 6·1040 8·780 10·624 12·520 13·480 15·416 16·390 20·312 24·260 26·240 30·208 32·195 39·160 40·150 48·130 52·120 60·104 65·96 78·80

6241
79·79

6242
2·3121

6243
3·2081

6244
2·3122 4·1561 7·892 14·446 28·223

6245
5·1249

6246
2·3123 3·2082 6·1041 9·694 18·347

6247

6248
2·3124 4·1562 8·781 11·568 22·284 44·142 71·88

6249
3·2083

6250
2·3125 5·1250 10·625 25·250 50·125

6251
7·893 19·329 47·133

6252
2·3126 3·2084 4·1563 6·1042 12·521

6253
13·481 37·169

6254
2·3127 53·118 59·106

6255
3·2085 5·1251 9·695 15·417 45·139

6256
2·3128 4·1564 8·782 16·391 17·368 22·272 34·184 46·136 68·92

6257

6258
2·3129 3·2086 6·1043 7·894 14·447 21·298 42·149

6259
11·569

6260
2·3130 4·1565 5·1252 10·626 20·313

6261
3·2087

6262
2·3131 31·202 62·101

6263

6264
2·3132 3·2088 4·1566 6·1044 8·783 9·696 12·522 18·348 24·261 27·232 29·216 36·174 54·116 58·108 72·87

6265
5·1253 7·895 35·179

6266
2·3133 13·482 26·241

6267
3·2087

6268
2·3134 4·1567

6269

6270
2·3135 3·2090 5·1254 6·1045 10·627 11·570 15·418 19·330 22·285 30·209 33·190 38·165 55·114 57·110 66·95

6271

6272
2·3136 4·1568 7·896 8·784 14·448 16·392 28·224 32·196 49·128 56·112 64·98

6273
3·2091 9·697 17·369 41·153 51·123

6274
2·3137

6275
5·1255 25·251

6276
2·3138 3·2092 4·1569 6·1046 12·523

6277

6278
2·3139 43·146 73·86

6279
3·2093 7·897 13·483 21·299 23·273 39·161 69·91

6280
2·3140 4·1570 5·1256 8·785 10·628 20·314 40·157

6281
11·571

6282
2·3141 3·2094 6·1047 9·698 18·319

6283
61·103

6284
2·3142 4·1571

6285
3·2095 5·1257 15·419

6286
2·3143 7·898 14·449

6287

6288
2·3144 3·2096 4·1572 6·1048 8·786 12·524 16·393 24·262 48·131

6289
19·331

6290
2·3145 5·1258 10·629 17·370 34·185 37·170 74·85

6291
3·2097 9·699 27·233

6292
2·3146 4·1573 11·572 13·484 22·286 26·242 44·143 52·121

6293
7·899 29·217 31·203

6294
2·3147 3·2098 6·1049

6295
5·1259

6296
2·3148 4·1574 8·787

6297
3·2099

6298
2·3149 47·134 67·94

6299

6300
2·3150 3·2100 4·1575 5·1260 6·1050 7·900 9·700 10·630 12·525 14·450 15·420 18·350 20·315 21·300 25·252 28·225 30·210 35·180 36·175 42·150 45·140 50·126 60·105 63·100 70·90 75·84

6301

6302
2·3151 23·274 46·137

6303
3·2101 11·573 33·191

6304
2·3152 4·1576 8·788 16·394 32·197

6305
5·1261 13·435 65·97

6306
2·3153 3·2102 6·1051

6307
7·901 17·371 53·119

6308
2·3154 4·1577 19·332 38·166 76·83

6309
3·2103 9·701

6310
2·3155 5·1262 10·631

6311

6312
2·3156 3·2104 4·1578 6·1052 8·789 12·526 24·263

6313
59·107

6314
2·3157 7·902 11·574 14·451 22·287 41·154 77·82

6315
3·2105 5·1263 15·421

6316
2·3158 4·1579

6317

6318
2·3159 3·2106 6·1053 9·702 13·486 18·351 26·243 27·234 39·162 54·117 78·81 63·19 71·89

6319
71·89

6320
2·3160 4·1580 5·1264 8·790 10·632 16·395 20·316 40·158 79·80

續表

6321
3 · 2107
7 · 903
21 · 301
43 · 147
49 · 129

6322
2 · 3161
29 · 218
58 · 109

6323

6324
2 · 3162
3 · 2108
4 · 1581
6 · 1054
12 · 527
17 · 372
31 · 204
34 · 186
51 · 124
62 · 102
68 · 93

6325
5 · 1265
11 · 575
23 · 275
25 · 253
55 · 115

6326
2 · 3163

6327
3 · 2109
9 · 703
19 · 333
37 · 171
57 · 111

6328
2 · 3164
4 · 1582
7 · 904
8 · 791
14 · 452
28 · 226
56 · 113

6329

6330
2 · 3165
3 · 2110
5 · 1266
6 · 1055
10 · 633
15 · 422
30 · 211

6331
13 · 487

6332
2 · 3166
4 · 1533

6333
3 · 2111

6334
2 · 3167

6335
5 · 1267
7 · 905
35 · 181

6336
2 · 3168
3 · 2112
4 · 1584
6 · 1056
8 · 792
9 · 704
11 · 576
12 · 528
16 · 396
18 · 352
22 · 288
24 · 264
32 · 198
33 · 192
36 · 176
44 · 144
48 · 132
64 · 99
66 · 96
72 · 88

6337

6338
2 · 3169

6339
3 · 2113

6340
2 · 3170
4 · 1585
5 · 1268
10 · 634
20 · 317

6341
17 · 373

6342
2 · 3171
3 · 2114
6 · 1057
7 · 906
14 · 453
21 · 302
42 · 151

6343

6344
2 · 3172
4 · 1586
8 · 793
13 · 488
26 · 244
52 · 122
61 · 104

6345
3 · 2115
5 · 1269
9 · 705
15 · 423
27 · 235
45 · 141
47 · 135

6346
2 · 3173
19 · 334
38 · 167

6347
11 · 577

6348
2 · 3174
3 · 2116
4 · 1587
6 · 1058
12 · 529
23 · 276
46 · 138
69 · 92

6349
7 · 907

6350
2 · 3175
5 · 1270
10 · 635
25 · 254
50 · 127

6351
3 · 2117
29 · 219
73 · 87

6352
2 · 3176
4 · 1588
8 · 794
16 · 397

6353

6354
2 · 3177
3 · 2118
6 · 1059
9 · 706
18 · 353

6355
5 · 1271
31 · 205
41 · 155

6356
2 · 3178
4 · 1589
7 · 908
14 · 454
28 · 227

6357
3 · 2119
13 · 489
39 · 163

6358
2 · 3179
11 · 578
17 · 374
22 · 289
34 · 187

6359

6360
2 · 3180
3 · 2120
4 · 1590
5 · 1272
6 · 1060
8 · 795
10 · 636
12 · 530
15 · 424
20 · 318
24 · 265
30 · 212
40 · 159
53 · 120
60 · 106

6361

6362
2 · 3181

6363
3 · 2121
7 · 909
9 · 707
21 · 303
63 · 101

6364
2 · 3182
4 · 1591
37 · 172
43 · 148
74 · 86

6365
5 · 1273
19 · 335
67 · 95

6366
2 · 3183
3 · 2122
6 · 1061

6367

6368
2 · 3184
4 · 1592
8 · 796
16 · 398
32 · 199

6369
3 · 2123
11 · 579
33 · 193

6370
2 · 3185
5 · 1274
7 · 910
10 · 637
13 · 490
14 · 455
26 · 245
35 · 182
49 · 130
65 · 98
70 · 91

6371
23 · 277

6372
2 · 3186
3 · 2124
4 · 1593
6 · 1062
9 · 708
12 · 531
18 · 354
27 · 286
36 · 177
54 · 118
59 · 108

6373

6374
2 · 3187

6375
3 · 2125
5 · 1275
15 · 425
17 · 375
25 · 255
51 · 125
75 · 85

6376
2 · 3188
4 · 1594
8 · 797

6377
7 · 911

6378
2 · 3189
3 · 2126
6 · 1063

6379

6380
2 · 3190
4 · 1595
5 · 1276
10 · 638
11 · 580
20 · 319
22 · 290
29 · 220
44 · 145
55 · 116
58 · 110

6381
3 · 2127
9 · 709

6382
2 · 3191

6383
13 · 491

6384
2 · 3192
3 · 2128
4 · 1596
6 · 1064
7 · 912
8 · 793
12 · 532
14 · 456
16 · 399
19 · 336
21 · 304
24 · 266
28 · 228
38 · 168
42 · 152
48 · 133
56 · 114
57 · 112
76 · 84

6385
5 · 1277

6386
2 · 3193
31 · 206
62 · 103

6387
3 · 2129

6388
2 · 3194
4 · 1297

6389

6390
2 · 3195
3 · 2130
5 · 1278
6 · 1065
9 · 710
10 · 639
15 · 426
18 · 355
30 · 213
45 · 142
71 · 90

6391
7 · 913
11 · 581
77 · 83

6392
2 · 3196
4 · 1598
8 · 799
17 · 876
34 · 188
47 · 136
68 · 94

6393
3 · 2131

6394
2 · 3197
23 · 278
46 · 139

6395
5 · 1279

6396
2 · 3193
3 · 2132
4 · 1599
6 · 1066
12 · 533
13 · 492
26 · 246
39 · 164
41 · 156
52 · 123
78 · 82

6397

6398
2 · 3199
7 · 914
14 · 457

6399
3 · 2133
9 · 711
27 · 237
79 · 81

6400
2 · 3200
4 · 1600
5 · 1280
8 · 800
10 · 640
16 · 400
20 · 320
25 · 256
32 · 200
40 · 160
50 · 128
64 · 100
80 · 80

6401
37 · 173

6402
2 · 3201
3 · 2134
6 · 1067
11 · 582
22 · 291
33 · 194
66 · 97

6403
19 · 337

6404
2 · 3202
4 · 1601

6405
3 · 2135
5 · 1281
7 · 915
15 · 427
21 · 305
35 · 183
61 · 105

6406
2 · 3203

6407
43 · 149

6408
2 · 3204
3 · 2136
4 · 1602
6 · 1068
8 · 801
9 · 712
12 · 534
18 · 356
24 · 267
36 · 178
72 · 89

6409
13 · 493
17 · 377
29 · 221

6410
2 · 3205
5 · 1282
10 · 641

6411
3 · 2137

6412
2 · 3206
4 · 1603
7 · 916
14 · 458
28 · 229

6413
11 · 583
53 · 121

6414
2 · 3207
3 · 2138
6 · 1069

6415
5 · 1283

6416
2 · 3208
4 · 1604
8 · 802
16 · 401

6417
3 · 2139
9 · 713
23 · 279
31 · 207
69 · 93

6418
2 · 3209

6419
7 · 917
49 · 131

6420
2 · 3210
3 · 2140
4 · 1605
5 · 1284
6 · 1070
10 · 642
12 · 535
15 · 428
20 · 321
30 · 214
60 · 107

6421

6422
2 · 3211
13 · 494
19 · 338
26 · 247
38 · 169

6423
3 · 2141

6424
2 · 3212
4 · 1606
8 · 803
11 · 584
22 · 292
44 · 146
73 · 88

6425
5 · 1285
25 · 257

6426
2 · 3213
3 · 2142
6 · 1071
7 · 918
9 · 714
14 · 459
17 · 378
18 · 357
21 · 306
27 · 238
34 · 189
42 · 153
51 · 126
54 · 119
63 · 102

6427

6428
2 · 3214
4 · 1607

6429
3 · 2143

6430
2 · 3215
5 · 1286
10 · 643

續表

6431
59・109

6432
2・3216
3・2144
4・1608
6・1072
8・804
12・536
16・402
24・268
32・201
48・134
67・96

6433
7・919

6434
2・3217

6435
3・2145
5・1287
9・715
11・585
13・495
15・429
33・195
39・165
45・143
55・117
65・99

6436
2・3218
4・1609

6437
41・157

6438
2・3219
3・2146
6・1073
29・222
37・174
58・111
74・87

6439
47・137

6440
2・3220
4・1610
5・1288
7・920
8・805
10・644
14・460
20・322
23・280
28・230
35・184
40・161
46・140
56・115
70・92

6441
3・2147
19・339
57・113

6442
2・3221

6443
17・379

6444
2・3222
3・2148
4・1611
6・1074
9・716
12・537
18・358
36・179

6445
5・1289

6446
2・3223
11・586
22・293

6447
3・2149
7・921
21・307

6448
2・3224
4・1612
8・806
13・496
16・403
26・248
31・208
52・124
62・104

6449

6450
2・3225
3・2150
5・1290
6・1075
10・645
15・430
25・258
30・215
43・150
50・129
75・86

6451

6452
2・3226
4・1613

6453
3・2151
9・717
27・239

6454
2・3227
7・922
14・461

6455
5・1291

6456
2・3228
3・2152
4・1614
6・1076
8・807
12・538
24・269

6457
11・587

6458
2・3229

6459
3・2153

6460
2・3230
4・1615
5・1292
10・646
17・380
19・340
20・323
34・190
38・170
68・95
76・85

6461
7・923
13・497
71・91

6462
2・3231
3・2154
6・1077
9・718
18・359

6463
23・281

6464
2・3232
4・1616
8・808
16・404
32・202
64・101

6465
3・2155
5・1293
15・431

6466
2・3233
53・122
61・106

6467
29・223

6468
2・3234
3・2156
4・1617
6・1078
7・924
11・588
12・539
14・462
21・308
22・294
28・231
33・196
42・154
44・147
49・132
66・98
77・84

6469

6470
2・3235
5・1294
10・647

6471
3・2157
9・719

6472
2・3236
4・1618
8・809

6473

6474
2・3237
3・2158
6・1079
13・498
26・249
39・166
78・83

6475
5・1295
7・925
25・259
35・185
37・175

6476
2・3238
4・1619

6477
3・2159
17・381
51・127

6478
2・3239
41・158
79・82

6479
11・589
19・341
31・209

6480
2・3240
3・2160
4・1620
5・1296
6・1080
8・810
9・720
10・648
12・540
15・432
16・405
18・360
20・324
24・270
27・240
30・216
36・180
40・162
45・144
48・135
54・120
60・108
72・90
80・81

6481

6482
2・3241
7・926
14・463

6483
3・2161

6484
2・3242
4・1621

6485
5・1297

6486
2・3243
3・2162
6・1081
23・282
46・141
47・138
69・94

6487
13・499

6488
2・3244
4・1622
8・811

6489
3・2163
7・927
9・721
21・309
63・103

6490
2・3245
5・1298
10・649
11・590
22・295
55・118
59・110

6491

6492
2・3246
3・2164
4・1623
6・1082
12・541

6493
431・151

6494
2・3247
17・382
34・191

6495
3・2165
5・1299
15・433

6496
2・3248
4・1624
7・928
8・812
14・464
16・406
28・232
29・224
32・203
56・116
58・112

6497
73・89

6498
2・3249
3・2166
6・1083
9・722
18・361
19・342
38・171
57・114

6499
67・97

6500
2・3250
4・1625
5・1300
10・650
13・500
20・325
25・260
26・250
50・130
52・125
65・100

6501
3・2167
11・591
33・197

6502
2・3251

6503
7・929

6504
2・3252
3・2168
4・1626
6・1084
8・813
12・542
24・271

6505
5・1301

6506
2・3253

6507
3・2169
9・723
27・241

6508
2・3254
4・1627

6509
23・283

6510
2・3255
3・2170
5・1302
6・1085
7・930
10・651
14・465
15・434
21・310
30・217
31・210
35・186
42・155
62・105
70・93

6511
17・383

6512
2・3256
4・1628
8・814
11・592
16・407
22・296
37・176
44・148
74・88

6513
3・2171
13・501
39・567

6514
2・3257

6515
5・1303

6516
2・3258
3・2172
4・1629
6・1086
9・724
12・543
18・362
36・181

6517
7・931
19・343
49・133

6518
2・3259

6519
3・2173
41・159
53・123

6520
2・3260
4・1630
5・1304
8・815
10・652
20・326
40・163

6521

6522
2・3261
3・2174
6・1087

6523
11・593

6524
2・3262
4・1631
7・932
14・466
28・233

6525
3・2175
5・1305
9・725
15・435
25・261
29・225
45・145
75・87

6526
2・3263
13・502
26・251

6527
61・107

6528
2・3264
3・2176
4・1632
6・1088
8・816
12・544
16・408
17・384
24・272
32・204
34・192
48・136
51・128
64・102
68・96

6529

6530
2・3265
5・1306
10・653

6531
3・2177
7・933
21・311

6532
2・3266
4・1633
23・284
46・142
71・92

6533
47・139

6534
2・3267
3・2178
6・1089
9・726
11・594
18・363
22・257
27・242
33・198
54・121
66・99

6535
5・1307

6536
2・3268
4・1634
8・817
19・344
38・172
43・152
76・86

6537
3・2179

6538
2・3269
7・934
14・467

6539
13・503

6540
2・3270
3・2180
4・1635
5・1308
6・1090
10・654
12・545
15・436
20・327
30・218
60・109

續表

6541
31 · 211

6542
2 · 3271

6543
3 · 2181
9 · 727

6544
2 · 3272
4 · 1636
8 · 818
16 · 409

6545
5 · 1309
7 · 935
11 · 595
17 · 385
35 · 187
55 · 119
77 · 85

6546
2 · 3273
3 · 2182
6 · 1091

6547

6548
2 · 3274
4 · 1637

6549
3 · 2183
37 · 177
59 · 111

6550
2 · 3275
5 · 1310
10 · 655
25 · 262
50 · 131

6551

6552
2 · 3276
3 · 2184
4 · 1638
6 · 1092
7 · 936
8 · 879
9 · 728
12 · 546
13 · 504
14 · 468
18 · 364
21 · 312
24 · 273
26 · 252
28 · 234
36 · 182
39 · 168
42 · 156
52 · 126
56 · 117
63 · 104
72 · 91
78 · 84

6553

6554
2 · 3277
29 · 226
58 · 113

6555
3 · 2185
5 · 1311
15 · 437
19 · 345
23 · 285
57 · 115
69 · 95

6556
2 · 3278
4 · 1639
11 · 596
22 · 298
44 · 149

6557
79 · 83

6558
2 · 3279
3 · 2186
6 · 1093

6559
7 · 937

6560
2 · 3280
4 · 1640
5 · 1312
8 · 820
10 · 656
16 · 410
20 · 328
32 · 205
40 · 164
41 · 160
80 · 82

6561
3 · 2187
9 · 729
27 · 243
81 · 81

6562
2 · 3281
17 · 386
34 · 193

6563

6564
2 · 3282
3 · 2188
4 · 1641
6 · 1094
12 · 547

6565
5 · 1313
13 · 505
65 · 101

6566
2 · 3283
7 · 938
14 · 469
49 · 134
67 · 98

6567
3 · 2189
11 · 597
33 · 199

6568
2 · 3284
4 · 1642
8 · 821

6569

6570
2 · 3285
3 · 2190
5 · 1314
61 · 095
9 · 730
10 · 657
15 · 438
18 · 365
30 · 219
45 · 146
73 · 90

6571

6572
2 · 3286
4 · 1643
31 · 212
53 · 124
62 · 106

6573
3 · 2191
7 · 939
21 · 313

6574
2 · 3287
19 · 346
38 · 173

6575
5 · 1315
25 · 263

6576
2 · 3288
3 · 2192
4 · 1644
6 · 1096
8 · 822
12 · 548
16 · 411
24 · 274
48 · 137

6577

6578
2 · 3289
11 · 598
13 · 506
22 · 299
23 · 286
26 · 253
46 · 143

6579
3 · 2193
9 · 731
17 · 387
43 · 153
51 · 129

6580
2 · 3290
4 · 1645
5 · 1316
7 · 940
10 · 658
14 · 470
20 · 329
28 · 235
35 · 188
47 · 140
70 · 94

6581

6582
2 · 3291
3 · 2194
6 · 1097

6583
29 · 227

6584
2 · 3292
4 · 1646
8 · 823

6585
3 · 2195
5 · 1317
15 · 439

6586
2 · 3293
37 · 178
74 · 89

6587
7 · 941

6588
2 · 3294
3 · 2196
4 · 1647
6 · 1098
9 · 732
12 · 549
18 · 366
27 · 244
36 · 183
54 · 122
61 · 108

6589
11 · 599

6590
2 · 3295
5 · 1318
10 · 659

6591
3 · 2197
13 · 507
39 · 169

6592
2 · 3296
4 · 1648
8 · 824
16 · 412
32 · 206
64 · 103

6593
19 · 347

6594
2 · 3297
3 · 2198
6 · 1099
7 · 942
14 · 471
21 · 314
42 · 157

6595
5 · 1319

6596
2 · 3298
4 · 1649
17 · 388
34 · 194
68 · 97

6597
3 · 2199
9 · 733

6598
2 · 3299

6599

6600
2 · 3300
3 · 2200
4 · 1650
5 · 1320
6 · 1100
8 · 825
10 · 660
11 · 600
12 · 550
15 · 440
20 · 330
22 · 300
24 · 275
25 · 264
30 · 220
33 · 200
40 · 165
44 · 150
50 · 135
55 · 120
60 · 110
66 · 100
75 · 88

6601
7 · 943
23 · 287
41 · 161

6602
2 · 3301

6603
3 · 2201
31 · 213
71 · 93

6604
2 · 3302
4 · 1651
13 · 508
26 · 254
52 · 127

6605
5 · 1321

6606
2 · 3303
3 · 2202
6 · 1101
9 · 734
18 · 367

6607

6608
2 · 3304
4 · 1652
7 · 944
8 · 826
14 · 472
16 · 413
28 · 236
56 · 118
59 · 112

6609
3 · 2203

6610
2 · 3305
5 · 1322
10 · 661

6611
11 · 601

6612
2 · 3306
3 · 2204
4 · 1653
6 · 1102
12 · 551
19 · 348
29 · 228
38 · 174
57 · 116
58 · 114
76 · 87

6613
17 · 389

6614
2 · 3307

6615
3 · 2205
5 · 1323
7 · 945
9 · 735
15 · 441
21 · 315
27 · 245
35 · 189
45 · 147
49 · 135
63 · 105

6616
2 · 3308
4 · 1654
8 · 827

6617
13 · 509

6618
2 · 3309
3 · 2206
6 · 1103

6619

6620
2 · 3310
4 · 1655
5 · 1324
10 · 662
20 · 331

6621
3 · 2207

6622
2 · 3311
7 · 946
11 · 602
14 · 473
22 · 301
43 · 154
77 · 86

6623
37 · 179

6624
2 · 3312
3 · 2208
4 · 1656
6 · 1104
8 · 828
9 · 736
12 · 552
16 · 414
18 · 368
23 · 288
24 · 276
32 · 207
36 · 184
46 · 144
48 · 138
69 · 96
72 · 92

6625
5 · 1325
25 · 265
53 · 125

6626
2 · 3313

6627
3 · 2209
47 · 141

6628
2 · 3314
4 · 1657

6629
7 · 947

6630
2 · 3315
3 · 2210
5 · 1326
6 · 1105
10 · 663
13 · 510
15 · 442
17 · 390
26 · 255
30 · 221
34 · 195
39 · 170
51 · 130
65 · 102
78 · 85

6631
19 · 349

6632
2 · 3316
4 · 1658
8 · 820

6633
3 · 2211
9 · 737
11 · 603
33 · 201
67 · 99

6634
2 · 3317
31 · 214
62 · 107

6635
5 · 1327

6636
2 · 3318
3 · 2212
4 · 1659
6 · 1106
7 · 948
12 · 553
14 · 474
21 · 316
28 · 237
42 · 158
79 · 84

6637

6638
2 · 3319

6639
3 · 2213

6640
2 · 3320
4 · 1660
5 · 1328
8 · 830
10 · 664
16 · 415
20 · 332
40 · 166
80 · 83

6641
29 · 229

6642
2 · 3321
3 · 2214
6 · 1107
9 · 738
18 · 369
27 · 246
41 · 162
54 · 123
81 · 82

6643
7 · 949
13 · 511
73 · 91

6644
2 · 3322
4 · 1661
11 · 604
22 · 302
44 · 151

6645
3 · 2215
5 · 1329
15 · 443

6646
2 · 3323

6647
17 · 391
23 · 289

6648
2 · 3324
3 · 2216
4 · 1662
6 · 1108
8 · 831
12 · 554
24 · 277

6649
61 · 109

6650
2 · 3325
5 · 1330
7 · 950
10 · 665
14 · 475
19 · 350
25 · 266
35 · 190
38 · 175
50 · 133
70 · 95

續表

6651
3·2217
9·739

6652
2·3326
4·1663

6653

6654
2·3327
3·2218
6·1109

6655
5·1331
11·605
55·121

6656
2·3328
4·1664
8·832
13·512
16·416
26·256
32·208
52·128
64·104

6657
3·2219
7·951
21·317

6658
2·3329

6659

6660
2·3330
3·2220
4·1665
5·1332
6·1110
9·740
10·666
12·555
15·444
18·370
20·333
30·222
36·185
37·180
45·148
60·111
74·90

6661

6662
2·3331

6663
3·2221

6664
2·3332
4·1666
7·952
8·833
14·476
17·392
28·238
34·196
49·136
56·119
68·98

6665
5·1333
31·215
43·155

6666
2·3333
3·2222
6·1111
11·606
22·303
33·202
66·101

6667
59·113

6668
2·3334
4·1667

6669
3·2223
9·741
13·513
19·351
27·247
39·171
57·117

6670
2·3335
5·1334
10·667
23·290
29·230
46·145
58·115

6671
7·953

6672
2·3336
3·2224
4·1668
6·1112
8·834
12·556
16·417
24·278
48·139

6673

6674
2·3337
47·142
71·94

6675
3·2225
5·1335
15·445
25·267
75·89

6676
2·3338
4·1669

6677
11·607

6678
2·3339
3·2226
6·1113
7·954
9·742
14·477
18·371
21·318
42·159
53·126
63·106

6679

6680
2·3340
4·1670
5·1336
8·835
10·668
20·334
40·167

6681
3·2227
17·393
51·131

6682
2·3341
13·514
26·257

6683
41·163

6684
2·3342
3·2228
4·1671
6·1114
12·557

6685
5·1337
7·955
35·191

6686
2·3343

6687
3·2229
9·743

6688
2·3344
4·1672
8·836
11·608
16·418
19·352
22·304
32·209
38·176
44·152
76·88

6689

6690
2·3345
3·2230
5·1338
6·1115
10·669
15·446
30·223

6691

6692
2·3346
4·1673
7·956
14·478
28·239

6693
3·2231
23·291
69·97

6694
2·3347

6695
5·1339
13·515
65·103

6696
2·3348
3·2232
4·1674
6·1116
8·837
9·744
12·558
18·372
24·279
27·248
31·216
36·186
54·124
62·108
72·93

6697
37·181

6698
2·3349
17·394
34·197

6699
3·2233
7·957
11·609
21·319
29·231
33·203
77·87

6700
2·3350
4·1675
5·1340
10·670
20·335
25·268
50·134
67·100

6701

6702
2·3351
3·2234
6·1117

6703

6704
5·1341
4·1676
8·838
16·419

6705
3·2235
5·1341
9·745
15·447
45·149

6706
2·3353
7·958
14·479

6707
19·353

6708
2·3354
3·2236
4·1677
6·1118
12·559
13·516
26·258
39·172
43·156
52·129
78·86

6709

6710
2·3355
5·1342
10·671
11·610
22·305
55·122
61·110

6711
3·2237

6712
2·3356
4·1678
8·839

6713
7·959
49·137

6714
2·3357
3·2238
6·1119
9·746
18·373

6715
5·1343
17·395
79·85

6716
2·3358
4·1679
23·292
46·146
73·92

6717
3·2239

6718
2·3359

6719

6720
2·3360
3·2240
4·1680
5·1344
6·1120
7·960
8·840
10·672
12·560
14·480
15·448
16·420
20·336
21·320
24·280
28·240
30·224
32·210
35·192
40·168
42·160
48·140
56·120
60·112
64·105
70·96
80·84

6721
11·611
13·517
47·143

6722
2·3361

6723
3·2241
9·747
27·249
81·83

6724
2·3362
4·1681
41·164
82·82

6725
5·1345
25·269

6726
2·3363
3·2242
6·1121
19·354
38·177
57·118
59·114

6727
7·961
31·217

6728
2·3364
4·1682
8·841
29·232
58·116

6729
3·2243

6730
2·3365
5·1346
10·673

6731
53·127

6732
2·3366
3·2244
4·1683
6·1122
9·748
11·612
12·561
17·396
18·374
22·306
33·204
34·198
36·187
44·153
51·132
66·102
68·99

6733

6734
2·3367
7·962
13·518
14·481
26·259
37·182
74·91

6735
3·2245
5·1347
15·449

6736
2·3368
4·1684
8·842
16·421

6737

6738
2·3369
3·2246
6·1123

6739
23·293

6740
2·3370
4·1685
5·1348
10·674
20·337

6741
3·2247
7·963
9·749
21·321
63·107

6742
2·3371

6743
11·613

6744
2·3372
3·2248
4·1686
6·1124
8·843
12·562
24·281

6745
5·1349
19·355
71·95

6746
2·3373

6747
3·2249
13·519
39·173

6748
2·3374
4·1687
7·964
14·482
28·241

6749
17·397

6750
2·3375
3·2250
5·1350
6·1125
9·750
10·675
15·450
18·375
25·270
27·250
30·225
45·150
50·135
54·125
75·90

6751
43·157

6752
2·3376
4·1688
8·844
16·422
32·211

6753
3·2251

6754
2·3377
11·614
22·307

6755
5·1351
7·965
35·193

6756
2·3378
3·2252
4·1689
6·1126
12·563

6757
29·233

6758
2·3379
31·218
62·109

6759
3·2253
9·751

6760
2·3380
4·1690
5·1352
8·845
10·676
13·520
20·338
26·260
40·169
52·130
65·104

續表

6761

6762
2·3381
3·2254
6·1127
7·966
14·483
21·322
23·294
42·161
46·147
49·138
69·98

6763

6764
2·3382
4·1691
19·356
38·178
76·89

6765
3·2255
5·1353
11·615
15·451
33·205
41·165
55·123

6766
2·3383
17·398
34·199

6767
67·101

6768
2·3384
3·2256
4·1692
6·1128
8·846
9·752
12·564
16·423
18·376
24·282
36·188
47·144
48·141
72·94

6769
7·967

6770
2·3385
5·1354
10·677

6771
3·2257
37·183
61·111

6772
2·3386
4·1693

6773
13·521

6774
2·3387
3·2258
6·1129

6775
5·1355
25·271

6776
2·3388
4·1694
7·968
8·847
11·616
14·484
22·308
28·242
44·154
56·121
77·88

6777
3·2259
9·753
27·251

6778
2·3389

6779

6780
2·3390
3·2260
4·1695
5·1356
6·1130
10·678
12·565
15·452
20·339
30·226
60·113

6781

6782
2·3391

6783
3·2261
7·969
17·399
19·357
21·323
51·133
57·119

6784
2·3392
4·1696
8·848
16·424
32·212
53·128
64·106

6785
5·1357
23·295
59·115

6786
2·3393
3·2262
6·1131
9·754
13·522
18·377
26·261
29·234
39·174
58·117
78·87

6787
11·617

6788
2·3394
4·1697

6789
3·2263
31·219
73·93

6790
2·3395
5·1358
7·970
10·679
14·485
35·194
70·97

6791

6792
2·3396
3·2264
4·1698
6·1132
8·849
12·566
24·283

6793

6794
2·3397
43·158
79·86

6795
3·2255
5·1359
9·755
15·453
45·151

6796
2·3398
4·1699

6797
7·971

6798
2·3399
3·2266
6·1133
11·618
22·309
33·206
66·103

6799
13·523

6800
2·3400
4·1700
5·1360
8·850
10·680
16·425
17·400
20·340
25·272
34·200
40·170
50·136
68·100
80·85

6801
3·2267

6802
2·3401
19·358
38·179

6803

6804
2·3402
3·2268
4·1701
6·1134
7·972
9·756
12·567
14·486
18·378
21·324
27·252
28·243
36·189
42·162
54·126
63·108
81·84

6805
5·1361

6806
2·3403
41·166
82·83

6807
3·2269

6808
2·3404
4·1702
8·851
23·296
37·184
46·148
74·92

6809
11·619

6810
2·3405
3·2270
5·1362
6·1135
10·681
15·454
30·227

6811
7·973
49·139

6812
2·3406
4·1703
13·524
26·262
52·131

6813
3·2271
9·757

6814
2·3407

6815
5·1363
29·235
47·145

6816
2·3408
3·2272
4·1704
6·1136
8·852
12·568
16·426
24·284
32·213
48·142
71·96

6817
17·401

6818
2·3409
7·944
14·487

6819
3·2273

6820
2·3410
4·1705
5·1364
10·682
11·620
20·341
22·310
31·220
44·155
55·124
62·110

6821
19·359

6822
2·3411
3·2274
6·1137
9·758
18·379

6823

6824
2·3412
4·1706
8·853

6825
3·2275
5·1365
7·975
13·525
15·455
21·325
25·273
35·195
39·175
65·105
75·91

6826
2·3413

6827

6828
2·3414
3·2276
4·1707
6·1138
12·569

6829

6830
2·3415
5·1366
10·683

6831
3·2277
9·759
11·621
23·297
27·253
33·207
69·99

6832
2·3416
4·1708
7·976
8·854
14·488
16·427
28·244
56·122
61·112

6833

6834
2·3417
3·2278
6·1139
17·402
34·201
51·134
67·102

6835
5·1367

6836
2·3418
4·1709

6837
3·2279
43·159
53·129

6838
2·3419
13·526
26·263

6839
7·977

6840
2·3420
3·2280
4·1710
5·1368
6·1140
8·855
9·760
10·684
12·570
15·456
18·380
19·360
20·342
24·285
30·228
36·190
38·180
40·171
45·152
57·120
60·114
72·95
76·90

6841

6842
2·3421
11·622
22·311

6843
3·2281

6844
2·3422
4·1711
29·236
58·118
59·116

6845
5·1369
37·185

6846
2·3423
3·2282
6·1141
7·978
14·489
21·326
42·163

6847
41·167

6848
2·3424
4·1712
8·856
16·428
32·214
64·107

6849
3·2283
9·761

6850
2·3425
5·1370
10·685
25·274
50·137

6851
13·527
17·403
31·221

6852
2·3426
3·2284
4·1713
6·1142
12·571

6853
7·979
11·623
77·89

6854
2·3427
23·298
46·149

6855
3·2285
5·1371
15·457

6856
2·3428
4·1714
8·857

6857

6858
2·3429
3·2286
6·1143
9·762
18·381
27·254
54·127

6859
19·361

6860
2·3430
4·1715
5·1372
7·980
10·686
14·490
20·343
28·245
35·196
49·140
70·98

6861
3·2287

6862
2·3431
47·146
73·94

6863

6864
2·3432
3·2288
4·1716
6·1144
8·858
11·624
12·572
13·528
16·429
22·312
24·286
26·264
33·208
39·176
44·156
48·143
52·132
66·104
78·88

6865
5·1373

6866
2·3433

6867
3·2289
7·981
9·763
21·327
63·109

6868
2·3434
4·1717
17·404
34·202
68·101

6869

6870
2·3435
3·2290
5·1374
6·1145
10·687
15·458
30·229

續表

6871

6872
2・3436
4・1718
8・859

6873
3・2291
29・237
79・87

6874
2・3437
7・982
14・491

6875
5・1375
11・625
25・275
55・125

6876
2・3438
3・2292
4・1719
6・1146
9・764
12・573
18・382
36・191

6877
13・529
23・229

6878
2・3439
19・362
38・181

6879
3・2293

6880
2・3440
4・1720
5・1376
8・860
10・688
16・430
20・344
32・215
40・172
43・160
80・86

6881
7・983

6882
2・3441
3・2294
6・1147
31・222
37・186
62・111
74・93

6883

6884
2・3442
4・1721

6885
3・2295
5・1377
9・765
15・459
17・405
27・255
45・153
51・135
81・85

6886
2・3443
11・626
22・313

6887
71・97

6888
2・3444
3・2296
4・1722
6・1148
7・984
8・861
12・574
14・492
21・328
24・287
28・246
41・168
42・164
56・123
82・84

6889
83・83

6890
2・3445
5・1378
10・689
13・530
26・265
53・130
65・106

6891
3・2297

6892
2・3446
4・1723

6893
61・113

6894
2・3447
3・2298
6・1149
9・766
18・383

6895
5・1379
7・985
35・197

6896
2・3448
4・1724
8・862
16・431

6897
3・2299
11・627
19・363
33・209
57・121

6898
2・3449

6899

6900
2・3450
3・2300
4・1725
5・1380
6・1150
10・690
12・575
15・460
20・345
23・300
25・276
30・230
46・150
50・138
60・115
69・100
75・92

6901
67・103

6902
2・3451
7・986
14・493
17・406
29・238
34・203
58・119

6903
3・2301
9・767
13・531
39・177
59・117

6904
2・3452
4・1726
8・863

6905
5・1381

6906
2・3453
3・2302
6・1151

6907

6908
2・3454
4・1727
11・628
22・314
44・157

6909
3・2303
7・987
21・329
47・147
49・141

6910
2・3455
5・1382
10・691

6911

6912
2・3456
3・2304
4・1728
6・1152
8・864
9・768
12・576
16・432
18・384
24・288
27・256
32・216
36・192
48・144
54・128
64・108
72・96

6913
31・223

6914
2・3457

6915
3・2305
5・1383
15・461

6916
2・3458
4・1729
7・988
13・532
14・494
19・364
26・266
28・247
38・182
52・133
76・91

6917

6918
2・3459
3・2306
6・1153

6919
11・629
17・407
37・187

6920
2・3460
4・1730
5・1384
8・865
10・692
20・346
40・173

6921
3・2307
9・769

6922
2・3461

6923
7・989
23・301
43・161

6924
2・3462
3・2308
4・1731
6・1154
12・577

6925
5・1385
25・277

6926
2・3463

6927
3・2309

6928
2・3464
4・1732
8・866
16・433

6929
13・533
41・169

6930
2・3465
3・2310
5・1386
6・1155
7・990
9・770
10・693
11・630
14・495
15・462
18・385
21・330
22・315
30・231
33・210
35・198
42・165
45・154
55・126
63・110
66・105
70・99
77・90

6931
29・239

6932
2・3466
4・1733

6933
3・2311

6934
2・3467

6935
5・1387
19・365
73・95

6936
2・3468
3・2312
4・1734
6・1156
8・867
12・578
17・408
24・289
34・204
51・136
68・102

6937
7・991

6938
2・3469

6939
3・3213
9・771
27・257

6940
2・3470
4・1735
5・1388
10・694
20・347

6941
11・631

6942
2・3471
3・2314
6・1157
13・534
26・267
39・178
78・89

6943
53・131

6944
2・3472
4・1736
7・992
8・868
14・496
16・434
28・248
31・224
32・217
56・124
62・112

6945
3・2315
5・1389
15・463

6946
2・3478
23・302
46・151

6947

6948
2・3474
3・2316
4・1737
6・1158
9・772
12・579
18・386
36・193

6949

6950
2・3475
5・1390
10・695
25・278
50・139

6951
3・2317
7・993
21・331

6952
2・3476
4・1738
8・869
11・632
22・316
44・158
79・88

6953
17・409

6954
2・3477
3・2318
6・1159
19・366
38・183
57・122
61・114

6955
5・1391
13・535
65・107

6956
2・3478
4・1739
37・188
47・148
74・94

6957
3・2319
9・773

6958
2・3479
7・1994
14・497
49・142
71・98

6959

6960
2・3480
3・2320
4・1740
5・1392
6・1160
8・870
10・696
12・580
15・464
16・435
20・348
24・290
29・240
30・232
40・174
48・145
58・120
60・116
80・87

6961

6962
2・3481
59・118

6963
3・2321
11・633
33・211

6964
2・3482
4・1741

6965
5・1393
7・995
35・199

6966
2・3483
3・2322
6・1161
9・774
18・387
27・258
43・162
54・129
81・86

6967

6968
2・3484
4・1742
8・871
13・536
26・268
52・134
67・104

6969
3・2323
23・303
69・101

6970
2・3485
5・1394
10・697
17・410
34・205
41・170
82・85

6971

6972
2・3486
3・2324
4・1743
6・1162
7・996
12・581
14・498
21・332
28・249
42・166
83・84

6973
19・367

6974
2・3487
11・634
22・317

6975
3・2325
5・1396
9・775
15・465
25・376
31・225
45・155
75・93

6976
2・3488
4・1744
8・872
16・436
32・217
64・109

6977

6978
2・3489
3・2326
6・1163

6979
7・997

6980
2・3490
4・1745
5・1396
10・698
20・349

續表

數	因數
6981	3 · 2327, 13 · 537, 39 · 179
6982	2 · 3491
6983	
6984	2 · 3492, 3 · 2328, 4 · 1746, 6 · 1164, 8 · 873, 9 · 776, 12 · 582, 18 · 388, 24 · 291, 36 · 194, 72 · 97
6985	5 · 1397, 11 · 635, 55 · 127
6986	2 · 3493, 7 · 998, 14 · 499
6987	3 · 2329, 17 · 411, 51 · 137
6988	2 · 3494, 4 · 1747
6989	29 · 241
6990	2 · 3495, 3 · 2330, 5 · 1398, 6 · 1165, 10 · 699, 15 · 466, 30 · 233
6991	
6992	2 · 3496, 4 · 1748, 8 · 874, 16 · 437, 19 · 368, 23 · 304, 38 · 184, 46 · 152, 76 · 92
6993	3 · 2331, 7 · 999, 9 · 777, 21 · 333, 27 · 259, 37 · 189, 63 · 111
6994	2 · 3497, 13 · 538, 26 · 269
6995	5 · 1399
6996	2 · 3498, 3 · 2332, 4 · 1749, 6 · 1166, 11 · 636, 12 · 583, 22 · 318, 33 · 212, 44 · 159, 53 · 132, 66 · 106
6997	
6998	2 · 3499
6999	3 · 2333
7000	2 · 3500, 4 · 1750, 5 · 1400, 7 · 1000, 8 · 875, 10 · 700, 14 · 500, 20 · 350, 25 · 280, 28 · 250, 35 · 200, 40 · 175, 50 · 140, 56 · 125, 70 · 100
7001	
7002	2 · 3501, 3 · 2334, 6 · 1167, 9 · 778, 18 · 389
7003	47 · 149
7004	2 · 3502, 4 · 1751, 17 · 412, 34 · 206, 68 · 103
7005	3 · 2335, 5 · 1401, 15 · 467
7006	2 · 3503, 31 · 226, 62 · 113
7007	7 · 1001, 11 · 637, 13 · 539, 49 · 143, 77 · 91
7008	2 · 3504, 3 · 2336, 4 · 1752, 6 · 1168, 8 · 876, 12 · 584, 16 · 438, 24 · 292, 32 · 219, 48 · 146, 73 · 96
7009	43 · 163
7010	2 · 3505, 5 · 1402, 10 · 701
7011	3 · 2337, 9 · 779, 19 · 369, 41 · 171, 57 · 123
7012	2 · 3506, 4 · 1753
7013	
7014	2 · 3507, 3 · 2338, 6 · 1169, 7 · 1002, 14 · 501, 21 · 334, 42 · 167
7015	5 · 1403, 23 · 305, 61 · 115
7016	2 · 3508, 4 · 1754, 8 · 877
7017	3 · 2339
7018	2 · 3509, 11 · 638, 22 · 319, 29 · 242, 58 · 121
7019	
7020	2 · 3510, 3 · 2340, 4 · 1755, 5 · 1404, 6 · 1170, 9 · 780, 10 · 702, 12 · 585, 13 · 540, 15 · 468, 18 · 390, 20 · 350, 26 · 270, 27 · 260, 30 · 234, 36 · 195, 39 · 180, 45 · 156, 52 · 135, 54 · 130, 60 · 117, 65 · 108, 78 · 90
7021	7 · 1003, 17 · 413, 59 · 119
7022	2 · 3511
7023	3 · 2341
7024	2 · 3512, 4 · 1756, 8 · 878, 16 · 439
7025	5 · 1405, 25 · 281
7026	2 · 3513, 3 · 2342, 6 · 1171
7027	
7028	2 · 3514, 4 · 1757, 7 · 1004, 14 · 502, 28 · 251
7029	3 · 2343, 9 · 781, 11 · 639, 33 · 213, 71 · 99
7030	2 · 3515, 5 · 1406, 10 · 703, 19 · 370, 37 · 190, 38 · 185, 74 · 95
7031	79 · 89
7032	2 · 3516, 3 · 2344, 4 · 1758, 6 · 1172, 8 · 879, 12 · 586, 24 · 293
7033	13 · 541
7034	2 · 3517
7035	3 · 2345, 5 · 1407, 7 · 1005, 15 · 469, 21 · 335, 35 · 201, 67 · 105
7036	2 · 3518, 4 · 1759
7037	31 · 227
7038	2 · 3519, 3 · 2346, 6 · 1173, 9 · 782, 17 · 414, 18 · 391, 23 · 306, 34 · 207, 46 · 153, 51 · 138, 69 · 102
7039	
7040	2 · 3520, 4 · 1760, 5 · 1408, 8 · 880, 10 · 704, 11 · 640, 16 · 440, 20 · 352, 22 · 320, 32 · 220, 40 · 176, 44 · 160, 55 · 128, 64 · 110, 80 · 88
7041	3 · 2347
7042	2 · 3521, 7 · 1006, 14 · 503
7043	
7044	2 · 3522, 3 · 2348, 4 · 1761, 6 · 1174, 12 · 587
7045	5 · 1409
7046	2 · 3523, 13 · 542, 26 · 271
7047	3 · 2349, 9 · 783, 27 · 261, 29 · 243, 81 · 87
7048	2 · 3524, 4 · 1762, 8 · 881
7049	7 · 1007, 19 · 371, 53 · 133
7050	2 · 3525, 3 · 2350, 5 · 1410, 6 · 1175, 10 · 705, 15 · 470, 25 · 282, 30 · 235, 47 · 150, 50 · 141, 75 · 94
7051	11 · 641
7052	2 · 3526, 4 · 1763, 41 · 172, 43 · 164, 82 · 86
7053	3 · 2351
7054	2 · 3527
7055	5 · 1411, 17 · 415, 83 · 85
7056	2 · 3528, 3 · 2352, 4 · 1764, 6 · 1176, 7 · 1008, 8 · 882, 9 · 784, 12 · 588, 14 · 504, 16 · 441, 18 · 302, 21 · 336, 24 · 294, 28 · 252, 36 · 196, 42 · 168, 48 · 147, 49 · 144, 56 · 126, 63 · 112, 72 · 98, 84 · 84
7057	
7058	2 · 3529
7059	3 · 2353, 13 · 543, 39 · 181
7060	2 · 3530, 4 · 1765, 5 · 1412, 10 · 706, 20 · 353
7061	23 · 307
7062	2 · 3531, 3 · 2354, 6 · 1177, 11 · 642, 22 · 321, 33 · 214, 66 · 107
7063	7 · 1009
7064	2 · 3532, 4 · 1766, 8 · 883
7065	3 · 2355, 5 · 1413, 9 · 785, 15 · 471, 45 · 257
7066	2 · 3533
7067	37 · 191
7068	2 · 3534, 3 · 2356, 4 · 1767, 6 · 1178, 12 · 589, 19 · 372, 31 · 228, 38 · 186, 57 · 124, 62 · 114, 76 · 93
7069	
7070	2 · 3535, 5 · 1414, 7 · 1010, 10 · 707, 14 · 505, 35 · 202, 70 · 101
7071	3 · 3257
7072	2 · 3536, 4 · 1768, 8 · 884, 13 · 544, 16 · 442, 17 · 416, 26 · 272, 32 · 221, 34 · 208, 52 · 136, 68 · 104
7073	11 · 643
7074	2 · 3537, 3 · 2358, 6 · 1179, 9 · 786, 18 · 393, 27 · 262, 54 · 131
7075	5 · 1415, 25 · 283
7076	2 · 3538, 4 · 1769, 29 · 244, 58 · 122, 61 · 116
7077	3 · 2359, 7 · 1011, 21 · 337
7078	2 · 3539
7079	
7080	2 · 3540, 3 · 2360, 4 · 1770, 5 · 1416, 6 · 1180, 8 · 885, 10 · 708, 12 · 590, 15 · 472, 20 · 354, 24 · 295, 30 · 236, 40 · 177, 59 · 120, 60 · 118
7081	73 · 97
7082	2 · 3541
7083	3 · 2361, 9 · 787
7084	2 · 3542, 4 · 1771, 7 · 1012, 11 · 644, 14 · 506, 22 · 322, 23 · 308, 28 · 253, 44 · 161, 46 · 154, 77 · 92
7085	5 · 1417, 13 · 545, 65 · 109
7086	2 · 3543, 3 · 2362, 6 · 1181
7087	19 · 373
7088	2 · 3544, 4 · 1772, 8 · 886, 16 · 443
7089	3 · 2363, 17 · 417, 51 · 139
7090	2 · 3545, 5 · 1418, 10 · 709

續表

7091
7・1013

7092
2・3546
3・2367
4・1773
6・1182
9・788
12・591
18・394
36・197

7093
41・173

7094
2・3547

7095
3・2365
5・1419
11・645
15・473
33・215
43・165
55・129

7096
2・3548
4・1774
8・887

7097
47・151

7098
2・3549
3・2366
6・1183
7・1014
13・546
14・507
21・338
26・273
39・182
42・169
78・91

7099
31・229

7100
2・3550
4・1775
5・1420
10・710
20・355
25・284
50・142
71・100

7101
3・2367
9・789
27・263

7102
2・3551
53・134
67・106

7103

7104
2・3552
3・2368
4・1776
6・1184
8・888
12・592
16・444
24・296
32・222
37・192
48・148
64・111
74・96

7105
5・1421
7・1015
29・245
35・203
49・145

7106
2・3553
11・646
17・418
19・374
22・323
34・209
38・187

7107
3・2369
23・309
69・103

7108
2・3554
4・1777

7109

7110
2・3555
3・2370
5・1422
6・1185
9・790
10・711
15・474
18・395
30・237
45・158
79・90

7111
13・547

7112
2・3556
4・1778
7・1016
8・889
14・508
28・254
56・127

7113
3・2371

7114
2・3557

7115
5・1423

7116
2・3558
3・2372
4・1779
6・1186
12・593

7117
11・647

7118
2・3559

7119
3・2373
7・1017
9・791
21・339
63・113

7120
2・3560
4・1780
5・1424
8・890
10・712
16・445
20・356
40・178
80・89

7121

7122
2・3561
3・2374
6・1187

7123
17・419

7124
2・3562
4・1781
13・548
26・274
52・137

7125
3・2375
5・1425
15・475
19・375
25・285
57・125
75・95

7126
2・3563
7・1018
14・509

7127

7128
2・3564
3・2376
4・1782
6・1188
8・891
9・792
11・648
12・594
18・396
22・324
24・297
27・264
33・216
36・198
44・162
54・132
66・108
72・99
81・88

7129

7130
2・3565
5・1426
10・713
23・310
31・230
46・155
62・115

7131
3・2377

7132
2・3566
4・1783

7133
7・1019

7134
2・3567
3・2378
6・1189
29・246
41・174
58・123
82・87

7135
5・1427

7136
2・3568
4・1784
8・892
16・446
32・223

7137
3・2379
9・793
13・549
39・183
61・117

7138
2・3569
43・166
83・86

7139
11・649
59・121

7140
2・3570
3・2380
4・1785
5・1428
6・1190
7・1020
10・714
12・595
14・510
15・476
17・420
20・357
21・340
28・255
30・238
34・210
35・204
42・170
51・140
60・119
68・105
70・102
84・85

7141
37・193

7142
2・3571

7143
3・2381

7144
2・3572
4・1786
8・893
19・376
38・188
47・152
76・94

7145
5・1429

7146
2・3573
3・2382
6・1191
9・794
18・397

7147
7・7021

7148
2・3574
4・1787

7149
3・2383

7150
2・3575
5・1430
10・715
11・650
13・550
22・325
25・286
26・275
50・143
55・130
65・110

7151

7152
2・3576
3・2384
4・1788
6・1192
8・894
12・596
16・447
24・298
48・149

7153
23・311

7154
2・3577
7・1022
14・511
49・146
73・98

7155
3・2385
5・1431
9・795
15・477
27・265
45・159
53・135

7156
2・2378
4・1789

7157
17・421

7158
2・3579
3・2386
6・1193

7159

7160
2・3580
4・1790
5・1432
8・895
10・716
20・358
40・179

7161
3・2387
7・1023
11・651
21・341
31・231
33・217
77・93

7162
2・3581

7163
13・551
19・377
29・247

7164
2・3582
3・2388
4・1791
6・1194
9・796
12・597
18・398
36・199

7165
5・1433

7166
2・3583

7167
3・2389

7168
2・3584
4・1792
7・1024
8・896
14・512
16・448
28・256
32・224
56・128
64・112

7169
67・107

7170
2・3585
3・2390
5・1434
6・1195
10・717
15・478
30・239

7171
71・101

7172
2・3586
4・1793
11・652
22・326
44・163

7173
3・2391
9・797

7174
2・3587
17・422
34・211

7175
5・1435
7・1025
25・287
35・205
41・175

7176
2・3588
3・2392
4・1794
6・1196
8・897
12・598
13・552
23・312
24・299
26・276
39・184
46・156
52・138
69・104
78・92

7177

7178
2・3589
37・194
74・97

7179
3・2393

7180
2・3590
4・1795
5・1436
10・718
20・359

7181
43・167

7182
2・3591
3・2394
6・1197
7・1026
9・798
14・513
18・399
19・378
21・342
27・266
38・189
42・171
54・133
57・126
63・114

7183
11・653

7184
2・3592
4・1796
8・898
16・449

7185
3・2395
5・1437
15・479

7186
2・3593

7187

7188
2・3594
3・2396
4・1797
6・1198
12・599

7189
7・1027
13・553
79・91

7190
2・3595
5・1438
10・719

7191
3・2397
9・799
17・423
47・153
51・141

7192
2・3596
4・1798
8・899
29・248
31・232
58・124
62・116

7193

7194
2・3597
3・2398
6・1199
11・654
22・327
33・218
66・109

7195
5・1439

7196
2・3598
4・1799
7・1028
14・514
28・257

7197
3・2399

7198
2・3599
59・122
61・118

7199
23・313

7200
2・3600
3・2400
4・1800
5・1440
6・1200
8・900
9・800
10・720
12・600
15・480
16・450
18・400
20・360
24・300
25・288
30・240
32・225
36・200
40・180
45・160
48・150
50・144
60・120
72・100
75・96
80・90

續表

7201
19・379

7202
2・3601
13・554
26・277

7203
3・2401
7・1029
21・343
49・147

7204
2・3602
4・1801

7205
5・1441
11・655
55・131

7206
2・3603
3・2402
6・1201

7207

7208
2・3604
4・1802
8・901
17・424
34・212
53・136
68・106

7209
3・2403
9・801
27・267
81・89

7210
2・360
5・1442
7・1030
10・721
14・515
35・206
70・103

7211

7212
2・3606
3・2404
4・1803
6・1202
12・601

7213

7214
2・3607

7215
3・2405
5・1443
13・555
15・481
37・195
39・185
65・111

7216
2・3608
4・1804
8・902
11・656
16・451
22・328
41・176
44・164
82・88

7217
7・1031

7218
2・3609
3・2406
6・1203
9・802
18・401

7219

7220
2・3610
4・1805
5・1444
10・722
19・380
20・361
38・190
76・95

7221
3・2407
29・249
83・87

7222
2・3611
23・314
46・157

7223
31・233

7224
2・3612
3・2408
4・1806
6・1204
7・1032
8・903
12・602
14・516
21・344
24・301
28・258
42・172
43・168
56・129
84・86

7225
5・1445
17・425
25・289
85・85

7226
2・3613

7227
3・2409
9・803
11・657
33・219
73・99

7228
2・3614
4・1807
13・556
26・278
52・139

7229

7230
2・3615
3・2410
5・1446
6・1205
10・723
15・482
30・241

7231
7・1033

7232
2・3616
4・1808
8・904
16・452
32・226
64・113

7233
3・2411

7234
2・3617

7235
5・1447

7236
2・3618
3・2412
4・1809
6・1206
9・804
12・603
18・402
27・268
36・201
54・134
67・108

7237

7238
2・3619
7・1034
11・658
14・517
22・329
47・154
77・94

7239
3・2413
19・381
57・127

7240
2・3620
4・1810
5・1448
8・905
10・724
20・362
40・181

7241
13・557

7242
2・3621
3・2414
6・1207
17・426
34・213
51・142
71・102

7243

7244
2・3622
4・1811

7245
3・2415
5・1449
7・1035
9・805
15・483
21・345
23・315
35・207
45・161
63・115
69・105

7246
2・3623

7247

7248
2・3624
3・2416
4・1812
6・1208
8・906
12・604
16・453
24・302
48・151

7249
11・659

7250
2・3625
5・1450
10・725
25・290
29・250
50・145
58・125

7251
3・2417

7252
2・3626
4・1813
7・1036
14・518
28・259
37・196
49・148
74・98

7253

7254
2・3627
3・2418
6・1209
9・806
13・558
18・403
26・279
31・234
39・186
62・117
79・93

7255
5・1451

7256
2・3628
4・1814
8・907

7257
3・2419
41・177
59・123

7258
2・3629
19・382
38・191

7259
7・1037
17・427
61・119

7260
2・3630
3・2420
4・1815
5・1452
6・1210
10・726
11・660
12・605
15・484
20・363
22・330
30・242
33・220
44・165
55・132
60・121
66・110

7261
53・137

7262
2・3631

7263
3・2421
9・807
27・269

7264
2・3632
4・1816
8・908
16・454
32・227

7265
5・1453

7266
2・3633
3・2422
6・1211
7・1038
14・519
21・346
42・173

7267
13・559
43・169

7268
2・3634
4・1817
23・316
46・158
79・92

7269
3・2423

7270
2・3635
5・1454
10・727

7271
11・661

7272
2・3636
3・2424
4・1818
6・1212
8・909
9・808
12・606
18・404
24・303
36・202
72・101

7273
7・1039

7274
2・3637

7275
3・2425
5・1455
15・485
25・291
75・97

7276
2・3638
4・1819
17・428
34・214
68・107

7277
19・383

7278
2・3639
3・2426
6・1213

7279
29・251

7280
2・3640
4・1820
5・1456
6・1040
8・910
10・728
13・560
14・520
16・455
20・364
26・280
28・260
35・208
40・182
52・140
56・130
65・112
70・104
80・91

7281
3・2427
9・809

7282
2・3641
11・662
22・331

7283

7284
2・3642
3・2428
4・1821
6・1214
12・607

7285
5・1457
31・235
47・155

7286
2・3643

7287
3・2429
7・1041
21・347

7288
2・3644
4・1822
8・911

7289
37・197

7290
2・3645
3・2430
5・1458
6・1215
9・810
10・729
15・486
18・405
27・270
30・243
45・162
54・135
81・90

7291
23・317

7292
2・3646
4・1823

7293
3・2431
11・663
13・561
17・429
33・221
39・187
51・143

7294
2・3647
7・1042
14・521

7295
5・1459

7296
2・3648
3・2432
4・1824
6・1216
8・912
12・608
16・456
19・384
24・304
32・228
38・192
48・152
57・128
64・114
76・96

7297

7298
2・3649
41・178
82・89

7299
3・2433
9・811

7300
2・3650
4・1825
5・1460
10・730
20・365
25・292
50・146
73・100

7301
7・1043
49・149

7302
2・3651
3・2434
6・1217

7303
67・109

7304
2・3652
4・1826
8・913
11・664
22・332
44・166
83・88

7305
3・2435
5・1461
15・487

7306
2・3653
13・562
26・281

7307

7308
2・3654
3・2436
4・1827
6・1218
7・1044
9・812
12・609
14・522
18・406
21・348
28・261
29・252
36・203
42・174
58・126
63・116
84・87

7309

7310
2・3655
5・1462
10・731
17・430
34・215
43・170
85・86

續表

7311
3・2437

7312
2・3656
4・1828
8・914
16・457

7313
71・103

7314
2・3657
3・2438
6・1219
23・318
46・159
53・138
69・106

7315
5・1463
7・1045
11・665
19・385
35・209
55・133
77・95

7316
2・3658
4・1829
31・236
59・124
62・118

7317
3・2439
9・813
27・271

7318
2・3659

7319
13・563

7320
2・3660
3・2440
4・1830
5・1464
6・1220
8・915
10・732
12・610
15・488
20・366
24・305
30・244
40・183
60・122
61・120

7321

7322
2・3661
7・1046
14・523

7323
3・2441

7324
2・3662
4・1831

7325
5・1465
25・293

7326
2・3663
3・2442
6・1221
9・814
11・666
18・407
22・333
33・222
37・198
66・111
74・99

7327
17・431

7328
2・3664
4・1832
8・916
16・458
32・229

7329
3・2443
7・1047
21・349

7330
2・3665
5・1466
10・733

7331

7332
2・3666
3・2444
4・1833
6・1222
12・611
13・564
26・282
39・188
47・156
52・141
78・94

7333

7334
2・3667
19・386
38・193

7335
3・2445
5・1467
9・815
15・489
45・163

7336
2・3668
4・1834
7・1048
8・917
14・524
28・262
56・131

7337
11・667
23・319
29・253

7338
2・3669
3・2446
6・1223

7339
41・179

7340
2・3670
4・1835
5・1468
10・734
20・367

7341
3・2447

7342
2・3671

7343
7・1049

7344
2・3672
3・2448
4・1836
6・1224
8・918
9・816
12・612
16・459
17・432
18・408
24・306
27・272
34・216
36・204
48・153
51・144
54・136
68・108
72・102

7345
5・1469
13・565
65・113

7346
2・3673

7347
3・2469
31・237
79・93

7348
2・3674
4・1837
11・668
22・334
44・167

7349

7350
2・3675
3・2450
5・1470
6・1225
7・1050
10・735
14・525
15・490
21・350
25・294
30・245
35・210
42・175
49・150
50・147
70・105
75・98

7351

7352
2・3676
4・1838
8・919

7353
3・2451
9・817
19・387
43・171
57・129

7354
2・3677

7355
5・1471

7356
2・3678
3・2452
4・1839
6・1226
12・613

7357
7・1051

7358
2・3679
13・566
26・283

7359
3・2453
11・669
33・223

7360
2・3680
4・1840
5・1472
8・920
10・736
16・460
20・368
23・320
32・230
40・184
46・160
64・115
80・92

7361
17・433

7362
2・3681
3・2454
6・1227
9・818
18・409

7363
37・199

7364
2・3682
4・1841
7・1052
14・526
28・263

7365
3・2455
5・1473
15・491

7366
2・3683
29・254
58・127

7367
53・139

7368
2・3684
3・2456
4・1842
6・1228
8・921
12・614
24・307

7369

7370
2・3685
5・1474
10・737
11・670
22・335
55・134
67・110

7371
3・2457
7・1053
9・819
13・567
21・351
27・273
39・189
63・117
81・91

7372
2・3686
4・1843
19・388
38・194
76・97

7373
73・101

7374
2・3687
3・2458
6・1229

7375
5・1475
25・295
59・125

7376
2・3688
4・1844
8・922
16・461

7377
3・2459

7378
2・3689
7・1054
14・527
17・434
31・238
34・217
62・119

7379
47・157

7380
2・3690
3・2460
4・1845
5・1476
6・1230
9・820
10・738
12・615
15・492
18・410
20・369
30・246
36・205
41・180
45・164
60・123
82・90

7381
11・671
61・121

7382
2・3691

7383
3・2461
23・321
69・107

7384
2・3692
4・1846
8・923
13・568
26・284
52・142
71・104

7385
5・1477
7・1055
35・211

7386
2・3693
3・2462
6・1231

7387
83・89

7388
2・3694
4・1847

7389
3・2463
9・821

7390
2・3695
5・1478
10・739

7391
19・389

7392
2・3696
3・2464
4・1848
6・1232
7・1056
8・924
11・672
12・616
14・528
16・462
21・352
22・336
24・308
28・264
32・231
33・224
42・176
44・168
48・154
56・132
66・112
77・96
84・88

7393

7394
2・3697

7395
3・2465
5・1479
15・493
17・435
29・255
51・145
85・87

7396
2・3698
4・1849
43・172
86・86

7397
13・569

7398
2・3699
3・2466
6・1233
9・822
18・441
27・274
54・137

7399
7・1057
49・151

7400
2・3700
4・1850
5・1480
8・925
10・740
20・370
25・296
37・200
40・185
50・148
74・100

7401
3・2467

7402
2・3701

7403
11・673

7404
2・3702
3・2468
4・1851
6・1234
12・617

7405
5・1481

7406
2・3703
7・1058
14・529
23・322
46・161

7407
3・2469
9・823

7408
2・3704
4・1852
8・926
16・463

7409
31・239

7410
2・3705
3・2470
5・1482
6・1235
10・741
13・570
15・494
19・390
26・285
30・247
38・195
39・190
57・130
65・114
78・95

7411

7412
2・3706
4・1853
17・436
34・218
68・109

7413
3・2471
7・1059
21・353

7414
2・3707
11・674
22・337

7415
5・1483

7416
2・3708
3・2472
4・1854
6・1236
8・927
9・824
12・618
18・412
24・309
36・206
72・103

7417

7418
2・3709

7419
3・2473

7420
2・3710
4・1855
5・1484
7・1060
10・742
14・530
20・301
28・265
35・212
53・140
70・106

續表

7421
41·181

7422
2·3711
3·2474
6·1237

7423
13·571

7424
2·3712
4·1856
8·923
16·464
29·256
32·232
58·123
64·116

7425
3·2475
5·1485
9·825
11·675
15·495
25·297
27·275
33·225
45·165
55·135
75·99

7426
2·3713
47·158
79·94

7427
7·1061

7428
2·3714
3·2476
4·1857
6·1238
12·619

7429
17·437
19·391
23·323

7430
2·3715
5·1486
10·743

7431
3·2477

7432
2·3716
4·1858
8·929

7433

7434
2·3717
3·2478
6·1239
7·1062
9·826
14·531
18·413
21·354
42·177
59·126
63·118

7435
5·1487

7436
2·3718
4·1859
11·676
13·572
22·338
26·286
44·169
52·143

7437
3·2479
37·201
67·111

7438
2·3719

7439
43·173

7440
2·3720
3·2480
4·1860
5·1488
6·1240
8·930
10·744
12·620
15·496
16·465
20·372
24·310
30·248
31·240
40·186
48·155
60·124
62·120
80·93

7441
7·1063

7442
2·3721
61·122

7443
3·2481
9·827

7444
2·3722
4·1861

7445
5·1489

7446
2·3723
3·2482
6·1241
17·438
34·219
51·146
73·102

7447
11·677

7448
2·3724
4·1862
7·1064
8·931
14·532
19·392
28·266
38·196
49·152
56·133
76·98

7449
3·2483
13·573
39·191

7450
2·3725
5·1490
10·745
25·298
50·149

7451

7452
2·3726
3·2484
4·1863
6·1242
9·828
12·621
18·414
23·324
27·276
36·207
46·162
54·138
69·108
81·92

7453
29·257

7454
2·3727

7455
3·2485
5·1491
7·1065
15·497
21·355
35·213
71·105

7456
2·3728
4·1864
8·932
16·466
32·233

7457

7458
2·3729
3·2486
6·1243
11·678
22·339
33·226
66·113

7459

7460
2·3730
4·1865
5·1492
10·746
20·373

7461
3·2487
9·829

7462
2·3731
7·1066
13·574
14·533
26·287
41·182
82·91

7463
17·439

7464
2·3732
3·2488
4·1866
6·1244
8·933
12·622
24·311

7465
5·1493

7466
2·3733

7467
3·2489
19·393
57·131

7468
2·3734
4·1867

7469
7·1067
11·679
77·97

7470
2·3735
3·2490
5·1494
6·1245
9·830
10·747
15·498
18·415
30·249
45·166
83·90

7471
31·241

7472
2·3736
4·1868
8·934
16·467

7473
3·2491
47·159
53·141

7474
2·3737
37·202
74·101

7475
5·1495
13·575
23·325
25·299
65·115

7476
2·3738
3·2492
4·1869
6·1246
7·1068
12·623
14·534
21·356
28·267
42·178
84·89

7477

7478
2·3739

7479
3·2493
9·831
27·277

7480
2·3740
4·1870
5·1496
8·935
10·748
11·680
17·440
20·374
22·340
34·220
40·187
44·170
55·136
68·110
85·88

7481

7482
2·3741
3·2494
6·1247
29·258
43·174
58·129
86·87

7483
7·1069

7484
2·3742
4·1871

7485
3·2495
5·1497
15·499

7486
2·3743
19·394
38·197

7487

7488
2·3744
3·2496
4·1872
6·1248
8·936
9·832
12·634
13·576
16·468
18·416
24·312
26·288
32·234
36·208
39·192
48·156
52·144
64·117
72·104
78·96

7489

7490
2·3745
5·1498
7·1070
10·749
14·535
35·214
70·107

7491
3·2497
11·681
33·227

7492
2·3746
4·1873

7493
59·127

7494
2·3747
3·2498
6·1249

7495
5·1499

7496
2·3748
4·1874
8·937

7497
3·2499
7·1071
9·833
17·441
21·357
49·153
51·147
63·119

7498
2·3749
23·326
46·163

7499

7500
2·3750
3·2500
4·1875
5·1500
6·1250
10·750
12·625
15·500
20·375
25·300
30·250
50·150
60·125
75·100

7501
13·577

7502
2·3751
11·682
22·341
31·242
62·121

7503
3·2501
41·184
61·123

7504
2·3752
4·1876
7·1072
8·938
14·536
16·469
28·268
56·134
67·112

7505
5·1501
19·395
79·95

7506
2·3753
3·2502
6·1251
9·834
18·417
27·278
54·139

7507

7508
2·3754
4·1877

7509
3·2503

7510
2·3755
5·1502
10·751

7511
7·1073
29·259
37·203

7512
2·3756
3·2504
4·1878
6·1252
8·939
12·626
24·313

7513
11·683

7514
2·3757
13·578
17·442
26·289
34·221

7515
3·2505
5·1503
9·835
15·501
45·167

7516
2·3758
4·1879

7517

7518
2·3759
3·2506
6·1253
7·1074
14·537
21·358
42·179

7519
73·103

7520
2·3760
4·1880
5·1504
8·940
10·752
16·470
20·376
32·235
40·188
47·160
80·94

7521
3·2507
23·327
69·109

7522
2·3761

7523

7524
2·3762
3·2508
4·1881
6·1254
9·836
11·684
12·627
18·418
19·396
22·342
33·228
36·209
38·198
44·171
57·132
66·114
76·99

7525
5·1505
7·1075
25·301
35·215
43·175

7526
2·3763
53·142
71·106

7527
3·2509
13·579
39·193

7528
2·3764
4·1882
8·941

7529

7530
2·3765
3·2510
5·1506
6·1255
10·753
15·502
30·251

續表

7531
17・443

7532
2・3766 4・1883 7・1076 14・538 28・269

7533
3・2511 9・837 27・279 31・243 81・93

7534
2・3767

7535
5・1507 11・685 55・137

7536
2・3768 3・2512 4・1884 6・1256 8・942 12・628 16・471 24・314 48・157

7537

7538
2・3769

7539
3・2513 7・1077 21・359

7540
2・3770 4・1885 5・1508 10・754 13・580 20・377 26・290 29・260 52・145 58・130 65・116

7541

7542
2・3771 3・2514 6・1257 9・838 18・419

7543
19・397

7544
2・3772 4・1886 8・943 23・328 41・184 46・164 82・92

7545
3・2515 5・1509 15・503

7546
2・3773 7・1078 11・686 14・539 22・343 49・154 77・98

7547

7548
2・3774 3・2516 4・1887 6・1258 12・629 17・444 34・222 37・204 51・148 68・111 74・102

7549

7550
2・3775 5・1510 10・755 25・302 50・151

7551
3・2517 9・839

7552
2・3776 4・1888 8・944 16・472 32・236 59・128 64・118

7553
7・1079 13・581 83・91

7554
2・3777 3・2518 6・1259

7555
5・1511

7556
2・3778 4・1889

7557
3・2519 11・687 33・229

7558
2・3779

7559

7560
2・3780 3・2520 4・1890 5・1512 6・1260 7・1080 8・945 9・840 10・756 12・630 14・540 15・504 18・420 20・378 21・360 24・315 27・280 28・270 30・252 35・216 36・210 40・189 42・180 45・168 54・140 56・135 60・126 63・120 70・108 72・105 84・90

7561

7562
2・3781 19・398 38・199

7563
3・2521

7564
2・3782 4・1891 31・244 61・124 62・122

7565
5・1513 17・445 85・89

7566
2・3783 3・2522 6・1261 13・582 26・291 39・194 78・97

7567
7・1081 23・329 47・161

7568
2・3784 4・1892 8・946 11・688 16・473 22・344 43・176 44・172 86・88

7569
3・2523 9・841 29・261 87・87

7570
2・3785 5・1514 10・757

7571
67・113

7572
2・3786 3・2524 4・1893 6・1262 12・631

7573

7574
2・3787 7・1082 14・541

7575
3・2525 5・1515 15・505 25・303 75・101

7576
2・3788 4・1894 8・947

7577

7578
2・3789 3・2526 6・1263 9・842 18・421

7579
11・689 13・583 53・143

7580
2・3790 4・1895 5・1516 10・758 20・379

7581
3・2527 7・1083 19・399 21・361 57・133

7582
2・3791 17・446 34・223

7583

7584
2・3792 3・2528 4・1896 6・1264 8・948 12・632 16・474 24・316 32・237 48・158 79・96

7585
5・1517 37・205 41・185

7586
2・3793

7587
3・2529 9・843 27・281

7588
2・3794 4・1897 7・1084 14・542 28・271

7589

7590
2・3795 3・2530 5・1518 6・1265 10・759 11・690 15・506 22・345 23・330 30・253 33・230 46・165 55・138 66・115 69・110

7591

7592
2・3796 4・1898 8・949 13・584 26・292 52・146 73・104

7593
3・2531

7594
2・3797

7595
5・1519 7・1085 31・245 35・217 49・155

7596
2・3798 3・2532 4・1899 6・1266 9・844 12・633 18・422 36・211

7597
71・107

7598
2・3799 29・262 58・131

7599
3・2533 17・447 51・149

7600
2・3800 4・1900 5・1520 8・950 10・760 16・475 19・400 20・380 25・304 38・200 40・190 50・152 76・100 80・95

7601
11・691

7602
2・3801 3・2534 6・1267 7・1086 14・543 21・362 42・181

7603

7604
2・3802 4・1901

7605
3・2535 5・1521 9・845 13・585 15・507 39・195 45・169 65・117

7606
2・3803

7607

7608
2・3804 3・2536 4・1902 6・1268 8・951 12・634 24・317

7609
7・1087

7610
2・3805 5・1522 10・761

7611
3・2537 43・177 59・129

7612
2・3806 4・1903 11・692 22・346 44・173

7613
23・331

7614
2・3807 3・2538 6・1269 9・846 18・423 27・282 47・162 54・141 81・94

7615
5・1523

7616
2・3808 4・1904 7・1088 8・952 14・544 16・476 17・448 28・272 32・238 34・224 56・136 64・119 68・112

7617
3・2539

7618
2・3809 13・586 26・293

7619
19・401

7620
2・3810 3・2540 4・1905 5・1524 6・1270 10・762 12・635 15・508 20・381 30・254 60・127

7621

7622
2・3811 37・206 74・108

7623
3・2541 7・1089 9・847 11・693 21・363 33・231 63・121 77・99

7624
2・3812 4・1906 8・953

7625
5・1525 25・305 61・125

7626
2・3813 3・2542 6・1271 31・246 41・186 62・123 82・93

7627
29・263

7628
2・3814 4・1907

7629
3・2543

7630
2・3815 5・1526 7・1090 10・763 14・545 35・218 70・109

7631
13・587

7632
2・3816 3・2544 4・1908 6・1272 8・954 9・848 12・636 16・477 18・424 24・318 36・212 48・159 53・144 72・106

7633
17・449

7634
2・3817 11・694 22・347

7635
3・2545 5・1527 15・509

7636
2・3818 4・1909 23・332 46・166 83・92

7637
7・1091

7638
2・3819 3・2546 6・1273 19・402 38・201 57・134 67・114

7639

7640
2・3820 4・1910 5・1528 8・955 10・764 20・382 40・191

續表

7641
3·2547
9·849
27·283

7642
2·3821

7643

7644
2·3822
3·2548
4·1911
6·1274
7·1092
12·637
13·588
14·546
21·364
26·294
28·273
39·196
42·182
49·156
52·147
78·98
84·91

7645
5·1529
11·695
55·139

7646
2·3823

7647
3·2549

7648
2·3824
4·1912
8·956
16·478
32·239

7649

7650
2·3825
3·2550
5·1530
6·1275
9·850
10·765
15·510
17·450
18·425
25·306
30·255
34·225
45·170
50·153
51·150
75·102
85·90

7651
7·1093

7652
2·3826
4·1813

7653
3·2551

7654
2·3827
43·178
86·89

7655
5·1531

7656
2·3828
3·2552
4·1914
6·1276
8·957
11·696
12·638
22·348
24·319
29·264
33·232
44·174
58·132
66·116
87·88

7657
13·589
19·403
31·247

7658
2·3829
7·1094
14·547

7659
3·2553
9·851
23·333
37·207
69·111

7660
2·3830
4·1915
5·1532
10·766
20·383

7661
47·163

7662
2·3831
3·2554
6·1277

7663
79·97

7664
2·3832
4·1916
8·958
16·479
43·178
86·89

7665
3·2555
5·1533
7·1095
15·511
21·365
35·219
73·105

7666
2·3833

7667
11·697
17·451
41·187

7668
2·3834
3·2556
4·1917
6·1278
9·852
12·639
18·426
27·284
36·213
54·142
71·108

7669

7670
2·3835
5·1534
10·767
13·590
26·295
59·130
65·118

7671
3·2557

7672
2·3836
4·1918
7·1096
8·959
14·548
28·274
56·137

7673

7674
2·3837
3·2558
6·1279

7675
5·1535
25·307

7676
2·3838
4·1919
19·404
38·202
76·101

7677
3·2559
9·853

7678
2·3839
11·698
22·349

7679
7·1097

7680
2·3840
3·2560
4·1920
5·1536
6·1280
8·960
10·768
12·640
15·512
16·480
20·384
24·320
30·256
32·240
40·192
48·160
60·128
64·120
80·96

7681

7682
2·3841
23·334
46·167

7683
3·2561
13·591
39·197

7684
2·3842
4·1921
17·452
34·226
68·113

7685
5·1537
29·265
53·145

7686
2·3843
3·2562
6·1281
7·1099
9·854
14·549
18·427
21·366
42·183
61·126
63·122

7687

7688
2·3844
4·1922
8·961
31·248
62·124

7689
3·2563
11·699
33·233

7690
2·3845
5·1538
10·769

7691

7692
2·3846
3·2564
4·1923
6·1282
12·641

7693
7·1099
49·157

7694
2·3847

7695
3·2565
5·1539
9·855
15·513
19·405
25·285
45·171
57·135
81·95

7696
2·3848
4·1294
8·962
13·592
16·481
26·296
37·208
52·148
74·104

7697
43·179

7698
2·3849
3·2566
6·1283

7699

7700
2·3850
4·1925
5·1540
7·1100
10·770
11·700
14·550
20·385
22·350
25·308
28·275
35·220
44·175
50·154
55·140
70·110
77·100

7701
3·2567
17·453
51·151

7702
2·3851

7703

7704
2·3852
3·2568
4·1926
6·1284
8·963
9·856
12·642
18·428
24·321
36·214
72·107

7705
5·1541
23·335
67·115

7706
2·3853

7707
3·2569
7·1101
21·367

7708
2·3854
4·1927
41·188
47·164
82·94

7709
13·593

7710
2·3855
3·2570
5·1542
6·1285
10·771
15·514
30·257

7711
11·701

7712
2·3856
4·1928
8·964
16·482
32·241

7713
3·2571
9·857

7714
2·3857
7·1102
14·551
19·406
29·266
38·203
58·133

7715
5·1543

7716
2·3858
3·2572
4·1929
6·1286
12·643

7717

7718
2·3859
17·454
34·227

7719
3·2573
31·249
83·93

7720
2·3860
4·1930
5·1544
8·965
10·772
20·886
40·193

7721
7·1103

7722
2·3861
3·2574
6·1287
9·858
11·702
13·594
18·429
22·351
26·297
27·286
33·234
39·198
54·143
66·117
78·99

7723

7724
2·3862
4·1931

7725
3·2575
5·1545
15·515
25·309
75·103

7726
2·3863

7727

7728
2·3864
3·2576
4·1932
6·1288
7·1104
8·966
12·644
14·552
16·483
21·368
23·336
24·322
28·276
42·184
46·168
48·161
56·138
69·112
84·92

7729
59·131

7730
2·3865
5·1546
10·773

7731
3·2577
9·859

7732
2·3866
4·1933

7733
11·703
19·407
37·209

7734
2·3867
3·2578
6·1289

7735
5·1547
7·1105
13·595
17·455
35·221
65·119
85·91

7736
2·3868
4·1934
8·967

7737
3·2579

7738
2·3869
53·146
73·106

7739
71·109

7740
2·3870
3·2580
4·1935
5·1548
6·1290
9·860
10·774
12·645
15·516
18·430
20·387
30·258
36·215
43·180
45·172
60·129
86·90

7741

7742
2·3871
7·1106
14·553
49·158
79·98

7743
3·2581
29·267
87·89

7744
2·3872
4·1936
8·968
11·704
16·484
22·352
32·242
44·176
64·121
88·88

7745
5·1549

7746
2·3873
3·2582
6·1291

7747
61·127

7748
2·3874
4·1937
13·596
26·298
52·149

7749
3·2583
7·1107
9·861
21·369
27·287
41·189
63·123

7750
2·3875
5·1550
10·775
25·310
31·250
50·155
62·125

續表

7751
23·337

7752
2·3876
3·2584
4·1938
6·1292
8·969
12·646
17·456
19·408
24·323
34·228
38·204
51·152
57·136
68·114
76·102

7753

7754
2·3877

7755
3·2585
5·1551
11·705
15·517
33·235
47·165
55·141

7756
2·3878
4·1939
7·1108
14·554
28·277

7757

7758
2·3879
3·2580
6·1293
9·862
18·431

7759

7760
2·3880
4·1940
5·1552
8·970
10·776
16·485
20·388
40·194
80·97

7761
3·2587
13·597
39·199

7762
2·3881

7763
7·1109

7764
2·3882
3·2588
4·1941
6·1294
12·647

7765
5·1553

7766
2·3883
11·706
22·353

7767
3·2589
9·863

7768
2·3884
4·1942
8·971

7769
17·457

7770
2·3885
3·2590
5·1554
6·1295
7·1110
10·777
14·555
15·518
21·370
30·259
35·222
37·210
42·185
70·111
74·105

7771
19·409

7772
2·3886
4·1943
29·268
58·134
67·116

7773
3·2591

7774
2·3887
13·598
23·338
26·299
46·169

7775
5·1555
25·311

7776
2·3888
3·2592
4·1944
6·1296
8·972
9·864
12·648
16·486
18·432
24·324
27·288
32·243
36·216
48·162
54·144
72·108
81·96

7777
7·1111
11·707
77·101

7778
2·3889

7779
3·2593

7780
2·3890
4·1945
5·1556
10·778
20·389

7781
31·251

7782
2·3891
3·2594
6·1297

7783
43·181

7784
2·3892
4·1946
7·1112
8·973
14·556
28·278
56·139

7785
3·2895
5·1557
9·865
15·519
45·173

7786
2·3893
17·458
34·229

7787
13·599

7788
2·3894
3·2596
4·1947
6·1298
11·708
12·649
22·354
33·236
44·177
59·132
66·118

7789

7790
2·3895
5·1558
10·779
19·410
38·205
41·190
82·95

7791
3·2597
7·1113
21·371
49·159
53·147

7792
2·3896
4·1948
8·974
16·487

7793

7794
2·3897
3·2598
6·1299
9·866
18·433

7795
5·1559

7796
2·3898
4·1949

7797
3·2599
23·339
69·113

7798
2·3899
7·1114
14·557

7799
11·709

7800
2·3900
3·2600
4·1950
5·1560
6·1300
8·975
10·780
12·650
13·600
15·520
20·390
24·325
25·312
26·300
30·260
39·200
40·195
50·156
52·150
60·130
65·120
75·104
78·100

7801
29·269

7802
2·3901
47·166
83·94

7803
3·2601
9·867
17·459
27·289
51·153

7804
2·3902
4·1951

7805
5·1561
7·1115
35·225

7806
2·3903
3·2602
6·1301

7807
37·211

7808
2·3904
4·1952
8·976
16·488
32·244
61·128
64·122

7809
3·2603
19·411
57·137

7810
2·3905
5·1562
10·781
11·710
22·355
55·142
71·110

7811
73·107

7812
2·3906
3·2604
4·1953
6·1302
7·1116
9·868
12·651
14·558
18·434
21·372
28·279
31·252
36·217
42·186
62·126
68·124
84·93

7813
13·601

7814
2·3007

7815
3·2605
5·1563
15·521

7816
2·3908
4·1954
8·977

7817

7818
2·3909
3·2606
6·1303

7819
7·1117

7820
2·3910
4·1955
5·1564
10·782
17·460
20·391
23·340
34·230
46·170
68·115
85·92

7821
3·2607
9·869
11·711
33·237
79·99

7822
2·3911

7823

7824
2·3912
3·2608
4·1956
6·1304
8·978
12·652
16·439
24·326
48·163

7825
5·1565
25·313

7826
2·3913
7·1118
13·602
14·559
26·301
43·182
86·91

7827
3·2699

7828
2·3914
4·1957
19·412
38·206
76·103

7829

7830
2·3915
3·2610
5·1566
6·1305
9·870
10·783
15·522
18·435
27·290
29·270
30·261
45·174
54·145
58·135
87·90

7831
41·191

7832
2·3916
4·1958
8·979
11·712
22·356
44·178
88·89

7833
3·2611
7·1119
21·373

7834
2·3017

7835
5·1567

7836
2·3918
3·2612
4·1059
6·1306
12·653

7837
17·461

7838
2·3916

7839
3·2613
9·871
13·603
39·201
67·117

7840
2·3920
4·1960
5·1568
7·1120
8·930
10·784
14·560
16·490
20·392
28·280
32·245
35·224
40·196
49·160
56·140
70·112
80·98

7841

7842
2·3921
3·2614
6·1307

7843
11·713
23·341
31·253

7844
2·3922
4·1961
37·212
53·148
74·106

7845
3·2615
5·1569
15·523

7846
2·3028

7847
7·1121
19·413
50·133

7848
2·3924
3·2616
4·1962
6·1308
8·931
9·872
12·654
18·436
24·327
36·218
72·109

7849
47·167

7850
2·3925
5·1570
10·785
25·314
50·157

7851
3·2617

7852
2·3926
4·1963
13·604
26·302
52·151

7853

7854
2·3927
3·2618
6·1309
7·1122
11·714
14·561
17·462
21·374
22·357
33·238
34·231
42·187
51·154
66·119
77·102

7855
5·1571

7856
2·3028
4·1964
8·932
16·491

7857
3·2619
9·873
27·291
81·97

7858
2·3929

7859
29·271

7860
2·3939
3·2620
4·1965
5·1572
6·1310
10·786
12·655
15·524
20·393
30·262
60·131

續表

7861
7·1123

7862
2·3931

7863
3·2621

7864
2·3932
4·1966
8·983

7865
5·1573
11·715
13·695
55·143
65·121

7866
2·3933
3·2622
6·1311
9·874
18·437
19·414
23·342
38·207
46·171
57·138
69·114

7867

7868
2·3934
4·1967
7·1124
14·562
28·281

7869
3·2623
43·183
61·129

7870
2·3935
5·1574
10·787

7871
17·463

7872
2·3936
3·2624
4·1968
6·1312
8·984
12·656
16·492
24·328
32·246
41·192
48·164
64·123
82·96

7873

7874
2·3937
31·254
62·127

7875
3·2625
5·1575
7·1125
9·875
15·525
21·375
25·315
35·225
45·175
63·125
75·105

7876
2·3938
4·1969
11·716
22·358
44·179

7877

7878
2·3939
3·2626
6·1313
13·606
26·303
39·202
78·101

7879

7880
2·3940
4·1970
5·1576
8·985
10·788
20·394
40·197

7881
3·2627
37·213
71·111

7882
2·3941
7·1126
14·563

7883

7884
2·3942
3·2628
4·1971
6·1314
9·876
12·657
18·438
27·292
36·219
54·146
73·108

7885
5·1577
19·415
83·95

7886
2·3943

7887
3·2629
11·717
33·239

7888
2·3944
2·1972
8·986
16·493
17·464
29·272
34·232
58·136
68·116

7889
7·1127
23·343
49·161

7890
2·3945
3·2630
5·1578
6·1315
10·789
15·526
30·263

7891
13·607

7892
2·3946
4·1973

7893
3·2631
9·577

7894
2·3947

7895
5·1579

7896
2·3948
3·2632
4·1974
6·1316
7·1128
8·937
12·653
14·564
21·376
24·329
28·282
42·183
47·168
56·141
84·94

7897
53·149

7898
2·3949
11·718
22·359

7899
3·2633

7900
2·3950
4·1975
5·1580
10·790
20·395
25·316
50·158
79·100

7901

7902
2·3951
3·2634
6·1317
9·878
18·439

7903
7·1129

7904
2·3952
4·1976
8·938
13·608
16·404
19·416
26·394
32·247
38·208
52·152
76·104

7905
3·2635
5·1531
15·527
17·465
31·255
51·155
85·93

7906
2·3953
59·134
67·118

7907

7908
2·3954
3·2636
4·1977
6·1318
12·659

7909
11·719

7910
2·3955
5·1582
7·1130
10·791
14·565
35·226
70·113

7911
3·2637
9·879
27·293

7912
2·3953
4·1973
8·939
23·344
43·184
46·172
86·92

7913
41·193

7914
2·3957
3·2638
6·1319

7915
5·1583

7916
2·3958
4·1979

7917
3·2639
7·1131
13·609
21·377
29·273
39·203
87·91

7918
2·3959
37·214
74·107

7919

7920
2·3460
3·2640
4·1980
5·1534
6·1320
8·990
9·880
10·792
11·720
12·660
15·528
16·495
18·440
20·396
22·360
24·330
30·264
33·240
36·220
40·198
44·180
45·176
48·165
55·144
60·132
66·120
72·110
80·99
83·90

7921
89·89

7922
2·3961
17·466
34·233

7923
3·2641
19·417
57·139

7924
2·3962
4·1981
7·1132
14·566
28·283

7925
5·1585
25·317

7926
2·3968
3·2642
6·1321

7927

7928
2·3064
4·1982
8·991

7929
3·2643
9·881

7930
2·3965
5·1586
10·793
13·610
26·305
61·130
65·122

7931
7·1133
11·721
77·103

7932
2·3966
3·2644
4·1983
6·1322
12·661

7933

7934
2·3967

7935
3·2645
5·1587
15·529
23·345
69·115

7936
2·3963
4·1984
8·992
16·496
31·256
32·248
62·123
64·124

7937

7938
2·3969
3·2646
6·1323
7·1134
9·882
14·567
18·441
21·378
27·294
42·189
49·162
54·147
63·126
81·98

7939
17·467

7940
2·3970
4·1985
5·1588
10·794
20·397

7941
3·2647

7942
2·3971
11·722
19·418
22·361
38·209

7943
13·611
47·169

7944
2·3972
3·2648
4·1986
6·1324
8·993
12·662
24·321

7945
5·1589
7·1135
35·227

7946
2·3973
29·274
58·137

7947
3·2649
9·883

7948
2·3974
4·1987

7949

7950
2·3975
3·2650
5·1950
6·1325
10·795
15·530
25·318
30·265
50·159
53·150
75·106

7951

7952
2·3976
4·1988
7·1136
8·994
14·568
16·497
28·284
56·142
71·112

7953
3·2651
11·723
33·241

7954
2·3977
41·194
82·97

7955
5·1591
37·215
43·185

7956
2·3978
3·2665
4·1989
6·1326
9·834
12·663
13·612
17·463
18·442
26·306
34·234
36·221
39·204
51·156
52·153
68·117
78·102

7957
73·109

7958
2·3979
23·346
46·173

7959
3·2653
7·1137
21·379

7960
2·3980
4·1990
5·1592
8·995
10·796
20·398
40·199

7961
19·419

7962
2·3981
3·2654
6·1327

7963

7964
2·3982
4·1991
11·724
22·362
44·181

7965
3·2655
5·1593
9·835
15·531
27·295
45·177
59·135

7966
2·3983
7·1138
14·569

7967
31·257

7968
2·3984
3·2656
4·1992
6·1328
8·996
12·664
16·498
24·332
32·249
48·166
83·96

7969
13·613

7970
2·3985
5·1594
10·797

續表

7971
3·2657

7972
2·3986
4·1993

7973
7·1139
17·469
67·119

7974
2·3987
3·2658
6·1329
9·886
18·443

7975
5·1595
11·725
25·319
29·275
55·145

7976
2·3988
4·1994
8·997

7977
3·2659

7978
2·3989

7979
79·101

7980
2·3990
3·2660
4·1995
5·1596
6·1330
7·1140
10·798
12·665
14·570
15·532
19·420
20·399
21·380
28·285
30·266
35·228
38·210
42·190
57·140
60·133
70·114
76·105
84·95

7981
23·347

7982
2·3991
13·614
26·307

7983
3·2661
9·887

7984
2·3992
4·1996
8·998
16·499

7985
5·1597

7986
2·3993
3·2662
6·1331
11·726
22·363
33·242
66·121

7987
7·1141
49·163

7988
2·3994
4·1997

7989
3·2663

7990
2·3995
5·1598
10·799
17·470
34·235
47·170
85·94

7991
61·131

7992
2·3996
3·2664
4·1998
6·1332
8·999
9·888
12·666
18·444
24·333
27·296
36·222
37·216
54·148
72·111
74·108

7993

7994
2·3997
7·1142
14·571

7995
3·2665
5·1599
13·615
15·538
39·205
41·195
65·123

7996
2·3998
4·1999

7997
11·727

7998
2·3999
3·2666
6·1333
31·258
43·186
62·129
86·93

7999
19·421

8000
2·4000
4·2000
5·1600
8·1000
10·800
16·500
20·400
25·320
32·250
40·200
50·160
64·125
80·100

8001
3·2667
7·1143
9·889
21·381
63·127

8002
2·4001

8003
53·151

8004
2·4002
3·2668
4·2001
6·1334
12·667
23·348
29·276
46·174
58·138
69·116
87·92

8005
5·1601

8006
2·4003

8007
3·2669
17·471
51·157

8008
2·4004
4·2002
7·1144
8·1001
11·728
13·616
14·572
22·364
26·308
28·286
44·182
52·154
56·143
77·104
88·91

8009

8010
2·4005
3·2670
5·1602
6·1335
9·890
10·801
15·534
18·445
30·267
45·178
89·90

8011

8012
2·4006
4·2003

8013
3·2671

8014
2·4007

8015
5·1603
7·1145
35·229

8016
2·4008
3·2672
4·2004
6·1336
8·1002
12·668
16·501
24·334
48·167

8017

8018
2·4009
19·422
38·211

8019
3·2673
9·891
11·729
27·297
33·243
81·99

8020
2·4010
4·2005
5·1604
10·802
20·401

8021
13·617

8022
2·4011
3·2674
6·1337
7·1146
14·573
21·382
42·191

8023
71·113

8024
2·4012
4·2006
8·1003
17·472
34·236
59·136
68·118

8025
3·2675
5·1605
15·535
25·321
75·107

8026
2·4013

8027
23·349

8028
2·4014
3·2676
4·2007
6·1338
9·892
12·669
18·446
36·223

8029
7·1147
31·259
37·217

8030
2·4015
5·1606
10·803
11·730
22·365
55·146
73·110

8031
2·2677

8032
2·4016
4·2008
8·1004
16·502
32·251

8033
29·277

8034
2·4017
3·2678
6·1339
13·618
26·309
39·206
78·103

8035
5·1607

8036
2·4018
4·2009
7·1148
14·574
28·287
41·196
49·164
82·98

8037
3·2679
9·893
19·428
47·171
57·141

8038
2·4019

8039

8040
2·4020
3·2680
4·2010
5·1608
6·1340
8·1005
10·804
12·670
15·536
20·402
24·335
30·268
40·201
60·134
67·120

8041
11·731
17·473
43·187

8042
2·4021

8043
3·2681
7·1149
21·383

8044
2·4022
4·2011

8045
5·1609

8046
2·4023
3·2682
6·1341
9·894
18·447
27·298
54·149

8047
13·619

8048
2·4024
4·2012
8·1006
16·503

8049
3·2683

8050
2·4025
5·1610
7·1150
10·805
14·575
23·350
25·322
35·230
46·175
50·161
70·115

8051
83·97

8052
2·4026
3·2684
4·2013
6·1342
11·732
16·671
22·366
33·244
44·183
61·132
66·122

8053

8054
2·4027

8055
3·2685
5·1611
9·895
15·537
45·179

8056
2·4028
4·2014
8·1007
19·424
38·212
53·152
76·106

8057
7·1151

8058
2·4029
3·2686
6·1343
17·474
34·237
51·158
79·102

8059

8060
2·4030
4·2015
5·1612
10·806
13·620
20·403
26·310
31·260
52·155
62·130
65·124

8061
3·2687

8062
2·4031
29·278
58·139

8063
11·733

8064
2·4032
3·2688
4·2016
6·1344
7·1152
8·1008
9·896
12·672
14·576
16·504
18·448
21·384
24·336
28·288
32·252
36·224
42·192
48·168
56·144
63·128
64·126
72·112
84·96

8065
5·1613

8066
2·4033
37·218
74·109

8067
3·2689

8068
2·4034
4·2017

8069

8070
2·4035
3·2690
5·1614
6·1345
10·807
15·538
30·269

8071
7·1153

8072
2·4036
4·2018
8·1009

8073
3·2691
9·897
13·621
23·351
27·299
39·207
69·117

8074
2·4037
11·734
22·367

8075
5·1615
17·475
19·425
25·323
85·95

8076
2·4038
3·2692
4·2019
6·1346
12·673

8077
41·197

8078
2·4039
7·1154
14·577

8079
3·2693

8080
2·4040
4·2020
5·1616
8·1010
10·808
16·505
20·404
40·202
80·101

續表

8081

8082
2·4041
3·2694
6·1347
9·898
18·449

8083
59·137

8084
2·4042
4·2021
43·188
47·172
86·94

8085
3·2695
5·1617
7·1155
11·735
15·539
21·385
33·245
35·231
49·165
55·147
77·105

8086
2·4043
13·622
26·311

8087

8088
2·4044
3·2696
4·2622
6·1348
8·1011
12·674
24·337

8089

8090
2·4045
5·1618
10·800

8091
3·2697
9·899
29·279
31·261
87·93

8092
2·4046
4·2028
7·1156
14·578
17·476
28·289
34·238
68·119

8093

8094
2·4047
3·2698
6·1349
19·426
38·213
57·142
71·114

8095
5·1619

8096
2·4048
4·2024
8·1012
11·736
16·506
22·368
23·352
32·253
44·184
46·176
88·92

8097
3·2699

8098
2·4049

8099
7·1157
13·623
89·91

8100
2·4050
3·2700
4·2025
5·1620
6·1350
9·900
10·810
12·675
15·540
18·450
20·405
25·324
27·300
30·270
36·325
45·180
50·162
54·150
60·135
75·108
81·100
90·90

8101

8102
2·4051

8103
3·2701
37·219
73·111

8104
2·4052
4·2026
8·1013

8105
5·1621

8106
2·4053
3·2702
6·1351
7·1158
14·579
21·386
42·193

8107
11·737
67·121

8108
2·4054
4·2027

8109
3·2703
9·901
17·477
51·159
53·153

8110
2·4055
5·1622
10·811

8111

8112
2·4056
3·2704
4·2028
6·1352
8·1014
12·676
13·624
16·507
24·338
26·312
39·208
48·169
52·156
78·104

8113
7·1159
19·427
61·133

8114
2·4057

8115
3·2705
5·1623
15·541

8116
2·4058
4·2029

8117

8118
2·4059
3·2706
6·1353
9·902
11·738
18·451
22·369
33·246
44·198
66·123
82·99

8119
23·353

8120
2·4060
4·2030
5·1624
7·1160
8·1015
10·812
14·580
20·406
28·290
29·280
35·232
40·203
56·145
58·140
70·116

8121
3·2707

8122
2·4061
31·262
62·131

8123

8124
2·4062
3·2708
4·2031
6·1354
12·677

8125
5·1625
13·625
25·325
65·125

8126
2·4063
17·478
34·239

8127
3·2709
7·1161
9·903
21·387
27·301
43·189
63·129

8128
2·4064
4·2032
8·1016
16·508
32·254
64·127

8129
11·739

8130
2·4065
3·2710
5·1626
6·1355
10·813
15·542
30·271

8131
47·173

8132
2·4066
4·2033
19·428
38·214
76·107

8133
3·2711

8134
2·4067
7·1162
14·581
49·166
83·98

8135
5·1627

8136
2·4068
3·2712
4·2034
6·1356
8·1017
9·904
12·678
18·452
24·339
36·226
72·113

8137
79·103

8138
2·4069
13·626
26·313

8139
3·2713

8140
2·4070
4·2035
5·1628
10·814
11·740
20·407
22·370
37·220
44·185
55·148
74·110

8141
7·1163

8142
2·4071
3·2714
6·1357
23·354
46·177
59·138
69·118

8143
17·479

8144
2·4072
4·2036
8·1018
16·509

8145
3·2715
5·1629
9·905
15·543
45·181

8146
2·4073

8147

8148
2·4074
3·2716
4·2037
6·1358
7·1164
12·679
14·582
21·388
28·291
42·194
84·97

8149
29·281

8150
2·4075
5·1630
10·815
25·326
50·163

8151
3·2717
11·741
13·627
19·429
33·247
39·209
57·143

8152
2·4076
4·2038
8·1019

8153
31·263

8154
2·4077
3·2718
6·1359
9·906
18·453
27·302
54·151

8155
5·1631
7·1165
35·233

8156
2·4078
4·2039

8157
3·2719

8158
2·4079

8159
41·199

8160
2·4080
3·2720
4·2040
5·1632
6·1360
8·1020
10·816
12·680
15·544
16·510
17·480
20·408
24·340
30·272
32·255
34·240
40·204
48·170
51·160
60·136
68·120
80·102
85·96

8161

8162
2·4081
7·1166
11·742
14·583
22·371
53·154
77·106

8163
3·2721
9·907

8164
2·4082
4·2041
13·628
26·314
52·157

8165
5·1638
23·355
71·115

8166
2·4083
3·2722
6·1361

8167

8168
2·4084
4·2042
8·1021

8169
3·2723
7·1167
21·389

8170
2·4085
5·1634
10·817
19·430
38·215
43·190
86·95

8171

8172
2·4086
3·2724
4·2043
6·1362
9·908
12·681
18·454
36·227

8173
11·743

8174
2·4087
61·134
67·122

8175
3·2725
5·1635
15·545
25·327
75·109

8176
2·4088
4·2044
7·1168
8·1022
14·584
16·511
28·292
56·146
73·112

8177
13·629
17·481
37·221

8178
2·4089
3·2726
6·1363
29·282
47·174
58·141
87·94

8179

8180
2·4090
4·2045
5·1636
10·818
20·409

8181
3·2727
9·909
27·303
81·101

8182
2·4091

8183
7·1169
49·167

8184
2·4092
3·2728
4·2046
6·1364
8·1023
11·744
12·682
22·372
24·341
31·264
33·248
44·186
62·132
66·124
88·93

8185
5·1637

8186
2·4093

8187
3·2729

8188
2·4094
4·3047
23·356
46·178
89·92

8189
19·431

8190
2·4095
3·2730
5·1638
6·1365
7·1170
9·910
10·819
13·630
14·585
15·546
18·455
21·390
26·315
30·273
35·234
39·210
42·195
45·182
63·130
65·126
70·117
78·105
90·91

續表

8191

8192
2·4096
4·2048
8·1024
16·512
32·256
64·128

8193
3·2731

8194
2·4097
17·482
34·241

8195
5·1639
11·745
55·149

8196
2·4098
3·2732
4·2049
6·1366
12·683

8197
7·1171

8198
2·4099

8199
3·2733
9·911

8200
2·4100
4·2050
5·1640
8·1025
10·820
20·410
25·328
40·205
41·200
50·164
82·100

8201
59·139

8202
2·4101
3·2734
6·1367

8203
13·631

8204
2·4102
4·2051
7·1172
14·586
28·293

8205
3·2735
5·1641
15·547

8206
2·4103
11·746
22·373

8207
29·283

8208
2·4104
3·2736
4·2052
6·1368
8·1026
9·912
12·684
16·513
18·456
19·432
24·342
27·304
36·228
38·216
48·171
54·152
57·144
72·114
76·108

8209

8210
2·4105
5·1642
10·821

8211
3·2737
7·1173
17·483
21·391
23·357
51·161
69·119

8212
2·4106
4·2053

8213
43·491

8214
2·4107
3·2738
6·1369
37·222
74·111

8215
5·1643
31·265
53·155

8216
2·4108
4·2054
8·1027
13·632
26·316
52·158
79·104

8217
3·2739
9·913
11·747
33·249
83·99

8218
2·4009
7·1174
14·587

8219

8220
2·4110
3·2740
4·2055
5·1644
6·1370
10·822
12·635
15·548
20·411
30·274
60·137

8221

8222
2·4111

8223
3·2741

8224
2·4112
4·2056
8·1028
16·514
32·257

8225
5·1645
7·1175
25·329
35·235
47·175

8226
2·4113
3·2742
6·1371
9·914
18·457

8227
19·433

8228
2·4114
4·2057
11·748
17·484
22·374
34·242
44·187
68·121

8229
3·2743
13·633
39·211

8230
2·4115
5·1646
10·823

8231

8232
2·4116
3·2744
4·2058
6·1372
7·1176
8·1029
12·686
14·588
21·392
24·343
28·294
42·196
49·168
56·147
84·98

8233

8234
2·4117
23·358
46·179

8235
3·2745
5·1647
9·915
15·549
27·305
45·183
61·135

8236
2·4118
4·2059
29·284
58·142
71·116

8237

8238
2·4119
3·2746
6·1373

8239
7·1177
11·749
77·107

8240
2·4120
4·2060
5·1648
5·1030
10·824
16·515
20·412
40·206
80·103

8241
3·2747
41·201
67·123

8242
2·4121
13·634
26·317

8243

8244
2·4122
3·2748
4·2061
6·1374
9·916
12·687
18·458
36·229

8245
5·1649
17·485
85·97

8246
2·4123
7·1178
14·589
19·434
31·266
38·217
62·133

8247
3·2749

8248
2·4124
4·2062
8·1031

8249
73·113

8250
2·4125
3·2750
5·1650
6·1375
10·825
11·750
15·550
22·375
25·330
30·275
33·250
50·165
55·150
66·125
75·110

8251
37·223

8252
2·4126
4·1063

8253
3·2751
7·1179
9·917
21·393
63·131

8254
2·4127

8255
5·1651
13·635
65·127

8256
2·4128
3·2752
4·2064
6·1376
8·1032
12·688
16·516
24·344
32·258
43·192
48·172
64·129
86·96

8257
23·359

8258
2·4129

8259
3·2753

8260
2·4130
4·2065
5·1652
7·1180
10·826
14·590
20·413
28·295
35·236
59·140
70·118

8261
11·751

8262
2·4131
3·2754
6·1377
9·918
17·486
18·459
27·306
34·243
51·162
54·153
81·102

8263

8264
2·4132
4·2066
8·1033

8265
3·2755
5·1653
15·551
19·455
29·285
57·145
87·95

8266
2·4133

8267
7·1181

8268
2·4134
3·2756
4·2067
6·1378
12·689
13·636
26·318
39·212
52·159
53·156
78·106

8269

8270
2·4135
5·1654
10·827

8271
3·2757
9·919

8272
2·4136
4·2068
8·1034
11·752
16·517
22·376
44·188
47·176
88·94

8273

8274
2·4137
3·2758
6·1379
7·1182
14·591
21·394
42·197

8275
5·1655
25·331

8276
2·4138
4·2069

8277
3·2759
31·267
89·93

8278
2·4139

8279
17·487

8280
2·4140
3·2760
4·2070
5·1656
6·1380
8·1035
9·920
10·828
12·690
15·552
18·460
20·414
23·360
24·345
30·276
36·230
40·207
45·184
46·180
60·138
69·120
72·115
90·92

8281
7·1183
13·637
49·169
91·91

8282
2·4141
41·202
82·101

8283
3·2761
11·753
33·251

8284
2·4142
4·2071
19·436
38·218
76·109

8285
5·1657

8286
2·4143
3·2762
6·1381

8287

8288
2·4144
4·2072
7·1184
8·1036
14·592
16·518
28·296
32·259
37·224
56·148
74·112

8289
3·2763
9·921
27·307

8290
2·4145
5·1658
10·829

8291

8292
2·4146
3·2764
4·2073
6·1382
12·691

8293

8294
2·4147
11·754
13·638
22·377
26·319
29·286
58·143

8295
3·2765
5·1659
7·1185
15·553
21·395
35·237
79·105

8296
2·4148
4·2074
8·1037
17·488
34·244
61·136
68·122

8297

8298
2·4149
3·2766
6·1383
9·922
18·461

8299
43·193

8300
2·4150
4·2075
5·1660
10·830
20·415
25·332
50·166
83·100

續表

8301
3・2767

8302
2・4151
7・1186
14・593

8303
19・437
23・361

8304
2・4152
3・2768
4・2076
6・1384
8・1038
12・692
16・519
24・346
48・173

8305
5・1661
11・755
55・151

8306
2・4153

8307
3・2769
9・923
13・639
39・213
71・117

8308
2・4154
4・2077
31・268
62・134
67・124

8309
7・1187

8310
2・4155
3・2770
5・1662
6・1385
10・831
15・554
30・277

8311

8312
2・4156
4・2078
8・1039

8313
3・2771
17・489
51・163

8314
2・4157

8315
5・1663

8316
2・4158
3・2772
4・2079
6・1386
7・1188
9・924
11・756
12・693
14・594
18・462
21・396
22・378
27・308
28・297
33・252
36・231
42・198
44・189
54・154
63・132
66・126
77・108
84・99

8317

8318
2・4159

8319
3・2773
47・177
59・141

8320
2・4160
4・2080
5・1664
8・1040
10・832
13・640
16・520
20・416
26・320
32・260
40・208
52・160
64・130
65・128
80・104

8321
53・157

8322
2・4161
3・2774
6・1387
19・438
38・219
57・146
73・114

8323
7・1189
29・287
41・203

8324
2・4162
4・2081

8325
3・2775
5・1665
9・925
15・555
25・333
37・225
45・185
75・111

8326
2・4163
23・362
46・181

8327
11・757

8328
2・4164
3・2776
4・2082
6・1388
8・1041
12・694
24・347

8329

8330
2・4165
5・1666
7・1190
10・833
14・595
17・490
34・245
35・238
49・170
70・119
85・98

8331
3・2777

8332
2・4166
4・2083

8333
13・641

8334
2・4167
3・2778
6・1389
9・926
18・463

8335
5・1667

8336
2・4168
4・2084
8・1042
16・521

8337
3・2779
7・1191
21・397

8338
2・4169
11・758
22・379

8339
31・269

8340
2・4170
3・2780
4・2085
5・1668
6・1390
10・834
12・695
15・556
20・417
30・278
60・139

8341
19・439

8342
2・4171
43・194
86・97

8343
3・2781
9・927
27・309
81・103

8344
2・4172
4・2086
7・1192
8・1043
14・596
28・298
56・149

8345
5・1669

8346
2・4173
3・2782
6・1291
13・642
26・321
39・214
78・107

8347
17・491

8348
2・4174
4・2087

8349
3・2783
11・759
23・363
33・253
69・121

8350
2・4175
5・1670
10・835
25・334
50・167

8351
7・1193

8352
2・4176
3・2784
4・2088
6・1392
8・1044
9・928
12・696
16・522
18・464
24・348
29・288
32・261
36・232
48・174
58・144
72・116
87・96

8353

8354
2・4177

8355
3・2785
5・1671
15・557

8356
2・4178
4・2089

8357
61・137

8358
2・4179
3・2786
6・1393
7・1194
14・597
21・398
42・199

8359
13・643

8360
2・4180
4・2090
5・1672
8・1045
10・836
11・760
19・440
20・418
22・280
38・220
40・209
44・190
55・152
76・110
88・95

8361
3・2787
9・929

8362
2・4181
37・226
74・113

8363

8364
2・4182
3・2788
4・2091
6・1394
12・697
17・492
34・246
41・204
51・164
68・123
82・102

8365
5・1673
7・1195
35・239

8366
2・4183
47・178
89・94

8367
3・2789

8368
2・4184
4・2092
8・1046
16・523

8369

8370
2・4185
3・2790
5・1674
6・1395
9・930
10・837
15・558
18・465
27・310
30・279
31・270
45・186
54・155
62・135
90・93

8371
11・761

8372
2・4186
4・2093
7・1196
13・644
14・598
23・364
26・322
28・299
46・182
52・161
91・92

8373
3・2791

8374
2・4187
53・158
79・106

8375
5・1675
25・335
67・125

8376
2・4188
3・2792
4・2094
6・1296
8・1047
12・698
24・349

8377

8378
2・4189
59・142
71・118

8379
3・2793
7・1197
9・931
19・441
21・399
49・171
57・147
63・133

8380
2・4190
4・2095
5・1676
10・836
20・419

8381
17・493
29・289

8382
2・4191
3・2794
6・1397
11・762
22・381
33・254
66・127

8383
83・101

8384
2・4192
4・2096
8・1048
16・524
32・262
64・131

8385
3・2795
5・1677
13・645
15・559
39・215
43・195
65・129

8386
2・4193
7・1198
14・599

8387

8388
2・4194
3・2796
4・2097
6・1398
9・932
12・699
18・466
36・233

8389

8390
2・4195
5・1678
10・839

8391
3・2797

8392
2・4196
4・2098
8・1049

8393
7・1199
11・763
77・109

8394
2・4197
3・2798
6・1399

8395
5・1679
23・365
73・115

8396
2・4198
4・2099

8397
3・2799
9・933
27・311

8398
2・4199
13・646
17・494
19・442
26・323
34・247
38・221

8399
37・227

8400
2・4200
3・2800
4・2100
5・1680
6・1400
7・1200
8・1050
10・840
12・700
14・600
15・560
16・525
20・420
21・400
24・350
25・336
28・300
30・280
35・240
40・210
42・200
48・175
50・168
56・150
60・140
70・120
75・112
80・105
84・100

8401
31・271

8402
2・4201

8403
3・2801

8404
2・4202
4・2101
11・764
22・382
44・191

8405
5・1681
41・205

8406
2・4203
3・2802
6・1401
9・934
18・467

8407
7・1201

8408
2・4204
4・2102
8・1051

8409
3・2803

8410
2・4205
5・1682
10・841
29・290
58・145

續表

8411
13·647

8412
2·4206
3·2804
4·2103
6·1402
12·701

8413
47·179

8414
2·4207
7·1202
14·601

8415
3·2805
5·1683
9·935
11·765
15·561
17·495
33·255
45·187
51·165
55·153
85·99

8416
2·4208
4·2104
8·1052
16·526
32·263

8417
19·443

8418
2·4209
3·2806
6·1403
23·366
46·183
61·138
69·122

8419

8420
2·4210
4·2105
5·1684
10·842
20·421

8421
3·2807
7·1203
21·401

8422
2·4211

8423

8424
2·4212
3·2808
4·2106
6·1404
8·1053
9·936
12·702
13·648
18·468
24·351
26·324
27·312
36·234
39·216
52·162
54·156
72·117
78·108
81·104

8425
5·1685
25·337

8426
2·4213
11·766
22·383

8427
3·2809
53·159

8428
2·4214
4·2107
7·1204
14·602
28·301
43·196
49·172
86·98

8429

8430
2·4215
3·2810
5·1686
6·1405
10·843
15·562
30·281

8431

8432
2·4216
4·2108
8·1054
16·527
17·496
31·272
34·248
62·136
68·124

8433
3·2811
9·937

8434
2·4217

8435
5·1687
7·1205
35·241

8436
2·4218
3·2812
4·2109
6·1406
12·703
19·444
37·228
38·222
57·148
74·114
76·111

8437
11·767
13·649
59·143

8438
2·4219

8439
3·2813
29·291
87·97

8440
2·4220
4·2110
5·1688
8·1055
10·844
20·422
40·211

8441
23·367

8442
2·4221
3·2814
6·1407
7·1206
9·938
14·603
18·469
21·402
42·201
63·134
67·126

8443

8444
2·4222
4·2111

8445
3·2815
5·1689
15·563

8446
2·4223
41·206
82·103

8447

8448
2·4224
3·2816
4·2112
6·1408
8·1056
11·768
12·704
16·528
22·384
24·352
32·264
33·256
44·192
48·176
64·132
66·128
88·96

8449
7·1207
17·497
71·119

8450
2·4225
5·1690
10·845
13·650
25·338
26·325
50·169
65·130

8451
3·2817
9·989
27·313

8452
2·4226
4·2113

8453
79·107

8454
2·4227
3·2818
6·1409

8455
5·1691
19·445
89·95

8456
2·4228
4·2114
7·1208
8·1057
14·604
28·302
56·151

8457
3·2819

8458
2·4229

8459
11·769

8460
2·4230
3·2820
4·2115
5·1692
6·1410
9·940
10·846
12·705
15·564
18·470
20·423
30·282
36·235
45·188
47·180
60·141
90·94

8461

8462
2·4231

8463
3·2821
7·1209
13·651
21·403
31·273
39·217
91·93

8464
2·4232
4·2116
8·1058
16·529
23·368
46·184
92·92

8465
5·1693

8466
2·4233
3·2822
6·1411
17·498
34·249
51·166
83·102

8467

8468
2·4234
4·2117
29·292
58·146
73·116

8469
3·2823
9·941

8470
2·4235
5·1694
7·1210
10·847
11·770
14·605
22·365
35·242
55·154
70·121
77·110

8471
43·197

8472
2·4236
3·2824
4·2118
6·1412
8·1059
12·706
24·353

8473
37·229

8474
2·4237
19·446
38·223

8475
3·2825
5·1695
15·565
25·339
75·113

8476
2·4238
4·2119
13·652
26·326
52·163

8477
7·1211
49·173

8478
2·4239
3·2826
6·1413
9·942
18·471
27·314
54·157

8479
61·139

8480
2·4240
4·2120
5·1696
8·1060
10·848
16·530
20·424
32·265
40·212
53·160
80·106

8481
3·2827
11·771
33·257

8482
2·4241

8483
17·499

8484
2·4242
3·2828
4·2121
6·1414
7·1212
12·707
14·606
21·404
28·303
42·202
84·101

8485
5·1697

8486
2·4243

8487
3·2829
9·943
23·369
41·207
69·123

8488
2·4244
4·2122
8·1061

8489
13·653

8490
2·4245
3·2830
5·1698
6·1415
10·849
15·566
30·283

8491
7·1213

8492
2·4246
4·2123
11·772
22·386
44·193

8493
3·2831
19·447
57·149

8494
2·4247
31·274
62·137

8495
5·1699

8496
2·4248
3·2832
4·2124
6·1416
8·1062
9·944
12·708
16·531
18·472
24·354
36·236
48·177
59·144
72·118

8497
29·293

8498
2·4249
7·1214
14·667

8499
3·2833

8500
2·4250
4·2125
5·1700
10·850
17·500
20·425
25·340
34·250
50·170
68·125
85·100

8501

8502
2·4251
3·2834
6·1417
13·654
26·327
39·218
78·109

8503
11·773

8504
2·4252
4·2126
8·1063

8505
3·2835
5·1701
7·1215
9·945
15·567
21·405
27·315
35·243
45·189
63·135
81·105

8506
2·4253

8507
47·181

8508
2·4254
3·2836
4·2127
6·1418
12·709

8509
67·127

8510
2·4255
5·1702
10·851
23·370
37·230
46·185
74·115

8511
3·2837

8512
2·4256
4·2128
7·1216
8·1064
14·608
16·532
19·448
28·304
32·266
38·224
56·152
64·133
76·112

8513

8514
2·4257
3·2838
6·1419
9·946
11·774
18·473
22·387
33·258
43·198
66·129
86·99

8515
5·1703
13·655
65·131

8516
2·4258
4·2129

8517
3·2839
17·501
51·167

8518
2·4259

8519
7·1217

8520
2·4260
3·2840
4·2130
5·1704
6·1420
8·1065
10·852
12·710
15·568
20·426
24·355
30·284
40·213
60·142
71·120

續表

8521

8522
2·4261

8523
3·2841
9·947

8524
2·4262
4·2131

8525
5·1705
11·775
25·341
31·275
55·155

8526
2·4263
3·2842
6·1421
7·1218
14·609
21·406
29·294
42·203
49·174
58·147
87·98

8527

8528
2·4264
4·2132
8·1066
13·656
16·533
26·328
41·208
52·164
82·104

8529
3·2843

8530
2·4265
5·1706
10·853

8531
19·449

8532
2·4266
3·2844
4·2133
6·1422
9·948
12·711
18·474
27·316
36·237
54·158
79·108

8533
7·1219
23·371
53·161

8534
2·4267
17·502
34·251

8535
3·2845
5·1707
15·569

8536
2·4268
4·2134
8·1067
11·776
22·388
44·194
88·97

8537

8538
2·4269
3·2846
6·1423

8539

8540
2·4270
4·2135
5·1708
7·1220
10·854
14·610
20·427
28·305
35·244
61·140
70·122

8541
3·2847
9·949
13·657
39·219
73·117

8542
2·4271

8543

8544
2·4272
3·2848
4·2136
6·1424
8·1068
12·712
16·534
24·356
32·267
48·178
89·96

8545
5·1709

8546
2·4273

8547
3·2849
7·1221
11·777
21·407
33·259
37·231
77·111

8548
2·4274
4·2137

8549
83·103

8550
2·4275
3·2850
5·1710
6·1425
9·950
10·855
15·570
18·475
19·450
25·342
30·285
38·225
45·190
50·171
57·150
75·114
90·95

8551
17·503

8552
2·4276
4·2138
8·1069

8553
3·2851

8554
2·4277
7·1222
13·658
14·611
26·329
47·182
91·94

8555
5·1711
29·295
59·145

8556
2·4278
3·2852
4·2139
6·1426
12·713
23·372
31·276
46·186
62·138
69·124
92·93

8557
43·199

8558
2·4279
11·778
22·389

8559
3·2853
9·951
27·317

8560
2·4280
4·2140
5·1712
8·1070
10·856
16·535
20·428
40·214
80·107

8561
7·1223

8562
2·4281
3·2854
6·1427

8563

8564
2·4282
4·2141

8565
3·2855
5·1713
15·571

8566
2·4283

8567
13·659

8568
2·4284
3·2856
4·2142
6·1428
7·1224
8·1071
9·952
12·714
14·612
17·504
18·476
21·408
24·357
28·306
34·252
36·238
42·204
51·168
56·153
63·136
68·126
72·119
84·102

8569
11·779
19·451
41·209

8570
2·4285
5·1714
10·857

8571
3·2857

8572
2·4286
4·2143

8573

8574
2·4287
3·2858
6·1429

8575
5·1715
7·1225
25·343
35·245
49·175

8576
2·4288
4·2144
8·1072
16·536
32·268
64·134
67·128

8577
3·2859
9·953

8578
2·4289

8579
23·373

8580
2·4290
3·2860
4·2145
5·1716
6·1430
10·858
11·780
12·715
13·660
15·572
20·429
22·390
26·330
30·286
33·260
39·220
44·195
52·165
55·156
60·143
65·132
66·130
78·110

8581

8582
2·4291
7·1226
14·613

8583
3·2861

8584
2·4292
4·2146
8·1073
29·296
37·232
58·148
74·116

8585
5·1717
17·505
85·101

8586
2·4293
3·2862
6·1431
9·954
18·477
27·318
53·162
54·159
81·106

8587
31·277

8588
2·4294
4·2147
19·452
38·226
76·113

8589
3·2863
7·1227
21·409

8590
2·4295
5·1718
10·859

8591
11·781
71·121

8592
2·4296
3·2864
4·2148
6·1432
8·1074
12·716
16·537
24·358
48·179

8593
13·661

8594
2·4297

8595
3·2865
5·1719
9·955
15·573
45·191

8596
2·4298
4·2149
7·1228
14·614
28·307

8597

8598
2·4299
3·2866
6·1433

8599

8600
2·4300
4·2150
5·1720
8·1075
10·860
20·430
25·344
40·215
43·200
50·172
86·100

8601
3·2867
47·183
61·141

8602
2·4301
11·782
17·506
22·391
23·374
34·253
46·187

8603
7·129

8604
2·4302
3·2868
4·2151
6·1434
9·956
12·717
18·478
36·239

8605
5·1721

8606
2·4303
13·662
26·331

8607
3·2869
19·453
57·151

8608
2·4304
4·2152
8·1076
16·538
32·269

8609

8610
2·4305
3·2870
5·1722
6·1435
7·1230
10·861
14·615
15·574
21·410
30·287
35·246
41·210
42·205
70·123
82·105

8611
79·109

8612
2·4306
4·2153

8613
3·2871
9·957
11·783
27·319
29·297
33·261
87·99

8614
2·4307
59·146
73·118

8615
5·1723

8616
2·4308
3·2872
4·2154
6·1436
8·1077
12·718
24·359

8617
7·1231

8618
2·4309
31·278
62·139

8619
3·2873
13·663
17·507
39·221
51·169

8620
2·4310
4·2155
5·8724
10·862
20·431

8621
37·233

8622
2·4311
3·2874
6·1437
9·958
18·479

8623

8624
2·4312
4·2156
7·1232
8·1078
11·784
14·616
16·539
22·392
28·308
44·196
49·176
56·154
77·112
88·98

8625
3·2875
5·1725
15·575
23·375
25·345
69·125
75·115

8626
2·4313
19·454
38·227

8627

8628
2·4314
3·2876
4·2157
6·1438
12·719

8629

8630
2·4315
5·1726
10·863

續表

8631
3·2877
7·1233
9·959
21·411
63·137

8632
2·4316
4·2158
8·1079
13·664
26·332
52·166
83·104

8633
89·97

8634
2·4317
3·2878
6·1439

8635
5·1727
11·785
55·157

8636
2·1318
4·2159
17·508
34·254
68·127

8637
3·2879

8638
2·4319
7·1234
14·617

8639
53·163

8640
2·4320
3·2880
4·2160
5·1728
6·1440
8·1080
9·960
10·864
12·720
15·576
16·540
18·480
20·432
24·360
27·320
30·288
32·270
36·240
40·216
45·192
48·180
54·160
60·144
64·135
72·120
80·108
90·96

8641

8642
2·4321
29·298
58·149

8643
3·2881
43·201
67·129

8644
2·4322
4·2161

8645
5·1729
7·1235
13·665
19·455
35·247
65·133
91·95

8646
2·4323
3·2882
6·1441
11·786
22·393
33·262
66·131

8647

8648
2·4324
4·2162
8·1081
23·376
46·188
47·184
92·94

8649
3·3883
9·961
31·579
93·93

8650
2·4325
5·1730
10·865
25·346
50·173

8651
41·211

8652
2·4326
3·2884
4·2163
6·1442
7·1236
12·721
14·618
21·412
28·309
42·206
84·103

8653
17·509

8654
2·4327

8655
3·2885
5·1731
15·577

8656
2·4328
4·2164
8·1082
16·541

8657
11·787

8658
2·4329
3·2886
6·1443
9·962
13·666
18·481
26·333
37·234
39·222
74·117
78·111

8659
7·1237

8660
2·4330
4·2165
5·1732
10·866
20·433

8661
3·2887

8662
2·4331
61·142
71·122

8663

8664
2·4332
3·2888
4·2166
6·1444
8·1083
12·722
19·456
24·361
38·228
57·152
76·114

8665
5·1733

8666
2·4333
7·1238
14·619

8667
3·2889
9·963
27·321
81·107

8668
2·4334
4·2167
11·788
22·394
44·197

8669

8670
2·4335
3·2890
5·1734
6·1445
10·867
15·578
17·510
30·289
34·255
51·170
85·102

8671
13·667
23·377
29·299

8672
2·4336
4·2168
8·1084
16·542
32·271

8673
3·2891
7·1239
21·413
49·177
59·147

8674
2·4337

8675
5·1735
25·347

8676
2·4338
3·2892
4·2169
6·1446
9·964
12·723
18·482
36·241

8677

8678
2·4399

8679
3·2893
11·789
33·263

8680
2·4340
4·2170
5·1736
7·1240
8·1085
10·868
14·620
20·434
28·310
31·280
35·248
40·217
56·155
62·140
70·124

8681

8682
2·4341
3·2894
6·1447

8683
19·457

8684
2·4342
4·2171
13·668
26·334
52·167

8685
3·2895
5·1737
9·965
15·579
45·193

8686
2·4343
43·202
86·101

8687
7·1241
17·511
73·119

8688
2·4344
3·2896
4·2172
6·1448
8·1086
12·724
16·543
24·362
48·181

8689

8690
2·4345
5·1738
10·369
11·790
22·395
55·158
79·110

8691
3·2897

8692
2·4346
4·2173
41·212
53·164
82·106

8693

8694
2·4347
3·2898
6·1449
7·1242
9·966
14·621
18·483
21·414
23·378
27·322
42·207
46·189
54·161
63·138
69·126

8695
5·1739
37·235
47·185

8696
2·4348
4·2174
8·1087

8697
3·2899
13·669
39·223

8698
2·4349

8699

8700
2·4350
3·2900
4·2175
5·1740
6·1450
10·870
12·725
15·580
20·435
25·348
29·300
30·290
50·174
58·150
60·145
75·116
87·100

8701
7·1243
11·791
77·113

8702
2·4351
19·458
38·229

8703
3·2901
9·967

8704
2·4352
4·2176
8·1088
16·544
17·512
32·272
34·256
64·136
68·128

8705
5·1741

8706
2·4353
3·2902
6·1451

8707

8708
2·4354
4·2177
7·1244
14·622
28·311

8709
3·2903

8710
2·4355
5·1742
10·871
13·670
26·335
65·134
67·130

8711
31·281

8712
2·4356
3·2904
4·2178
6·1452
8·1089
9·968
11·792
12·726
18·484
22·396
24·363
33·264
36·242
44·198
66·132
72·121
88·99

8713

8714
2·4357

8715
3·2905
5·1743
7·1245
15·581
21·415
35·249
83·105

8716
2·4358
4·2179

8717
23·379

8718
2·4359
3·2906
6·1453

8719

8720
2·4360
4·2180
5·1744
8·1090
10·872
16·545
20·436
40·218
80·109

8721
3·2907
9·969
17·513
19·459
27·323
51·171
57·153

8722
2·4361
7·1246
14·623
49·178
89·98

8723
11·793
13·671
61·143

8724
2·4362
3·2908
4·2181
6·1454
12·727

8725
5·1745
25·349

8726
2·4363

8727
3·2909

8728
2·4364
4·2182
8·1091

8729
7·1247
29·301
43·203

8730
2·4365
3·2910
5·1746
6·1455
9·970
10·873
15·582
18·485
30·291
45·194
90·97

8731

8732
2·4366
4·2183
37·236
59·148
74·118

8733
3·2911
41·213
71·123

8734
2·4367
11·794
22·397

8735
5·1747

8736
2·4368
3·2912
4·2184
6·1456
7·1248
8·1092
12·728
13·672
14·624
16·546
21·416
24·364
26·336
28·312
32·273
39·224
42·208
48·182
52·168
56·156
78·112
84·104
91·96

8737

8738
2·4369
17·514
34·257

8739
3·2913
9·971

8740
2·4370
4·2185
5·1748
10·874
19·460
20·437
23·380
38·230
46·190
76·115
92·95

續表

8741
8742 2·4371 3·2914 6·1457 31·282 47·186 62·141 93·94
8743 7·1249
8744 2·4372 4·2186 8·1093
8745 3·2915 5·1749 11·795 15·583 33·265 53·165 55·159
8746 2·4373
8747
8748 2·4374 3·2916 4·2187 6·1458 9·972 12·729 18·486 27·324 36·243 54·162 81·108
8749 13·673
8750 2·4375 5·1750 7·1250 10·875 14·625 25·350 35·250 50·175 70·125

8751 3·2917
8752 2·4376 4·2188 8·1094 16·547
8753
8754 2·4377 3·2918 6·1459
8755 5·1751 17·515 85·103
8756 2·4378 4·2189 11·796 22·398 44·199
8757 3·2919 7·1251 9·973 21·417 63·139
8758 2·4379 29·302 58·151
8759 19·461
8760 2·4380 3·2920 4·2190 5·1752 6·1460 8·1095 10·876 12·730 15·584 20·438 24·365 30·292 40·219 60·146 73·120

8761
8762 2·4381 13·674 26·337
8763 3·2921 23·381 69·127
8764 2·4382 4·2191 7·1252 14·626 28·313
8765 5·1753
8766 2·4383 3·2922 6·1461 9·974 18·487
8767 11·797
8768 2·4384 4·2192 8·1096 16·448 32·274 64·137
8769 3·2923 37·237 79·111
8770 2·4385 5·1754 10·877

8771 7·1253 49·179
8772 2·4386 3·2924 4·2193 6·1462 12·731 17·516 34·258 43·204 51·172 68·129 86·102
8773 31·283
8774 2·4387 41·214 82·107
8775 3·2925 5·1755 9·975 13·675 15·585 25·351 27·325 39·225 45·195 65·135 75·117
8776 2·4388 4·2194 8·1097
8777 67·131
8778 2·4389 3·2926 6·1463 7·1254 11·798 14·627 19·462 21·418 22·399 33·266 38·231 42·209 57·154 66·133 77·114
8779
8780 2·4390 4·2195 5·1756 10·878 20·439

8781 3·2927
8782 2·4391
8783
8784 2·4392 3·2928 4·2196 6·1464 8·1098 9·976 12·732 16·549 18·488 24·366 36·244 48·183 61·144 72·122
8785 5·1757 7·1255 35·251
8786 2·4393 23·382 46·191
8787 3·2929 29·303 87·101
8788 2·4394 4·2197 13·676 26·338 52·169
8789 11·799 17·517 47·187
8790 2·4395 3·2930 5·1758 6·1465 10·879 15·586 30·293

8791 39·149
8792 2·4396 4·2198 7·1256 8·1099 14·628 28·314 56·157
8793 3·2931 9·977
8794 2·4397
8795 5·1759
8796 2·4398 3·2932 4·2199 6·1466 12·733
8797 19·463
8798 2·4399 53·166 88·106
8799 3·2933 7·1257 21·419
8800 2·4400 4·2200 5·1760 8·1100 10·880 11·800 16·550 20·440 22·400 25·352 32·275 40·220 44·200 50·176 55·160 80·110 88·100

8801 13·677
8802 2·4401 3·2934 6·1467 9·978 18·489 27·326 54·163
8803
8804 2·4402 4·2201 31·284 62·142 71·124
8805 3·2935 5·1761 15·587
8806 2·4403 7·1258 14·629 17·518 34·259 37·238 74·119
8807
8808 2·4404 3·2936 4·2202 6·1468 8·1101 12·734 24·367
8809 23·383
8810 2·4405 5·1762 10·881

8811 3·2937 9·979 11·801 33·267 89·99
8812 2·4406 4·2203
8813 7·1259
8814 2·4407 3·2938 6·1469 13·678 26·339 39·226 78·113
8815 5·1763 41·215 43·205
8816 2·4408 4·2204 8·1102 16·551 19·464 29·304 38·232 58·152 76·116
8817 3·2939
8818 2·4409
8819
8820 2·4410 3·2940 4·2205 5·1764 6·1470 7·1260 9·980 10·882 12·735 14·630 15·588 18·490 20·441 21·420 28·315 30·294 35·252 36·245 42·210 45·196 49·180 60·147 63·140 70·126 84·105 90·98

8821
8822 2·4411 11·802 22·401
8823 3·2941 17·519 51·173
8824 2·4412 4·2206 8·1103
8825 5·1765 25·353
8826 2·4413 3·2942 9·1471
8827 7·1261 13·679 91·97
8828 2·4414 4·2207
8829 3·2943 9·981 27·327 81·109
8830 2·4415 5·1766 10·883

8831
8832 2·4416 3·2944 4·2208 6·1472 8·1104 12·736 16·552 23·384 24·368 32·276 46·192 48·184 64·138 69·128 92·96
8833 11·803 73·121
8834 2·4417 7·1262 14·631
8835 3·2945 5·1767 15·589 19·465 31·285 57·155 93·95
8836 2·4418 4·2209 47·188 94·94
8837
8838 2·4419 3·2946 6·1473 9·982 18·491
8839
8840 2·4420 4·2210 5·1768 8·1105 10·884 13·680 17·520 20·442 26·340 34·260 40·221 52·170 65·136 68·130 85·104

8841 3·2947 7·1263 21·421
8842 2·4421
8843 37·239
8844 2·4422 3·2948 4·2211 6·1474 11·804 12·737 22·402 33·268 44·201 66·134 67·132
8845 5·1769 29·305 61·145
8846 2·4423
8847 3·2949 9·983
8848 2·4424 4·2212 7·1264 8·1106 14·632 16·553 28·316 56·158 79·112
8849
8850 2·4425 3·2950 5·1770 6·1475 10·885 15·590 25·354 30·295 50·177 59·150 75·118

續表

8851
53 · 167

8852
2 · 4426
4 · 2213

8853
3 · 2951
13 · 681
39 · 227

8854
2 · 4427
19 · 466
38 · 233

8855
5 · 1771
7 · 1265
11 · 805
23 · 385
35 · 253
55 · 161
77 · 115

8856
2 · 4428
3 · 2952
4 · 2214
6 · 1476
8 · 1107
9 · 984
12 · 738
18 · 492
24 · 369
27 · 328
36 · 246
41 · 216
54 · 164
72 · 123
82 · 108

8857
17 · 521

8858
2 · 4429
43 · 206
86 · 103

8859
3 · 2953

8860
2 · 4430
4 · 2215
5 · 1772
10 · 886
20 · 443

8861

8862
2 · 4431
3 · 2954
5 · 1477
7 · 1266
14 · 633
21 · 422
42 · 211

8863

8864
2 · 4432
4 · 2216
8 · 1108
16 · 554
32 · 277

8865
3 · 2955
5 · 1773
9 · 985
15 · 591
45 · 197

8866
2 · 4433
11 · 806
13 · 682
22 · 403
26 · 341
31 · 286
62 · 143

8867

8868
2 · 4434
3 · 2956
4 · 2217
6 · 1478
12 · 739

8869
7 · 1267
49 · 181

8870
2 · 4435
5 · 1774
10 · 887

8871
3 · 2957

8872
2 · 4436
4 · 2218
8 · 1109

8873
19 · 467

8874
2 · 4437
3 · 2958
6 · 1479
9 · 986
17 · 522
18 · 493
29 · 306
34 · 261
51 · 174
58 · 153
87 · 102

8875
5 · 1775
25 · 355
71 · 125

8876
2 · 4438
4 · 2219
7 · 1268
14 · 634
28 · 317

8877
3 · 2959
11 · 807
33 · 269

8878
2 · 4439
23 · 386
46 · 193

8879
13 · 683

8880
2 · 4440
3 · 2960
4 · 2220
5 · 1776
6 · 1480
8 · 1110
10 · 888
12 · 740
15 · 592
16 · 555
20 · 444
24 · 370
30 · 296
37 · 240
40 · 222
48 · 185
60 · 148
74 · 120
80 · 111

8881
83 · 107

8882
2 · 4441

8883
3 · 2961
7 · 1269
9 · 987
21 · 423
27 · 329
47 · 189
63 · 141

8884
2 · 4442
4 · 2221

8885
5 · 1777

8886
2 · 4443
3 · 2962
6 · 1481

8887

8888
2 · 4444
4 · 2222
8 · 1111
11 · 808
22 · 404
44 · 202
88 · 101

8889
3 · 2963

8890
2 · 4445
5 · 1778
7 · 1270
10 · 889
14 · 635
35 · 254
70 · 127

8891
17 · 523

8892
2 · 4446
3 · 2964
4 · 2223
6 · 1482
9 · 988
12 · 741
13 · 684
18 · 494
19 · 468
26 · 342
36 · 247
38 · 234
39 · 228
52 · 171
57 · 156
76 · 117
78 · 114

8893

8894
2 · 4447

8895
3 · 2965
5 · 1779
15 · 593

8896
2 · 4448
4 · 2224
8 · 1112
16 · 556
32 · 278
64 · 139

8897
7 · 1271
31 · 287
41 · 217

8898
2 · 4449
3 · 2966
6 · 1483

8899
11 · 809

8900
2 · 4450
4 · 2225
5 · 1780
10 · 890
20 · 445
25 · 356
50 · 178
89 · 100

8901
3 · 2967
9 · 989
23 · 387
43 · 207
69 · 129

8902
2 · 4451

8903
29 · 307

8904
2 · 4452
3 · 2968
4 · 2226
6 · 1484
7 · 1272
8 · 1113
12 · 742
14 · 636
21 · 424
24 · 371
28 · 318
42 · 212
53 · 168
56 · 159
84 · 106

8905
5 · 1781
13 · 685
65 · 137

8906
2 · 4453
61 · 146
73 · 122

8907
3 · 2969

8908
2 · 4454
4 · 2227
17 · 524
34 · 262
68 · 131

8909
59 · 151

8910
2 · 4455
3 · 2970
5 · 1782
6 · 1485
9 · 990
10 · 891
11 · 810
15 · 594
18 · 495
22 · 405
27 · 330
30 · 297
33 · 270
45 · 198
54 · 165
55 · 162
66 · 135
81 · 110
90 · 99

8911
7 · 1273
19 · 469
67 · 133

8912
2 · 4456
4 · 2228
8 · 1114
16 · 557

8913
3 · 2971

8914
2 · 4457

8915
5 · 1783

8916
2 · 4458
3 · 2972
4 · 2229
6 · 1486
12 · 743

8917
37 · 241

8918
2 · 4459
7 · 1274
13 · 686
14 · 637
26 · 343
49 · 182
91 · 98

8919
3 · 2973
9 · 991

8920
2 · 4460
4 · 2230
5 · 1784
8 · 1115
10 · 892
20 · 446
40 · 223

8921
11 · 811

8922
2 · 4461
3 · 2974
6 · 1487

8923

8924
2 · 4462
4 · 2231
23 · 388
46 · 194
92 · 97

8925
3 · 2975
5 · 1785
7 · 1275
15 · 595
17 · 525
21 · 425
25 · 357
35 · 255
51 · 175
75 · 119
85 · 105

8926
2 · 4463

8927
79 · 113

8928
2 · 4464
3 · 2976
4 · 2232
6 · 1488
8 · 1116
9 · 992
12 · 744
16 · 558
18 · 496
24 · 372
31 · 288
32 · 279
36 · 248
48 · 186
62 · 144
72 · 124
93 · 96

8929

8930
2 · 4465
5 · 1786
10 · 893
19 · 470
38 · 235
47 · 190
94 · 95

8931
3 · 2977
13 · 687
39 · 229

8932
2 · 4466
4 · 2233
7 · 1276
11 · 812
14 · 638
22 · 406
28 · 319
29 · 308
44 · 203
58 · 154
77 · 116

8933

8934
2 · 4467
3 · 2978
6 · 1489

8935
5 · 1787

8936
2 · 4468
4 · 2234
8 · 1117

8937
3 · 2979
9 · 993
27 · 331

8938
2 · 4469
41 · 218
82 · 109

8939
7 · 1277

8940
2 · 4470
3 · 2980
4 · 2235
5 · 1788
6 · 1490
10 · 894
12 · 745
15 · 596
20 · 447
30 · 298
60 · 149

8941

8942
2 · 4471
17 · 526
34 · 263

8943
3 · 2981
11 · 813
33 · 271

8944
2 · 4472
4 · 2236
8 · 1118
13 · 688
16 · 559
26 · 344
43 · 208
52 · 172
86 · 104

8945
5 · 1789

8946
2 · 4473
3 · 2982
6 · 1491
7 · 1278
9 · 994
14 · 639
18 · 497
21 · 426
42 · 213
63 · 142
71 · 126

8947
23 · 389

8948
2 · 4474
4 · 2237

8949
3 · 2983
19 · 471
57 · 157

8950
2 · 4475
5 · 1790
10 · 895
25 · 358
50 · 179

8951

8952
2 · 4476
3 · 2984
4 · 2238
6 · 1492
8 · 1119
12 · 746
24 · 373

8953
7 · 1279

8954
2 · 4477
11 · 814
22 · 407
37 · 242
74 · 121

8955
3 · 2985
5 · 1791
9 · 995
15 · 597
45 · 199

8956
2 · 4478
4 · 2239

8957
13 · 689
53 · 169

8958
2 · 4479
3 · 2986
6 · 1493

8959
17 · 527
31 · 289

8960
2 · 4480
4 · 2240
5 · 1792
7 · 1280
8 · 1120
10 · 896
14 · 640
16 · 560
20 · 448
28 · 320
32 · 280
35 · 256
40 · 224
56 · 160
64 · 140
70 · 128
80 · 112

續表

8961
3・2987
29・309
87・103

8962
2・4481

8963

8964
2・4482
3・2988
4・2241
6・1494
9・996
12・747
18・498
27・332
36・249
54・166
83・108

8965
5・1793
11・815
55・163

8966
2・4483

8967
3・2989
7・1281
21・427
49・183
61・147

8968
2・4484
4・2242
8・1121
19・472
38・236
59・152
76・118

8969

8970
2・4485
3・2990
5・1794
6・1495
10・897
13・690
15・598
23・390
26・345
30・299
39・230
46・195
65・138
69・130
78・115

8971

8972
2・4486
4・2243

8973
3・2991
9・997

8974
2・4487
7・1282
14・641

8975
5・1795
25・359

8976
2・4488
3・2992
4・2244
6・1496
8・1122
11・816
12・748
16・561
17・528
22・408
24・374
33・272
34・264
44・204
48・187
51・176
66・136
68・132
88・102

8977
47・191

8978
2・4489
67・134

8979
3・2993
41・219
73・123

8980
2・4490
4・2245
5・1796
10・898
20・449

8981
7・1283

8982
2・4491
3・2994
6・1497
9・998
18・499

8983
13・691

8984
2・4492
4・2246
8・1123

8985
3・2995
5・1797
15・599

8986
2・4493

8987
11・817
19・473
43・209

8988
2・4494
3・2996
4・2247
6・1498
7・1284
12・749
14・642
21・428
28・321
42・214
84・107

8989
89・101

8990
2・4495
5・1798
10・899
29・310
31・290
58・155
62・145

8991
3・2997
9・999
27・333
37・243
81・111

8992
2・4496
4・2248
8・1124
16・562
32・281

8993
17・529
23・391

8994
2・4497
3・2998
6・1499

8995
5・1799
7・1285
35・257

8996
2・4498
4・2249
13・692
26・346
52・173

8997
3・2999

8998
2・4499
11・818
22・409

8999

9000
2・4500
3・3000
4・2250
5・1800
6・1500
8・1125
9・1000
10・900
12・750
15・600
18・500
20・450
24・375
25・360
30・300
36・250
40・225
45・200
50・180
60・150
72・125
75・120
90・100

9001

9002
2・4501
7・1286
14・643

9003
3・3001

9004
2・4502
4・2251

9005
5・1801

9006
2・4503
3・3002
6・1501
19・474
38・237
57・158
79・114

9007

9008
2・4504
4・2252
8・1126
16・563

9009
3・3003
7・1287
9・1001
11・819
13・693
21・429
33・273
39・231
63・143
77・117
91・99

9010
2・4505
5・1802
10・901
17・530
34・265
53・170
85・106

9011

9012
2・4506
3・3004
4・2253
6・1502
12・751

9013

9014
2・4507

9015
3・3005
5・1803
15・601

9016
2・4508
4・2254
7・1288
8・1127
14・644
23・392
28・322
46・196
49・184
56・161
92・98

9017
71・127

9018
2・4509
3・3006
6・1503
9・1002
18・501
27・334
54・167

9019
29・311

9020
2・4510
4・2255
5・1804
10・902
11・820
20・451
22・410
41・220
44・205
55・164
82・110

9021
3・3007
31・291
93・97

9022
2・4511
13・694
26・347

9023
7・1289

9024
2・4512
3・3008
4・2256
6・1504
8・1128
12・752
16・564
24・376
32・282
47・192
48・188
64・141
94・96

9025
5・1805
19・475
25・361
95・95

9026
2・4513

9027
3・3009
9・1003
17・531
51・177
59・153

9028
2・4514
4・2257
37・244
61・148
74・122

9029

9030
2・4515
3・3010
5・1806
6・1505
7・1290
10・903
14・645
15・602
21・430
30・301
35・258
42・215
43・210
70・129
86・105

9031
11・821

9032
2・4516
4・2258
8・1129

9033
3・3011

9034
2・4517

9035
5・1807
13・695
65・139

9036
2・4518
3・3012
4・2259
6・1506
9・1004
12・753
18・502
36・251

9037
7・1291

9038
2・4519

9039
3・3013
23・393
69・131

9040
2・4520
4・2260
5・1808
8・1130
10・904
16・565
20・452
40・226
80・113

9041

9042
2・4521
3・3014
6・1507
11・822
22・411
33・274
66・137

9043

9044
2・4522
4・2261
7・1292
14・646
17・532
19・476
28・323
34・266
38・238
68・133
76・119

9045
3・3015
5・1809
9・1005
15・603
27・335
45・201
67・135

9046
2・4523

9047
83・109

9048
2・4524
3・3016
4・2262
6・1508
8・1131
12・754
13・696
24・377
26・348
29・312
39・232
52・174
58・156
78・116
87・104

9049

9050
2・4525
5・1810
10・905
25・362
50・181

9051
3・3017
7・1293
21・431

9052
2・4526
4・2263
31・292
62・146
73・124

9053
11・823

9054
2・4527
3・3018
6・1509
9・1006
18・503

9055
5・1811

9056
2・4528
4・2264
8・1132
16・566
32・283

9057
3・3019

9058
2・4529
7・1294
14・647

9059

9060
2・4530
3・3020
4・2265
5・1812
6・1510
10・906
12・755
15・604
20・453
30・302
60・151

9061
13・697
17・533
41・221

9062
2・4531
23・394
46・197

9063
3・3021
9・1007
19・477
53・171
57・159

9064
2・4532
4・2266
8・1133
11・824
22・412
44・206
88・103

9065
5・1813
7・1295
35・259
37・245
49・185

9066
2・4533
3・3022
6・1511

9067

9068
2・4534
4・2267

9069
3・3023

9070
2・4535
5・1814
10・907

9071
47·193

9072
2·4536
3·3024
4·2268
6·1512
7·1296
8·1134
9·1008
12·756
14·648
16·567
18·504
21·432
24·378
27·336
28·324
36·252
42·216
48·189
54·168
56·162
63·144
72·126
81·112
84·108

9073
43·211

9074
2·4537
13·698
26·349

9075
3·3025
5·1815
11·825
15·605
25·363
33·275
55·165
75·121

9076
2·4538
4·2269

9077
29·313

9078
2·4539
3·3026
6·1513
17·534
34·267
51·178
89·102

9079
7·1297

9080
2·4540
4·2270
5·1816
8·1135
10·908
20·454
40·227

9081
3·3027
9·1009

9082
2·4541
19·478
38·239

9083
31·293

9084
2·4542
3·3028
4·2271
6·1514
12·757

9085
5·1817
23·395
79·115

9086
2·4543
7·1298
11·826
14·649
22·413
59·154
77·118

9087
3·3029
13·699
39·233

9088
2·4544
4·2272
8·1136
16·568
32·284
64·142
71·128

9089
61·149

9090
2·4545
3·3030
5·1818
6·1515
9·1010
10·909
15·606
18·505
30·303
45·202
90·101

9091

9092
2·4546
4·2273

9093
3·3031
7·1299
21·433

9094
2·4547

9095
5·1819
17·535
85·107

9096
2·4548
3·3032
4·2274
6·1516
8·1137
12·758
24·379

9097
11·827

9098
2·4549

9099
3·3033
9·1011
27·337

9100
2·4550
4·2275
5·1820
7·1300
10·910
13·700
14·650
20·455
25·364
26·350
28·325
35·260
50·182
52·175
65·140
70·130
91·100

9101
19·479

9102
2·4551
3·3034
6·1517
37·246
41·222
74·123
82·111

9103

9104
2·4552
4·2276
8·1138
16·569

9105
3·3035
5·1821
15·607

9106
2·4553
29·314
58·157

9107
7·1301

9108
2·4554
3·3036
4·2277
6·1518
9·1012
11·828
12·759
18·506
22·414
23·396
33·276
36·253
44·207
46·198
66·138
69·132
92·99

9109

9110
2·4555
5·1822
10·911

9111
3·3037

9112
2·4556
4·2278
8·1139
17·536
34·268
67·136
68·134

9113
13·701

9114
2·4557
3·3038
6·1519
7·1302
14·651
21·434
31·294
42·217
49·186
62·147
93·98

9115
5·1823

9116
2·4558
4·2279
43·212
53·172
86·106

9117
3·3039
9·1013

9118
2·4559
47·194
94·97

9119
11·829

9120
2·4560
3·3040
4·2280
5·1824
6·1520
8·1140
10·912
12·760
15·608
16·570
19·480
20·456
24·380
30·304
32·285
38·240
40·228
48·190
57·160
60·153
76·120
80·114
95·96

9121
7·1303

9122
2·4561

9123
3·3041

9124
2·4562
4·2281

9125
5·1825
25·365
73·125

9126
2·4563
3·3042
6·1521
9·1014
13·702
18·507
26·351
27·338
39·234
54·169
78·117

9127

9128
2·4564
4·2282
7·1304
8·1141
14·652
28·326
56·163

9129
3·3043
17·537
51·179

9130
2·4565
5·1826
10·913
11·830
22·415
55·166
83·110

9131
23·397

9132
2·4566
3·3044
4·2283
6·1522
12·761

9133

9134
2·4567

9135
3·3045
5·1827
7·1305
9·1015
15·609
21·435
29·315
35·261
45·203
63·145
87·105

9136
2·4568
4·2284
8·1142
16·571

9137

9138
2·4569
3·3046
6·1523

9139
13·703
19·481
37·247

9140
2·4570
4·2285
5·1828
10·914
20·457

9141
3·3047
11·831
33·277

9142
2·4571
7·1306
14·653

9143
41·223

9144
2·4572
3·3048
4·2286
6·1524
8·1143
9·1016
12·762
18·508
24·381
36·254
72·127

9145
5·1829
31·295
59·155

9146
2·4573
17·538
34·269

9147
3·3049

9148
2·4574
4·2287

9149
7·1307

9150
2·4575
3·3050
5·1830
6·1525
10·915
15·610
25·366
30·305
50·183
61·150
75·122

9151

9152
2·4576
4·2288
8·1144
11·832
13·704
16·572
22·416
26·352
32·286
44·208
52·176
64·143
88·104

9153
3·3051
9·1017
27·339
81·113

9154
2·4577
23·398
46·199

9155
5·1831

9156
2·4578
3·3052
4·2289
6·1526
7·1308
12·763
14·654
21·436
28·327
42·218
84·109

9157

9158
2·4579
19·482
38·241

9159
3·3053
43·213
71·129

9160
2·4580
4·2290
5·1832
8·1145
10·916
20·458
40·229

9161

9162
2·4581
3·3054
6·1527
9·1018
18·509

9163
7·1309
11·833
17·539
49·187
77·119

9164
2·4582
4·2291
29·316
58·158
79·116

9165
3·3055
5·1833
13·705
15·611
39·235
47·195
65·141

9166
2·4583

9167
89·103

9168
2·4584
3·3056
4·2292
6·1528
8·1146
12·764
16·573
24·382
48·191

9169
53·173

9170
2·4585
5·1834
7·1310
10·917
14·655
35·262
70·131

9171
3·3057
9·1019

9172
2·4586
4·2293

9173

9174
2·4587
3·3058
6·1529
11·834
22·417
33·278
66·139

9175
5·1835
25·367

9176
2·4588
4·2294
8·1147
31·296
37·248
62·148
74·124

9177
3·3059
7·1311
19·483
21·437
23·399
57·161
69·133

9178
2·4589
13·706
26·353

9179
67·137

9180
2·4590
3·3060
4·2295
5·1836
6·1530
9·1020
10·918
12·765
15·612
17·540
18·510
20·459
27·340
30·306
34·270
36·255
45·204
51·180
54·170
60·153
68·135
85·108
90·102

續表

9181

9182
2·4591

9183
3·3061

9184
2·4592
4·2296
7·1312
8·1148
14·656
16·574
28·328
32·287
41·224
56·164
82·112

9185
5·1837
11·835
55·167

9186
2·4593
3·3062
6·1531

9187

9188
2·4594
4·2297

9189
3·3063
9·1021

9190
2·4595
5·1838
10·919

9191
7·1313
13·707
91·101

9192
2·4596
3·3064
4·2298
6·1532
8·1149
12·766
24·383

9193
29·317

9194
2·4597

9195
3·3065
5·1839
15·613

9196
2·4598
4·2299
11·836
19·484
22·418
38·242
44·209
76·121

9197
17·541

9198
2·4599
3·3066
6·1533
7·1314
9·1022
14·657
18·511
21·438
42·219
63·146
73·126

9199

9200
2·4600
4·2300
5·1840
8·1150
10·920
16·575
20·460
23·400
25·368
40·230
46·200
50·184
80·115
92·100

9201
3·3067

9202
2·4601
43·214
86·107

9203

9204
2·4602
3·3068
4·2301
6·1534
12·767
13·708
26·354
39·236
52·177
59·156
78·118

9205
5·1841
7·1315
35·263

9206
2·4603

9207
3·3069
9·1023
11·837
27·341
31·297
33·279
93·99

9208
2·4604
4·2302
8·1151

9209

9210
2·4605
3·3070
5·1842
6·1535
10·921
15·614
30·307

9211
61·151

9212
2·4606
4·2303
7·1316
14·658
28·329
47·196
49·188
94·98

9213
3·3071
37·249
83·111

9214
2·4607
17·542
34·271

9215
5·1843
19·485
95·97

9216
2·4608
3·3072
4·2304
6·1536
8·1152
9·1024
12·768
16·576
18·512
24·384
32·288
36·256
48·192
64·144
72·128
96·96

9217
13·709

9218
2·4609
11·838
22·419

9219
3·3073
7·1317
21·439

9220
2·4610
4·2305
5·1844
10·922
20·461

9221

9222
2·4611
3·3074
6·1537
29·318
53·174
58·159
87·106

9223
23·401

9224
2·4612
4·2306
8·1153

9225
3·3075
5·1845
9·1025
15·615
25·369
41·225
45·205
75·123

9226
2·4613
7·1318
14·659

9227

9228
2·4614
3·3076
4·2307
6·1538
12·769

9229
11·839

9230
2·4615
5·1846
10·923
13·710
26·355
65·142
71·130

9231
3·3077
17·543
51·181

9232
2·4616
4·2308
8·1154
16·577

9233
7·1319

9234
2·4617
3·3078
6·1539
9·1026
18·513
19·486
27·342
38·243
54·171
57·162
81·114

9235
5·1847

9236
2·4618
4·2309

9237
3·3079

9238
2·4619
31·298
62·149

9239

9240
2·4620
3·3080
4·2310
5·1848
6·1540
7·1320
8·1155
10·924
11·840
12·770
14·660
15·610
20·462
21·440
22·420
24·385
28·330
30·308
33·280
35·264
40·231
42·220
44·210
55·168
56·165
60·154
66·140
70·132
77·120
84·110
88·105

9241

9242
2·4621

9243
3·3081
9·1027
13·711
39·237
79·117

9244
2·4622
4·2311

9245
5·1849
43·215

9246
2·4623
3·3082
6·1541
23·402
46·201
67·138
69·134

9247
7·1321

9248
2·4624
4·2312
8·1156
16·578
17·544
32·289
34·272
68·136

9249
3·3083

9250
2·4625
5·1850
10·925
25·370
37·250
50·185
74·125

9251
11·841
29·319

9252
2·4626
3·3084
4·2313
6·1542
9·1028
12·771
18·514
36·257

9253
19·487

9254
2·4627
7·1322
14·661

9255
3·3085
5·1851
15·617

9256
2·4628
4·2314
8·1157
13·712
26·356
52·178
89·104

9257

9258
2·4629
3·3086
6·1543

9259
47·197

9260
2·4630
4·2315
5·1852
10·926
20·463

9261
3·3087
7·1123
9·1029
21·441
27·343
49·189
63·147

9262
2·4631
11·842
22·421

9263
59·157

9264
2·4632
3·3088
4·2316
6·1544
8·1158
12·772
16·579
24·386
48·193

9265
5·1853
17·545
85·109

9266
2·4633
41·226
82·113

9267
3·3089

9268
2·4634
4·2317
7·1324
14·662
28·331

9269
13·713
23·403
31·299

9270
2·4635
3·3090
5·1854
6·1545
9·1030
10·927
15·618
18·515
30·309
45·206
90·103

9271
73·127

9272
2·4636
4·2318
8·1159
19·488
38·244
61·152
76·122

9273
3·3091
11·843
33·281

9274
2·4637

9275
5·1855
7·1325
25·371
35·265
53·175

9276
2·4638
3·3092
4·2319
6·1546
12·773

9277

9278
2·4639

9279
3·3093
9·1031

9280
2·4640
4·2320
5·1856
8·1160
10·928
16·580
20·464
29·320
32·290
40·232
68·160
64·145
80·116

9281

9282
2·4641
3·3094
6·1547
7·1326
13·714
14·663
17·546
21·442
26·357
34·273
39·238
42·221
51·182
78·119
91·102

9283

9284
2·4642
4·2321
11·844
22·422
44·211

9285
3·3095
5·1857
15·619

9286
2·4643

9287
37·251

9288
2·4644
3·3096
4·2322
6·1548
8·1161
9·1032
12·774
18·516
24·387
27·344
36·258
43·216
54·172
72·129
86·108

9289
7·1327

9290
2·4645
5·1858
10·929

續表

9291
3·3097
19·489
57·163

9292
2·4646
4·2323
23·404
46·202
92·101

9293

9294
2·4647
3·3098
6·1549

9295
5·1859
11·845
13·715
55·169
65·143

9296
2·4648
4·2324
7·1328
8·1162
14·664
16·581
28·332
56·166
83·112

9297
3·3099
9·1033

9298
2·4649

9299
17·547

9300
2·4650
3·3100
4·2325
5·1860
6·1550
10·930
12·775
15·620
20·465
25·372
30·310
31·300
50·186
60·155
62·150
75·124
93·100

9301
71·131

9302
2·4651

9303
3·2101
7·1329
21·443

9304
2·4652
4·2326
8·1163

9305
5·1861

9306
2·4653
3·3102
6·1551
9·1034
11·846
18·517
22·423
33·282
47·198
66·141
94·99

9307
41·227

9308
2·4654
4·2327
13·716
26·358
52·179

9309
3·3103
29·321
87·107

9310
2·4655
5·1862
7·1330
10·931
14·665
19·490
35·266
38·245
49·190
70·133
95·98

9311

9312
2·4656
3·3104
4·2328
6·1552
8·1164
12·776
16·582
24·388
32·291
48·194
96·97

9313
67·139

9314
2·4657

9315
3·3105
5·1863
9·1035
15·621
23·405
27·345
45·207
69·135
81·115

9316
2·4658
4·2329
17·548
34·274
68·137

9317
7·1331
11·847
77·121

9318
2·4659
3·3106
6·1553

9319

9320
2·4660
4·2330
5·1864
8·1165
10·932
20·466
40·233

9321
3·3107
13·717
39·239

9322
2·4661
59·158
79·118

9323

9324
2·4662
3·3168
4·2331
6·1554
7·1332
9·1036
12·777
14·666
18·518
21·444
28·333
36·259
37·252
42·222
63·148
74·126
84·111

9325
5·1865
25·373

9326
2·4663

9327
3·3109

9328
2·4664
4·2332
8·1166
11·848
16·583
22·424
44·212
53·176
88·106

9329
19·491

9330
2·4665
3·3110
5·1866
6·1555
10·933
15·622
30·311

9331
7·1333
31·301
43·217

9332
2·4666
4·2333

9333
3·3111
9·1037
17·549
51·183
61·153

9334
2·4667
13·718
26·359

9335
5·1867

9336
2·4668
3·3112
4·2334
6·1556
8·1167
12·778
24·389

9337

9338
2·4069
7·1334
14·667
23·406
29·322
46·203
58·161

9339
3·3113
11·849
33·283

9340
2·4670
4·2335
5·1868
10·934
20·467

9341

9342
2·4671
3·3114
6·1557
9·1038
18·519
27·346
54·173

9343

9344
2·4672
4·2336
8·1168
16·584
32·292
64·146
73·128

9345
3·3115
5·1869
7·1335
15·623
21·445
35·267
89·105

9346
2·4673

9347
13·719

9348
2·4074
3·3116
4·2337
7·1558
12·779
19·492
38·246
41·228
57·164
76·123
82·114

9349

9350
2·4675
5·1870
10·935
11·850
17·550
22·425
25·324
34·275
50·187
55·170
85·110

9351
3·3117
9·1039

9352
2·4676
4·2338
7·1336
8·1169
14·668
28·334
56·167

9353
47·199

9354
2·4677
3·3118
6·1559

9355
5·1871

9356
2·4678
4·2339

9357
3·3119

9358
2·4679

9359
7·1337
49·191

9360
2·4680
3·3120
4·2340
5·1872
6·1560
8·1170
9·1040
10·936
12·780
13·720
15·624
16·585
18·520
20·468
24·390
26·360
30·312
36·260
39·240
40·234
45·208
48·195
52·180
60·156
65·144
72·130
78·120
86·117
90·104

9361
11·851
23·407
37·253

9362
2·4681
31·302
62·151

9363
3·3121

9364
2·4682
4·2341

9365
5·1873

9366
2·4683
3·3122
6·1561
7·1338
14·669
21·446
42·223

9367
17·551
19·493
29·323

9368
2·4684
4·2342
8·1171

9369
2·3123
9·1041
27·347

9370
2·4685
5·1874
10·937

9371

9372
2·4686
3·3124
4·2343
6·1562
11·852
12·781
22·426
33·284
44·213
66·142
71·132

9373
7·1339
13·721
51·103

9374
2·4687
43·218
86·109

9375
3·3125
5·1875
15·625
25·375
75·125

9376
2·2688
4·2344
8·1172
16·586
32·293

9377

9378
2·4089
3·3126
6·1503
9·1042
18·521

9379
83·113

9380
2·4690
4·2345
5·1870
7·1340
10·938
14·670
20·469
28·335
35·268
67·140
70·124

9381
3·3127
53·177
59·159

9382
2·4691

9383
11·853

9384
2·4692
3·3128
4·2346
6·1564
8·1173
12·782
17·552
23·408
24·391
34·276
46·204
51·184
68·138
69·136
92·102

9385
5·1877

9386
2·4693
13·722
19·494
26·361
38·247

9387
3·3129
7·1341
9·1043
21·447
63·149

9388
2·4694
4·2347

9389
41·229

9390
2·4695
3·3130
5·1878
6·1565
10·939
15·626
30·313

9391

9392
3·4696
4·2348
8·1174
16·587

9393
3·3131
31·303
93·101

9394
2·4697
7·1342
11·854
14·671
22·427
61·154
77·122

9395
5·1879

9396
2·4698
3·3132
4·2349
6·1566
9·1044
12·783
18·522
27·348
29·324
36·261
54·174
58·102
81·116
87·108

9397

9398
2·4699
37·254
74·127

9399
3·3133
13·723
39·241

9400
2·4700
4·2350
5·1880
8·1175
10·940
20·470
25·376
40·235
47·200
50·188
94·100

續表

9401
7・1343
17・553
79・119

9402
2・4701
3・3134
6・1567

9403

9404
2・4702
4・2351

9405
3・3135
5・1884
9・1045
11・855
15・627
19・495
33・285
45・209
55・171
57・165
95・99

9406
2・4703

9407
23・409

9408
2・4704
3・3136
4・2352
6・1508
7・1344
8・1176
12・784
14・672
16・588
21・448
24・392
28・336
32・294
42・224
48・196
49・192
56・168
64・147
84・112
96・98

9409
97・97

9410
2・4705
5・1882
10・941

9411
3・3137

9412
2・4706
4・2353
13・724
26・362
52・181

9413

9414
2・4707
3・3138
6・1569
9・1046
18・523

9415
5・1883
7・1345
35・269

9416
2・4708
4・2354
8・1177
11・850
22・428
44・214
88・107

9417
3・3139
43・219
73・129

9418
2・4709
17・554
34・277

9419

9420
2・4710
3・3140
4・2355
5・1884
6・1570
10・942
12・785
15・628
20・471
30・314
60・157

9421

9422
2・4711
7・1346
14・673

9423
3・3141
9・1047
27・349

9424
2・4712
4・2356
8・1178
16・589
19・496
31・304
38・248
62・152
76・124

9425
5・1885
13・725
25・377
29・325
65・145

9426
2・4713
3・3142
6・1571

9427
11・857

9428
2・4714
4・2357

9429
3・3143
7・1347
21・449

9430
2・4715
5・1886
10・943
23・410
41・230
46・205
82・115

9431

9432
2・4716
3・3144
4・2358
6・1572
8・1179
9・1048
12・786
18・524
24・393
36・262
72・131

9433

9434
2・4717
53・178
89・106

9435
3・3145
5・1887
15・629
17・555
37・255
51・185
85・111

9436
2・4718
4・2359
7・1348
14・674
28・337

9437

9438
2・4719
3・3146
6・1573
11・858
13・726
22・429
26・363
33・286
39・242
66・143
78・121

9439

9440
2・4720
4・2360
5・1888
8・1180
10・944
16・590
20・472
32・295
40・236
59・160
80・118

9441
3・3147
9・1049

9442
2・4721

9443
7・1349
19・497
71・133

9444
2・4722
3・3148
4・2361
6・1574
12・787

9445
5・1889

9446
2・4723

9447
3・3149
47・201
67・141

9448
2・4724
4・2362
8・1181

9449
11・859

9450
2・4725
3・3150
5・1890
6・1575
7・1350
9・1050
10・945
14・675
15・630
18・525
21・450
25・378
27・350
30・315
35・270
42・225
45・210
50・189
54・175
63・150
70・135
75・126
90・105

9451
13・727

9452
2・4726
4・2363
17・556
34・278
68・139

9453
3・3151
23・411
69・137

9454
2・4727
29・326
58・163

9455
5・1891
31・305
61・155

9456
2・4728
3・3152
4・2364
6・1576
8・1182
12・788
16・591
24・394
48・197

9457
7・1351
49・193

9458
2・4729

9459
3・3153
9・1051

9460
2・4730
4・2365
5・1892
10・946
11・860
20・473
22・430
43・220
44・215
55・172
86・110

9461

9462
2・4731
3・3154
6・1577
19・498
38・249
57・166
83・114

9463

9464
2・4732
4・2366
7・1352
8・1183
13・728
14・676
26・364
28・338
52・182
56・169
91・104

9465
3・3155
5・1893
15・631

9466
2・4733

9467

9468
2・4734
3・3156
4・2367
6・1578
9・1052
12・789
18・526
36・263

9469
17・557

9470
2・4735
5・1894
10・947

9471
3・3157
7・1353
11・861
21・451
33・287
41・231
77・123

9472
2・4736
4・2368
8・1184
16・592
32・296
37・256
64・148
74・128

9473

9474
2・4737
3・3158
6・1579

9475
5・1895
25・379

9476
2・4738
4・2369
23・412
46・206
92・103

9477
3・3159
9・1053
13・729
27・351
39・243
81・117

9478
2・4739
7・1354
14・677

9479

9480
2・4740
3・3160
4・2370
5・1896
6・1580
8・1185
10・948
12・790
15・632
20・474
24・395
30・316
40・237
60・158
79・120

9481
19・499

9482
9・4741
11・862
22・431

9483
3・3161
29・327
87・109

9484
2・4742
4・2371

9485
5・1897
7・1355
35・271

9486
2・4743
3・3162
6・1581
9・1054
17・558
18・527
31・306
34・279
51・186
62・153
93・102

9487
53・179

9488
2・4744
4・2372
8・1186
16・593

9489
3・3163

9490
2・4745
5・1898
10・949
13・730
26・365
65・146
73・130

9491

9492
2・4746
3・3164
4・2373
6・1582
7・1356
12・791
14・678
21・452
28・339
42・226
84・113

9493
11・863

9494
2・4747
47・202
94・101

9495
3・3165
5・1899
9・1055
15・633
45・211

9496
2・4748
4・2374
8・1187

9497

9498
2・4749
3・3166
6・1583

9499
7・1357
23・413
59・161

9500
2・4750
4・2375
5・1900
10・950
19・500
20・475
25・380
38・250
50・190
76・125
95・100

9501
3・3167

9502
2・4751

9503
13・731
17・559
43・221

9504
2・4752
3・3168
4・2376
6・1584
8・1188
9・1056
11・864
12・792
16・594
18・528
22・432
24・396
27・352
32・297
33・288
36・264
44・216
48・198
54・176
66・144
72・132
88・108
96・99

9505
5・1901

9506
2・4753
7・1358
14・679
49・194
97・98

9507
3・3169

9508
2・4754
4・2377

9509
37・257

9510
2・4755
3・3170
5・1902
6・1585
10・951
15・634
30・317

續表

9511

9512
2·4756
4·2378
8·1189
29·328
41·232
58·164
82·116

9513
3·3171
7·1359
9·1057
21·453
63·151

9514
2·4757
67·142
71·134

9515
5·1903
11·865
55·173

9516
2·4758
3·3172
4·2379
6·1586
12·793
13·732
26·366
39·244
52·183
71·156
78·122

9517
31·307

9518
2·4759

9519
3·3173
19·501
57·167

9520
2·4760
4·2380
5·1904
7·1360
8·1190
10·952
14·680
16·595
17·560
20·476
28·340
34·280
35·272
40·238
56·170
68·140
70·136
80·119
85·112

9521

9522
2·4761
3·3174
6·1587
9·1058
18·529
23·414
46·207
69·138

9523
89·107

9524
2·4762
4·2381

9525
3·3175
5·1905
15·635
25·381
75·127

9526
2·4763
11·866
22·433

9527
7·1361

9528
2·4764
3·3176
4·2382
6·1588
8·1191
12·794
24·397

9529
13·733

9530
2·4765
5·1906
10·953

9531
3·3177
9·1059
27·353

9532
2·4766
4·2383

9533

9534
2·4767
3·3178
6·1589
7·1362
14·681
21·454
42·227

9535
5·1907

9536
2·4768
4·2384
8·1192
16·596
32·298
64·149

9537
3·3179
11·867
17·561
33·289
51·187

9538
2·4769
19·502
38·251

9539

9540
2·4770
3·3180
4·2385
5·1908
6·1590
9·1060
10·954
12·795
15·636
18·530
20·477
30·318
36·265
45·212
53·180
60·159
90·106

9541
7·1363
29·329
47·203

9542
2·4771
13·734
26·367

9543
3·3181

9544
2·4772
4·2386
8·1193

9545
5·1909
23·415
83·115

9546
2·4773
3·3182
6·1591
37·258
43·222
74·129
86·111

9547

9548
2·4774
4·2387
7·1364
11·868
14·682
22·434
28·341
31·308
44·217
62·154
77·124

9549
3·3183
9·1061

9550
2·4775
5·1910
10·955
25·382
50·191

9551

9552
2·4776
3·3184
4·2388
6·1592
8·1194
12·796
16·597
24·398
48·199

9553
41·233

9554
2·4777
17·562
34·281

9555
3·3185
5·1911
7·1365
13·735
15·637
21·455
35·273
39·245
49·195
65·147
91·105

9556
2·4778
4·2389

9557
19·503

9558
2·4779
3·3186
6·1593
9·1062
18·531
27·354
54·177
59·162
81·118

9559
11·869
79·121

9560
2·4780
4·2390
5·1912
8·1195
10·956
20·478
40·239

9561
3·3187

9562
2·4781
7·1366
14·683

9563
73·131

9564
2·4782
3·3188
4·2391
6·1594
12·797

9565
5·1913

9566
2·4783

9567
3·3189
9·1063

9568
2·4784
4·2392
8·1196
13·736
16·598
23·416
26·368
32·299
46·208
52·184
92·104

9569
7·1367

9570
2·4785
3·3190
5·1914
6·1595
10·957
11·870
15·638
22·435
29·330
30·319
33·290
55·174
58·165
66·145
87·110

9571
17·563

9572
2·4786
4·2393

9573
3·3191

9574
2·4787

9575
5·1915
25·383

9576
2·4788
3·3192
4·2394
6·1596
7·1368
8·1197
9·1064
12·798
14·684
18·532
19·504
21·456
24·399
28·342
36·266
38·252
42·228
56·171
57·168
63·152
72·133
76·126
84·114

9577
61·157

9578
2·4789

9579
3·3193
31·309
93·103

9580
2·4790
4·2395
5·1916
10·958
20·479

9581
11·871
13·737
67·143

9582
2·4791
3·3194
6·1597

9583
7·1369
37·259

9584
2·4792
4·2396
8·1198
16·599

9585
3·3195
5·1917
9·1065
15·639
27·355
45·213
71·135

9586
2·4793

9587

9588
2·4794
3·3196
4·2397
6·1598
12·799
17·564
34·282
47·204
51·188
68·141
94·102

9589
43·223

9590
2·4795
5·1918
7·1370
10·959
14·685
35·274
70·137

9591
3·3197
23·417
69·139

9592
2·4796
4·2398
8·1199
11·872
22·436
44·218
88·109

9593
53·181

9594
2·4797
3·3198
6·1599
9·1066
13·738
18·533
26·369
39·246
41·234
78·123
82·117

9595
5·1919
19·505
95·101

9596
2·4798
4·2399

9597
3·3199
7·1371
21·457

9598
2·4799

9599
29·331

9600
2·4800
3·3200
4·2400
5·1920
6·1600
8·1200
10·960
12·800
15·640
16·600
20·480
24·400
25·384
30·320
32·300
40·240
48·200
50·192
60·160
64·150
75·128
80·120
96·100

9601

9602
2·4801

9603
3·3201
9·1067
11·873
33·291
97·99

9604
2·4802
4·2401
7·1372
14·686
28·343
49·196
98·98

9605
5·1921
17·565
85·113

9606
2·4803
3·3202
6·1601

9607
13·739

9608
2·4804
4·2402
8·1201

9609
3·3203

9610
2·4805
5·1922
10·961
31·310
62·155

9611
7·1373

9612
2·4806
3·3204
4·2403
6·1602
9·1068
12·801
18·534
27·356
36·267
54·178
89·108

9613

9614
2·4807
11·874
19·506
22·437
23·418
38·253
46·209

9615
3·3205
5·1923
15·641

9616
2·4808
4·2404
8·1202
16·601

9617
59·163

9618
2·4809
3·3206
6·1603
7·1374
14·687
21·458
42·229

9619

9620
2·4810
4·2405
5·1924
10·962
13·740
20·481
26·370
37·260
52·185
65·148
74·130

續表

9621
3·3207
9·1069

9622
2·4811
17·566
34·283

9623

9624
2·4812
3·3208
4·2406
6·1604
8·1203
12·802
24·401

9625
5·1925
7·1375
11·875
25·385
35·275
55·175
77·125

9626
2·4813

9627
3·3209

9628
2·4814
4·2407
29·332
58·166
83·116

9629

9630
2·4815
3·3210
5·1926
6·1605
9·1070
10·963
15·642
18·535
30·321
45·214
90·107

9631

9632
2·4816
4·2408
7·1376
8·1204
14·688
16·602
28·344
32·301
43·224
56·172
86·112

9633
3·3211
13·741
19·507
39·247
57·169

9634
2·4817

9635
5·1927
41·235
47·205

9636
2·4818
3·3212
4·2409
6·1606
11·876
12·803
22·438
33·292
44·219
66·146
73·132

9637
23·419

9638
2·4819
61·158
79·122

9639
3·3213
7·1377
9·1071
17·567
21·459
27·357
51·189
63·153
81·119

9640
2·4820
4·2410
5·1928
8·1205
10·964
20·482
40·241

9641
31·311

9642
2·4821
3·3214
6·1707

9643

9644
2·4822
4·2411

9645
3·3215
5·1929
15·643

9646
2·4823
7·1378
13·742
14·689
26·371
53·182
91·106

9647
11·877

9648
2·4824
3·3216
4·2412
6·1608
8·1206
9·1072
12·804
16·603
18·536
24·402
36·268
48·201
67·144
72·134

9649

9650
2·4825
5·1930
10·965
25·386
50·193

9651
3·3217

9652
2·4826
4·2413
19·508
38·254
76·127

9653
7·1379
49·197

9654
2·4827
3·3218
6·1609

9655
5·1931

9656
2·4828
4·2414
8·1207
17·568
34·284
68·142
71·136

9657
3·3219
9·1073
29·333
37·261
87·111

9658
2·4829
11·878
22·439

9659
13·743

9660
2·4830
3·3220
2·2415
5·1932
6·1610
7·1380
10·966
12·805
14·690
15·644
20·483
21·460
23·420
28·345
30·322
35·276
42·230
46·210
60·161
69·140
70·138
84·115
92·105

9661

9662
2·4831

9663
3·3221

9664
2·4832
4·2416
8·1208
16·604
32·302
64·151

9665
5·1933

9666
2·4833
3·3222
6·1611
9·1074
18·537
27·358
54·179

9667
7·1381

9668
2·4834
4·2417

9669
3·3223
11·879
33·293

9670
2·4835
5·1934
10·967

9671
19·509

9672
2·4836
3·3224
4·2418
6·1612
8·1209
12·806
13·744
24·403
26·372
31·312
39·248
52·186
62·156
78·124
93·104

9673
17·569

9674
2·4837
7·1382
14·691

9675
3·3225
5·1935
9·1075
15·645
25·387
43·225
45·215
75·129

9676
2·4838
4·2419
41·236
59·164
82·118

9677

9678
2·4839
3·3226
6·1613

9679

9680
2·4840
4·2420
5·1936
8·1210
10·968
11·880
16·605
20·484
22·440
40·242
44·220
55·176
80·121
88·110

9681
3·3227
7·1383
21·461

9682
2·4841
47·206
94·103

9683
23·421

9684
2·4842
3·3228
4·2421
6·1614
9·1076
12·807
18·538
36·269

9685
5·1937
13·745
65·149

9686
2·4843
29·334
58·167

9687
3·3229

9688
2·4844
4·2422
7·1384
8·1211
14·692
28·346
56·173

9689

9690
2·4845
3·3230
5·1938
6·1615
10·969
15·646
17·570
19·510
30·323
34·285
38·255
51·190
57·170
85·114
95·102

9691
11·881

9692
2·4846
4·2423

9693
3·3231
9·1077
27·359

9694
2·4847
37·262
74·131

9695
5·1939
7·1385
35·277

9696
2·4848
3·3232
4·2424
6·1616
8·1212
12·808
16·606
24·404
32·303
48·202
96·101

9697

9698
2·4849
13·746
26·373

9699
3·3233
53·183
61·159

9700
2·4850
4·2425
5·1940
10·970
20·485
25·388
50·194
97·100

9701
89·109

9702
2·4851
3·3234
6·1617
7·1386
9·1078
11·882
14·693
18·539
21·462
22·441
33·294
42·231
49·198
63·154
66·147
77·126
98·99

9703
31·313

9704
2·4852
4·2426
8·1213

9705
3·3235
5·1941
15·647

9706
2·4853
23·422
46·211

9707
17·571

9708
2·4854
3·3236
4·2427
6·1618
12·809

9709
7·1387
19·511
73·133

9710
2·4855
5·1942
10·971

9711
3·3237
9·1079
13·747
39·249
83·117

9712
2·4856
4·2428
8·1214
16·607

9713
11·883

9714
2·4857
3·3238
6·1619

9715
5·1943
29·335
67·145

9716
2·4858
4·2429
7·1388
14·694
28·347

9717
3·3239
41·237
79·123

9718
2·4859
43·226
86·113

9719

9720
2·4860
3·3240
4·2430
5·1944
6·1620
8·1215
9·1080
10·972
12·810
15·648
18·540
20·486
24·405
27·360
30·324
36·270
40·243
45·216
54·180
60·162
72·135
81·120
90·108

9721

9722
2·4861

9723
3·3241
7·1389
21·463

9724
2·4862
4·2431
11·884
13·748
17·572
22·442
26·374
34·286
44·221
52·187
68·143

9725
5·1945
25·389

9726
2·4863
3·3242
6·1621

9727
71·137

9728
2·4864
4·2432
8·1216
16·608
19·512
32·304
38·256
64·152
76·128

9729
3·3243
9·1081
23·423
47·207
69·141

9730
2·4865
5·1946
7·1390
10·973
14·695
35·278
70·139

續表

9731
37・263

9732
2・4866
3・3244
4・2433
6・1622
12・811

9733

9734
2・4867
31・314
62・157

9735
3・3245
5・1947
11・885
15・649
33・295
55・177
59・165

9736
2・4868
4・2434
8・1217

9737
7・1391
13・749
91・107

9738
2・4869
3・3246
6・1623
9・1082
18・541

9739

9740
2・4870
4・2435
5・1948
10・974
20・487

9741
3・3247
17・573
51・191

9742
2・4871

9743

9744
2・4872
3・3248
4・2436
6・1624
7・1392
8・1218
12・812
14・696
16・609
21・464
24・406
28・348
29・336
42・232
48・203
56・174
58・168
84・116
87・112

9745
5・1949

9746
2・4873
11・886
22・443

9747
3・3249
9・1083
19・513
27・361
57・171

9748
2・4874
4・2437

9749

9750
2・4875
3・3250
5・1950
6・1625
10・975
13・750
15・650
25・390
26・375
30・325
39・250
50・195
65・150
75・130
78・125

9751
7・1393
49・199

9752
2・4876
4・2438
8・1219
23・424
46・212
53・184
92・106

9753
3・3251

9754
2・4877

9755
5・1951

9756
2・4878
3・3252
4・2439
6・1626
9・1084
12・813
18・542
36・271

9757
11・887

9758
2・4879
7・1394
14・697
17・574
34・287
41・238
82・119

9759
3・3253

9760
2・4880
4・2440
5・1952
8・1220
10・976
16・610
20・488
32・305
40・244
61・160
80・122

9761
43・227

9762
2・4881
3・3254
6・1627

9763
13・751

9764
2・4882
4・2441

9765
3・3255
5・1953
7・1395
9・1085
15・651
21・465
31・315
35・279
45・217
63・155
93・105

9766
2・4883
19・514
38・257

9767

9768
2・4884
3・3256
4・2442
6・1628
8・1221
11・888
12・814
22・444
24・407
33・296
37・264
44・222
66・148
74・132
88・111

9769

9770
2・4885
5・1954
10・977

9771
3・3257

9772
2・4886
4・2443
7・1396
14・698
28・349

9773
29・337

9774
2・4887
3・3258
6・1629
9・1086
18・543
27・362
54・181

9775
5・1955
17・575
23・425
25・391
85・115

9776
2・4888
4・2444
8・1222
13・752
16・611
26・376
47・208
52・188
94・104

9777
3・3259

9778
2・4889

9779
7・1397
11・889
77・127

9780
2・4890
3・3260
4・2445
5・1956
6・1630
10・978
12・815
15・652
20・489
30・326
60・163

9781

9782
2・4891
67・146
73・134

9783
3・3261
9・1087

9784
2・4892
4・2446
8・1223

9785
5・1957
19・515
95・103

9786
2・4892
3・3262
6・1631
7・1398
14・699
21・466
42・233

9787

9788
2・4894
4・2447

9789
3・3263
13・753
39・251

9790
2・4895
5・1958
10・979
11・890
22・445
55・178
89・110

9791

9792
2・4896
3・3264
4・2448
6・1632
8・1224
9・1088
12・816
16・612
17・576
18・544
24・408
32・306
34・288
36・272
48・204
51・192
64・153
68・144
72・136
96・102

9793
7・1399

9794
2・4897
59・166
83・118

9795
3・3265
5・1959
15・653

9796
2・4898
4・2449
31・316
62・158
79・124

9797
97・101

9798
2・4899
3・3266
6・1633
23・426
46・213
69・142
71・138

9799
41・239

9800
2・4900
4・2450
5・1960
7・1400
8・1225
10・980
14・700
20・490
25・392
28・350
35・280
40・245
49・200
50・196
56・175
70・140
98・100

9801
3・3267
9・1089
11・891
27・363
33・297
81・121
99・99

9802
2・4901
13・754
26・377
29・338
58・169

9803

9804
2・4902
3・3268
4・2451
6・1634
12・817
19・516
38・258
43・228
57・172
76・129
86・114

9805
5・1961
37・265
53・185

9806
2・4903

9807
3・3269
7・1401
21・467

9808
2・4904
4・2452
8・1226
16・613

9809
17・577

9810
2・4905
3・3270
5・1962
6・1635
9・1090
10・981
15・654
18・545
30・327
45・218
90・109

9811

9812
2・4906
4・2453
11・892
22・416
44・223

9813
3・3271

9814
2・4907
7・1402
14・701

9815
5・1963
13・755
65・151

9816
2・4908
3・3272
4・2454
6・1636
8・1227
12・818
24・409

9817

9818
2・4909

9819
3・3273
9・1091

9820
2・4910
4・2455
5・1964
10・982
20・491

9821
7・1403
23・427
61・161

9822
2・4911
3・3274
6・1637

9823
11・893
19・517
47・209

9824
2・4912
4・2456
8・1228
16・614
32・307

9825
3・3275
5・1965
15・655
25・393
75・131

9826
2・4913
17・578
34・289

9827
31・317

9828
2・4914
3・3276
4・2457
6・1638
7・1404
9・1092
12・819
13・756
14・702
18・546
21・468
26・378
27・364
28・351
36・273
39・252
42・234
52・189
54・182
63・156
78・126
84・117
91・108

9829

9830
2・4915
5・1966
10・983

9831
3・3277
29・339
87・113

9832
2・4916
4・2458
8・1229

9833

9834
2・4917
3・3278
6・1639
11・894
22・447
33・298
66・149

9835
5・1967
7・1405
35・281

9836
2・4918
4・2459

9837
3・3279
9・1093

9838
2・4919

9839

9840
2・4920
3・3280
4・2460
5・1968
6・1640
8・1230
10・984
12・820
15・656
16・615
20・492
24・410
30・328
40・246
41・240
48・205
60・164
80・123
82・120

續表

數	分解
9841	13·757
9842	2·4921, 7·1406, 14·703, 19·518, 37·266, 38·259, 74·133
9843	3·3281, 17·579, 51·193
9844	2·4922, 4·2461, 23·428, 46·214, 92·107
9845	5·1969, 11·895, 55·179
9846	2·4923, 3·3282, 6·1641, 9·1094, 18·547
9847	43·229
9848	2·4924, 4·2462, 8·1231
9849	3·3283, 7·1407, 21·409, 49·201, 67·147
9850	2·4925, 5·1970, 10·985, 25·394, 50·197
9851	
9852	2·4926, 3·3284, 4·2463, 6·1642, 12·821
9853	59·167
9854	2·4927, 13·758, 26·379
9855	3·3285, 5·1971, 9·1095, 15·657, 27·365, 45·219, 73·135
9856	2·4928, 4·2464, 7·1408, 8·1232, 11·896, 14·704, 16·616, 22·448, 28·352, 32·308, 44·224, 56·176, 64·154, 77·128, 88·112
9857	
9858	2·4929, 3·3286, 6·1643, 31·318, 53·186, 62·159, 93·106
9859	
9860	2·4930, 4·2465, 5·1972, 10·986, 17·580, 20·493, 29·340, 34·290, 58·170, 68·145, 85·116
9861	3·3287, 19·519, 57·173
9862	2·4931
9863	7·1409
9864	2·4932, 3·3288, 4·2466, 6·1644, 8·1233, 9·1096, 12·822, 18·548, 24·411, 36·274, 72·137
9865	5·1973
9866	2·4933
9867	3·3289, 11·897, 13·759, 23·429, 33·299, 39·253, 69·143
9868	2·4934, 4·2467
9869	71·139
9870	2·4935, 3·3290, 5·1974, 6·1645, 7·1410, 10·987, 14·705, 15·658, 21·470, 30·329, 35·282, 42·235, 47·210, 70·141, 94·105
9871	
9872	2·4936, 4·2468, 8·1234, 16·617
9873	3·3291, 9·1097
9874	2·4937
9875	5·1975, 25·395, 79·125
9876	2·4938, 3·3292, 4·2469, 6·1646, 12·823
9877	7·1411, 17·581, 83·119
9878	2·4939, 11·898, 22·449
9879	3·3293, 37·267, 89·111
9880	2·4940, 4·2470, 5·1976, 8·1235, 10·988, 13·760, 19·520, 20·494, 26·380, 38·260, 40·247, 52·190, 65·152, 76·130, 95·104
9881	41·241
9882	2·4941, 3·3294, 6·1647, 9·1098, 18·549, 27·366, 54·183, 61·162, 81·122
9883	
9884	2·4942, 4·2471, 7·1412, 14·706, 28·353
9885	3·3295, 5·1977, 15·659
9886	2·4943
9887	
9888	2·4944, 3·3296, 4·2472, 6·1648, 8·1236, 12·824, 16·618, 24·412, 32·309, 48·206, 96·103
9889	11·899, 29·341, 31·319
9890	2·4945, 5·1978, 10·989, 23·430, 43·230, 46·215, 86·115
9891	3·3297, 7·1413, 9·1099, 21·471, 63·157
9892	2·4946, 4·2473
9893	13·761
9894	2·4947, 3·3298, 6·1649, 17·582, 34·291, 51·194, 97·102
9895	5·1979
9896	2·4948, 4·2474, 8·1237
9897	3·3299
9898	2·4949, 7·1414, 14·707, 49·202, 98·101
9899	19·521
9900	2·4950, 3·3300, 4·2475, 5·1980, 6·1650, 9·1100, 10·990, 11·900, 12·825, 15·660, 18·550, 20·495, 22·450, 25·396, 30·330, 33·300, 36·275, 44·225, 45·220, 50·198, 55·180, 60·165, 66·150, 75·132, 90·110, 99·100
9901	
9902	2·4951
9903	3·3301
9904	2·4952, 4·2476, 8·1238, 16·619
9905	5·1981, 7·1415, 35·283
9906	2·4953, 3·3302, 6·1651, 13·762, 26·381, 39·254, 78·127
9907	
9908	2·4954, 4·2477
9909	3·3303, 9·1101, 27·367
9910	2·4955, 5·1982, 10·991
9911	11·901, 17·583, 53·187
9912	2·4956, 3·3304, 4·2478, 6·1652, 7·1416, 8·1239, 12·826, 14·708, 21·472, 24·413, 28·354, 42·236, 56·177, 59·168, 84·118
9913	23·431
9914	2·4957
9915	3·3305, 5·1983, 15·661
9916	2·4958, 4·2479, 37·268, 67·148, 74·134
9917	47·211
9918	2·4959, 3·3306, 6·1653, 9·1102, 18·551, 19·522, 29·342, 38·261, 57·174, 58·171, 87·114
9919	7·1417, 13·763, 91·109
9920	2·4960, 4·2480, 5·1984, 8·1240, 10·992, 16·620, 20·496, 31·320, 32·310, 40·248, 62·160, 64·155, 80·124
9921	3·3307
9922	2·4961, 11·902, 22·451, 41·242, 82·121
9923	
9924	2·4962, 3·3308, 4·2481, 6·1654, 12·827
9925	5·1985, 25·397
9926	2·4963, 7·1418, 14·709
9927	3·3309, 9·1103
9928	2·4964, 4·2482, 8·1241, 17·584, 34·292, 68·146, 73·136
9929	
9930	2·4965, 3·3310, 5·1986, 6·1655, 10·993, 15·662, 30·331
9931	
9932	2·4966, 4·2483, 13·764, 26·382, 52·191
9933	3·3311, 7·1419, 11·903, 21·473, 33·301, 43·231, 77·129
9934	2·4967
9935	5·1987
9936	2·4968, 3·3312, 4·2484, 6·1656, 8·1242, 9·1104, 12·828, 16·621, 18·552, 23·432, 24·414, 27·368, 36·276, 46·216, 48·207, 54·184, 69·144, 72·138, 92·108
9937	19·523
9938	2·4969
9939	3·3313
9940	2·4970, 4·2485, 5·1988, 7·1420, 10·994, 14·710, 20·497, 28·355, 35·284, 70·142, 71·140
9941	
9942	2·4971, 3·3314, 6·1657
9943	61·163
9944	2·4972, 4·2486, 8·1243, 11·904, 22·452, 44·226, 88·113
9945	3·3315, 5·1989, 9·1105, 13·765, 15·663, 17·585, 39·255, 45·221, 51·195, 65·153, 85·117
9946	2·4973
9947	7·1421, 29·343, 49·203
9948	2·4974, 3·3316, 4·2487, 6·1658, 12·829
9949	
9950	2·4975, 5·1990, 10·995, 25·398, 50·199

續表

9951
3・3317
31・321
93・107

9952
2・4976
4・2488
8・1244
16・622
32・311

9953
37・269

9954
2・4977
3・3318
6・1659
7・1422
9・1106
14・711
18・553
21・474
42・237
63・158
79・126

9955
5・1991
11・905
55・181

9956
2・4978
4・2489
19・524
38・262
76・131

9957
3・3319

9958
2・4979
13・766
26・383

9959
23・433

9960
2・4980
3・3320
4・2490
5・1992
6・1660
8・1245
10・996
12・830
15・664
20・498
24・415
30・332
40・249
60・166
83・120

9961
7・1423

9962
2・4981
17・586
34・293

9963
3・3321
9・1107
27・369
41・243
81・123

9964
2・4982
4・2491
47・212
53・188
94・106

9965
5・1993

9966
2・4983
3・3322
6・1661
11・906
22・453
33・302
66・151

9967

9968
2・4984
4・2492
7・1424
8・1246
14・712
16・623
28・356
56・178
89・112

9969
3・3323

9970
2・4985
5・1994
10・997

9971
13・767
59・169

9972
2・4986
3・3324
4・2493
6・1662
9・1108
12・831
18・554
36・277

9973

9974
2・4987

9975
3・3325
5・1995
7・1425
15・665
19・525
21・475
25・399
35・285
57・175
75・133
95・105

9976
2・4988
4・2494
8・1247
29・344
43・232
58・172
86・116

9977
11・907

9978
2・4989
3・3326
6・1663

9979
17・587

9980
2・4990
4・2495
5・1996
10・998
20・499

9981
3・3327
9・1109

9982
2・4991
7・1426
14・713
23・434
31・322
46・217
62・161

9983
67・149

9984
2・4992
3・3328
4・2496
6・1664
8・1248
12・832
13・768
16・624
24・416
26・384
32・312
39・256
48・208
52・192
64・156
78・128
96・104

9985
5・1997

9986
2・4993

9987
3・3329

9988
2・4994
4・2497
11・908
22・454
44・227

9989
7・1427

9990
2・4995
3・3330
5・1998
6・1665
9・1110
10・999
15・666
18・555
27・370
30・333
37・270
45・222
54・185
74・135
90・111

9991
97・103

9992
2・4996
4・2498
8・1249

9993
3・3331

9994
2・4997
19・526
38・263

9995
5・1999

9996
2・4998
3・3332
4・2499
6・1666
7・1428
12・833
14・714
17・588
21・476
28・357
34・294
42・238
49・204
51・196
68・147
84・119
98・102

9997
13・769

9998
2・4999

9999
3・3333
9・1111
11・909
33・303
99・101

10000
2・5000
4・2500
5・2000
8・1250
10・1000
16・625
20・500
25・400
40・250
50・200
80・125
100・100

連分數部

題解

清・華世芳《恒河沙館算草》卷二《連分數學》 連分數者，中士向無，其法自西法有代數，而後有連分數。自西士拉果蘭諸變通奈端疊代之法，而後諸乘方根皆有連分數。自西士棣麼甘不用疊代別立簡法，而後平方根之循環連分數求之始易，此皆算學之新義，開方之別派。然其布算之式甚簡，而其立法之理頗紆折而不易明，因爲彙集各法，逐節疏證，綴以算式，庶一覽而可得其概焉。

清・解崇輝《代數術補式》卷二〇 論連分數

第一百八十七欵 凡數之可以平常之分數明之者，亦能以連分數明之。欲究連分數之情狀，其理如下。

解按：連分數之法，即約分也。法大於實，則展轉相約。

設有一常分數之式如 $\frac{一〇〇〇〇〇}{三一四一五九}$ 即 $三丄\frac{一〇〇〇〇〇}{一四一五九}$ ㈠ 則因 $\frac{一〇〇〇〇〇}{一四一五九}$ 法大於實，則轉約之。解：

一四一五九)一〇〇〇〇〇(七
九九一一三
八八七

則 七×一四一五九 $=九九一一三$ 故 $九九一一三丄八八七=七×一四一五九丄八八七=一〇〇〇〇〇$ 所以則得其 $\frac{一〇〇〇〇〇}{一四一五九}=\frac{七×一四一五九丄八八七}{一四一五九}$ 右邊以 一四一五九 約之，得 $\frac{一〇〇〇〇〇}{一四一五九}=\frac{七丄\frac{一四一五九}{八八七}}{一}$ 而 $\frac{一〇〇〇〇〇}{三一四一五九}=三丄\frac{七丄\frac{一四一五九}{八八七}}{一}$ ㈡ 惟因解 $\frac{一四一五九}{八八七}$ 又法大於實，仍轉約之

八八七)一四一五九(一五
八八七
五二八九
四四三五
八五四

則 $一四一五九=一五×八八七丄八五四$ 所以 $\frac{一四一五九}{八八七}=\frac{一五×八八七丄八五四}{八八七}$ 右邊以 八八七 約之，即 $\frac{一四一五九}{八八七}=\frac{一五丄\frac{八八七}{八五四}}{一}$ 以此式代㈡式中之 $\frac{一四一五九}{八八七}$ 則可得 $\frac{一〇〇〇〇〇}{三一四一五九}=三丄\frac{七丄\frac{一五丄\frac{八八七}{八五四}}{一}}{一}$ ㈢ 又因解

八五四)八八七(一
八五四
三三

則 一× $八五四丄三三=八八七$ 故 $\frac{八八七}{八五四}=\frac{一×八五四丄三三}{八五四}=\frac{一丄\frac{八五四}{三三}}{一}$ 以 $\frac{一丄\frac{八五四}{三三}}{一}$ 代㈢式中之 $\frac{八八七}{八五四}$ 則可得 $\frac{一〇〇〇〇〇}{三一四一五九}=三丄\frac{七丄\frac{一五丄\frac{一丄\frac{八五四}{三三}}{一}}{一}}{一}$ 又依同法推之，如 $\frac{八五四}{三三}=\frac{二五×三三丄二九}{三三}$ 即 $\frac{八五四}{三三}=\frac{二五丄\frac{三三}{二九}}{一}$ 又 $\frac{三三}{二九}=\frac{一丄\frac{二九}{四}}{一}$ 又 $\frac{二九}{四}=\frac{七丄\frac{四}{一}}{一}$ 所以

用疊代之法可得 $\frac{一〇〇〇〇〇}{三一四一五九}=三丄\frac{七丄\frac{一五丄\frac{一丄\frac{二五丄\frac{一丄\frac{七丄\frac{四}{一}}{一}}{一}}{一}}{一}}{一}}{一}$

此種分數式名曰連分數。

又 第一百九十欵 連分數之中另有一種，其分母至數項之後，仍與前數項之分母相同，此種連分數名曰循環連分數。如其連分數之式爲

$一丄\frac{二丄\frac{三丄\frac{二丄\frac{三丄\cdots}{一}}{一}}{一}}{一}$

此種分數雖引長至無窮，其同數亦能查出，因可使其第一項之整數一不在分數之列。而令 $天=丄\frac{二丄\frac{三丄\frac{二丄\frac{三丄\cdots}{一}}{一}}{一}}{一}$ 因其截去一次循環之項，則後之諸項亦等於天，所以得 $天=\frac{二丄\frac{三丄天}{一}}{一}$ 由此得 $天=\frac{六丄二天丄一}{三丄天}$ 解：通之， $六天丄二天^{二}丄天=三丄天$ 即 $二天^{二}丄六天=三$ 約之， $天^{二}丄三天=\frac{二}{三}$ 配成平方，得 $天^{二}丄三天丄\frac{四}{九}=\frac{四}{九}丄\frac{二}{三}$ 即 $(天丄\frac{二}{三})^{二}=\frac{四}{一五}$ 開方，得 $天=\frac{二}{丅三丄\sqrt{一五}}$ 兩邊各加一，所以其全式之總數必爲 $天丄一=\frac{二}{丅三丄\sqrt{一五}}丄一=\frac{二}{丅一丄\sqrt{一五}}$

解：設以天之同數 $天=\frac{二}{丅三丄\sqrt{一五}}$ 代入 $天=\frac{二丄\frac{三丄天}{一}}{一}$ 式中，得

$\frac{二}{丅三丄\sqrt{一五}}=\frac{二丄\frac{三丄\frac{二}{丅三丄\sqrt{一五}}}{一}}{一}$ 即 $\frac{二}{丅三丄\sqrt{一五}}=\frac{二丄\frac{\frac{二}{六丅三丄\sqrt{一五}}}{一}}{一}=\frac{二丄\frac{三丄\sqrt{一五}}{二}}{一}=\frac{\frac{三丄\sqrt{一五}}{六丄二\sqrt{一五}丄三}}{一}=\frac{八丄二\sqrt{一五}}{三丄\sqrt{一五}}$

$=\frac{二(四丄\sqrt{一五})}{三丄\sqrt{一五}}$ 通之 $\frac{二}{(四丄\sqrt{一五})\times(丅三丄\sqrt{一五})}=\frac{二}{三丄\sqrt{一五}}$ 即

$(四丄\sqrt{一五})(丅三丄\sqrt{一五})=三丄\sqrt{一五}$ 即

$$\begin{array}{r} 四丄\sqrt{一五} \\ 丅三丄\sqrt{一五} \\ \hline 丅一二丅三\sqrt{一五} \\ 丄四\sqrt{一五}丄一五 \\ \hline 三丄\sqrt{一五} \end{array}$$

故 $三丄\sqrt{一五}=三丄\sqrt{一五}$ 即 $〇=〇$ 此天之同數不誤之證也。

總言之，若連分數之式如 $天=\frac{甲丄\frac{乙丄\frac{甲丄\cdots}{一}}{一}}{一}$ 者，依前法截去尾項，得 $天=\frac{甲丄\frac{乙丄天}{一}}{一}=\frac{甲乙丄甲天丄一}{乙丄天}$ 通之，得 $乙甲天丄甲天^{二}丄天=乙丄天$ 即 $甲天^{二}丄乙甲天=乙$ 而 $天^{二}丄乙天=\frac{甲}{乙}$ 配之，得 $天^{二}丄乙天丄\frac{四}{乙^{二}}=\frac{四}{乙^{二}}丄\frac{甲}{乙}$ 開方，則得 $天=丅\frac{二}{乙}\pm\sqrt{\frac{四}{乙^{二}}丄\frac{甲}{乙}}$ 雖連分數之各項，其各分母亦有歷多項而循環者，而其總數之同數，仍能以各項式之方根明之。所以若反言之，則可云凡各項式之根，亦可以循環之連分數明之。故有時能

用連分數之法求各項根式之同數，可以略不費力而得其方根。

清·曹汝英《直方大齋數學》卷一《數學上編》坿卷上　連分數　小分數　循環小數　多項數

第一款　若分數之母爲整帶零，而所帶之母亦爲整帶零，仿此以至多層，則全式名曰連分數。如下列三式皆是也。

㊀ $三⊥\cfrac{一}{一〇⊥\cfrac{二}{二⊥\cfrac{二}{三⊥\cfrac{三}{二}}}}$　㊁ $\cfrac{一}{四丅\cfrac{一}{六丅\cfrac{二九}{三六}}}$

㊂ $五丅\cfrac{一}{一⊥\cfrac{二}{三丅\cfrac{二}{四⊥\cfrac{三}{二}}}}$

上列三式中第一式全用加號，名曰遞加連分數。第二式全用減號，名曰遞減連分數。第三式加減號相間，名曰遞變連分數。

綜論

清·華世芳《恒河沙館算草》卷二《連分數學》　凡奇零不盡之常分數，可以求等法轉輾相約，而變之爲連分數。

設有常分數 $\frac{四三三}{一八九}$ 爲最簡之分數式，即母子無等之分數也。惟因 四三三

$=二×一八九⊥五五$　則 $\frac{四三三}{一八九}=\frac{二×一八九⊥五五}{一八九}=二⊥\frac{五五}{一八九}=二⊥\cfrac{一}{\frac{一八九}{五五}}$

因 $\frac{一八九}{五五}=\frac{三×五五⊥二四}{五五}=三⊥\frac{二四}{五五}=三⊥\cfrac{一}{\frac{五五}{二四}}$　即 $\frac{四三三}{一八九}=二⊥\cfrac{一}{三⊥\cfrac{一}{\frac{五五}{二四}}}$

因 $\frac{五五}{二四}=\frac{二×二四⊥七}{二四}=二⊥\frac{七}{二四}=二⊥\cfrac{一}{\frac{二四}{七}}$　即 $\frac{四三三}{一八九}=二⊥\cfrac{一}{三⊥\cfrac{一}{二⊥\cfrac{一}{\frac{二四}{七}}}}$

因 $\frac{二四}{七}=\frac{三×七⊥三}{七}=三⊥\frac{三}{七}=三⊥\cfrac{一}{\frac{七}{三}}$　即 $\frac{四三三}{一八九}=二⊥\cfrac{一}{三⊥\cfrac{一}{二⊥\cfrac{一}{三⊥\cfrac{一}{\frac{七}{三}}}}}$

因 $\frac{七}{三}=\frac{二×三⊥一}{三}=二⊥\frac{一}{三}$　即 $\frac{四三三}{一八九}=二⊥\cfrac{一}{三⊥\cfrac{一}{二⊥\cfrac{一}{三⊥\cfrac{一}{二⊥\cfrac{一}{三}}}}}$

```
一八九)四三三(二
       三七八
       五五)一八九(三
            一六五
            二四)五五(二
                 四八
                 七)二四(三
                    二一
                    三)七(二
                       六
                       一)三(三
```

則連分數之各分母，爲轉輾相約之約得數，所以有常分數求連分數，可以求等法入之。

則約得之二、三、二、三、二、三諸數，即連分數之各分母也。

以簡法書之式如下。

一八九	四三三	二
一六五	三七八	三
二四	五五	二
二一	四八	三
三	七	二
三	六	三
○	一	

設有十分數 $\frac{一〇〇〇〇〇}{一四一四二一}$ 即 $一⊥\frac{一〇〇〇〇〇}{四一四二一}$ 求連分數。

一〇〇〇〇〇	四一四二一	二
八二八四二	三四三一六	二
一七一五八	七一〇五	二
一四二一〇	五八九六	二
二九四八	一二〇九	二
二四一八	一〇六〇	二
五三〇	一四九	三
四四七	八三	一
八三	六六	一
六六	五一	三
一七	一五	一
一五	一四	七
二	一	二
二		
〇		

凡連分數皆可反求其常分數。

設有連分數 $\text{二}\perp\cfrac{\text{一}}{\text{三}\perp\cfrac{\text{一}}{\text{二}\perp\cfrac{\text{一}}{\text{三}\perp\cfrac{\text{一}}{\text{二}\perp\cfrac{\text{一}}{\text{三}}}}}}$ 求常分數。

依常法相加 $\text{二}\perp\frac{\text{一}}{\text{三}}=\frac{\text{七}}{\text{三}}$ $\text{三}\perp\cfrac{\text{一}}{\text{二}\perp\frac{\text{一}}{\text{三}}}=\text{三}\perp\cfrac{\text{一}}{\frac{\text{七}}{\text{三}}}=\text{三}\perp\frac{\text{三}}{\text{七}}=\frac{\text{二四}}{\text{七}}$

$$\text{二}\perp\cfrac{\text{一}}{\text{三}\perp\cfrac{\text{一}}{\text{二}\perp\frac{\text{一}}{\text{三}}}}=\text{二}\perp\cfrac{\text{一}}{\frac{\text{二四}}{\text{七}}}=\text{二}\perp\frac{\text{七}}{\text{二四}}=\frac{\text{五五}}{\text{二四}}$$

$$\text{三}\perp\cfrac{\text{一}}{\text{二}\perp\cfrac{\text{一}}{\text{三}\perp\cfrac{\text{一}}{\text{二}\perp\frac{\text{一}}{\text{三}}}}}=\text{三}\perp\cfrac{\text{一}}{\frac{\text{五五}}{\text{二四}}}=\text{三}\perp\frac{\text{二四}}{\text{五五}}=\frac{\text{一八九}}{\text{五五}}$$

$$\text{二}\perp\cfrac{\text{一}}{\text{三}\perp\cfrac{\text{一}}{\text{二}\perp\cfrac{\text{一}}{\text{三}\perp\cfrac{\text{一}}{\text{二}\perp\frac{\text{一}}{\text{三}}}}}}=\text{二}\perp\cfrac{\text{一}}{\frac{\text{一八九}}{\text{五五}}}=\text{二}\perp\frac{\text{五五}}{\text{一八九}}=\frac{\text{四三三}}{\text{一八九}}$$

所以，$\text{二}\perp\cfrac{\text{一}}{\text{三}\perp\cfrac{\text{一}}{\text{二}\perp\cfrac{\text{一}}{\text{三}\perp\cfrac{\text{一}}{\text{二}\perp\frac{\text{一}}{\text{三}}}}}}=\cfrac{\text{一}}{\frac{\text{四三三}}{\text{一八九}}}=\frac{\text{一八九}}{\text{四三三}}$ 惟此式常分數之分母、分子本無等，故相加即得本分數。若其分母分子本有等者，則由連分數加得之分數，必再以等數乘其分母、分子，而後等於本分數。

凡連分數皆可求其漸近之分數。

如前式 $\text{二}\perp\cfrac{\text{一}}{\text{三}\perp\cfrac{\text{一}}{\text{二}\perp\cfrac{\text{一}}{\text{三}\perp\cfrac{\text{一}}{\text{二}\perp\frac{\text{一}}{\text{三}}}}}}$ 若截取其一項連分數 $\frac{\text{一}}{\text{二}}>\frac{\text{一八九}}{\text{四三三}}$ 爲大於本分數。截取其兩項連分數 $\cfrac{\text{一}}{\text{二}\perp\frac{\text{一}}{\text{三}}}=\frac{\text{三}}{\text{七}}<\frac{\text{一八九}}{\text{四三三}}$ 又過小於本分數。如是截其三項、四項、五項 $\cfrac{\text{一}}{\text{二}\perp\cfrac{\text{一}}{\text{三}\perp\frac{\text{一}}{\text{二}}}}=\frac{\text{七}}{\text{一六}}>\frac{\text{一八九}}{\text{四三三}}$、

$$二丄\frac{三丄\frac{二丄\frac{三}{一}}{一}}{一}=\frac{五五}{二四}<\frac{四三三}{一八九}、\quad 二丄\frac{三丄\frac{二丄\frac{三丄\frac{二}{一}}{一}}{一}}{一}=\frac{一二六}{五五}>\frac{四三三}{一八九}$$

則所得各分數比本分數迭爲大小。至末

$$二丄\frac{三丄\frac{二丄\frac{三丄\frac{二丄\frac{三}{一}}{一}}{一}}{一}}{一}=\frac{四三三}{一八九}$$

必歸至本分數。由此可見，各分數非但迭大、迭小以至等於本分數，且能漸近於本分數。如 $\frac{二}{一}$ 過大，$\frac{七}{三}$ 過小，而 $\frac{七}{三}$ 所小之差不及 $\frac{二}{一}$ 所大之差。$\frac{一六}{七}$ 又過大，而 $\frac{一六}{七}$ 所大之差不及 $\frac{七}{三}$ 所小之差。$\frac{五五}{二四}$ 又過小，而 $\frac{五五}{二四}$ 所小之差不及 $\frac{一六}{七}$ 所大之差。$\frac{一二六}{五五}$ 又過大，而 $\frac{一二六}{五五}$ 所大之差不及 $\frac{五五}{二四}$ 所小之差。故 $\frac{二}{一}$、$\frac{七}{三}$、$\frac{一六}{七}$、$\frac{五五}{二四}$、$\frac{一二六}{五五}$ 爲漸近之分數。

由此可見，任一箇漸近之分數與本分數之較，其差不能大於分母與次一箇分母相乘之數之一。

如 $\frac{二}{一}丅\frac{四三三}{一八九}$ 其差不及 $\frac{二×七}{一}$ 又 $\frac{四三三}{一八九}丅\frac{七}{三}$ 其差不及 $\frac{七×一六}{一}$ 又 $\frac{一六}{七}丅\frac{四三三}{一八九}$ 其差不及 $\frac{一六×五五}{一}$ 又 $\frac{四三三}{一八九}丅\frac{五五}{二四}$ 其差不及 $\frac{五五×一二六}{一}$ 又 $\frac{一二六}{五五}丅\frac{四三三}{一八九}$ 其差不及 $\frac{一二六×四三三}{一}$

由此可見，任兩箇分數之分子，其較皆爲一。如本式內 $\frac{二}{一}$ 與 $\frac{七}{三}$ 其公分母爲 二×七 而其分子爲 七 與 六 又 (七三)[$\frac{七}{三}$] 與 $\frac{一六}{七}$ 其公分母爲 七×一六 而其分子爲 四八 與 四九 又 $\frac{一六}{七}$ 與 $\frac{五五}{二四}$ 其公分母爲 一六×五五 而其分子爲 三八五 與 三八四 又 $\frac{五五}{二四}$ 與 $\frac{一二六}{五五}$ 其公分母爲 五五×一二六 而其分子爲 三〇二四 與 三〇二五

由此可見，不能有更小之分母、分子，比本式內之任一箇分數更近於所設之本分數，即無有一分數而分母小於 一二六 分子小於 五五 能比 $\frac{一二六}{五五}$ 更近於 $\frac{四三三}{一八九}$

求漸近之分數有公式：$第一分數=\frac{第一連分母}{一}$

$$第二分數=\frac{第一分母×第二連分母丄一}{第一分子×第二連分母}$$

$$第三分數=\frac{第二分母×第三連分母丄第一分母}{第二分子×第三連分母丄第一分子}$$

$$第四分數=\frac{第三分母×第四連分母丄第二分母}{第三分子×第四連分母丄第二分子}\quad\cdots$$

$$第卯分數=\frac{第(卯丅一)分母×第卯連分母丄第(卯丅二)分母}{第(卯丅一)分子×第卯連分母丄第(卯丅二)分子}\quad(甲)$$

依式求之，可得一幅漸近之分數，其末必爲本分數。

設其連分母爲二、三、二、三、二、三。

漸近之分數爲 $\frac{二}{一}=\frac{二}{一}$、$\frac{二×三丄一}{一×三}=\frac{七}{三}$、$\frac{七×二丄二}{三×二丄一}=\frac{一六}{七}$、$\frac{一六×三丄七}{七×三丄三}=\frac{五五}{二四}$、$\frac{五五×二丄一六}{二四×二丄七}=\frac{一二六}{五五}$、$\frac{一二六×三丄五五}{五五×三丄二四}=\frac{四三三}{一八九}$

凡常分數，又可以同法變之爲遞減之連分數。

如 $\frac{四三三}{一八九}$ 則因 四三三＝三×一八九丅一三四

故 $\frac{四三三}{一八九}=\frac{三×一八九丅一三四}{一八九}=\frac{三丅\frac{一八九}{一三四}}{一}$

因 $\frac{一八九}{一三四}=\frac{二×一三四丅七九}{一三四}=\frac{二丅\frac{一三四}{七九}}{一}$

故 $\frac{四三三}{一八九}=\frac{三丅\frac{二丅\frac{一三四}{七九}}{一}}{一}$

因 $\frac{一三四}{七九}=\frac{二×七九丅二四}{七九}=\frac{二丅\frac{七九}{二四}}{一}$

故 $\frac{四三三}{一八九}=\frac{三丅\frac{二丅\frac{二丅\frac{七九}{二四}}{一}}{一}}{一}$

因 $\frac{七九}{二四}=\frac{四×二四丅一七}{二四}=\frac{四丅\frac{二四}{一七}}{一}$

故 $\frac{四三三}{一八九}=\frac{三丅\frac{二丅\frac{二丅\frac{四丅\frac{二四}{一七}}{一}}{一}}{一}}{一}$

因 $\frac{二四}{一七}=\frac{二×一七丅一〇}{一七}=\frac{二丅\frac{一七}{一〇}}{一}$

故 $\frac{四三三}{一八九}=\frac{三丅\frac{二丅\frac{二丅\frac{四丅\frac{二丅\frac{一七}{一〇}}{一}}{一}}{一}}{一}}{一}$

因 $\frac{一七}{一〇}=\frac{二×一〇丅三}{一〇}=\frac{二丅\frac{一〇}{三}}{一}$

故 $\frac{四三三}{一八九}=\frac{三丅\frac{二丅\frac{二丅\frac{四丅\frac{二丅\frac{二丅\frac{一〇}{三}}{一}}{一}}{一}}{一}}{一}}{一}$

因 $\frac{一〇}{三}=\frac{四×三丅二}{三}=\frac{四丅\frac{三}{二}}{一}$

故 $\frac{四三三}{一八九}=\frac{三丅\frac{二丅\frac{二丅\frac{四丅\frac{二丅\frac{二丅\frac{四丅\frac{三}{二}}{一}}{一}}{一}}{一}}{一}}{一}}{一}$

因 $\frac{三}{二}=\frac{二×二丅一}{二}=\frac{二丅\frac{二}{一}}{一}$

故

$$\frac{四三三}{一八九}=\cfrac{三丅\cfrac{二丅\cfrac{二丅\cfrac{四丅\cfrac{二丅\cfrac{二丅\cfrac{四丅\cfrac{二丅\cfrac{二}{一}}{一}}{一}}{一}}{一}}{一}}{一}}{一}}{一}$$

若以截項之法求之，則 $\frac{三}{一}<\frac{四三三}{一八九}$，$\cfrac{三丅\cfrac{二}{一}}{一}=\frac{五}{二}<\frac{四三三}{一八九}$，

$$\cfrac{三丅\cfrac{二丅\cfrac{二}{一}}{一}}{一}=\frac{七}{三}<\frac{四三三}{一八九}$$

$$\cfrac{三丅\cfrac{二丅\cfrac{二丅\cfrac{四}{一}}{一}}{一}}{一}=\frac{二三}{一〇}<\frac{四三三}{一八九}$$

$$\cfrac{三丅\cfrac{二丅\cfrac{二丅\cfrac{四丅\cfrac{二}{一}}{一}}{一}}{一}}{一}=\frac{三九}{一七}<\frac{四三三}{一八九}$$

$$\cfrac{三丅\cfrac{二丅\cfrac{二丅\cfrac{四丅\cfrac{二丅\cfrac{二}{一}}{一}}{一}}{一}}{一}}{一}=\frac{五五}{二四}<\frac{四三三}{一八九}$$

$$\cfrac{三丅\cfrac{二丅\cfrac{二丅\cfrac{四丅\cfrac{二丅\cfrac{二丅\cfrac{四}{一}}{一}}{一}}{一}}{一}}{一}}{一}=\frac{一八一}{七九}<\frac{四三三}{一八九}$$

$$\cfrac{三丅\cfrac{二丅\cfrac{二丅\cfrac{四丅\cfrac{二丅\cfrac{二丅\cfrac{四丅\cfrac{二}{一}}{一}}{一}}{一}}{一}}{一}}{一}}{一}=\frac{三〇七}{一三四}<\frac{四三三}{一八九}$$

皆小於本分數。然每一分數所小之差，較其前一箇分數所小之差更小，至末得

$$\cfrac{三丅\cfrac{二丅\cfrac{二丅\cfrac{四丅\cfrac{二丅\cfrac{二丅\cfrac{四丅\cfrac{二丅\cfrac{二}{一}}{一}}{一}}{一}}{一}}{一}}{一}}{一}}{一}=\frac{四三三}{一八九}$$

必歸至本分數。故 $\frac{三}{一}$、$\frac{五}{二}$、$\frac{七}{三}$、$\frac{二三}{一〇}$、$\frac{三九}{一七}$、$\frac{五五}{二四}$、$\frac{一八一}{七九}$、$\frac{三〇七}{一三四}$ 亦爲漸近之分數。

遞減之連分數，驟觀之疑若無用。然至求平方根之時，其根在甲與甲丄一之間，而根之離甲丄一比甲爲近者，則以小借根甲求得遞加之連分數，其循環項數必多。不如以大借根甲丄一求遞減之連分數，其循環項數必較少也。

有遞減連分數之母求漸近之分數，亦可以公式入之。

$$第一分數=\frac{第一連分母}{一}\qquad 第二分數=\frac{第一分母\times第二連分母丅一}{第一分子\times第二連分母}$$

$$第三分數=\frac{第二分母\times第三連分母丅第一分母}{第二分子\times第三連分母丅第一分子}$$

$$第四分數=\frac{第三分母\times第四連分母丅第二分母}{第三分子\times第四連分母丅第二分子}\cdots$$

第卯分數＝(第(卯丅一)分母×第卯連分母丅第(卯丅二)分母)/(第(卯丅一)分子×第卯連分母丅第(卯丅二)分子)(乙)

設其連分母爲三、二、二、四、二、二、四、二、二，則漸近分數爲　三/一＝三、

(三×二丅一)/(一×二)＝五/二、(五×二丅三)/(二×二丅一)＝七/三、(七×四丅五)/(三×四丅二)＝二三/一〇、(二三×二丅七)/(一〇×二丅三)

＝三九/一七、(三九×二丅二三)/(一七×二丅一〇)＝五五/二四、(五五×四丅三九)/(二四×四丅一七)＝一八一/七九、

(一八一×二丅五五)/(七九×二丅二四)＝三〇七/一三四、(三〇七×二丅一八一)/(一三四×二丅七九)＝四三三/一八九

凡奇零不盡之平方根，亦可以疊代法轉輾相代，而變爲遞加、遞減之連分數，其連分數必爲循環。

如　天^{二}丅二＝〇㈠　令　天＝一丄一/地㈡　代入㈠式，得　地^{二}丅二地丅一＝〇㈢

代地數	〇	一	二	三
代得數	丅一	丅二	丅一	丄二

則知地之同數必在二與三之間。令

地＝二丄一/地㈣　代入㈢式，得　地^{二}丅二地丅一＝〇㈤　則因㈤式實廉隅之數與㈢式相同，故知地之同數亦必在二與三之間。再以　二丄一/地　代地，則所得之式必仍與㈢式相同，其地之同數亦必在二與三之間，故不必代而知爲一項循環。乃以㈣式代入㈡式，得　天＝一丄一/(二丄一/地)　即

天＝一丄一/(二丄一/(二丄一/(二丄…)))　以(甲)幅之法求之，可得其甚近於天之略數。

設令　天^{二}丅三＝〇㈠　令　天＝一丄一/地㈡　代入㈠式，得　二地^{二}丅二地丅一＝〇㈢

代地數	〇	一	二
代得數	丄一	丅一	丄一

則知地之同數在一與二之間。又令　地＝一丄一/地㈣

以代入㈢式中，得　地^{二}丅四地丄二＝〇㈤

代地數	〇	一	二	三	四
代得數	丄二	丅一	丅二	丅一	丄二

則知地之同數在三與四之間。又令　地＝四丅一/地㈥　代入㈤式，得

二地^{二}丅四地丄一＝〇㈦　則因㈦式之實廉隅之數與㈢式相同，故不必代而知爲兩項循環。乃以㈥式代入㈣式，得　地＝一丄一/(四丅一/地)㈧　又以㈧式代入㈡式，得　天＝一丄一/(一丄一/(四丅一/地))　即　天＝一丄一/(一丄一/(四丅一/(一丄一/(四丅…))))

以(乙)幅之法求之，可得其甚近於天之略數。

按：㈢式地之同數有二，惟依連分數之理只用大根，故不以　一丅一/地　代地。餘式仿此。若欲求其小根，另詳後草。

細察㈢㈤兩式之實廉隅，俱爲等職式。

細察㈤式之實廉隅，與㈢式之實廉隅相倒。而㈦式之實廉隅，又與㈤式之實廉隅相倒。

如　天^{二}丅一三＝〇㈠　令　天＝三丄一/地㈡　代入㈠式中，得　四地^{二}丅六地丅一＝〇㈢

代地數	〇	一	二
代得數	丅一	丅三	丄三

令　地＝一丄一/地㈣　代入㈢式中，得　三地^{二}丅二地丅四＝〇㈤

代地數	〇	一	二
代得數	丅四	丅三	丄四

又令　地＝一丄一/地㈥　代入㈤式中，得　三地^{二}丅四地丅三＝〇㈦

代地$_{二}$數	〇	一	二
代得數	丅三	丅四	⊥一

又令 $地_{二}=一⊥\frac{地_{三}}{一}$ ⑧ 代入⑦式中,得 $四地_{三}^{二}丅二地_{三}丅三=〇$ ⑨

代地$_{三}$數	〇	一	二
代得數	丅三	丅一	⊥九

又令 $地_{三}=一⊥\frac{地_{四}}{一}$ ⑩ 代入⑨式中,得 $地_{四}^{二}丅六地_{四}丅四=〇$ ⑪

代地$_{四}$數	〇	一	二	三	四	五	六	七
代得數	丅四	丅九	丅一二	丅一三	丅一二	丅九	丅四	⊥三

又令 $地_{四}=六⊥\frac{地_{五}}{一}$ ⑫ 代入⑪式中,得 $四地_{五}^{二}丅六地_{五}丅一=〇$ ⑬ 則⑬式實廉隅諸數,仍與③式相同,故不必代而知爲五項循環。乃以⑫⑩⑧⑥④等式疊代還②式中,得

$$天=三⊥\cfrac{一⊥\cfrac{一⊥\cfrac{一⊥\cfrac{一⊥\cfrac{六⊥\cfrac{地_{五}}{一}}{一}}{一}}{一}}{一}}{一}$$

細察⑦式爲等職式。⑨式之實廉隅,與⑤式之實廉隅相倒。⑪式之實廉隅,又與③式之實廉隅相倒。⑬式之實廉隅,又與①式之實廉隅相倒。而每式隅之倍數,必爲後一式之實,其數亦自爲循環。

由此可見,凡疊代而得之式,實廉隅之數與前式相同者,則以後連分數之各分母必爲循環。

由此可見,凡疊代而得之式,實廉隅之數與前式相倒者,則所得連分數之各分母,已逾循環項數之半。

由此可見,凡疊代而得之式,實廉隅之數有爲等職式者,則所得之連分數,其循環項數必爲奇。

平方根之連分數,必藉疊代而得之實廉隅諸數,而定商原是甚繁之事,兹特立法變之,可以不用疊代而徑得連分數之各分母,先言其立法之公理如下。

凡正平方公式爲 $天^{二}⊥未=〇$ 令 $天=卯⊥\frac{地}{一}$ 以代法得 $卯^{二}⊥\frac{地}{二卯}⊥\frac{地^{二}}{一}⊥未=〇$ 即 $(卯^{二}⊥未)地^{二}⊥二卯地⊥一=〇$ 則此式之末項,即爲原式天^{二}之倍數。故可於原式中,以乙代其天^{二}之倍數一,則得 $乙天^{二}⊥未=〇$ ① 又以丙代其卯,令 $天=丙⊥\frac{地}{一}$ 則 $天^{二}=丙^{二}⊥\frac{地}{二丙}⊥\frac{地^{二}}{一}$ 故 $乙天^{二}=乙\left(丙^{二}⊥\frac{地}{二丙}⊥\frac{地^{二}}{一}\right)$ 所以①式變爲 $乙丙^{二}⊥\frac{地}{二乙丙}⊥\frac{地^{二}}{乙}⊥未=〇$ 移項爲 $乙丙^{二}⊥未⊥\frac{地}{二乙丙}⊥\frac{地^{二}}{乙}=〇$ 化去分母,得 $(乙丙^{二}⊥未)地^{二}⊥二乙丙地⊥乙=〇$ ② 以$乙_{一}$代其 $(乙丙^{二}⊥未)$ 以甲代其乙丙 則式變爲 $乙_{一}地^{二}⊥二甲地⊥乙=〇$ 令 $地=丙⊥\frac{地_{一}}{一}$ 則 $地^{二}=丙_{一}^{二}⊥\frac{地_{一}}{二丙_{一}}⊥\frac{地_{一}^{二}}{一}$ 故 $乙_{一}地^{二}=乙_{一}\left(丙_{一}^{二}⊥\frac{地_{一}}{二丙_{一}}⊥\frac{地_{一}^{二}}{一}\right)$ 又 $二甲地=二甲\left(丙_{一}⊥\frac{地_{一}}{一}\right)$ 則②式變爲 $乙_{一}丙_{一}^{二}⊥\frac{地_{一}}{二乙丙_{一}}⊥\frac{地_{一}^{二}}{乙}⊥二甲丙⊥\frac{地}{二甲}⊥乙=〇$ 即 $乙_{一}丙_{一}^{二}⊥二甲丙⊥乙⊥\frac{地}{二(乙_{一}丙_{一}⊥甲)}⊥\frac{地_{一}^{二}}{乙_{一}}=〇$ 即 $(乙_{一}丙_{一}^{二}⊥二甲丙_{一}⊥乙)地_{一}^{二}⊥二(乙_{一}丙_{一}⊥甲)地_{一}⊥乙_{一}=〇$ ③ 以$乙_{二}$代其 $(乙_{一}丙_{一}^{二}⊥二甲丙_{一}⊥乙)$ 以甲代其 $乙_{一}丙_{一}⊥甲$ 則式變爲 $乙_{二}地_{一}^{二}⊥二甲_{一}地_{一}⊥乙_{一}=〇$ 令 $地_{一}=丙_{二}⊥\frac{地_{二}}{一}$ 依同法代之,則③式變爲 $(乙_{二}丙_{二}^{二}⊥二甲_{一}丙_{二}⊥乙_{一})地_{二}^{二}⊥二(乙_{二}丙_{二}⊥甲_{一})地_{二}⊥乙_{二}=〇$ ④ 從此法能得一幅疊代之公式如左。

$天^{二}⊥未=乙天^{二}⊥未=〇$　$天=丙⊥\frac{地}{一}$　$(乙丙^{二}⊥未)地^{二}⊥二乙丙地⊥乙=乙_{一}地^{二}⊥二甲地⊥乙=〇$　$地=丙_{一}⊥\frac{地_{一}}{一}$　$(乙_{一}丙_{一}^{二}⊥二甲丙_{一}⊥乙)地_{一}^{二}⊥二(乙_{一}丙_{一}⊥甲)地_{一}⊥乙_{一}=乙_{二}地_{一}^{二}⊥二甲_{一}地_{一}⊥乙_{一}=〇$

$地_{一}=丙_{二}丄\frac{地_{二}}{一}$　$(乙_{二}丙_{二}^{二}丄二甲_{一}丙_{二}丄乙_{一})地_{二}^{二}丄二(乙_{二}丙_{二}丄甲_{一})$

$地_{二}丄乙_{二}=乙_{三}地_{二}^{二}丄二甲_{二}地_{二}丄乙_{二}=〇$　$地_{二}=丙_{三}丄\frac{地_{三}}{一}\cdots$

若將　$乙天^{二}丄未=〇$　式，以乙約其首項，乘其末項，又以天′代其天，得　$天^{二\prime}丄乙未=〇$(呷)　則其天′之同數，必以乙除之，始等於天之同數。故以(呷)式開之，得　$天'=\frac{丄}{丅}\sqrt{丅乙未}$　而　$天=\frac{乙}{\frac{丄}{丅}\sqrt{丅乙未}}$　所以　$丙=\frac{乙}{\frac{丄}{丅}\sqrt{丅乙未}}$　之略。

又得　$乙_{一}地^{二}丄二甲地丄乙=〇$　式，以乙約其第一項，乘其第三項，又以地′代其地，得　$地'^{二}丄二甲地'丄乙_{一}乙=〇$(吃)　則其地′之同數，必以乙除之，始等於地之同數。故以(吃)式配成正方，得　$地'^{二}丄二甲地'丄甲^{二}=甲^{二}丅乙_{一}乙$　惟因　$甲^{二}=乙^{二}丙^{二}$、$乙_{一}=乙丙^{二}丄未$　則　$甲^{二}丅乙_{一}乙=乙^{二}丙^{二}丅乙(乙丙^{二}丄未)=丅乙未$　所以　$地'丄甲=\frac{丄}{丅}\sqrt{甲^{二}丅乙_{一}乙}=\frac{丄}{丅}\sqrt{丅乙未}$

則　$地'=\frac{丄}{丅}\sqrt{丅乙未丅甲}$　而　$地=\frac{乙_{一}}{\frac{丄}{丅}\sqrt{丅乙未丅甲}}$　所以

$丙_{一}=\frac{乙}{\frac{丄}{丅}\sqrt{丅乙未丅甲}}$　之略。又　$丅乙未丅乙^{二}丙^{二}=丅乙(乙丙^{二}丄未)$

所以　$乙_{一}=丅\frac{乙}{丅乙未丅甲^{二}}$

求㊁式地之同數既可用　$甲^{二}丅乙_{一}乙$　爲借積，則依同理，其㊂式之借積必爲　$甲_{一}^{二}丅乙_{二}乙_{一}$　惟因　$甲_{一}^{二}=(乙_{一}丙_{一}丄甲)^{二}$、$乙_{二}=(乙_{一}丙_{一}^{二}丄二甲丙_{一}丄乙)$　則　$甲_{一}^{二}丅乙_{二}乙_{一}=(乙_{一}丙_{一}丄甲)^{二}丅乙_{一}(乙_{一}丙_{一}^{二}丄二甲丙_{一}丄乙)$　其　$(乙_{一}丙_{一}丄甲)^{二}=乙_{一}^{二}丙_{一}^{二}丄二甲乙_{一}丙_{一}丄甲^{二}$　所以　$(乙_{一}丙_{一}丄甲)^{二}丅乙_{一}(乙_{一}丙_{一}^{二}丄二甲丙_{一}丄乙)=乙_{一}^{二}丙_{一}^{二}丄二甲乙_{一}丙_{一}丄甲^{二}丅乙_{一}^{二}丙_{一}^{二}丅二甲乙_{一}丙_{一}丅乙_{一}乙=甲^{二}丅乙_{一}乙$　惟前已證過　$甲^{二}丅乙_{一}乙=丅乙未$　所以　$甲_{一}^{二}丅乙_{二}乙_{一}=丅乙未$　從此知㊁式之借積與㊀式之原積無異。依同理，㊂㊃…式之借積與㊀式之原積亦無異，所以　$丅乙未$　可以爲各式公用之積。

所以得　$地_{一}=\frac{乙_{二}}{\frac{丄}{丅}\sqrt{丅乙未丅甲_{一}}}$　而　$丙_{二}=\frac{乙_{二}}{\frac{丄}{丅}\sqrt{丅乙未丅甲_{一}}}$　之略。

又　$丅乙未丅(乙_{一}丙_{一}丄甲)^{二}=丅乙_{一}(乙_{一}丙_{一}^{二}丄二甲丙_{一}丄乙)$　所以得　$乙_{二}=丅\frac{乙_{一}}{丅乙未丄甲_{一}^{二}}$

以上已證明　$甲=乙丙$、$乙=一$、$丙=\frac{乙}{\sqrt{丅乙未}}$　之略。$甲_{一}=乙_{一}丙_{一}丄甲$、$乙_{一}=丅\frac{乙}{丅乙未丅甲^{二}}$、$丙_{一}=\frac{乙_{一}}{\sqrt{丅乙未丅甲}}$　之略。$甲_{二}=乙_{二}丙_{二}丄甲_{一}$、$乙_{二}=丅\frac{乙_{一}}{丅乙未丅甲_{一}^{二}}$、$丙_{二}=\frac{乙_{二}}{\sqrt{丅乙未丅甲_{一}}}$　之略。再依改正之例，得

$甲_{一}=乙_{一}丙_{一}丅甲$、$乙_{一}=\frac{乙}{(丅乙未)♈甲^{二}}$、$丙_{一}=\frac{乙_{一}}{\sqrt{丅乙未丅甲}}$　之略。

$甲_{二}=乙_{二}丙_{二}丅甲_{一}$、$乙_{二}=\frac{乙_{一}}{(丅乙未)♈甲_{一}^{二}}$、$丙_{二}=\frac{乙_{二}}{\sqrt{丅乙未丄甲_{一}}}$　之略。

所以可得一幅連分數之開平方式如下：

甲	$甲_{一}$	$甲_{二}$	$甲_{三}$	…
乙	$乙_{一}$	$乙_{二}$	$乙_{三}$	…
丙	$丙_{一}$	$丙_{二}$	$丙_{三}$	…

所以凡有正平方式如　$天^{二}丄未=〇$　而欲求其根之循環連分數者，法以　$丅未$　爲原積，其　$\sqrt{丅未}$　略小或略大之根求遞加連分數，則略小。求遞減連分數，則略大。爲借根，則　$甲=乙丙$、$乙=一$、$丙=\frac{乙}{借根}$　之略數。略數者，借根小則略小，棄其零分而用整數也。借根大則略大，收其零分而爲整數也。由此以求其　$甲_{一}$、$乙_{一}$、$丙_{一}$、$甲_{二}$、$乙_{二}$、$丙_{二}$…有公式如下：　$甲_{卯}=乙_{卯}丙_{卯}丅甲_{卯丅一}$、$乙_{卯}=\frac{乙_{卯丅一}}{原積♈甲_{卯丅一}^{二}}$、$丙_{卯}=\frac{乙_{卯}}{借根丄甲_{卯丅一}}$　之略數。遞以一、二、三、四…諸數代其卯，則下層之數皆可從其上層得之。而所得右行之甲、$甲^{一}$、$甲^{二}$…即疊代式

地、地、地…倍數之半也。中行之乙、乙、乙…即疊代式天及地地…之倍數也。左行之丙、丙、丙…即連分數之各分母也，其丙爲整數。

追至 $\left\{\begin{array}{l}甲_{卯}＝甲\\乙_{卯}＝乙\end{array}\right.$ 則以後各層依同次第爲循環數，其循環項數爲卯。

所以凡正負平方式如 巳天²丄二午天丄未＝〇 而欲求其根之循環連分數者，法以 $\sqrt{午^{二}丅巳未}$ 略小或略大之根其法與正方同。爲借根，則 甲＝乙丙丄午、乙＝巳、丙＝$\frac{借根丅午}{乙}$ 之略數。而 $甲_{卯}＝乙_{卯}丙_{卯}丅甲_{卯丅一}$、$乙_{卯}＝\frac{借積丅甲^{二}_{卯丅一}}{乙_{卯丅一}}$、$丙_{卯}＝\frac{借根丄甲_{卯丅一}}{乙_{卯}}$ 之略數。即可由甲、乙、丙而得甲、乙、丙…諸數。其丙爲整數，丙、丙、丙…爲連分數之各分母。

如有式 天²丄二天丅三六＝〇 與公式相比 巳＝一、午＝一、未＝丅三六 則 午²丅巳未＝三七 爲借積。令 六略<$\sqrt{三七}$ 爲借根，得 甲＝六、乙＝一、丙＝五

甲	乙	丙
六	一	五
六	一	一二
		一二
		…

設令 七略>$\sqrt{三七}$ 爲借根，則得 甲＝七、乙＝一、丙＝六

甲	乙	丙
七	一	六
一七	一二	丅二
二五	二一	二
三一	二八	二
三五	三三	二
三七	三六	二
三七	三七	二
三五	三六	二
三一	三三	二
二五	二八	二
一七	二一	二
七	一二	二
七	一	一四
		…

如有式 天²丄一〇〇天丅二三九九＝〇 與公式相比 巳＝一、午＝五〇、未＝丅二三九九 則 午²丅巳未＝四八九九 爲借積。令 六九略<$\sqrt{四八九九}$ 爲借根，得 甲＝六九、乙＝一、丙＝一九

甲	乙	丙
六九	一	一九
六九	一三八	一
六九	一	一三八
		一
		一三八
		…

設令 七〇略>$\sqrt{四八九九}$ 爲借根，則 甲＝七〇、乙＝一、丙＝二〇

甲	乙	丙
七〇	一	二〇
七〇	一	丅一四〇
		一四〇
		一四〇
		…

如有式 三地²丅八地丅一＝〇 與公式相比 巳＝三、午＝丅四、未＝丅一 則 午²丅巳未＝一九 爲借積。令 四略<$\sqrt{一九}$ 爲借根，得 甲＝二、乙＝三、丙＝二

甲	乙	丙
二	三	二
三	五	一
三	二	三
二	五	一
四	三	二
四	一	八
二	三	二
		…

設令 五略>$\sqrt{一九}$ 爲借根，則 甲＝五、乙＝三、丙＝三

甲	乙	丙
五	三	三
五	二	丅五
七	三	四
一三	一〇	二
一七	一五	二
一九	一八	二
一九	一九	二
一七	一八	二
一三	一五	二
七	一〇	二
五	三	四
		…

如有式 地²丅四地丄二＝〇 與公式相比 巳＝一、午＝丅二、未＝二 則 午²丅巳未＝〇 爲借積。令 一略<$\sqrt{二}$ 爲借根，則 甲＝一、乙＝一、丙＝三

甲	乙	丙
一	一	三
一	一	二
		二
		…

設令 二略<$\sqrt{二}$ 爲借根，則 甲＝二、

乙＝一、丙＝四

二	二	二			
一	二	一			
四	丅二	四	二	四	…

如有式　$四地^{二}丅六地丄一＝〇$　與公式相比　巳＝四、午＝丅三、未＝一　則　$午^{二}丅巳未＝五$　爲借積。令　$二略<\sqrt{五}$　爲借根，得　甲＝一、

乙＝四、丙＝一

一	二	二			
四	一	一			
一	三	四	四	四	…

設令　$三略>\sqrt{五}$　爲借根，則

甲＝五、乙＝四、丙＝二

五	五	三	三	五					
四	五	四	一	四					
二	丅二	二	六	二	二	二	六	二	…

凡循環連分數，皆可反求其平方式。

如　$天＝三丄\cfrac{一丄\cfrac{六丄\cfrac{一丄\cfrac{六丄\cdots}{一}}{一}}{一}}{一}$　令　$地＝\cfrac{一丄\cfrac{六丄\cfrac{一丄\cfrac{六丄\cdots}{一}}{一}}{一}}{一}$　惟

因截去第一次循環，則以後諸項亦等於地，故　$地＝\cfrac{一丄\cfrac{六丄地}{一}}{一}$　由此得

$地＝\frac{地丄七}{地丄六}$　則　$地^{二}丄六地＝六$　配成正方，得　$地^{二}丄六地丄九＝一五$

兩邊各開平方　$地丄三＝\substack{丄\\丅}\sqrt{一五}$　則　$地＝\substack{丄\\丅}\sqrt{一五}丅三$　因　天＝三丄地

故　$天＝三\substack{丄\\丅}\sqrt{一五}丅三$　即　$天＝丄\sqrt{一五}$　而　$天^{二}＝一五$　即　$天^{二}丅一五＝〇$

如　$天＝三丅\cfrac{二丅\cfrac{二丅\cfrac{二丅\cfrac{六丅\cfrac{二丅\cfrac{二丅\cfrac{二丅\cfrac{六丅\cdots}{一}}{一}}{一}}{一}}{一}}{一}}{一}}{一}$　令

$地＝\cfrac{二丅\cfrac{二丅\cfrac{二丅\cfrac{六丅地}{一}}{一}}{一}}{一}$　由此得　$地＝\frac{二一丅四地}{一六丅三地}$　則　$二一地丅四地^{二}＝一六丅三地$　移其項約之，得　$地^{二}丅六地＝丅四$　配成正方　$地^{二}丅六地丄九＝五$　開之　$地丅三＝\substack{丅\\丄}\sqrt{五}$　而　$地＝三\substack{丅\\丄}\sqrt{五}$　因　天＝三丅地　故　$天＝丄\sqrt{五}$　而　$天^{二}＝五$　即　$天^{二}丅五＝〇$

如　$天＝五丄\cfrac{三丄\cfrac{四丄\cfrac{三丄\cfrac{四丄\cdots}{一}}{一}}{一}}{一}$　令　$地＝\cfrac{三丄\cfrac{四丄地}{一}}{一}＝\frac{一三丄三地}{四丄地}$

則　$三地^{二}丄一二地＝四$　$地^{二}丄四地＝\frac{三}{四}$　$地^{二}丄四地丄四＝\frac{三}{一六}$

$地丄二＝\frac{\sqrt{三}}{四}＝\frac{三}{四\sqrt{三}}$　$地＝丅二丄\frac{三}{四\sqrt{三}}$　而　$天＝五丄地＝三丄\frac{三}{四\sqrt{三}}$

$三天丅九＝四\sqrt{三}$　$九天^{二}丅五四天丄八一＝四八$　即　$九天^{二}丅五四天丄三三＝〇$

凡由連分數得其略近之根，即易知其離根之真同數若何。

如　$\sqrt{二}$　之連分母爲二、二、二、二、二、二…其漸近之分數爲　$\frac{二}{一}$、$\frac{五}{二}$、$\frac{一二}{五}$、$\frac{二九}{一二}$、$\frac{七〇}{二九}$、$\frac{一六九}{七〇}$…其略近之方根爲　$\frac{二}{三}$、$一丄\frac{二}{一}$　$\frac{五}{七}$、$一丄\frac{五}{二}$　$\frac{一二}{一七}$、$一丄\frac{一二}{五}$　$\frac{二九}{四一}$、$一丄\frac{二九}{一二}$　$\frac{七〇}{九九}$、$一丄\frac{七〇}{二九}$　$\frac{一六九}{二三九}$、$一丄\frac{一六九}{七〇}$…離真根之差不及　$\frac{二×五}{一}$、$\frac{五×一二}{一}$、$\frac{一二×二九}{一}$、

$\frac{二九\times七○}{一}$、$\frac{七○\times一六九}{一}$ …

凡立方以上之正雜各方式，亦可以疊代法求其略近於根之連分數。

如　$天^{三}$丅二=○　令　天=一丄$\frac{地}{一}$　以代法得　$地^{三}$丅三$地^{二}$丅三地丅一=○

代地數	○	一	二	三	四
代得數	丅一	丅六	丅一一	丅一○	丄三

。令　地=三丄$\frac{地_{一}}{一}$　則得

一○$地_{一}^{三}$丅六$地_{一}^{二}$丅六$地_{一}$丅一=○

代地$_{一}$數	○	一	二
代得數	丅一	丅三	丄四三

令

$地_{一}$=一丄$\frac{地_{二}}{一}$　得　三$地_{二}^{三}$丅一二$地_{二}^{二}$丅二四$地_{二}$丅一○=○

代地$_{二}$數	○	一	二	三	四	五	六
代得數	丅一○	丅四三	丅八二	丅一○九	丅一○六	丅五五	丄七二

令　$地_{二}$=五丄$\frac{地_{三}}{一}$　則得　五五$地_{三}^{三}$

丅八一$地_{三}^{二}$丅三三$地_{三}$丅三=○

代地$_{三}$數	○	一	二
代得數	丅三	丅六二	丄四七

令　$地_{三}$=一丄$\frac{地_{四}}{一}$

得　六二$地_{四}^{三}$丄三○$地_{四}^{二}$丅八四$地_{四}$丅五五=○

代地$_{四}$數	○	一	二
代得數	丅五五	丅四七	丄一五三

令

$地_{四}$=一丄$\frac{地_{五}}{一}$　則得　四七$地_{五}^{三}$丅一六二$地_{五}^{二}$丅二一六$地_{五}$丅六二=○

代地$_{五}$數	○	一	二	三	四	五
代得數	丅六二	丅三九三	丅七六六	丅八八九	丅五一○	丄六八三

又令　$地_{五}$=四丄$\frac{地_{六}}{一}$　則代得　五一○$地_{六}^{三}$

丅七四四$地_{六}^{二}$丅四○四$地_{六}$丅四七=○

代地$_{六}$數	○	一	二
代得數	丅四七	丅六八五	丄二四九

令

$地_{六}$=一丄$\frac{地_{七}}{一}$　則得　六八五$地_{七}^{三}$丅三六二$地_{七}^{二}$丅七八六$地_{七}$丅五一○=○

代地$_{七}$數	○	一	二
代得數	丅五一○	丅二四九	丄四八四六

又令　$地_{七}$=一丄$\frac{地_{八}}{一}$　則代得　二四九$地_{八}^{三}$丅

一九九三$地_{八}^{二}$丅二四一七$地_{八}$丅六八五=○

代地$_{八}$數	○	一	二	三	四	五	六	七	八	九	一○
代得數	丅六八五	丅四八四六	丅一一四九九	丅一九一五○	丅二六三○五	丅三一二七○	丅三三一五一	丅二九八五四	丅二○○八五	丅二三五○	丄二四八四五

令　$地_{八}$=九丄$\frac{地_{九}}{一}$…

所以　天=一丄$\frac{三丄\frac{一丄\frac{五丄\frac{一丄\frac{一丄\frac{四丄\frac{一丄\frac{一丄\frac{九丄\frac{地_{九}}{一}}{一}}{一}}{一}}{一}}{一}}{一}}{一}}{一}}{一}$

清・解崇輝《代數術補式》卷二〇　論連分數

第一百八十八款　由此可見，若有一箇連分數之式，可用法變之爲常分數。

設其連分數之式如 $甲\bot\frac{乙\bot\frac{丙\bot\frac{丁\bot\cdots}{一}}{一}}{一}$ 則若將丁之倒數倒數者，以其數約一所得之數也。加於丙，乃將其和數之倒數加於乙，又將其和數之倒數加於甲，即得一常分數與連分數相等。如丁之倒數爲 $\frac{丁}{一}$ 以此式與丙相加，得

$丙\bot\frac{丁}{一}=\frac{丁}{丙丁\bot一}$ 再將此式之倒數 $\frac{丙丁\bot一}{丁}$ 與乙相加，得

$乙\bot\frac{丙丁\bot一}{丁}=\frac{丙丁\bot一}{乙丙丁\bot乙\bot丁}$ 再將此式之倒數 $\frac{乙丙丁\bot乙\bot丁}{丙丁\bot一}$

與甲相加，則得 $\frac{乙丙丁\bot乙\bot丁}{甲乙丙丁\bot甲乙\bot甲丁\bot丙丁\bot一}=甲\bot\frac{乙\bot\frac{丙\bot\frac{丁}{一}}{一}}{一}$

解按：倒數之理，即連分納子，兼之分除法，所以爲約分之還原也。

第一百八十九款　以此法化其分數，可以得他種分數之約數，而與所設之分數任何相近，則各分數可以最簡之數明之。

如有分數之式 $\frac{一〇〇〇〇〇}{三一四一五九}$ 已於一百八十七款化爲連分數，而此分數本爲平圓徑與周之比。如以連分數之第一、第二兩項 $三\bot\frac{七}{一}$ 爲周率 $\frac{一〇〇〇〇〇}{三一四一五九}$ 之略數，則得 周$=三\bot\frac{七}{一}=\frac{七}{二二}$ 此數即爲亞幾默德所定之周率。

解按：徑七周二十二，南宋徐州從事祖沖之已有此定率，可見中西不謀而合。

又試將連分數之首三項 $三\bot\frac{七\bot\frac{一五}{一}}{一}$ 爲周率之略數，則可得

周$=三\bot\frac{七\bot\frac{一五}{一}}{一}=三\bot\frac{\frac{一五}{一〇五\bot一}}{一}=三\bot\frac{一五}{一〇六}=\frac{一〇六}{三一八\bot一五}=\frac{一〇六}{三三三}$ 其率比前更密。

再試將連分數之首四項 $三\bot\frac{七\bot\frac{一五\bot\frac{一}{一}}{一}}{一}$ 爲周率之略數，又可得

周$=三\bot\frac{七\bot\frac{一五\bot\frac{一}{一}}{一}}{一}=三\bot\frac{七\bot\frac{一六}{一}}{一}=三\bot\frac{一一三}{一六}=\frac{一一三}{三五五}$ 此數爲密法由斯所定之周率。用此法所得之各分數，比原設之分數或微分或微小。

第一百九十一款　若將一箇奇零不盡之數化爲連分數，則其循環之法易於看出。

如有式 $\sqrt{二}=一.四一四二一三五六\cdots$ 若但觀其 一・四一四二一三五六… 則不能知其數可有循環之理。惟變其數爲連分數，即易見。兹依前法化之如下。

解：令 $\frac{一〇〇〇〇〇〇〇}{一四一四二一三五六\cdots}=一\bot\frac{一〇〇〇〇〇〇〇}{四一四二一三五六\cdots}$ 因

$\frac{一〇〇〇〇〇〇〇}{四一四二一三五六\cdots}=二\bot\frac{\frac{四一四二一三五\cdots}{一七一五七二八八\cdots}}{一}$ 又因

$\frac{四一四二一三五\cdots}{一七一五六二八\cdots}=二\bot\frac{\frac{一七一五七二八\cdots}{七一〇六七八〇\cdots}}{一}$ 又因 $\frac{一七一五七二八\cdots}{七一〇六七八〇\cdots}=$

$二\bot\frac{\frac{七一〇六七八〇\cdots}{二九四三七二八\cdots}}{一}$ 又因 $\frac{七一〇六七八〇\cdots}{二九四三七二八\cdots}=二\bot\frac{\frac{二九四三七二八\cdots}{一二一九三二四\cdots}}{一}$

以此各同數遞代入，則得 $\sqrt{二}=一\bot\frac{二\bot\frac{二\bot\frac{二\bot\cdots}{一}}{一}}{一}$ 則可由此連分數之式，而得其循環之例。

凡無論何項式之根，若以一百五十六款之法攻之，即求略近之根法。則其未知數之同數可以連分數明之。

如所求之根爲天，而已攻得 天$=甲\bot\frac{地}{一}$、地$=乙\bot\frac{地'}{一}$、地$'=乙'\bot\frac{地''}{一}$、地$''=乙''\bot\frac{地'''}{一}\cdots$ 其式中之甲、乙、乙′、乙″，爲天、地、地′、地″、地‴等各數真少一之同數。所以若於 天$=甲\bot\frac{地}{一}$ ㈠ 式之中，以 天$=乙\bot\frac{地'}{一}$ 代其地，

即變得　$天=甲\perp\frac{一}{乙\perp\frac{一}{地'}}$ ㈡　再於㈠式中，以 $乙'\perp\frac{一}{地''}$ 代其地，即變得

$天=甲\perp\frac{一}{乙\perp\frac{一}{乙'\perp\frac{一}{地''}}}$ ㈢　再於㈢式中，以 $乙''\perp\frac{一}{地'''}$ 代其地，即變得

$天=甲\perp\frac{一}{乙\perp\frac{一}{乙'\perp\frac{一}{乙''\perp\frac{一}{地'''}}}}$ ㈣　如是推之，可任至若干項皆合。

解：依求略近之根法如下。

設有　天三丅七天⊥七=〇　求得第一略之數一，則命其尾數爲 $\frac{一}{地}$ 故 $天=甲\perp\frac{一}{地}$ 即 $天=一\perp\frac{一}{地}$ 又求得地之略近數爲一，又命其尾數爲 $\frac{一}{地'}$ 故 $地=乙\perp\frac{一}{地'}$ 即 $地=一\perp\frac{一}{地'}$ 又求得地之略近數爲二，又命其尾數爲 $\frac{一}{地''}$ 故 $地'=乙'\perp\frac{一}{地''}$ 即 $地'=二\perp\frac{一}{地''}$ 又求得地″之略近數爲四，又命其尾數爲 $\frac{一}{地'''}$ 故 $地''=乙''\perp\frac{一}{地'''}$ 即 $地''=四\perp\frac{一}{地'''}$ 以地、地′、地″等同數遞代入前公式中之四式如下：　$天=一\perp\frac{一}{地'}$ ㈠　$天=一\perp\frac{一}{一\perp\frac{一}{地'}}$ ㈡

$天=一\perp\frac{一}{一\perp\frac{一}{二\perp\frac{一}{地''}}}$ ㈢　$天=一\perp\frac{一}{一\perp\frac{一}{二\perp\frac{一}{四\perp\frac{一}{地'''}}}}$ ㈣

清・曹汝英《直方大齋算稿》卷一《數學上編》坿卷上　連分數　小分數　循環小數　多項數

第二款　連分數之形雖極繁重，然從最後之母起，逐層化之，必可化爲極簡之常分數。常分數者，尋常所用之零分數是也。今將上款三式化之，以概其餘。

（一）　原式$=三\perp\frac{一}{一〇\perp\frac{一}{一二\perp\frac{一}{\frac{六\perp一}{二}}}}=三\perp\frac{一}{一〇\perp\frac{一}{一二\perp\frac{二}{七}}}=$

$三\perp\frac{一}{一〇\perp\frac{一}{\frac{八四\perp二}{七}}}=三\perp\frac{一}{一〇\perp\frac{七}{八六}}=三\perp\frac{一}{\frac{八六〇\perp七}{八六}}=三\perp\frac{八六}{八六七}$

$=三\frac{八六}{八六七}$　（二）　原式$=\frac{一}{四丅\frac{一}{\frac{二八八丅二九}{三六}}}=\frac{一}{四丅\frac{三六}{二五九}}=$

$=\frac{一}{\frac{一〇三六丅三六}{二五九}}=\frac{二五九}{一〇〇〇}$　（三）　原式$=五丅\frac{一}{一\perp\frac{一}{二丅\frac{一}{\frac{八\perp一}{二}}}}=$

$五丅\frac{一}{一\perp\frac{一}{二丅\frac{二}{九}}}=五丅\frac{一}{一\perp\frac{一}{\frac{一八丅二}{九}}}=五丅\frac{一}{一\perp\frac{九}{一六}}=$

$五丅\frac{一}{\frac{一六\perp九}{一六}}=五丅\frac{一六}{二五}=四\perp\frac{二五丅一六}{二五}=四\frac{九}{二五}$

第三款　上款是有連分數，化爲常分數。若先有常分數，欲化爲連分數，則以原設之子母，照求大公約法輾轉相除，即得所求。今設數於後，以明其理法。

設如有數爲 $\frac{七}{一〇}$ 今欲化爲遞加連分數。

此題之數如子母皆以七除之，則得 $\frac{一}{一\perp\frac{三}{七}}$ 所帶之分數如子母皆以三除之，則得 $\frac{一}{一\perp\frac{一}{二\perp\frac{一}{三}}}$ 所帶之分子爲一，不能再除，故此式即爲所求之連分數也。惟是如此求法，與輾轉相除無異，故逕可將原設之子母，列作輾轉相除之式以求之，求至除盡爲止，即得所求之數矣。其式如下：

七)一〇(一
　　七
　　三)七(二
　　　　六
　　　　一)三(三
　　　　　　三

挨次取各商爲分母，以一爲分子，則得　所求連分數$=\frac{一}{一\perp\frac{一}{二\perp\frac{一}{三}}}$

上文輾轉相除式本極清楚，惟照此列式，則遇商除多次乃盡者，所占篇幅必

多，故算家又改爲直列之法以寫之。其法以奇次所得之商，照平常除法寫之，偶次之商，則書於實數之左。今將上文輾轉式直列之於後：學者將此式與上文之式對勘，自能明晰矣。

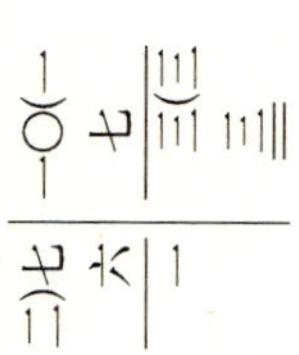

```
       一〇(一
二)七 六 七
    一   三(三
         三
```

第四款　上款所求者，爲遞加連分數，故各次之商，均與尋常除法無異。若所求爲遞減連分數，則各次之商，須比尋常除法者增一乃合。因商數必須多一，始能令所帶之分數有減號也。惟最末之商則不可增，因此時之分母不帶分數也。今設題明之。

設如有數爲$\frac{\text{一〇九}}{\text{二三}}$　今欲變爲遞減連分數，問得何式。

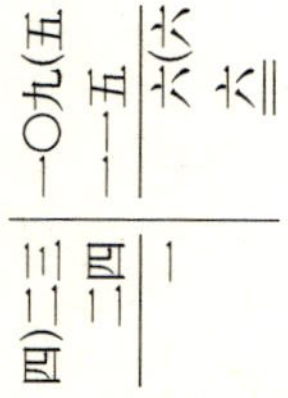

```
四)二三 | 一〇九(五
   二四 | 一一五
     一 |     六(六
        |     六
```

故　所求連分數$=\text{五}\,丅\cfrac{\text{一}}{\text{四}\,丅\cfrac{\text{一}}{\text{六}}}$

第五款　由上兩款，即可悟所求者如爲遞變連分數，則第一次之商宜增一，第二次之商宜照常法，第三次之商亦增一，第四次照常法，四次以下倣此，相間增一，直至末商爲止。爰置加號於增大之商之前，置減號於不增大之商之前，即得所求之數矣。今設題明之。

設如有數爲$\frac{\text{七〇九}}{\text{一二一}}$　今欲變爲遞變連分數，問得何式。

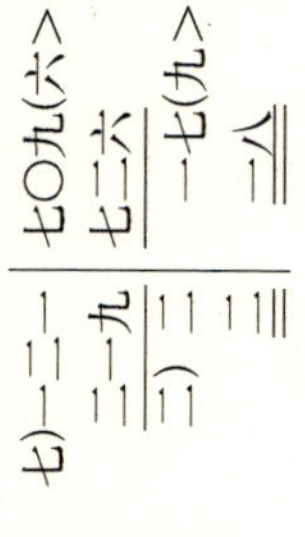

```
七)一二一 | 七〇九(六>
   一一九 | 七二六
二)    二 |   一七(九>
       二 |   一八
```

右邊之商俱作>者，指此各商皆爲增大之數也。爰挨次取各商爲母，以一爲分子，則得　所求連分數$=\text{六}\,丅\cfrac{\text{一}}{\text{七}\,丄\cfrac{\text{一}}{\text{九}\,丅\cfrac{\text{一}}{\text{二}}}}$

第六款　上三款所設之數，俱是子小於母。若遇子大於母之數，則宜照下列之題，將子數列右，母數列左，先收零作整以求之。

設如有數爲$\frac{\text{一九八}}{\text{六一}}$　今欲變爲遞加、遞減、遞變各種連分數，問得何式。

先求遞加連分數：

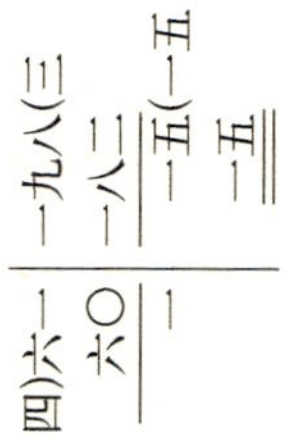

```
四)六一 | 一九八(三
   六〇 | 一八二
     一 |   一五(一五
        |   一五
```

故　遞加連分數$=\text{三}\,丄\cfrac{\text{一}}{\text{四}\,丄\cfrac{\text{一}}{\text{一五}}}$

次求遞減連分數：

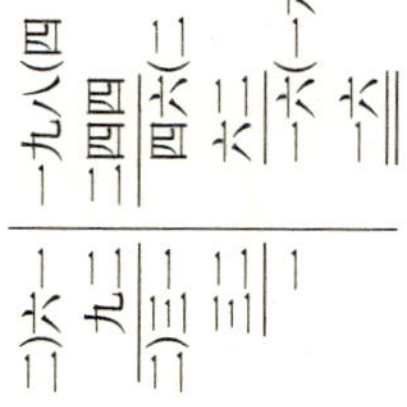

```
二)六一 | 一九八(四
   九二 | 二四四
二)三一 |   四六(二
   三二 |   六二
     一 |   一六(一六
        |   一六
```

故　遞減連分數$=\text{四}\,丅\cfrac{\text{一}}{\text{二}\,丅\cfrac{\text{一}}{\text{二}\,丅\cfrac{\text{一}}{\text{二}\,丅\cfrac{\text{一}}{\text{一六}}}}}$

又次求遞變連分數：

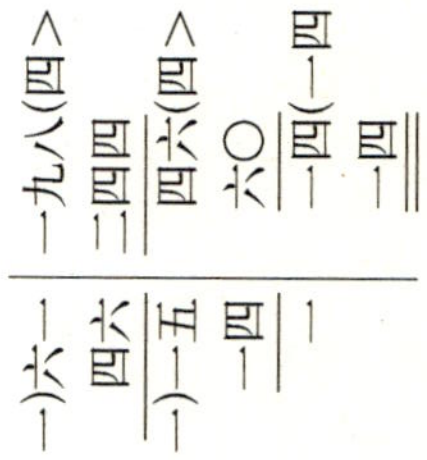

```
一)六一 | 一九八(四>
   四六 | 二四四
一)一五 |   四六(四>
   一四 |   六〇
     一 |   一四(一四
        |   一四
```

故　遞變連分數$=\text{四}\,丅\cfrac{\text{一}}{\text{一}\,丄\cfrac{\text{一}}{\text{四}\,丅\cfrac{\text{一}}{\text{一}\,丄\cfrac{\text{一}}{\text{一四}}}}}$

清・陳志堅《連分數開方》　開本非平方數之根，廉隅相湊，層層割補，布算頗繁，每苦無整齊之法。而以連分數馭之，則列式井然，得數由疏而密，雖逐行乘併，亦費推求。然以法約實，究爲便易，且於常法外有此一境，亦習開方者所宜知。故爲述其術如左，至連分數之用，固不盡於此也。

術曰：連分數開方，其式厥有數端。有二數循環之連分數，有同母之連分數，有同母正號之連分數，有同母負號之連分數，有異母負號之連分數。

設連分數之式如　$\text{天}=\cfrac{\text{一}}{\text{甲}\,丄\cfrac{\text{一}}{\text{乙}\,丄\cfrac{\text{一}}{\text{甲}\,丄\cfrac{\text{一}}{\text{乙}\,丄\cdots}}}}$　㊀　即循環連分數，惟其二數

循環，故可作 $天=\frac{甲丄\frac{乙丄天}{一}}{一}$ 即 $天=\frac{甲乙丄甲天丄一}{乙丄天}$ 即 $甲天^{二}丄$ $甲乙天丄天=乙丄天$ 即 $天^{二}丄乙天=\frac{甲}{乙}$ 如法配成方根式，即

$天=丅\frac{二}{乙}\pm\sqrt{\frac{四}{乙^{二}}丄\frac{甲}{乙}}$（呷） 設連分數之式如 $天=\frac{甲丄\frac{甲丄\frac{甲丄\frac{甲丄\cdots}{乙}}{乙}}{乙}}{乙}$ （乙）

即同母連分數。惟其同母，故可作 $天=\frac{甲丄\frac{甲丄天}{乙}}{乙}$ 如前演之，得

$天=丅\frac{二}{甲}\pm\sqrt{\frac{四}{甲^{二}}丄乙}$（𠮙） 試以數明之。設據上呷、𠮙二式，求六之方根。依呷

式，則令 乙=四、甲=二 即 $\frac{四}{乙^{二}}=四$、$\frac{甲}{乙}=二$ 即 $天丄二=\sqrt{四丄二}$、

$\sqrt{六}=二丄天$ 即 $\sqrt{六}=二丄\frac{二丄\frac{四丄\frac{二丄\frac{四丄\cdots}{一}}{一}}{一}}{一}$ （角） 依𠮙式，則令

甲=四、乙=二 即 $\frac{甲}{甲^{二}}=四$、$\sqrt{\frac{四}{甲^{二}}丄乙}=\sqrt{六}$ 即 $\sqrt{六}=二丄天$ 即

$\sqrt{六}=二丄\frac{四丄\frac{四丄\frac{四丄\frac{四丄\cdots}{二}}{二}}{二}}{二}$ （亢） 設依呷式，而甲、乙異號，即得異母負

號式。令 乙=六、甲=丅二 即 $\frac{四}{乙^{二}}=九$、$\frac{甲}{乙}=丅三$ 即

$\sqrt{\frac{四}{乙^{二}}丄\frac{甲}{乙}}=\sqrt{九丅三}$、$\sqrt{六}=三丅天$ 即 $\sqrt{六}=三丅\frac{二丅\frac{六丅\frac{二丅\frac{六丅\cdots}{一}}{一}}{一}}{一}$ （氐）

設依𠮙式，而甲、乙異號，即得同母負號式。令 甲=六、乙=丅三 即

$\frac{四}{甲^{二}}=九$、乙=丅三 即 $\sqrt{九丅三}=三丅天$、$\sqrt{六}=三丅天$ 即

$\sqrt{六}=三丅\frac{六丅\frac{六丅\frac{六丅\frac{六丅\cdots}{三}}{三}}{三}}{三}$ （房）

以上四連分數式，皆可求 $\sqrt{六}$ 之漸近數。顧必先設呷、𠮙二式，然後據以求各式，乃以明連分數所由生之理。其實徑取一任何數之方根式，更互變之，所得式亦必無異。更列其法於後：如 $\sqrt{六}=二丄\sqrt{六}丅二$ ㊀ 而

$\sqrt{六}丅二=\frac{\sqrt{六}丄二}{(\sqrt{六}丅二)(\sqrt{六}丄二)}=\frac{\sqrt{六}丄二}{二}=\frac{\frac{二}{一}\sqrt{六}丄一}{一}=\frac{二丄\frac{二}{一}\sqrt{六}丅一}{一}$

乃以代一式中之 $\sqrt{六}丅二$ 即 $\sqrt{六}=二丄\frac{二丄\frac{二}{一}\sqrt{六}丅一}{一}$ ㊁ 惟

$\frac{二}{一}\sqrt{六}丅一=\frac{\sqrt{六}丄二}{(\frac{二}{一}\sqrt{六}丅一)(\sqrt{六}丄二)}=\frac{\sqrt{六}丄二}{一}=\frac{四丄\sqrt{六}丅二}{一}$ 再以

$\frac{四丄\sqrt{六}丅二}{一}$ 代二式中之 $\frac{二}{一}\sqrt{六}丅一$ 即 $\sqrt{六}=二丄\frac{二丄\frac{四丄\sqrt{六}丅二}{一}}{一}$

㊂ 再以 $\frac{二丄\frac{二}{一}\sqrt{六}丅一}{一}$ 代三式中之 $\sqrt{六}丅二$ 即

$\sqrt{六}=二丄\frac{二丄\frac{四丄\frac{二丄\frac{二}{一}\sqrt{六}丄一}{一}}{一}}{一}$ ㊃ 再以 $\frac{四丄\sqrt{六}丅二}{一}$ 代四式

中之 $\frac{二}{一}\sqrt{六}丅一$ 即 $\sqrt{六}=二丄\frac{二丄\frac{四丄\frac{二丄\frac{四丄\sqrt{六}丄二}{一}}{一}}{一}}{一}$ ㊄ 如此

層遞代入，即得 $\sqrt{六}=二丄\frac{二丄\frac{四丄\frac{二丄\frac{四丄\cdots}{一}}{一}}{一}}{一}$ 即角式。又

$\sqrt{六}丅二=\frac{\sqrt{六}丄二}{二}=\frac{四丄\sqrt{六}丅二}{二}$ 代入一式，即

$\sqrt{六}=二丄\frac{四丄\sqrt{六}丅二}{二}$ ㈡ 惟 $\sqrt{六}丅二=\frac{四丄\sqrt{六}丅二}{二}$ 代入二式，

即 $\sqrt{六}=二丄\frac{四丄\frac{四丄\sqrt{六}丅二}{二}}{二}$ ㈢ 再以 $\frac{四丄\sqrt{六}丅二}{二}$ 代三式中之

$\sqrt{六}丅二$ 即 $\sqrt{六}=二丄\frac{四丄\frac{四丄\frac{四丄\sqrt{六}丅二}{二}}{二}}{二}$ ㈣ 亦層遞代入，得

$\sqrt{六}=二丄\frac{四丄\frac{四丄\frac{四丄\frac{四丄\cdots}{二}}{二}}{二}}{二}$ 即亢式。又 $\sqrt{六}=三丄\sqrt{六}丅三$ ㈠

惟 $\sqrt{六}丅三=\frac{\sqrt{六}丄三}{(\sqrt{六}丅三)(\sqrt{六}丄三)}=\frac{\sqrt{六}丄三}{丅三}丅\frac{\frac{三}{一}\sqrt{六}丄一}{一}=$

$\frac{丅二丄\frac{三}{一}\sqrt{六}丅一}{一}$ 以 $丅\frac{二丄\frac{三}{一}\sqrt{六}丄一}{一}$ 代一式中之 $\sqrt{六}丅三$ 即

$\sqrt{六}=三丅\frac{二丄\frac{三}{一}\sqrt{六}丅一}{一}$ ㈡ 惟 $\frac{三}{一}\sqrt{\ }六丄一=丅\frac{一丄\frac{三}{一}\sqrt{六}}{\frac{三}{一}}=$

$丅\frac{三丄\sqrt{六}}{一}=丅\frac{六丄\sqrt{六}丄三}{一}$ 以 $丅\frac{六丄\sqrt{六}丅三}{一}$ 代二式中之

$\frac{三}{一}\sqrt{六}丅一$ 即 $\sqrt{六}=三丅\frac{二丅\frac{六丄\sqrt{六}丅三}{一}}{一}$ ㈢ 再以 $\frac{丅二丄\frac{三}{一}\sqrt{六}丅一}{一}$

代三式中之 $\sqrt{六}丅三$ 即 $\sqrt{六}=三丅\frac{二丅\frac{六丅\frac{二丄\frac{三}{一}\sqrt{六}丅一}{一}}{一}}{一}$ ㈣ 再

以 $丅\frac{六丄\sqrt{六}丅三}{一}$ 代四式中之 $\frac{\frac{三}{一}\sqrt{六}丅一}{}$ 即

$\sqrt{六}=三丅\frac{二丅\frac{六丅\frac{二丅\frac{六丄\sqrt{六}丅三}{三}}{一}}{一}}{一}$ ㈤ 亦層遞代入，即

$\sqrt{六}=三丅\frac{二丅\frac{六丅\frac{二丅\frac{六丅\cdots}{一}}{一}}{一}}{一}$ 即氐式。又 $\sqrt{六}丄三=丅\frac{\sqrt{六}丄三}{三}=$

$丅\frac{六丄\sqrt{六}丅三}{三}$ 代入一式，即 $\sqrt{六}=三丅\frac{六丄\sqrt{六}丅三}{三}$ ㈡ 再以

$丅\frac{六丄\sqrt{六}丅三}{三}$ 代二式中之 $\sqrt{六}丅三$ 即

$\sqrt{六}=三丅\frac{六丅\frac{六丄\sqrt{六}丅三}{三}}{三}$ ㈢ 再以 $丅\frac{六丄\sqrt{六}丅三}{三}$ 代三式中之

$\sqrt{六}丅三$ 即 $\sqrt{六}=三丅\frac{六丅\frac{六丅\frac{六丄\sqrt{六}丅三}{三}}{三}}{三}$ ㈣ 亦層遞代入，得

$\sqrt{六}=三丅\frac{六丅\frac{六丅\frac{六丅\frac{六丅\cdots}{三}}{三}}{三}}{三}$ 即房式。此特舉一數以見例，無論任何

數，求根無不如是。所有漸近數式列後：

式								
角式：	一	二 二	五 九	一二 二〇	四九 八九	二一八 三九六	九七〇	…
氐式：	一	三 二	五 一一	二七 二〇	四九 一〇九	二六七 五九四	一四五五	…
亢式：	一	二 四	一〇 一八	四四 八〇	一九六 三五六	八七二 一五八四	三八八〇	…
房式：	一	三 六	一五 三三	八一 一八〇	四四一 九八一	二四〇三 五三四六	一三〇九五	…

審上四數，角式與亢式同，氐式與房式同。惟角、亢二式則略大、略小相間；氐、房二式則由大而漸小。然氐、房式之第二、第四等數，亦與角、亢等，則凡第六數以下，其偶數無不等可知。乃知列式雖異，得數胥同也。試任據呷、吃二式，依法推得自 √二 以下之連分數式如後。

（呷）：

√二＝一丄一/(二丄一/(二丄一/(二丄一/(二丄…))))

√三＝一丄一/(一丄一/(二丄一/(一丄一/(二丄…))))

√五＝二丄一/(四丄一/(四丄一/(四丄一/(四丄…))))

√六＝二丄一/(二丄一/(四丄一/(二丄一/(四丄…))))

√七＝二丄一/(四/三丄一/(四丄一/(四/三丄一/(四丄…))))

√八＝二丄一/(一丄一/(四丄一/(一丄一/(四丄…))))

√一〇＝三丄一/(六丄一/(六丄一/(六丄一/(六丄…))))

√一一＝三丄一/(三丄一/(六丄一/(三丄一/(六丄…))))

√一二＝三丄一/(二丄一/(六丄一/(二丄一/(六丄…))))

（吃）：

√二＝一丄一/(二丄一/(二丄一/(二丄一/(二丄…))))

√三＝一丄二/(二丄二/(二丄二/(二丄二/(二丄…))))

√五＝二丄一/(四丄一/(四丄一/(四丄一/(四丄…))))

√六＝二丄二/(四丄二/(四丄二/(四丄二/(四丄…))))

√七＝二丄三/(四丄三/(四丄三/(四丄三/(四丄…))))

√八＝二丄四/(四丄四/(四丄四/(四丄四/(四丄…))))

√一〇＝三丄一/(六丄一/(六丄一/(六丄一/(六丄…))))

√一一＝三丄二/(六丄二/(六丄二/(六丄二/(六丄…))))

√一二＝三丄三/(六丄三/(六丄三/(六丄三/(六丄…))))

作異號連分數可類推。

審上各式可見，無論何數，依呷式皆可作循環連分數，依吃式皆可作同母連分數，且同母式作之尤易。四以下，其首項必爲四之根數二。九以下，其首項必爲九之根數三。以上二例與角式同。而分母必爲首項根數之倍，其分子必爲本數與小於本數之正方數之較。如 √七 式中之分子三，即 七丅四 √一二 式中之分子二，即 一一丅九 既得以上各理，即可，求任何數之根之同母連分數。

算法

清・華世芳《恒河沙館算草》卷二《連分數學》 再設數式以求其證。

如有式 天²丅五=〇 求其遞加、遞減之連分數。

令 天=二丄一/地 以代法得 地²丅四地丅一=〇

代地數	〇	一	二	三	四	五
代得數	丅一	丅四	丅五	丅四	丅一	丄四

又令 地=四丄一/地一 則得 地一²丅四地一丅一=〇 所以 天=二丄一/四丄一/四丄一/四丄…

如前式，設令 天=三丅一/地 則得 四地²丅六地丄一=〇

代地數	〇	一	二
代得數	丄一	丅一	丄五

又令 地=二丅一/地一 則得 五地一²丅一〇地一丄四=〇

代地一數	〇	一	二
代得數	丄四	丅一	丄四

令 地一=二丅一/地二 則得 四地二²丅一〇地二丄五=〇

代地二數	〇	一	二
代得數	丄五	丅一	丄一

令 地二=二丅一/地三 則得 地三²丅六地三丄四=〇

代地三數	〇	一	二	三	四	五	六
代得數	丄四	丅一	丅四	丅五	丅四	丅一	丄四

令 地三=六丅一/地四 則得 四地四²丅六地四丄一=〇 所以 天=三丅一/二丅一/二丅一/二丅一/六丅…

如有式 天²丅一五=〇 求其遞加、遞減之連分數。

令 天=三丄一/地 以代法得 六地²丅六地丅一=〇

代地數	〇	一	二
代得數	丅一	丅一	丄一一

又令 地=一丄一/地一 以代法得 地一²丅六地一丅六=〇

代地一數	〇	一	二	三	四	五	六	七
代得數	丅六	丅一一	丅一四	丅一五	丅一四	丅一一	丅六	丄一

令 地一=六丄一/地二 則得 六地二²丅六地二丅一=〇 所以 天=三丄一/一丄一/六丄一/一丄一/六丄…

如前式，設令 天=四丅一/地 則得 地²丅八地丄一=〇

代地數	〇	一	二	三	四	五	六	七	八
代得數	丄一	丅六	丅一一	丅一四	丅一五	丅一四	丅一一	丅六	丄一

令 地=八丅一/地一 則得 地一²丅八地一丄一=〇 所以 天=四丅一/八丅一/八丅一/八丅一/八丅…

如有式　天^{二}丅一九=○　求其遞加之連分數。

令　天=四丄$\frac{一}{地}$　則以代法得　三地^{二}丅八地丅一=○

代地數	代得數
○	丅一
一	丅六
二	丅五
三	丄二

又令　地=二丄$\frac{一}{地_{一}}$　則得　五地$_{一}^{二}$丅四地$_{一}$丅三=○

代地$_{一}$數	代得數
○	丅三
一	丅二
二	丄九

令　地$_{一}$=一丄$\frac{一}{地_{二}}$　則得　二地$_{二}^{二}$丅六地$_{二}$丅五=○

代地$_{二}$數	代得數
○	丅五
一	丅九
二	丅九
三	丅五
四	丄三

令　地$_{二}$=三丄$\frac{一}{地_{三}}$　則得　五地$_{三}^{二}$丅六地$_{三}$丅二=○

代地$_{三}$數	代得數
○	丅二
一	丅三
二	丄六

令　地$_{三}$=一丄$\frac{一}{地_{四}}$　則得　三地$_{四}^{二}$丅四地$_{四}$丅五=○

代地$_{四}$數	代得數
○	丅五
一	丅六
二	丅一
三	丄一○

令　地$_{四}$=二丄$\frac{一}{地_{五}}$　則得　地$_{五}^{二}$丅八地$_{五}$丅三=○

代地$_{五}$數	代得數
○	丅三
一	丅一○
二	丅一五
三	丅一八
四	丅一九
五	丅一八
六	丅一五
七	丅一○
八	丅三
九	丄六

令　地$_{五}$=八丄$\frac{一}{地_{六}}$　則得　三地$_{六}^{二}$丅八地$_{六}$丅一=○　所以

天=四丄$\frac{一}{二丄\frac{一}{一丄\frac{一}{三丄\frac{一}{一丄\frac{一}{二丄\frac{一}{八丄\cdots}}}}}}$

以上爲用疊代法求正方根之循環連分數。惟由前各草觀之，截去第一式，其餘皆爲正負平方式，所以正負平方式亦可以同法代之，而得其根之循環連分數。

如有式　天^{二}丄二天丅三六=○　求其遞加、遞減之連分數。

代天數	代得數
○	丅三六
一	丅三三
二	丅二八
三	丅二一
四	丅一二
五	丅一
六	丄一二

令　天=五丄$\frac{一}{地}$　得　地^{二}丅一二地丅一=○

代地數	代得數
○	丅一
一	丅一二
二	丅二一
三	丅二八
四	丅三三
五	丅三六
六	丅三七
七	丅三六
八	丅三三
九	丅二八
一○	丅二一
一一	丅一二
一二	丅一
一三	丄一二

又令　地=一二丄$\frac{一}{地_{一}}$　則得　地$_{一}^{二}$丅一二地$_{一}$丅一=○　所以

天=五丄$\frac{一}{一二丄\frac{一}{一二丄\cdots}}$

設令　天=六丅$\frac{一}{地}$　則以代法得　一二地^{二}丅一四地丄一=○

代地數	代得數
○	丄一
一	丅一
二	丄二一

又令　地=二丅$\frac{一}{地_{一}}$　則得　二一地$_{一}^{二}$丅三四地$_{一}$丄一二=○

代地$_{一}$數	代得數
○	丄一二
一	丅一
二	丄二八

令　地$_{一}$=二丅$\frac{一}{地_{二}}$　則得　二八地$_{二}^{二}$丅五○地$_{二}$丄二一=○

代地$_{二}$數	代得數
○	丄二一
一	丅一
二	丄三三

令　地$_{二}$=二丅$\frac{一}{地_{三}}$　則得

三三地$_{三}^{二}$T六二地$_{三}$⊥二八=○

代地$_{三}$數	○	一	二
代得數	⊥二八	T一	⊥三六

令　地$_{三}$=二T$\frac{地_{四}}{一}$　則得　三六地$_{四}^{二}$T七○地$_{四}$⊥三三=○

代地$_{四}$數	○	一	二
代得數	⊥三三	T一	⊥三七

令　地$_{四}$=二T$\frac{地_{五}}{一}$　則得　三七地$_{五}^{二}$T七四地$_{五}$⊥三六=○

代地$_{五}$數	○	一	二
代得數	⊥三六	T一	⊥三六

令　地$_{五}$=二T$\frac{地_{六}}{一}$　則得　三六地$_{六}^{二}$T七四地$_{六}$⊥三七=○

代地$_{六}$數	○	一	二
代得數	⊥三七	T一	⊥三三

令　地$_{六}$=二T$\frac{地_{七}}{一}$　則得　三三地$_{七}^{二}$T七○地$_{七}$⊥三六=○

代地$_{七}$數	○	一	二
代得數	⊥三六	T一	⊥二八

令　地$_{七}$=二T$\frac{地_{八}}{一}$　則得　二八地$_{八}^{二}$T六二地$_{八}$⊥三三=○

代地$_{八}$數	○	一	二
代得數	⊥三三	T一	⊥二一

令　地$_{八}$=二T$\frac{地_{九}}{一}$　則得　二一地$_{九}^{二}$T五○地$_{九}$⊥二八=○

代地$_{九}$數	○	一	二
代得數	⊥二八	T一	⊥一二

令　地$_{九}$=二T$\frac{地_{一○}}{一}$　得　一二地$_{一○}^{二}$T三四地$_{一○}$⊥二一=○

代地$_{一○}$數	○	一	二
代得數	⊥二一	T一	⊥一

令　地$_{一○}$=二T$\frac{地_{一一}}{一}$　得　地$_{一一}^{二}$T一四地$_{一一}$⊥一二=○

代地$_{一一}$數	○	一	二	三	四	五	六	七	八	九	一○	一一	一二	一三	一四
代得數	⊥一二	T一	T一二	T二一	T二八	T三三	T三六	T三七	T三六	T三三	T二八	T二一	T一二	T一	⊥一二

又令　地$_{一一}$=一四T$\frac{地_{一二}}{一}$　則得　一二地$_{一二}^{二}$T一四地$_{一二}$⊥一=○　所以

$$天=六T\cfrac{二T\cfrac{二T\cfrac{二T\cfrac{二T\cfrac{二T\cfrac{二T\cfrac{二T\cfrac{二T\cfrac{二T\cfrac{二T\cfrac{二T\cfrac{一四T\cdots}{一}}{一}}{一}}{一}}{一}}{一}}{一}}{一}}{一}}{一}}{一}}{一}$$

如有式　地^{二}T四地⊥二=○　求其大小兩根之連分數。

代地數	○	一	二	三	四
代得數	⊥二	T一	T二	T一	⊥二

則知其小根在○與一之間，大根在三與四之間。

令　$地=三丄\frac{地_{一}}{一}$　則得　$地_{一}^{二}丅二地_{一}丅一=〇$

代地一數	〇	一	二	三
代得數	丅一	丅二	丅一	丄二

令　$地_{一}=二丄\frac{地_{二}}{一}$　則得　$地_{二}^{二}丅二地_{二}丅一=〇$　所以　$天=三丄\frac{一}{二丄\frac{一}{二丄\frac{一}{二丄\cdots}}}$　依㊙幅之法求之，得大根三・四一四二一……

如求小根，則令　$地=〇丄\frac{地_{一}}{一}$　以法代得　$二地_{一}^{二}丅四地_{一}丄一=〇$

代地一數	〇	一	二
代得數	丄一	丅一	丄一

令　$地_{一}=一丄\frac{地_{二}}{一}$　則得　$地_{二}^{二}丅二=〇$

代地二數	〇	一	二
代得數	丅二	丅一	丄二

令　$地_{二}=一丄\frac{地_{三}}{一}$　則得　$地_{三}^{二}丅二地_{三}丅一=〇$

代地三數	〇	一	二	三
代得數	丅一	丅二	丅一	丄二

令　$地_{三}=二丄\frac{地_{四}}{一}$　則得　$地_{四}^{二}丅二地_{四}丅一=〇$　所以　$地=〇丄\frac{一}{一丄\frac{一}{一丄\frac{一}{二丄\frac{一}{二丄\cdots}}}}$　依㊙幅之法求之，得小根・五八五七八……

如有式　$四地^{二}丅六地丄一=〇$　求其大小兩根之連分數。

代地數	〇	一	二
代得數	丄一	丅一	丄五

則知其小根在〇與一之間，大根在一與二之間。

令　$地=一丄\frac{地_{一}}{一}$　以代法得　$地_{一}^{二}丅二地_{一}丅四=〇$

代地一數	〇	一	二	三	四
代得數	丅四	丅五	丅四	丅一	丄四

又令　$地_{一}=三丄\frac{地_{二}}{一}$　則得　$地_{二}^{二}丅四地_{二}丅一=〇$

代地二數	〇	一	二	三	四	五
代得數	丅一	丅四	丅五	丅四	丅一	丄四

令　$地_{二}=四丄\frac{地_{三}}{一}$　則得　$地_{三}^{二}丅四地_{三}丅一=〇$　所以　$地=一丄\frac{一}{三丄\frac{一}{四丄\frac{一}{四丄\frac{一}{四丄\cdots}}}}$　依㊙幅之法求得一・三〇九〇一六……爲大根。

如求小根，令　$地=〇丄\frac{地_{一}}{一}$　以代法得　$地_{一}^{二}丅六地_{一}丄四=〇$

代地一數	〇	一	二	三	四	五	六
代得數	丄四	丅一	丅四	丅五	丅四	丅一	丄四

令　$地_{一}=五丄\frac{地_{二}}{一}$　則得　$地_{二}^{二}丅四地_{二}丅一=〇$

代地二數	〇	一	二	三	四	五
代得數	丅一	丅四	丅五	丅四	丅一	丄四

又令　$地_{二}=四丄\frac{地_{三}}{一}$　則得　$地_{三}^{二}丅四地_{三}丅一=〇$　所以　$地=〇丄\frac{一}{五丄\frac{一}{四丄\frac{一}{四丄\cdots}}}$　依㊙幅之法求之，得小根・一九〇九八三……

茲設數題如法演之，以顯其用。

設令　$天^{二}丅二=〇$　$\sqrt{二}=天=一丄\cdots$

一	一			
一	一			
一	二	二	二	二……

√二=天=二丅…

二	二	二			
一	二	一			
二	丅二	四	二	四	…

天^{二}丅一三=〇　√一三=天=三丄…

三	一	二	二	二	三	三					
一	四	三	三	四	一						
三	一	一	一	一	六	一	一	一	一	六	…

設令　√一三=天=四丅…

四	五	七	一一	一三	一三	一一	七	五	四	四	
一	三	四	九	一二	一三	一二	九	四	三	一	
四	丅三	三	二	二	二	二	二	三	三	八	…

天^{二}丅五=〇　√五=天=二丄…

二	二			
一	一			
二	四	四	四	…

設令

√五=天=三丅…

三	五	五	三	三	
一	四	五	四	一	
三	丅二	二	二	六	…

天^{二}丅一五=〇　√一五=天=三丄…

三	三	三		
一	六	一		
三	一	六	一	六 …

設令

√一五=天=四丅…

四	四			
一	一			
四	丅八	八	八	…

天^{二}丅一九=〇　√一九=天=四丄…

四	二	三	三	二	四	四						
一	三	五	二	五	三	一						
四	二	一	三	一	二	八	二	一	三	一	二	八 …

設令　√一九=天=五丅…

五	七	八	一〇	八	七	五	五	
一	六	五	九	九	五	六	一	
五	丅二	三	二	二	三	二	一〇	…

天^{二}丅四三=〇　√四三=天=六丄…

六	一	五	四	五	五	四	五	一	六	六	
一	七	六	三	九	二	九	三	六	七	一	
六	一	一	三	一	五	一	三	一	一	一二	…

設令　√四三=天=七丅…

七	一一	一五	一三	一四	二〇	二二	二〇	一四	一三	一五	一一	七	七	
一	六	一三	一四	九	一七	二一	二一	一七	九	一四	一三	六	一	
七	丅三	二	二	三	二	二	二	二	三	二	二	三	一四	…

天^{二}丅四八=〇　√四八=天=六丄…

六	六	六			
一	一二	一			
六	一	一二	一	一二……	

設令

√四八=天=七丅…

七	七		
一	一		
七	丅一四	一四	…

天^{二}丅一四=〇　√四八=天=三丅…

三	二	二	三	三	
一	五	二	五	一	
三	一	二	一	六	…

設令

$\sqrt{一四}=天=四丅\cdots$

四	四	四
一	三	一
四	丅四	八 四 八 …

$天^{二}丅八=〇$　$\sqrt{八}=天=二丄\cdots$

二	二	二
一	四	一
二	一	四 一 四……

設令

$\sqrt{八}=天=三丅\cdots$

三	三
一	一
三	丅六 六 六 …

以上爲求正平方根之循環連分數，惟正負平方式亦可以同法證之。

清·徐虎臣《溥通新代數》卷五

第一五一款　連分數求漸近分數

凡連分數之式皆爲 $甲╪\frac{丙}{乙╪\frac{戊}{丁╪\frac{庚}{己╪\cdots}}}$　可變之爲 $甲╪\frac{丙}{乙}╪\frac{戊}{丁}╪\frac{庚}{己}╪\cdots$

① 因首項爲甲，故 $\frac{一}{甲}$=第一漸近分數、$甲╪\frac{丙}{乙}=\frac{丙}{甲丙╪乙}$=第二漸近分數、

$甲╪\frac{丙╪\frac{戊}{丁}}{乙}=甲╪\frac{戊丙╪丁}{戊乙}=\frac{戊丙╪丁}{甲丙戊╪甲丁╪戊乙}$=第三漸近分數　由是可令 $\frac{角_{三}}{亢_{三}}$、$\frac{角_{四}}{亢_{四}}$、$\frac{角_{五}}{亢_{五}}$、$\frac{角_{卯}}{亢_{卯}}$ 爲第三、第四、第卯之各連分數。故可將①式變之爲

$亢丄\frac{角_{一}}{亢_{一}}丄\frac{角_{二}}{亢_{二}}丄\frac{角_{三}}{亢_{三}}\cdots丄\frac{角_{卯}}{亢_{卯}}$ ②　但既知第一、第二之漸近分數，即可求第三漸近分數。由第二、第三又可求得第四漸近分數。如是遞推任第幾漸近分數，皆可求準②式求得。前三分數爲 $\frac{一}{亢}$、$\frac{角_{一}}{亢角_{一}丄亢_{一}}$、$\frac{角_{一}\times角_{二}丄一\times亢_{二}}{(亢角_{一}丄亢_{一})角_{二}丄亢\times亢_{二}}$

以此第三分數與第一、第二兩分數比較，則以二式中第三分子乘第一分數之分母，以第三分母乘第二分數之分母，兩乘積相加，爲第三分數之分母。再以二式中第三分子乘第一分數之分子，以第三分母乘第二分數之分子，兩積之和爲第三分數之分子。準此例知第二、第三分數，即可求第四分數。仍如求第三法得

$$\frac{亢_{三}角_{一}丄(角_{一}角_{二}丄亢_{二})角_{三}}{(亢角_{一}丄亢_{一})亢_{三}丄(亢角_{一}角_{二}丄亢_{一}角_{二}丄亢亢_{二})角_{三}}$$

準此例，如有式 $一丄\frac{一}{一}丄\frac{二}{一}丄\frac{三}{一}丄\frac{四}{一}$ 求第五漸近分數者與公式相比。若令各漸近分數爲 $\frac{甲_{一}}{乙_{一}}$、$\frac{甲_{二}}{乙_{二}}$、$\frac{甲_{三}}{乙_{三}}\cdots$　所以得 $\frac{甲_{一}}{乙_{一}}=\frac{一}{一}$、

$\frac{甲_{二}}{乙_{二}}=一丄\frac{一}{一}=\frac{一}{二}$、$\frac{甲_{三}}{乙_{三}}=\frac{一\times一丄二\times二}{一\times一丄二\times二}=\frac{三}{五}$、$\frac{甲_{四}}{乙_{四}}=\frac{一\times一丄三\times三}{一\times二丄三\times五}=\frac{一〇}{一七}$、$\frac{甲_{五}}{乙_{五}}=\frac{一\times三丄四\times一〇}{一\times五丄四\times一七}=\frac{四三}{七三}$　故求得第五漸近分爲 $\frac{四三}{七三}$　例二如有 $\frac{四}{一}丄\frac{一}{一}丄\frac{四}{一}丄\frac{一}{一}丄\cdots$　求第五漸近分數，則 $\frac{甲_{一}}{乙_{一}}=\frac{四}{一}$、

$\frac{甲_{二}}{乙_{二}}=\frac{四}{一}丄\frac{一}{一}=\frac{五}{一}$、$\frac{甲_{三}}{乙_{三}}=\frac{一\times四丄四\times五}{一\times一丄四\times一}=\frac{二四}{五}$、$\frac{甲_{四}}{乙_{四}}=\frac{五丄二四}{一丄五}=\frac{二九}{六}$、

$\frac{甲_{五}}{乙_{五}}=\frac{二四丄四\times二九}{五丄四\times六}=\frac{一四〇}{二九}$　而第五漸近分數爲 $\frac{一四〇}{二九}$　準此理，凡任何連分數求漸近分數者，皆效之。

第一五二款　造連分數法

凡連分數皆從常分數而生，即分母、分子求公約數之法也。例如有常分數 $\frac{卯}{寅}$　如卯比寅大時，則變爲 $\frac{寅}{卯}$　輾轉相除，將除得之數爲甲、乙、丙、丁，各次之餘數爲午、未、申、酉，故得 $\frac{卯}{寅}=甲丄\frac{卯}{午}$、$\frac{卯}{午}=\frac{(\frac{午}{卯})}{一}=\frac{乙丄\frac{午}{未}}{一}$、

$\frac{午}{未}=\frac{(\frac{未}{午})}{一}=\frac{丙丄\frac{未}{申}}{一}$、$\frac{未}{申}=\frac{(\frac{申}{未})}{一}=\frac{丁丄\frac{申}{酉}}{一}$　由是求得 $\frac{卯}{寅}=甲丄\frac{卯}{午}=甲丄\frac{乙丄\frac{午}{未}}{一}$

$=甲丄\frac{乙丄\frac{丙丄\frac{丁丄\cdots}{一}}{一}}{一}$　$=甲丄\frac{乙}{一}丄\frac{丙}{一}丄\frac{丁}{一}丄\cdots$　若輾轉相除至何項而約盡

者，其連分數之分母必有時爲空，而連分數之項數即止於此，爲有限之連分數。

例如 $\frac{一一}{二五}$ 欲變爲連分數之式者，則

```
一一)二五(二
　　二二
　　　三)一一(三
　　　　　九
　　　　　二)三(一
　　　　　　二
　　　　　　一)二(二
```

即 $\frac{一一}{二五}=二丄\frac{三}{一}丄\frac{一}{一}丄\frac{二}{一}$

例二 如有 $\frac{三七}{二五}$ 欲變爲連分數者，仍如前法求之，則

```
三七)二五(〇
　　〇
　　二五)三七(一
　　　　二五
　　　　一二)二五(二
　　　　　　二四
　　　　　　　一)一二(一二
　　　　　　　　一二
　　　　　　　　〇
```

故 $\frac{三七}{二五}=〇丄\frac{一}{一}丄\frac{二}{一}丄\frac{一二}{一}$

例三 如有 三・一四一五九 欲變爲連分數而求漸近分數者，則 $\frac{一〇〇〇〇〇}{三一四一五九}=三丄\frac{七}{一}丄\frac{一五}{一}丄\frac{一}{一}丄\frac{八五四}{三三}$ 由是 $\frac{甲_一}{乙_一}=\frac{一}{三}$、$\frac{甲_二}{乙_二}=三丄\frac{七}{一}=\frac{七}{二二}$、$\frac{甲_三}{乙_三}=\frac{一丄七×一五}{三丄二二×一五}=\frac{一〇六}{三三三}$、$\frac{甲_四}{乙_四}=\frac{七丄一〇六}{二二丄三三三}=\frac{一一三}{三五五}$ 而所求之 $\frac{七}{二二}$ 與 $\frac{一〇六}{三三三}$ 及 $\frac{一一三}{三五五}$ 皆爲原數之漸近分數。故亞幾默德氏定 $\frac{七}{二二}$ 爲周率，密達由斯氏定 $\frac{一一三}{三五五}$ 爲周率，而皆與祖冲之所定之周率同也。

第一五三款 連分數求常分數

凡有限連分數求常分數者，最易如取前款中之第一題之連分數式 $二丄\frac{三}{一}丄\frac{一}{一}丄\frac{二}{一}$ 因 $一丄\frac{二}{一}=\frac{二}{三}$ 故變爲 $二丄\frac{三}{一}丄\frac{(\frac{二}{三})}{一}$ 而 $二丄\frac{三}{一}丄\frac{(\frac{二}{三})}{一}=二丄\frac{三}{一}丄\frac{三}{二}=二丄\frac{一一}{三}$ 即 $二丄\frac{(\frac{一一}{三})}{一}$ 但 $二丄\frac{(\frac{一一}{三})}{一}=\frac{一一}{二五}$ 所以求得之常分數爲 $\frac{一一}{二五}$ 也。故凡有限連分數，可不求漸近分數，而從末項逐次求之，即得常分數。若無限連分數求漸近分數，亦可從指定第幾漸近分數，取連分數中至所指之項止，仍如有限連分數法求得常分數，即所指之第幾漸近分數，比逐次求法則更簡易多矣。

第一五四款 論連分數之性情

如連分數式爲 $角_一丄\frac{角_二}{一}丄\frac{角_三}{一}丄\cdots$ 而第卯漸近分數爲 $\frac{甲_卯}{乙_卯}$ 準一五一款，則 $\frac{甲_卯}{乙_卯}丅\frac{甲_{卯丅一}}{乙_{卯丅一}}=\frac{角_卯甲_{卯丅一}丄甲_{卯丅二}}{角_卯乙_{卯丅一}丄乙_{卯丅二}}丅\frac{甲_{卯丅一}}{乙_{卯丅一}}=\frac{甲_卯甲_{卯丅二}}{乙_{卯丅二}甲_{卯丅一}丅乙_{卯丅一}甲_{卯丅二}}$ 化去分母，即得 $乙_卯\cdot甲_{卯丅一}丅乙_{卯丅一}\cdot甲_卯=丅(乙_{卯丅一}\cdot甲_{卯丅二}丅乙_{卯丅二}\cdot甲_{卯丅一})$ 准此式遞推，得 $乙_{卯丅一}\cdot甲_{卯丅二}丅乙_{卯丅二}\cdot甲_{卯丅一}=丅(乙_{卯丅二}\cdot甲_{卯丅三}丅乙_{卯丅三}\cdot甲_{卯丅二})$、$乙_{卯丅二}\cdot甲_{卯丅三}丅乙_{卯丅三}\cdot甲_{卯丅二}=丅(乙_{卯丅三}\cdot甲_{卯丅四}丅乙_{卯丅四}\cdot甲_{卯丅三})\cdots$ $乙_三甲_二丅乙_二甲_三=丅(乙_二甲_一丅乙_一甲_二)$ 因 $乙_二甲_一丅乙_一甲_二=(角_一角_二丄一)丅角_一角_二=一$ 故 $乙_卯\cdot甲_{卯丅一}丅乙_{卯丅一}\cdot甲_卯=丅(乙_{卯丅一}\cdot甲_{卯丅二}丅乙_{卯丅二}\cdot甲_{卯丅一})=(丅一)^{二}(乙_{卯丅二}\cdot甲_{卯丅三}丅乙_{卯丅三}\cdot甲_{卯丅二})=(丅一)^{三}(乙_{卯丅三}\cdot甲_{卯丅四}丅乙_{卯丅四}\cdot甲_{卯丅三})\cdots=(丅一)^{卯丅一}(乙_二甲_一丅乙_一甲_二)=(丅一)^{卯丅一}$ 故 $乙_卯\cdot甲_{卯丅一}丅乙_{卯丅一}\cdot甲_卯=(丅一)^{卯丅一}$ 而 $\frac{甲_卯}{乙_卯}丅\frac{甲_{卯丅一}}{乙_{卯丅一}}=\frac{甲_卯\cdot甲_{卯丅一}}{(丅一)^{卯丅一}}$

例二 如 $甲_卯$ 及 $乙_卯$ 之各公約數，即 $乙_卯\cdot甲_{卯丅一}丅乙_{卯丅一}\cdot甲_卯$ 之公約數。從第一例，則 $\frac{丄}{丅}一$ 爲公約數，故$甲_卯$與$乙_卯$之公約數亦爲

$\frac{丄}{丅一}$　由是　$\frac{甲_{卯}}{乙_{卯}}$　之漸近分數已爲約盡數。准此理，凡各漸近分數　$\frac{甲_{二}}{乙_{二}}$、$\frac{甲_{三}}{乙_{三}}$、$\frac{甲_{卯}}{乙_{卯}}$　皆爲約盡分數。

例三　如令連分數之原分數爲未，故得　$未=角_{一}丄\frac{角_{二}}{一}丄\frac{角_{三}}{一}丄\cdots丄\frac{角_{卯}丄\cdots}{一}$　第卯漸近分數爲　$\frac{甲_{卯}}{乙_{卯}}=角_{一}丄\frac{角_{二}}{一}丄\frac{角_{三}}{一}丄\cdots丄\frac{角_{卯}丄\cdots}{一}$　若令

$角_{卯}丄\frac{角_{卯丄一}}{一}丄\cdots=角_{卯}$　再令　$\frac{角_{卯丄二}}{一}丄\frac{角_{卯丄三}}{一}丄\cdots$　代　$\frac{角_{卯}}{一}$　準第一例，則　$\frac{甲_{卯}}{乙_{卯}}=\frac{角_{卯}\cdot甲_{卯丅一}丄甲_{卯丅二}}{角_{卯}\cdot乙_{卯丅一}丄乙_{卯丅二}}$　變角卯之式，得

$$未=\frac{\left(角_{卯}丄\frac{角_{卯丄一}}{一}丄\cdots\right)甲_{卯丅一}丄甲_{卯丅二}}{\left(角_{卯}丄\frac{角_{卯丄一}}{一}丄\cdots\right)乙_{卯丅一}丄乙_{卯丅二}}$$

由是得

$$未=\frac{角_{卯}\cdot甲_{卯丅一}丄甲_{卯丅二}丄\left(\frac{角_{卯丄一}丄\cdots}{一}\right)甲_{卯丅一}}{角_{卯}\cdot乙_{卯丅一}丄乙_{卯丅二}丄\left(\frac{角_{卯丄一}丄\cdots}{一}\right)乙_{卯丅一}}$$

若令　$\frac{角_{卯丄一}}{一}丄\cdots=午$　則　$未=\frac{甲_{卯}丄午甲_{卯丅一}}{乙_{卯}丄午乙_{卯丅一}}$　若午小於一爲正數，則

$$未丅\frac{甲_{卯}}{乙_{卯}}=\frac{甲_{卯}丄午甲_{卯丄一}}{乙_{卯}丄午乙_{卯丄一}}丅\frac{甲_{卯}}{乙_{卯}}=\frac{甲_{卯}(甲_{卯}丄午甲_{卯丅一})}{午(甲_{卯}乙_{卯丅一}丅乙_{卯}甲_{卯丅一})}$$

因

$甲_{卯}\cdot乙_{卯丅一}丅乙_{卯}\cdot甲_{卯丅一}=(丅一)^{卯丅一}$　故　$未丅\frac{甲_{卯}}{乙_{卯}}=\frac{甲_{卯}(甲_{卯}丄午_{卯丅一})}{午(丅一)^{卯丅一}}$

而　$未丅\frac{甲_{卯丅一}}{乙_{卯丅一}}=\frac{甲_{卯}丄午甲_{卯丅一}}{乙_{卯}丄午乙_{卯丅一}}丅\frac{甲_{卯丅一}}{乙_{卯丅一}}=\frac{甲_{卯丅一}(甲_{卯}丄午甲_{卯丅一})}{乙_{卯}甲_{卯丅一}丅甲_{卯}乙_{卯丅一}}$

則　$未丅\frac{甲_{卯丅一}}{乙_{卯丅一}}=\frac{甲_{卯丅一}(甲_{卯}丄午甲_{卯丅一})}{(丅一)^{卯}}$　但　$午<一$　而　$甲_{卯}>甲_{卯丅一}$　所以　$甲_{卯}(甲_{卯}丄午甲_{卯丅一})>甲_{卯丅一}(甲_{卯}丄午甲_{卯丅一})$　又因　$午(丅一)^{卯丅一}<(丅一)^{卯}$　故　$未丅\frac{甲_{卯丅一}}{乙_{卯丅一}}>未丅\frac{甲_{卯}}{乙_{卯}}$　準此理，則第卯漸近分數，比第　$卯丅一$　之漸近分數，必更近於原分數。故漸近分數愈後，則愈近於原分數也。但任何項之漸近分數比之原分數，皆有或大或小之弊。

例如　原連分數爲　$\frac{一二二四}{四九一}$　則各漸近分數爲　$\frac{甲_{一}}{乙_{一}}=\frac{二}{一}$、$\frac{甲_{二}}{乙_{二}}=\frac{五}{二}$、$\frac{甲_{三}}{乙_{三}}=\frac{一七二}{六九}$、$\frac{甲_{四}}{乙_{四}}=\frac{一七七}{七一}$　故　$\frac{二}{一}>\frac{一二二四}{四九一}>\frac{五}{二}$　而　$\frac{五}{二}<\frac{一二二四}{四九一}<\frac{一七二}{六九}$　則　$\frac{一七二}{六九}>\frac{一二二四}{四九一}>\frac{一七七}{七一}$　如是，若連分數之各項皆正，其奇數之漸近分數必大於原數，其耦數之漸近分數必小於原分數。如連分數首項後之諸項皆爲負者，則愈前之漸近分數，必愈小於原分數也。

第一五五款　連分數級數

凡任何分數皆能化爲連分數。準泛倍數理，任何分數皆能化爲級數，則連分數與級數亦必有互相關係之理。

例如　$角_{一}丄角_{二}丄角_{三}丄\cdots丄角_{卯}丄\cdots$　可變爲

$$\frac{一}{角_{一}}丅\frac{角_{一}}{角_{二}}丄\frac{角_{三}丅角_{二}丄角_{三}}{角_{二}\cdot角_{三}}丅\cdots丅\frac{角_{卯丅一}丄角_{卯}丅\cdots}{角_{卯丅二}\cdot角_{卯}}$$

但級數式從首項至卯項之和，必等於連分數之第卯漸近分數。若卯之數值不甚大，則易證其相等之理。今設卯等於三之數題，以明級數與連分數之關係。

$$一丄三丄五=\frac{一}{一}丅\frac{一丄三}{三}丅\frac{三丄五}{一\times五}=\frac{一}{一}丅\frac{四}{三}丅\frac{八}{五}　㊀$$

$$一^{二}丄二^{二}丄三^{二}=\frac{一}{一}丅\frac{一丄二^{二}}{二^{二}}丅\frac{二^{二}丄三^{二}}{一\times三^{二}}=\frac{一}{一}丅\frac{五}{四}丅\frac{一三}{九}　㊁$$

$$甲丄甲寅丄甲寅^{二}=\frac{一丅甲丄甲寅丅甲寅丄甲寅^{二}}{甲　　甲寅　　甲\times甲寅^{二}}=\frac{一}{甲}丅\frac{一丄寅}{寅}丅\frac{一丄寅}{寅}　㊂$$

由此三式即得，

$$角_{一}丄角_{二}丄角_{三}丄\cdots丄角_{卯}=\frac{一}{角_{一}}丅\frac{角_{一}丄角_{二}}{角_{二}}丅\frac{角_{二}丄角_{三}}{角_{一}\cdot角_{三}}丅\cdots丅\frac{角_{卯丅一}丄角_{卯}}{角_{卯丅二}\cdot角_{卯}}　㊃$$

$$角_{一}丅角_{二}丄角_{三}丅\cdots丄(丅一)^{卯丅一}角_{卯}=\frac{一}{角_{一}}丄\frac{角_{一}丅角_{二}}{角_{二}}丄\frac{角_{二}丅角_{三}}{角_{一}\cdot角_{三}}丄\cdots丄\frac{角_{卯丅一}丅角_{卯}}{角_{卯丅二}\cdot角_{卯}}　㊄$$

$$㊄　\frac{亢_{一}}{角_{一}}\overset{丄}{丅}\frac{亢_{二}}{角_{二}}\overset{丄}{丄}\frac{亢_{三}}{角_{三}}\overset{丄}{丅}\cdots=\frac{亢_{一}}{角_{一}}\overset{丅}{丄}\frac{亢_{二}\overset{丄}{丅}角_{二}}{角_{一}\cdot角_{二}}\overset{丅}{丄}\frac{亢_{三}\overset{丄}{丅}角_{三}}{角_{二}\cdot角_{三}}\overset{丅}{丄}\cdots　㊅$$

$\frac{元_一丄元_二}{一丅二}\Big|\frac{元_三丄}{二丅}\cdots=\frac{}{二}\;\frac{元_一}{一}丅\frac{元_二十元_一}{元_二}丅\frac{元_三十元_二}{元_三}丅\frac{元_二十元_一}{}\cdots$ ㈦ 再從三式

而擴充之，則　$角_一十角_一角_二丄角_一角_二角_三十角_一角_二角_三角_四丄\cdots=$

$\frac{丅}{一丄\frac{一十角_二}{角_二}丄\frac{丅}{一十\frac{角_三}{角_三}}丄\frac{丅}{一十\frac{角_四}{角_四}}}丄\cdots$ ㈧ 則　$\frac{角_一}{一}\frac{丄角_一角_二}{丅一}丄$

$\frac{角_一角_二角_三丄角_一角_二角_三角_四}{一丅一}丄\cdots=\frac{角_一}{一}丄\frac{丅}{\frac{角_二}{角_一}十一}丄\frac{丅}{\frac{角_三}{角_二}十一}丅\frac{角_四}{角_三}十一丄\cdots$

㈨ 準以上九式之例，凡任何連分數皆可依各式而變之，即得所求之級數。

例如　$\frac{一}{一}\Big|\frac{丄二}{二}\Big|\frac{丄三}{三}\Big|\frac{丄}{五}\cdots$　求級數者，準七式則　$元_一=一、元_二=$

$三、元_三=五$　故所求之級數式爲　$\frac{二}{一}丅\frac{二}{三}丄\frac{五}{二}丅\frac{七}{二}丄\cdots$

例二　如有　$\frac{一}{一}\Big|\frac{丄一}{二}\Big|\frac{丄一}{三}\Big|\frac{丄}{三}$　求級數者，與七式相比則　$元_一=一、$

$元_二=二、元_三=三$　故所求之級數式爲　$\frac{二}{一}丅\frac{二}{三}丄\frac{三}{二}丅\frac{四}{二}丄\cdots$

例三　如有　$\frac{一}{一}丄\frac{一}{二}丄\frac{一}{三}丄\frac{三}{三}丄\frac{四}{四}丄\cdots$　求級數式式者，因此式與九

式相似，故變九式　$角_一=一、角_二=二、角_三=三$　則

$\frac{二}{一}丅\frac{一}{一}\cdot\frac{一}{二}丄\frac{一}{一}\cdot\frac{一}{二}\cdot\frac{一}{三}丅\cdots$　爲所求之級數。

例四　$\frac{三}{一}丄\frac{三}{三}丄\frac{三}{三}丄\frac{三}{三}丄\cdots$　求級數者，與九式相比則　$角_一=角_二=$

$角_三=\cdots=三$　故　$\frac{三}{一}丅\frac{三}{三}丄\frac{三}{三}丅\frac{三}{三}丄\cdots$　爲所求之級數。準以上諸題之

理，凡連分數與級數皆可據本款之公式而互求之。

第一五六款　循環連分數

凡連分數之諸項，如循環小數之性質。有次序相同者，云循環連分數，而亦

如數學之理，有純循環、混循環之別。例如　$甲丄\frac{乙}{一}丄\frac{丙}{一}丄\frac{乙}{一}丄\frac{丙}{一}丄\cdots$　爲

純循環連分數，如　$\frac{甲}{一}丄\frac{乙}{一}丄\frac{乙}{一}丄\frac{乙}{一}丄\cdots$　爲混循環連分數。於是知一種循

環之性情，即能求第卯漸近分數。如連分數爲　$甲丄\frac{丙}{丁}丄\frac{丙}{丁}丄\frac{丙}{丁}丄\cdots$ ㈠ 準

前理，則　$乙_三=丙乙_二丄丁乙_一、乙_四=丙乙_三丄丁乙_二\cdots\quad 乙_卯=丙乙_{卯丅一}$

$丄丁乙_{卯丅二}$　其$乙^{三}$、$乙^{四}$、$乙^{卯}$等爲各漸近分數之分子，惟丙、丁爲常數，故卯之數值

任如何，皆合。

例二　如有循環級數　$乙_一丄乙_二天丄乙_三天^{二}丄\cdots丄乙_卯天^{卯丅一}$　其級

數率乃爲　$一丅丙天丅丁天^{二}$　準一三三一款角式，即求得

$\frac{一丅丙天丅丁天^{二}}{乙_一丄(乙_二丅丙乙_一)天}$　爲級數之原分數。若將此式展開，與原循環級數等。

與循環連分數之一式比較，則　$乙_一=甲、\frac{甲_二}{乙_二}=乙_一\frac{丙}{丁}=\frac{丙}{乙_一丙丄丁}$　故

$乙_二=乙_一丙丄丁$　而　$丁=乙_二丅乙_一丙$　所以　$\frac{一丅丙天丅丁天^{二}}{乙_一丄(乙_二丅乙_一丙)天}=$

$\frac{一丅丙天丅丁天^{二}}{乙_一丄丁天}$　由是　$\frac{一丅丙天丅丁天^{二}}{乙_一丄丁天}=乙_一丄乙_二天丄乙_三天^{二}$

$丄\cdots丄乙_卯天^{卯丅一}$　惟　$天^{卯丅一}$　之倍數爲$乙^{卯}$，故　$乙_卯=\frac{一丅丙天丅丁天^{二}}{乙_一丄丁天}$

㈡ 後凡循環連分數之第卯漸近分數，皆可從此公式變之。

例如　有　$\frac{一}{一}丄\frac{三}{三}丄\frac{三}{三}丄\frac{三}{三}丄\cdots$　求第卯漸近分數者，準二式變之，則

$乙_一=一、丙=二、丁=三$　而第卯漸近分數之分子爲　$\frac{一丅二天丅三天^{二}}{一丄三天}$　倍數之分

依分項理變之，即得　$\frac{二(一丅三天)}{三}丅\frac{二(一丄天)}{一}$　爲　$天^{卯丅一}$　倍數之分

子，則　$乙_卯=\frac{三}{二}\Big\{三^{卯}丄(丅一)^{卯}\Big\}$　而　$\frac{一丅二天丅三天^{二}}{一}$　爲　$天^{卯丅一}$

倍數之分母。準分數分項法變之得　$\frac{四(一丅三天)}{三}丄\frac{四(一丄天)}{一}$　則

$甲_卯=\frac{四}{二}\Big\{三^{卯}丅(丅一)^{卯}\Big\}$　故　$\frac{甲_卯}{乙_卯}=\frac{三^{卯}丅(丅一)^{卯}}{三\{三^{卯}丄(丅一)^{卯}\}}$　準此例，凡循環連

分數求任何漸近分數者，皆效之。

前所論者，爲循環連分數求任何漸近分數之法。如循環連分數爲無限者，欲求其值，用上法仍不能求，必另設法以取之。

例二 如 $甲丄\frac{丙}{丁}丄\frac{丙}{丁}丄\frac{丙}{丁}丄\cdots$ 求無窮之漸近分數者，令 $天=\frac{甲_{\infty}}{乙_{\infty}}$

則 $天=甲丄\frac{丙}{丁}丄\frac{丙}{丁}丄\frac{丙}{丁}丄\cdots$ 即 $天丅甲=\frac{丙}{丁}丄\frac{丙}{丁}丄\frac{丙}{丁}丄\cdots=\frac{丙丄天丅甲}{丁}$ 理見後一百五十八款例題二。即 $(天丅甲)^{二}丄丙(天丅甲)=丁$ 依二次式解法，得

$(天丅甲)=\frac{二}{\pm\sqrt{丙^{二}丄四丁}丅丙}$ ㊀

例三 如 $甲丄\frac{丙}{一}丄\frac{丁}{一}丄\frac{丙}{一}丄\frac{丁}{一}丄\cdots$ 仍如上法變之，得

$天丅甲=\frac{丙}{一}丄\frac{丁}{一}丄\frac{丙}{一}丄\frac{丁}{一}丄\cdots=\frac{丙}{一}丄\frac{丁丄天丄甲}{一}$ 即 $天丅甲=$

$\frac{丙(丁丄天丅甲)丄一}{丁丄天丅甲}$ 而 $丙(天丅甲)^{二}丄(丙丁丄一)(天丅甲)=丁丄(天丅甲)$ 則 $(天丅甲)^{二}丄丁(天丅甲)=\frac{丙}{丁}$ 由是 $(天丅甲)=$

$\pm\frac{二\sqrt{丙}}{\sqrt{丙丁^{二}丄四丁}}丅\frac{二}{丁}$ ㊁

例四 如有 $一丄\frac{一}{一}丄\frac{一}{一}丄\frac{一}{一}丄\cdots$ 則 $天丅一=\frac{一丄天丅一}{一}$ 即爲

$天丅一=\frac{天}{一}$ 而 $天^{二}丅天=一$ 故求得 $天=\frac{二}{\pm\sqrt{五}丄一}$

例五 如有 $一丄\frac{二}{一}丄\frac{一}{一}丄\frac{二}{一}丄\frac{一}{一}丄\cdots$ 準例三，則

$天丅一=\frac{二}{一}丄\frac{一丄天丅一}{一}$ 即 $天丅一=\frac{二天丄一}{天}$ 乘之，得

$天^{二}丅天=\frac{二}{一}$ 而 $天=\frac{二}{\pm\sqrt{三}丄一}$ 後凡任何循環連分數求常分數者，皆可準本款諸例以求之。

第一五七款 連分數之不盡根

凡無理之根，皆不能求得密數，然可化爲連分數，而易求其漸近數。例如有 $\sqrt{八}$ 爲無理之根，欲化爲連分數者，即得 $\sqrt{八}=二丄(\sqrt{八}丅二)=$

$二丄\frac{\sqrt{八}丄二}{(\sqrt{八}丄二)(\sqrt{八}丅二)}=二丄\frac{\sqrt{八}丄二}{四}=二丄\frac{\left(\frac{四}{\sqrt{八}丄二}\right)}{一}$ 惟

$\sqrt{八}丅二<一$ 故 $\frac{四}{\sqrt{八}丄二}>一$ 則 $\frac{四}{\sqrt{八}丄二}=一丄\frac{四}{\sqrt{八}丅二}=$

$一丄\frac{四(\sqrt{八}丄二)}{(\sqrt{八}丄二)(\sqrt{八}丅二)}=一丄\frac{四(\sqrt{八}丄二)}{四}=一丄\frac{\sqrt{八}丄二}{一}$ 因

$\sqrt{八}丄二>四$ 故 $\sqrt{八}丄二=四丄(\sqrt{八}丅二)=四丄\frac{\left(\frac{四}{\sqrt{八}丄二}\right)}{一}$ 但

$\frac{四}{\sqrt{八}丄二}>一$ 則 $\frac{四}{\sqrt{八}丄二}=一丄\frac{四}{\sqrt{八}丅二}$ 因此式與前式已有循環之理，故可化之爲循環連分數，則 $\sqrt{八}=二丄\frac{一}{一}丄\frac{四}{一}丄\frac{一}{一}丄\frac{四}{一}丄\cdots$ 欲反求之，可準一五六款例二之公式變之，則 甲＝二、丙＝一、丁＝四 故求得

$天丅二=\pm\frac{二}{\sqrt{三二}}丅二=\sqrt{八}丅二$ 而 $天=\sqrt{八}$ 凡化無理根爲連分數皆準此。

第一五八款 連分數雜題之解

本篇解連分數法雖至於七款之多，而仍有未盡意，特設雜題一款以補其不足。

例一 如 $\sqrt[三]{一一}=二丄\frac{四}{一}丄\frac{二}{一}丄\frac{六}{一}丄\cdots$ 求證。若令 $天=\sqrt[三]{一一}$ 則

$天^{三}丅一一=〇$ 而 $三>天>二$ 再令 $天=二丄\frac{地}{一}$ 則

$\left(二丄\frac{地}{一}\right)^{三}丅一一=〇$ 即 $三地^{二}(地丅四)丅六地丅一=〇$ ㊙ 從此若

$地=四$ 則 $丅二五=〇$ 若 $地=五$ 則 $四四=〇$ 而地必在四與五之間，故 $地=四丄\frac{地'}{一}$ 變甲式爲 $地'^{二}(二五地'丅四二)丅二四地'丅三=〇$

㊁ 若令 $地'=三$ 則 $二二二=〇$ 若 $地'=二$ 則 $丅一九=〇$

故 $三>地'>二$ 準上例得 $地'=二丄\frac{地''}{一}$ 由乙式變之，則 $七>地''>六$

依連分數理，故 $\sqrt[三]{一一}=二丄\frac{四}{一}丄\frac{二}{一}丄\frac{六}{一}丄\cdots$

例二　如有　$天^{二}丄甲天丅乙＝〇$　求正根之連分數者，法先變原式爲

$天(天丄甲)＝乙$　則　$天＝\frac{(天丄甲)}{乙}$　如將　$\frac{(天丄甲)}{乙}$　化爲連分數，則

$$天＝\frac{甲丄\frac{甲丄天}{乙}}{乙}＝\frac{甲}{乙}丄\frac{甲}{乙}丄\frac{甲丄天}{乙}$$　由是　$天＝\frac{甲}{乙}丄\frac{甲}{乙}丄\frac{甲}{乙}丄\cdots$　反求之，

則　$天＝\frac{甲丄天}{乙}$　準此亦可爲一五六款例二之證。

例三　如有　$二^{天}＝六$　求天之數值。準連分數理，亦能求得天之略近數。從　$二^{天}＝六$　則　$三>天>二$　所以可令　$天＝二丄\frac{地}{一}$　由是

$二^{二丄\frac{地}{一}}＝六$　即　$二^{二}\cdot二^{\frac{地}{一}}＝六$　故　$\left(\frac{二}{三}\right)^{地}＝二$　若　$地＝一$　則

$\left(\frac{二}{三}\right)^{一}＝\frac{二}{三}$　若　$地＝二$　則　$\left(\frac{二}{三}\right)^{二}＝\frac{四}{九}$　故　$二>地>一$　可令

$地＝一丄\frac{地'}{一}$　則　$\left(\frac{二}{三}\right)^{一丄\frac{地''}{一}}＝二$　即　$\left(\frac{三}{四}\right)^{地'}＝\frac{二}{三}$　而　$二>地'>一$　故

$地'＝一丄\frac{地''}{一}$　於是　$\left(\frac{三}{四}\right)^{一丄\frac{地''}{一}}＝\frac{二}{三}$　即　$\left(\frac{八}{九}\right)^{地''}＝\frac{三}{四}$　故　$三>地''>二$　而

$地''＝二丄\frac{地'''}{一}$　由是則連分數之式爲　$天＝二丄\frac{一}{一}丄\frac{一}{一}丄\frac{一}{二}丄\cdots$

例四　如有　$天^{三}丅甲天丅乙＝〇$　若化爲連分數式，可得天之一根。法先變原式爲　$天^{二}＝甲丄\frac{天}{乙}$　則　$天＝\sqrt{甲丄\frac{天}{乙}}$　將　$\sqrt{甲丄\frac{天}{乙}}$　化爲連分數，得

$$天＝\sqrt{甲丄\frac{\sqrt{甲丄\frac{天}{乙}}}{乙}}＝\sqrt{甲丄\frac{\sqrt{甲丄\frac{\sqrt{甲丄\cdots}}{乙}}}{乙}}$$　準此式，凡　$天^{卯}丅甲天丅乙＝〇$　皆可用連分數法而求得天之一根。

清・陳志堅《求一得齋算學》卷二　連分數開方

問曰：有方積五十一，問連分數若何及漸近數幾何。答曰：準亢式理，五十一以前之正方四十九，其根數七即爲首項，倍其數十四即分母，　五一丅四九　得二即分子，得同母正號連分數式如後：

$$\sqrt{五一}＝七丄\frac{一四丄\frac{一四丄\frac{一四丄\frac{一四丄\cdots}{二}}{二}}{二}}{二}$$

㈦　其漸近數：㈠ $\frac{一}{七}<\sqrt{五一}$　㈡ $\frac{一四}{一〇〇}>\sqrt{五一}$

㈢ $\frac{一八九}{一四一四}<\sqrt{五一}$　㈣ $\frac{二八〇〇}{一九九九六}>\sqrt{五一}$　㈤ $\frac{三九五九六}{二八二七七二}<\sqrt{五一}$

㈥ $\frac{五五九九四四}{三九九八八〇〇}>\sqrt{五一}\cdots$　五式＝七一四一四二八四二七一　六式＝七一四一四二八四二八六　其微小微大(巳)〔己〕在九位之外，(巳)〔己〕得準確數九位。

問曰：有方積六十二，問連分數式若何及漸近數幾何。答曰：準房式理，六十二以後之正方六十四，其根數八即爲首項，倍其數十六即分母，　六四丅六二　得二即分子，得同母負號連分數式如後：

$$\sqrt{六二}＝八丅\frac{一六丅\frac{一六丅\frac{一六丅\frac{一六丅\cdots}{二}}{二}}{二}}{二}$$

㈧　其漸近數：

㈠ $\frac{一}{八}>\sqrt{六二}$　㈡ $\frac{一六}{一二六}>\sqrt{六二}$　㈢ $\frac{二五四}{二〇〇〇}>\sqrt{六二}$

㈣ $\frac{四〇三二}{三一七四八}>\sqrt{六二}$　㈤ $\frac{六四〇〇四}{五〇三九六八}>\sqrt{六二}$

㈥ $\frac{一〇一六〇〇〇}{七九九九九九二}>\sqrt{六二}$　五式＝七八七四〇〇七八七四…　六式＝七八七四〇〇七八七四…　以上十位皆同，即得準確數十位。

審上角、亢等式，得一有前率可求後率之公理。法以首項爲倍數，以乘原法，再加原實，得後率之法。以本方數爲倍數，乘原法，加首項，乘原實，即後率之實。由此可命首項爲丙，即分母爲　二丙　分子爲乙，即原方數爲　$丙^{二}丄乙$　或　$丙^{二}丅乙$　更可依法得各漸近數之公式如後：

	公式	亢	房
㊀	$\frac{二}{丙}$	$<\sqrt{丙^{二}丄乙}$	$>\sqrt{丙^{二}丅乙}$
㊁	$\frac{二丙}{二丙^{二}\pm乙}$	$>\sqrt{丙^{二}丄乙}$	$>\sqrt{丙^{二}丅乙}$
㊂	$\frac{四丙^{二}\pm乙}{(四丙^{二}\pm三乙)丙}$	$<\sqrt{丙^{二}丄乙}$	$>\sqrt{丙^{二}丅乙}$
㊃	$\frac{(八丙^{二}\pm四乙)丙}{(八丙^{二}\pm八乙)丙^{二}丄乙^{二}}$	$>\sqrt{丙^{二}丄乙}$	$>\sqrt{丙^{二}丅乙}$
㊄	$\frac{(一六丙^{二}\pm一二乙)丙^{二}丄乙^{二}}{(一六丙^{二}\pm二〇乙)丙^{三}丄五乙^{二}丙}$	$<\sqrt{丙^{二}丄乙}$	$<\sqrt{丙^{二}丅乙}$
㊅	$\frac{(三二丙^{二}\pm三二乙)丙^{三}丄一六乙^{二}丙}{(三二丙^{二}\pm四八乙)丙^{四}丄一八乙^{二}丙^{二}\pm乙^{三}}$	$>\sqrt{丙^{二}丄乙}$	$>\sqrt{丙^{二}丅乙}\cdots$

既得公式，即可據此以求方根之漸近數，並連分數式亦可不設矣。

問曰：有方積二十六，求其方根之漸近數幾何。答曰：準公式中亢式之理，則　丙＝五、丙^{二}＝二五、丙^{二}丅乙＝二六　即　乙＝一　代入五、六兩式法實中，即　㊄$=\frac{(四〇〇丄一二)二五丄一}{(四〇〇丄二〇)一二五丄二五}=\frac{一〇三〇一}{五二五二五}=$五̣〇九九〇一九五一二六　㊅$=\frac{(八〇〇丄三二)一二五丄三〇}{(八〇〇丄四八)六二五丄四五〇丄一}=\frac{一〇四〇三〇}{五三〇四五一}=$五̣〇九九〇一九五一三六　其微小、微大(巳)〔己〕在九位外，亦得準確數九位。

問曰：有方積三十五，求其方根之漸近數幾何？答曰：準公式中房式之理，則　丙＝六、丙^{二}＝三六、丙^{二}丅乙＝三五　即　乙＝一　亦代入五、六兩式法實中，即　㊄$=\frac{(五七六丅一二)三六丄一}{(五七六丅二〇)二一六丄三〇}=\frac{二〇三〇五}{一二〇一二六}=$五̣九一六〇七九七八三三　㊅$=\frac{(一一五二丅三二)二一六丄三六}{(一一五二丅四八)一二九六丄六四六丅一}=\frac{二四一九五六}{一四三一四三一}=$五̣九一六〇七九七八三一　其減小之數(巳)〔己〕在十位外，即得準確數十位矣。

同餘部

題解

晉・佚名《孫子筭經》卷下 今有物，不知其數。三三數之，賸二；五五數之，賸三；七七數之，賸二。問物幾何。

答曰：二十三。

術曰："三三數之，賸二"，置一百四十；"五五數之，賸三"，置六十三；"七七數之，賸二"，置三十。并之，得二百三十三。以二百一十減之，即得。凡三三數之，賸一，則置七十；五五數之，賸一，則置二十一；七七數之，賸一，則置十五。一百六以上，以一百五減之，即得。

清・顧觀光《九數存古》卷八《方程》 附大衍術

《數學九章》序云：大衍術不載《九章》，未有能推之者，曆家演法頗用之以爲方程者，誤也。按：大衍術雖非方程，而以零數求總數，其用頗與方程相似，故附於此。

大衍總數術曰：置諸問數，一曰元數，謂尾位見單零者。二曰收數，謂尾位見分釐者。三曰通數，謂諸數各有分子母者。四曰復數。謂尾位見十或百，及千以上者。

元數者，先以兩兩連環求等，約奇勿約偶。或約得五而彼有十，乃約偶而弗約奇。或元數俱偶，約畢可存一位見偶。或皆約而猶有類數存，姑置之，俟與其他約遍，而後乃與姑置者求等約之。或諸數皆不可盡類，則以諸元數命曰復數，以復數格入之。館案云：復應作定。

收數者，乃命尾位分釐作單零，以進所問之數。定位訖，用元數格入之。或如意立數爲母，收進分釐，以從所問，用通數格入之。

通數者，置問數通分內子互乘之。求總等，不約一位，約衆位，得各元法數，用元數格入之。或諸母數繁，就分從省通之者，皆不用元，各母仍求總等，存一位，約衆位，亦各得元法數，亦用元數格入之。復數者，問數尾位見十以上者，以諸數求總等，存一位，約衆位，始得元數。兩兩連環求等，約奇弗約偶，復乘偶或約偶勿約奇，復乘奇，館案云：皆續等下用之，此處可省。或彼此可約而猶有類數存者，又相減以求續等。以續等約彼，則必復乘此，乃得定數。所有元數、收數、通數三格，皆有復乘求定之理，悉可入之。

張古餘云：置兩數，以等數約一數，存一數。須存一數不約者，爲求總數。故如多數二十一，少數十五，等數三約二十一，得七，存十五不約。以七乘十五得百五，爲總數。以多少兩數除之，皆盡。若不存一數，併約十五得五，以兩約數五、七相乘，得三十五。以多少兩數除之，皆不能盡，不可爲總數。視兩數皆奇者，如意約之；凡兩數皆奇，所求之等必奇，以約兩數必皆得奇，故可如意約之。按：約分之法，須令既約之後更無可約。欲令無可約，則必先令約得之數皆爲奇數。蓋兩奇或一奇一偶相約，可以無等。若兩偶相約，則必有等也。一奇一偶者，則約奇；凡兩數一奇一偶，所求之等亦必奇，以約奇數必得奇，以約偶數必得偶。今欲令約得爲奇，故約奇。皆偶者，則令約得數爲奇。凡兩數皆偶，所求之等必偶，以約兩數或皆得奇，或一得奇一得偶，故可令約得數爲奇。若約此得數與彼數有等，則反約彼數。有等須再約，今反約彼數，或可無等，不必再約也。如多數九、少數三，等數三。若約九得三，則三與三仍有等。今約三得一，即一與九無等。

再約術曰：置兩數，以等數約一數，乘一數，辨奇偶如上法。既約不可再約，今約一乘一，猶之未約也。

連環相約術曰：置各問數，識其位自上而下列之。先以上位與下諸位各求等，依約分術約一存一爲第一變。若上位當約，即以既約之數與下諸位求等，後倣此。又以次位與下諸位各求等，約之爲第二變。每自上而下，以一位與下諸位各求等，約之變訖，各爲泛母。復置泛母如前，自上而下求等，依再約術約一乘一，變訖，各爲定母。若各問數俱無等，即以各問數爲定母。若泛母俱無等，即以泛母爲定母。秦氏有求總等一法，於算未密，故此術定以約分求泛母，再約求定母，爲省約而無弊。

館案云：復數求元數用總等法者，尚屬未密。蓋總等約後有當連環求等者，有當即求續等者，其法不能定也，張氏删之似爲有識。然如此，則術中當删改者甚多，恐失秦氏之意。今悉仍其舊，以俟後人之論定焉。

求定數勿使兩位見偶，勿使見一太多。見一多則借用繁，不欲借則任得一。

諸衍數各滿定母去之，不滿曰奇，以奇與定用大衍求一入之，以求乘率。或奇得一者，便爲乘率。

大衍求一術云：置奇右上，定居右下，立天元一於左上。先以右上除右下，所得商數與左上一相生，入左下。然後乃以右行上下以少除多，遞互除之，所得商數隨即遞互累乘，歸左行上下，須使右上末後奇一而止，乃驗左上所得，以爲乘率。

置各乘率對乘衍數，得泛用。併泛課衍母多一者，爲正用。或泛多衍母倍數者，驗元數奇偶同類者，損其半倍，或三處同類，以三約衍母，于三處損之。各爲正用數。或定母得一，而衍數同衍母者，爲無用數，當驗元數同類，而正用至多處借之。以元數兩位求等，以等約衍母，爲借數。以借數損有，以益其無，爲正用數。或數處無者，如意立數爲母，約衍母所得，以如意子乘之，均借補之。〇凡借用數，必以等約衍母，此云如意立數，爲母未詳。或欲從省，勿借任之爲空可也，然後其餘各乘正用，爲各總。併總滿衍母去之，不滿爲所求率數。右並《數學九章》。

清·勞乃宣《古籌算考釋續編》卷五　求一上

秦氏《數書九章》曰：大衍總數術曰：置諸問數，一曰元數，謂尾位見單零者。二曰收數，謂尾位見分釐者。三曰通數，謂諸數各有分子母者。四曰復數。謂尾位見十或百及千以上者。

又曰：元數者，先以兩兩連環求等，約奇弗約偶。或約得五而彼有十，乃約偶而弗約奇。或元數俱偶，約畢，可存一位見偶。或皆約而猶有類數存，姑置之，俟與其他約徧，而後乃與姑置者求等約之。或諸數皆不可盡類，則以諸元數命曰復數，以復數格入之。

又曰：收數者，乃命尾位分釐作單零，以進所問之數。定位訖，用元數格入之。或如意立數爲母，收進分釐以從所問，用通數格入之。

又曰：通數者，置問數通分內子互乘之，皆曰通數。求總等，不約一位，約衆位，得各元法數，用元數格入之。或諸母數繁，就分從省通之者，皆不用元，各母仍求總等，存一位，約衆位，亦各得元法數，亦用元數格入之。

又曰：復數者，問數尾位見十以上者，以諸數求總等，存一位，約衆位，始得元數。兩兩連環求等，約奇弗約偶，復乘偶；或約偶弗約奇，復乘奇；或彼此可約，而猶有類數存者。又相減以求續等，以續等約彼，則必復乘此，乃得定數。所有元數、收數、通數三格，皆有復乘求定之理，悉可入之。

又曰：求定數，勿使兩位見偶，勿使見一太多。見一多，則借用繁，不欲借，則任得一。以定相乘爲衍母，以各定約衍母，各得衍數。或列各定爲母於右行，各立天元一爲子於左行，以母互乘子，亦得衍數。

又曰：諸衍數各滿定母去之，不滿曰奇。以奇與定用大衍求一入之，以求乘率。

又曰：大衍求一術云，置奇右上，定居右下，立天元一於左上。先以右上除右下，所得商數，與左上一相生入左下。然後乃以右行上下以少除多，遞互除之，所得商數，隨即遞互累乘，歸左行上下，須使右上末後奇一而止。乃驗左上所得，以爲乘率。或奇數已見單一者，便爲乘率。

又曰：置各乘率對乘衍數，得泛用。併泛課衍母多一者，爲正用。或泛多衍母倍數者，驗元數奇偶同類者，損其半倍，或三處同類，以三約衍母，於三處損之。各爲正用數。或定母得一，而衍數同衍母者，爲無用數。當驗元數同類而正用至多處借之。以元數兩位求等，以等約衍母爲借數，以借數損有以益其無，爲正用。或數處無者，如意立數爲母，約衍母，所得以如意子乘之，均借補之。或欲從省勿借，任之爲空，可也。然後其餘各乘正用，爲各總。併總，滿衍母去之，不滿爲所求率數。

清·徐虎臣《溥通新代數》卷五

第一六七款　恒同餘數

凡任兩數以一數除之，而除不盡之餘數等者，云恒同餘數。如兩數爲 甲、乙 以丙除之，而餘數皆爲寅者，則 甲＝丙丑丄寅、乙＝丙丑′丄寅 由減法 甲丅乙＝(丑丅丑′)丙 準此式 甲丅乙 必能以丙約之得整。故凡任兩數之差，以一數約之得整者，以此數除兩數，其餘數恒同。

例如 有 一九 與 一五 以四除者，則 一九丅一五＝四 即爲恒同餘數。

例二 如 六七五 與 三二四 以九除之，則兩數之差爲 三五一 能以九約之得整，故將兩數以九除之，爲恒同餘數。

例三 如 九二一 與 三七五 以 二四 除之者，因兩數之差爲 五四六 不能以 二四 約之得整。故以 二四 除 九二一 餘數爲九，除 三七五 餘數 一五 爲不同餘數也。又凡以一數除兩數爲不同餘數時，若兩餘數之和能以除數約之得整者，則兩數之和必能以除數除之得整。準前理 甲＝丙丑丄寅、乙＝丙丑′丄卯 則 甲丄乙＝丙丑″丄(寅丄卯) 如 寅丄卯＝丙 或 寅丄卯＝丑″/丙 則 甲丄乙 必能以丙除之得盡。若 寅丄卯 ≷丙 而與丙互爲素數者，則 甲丄乙 必不能以丙除之得盡。由是相同餘數等於除數之任何分數者，其兩數之和亦能以除數除之得盡。

綜論

清・張敦仁《求一筭術・序》 筭數之學，自《九章》而後，述作滋多。其最善者則有二術，一曰立天元一，一曰求一。盡方圓之變，莫善於立天元一；窮奇偶之情，莫善於求一。求一之術出於《孫子筭經》物不知數之問，宋史《藝文志》有龍受益求一筭術化零歌，當即此術。而其書不傳，推步家謂之方程。周琮《明天術義略》所謂以方程約而齊之。鮑澣之《論統天術》所謂虚廢方程之筭者是也。然其布筭行列，迥與方程不同，則名之爲方程者，非也。其法以各數及不滿各數之殘，求未以各數除去之數。必先求以各數去之餘一之數，而後諸數可求，故曰求一也。筭之用無所不包，至於步天而極。求一術之於步天，其用尤爲切要何者？氣朔交轉之策，即各數也。氣朔交轉之應，即不滿各數之殘也。上元以來，距所求年之積分，即未以各數除去之數也。是故由唐《麟德術》以下，迄於宋元諸家演撰，皆依賴是術而成。五代曹士蔿始變古法，不復推上古爲元，然世謂之小術，衹行於民間。元郭守敬造《授時術》，斷取近距，不用積年日法，而李謙議仍有附演積數三法，以釋或者之疑。蓋臺官師説相傳，罔敢失墜，求一術之見重當時如此。明用《大統》，一切皆仍《授時》之舊。鄭世子載堉所進《萬年術》，亦依郭法截筭，不立積年。上元之法久不行用，於是古人所以推求七曜齊同之故，五百年來無有知其説者矣。

國朝數學昌明，邁越千古，潛心九九之士，後先相望。立天元術，見於元李敬齋冶《益古演段》《測圓海鏡》(者)，唐荆川、顧箬溪諸君已不解爲何物。及宣城梅文穆公以西洋借根方釋之，其術復大顯。獨求一術廑見於宋秦九韶道古《數學九章》中，學者罕見其書，知之者鮮。余宦遊江右，上交學使李雲門先生，借録所藏秦李諸書，乃得窺尋立天元一、求一之妙。及來吳門，有元和諸生李尚之鋭篤好斯言，因共日夕討論，研窮祕奥。官曹多暇，輒依秦氏所説，略加修飾，推而衍之，得書一卷，名曰《求一筭術》。以篇帙稍繁，分爲上、中、下。上以究其原，中、下以明其法。中爲雜法，下則演紀也。

清・黄宗憲《求一術通解・自序》 自《孫子筭經》物不知數一題，有術無草，後人罕通其妙，遂無有論及者。宋秦氏道古，以大衍釋之，其法始顯。國朝駱氏春池、張氏古愚各有專書，然求等、約分頭緒不一，初學茫然。近日，時君清甫《求一術指》立法稍簡，亦僅識其當然，而於所以然，終闕如也。同治癸酉，左君壬叟《衍通分捷法》一帙，將分母、分子析爲各數根，任以多項通分，頃刻可得，可謂善於求較者矣。余因悟大衍術析各泛母以求定母，形跡顯露，術理朗然，較之舊術簡而愈詳。夫立天元一，始見於秦氏《數書九章》，繼見於李氏《測圜海鏡》。李氏之天元，得梅文穆以借根方釋之而彰，而秦氏之天元，焦氏理堂、李氏秋紉各執一説，究之皆未暢其旨。竊謂秦氏以記衍數一次爲天元，别無深理，以此釋之，令閲者瞭如指掌。於是思索三日，復商搉左君，乃盡爲注釋，並就正吾師丁果臣先生。先生精筭理，爲楚南絶學之倡，而於時君《術指》尤所推許，余故就時君諸題，更别爲演草。然則筭數之理，其果爲無盡者耶。使時君見之，未知更以爲何如也。

例言

一，求定母，舊術極繁，至《求一術指》稍歸簡捷，而約分之理仍不易明。今析各泛母爲極小數根，瞭如指掌，遇題有多式者，一索無遺。

一，求衍母，以各定母連乘，與舊術同。

一，求衍數，舊術以定母除衍母得其衍數，今以餘位定母連乘，亦得本位衍數，布筭時取便用之。

一，舊術有求奇數之例，今不用。

一，求乘率，舊術先以奇定相求，得奇一。再立天元，累乘累加，亦覺眩目。今以定母衍數對列，輾轉相減，遞求寄數，即爲乘率，不立天元。

一，定母累減衍數，即餘一者無乘率，即以衍數爲用數。有乘率者，以乘率乘衍數，所得爲用數，與舊術同。

一，舊術有借用數之法，贅設刪之。

一，大衍題答數無窮，古人皆設所求數少於衍母，故併各總數，滿衍母去之，不滿即所求。若遇所求數多於衍母者，則不然也。此論原書未及，今特詳之。

一，是編所定新法，意在明數理之相通，【略】謹述數題，申明術意而止。

一，是編分上下二卷，上卷發明古人立公式之理，下卷則隨題立法。故另設數題，以明用捷法之理。

一，求乘率恒以衍數餘一而止，兹增補求反乘率法，卻以定母餘一而止，卷末亦另設新題，以明其用。

一，大衍術有可以代數求者，乃近日曾君栗誠所述，附録於後，理亦與本術相通。

一，是編釋案，辭取淺顯，以便初學，雖傷煩冗，亦所不計，倘有不盡術意者，補之。

又 **卷上**　今有數不知總，任命一數累減之，或有賸，或無賸。復易一數累減之，或有賸，或無賸。再易一數累減之。或有賸，或無賸。欲求總數，其術如何。

答曰：答數無窮。理固如是，然各題所求，總以初答爲主。

按：此祇三次減數，即孫子原術也。凡製題，自兩次以至多次，皆可任意命數，求法不殊。

術曰：置各減數分行列之，曰泛母。析泛母析法詳後。爲諸數根，凡二、三、五、七及不能成昇之數，皆曰數根。以求定母。求法詳後。各定母連乘爲衍母，復以定母除衍母，得其衍數。或以餘位定母連乘，亦得本位衍數。再以定母累減衍數以求一，其初次減得一者，即以衍數爲用數。若初次減未得一者，則輾轉互減以求之，必至衍數得一而止。其所寄數求法詳後。爲乘率，以乘衍數得用數，既得各用數，仍分位列之爲一表。乃視題中某位賸數若干，某位無賸數，則棄之不用。以本位用數乘之爲總數。逐位求總數畢，乃併之爲所求率，每減衍母一次得一答，不足減者即初答。若每加衍母，則答數無窮。

析泛母法

置各行泛母爲實，先以二、三、五、七各小根爲法，逐行分次累除之，至四小根皆不受除，乃驗不受除之數，皆成根即止。或有未成根者，則以除得之根爲法除之，至皆不受除，再驗不受除之數，皆成根即止。抑或有未成根又不受已得各根之除者，以未成根之數求等，以等爲法除之，至各數皆無等而止。書其末次得數，及每次用以爲法之數於本位下，是爲諸根。

表根数

单	𝍡　𝍢　𝍤　𝍦
一十	𝍠𝍩　𝍠𝍫　𝍠𝍯　𝍠𝍱
二十	𝍡𝍫　𝍡𝍱
三十	𝍢𝍩　𝍢𝍯
四十	𝍣𝍩　𝍣𝍫　𝍣𝍯
五十	𝍤𝍫　𝍤𝍱
六十	𝍥𝍩　𝍥𝍯
七十	𝍦𝍩　𝍦𝍫　𝍦𝍱
八十	𝍧𝍫　𝍧𝍱
九十	𝍨𝍯

求定母法

前法析泛母畢，乃偏視各同根，如三與三、五與五之類。取某行最多者用之，餘行所有，棄之不用。再視本行所有異根，如三與五之類。或少於他行，則棄之；因他行已用，則此行必棄。抑或多於餘行，亦用之；或與他行最多者等，則此兩行隨意用之。用此則棄彼，用彼則棄此。以所用數根連乘之，即得本行定母。若某行各根皆少於他行者，則此位無定母。

求寄數法

列定母於右行，列衍數於左行，左角上預寄一數。按：預寄一數者，是記此一個衍數也，原書謂之立天元一。輾轉累減，凡定母與衍數輾轉累減，則其上所寄數必輾轉累加。至衍數餘一即止，視左角上寄數爲乘率。若求反乘率，至定母餘一即止，視右角上寄數爲反乘率。

按：兩數相減，必以少數爲法，多數爲實。其法上無寄數者，不論減若干次，減餘數上仍以一爲寄數。其實上無寄數者，減餘數上以所減次數爲寄數。其法上、實上俱有寄數者，視累減若干次，以法上寄數亦累加若干次於實上寄數中，即得減餘數上之寄數矣。已上求一術之大旨明。

又　求一術別題附

按：題爲嘉定時清甫先生擬以寄詢，宗憲。曾立術答之，已坿刊《百雞術衍》書後。茲又稍加變通，並補演真數四草，坿録於此，以見求一一術，不僅能馭孫子題類耳。

今有總數若干爲實，以若干數爲法除之，不盡若干，乃滿若干數去之。欲知去若干次滿數，而以法除之適盡。其術如何？

術曰：命法數爲天，滿數爲地，不盡數爲人。先以三項求總等，各約之，無等不約。乃置天地二項以求一入之，以天比定母，地比衍數。求得乘率，以人乘之，天累減之。不足減者，即所求去地之次數。以地乘之，得數以減原實，餘即爲法除盡之數也。

今有數若干爲實，以若干數爲法除之，不足法，乃滿若干數加之。欲知加若干次滿數，而以法除之適盡。其術如何？

術曰：命法數爲天，滿數爲地，不足法之實數爲人。先以三項求總等，各約之，無等不約。乃置天地二項，以求一入之，以天比定母，地比衍數。求得反乘率，以人乘之，天累減之，不足減者即所求加地之次數。以地乘之，得數加入原實，即爲法除盡之數也。

清·龔傑《求一捷術·序》　孫子物不知數之題，古人用大衍術推算，理甚隱晦，不若代數衍式顯而易見。然代數無定式，用公約數輾轉相約，雖可必得其最小數，惟約數愈多，求法愈難，是以此等題自古迄今苦無捷術以御之，僕竊憾焉。茲思得一法，即由約數之最大者求之，雖約數極多，而最小數頃刻可得。立法極淺，御題極易，質諸專家以爲何如。

又 孫子歌曰：三人同行七十稀，五樹梅花廿一枝，七子團圓正半月，除百零五便得知。此歌嘗於梅瑴成《增删算法統宗》中見之，不知是否孫子所作。嘗攷《孫子算經》，並無是歌，而物不知數題算法又與歌相合，則爲孫子作亦未可知。古來言算者，每以此歌爲不足法。山陽駱騰鳳《藝游録》中亦言：此術未易得解，余既作求一捷術後，偶檢此歌，忽悟可爲求一題通法，雖得數並非最小數，較大衍術似覺明顯，特未經人道破此理，遂無由表見耳。爰爲詳解，並推廣其理，俾古人立法之原，復明於當世。

又《求一捷術・附古歌解》胡祥鑅《漸學盧叢書》 或謂孫子立法之原固已明矣，惟欲以此法推演求一術題，必先求約數餘一，所置數不誠爲費事乎？曰：是亦有公法。設如題中有甲、乙、丙三個約數，欲求甲約每餘一，所置數宜令乙、丙相乘爲實，以甲歷減之如餘一，即爲甲每餘一所置數。如非餘一，則二乘實，再以甲歷減之。設仍非餘一，則三乘實，再以歷甲減之。如是類推，必減餘爲一，而後所置數乃定。求乙與丙每餘一，所置數亦同。設約數有多項，求法亦同，惟置數必甚繁瑣，不及余所作求一捷術之便耳。

清・傅九淵《有不爲齋算學》卷四 大衍約分定術

案：大衍術見宋秦道古《數書》，其立法以問數分爲元，收通復四類，遞次求等，約分以取定數，求得衍母、衍數爲求一術之用。其復數類中，以總等存一約衆之後，有即用存數與衆約數求續等者，有用存數與衆約數連環求等，再求續等者，若非詳審，難保不誤。近陽城張古餘撰《求一算術》，不立元收通復之名，亦不必先求總等，但以諸數連環求等，約一存一爲泛母，再以泛母連環求等，約一棄一爲定母，較秦書頗爲明晰。惟諸等所約，不拘列位之上下，專辨各數之奇偶。兩數皆奇者，如意約之。一奇一偶者，約奇。皆偶者，今約數爲奇。若約此數與彼數仍有等，則反約之。其法大概本於秦氏，秦書所云約奇弗約偶，即一奇一偶之約法也。云元數俱偶，約畢即可存一位見偶，即皆偶之約法也。云或約得五而彼有十，乃約偶而弗約奇，即反約之法也。以之入筭，亦須詳審，方不致誤。否則，或約之而虧其定母，如秦書程行相及，問上層三百、中層二百五十、下層二百，依求總等術，誤衍母三千爲六千，張氏譏之是也。但用張氏法，須自下而上求等相約，始爲不誤。若自上而下，先以三百與中二百五十求等，得五十，以約中層，得五。以三百與下二百求等，得一百，以約上層，得三。俱令約得數爲奇，是爲一變。再以中五與下二百求等，得五，依約奇弗約偶法，以等約中層，得一，是爲二變。得所求泛母，泛母無等，即爲定母。以定相乘，止得衍母六百，其誤與求總等者相類。或乘之而溢其本數。如董方立《三統術衍》，補求太初元年距上元歲數，以熒惑辰星爲奇數，得一以乘熒惑增於本數一倍，雖轉求距上元歲數所得無誤，然因距上元歲數以十倍熒惑本數減之，所餘爲入大周歲數。減數爲十，係續等二可以度盡之數，故以二乘過之熒惑數，求之與距上元歲數偶合。若續等或三或七，即不合矣。若依求一術取其乘率，以轉求他數，必差衍母幾分之數。雖其差有定，而不能立法以預爲加減，則亦終歸於誤而已矣。今定爲畫一之例，求初數則存上約下，求次數則皆乘下約上，不必贅辨奇偶，而數無差爽。法更省，易録而存之，於讀秦氏書者，不爲無補焉。

又 術曰：置各數錐行列之，或用反錐亦可。自上而下，遞以一位爲主，與下各位求等。以等約下位，存主位連環求之，訖各爲初數。復按位列之，自上而下，遞以一位爲主，與下各位求續等。以續等約主位，乘下位，亦連環求之，訖各爲次數。次數有等則再約再乘，爲又次數，必累求至無等而止。凡無等者，均不再求，即用各數爲定母，各定母相乘爲衍母。

設甲、乙、丙、丁四數，甲三百八十五億三千九百四十五萬三千八百九十，乙一千一百二十六億一千三百七十九萬二千一百四十八，丙四千六百一十二億七千二百七十八萬七千八百，丁一兆八千七億二千七百三萬四千二百八十八。欲使各位相求皆有續，故置筭不得不繁。

甲	乙	丙	丁
〇	八	〇	八
九	四	〇	八
八	一	八	二
三	二	七	四
五	九	八	三
四	七	七	〇
九	三	二	七
三	一	七	二
五	六	二	七
八	二	一	〇
三	一	六	〇
	一	四	八
			一

乙	丙	丁
二	〇	二
八	六	三
二	八	六
〇	三	〇
四	三	四
八	五	一
七	五	九
八	〇	四
九	〇	一
	二	四

丙	丁
〇	六
七	三
四	〇
三	三
四	一
一	三
三	四

丁
四
九
〇
三

以各數錐行列之，連環求等。

先以甲位爲主與乙求等，得一百一十四。以約乙，得九億八千七百八十四萬二百八十二。又與丙求等，得二百三十。以約丙，得二十億五百五十三萬三千八百六十。又與丁求等，得四百三十四。以約丁，得四十一億四千九百一十四萬六百三十二。其甲原數三百八十五億三千九百四十五萬三千八百九十便爲初數。次以乙位爲主與丙求等，得六百三十八。以約丙，得三百一十四萬三千四百七十。又與丁求等，得九百六十二。以約丁，得四百三十一萬三千三十六。其乙約數九億八千七百八十四萬二百八十二便爲初數。　次以丙位爲主與丁求等，得一千三百九十四。以約丁，得三千九十四。其丙約數三百一十四萬三千四百七十便爲初數。　丁無下位，即以約數三千九十四爲初數。

乃以初數按位列之，連環求續等。凡有大小二數，以大數自乘，乘小數爲一數。復以小數自乘，乘大數爲一數。此兩數求等，約一存一後必有續等。

甲 〇九八三五四九三五八三
乙 二八二〇四八七八九
丙 〇七四三四一三
丁 四九〇三

甲 九〇二一二五三八一
乙 二九六一四〇七二九五
丙 〇五三七一七五一
丁 八五六一二

乙 一六九一六三〇一
丙 〇〇七一八七五四三
丁 八〇一三六五

丙 五二〇五八〇五
丁 四四三一九二八三

先以甲位爲主與乙求等，得六。以乘乙，得五十九億二千七百四萬一千六百九十二。約甲，得六十四億二千三百二十四萬二千三百一十五。又與丙求等，得五。以乘丙，得一千五百七十一萬七千三百五十。約甲，得一十二億八千四百六十四萬八千四百六十三。又與丁求等，得七。以乘丁，得二萬一千六百五十八。約甲，得一億八千三百五十二萬一千二百九，便爲甲次數。　次以乙位爲主與丙求等，得二十二。以乘丙，得三億四千五百七十八萬一千七百。約乙，得二億六千九百四十一萬九百八十六。又與丁求等，得二十六。以乘丁，得五十六萬三千一百八。約乙，得一千三十六萬一千九百六十一，爲乙次數。　次以丙位爲主與丁求等，得六十八。以乘丁，得三千八百二十九萬一千三百四十四。約丙，得五百八萬五千二十五，爲丙次數。　丁無下位，即以乘數三千八百二十九萬一千三百四十四爲丁次數。

乃以諸次數按位列之，兩兩連環相求，更無續等，即各用爲定母。

甲 九〇二一二五三八
乙 一六九一六三〇一
丙 五二〇五八〇五
丁 四四三一九二八三

以各定母相乘，得三七〇二七二八九一四二五五〇六九二六三六一六四一五三六四〇〇得數盈三十位，因京垓以上諸名世不恒用，故不以命之。爲衍母。

又式：以甲、乙、丙、丁各數自下而上，反錐列之，連環求等。

先以丁位爲主與丙求等，得五千五百七十六。以約丙，得八千二百七十二億四千六百七十五。又與乙求等，得一千九百二十四。以約乙，得五千八百五十三萬一千七十七。又與甲求等，得四百三十四。以約甲，得八千八百八十萬五百八十五。其丁原數一兆八千七億二千七百三萬四千二百八十八便爲初數。　次以丙位爲主與乙求等，得三百一十九。以約乙，得一十八萬三千四百八十三。又與甲求等，得一百一十五。以約甲，得七十七萬二千一百七十九。其丙約數八千二百七十二萬四千六百七十五便爲初數。　次以乙位爲主與甲求等，得五十七。以約甲，得一萬三千五百四十七。其乙約數一十八萬三千四百八十三便爲初數。　甲無下位，即以約數一萬三千五百四十七爲初數。

乃以初數按位列之，連環求續等。

元數

丁 八八二四三〇七二七〇〇八一
丙 〇〇八七八七二七二一六四
乙 八四一二九七三一六二一一
甲 〇九八三五四九三五八三

丙 五七六四二七二八
乙 七七〇一三五八五
甲 五八五〇〇八八八

乙 三八四三八一
甲 九七一二七七

甲 七四五三一

丁 八八二四三〇七二七〇〇八一
丙 五七六四二七二八
乙 三八四三八一
甲 七四五三一

丁 四四三一九二八三
丙 五七六一一七一九三三
乙 一七八八八七六
甲 七五九九一四

丙 五二〇五八〇五
乙 九五二七七八六九一
甲 一一〇九五六九

乙 一六九一六三〇一
甲 九〇二一二五三八一

先以丁位爲主與丙求等，得四十一。以乘丙，得三十三億九千一百七十一萬一千六百七十五。約丁，得四百三十九億二千一十七萬一千五百六十八。又與乙求等，得三十七。以乘乙，得六百七十八萬八千八百七十一。約丁，得一十一億八千七百三萬一千六百六十四。又與甲求等，得三十一。以乘甲，得四十一萬九千九百五十七。約丁，得三千八百二十九萬一千三百四十四爲丁次數。　次以丙位爲主與乙求等，得二十九。以乘乙，得一億九千六百八十七萬七千二百五十九。約丙，得一億一千六百九十五萬五千五百七十五。又與甲求等，得二十三。以乘甲，得九百六十五萬九千一十一。約丙，得五百八萬五千二十五爲次數。　次以乙位爲主與甲求等，得一十九。以乘甲，得一億八千三百五十二萬一千二百九。約乙，得一千三十六萬一千九百六十一爲次數。　甲無下位，即以乘數一億八千三百五十二萬一千二百九爲次數。

乃以次數按位列之，兩兩連環相求，更無續等，即各用爲定母。與前式並同。

以各定母相乘得衍母。與前同。

設甲、乙、丙三數，甲一萬九千四百四，乙二萬二千九百五十，丙一十八萬九千。設此以明諸位續等，有須乘約數次始盡者。

以各數錐行列之，連環求等。

元數

一九四〇四甲
二二九五〇乙
一八九〇〇〇丙

二七五乙
一七五〇丙

一〇丙

先以甲位爲主與乙求等，得一十八。以約乙，得一千二百七十五。又與丙求等，得二百五十二。以約丙，得七百五十。其甲原數一萬九千四百四便爲甲初數。次以乙位爲主與丙求等，得七十五。以約丙，得一十。其乙約數一千二百七十五便爲乙初數。丙無下位，即以約數一十爲初數。

初數

一九四〇四甲
一二七五乙
一〇丙

三二三四甲
三八二五乙
二〇丙

七六五乙
一〇〇丙

乃以初數列之，連環求續等。

先以甲位爲主與乙求等，得三。以乘乙，得三千八百二十五。約甲，得六千四百六十八。又與丙求等，得二。以乘丙，得二十。約甲，得三千二百三十四爲甲次數。次以乙位爲主與丙求等，得五。以乘丙，得一百。約乙，得七百六十五爲乙次數。丙無下位，即以乘得數一百爲次數。

復以次數列之，再求續等。

次數

三二三四甲
七六五乙
一〇〇丙

五三九甲
二二九五乙
二〇〇丙

四五九乙
一〇〇〇丙

先以甲位爲主與乙求等，得三。以乘乙，得二千二百九十五。約甲，得一千七十八。又與丙求等，得二。以乘丙，得二百。約甲，得五百三十九爲又次數。次以乙爲主與丙求等，得五。以乘丙，得一千。約乙，得四百五十九爲又次數。丙無下位，即以乘得數一千爲又次數。

五三九甲
四五九乙
一〇〇〇丙

再以又次數列之，再求無續等，即各用爲定母。

又次數即爲定母。

乃以諸定母相乘，得二億四千七百四十萬一千爲衍母。

又式：以各數反錐列之，連環求等。

元數

一八九〇〇〇丙
二二九五〇乙
一九四〇四甲

一七乙
七七甲

先求丙、乙之等，得一千三百五十。以約乙，得一十七。又求丙、甲之等，得二百五十二。以約甲，得七十七。以甲元數一十八萬九千便爲甲初數。次乙、甲相求無等，即以乙約數一十七爲乙初數，甲約數七十七爲甲初數。

初數

三二九〇〇〇丙
一七乙
七七甲

二七〇〇〇丙
一七乙
五三九甲

乃以初數列之，令求續等。

先以丙、乙相求，無等。又以丙、甲相求，得等數七。以乘甲，得五百三十九。約丙，得二萬七千爲次數。乙無等，即以原約數一十七爲次數。甲無下位，即以乘得數五百三十九爲次數。

復以次數列之，再求無等，即各用爲定母。較前式省算。

次數即爲定母。

此式定母與前式異，相乘仍得二億四千七百四十萬一千爲衍母。

二七〇〇〇丙
一七乙
五三九甲

衍母。

校泛母約損元數之誤。

設甲、乙、丙三數，甲五千一百七十五，乙二萬五千五百一十五，丙一十四萬一千七百五十。

以三數上下列之：

五一七五甲
二五五一五乙
一四一七五〇丙

五六七乙
六三〇丙

一〇丙

依法先以甲與乙求等，得四十五。以約乙，得五百六十七。又與丙求等，得二百二十五。以約丙，得六百三十。次以乙與丙求等，得六十三。以約丙，得一十。

又以甲元數與乙、丙二約數各命爲初數，列之令求續等。

五一七五甲
五六七乙
一〇丙

先以甲與乙求等，得九。以乘乙，得五千一百三。約甲，得五百七十五。又與丙求等，得五。以乘丙，得五十。約甲，得一百一十五爲甲次數。次以乙與丙相求無等，便以乙、丙兩乘數各爲次數。

一一五甲
五一〇三乙
五〇丙

復以各次數列之，再求續等。

一一五甲
五一〇三乙
五〇丙

先以甲與乙相求，無等。又與丙相求，得等數五。以乘丙，得二百五十。約甲，得二十三，爲甲又次數。乙、丙更無續等，便以乙原約數五千一百三，爲乙又次數。丙乘數五十，便爲丙又次數。

又次數俱無續等，即各用爲定母。

若依辨奇偶法，則以諸數列位，先求甲、乙之等，得四十五。約乙，得五百六十七。所謂兩數皆奇，如意約之也。又求甲、丙之等，得二百二十五。約甲，得二十三。約奇弗約偶。次以乙、丙求等，得五百六十七以。約乙，得一。亦是約奇。

乃列甲約數，乙約數得一去之不用。及丙原數各爲泛母，泛母無等，即爲定母。

定母

甲	三二
乙	三〇一五
丙	〇五二

元數

甲	五七一五
乙	五一五五二
丙	〇五七一四一

定母

甲	三二
丙	〇五七一四一

以兩術所求定母，各求衍母、衍數，併用求一術各求其椉率、用數以入算。

前術：衍母二千九百三十四萬二千二百五十。

甲衍數一百二十七萬五千七百五十，椉率一十八，用數二千二百九十六萬三千五百。

乙衍數五千七百五十，椉率一千五百三十八，用數八百八十四萬三千五百。

丙衍數一十一萬七千三百六十九，椉率二百二十九，用數二千六百八十七萬七千五百一。

後術：衍母三百二十六萬二百五十。

甲衍數一十四萬一千七百五十，椉率一，用數一十四萬一千七百五十。

丙衍數二十三，椉率一十二萬五千五百八十七，用數三百一十一萬八千五百一。

案：甲、乙、丙三數以九除之皆盡，則九爲三數同用之等，即所謂總等也。舊術以總等除各位，而必有一位不令受除者，以此位爲總等所寄存之，以求衍母，爲諸位本數皆可度盡之地也。然總等除過之位，其疊率內或仍有寄數與總等相同。如以總等九約乙，得二千八百三十五爲疊率，此疊率仍可以九除盡，是寄九在内也。若用此寄數約去原存位内所寄總等之數，或用彼位所寄總等，約去此位疊率内所寄與總等相同之數，則兩寄數互損其一，所求衍母在他位元數皆可度盡者，在此位則疊率度之可盡，元數度之必不能盡，因而轉求他數亦有時必累加衍母，始與所求相合矣。今設問以攷之如後。

大衍求一術解

術曰：衍數滿定母去之爲盈數，置右上，借一算爲左上。盈數轉減定母爲朒數，置右下，復借一算爲左下。舊術下位右置定母，左無借算。今依盈不足列位之式畧爲更定，則術意瞭然。以盈朒兩數少者爲法，多者爲實，法除實得商數。盈受除，以商數椉左下，併入左上。朒受除，則以商數椉左上，併入左下。迭除迭椉，皆互併之，令右行上下各餘一算而止。一即等數，演紀術不先約分爲定母，則等數或在一以上。乃以左上爲椉率，併左上、左下爲蔀率。蔀率惟演紀用之。

解曰：此術出於《九章》之盈不足，其左行上下，即盈不足術之兩假令也。右行上下，即一盈一不足之數也。盈不足術齊其假令，以同其盈朒，所求者不盈不朒之正數，故用一維椉，而盈數與朒數適相當。此術齊其假令，以課其盈朒，所求者一盈一朒之差數，故迭除、迭椉使盈朒兩數相除補恰差一算而後已。盈朒兩數以少除多，盈數受除，齊朒行以併之，則差在盈；朒數受除，齊盈行以併之，則差在朒。差在盈者，損其盈；差在朒者，損其朒。盈朒遞損，則兩假令必遞增，假令之增，如兩正同名相加也；盈朒之損，猶正負異名以相減爲加也。加之而得其互相除補之實，減之而見其不相除補之差。凡以差遞除而不盡，則不盡之數復爲差；以差遞除可盡而不盡，則不盡之數必爲一。因差求一，互除所以損其差也。以一爲差，爲術必等於一也。此大衍求一之精理也。蓋盈數得一，則以行内之假椉衍數，即定母度之餘一之用數也。與盈不足之用齊同者，有別盈數、朒數俱得一，則併兩行之假令，椉衍數，即定母度之不盈不朒之正數，仍與盈不足之用齊同者無異信乎。《九章》之書爲周官保氏遺灋，後世步筭家雖窮極幽眇，皆未有出其範圍者也。

清・勞乃宣《古籌算考釋續編》卷五　求一上

求一之術，肇端於《孫子算經》一題，而其法不詳。至秦氏大加發明，而法乃該備。其書於此一法備舉始終，明白詳盡。草中所繪之圖，皆係籌式，以籌演之，委曲周帀，無微不到，皆顯而易知，簡而易能，毫無費解難明之處。後人不知其爲籌算也，以筆算珠算求之，遂覺其諸多不便。故張古餘氏《求一算術》、駱春池氏《藝游録》、黄玉屏氏《求一術通解》，於其算式皆有所更定。其中惟奇定相求一術，更張最多。張氏則先以奇定互除，得幾數列於左行，立天元一於右行。以左行各數遞椉、遞加右行，以次而下，右行末一數，即爲椉率。駱氏則平列三位，左爲奇元，中爲定元，右爲奇定。以奇定互商，偏椉三位以相減，左下末次得數爲椉率。黄氏則列定母於右行，列衍數於左行。左角上預寄一數，輾轉累減，所寄數輾轉累加，至衍數餘一即止，視左角上寄數爲椉率。大抵皆以原法爲不便，力求其便，而適愈形其不便。不知布以籌算，原法固極便也。其泛母求定母，原書求等相約，諸術甚爲繁重。黄氏別立析數根法，較爲便捷。但泛母數少者，數根易見，如遇甚多之數，數根不能一覽而知，則考求數根，轉繁於原法矣。故其法可備一格，而不可以該全體，仍當以原書之法爲正。惟借用數以補空位之法，誠爲贅設，諸家删之，良是。而考原書，本有「或欲從省勿借，任之爲空可也」之語，是秦氏非不知其可省也。又求總等法，亦在可省之列，此外諸家臆改之處，悉不如原書，實由不知其爲籌算之故耳。使諸家知其爲籌算，必悔其不當妄改矣。今既知爲籌算，則取原書圖草，用籌依法布算，自能了然，固無待余之贅述也。特知之者少，故表而出之，取其原法，略加詮釋，擇取數題，依其原草，稍加訂正以明其概。欲知其詳，仍當於原書求之。

又　卷七　方程求一

《孫子算經》曰：今有物不知其數，三三數之，賸二；五五數之，賸三；七七數之，賸二。問物幾何。答曰：二十三。

求一之法，自《孫子算經》以來即有之。《宋史·藝文志》有龍受益《求一算術化零歌》一卷，又《求一算法》一卷，又龍受益注汪守忠《求一術歌》一卷。書皆不傳，傳於今者，獨秦氏之書。秦氏自謂窮年致志，感於夢寐，幸而得知，是其法乃所自創，非古法也。古法何如？不可知，然推步家多謂之方程。周琮《明天術議略》，謂以方程約而齊之。鮑澣之《論統天術》，謂虚廢方程之筭，是則古法當與方程相類。而秦氏之法，與方程絶不相侔且以曆家謂爲方程者爲誤。竊嘗疑之，以謂古者既有方程之稱，與方程必有相通之理。秦氏非之，恐近武斷，反覆推求，乃明其故。蓋求一者，方程之變法也。方程以齊不齊，求一亦以齊不齊。特方程有幾色必有幾行，而以方程御求一，則多一色而少一行。因其少一行，必變其應消之數爲一，而後能相消，故謂之求一。而其求一之法，必化整數爲零數。龍氏之書有化零之名，殆爲近之。因本此理，定爲方程求一之術不用連環求等諸法，不立定母衍母用數諸名目，一法貫注，可以徑得衍母及所求之數，較之秦氏之法，簡易不啻倍蓰。未知於古法何如？或者可於秦法之外備一格乎？其術列式如方程，每一問數爲一色，幾問數則列幾行。所求數亦爲一色，故多一色而少一行，每行列一問數、一求數、一賸數，問數幾則置幾正筭，求數皆置一負筭，賸數爲實置於下，多幾則置幾正筭，少幾則置幾負筭，其問數逐行遞下一層，雁翅列之。列式既定，任取二行，以問數少者之行消問數多者之行，問數少者之行，寄之不動。所消之行，變爲一多問數正，一少問數負，求數空，一賸數或正或負或空。乃以此行爲實，以少問數爲法，徧除之。其除法置法於右，置商於左，呼除中行。除不盡者，命爲分子，法爲分母，則一行化爲三行。左爲整數，中爲分子，右爲分母，共爲一相當式。乃別借一筭，以當右二行分數，置於左行之上，與各整數相當，此筭之正負與中行上層分子相同。又以此筭消右二行，反其正負，置於中行之上，亦與各分數相當，則一相當式化爲左整右分之兩相當式。以右行分母通借筭，收去各分母，仍爲相當數，則又化爲兩整數相當式。視右行次層如已得一，即止。如尚未得一，則移左行寄左。又以右行爲實，以次層之數爲法，如前再商除之。得三行後，再借一筭，置於左行之上，以消右二行。以分母通之，而收去各分母，復分爲兩相當式。視右行次層如已得一，即止。如尚未得一，則如前再求之。如此屢求至右行次層得一，乃爲分母消盡，然後以寄左各行並列之。商除幾次，則寄左有幾行，各行次層以下，必彼此有兩兩相對之數。惟少問數一層無對，以各行自左而右遞相乘消，留末次借筭一層。餘借筭皆令消盡，則右行惟餘末次借筭層、少問數層、實數層有數，其餘諸層皆空。乃以先寄之行，乘而消之，令少問數層爲空，則此行首層有數。求數層有一筭，下實層有數，與原列方程式各行之式相同。既得此行，是爲兩行消畢，乃汰去次層以下空位，即以此行首層爲多問數。再取一行與此行如前法求之，又得一行，再取一行與所得之行如前法求之。各行俱求畢，最後所得之行，首層即爲衍母，下實如與首層同名，則與首層相加，以求數層之筭除之，得數滿衍母去之，餘爲所求數。下實如與首層異名，則與首層相消，以求數層之筭除之，得數即爲所求數。

清·駱騰鳳《藝遊録》卷一　大衍求一法

先求定數　如大小二數，必求等約之爲大定數、小定數，亦以等約總數爲定實。如約之無等者，即以大、小本數爲大小定數，亦以本總數爲定實。凡以等約者，必令約得數爲二奇，或一奇一偶，一三五七九爲奇，二四六八十爲偶。乃可求一。如約得數爲二偶，則除之必盡，不能得一也。

次求用數　既約得二定數，則以小定爲大定衍數，大定爲小定衍數。凡衍數係各定連乘之衍母數，而以本定母除之，即異母連乘數也。如有甲、乙、丙三定母者，甲、乙、丙三定連乘數爲衍母。以甲母除之，得乙、丙相乘數爲甲衍數。以乙母除之，得甲、丙相乘數爲乙衍數。以丙母除之，得甲、乙相乘數爲丙衍數。或徑以乙、丙相乘爲甲衍數，甲、丙相乘爲乙衍數，甲、乙相乘爲丙衍數，亦得。若祇大小二定數，無他數可乘，則小定即大衍數，大定即小衍數也。凡衍數，以本定母除之餘一者，爲乘率。以乘率乘衍數，爲用數。若除之不滿本定母數，又不能爲一數者，是爲奇數。奇者，零也，與奇偶異。用奇定相求法別求乘率，以乘奇而定除之，令其餘一也。既得一，即以乘率乘衍數，爲用數矣。

置各用數，乃以其餘乘之，爲定用。併之，滿衍母去之，不滿爲所求率數。凡併各用數，以衍母除之，必餘一。如併各用數，以乘所求數，以衍母除之，必得所求數，而又餘一所求數也。

算法

清・張敦仁《求一筭術》卷上

求等兩數本不等，輾轉相消而等，以等除不等，兩數必適盡。

術曰：多爲實，少爲法，實滿法去之。不計除得之數，故曰去之。不盡，以法爲實，實爲法，復除去之，實盡則法爲等數。此出《九章》約分術。所除去者，皆等數之重疊者也。

上　下
二一　一五
上餘六　元下一五
前六　下餘三
上盡〇　等數三

今有多數二十一，少數一十五。問等數幾何。

答曰：三。以等數三除多數二十一，得七。除少數一十五，得五，皆適盡，它（放）〔倣〕此。

草曰：置二十一於上，一十五於下。以下一十五除去上二十一，上餘六。又以上六除去下一十五，下餘三。又以下三除去上六，適盡，則下三爲等數。合問。

今有多數一十八，少數三。問等數幾何。

答曰：三。

上　下
一八　三
上盡〇　等數三

草曰：置一十八於上，三於下。以下三除去上一十八，適盡，則下三爲等數。合問。

今有多數六，少數四。問等數幾何。

答曰：二。

草曰：置六於上，四於下。以下四除去上六，上餘二。又以上二除去下四，適盡，則上二爲等數。合問。

上　下
六　四
上餘二　元下四
等數二　下盡〇

今有多數三，少數二。問等數幾何。

答曰：一，亦爲無等。一即是等數，但以除多少兩數，皆仍爲元數。一除不消，故爲無等。

草曰：置三於上，二於下。以下二除去上三，上餘一。又以上一除去下二，適盡，則上一爲等數。合問。

上　下
三　二
上餘一　元下二
等數一　下盡〇

約分既有等數，則兩數中有重疊，故須約之。

術曰：置兩數，以等數約一數，存一數。須存一數不約者，爲求總數故。如下第一問，多數二十一，少數一十五。約二十一得七，存一十五不約。以七乘一十五，得百五爲總數。以多少兩數除之，皆盡。若不存一數，併約一十五得五。以兩約數五七相乘，得三十五。以多少兩數除之，皆不能盡，不可爲總數，故須存一數。視兩數皆奇者，奇謂一、三、五、七、九之類。如意約之。凡兩數皆奇，所求之等必奇。以約兩數，必皆得奇，故可如意約之。案：約分之法，須令既約之後更無可約。欲令無可約，則必先令約得之數皆爲奇數。蓋兩奇或一奇一偶相約，可以無等。若兩偶相約，則必有等，故也。一奇一偶者，偶謂二、四、六、八、十之類。則約奇。凡兩數一奇一偶，所求之等亦必奇。以約奇數必得奇，以約偶數必得偶。今欲令約得爲奇，故約奇。皆偶者，則令約得數爲奇。凡兩數皆偶，所求之等必偶。以約兩數，或皆得奇，或一得奇一得偶，故可令約得數爲奇。若約此得數與彼數有等，則反約彼數。有等須再約，今反約彼數，或可無等，不必再約也。

今有多數二十一，奇。少數一十五，奇。等數三。奇。問當約何數。

答曰：約二十一得七，奇。約一十五得五，奇。俱可。

今有多數九，奇。少數三，奇，等數三。奇。問當約何數。

答曰：當約三得一。奇。此反約法也。若約九，得三。則三與三仍有等。今約三得一，即一與九無等。

今有多數二十四，偶。少數二十一，奇。等數三。奇。問當約何數。

答曰：當約二十一得七。奇。

今有多數二十五，奇。少數一十，偶。等數五。奇。問當約何數。

答曰：當約一十得二。偶約二。此亦反約法也。若十五得五，則五與一十仍有等。今約一十得二，即二與二十五爲無等。

今有多數六，偶。少數四，偶。等數二。偶。問當約何數。

答曰：當約六得三。奇。

再約既約之後仍有等數，即須再約。

術曰：置兩數，此既約後之數。以等數約一數，乘一數，既約不可再約。今約一乘一，猶之未約也。辨奇偶如上法。謂兩奇則如意約之之類。

今有多數二十一，奇。少數一十五，奇。等數三。奇。問當約何數、乘何數。

答曰：約二十一得七，奇。乘一十五得四十五。奇。或約一十五得五，奇。乘二十一得六十三。奇。俱可。

今有多數九，奇。少數三，奇。等數三。奇。問當約何數、乘何數。

答曰：當約三得一，奇。乘九得二十七。奇。

今有多數二十四，偶。少數二十一，奇。等數三。奇。問當約何數、乘何數。

答曰：當約二十一得七，奇。乘二十四得七十二。偶。

今有多數二十五，奇。少數一十，偶。等數五。奇。問當約何數乘何數。

答曰：當約一十得二，偶。乘二十五得一百二十五。奇。

今有多數六，偶。少數四，偶。等數二。偶。問當約何數乘何數。

答曰：當約六得三，奇。乘四得八。偶。

連環相約

術曰：置各問數，識其位，如甲、乙、丙、丁之類。自上而下列之。先以上位與下諸位各求等，依約分術約一存一，爲第一變。若上位當約，即以既約之數與下諸位求等，後皆放此。又以次位與下諸位各求等，約之，爲第二變。每自上而下，以一位與下諸位各求等，約之，爲一變，凡問數有三位，則有二變；有四位，則有三變。每多一位，則多一變。訖各爲泛母。復置泛母如前，自上而下求等，依再約術約一乘一，爲一變，訖各爲定母。若各問數俱無等，即以各問數爲定母。若泛母俱無等，即以泛母爲定母。案：秦氏元法，問數有元數、收數、通數、復數之別，其復數條有求總等一法。今驗求總等於筭未(密)〔密〕，如程行相及問衍母當三千，緣求總等誤作六千，故此術定以約分求泛母，再約求定母，較元法爲省約而無弊。

今有甲數二十四，乙數三十，丙數五十四。問定母各幾何。

答曰：甲八、乙五、丙二十七。

草曰：先以甲二十四偶。與乙三十偶。求等，得六。偶。以約乙，得五。奇。此是令約得數爲奇。又以甲二十四偶。與丙五十四偶。求等，得六。偶。以約丙，得九。奇。此亦是令約得數爲奇。得甲二十四、乙五、丙九爲第一變。又以乙五與丙九求等，得一不約，此第一變即爲第二變。又問數止三位，此第二變即爲泛母。

泛母	甲	乙	丙
	二四	五	九

又置泛母，以甲二十四與乙五求等，得一不約。又以甲二十四與丙九求等，得三。以約甲，得八。偶。此反約法。乘丙，得二十七。奇。得甲八、乙五、丙二十七爲第一變。又以乙五與丙二十七求等，得一不約。此第一變即爲第二變，亦即爲定母。合問。

今有甲數二十八、乙數二十六、丙數三十二。問定母各幾何。

答曰：甲七、乙一十三、丙三十二。

草曰：以甲二十八偶。與乙二十六偶。求等，得二。偶。以約乙，得一十三。奇。又以甲二十八偶。與丙三十二偶。求等四，偶。以約甲得七，奇。得甲七、乙一十三、丙三十二爲第一變。又以乙一十三與丙三十二求等，得一不約。此第一變即爲第二變，問數止三位即爲泛母。又視甲七與乙一十三與丙三十二，又乙一十三與丙三十二皆無等，此泛母即爲定母。合問。

今有甲數一十一、乙數九、丙數四。問定母各幾何。

答曰：甲一十一、乙九、丙四。無等即以問數爲定母。

草曰：以甲一十一與乙九求等，得一。又以甲一十一與丙四求等，得一，皆不約。又以乙九與丙四求等，得一，亦不約，則甲一十一、乙九、丙四即爲定母。合問。

連環相乘

術曰：列各問數累相乘，所得即衍母也。如甲、乙、丙三位，以甲乘乙，得數又以丙乘之，即得衍。母四位以上(放)〔倣〕此。列各問數，存一位，餘累相乘，所得即所存位之衍數也。如甲、乙、丙三位，存甲一位，以乙、丙兩位相乘，所得爲甲衍數，餘(放)〔倣〕此。

其一術曰：置衍母，依位數副之，如有甲、乙、丙三位，即副置衍母三位，四位已上(放)〔倣〕此。以各問數除之，即各得衍數也。如以甲除衍母，所得爲甲衍數。餘(放)〔倣〕此。

今有甲數八、乙數五、丙數二十七。問衍母、衍數各幾何。

答曰：衍母一千八十、甲衍數一百三十五、乙衍數二百一十六、丙衍數四十。

草曰：以甲數八乘乙數五，得四十。又以丙數二十七乘之，得一千八十，即衍母也。以乙數五乘丙數二十七，得一百三十五，即甲衍數也。以甲數八乘丙數二十七，得二百一十六，即乙衍數也。以甲數八乘乙數五，得四十，即丙衍數也。合問。

其一草曰：置衍母一千八十爲三位，以甲數八除之，得一百三十五。以乙數五除之，得二百一十六。以丙數二十七除之，得四十，並與前同。合問。

今有甲數三、乙數五、丙數七、丁數十一。問衍母、衍數各幾何。

答曰：衍母一千一百五十五，甲衍數三百八十五、乙衍數二百三十一、丙衍數一百六十五，丁衍數一百五。

草曰：以甲數三乘乙數五，得一十五。又以丙數七乘之，得一百五。又以丁數十一乘之，得一千一百五十五，即衍母也。以乙數五乘丙數七，得三十五。又以丁數十一乘之，得三百八十五，即甲衍數也。以甲數三乘丙數七，得二十一。又以丁數十一乘之，得二百三十一，即乙衍數也。以甲數三乘乙數五，得一十五。又以丁數十一乘之，得一百六十五，即丙衍數也。以甲數三乘乙數五，得一十五。又以丙數七乘之，得一百五，即丁衍數也。合問。

其一草曰：置衍母一千一百五十五爲四位，以甲數三除之，得三百八十五。以乙數五除之，得二百三十一。以丙數七除之，得一百六十五。以丁數十一除之，得一百五，並與前同。合問。

大衍求一以乘率乘少數，滿多數去之必餘一。一猶大衍之奇一，故曰大衍求一。

術曰：列少數於上，多數於下，以上除下，所得爲第一數。有餘，復以下除上，所得爲第二數。如是上下相除，所得以次命之，如第三數、第四數之類。上位餘一，如上位除盡，即減得數一爲餘一。如上位五、下位一，常法以一除五，得五除盡。此術以一除五，則爲得四，餘一，與常法不同。即止不除。乃列各得數於左行，立天元一爲右行。第一數以左行第一數乘之，得右行第二數。此無上位可加，故即爲第二數。復置右行第二數，以左行第二數乘之，加入右行第一數，得右行第三數。每置右行數，以左行相當之數乘之，謂第一、第二位數相當。以右行上位加之，得右行次位。如右行第三數，即以左行相當第三數乘之，以右行上位第二數加之，得右行次位第四數，它做此。其右行最後得數，即乘率也。右行位數恒多於左行一位，如左行有四數，右行即有五數，此第五數即乘率也。

今有少數五，多數六。問乘率幾何。

答曰：五。以乘率五乘少數五，得二十五。以多數六去之，餘一。

第一數	第二數	乘率	
一	一	五	右行

第一數	第二數	
一	四	左行

草曰：列五於上，六於下。以上五除下六，得一爲第一數，下餘一。又以下一除上五，得四爲第二數，上餘一，即止不除。得第一數一、第二數四列左行，乃立天元一爲右行第一數。以左行第一數一乘之，仍得一爲右行第二數。又置右行第二數一，以左行第二數四乘之，仍得四。加入右行第一數一，得五爲右行第三數，左行更無第三數，無可對乘，此右行第三數即爲乘率。合問。

今有少數五，多數二十三。問乘率幾何。

答曰：一十四。以乘率一十四乘少數五，得七十。以多數二十三去之，餘一。

第一數	第二數	第三數	第四數	乘率	
一	四	五	九	一四	右行

第一數	第二數	第三數	第四數	
四	一	一	一	左行

草曰：列五於上，二十三於下。以上五除下二十三，得四爲第一數，下餘三。又以下三除上五，得一爲第二數上，餘二。又以上二除下三，得一爲第三數，下餘一。又以下一除上二，得一爲第四數，上餘一，即止不除。得第一數四、第二數一、第三數一、第四數一列左行，乃立天元一爲右行第一數。以左行第一數乘之，仍得四爲右行第二數。又置右行第二數四，以左行第一數一乘之，仍得四。加入右行第一數一，得五爲右行第三數。又置右行第三數五，以左行第三數一乘之，仍得五。加入右行第二數四，得九爲第四數。又置右行第四數九，以左行第四數一乘之，仍得九。加入右行第三數五，得一十四爲右行第五數，即乘率。合問。

今有少數一百，多數一百一。問乘率幾何。

答曰：一百。以乘率一百乘少數一百得一萬，滿多數一百一去之餘一。

草曰：列一百於上，一百一於下。以上一百除下一百一，得一爲第一數，下餘一。又以下一除上一百，得九十九爲第二數，上餘一，即止不除。得第一數一、第二數九十九列左行，乃立天元一爲右行第一數。以左行第一數一乘之，仍

第一數 第二數 乘率
一 一 一〇〇 右行
第一數 第二數
一 一 九九
一 左行

得一爲右行第二數。又置右行第二數一，以左行第二數九十九乘之，仍得九十九。(如)〔加〕入右行第一數一，得一百爲右行第三數，即乘率。合問。

求一此總術也。

術曰：置元問各全數，依連環相約術求得各定母。復置各定母，若定母爲一即減去此位不用。依連環相乘術求得衍母及衍數。置各衍數，各以定母去之，餘爲各奇數。各置奇數、定母，奇數一者即以衍數爲用數不求乘率。依大衍求一術求得各乘率。復置各衍數，以各乘率乘之，得各用數。乃置元問各賸數，各以用數乘之爲各總。以各總并之爲總數，滿衍母去之，餘即所求數也。

今有物不知其數，三三數之，賸二；五五數之，賸三；七七數之，賸二。問物幾何。此問出《孫子算經》，爲求一術之原本，故首列之。

答曰：二十三。

元問全數 甲三 乙五 丙七

草曰：置元問全數三、五、七，列甲、乙、丙三位。依連環相約術約之，先以甲三與乙五相約，無等。次以甲三與丙七相約，亦無等。又以乙五與丙七相約，亦無等，即以各全數爲各定母。

定母 甲三 乙五 丙七

又依連環相乘術求衍母、衍數，以甲定母三乘乙定母五，得一十五。以乘丙定母七，得一百五爲衍母。置衍母三位，各以定母除之，甲得三十五、乙得二十一、丙得一十五，各爲衍數。

衍數 甲三五 乙二一 丙一五 衍母一〇五

置各衍數，各以定母除去之，甲得二、乙得一、丙得一，各爲奇數。

奇數 甲二 乙一 丙一

視乙、丙二位奇數，皆得一，不求乘率，即以衍數爲用數。甲奇數二，當求乘率，依大衍求一術入之。列甲奇數二於上，甲定母三於下，以上二除下三，得一爲第一數，下餘一。又以下一除上二，得一爲第二數，須令有餘，故一除二得一。上餘一。得第一數、第二數一。

上二 下三 第一數一
元二 餘一 第二數一
餘一

列第一數、第二數一于左行，立天元一爲右行第一

第一數 第二數 甲乘率
一 一 二 右行
第一數 第二數
一 一 左行

數。以左行第一數一乘之，得一爲右行第二數。又置右行第二數一，以左行第二數一乘之，得一加入右行第一數一，得二爲右行第三數，即甲乘率。

以甲乘率二乘甲衍數三十五，得七十爲甲用數。乙衍數二十一、丙衍數一十五，即爲用數。

用數 甲七〇 乙二一 丙一五

乃置元問賸數二、三、二，亦列甲、乙、丙三位。各乘用數，甲得一百四十、乙得六十三、丙得三十，各爲各總。并各總得二百三十三，爲總數。

賸數 甲二 乙三 丙二
各總 甲一四〇 乙六三 丙三〇 總數二三三

置總數，以衍母一百五除去之，餘二十三即物數也。合問。

今有物不知其數，四四數之，賸一；六六數之，賸五；八八數之，賸一。問物幾何。

答曰：一十七。

元問全數 甲四 乙六 丙八

草曰：列元問全數四、六、八爲甲、乙、丙三位。依連環相約術約之，先以甲四與乙六求等，得二。以約乙六，得三。四、六皆偶數，若約四得二，仍是偶數，則與六仍有等，故約六得三爲奇數，即與四無等。又以甲四與丙八求等，得四。以約甲四，得一。此所約得亦是奇數。又以乙三即用約得數。與丙八求等，得一，不約。約畢，得甲一、乙三、丙八各爲定母。又甲定母止有一，即減去甲位，不用。案：秦氏元法定母一者，有借用數之法。又云或欲從省勿借，任之爲空，是借用法本可不立，輾轉補綴，易滋學者之惑，故此術直削去不用。但以乙三、丙八爲各定母。以後只以乙、丙二位入算。

定母 乙三 丙八

又依連環相乘術求衍母、衍數。以乙定母三乘丙定母八，得二十四爲衍母。列衍母爲二位，各以定母除之，乙得八、即定母。丙得三，即乙定母。各爲衍數。

衍數 乙八 丙三 衍母二四

置各衍數，以各定母除去之，乙得二，丙不滿定母，即爲得三，各爲奇數。

奇數 乙二 丙三

各置定母、奇數，依大衍求一術入之。先求乙乘率，列乙奇數二於上，乙定母三於下，以上除下，得一爲第一數，下餘一。又以下一除上二，得一爲第二數，上餘一。得第一數一、第一數一。

上二　下三　第一數一

元上二　下餘一　第二數一

上餘一

列第一數一、第二數一於左行，立天元一爲右行第一數。以左行第一數一乘

第一數一　第二數一　乙乘率二　右行

第一數一　第二數一　左行

之，得一爲右行第二數。又置右行第二數一，以左行第二數一乘之，得一。加入右行第一數一，得二爲右行第三數，即乙乘率。

上三　下八　第一數二

元上三　下餘二　第二數一

上餘一

次求丙乘率，列丙奇數三於上，丙定母八於下。以上三除下八，得二爲第一數，下餘二。又以下二除上三，得一爲第二數，上餘一，即止不除。得第一數二、第二數一。

列第一數二、第二數一於左行，立天元一爲右行第一數。以左行第一數二乘之，得二爲右行第二數。又置右行第二數二，以左行第二數一乘之，得二。加入右行第一數一，得三爲右行第三數，即丙乘率。

第一數一　第二數二　丙乘率三　右行

第一數二　第二數一　左行

以各乘率與各衍數相乘，乙乘率二乘乙衍數八，得一十六。丙乘率三乘丙衍數三，得九，各爲用數。

乘率　乙二　丙三

用數　乙一六　丙九

乃列元問賸數五、一爲乙、丙二位，四四所賸一當爲甲位，亦弃不用。各乘用數。乙賸數五乘乙用數一十六，得八十。丙賸數一乘丙用數九，仍得九，各爲總。併各總，得八十九爲總數。置總數，以衍母二十四除去之，餘一十七即物數也。

賸數　乙五　丙一

各總　乙八〇　丙九　總數八九

合問。

今有物不知其數，五五數之，賸四；七七數之，賸五；九九數之，賸一。問物幾何。

答曰：一十九。

草曰：列元問全數，五爲甲位，七爲乙位，九爲丙位。

元問全數　甲五　乙七　丙九

定母　甲五　乙七　丙九

依連環相約術約之。以甲五與乙七、丙九相約求等，又以乙七與丙九求等，皆得一，不約，即以甲五、乙七、丙九各爲定母。

又依連環相乘術求衍數、衍母。以甲五乘乙七，得三十五。又以丙九乘之，得三百一十五爲衍母。又以乙七乘丙九，得六十三爲甲衍數。以甲五乘丙九，得四十五爲乙衍數。以甲五乘乙七，得三十五爲丙衍數。

衍數　甲六三　乙四五　丙三五　衍母三一五

置各衍數，各以定母去之，甲餘三、乙餘三、丙餘八，各爲奇數。

奇數　甲三　乙三　丙八

依大衍求一術求乘率。先求甲列甲奇數三於上，甲定母五於下。以上三除下五，得一爲第一數，下餘二。又以下二除上三，得一爲第二數，上餘一，即止不除。得第一數一、第二數一。

上三　下五　第一數一

元上三　下餘二　第二數一

上餘一

列第一數一、第二數一於左行，立天元一爲右行第一數。以左行第一數一乘之，得一爲右行第二數。又置右行第二數一，以左行第二數一乘之，得一。加入右行第一數一，得二爲右行第三數，即甲乘率。

第一數一　第二數一　第三數二　即甲乘率　右行

第一數一　第二數一　左行

次求乙列。乙奇數三於上，乙定母七於下。以上三除下七，得二爲第一數，下餘一。又以下一除上三，得二爲第二數，上餘一。得第一數二、第二數二。

上三　下七　第一數二

元上三　下餘一　第二數二

上餘一

列第一數二、第二數二於左行，立天元一爲右行第一數。以左行第一數二乘之，得二爲右行第二數。又置右行第二數二，以左行第二數二乘之，得四。加入右行第一數一，得五爲右行第三數，即乙乘率。

第一數　第三數二　乙乘率五　右行

第一數二　第二數二　左行

次求丙列。丙奇數八於上，丙定母九於下。以上八除下九，得一爲第一數，下餘一。又以下一除上八，得七爲第二數，上餘一。得第一數一、第二數七。

上八　下九　第一數一

元上八　下餘一　第二數七

上餘一

列第一數一、第二數七於左行，立天元一爲右行第

	第一數	第二數	丙乘率
右行	一	一	八
左行	一	七	

一數。以左行第一數一乘之，得一爲右行第二數。又置右行第二數一，以左行第二數七乘之，得七。加入右行第一數一，得八爲右行第三數，即丙乘率。

以各乘率各乘衍數，甲得一百二十六，乙得二百二十五，丙得二百八十，各爲用數。

用數	甲	乙	丙
	一二六	二二五	二八〇

乃列元問賸數四爲甲位，五爲乙位，一爲丙位。各以用數乘之，甲得五百四，乙得一千一百二十五，丙得二百八十，各爲總。并三總，得一千九百九，爲總數。

	甲	乙	丙	
賸數	四	五	一	
各總	甲五〇四	乙一一二五	丙二八〇	總數一九〇九

置總數一千九百九，滿衍母三百一十五去之，餘一十九即物數也。合問。

又 卷中 今有乾、坎、艮、震、巽、離、坤、兌八庫貯銀，相等聽乾、坎、艮、震、巽、離、坤、兌八項人各於當庫支用。如乾項人於乾庫支用，坎項人於坎庫支用是也。乾每次支銀一十兩，坎每次支銀二十兩，艮每次支銀三十兩，震每次支銀四十兩，巽每次支銀五十兩，離每次支銀六十兩，坤每次支銀七十兩，兌每次支銀八十兩。今各不記支用次數，但查驗餘銀。乾庫餘九兩，坎庫餘十九兩，艮庫餘十九兩，震庫餘十九兩，巽庫餘九兩，離庫餘十九兩，坤庫餘六十九兩，兌庫餘五十九兩。問八庫貯銀數及八項人各支用次數幾何。

答曰：每庫貯銀六千八百五十九兩，乾支過六百八十五次，坎支過三百四十二次，艮支過二百二十八次，震支過一百七十一次，巽支過一百三十七次，離支過一百一十四次，坤支過九十七次，兌支過八十五次。

草曰：置乾一十兩，坎二十兩，艮三十兩，震四十兩，巽五十兩，離六十兩，坤七十兩，兌八十兩，各爲全數。

	乾	坎	艮	震	巽	離	坤	兌
八數	一〇	二〇	三〇	四〇	五〇	六〇	七〇	八〇

用連環相約術約之。先以乾一十與坎二十求等，得一十。以約乾一十，得一。乾既得一，與艮震以下各位皆無等，得乾一、坎二十、艮三十、震四十、巽五十、離六十、坤七十、兌八十，爲第一變。

	乾	坎	艮	震	巽	離	坤	兌
一變	一	二〇	三〇	四〇	五〇	六〇	七〇	八〇

次以坎二十與艮三十求等，得一十。以約艮三十，得三。又以坎二十與震四十求等，得二十。以約坎二十，得一。坎既得一，與下俱無等，得乾一、坎一、艮三、震四十、巽五十、離六十、坤七十、兌八十，爲第二變。

	乾	坎	艮	震	巽	離	坤	兌
二變	一	一	三	四〇	五〇	六〇	七〇	八〇

次以艮三與震四十求等，得一，不約。又以艮三與巽五十求等，亦得一，不約。又以艮三與離六十求等，得三。約艮三，得一。得乾一、坎一、艮一、震四十、巽五十、離六十、坤七十、兌八十，爲第三變。

	乾	坎	艮	震	巽	離	坤	兌
三變	一	一	一	四〇	五〇	六〇	七〇	八〇

次以震四十與巽五十求等，得一十。以約震四十，得四。此反約法。又以震四與離六十求等，得四。以約離六十，得一十五。又以震四與坤七十求等，得二。以約坤七十，得三十五。又以震四與兌八十求等，得四。以約震四，得一。得乾一、坎一、艮一、震一、巽五十、離一十五、坤三十五、兌八十，爲第四變。

	乾	坎	艮	震	巽	離	坤	兌
四變	一	一	一	一	五〇	一五	三五	八〇

次以巽五十與離一十五求等，得五。以約離一十五，得三。又以巽五十與坤三十五求等，得五。以約坤三十五，得七。又以巽五十與兌八十求等，得一十。以約巽五十，得五。得乾一、坎一、艮一、震一、巽五、離三、坤七、兌八十，爲第五變。次以離三與坤七兌八十求等，皆得一，不約，此第五變即爲第六。次以坤七與兌八十求等，得一，不約，此第五變即爲第七變。泛母有八位，故有七變。

	乾	坎	艮	震	巽	離	坤	兌
泛母	一	一	一	一	五	三	七	八〇

又置泛母如前求等，皆得一。惟巽五與兌八十求等得五，以約巽五，得一。以乘兌八十，得四百。得乾一、坎一、艮一、震一、巽一、離三、坤七、兌四百各爲定母。定母單一者，皆減去不用。但置離三、坤七、兌四百爲三位。

	離	坤	兌
定母	三	七	四〇〇

用連環相乘術求衍母、衍數。以離三乘坤七，得二十一。又以兌四百乘之，得八千四百爲衍母。又以坤七乘兌四百，得二千八百爲離衍數。又以離三乘兌四百，得一千二百爲坤衍數。又以離三乘坤

	離	坤	兌	衍母
衍數	二八〇〇	一二〇〇	二一	八四〇〇

七，得二十一爲兌衍數。

置各衍數，以各定母去之，得離一、坤三、兌二十一，各爲奇數。

奇數	離	坤	兌
	一	三	二一

用大衍求一術求乘率。先求坤乘率，離奇數一，即爲乘率。置坤奇數三於上，坤定母七於下。以上三除下七，得二爲第一數，下餘一。又以下一除上三，得二爲第二數，上餘一，即止不除。得第一數二、第二數二列左行，乃立天元一爲右行第一數。以左行第一數二乘之，仍得二爲右行第二數。又置右行第二數二，以左行第二數二乘之，得四。加入右行第一數一，得五爲右行第三數，即坤乘率。

左行	第一數	第二數
	二	二

右行	第一數	第二數	坤乘率
	一	二	五

次求兌乘率，置兌奇數二十一於上，兌定母四百於下。以上二十一除下四百，得十九爲第一數，下餘一。又以下一除上二十一，得二十爲第二數，上餘一，即止不除。得第一數十九、第二數二十列左行，乃立天元一爲右行第一數。以左行第一數十九乘之，仍得十九爲右行第二數。又置右行第二數十九，以左行第二數二十乘之，得三百八十。加入右行第一數一，得三百八十一爲右行第三數，即兌乘率。

左行	第一數	第二數
	一九	二〇

右行	第一數	第二數	兌乘率
	一	一九	三八一

置離乘率一、坤乘率五、兌乘率三百八十一，各乘衍數。離乘率一，即以衍數二千八百爲離用數。坤乘率五，以乘坤衍數一千二百，得六千爲坤用數。兌乘率三百八十一，以乘兌衍數二十一，得八千一爲兌用數。

	離	坤	兌
乘率	一	五	三八一
用數	二八〇〇	六〇〇〇	八〇〇一

乃置離庫餘十九兩，坤庫餘六十九兩，兌庫餘五十九兩，各爲賸數。

賸數	離	坤	兌
	一九	六九	五九

置各賸數，各以用數乘之。離用數二千八百以乘離賸數十九，得五萬三千二百爲離總。坤用數六千以乘坤賸數六十九，得四十一萬四千爲坤總。兌用數八千一以乘兌賸數五十九，得四十七萬二千五十九爲兌總。并各總，得九十三萬九千二百五十九爲總數。

各總	離	坤	兌	總數
	五三二〇〇	四一四〇〇〇	四七二〇五九	九三九二五九

置總數九十三萬九千二百五十九，滿衍母八千四百去之，餘六千八百五十九，即各庫貯銀兩數。副置八位，以乾每次支銀一十兩除之，得六百八十五次，餘九兩。以坎每次支銀二十兩除之，得三百四十二次，餘十九兩。以艮每次支銀三十兩除之，得二百二十八次，餘十九兩。以震每次支銀四十兩除之，得一百七十一次，餘十九兩。以巽每次支銀五十兩除之，得一百三十七次，餘九兩。以離每次支銀六十兩除之，得一百一十四次，餘十九兩。以坤每次支銀七十兩除之，得九十七次，餘六十九兩。以兌每次支銀八十兩除之，得八十五次，餘五十九兩。合問。

支過次數	乾	坎	艮	震	巽	離	坤	兌	每庫銀數
	六八五	三四二	二二八	一七一	一三七	一一四	九七	八五	六八五九

今有江寧府差人進京，先差甲，次差乙，次差丙。各於差日黎明起行，甲日行一百七十八里，乙日行二百二十四里，丙日行三百里。甲、乙、丙三人同於本月十五日到京，其十四日抵暮宿店，各離京遠近不等。甲宿處離京五十八里，乙宿處離京八十六里，丙宿處離京一百五十里。問江寧府距京師里數？并甲、乙、丙每人所行日數及於何日自江寧起行。

答曰：江寧距京師二千五百五十里。

甲行十四日八十九分日之二十九，於初一日起行。

乙行十一日一百一十二分日之四十三，於初四日起行。

丙行八日半，於初七日起行。

草曰：置甲行一百七十八里，乙行二百二十四里，丙行三百里，各爲全數。

全數	甲	乙	丙
	一七八	二二四	三〇〇

用連環相約術約之。先以甲一百七十八與乙二百二十四求等，得二。以約甲，得八十九。又以甲八十九與丙三百求等，得一，不約。得甲八十九、乙二百二十四、丙三百爲第一變。

一變	甲	乙	丙
	八九	二二四	三〇〇

次以乙二百二十四與丙三百求等，得四。以約丙三百，得七十五。得甲八十九、乙二百二十四、丙七十五爲第二變。視甲、乙、丙俱無等數，即爲定母。

定母	甲	乙	丙
	八九	二二四	七五

	甲	乙	丙	衍母
衍數	一六八〇〇	六六七五	一九九三六	一四九五二〇〇

置定母，用連環相乘術求之。以乙二百二十四乘甲八十九，得一萬九千九百三十六。又以丙七十五乘之，得一百四十九萬五千二百爲衍母。置衍母爲三位，以甲八十九除之，得一萬六千八百爲甲衍數。以乙二百二十四除之，得六千六百七十五爲乙衍數。以丙七十五除之，得一萬九千九百三十六爲丙衍數。

置各衍數，各以定母去之，得甲六十八、乙一百七十九、丙六十一，各爲奇數。

	甲	乙	丙
奇數	六八	一七九	六一

用大衍求一術求乘率。先求甲，置甲奇數六十八於上，甲定母八十九於下。以上六十八除下八十九，得一爲第一數，下餘二十一。又以下二十一除上六十八，得三爲第二數，上餘五。又以上五除下二十一，得四爲第三數，下餘一。又以下一除上五，得四爲第四數，上餘一，即止不除。得第一數一、第二數三、第三數四、第四數四列左行，乃立天元一爲右行第一數。以左行第一數一乘之，得一爲右行第二數。又置右行第二數一，以左行第二數三乘之，仍得三。加入右行第一數一，得四爲右行第三數。又置右行第三數四，以左行第三數四乘之，得一十六。加入右行第二數一，得一十七爲右行第四數。又置右行第四數一十七，以左行第四數四乘之，得六十八。加入右行第三數四，得七十二爲右行第五數，即甲乘率。

	第一數	第二數	第三數	第四數	甲乘率
右行	一	一	四	一七	七二
左行	一	三	四	四	

次求乙。置乙奇數一百七十九於上，乙定母二百二十四於下。以上一百七十九除下二百二十四，得一爲第一數，下餘四十五。又以下四十五除上一百七十九，得三爲第二數，上餘四十四。又以上四十四除下四十五，得一爲第三數，下餘一。又以下一除上四十四，得四十三爲第四數，上餘一，即止不除。得第一數一、第二數三、第三數一、第四數四十三列左行，乃立天元一爲右行第一數。以左行第一數一乘之，仍得一爲右行第二數。又置右行第二數一，以左行第二數三乘之，仍得三。加入右行第一數一，得四爲右行第三數。又置右行第三數四，以左行第三數一乘之，得四。加入右行第二數一，得五爲右行第四數。又置右行第四數五，以左行第四數四十三乘之，得二百一十五。加入右行第三數四，得二百一十九爲右行第五數，即乙乘率。

	第一數	第二數	第三數	第四數	乙乘率
右行	一	一	四	五	二一九
左行	一	二	一	四三	

次求丙。置丙奇數六十一於上，丙定母七十五於下。以上六十一除下七十五，得一爲第一數，下餘一十四。又以下一十四除上六十一，得四爲第二數，上餘五。又以上五除下一十四，得二爲第三數，下餘四。又以下四除上五，得一爲第四數，上餘一，即止不除。得第一數一、第二數四、第三數二、第四數一列左行，乃立天元一爲右行第一數。以左行第一數一乘之，仍得一爲右行第二數。又置右行第二數一，以左行第二數四乘之，仍得四。加入右行第一數一，得五爲右行第三數。又置右行第三數五，以左行第三數二乘之，得一十。加入右行第二數一，得一十一爲右行第四數。又置右行第四數一十一，以左行第四數一乘之，仍得一十一。加入右行第三數五，得一十六爲右行第五數，即丙乘率。

	第一數	第二數	第三數	第四數	丙乘率
右行	一	一	五	一一	一六
左行	一	四	二	一	

置各乘率，以乘各衍數。以甲乘率七十二，乘甲衍數一萬六千八百，得一百二十萬九千六百爲甲用數。以乙乘率二百一十九，乘乙衍數六千六百七十五，得一百四十六萬一千八百二十五爲乙用數。以丙乘率一十六，乘丙衍數一萬九千九百三十六，得三十一萬八千九百七十六爲丙用數。

	甲	乙	丙
乘率	七二	二一九	一六
用數	一二〇九六〇〇	一四六一八二五	三一八九七六

乃置甲離京五十八里，乙離京八十六里，丙離京一百五十里，各爲賸數。

	甲	乙	丙
賸數	五八	八六	一五〇

置各賸數，以乘各用數。以甲賸數五十八，乘甲用數一百二十萬九千六百，得七千一十五萬六千八百爲甲總。以乙賸數八十六，乘乙用數一百四十六萬一千八百二十五，得一億二千五百七十一萬六千九百五十爲乙總。以丙賸數一百五十，乘丙用數三十一萬八千九百七十六，得四千七百八十四萬六千四百爲丙

總。并三總，得二億四千三百七十二萬一百五十，爲總數。

各總	
甲	七〇一五六八〇〇
乙	一二五七一六九五〇
丙	四七八四六四〇〇
總數	二四三七二〇一五〇

置總數二億四千三百七十二萬一百五十，滿衍母一百四十九萬五千二百去之，餘二千五百五十，即江寧府距京里數。置總里二千五百五十爲三位，以甲日行一百七十八里除之，得十四日一百七十八分日之五十八，子母各半之，得八十九分日之二十九。爲甲到京日數。以十四日減十五日，餘一，得甲起行爲初一日。以乙日行二百二十四里除總里，得十一日二百二十四分日之八十六，子母各半之，得一百一十二分日之四十三。爲乙到京日數。以十一日減十五日，餘四，得乙起行爲初四日。以丙日行三百里除總里，得八日三百分日之一百五十，子母各以一百五十約之，得二分日之一，即半日。爲丙到京日數。以八日減十五日，餘七，得丙起行爲初七日，合問。

共行日	
甲	一四
子	五八
母	一七八
乙	一一
子	八六
母	二二四
丙	八
子	一五〇
母	三〇〇
總里	二五五〇

起行日	
甲	一
乙	四
丙	七

今有和、豐、永、盈四字號廒存米，相等每廒各設臼春米。和字廒設臼六隻，每臼容米五斗七升七合。豐字號設臼七隻，每臼容米五斗五升四合。永字號設臼八隻，每臼容米四斗九升六合。盈字號設臼九隻，每臼容米四斗四升八合。各廒每臼用春夫一名，春夫每名每日春米二臼，四廒同日開春，各於每日清晨在廒取一日應春米。今盤驗餘米，和字號餘十六石九斗一升二合，豐字號餘六石九斗二升八合，永字號餘四石七斗六升八合，盈字號餘三石二斗三升二合。問各廒共米，及春過米數、臼數、日數各幾何。

答曰：共米一百石。

和春過米八十三石八升八合，計一百四十四臼、一十二日。

盈春過米九十三石七升二合，計一百六十八臼、一十二日。

永春過米九十五石二斗三升二合，計一百九十二臼、一十二日。

盈春過米九十六石七斗六升八合，計二百一十六臼、一十二日。

全數	
和	五七七
豐	五五四
永	四九六
盈	四四八

草曰：置各臼容米，並通爲合。和得五百七十七合，豐得五百五十四合，永得四百九十六合，盈得四百四十八合，各爲全數。

用連環相約術約之。以和五百七十七，與豐五百五十四，永四百九十六，盈四百四十八求等，皆得一，不約，即以全數爲第一變。次以豐五百五十四與永四百九十六求等，得二。以約豐五百五十四，得二百七十七，又以豐二百七十七與盈四百四十八求等，得一，不約。得和五百七十七，豐二百七十七，永四百九十六，盈四百四十八爲第二變。

二變	
和	五七七
豐	二七七
永	四九六
盈	四四八

次以永四百九十六與盈四百四十八求等，得一十六。以約永四百九十六，得三十一。得和五百七十七，豐二百七十七，永三十一，盈四百四十八爲第三變，即爲泛母。視各數無等，即爲定母。

定母	
和	五七七
豐	二七七
永	三一
盈	四四八

以連環相乘術求衍母、衍數。置和定母五百七十七，以豐定母二百七十七乘之，得一十五萬九千八百二十九。又以永定母三十一乘之，得四百九十五萬四千六百九十九。又以盈定母四百四十八乘之，得二十二億一千九百七十萬五千一百五十二爲衍母。又置衍母四位，以和定母除之，得三百八十四萬六千九百七十六爲和衍數。以豐定母二百七十七除之，得八百一萬三千三百七十六爲豐衍數。以永定母三十一除之，得七千一百六十萬三千三百九十二爲永衍數。以盈定母四百四十八除之，得四百九十五萬四千六百九十九爲盈衍數。

衍數	
和	三八四六九七六
豐	八〇一三三七六
永	七一六〇三三九二
盈	四九五四六九九
衍母	二二一九七〇五一五二

置各衍數，各以定母去之。和得一百一十七，豐得四十三，永得二十六，盈得二百六十七，各爲奇數。

奇數	
和	一一七
豐	四三
永	二六
盈	二六七

用大衍求一術各求乘率。先求和，置和奇數一百一十七於上，和定母五百七十七於下。以上一百一十七除下五百七十七，得四爲第一數，下餘一百九。又以下一百九除上一百一十七，得一爲第二變，上餘八。又以上八除下一百九，得一十三爲第三數，下餘五。又以下五除上八，得一爲第四數，上餘三。又以上三除下五，得一爲第五數，下

餘二。又以下二除上三，得一爲第六數，上餘一，即止不除。得第一數四、第二數一、第三數一十三、第四數一、第五數一、第六數一列左行，乃立天元一爲右行第一數。以左行第一數四乘之，仍得四爲右行第二數。又置右行第二數四，以左行第二數一乘之，仍得四。加入右行第一數一，得五爲右行第三數。又

	第一數	第二數	第三數	第四數	第五數	第六數	和乘率
右行	一	四	五	六九	七四	一四三	二一七
左行	四	一	一三	一	一	一	

置右行第三數五，以左行第三數一十三乘之，得六十五。加入右行第二數四，得六十九爲右行第四數。又置右行第四數六十九，以左行第四數一乘之，仍得六十九。加入右行第三數五，得七十四爲右行第五數。又置右行第五數七十四，以左行第五數一乘之，仍得七十四。加入右行第四數六十九，得一百四十三爲右行第六數。又置右行第六數一百四十三，以左行第六數一乘之，仍得一百四十三。加入右行第五數七十四，得二百一十七爲右行第七數，即和乘率。

次求豐。置豐奇數四十三於上，豐定母二百七十七於下。以上四十三除下二百七十七，得六爲第一數，下餘一十九。又以下一十九除上四十三，得二爲第二數，上餘五。又以上五除下一十九，得三爲第三數，下餘四。又以下四除上五，得一爲第四數，上餘一，即止不除。得第一數六、第二數二、第三數三、第四數一列左行，乃立天元一爲右行第一數。以左行第一數六乘之，仍得六爲右行第二數。又置右行第二數六，以左行第二數二乘之，得一十二。加入右行第一數一，得一十三爲右行第三數。又置右行第三數一十三，以左行第三數三乘之，得三十九。加入右行第二數六，得四十五爲右行第四數。又置右行第四數四十五，以左行第四數一乘之，仍得四十五。加入右行第三數一十三，得五十八，爲右行第五數，即豐乘率。

	第一數	第二數	第三數	第四數	豐乘率
右行	一	六	一三	四五	五八
左行	六	二	三	一	

次求永。置永奇數二十六於上，永定母三十一於下。以上二十六除下三十一，得一爲第一數，下餘五。又以下五除上二十六，得五爲第二數，上餘一，即止不除。得第一數一、第二數五列左行，乃立天元一爲右行第一數。以左行第一數一乘之，仍得一爲右行第二數。又置右行第二數一，以左行第二數五乘之，得五。加入右行第一數一，得六爲右行第三數，即永乘率。

	第一數	第二數	永乘率
右行	一	一	六
左行	一	五	

次求盈。置盈奇數二百六十七於上，盈定母四百四十八於下。以上二百六十七除下四百四十八，得一爲第一數，下餘一百八十一。又以下一百八十一除上二百六十七，得一爲第二數，上餘八十六。又以上八十六除下一百八十一，得二爲第三數，下餘九。又以下九除上八十六，得九爲第三數，上餘五。又以上五除下九，得一爲第五數，下餘四。又以下四除上五，得一爲第六數，上餘一，即止不除。得第一數一、第二數一、第三數二、第四數九、第五數一、第六數一列左行，乃立天元一爲右行第一數。以左行第一數一乘之，得一爲右行第二數。又置右行第二數一，以左行第二數一乘之，得一。加入右行第一數一，得二爲右行第三數。又置右行第三數二，以左行第三數二乘之，得四。加入右行第二數一，得五爲右行第四數。又置右行第四數五，以左行第四數九乘之，得四十五。加入右行第三數二，得四十七爲右行第五數。又置右行第五數四十七，以左行第五數一乘之，得四十七。加入右行第四數五，得五十二爲右行第六數。又置右行第六數五十二，以左行第六數一乘之，得五十二。加入右行第五數四十七，得九十九爲右行第七數，即盈乘率。

	第一數	第二數	第三數	第四數	第五數	第六數	盈乘率
右行	一	一	二	五	四七	五二	九九
左行	一	一	二	九	一	一	

置各乘率，以乘各衍數。以和乘率二百一十七，乘和衍數三百八十四萬六千九百七十六，得八億三千四百七十九萬三千七百九十二爲和用數。以豐乘率五十八，乘豐衍數八百一萬三千三百七十六，得四億六千四百七十七萬五千八百八爲豐用數。以永乘率六，乘永衍數七千一百六十萬三千三

	和	豐	永	盈
乘率	二一七	五八	六	九九
用數	八三四七九三七九二	四六四七七五八〇八	四二九六二〇三五二	四九〇五一五二〇一

百九十二，得四億二千九百六十二萬三百五十二爲永用數。以盈乘率九十九，乘盈衍數四百九十五萬四千六百九十九，得四億九千五十一萬五千二百一爲盈用數。

	和	豐	永	盈
餘米全數	一六九一二	六九二八	四七六八	三二三二
朊數	一七九	二八〇	三〇四	九六

乃置各餘米，亦通爲合，各滿全數去之。和餘米一萬六千九百一十二合，滿和全數五百七十七去之，餘一百七十九爲和朊數。豐餘米六千九百二十八合，滿豐全數五百五十四去之，餘二百八十爲豐朊數。永餘米四千七百六十八合，滿永全數四百九十六去之，餘三百四爲永朊數。盈餘米三千二百三十二合，滿盈全數四百四十八去之，餘九十六爲盈朊數。

各總	
和	一四九四二八〇八八七六八
豐	一三〇一三七二二六二四〇
永	一三〇六〇四五八七〇〇八
盈	四七〇八九四五九二九六
總數	四五七二五九三六一三一二

以朊數各乘用數。和朊數一百七十九，乘和用數八億三千四百七十九萬三千七百九十二，得一千四百九十四億二千八百八萬八千七百六十八爲和總。以豐朊數二百八十，乘豐用數四億六千四百七十七萬五千八百八，得一千三百一億三千七百二十二萬六千二百四十爲豐總。以永朊數三百四，乘永用數四億二千九百六十二萬三百五十二，得一千三百六億四百五十八萬七千八爲永總。以盈朊數九十六，乘盈用數四億九千五十一萬五千二百一，得四百七十億八千九百四十五萬九千二百九十六爲盈總。并四總，得四千五百七十二億五千九百三十六萬一千三百一十二爲總數。

	和	豐	永	盈
春過米數	八三〇八八	九三〇七二	九五二三二	九六七六八

置總數四千五百七十二億五千九百三十六萬一千三百一十二，滿衍母二十二億一千九百七十萬五千一百五十二去之，餘一十萬合，命爲一百石，即每廒共米。置共米，各以餘米減之，和得八十三石八升八合，豐得九十三石七升二合，永得九十五石二斗三升二合，盈得九十六石七斗六升八合，各爲春過米數。

	和	豐	永	盈
春過臼數	一四四	一六八	一九二	二一六

置春過米數，各以每臼容米除之。和得一百四十四，豐得一百六十八，永得一百九十二，盈得二百一十六，各爲春過臼數。

又置每廒設臼數，各以每日春米二臼乘之。和得十二，豐得十四，永得十六，盈得十八，各爲每日春臼數。

	和	豐	永	盈
每日春臼數	一二	一四	一六	一八

置各春過臼數，各以每日春臼數除之，皆得十二，爲各春過日數。合問。

	和	豐	永	盈
春過日數	一二	一二	一二	一二

今有後漢四分術，木日率四千七百二十五，火日率一千八百七十六，土日率九千四百一十五，金日率四千六百六十一，水日率一千八百八十九。熹平三年甲寅，木日率餘五，火日率餘七十五，土日率餘四十，金日率餘一百三十三，水日率餘一十。此各日率所餘，即是置上元盡熹平三年積筭，以各日率除去所餘之數。問上元以來盡熹平三年甲寅積歲幾何？及上元太歲所在？

答曰：積九千四百五十五歲，上元太歲在庚辰。

	木	火	土	金	水
全數	四七二五	一八七六	九四一五	四六六一	一八八九

草曰：置木日率四千七百二十五，火日率一千八百七十六，土日率九千四百一十五，金日率四千六百六十一，水日率一千八百八十九，各爲全數。

用連環相約術約之。以木四千七百二十五，與火一千八百七十六求等，得七。以約木四千七百二十五，得六百七十五。又以木六百七十五與土九千四百一十五求等，得五。以約土九千四百一十五，得一千八百八十三。又以木六百七十五，

	木	火	土	金	水
一變	六七五	一八七六	一八八三	四六六一	一八八九

與金四千六百六十一，水一千八百八十九求等，皆得一，不約。得木六百七十五、火一千八百七十六、土一千八百八十三、金四千六百六十一、水一千八百八十九爲第一變。

次以火一千八百七十六與土一千八百八十三求等，得七。以約土一千八百八十三，得二百六十九。又以火一千八百七十六，與金四千六百六十一，水一千八百八十九求等，皆得一，不約。得木六百七十五、火一千八百七十六、土二百

定母	木	火	土	金	水
	五七六	六七八一	九六二	一六六四	九八八一

六十九、金四千六百六十一、水一千八百八十九爲第二變。此第二變各數皆無等，即爲定母。

以連環相乘術求衍母、衍數。置木定母六百七十五，以火定母一千八百七十六乘之，得一百二十六萬六千三百。又以土定母二百六十九乘之，得三億四千六十三萬四千七百。又以金定母四千六百六十九乘之，得一萬五千八百七十六億九千八百三十三萬六千七百。又以水定母一千八百八十九乘之，得二千九百九十九萬一千六百二十一億五千八百二萬六千三百爲衍母。案：四分術曰，日率相約取之，得二千九百九十萬一千六百二十一億五十八萬二千三百，而九星終即此衍母也。今本九十下脱九字，五十八萬二千當作五千八百二萬六千，傳寫脱誤。

衍數	
木	六七〇七九一三〇二三四四四
火	五七六〇一五〇〇七八九五一
土	〇〇七二〇七一〇三九四一一一
金	〇〇三八四九八五四三四六
水	〇〇七六三三八九六七八五一
衍母	〇〇三六二〇八五一二六一九九九二

又置衍母五位，以木定母六百七十五除之，得四萬四千四百三十二億三百一十九萬七千七十六，爲木衍數。以火定母一千八百七十六除之，得一萬五千九百八十七億五十一萬六百七十五，爲火衍數。以土定母二百六十九除之，得一十一萬一千四百九十三億一百七十萬二千七百，爲土衍數。以金定母四千六百六十一除之，得六千四百三十四億五千八百九十四萬八千三百，爲金衍數。以水定母一千八百八十九除之，得一萬五千八百七十六億九千八百三十三萬六千七百，爲水衍數。

置各衍數，各以定母去之。木餘六百二十六、火餘五百二十七、土餘一百七十五、金餘二千五百六十六、水餘五百七，各爲奇數。

奇數	木	火	土	金	水
	六二六	七二五	五七一	六六五二	七〇五

以大衍求一術各求乘率。先求木置木奇數六百二十六於上，木定母六百七十五於下。以上六百二十六除下六百七十五，得一爲第一數，下餘四十九。又以下四十九除上六百二十六，得一十二爲第二數，上餘三十八。又以上三十八除下四十九，得一爲第三數，下餘一十一。又以下一十一除上三十八，得三爲第四數，上餘五。又以上五除下一十一，得二爲第五數，下餘一。又以下一除上五，得四爲第六數，上餘一。得第一數一、第二數一十二、第三數一、第四數三、第五數二、第六數四列左行，乃立天元一爲右行第一數。以左行第一數一乘之，得一爲右行第二數。又置右行第二數一，以左行第二數一十二乘之，得一十二。加入右行第一數一，得一十三爲右行第三數。又置右行第三數一十三，以左行第三數一乘之，得

	第一數	第二數	第三數	第四數	第五數	第六數	木乘率
右行	一	一	三一	四一	五五	四二一	一五五
左行	一	二一	一	三	二	四	

一十三。加入右行第二數一，得一十四爲右行第四數。又置右行第四數一十四，以左行第四數三乘之，得四十二。加入右行第三數一十三，得五十五爲右行第五數。又置右行第五數五十五，以左行第五數二乘之，得一百一十。加入右行第四數一十四，得一百二十四爲右行第六數。又置右行第六數一百二十四，以左行第六數四乘之，得四百九十六。加入右行第五數五十五，得五百五十一爲右行第七數，即木乘率。

次求火。置火奇數五百二十七於上，火定母一千八百七十六於下。以上五百二十七除下一千八百七十六，得三爲第一數，下餘二百九十五。又以下二百九十五除上五百二十七，得一爲第二數，上餘二百三十二。又以上二百三十二除下二百九十五，得一爲第三數，下餘六十三。又以下六十三除上二百三十二，得三爲第四數，上餘四十三。又以上四十三除下六十三，得一爲第五數，下餘二十。又以下二十除上四十三，得二爲第六數，上餘三。又以上三除下二十，得六爲第七數，下餘二。又以下二除上三，得一爲第八數，上餘一。得第一數三、第二數一、第三數一、第四數三、第五數一、第六數二、第七數六、第八數一列左行，乃立天元一爲右行第一數。以左行第一數三乘之，得三爲右行第二數。又置右行第二數三，以左行第二數一乘之，得三。加入右行第一數一，得四爲右行第三數。又置右行第三數四，以左行第三數一乘之，得四。加入右行第二數三，得七爲右行第四數。又置右行第四數七，以左行第四數三乘之，得二十一。加入右行第三數四，得二十五爲右行第五數。又置右行第五數二十五，以左行第五數一乘之，得二十五。加入右行第四數七，得三十二爲右行第六數。又置右行第六數三十二，以左行第六數二乘之，得六十四。加入右行第五數二十五，得八十

九爲右行第七數。又置右行第七數八十九，以左行第七數六乘之，得五百三十四。加入右行第六數三十二，得五百六十六爲右行第八數。又置右行第八數五百六十六，以左行第八數一乘之，得五百六十六。加入右行第七數八十九，得六百五十五爲右行第九數，即火乘率。

	第一數	第二數	第三數	第四數	第五數	第六數	第七數	第八數	火乘率
右行	一	三	四	七	二五	三二	八九	五六六	六五五
左行	三	一	一	三	一	二	六	一	

次求土。置土奇數一百七十五於上，土定母二百六十九於下。以上一百七十五除下二百六十九，得一爲第一數，下餘九十四。又以下九十四除上一百七十五，得一爲第二數，上餘八十一。又以上八十一除下九十四，得一爲第三數，下餘一十三。又以下一十三除上八十一，得六爲第四數，上餘三。又以上三除下一十三，得四爲第五數，下餘一。又以下一除上三，得三爲第六數，上餘一。得第一數一、第二數一、第三數一、第四數六、第五數四、第六數二列左行，乃立天元一爲右行第一數。以左行第一數一乘之，得一爲右行第二數。又置右行第二數一，以左行第二數一乘之，得一。加入右行第一數一，得二爲右行第三數。又置右行第三數二，以左行第三數一乘之，得二。加入右行第二數一，得三爲右行第四數。又置右行第四數三，以左行第四數六乘之，得一十八。加入右行第三數二，得二十爲右行第五數。又置右行第五數二十，以左行第五數四乘之，得八十。加入右行第四數三，得八十三爲右行第六數。又置右行第六數八十三，以左行第六數二乘之，得一百六十六。加入右行第五數二十，得一百八十六爲右行第七數，即土乘率。

	第一數	第二數	第三數	第四數	第五數	第六數	土乘率
右行	一	一	二	三	二〇	八三	一八六
左行	一	一	一	六	四	二	

次求金。置金奇數二千五百六十六於上，金定母四千六百六十一於下。以上二千五百六十六除下四千六百六十一，得一爲第一數，下餘二千九十五。又以下二千九十五除上二千五百六十六，得一爲第二數，上餘四百七十一。又以上四百七十一除下二千九十五，得四爲第三數，下餘二百一十一。又以下二百一十一除上四百七十一，得二爲第四數，上餘四十九。又以上四十九除下二百一十一，得四爲第五數，下餘一十五。又以下一十五除上四十九，得三爲第六數，上餘四。又以上四除下一十五，得三爲第七數，下餘三。又以下三除上四，得一爲第八數，上餘一，止不除。得第一數一、第二數一、第三數四、第四數二、第五數四、第六數三、第七數三、第八數一列左行，乃立天元一爲右行第一數。以左行第一數一乘之，得一爲右行第二數。又置右行第二數一，以左行第二數一乘之，得一。加入右行第一數一，得二爲右行第三數。又置右行第三數二，以左行第三數四乘之，得八。加入右行第二數一，得九爲右行第四數。又置右行第四數九，以左行第四數二乘之，得一十八。加入右行第三數二，得二十爲右行第五數。又置右行第五數二十，以左行第五數四乘之，得八十。加入右行第四數九，得八十九爲右行第六數。又置右行第六數八十九，以左行第六數三乘之，得二百六十七。加入右行第五數二十，得二百八十七爲右行第七數。又置右行第七數二百八十七，以左行第七數三乘之，得八百六十一。加入右行第六數八十九，得九百五十爲右行第八數。又置右行第八數九百五十，以左行第八數一乘之，得九百五十。加入右行第七數二百八十七，得一千二百三十七爲右行第九數，即金乘率。

	第一數	第二數	第三數	第四數	第五數	第六數	第七數	第八數	金乘率
右行	一	一	二	九	二〇	八九	二八七	九五〇	一二三七
左行	一	一	四	二	四	三	三	一	

次求水。置水奇數五百七於上，水定母一千八百八十九於下。以上五百七除下一千八百八十九，得三爲第一數，下餘三百六十八。又以下三百六十八除上五百七，得一爲第二數，上餘一百三十九。又以上一百三十九除下三百六十八，得二爲第三數，下餘九十。又以下九十除上一百三十九，得一爲第四數，上餘四十九。又以上四十九除下九十，得一爲第五數，下餘四十一。又以下四十一除上四十九，得一爲第六數，上餘八。又以上八除下四十一，得五爲第七數，下餘一。又以下一除上八，得七爲第八數，上餘一。得第一數三、第二數一、第三數二、第四數一、第五數一、第六數一、第七數五、第八數七列左行，乃立天元一爲右行第一數。以左行第一數三乘之，得三爲右行第二數。又置右行第二數

三，以左行第二數一乘之，得三。加入右行第一數一，得四爲右行第三數。又置右行第三數四，以左行第三數二乘之，得八。加入右行第二數三，得一十一爲右行第四數。又置右行第四數一十一，以左行第四數一乘之，得一十一。加入右行第三數四，得一十五爲右行第五數。又置右行第五數一十五，以左行第五數一乘之，得一十五。加入右行第四數一十一，得二十六爲右行第六數。又置右行第六數二十六，以左行第六數一乘之，得二十六。加入右行第五數一十五，得四十一爲右行第七數。又置右行第七數四十一，以左行第七數五乘之，得二百五。加入右行第六數二十六，得二百三十一爲右行第八數。又置右行第八數二百三十一，以左行第八數七乘之，得一千六百一十七。加入右行第七數四十一，得一千六百五十八爲右行第九數，即水乘率。

	第一數	第二數	第三數	第四數	第五數	第六數	第七數	第八數	水乘率
右行	一	三	四	一一	一五	二六	四一	二三一	一六五八
左行	三	一	二	一	一	一	五	七	

乘率	
木	五五一
火	六五五
土	八六
金	一二三七
水	一六五八

各置乘率，各以乘衍數。木得二千四百四十八萬二千四十九億六千一百五十八萬八千八百七十六，火得一千四十七萬一千四百八十八億三千四百四十九萬二千一百二十五，土得二千七十三萬七千七百一億一千六百七十萬二千二百，金得七百九十五萬九千五百八十七億一千九百四萬七千一百，水得二千六百三十二萬四千三十八億四千二百二十四萬八千六百，各爲用數。

用數	
木	二四四八二〇四九六一五八八八七六
火	一〇四七一四八八三四四九二一二五
土	二〇七三七七〇一一六七〇二二〇〇
金	七九五九五八七一九〇四七一〇〇
水	二六三二四〇三八四二二四八六〇〇

乃置木日率餘五，火日率餘七十五，土日率餘四十，金日率餘一百三十三，水日率餘一十，各爲賸數。

賸數	
木	五
火	七五
土	四〇
金	一三三
水	一〇

以各賸數各乘用數。木得一兆二千二百四十一萬二千四百四十八億七百九十四萬四千三百八十，火得七兆八千五百三十六萬一千六百二十五億八千六百九十萬九千三百七十五，土得八兆二千九百五十萬八千四百十六億六千八百八萬八千，金得一十兆五千八百六十二萬五千九十六億三千三百一十六萬四千三百，水得二兆六千三百二十四萬三百八十四億二千二百四十八萬六千，各爲總。并五總，得三十兆五千九百一十四萬五千四百一億一千八百六十九萬二千五十五爲總數。

各總	
木	一二二四一〇二四八〇七九四四三八〇
火	七八五三六一六二五八六九〇九三七五
土	八二九五〇八〇四六六八〇八八〇〇〇
金	一〇五八六二五〇九六三三二六四三〇〇
水	二六三二四〇三八四二二四八六〇〇〇
總數	三〇五九一四五四〇一一八六九二〇五五

置總數，滿衍母去之，餘九千四百五十五，即上元盡熹平三年甲寅積歲。置積歲九千四百五十五，減一餘九千四百五十四。滿六十去之，餘三十四。反減六十，餘二十六。命起甲寅筭外，得庚辰，即上元太歲所在也。合問。

又 卷下

演紀唐《麟德術》以後，元《授時術》以前，皆用此術推求上元積筭。卷中舉《麟德》《大衍》《崇天》《紀元》四術及《授時》，附演一法爲例，餘可類推。

術曰：以日法斗分求得等率，以約日法得蔀率，以約斗分得奇率。以蔀率、奇率用求一術，求得因率。以等率乘紀法六十，所得爲約率，以約氣應所得。以因率乘之，蔀率去之，餘以紀法六十乘之，得入元歲。又以紀法六十乘蔀率，得氣元率。此氣元率爲氣分，歲名、日名俱終之數。又置入元歲，以歲閏乘之，滿朔實去之，餘爲入閏。此入閏爲入元歲應有之閏餘。以減閏應，不足減，加朔實而減之，餘爲閏縮。此閏朔爲今所求入元歲初年之閏餘。又置氣元率，以歲閏乘之，滿朔實去之，餘爲元閏。此元閏爲氣元率應有之閏餘。以朔實、元閏求得等數，以約朔實，得蔀數。以約元閏，得奇數。以蔀數、奇數用求一術求得因數，以等數約閏縮所得，以因數乘之，滿蔀數去之，餘爲乘元限數。以乘氣元率，所得爲朔積年。以入元歲加之，即得上元以來所求積筭也。

今有唐《麟德術》日法一千三百四十，歲實四十八萬九千四百二十八，朔實三萬九千五百七十一。實測到麟德元年甲子歲天正冬至日辰甲子，小餘二百四十，閏餘一萬七千七百七十。欲以甲子歲天正十一月甲子夜半合朔冬至爲上元，問上元距麟德元年歲積幾何。

答曰：積二十六萬九千八百八十筭。

草曰：置歲實，以日法除去之，餘三百二十八爲斗分。以日法、斗分求得等率四，以約日法一千三百四十，得三百三十五爲蔀率。以約斗分三百二十八，得八十二爲奇率。次以大衍求一術求因率，置蔀率三百三十五於下，奇率八十二於上。以上八十二除下三百三十五，得四爲第一數，下餘七。又以下七除上八十二，得一十一爲第二數，上餘五。又以上五除下七，得一爲第三數，下餘二。又以下二除上五，得二爲第四數，上餘一，即止不除。第一數四、第二數一十一、第三數一、第四數二列左行，立天元一爲右行第一數。以左行第一數四乘之，得四爲右行第二數。又置右行第二數四，以左行第二數一十一乘之，得四十四。加入右行第一數一，得四十五爲右行第三數。又置右行第三數四十五，以左行第三數一乘之，得四十五。加入右行第二數四，得四十九爲右行第四數。又置右行第四數四十九，以左行第四數二乘之，得九十八。加入右行第三數四十五，得一百四十三爲右行第五數，即因率。得等率四、因率一百四十三、蔀率三百三十五。

	第一數	第二數	第三數	第四數	第五數
右行	一	四	四五	四九	一四三
左行	四	一一	一	二	

等率	因率	蔀率
四	一四三	三三五

氣應	約率	入元歲	氣元率
二四〇	二四〇	八五八〇	二〇一〇〇

乃視天正冬至日辰甲子，今欲令上元起甲子日，即爲無大餘，小餘二百四十，即爲麟德元年甲子氣應。又欲令上元起甲子歲，即從是年演之。置氣應二百四十，以等率四乘紀法六十，得二百四十爲約率。約之得一，以因率乘之，得一百四十三。不滿蔀率，即以紀法六十乘之，得八千五百八十爲入元歲。又置蔀率三百三十五，以紀法六十乘之，得二萬一百爲氣元率。

置入元歲八千五百八十，以朔實除去歲實，餘一萬四千五百七十六爲歲閏。乘之，得一億二千五百六萬二千八十。滿朔實三萬九千五百七十一去之，餘一萬七千七百二十爲入閏。置閏應一萬七千七百七十，即閏餘。以入閏減之，餘五十爲閏縮。又置氣元率二萬一百，以歲閏乘之，得二億九千二百九十七萬七千六百。滿朔實去之，餘三萬三千四百八十七爲元閏。

入閏	閏應	閏縮	元閏
一七七二〇	一七七七〇	五〇	三三四八七

以元閏朔實求得等數一，即以元閏三萬三千四百八十七爲奇數，朔實三萬九千五百七十一爲蔀數。依大衍求一術求因數。列奇數三萬三千四百八十七於上，蔀數三萬九千五百七十一於下。以上三萬三千四百八十七，除下三萬九千五百七十一，得一爲第一數，下餘六千八十四。又以下六千八十四，除上三萬三千四百八十七，得五爲第一數，上餘三千六十七。又以上三千六十七，除下六千八十四，得一爲第二數，下餘三千一十七。又以下三千一十七，除上三千六十七，得一爲第四數，上餘五十。又以上五十除下三千一十七，得六十爲第五數，下餘一十七。又以下一十七除上五十，得二爲第六數，上餘一十六。又以上一十六除下一十七，得一爲第七數，下餘一。又以下一除上一十六，得一十五爲第八數，上餘一。得第一數一、第二數五、第三數一、第四數一、第五數六十、第六數二、第七數一、第八數一十五列左行。立天元一爲右行第一數，以左行第一數一乘之，得一爲右行第二數。又置右行第二數一，以左行第二數五乘之，得五。加入右行第一數一，得六爲右行第三數。又置右行第三數六，以左行第三數一乘之，得六。加入右行第二數一，得七爲右行第四數。又置右行第四數七，以左行第四數一乘之，得七。加入右行第三數六，得一十三爲右行第五數。又置右行第五數一十三，以左行第五數六十乘之，得七百八十。加入右行第四數七，得七百八十七爲右行第六數。又置右行第六數七百八十七，以左行第六數二乘之，得一千五百七十四。加入右行第五數一十三，得一千五百八十七爲右行第七數。又置右行第七數一千五百八十七，以左行第七數一乘之，得一千五百八十七。加入右行第六數七百八十七，得二千三百七十四爲右行第八數。又置右行第八數二千三百七十四，以左行第八數一十五乘之，得三萬五千六百一十。加入右行第七數一千五百八十七，得三萬七千一百九十七爲右行第九數，即因數。得等數一，因數三萬七千一百九十七，蔀數三萬九千五百七十一。

	第一數	第二數	第三數	第四數	第五數	第六數	第七數	第八數	第九數
右行	一	一	六	七	一三	七八七	一五八七	二三七四	三七一九七
左行	一	五	一	一	六〇	二	一	一五	

等數	因數	蔀數
一	三七一九七	三九五七一

乘元限數	朔積年	入元歲	積筭
一三	二六一三〇〇	八五八〇	二六九八八〇

乃置閏縮五十，以等數一約之，仍得五十。以因數三萬七千一百九十七乘之，得一百八十五萬九千八百五十，滿蔀數三萬九千五百七十一去之，餘一十三爲乘元限數。以乘氣元率二萬一百，得二十六萬一千三百爲朔積年。以入元歲八千五百八十加之，得二十六萬九千八百八十，即上元甲子至麟德元年甲子積筭也。合問。

今有唐《大衍術》日法三千四十，歲實一百一十一萬三百四十三，朔實八萬九千七百七十三。實測到開元十二年甲子歲天正冬至日辰戊寅，小餘二千二百六十，閏餘四萬九千一百七。欲以甲子歲天正十一月甲子夜半合朔冬至爲上元，問上元距開元十二年積筭幾何。

答曰：積九千六百九十六萬一千七百四十筭。

草曰：置歲實，以日法除去之，餘七百四十三爲斗分。以日法斗分求得等率一，即以斗分七百四十三爲奇率，以日法三千四十爲蔀率，依大衍求一術求因率。列奇率七百四十三於上，蔀率三千四十於下。以上七百四十三除下三千四十，得四爲第一數，下餘六十八。又以下六十八除上七百四十三，得一十爲第二數，上餘六十三。又以上六十三除下六十八，得一爲第三數，下餘五。又以下五除上六十三，得一十二爲第四數，上餘三。又以上三除下五，得一爲第五數，下餘二。又以下二除上三，得一爲第六數，上餘一，止不除。得第一數四、第二數一十、第三數一、第四數一十二、第五數一、第六數一、第七數一列左行，立天元一爲右行第一數。以左行第一數四乘之，得四爲右行第二數。又置右行第二數四，以左行第二數一十乘之，得四十。加入右行第一數一，得四十一爲右行第三數。又置右行第三數四十一，以左行第三數一乘之，得四十一。加入右行第二數四，得四十五爲右行第四數。又置右行第四數四十五，以左行第四數一十二乘之，得五百四十。加入右行第三數四十一，得五百八十一爲右行第五數。又置右行第五數五百八十一，以左行第五數一乘之，得五百八十一。加入右行第四數四十五，得六百二十六爲右行第六數。又置右行第六數六百二十六，以左行第六數一乘之，得六百二十六。加入右行第五數五百八十一，得一千二百七爲右行第七數，即因率。得等率一、因率一千二百七、蔀率三千四十。

	第一數	第二數	第三數	第四數	第五數	第六數	第七數
右行	一	四	四一	四五	五八一	六二六	一二〇七
左行	四	一〇	一	一二	一	一	

等率	因率	蔀率
一	一二〇七	三〇四〇

乃視天正冬至日辰戊寅，今欲令上元起甲子日，則爲大餘一十四。以日法通大餘，得四萬二千五百六十。加入小餘二千二百六十，得四萬四千八百二十，爲開元十二年甲子氣應。今欲令上元起甲子歲，即從是年演之。置氣應四萬四千八百二十，以等率一乘紀法六十，仍得六十爲約率。約之，得七百四十七。以因率一千二百七乘之，得九十萬一千六百二十九。滿蔀率三千四十去之，餘一千七百八十九。以紀法六十乘之，得一十萬七千三百四十爲入元歲。又置蔀率三千四十，以紀法六十乘之，得一十八萬二千四百爲氣元率。

氣應	約率	入元歲	氣元率
四四八二〇	六〇	一〇七三四〇	一八二四〇〇

置入元歲一十萬七千三百四十，以朔實除去歲實，餘三萬三千六十七爲歲閏。乘之，得三十五億四千九百四十一萬一千七百八十。滿朔實八萬九千七百七十三去之，餘五萬六千六百七十九爲入閏。置閏應四萬九千一百七，即閏餘。

入閏	閏應	閏縮	元閏
五六六七九	四九一〇七	八二二〇一	二一七九五

加入朔實，得一十三萬八千八百八十。以入閏減之，餘八萬二千二百一爲閏縮。又置氣元率一十八萬二千四百，以歲閏乘之，得六十億三千一百四十二萬八百。滿朔實去之，餘二萬一千七百九十五爲元閏。

以元閏、朔實求得等數一，即以元閏爲奇數，朔實爲蔀數，依大衍求一術求因數。列奇數二萬一千七百九十五於上，蔀數八萬九千七百七十三於下。以上二萬一千七百九十五，除下八萬九千七百七十三，得四爲第一數，下餘二千五百九十三。又以下二千五百九十三除上二萬一千七百九十五，得八爲第二數，上餘一千五十一。又以上一千五十一除下二千五百九十三，得二爲第三數，下餘四百九十一。又以下四百九十一除上一千五十一，得二爲第四數，上餘六十九。又以上六十九除下四百九十一，得七爲第五數，下餘八。又以下八除上六十九，得八爲第六數，上餘五。又以上五除下八，得一爲第七數，下餘三。又以下三除上五，得一爲第八數，上餘二。又以上二除下三，得一爲第九數，下餘一。又以下一除上二，得一爲第十數，上餘一。得第一數四、第二數八、第三數二、第四數二、第五數七、第六數八、第七數一、第八數一、第九數一、第十數一列左行，立天元一爲右行第一數。以左行第一數四乘之，得四爲右行第二數。又置右行第二數四，以左行第二數八乘之，得三十二。加入右行第一數一，得三十三爲右行第三數。又置右行第三數三十三，以左行第三數二乘之，得六十六。加入右行第二數四，得七十爲右行第四數。又置右行第四數七十，以左行第四數二乘之，得一百四十。加入右行第三數三十三，得一百七十三爲右行第五數。又置右行第五數一百七十三，以左行第五數七乘之，得一千二百一十一。加入右行第四數七十，得一千二百八十一爲右行第六數。又置右行第六數一千二百八十一，以左行第六數八乘之，得一萬二百四十八。加入右行第五數一百七十三，得一萬四百二十一爲右行第七數。又置右行第七數一萬四百二十一，以左行第七數一乘之，得一萬四百二十一。加入右行第六數一千二百八十一，得一萬一千七百二爲右行第八數。又置右行第八數一萬一千七百二，以左行第八數一乘之，得一萬一千七百二。加入右行第七數一萬四百二十一，得二萬二千一百二十三爲右行第九數。又置右行第九數二萬二千一百二十三，以左行第九數一乘之，得二萬二千一百二十三。加入右行第八數一萬一千七百二，得三萬三千八百二十五爲右行第十數。又置右行第十數三萬三千八百二十五，以左行第十數一乘之，得三萬三千八百二十五。加入右行第九數二萬二千一百二十三，得五萬五千九百四十八爲右行第十一數，即因數。得等數一，因數五萬五千九百四十八、蔀數八萬九千七百七十三。

	第一數	第二數	第三數	第四數	第五數	第六數	第七數	第八數	第九數	第十數	第十一數
右行	一	四	三三	七〇	一七三	一二八一	一〇四二一	一一七〇二	二二一二三	三三八二五	五五九四八
左行	四	八	二	二	七	八	一	一	一	一	

等數	因數	蔀數
一	五五九四八	八九七七三

乘元限數	朔積年	入元歲	積算
五三一	九六八五四四〇〇	一〇七三四〇	九六九六一七四〇

乃置閏縮八萬二千二百一，以等數一約之，仍得八萬二千二百一。以因數五萬五千九百四十八乘之，得四十五億九千八百九十八萬一千五百四十八。滿蔀數八萬九千七百七十三去之，餘五百三十一爲乘元限數。以乘氣元率一十八萬二千四百，得九千六百八十五萬四千四百爲朔積年。以入元歲一十萬七千三百四十加之，得九千六百九十六萬一千七百四十，即上元甲子至開元十二年甲子積算也。合問。

今有宋《崇天術》日法一萬五百九十，歲實三百八十六萬七千九百四十，朔實三十一萬二千七百二十九。實測到天聖二年甲子天正冬至日辰壬辰，小餘一千六百八十，閏餘一萬六千一百四十九。欲以甲子歲天正十一月甲子夜半合朔冬至爲上元，問上元距天聖二年積算幾何。

答曰：積九千七百五十五萬六千三百四十算。

草曰：置歲實，以日法除去之，餘二千五百九十爲斗分。以日法、斗分求得等率一十，以約日法，得一千五十九爲蔀率。以約斗分，得二百五十九爲奇率。

依大衍求一術求因率，列奇率二百五十九於上，蔀率一千五十九於下。以上二百五十九除下一千五十九，得四爲第一數，下餘二十三。又以下二十三除上二百五十九，得一十一爲第二數，上餘六。又以下二十三，得三爲第三數，下餘五。又以下五除上六，得一爲第四數，上餘一，即止不除。得第一數四、第二數一十一、第三數三、第四數一列左行，立天元一爲右行第一數。以左行第一數四乘之，得四爲右行第二數。又置右行第二數四，以左行第二數一十一乘之，得四十四。加入右行第一數一，得四十五爲右行第三數。又置右行第三數四十五，以左行第三數三乘之，得一百三十五。加入右行第二數四，得一百三十九爲右行第四數。又置右行第四數一百三十九，以左行第四數一乘之，得一百三十九。加入右行第三數四十五，得一百八十四爲右行第五數，即因率。得等率一十、因率一百八十四、蔀率一千五十九。

	第一數	第二數	第三數	第四數	第五數
右行	一	四	四五	一三九	一八四
左行	四	一一	三	一	

等率	因率	蔀率
一〇	一八四	一〇五九

乃視天正冬至日辰壬辰，今欲令上元起甲子日，即爲大餘二十八。以日法通大餘，得二十九萬六千五百二十。加入小餘一千六百八十，得二十九萬八千二百爲天聖二年甲子氣應。今欲令上元起甲子歲，即從是年演之。置氣應二十九萬八千二百，以等率一十乘紀法六十，得六百爲約率。約之，得四百九十七。以因率一百八十四乘之，得九萬一千四百四十八。滿蔀率一千五十九去之，餘三百七十四。以紀法六十乘之，得二萬二千四百四十爲入元歲。又置蔀率一千五十九，以紀法六十乘之，得六萬三千五百四十爲氣元率。

氣應	約率	入元歲	氣元率
二九八二〇〇	六〇〇	二二四四〇	六三五四〇

置入元歲二萬二千四百四十，以朔實除去歲實，餘一十一萬五千二百九十二爲歲閏。乘之，得二十五億八千四百九十萬八千四百八十。滿朔實三十一萬二千七百二十九去之，餘二十萬三千二百九十五爲入閏。置閏應一萬六千一百四十九，加朔實得三十二萬八千八百七十八。以入閏減之，餘一十二萬五千五百八十三爲閏縮。又置氣元率六萬三千五百四十，以歲閏乘之，得七十二億一千九百二十九萬九千六百八十。滿朔實去之，餘一十九萬一百六十四爲元閏。

入閏	閏應	閏縮	元閏
二〇三二九五	一六一四九	一二五五八三	一九〇一六四

以元閏、朔實求得等數三，以約元閏，得六萬三千三百八十八爲奇數。以約朔實，得一十萬四千二百四十三爲蔀數。依大衍求一術求因數，列奇數六萬三千三百八十八於上，蔀數一十萬四千二百四十三於下。以上六萬三千三百八十八除下一十萬四千二百四十三，得一爲第一數，下餘四萬八百五十五。又以下四萬八百五十五除上六萬三千三百八十八，得一爲第二數，上餘二萬二千五百三十三。又以上二萬二千五百三十三除下四萬八百五十五，得一爲第三數，下餘一萬八千三百二十二。又以下一萬八千三百二十二除上二萬二千五百三十三，得一爲第四數，上餘四千二百一十一。又以上四千二百一十一除下一萬八千三百二十二，得四爲第五數，下餘一千四百七十八。又以下一千四百七十八除上四千二百一十一，得二爲第六數，上餘一千二百五十五。又以上一千二百五十五除下一千四百七十八，得一爲第七數，下餘二百二十三。又以下二百二十三除上一千二百五十五，得五爲第八數，上餘一百四十。以上一百四十除下二百二十三，得一爲第九數，下餘八十三。又以下八十三除上一百四十，得一爲第十數，上餘五十七。又以上五十七除下八十三，得一爲第十一數，下餘二十六。又以下二十六除上五十七，得二爲第十二數，上餘五。又以上五除下二十六，得五爲第十三數，下餘一。又以下一除上五，得四爲第十四數，上餘一。得第一數一、第二數一、第三數一、第四數一、第五數四、第六數二、第七數一、第八數五、第九數一、第十數一、第十一數一、第十二數二、第十三數五、第十四數四列左行，立天元一爲右行第一數。以左行第一數一乘之，得一爲右行第二數。又置右行第二數一，以左行第二數一乘之，得一。加入右行第一數一，得二爲右行第三數。又置右行第三數二，以左行第三數一乘之，得二。加入右行第二數一，得三爲右行第四數。又置右行第四數三，以左行第四數一乘之，得三。加入右行第三數二，得五爲右行第五數。又置右行第五數五，以左行第五數四乘之，得二十。加入右行第四數三，得二十三爲右行第六數。又置右行第六數二十三，以左行第六數二乘之，得四十六。加入右行第五數五，得五十一爲右行第七

數。又置右行第七數五十一，以左行第七數一乘之，得五十一。加入右行第六數二十三，得七十四爲右行第八數。又置右行第八數七十四，以左行第八數五乘之，得三百七十。加入右行第七數五十一，得四百二十一爲右行第九數。又置右行第九數四百二十一，以左行第九數一乘之，得四百二十一。加入右行第八數七十四，得四百九十五爲右行第十數。又置右行第十數四百九十五，以左行第十數一乘之，得四百九十五。加入右行第九數四百二十一，得九百一十六爲右行第十一數。又置右行第十一數九百一十六，以左行第十一數一乘之，得九百一十六。加入右行第十數四百九十五，得一千四百一十一爲右行第十二數。又置右行第十二數一千四百一十一，以左行第十二數二乘之，得二千八百二十二。加入右行第十一數九百一十六，得三千七百三十八爲右行第十三數。又置右行第十三數三千七百三十八，以左行第十三數五乘之，得一萬八千六百九十。加入右行第十二數一千四百一十一，得二萬一百一爲右行第十四數。又置右行第十四數二萬一百一，以左行第十四數四乘之，得八萬四百四。加入右行第十三數三千七百三十八，得八萬四千一百四十二爲右行第十五數，即因數。得等數三、因數八萬四千一百四十二、蓈數一十萬四千二百四十三。

	右行	左行
第一數	一	一
第二數	一	一
第三數	二	一
第四數	三	一
第五數	五	四
第六數	二三	二
第七數	五一	一
第八數	七四	五
第九數	四二一	一
第十數	四九五	一
第十一數	九一六	一
第十二數	一四一一	二
第十三數	三七三八	五
第十四數	二〇一〇一	四
第十五數	八四一四二	

等數	因數	蓈數
三	八四一四二	一〇四二四三

乃置閏縮一十二萬五千五百八十三，以等數三約之，得四萬一千八百六十一。以因數八萬四千一百四十二乘之，得三十五億二千二百二十六萬八千二百六十二。滿蓈數一十萬四千二百四十三去之，餘一千五百三十五爲乘元限數。以乘氣元率六萬三千五百四十，得九千七百五十三萬三千九百爲朔積年。以入元歲二萬二千四百四十加之，得九千七百五十五萬六千三百四十，即上元甲子至天聖二年甲子積算也，合問。

乘元限數	朔積年	入元歲	積算
一五三五	九七五三三九〇〇	二二四四〇	九七五五六三四〇

今有宋《紀元術》日法七千二百九十，歲實二百六十六萬二千六百二十六，朔實二十一萬五千二百七十八。實測到元符三年庚辰天正冬至日辰庚午，小餘一千一百七十，閏餘五千六百二十二。欲以庚辰歲天正十一月己卯夜半合朔冬至爲上元，問上元至元符三年積算幾何。

答曰：積二千八百六十一萬三千四百六十筭。

草曰：置歲實，以日法除去之，餘一千七百七十六爲斗分。以日法、斗分求得等率六，以約斗分，得二百九十六爲奇率。以約日法，得一千二百一十五爲蓈率。依大衍求一術求因率，列奇率二百九十六於上，蓈率一千二百一十五於下。以上二百九十六除下一千二百一十五，得四爲第一數，下餘三十一。又以下三十一除上二百九十六，得九爲第二數，上餘一十七。又以上一十七除下三十一，得一爲第三數，下餘一十四。又以下一十四除上一十七，得一爲第四數，上餘三。又以上三除下一十四，得四爲第五數，下餘二。又以下二除上三，得一爲第六數，上餘一，止不除。得第一數四、第二數九、第三數一、第四數一、第五數四、第六數一列左行，立天元一爲右行第一數。以左行第一數四乘之，得四爲右行第二數。又置右行第二數四，以左行第二數九乘之，得三十六。加入右行第一數一，得三十七爲右行第三數。又置右行第三數三十七，以左行第三數一乘之，得三十七。加入右

	右行	左行
第一數	一	四
第二數	四	九
第三數	三七	一
第四數	四一	一
第五數	七八	四
第六數	三五三	一
第七數	四三一	

等率	因率	蓈率
六	四三一	一二一五

行第二數四，得四十一爲右行第四數。又置右行第四數四十一，以左行第四數一乘之，得四十一。加入右行第三數三十七，得七十八爲右行第五數。又置右行第五數七十八，以左行第五數四乘之，得三百一十二。加入右行第四數四十一，得三百五十三爲右行第六數。又置右行第六數三百五十三，以左行第六數一乘之，得三百五十三。加入右行第五數七十八，得四百三十一爲右行第七數，即因率。得等率六、因率四百三十一、蔀率一千二百一十五。

乃視天正冬至日辰庚午，今欲令上元起己卯日，則爲大餘五十一。以日法通大餘，得三十七萬一千七百九十。加入小餘一千一百七十，得三十七萬二千九百六十爲元符三年庚辰氣應。今欲令上元起庚辰歲，即從是年演之。置氣應

氣應	約率	入元歲	氣元率
三七二九六〇	三六〇	三六六六〇	七二九〇〇

三十七萬二千九百六十，以等率六乘紀法六十，得三百六十爲約率。約之，得一千三十六。以因率四百三十一乘之，得四十四萬六千五百一十六。滿蔀率一千二百一十五去之，餘六百一十一。以紀法六十乘之，得三萬六千六百六十爲入元歲。又置蔀率一千二百一十五，以紀法六十乘之，得七萬二千九百爲氣元率。

置入元歲三萬六千六百六十，以朔實除去歲實，餘七萬九千二百九十爲歲閏。乘之，得二十九億六千七十七萬一千四百。滿朔實二十一萬五千二百七十八去之，餘八萬七千八百四十四爲入閏。置閏應五千六百二十一，即閏餘。加入朔實，得二十二萬九百。以入閏減之，餘一十三萬三千五十六爲閏縮。又置氣元率七萬二千九百，以歲閏乘之，得五十七億八千二十四萬一千。滿朔實去之，餘二萬六千七百爲元閏。

入閏	閏應	閏縮	元閏
八七八四四	五六二二	一三四五六	二六七〇〇

以元閏、朔實求等數，得二。以約元閏，得一萬三千三百五十爲奇數。以約朔實，得一十萬七千六百三十九爲蔀數。依大衍求一術求因數，列奇數一萬三千三百五十於上，蔀數一十萬七千六百三十九於下。以上一萬三千三百五十除下一十萬七千六百三十九，得八爲第一數，下餘八百三十九。又以下八百三十九除上一萬三千三百五十，得一十五爲第二數，上餘七百六十五。又以上七百六十五除下八百三十九，得一爲第三數，下餘七十四。又以下七十四除上七百六十五，得一十爲第四數，上餘二十五。又以上二十五除下七十四，得二爲第五數，下餘二十四。又以下二十四除上二十五，得一爲第六數，上餘一，即止不除。得第一數八、第二數一十五、第三數一、第四數一十、第五數二、第六數一列左行，立天元一爲右行第一數。以左行第一數八乘之，得八爲右行第二數。又置右行第二數八，以左行第二數一十五乘之，得一百二十。加入右行第一數一，得一百二十一爲右行第三數。又置右行第三數一百二十一，以左行第三數一乘之，得一百二十一。加入右行第二數八，得一百二十九爲右行第四數。又置右行第四數一百二十九，以左行第四數一十乘之，得一千二百九十。加入右行第三數一百二十一，得一千四百一十一爲右行第五數。又置右行第五數一千四百一十一，以左行第五數二乘之，得二千八百二十二。加入右行第四數一百二十九，得二千九百五十一爲右行第六數。又置右行第六數二千九百五十一，以左行第六數一乘之，得二千九百五十一。加入右行第五數一千四百一十一，得四千三百六十二爲右行第七數，即因數。得等數二、因數四千三百六十二、蔀數一十萬七千六百三十九。

	第一數	第二數	第三數	第四數	第五數	第六數	第七數
右行	一	八	一二一	一二九	一四一一	二九五一	四三六二
左行	八	一五	一	一〇	二	一	

等數	因數	蔀數
二	四三六二	一〇七六三九

乃置閏縮一十三萬三千五十六，以等數二約之，得六萬六千五百二十八。以因數四千三百六十二乘之，得二億九千一十九萬五千一百三十六。滿蔀數一十萬七千六百三十九去之，餘三百九十二爲乘元限數。以乘氣元率七萬二千九百，得二千八百五十七萬六千八百爲朔積年。以入元歲

乘元限數	朔積年	入元歲	積筭
三九二	二八五七六八〇〇	三六六六〇	二八六一三四九〇

三萬六千六百六十加之，得二千八百六十一萬三千四百六十，即上元庚辰至元符三年庚辰積筭也。合問。

今有元《授時術》，不用積年日法。日周一萬，歲實三百六十五萬二千四百二十五分，朔實二十九萬五千三百五分九十三秒。今欲仍用積年日法定至元十八年辛巳歲天正冬至，氣應五十五日六百二分，閏應二十日一千八百五十三分，調得日法二千一百九十，以己亥歲天正十一月甲子夜半冬至合朔爲上元。問上元距至元十八年積筭幾何。

答曰：積九千八百二十五萬一千四百二十二筭。

草曰：置歲實三百六十五萬二千四百二十五分，以日法二千一百九十乘之，得七十九億九千八百八十一萬七百五十。以日周一萬除之，得七十九萬九千八百八十一爲今用歲實。不盡七百五十，棄之。置歲實七十九萬九千八百八十一，滿日法二千一百九十去之，餘五百三十一爲斗分。以日法、斗分求得等率三，以約日法，得七百三十爲蔀率。以約斗分，得一百七十七爲奇率。依大衍求一術求因率，列奇率一百七十七於上，蔀率七百三十於下。以上一百七十七除下七百三十，得四爲第一數，下餘二十二。又以下二十二除上一百七十七，得八爲第二數，上餘一，即止不除。得第一數四、第二數八列左行，立天元一爲右行第一數。以左行第一數四乘之，得四爲右行第二數。又置右行第二數四，以左行第二數八乘之，得三十二。加入右行第一數一，得三十三爲右行第三數，即因率。得等率三、因率三十三、蔀率七百三十。

	第一數	第二數	第三數
右行	一	四	三三
左行	四	八	

等率	因率	蔀率
三	三三	〇三七

乃置氣應五十五日六百二分，以日法乘之，得一十二億五百八十一萬八千三百八十。以日周除之，得一十二萬五百八十一，不盡八千三百八十，亦得一，共得一十二萬五百八十二爲今用至元辛巳氣應。今欲令上元起己亥歲己亥，在辛巳後一十八年。置一十八年，以歲實七十九萬九千八百八十一乘之，得一千四百三十九萬七千八百五十八。加入辛巳氣應一十二萬五百八十二，得一千四百五十一萬八千四百四十。以日法除之，得六千六百二十九爲積日，不盡九百三十爲小餘。以紀法六十去積日，餘二十九爲大餘。復以日法通之，得六萬三千五百一十。加入小餘九百三十，得六萬四千四百四十爲至元辛巳後己亥歲氣應。乃從是歲演之，置氣應六萬四千四百四十，以等率三乘紀法六十，得一百八十爲約率。約之，得三百五十八。以因率三十三乘之，得一萬一千八百一十四。滿蔀率七百三十去之，餘一百三十四。以紀法六十乘之，得八千四十爲入元歲。又置蔀率七百三十，以紀法六十乘之，得四萬三千八百爲氣元率。

氣應	約率	入元歲	氣元率
〇四四四六	〇八一	〇四〇八	〇〇八三四

次置朔實二十九萬五千三百五分九十三秒，以日法乘之，得六億四千六百七十一萬九千九百八十六分七十秒。以日周除之，得六萬四千六百七十一，不盡九千九百八十六分七十秒，亦得一，共得六萬四千六百七十二爲今用朔實。置歲實七十九萬九千八百八十一，滿朔實六萬四千六百七十二去之，餘二萬三千八百一十七爲歲閏。置入元歲八千四十，以歲閏乘之，得一億九千一百四十八萬八千六百八十。滿朔實六萬四千六百七十二去之，餘五萬九千五百六十爲入閏。又置閏應二十日一千八百五十三分，以日法乘之，得四億四千二百五萬八千八十七。以日周除之，得四萬四千二百五，不盡八千七十，亦得一，共得四萬四千二百六爲今用至元辛巳歲閏應。又置辛巳距己亥一十八年，以歲閏乘之，得四十三萬八千七百六。加入辛巳閏應四萬四千二百六，得四十七萬二千九百一十二。滿朔實六萬四千六百七十二去之，餘二萬八百八爲至元辛巳後己亥歲閏應。置閏應二萬二百八，加朔實六萬四千六百七十二，得八萬四千八百八十。以入閏五萬九千五百六十減之，餘二萬五千三百二十爲閏縮。又置氣元率四萬三千八百，以歲閏乘之，得一十億四千三百一十八萬四千六百。滿朔實六萬四千六百七十二去之，餘二萬五千二百四十爲元閏。

入閏	閏應	閏縮	元閏
〇六五九五	八〇二〇二	〇二三五二	〇四二五二

以元閏朔實求得等數八，以約元閏，得三千一百五十五爲奇數。以約朔實，得八千八十四爲蔀數。依大衍求一術求因數，列奇數三千一百五十五於上，蔀數八千八十四於下。以上三千一百五十五除下八千八十四，得二爲第一數，下餘一千七百七十四。又以下一千七百七十四除上三千一百五十五，得一爲第二數，上餘一千三百八十一。又以上一千三百八十一除下一千七百七十四，得一爲第三數，下餘三百九十三。又以下三百九十三除上一千三百八十一，得三爲第四數，上餘二百二。又以上二百二除下三百九十三，得一爲第五數，下餘一百

九十一。又以下一百九十一除上二百二，得一爲第六數，上餘一十一。又以上一十一除下一百九十一，得一十七爲第七數，下餘四。又以下四除上一十一，得二爲第八數，上餘三。又以上三除下四，得一爲第九數，下餘一。又以下一除上三，得二爲第十數，上餘一。得第一數二、第二數一、第三數一、第四數三、第五數一、第六數一、第七數一十七、第八數二、第九數一、第十數二列左行，立天元一爲右行第一數。以左行第一數二乘之，得二爲右行第二數。又置右行第二數二，以左行第二數一乘之，得二。加入右行第一數一，得三爲右行第三數。又置右行第三數三，以左行第三數一乘之，得三。加入右行第二數二，得五爲右行第四數。

又置右行第四數五，以左行第四數三乘之，得一十五。加入右行第三數三，得一十八爲右行第五數。又置右行第五數一十八，以左行第五數一乘之，得一十八。加入右行第四數五，得二十三爲右行第六數。又置右行第六數二十三，以左行第六數一乘之，得二十三。加入右行第五數一十八，得四十一爲右行第七數。又置右行第七數四十一，以左行第七數一十七乘之，得六百九十七。加入右行第六數二十三，得七百二十爲右行第八數。又置右行第八數七百二十，以左行第八數二乘之，得一千四百四十。加入右行第七數四十一，得一千四百八十一爲右行第九數。又置右行第九數一千四百八十一，以左行第九數一乘之，得一千四百八十一。加入右行第八數七百二十，得二千二百一爲右行第十數。又置右行第十數二千二百一，以左行第十數二乘之，得四千四百二。加入右行第九數一千四百八十一，得五千八百八十三爲右行第十一數，即因數。得等數八、因數五千八百八十三、蔀數八千八十四。

右行

第一數	第二數	第三數	第四數	第五數	第六數	第七數	第八數	第九數	第十數	第十一數
一	二	三	五	一八	二三	四一	七二〇	一四八一	二二〇一	五八八三

左行

第一數	第二數	第三數	第四數	第五數	第六數	第七數	第八數	第九數	第十數
二	一	一	三	一	一	一七	二	一	二

等數	因數	蔀數
八	五八八三	八〇八四

乃置閏縮二萬五千三百二十，以等數八約之，得三千一百六十五。以因數五千八百八十三乘之，得一千八百六十一萬九千六百九十五。滿蔀數八千八十四去之，餘二千二百四十三爲乘元限數。

乘元限數	朔積年	入元歲	己亥積算	辛巳積算
二二四三	九八二四三四〇〇	八〇四〇	九八二五一四四〇	九八二五一四二二

以乘氣元率四萬三千八百，得九千八百二十四萬三千四百爲朔積年。以入元歲八千四十加之，得九千八百二十五萬一千四百四十，爲上元己亥距至元辛巳後己亥積年。減一十八年，餘九千八百二十五萬一千四百二十二，即上元己亥距至元十八年辛巳積算也。合問。

清·駱騰鳳《藝遊録》卷一 大衍求一法

今有總物不知數，以七數之，剩一；以八數之，剩二；以九數之，剩三。問本總數幾何。答曰：四百九十八。

法：以七、八、九各母連乘，得五百〇四爲衍母。

定母七以七十二爲衍數，即八、九相乘數。以定七除之，奇二。用奇定相求法得乘率四，以乘衍數，得二百八十八爲用數。

定母八以六十三爲衍數，即七、九相乘數。以定八除之，奇七。用奇定相求法得乘率七，以乘衍數，得四百四十一爲用數。

定母九以五十六爲衍數，即七、八相乘數。以定九除之，奇二。用奇定相求法得乘率五，以乘衍數，得二百八十爲用數。

既得各用數，乃以所剩者乘之，爲定用。七之剩一，不乘，即以二百八十八爲定用。八之剩二，以乘用數，得八百八十二爲定用。九之剩三，以乘用數，得八百四十爲定用。併定用得二千〇一十，以衍母五百〇四除之，其不滿法者四百九十八，即本總數也。合問。

今有十一數，餘三；十二數，餘二；十三數，餘一。問本總數。曰：一十四。

法：以十一、十二、十三母連乘，得一千七百一十六爲衍母。

定十一衍數得一百五十六，以十一除之，奇二。求乘率，得六。以乘衍數，得九百三十六爲用數。三之，得二千八百〇八爲定用。定十二衍數得一百四十三，以十二除之，奇十一。求乘率，得十一。以乘衍數，得一千五百七十三爲用數。二之，得三千一百四十六爲定用。

定十三衍數得一百三十二，以十三除之，奇二。求乘率，得七。以乘衍數，得九百二十四爲用數，即爲定用。

併定用，得六千八百七十八。以衍母一千七百十六除之，餘十四，即本總數。

今有二數，餘一；五數，餘二；七數，餘三；九數，餘四。問本總數。曰：一百五十七。

法：以二、五、七、九各母連乘，得六百三十爲衍母。

定二衍數三百一十五，以二除之，奇一，即以衍數三百一十五爲用數，即爲定用。

定五衍數一百二十六，以五除之，奇一，即以衍數一百二十六爲用數。二之，得二百五十二爲定用。

定七衍數九十，以七除之，奇六。求乘率，得六。以乘衍數，得五百四十爲用數。三之，得一千六百二十爲定用。

定九衍數七十，以九除之，奇七。求乘率，得四。以乘衍數，得二百八十爲用數。四之，得一千一百二十爲定用。

併定用，得三千三百〇七。以衍母六百三十除之，餘一百五十七，即本總數。

右題俱見宋楊輝《續古摘奇算法》，而未詳其立法之原。今以大衍求一法推之，無不脗合。與《孫子算經》三五七之問參看，則知任設三數、四數皆可相求也。即任設兩數亦可求之，但總數多者，不能得其本數矣。

大衍奇定相求法

大衍求一術云：置奇右上，定居右下，立天元一於左上。先以右行上下兩位，以少除多。所得商數乃遞互乘歸左行，使右行末後奇一而止。乃驗左行所得，以爲乘率。

凡大衍求一法，先列一奇元於左，空定元於中，正奇數於右。在上位次列空奇元于左，一定元于中，負定數于右。在下位，其理爲一奇元比空定元多奇數，空奇元比一定元少定數也。凡奇命爲正，定命爲負，奇餘恒得正定，餘恒得負。

以定母除衍數，不滿法者，爲奇，是奇恒少於定也。法以奇數商除定數，定必有餘，故第一次即以商除數乘一奇元、空定元、正奇數。而與空奇元、一定元、負定數相減，奇元定元以加爲減則得幾奇元比一定元少定餘數，如干也。如奇七、定三十，以奇除定商得四，餘二。即以商四乘一奇元，得四。乘空定元，得空。正奇七，得二八。與空奇元、一定元負、定三十相減，得四奇元、一定元、負定二，是爲四奇比一定少二也。以真數明之，即二十八比三十少二也。奇所少之定餘數，即定不滿奇之數，是奇數恒多於定餘也。法宜於奇數內減定餘，而奇數或不止於一定餘數，故法以定餘商除奇數，得數以乘第一次之奇元、定元、定餘，則爲幾倍奇元比幾倍定元少幾倍定餘也。如前題，定餘二以除奇七，商得三，餘一。以商三乘四奇、一定、二定餘，得十二奇、三定、六定餘，是爲十二奇比三定少六，即八十四比九十少六也。

乃以一奇、空定、正奇數，與乘出之倍奇、倍定、倍定餘相減，而所餘者正奇，即第二次所得之數，爲幾奇元比幾定元多奇餘數也。如前題，以一奇元、空定元、正奇七，與乘出之十二奇、三定、六定餘相減，得十三奇、三定、奇餘一，是爲十三奇比三定多一，即九十一比九十多一也。

此第二次即得奇一之法。若二次奇餘不得一者，則必累次求之。法以奇餘除定餘，得定餘之餘。又以定餘之餘除奇餘，得奇餘之餘。展轉相求，俱如上法，其奇元、定元則累次相加，奇餘、定餘則累次相減也，以右行末後得一而止。乃驗左末所得，以爲乘率。

奇元	定元		
一	〇	七奇	正
〇	一	三〇定、	負
一	〇	七	奇
		四	
四	〇	二八	
〇	一	三〇、	定
四	一	二、	
		三	
一二	三	六、	
一	〇	七	
一三	三	一	
乘率		奇一	

右行末餘奇一，左行末數即乘率。

以左行末數十三乘奇七，得九十一。以中行末數三乘定三十，得九十，相減餘一。

若有等數者，必幾奇元、幾定元、負定數與正奇數相等而盡。

如列宿二十八、旬周六十相約，法以數少者爲奇，多者爲定。先列宿奇一元、旬定空元、正宿數二八於上，次列宿奇空元、旬定一元、負旬數六十於下。以正宿二八除負旬六十，得二，餘四。即以得二乘一宿元、空旬元、正宿二八，得二宿元、空旬元、正宿五六。與空宿元、一旬元、負旬六十相減，得二宿元、一旬元、負旬餘四。乃以旬餘四除二八，可得七，留一不約，得六。以乘二宿元、一旬元、旬餘四，得十二宿元、六旬元、旬餘二四。與一宿元、空旬元、正宿二八相減，得十三宿元、六旬元、宿餘四。又以宿餘四除旬餘四，得一，不乘。徑列二

宿奇	旬定	
一	〇	二八
〇	一	六〇、
一	〇	二八
		五二
二	〇	五六
〇	一	六〇、
二	一	〇四、
		六
一二	六	二四、
一	〇	二八
一三	六	四
二	一	四、
一五	七	〇

宿元、一旬元、旬餘四與之相減，得十五宿元、七旬元、旬餘四、宿餘四，無多少適盡，即等數也。蓋以四約列宿二十八，得七。以四約旬周六十，得十五也。而以十五乘二十八，得四百二十。以七乘六十，亦得四百二十。故適盡，無多少之差也。

求一法與求等法同。但求等者，必除之至盡。求一者，則留一不除爲奇。凡求一者，其左行末數爲乘率，即奇之倍數也。其中行末數，即定之倍數也。其右行末數，即奇一也。凡奇數少於定數，而定倍數必少於奇倍數。故以左行末數乘奇數，置上位。以中行末數乘定數，以除上位，必得一。或徑以定數除之，亦得一。

凡求等者，其左行末數亦奇之倍數，即以等約定之數也。其中行末數亦定之倍數，即以等約奇之數也。故以左末數乘奇，以中末數乘定，其數必相等。

所以必求一者，爲合原餘數也。如五之餘三，以二十一爲衍數。以乘所餘三，得六十三。以五除之，餘三，即五之原餘三也。七之餘二，以十五爲衍數。以乘所餘二，得三十。以七除之，餘二，即七之原餘二也。若三之餘二，以三十五爲衍數。以三除之，餘二，奇不可作率。如以三十五乘所餘二，得七十。以三除之，餘一，不合三之原餘數二。惟求得乘率二，以乘衍數三五，得七十爲用數。以乘三所餘二，得一百四十，以三除之，餘二，恰合三之原餘數二矣。五、七、三之數本《孫子算經》，詳見後。

大衍求一求等前圖略具，茲取數之繁多者詳之。

今有歲率六百一十七萬二千六百八分，紀率一百一萬四千分，求等數。

等數六百二十四。約紀率得一千六百二十五。約歲率得九千八百九十二。

紀	歲	
一	〇	一〇一四〇〇〇紀
		六
六	〇	六〇八四〇〇〇歲
〇	一	六一七二六〇八、
六	一	〇〇八八六〇八、
		一一
六六	一一	九七四六八八、
一	〇	一〇一四〇〇〇
六七	一一	三九三一二
一三四	二二	七八六二四
、六	一	八八六〇八
一四〇	二三	九九八四
		三
四二〇	六九	二九九五二、
六七	一一	三九三一二
四八七	八〇	九三六〇
		一
四八七	八〇	九三六〇
一四〇	二三	九九八四、
六二七	一〇三	六二四
		一四
八七七八	一四四二	八七三六、
、四八七	、八〇	九三六〇
九二六五	一五二二	六二四
六二七	一〇三	六二四、
九八九二	一六二五	〇〇〇

今有紀泛定數一千六百二十五分，歲泛定數六百一十七萬二千六百八分，求等數。

等數一十三。約紀泛得一百二十五。約歲泛得四十七萬四千八百一十六。

紀	歲	
一	〇	一六二五紀
		三七九八
三七九八	〇	六一七一七五〇
〇	一	六一七二六〇八歲
三七九八	一	八五八、
		一
三七九八	一	八五八、
一	〇	一六二五
三七九九	一	七六七
		一
三七九九	二	七六七
三七九八	一	八五八、
七五九七	二	九一、
		八
六〇七七六	一六	七二八、
三七九九	一	七六七
六四五七五	一七	三九
		二
一二九一五〇	三四	七八
、七五九七	二	九一、
一二六七四七	三六	一三、
		二
二七三四九四	七二	二六、
六四五七五	一七	三九
三三八〇六九	八九	一三
一三六七四七	、三六、	一三、
四七四八一六	一二五	〇〇

今有紀奇數一萬六十六分，紀定數二萬一千一百二十五分，求一並乘率。

右行末餘奇一，左行末數即乘率。

以左行末數九千七百八十六，乘紀奇一萬六十六，得九千八百五十萬五千八百七十六。以中行末數四千六百六十三，乘紀定二萬一千一百二十五，得九千八百五十萬五千八百七十五。以減前數，餘一。

紀奇	紀定	
一	〇	一〇六六奇
		、、二
二	〇	二〇一三二
〇	一	二一一二五定
二	一	九九三、
		一〇
二〇	一〇	、九九三〇、
一	〇	一〇〇六六
二	一〇	〇〇一三六
		七
一四七	七〇	九五二
二	一	九九三、
一四九	七一	四一、
		三
四四七	二一三	一二三、
二一	一〇	一三六
四六八	二二三	一三
		三
一四〇四	六六九	三九
、一四九	、七一	四一、
一五五三	七四〇	二、
		六
九三一八	四四四〇	一二、
四六八	二二三	一三
九七八六	四六六三	一

今有朔奇數二十三萬九千四百三十四，朔定數四十九萬九千六百十七，求一並乘率。　右行末餘奇一，左行末數即乘率。

朔奇	朔定	
一	〇	二三九四三四奇
		二
二	〇	四七八八六八
〇	一	四九九〇六七、
二	一	二〇一九九、
二二	一一	二二二一八九、
一	〇	二三九四三四
二三	一一	一七二四五
		一
二三	一一	一七二四五
二	一	二〇一九九
二五	一二	二九五四、
		五
一二五	六〇	一四七七〇
二三	一一	一七二四五
一四八	七一	二四七五
		一
一四八	七一	二四七五
二五、	一二	二九五四
一七三	八三	四七九、
		五
八六五	四一五	二三九五、
、一四八	七一	二四七五
一〇一三	四八六	八〇
		五
五〇六五	二四三〇	四〇〇
一七三、	、八三	四七九、
五二三八	二五一三	七九、
一〇一三	四八六	八〇
六二五一	二九九九	一

以左行末數六千二百五十一，乘朔奇二十三萬九千四百三十四，得十四億九千六百七十萬一千九百三十四。以中行末數二千九百九十九，乘朔定四十九萬九千六百十七，得十四億九千六百七十萬一千九百三十三。以減前數，餘一。

又　孫子算經解　今有物不知其數，三三數之，賸二；五五數之，賸三；七七數之，賸二。問物幾何。答曰：二十三。

術曰：三數之賸二，置一百四十。五數之賸三，置六十三。七數之賸二，置三十。并之，得二百三十三。以二百一十減之，即得。凡三之一，置七十。五之一，置二十一。七之一，置十五。一百六以上，以一百五減之，即得。

今案：此術未易得解，惟以大衍求一法入之，始合耳。三、五、七各母連乘，得一百五爲衍母。以定母七除之，得十五爲衍數。又以七除之，餘一爲乘率。以乘衍數，得十五爲用數，此七之一所以置十五也。以定母五除之，得二十一爲衍數。又以五除之，餘一爲乘率。以乘衍數，得二十一爲用數，此五之一所以置二十一也。以定母三除之，得三十五爲衍數。又以三除之，餘二爲奇，不可用。乃以奇定相求法，求得二爲乘率。以乘衍數，得七十爲用數，此三之一所以置七十也。既得各用數，乃以乘各賸數。其三之賸二者，以用數七十乘之，得一百四十。其五之賸三者，以用數二十一乘之，得六十三。其七之賸二者，以用數十五乘之，得三十。并之，得二百三十三爲總實。以衍母一百五除之，減去二百一十，餘二十三即所求之數。　又案：此術任設三數兩數皆可求，不必三五七也。詳見下文。

如有四、五、六之三母，四六兩偶不可用，以等二約四、六爲二、三。并原五爲二三五，連乘得三十爲衍母。以二除之，得十五爲衍數。又以二除之，餘一爲乘率。以乘衍數十五，爲用數。如以三除之，得十爲衍數。又以三除之，餘一爲乘率。以乘衍數十，爲用數。如以五除之，得六爲衍數。又以五除之，餘一爲乘率。以乘衍數六，爲用數。　又如有四、六、八母數俱偶，以等二約爲二、三、四。又約二、四爲一、二，是爲母。一二三連乘得六，爲衍母。一數不用，以二除之得三，爲衍數。又以二除之，餘一爲乘率。以乘衍數三，爲用數。如以三除之，得二爲衍數。又以三除之，不滿法，即爲奇用。奇定相求法求得二爲乘率，以乘衍數二，得四爲用數。此三母內有一數不用，即知任設兩數者，亦可相求矣。

今有甲、乙、丙三人持錢，甲得乙、丙之半成九十，乙得甲、丙之半成七十，丙得甲、乙之半成五十六。問三人原持錢各幾何。曰：甲七十二，乙三十二，丙四。

術：置三人成數，各三乘而半之，甲得一百三十五，乙得一百五，丙得八十四。又置甲九十、乙七十、丙五十六，各半之。以甲、乙減丙，以甲、丙減乙，以乙、丙減甲，各得原數。

今案：此術不可爲率，設四人持錢不可通矣，宜以方程入之。甲得乙、丙之半成九十，則倍甲而得一乙一丙，必成一百八十也。乙得甲、丙之半成七十，則倍乙而得一甲一丙，必成一百四十也。丙得甲、乙之半成五十六，則倍丙而得一甲一乙，必成一百一十二也。以和數方程列位。

甲一　乙一　丙一　一百八十
　　餘三　餘一　二百八十　餘一百

甲一　乙二　丙一　一百四十
　　四　二

又列位。

甲一　乙二　丙一　一百四十
　　餘一　餘一　餘二十八

甲一　乙一　丙二　一百二十

又以兩餘數重列。

乙三　丙一　一百

乙一　丙一　二十八
　　負三　并四　八十四　餘十六

四爲法，十六爲實，如法而一，得四爲丙數。

今有獸六首，四足，禽四首，二足。上有七十六首，下有四十六足。問禽獸各幾何。曰八獸七禽。

術曰：倍足以減首，餘半之，即獸。以四乘獸，減足，餘半之，即禽。

案：此術不可爲率，設獸七首五足不可通矣，宜用方程。

獸六首　禽四首　七十六
　一十六　三百〇四　餘四

獸四足　禽二足　四十六
　一十二　二百七十六　餘二十八

四爲法以除二十八，得七爲禽。

今有雉兔同籠，上有三十五頭，下有九十四足。問雉兔各幾何。曰：雉二十三，兔一十二。

術曰：上置頭，下置足。半其足，以頭除足，以足除頭，即得。

案：此術亦不可爲率，在衰分本有專法，然亦不如以方程入之也。又《統宗》載此題及一狐九尾三足團魚，惟團魚法用方程。而又載入均輸，亦誤。此等問同一例，惟方程爲通率耳。

今有三人共車，二車空，二人共車，九人步。問人與車各幾何。曰：車十五，人三十九。

術曰：置二人，以三乘之，得六。加步者九人，得車一十五。欲知人者，以二乘車，加九人即得。

案：此亦非通率也，宜用盈朒法。二車空，即少六人。九人步，即多九人也。

三人少　六（一十二）　以三人二人相減，餘一爲法。并多少二數，得一十五爲車
二人多　九（二十七）　實。并互乘數，得三十九爲人實。各如法除之，得車數、人數。

以上數條俱見《孫子算經》。案：《孫子》在算書中最爲近古，而數條全無算理，何也？爲正於此。

清・黃宗憲《求一術通解》卷上　今有物不知數，三三數之，賸二；五五數之，賸三；七七數之，賸二。問物幾何。答曰：二十三。

術曰：三三數之賸二，置一百四十；五五數之賸三，置六十三；七七數之賸二，置三十。併之，得二百三十三，以二百一十減之，即得。凡三三數之賸一，則置七十；五五數之賸一，則置二十一；七七數之賸一，則置一十五。一百六以上，以一百五減之，即得。以上録原草。

草曰：置三、五、七列爲三行，曰泛母。依術求定母、衍母、衍數，列式如左。

一行泛母 𝍢　三即數根不可析　定母 𝍢　　　　衍數 𝍫𝍤
二行泛母 𝍤　五即數根不可析　定母 𝍤　衍母 𝍠〇𝍤　衍數 𝍪𝍠
三行泛母 𝍦　七即數根不可根　定母 𝍦　　　　衍數 𝍩𝍤

三位泛母俱是數根，不可析，即爲定母。連乘之，得 𝍠〇𝍤 爲衍母。副直三位。以一行定母 𝍢 除之，得 𝍫𝍤 爲一行衍數。以二行定母 𝍤 除之，得 𝍪𝍠 爲二行衍數。以三行定母 𝍦 除之，得 𝍩𝍤 爲三行衍數。

求衍數又法。以三二行定母七五相乘，得三十五，爲一行衍數。以三一行定母七三相乘，得二十一，爲二行衍數。以二一行定母五三相乘，得一十五，爲三行衍數。按：舊術求衍數用除，今以乘易之，得數皆同，不獨此題可易，即他題之有多位者，乘除皆可相通。蓋衍母爲諸定連乘所得，故餘定連乘之數，即爲本定除衍母之數矣。後凡求衍數倣此，餘題不備述。

既得各行定母、衍數，兩兩對列，以求一入之。式如左。

定母 𝍢　右累減 𝍢　左減右一 一𝍠　右減左一
衍數 一𝍫𝍤　左餘 𝍡　一𝍡　次餘 𝍠　一𝍡　次餘 𝍠　二𝍠　寄數二爲乘率

列定母 𝍢 於右行，衍數 𝍫𝍤 左角上預寄一數。於左行，以右累減左，餘 𝍡 仍列左行。仍寄一數。再以定母 𝍢 對列右行，以左減右一次，餘 𝍠 仍列右行。以次數一乘左上寄數一，仍得一，寄右角上。左餘一𝍡 對列左行，以右減左一次，餘 𝍠 仍列左行，以次數一乘右上寄數一，仍得一，加於左上寄數一中，得二，仍寄左角。左行得一即止。其左角寄數二即乘率，以乘衍數 𝍫𝍤 得 𝍯〇 爲一行用數。

定母 𝍤　右累減
衍數 一𝍪𝍠　左餘 𝍠　一𝍠　寄數一爲乘率

如法列式，以右累減左，餘 𝍠 仍列左行，仍寄一數。左行得一即止。其左角寄數一即乘率，以乘衍數 𝍪𝍠 仍得 𝍪𝍠 爲二行用數。

按：以一乘者，其數不長，數既不長，乘率可省。凡遇定母累減衍數得一者，是爲無乘率，即以衍數爲用數。

定母 7　右累減 左餘一 一一　無乘率
衍數 15

依法求之無乘率，即以衍數 15 爲三行用數。

既得各用數，分位列之如左。

三用數 70　五用數 21　七用數 15

右表爲公式，凡以三、五、七分位各累減之，所賸之數皆可以此式馭之。餘題仿此。

乃視題中三三數之賸二，以二乘三用數 70 得 140 爲總。七七數之賸二，以二乘七用數 15 得 30 爲總。五五數之賸三，以三乘五用數 21 得 63 爲總。併三總，得二百三十三爲所求率，滿衍母一百〇五去之，不滿二十三，即所求物數。

右即孫子原題，爲求一之祖，首録之取其淺近，爲初學示規矩，故詳演細草而不釋。

推計土功

問：築堤起四縣夫，分里步皆同，齊闊二丈，里法三百六十步，步法五十八寸，人夫以物力差定。甲縣物力一十三萬八千六百貫，乙縣物力一十四萬六千三百貫，丙縣物力一十九萬二千五百貫，丁縣物力一十八萬四千八百貫。每力七百七十貫科一名，春程人功平方六十尺，先到縣先給。今甲乙二縣俱畢，丙縣餘五十一丈，丁縣餘一十八丈，不及一日全功。欲知堤長，及四縣夫所築各幾何。

答曰：堤長一十九里二百三十五步五尺。甲縣夫築一千二十六丈，乙、丙、丁同。乙縣夫築一千七百六十八步五尺六寸，甲、丙、丁同。丙縣夫築四里三百二十八步五尺六寸，甲、乙、丁同。丁縣夫築同前三縣數。

草曰：置甲縣力一十三萬八千六百貫，乙縣力一十四萬六千三百貫，丙縣力一十九萬二千五百貫，丁縣力一十八萬四千八百貫，以程功六十尺徧乘之，皆以貫默約之。甲得八百三十一萬六千尺，乙得八百七十七萬八千尺，丙得一千一百五十五萬尺，丁得一千一百〇八萬八千尺。各爲實，次以力率七百七十貫乘堤齊闊二十尺，亦以貫默約之，得一萬五千四百尺爲法。徧除各實，甲得五十四丈乙得五十七丈，丙得七十五丈，丁得七十二丈，各爲四縣衆夫每日築長率。以上録原草。

乃置甲五十四丈、乙五十七丈、丙七十五丈、丁七十二丈各爲泛母，列爲四行，依法求定母、衍母、衍數，式如左。

甲泛母 54　析母 二三△三△三△　定母 27
乙泛母 57　析母 三 19△　定母 19
丙泛母 75　析母 三五△五△　定母 25
丁泛母 72　析母 二△二△二△三三　定母 8

衍母 102600

衍數 3800
衍數 5400
衍數 4104
衍數 12825

甲泛 54 以二除之，得 27，以三除之，得 9，又以三除之，得 3，併法數二三三三，共得二三三三，書於本位下。乙泛 57 以三除之，得 19，併法數三，共得三 19 書於本位下。丙泛 75 以三除之，得 25，以五除之，得 5，併法數三五，共得三五五，書於本位下。丁泛 72 以二除之，得 36，又以二除之，得 18，又以二除之，得 9，以三除之，得 3，併法數二二二三，共得二二二三三，書於本位下。凡析泛母，先以二、三、五、七各爲法，仿此除之，至四數皆不可除，即得諸根者，本題詳之。或有未次得數未成根者，則求等除之，詳新擬第一題，餘題不備述。

甲行有一個二，三個三。其一個二少於丁行，棄之。三個三多於餘行，用之。乙行有一個三，一個 19。其一個三少於甲行，棄之。一個 19 餘行所無，用之。凡已用之根旁必作△號。丙行有一個三，兩個五。其一個三少於甲行，棄之。兩個五餘行所無，用之。丁行有三個二，兩個三。其兩個三少於甲行，棄之。三個二多於甲行，用之。審畢，以甲行所用三個三連乘，得 27 爲甲定。以乙行所用 19 即爲乙定。以丙行所用兩個五相乘，得 25 爲丙定。以丁行所用三個二連乘，得 8 爲丁定。乃以四位定母連乘，得 102600 爲衍母。各依法求之，即得各位衍數。

釋曰：泛母中所藏各根，參差不一。今析之，使其顯露在外。以之求定母，一目了然。求定母亦無深理，是必使各行皆無等，方可爲求一之用。其以某根用於此行，而餘行同者棄之，即欲此行不與餘行同等之意。假如有兩數，各藏有同根，試以此兩數互減，必有等，其等即同根。舊術云約一存一，即棄彼用此之謂。各定母既已無等，仍與各泛母相應，故求得衍母亦必與各泛母相應。試置衍母，以各定母分位累減之，必適盡，若以泛母依樣減之亦然，是衍母爲全題之範圍矣。衍數爲餘定連乘所得，必爲餘定度盡之數，而諸定皆無等，故獨爲本定度不盡。有此餘定可度盡而本定度不盡之衍數，然後馭題有把握矣。

既得各行定母衍數，兩兩對列，以求一入之，式如左。

	甲定	右累減，左餘 20	左減右一，次餘 7	右減左二，次餘 6	左減右一，次餘 1	右減左五，次餘 1
右	27	27	一 7	一 7	四 1	
左	衍數 一 3800	一 20	一 20	三 6	三 6	二三 1

列定母 27 於右行，衍數 3800 左角上預寄一數。於左行，以右累減左，餘 20 仍列左行。仍寄一數。再以定母 27 對列右行，以左減右一次，餘 7 仍列右行。以次數一乘左上寄數一，仍得一寄右角上。左餘 20 對列左行，以右減左二次，餘 6 仍列左行。以次數二乘右上寄數一，得二，加入左上寄數一，得三，仍寄左角。右餘 7 對列右行，以左減右一次，餘 1 仍列右行。以次數一乘左上寄數三，仍得三，加入右上寄數一，得四，仍寄右角。左餘 6 對列左行，以右減左五次，餘 1 仍列左行。以次數五乘右上寄數四，得二十，加入左上寄數三，得二十三，仍寄左角。左行餘一即止，其左角寄數二十三爲乘率，凡定母小衍數大者倣此，其定母大衍數小者，詳程行相及題中。餘題不備述。

以乘衍數 3800 得 87400 爲甲用數。

釋曰：前式求得衍數，不能備全題之用，凡遇題中某位賸數，與某行定母累減衍數之所餘相應者，即以衍數爲總數，不相應者則不合。如甲縣餘四十七丈或二十丈，則甲行可不求乘率，即以其衍數爲甲總。乙縣餘二十三丈、或四丈、或四十二丈，則乙行可不求乘率，即以其衍數爲乙總，餘倣此。故有求一之法以通之。求一者，是求衍數中之一，所以寄數祇記衍數之次數。其首層餘 20 是以若干個定母減一個衍數之所餘也，故餘數上角寄一數。第二層餘 7 是以一個衍數減若干個定母之所餘也，故餘數上角亦寄一數。第三層餘 6 是以若干個定母減三個衍數之所餘也，故餘數上角寄三數。第四層餘 1 是以四個衍數減若干個定母之所餘也，故餘數上角寄四數。第五層餘 1 是以若干個定母減二十三個衍數之所餘也，故餘數上角寄二十三數。其衍數至此已得一，故以二十三爲乘率，以乘衍數爲用數者，是用二十三個衍數以求一也。所以然之理，試而知之。置一個衍數爲實，以定母累減之，餘 20 再加一個衍數，共 7600 仍以定母累減之，餘 13 再加一個衍數，共 11400 仍以定母累減之，餘 6 再如是累加累減，必加至二十二個，併初置爲實一個，共計二十三個衍數，定母累減始餘一也。求一之理固如此，而式中用輾轉互減者，乃捷法耳。

	乙定	右累減，左餘 4	左減右四，次餘 3	右減左一，次餘 1
右	19	19	四 3	
左	衍數 一 5400	一 4	一 4	五 1

依法求得乘率五，以乘衍數 5400 得 27000 爲乙用數。

	丙定	右累減，左餘 4	左減右六，次餘 1	右減左三，次餘 1
右	25	25	六 1	
左	衍數 一 4104	一 4	一 4	一九 1

依法求得乘率一十九，以乘衍數 4104 得 77976 爲丙用數。

	丁定	右累減，左餘 1
右	8	
左	衍數 12825	一 1

依法求之無乘率，即以衍數 12825 爲丁用數。

既得各用數，仍分位列之。式如左。

甲用數 87400　乙用數 27000　丙用數 77976　丁用數 12825

乃視題中甲乙二縣無餘數，唯丙縣餘 51 以乘用數 77976 得 3976776 爲丙總。丁縣餘 18 以乘用數 12825 得 230850 爲丁總。併二總，得四百二十〇萬七千六百二十六丈，爲所求率。滿衍母 102600 去之，餘一千〇二十六丈，爲各縣所築堤長。

釋曰：凡置一個用數爲實，以本位定母累減，必餘一；以他位定母累減，必無餘。若置二個用數爲實，以本位定母累減，必餘二；以他位定母累減，亦必無餘。由是推之，三個用數以往無不皆然。以賸數乘用數爲總者，是倍用數中之餘一與賸數等，仍爲他定所度盡也。試以丙泛因泛母與定母相應。累減丙總，必餘 ≡‖⊢ 即丙縣賸數。

若以甲、乙、丁各泛累減，皆無餘。又以丁泛累減丁總，必餘 |≟ 即丁縣賸數。若以甲乙丙各泛累減，皆無餘。按：遇有泛母累減本總，餘數與題中賸數不合者，以本定母加減之必合。又以他泛母減不盡者，以他定母減，必盡。以二總併之者，是合二賸數歸一數中矣。再試以丙泛累減之，必餘 ≡‖⊢ 以丁泛累減之，必餘 |≟ 若以甲乙二泛累減之，必無餘，與題旨合。滿衍母去之者，衍母中所涵之數循環相同，每減一次，仍合題旨，故首云答數無窮，即其理也。

又法：題中丙縣餘 ≡‖⊢ 以丙定 |≣ 累減之，餘 | 即以丙用數 ⊥Ⅱ⊤≟⊥ 爲丙總。丁縣餘 |≟ 以丁定 Ⅲ 累減之，餘 ‖ 以二乘丁用數 ⊣Ⅲ≣ 得 |≣⊤≡〇 爲丁總。併二總得 ⊥Ⅱ⊤⊥Ⅲ〇 爲所求率，滿衍母去之，得數亦同。

按：舊法得所求率，須去多次衍母，始得初答。今以定母減賸數，以再賸之數如法求之，得所求率祇去一次衍母即得初答，較舊法稍簡耳。後凡遇賸數大於定母者倣此。

以四縣因之，得四千一百〇四丈，以步法五尺八寸除之，得七千〇七十五步五尺，爲堤積步。以里法三百六十步約之，得一十九里二百三十五步五尺，即堤通長。

又置各縣所築堤長 ⊥‖〇| 以步法約之，得一千七百六十八步五尺六寸。又以里法約之，得四里三百二十八步五尺六寸，各爲縣所給道里步尺數。

按：此題求一術指於求得衍母後，以甲、乙二縣無餘數棄之，祇求丙、丁二縣之用數，其於本題自是捷法，惜未達秦氏立術之原。是編於有定母之位，皆求用數，立爲公式。倘更其題曰：甲、丙、丁三縣無餘，乙縣餘四十二丈，此題不可無乙用數。又更其題曰：甲縣餘三十七丈，乙縣餘四十九丈，丙縣餘二十二丈，丁縣餘五十五丈，此題不可無公式。由是推之，求得公式凡同泛母之題，其用不窮矣。

程行相及

問：有急足三名，甲日行三百里，乙日行二百五十里，丙日行二百里。先差丙往他處下文字，既三日，原書作兩日。又有文字遣乙追付丙。又二日，原書作已半日。復有文字續令甲趕付乙，三人偶不相及，乃同時俱至彼所。欲知彼處去此里數並欲知乙果及丙、甲果及乙日數。按：原題矛盾已甚，今改之。

答曰：彼處去此三千里。乙果及丙一十二日。甲果及乙一十日。

按：原題既三日誤既兩日，又二日誤已半日，以致與同時俱至彼所句不合。又原術云：均輸求之、大衍入之，是謂均輸可求，而大衍亦可求。是編專言大衍，無庸雜入均輸。

草曰：置甲、乙、丙三名日行率列爲三行，曰泛母。依法求定母、衍母、衍數，式如左：

甲泛母 Ⅲ〇〇	析母二三三五五	定母 Ⅲ		衍數 |〇〇〇
乙泛母 ‖≣〇	析母二五五五	定母 |‖Ⅲ	衍母 Ⅲ〇〇〇	衍數 ‖≣
丙泛母 ‖〇〇	析母二二二五五	定母 Ⅲ(八)		衍數 ≡⊥Ⅲ

各泛母如法析爲根，乃視甲行有一個三，餘行所無，用之。乙行有三個五，多於餘行，用之。丙行有三個二，多於餘行，用之。以甲行所用一個三，即爲甲定。乙行所用三個五，連乘得 |‖Ⅲ 爲乙定。丙行所用三個二，連乘得 Ⅲ 爲丙定。乃以三定母連乘，得 Ⅲ〇〇〇 爲衍母。各依法求之，得各位衍數。

既得各行定母、衍數，兩兩對列，以求一入之，式如左：

甲定 Ⅲ　右累減

衍數 |〇〇〇　左餘 |　一 |

依法求之，無乘率，即以衍數 |〇〇〇 爲甲用數。

乙定 |‖Ⅲ　左減右五　五 Ⅲ　右減左四　五 Ⅲ　左減右一　二六 |　右減左三

衍數 ‖≣　次餘 Ⅲ　一 ‖≣　次餘 Ⅲ　二一 Ⅲ　次餘 |　二一 Ⅲ　次餘 |　九九 |

如法列位，以左減右五次，餘5仍列右行。以次數五乘左上寄數一，仍得五，寄右角上。再以衍數24對列左行，以右減左四次，餘4仍列左行。以次數四乘右上寄數五，得二十。加入左上寄數一，得二十一，仍寄左角。右餘五5對列右行，以左減右一次，餘1仍列右行。以次數一乘左上寄數二十一，仍得二十一。加入右上寄數五，得二十六，仍寄右角。左餘二4對列左行，以右減左三次，餘1仍列左行。以次數三乘右上寄數二十六，得七十八。加入左上寄數二十一，得九十九，仍寄左角。左行得1即止，其左角寄數九十九即乘率，凡定母大衍數小者仿此。以乘衍數24得2376為乙用數。

丙定 8　右累減 8　左減右一 1　右減左六 七1

衍數 375　左餘 7　次餘1 二7　次餘1 二7

依法求得乘率七，以乘衍數375得2625為丙用數。

既得各用數，乃分位列之，式如左：

甲 用數 1000　乙 用數 2376　丙 用數 2625

視題中甲、乙、丙同時俱至彼所，皆無餘數。即以衍母三千為彼處去此里數，以丙行率200除之，得一十五，為丙行日數。以乙行率250除之，得一十二，為乙行日數。即乙追及丙日數。以甲行率300除之，得一十，為甲行日數。即甲追及乙日數。

釋曰：此題不須用數者，因三位俱無餘數故也。其衍母乃定母連乘所得，而定母又從泛母中約得來。試以泛母連乘得數，以衍母累減之，必適盡，是衍母與泛母連乘積相應矣。題中皆無餘數，則所求率必為泛母連乘之積，其積與衍母相應，故以一個衍母為初答，而兩個衍母必為第二答矣。

按：此題無用用數之處，然則求得公式果無用耶？試更一題如左：

假如有道里不知遠近，滿甲行率三百去之，賸一百。滿乙行率二百五十去之，賸二百。滿丙行率二百去之，賸一百。問里幾何。

答曰：七百里。

草曰：以甲賸一百乘用數1000得100000為總。以乙賸二百乘用數2376得475200為總。以丙賸一百乘用數2625得262500為總。併三總，得837700為所求率。滿衍母3000去之，不滿700即所求里。

按：若以各定母減各賸數，以再賸之數求之，得所求率189700較舊法所得少六十四萬八千，所求初答皆同。

積尺尋源

問：欲砌基一段，見管大小方甎、六門、城甎四色。令匠取便，或平或側，衹用一色甎砌，須要適定。匠以甎量地計料，稱用大方料，廣多六寸，深少六寸。用小方，廣多二寸，深少三寸。用城甎，長廣多三寸，深少一寸。以闊廣多三寸，深少一寸。以厚廣多五分，深多一寸。用六門甎，長廣多三寸，深多一寸。以闊廣多三寸，深多一寸。以厚廣多一寸，深多一寸。皆不匼匝，未免修破甎料裨補。其四色甎，大方方一尺三寸，小方方一尺一寸。城甎長一尺二寸，闊六寸，厚二寸五分。六門長一尺，闊五寸，厚二寸。欲知基深廣幾何。宋校云：案：此深字，即儀禮南北以堂深之深，非筭術高深之深。

答曰：深三丈七尺一寸，廣一丈二尺三寸。

草曰：置四甎方長闊厚係八數，城甎厚有分為小者，皆通之為單。大方得一百三十分，小方得一百一十分。城甎長得一百二十分，闊得六十分，厚得二十五分。六門甎長得一百分，闊得五十分，厚得二十分。錐行置之，右列位稍多，甎名相互。今假八音為號，各為泛母，依法求定母、衍母、衍數。式如左：

	泛母	析母	定母	衍數
金大方	130	二五13△△	13	6600
石城甎長	120	二△二△二△三△五	24	3575
絲小方	110	二五11△	11	7800
竹六門長	100	二二五△五△	25	3432

衍母 85800

匏城甎闊 泛母 ⊤〇 析母二二三五 廢位

土六門闊 泛母 |||||〇 析母二五五 廢位

革城甎厚 泛母 |≡ 析母五五 廢位

木六門厚 泛母 ||〇 析母二二五 廢位

各行泛母依法析爲根,乃視金行一個 ⊫ 餘行所無,用之。石行三個二,多於餘行,用之。一個三等於匏行,亦用之。絲行一個 ⊢ 餘行所無,用之。竹行兩個五,等於土革二行,亦用之。匏行有兩個二、一個三、一個五。其兩個二少於石行,棄之。一個三因石行已用,棄之。一個五少於竹行及土革二行,棄之。此位廢。土行有一個二、兩個五。其一個二少於石,行棄之。兩個五因竹行已用,棄之。此位廢。革行兩個五,因竹行已用,棄之。此位廢。木行有兩個二、一個五,其兩個二少於石行,棄之。一個五少於竹、土、革三行,棄之。此位廢。審畢,其四廢位皆無定母,以金行所用 ⊫ 即爲金定。石行所用三個二、一個三連乘得 |⊫ 爲石定。絲行所用 ⊢ 即爲絲定。竹行所用兩個五相乘得 |≣ 爲竹定。乃以金、石、絲、竹四定連乘,得 Ⅲ≡Ⅱ〇 爲衍母。各依法求之,得各衍數。

釋曰:此題泛母八位,約成定母四位,緣後四位泛母中所藏各根,皆少於前四位。筭例用多棄少,故祇存前四位,以求衍母及用數,足備全題之用矣,其後四位自宜廢之。其位中遇有賸數者,並廢。試驗匏泛 ⊤〇 與石泛 ⊥〇 相應,土泛 ||||〇 與竹泛 |〇〇 相應,革泛 |≡ 與竹泛 |〇〇 相應,木泛 ||〇 與石泛 ⊥〇、竹泛 |〇〇 俱相應。凡廢位中有賸,其相應之位亦必有賸。其兩位所賸,數或不同,而端倪已露,故泛母廢而賸數亦廢,自然之理也。秦書於求得各用數後,視某位空者,則借同類即同根之用數以補之,法嫌贅設,是編不採。

既得各行定母衍數,兩兩對列,以求一入之式如左:

金定 ⊫

衍數 ⊥⊤〇〇 右累減 左餘Ⅲ ⊫ 左減右一 次餘Ⅲ |Ⅲ 右減左二 次餘| 三|

依法求得乘率三,以乘衍數 ⊤⊥〇〇 得 |≣Ⅲ〇〇 爲金用數。

石定 |⊫

衍數 Ⅲ≡Ⅱ≣ 右累減 左餘|⊫ |⊫ 左減右一 次餘| |⊫ 右減左二十 二次餘| 二三|

依法求得乘率二十三,以乘衍數 ‖目⊫ 得 ≟Η⊫ 爲石用數。

絲定 ⊢

衍數 ≟Ⅲ〇〇 右累減 左餘| 一|

依法求之,無乘率,即以衍數 ≟Ⅲ〇〇 爲絲用數。

竹定 |≣

衍數 ‖目⊩ 右累減 左餘Ⅱ |≣ 左減右三 次餘Ⅲ 三Ⅲ 右減左一 次餘Ⅲ 三Ⅲ 左減右一 四Ⅲ 次餘| 七| 右減左二 四Ⅲ 次餘| 一八|

依法求得乘率一十八,以乘衍數 ‖目⊩ 得 ⊥⊨Ⅱ⊥ 爲竹用數。

既得各位用數,乃分位列之,如左:

金 用數 |≣Ⅲ〇〇　石 用數 ⅢΗΗⅢ　絲 用數 Ⅱ≟〇〇　竹 用數 ⊥⊨Ⅱ⊥

求廣。視題中用大方,廣多六寸,以六十乘金用數 |≣Ⅲ〇〇 得 ⊢Ⅲ≟〇〇〇 爲總。又用城甎,長廣多三寸,以三十乘石位用數 ≟Η⊫ 得 |目⊥Ⅱ≡ 爲總。又用小方,廣多二寸,以二十乘絲用數 Ⅱ≟〇〇 得 ⊫Ⅲ〇〇〇 爲總。又用六門甎,長廣多三寸,以三十乘竹用數 ⊥⊨Ⅱ⊥ 得 |≣ⅢΗ≟〇 爲總。併四總得五百六十六萬四千〇三十,爲所求率。滿衍母八萬五千八百去之,不滿一千二百三十。草中以分爲單位是一丈二尺三寸,即所求基廣也。

求深。視題中用大方，深少六寸，以六十減金泛母〔籌〕餘〔籌〕以七十乘金用數〔籌〕得〔籌〕爲總。又用城甎，長深少一寸，以一十減石泛母〔籌〕餘〔籌〕以一百一十乘石用數〔籌〕得〔籌〕爲總。又用小方，深少三寸，以三十減絲泛母〔籌〕餘〔籌〕以八十乘絲用數〔籌〕得〔籌〕爲總。又用六門甎，長深多一寸，以一十乘竹用數〔籌〕得〔籌〕爲總。併四總，得一千一百六十七萬二千五百一十爲所求率，滿衍母八萬五千八百去之，不滿三千七百一十分爲單位，是三丈七尺一寸，即所求基深也。

按：此題以金、石、絲、竹四定母求衍母並用數公式，乃此題之正式也。若仿《求一術指》例補之，可變成六式。列表如左。

	第一式	第二式	第三式	第四式	第五式	第六式
金析母二二五△	定〔籌〕	定〔籌〕	定〔籌〕	定〔籌〕	定〔籌〕	定〔籌〕
石析母二二二三五△△	定〔籌〕	定〔籌〕	定〔籌〕	定〔籌〕	定〔籌〕	定〔籌〕
絲析母二五〔籌〕△	定〔籌〕	定〔籌〕	定〔籌〕	定〔籌〕	定〔籌〕	定〔籌〕
竹析母二二五五△	定〔籌〕	定〔籌〕	〇	〇	〇	〇
匏析母二二三五	〇	定〔籌〕	〇	〇	定〔籌〕	定〔籌〕
土析母二五五	〇	〇	定〔籌〕	〇	定〔籌〕	〇
革析母五五△△	〇	〇	〇	定〔籌〕	〇	定〔籌〕
木析母二二五	〇	〇	〇	〇	〇	〇

右表中六式，俱從各析母根數中審得之。除第一式審法已詳外，再以石行中所用之一個三，移用於匏行，即爲匏定。則石行衹用三個二，連乘得八，爲石定。共得金、石、絲、竹、匏五位，爲第二式。再以第一式中竹行所用兩個五，移用於土行，相乘爲土定，得第三式。再移用於革行，爲革定，得第四式。又以第二式中竹定，如法移之，即得五、六兩式。總之，求得一式，其用不窮，餘式皆贅。是編姑存其式，不遑演草，後之明筭君子，試任取一式依法求之，得數無不脗合矣。

右三題本《數書九章》。

今有數不知總，以五累減之，無賸；以七百一十五累減之，賸一十；以二百四十七累減之，賸一百四十；以三百九十一累減之，賸二百四十五；以一百八十七累減之，賸一百零九。問總數若干。

答曰：一萬〇〇二十。

草曰：命一次減數五爲甲，二次減數七百一十五爲乙，三次減數二百四十七爲丙，四次減數三百九十一爲丁，五次減數一百八十七爲戊。列爲五行，曰泛母，依法求定母、衍母、衍數。式如左。

甲泛母〔籌〕	析母五	廢位		衍數〔籌〕
乙泛母〔籌〕	析母〔籌〕△	定母〔籌〕		衍數〔籌〕
丙泛母〔籌〕	析母〔籌〕△	定母〔籌〕	衍母〔籌〕	衍數〔籌〕
丁泛母〔籌〕	析母〔籌〕△	定母〔籌〕		
戊泛母〔籌〕	析母〔籌〕	廢位		

視甲泛〔籌〕已成根不可析，即書五於本位下。以四小根除各泛，皆不受除，惟以五爲法，除乙泛〔籌〕得〔籌〕以〔籌〕與丙泛求等，得〔籌〕以〔籌〕爲法，除〔籌〕得〔籌〕併兩次法數五〔籌〕共得五〔籌〕書於乙位下。又以〔籌〕爲法，除丙泛〔籌〕得〔籌〕併法數〔籌〕共得〔籌〕書於丙位下。又以〔籌〕爲法，除丁泛、戊泛，皆不受除。又以〔籌〕爲法除丁泛，不受除。除戊泛〔籌〕得〔籌〕併法數〔籌〕共得〔籌〕書於戊位下。又以〔籌〕爲法，除丁泛〔籌〕得〔籌〕併法數〔籌〕共得〔籌〕書於丁位下。析畢。乃視甲行一個五，等於乙行，棄之。此位廢。乙行一個五，用之；一個〔籌〕棄之；一個〔籌〕用之。丙行一個〔籌〕用之；一個〔籌〕用之。丁行一個〔籌〕用之；一個〔籌〕用之。戊行一個〔籌〕一個〔籌〕俱棄之。此位廢。以乙行所用五〔籌〕相乘，得〔籌〕爲乙定。以丙行所用〔籌〕相乘，仍得〔籌〕爲丙定。以丁行所用〔籌〕相乘，仍得〔籌〕爲丁定。乃以乙丙丁三定連乘，得〔籌〕爲衍母。依法求之，得各衍數，

既得各定母、衍數，兩兩對列，以求一入之。式如左：

乙定[算籌]右累減[算籌]左減右一[算籌]右減左一十
衍數[算籌]左餘[算籌]次餘[算籌]七次餘一

依法求得乘率一十八，以乘衍數[算籌]得[算籌]爲乙用數。

丙定[算籌]右累減[算籌]左減右十[算籌]右減左二[算籌]左減右三[算籌]右減左一
衍數[算籌]左餘[算籌]五次餘[算籌]次餘[算籌]次餘一[算籌]次餘一

依法求得乘率百卅九，以乘衍數[算籌]得[算籌]爲丙用數。

丁定[算籌]右累減[算籌]左減右一[算籌]右減左二[算籌]左減右一[算籌]右減左十
衍數[算籌]左餘[算籌]次餘[算籌]次餘[算籌]次餘[算籌]次餘一

依法求得乘率四十三，以乘衍數[算籌]得[算籌]爲丁用數。既得各位用數，乃分位列之如左：

乙用數[算籌]　丙用數[算籌]　丁用數[算籌]

視題中[算籌]累減之，賸一十。以一十乘乙用數[算籌]得[算籌]爲總。又[算籌]累減之，賸二百四十一百四十。以一百四十乘丙用數[算籌]得[算籌]爲總。又[算籌]累減之，賸二百四十五。以二百四十五乘丁用數[算籌]得[算籌]爲總。併三總得五億七千八百九十八萬九千一百三十五，爲所求率。滿衍母五百三十一萬一千七百三十五去之，不滿一萬〇〇二十，即得所求之總數矣。

坿列各變式表於左，以資考證。

	定	第一式	第二式	第三式	第四式	第五式	第六式	第七式	第八式	第九式	第十式	第十一式	第十二式	第十三式	第十四式	第十五式	第十六式
甲析母五、	定	〇	〇	〇	〇	〇	〇	〇	〇	[算籌]	[算籌]	[算籌]	[算籌]	[算籌]	[算籌]	[算籌]	[算籌]
乙析母五△、[算籌]	定	[算籌]	[算籌]	[算籌]	[算籌]	[算籌]	[算籌]	[算籌]	[算籌]	[算籌]	[算籌]	[算籌]	[算籌]	〇	[算籌]	〇	[算籌]
丙析母[算籌]	定	[算籌]	[算籌]	[算籌]	[算籌]	[算籌]	[算籌]	[算籌]	[算籌]	[算籌]	[算籌]	[算籌]	[算籌]	[算籌]	[算籌]	[算籌]	[算籌]
丁析母[算籌]	定	[算籌]	[算籌]	[算籌]	[算籌]	[算籌]	[算籌]	[算籌]	[算籌]	[算籌]	[算籌]	[算籌]	[算籌]	[算籌]	[算籌]	[算籌]	[算籌]
戊析母[算籌]	定	〇	〇	[算籌]	[算籌]	[算籌]	[算籌]	[算籌]	[算籌]	〇	〇	[算籌]	[算籌]	[算籌]	[算籌]	[算籌]	[算籌]

今有數不知總，以一十七累減之，賸二；以一十一累減之，賸九。問總數若干。

答曰：五十三。

草曰：命前減數爲前，後減數爲後，列爲兩行，曰泛母。依法求定母、衍母、衍數。式如左：

前泛母[算籌]　析母[算籌]　定母[算籌]　衍母[算籌]　衍數[算籌]
後泛母[算籌]　析母[算籌]　定母[算籌]　衍數[算籌]

兩行泛母皆是數根，即爲定母。兩定母相乘，得[算籌]爲衍母，以兩定母互爲衍數。

既得定母、衍數，兩兩對列，以求一入之。式如左：

前定[算籌]左減右一[算籌]右減左一[算籌]左減右一[算籌]右減左四
衍數[算籌]次餘[算籌]次餘[算籌]次餘一[算籌]次餘一

依法求得乘率一十四，以乘衍數[算籌]得[算籌]爲前用數。

後定[算籌]右累減[算籌]左減右一[算籌]右減左一
衍數[算籌]左餘[算籌]次餘[算籌]次餘一

依法求得乘率二，以乘衍數𝍯得𝍡𝍫爲後用數。

既得兩位用數，依位列之如左：

前用數𝍬𝍢　後用數𝍡𝍫

視題中𝍯減之，賸二。以二乘前用數𝍬𝍣得𝍢〇𝍧爲總。又𝍮減之，賸九。以九乘後用數𝍡𝍫得𝍢〇𝍥爲總。併二總得𝍥𝍢爲所求率。滿衍母𝍮去之，不滿𝍣𝍫爲所求總數。

右二題新擬。

求一術別題附

今有數三十三萬三千二百一十七，以一百七十四爲法除之，不盡七，乃滿五百八十一去之。問去若干次滿𝍭𝍦而以法𝍯𝍣除之適盡。

答曰：去六十五次。

草曰：先以法數𝍯𝍣滿數𝍭𝍦不盡數𝍦三項求總等。無等不約。乃以法數、比定母下同。滿數、比衍數下同。對列兩行，求乘率。

法𝍯𝍣　右累減𝍯𝍣　左減右二𝍣𝍮　右減左一𝍣𝍮　左減右十𝍡　右減左一

滿𝍠𝍣𝍭　左餘𝍣𝍫　次餘𝍬𝍧　次餘𝍢　八次餘𝍡　八次餘𝍠

如法求得乘率五十九，以乘不盡數七，得𝍢𝍬𝍢以𝍯𝍣累減之，餘𝍮𝍣即所求去滿數之次數。以𝍣𝍰乘之，得𝍪𝍥𝍣以減原實𝍠𝍡𝍮餘𝍧𝍣而以法𝍯𝍣除之適盡。

今有數一十九萬九千九百一十四，以八十七爲法除之，不盡七十五，乃滿二十一去之。問去若干次滿𝍪𝍠而以法𝍰𝍦除之適盡。

答曰：去一十六次。

草曰：先以法數𝍰𝍦滿數𝍪𝍠不盡數𝍯𝍤求總等得三。以等三各約之，法數得𝍪𝍨滿數得𝍦不盡數得𝍪𝍤乃以法定、即法之約數。滿定、即滿之約數。對列兩行，求乘率。

法𝍪𝍨　左減右四　右減左六

滿𝍦　左餘𝍠　次餘𝍠

如法求得乘率二十五，以乘不盡數之約數𝍪𝍤得𝍥𝍤以𝍪𝍨累減之，餘𝍮即所求去滿數之次數。以𝍪𝍠乘之，得𝍡𝍢𝍦以減原實𝍠𝍨𝍨𝍨餘𝍠𝍨𝍡而以法𝍰𝍦除之適盡。

今有數七，以五百八十一爲法除之，不足法，乃滿一百七十四加之。問加若干次滿𝍯𝍣而以法𝍭𝍧除之適盡。

答曰：加一百一十七次。

草曰：先以法數𝍭𝍧滿數𝍯𝍣原實𝍦三項求總等。無等不約。乃以法數、滿數對列兩行，求反乘率。

法𝍭𝍧　左減右三𝍯𝍣　右減左二𝍯𝍣　左減右一〇　右減左十〇　左減右一

滿𝍠𝍯𝍣　次餘𝍡𝍬　次餘𝍭𝍮　次餘𝍢　八次餘𝍡　次餘𝍠

如法求得反乘率一百九十七，以乘原實七，得𝍠𝍢𝍦𝍨以𝍯𝍣累減之，餘𝍠𝍠𝍦即所求加滿數之次數。以𝍯𝍣乘之，得𝍡𝍢𝍤𝍬加入原實𝍦得𝍡𝍢𝍤𝍢而以法𝍭𝍧除之適盡。

今有數七十五，以八十七爲法除之，不足法，乃滿二十一加之。問加若干次滿𝍪𝍠而以法𝍰𝍦除之適盡。

答曰：加一十三次。

草曰：先以法數、滿數、原實求得總等三。各約之，法數得𝍪𝍨滿數得𝍦原實得𝍪𝍤乃以法定、滿定對列求反乘率，

法𝍪𝍨　左減右四

滿𝍦　次餘𝍠

如法求得反乘率四。以乘原實之約數𝍪𝍤得𝍠〇〇以𝍪𝍨減之，餘𝍠𝍢即所求加滿數之次數。以𝍪𝍠乘之，得𝍡𝍦𝍢加入原實𝍯𝍤得𝍢𝍢𝍨而以法𝍰𝍦除之適盡。

又　卷下　今有物不知數，三三數之，賸二；五五數之，賸三；七七數之，賸二。問物幾何。

答曰：二十三。

草曰：三三之數賸二，則置三十五；五五數之賸三，置六十三；七七數之賸二，置三十。併之，得一百二十八，滿一百〇五去之，不滿二十三，即所求物數。

釋曰：孫子原術，三三數之賸二，置一百四十。今祇置三十五，所求得物數皆同者，蓋一百四十即三十五四倍之數，而兩數中所餘，俱應題中賸數也。試置一百四十，以三三數之必餘二。又置三十五，以三三數之亦必餘二。衍數中所餘，既應題中賸數，是此位求一可省，而徑以衍數爲總數也。若遇三三數之賸一，則又非求一不能馭，故自當以求一中所得之總數一百四十爲通法，而以衍數三十五爲總數，乃捷法耳，再設題演草驗之如後。

設有堤長不知丈數，派甲、乙、丙、丁四縣均築之。甲縣夫每日築長率五十四丈，乙縣夫每日築長率五十七丈，丙縣夫每日築長率七十五丈，丁縣夫每日築長率七十二丈。各縣俱築畢，不計日數，甲縣餘二十丈，乙縣餘二十三丈，丙縣餘二十六丈，丁縣餘二丈，皆不及一日全功。問堤通長若干及各縣應築堤長若干。

答曰：堤通長四萬〇九百〇四丈。各縣應築堤長一萬〇二百二十六丈。

草曰：如上卷推計土功題，求得衍母及各行定母衍數。試以甲日築率五十四累減甲行衍數[算籌]餘二十丈，與甲縣餘數同，即以其衍數[算籌]爲甲總。又試以乙日築率五十七累減乙行衍數[算籌]餘[算籌]又以乙定母[算籌]減之，餘二十三丈，與乙縣餘數同，即以其衍數[算籌]爲乙總。又試以丙日築率七十五累減丙行衍數[算籌]餘[算籌]又以丙定母[算籌]累減之，餘[算籌]不應丙縣餘數，則此位必求一。如前卷求得丙用數[算籌]乃以丙定[算籌]減丙縣餘數[算籌]餘[算籌]以一乘丙用數不變，即以用數[算籌]爲丙總。又試以丁日築率七十二累減丁行衍數[算籌]餘[算籌]又以丁定母[算籌]減之，餘[算籌]不應丁縣餘數，則此位必求一。如前卷求得丁用數[算籌]以丁縣餘二乘之，得[算籌]爲丁總。併四總，得一十一萬二千八百二十五爲所求率。滿衍母一十萬〇二千六百去之，不滿一萬〇二百二十六丈，即爲各縣所築之長。以四因之，得四萬〇九百〇四丈，爲堤通長。

按：此題舊法於求得公式後，必以甲縣餘二十丈乘甲用數[算籌]得[算籌]爲甲總。以乙縣餘二十三丈乘乙用數[算籌]得[算籌]爲乙總。以丙縣餘二十六丈乘丙用數[算籌]得[算籌]爲丙總。以丁縣餘二丈乘丁用數[算籌]得[算籌]爲丁總。併四總，得[算籌]滿衍母[算籌]去之，不滿[算籌]爲所求數。與新法所得同數。

釋曰：依前題之理推之，則甲總[算籌]即甲衍數[算籌]四百六十倍之數，而兩數中所餘，俱應題中賸數也。試置甲總[算籌]以甲日築率五十四累減之，必餘[算籌]又置甲衍數[算籌]以五十四累減之，亦必餘[算籌]是二數中所餘，皆與甲縣餘數同矣。所以用衍數[算籌]爲總數，即同於用[算籌]爲總數，尤爲簡捷也。

右二題論以衍數爲總之理，有時遇以定母、衍數輾轉互減以求一。其衍數未得一，而衍數中之餘數恰與題中本位賸數相應者，即以其餘數上寄數爲乘率，以乘衍數爲總數，所得亦同。再設題於後，以明其理。

今有堤長不知丈數，派甲、乙、丙、丁四縣均築之，其四縣夫每日築長率同前題。各縣俱築畢，不計日數，甲縣賸六丈，乙縣賸五十四丈，丙縣賸三十丈，丁縣賸二十四丈，皆不及一日全功。問堤通長若干及各縣應築堤長若干。

答曰：堤通長四萬九千九百二十丈。各縣應築堤長一萬二千四百八十丈。

草曰：如上卷推計土功題，求得衍母及各行定母、衍數。試以甲日築率五十四累減甲行衍數[算籌]餘[算籌]不應題中賸數，知此位必求一。如上卷法，以定母衍數對列，輾轉互減，至第三層而衍數餘[算籌]恰與題中甲縣賸數同，即以其上寄數三爲乘率，以乘衍數[算籌]得[算籌]爲甲總。

又試以乙日築率五十七累減乙行衍數[算籌]餘[算籌]不應題中賸數，知此位必求一。如前卷法，求得乙用數[算籌]乃以乙定母[算籌]累減題中乙縣賸數[算籌]餘[算籌]以[算籌]乘乙用數[算籌]得[算籌]爲乙總。又試以丙日築率七十五累減丙行衍數[算籌]餘[算籌]以丙定母[算籌]減之，餘[算籌]不應題中賸數，知此位必求一。如上卷法，求得丙用數[算籌]乃以丙定母[算籌]減題中丙縣賸數[算籌]餘[算籌]以五乘丙用數[算籌]得[算籌]爲丙總。又試以丁日築率七十二累減丁行衍數[算籌]餘[算籌]以丁定[算籌]加二次，得[算籌]不應題中賸數。又以丁定母[算籌]累減題中丁縣賸數[算籌]適盡，知此位可廢。乃併前三總，得八十三萬三千二百八十爲所求率。滿衍母一十萬〇二千六百去之，不滿一萬二千四百八十，即各縣所築堤長。四因之，得四萬九千九百二十丈，即爲堤通長。

設有道里不知遠近，依上卷程行相及題例。滿甲行率三百去之，賸七十九里；滿乙行率二百五十去之，賸一百二十九里；滿丙行率二百去之，賸七十九里。問里遠近若干。

答曰：一千八百七十九里。

草曰：如上卷程行相及題，求得衍母及各行定母衍數。試以甲行率[算籌]累減甲行衍數[算籌]餘[算籌]又以甲定母[算籌]累減之，餘[算籌]即以衍數[算籌]爲用數。乃以甲定母[算籌]累減題中甲賸數[算籌]餘[算籌]以一乘用數不變，即以用數[算籌]爲甲總。又試以乙行率[算籌]及乙定母[算籌]減乙行衍數[算籌]皆不足減。乃以乙定母減乙賸數[算籌]餘[算籌]不相應，知此位必求一。如上卷法，求至第二層衍數餘[算籌]恰與題中乙再賸數同，即以其上寄數二十一爲乘率，以乘衍數[算籌]得[算籌]爲乙總。又試以丙行率[算籌]減丙行衍數[算籌]餘[算籌]以丙定[算籌]累減之，餘[算籌]乃以丙定母[算籌]累減丙賸數[算籌]亦餘[算籌]兩餘數皆同，即以衍數[算籌]爲丙總。併三總，得一千八百七十九爲所求率，不滿衍母[算籌]即以一千八百七十九爲所求里數。

右二題能明求乘率不拘求一之理，凡求得衍數中餘數與題中賸數相應者，仿此推之。其理相通，較求一爲稍簡。

已上諸題，求法稍簡，而與舊法略同。此外有舊法不用之位，今拾而求之，得數不殊，其算理則無二也。述之如左。

即如上卷推計土功原題，舊法以甲、乙二縣無餘數，棄之，祇用丙、丁二縣之餘數求之，得各縣所築堤長一千〇二十六丈。今以甲、乙二縣爲主求之，得數亦同。演草如下：

草曰：以甲日築率[算籌]與乙日築率[算籌]求等，得三。以等三約[算籌]得[算籌]以[算籌]與[算籌]相乘，得[算籌]。試以丙日築率[算籌]累減之，餘[算籌]與丙縣餘數同。又試以丁日築率[算籌]累減之，餘[算籌]與丁縣餘數同。故知[算籌]即各縣所築堤長也。

按：此草得數太易，或不免偶合之疑，再設新題驗之如後。

今有物不知總，以九百九十五數之，賸一十二；以九百九十六數之，適盡；以九百九十七數之，適盡；以九百九十八數之，賸一十二；以九百九十九數之，賸三十六。問物幾何。

答曰：五百九十五萬八千〇七十二。

草曰：以[籌]與[籌]求等，無等不約，以兩數相乘，得[籌]　試以[籌]累減之，餘[籌]以二除題中本位賸數[籌]得[籌]以六乘[籌]得[籌]　又試以[籌]累減[籌]餘[籌]與題中本位賸數合。又試以[籌]累減之，餘[籌]與題中本位賸數合，即知[籌]爲所求物數。

右二題取數最速，然必題中有兩位適盡者始能馭之。由此推之，更立新術如後。

術曰：先取題中減數最大者命爲(甲)，其本位賸數爲(子)。又取略小於甲之減數爲(乙)，其本位賸數爲(丑)。乃以甲乙求等，以等約乙。無等不約，或以等約乙，得數與甲仍有等者，則不約乙而約甲。或任約甲約乙俱有等者，則用析根法求之，後仿此。甲乙相乘，得(甲′)。以乙累減子，餘(丙)。又以乙累減甲，餘(丁)。於丙內減去一丑，不足減者，加一乙以減之。下同。餘(戊)。以乙比定母。丁比衍數。對列兩行，求得反乘率，以乘戊，得(巳)。甲巳相乘，得(庚)。併子庚，得(辛)。以甲′累減辛，餘(子′)。巳上爲一次求法。

按：凡題中有三次減數者，其求法有二次；有四次減數者，其求法有三次。以後減數每增一次，其求法亦每增一次。

又取題中略小於乙之減數，命爲(乙′)，其本位賸數爲(丑′)。乃以甲′乙′求等，以等約乙′。甲′乙′相乘，得(甲″)。以乙′累減子′，餘(丙′)。又以乙′累減甲′，餘(丁′)。於丙′內減去一丑′，餘(戊′)。以乙′丁′對列兩行，求得反乘率，以乘戊′得(巳′)。甲′巳′相乘，得(庚′)。併子′庚′，得(辛′)。以甲″累減辛′，餘(子″)。巳上爲二次求法。

按：其三次、四次以往，仿此求之。唯疊次各干支字上，多加一′，爲識耳。

今有物不知總，以一十一數之，賸三；以一十九數之，賸五；以二十七數之，賸一十七；以三十五數之，賸二十一。問物幾何。

答曰：二萬一千二百六十六。

草曰：依術得[籌](甲)、[籌](子)、[籌](乙)、[籌](丑)，乃以甲乙求等。無等不約。甲乙相乘，得[籌](甲′)。以乙減子，不足減即得[籌](丙)。又以乙累減甲，餘[籌](丁)。於丙內減去一丑，餘[籌](戊)。以乙丁對列兩行，求反乘率。式如左：

乙 [籌] 左減右三 [籌] 右減左二 [籌] 左減右一 [籌]
丁 [籌] 次餘 [籌] 次餘 [籌] 次餘 [籌]

如法求得反乘率一十，以乘戊得[籌](巳)。甲巳相乘，得[籌](庚)。併子庚，得[籌](辛)。以甲′累減辛，餘[籌](子′)。

又依術得[籌](甲′)、[籌](子′)、[籌](乙′)、[籌](丑′)，乃以甲′乙′求等。無等不約。甲′乙′相乘，得[籌](甲″)。以乙′累減子′，餘一(丙′)。又以乙′累減甲′，餘[籌](丁′)。於丙′內減去一丑′，不足減，加一乙′以減之，餘得[籌](戊′)。以乙′丁′對列兩行，求反乘率。式如左：

乙′ [籌] 左減右一 [籌] 右減左二 [籌] 左減右一 [籌]
丁′ [籌] 次餘 [籌] 次餘 [籌] 次餘 [籌]

如法求得反乘率四，以乘戊′得[籌](巳′)。甲′巳′相乘，得[籌](庚′)。併子′庚′，得[籌](辛′)。以甲″累減辛′，餘得[籌](子″)。

又依術得[籌](甲″)、[籌](子″)、[籌](乙″)、[籌](丑″)，乃以甲″乙″求等。無等不約。甲″乙″相乘，得[籌](甲‴)。以乙″累減子″，餘〇(丙″)。又以乙″累減甲″，餘[籌](丁″)。應於丙″內減去一丑″，而丙位空，乃加一乙″以減之，餘[籌](戊″)。以乙″丁″對列兩行，求反乘率。式如左：

乙″ [籌] 左減右三 [籌] 右減左一 [籌] 左減右一 [籌]
丁″ [籌] 次餘 [籌] 次餘 [籌] 次餘 [籌]

如法求得反乘率七，以乘戊″，得[籌]巳″。甲″巳″相乘，得[籌]庚″。併子″庚″，得[籌]辛″。以甲‴累減辛″，餘得[籌]子‴。題中衹四次減數，故其子數二萬一千二百六十六，即所求物數。

今有後漢四分術，木日率四千七百二十五，火日率一千八百七十六，土日率九千四百一十五，金日率四千六百六十一，水日率一千八百八十九。熹平三年甲寅，木日率餘五，火日率餘七十五，土日率餘四十，金日率餘一百三十三，水日率餘一十。此各日主所餘，即是置上元盡熹平三年積筭，以各日率除去所餘之數。問上元以來盡熹平三年甲寅積歲幾何？及上元太歲所在？此題録《求一筭術》。

答曰：積九千四百五十五歲，上元太歲在庚辰。

草曰：依術得[籌]甲、[籌]子、[籌]乙、[籌]丑，乃以甲乙求等，得[籌]試以等約乙得[籌]與甲仍有等，知不約乙。以約甲，得[籌]與乙相乘，得[籌]甲。以乙減子，不足減，即得[籌]丙。又以乙減甲之約數，不足減，即得[籌]丁。於丙內減去一丑，餘[籌]戊。以乙丁對列兩行，求反乘率。式如左：

乙[籌] 左減右十　[籌]右減左一　[籌]左減右一　[籌]右減左三
丁[籌] 七次餘[籌]　[籌]次餘[籌]　[籌]次餘[籌]　[籌]次餘[籌]
[籌]左減右二　[籌]右減左一　[籌]左減右十　[籌]
[籌]次餘[籌]　[籌]次餘[籌]　[籌]次餘[籌]

如法求得反乘率四千三百二十一，以乘戊，得[籌]巳。與甲之約數相乘，得[籌]庚。併子庚，得[籌]辛。以甲累減辛，餘[籌]子。試以金日率[籌]累減子，餘得[籌]與題中本位餘數合。又試以水日率[籌]累減子，餘得[籌]與題中本位餘數合。又試以火日率[籌]累減子，餘得[籌]與題中本位餘數合。故知子數九千四百五十五，即上元盡熹平三年甲寅積歲。置積歲減一，餘九千四百五十四，滿六十去之，餘三十四。反減六十，餘二十六，命起甲寅筭外，得庚辰，即上元太歲所在也。

按：此一次求法，即以子數爲所求數者，緣子數已應題中各賸數，故不必再求也。或子數與題中某位賸數不應，即命某位爲乙，依術求之，至盡合乃止。

今有數不知總，以四十二數之，賸一十三；以一百二十六數之，賸九十七；以一百三十二數之，賸三十七；以三十九數之，賸三十一。問總數若干。

答曰：一千三百五十七。

草曰：依術得[籌]甲、[籌]子、[籌]乙、[籌]丑，乃以甲乙求等，得[籌]與乙同數，知乙位可廢。

再依術得[籌]甲、[籌]子、[籌]乙、[籌]丑，乃以甲乙求等，得[籌]。試以等六約乙得[籌]與甲仍有等，知不約乙。又試以等六約甲得[籌]與乙仍有等，知不約甲。任約甲乙皆有等，則不約，以析根法求之。式如左。

甲泛[籌]　析母二二三△△　定[籌]
乙泛[籌]　析母二三△三△七△　定[籌]

以甲定、乙定相乘，得[籌]甲。以乙定減子，不足減，即得[籌]丙。又以乙定減甲定，不足減，即得[籌]丁。於丙內減去一丑，不足減，加一乙定以減之，餘[籌]戊。以乙定與丁對列兩行，求反乘率，式如左：

乙定[籌] 左減右一　[籌]右減左二　[籌]左減右三　[籌]
丁[籌] 次餘[籌]　[籌]次餘[籌]　[籌]次餘[籌]

如法求得反乘率一十，以乘戊得[籌]巳。與甲定相乘，得[籌]庚。併子庚，得[籌]

(辛)。應以甲減辛，不足減，即得丄Ⅲ(子)。試以題中末次減數Ⅱ亖累減子，餘丄Ⅲ與本位賸數合，故即以子數一千三百五十七爲求得總數。

曾君栗諴以代數推求一題附。

今有物不知數，三三數之，賸二；五五數之，賸三；七七數之，賸二。問物幾何。

答曰：二十三。

法以卯代所求物數，先將三所度之次數以天代之，五所度之次數以地代之，故得　卯＝三天丄二㊀　卯＝五地丄三㊁　所以　三天丄二＝五地丄三㊂　兩邊同減二，得　三天＝五地丄一㊃　兩邊均以三除，得　天＝$\frac{\text{五地丄一}}{\text{三}}$

即　天＝地丄$\frac{\text{二地丄一}}{\text{三}}$㊄　令　$\frac{\text{二地丄一}}{\text{三}}$＝亥㊅　則　天＝地丄亥㊆　變六式得　地＝$\frac{\text{三亥丅一}}{\text{二}}$　即　地＝亥丄$\frac{\text{亥丅一}}{\text{二}}$㊇　令　$\frac{\text{亥丅一}}{\text{二}}$＝酉㊈　則地＝亥丄酉㊉　變九式，得　亥＝二酉丄一　兩邊分母均已消盡，可用酉之同數推之，得各相等式如下：　亥＝二酉丄一、地＝亥丄酉＝三酉丄一、天＝地丄亥＝五酉丄二　惟　卯＝三天丄二　故　卯＝三(五酉丄二)丄二　即　卯＝一五酉丄六丄二　即　卯＝一五酉丄八　以一十五除八，不足法，則知以三三數之賸二，五五數之賸三者，可改爲一十五數之賸八也。

法又以卯代所求物數，次將七所度之次數以天代之，十五所度之次數以地代之，故得　卯′＝七天′丄二㊀　卯′＝一五地′丄八㊁　所以　七天′丄二＝一五地′丄八㊂　兩邊同減二，得　七天′＝一五地′丄六㊃　兩邊均以七除之，得　天′＝$\frac{\text{一五地′丄六}}{\text{七}}$　即　天′＝二地′丄$\frac{\text{地′丄六}}{\text{七}}$㊄　令　$\frac{\text{地′丄六}}{\text{七}}$＝亥′㊅　則　天′＝二地′丄亥′㊆　變六式，得　地′＝七亥′丅六　兩邊分母均已消盡，可用亥′之同數推之，得各相等式：　地′＝七亥′丅六、天′＝二地′丄亥′＝一五亥′丅一二　惟　卯′＝七天′丄二　故　卯′＝七(一五亥′丅一二)丄二　即　卯′＝一〇五亥′丅八四丄二　即　卯′＝一〇五亥′丅八二　乃以八十二反減一百〇五，餘二十三，即所求物數。按：本應以一〇五減八二，不足減，即以八二爲所求物數。緣八二爲負數，故反減耳。後仿此。

設有道里不知遠近，滿甲日行率三百里去之，賸七十九里；滿乙日行率二百五十里去之，賸一百二十九里；滿丙日行率二百里去之，賸七十九里。問道里遠近若干。

答曰：一千八百七十九里。甲行六日，餘七十九里。乙行七日，餘一百二十九里。丙行九日，餘七十九里。

法以卯代所求里數，先將乙行日數以天代之，甲行日數以地代之，故得　卯＝二五〇天丄一二九㊀　卯＝三〇〇地丄七九㊁　所以　二五〇天丄一二九等於三〇〇地丄七九㊂　兩邊同減去一百二十九，得　二五〇天＝三〇〇地丅五〇㊃　兩邊均以二百五十除，得　天＝$\frac{\text{三〇〇地丅五〇}}{\text{二五〇}}$　即　天＝地丄$\frac{\text{五〇地丅五〇}}{\text{二五〇}}$㊄　令　$\frac{\text{五〇地丅五〇}}{\text{二五〇}}$＝亥㊅　則　天＝地丄亥㊆　變六式，得　地＝$\frac{\text{二五〇亥丄五〇}}{\text{五〇}}$　即　地＝五亥丄一　兩邊分母均已消盡，用亥之同數推得　地＝五亥丄一、天＝地丄亥＝六亥丄一　惟　卯＝二五〇天丄一二九　故　卯＝二五〇(六亥丄一)丄一二九　即　卯＝一五〇〇亥丄二五〇丄一二九　即　卯＝一五〇〇亥丄三七九　乃以一千五百除三百七十九不足法，則知以三百去之賸七十九里，二百五十去之賸一百二十九里者，可改爲一千五百去之賸三百七十九里也。

法又以卯代所求里數，次將丙行日數以天代之，以一千五百所去之次數以地代之，故得　卯′＝二〇〇天′丄七九㊀　卯′＝一五〇〇地′丄三七九㊁　所以　二〇〇天′丄七九＝一五〇〇地′丄三七九㊂　兩邊同減七十九，得　二〇〇天′＝一五〇〇地′丄三〇〇㊃　兩邊均以二百除，得　天′＝$\frac{\text{一五〇〇地′丄三〇〇}}{\text{二〇〇}}$　即　天′＝七地′丄一丄$\frac{\text{一〇〇地′丄一〇〇}}{\text{二〇〇}}$㊄

令　$\frac{\text{一〇〇地′丄一〇〇}}{\text{二〇〇}}$＝亥′㊅　則　天′＝七地′丄一丄亥′㊆　變六式，得　地′＝$\frac{\text{二〇〇亥′丅一〇〇}}{\text{一〇〇}}$　即　地′＝二亥′丅一　兩邊分母均已消盡，可用亥′之同數推之，得　地′＝二亥′丅一、天′＝七地′丄亥′丄一＝一五亥′丅六　惟　卯′＝二〇〇天′丄七九　故　卯′＝二〇〇(一五亥′丅六)丄七九　即号′=三〇〇〇亥′丅一二〇〇丄七九　即　号′=三〇〇〇亥′丅一一二一　乃以一千一百二十一反減三千，餘一千八百七十九，即所求里數也。

令有物不知數，以一十一數之，賸三；以一十九數之，賸五；以二十七數之，賸一十七；以三十五數之，賸二十一。問物幾何。

答曰：一萬一千二百六十六。

法以号代所求物數，先將一十一所度之次數以天代之，一十九所度之次數以地代之，故得　号=一一天丄三㊀　号=一九地丄五㊁　所以　一一天丄三=一九地丄五㊂　兩邊同減三，得　一一天=一九地丄二㊃　兩邊均以十一除，得 天=$\frac{一一}{一九地丄二}$　即　天=地丄$\frac{一一}{八地丄二}$㊄　令　$\frac{一一}{八地丄二}$=亥㊅　則 天=地丄亥㊆　變六式，得　地=$\frac{八}{一一亥丄二}$　即　地=亥丄$\frac{八}{三亥丅二}$㊇ 令　$\frac{八}{三亥丅二}$=酉㊈　則　地=亥丄酉㊉　變九式，得　亥=$\frac{三}{八酉丄二}$　即 亥=二酉丄$\frac{三}{二酉丄二}$(十一)　令　$\frac{三}{二酉丄二}$=申(十二)　則　亥=二酉丄申(十三)　變十二式，得　酉=$\frac{二}{三申丅二}$　即　酉=申丅一丄$\frac{二}{申}$(十四)　令　$\frac{二}{申}$=未(十五)　則　酉=申丄未丅一(十六)　變十五式，得　申=二未　兩邊分母均已消盡，可用未之同數推之，得　申=二未、酉=申丄未丅一=三未丅一、亥=二酉丄申=八未丅二、地=亥丄酉=一一未丅三、天=地丄亥=一九未丅五　惟　号=一一天丄三　故　号=一一(一九未丅五)丄三　即　号=二〇九未丅五五丄三　即　号=二〇九未丅五二　以五十二反減二百〇九，餘一百五十七，則知以一十一數之賸三，以一十九數之賸五者，可改爲以二百〇九數之賸一百五十七也。

法又以号′代所求物數，次將二十七所度之次數以天′代之　二〇九　所度之次數以地′代之，故得　号′=二七天′丄一七㊀　号′=二〇九地′丄一五七㊁　所以　二七天′丄一七　等於　二〇九地′丄一五七㊂　兩邊同減一十七，得　二七天′=二〇九地′丄一四〇㊃　兩邊同以二十七除之，得 天′=$\frac{二七}{二〇九地′一四〇}$　即　天′=七地′丄五丄$\frac{二七}{二〇地′丄五}$㊄　令 $\frac{二七}{二〇地′丄五}$=亥′㊅　則　天′=七地′丄亥′丄五㊆　變六式，得 地′=$\frac{二〇}{二七亥′丅五}$　即　地′=亥′丄$\frac{二〇}{七亥′丅五}$㊇　令　$\frac{二〇}{七亥′丄五}$=酉′㊈ 則　地′=亥′丄酉′㊉　變九式，得　亥′=$\frac{七}{二〇酉′丄五}$　即 亥′=二酉′丄$\frac{七}{六酉′丄五}$(十一)　令　$\frac{七}{六酉′丄五}$=申′(十二)　則　亥′=二酉′丄申′(十三)　變十二式，得　酉′=$\frac{六}{七申′丅五}$　即　酉′=申′丄$\frac{六}{申′丅五}$(十四)　令 $\frac{六}{申′丄五}$=未′(十五)　則　酉′=申′丄未′(十六)　變十五式，得　申′=六未′丄五 兩邊分母均已消盡，可用未之同數推之，得各相等式如下：　申′=六未′丄五、酉′=申′丄未′=七未′丄五、亥′=二酉′丄申′=二〇未′丄一五、地′=亥′丄酉′=二七未′丄二〇、天′=七地′丄亥′丄五=二〇九未′丄一六〇　惟　号′=二七天′丄一七　故　号′=二七(二〇九未′丄一六〇)丄一七　即　号′=五六四三未′丄四三二〇丄一七　即　号=五六四三未′丄四三三七　以五千六百四十三除四千三百三十七，不滿法，則知以一十一數之賸三，以一十九數之賸五，以二十七數之賸一十七者，可改爲以五千六百四十三數之賸四千三百三十七也。

法又以号″代所求物數，終將三十五所度之次數以天″代之　五六四三　所度之次數以地″代之，故得　号″=三五天″丄二一㊀　号″=五六四三地″丄四三三七㊁　所以　三五天″丄二一=五六四三地″丄四三三七㊂　兩邊同減二十一，得　三五天″=五六四三地″丄四三一六㊃　兩邊同以三十五除之，得 天″=$\frac{三五}{五六四三地″丄四三一六}$　即　矢″=一六一地″丄一二三丄$\frac{三五}{八地″丄一一}$㊄　令　$\frac{三五}{八地″丄一一}$=亥″㊅　則　天″=六一地″丄亥″丄一二三㊆　變六式，得　地″=$\frac{八}{三五亥″丅一一}$　即　地″=四亥″丅一丄$\frac{八}{三亥″丅三}$㊇　令 $\frac{八}{三亥″丅三}$=酉″㊈　則　地″=四亥″丄酉″丅一㊉　變九式，得 亥″=$\frac{三}{八酉″丄三}$　即　亥″=二酉″丄一丄$\frac{三}{二酉″}$(十一)　令　$\frac{三}{二酉″}$=申″(十二)

則 亥″＝二酉″丄申″丄一㊂ 變十二式，得 酉″＝$\frac{二}{三申″}$ 即

酉″＝申″丄$\frac{二}{申″}$㊃ 令 $\frac{二}{申″}$＝未″㊄ 則，酉″＝申″丄未″㊅ 變十五式，得 申″＝二未″ 兩邊分母均已消盡，用未″之同數推之，得各相等式：申″＝二未″、酉″＝申″丄未″＝三未″、亥″＝二酉″丄申″丄一＝八未″丄一、地″＝四亥″丄酉″丅一＝三五未″丄三、天″＝一六一地″丄亥″丄一二三＝五六四三未″丄六〇七 惟 卯′＝三五天″丄二一 故 卯″＝三五(五六四三未″丄六〇七)丄二一 即 卯″＝一九七五〇五未″丄二一二四五丄二一 即 卯″＝一九七五〇五未″丄二一二六六 乃以一十九萬七千五百〇五除二萬一千二百六十六，不足法，其二萬一千二百六十六，即所求物數也。

清・龔傑《求一捷術》

一例 凡題中約數僅有一項，如云以七約之餘六，則可見最小數爲十三。或云以八約之餘三，則可見最小數爲十一。

二例 凡題中約數設有二項，則約數必一大一小，當由約數之大者求之。如云以七約之餘六，以三約之餘二，可先求得七約之最小數爲十三，其倍數爲七，此數三約之未必餘二，故必以倍數遞加之，至三約餘二爲止。

三例 設約數有多項，仍依前例求得最大兩個約數之最小數，以兩約數相乘爲倍數，仍如前法以求第三約數。

四例 約數多一項，則求法亦多一次。

設有數不知幾何，以十七約之，餘七；以十三約之，餘三；以十一約之，餘一；以九約之，餘八；以七約之，餘四。問其數幾何。

依前例知，十七約餘七，其最小數應爲二十四，其倍數爲十七。惟與十三約餘三不合，爰以倍數屢加之，十三屢減之，至餘三爲度。又令卯爲大小不定之次數，如 二四丅一三卯＝一一、二四丄一×一七丅一三卯＝二 循環數每增四應爲十五減十三故餘二。 二四丄二×一七丅一三卯＝六、二四丄三×一七丅一三卯＝一〇、二四丄四×一七丅一三卯＝一… 應爲十四減十三故餘一。 二四丄一一×一七丅一三卯＝三 乃於二十四內加十一個十七，得二百十一，即十七約餘七，十三約餘三之最小數，其倍數爲二百二十一。又與十一約餘一不合，仍如前法，以倍數屢加之，十一屢減之。如 二一一丅一一卯＝二、二一一丄一×二二一丅一一卯＝三… 二一一丄九×二二一丅一一卯＝一一、二一一丄一〇×二二一丅一一卯＝一 於二百十一內加十倍二百二十一，得二千四百二十一，爲十七約餘七，及十三約餘三，及十一約餘一之最小數也。其倍數爲二千四百三十一。又與九約餘八不合，仍如前求之，倍數屢加，九屢減，至九減餘八爲度。

如二四二一丅九卯＝九、二四二一丄一×二四三一丅九卯＝一、二四二一丄二×二四三一丅九卯＝三… 二四二一丄八×二四三一丅九卯＝八 於 二四二一丄八×二四三一＝二一八六九 爲十七約餘七、十三約餘三、十一約餘一、九約餘八之最小數，其倍數爲二萬一千八百七十九。又以七約之，適餘四，故知二萬一千八百六十九爲此題之最小數，其倍數爲十五萬三千一百五十三。

今有物不知數，三三數之，賸二；五五數之，賸三；七七數之，賸二。問物幾何。

依七七數賸二，觀之最小數應爲九，惟與五五數賸三不合，爰以倍數七屢加之，五屢減之。令卯爲大小不定之倍數，如 九丅五卯＝四、九丄一×七丅五卯＝一、九丄二×七丅五卯＝三 與題五五數之賸三合，故 九丄二×七＝二三 知爲七七數之賸二、五五數之賸三之最小數。又以三數之賸二，適與題合，爰知二十三亦爲此題之最小數，其倍數爲一百五。

設有道里不知遠近，滿甲日行率三百里去之，賸七十九里；滿乙日行率二百五十里去之，賸一百二十九里；滿丙日行率二百里去之，賸七十九里。問道里遠近若干。

滿三百里去之，賸七十九里，則最小數應爲三百七十九里。以二百五十里約之，賸一百二十九里，適與題合，知三百七十九里爲三百約賸七十九，及二百五十約賸一百二十九里之最小數也，其倍數爲一千五百。惟因三百七十九里，與滿丙日行率二百里去之賸七十九里不合，爰以倍數屢加之，丙日行率屢減之。

如 三七九丅二〇〇卯＝一七九、三七九丄一五〇〇丅二〇〇卯＝七九 與題滿二百里去之賸七十九里合 三七九丄一五〇〇＝一八七九 知爲此題之最小數，其倍數爲三千。

以上兩題係求一術通解，後附曾君栗誠以代數衍式之題，兹以是法推演，較

無定式便捷多矣。至卯既爲大小不定之次數，則令卯等於一可，令卯等於無量數亦可，故式中減若干卯，猶言減無數若干也。如減四卯，猶言減去無數四也；減七卯，猶言屢減去七也，是以卯字不必考究其究爲何數。

古歌解

三人同行七十稀。

解曰：此言三三數之如餘一，則置七十；如餘二，則置一百四十。

七十者何？二乘 五×七 之數也。何以二乘？蓋二乘三十五，適得七十，以三屢減之，適餘一。

五樹梅花廿一枝。

解曰：此言五五數之如餘一，則置廿一；如餘二，則置四十二；餘三、餘四照加。廿一者何？一乘 三×七 之數也。蓋廿一以五屢減之，適餘一。

七子團圓正月半。

解曰：此言七七數之如餘一，則置十五；如餘二，則置三十；餘三、餘四以下，類推照加。

十五者何？一乘 三×五 之數也。蓋十五以七歷減之，適餘一。

除百零五便得知。

解曰：此因所得非最小數，故令 三×五×七 相乘得一百零五，爲倍數，以歷減之也。

準此理，以同法推演求一題，俾知此歌之理實爲通法，且較大衍術爲顯明也。

設有物不知數，以三約之，餘二；以七約之，餘二；以十一約之，餘一。問其數幾何。

術曰：三約之每餘一，則置一百五十四。今餘二，應置三百零八。又七約之每餘一，則置九十九。今餘二，應置一百九十八。又十一約，每餘一，則置二百十。今亦置二百十，併三百零八及一百九十八及二百十，共七百十六，以 三×七×十一 得二百三十一爲倍數，歷減之，得二十三爲最小數。

解曰：三約餘一置一百五十四者，二乘 十一×七 之數也。何以必二乘？取其三約餘一也。又五約餘一置九十九者，三乘 十一×三 之數也。何以必三乘？取其五約餘一也。又十一約餘一置二百十者，十乘 三×七 之數也。何以必十乘？取其十一約餘一也。

今有物不知數，以三約之，餘一；以五約之，餘一；以七約之，餘一；以十一約之，餘七。問其數幾何。

術曰：三約每餘一，置三百八十五。又五約每餘一，置二百三十一。又七約每餘一，置三百三十。又十一約每餘一，置二百十。依題應得二千四百十六，以四個約數連乘之，得一千一百五十五。歷減之，得一百零六，爲此題之最小數。

解曰：三約餘一置三百八十五者，一乘 五×七×十一 之數也，此數三約之適餘一。又五約餘一置二百三十一者 三×七×十一 之數也，此數五約之適餘一。又七約餘一置三百三十者，二乘 三×五×十一 之數也，此數七約之適餘一。又十一約餘一置二百十者，二乘 三×五×七 之數也，此數十一約之適餘一也。

清·傅九淵《有不爲齋算學》卷四　大衍約分定術

假如物不知數，以甲除之餘四千五十一，乙除之餘二千八百三十六，丙除之餘一。問物數。

依前術入之，得甲總九百三十億二千五百一十三萬八千五，乙總二百五十億八千一十六萬六千，丙總二千六百八十七萬七千五百一。併三總，得一千一百八十一億三千二百一十八萬二千一。滿衍母去之，得二十八萬三千五百一，即物數。此數不及衍母七分之一，即在後術衍母一倍以下。

依後術入之，得甲總五億七千四百二十二萬九千二百五十，乙定母位空不求總數，後並同丙總三百一十一萬八千五百一。併甲、丙二總，得五億七千七百三十四萬七千七百五十一。滿衍母去之，亦得二十八萬三千五百一，與前術所求同。

假如物不知數，以甲除之餘三千八百二十七，乙除之餘一萬七千一十二，丙除之餘二。問物數。

依前術入之，得甲總八百七十八億八千一百三十一萬四千五百，乙總一千五百四億四千五百六十二萬二千，丙總五千三百七十五萬五千二。併三總，得二千三百八十三億八千六十九萬一千五百二。滿衍母去之，得四百二十五萬二千五百二，即物數。此數過衍母七分之一，即在後術衍母一倍以上。

依後術入之，得甲總五億四千二百四十七萬七千二百五十，丙總六百二十三萬七千二。併二總，得五億四千八百七十一萬四千二百五十二。滿衍母去之，止得九十九萬二千二百五十二。以一倍衍母加之，始與前術所求同。

假如物不知數，以甲除之餘二百二十五，以乙除之餘二千八百三十五，以丙除之無餘。問物數。

依前術入之，得甲總五十一億六千六百七十八萬七千五百，乙總二百五十億七千一百三十二萬二千五百。併二總，得三百二億三千八百一十一萬。滿衍母去之，得一千五百五十九萬二千五百，即物數。此數過衍母七分之四，即在後術衍母四倍以上。

依後術入之，得甲總三千一百八十九萬三千七百五十。但置甲總，滿衍母去之，止得二百五十五萬一千五百。以四倍衍母加之，始與前術所求同。

假如物不知數，以甲、乙、丙三數除之，皆無餘。問物數。

依前術入之，得衍母二千九百三十四萬二千二百五十，即物數。此數適滿衍母七分，在後術衍母則爲七倍。

依後術入之，止得衍母三百二十六萬二百五十。以六倍衍母加之，始與前術所求同。

案：後術甲、乙約數兩位，其一位誤以等數七多約一次，若置丙定母以七約，再置甲定母或乙定母以四十九乘之，即無誤。故所求衍母僅得前術衍母七分之一。以之轉求他數，在前術衍母一分以下者，尚不致誤；若在一分以上，則須於得數後，以後術衍母累加之，所加自一倍至六倍止。始與問數相合。

校定母乘過本數之誤。

設甲、乙、丙三數，甲一千八百六，乙九百三，丙七百三十五。以三數上下列之：

元數
甲 一八〇六
乙 九〇三
丙 七三五

依法先以甲與乙求等，得九百三。以約乙，得一。又與丙求等，得二十一。以約丙，得三十五。　乙約數得一，去之不用。

甲 一八〇六
乙 一
丙 三五

以甲元數與丙約數各命爲初數，列之，令求續等。

初數
甲 一八〇六
丙 三五

以甲與乙相求無等，不須乘約。又與丙求等，得七。以乘丙，得二百四十五。約甲，得二百五十八，爲甲次數。

丙乘得數二百四十五，便爲次數。

甲 二五八
丙 二四五

次數無續等，即各用爲定母。

若依辨奇偶法，則以諸數列位求泛母，與前求初數同。　乃置各泛母，除乙不求，但以甲、丙求等，得七。以約丙，約奇弗約偶。得五。　乘甲，得一萬二千六百四十二，所得各命爲定母。

定母
甲 二五八
丙 二四五

以兩術所求定母，各求其衍母、衍數，併用求一術求其乘率、用數以入算。

元數
甲 一八〇六
乙 九〇三
丙 七三五

定母
甲 一二六四二
丙 五

衍母六萬三千二百一十。前後兩術同。

前術：甲衍數二百四十五，乘率一百一十九，用數二萬九千一百五十五。丙衍數二百五十八，乘率一百三十二，用數三萬四千五十六。

後術：甲衍數五，乘率五千五十七，用數二萬五千二百八十五。

丙衍數一萬二千六百四十二，乘率三，用數三萬七千九百二十六。

案：前術甲定母，甲之約數也；後術甲定母，甲之增數也。甲約則丙增，甲增則丙約，故兩術所求衍母無異。若用以轉求他數，則前術所得皆合，後術所得或合或不合，是知各位元數但可約而必不可增。凡以續等乘而增之，以爲定母者，皆非也。今設問以攷之如後。

假令物不知數，以甲除之，餘一；丙除之，餘一百四十九。問物數。

依前術入之，得甲總五萬八千三百一十，丙總五百七萬四千三百四十四。併二總，得五百一十三萬二千六百五十四。滿衍母去之，得一萬二千六百四十四，即物數。此數用問中餘數二減之，餘爲七倍，甲元數即後術定母一倍之數。

依後術入之，得甲總五萬五百七十，丙總五百六十五萬九百七十四。併二總，得五百七十萬一千五百四十四。滿衍母去之，亦得一萬二千六百四十四，與前術所求同。

假令物不知數，以甲除之，餘一；丙除之，餘六百一十；問物數。

依前術入之，得甲總二萬九千一百五十五，丙總二千七十七萬四千一百六十。併二總，得二千八十萬三千三百一十五。滿衍母去之，得七千二百二十五，即物數。此數用問中餘數一減之，餘爲四倍，甲元數即後術定母七分之四。　依後術入之，得甲總二萬五千二百八十五，丙總二千三百一十三萬四千八百六十。併二總，得二千三百一十六萬一百四十五。滿衍母去之，得二萬五千二百八十五。以七分衍母之二減之，始與前術所得數同。

假令物不知數，以甲除之，餘一；丙除之，餘四百六十三；問物數。

依前術入之，得甲總二萬九千一百五十五，丙總一千五百七十六萬七千九百二十八。併二總，得一千五百七十九萬七千八十三。滿衍母去之，得五萬七千七百九十三。此數以問中餘數一減之，餘爲甲元數三十二倍，置倍數三十二以七除之，得四又七分之四，即命爲後術定母之四倍又七分之四。

依後術入之，得甲總二萬五千二百八十九，丙總一千七百五十五萬九千七
百三十八。併二總，得一千七百五十八萬五千二十三。滿衍母去之，得一萬二
千六百四十三。以衍母七分之五加之，始與前術所得數同。
假令物不知數，以甲除之，餘三；丙除之，餘四百二十三。問物數。
依前術入之，得甲總八萬七千四百六十五，丙總一千四百四十萬五千六百
八十八。併二總，得一千四百四十九萬三千一百五十三。滿衍母去之，得一萬
八千六十三，即物數。此數以問中餘數三減之，餘爲甲元數之十倍。置倍數十以七除之，
得一又七分之三，即命爲後術定母之一倍又七分之三。復通分內子，得十。以衍數五除之，
適足二倍，即命爲衍母七分之二。
依後術入之，得甲總七萬五千八百五十五，丙總一千六百四萬二千六百九
十八。併二總，得一千六百一十一萬八千五百五十三。滿衍母去之，得三。以
衍母七分之二加之，始與前術所得數同。
案：前術定母爲甲元數七分之一，凡問中餘數減一倍甲元數而得者，適減
定母之七倍；減二倍甲元數而得者，適減定母之十四倍。倍數多者做此推之。倍
數既通，故用約數爲定母，與用元數爲定母所求得之數，必同後術定母，爲甲元
數之七倍。凡問中餘數減七倍甲元數而得者，適減定母之一倍。減十四倍甲元
數而得者，適減定母之二倍。倍數多者做此推之。倍數通，故用增數爲定母，與用
元數爲定母所求得之數，亦尚無異。惟甲元數所減倍數不可用七除盡者，如一
倍、二倍，或八倍、九倍之數。則以術內定母較之，竝有奇零。凡大衍術求得之數，
皆減定母若干倍，而餘數與問數相合，必無減定母幾分之幾而得問中餘數者，是
以必不能合也。若因其不合而欲考知其相合之數，則當置元減倍數，以衍數五
累加累減之，元減倍數爲衍數度盡者，不須加減，亦無定母應減倍數，但以衍數約元減倍數
爲衍母分子之數。至七可以度盡而止，如倍數一，則以四倍衍數二十加之，成三七，倍數三
十四，則以四倍衍數二十減之，成二七，凡七所度盡至四倍而止。蓋衍數五，以七甲乘之，則
與衍母同，故須減一爲四也。爲定母應減倍數。其衍數累加累減之倍數，五爲一倍，
十爲二倍，以上做此。即用爲衍母分子之數。衍數乘甲元數爲衍母，七分之一是衍數，一
倍即爲一分，故加減衍數幾倍，即定爲衍母幾分。乃置衍母以七除之，分子乘之，爲衍
母分數。視定母應減倍數，由加而得者以減，由減而得者以加，無定母應減倍數
者，衍母分數亦爲加。皆加減所得數，始與前術所得數同。如第二假令：元減倍數四，
加二倍衍數，成二七。因所加衍數係二倍，故得數後以衍母七分之二減之。第三假令：元減
數三十二倍，減五倍衍數，餘一七。因所減衍數係五倍，故得數後以衍母七分之五。第四假
令：元減倍數十，適足衍數之二倍，其得數在定母下，故以七分衍母之二加之，始皆合問。
蓋衍母爲三位元數度盡之數，其分數爲甲元數及丙定母度盡之數。以衍母分數
加減一數，而得減餘相同之又一數，猶以衍母全數加減一數，而得其又一數也。

清・顧觀光《九數存古》卷八《方程》 附大衍術

今有物不知其數，三三數之，賸二；五五數之，賸三；七七數之，賸二。問
物幾何。
答曰：二十三。
術曰：三三數之賸二，置一百四十。五五數之賸三，置六十三。七七數之
賸二，置三十。并之得二百三十三，以二百十減之，即得。凡三三數之賸一，則
置七十。五五數之賸一，則置二十一。七七數之賸一，則置十五。一百六以上，
以一百五減之，即得。《孫子算經》。此即大衍術也。顧千里云：甲三、乙五、丙七
爲元數，連環求等，皆得一，不約。便以元數爲定母，以定母相乘，得一百五爲衍
母。以各定約衍母，得甲三十五、乙二十一、丙十五，各爲衍數。滿定去衍得奇，
甲二、乙一、丙一，以奇與定用大衍求乘率，仍得甲二、乙一、丙一。對乘衍數，得
甲七十、乙二十一、丙十五，爲各用數。次置三數所餘之二，以乘七十，得一百四
十。五數所餘之三，以乘二十一，得六十三。七數所餘之二，以乘十五，得三十。
并之，得二百三十三爲總。滿衍母去之，餘二十三，即所求數。
一數餘一，五數餘二，七數餘三，九數餘四。問原總數幾何。
答曰：一百五十七。
術曰：二數餘一，下三百十五。題內餘一。五數餘一，下一百一十六。題內
餘二，下二百五十二。七數餘一，下五百四十。題內餘三，下一千六百二十。九數餘
一，下二百八十。題內餘四，下一千一百二十。并之，得三千三百七。滿總法六百三
十去之，餘百五十七爲答數。合問。郁刻《續古摘奇算法》。
此即上條而引伸之也。甲二、乙五、丙七、丁九爲元數，連環求等皆得一，不
約。便以元數爲定母，以定母相乘，得六百三十爲衍母。以各定約衍母，得甲三
百十五、乙一百二十六、丙九十、丁七十，各爲衍數。滿定去衍得奇，甲一、乙一、
丙六、丁七。以奇與定用大衍求乘率，得甲一、乙一、丙六、丁四。對乘衍數，得
甲三百十五、乙一百二十六、丙五百四十、丁二百八十，爲各用數。次置二數餘
一，以甲用數乘之，仍得三百十五。五數餘二，以乙用數乘之，得二百五十二。

七數餘三，以丙用數乘之，得一千六百二十。九數餘四，以丁用數乘之，得一千一百二十。併之，得三千三百七爲總。滿衍母去之，餘一百五十七爲所求數。

問：有上農三人力田，所收之米係用足斗均分，各往他處出糶。甲糶與本郡官場，餘三斗二升。乙糶與安吉鄉民，餘七斗。丙糶與平江攬户，餘三斗。欲知共米及三人所分各糶石數幾何。

答曰：共米七百三十八石，三人分米各二百四十六石。甲糶官斛二百九十六石，乙糶安吉斛二百二十三石，丙糶平江斛一百八十二石。《數學九章》下同。

術曰：以大衍求之。置官場斛率、安吉鄉斛率、平江市斛率官私共知者，官斛八斗三升，安吉鄉斛一石一斗，平江市斛一石三斗五升。爲元數。求總等得一，不約。連環求等，約奇不約偶，各得定母。相乘爲衍母，互乘爲衍數。滿定去之得奇，大衍求一得乘率，乘衍數爲用數。以各餘米乘用，併之爲總。滿衍母去之，不滿爲所分，以元人數乘之爲共米。稍節。

草曰：置文思院官斛八十三升，安吉州鄉斛一百十升，平江府市斛一是三十五升，各爲其斛元率。先求總等，得一，不約。次以連環求等，其安吉率與平江率求等，得五，以約平江率，得二十七，李尚之云：此約奇不約偶。餘皆求等得一，不約，各得定數。以定數相乘，得二十四萬六千五百十爲衍母，各以定數約之，得二千九百七十爲官斛衍數，二千二百四十一爲安吉斛衍數，九千一百三十爲平江斛衍數。次以定母爲去衍母數，得不滿六十五爲官斛奇，不滿四十一爲安吉奇，不滿四爲平江奇，乃以大衍入之。○原本不載大衍算式，今補于左。

官斛奇𝍮𝍤　定𝍰𝍢　商𝍠

天元𝍠　〇

以右上除右下，得一，與左上相生，仍得一，歸于左下。

商𝍢　官斛奇𝍮𝍤　定餘𝍩𝍧

天元𝍠　歸數𝍠

以右下除右上，得三，與左下相生，仍得三，歸于左上。

奇餘𝍩𝍠　定餘𝍩𝍧　商𝍠

乘率𝍢　歸數𝍠

以右上除右下，得一，與左上相生，得四，歸於左下。

商𝍠　奇餘𝍩𝍠　定餘𝍦

乘率𝍢　歸數𝍣

以右下除右上，得一，與左下相生，得五，歸于左上。

奇餘𝍣　定餘𝍦　商𝍠

乘率𝍤　歸數𝍣

以右上除右下，得一，與左上相生得九，歸于左下。

商𝍠　奇餘𝍣　定餘𝍢

乘率𝍤　歸數𝍨

以右下除右上，得一，與左下相生，得十四，歸于左上。

奇餘𝍠　定餘𝍢

乘率𝍩𝍣　歸數𝍨

驗右上，餘一，即以左上二十三爲官斛乘率。

安吉奇𝍬𝍠　定𝍠𝍩〇　商𝍡

天元𝍠　〇

以右上除右下，得二，與左上相生，仍得二，歸于左下。

商𝍠　安吉奇𝍬𝍠　定餘𝍪𝍧

天元𝍠　歸數𝍡

以右下除右上，得一，與左下相生，得二，歸於左上。

奇餘𝍩𝍢　定餘𝍪𝍧　商𝍡

乘率𝍡　歸數𝍡

以右上除右下，得二，與左上相生，得六，歸于左下。

商𝍥　奇餘𝍩𝍢　定餘𝍡

乘率𝍡　歸數𝍥

以右下除右上，得六，與左下相生，得四十八，歸于左上。

奇餘𝍠　定餘𝍡

乘率𝍬𝍧　歸數𝍥

驗右上，餘一，即以左上五十一爲安吉斛乘率。

平江奇𝍣　定𝍪𝍦　商𝍥

天元𝍠　〇

以右上除右下，得六，與左上相生，仍得六，歸于左下。

商丨　平江奇𝍣　定餘Ⅲ

天元丨　歸數丅

以右下除右上，得一，與左下相生，得六，歸于左上。

奇餘丨　定數Ⅲ

乘率𝍦　歸數丅

驗右上，餘一，即以左上七爲平江斛乘率。

以乘率乘各衍數，得六萬八千三百十爲官斛用數，十一萬四千二百九十一爲安吉用數，六萬三千九百十爲平江用數。次以甲餘三十二升乘官斛用數，得二百十八萬五千九百二十升於上。乙餘七十升乘安吉用數，得八百萬三百七十升於中。丙餘三十升乘平江用數，得一百九十一萬七千三百升於下。併之，得一千二百十萬三千五百九十升爲總數。滿衍母去之，不滿二萬四千六百升，展爲二百四十六石，爲三人各分米。以三人因之，得七百三十八石爲共米。置二百四十六石，各以官斛八斗三升、安吉斛一石一斗、平江斛一石三斗五升約之，甲得二百九十六石餘三斗二升，乙得二百二十三石餘七斗，丙得一百八十二石餘三斗，各爲糶過及餘米。合問。

問：軍師獲捷，當早點差急足三名，往都下節節走報。甲於前數日申末到，乙後數日未正到，丙於今日辰末到。據供甲日行三百里，乙日行二百四十里，丙日行一百八十里。問自軍前至都里數，及三人各行日數幾何。

答曰：軍前至都三千三百里，甲行十一日，乙行十三日四時半，丙行十八日二時。

術曰：以大衍求之。置各行里先求總等，存一，約衆，得元數。次以連環求等，約奇，後乘偶，〇當增一句云：或約偶復乘奇。復定母以定相乘，爲衍母。滿定除衍母得衍數，滿定去衍數得奇，奇定大衍得乘率，以乘衍數得用數。次置辰刻正末，乘各行里爲實，以晝六時約之，得餘里。各乘用數，併爲總，滿衍母去之，得所求至都里。以各日行約之，得日辰刻數。

草曰：置甲三百里，乙二百四十里，丙一百八十里。先求總等得六十，存甲勿約，約乙得四，約丙得三，各爲元數。連環求等，先以丙、乙求等，得一，不約。次以丙、甲求等，得三，以約丙三，得一。慮無衍數，乃約甲三百爲一百，復以等三乘丙三爲九。次以甲、乙求等，得四，以四約甲一百，得二十五。復以四乘乙四，得十六，各爲定母。館案云：凡總等數，必小於連環等數。若甚大，即爲連環等數。此題是也，故再約，即用求續等法。以定母相乘，得三千六百爲衍母。以各定約衍母爲衍數，甲得一百四十四，乙得二百二十五，丙得四百。各滿定母去之，不滿爲奇數，甲得十九，乙得一，丙得四，乃以大衍入之。〇原本不載大衍算式，今補於左。

甲奇𝍰　定丨𝍱　商丨

天元丨　〇

商Ⅲ　甲奇𝍰　定餘丅

天元丨　歸數丨

以右上除右下，得一，與左上相生，仍得一，歸於左下。

奇餘丨　定餘丅

乘率𝍣　歸數丨

以右下除右上，得三，與左下相生，仍得三，歸于左上。

驗右上，餘一，即以左上四爲甲乘率。

乙奇一，即以一爲乙乘率。

丙奇𝍣　定𝍤　商Ⅱ

天元丨　〇

商Ⅲ　丙奇𝍣　定餘丨

天元丨　歸數Ⅱ

以右上除右下，得二，與左上相生，仍得二，歸於左下。

以右下除右上，得四，爲盡數。而此術不可除盡，欲使末後右上餘一，故改商三與左下相生，得六，歸於左上。

奇餘丨　定餘丨

天元𝍮　歸數Ⅱ

驗右上，餘一，即以左上七爲丙乘率。

以乘率乘衍數，甲得五百七十六，乙得二百二十五，丙得二千八百，各爲用數。次置甲於申末到者，其酉初爲夜，此是甲以全日到，爲無餘里。乙於未正到，乃於卯初數至未正得四箇半辰，以乘乙行二百四十里，以晝六時約之，得一百八十里，爲乙行不及全日之餘里。丙於辰末到，自卯初數至辰末得二時，以因丙行一百八十里，六時除之，得六十里，爲丙行不及全日之餘里。乃以乙餘一百八十乘乙用，得四萬五百。以丙餘六十乘丙用，得十六萬八千。共得二十萬八千五百爲總，滿衍母去之，不滿三千三百，爲軍前至都里。以甲三百除之，得十一日。以乙二百四十除之，得十三日四時半。以丙一百八十除之，得十八日二時，合問。

問：四分術冬至三百六十五日四分日之一，朔策二十九日九百四十分日之四百九十九，甲子六十日，各爲一周。假令天正朔甲戌日九百四十分日之四百十，冬至丁酉日四分日之三，欲求氣朔甲子一會積年、積月、積日，及歷過未至年數各幾何。

答曰：一會積年一千五百二十，積月一萬八千八百，積日五十五萬五千一百八十，歷過年一千一百一十五，未至年四百五。〇原本問答並誤，依沈廣文改正。

術曰：置問數，有分者通之，互乘之得通數。求總等，不約一位，約衆位，得各元法。連環求等，約奇勿約偶，各得定母。原注：本題欲求一會，不復乘偶。以定相乘爲衍母，定除母得衍數，滿定去衍得奇，以大衍入之得乘率，以乘衍數得泛用數，併諸泛以課衍母。如泛内多倍數者，損之，乃驗元數奇偶，同類處各損半倍，原注或三位同類者，三約衍母損泛。各得正用。然後以氣分除衍母，得積年。〇此下算術並依沈廣文改。以朔分除衍母，得積月。以紀分除衍母，得積紀。六十通之，得積日。又以氣骨乘紀正，用爲紀總。以閏骨乘朔正，用爲朔總。并二總，滿衍母去之，餘爲所求率。實如氣分而一，爲歷過。

草曰：置問數，冬至三百六十五日四分日之一，朔策二十九日九百四十分日之四百九十九。甲子無母，只是六十。各通分內子，冬至得一千四百六十一，朔策得二萬七千七百五十九，乃互乘之，得一百三十七萬三千三百四十爲氣分，十一萬一千三十六爲朔分，二十二萬五千六百爲紀分。先求總等，得十二，乃存紀分，一位不約，只約氣分，得十一萬四千四百四十五。又約朔分，得九千二百五十三，皆爲元法。乃以連環求等，以紀元與朔元求等，得一，不約。又以紀元與氣元求等，得二百三十五，只約氣元，得四百八十七。次以氣元四百八十七與朔元求等，得四百八十七，只約朔元，得十九。偏約畢，得四百八十七爲氣定，十九爲朔定，二十二萬五千六百爲紀定。三定相乘，得二十億八千七百四十七萬六千八百爲衍母。各以定數約之，各得衍數氣得四百二十八萬六千四百，朔得一億九百八十六萬七千二百，紀得九千二百五十三。各滿定數去之，各得奇數，氣得三百十三，朔得四，紀得九千二百五十三，〇定數大於衍數，即以衍數爲奇。乃以大衍入之。〇原本不載大衍算式，今補於左。

氣奇 313　定 487　商 1

天元 1　〇

商 1

氣奇 313　定餘 174

天元 1　歸 1

奇餘 139　定餘 174　商 1

乘 2　歸 1

商 3

奇餘 139　定餘 35

乘 2　歸 3

奇餘 34　定餘 35　商 1

乘 11　歸 3

商 33

奇餘 34　定餘 1

乘 11　歸 14

奇餘 1　定餘 1

乘 473　歸 14

驗右上，餘一，即以左上四百七十三爲氣乘率。

朔奇 4　定 19　商 4

天元 1　〇

商 1

朔奇 4　定餘 3

天元 1　歸 4

奇餘 1　定餘 3

乘 5　歸 4

驗右上，餘一，即以左上五爲朔乘率。

紀奇 9253　定 225600　商 24

天元 1　〇

商|| 紀奇 ||||=||||≡ 定餘 |||≣|≟

天元| 歸||≡

奇餘 =|≡|Ⅲ 定餘 ≡||||=Ⅲ 商|

乘 ≡≟ 歸||≡

奇餘 ||一|||| 定餘 ≡|||一

商|

乘 ||||≟ 歸 ≟|||

奇餘 ≟丄| 定餘 |≡|||一

乘 |=||| 歸 ≟|||

奇餘 ≟丅丄 定餘 |||丄||||

商|

乘 |=|| 歸 |≡||||

奇餘 ||||〇一 定餘 |||丄|||| 商|

乘 |||一Ⅱ 歸 |≡||||

奇餘 ||||〇一 定餘 丅≡

商丅

乘 |||一Ⅱ 歸 ||||丄||

奇餘 |≟ 定餘 丄|||| 商|||

乘 |||≡Ⅲ≟ 歸 ||||丄||

奇餘 |≟ 定餘 |≡

商|

乘 |||≡Ⅲ≟ 歸 Ⅲ≟〇|

奇餘 |||| 定餘 |≡ 商|||

乘 |≡〇丅≟ 歸 |〇丅≟|

商||| 奇餘 |||| 定餘 |

乘 |≡〇丅≟ 歸 ||||Ⅲ≡||

奇餘 | 定餘 |

乘 |≟|≟≟ 歸 ||||Ⅲ≡||

驗右上，餘一，即以左上十七萬二千七百十七爲紀乘率。以乘率乘衍數，得氣泛二十億二千七百四十六萬七千二百，朔泛五億四千九百三十三萬六千，紀泛十五億九千八百十五萬四百一。併之，共得四十一億七千四百九十五萬三千六百一，比衍母多一倍，當驗諸元數奇偶同類者，各損其半。今驗氣元尾數是五，紀元尾數是六百，爲俱五同類，乃以衍母折半，得十億四千三百七十三萬八千四百，以損氣泛，得九億八千三百七十二萬八千八百，爲氣正用。以損紀泛，得五億五千四百四十一萬二千一，爲紀正用。其朔泛不損，即爲朔正用。次以氣分除衍母，得一千五百二十爲積年，即四分術之紀法也。○此下細草並依沈廣文改。以朔分除衍母，得一萬八千八百爲積月，即四分術之紀月也。以紀分除衍母，得九千二百五十三爲積紀。以六十通之，得五十五萬五千一百八十爲積日。乃以氣分母四，朔分母九百四十相乘，得三千七百六十爲日法。以氣分子三乘朔分母，得二千八百二十爲氣小餘。以朔分子四百十乘氣分母，得一千六百四十爲朔小餘。置冬至大餘三十三甲子至丙申。乘日法，得十二萬四千八十，內氣小餘得十二萬六千九百，爲氣骨。置朔大餘十甲子至癸酉。乘日法，得三萬七千六百，內朔小餘得三萬九千二百四十，爲朔骨。以朔骨減氣骨，餘八萬七千六百六十爲閏骨。以氣骨乘紀正用，得七十萬三千五百四十八億八千二百九十二萬六千九百爲紀總。以閏骨乘朔正用，得四十八萬一千五百四十七億九千三百七十六萬爲朔總。併二總，滿衍母去之，餘十五億三千一百二十七萬四千一百爲所求率實氣。如分一百三十七萬三千三百四十而一，得一千一百十五爲歷過，即四分術所謂入紀年數也。以減積年，餘四百五爲未至年數。

問：《開禧曆》實測嘉泰四年甲子歲天正冬至十一日乙亥四十四刻六十一分五十四秒，天正經朔一日乙丑七十五刻五十五分六十二秒。○此上並從別條移補。欲知推演之原調日法，求朔餘、朔率、紀率、歲率、歲餘、入蔀歲、歲閏、入閏、朔骨、閏骨、閏縮、元閏、元數及氣等率、因率、蔀率、朔等數、因數、蔀數、朔積年，二十一事各幾何。

答曰：日法一萬六千九百，朔餘八千九百六十七，朔率四十九萬九千六十七，紀率一百一萬四千，歲率六百十七萬二千六百八，歲餘八萬八千六百八，入蔀歲一千五十五，歲閏十八萬三千八百四，入閏二十七萬五千二百二十四，朔骨二萬九千六百六十九，閏骨十六萬三千七百七十一，閏縮三十八萬七千六百十四，元閏二十三萬九千四百三十四，元數四千八百二十九，氣等率六百二十四，因率一百三，蔀率一千六百二十五，朔等數一，因數六千二百五十一，蔀數四十九萬九千六十七，朔積年七百八十四萬七千一百二十五，演紀積年七百八十四萬八千一百八十。○原本問答並誤，依沈廣文改正。惟入蔀歲，沈氏仍依原本，爲入元歲。宋勉之云：新術蔀率一千六百二十五，爲冬至與日名甲子一會，弟可謂之蔀，未可謂之元。又歷十二蔀，而冬至與年名甲子一會，始可謂之元也。今依改。

術曰：以曆法求之，大衍入之。調日法如何承天術，用强弱母子互乘，得數併之，爲朔餘。以二十九日通日法，增入朔餘，爲朔率。又以紀法乘日法，爲紀率。○此句從後文移置此。以日法乘前歷所測歲實，收棄末位爲偶數，得歲率。滿紀率去之，不滿爲歲餘，與紀率用大衍術入之。○原以斗分與日法用大衍術入之。沈廣文云：氣骨爲歲餘之積，非斗分之積，若以斗分與日法求得蔀率，則子正初刻與冬至一會之年數五周，而後爲甲子子正初刻冬至也。今依改。求氣等率、因率、蔀率。置所求氣骨分，如等率而一，○原以紀法乘等數，爲約率，置氣骨分，如約率而一。則惟甲子歲爲可知，餘歲皆不可知。今依沈廣文改。得數以乘因率，滿蔀率去之，不滿爲入蔀歲。○原以紀法乘不滿歲爲入元歲，今依沈廣文省。次以十二月乘朔率，以減歲率，餘爲歲閏。以歲閏乘入蔀歲，滿朔率去之，不滿爲入閏。次以朔骨分減氣骨分，餘爲閏骨分。不足減，加一紀率減之。○求閏骨分法，從別條移補。又以入閏減之，餘爲閏縮。不足減，加一朔率減之。○原本又云：以入閏與閏骨相減，得差如在半刻法以下者，即以入元歲爲積年，後術並不用。以蔀率乘歲閏，滿朔率去之，不滿爲元閏，○原以氣等數約紀率，爲氣元率，今依沈廣文省原本。又云：虛置一億，減入元歲餘，以氣元率除之，得乘限。視後元數在乘限以下者，可用；以上者，不可用。沈氏刪去宋勉之云：此蓋恐積年過於一億，運算繁多，故設乘限以爲元數之限。假使歷過元數，大於乘限用日法、朔餘，須改設，并蔀數亦改求矣。唐宋演撰家相沿如此，未可廢也。與朔率用大衍術入之，求朔等數。因數、蔀數以等數約閏縮，得數以因數乘之，滿蔀數去之，不滿爲元數，以乘蔀率爲朔積年，并入蔀歲爲演紀積年。

草曰：本歷以何承天術調得一萬六千九百爲日法，係三百三十九强、一十七弱。先以强數三百三十九，乘强子二十六，得八千八百十四。次以弱數十七，乘弱子九，得一百五十三。併得八千九百六十七，爲朔餘。○《宋史·律曆志》云：宋何承天以四十九分之二十六爲强率，十七分之九爲弱率，於强弱之際以求日法，自後治術者莫不因之。按：此術自《授時》而後罕有知者，惟李尚之《日法朔餘强弱攷》論之甚詳，今錄其説於左。

李尚之云：强母四十九、子二十六，以萬萬平之，得約餘五千三百六萬一千二百二十四。弱母十七、子九，以萬萬平之，得約餘五千二百九十四萬一千一百七十六。視當時測定朔餘在强率約餘以下，弱率約餘以上者，原注：若在强率約餘以上，即不可算。列强母於右上，强子於右次，一强於右副，右下空。又列弱母於左上，弱子於左次，左副空，一弱於左下。并左右兩行得中行，以中上退除中次，爲約餘。約餘多於測定數，即棄去右行，以中行爲右行，仍前左行。約餘少於測定數，即棄去左行，以中行爲左行，仍前右行。依前累求，約餘與當時測定數合中上，即日法中次，即朔餘中副，即强數中下，即弱數也。

宋勉之云：開禧術測定朔餘，係五千三百五萬九千一百七十一，小分五十九。如法調之：○此下算式原本有刪節處，今並補正。

上	Ⅲ	≡	⊤	⊥	⊥̿	丨
次	⊥	‖	||||	≡	Ⅲ	
副	丨		丨		○	
下	○		丨		丨	

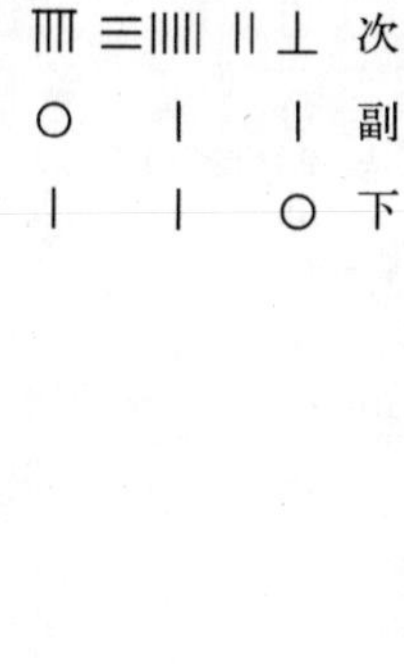

以中上六十六，退除中次三十五，得約餘五千三百三萬三百三，少於測定數，即棄去左行，以中行爲左行，仍前(左)〔右〕行。

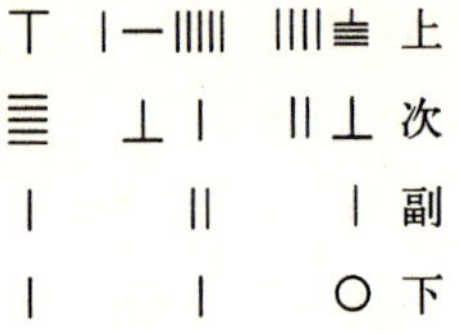

上 次 副 下

以中上一百十五，退除中次六十一，得約餘五千三百四萬三千四百七十八，少於測定數，又棄去左行，以中行爲左行，仍前右行。

上 次 副 下

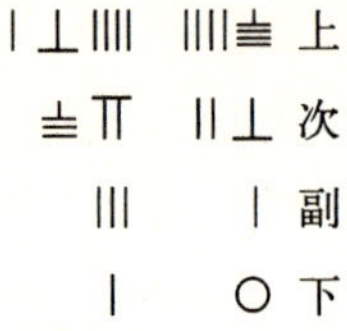

以中上一百六十四，退除中次八十七，得約餘五千三百四萬八千七百八十，少於測定數，又棄去左行，以中行爲左行，仍前右行。

上 次 副 下

以中上二百十三，退除中次一百十三，得約餘五千三百五萬一千六百四十三，少於測定數，又棄去左行，以中行爲左行，仍前右行。

上 次 副 下

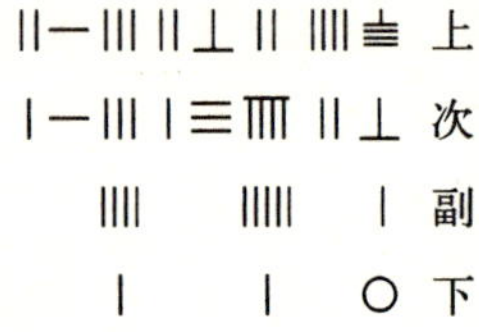

以中上二百六十二，退除中次一百三十九，得約餘五千三百五萬三千四百三十五，少於測定數，又棄去左行，以中行爲左行，仍前右行。

上 次 副 下

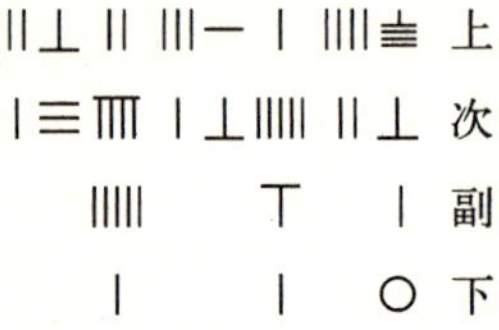

以中上三百十一，退除中次一百六十五，得約餘五千三百五萬四千六百六十二，少於測定數，又棄去左行，以中行爲左行，仍前右行。

上 次 副 下

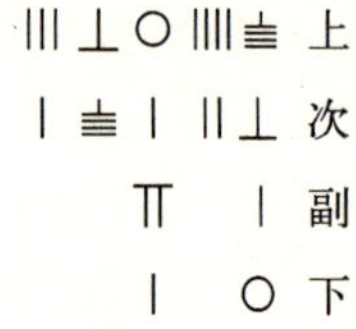

以中上三百六十，退除中次一百九十一，得約餘五千三百五萬五千五百五十五，少於測定數，又棄去左行，以中行爲左行，仍前右行。

上 次 副 下

以中上四百九，退除中次二百十七，得約餘五千三百五萬六千二百三十四，少於測定數，又棄去左行，以中行爲左行，仍前右行。

上 次 副 下

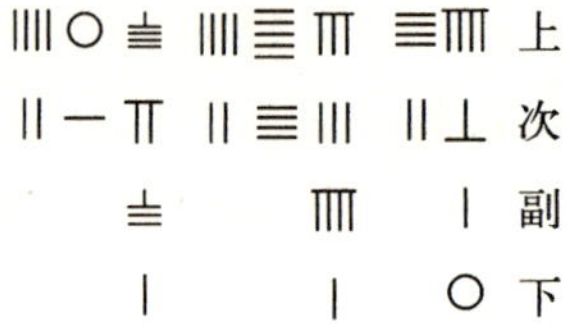

以中上四百五十八，退除中次二百四十三，得約餘五千三百五萬六千七百六十八，少於測定數，又棄去左行，以中行爲左行，仍前右行。

上 次 副 下

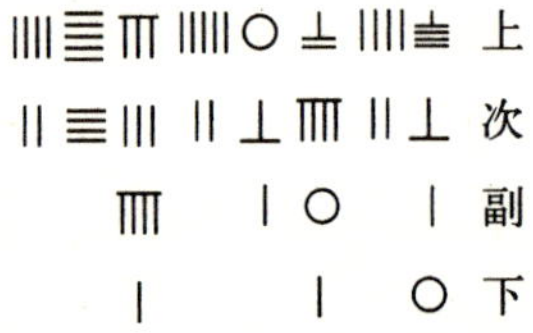

以中上五百七，退除中次二百六十九，得約餘五千三百五萬七千一百九十九，少於測定數，又棄去左行，以中行爲左行，仍前右行。

上 次 副 下

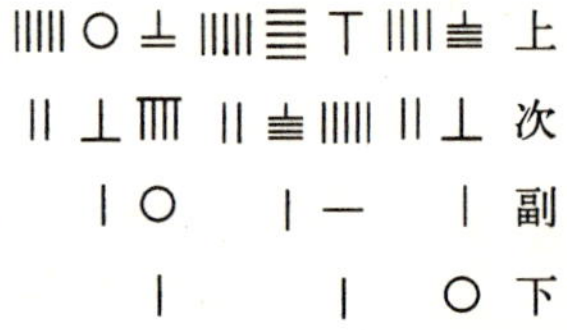

以中上五百五十六，退除中次二百九十五，得約餘五千三百五萬七千五百五十三，少於測定數，又棄去左行，以中行爲左行，仍前右行。

上 次 副 下

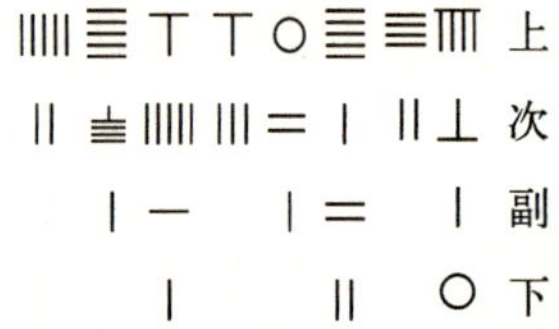

以中上六百五，退除中次三百二十一，得約餘五千三百五萬七千八百五十一，少於測定數，又棄去左行，以中行爲左行，仍前右行。

上 次 副 下

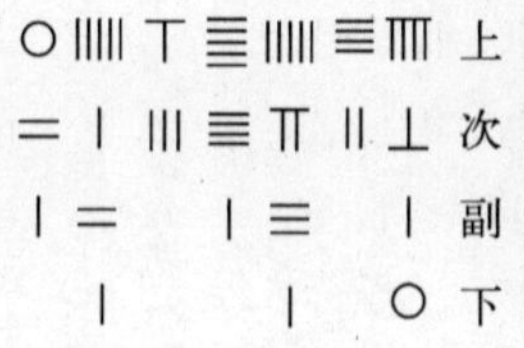

以中上六百五十四，退除中次三百四十七，得約餘五千三百五萬八千一百三，少於測定數，又棄去左行，以中行爲左行，仍前右行。

上 次 副 下

以中上七百三，退除中次三百七十三，得約餘五千三百五萬八千三百二十一，少於測定數，又棄去左行，以中行爲左行，仍前右行。

上 次 副 下

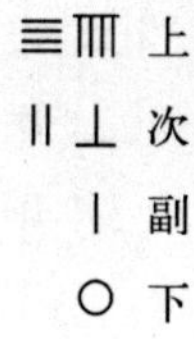

以中上七百五十二，退除中次三百九十九，得約餘五千三百五萬八千五百十，少於測定數，又棄去左行，以中行爲左行，仍前右行。

上 次 副 下

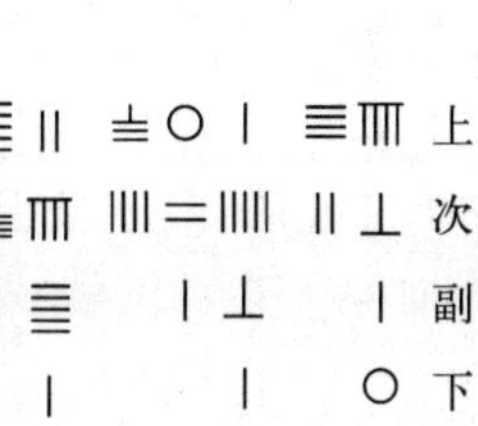

以中上八百一，退除中次四百二十五，得約餘五千三百五萬八千六百七十六，少於測定數，又棄去左行，以中行爲左行，仍前右行。

上 次 副 下

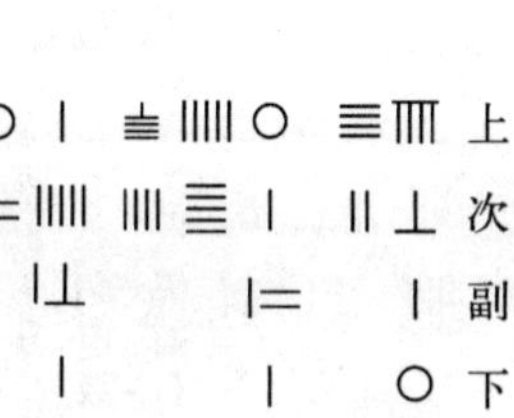

以中上八百五十，退除中次四百五十一，得約餘五千三百五萬八千八百二十三，少於測定數，又棄去左行，以中行爲左行，仍前右行。

上 次 副 下

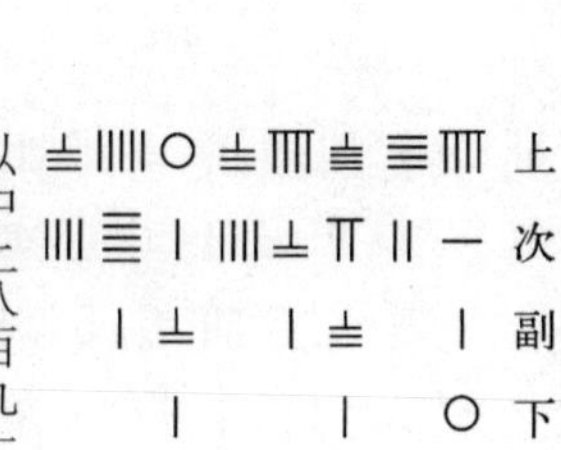

以中上八百九十九，退除中次四百七十七，得約餘五千三百五萬八千九百五十四，少於測定數，又棄去左行，以中行爲左行，仍前右行。

上 次 副 下

以中上九百四十八，退除中次五百三，得約餘五千三百五萬九千七十二，少於測定數，又棄去左行，以中行爲左行，仍前右行。

上 次 副 下

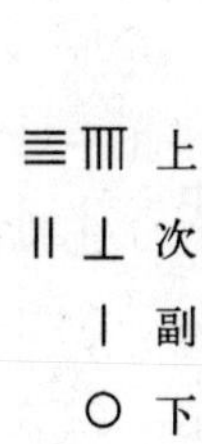

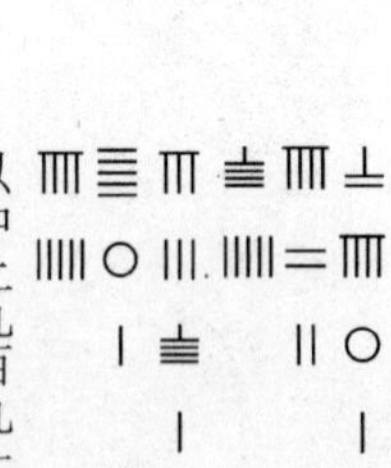

以中上九百九十七，退除中次五百二十九，得約餘五千三百五萬九千一百七十七，多於測定數，乃棄去右行，以中行爲右行，仍前左行。

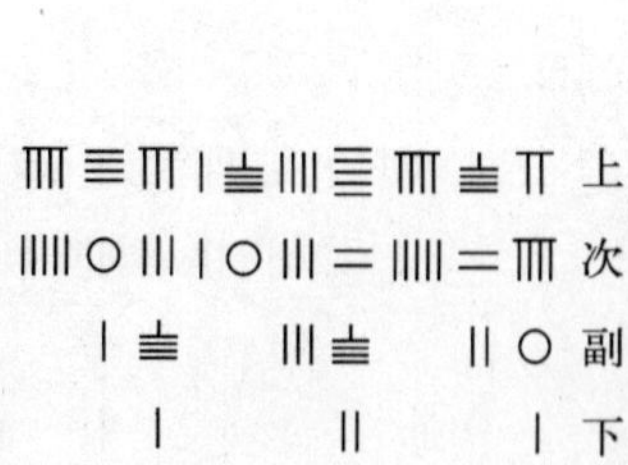

上 次 副 下

以中上一千九百四十五，退除中次一千三十二，得約餘五千三百五萬九千一百五，少於測定數，乃棄去左行，以中行爲左行，仍前右行。

上 次 副 下

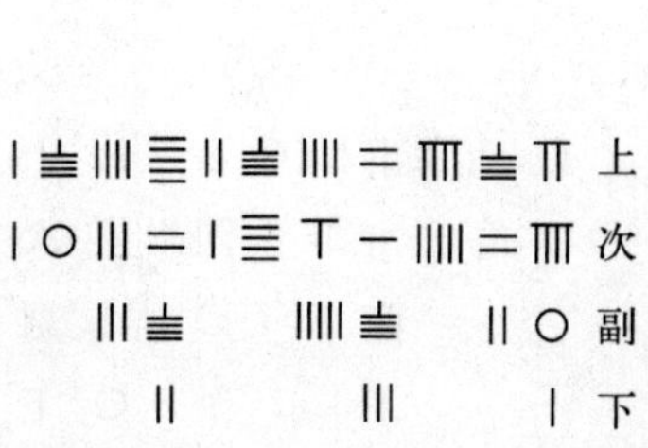

以中上二千九百四十二，退除中次一千五百六十一，得約餘五千三百五萬九千一百四十三，少於測定數，又棄去左行，以中行爲左行，仍前右行。

上 次 副 下

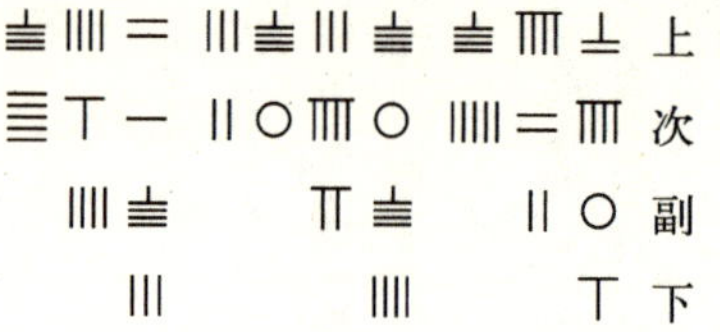

以中上三千九百三十九，退除中次二千九十，得約餘五千三百五萬九千一百五十二，少於測定數，又棄去左行，以中行爲左行，仍前右行。

上 次 副 下

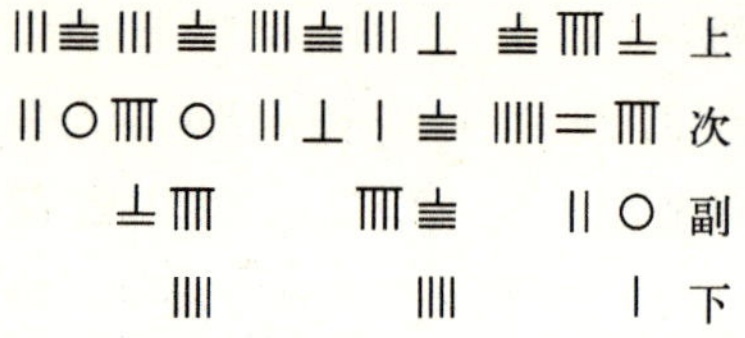

以中上四千九百三十六，退除中次二千六百十九，得約餘五千三百五萬九千一百五十七，少於測定數，又棄去左行，以中行爲左行，仍前右行。

上 次 副 下

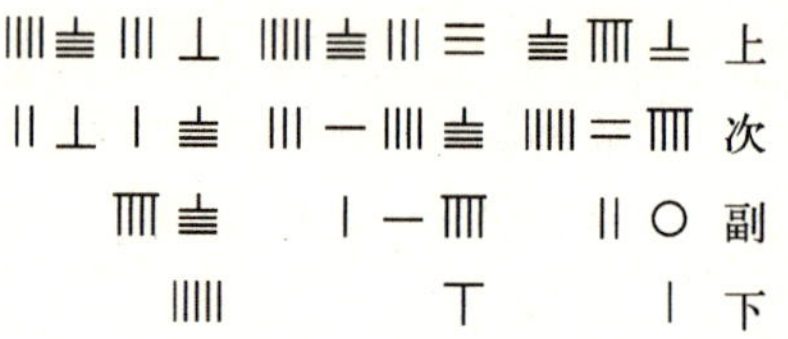

以中上五千九百三十三，退除中次三千一百四十八，得約餘五千三百五萬九千一百六十，少於測定數，又棄去左行，以中行爲左行，仍前右行。

上 次 副 下

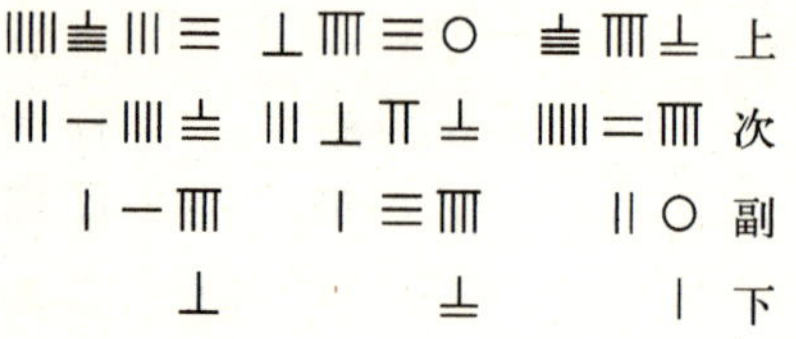

以中上六千九百三十，退除中次三千六百七十七，得約餘五千三百五萬九千一百六十三，少於測定數，又棄去左行，以中行爲左行，仍前右行。

上 次 副 下

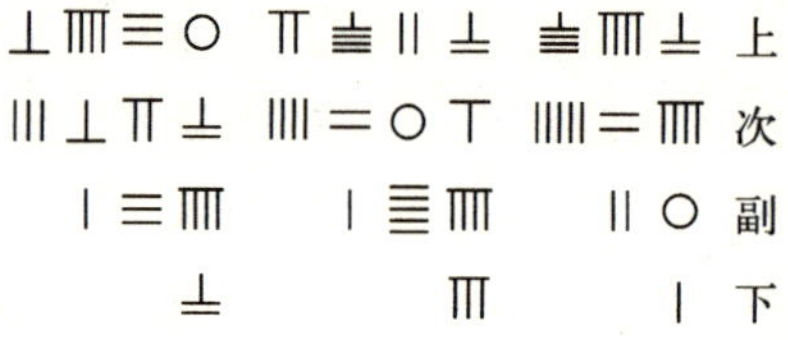

以中上七千九百二十七，退除中次四千二百六，得約餘五千三百五萬九千一百六十四，少於測定數，又棄去左行，以中行爲左行，仍前右行。

上 次 副 下

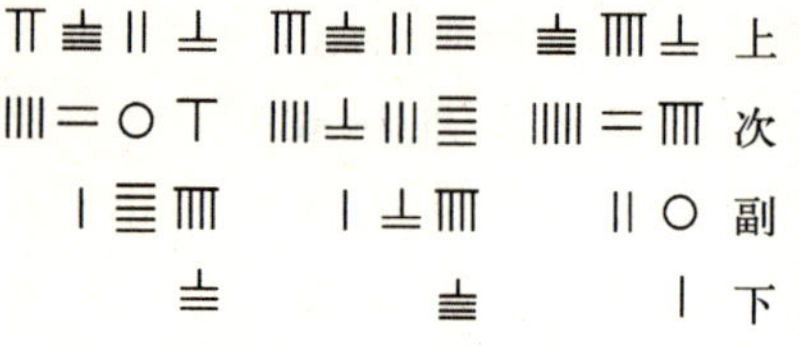

以中上八千九百二十四，退除中次四千七百三十五，得約餘五千三百五萬九千一百六十六，少於測定數，又棄去左行，以中行爲左行，仍前右行。

上 次 副 下

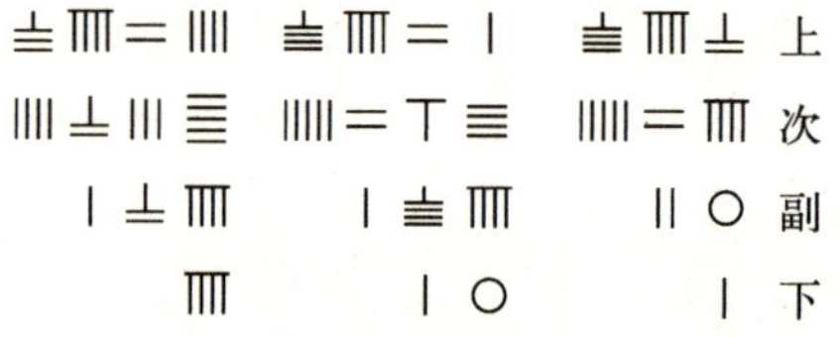

以中上九千九百二十一，退除中次五千二百六十四，得約餘五千三百五萬九千一百六十七，少於測定數，又棄去右行，以中行爲左行，仍前右行。

上 次 副 下

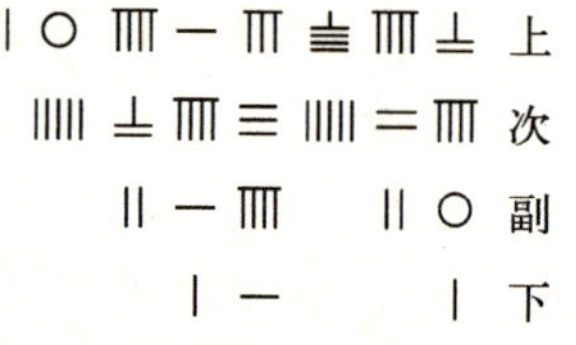

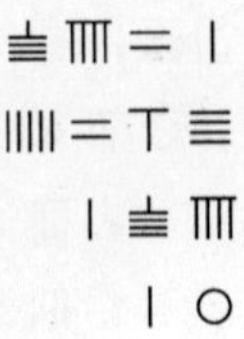

以中上一萬九百十八，退除中次五千七百九十三，得約餘五千三百五萬九千一百六十八，少於測定數，又棄去左行，以中行爲左行，仍前右行。

上 次 副 下

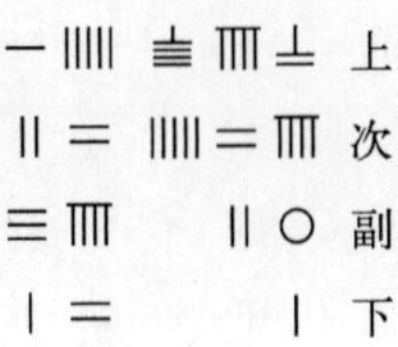

以中上一萬一千九百十五，退除中次六千三百二十二，得約餘五千三百五萬九千一百六十九，小分十一，〇此下差分甚微，故兼小分計之。少於測定數，又棄去左行，以中行爲左行，仍前右行。

上 次 副 下

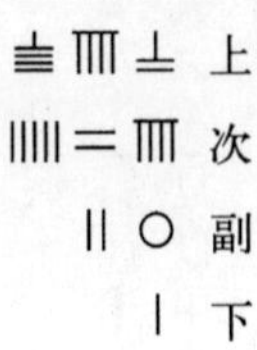

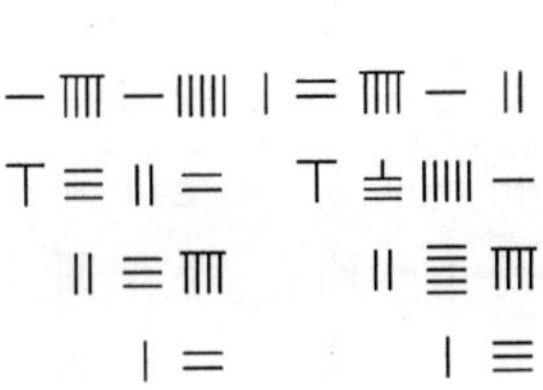

以中上一萬二千九百十二，退除中次六千八百五十一，得約餘五千三百五萬九千一百六十九，小分七十六，少於測定數，又棄去左行，以中行爲左行，仍前右行。

上 次 副 下

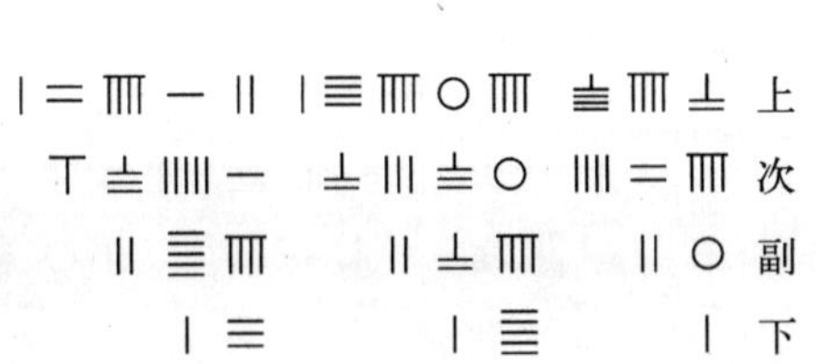

以中上一萬三千九百九，退除中次七千三百八十，得約餘五千三百五萬九千一百七十，小分三十二，少於測定數，又棄去左行，以中行爲左行，仍前右行。

上 次 副 下

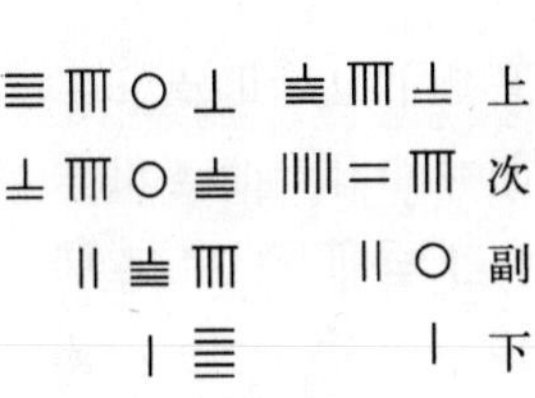

以中上一萬四千九百六，退除中次七千九百九，得約餘五千三百五萬九千一百七十，小分八十，少於測定數，又棄去左行，以中行爲左行，仍前右行。

上 次 副 下

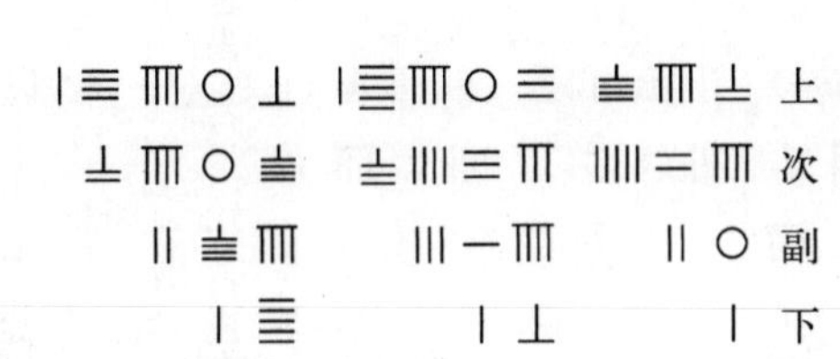

以中上一萬五千九百三，退除中次八千四百三十八，得約餘五千三百五萬九千一百七十一，小分二十二，其小分少於測定數，又棄去左行，以中行爲左行，仍前右行，

上 次 副 下

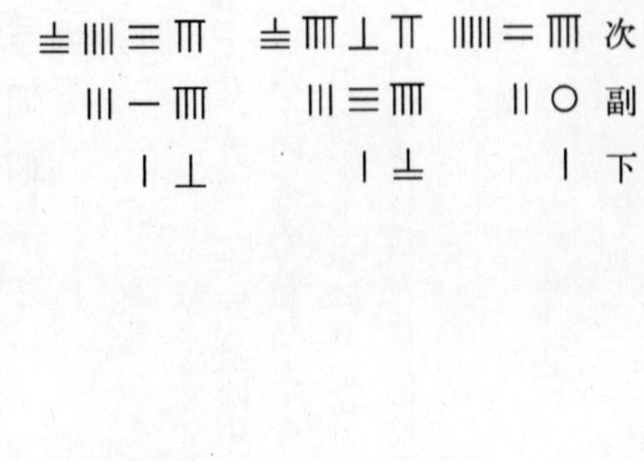

以中上一萬六千九百，退除中次八千九百六十七，得五千三百五萬九千一百七十一，小分五十九，與測定數合。中上一萬六千九百即日法，中次八千九百六十七即朔餘，中副三百三十九即强數，中下十七即弱數也。

次以日法通朔策二十九日，得四十九萬一百。增入朔餘，得四十九萬九千六十七爲朔率。次以紀策六十乘日法，得一百一萬四千爲紀率。又以日法乘《統天曆》所測歲實三百六十五日二十四刻三十一分，得六百十七萬二千六百八爲歲率。〇八分是偶，故棄其餘秒。滿紀率去之，不滿八萬八千六百八爲歲餘，〇此下細草原有誤處，並依沈廣文改。與紀率用大衍術入之。

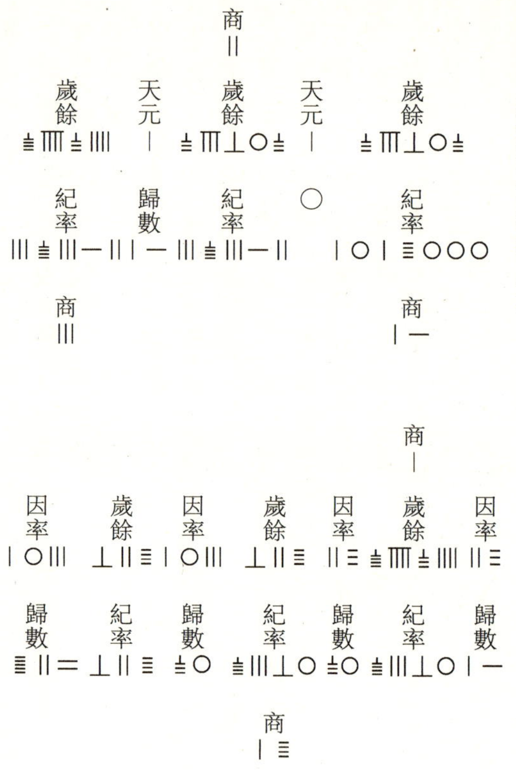

歲餘　紀率　商

因率　歲餘　歸數　紀率　商

天元　〇

因率　歲餘　歸數　紀率　商

天元　歲餘　紀率　商

因率　歸數

天元　歲餘　歸數　紀率　商

因率　歸數

驗右上、右下皆六百二十四，即以六百二十四爲氣等率。左上一百三爲因率，左上一百三加左下一千五百二十二，得一千六百二十五爲蔀率。〇若以紀率與歲餘展轉相減，亦得六百二十四爲等數。以約歲餘，得一百四十二爲奇。以約紀率，得一千六百二十五爲定用。大衍術入之，右上餘一，左上亦得一百三爲因率。

置嘉泰甲子天正冬至十一日四十四刻六十一分五十四秒，以乘日法，得十九萬三千四百四十分爲氣分。〇欲以氣等率除之無零，故棄其餘秒。以氣等率約之，得三百十。以因率乘之，得三萬一千九百三十。滿蔀率去之，不滿一千五十五爲入蔀歲。次以十二月乘朔率，得五百九十八萬八千八百四，以減歲率，餘十八萬三千八百四爲歲閏。以歲閏乘入蔀歲，得一億九千三百九十一萬三千二百二十，滿朔率去之，不滿二十七萬五千二百二十四爲入閏次。置嘉泰甲子天正經朔一日七十五刻五十五分六十二秒，以日法乘之，得二萬九千六百六十九分就整爲朔骨。然後以朔骨分減氣骨分，餘十六萬三千七百七十一分爲閏骨。以閏骨并朔率，共得六十六萬二千八百三十八，以入閏減之，餘三十八萬七千六百十四爲閏縮。次以蔀率乘歲閏，得二億九千八百六十八萬一千五百，滿朔率去之，不滿二十三萬九千四百三十四爲元閏，與朔率用大衍術入之。

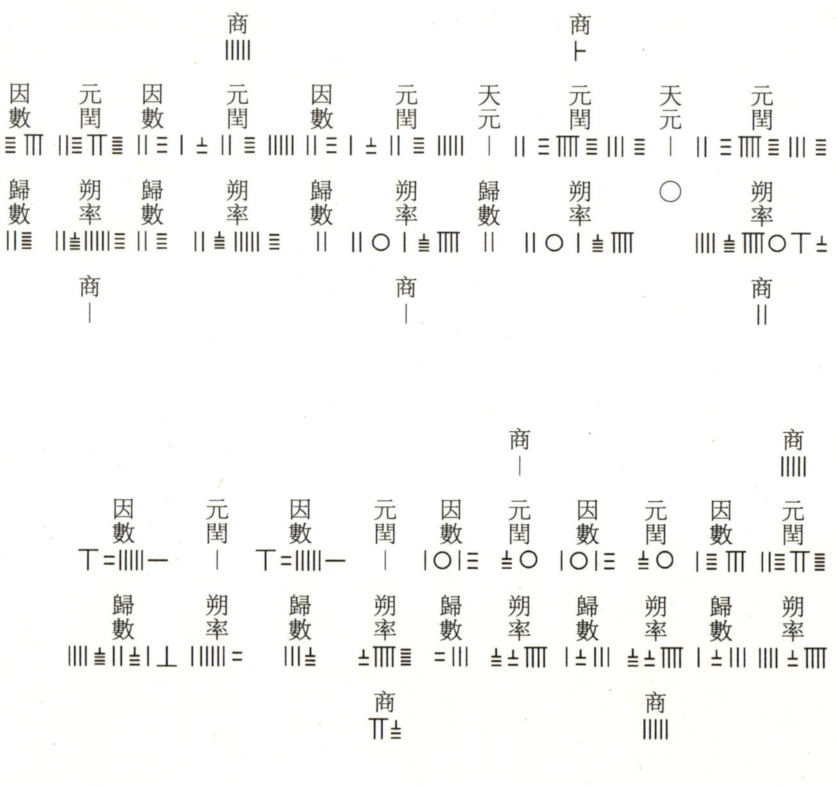

元閏　朔率　商

天元　〇

元閏　朔率　商

天元　歸數

元閏　朔率　商

因數　歸數

元閏　朔率

因數　歸數

元閏　朔率　商

因數　歸數

元閏　朔率　商

因數　歸數

元閏　朔率　商

因數　歸數

元閏　朔率

因數　歸數

驗右上、右下皆一，即以一爲朔等數。左上六千二百五十一爲因數，左上六千二百五十一，加左下四十九萬二千八百十六，得四十九萬九千六十七爲蔀數。〇此以朔率與元閏展轉相減，得一，不約，即以元閏爲奇，朔率爲定，用大衍術入之。

置閏縮，以等數約之，仍得三十八萬七千六百十四。以因數乘之，得二十四億二千二百九十七萬五千一百十四,滿蔀數去之,不滿四千八百二十九爲元數。乃置蔀率一千六百二十五,以元數乘之,得七百八十四萬七千一百二十五爲朔積年。并入蔀歲一千五十五,共得七百八十四萬八千一百八十,爲嘉泰四年甲子歲積算。

此與前術似異實同,試以前問諸數用後術推之,則以歲餘一萬九千七百四十,與紀分二千一萬五千六百,即後術之紀率。用大衍術求得氣等率二千八百二十,因率二十三,蔀率八十。置氣骨分十二萬六千九百,以等率約之,得四十五。以因率乘之,得一千三十五,滿蔀率去之,不滿七十五爲入蔀歲。次以十二月乘朔分十一萬一千三十六,即後術之朔率。得一百三十三萬二千四百三十二,以減氣分一百三十七萬三千三百四十,即後術之歲率餘四萬九百八爲歲閏。以歲閏乘入蔀歲七十五,得三百六萬八千一百,滿朔分去之,不滿七萬一百二十八爲入閏。次置閏骨分八萬七千六百六十,以入閏減之,餘一萬七千五百三十二爲閏縮。次以蔀率乘歲閏,得三百二十七萬二千六百四十,滿朔分去之,不滿五萬二千五百九十六爲元閏。乃以元閏與朔分,用大衍術求得朔等數五千八百四十四,因數十七,蔀數十九。以等數約閏縮,得三。因數乘之,得五十一,滿蔀數去之,不滿十三爲元數。乃置蔀率八十,以元數乘之,得一千四十爲朔積年。加入蔀歲七十五,共得一千一百十五,爲演紀積年,與原算合。

又以後問諸數用前術推之,則以歲率六百十七萬二千六百八爲氣元,朔率四十九萬九千六十七爲朔元,紀率一百一萬四千爲紀元。因無總等,故各分數即爲各元數。乃連環求等,以氣元與朔元求等,得一,不約。以氣元與紀元求等,得六百二十四,只約紀元,得一千六百二十五,爲紀泛定。又以紀元與朔元求等數,亦得一,不約。再求續等,氣泛定、紀泛定等數十三,以等數約氣泛定,得四十七萬四千八百十六爲氣定。以等數乘紀泛定,得二萬一千一百二十五爲紀定。朔泛定四十九萬九千六十七,即爲朔定。三定相乘,得五千五萬八千八百五十五億五千四百六十九萬六千爲衍母。各以定數約之,各〇案:即上所求氣紀朔三定也。得衍數氣衍一百五億四千二百七十九萬三百七十五,朔衍一百億三千四十八萬八千,紀衍二千三百六十九億六千四百九十九萬六千六百七十二。各滿定數去之,各得奇數。氣奇四十五萬七百二十七,朔奇二十三萬九千四百三十四,紀奇二萬四十七。各與定數用大衍術求,得氣乘率一萬九千一百五十九,朔乘率六千二百五十一,紀乘率二萬八。各以衍數乘之,各得泛用。氣泛用二百一萬九千八百九十三億二千七十九萬四千六百二十五,朔泛用六十二萬七千五億八千四十八億萬八千,紀泛用四千七百四十一萬一千九百五十六億五千三百四十一萬三千三百七十六。併之,得五千五萬八千八百五十五億五千四百六十九萬六千一,以課衍母多一,則泛用即爲正用。次置氣骨分十九萬三千四百四十,以紀正用乘之,得九萬一千七百十三億六千八百八十七萬一千九百六十二億八千三百四十五萬三千四百四十,爲紀總。又置閏骨分十六萬三千七百七十一,以朔正用乘之,得一千二十六億八千五百三十六萬七千六百七十一億二十四萬八千,爲朔總。併二總,得九萬二千七百四十億五千四百二十三萬九千六百五十三億八千三百七十萬一千四百四十,滿衍母去之,不滿四十八萬四千四百三十七億三千八百六十五萬三千四百四十,爲所求率。實如氣元而一,得七百八十四萬八千一百八十,爲歷過年數。與原算合。

問:欲砌基一段,見管大小方甎、六門、城甎四色,令匠取便,或平或側,只用一色甎砌,須要適足。匠以甎量地計料,稱用大方料,廣多六寸,深少六寸。用小方,廣多二寸,深少三寸。用城甎,長廣多三寸,深少一寸;以闊深少一寸,廣多三寸;以厚廣多五分,深多一寸。用六門甎,長廣多三寸,深多一寸;以闊廣多三寸,深多一寸;以厚廣多一寸,深多一寸。〇此章深字,宋勉之云:即儀禮南北以堂深之深。皆不啻匝,未免修破甎料裨補。其四色甎,大方方一尺三寸;小方方一尺一寸;城甎長一尺二寸,闊六寸,厚二寸五分;六門長一尺,闊五寸,厚二寸。欲知基深廣幾何。

答曰:深三丈七尺一寸,廣一丈二尺三寸。

術曰:以大衍求之。置甎方、長、闊、厚爲元數,以小者爲單,連環求等,約爲定母。以定相乘爲衍母,各定約衍母得衍數,滿定去之得奇。奇定大衍得乘率,以乘衍數得用數。次置廣深多少,數多者乘用少者,減元數,餘以乘用併爲總。滿衍母去之,不滿得廣深。

草曰:置四甎方、長、闊、厚八數,城甎厚有分爲小者,皆通之爲單。大方得一百三十分;小方得一百十分;城甎長得一百二十分,闊得六十分,厚得二十五分;六門甎長得一百分,闊得五十分,厚得二十分。

大方	城甎長	小方	六門長	城甎闊	六門闊	城甎厚	六門門
〇	〇	〇	〇〇	〇	〇	≣	〇
|三	|=	|-	|	丄	||||	||	||
金	石	絲	竹	匏	土	革	水

錐行置之，假八音爲號位。先以本二十與革求等，得五，乃反約木爲四。木四與土求等，得二，約土爲二十五。木四與匏求等，得四，約匏爲十五。木四與竹求等，得四，約竹爲二十五。木四與絲求等，得二，約絲爲五十五。木四與石求等，得四，反約木四爲一。木一與金求等，得一，不約，爲木與諸數求等訖。次以革二十五與土求等，得二十五，約土爲一。〇原誤用土未約數，今改。革二十五與匏求等，得五，約匏爲三。革二十五與竹求等，得二十五，約竹爲一。革二十五與絲求等，得五，約絲爲十一。革二十五與石求等，得五，約石爲二十四。革二十五與金求等，得五，約金爲二十六，革與諸數約訖。次以土一與諸數求等，皆得一，不約。次以匏三與竹絲求等，皆得一。匏三與石求等，得三，約石爲八。匏三與金求等，得一，匏與諸數約訖。次以竹一與諸數求等，皆得一。次以絲十一與諸數求等，皆得一。後以石八與金求等，得二，約金爲十三。〇原誤用石初約數，今改。至此連環求等俱畢，得數爲定母。

金	石	絲	竹	匏	土	革	木
|三	Ⅲ	|一	|	|||	|	||≣	

定母相乘，得八萬五千八百爲衍母。以各定母約之，各得衍數。金衍六千六百，石衍一萬七百二十五，絲衍七千八百，匏衍二萬八千六百，革衍三千四百三十二。竹、木、土定得一爲衍數。各滿定母去之，得奇數。金奇九、石奇五、絲奇一、匏奇一、革奇七。其絲、匏得奇一者，便以一爲乘率。其金、石、革三奇數，皆與木定母用大衍術入之，各得乘率，金三、石五、革十八。各以衍數乘之，得用數。金用一萬九千八百，石用五萬三千六百二十五，絲用七千八百，匏用二萬八千六百，革用六萬一千七百七十六。竹、木、土無衍數，亦無用數。凡諸用數同類者，數必多，可互借，以補無者。先驗革元數二十五與木元數二十，爲同類求等，得五。以等五約衍母，得一萬七千一百六十。乃於革用數減出，以補木位，爲木用餘四萬四千六百十六，爲革用次。驗竹元數一百與土五十爲同類，求等得五十，以等五十約衍母，得一千七百十六。亦於革用內各借與竹、土爲用數，革止餘四萬一千一百八十四爲用。李尚之云：革、木之等五，於革借木，以五約衍母爲數。革竹之等二十五，於革借竹，當以二十五約衍母爲借數。又竹、土之等五十，於竹借土，當以五十約衍母爲借數。今竹用爲二十五分衍母之一，借出土用爲五十分衍母之一，所餘竹用亦爲五十分衍母之一，故竹、土二用數等。得諸定用數，乃照甎色選次列於右行。又驗問題，所謂大方多六寸，小方多二寸，城甎長多三寸，闊多三寸，厚多五分，六門長多三寸，闊多三寸，厚多一寸，對本用列左行，各對乘之。

丄	〇	大方	金	|	≣	Ⅲ	〇	〇
||	〇	小方	絲		=	Ⅲ	〇	〇
|||	〇	城甎長	石	||||	三	丅	=	||||
	≣	城甎闊	匏	||	≟	丅	〇	〇
|||	〇	城甎厚	革	||||	一	|	≟	||||
|||	〇	六門長	竹		|	±	|	丄
|||	〇	六門闊	土		|	±	|	丄
|	〇	六門厚	木	|	±	|	丄	〇

兩行乘畢，金得一百十八萬八千，絲得十五萬六千，石得一百六十萬八千七百五十，匏得八十五萬八千，革得二十萬五千九百二十，竹得五萬一千四百八十，土得五萬一千四百八十，木得十七萬一千六百。併之，得四百二十九萬一千二百三十分，滿衍母去之，不滿一千二百三十分，約之爲一丈二尺三寸，爲基元廣數。乃求其深驗問題大方少六寸，小方少三寸，城甎長少一寸，闊少一寸，厚多一寸，六門長多一寸，闊多一寸，厚多一寸。多者存之，少者用減諸甎元數，得金七十，絲八十，石一百十，匏五十，革、竹、土木各十。列爲左行，對右行定用數。

±	〇餘	金	|	≟	Ⅲ	〇	〇
≟	〇餘	絲		±	Ⅲ	〇	〇
⊢	〇餘	石	||||	三	丅	=	||||
||||	〇餘	匏	||	≟	丅	〇	〇
|	〇多	革	||||	一	|	≟	||||
|	〇多	竹		|	±	|	丄
|	〇多	土		|	±	|	丄
|	〇多	木		±	|	丄	〇

以左行多餘數對乘右行用數，金得一百三十八萬六千，絲得六十二萬四千，石得五百八十九萬八千七百五十，匏得一百四十三萬，革得四十一萬一千八百四十，竹得一萬七千一百六十，土得一萬七千一百六十，木得十七萬一千六百。併之，得九百九十五萬六千五百十分。滿衍母去之，不滿三千七百十分，展爲三丈七尺一寸，爲基地深。

凡定數一者，即無用數，當於他位内求等，借之，所謂見一多，則借用繁也。若不欲借，則仍爲空位，祇以他位有用數者，乘而併之爲總。所謂不欲借，則任得一也。如此條金、絲、石、匏、革有用數，竹、土、木無用數，如不欲借，則以金多六十分，乘金用一萬九千八百，得一百十八萬八千。絲多二十分，乘絲用七千八百，得十五萬六千。石多三十分，乘石用五萬三千六百二十五，得一百六十萬八千七百五十。匏多三十分，乘匏用二萬八千六百，得八十五萬八千。革多五分，乘革用六萬一千七百七十六，得三十萬八千八百八十。併之，得四百十一萬九千六百三十，滿衍母去之，不滿一千二百三十爲基廣，與原算合。又以金餘七十分乘金用，得一百三十八萬六千。絲餘八十分乘絲用，得六十二萬四千。石餘一百十分乘石用，得五百八十九萬八千七百五十。匏餘五十分乘匏用，得一百四十三萬。革餘十分乘革用，得六十一萬七千七百六十。併之，得九百九十五萬六千五百十，滿衍母去之，不滿三千七百十爲基深。與原算合。

清·勞乃宣《古籌算考釋續編》卷五《求一上》【略】右引秦氏書九條，求一術自始至終，法已完具。惟端緒頗繁，其條理不易窺尋。今以原書爲本，參以諸家，定其法爲四大綱。一曰求定母，二曰求衍母，三曰求用數，四曰求得數。而以逐步所用諸法，分列爲十三目，使其眉目分明，有條不紊，悉以籌算入之，術雖繁亦易曉矣。

一求定母

設問各數，其中如有彼此有等者，則内有重疊之數根，求一不能得一，必設法剔去彼此重重之根，令皆無等，乃能求一，是爲求定母。其法分三步：一曰定泛母。問數尾位爲單位者，謂之元數，即爲泛母。尾數見分釐者，謂之收數。升其尾位爲單位，以上遞升爲十百千萬，乃爲泛母。有分者，謂之通數。齊而同之，令爲同母之子，以分子爲泛母。牘數亦以母通之，其共母別寄之，俟得數後，以母收之。尾位見十，或百千以上者，謂之復數。舊法先求總等，張氏謂求總等一法，於算未密，省去不用。今從之，即以爲泛母。一曰連環求等。既得各泛母，自上至下列之，以首位與次位以下各求等，相約得一者爲無等。無等不約有等，則以等數約一數，存一數。視兩數皆奇者，任約其一；一奇一偶者，則約奇；皆偶者，則令約得數爲奇。若約此數與彼數仍有等，則反約彼數。首位與各位徧求訖，又以次位與三位以下求之。各位皆徧，乃復驗之，如各位皆已無等，即爲定母。如尚有有等之位，則須再求續等。若連環求之，各位皆無等，即以泛母爲定母。一曰求續等。既已連環求等各約訖，而約得之數，尚有彼此有等者，則再如前自上而下求之。無等則已。有等，則以等數約一數，乘一數，辨奇偶如前法。各位皆徧，視各位皆已無等，内如有單一者，删去不用，所得者，爲定母，此正法也。又有别術曰析數根，法以各泛母自上至下列之，考各位每數爲若干數根連乘所得，即析爲若干數根，各置於每位之右。乃徧視各同根，取某位最多者，存之，餘位所有，皆收去不用。以所存各位數根連乘之，即爲各本位之定母。

定泛母一

如第一圖，問數三。甲爲二，乙爲三，丙爲五。三數皆係單位，是爲元數，即爲泛母。

定泛母圖一

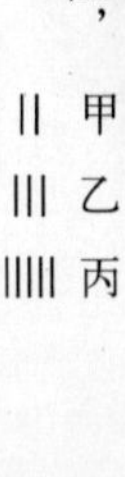

甲　乙　丙

如第二圖，問數三。甲爲一十三，乙爲七十，丙爲一百。内有一十三之一數尾爲單位，亦爲元數，即爲泛母。

定泛母圖二

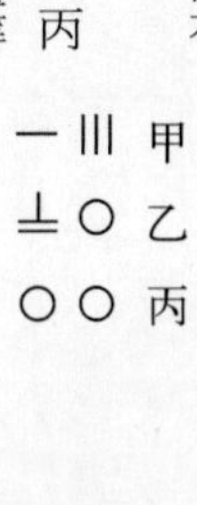

甲　乙　丙

如第三圖甲式，問數三。甲爲二十五丈，乙爲七丈八尺，丙爲三尺三寸五分。丈爲單位，尺、寸、分皆丈後奇零，古算書之畫筭位者，於單後有奇零之式，多於單位下注步尺等字。此錄草時所記，布算時必別有記之之法，其法如何，無可考。今仿筆算記圈記點之例，凡單位無數，而單後有奇零者，於單位置一圓基。單位有數，而單後又有奇零者，於單位筭之上置一圓基以識之。此圖即用此例。是爲收數，以最小之分，升爲單位。寸升爲十位，尺升爲百位，丈升爲千位，則甲展爲二萬五千分，乙展爲七千八百分，丙展爲三百三十五分，如乙式，即爲泛母。

定泛母圖三

甲式

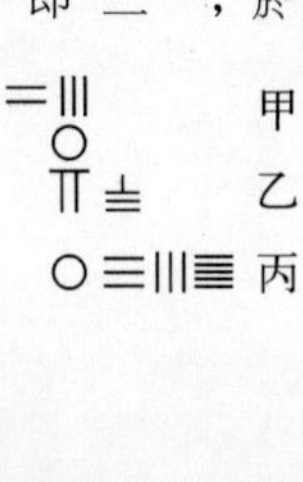

甲　乙　丙

如第四圖甲式，問數三。甲爲三又三分之一，乙爲五又四分之三，丙爲一十二。内甲、乙兩數有分，是爲通數。通分納子，甲得三分之一十，乙得四分之二十三，如乙式。以三數齊而同之，則共母爲一十二。甲分子爲四十，乙分子爲六十九，丙分子爲一百四十四，如丙式。分子即爲泛母，其共母當別寄之，以通牘數，得數後，以母收之。

乙式

甲　乙　丙

如第五圖，問數四。甲爲五十，乙爲六十，丙爲七百，丁爲八千，是爲復數，即爲泛母。

連環求等二

如第一圖，泛母三。甲二、乙三、丙五。以甲二與乙三求等，得一，不約。以甲二與丙五求等，得一，不約。又以乙三與丙五求等，得一，不約。各位已偏，皆無等，則泛母即爲定母。

如第二圖甲式，泛母三。甲四十，乙六十九，丙一百四十四。以甲四十與乙六十九求等，得一，不約。以甲四十與丙一百四十四求等，得八，約甲四十，爲五，如乙式。又以乙六十九與丙一百四十四求等，得三，約乙六十九，爲二十三，如丙式。各位已偏，是爲連環求等訖。復驗各位，皆已無等，即爲定母。

如第三圖甲式，泛母五甲二十、乙三十、丙五十、丁七十、戊九十。以甲二十與乙三十求等，得十，約乙，爲三。以甲二十與丙五十求等，得十，約丙，爲五。以甲二十與丁七十求等，得十，約丁，爲七。以甲二十與戊九十求等，得十，約戊，爲九，如乙式。又以乙三與丙五求等，得一，不約。以乙三與丁七求等，得一，不約。以乙三與戊九求等，得三，約乙，爲一，如丙式。又以丙五與丁七求等，得一，不約。以丙五與戊九求等，得一，不約。又以丁七與戊九求等，得一，不約。各位已偏，是爲連環求等訖。復驗各位，尚有有等者存，應求續等，不能即爲定母。

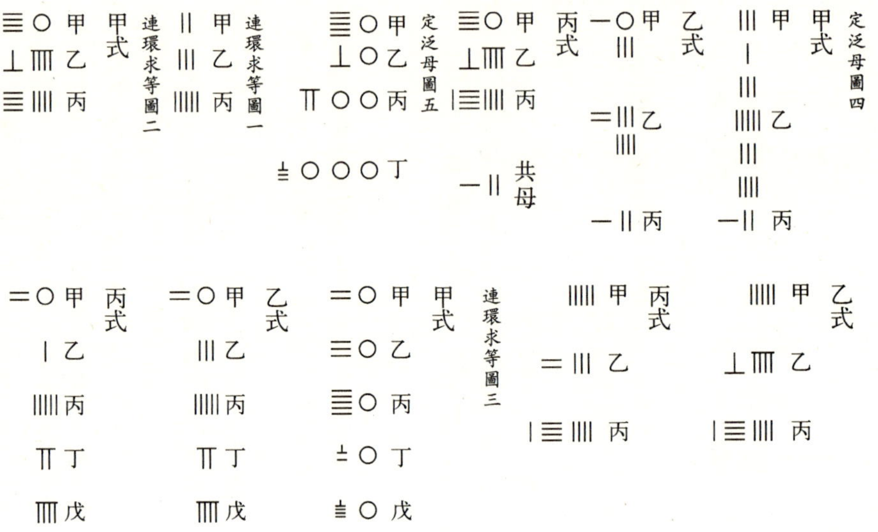

定泛母圖四

甲式
甲 ||| | |||
乙 |||| ||| ||||
丙 一||

乙式
甲 一〇 |||
乙 =||| ||||
丙 一||

丙式
甲 ≣〇
乙 ⊥𝍨
丙 |≣||||
共母 一||

定泛母圖五

甲 ≣〇
乙 ⊥〇
丙 丌〇〇
丁 𝍰〇〇〇

連環求等圖一

甲 ||
乙 |||
丙 ||||

連環求等圖二

甲式
甲 ≣〇
乙 ⊥𝍨
丙 |≣||||

乙式
甲 ||||
乙 ⊥𝍨
丙 |≣||||

丙式
甲 ||||
乙 =|||
丙 |≣||||

連環求等圖三

甲式
甲 =〇
乙 ≡〇
丙 ≣〇
丁 𝍯〇
戊 𝍱〇

乙式
甲 =〇
乙 |||
丙 ||||
丁 丌
戊 𝍨

丙式
甲 =〇
乙 |
丙 ||||
丁 丌
戊 𝍨

求續等三

如圖甲式，甲二十、乙一、丙五、丁七、戊九，即前連環求等第三圖所得式。因尚有有等者存，故求續等。以甲二十與乙一求等，得一，不約。以甲二十與丙五求等，得五，約甲，爲四，乘丙，爲二十五，如乙式。復以甲四與丁七求等，得一，不約。以甲四與戊九求等，得一，不約。又以乙一與丙丁戊求等，丙五與丁戊求等，丁七與戊求等，皆得一，不約。各位皆偏，皆已無等，視乙位爲單一，刪去不用，所餘者重列之，如丙式，爲定母。

析數根法附

如第一圖甲式，泛母三。甲三百、乙二百五十、丙二百。各析其數根，甲爲二、二、三、五、五，乙爲二、五、五、五，丙爲二、二、二、五、五，各置於每位之右，如乙式。視甲位有一個三，乙、丙位皆無三，以甲位爲多，存之。視乙位有三個五，甲位、丙位各

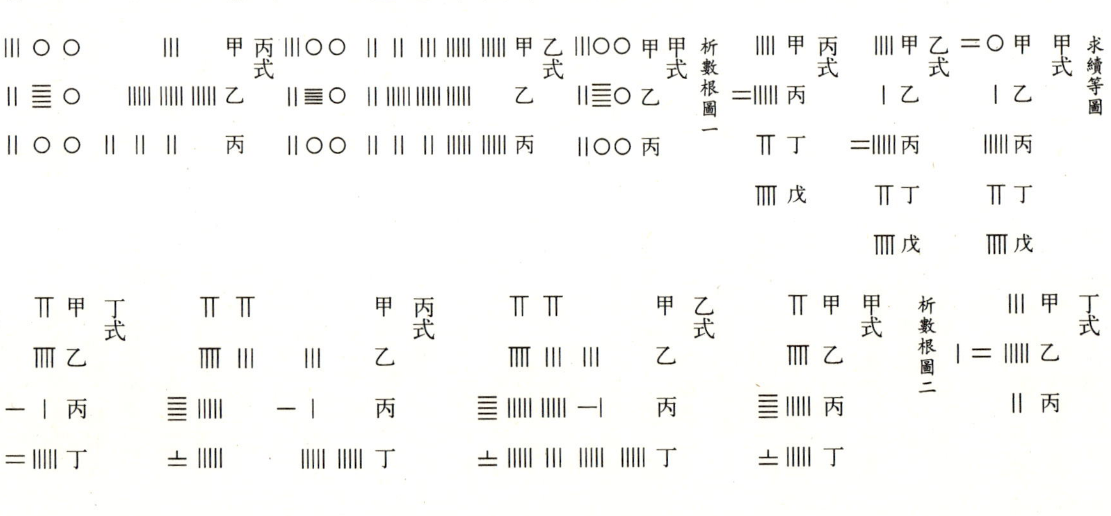

求續等圖

甲式
甲 =〇
乙 |
丙 ||||
丁 丌
戊 𝍨

乙式
甲 ||||
乙 |
丙 =||||
丁 丌
戊 𝍨

丙式
甲 ||||
丙 =||||
丁 丌
戊 𝍨

析數根圖一

甲式
甲 |||〇〇
乙 ||≣〇
丙 ||〇〇

乙式
甲 |||| |||| ||| || || |||〇〇
乙 |||| |||| |||| || ||≣〇
丙 |||| |||| || || || ||〇〇

丙式
甲 ||| |||〇〇
乙 |||| |||| |||| ||≣〇
丙 || || || ||〇〇

丁式
甲 |||
乙 |||| |=
丙 ||

析數根圖二

甲式
甲 丌
乙 𝍨
丙 |||| ≣
丁 |||| 𝍯

乙式
甲 丌 丌
乙 ||| ||| 𝍨
丙 一| |||| |||| ≣
丁 |||| |||| ||| |||| 𝍯

丙式
甲 丌 丌
乙 ||| ||| 𝍨
丙 一| |||| ≣
丁 |||| |||| |||| 𝍯

丁式
甲 丌
乙 𝍨
丙 一|
丁 =||||

有兩個五，以乙位爲多，存之。甲位、丙位之五皆收去，視丙位有三個二，甲位有兩個二，乙位有一個二，以丙位爲多，存之。甲位、乙位之二皆收去，如丙式。乃以甲位之三爲甲定母，乙位之五五五連乘得一百二十五，爲乙定母。丙位之二二二連乘得八爲丙定母。如丁式，即得各定母。

如第二圖甲式，泛母四、甲七、乙九、丙五十五、丁七十五。各析其數根，甲仍爲七，乙爲三、三，丙爲五、一十一，丁爲三、五、五，各置於每位之右，如乙式。視甲位有一個七，乙、丙、丁位皆無七，以甲位爲多，存之。視乙位有兩個三，丁位有一個三，甲丙位皆無三，以乙位爲多，存之。丁位之三收去。視丙位有一個一十一，甲、乙、丁位皆無一十一，以丙位爲多，存之。視丁位有兩個五，丙位有一個五，甲、乙位皆無五，以丁位爲多，存之。丙位之五收去，如丙式。乃以甲位之七爲甲定母，乙位之三三連乘得九爲乙定母，丙位之一十一爲丙定母，丁位之五五連乘得二十五爲丁定母，如丁式，即得各定母。

二求衍母

衍母者，各泛母皆能度盡之數也。求一術答數無窮，而以最小之一答爲主，其數在衍母之下，故必求衍母，以爲得數後累減之用。其法惟一步，曰連乘。以各定母連乘之，即得衍母。

連乘四

如第一圖，定母三位，甲二、乙三、丙五，即前連環求等第一圖所得。以此三數連乘之，得三十，置於各定母之下，是爲衍母。如第二圖，定母三位，甲五、乙二十三、丙一百四十四，即前連環求等第二圖所得，以此三數連乘之，得一萬六千五百六十，置於各定母下，爲衍母。

如第三圖，定母四位。甲七、乙九、丙一十一、丁二十五，即前析數根第二圖所得。以此四位連乘之，得一萬七千三百二十五，置於各定母下，爲衍母。

連乘圖一

甲	乙	丙	衍母
𝍡	𝍢	𝍤	𝍫〇

連乘圖二

甲	乙	丙	衍母
𝍤	𝍪𝍢	𝍠𝍬𝍣	𝍠𝍮𝍤𝍮〇

連乘圖三

甲	乙	丙	丁	衍母
𝍦	𝍨	𝍩𝍠	𝍪𝍤	𝍠𝍯𝍢𝍪𝍤

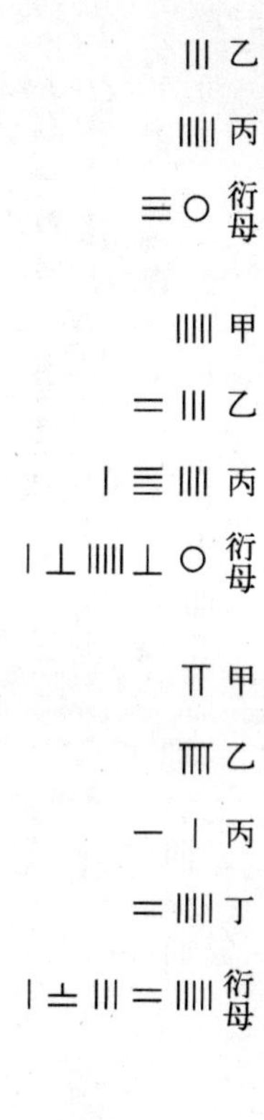

三求用數

求一之法，必求得他母皆能度盡，而本母度之餘一之數以爲用，謂之用數。求之之法分爲六步，一曰求衍數。其法有二，一列各定母於右行，各置一筭於左行，各以他母互乘之，得數各爲衍數。一置衍母，各以定母除之，得數各爲衍數。一曰取奇數。既得各衍數，各以定母累減之，至不滿定母爲度，所餘爲各奇數。一曰求乘率，又名大衍求一。置奇數於右行上層，置定母於右行下層，置一筭於左行上層，爲立天元一，左行下層空之。以奇數下商定母，置商數於右下之下，以商與奇相呼除定，即以商數乘左上，得數置之左下空位。收去商數，又以定母所餘上商奇數，置商數於右上之上，以商與定相呼除奇，即以商數乘左下，得數入於左上。收去商數，又以上商除下，以商乘左上，入左下。又以下商除上，以商乘左下，入左上。上下遞互相除，至右上餘一爲止。視左上所得，即爲乘率。如奇數得一者，不必再求，便以奇數爲乘率。一曰乘衍數。既得各乘率，與各衍數對列之，各以乘率乘衍數，所得爲各泛用。如乘率爲一者，不必乘，便以衍數爲泛用。一曰課泛用。既得各泛用，以各泛用相併得數，以課衍母。如比衍母多一，則泛用即爲正用。如比衍母兩倍多一，則尚須再定正用。一曰定正用。遇併泛用多於衍母倍數者，驗泛母有兩數同根。如爲偶數，則以二除衍母，平分衍母爲二，各於同根之兩泛用內減之，所餘者爲正用。如爲奇數，則以所同奇根除衍母，酌分爲二，於同根之兩泛用內各減之，所餘者爲正用。如有三數同根者，亦可酌分衍母爲三，於三處減之。如泛母即定母，無同根之位，則雖併泛用多於衍母倍數，亦不能減，即以泛用爲正用。按：泛用如不減，得數亦無異，則課泛用定正用之法，似在可省之列，故張氏以下諸家皆不用。然遇問數繁多之題，減之可以省算，則亦不可廢也。

求衍數五

如第一圖甲式，定母三位，甲二、乙三、丙五，衍母三十，即前連乘第一圖所得。各置一筭於定母之左，爲各母之子，如乙式。以乙三、丙五乘甲子一，得一十五，爲甲衍數。以甲二、丙五乘乙子一，得一十，爲乙衍數。以甲二、乙三乘丙子一，得六，爲丙衍數。對列之，如丙式，即得各位衍數。

如第二圖甲式，定母三位，甲五、乙二十三、丙一百四十四，衍母一萬六千五百六十，即前連乘第二圖所得。置衍母一萬六千五百六十，以甲定母五除之，得三千三百一十二，爲甲衍數。又以乙定母二十三除之，得七百二十，爲乙衍數。

又以丙定母一百四十四除之,得一百一十五,爲丙衍數。對列之,如乙式,即得各位衍數。

如第三圖甲式,定母四位,甲七、乙九、丙一十一、丁二十五,衍母一萬七千三百二十五,即前連乘第三圖所得。置衍母一萬七千三百二十五,以甲定母七除之,得二千四百七十五,爲甲衍數。又以乙定母九除之,得一千九百二十五,爲乙衍數。又以丙定母一十一除之,得一千五百七十五,爲丙衍數。又以丁定母二十五除之,得六百九十三,爲丁衍數。對列之,如乙式,即得各位衍數。

取奇數六

如第一圖甲式,甲定母二、衍數一十五,乙定母三、衍數一十,丙定母五、衍數六,即前求衍數第一圖所得。以甲定母二累減甲衍數一十五,餘一,爲甲奇數。以乙定母三累減乙衍數一十,餘一,爲乙奇數。以丙定母五減丙衍數六,餘一,爲丙奇數。對列之,如乙式,即得各位奇數。

求衍數圖一

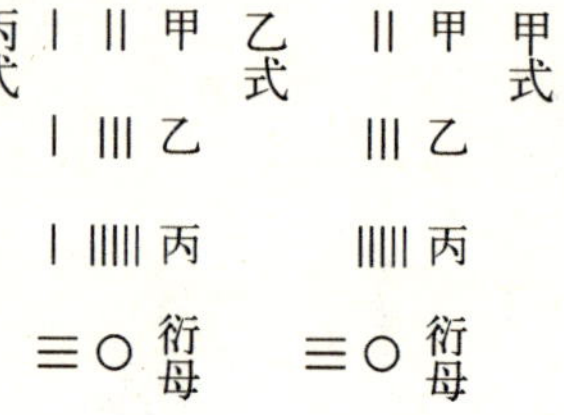

甲式 甲 乙 丙 衍母

乙式 甲 乙 丙

求衍數圖二

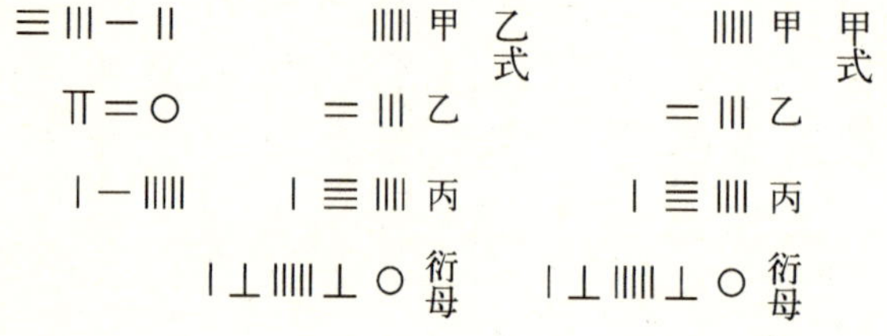

甲式 甲 乙 丙 衍母

乙式 甲 乙 丙

求衍數圖三

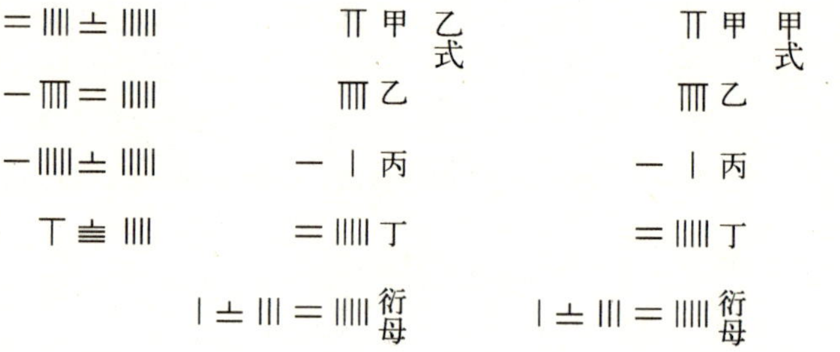

甲式 甲 乙 丙 丁 衍母

乙式 甲 乙 丙 丁

取奇數圖一

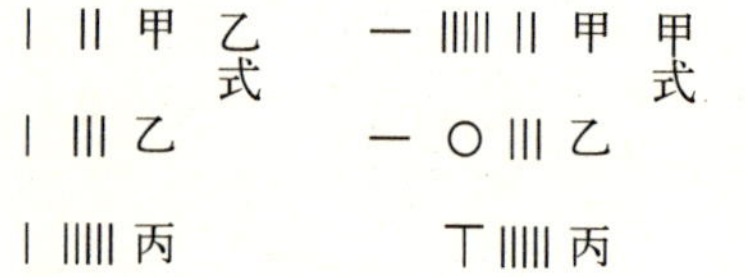

甲式 甲 乙 丙

乙式 甲 乙 丙

如第二圖甲式,甲定母五、衍數三千三百一十二,乙定母二十三、衍數七百二十,丙定母一百四十四、衍數一百一十五,即前求衍數第二圖所得。以甲定母五累減甲衍數三千三百一十二,餘二,爲甲奇數。以乙定母二十三累減乙衍數七百二十,餘七,爲乙奇數。以丙定母一百四十四減丙衍數一百一十五,不足減,即爲丙奇數。對列之,如乙式,即得各位奇數。

如第三圖甲式,甲定母七、衍數二千四百七十五,乙定母九、衍數一千九百二十五,丙定母一十一、衍數一千五百七十五,丁定母二十五、衍數六百九十三,即前求衍數第三圖所得。以甲定母七累減甲衍數二千四百七十五,餘四,爲甲奇數。以乙定母九累減乙衍數一千九百二十五,餘八,爲乙奇數。以丙定母一十一累減丙衍數一千五百七十五,餘二,爲丙奇數。以丁定母二十五累減丁衍數六百九十三,餘一十八,爲丁奇數。對列之,如乙式,即得各位奇數。

求乘率七

如第一圖,甲定母二、奇數一,乙定母三、奇數一,丙定母五、奇數一,即取奇數第一圖所得。視三位奇數皆爲一,不必再求,便以奇數爲乘率。

如第二圖甲式,甲定母五、奇數二,乙定母二十三、奇數七,丙定母一百四十四、奇數一百一十五,即前取奇數第二圖所得。以各定母奇數,用大衍求一術入之。

取奇數圖二

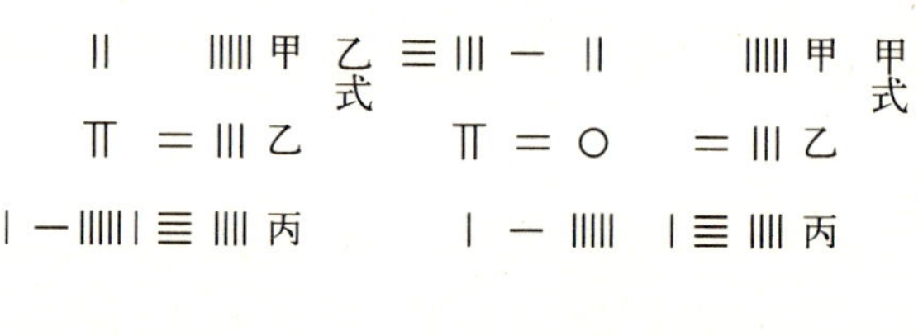

甲式 甲 乙 丙

乙式 甲 乙 丙

取奇數圖三

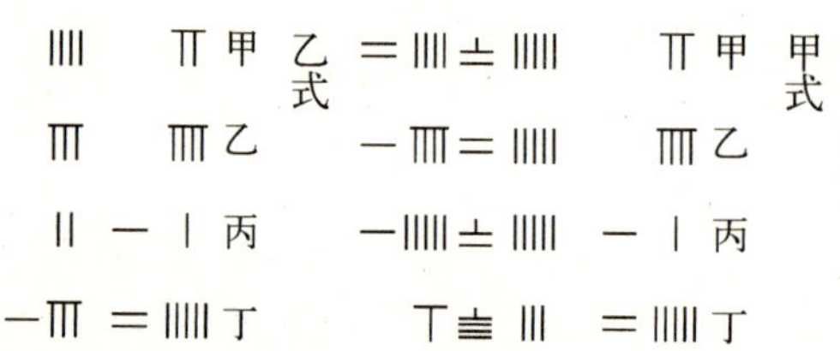

甲式 甲 乙 丙 丁

乙式 甲 乙 丙 丁

求乘率圖一

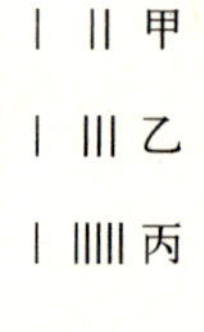

甲 乙 丙

求乘率圖二

甲式 甲 乙 丙

乙式

丙式

丁式

戊式

己式

庚式

辛式

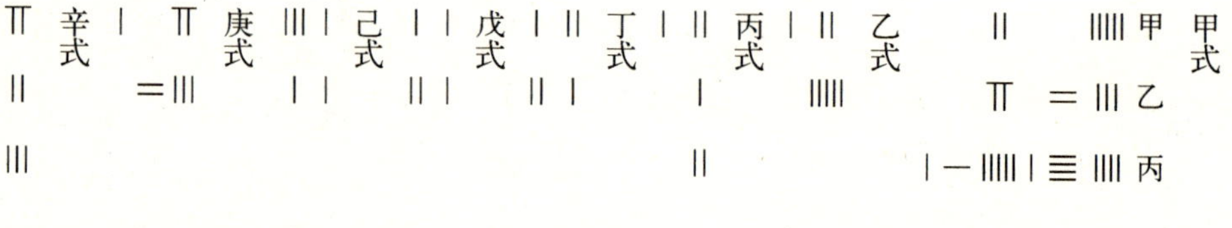

置甲奇數二於右行上層，甲定母五於右行下層，置一算爲天元一於左行上層，左行下層空之，如乙式。以右上奇二，商右下定五，得二，置於右下之下。以奇二與商二相呼，二二如四，除定四，餘一，如丙式。以右下之下商二與左上天元一相乘，得二，入於左下，收去右下之下商數，如丁式。以右下定餘一，商右上奇二，應令右上餘一算爲止，乃商一，置於右上之上，以商一與定餘一相呼，一一如一，除奇一，餘一，如戊式。以右上之上商一與左下二相乘，得二，入於左上，得三，收去右上之上商數，如己式。視右上奇餘已得一，則左上之數三，即爲甲乘率。又置乙奇數七於右上，乙定母二十三於右下，置一算於左上，如庚式。以右上奇七除右下定二十三，商三，除二十一，餘二，如辛式。以右下下商三乘左上一，得三，入於左下，收去商數，如壬式。以右下定餘二除右上奇七，商三，除六，餘一，如癸式。以右上上商三乘左下三得九，入於左上得一十，收去商數，如子式。視右上奇餘已得一，則左上一十爲乙乘率。又置丙奇數一百一十五於右上，丙定母一百四十四於右下，置一算於左上，如丑式。以右上奇一百一十五除右下定一百四十四，商一，除一百一十五，餘二十九，如寅式。以右下下商一乘左上一，得一，入於左下，收去商數，如卯式。以右下定餘二十九除右上奇一百一十五，商三，除八十七，餘二十八，如辰式。以右上上商三乘左下一，得三，入於左上，得四，收去商數，如巳式。以右上奇餘二十八，除右下定餘二十九，商一，除二十八，餘一，如午

壬式　癸式　子式　丑式　寅式　卯式　辰式

巳式　午式　未式　申式　酉式　戊式

式。以右下下商一乘左上四，得四，入於左下，得五，收去商數，如未式。以右下定餘一，除右上奇餘二十八，商二十七，除二十七，餘一，如申式。以右上上商二十七乘左下五，得一百三十五，入於左上，得一百三十九，收去商數，如酉式。視右上奇餘已得一，則左上一百三十九爲丙乘率，乃列各定母於右行，各乘率於左行，如戊式，是爲求得各位乘率。

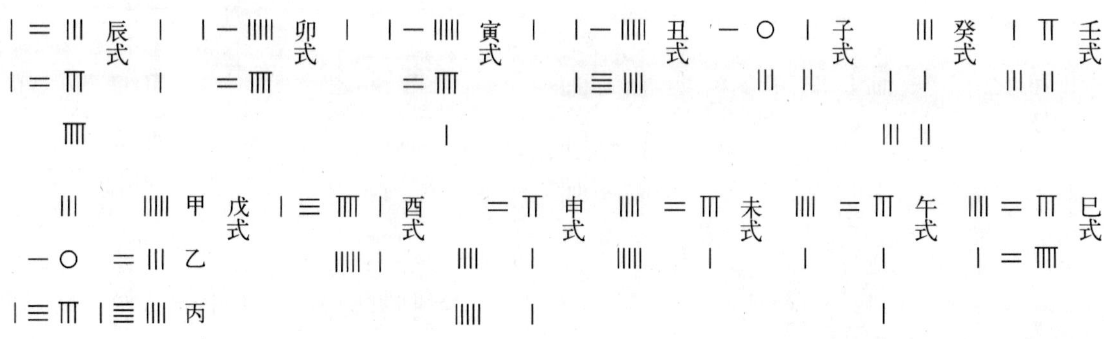

如第三圖甲式，甲定母七、奇數四，乙定母九、奇數八，丙定母一十一、奇數二，丁定母二十五、奇數一十八，即前取奇數第三圖所得。以各定母奇數用大衍求一術入之，置甲奇數四於右上，甲定母七於右下，置一算於左上，如乙式。以右上奇四除右下定七，商一，除四，餘三，如丙式。以右下下商一乘左上一，得一，入於左下，收去商數，如丁式。以右下定餘三，除右上奇四，商一，除三，餘一，如戊式。以右上上商一乘左下一，得一，入於左上，得二，收去商數，如己式。視右上奇餘已得一，則左上二爲甲乘率。又置乙奇數八於右上，乙定母九於右下，置一算於左上，如庚式。以右上奇八，除右下定九，商一，除八，餘一，如辛式。以右下下商一乘左上一，得一，入於左下，收去商數，如壬式。以右下定餘一，除右上奇八，商七，除七，餘一，如癸式。以右上上商七乘左下一，得七，入於左上，得八，收去商數，如子式。視右上奇餘已

求乘率圖三

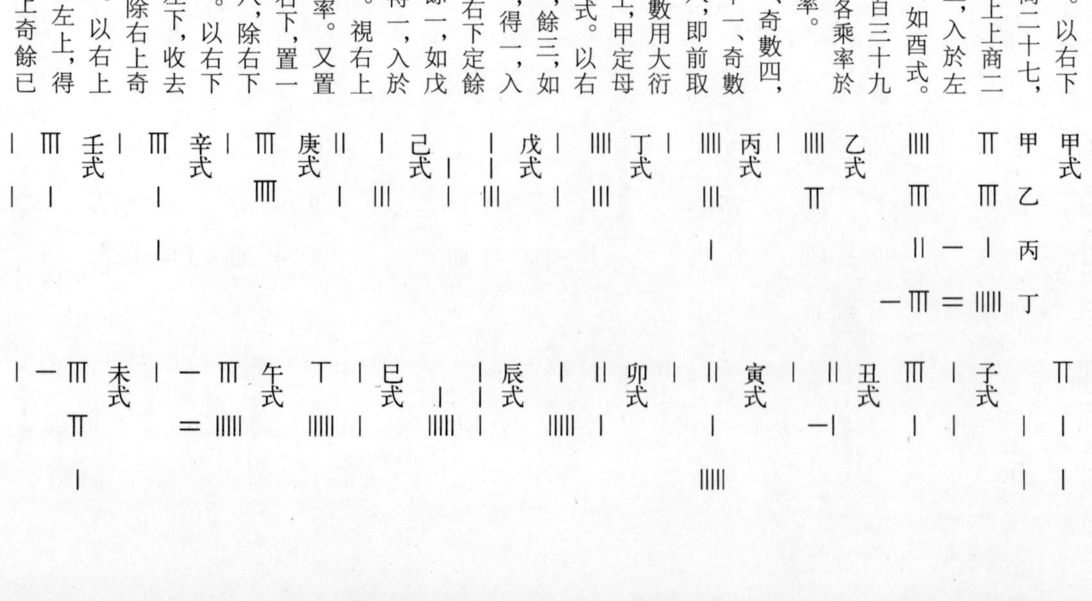

甲式　乙式　丙式　丁式　戊式　己式　庚式　辛式　壬式

癸式　子式　丑式　寅式　卯式　辰式　巳式　午式　未式

得一，則左上八爲乙乘率。又置丙奇數二於右上，丙定母一十一於右下，置一筭於左上，如丑式。以右上奇二，除右下定一十一，商五，除一十，餘一，如寅式。以右下下商五乘左上一，得五，入於左下，收去商數，如卯式。以右下定餘一除右上奇二，商一，除一，餘一，如辰式。以右上上商一乘左下五，得五，入於左上，得六，收去商數，如巳式。視右上奇餘已得一，則左上六爲丙乘率。又置丁奇數一十八於右上，丁定母二十五於右下，置一筭於左上，如午式。以右上奇一十八除右下定二十五，商一，除一十八，餘七，如未式。以右下下商一乘左上一，得一，入於左下，收去商數，如申式。以右下定餘七除右上奇一十八，商二，除一十四，餘四，如酉式。以右上上商二乘左下一，得二，入於左上，得三，收去商數，如戌式。以右上奇餘四除右下定餘七，商一，除四，餘三，如亥式。以右下下商一乘左上三，得三，入於左下，得四，收去商數，如角式。以右下定餘三除右上奇餘四，商一，除三，餘一，如亢式。以右上上商一乘左下四，得四，入於左上，得七，收去商數，如氐式。視右上奇餘已得一，則左上七爲丁乘率。乃列各定母於右行，各乘率於左行，如房式，是爲求得各位乘率。

申式
𝍩𝍧 𝍠
𝍦 𝍠

酉式
𝍡
𝍣 𝍠
𝍦 𝍠

戌式
𝍣 𝍢
𝍦 𝍠

亥式
𝍣 𝍢
𝍢 𝍠
𝍠

角式
𝍣 𝍢
𝍢 𝍣

亢式
𝍠
𝍠 𝍢
𝍢 𝍣

氐式
𝍠 𝍦
𝍢 𝍣

房式
甲 𝍦 𝍡
乙 𝍨 𝍧
丙 𝍩𝍠 𝍥
丁 𝍪𝍤 𝍦

乘衍數八

如第一圖甲式，右行爲定母，左行爲衍數，中行爲乘率。甲定母二、衍數一十五、乘率一，乙定母三、衍數一十、乘率一，丙定母五、衍數六、乘率一，即前求乘率第一圖所得。視各位乘率皆一，不須乘，即列衍數，如乙式，得一十五爲甲泛用，一十爲乙泛用，六爲丙泛用。

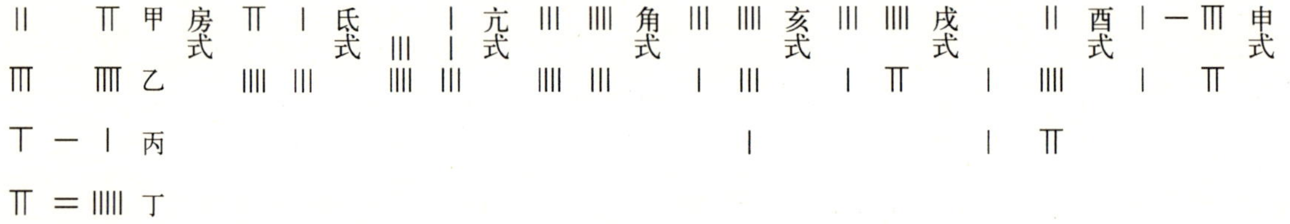

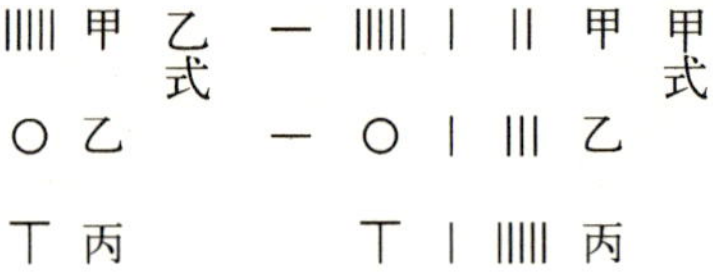

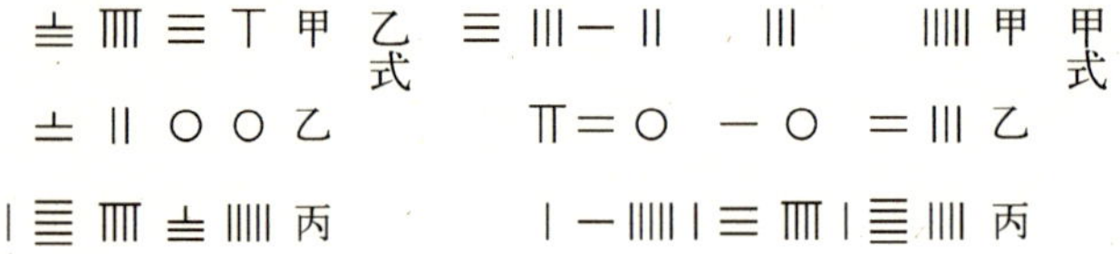

乘衍數圖一

甲式
甲 𝍡 𝍠 𝍩𝍤
乙 𝍢 𝍠 𝍩〇
丙 𝍤 𝍠 𝍥

乙式
甲 𝍩𝍤
乙 𝍩〇
丙 𝍥

如第二圖甲式，右行爲定母，左行爲衍數，中行爲乘率。甲定母五、衍數三千三百一十二、乘率三，乙定母二十三、衍數七百二十、乘率一十，丙定母一百四十四、衍數一百一十五、乘率一百三十九，即前求乘率第二圖所得。置甲衍數三千三百一十二，以甲乘率三乘之，得九千九百三十六，爲甲泛用。置乙衍數七百二十，以乙乘率一十乘之，得七千二百，爲乙泛用。置丙衍數一百一十五，以丙乘率一百三十九乘之，得一萬五千九百八十五，爲丙泛用。列之如乙式，即得各泛用。

乘衍數圖二

甲式
甲 𝍤 𝍢 𝍫𝍢𝍩𝍡
乙 𝍪𝍢 𝍩〇 𝍦𝍪〇
丙 𝍠𝍬𝍣 𝍠𝍫𝍨 𝍠𝍩𝍤

乙式
甲 𝍱𝍨𝍫𝍥
乙 𝍯𝍡〇〇
丙 𝍠𝍭𝍨𝍰𝍤

如第三圖甲式，右行爲定母，左行爲衍數，中行爲乘率。甲定母七、衍數二千四百七十五、乘率二，乙定母九、衍數一千九百二十五、乘率八，丙定母一十一、衍數一千五百七十五、乘率六，丁定母二十五、衍數六百九十三、乘率七，即前求乘率第三圖所得。置甲衍數二千四百七十五，以甲乘率二乘之，得四千九百五十，爲甲泛用。置乙衍數一千九百二十五，以乙乘率八乘之，得一萬五千四百，爲乙泛用。置丙衍數一千五百七十五，以丙乘率六乘之，得九千四百五十，爲丙泛用。置丁衍數六百九十三，以丁乘率七乘之，得四千八百五十一，爲丁泛用。列之如乙式，即得各泛用。

乘衍數圖三

甲式
甲 𝍦 𝍡 𝍪𝍣𝍯𝍤
乙 𝍨 𝍧 𝍩𝍨𝍪𝍤
丙 𝍩𝍠 𝍥 𝍩𝍤𝍯𝍤
丁 𝍪𝍤 𝍦 𝍥𝍱𝍢

乙式
甲 𝍬𝍨𝍭〇
乙 𝍠𝍭𝍣〇〇
丙 𝍱𝍣𝍭〇
丁 𝍬𝍧𝍭𝍠

課泛用九

如第一圖甲式，甲定母二、泛用一十五，乙定母三、泛用一十，丙定母五、泛用六，衍母三十，即前乘衍數第一圖所得。以甲、乙、丙各泛用相併，得三十一，置於上。置衍母三十於下，如乙式。以下課上，計泛用總數比衍母多一，是泛用即正用也。

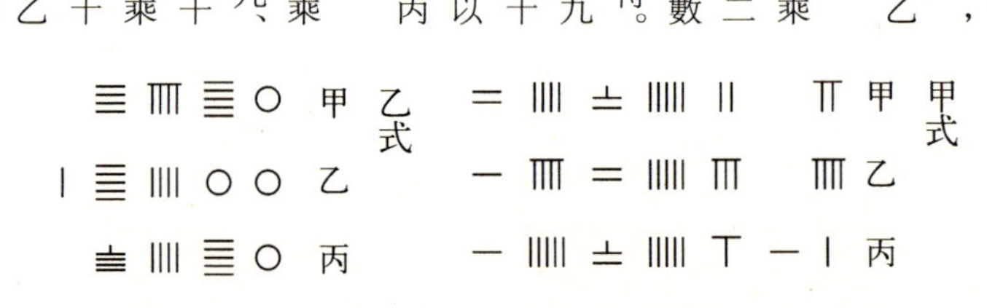

課泛用圖一

甲式
甲 𝍡 𝍩𝍤
乙 𝍢 𝍩〇
丙 𝍤 𝍥
衍母 𝍫〇

乙式
𝍫𝍠
𝍫〇

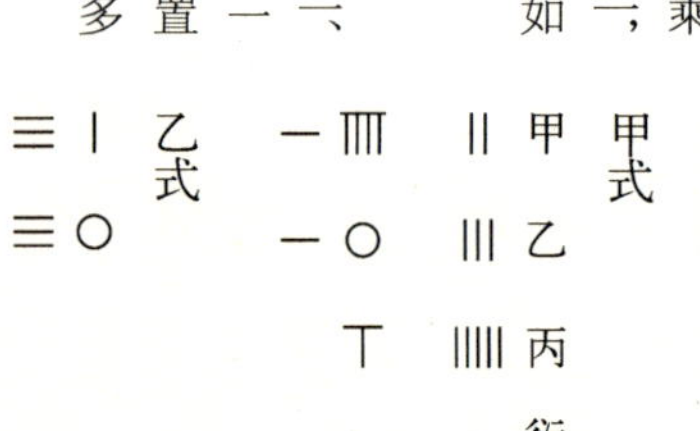

如第二圖甲式，甲定母五、泛用九千九百三十六，乙定母二十三、泛用七千二百，丙定母一百四十四、泛用一萬五千九百八十五，衍母一萬六千五百六十，即前乘衍數第二圖所得。以甲、乙、丙泛用相併，得三萬三千一百二十一，置於上。置衍母一萬六千五百六十於下，如乙式。以下課上，計泛用總數比衍母兩倍多一，是泛用猶有可減，未可即以爲正用也。

課泛用圖二

甲式

乙式

如第三圖甲式，甲定母七、泛用四千九百五十，乙定母九、泛用一萬五千四百，丙定母一十一、泛用九千四百五十，丁定母二十五、泛用四千八百五十一，衍母一萬七千三百二十五，即前乘衍數第三圖所得。以甲、乙、丙、丁泛用相併，得三萬四千六百五十一，置於上。置衍母一萬七千三百二十五於下，如乙式。以下課上，計泛用總數比衍母兩倍多一，是泛用猶有可減，未可即以爲正用也。

課泛用圖三

甲式

乙式

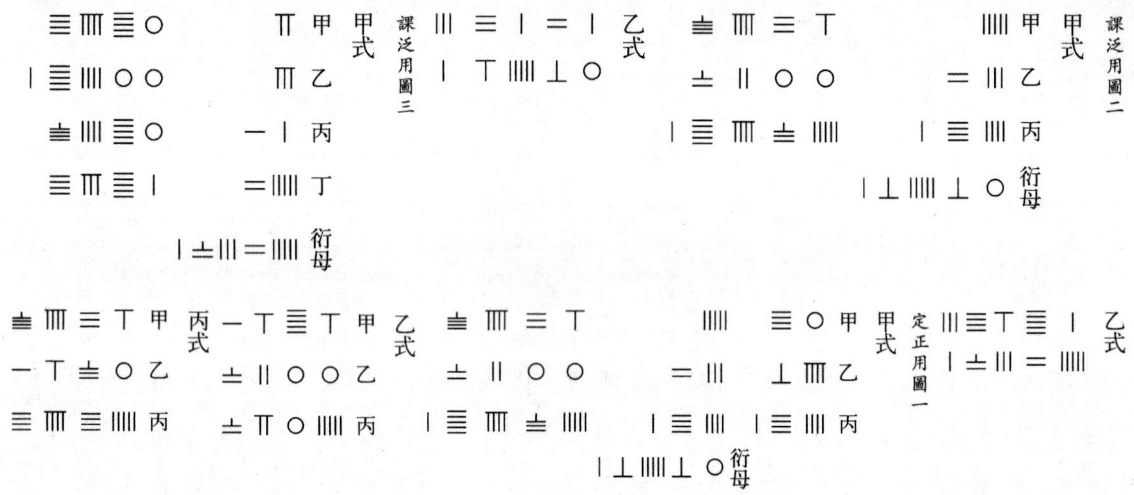

定正用十

如第一圖甲式，首行爲原設泛母，次行爲求得定母、衍母，三行爲求得泛用，即前課泛用第二圖所得。併泛用既比衍母兩倍多一，即應約減，以定正用。法當以泛母等數爲主，考甲泛母四十與丙泛母一百四十四有等數八，係偶數，即以二除衍母一萬六千五百六十，爲八千二百八十。於甲泛用九千九百三十六內，減去衍母一半八千二百八十，餘一千六百五十六，爲甲正用。於丙泛用一萬五千九百八十五內，減去衍母一半八千二百八十，餘七千七百〇五，爲丙正用。乙泛用七千二百不動，即爲正用，列之，如乙式，即爲各位正用，此一法也。又考乙泛母六十九，與丙泛母一百四十四有等數三，係奇數，即以三除衍母一萬六千五百六十，爲五千五百二十。於乙泛用七千二百內，減去衍母三分之一五千五百二十，餘一千六百八十，爲乙正用。於丙泛用一萬五千九百八十五內，減去衍母三分之二一萬一千〇四十，餘四千九百四十五，爲丙正用。甲泛用九千九百三十六不動，即爲正用，列之，如丙式，亦爲各位正用，此又一法也。

定正用圖一

甲式

乙式

丙式

如第二圖定母、泛用皆如前，而無泛母，是即以定母爲原問數者，定母各位皆無等，雖用數相併倍於衍母多一，亦無可約減，即以泛用爲正用。

定正用圖二

甲式

如第三圖甲式，首行爲原設泛母，次行爲求得定母、衍母，三行爲求得泛用，即前課泛用第三圖所得。併泛用既比衍母兩倍多一，即應約減，以定正用。法當以泛母等數爲主，考乙泛母九與丁泛母七十五有等數三，係奇數，即以三除衍母一萬七千三百二十五，爲五千七百七十五。於乙泛用一萬五千四百內，減去衍母三分之二一萬一千五百五十，餘三千八百五十，爲乙正用。尚有衍母三分

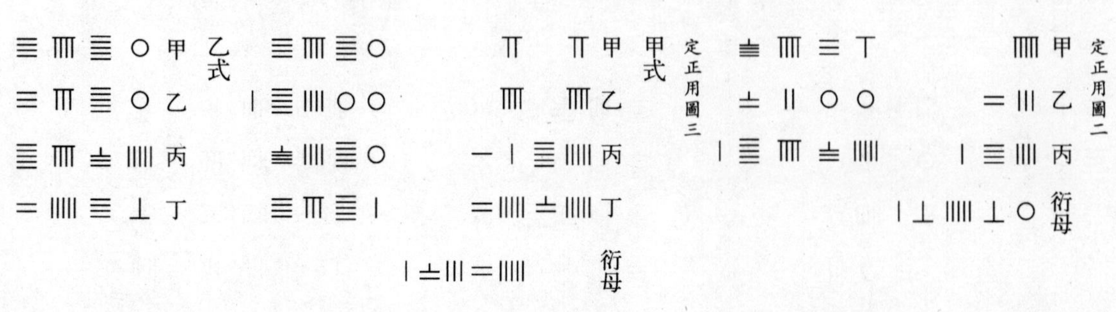

定正用圖三

甲式

乙式

之一五千七百七十五，應於丁泛用內減之，而丁泛用不足此數，不敷減。再考丙泛母五十五與丁泛母七十五有等數五，即將所餘衍母三分之一五千七百七十五，再以五除之，得一千一百五十五，爲衍母三分之一內之五分之一。即以其五分之三三千四百六十五，減丙泛用九千四百五十，餘五千九百八十五，爲丙正用。又以其五分之二二千三百一十，減丁泛用四千八百五十一，餘二千五百四十一，爲丁正用。甲泛用四千九百五十不動，即爲正用。列之，如乙式，即爲各位正用。

如第四圖，定母、泛用皆如前，而無泛母，則不能約減，即以泛用爲正用。

定正用圖四

甲　乙　丙　丁　衍母

四求得數

求一之題曰：今有物不知其數，幾幾數之賸幾，幾幾數之賸幾。問物幾何？其數之之數，曰問數；其所賸之數，曰賸數。其法先求定母，次求衍母，次求用數，既得此三數，則得數可求。求得數之法分三步：一曰乘用數，以各賸數乘各用數爲各總。一曰併各總，以各總相加爲各總併。一曰去衍母，置各總併以衍母屢減之，至不滿衍母爲止，則所餘爲得數。

乘用數十一

如第一圖甲式，右行爲問數，左行爲賸數。其題爲二數之，賸一；三數之，賸二；五數之，賸四。依法求得甲定母二、用數一十五，乙定母三、用數一十，丙定母五、用數六，衍母三十，如乙式，即前課泛用第一圖所得。以各賸數與各用數對列之，如丙式。以甲賸數一乘甲用數一十五，得一十五，爲甲總。以乙賸數二乘乙用數一十，得二十，爲乙總。以丙賸數四乘丙用數六，得二十四，爲丙總。列之，

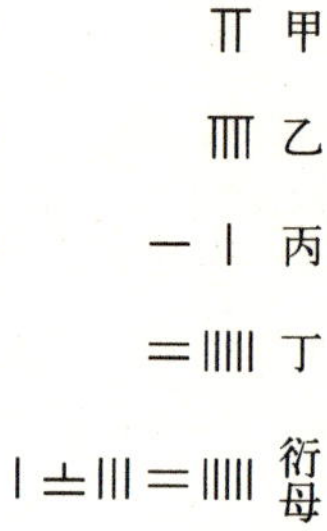

乘用數圖一

甲式　甲　乙　丙

乙式　甲　乙　丙　衍母

丙式　甲　乙　丙

丁式　甲　乙　丙

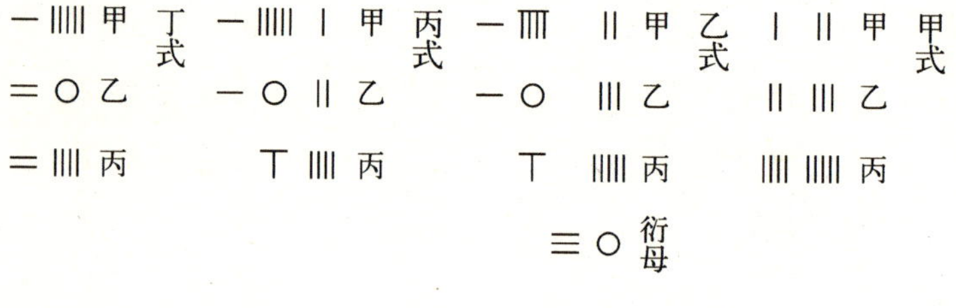

如丁式，爲各總。

如第二圖甲式，右行爲問數，左行爲賸數。其題爲三又三分之一數之，賸一；五又四分之三數之，賸三；一十二數之，賸九。依法求得甲定母五，用數一千六百五十六，乙定母二十三，用數七千二百，丙定母一百四十四，用數七千七百〇五，衍母一萬六千五百六十，如乙式，即前定正用第一圖前法所得。其共母一十二，別寄之，如丙式。置各賸數以共母一十二通之，甲得一十二，乙得三十六，丙得一百〇八，與各用數對列之，如丁式。以甲賸數一十二乘甲用數一千六百五十六，得一萬九千八百七十二，爲甲總。以乙賸數三十六乘乙用數七千二百，得二十五萬九千二百，爲乙總。以丙賸數一百〇八乘丙用數七千七百〇五，得八十三萬二千一百四十，爲丙總。列之，如戊式，爲各總。又一法，以前定正用第一圖後法所得甲用數九千九百三十六、乙用數一千六百八十、丙用數四千九百四十五，列於左行。通分賸數，甲一十二、乙三十六、丙一百〇八，對列右行，如己式。以甲賸數一十二乘甲用數九千九百三十六，得一十一萬九千二百三十二，爲甲總。以乙賸數三十六乘乙用數一千六百八十，得六萬〇四百八十，爲乙總。以丙賸數一百〇

乘用數圖二

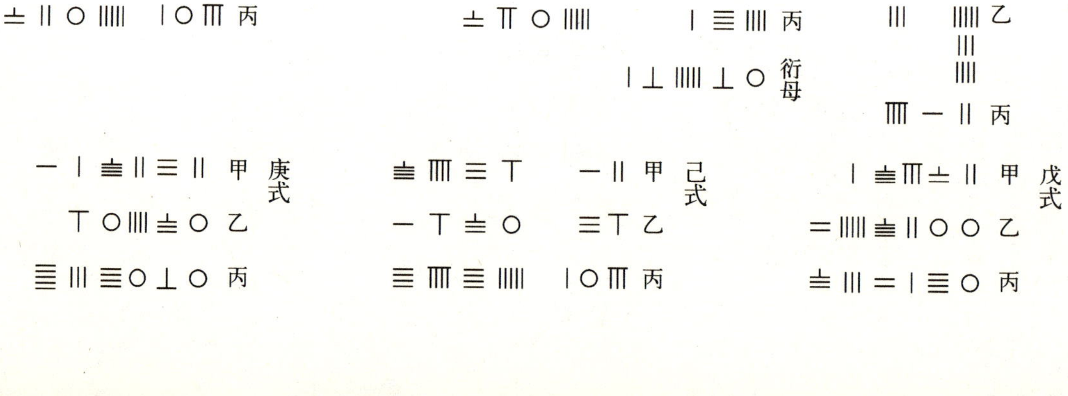

甲式　甲　乙　丙

乙式　甲　乙　丙　衍母

丙式

丁式　甲　乙　丙

戊式　甲　乙　丙

己式　甲　乙　丙

庚式　甲　乙　丙

八乘丙用數四千九百四十五，得五十三萬四千〇六十，爲丙總。列之，如庚式，亦爲各總。

如第三圖甲式，右行爲問數，左行爲賸數。其題爲五數之，賸四；三十三數之，賸一十七；一百四十四數之，賸六十三。依法求得甲定母五、用數九千九百三十六，乙定母二十三、用數七千二百，丙定母一百四十四、用數一萬五千九百八十五，衍母一萬六千五百六十，如乙式，即前定正用第二圖所得。以各賸數與各用數對列之，如丙式。以甲賸數四乘甲用數九千九百三十六，得三萬九千七百四十四，爲甲總。以乙賸數一十七乘乙用數七千二百，得一十二萬二千四百，爲乙總。以丙賸數六十三乘丙用數一萬五千九百八十五，得一百萬〇七千〇五十五，爲丙總。列之，如丁式，爲各總。

如第四圖甲式，右行爲問數，左行爲賸數。其

乘用數圖三

甲式　乙式　丙式　丁式

乘用數圖四

甲式　乙式

題爲七數之，賸二；九數之，賸八；五十五數之，賸五；七十五數之，賸二十。依法求得甲定母七、用數四千九百五十，乙定母九、用數三千八百五十，丙定母一十一、用數五千九百八十五，丁定母二十五、用數二千五百四十一，衍母一萬七千三百二十五，如乙式，即前定正用第三圖所得。以各賸數與各用數對列之，如丙式。以甲賸數二乘甲用數四千九百五十，得九千九百，爲甲總。以乙賸數八乘乙用數三千八百五十，得三萬〇八百，爲乙總。以丙賸數五乘丙用數五千九百八十五，得二萬九千九百二十五，爲丙總。以丁賸數二十乘丁用數二千五百四十一，得五萬〇八百二十，爲丁總。列之，如丁式，爲各總。

如第五圖甲式，右行爲問數，左行爲賸數。其題爲七數之，賸四；九數之，賸一；一十一數之，賸一；二十五數之，適足。依法求得甲定母七、用數四千九百五十，乙定母九、用數一萬五千四百，丙定母一十一、用數九千四百五十，丁定母二十五、用數四千八百五十一，衍母一萬七千三百二十五，如乙式，即前定正用第四圖所得。以各賸數與各用數對列之，如丙式。以甲賸數四乘甲用數四千九百五十，得一萬九千八百，爲甲總。以乙賸數一乘乙用數一萬五千四百，仍得一

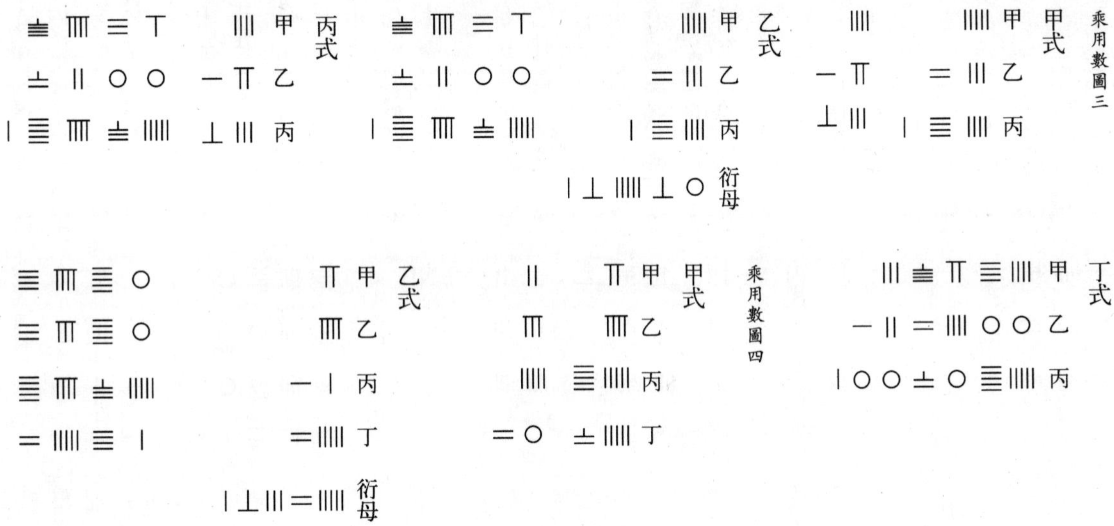

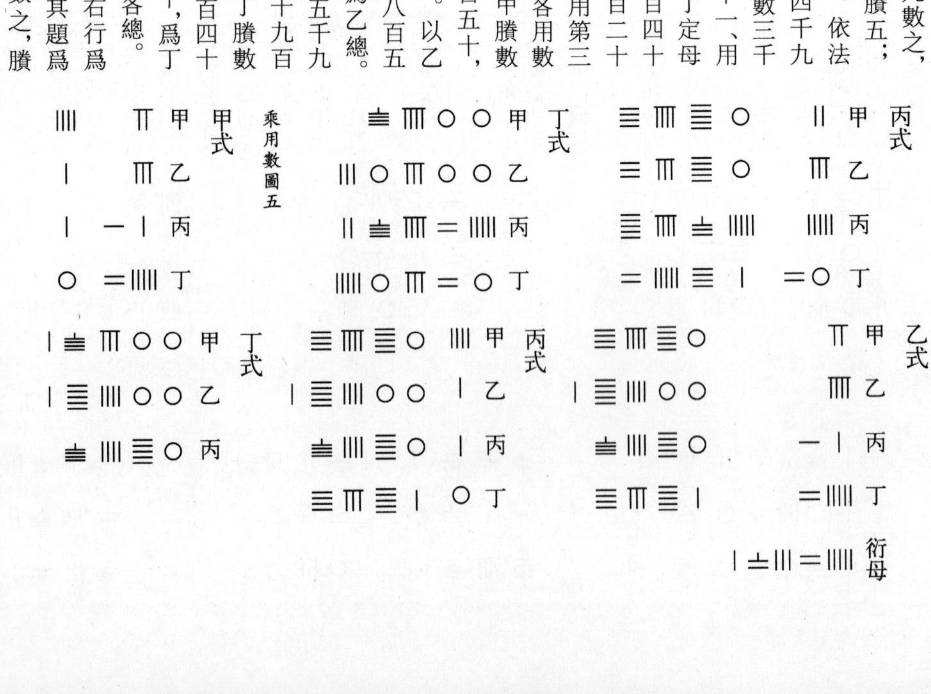

丙式　丁式

乘用數圖五

甲式　丁式

萬五千四百，爲乙總。以丙賸數一乘丙用數九千四百五十，仍得九千四百五十，爲丙總。丁無賸數，不用此位。列之，如丁式，爲各總。

併各總十二

如第一圖甲式，右行爲各問數，左行爲各總。甲問數二、甲總一十五，乙問數三、乙總二十，丙問數五、丙總二十四，即前乘用數第一圖所得。以各總相加，得五十九，如乙式，爲各總併。

如第二圖甲式，右行爲各問數，左行爲各總。甲問數三又三分之一、甲總一萬九千八百七十二，乙問數五又四分之三、乙總二十五萬九千二百，丙問數一十二、丙總八十三萬二千一百四十，其共母一十二，別寄之，如乙式，即前乘用數第二圖前法所得。以各總相加，得一百一十一萬一千二百一十二，如丙式，爲各總併。

又丁式甲總一十一萬九千二百三十二，乙總六萬○四百八十，丙總五十三萬四千○六十，即前圖後法所得。以各總相加，得七十一萬三千七百七十二，如戊式，亦爲各總併。

如第三圖甲式，右行爲問數，左行爲各總。甲問數五、甲總三萬九千七百四十四，乙問數二十三、乙總一十二萬二千四百，丙問數一百四十四、丙總一百萬○○七千○五十五，

併各總圖一

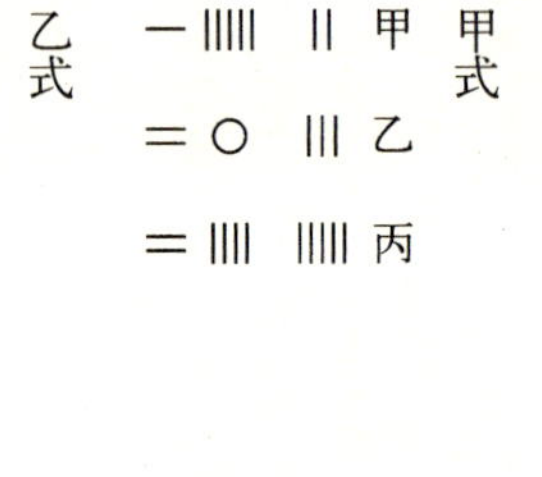

甲式 甲 乙 丙

乙式

併各總圖二

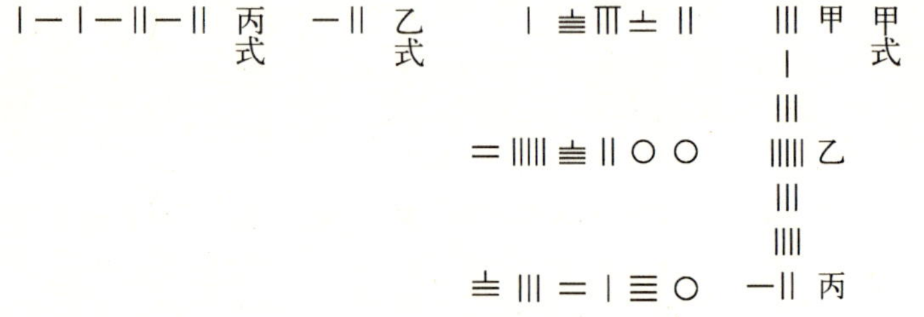

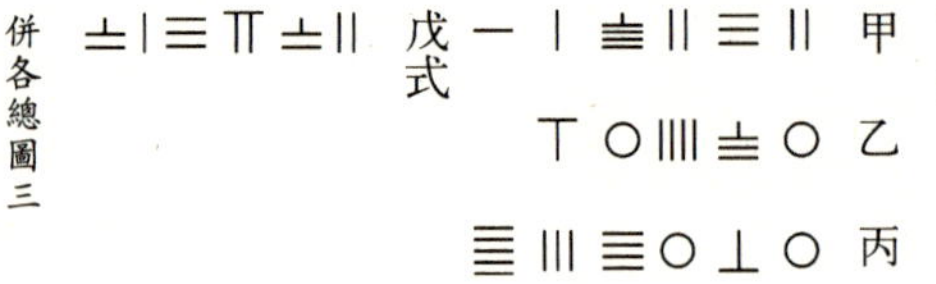

甲式 甲 乙 丙

乙式

丙式

丁式 甲 乙 丙

戊式

併各總圖三

甲式 甲 乙 丙

乙式

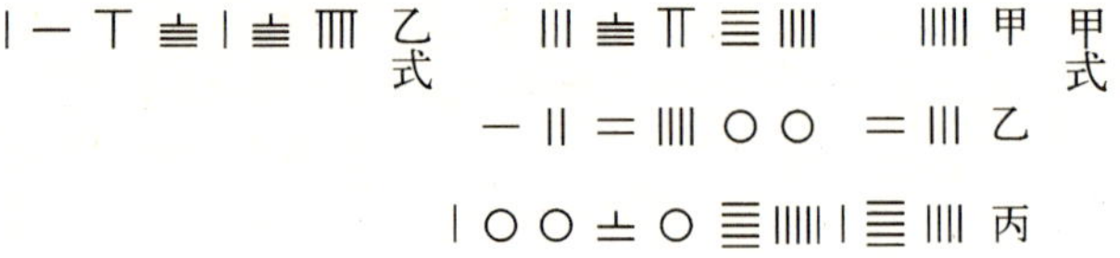

即前乘用數第三圖所得。以各總相加，得一百一十六萬九千一百九十九，如乙式，爲各總併。

如第四圖甲式，右行爲問數，左行爲各總。甲問數七、甲總九千九百，乙問數九、乙總三萬○八百，丙問數五十五、丙總二萬九千九百二十五，丁問數七十五、丁總五萬○八百二十，即前乘用數第四圖所得。以各總相加，得一十二萬一千四百四十五，如乙式，爲各總併。

如第五圖甲式，右行爲問數，左行爲各總。甲問數七、甲總一萬九千八百，乙問數九、乙總一萬五千四百，丙問數一十一、丙總九千四百五十，丁問數二十五、丁總無，即前乘用數第五圖所得。以各總相加，得四萬四千六百五十，如乙式，爲各總併。

去衍母十三

如第一圖甲式，上爲各總併五十九，即前併各總第一圖所得，不爲衍母三十。以下衍母減上各總併，餘二十九，如乙式，即爲得數。

如第二圖甲式，上爲各總併一百一十一萬一千二百一十二，即前併各總第二圖前法所得，下爲衍母一萬六千五百六十。又別寄共母一十二，如乙式。以甲式下衍母累減上各總併，餘一千六百九十二，如丙式。以共母一十二收之，得一百四十一，如丁式，爲得數。又戊式上爲各總併七十一萬三千七百七十二，即前圖後法所

併各總圖四

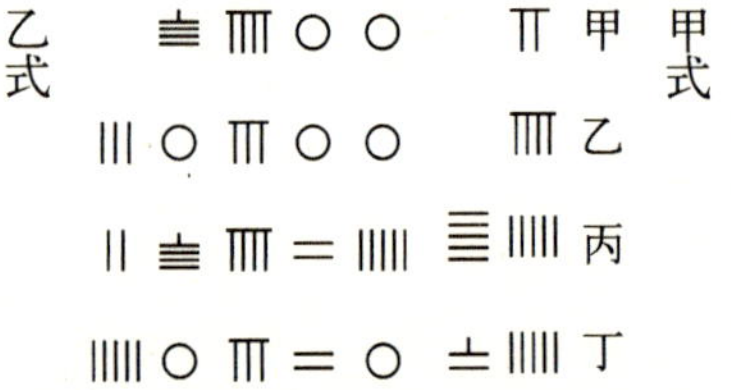

甲式 甲 乙 丙 丁

乙式

併各總圖五

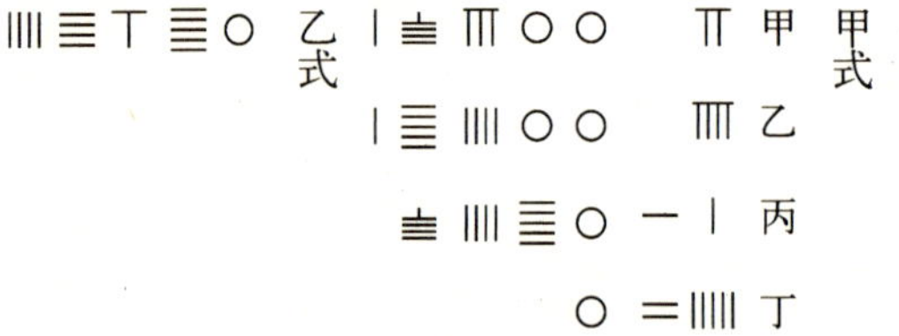

甲式 甲 乙 丙 丁

乙式

去衍母圖一

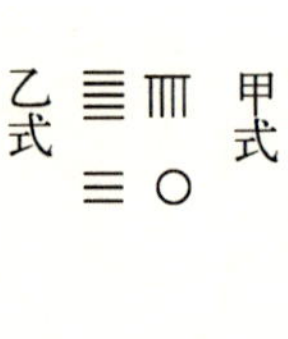

甲式

乙式

去衍母圖二

甲式

乙式

丙式

丁式

戊式

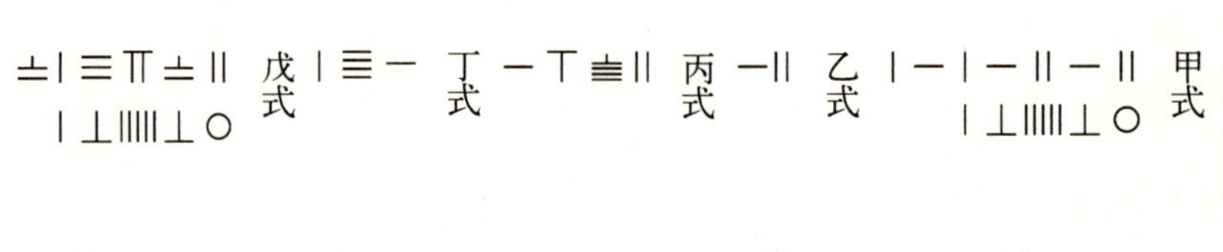

得，下爲衍母一萬六千五百六十。以下衍母累減上各總併，仍得一千六百九十二，如己式。以共母一十二收之，亦得一百四十一，如庚式，爲得數，與前法所得相同。

如第三圖甲式，上爲各總併一百一十六萬九千一百九十九，即前併各總第三圖所得，下爲衍母一萬六千五百六十。以下衍母累減上各總併，餘九千九百九十九，如乙式，爲得數。

如第四圖甲式，上爲各總併一十二萬一千四百四十五，即前併各總第四圖所得，下爲衍母一萬七千三百二十五。以下衍母累減上各總併，餘一百七十，如乙式，爲得數。

如第五圖甲式，上爲各總併四萬四千六百五十，即前併各總第五圖所得，下爲衍母一萬七千三百二十五。以下衍母累減上各總併，餘一萬，如乙式，爲得數。

己式　庚式

去衍母圖三　甲式　乙式

去衍母圖四　甲式　乙式

去衍母圖五　甲式　乙式

又　卷六《求一下》　《孫子算經》曰：今有物不知其數。三三數之，賸二；五五數之，賸三；七七數之，賸二。問物幾何。答曰：二十三。術曰：三三數之賸二，置一百四十。五五數之賸三，置六十三。七七數之賸二，置三十。并之得二百三十三，以二百一十減之，即得。凡三三數之賸一，則置七十。五五數之賸一，則置二十一。七七數之賸一，則置十五。一百六以上，以一百五減之，即得。

此求一術之祖也。三、五、七問數，即定母也。賸二、賸三、賸二，即賸數也。原術所云，置七十、置二十一、置十五者，用數也。以一百五減之者，衍母也。三三數之賸二，置一百四十。五五數之賸三，置六十三。七七數之賸二，置三十者，乘用數也。得二百三十三者，併各總也。以二百一十減之者，去衍母也。惟求用數衍母之法，原書未詳。今首引此題，以明術所肇始，而依秦法演草以釋之。

置問數三、五、七於位，如甲式。視三位皆單位，是爲元數，即爲泛母。以甲三與丙七求等，得一，不約。以甲三與乙五求等，得一，不約。又以乙五與丙七求等，得一，不約。三位皆無等，則泛母即定母。各置一筭於左爲子，如乙式。以乙定母五、丙定母七互乘甲子一，得三十五，爲甲衍數。以甲定母三、丙定母七互乘乙子一，得二十一，爲乙衍數。以甲定母三、乙定母五互乘丙子一，得一十五，爲丙衍數。以甲、乙、丙三定母連乘得一百〇五，爲衍母，如丙式。以甲定母三減甲衍數三十五，餘二，爲甲奇數。以乙定母五減乙衍數二十一，餘一，爲乙奇數。以丙定母七減丙衍數一十五，餘一，爲丙奇數，如丁式。以甲定母三、奇數二，用大衍求一術入之。置奇數二於右上，定母三於右下，置一筭於左上，如戊式。以右上奇二除右下定三，商一，除二，餘一，如己式。以商一乘左上一，得一。入於左下，收去商數，如庚式。以右下定餘一除右上奇二，商一，除一，餘一，如辛式。以商一乘左下一，得一。入於左上，得二，收去商數，如壬式。視右上奇餘已得一，則左上二爲乘率。乙丙奇數皆一，無須大衍求一，即爲乘率。乃右列各乘率，左列各衍數，如癸式。以甲乘率二乘衍數三十五，得七十，爲甲用數。乙丙乘率皆一，不須乘，便以二十一爲乙用數，一十五爲丙用數，如子式。乃左列各用數，

甲式　甲　乙　丙

乙式　甲　乙　丙

丙式　甲　乙　丙　衍母

丁式

戊式

己式

庚式

辛式

壬式

癸式　甲　乙　丙

子式　甲　乙　丙

丑式　甲　乙　丙

寅式　甲　乙　丙

卯式

辰式

右列各賸數，如丑式。以甲賸數二乘甲用數七十，得一百四十，爲甲總。以乙賸數三乘乙用數二十一，得六十三，爲乙總。以丙賸數二乘丙用數一十五，得三十，爲丙總，如寅式。併三總，得二百三十三，爲各總併。置衍母一百〇五於下，如卯式。以衍母一百〇五累減各總併二百三十三，餘二十三，如辰式，爲得數。

《數書九章》曰：問築隄起四縣夫，分給里步皆同，齊闊二丈，里法三百六十步，步法五尺八寸。人夫以物力差定，甲縣物力一十三萬八千六百貫，乙縣物力一十四萬六千三百貫，丙縣物力一十九萬二千五百貫，丁縣物力一十八萬四千八百貫。每力七百七十貫，科一名，春程人功平方六十尺，先到縣先給。今甲、乙二縣俱畢，丙縣餘五十一丈，丁縣餘一十八丈，不及一日，全功。欲知隄長及四縣夫所築各幾何。答曰：隄長一十九里二百三十五步五尺。甲縣夫築一千二十六丈。乙、丙、丁同。乙縣夫築一千七百六十八步五尺六寸。甲、丙、丁同。丙縣夫築四里三百二十八步五尺六寸。甲、乙、丁同。丁縣夫築。同前三縣數。

草曰：置甲縣力一十三萬八千六百貫，乙縣力一十四萬六千三百貫，丙縣力一十九萬二千五百貫，丁縣力一十八萬四千八百貫。以程功六十尺徧乘之，皆以貫默約之。甲得八百三十一萬六千尺，乙得八百七十七萬八千尺，丙得一千一百五十五萬尺，丁得一千一百八萬八千尺，各爲實。次以力率七百七十貫，乘隄齊闊二十尺，亦以貫默約之，得一萬五千四百尺爲法。徧除諸各實，甲得五十四丈，乙得五十七丈，丙得七十五丈，丁得七十二丈，各爲四縣衆夫每日築長率。

此題求一本術，以甲五十四丈、乙五十七丈、丙七十五丈、丁七十二丈爲問數，以丙餘五十一丈、丁餘一十八丈爲賸數，以四縣各築一千〇二十六丈爲得數。本明白易曉，原題問答繁賾，以兼均輸術，且故爲其難耳。今載其以均輸求每日築長率。原草於前，專以求一術。按：其原草略加更定演之。館案云：四縣所築隄長等，則丈數、步數、里數皆同。今以三數分載三縣下，而復注以與某縣同，殊混人目。蓋乙之步，即約甲之丈所得。丙之里，即約乙之步所得。其實四縣所築，皆一千〇二十六丈，同一數也。原書以此題爲復數。館案云：四縣每日築長數，皆以丈爲單位，非復數也。良是，今定爲元數。

置問數甲五十四丈、乙五十七丈、丙七十五丈、丁七十二丈在位，如甲式。視四位尾皆單位，是爲元數，即爲泛母。乃連環求等，以甲五十四與乙五十七求等，得三，約乙爲一十九。以甲五十四與丙七十五求等，得三，約丙爲二十五。以甲五十四與丁七十二求等，得一十八，約甲爲三，如乙式。又以乙一十九與丙二十五丁七十二求等，各得一，不約。又以丙二十五與丁七十二求等，得一，不約。連環求等訖，復驗甲三與丁七十二猶有等，乃求續等。以甲三與丁七十二求等，得三。以三約丁七十二，得二十四。乘甲三，得九，猶有等。再以甲九與丁二十四求等，得三。以三約丁，得八。乘甲，得二十七。再驗各位皆無等，即爲定母。以甲、乙、丙、丁定母連乘，得一十萬〇二千六百，爲衍母，如丙式。置衍母，以甲定母除之，得三千八百，爲甲衍數。以乙定母除之，得五千四百，爲乙衍數。以丙定母除之，得四千一百〇四，爲丙衍數。以丁定母除之，得一萬二千八百二十五，爲丁衍數，如丁式。以甲定母減甲衍數，餘二十，爲甲奇數。以乙定母減乙衍數，餘四，爲乙奇數。以丙定母減丙衍數，餘四，爲丙奇數。以丁定母減丁衍數，餘一，爲丁奇數，如戊式。以各定母與奇數用大衍求一術入之。置甲奇數二十於右上，甲定母二十七於右下，置一筭於左上，如己式。以右上奇數除右下定母，商一，除二十，餘七。以商一乘左上一，得一。入於左下，收去商數，如庚式。以右下定餘除右上奇數，商二，除一十四，餘六。以商二乘左下一，得二。入於左上，得三，收去南數，如辛式。以右上奇餘除右下定餘，商一，除六，餘一。

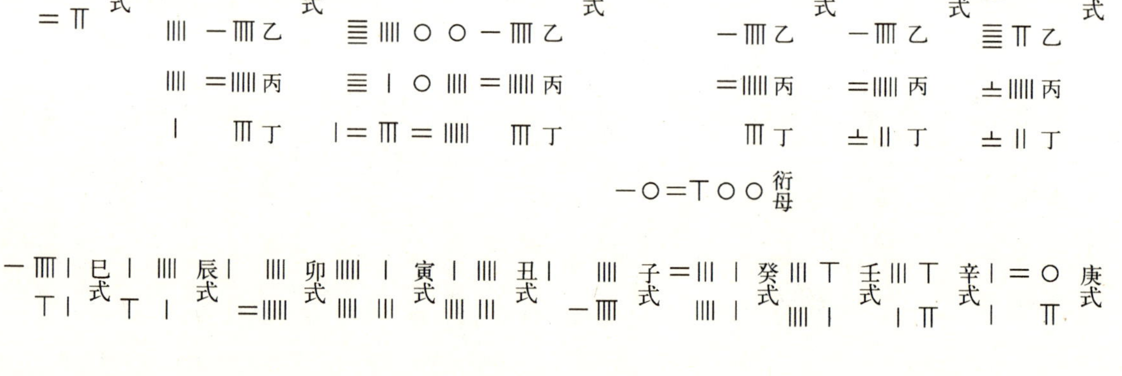

甲式
甲 𝍭𝍣
乙 𝍭𝍦
丙 𝍯𝍤
丁 𝍯𝍡

乙式
甲 𝍢
乙 𝍩𝍨
丙 𝍪𝍤
丁 𝍯𝍡

丙式
甲 𝍪𝍦
乙 𝍩𝍨
丙 𝍪𝍤
丁 𝍧
衍母 𝍩〇𝍪𝍥〇〇

丁式
甲 𝍪𝍦 𝍫𝍧〇〇
乙 𝍩𝍨 𝍭𝍣〇〇
丙 𝍪𝍤 𝍬𝍠〇𝍣
丁 𝍧 𝍠𝍪𝍧𝍪𝍤

戊式
甲 𝍪𝍦 𝍪〇
乙 𝍩𝍨 𝍣
丙 𝍪𝍤 𝍣
丁 𝍧 𝍠

己式
𝍠 𝍪〇
　 𝍪𝍦

庚式
𝍠 𝍪〇
𝍠 𝍦

辛式
𝍢 𝍥
𝍠 𝍦

壬式
𝍢 𝍥
𝍣 𝍠

癸式
𝍪𝍢 𝍠
𝍣 𝍠

子式
𝍠 𝍣
　 𝍩𝍨

丑式
𝍠 𝍣
𝍣 𝍢

寅式
𝍤 𝍠
𝍣 𝍢

卯式
𝍠 𝍤
　 𝍪𝍤

辰式
𝍠 𝍣
𝍥 𝍠

巳式
𝍩𝍨 𝍠
𝍥 𝍠

以商一乘左上三，得三。入於左下，得四，收去商數，如壬式。以右下定餘除右上奇餘，商五，除五，餘一。以商五乘左下四，得二十。入於左上，得二十三，收去商數，如癸式。視右上奇餘已得一，則左上二十三爲甲乘率。又置乙奇數四於右上，乙定母一十九於右下，置一筭於左上，如子式。以右上奇數除右下定母，商四，除一十六，餘三。以商四乘左上一，得四。入於左下，收去商數，如丑式。以右下定餘除右上奇數，商一，除三，餘一。以商一乘左下四，得四。入於左上，得五，收去商數，如寅式。視右上奇餘已得一，則左上五爲乙乘率。又置丙奇數四於右上，丙定母二十五於右下，置一筭於左上，如卯式。以右上奇數除右下定母，商六，除二十四，餘一。以商六乘左上一，得六。入於左下，收去商數，如辰式。以右下定餘除右上奇數，商三，除三，餘一。以商三乘左下六，得一十八。入於左上，得一十九，收去商數，如巳式。視右上奇餘已得一，則左上一十九爲丙乘率。丁奇數一，不須求，便以爲乘率。乃右列各乘率，左列各衍數，如午式。以甲乘率乘甲衍數，得八萬七千四百爲甲泛用。以乙乘率乘乙衍數，得二萬七千爲乙泛用。以丙乘率乘丙衍數，得七萬七千九百七十六爲丙泛用。丁乘率一，不須乘，便以丁衍數一萬二千八百二十五爲丁泛用，如未式。併各泛用，得二十萬〇五千二百〇一。置衍母一十萬〇二千六百於下，如申式。以上課下，比衍母兩倍多一，應約減，以定正用。視泛母四位皆有等數三，乃以三除衍母，得三萬四千二百，爲衍母

午式
甲 乙 丙 丁

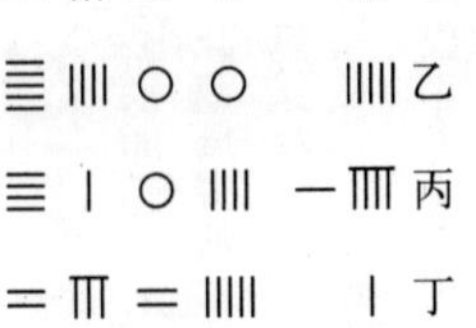

戌式
丙 丁

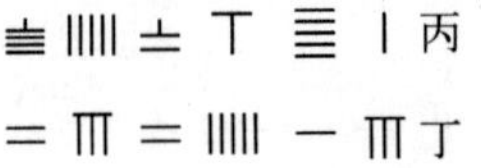

未式
甲 乙 丙 丁

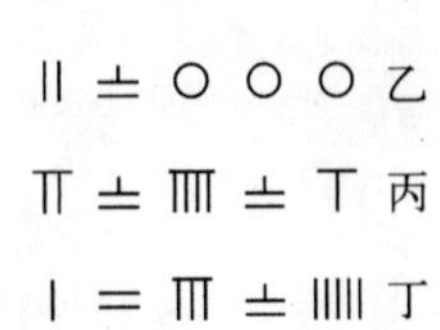

亥式
丙 丁

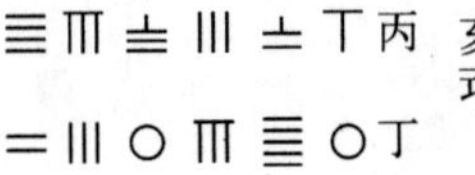

申式

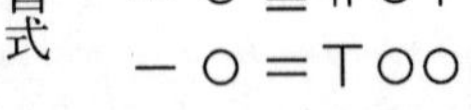

角式

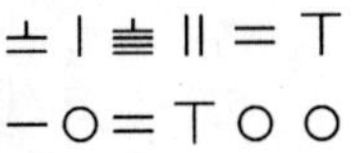

酉式
甲 乙 丙 丁

亢式

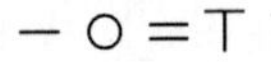

三分之一。於甲泛用內減衍母三分之一三萬四千二百，餘五萬三千二百爲甲正用。於丙泛用內減衍母三分之二六萬八千四百，餘九千五百七十六爲丙正用。甲、丙泛用皆足減衍母三分之二，因本題甲無賸數，丙有賸數，丙之用數有用，故以多數減之，以從省。乙、丁泛用不動，即以爲正用。列之，如酉式。甲、乙兩縣俱畢，無賸數，故甲、乙正用不用。以丙縣餘五十一丈爲丙賸數，與丙正用對列之。丁縣餘一十八丈爲丁賸數，與丁正用對列之，如戌式。以丙賸數乘丙正用，得四十八萬八千三百七十六丈爲丙總。以丁賸數乘丁正用，得二十三萬〇八百五十丈爲丁總，如亥式。以兩總相加，得七十一萬九千二百二十六丈，爲各總併。置衍母一十萬〇二千六百於下，如角式。以衍母累減各總併，餘一千〇二十六丈，如亢式，爲每縣所築長數。以四縣乘之，得四千一百〇四丈爲實。以步法五尺八寸除之，得七千〇七十五步五尺爲隄積步。以里法三百六十步約之，得一十九里二百三十五步五尺爲隄通長。置長一千〇二十六丈，以步法約之，得一千七百六十八步五尺六寸。又以里法約之，得四里三百二十八步五尺六寸，爲各縣所給道里步尺數。

又曰：問有上農三人力田，所收之米，係用足斗均分，各往他處出糶。甲糶與本郡官場餘三斗二升，乙糶與安吉鄉民餘七斗，丙糶與平江攬户餘三斗。欲知共米及三人所分各糶石數幾何。答曰：共米七百三十八石，三人分米各二百四十六石。甲糶官斛二百九十六石，乙糶安吉斛二百二十三石，丙糶平江斛一百八十二石。原注：官斛八斗三升，安吉鄉斛一石一斗，平江市斛一石三斗五升。

置甲官斛八斗三升，乙安吉鄉斛一石一斗，丙平江市斛一石三斗五升，在位如甲式。以石爲單位，斗升皆單後奇零，爲尾位見分釐，是爲收數。按：原書之例，此題爲收數。而原注謂此爲元數，未明。今定爲收數。以尾位之升升爲單位，斗升爲十位，石升爲百位，則甲展爲八十三升，乙展爲一百一十升，丙展爲一百三十五升，如乙式，爲泛母。乃連環求等，以甲八十三與乙丙求等，各得一，不約。以乙一百一十與丙一百三十五求等，得五，約丙爲二十七。復驗各位，皆已無等，即爲定母。甲、乙、丙三定母連乘，得二十四萬六千五百一十爲衍母，如丙式。置衍母，以甲定母除之，得二千九百七十爲甲衍數。以乙定母除之，得二千二百四十一爲乙衍數。以丙定母除之，得九

甲式
甲 乙 丙

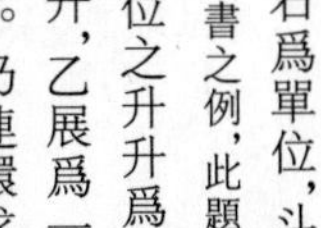

乙式
甲 乙 丙

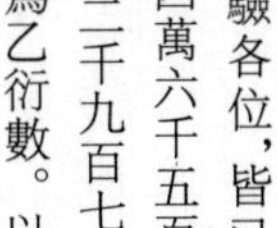

千一百三十爲丙衍數，如丁式。以甲定母減甲衍數，餘六十五爲甲奇數。以乙定母減乙衍數，餘四十一爲乙奇數。以丙定母減丙衍數，餘四爲丙奇數，如戊式。以各定母與奇數，用大衍求一術入之。置甲奇數六十五於右上，甲定母八十三於右下，置一筭於左上，如己式。以右上奇數除右下定母，商一，除六十五，餘一十八。以商一乘左上一，得一。入於左下，收去商數，如庚式。以右下定餘除右上奇數，商三，除五十四，餘一十一。以商三乘左下一，得三。入於左上，得四，收去商數，如辛式。以右上奇餘除右下定餘，商一，除一十一，餘七。以商一乘左上四，得四。入於左下，得五，收去商數，如壬式。以右下定餘除右上奇餘，商一，除七，餘四。以商一乘左下五，得五。入於左上，得九，收去商數，如癸式。以右上奇餘除右下定餘，商一，除四，餘三。以商一乘左上九，得九。入於左下，得一十四，收去商數，如子式。以右下定餘除右上奇餘，商一，除三，餘一。以商一乘左下一十四，得一十四。入於左上，得二十三，收去商數，如丑式。視右上奇餘已得一，則左上二十三爲甲乘率。又置乙奇數四十一於右上，乙定母一百一十於右下，置一筭於左上，如寅式。以右上奇數除右下定母，商二，除八十二，餘二十八。以商二乘左上一，得二。入於左下，收去商數，如卯式。以右下定餘除右上奇數商一，除二十八，餘一十三。以商一乘左下二，得二。入於左上，得三，收去商數，如辰式。以右上奇餘除右下定餘，商二，除二十六，餘二。以商二乘左上三，得六，入於左

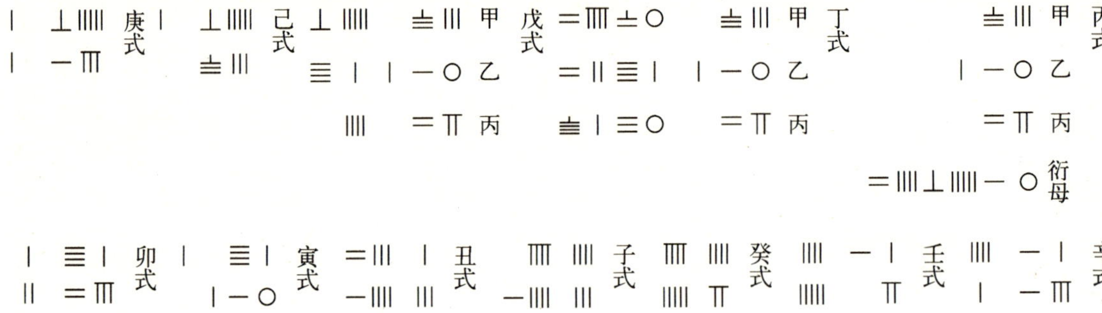

丙式 丁式 戊式 己式 庚式 辛式 壬式 癸式 子式 丑式 寅式 卯式

下，得八，收去商數，如巳式。以右下定餘除右上奇餘，商六，除一十二，餘一。以商六乘左下八，得四十八。入於左上，得五十一，收去商數，如午式。視右上奇餘已得一，則左上五十一爲乙乘率。又置丙奇數四於右上，丙定母二十七於右下，置一筭於左上，如未式。以右上奇數除右下定母，商六，除二十四，餘三。以商六乘左上一，得六。入於左下，收去商數，如申式。以右下定餘除右上奇數，商一，除三，餘一。以商一乘左下六，得六。入於左上，得七，收去商數，如酉式。視右上奇餘已得一，則左上七爲丙乘率。乃右列各乘率，左列各衍數，如戌式。以甲乘率乘甲衍數，得六萬八千三百一十爲甲泛用。以乙乘率乘乙衍數，得一十一萬四千二百九十一爲乙泛用。以丙乘率乘丙衍數，得六萬三千九百一十爲丙泛用，如亥式。併各泛用，得二十四萬六千五百一十一。置衍母二十四萬六千五百一十於下，如角式。以上課下，比衍母多一，則泛用即正用。以甲餘三斗二升展爲三十二升，爲甲賸數。乙餘七斗展爲七十升，爲乙賸數。丙餘三斗展爲三十升，爲丙賸數。與各用數對列之，如亢式。以甲賸數乘甲用數，得二百一十八萬五千九百二十升爲甲總。以乙賸數乘乙用數，得八百萬〇〇〇三百七十升爲乙總。以丙賸數乘丙用數，得一百九十一萬七千三百升爲丙總，如氐式。以三總相加，得一千二百一十萬〇三千五百九十升，爲各總併。置衍母二十四萬六千五百一十於下，如房式。以衍母累減各總併，餘二萬四千六百升爲得數，如心式。收爲二百四十六

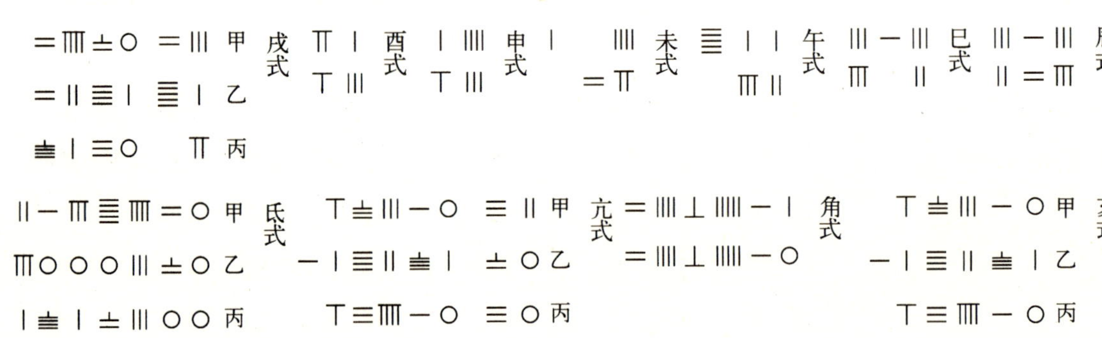

辰式 巳式 午式 未式 申式 酉式 戌式 亥式 角式 亢式 氐式

石，如尾式，爲三人各分米數。以三人因之，得七百三十八石，爲共米數。置各分米二百四十六石，各以官斛八斗三升、安吉斛一石一斗、平江斛一石三斗五升約之。甲得二百九十六石，餘三斗二升。乙得二百二十三石，餘七斗。丙得一百八十二石，餘三斗。各爲糶過及餘米數。

式	籌
房式	一‖一〇≡||||≟〇
	=|||||⊥|||||一〇
心式	‖≡丅〇〇
尾式	‖≡丅

又曰，問欲砌基一段，見管大小方甎、六門、城甎四色。令匠取便，或平或側，只用一色甎砌，須要適足。匠以甎量地計料，稱用大方料廣多六寸，深少六寸。用小方廣多二寸，深少三寸。用城甎，長廣多三寸，深少一寸；以闊深少一寸，廣多三寸；以厚廣多五分，深多一十。用六門甎，長廣多三寸，深多一寸；以闊廣多三寸，深多一寸；以厚廣多一寸，深多一寸；皆不匼匝，未免脩破甎料裨補。其四色甎，大方，方一尺三寸；小方，方一尺一寸；城甎，長一尺二寸，闊六寸，厚二寸五分；六門，長一尺，闊五寸，厚二寸。欲知基深廣幾何？答曰：深三丈七尺一寸，廣一丈二尺三寸。宋校云：案此深字，即儀禮南北以堂深之深，非算術高深之深。

求定母以連環求等、求續等爲正，而析數根亦便。泛用倍於衍母者，應約減以定正用，而不減亦可。此題用析數根法求定母，求得用數，倍於衍母多一，即不減而用之，以備一格。又此題問數八位，求得定母衹存四位，其餘四位皆空。秦書有借用數以補空位之法，今不用。蓋空位泛母，皆與存位泛母有等。凡空位有賸者，存位必有賸，數或不同，而其根則一。雖不用其賸數，而得數仍無異，是以衹用四位求之已足也。

置四甎方長闊厚八數在位，大方一尺三寸爲甲，城甎長一尺二寸爲乙，小方一尺一寸爲丙，六門甎長一尺爲丁，城甎闊六寸爲戊，六門甎闊五寸爲己，城甎厚二寸五分爲庚，六門甎厚二寸爲辛，如甲式。此題答數以丈爲單位，則尺寸分皆爲單位後奇零，是爲收數。原書注中以此爲元數，未明。今定爲收數。以尾位之分，升爲單位，寸升爲十位，尺升爲百位。

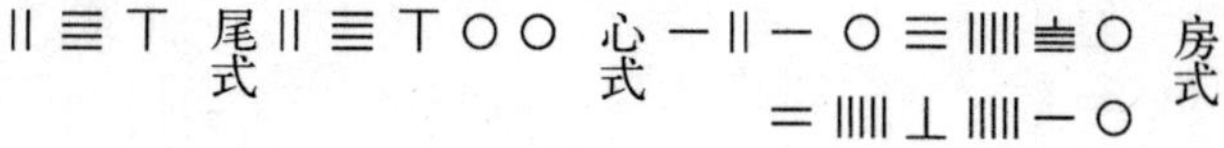

甲式

位	籌
甲	〇一|||
乙	〇一||
丙	〇一|
丁	〇一
戊	〇〇丅
己	〇〇|||||
庚	〇〇||≣
辛	〇〇||

乙式

位	籌
甲	|≡〇
乙	|=〇
丙	|一〇
丁	|〇〇
戊	⊥〇
己	≣〇
庚	=|||||
辛	=〇

則甲展爲一百三十分，乙展爲一百二十分，丙展爲一百一十分，丁展爲一百分，戊展爲六十分，己展爲五十分，庚展爲二十五分，辛展爲二十分，如乙式，爲泛母。乃析數根，甲一百三十，析爲二、五、一十三。乙一百二十，析爲二、二、二、三、五。丙一百一十，析爲二、五、一十一。丁一百，析爲二、二、五、五。戊六十，析爲二、二、三、五。己五十，析爲二、五、五。庚二十五，析爲五、五。辛二十，析爲二、二、五。各置於右，如丙式。視甲位有一個一十三，餘位皆無一十三。以甲位爲多，存之。視乙位有三個二，甲、丙、己位各有一個二，丁、戊、辛位各有兩個二。以乙位爲多，存之。甲、丙、丁、戊、己、辛位之二，皆收去。視乙位有一個三，戊位亦有一個三，餘位皆無三。乙位雖不多於戊位，而戊位他數皆少，可不用。乙位之三，存之。戊位之三，收去。視丙位有一個一十一，餘位皆無一十一，以丙位爲多，存之。視丁位有兩個五，甲、乙、丙、戊、辛位各有一個五，己、庚位各有兩個五。丁位之五雖不多於己庚位，而己、庚位他數皆少，可不用。丁位之五，存之。甲、乙、丙、戊、己、庚、辛位之五，皆收去，如丁式。乃以甲位之一十三，爲甲定母。乙位之二、二、二、三連乘得二十四，

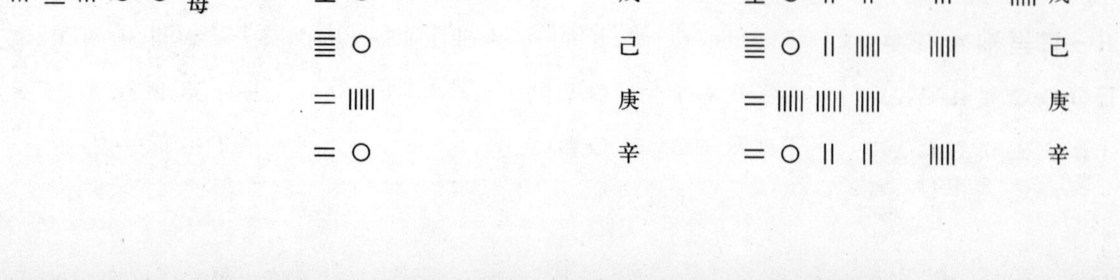

丙式

位	籌
甲	|≡〇　||　|||||　一|||
乙	|=〇　||　||　||　|||　|||||
丙	|一〇　||　|||||　一|
丁	|〇〇　||　||　|||||　|||||
戊	⊥〇　||　||　|||　|||||
己	≣〇　||　|||||　|||||
庚	=|||||　|||||　|||||
辛	=〇　||　||　|||||

丁式

位	籌
甲	|≡〇　一|||
乙	|=〇　||　||　||　|||
丙	|一〇　一|
丁	|〇〇　|||||　|||||
戊	⊥〇
己	≣〇
庚	=|||||
辛	=〇

戊式

位	籌
甲	一|||
乙	=||||
丙	一|
丁	=|||||
衍母	丌≣丌〇〇

爲乙定母。丙位之二十一，爲丙定母。丁位之五、五、連乘得二十五，爲丁定母。戊、己、庚、辛四位皆不用，以甲、乙、丙、丁四定母連乘，得八萬五千八百爲衍母，如戊式。置衍母，以甲定母除之，得六千六百爲甲衍數。以乙定母除之，得三千五百七十五爲乙衍數。以丙定母除之，得七千八百爲丙衍數。以丁定母除之，得三千四百三十二爲丁衍數，如己式。以甲定母減甲衍數，餘九爲甲奇數。以乙定母減乙衍數，餘二十三爲乙奇數。以丙定母減丙衍數，餘一爲丙奇數。以丁定母減丁衍數，餘七爲丁奇數，如庚式。以各定母與奇數，用大衍求一術入之。置甲奇數九於右上，甲定母一十三於右下，置一筭於左上，如辛式。以右上奇數除右下定母，商一，除九，餘四。以商一乘左上一，得一。入於左下，收去商數，如壬式。以右下定餘除右上奇數，商二，除八，餘一。以商二乘左下一，得二。入於左上，得三，收去商數，如癸式。視右上奇餘已得一，則左上之三爲甲乘率。又置乙奇數二十三於右上，乙定母二十四於右下，置一筭於左上，如子式。以右上奇數除右下定母，商一，除二十三，餘一。以商一乘左上一，得一。入於左下，收去商數，如丑式。以右下定餘除右上奇數，商二十二，除二十二，餘一。以商二十二乘左下一，得二十二。入於左上，得二十三，收去商數，如寅式。視右上奇餘已得一，則左上二十三爲乙乘率。丙奇數一，不須求，便以爲丙乘率。又置丁奇數七於右上，丁定母二十五於右下，置一筭於左上，如卯式。以右上奇數除右下定母，商三，除二

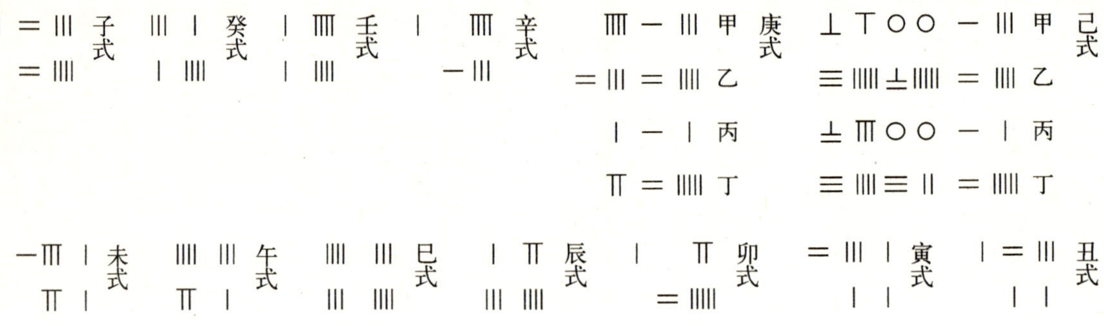

己式

庚式

辛式

壬式

癸式

子式

丑式

寅式

卯式

辰式

巳式

午式

未式

十一，餘四。以商三乘左上一，得三。入於左下，收去商數，如辰式。以右下定餘除右上奇數，商一，除四，餘三。以商一乘左下三，得三。入於左上，得四，收去商數，如巳式。以右上奇餘除右下定餘，商一，除三，餘一。以商一乘左上四，得四。入於左下，得七，收去商數，如午式。以右下定餘除右上奇餘，商二，除二，餘一。以商二乘左下七，得一十四。入於左上，得一十八，收去商數，如未式。視右上奇餘已得一，則左上一十八爲丁乘率。乃右列各乘率，左列各衍數，如申式。以甲乘率乘甲衍數，得一萬九千八百爲甲用數。以乙乘率乘乙衍數，得八萬二千二百二十五爲乙用數。丙乘率一，不須乘，便以丙衍數七千八百爲丙用數。以丁乘率乘丁衍數，得六萬一千七百七十六爲丁用數，如酉式。先求廣，視題中用大方廣多六寸，展爲六十分，爲甲賸數。用城甎長廣多三寸，展爲三十分，爲乙賸數。用小方廣多二寸，展爲二十分，爲丙賸數。用六門甎長廣多三寸，展爲三十分，爲丁賸數。與各用數對列之，如戊式。以甲賸數乘甲用數，得一百一十八萬八千分，爲甲總。以乙賸數乘乙用數，得二百四十六萬六千七百五十分，爲乙總。

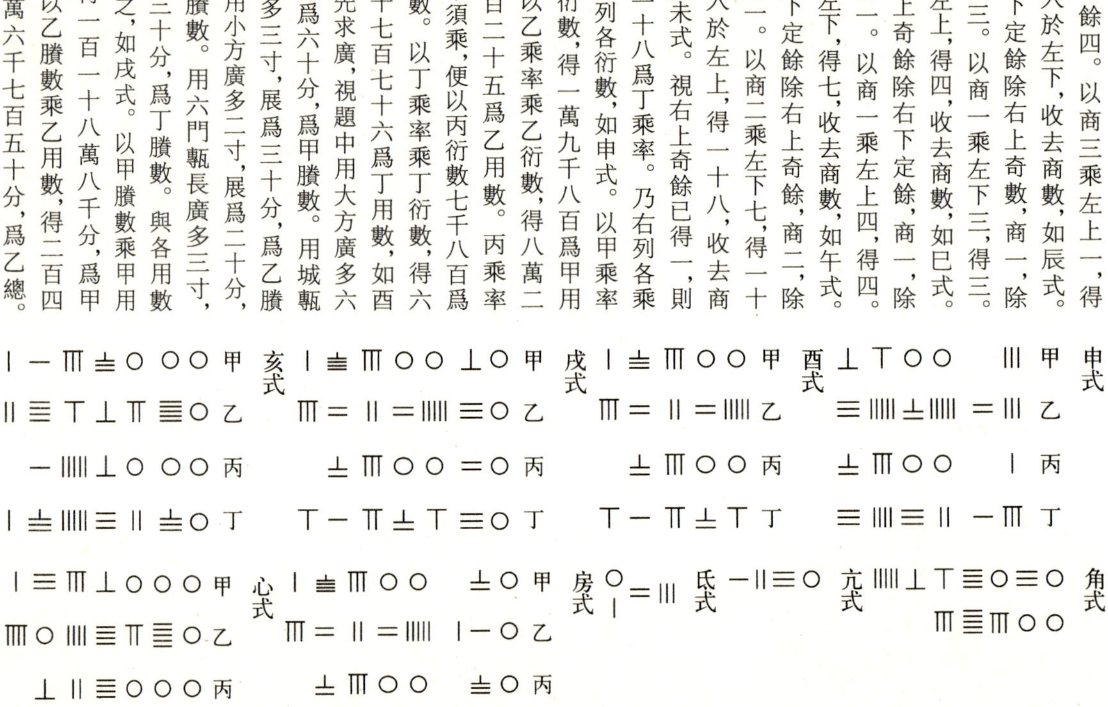

申式

酉式

戌式

亥式

角式

亢式

氐式

房式

心式

以丙賸數乘丙用數，得一十五萬六千分，爲丙總。以丁賸數乘丁用數，得一百八十五萬三千二百八十分，爲丁總，如亥式。以四總相加，得五百六十六萬四千〇三十分，爲各總併。置衍母八萬五千八百於下，如角式。以衍母累減各總併，餘一千二百三十分，爲得數，如亢式。收爲一丈二尺三寸，如氐式，爲所求基廣。次求深，視題中用大方深少六寸，展爲六十分。以減甲泛母一百三十分，餘七十分爲甲賸數。用城塹長深少一寸，展爲一十分。以減乙泛母一百二十分，餘一百一十分爲乙賸數。用小方深少三寸，展爲三十分。以減丙泛母一百一十分，餘八十分爲丙賸數。用六門塹長深多一寸，展爲一十分，爲丁賸數。與各用數對列之，如房式。以甲賸數乘甲用數，得一百三十八萬六千分，爲甲總。以乙賸數乘乙用數，得九百〇四萬四千七百五十分，爲乙總。以丙賸數乘丙用數，得六十二萬四千分，爲丙總。以丁賸數乘丁用數，得六十一萬七千七百六十分，爲丁總，如心式。以四總相加，得一千一百六十七萬二千五百一十分，爲各總併。置衍母八萬五千八百於下，如尾式。以衍母累減各總併，餘三千七百一十分爲得數，如箕式。收爲三丈七尺一寸，如斗式，爲所求基深。

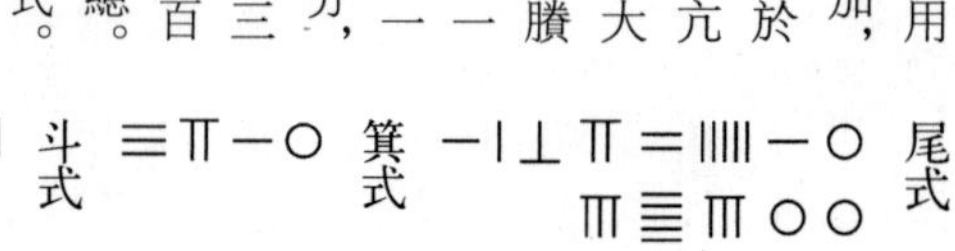

尾式

箕式

斗式

又曰，問四分術，冬至三百六十五日四分日之一，朔策二十九日九百四十分日之四百九十九，甲子六十日，各爲一周。假令天正朔甲戌日九百四十分日之四百一十，冬至丁酉日四分日之三。欲求氣朔甲子一會積年、積月、積日，及歷過未至年數各幾何。答曰：一會積年一千五百二十，積月一萬八千八百，積日五十五萬五千一百八十。歷過年一千一百一十五，未至年四百五。

此題原本問答並誤，今依沈氏改正本。

置各數在位，甲爲冬至三百六十五日四分日之一，乙爲朔策二十九日九百四十分日之四百九十九，丙爲甲子六十日，如甲式。甲、乙皆有分，是爲通數。通分納子，甲得四分日之一千四百六十一，爲氣通數。乙得九百四十分日之二萬七千七百五十九，爲朔通數。丙六十爲紀策，如乙式。齊而同之，甲得一百三十七萬三千三百四十，爲氣分數。乙得一十一萬一千〇三十六，爲朔分數。丙得二十二萬五千六百，爲紀分數。共母三千七百六十爲日法，如丙式，爲泛母。以甲與乙求等，得五千八百四十四，約乙得一十九。以甲與丙求等，得二千八百二十，約甲得四百八十七。又以乙一十九與丙求等得一，不約。復驗各位，皆已無等，即爲定母。甲、乙、丙三定母連乘，得二十億〇八千七百四十七萬六千八百爲衍母，列右行。置衍母，以甲定母除之，得四百二十八萬六千四百爲甲衍數。以乙定母除之，得一億〇九百八十六萬七千二百爲乙衍數。以丙定母除之，得九千二百五十三爲丙衍數，列左行，如丁式。以甲定母減甲衍數，餘三百一十三爲甲奇數。以乙定母減乙衍數，餘四爲乙奇數。以丙定母減丙衍數，不足減，即以衍數九千二百五十三爲丙奇數，如戊式。以各定母與奇數，用大衍求一術入之。置甲奇數三百一十三於右上，甲定母四百八十七於右下，置一筭於左上，如己式。以右上奇數除右下定母，商一，除三百一十三，餘一百七十四。以商一乘左上一，得一。入於左下，收去商數，如庚式。以右下定餘除右上奇數，商一，除一百七十四，餘一百三十九。以商一乘左下

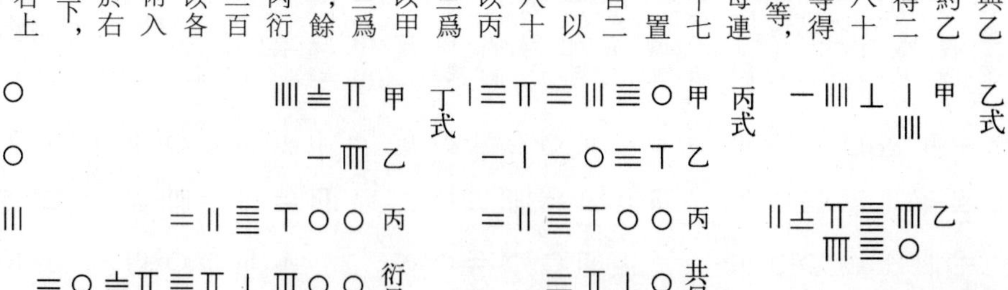

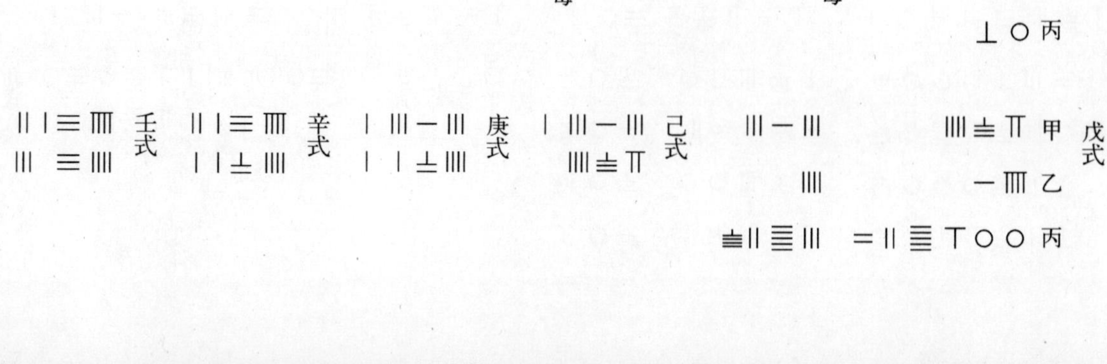

甲式

乙式

丙式

丁式

戊式

己式

庚式

辛式

壬式

一，得一。入於左上，得二，收去商數，如辛式。以右上奇餘除右下定餘，商一，除一百三十九，餘三十五。以商一乘左上二，得二。入於左下，得三，收去商數，如壬式。以右下定餘除右上奇餘商三，除一百○五，餘三十四。以商三乘左下三，得九。入於左上，得一十一，收去商數，如癸式。以右上奇餘除右下定餘，商一，除三十四，餘一。以商一乘左上一十一，得一十一。入於左下，得一十四，收去商數，如子式。以右下定餘除右上奇餘，商三十三，除三十三，餘一。以商三十三乘左下一十四，得四百六十二。入於左上，得四百七十三，收去商數，如丑式。視右上奇餘已得一，則左上四百七十三爲甲乘率。又置乙奇數四於右上，乙定母一十九於右下，置一筭於左上，如寅式。以右上奇數除右下定母，商四，除一十六，餘三。以商四乘左上一，得四。入於左下，收去商數，如卯式。以右下定餘除右上奇數，商一，除三，餘一。以商一乘左下四，得四。入於左上，得五，收去商數，如辰式。視右上奇餘已得一，則左上五爲乙乘率。又置丙奇數九千二百五十三於右上，丙定母二十二萬五千六百於右下，置一筭於左上，如巳式。以右上奇數除右下定母，商二十四，除二十二萬二千○七十二，餘三千五百二十八。以商二十四乘左上一，得二十四。入於左下，收去商數，如午式。以右下定餘除右上奇數，商二，除七千○五十六，餘二千一百九十七。以商二乘左下二十四，得四十八。入於左上，得四十九，收去商數，如未式。以右上奇餘除右下定餘，商一，除二千一百九十七，餘一千三百三十一。以商一乘左上四十九，得四十九。入於左下，得七十三，收去商數，如申式。以右下定餘除右上奇餘，商一，除一千三百三十一，餘八百六十六。以商一乘左下七十三，得七十三。入於左上，得一百二十二，收去商數，如酉式。以右上奇餘除右下定餘商一，除八百六十六，餘四百六十五。以商一乘左上一百二十二，得一百二十二。入於左下，得一百九十五，收去商數，如戌式。以右下定餘除右上

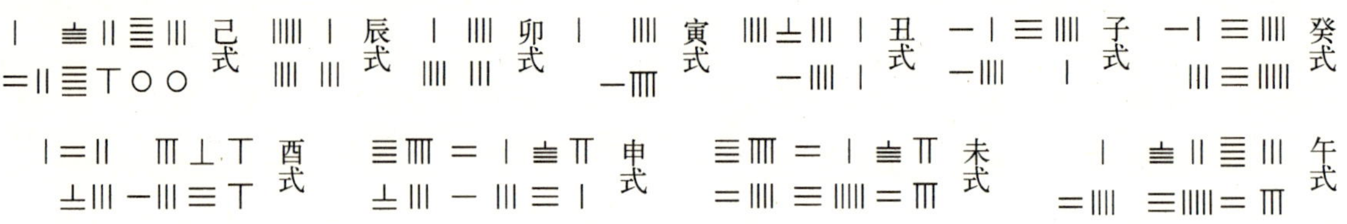

癸式

子式

丑式

寅式

卯式

辰式

巳式

午式

未式

申式

酉式

奇餘，商一，除四百六十五，餘四百○一。以商一乘左下一百九十五，得一百九十五。入於左上，得三百一十七，收去商數，如亥式。以右上奇餘除右下定餘，商一，除四百○一，餘六十四。以商一乘左上三百一十七，得三百一十七。入於左下，得五百一十二，收去商數，如角式。以右下定餘除右上奇餘，商六，除三百八十四，餘一十七。以商六乘左下五百一十二，得三千○七十二。入於左上，得三千三百八十九，收去商數，如亢式。以右上奇餘除右下定餘，商三，除五十一，餘一十三。以商三乘左上三千三百八十九，得一萬○一百六十七。入於左下，得一萬○六百七十九，收去商數，如氐式。以右下定餘除右上奇餘，商一，除一十三，餘四。以商一乘左下一萬○六百七十九，得一萬○六百七十九。入於左上，得一萬四千○六十八，收去商數，如房式。以右上奇餘除右下定餘，商三，除一十二，餘一。以商三乘左上一萬四千○六十八，得四萬二千二百○四。入於左下，得五萬二千八百八十三，收去商數，如心式。以右下定餘除右上奇餘，商三，除三，餘一。以商三乘左下五萬二千八百八十三，得一十五萬八千六百四十九。入於左上，得一十七萬二千七百一十七。收去商數，如尾式。視右上奇餘已得一，則左上一十七萬二千七百一十七爲丙乘率。乃右列各乘率，左列各衍數，如箕式。以甲乘率乘甲衍數，得二十億○二千七百四十六萬七千二百，爲甲泛

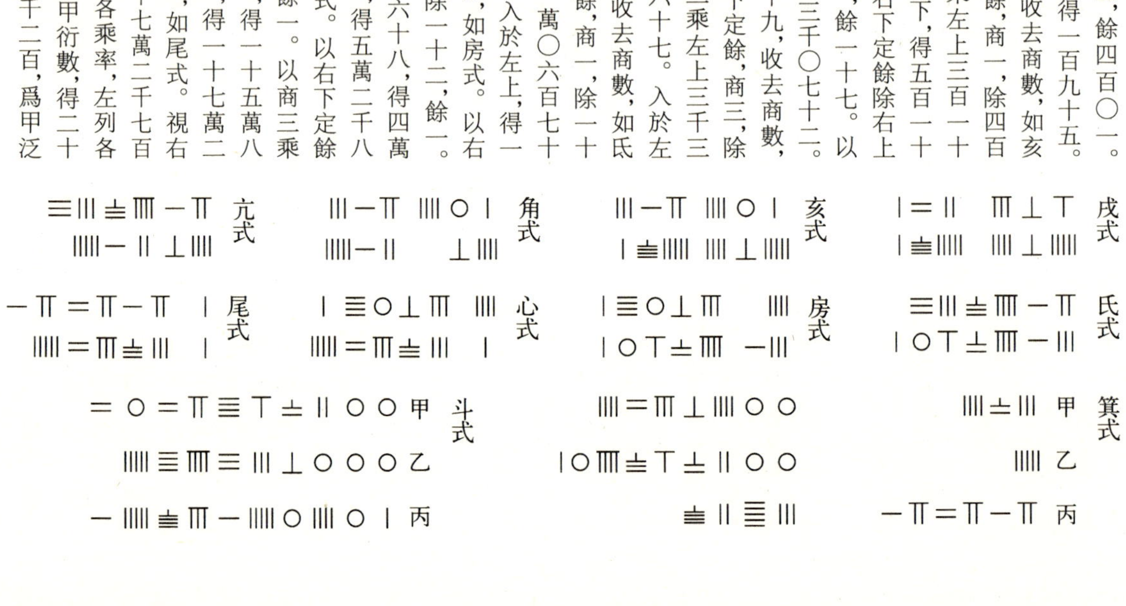

戌式

亥式

角式

亢式

氐式

房式

心式

尾式

箕式

斗式

用。以乙乘率乘乙衍數，得五億四千九百三十三萬六千，爲乙泛用。以丙乘率乘丙衍數，得一十五億九千八百一十五萬〇四百〇一，爲丙泛用，如斗式。併各泛用，得四十一億七千四百九十五萬三千六百〇一。置衍母二十億〇八千七百四十七萬六千八百於下，如牛式。以上課下，比衍母兩倍多一，應約減，以定正用。視泛母三位皆偶數，皆有偶等，乃以二除衍母，得一十億〇四千三百七十三萬八千四百，爲衍母一半。視甲、丙泛用皆足減，乃於甲泛用内減衍母一半，餘九億八千三百七十二萬八千八百，爲甲正用。於丙泛用内減衍母一半，餘五億五千四百四十一萬二千〇〇一，爲丙正用。乙泛用不動，即以爲乙正用，列之，如女式。乃置天正朔甲戌日九百四十分日之四百一十，上距甲子十日九百四十分日之四百一十於上。冬至丁酉日四分日之三，上距甲子三十三日四分日之三於下，如虚式。各通分納子，上得九百四十分日之九千八百一十，下得四分日之一百三十五，如危式。齊而同之，上得三萬九千二百四十爲朔骨，下得一十二萬六千九百爲氣骨，共母三千七百六十爲日法，如室式。以上減下，餘八萬七千六百六十爲閏

牛式

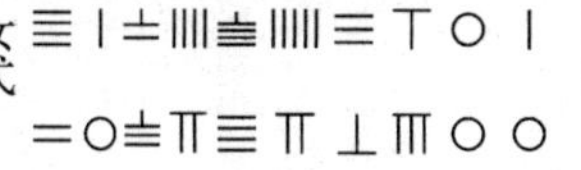

女式

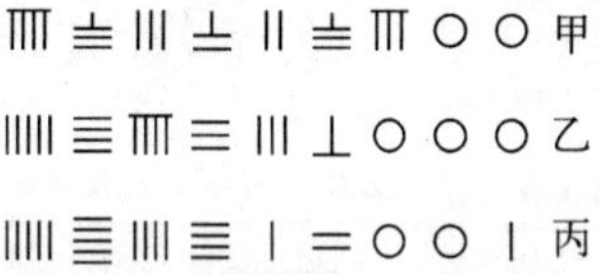

虚式

危式

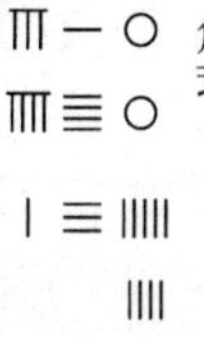

室式

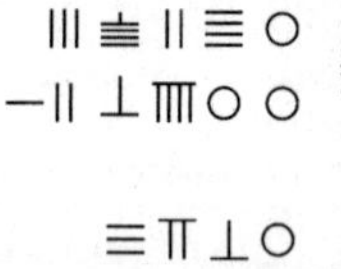

壁式

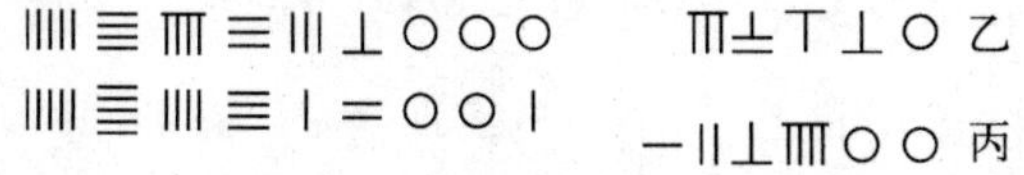

奎式

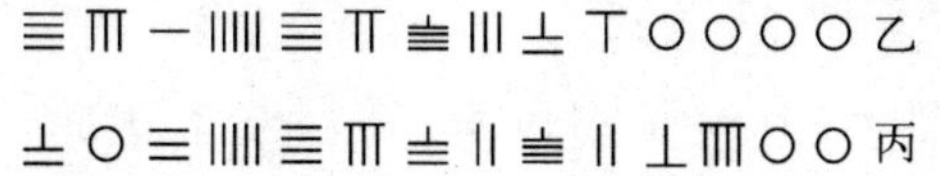

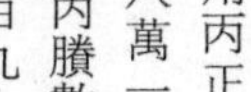

骨，即爲乙朓數。以下氣骨一十二萬六千九百爲丙朓數，與乙正用丙正用對列之，如壁式。以乙朓數乘乙正用，得四十八萬一千五百四十七億九千三百七十六萬，爲乙總。以丙朓數乘丙正用，得七十萬〇三千五百四十八億八千二百九十二萬六千九百，爲丙總，如奎式。以兩總相加，得一百一十八萬五千〇九十六億七千六百六十八萬六千九百，爲各總併。置衍母二十億〇八千七百四十七萬六千八百於下，如婁式。以衍母累減各總併，餘一十五億三千一百二十七萬四千一百爲得數，如胃式。以甲泛母氣分數一百三十七萬三千三百四十除之，得一千一百一十五，如昴式，爲歷過年數。法當以共母日法三千七百六十除之，得積日。再以冬至三百六十五日四分日之一除之，得積年。今甲泛母氣分數，即此兩數相乘所得，故併兩次除爲一次除，乃省法也。置衍母以甲泛母氣分數除之，得一千五百二十，爲一紀積年。以乙泛母朔分數除之，得一萬八千八百，爲一紀積月。以丙泛母紀分數除之，得九千二百五十三。再以甲子六十通之，得五十五萬五千一百八十，爲一紀積日。置一紀積年一千五百二十，以歷過年數一千一百一十五減之，餘四百〇五，即未至年數也。

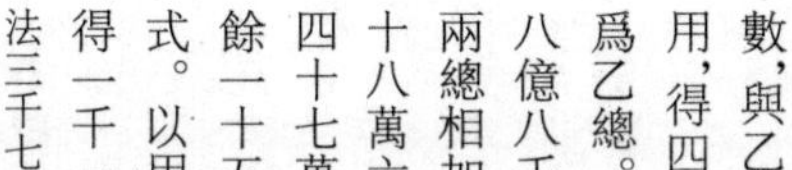

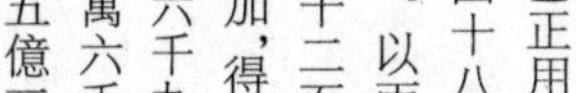

婁式

胃式

昴式

又曰：問軍師獲捷，當早點差急足三名，往都下節節走報。其甲於前數日申末到，乙於後數日未正到，丙於今日辰末到。據供甲日行三百里，乙日行二百四十里，丙日行一百八十里。問：自軍前至都里數，及三人各行日數幾何。答曰：軍前至都三千三百里，甲行一十一日，乙行一十三日四時半，丙行一十八日二時。

置甲三百里，乙二百四十里，丙一百八十里，在位，如甲式。尾位皆見十百，是爲復數，即爲泛母。乃連環求等，以甲與乙求等，得六十，約甲爲五。以甲五與丙求等，得五，約丙爲三十六。以乙與丙三十六求等，得一十二，約丙爲三，如乙式。連環求等訖，復驗甲與乙、乙與丙猶有等，乃求續等。以甲與乙求等，得五約乙爲四十八，乘甲爲二十五。以乙四十八與丙求等，得三，約乙爲一十六，乘丙爲九。再驗各位，皆已無等，即爲定母。甲、乙、丙三定母連乘，得三千六

甲式

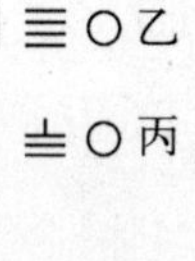

百爲衍母，如丙式。置衍母，以甲定母除之，得一百四十四爲甲衍數。以乙定母除之，得二百二十五爲乙衍數。以丙定母除之，得四百爲丙衍數，如丁式。以甲定母減甲衍數，餘一十九爲甲奇數。以乙定母減乙衍數，餘一爲乙奇數。以丙定母減丙衍數，餘四爲丙奇數，如戊式。以各定母與奇數，用大衍求一術入之。置甲奇數一十九於右上，甲定母二十五於右下，置一筭於左上，如己式。以右上奇數除右下定母，商一，除一十九，餘六。以商一乘左上一，得一。入於左下，收去商數，如庚式。以右下定餘除右上奇數，商三，除一十八，餘一。以商三乘左下一，得三。入於左上，得四，收去商數，如辛式。視右上奇餘已得一，則左上四爲甲乘率。乙奇數爲一，不須求，便以爲乘率。又置丙奇數四於右上，丙定母九於右下，置一筭於左上，如壬式。以右上奇數除右下定母，商二，除八，餘一。以商二乘左上一，得二。入於左下，收去商數，如癸式。以右下定餘除右上奇數，商三，除三，餘一。以商三乘左下二，得六。入於左上，得七，收去商數，如子式。視右上奇餘已得一，則左上七爲丙乘率。乃右列各乘率，左列各衍數，如丑式。以甲乘率乘甲衍數，得五百七十六爲甲泛用。乙乘率一，不須乘，便以乙衍數二百二

乙式

甲	𝍤
乙	𝍡𝍫〇
丙	𝍢

丙式

甲	𝍪𝍤
乙	𝍩𝍥
丁	𝍨
衍母	𝍫𝍥〇〇

丁式

甲	𝍪𝍤	𝍠𝍫𝍣
乙	𝍩𝍥	𝍡𝍪𝍤
丙	𝍨	𝍣〇〇

戊式

甲	𝍪𝍤	𝍩𝍨
乙	𝍩𝍥	𝍠
丙	𝍨	𝍣

己式

𝍠	𝍩𝍨
	𝍪𝍤

庚式

𝍠	𝍩𝍨
𝍠	𝍥

辛式

𝍣	𝍠
𝍠	𝍥

壬式

𝍠	𝍣
	𝍨

癸式

𝍠	𝍣
𝍡	𝍠

子式

𝍦	𝍠
𝍡	𝍠

丑式

甲	𝍣	𝍠𝍫𝍣
乙	𝍠	𝍡𝍪𝍤
丙	𝍦	𝍣〇〇

寅式

甲	𝍤𝍯𝍥
乙	𝍡𝍪𝍤
丙	𝍪𝍧〇〇

卯式

𝍫𝍥〇𝍠

𝍫𝍥〇〇

十五爲乙泛用。以丙乘率乘丙衍數，得二千八百爲丙泛用，如寅式。併各泛用，得三千六百〇一。置衍母三千六百於下，如卯式。以上課下，比衍母多一，則泛用即正用。甲以申末到，其酉初爲夜，是以全日到，無餘里，則甲無賸數。乙於未正到，自卯初至未正，得四時半。乘乙行日二百四十里，得一千〇八十爲實。以晝六時約之，得一百八十里，爲乙行不及全日之餘里，是爲乙賸數。丙於辰末到，自卯初至辰末得二時。乘丙日行一百八十里，得三百六十爲實。以晝六時約之，得六十里，爲丙行不及全日之餘里，是爲丙賸數。與乙用數、丙用數對列之，如辰式。以乙賸數乘乙用數，得四萬〇五百爲乙總。以丙賸數乘丙用數，得一十六萬八千爲丙總，如巳式。以兩總相加，得二十萬〇八千五百爲各總併。置衍母三千六百於下，如午式。以衍母累減各總併，餘三千三百爲得數，如未式，即軍前至都里數。以甲三百除之，得一十一日，以乙二百四十除之，得一十三日四時半。以丙一百八十除之，得一十八日二時。

辰式

乙	𝍠𝍬〇	𝍡𝍪𝍤
丙	𝍮〇	𝍪𝍧〇〇

巳式

乙	𝍣〇𝍣〇〇
丙	𝍩𝍥𝍬〇〇〇

午式

𝍪〇𝍬𝍨〇〇

𝍫𝍥〇〇

未式

𝍫𝍢〇〇

又 卷七《方程求一》 《孫子算經》曰：今有物不知其數，三三數之，賸二；五五數之，賸三；七七數之，賸二。問物幾何。答曰：二十三。

命所求數爲元數，三三數之次數，爲甲數。五五數之次數，爲乙數。七七數之次數，爲丙數。則爲三甲數比一元數少二，五乙數比一元數少三，七丙數比一元數少二。以方程入之，列甲數三正，乙數空，丙數空，元數一負，實數二正，爲首行。甲數空，乙數五正，丙數空，元數一負，實數三正，爲次行。甲數空，乙數空，丙數七正，元數一負，實數二正，爲末行，如甲式。列式既定，視首行甲數三少於次行乙數五，乃留末行不動，取首次兩行相消。以首行消次行，得甲三負，乙五正，丙空，元空，實一正，如乙式。移右行寄右，取左行以甲數三爲法除之。先置法數三於甲

甲式

甲	𝍢	〇	〇
乙	〇	𝍤	〇
丙	〇	〇	𝍦
元	𝍠	𝍠	𝍠
實	𝍡	𝍢	𝍡

乙式

甲	𝍢	𝍢
乙	〇	𝍤
丙	〇	〇
元	𝍠	〇
實	𝍡	𝍠

三右，法皆用正。商一。置一負於甲左，中除三負，適盡，收去右法，是爲甲數除得一負。次置法數三正於乙五右，商一。置一正於乙左，中除三正，餘二正，是爲乙數除得一正又三分之二正。次置法數三正於實一右，實不足法，即命爲分子，是爲實數除得三分之一正，如丙式，於是一行變爲三行。左一行：甲一負，乙一正，爲整數。右二行：乙三分之二正，實三分之一正，爲分數。此三行共爲一相當式，乃別借一正算，當右二行分數，命爲子數，中行上層分子爲正，故取正算。置於左行甲位之上，與甲乙兩整數相當。則左行爲子一正，甲一負，乙一正，自成一相當式。又以子數消右二行，置一負算於右分數甲位之上，則右二行爲子一負，乙三分之二正，實三分之一正，自成一相當式，如丁式。以分母三徧通中行，乘借算，去分母，得子三負，乙二正，實一正，又成一相當式，即將一相當式析爲兩相當式，如戊式。視右行次層爲二，尚未得一，乃移左行寄左，取右行以乙數二爲法除之。先置法數二正於子三右，商一。置一負於子左，中除二負，餘一負，是爲子數除得一又二分之一負。次置法數二正於乙二右，商一。置一正於乙左，中除二正，適盡，收去右法，是爲乙數除得一正。次置法二正於實一右，實不足法，命爲分子，是爲實數除得二分之一正，如己式，於是一行變爲三行。左一行：子一負，乙一正，爲整數。右二行，子二分之一負，實二分之一正，爲分數。此三行共爲一相當式，乃別借一負算當右分數，命爲丑數，中行上層分子爲負，故取負算。置於左行子位之上，與子乙兩整數相當。則左行爲丑一負，子一負，乙一正，自成一相當式。又以丑數消右二行，置一正算於右分數子位之上，則右二行爲丑一正，子二分之一負，實二分之一正，如庚式。以分母二徧通之，乘借算，去分母，得丑二正，子一負，實一正，又成一相當式，即將一相當式析爲兩相當式，如辛式。視右行次層已得一，乃移寄左之行於左，如壬式，共爲三行。右行有丑、有子、有實，中行有丑、有子、有乙，左行有子、有甲、有乙。三行中丑、子、乙皆兩兩相對，法當消去子、乙兩層，留丑、甲、實三層爲一行。乃視左行乙一與中行乙一同數，即以左行消中行。收去左行，中行得丑一負，子二負，甲一正，乙空，如癸式。視中行子二爲右行子一之二倍，即以中行子位二徧乘右行，爲丑四正，子二負，實二正，如子式。以中行消右行，收去中行，右行得丑五正，子空，甲一負，乙空，元空，實二正，仍爲一行，如丑式。乃取原寄右之首行，並列於右，爲左右兩行，如寅式。視右行甲三爲左行甲一之三倍，即以右行甲位三徧乘左行，爲丑一十五正，甲正負，實六正，如卯式。以右行加消左行，收去右行，左行得丑一十五正，元一負，實八正，如辰式。是爲一十五丑數與八實數相加，當一元數，即爲一十五數之多八也。乃汰去

丙式
甲　○　|
乙　|||　||　|
　　○
　　○
實　|||　|

丁式
子　|　|
甲　○　|
乙　|||　||　|
　　○
　　○
實　|||　|

戊式
子　|||　|
甲　○　|
乙　||　|
　　○
　　○
實　|

己式
子　||　|　|
　　○　○
乙　○　|
　　○
　　○
實　||　|

庚式
丑　|　|
子　||　|　|
　　○　○
乙　○　|
　　○
　　○
實　||　|

辛式
丑　||　|
子　|　|
　　○　○
乙　○　|
　　○
　　○
實　|

壬式
丑　||　|
子　|　|　|
甲　○　○　|
乙　○　|　|
　　○
　　○
實　|

癸式
丑　||　|
子　|　||
甲　○　|
　　○
　　○
　　○
實　|

子式
丑　||||　|
子　||　||
甲　○　|
　　○
　　○
　　○
實　||

丑式
丑　||||
　　○
甲　|
　　○
　　○
　　○
實　||

寅式
丑　　||||
　　　○
甲　|||　|
　　○　○
　　○　○
元　|　○
實　||　||

卯式
丑　||||　一
　　○
甲　|||　|||
　　○　○
　　○　○
元　|　○
實　||　𝍥

辰式
丑　||||　一
　　○
　　○
　　○
　　○
元　|
實　𝍧

巳式
丑　||||　一
丙　𝍦　○
元　|　|
實　||　𝍧

次三四三層空位，移下丑數，列於左，取末行並列於右，爲左右兩行，如巳式。以右行消左行，得丑一十五正，丙七負，元空，實六正，如午式。移右行寄右，取左行以丙數七爲法除之。先置法數七正於丑一十五右，左商二正，中除一十四正，餘一正，是爲丑數除得二又七分之一正。次置法七正於丙七右，左商一負，中除七負，適盡，收去右法，是爲丙數除得一負。次置法七正於實六右，實不足法，命爲分子，是爲實數除得七分之六正，如未式，於是一行變爲左整、右分三行相當式。乃別借一正算當右分數，命爲寅數，置於左行丑位之上，與丑丙兩整數相當，則

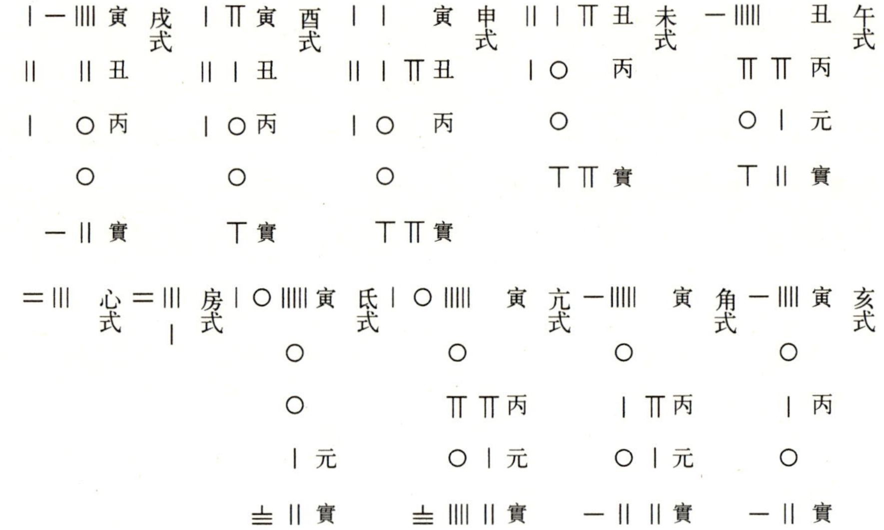

午式
丑 一||||
丙 ㅠㅠ
元 〇丨
實 丅‖

未式
丑 ‖丨ㅠ
丙 丨〇
〇
實 丅ㅠ

申式
寅 丨丨
丑 ‖丨ㅠ
丙 丨〇
〇
實 丅ㅠ

酉式
寅 丨ㅠ
丑 ‖丨
丙 丨〇
〇
實 丅

戌式
寅 丨一||||
丑 ‖ ‖
丙 丨〇
〇
實 一‖

亥式
寅 一|||
〇
丙 丨
〇
實 一‖

角式
寅 一||||
〇
丙 丨ㅠ
元 〇丨
實 一‖‖

亢式
寅 丨〇||||
〇
丙 ㅠㅠ
元 〇丨
實 ≟||||‖

氐式
寅 丨〇||||
〇
〇
元 丨
實 ≟‖

房式
=|||
丨

心式
=|||

左行爲寅一正，丑二正，丙一負。又以寅數消右二行，置一負算於右分數丑位之上，如申式。以分母七徧通之，乘借算，去分母，爲寅七負，丑一正，實六正，析成兩相當式，如酉式。視右行次層已得一，共爲二行。右行有寅、有丑、有實，左行有寅、有丑、有丙。二行中寅、丑皆兩兩相對，法當消去丑一層，留寅、丙、實三層爲一行。乃視左行丑二爲右行丑一之二倍，即以二徧乘右行，得寅一十四負，丑二正，實一十二正，如戌式。以左行消右行，收去左行，右行得寅一十五負，丑空，丙一正，元空，實一十二正，仍爲一行，如亥式。乃取原寄右之末行，並列於右，爲左右兩行，如角式。視右行丙七爲左行丙一之七倍，即以七徧乘左行，得寅一百〇五負，丙七正，實八十四正，如亢式。以右行消左行，收去右行，左行得寅一百〇五負，元一正，實八十二正，如氐式。首層一百〇五，即爲衍母。視下實與首層衍母異名，乃以下實與首層衍母相消，得二十三負於上爲實，移元一正於下爲法，如房式。以正負除法除之，得二十三正，如心式，爲所求數。

《數書九章》曰：問軍師獲捷，當早點差急足三名，往都下節節走報。其甲於前數日申末到，乙於後數日未正到，丙於今日辰末到。據供甲日行三百里，乙日行二百四十里，丙日行一百八十里。問：自軍前至都里數，及三人各行日數幾何。答曰：軍前至都三千三百里。甲行一十一日，乙行一十三日四時半，丙行一十八日一時。

此題甲問數三百，無賸數。乙問數二百四十，賸數一百八十。丙問數一百八十，賸數六十。所求數三千三百，爲求一術內正數。餘皆枝葉，茲但釋求一，餘已詳前卷，俱不釋。前題問數皆無等，泛母即定母。此題問數彼此有等，爲泛母。秦法應以連環求等求續等法先求定母，此法不必然，仍與前題一律。至求得分數後，視其母子有等，用約分常法約之，等數自消去矣。

命所求數爲元數，列甲三百正，元一負，實空，於首行。乙二百四十天，元一負，實一百八十正，於次行。丙一百八十正，元一負，實六十正，於末行，如甲式。列式既定，視次行乙數二百四十少於首行甲數三百，乃留末行不動，取首次兩行相消。以次行消首行，移去次行寄左，如乙式，以乙數二百四十爲法除之。置法數二百四十正於甲數右，左商一正，中除二百四十正，餘六十正，是爲除得一又二百四十分之六十正。置法數二百四十於乙右，左商一負，中除二百四十負，適盡，收去法數，是爲除得一負。置法數二百四十正於實右，實不足法，命爲分子，是爲除得二百四十分之一百八十負，如丙式。視各分母分子皆有等，乃用約分法，約甲分數爲四分之一，約實分數爲四分之三，如丁式。別借一正算命爲子數，置於左行甲位之上。以消右二行，反爲負算，置於右分數甲位

甲式

甲	|||〇〇	〇	〇
乙	〇	‖≡〇	〇
丙	〇	〇	丨≟〇
元	丨	丨	丨
實	〇	丨≟〇	⊥〇

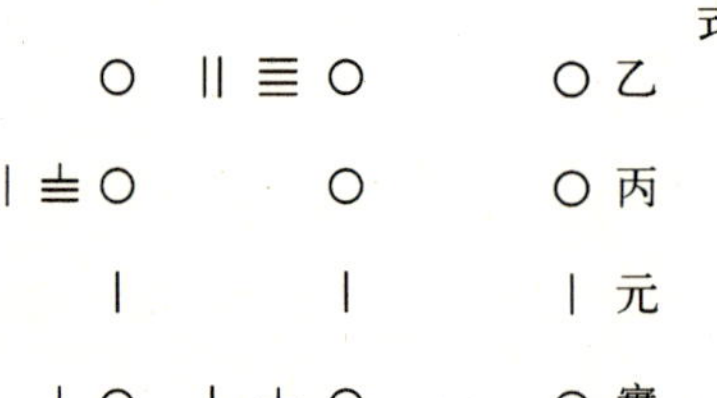

之上，如戊式。以分母四徧通之，得己式。視右行次層已得一，乃消之，以左行消右行，收去左行，得庚式。取前寄左之次行，並列爲左右兩行，如辛式。視左行乙數二百四十爲右行乙數一之二百四十倍，即以二百四十徧乘右行，如壬式。以左行消右行，收去左行，如癸式。汰去次三兩層空位，移下子數列於左，取末行列於右，如子式。以右行加消左行，移去右行寄右，如丑式，以丙數一百八十爲法除之。置法

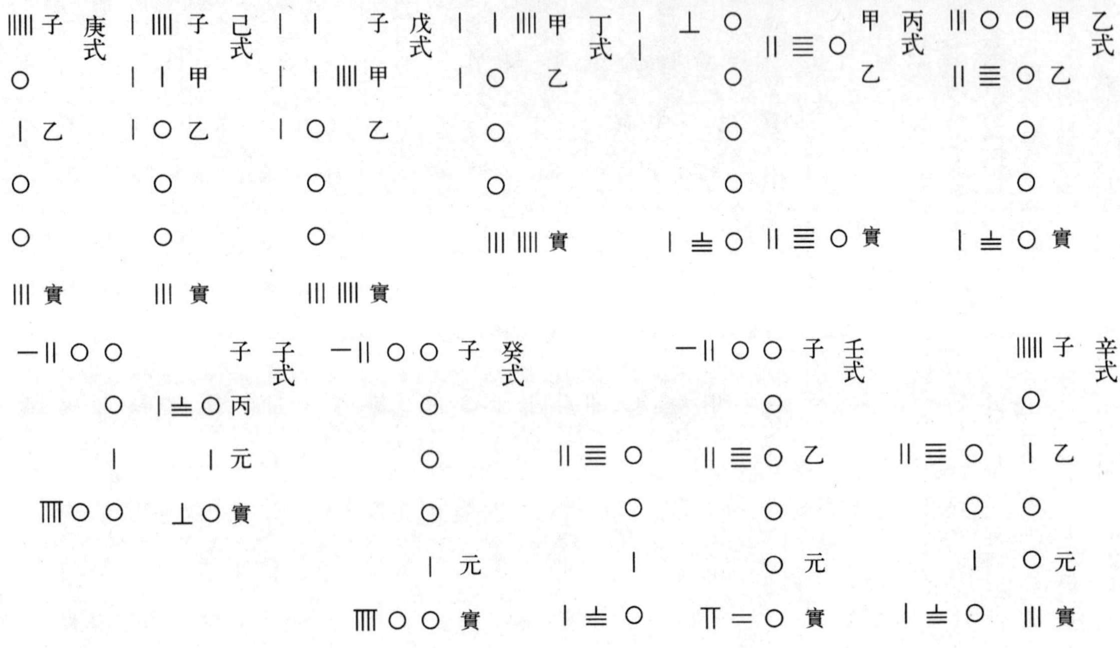

乙式 甲 乙 〇 〇 〇 實

丙式 甲 乙 〇 實

丁式 甲 乙 實

戊式 甲 乙 實

己式 子 甲 乙 〇 〇 實

庚式 子 乙 〇 〇 實

辛式 子 乙 元 實

壬式 子 乙 元 實

癸式 子 元 實

子式 子 丙 元 實

數一百八十正於子右，左商六負，中除一千〇八十負，餘一百二十負，是爲除得六又一百八十分之一百二十負。置法數一百八十正於丙右，左商一正，中除一百八十正，適盡，收去法數，是爲除得一正。置法數一百八十正於實右，左商四負，中除七百二十負，餘一百二十負，是爲除得四又一百八十分之一百二十負，如寅式。視分母分子有等，乃用約分法，約子分數爲三分之二，實分數爲三分之二，如卯式。別借一負筭命爲丑數，置於左行子數之

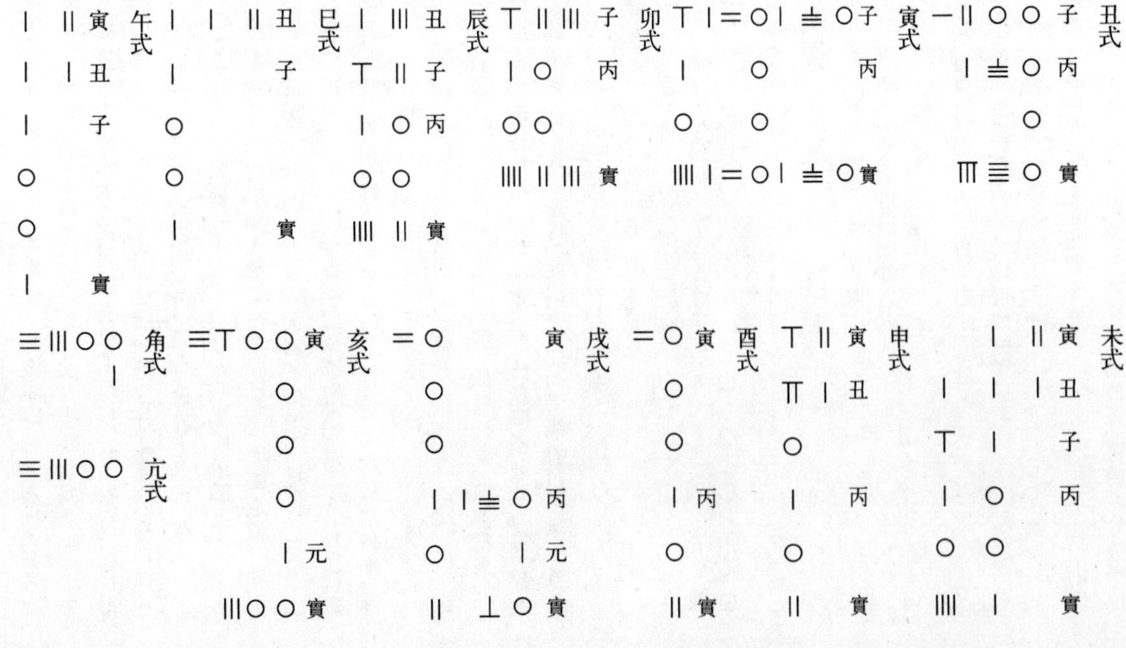

丑式 子 丙 實

寅式 子 丙 實

卯式 子 丙 實

辰式 子 丙 實

巳式 丑 子 丙 實

午式 寅 丑 子 實

未式 寅 丑 子 丙 實

申式 寅 丑 丙 實

酉式 寅 丙 實

戌式 寅 丙 元 實

亥式 寅 元 實

角式

亢式

上。以消右二行，反爲正筭，置於右分數子位之上。以分母三徧通之，如辰式。視右行次層爲二，尚未得一，乃移左行寄左，取右行以子數二爲法除之。置法數二正於丑右，左商一正，中除二正，餘一正，是爲除得一又二分之一正。置法數二正於子右，左商一負，中除二負，適盡，收去法數，是爲除得一負。置法數二正於實右，左商一負，中除二負，適盡，收去法數，是爲除得一負，如巳式。別借一正筭命爲寅數，置於左行丑位之上。以消右二行，反爲負筭，置於右分數丑位之上，以分母二徧通之，如午式。視右行次層已得一，乃移寄左之行於左，如未式，共爲三行。左行有寅、有丑，中行有寅、有丑、有子、有實，左行有丑、有子、有丙、有實。視左行子六爲中行子一之六倍，乃以六徧乘中行，以左行消之，收去左行，如申式。視中行丑七爲右行丑一之七倍，即以七徧乘右行，以中行消之，收去中行，如酉式。乃取原寄右之末行，並列於右，爲左右兩行，如戌式。視右行丙一百八十爲左行丙一之一百八十倍，即以一百八十徧乘左行，以右行消之，收去右行，如亥式。首層三千六百即衍母，視下實與首層衍母異名，乃以下實與首層衍母相消，得三千三百負。置於上爲實，移元一正於下爲法，如角式。除之，得三千三百正，如亢式，即爲所求數。

楊氏《續古摘奇算法》曰：二數餘一，五數餘二，七數餘三，九數餘四。問原總數幾何。答曰：一百五十七。

前二題問數皆三位，列方程式爲四色三行。此題問數四位，列方程式爲五色四行，法與前同，但多消一次耳。五位以下，可以類推。前二題先消右二行，以次而左。此題先消左二行，以次而右，得數無異。可任便爲之也。

命所求數爲元，二爲甲，五爲乙，七爲丙，九爲丁。列甲二正，元一負，實一正，爲首行。乙五正，元一負，實二正，爲次行。丙七正，元一負，實三正，爲三行。丁九正，元一負，實四正，爲四行，如甲式。

視三行丙七少於四行丁九，乃留首次兩行不動，取三四兩行相消。以三行消四行，移去三行寄右，如乙式，以丙數七爲法除之。置法七正於丙右，左商一負，中除七負，收去法數，是爲除得一負。置法七正於丁右，左商一正，中除七正，餘二正，是爲除得一又七分之二正。置法七正於實右，實不足法，命爲分子，是爲除得七分之一正，如丙式。別借一正筭，命爲子數，置於左行丙位之上。以消右二行，反爲負筭，置於右分數丙位之上，以分母七徧通之，如丁式。視右行次層爲二，尚未得一，乃移左行寄左，取右行以丁數二除之。置法二正於子右，左商三負，中除六負，餘一負，是爲除得三又二分之一負。置法二正於丁右，左商一正，中除二正，收去法數，是爲除得一正。置法二正於實右，實不足法，命爲分子，是爲除得二分之一正，如戊式。別借一負筭，命爲丑數，置於左行子位

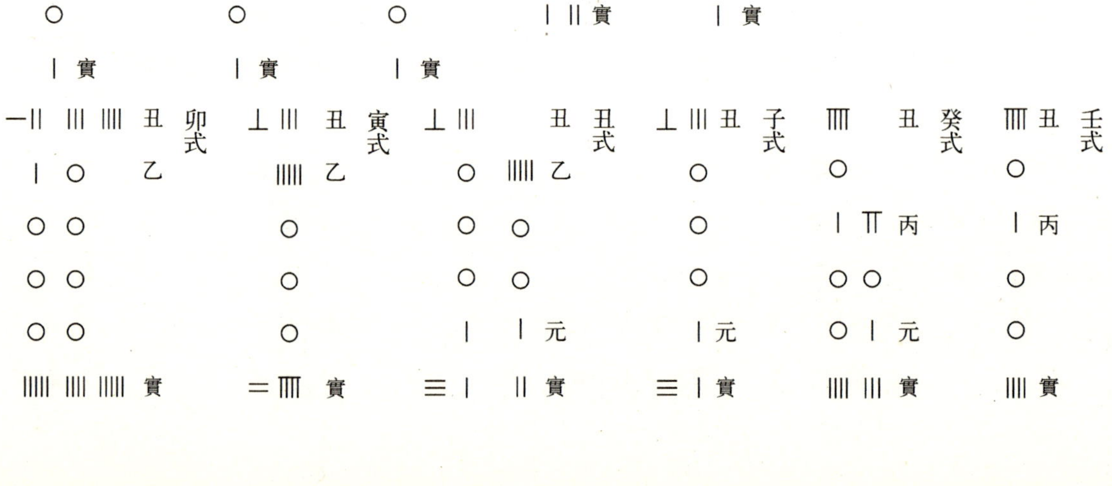

甲式

甲	𝍡	〇	〇	〇
乙	〇	𝍤	〇	〇
丙	〇	〇	𝍦	〇
丁	〇	〇	〇	𝍨
元	𝍠	𝍠	𝍠	𝍠
實	𝍠	𝍡	𝍢	𝍣

乙式

丙	𝍦
丁	𝍨
	〇
實	𝍠

丙式

丙		〇	𝍠
丁	𝍦	𝍡	𝍠
		〇	
實	𝍦	𝍠	

丁式

子	𝍦	𝍠
丙	〇	𝍠
丁	𝍡	𝍠
	〇	
實	𝍠	

戊式

子	𝍡	𝍠	𝍢
		〇	〇
丁		〇	𝍠
		〇	
實	𝍡	𝍠	

己式

丑	𝍡	𝍠
子	𝍠	𝍢
	〇	〇
丁	〇	𝍠
	〇	
實	𝍠	

庚式

丑	𝍡	𝍠	
子	𝍠	𝍢	𝍠
丙	〇	〇	𝍠
丁	〇	𝍠	𝍠
	〇		
實	𝍠		

辛式

丑	𝍡	𝍠
子	𝍠	𝍣
丙	〇	𝍠
	〇	
	〇	
實	𝍠	

壬式

丑	𝍨
	〇
丙	𝍠
	〇
	〇
實	𝍣

癸式

丑		𝍨
		〇
丙	𝍦	𝍠
	〇	〇
元	𝍠	〇
實	𝍢	𝍣

子式

丑	𝍮𝍢
	〇
	〇
	〇
元	𝍠
實	𝍫𝍠

丑式

丑		𝍮𝍢
乙	𝍤	〇
	〇	〇
	〇	〇
元	𝍠	𝍠
實	𝍡	𝍫𝍠

寅式

丑	𝍮𝍢
乙	𝍤
	〇
	〇
	〇
實	𝍪𝍧

卯式

丑	𝍣	𝍢	𝍩𝍡
乙		〇	𝍠
		〇	〇
		〇	〇
		〇	〇
實	𝍤	𝍣	𝍤

之上。以消右二行，反爲正筭，置於右分數子位之上，以分母二徧通之，如己式。視右行次層已得一，乃移寄左之行於左，如庚式。以左行消中行，收去左行，得辛式。以中行子位四徧乘右行，以中行消之，收去中行，如壬式。取前寄右之三行，並列爲左右兩行，如癸式。以右行丙位七徧乘左行，加消之，收去右行，如子式。取次行列於右，爲左右兩行，如丑式。以右行消左行，移去右行寄右，如寅式，以乙數五爲法除之。置法五正於丑右，左商一十二正，中除六十正，餘三正，是爲除得一十二又五分之三正。置法五正於乙右，左商一負，中除五負，收去法數，是爲除得一負。置法五正於實右，左商五正，中除二十五正，餘四正，是爲除得五又五分之四正，如卯式。別借一正筭命爲寅數，置於左行丑位之上。以消右二行，反爲負筭，置於右分數丑位之上，以分母五徧通之，如辰式。視右行次層爲三，尚未得一，乃移左行寄左，取右行以丑數三爲法除之。置法三正於寅右，左商一負，中除三負，餘二負，是爲

辰式

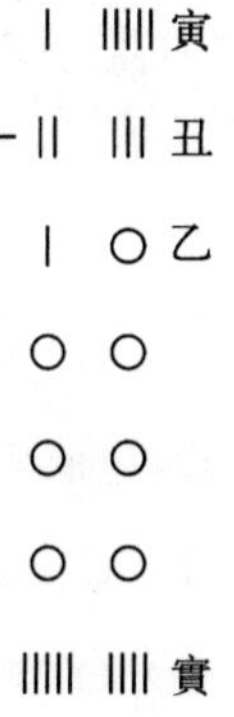

巳式

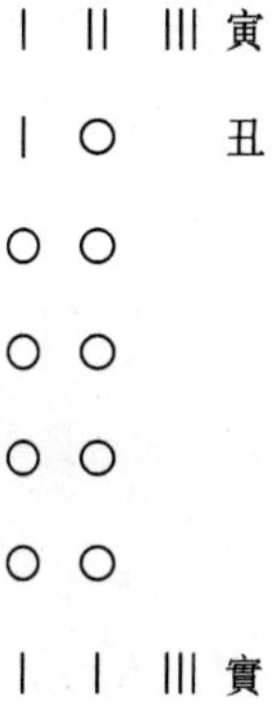

午式

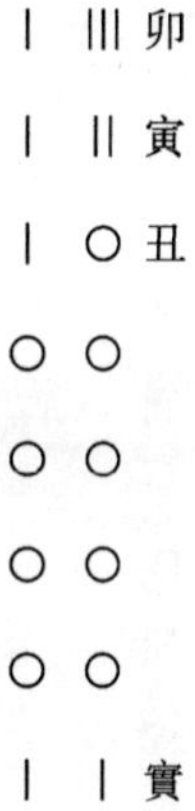

未式

申式

酉式

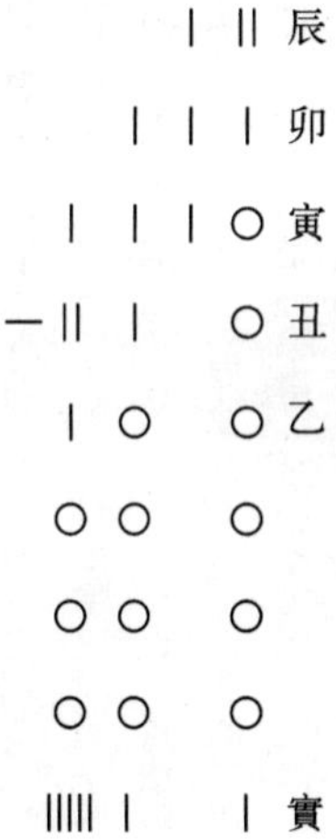

除得一又三分之二負。置法三正於丑右，左商一正，中除三正，收去法數，是爲除得一正。置法三正於實右，左商一正，中除三正，餘一正，是爲除得一又三分之一正，如巳式。別借一負筭命爲卯數，置於左行寅位之上。以消右二行，反爲正筭，置於右分數寅位之上，以分母三徧通之，如午式。視右行次層爲二，尚未得一，再移左行寄左，取右行以寅位二爲法除之。置法二正於卯右，左商一正，中除二正，餘一正，是爲除得一又二分之一正。置法二正於寅右，左商一負，中除二負，收去法數，是爲除得一負。置法二正於實右，實不足法，命爲分子，是爲除得二分之一正，如未式。別借一正筭命爲辰數。置於左行卯位之上。以消右二行，反爲負筭，置於右分數卯位之上，以分母二徧通之，如申式。視右行次層已得一，乃移前寄左之兩行於左，並列爲四行，如酉式。以末行丑一十二，偏乘三行，以末行消之，收去末行，如戌式。以三行寅一十三，偏乘次行，以三行消之，收去三行，如亥式。以次行卯二十五，偏乘首行，以次行消之，收去次

戌式

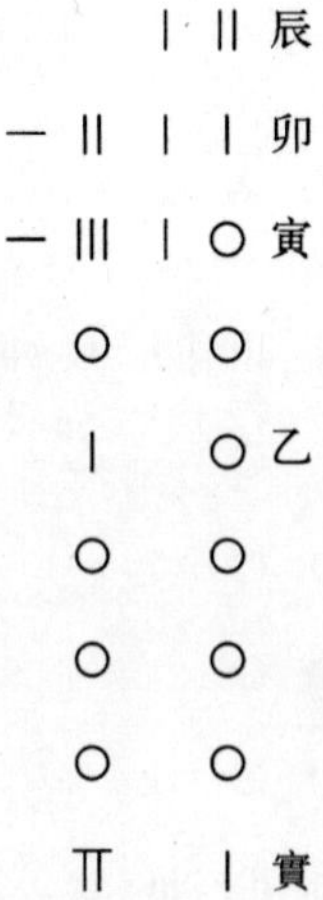

亥式

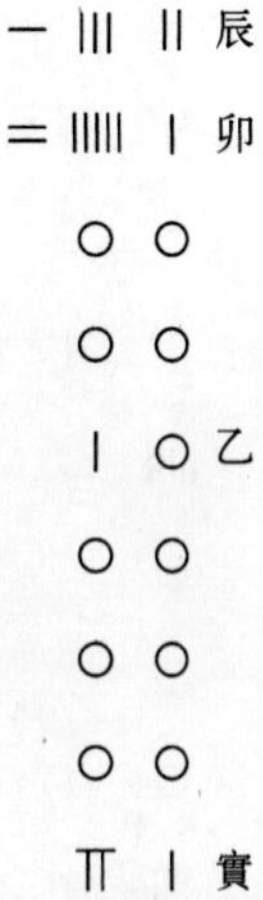

角式

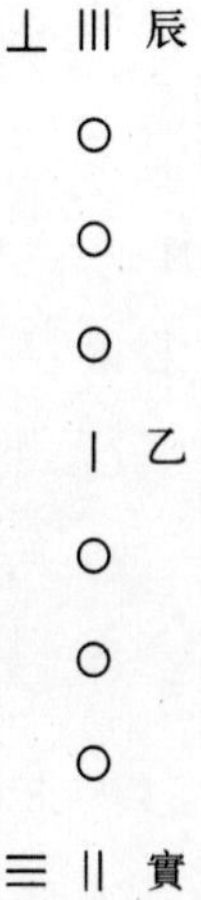

亢式

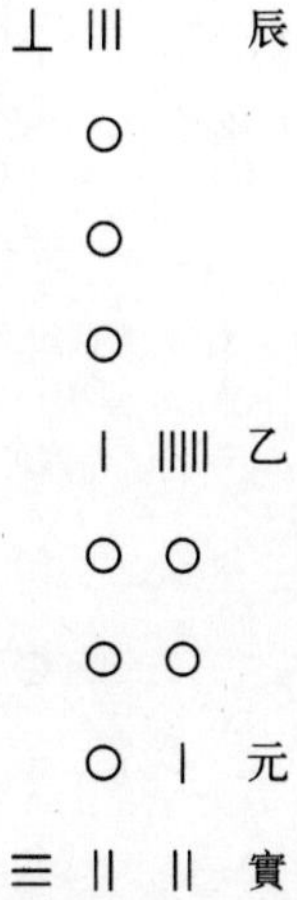

氐式

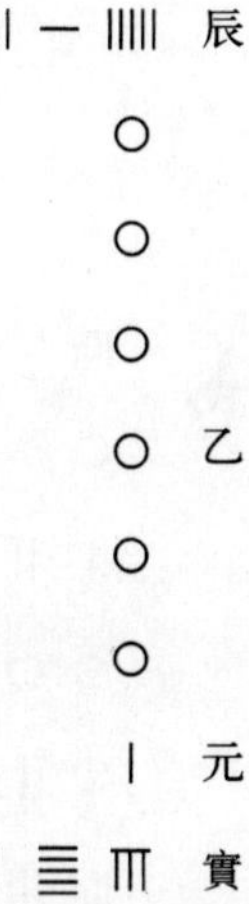

房式

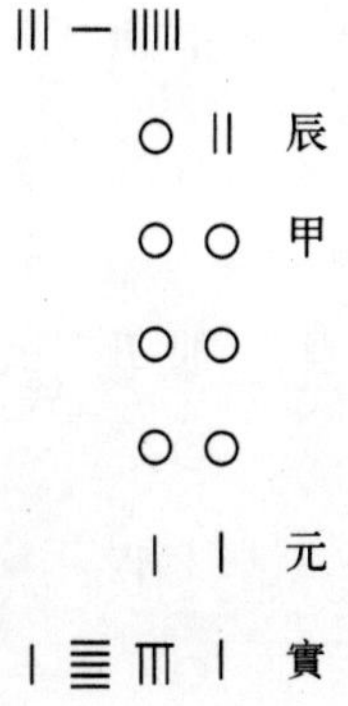

行，如角式。取寄右之次行，並列爲左右兩行，如亢式。以右行乙五徧乘左行，以右行消之，收去右行，如氐式。汰去次三兩層空位，移下辰數列於左，取首行列於右，如房式。以右行加消左行，移去右行寄右，如心式。以甲二爲法除之，置法二正於辰右，左商一百五十七負，中除三百一十四負，餘一負，是爲除得一百五十七又二分之一負。置法二正於甲右，左商一正，中除二正，收去法數，是爲除得一正。置法二正於實右，左商七十九正，中除一百五十八正，餘一正，是爲除得七十九又二分之一正，如尾式。別借一負筭命爲巳數，置於左行辰位之上。以消右二行，反爲正筭，置於右分數辰位之上，以分母二徧通之，如箕式。視右行次層巳得一，乃以左行辰位一百五十七徧乘右行，以左行消之，收去左行，如斗式。取寄右之首行，並列爲左右兩行，如牛式。以右行甲位二，徧乘左行，以右行加消之，收去右行，如女式，首層六百三十即衍母。視下實與首層衍母同名，乃以下實與首層衍母相加，得七百八十七正。置於上爲實，移元一負於下爲法，如虛式。以正負除法除之，仍得七百八十七正。置衍母六百三十正於下，如危式。滿衍母去之，餘一百五十七正，如室式，爲所求數。

心式

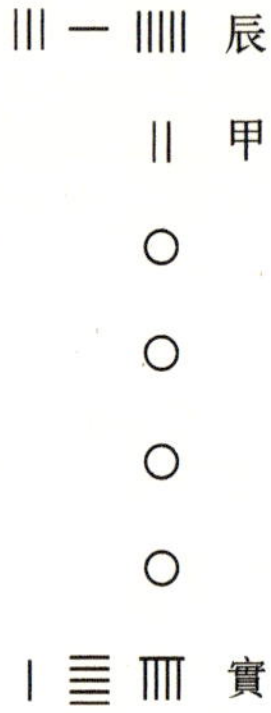

辰 𝍢𝍩𝍣
甲 𝍡
〇
〇
〇
〇
實 𝍠𝍭𝍧

尾式

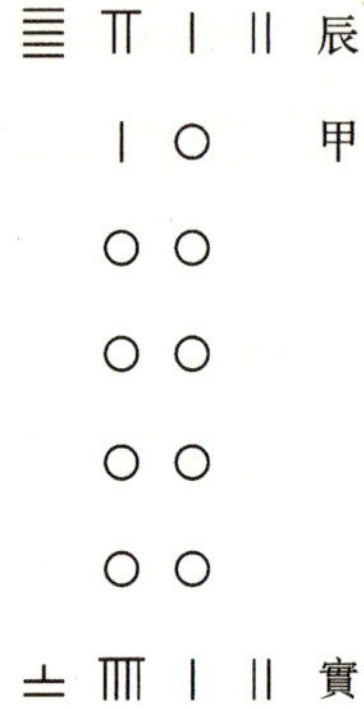

辰 𝍠𝍭𝍦 𝍠 𝍡
甲 𝍠 〇
〇 〇
〇 〇
〇 〇
實 𝍯𝍨 𝍠 𝍡

箕式

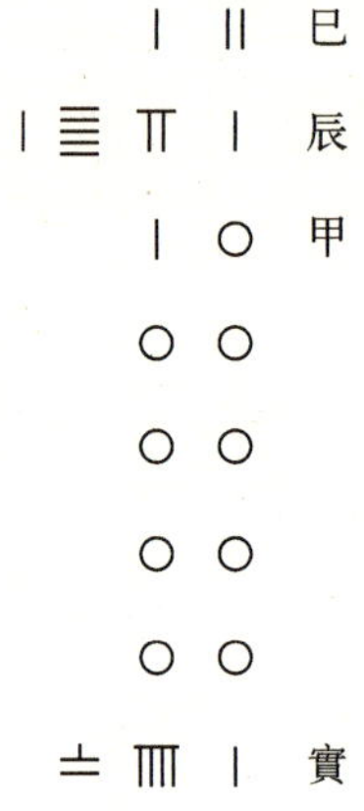

巳 𝍠 𝍡
辰 𝍠𝍭𝍦 𝍠
甲 𝍠 〇
〇 〇
〇 〇
〇 〇
〇 〇
實 𝍯𝍨 𝍠

斗式

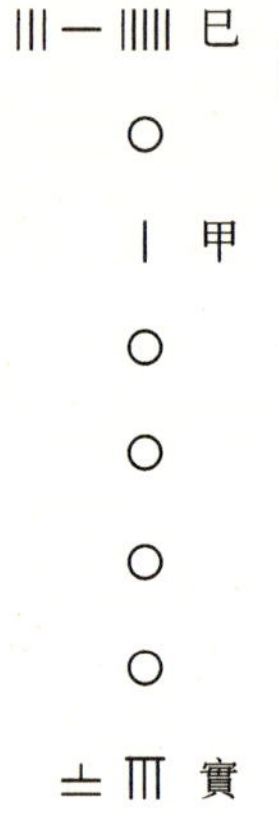

巳 𝍢𝍩𝍣
〇
甲 𝍠
〇
〇
〇
〇
實 𝍯𝍨

牛式

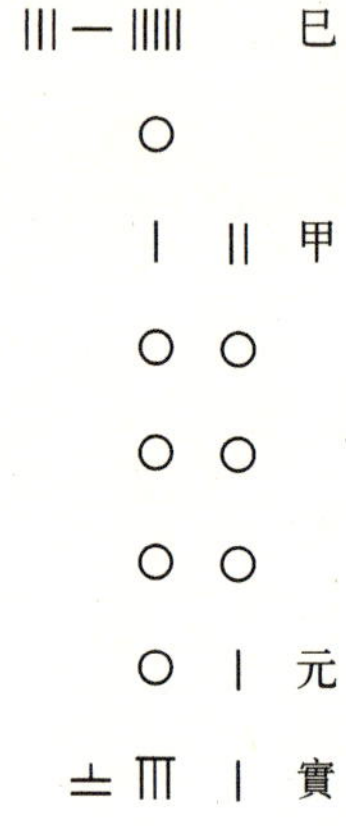

巳 𝍢𝍩𝍣
〇
甲 𝍠 𝍡
〇 〇
〇 〇
〇 〇
元 〇 𝍠
實 𝍯𝍨 𝍠

女式

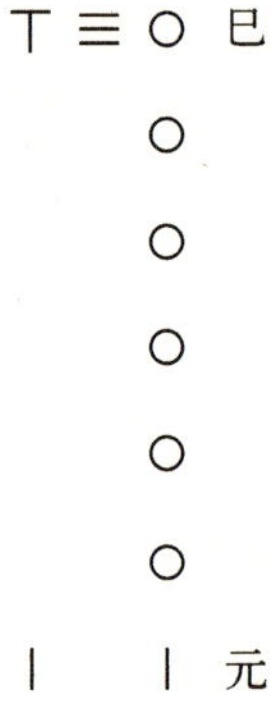

巳 𝍥𝍫〇
〇
〇
〇
〇
〇
元 𝍠 𝍠
實 𝍭𝍦

虛式

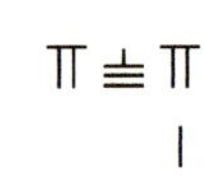

𝍦𝍰𝍦
𝍠

危式

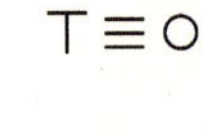

𝍦𝍰𝍦
𝍥𝍫〇

室式

𝍠𝍭𝍦

清·楊兆鋆《須曼精廬算學》卷一一　求一通術

假如印唐、宋、元詩三部，各用毛邊紙一塊，每張六開。印得唐詩六十四部，餘一百二十八葉；宋詩八十五部，餘三十葉；元詩一百二十五部，餘一百二十五葉。試求每塊紙若干張。三詩各若干葉。

答曰：每塊紙四千張，唐詩共二萬三千八百七十二葉，宋詩共二萬三千九百七十葉，元詩共二萬三千八百七十五葉。

法置唐、宋、元三詩部數爲全數　六四、八五、一二五　求等後用連環相約法約之。

先以唐　六四　與宋　八五　求等，得一不約。又以唐　六四　與元　一二五　求等，得一不約，即以全數爲第一變。

次以宋　八五　與元　一二五　求等，得五以約宋　八五　得　一七　爲第二變　六四、一七、一二五　視唐、宋、元三者俱無等，即以泛母爲定母　六四、一七、一二五

置定母連環相乘，得　一三六〇〇〇　爲衍母，乃以唐、宋、元各定母除之，得　二一二五　爲唐衍數　八〇〇〇　爲宋衍數　一〇八八　爲元衍數。

置各衍數　二一二五、八〇〇〇、一〇八八　以各定母除之，餘　一三　爲唐奇數　一〇　爲宋奇數　八八　爲元奇數。

乃用奇定相求術，求得唐乘率　五　宋乘率　一二　元乘率　二七　以各乘率乘各衍數，得　一〇六二五　爲唐用數　九六〇〇〇　爲宋用數　二九三七六　爲元用數。

置唐、宋、元各餘葉　一二八、三〇、一二五　以各用數乘之，得　一三六〇〇〇〇　爲唐定用　二八八〇〇〇〇　爲宋定用　三六七二〇〇〇　爲元定用，併　一三六〇〇〇〇、二八八〇〇〇〇、三六七二〇〇〇　各定用，

得 七九一二〇〇〇 爲總數。

置總數 七九一二〇〇〇 以衍母 一三六〇〇〇 除之，餘 二四〇〇〇 爲紙每塊葉數。

以每張開數 六 除之，得 四〇〇〇 爲紙每塊張數。

置總葉數 二四〇〇〇 各以所餘葉減之，得 二三八七二、二三九七〇、二三八七五 爲唐、宋、元三詩各總葉數。

以唐詩部數 六四 宋詩部數 八五 元詩部數 一二五 除 二三八七二、二三九七〇、二三八七五 得 三七三、二八二、一九一 爲三詩每部葉數。

大衍求一	全數第一變	定母第二變	衍母	衍數	奇數	乘率	用數	定用
唐	六四	六四		二一二五	一三	五	一〇六二五	一三六〇〇〇〇
宋	八五	一七	一三六〇〇〇	八〇〇〇	一〇	一二	九六〇〇〇	二八八〇〇〇〇
元	一二五	一二五		一〇八八	八八	二七	二九三七六	三六七二〇〇〇

數得	數葉塊每	數張塊每	數葉部共	數葉部各	餘葉已知	泛總數
唐	二四〇〇〇	四〇〇〇	二三八七二	三七三	一二八	
宋	二四〇〇〇	四〇〇〇	二三九七〇	二八二	三〇	七九一二〇〇〇
元	二四〇〇〇	四〇〇〇	二三八七五	一九一	一二五	

奇定相求法

一〇一三奇 〇一六四定	一〇一〇奇 〇一一七定	一〇八八 奇 〇一一二五定	
一〇一三奇 四	一〇一〇奇 一	一〇八八奇 一	一〇七 五奇 一
四〇五二 一六四	一〇一〇 一一七	一〇八八 〇一一二五	一〇七 五 七五 九
四一一二定 一	一一 七定 一	一一三七定 二	一七一二 四定 一
四一一二 一〇一三	一一 七 一〇一〇	二二七四 一〇八八	一七一二 四 一〇七 五
五一 一奇 率乘	二一 三奇 二	三二一四奇 二	二七一九 一奇 率乘
	四二 六 一一 七	六四二八 一一三七	
	五三 一定 二	七五 九定 一	
	一〇六 二 三	七五 九 三二一四	
	一二七 一奇 率乘	一〇七 五奇	

今有紙三塊，分印詩、文、詞三集。詩集每張開四葉，印十四部餘七百四十六葉；文集每張開六葉，印四十三部餘一百九十四葉；詞集每張開八葉，印一百十四部餘一百七十八葉。試求紙每塊若干張？三集每部各若干葉。

答曰：每塊紙三千二百張，詩集每部八百六十一葉，文集每部四百四十二葉，詞集每部二百二十三葉。

法曰：先用通分術求之。置六與八相乘得 四八 以乘詩部數 一四得 六七二 爲詩全數。再乘詩餘葉數 七四六 得 三五八〇八 爲詩賸數。

置四與八相乘得 三二 以乘文部數 四三 得 一三七六 爲文全數。再乘文餘葉數 一九四 得 六二〇八 爲文賸數。

置四與六相乘得 二四 以乘詞部數 一一四 得 二七三六 爲詞全數。再乘詞餘葉數 一七八 得 四二七二 爲詞賸數。

次以各全數用連環求等相約術約之。先以詩全數 六七二 與文全數 一三七六 求等，得 三二 以約文全數 一三七六 得文 四三

次與詞全數 二七三六 求等，得 四八 以約詞全數 二七三六 得詞 五七

又文 四三 與詞 五七 求等，得一不約，第一變爲泛母。

次置詩泛母 六七二 與文泛母 四三 求等，得一不約。與詞泛母 五七 求等，得三，以約詩泛母 六七二 得詩 二二四

以三乘詞泛母 五七 得詞 一七一

又文泛母 四三 與詞 一七一 求等，得一不約，第二變即爲定母，乃用大衍求一術入之。

術以各定母 二二四、四三、一七一 連環相乘，得數 一六四七〇七二 爲衍母。

置衍母以各定母除之，得 七三五三、三八三〇四、九六三二 爲各衍數。

置各衍數以各定母除之，得其餘數 一八五 三四 五六 爲各奇數。

乃用奇定相求術求得 二〇一、一九、一一三 爲各乘率。

各乘率乘各衍數，得 一四七七九五三、七二七七七六、一〇八八四一六 爲各泛用。

各泛用乘各賸數，得 五二九二二五四一〇二四、四五一八〇三三四〇八、四六四九七一三一五二 爲各定用。

併各定用，得 六二〇九〇二八七五八四 爲泛總。

置泛總，以衍母除之，餘得 六一四四〇〇 爲總數。即總葉數。

以總數爲實，各開葉數 四、六、八 連乘得 一九二 爲法，除之得 三二〇〇 爲每塊紙張數。

總數內減 詞 文 詩 賸數，餘 六一〇一二八 六〇八一九二 五七八五九二 以 二七三六 一三七六 六七二 除之，得 二二三 四四二 八六一 爲每部葉數。

	全數	賸數	泛母
詩	六七二	三五八〇八	六七二
文	一三七六	六二〇八	四三
詞	二七三六	四二七二	五七

	乘率	泛用
詩	二〇一	一四七七九五三
文	一九	七二七七七六
詞	一一三	一〇八八四一六

奇定相求法

一〇一八五奇
二二四定

一〇一八五奇

一〇一八五
二二四

一〇　三九定
四

四〇一五六
一〇一八五

五〇　二九奇
一

五〇　二九
一〇　三九

六〇　一〇定
二

一二〇　二〇
五〇　二九

一七〇　九奇

奇數	數衍	母衍	母定	
一八五	七三五三		二二四	詩
三四	三八三〇四	一六四七〇七二	四三	文
五六	九六三二		一七一	詞

數葉部每	張紙塊每	數總	總泛	用定	詩
八六一				五二九二二五四一〇二四	文
四四二	三二〇〇	六一四四〇〇	六二〇九〇二八七五八四	四五一八〇三三四〇八	詞
二二三				四六四九七一三一五二	

一〇五六奇 一七一定	一〇三四奇 四三定		奇定相求法
一〇五六奇 三	一〇三四奇 一	一七〇　九奇 一	
三〇一六八 一七一	一〇三四 四三	一七〇　九 六〇一〇	
三〇　三定 一入	一〇　九定 三	二三〇　一定 八	
五四〇五四 一〇五六	三〇二七 一〇三四	一八四〇　八 一一七〇　九	
五五〇　二奇 一	四〇　七奇 一	二〇一〇　一奇 率乘	
五五〇　二 三〇　三	四〇　七 一　九		
五八〇　一定 一	五〇　二定 三		
五八〇　一 五五〇　二	一五〇　六 四〇　七		
一一三〇　一奇 率乘	一九〇　一奇 率乘		

續表

《孫子算經》云：今有物不知數，三三數之，賸二；五五數之，賸三；七七數之，賸二。問物幾何。

答曰：二十三。

是題爲求一術之祖，設數簡淺，按舊法演算猶繁，今以代數術入之。

物＝三天丄二＝五地丄三＝七人丄二、三天丄二＝五地丄三、$天＝\frac{三}{五地丄一}＝地丄\frac{三}{二地丄一}$　令　$\frac{三}{二地丄一}＝子$　、天＝地丄子、五地丄三＝三天丄二、五地丄一＝三天、$地＝\frac{五}{三天丅一}$、

$地＝\frac{五}{三地丄三(\frac{三}{二地丄一})丅一}$、　$五地＝三地丄三(\frac{三}{二地丄一})丅一$　因

$\frac{三}{二地丄一}＝子$、二地＝三子丅一、$地＝\frac{三}{三子丅一}＝子丄\frac{三}{子丅一}$　令

$\frac{三}{子丅一}＝丑$、地＝子丄丑、子＝二丑丄一　即　地＝三丑丄一、天＝地丄子、天＝三丑丄一丄二丑丄一、天＝五丑丄二　因　物＝三天丄二＝三(五丑丄二)丄二＝一五丑丄六丄二＝一五丑丄八　設丑爲一，則十五加八得二十三。合問。

又從　子＝二丑丄一、子＝三、地＝子丄丑＝三丑丄一、地＝四、地＝地丄子＝五丑丄二、天＝七　因題言　三天丄二＝七人丄二　消　丄二　式三天＝七人、人＝三

立天、地、人三元，以代初、中、末數物之回數。求地得四者，以五數四回而賸三；求天得七者，以三數七回；求人得三者，以七數三回，而皆賸二也。

今有田一區，欲均授十一佃，多一畝；欲均授十三佃，多三畝；欲均授十七佃，多七畝。求田各若干。

答曰：二千四百二十一畝。授十一佃，得二百二十畝餘一；授十三佃，得一百八十六畝餘三；授十七佃，得一百四十二畝餘七。

法以天元代十一佃，得　一一天丄一　地元代十三佃，得　一三地丄三　人元代十七佃，得　一七人丄七

一一天丄一＝一三地丄三＝一七人丄七　先以　一一天丄一＝一三地丄三、一一天＝一三地丄二、$天＝地丄\frac{一一}{二地丄二}$　令　$\frac{一一}{二地丄二}＝亥$　則　天＝地丄亥　又　一三地丄三＝一一天丄一　即　一三地＝一一天丅二、

$地＝\frac{一三}{一一天丅二}$、$地＝\frac{一三}{一一地丄一一\frac{一一}{二地丄二}丅二}$、一三地＝一一地丄$一一\frac{一一}{二地丄二}丅二$、$二地＝一一\frac{一一}{二地丄二}丅二$　因　$\frac{一一}{二地丄二}＝亥$　故　二地＝一一亥丅二、$地＝\frac{二}{一一亥丅二}$　即　$地＝五亥丄\frac{二}{亥丅二}$　令

$\frac{二}{亥丅二}＝酉$　則　地＝五亥丄酉　又　亥＝二酉丄二　故　地＝一〇酉丄一〇丄酉、地＝一一酉丄一〇　而　天＝一三酉丄一二、一一天丄一＝一四三酉丄一三三　因　一一天丄一＝一七人丄七　故　一七人丄七＝一四三酉丄一三三、一七人＝一四三酉丄一二六、$人＝\frac{一七}{一四三酉丅一二六}$　即

$人＝八酉丄七丄\frac{一七}{七酉丄七}$　令　$\frac{一七}{七酉丄七}＝申$、七酉＝一七申丅七、

$酉＝二申\frac{七}{三申丅七}$　令　$\frac{七}{三申丅七}＝未$、三申＝七未丄七、$申＝\frac{三}{七未丅七}$、

$申＝二未丄\frac{三}{未丄七}$、$申＝二未丄二丄\frac{三}{未丄一}$　令　$\frac{三}{未丄一}＝午$、未＝三午丅一　因　$人＝八酉丄七丄\frac{一七}{七酉丄七}$、人＝一七申丄八未丄七、人＝一七(二未丄二丄午)丄八未丄七、人＝三四未丄三四丄一七午丄八未丄七、人＝三四(三午丅一)丄三四丄一七午丄八(三午丅一)丄七、人＝一〇二午丅三四丄三四丄一七午丄二四午丅八丄七、人＝一四三午丅一　即　天＝二二一午丅一、地＝一八七午丅一　若　午＝一　則　人＝一四二、天＝二二〇、地＝一八六　因　一一天丄一＝一三地丄三＝一七人丄七　即　二四二〇丄一＝二四一八丄三＝二四一四丄七　即畝數也。合問。又此法若從　地＝一一酉丄一〇　以地之同數代入　一三地丄三　之式中，令等於　一七人丄七　亦通。

設：如祝翁鬻雞，公雞三值銀五錢，母雞五值銀七錢，雛雞七值銀三錢。今

以銀一百二十錢，得雞一百二十隻。試推三種各幾何並幾答。

答曰：公雞二十四，母雞四十，雞雛五十六惟一答。

公　三　五
母　五　七
雛　七　三

先取公雞二行求前式　三　五 / 七　三　母子相減得　二 / 四　求等得二，約之　一 / 二　互乘得　六〇 / 一〇　為前式。再取母雞二行求後式　五　七 / 七　三　母子相減得　二 / 四　求等得二，約之　一 / 二　互乘得　一〇　四 / 七　三　為後式　前 / 後　相并得　一三 / 一七　相較得四，以一三除共雞一二〇得九，不盡三。以一三加三，得一六，以較四除之，得四為前乘分。於九內減一，再減四，餘四為後乘分。各乘前後式，得

二四　二八
四〇　一二
四〇　二八
五六　一二

相并得

二四　四〇　五六
四〇　五六　二四

為一答。

母雞每減六五，公雞每加五一，雞雛每加一四，而母雞四〇不足減，故知止有一答也。

按：古算經百雞百錢題，凡三答。駱氏《藝游録》、時氏《百雞術衍》皆以大衍求一術御之。今更其數，命題用上法衍算，以見術之可通誠之識。

今有大物一，值五；中物一，值四；小物二，值一。共物百、共錢百。試推三物各若干，凡幾答。

答曰：凡二答。大一、中十三、小八十六。大八、中四、小八十八。

一大丄一中丄一小＝共物＝一〇〇、五大丄四中丄$\frac{二}{小}$＝共值＝一〇〇、

五大丄五中丄五小＝五×共物＝五〇〇、中丄五小丅$\frac{二}{小}$＝四〇〇、二中丄九小＝八〇〇、中＝$\frac{二}{八〇〇丅九小}$＝四〇〇丅四小$\frac{二}{小}$、$\frac{二}{小}$＝甲，小＝二甲、

中＝四〇〇丅九甲，甲＝四四，甲＝四三

大	一	八
中	十三	四
小	八十六	八十八

考中之等式，甲若為四十，則中為四十，即其價過百。若甲為五十，則四百內不能減，故知必在四五十之間。若甲為四十二，則中數又大；若為四十五，則九甲又大於四百，故知必為四十三、四十四而有二答。

不定方程部

題解

北魏・張丘建《張丘建算經》卷下　今有雞翁一直錢五；雞母一直錢三；雞雛三直錢一。凡百錢買雞百隻。問雞翁、母、雛各幾何。

答曰：雞翁四，直錢二十；雞母十八，直錢五十四；雞雛七十八，直錢二十六。

又答：雞翁八，直錢四十；雞母十一，直錢三十三；雞雛八十一，直錢二十七。

又答：雞翁十二，直錢六十；雞母四，直錢十二；雞雛八十四，直錢二十八。

術曰：雞翁每增四，雞母每減七，雞雛每益三。即得。所以然者，其多少互相通融於同價。則無術可窮盡其理。

此問若依上術推算，難以通曉。然較之諸本並同，疑其從來脱漏闕文。蓋流傳既久，無可考證。自漢、唐以來，雖甄鸞、李淳風注釋，未見詳辨。今將算學教授謝察微擬立術、草，剏新添入。

其術曰：置錢一百在地，以九爲法，除之，以九除之：既雛三直錢一，則是每雛直三分錢之一。宜以雞翁、母各三因，併之得九。得雞母之數。不盡者返減下法，爲雞翁之數。別列雞都數一百隻在地，減去雞翁、母數，餘即雞雛。得合前問。若雞翁每增四，雞母每減七，雞雛每益三。或雞翁每減四，雞母每增七，雞雛每損三。即各得又答之數。

草曰：置錢一百文在地，爲實。又置雞翁一，雞母一，各以雞雛三因之，雞翁得三，雞母得三。并雞雛三，併之，共得九，爲法。除實，得一十一，爲雞母數。不盡一，返減下法九，餘八，爲雞翁數。別列雞都數一百隻在地，減去雞翁八、雞母一十一，餘八十一，爲雞雛數。置翁八，以五因之，得四十，即雞翁直錢。又置雞母一十一，以三因之，得三十三，即雞母直。又置雞雛八十一，以三除之，得二十七，即雞雛直。合前問。

又草曰：置雞翁八，增四，得一十二，雞母一十一，減七，得四；雞雛八十一，益三，得八十四，得百雞之數。如前求之，得百錢之數。亦合前問。

又草曰：置雞翁八，減四，得四，雞母一十一增七，得一十八，雞雛八十一損三，得七十八。如前求之，各得百雞百錢之數。亦合前問。

清・華世芳《答數界限》　古時算題一問祇有一答，自《張邱建算經》創立百雞之術，始陳繁變，悉本自然。近山陽駱氏又推廣之，於四色差分立法善矣，計數則非。長沙丁氏從而訂正之，未及標明界限，不免心計之勞。考之西籍，凡三色如百雞之類者，以代數求之，其限立顯矣。至於四色，亦略而不詳，而均中比例之法，遺漏尚多，且未必盡題可馭。爰取四色各題，推其答數界限。

清・解崇輝《代數術補式》卷二一　論未定之相等式

第一百九十二欵　凡所設之題界限若不完全，則所得之若干方程式，必少於若干未知之數。解：如二式方程只有一式，三式方程只有二式也。而其題能有多數可解之，所以此種之式名曰未定之式。

假如有題曰：已知兩數之和爲十，欲求其兩數若干。

則此題中應有兩箇未知之數，其一數若以天代之，則其又一數以地代之。然如題求之，只能得一箇方程式，即爲　天丄地＝一〇　是也。此式若推其整數及各分數之同數，則其界限無窮。謂可有無數之同數也。故推此種題，但可論其整數而已。本題之整同數，可得九種。如左。

天＝一、地＝九　天＝二、地＝八…天＝九、地＝一

惟因天之前四箇數，與地之後四箇數相同。若使其天與地之各同數不重複，則不過有五種同數，即　一丄九＝一〇　二丄八＝一〇　三丄七＝一〇　四丄六＝一〇　五丄五＝一〇

第一百九十八欵　未定之二次式其形有三種：一式如　$地=\frac{乙丄丙天}{甲}$　二式如　$地=\frac{丙丄丁天}{甲丄乙天}$　三式如　$地=\sqrt{甲丄乙天丄丙天^{二}}$　甲、乙、丙皆爲已知之數，天、地爲未知之數。其第一式、第二式，必求其天、地之同數，能令地爲正整之數。其第三式，則必求天之同數，能令其地之同數亦可爲實數。不爲虛式也。

清・徐虎臣《溥通新代數》卷五

第一七〇款　二元一式之解法

凡方程式之未知數有幾，須有幾式，始爲完全之題。如所列之式少於題中未知數者，爲不定方程式。

如有二元一式之 甲天丄乙地＝±丙 或 甲天丅乙地＝±丙 但甲、乙、丙爲整數，則 甲天±乙地＝丙 惟甲與乙互爲素數，若非素數，必用約法約之，使爲素數方合。但甲與乙既無約數，求天地之正整數時，則 $\frac{乙}{甲}$ 可作連分數式。如 $\frac{乙}{甲}$ 爲第卯漸近分數 $\frac{角}{亢}$ 爲第 卯丅一 漸近分數。準一五四款，則 甲角丅乙亢＝±一㊀ 以 ±丙 乘一式，得 甲(±丙角)丅乙(±丙亢)＝丙㊁ 惟 甲天±乙地＝丙 故 天＝±丙角、地＝±丙亢 從 甲天丅乙地＝丙 則 天＝丙角、地＝丙亢 (甲) 或 天＝丅丙角、地＝丅丙亢 (乙) 從 甲天丄乙地＝丙 則 天＝丙角、地＝丅丙亢 (丙) 或 天＝丅丙角、地＝丙亢 (丁) 若甲或乙等於一者，則不必求漸近分數 $\frac{角}{亢}$ 如 甲天±地＝丙 設丑爲正整數，令 天＝丑 則 ±地＝丙丅甲丑 又如 天±乙地＝丙 令 地＝丑′ 則 天＝丙∓乙丑′ 其天地之數值可由丑而得也。例如 甲天丅乙地＝丙 準上例，令 天＝丑、地＝丑′ 由是 甲丑丅乙丑′＝丙 從減法，則 甲(天丅丑)丅乙(地丅丑′)＝〇 ㊂，即 甲(天丅丑)＝乙(地丅丑′) 而 $\frac{乙}{天丅丑}=\frac{甲}{地丅丑'}$ ㊃。從四式，若令 $\frac{乙}{天丅丑}=\frac{甲}{地丅丑'}=丑''$ 則 天丅＝乙丑″ 及 地丅丑′＝甲丑″ 由是求得 天＝丑丄乙丑″、地＝丑′丄甲丑″(戊′) 因丑″爲任何數，故求天與地之數值爲無限。若 丑″＝〇 則 天＝丑、地＝丑′ 若 丑″＝一 則 天＝丑丄乙、地＝丑′丄甲 若 丑″＝二 則 天＝丑丄二乙、地＝丑′丄二甲 如是，若 丑″＝卯 則 天＝丑丄卯乙、地＝丑′丄卯甲 由是 甲天丅乙地＝丙 其天地之數爲無限。又如 甲天丄乙地＝丙 準上例，令 天＝丑、地＝丑′ 即得 甲丑丄乙丑′＝丙 由減法 甲(天丅丑)丄乙(地丅丑′)＝〇 則 $\frac{乙}{天丅丑}=丅\frac{甲}{地丅丑'}$ 若令 (天丅丑)＝丅乙丑″、(地丅丑)＝甲丑″ 所以得 天＝丑丅乙丑″、地＝丑′丄甲丑″(巳′) 惟甲、乙、丑、丑′皆爲正整數，而天與地亦爲正整數，則 丑＞乙丑″、丑′＞丅甲丑″ 即 $\frac{丑}{乙}>丑''>丅\frac{丑'}{甲}$，故 甲天丄乙地＝丙 其天地之數值爲有限之數。準以上二例，則二元一式之題可解矣。

例如 七天丅一三地＝二六 則 $\frac{一三}{七}=一丄\frac{一}{一丄\frac{一}{六}}$ 準前理，$\frac{角}{亢}=一丄\frac{一}{一}=\frac{二}{一}$ 而 角＝二、亢＝一 從甲式得 天＝二×二六、地＝一×二六 故 七(二×二六)丅一三(二六)＝二六 由是 天＝五二、地＝二六 爲原式之一答。從戊式變之，得 天＝五二丄一三丑″、地＝二六丄七丑″ 無論丑″之數值如何，皆合於 七天丅一三地＝二六 之理，故云有無限之答。

例二 如 七天丄一〇地＝二八〇 則 $\frac{一〇}{七}=一丄\frac{一}{二丄\frac{一}{三}}$ 而 $\frac{角}{亢}=一丄\frac{一}{二}=\frac{三}{二}$ 即 角＝三、亢＝二 準丙式，得 天＝三×二八〇、地＝丅二×二八〇 故 七(三×二八〇)丅一〇(二×二八〇)＝二八〇 從巳式，得 天＝八四〇丅一〇丑″、地＝丅五六〇丄七丑″ 惟天、地爲正整數，則 丑″≯八四、丑″≮八〇 其≯爲左不能大於右，≮爲左不能小於右也。而丑″之數值限於 八〇、八一、八二、八三、八四 之五種，由是天之數值爲 四〇、三〇、二〇、一〇、〇 之五種，則地爲〇、七、一四、二一、二八 之五數。故凡不定方程式中，其兩未知數爲同號者，則兩數爲有限之數；若兩未知數爲異號者，即無限之數也。

第一七一款 三元二式之解法

凡方程式中有三未知數而只二式者，必化去一式，仍如二元一式法求之。

例如 甲天丄乙地丄丙人＝丁、甲′天丄乙′地丄丙′人＝丁′ 準方程理，化去含人之項，得 (甲丙′丅甲′丙)天丄(乙丙′丅乙′丙)地＝丁丙′丅丁′丙 (一) 此式之 甲丙′丁甲′丙 與 乙丙′丁乙′丙 互爲素數，或與 丁丙′丁丁′丙 有公約數而能約盡，使互爲素數。故可令 甲丙′丁甲′丙＝甲″、乙丙′丁乙′丙＝乙″、丁丙′丁丁′丙＝丙″ 則 甲″天⊥乙″地＝丙″ 仍如前款求之。

例如 五天⊥七地⊥二人＝二四、三天丁地丁四人＝四 消去含人之項，即得 一三天⊥一三地＝五二 而 天⊥地＝四 由是 天＝二⊥丑″、地＝二丁丑″ 變原式之一爲 五(二⊥丑″)⊥七(二丁丑″)⊥二人＝二四 即 人丁丑″＝〇 而 人＝丑″ 若 丑″＝〇 則 天＝二、地＝二、人＝〇 若丑″＝一 則 天＝三、地＝一、人＝一 若 丑″＝二 則 天＝四、地＝〇、人＝二 因天、地、人之數值爲正整數，故只有以上三種之答。若再令丑″等於三，則地爲負一，於是天、地、人若任爲正負，則亦爲無限之數也。餘倣之。

第一七二款 雜體之不定式

凡不定方程式有三元一式，及未知元不只一次式者，概以雜體論之。

例如 三天⊥二地⊥八人＝四〇 若此式中之未知數皆爲正整數而不能爲〇者，方爲有限之題。若 人＝五 則 三天⊥二地＝〇 不合於正整數之理，故 人＜五 設令 人＝四、人＝三、人＝二、人＝一 則 三天⊥二地＝八、三天⊥二地＝一六、三天⊥二地＝二四、三天⊥二地＝三二 由是 人＝四 則 天＝二、地＝一 若 人＝三 則 天＝四、地＝二 或 天＝二、地＝五 若 人＝二 則 天＝六、地＝三 或 天＝四、地＝六 或 天＝二、地＝九 若 人＝一 則 天＝一〇、地＝一 或 天＝八、地＝四 或 天＝六、地＝七 或 天＝四、地＝一〇 或 天＝二、地＝一三 故此題中，天、地之數有十一種，而人之數有四種也。

例二 六天^{二}丁一三天地⊥六地^{二}＝一六 求天、地之正整數者，將原式依劈法劈而爲 (三天丁二地)(二天丁三地)＝一六 因天與地爲正整數，故三天丁二地 必爲 一六 之因子，由是得 三天丁二地＝±一六、二天丁三地＝±一㊀ 三天丁二地＝±八、二天丁三地＝±二㊁ 三天丁二地＝±四、二天丁三地＝±四㊂ 三天丁二地＝±二、二天丁三地＝±八㊃ 三天丁二地＝±一、二天丁三地＝±一六㊄ 從此五種之通同方程式，則五天＝±(四八丁二)㊅ 五天＝±(二四丁四)㊆ 五天＝±(一二丁八)㊇ 五天＝±(六丁一六)㊈ 五天＝±(三丁三二)㊉ 因六、八、十三式中之天不能爲正整數，故從七式 五天＝±(二四丁四) 則 天＝±四 從九式，得天＝∓二 由是 天＝四、地＝二 或 天＝二、地＝四

例三 如 三天^{二}⊥七天地丁二天丁五地＝三五 求天、地之正整數者，惟地(七天丁五)⊥三天^{二}丁二天丁三五＝〇 所以 地⊥$\frac{三天^{二}丁二天丁三五}{七天丁五}$＝〇 七乘分子而約之，即得 七地⊥三天⊥$\frac{七天⊥五}{天丁二四五}$＝〇 再以七乘分子而約之，得 四九地⊥二一天⊥一丁$\frac{七天丁五}{一七一〇}$＝〇 因天與地爲正整數，故 $\frac{七天丁五}{一七一〇}$ 必爲正整數，由是 七天丁五 亦必爲 一七一〇 之因子。但 一七一〇 之因子爲 五×三四二、二×五×一七一、三×五×一一四、二×三×五×五七、五×九×三八、五×一八×一九 以此各因數與 七天丁五 比較，唯 一一四 與九與二之三種，能令天爲正整數，餘皆不合，故天之數值爲 一七 與二與一之三種。但天爲 一七 時，則地爲負數，不合，故天＝二、地＝三 或 天＝一、地＝一七 與原題合也。

清·鄒尊顯《分類演代》卷六 無定方程類

方程宜有定也，何以名之爲無定方程？蓋題無總分，則數無定限，互換推算，得數必歧。且其中無定之數並有可以其數之限爲準，而任以何數加之減之，及任以何數乘之除之，無不與攙和之價相符者，故謂之無定方程。

綜論

清·時日醇《百雞數衍·序》 《張邱建算經》雞翁、雞母題問，甄、李兩註及劉孝孫草皆未達術意，不可通。近日《理堂學算》中所釋，尤誤讀。吾友丁

君果臣《數學拾遺》，設術與二色方程暗合，乃通法也。駱氏《藝游録》用大衍求一術，以大小較求中數，取徑頗巧，然於較除共較實適盡者，不可求。方程術則遇法除實得中數不盡者，以分母與減率相求而齊同之，無不可得。駱氏蓋不知有方程本術也，夫題衹本經一術耳。算理之微妙，不如孫子物不知數一問，而術文各隱秘，彼則但舉用數，此亦僅著加減三率，其於前半段取數之法，並皆闕如。豈古人不傳之奥，必待學者深思而自得乎。孫子求一術至宋秦道古發之，獨是題襲謬傳訛，莫有借方程以問途者。曰醇蓄疑既久，今年春與果臣連榻鄂城，復一商榷。别後數月乃得通之，怡然涣然，了無滯礙，亦窮愁中一快事也。因衍方程術爲《數學拾遺補》求負數法，及加減率求答數法。梅氏《方程論》所謂他術不能御者，方程能御之。圩述求一術爲《藝游録》補以中小較求大數一法，及大中較、大小較互求得中數、小數二法。引伸鈎索，温故知新，庶足以暢厥旨乎。易翁、母、雛爲大、中、小，設數不必以百，而統以百雞命之，識斯術所自昉。

例言

製題以耦，物直大小，交變其數，有對待之義，參伍錯綜，合數題爲總題，亦合諸題而爲一題。一題者何？《算經》百雞是也。法以迭見，理則同歸。

序題以類從，立二十八題，以「舊學商量加邃密新知培養轉深沈」十四字，識其上下爲十四耦。諸上題物率同，量上加上爲二上題，邃上、密上、新上爲三上題。自知上至沈上，爲六上題。諸下題仿此。同其母也，以題從法，譬之異水而同源，故較數加減不異。諸下題直率同，同其子也，以法從題，不啻同牀而各夢，故較數加減皆殊。分各耦求之，上題法繁，下題法簡。合全題求之，後諸耦法繁，前諸耦法簡。初學次第以觀，自易了然。

凡一題，必先於所問三物求其等數，約之爲物率。物率兩兩相乘求其等數，約之爲直乘率。所問三直求其等數，約之爲直率。三總等數，亦副置之爲用。直率唯求一術約共較實用及。由三率求得較數，大小較爲中減率，中小較爲大加率，中大較爲小加率。大小較爲中大、中小兩較相并之數，故減中以分加大小，亦可減大小以并加中。題雖蕃變，以率加減求之各得，舍此無以馭題也。其求一術，兼用大小較加中，中小較減大，中大較減小之法。

《算經》原問數，雞翁母及所直皆無等，故無物率、直率、直乘率。因無通率，而法除實即盡，先得二色。今廣之，既有除實雖盡，依率加減乃得答數者。又有除實不盡，依率加減而得答數者。又有用約率加減得初答，乃用通率加減而得又答者。依《算經》三答爲限，各立題以述其概，精擇詳語，非曰能之。

方程本術法除實不盡者，所得命分。百雞術雖借徑二色方程，法除實或盡或不盡，各依率加減而得三物。雖借徑兩數求一，既得二物，依率加減而得三物。

如方程求者，先得中物必大，以減總物而得大小物。求一術用大小較求者，則得中物必小，以減總物而得大小物。用中小較或中大較求者，各得大小物必小，以減總物，餘爲中物必大。并中大或中小兩物，以減共物而不足減者，爲負小負大物，依率加減而去其負數。

法除實不盡者，有中數減較法，雖盡而所得物數或與某物分母不相應。中分母大者，求中分子減較法。中分母小者，求大小分子加較法。如三上題，新下題。中母雖大，與約率大小較求等約之，小亦於大小分子求加較如六上題而加減之，各得求一所得三物必正數，無通分數。其不應分母者，以率加減之。

《算經》原題答數下註：如計得二十六雛，是滿雛分母三者二十六也。餘題言大、中、小各若干，亦以滿分母爲一。《算經》序云：不患乘除之爲難，而患通分之爲難。百雞術，通分題也。原其設數之理，詳於六上題之草後。

《算經》劉孝孫草：置雞雛八十一，以分母三除之，得共雛錢數，其分子爲三分錢之一也。擬題分子既不至一，當仿劉註，用大中小分母各除所得三等共物數，得數各以乘其分子數，而得某等共直數。今草不備述，省繁冗也。

減較法，各置大小較，去其不應法、不應中分母之數。仍不應，則遞加其較，滿法滿分母去之，至相應而止。計初置及遞加凡若干較，即應減較數。加較法，大小分子或不應分母，各遞加其較，至應分母而止。求其巧捷之法而不可得，間有捷得者，乃偶合，非通法也，姑用其拙。

術雖借方程爲之，而以中數爲主，列次位。或用大數或用小數與之相求，各列首位。物直各爲左右行，借和數方程求之。此以下專言方程。

法與中分母求等，約中母爲乘率，亦約法爲除率。除實不盡者，求通分中數減較法。置大小較，先減其不盡數，遞加其較，滿法去之，至除之適盡而後止。計所加若干較，即爲應減若干較。

法除實不盡，以率加減，既去其負數，復以法除仍不盡者，分母子雖有等，不再約，即用不盡數求中數減較法。如深下。

百雞借方程爲本術，而求一之用，亦學者所當知也，隨題並述，以博其趣。

求一左右定母減共較實，而無賸者，爲不可求。此以下專言求一。

列大小較，或與中大較或與中小較，各爲左右定母，互爲衍數。奇定相求，而得乘率，兩母相乘爲衍母。

定母疊減衍數，餘爲奇數。其奇一者，如二上題不求乘率。其衍數一者，如舊下量下加下。即以所賸爲中物，即爲中實。而以減共較實，餘或大實、或小實。

通分總物與通分之大物、小物相減，爲共較實。三直乘率之等、三直之等、三較之等，連約之得定實。左定、右定各疊減之，或有賸，或無賸。

術滿衍母去之爲定實，是累減法，算理固如是。若求者以除代減，衍母爲法，其不盡數爲定實，取數較捷，亦得。

大中小分母皆同者，即以分母本數約之，爲一。而三直自相減，爲較數。其簡法，衹用一分母通共直，爲通分總物。其總物乘大直、小直，各爲通分大小物。與通分總物相減，餘即爲共較實。乘率乘衍數，又以賸數乘，雖滿衍母不去，即各爲實。如商上。

求一本以乘率乘衍數，又以所賸乘，而滿衍母去之爲實。本不滿衍母，即爲實。如舊上、二上題，加下、三上題遂下。今擬又法，大小較爲定母，遇乘率與右定中大較相同者，即以所賸爲中物。衍數乘之，爲中實，以減共較實求之。如密下、知下、轉下。又乘率、衍數相同，徑以所賸乘衍數，反減衍母，餘爲中實，以減共較實求之。如舊下量下、加下、密下、知下、轉下。可各相題而商其法也，學者或取數不熟，則姑用常法。

求一術以三物本數，兩兩相乘，爲直乘率。與三物率兩兩相乘爲乘率者，不同其求等數，亦衹爲約共較實之用。

求乘率法，各詳草後，爲初學演，故不避煩瑣，乘除之數舊以左右上下分別，今衹各記其乘除次數，省立位，眉目亦清。

清・丁取忠《百雞數衍序》 昔張邱建序《算經》云：「學算不患乘除之爲難，而患通分之爲難。」所云通分，百雞術即其一也。甄、李去古未遠，莫溯心源，輓近辯說所及，徒滋聚訟甚矣。作者難述者，更不易也。取忠舊有《數學拾遺》之刻，略及此術。嘉定時君清甫見之，謂與二色方程暗合，因爲廣衍。得若干題於是，此術乃燦然大著矣。

附記

例言第七則「中母雖大，各有等數，可約者約之則小」。十五字。增改爲「中母雖大，與減率求等而有等者，約之則小」。十七字。

六上題草中註一段八十字。增改爲「中分母六十三，即以減率二十一爲等，約得三。大分母二十八，以加率八之等四約得七。小分母二十一，與加率一十三無等不約，是爲小二十一大於大七、中三也。今驗大物二十八，適合分母。中物一千四百二十八，雖不應分母六十三，用中率二十一兩減之，即應。而用大率八兩加大物二十八，得四十四。小率一十三兩加小物七，得三十三，各不應其分母矣。故必用小分子七於小物求加，而不用中分子於中物求減」。一百六十二字。

刻既竣，復得清甫書，有所增改如右。

清・黃宗憲《百雞數衍跋》 右《百雞術衍二卷》時清甫先生所撰，嘗聞丁果臣先生云，先生深於《九章》，治算甚精，所著書發明古人術，意無不入微。同治癸酉夏，果臣先生將以此書付剞劂，屬爲校讎。受而讀之，其每題分立兩法，一馭以方程，一馭以求一，以示術理之通。又另設大、中、小各色皆有分子之題，以盡通分之妙。嘻！百雞術至此無餘蘊矣。唯讀例言第十，則有減較、加較未得捷法之語，心甚疑之。刻既竣，果臣先生以二題見示，今有總數三十三萬三千二百一十七，以一百七十四除之不盡七，乃滿五百八十一去之。問：去幾何滿，而以一百七十四除之適盡？今有數七，以一百七十四除之，不足法，乃滿五百八十一加之。問：加幾何滿，而以一百七十四除之適盡？云係先生所函詢者。觀其題意，即減較、加較題也。因思索累日，得一通法，不敢言捷，坿之於後，或可爲讀先生書者之一助云。

清・解崇輝《代數術補式》卷二二 論未定之相等式

第一百九十三款 未定之相等式有數種，其各種之名皆依消至尚存兩箇未知之元，而以其方數名之。

凡無定之一次式，恒能變其形。如 甲天丄乙地＝丙 其甲、乙、丙皆爲已知之整數，而天與地爲未知之兩箇整數。如欲求天、地二元之正整同數，則甲、乙二數之公約數，不可有不能度丙之數。言必使可度甲、乙之數，亦可以度丙也。

假如 甲＝寅丁、乙＝寅戊 則 甲天丄乙地＝寅丁天丄寅戊地＝丙

而 丁天丄戊地＝$\frac{寅}{丙}$ 惟因丁、戊、天、地四者各爲整數，所以 $\frac{寅}{丙}$ 亦必爲整數。故必使寅爲可度丙之數，而後天、地之整同數可得。

第一百九十四款　觀上款之各式可見，其未知之數天與地有一定之幾種整同數。其如題而求得之式，其形必如　$甲天\perp乙地=丙$　惟乙若爲負數，則其式　$甲天\top乙地=丙$　即　$甲天=乙地\perp丙$　則其題與上款之各題不同類，而其未知之元必有無窮之同數，然亦可依前法解之。

又　第一百九十八款　未定之二次式其形有三種，一式如　$地=\frac{乙\perp丙天}{甲}$　二式如　$地=\frac{丙\perp丁天}{甲\perp乙天}$　三式如　$地=\sqrt{甲\perp乙天\perp丙天^{二}}$　甲、乙、丙皆爲已知之數，天、地爲未知之數。其第一式、第二式，必求其天、地之同數，能令地爲正整之數。其第三式，則必求天之同數，能令其地之同數亦可爲實數。不爲虛式也。

如一式　$地=\frac{乙\perp丙天}{甲}$　其地若爲正整數，則可見其　$乙\perp丙天$　必能度甲。試任取能約甲之數命爲丁，則　$乙\perp丙天=丁$　而　$天=\frac{丙}{丁\top乙}$　所以知欲求天之正整同數，只須於能度甲之各數中，擇其以乙減之之後以丙約之，而仍爲正整之數者，皆可爲天之同數。

解：設有大、小二數，其三倍相乘積加小數之五倍等於一百。問大、小數各若干。

命　天＝大數、地＝小數　如題得　$五地\perp三天地=一〇〇$　而　$地=\frac{五\perp三天}{一〇〇}$　設命　$五\perp三天=丁$　則　$天=\frac{三}{丁\top五}$、$地=\frac{丁}{一〇〇}$　故

得　丁　二十　五十

天　五　十五

地　五　二

觀此知只能用第二、一大、一小之答數也。

如二式　$地=\frac{丙\perp丁天}{甲\perp乙天}$　其地若爲正整之數，則可見其丁若可度乙，則如以　$丙\perp丁天$　約其　乙天　則全式之分子內可少一有天之項，其式[解]爲

$$
\begin{array}{l}
丁天\perp丙)\ 乙天\perp甲\ \left(\frac{丁}{乙}\perp\frac{丁天\perp丙}{甲\top\frac{丁}{乙}丙}\right. \\
\quad\quad\quad\ \ 乙天\perp\frac{丁}{乙}丙 \\
\hline
\quad\quad\quad\quad\quad 甲\perp\frac{丁}{乙}丙
\end{array}
$$

而其式中之第二項　$\frac{丙\perp丁天}{甲\perp\frac{丁}{乙丙}}=\frac{丙丁\perp丁^{二}天}{甲丁\perp乙丙}$　若令

$丙丁\perp丁^{二}天=戊$　則可化之同於第一式，如

$天=\frac{丁^{二}}{戊\top丙丁}$　惟丁若非可約乙之數，則可以丁乘其兩邊，得　$丁地=\frac{丙\perp丁天}{丁甲\perp丁乙天}$　其右邊除法細草如左。

解：

$$
\begin{array}{l}
丁天\perp丙)\ 乙丁天\perp丁甲\ \left(乙\perp\frac{丁天\perp丙}{丁甲\top乙丙}\right. \\
\quad\quad\quad\ \ 乙丁天\perp乙丙 \\
\hline
\quad\quad\quad\quad\quad \top乙丙\perp丁甲
\end{array}
$$

即　$丁地=乙\perp\frac{丙\perp丁天}{甲^{二}\top丁乙丙}$　所以欲求地之正整同數，可令其　$丙\perp丁天$　爲能度　$甲丁\top乙丙$　之數。

設有式如　天丄地丄二天地＝一九五　欲求天、地二元之正整同數。

因　天丄地丄二天地＝一九五　可變之爲　$地=\frac{一丄二天}{一九五丅天}$　所以

$$二地=\frac{一丄二天}{三九〇丅二天}=丅一丄\frac{一丄二天}{三九一}$$

解：

$$\frac{天丄二天}{三九一}$$

丅一丄（三九〇丄二天丅　（一丄二天

$$\frac{丅二天丅一}{丄一丄三九〇}$$

惟因

三九一＝一七×二三　所以可令其　一丄二天＝一七㊀　或　一丄二天＝二三㊁　從㊀式得　天＝八、地＝一一　從㊁式得　天＝一一、地＝八　則此題可與第一式一例解之。

解：設有長闊和加倍直積，得一百九十五。問長闊各若干。

即以上法求之，得長十一、闊八也。

第一百九十九欵　如前欵之第三式　$地=\sqrt{甲丄乙天丄丙天^{二}}$　欲求其天之同數，能令地爲實數。惟此式，若亦欲令天地三元之同數俱爲整數，則求之甚難，且不能必得，大約但可求其正分數之同數而已。

欲攷所設之式能否變爲一箇平方數，則全賴甲、乙、丙三箇倍數，故此種之式有四箇例各不相同。

清・勞乃宣《古籌算考釋續編》卷七《方程求一》　衰分補

《張邱建算經》曰：今有雞翁一，直錢五；雞母一，直錢三；雞雛三，直錢一。凡百錢買雞百隻，問雞翁、母、雛各幾何？答曰：雞翁四，直錢二十；雞母十八，直錢五十四；雞雛七十八，直錢二十六。又答：雞翁八，直錢四十；雞母十一，直錢三十三；雞雛八十一，直錢二十七。又答：雞翁十二，直錢六十；雞母四，直錢十二；雞雛八十四，直錢二十八。術曰：雞翁每增四，雞母每減七，雞雛每益三。即得。

此三色貴賤衰分也，原術不詳，注家謂無術可窮盡其理。原本後附謝察微所補術草，乃偶合，非通法。宋元諸算家，亦無解之者。近世駱春池《藝游録》，以求一御之，而榛蕪甫闢。丁果臣《數學拾遺》，由二色衰分推之，而塗軌始寬。時清甫謂丁氏之法，與二色方程暗合，因本兩家立方程、求一兩法，廣設題問，詳述術草，著《百雞術衍》一書，乃益臻美備。然此題實兼方程求一之理，蓋三色可列爲兩行，則方程之理也。消成一行兩色後，必化其一色爲一筭，與別一色及下實成相當式，而後能求其數，則求一之理也，故兩法不可偏廢。時氏之書，用方程則不兼求一，用求一則不兼方程，尚有偏而不舉，散而無紀之處。余竊病之，閒嘗思及余所立方程、求一之術，本以方程、求一融會爲一者也。若用之以御此題，必有貫通之道。姑試爲之，果覺其便。乃反覆推究，加以變通，定爲新術。較之時氏兩法，頗覺漸近自然，或可爲愚者千慮之一得乎。其術列大物一正，中物一正，小物一正，爲三色。共物若干負，爲下實，於右行。列大物價幾或幾分之幾正，中物價幾或幾分之幾正，小物價幾或幾分之幾正，爲三色。共價若干負，爲下實，於左行，如方程式。列式既定，左行以分母偏通之。任以左行一色之數偏乘右行，以左行消之，收去左行，則右行餘物兩色兩層，下實一層。此三層如有總等，則約之，副按兩色之數互易其位，寄於左方。如爲中小兩色，則置於中下，相減得數，置於上。如爲大中兩色，則置於上中，相減得數，置於下。如爲大小兩色，則置於上下，相加得數，置於中。皆用正筭，是爲大、中、小三物加減率。寄加減率訖，視消得之行，物數兩色內有一筭者否。如有一筭者，即爲已得一筭相當式，可以徑求物數。如無一筭者，則以法求之。視兩色孰大、孰小，取其小者爲法，偏除此行。置法於右，置商於左，相呼除中。除盡者，收去法數。除不盡者，命爲分子，以法數爲分母。借一筭以當右分數，置左行之上。反其正負，置右分數之上。以分母通之，視右行次層得一即止。如未得一，移左行寄左，如法再爲之，以右行次層得一爲度。乃移寄左各行並列之，由右而左，遞次相消，留末次借筭一層，餘各借筭，皆令消去。存最左兩行，餘皆收去，汰去兩行空位。左行有借筭一層，物兩色兩層，下實一層。右行有借筭一層，物一筭一層，下實或有或無不定。視左行與右行相對之物爲幾數，則以幾數乘右行，以左行消之，則右行爲借筭一層，物一筭一層，下實一層，是爲求得一筭相當式。視下實如與借筭異名，則移下實於右上，移借筭於其下。用正負除法除之，得數必正，爲借筭數。如下實與物一筭異名，則令上商略小，乘消中實，必減積，以減餘爲物一筭實。如下實與物一筭同名，則令上商略大，乘消中實，必翻積，以翻餘爲物一筭實。移物一筭實於物一筭下，移物一筭於其下，用正負除法除之，上商即在物位，得數爲一物數。除畢，以方程常法乘消左行下實。移左行借筭乘借筭數，消下實。又移左行與右行物相對之筭，乘右行物數，消下實。消畢，所餘爲實，移於左行所存物位下。移其物之筭於下爲法，用正負除法除之，上商即在其位，得數爲又一物數。乃收去借筭數，移右行所得一物數與左行所得一物數一行列之。如爲中、小，則列中、下。如爲大、中，則列上、中。如爲大、小，則列上、下。置物總數於所空一層位，以所得兩物數減之，所餘又爲又一物數，是爲一答。如式副置之，以加減率加減之，爲又一答。再副置，再加減，至一色不足減爲止，共有幾行，則爲幾答物數。各以物價乘除之，爲各物價數。如得一筭相當式後，視下實與借筭同名，或異名而借筭大於下實，不能商正商，則有兩法。其一法則姑視借筭爲空，將左右兩行借筭皆去之。即以右行物一筭，用正負除法除下實，得數爲一物泛數。移左行相對之筭乘之，與左行下實相消，餘數爲實，左行所存一物之筭爲法，用正負除法除之。如法實異名，則得正筭，是借筭果爲空，所得即爲又一物正數。右行所得一物泛數，亦即正數，以下皆與前法相同。如法實同名，則得負筭，是借筭非空，所負者即借筭數也。再以法定之，即以此負筭爲又一物泛數。移右行所得一物泛數，列爲一行。置物總數於空位，以一物正筭減之，以一物負筭反爲正而加之，得三泛數。以加減率屢加減之，至負變爲正，則泛數皆成正數，即爲一答，以下皆與前法相同。其一法則商負商，同名則上商略小之負數，乘消中實，必減積，以減餘爲物一筭實。異名而借筭大於下實，則上商負一，乘消中實，必益積，以益得爲物一筭實。以物一筭除之，得數爲一物泛數。如法以左行借筭乘借筭負數，以對右行物數之筭。乘右行物泛數，均移消左行下實，餘實必與左行所存一筭同名，除得負數，爲又一物泛數。以下皆與前法相同。如初消爲一行時，即得一筭相當式，則以彼色除下實，爲彼一色之數。減餘，或翻餘，以此色一筭除之，爲此一色之數，列爲一行。置物總數於空位，以已得兩物數減之，爲又一物數。以下皆與前法相同。如物數有等，則任行分母有等。按通分法，以三分母互相求得等數，約而乘之，爲共母，其等數別寄之。以共母乘下實，置共母，以各母除之，各子乘之，得數爲通分左行。如三母有總等，則任先消一色。如兩母有等，一母無等，則先消無等一色。求得加減率，命爲加減約率。以等數乘之，爲加減通率。皆寄於左，求得一筭相當式。下實必受等數除，先以等數約之，再以借筭商除，復以等數還乘上商，爲借筭數，還乘餘實爲物一筭實。求得兩物數，先命爲泛數。各以分母課之，如受分母除，即爲正數。如不受分母除，以加減約率屢加減之，至受分母除爲度。其加減次數，有求法。以分母減泛數不盡者，爲餘數。以分母、約率、餘數三項求總等，各約之，無等則不約，仿大衍求一術入之。以分母比定母，以約率比衍數，求得乘率，以乘餘數，滿分母去之，不盡者爲應減次數，以乘約率本數，減泛數。如泛數小於分母不足減，則以泛數反減分母，爲反餘數。求得乘率乘之，滿分母去之，不盡者爲應加次數。以乘約率本數，加泛數。加減泛數後，所得之數，必受本數分母除，爲次泛數。兩泛數中，此一數加減訖，以此一數加減次數，乘彼一數約率，加減彼泛數，亦爲次泛數。兩數如爲大中，或中小，則此減而彼加，此加而彼減。如爲大小，則此減彼亦減，此加彼亦加。以彼數分母課之，如亦受除，則兩次泛數皆爲正數。如不受除，再以彼數約率與彼次泛數相減，爲餘數。與分母約率照前法求得加減次數，乘約率，加減彼次泛數，爲正數。復按其加減次數乘此數約率，加減此次泛數，爲正數。既得兩正數，置物總數以兩數減之，餘爲又一正數，是爲一答物數。再以加減通率加減之，爲又一答物數。至不足減爲度，其餘皆與前法相同，此先求物數之法也。如欲先求物價，則列大物價一正，中物價一正，小物價一正，共物價若干負，於右行。大物幾或幾分之幾正，中物幾或幾分之幾正，小物幾或幾分之幾正，共物若干負，於左行，如方程式。如前法求之，則所得爲各物價數，以各物價乘除之，爲各物數。今先以張邱建原題，演求物三草求價三草於首。又雜採諸家與時氏書各題，分別演草於後，以盡其變。此題物數無等，草中備得一筭相當式後，下實與借筭異名，減積翻積法，及初消即得一筭相當式等法。

清·陳志堅《求一得齋算學》卷三　演無定式一

算術之妙無過於代數，而代數馭題之妙，無過於無定方程。《孫子算經》物不知數一題，後人罕通其妙。宋秦道古以大衍術釋之，而其法始顯。《張邱建算經》雞翁、雞母題問，甄、李注釋於前，丁、時推衍於後，其術意之深可知，而以無定方程馭之，則兩術不難貫爲一條。爰即物不知總與百雞術及求一術別題之類，各演數則都爲一卷如後方。

又 卷四序 演無定式二

無定方程之妙，上卷言之詳矣。今究其理，凡方程式少未知數多，如方程式一而未知數有二，方程式二而未知數有三之類，爲界限不完全之題，故一問往往有多答。然既有無定式，即題之解法有若干數，或有無窮數，均可由之而審，是即無界限之界限也。顧演其術者，每三色方程而止，其實有未知數四，方程式二，亦未嘗不可馭也。惟未知數愈多，方程式愈少，則界限愈寬，而答數必更多耳。爰即筆算數學中均中比例數題，如法推演，別爲一卷，以見立法之所賅甚廣耳。

又 卷五 演無定式三

代數無定式其遞減、遞代，與大衍求一術隱相脗合，而兼可用以馭二次方，則更爲秦氏書所未及。因即代數術中，兩平方和等於一平方二題之類，廣爲推演得二十八題，每題著一公式，任取何數代入公式，而皆可得每一題之同數，豈非快事。別爲一卷，爲二次正方之無定式，然此特舉例而已，非謂可求之題祇有此數也。

設例：以甲、乙、丙、丁等字代其所設之方根，以天、地、人、寅、卯、午等字代其所立之元。又所得同數正負均可用，蓋負根平方仍爲正，仍與題理合，故不必用負號以別之也。

又 卷九《整勾股釋術一序》

數理相生之妙，如循環之無端始焉，本理以立法繼焉，因法以生理。整數句股肇端於句三、股四、弦五，層累而上萬億京垓，不可究極而要。惟句方、股方并，與弦方等，爲立法之宗，由斯而變化之、錯綜之，且旁推而交通之，則無量數之整句股可求。且凡同弦、或同句、或同股、或同任和與任較、或同積、同弦和，其整句股無不可求，且無不可立式以求。蓋數理無盡，藏本取之不竭，爾作整句股釋術。

清・陳修齡《公式演算》卷三 無定式公式

凡二未知數一次無定式，其形有三種：（甲）甲天＝乙地丄丙、（乙）甲天＝乙地丅丙、（丙）甲天＝丅乙地丄丙 天地爲未知數，丙爲已知數，甲爲小倍數，乙爲大倍數。先將小倍數與大倍數互除至盡，如除得各數是奇層，則（甲）之公式爲 天＝乙酉丄卯丙、地＝甲酉丄卯′丙（乙）之公式爲 天＝乙酉丅卯丙、地＝甲酉丅卯′丙（丙）之公式爲 天＝丅乙酉丄卯丙、地＝甲酉丅卯′酉 若除得各數是偶層，則（甲）之公式爲 天＝乙丙丅卯丙、地＝甲酉丅卯′丙（乙）之公式爲 天＝乙酉丄卯丙、地＝甲酉丄卯′丙（丙）之公式爲 天＝乙酉丅卯丙、地＝丅甲酉丄卯′丙 欲求公式中卯及卯′之同數，須細觀下列之表，而類推之。

求（甲）（乙）（丙）公式中，卯及卯′同數之表。

設倍數互除至盡，其除得各數：奇層三、一、二、三、二，偶層三、二、一、五。

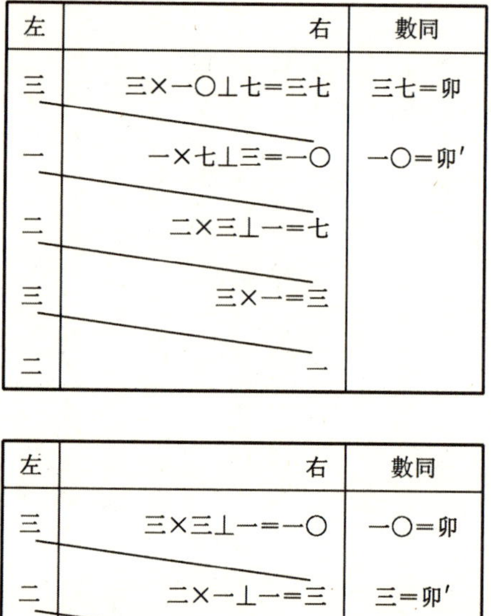

奇層表

左	右	數同
三	三×一〇丄七＝三七	三七＝卯
一	一×七丄三＝一〇	一〇＝卯′
二	二×三丄一＝七	
三	三×一＝三	
二	一	

偶層表

左	右	數同
三	三×三丄一＝一〇	一〇＝卯
二	二×一丄一＝三	三＝卯′
一	一×一＝一	
五	一	

右兩表理同，先記一於除得各數末層之右，以一乘左行高一層數，爲一數，列於右行末第二層。乃以此數乘左行再高一層數，加入此數下一層數，列於右行末第三層。照此遞推而上，至首層止，則右行第一層爲卯之同數，第二層爲卯′之同數。細觀表中╱斜線及×、丄、＝各號自明。法本算學題鏡，而變通之。

清・劉澤楨《中西數學通解》卷二一

定句股弦無零數法

《精藴》三題，要以連比例三率爲準，命中率爲股，以首率與末率相減折半爲句，相加折半爲弦。如倍中率爲股，則以首率與末率相減即句，相加即弦，不必折半。如一題，二爲首率，四爲中率，八爲末率，命中率四爲四尺，爲股。首率二尺與末率八尺相減，餘六尺折半，得三尺，即句。首率二尺與末率八尺相加，得十尺，折半，得五尺，即弦。餘仿此推之。

又《代數通藝録》定句股無零數法有二公式，《續記》别有簡術。凡五，並坿附之。

《通藝録》定句股弦無零數法

任取二數，或俱偶，或俱奇。二數有等者，等數者倍數也。以偶倍乘偶或以偶倍乘奇，必成偶。若以奇數乘奇必成奇者。此定理也。大數爲股，小數爲句弦較；二數無等者，大數自乘爲句弦和，小數自乘爲句弦較。各依本法求得句股弦三事，必無奇零也。

如奇偶數有等，求法公式：命 甲＝大數、乙＝小數、天＝句 則 天丄乙＝弦 故 $天^2$丄$甲^2$＝$(天丄乙)^2$ 即 $天^2$丄$甲^2$＝$天^2$丄二乙天丄$乙^2$ 移項相消，得 $甲^2$丅$乙^2$＝二乙天 移乘作除，得 天＝$\frac{二乙}{甲^2丅乙^2}$ 可知 天＝句 則 句丄乙＝弦

如奇偶數無等求法公式：命 甲＝大數、乙＝小數、$甲^2$＝句丄弦㊀ $乙^2$＝弦丅句㊁ 一、二式相加得 $甲^2$丄$乙^2$＝二弦 移得 弦＝$\frac{二}{甲^2丄乙^2}$ 一、二式相減得 $甲^2$丅$乙^2$＝二句 移得 句＝$\frac{二}{甲^2丅乙^2}$ 既得句弦，再用句弦求股法，即知其股。

《續記》定句股弦無零數法

任設一數，倍之爲股，或爲句。以此數自乘減一爲句，或爲股。加一爲弦。

任設偶數爲句，折半自乘，減一爲股，加一爲弦。

任設奇數爲句，自乘減一折半爲股，加一爲弦。

任設相連二數，如二與三，或八與九之類。相加爲句，相乘倍之爲股，加一爲弦。

任設相間二數，如五與七，或八與十之類。相加爲句，相乘爲股，股加二爲弦。

算法

清・駱騰鳳《藝遊録》卷二　衰分補遺

今有銀六十七兩五錢，共買物一百。大價八錢，小價三錢。問大、小物各幾何。

法以共物一百作小者算之，三錢乘百物，得三十兩。減共價，餘三十七兩五錢。以大小價較五錢除之，得七十五，即大數也。如以共物作大者算之，八錢乘百物，得八十兩。減共價，則少十二兩五錢。以價較五錢除之，得二十五，即小數也。前餘三十七兩五錢者，爲大多於小之共價，故以價較除之，得大數。後少十二兩五錢者，爲小少於大之共價，故以價較除之，得小數。

若問者不言共物，若干只云共價六十七兩五錢，大價八錢、小價三錢。問大、小物各幾何。

法以大衍術求之。大八、小三爲定母，八三相乘，得二十四爲衍母定。八以三爲衍數，合以定八除之，不滿法，求得乘率三。以乘衍數三，得九爲定八之用數。乃以大價八除共價六十七兩五錢，得八十四。奇三以乘用數九，得二十七。滿衍母除之，餘三，即小實也。以小價三除之，得一爲小數。以小實三減共價，餘六十七兩二錢，即大實。以大價八除之，得八十四爲大數。其不求三之用數者，小價三除共價，適盡無奇，故也。

前問有共價，共物，求得大數七十五、小數二十五。置大數七十五，以小價三除之，得二十五，當連本數有二十五數。小每增八，大價。大每減三，小價。皆得共價六十七兩五錢。然共物數則每增以五，即大小價之較。不能合一百元數也。

後問只有共價，求得小數一，大數八十四。置大數八十四，以小價三除之，得二十八，知連本數有二十八數。小每增八，大每減三，皆合共價，其共物亦每增以五。

今有銀十兩五錢，共買物十八枚。上八錢，中六錢，下三錢。問物各幾何。

法以下價三錢乘共物十八，得五兩四錢。減共價，餘五兩一錢，爲上中二較實。乃以上下較五爲上定母，中下較三爲中定母，五三相乘得十五爲衍母。以

上定五除較實，得一，奇一。以中定三除較實而盡，不必求。置上定五，以中三爲衍數，合以定五除之，不滿法，求得乘率二。以乘衍數三，得六爲上之用數。乃以奇一乘用數六，不滿衍母，即六爲中實。以中三除之，得二爲中數。以中實六減較實，餘四兩五錢，即上實。以上五除之，得九爲上數。并上中數十一，以減共物，餘七爲下數。

置上數九，以中定三除之，得三，知連本數有三數。以中較三減上數，以上較五加中數，以上中二較之較減下數，即得。并上下二減，即中加數。此遞減、遞加之數，皆與原共價、共物合，與二色差分之不合原共物者異。

按：較實爲二較之共實，假令二較之物相等，即可并二較數得八，除之而二較物不等，不可用併除法，故以大衍法求之。

今有物八百八十二枚，以一百四十四人分之。甲得七、乙得五、丙得三。問甲、乙、丙人數各幾何。

法：以丙三乘共人一百四十四，得四百三十二。以減共物，餘四百五十爲共較實。以甲七、乙五與丙三相減，得甲較四、乙較二。以等二約之，得甲二、乙一爲定母。約較實，得二百二十五爲定實。甲二、乙一相乘，得二爲衍母。以甲二除定實，得一百一十二，奇一。置甲定二，以乙一爲衍數，合以定二除之，不滿法，求得乘率三。以乘衍數一，得三爲甲之用數。乃以奇一乘用數三，得三。滿衍母去之，餘一爲乙實，即乙數也。以乙實減定實，餘二百二十四。以甲二除之，得一百一十二爲甲數。并甲、乙數，以減共人一百四十四，餘三十一，即丙數也。

置甲數一百一十二，以乙較一除之，應得一百一十二數。然丙數三十一，以甲、乙二較之較一除之，只得三十一數。以乙較一減甲，甲較二加乙，甲、乙二較之較減丙，即得方氏《數度衍》所云甲八十九、乙四十七、丙八者，乃第二十四數。又云甲八十二、乙六十一、丙一者，則第三十一數也。

今有甲、乙、丙三物，共百枚，價錢百文。甲一價二文、乙三價一文、丙五價一文。問各幾何。

乙一爲三分錢之一，丙一爲五分錢之一。分母三五相乘得十五，乘分子一爲十五之五，丙爲十五之三。又以總母十五通甲二，爲三十。通價一百爲一千五百，是爲甲、乙、丙物共百枚價，共一千五百錢。甲一價三十錢、乙一價五錢、丙一價三錢。

法以丙三錢乘百物，得錢三百。減通價，餘一千二百爲較實。以丙三減甲三十、乙五，得甲二十七、乙二爲定母，較實一千二百即爲定實。定母相乘，得五十四爲衍母。以定母二十七除定實一千二百，得四十四，奇十二。置甲定二十七，以乙二爲衍數，除不滿法，求得乘率十四。乘衍數二，得二十八爲甲之用數。以奇十二乘用數二十八，得三百三十六。滿衍母除之，餘一十二爲乙實。以乙定二除之，得六爲乙數。以乙實一十二減定實一千二百，餘一千一百八十八。以甲定二七除之，得四十四爲甲數。并甲、乙數，以減共物，餘五十即丙數也。乃以甲原價二乘甲四十四，得八十八。又以乙分母三除乙六，得二。以丙分母五除丙五十，得十。并之，合原價百錢。

置甲數四十四，以乙較二除之，應得二十二數。然丙數五十，以甲乙二較之較二十五除之，只得二數。乃以乙較二減甲，甲較二十七加乙，甲乙二較之較二十五減丙，即得方氏所云甲四十二、乙三十三、丙二十五，即第二數也。

以上二式見方氏《數度衍》中，方氏謂二式無準，不可立通數。今以大衍求一與遞增、遞減二法求之悉合。方氏僅以三色除共物爲中數之疎法計之，固宜其不知定式矣。

今有錢一百，買雞百隻。雞翁一價五錢，雞母一價三錢，雞雛三價一錢。問三雞各幾何。

雞雛爲三分錢之一，三爲分母，通五錢爲十五，通三錢爲九，通三之一爲一，通錢一百爲三百。先以雛作百隻算之。乘價一，得百錢。以減三百，餘二百爲雞翁、母價，多於雛之共較。以雛價一減翁價十五、母價九，得翁較十四、母較八。以等二約之，得翁七、母四爲定母。約價較二百，得一百爲定實。定母七四相乘，得二十八爲衍母。以翁七除定實百，得十四，奇二。乃置定七，以四爲衍數，除不滿法，求得乘率二。以乘衍數四，得八，爲翁七之用數。以奇二乘用八，得十六。不滿衍母，即爲雞母實。以母定四除之，得四，爲雞母數。以雞母實十六減定實，餘八十四。以翁定七除之，得十二爲雞翁數。并翁、母數，以減共雞一百，餘八十四，即雞雛數也。

置雞翁十二，以定四除之，得三，故知有三數。翁每減母較四，母每加翁較七，雛每減翁母二較之較三，即得。

雞翁十二價六十。雞母四價十二。雛八十四價二十八。

雞翁八價四十。雞母十一價三十三。雛八十一價二十七。

雞翁四價二十。雞母十八價五十四。雛七十八價二十六。

今按：此亦三色差分也，與前題同。又按：謝察微算術，置錢一百，以九爲法除之，得雞母之數。不盡者反減下法，爲雞翁之數。蓋以雛三通翁一、母一各得三。并爲九，以除實一百，得十一爲雞母數，不盡一。反減下法九，餘八爲雞翁數。此數雖偶合，然不可爲率，且不知有遞增、遞減之三數，以其徒以肊測，不憑算理故也。今以大衍法求之悉合爲，止於此。

今有銀九十六兩，買物一百六十枚。其價甲九錢、乙七錢、丙五錢、丁三錢。問各幾何。

法以丁價三錢乘共物一百六十，得四十八兩。以減共銀，餘四十八兩爲甲、乙、丙共較實。又以丁價各減甲、乙、丙價，得甲較六錢、乙較四錢、丙較二錢。以等二約之，得實二十四兩，甲較三錢、乙較二錢、丙較一錢。

如以一爲甲數，乘甲較得三錢。減實，餘二十三兩七錢爲乙、丙較實。以乙較二錢除之，得一百一十八爲乙數。餘實一錢以丙較除之，得一爲丙數。并甲一、丙一、乙一百一十八，得一百二十。以減共物，餘四十爲丁數。各以其價乘之，得甲九錢、乙八十二兩六錢、丙五錢、丁一十二兩。并之，得九十六兩。既得各數，乃累以乙較二加丙，而較一減乙，乙丙二較之較一減丁，連本數得四十數。

如以甲爲二數，甲較得六錢，減實，以前法求之，亦得四十數。

如以甲累加至七十九，則得四十數。至七十八數者，各二。七十九數者，一。計此問，可得四千六百八十一數。

清・時曰醇《百雞術衍》卷上　今有雞翁一，直錢五；雞母一，直錢三；雞雛三，直錢一。凡百錢，買雞百隻。問雞翁、母、雛各幾何。舊上。

答曰：雞翁四，直錢二十；雞母十八，直錢五十四；雞雛七十八，直錢二十六。計得四翁、十八母、二十六雛。

又答：雞翁八，直錢四十；雞母十一，直錢三十三；雞雛八十一，直錢二十七。計得八翁、十一母、二十七雛。

又答：雞翁十二，直錢六十；雞母四，直錢十二；雞雛八十四，直錢二十八。計得十二翁、四母、二十八雛。

術曰：雞翁每增四，雞母每減七，雞雛每益三，即得。母一、雛三乘翁直五，得一十五。翁一、雛三乘母直三，得九。翁一、母一乘雛直一，仍得一。相減得翁雛較一十四，母雛較八，翁母較六。又求等得二，名約之爲加減率。

劉孝孫原註并草節録於左，辨之。

此問自漢唐以來，雖甄鸞、李淳風注釋，未見詳辨。今將算學教授并謝察微擬立術草刱新添入。草曰：置錢一百文在地爲實，又置雞翁一、雞母一，各以雞雛三因之。雞翁得三、雞母得三，并雞雛三併之，共得九爲法。除實得一十一爲雞母數，不盡一。返減下法九，餘八爲雞翁數。別列雞都數一百隻在地，減去雞翁八，雞母一十一，餘八十一爲雞雛數。置翁八，以五因之，得四十，即雞翁直錢。又置雞母一十一，以三因之，得三十三，即雞母直錢。又置雞雛八十一，以三除之，得二十七，即雞雛直錢，合前問。案此註并草，乃偶合，未可從也。假令凡九十一錢，買雞九十二隻，置九十二在地爲實，以九爲法除之，滿一十爲雞母數，不盡二。返減下法九，餘七爲雞翁數。別列雞都數九十二隻在地，減去雞翁七，雞母一十，餘七十五爲雞雛數。置翁七，以五因之，得三十五，爲雞翁直錢。又置雞母一十，以三因之，得三十爲雞母直錢。又置雞雛七十五，以三除之，得二十五，爲雞雛直錢。併翁直、母直、雛直，衹得九十錢，與問數九十一錢不合。必借徑方程求之，而得翁四、母一十六、雞七十二，爲初答也。

如方程

用雞雛求題雞母一，直錢三，雞少錢多。雞雛三，直錢一，雞多錢少。百雞百錢既同數，雛率必贏，以所得母減雞多數，餘爲雛，故先取母雛相求，既得母雛數，加減而得雞翁數。若先取翁母相求，各是雞少錢多，既得翁母數以減雞都數，則得負雛數，擬題悉仿此。

右行雛三𝍢　母一𝍠　共雞一百𝍠〇〇

左行雛直一𝍠　減盡　母直三𝍦　減餘𝍧　共錢一百𝍢〇〇　減餘𝍡〇〇

以左行首位雛直一偏乘右行，右行首位雛三偏乘左行。兩兩相減，上餘八爲法，下餘二百爲實。除之，得二十五。以母一乘，不變，即爲雞母數。以減共雞一百，餘七十五爲雞雛數。乃用翁雛較七減母，母雛較四加翁，母翁較三加雛，得雞母一十八、雞翁四、雞雛七十八，爲一答。又各依較數加減，而得又答。

用雞翁求

右行翁一𝍤　母一𝍤　共雞一百𝍤〇〇

左行翁直五𝍤　減盡　母直三𝍢　減餘𝍡　共錢一百𝍠〇〇　減餘𝍣〇〇

以左行首位翁直五偏乘右行，右行首位翁一偏乘左行。兩兩相減，上餘二爲法，下餘四百爲實。除之，得二百。以母一乘，不變，即爲雞母數。以減共雞一百，不足一百爲雞翁負數。翁加率母雛較四，除翁負一百得二十五。先以二十五乘翁雛較七，得一百七十五減母。乘母雛較四，得一百加翁。乘母翁較三，得七十五加雛。而去其翁負一百，得雞母二十五、雞雛七十五、雞翁空。如前草法求之，得數並同。

求一術

先以雛分母三通共錢一百，得三百爲通分共雞。

母翁較、翁雛較相求

雛分母三通翁直五，得一十五。以共雞一百乘，得一千五百爲通分雞翁。以通分共雞減，餘一千二百。以較之等二約之，得六百爲共較實。母翁較三疊減之，適盡。翁雛較七疊減之，賸五。乃各以定母列左右兩行：

右定三　　　　　　　　共較實丅〇〇　無賸

左定七衍數‖　奇‖　乘率Ⅲ　　賸Ⅲ　　衍母‖一

左定七減衍數三，不足減，即以三爲奇數。求得乘率五，以乘衍數三，得一十五。又以賸五乘，得七十五。滿衍母二十一去之，餘一十二爲母實。以減共較實六百，餘五百八十八爲雛實。左定七除雛實，得雛八十四。右定三除母實一十二，得母四。并雞母、雞雛得八十八，以減共雞一百，餘一十二爲雞翁，是爲一答。又以翁雛較七減母，母雛較四加翁，母翁較三加雛，而得又答。凡左定、右定相乘以爲衍母。

定母七，以奇三除，得二爲第一除數，定餘一。以除奇三，得三爲第二除數，奇餘一。立天元一，以乘第一除數二，得二爲第一乘數。以乘第二除數二，得四，加天元一，得五，爲第二乘數，即乘率。

翁雛較、母雛較相求

翁一、母一通雛直一，仍得一。以共雞一百乘，得一百，即爲通分雛雛。以減通分共雞三百，餘二百。以較之等二約之，得一百爲共較實。翁雛較七疊減之，賸二。母雛較四疊減之，適盡。乃各以定母列左右兩行：

右定七衍數Ⅲ　奇Ⅲ　乘率‖　　賸‖

左定四　　　共較實一〇〇　無賸　衍母‖≐

右定七以衍數四爲奇數，求得乘率二，以乘衍數四，得八。又以賸二乘，得一十六。不滿衍母二十八，即以一十六爲母實。以減共較實一百，餘八十四爲翁實。右定七除翁實，得翁一十二。左定四除母實一十六，得母四。併雞翁、雞母得一十六，以減共雞一百，餘八十四爲雞雛，是爲一答。又依法加減，同左定草。

定母七，以奇四除，得一爲第一除數，定餘三。以除奇四，得一爲第二除數，奇餘一。立天元一，以乘第一除數一，得一爲第一乘數。以乘第二除數一，仍得一，加天元一，得二爲第二乘數，即乘率。

設大物一，直三；中物三，直一；小物五，直一。共物一百，共直二百。問物大、中、小各幾何。

答曰：大物二十六，直七十八；中物五十四，直一十八；小物二十，直四。計得二十六大、一十八中、四小。

又答：大物二十七，直八十一；中物三十三，直一十一；小物四十，直八。計得二十七大、一十一中、八小。

又答：大物二十八，直八十四；中物一十二，直四；小物六十，直一十二。計得二十八大、四中、一十二小。

大小較二十一、中小較一、中大較二十。中三、小五乘大直三，得四十五。大一、小五乘中直一，得五。大一、中三乘小直一，得三。相減得大小較四十二、中小較二、中大較四十。又求等得二，各約之。

如方程

用大數求

右行大一Ⅲ　　中三Ⅲ　　共物一百Ⅲ〇〇

左行大直三Ⅲ　減盡　中直一｜　減餘Ⅲ　共直一百｜〇〇　減餘‖〇〇

以左行首位大直三偏乘右行，右行首位大一偏乘左行。兩兩相減，上餘八爲法，下餘二百爲實。除之，得二十五。以中分母三乘，得七十五爲中物。以減共物二百，餘二十五爲大物。乃用大小較二十一減中，中小較一加大，中大較二十加小，得中物五十四、大物二十六、小物二十，爲一答。又依較數加減，而得又答。

用小數求

右行小五Ⅲ　　中三Ⅲ　　共物一百｜〇〇

左行小直一Ⅲ　減盡　中直一Ⅲ　減餘‖　共直一百Ⅲ〇〇　減餘Ⅲ〇〇

以左行首位小直一偏乘右行，右行首位小五偏乘左行。兩兩相減，上餘二爲法，下餘四百爲實。除之，得二百。以中分母三乘，得六百爲中物。以減共物一百，不足五百爲負小物。小加率中大較二十除負小物五百，得二十五。先以二十五乘大小較二十一，得五百二十五減中。乘中小較一，得二十五加大。乘中大較二十，得五百加小。而去其負小物五百，得中物七十五、大物二十五、小物空。如前草法求之，得數並同。

求一術

先以大一、中三、小五爲三物分母，通共直一百，得一千五百爲通分總物。

中大較、大小較相求

中三、小五兩物分母，通大直三，得四十五。以共物一百乘，得四千五百爲通分大物。以通分總物減，餘三千。以較之等二約之，得一千五百爲共較實。中大較二十疊減之，適盡。大小較二十一疊減之，賸九。乃各以定母列左右兩行。

右定二十　　共較實|≡〇〇　無賸

左定二十一　衍數||〇　奇||〇　乘率||〇　賸Ⅲ　衍母Ⅲ=〇

左定二十一，以衍數二十爲奇數。求得乘率二十，數與右定同。徑以賸九乘，得一百八十。反減衍母四百二十，餘二百四十爲中實。以減共較實一千五百，餘一千二百六十爲小實。左定二十一除小實，得小物六十。右定二十除中實二百四十，得中物一十二。併中物、小物得七十二，以減共物一百，餘二十八爲大物，得一答。又以大小較二十一加中，中小較一減大，中大較二十減小，而得又答。

定母二十一，以奇二十除，得一爲第一除數，定一。以除奇二十，得一十九爲第二除數，奇餘一。立天元一，以乘第一除數一，得一爲第一乘數。以乘第二除數一十九，仍得一十九，加天元一，得二十爲第二乘數，即乘率。

大小較、中小較相求

大一、中三兩物分母，通小直一，得三。以共物一百乘，得三百爲通分小物。以減通分總物一千五百，餘一千二百。以較之等二約之，得六百爲共較實。大小較二十一疊減之，賸一十二。中小較一省減。乃各以定母列左右兩行：

右定二十一　衍數|　奇|　乘率空　共較實T〇〇　賸|=　衍母||一

左定一　無賸

右定二十一，以衍數一爲奇數。不求乘率，徑以賸一十二爲中物，亦爲中實。以減共較實六百，餘五百八十八爲大實。右定二十一除大實，得大物二十八。併大物、中物得四十，以減共物一百，餘六十爲小物。又依法加減，同前左定草。

右二題首列原問，尊經也。次大小物直，對易其數，配之，衍術從此始。

設大物一，直三；中物三，直五；小物五，直一。共物一百，共直一百。問物大、中、小各幾何。學上。

答曰：大物五，直一十五；中物四十五，直七十五；小物五十，直一十。計得五大、一十五中、一十小。

又答：大物一十六，直四十八；中物二十四，直四十；小物六十，直一十二。計得一十六大、八中、一十二小。

又答：大物二十七，直八十一。中物三，直五。小物七十，直一十四。計得二十七大、一中、一十四小。

大小較二十一，中小較一十一，中大較一十。中三、小五乘大直三，得四十五。大一、小五乘中直五，得二十五。大一、中三乘小直一，得三。相減得大小較四十二，中小較二十二，中大較二十。又求等得二，各約之。

如方程

用小數求

右行小五Ⅲ　中三Ⅲ　共物一百|〇〇

左行小直一Ⅲ　減盡　中直五Ⅲ　減餘||　共直一百|〇〇　減餘Ⅲ〇〇

以左行首位小直一偏乘右行，右行首位小五偏乘左行。兩兩相減，上餘二十二爲法，下餘四百爲實。除之，得一十八，不盡四。分母子各半之，爲一十一分之二，通内爲二百。以中分母三乘，得六百爲通分中物。亦以法一十一通共物一百，爲一千一百。而以所通中物減之，餘五百爲通分小物。復以法除通分中物，得中物五十四，不盡六分。母子無等不約，仍通内爲六百。依法求中數減較，置大小較二十一，先去其六，遞加至五較，而除之適盡。乃五因大小較二十一，得一百〇五以減中。五因中小較一十一，得五十五以加大。五因中大較一十，得五十以加小。得通分中物四百九十五，通分大物五十五，通分小物五百五十。復以法各除，得中物四十五、大物五、小物五十，爲一答。又各依較數加減，而得又答。

用大數求

右行大一|　中三Ⅲ　共物一百|〇〇

左行大直三Ⅲ　減盡　中直五Ⅲ　減餘Ⅲ　共直一百|〇〇　減餘||〇〇

以左行首位大直三徧乘右行，右行首位大一偏乘左行。兩兩相減，上餘四爲法，下餘二百爲實。除之，得五十。以中分母三乘，得一百五十爲中物。以減共物一百，不足五十爲負大物。大加率中小較一十一，除負大物五十，得四，不盡六。乃五因大小較二十一，得一百〇五以減中。五因中小較一十一，得五十五以加大。五因中大較一十，得五十以加小。而去其負大物五十，得中物四十五、大物五、小物五十，爲一答。又各依較數加減，而得又答。

求一術

先以大一、中三、小五爲三物分母，通共直一百，得一千五百爲通分總物。

中大較、大小較相求

中三、小五兩物分母，通大直三得四十五。以共物一百乘，得四千五百爲通分大物。以通分總物減，餘三千。以較之等二約之，得一千五百爲共較實。中大較一十疊減之，適盡。大小較二十一疊減之，賸九。乃各以定母列左右兩行：

右定一十　　　　共較實〇〇　無賸　衍母𝍡𝍠〇
左定二十一　衍數𝍠〇　奇𝍠〇　乘率𝍠𝍨　𝍠𝍤　賸𝍨

左定二十一，以衍數一十爲奇數。求得乘率一十九，以乘衍數一十，得一百九十。又以賸九乘，得一千七百一十。滿衍母二百一十去之，餘三十爲中實。以減共較實一千五百，餘一千四百七十爲小實。左定二十一除小實，得小物七十。右定一十除中實三十，得中物三。併中物、小物得七十三，以減共物一百，餘二十七爲大物，得一答。又以大小較二十一加中，中小較一十一減大，中大較一十減小，而得又答。

定母二十一，以奇一十除，得二爲第一除數，定餘一。以除奇一十，得九爲第二除數，奇餘一。立天元一，以乘第一除數二，得二爲第一乘數。以乘第二除數九，得一十八，加天元一，得一十九爲第二乘數，即乘率。

大小較、中小較相求

大一、中三兩物分母，通小直一得三。以共物一百乘，得三百爲通分小物。以減通分總物一千五百，餘一千二百。以較之等二約之，得六百爲共較實。大小較二十一疊減之，賸一十二。中小較一十一疊減之，賸六。乃各以定母列左右兩行：

右定二十一　衍數𝍠𝍠　奇𝍠𝍠　乘率𝍡　共較實〇〇　賸𝍠𝍡　衍母𝍡𝍢𝍠
左定一十一　衍數𝍡𝍠　奇𝍠〇　乘率𝍠〇　𝍥　賸𝍥

右定二十一，以衍數一十一爲奇數。求得乘率二，以乘衍數一十一，得二十二。又以賸一十二乘，得二百六十四。滿衍母二百三十一去之，餘三十三爲中實。以減共較實六百，餘五百六十七爲大實。右定二十一除大實，得大物二十七。左定一十一除中實三十三，得中物三。併大物、中物得三十，以減共物一百，餘七十爲小物，得一答。又依法加減，同前左定草。

定母二十一，以奇一十一除，得一爲第一除數，定餘一十。以除奇一十一，得一爲第二除數，奇餘一。立天元一，以乘第一除數一，得一爲第一乘數。以乘第二除數一，仍得一，加天元一，得二爲第二乘數，即乘率。

左定一十一減衍數二十一，奇一十。求得乘率一十，以乘衍數二十一，得二百一十。又以賸六乘，得一千二百六十。滿衍母二百三十一去之，餘一百〇五爲大實。以減共較實六百，餘四百九十五爲中實。左定一十一除中實，得中物四十五。右定二十一除大實一百〇五，得大物五。併大物、中物得五十，以減共物一百，餘五十爲小物，得一答。又各依較數加減，同方程草。

定母一十一，以奇一十除，得一爲第一除數，定餘一。以除奇一十，得九爲第二除數，奇餘一。立天元一，以乘第一除數一，得一爲第一乘數。以乘第二除數九，仍得九，加天元一，得一十爲第二乘數，即乘率。

設大物一，直五；中物五，直三；小物三，直一。共物一百，共直一百。問物大、中、小各幾何。學下。

答曰：大物一十，直五十；中物七十五，直四十五；小物一十五，直五。計得一十大、一十五中、五小。

又答：大物一十二，直六十；中物四十，直二十四；小物四十八，直一十六。計得一十二大、八中、一十六小。

又答：大物一十四，直七十；中物五，直三；小物八十一，直二十七。計得一十四大、一中、二十七小。

大小較三十五、中小較二、中大較三十三。中五、小三乘大直五，得七十五。大一、小三乘中直三，得九。大一、中五乘小直一，得五。相減得大小較七十，中小較四，中大較六十六。又求等，得二，各約之。

如方程

用大數求

右行大一𝍤　　中五𝍠𝍤　　共物一百𝍤〇〇
減盡　　減餘𝍠𝍡　　減餘𝍣〇〇
左行大直五𝍤　　中直三𝍢　　共直一百𝍠〇〇

以左行首位大直五偏乘右行，右行首位大一偏乘左行。兩兩相減，上餘二十二爲法，下餘四百爲實。除之，得一十八，不盡四。分母子各半之，爲一十一分之二。通內爲二百，以中分母五乘得一千，爲通分中物。亦以法一十一，通共物一百爲一千一百。而以所通中物減之，餘一百爲通分大物。復以法除通分中物，得中物九十，不盡一十。分母子無等不約，仍通內爲一千。依法求中數減較，置大小較三十五，先去其一十，遞加至五較而除之，適盡。乃五因大小較三十五，得一百七十五以減中。五因中小較二，得一十以加大。五因中大較三十三，得一百六十五以加小。得通分中物八百二十五，通分大物一百一十，通分小物一百六十五。復以法各除，得中物七十五，大物一十，小物一十五，爲一答。又答依較數加減，而得又答。

用小數求

右行小三𝍢　中五𝍤　共物一百𝍠〇〇

左行小直一𝍢　減盡　中直三𝍣　減餘𝍣　共直一百𝍢〇〇　減餘𝍡〇〇

以左行首位小直一偏乘右行，右行首位小三偏乘左行。兩兩相減，上餘四爲法，下餘二百爲實。除之，得五十。以中分母五乘，得二百五十爲中物。以減共物一百，不足一百五十爲負小物。小加率中大較三十三，除負小物一百五十，得四，不盡一十八。乃五因大小較三十五，得一百七十五以減中。五因中小較二，得一十以加大。五因中大較三十三，得一百六十五以加小。而去其負小物一百五十，得中物七十五，大物一十，小物一十五，爲一答。又各依較數加減，而得又答。

求一術

先以大一、中五、小三爲三物分母，通共直一百，得一千五百爲通分總物。

中大較、大小較相求

中五、小三兩物分母，通大直五，得七十五。以共物一百乘，得七千五百爲通分大物。以通分總物減，餘六千。以較之等二約之，得三千爲共較實。中大較三十三疊減之，朒三十。大小較三十五疊減之，朒二十五。乃各以定母列左右兩行：

右定三十三衍數𝍢𝍭　奇𝍡　乘率𝍠𝍯　共較實𝍢〇〇〇　朒𝍢〇　衍母𝍩𝍠𝍭𝍤

左定三十五衍數𝍢𝍫　奇𝍢𝍫　乘率𝍠𝍯　朒𝍡𝍭

右定三十三減衍數三十五，得五百九十五。又以朒三十乘，得一萬七千八百五十。滿衍母一千一百五十五去之，餘五百二十五爲小實。以減共較實三千，餘二千四百七十五爲中實。右定三十三除中實，得中物七十五。左定三十五除小實五百二十五，得小物一十五。併中物、小物得九十，以減共物一百，餘一十爲大物，得一答。又答依較數加減，同方程草。

定母三十三，以奇二除，得一十六爲第一除數，定餘一。以除奇二，得一爲第二除數，奇餘一。立天元一，以乘第一除數一十六，得一十六爲第一乘數。以乘第二除數一，仍得一十六，加天元一，得一十七爲第二乘數，即乘率。

左定三十五，以衍數三十三爲奇數。求得乘率一十七，以乘衍數三十三，得五百六十一。又以朒二十五乘，得一萬四千〇二十五。滿衍母一千一百五十五去之，餘一百六十五爲中實。以減共較實三千，餘二千八百三十五爲小實。左定三十五除小實，得小物八十一。右定三十三除中實一百六十五，得中物五。併中物、小物得八十六，以減共物一百，餘一十四爲大物，得一答。又以大小較三十五加中，中小較二減大，中大較三十三減小，而得又答。

定母三十五，以奇三十三除，得一爲第一除數，定餘二。以除奇三十三，得一十六爲第二除數，奇餘一。立天元一，以乘第一除數一，得一爲第一乘數。以乘第二除數一十六，仍得一十六。加天元一，得一十七爲第二乘數，即乘率。

大小較、中小較相求

大一、中五兩物分母，通小直一，得五。以共物一百乘，得五百爲通分小物。以減通分總物一千五百，餘一千。以較之等二約之，得五百爲共較實。大小較三十五疊減之，朒一十。中小較二疊減之，適盡。乃各以定母列左右兩行：

右定三十五衍數𝍡　奇𝍡　乘率𝍠𝍰　共較實𝍢〇〇　朒𝍠〇　衍母𝍮〇

左定二　無朒

右定三十五，以衍數二爲奇數。求得乘率一十八，以乘衍數二，得三十六。又以朒一十乘，得三百六十。滿衍母七十去之，餘一十爲中實。以減共較實五百，餘四百九十爲大實。右定三十五除大實，得大物一十四。左定二除中實一十，得中物五。併大物、中物得一十九，以減共物一百，餘八十一爲小物，得一答。又各依較數加減，同前左定草。

定母三十五，以奇二除，得一十七爲第一除數，定餘一。以除奇二，得一爲第二除數，奇餘一。立天元一，以乘第一除數一十七，得一十七爲第一乘數。以乘第二除數一，仍得一十七。加天元一，得一十八爲第二乘數，即乘率。

設大物三，直七；中物三，直五；小物三，直二。共物一百三十八，共直一百三十八。問物大、中、小各幾何。商上。

答曰：大物六，直一十四；中物三十六，直六十；小物九十六，直六十四。計得二大、一十二中、三十二小。

又答：大物一十五，直三十五；中物二十一，直三十五；小物一百〇二，直六十八。計得五大、七中、三十四小。

又答：大物二十四，直五十六；中物六，直一十；小物一百〇八，直七十二。計得八大、二中、三十六小。

約率：大小較五、中小較三、中大較二。三物率皆得一，故無直乘率，徑以三直本數相減得此。

物率：大三、中三、小三，以等三各約爲一。

通率：大小較一十五、中小較九、中大較六，以三物之等三通約率得此。

如方程

用小數求

右行小三⊤　中三⊤　共物一百三十八Ⅱ⊥⊤

左行小直二⊤　減盡　中直五Ⅰ≡　減餘Ⅲ　共直一百三十八ⅢⅡⅢ　減餘⊟Ⅲ

以左行首位小直二偏乘右行，右行首位小三偏乘左行。兩兩相減，上餘九爲法，下餘一百三十八爲實。法九與中分母三求等，得三，約母三爲一。省乘亦約法九，得三。以除實一百三十八，得中物四十六。以減共物一百三十八，餘九十二爲小物。驗四十六、九十二各不應分母三。依法求中分子減較，以母三約中物四十六，餘一。置大小較五，先去其一，又加一較驗之，而應分母。乃倍大小較五，得一十以減中。倍中小較三，得六以加大。倍中大較二，得四以加小。得中物三十六、大物六、小物九十六，爲一答。又以通率大小較一十五減中，中小較九加大，中大較六加小，而得又答。

用大數求

右行大三⊩　中三⊩　共物一百三十八Ⅲ⊥⊤

左行大直七⊩　減盡　中直五Ⅰ≡　減餘⊤　共直一百三十八Ⅲ一Ⅲ　減餘Ⅲ≡Ⅱ

以左行首位大直七偏乘右行，右行首位大三偏乘左行。兩兩相減，上餘六爲法，下餘五百五十二爲實。法六與中分母三求等得三，約母三爲一，省乘。亦約法六，得二。以除實五百五十二，得中物二百七十六。以減共物一百三十八，不足一百三十八爲負大物。大加率中小較三，除負大物一百三十八，得四十六。先以四十六乘大小較五，得二百三十減中。乘中小較三，得一百三十八加大。乘中大較二，得九十二加小。而去其負大物一百三十八，得中物四十六、小物九十二、大物空。驗中物、小物不應分母，如前草求之，得數並同。

求一術

此題大三、中三、小三，三物分母皆同，連乘得二十七。大中相乘、中小相乘，各得九。與二十七求等得九，約九得一，各爲大直、小直乘率。約二十七得三，爲共直乘率。乃先以率三通共直一百三十八，得四百一十四，爲通分總物。若依本法，以三物分母連乘得二十七，通共直一百三十八，得三千七百二十六爲通分總物。

中大較、大小較相求

率一通大直七，不變。以共物一百三十八乘，得九百六十六爲通分大物。以通分總物四百一十四減，餘五百五十二爲共較實。若依本法，以中三、小三通大直七，得六十三。以共物一百三十八乘，得八千六百九十四。以通分總物三千七百二十六減，餘四千九百六十八。以較之等九約之，亦得五百五十二爲共較實。中大較二疊減之，適盡。大小較五疊減之，賸二。乃各以定母列左右兩行：

右定二　共較實ⅢⅢ≡Ⅱ　無賸

左定五衍數Ⅱ　奇Ⅱ　乘率Ⅲ　賸Ⅱ　衍母Ⅰ○

左定五以衍數二爲奇數，求得乘率三，以乘衍數二，得六。又以賸二乘，得一十二。他題滿衍母則去之，題三物分母皆同數，滿分母不去。即爲中實。以減共較實五百五十二，餘五百四十爲小實。左定五除小實，得小物一百〇八。右定二除中實一十二，得中物六。併中物、小物得一百一十四，以減共物一百三十八，餘二十四爲大物，得一答。又以通率大小較一十五加中，中小較九減大，中大較六減小，而得又答。

定母五，以奇二除，得二爲第一除數，定餘一。以除奇二，得一爲第二除數，奇餘一。立天元一以乘第一除數二，得二爲第一乘數。以乘第二除數一，仍得二，加天元一，得三爲第二乘數，即乘率。

大小較、中小較相求

率一通小直二，不變。以共物一百三十八乘，得二百七十六爲通分小物。以減通分總物四百一十四，餘一百三十八爲共較實。若依本法，以大三、中三通小直二，得一十八。以共物一百三十八乘，得二千四百八十四。以減通分總物三千七百二十六，餘一千二百四十二。以較之等九約之，亦得一百三十八爲共較實。大小較五疊減之，賸三。中小較三疊減之，適盡。乃各以定母列左右兩行：

右定五衍數𝍢 奇𝍢 乘率𝍡 共較實𝍠𝍫𝍧 賸𝍢 衍母𝍩𝍤

左定三 無賸

右定五以衍數三爲奇數，求得乘率二，以乘衍數三得六。又以賸三乘，得一十八，即爲中實。以減共較實一百三十八，餘一百二十爲大實。右定五除大實，得大物二十四。左定三除中實一十八，得中物六。併大物、中物得三十，以減共物一百三十八，餘一百〇八爲小物，得一答。又各依法加減，同前左定草。定母五，以奇三除，得一爲第一除數，定餘二。以除奇三，得一爲第二除數，奇餘一。立天元一，以乘第一除數一，得一爲第一乘數。以乘第二除數一，仍得一。加天元一，得二爲第二乘數，即乘率。

設大物二，直三；中物五，直三；小物七，直三。共物一百三十八，共直一百三十八。問物大、中、小各幾何。商下。

答曰：大物六十四，直九十六一；中物六十，直三十六；小物一十四，直六。計得三十二大、一十二中、二小。

又答：大物六十八，直一百〇二；中物三十五，直二十一；小物三十五，直一十五。計得三十四大、七中、五小。

又答：大物七十二，直一百〇八；中物一十，直六；小物五十六，直二十四。計得三十六大、二中、八小。

直率：大直三、中直三、小直三，以等三名約爲一。大小較二十五，一中小較四，中大較二十一。三直率皆一，故省互乘。中五、小七相乘得三十五。大二、小七相乘，得一十四。大二、中五相乘，得一十。徑相減得此數。

如方程

用大數求

右行大二𝍥 中五𝍠𝍫 共物一百三十八𝍣𝍩𝍣

減盡 減餘𝍧 減餘𝍠𝍫𝍧

左行大直三𝍥 中直三𝍥 共直一百三十八𝍡𝍮𝍥

以左行首位大直三偏乘右行，右行首位大二偏乘左行。兩兩相減，上餘九爲法，下餘一百三十八爲實。除之，得一十五，不盡三。與法九求等得三，約爲三分之一。通内爲四十六，以中分母五乘，得二百三十爲通分中物。亦以法三通共物一百三十八，爲四百一十四。而以所通中物減之，餘一百八十四爲通分大物。復以法除通分中物，得中物七十六，不盡二。分母子無等不約，仍通内爲二百三十。依法求中數減較，置大小較二十五，先去其二，又加一較而除之，適盡。乃倍大小較二十五，得五十以減中。倍中小較四，得八以加大。倍中大較二十一，得四十二以加小。得通分中物一百八十、通分大物一百九十二、通分小物四十二。復以法各除，得中物六十、大物六十四、小物一十四，爲一答。又各依較數加減，而得又答。

用小數求

右行小七𝍡𝍩 中五𝍠𝍭 共物一百三十八𝍣𝍩𝍣

減盡 減餘𝍥 減餘𝍤𝍭𝍡

左行小直三𝍡𝍩 中直三𝍡𝍩 共直一百三十八𝍨𝍮𝍥

以左行首位小直三偏乘右行，右行首位小七偏乘左行。兩兩相減，上餘六爲法，下餘五百五十二爲實。除之，得九十二。以中分母五乘，得四百六十爲中實。以減共物一百三十八，不足三百二十二爲負小物。小加率中大較二十一，除負小物三百二十二，得一十五，不盡七。乃以一十六乘大小較二十五，得四百減中。乘中小較四，得六十四加大。乘中大較二十一，得三百三十六加小。而去其負小物三百二十二，得中物六十、大物六十四、小物一十四，爲一答。又各依較數加減，而得又答。

求一術

先以大二、中五、小七爲三物分母，通共直一百三十八，得九千六百六十爲通分總物。

中大較、大小較相求

中五、小七兩物分母，通大直三，得一百〇五。以共物一百三十八乘，得一萬四千四百九十爲通分大物。以通分總物減，餘四千八百三十。以三直之等三約之，得一千六百一十爲共較實。中大較二十一疊減之，賸一十四。大小較二十五疊減之，賸一十。乃各以定母列左右兩行：

右定二十一衍數𝍠𝍭 奇𝍣 乘率𝍮 共較實𝍮𝍠〇 賸𝍠𝍬 衍母𝍤𝍪𝍤

左定二十五衍數𝍡𝍩 奇𝍡𝍩 乘率𝍥 賸𝍠〇

右定二十一減衍數二十五，奇四。求得乘率一十六，以乘衍數二十五，得四百。又以賸一十四乘，得五千六百。滿衍母五百二十五去之，餘三百五十爲小實。以減共較實一千六百一十，餘一千二百六十爲中實。右定二十一除中實，得中物六十。左定二十五除小實三百五十，得小物一十四。併中物、小物得七十四，以減共物一百三十八，餘六十四爲大物，得一答。又各依較數加減，而得又答。

定母二十一，以奇四除，得五爲第一除數，定餘一。以除奇四，得三爲第二除數，奇餘一。立天元一，以乘第一除數五，得五爲第一乘數。以乘第二除數三，得一十五，加天元一，得一十六爲第二乘數，即乘率。

左定二十五以衍數二十一爲奇數，求得乘率六，以乘衍數二十一，得一百二十六。又以賸一十乘，得一千二百六十。滿衍母五百二十五去之，餘二百一十爲中實。以減共較實一千六百一十，餘一千四百爲小實。左定二十五除小實，得小物五十六。右定二十一除中實二百一十，得中物一十。併中物、小物得六十六，以減共物一百三十八，餘七十二爲大物，得一答。又以大小較二十五加中，中小較四減大，中大較二十一減小，而得又答。

定母二十五，以奇二十一除，得一爲第一除數，定餘四。以除奇二十一，得五爲第二除數，奇餘一。立天元一，以乘第一除數一，得一爲第一乘數。以乘第二除數五，仍得五，加天元一，得六爲第二乘數，即乘率。

大小較、中小較相求

大二、中五兩物分母通小直三，得三十。以共物一百三十八乘，得四千一百四十爲通分小物。以減通分總物九千六百六十，餘五千五百二十。以三直之等三約之，得一千八百四十爲共較實。大小較二十五疊減之，賸一十五。中小較四疊減之，適盡。乃各以定母列左右兩行：

右定二十五 衍數〤 奇〤 乘率〡〩 共較實〡〨〤〇 賸〡〥 衍母〡〇〇

左定四 無賸

右定二十五以衍數四爲奇數，求得乘率一十九，以乘衍數四，得七十六。又以賸一十五乘，得一千一百四十。滿衍母一百去之，餘四十爲中實。以減共較實一千八百四十，餘一千八百爲大實。右定二十五除大實，得大物七十二。左定四除中實四十，得中物一十。併大物中物得八十二，以減共物一百三十八，餘五十六爲小物，得一答。又各依較數加減，同前左定草。

定母二十五，以奇四除，得六爲第一除數，定餘一。以除奇四得三，爲第二除數，奇餘一。立天元一，以乘第一除數六，得六爲第一乘數。以乘第二除數三，得一十八，加天元一，得一十九爲第二乘數，即乘率。

設有物大各三，甲直四，乙直二；中各九，甲直八，乙直二；小各六，甲直五，乙直一。共物各九十三，甲共直九十三，乙共直三十一。問物大、中、小各幾何。量加上。

答曰：大物各二十四，甲直三十二，乙直一十六；中物各六十三，甲直五十六，乙直一十四；小物各六，甲直五，乙直一。計得八大、七中、一小。

答：大物各二十七，甲直三十六，乙直一十八；中物各三十六，甲直三十二，乙直八；小物各三十，甲直二十五，乙直五。計得九大、四中、五小。

又答：大物各三十，甲直四十，乙直二十；中物各九，甲直八，乙直二；小物各五十四，甲直四十五，乙直九。計得一十大、一中、九小。

物率：大三約爲一、中九約爲三、小六約爲二。以等三相約得。

直乘率：中小物率三二相乘得六，大小物率一二相乘得二，大中物率一三相乘得三。

約率：大小較九、中小較一、中大較八。以乘率六乘大直，乘率二乘中直，乘率三乘小直，相減而得。

通率：大小較二十七、中小較三、中大較一十四。以三物之等三，通物率得之。

右總題分之得二，如左。物率同。

如方程

用大數求

設甲物大三，直四；中九，直八；小六，直五。共物九十三，共直九十三。問物大、中、小各幾何。量上。

答曰：大物二十四，直三十二；中物六十三，直五十六；小物六，直五。

又答：大物二十七，直三十六；中物三十六，直三十二；小物三十，直二十五。

又答：大物三十，直四十；中物九，直八；小物五十四，直四十五。

右行大三〣 中九〩 共物九十三〩〣

左行大直四〤 中直八〨 共直九十三〩〣

減盡 減餘〤 減餘〧

以左行首位大直四偏乘右行，右行首位大三偏乘左行。兩兩相減，上餘一十二爲法，下餘九十三爲實。

設乙物大三，直二；中九，直二；小六，直一。共物九十三，共直三十一。

問物大、中、小各幾何。加上。

答曰：大物二十四，直一十六；中物六十三，直一十四；小物六，直一。

又答：大物二十七，直一十八；一中物三十六，直八；小物三十，直五。

又答：大物三十，直二十；中物九，直二；小物五十四，直九。

右行大三丅　中九≟　共物九十三≡丅

左行大直二丅　減盡　中直二丅　減餘⊨　共直三十一Ⅲ≡　減餘Ⅲ≡

以左行首位大直二偏乘右行，右行首位大三偏乘左行。兩兩相減，上餘一十二爲法，下餘九十三爲實。右甲、乙二題，各得法一十二，與中分母九求等得三，約九得三爲乘率。亦約法一十二爲四，以除實九十三，得二十三，不盡一。分母子無等不約，仍通內爲九十三。以乘率三乘，得二百七十九爲通分中物。亦以法四通總物九十三，爲三百七十二。而以所通中物減之，餘九十三爲通分大物。復以法除通分中物，得中物六十九，不盡三。分母子無等不約，仍通內爲二百七十九。依法求中數減較，置大小較九，先去其三，遞加至三較，而除之適盡。乃三因大小較九，得二十七以減中。三因中小較一，得三以加大。三因中大較八，得二十四以加小。得通分中物二百五十二，通分大物九十六，通分小物二十四。復以法各除得中物六十三，大物二十四，小物六，爲一答。又以通率大小較二十七減中，中小較三加大，中大較二十四加小，而得又答。

用小數求

設甲物、甲直，問答同前甲題。

右行小六Ⅲ〇　中九Ⅲ≡　共物九十三Ⅲ⊥Ⅲ

左行小直五Ⅲ〇　減盡　中直八Ⅲ≟　減餘Ⅲ　共直九十三ⅢⅢ≡Ⅲ　減餘Ⅲ≡

以左行首位小直五偏乘右行，右行首位小六偏乘左行。兩兩相減，上餘三爲法，下餘九十三爲實。

設乙物乙直問答同前乙題。

右行小六丅　中九Ⅲ　共物九十三Ⅲ≡

左行小直一丅　減盡　中直二⊨　減餘Ⅲ　共直三十一≟丅　減餘Ⅲ≡

以左行首位小直一偏乘右行，右行首位小六偏乘左行。兩兩相減，上餘三爲法，下餘九十三爲實。

右甲、乙二題，各得法三，與中分母九求等得三，約九得三爲乘率。亦約法三爲一，以除實九十三，不變。乘率三乘之，得二百七十九爲中物。以減共物九十三，不足一百八十六爲負小物。小加率中大較八，除負小物一百八十六，得二十三，不盡二。乃以二十四乘大小較九，得二百一十六減中。乘中小較一，得二十四加大。乘中大較八，得一百九十二加小。而去其負小物一百八十六，得中物六十三，大物二十四，小物六，爲一答。又以通率加減，同用大數草。

求一術

甲先以大三、中九、小六爲三物分母，通共直九十三，得一萬五千〇六十六爲通分總物。

乙先以三物分母通共直三十一，得五千〇二十二爲通分總物。

中大較、大小較相求

甲以中九、小六兩物分母，通大直四，得二百一十六。以共物九十三乘，得二萬〇〇八十八爲通分大物。

乙以中、小兩物分母，通大直二，得一百〇八。以共物乘，得一萬〇〇四十四爲通分大物。

右甲、乙通分大物，各以其通分總物減，餘五千〇二十二。以直乘率之等九中九、小六相乘，得五十四爲大直乘率。大三、小六相乘，得一十八爲中直乘率。大三、中九相乘，得二十七爲小直乘率。相求等得此。約之，得五百五十八爲共較實。以中大較八疊減之，賸六。大小較九疊減之，適盡。乃各以定母列左右兩行：

右定八衍數Ⅲ　奇一　乘率空　共較實ⅢⅢ≡Ⅲ　賸丅

左定九　無賸　衍母Ⅲ⊨

右定八減衍數九，奇一。不求乘率，徑以賸六乘衍數九，得五十四。不滿衍母七十二，即爲小實。以減共較實五百五十八，餘五百〇四爲中實。右定八除中實，得中物六十三。左定九除小實五十四，得小物六。併中物、小物得六十九，以減共物九十三，餘二十四爲大物，得一答。又以通率加減，同方程草。

大小較、中小較相求

甲以大三、中九兩物分母通小直五，得一百三十五。以共物九十三乘，得一萬二千五百五十五爲通分小物。

乙以大、中兩物分母通小直一，得二十七。以共物乘，得二千五百一十一爲通分小物。

右甲、乙通分小物，各以減其通分總物，餘二千五百一十一。以直乘率之等九直乘率詳前草註。約之，得二百七十九爲共較實。大小較九疊減之，適盡。中小較一，省減，爲不可求。

設有大物，甲五、乙一，各直六；中物甲八、乙二，各直九；小物甲四、乙二，各直三。甲共物九十三，乙共物三十一，各共直九十三。問物大、中、小各幾何。量加下。

答曰：大物甲五、乙一，各直六；中物甲五十六、乙一十四，各直六十三；小物甲三十二、乙一十六，各直二十四。計得一大、七中、八小。

又答：大物甲二十五、乙五，各直三十；中物甲三十二、乙八，各直三十六；小物甲三十六、乙一十八，各直二十七。計得五大、四中、九小。

又答：大物甲四十五、乙九，各直五十四；中物甲八、乙二，各直九；小物甲四十、乙二十，各直三十。計得九大、一中、十小。

直率：大六約爲二，中九約爲三，小三約爲一。以等三相約得。

右總題分之得二，如左。直率同。

設甲物，大五，直六；中八，直九；小四，直三。共物九十三，共直九十三。問：物大、中、小各幾何。量下。

答曰：大物五，直六；中物五十六，直六十三；小物三十二，直二十四。

又答：大物二十五，直三十；中物三十二，直三十六；小物三十六，直二十七。

又答：大物四十五，直五十四；中物八，直九；小物四十，直三十。

直乘率：中小物八四相乘得三十二，約爲八。大小物五四相乘得二十，約爲五。大中物五八相乘得四十，約爲一十。以等四相約得。

約率：大小較六、中小較五、中大較一。以乘率八乘大直率二，爲一十六。乘率五乘中直率三，爲一十五。乘率一十乘小直率一，爲一十，相減而得。

通率：大小較二十四、中小較二十、中大較四。以直乘率之等四，通約率得之。

如方程

用小數求

右行小四　　中八　　共物九十三

左行小直三　減盡　中直九　減餘　共直九十三　減餘

以左行首位小直三偏乘右行，右行首位小四偏乘左行。兩兩相減，上餘一十二爲法，下餘九十三爲實。法與中分母八求等得四，約八得二爲乘率。亦約法一十二爲三，以除實九十三，得三十一。以乘率二乘，得六十二爲中物。以減共物九十三，餘三十一爲小物。驗六十二不應母八，三十一不應母四。依法求中分子減較，以母八約中物六十二，餘六。徑以大小較六減中，中小較五加大，中大較一加小，得中物五十六、大物五、小物三十二，爲一答。又以通率大小較二十四減中，中小較二十加大，中大較四加小，而得又答。

用大數求

右行大五〇　　中八　　共物九十三

左行大直六〇　減盡　中直九　減餘　共直九十三　減餘

以左行首位大直六偏乘右行，右行首位大五偏乘左行。兩兩相減，上餘三爲法，下餘九十三爲實。除之，得三十一。以中分母八乘，得二百四十八爲中物。以減共物九十三，不足一百五十五，爲負大物。大加率中小較五除負大物一百五十五，得三十一。先以三十一乘大小較六，得一百八十六減中。乘中小較五，得一百五十五加大。乘中大較一，得三十一加小。而去其負大物一百五十五，得中物六十二、小物三十一、大物空。驗中物、大物各不應分母，如前草法遞求，得數並同。

求一術

先以大五、中八、小四爲三物分母，通共直九十三，得一萬四千八百八十爲通分總物。

中大較、大小較相求

中八、小四兩物分母，通大直六，得一百九十二。以共物九十三乘，得一萬七千八百五十六爲通分大物。以通分總物減，餘二千九百七十六。以直乘率之等四，三直之等三，相乘得一十二約之，得二百四十八爲共較實。中大較一，省減。大小較六疊減之，賸二。乃各以定母列左右兩行：

右定一

左定六衍數一　奇一　乘率空　共較實　無賸　賸二　衍母

左定六以衍數一爲奇數，不求乘率，徑以賸二爲中物，亦爲中實。以減共較實二百四十八，餘二百四十六爲小實。左定六除小實，得小物四十一。併中物、小物得四十三，以減共物九十三，餘五十爲大物。驗中物二不應母八，小物四十一不應母四。先以大小較六加中，中小較五減大，中大較一減小，得中物八、大物四十五、小物四十，爲一答。又以通率大小較二十四加中，中小較二十減大，中大較四減小，而得又答。

大小較、中小較相求

大五、中八兩物分母通小直三，得一百二十。以共物九十三乘，得一萬一千一百六十，爲通分小物。以減通分總物一萬四千八百八十，餘三千七百二十。以直乘率之等四、三直之等三，相乘得一十二約之，得三百一十爲共較實。大小較六疊減之，賸四。中小較五疊減之，適盡。乃各以定母列左右兩行：

右定六衍數||||| 奇||||| 乘率||||| 共較實|||⊥〇 賸|||| 無賸 衍母|||〇

左定五

右定六以衍數五爲奇數，求得乘率五，數與左定同。徑以賸四乘，得二十，反減衍母三十，餘一十爲中實。以減共較實三百一十，餘三百爲大實。右定六除大實，得大物五十。左定五除中實一十，得中物二。併大物、中物得五十二，以減共物九十三，餘四十一爲小物。驗中物、小物各不應分母，依法加減，同前左定章。

定母六，以奇五除，得一爲第一除數，定餘一。以除奇五，得四爲第二除數，奇餘一。立天元一，以乘第一除數一得一爲第一乘數以乘第二除數四，仍得四，加天元一得五，爲第二乘數，即乘率。

設乙物大一，直六；中二，直九；小二，直三。共物三十一，共直九十三。問物大、中、小各幾何。加下。

答曰：大物一，直六；中物一十四，直六十三；小物一十六，直二十四。

又答：大物五，直三十；中物八，直三十六；小物一十八，直二十七。

又答：大物九，直五十四；中物二，直九；小物二十，直三十。

直乘率：中小物二二相乘得四，約爲二。大小物二二相乘得二，約爲一。大中物二二相乘得二，約爲一。以等二相約得。

約率：大小較三、中小較二、中大較一。以乘率二乘大直率二，爲四。乘率一乘中直率三，爲三。乘率一乘小直率一，爲一，相減而得。

通率：大小較六、中小較四、中大較二，以直乘率之等二，通約率得之。

如方程

用小數求

右行小二丅 中二丅 共物三十一 |||一

左行小直三丅 減盡 中直九 ≟ 減餘 ⊨ 共直九十三 ≟丅 減餘 |||≡

以左行首位小直三徧乘右行，右行首位小二徧乘左行。兩兩相減，上餘一十二爲法，下餘九十三爲實。法一十二與中分母二，求等得二。約母二爲一，省乘。亦約法一十二得六，以除實九十三，得一十五，不盡三。分母子各半之爲二分之一，通内得三十一，即爲通分中物。亦以法二通共物三十一，爲六十二。而以所通中物減之，餘三十一爲通分小物。徑以大小較三減中，中小較二加大，中大較一加小，而各半之，得中物一十四、大物一、小物一十六，爲一答。又以通率大小較六減中，中小較四加大，中大較二加小，而得又答。

用大數求

右行大一丅 中二 ⊨ 共物三十一 ≟丅

左行大直六丅 減盡 中直九 |||| 減餘 ||| 共直九十三 |||≡ 減餘 |||≡

以左行首位大直六徧乘右行，右行首位大一徧乘左行。兩兩相減，上餘三爲法，下餘九十三爲實。除之，得三十一。以中分母二乘，得六十二爲中物。以減共物三十一，不足三十一爲負大物。大加率中小較二除負大物三十一，得一十五，不盡一。乃以一十六乘大小較三，得四十八減中。乘中小較二，得三十二加大。乘中大較一，得一十六加小。而去其負大物三十一，得中物一十四、大物一、小物一十六，爲一答。又以通率加減，同用小數草。

求一術

先以大一、中二、小二爲三物分母，通共直九十三，得三百七十二爲通分總物。

中大較、大小較相求

中二、小二兩物分母，通大直六，得二十四。以共物三十一乘，得七百四十四爲通分大物。以通分總物減，餘三百七十二。以直乘率之等二、三直之等三，相乘得六約之，得六十二爲共較實。中大較一，省減。大小較三疊減之，賸二。乃各以定母列左右兩行：

右定一

左定三衍數| 奇| 乘率空 共較實丅= 無賸 賸|| 衍母|||

左定三以衍數一爲奇數，不求乘率，徑以賸二爲中物，亦爲中實。以減共較實六十二，餘六十爲小實。左定三除小實，得小物二十。併中物、小物得二十二，以減共物三十一，餘九爲大物，得一答。又以通率大小較六加中，中小較四減大，中大較二減小，而得又答。

大小較、中小較相求

大一、中二兩物分母，通小直三得六，以共物三十一乘，得一百八十六爲通分小物。以減通分總物三百七十二，餘一百八十六。以直乘率之等二，三直之等三，相乘得六約之，得三十一爲共較實。大小較三、中小較二疊減之，各賸一。乃各以定母列左右兩行：

右定三衍數二　奇二　乘率二　賸一
共較實三一　衍母六
左定二衍數三　奇一　乘率空　賸一

右定三以衍數二爲奇數，求得乘率二數與左定同。徑以賸一乘，仍得二，反減衍母六，餘四爲中實。以減共較實三十一，餘二十七爲大實。右定三除大實，得大物九。左定二除中實四，得中物二。併大物、中物得一十一，以減共物三十一，餘二十爲小物，得一答。又以通率加減，同前左定章。

定母三，以奇二除，得一爲第一除數，定餘一。以除奇二，得一爲第二除數，奇餘一。立天元一，以乘第一除數一，得一爲第一乘數。以乘第二除數一，仍得一，加天元一，得二爲第二乘數，即乘率。

左定二減衍數三，奇一。不求乘率，徑以賸一乘衍數三，仍得三。不滿衍母六，即爲大實。以減共較實三十一，餘二十八爲中實。左定二除中實，得中物一十四。右定三除大實三，得大物一。併大物、中物得一十五，以減共物三十一，餘一十六爲小物，得一答。又以通率加減，同方程草。

設有物大各六，甲直一十七，乙直七，丙直一十三；中各四，甲直三，乙直三，丙直七；小各八，甲直一，乙直五，丙直一十三。共物各三百八十四，甲共直七百六十八，乙共直三百八十四，丙共直七百六十八。問物大、中、小各幾何。邃密新上。

答曰：大物各二百四十，甲直六百八十，乙直二百八十，丙直五百二十；中物各一百一十二，甲直八十四，乙直八十四，丙直一百九十六；小物各三十二，甲直四，乙直二十，丙直五十二。計得四十大、二十八中、四小。

又答：大物各二百五十二，甲直七百一十四，乙直二百九十四，丙直五百四十六；中物各六十，甲直四十五，乙直四十五，丙直一百〇五；小物各七十二，甲直九，乙直四十五，丙直一百一十七。計得四十二大、一十五中、九小。

又答：大物各二百六十四，甲直七百四十八，乙直三百〇八，丙直五百七十二；中物各八，甲直六，乙直六，丙直一十四；小物各一百一十二，甲直一十四，乙直七十，丙直一百八十二。計得四十四大、二中、一十四小。

物率：大六約爲三，中四約爲二，小八約爲四。以等二相約得。

直乘率：中小物率二四相乘得八，約爲四。大小物率三四相乘得一十二，約爲六。大中物率三二相乘得六，約爲三。以等二相約得。

約率：大小較一十三，中小較三，中大較一十。以乘率四乘大直，乘率六乘中直，乘率三乘小直，乙丙即得此。甲得大小較六十五，中小較一十五，中大較五十。又求等得五約之。

通率：大小較五十二，中小較一十二，中大較四十。以物率之等二，直乘率之等二相乘，得四，通約率得之。

右總題分之得三，如左。物率同。

如方程

用大數求

設甲物大六，直一十七；中四，直三；小八，直一。共物三百八十四，共直七百六十八。問物大、中、小各幾何。邃上。

答曰：大物二百四十，直六百八十；中物一百一十二，直八十四；小物三十二，直四。

又答：大物二百五十二，直七百一十四；中物六十，直四十五；小物七十二，直九。

又答：大物二百六十四，直七百四十八；中物八，直六；小物一百一十二，直一十四。

右行大六 一〇二　中四 六八　共物三百八十四 六五二八
左行大直一十七 一〇二　減盡　中直三 一八　減餘 五〇　共直七百六十八 四六〇八　減餘 一九二〇

以左行首位大直一十七徧乘右行，右行首位大六徧乘左行。兩兩相減，上餘五十爲法，下餘一千九百二十爲實。法與中分母求等得二，約中分母四，得二爲乘率。亦約法五十爲二十五，以除實一千九百二十，得七十六，不盡二十。分母子求等，得五約之，爲五分之四。通內得三百八十四，以乘率二乘，得七百六十八爲通分中物。亦以法五通共物三百八十四，爲一千九百二十。而以所通中物減之，餘一千一百五十二爲通分大物。復以法除通分中物，得中物一百五十三，不盡三。分母子無等不約，仍通內爲七百六十八。依法求中數減較，置大小較一十三，去其三，而除之即盡。徑以大小較一十三減中，中小較三加大，中大較一十加小，得通分中物七百五十五、通分大物一千一百五十五、通分小物一十。復以法各除，得中物一百五十一、大物二百三十一、小物二。驗三物皆不應分母，依法求小分子加較。小分母八雖大於中分母四，以小率一十與母八求等，得二，約八，亦得四，數同中分母四，則依法求中分子減較，亦可。惟小分子加較法稍簡於求減較，姑用加較法求之。置小物二，遞加中大較一十，至三加而應母八。乃三因大小較一十三，得三十九以減中。三因中小較三，得九以加大。三因中大較一十，得三十以加小。得中物一百一十二，大物二百四十、小物三十二，爲一答。又以通率大小較五十二減中，中小較一十二加大，中大較四十加小，而得又答。

設乙物大六，直七；中四，直三；小八，直五。共物三百八十四，共直三百八十四。問物大、中、小各幾何。密上。

答曰：大物二百四十，直二百八十；中物一百一十二，直八十四；小物三十二，直二十。

又答：大物二百五十二，直二百九十四；中物六十，直四十五；小物七十二，直四十五。

又答：大物二百六十四，直三百〇八；中物八，直六；小物一百一十二，直七十。

右行大六 中四 共物三百八十四

左行大直七 減盡 中直三 減盡〇 共直三百八十四 減餘

以左行首位大直七偏乘右行，右行首位大六偏乘左行。兩兩相減，上餘一十爲法，下餘三百八十四爲實。

設丙物大六，直一十三；中四，直七；小八，直一十三。共物三百八十四，共直七百六十八。問物大、中、小各幾何。新上。

答曰：大物二百四十，直五百二十；中物一百一十二，直一百九十六；小物三十二，直五十二。

又答：大物二百五十二，直五百四十六；中物六十，直一百〇五；小物七十二，直一百一十七。

又答：大物二百六十四，直五百七十二；中物八，直一十四；小物一百一十二，直一百八十二。

右行大六 中四 共物三百八十四

左行大直一十三 減盡 中直七 減餘〇 共直七百六十八 減餘

以左行首位大直一十三偏乘右行，右行首位大六偏乘左行。兩兩相減，上餘一十爲法，下餘三百八十四爲實。

右乙、丙二題，各得法一十，與中分母四求等得二，約四得二爲乘率。亦約法一十爲五，以除實三百八十四，得七十六，不盡四。分母子無等不約，仍通內爲三百八十四，如前草法求之，得數並同。

用小數求

設甲物甲直，問答同前甲題。

右行小八 中四 共物三百八十四

左行小直一 減盡 中直三 減餘〇 共直七百六十八 減餘

以左行首位小直一偏乘右行，右行首位小八偏乘左行。兩兩相減，上餘二十爲法，下餘五千七百六十爲實。法二十與中分母四求等得四，約母四爲一，省乘。亦約法二十爲五，以除實五千七百六十，得一千一百五十二爲中物。以減共物三百八十四，不足七百六十八爲負小物。小加率中大較一十，除負小物七百六十八，得七十六，不盡八。乃以七十七乘大小較一十三，得一千〇〇一減中。乘中小較三，得二百三十一加大。乘中大較一十，得七百七十加小。而去其負小物七百六十八，得中物一百五十一、大物一百三十一、小物二。如用大數草求之，得數並同。

設乙物、乙直，問答同前乙題。

右行小八〢〇　中四〢〇　共物三百八十四〣〤〇

左行小直五〣〇　減盡　中直三〣　減餘〣　共直三百八十四〣〇〧＝　減餘〡〢〣＝

以左行首位小直五偏乘右行，右行首位小八偏乘左行。兩兩相減，上餘四爲法，下餘一千一百五十二爲實。

設丙物、丙直，問答同前丙題。

右行小八〡〇〣　中四〣＝　共物三百八十四〣〤〣＝

左行小直一十三〡〇〣　減盡　中直七〣〤　減餘〣　共直七百六十八〧〡〣〤　減餘〢〣＝

以左行首位小直一十三偏乘右行，右行首位小八偏乘左行。兩兩相減，上餘四爲法，下餘一千一百五十二爲實。

右乙、丙二題，各得法四，以等四約中分，母四爲一，省乘。亦約法四爲一，省除，即以實一千一百五十二爲中物。以減共物三百八十四，不足七百六十八爲負小物。如前草法求之，得數並同。

求一術

甲先以大六、中四、小八爲三物分母，通共直七百六十八，得一十四萬七千四百五十六爲通分總物。

乙先以三物分母通共直三百八十四，得七萬三千七百二十八爲通分總物。

丙先以三物分母通共直七百六十八，得一十四萬七千四百五十六爲通分總物。

中大較、大小較相求

甲以中四、小八兩物分母，通大直一十七，得五百四十四。以共物三百八十四乘，得二十萬〇八千八百九十六爲通分大物。

乙以中小兩物分母，通大直七，得二百二十四。以共物乘，得八萬六千〇一十六，爲通分大物。

丙以中、小兩物分母，通大直一十三，得四百一十六。以共物乘，得一十五萬九千七百四十四，爲通分大物。右甲、乙、丙通分大物，各以其通分總物減，甲餘六萬一千四百四十，乙、丙各餘一萬二千二百八十八。各以直乘率之等八，中四、小八相乘，得三十二，爲大直乘率。大六、小八相乘，得四十八爲中直乘率。大六、中四相乘，得二十四，爲小直乘率，相求等得此。約乙、丙各得一千五百三十六，較無等不再約。甲得七千六百八十，以較之等五再約，甲之較再求等得五，詳前約率條下。亦得一千五百三十六，各爲共較實。中大較一十疊減之，賸六。大小較一十三疊減之，賸二。乃各以定母列左右兩行。

右定一十衍數〡〣　奇〣　乘率〧　共較實〡〣〣〤　賸〥

左定一十三衍數〡〇　奇〡〇　乘率〣　賸〢　衍母〡〣〇

右定一十減衍數一十三，奇三。求得乘率七，以乘衍數一十三，得九十一。又以賸六乘，得五百四十六。滿衍母一百三十去之，餘二十六爲小實。以減共較實一千五百三十六，餘一千五百一十爲中實。右定一十除中實，得中物一百五十一。左定一十三除小實二十六，得小物二。併中物、小物得一百五十三，以減共物三百八十四，餘二百三十一爲大物。驗三物皆不應分母，依法加減而遞求之，同方程草。

定母一十，以奇三除，得三爲第一除數，定餘一。以除奇三，得二爲第二除數，奇餘一。立天元一，以乘第一除數三，得三爲第一乘數。以乘第二除數二，得六，加天元一，得七爲第二乘數，即乘率。

左定一十三以衍數一十爲奇數，求得乘率四，以乘衍數一十，得四十。又以賸二乘，得八十。不滿衍母一百三十，即爲中實。以減共較實一千五百三十六，餘一千四百五十六爲小實。左定一十三除小實，得小物一百一十二。右定一十除中實八十，得中物八。併中物、小物得一百二十，以減共物三百八十四，餘二百六十四爲大物，得一答。又以通率大小較五十二加中，中小較一十二減大，中大較四十減小，而得又答。

定母一十三，以奇一十除，得一爲第一除數，定餘三。以除奇一十，得三爲第二除數，奇餘一。立天元一，以乘第一除數一，得一爲第一乘數。以乘第二除數三，仍得三，加天元一，得四爲第二乘數，即乘率。

大小較、中小較相求

甲以大六、中四兩物分母，通小直一，得二十四。以共物三百八十四乘，得九千二百一十六，爲通分小物。

乙以大、中兩物分母，通小直五，得一百二十。以共物乘，得四萬六千〇八十，爲通分小物。

丙以大中兩物分母，通小直一十三，得三百一十二。以共物乘，得一十一萬九千八百〇八，爲通分小物。

右甲、乙、丙通分小物，各以減其通分總物，甲餘一十三萬八千二百四十，乙、丙各餘二萬七千六百四十八。各以直乘率之等八，直乘率詳前草註。約乙丙各得三千四百五十六，較無等不再約。甲得一萬七千二百八十，以較之等五再約，甲之較再求等得五，詳前約率條下。亦得三千四百五十六，各爲共較實。以大小較一十三疊減之，賸一十一。中小較三疊減之，適盡。乃各以定母列左右兩行：

右定一十三　衍數Ⅲ　奇Ⅲ　乘率Ⅲ　共較實 ||≡|||⊥　賸 |一　衍母 |||≡

左定三　無賸

右定一十三，以衍數三爲奇數。求得乘率九，以乘衍數三，得二十七。又以賸一十一乘，得二百九十七。滿衍母三十九去之，餘二十四爲中實。以減共較實三千四百五十六，餘三千四百三十二爲大實。右定一十三除大實，得大物二百六十四。左定三除中實二十四，得中物八。併大物、中物得二百七十二，以減共物三百八十四，餘一百一十二爲小物，得一答。又以通率加減，同前左定草。

定母一十三，以奇三除，得四爲第一除數，定餘一。以除奇三，得二爲第二除數，奇餘一。立天元一，以乘第一除數四，得四爲第一乘數。以乘第二除數二，得八，加天元一，得九爲第二乘數，即乘率。

設有大物甲一、乙五、丙一十三，各直八。中物甲三、乙三、丙七，各直四。小物甲一十七、乙七、丙一十三，各直六。甲共物七百六十八，乙共物三百八十四，丙共物七百六十八，各共直三百八十四。問物大、中、小各幾何。邃密新下。

答曰：大物甲四、乙二十、丙五十二，各直三十二。中物甲八十四、乙八十四、丙一百九十六，各直一百一十二。小物甲六百八十、乙二百八十、丙五百二十，各直二百四十。計得四大、二十八中、四十小。

又答：大物甲九、乙四十五、丙一百一十七，各直七十二。中物甲四十五、乙四十五、丙一百〇五，各直六十。小物甲七百一十四、乙二百九十四、丙五百四十六，各直二百五十二。計得九大、一十五中、四十二小。

又答：大物甲一十四、乙七十、丙一百八十二，各直一百一十二。中物甲六、乙六、丙一十四，各直八。

小物甲七百四十八、乙三百〇八、丙五百七十二，各直二百六十四。計得一十四大、二中、四十四小。

直率：大八約爲四、中四約爲二、小六約爲三。以等二相約得。

右總題分之得三，如左。直率同。

設甲物大一，直八；中三，直四；小一十七，直六。共物七百六十八，共直三百八十四。問物大、中、小各幾何。邃下。

答曰：大物四，直三十二；中物八十四，直一百一十二；小物六百八十，直二百四十。

又答：大物九，直七十二；中物四十五，直六十；小物七百一十四，直二百五十二。

又答：大物一十四，直一百一十二；中物六，直八；小物七百四十八，直二百六十四。

大小較三十九、中小較五、中大較三十四。中三、小一十七乘大直率四，得二百〇四。大一、小一十七乘中直率二，得三十四。大一、中三乘小直率三，得九。相減得大小較一百九十五中小較二十五中大較一百七十，又求等得五，各約之。

如方程

用小數求

右行小一十七 |〇||　中三 |≡　共物七百六十八 |||⊥〇≡

左行小直六 |〇||　減盡　中直四 T≡　減餘 |||||〇　共直三百八十四 T≡||≡　減餘 |≡||〇

以左行首位小直六偏乘右行，右行首位小一十七偏乘左行。兩兩相減，上餘五十爲法，下餘一千九百二十爲實。除之，得三十八，不盡二十。分母子退位爲五分之二，通內得一百九十二。以中分母三乘，得五百七十六爲通分中物。亦以法五通共物七百六十八，爲三千八百四十。而以所通中物減之，餘三千二百六十四爲通分小物。復以法除通分中物，得中物一百一十五，不盡一。仍通內爲五百七十六，依法求中數減較。置大小較三十九，先去其一，遞加至四較，而除之適盡。乃四因大小較三十九，得一百五十六以減中。四因中小較五，得二十以加大。四因中大較三十四，得一百三十六以加小。得通分中物四百二十、通分大物二十、通分小物三千四百。復以法各除得中物八十四、大物四、小物六百八十，爲一答。又各依較數加減，而得又答。

用大數求

右行大一Ⅲ　中三‖≡　共物七百六十八 T–‖‖≡

左行大直八Ⅲ　減盡　中直四Ⅲ　減餘‖〇　共直三百八十四‖≐‖‖　減餘‖‖≐T〇

以左行首位大直八偏乘右行，右行首位大一偏乘左行。兩兩相減，上餘二十爲法，下餘五千七百六十爲實。除之，得二百八十八。以中分母三乘，得八百六十四爲中物。以減共物七百六十八，不足九十六爲負大物。大加率中小較五，除負大物九十六，得一十九，不盡一。乃以二十乘大小較三十九，得七百八十減中。乘中小較五，得一百加大。乘中大較三十四，得六百八十加小。而去其負大物九十六，得中物八十四、大物四、小物六百八十，爲一答。又各依較數加減，而得又答。

求一術

先以大一、中三、小一十七爲三物分母，通共直三百八十四，得一萬九千五百八十四爲通分總物。

中大較、大小較相求

中三、小一十七兩物分母，通大直八，得四百〇八。以共物七百六十八乘，得三十一萬三千三百四十四爲通分大物。以通分總物減，餘二十九萬三千七百六十。以三直之等二，較之等五，相乘得一十約之，得二萬九千三百七十六爲共較實。中大較三十四疊減之，適盡。大小較三十九疊減之，賸九。乃各以定母列左右兩行：

右定三十四　　　　　　　　　　　共較實‖≡‖≐T　無賸

左定三十九衍數‖≡　奇‖≡　乘率‖–　　　賸Ⅲ　衍母‖≡‖⊥

左定三十九以衍數三十四爲奇數，求得乘率三十一，以乘衍數三十四，得一千〇五十四。又以賸九乘，得九千四百八十六。滿衍母一千三百二十六去之，餘二百〇四爲中實。以減共較實二萬九千三百七十六，餘二萬九千一百七十二爲小實。左定三十九除小實，得小物七百四十八。右定三十四除中實二百〇四，得中物六。併中物、小物得七百五十四，以減共物七百六十八，餘一十四爲大物，得一答。又以大小較三十九加中，中小較五減大，中大較三十四減小，而得又答。

定母三十九，以奇三十四除，得一爲第一除數，定餘五。以除奇三十四，得六爲第二除數，奇餘四。以除定餘五，得一爲第三除數，定餘一。以除奇餘四，得三爲第四除數，奇餘一。立天元一，以乘第一除數一，得一爲第一乘數。以乘第二除數六，仍得六，加天元一，得七爲第二乘數。以乘第三除數一，得七，加第一乘數一，得八爲第三乘數。以乘第四除數三，得二十四，加第二乘數七，得三十一爲第四乘數，即乘率。

大小較、中小較相求

大一、中三兩物分母，通小直六，得一十八。以共物七百六十八乘，得一萬三千八百二十四爲通分小物。以減通分總物一萬九千五百八十四，餘五千七百六十。以三直之等二，較之等五，相乘得一十約之，得五百七十六爲共較實。大小較三十九疊減之，賸三十。中小較五疊減之，賸一。乃各以定母列左右兩行：

右定三十九衍數‖‖‖　奇‖‖‖　乘率Ⅲ　共較實‖‖≐T　賸‖‖〇　衍母‖≡‖‖‖

左定五衍數‖≡　奇‖‖‖　乘率‖‖‖　　賸|

右定三十九以衍數五爲奇數，求得乘率八，以乘衍數五，得四十。又以賸三十乘，得一千二百。滿衍母一百九十五去之，餘三十爲中實。以減共較實五百七十六，餘五百四十六爲大實。右定三十九除大實，得大物一十四。左定五除中實三十，得中物六。併大物、中物得二十，以減共物七百六十八，餘七百四十八爲小物，得一答。又各依較數加減，同前左定草。

定母三十九，以奇五除，得七爲第一除數，定餘四。以除奇五，得一爲第二除數，奇餘一。立天元一，以乘第一除數七，得七爲第一乘數。以乘第二除數一，得七，加天元一，得八爲第二乘數，即乘率。

左定五疊減衍數三十九，奇四。求得乘率四，以乘衍數三十九，得一百五十六。又以賸一乘不變，不滿衍母一百九十五，即爲大實。以減共較實五百七十六，餘四百二十爲中實。左定五除中實，得中物八十四。右定三十九除大實一百五十六，得大物四。併大物、中物得八十八，以減共物七百六十八，餘六百八十爲小物，得一答。又各依較數加減，同方程草。

定母五以奇四除，得一爲第一除數，定餘一。以除奇四，得三爲第二除數，奇餘一。立天元一，以乘第一除數一，得一爲第一乘數。以乘第二除數三，仍得三，加天元一，得四爲第二乘數，即乘率。

設乙物大五，直八；中三，直四；小七，直六。共物三百八十四，共直三百八十四。問物大、中、小各幾何。密下。

答曰：大物二十，直三十二；中物八十四，直一百一十二；小物二百八十，直二百四十。

又答：大物四十五，直七十二；中物四十五，直六十；小物二百九十四，直二百五十二。

又答：大物七十，直一百一十二；中物六，直八；小物三百〇八，直二百六十四。

大小較三十九，中小較二十五，中大較一十四。中三、小七乘大直率四，得八十四。大五、小七乘中直率二，得七十。大五、中三乘小直率三，得四十五。相減而得。

如方程

用小數求

右行小七　中三　共物三百八十四

左行小直六　減盡　中直四　減餘　共直三百八十四　減餘

以左行首位小直六偏乘右行，右行首位小七偏乘左行。兩兩相減，上餘一十爲法，下餘三百八十四爲實，除之，得三十八，不盡四。分母子各半之，爲五分之二，通內得一百九十二。以中分母三乘，得五百七十六爲通分中物。亦以法五通共物三百八十四，爲一千九百二十。而以所通中物減之，餘一千三百四十四爲通分小物。復以法除通分中物，得中物一百一十五，不盡一。仍通內爲五百七十六。依法求中數減較，置大小較三十九，先去其一，遞加至四較，而除之適盡。乃四因大小較三十九，得一百五十六以減中。四因中小較二十五，得一百以加大。四因中大較一十四，得五十六以加小。得通分中物四百二十、通分大物一百、通分小物一千四百。復以法各除得中物八十四，大物二十、小物二百八十，爲一答。又各依較數加減，而得又答。

用大數求

右行大五　中三　共物三百八十四

左行大直八　減盡　中直四　減餘　共直三百八十四　減餘

以左行首位大直八偏乘右行，右行首位大五偏乘左行。兩兩相減，上餘四爲法，下餘一千一百五十二爲實。除之，得二百八十八。以中分母三乘，得八百六十四爲中物。以減共物三百八十四，不足四百八十爲負大物。大加率中小較二十五，除負大物四百八十得一十九，不盡五。乃以二十乘大小較三十九，得七百八十減中。乘中小較二十五，得五百加大。乘中大較一十四，得二百八十加小。而去其負大物四百八十，得中物八十四、大物二十、小物二百八十，爲一答。又各依較數加減，而得又答。

求一術

先以大五、中三、小七爲三物分母，通共直三百八十四，得四萬〇三百二十爲通分總物。

中大較、大小較相求

中三、小七兩物分母，通大直八，得一百六十八。以共物三百八十四乘，得六萬四千五百一十二爲通分大物。以通分總物減，餘二萬四千一百九十二。以三直之等二約之，得一萬二千〇九十六爲共較實。中大較一十四疊減之，適盡。大小較三十九疊減之，賸六。乃各以定母列左右兩行：

右定一十四　共較實　無賸　衍母

左定三十九衍數　奇　乘率　賸

左定三十九以衍數一十四爲奇數，求得乘率一十四，數與右定同，即以賸六爲中物。衍數一十四乘之，得八十四爲中實。以減共較實一萬二千〇九十六，餘一萬二千〇一十二爲小實。左定三十九除小實，得小物三百〇八。併中物、小物得三百一十四，以減共物三百八十四，餘七十爲大物，得一答。又以大小較三十九加中，中小較二十五減大，中大較一十四減小，而得又答。

定母三十九，以奇一十四除，得二爲第一除數，定餘一十一。以除奇一十四，得一爲第二除數，奇餘三。以除定餘一十一，得三爲第三除數，定餘二。以除奇餘三，得一爲第四除數，奇餘一。立天元一，以乘第一除數二，得二爲第一乘數。以乘第二除數一，得二，加天元一，得三爲第二乘數。以乘第三除數三，得九，加第一乘數二，得一十一爲第三乘數。以乘第四除數一，得一十一，加第二乘數三，得一十四爲第四乘率，即乘率。

大小較、中小較相求

大五、中三兩物分母，通小直六，得九十。以共物三百八十四乘，得三萬四千五百六十爲通分小物。以減通分總物四萬〇三百二十，餘五千七百六十。以三直之等二約之，得二千八百八十爲共較實。大小較三十九疊減之，賸三十三。中小較二十五疊減之，賸五。乃各以定母列左右兩行：

右定三十九衍數　奇　乘率　賸　共較實　衍母

左定二十五衍數　奇　乘率　賸

右定三十九以衍數二十五爲奇數，求得乘率二十五，數與左定同。徑以賸三十三乘，得八百二十五，反減衍母九百七十五，餘一百五十爲中實。以減共較實二千八百八十，餘二千七百三十爲大實。右定三十九除大實，得大物七十。左定二十五除中實一百五十，得中物六。併大物、中物得七十六，以減共物三百八十四，餘三百〇八爲小物，得一答。又各依較數加減，同前左定草。

定母三十九，以奇二十五除，得一爲第一除數，定餘一十四。以除奇二十五，得一爲第二除數，奇餘一十一。以除定餘一十四，得一爲第三除數，定餘三。以除奇餘一十一，得三爲第四除數，奇餘二。以除定餘三，得一爲第五除數，定餘一。以除奇餘二，得一爲第六除數，奇餘一。立天元一，以乘第一除數一，得一爲第一乘數。以乘第二除數一，得一，加天元一，得二爲第二乘數。以乘第三除數一，得二，加第一乘數一，得三爲第三乘數。以乘第四除數三，得九，加第二乘數二，得一十一爲第四乘數。以乘第五除數一，得一十一，加第三乘數三，得一十四爲第五乘數。以乘第六除數一，得一十四，加第四乘數一十一，得二十五爲第六乘數，即乘率。

左定二十五減衍數三十九，奇一十四。求得乘率九，以乘衍數三十九，得三百五十一。又以賸五乘，得一千七百五十五。滿衍母九百七十五去之，餘七百八十爲大實。以減共較實二千八百八十，餘二千一百爲中實。左定二十五除中實，得中物八十四。右定三十九除大實七百八十，得大物二十。併大物、中物得一百〇四，以減共物三百八十四，餘二百八十爲小物，得一答。又各依較數加減，同方程草。

定母二十五，以奇一十四除，得一爲第一除數，定餘一十一。以除奇一十四，得一爲第二除數，奇餘三。以除定餘一十一，得三爲第三除數，定餘二。以除奇餘三，得一爲第四除數，奇餘一。立天元一，以乘第一除數一，得一爲第一乘數。以乘第二除數一，仍得一，加天元一，得二爲第二乘數。以乘第三除數三，得六，加第一乘數一，得七爲第三乘數。以乘第四除數一，得七，加第二乘數二，得九爲第四乘數，即乘率。

設丙物大一十三，直八；中七，直四；小一十三，直六。共物七百六十八，共直三百八十四。問物大、中、小各幾何。新下。

答曰：大物五十二，直三十二；中物一百九十六，直一百一十二；小物五百二十，直二百四十。

又答：大物一百一十七，直七十二；中物一百〇五，直六十；小物五百四十六，直二百五十二。

又答：大物一百八十二，直一百一十二；中物一十四，直八；小物五百七十二，直二百六十四。

直乘率：中小物七一、十三相乘得九十一，約爲七。大小物一十三、一十三相乘得一百六十九，約爲一十三。大中物一十三、七相乘得九十一，約爲七。以等一十三相約得。

約率：大小較七、中小較五、中大較二。以乘率七乘大直率四，爲二十八。乘率一十三乘中直率二，爲二十六。乘率七乘小直率三，爲二十一。相減而得。

通率：大小較九十一、中小較六十五、中大較二十六。以直乘率之等一十三，通約率得之。

如方程

用小數求

右行小一十三　　中七　　共物七百六十八

減盡　　減餘　　減餘

左行小直六　　中直四　　共直三百八十四

以左行首位小直六徧乘右行，右行首位小一十三徧乘左行。兩兩相減，上餘一十爲法，下餘三百八十四爲實。除之，得三十八，不盡四。分母子各半之，爲五分之二，通內爲一百九十二。以中分母七乘，得一千三百四十四爲通分中物。亦以法五通共物七百六十八，爲三千八百四十。而以所通中物減之，餘二千四百九十六爲通分小物。復以法除通分中物，得中物二百六十八，不盡四。分母子無等不約，仍通內爲一千三百四十四。依法求中數減較，置大小較七，先去其四，又加一較，而除之適盡。乃倍大小較七，得一十四以減中。倍中小較五，得一十以加大。倍中大較二，得四以加小。得通分中物一千三百三十、通分大物一十、通分小物二千五百。復以法各除得中物二百六十六、大物二、小物五百。驗大物二、小物五百，各不應分母一十三。依法求大分子加較，大小分母皆一十三，可任求。置大物二，遞加中小較五，至十加而應分母一十三。乃進大小較七爲七十以減中，進中小較五爲五十以加大，進中大較二爲二十以加小，得中物一百九十六、大物五十二、小物五百二十，爲一答。又以通率大小較九十一減中，中小較六十五加大，中大較二十六加小，而得又答。

用大數求

右行大一十三　　中七　　共物七百六十八

減盡　　減餘　　減餘

左行大直八　　中直四　　共直三百八十四

以左行首位大直八偏乘右行，右行首位大一十三偏乘左行。兩兩相減，上餘四爲法，下餘一千一百五十二爲實。除之，得二百八十八。以中分母七乘，得二千○一十六爲中物。以減共物七百六十八，不足一千二百四十八爲負大物。大加率中小較五，除負大物一千二百四十八，得二百四十九，不盡三。乃以二百五十乘大小較七，得一千七百五十減中。乘中小較五，得一千二百五十加大。乘中大較二，得五百加小。而去其負大物一千二百四十八，得中物二百六十六、大物二、小物五百。驗大物小物各不應分母，如前草法遞求，得數並同。

求一術

先以大一十三、中七、小一十三爲三物分母，通共直三百八十四，得四十五萬四千二百七十二爲通分總物。

中大較、大小較相求

中七、小一十三兩物分母，通大直八，得七百二十八。以共物七百六十八乘，得五十五萬九千一百○四爲通分大物。以通分總物減，餘一十萬○四千八百三十二。以直乘率之等一十三、三直之等二，相乘得二十六約之，得四千○三十二爲共較實。中大較二、大小較七各疊減之，適盡，不可求。

大小較、中小較相求

大一十三、中七兩物分母，通小直六，得五百四十六。以共物七百六十八乘，得四十一萬九千三百二十八爲通分小物。以減通分總物四十五萬四千二百七十二，餘三萬四千九百四十四。以直乘率之等一十三、三直之等二，相乘得二十六約之，得一千三百四十四爲共較實。大小較七疊減之，適盡。中小較五疊減之，賸四。乃各以定母列左右兩行：

右定七　　無賸　　共較實〡三〣〣　　衍母〢〣

左定五衍數〒　奇〢　乘率〣　　賸〣

左定五減衍數七，奇二。求得乘率三，以乘衍數七，得二十一。又以賸四乘，得八十四，滿衍母三十五去之，餘一十四爲大實。以減共較實一千三百四十四，餘一千三百三十爲中實。左定五除中實，得中物二百六十六。右定七除大實一十四，得大物二。併大物、中物得二百六十八，以減共物七百六十八，餘五百爲小驗。驗大物、小物各不應分母，依法加減而遞求之，同方程草。

定母五，以奇二除，得二爲第一除數，定餘一。以除奇二，得一爲第二除數，奇餘一。立天元一，以乘第一除數二，得二爲第一乘數。以乘第二除數一，得二，加天元一，得三爲第二乘數，即乘率。

又　卷下

設有物，大各二十八，甲直五，乙直二十九，丙直三十三，丁直二十五，戊直四十七，己直五十五；中各六十三，甲直八，乙直六十二，丙直七十一，丁直四十，戊直八十三，己直六十二；小各二十一，甲直二，乙直二十，丙直二十三，丁直一十，戊直二十三，己直八。共物各一千四百六十三，甲共直一百八十七，乙共直一千四百四十一，丙共直一千六百五十，丁共直九百三十五，戊共直一千九百三十六，己共直一千四百六十三。問物大、中、小各幾何。知培養轉深沈上。

答曰：大物各一百四十，甲直二十五，乙直一百四十五，丙直一百六十五，丁直一百二十五，戊直二百三十五，己直二百七十五；中物各一千一百三十四，甲直一百四十四，乙直一千一百一十六，丙直一千二百七十八，丁直七百二十，戊直一千四百九十四，己直一千一百一十六；小物各一百八十九，甲直一十八，乙直一百八十，丙直二百○七，丁直九十，戊直二百○七，己直七十二。計得五大、一十八中、九小。

又答：大物各三百○八，甲直五十五，乙直三百一十九，丙直三百六十三，丁直二百七十五，戊直五百一十七，己直六百○五；中物各六百九十三，甲直八十八，乙直六百八十二，丙直七百八十一，丁直四百四十，戊直九百一十三，己直六百八十二；小物各四百六十二，甲直四十四，乙直四百四十，丙直五百○六，丁直二百二十，戊直五百○六，己直一百七十六。計得一十一大、一十一中、二十二小。

又答：大物各四百七十六，甲直八十五，乙直四百九十三，丙直五百六十一，丁直四百二十五，戊直七百九十九，己直九百三十五；中物各二百五十二，甲直三十二，乙直二百四十八，丙直二百八十四，丁直一百六十，戊直三百三十二，己直二百四十八；小物各七百三十五，甲直七十，乙直七百，丙直八百○五，丁直三百五十，戊直八百○五，己直二百八十。計得一十七大、四中、三十五小。

物率：大二十八，約爲四。中六十三，約爲九。小二十一，約爲三。以等七相約得。

直乘率：中小物率九三相乘得二十七，約爲九。大小物率四三相乘得一十二，約爲四。大中物率四九相乘得三十六，約爲一十二。以等三相約得。

約率：甲乙丙大小較各二十一、中小較各八、中大較各一十三。以乘率九乘大直，乘率四乘中直，乘率一十二乘小直，相減而得。丁大小較一百〇五，中小較四十，中大較六十五。戊大小較一百五十七，中小較五十六，中大較九十一。己大小較三百九十九，中小較一百五十二，中大較二百四十七。各以乘率九乘大直，乘率四乘中直，乘率一十二乘小直，相減而得。丁以筭五再相約，戊以等七再相約，己以等一十九再相約，丁戊己亦各得大小較二十一、中小較八、中大較一十三。

通率：大小較四百四十一、中小較一百六十八、中大較二百七十三。以三物之等七、三直乘率之等三，通約率得之。

右總題分之得六，如左。物率同。

如方程

用大數求

設甲物大二十八，直五；中六十三，直八；小二十一，直二。共物一千四百六十三，共直一百八十七。問物大、中、小各幾何。知上。

答曰：大物一百四十，直二十五；中物一千一百三十四，直一百四十四；小物一百八十九，直一十八。

又答：大物三百〇八，直五十五；中物六百九十三，直八十八；小物四百六十二，直四十四。

又答：大物四百七十六，直八十五；中物二百五十二，直三十二；小物七百三十五，直七十。

右行大二十八　中六十三　共物一千四百六十三

左行大直五　減盡　中直八　減餘　共直一百八十七　減餘

以左行首位大直五偏乘右行，右行首位大二十八偏乘左行，兩兩相減，上餘九十一爲法，下餘二千〇七十九爲實。

設乙物大二十八，直二十九；中六十三，直六十二；小二十一，直二十。共物一千四百六十三，共直一千四百四十一。問物大、中、小各幾何。培上。

答曰：大物一百四十，直一百四十五；中物一千一百三十四，直一千一百一十六；小物一百八十九，直一百八十。

又答：大物三百〇八，直三百一十九；中物六百九十三，直六百八十二；小物四百六十二，直四百四十。

又答：大物四百七十六，直四百九十三；中物二百五十二，直二百四十八；小物七百三十五，直七百。

右行大二十八　中六十三　共物一千四百六十三

左行大直二十九　減盡　中直六十二　減餘　共直一千四百四十一　減餘

以左行首位大直二十九偏乘右行，右行首位大二十八偏乘左行。兩兩相減，上餘九十一爲法，下餘二千〇七十九爲實。

設丙物大二十八，直三十三；中六十三，直七十一；小二十一，直二十三。共物一千四百六十三，共直一千六百五十。問物大、中、小各幾何。養上。

答曰：大物一百四十，直一百六十五；中物一千一百三十四，直一千二百七十八；小物一百八十九，直二百〇七。

又答：大物三百〇八，直三百六十三；中物六百九十三，直七百八十一；小物四百六十二，直五百〇六。

又答：大物四百七十六，直五百六十一；中物二百五十二，直二百八十四；小物七百三十五，直八百〇五。

右行大二十八　中六十三　共物一千四百六十三

左行大直三十三　減盡　中直七十一　減餘　共直一千六百五十　減餘

以左行首位大直三十三偏乘右行，右行首位大二十八偏乘左行。兩兩相減，上餘九十一爲法，下餘二千〇七十九爲實。

右甲、乙、丙三題，各得法九十一，與中分母六十三求等得七，約六十三得九爲乘率。亦約法九十一爲一十三，以除實二千〇七十九，得一百五十九，不盡一十二。分母子無等不約，仍通內爲二千〇七十九。以乘率九乘，得一萬八千七百一十一爲通分中物。亦以法一十三通總物一千四百六十三，爲一萬九千〇一十九。而以所通中物減之，餘三百〇八爲通分大物。復以法除通分中物，得中物一千四百三十九，不盡四。分母子無等不約，仍通內爲一萬八千七百一十一。

依法求中數減較，置大小較二十一，先去其四，遞加至七較，而除之適盡。乃七因大小較二十一，得一百四十七以減中。七因中小較八，得五十六以加大。七因中大較一十三，得九十一以加小。得通分中物一萬八千五百六十四、通分大物三百六十四、通分小物九十一。復以法各除得中物一千四百二十八、大物二十八、小物七。驗小物七不應小分母二十一，依法求加較。以小加率中大較一十三，遞加至十四較，而應分母。驗中物一千四百二十八，亦不應中分母六十三。用中率二十一兩減之，即應。而用小率一十三兩加小物七，仍不應小分母二十一。又本題大加率八，小加率一十三，小率大於大率，故必用小率求其加數也。乃以一十四乘大小較二十，得二百九十四減中。乘中小較八，得一百一十二加大。乘中大較一十三，得一百八十二加小。得中物一千一百三十四、大物一百四十、小物一百八十九，爲一答。又以通率大小較四百四十一減中，中小較一百六十八加大，中大較二百七十三加小，而得又答。

設丁物大二十八，直二十五；中六十三，直四十；小二十一，直一十。共物一千四百六十三，共直九百三十五。問物大、中、小各幾何。轉上。

答曰：大物一百四十，直一百二十五；中物一千一百三十四，直七百二十；小物一百八十九，直九十。

又答：大物三百〇八，直二百七十五；中物六百九十三，直四百四十；小物四百六十二，直二百二十。

又答：大物四百七十六，直四百二十五；中物二百五十二，直一百六十；小物七百三十五，直三百五十。

右行大二十八 丌〇〇　中六十三 ⊥Ⅲ丅Ⅲ　共物一千四百六十三 Ⅲ⊥ⅢⅢ⊥ⅢⅢ

減盡　減餘 ⅢⅢ≡ⅢⅢ　減餘 〇ⅢⅢ≡ⅢⅢ

左行大直二十五 丌〇〇　中直四十 Ⅰ〇　共直九百三十五 Ⅲ≡〇

以左行首位大直二十五徧乘右行，右行首位大二十八徧乘左行。兩兩相減，上餘四百五十五爲法，下餘一萬〇三百九十五爲實。法與中分母六十三求等得七，約六十三得九爲乘率。亦約法四百五十五爲六十五，以除實一萬〇三百九十五，得一百五十九，不盡六十。分母子求等得五約之，得一十三分之一十二，通內爲二千〇七十九。如前草法求之，得數並同。

設戊物大二十八，直四十七；中六十三，直八十三；小二十一，直二十三。共物一千四百六十三，共直一千九百三十六。問物大、中、小各幾何。深上

答曰：大物一百四十，直二百三十五；中物一千一百三十四，直一千四百九十四；小物一百八十九，直二百〇七。

又答：大物三百〇八，直五百一十七；中物六百九十三，直九百一十三；小物四百六十二，直五百〇六。

又答：大物四百七十六，直七百九十九；中物二百五十二，直三百三十二；小物七百三十五，直八百〇五。

右行大二十八 ≡Ⅲ⊥　中六十三 Ⅲ≡丅-　共物一千四百六十三 丅≡Ⅲ⊥

減盡　減餘 丅≡Ⅲ　減餘 ⅢⅢ≡Ⅲ

左行大直四十七 ≡Ⅲ⊥　中直八十三 Ⅲ≡Ⅲ　共直一千九百三十六 ⅢⅢⅠ〇Ⅲ

以左行首位大直四十七徧乘右行，右行首位大二十八徧乘左行。兩兩相減，上餘六百三十七爲法，下餘一萬四千五百五十三爲實。法與中分母六十三求等得七，約六十三得九爲乘率。亦約法六百三十七爲九十一，以除實一萬四千五百五十三，得一百五十九，不盡八十四。分母子求等得七約之，得一十三分之一十二，通內爲二千〇七十九。如前草法求之，得數並同。

設己物大二十八，直五十五；中六十三，直六十二；小二十一，直八。共物一千四百六十三，共直一千四百六十三。問物大、中、小各幾何。沈上。

答曰：大物一百四十，直二百七十五；中物一千一百三十四，直一千一百一十六；小物一百八十九，直七十二。

又答：大物三百〇八，直六百〇五；中物六百九十三，直六百八十二；小物四百六十二，直一百七十六。

又答：大物四百七十六，直九百三十五；中物二百五十二，直二百四十八；小物七百三十五，直二百八十。

右行大二十八 ≡Ⅲ　中六十三 Ⅲ≡Ⅲ　共物一千四百六十三 ⅢⅢ〇ⅢⅠ⊥Ⅲ

減盡　減餘 Ⅲ≡Ⅲ　減餘 ⅢⅢ≡ⅢⅢ〇Ⅰ

左行大直五十五 ≡ⅢⅢ〇　中直六十二 ⊥≡Ⅲ⊥　共直一千四百六十三 ⅢⅢ〇Ⅲ⊥Ⅲ

以左行首位大直五十五偏乘右行，右行首位大二十八偏乘左行。兩兩相減，上餘一千七百二十九爲法，下餘三萬九千五百〇一爲實。法與中分母六十三求等得七，約六十三得九爲乘率。亦約法一千七百二十九爲二百四十七，以除實三萬九千五百〇一，得一百五十九，不盡二百二十八。分母子求等得一十九約之，得一十三分之一十二，通內爲二千〇七十九。如前草法求之，得數並同。

用小數求

設甲物、甲直，問答同前甲題。

右行小二十一　中六十三　共物一千四百六十三

左行小直二　減盡　中直八十　減餘　共直一百八十七　減餘

以左行首位小直二偏乘右行，右行首位小二十一偏乘左行。兩兩相減，上餘四十二爲法，下餘一千〇〇一爲實。

設乙物、乙直，問答同前乙題。

右行小二十一　中六十三　共物一千四百六十三

左行小直二十　減盡　中直六十二　減餘　共直一千四百四十一　減餘

以左行首位小直二十偏乘右行，右行首位小二十一偏乘左行。兩兩相減，上餘四十二爲法，下餘一千〇〇一爲實。

設丙物、丙直，問答同前丙題。

右行小二十一　中六十三　共物一千四百六十三

左行小直二十三　減盡　中直七十一　減餘　共直一千六百五十　減餘

以左行首位小直二十三偏乘右行，右行首位小二十一偏乘左行。兩兩相減，上餘四十二爲法，下餘一千〇〇一爲實。

右甲、乙、丙三題各得法四十二，與中分母六十三求等得二十一，約六十三得三爲乘率。亦約法四十二爲二，以除實一千〇〇一，得五百，不盡一。分母子無等不約，仍通內爲一千〇〇一。以乘率三乘，得三千〇〇三爲通分中物。亦以法二通總物一千四百六十三，爲二千九百二十六。而以所通中物減之，不足七十七爲通分負小物。以小加率中大較一十三，除通分負小物七十七，得五，不盡一十二。乃六因大小較二十一，得一百二十六以減中。六因中小較八，得四十八以加大。六因中大較一十三，得七十八以加小。而去其負小物七十七，得通分中物二千八百七十七、通分大物四十八、通分小物一。以法除通分中物，得一千四百三十八，不盡一。分母子無等不約，仍通內爲二千八百七十七。依法求中數減較，得一減。凡不盡二分之一者，徑減通分中數一較，即應法，無待於求也。徑以大小較二十一，中小較八、中大較一十三，各加減之，得通分中物二千八百五十六、通分大物五十六、通分小物一十四。復以法各除，得中物一千四百二十八、大物二十八、小物七。驗小物七，不應小分母二十一。依前草法求加較，而遞爲之，得答數同前用大數草。

設丁物、丁直，問答同前丁題。

右行小二十一　中六十三　共物一千四百六十三　減餘

左行小直一十　減盡　中直四十　減餘　共直九百三十五

以左行首位小直一十偏乘右行，右行首位小二十一偏乘左行。兩兩相減，上餘二百一十爲法，下餘五千〇〇五爲實。法與中分母六十三求等得二十一，約六十三得三爲乘率。亦約法二百一十爲一十，以除實五千〇〇五，得五百，不盡五。分母子求等得五約之，得二分之一，通內爲一千〇〇一。如前草法求之，得數並同。

設戊物、戊直，問答同前戊題。

右行小二十一　中六十三　共物一千四百六十三

左行小直二十三　減盡　中直八十三　減餘　共直一千九百三十六　減餘

以左行首位小直二十三偏乘右行，右行首位小二十一偏乘左行。兩兩相減，上餘二百九十四爲法，下餘七千〇〇七爲實。法與中分母六十三求等得二十一，約六十三得三爲乘率。亦約法二百九十四爲一十四，以除實七千〇〇七，得五百，不盡七。分母子求等得七約之，得二分之一，通內爲一千〇〇一。如前草法求之，得數並同。

設己物、己直，問答同前己題。

右行小二十一　中六十三　共物一千四百六十三

減盡　減餘　減餘

左行小直八　中直六十二　共直一千四百六十三

以左行首位小直八偏乘右行，右行首位小二十一偏乘左行。兩兩相減，上餘七百九十八爲法，下餘一萬九千〇一十九爲實。法與中分母六十三求等得二十一，約六十三得三爲乘率。亦約法七百九十八爲三十八，以除實一萬九千〇一十九得五百，不盡一十九。分母子求等得一十九約之，得二分之一，通内爲一千〇〇一。如前草法求之，得數並同。

求一術

甲先以大二十八、中六十三、小二十一爲三物分母，通共直一百八十七，得六百九十二萬七千二百二十八，爲通分總物。

乙先以三物分母，通共直一千四百四十一，得五千三百三十八萬〇四百〇四，爲通分總物。

内先以三物分母，通共直一千六百五十，得六千一百一十二萬二千六百，爲通分總物。

丁先以三物分母，通共直九百三十五，得三千四百六十三萬六千一百四十，爲通分總物。

戊先以三物分母，通共直一千九百三十六，得七千一百七十一萬七千一百八十四，爲通分總物。

已先以三物分母，通共直一千四百六十三，得五千四百一十九萬五千三百七十二，爲通分總物。

中大較、大小較相求

甲以中六十三、小二十一兩物分母通大直五，得六千六百一十五。以共物一千四百六十三乘，得九百六十七萬七千七百四十五，爲通分大物。

乙以中小兩物分母通大直二十九，得三萬八千三百六十七。以共物乘，得五千六百一十三萬〇九百二十一，爲通分大物。

丙以中小兩物分母通大直三十三，得四萬三千六百五十九。以共物乘，得六千三百八十七萬三千一百一十七，爲通分大物。

丁以中小兩物分母通大直二十五，得三萬三千〇七十五。以共物乘，得四千八百三十八萬八千七百二十五，爲通分大物。

戊以中小兩物分母通大直四十七，得六萬二千一百八十一。以共物乘，得九千〇九十七萬〇八百〇三，爲通分大物。

已以中小兩物分母通大直五十五，得七萬二千七百六十五。以共物乘，得一億〇六百四十五萬五千一百九十五，爲通分大物。

右甲、乙、丙、丁、戊、已通分大物，各以其通分總物減，甲乙、丙各餘二百七十五萬〇五百一十七，丁餘一千三百七十五萬二千五百八十五，戊餘一千九百二十五萬三千六百一十九，已餘五千二百二十五萬九千八百二十三。各以直乘率之等一百四十七，中六十三、小二十一相乘，得一千三百二十三爲大直乘率。大二十八、小二十一相乘，得五百八十八爲中直乘率。大二十八、中六十三相乘，得一千七百六十四爲小直乘率，相乘等得此。約甲乙丙各得一萬八千七百一十一爲共較實，較無等不再約。丁得九萬三千五百五十五，以較之等五再約。戊得一十三萬〇九百七十七，以較之等七再約。已得三十五萬五千五百〇九，以較之等一十九再約。丁、戊、已之較各再求等約，詳前約率條下。各得一萬八千七百一十一爲共較實。以中大較一十三疊減之，賸四。以大小較二十一疊減之，適盡。乃各以定母列左右兩行：

右定一十三　衍數　奇　乘率　共較實　賸

左定二十一　無賸　衍母

右定一十三減衍數二十一，奇八。求得乘率五，以乘衍數二十一，得一百〇五。又以賸四乘，得四百二十。滿衍母二百七十三去之，餘一百四十七爲小實。以減共較實一萬八千七百一十一，餘一萬八千五百六十四爲中實。右定一十三除中實，得中物一千四百二十八。左定二十一除小實一百四十七，得小物七。併中物、小物得一千四百三十五，以減總物一千四百六十三，餘二十八爲大物。驗中物、小物不應分母，依法加減，同方程用大數草。

定母一十三，以奇八除，得一爲第一除數，定餘五。以除奇八，得一爲第二除數，奇餘三。以除定餘五，得一爲第三除數，定餘二。以除奇餘三，得一爲第四除數，奇餘一。立天元一，以乘第一除數一，得一爲第一乘數。以乘第二除數一，仍得一，加天元一，得二爲第二乘數。以乘第三除數一，得二，加第一乘數一，得三爲第三乘數。以乘第四除數一，得三，加第二乘數二，得五爲第四乘數，即乘率。

大小較、中小較相求

甲以大二十八、中六十三兩物分母通小直二，得三千五百二十八。以共物一千四百六十三乘，得五百一十六萬一千四百六十四，爲通分小物。

乙以大、中兩物分母通小直二十，得三萬五千二百八十以共物乘，得五千一百六十一萬四千六百四十，爲通分小物。

丙以大、中兩物分母通小直二十三，得四萬〇五百七十二。以共物乘，得五千九百三十五萬六千八百三十六，爲通分小物。

丁以大、中兩物分母通小直一十，得一萬七千六百四十。以共物乘，得二千五百八十萬〇七千三百二十，爲通分小物。

戊以大、中兩物分母通小直二十三，得四萬〇五百七十二。以共物乘，得五千九百三十五萬六千八百三十六，爲通分小物。

己以大中兩物分母通小直八，得一萬四千一百一十二。以共物乘，得二千〇六十四萬五千八百五十六，爲通分小物。

右甲、乙、丙、丁、戊、己通分小物，各以減其通分總物。甲、乙、丙各餘一百七十六萬五千七百六十四，丁餘八百八十二萬八千八百二十，戊餘一千二百三十六萬〇三百四十八，己餘三千三百五十四萬九千五百一十六。各以直乘率之等一百四十七，直乘率，詳前草註。約甲、乙、丙各得一萬二千〇一十二爲共較實，較無等不再約。丁得六萬〇〇六十，以較之等五再約。戊得八萬四千〇八十四，以較之等七再約。己得二十二萬八千二百二十八，以較之等一十九再約。丁、戊、己之較，各再求等約之，詳前約率條下。各得一萬二千〇一十二爲共較實。以中小較八疊減之，賸四。以大小較二十一疊減之，適盡。乃各以定母列左右兩行：

右定二十一　無賸

左定八衍數‖⊢　奇||||　乘率||||　共較實⊦○‑‖　賸||||　衍母|⊥Ⅲ

左定八疊減衍數二十一，奇五。求得乘率五，以乘衍數二十一，得一百〇五。又以賸四乘，得四百二十。滿衍母一百六十八去之，餘八十四爲大實。以減共較實一萬二千〇一十二，餘一萬一千九百二十八爲中實。左定八除中實，得中物一千四百九十一。右定二十一除大實八十四，得大物四。併大物、中物得一千四百九十五，以減總物一千四百六十三，不足三十二爲負小物。以小加率中大較一十三，除負小物三十二，得二，不盡六。乃以三因大小較二十一，得六十三減中。三因中小較八，得二十四加大。三因中大較一十三，得三十九加小。而去其負小物三十二，得中物一千四百二十八、大物二十八、小物七。驗中物小物不應分母，依法加減，同方程用大數草。

定母八，以奇五除，得一爲第一除數，定餘三。以除奇五，得一爲第二除數，奇餘二。以除定餘三，得一爲第三除數，定餘一。以除奇餘二，得一爲第四除數，奇餘一。此奇定相求，四除數皆得一，與前草定母一十三所求同，其乘率亦得五，省另求。

題原或問總題設數之原，輒以之分言之。其上下卷各題以此類推，不隨題備釋，問數及草雖不言分母子，而無一非通分數。

《算經》雞雛三，直錢一，是一雛直三分錢之一也。擬題易雞翁爲大物，雞母爲中物，雞雛爲小物，試以所直爲錢言之。甲、乙、丙、丁、戊、己大物各二十八，以一錢爲二十八分。甲得其五，乙得其二十九，丙得其三十三，丁得其二十五，戊得其四十七，己得其五十五。中物各六十三，以一錢爲六十三分。甲得其八，乙得其六十二，丙得其七十一，丁得其四十，戊得其八十三，己得其六十二。小物各二十一，以一錢爲二十一分。甲得其二，乙得其二十，丙得其二十三，丁得其一十，戊得其二十三，己得其八。共物各一千四百六十三，渾大、中、小諸分而均之，以一錢爲一千四百六十三分。甲得其一百八十七，乙得其一千四百四十一，丙得其一千六百五十，丁得其九百三十五，戊得其一千九百三十六，己得其一千四百六十三。各以等一十一約之，則一錢爲一百三十三分。甲得其一十七，乙得其一百三十一，丙得其一百五十，丁得其八十五，戊得其一百七十六，己得其一百三十三。以各乘其共物一千四百六十三爲共直，甲得二萬四千八百七十一，乙得一十九萬一千六百五十三，丙得二十一萬九千四百五十，丁得一十二萬四千三百五十五，戊得二十五萬七千四百八十八，己得一十九萬四千五百七十九。分母一百三十三各約之，爲共直數。

設有大物甲二、乙二十、丙二十三、丁一十、戊二十三、己八，各直二十一；中物甲八、乙六十二、丙七十一、丁四十、戊八十三、己六十二，各直六十三；小物甲五、乙二十九、丙三十三、丁二十五、戊四十七、己五十五，各直二十八；甲共物一百八十七、乙共物一千四百四十一、丙共物一千六百五十、丁共物九百三十五、戊共物一千九百三十六、己共物一千四百六十三，各共直一千四百六十三。問物大、中、小各幾何。知培養轉深沈下。

答曰：大物甲一十八、乙一百八十、丙二百〇七、丁九十、戊二百〇七、己七十二，各直一百八十九；中物甲一百四十四、乙一千一百一十六、丙一千二百七

十八、丁七百二十、戊一千四百九十四、己一千一百一十六，各直一千一百三十四；小物甲二十五、乙一百四十五、丙一百六十五、丁一百二十五、戊二百三十五、己二百七十五，各直一百四十。計得九大、一十八中、五小。

又答：大物甲四十四、乙四百四十、丙五百〇六、丁二百二十、戊五百〇六、己一百七十六，各直四百六十二；中物甲八十八、乙六百八十二、丙七百八十一、丁四百四十、戊九百一十三、己六百八十二，各直六百九十三；小物甲五十五、乙三百一十九、丙三百六十三、丁二百七十五、戊五百一十七、己六百〇五，各直三百〇八。計得二十二大、一十一中、一十一小。

又答：大物甲七十、乙七百、丙八百〇五、丁三百五十、戊八百〇五、己二百八十，各直七百三十五；中物甲三十二、乙二百四十八、丙二百八十四、丁一百六十、戊三百三十二、己二百四十八，各直二百五十二；小物甲八十五、乙四百九十三、丙五百六十一、丁四百二十五、戊七百九十九、己九百三十五，各直四百七十六。計得三十五大、四中、一十七小。

直率：大直二十一，約爲三。中直六十三，約爲九。小直二十八，約爲四。以等七相約得直率。

右總題分之得六，如左。

設甲物大二，直二十一；中八，直六十三；小五，直二十八。共物一百八十七，共直一千四百六十三。問：物大、中、小各幾何。知下。

答曰：大物一十八，直一百八十九；中物一百四十四，直一千一百三十四；小物二十五，直一百四十。

又答：大物四十四，直四百六十二；中物八十八，直六百九十三；小物五十五，直三百〇八。

又答：大物七十，直七百三十五；中物三十二，直二百五十二；小物八十五，直四百七十六。

直乘率：中小物八五相乘得四十，約爲二十。大小物二五相乘得一十，約爲五。大中物二八相乘得一十六，約爲八。以等二相約得。

約率：大小較二十八、中小較一十三、中大較一十五。以乘率二十乘大直率三，爲六十。乘率五乘中直率九，爲四十五。乘率八乘小直率四，爲三十二。相減而得。

通率：大小較五十六、中小較二十六、中大較三十。以直乘率之等二通約率得之。

如方程

用小數求

右行小五 丨≡〇　中八 丨H|||　共物一百八十七 ||||H||⊥

左行小直二十八 ≡〇　減盡　中直六十三 ||H||||　減餘 |||⊢　共直一千四百六十三 減餘 ||〇T≡

以左行首位小直二十八偏乘右行，右行首位小五偏乘左行。兩兩相減，上餘九十一爲法，下餘二千〇七十九爲實。除之，得二十二，不盡七十七。以等七約爲一十三分之一十一，通內爲二百九十七，以中分母八乘，得二千三百七十六爲通分中物。亦以法一十三通總物一百八十七，爲二千四百三十一。而以所通中物減之，餘五十五爲通分小物。復以法除通分中物，得中物一百八十二，不盡一十。分母子無等不約，仍通內爲二千三百七十六。依法求中數減較，置大小較二十八，先去其一十，遞加至五較，而除之適盡。乃五因大小較二十八，得一百四十以減中。五因中小較一十三，得六十五以加大。五因中大較一十五，得七十五以加小。得通分中物二千二百三十六、通分大物六十五、通分小物一百三十。復以法各除，得中物一百七十二、大物五、小物一十。中分母八約中物一百七十二，餘四。依法求中分子減較，置大小較二十八，去其四，而約之適盡。徑以大小較二十八減中，中小較一十三加大，中大較一十五加小，得中物一百四十四、大物一十八、小物二十五，爲一答。又以通率大小較五十六減中，中小較二十六加大，中大較三十加小，而得又答。

用大數求

右行大二 |||=　中八 ⊥Ⅲ　共物一百八十七 ||≡⊥

左行大直二十一 |||=　減盡　中直六十三 |=T　減餘 |||=　共直一千四百六十三 ≡⊥ 減餘 |〇〇-

以左行首位大直二十一偏乘右行，右行首位大二偏乘左行。兩兩相減，上餘四十二爲法，下餘一千〇〇一爲實。法與中分母求等得二，約中八得四爲乘率。亦約法四十二爲二十一，以除實一千〇〇一，得四十七，不盡一十四。以等七約爲三分之二，通內爲一百四十三。以乘率四乘，得五百七十二爲通分中物。亦以法三通總物一百八十七，爲五百六十一。而以所通中物減之，不足一十一爲通分負大物。大加率中小較一十三，除通分負大物一十一，不滿法。先以大小較二十八減中，中小較一十三加大，中大較一十五加小，而去其負大物一十一，得通分中物五百四十四、通分大物二、通分小物一十五。復以法除通分中物，得一百八十一，不盡一。分母子無等不約，仍通内爲五百四十四。依法求中數減較，置大小較二十八，去其一，而除之適盡。徑以大小較二十八、中小較一十三、中大較一十五，各加減之，得通分中物五百一十六、通分大物一十五、通分小物三十。復以法各除，得中物一百七十二、大物五、小物一十。如前草法求之，得數並同。

求一術

先以大二、中八、小五爲三物分母，通共直一千四百六十三，得一十一萬七千〇四十，爲通分總物。

中大較、大小較相求

中八、小五兩物分母，通大直二十一，得八百四十。以共物一百八十七乘，得一十五萬七千〇八十爲通分大物。以通分總物減，餘四萬〇〇四十。以直乘率之等二、三直之等七，相乘得一十四約之，得二千八百六十爲共較實。中大較一十五疊減之，賸一十大。小較二十八疊減之，賸四。乃各以定母列左右兩行：

右定一十五衍數𝍪𝍧　奇𝍩𝍢　乘率𝍦　共較實𝍪𝍧𝍮〇　賸𝍩〇

左定二十八衍數𝍩𝍤　奇𝍩𝍤　乘率𝍩𝍤　賸𝍣　衍母𝍣𝍪〇

右定一十五減衍數二十八，奇一十三。求得乘率七，以乘衍數二十八，得一百九十六。又以賸一十乘，得一千九百六十。滿衍母四百二十去之，餘二百八十爲小實。以減共較實二千八百六十，餘二千五百八十爲中實。右定一十五除中實，得中物一百七十二。左定二十八除小實二百八十，得小物一十，併中物、小物得一百八十二，以減共物一百八十七，餘五爲大物。驗三物皆不應分母，依法加減，同方程用小數草。

定母一十五，以奇一十三除，得一爲第一除數，定餘二。以除奇一十三，得六爲第二除數，奇餘一。立天元一以乘第一除數一，得一爲第一乘數。以乘第二除數六，仍得六，加天元一，得七爲第二乘數，即乘率。

左定二十八以衍數一十五爲奇數，求得乘率一十五，數與右定中大較同。即以賸四爲中物，衍數一十五乘之，得六十爲中實。以減共較實二千八百六十，餘二千八百爲小實。左定二十八除之，得小物一百。併中物、小物得一百〇四，以減共物一百八十七，餘八十三爲大物。驗三物皆不應分母，以所得中物四與大小較二十八求等得四，約四得一。徑以大小較二十八加中，中小較一十三減大，中大較一十五減小，得大物七十、中物三十二、小物八十五，爲一答。又以通率大小較五十六加中，中小較二十六減大，中大較三十減小，而得又答。

定母二十八，以奇一十五除，得一爲第一除數，定餘一十三。以除奇一十五，得一爲第二除數，奇餘二。以除定餘一十三，得六爲第三除數，定餘一。以除奇餘二，得一爲第四除數，奇餘一。立天元一，以乘第一除數一，得一爲第一乘數。以乘第二除數一，仍得一，加天元一，得二爲第二乘數。以乘第三除數六，得一十二，加第一乘數一，得一十三爲第三乘數。以乘第四除數一，得一十三，加第二乘數二，得一十五爲第四乘數，即乘率。

大小較、中小較相求

大二、中八兩物分母通小直二十八，得四百四十八。以共物一百八十七乘，得八萬三千七百七十六爲通分小物。以減通分總物一十一萬七千〇四十，餘三萬三千二百六十四。以直乘率之等二、三直之等七，相乘得一十四約之，得二千三百七十六爲共較實。大小較二十八疊減之，賸二十四。中小較一十三疊減之，賸一十。乃各以定母列左右兩行：

右定二十八衍數𝍩𝍢　奇𝍩𝍢　乘率𝍩𝍢　共較實𝍪𝍢𝍯𝍥　賸𝍪𝍣

左定一十三衍數𝍪𝍧　奇𝍡　乘率𝍦　賸𝍩〇　衍母𝍢𝍮𝍣

右定二十八以衍數一十三爲奇數，求得乘率一十三，數與左定同。徑以賸二十四乘，得三百一十二。反減衍母三百六十四，餘五十二爲中實。以減共較實二千三百七十六，餘二千三百二十四爲大實。右定二十八除大實，得大物八十三。左定一十三除中實五十二，得中物四。併大物、中物得八十七，以減共物一百八十七，餘一百爲小物。驗三物皆不應分母，依法加減，同左定草。

定母二十八，以奇一十三除，得二爲第一除數，定餘二。以除奇一十三，得六爲第二除數，奇餘一。立天元一，以乘第一除數二，得二爲第一乘數。以乘第二除數六，得一十二，加天元一，得一十三爲第二乘數，即乘率。

左定一十三疊減衍數二十八，奇二。求得乘率七，以乘衍數二十八，得一百九十六。又以賸一十乘，得一千九百六十。滿衍母三百六十四去之，餘一百四十爲大實。以減共較實二千三百七十六，餘二千二百三十六爲中實。左定一十三除中實，得中物一百七十二。右定二十八除大實一百四十，得大物五。併大物、中物得一百七十七，以減共物一百八十七，餘一十爲小物。驗三物皆不應分母，依法加減，同方程用小數草。

定母一十三，以奇二除，得六爲第一除數，定餘一。以除奇二，得一爲第二除數，奇餘一。

立天元一，以乘第一除數六，得六爲第一乘數。以乘第二除數一，得六，加天元一，得七爲第二乘數，即乘率。

設乙物大二十，直二十一；中六十二，直六十三；小二十九，直二十八。共物一千四百四十一，共直一千四百六十三。問物大中小各幾何。培下。

答曰：大物一百八十，直一百八十九；中物一千一百一十六，直一千一百三十四；小物一百四十五，直一百四十。

又答：大物四百四十，直四百六十二；中物六百八十二，直六百九十三；小物三百一十九，直三百〇八。

又答：大物七百，直七百三十五；中物二百四十八，直二百五十二；小物四百九十三，直四百七十六。

直乘率：中小物六十二、二十九相乘得一千七百九十八，約爲八百九十九。大小物二十、二十九相乘得五百八十，約爲二百九十。大中物二十、六十二相乘得一千二百四十，約爲六百二十。以等二相約得。

約率：大小較二百一十七、中小較一百三十、中大較八十七。以乘率八百九十九乘大直率三，爲二千六百九十七。乘率二百九十乘中直率九，爲二千六百一十。乘率六百二十乘小直率四，爲二千四百八十。相減而得。

通率：大小較四百三十四、中小較二百六十、中大較一百七十四。以直乘率之等二，通約率得之。

如方程

用小數求

右行小二十九　中六十二　共物一千四百四十一

左行小直二十八　減盡　中直六十三　減餘　共直一千四百六十三　減餘

以左行首位小直二十八偏乘右行，右行首位小二十九偏乘左行。兩兩相減，上餘九十一爲法，下餘二千〇七十九爲實。除之，得二十二，不盡七十七。以等七約爲一十三分之一十一，通内爲二百九十七。以中分母六十二乘，得一萬八千四百一十四爲通分中物。亦以法一十三通總物一千四百四十一，爲一萬八千七百三十三。而以所通中物減之，餘三百一十九爲通分小物。復以法除通分中物，得中物一千四百一十六，不盡六。分母子無等不約，仍通内爲一萬八千四百一十四。依法求中數減較，置大小較二百一十七，先去其六，遞加至五較，而除之適盡。乃五因大小較二百一十七，得一千〇八十五以減中。五因中小較一百三十，得六百五十以加大。五因中大較八十七，得四百三十五以加小。得通分中物一萬七千三百二十九、通分大物六百五十、通分小物七百五十四。復以法各除，得中物一千三百三十三、大物五十、小物五十八。中分母六十二約中物一千三百三十三，餘三十一。依法求中分子減較，置大小較二百一十七，去三十一，而約之適盡。徑以大小較二百一十七減中，中小較一百三十加大，中大較八十七加小，得中物一千一百一十六、大物一百八十、小物一百四十五，爲一答。又以通率大小較四百三十四減中，中小較二百六十加大，中大較一百七十四加小，而得又答。

用大數求

右行大二十　中六十二　共物一千四百四十一

左行大直二十一　減盡　中直六十三　減餘　共直一千四百六十三　減餘

以左行首位大直二十一偏乘右行，右行首位大二十偏乘左行。兩兩相減，上餘四十二爲法，下餘一千〇〇一爲實。法與中分母求等得二，約中六十二得三十一爲乘率。亦約法四十二爲二十一，以除實一千〇〇一，得四十七，不盡一十四。以等七約爲三分之二，通内爲一百四十三。以乘率三十一乘，得四千四百三十三爲通分中物。亦以法三通總物一千四百四十一，爲四千三百二十三。而以所通中物減之，不足一百一十，爲通分負大物。大加率中小較一百三十，除通分負大物一百一十，不滿法。先以大小較二百一十七減中，中小較一百三十加大，中大較八十七加小，而去其負大物一百一十，得通分中物四千二百一十六、通分大物二十、通分小物八十七。復以法除通分中物，得一千四百〇五，不盡一。分母子無等不約，仍通内爲四千二百一十六。依法求中數減較，置大小較二百一十七，去其一，而除之適盡。徑以大小較二百一十七、中小較一百三十、中大較八十七，各加減之，得通分中物三千九百九十九、通分大物一百五十，通分小物一百七十四。復以法各除，得中物一千三百三十三、大物五十、小物五十八。如前草法求之，得數並同。

求一術

先以大二十、中六十二、小二十九爲三物分母，通共直一千四百六十三，得五千二百六十萬〇九千四百八十，爲通分總物。

中大較、大小較相求

中六十二、小二十九兩物分母，通大直二十一，得三萬七千七百五十八。以共物一千四百四十一乘，得五千四百四十萬〇九千二百七十八爲通分大物。以通分總物減，餘一百七十九萬九千七百九十八。以直乘率之等二、三直之等七，相乘得一十四約之，得一十二萬八千五百五十七爲共較實。中大較八十七疊減之，賸五十八。大小較二百一十七疊減之，賸九十三。乃各以定母列左右兩行：

右定八十七衍數　奇　乘率　　共較實　賸　衍母

左定二百一十七衍數　奇　乘率　　賸

右定八十七疊減衍數二百一十七，奇四十三。求得乘率八十五，以乘衍數二百一十七，得一萬八千四百四十五。又以賸五十八乘，得一百〇六萬八千八百一十。滿衍母一萬八千八百七十九去之，餘一萬二千五百八十六爲小實。以減共較實一十二萬八千五百五十七，餘一十一萬五千九百七十一爲中實。右定八十七除中實，得中物一千三百三十三。左定二百一十七除小實一萬二千五百八十六，得小物五十八。併中物、小物得一千三百九十一，以減共物一千四百四十一，餘五十爲大物。驗三物皆不應分母，依法加減，同方程用小數草。

定母八十七，以奇四十三除，得三爲第一除數，定餘一。以除奇四十三，得四十二爲第二除數，奇餘一。立天元一，以乘第一除數二，得二爲第一乘數。以乘第二除數四十二，得八十四，加天元一，得八十五爲第二乘數，即乘率。

左定二百一十七，以衍數八十七爲奇數。求得乘率五，以乘衍數八十七，得四百三十五。又以賸九十三乘，得四萬〇四百五十五。滿衍母一萬八千八百七十九去之，餘二千六百九十七爲中實。以減共較實一十二萬八千五百五十七，餘一十二萬五千八百六十爲小實。左定二百一十七除小實，得小物五百八十。右定八十七除中實二千六百九十七，得中物三十一。併中物、小物得六百一十一，以減共物一千四百四十一，餘八百三十爲大物。驗大物、中物不應分母，以所得中物三十一，與大小較二百一十七求等，得三十一，約三十一得一。徑以大小較二百一十七加中，中小較一百三十減大，中大較八十七減小，得大物七百、中物二百四十八、小物四百九十三，爲一答。又以通率大小較四百三十四加中，中小較二百六十減大，中大較一百七十四減小，而得又答。

定母二百一十七，以奇八十七除，得二爲第一除數，定餘四十三。以除奇八十七，得二爲第二除數，奇餘一。立天元一，以乘第一除數二，得二爲第一乘數。以乘第二除數二，得四，加天元一，得五爲第二乘數，即乘率。

大小較、中小較相求

大二十、中六十二兩物分母，通小直二十八，得三萬四千七百二十。以共物一千四百四十一乘，得五千〇〇三萬一千五百二十爲通分小物。以減通分總物五千二百六十萬〇九千四百八十，餘二百五十七萬七千九百六十。以直乘率之等二、三直之等七，相乘得一十四約之，得一十八萬四千一百四十爲共較實。大小較二百一十七疊減之，賸一百二十四。中小較一百三十疊減之，賸六十。乃各以定母列左右兩行：

右定二百一十七衍數　奇　乘率　　共較實　賸　衍母

左定一百三十衍數　奇　乘率　　賸

右定二百一十七，以衍數一百三十爲奇數。求得乘率二百一十二，以乘衍數一百三十，得二萬七千五百六十。又以賸一百二十四乘，得三百四十一萬七千四百四十。滿衍母二萬八千二百一十去之，餘四千〇三十爲中實。以減共較實一十八萬四千一百四十，餘一十八萬〇一百一十爲大實。右定二百一十七除大實，得大物八百三十。左定一百三十除中實四千〇三十，得中物三十一。併大物、中物得八百六十一，以減共物一千四百四十一，餘五百八十爲小物。驗大物、中物不應分母，依法加減，同左定草。

定母二百一十七，以奇一百三十除，得一爲第一除數，定餘八十七。以除奇一百三十，得一爲第二除數，奇餘四十三。以除定餘八十七，得二爲第三除數，定餘一。以除奇餘四十三，得四十二爲第四除數，奇餘一。立天元一，以乘第一除數一，得一爲第一乘數。以乘第二除數一，仍得一，加天元一，得二爲第二乘數。以乘第三除數二，得四，加第一乘數一，得五爲第三乘數。以乘第四除數四十二，得二百一十，加第二乘數二，得二百一十二爲第四乘數，即乘率。

左定一百三十減衍數二百一十七，奇八十七。求得乘率三，以乘衍數二百一十七，得六百五十一。又以賸六十乘，得三萬九千〇六十。滿衍母二萬八千二百一十去之，餘一萬〇八百五十爲大實。以減共較實一十八萬四千一百四十，餘一十七萬三千二百九十爲中實。左定一百三十除中實，得中物一千三百三十三。右定二百一十七除大實一萬〇八百五十，得大物五十。併大物、中物得一千三百八十三，以減共物一千四百四十一，餘五十八爲小物。驗大物、中物不應分母，依法加減，同方程用小數草。

定母一百三十，以奇八十七除，得一爲第一除數，定餘四十三。以除奇八十七，得二爲第二除數，奇餘一。立天元一，以乘第一除數一，得一爲第一乘數。以乘第二除數二，仍得二，加天元一，得三爲第二乘數，即乘率。

設丙物大二十三，直二十一；中七十一，直六十三；小三十三，直二十八。共物一千六百五十，共直一千四百六十三，問物大、中、小各幾何。養下。

答曰：大物二百〇七，直一百八十九；中物一千二百七十八，直一千一百三十四；小物一百六十五，直一百四十。

又答：大物五百〇六，直四百六十二；中物七百八十一，直六百九十三；小物三百六十三，直三百〇八。

又答：大物八百〇五，直七百三十五；中物二百八十四，直二百五十二；小物五百六十一，直四百七十六。

大小較四百九十七，中小較二百九十九，中大較一百九十八。以中七十一、小三十三乘大直率三，爲七千〇二十九。大二十三、小三十三乘中直率九，爲六千八百三十一。大二十三、中七十一乘小直率四，爲六千五百三十二。相減而得。

如方程

用小數求

右行小三十三　中七十一　共物一千六百五十

左行小直二十八　減盡　中直六十三　減餘　共直一千四百六十三　減餘

以左行首位小直二十八偏乘右行，右行首位小三十三偏乘左行。兩兩相減，上餘九十一爲法，下餘二千〇七十九爲實。除之，得二十二，不盡七十七。以等七約爲一十三分之十一，通內爲二百九十七。以中分母七十一乘，得二萬一千〇八十七爲通分中物。亦以法一十三通總物一千六百五十，爲二萬一千四百五十。而以所通中物減之，餘三百六十三爲通分小物。復以法除通分中物，得中物一千六百二十二，不盡一。分母子無等不約，仍通內爲二萬一千〇八十七。依法求中數減較，置大小較四百九十七，先去其一，遞加至九較，而除之適盡。乃九因大小較四百九十七，得四千四百七十三以減中。九因中較二百九十九，得二千六百九十一以加大。九因中大較一百九十八，得一千七百八十二以加小。得通分中物一萬六千六百一十四、通分大物二千六百九十一、通分小物二千一百四十五。復以法各除，得中物一千二百七十八、大物二百〇七、小物一百六十五，爲一答。又各以較數加減三物，而得又答。

用大數求

右行大二十三　中七十一　共物一千六百五十

左行大直二十一　減盡　中直六十三　減餘　共直一千四百六十三　減餘

以左行首位大直二十一偏乘右行，右行首位大二十三偏乘左行。兩兩相減，上餘四十二爲法，下餘一千〇〇一爲實。除之，得二十三，不盡三十五，以等七約爲六分之五，通內得一百四十三。以中分母七十一乘，得一萬〇一百五十三。以法六除，得一千六百九十二，不盡一。分母子無等不約，仍通內爲一萬〇一百五十三爲通分中物。亦以法六通總物一千六百五十，爲九千九百。而以所通中物減之，不足二百五十三爲通分負大物。大加率中小較二百九十九，除通分負大物二百五十三，不滿法。先以大小較四百九十七減中，中小較二百九十九加大，中大較一百九十八加小，而去其負大物二百五十三，得通分中物九千六百五十六、通分大物四十六、通分小物一百九十八。復以法六除通分中物，得一千六百〇九，不盡二。分母子無等不約，仍通內爲九千六百五十六。依法求中數減較，置大小較四百九十七，先去其二，遞加至四較，而除之適盡。乃四因大小較四百九十七，得一千九百八十八以減中。四因中小較二百九十九，得一千一百九十六以加大。四因中大較一百九十八，得七百九十二以加小。得通分中物七千六百六十八、通分大物一千二百四十二、通分小物九千九百。復以法各除，得中物一千二百七十八、大物二百〇七、小物一百六十五，爲一答。又各以較數加減三物，而得又答。

求一術

先以大二十三、中七十一、小三十三爲三物分母，通共直一千四百六十三，得七千八百八十三萬九千六百〇七，爲通分總物。

中大較、大小較相求

中七十一、小三十三兩物分母，通大直二十一，得四萬九千二百〇三。以共物一千六百五十乘，得八千一百一十八萬四千九百五十爲通分大物。以通分總物減，餘二百三十四萬五千三百四十三。以三直之等七約之，得三十三萬五千〇四十九爲共較實。中大較一百九十八疊減之，賸三十三。大小較四百九十七疊減之，賸七十一。乃各以定母列左右兩行：

右定一百九十八　衍數　奇　乘率　共較實　賸　衍母

左定四百九十七　衍數　奇　乘率　賸

右定一百九十八疊減衍數四百九十七，奇一百〇一。求得乘率一百四十九，以乘衍數四百九十七，得七萬四千〇五十三。又以賸三十三乘，得二百四十四萬三千七百四十九。滿衍母九萬八千四百〇六去之，餘八萬二千〇〇五爲小實。以減共較實三十三萬五千〇四十九，餘二十五萬三千〇四十四爲中實。右定一百九十八除中實，得中物一千二百七十八。左定四百九十七除小實八萬二千〇〇五，得小物一百六十五。併中物、小物得一千四百四十三，以減共物一千六百五十，餘二百〇七爲大物，得一答。又各以較數加減三物，而得又答。

定母一百九十八，以奇一百〇一除，得一爲第一除數，定餘九十七。以除奇一百〇一，得一爲第二除數，奇餘四。以除定餘九十七，得二十四爲第三除數。定餘一，以除奇餘四，得三爲第四除數，奇餘一。立天元一，以乘第一除數一，得一爲第一乘數。以乘第二除數一，仍得一，加天元一，得二爲第二乘數。以乘第三除數二十四，得四十八，加第一乘數一，得四十九爲第三乘數。以乘第四除數三，得一百四十七，加第二乘數二，得一百四十九爲第四乘數，即乘率。

左定四百九十七，以衍數一百九十八爲奇數。求得乘率一百二十三，以乘衍數一百九十八，得二萬四千三百五十四。又以賸七十一乘，得一百七十二萬九千一百三十四。滿衍母九萬八千四百〇六去之，餘五萬六千二百三十二爲中實。以減共較實三十三萬五千〇四十九，餘二十七萬八千八百一十七爲小實。左定四百九十七除小實，得小物五百六十一。右定一百九十八除中實五萬六千二百三十二，得中物二百八十四。併中物、小物得八百四十五，以減共物一千六百五十，餘八百〇五爲大物，得一答。又以大小較四百九十七加中，中小較二百九十九加大，中大較一百九十八加小，而得又答。

定母四百九十七，以奇一百九十八除，得二爲第一除數，定餘一百〇一。以除奇一百九十八，得一爲第二除數，奇餘九十七。以除定餘一百〇一，得一爲第三除數，定餘四。以除奇餘九十七，得二十四爲第四除數，奇餘一。立天元一，以乘第一除數二，得二爲第一乘數。以乘第二除數一，得二，加天元一，得三爲第二乘數。以乘第三除數一，得三，加第一乘數二，得五爲第三乘數。以乘第四除數二十四，得一百二十，加第二乘數三，得一百二十三爲第四乘數，即乘率。

大小較、中小較相求

大二十三、中七十一兩物分母，通小直二十八，得四萬五千七百二十四。以共物一千六百五十乘，得七千五百四十四萬四千六百爲通分小物。以減通分總物七千八百八十三萬九千六百〇七，餘三百三十九萬五千〇〇七。以直率之等七約之，得四十八萬五千〇〇一爲共較實，大小較四百九十七疊減之，賸四百二十六。中小較二百九十九疊減之，賸二十三，乃各以定母列左右兩行：

右定四百九十七　衍數　奇　乘率　共較實　賸　衍母

左定二百九十九　衍數　奇　乘率　賸

右定四百九十七以衍數二百九十九爲奇數，求得乘率三百七十四，以乘衍數二百九十九，得一十一萬一千八百二十六。又以賸四百二十六乘，得四千七百六十三萬七千八百七十六。滿衍母一十四萬八千六百〇三去之，餘八萬四千九百一十六爲中實。以減共較實四十八萬五千〇〇一，餘四十萬〇〇八十五爲大實。右定四百九十七除大實，得大物八百〇五。左定二百九十九除中實八萬四千九百一十六，得中物二百八十四。併大物、中物得一千〇八十九，以減共物一千六百五十，餘五百六十一爲小物，得一答。又各以較數加減三物，而得又答。

定母四百九十七，以奇二百九十九除，得一爲第一除數，定餘一百九十八。以除奇二百九十九，得一爲第二除數，奇餘一百〇一。以除定餘一百九十八，得一爲第三除數，定餘九十七。以除奇餘一百〇一，得一爲第四除數，奇餘四。以除定餘九十七，得二十四爲第五除數，定餘一。以除奇餘四，得三爲第六除數，奇餘一。立天元一，以乘第一除數一，得一爲第一乘數。以乘第二除數一，仍得一，加天元一，得二爲第二乘數。以乘第三除數一，得二，加第一乘數一，得三爲第三乘數。以乘第四除數一，得三，加第二乘數二，得五爲第四乘數。以乘第五除數二十四，得一百二十，加第三乘數三，得一百二十三爲第五乘數。以乘第六除數三，得三百六十九，加第四乘數五，得三百七十四爲第六乘數，即乘率。

左定二百九十九，減衍數四百九十七，奇一百九十八。求得乘率七十四，以乘衍數四百九十七，得三萬六千七百七十八。又以賸二十三乘，得八十四萬五千八百九十四。滿衍母一十四萬八千六百〇三去之，餘一十萬〇二千八百七十九爲大實。以減共較實四十八萬五千〇〇一，餘三十八萬二千一百二十二爲中實。左定二百九十九除中實，得中物一千二百七十八。右定四百九十七除大實一十萬〇二千八百七十九，得大物二百〇七。併大物、中物得一千四百八十五，以減共物一千六百五十，餘一百六十五爲小物，得一答。又各以較數加減三物，而得又答。

定母二百九十九，以奇一百九十八除，得一爲第一除數，定餘一百〇一。以除奇一百九十八，得一爲第二除數，奇餘九十七。以除定餘一百〇一，得一爲第三除數，定餘四。以除奇餘九十七，得二十四爲第四除數，奇餘一。立天元一，以乘第一除數一，得一爲第一乘數。以乘第二除數一，仍得一，加天元一，得二爲第二乘數。以乘第三除數一，得二，加第一乘數一，得三爲第三乘數。以乘第四除數二十四，得七十二，加第二乘數二，得七十四爲第四乘數，即乘率。

設丁物大一十，直二十一；中四十，直六十三；小二十五，直二十八。共物九百三十五，共直一千四百六十三。問物大、中、小各幾何。轉下。

答曰：大物九十，直一百八十九；中物七百二十，直一千一百三十四；小物一百二十五，直一百四十。

又答：大物二百二十，直四百六十二；中物四百四十，直六百九十三；小物二百七十五，直三百〇八。

又答：大物三百五十，直七百三十五；中物一百六十，直二百五十二；小物四百二十五，直四百七十六。

物率：大一十，約爲二。中四十，約爲八。小二十五，約爲五。以等五相約得。

直乘率：中小物率八五相乘得四十，約爲二十。大小物率二五相乘得一十，約爲五。大中物率二八相乘得一十六，約爲八。以等二相約得。

約率：大小較二十八、中小較一十三、中大較一十五。以乘率二十乘大直率三，爲六十。乘率五乘中直率九，爲四十五。乘率八乘小直率四，爲三十二。相減而得。

通率：大小較二百八十、中小較一百三十、中大較一百五十。以三物之等五，三直乘率之等二，通約率得之。

如方程

用小數求

右行小二十五　中四十　共物九百三十五

左行小直二十八　減盡　中直六十三　減餘　共直一千四百六十三　減餘

以左行首位小直二十八徧乘右行，右行首位小二十五徧乘左行。兩兩相減，上餘四百五十五爲法，下餘一萬〇三百九十五爲實。法與中分母求等，得五。約中四十，得八爲乘率。亦約法四百五十五，爲九十一。以除實一萬〇三百九十五，得一百一十四，不盡二十一。以等七約爲一十三分之三，通內爲一千四百八十五。以乘率八乘，得一萬一千八百八十爲通分中物。亦以法一十三通總物九百三十五，爲一萬二千一百五十五。而以所通中物減之，餘二百七十五爲通分小物。復以法除通分中物，得中物九百一十三，不盡一十一。分母子無等不約，仍通內爲一萬一千八百八十。依法求中數減較，置大小較二十八，先去其一十一，遞加至一十二較，而除之適盡。乃以一十二乘大小較二十八，得三百三十六以減中。乘中小較一十三，得一百五十六以加大。乘中大較一十五，得一百八十以加小。得通分中物一萬一千五百四十四、通分大物一百五十六、通分小物四百五十五。復以法各除，得中物八百八十八、大物一十二、小物三十五。中分母四十約中物八百八十八，餘八。依法求中分子減較，置大小較二十八，先去其八，遞加至六較，而除之適盡。乃六因大小較二十八，得一百六十八減中。六因中小較一十三，得七十八加大。六因中大較一十五，得九十加小。得中物七百二十、大物九十、小物一百二十五，爲一答。又以通率大小較二百八十減中，中小較一百三十加大，中大較一百五十加小，而得又答。

用大數求

右行大一十　中四十　共物九百三十五

左行大直二十一　減盡　中直六十三　減餘　共直一千四百六十三　減餘

以左行首位大直二十一徧乘右行，右行首位大一十徧乘左行。兩兩相減，上餘二百一十爲法，下餘五千〇〇五爲實。法與中分母求等得一十，約中四十得四爲乘率。亦約法二百一十爲二十一，以除實五千〇〇五，得二百三十八，不盡七。以等七約爲三分之一，通内爲七百一十五。以乘率四乘，得二千八百六十爲通分中物。亦以法三通總物九百三十五，爲二千八百〇五。而以所通中物減之，不足五十五爲通分負大物。大加率中小較一十三，除通分負大物五十五，得四，不盡三。乃五因大小較二十八，得一百四十減中。五因中小較一十三，得六十五加大。五因中大較一十五，得七十五加小。而去其負大物五十五，得通分中物二千七百二十、通分大物一十、通分小物七十五。復以法除通分中物，得九百〇六，不盡二。分母子無等不約，仍通内爲二千七百二十。依法求中數減較，置大小較二十八，先去其二，又加一較，而除之適盡。乃倍大小較二十八，得五十六以減中。倍中小較一十三，得二十六以加大。倍中大較一十五，得三十以加小。得通分中物二千六百六十四、通分大物三十六、通分小物一百〇五。復以法各除，得中物八百八十八、大物一十二、小物三十五。如前草法求之，得數並同。

求一術

先以大一十、中四十、小二十五爲三物分母，通共直一千四百六十三，得一千四百六十三萬爲通分總物。

中大較、大小較相求

中四十、小二十五兩物分母，通大直二十一，得二萬一千。以共物九百三十五乘，得一千九百六十三萬五千爲通分大物。以通分總物減，餘五百萬〇〇五千。以三直乘率之等五十、中四十、小二十五相乘，得一千爲大直乘率。大一十、小二十五相乘，得二百五十爲中直乘率。大一十、中四十相乘，得四百爲小直乘率。相求等得五十。三直之等七，相乘得三百五十約之，得一萬四千三百爲共較實。中大較一十五疊減之，賸五。大小較二十八疊減之，賸二十。乃各以定母列左右兩行：

右定一十五衍數𝍠𝍫　奇𝍠𝍫　乘率𝍦　共較實𝍠𝍬𝍢〇〇　賸𝍤　衍母𝍣𝍪〇
左定二十八衍數𝍠𝍭　奇𝍠𝍭　乘率𝍠𝍭　賸𝍡〇

右定一十五，減衍數二十八，奇一十三。求得乘率七，求法見甲題。以乘衍數二十八，得一百九十六。又以賸五乘，得九百八十。滿衍母四百二十去之，餘一百四十爲小實。以減共較實一萬四千三百，餘一萬四千一百六十爲中實。右定一十五除中實，得中物九百四十四。左定二十八除小實一百四十，得小物五。併中物、小物得九百四十九，以減共物九百三十五，不定一十四爲負大物。大加率中小較一十三，除負大物一十四，得一，不盡一。乃倍大小較二十八，得五十六減中。倍中小較一十三，得二十六加大。倍中大較一十五，得三十加小。而去其負大物一十四，得中物八百八十八、大物一十二、小物三十五。驗三物皆不應分母，依法加減，同方程用小數草。

左定二十八以衍數一十五爲奇數，求得乘率一十五，求法見甲題。數與右定同，即以賸二十爲中物。衍數一十五乘之，得三百爲中實。以減共較實一萬四千三百，餘一萬四千爲小實。左定二十八除之，得小物五百。併中物、小物得五百二十，以減共物九百三十五，餘四百一十五爲大物。驗大物、中物不應分母，依法求中分子加較。置中物二十，遞加大小較二十八，至五較而應分母四十。乃五因大小較二十八，得一百四十加中。五因中小較一十三，得六十五減大。五因中大較一十五，得七十五減小。得中物一百六十、大物三百五十、小物四百二十五，爲一答。又以通率大小較二百八十加中，中小較一百三十減大，中大較一百五十減小，而得又答。

大小較、中小較相求

大一十、中四十兩物分母，通小直二十八，得一萬一千二百。以共物九百三十五乘，得一千〇四十七萬二千爲通分小物。以減通分總物一千四百六十三萬，餘四百一十五萬八千。以三直乘率之等五十、三直率之等七，相乘得三百五十約之，得一萬一千八百八十爲共較實。大小較二十八疊減之，賸八。中小較一十三疊減之，賸一十一。乃各以定母列左右兩行：

右定二十八衍數𝍠𝍫　奇𝍠𝍫　乘率𝍠𝍫　共較實𝍠𝍩𝍧𝍯〇　賸𝍧　衍母𝍢𝍮𝍣
左定一十三衍數𝍡𝍯　奇𝍡　乘率𝍦　賸𝍠𝍩

右定二十八以衍數一十三爲奇數，求得乘率一十三，求法見甲題數與左定同。徑以賸八乘，得一百〇四。反減衍母三百六十四，餘二百六十爲中實。以減共較實一萬一千八百八十，餘一萬一千六百二十爲大實。右定二十八除大實，得大物四百一十五。左定一十三除中實二百六十，得中物二十。併大物、中物得四百三十五，以減共物九百三十五，餘五百爲小物。驗大物、中物不應分母，依法加減，同左定草。

左定一十三疊減衍數二十八，奇二。求得乘率七，求法見甲題。以乘衍數二十八，得一百九十六。又以賸一十一乘，得二千一百五十六。滿衍母三百六十四去之，餘三百三十六爲大實。以減共較實一萬一千八百八十，餘一萬一千五百四十四爲中實。左定一十三除中實,得中物八百八十八。右定二十八除大實三百三十六,得大物一十二。併大物、中物得九百,以減共物九百三十五,餘三十五爲小物。驗三物皆不應分母,依法加減,同方程用小數草。

設戊物大二十三,直二十一;中八十三,直六十三;小四十七,直二十八。共物一千九百三十六,共直一千四百六十三。問物大、中、小各幾何。深下。

答曰:大物二百〇七,直一百八十九;中物一千四百九十四,直一千一百三十四;小物二百三十五,直一百四十。

又答:大物五百〇六,直四百六十二;中物九百一十三,直六百九十三;小物五百一十七,直三百三十五。

又答:大物八百〇五,直七百三十五;中物三百三十二,直二百五十二;小物七百九十九,直四百七十六。

大小較五百八十一、中小較二百九十九、中大較二百八十二。以中八十三、小四十七乘大直率三,爲一萬一千七百〇三。大二十三、小四十七乘中直率九,爲九千七百二十九。大二十三、中八十三乘小直率四,爲七千六百三十六。相減得大小較四千〇六十七、中小較二千〇九十三、中大較一千九百七十四。又求等得七約之。

用小數求

如方程

右行小四十七　中八十三　共物一千九百三十六

左行小直二十八　中直六十三　共直一千四百六十三

減盡　減餘　減餘

以左行首位小直二十八徧乘右行,右行首位小四十七徧乘左行。兩兩相減,上餘六百三十七爲法,下餘一萬四千五百五十三爲實。除之,得二十二,不盡五百三十九。以等四十九約爲一十三分之一十一,通內爲二百九十七。以中分母八十三乘,得二萬四千六百五十一爲通分中物。亦以法一十三通總物一千九百三十六,爲二萬五千一百六十八。而以所通中物減之,餘五百一十七爲通分小物。復以法除通分中物,得中物一千八百九十六,不盡三。分母子無等不約,仍通內爲二萬四千六百五十一。依法求中數減較,置大小較五百八十一,先去其三,遞加至九較,而除之適盡。乃九因大小較五百八十一,得五千二百二十九以減中。九因中小較二百九十九,得二千六百九十一以加大。九因中大較二百八十二,得二千五百三十八以加小。得通分中物一萬九千四百二十二、通分大物二千六百九十一、通分小物三千〇五十五。復以法各除,得中物一千四百九十四、大物二百〇七、小物二百三十五,爲一答。又各以較數加減三物,而得又答。

用大數求

右行大二十三　中八十三　共物一千九百三十六

左行大直二十一　中直六十三　共直一千四百六十三

減盡　減餘　減餘

以左行首位大直二十一徧乘右行,右行首位大二十三徧乘左行。兩兩相減,上餘二百九十四爲法,下餘七千〇〇七爲實。除之,得二十三,不盡二百四十五。以等四十九約爲六分之五,通內爲一百四十三。以中分母八十三乘,得一萬一千八百六十九。以法六除,得一千九百七十八,不盡一。分母子無等不約,仍通內爲一萬一千八百六十九爲通分中物。亦以法六通總物一千九百三十六,爲一萬一千六百一十六。而以所通中物減之,不足二百五十三爲通分負大物。大加率中小較二百九十九,除通分負大物二百五十三,不滿法。先以大小較五百八十一減中,中小較二百九十九加大,中大較二百八十二加小,而去其負大物二百五十三,得通分中物一萬一千二百八十八、通分大物四十六、通分小物二百八十二。復以法六除通分中物,得一千八百八十一,不盡二,仍通內爲一萬一千二百八十八。依法求中數減較,置大小較五百八十一,先去其二,遞加至四較,而除之適盡。乃四因大小較五百八十一,得二千三百二十四減中。四因中小較二百九十九,得一千一百九十六加大。四因中大較二百八十二,得一千一百二十八加小。得通分中物八千九百六十四、通分大物一千二百四十二、通分小物一千四百一十。復以法各除,得中物一千四百九十四、大物二百〇七、小物二百三十五,爲一答。又各以較數加減三物,而得又答。

求一術

先以大二十三、中八十三、小四十七爲三物分母,通共直一千四百六十三,得一億三千一百二十六萬四千七百四十九,爲通分總物。

中大較、大小較相求

中八十三、小四十七兩物分母,通大直二十一,得八萬一千九百二十一。以共物一千九百三十六乘,得一億五千八百五十九萬九千〇五十六爲通分大物。

以通分總物減，餘二千七百三十三萬四千三百〇七。以三直之等七，三較之等七，相乘得四十九約之，得五十五萬七千八百四十三爲共較實。中大較二百八十二疊減之，賸四十七。大小較五百八十一疊減之，賸八十三。乃各以定母列左右兩行：

右定二百八十二衍數　奇　乘率　共較實　賸　衍母

左定五百八十一衍數　奇　乘率　賸

右定二百八十二疊減衍數五百八十一，奇一十七。求得乘率八十三，以乘衍數五百八十一，得四萬八千二百二十三。又以賸四十七，乘得二百二十六萬六千四百八十一。滿衍母一十六萬三千八百四十二去之，餘一十三萬六千五百三十五爲小實。以減共較實五十五萬七千八百四十三，餘四十二萬一千三百〇八爲中實。右定二百八十二除中實，得中物一千四百九十四。左定五百八十一除小實一十三萬六千五百三十五，得小物二百三十五。併中物、小物得一千七百二十九，以減共物一千九百三十六，餘二百〇七爲大物，得一答。又各以較數加減三物，而得又答。

定母二百八十二，以奇一十七除，得一十六爲第一除數，定餘一十。以除奇一十七，得一爲第二除數，奇餘七。以除定餘一十，得一爲第三除數，定餘三。以除奇餘七，得二爲第四除數，奇餘一。立天元一，以乘第一除數一十六，得一十六爲第一乘數。以乘第二除數一，得一十六，加天元一，得一十七爲第二乘數。以乘第三除數一，得一十七，加第一乘數一十六，得三十三爲第三乘數。以乘第四除數二，得六十六，加第二乘數一十七，得八十三爲第四乘數，即乘率。

左定五百八十一，以衍數二百八十二爲奇數。求得乘率四百一十，以乘衍數二百八十二，得一十一萬五千六百二十。又以賸八十三乘，得九百五十九萬六千四百六十。滿衍母一十六萬三千八百四十二去之，餘九萬三千六百二十四爲中實。以減共較實五十五萬七千八百四十三，餘四十六萬四千二百一十九爲小實。左定五百八十一除小實，得小物七百九十九。右定二百八十二除中實九萬三千六百二十四，得中物三百三十二。併中物、小物得一千一百三十一，以減共物一千九百三十六，餘八百〇五爲大物，得一答。又以大小較五百八十一加中，中小較二百九十九減大，中大較二百八十二減小，而得又答。

定母五百八十一，以奇二百八十二除，得二爲第一除數，定餘一十七。以除奇二百八十二，得一十六爲第二除數，奇餘一十。以除定餘一十七，得一爲第三除數，定餘七。以除奇餘一十，得一爲第四除數，奇餘三。以除定餘七，得二爲第五除數，定餘一。以除奇餘三，得二爲第六除數，奇餘一。立天元一，以乘第一除數二，得二爲第一乘數。以乘第二除數一十六，得三十二，加天元一，得三十三爲第二乘數。以乘第三除數一，得三十三，加第一乘數二，得三十五爲第三乘數。以乘第四除數一，得三十五，加第二乘數三十三，得六十八爲第四乘數。以乘第五除數二，得一百三十六，加第三乘數三十五，得一百七十一爲第五乘數。以乘第六除數二，得三百四十二，加第四乘數六十八，得四百一十爲第六乘數，即乘率。

大小較、中小較相求

大二十三、中八十三兩物分母，通小直二十八，得五萬三千四百五十二。以共物一千九百三十六乘，得一億〇三百四十八萬三千〇七十二爲通分小物。以減通分總物一億三千一百二十六萬四千七百四十九，餘二千七百七十八萬一千六百七十七。以四十九約，得五十六萬六千九百七十三爲共較實。大小較五百八十一疊減之，賸四百九十八。中小較二百九十九疊減之，賸六十九。乃各以定母列左右兩行：

右定五百八十一衍數　奇　乘率　共較實　賸　衍母

左定二百九十九衍數　奇　乘率　賸

右定五百八十一，以衍數二百九十九爲奇數。求得乘率一百七十一，以乘衍數二百九十九，得五萬一千一百二十九。又以賸四百九十八乘，得二千五百四十六萬二千二百四十二。滿衍母一十七萬三千七百一十九去之，餘九萬九千二百六十八爲中實。以減共較實五十六萬六千九百七十三，餘四十六萬七千七百〇五爲大實。右定五百八十一除大實，得大物八百〇五。左定二百九十九除中實九萬九千二百六十八，得中物三百三十二。併大物、中物得一千一百三十七，以減共物一千九百三十六，餘七百九十九爲小物，得一答。又以大小較五百八十一加中，中小較二百九十九減大，中大較二百八十二減小，而得又答。

定母五百八十一，以奇二百九十九除，得一爲第一除數，定餘二百八十二。以除奇二百九十九，得一爲第二除數，奇餘一十七。以除定餘二百八十二，得一十六爲第三除數，定餘一十。以除奇餘一十七，得一爲第四除數，奇餘七。以除定餘一十，得一爲第五除數，定餘三。以除奇餘七，得二爲第六除數，奇餘一。立天元一，以乘第一除數一，得一爲第一乘數。以乘第二除數一，仍得一，加天元一，得二爲第二乘數。以乘第三除數一十六，得三十二，加第一乘數一，得三十三爲第三乘數。以乘第四除數一，仍得三十三，加第二乘數二，得三十五爲第四乘數。以乘第五除數一，得三十五，加第三乘數三十三，得六十八爲第五乘數。以乘第六除數二，得一百三十六，加第四乘數三十五，得一百七十一爲第六乘數，即乘率。

左定二百九十九，減衍數五百八十一，奇二百八十二。求得乘率二百一十一，以乘衍數五百八十一，得一十二萬二千五百九十一。又以賸六十九乘，得八百四十五萬八千七百七十九。滿衍母一十七萬三千七百一十九去之，餘一十二萬〇二百六十七爲大實。以減共較實五十六萬六千九百七十三，餘四十四萬六千七百〇六爲中實。左定二百九十九除中實，得中物一千四百九十四。右定五百八十一除大實一十二萬〇二百六十七，得大物二百〇七。併大物、中物得一千七百〇一，以減共物一千九百三十六，餘二百三十五爲小物，得一答。依法加減，同方程用小數草。

定母二百九十九，以奇二百八十二除，得一爲第一除數，定餘一十七。以除奇二百八十二，得一十六爲第二除數，奇餘一十。以除定餘一十七，得一爲第三除數，定餘七。以除奇餘一十，得一爲第四除數，奇餘三。以除定餘七，得二爲第五除數，定餘一。以除奇餘三，得二爲第六除數，奇餘一。立天元一，以乘第一除數一，得一爲第一乘數。以乘第二除數一十六，仍得一十六，加天元一，得一十七爲第二乘數。以乘第三除數一，得一十七，加第一乘數一，得一十八爲第三乘數。以乘第四除數一，得一十八，加第二乘數一十七，得三十五爲第四乘數。以乘第五除數二，得七十，加第三乘數一十八，得八十八爲第五乘數。以乘第六除數二，得一百七十六，加第四乘數三十五，得二百一十一爲第六乘數，即乘率。

設己物大八，直二十一；中六十二，直六十三；小五十五，直二十八。共物一千四百六十三，共直一千四百六十三。問物大、中、小各幾何。沈下。

答曰：大物七十二，直一百八十九；中物一千一百一十六，直一千一百三十四；小物一百七十五，直一百四十。

又答：大物一百七十六，直四百六十二；中物六百八十二，直六百九十三；小物六百〇五，直三百〇八。

又答：大物二百八十，直七百三十五；中物二百四十八，直二百五十二；小物九百三十五，直四百七十六。

直乘率：中小物六十二、五十五相乘得三千四百一十，約爲一千七百〇五。大小物八、五十五相乘得四百四十，約爲二百二十。大中物八、六十二相乘得四百九十六，約爲二百四十八。以等二相約得。

約率：大小較二百一十七，中小較五十二，中大較一百六十五。以乘率一千七百〇五乘大直率三，爲五千一百一十五。乘率二百二十乘中直率九，爲一千九百八十。乘率二百四十八乘小直率四，爲九百九十二。相減得大小較四十一百二十三，中小較九百八十八，中大較三千一百三十五。又求等得一十九約之。

通率：大小較四百三十四，中小較一百〇四，中大較三百三十。以直乘率之等二，通約率得之。

如方程

用小數求

右行小五十五　中六十二　共物一千四百六十三

左行小直二十八　減盡　中直六十三　減餘　共直一千四百六十三　減餘

以左行首位小直二十八徧乘右行，右行首位小五十五徧乘左行。兩兩相減，上餘一千七百二十九爲法，下餘三萬九千五百〇一爲實。除之，得二十二，不盡一千四百六十三。以等一百三十三約爲一十三分之一十一，通內爲二百九十七。以中分母六十二乘，得一萬八千四百一十四爲通分中物。亦以法一十三通總物一千四百六十三，爲一萬九千〇一十九。而以所通中物減之，餘六百〇五爲通分小物。復以法除通分中物，得中物一千四百一十六，不盡六。分母子無等不約，仍通內爲一萬八千四百一十四。依法求中數減較，置大小較二百一十七，先去其六，遞加至五較，而除之適盡。乃五因大小較二百一十七，得一千〇八十五以減中。五因中小較五十二，得二百六十以加大。五因中大較一百六十五，得八百二十五以加小。得通分中物一萬七千三百二十九、通分大物二百六十、通分小物一千四百三十。復以法各除，得中物一千三百三十三、大物二十、小物一百一十。中分母六十二約中物一千三百三十三，餘三十一。依法求中分子減較，置大小較二百一十七，去三十一，而約之適盡。徑以大小較二百一十七減中，中小較五十二加大，中大較一百六十五加小，得中物一千一百一十六、大物七十二、小物二百七十五，爲一答。又以通率大小較四百三十四減中，中小較一百〇四加大，中大較三百三十加小而得又答

用大數求

右行大八　中六十二　共物一千四百六十三

左行大直二十一　減盡　中直六十三　減餘　共直一千四百六十三　減餘

以左行首位大直二十一徧乘右行，右行首位大八徧乘左行。兩兩相減，上餘七百九十八爲法，下餘一萬九千〇一十九爲實。法與中分母求等得二，約中六十二得三十一爲乘率。亦約法七百九十八，爲三百九十九。以除實一萬九千〇一十九，得四十七，不盡二百六十六。以等一百三十三約爲三分之二，通內爲一百四十三。以乘率三十一乘，得四千四百三十三爲通分中物。亦以法三通總物一千四百六十三，爲四千三百八十九。而以所通中物減之，不足四十四爲通分負大物。大加率中小較五十二，除通分負大物四十四，不滿法。先以大小較二百一十七減中，中小較五十二加大，中大較一百六十五加小。而去其負大物四十四，得通分中物四千二百一十六、通分大物八、通分小物一百六十五。復以法除通分中物，得一千四百〇五，不盡一。分母子無等不約，仍通內爲四千二百一十六。依法求中數減較，置大小較二百一十七，去其一而除之適盡。徑以大小較二百一十七減中，中小較五十二加大，中大較一百六十五加小，得通分中物三千九百九十九、通分大物六十、通分小物三百三十。復以法各除，得中物一千三百三十三、大物二十、小物一百一十。如前草法求之，得數並同。

求一術

先以大八、中六十二、小五十五爲三物分母，通共直一千四百六十三，得三千九百九十一萬〇六百四十爲通分總物。

中大較、大小較相求

中六十二、小五十五兩物分母，通大直二十一，得七萬一千六百一十。以共物一千四百六十三乘，得一億〇四百七十六萬五千四百三十爲通分大物。以通分總物減，餘六千四百八十五萬四千七百九十。以三直乘率之等二、三直之等七、三較之等一十九連乘，得二百六十六。約之，得二十四萬三千八百一十五爲共較實。中大較一百六十五疊減之，賸一百一十。大小較二百一十七疊減之，賸一百二十四。乃各以定母列左右兩行：

右定一百六十五　衍數　奇　乘率

左定二百一十七　衍數　奇　乘率

共較實　賸　賸　衍母

右定一百六十五減衍數二百一十七，奇五十二。求得乘率七十三，以乘衍數二百一十七，得一萬五千八百四十一。又以賸一百一十乘，得一百七十四萬二千五百一十。滿衍母三萬五千八百〇五去之，餘二萬三千八百七十爲小實。以減共較實二十四萬三千八百一十五，餘二十一萬九千九百四十五爲中實。右定一百六十五除中實，得中物一千三百三十三。左定二百一十七除小實二萬三千八百七十，得小物一百一十。併中物、小物得一千四百四十三，以減共物一千四百六十三，餘二十爲大物。驗大物、中物不應分母，依法加減，同方程用小數草。

定母一百六十五，以奇五十二除，得三爲第一除數，定餘九。以除奇五十二，得五爲第二除數，奇餘七。以除定餘九，得一爲第三除數，定餘二。以除奇餘七，得三爲第四除數，奇餘一。立天元一，以乘第一除數三，得三爲第一乘數。以乘第二除數五，得一十五，加天元一，得一十六爲第二乘數。以乘第三除數一，得一十六，加第一乘數三，得一十九爲第三乘數。以乘第四除數三，得五十七，加第二乘數一十六，得七十三爲第四乘數，即乘率。

左定二百一十七，以衍數一百六十五爲奇數，求得乘率一百二十一。以乘衍數一百六十五，得一萬九千九百六十五。又以賸一百二十四乘，得二百四十七萬五千六百六十。滿衍母三萬五千八百〇五去之，餘五千一百一十五爲中實。以減共較實二十四萬三千八百一十五，餘二十三萬八千七百爲小實。左定二百一十七除小實，得小物一千一百。右定一百六十五除中實五千一百一十五，得中物三十一。併中物、小物得一千一百三十一，以減共物一千四百六十三，餘三百三十二爲大物。驗大物、中物不應分母，依法求中分子加較。置中物三十一，加大小較二百一十七，即應中分母六十二。徑以大小較二百一十七加中，中小較五十二減大，中大較一百六十五減小，得中物二百四十八、大物二百八十、小物九百三十五，爲一答。又以通率大小較四百三十四加中，中小較一百〇四減大，中大較三百三十減小，而得又答。

定母二百一十七，以奇一百六十五除，得一爲第一除數，定餘五十二。以除奇一百六十五，得三爲第二除數，奇餘九。以除定餘五十二，得五爲第三除數，定餘七。以除奇餘九，得一爲第四除數，奇餘二。以除定餘七，得三爲第五除數，定餘一。以除奇餘二，得一爲第六除數，奇餘一。立天元一，以乘第一除數一，得一爲第一乘數。以乘第二除數三，仍得三，加天元一，得四爲第二乘數。以乘第三除數五，得二十，加第一乘數一，得二十一爲第三乘數。以乘第四除數一，得二十一，加第二乘數四，得二十五爲第四乘數。以乘第五除數三。得七十五，加第三乘數二十一，得九十六爲第五乘數。以乘第六除數一，得九十六，加第四乘數二十五，得一百二十一爲第六乘數，即乘率。

大小較、中小較相求

大八、中六十二兩物分母，通小直二十八，得一萬三千八百八十八。以共物一千四百六十三乘，得二千〇三十一萬八千一百四十四爲通分小物。以減通分總物三千九百九十一萬〇六百四十，餘一千九百五十九萬二千四百九十六。以二百六十六約之，得七萬三千六百五十六爲共較實。大小較二百一十七疊減之，賸九十三。中小較五十二疊減之，賸二十四。乃各以定母列左右兩行：

右定二百一十七　衍數𝍭𝍡　奇𝍭𝍡　乘率𝍱𝍥　共較實𝍦𝍫𝍥𝍭𝍥　賸𝍱𝍢　衍母𝍠𝍩𝍡𝍰𝍣

左定五十二　衍數𝍡𝍩𝍦　奇𝍨　乘率𝍪𝍨　賸𝍪𝍣

右定二百一十七，以衍數五十二爲奇數，求得乘率九十六。以乘衍數五十二，得四千九百九十二。又以賸九十三乘，得四十六萬四千二百五十六。滿衍母一萬一千二百八十四去之，餘一千六百一十二爲中實。以減共較實七萬三千六百五十六，餘七萬二千〇四十四爲大實。右定二百一十七除大實，得大物三百三十二。左定五十二除中實一千六百一十二，得中物三十一。併大物、中物得三百六十三，以減共物一千四百六十三，餘一千一百爲小物。驗大物中物不應分母，依法加減，同左定草。

定母二百一十七，以奇五十二除，得四爲第一除數，定餘九。以除奇五十二，得五爲第二除數，奇餘七。以除定餘九，得一爲第三除數，定餘二。以除奇餘七，得三爲第四除數，奇餘一。立天元一，以乘第一除數四，得四爲第一乘數。以乘第二除數五，得二十，加天元一，得二十一爲第二乘數。以乘第三除數一，得二十一，加第一乘數四，得二十五爲第三乘數。以乘第四除數三，得七十五，加第二乘數二十一，得九十六爲第四乘數，即乘率。

左定五十二疊減衍數二百一十七，奇九。求得乘率二十九，以乘衍數二百一十七，得六千二百九十三。又以賸二十四乘，得一十五萬一千〇三十二。滿衍母一萬一千二百八十四去之，餘四千三百四十四爲大實。以減共較實七萬三千六百五十六，餘六萬九千三百一十六爲中實。左定五十二除中實，得中物一千三百三十三。右定二百一十七除大實四千三百四十，得大物二十。併大物、中物得一千三百五十三，以減共物一千四百六十三，餘一百一十爲小物。驗大物中物不應分母，依法加減，同方程用小數草。

定母五十二，以奇九除得五，爲第一除數，定餘七。以除奇九，得一爲第二除數，奇餘二。以除定餘七，得三爲第三除數，定餘一。以除奇餘二，得一爲第四除數，奇餘一。立天元一，以乘第一除數五，得五爲第一乘數。以乘第二除數一，得五，加天元一，得六爲第二乘數。以乘第三除數三，得一十八，加第一乘數五，得二十三爲第三乘數。以乘第四除數一，得二十三，加第二乘數六，得二十九爲第四乘數，即乘率。

清・華世芳《答數界限》 有銀九十六兩，買綾、羅、紗、絹一百六十疋，其每疋之價綾九錢，羅七錢，紗五錢，絹三錢。問各幾何疋。

以天代綾疋數，地代羅疋數，人代紗疋數，物代絹疋數，則如題得相等式

天丄地丄人丄物＝一六〇㊤　九天丄七地丄五人丄三物＝九六〇㊦　以綾價九通上式，得　九天丄九地丄九人丄九物＝一四四〇　與下式相減，得　二地丄四人丄六物＝四八〇　以二約之，得　地丄二人丄三物＝二四〇　移項，得　地丄二人＝二四〇丅三物　惟因地、人各不能小於一，則　二四〇丅三物　不能小於三，故　三物　不能大於　二三七　而物不能大於　$\frac{\text{二三七}}{\text{三}}$　即　七九　所以物之同數必在　一、二、三…七九　之內。又因地不能小於一，故人有不能過大之限　天丄地丄人丄物　不能大於　一六〇　故人又有不能過小之限。列表如下。

物之同數	地丄二人之同數	人不能小於	人不能大於	共有之答數	物之同數	地丄二人之同數	人不能小於	人不能大於	共有之答數
一	二三七	七九	一一八	四〇	一七	一八九	四七	九四	四八
二	二三四	七七	一一六	四〇	一八	一八六	四五	九二	四八
三	二三一	七五	一一五	四一	一九	一八三	四三	九一	四九
四	二二八	七三	一一三	四一	二〇	一八〇	四一	八九	四九
五	二二五	七一	一一二	四二	二一	一七七	三九	八八	五〇
六	二二二	六九	一一〇	四二	二二	一七四	三七	八六	五〇
七	二一九	六七	一〇九	四三	二三	一七一	三五	八五	五一
八	二一六	六五	一〇七	四三	二四	一六八	三三	八三	五一
九	二一三	六三	一〇六	四四	二五	一六五	三一	八二	五二
一〇	二一〇	六一	一〇四	四四	二六	一六二	二九	八〇	五二
一一	二〇七	五九	一〇三	四五	二七	一五九	二七	七九	五三
一二	二〇四	五七	一〇一	四五	二八	一五六	二五	七七	五三
一三	二〇一	五五	一〇〇	四六	二九	一五三	二三	七六	五四
一四	一九八	五三	九八	四六	三〇	一五〇	二一	七四	五四
一五	一九五	五一	九七	四七	三一	一四七	一九	七三	五五
一六	一九二	四九	九五	四七	三二	一四四	一七	七一	五五

續表

物之同數	地上二人之同數	人不能小於	人不能大於	共有之答數
三三	一四一	一五	七〇	五六
三四	一三八	一三	六八	五六
三五	一三五	一一	六七	五七
三六	一三二	九	六五	五七
三七	一二九	七	六四	五八
三八	一二六	五	六二	五八
三九	一二三	三	六一	五九
四〇	一二〇	一	五九	五九
四一	一一七	一	六八	五六
四二	一一四	一	五六	五六
四三	一一一	一	五五	五五
四四	一〇八	一	五三	五三
四五	一〇五	一	五二	五二
四六	一〇二	一	五〇	五〇
四七	九九	一	四九	四九
四八	九六	一	四七	四七
四九	九三	一	四六	四六
五〇	九〇	一	四四	四四
五一	八七	一	四三	四三
五二	八四	一	四一	四一
五三	八一	一	四〇	四〇
五四	七八	一	三八	三八
五五	七五	一	三七	三七
五六	七二	一	三五	三五
五七	六九	一	三四	三四
五八	六六	一	三二	三二
五九	六三	一	三一	三一
六〇	六〇	一	二九	二九
六一	五七	一	二八	二八
六二	五四	一	二六	二六
六三	五一	一	二五	二六
六四	四八	一	二三	二三
六五	四五	一	二二	二二
六六	四二	一	二〇	二〇
六七	三九	一	一九	一九
六八	三六	一	一七	一七
六九	三三	一	一六	一六
七〇	三〇	一	一四	一四
七一	二七	一	一三	一三
七二	二四	一	一一	一一
七三	二一	一	一〇	一〇
七四	一八	一	八	八
七五	一五	一	七	七
七六	一二	一	五	五
七七	九	一	四	四
七八	六	一	二	二
七九	三	一	一	一

所以合問之答數共有三千一百二十一。

檢表法：於物之同數行內，任取一數爲物。查相對人之行內，得人之大小兩限，乃以限內之任何數爲人，以人之倍數二乘之，以減 地上二人 行內相對之數，餘即爲地之同數。又併地、人、物各數，以減共數 一六〇 得天之同數。

如以物行內一爲絹胥數，查得人之小限爲 七九 大限爲 一一八 乃以最小之限 七九 爲紗疋數，倍之，得 一五八 以減 二三七 餘 七九 爲羅疋數。併羅紗、絹疋數，得 一五九 以減共疋數 一六〇 餘一爲綾疋數。其餘依此類推。

今有布一宗，發給四等窮民。鰥一名給布九疋，寡一名給布七疋，孤一名給布五疋，獨一名給布三疋。凡一百六十名，共給九百三十疋。問各幾何名。

如前代，得 天上地上人上物＝一六〇、九天上七地上五人上三物＝九三〇、九天上九地上九人上九物＝一四四〇、二地上四人上六物＝五一〇、地上二人上三物＝二五五、地上二人＝二五五丁三物 惟因 地上二人 不能小於三，即 二五五丁三物 不能小於三，故 三物 不能大於 二五二 而物不能大於 三/二五二 即 八四 所以物之同數必在一、二、三…八十四之內。

如前得人之大小二限。

物之同數	地上二人之同數	人不能小於	人不能大於	共有之答數
一	二五二	九四	一二五	三二
二	二四九	九二	一二四	三三
三	二四六	九〇	一二二	三三
四	二四三	八八	一二一	三四
五	二四〇	八六	一一九	三四
六	二三七	八四	一一八	三五
七	二三四	八二	一一六	三五
八	二三一	八〇	一一五	三六
九	二二八	七八	一一三	三六
一〇	二二五	七六	一一二	三七
一一	二二二	七四	一一〇	三七
一二	二一九	七二	一〇九	三八
一三	二一六	七〇	一〇七	三八
一四	二一三	六八	一〇六	三九
一五	二一〇	六六	一〇四	三九
一六	二〇七	六四	一〇三	四〇

續表

物之同數	地上二人之同數	人不能小於	人不能大於	共有之答數	物之同數	地上二人之同數	人不能小於	人不能大於	共有之答數	物之同數	地上二人之同數	人不能小於	人不能大於	共有之答數
一七	二〇四	六二	一〇一	四〇	三三	一五六	三〇	七七	四八	四九	一〇八	一	五三	五三
一八	二〇一	六〇	一〇〇	四一	三四	一五三	二八	七六	四九	五〇	一〇五	一	五二	五二
一九	一九八	五八	九八	四一	三五	一五〇	二六	七四	四九	五一	一〇二	一	五〇	五〇
二〇	一九五	五六	九七	四二	三六	一四七	二四	七三	五〇	五二	九九	一	四九	四九
二一	一九二	五四	九五	四二	三七	一四四	二二	七一	五〇	五三	九六	一	四七	四七
二二	一八九	五二	九四	四三	三八	一四一	二〇	七〇	五一	五四	九三	一	四六	四六
二三	一八六	五〇	九二	四三	三九	一三八	一八	六八	五一	五五	九〇	一	四四	四四
二四	一八三	四八	九一	四四	四〇	一三五	一六	六七	五二	五六	八七	一	四三	四三
二五	一八〇	四六	八九	四四	四一	一三二	一四	六五	五二	五七	八四	一	四一	四一
二六	一七七	四四	八八	四五	四二	一二九	一二	六四	五三	五八	八一	一	四〇	四〇
二七	一七四	四二	八六	四五	四三	一二六	一〇	六二	五三	五九	七八	一	三八	三八
二八	一七一	四〇	八五	四六	四四	一二三	八	六一	五四	六〇	七五	一	三七	三七
二九	一六八	三八	八三	四六	四五	一二〇	六	五九	五四	六一	七二	一	三五	三五
三〇	一六五	三六	八二	四七	四六	一一七	四	五八	五五	六二	六九	一	三四	三四
三一	一六二	三四	八〇	四七	四七	一一四	二	五六	五五	六三	六六	一	三二	三二
三二	一五九	三二	七九	四八	四八	一一一	一	五五	五五	六四	六三	一	三一	三一

續表

物之同數	地上二人之同數	人不能小於	人不能大於	共有之答數	物之同數	地上二人之同數	人不能小於	人不能大於	共有之答數
六五	六〇	一	二九	二九	八一	一二	一	五	五
六六	五七	一	二八	二八	八二	九	一	四	四
六七	五四	一	二六	二六	八三	六	一	二	二
六八	五一	一	二五	二五	八四	三	一	一	一
六九	四八	一	二三	二三					
七〇	四五	一	二二	二二					
七一	四二	一	二〇	二〇					
七二	三九	一	一九	一九					
七三	三六	一	一七	一七					
七四	三三	一	一六	一六					
七五	三〇	一	一四	一四					
七六	二七	一	一三	一三					
七七	二四	一	一一	一一					
七八	二一	一	一〇	一〇					
七九	一八	一	八	八					
八〇	一五	一	七	七					

所以合問之答數共有 三〇八三

今有四處鄉户納糧，東鄉每户納三十石，西鄉每户納十二石，南鄉每户納五石，北鄉每户納四石。凡七十五户，共納九百石。問鄉各幾何户。

天⊥地⊥人⊥物＝七五，三〇天⊥一二地⊥五人⊥四物＝九〇〇，四天⊥四地⊥四人⊥四物＝三〇〇，二六天⊥八地⊥人＝六〇〇，八地⊥人＝六〇〇T二六天 惟因 八地⊥人 不能小於九，即 六〇〇T二六天 不能小於九，故 二六天 不能大於 五九一 而天不能大於 $\frac{二六}{五九一}$ 即 二二⊥$\frac{二六}{一九}$ 又因 天⊥地⊥人 不能大於 七四 故天不能小於 二 所以天之同數必在 二、三、四…二二 之內。如前得地之大小兩限。

天之同數	二	三	四	五	六	七	八	九	一〇	一一	一二	一三	一四	一五	一六	一七
八地⊥人　之同數	五四八	五二二	四九六	四七〇	四四四	四一八	三九二	三六六	三四〇	三一四	二八八	二六二	二三六	二一〇	一八四	一五八
地不能小於	六八	六五	六一	五八	五四	五一	四七	四三	四〇	三六	三三	二九	二六	二二	一八	一五
地不能大於	六八	六五	六一	五八	五五	五二	四八	四五	四二	三九	三五	三二	二九	二六	二二	一九
共有之答數	一	一	一	一	二	二	二	三	三	四	三	四	四	五	五	五
天之同數	一八	一九	二〇	二一	二二											
八地⊥人　之同數	一三二	一〇六	八〇	五四	二八											
地不能小於	一一	八	四	一	一											
地不能大於	一六	一三	九	六	三											
共有之答數	六	六	六	六	三											

所以合問之答數共有　七三

一酒家有甲、乙、丙、丁四種燒酒，其各種含水之率，甲・四〇，乙・二〇，丙・〇八，丁・〇二。今以四種合成一百斗，則所含之水爲四斗。問各種之整斗數。

天⊥地⊥人⊥物＝一〇〇、$\frac{一〇〇}{四〇}$天⊥$\frac{一〇〇}{二〇}$地⊥$\frac{一〇〇}{八}$人⊥$\frac{一〇〇}{二}$物＝四、四〇天⊥二〇地⊥八人⊥二物＝四〇〇、二天⊥二地⊥二人⊥二物＝二〇〇、三八天⊥一八地⊥六人＝二〇〇、一八地⊥六人＝二〇〇丅三八天　惟因　一八地⊥六人　不能小於　二四　即　二〇〇丅三八天　不能小於　二四　故　三八天　不能大於　一七六　而天不能大於　$\frac{三八}{一七六}$　即　四⊥$\frac{三八}{二四}$　又

三地⊥人＝$\frac{六}{二〇〇丅三八天}$　因　三地⊥人　爲整數，則　$\frac{六}{二〇〇丅三八天}$亦爲整數。而能令　$\frac{六}{二〇〇丅三八天}$　爲整數者，惟天之同數爲一、爲四，所以天之同數祇有兩箇。

如前得地之大小二限。

天之同數	一	四
三地⊥人　之同數	二七	八
地不能小於	一	一
地不能大於	八	二
共有之答數	八	二

所以合問之答數共有　一〇

一磨坊有四種麪，一種賣二十五文一觔，一種賣三十文一觔，一種賣四十四文一觔，一種賣五十五文一觔。今以四種和成六十八觔，則每觔賣三十五文。問各種整觔數。

天⊥地⊥人⊥物＝六八、二五天⊥三〇地⊥四四人⊥五五物＝三五×六八＝二三八〇、二五天⊥二五地⊥二五人⊥二五物＝一七〇〇、五地⊥一九人⊥三〇物＝六八〇、五地⊥三〇物＝六八〇丅一九人　惟因　五地⊥三〇物　不能小於　三五　即　六八〇丅一九人　不能小於　三五　故　一九人　不能大於　六四五　而人不能大於　$\frac{一九}{六四五}$　即　三三⊥$\frac{一九}{一八}$

又　地⊥六物＝$\frac{五}{六八〇丅一九人}$　因　地⊥六物　爲整數，則　$\frac{五}{六八〇丅一九人}$　亦爲整數。而能令　$\frac{五}{六八〇丅一九人}$　爲整數者，惟人之同數爲　五、一〇、一五、二〇、二五、三〇　所以人之同數祇有六箇。

如前得物之大小二限。

人之同數	五	一〇	一五	二〇	二五	三〇
地⊥六物　之同數	一一七	九八	七九	六〇	四一	二二
物不能小於	一一	九	六	三	一	一
物不能大於	一九	一六	一三	九	六	四
共有之答數	九	八	八	七	六	四

所以合問之答數共有　四二

一錢莊有十吊的錢票一宗，要换三吊的、五吊的、二十五吊的和五十吊的共一百七十七張。問各種錢票該幾何張。

天⊥地⊥人⊥物＝一七七、三天⊥五地⊥二五人⊥五〇物＝一〇×一七七＝一七七〇、三天⊥三地⊥三人⊥三物＝五三一、二地⊥二二人⊥四七物＝一二三九、二地⊥二二人＝一二三九丅四七物　惟因　二地⊥二二人　不能小於　二四　即　一二三九丅四七物　不能小於　二四　故　四七物　不能大於　一二一五　而物不能大於　$\frac{四七}{一二一五}$　即　二五⊥$\frac{四七}{四〇}$　又

地⊥一一人＝$\frac{二}{一二三九丅四七物}$　因　地⊥一一人　爲整數，則

$\frac{二}{一二三九丅四七物}$　亦爲整數。而能令　$\frac{二}{一二三九丅四七物}$　爲整數者，惟物之同數爲　一、三、五、七…二五　諸奇數，所以物之同數祗有十三箇。

如前得人之大小二限。

物之同數	一	三	五	七	九	一一	一三	一五	一七	一九	二一	二三	二五
物⊥一一人　之同數	五九六	五四九	五〇二	四五五	四〇八	三六一	三一四	二六七	二二〇	一七三	一二六	七九	三二
人不能小於	四三	三八	三四	二九	二五	二〇	一六	一一	七	二	一	一	一

續表

人不能大於	五四	四九	四五	四一	三七	三三	二八	二四	一九	一五	一一	七	二
共有之答數	一二	一二	一二	一三	一三	一三	一三	一四	一三	一四	一一	七	二

所以合問之答數共有　一四九

今有　天⊥地⊥人⊥物＝一〇〇㊤　$\frac{二}{一}$天⊥$\frac{四}{一}$天⊥$\frac{四}{五}$人⊥二物＝一〇〇

㊦　求天、地、人、物之整正同數各有若干。

以四乘下式，得　二天⊥地⊥五人⊥八物＝四〇〇　與上式相減，得天⊥四人⊥七物＝三〇〇　移之　天⊥四人＝三〇〇丅七物　惟因　天⊥四人　不能小於　五　即　三〇〇丅七物　不能小於　五　故　七物　不能大於　二九五　而物不能大於　$\frac{七}{二九五}$　即　四二⊥$\frac{七}{一}$　所以物之同數必在一、二、三…四一、四二　之内。

如前得人之大小二限。

物之同數	一	二	三	四	五	六	七	八	九	一〇	一一	一二	一三	一四	一五	一六
天⊥四人　之同數	二九三	二八六	二七九	二七二	二六五	二五八	二五一	二四四	二三七	二三〇	二二三	二一六	二〇九	二〇二	一九五	一八八
人不能小於	六五	六三	六一	五九	五七	五五	五三	五一	四九	四七	四五	四三	四一	三九	三七	三五
人不能大於	七三	七一	六九	六七	六六	六四	六二	六〇	五九	五七	五五	五三	五二	五〇	四八	四六
共有之答數	九	九	九	九	一〇	一〇	一〇	一〇	一一	一一	一一	一一	一二	一二	一二	一二

續表

物之同數	天⊥四人之同數	人不能小於	人不能大於	共有之答數
一七	一八一	三三	四五	一三
一八	一七四	三一	四三	一三
一九	一六七	二九	四一	一三
二〇	一六〇	二七	三九	一三
二一	一五三	二五	三八	一四
二二	一四六	二三	三六	一四
二三	一三九	二一	三四	一四
二四	一三二	一九	三二	一四
二五	一二五	一七	三一	一五
二六	一一八	一五	二九	一五
二七	一一一	一三	二七	一五
二八	一〇四	一一	二五	一五
二九	九七	九	二四	一六
三〇	九〇	七	二二	一六
三一	八三	五	二〇	一六
三二	七六	三	一八	一六

物之同數	天⊥四人之同數	人不能小於	人不能大於	共有之答數
三三	六九	一	一七	一七
三四	六二	一	一五	一五
三五	五五	一	一三	一三
三六	四八	一	一一	一一
三七	四一	一	一〇	一〇
三八	三四	一	八	八
三九	二七	一	六	六
四〇	二〇	一	四	四
四一	一三	一	三	三
四二	六	一	一	一

所以所求之同數共有 四八八

清・解崇輝《代數術補式》卷三

第一百九十三款 【略】茲設數題於後以明一次未定式之解法。

一題 設有式 二天⊥三地=二五 欲求天、地之整正同數。

則由本式得 天=$\frac{二五丁三地}{二}$ 解：法以 二 除 二五 得 一二 下餘 一。二除 三地 得一地，下餘一地，故可得 天=一二丁地⊥$\frac{一丁地}{二}$ 惟因天必爲整數，同 $\frac{一丁地}{二}$ 亦必爲整數。設令 $\frac{一丁地}{二}$=人 則 一丁地=二人 而 地=一丁二人 又因 天=一二丁地⊥$\frac{一丁地}{二}$ 即 天=一二丁地⊥人 故變爲 天=一二丁一⊥二人⊥人 所以得 天=一一⊥三人 地=一丁二人 若天、地二數或可爲正或可爲負，則人可任爲何整數。惟因天與地必俱爲正，則由地之同數可見人之同數，必至變爲〇、變爲負方可通。而由天之同數又可見人之同數，必小於負四。所以人之同數可有四種，即〇、丁一、丁二、丁三 也。所以題之答數亦有四種，其答數如左。

如 人=〇 則 天=一一、地=一 如 人=丁一 則 天=八、地=三 如 人=丁二 則 天=五、地=五 如 人=丁三 則 天=二、地=七

解：依上式設題以明其用。設有雞二羣，鴨三羣，共二十五隻。問雞鴨各幾何。

命 天=雞數、地=鴨數 如題得無定式爲 二天⊥三地=二五 依上法求得各同數。

二題 求將一百分爲兩分，其一分能以七度之，其又一分能以十一度之。

法令 七天 爲第一分 一一地 爲第二分，則依題得 七天⊥一一地=一〇〇 。變之，得 天=$\frac{一〇〇丁一一地}{七}$ 即 天=一四丁地⊥$\frac{二丁四地}{七}$ 則可見此式中之 $\frac{二丁四地}{七}$ 必爲整數。設令 $\frac{二丁四地}{七}$=人 則 天=一四丁地⊥人 又 四地=二丁七人 即 地=$\frac{二丁七人}{四}$=丁人⊥$\frac{二丁三人}{四}$ 又所以 $\frac{二丁三人}{四}$ 亦必爲整數。設令 $\frac{二丁三人}{四}$=酉 則 地=酉丁人 又三人=二丁四酉 即 人=$\frac{二丁四酉}{三}$=丁酉⊥$\frac{二丁酉}{三}$ 所以其 $\frac{二丁酉}{三}$ 亦必爲整數。再令其 $\frac{二丁酉}{三}$=亥 則 人=亥丁酉 又 酉=二丁三亥 由

此式可見亥必可爲任何整數，所以得相等之各式爲　酉＝二丅三亥、人＝亥丅酉＝亥丅(二丅三亥)＝四亥丅二、地＝酉丅人＝(二丅三亥)丅(四亥丅二)＝四丅七亥、天＝一四丅地丄人＝一四丅(四丅七亥)丄(四亥丅二)＝一一亥丄八　由地之相等式可見，亥必或爲〇或爲負。惟依天之相等式，則亥不能爲負整數，所以知亥之同數不能不爲〇。所以知天與地所能有之正整同數，惟有天＝八、地＝四

三題　有欠人小洋錢一千二百元，只有大小兩種金錢能抵此債。其大金錢每元可抵小洋錢二十七元，小金錢每元可抵小洋錢二十一元。今欲用兩種金錢還此欠項，問有幾樣搭配之法。

法令天爲小金錢，地爲大金錢，則如題得　二一天丄二七地＝一二〇〇　將此式之兩邊以三約之，則得　七天丄九地＝四〇〇　所以天＝$\frac{四〇〇丅九地}{七}$　即　天＝五七丅地丄$\frac{一丅二地}{七}$　則此式中之$\frac{一丅二地}{七}$　必爲整數。設令　$\frac{一丅二地}{七}$＝人　則　天＝五七丅地丄人　又二地＝一丅七人　即　地＝$\frac{一丅七人}{二}$，地＝$\frac{一丅人}{二}$丅三人　所以其$\frac{一丅人}{二}$　亦必爲整數。設令　$\frac{一丅人}{二}$＝亥　則　地＝亥丅三人　又　人＝一丅二亥　此式中之亥可爲任取之整數。而其天、地、人各相等式爲　人＝一丅二亥、地＝亥丅三人＝亥丅三(一丅二亥)＝七亥丅三、天＝五七丅地丄人＝五七丅(七亥丅三)丄一丅二亥＝六一丅九亥　由天之相等式可見，亥不能大於六。由地之相等式可見，亥不能小於一。故此題可有六種答數。

如　亥＝一　則　天＝五二、地＝四　如　亥＝二　則　天＝四三、地＝一一　如　亥＝三　則　天＝三四、地＝一八　如　亥＝四　則　天＝二五、地＝二五　如　亥＝五　則　天＝一六、地＝三二　如　亥＝六　則　天＝七、地＝三九

第一百九十四款　【略】

四題　有人買牛馬不知其數，但知每馬之價三十一元，每牛之價二十元，而牛之共價比馬之共價多七元。問牛馬之數。

令天代牛數，地代馬數，則如題得　二〇天＝三一地丄七　即天＝$\frac{三一地丄七}{二〇}$＝地丄$\frac{一一地丄七}{二〇}$　即知此式中之　$\frac{一一地丄七}{二〇}$　必爲整數。故又令　$\frac{一一地丄七}{二〇}$＝亥　則得　天＝地丄亥　又以　$\frac{一一地丄七}{二〇}$＝亥式移其項而變之，得　地＝$\frac{二〇亥丅七}{一一}$＝亥丄$\frac{九亥丅七}{一一}$　所以其$\frac{九亥丅七}{一一}$　亦必爲整數。令　$\frac{九亥丅七}{一一}$＝酉　則　地＝亥丄酉　又亥＝$\frac{一一酉丄七}{九}$＝酉丄$\frac{二酉丄七}{九}$　則其　$\frac{二酉丄七}{九}$　亦必爲整數。又令$\frac{二酉丄七}{九}$＝申　則　亥＝酉丄申　又　酉＝$\frac{九申丅七}{二}$＝四申丄$\frac{申丅七}{二}$　則其$\frac{申丅七}{二}$　亦必爲整數。又令　$\frac{申丅七}{二}$＝未　則　酉＝四申丄未　又　申＝二未丄七　其分數已消盡，所以得相等之各式如左。

申＝二未丄七、酉＝四申丄未＝四(二未丄七)丄未＝九未丄二八、亥＝酉丄申＝九未丄二八丄二未丄七＝一一未丄三五、地＝亥丄酉＝一一未丄三五丄九未丄二八＝二〇未丄六三、天＝地丄亥＝二〇未丄六三丄一一未丄三五＝三一未丄九八　觀此各式，知其未之同數可從　丅三　起，而　丅二　而　丅一　而　〇　而　丄一　而　丄二　以至無窮皆合。

如未之同數爲　丅三、丅二、丅一、〇、丄一、丄二、丄三、丄四、丄五、丄六、丄七、丄八…則天之同數爲　五、三六、六七、九八、一二九、一六〇、一九一、二二二、二五三、二八四、三一五、三四六…而地之同數爲　三、二三、四三、六三、八三、一〇三、一二三、一四三、一六三、一八三、二〇三、二二三…

其各級之數爲遞加之比例，其公較數在天爲　三一　在地爲　二〇

第一百九十五款　觀前款所求天、地之各同數，由亥、酉、申等各數查出，則易見其求亥、酉、申等類之各同數，其法與求　二〇　與　三一　兩數之最大公約數同，即如將所有之原式　二〇天＝三一地丄七　中天、地二元之倍數，求其最大之公約數時，所約得之各數也。

今試以　二〇　與　三一　輾轉相度，求其最大之公約數，其細草如左。

續表

物之同數	天丄四人之同數	人不能小於	人不能大於	共有之答數
一七	一八一	三三	四五	一三
一八	一七四	三一	四三	一三
一九	一六七	二九	四一	一三
二〇	一六〇	二七	三九	一三
二一	一五三	二五	三八	一四
二二	一四六	二三	三六	一四
二三	一三九	二一	三四	一四
二四	一三二	一九	三二	一四
二五	一二五	一七	三一	一五
二六	一一八	一五	二九	一五
二七	一一一	一三	二七	一五
二八	一〇四	一一	二五	一五
二九	九七	九	二四	一六
三〇	九〇	七	二二	一六
三一	八三	五	二〇	一六
三二	七六	三	一八	一六

物之同數	天丄四人之同數	人不能小於	人不能大於	共有之答數
三三	六九	一	一七	一七
三四	六二	一	一五	一五
三五	五五	一	一三	一三
三六	四八	一	一一	一一
三七	四一	一	一〇	一〇
三八	三四	一	八	八
三九	二七	一	六	六
四〇	二〇	一	四	四
四一	一三	一	三	三
四二	六	一	一	一

所以所求之同數共有　四八八

清・解崇輝《代數術補式》卷三

第一百九十三款　【略】兹設數題於後以明一次未定式之解法。

一題　設有式　二天丄三地=二五　欲求天、地之整正同數。

則由本式得　天$=\frac{二}{二五丅三地}$　解：法以 二 除 二五 得 一二 下餘一。二除 三地 得一地，下餘一地，故可得 天$=$一二丅地丄$\frac{二}{一丅地}$　惟因天必爲整數，同 $\frac{二}{一丅地}$ 亦必爲整數。設令 $\frac{二}{一丅地}=$人　則　一丅地$=$二人　而　地$=$一丅二人　又因　天$=$一二丅地丄$\frac{二}{一丅地}$　即　天$=$一二丅地丄人　故變爲　天$=$一二丅一丄二人丄人　所以得　天$=$一一丄三人　地$=$一丅二人　若天、地二數或可爲正或可爲負，則人可任爲何整數。惟因天與地必俱爲正，則由地之同數可見人之同數，必至變爲〇，變爲負方可通。而由天之同數又可見人之同數，必小於負四。所以人之同數可有四種，即〇、丅一、丅二、丅三　也。所以題之答數亦有四種，其答數如左。

如　人$=$〇　則　天$=$一一、地$=$一　如　人$=$丅一　則　天$=$八、地$=$三　如　人$=$丅二　則　天$=$五、地$=$五　如　人$=$丅三　則　天$=$二、地$=$七

解：依上式設題以明其用。設有雞二羣，鴨三羣，共二十五隻。問雞鴨各幾何。

命　天$=$雞數、地$=$鴨數　如題得無定式爲　二天丄三地$=$二五　依上法求得各同數。

二題　求將一百分爲兩分，其一分能以七度之，其又一分能以十一度之。

法令　七天　爲第一分　一一地　爲第二分，則依題得　七天丄一一地$=$一〇〇。變之得　天$=\frac{七}{一〇〇丅一一地}$　即　天$=$一四丅地丄$\frac{七}{二丅四地}$　則可見此式中之 $\frac{七}{二丅四地}$ 必爲整數。設令 $\frac{七}{二丅四地}=$人　則　天$=$一四丅地丄人　又　四地$=$二丅七人　即　地$=\frac{四}{二丅七人}=$丅人丄$\frac{四}{二丅三人}$　又所以 $\frac{四}{二丅三人}$ 亦必爲整數。設令 $\frac{四}{二丅三人}=$酉　則　地$=$酉丅人　又三人$=$二丅四酉　即　人$=\frac{三}{二丅四酉}=$丅酉丄$\frac{三}{二丅酉}$　所以其 $\frac{三}{二丅酉}$ 亦必爲整數。再令其 $\frac{三}{二丅酉}=$亥　則　人$=$亥丅酉　又　酉$=$二丅三亥　由

此式可見亥必可爲任何整數，所以得相等之各式爲　酉＝二丅三亥、人＝亥丅酉＝亥丅(二丅三亥)＝四亥丅二、地＝酉丅人＝(二丅三亥)丅(四亥丅二)＝四丅七亥、天＝一四丅地丄人＝一四丅(四丅七亥)丄(四亥丅二)＝一一亥丄八　由地之相等式可見，亥必或爲〇或爲負。惟依天之相等式，則亥不能爲負整數，所以知亥之同數不能不爲〇。所以知天與地所能有之正整同數，惟有天＝八、地＝四

三題　有欠人小洋錢一千二百元，只有大小兩種金錢能抵此債。其大金錢每元可抵小洋錢二十七元，小金錢每元可抵小洋錢二十一元。今欲用兩種金錢還此欠項，問有幾樣搭配之法。

法令天爲小金錢，地爲大金錢，則如題得　二一天丄二七地＝一二〇〇　將此式之兩邊以三約之，則得　七天丄九地＝四〇〇　所以天＝$\frac{四〇〇丅九地}{七}$　即　天＝五七丅地丄$\frac{一丅二地}{七}$　則此式中之 $\frac{一丅二地}{七}$ 必爲整數。設令 $\frac{一丅二地}{七}$＝人　則　天＝五七丅地丄人　又二地＝一丅七人　即　地＝$\frac{一丅七人}{二}$、地＝$\frac{一丅人}{二}$丅三人　所以其 $\frac{一丅人}{二}$ 亦必爲整數。設令 $\frac{一丅人}{二}$＝亥　則　地＝亥丅三人　又　人＝一丅二亥　此式中之亥可爲任取之整數。而其天、地、人各相等式爲　人＝一丅二亥、地＝亥丅三人＝亥丅三(一丅二亥)＝七亥丅三、天＝五七丅地丄人＝五七丅(七亥丅三)丄一丅二亥＝六一丅九亥　由天之相等式可見，亥不能大於六。由地之相等式可見，亥不能小於一。故此題可有六種答數。

如　亥＝一　則　天＝五二、地＝四　如　亥＝二　則　天＝四三、地＝一一　如　亥＝三　則　天＝三四、地＝一八　如　亥＝四　則　天＝二五、地＝二五　如　亥＝五　則　天＝一六、地＝三二　如　亥＝六　則　天＝七、地＝三九

第一百九十四款　【略】

四題　有人買牛馬不知其數，但知每馬之價三十一元，每牛之價二十元，而牛之共價比馬之共價多七元。問牛馬之數。

令天代牛數，地代馬數，則如題得　二〇天＝三一地丄七　即　天＝$\frac{三一地丄七}{二〇}$＝地丄$\frac{一一地丄七}{二〇}$　即知此式中之 $\frac{一一地丄七}{二〇}$ 必爲整數。故又令 $\frac{一一地丄七}{二〇}$＝亥　則得　天＝地丄亥　又以 $\frac{一一地丄七}{二〇}$＝亥　式移其項而變之，得　地＝$\frac{二〇亥丅七}{一一}$＝亥丄$\frac{九亥丅七}{一一}$　所以其 $\frac{九亥丅七}{一一}$ 亦必爲整數。令 $\frac{九亥丅七}{一一}$＝酉　則　地＝亥丄酉　又亥＝$\frac{一一酉丄七}{九}$＝酉丄$\frac{二酉丄七}{九}$　則其 $\frac{二酉丄七}{九}$ 亦必爲整數。又令 $\frac{二酉丄七}{九}$＝申　則　亥＝酉丄申　又　酉＝$\frac{九申丅七}{二}$＝四申丄$\frac{申丅七}{二}$　則其 $\frac{申丅七}{二}$ 亦必爲整數。又令 $\frac{申丅七}{二}$＝未　則　酉＝四申丄未　又　申＝二未丄七　其分數已消盡，所以得相等之各式如左。

申＝二未丄七、酉＝四申丄未＝四(二未丄七)丄未＝九未丄二八、亥＝酉丄申＝九未丄二八丄二未丄七＝一一未丄三五、地＝亥丄酉＝一一未丄三五丄九未丄二八＝二〇未丄六三、天＝地丄亥＝二〇未丄六三丄一一未丄三五＝三一未丄九八　觀此各式，知其未之同數可從　丅三　起，而　丅二　而　丅一　而　〇　而　丄一　而　丄二　以至無窮皆合。

如未之同數爲　丅三、丅二、丅一、〇、丄一、丄二、丄三、丄四、丄五、丄六、丄七、丄八…則天之同數爲　五、三六、六七、九八、一二九、一六〇、一九一、二二二、二五三、二八四、三一五、三四六　…而地之同數爲　三、二三、四三、六三、八三、一〇三、一二三、一四三、一六三、一八三、二〇三、二二三　…

其各級之數爲遞加之比例，其公較數在天爲　三一　在地爲　二〇

第一百九十五欵　觀前欵所求天、地之各同數，由亥、酉、申等各數查出，則易見其求亥、酉、申等類之各同數，其法與求　二〇　與　三一　兩數之最大公約數同，即如將所有之原式　二〇天＝三一地丄七　中天、地二元之倍數，求其最大之公約數時，所約得之各數也。

今試以　二〇　與　三一　輾轉相度，求其最大之公約數，其細草如左。

```
二〇) 三一 (一
      二〇
      一一) 二〇 (一
            一一
            九) 一一 (一
                九
                二) 九 (四
                    八
                    一) 二 (二
                        二
                        〇
```

天＝一×地丄亥	三一＝一×二〇丄一一
地＝一×亥丄酉	二〇＝一×一一丄九
亥＝一×酉丄申	一一＝一×九丄二
酉＝四×申丄未	九＝四×二丄一
申＝二×未丄七	二＝二×一丄〇

若以約得之各數與所代之各元，各作一幅相等之式比而觀之，則其理可自明矣。

解：若以各元之同數遞代而入，則得式如前。

申＝二未丄七、酉＝四申丄未＝九未丄二八、亥＝酉丄申＝一一未丄三五、地＝亥丄酉＝二〇未丄六三、天＝地丄亥＝三一未丄九八

凡遇此類之題，可依同法推之。由此得後欵之法，爲解第一次未定方程式之公法。

第一百九十六欵　設所有之式爲　乙天＝甲地丄卯　其甲、乙、卯俱爲已知之整數，其天、地爲所求之正整數，而甲爲大於乙之數。則令呷爲乙度甲所得之次數，而丙爲其度餘之數。又令吃爲丙度乙之次數，而丁爲其度餘之數。又令哂爲丁度丙之次數，而戊爲其度餘之數。如此輾轉相推，以至得一箇度餘之數爲〇，則得甲、乙、丙、丁、…第一幅相等式。而由此幅之式，可以得天、地、亥、酉…一幅相等式。

解：

```
乙) 甲 (呷
    乙呷
    丙) 乙 (吃
        丙吃
        丁) 丙 (哂
            丁哂
            戊) 丁 (叮
                戊叮
                己) 戊 (哦
                    己哦
                    庚) 己 (吧
                        庚吧
                        〇
```

如　甲＝呷乙丄丙、乙＝吃丙丄丁、丙＝哂丁丄戊、丁＝叮戊丄己、戊＝哦己丄庚、己＝吧庚丄〇㈠　則　天＝呷地丄亥、地＝吃亥丄酉、亥＝哂酉丄申、酉＝叮申丄未、申＝哦未丄午、未＝吧午╪卯㈡

觀此公式，知未之同數中，可將任何數代其午。又可見其式，若共有奇層，則所設之卯數必爲正。若其式共有偶層，則卯必爲負。所以有第二幅之式，則天與地之各同數可依所設之法求之。茲設一題於下，以明用此公式之法。

五題　今有數不知幾何，若以十一度之，則餘三。若以十九度之，則餘五。求其數若干。

法以卯代其所求之數，而其十一所度得之次數以天代之。其十九所度得之次數以地代之，則如題得方程式如左。

卯＝一一天丄三㈠　卯＝一九地丄五㈡　所以得　一一天丄三＝一九地丄五　則　一一天＝一九地丄二　由此式，則可將天之倍數　一一　與地之倍數　一九　用求最大公約數之法輾轉相約，而以其各數列爲表如左。

解：

```
一一) 一九 (一
      一一
      八) 一一 (一
          八
          三) 八 (二
              六
              二) 三 (一
                  二
                  一) 二 (二
                      二
                      〇
```

如　一九＝一×一一丄八、一一＝一×八丄三、八＝二×三丄二、三＝一×二丄一、二＝一×二丄〇　以此各式與公式相比，即可得　天＝地丄亥、地＝亥丄酉、亥＝二酉丄申、酉＝申丄未、申＝二未丄二　其未之同數可任爲何整數，所以得相等之各式爲　申＝二未丄二、酉＝申丄未＝三未丄二、亥＝二酉丄申＝六未丄四丄二未丄二＝八未丄六、地＝亥丄酉＝八未丄六丄三未丄二＝一一未丄八、天＝地丄亥＝一一未丄八丄八未丄六＝

一九未丄一四　故其所求之數。

解：因從　𠮷＝一一天丄三　故　𠮷＝一一(一九未丄一四)丄三＝二〇九未丄一五七　若從　𠮷＝一九地丄五　則　𠮷＝一九(一一未丄八)丄五＝二〇九未丄一五七　則可見　一五七　爲𠮷之最小之同數。

六題　設有方程式　三天丄五地丄七人＝五六〇〇　九天丄二五地丄四九人＝二九二〇〇　求天、地、人之正整同數。

則置一式，以七乘之，而與二式相減，得　一二天丄一〇地＝一〇〇〇　即六天丄五地＝五〇〇　亦即　五地＝五〇〇丅六天　以此式如前法求之，則

解：(丅一　丅六(丅五　丅五　丅一)五(丅五　五〇

五)

故　丅六＝丅一×五丄丅一、五＝丅五×丅一丄〇

即　地＝丅一×天丄亥、天＝丅五×亥丄五〇〇　所以得　天＝五〇〇丅五亥、地＝亥丅天＝亥丅五〇〇丄五亥＝六亥丅五〇〇　將天、地之相當式代入　三天丄五地丄七人＝五六〇〇＝一五〇〇丅一五亥丄三〇亥丅二五〇〇丄七人＝五六〇〇　即　一五亥丄七人＝一五六〇〇　而　七人＝一五六〇〇丅一五亥　以此式如法求之，其細草如左。

(丅二　丅一五(丅七　丅一四　丅一)七(丅七　七〇

七)

故　丅一五＝丅二×七丄丅一、七＝丅一×丅七丄〇

即　人＝丅二×亥丄酉、亥＝丅七×酉丄一五六〇〇　所以得相等之各式爲亥＝一五六〇〇丅七酉、人＝酉丅二亥＝酉丅二(一五六〇〇丅七酉)＝一五酉丅三一二〇〇、地＝六亥丅五〇〇＝六(一五六〇〇丅七酉)丅五〇〇＝八八六〇〇丅四二酉、天＝五〇〇丅五亥＝五〇〇丅五(一五六〇〇丅七酉)＝三五酉丅七三〇〇〇　由此可見，所有酉之同數，能令天、地、人三數爲整正之數者，爲二〇九　與　二一〇　所以得天、地、人之各同數爲　天＝一五、地＝八二、人＝一五　或　天＝五〇、地＝四〇、人＝三〇

第一百九十七款　若有一箇方程式內有三箇未知之數，如　甲天丄乙地丄丙人＝丁　者，則先移其項，如　甲天丄乙地＝丁丅丙人　又依代法，令丁丅丙人＝丙′　而變其式爲　甲天丄乙地＝丙′　解：依一百九十六款之法，得

(呷　甲)乙(呷甲　丙)甲(呥　丙呥　未)丙(味　未味　〇

即　乙＝甲呷丄丙、甲＝丙呥丄未、丙＝未味丄丙　故　甲＝呥(未味丄丙′)丄未＝呥未味丄呥丙′丄未＝(呥味丄一)未丄呥丙′、乙＝呷甲丄丙＝呷(呥味未丄呥丙′丄未)丄未味丄丙′＝呷呥味未丄呷呥丙′丄呷未丄未味丄丙＝(呷呥味丄呷丄味)未丄(呷呥丄一)丙′　又令呷呥味丄呷丄味＝寅、呷呥丄一＝卯、呥味丄一＝寅′、呥＝卯′　則　乙＝寅未丄卯丙′＝天、甲＝寅′未丄卯′丙′＝地　即　天＝寅未丄卯(丁丅丙人)、地＝寅′未丄卯′(丁丅丙人)　其人與未可任取何數。惟因天、地、人必皆爲正整之數，所以人、未二同數必在所設方程式題界之內。

解：設有硯三方，墨五錠，筆三支，共錢八十一文。問三價各若干。

如題得方程式　三天丄五地丄三人＝八一　則　三天丄五地＝八一丅三人　即　三天丄五地＝丙′　即　三天＝丙′丅五地　如法求之，得

三)丅五(丅一　丅三　丅二)三(丅一　三　一)丅二(丅二　丅二　〇

即　丅五＝丅一×三丄丅二、三＝丅一×丅二丄一、

丁二=一×丁二⊥〇、天=丁一×地⊥丙、地=丁一×丙⊥未、丙=丁二×未⊥丙′ 故得 地=二未丁丙′⊥未=三未丁丙′、天=丁地⊥丙=丙′丁二未丁三未⊥丙′=二丙′丁五未 所以 天=丁五未⊥二(八一丁三人)、地=三未丁(八一丁三人) 即 天=一六二丁五未丁六人、地=丁八一⊥三未⊥三人 觀天之等式中之未不能大於 三一 人不能大於 二六 觀地之等式中之未不能小於 二七 所以未爲 三一 與 二七 之間，其答數有五十五種。

未	三一	三〇	二九	二八	二七	二六	二五		二九	二八	二七	二六		二八	二七		二七	二六	
人	一	一	二	三	四	五	六		一	二	三	四	…	一	二	…	一	二	…
地	一五	一二	一二	一二	一二	一二	一二		九	九	九	九		六	五		三	三	
天	一	六	五	四	三	二	一		一一	一〇	九	八		一六	一五		二一	二〇	

又 第一百九十九款 【略】

一例 若其式中之甲爲一箇自乘之數，則可令庚代其甲而爲

$地=\sqrt{庚^{二}⊥乙天⊥丙天^{二}}$ 又設其 $\sqrt{庚^{二}⊥乙天⊥丙天^{二}}=庚⊥寅天$ 自乘，去根號，得式如下： $庚^{二}⊥乙天⊥丙天^{二}=庚^{二}⊥二庚寅天⊥寅^{二}天^{二}$ 即 $乙天⊥丙天^{二}=二庚寅天⊥寅^{二}天^{二}$ 即 $乙⊥丙天=二庚寅⊥寅^{二}天$ 所以可得 $天=\frac{丙丁寅^{二}}{二庚寅丁乙}$ 解：將此同數代入 $地=\sqrt{庚^{二}⊥乙天⊥丙天^{二}}$ 式中，得 $地=\sqrt{庚^{二}⊥\frac{丙丁寅^{二}}{乙(二寅庚丁乙)}⊥\frac{(丙丁寅^{二})^{二}}{丙(二寅庚丁乙)^{二}}}$ 通之 地=

$$\sqrt{\frac{(丙⊥寅^{二})^{二}}{[庚^{二}(丙丁寅^{二})^{二}⊥乙(二庚寅丁乙)(丙丁寅^{二})]⊥丙(二庚寅丁乙)^{二}}}$$

詳之如左。

$$地=\sqrt{\frac{(丙丁寅^{二})^{二}}{丙^{二}庚^{二}丁二丙庚^{二}寅^{二}⊥寅^{四}庚^{二}⊥二乙丙庚寅丁乙^{二}丙丁二乙庚寅^{三}⊥乙^{二}寅^{二}⊥四丙庚^{二}寅^{二}丁四乙丙庚寅⊥乙^{二}丙}}$$ 即

$$地=\sqrt{\frac{(丙丁寅^{二})^{二}}{丙^{二}庚^{二}丁二乙丙庚寅⊥二丙庚^{二}寅^{二}丁二乙庚寅^{三}⊥乙^{二}寅^{二}⊥庚^{二}寅^{四}}}$$

開方得 $地=\frac{丙丁寅^{二}}{丙庚丁乙寅⊥庚寅^{二}}$ 其寅可爲或整或分之實數。解：附開方細草。

$丙^{二}庚^{二}丁二丙庚乙寅⊥二丙庚^{二}寅^{二}⊥乙^{二}寅^{二}丁$
$二乙庚寅^{三}⊥庚^{二}寅^{四}(丙庚丁乙寅⊥庚寅^{二}$
$丙^{二}庚^{二}$

$二丙庚丁乙寅$	$丁二丙庚乙寅⊥乙^{二}寅^{二}⊥二丙庚^{二}寅^{二}丁二乙庚寅^{三}⊥庚^{二}寅^{四}$
$×乙寅$	$丁二丙庚乙寅⊥乙^{二}寅^{二}$
$二丙庚丁二乙寅⊥庚寅^{二}$	$⊥二丙庚^{二}寅^{二}丁二乙庚寅^{三}⊥庚^{二}寅^{四}$
$×庚寅^{二}$	$⊥二丙庚^{二}寅^{二}丁二乙庚寅^{三}⊥庚^{二}寅^{四}$

解：設如有真數之式爲

$地=\sqrt{一六⊥一四八天⊥三六天^{二}}$ 與公式 $\sqrt{庚^{二}⊥乙天⊥丙天^{二}}$ 比，則 庚=四、乙=一四八、丙=三六 故

$天=\frac{丙丁寅^{二}}{二庚寅丁乙}$ 即 $天=\frac{三六丁寅^{二}}{八寅丁一四八}$ 又

$地=\frac{丙丁寅^{二}}{丙庚丁乙寅⊥庚寅^{二}}$ 即

$地=\frac{三六\ 丁寅^{二}}{一四四丁一四八寅⊥\ 四寅^{二}}$

驟觀天之等式，若寅不能大於六。寅若爲六，則分母空而分子爲負。又不能小於十八，小於十八則子亦爲負。然而寅之同數若在七與十八之間，則子母皆爲負，同名相除可得正也。故令 寅=八 則 天=三、地=二八 舍此數則天、地皆無整正同數矣。

解：惟有時設數代寅，或子母不能爲同名，或天、地皆等於〇者，其原式必能開方得整數，無煩借代也。

解∵若乙爲負，則天、地答數較多，因變 $天=\frac{丙丄寅^{二}}{二庚寅丄乙}$、$地=\frac{丙丅寅^{二}}{丙庚丄乙寅丄丙寅^{二}}$ 故也。

二例 若式中之丙可爲自乘之數，則令 $丙=庚^{二}$ 而左邊變爲 $\sqrt{甲丄乙天丄庚^{二}天^{二}}=寅丄庚天$ 則得 $甲丄乙天丄庚^{二}天^{二}=寅^{二}丄二寅庚天丄庚^{二}天^{二}$ 即 $甲丄乙天=寅^{二}丄二寅庚天$ 所以得 $天=\frac{乙丅二寅庚}{寅^{二}丅甲}$ 因 $地=\sqrt{甲丄乙天丄庚^{二}天^{二}}$ 解∵而 $\sqrt{甲丄乙天丄庚^{二}天^{二}}=\sqrt{甲丄\frac{乙丅二寅庚}{乙(寅^{二}丅甲)}丄\frac{(乙丅二寅庚)^{二}}{庚^{二}(寅^{二}丅甲)^{二}}}$ 通之 $地=\sqrt{\frac{(乙丅二寅庚)^{二}}{(甲(乙丅二寅庚)丄乙(寅^{二}丅甲))(乙丅二寅庚)丄庚^{二}(寅^{二}丅甲)^{二}}}$ 詳之 $地=\sqrt{\frac{(乙丅二寅庚)^{二}}{乙^{二}寅^{二}丅二乙庚寅^{三}丄庚^{二}寅^{四}丅二乙甲庚寅丄二甲庚^{二}寅^{二}丄甲^{二}庚^{二}}}$ 開方 $地=\frac{乙丅二寅庚}{乙寅丅庚寅^{二}丅甲庚}$ 其寅亦可任擇或整或分之各數代之。

解∵如前設之真數式 $地=\sqrt{一六丄一四八天丄三六天^{二}}$ 與公式 $地=\sqrt{甲丄乙天丄庚^{二}天^{二}}$ 相比，則 甲=一六、乙=一四八、庚=六 故 $天=\frac{乙丅二寅庚}{寅丅甲}$ 即 $天=\frac{一四八丅一二寅}{寅^{二}丅一六}$ 又 $地=\frac{乙丅二寅庚}{乙寅丅庚寅^{二}丅甲庚}$ 即 $地=\frac{一四八丅一二寅}{一四八寅丅六寅^{二}丅九六}$ 觀天之同數式中，即知寅不能大於十二，又不能小於五，試之故得兩式。若 寅=一〇 則 天=三、地=二八 若 寅=一二 則 天=三二、地=二〇四

三例 若甲與丙俱非他數之自乘數，則觀其根號中之 $甲丄乙天丄丙天^{二}$ 若能化爲兩箇乘數如 己丄庚天 與 辛丄子天 者，則亦可變爲實數。法令 $\sqrt{甲丄乙天丄丙天^{二}}=\sqrt{(己丄庚天)(辛丄子天)}=寅(己丄庚天)$ 則 $(己丄庚天)(辛丄子天)=寅^{二}(己丄庚天)^{二}$ 即 $辛丄子天=寅^{二}(己丄庚天)$ 所以得 $天=\frac{子丅庚寅^{二}}{己寅^{二}丅辛}$ 解∵故 (己丄庚天)(辛丄子天) 等於 $\left[己丄\frac{子丅庚寅^{二}}{庚(己寅^{二}丅辛)}\right]\left[辛丄\frac{子丅庚寅^{二}}{子(己寅^{二}丅辛)}\right]$ 即 $=\frac{子丅庚寅^{二}}{(子丅庚寅^{二})己丄庚(己寅^{二}丅辛)}\times\frac{子丅庚寅^{二}}{(子丅庚寅^{二})辛丄子(己寅^{二}丅辛)}$ 即 $\frac{(己丄庚天)}{(辛丄子天)}=\frac{(子丅庚寅^{二})^{二}}{((子丅庚寅^{二})己丄庚(己寅^{二}丅辛))((子丅庚寅^{二})辛丄子(己寅^{二}丅辛))}$ 因 $(子丅庚寅^{二})己丄庚(己寅^{二}丅辛)=子己丅庚辛$、$(子丅庚寅^{二})辛丄子(己寅^{二}丅辛)=子己寅^{二}丅庚辛寅^{二}$ 所以 $(己丄庚天)(辛丄子天)=\frac{(子丅庚寅^{二})^{二}}{(子己丅庚辛)(子己丅庚辛)寅^{二}}$ 開方 $地=\sqrt{(己丄庚天)(辛丄子天)}=\frac{子丅庚寅^{二}}{(子己丅庚辛)寅}$ 其寅亦可任取何數代之。

解∵如前設之真數式 $\sqrt{一六丄一四八天丄三六天^{二}}$ 化爲兩箇乘數，則 $地=\sqrt{(一六丄四天)(一丄九天)}$ 與公式 $地=\sqrt{(己丄庚天)(辛丄子天)}$ 相比，得 己=一六、庚=四、辛=一、子=九 故 $天=\frac{子丅庚寅^{二}}{己寅^{二}丅辛}$ 即 $天=\frac{九丅四寅^{二}}{一六寅^{二}丅一}$ 又 $地=\frac{子丄庚寅^{二}}{(己子丄庚辛)寅}$ 即 $地=\frac{九丅四寅^{二}}{(一六\times九丅四\times一)寅}=\frac{九丄四寅^{二}}{一四〇寅}$ 觀此式即知，寅不能大於一，又不能小於〇，故只能有一箇答數 寅=一 則 天=三、地=八

四例 若式中之 $甲丄乙天丄丙天^{二}$ 每能化得兩分，其一分爲正自乘數，其又一分能化爲兩箇箇乘數之積，則能變爲正自乘數。因必得 己丄午未 之形，其己、午、未三者無有大於天之第一次方程式故也。設 $\sqrt{己^{二}丄午未}=己丄寅午$ 則 $己^{二}丄午未=己^{二}丄二寅己午丄寅^{二}午^{二}$ 即 $未=二己寅丄寅^{二}午^{二}$ 因此則式中只有天之一次之方，則依當化之法化之，可得天、地二元之實同數，與前三例同。

解∵如前設之真數 $地=\sqrt{一六丄一四八天丄三六天^{二}}$ 若依第四例化之，則 $地=\sqrt{四^{二}丄四天(三七丄九天)}$ 與公式 $地=\sqrt{巳^{二}丄午未}$ 相

比，得　已＝四、午＝四天、未＝三七⊥九天　所以　未＝二寅巳⊥寅^{二}午　即三七⊥九天＝八寅⊥四寅^{二}天　則　三七丅八寅＝(四寅^{二}丅九)天　故

$天=\frac{四寅^{二}丅九}{三七丅八寅}$　又　地＝巳⊥寅午　即　地＝四⊥四寅天

$=四⊥\frac{四寅^{二}丅九}{四寅(三七丅八寅)}=\frac{四寅^{二}丅九}{一六寅^{二}丅三六⊥一四八寅丅三二寅^{二}}$

$=\frac{四寅^{二}丅九}{一四八寅丅一六寅^{二}丅三六}$　觀此式知，寅不能大於四，又不能小於○，故亦只有一箇答數爲　寅＝二　則　天＝三、地＝二八

第二百款　用前款之四例，如試之數次即可得天之一箇同數，能令 $\sqrt{甲⊥乙天⊥丙天}$ 爲實數，則可將其平方根號内之數化得一箇公式，而從此公式可任得天之若干同數。

設令巳爲天之一箇同數能合於用，又午爲其所配之地之同數，則得式如左。

地^{二}＝甲⊥乙天⊥丙天　而　午^{二}＝甲⊥乙巳⊥丙巳^{二}　所以依法得地^{二}丅午^{二}＝乙(天丅巳)⊥丙(天^{二}丅巳^{二})＝(乙⊥丙巳⊥丙天)(天丅巳)

而由此得　$地=\sqrt{午^{二}⊥(乙⊥丙巳⊥丙天)(天丅巳)}$　將其　午^{二}⊥(乙⊥丙巳⊥丙天)(天丅巳)　化之，則可依前款之代法變爲實數。

解：設將　午^{二}⊥(乙⊥丙巳⊥丙天)(天丅巳)　與前公式　吧^{二}⊥吘味　加口以別之。相比，則　吧＝午、吘＝天丅巳、味＝(乙⊥丙巳⊥丙天)　故味＝二吧寅⊥寅午　即　乙⊥丙巳⊥丙天＝二午寅⊥寅(天丅巳)　因　天＝巳　而　天丅巳＝○　故得　乙⊥二丙天＝二午寅　則　$天=\frac{二丙}{二午寅丅乙}$

又因　地＝吧⊥寅吘　故　地＝午⊥寅(天丅巳)＝午　亦即

$地=\frac{二寅}{乙⊥二丙天}$

化此式之法，即發明前第四例也。然用此公式，必先知天之同數巳爲何真數，或先知地之同數午爲何真數方可。不然，天之同數式中有午，地之同數式中有天也。

以上所言之公化法最爲容易，故以下祇設二題以明之。

一題　欲求兩箇平方數之和等於所設之平方數。

令甲爲所設之平方數，而　天^{二}、地^{二}　爲所求之兩箇平方數，則依題得天^{二}⊥地^{二}＝甲^{二}　而　$地=\sqrt{甲^{二}丅天^{二}}$　觀此式則易見，能依第一例解之。

所以將　$\sqrt{甲^{二}⊥天^{二}}$　與公式　$\sqrt{庚^{二}⊥乙天⊥丙天^{二}}$　相比，則得　庚＝甲、乙＝○、丙＝丅一　將此各同數代入一百九十九款之式中，又令丅卯　代其　⊥寅　則其　$天=\frac{丙丅寅^{二}}{二庚寅丅乙}$　則　$天=\frac{(丅一)丅(⊥卯^{二})}{二甲×丅卯丅○}$

$=\frac{丅(卯^{二}⊥一)}{丅二甲卯}=\frac{卯^{二}⊥一}{二甲卯}$　又　$地=\frac{丙丅寅^{二}}{丙庚丅乙寅⊥庚寅}$　則

$地=\frac{(丅一)丅(⊥卯^{二})}{丅一×甲丅○⊥甲×⊥卯^{二}}=\frac{丅(卯^{二}⊥一)}{甲(卯^{二}丅一)}=\frac{卯^{二}⊥一}{甲×丅(卯^{二}丅一)}$

所以得所求之數爲　$天^{二}=\frac{(卯^{二}⊥一)^{二}}{四甲^{二}卯^{二}}$、$地^{二}=\frac{(卯^{二}⊥一)^{二}}{甲^{二}(卯^{二}丅一)^{二}}$　若　甲＝卯^{二}⊥一　而其卯爲任何數，則　天^{二}、地^{二}　兩箇乘方數必俱能爲整數，即天^{二}＝四卯^{二}　而　地^{二}＝(卯^{二}丅一)^{二}　假如　卯＝二　則　甲＝卯^{二}⊥一＝五　而　甲^{二}＝二五　所以　天^{二}＝四卯^{二}＝一六、地^{二}＝(卯^{二}丅一)^{二}＝九　由此可見，其所設之平方數若爲　二五　則可化爲兩箇平方數，一爲九，一爲　一六

二題　求兩箇平方數之較亦爲平方數。

此題可與前題同法求之，或不論前所求得之數，而令　(天⊥卯)^{二}　與天^{二}　爲所求之二數，則　(天⊥卯)^{二}丅天^{二}＝乙^{二}　即　二卯天⊥卯^{二}＝乙^{二}

所以得　$天=\frac{二卯}{乙^{二}丅卯^{二}}$　而　$天⊥卯=\frac{二卯}{乙^{二}⊥卯^{二}}$　故其求得之二數爲

$\frac{四卯^{二}}{(乙^{二}⊥卯^{二})^{二}}$　與　$\frac{四卯^{二}}{(乙^{二}丅卯^{二})^{二}}$　其卯爲任何數。假如　乙^{二}＝二五　而卯＝一　則　天＝一二　而　天⊥卯＝一三　故其所求之兩數爲　一四四與　一六九

解：若與前題同法求之，則令　地^{二}丅天^{二}＝乙^{二}、$地=\sqrt{乙^{二}⊥天^{二}}$　與公式　$\sqrt{甲⊥乙天⊥庚^{二}天^{二}}$　相比，則　甲＝乙^{二}、乙＝○、庚＝一、寅＝卯　代入天、地兩同數中，得　$天=\frac{乙丅二寅庚}{寅^{二}丅甲}=\frac{丅二卯}{丅(乙^{二}丅卯^{二})}=\frac{二卯}{乙^{二}丅卯^{二}}$、

$地=\frac{乙丅二寅庚}{乙寅丅庚寅^{二}丅甲寅}$　即　$\frac{丅二卯}{丅(乙^{二}⊥卯^{二})}=\frac{二卯}{乙^{二}⊥卯^{二}}=地$

解：前題有弦求句股也，此題有句求股弦，或有股求句弦也。

三題　欲求天之同數，能令 $\frac{二}{天^{二}丄天}$ 爲平方之實數。

法　令地爲所求平方數之方邊，則 $\frac{二}{天^{二}丄天}=地^{二}$ 叵 $四天^{二}丄四天=八地^{二}$ 將此式之兩邊各加一，配成正方爲 $四天^{二}丄四天丄一=一丄八地^{二}$ 開平方得 $二天丄一=\sqrt{一丄八地^{二}}$ 所以得 $一丄八地^{二}$ 爲平方數。再令 $一丄八地^{二}=\left(一丄\frac{午}{巳}地\right)^{二}=一丄\frac{二午}{巳}地丄\frac{午^{二}}{巳^{二}}地^{二}$ 則 $八地=\frac{二午}{巳}丄\frac{午^{二}}{巳^{二}}地$ 解：即 $八午地=二午巳丄巳^{二}地$ 故 $地=\frac{八午^{二}丅巳^{二}}{二午巳}$ 又 $二天丄一=\sqrt{一丄八地^{二}}$ 故 $一丄八地^{二}=一丄\frac{六四午^{四}丅一六午^{二}巳^{二}丄巳^{四}}{三二午^{二}巳^{二}}=\frac{六四午^{四}丅一六午^{二}巳^{二}丄巳^{四}丄三二午^{二}巳^{二}}{(八午^{二}丅巳^{二})^{二}}=\frac{六四午^{四}丄一六午^{二}巳^{二}丄巳^{四}}{(八午^{二}丅巳^{二})^{二}}$

$=\frac{(八午^{二}丄巳^{二})^{二}}{(八午^{二}丅巳^{二})^{二}}$ 開方得 $二天丄一=\frac{八天^{二}丅巳^{二}}{八天^{二}丄巳^{二}}$ 化之 $一六午^{二}天丅二巳^{二}天丄八午^{二}丅巳^{二}=八午^{二}丄巳^{二}$. 二約之 $(八午^{二}丅巳^{二})天=巳^{二}$ 所以 $天=\frac{八午^{二}丅巳^{二}}{巳^{二}}$ 叵 $\frac{二}{天^{二}丄天}=\frac{二}{\left(\frac{八午^{二}丅巳^{二}}{巳^{二}}\right)^{二}丄\frac{八午^{二}丅巳^{二}}{巳^{二}}}$

$=\frac{二}{\left(\frac{(八午^{二}丅巳^{二})^{二}}{巳^{四}丄八午^{二}巳^{二}丅巳^{四}}\right)}=\frac{二(八午^{二}丅巳^{二})^{二}}{八午^{二}巳^{二}}=\frac{(八午^{二}丅巳^{二})^{二}}{四午^{二}巳^{二}}$ 即爲所求之實平方數。

清·勞乃宣《古籌算考釋續編》卷七《方程求一》 衰分補

置雞翁數一正，雞母數一正，雞雛數一正，共數一百負，於右行。置雞翁價五正，雞母價三正，雞雛價三分之一正，雞雛三直錢一，則雞雛一直錢三分之一，此一算當雛共數，故雛共價當其三分之一。共價一百負，於左行，如甲式。以左行分母三偏通之，得數如乙式。以左行翁位一十五偏乘右行，以左行消之，收去左行，如丙式。視右行有總等二，乃以二偏約之，得數如丁式。副按母位三、雛位七之數，互易其位，寄於左方之中下。相減得四，置於上，爲三物加減率，如戊式。視右行母位三少於雛位七，以三爲法偏除之。置法三正於母位右，左商一正，中除三正，適盡，收去法數，是爲除得一正。置法三正於雛位右，左商二正，中除六正，餘一正，是爲除得二又三分之一正。置法三正於實右，左商二百負，中除六百負，適盡，收去法數，是爲除得二百負，如己式。借一正算置於左行翁位之上，反爲負算，置於右行翁位之上，如庚式。以分母三偏通之，如辛式。視右行次層已得一，乃視左行雛位二，爲右行雛位一之二倍，以二乘右行，以左行消之，如壬式，是爲求得一算相當式。視右行下實二百正，與借算七負異名，乃移下實二百正於右上爲

甲式　辛式

乙式　壬式

丙式　癸式

丁式　子式

戊式　丑式

己式

庚式　寅式

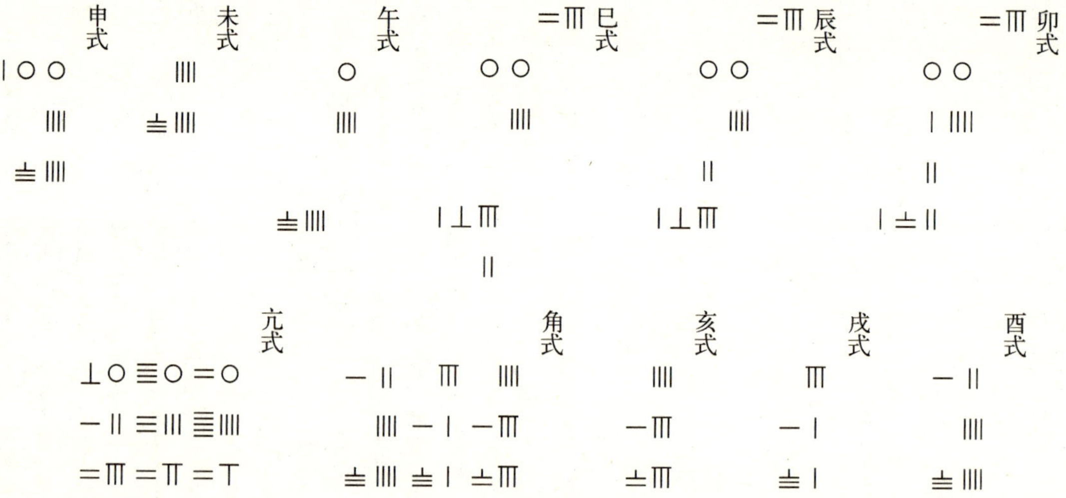

卯式

辰式

巳式

午式

未式

申式

酉式

戌式

亥式

角式

亢式

實，移借筭七負於其下爲法，如癸式。視下實與母位一筭負異名，令上商略小，商二十八正爲借筭數。除實一百九十六正，餘四正，爲母數實，收去法數，如子式。移母數實四正於母一筭下爲實，移母一筭負於其下爲法，如丑式。商四正，爲母數，收去法數，如寅式。移左行借筭一正於右行借筭數二十八正下，同名相乘，得二十八正。收去法數，移消左行下實，異名相減，餘一百七十二負，如卯式。移左行母一正於中行母數四正下，同名相乘，得四正。收去法數，移消左行下實，異名相減，餘一百六十八負，如辰式。移下實於雞位二正下爲實，移雞二正於其下爲法，如巳式。除得八十四正，爲雞數，收去法數，並收去借筭數，如午式。移母數四正與雞數八十四正爲一行，母中，雞下，如未式。置共數一百正於上位，如申式。以母四雞八十四減之，餘一十二正，爲翁數。計得翁一十二，母四，雞八十四，是爲一答物數，如酉式。副置之，以加減率上位四減翁，中位七加母，下位三減雞，得翁八，母一十一，雞八十一，又爲一答物數，如戌式。再副置之，再以加減率減翁雞，加母，得翁四，母一十八，雞七十八，又爲一答物數，如亥式。視翁四不足再減，即止。共得三答，並列之，如角式，爲三答物數。以五錢各乘翁數，三錢各乘母數，三雞各除雞數，得翁價二十，母價五十四，雞價二十六，爲一答物價。翁價四十，母價三十三，雞價二十七，爲一答物價。翁價六十，母價一十二，雞價二十八，爲一答物價。並列之，如亢式，爲三答物價。此先消雞翁法也。

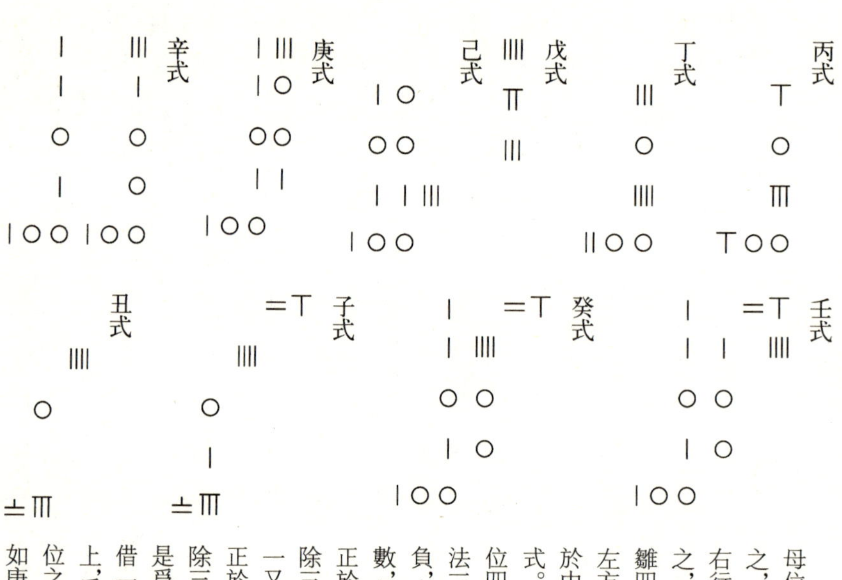

如前求得乙式，以左行母位九徧乘右行，以左行消之，收去左行，如丙式。視右行有總等二，乃以二徧約之，得數如丁式。副按翁三雞四之數，互易其位，寄於左方之上下，相加得七，置於中，爲三物加減率，如戊式。視右行翁位三少於雞位四，以三爲法徧除之。置法三正於翁位右，左商一負，中除三負，適盡，收去法數，是爲除得一負。置法三正於雞位右，左商一正，中除三正，餘一正，是爲除得一又三分之一正。置法三正於實右，左商一百負，中除三百負，適盡，收去法數，是爲除得一百負，如己式。借一正筭置於左行翁位之上，反爲負筭，置於右行翁位之上，以分母三徧通之，如庚式。視右行次層已得

丙式

丁式

戊式

己式

庚式

辛式

壬式

癸式

子式

丑式

寅式

卯式

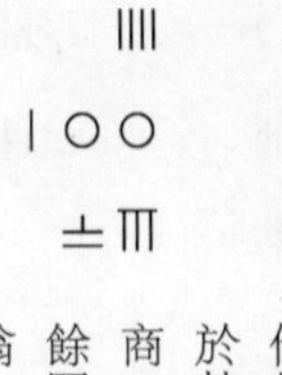

辰式

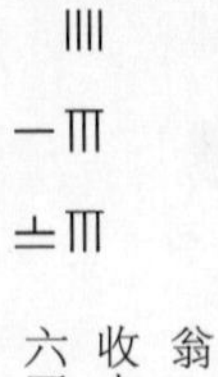

一，乃視左行雞位一與右行雞位一等，徑以左行消右行，如辛式，是爲求得一筭相當式。視右行下實一百正，與借筭四異名，乃移下實一百正於右上爲實，移借筭四負於其下爲法。視下實與翁位一筭正同名，令上商略大，商二十六正，爲借筭數，除實一百〇四正，實不足減，翻餘四負，爲翁數實，收去法數，如壬式。移翁數實四負於翁一筭下爲實，移翁一筭正於其下爲法，商四正爲翁數，收去法數，如癸式。移左行借筭一正於右行借筭數二十六正下，同名相乘，得二十六正。收去法數，移消左行下實，異名相減，餘七十四負。移左行翁一負於中行翁數四正下，異名相乘，得四負。收去法數，移消左行下實，同名相加，得七十八負，如子式。移下實於雞位一正下爲實，移雞位一正於其下爲法，除得七十八正，爲雞數。收去法數，並收去借筭數，如丑式。移翁數四正與雞數七十八正爲一行，翁上雞下，如寅式。置共數一百正於中位，如卯式。以翁四雞七十八減之，餘一十八正，爲母數。計得翁四，母一十八，雞七十八，是爲一答物數，如辰式。迭以加減率加翁雞，減母，得翁八，母一十一，雞八十一，爲一答。翁一十二，母四，雞八十四，爲一答。共爲三答，與前同，餘皆同前。此先消雞母法也。

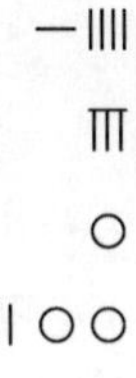

己式

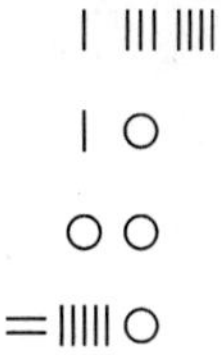

丙式

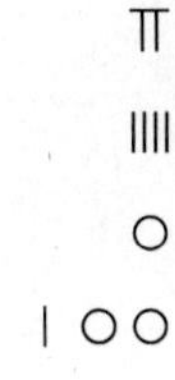

庚式

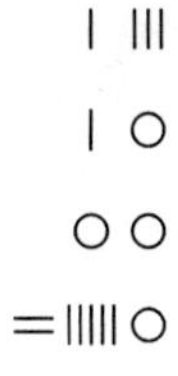

丁式

辛式

戊式

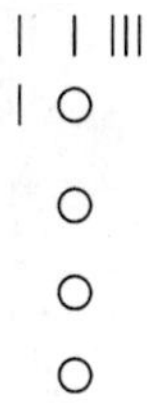

如前求得乙式，以左行徑消右行，收去左行，如丙式。視右行有總等二，乃以二徧約之，得數如丁式。副按翁七母四之數，互易其位，寄於左方之上中。相減得三，置於下，爲三物加減率，如戊式。視右行母位四少於翁位七，以四爲法徧除之。置法四正於翁位右，左商一負，中除四負，餘三負，是爲除得一又四分之三負。置法四

壬式

癸式

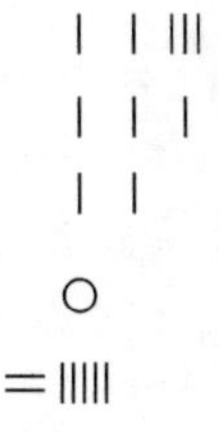

子式

丑式

寅式

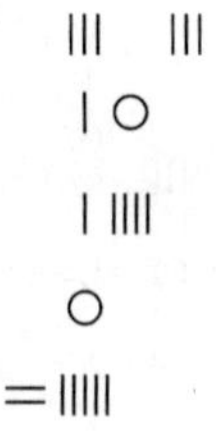

卯式

辰式

巳式

正於母位右，左商一負，中除四負，適盡，收去法數，是爲除得一負。置法四正於實右，左商二十五正，中除一百正，適盡，收去法數，是爲除得二十五正，如己式。借一負筭置於左行翁位之上，反爲正筭，置於右行翁位之上，以分母四徧通之，如庚式。視右行次層爲三，尚未得一，乃移左行寄左，以右行翁位三徧除之。置法三正於借筭右，左商一正，中除三正，餘一正，是爲除得一又三分之一正。置法三正於翁位右，左商一負，中除三負，適盡，收去法數，是爲除得一負，如辛式。再借一正筭置於左行初借筭之上，反爲負筭，置於右行初借筭之上，以分母三徧通之，如壬式。視右行次層已得一，乃移先寄左之行並列爲三行，如癸式。以右行減消中行，加消左行，消去初借筭。移下再借筭，收去右行，如子式。以左行減消右行，如丑式，是爲求得一筭相當式。視右行下實二十五負，與右上借筭七正異名，乃移下實二十五負於右上爲實，移借筭七正於其下爲法。視下實與母一筭正異名，令上商略小，商三正，除實二十一負，餘四負爲母數實。移於母一筭下爲實，移母一筭正於其下爲法，商四正，爲母數，收去法數，如寅式。移左行借筭三負於右行借筭三正下，異名相乘，得九負。收去法數，移消左行下實，異名相減，餘一十六正。移左行母一負於中行母數四正下，異名相乘，得四負。收去法數，移消左行下實，異名相減，餘一十二正。移於翁位一負下爲實，移翁位一負於其下爲法，除得一十二正，爲翁數。收去法數，並收去借筭數，如卯式。移母數四正與翁數一十二正爲一行，翁上，母中，置共數一百正於下位，如辰式。以翁一十二，母四，減之，餘八十四正爲雞數。計得翁一十二，母四，雞八十四，是爲一答物數，如巳式。迭以加減率減翁雞，加母，得翁八，母一十一，雞八十一，

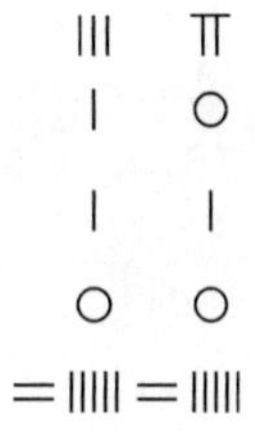

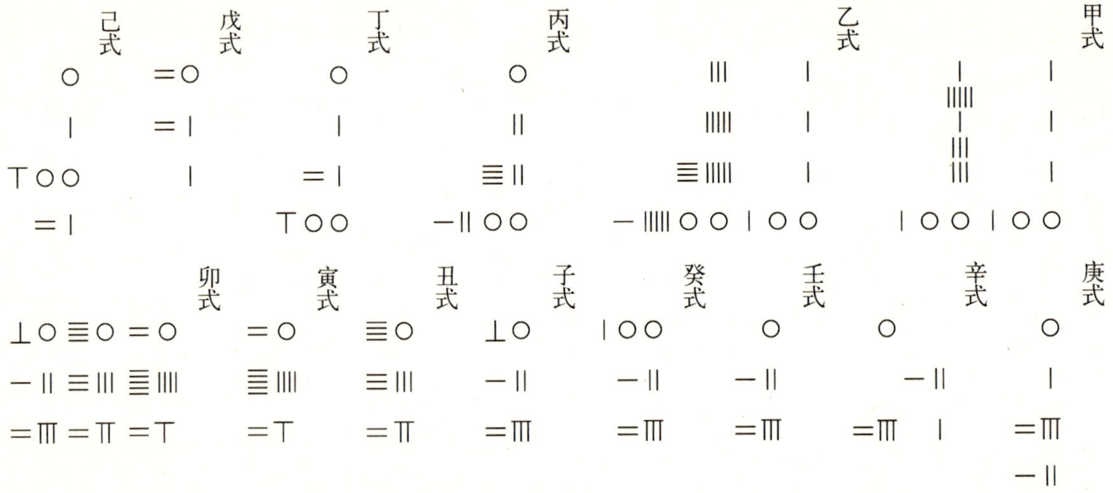

甲式

丨 丨 丨 丨〇〇
丨 Ⅲ 丨 Ⅲ 丨〇〇

乙式

丨 丨 丨 丨〇〇
Ⅲ Ⅲ ≡Ⅲ —Ⅲ〇〇

丙式

〇 ‖ ≡‖ —‖〇〇

丁式

〇 丨 ＝丨 ⊤〇〇

戊式

＝〇 ＝丨 丨

己式

〇 丨 ⊤〇〇 ＝丨

庚式

〇 丨 ＝Ⅲ —‖

辛式

〇 —‖ 丨

壬式

〇 —‖ ＝Ⅲ

癸式

丨〇〇 —‖ ＝Ⅲ

子式

⊥〇 —‖ ＝Ⅲ

丑式

≡〇 ≡Ⅲ ＝Ⅱ

寅式

＝〇 ≡Ⅲ ＝⊤

卯式

＝〇 ≡Ⅲ ＝⊤
≡〇 ≡Ⅲ ＝Ⅱ
⊥〇 —‖ ＝Ⅲ

爲一答。翁四，母一十八，雛七十八，爲一答。共爲三答，與前同，餘皆同前。此先消雞雛法也，以上爲求物三草。

置雞翁價一正，雞母價一正，雞雛價一正，共價一百負，於右行。置雞翁數五分之一正，雞翁一，直錢五，則一錢當雞翁五分之一。此一筭當翁共價，故翁共數當其五分之一。下同。雞母數三分之一正，雞雛數三正，共數一百負，於左行，如甲式。以左行分母五、三、各偏通之，得數如乙式。以左行翁位三偏乘右行，以左行消之，收去左行，如丙式。視右行有總等二，乃以二偏約之，得數如丁式。副按母位一、雛位二十一之數，互易其位，寄於左方之中下。相減得二十，置於上，爲三價加減率，如戊式。視右行母位一與雛位下實相當，是爲已得一筭相當式，即移下實六百正於雛位下，移雛位二十一負於其下，如己式。下實與母位一負異名，令上商略小，商二十八正，中除五百八十八正，餘一十二正爲母價實，收去法數，如庚式。移母價實一十二正於母位下右爲實，移母位一負於其下爲法，如辛式。除得一十二正，爲母價，收去法數，移於母位，如壬式。置共價一百正於上位，如癸式。以母價一十二正、雛價二十八正減之，餘六十正爲翁價。計得翁價六十，母價一十二，雛價二十八，爲一答價數，如子式。副置之，以加減率上位二十減翁價，中位二十一加母價，下位一減雛價，得翁價四十，母價三十三，雛價二十七，又爲一答價數，如丑式。再副置之，再以加減率減翁雛價，加母價，得翁價二十，母價五十四，雛價二十六，又爲一答價數，如寅式。視翁價二十不足再減，即止。共得三答，並列之，如卯式，爲三答物價。以五錢各除翁價，三錢各除母價，三雛各乘雛價，得翁四，母一十八，雛七十八，爲一答物數。翁八，母一十一，雛八十一，爲一答物數。翁一十二，母四，雛八十四，爲一答物數。並列之，如辰式，爲三答物數。此先消雞翁價法也。

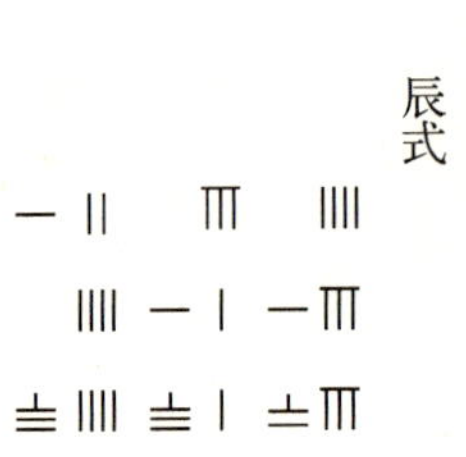

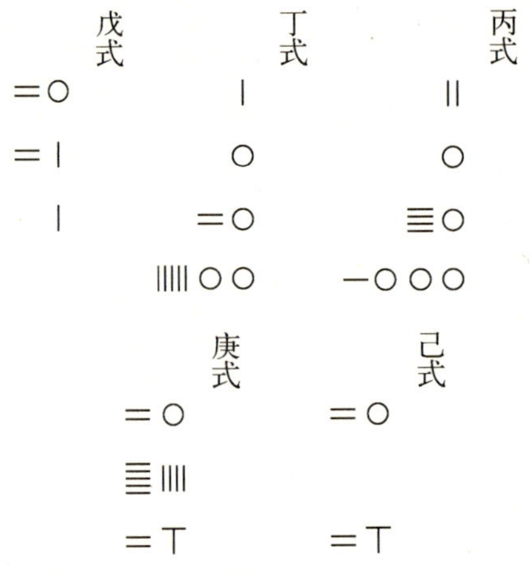

辰式

Ⅲ —Ⅲ ⊥Ⅲ
Ⅲ 丨 丨 ⊥丨
—‖ Ⅲ ⊥Ⅲ

如前求得乙式，以左行母位五偏乘右行，以左行消之，收去左行，如丙式。視右行有總等二，乃以二偏約之，得數如丁式。副按翁位一、雛位二十之數，互易其位，寄於左方之上下。相加得二十一，置於中，爲三價加減率，如戊式。視右行已得一筭相當式，以雛位二十負除下實五百正，下實與翁位同名，商數略大，商二十六正，爲雛價數。除實五百二十正，不足減，翻爲二十負，爲翁價實。以翁位一正除之，得二十正，爲翁價數。列於一行，翁上，雛下，如己式。置共價一百正於中位，以上下位減之，得五十四正，爲母價。計得翁價二十，母價五十四，雛價二十六，是爲一答物價，如庚式。迭以加減率加翁雛，減母，得翁價四十，母價三十三，雛價二十七，爲一答。翁價六十，母價一十二，雛價二十八，爲一答。共爲三答，與前同，餘皆同前，此先消雞母價法也。

丙式

‖ 〇 ≡〇 —〇〇〇

丁式

丨 〇 ＝〇 Ⅲ〇〇

戊式

＝〇 ＝丨 丨

己式

＝〇 ＝⊤

庚式

＝〇 ≡Ⅲ ＝⊤

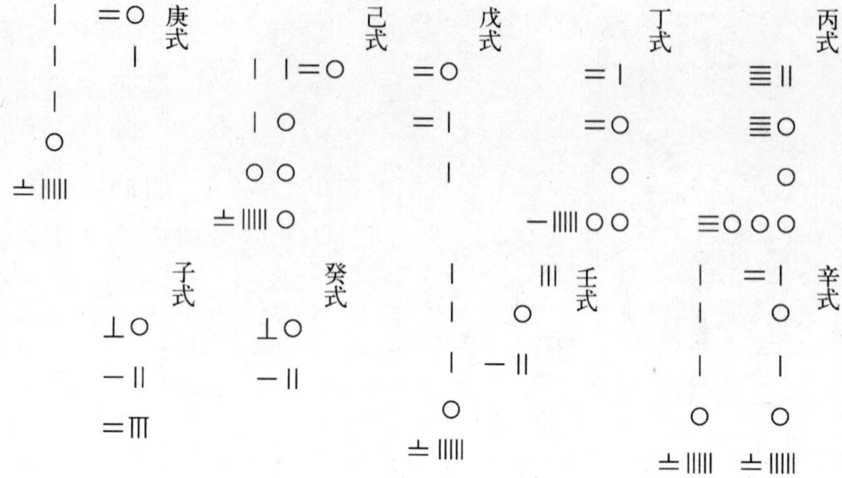

牛一，犢子十與小牛侔。問三種牛數。曰：大牛一，小牛九，犢子九十。

此題衹一答，草中備下實與借算同名，及異名而法大於實。視借算爲空，泛數即正數。泛數求正數法，商負商減積益積法。

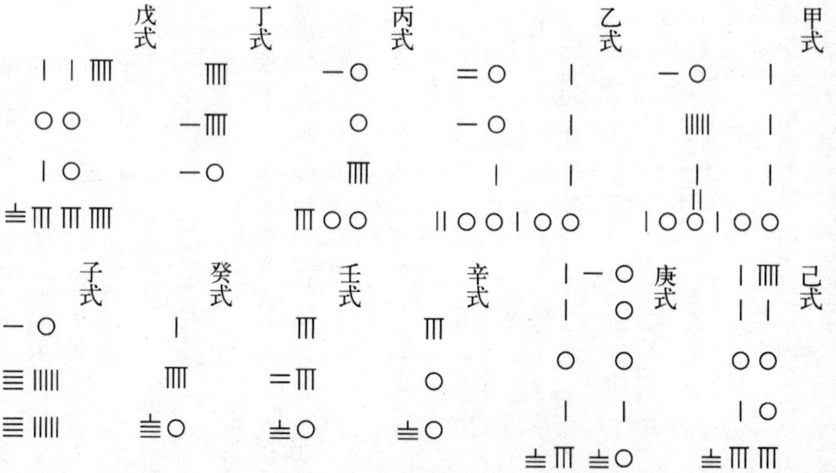

置大牛數一正，小牛數一正，犢子數一正，共數一百負，於右行。大牛價一十兩正，小牛價五兩正，犢子價二分兩之一正，共價一百兩負，於左行，如甲式。以左行分母二徧通之，如乙式。以左行小牛位一十徧乘右行，以左行消之，收去左行，如丙式。副按大牛位一十犢子位九之數，互易其位，寄於左方之上下。相加得一十九，置於中，爲加減率，如丁式。以犢子位九爲法，徧除右行。置法九正於大牛位右，左商一負，中除九負，餘一負。置法九正於犢子位右，左商一正，中除九正，適盡，收去法數。置法九正於實右，左商八十八負，中除七百九十二負，餘八負，如戊式。借一負算置於左行大牛位之上，反爲正算，置於右行大牛位之上，以分母九通之，如己式。視右行次層已得一，乃以左行消之，得庚式，是爲求得一算相當式。視右行下實與借算同名，不能商正商，乃用視借算位爲空法。左右兩行借算位皆去之，以右行犢子位一算負，除下實八十正，得八十正，爲犢子泛數。移左行犢子位一正乘之，得八十正。移消左行下實，異名相減，餘八

甲式　乙式　丙式　丁式　戊式　己式　庚式　辛式　壬式　癸式　子式

丙式　丁式　戊式　己式　庚式　辛式　壬式　癸式　子式

如前求得乙式，以雞位四十五徧乘右行，以左行消之，收去左行，如丙式。有總等二，以二約之，得丁式。副寄加減率於左方，如戊式。以二十爲法，徧除右行。置法二十正於翁位右，左商一正，中除二十正，餘一正。置法二十正於母位右，左商一正，中除二十正，適盡，收去法數。置法二十正於實右，左商七十五負，中除一千五百負，適盡，收去法數，如己式。借一正算置於左行翁位之上，反爲負算，置於右行翁位之上，以分母二十通之，如庚式。以左行消右行，如辛式，是爲求得一算相當式。視右行下實與借算母一算皆異名，以借算除下實。令商數略小，商三正，爲借算數。除六十三正，餘一十二正，爲母價數實。以母位一負除之，得一十二正，爲母價，如壬式。以左行借算一正，乘右借算數三正，得三正。移消左行下實，異名相減，餘七十二負。以左行母位一正，乘右母價數一十二正，得一十二正。移消左行下實，異名相減，餘六十負。以翁位一正除之，得六十正，爲翁價。收去借算，置翁價六十正於上，母價一十二於中，爲一行，如癸式。置共價一百正於下，以上中位減之，餘二十八正，爲雞價。計得翁價六十，母價一十二，雞價二十八，爲一答物價，如子式。迭以加減率加減之，共得三答，與前同，餘皆同前。此先消雞價法也。以上爲求價三草。

梅氏《增删算法統宗》曰：一百銀買一百牛，大牛十兩買一頭，小牛二當大

負。以左行大牛一負除之，得八負，爲大牛泛數，列爲一行，如辛式。置共數一百正於中，以犢子泛數八十正減之，以大牛泛數八負反爲正筭加之，得二十八正，爲小牛泛數，如壬式。視大牛加減率九，加一度即翻爲正筭。乃以大牛加減率九，加大牛泛數，得一正，爲大牛正數。以小牛加減率一十九，減小牛泛數，得九正，爲小牛正數。以犢子加減率一十，加犢子泛數，得九十正，爲犢子正數，如癸式，是爲求得一答物數。視小牛數不足再減，是此題祇有一答也。以大牛價乘大牛數，得一十兩。以小牛價乘小牛數，得四十五兩。以犢子每兩數除犢子數，得四十五兩，爲犢子價。並列之，如子式，即三物價也。

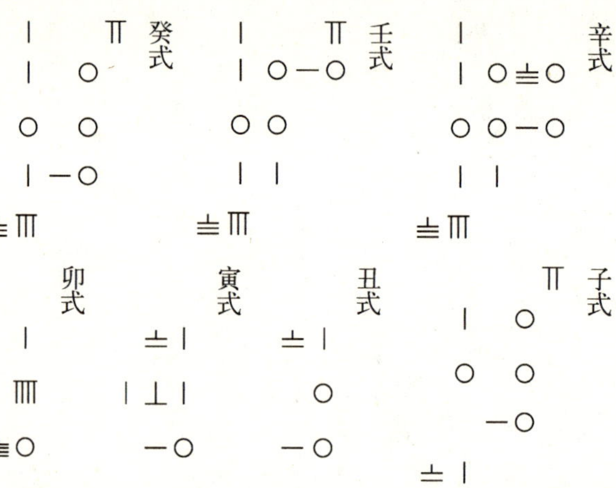

辛式

子式

壬式

丑式

癸式

寅式

卯式

得庚式後，如用商負商法，則移下實於右上爲實，移借筭於其下爲法，如辛式。上商負商，令略小，商七負，以商乘法，異名相乘，得七十負。以消中實，除七十正，餘一十正，爲犢子數實。收去法數，如壬式。移犢子數實一十正於犢子位下爲實，移犢子位一筭負於其下爲法，除得一十正，爲犢子泛數，如癸式。移左行借筭一負於借筭數下，同名相乘，得七正。移消左行下實，異名相減，餘八十一負。移左行犢子位一正於右行犢子泛數一十正下，同名相乘，得一十正。移消左行下實，異名相減，餘七十一負，如子式。視左行下實七十一負與大牛位一負同名，應商負商。乃移下實七十一負爲實，移大牛位一負爲法，除得七十一負，爲大牛泛數。收去法數，並收去借筭數，移犢子泛數與大牛泛數爲一行，如丑式。置共數一百正於中位，以犢子泛數一十正減之，以大牛泛數七十一負反爲正筭加之，得一百六十一正，爲小牛泛數，如寅式。視大牛加減率九，加八度乃能翻爲正筭。乃以大牛加減率九，八度加大牛泛數，得一正，爲大牛正數。以小牛加減率一十九，八度減小牛泛數，餘九正，爲小牛正數。以犢子加減率一十，八度加犢子泛數，得九十正，爲犢子正數，如卯式。是爲求得一答物數，餘與前同。此先消小牛法也。

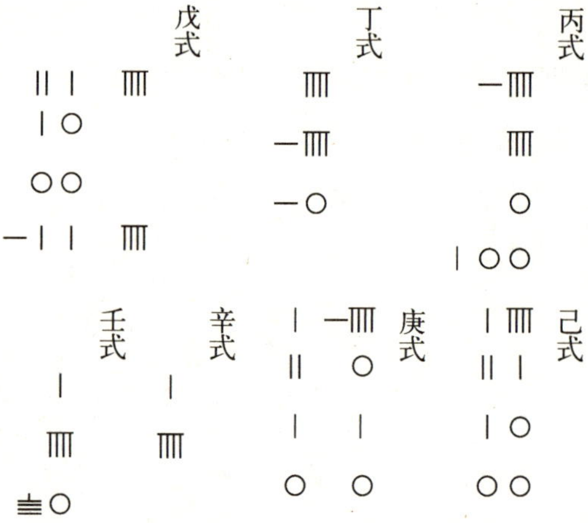

丙式

己式

丁式

庚式

戊式

辛式

壬式

如前求得乙式，以左行徑消右行，收去左行，如丙式。副寄加減率於左方，如丁式，以九爲法除之。置法九正於大牛位右，左商二負，中除一十八負，餘一負。置法九正於小牛位右，左商一負，中除九負，適盡，收去法數。置法九正於實右，左商一十一正，中除九十九正，餘一正，如戊式。借一負筭置於左行大牛位之上，反爲正筭，置於右行大牛位之上。以分母九通之，如己式。視右行次位已得一，乃以左行大牛位二徧乘右行，以左行消之，如庚式。視右行下實與借筭異名，而法大於實，不能商正商，乃用視借筭爲空法。左右兩行借筭皆去之，以右行小牛位一正，除下實九負，得九正，爲小牛泛數。移左行小牛位一負，乘小牛泛數，得九負。移消下實，異名相減，餘二正爲實，以左行大牛位二負爲法，除之得一正，爲大牛泛數。視兩數皆正，是借筭果爲空，泛數即正數。移於一行，如辛式。置共數一百正於下位，以上兩位減之，得九十正，爲犢子數，如壬式，即得三物正數，餘與前同。

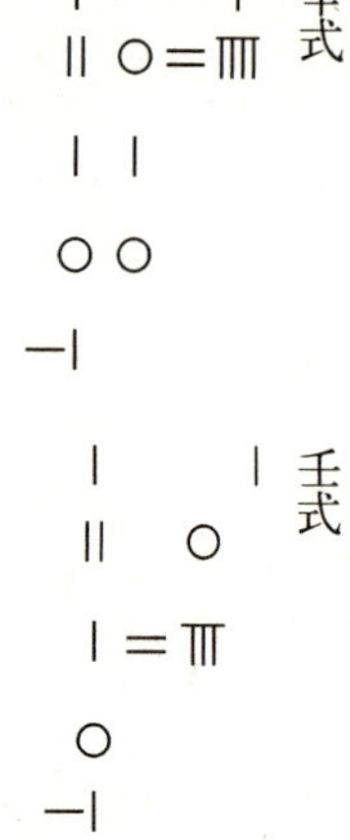

得庚式後，如用商負商法，則移下實於右上爲實，移借筭一十九於其下爲法。不足商正商，乃商一負，以商乘法，異名相乘，得一十九負。入實同名相加，益實爲二十八負，爲

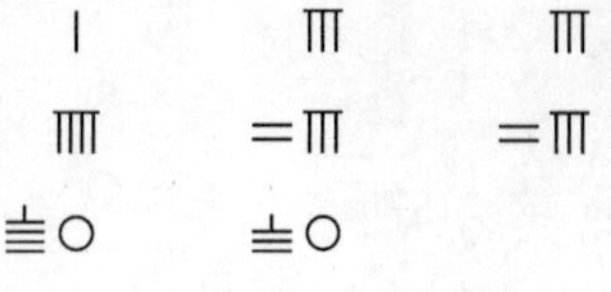

小牛數實。收去法數，如辛式。移小牛數實二十八負爲實，移右行小牛位一正爲法，除之得二十八正，爲小牛泛數，如壬式。移左行借筭一負，乘右上借筭數一負，得一正。移消左行下實，同名相加，得一十二正。移左行小牛位一負，乘中行小牛泛數二十八正，得二十八負。移消左行下實，異名相減，得一十六負爲實，以左行大牛位二負爲法。除之，同名商負，得八負，爲大牛泛數。收去法數，並收去借筭數，移爲一行，如癸式。置共數一百正於下，以八負反爲正加之，以二十八正減之，餘八十正，爲犢子泛數，如子式。以加減率一度加上下，減中，得三正數，如丑式，餘與前同。此先消犢子法也。

癸式

子式

丑式

時氏《百雞術衍》曰：設物大三直二，中九直二，小六直一。共物九十三，直三十一。問物大、中、小各幾何。

答曰：大物二十四，直一十六。中物六十三，直一十四。小物六，直一。又答：大物二十七，直一十八。中物三十六，直八。小物三十，直五。又答：大物三十，直二十。中物九，直二。小物五十四，直九。

此題三物有總等，草中備求加減約率、通率，及先以等數約下實等法。

甲式

乙式

丙式

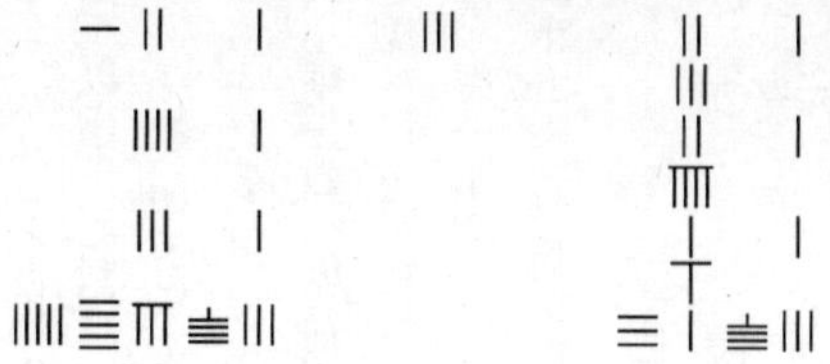

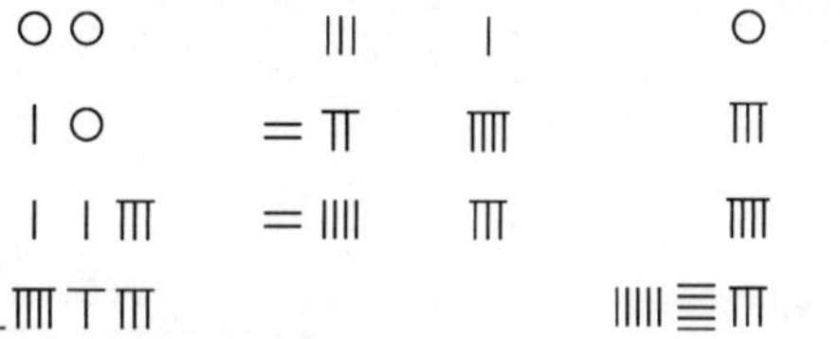

置大物數一正，中物數一正，小物數一正，共物九十三負，於右行。大物直三分之二正，中物直九分之二正，小物直六分之一正，共直三十一負，於左行，如甲式。左行三分母求等，得總等三，寄之，如乙式。約而乘之，得一十八爲共母。以共母乘下實，爲下實。置共母，以各分母除之，各分子乘之，爲三色，如丙式。以左行大物位一十二徧乘右行，以左行消之，收去左行，如丁式。副按中物位八、小物位九之數，互易其位，寄於左方之中下。相減得一，寄於上，爲加減約率，如戊式。以總等三乘之，爲加減通率，如己式。又寄其左，以中物位八爲法，除右行。置法八正於中物位右，左商一正，中除八正，適盡，收去法數。置法八正於小物位右，左商一正，中除八正，餘一正。置法八正於實右，左商六十九負，中除五百五十二負，餘六負，如庚式。借一正筭置於左行大物位之上，反爲負筭，置於右行大物位之上，以分母八通之，如辛式。以左行消右行，如壬式。以總等三先約下實六十三正，爲二十一正。以借筭九負除之，商數略小，商二正，除實一十八正，餘三正。復以總等三乘商數二正，得六正，爲借筭數。乘餘實三正，得九正，爲中物實。以中物一負除之，得九正，爲中物泛數，如癸式。移左行借筭一正，乘借筭數，得六正。移消左行下實，異名相減，餘六十三負。移左行中物一正，乘中物數九正，得九正。移消左行下實，異名相減，餘五十四負爲實，以左行小物一正爲法，除之，得五十四正，爲小物泛數。收去法數，並收去借筭數，列爲一行，如子式。以中物分母九課中物泛數，以小物分母六課小物泛數，皆受除，是泛數即正數。置共物數九十三正於上位，以中下兩數減之，餘三十正，爲大物數。計得大物三十，中物九，小物五十四，爲一答物數，如丑式。副置之，以加減通率加中，減上下，得大物二十七，中物三十六，小物三十，又爲一答物數，如寅式。再副置之，再以加減通率加中，減上下得大物二十四，中物六十三，小物六，又爲一答物數，如卯式。並列之，如辰式，爲三答物數。以直二各乘大物，三各除之。直二各乘中物，九各除之。直一各乘

丁式

戊式

己式

庚式

辛式

壬式

癸式

子式

丑式

寅式

卯式

辰式

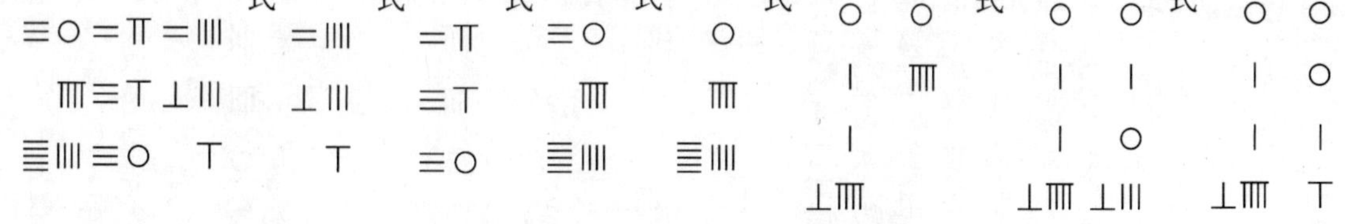

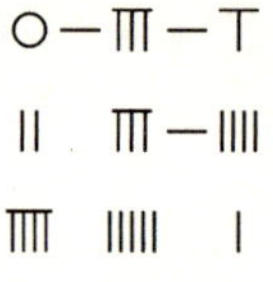

小物，六各除之。得大物直一十六，中物直一十四，小物直一，爲一答物直。大物直一十八，中物直八，小物直五，爲一答物直。大物直二十，中物直二，小物直九，爲一答物直。並列之，如巳式，爲三答物直。

巳式

又曰：設物大五直六，中八直九，小四直三。共物九十三，共直九十三。問物大、中、小各幾何。

答曰：大物五，直六。中物五十六，直六十三。小物三十二，直二十四。又答：大物二十五，直三十。中物三十二，直三十六。小物三十六，直二十七。又答：大物四十五，直五十四。中物八，直九。小物四十，直三十。

甲式

乙式

丙式

丁式

戊式

此題兩物有等，一物無等，草中備先消無等一色法。置大物數一正，中物數一正，小物數一正，共物九十三負，於右行。大物直五分之六正，中物直八分之九正，小物直四分之三正，共直九十三負，於左行，如甲式。左行分母求等，中小兩物有等數四，寄之，如乙式。約而乘之，得四十，爲共母，乘下實，爲下實。置共母，以各分母除之，各分子乘之，爲三色，如丙式。此題中物、小物有等，大物無等，應先消大物。乃以左行大物位四十八，偏乘右行，以左行消之，收去左行，如丁式。有總等三，以三約之，得戊式。副按中物位一、小物位六之數，互易其位，寄於左方之中下。相減得五，寄於上，爲加減約率。以寄位等數四乘之，得上二十，中二十四，下四，

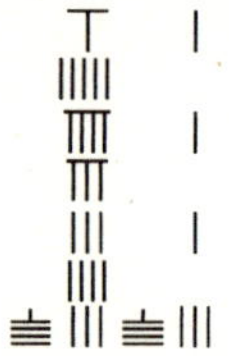

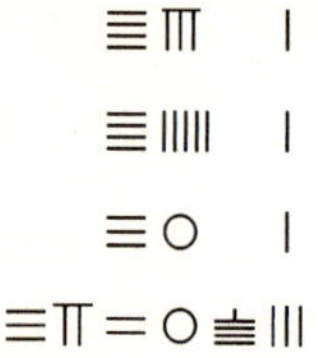

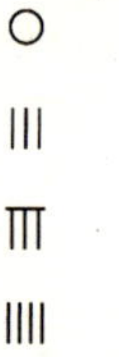

己式

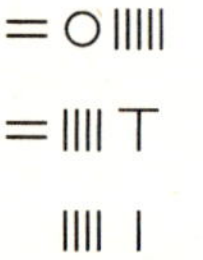

庚式

辛式

壬式

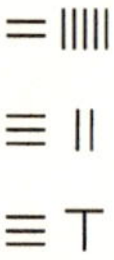

癸式

子式

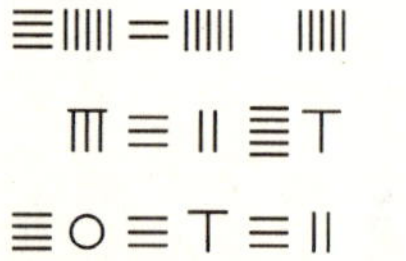

丑式

爲加減通率，又寄其左，如己式。視右行中物位一筭與小物位下實相當，是爲已得一筭相當式。即以等數四，先約下實二百四十八負，爲六十二負。以小物位六正除之，商數略小，商一十正，除實六十負，餘二負。復以等數乘商數一十正，得四十正，爲小物泛數。乘餘實二負，得八負，爲中物數實。以中物位一正除之，得八正，爲中物泛數，如庚式。以中物分母八課中物泛數，以小物分母四課小物泛數，皆受除，是泛數即正數。置共物數九十三正於上位，以中下位減之，得四十五，爲大物數。計得大物四十五，中物八，小物四十，爲一答物數，如辛式。副置之，以加減率減上下，加中，得大物二十五，中物三十二，小物三十六，又爲一答物數，如壬式。再以加減率減上下，加中，得大物五，中物五十六，小物三十二，又爲一答物數，如癸式。並列之，如子式，爲三答物數。以直六各乘大物，五各除之。直九各乘中物，八各除之。直三各乘小物，四各除之。得大物直六，中物直六十三，小物直二十四，爲一答。大物直三十，中物直三十六，小物直二十七，爲一答。大物直五十四，中物直九，小物直三十，爲一答。並列之，如丑式，爲三答物直。

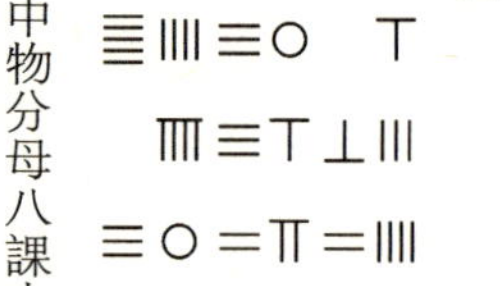

又曰：設有物大二十八直五，中六十三直八，小二十一直二。共物一千四百六十三，共直一百八十七。問物大、中、小各幾何？答曰：大物一百四十，直二十五。中物一千一百三十四，直一百四十四。小物一百八十九，直一十八。又答：大物三百〇八，直五十五。中物六百九十三，直八十八。小物四百六十二，直四十四。又答：大物四百七十六，直八十五。中物二百五十二，直三十二。小物七百三十五，直七十。

此題三物有總等，兩物又有等，草中備泛數求加減次數以定正數法。

甲式

乙式

丙式

置大物數一正，中物數一正，小物數一正，共物一千四百六十三負，於右行。大物直二十八分之五正，中物直六十三分之八正，小物直二十一分之二正，共直一百八十七負，於左行，如甲式。三分母求等，三母有總等七，中小兩母又有等數

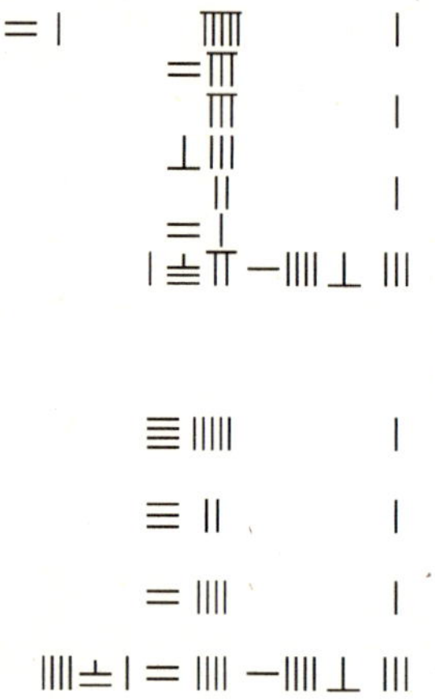

丁式

戊式

己式

庚式

辛式

壬式

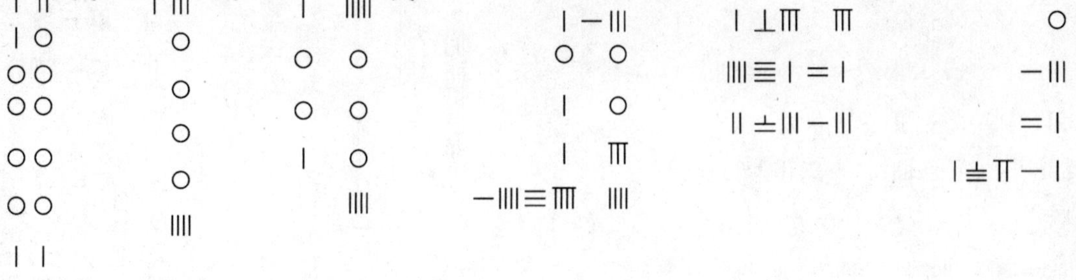

三，約而乘之，得二百五十二爲共母，二十一爲等數，別寄之，如乙式。以共母乘下實爲下實，置共母以各分母除之，各分子乘之，爲三色，如丙式。左行三母有總等，而中下兩母又別有等，應先消去上一色。以上一色四十五偏乘右行，以左行消之，收去左行，如丁式。副按中物位一十三、小物位二十一之數，互易其位，寄於左方之中下。相減得八，置於上，爲三物加減約率。再以等數乘之，得上一百六十八，中四百四十一，下二百七十三。又寄其左，爲三物加減通率，如戊式。以一十三爲法，偏除右行。置法一十三於中物位右，左商一正，中除一十三正，適盡，收去法數。置法一十三正於小物位右，左商一正，中除一十三正，餘八正。置法一十三正於實右，左商一千四百三十九負，中除一萬八千七百〇七負，餘四負。借一正算置於左行大物位之上，反爲負算，置於右行大物位之上。以分母一十三通之，如己式。視右行次層爲八，尚未得一，乃移左行寄左，以八爲法偏除之。置法八正於借算右，左商一負，中除八負，餘五負。置法八正於小物位右，左商一正，中除八正，適盡，收去法數。置法八正於實右，實不足法，命爲分子。借一負算置於左行初借算之上，反爲正算，置於右行初借算之上。以分母八通之，如庚式。視右行次層爲五，尚未得一，再移左行寄左，以五爲法偏除之。置法五正於再借算右，左商一正，中除五正，餘三正。置法五正於初借算右，左商一負，中除五負，適盡，收去法數。

癸式

子式

丑式

寅式

卯式

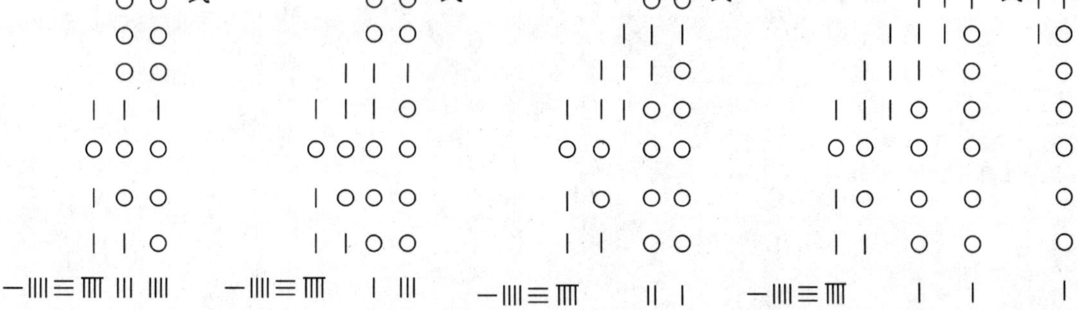

置法五正於實右，實不足法，命爲分子。借一正算置於左行再借算之上，反爲負算，置於右行再借算之上。以分母五通之，如辛式。視右行次層爲三，尚未得一，再移左行寄左，以三爲法偏除之。置法三正於三借算右，左商一負中除三負，餘二負。置法三正於再借算右，左商一正，中除三正，適盡，收去法數。置法三正於實右，左商一負，中除三負，餘一負。借一負算置於左行三借算之上，反爲正算，置於右行三借算之上，以分母三通之，如壬式。視右行次層爲二，尚未得一，再移左行寄左，以二爲法偏除之。置法二正於四借算右，左商一正，中除二正，餘一正。置法二正於三借算右，左商一負，中除二負，適盡，收去法數。置法二正於實右，實不足法，命爲分子。借一正算置於左行四借算之上，反爲負算，置於右行四借算之上。以分母二通之，如癸式。視右行次層已得一，乃移前寄左各行並列之，如子式。以右行減消次行，加消三行，收去右行，得丑式。以次行減消三行，加消四行，收去次行，得寅式。以三行減消四行，加消五行，收去三行，得卯式。以四行減消五行，加消六行，收去四行，得辰式。以左行消右行，汰去初二三四借算空位，移下借算，得巳式，是爲求得一算相當式。以等數二十一，約下實一千四百二十八正，爲六十八正。以借算二十

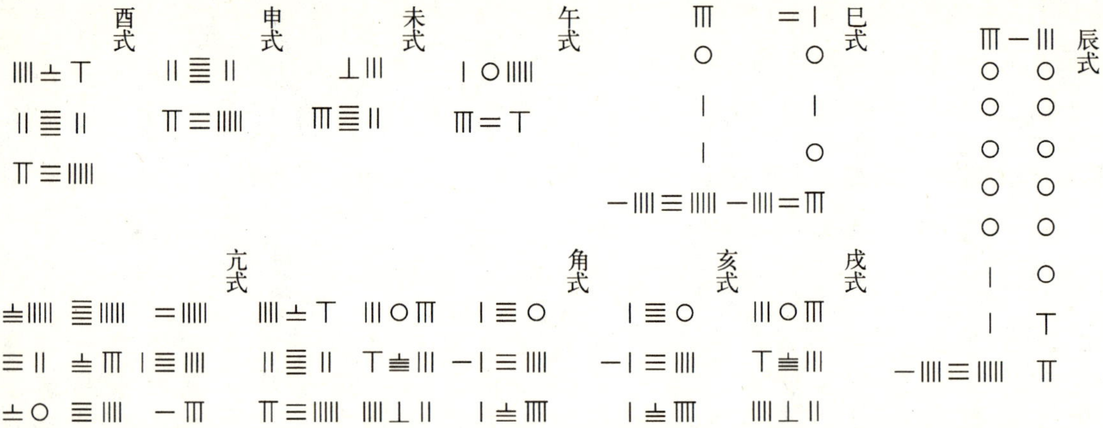

辰式

巳式

午式

未式

申式

酉式

戌式

亥式

角式

亢式

一負除之，商數略小，上商三正，中除六十三正，餘五正。復以等數二十一還乘上商，得六十三正，爲借筭數。還乘餘實，得一百〇五正，爲中物實。以中物一負除之，得一百〇五正，爲中物泛數。移左行借筭八正，乘借筭數，得五百〇四正。移消左行下實，異名相減，餘九百三十一負。移左行中物位一正，乘中物泛數，得一百〇五正。移消左行下實，異名相減，餘八百二十六負。以左行小物位一正除之，得八百二十六正，爲小物泛數，列爲一行，如午式。以中物分母六十三課中物泛數，以小物分母二十一課小物泛數，皆不受除，乃求加減次數。先以中物分母六十三減中物泛數，不盡四十二，爲餘數。置中物分母六十三，約率二十一，餘數四十二，求總等，得二十一。約之，得二，分母三，約率一，餘數二，仿大衍求一入之，以分母三比定母，以約率一比衍數，以三減一，不足減，即爲奇數。奇數一，即爲乘率。以一乘餘數二，得二，不滿分母，即爲應減約率次數。以二乘約率二十一，得四十二，以減泛數，得六十三，爲中物次泛數。按：中物加減次數二，乘小物約率一十三，得二十六。以加小物泛數，得八百五十二，爲小物次泛數，如未式。再以小物分母二十一課小物次泛數，仍不受除，乃再求加減次數。以小物分母二十一減小物次泛數，不盡一十二，爲餘數。置小物分母二十一，約率一十三，餘數一十二，三項求總等，無等不約，仿大衍求一入之。以分母二十一比定母，約率一十三比衍數。以二十一減一十三不足減，即爲奇數。求得乘率一十三，以一十三乘餘數一十二，得一百五十六。滿分母二十一去之，餘九，爲應減約率次數。以九乘約率一十三，得一百一十七。以減次泛數，得七百三十五，爲小物正數。亦以九乘中物約率二十一，得一百八十九。以加中物次泛數，得二百五十二，爲中物正數，如申式。置共物數一千四百六十三於上位，以中下兩數減之，得四百七十六，爲大物正數。並列之，如酉式，爲一答物數。以加減通率減大小物，加中物，得大物三百〇八，中物六百九十三，小物四百六十二，如戌式，又爲一答物數。再加減之，得大物一百四十，中物一千一百三十四，小物一百八十九，如亥式，又爲一答物數。並列之，如角式，爲三答物數。以大物二十八各除大物數，直五各乘之。以中物六十三各除中物數，直八各乘之。以小物二十一各除小物數，直二各乘之。得大物直二十五，中物直一百四十四，小物直一十八，爲一答。大物直五十五，中物直八十八，小物直四十四，爲一答。大物直八十五，中物直三十二，小物直七十，爲一答。並列之，如亢式，爲三答物直。

駱氏《藝游録》曰：今有物八百八十二枚，以一百四十四人分之。甲得七，乙得五，丙得三。問甲、乙、丙人數各幾何。

此題本於方氏《數度衍》，方氏止有二答，駱氏推之至三十一答。以甲一百一十二，乙一，丙三十一，爲第一答。甲丙每減一，乙每加二，至甲八十二，乙六十一，丙一，爲第三十一答。前引諸題皆在三答以内，復引此題，以見答數可至甚多也。

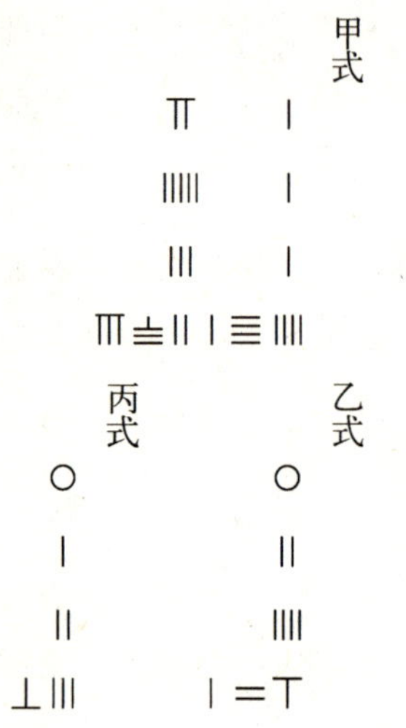

甲式

乙式

丙式

置甲人數一正，乙人數一正，丙人數一正，共人數一百四十四負，於右行。甲七枚正，乙五枚正，丙三枚正，共物八百八十二枚負，於左行，如甲式。以左行甲位七，偏乘右行，以左行消之，收去左行，如乙式。有

丁式

𝍠
𝍡
𝍠

戊式

𝍠
𝍫𝍠

己式

𝍠𝍩𝍡
𝍠
𝍫𝍠

庚式

人數			物數		
𝍠𝍩𝍡	𝍠	𝍫𝍠	𝍦𝍰𝍣	𝍤	𝍱𝍢
𝍠𝍩𝍠	𝍢	𝍫〇	𝍦𝍯𝍦	𝍩𝍤	𝍱〇
𝍠𝍩〇	𝍤	𝍪𝍨	𝍦𝍯〇	𝍪𝍤	𝍰𝍦
𝍠〇𝍨	𝍦	𝍪𝍧	𝍦𝍮𝍢	𝍫𝍤	𝍰𝍣
𝍠〇𝍧	𝍨	𝍪𝍦	𝍦𝍭𝍥	𝍬𝍤	𝍰𝍠
𝍠〇𝍦	𝍩𝍠	𝍪𝍥	𝍦𝍬𝍨	𝍭𝍤	𝍯𝍧
𝍠〇𝍥	𝍩𝍢	𝍪𝍤	𝍦𝍬𝍡	𝍮𝍤	𝍯𝍤

總等二，以二除之，得丙式。副按乙位一、丙位二之數，互易其位，寄於左方之中下。相減得一，置於上，爲加減率，如丁式。視右行已得一箅相當式，即以丙二正除下實六十三，商數略小，得三十一正，爲丙人數，餘實一負。以乙一正除之，得一正爲乙人數。列爲一行，如戊式。置共人數一百四十四正於上，以中下兩數減之，得一百一十二正，爲甲人數，如己式，是爲一答人數。以甲、丙加減率一，遞減甲、丙。以乙加減率二，遞加乙，得一百一十一、一百一十、一百〇九、一百〇八、一百〇七、一百〇六、一百〇五、一百〇四、一百〇三、一百〇二、一百〇一、一百、九十九、九十八、九十七、九十六、九十五、九十四、九十三、九十二、九十一、九十、八十九、八十八、八十七、八十六、八十五、八十四、八十三、八十二，爲甲各人數。三、五、七、九、一十一、一十三、一十五、一十七、一十九、二十一、二十三、二十五、二十七、二十九、三十一、三十三、三十五、三十七、三十九、四十一、四十三、四十五、四十七、四十九、五十一、五十三、五十五、五十七、五十九、六十一，爲乙各人數。三十、二十九、二十八、二十七、二十六、二十五、二十四、二十三、二十二、二十一、二十、一十九、一十八、一十七、一十六、一十五、一十四、一十三、一十二、一十一、一十、九、八、七、六、五、四、三、二、一，爲丙各人數。以七各乘甲人數，五各乘乙人數，三各乘丙人數，得七百八十四、七百七十七、七百七十、七百六十三、七百五十六、七百四十九、七百四十二、七百三十五、七百二十八、七百二十一、七

𝍠〇𝍤	𝍩𝍤	𝍪𝍣	𝍦𝍫𝍤	𝍯𝍤	𝍯𝍡
𝍠〇𝍣	𝍩𝍦	𝍪𝍢	𝍦𝍪𝍧	𝍰𝍤	𝍮𝍨
𝍠〇𝍢	𝍩𝍨	𝍪𝍡	𝍦𝍪𝍠	𝍱𝍤	𝍮𝍥
𝍠〇𝍡	𝍪𝍠	𝍪𝍠	𝍦𝍩𝍣	𝍠〇𝍤	𝍮𝍢
𝍠〇𝍠	𝍪𝍢	𝍪〇	𝍦〇𝍦	𝍠𝍩𝍤	𝍮〇
𝍠〇〇	𝍪𝍤	𝍩𝍨	𝍦〇〇	𝍠𝍪𝍤	𝍭𝍦
𝍱𝍨	𝍪𝍦	𝍩𝍧	𝍥𝍱𝍢	𝍠𝍫𝍤	𝍭𝍣
𝍱𝍧	𝍪𝍨	𝍩𝍦	𝍥𝍰𝍥	𝍠𝍬𝍤	𝍭𝍠
𝍱𝍦	𝍫𝍠	𝍩𝍥	𝍥𝍯𝍨	𝍠𝍭𝍤	𝍬𝍧
𝍱𝍥	𝍫𝍢	𝍩𝍤	𝍥𝍯𝍡	𝍠𝍮𝍤	𝍬𝍤

𝍱𝍤	𝍫𝍤	𝍩𝍣	𝍥𝍮𝍤	𝍠𝍯𝍤	𝍬𝍡
𝍱𝍣	𝍫𝍦	𝍩𝍢	𝍥𝍭𝍧	𝍠𝍰𝍤	𝍫𝍨
𝍱𝍢	𝍫𝍨	𝍩𝍡	𝍥𝍭𝍠	𝍠𝍱𝍤	𝍫𝍥
𝍱𝍡	𝍬𝍠	𝍩𝍠	𝍥𝍬𝍣	𝍡〇𝍤	𝍫𝍢
𝍱𝍠	𝍬𝍢	𝍩〇	𝍥𝍫𝍦	𝍡𝍩𝍤	𝍫〇
𝍱〇	𝍬𝍤	𝍨	𝍥𝍫〇	𝍡𝍪𝍤	𝍪𝍦
𝍰𝍨	𝍬𝍦	𝍧	𝍥𝍪𝍢	𝍡𝍫𝍤	𝍪𝍣
𝍰𝍧	𝍬𝍨	𝍦	𝍥𝍩𝍥	𝍡𝍬𝍤	𝍪𝍠
𝍰𝍦	𝍭𝍠	𝍥	𝍥〇𝍨	𝍡𝍭𝍤	𝍩𝍧
𝍰𝍥	𝍭𝍢	𝍤	𝍥〇𝍡	𝍡𝍮𝍤	𝍩𝍤

𝍯𝍡　𝍯𝍢　𝍯𝍣　𝍯𝍣

𝍮𝍠　𝍬𝍧　𝍬𝍦　𝍬𝍣

𝍠　𝍡　𝍢　𝍣

𝍣𝍯𝍢　𝍣𝍯𝍠　𝍣𝍯𝍧　𝍣𝍰𝍣

𝍢〇𝍣　𝍡𝍰𝍣　𝍡𝍯𝍣　𝍡𝍮𝍣

𝍢　𝍥　𝍧　𝍩𝍡

百一十四，七百〇七，七百，六百九十三，六百八十六，六百七十九，六百七十二，六百六十五，六百五十八，六百五十一，六百四十四，六百三十七，六百三十，六百二十三，六百一十六，六百〇九，六百〇二，五百九十五，五百八十八，五百八十一，五百七十四，爲甲各物數。五一十五，二十五，三十五，四十五，五十五，六十五，七十五，八十五，九十五，一百〇五，一百一十五，一百二十五，一百三十五，一百四十五，一百五十五，一百六十五，一百七十五，一百八十五，一百九十五，二百〇五，二百一十五，二百二十五，二百三十五，二百四十五，二百五十五，二百六十五，二百七十五，二百八十五，二百九十五，三百〇五，爲乙各物數。九十三，九十，八十七，八十四，八十一，七十八，七十五，七十二，六十九，六十六，六十三，六十，五十七，五十四，五十一，四十八，四十五，四十二，三十九，三十六，三十三，三十，二十七，二十四，二十一，一十八，一十五，一十二，九，六，三，爲丙各物數。上下對列之，上爲人數，下爲物數，如庚式，即爲求得人數三十一答，物數三十一答也。

清・鄒尊顯《分類演代》卷六　無定方程類

設如茶店有甲、乙、丙、丁四種茶，甲茶每兩十五文，乙茶每兩十六文，丙茶每兩十八文，丁茶每兩二十二文，攙和賣之，每兩十七文。但知甲茶二十斤，問各種茶該幾何。

命　天＝丁茶斤數　則　$\frac{五}{二〇}=\frac{二}{天}$　即　五天＝四〇　得　天＝八　命　天＝丙茶斤數　則　$\frac{一}{二〇}=\frac{二}{天}$　即得　天＝四〇

依上式，則　乙茶＝一、丙茶＝一　依下式，則　乙茶＝五、丁茶＝一　但以較數互换，故皆可以得數爲準，而任以何數加減乘除之也。

設如有麥、稻、黍、稷四色，麥每升六十文，稻每升三十六文，黍每升二十四文，稷每升十八文。攙和糴之，每升當三十二文。但知麥有二斗，問稻、黍、稷各該若干。

命　天＝黍數　則　$\frac{八}{二〇}=\frac{二八}{天}$　即　八天＝五六〇　得　天＝七〇、稻＝一四、稷＝四　命　天＝稷數　則　$\frac{一四}{二〇}=\frac{二八}{天}$　即　一四天＝五六〇　得　天＝四〇、稻＝八、黍＝四

按：此題與前題皆可演二式，而得數不同者，以題無總分，又係兩多、兩少故也。如上式稻、稷兩數，下式稻、黍兩數，任以何數乘之、除之，或準其數而任意加減若干倍，無不符其攙和以糴之價。

設如麥、稻、黍、稷四種糧，麥每升四十八文，稻每升三十六文，黍每升二十四文，稷每升一十八文，和糴每升得四十二文。但知稷有一斗二升，問餘三種各該若干。

命　天＝麥數　則　$\frac{六}{一二}=\frac{六丄一八丄二四}{天}$　即　$\frac{六}{一二}=\frac{四八}{天}$　即六天＝五七六　得　天＝九六、稻＝一二、黍＝一二

按：稻、黍、稷各一升，比和糴三升之價少四十八文，而麥每升之價，獨較和糴每升之價多六文，故得數如右。然題無總分，麥每升之價，比和糴每升之價多六文。稻每升之價，比和糴每升之價適少六文。則前式所得麥、稻之數可任以何數並加之，任以一升至一斗一升之數並減之，無不與和糴之價相符。又麥每升之價，比和糴每升之價多六文。黍每升之價，比和糴每升之價少十八文。則前式所得麥、黍之數可準麥三黍一之限。任加至幾何倍數，任減至黍僅一升，亦無不與和糴之價相符。由是觀之，則亦方程之有定而仍無定者也。下仿此。

設如有燒酒三種，法蘭西每斤值一兩二錢，英國每斤值七錢，本國每斤值四錢，攙和賣之，每斤八錢。但知法蘭西有四十斤，問餘二色酒各若干。

命　天＝英國酒數　則　$\frac{一丄四}{四〇}=\frac{四}{天}$　即　五天＝一六〇　得　天＝三二

命　天＝本國酒數　則　$\frac{四丄一}{四〇}=\frac{四}{天}$　即　五＝一六〇　得　天＝三二

按：英國酒數可於三十二斤外自四斤加起，每加四斤，直加至一百二十四斤止。本國酒數可於三十二斤內每減一斤，直減至一斤止。但加減之序不紊，

則與和賣之價無不相符。

設如有緞大綠每丈四兩，天青每丈六兩，大紅每丈十兩。以三色和賣，每丈六兩。但知大綠三十二丈，問餘色各該幾何。

命　天＝大紅丈數　則　$\frac{四}{三二}=\frac{二}{天}$　即　四天＝六四　得　天＝一六

命　天＝天青丈數　則　$\frac{六}{三二}=\frac{六}{天}$　即　六天＝一九二　得　天＝三二

按：天青每丈六兩與和賣之價適等，三十二丈固可，即任多任少亦無不可。

設如有酒四等，甲酒每瓶二錢一分，乙酒每瓶二錢七分，丙酒每瓶三錢，丁酒每瓶四錢。共攙和賣，價三錢三分。但知有甲酒五十瓶，問餘三等酒各該若干。

命　天＝丁酒數　則　$\frac{七}{五〇}=\frac{一二⊥六⊥三}{天}$　即　$\frac{七}{五〇}=\frac{二一}{天}$　即

七天＝一〇五〇　得　天＝一五〇　乙、丙二酒與甲酒同數。

按：此題與前麥、稻、黍、稷題之一多三少者同理，但彼之較多者在前，此之較多者在後耳，故算法無異。

清・陳志堅《求一得齋算學》卷三　演無定式一

今有物不知數，三三數之，賸二；五五數之，賸三；七七數之，賸二；十一十一數之，賸七；十三十三數之，賸九。問物幾何。原題祇有三數其實任何數皆可。

答曰：物一千二百八十三，以下答數無窮。

草曰：以天代三所度之次數，地代五所度之次數，人代七所度之次數，物代十一所度之次數，亥代十三所度之次數，更以卯代物之總數，即準題得下式：　三天⊥二＝卯㊀　五地⊥三＝卯㊁　七人⊥二＝卯㊂　一一物⊥七＝卯㊃　一三亥⊥九＝卯㊄　惟　三天⊥二＝五地⊥三　即　三天＝五地⊥一　即

天＝地⊥$\frac{三}{二地⊥一}$　惟因天與地俱爲整數，則　$\frac{三}{二地⊥一}$　亦必爲整數。令

$\frac{三}{二地⊥一}$＝午　則　天＝地⊥午　而　二地＝三午丅一、地＝午⊥$\frac{二}{午丅一}$

惟因地與午俱爲整數，即　$\frac{二}{午丅一}$　亦爲整數。令　$\frac{二}{午丅一}$＝未　即　地＝午⊥未　而　午＝二未⊥一　即　地＝三未⊥一(甲)　天＝五未⊥二(乙)　又

三天＝七人　即　七人＝三(五未⊥二)　即　七人＝一五未⊥六　即

人＝二未⊥$\frac{七}{未⊥六}$　準前理　$\frac{七}{未⊥六}$　亦爲整數。令　$\frac{七}{未⊥六}$＝申　即　人

＝二未⊥申　而　未＝七申丅六　即　人＝一五申丅一二(丙)　地＝二一申丅一七(丁)　天＝三五申丅二八(戊)　又　七人⊥二＝一一物⊥七　即　七(一五申丅一二)⊥二＝一一物⊥七　即　一一物＝一〇五申丅八九　即

物＝九申丅八⊥$\frac{一一}{六申丅一}$　令　$\frac{一一}{六申丅一}$＝酉　即　物＝九申⊥酉丅八

而　六申＝一一酉⊥一、申＝酉⊥$\frac{六}{五酉⊥一}$　令　$\frac{六}{五酉⊥一}$＝戌　即　申＝

酉⊥戌　而　五酉＝六戌丅一、酉＝戌⊥$\frac{五}{戌丅一}$　令　$\frac{五}{戌丅一}$＝子　即

酉＝戌⊥子　而　戌＝五子⊥一、酉＝六子⊥一、申＝一一子⊥二　即　物＝一〇五子⊥一一(己)　人＝一六五子⊥一八(庚)　地＝二三一子⊥二五(辛)　天＝三八五子⊥四二(壬)　惟　一三亥⊥九＝一一物⊥七　即　一三亥＝一一物丅二

即　一三亥＝一一五五子⊥一一九　即　亥＝八八子⊥九⊥$\frac{一三}{一一子⊥三}$　令

$\frac{一三}{一一子⊥二}$＝丑　即　亥＝八八子⊥丑⊥九　而　一一子＝一三丑丅二、

子＝丑⊥$\frac{二一}{二丑丅三}$　令　$\frac{二一}{二丑丅二}$＝寅　即　子＝丑⊥寅　而　二丑＝一一寅⊥二、丑＝五寅⊥一⊥$\frac{二}{寅}$　令　$\frac{二}{寅}$＝卯　即　丑＝五寅⊥一卯⊥一

而　寅＝二卯　即　丑＝一一卯⊥一、子＝一三卯⊥一　即　亥＝一一五五卯⊥九八㊌　物＝一三六五卯⊥一一六㊋　人＝二一四五卯⊥一八三㊍　地＝三〇〇三卯⊥二五六㊎　天＝五〇〇五卯⊥四二七㊏

審上五式，知卯不能小於〇，而大則可至無窮。故　四二七　爲天之最小同數　二五六　爲地之最小同數。餘準此　卯＝一　以下答數無窮。

今有物不知數，三三數之，賸二；五五數之，亦賸二；七七數之，賸三；十一十一數之，亦賸三；十七十七數之，賸十四。問物幾何。

答曰：物一千六百九十七，以下答數無窮。

草曰：以天、地、人、物、亥代各數所度之次數，卯代物總數，均如前，則準題

得下式： 三天丄二＝卯㊀ 五地丄二＝卯㊁ 七人丄三＝卯㊂ 一一物丄三＝卯㊃ 一七亥丄一四＝卯㊄ 惟 三天＝五地 卽 天＝地丄$\frac{三}{二地}$ 令 $\frac{三}{二地}$＝午 卽 天＝地丄午 而 二地＝三午 卽 地＝午丄$\frac{二}{午}$ 令 $\frac{二}{午}$＝未 卽 地＝午丄未 而 午＝二未 卽 地＝三未(甲) 天＝五未(乙) 又 三天＝七人丄一 卽 七人＝一五未丅一 卽 人＝二未丄$\frac{七}{未丅一}$ 令 $\frac{七}{未丅一}$＝申 卽 人＝二未丄申 而 未＝七申丄一、人＝二(七申丄一)丄申 卽 人＝一五申丄二(丙) 地＝二一申丄三(丁) 天＝三五申丄五(戊) 又 七人＝一一物 卽 一一物＝七(一五申丄二) 卽 一一物＝一〇五申丄一四 卽 物＝九申丄一丄$\frac{一一}{六申丄三}$ 令 $\frac{一一}{六申丄三}$＝酉 卽 物＝九申丄酉丄一 而 六申＝一一酉丅三、申＝酉丄$\frac{六}{五酉丅三}$ 令 $\frac{六}{五酉丅三}$＝戌 卽 申＝酉丄戌 而 五酉＝六戌丄三 卽 酉＝戌丄$\frac{五}{戌丄三}$ 令 $\frac{五}{戌丄三}$＝子 卽 酉＝戌丄子 而 戌＝五子丅三、酉＝六子丅三、申＝一一子丅六 卽 物＝一〇五子丅五六(己) 人＝一六五子丅八八(庚) 地＝二三一子丅一二三(辛) 天＝三八五子丅二〇五(壬) 惟 一七亥＝一一物丅一一 卽 一七亥＝一一(一〇五子丅五六)丅一一 卽 一七亥＝一一五五子丅六二七 卽 亥＝六七子丅三六丄$\frac{一七}{一六子丅一五}$ 令 $\frac{一一}{一六子丅一五}$＝丑 卽 亥＝六七子丄丑丅三六 而 一六子＝一七丑丄一五、子＝丑丄$\frac{一六}{丑丄一五}$ 令 $\frac{一六}{丑丄一五}$＝寅 卽 子＝丑丄寅 而 丑＝一六寅丅一五、子＝一七寅丅一五 卽 亥＝一一五五寅丅一〇五六㊌ 物＝一七八五寅丅一六三一㊋ 人＝二八〇五寅丅二五六三㊍ 地＝三九二七寅丅三五八八㊎ 天＝六五四五寅丅五九八〇㊏

審上五式，知寅不能小於一，而大可至無窮。故 五六五 爲天之最小同數， 三三九 爲地之最小同數，餘準此， 寅＝二 以下答數無窮。

今有雞翁一，值錢五；雞母一，值錢三；雞雛三，值錢一。凡百錢買雞百隻。問翁、母、雛各幾何。

答曰：翁十二，母四，雛八十四。翁八，母十一，雛八十一。翁四，母十八，雛七十八。

草曰：以天代雞翁數，地代雞母數，人代雞雛數，準題得下式：

五天丄三地丄$\frac{一}{三}$人＝一〇〇㊤ 爲共錢式， 天丄地丄人＝一〇〇㊦ 爲共雞式，二式爲相等。以三乘上式，得 一五天丄九地丄人＝三〇〇 以下式減之，得 一四天丄八地＝二〇〇 半之， 七天丄四地＝一〇〇 卽 天＝一四丅$\frac{七}{四地丅二}$ 令 $\frac{七}{四地丅二}$＝戌 卽 天＝一四丅戌 而 四地＝七戌丄二 卽 地＝戌丄$\frac{四}{三戌丄二}$ 令 $\frac{四}{三戌丄二}$＝亥 卽 地＝戌丄亥 而 三戌＝四亥丅二、戌＝亥丄$\frac{三}{亥丅二}$ 令 $\frac{三}{亥丅二}$＝申 卽 戌＝亥丄申 而 亥＝三申丄二 卽 戌＝四申丄二 卽 地＝七申丄四、天＝一二丅四申 又準 人＝一〇〇丅(天丄地) 卽 人＝八四丅三申 所以得相等式 人＝八四丅三申(甲) 地＝四丄七申(乙) 天＝一二丅四申(丙) 由天之同數知申不能大於二，由地之同數知申不能小於〇，所以可答此題只有三數。如 申＝〇 卽 天＝一二、地＝四、人＝八四、申＝一 卽 天＝八、地＝一一、人＝八一、申＝二 卽 天＝四、地＝一八、人＝七八 若 申＝三或 申＝丅一 不能三色皆正數矣。

今有雞翁一，值錢五；雞母一，值錢四；雞雛四，值錢一。凡百錢買雞百隻。問翁、母、雛各幾何。

答曰：翁十五，母一，雛八十四。

草曰：以天代雞翁數，地代雞母數，人代雞雛數。準題得下式：

五天丄四地丄$\frac{一}{四}$人＝一〇〇㊤ 爲共錢式， 天丄地丄人＝一〇〇㊦ 爲共雞式，二式爲相等。以四乘上式 二〇天丄一六地丄人＝四〇〇 以下式減之，

得　一九天丄一五地＝三〇〇　即　天＝一五丅$\frac{一九}{一五地丅一五}$　令
$\frac{一九}{一五地丅一五}$＝酉　即　天＝一五丅酉　而　一五地＝一九酉丄一五　即
地＝酉丄一丄$\frac{一五}{四酉}$　令　$\frac{一五}{四酉}$＝戌　即　地＝酉丄戌丄一　而　四酉＝
一五戌　即　酉＝三戌丄$\frac{四}{三戌}$　令　$\frac{四}{三戌}$＝亥　即　酉＝三戌丄亥　而
三戌＝四亥、戌＝亥丄$\frac{三}{亥}$　令　$\frac{三}{亥}$＝申　即　戌＝亥丄申　而　亥＝三申、
戌＝四申、酉＝一五申　即　地＝一九申丄一(甲)　天＝一五丅一五申(乙)
人＝八四丅四申(丙)　由天之同數知申不能大於〇，由地之同數知申不能小於〇，所以可答此題者只有一數。

求一術別題

今有數九百〇一萬四千七百九十八，以二十三爲法除之，不盡十七，乃滿一百七十四去之。問去若干次滿數，而以法除之適盡。

答曰：去一十九次。

草曰：以　二三　除之次數命爲地，以　一七四　去之次數命爲天。依題理，當求天之最小同數，列式如後：　一七四天丄二三地＝九〇一四七九八　即
地＝三九一九四七丅七天丅$\frac{二三}{一三天丅一七}$　令　$\frac{二三}{一三天丅一七}$＝午　即
地＝三九一九四七丅七天丅午　而　一三天＝二三午丄一七　即　天＝午丄
一丄$\frac{一三}{一〇午丄四}$　令　$\frac{一三}{一〇午丄四}$＝未　即　天＝午丄未丄一　而　一〇午
＝一三未丅四、午＝未丄$\frac{一〇}{三未丅四}$　令　$\frac{一〇}{三未丅四}$＝申　即　午＝未丄申
而　三未＝一〇四申丄四、未＝三申丄一丄$\frac{三}{申丄一}$　令　$\frac{三}{申丄一}$＝酉　即
申＝三酉丅一、未＝三申丄酉丄一　即　未＝一〇酉丅二、午＝一三酉丅三
即　天＝二三酉丅四㊀　地＝三六一九七八丅一七四酉㊁　觀天之同數，知酉不能小於一。觀地之同數，知酉不能大於　二二五二　故此題答數共有二千二百五十二。惟按題意，但求天之最小同數，故知　酉＝一　而天必爲十九。

今有數七，以八十七除之，不足法，乃滿　二九三　加之。問加若干次滿數，而以法除之適盡。

答曰：四十六次。

草曰：以地代所除之次數，天代所加之次數，準題得　八七地＝二九三天丄七　即　地＝三天丄$\frac{八七}{三二天丄七}$　令　$\frac{八七}{三二天丄七}$＝午　即　地＝三天丄午　而　三二天＝八七午丅七　即　天＝三午丄$\frac{三二}{二三午丅七}$　令
$\frac{三二}{二三午丅七}$＝午　即　天＝二午丄未　而　二三午＝三二未丄七、
午＝未丄$\frac{二三}{九未丄七}$　令　$\frac{二三}{九未丄七}$＝申　即　午＝未丄申　而　九未＝
二三申丅七、未＝二申丄$\frac{九}{五申丅七}$　令　$\frac{九}{五申丅七}$＝酉　即　未＝二申丄
酉　而　五申＝九酉丄七、申＝酉丄$\frac{五}{四酉丄三}$丄一　令　$\frac{五}{四酉丄三}$＝戌　即
申＝酉丄戌丄一　而　四酉＝五戌丅二、酉＝戌丄$\frac{四}{戌丅二}$　令
$\frac{四}{戌丅二}$＝亥　即　酉＝戌丄亥　而　戌＝四亥丄二　即　酉＝五亥丄二、
申＝九亥丄五、未＝二三亥丄一二、午＝三二亥丄一七　即得　天＝八七亥丄
四六㊀　地＝二九三亥丄一五五㊁　觀天、地二同數，知亥不能小於〇，而大可至無窮。惟按題意，但求天之最小同數，故知　亥＝〇　而天必爲　四六

今有數一萬一千六百四十七，以一百二十五爲法除之，不盡二十二，乃滿三十四去之。問去若干次滿數，而以法除之適盡。

答曰：八次。

草曰：以地代所除次數，天代所去次數，準題得　一二五地＝一一六四七
丅三四天　即　地＝九三丅$\frac{一二五}{三四天丅二二}$　令　$\frac{一二五}{三四天丅二二}$＝午　即
地＝九三丅午　而　三四天＝一二五午丄二二　即

天=三午丄$\frac{三四}{三三午丄二二}$ 令 $\frac{三四}{三三午丄二二}$=未 卽 天=三午丄未 而 二三午=三四未丅二二 卽 午=未丄$\frac{二三}{一一未丅二二}$ 令 $\frac{二三}{一一未丅二二}$=申 卽 午=未丄申 而 一一未=二三申丄二二、未=二申丄二丄$\frac{一一}{申}$ 令 $\frac{一一}{申}$=酉 卽 未=二申丄酉丄二 而 申=一一酉、未=二三酉丄二、午=三四酉丄二 卽 天=一二五酉丄八㊀ 地=九一丅三四酉㊁ 觀天之同數，知酉不能小於〇。觀地之同數，知酉不能大於二。惟按題意，但求天之最小同數，故知 酉=〇 而天必爲八。

今有米九萬餘石，平分爲四，各攜一分去賑一鄉。南鄉災重，每户給三十七石，剩回二百四十一石；西鄉災輕，每户給十二石，剩回四百〇二石；東鄉每户給十五石，剩回三百九十六石；北鄉每户給十四石，剩回一百六十四石。問四鄉户各若干。併今有米若干。均題。

答曰：南鄉户六百六十五，西鄉户二千〇三十七，東鄉户一千六百三十，北鄉户一千七百六十三，今有米九萬九千三百八十四石。

草曰：以天代南鄉户數，地代西鄉户數，人與物代東鄉、北鄉户數，以四寅 代九萬餘之零數，準題得下式： 三七天丄二四一=二二五〇〇丄寅、一二地丄四〇二=二二五〇〇丄寅、一五人丄三九六=二二五〇〇丄寅、一四物丄一六四=二二五〇〇丄寅 惟 一二地丄一六一=三七天 故 地=$\frac{一二}{三七天丅一六一}$ 卽 地=三天丅一三丄$\frac{一二}{天丅五}$ 令 $\frac{一二}{天丅五}$=午 卽 地=三天丄午丅一三 而 天=一二午丄五㊀ 地=三七午丄二㊁ 又 一二地丄六=一五人 卽 一五人=四四四午丄三〇 卽 人=二九午丄二丄$\frac{一五}{九午}$ 令 $\frac{一五}{九午}$=未 卽 人=二九午丄未丄二 而 九午=一五未、午=未丄$\frac{三}{二未}$ 令 $\frac{三}{二未}$=申 卽 午=未丄申 而 二未=三申、未=申丄$\frac{二}{申}$ 令 $\frac{二}{申}$=酉 卽 未=申丄酉 而 申=二酉、未=三酉 卽 午=五酉 卽 人=一四八酉丄二㊂ 天=六〇酉丄五㊃ 地=一八五酉丄二㊄ 惟 一五人丄二三二=一四物 卽 一四物=二二二〇酉丄二六二 卽 物=一八丄一五八酉丄$\frac{一四}{八酉丄一〇}$ 令 $\frac{一四}{八酉丄一〇}$=戌 卽 物=一八丄一五八酉丄戌 而 八酉=一四戌丅一〇、酉=戌丅一丄$\frac{八}{六戌丅二}$ 令 $\frac{八}{六戌丅二}$=亥 卽 酉=戌丄亥丅一 而 六戌=八亥丄二、戌=亥丄$\frac{六}{二亥丄二}$ 令 $\frac{六}{二亥丄二}$=子 卽 戌=亥丄子 而 亥=三子丅一 卽 戌=四子丅一、酉=七子丅三 卽 物=一一〇子丅四五七㊅ 人=一〇三六子丅四四二㊆ 地=一二九五子丅五五三㊇ 天=四二〇子丅一七五㊈ 審上四式，知子不能小於一，而今有米九〇〇〇〇，加四寅 卽一鄉所分二二五〇〇加寅。今任以物爲比，即 一四物丄一六四=二二五〇〇丄寅 卽 一四物=二二三三六丄寅 卽 一五五四〇子丅六三九八=二二三三六丄寅 卽 一五五四〇子=二八七三四丄寅 惟 四寅 爲 九〇〇〇〇 之餘數，不能滿 一〇〇〇〇 即寅不能滿 二五〇〇 故知子不能大於二，然小於二則不及數，故知子必等於二。而寅必爲二千三百四十六，與 二二五〇〇 相加復四之，得九萬九千三百八十四，即今有米數。合問。

又 卷四 演無定式二

今有火酒四種，一值十四錢一兩，一值十二錢一兩，一值七箇錢一兩，一值五箇錢一兩。若要對合成二十三兩，每兩值錢九箇。問四種各對若干且共有幾何對法。

答曰：共有十六種對法，數詳後。

草曰：以天、地、人、物各代四種應和酒數，如題得方程式二： 一四天丄一二地丄七人丄五物=二〇七㊤ 天丄地丄人丄物=二三㊦ 任消去物，則以五乘下式，以減上式，即 九天丄七地丄二人=九二 又任以 二人 項爲主，而以丁代之，并入真數行，即 九天丄七地=九二丅丁 任先求地之同數，卽 地=$\frac{七}{九二丅九天丅丁}$ 卽 地=一三丅天丅$\frac{七}{二天丅一丄丁}$ 令

$\frac{\text{七}}{\text{二天丅一丄丁}}$＝午 即 地＝一三丅天丅午 又 二天＝七午丄一丅丁 即 天＝三午丄$\frac{\text{二}}{\text{午丄一丅丁}}$ 令 $\frac{\text{二}}{\text{午丄一丅丁}}$＝未 即 天＝三午丄未 又 午＝二未丄丁丅一 即 天＝七未丄三丁丅三 而 地＝一七丅九未丅四丁 仍以 二人 代還丁，即 天＝七未丅三丄六人㊙甲 地＝一七丅九未丅八人㊁ 以三數減 二三 即 物＝九丄二未丄人㊂ 審上三式，人既爲實數，不能小於一。令 人＝一、未＝〇 即 天＝三、地＝九、物＝一〇 令 人＝二、未＝丅一 即 天＝二、地＝一〇、物＝九 令 人＝二、未＝〇 即 天＝九、地＝一、物＝一一 令 人＝三、未＝丅一 即 天＝八、地＝二、物＝一〇 令 人＝三、未＝丅二 即 天＝一、地＝一一、物＝八 令 人＝四、未＝丅二 即 天＝七、地＝三、物＝九 令 人＝五、未＝丅三 即 天＝六、地＝四、物＝八 令 人＝六、未＝丅四 即 天＝五、地＝五、物＝七 令 人＝七、未＝丅五 即 天＝四、地＝六、物＝六 令 人＝八、未＝丅六 即 天＝三、地＝七、物＝五 令 人＝九、未＝丅七 即 天＝二、地＝八、物＝四 令 人＝一〇、未＝丅八 即 天＝一、地＝九、物＝三 令 人＝一一、未＝丅八 即 天＝七、地＝一、物＝四 令 人＝一二、未＝丅九 即 天＝六、地＝二、物＝三 令 人＝一三、未＝丅一〇 即 天＝五、地＝三、物＝二 令 人＝一四、未＝丅一一 即 天＝四、地＝四、物＝一

同數表

物	一〇	九	一一	一〇	八	九	八	七	六	五	四	三	四	三	二	一
人	一	二	二	三	三	四	五	六	七	八	九	一〇	一一	一二	一三	一四
地	九	一〇	一	二	一一	三	四	五	六	七	八	九	一	二	三	四
天	三	二	九	八	一	七	六	五	四	三	二	一	七	六	五	四
未	〇	丅一	〇	丅一	丅二	丅二	丅三	丅四	丅五	丅六	丅七	丅八	丅八	丅九	丅一〇	丅一一

右十六答，任先消去別項，或以別項爲主，得數均同。

今有火酒四種，第一種十二箇錢一兩，第二種十一箇錢一兩，第三種七箇錢一兩，第四種五箇錢一兩。若要對合六十六兩，每兩值錢八箇。問四種各對若干。

答曰：對法百六十三。

草曰：以天、地、人、物各代四種應和酒數，如題得方程式二，即 一二天丄一一地丄七人丄五物＝五二八㊤ 天丄地丄人丄物＝六六㊦ 任先消去人，則以七乘下式，以減上式 五天丄四地丅二物＝六六 任以物項爲主，而以丁代二物 求天、地二同數，即 五天丄四地＝六六丄丁、五天＝六六丄丁丅四地 即 天＝一三丄$\frac{\text{五}}{\text{丁丅四地丄一}}$ 令 $\frac{\text{五}}{\text{丁丅四地丄一}}$＝午 即 天＝一三丄午 而 四地＝一丄丁丅五午 即 地＝丅午丅$\frac{\text{四}}{\text{一丄丁丅午}}$ 令 $\frac{\text{四}}{\text{一丄丁丅午}}$＝未 即 地＝未丅午 又 一丄丁丅午＝四未 即 午＝一丄丁丅四未 即 地＝五未丅一丅丁、天＝一四丄丁丅四未 仍以二物代還丁，即 天＝一四丅四未丄二物㊄ 地＝五未丅一丅二物 上乾式爲綱，下三十六式爲目，又右邊之物既爲應和酒數。即爲實數，必不能小於一，令物等於一，即得甲[幅]： 天＝一六丅四未、地＝五未丅三 觀天、地二同數，知未不能小於一，亦不能大於三。故令 未＝一 即 天＝一二、地＝二 未＝二 即 天＝八、地＝七 未＝三 即 天＝四、地＝一二 故甲幅只能得三答。令 物＝二 即乙[幅]： 天＝一八丅四未、地＝五未丅五 觀天地二同數，知未不能小於二，亦不能大於四，故令 未＝二 即 天＝一〇、地＝五 未＝三 天＝六、地＝一〇 未＝四 天＝二、地＝一五 故乙幅只能得三答。令 物＝三 則丙[幅]： 天＝二〇丅四未、地＝五未丅七 觀天地二同數，知未不能小於二，亦不能大於四，故令 未＝二 即 天＝一二、地＝三 未＝三 即 天＝八、地＝八 未＝四 即 天＝四、地＝一三 故丙幅只能得三答。令 物＝四 則丁[幅]： 天＝二二丅四未、地＝五未丅九 觀天地二同數，知未不能小於二，亦不能大於五。故令 未＝二 即 天＝一四、地＝一 未＝三 即 天＝一〇、地＝六 未＝四 即 天＝六、地＝一一 未＝五 即 天＝二、地＝一六 故丁幅只能有四答。以下均如是推得。 物＝五 戊[幅]： 天＝二四

丁四未　地=五未丁一一　未三至五得三答。如後表。　物=六　己[幅]:　天=二六丁四未、地=五未丁一三　未三至六得四答。　物=七　庚[幅]:　天=二八丁四未、地=五未丁一五　未四至六得三答。　物=八　辛[幅]:　天=三〇丁四未、地=五未丁一七　未四至七得四答。　物=九　壬[幅]:　天=三二丁四未、地=五未丁一九　未四至七得四答。　物=一〇　癸[幅]:　天=三四丁四未、地=五未丁二一　未五至八得四答。　物=一一　角[幅]:　天=三六丁四未、地=五未丁二三　未五至八得四答。令　物=一二　亢[幅]:　天=三八丁四未、地=五未丁二五　未六至九得四答。令　物=一三　氐[幅]:　天=四〇丁四未、地=五未丁二七　未六至九得四答。令　物=一四　房[幅]:　天=四二丁四未、地=五未丁二九　未六至　一〇　得五答。令　物=一五　心[幅]:　天=四四丁四未、地=五未丁三一　未七至　一〇　得四答。令　物=一六　尾[幅]:　天=四六丁四未、地=五未丁三三　未七至　一一　得五答。令　物=一七　箕[幅]:　天=四八丁四未、地=五未丁三五　未八至　一一　得四答。令　物=一八　斗[幅]:　天=五〇丁四未、地=五未丁三七　未八至　一二　得五答。令　物=一九　牛[幅]:　天=五二丁四未、地=五未丁三九　未八至　一二　得五答。令　物=二〇　女[幅]:　天=五四丁四未、地=五未丁四一　未九至　一三　得五答。令　物=二一　虛[幅]:　天=五六丁四未、地=五未丁四三　未九至　一三　得五答。令　物=二二　危[幅]:　天=五八丁四未、地=五未丁四五　未　一〇　至　一四　得五答。令　物=二三　室[幅]:　天=六〇丁四未、地=五未丁四七　未　一〇　至　一四　得五答。令　物=二四　壁[幅]:　天=六二丁四未、地=五未丁四九　未　一〇　至　一五　得六答。令　物=二五　奎[幅]:　天=六四丁四未、地=五未丁五一　未　一一　至　一五　得五答。令　物=二六　婁[幅]:　天=六六丁四未、地=五未丁五三　未　一一　至　一六　得六答。令　物=二七　胃[幅]:　天=六八丁四未、地=五未丁五五　未　一二　至　一六　得五答。令　物=二八　昴[幅]:　天=七〇丁四未、地=五未丁五七　未　一二　至　一七　得六答。令　物=二九　畢[幅]:　天=七二丁四未、地=五未丁五九　未　一二　至　一七　得六答。令　物=三〇　觜[幅]:　天=七四丁四未、地=五未丁六一　未　一三　至　一八　得六答。令　物=三一　參[幅]:　天=七六丁四未、地=五未丁六三　未　一三　至　一八　得六答。令　物=三二　井[幅]:　天=七八丁四未、地=五未丁六五　未　一四　至　一九　得六答。令　物=三三　鬼[幅]:　天=八〇丁四未、地=五未丁六七　未　一四　至　一九　得六答。令　物=三四　柳[幅]:　天=八二丁四未、地=五未丁六九　未　一四　至　一八　得五答。令　物=三五　星[幅]:　天=八四丁四未、地=五未丁七一　未　一五　至　一七　得三答。令　物=三六　張[幅]:　天=八六丁四未、地=五未丁七三　未　一五　(至)　一六　得二答。

同數表

幅甲

未	天	地	人	物
一	一二	二	五一	一
二	八	七	五〇	一
三	四	一二	四九	一

幅乙

未	天	地	人	物
二	一〇	五	四九	二
三	六	一〇	四八	二
四	二	一五	四七	二

幅丙

未	天	地	人	物
二	一二	三	四八	三
三	八	八	四七	三
四	四	一三	四六	三

幅丁

未	天	地	人	物
二	一四	一	四七	四
三	一〇	六	四六	四
四	六	一一	四五	四
五	二	一六	四四	四

幅戊

未	天	地	人	物
三	一二	四	四五	五
四	八	九	四四	五
五	四	一四	四三	五

幅己

未	天	地	人	物
三	一四	二	四四	六
四	一〇	七	四三	六
五	六	一二	四二	六
六	二	一七	四一	六

幅庚

未	天	地	人	物
四	一二	五	四二	七
五	八	一〇	四一	七
六	四	一五	四〇	七

幅辛

未	天	地	人	物
四	一四	三	四一	八
五	一〇	八	四〇	八
六	六	一三	三九	八
七	二	一八	三八	八

幅壬

未	天	地	人	物
四	一六	一	四〇	九
五	一二	六	三九	九
六	八	一一	三八	九
七	四	一六	三七	九

幅癸

未	天	地	人	物
五	一四	四	三八	一〇
六	一〇	九	三七	一〇
七	六	一四	三六	一〇
八	二	一九	三五	一〇

幅角

未	天	地	人	物
五	一六	二	三七	一一
六	一二	七	三六	一一
七	八	一二	三五	一一
八	四	一七	三四	一一

幅虛

未	天	地	人	物
九	二〇	二	二三	二一
一〇	一六	七	二二	二一
一一	一二	一二	二一	二一
一二	八	一七	二〇	二一
一三	四	二二	一九	二一

幅危

未	天	地	人	物
一〇	一八	五	二一	二二
一一	一四	一〇	二〇	二二
一二	一〇	一五	一九	二二
一三	六	二〇	一八	二二
一四	二	二五	一七	二二

幅室

未	天	地	人	物
一〇	二〇	三	二〇	二三
一一	一六	八	一九	二三
一二	一二	一三	一八	二三
一三	八	一八	一七	二三
一四	四	二三	一六	二三

幅斗

未	天	地	人	物
八	一八	三	二七	一八
九	一四	八	二六	一八
一〇	一〇	一三	二五	一八
一一	六	一八	二四	一八
一二	二	二三	二三	一八

幅牛

未	天	地	人	物
八	二〇	一	二六	一九
九	一六	六	二五	一九
一〇	一二	一一	二四	一九
一一	八	一六	二三	一九
一二	四	二一	二二	一九

幅女

未	天	地	人	物
九	一八	四	二四	二〇
一〇	一四	九	二三	二〇
一一	一〇	一四	二二	二〇
一二	六	一九	二一	二〇
一三	二	二四	二〇	二〇

幅心

未	天	地	人	物
七	一六	四	三一	一五
八	一二	九	三〇	一五
九	八	一四	二九	一五
一〇	四	一九	二八	一五

幅尾

未	天	地	人	物
七	一八	二	三〇	一六
八	一四	七	二九	一六
九	一〇	一二	二八	一六
一〇	六	一七	二七	一六
一一	二	二二	二六	一六

幅箕

未	天	地	人	物
八	一六	五	二八	一七
九	一二	一〇	二七	一七
一〇	八	一五	二六	一七
一一	四	二〇	二五	一七

幅亢

未	天	地	人	物
六	一四	五	三五	一二
七	一〇	一〇	三四	一二
八	六	一五	三三	一二
九	二	二〇	三二	一二

幅氐

未	天	地	人	物
六	一六	三	三四	一三
七	一二	八	三三	一三
八	八	一三	三二	一三
九	四	一八	三一	一三

幅房

未	天	地	人	物
六	一八	一	三三	一四
七	一四	六	三二	一四
八	一〇	一一	三一	一四
九	六	一六	三〇	一四
一〇	二	二一	二九	一四

幅鬼

未	天	地	人	物
一四	二四	三	六	三三
一五	二〇	八	五	三三
一六	一六	一三	四	三三
一七	一二	一八	三	三三
一八	八	二三	二	三三
一九	四	二八	一	三三

幅柳

未	天	地	人	物
一四	二六	一	五	三四
一五	二二	六	四	三四
一六	一八	一一	三	三四
一七	一四	一六	二	三四
一八	一〇	二一	一	三四

幅星

未	天	地	人	物
一五	二四	四	三	三五
一六	二〇	九	二	三五
一七	一六	一四	一	三五

幅張

未	天	地	人	物
一五	二六	二	二	三六
一六	二二	七	一	三六

幅觜

未	天	地	人	物
一三	二二	四	一〇	三〇
一四	一八	九	九	三〇
一五	一四	一四	八	三〇
一六	一〇	一九	七	三〇
一七	六	二四	六	三〇
一八	二	二九	五	三〇

幅参

未	天	地	人	物
一三	二四	二	九	三一
一四	二〇	七	八	三一
一五	一六	一二	七	三一
一六	一二	一七	六	三一
一七	八	二二	五	三一
一八	四	二七	四	三一

幅井

未	天	地	人	物
一四	二二	五	七	三二
一五	一八	一〇	六	三二
一六	一四	一五	五	三二
一七	一〇	二〇	四	三二
一八	六	二五	三	三二
一九	二	三〇	二	三二

幅胃

未	天	地	人	物
一二	二〇	五	一四	二七
一三	一六	一〇	一三	二七
一四	一二	一五	一二	二七
一五	八	二〇	一一	二七
一六	四	二五	一〇	二七

幅昴

未	天	地	人	物
一二	二二	三	一三	二八
一三	一八	八	一二	二八
一四	一四	一三	一一	二八
一五	一〇	一八	一〇	二八
一六	六	二三	九	二八
一七	二	二八	八	二八

幅畢

未	天	地	人	物
一二	二四	一	一二	二九
一三	二〇	六	一一	二九
一四	一六	一一	一〇	二九
一五	一二	一六	九	二九
一六	八	二一	八	二九
一七	四	二六	七	二九

幅壁

未	天	地	人	物
一〇	二二	一	一九	二四
一一	一八	六	一八	二四
一二	一四	一一	一七	二四
一三	一〇	一六	一六	二四
一四	六	二一	一五	二四
一五	二	二六	一四	二四

幅奎

未	天	地	人	物
一一	二〇	四	一七	二五
一二	一六	九	一六	二五
一三	一二	一四	一五	二五
一四	八	一九	一四	二五
一五	四	二四	一三	二五

幅婁

未	天	地	人	物
一一	二二	二	一六	二六
一二	一八	七	一五	二六
一三	一四	一二	一四	二六
一四	一〇	一七	一三	二六
一五	六	二二	一二	二六
一六	二	二七	一一	二六

計三十六幅一百六十三答。

今有牲口販子買來牲畜七十五箇，共使洋銀九百圓。只知每馬一匹價銀三十圓，每牛一頭價銀十二圓，每猪一口價銀五圓，每羊一隻價銀四圓。問四色各買若干。

答數：七十三。

草曰：以天、地、人、物代馬、牛、猪、羊之四數，如題得方程式二：三〇天丄一二地丄五人丄四物＝九〇〇㊤ 天丄地丄人丄物＝七五㊦ 任消去物，則以四乘下式，以減上式，即 二六天丄八地丄人＝六〇〇 又任以人項爲主，而以丁代之，併入真數項，即 二六天丄八地＝六〇〇丅丁 任先求地之同數，即

地＝(六〇〇丅丁丅二六天)/八 即 地＝七五丅三天丅(二天丄丁)/八 令 (二天丄丁)/八＝午 即 地＝七五丅三天丅午 叵 二天＝八午丅丁 即

天＝四午丅丁/二 即 地＝七五丅一三午丄三丁/二 仍以人代還丁，即得

天＝四午丅人/二、地＝七五丅一三午丄三人/二㊁乾 有此乾式生下二十四式。按題理，四色必皆爲整正數，今乾式中之人，其倍數皆爲奇，而帶二之分母，知人必爲偶數，否則不能成整數。故人之最小同數必爲二，乃由二遞進以求各同數。

人＝二 則甲[幅]：天＝四午丅一、地＝丅一三午丄七八 觀天、地二同數，午不能小於一，亦不能大於五，故甲式只能有五答：午＝一 天＝三、地＝六五 午＝二 天＝七、地＝五二 午＝三 天＝一一、地＝三九 午＝四 天＝一五、地＝二六 午＝五 天＝一九、地＝一三 令 人＝四 則乙[幅]：天＝四午丅二、地＝丅一三午丄八一 觀天地二同數，午不能小於一，亦不能大於六，故乙式只能得六答：午＝一 天＝二、地＝六八 午＝二 天＝六、地＝五五 午＝三 天＝一〇、地＝四二 午＝四 天＝一四、地＝二九 午＝五 天＝一八、地＝一六 午＝六 天＝二二、地＝三 令 人＝六 則丙[幅]：天＝四午丅三、地＝丅一三午丄八四 觀天地二同數，午不能小於二，亦不能大於六，故丙式只能得五答：午＝二 天＝五、地＝五八 午＝三 天＝九、地＝四五 午＝四 天＝一三、地＝三二 午＝五 天＝一七、地＝一九 午＝六 天＝二一、地＝六 令 人＝八 則丁[幅]：天＝四午丅四、地＝丅一三午丄八七 觀天地二同數，午不能小於二，亦不能大於六，故丁式只能得五答：午＝二 天＝四、地＝六一 午＝三 天＝八、地＝四八 午＝四 天＝一二、地＝三五 午＝五 天＝一六、地＝二二 午＝六 天＝二〇、地＝九 以下均循此推，即得 人＝一〇 戊[幅]：天＝四午丅五、地＝丅一三午丄九〇 午三至六得四答。 人＝一二 己[幅]：天＝四午丅六、地＝丅一三午丄九三 午三至七得五答。 人＝一四 庚[幅]：天＝四午丅七、地＝丅一三午丄九六 午四至七得四答。 人＝一六 辛[幅]：天＝四午丅八、地＝丅一三午丄九九 午四至七得四答。 人＝一八 壬[幅]：天＝四午丅九、地＝丅一三午丄一〇二 午五至七得三答。 人＝二〇 癸[幅]：天＝四午丅一〇、地＝丅一三午丄一〇五 午五至八得四答。 人＝二二 角[幅]：天＝四午丅一一、地＝丅一三午丄一〇八 午五至八得四答。 人＝二四 亢[幅]：天＝四午丅一二、地＝丅一三午丄一一一 午六至八得三答。 人＝二六 氐[幅]：天＝四午丅一三、地＝丅一三午丄一一四 午六至八得三答。 人＝二八 房[幅]：天＝四午丅一四、地＝丅一三午丄一一七 午七至八得二答。 人＝三〇 心[幅]：天＝四午丅一五、地＝丅一三午丄一二〇 午七至九得三答。 人＝三二 尾[幅]：天＝四午丅一六、地＝丅一三午丄一二三 午八至九得二答。 人＝三四 箕[幅]：天＝四午丅一七、地＝丅一三午丄一二六 午八至九得二答。 人＝三六 斗[幅]：天＝四午丅一八、地＝丅一三午丄一二九 午九得一答。 人＝三八 牛[幅]：天＝四午丅一九、地＝丅一三午丄一三二 午九 一〇 得二答。 人＝四〇 女[幅]：天＝四午丅二〇、地＝丅一三午丄一三五 午九 一〇 得二答。 人＝四二 虛[幅]：天＝四午丅二一、地＝丅一三午丄一三八 午一〇 得一答。 人＝四四 危[幅]：天＝四午丅二二、地＝丅一三午丄一四一 午一〇 得一答。 人＝四六 室[幅]：天＝四午丅二三、地＝丅一三午丄一四四 午一一 得一答。 人＝四八 壁[幅]：天＝四午丅二四、地＝丅一三午丄一四七 午一一 得一答。

右二十四式計得七十三答。至物之同數，則既得三色之同數，以和數減七五，即得所有同數。列表如後。

幅甲

午	天	地	人	物
一	三	六五	二	五
二	七	五二	二	一四
三	一一	三九	二	二三
四	一五	二六	二	三二
五	一九	一三	二	四一

幅乙

午	天	地	人	物
一	二	六八	四	一
二	六	五五	四	一〇
三	一〇	四二	四	一九
四	一四	二九	四	二八
五	一八	一六	四	三七
六	二二	三	四	四六

幅丙

午	天	地	人	物
二	五	五八	六	六
三	九	四五	六	一五
四	一三	三二	六	二四
五	一七	一九	六	三三
六	二一	六	六	四二

幅丁

午	天	地	人	物
二	四	六一	八	二
三	八	四八	八	一一
四	一二	三五	八	二〇
五	一六	二二	八	二九
六	二〇	九	八	三八

幅戊

午	天	地	人	物
三	七	五一	一〇	七
四	一一	三八	一〇	一六
五	一五	二五	一〇	二五
六	一九	一二	一〇	三四

幅己

午	天	地	人	物
三	六	五四	一二	三
四	一〇	四一	一二	一二
五	一四	二八	一二	二一
六	一八	一五	一二	三〇
七	二二	二	一二	三九

幅庚

午	天	地	人	物
四	九	四四	一四	八
五	一三	三一	一四	一七
六	一七	一八	一四	二六
七	二一	五	一四	三五

幅辛

午	天	地	人	物
四	八	四七	一六	四
五	一二	三四	一六	一三
六	一六	二一	一六	二二
七	二〇	八	一六	三一

幅壬

午	天	地	人	物
五	一一	三七	一八	九
六	一五	二四	一八	一八
七	一九	一一	一八	二七

幅癸

午	天	地	人	物
五	一〇	四〇	二〇	五
六	一四	二七	二〇	一四
七	一八	一四	二〇	二三
八	二二	一	二〇	三二

幅角

午	天	地	人	物
五	九	四三	二二	一
六	一三	三〇	二二	一〇
七	一七	一七	二二	一九
八	二一	四	二二	二八

幅亢

午	天	地	人	物
六	一二	三三	二四	六
七	一六	二〇	二四	一五
八	二〇	七	二四	二四

幅氐

午	天	地	人	物
六	一一	三六	二六	二
七	一五	二三	二六	一一
八	一九	一〇	二六	二〇

幅房

午	天	地	人	物
七	一四	二六	二八	七
八	一八	一三	二八	一六

幅心

午	天	地	人	物
七	一三	二九	三〇	三
八	一七	一六	三〇	一二
九	二一	三	三〇	二一

幅尾

午	天	地	人	物
八	一六	一九	三二	四
九	二〇	六	三二	一三

幅箕

午	天	地	人	物
八	一五	二二	三四	四
九	一九	九	三四	一三

幅斗

午	天	地	人	物
九	一八	一二	三六	九

幅牛

午	天	地	人	物
九	一七	一五	三八	五
一〇	二一	二	三八	一四

幅女

午	天	地	人	物
九	一六	一八	四〇	一
一〇	二〇	五	四〇	一〇

幅虛

午	天	地	人	物
一〇	一九	八	四二	六

幅危

午	天	地	人	物
一〇	一八	一一	四四	二

幅室

午	天	地	人	物
一一	二一	一	四六	七

幅壁

午	天	地	人	物
一一	二〇	四	四八	三

又 卷五 演無定式三

一題　求兩箇平方之和等於一平方。

如題得　甲^{二}⊥乙^{二}＝丙^{二}　移項，即　甲^{二}＝丙^{二}丅乙^{二}　令　丙＝乙⊥天、甲＝天⊥卯　即　丙^{二}＝乙^{二}⊥天^{二}⊥二乙天、甲^{二}＝天^{二}⊥卯^{二}⊥二卯天　即　天^{二}⊥卯^{二}⊥二卯天＝天^{二}⊥二乙天　即　卯^{二}⊥二卯天＝二乙天　即　乙＝$\dfrac{\text{二天}}{\text{卯}^{二}⊥\text{二卯天}}$　惟　丙＝乙⊥天　即　甲＝$\dfrac{\text{二天}}{\text{卯}^{二}⊥\text{二天}^{二}⊥\text{二卯天}}$　惟　甲＝天⊥卯　即　丙＝$\dfrac{\text{二天}}{\text{二天}^{二}⊥\text{二卯天}}$　各去其公分母而簡其式，即　甲＝(天⊥卯)^{二}⊥天^{二}丅卯^{二}＝㊀、乙＝(天⊥卯)^{二}丅天^{二}＝㊁、丙＝(天⊥卯)^{二}⊥天^{二}＝㊂　此爲求三箇同數之公式，式中天與卯任以何數代入，必合於理。以下各題同。令天＝一、卯＝一　即　甲＝四、乙＝三、丙＝五　即　四^{二}⊥三^{二}＝五^{二}　令天＝二、卯＝一　即　甲＝一二、乙＝五、丙＝一三　即　一二^{二}⊥五^{二}＝一三^{二}　餘準此推。

二題　求兩箇平方之較等於一平方。

如題得 $甲^{二}丅乙^{二}=丙^{二}$ 準題式，理與一題不異。令 甲=乙上天、丙=天上卯 即 $甲^{二}丅乙^{二}=天^{二}上二乙天$、$丙^{二}=天^{二}上卯^{二}上二卯天$ 即 $二乙天=卯^{二}上二卯天$ 即 $乙=\frac{二天}{卯^{二}上二卯天}$、$甲=\frac{二天}{卯^{二}上二天^{二}上二卯天}$、

$丙=\frac{二天}{二天^{二}上二卯天}$ 依前理，即公式爲 $甲=(天上卯)^{二}上天^{二}$㊀、$乙=(天上卯)^{二}丅天^{二}$㊁、$丙=(天上卯)^{二}上天^{二}丅卯^{二}$㊂ 令 天=二、卯=三 即 甲=二九、乙=二一、丙=二〇 即 $二九^{二}丅二一^{二}=二〇^{二}$ 令 天=二、卯=五 即 甲=五三、乙=四五、丙=二八 即 $五三^{二}丅四五^{二}=二八^{二}$ 餘準此推。

三題 求兩箇平方之和倍於一平方。

如題 $甲^{二}上乙^{二}=二丙^{二}$ 移項，即 $甲^{二}丅丙^{二}=丙^{二}丅乙^{二}$ 令 甲=丙上天、丙=乙上地 即 $甲^{二}丅丙^{二}=天^{二}上二丙天$、$丙^{二}丅乙^{二}=地^{二}上二乙地$ 即 $天^{二}上二丙天=地^{二}上二乙地$ 更以 乙上地 代式中之丙，即 $天^{二}上二(乙上地)天=地^{二}上二乙地$ 即 $二(地丅天)乙=天^{二}丅地^{二}上二天地$ 即 $乙=\frac{二(地丅天)}{天^{二}丅地^{二}上二天地}$ 即 $丙=\frac{二(地丅天)}{天^{二}上地^{二}}$

$甲=\frac{二(地丅天)}{地^{二}丅天^{二}上二天地}$ 各去其公分母而簡其式，即 $甲=(天上地)^{二}丅二天^{二}$㊀、$乙=(天上地)^{二}丅二地^{二}$㊁、$丙=(天上地)^{二}丅二天地$㊂ 令 地=二、天=一 即 甲=七、乙=一、丙=五 即 $七^{二}上一^{二}=二×五^{二}$ 令 地=三、天=二 即 甲=一七、乙=七、丙=一三 即 $一七^{二}上七^{二}=二×一三^{二}$ 餘準此推。

四題 求兩箇平方之較倍於一平方。

如題 $甲^{二}丅乙^{二}=二丙^{二}$ 令 甲=乙上天、丙=天上地 即 $天^{二}上二乙天=二地^{二}上二天^{二}上四天地$ 即 $二乙天=二地^{二}上天^{二}上四天地$ 即 $乙=\frac{二天}{二(天上地)^{二}丅天^{二}}$ 惟 丙=天上地 $丙=\frac{二天}{二天(天上地)}$ 惟 甲=乙上天 $∴甲=\frac{二天}{二(天上地)^{二}上天^{二}}$ 各去其公分母，即 $甲=二(天上地)^{二}上天^{二}$㊀、$乙=二(天上地)^{二}丅天^{二}$㊁、$丙=(天上地)^{二}上天^{二}丅地^{二}$㊂ 令 天=一、地=一 即 甲=九、乙=七、丙=四 即 $九^{二}丅七^{二}=二×四^{二}$ 令 天=一、地=二 即 甲=一九、乙=一七、丙=六 即 $一九^{二}丅一七^{二}=二×六^{二}$ 餘準此推。

五題 求二平方之和倍於二平方。

如題 $甲^{二}上乙^{二}=二丙^{二}上二丁^{二}$ 設 甲=天上卯、乙=天丅卯 依前理 $甲^{二}上乙^{二}=二天^{二}上二卯^{二}$ 即 $二天^{二}上二卯^{二}=二丙^{二}上二丁^{二}$ 即 丙=天、丁=卯 或作 丙=卯、丁=天 理亦無異，即 甲=卯上天㊀、乙=天丅卯㊁、丙=天㊂、丁=卯㊃ 令 天=三、卯=一 即 甲=四、乙=二、丙=三、丁=一 即 $四^{二}上二^{二}=二×三^{二}上二×一^{二}$ 令 天=五、卯=二 即 甲=七、乙=三、丙=五、丁=二 即 $七^{二}上三^{二}=二×五^{二}上二×二^{二}$ 餘準此推。

六題 求二平方之較倍於二平方。

如題 $甲^{二}丅乙^{二}=二丙^{二}上二丁^{二}$ 令 甲=乙上天、丙=天上卯、丁=天丅卯 即 $甲^{二}丅乙^{二}=天^{二}上二乙天$、$二丙^{二}上二丁^{二}=四天^{二}上四卯^{二}$ 即 $天^{二}上二乙天=四天^{二}上四卯^{二}$ 即 $乙=\frac{二天}{三天^{二}上四卯^{二}}$ 惟 甲=乙上天 所以 $甲=\frac{二天}{五天^{二}上四卯^{二}}$ 又 $丙=\frac{二天}{二天^{二}上二天卯}$、$丁=\frac{二天}{二天^{二}丅二天卯}$ 各去其公分母 $甲=五天^{二}上四卯^{二}$㊀、$乙=三天^{二}上四卯^{二}$㊁、$丙=二天^{二}上二天卯$㊂、$丁=二天^{二}丅二天卯$㊃ 令 天=一、卯=二 即 甲=二一、乙=一九、丙=二、丁=六 即 $二一^{二}丅一九^{二}=二×二^{二}上二×六^{二}$ 令 天=一、卯=三 即 甲=四一、乙=三九、丙=四、丁=八 即 $四一^{二}丅三九^{二}=二×四^{二}上二×八^{二}$ 餘準此推。

七題 求二平方之和倍於二平方之較。

如題 $甲^{二}上乙^{二}=二丙^{二}丅二丁^{二}$ 令 甲=天上卯、乙=天丅卯、丙=丁上天 即 $甲^{二}上乙^{二}=二天^{二}上二卯^{二}$、$二丙^{二}丅二丁^{二}=二天^{二}上四丁天$ 即 $二卯^{二}=四丁天$ 即 $丁=\frac{二天}{卯^{二}}$、$丙=\frac{二天}{卯^{二}上二天^{二}}$ 二式各以分母乘，而復乘甲、乙二同數，即 甲=二天(天上卯)㊀、乙=二天(天丅卯)㊁、

丙＝卯^{二}丄二天^{二}㊂、丁＝卯^{二}㊃　令　天＝二、卯＝一　即　甲＝一二、乙＝四、丙＝九、丁＝一　即　一二^{二}丄四^{二}＝二×九^{二}丅二×一^{二}　令　天＝二、卯＝三　即　甲＝二〇、乙＝四、丙＝一七、丁＝九　即　二〇^{二}丄四^{二}＝二×一七^{二}丅二×九^{二}　餘準此推。

八題　求二平方之較倍於二平方之較。

如題　甲^{二}丅乙^{二}＝二丙^{二}丅二丁^{二}　令　甲＝天丄卯、乙＝天丅卯、丙＝丁丄天　即　甲^{二}丅乙^{二}＝四卯天、二丙^{二}丅二丁^{二}＝二天^{二}丄四丁天　即　四丁天＝四卯天丅二天^{二}　即　丁＝$\frac{二}{二卯丅天}$　准　丙＝丁丄天　故　丙＝$\frac{二}{二卯丄天}$　如前各以分母乘　甲＝二(天丄卯)㊀、乙＝二(天丅卯)㊁、丙＝二卯丄天㊂、丁＝二卯丅天㊃　令　天＝三、卯＝一　即　甲＝八、乙＝四、丙＝五、丁＝一　即　八^{二}丅四^{二}＝二×五^{二}丅二×一^{二}　令　天＝三、卯＝二　即　甲＝一〇、乙＝二、丙＝七、丁＝一　即　一〇^{二}丅二^{二}＝二×七^{二}丅二×一^{二}　餘準此推。

九題　求此兩平方之和等於彼兩平方之和。

如題　甲^{二}丄乙^{二}＝丙^{二}丄丁^{二}　移項，得　甲^{二}丅丁^{二}＝丙^{二}丅乙^{二}　令　甲＝丁丄天、丙＝天丄卯、乙＝天丅卯　即　甲^{二}丅丁^{二}＝天^{二}丄二丁天、丙^{二}丅乙^{二}＝四卯天　即　二丁天＝四卯天丅天^{二}　即　丁＝$\frac{二}{四卯丅天}$　准　甲＝丁丄天　所以　甲＝$\frac{二}{四卯丄天}$　如前各以分母乘，得　甲＝四卯丄天㊀、乙＝二(卯丅天)㊁、丙＝二(卯丄天)㊂、丁＝四卯丅天㊃　令　天＝一、卯＝二　即　甲＝九、乙＝二、丙＝六、丁＝七　即　九^{二}丄二^{二}＝六^{二}丄七^{二}　令　天＝一、卯＝三　即　甲＝一三、乙＝四、丙＝八、丁＝一　即　一三^{二}丄四^{二}＝八^{二}丄一^{二}　餘準此推。

十題　求此兩平方之和等於彼兩平方之較。

如題　甲^{二}丄乙^{二}＝丙^{二}丅丁^{二}　令　甲＝天丄卯、乙＝天丅卯、丙＝丁丄天　即　甲^{二}丄乙^{二}＝二天^{二}丄二卯^{二}、丙^{二}丅丁^{二}＝天^{二}丄二丁天　即　二卯^{二}丄天^{二}＝二丁天　即　丁＝$\frac{二天}{二卯^{二}丄天^{二}}$　即　丙＝$\frac{二天}{二卯^{二}丄三天^{二}}$

又　甲＝$\frac{二天}{二天(天丄卯)}$、乙＝$\frac{二天}{二天(天丅卯)}$　各去其公分母，即得　甲＝二(天丄卯)天㊀、乙＝二(天丅卯)天㊁、丙＝三天^{二}丄二卯^{二}㊂、丁＝天^{二}丄二卯^{二}㊃　令　天＝一、卯＝二　即　甲＝六、乙＝二、丙＝一一、丁＝九　即　六^{二}丄二^{二}＝一一^{二}丅九^{二}　令　天＝三、卯＝二　即　甲＝三〇、乙＝六、丙＝三五、丁＝一七　即　三〇^{二}丄六^{二}＝三五^{二}丅一七^{二}　餘準此推。

十一題　求此兩平方之較等於彼兩平方之較。

如題　甲^{二}丅乙^{二}＝丙^{二}丅丁^{二}　准題式，理與九題同，今以另法化之。甲^{二}丅乙^{二}＝(甲丄乙)(甲丅乙)、丙^{二}丅丁^{二}＝(丙丄丁)(丙丅丁)　即　(甲丄乙)(甲丅乙)＝(丙丄丁)(丙丅丁)　列爲四率式　(甲丅乙)：(丙丅丁)∷(丙丄丁)：(甲丄乙)　既爲相當率數，即可令　甲丅乙＝天、丙丅丁＝地、丙丄丁＝卯天、甲丄乙＝卯地　即　天：地∷卯天：卯地　即用其一、四率相加減爲甲與乙，二、三率相加減爲丙與丁，即得　甲＝卯地丄天㊀、乙＝卯地丅天㊁、丙＝卯天丄地㊂、丁＝卯天丅地㊃　令　天＝一、地＝二、卯＝三　即　甲＝七、乙＝五、丙＝五、丁＝一　即　七^{二}丅五^{二}＝五^{二}丅一^{二}　令　天＝一、地＝二、卯＝四　即　甲＝九、乙＝七、丙＝六、丁＝二　即　九^{二}丅七^{二}＝六^{二}丅二^{二}　餘準此推。

十二題　求三平方之和等於一平方。

如題　甲^{二}丄乙^{二}丄丙^{二}＝丁^{二}　即　甲^{二}丄乙^{二}＝丁^{二}丅丙^{二}　准題式，理與十題同，仍以前法化之。令　丁^{二}丅丙^{二}＝(丁丄丙)(丁丅丙)　乃令　丁丅丙＝天　即　丁丄丙＝天丄二丙　即　丁^{二}丅丙^{二}＝天^{二}丄二丙天　又令　甲＝天丄卯、乙＝天丅卯　即　甲^{二}丄乙^{二}＝二天^{二}丄二卯^{二}　即　天^{二}丄二丙天＝二天^{二}丄二卯^{二}　即　丙＝$\frac{二天}{天^{二}丄二卯^{二}}$　又　丁＝$\frac{二天}{三天^{二}丄二卯^{二}}$　仍如前各以分母乘，即得　甲＝二(天丄卯)天㊀、乙＝二(天丅卯)天㊁、丙＝天^{二}丄二卯^{二}㊂、丁＝三天^{二}丄二卯^{二}㊃　令　天＝三、卯＝一　即　甲＝二四、乙＝一二、丙＝一一、丁＝二九　即　二四^{二}丄一二^{二}丄一一^{二}＝二九^{二}　令　天＝二、卯＝三　即　甲＝二〇、乙＝四、丙＝二二、丁＝三〇　二約之，即一〇^{二}丄二^{二}丄一一^{二}＝一五^{二}　餘準此推。

十三題　求三平方之和倍於一平方。

如題　甲^{二}丄乙^{二}丄丙^{二}＝二丁^{二}　移項　甲^{二}丄乙^{二}丅丁^{二}＝丁^{二}丅丙^{二}　令　甲＝丁丄天、丁＝丙丄地、乙＝天丄卯　即　甲^{二}丄乙^{二}丅丁^{二}＝天^{二}丄二丁天丄(天丄卯)^{二}、丁^{二}丅丙^{二}＝地^{二}丄二丙地　即　天^{二}丄二丁天丄(天丄卯)^{二}＝地^{二}丄二丙地　惟　丙＝丁丅地　即　二丙地＝二丁地丅二地^{二}　即　二丁(地丅天)＝天^{二}丄地^{二}丄(天丄卯)^{二}　即

丁＝$\frac{二(地丅天)}{天^{二}丄地^{二}丄(天丄卯)^{二}}$　丙＝$\frac{二(地丅天)}{(天丄地)^{二}丅二地^{二}丄(天丄卯)^{二}}$　即

甲＝$\frac{二(地丅天)}{(天丄地)^{二}丅二天^{二}丄(天丄卯)^{二}}$、乙＝$\frac{二(地丅天)}{二(地丅天)(天丄卯)}$　各去其公分母，即　甲＝(天丄卯)^{二}丄(天丄地)^{二}丅二天^{二}㊀、乙＝二(天丄卯)(地丅天)㊁、丙＝(天丄卯)^{二}丄(天丄地)^{二}丅二地㊂、丁＝(天丄卯)^{二}丄(天丄地)^{二}丅二天地㊃　令　卯＝一、天＝二、地＝三　即　甲＝二六、乙＝六、丙＝一六、丁＝二二　二約之　一三^{二}丄三^{二}丄八^{二}＝二×一一^{二}　令　卯＝一、天＝一、地＝三　即　甲＝一八、乙＝八、丙＝二、丁＝一四　二約之　九^{二}丄四^{二}丄一^{二}＝二×七^{二}　餘準此推。

十四題　求三箇平方之和等於二平方之和。

如題　甲^{二}丄乙^{二}丄丙^{二}＝丁^{二}丄戊^{二}　即　甲^{二}丄乙^{二}丅丁^{二}＝戊^{二}丅丙^{二}　令　甲＝戊丄天、乙＝天丄寅、丁＝丙丄地、戊＝丙丄卯　依前理　甲^{二}丄乙^{二}丅丁^{二}＝天^{二}丄二戊天丄(天丄寅)^{二}、丁^{二}丅丙^{二}＝地^{二}丄二丙地　又以二丙天丄二卯天　代　二戊天　即　天^{二}丄二丙天丄二卯天丄(天丄寅)^{二}＝地^{二}丄二丙地　即　二(地丅天)丙＝天^{二}丅地^{二}丄二卯天丄(天丄寅)^{二}　即

丙＝$\frac{二(地丅天)}{天^{二}丅地^{二}丄二卯天丄(天丄寅)^{二}}$　戊＝$\frac{二(地丅天)}{天^{二}丅地^{二}丄二卯地丄(天丄寅)^{二}}$

甲＝$\frac{二(地丅天)}{丅(天^{二}丄地^{二})丄二地(卯丄天)丄(天丄寅)^{二}}$

丁＝$\frac{二(地丅天)}{天^{二}丄地^{二}丄二天(卯丅地)丄(天丄寅)^{二}}$　四式各以分母乘，而復乘乙同數，即　甲＝二地(卯丄天)丅(天^{二}丄地^{二})丄(天丄寅)^{二}㊀、乙＝二(地丅天)(天丄寅)㊁、丙＝二卯天丄天^{二}丅地^{二}丄(天丄寅)^{二}㊂、丁＝二天(卯丅地)丄天^{二}丄地^{二}丄(天丄寅)^{二}㊃、戊＝二卯地丄天^{二}丅地^{二}丄(天丄寅)^{二}㊄　令　寅＝一、卯＝二、天＝三、地＝四　即　甲＝三一、乙＝八、丙＝二一、丁＝二九、戊＝二五　三一^{二}丄八^{二}丄二一^{二}＝二九^{二}丄二五^{二}　令　寅＝一、卯＝二、天＝四、地＝五　即　甲＝四四、乙＝一〇、丙＝三二、丁＝四二、戊＝三六　二約之　二二^{二}丄五^{二}丄一六^{二}＝二一^{二}丄一八^{二}　餘準此推。

十五題　求三箇平方之和等於二平方之較。

如題　甲^{二}丄乙^{二}丄丙^{二}＝丁^{二}丅戊^{二}　令　甲＝天丄卯、乙＝天丅卯、丙＝天丅寅、丁＝戊丄地　依前理得　甲^{二}丄乙^{二}丄丙^{二}＝二天^{二}丄二卯^{二}丄(天丅寅)^{二}、丁^{二}丅戊^{二}＝地^{二}丄二戊地　即　二戊地＝二(天^{二}丄卯^{二})丄(天丅寅)^{二}丅地^{二}　即　戊＝$\frac{二地}{二(天^{二}丄卯^{二})丄(天丅寅)^{二}丅地^{二}}$　即

丁＝$\frac{二地}{二(天^{二}丄卯^{二})丄(天丅寅)^{二}丄地^{二}}$　二式各以分母乘，而復乘其甲、乙、丙三同數，即　甲＝二(天丄卯)地㊀、乙＝二(天丅卯)地㊁、丙＝二(天丅寅)地㊂、丁＝二(天^{二}丄卯^{二})丄(天丅寅)^{二}丄地^{二}㊃、戊＝二(天^{二}丄卯^{二})丄(天丅寅)^{二}丅地^{二}㊄　令　寅＝二、卯＝一、天＝三、地＝二　即　甲＝一六、乙＝八、丙＝四、丁＝二五、戊＝一七　即　一六^{二}丄八^{二}丄四^{二}＝二五^{二}丅一七^{二}　令　寅＝一、卯＝二、天＝五、地＝三　即　甲＝四二、乙＝一八、丙＝二四、丁＝八三、戊＝六五　四二^{二}丄一八^{二}丄二四^{二}＝八三^{二}丅六五^{二}　餘準此推。

十六題　求三箇平方之和倍於二平方之和。

如題　甲^{二}丄乙^{二}丄丙^{二}＝二丁^{二}丄二戊^{二}　移項　甲^{二}丄乙^{二}丅丁^{二}丅戊^{二}＝二丁^{二}丄戊^{二}丅丙^{二}　令　甲＝戊丄天、乙＝天丄卯、戊＝丙丄地、丁＝地丅寅　即　甲^{二}丄乙^{二}丅丁^{二}丅戊^{二}＝天^{二}丄二戊天丄(天丄卯)^{二}、二丁^{二}丄戊^{二}丅丙^{二}＝地^{二}丄二丙地丄二(地丅寅)^{二}　即　地^{二}丄二丙地丄二(地丅寅)^{二}＝天^{二}丄二戊天丄(天丄卯)^{二}　惟　戊＝丙丄地　所以　二丙(地丅天)＝天^{二}丅地^{二}丄(天丄卯)^{二}丅二(地丅寅)^{二}丄二天地　復以⿰口卯代　(天丄卯)^{二}丅二(地丅寅)^{二}　即　丙＝$\frac{二(地丅天)}{(天丄地)^{二}丅二地^{二}丄⿰口卯}$　即　戊＝$\frac{二(地丅天)}{地^{二}丄天^{二}丄⿰口卯}$、

甲＝$\frac{二(地丅天)}{(天丄地)^{二}丅二天^{二}丄⿰口卯}$　以分母乘三式及乙丁二同數，並代還原號，即

甲＝(天丄地)^{二}丄(天丄卯)^{二}丅二(地丅寅)^{二}丅二天^{二}㊀、乙＝二(地丅天)(天丄卯)㊁、丙＝(天丄地)^{二}丄(天丄卯)^{二}丅二(地丅寅)^{二}丅二地^{二}㊂、丁＝二(地丅天)(地丅寅)㊃、戊＝天^{二}丄地^{二}丄(天丄卯)^{二}丅二(地丅寅)^{二}㊄　令　寅＝二、卯＝一、天＝二、地＝三　即　甲二四、乙六、丙一四、丁二、戊二〇　即　一二^{二}丄三^{二}丄七^{二}＝二×一^{二}丄二×一〇^{二}　令　寅＝一、卯＝二、天＝二、地＝四　即　甲二六、乙一六、丙二、丁一二、戊一八　即　一三^{二}丄八^{二}丄一^{二}＝二×六^{二}丄二×九^{二}

十七題　求三箇平方之和倍於二平方之較。

如題　甲^{二}丄乙^{二}丄丙^{二}＝二丁^{二}丅二戊^{二}　令　甲＝天丄卯、乙＝天丅卯、丙＝天丄寅、丁＝戊丄地　即　甲^{二}丄乙^{二}丄丙^{二}＝二天^{二}丄二卯^{二}丄(天丄寅)^{二}、二丁丅二戊＝二地^{二}丄四戊地　即　四戊地＝二(天^{二}丅地^{二})丄二卯^{二}丄(天丄寅)^{二}　即　戊＝$\frac{四地}{二(天^{二}丄卯^{二}丅地^{二})丄(天丄寅)^{二}}$　即

丁＝$\frac{四地}{二(天^{二}丄卯^{二}丄地^{二})丄(天丄寅)^{二}}$　以分母乘兩式，而復以乘甲、乙、丙三同數，即得　甲＝四地(天丄卯)㊀、乙＝四地(天丅卯)㊁、丙＝四地(天丄寅)㊂、丁＝二(天^{二}丄卯^{二}丄地^{二})丄(天丄寅)^{二}㊃、戊＝二(天^{二}丄卯^{二}丅地^{二})丄(天丄寅)^{二}㊄　令　卯＝一、寅＝二、天＝四、地＝二　即　甲四〇、乙二四、丙四八、丁七八、戊六二　即　二〇^{二}丄一二^{二}丄二四^{二}＝二×三九^{二}丅二×三一^{二}　令　卯＝一、寅＝二、天＝三、地＝二　即　甲三二、乙一六、丙四〇、丁五三、戊三七　即　三二^{二}丄一六^{二}丄四〇^{二}＝二×五三^{二}丅二×三七^{二}　餘準此推。

十八題　求此三箇平方之和，等於彼三箇平方之和。

如題　甲^{二}丄乙^{二}丄丙^{二}＝丁^{二}丄戊^{二}丄己^{二}　移項　甲^{二}丄乙^{二}丅己^{二}＝丁^{二}丄戊^{二}丅丙^{二}　令　甲＝己丄天、乙＝天丄卯、丁＝丙丄地、戊＝地丄寅　即　甲^{二}丄乙^{二}丅己^{二}＝天^{二}丄二己天丄(天丄卯)^{二}、丁^{二}丄戊^{二}丅丙^{二}＝地^{二}丄二丙地丄(地丄寅)^{二}　又令　己＝丙丄人　即　丙二(地丅天)＝天^{二}丅地^{二}丄二天人丄(天丄卯)^{二}丅(地丄寅)^{二}　復以呷代　(天丄卯)^{二}丅(地丄寅)^{二}　即

丙＝$\frac{二(地丅天)}{天^{二}丅地^{二}丄二天人丄呷}$　即　己＝$\frac{二(地丅天)}{天^{二}丅地^{二}丄二地人丄呷}$、

甲＝$\frac{二(地丅天)}{丅(天^{二}丄地^{二})丄二地(人丄天)丄呷}$、丁＝$\frac{二(地丅天)}{地^{二}丄天^{二}丄二天(人丅地)丄呷}$

四式各以分母乘，復乘乙戊二同數，並代還原號，即　甲＝二地(人丄天)丅(天^{二}丄地^{二})丄(天丄卯)^{二}丅(地丄寅)^{二}㊀、乙＝二(地丅天)(天丄卯)㊁、丙＝二天人丄天^{二}丅地^{二}丄(天丄卯)^{二}丅(地丄寅)^{二}㊂、丁＝二天(人丅地)丄天^{二}丄地^{二}丄(天丄卯)^{二}丅(地丄寅)^{二}㊃、戊＝二(地丅天)(地丄寅)㊄、己＝二地人丄天^{二}丅地^{二}丄(天丄卯)^{二}丅(地丄寅)^{二}㊅　令　寅一、卯二、天三、地五、人四　即　甲二五、乙二〇、丙三、丁一七、戊二四、己一三　即　二五^{二}丄二〇^{二}丄三^{二}＝一七^{二}丄二四^{二}丄一三^{二}　令　寅一、卯二、天四、地三、人二　即　甲三一、乙一二、丙四三、丁三七、戊八、己三九　即　三一^{二}丄一二^{二}丄四三^{二}＝三七^{二}丄八^{二}丄三九^{二}　餘準此推。

十九題　求四箇平方之和等於一平方。

如題　甲^{二}丄乙^{二}丄丙^{二}丄丁^{二}＝戊^{二}　移項　甲^{二}丄乙^{二}丄丙^{二}＝戊^{二}丅丁^{二}　觀題式理與十五題同，故其公式爲　甲＝(天丄卯)二地㊀、乙＝(天丅卯)二地㊁、丙＝(天丄寅)二地㊂、丁＝二(卯^{二}丄天^{二})丄(天丄寅)^{二}丅地^{二}㊃、戊＝二(卯^{二}丅天^{二})丄(天丄寅)^{二}丄地^{二}㊄　令　寅一、卯二、天三、地四　即　甲四〇、乙八、丙三二、丁二六、戊五八　即　二〇^{二}丄四^{二}丄一六^{二}丄一三^{二}＝二九^{二}　令　寅一、卯三、天二、地四　即　甲＝四〇、乙＝八、丙＝二四、丁＝一九、戊＝五一　即　四〇^{二}丄八^{二}丄二四^{二}丄一九^{二}＝二五一^{二}　餘準此推。

二十題　求四箇平方之和倍於一平方。

如題　甲^{二}丄乙^{二}丄丙^{二}丄丁^{二}＝二戊^{二}　移項，得　甲^{二}丄乙^{二}丄丙^{二}丅戊^{二}＝戊^{二}丅丁^{二}　令　甲＝戊丄天、乙＝天丄卯、丙＝天丄寅、戊＝丁丄地　即　甲^{二}丄乙^{二}丄丙^{二}丅戊^{二}＝天^{二}丄二戊天丄(天丄卯)^{二}丄(天丄寅)^{二}、戊^{二}丅丁^{二}＝地^{二}丄二地丁　又　二(丁丄地)天　代其　二戊天　即　二丁(地丅天)＝天^{二}丅地^{二}丄二天地丄(天丄卯)^{二}丄(天丄寅)^{二}　以呷代　(天丄卯)^{二}丄(天丄寅)^{二}　即　丁＝$\frac{二(地丅天)}{天^{二}丅地^{二}丄二天地丄呷}$、戊＝$\frac{二(地丅天)}{天^{二}丄地^{二}丄呷}$、

甲＝$\frac{二(地丅天)}{(天丄地)^{二}丅二天^{二}丄呷}$　以分母乘三式及乙丙二同數，復代還原號，即

甲＝(天丄地)^{二}丅二天^{二}丄(天丄卯)^{二}丄(天丄寅)^{二}㊀、乙＝二(地丅天)(天丄卯)㊁、丙＝二(地丅天)(天丄寅)㊂、丁＝(天丄地)^{二}丅二地^{二}丄(天丄卯)^{二}丄(天丄寅)^{二}㊃、戊＝天^{二}丄地^{二}丄(天丄卯)^{二}丄(天丄寅)^{二}㊄ 令 卯一、寅二、天三、地四 即 甲＝七二、乙＝八、丙＝一〇、丁＝五八、戊＝六六 即 三六^{二}丄四^{二}丄五^{二}丄二九^{二}＝二×三三^{二} 令 卯一、寅二、天二、地三 即 甲＝四二、乙＝六、丙＝八、丁＝三二、戊＝三八 即 二一^{二}丄三^{二}丄四^{二}丄六^{二}＝二×一九^{二} 餘準此推。

二十一題 求四箇平方之和等於二平方之和。

如題 甲^{二}丄乙^{二}丄丙^{二}丄丁^{二}＝戊^{二}丄己^{二} 移項 甲^{二}丄乙^{二}丄丙^{二}丅己^{二}＝戊^{二}丅丁^{二} 令 甲＝己丄天、乙＝天丄卯、丙＝天丄寅、戊＝地丄丁 即 甲^{二}丄乙^{二}丄丙^{二}丅己^{二}＝天^{二}丄二己天丄(天丄卯)^{二}丄(天丄寅)^{二}、戊^{二}丅丁^{二}＝地^{二}丄二丁地 即 天^{二}丄二己天丄(天丄卯)^{二}丄(天丄寅)^{二}＝地^{二}丄二丁地 以卯代 (天丄卯)^{二}丄(天丄寅)^{二} 更令 己＝丁丄人 即 二(地丅天)丁＝天^{二}丅地^{二}丄二天人丄卯 即 丁＝$\frac{二(地丅天)}{天^{二}丅地^{二}丄二天人丄卯}$、

己＝$\frac{二(地丅天)}{天^{二}丅地^{二}丄二天人丄卯}$、甲＝$\frac{二(地丅天)}{二地(天丄人)丅(天^{二}丄地^{二})丄卯}$、

戊＝$\frac{二(地丅天)}{二天(人丅地)丄天^{二}丄地^{二}丄卯}$ 以分母乘四式及乙丙二同數，並代還原號，即 甲＝二地(天丄人)丅(天^{二}丄地^{二})丄(天丄卯)^{二}丄(天丄寅)^{二}㊀、乙＝二(地丅天)(天丄卯)㊁、丙＝二(地丅天)(天丄寅)㊂、丁＝天^{二}丅地^{二}丄二天人丄(天丄卯)^{二}丄(天丄寅)^{二}㊃、戊＝天^{二}丄地^{二}丄二天(人丅地)丄(天丄卯)^{二}丄(天丄寅)^{二}㊄、己＝天^{二}丅地^{二}丄二地人丄(天丄卯)^{二}丄(天丄寅)^{二}㊅ 令 卯一、寅二、天三、地四、人五 即 甲八〇、乙八、丙一〇、丁六四、戊七二、己七四 即 四〇^{二}丄四^{二}丄五^{二}丄三二^{二}＝三六^{二}丄三七^{二} 令 卯一、寅二、天一、地二、人三 即 甲二四、乙四、丙六、丁一六、戊二〇、己二二 即 一二^{二}丄二^{二}丄三^{二}丄八^{二}＝一〇^{二}丄一一^{二} 餘準此推。

二十二題 求四箇平方之和等於二平方之較。

如題 甲^{二}丄乙^{二}丄丙^{二}丄丁^{二}＝戊^{二}丅己^{二} 令 甲＝天丄卯、乙＝天丅卯、丙＝天丄寅、丁＝天丄人、戊＝己丄地 即 甲^{二}丄乙^{二}丄丙^{二}丄丁^{二}＝二(天^{二}丄卯^{二})丄(天丄寅)^{二}丄(天丄人)^{二}、戊^{二}丅己^{二}＝地^{二}丄二己地 以卯代 二(天^{二}丄卯^{二})丄(天丄寅)^{二}丄(天丄人)^{二} 即 地^{二}丄二己地＝卯 即 己＝$\frac{二地}{卯丅地^{二}}$、戊＝$\frac{二地}{卯丄地^{二}}$ 以分母乘二式及甲、乙、丙、丁四同數，並代還原號，即 甲＝二地(天丄卯)㊀、乙＝二地(天丅卯)㊁、丙＝二地(天丄寅)㊂、丁＝二地(天丄人)㊃、戊＝二(天^{二}丄卯^{二})丄(天丄寅)^{二}丄(天丄人)^{二}丄地^{二}㊄、己＝二(天^{二}丄卯^{二})丄(天丄寅)^{二}丄(天丄人)^{二}丅地^{二}㊅ 令 卯一、寅二、天三、地四、人五 即 甲三二、乙一六、丙四〇、丁六四、戊一二五、己九三 即 三二^{二}丄一六^{二}丄四〇^{二}丄六四^{二}＝一二五^{二}丅九三^{二} 卯一、寅二、天三、地二、人四 即 甲一六、乙八、丙二〇、丁二八、戊八、己九〇 即 八^{二}丄四^{二}丄一〇^{二}丄一四^{二}＝四九^{二}丅四五^{二}

二十三題 求四箇平方之和倍於二平方之和。

如題 甲^{二}丄乙^{二}丄丙^{二}丄丁^{二}＝二戊^{二}丄二己^{二} 移項 甲^{二}丄乙^{二}丄丙^{二}丅戊^{二}＝三己^{二}丄戊^{二}丅丁^{二} 令 甲＝戊丄天、乙＝天丄卯、丙＝天丄寅、己＝地丄人、戊＝丁丄地 即 甲^{二}丄乙^{二}丄丙^{二}丅戊^{二}＝天^{二}丄二戊天丄(天丄卯)^{二}丄(天丄寅)^{二}、二己^{二}丄戊^{二}丅丁^{二}＝地^{二}丄二丁地丄二(地丄人)^{二} 推 二戊天＝二(丁丄地)天 即 二(地丅天)丁＝天^{二}丅地^{二}丄二地天丄(卯丄天)^{二}丄(天丄寅)^{二}丅二(地丄人)^{二} 又以卯代 (卯丄天)^{二}丄(天丄寅)^{二}丅二(地丄人)^{二} 即 丁＝$\frac{二(地丅天)}{天^{二}丅地^{二}丄二地天丄卯}$、

戊＝$\frac{二(地丅天)}{天^{二}丄地^{二}丄卯}$、甲＝$\frac{二(地丅天)}{地^{二}丅天^{二}丄二地天丄卯}$ 以分母乘，代還原號均如前，即 甲＝(天丄地)^{二}丅二天^{二}丄(天丄卯)^{二}丄(天丄寅)^{二}丅二(地丄人)^{二}㊀、乙＝二(地丅天)(天丄卯)㊁、丙＝二(地丅天)(天丄寅)㊂、丁＝(天丄地)^{二}丅二地^{二}丄(天丄卯)^{二}丄(天丄寅)^{二}丅二(地丄人)^{二}㊃、戊＝天^{二}丄地^{二}丄(天丄卯)^{二}丄(天丄寅)^{二}丅二(地丄人)^{二}㊄、己＝二(地丅天)(地丄人)㊅ 令 寅一、卯五、天三、地四、人二 即 甲三九、乙一六、丙八、丁二五、戊三三、己一二 即 三九^{二}丄一六^{二}丄八^{二}丄二五^{二}＝二×三三^{二}丄二×一二^{二}、寅一、卯五、天二、地三、人四 即 甲一三、乙一四、丙六、丁三三、戊二七、己一四 即 二三^{二}丄一四^{二}丄六^{二}丄三三^{二}＝二×二七^{二}丄二×

一四^{二}

二十四題　求四箇平方之和倍於二平方之較。

如題　甲^{二}丄乙^{二}丄丙^{二}丄丁^{二}＝二戊^{二}丅二己^{二}　令　甲＝(天丄卯)、乙＝(天丅卯)、丙＝(天丄寅)、丁＝(天丄人)、戊＝(己丄地)　則　甲^{二}丄乙^{二}丄丙^{二}丄丁^{二}＝二(天^{二}丄卯^{二})丄(天丄寅)^{二}丄(天丄人)^{二}、二戊^{二}丅二己^{二}＝二地^{二}丄四己地　則　四己地＝二(天^{二}丄卯^{二}丅地^{二})丄(天丄寅)^{二}丄(天丄人)^{二}　以卯代　(天丄寅)^{二}丄(天丄人)^{二}　則

己＝$\frac{四地}{二(天^{二}丄卯^{二}丅地^{二})丄卯}$、戊＝$\frac{四地}{二(天^{二}丄卯^{二}丄地^{二})丄卯}$　以分母乘，並代還原號如前，則　甲＝四地(天丄卯)㊀、乙＝四地(天丅卯)㊁、丙＝四地(天丄寅)㊂、丁＝四地(天丄人)㊃、戊＝二(天^{二}丄卯^{二}丄地^{二})丄(天丄寅)^{二}丄(天丄人)^{二}㊄、己＝二(天^{二}丄卯^{二}丅地^{二})丄(天丄寅)^{二}丄(天丄人)^{二}㊅　令　寅二、卯一、天二、地三、人四　則　甲三六、乙一二、丙四八、丁七二、戊八〇、己四四　則　九^{二}丄三^{二}丄一二^{二}丄一八^{二}＝二×二〇^{二}丅二×一一^{二}　令　寅一、卯二、天一、地二、人三　則　甲二四、乙八、丙一六、丁三二、戊三八、己二二　則　一二^{二}丄四^{二}丄八^{二}丄一六^{二}＝二×一九^{二}丅二×一一^{二}　餘準此推。

二十五題　求四箇平方之和等於三平方之和。

如題　甲^{二}丄乙^{二}丄丙^{二}丄丁^{二}＝戊^{二}丄己^{二}丄庚^{二}　移項　甲^{二}丄乙^{二}丄丙^{二}丅庚^{二}＝戊^{二}丄己^{二}丅丁^{二}　令　甲＝庚丄天、乙＝天丄卯、丙＝天丄寅、戊＝丁丄地、己＝地丄午　則　甲^{二}丄乙^{二}丄丙^{二}丅庚^{二}＝天^{二}丄二庚天^{二}丄(天丄卯)^{二}丄(天丄寅)^{二}、戊^{二}丄己^{二}丅丁^{二}＝地^{二}丄二丁地丄(地丄午)^{二}　令　庚＝丁丄人　則　二庚天＝二丁天丄二人天　則　二(地丅天)丁＝天^{二}丄二天人丄(天丄卯)^{二}丅地^{二}丅(地丄午)^{二}丄(天丄寅)^{二}　以卯代　(天丄卯)^{二}丄(天丄寅)^{二}丅(地丄午)^{二}　則　丁＝$\frac{二(地丅天)}{天^{二}丅地^{二}丄二天人丄卯}$、

庚＝$\frac{二(地丅天)}{天^{二}丅地^{二}丄二地人丄卯}$、甲＝$\frac{二(地丅天)}{二地(天丄人)丅(天^{二}丄地^{二})丄卯}$、

戊＝$\frac{二(地丅天)}{天^{二}丄地^{二}丄二天(人丅地)丄卯}$　如前變之，則　甲＝二地(天丄人)丅(天^{二}丄地^{二})丄卯㊀、乙＝二(地丅天)(天丄卯)㊁、丙＝二(地丅天)(天丄寅)㊂、丁＝天^{二}丅地^{二}丄二天人丄卯㊃、戊＝天^{二}丄地^{二}丄二天(人丅地)丄卯㊄、己＝二(地丅天)(地丄午)㊅、庚＝天^{二}丅地^{二}丄二地人丄卯㊆　令　卯一、寅二、午三、天一、地三、人五　則　卯＝丅二三　甲三、乙八、丙一二、丁二一、戊九、己二四、庚一　則　三^{二}丄八^{二}丄一二^{二}丄二一^{二}＝九^{二}丄二四^{二}丄一^{二}　令　卯一、寅二、午三、天二、地三、人五　則　卯丅一一　甲一八、乙六、丙八、丁四、戊一〇、己一二、庚一四　則　九^{二}丄三^{二}丄四^{二}丄二^{二}＝五^{二}丄六^{二}丄七^{二}　餘準此推。

二十六題　求此四箇平方之和等於彼四箇平方之和。

如題　甲^{二}丄乙^{二}丄丙^{二}丄丁^{二}＝戊^{二}丄己^{二}丄庚^{二}丄辛^{二}　移項　甲^{二}丄乙^{二}丄丙^{二}丅辛^{二}＝戊^{二}丄己^{二}丄庚^{二}丅丁^{二}　令　甲＝辛丄天、乙＝天丄卯、丙＝天丄寅、戊＝丁丄地、己＝地丄午、庚＝地丄未　則　甲^{二}丄乙^{二}丄丙^{二}丅辛^{二}＝天^{二}丄二天辛丄(天丄卯)^{二}丄(天丄寅)^{二}、戊^{二}丄己^{二}丄庚^{二}丅丁^{二}＝地^{二}丄二丁地丄(地丄午)^{二}丄(地丄未)^{二}　令　辛＝丁丄人　則　二天辛＝二天丁丄二天人　則　二(地丅天)丁＝天^{二}丄二天人丄(天丄卯)^{二}丄(天丄寅)^{二}丅地^{二}丅(地丄午)^{二}丅(地丄未)^{二}　又以卯代　(天丄卯)^{二}丄(天丄寅)^{二}丅(地丄午)^{二}丅(地丄未)^{二}　則　丁＝$\frac{二(地丅天)}{天^{二}丅地^{二}丄二天人丄卯}$、

辛＝$\frac{二(地丅天)}{天^{二}丅地^{二}丄二地人丄卯}$、甲＝$\frac{二(地丅天)}{二地(天丄人)丅(天^{二}丄地^{二})丄卯}$、

戊＝$\frac{二(地丅天)}{天^{二}丄地^{二}丄二天(人丅地)丄卯}$　如前變之，則　甲＝二地(天丄人)丅(天^{二}丄地^{二})丄卯㊀、乙＝二(地丅天)(天丄卯)㊁、丙＝二(地丅天)(天丄寅)㊂、丁＝天^{二}丅地^{二}丄二天人丄卯㊃、戊＝天^{二}丄地^{二}丄二天(人丅地)丄卯㊄、己＝二(地丅天)(地丄午)㊅、庚＝二(地丅天)(地丄未)㊆、辛＝天^{二}丅地^{二}丄二地人丄卯㊇　令　寅一、卯二、午三、未四、天一、地三、人四、卯丅七二　則　甲五二、乙一二、丙八、丁七二、戊六〇、己二八、庚二四、辛五六　則　一三^{二}丄三^{二}丄二^{二}丄一八^{二}＝一五^{二}丄七^{二}丄六^{二}丄一四^{二}　令　寅一、卯二、午三、未四、天二、地三、人四、卯丅六〇　則　甲三七、乙八、丙六、丁四九、戊四三、己一四、庚一二、辛四一　則　三七^{二}丄八^{二}丄六^{二}丄四九^{二}

＝四三^{二}丄一四^{二}丄一二^{二}丄四一^{二}　餘準此推。

二十七題　求五箇平方之和等於四平方之和。

如題　甲^{二}丄乙^{二}丄丙^{二}丄丁^{二}丄戊^{二}＝己^{二}丄庚^{二}丄辛^{二}丄壬^{二}　移項　甲^{二}丄乙^{二}丄丙^{二}丄丁^{二}丅壬^{二}＝己^{二}丄庚^{二}丄辛^{二}丅戊^{二}　令　甲＝天丄壬、乙＝天丄卯、丙＝天丄寅、丁＝天丄巳、己＝戊丄地、庚＝地丄午、辛＝地丄未、壬＝戊丄人　即　甲^{二}丄乙^{二}丄丙^{二}丄丁^{二}丅壬^{二}＝天^{二}丄二天壬丄(天丄卯)^{二}丄(天丄寅)^{二}丄(天丄巳)^{二}、己^{二}丄庚^{二}丄辛^{二}丅戊^{二}＝地^{二}丄二戊地丄(地丄午)^{二}丄(地丄未)^{二}　又以呷代　(天丄卯)^{二}丄(天丄寅)^{二}丄(天丄巳)^{二}丅(地丄午)^{二}丅(地丄未)^{二}　即　天^{二}丄二天戊丄二天人丄呷＝地^{二}丄二戊地　即　二(地丅天)戊＝天^{二}丅地^{二}丄二天人丄呷　即　戊＝$\frac{二(地丅天)}{天^{二}丅地^{二}丄二天人丄呷}$、

己＝$\frac{二(地丅天)}{天^{二}丄地^{二}丄二天(人丅地)丄呷}$、壬＝$\frac{二(地丅天)}{天^{二}丅地^{二}丄二地人丄呷}$、

甲＝$\frac{二(地丅天)}{丅(天^{二}丄地^{二})丄二地(天丄人)丄呷}$　如前變之　甲＝丅(天^{二}丄地^{二})丄二(天丄人)地丄呷㊀、乙＝二(地丅天)(天丄卯)㊁、丙＝二(地丅天)(天丄寅)㊂、丁＝二(地丅天)(天丄巳)㊃、戊＝天^{二}丅地^{二}丄二天人丄呷㊄、己＝天^{二}丄地^{二}丄二天(人丅地)丄呷㊅、庚＝二(地丅天)(地丄午)㊆、辛＝二(地丅天)(地丄未)㊇、壬＝天^{二}丅地^{二}丄二地人丄呷㊈　令　天二、地三、人五、寅一、卯二、巳三、午四、未五　即　呷丅六三、甲三四、乙八、丙六、丁一〇、戊四八、己四二、庚一四、辛一六、壬三八　即　一七^{二}丄四^{二}丄三^{二}丄五^{二}丄二四^{二}＝二一^{二}丄七^{二}丄八^{二}丄一九^{二}　令　天一、地二、人三、寅一、卯二、巳三、午四、未五　即　呷丅五六、甲四五、乙六、丙四、丁八、戊五三、己四九、庚一二、辛一四、壬四七　即　四五^{二}丄六^{二}丄四^{二}丄八^{二}丄五三^{二}＝四九^{二}丄一二^{二}丄四^{二}丄四七^{二}　餘準此推。

二十八題　求此五平方之和等於彼五平方之和。

如題　甲^{二}丄乙^{二}丄丙^{二}丄丁^{二}丄戊^{二}＝己^{二}丄庚^{二}丄辛^{二}丄壬^{二}丄癸^{二}　移項　甲^{二}丄乙^{二}丄丙^{二}丄丁^{二}丅癸^{二}＝己^{二}丄庚^{二}丄辛^{二}丄壬^{二}丅戊^{二}　令　甲＝癸丄天、乙＝天丄卯、丙＝天丄寅、丁＝天丄巳、己＝戊丄地、庚＝地丄午、辛＝地丄未、壬＝地丄申　又令　癸＝戊丄人　依前各理，更以呷代　(天丄卯)^{二}丄(天丄寅)^{二}丄(天丄巳)丅〔(地丄午)^{二}丄(地丄未)^{二}丄(地丄申)^{二}〕　即　甲＝二地(天丄人)丅(天^{二}丄地^{二})丄呷㊀、乙＝二(地丅天)(天丄卯)㊁、丙＝二(地丅天)(天丄寅)㊂、丁＝二(地丅天)(天丄巳)㊃、戊＝天^{二}丅地^{二}丄二天人丄呷㊄、己＝天^{二}丄地^{二}丄二天(人丅地)丄呷㊅、庚＝二(地丅天)(地丄午)㊆、辛＝二(地丅天)(地丄未)㊇、壬＝二(地丅天)(地丄申)㊈、癸＝天^{二}丅地^{二}丄二地人丄呷㊉　令　天二、地三、人五、寅一、卯二、巳三、午四、未五、申六、呷丅五四　即　一一五^{二}丄八^{二}丄六^{二}丄一〇^{二}丄一二九^{二}＝一二三^{二}丄一四^{二}丄一六^{二}丄一八^{二}丄一一九^{二}　令　天二、地三、人五、寅一、卯二、巳五、午二、未三、申五、呷丅五一　即　一一^{二}丄四^{二}丄三^{二}丄七^{二}丄一八^{二}＝一五^{二}丄五^{二}丄六^{二}丄八^{二}丄一三^{二}　審上各式，知增一方必增一元，但用四平方相等公式增二元式，即得五平方相等公式，以下均如此推，無煩複演。

又　卷一九　整句股釋術一

一題　求整句股各三事公式。

一術曰：任取大小二數，無論奇偶。各自乘相減爲句，或股。相加爲弦，二數相乘倍之爲股，或句。求得三事必俱爲整數。若三事俱偶，則半之爲得數。若仍爲俱偶，則再半之，以弦得奇數爲止。以下準此。　大^{二}丅小^{二}＝句、二大小＝股、大^{二}丄小^{二}＝弦(甲)　爲求整句股之公式，任以何數代入式中，必合於理。

釋曰：依句股理　句^{二}丄股^{二}＝弦^{二}　即　弦^{二}丅句^{二}＝股^{二}㊀　或弦^{二}丅股^{二}＝句^{二}㊁　任用一式，即　(弦丅句)(弦丄句)　與　股^{二}　等。令股＝大、弦丅句＝小　即　弦丄句＝$\frac{小}{大^{二}}$　各以小乘，即　句丄弦＝大^{二}、弦丅句＝小^{二}、股＝大小　和較加減半之，得弦與句；不半，則倍其股，即得甲式如前矣。

二術曰：任取大小二數，亦無論奇偶。各自乘爲大冪、小冪。置大小相乘之倍，與倍小冪相加爲句，或股。與大冪相加爲股，或句。與倍小冪與大冪并相加爲弦，求得三事必俱爲整數。式如後：　大^{二}丄二小大＝句或股、二小^{二}丄二大小＝股或句、二小^{二}丄大^{二}丄二大小＝弦(乙)　亦爲求整句股公式，任以何數代入，必合於理。

釋曰：準前理，知式中和較各事有連比例三率者，皆可造立公式。如

大差：和較∷和較：二小差　令　大＝和較、小＝小差　即　$\frac{二小}{大^{二}}$＝大差　各以分母乘之，得　二小^{二}＝弦丅股、大^{二}＝弦丅句、二小大＝股丄句丅弦　和較與小差相加得句，與大差相加得股，與倍小差、大差相加得弦，如(乙)式。

三術曰：任取大小二數相乘，倍之，減小冪，爲句。置倍大冪，減二數相乘之倍，爲股。置小冪，與倍大冪并，減二數相乘之倍，爲弦。求得三事必俱爲整數，式如後：　二小大丅小^{二}＝句、二大^{二}丅二大小＝股、二大^{二}丄小^{二}丅二大小＝弦(丙)　亦爲求整句股公式。

釋曰：準前理，　小和：較較∷較較：二小差　令　小＝二小差、大＝較較　即　$\frac{小}{大^{二}}$＝小和　各以小乘，復倍之，即　二小^{二}＝二(弦丅股)、二大小＝弦丅(股丅句)、二大^{二}＝句丄弦　以小差減較較得句，以較較減小和得股，小差加股得弦，如(丙)式。

四術曰：任取大小二數，以大小相乘之倍減大冪，爲句。置大小相乘之倍，減倍小冪，爲股。置大冪加倍小冪，減大小相乘之倍，爲弦。求得三事必俱爲整數，式如後：　大^{二}丅二小大＝句、二小大丅二小^{二}＝股、大^{二}丄二小^{二}丅二小大＝弦(丁)　亦爲求整句股公式。

釋曰：準前理，　大差：較和∷較和：二大和　令　小＝大差、大＝較和、$\frac{小}{大^{二}}$＝二大和　各以小乘，復倍之，即　二小^{二}＝弦丅句、二大小＝弦丄股丅句、二大^{二}＝二(股丄弦)　置大和減較和得句，以句加大差得弦，置大和減弦得股，如(丁)式。

五術曰：任取大小二數，置大小相乘之倍，與小冪相加得句，與倍大冪相加得股，與倍大冪、小冪并相加得弦。式如後：　小^{二}丄二小大＝句、二大^{二}丄二小大＝股、二大^{二}丄小^{二}丄二大小＝弦(戊)　亦爲求整句股公式。

釋曰：凡三率連比例，半其首率倍其末率，或倍其首率半其末率，仍爲連比例三率。又小和與和和與二大和，亦爲連比例三率。惟所得式大概與前四式同，故不具列。而(戊)式即由(乙)式半其小冪，倍其大冪而得，而與前四式不同，故亦列爲公式也。

二題　設有句九、句十三、句十五，問整句股各有若干。

答曰：句九二個，句十三一個，句十五四個。

準(甲)式理，各以句自乘即　八一(甲)　一六九(乙)　二二五(丙)　各爲句冪，任以一數爲股弦較除之，除得數即股弦和，法數必小於句，故除得數爲股弦和。即　一×八一、三×二七(甲)　一×一六九(乙)　一×二二五、三×七五、五×四五、九×二五(丙)　以上各乘數，即右數爲股弦和，左數爲股弦較，如法得　句＝九、股＝四〇、弦＝四一　又　股＝一二、弦＝一五(甲)　句＝一三、股＝八四、弦＝八五(乙)　句＝一五、股＝一一二、弦＝一一三　又　股＝三六、弦＝三九　又　股＝二〇、弦＝二五　又　股＝八、句變、弦＝一七(丙)

三題　設有弦和較六與十與十六，問整句股各有若干。

答曰：弦和較六三個，十三個，十六四個。

準(乙)式理，各以弦和較自乘，各半之，即　一八㊀　五〇㊁　一二八㊂　如一八　即　一×一八、二×九、三×六(甲)　五〇　即　一×五〇、二×二五、五×一〇(乙)　一二八　即　一×一二八、二×六四、四×三二、八×一六(丙)　以上各乘數，右數爲句弦較，左數爲股弦較，如法得　和較＝六　即　句＝七、股＝二四、弦＝二五(甲)　句＝八、股＝一五、弦＝一七(甲)　句＝九、股＝一二、弦＝一五(甲)　和較＝一〇　即　句＝一一、股＝六〇、弦＝六一(乙)　句＝一二、股＝三五、弦＝三七(乙)　句＝一五、股＝二〇、弦＝二五(乙)　和較＝一六　即　句＝一七、股＝一四四、弦＝一四五(丙)　句＝一八、股＝八〇、弦＝八二(丙)　句＝二〇、股＝四八、弦＝五二(丙)　句＝二四、股＝三二、弦＝四〇(丙)

四題　設弦較較八與十二與十八，問整句股各有若干。

答曰：弦較較八三個，十二六個，十八五個。

準(丙)式理，各以弦較較自乘，半之，即　三二㊀　七二㊁　一六二㊂　如三二　即　一×三二、二×一六、四×八(甲)　七二　即　一×七二、二×三六、三×二四、四×一八、六×一二、八×九(乙)　一六二　即　一×一六二、二×八一、三×五四、六×二七、九×一八(丙)　各以右數爲句弦和，左數爲股弦較，如前演之，得個數如答矣。

五題　設弦較和二十與二十四與二十八，問整句股各若干。

答曰：弦較和二十六個，二十四九個，廿八六個。

準叮式理，各以弦較和自乘，半之，得　二〇〇㊀　二八八㊁　三九二㊂　如　二〇〇　即　一×二〇〇、二×一〇〇、四×五〇、五×四〇、八×二五、一〇×二〇(甲)　二八八　即　一×二八八、二×一四四、三×九六、四×七二、六×四八、八×三六、九×三二、一二×二四、一六×一八(乙)　三九二　即　一×三九二、二×一九六、四×九八、七×五六、八×四九、一四×二八(丙)　各以右數爲股弦和，左數爲句弦較，如法得個數如答。

六題　問求同弦兩整句股形，其公式若何。

答式：右句　〔(大丄小)^{二}丄大^{二}〕〔大^{二}丅小^{二}〕　右股　〔(大丄小)^{二}丄大^{二}〕二大小　左句　〔小^{二}丄二大小〕〔大^{二}丄小^{二}〕　左股　〔二大^{二}丄二大小〕〔大^{二}丄小^{二}〕　公弦　〔(大丄小)^{二}丄大^{二}〕〔大^{二}丄小^{二}〕(角)　爲求同弦兩整句股形公式。

術曰：任取呷、呩二式之各三事，左右並列，互以弦乘之，得角式。

七題　問求同句或同股兩整句股形，其公式若何。

答式：右句　(二大^{二}丄二大小)(大^{二}丅小^{二})　左句　(小^{二}丄二大小)二大小　右弦　(二大^{二}丄二大小)(大^{二}丄小^{二})　左弦　(小^{二}丄二大^{二}丄二大小)二大小　公股　(二大^{二}丄二大小)二大小(亢)　右股　(小^{二}丄二大小)(大^{二}丅小^{二})　左股　(二大^{二}丄二大小)(大^{二}丅小^{二})　右弦　(小^{二}丄二大小)(大^{二}丄小^{二})　左弦　(二大^{二}丄小^{二}丄二大小)(大^{二}丅小^{二})　公句　(二大小丄小^{二})(大^{二}丅小^{二})(氐)　上二式爲求同股、同句兩整句股形之公式。

術曰：任取呷、呩二式之各三事，左右並列，互以股乘，或互以句乘，即得亢、氐二式。以下凡兩形同較和，或和較，或大小差、大小和之類，皆可準此以求。惟得式繁重，不若用天元代數求得正負兩根式，然後以任一式之大小二數代入，則得式爲簡，兹更設數題如後。

八題　問求同句弦和、同弦和較兩整句股形，其公式若何。

術曰：取第一題呷式之三事列右，呐式之三事列左，以倍大冪爲公句弦和。置大小相乘之倍，減倍小冪，爲公弦和較，即得。

答式：右句　大^{二}丅小^{二}　股　二大小　弦　大^{二}丄小^{二}　左句　二大小丅小^{二}　股　二大^{二}丅二大小　弦　二大^{二}丄小^{二}丅二大小　公句弦和　二大^{二}　公弦和較　二大小丅二小^{二}(房)　此爲求同句弦和、同弦和較，二整句股形之公式。

釋曰：令　甲＝句丄弦、乙＝句丄股丅弦、天＝句　即　乙丄甲丅二天＝股、甲丅二天＝弦丅句　即　甲^{二}丅二甲天＝股^{二}、〔甲丄乙丅二天〕^{二}＝股^{二}　即　甲^{二}丅二甲天＝〔甲丄乙丅二天〕^{二}　遞變之，得

$$天=\frac{二}{乙丄\frac{二丄}{甲丅}\sqrt{\frac{四}{甲^{二}}丅甲乙}}$$

(甲)　準一術公式，即　甲＝二大^{二}、乙＝二大小丅二小^{二}　代入呷式化之，即　天＝(大丄小)^{二}丅二小^{二}±大^{二}丅二大小　再簡之得　右句＝大^{二}丅小^{二}、左句＝二大小丅小^{二}　既得兩句，用減句弦和，得兩弦。句弦相減，用加弦和較，得兩股，如房式矣。

試數：令　大＝三、小＝一　即右句　八　股　六　弦　一〇　左句　五　股　一二　弦　一三　弦丄句　一八　句丄股丅弦　四　餘準此推。

九題　問求同句弦較、同弦和和兩整句股形，其公式若何。

術曰：取一題呷式之三事列右，吃式之三事列左，股加負號。以倍小冪爲公句弦較。倍大冪，加大小相乘之倍，爲公弦和和，即得。

答式：右句　大^{二}丅小^{二}　股　二大小　弦　大^{二}丄小^{二}　左句　大^{二}丄二大小　股　丅(二小^{二}丄二大小)　弦　二小^{二}丄大^{二}丄二大小　公句弦較　二小^{二}　公弦和和　二大^{二}丄二大小(心)　此爲求同句弦較、同弦和和二形之公式。因大股爲負，故名爲弦和和，實即弦較和。

釋曰：令　甲＝弦丄股丄句、乙＝弦丅句、天＝句　即　乙丄二天＝弦丄句、乙^{二}丄二乙天＝股^{二}　又〔甲丅(乙丄二天)〕^{二}＝股^{二}　即　〔甲丅(乙丄二天)〕^{二}＝乙^{二}丄二乙天　遞變之，得

$$天=\frac{二}{甲丅\frac{二丄}{乙丅}\sqrt{\frac{四}{乙^{二}}丄甲乙}}$$

(尾)　準一術公式　甲＝二大^{二}丄二大小、乙＝二小^{二}　代入吃式化之，即

$$天=\frac{二天^{二}丄二大小丅小^{二}\pm小^{二}丄二大小}{二}$$

即　左句＝大^{二}丄二大小、右句＝大^{二}丅小^{二}　置句各以　二小^{二}　加之，得兩弦。置和和，以句弦并減之，得兩股，如心式矣。

試數：令　大＝三、小＝二　即右句　五　股　一二　弦　一三　左句二一　股　二〇　弦　二九　弦丅句　八　弦丄句$\pm$股　三〇　餘準此推。

十題　問求同句弦和、同句股較兩整句股形，其公式若何。

術曰：取一題呷式之三事列右，又取大冪三，大小相乘四，小冪一，相加爲負句。大冪四，大小相乘二，相加爲負股。大冪五，大小相乘四，小冪一，相加爲正弦列左。以倍大冪爲公句弦和，以二冪較減大小相乘二，爲公句股較，即得。

答式：右句　大^{二}丅小^{二}　股　二大小　弦　大^{二}丄小^{二}　左句　丅(三大^{二}丄四大小丄小^{二})　股　丅(四大^{二}丄二大小)　弦　五大^{二}丄小^{二}丄四大小　公句弦和　二大^{二}　公句股較　小^{二}丄二大小丅大^{二}（尾）　此爲求同句弦和、同句股較二形之公式。因大句爲負，故名爲句弦和，實即股弦較。

釋曰：令　甲＝句丄弦、卯＝股丅句、天＝句　即　股＝卯丄天、弦＝甲丅天　即　弦^{二}＝(甲丅天)^{二}、句^{二}丄股^{二}＝天^{二}丄(卯丄天)^{二}　即　(甲丅天)^{二}＝天^{二}丄(卯丄天)^{二}　遞變之，得　天＝丅(甲丄卯)$\pm\sqrt{二甲^{二}丄甲卯}$（酉）　準一術公式　甲＝二天^{二}、卯＝小^{二}丄二大小丅大^{二}　代入酉式化之，得左句＝丅二大(大丄小)丅(大丄小)^{二}、右句＝二大(大丄小)丅(大丄小)^{二}　簡之，即　左句＝丅(三大^{二}丄四大小丄小^{二})、右句＝大^{二}丅小^{二}　各加　股丅句　得兩股，各以句減句弦和，得兩弦，如尾式矣。

試數：令　大＝二、小＝一　即右句　三　股　四　弦　五　左句變股二一　股變句　二〇　弦　二九　弦$\pm$句　八　股丅句　一　餘準此推。

十一題　問求同弦和和、同句股較兩整句股形，其公式若何。

術曰：取一題呷式之三事列右，又取大冪四，大小相乘二，相加爲正句。大冪三，大小相乘四，小冪一，相加爲正股。大冪五，大小相乘四，小冪一，相加爲負弦，列左。倍大冪，加大小相乘之倍，爲公弦和和，句股較同前即得。

答式：右句　大^{二}丅小^{二}　股　二大小　弦　大^{二}丄小^{二}　左句　四大^{二}丄二大小　股　三大^{二}丄小^{二}丄四大小　弦　五大^{二}丄小^{二}丄四大小　公弦和和　二大^{二}丄二大小　公句股較　小^{二}丄二大小丅大^{二}（箕）　此爲求同弦和和、同句股較二形之公式。因大弦爲負，故名爲弦和和，實即弦和較。

釋曰：令　乙＝句丄股丄弦、卯＝股丅句、天＝句　即　股＝天丄卯、弦＝乙丅(二天丄卯)　即　句^{二}丄股^{二}＝天^{二}丄(卯丄天)^{二}、弦^{二}＝〔乙丅(二天丄卯)〕^{二}　即　天^{二}丄(卯丄天)^{二}＝〔乙丅(二天丄卯)〕^{二}　遞變之，得

$$天＝\frac{二}{(二乙丅卯)\pm 二乙^{二}丄卯^{二}}$$（戌）　準一術公式，即　乙＝二小大丄二大^{二}、卯＝小^{二}丄二小大丅大^{二}　代入戌式化之，得右句

$$\frac{二}{(五大^{二}丄二大小丅小^{二})丅(三大^{二}丄二大小丄小^{二})}$$　左句

$$\frac{二}{(五天^{二}丄二大小丅小^{二})丄(三大^{二}丄二大小丄小^{二})}$$　簡之，即　右句＝大^{二}丅小^{二}、左句＝四大^{二}丄二大小　置句各加　股丅句　得兩股，各并　句丄股減和和得兩弦，如箕式矣。

試數：令　大＝三　小＝二　右句五　股　一二　弦　一三　左句四八　股　五五　弦七三　句丄股$\pm$弦　三〇　股丅句　七　餘準此推。

十二題　問：求同股弦和、同句股較兩整句股形，其公式若何。

術曰：任取十題之各三事，依其正負左右列之，以大小相加，自乘，爲公股弦和，句股較同前即得。

答式：右句　大^{二}丅小^{二}　股　二大小　弦　大^{二}丄小^{二}　左句　丅(三大^{二}丄四大小丄小^{二})　股　丅(四大^{二}丄二大小)　弦　五大^{二}丄四大小丄小^{二}　公股弦和　(大丄小)^{二}　公句股較　小^{二}丄二大小丅大^{二}（斗）　此爲求同股弦和、同句股較二形之公式。因大股爲負，故名爲股弦和，實即句弦較。

釋曰：令　丙＝股丄弦、卯＝股丅句、天＝股　即　句＝天丅卯、弦＝丙丅天　即　股^{二}丄句^{二}＝天^{二}丄(天丅卯)^{二}、弦^{二}＝(丙丅天)^{二}　即　天^{二}丄(天丅卯)^{二}＝(丙丅天)^{二}　遞變之，得　天＝丅(丙丅卯)$\pm\sqrt{二丙^{二}丅二丙卯}$（亥）　準一術公式　丙＝(大丄小)^{二}、卯＝小^{二}丄二大小丅大^{二}　代入亥式化之，得　(丙丅卯)＝二大^{二}、$\sqrt{二丙^{二}丅二丙卯}$＝二大^{二}丄二大小　即　右股＝丅二大^{二}丄二大^{二}丄二小大、左股＝丅二大^{二}丅(二大^{二}丄二小大)　簡之，即　右股＝二大小、左股＝丅(四大^{二}丄二大小)　各減　股丅句　得兩句，各以股減　股丄弦　得兩弦，如斗式矣。

試數：令　大＝三　小＝一　右句　八　股　六　弦　一〇　左句　四〇　股　四二　弦　五八　弦$\substack{丄\\丅}$股　一六　股丅句　二　餘準此推。

觀上三式，知同句股較之大小二形。小形之句弦和，即大形之句變股。弦較；小形之弦和和，即大形之弦和較；小形之股弦和，即大形之股變句。弦較。惟大差與和較與倍小差，爲連比例三率；小和與和和與倍大和，亦爲連比例三率。故任取整數三個爲連比例三率，或半其末率，或半其首率。任取九與一二　與　一六　連比例數，半其末率，以三數各代三式中之甲、乙、丙三數，相加或相減，得同句股較之大小二形。再以大形爲小形，展轉求之，可得無窮數同句股較之整句股形。式如後：　甲＝八＝小弦丄小句＝大弦丅大股、乙＝一二＝小弦丄小股丄小句＝大股丄大句丅大弦、丙＝九＝小弦丄小股＝大弦丅大句　小：　甲∽乙＝四＝股、乙丅丙＝三＝句、甲丅(乙丅丙)＝五＝弦　大：　甲丄乙＝二〇＝句、乙丄丙＝二一＝股、甲丄乙丄丙＝二九＝弦　再命大式爲小式，即　甲′＝四九＝小弦丄小句＝大弦丅大股、乙′＝七〇＝小弦丄小股丄小句＝大股丄大句丅大弦、丙′＝五〇＝小弦丄小股＝大弦丅大句　小：　乙′丅甲′＝二一＝股、乙′丅丙′＝二〇＝句、甲′丅(乙′丅丙′)＝二九＝弦　大：　甲′丄乙′＝一一九＝句、乙′丄丙′＝一二〇＝股、甲′丄乙′丄丙′＝一六九＝弦　準此遞加，可至無窮。

十三題　問：有整句股形，欲化爲二另句股形，使另形之句股較，爲原句股較之冪，其公式若何。

術曰：任以呷術一式之三事，爲原句股形。又置大小相乘，以大冪乘之，或以小冪乘之，相減四之置上位。又置大小相乘之倍，以倍大冪加之，或以倍小冪減之。再各自乘之，爲多少二數，置多數減上位，爲另大句；以少數轉減上位，爲另小句。各以大小二冪相加，自乘，易其上位，得另兩股。再置二冪相加，自乘，以多數加之，爲另大弦。以少數減之，爲另小弦。負以大小二冪較，減大小相乘之倍，再自乘，爲公句股較，即得。

答式：原句　大^{二}丅小^{二}　股　二大小　弦　大^{二}丄小^{二}　大句　〔二大^{二}丄二大小〕^{二}丅四〔大^{三}小丅小^{三}大〕　股　〔二大^{二}丄二大小〕^{二}丅〔大^{二}丄小^{二}〕^{二}　弦　〔二大^{二}丄二大小〕^{二}丄〔大^{二}丄小^{二}〕^{二}　小句　四〔大^{三}小丅小^{三}大〕丅〔二大小丅二小^{二}〕^{二}　股　〔大^{二}丄小^{二}〕^{二}丅〔二大小丅二小^{二}〕^{二}　弦　丅{〔大^{二}丄小^{二}〕^{二}丅〔二大小丅二小^{二}〕^{二}}　公句股較　〔小^{二}丄二大小丅大^{二}〕㊄　此爲求另形　股丅句　爲原　股丅句　之冪之公式。

試數：令　小＝二、大＝三　即原　句　五　股　一二　弦　一三　股丅句　七　大句　七八〇　股　七三一　弦　一〇六九　小句　一〇四　股　一五三　弦　一八五　股∽句　四九　令　小＝一、大＝三　即原　句　八　股　六　弦　一〇　股∽句　二　大句　四八〇　股　四七六　弦　六七一　小句　八〇　股　八四　弦　一一六　股∽句　四　餘準此推。

釋曰：以原形之弦冪倍之，爲句弦和或股弦較。句股和冪爲句弦較或股弦和，則另形句股較，必爲原句股較之冪。所以然者，按句股理　二弦^{二}＝二(股^{二}丄句^{二})　而　(句丄股)^{二}＝二(股^{二}丄句^{二})丅(股丅句)^{二}　審上二式，知原句股和冪比倍弦冪實少一原句股較冪，故以此爲句弦、股弦二較或二和。得如題二：句股形設　甲＝弦丅股、乙＝弦丅句、天＝股　則求得開方式

天＝甲$\substack{丄\\丅}\sqrt{二甲乙}$㊀　又設　甲＝弦丄句、乙＝弦丄股　則求得開方式

天＝丅甲$\substack{丄\\丅}\sqrt{二甲乙}$㊁　惟甲爲小形之句弦和，即大形之股弦較。$\sqrt{二甲乙}$爲小形之弦和和即大形之弦和較，故得　$\frac{小股}{大句}=\sqrt{二甲乙}\substack{丅甲\\丄甲}$、

$\frac{小句}{大股}=\sqrt{二甲乙}\substack{丅乙\\丄乙}$、$\frac{小弦}{大弦}=甲丄乙\substack{丅\\丄}\sqrt{二甲乙}$㊃　準一術代入原形　甲＝二(大^{二}丄小^{二})^{二}、乙＝(大^{二}丄二大小丅小^{二})^{二}　各以代入㊀式而化之，得兩句。以二冪較，與大小相乘之倍加之，再自乘，各加句，得兩股。各以兩冪和自乘，加減股，得兩弦，即得㊃式矣。

十四題　問：求同積，同句弦和或股弦和。兩整句股形。衡齋汪氏但用帶縱立方明理，而求法未著。海甯李氏、長崎加悅氏見《圓理括囊》。著有法矣，而法所從立未詳，學者憯焉。亦可如前數題造立公式，且釋其術所由著乎？曰可。

一術曰：任取大小二數，各自乘爲大小二冪，相減，自乘，爲一句弦半較，命曰右較。又以大小相乘，倍之，小冪加之，再自乘之，爲又一句弦半較，命曰左較。又取二冪相加，再加大小相乘，得數再自乘之，爲公句弦半和。各以半較加減半和，得兩句與兩弦。各以半較方根乘半和，方根倍之，得兩股。句股相乘得

直積。

答式：右句　(大^{2}丄大小丄小^2)^{2}丅(大^{2}丅小^2)^2　股　二(大^{2}丄大小丄小^2)(大^{2}丅小^2)　弦　(大^{2}丄大小丄小^2)^{2}丄(大^{2}丅小^2)^2　左句　(大^{2}丄大小丄小^2)^{2}丅(二大小丄小^2)^2　股　二(大^{2}丄大小丄小^2)(二大小丄小^2)　弦　(大^{2}丄大小丄小^2)^{2}丄(二大小丄小^2)^2　公句弦半和　(大^{2}丄大小丄小^2)^2　其詳式　(大^{2}丅小^2)^{2}丄(大^{2}丅小^2)(二大小丄小^2)丄(二大小丄小^2)^2〈女〉　此爲求同積、同句弦和或股弦和。二整句股形之公式。

釋曰：識別得同積、同句弦和之兩句弦較，必爲連比例三率之首末二率，而句弦和必爲三率和。又各率均取整數，則兩句弦較必爲正平方數，即句弦和亦必爲正方數，或二倍正方數。故即借一題一術之連比例三率和自乘詳之，幾何理，凡根數爲連比例三率和，則乘得之方亦必爲三率和。即上詳式析之，即　(大^{2}丅小^2)^2＝首率＝右二^2(弦丅句)、(大^{2}丅小^2)(二大小丄小^2)＝中率＝首末二根相乘、(二大小丄小^2)^2＝末率＝左二^2(弦丅句)〈咦〉　既得咦式，則如法加減與相乘，得女式矣。本爲兩句弦較與和，而茲命爲半較、半和者，緣加減後慮有不受除，故省一二除，故必倍其兩根相乘爲股。若所得三事俱偶，則半之，或再半之爲得數。

試數：令　大＝二　小＝一　右句　四〇　股　四二　弦　五八　左句　二四　股　七〇　弦　七四　各半之　二〇、二一、二九　一二、三五、三七　句丄弦　四九　直積　四二〇　餘準此推。

二術曰：法任取大小二數，大小相加自乘爲和冪，小自乘爲小冪。置和冪減小冪，再自乘爲右較。又以小與和相乘，倍之，小冪加之，再自乘之，爲左較。又取小冪、和冪相加，再加小與和相乘，再自乘之，爲公司弦半和，亦如前法得各三事，即得。

答式：右句　〔小^{2}丄小(大丄小)丄(大丄小)^2〕丅〔(大丄小)^{2}丅小^2〕^{2}　股　二〔小^{2}丄小(大丄小)丄(大丄小)^2〕〔(大丄小)^{2}丅小^2〕　弦　〔小^{2}丄小(大丄小)丄(大丄小)^2〕^{2}丄〔(大丄小)^{2}丅小^2〕^{2}　左句　〔小^{2}丄小(大丄小)丄(大丄小)^2〕^{2}丅〔二小(大丄小)丄小^2〕^{2}　股　二〔小^{2}丄小(大丄小)丄(大丄小)^2〕〔二小(大丄小)丄小^2〕　弦　〔小^{2}丄小(大丄小)丄(大丄小)^2〕^{2}丄〔二小(大丄小)丄小^2〕^{2}　公句弦半和　〔(大丄小)^{2}丄小(大丄小)丄小^2〕^{2}　其詳式　〔(大丄小)^{2}丅小^2〕^{2}丄〔(大丄小)^{2}丅小^2〕〔二小(大丄小)丄小^2〕丄〔二小(大丄小)丄小^2〕^{2}〈虛〉　此亦爲求同積、同句弦和二整句股形之公式。

釋曰：三率理同前，故借一題二術之連比例三率和，爲本題之三率和自乘詳之，即上詳式得　〔(大丄小)^{2}丅小^2〕^{2}＝首率、〔二小(大丄小)丄小^2〕^{2}＝末率〈咩〉　既得咩式，則如前法求之得虛式矣。

試數：令　大＝二、小＝一　右句　一二〇　股　一八二　弦　二一八　左句　一〇五　股　二〇八　弦　二三三　句丄弦　三三八　直積　二一八四〇　餘準此推。

三術曰：法任取大小二數，相減自乘爲較冪，大自乘爲大冪。置大冪減較冪，再自乘，爲右較。大較相乘倍之，較冪加之，再自乘之，爲左較。大冪較冪相加，再加，大較相乘，再自乘之，爲公句弦半和，亦如前法得各三事，即得。

答式：右句　〔(大丅小)^{2}丄大(大丅小)丄大^2〕^{2}丅〔大^{2}丅(大丅小)^2〕^{2}　股　二〔(大丅小)^{2}丄大(大丅小)丄大^2〕〔大^{2}丅(大丅小)^2〕　弦　〔(大丅小)^{2}丄大(大丅小)丄大^2〕^{2}丄〔大^{2}丅(大丅小)^2〕^{2}　左句　〔(大丅小)^{2}丄大(大丅小)丄大^2〕^{2}丅〔二大(大丅小)丄(大丅小)^2〕^{2}　股　二〔(大丅小)^{2}丄大(大丅小)丄大^2〕〔二大(大丅小)丄(大丅小)^2〕　弦　〔(大丅小)^{2}丄大(大丅小)丄大^2〕^{2}丄〔二大(大丅小)丄(大丅小)^2〕^{2}　公句弦半和　〔(大丅小)^{2}丄大(大丅小)丄大^2〕^{2}　其詳式　〔大^{2}丅(大丅小)^2〕^{2}丄〔大^{2}丅(大丅小)^2〕〔二大(大丅小)丄(大丅小)^2〕丄〔二大(大丅小)丄(大丅小)^2〕^{2}〈危〉　此亦爲求同積、同句弦和二整句股形之公式。

釋曰：三率理同前，故借一題三術之連比例三率和，爲本題之三率和，自乘詳之得詳式，即　〔大^{2}丅(大丅小)^2〕^{2}＝首率、〔二大(大丅小)丄(大丅小)^2〕^{2}＝末率〈吒〉　既得吒式，如法得危式矣。

試數：令　大＝三　小＝一　右句　三三六　股　一九〇　弦　三八六　左句　一〇五　股　六〇八　弦　六一七　弦丄句　七二二　直積　六三八四〇　餘準此推。

四術曰：法任取大小二數，相減自乘爲較冪，小自乘爲小冪。置較冪減小冪，再自乘，爲右較。小較相乘倍之，小冪加之，再自乘之，爲左較。小冪、較冪相加，再自乘之，爲公句弦半和，亦如前法得各三事。答式列後。

答式：右句　〔小^{二}⊥小(大丅小)⊥(大丅小)^{二}〕^{二}丅〔(大丅小)^{二}丅小^{二}〕^{二}　股　二〔小^{二}⊥小(大丅小)⊥(大丅小)^{二}〕〔(大丅小)^{二}丅小^{二}〕　弦　〔小^{二}⊥小(大丅小)⊥(大丅小)^{二}〕^{二}⊥〔(大丅小)^{二}丅小^{二}〕^{二}　左句　〔小^{二}⊥小(大丅小)⊥(大丅小)^{二}〕^{二}丅〔二小(大丅小)⊥小^{二}〕^{二}　股　二〔小^{二}⊥小(大丅小)⊥(大丅小)^{二}〕〔二小(大丅小)⊥小^{二}〕　弦　〔小^{二}⊥小(大丅小)⊥(大丅小)^{二}〕^{二}⊥〔二小(大丅小)⊥小^{二}〕^{二}　公句弦半和　〔小^{二}⊥小(大丅小)⊥(大丅小)^{二}〕^{二}　其詳式　〔(大丅小)^{二}丅小^{二}〕^{二}⊥〔(大丅小)^{二}丅小^{二}〕〔二小(大丅小)⊥小^{二}〕⊥〔二小(大丅小)⊥小^{二}〕^{二}（室）　此亦爲求同積、同句弦和二整句股形之公式。

釋曰：三率理同前，故借一題四術之連比例三率和，爲本題之三率和，自乘詳之得詳式，即　〔(大丅小)^{二}丅小^{二}〕^{二}＝首率、〔二小(大丅小)⊥小^{二}〕^{二}＝末率（嗘）　既得嗘式，如法得室式矣。

試數：令　大＝四　小＝一　右句　一〇五　股　二〇八　弦　二三三　左句　一二〇　股　一八二　弦　二一八　句⊥弦　三三八　直積　二一八四〇　餘準此推。

五術曰：法任取大小二數，相加自乘爲和冪，大自乘爲大冪。置和冪減大冪，再自乘爲右較。大與和相乘，倍之，大冪加之，再自乘之，爲左較。大冪、和冪相加，再加大與和相乘，再自乘之，爲公句弦半和，亦如前法得各三事，即得。

答句：右句　〔大^{二}⊥大(大⊥小)⊥(大⊥小)^{二}〕^{二}丅〔(大⊥小)^{二}丅大^{二}〕^{二}　股　二〔大^{二}⊥大(大⊥小)⊥(大⊥小)^{二}〕〔(大⊥小)^{二}丅大^{二}〕　弦　〔大^{二}⊥大(大⊥小)⊥(大⊥小)^{二}〕^{二}⊥〔(大⊥小)^{二}丅大^{二}〕^{二}　左句　〔大^{二}⊥大(大⊥小)⊥(大⊥小)^{二}〕^{二}丅〔二大(大⊥小)⊥大^{二}〕^{二}　股　二〔大^{二}⊥大(大⊥小)⊥(大⊥小)^{二}〕〔二大(大⊥小)⊥大^{二}〕　弦　〔大^{二}⊥大(大⊥小)⊥(大⊥小)^{二}〕^{二}⊥〔二大(大⊥小)⊥大^{二}〕^{二}　公句弦半和　〔大^{二}⊥大(大⊥小)⊥(大⊥小)^{二}〕^{二}　其詳式　〔(大⊥小)^{二}丅大^{二}〕^{二}⊥〔(大⊥小)^{二}丅大^{二}〕〔二大(大⊥小)⊥大^{二}〕⊥〔二大(大⊥小)⊥大^{二}〕^{二}（壁）　此亦爲求同積、同句弦和二整句股形之公式。

釋曰：三率理同前，故借一題五術之連比例三率和，爲本題之三率和，自乘詳之得詳式，即　〔(大⊥小)^{二}丅大^{二}〕^{二}＝首率、〔二大(大⊥小)⊥大^{二}〕^{二}＝末率（吁）　既得吁式，如法得壁式參。

試數：令　大＝二　小＝一　右句　三三六　股　一九〇　弦　三八六　左句　一〇五　股　六〇八　弦　六一七　弦⊥句　七二二　直積　六三八四〇　餘準此推。

十五題　問前五術，一術即括囊中法，餘四術理原一貫，然皆出李術之外，而立術較簡，算理無窮信矣。李氏三率之式，諒與前理無殊，亦可明其造術所由，且變之使歸一例乎？曰：可。

術曰：任取大小二數，相加，自乘，爲和冪。相減，自乘，爲較冪。置和冪減較冪，再自乘爲右較。和較相乘，倍之，較冪加之，再自乘之，爲左較。與大小二冪相減，加大與較相乘之倍，再自乘之等。和冪、較冪相加，再加和較相乘，再自乘之，爲公句弦半和，即三率和與原法三率和等。如前法得各三事。

答式：右句　〔(大⊥小)^{二}⊥大^{二}丅小^{二}⊥(大丅小)^{二}〕^{二}丅〔(大⊥小)^{二}丅(大丅小)^{二}〕^{二}　股　二〔(大⊥小)^{二}⊥大^{二}丅小^{二}⊥(大丅小)^{二}〕〔(大⊥小)^{二}丅(大丅小)^{二}〕　弦　〔(大⊥小)^{二}⊥大^{二}丅小^{二}⊥(大丅小)^{二}〕^{二}⊥〔(大⊥小)^{二}丅(大丅小)^{二}〕^{二}　左句　〔(大⊥小)^{二}⊥大^{二}丅小^{二}⊥(大丅小)^{二}〕^{二}丅〔二(大^{二}丅小^{二})⊥(大丅小)^{二}〕^{二}　股　二〔(大⊥小)^{二}⊥大^{二}丅小^{二}⊥(大丅小)^{二}〕〔二(大^{二}丅小^{二})⊥(大丅小)^{二}〕　弦　〔(大⊥小)^{二}⊥大^{二}丅小^{二}⊥(大丅小)^{二}〕^{二}⊥〔二(大^{二}丅小^{二})⊥(大丅小)^{二}〕^{二}　公句弦半和　〔(大⊥小)^{二}⊥(大⊥小)(大丅小)⊥(大丅小)^{二}〕^{二}　其詳式　〔(大⊥小)^{二}丅(大丅小)^{二}〕^{二}⊥〔(大⊥小)^{二}丅(大丅小)^{二}〕〔二(大^{二}丅小^{二})⊥(大丅小)^{二}〕⊥〔二(大^{二}丅小^{二})⊥(大丅小)^{二}〕^{二}（奎）　此爲李術求同積、同句弦和二整句股形之公式。

釋曰：李術用連比例三率，取數理同前。其造術之意，取　(大丅小)^{二}　爲句弦較　(大⊥小)(大丅小)　等於　大^{二}丅小^{二}　爲股　(大⊥小)^{二}　爲句弦和之連比例三率。準前理，欲取三率和爲平方數，亦必以此三率和自乘，爲本題之三率和。取其首末二率，爲兩句弦半較。均如前法，得各三事。準原法布式：

四大^{二}＝首率、$\frac{二大(大^{二}丅小^{二})⊥二(大丅小)大}{二小}$＝中率、

$\frac{〔(大^{二}丅小^{二})⊥二(大丅小)大^{二}〕}{(二小)^{二}}$＝末率　各以　(二小)^{二}　乘之，即

$[四大小]^{二}=[(大丄小)^{二}丅(大丅小)^{二}]^{二}=$首率，$四大小[(大^{二}丅小^{二})丄(大丅小)^{二}]=[二(大^{二}丅小^{二})丄(大丅小)^{二}][(大丄小)^{二}丅(大丅小)^{二}]=$中率 $[(大^{二}丅小^{二})丄二(大丅小)大]=[二(大^{二}丅小^{二})丄(大丅小)^{二}]^{二}=$末率(吜) 可知今設之三率，即不異原設之三率，既得吜式，即如法得奎式矣。

試數：令 大＝二 小＝一 右句 一〇五 股 二〇八 弦 二三三 左句 一二〇 股 一八二 弦 二一八 句丄弦 三三八 直積 二一八四〇 餘準此推。

十六題 問同積、同句弦和之題。今造公式以求得數誠易矣，然求得之式有時句股互易，則句弦和較變爲股弦和較，亦可立術，以免其弊乎。曰：可。

術曰：法取式中之半和方根、半較方根，任以大小二數代入。各以較根除和根，得數在 $\sqrt{三}丄一$ 以內，或小較方根除大較方根，得數在 $\frac{二}{\sqrt{八\sqrt{三}丄九丅一}}$ 以內者，若在外，則舍去另求。然後以兩較根相加，互以一根乘之，得兩句。置半和根，各以倍根乘之，得兩股。置半和倍之，各減句，得兩弦。循此以求，所得句恒爲句，求法列後。

任取小數一，大數二，代入一術，即 四丅一＝三 爲一個半較根。二×二×一丄一＝五 爲又一個半較根 四丄二丄一＝七 爲半和根，以較根除和根，得 $\frac{三}{七}<\sqrt{三}丄一$ 又 $\frac{五}{七}<\sqrt{三}丄一$ 或以小較根除大較根 $\frac{三}{五}<\frac{二}{\sqrt{八\sqrt{三}丄九丅一}}$ 知此根數爲可用。如法求之，即得右、左句 一二、二〇 股 三二、五一 弦 三二、七九 又任取小數一，大數三，代入一術，即 九丅一＝二八 爲一個半較根。二×三×一丄一＝七 爲又一個半較根 九丄三丄一＝一三 爲半和根，以較根除和根，得 $\frac{七}{一三}<\sqrt{三}丄一$ 又 $\frac{八}{一三}<\sqrt{三}丄一$ 或以小較根除大較根，得 $\frac{七}{八}<\frac{二}{\sqrt{八丅三丄九丅一}}$ 知此根數爲可用。如法求之，得右、左句 一一、〇二、五〇 股 二一、〇八、八二 弦 二三、三一、三八 餘類推。

釋曰：句股有進退，由於兩較根與和根大小之較有消長。然必知其變之限爲 $\sqrt{三}丄一$(甲) 與 $\frac{二}{\sqrt{八\sqrt{三}丄九丅一}}$(乙) 何也？曰：此八綫理也。試就甲式解之，八綫在四十五度內 正切<一 故 割丄切＝<$\sqrt{三}丄一$ 而半徑一恒爲股，正切恒爲句。在四十五度外 正切>一 故割丄切＝>$\sqrt{三}丄一$ 而半徑一變爲句。適爲四十五度，則割丄切＝$\sqrt{三}丄一$ 故 $\sqrt{三}丄一$ 必爲句股互變之限。然何以知與較根除和根相準也？則以句股同式形理知之。惟 小和×大差＝股^{二} 即 $\sqrt{小和}\sqrt{大差}=股$ 即 $\frac{\sqrt{大差}}{\sqrt{小和}}=\frac{大差}{股}$ 惟 $\frac{大差}{股}=\frac{股}{小和}$ 即 $\frac{\sqrt{大差}}{\sqrt{小和}}=\frac{股}{小和}$ 審上式，知較根除和根，仍爲本式之句弦和。而帶股爲除母，則除得小和數之各事，必各帶一股爲除母。而 $\frac{股}{股}=一$ 正與四十五度以前之股相準，又較根除和根所得數，既爲各形之小和數，即同於各形之割切和。如三除七爲句二十、弦二十九之同式小句弦和，七除三爲句弦較。五除七爲句十二、弦三十七之同式小句弦和，七除五爲句弦較，餘準此推。故知此較根除和根，必與 $\sqrt{三}丄一$ 相準。至 $\frac{二}{\sqrt{八\sqrt{三}丄九丅一}}$ 之式，即由 $\sqrt{三}丄一$ 而出。

試命：大較爲 天^{二} 小較爲 地^{二} 姑以相等式證之，即 $\sqrt{三}丄一=\frac{地}{\sqrt{天^{二}丄地^{二}丄天地}}$(呷) 兩邊各自乘得 $三丄二\sqrt{三}=\frac{地^{二}}{天^{二}丄地^{二}丄天地}$ 各以四乘得 $八\sqrt{三}丄一二=\frac{地^{二}}{四(地^{二}丄天^{二}丄天地)}$ 又各減三，即 $八\sqrt{三}丄九=\frac{地^{二}}{四天^{二}丄四天地丄地^{二}}$ 各開平方，即 $\sqrt{八\sqrt{三}丄九}=\frac{地}{二天}丄一$ 即 $\frac{二}{\sqrt{八\sqrt{三}丄九丅一}}=\frac{地}{天}$(乙) 故上式即爲小較根除大較根，與句股互變之限相準。而 $\frac{地}{天}<\frac{二}{\sqrt{八\sqrt{三}丄九丅一}}$ 則句恒爲句。若 $\frac{地}{天}>\frac{二}{\sqrt{八\sqrt{三}丄九丅一}}$ 則句變爲股。蓋乙式即由甲式而生，得甲式即得乙式矣。

設如有人買牛馬，不知其數，但知每牛之價二十元，每馬之價三十一元，而牛之共價比馬之共價多七元。問牛馬各若干。

命　天＝牛數，地＝馬數　依題　二〇天＝三一地丄七　與公式中甲式相類，乃以倍數　二〇　與　三一　互除至盡，其算式爲

一 一 一 四 二	二〇 一一	三一 二〇
	九 八	一一 九
	一	二 二
		〇

除得一、一、一、四、二　是奇層。依表類推之，得　一四、九、五、四、一　故卯＝一四，卯′＝九　照奇層甲之公式　天＝三一酉丄一四×七，地＝二〇酉丄九×七　即　天＝三一酉丄九八，地＝二〇酉丄六三　因酉最小之限爲丅三　故　天＝五，地＝三　若酉之同數遞增，則天地之同數亦遞增，可至無窮。

設如張姓有二百一十元的銀紙，今要還李姓銀一百零五元，而李姓只有二十五元的銀紙。若彼此將銀紙找算，應各出若干張，爲最簡便。

命　天＝李姓銀紙，地＝張姓銀紙　依題　二一〇地丅二五天＝一〇五　移項　二五天＝二一〇地丅一〇五　約之　五天＝四二地丅二一　與公式中乙式相類，乃以倍數　五　與　四二　互除至盡，其算式爲

八 二 二	五 四	四二 四〇
	一	二 二
		〇

除得　八、二、二　是奇層。依表類推之，得　一七、二、一　故　卯＝一七，卯′＝二　照奇層乙之公式　天＝四二酉丅一七×二一，地＝五酉丅二×二一　即　天＝四二酉丅三五七，地＝五酉丅四二　因酉最小之限爲九，故最簡便爲　天＝二一，地＝三

設如有數一十萬，欲分爲大小兩數，其一數能以一百四十四度之，其又一數能以六百二十五度之。求大小兩數各幾何。

命　一四四天＝一數，六二五地＝又一數　依題　一四四天丄六二五地＝一〇〇〇〇〇　移項　一四四天＝丅六二五地丄一〇〇〇〇〇　與公式中丙式相類，乃以倍數　一四四　與　六二五　互除至盡，其算式爲

四 二 一 一五 三	一四四 九八	六二五 五七六
	四六 四五	四九 四六
	一	三 三
		〇

除得　四、二、一、一五、三　是奇層。依表類推之，得　二〇四、四七、一六、一五、一　故　卯＝二〇四，卯′＝四七　照奇層丙之公式　天＝丅六二五酉丄二〇四×一〇〇〇〇〇，地＝一四四酉丅四七×一〇〇〇〇〇　即　天＝丅六二五酉丄二〇四〇〇〇〇〇，地＝一四四酉丅四七〇〇〇〇〇　因上式酉不能大於　三二六三九　下式酉不能小於　三二六三九　則　天＝六二五，地＝一六　故　一四四天＝九〇〇〇〇、六二五地＝一〇〇〇〇

設如甲乙丙三人同赴某地，不知其遠。甲每日行七十里，乙每日行一百一十里，丙每日行一百七十里。但知到某地之日，甲行二十里，乙行九十里，丙行四十里。問路遠幾何。

命　天＝甲行日數，地＝乙行日數，人＝丙行日數　依題　七〇天丄二〇、一一〇地丄九〇、一七〇人丄四〇　同爲路遠之數，所以㈠　七〇天丄二〇＝一一〇地丄九〇　㈡　七〇天丄二〇＝一七〇人丄四〇　以一〇　約一式，得　七天丄二＝一一地丄九　移項　七天＝一一地丄七　與公式中甲式相類，乃以倍數　七　與　一一　互除至盡，其算式爲

一 一 一 三	七 四	一一 七
	三 三	四 三
	〇	一

除得　一、一、一、三　是偶層。依表類推之，得　三、二、一、一　故　卯＝三，卯′＝二　照偶層甲之公式　天＝一一酉丅三×七，地＝七酉丅二×七　即　天＝一一酉丅二一，地＝七酉丅一四　又以天之同數一一酉丅二一　代入㈡式中，得　七〇(一一酉丅二一)丄二〇＝一七〇人丄

四〇　即　七七〇酉丅一四七〇丄二〇＝一七〇人丄四〇　即　一七〇人＝七七〇酉丅一四九〇　以　一〇　約之，得　一七人＝七七酉丅一四九　與公式中乙式相類，乃以倍數　一七　與　七七　互除至盡，其算式

四　一　一　八

一七　九	八　八	〇
七七　六八	九　八	一

除得　四、一、一、八　是偶層。依表類推之，得　九、二、一、一　故　卯＝九、卯′＝二　照偶層乙之公式　人＝七七申丄九×一四九、酉＝一七申丄二×一四九　即　人＝七七申丄一三四一、酉＝一七申丄二九八　乃以酉之同數　一七申丄二九八　代入前天地二等式中，得　天＝一一(一七申丄二九八)丅二一、地＝七(一七申丄二九八)丅一四　即　天＝一八七申丄三二五七、地＝一一九申丄二〇七二　而　人＝七七申丄一三四一　因申最小之限爲　丅一七　推得　天＝七八、地＝四九、人＝三二　故　七〇天丄二〇＝五四八〇、一一〇地丄九〇＝五四八〇、一七〇人丄四〇＝五〇八〇　所以　五四八〇　爲最近之里數。若申之同數遞增，則天地人之同數亦遞增，而路可遠至無窮。

設如一百錢，買果一百枚。只云桃三文一枚，李四文一枚，欖一文七枚。問桃李欖各若干枚。

命　天＝桃數、地＝李數、人＝欖數　依題　㊀天丄地丄人＝一〇〇　㊁三天丄四地丄$\frac{七}{人}$＝一〇〇　即　二一天丄二八地丄人＝七〇〇　以一式減二式，得　二〇天丄二七地＝六〇〇　移項　二〇天＝丅二七地丄六〇〇　與公式中丙式相類，乃以倍數　二〇　與　二七　互除至盡，其算式爲

一　二　一　六

二〇　一四	六　六	〇
二七　二〇	七　六	一

除得　一、二、一、六　是偶層。依表類推之，得　四、三、一、一　故　卯＝四、卯′＝三　照偶層丙之公式，則得　天＝二七酉丅四×六〇〇、地＝丅二〇酉丄三×六〇〇　即　天＝二七酉丅二四〇〇、地＝丅二〇酉丄一八〇〇　又以天地兩同數代入一式中，得　七酉丅六〇〇丄人＝一〇〇　移項　人＝七〇〇丅七酉　因天之等式中酉不能小於　八九　地之等式中酉不能大於　八九　故　天＝三、地＝二〇、人＝七七

三角總部

二

幾何總部

畫法幾何總部

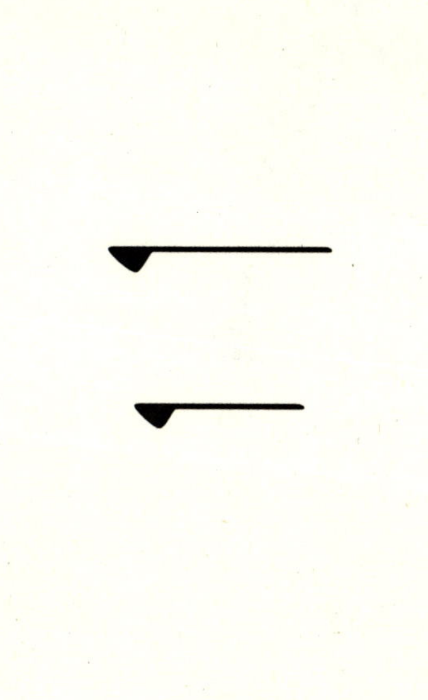

幾何總部

主編　李民芬

平面幾何部

題解

明・徐光啟《幾何原本・序》【略】《幾何原本》者度數之宗，所以窮方圓平直之情，盡規矩準繩之用也。利先生從少年時，論道之暇，留意藝學。且此業在彼中所謂師傳曹習者，其師丁氏，又絕代名家也，以故極精其說。而與不佞游久，講譚餘晷，時時及之，因請其象數諸書，更以華文。獨謂此書未譯，則他書俱不可得論，遂共翻其要，約六卷。既卒業而復之，由顯入微，從疑得信，蓋不用爲用，衆用所基，真可謂萬象之形囿，百家之學海，雖實未竟，然以當他書，既可得而論矣。私心自謂：不意古學廢絕二千年後，頓獲補綴唐虞三代之闕典遺義，其裨益當世，定復不小，因偕二三同志刻而傳之。先生曰：「是書也，以當百家之用，庶幾有羲和、般墨其人乎？猶其小者；有大用於此，將以習人之靈才，令細而確也。」余以爲小用大用，實在其人，如鄧林伐材，棟梁榱桷，恣所取之耳。顧惟先生之學，略有三種：大者修身事天，小者格物窮理，物理之一端別爲象數。一一皆精實典要，洞無可疑；其分解擘析，亦能使人無疑。而余乃亟傳其小者，趨欲先其易信，使人繹其文，想見其意理，而知先生之學，可信不疑，大概如是，則是書之爲用更大矣。

又徐光啟《幾何原本雜議》 下學工夫，有理有事。此書爲益，能令學理者祛其浮氣，練其精心；學事者資其定法，發其巧思，故舉世無一人不當學。聞西國古有大學，師門生常數百千人，來學者先問能通此書，乃聽入。何故？欲其心思細密而已。其門下所出名士極多。

能精此書者，無一事不可精；好學此書者，無一事不可學。

凡他事，能作者能言之，不能作者亦能言之；獨此書爲用，能言者即能作者，若不能作，自是不能言。何故？言時一毫未了，向後不能措一語，何由得妄言之。以故精心此學，不無知言之助。

凡人學問，有解得一半者，有解得十九或十一者，獨幾何之學，通即全通，蔽即全蔽，更無高下分數可論。

人具上資而意理疏莽，即上資無用；人具中材而心思縝密，即中材有用。能通幾何之學，縝密甚矣！故率天下之人而歸於實用者，是或其所由之道也。

此書有四不必：不必疑，不必揣，不必試，不必改。有四不可得：欲脫之不可得，欲駁之不可得，欲減之不可得，欲前後更置之不可得。有三至、三能：似至晦實至明，故能以其明明他物之至晦；似至繁實至簡，故能以其簡簡他物之至繁；似至難實至易，故能以易易他物之至難。易生于簡，簡生于明，綜其妙在明而已。

此書爲用至廣，在此時尤所急須，余譯竟，隨偕同好者梓傳之。利先生作叙，亦最喜其亟傳也，意皆欲公諸人人，令當世亟習焉。而習者蓋寡，竊意百年之後必人人習之，即又以爲習之晚也。而謬謂余先識，余何先識之有？

有初覽此書者，疑奧深難通，仍謂余當顯其文句。余對之：度數之理，本無隱奧，至于文句，即爾日推敲再四，顯明極矣。倘未及留意，望之似奧深焉，譬行重山中，四望無路，及行到彼，蹊徑歷然。請假旬日之功，一究其旨，即知諸篇自首迄尾，悉皆顯明文句。

幾何之學，深有益於致知。明此，知向所揣摩造作，而自詭爲工巧者皆非也。一也。明此，知吾所已知不若吾所未知之多，而不可算計也。二也。明此，知向所想像之理，多虛浮而不可接也。三也。明此，知向所立言之可得而遷徙移易也。

此書有五不可學：躁心人不可學，麤心人不可學，滿心人不可學，妬心人不可學，傲心人不可學。故學此者不止增才，亦德基也。

昔人云「鴛鴦繡出從君看，不把金針度與人」，吾輩言幾何之學，政與此異。因反其語曰：「金針度去從君用，未把鴛鴦繡與人」，若此書者，又非止金針度與而已，直是教人開丱冶鐵，抽線造針；又是教人植桑飼蠶，湅絲染縷。有能此者，其繡出鴛鴦，直是等閑細事。然則何故不與繡出鴛鴦？曰：能造金針者能繡鴛鴦，方便得鴛鴦者誰肯造金針？又恐不解造金針者，菟絲棘刺，聊且作鴛鴦也！其要欲使人人真能自繡鴛鴦而已。

清・梅文鼎《幾何通解》以句股解《幾何原本》之根。 幾何不言句股，然其理並句股也。西人謂勾股爲直角三角形，譯書時，不能會通遂分途徑。故其最難通者，以句股釋之則明。惟理分中末綫似與句股異源。今爲游心於立法之初，而仍出於句股。信古九章之義，包舉無方。

用理分中末線説

言西學者，以幾何爲第一義，而傳只六卷，其有所秘耶？抑爲義理淵深，翻譯不易，而姑有所待耶？《測量全義》言：有法之體五，其面其積皆等。其大小相容相抱，與球相似。《幾何》十一、十二、十三、十四卷諸題，極論此理。又《幾何》六卷言：理分中末線爲用甚廣，量體所必需，《幾何》十三卷諸題全賴之，古人目爲神分線。又言：理分中末線求法，見本卷三十題，而與二卷十一題同理。至二卷十一題，則但云無數可解，詳見九卷。其義皆引而未發。故雖有此線，莫適所用，疑之者十餘年，辛未歲養病山阿，游心算學，於量體諸法，稍得窺其奥，爰證《曆書》之誤數端，於十二等面二十等面，得理分中末之用，及諸體相容之確數，故以立方爲主，其内容十二等面邊得理分線之末，二十等面邊得理分線之中，反覆推求，了無凝滯，始信《幾何》諸法，可以理解。而彼之秘爲神授，及吾之屏爲異學，皆非得其平也。其理與法，詳《幾何約》。

清・方中通《數度衍》卷首之三《幾何約》

名目一

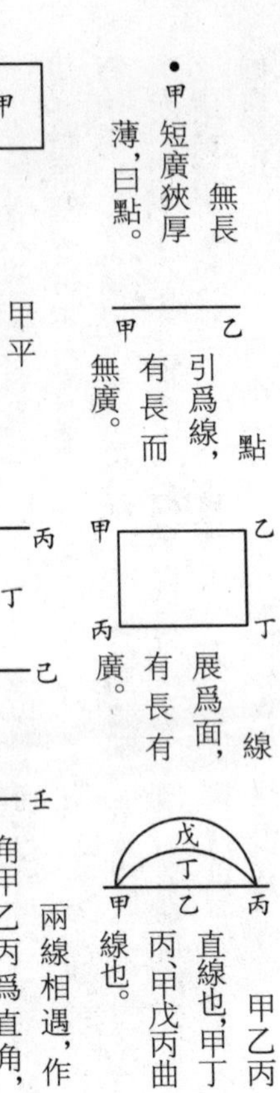

點　無長短廣狹厚薄，曰點。

線　引爲線，有長而無廣。

面　展爲面，有長有廣。

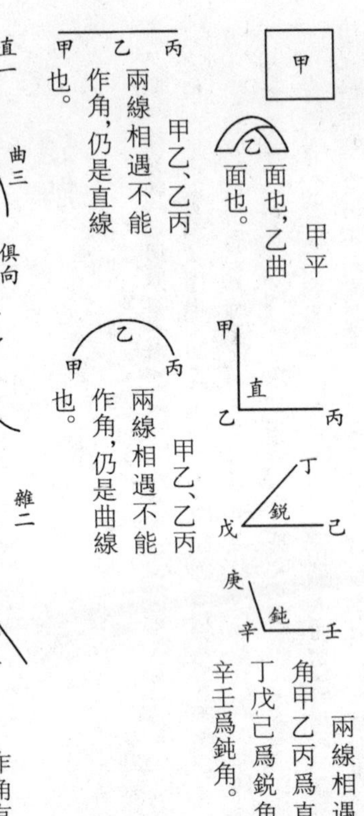

甲乙丙直線也，甲丁丙、甲戊丙曲線也。

甲平面也，乙曲面也。

兩線相遇，作角甲乙丙爲直角，丁戊己爲鋭角，庚辛壬爲鈍角。

甲乙、乙丙兩線相遇不能作角，仍是直線也。

甲乙、乙丙兩線相遇不能作角，仍是曲線也。

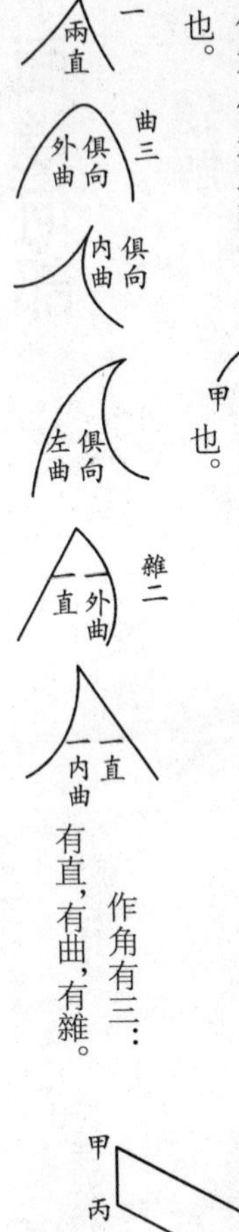

作角有三：有直，有曲，有雜。

直一　曲三　雜二

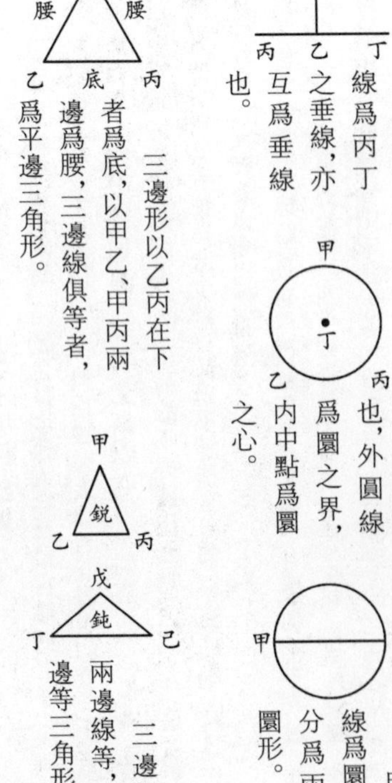

甲乙線爲丙丁之垂線，亦互爲垂線也。

圜形　甲爲圜之界，外圜線也，内中點爲圜之心。

甲乙線爲圜徑，分爲兩半圜形。

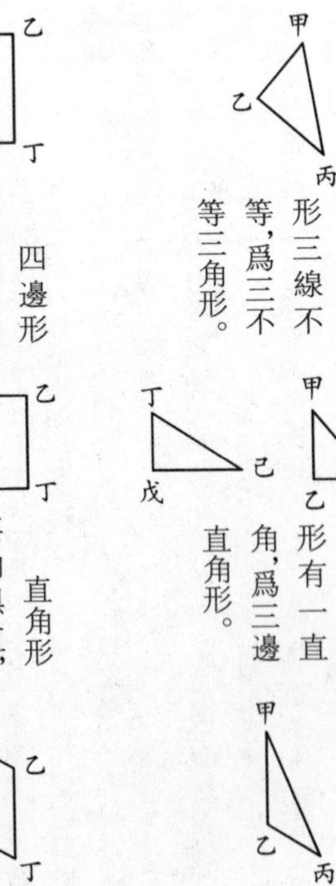

三邊形以乙丙在下者爲底，以甲乙、甲丙兩邊爲腰，三邊線俱等者，爲平邊三角形。

三邊形有兩邊線等，爲兩邊等三角形。

三邊形三線不等，爲三不等三角形。

三邊形有一直角，爲三邊直角形。

三邊形有一鈍角，爲三邊鈍角形。

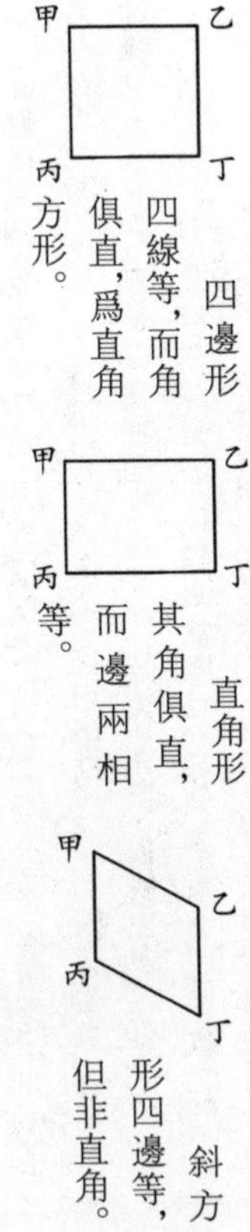

四邊形四線等，而角俱直，爲直角方形。

直角形其角俱直，而邊兩相等。

斜方形四邊等，但非直角。

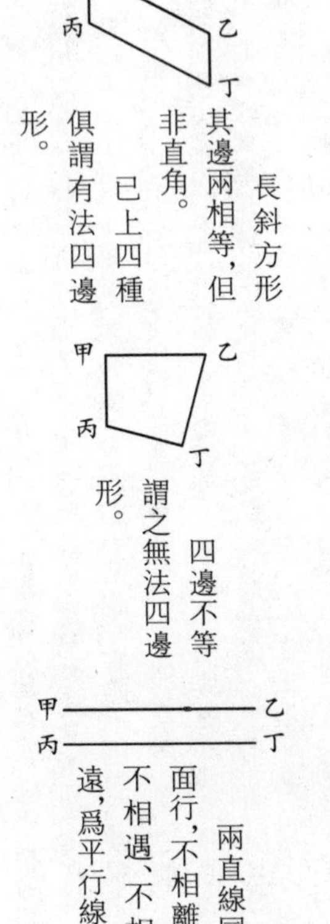

長斜方形其邊兩相等，但非直角。

已上四種俱謂有法四邊形。

四邊不等謂之無法四邊形。

兩直線同面行，不相離、不相遇、不相遠，爲平行線。

一形每兩邊有平行線，爲平行線方形。

凡平行線方形，于兩對角作直線，名爲對角線。又于兩邊縱橫各作平行線與對角線交羅相遇，即分此形爲四平行線方形。其有對角線者，爲角線方形。其無對角線者，爲餘方形。

名目二

凡直角形之兩邊函一直角者，爲直角形之矩線也。如甲乙偕乙丙兩線爲直角形之矩線也。得矩線，即知直角形大小之度。

諸方形有對角線者，其兩餘方形任偕一角線方形爲磬折形，或偕乙、或偕甲。

名目三

凡圜之徑線等，或從心至圜界線等爲等圜。如上圖，甲乙、乙丙兩徑等，或丁己、戊庚從心至圜界等，則兩圜必等。若下圖徑線不等，則兩圜亦不等。

凡直線切圜界過之，而不與界交，爲切線。如甲乙線切乙己丁圜之界，乙又引長之至丙而不與界交，其甲丙線全在圜外，爲切線。若戊己線先切圜界，而引之至庚入圜內，則交線也。

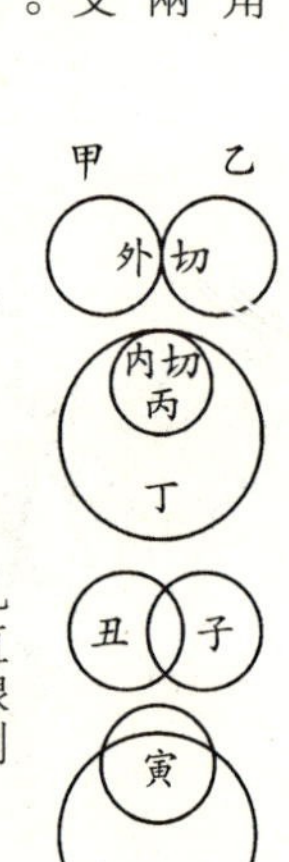
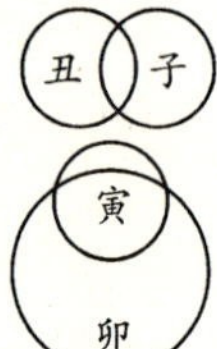
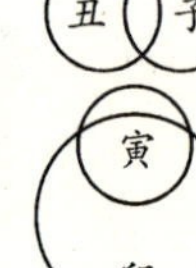

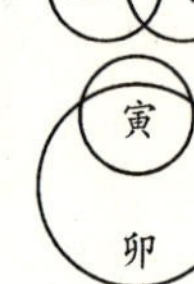

凡兩圜相切，如甲、乙切外，丙、丁切內，爲切圜。子、丑、寅、卯，爲交圜。

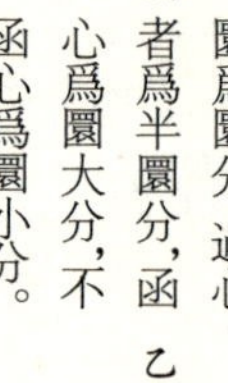
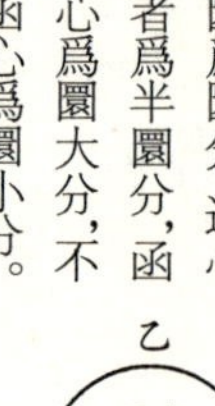
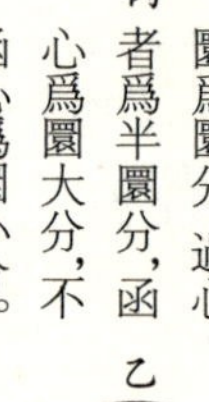
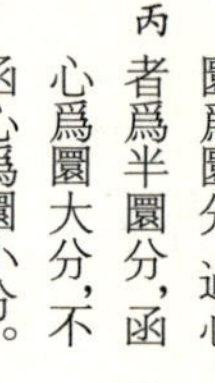
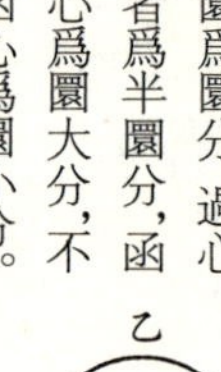
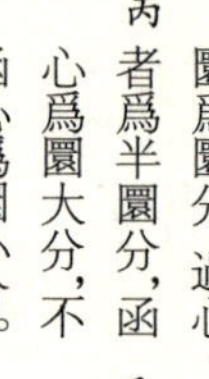

凡直線割圜爲圜分，過心者爲半圜分，函心爲圜大分，不函心爲圜小分。

凡圜界偕直線內角爲圜分角，其在半圜分內爲半圜角，在大分內爲大分角，小分內爲小分角。

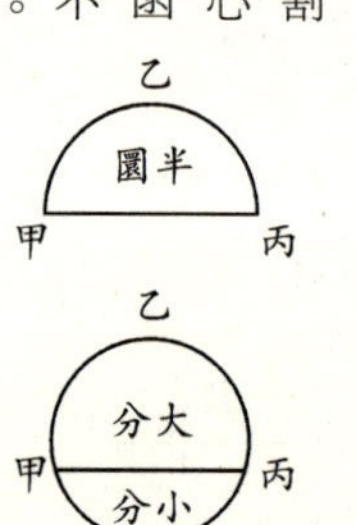
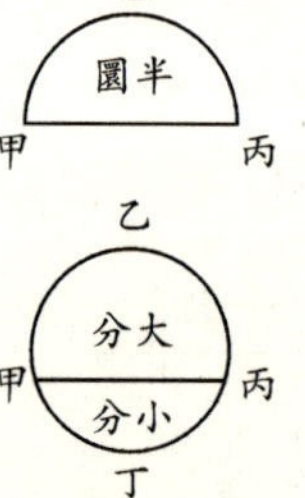
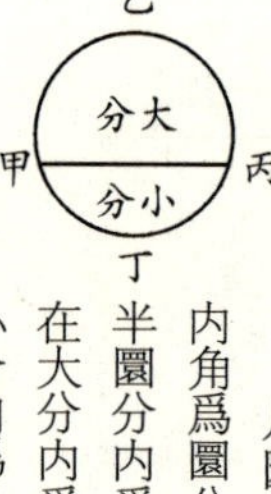

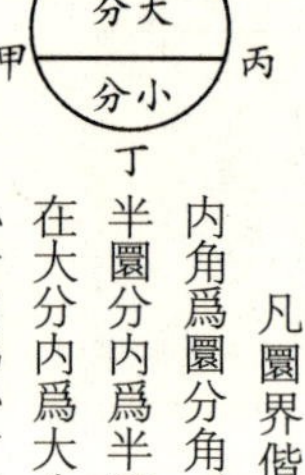
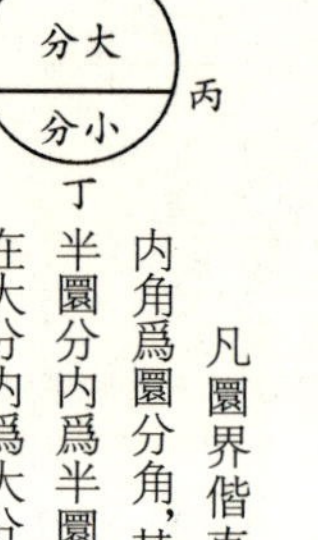
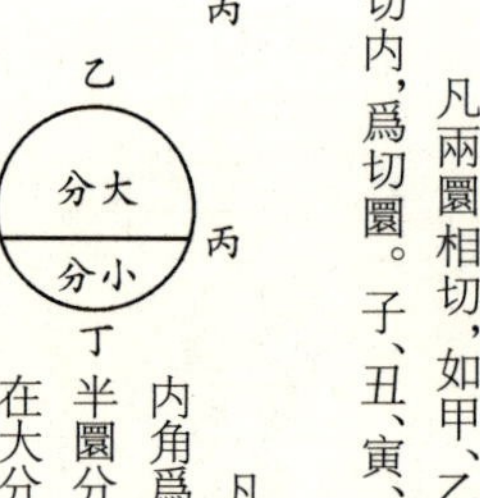
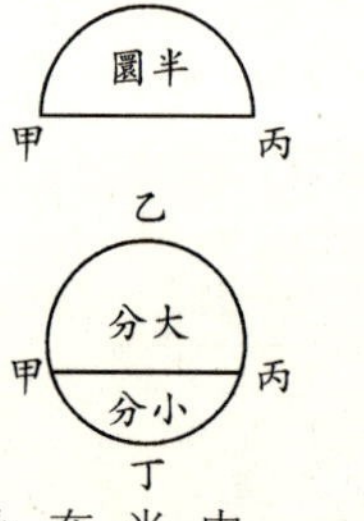
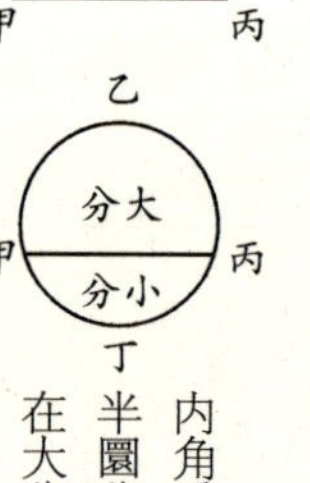
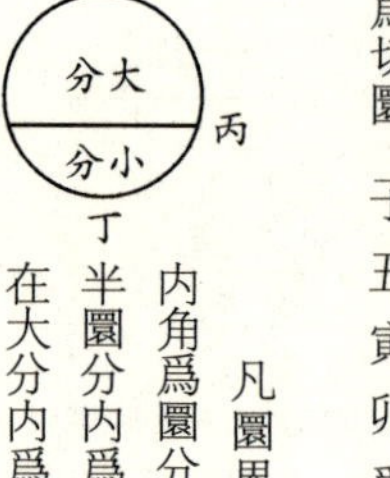
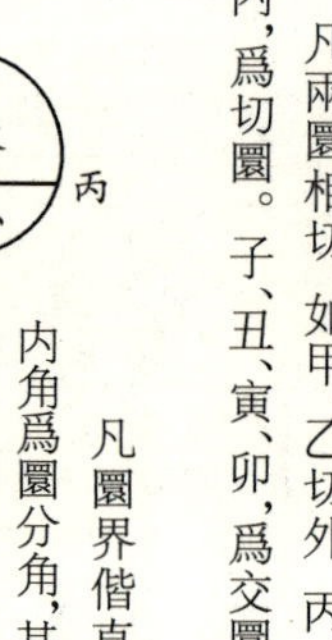

凡圜界任于一點出兩直線作角，爲負圜分角。

若兩直線之角乘圜之一分爲乘圜分角。如甲乙丙丁圜內，于甲點出甲乙、甲丁兩線，其乙甲丁角爲乘乙丙丁圜分角。

或直線切圜，或兩圜相切于內、兩圜相切于外，皆爲切邊角。如甲乙線切丙丁戊圜于丙，則甲丙丁、乙丙戊兩角皆切邊角也。又如丙丁戊、己戊庚兩圜外切于戊，及己戊庚、己辛壬兩圜內切于己，則丙戊己、戊己辛、壬己庚三角皆切邊角也。

凡從圜心以兩直線作角，偕圜界作三角形，爲分圜形。如甲乙丙丁圜，從戊心出戊甲、戊丙兩線，偕甲丁丙圜界作角形爲分圜形也。

名目四

直線形居他直線形內，而此形之各角切他形之各邊，爲形內切形。如丁戊己形居甲乙丙形之內也。直線形居他直線形外，而此形之各邊切他形之各角，爲形外切形。如甲乙丙形居丁戊己形之外也。若子癸丑而丑不切辛壬邊，則不然，餘倣此。

直線形之各角切圜之界爲圜内切形，如甲乙丙之相切也。反則爲形外切圜。

直線形各邊切圜界爲圜外切形。若圜界切直線形各邊，則爲形内切圜。

直線兩界抵圜界爲合圜線，如甲乙是也。若丙止一界抵丁，兩界俱不抵，則非也。

凡形相當之各角等，而各等角旁兩線之比例俱等，爲相似形。如甲乙丙、丁戊己兩角形之甲角、丁角等，乙與戊、丙與己各等，其甲角旁之甲乙與甲丙兩線之比例若丁角旁之丁戊與丁己兩線，而甲乙與乙丙若丁戊與戊己，甲丙與丙乙若丁己與己戊，則此兩角形爲相似形。因知平邊形皆相似形，如庚辛壬、癸子丑俱平邊角形，其各角俱等，各邊之比例亦等是也。四邊、五邊以上諸形倣此。

凡形之各兩邊線互爲前後率相爲比例而等，爲互相視之形。如甲乙丙丁、戊己庚辛兩方形，其甲乙、乙丙邊與戊己、己庚邊相爲比例等，而彼此互爲前後，如甲乙與戊己若己庚與乙丙也，則此兩形爲互相視之形。因知壬癸子、丑寅卯兩角形之壬子與丑寅若丑卯與壬癸，或壬癸與丑寅若丑卯與壬子，亦互相視之形也。

線説

有二橫直線，任加一縱線或正或偏，若三線之間同方兩角小於兩直角，則此二橫直線愈長愈相近，必至相遇。如甲乙、丙丁二橫直線，任意作戊己線交於二橫直線之上，而戊己線或正或偏，若戊己線旁同方兩角俱小於直角，或并之小於兩直角，則甲乙、(兩)[丙]丁二線必有相遇之處。

兩直線不能爲有界之形。

兩直線止能於一點相遇。

凡圜内直線，從心下垂線，其垂線大小之度，即直線距心遠近之度。如甲乙丙丁圜内，甲乙線、丙丁線其去戊心遠近等，因己戊、戊庚兩垂線等故也。若辛壬線去戊心近矣，因戊癸垂線小故也。

凡一點至直線上，惟垂線至近，垂線之兩旁漸遠。

平行方形不滿一線，爲形小於線。若形有餘、線不足，爲形大於線。

角説

凡直角俱相等。

直線上立垂線，則兩旁皆直角。若立偏線，則一爲鈍角，其一必爲鋭角。如子丑線上，甲乙垂線也，丙丁偏線也。

清・李子金《幾何易簡集》卷一 《幾何要法》删注

幾何家者，西洋之法也。其目有四：曰點、曰線、曰面、曰體。線以度長短；面以度廣狹；體以度厚薄。而必自點始，點引爲線，線展爲面，面運爲體，于是幾何之論起焉。

所謂點者，無長短、廣狹、厚薄。如圖，甲畢世積點不能結線。

所謂線者，雖有長短而無廣狹、厚薄。如圖，甲乙畢世積線不能結面。

所謂面者，雖有長短、廣狹而無厚薄。如圖，甲乙丙丁畢世積面不能結體。

至于體，則有長短、廣狹、厚薄矣。如圖，甲乙丙丁戊己庚由點而線而面而體，而幾何之理始爲大備。

點無可論，以線論之，有直線、有曲線、有斜線、有橫線、有垂線、有平行線。曲直斜橫，人所易知。

如圖，乙丁垂于甲丙橫線之上爲甲丙之垂線。

如圖，甲乙與丙丁兩線並行至于無窮，不相近亦不相遠，爲平行線。

凡形每兩邊各有平行線，爲平行方形。如甲乙丙丁平行方形，于乙丙兩角作一線爲對角線，又依乙丁平行作戊己線，依甲乙平行作庚辛線，其對角線與戊己庚辛兩線交羅相遇于壬，即作大小四平行方形矣。庚壬己丙及戊壬辛乙謂之角線方形，甲庚壬戊及丁己壬辛爲餘方形。

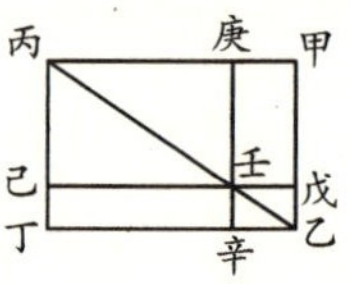

清・杜知耕《幾何論約》卷一之首

界說三十六則凡造論，先當分別解說論中所用名目，故作界說。

一界：點無長短廣狹厚薄。

二界：線有長短，無廣狹厚薄。線有曲有直。

三界：線之界是點。

四界：直線止有兩端，兩端之間上下更無一點。

五界：面有長短、廣狹，而無厚薄。

六界：面之界是線。

七界：平面一面平在界之内。

八界：（平角）兩直線于平面縱横相遇處，如甲乙、乙丙兩線所作，不以線之大小較論。凡言角，連用三字，中間一字爲所指之角。如稱甲乙丙角乃指乙角而言也。

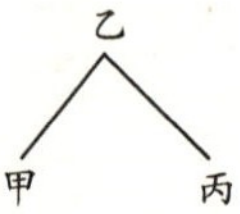

九界：直線相遇作角爲直線角，本書中所論皆是直線角。角有三等：一直線角；二曲線角；三雜線角。

十界：甲乙縱線加丙丁横線上乙左右作兩角相等而直，角方中矩曰直。則甲乙爲丙丁之垂線。

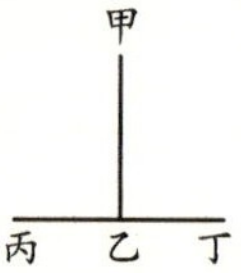

十一界：凡角大于直角曰鈍角。如甲乙丙角。

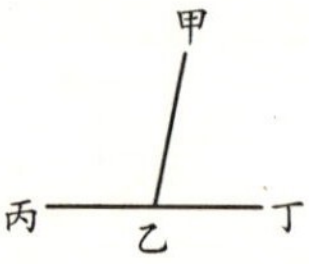

十二界：凡角小于直角曰鋭角。如前圖甲乙丁角。

十三界：界者，一物之始終。今所論有三界：點爲線之界；線爲面之界；面爲體之界；體不可爲界。

十四界：形或在一界，如平圜、立圜等形。或在多界之間。如平方、立方及平立三角、六角、八角等形。

十五界：圜自界至心，任作幾許直線，俱等。

十六界：圜之中處爲心。

十七界：自圜之一界作一直線過中心至他界爲圜徑，徑分圜爲兩平分。

十八界：徑線與半圜界所作形爲半圜。

十九界：在直線界中之形爲直線形。

二十界：在三直線界中之形爲三邊形。

二十一界：在四直線界中之形爲四邊形。

二十二界：在多直線界中之形爲多邊形。

二十三界：三邊形三邊線等，爲平邊三角形。

二十四界：三邊形兩邊線等，爲兩邊等三角形。

二十五界：三邊形三邊俱不等，爲三不等三角形。

二十六界：三邊形有一直角，爲三邊直角形。

二十七界：三邊形有一鈍角，爲三邊鈍角形。

二十八界：三邊形三角皆鋭，爲三邊鋭角形。凡三邊形，恒以在下者爲底，兩旁者爲腰。

二十九界：四邊形四邊俱等而角直，爲直角方形。

三十界：直角形，其角皆直，其邊兩兩相等。

三十一界：斜方形四邊等，而非直角。

三十二界：長斜方形，其邊兩兩相等，而非直角。

三十三界：已上四種謂之有法四邊形，四種之外他方形皆謂之無法四邊形。

三十四界：兩直線如甲乙、丙丁兩線。于同面，行至無窮不相離、亦不相遠，而不相遇，爲平行線。

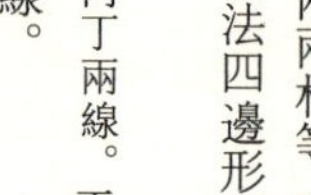

三十五界：一形每兩邊有平行線，甲丙與乙丁平行，甲乙與丙丁平行。爲平行方形。

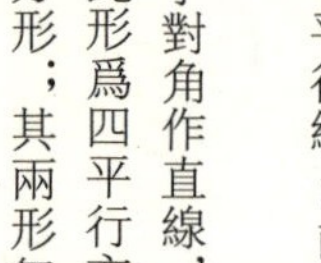

三十六界：凡平行方形于對角作直線，又于兩邊縱横各作平行線，過對角線于壬，即分此形爲四平行方形，其兩形有對角線者，己辛、庚戊兩形。爲角線方形；其兩形無角線者，丁壬、壬乙

兩形。爲餘方形。甲乙丙丁方形，今止稱爲丁乙方形，省文也。

求作四則求作者，不得言不可作。

一求：自此點至彼點求作一直線。

二求：一有界直線，求從一界引長之成一直線。

三求：不論大小以點爲心求作圜。

四求：設一度于此，求作彼度較此度或大或小。凡言度者，或線、或面、或體皆是。

又　卷二之首

界説二則

一界：凡直角形之兩邊函一直角者，爲直角形之矩線。如甲乙偕乙丙函甲乙丙直角，得此兩邊，即知直角形大小之度。若別作兩線與甲乙、乙丙各等，亦知丁乙直角形大小之度，則兩線爲直角形之矩線。

二界：諸方形有對角線者，其兩餘方形任偕一角線方形爲磬折形。如乙丁方形，不論斜直作甲丙對角線，從庚點作戊己、辛壬兩線與方邊平行，而分本形爲四方形。其辛己、戊壬爲餘方形，辛戊、己壬爲角線方形，兩餘方形任與壬己一角線方形并，形曲如磬，謂之癸子庚磬折形。用戊辛角線方形，倣此。

又　卷三之首

界説十則

一界：凡圜之徑線等，或從心至圜界線等爲等圜。如甲乙、戊己兩徑等，或丁丙、辛庚從心至圜界等，即兩圜等。

二界：凡直線切圜界過之，而不與界交，爲切圜線。甲乙在圜外爲切圜線，若丙丁入圜内則交線也。

三界：凡兩圜相切而不相交，爲切圜。甲、乙兩圜相切于外，丙、丁兩圜相切于内，俱曰切圜。戊己、庚辛則交圜也。

四界：凡圜内直線從心下垂線，其垂線大小之度即直線距心遠近之度。如甲乙距丁心近，則丙丁垂線小。戊己距心遠，則丁庚垂線大。

五界：凡直線割圜之形，爲圜分。如丁乙線割圜，其乙甲、丁乙、丙丁皆爲圜分。圜分有三等：過心者爲半圜分；函心者爲圜大分；不函心者爲圜小分。又割線爲弦，圜分爲弧。

六界：凡圜界偕直線作角，爲圜分角。其在半圜内爲半圜角；在大分内爲大分角；在小分内爲小分角。

七界：凡圜界任于一點出兩直線作一角，爲負圜分角。甲乙丙圜分甲丙爲底，于乙點出兩直線作甲乙丙角，爲負甲乙丙圜分角。

八界：若兩直線之角乘圜之一分，爲乘圜分角。甲乙丙丁圜内，于甲點出甲乙、甲丁兩線，作乙甲丁角，爲乘乙丙丁圜分角。圜角三種之外，又有一種爲切邊角。或直線切圜，如己庚辛；或兩圜相切于外，如辛壬癸；或兩圜相切于内，如癸壬子，俱爲切邊角。

九界：凡從圜心以兩直線作角偕圜界爲三角形，曰分圜形。

十界：兩負圜角相等，即所負之圜分相似。甲乙巳與丁丙戊兩負圜分角等，則所負丙丁戊與乙甲己兩圜分相似。又兩圜或不等，其負圜分角等，即兩圜分相似。相似者，同爲幾分圜之幾也。

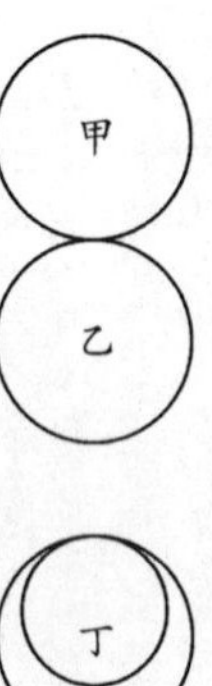
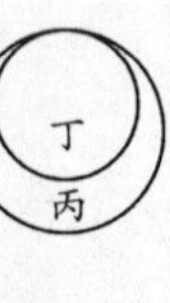
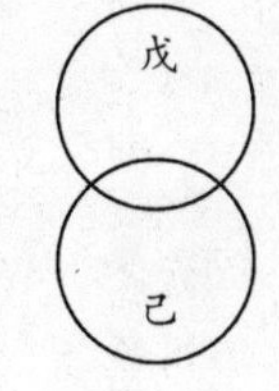
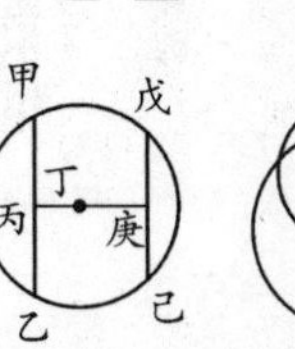
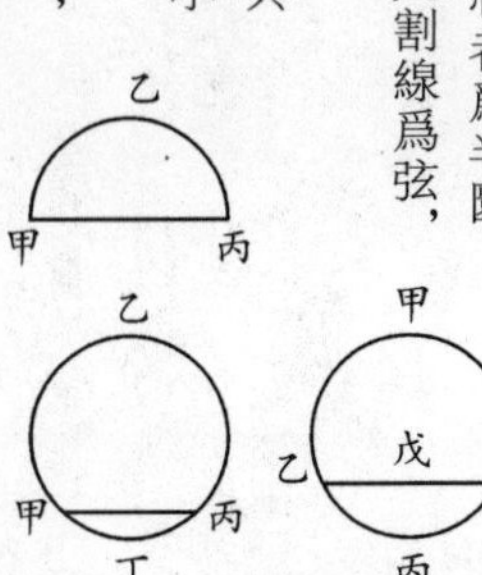
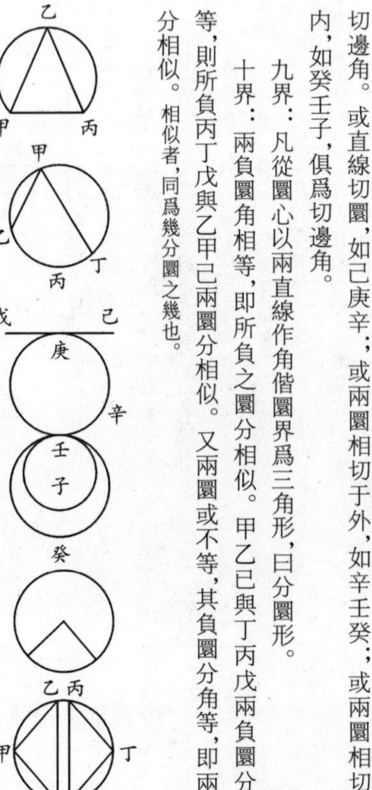
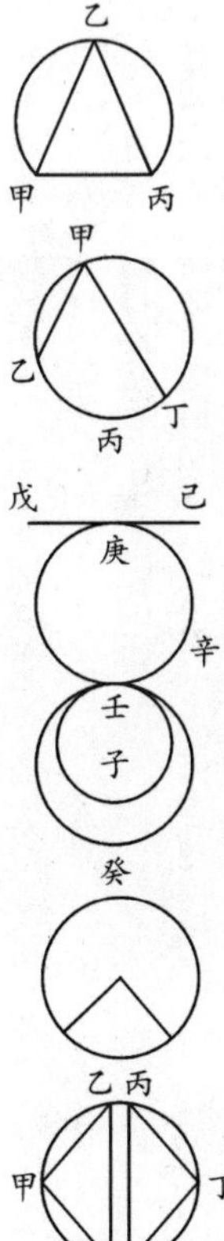

又　卷四之首

界說七則

一界：此直線形居他直線形內，此直線形爲他直線形內切形。

二界：此直線形居他直線形外，此直線形爲他直線形外切形。

三界：圜內直線形以各角切圜界，爲圜內切形。

四界：圜外直線形以各邊切圜界，爲圜外切形。

五界：直線形內圜圜界切直線形之各邊，爲形內切圜。

六界：直線形外圜圜界切直線形之各角，爲形外切圜。

七界：直線之兩端各抵圜，爲合圜線。如甲乙、丙丁兩線俱爲合圜線。而戊己、辛庚兩線或至界、或不至界、或俱不至界，皆不得爲合圜線。

又　卷六之首

界說六則

一界：凡形相當之各角等，而各等角旁兩線之比例俱等，爲相似之形。如兩角形之甲、乙、丙三角與丁、戊、己三角俱等，其甲角旁之甲乙與甲丙，若丁角旁之丁戊與丁己，餘兩等角旁之各兩線其比例俱等，則兩角形爲相似之形。依顯，平邊角形皆相似之形。

二界：兩形之各兩邊線互爲前後率，相與爲比例而等，爲互相視之形。如兩方形之甲乙與戊己，若己庚與乙丙。而彼此互爲前後率，則此兩形爲互相視之形。依顯，兩角形之壬子與丑寅，若丑卯與壬癸，則兩形亦爲互相視之形。

三界：理分中末線，一線兩分之，其全與大分之比例，若大分與小分。此線爲用甚廣，主量體尤所必需，古人目爲神分線也。

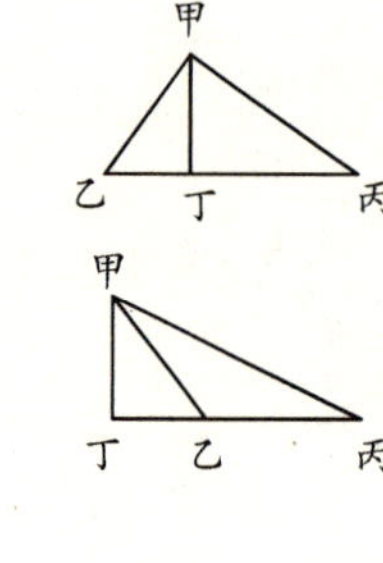

四界：度各形之高，皆以垂線之亘爲度。如甲乙丙角形作甲丁垂線，即甲丁爲甲乙丙角形之高度。

五界：比例以比例相結，以各比例不同理而相聚爲一比例，則用相結之法、借象之術、合各比例之命數，求首尾一比例之命數也。曷爲相結？如甲、乙、丙三幾何，甲二倍于乙，乙三倍于丙，而求甲與丙之比例，則以二倍乘三倍得甲六倍于丙也。若丙爲第一，甲爲第三，亦以二乘三得丙反六倍于甲也。若四率，則先以前三率之兩比例結爲一比例，復與第三比例相結也。若五率，則以第一、第二、第三率之兩比例相結，以第三、第四、第五率之兩比例相結，又以此所結之兩比例乘除相結而爲一比例也。自六以上，倣此。曷謂借象？如前所說，三幾何二比例皆以中率爲關紐，譬如連比例之同用一中率也。有不同理二比例，而異中率者是不同理之斷比例也。無法可結，當別立三幾何二比例，而同中率以中率當第二，又當第三。乘除相結，依倣求之。如所設幾何十六爲首，十二爲尾，却云十六與十二之比例，若八與三及二與四之比例。八爲前之前，四爲後之後，三與二爲前之後、後之前，所謂異中率也。欲乘除相結無法可通矣，用是別立三幾何，則三其八得二十四爲前，三其三得九爲前之後，即以九爲後之前，以求九與何數，若二與四，得十八爲後。其二十四與九，若八與三也；九與十八，若二與四也，則十六與十二，若二十四與十八也。三比例以上，倣此遞結之。

六界：平行方形不滿一線，爲形小于線；若形有餘線不足，爲形大于線。如甲丁形不滿甲乙線，而丙乙半線上無形，即作甲己滿甲乙線上方形，則甲丁爲依甲乙線之有闕方形，而丙己爲甲丁之闕形。又甲丙線上作甲己形，其甲乙邊大于元設甲丙線，之較爲丙乙，而甲己形大于甲丙線上之甲丁形，則甲己爲依甲丙線之帶餘方形，而丙己形爲甲己之餘形。

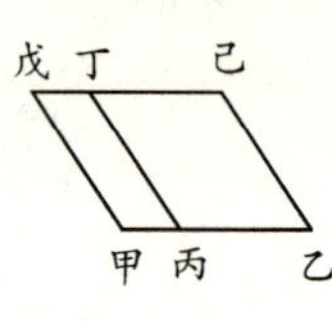

清・《數理精蘊》上編卷二

《幾何原本》一

第一

凡論數度，必始於一點。自點引之而爲線，自線廣之而爲面，自面積之而爲體，是名三大綱。是以有長而無闊者，謂之線；有長與闊而無厚者，謂之面；長與闊厚俱全者，謂之體。惟點無長闊厚薄，其間不能容分，不可以數度。然線之兩端即點，而線面體皆由此生。點雖不入於數，實爲衆數之本。

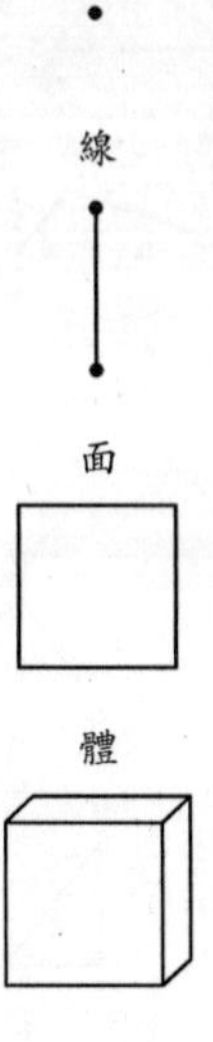

第二

線有直曲兩種。其二線之一端相合，一端漸離，必成一角。二線若俱直者，謂之直線角。一線直一線曲者，謂之不等線角。二線俱曲者，謂之曲線角。

第三

凡角之大小，皆在於角空之寬狹。出角之二線，即如規之兩股，漸漸張去，自然開寬。是以命角不論線之長短，止看角之大小。如丙角兩線雖長，其開股之空狹，遂爲小角。若丁角兩線雖短，其開股之空寬，遂成大角矣。

第四

凡命角，必用三字爲記。如甲乙丙三角形，指甲角，則云乙甲丙角；指乙角，則云甲乙丙角；指丙角，則云甲丙乙角是也。亦有單舉一字者，則其所舉之一字，即是所指之角也。如單言甲角、乙角、丙角之類。

第五

凡有一線，以此線之一端爲樞，復以此線之一端爲界，旋轉一周，即成一圜。如甲乙一線，以甲端爲樞，乙端爲界，旋轉復至乙處，即成乙丙丁戊之圜。此圜線謂之圜界，圜界内所積之面度謂之圜面。

第六

凡圜界不拘長短，其分界之所即爲弧線。如乙丙丁戊之圜，丙至丁、丁至戊俱爲弧線，因其形似弧，故名之。

第七

凡圜自一界過圜心至相對之界畫一直線，將一圜爲兩平分，則爲圜徑。如乙丙丁戊之圜，以甲爲心，自圜界乙處過甲心至丁、或自圜界丙處過甲心至戊畫乙甲丁及丙甲戊線，皆爲圜徑也。

第八

凡自圜心至圜界作幾何線，皆謂之輻線。其度俱相等，因平分全徑之半，故又謂之半徑線。

第九

凡圜界，皆以所對之角而命其弧。而角，又以所對之弧而命其度。蓋角度俱在圜界，而圜界爲角度之規也。如乙角爲心，甲丙爲界，則乙角相對之界即甲丙弧，而甲丙弧即乙角之度也。

第十

凡角相對之弧得圜界四分之一者，此角必直，故謂之直角。如甲丁丙戊之圜，甲乙丙之徑自中心乙至圜界丁畫一半徑，將半圜界又分爲兩平分，則成甲乙丁、丙乙丁之二角。此二角各得圜界四分之一，則此二角爲直角也。若自丁界過乙心至圜界戊處畫一直線，又成丁乙戊之徑，復得甲乙戊、丙乙戊兩相等之直角矣。故凡畫一直線，交於別線，其所成之角若直，此線謂之垂線。蓋因平分圜界爲四，其四弧相對之四角必相等，而皆爲直角，則其二徑相交必互爲垂線可知矣。

第十一

凡角相對之弧不足圜界四分之一者，謂之鋭角。若過四分之一者，謂之鈍角。故自圜徑中心復畫一輻線，而不平分半圜之界，則成一鋭角、一鈍角。如甲己丙庚之圜，於甲乙丙之徑自乙心至甲己丙之半圜界，不兩平分於丁處畫一輻線，遂成丙乙丁一鋭角、甲乙丁一鈍角。再將丁乙線引於相對圜界戊處，畫一丁乙戊徑線，復成甲乙戊一鋭角、丙乙戊一鈍角。合前二角，總爲四角矣。故凡二角兩尖相對，謂之對角。二角兩尖相並，謂之並角。如甲乙戊、丙乙丁二角之

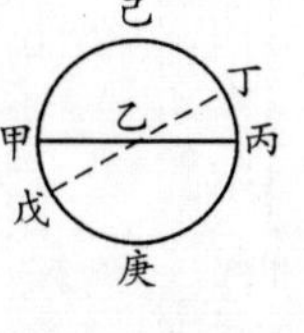

兩尖相對，即謂之對角。丙乙戊、甲乙丁二角之兩尖亦相對，故亦謂之對角也。如丙乙戊、甲乙戊之二角兩尖相並，而同出一線，則謂之並角矣。

又　第十七

凡大小圜界俱定爲三百六十度，而一度定爲六十分，一分定爲六十秒，一秒定爲六十微，一微定爲六十纖。夫圜界定爲三百六十度者，取其數無奇零便於布算，即徵之經傳亦皆符合也。易曰：凡三百有六十當期之日。邵子曰：三百六十中分之得一百八十爲二至二分相去之數。度下皆以六十起數者，以三百六十，乃六六所成，以六十度之，可得整數也。凡有度之圜界，可度角分之大小。如甲乙丙角欲求其度，則以有度之圜心置於乙角，察乙丙、乙甲之相離可以容圜界之幾度，如容九十度，即是甲乙丙直角。何以知爲直角？因九十度爲全圜三百六十度之四分之一，前言：凡角得圜界四分之一者爲直角，故知其爲直角也。若過九十度者，爲丁乙丙鈍角。不足九十度者，爲丙乙戊鋭角。觀此三角之度，其餘可類推矣。

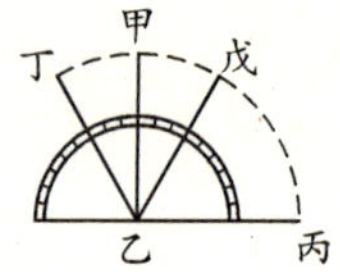

第十八

凡二線之間寬狹相離之分俱等，則此二線謂之平行線也。

第十九

欲求平行線之間相距幾何，則自上一線不拘何處至下一線畫二縱線，則此二線爲相距度分也。如甲乙、丙丁二線平行，自上線甲、乙二處至下線丙、丁二處畫二縱線，則此二線爲相等線，其度必等。然則甲乙、丙丁相對之間，其相距之遠近不已見耶。

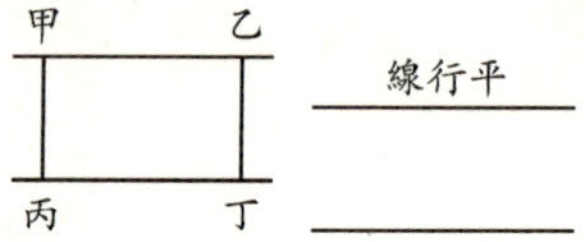

《幾何原本》二

第一

凡各種界所成俱謂之形。其直界所成者爲直界形；曲界所成者爲曲界形。凡直界所成各形未有少於三角形界者，故三角形爲諸形之首。

第二

凡三角形，一角直者爲直角三角形；一角鈍者爲鈍角三角形；三角俱鋭者爲鋭角三角形。

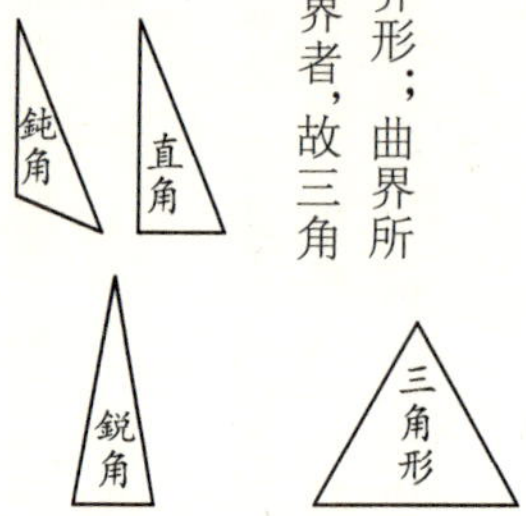

第三

凡三角形，其三邊線度等者爲等邊三角形；兩邊線度等者爲兩等邊三角形；三邊線度俱不等者爲不等邊三角形。

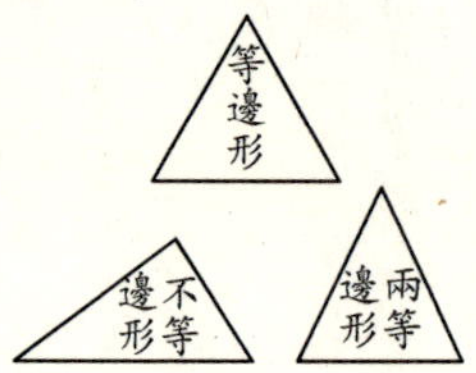

又　第十

有兩邊相等之三角形，自上角至底線畫一直線，將底線爲兩平分，則此線爲上角之平分線，又爲底線之垂線也。如甲乙、丙乙兩邊線度相等之甲乙丙三角形，自上角乙至底線丁畫一直線，將甲丙底線爲兩平分，則爲乙角之平分線，又爲甲丙底線之垂線也。蓋乙丁線將乙甲丙三角形平分爲甲乙丁、丙乙丁兩三角形，此兩三角形之各界線度必各相等。而各角之度又俱相等，則甲乙丁角、丙乙丁角將乙角爲兩平分矣。而甲丁乙角、丙丁乙角又爲相等之兩直角，因其爲兩直角，故乙丁線爲平分甲丙底線之垂線也。

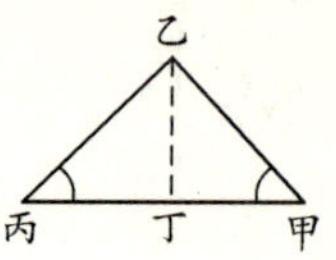

《幾何原本》三

第一

凡四邊線函四角者，其形有五。四邊線度等，而角度亦等者，爲正方形；四角直而兩邊線短、兩邊線長者，爲長方形；四邊線度等，而角度不等者，爲等邊斜方形；兩邊線長、兩邊線短，而角度又不等者，爲兩等邊斜方形。以上四形，俱自平行線出。如四邊線不等，亦不平行，而四角度又不等者，爲不等邊斜方形。

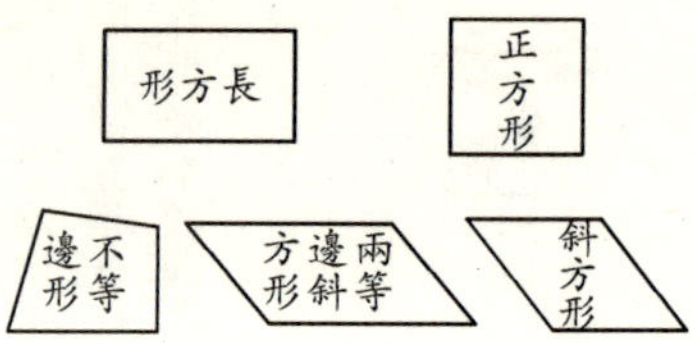

又　第十三

凡等邊等角各形內，五邊者爲五角形；六邊者爲六角形；邊愈多角愈多者，俱隨其邊與角而名之焉。

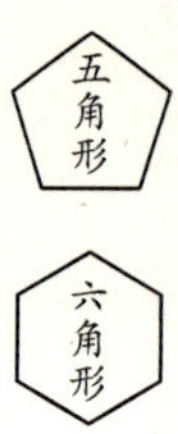

《幾何原本》四

第一

凡有直線切於圜界，而不與圜界相交者，謂之切線。如甲乙丙線切於丁圜乙界，其線雖自甲過乙至丙，而與圜界不出入相交，此甲乙丙線即爲圜之切線也。又如一圜與一圜界相切而不相交，則謂之切圜。假如戊圜與己圜於庚界相切，二界總未相交，故又謂之切圜也。

第二

凡一直線橫分圜之兩界，謂之弦線。其所分圜界之一段謂之弧，此弧與弦相交所成之二角謂之弧分角。如甲丙線橫分甲乙丙丁圜界於甲丙，則甲丙線爲弦，其所分之甲丁丙一段、甲乙丙一段皆謂之弧，而甲丙弦與甲乙丙弧相交所成之甲丙乙、丙甲乙二角即謂之弧分之角焉。

第三

凡自一圜弦線之兩頭復作二直線，相遇於圜界之一處，其所成之角，謂之圜分內角，又謂之弧分相對之界角也。如甲乙丁丙圜之甲乙丙一段，自乙丙弦線之兩頭各作一直線於甲處相遇，其所成之乙甲丙角即圜分內角，然此甲角與乙丁丙弧相對，故又爲弧分相對之界角也。

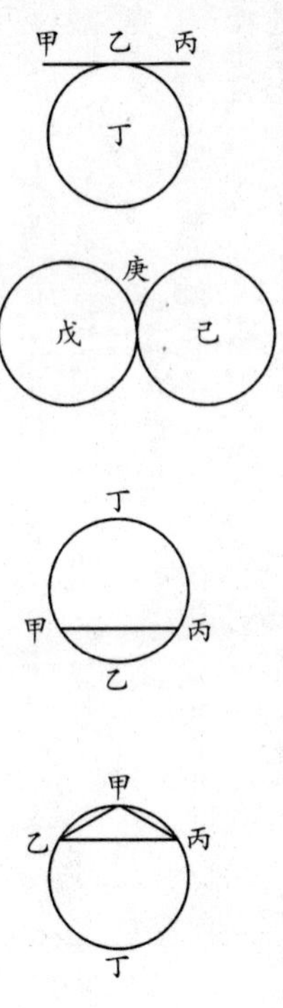

第四

凡一圜有二輻線，截弧之一段，所成之三角形，謂之分圜面形。如甲圜自甲心至圜界乙、丙二處作甲乙、甲丙二輻線，所成之甲丙乙三角形即爲分圜面形也。

又 第十

一圜界內，任於圜界一段至圜心作二線，至圜界作二線，即成二角。在圜心者爲心角；在圜界者爲界角。設如甲乙丁圜，自甲乙一段至丙心作甲丙、乙丙二線，仍自甲乙至丁界作甲丁、乙丁二線，成甲丙乙、甲丁乙二角。其甲丙乙角爲心角；甲丁乙角爲界角也。

又 第十七

凡函圜各界形之各線，與圜界相切而不相交，則謂之函圜切界形。如甲乙丙三角形之甲乙、乙丙、丙甲三界線，俱在庚圜界之丁、己、戊三處相切而不相交，故謂之函圜切界三角形。又若甲乙丙丁四方形之甲乙、乙丙、丙丁、丁甲四界線，俱在戊圜界之己、庚、辛、壬四處相切而不相交，則謂之函圜切界四邊形。觀此二圖，則知函圜各界形必大於所函圜界形之分矣。

第十八

凡圜內直界形之各角，止抵圜界而不割出，則謂之圜內所函各邊形。如甲乙丙三角形之甲角、乙角、丙角，俱與丁圜界相抵而不曾割出，即謂之圜內所函三角形。又如甲乙丙丁四方形之甲角、乙角、丙角、丁角，俱與戊圜界相抵而不割出，則謂之圜內所函四邊形。觀此二圖，則知函於圜界各界形必小於圜界之分矣。

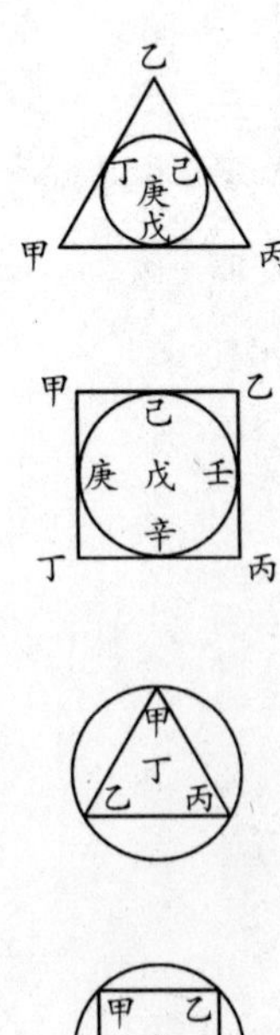

又 上編卷三

《幾何原本》八

第三

凡大小兩三角形，其相當之二角度若兩兩相等，則其餘一角亦必相等，如此類兩三角形謂之同式三角形也。雖其內容積分不同，而其相當各界互相爲比，俱爲相當比例之率焉。如甲乙丙、丁戊己大小兩三角形，其甲角與丁角等，乙角與戊角等，則所餘丙角必與己角等，而爲同式三角形也。二卷第三節言：凡三角形之三角相併，與二直角等，則此大小兩三角形之各三角相併，亦俱爲二直角。於二直角中減去大形之甲角、乙角，餘爲丙角。減去小形之丁角、戊角，餘爲己角。其所減之數既等，則所餘之數亦必等矣。若於大形內與乙丙平行作庚辛線，與甲乙平行作辛壬線，則成甲庚辛、辛壬丙兩小三角形。此兩小形之相當角度與大形之相當角度亦必俱等，故皆謂之同式形也。凡同式之形，其容積雖不一，而其各界互相

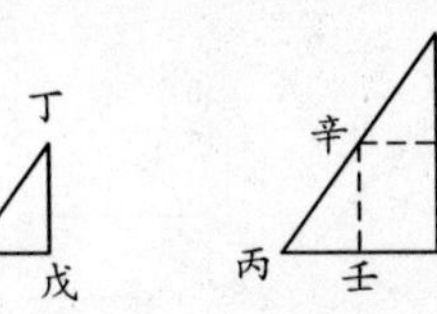

爲比，皆爲相當比例之四率。是故以大三角形之甲乙全線與所截甲庚一段之比，即如大三角形之甲乙一邊與小三角形之相當丁戊一邊之比也。大三角形之甲丙全線與所截甲辛一段之比，即如大三角形之甲丙一邊與小三角形之相當丁己一邊之比也。大三角形之乙丙底線與所截庚辛底線之比，即如大三角形之乙丙底線與小三角形之戊己底線之比也。至於甲乙丙大三角形與所截辛壬丙小三角形相當各界之比，亦如甲乙丙大三角形與丁戊己小三角形相當各界之比也。由此推之，凡同式之形，其相當各界互相爲比，皆爲相當比例之率可知矣。

又　第六

有衆多邊形，其邊數同，相當各角俱等，而相當界之比例又同，則謂之同式形也。如有甲乙丙丁戊、己庚辛壬癸大小兩多邊形，其邊數俱爲五，其相當甲、己二角，乙、庚二角，丙、辛二角，丁、壬二角，戊、癸二角各度俱等，而甲乙邊與己庚邊之比，即同於乙丙邊與庚辛邊之比。其相當邊互相比之俱同者，即謂之同式多邊形也。又如衆曲線形，於其內外作各種直界形，其式若同，則謂之同式曲線形也。假如有甲、乙大小兩曲線形，在甲大形內作一丙丁戊己庚五邊形，在乙小形內作一辛壬癸子丑五邊形，此所作兩五邊形之式若同，則曲線形之式必同。又如甲、乙大小兩曲線形，在甲大形外作一丙丁戊己四邊形，在乙小形外作一庚辛壬癸四邊形，此所作兩四邊形之式若同，其曲線形之式亦必同，故皆謂之同式曲線形也。或如甲乙、丙丁大小兩圜分，於大圜分內作一戊甲乙三角形，於小圜分內作一己丙丁三角形，此所作兩三角形之式若同，則圜分之式亦必同，故謂之同式圜分也。

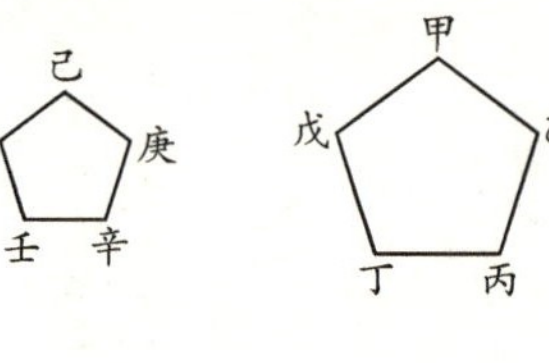

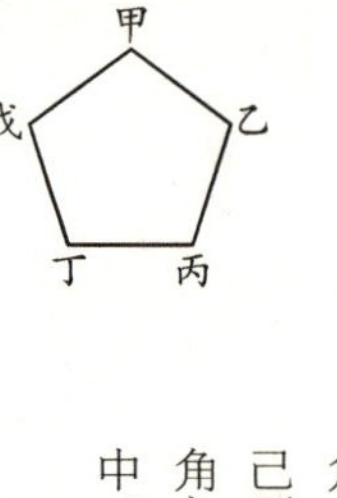

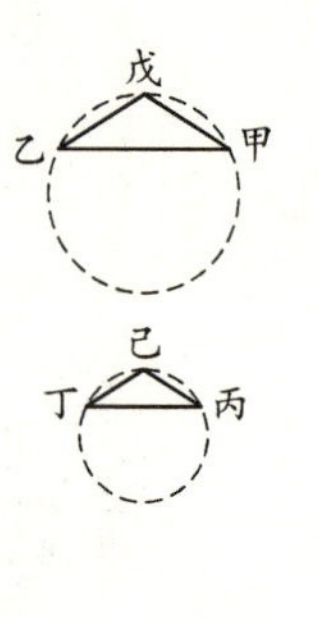

清・莊亨陽《幾何原本舉要》　凡角度皆起於圓心而見於圓界。圓不論大小俱有三百六十度之數，度有六十分，分有六十秒，秒有六十微，微有六十纖，自此以下又有不盡之數分之，故執有度之圓界爲凡角大小之規也。

二平行線若作一斜線交加於上，則二橫線內外所成之二角俱爲相等。

在平行線上作一斜直線即成八角，此八角之庚戊乙、甲戊己兩相等角謂之對角；甲戊庚、庚戊乙兩角同心謂之並角；庚戊乙、戊己丁二角相等角一邊謂內外角；甲戊己、戊己丁二角相等角，其尖錯交，謂相對錯角；庚戊乙、丁己辛二角之等角一邊謂之外角；乙戊己、丁己戊二角之相等角一邊謂之內角。八角之中，半鈍、半鋭各自相等。推之三平行線、四平行線皆然也。

四邊形有五種：一四方形邊角俱等也；一長方形角等而兩邊長兩邊短也；若四邊等而角兩鈍兩鋭者謂斜方形；又兩邊長兩邊短而角兩鈍兩鋭者謂長斜方形；若四邊不等四角又不等者謂無法形。

凡四邊平行線形，其角之各兩對角必俱相等。於對角作線，分爲兩三角形，是爲對角線必將平行線四邊形分爲兩平分。

凡一直線切於圓界，雖長過界而不與圓界出入交加，此謂之切線。又兩圓之圓界相遇相切，而不相交加出入，謂之切圓。

凡一直線橫分圓界謂之弦，如戊。所分圓界之一段謂之弧。如甲乙丙弦線與弧線相遇處成兩形，如甲乙丙俱爲圓之弧分之角。

凡自弦之兩頭作兩線，外向圓界相遇，此角名爲圓分內角，又謂對弧立角。自圓心作二輻線至弧線成三角形，謂之分圓面形。

三角俱抵圓邊者界角也；一角居心，二角抵邊者心角也。大小三角形每每相當，角若等，則其積雖異而其形爲同，謂同式三角形也。再有一三角形，自此形分之出一庚子癸三角形，又出一子丑壬三角形，此所分出兩形與原形每每相當，角俱等，亦謂同式形也。

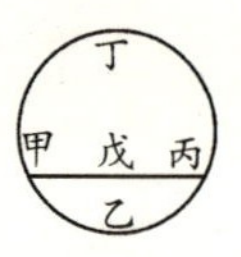

三角衆形內，相當各二角度若等，則餘一角度必等，亦謂同式三角形也。蓋三角相合必與二直角等，足半周之度也。

有多邊衆形，其邊數同，而相當角度等，謂同式多邊形，則大形甲邊之比與小形甲邊之比同於乙邊與乙邊之比也。

有衆曲界形，在曲界形之或內、或外作相函之各種直界形，其式若等，亦謂同式曲界形也。兩褫界形、二圓分形亦於兩中間各作三角形，若同式，即謂之同式褫界、同式圓分也。

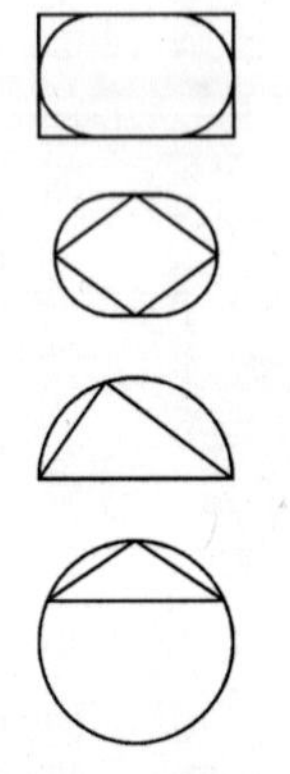

綜論

明·徐光啓《句股義》 句股，即三邊直角形也。底線爲句，底上之垂線爲股，對直角邊爲弦。句股上兩直角方形并，與弦上直角方形等。故句三、股四，則弦必五。一卷四七注。從此可以句股求弦、句弦求股、股弦求句；一卷四七注。可以求句股中容方、容圓；可以各較求句、求股、求弦；可以各和求句、求股、求弦；可以大小兩句股互相求；可以立表求高深廣遠以通句股之窮；可以二表、四表求極高深、極廣遠，以通立表之窮。其大小相求及立表諸法，《測量法義》所論著畧備矣。句股自相求，以至容方、容圓、各和、各較相求者，舊《九章》中亦有之，第能言其法不能言其義也，所立諸法蕪陋不堪讀，門人孫初陽氏刪爲正法十五條，稍簡明矣。余因各爲論譔其義，使夫精於數學者，攬圖誦說，庶或爲之解頤。

清·方中通《數度衍》卷首之三《幾何約》

論三角形

四　兩三角形若兩腰線各等，各兩腰間之角等，則底必等。

五　三角形若兩腰等，則底線兩端之兩角等。而兩腰引出之，其底外兩角必等。

六　三角形若底線兩端之兩角等，則兩腰必等。

七　一線爲底，出兩腰線，其相遇止一點，不得別有腰線與元腰線等。如甲乙底，於甲、於乙各出一線，至丙相遇，此一定之處也，若至丁，則不與元腰線甲丙等矣。

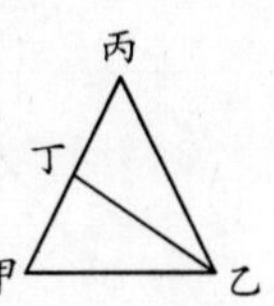

八　兩三角形若兩腰兩底俱等，則兩腰間角必等。

又　十三　一直線至他直線上所作兩角，非直角，即等於兩直角。如甲線下至丙丁線遇於乙，其甲乙丙鈍角與甲乙丁鋭角相并，必等於戊乙丙、戊乙丁兩直角。

十四　一直線，於線上一點出不同方兩直線，偕元線每旁作兩角，若每旁兩角與兩直角等，即後出兩線爲一直線。如甲乙線，於丙點左出丙丁線，右出丙戊線，若甲丙戊、甲丙丁兩角與兩直角等，則丁丙、丙戊必成丁戊一直線。

十五　凡兩直線相交作四角，每兩交角必等。如甲乙與丙丁兩線相交於戊，則甲戊丙角與丁戊乙角必等，甲戊丁角與丙戊乙角必等。

十六　凡三角形之外角，必大於相對之各角。如甲乙丙角形，引乙甲至丁，則外角丁甲丙必大於相對之內角甲乙丙、甲丙乙，引丙甲至戊，其外角戊甲乙亦大。

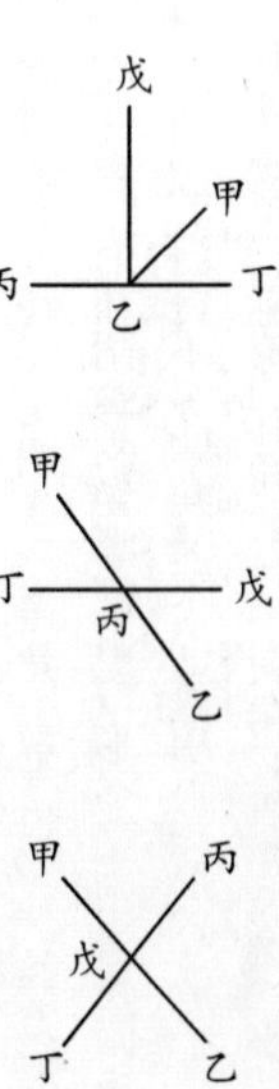

通曰：此不論乙甲丙角也。蓋有時丁甲丙角反小於乙甲丙角，故不論。

十七　凡三角形之每兩角，必小於兩直角。如甲乙丙角形，甲乙丙、甲丙乙兩角并，小於戊乙丁、戊乙丙兩直角。丙甲乙、甲乙丙兩角亦小，甲丙乙、丙甲乙兩角亦小。

十八　凡三角形，大邊對大角，小邊對小角。如甲乙丙角形，甲乙邊大於甲丙、丙乙兩邊，則甲乙邊所對之甲丙乙角必大，甲丙邊所對之乙角、乙丙邊所對之甲角皆小。

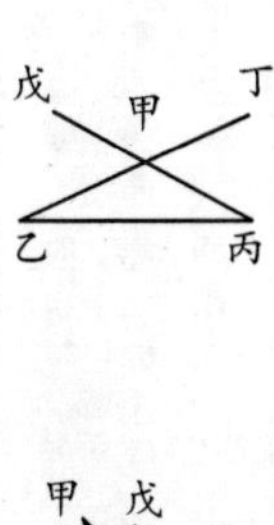

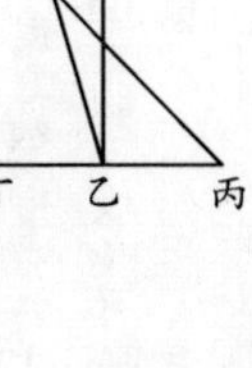

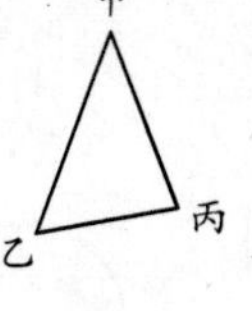

十九　凡三角形，大角對大邊，小角對小邊。

二十　凡三角形之兩邊并之，必大於一邊。

二十一　凡三角形，於一邊之兩界出兩線，作小三角形於內，則內形兩腰并，必小於外相對兩腰。而內所作角，必大於外相對角。如甲乙丙角形，於乙丙邊之兩界作丁乙丙小角形，則丁丙、丁乙兩線并，必小於甲乙、甲丙并，而乙丁丙角必大於乙甲丙角。

又　二十四　兩三角形相當兩腰各等，若一形腰間角大，則底亦大。如甲乙、甲丙兩腰與丁戊、丁己兩腰左右各等，若甲角大於丁角，其乙丙底必大於戊己底。

二十五　兩三角形相當兩腰各等，若一形底大，則腰間角亦大。

二十六　兩三角形相當之兩角等，及相當之一邊等，則餘兩邊必等，餘一角亦等。其一邊，不論在兩角之內，即一角之對。

二十七　兩直線，有他直線交加其上，若相對內兩角等，則兩直線必平行。如甲乙、丙丁兩線，加戊己線交於庚、辛，而甲庚辛角與丁辛庚角等，則甲乙、丙丁兩線必平行。

二十八　兩直線，有他直線交加其上，若外角與同方相對之內角等，或同方兩內角與兩直角等，其兩直線必平行。如甲乙、丙丁兩線，加戊己線交於庚、辛，其戊庚甲外角與庚辛丙內角等，或甲庚辛、丙辛庚兩內角與兩直角等，則甲乙、丙丁兩線必平行。

二十九　兩平行線，有他直線交加其上，則內相對兩角必等，外角與同方相對之內角亦等，同方兩內角亦與兩直角等。

三十　兩直線與他直線平行，則元兩線亦平行。此論同面，不同面線後別有論。如甲乙、丙丁兩線與戊己平行，則甲乙與丙丁亦平行。

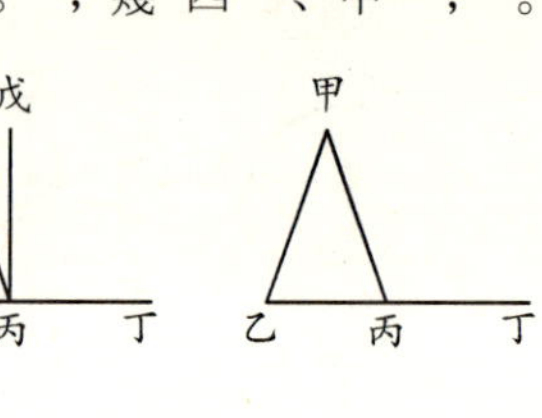

又　三十二　凡三角形之外角，與相對之內兩角并等。三角形之內三角并，與兩直角等。如甲乙丙角形，引乙丙至丁，則甲丙丁外角與內甲、乙兩角并等。又甲、乙、丙三角并，如甲丙丁角，既等於甲、乙兩角，又加丙(甲)〔角〕，豈不與戊丙乙、戊丙丁兩直角等乎？從此推之，如後圖，甲當兩直角，乙當四直角，丙當六直角，丁當八直角，自此可至無窮，其多邊求當幾直角者，以其所有之邊內減二，倍其餘即得。如丁形六邊減二，存四，倍八，故知當八直角也。凡諸種角形之三角并，俱相等。凡兩腰等角形，若腰間直角，則餘兩角每當直角之半；腰間鈍角，則餘兩角俱小於半直角；腰間鋭角，則餘兩角俱大於半直角。平邊角形，每角當直角三分之二。平邊角形，若從一角向對邊作垂線，分爲兩角形，此分形各有一直角在垂線下兩旁，則垂線上兩旁角每當直角三分之一，其餘兩角每當直角三分之二。

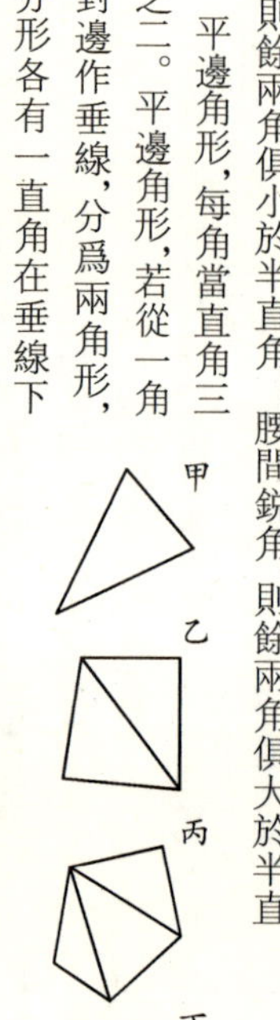

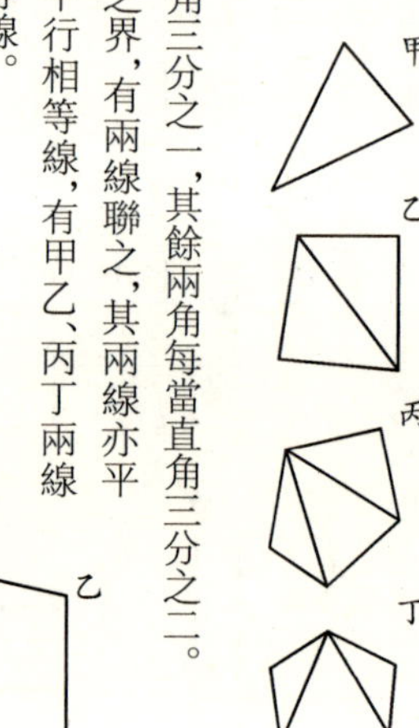

三十三　兩平行相等線之界，有兩線聯之，其兩線亦平行，亦相等。如甲丙、乙丁兩平行相等線，有甲乙、丙丁兩線聯之，則甲乙、丙丁亦平行相等線。

三十四　凡平行線方形，每相對兩邊線各等，每相對兩角各等，對角線分本形兩平分。

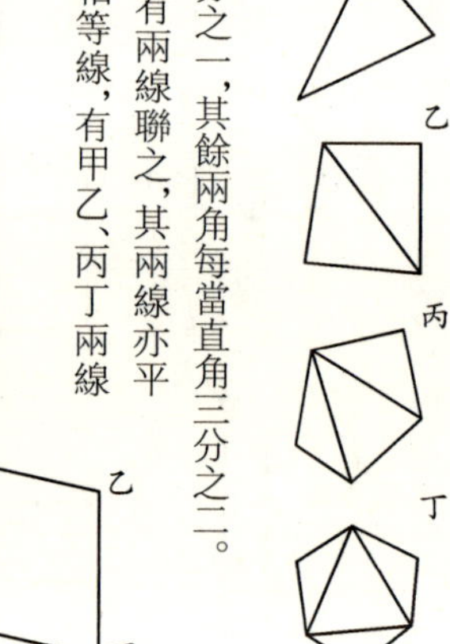

三十五　兩平行方形，若同在平行線內，又同底，則兩形必等。如甲乙、丙丁兩平行線內，有丙丁戊甲、丙丁乙己兩平行方形同丙丁底，則此二形等。或戊、己同點，其甲戊丁丙、戊乙丁丙兩形亦等。或己在戊外，其丙丁戊甲、丙丁乙己兩形亦等。此言形等者，非腰等角等，乃所函之地等也。後言形等者倣此。

三十六　兩平行線內，有兩平行方形，若底等，則形亦等。

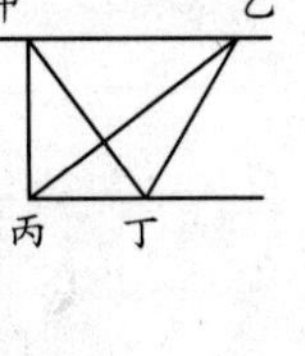

三十七　兩平行線內，有兩三角形，若同底，則兩形必等。如乙、丙丁兩平行線內，有甲丙丁、乙丙丁兩三角形同丙丁底，則兩形等。

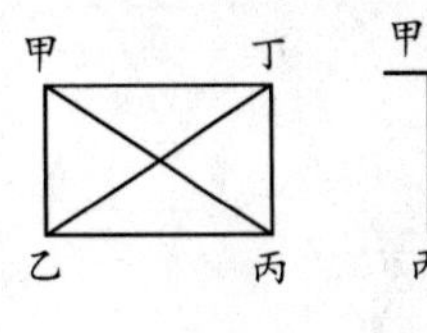

三十八　兩平行線內，有兩三角形，若底等，則兩形必等。

三十九　兩三角形，其底同，其形等，必在兩平行線內。如甲乙丙形與丁丙乙形同乙丙底，而兩形復等，則自丁至甲作直線，必與乙丙平行。

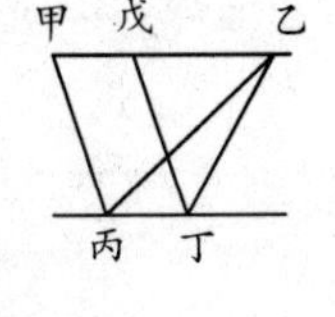

四十　兩三角形，其底等，其形等，必在兩平行線內。

四十一　兩平行線內，有一平行方形、一三角形同底，則方形倍大於三角形。如甲乙、丙丁兩平行線內，有甲丙戊丁方形、乙丁丙三角形同丙丁底，則方形必倍大於角形。

又　四十三　凡方形對角線旁，兩餘方形自相等。如甲乙丙丁方形，有甲丙對角線，則兩旁之乙壬庚戊與庚已丁辛兩形必等。

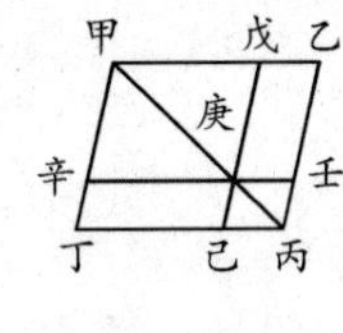

又　四十七　凡三邊直角形，對直角邊上所作直角方形，與餘兩邊上所作兩直角方形并等。如甲乙丙角形，甲爲直角，對甲之乙丙邊上作子直角方形，與甲丙、甲乙兩邊所作丑、寅兩直角方形并等。

通曰：此弦冪內有勾、股二冪也，乙丙弦也。

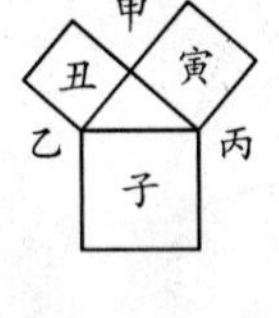

又凡直角方形之對角線，如甲丙，則甲丙線上所作直角方形必倍大於甲乙丙丁形。

四十八　凡三角形之一邊上所作直角方形，與餘邊所作兩直角方形并等，則對一邊之角必直角。

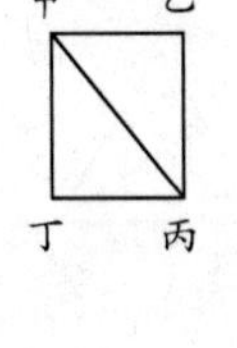

論線

一　兩直線，任以一線任分爲若干分，其兩元線矩內直角形與不分線偕諸分線矩內直角形并等。如甲乙、乙丙兩線，以乙丙三分之，爲乙庚、庚戊、戊丙，則甲乙偕乙丙之矩線內直角形與甲乙偕乙庚、甲乙偕庚戊、甲乙偕戊丙三矩線內直角形并等。

二　一直線，任兩分之，其元線上直角方形與元線偕兩分線兩矩內直角形并必等。如甲乙線，任兩分於丙，則甲乙上直角方形與甲乙偕甲丙、甲乙偕丙乙兩矩線內直角形并等。

三　一直線，任兩分之，其元線任偕一分線矩內直角形與分餘線偕一分線矩內直角形及一分線上直角方形并等。如甲乙線分於丙，甲乙偕甲丙矩內直角形與分餘丙乙偕甲丙矩內直角形及甲丙上直角方形并必等。或如後圖，甲乙偕丙乙矩內直角形與分餘甲丙偕丙乙矩內直角形及丙乙上直角方形并亦等。

四　一直線，任兩分之，其元線上直角方形與各分上兩直角方形及兩分互偕矩線內直角形并等。如甲乙線分於丙，甲乙線上直角方形與甲丙、丙乙線上兩直角方形及甲丙偕丙乙、丙乙偕甲丙矩線內兩直角形并必等。

又凡直角方形之角線形，皆直角方形。

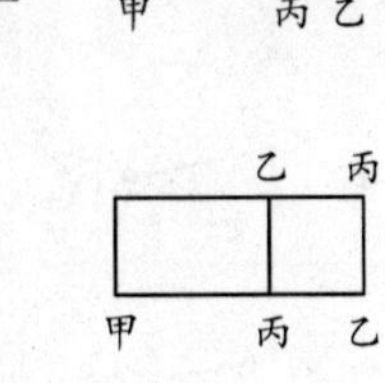

論圜

二　圜界任取二點，以直線相聯，則直線全在圜內。

三　直線過圜心，分他直線爲兩平分，其分處必爲兩直角，爲兩直角，必兩平分。如乙丙丁圜，有丙戊線過甲心，分乙丁線爲兩平分，則已旁必兩直角，甲已爲垂線故也。

四　圜內不過心兩直線相交，不得俱爲兩平分。如甲丙乙丁圜內，有甲乙、丙丁兩直線，俱不過已心而交於戊，若甲乙爲兩平分，則丁丙不得兩平分。若一過心，一不過心，即兩線亦不得俱爲兩平分。

五　兩圜相交，必不同心。

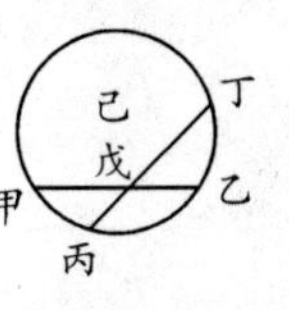

六　兩圜内相切，必不同心。

七　圜徑離心，任取一點，從點至圜界任出幾線，其過心最大，不過心最小，餘線愈近心者愈大，愈近不過心者愈小，諸線中止兩線等。如甲丙丁戊乙圜，其徑甲乙，其心己，離心任取一點爲庚，從庚至圜界任出幾線，爲庚丙、庚子、庚戊、庚乙、庚甲，惟過心庚甲最大，不過心庚乙最小，庚丙大於庚丁，庚丁大於庚戊，而庚乙兩旁止可出兩線等，如庚辛等庚戊，庚壬等庚丁也。

八　圜外任取一點，從點任出幾線，其至規内，則過圜心線最大，餘線愈離心愈小；其至規外，則過圜心線爲徑之餘者最小，餘線愈近徑餘愈小，而諸線中止兩線等。如乙己壬圜之外，從甲點任出幾線，其一爲過癸心之甲壬，其餘爲甲辛、甲庚、甲己皆至規内，則過心之甲壬最大，近心之甲辛大於甲庚，甲己最小；規外之甲乙爲乙壬徑餘者最小，近徑餘之甲丙小於甲丁，甲戊爲大矣。甲乙丙旁止可出兩線等，如甲子等甲丙也。

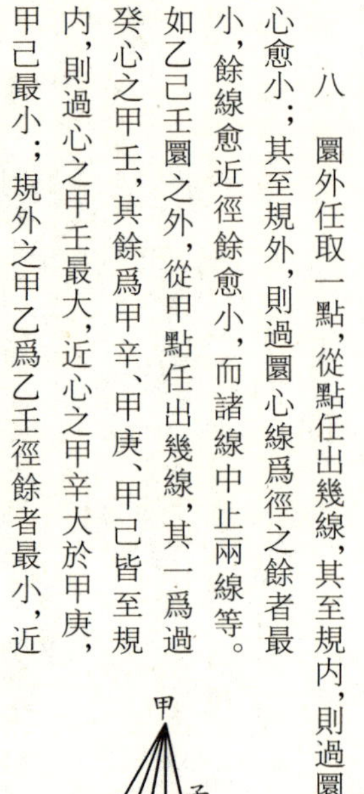

九　圜内從一點至界，作三線以上皆等，即此點必圜心。如從甲點至乙、丙、丁作三線爲甲乙、甲丙、甲丁，若三線等，則甲點必圜心。

十　兩圜相交，止於兩點。

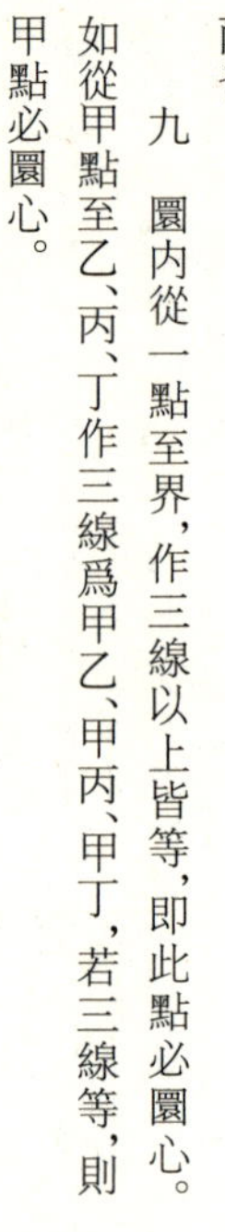

十一　兩圜内相切，作直線聯兩心，引出之必至切界。如甲乙丙、甲丁戊兩圜内切於甲，己爲甲乙丙之心，庚爲甲丁戊之心，作己庚直線聯兩心，又引己至圜界，必至相切之甲點。

十二　兩圜外相切，以直線聯兩心必過切界。如甲乙兩圜，外切於丁，甲心爲丙，乙心爲戊，作丙戊直線聯之，必過丁界。

十三　圜相切，不論内外，止於一點。

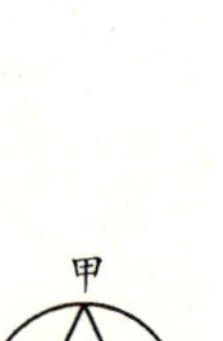

十四　圜内兩直線等，即距心之遠近等，距心遠近等，即兩直線等。如甲乙丙丁圜，心戊，圜内甲乙、丁丙兩線等，則庚戊、己戊遠近必等。

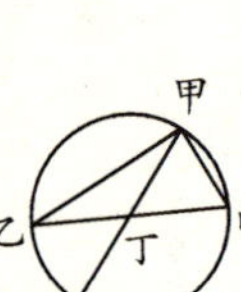

十五　徑爲圜内之大線，其餘線，近心大於遠心。

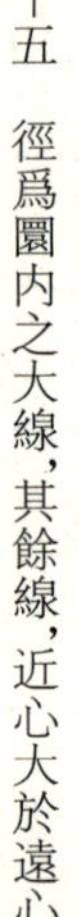

十六　圜徑末之直角線全在圜外，而直線偕圜界所作切邊角不得更作一直線入其内，其半圜分角大於各直線鋭角，切邊角小於各直線鋭角。如甲丙徑末之甲戊垂線全在圜外，戊甲垂線偕乙甲圜界所作切邊角不得更作一直線入其内，丙甲線偕乙甲圜界所作丙甲乙圜分角大於各直線鋭角，而戊甲線偕乙甲圜界所作切邊角小於各直線鋭角。又有兩種幾何，一大一小，以小率半增之，遞增至於無窮，以大率半減之，遞減至於無窮，其元大者恒大，元小者恒小。如後圖，直線切圜之戊甲乙切邊角爲小率，壬庚辛直線鋭角爲大率。今别作甲丙、甲丁各圜，俱切戊己線於甲，其切邊角愈增愈大，别以庚癸、庚子線作角，分壬庚辛角於庚，愈分愈小，恒大恒小，終不得相比。

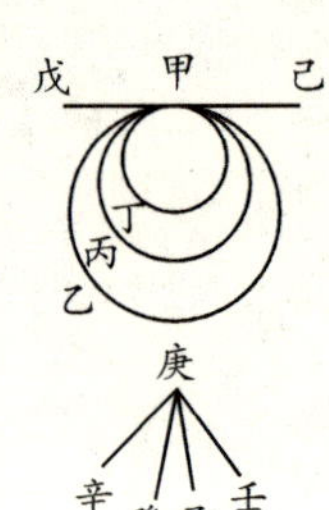

又甲丙徑，甲不動，引丙線向己漸移，其所經乙丁戊中間無數。凡割圜皆爲鋭角，即小於半圜分角，纔離鋭角，便爲直角，即大於半圜分角。是所經無數線，終無有相等線也。又直線鋭角皆小於半圜分角，直角鈍角皆大於半圜分角，是大小終無等也。

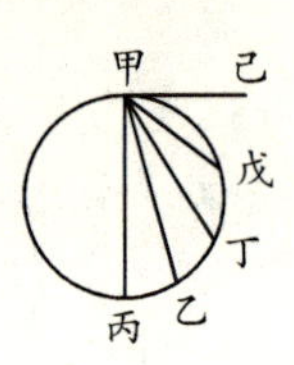

又　十八　直線切圜，從圜心作直線至切界，必爲切線之垂線。

十九　直線切圜，圜内作切線之垂線，則圜心必在垂線之内。

二十　負圜角與分圜角所負所分之圜分同，則分圜角必倍大於負圜角。如甲乙丙圜，其心丁，有乙丁丙分圜角，乙甲丙負圜角，同以乙丙圜分爲底，則乙丁丙角倍大於乙甲丙角。

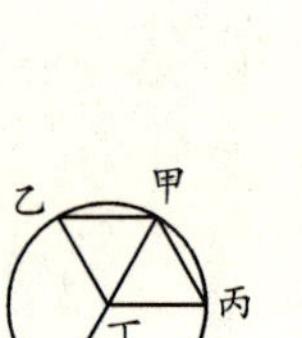

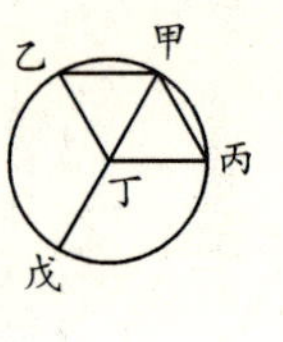

又乙丁、丁丙不作角於心，或如上圖爲半圜，或如下圖爲小半圜，則丁心外餘地爲乙丁戊、戊丁丙兩角，倍大於同乙丁丙之底負圜角爲乙甲丙(丁)[角]也。

二十一　凡同圜分內，所作負圜角俱等。如丁甲乙丙圜分內，不論此爲大分小分，函心不函心，但分內任作丁甲丙、丁乙丙兩角必等。

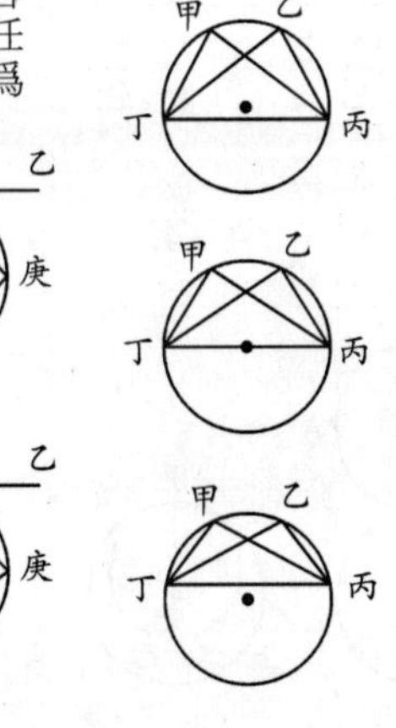

又　三十二　直線切圜，從切界任作直線，割圜爲兩分，分內各任爲負圜角，其切線與割線所作兩角與兩負圜角交互相等。如甲乙線，切圜於丙，從丙任作丙戊直線，不論過己心與不過己心，割圜兩分，兩分內任作丙丁戊、丙庚戊兩負圜角，則甲丙戊角與丙庚戊角等，乙丙戊角與丙丁戊角等。

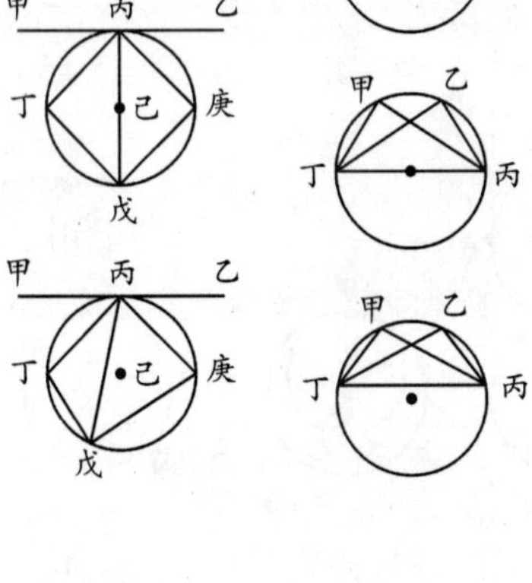

通曰：割線正，則左與左等，右與右等。割線偏，則左與右等，右與左等。蓋切線在外，割線在內故也。

論線面之比例

一　等高之三角形、方形，自相與爲比例，與其底之比例等。如乙丙、丁戊己兩三角形等高，其底乙丙、戊己，則甲乙丙與丁戊己之比例，若乙丙與戊己。

又甲乙丙與丁戊己兩角形，甲庚乙丙與丁戊己辛兩方形，其底乙丙與戊己等，則甲乙丙與丁戊己兩角形之比例、甲庚乙丙與丁戊己辛兩方形之比例，皆若甲壬與丁癸之高之比例也。

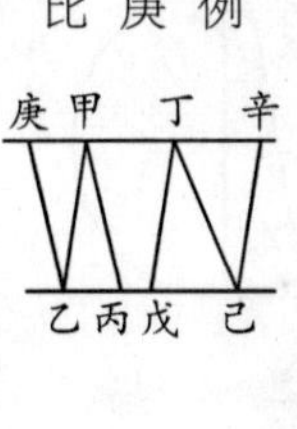

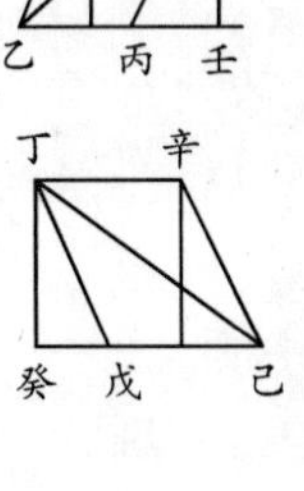

二　三角形任依一邊作平行線，即此線分兩餘邊以爲比例，必等。三角形內，有一線分兩邊以爲比例而等，即此線與餘邊爲平行。如甲乙丙角形，作丁戊與乙丙平行線於形內，則甲丁與丁乙之比例，若甲戊與戊丙。反言之，甲丁與丁乙、甲戊與戊丙比例若等，則丁戊與乙丙兩線必平行。

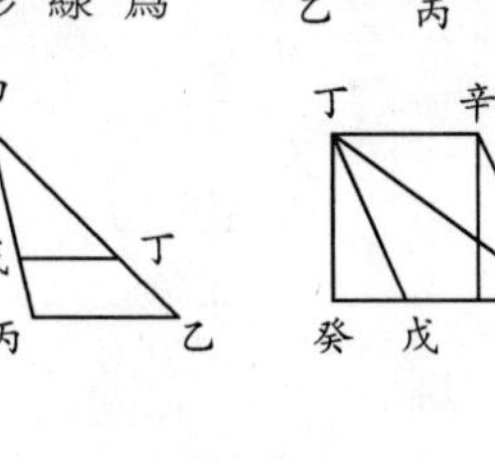

三　三角形任以直線分一角爲兩平分，而分對角邊爲兩分，則兩分之比例，若餘兩邊之比例。三角形分角之線所分對角邊之比例，若餘兩邊，則所分角爲兩平分。如甲乙丙角形，以甲丁線分乙甲丙角爲兩平分，則乙丁與丁丙之比例，若乙甲與甲丙。反言亦可。

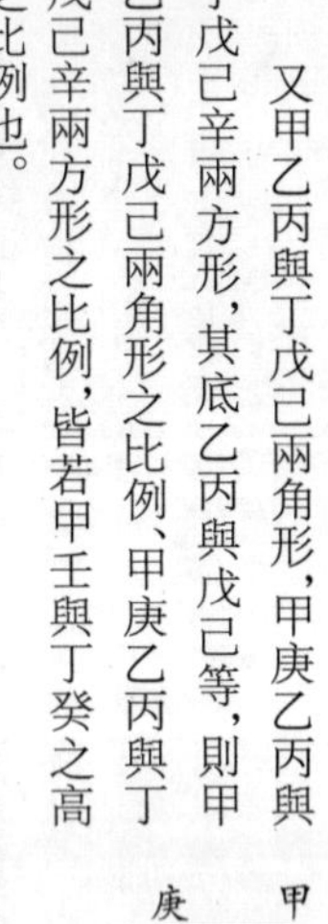

四　凡等角三角形，其在等角旁之各兩腰線相與爲比例，必等，而對等角之邊爲相似之邊。如甲乙丙、丁丙戊兩角形各角俱等，則甲乙與乙丙之比例，若丁丙與丙戊。甲乙與甲丙，若丁丙與丁戊。甲丙與丙乙，若丁戊與戊丙。而每對等角之邊各相似。相似者，謂各前各後率，各對本形之相當等角也。

又凡角形內之直線，如丁戊，與乙丙平行，則截一分之甲丁戊角形，必與甲乙丙全角形相似。

又甲乙丙角形內，作丁戊線與乙丙平行，於乙丙邊任取己點，向甲角作線，則乙己與己丙之比例，若丁庚與庚戊。

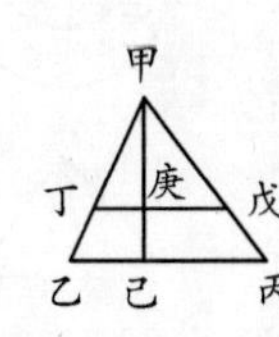

五　兩三角形，其各兩邊之比例等，即兩形爲等角形，而對各相似邊之角各等。此反前題之説也。

六　兩三角形之一角等，而等角旁之各兩邊比例等，即兩形爲等角形，而對各相似邊之角各等。如兩角形之乙與戊兩角等，而甲乙與乙丙之比例，若丁戊與戊己，則餘角丙與己、甲與丁俱等。

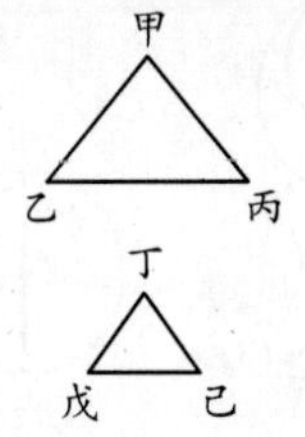

七　兩三角形之第一角等，而第二相當角各兩旁之邊比例等，其第三相當角或俱小於直角、或俱不小於直角，即兩形爲等角形，而對各相似邊之角各等。如兩角形之甲與丁角等，而第二相當角如丙角兩旁之甲丙、丙乙兩邊，偕己角兩旁之丁己、己戊兩邊比例等，其第三之相當角如乙與戊或俱小俱不小於直角，則丙角與己等，乙

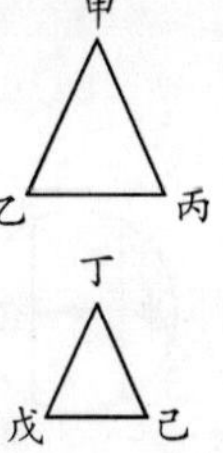

角與戊等。

八　直角三邊形，從直角向對邊作一垂線，分本形爲兩直角三邊形，即兩形皆與全形相似，亦自相似。如甲乙丙直角三邊形，從乙甲丙直角作丁垂線，則所分甲丁丙、甲丁乙兩三邊形皆與全形相似，亦自相似，同直角也。

又從直角作垂線，即此線爲兩分對邊線比例之中率，而直角旁兩邊各爲對角全邊與同方分邊比例之中率也。

清·李子金《幾何易簡集》卷一　《幾何要法》删注

凡直線垂于横線之上，必成兩直角。直角即方角也。如丙丁爲横線，甲乙爲垂線之類。凡直線斜抵于横線之上，必成兩不等角。一大于直角，一小于直角。大爲鈍角，小爲鋭角。戊己庚即鈍角，戊己辛即鋭角，直角惟一，而鈍鋭之形乃至無數。

凡言角俱用三字，第二字即所指角。

又　卷二　《幾何原本》删注

凡三角形之外角與相對之兩内角并等，三角形之内三角并與兩直角等。假如甲乙丙三角形，將乙丙線引至丁，則甲丙丁爲外角與相對之甲乙丙、乙甲丙兩内角并等。試作戊丙線與甲乙平行，則戊丙丁、戊丙甲之兩角即甲、乙之兩角也。再將甲丙線引之至己，則丁丙己角與甲丙乙角等，既甲丙丁角與甲、乙兩角并等，而又加一丁丙己角與甲丙乙角相等，豈非三角并乎？夫甲丙丁、甲丙乙并原與兩直角等，則甲乙丙内三角并亦如之矣。

三邊等角形，每角當直角三分之二。可分一直角爲三平分，見《要法》。

兩平行方形，若同在平行線内而同底者，則兩形必等。如第一圖，則丙丁戊甲與丙丁乙戊等。

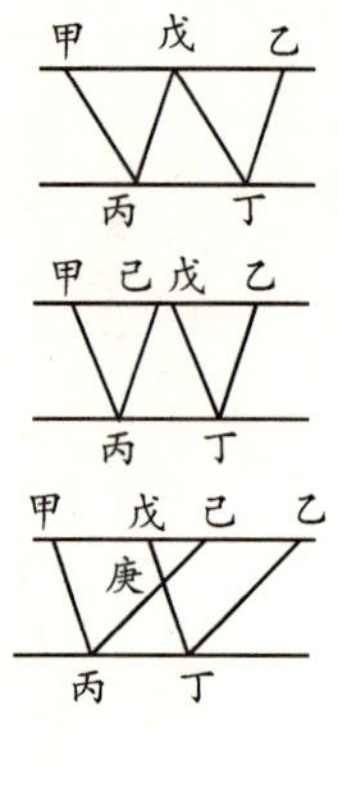

如第二圖、第三圖，則丙丁戊甲與丙丁乙己俱等。推而論之，如第三圖，若減去丙庚丁一三角形，則甲丙己與戊丁乙兩三角形亦等；若減去丙庚丁、戊庚己兩三角形，則甲戊庚丙與乙己庚丁兩無法四邊形亦等。

兩平行線内有兩三角形，若同底，則兩形必等。如甲乙、丙丁兩平行線内有甲丙丁與乙丁丙兩三角形，同以丙丁爲底，試作丁戊直線與甲丙平行，又作丁己直線與乙丙平行，甲丙丁戊與乙丙丁己兩平行方形既等，則甲丙丁角形爲甲丙丁戊方形之半，與乙丙丁角形爲乙丙丁己方形之半者亦等矣。

清·杜知耕《幾何論約》卷一之首

公論十九則公論者不可疑。

一論：設有多度彼此俱與他等，則彼與此自相等。

二論：有多度等，若所加之度等，則合併之度亦等。

三論：有多度等，若所減之度等，則所存之度亦等。

四論：有多度不等，若所加之度等，則合併之度不等。

五論：有多度不等，若所減之度等，則所存之度不等。

六論：有多度俱倍于此度，則彼多度俱等。

七論：有多度俱半于此度，則彼多度俱等。

八論：有二度自相合，謂以此度加于彼度之上，而自相合。則兩度必等。

九論：全大于其分。

十論：直角俱相等。

十一論：有甲乙、丙丁兩横線，任作一戊己縱線或正或偏，或戊己線旁同方兩角俱小于直角，或兩角并小于兩直角，則兩横線愈長愈相近，必有相遇處。

十二論：兩直線不能爲有界之形。

十三論：兩直線止能于一點相遇。

十四論：有甲乙、丙丁兩度等，若于甲乙加乙戊、于丙丁加丁己，所加兩度不等，則合併之差與所加之差等，謂甲戊之大于丙己與乙戊之大于丁己同一戊庚也。

十五論：有戊乙、丁己兩度不等，若于戊乙加乙甲、于己丁加丁丙，所加兩度等，則合併所贏之度與元所贏之度等，謂戊甲之大于己丙與戊乙之大于己丁同一庚戊也。

十六論：有甲乙、丙丁兩度等，若于甲乙減戊乙，于丙丁減己丁，所減兩度不等，則餘度所羸之度與減去所羸之度等，謂乙戊之大于己丁與丙己之大于甲戊同一庚戊也。

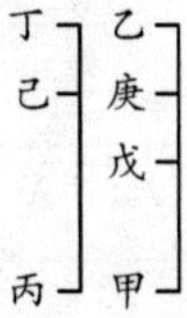

十七論：有甲戊、丙己兩度不等，若于甲戊減甲乙，于丙己減丙丁，所減兩度等，則餘度所羸之度與元所羸之度等，謂乙戊之大于丁己與甲戊之大于丙己同一庚戊也。

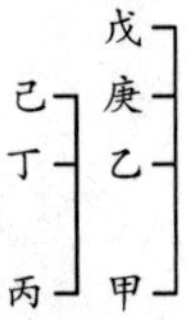

十八論：全與諸分之并等。

十九論：有二全度，此全倍于彼全，若此全所減之度倍于彼全所減之度，則此較亦倍于彼較。設此度二十、彼度十，于二十減六、于十減三，則此較十四、彼較七。相減之餘曰較。

又 卷一

四題　兩三角形若相當之兩腰各等，各兩腰間角等，則兩底必等，而兩形亦等，其餘各兩角相當者俱等。

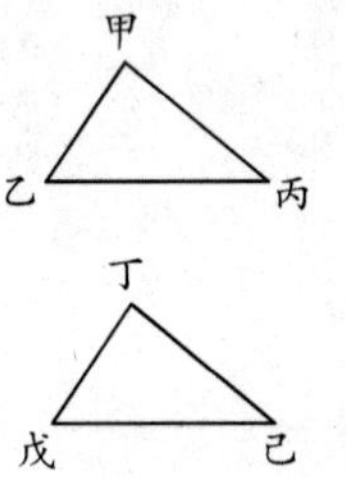

解曰：甲乙丙、丁戊己兩角形，甲與丁兩角等，甲丙與丁己兩線、甲乙與丁戊兩線各等，題言乙丙與戊己兩底必等，而兩角形亦等，乙與戊兩角、丙與己兩角俱等。三角形稱爲角形，省文也。

五題　三角形若兩腰等，則底線兩端之兩角等，而兩腰引出之其底之外兩角亦等。

解曰：甲乙丙角形，其甲丙與甲乙兩腰等，題言甲丙乙與甲乙丙兩角等，又引甲丙至戊、引甲乙至丁，其乙丙戊與丙乙丁兩外角亦等。

增：凡三邊等形，其三角俱等。

六題　三角形若底線兩端之兩角等，則兩腰亦等。

七題　一線爲底出兩腰線，其相遇止有一點，不得別有腰線與元腰線等，而于此點外相遇。

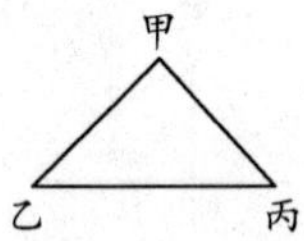

解曰：乙丙線爲底，于乙、于丙各出一線至甲點相遇，不得于乙上更出一線與甲乙等、丙上更出一線與甲丙等，而不于甲相遇。

八題　兩三角形若相當之兩腰各等，兩底亦等，則兩腰間角必等。

解曰：甲乙丙、丁戊己兩角形，其甲乙與丁戊兩腰、甲丙與丁己兩腰各等，乙丙與戊己兩底亦等，題言甲、丁兩角必等。

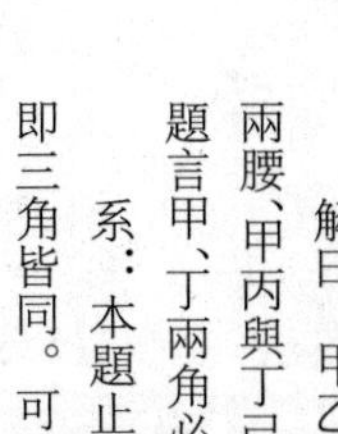

系：本題止論甲、丁兩角，若旋轉，依法論之，即三角皆同。可見，凡線等角必等，不可疑也。

又 十三題

一直線至他直線上所作兩角，非直角即等于兩直角。

解曰：甲乙線至丙丁線上作甲乙丙、甲乙丁兩角，題言此兩角若非直角即一鋭一鈍，而并之等于兩直角。

論曰：試作戊乙垂線，本卷十一。則成戊乙丁、戊乙丙兩直角，甲乙丁角加一戊乙甲角與戊乙丁直角等，甲乙丙角減一戊乙甲角與戊乙丙直角等，故甲乙丁、甲乙丙兩角并與兩直角等。

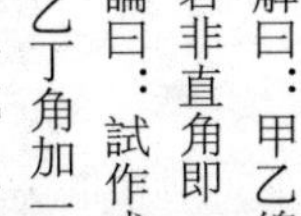

十四題　一直線于線上一點出不同方兩直線，偕元線每旁作兩角，若旁兩角與兩直角等，即後出兩線爲一直線。

解曰：甲乙線于丙點上左出一線爲丙丁，右出一線爲丙戊，若甲丙戊、甲丙丁兩角與兩直角等，題言丁丙與丙戊是一直線。論同前題。

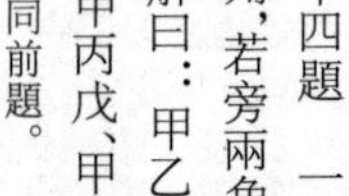

十五題　凡兩直線相交作四角，每兩交角必等。

解曰：甲乙、丙丁兩線相交于戊，題言甲戊丙、丁戊乙兩角，甲戊丁、丙戊乙兩角，各等。

論曰：兩直線相交，則甲戊丁、丁戊乙必等于兩直角，甲戊丁、甲戊丙亦等于兩直角。本卷十三。是甲戊丁、丁戊乙兩角并，與甲戊丁、甲戊丙兩角并等矣。試減同用之甲戊丁角，所存丁戊乙、甲戊丙兩角必等，餘兩角亦同此論。

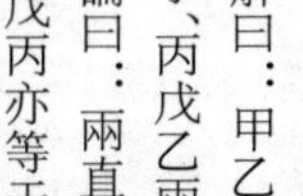

一系：推顯兩直線相交作四角，與四直角等。

二系：凡直線相交于一點，不論幾許線、幾許角，定與四直角等。

增題：一直線內出不同方兩直線，而所作兩交角等，即後出兩線爲一直線。

理同本題，反言之。

十六題　凡三角形之外角必大于相對之各角。

解曰：甲乙丙角形自乙甲線引至丁，題言丁甲丙外角必大于相對之甲乙丙、甲丙乙內角。

論曰：試以甲丙平分于戊，作乙戊線引長之，從戊截取戊己與乙戊等；次作甲己線，成甲戊己、戊乙丙兩角形，其戊己與戊乙、戊甲與戊丙各等，甲戊己、乙戊丙兩交角又等，本卷十五。則甲己與乙丙兩底亦等，本卷四。而己甲戊與戊丙乙兩角亦等矣。夫己甲戊乃丁甲丙之分，則丁甲丙大于己甲戊，亦大于相等之戊丙乙矣。依前推顯，庚甲乙大于辛乙丙，庚甲乙又與丁甲丙兩交角相等，本卷十五。是丁甲丙亦大于辛乙丙矣。

十七題　凡三角形之每兩角必小于兩直角。

解曰：甲乙丙角形，題言每兩角并俱小于兩直角。

論曰：試引丙乙至丁，甲乙丙、甲乙丁兩角并與兩直角等，本卷十三。而甲乙丁外角必大于甲丙乙內角，本卷十六。是甲乙丙與甲丙乙兩角并小于兩直角矣。餘二角倣此。

十八題　凡三角形大邊對大角，小邊對小角。

解曰：甲乙丙角形之甲丙邊大于甲乙邊、乙丙邊，題言甲乙丙角大于甲、丙兩角。

論曰：試于甲丙線上截甲丁與甲乙等，作乙丁線，則甲乙丁與甲丁乙兩角等矣。本卷五。夫甲丁乙角者乙丙丁角形之外角，必大于相對之丁丙乙內角，本卷十六。則甲乙丁角亦大于甲丙乙角，而況甲乙丙又函甲乙丁于其中，不更大于甲丙乙乎？如乙丙邊大于甲乙邊，則甲角亦大于丙角，依此推顯。

十九題　凡三角形大角對大邊，小角對小邊。

二十題　凡三角形之兩邊并，必大于一邊。

二十一題　凡三角形于一邊之兩界出兩線，復作一三角形在其內，則內形兩腰并必小于相對兩腰并，而後兩線所作角必大于相對角。

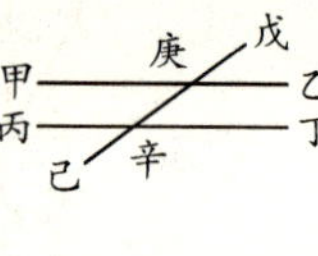

解曰：甲乙丙角形于乙丙邊之兩界各出一線遇于丁，題言丁丙、丁乙兩線并，必小于甲乙、甲丙并；而乙丁丙角必大于乙甲丙角。

又　二十四題　兩三角形相當之兩腰各等，若一形之腰間角大，則底亦大。

解曰：甲乙丙與丁戊庚兩角形，其甲乙與丁戊兩腰，甲丙與丁庚兩腰各等。若甲角大于戊丁庚角，題言乙丙底亦大于戊庚底。

耕曰：設丁戊己與甲乙丙形等，則角與底必俱等。若丁己線開至辛，甲角小于丁角，而乙丙底亦必小于戊辛底。若丁己線斂至庚，甲角大于丁角，而乙丙底亦大于戊庚底。

二十五題　兩三角形相當之兩腰各等，若一形之底大，則腰間角亦大。

二十六題　兩三角形有相當之兩角等，及相當之一邊等，則餘兩邊必等，餘一角亦等，其一邊不論在兩角之內及一角之對。

解曰：甲乙丙形之乙、丙兩角，與丁戊己形之戊、己兩角各等，或兩角內之乙丙邊與戊己邊等，或對丙角之甲乙邊與對己角之丁戊邊等，題言兩形之餘兩邊、一角必俱等。

二十七題　兩直線有他直線交加其上，若內相對兩角等，即兩直線必平行。

解曰：甲乙、丙丁兩直線加他直線戊己交于庚、于辛，而甲庚辛與丁辛庚兩角等，題言甲乙、丙丁兩線必平行。

論曰：如不平行兩線必相遇于壬，成庚辛壬三角形，則甲庚辛外角宜大于相對之庚辛壬內角。本卷十六。若兩角等，則兩線必平行。

二十八題　兩直線有他直線交加其上，若外角與同方相對之內角等、或同方兩內角與兩直角等，即兩直線必平行。

解曰：甲乙、丙丁兩直線加他直線戊己交于庚、于辛，題言若戊庚甲外角與同方相對之庚辛丙內角等，則兩線必平行。又言若甲庚辛與丙辛庚同方兩內角并與兩直角等，則兩線必平行。

二十九題　兩平行線有他直線交加其上，則內相對兩角必等，外角與同方相對之內角亦等，同方兩內角亦與兩直角等。義同上二題，反言之。

三十題　兩直線與他直線平行，則元兩線亦平行。此題所指線在同面者，不同面線後別有論。

又　三十二題二支。　凡三角形之外角與相對之内兩角并等；凡三角形之内三角并與兩直角等。

先解曰：甲乙丙角形，乙丙邊引至丁，題言甲丙丁外角與甲、乙兩内角并等。

論曰：試作戊丙線與甲乙平行，即甲丙爲甲乙戊丙之交加線，則乙甲丙角與相對之甲丙戊角等。本卷二九。又乙丁與兩平行線相遇，則戊丙丁外角與相對之乙内角等，本卷二九。放甲丙丁外角與甲、乙兩内角并等。

後解曰：甲、乙、丙三角并，與兩直角等。

論曰：甲丙乙、甲丙丁兩角并，與兩直角等。本卷十三。又與甲、乙、丙三角并等，是三角亦與兩直角等。

增：從此推知，第一形當兩直角；第二形可分三角形二。當四直角；第三形可分三角形三。當六直角；第四形可分三角形四。當八直角，從此可推至無窮。

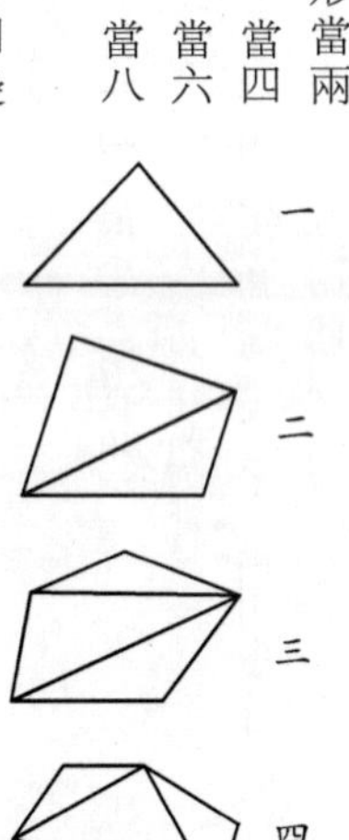

耕曰：不論何形，凡形四邊可當四直角；五邊可當六直角；六邊可當八直角；七邊可當十直角，從此可推至無窮。

一系：凡諸種角形之三角并，俱相等。

二系：凡兩腰等角形，若腰間直角，則餘兩角每當直角之半；腰間鈍角，則餘兩角俱小于半直角；腰間鋭角，則餘兩角俱大于半直角。

三系：平邊角形每當直角三分之二。

四系：甲乙丙平邊角形以甲丁垂線分之，其丁甲丙、丁甲乙兩角每當直角三分之一，乙、丙兩角每當直角三分之二。

增：從三系可分一直角爲三平分，如甲乙丙直角。于甲乙線上作甲乙丁平邊角形；本卷一。次平分甲丁于戊；本卷九。末作乙戊線。

三十三題　兩平行相等線有兩線聯之，其兩線亦平行、亦相等。

三十四題　凡平行線方形，每相對兩邊線各等，每相對兩角各等，對角線分本形兩平分。

解曰：甲乙丙丁平行方形，題言甲乙與丙丁兩線、甲丙與乙丁兩線各等；又言乙與丙兩角、丁與甲兩角各等；又言若作甲丁對角線，即分本形爲兩平分。

三十五題　兩平行方形，若同在平行線内，又同底，則兩形必等。

解曰：甲乙丙丁兩平行線内，有丙丁戊甲與丙丁乙己兩平行方形同丙丁底，題言兩形等。等者，謂所函之地等。後言形等者，多倣此。

先論己點在甲戊之内，曰：甲戊、己乙兩線等。試于兩線各減己戊，餘甲己、戊乙亦等，因顯甲丙己、戊丁乙兩角形亦等。本卷四。次于兩角形每加一丙丁戊己四邊形，即丙丁戊甲、丙丁乙己兩方形，安得不等？

次論己、戊同點，曰：甲丙戊、戊丁乙兩角形等。次于兩角形每加一丙戊丁角形，即丙丁戊甲與丙丁(戊乙)[乙戊]兩方形故等。

後論己點在甲戊之外，曰：甲戊、己乙兩線等，而每加一戊己線，即甲己與戊乙兩線亦等，因顯己甲丙、乙戊丁兩角形亦等。次每減一己戊庚角，加一庚丁丙角形，即丙丁戊甲與丙丁乙己兩方形故等。

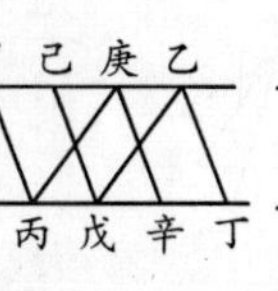

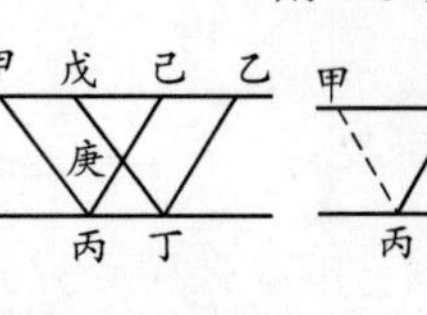

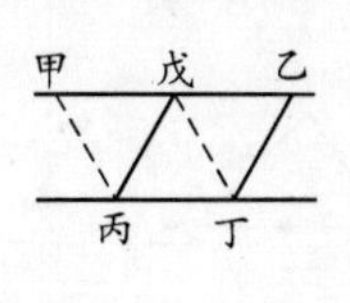

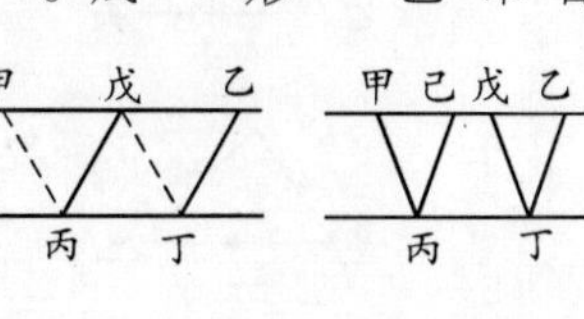

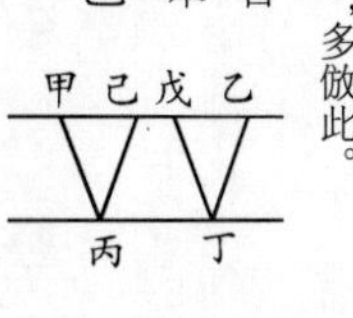

三十六題　兩平行線内有兩平行方形，若底等，則形亦等。

解曰：甲乙、丙丁兩平行線内有甲丙戊己與庚辛丁乙兩平行方形，而丙戊與辛丁兩底等，題言兩形亦等。

論曰：試作丙庚、戊乙兩線，成庚丙戊乙方形。此形與庚辛丁乙方形同庚乙底，必等；與甲丙戊己方形同丙戊底，亦等。本卷三五。即甲丙戊己與庚辛丁乙兩方形自相等。

三十七題　兩平行線内有兩三角形，若同底，則兩形必等。

三十八題　兩平行線內有兩三角形，若底等，則兩形必等。

耕曰：三角形當等高等底方形之半，兩方形等，則兩角形必亦等。論同前二題平行方形。

增：甲乙丙角形任于乙丙邊平分于丁，作丁甲線，即分本形爲兩平分。

論曰：試于甲角上作直線與乙丙平行，則甲乙丁、甲丁丙兩角形在平行線內兩底等，則兩形亦等。

二增：甲乙丙角形從丁點求兩平分法。先作丁甲線；次平分乙丙于戊，作戊己線與甲丁平行；末作己丁線，即分本形爲兩平分。

論曰：試作甲戊直線，即甲戊己、己丁戊兩角形在平行線內同己戊底必等，而每加一己戊丙形，則己丁丙與甲戊丙兩角形亦等。夫甲戊丙爲甲乙丙之半，則己丁丙亦甲乙丙之半。

三十九題　兩三角形其底同、其形等，必在兩平行線內。

四十題　兩三角形其底等、其形等，必在兩平行線內。

四十一題　兩平行線內，有一平行方形、一三角形同底，則方形倍大于三角形。

又　四十三題　凡方形對角線旁兩餘方形自相等。

解曰：甲乙丙丁方形有甲丙對角線，題言兩旁之壬戊與丁庚兩餘方形自相等。

論曰：甲乙丙、甲丙丁兩角形等，又甲戊庚、甲庚辛兩角形，庚壬丙、庚丙己兩角形各等。于甲乙丙形內減甲庚戊、庚壬丙兩形；于甲丙丁形內減甲庚辛、庚丙己兩形，則所存壬戊、丁庚兩餘方形，安得不等？

清·《數理精蘊》上編卷二

《幾何原本》一

第十二

凡一圜內設兩角，此一角相對之弧與彼一角相對之弧其限若等，則此二角之度亦必相等。如甲丁丙戊之圜，丙乙丁角相對之丙丁弧、甲乙戊角相對之甲戊弧，其限相等，故丙乙丁角、甲乙戊角其度亦相等也。

第十三

凡有一圜，其徑線之中心作相並之二角，此二角之度必與二直角等。如甲丙丁之圜，自丁乙丙徑線之中心作甲乙丙、甲乙丁之相並二角，此二角之度必與二直角相等也。

第十四

凡一直線交於他直線，其所成之二角，或爲二直角，或與二直角等。如丙乙丁直線上，畫一甲乙直線至於乙處，即成甲乙丙、甲乙丁之二直角也。又或於丙乙丁直線上，畫一戊乙直線亦至乙處，復成丙乙戊一鋭角、丁乙戊一鈍角，此二角必與二直角相等也。再申明之，以乙爲心，丙爲界，旋轉畫一圜，則丙乙丁線爲圜之徑線，必將圜界平分爲兩平分矣。此丙乙丁徑線之中心所畫之甲乙線又將半圜界平分爲兩平分，則此二角各相對之弧皆爲一圜界四分之一，而各爲一直角可知矣。又如戊乙線將半圜界雖不兩平分而成一鋭角、一鈍角，然所成二角仍在丙乙丁徑線所限半圜界度，爲全圜界四分之二，故與二直角相等也。

第十五

凡自一心畫爲衆線，其所成之角雖多，止與四直角相等。如自甲心至乙、至丙、至丁、至戊、至己畫衆輻線，雖成衆角，其各角所函之度必與四直角等。蓋因甲點爲心，衆輻線皆立一圜之界，故衆角所對之弧，總不越一圜之全度。前言一圜之界，僅有四直角之弧線。兹角雖多，亦未嘗出一圜之界，故曰衆角雖多，止與四直角等也。

第十六

凡兩直線相交所成二對角之度，必俱相等。如甲乙、丙丁二線交於戊處，成甲戊丁、丙戊乙之二對角。斯二角之度，必俱相等。今以二線相交之處爲心，旋轉畫一全圜，則甲乙、丙丁二線俱爲此圜之徑線矣。惟其俱爲徑線，故將一圜爲兩平分。而甲戊乙之徑線爲甲丙乙之半圜界，丙戊丁之徑線爲丙甲丁之半圜界，因兩半圜界俱係全圜徑線，故相交成對角，其度必等。兹將甲丙乙之半圜界減去甲丙弧，即餘丙乙弧；丙甲丁之半圜界亦減去丙甲弧，又餘甲丁弧。凡兩相等之弧減去一段相等之弧，所餘之弧必相等。今甲丙乙、丙甲丁二半圜之界内減去甲丙、丙甲同體之弧，則所餘丙乙、甲丁相對之弧亦必相等矣。此二弧之度既俱相等，則所對之甲戊丁、丙戊乙二角之度亦必相等可知矣。其餘甲戊丙、丁戊乙亦與甲戊丁、丙戊乙同理，故其所對之角度亦必相等也。

又　第二十

平行二線雖引至於無窮，其端必不能相合。蓋二線相離之度，各處遠近俱爲相等故也。如甲乙、丙丁平行二線，隨意引於戊己，又自戊至己畫一縱線，其度亦等於甲丙、乙丁二縱線，故曰平行線。雖引至於無窮，其端終不能相合也。

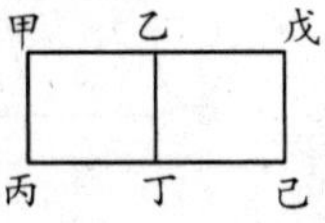

第二十一

凡平行二線，或縱，或斜畫一直線交加於上，則平行線上所成之二角必俱相等。如甲乙、丙丁二平行線上畫一庚辛斜線，其甲乙線之庚戊乙角，丙丁線之戊己丁角皆相等。假使庚戊乙角大於戊己丁角，則戊乙線必離於庚戊線而向丙丁線，甲乙、丙丁二線不平行矣。若甲乙、丙丁二線豪無偏斜，又得庚辛直線相交成二角，則此二角必然相等矣。

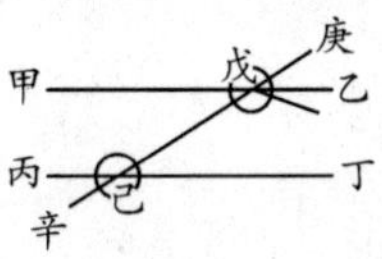

第二十二

凡平行二線上畫一斜線，則成八角。此八角度有相等者，必是對角或内外角。如庚戊乙、甲戊己二角，其度相等，因其兩尖相對，謂之對角；庚戊乙、戊己丁二角，其度亦相等，因其在平行二線之内外，故謂之内外角；甲戊己、戊己丁二角，其度亦相等，因其俱在平行二線之内，而立斜線之左右，故又謂之相對錯角；又如甲戊庚、庚戊乙二角，其度不等，因其立一線之界，謂之並角；庚戊甲、丁己辛二角，其度亦相等，因其俱在平行二線之外，故謂之外角；乙戊己、丙己戊二角，其度亦相等，因其又俱在平行二線之内，故又謂之内角。總之，二平行線上交以斜線，所成八角必兩兩相等也。

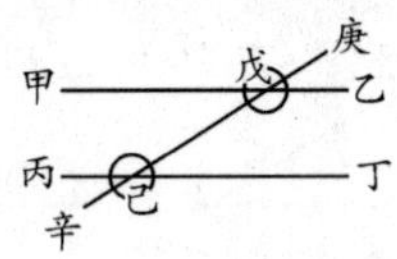

第二十三

平行線上一邊之二内角，或一邊之二外角，與二直角相等。如丁己戊角與丙己戊角爲並角，則此二並角與二直角等。前第十四節云：凡一直線交於他直線所成二角，必與二直角相等。則此二角同出於一直線爲並角，故亦與二直角等矣。又如甲戊庚、庚戊乙雖爲外角，而亦爲並角，此二並角亦與二直角等也。他如甲戊己、乙戊己二並角，丙己辛、丁己辛二並角，亦與二直角等也。

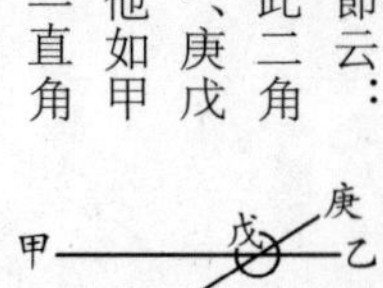

第二十四

有平行二線，復與一線相平行者，此三線互相爲平行線也。如甲乙、丙丁二線之間有戊己線與之平行，則甲乙、丙丁、戊己三線互相爲平行線也。照前第二十一節，在此三線上畫一庚辛壬斜線，則所成之庚、辛二角必相等，而辛、壬二角亦必等也，三線之與斜線相交所成之角既各相等，則三線互爲平行可知矣。

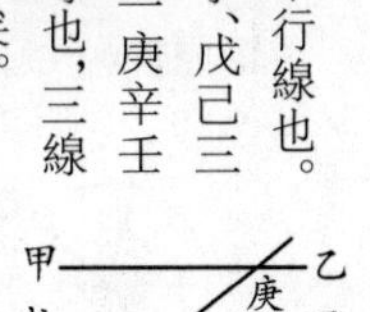

《幾何原本》二

第四

凡三角形之三角度相併，必與二直角度等。如甲乙丙三角形，自乙角與甲丙線平行畫一乙丁線，則成丙乙丁角與丙角爲二尖交錯之二角，其度必相等。見首卷第二十二節。而甲角與甲乙丁角爲甲丙乙丁二平行線内一邊之二内角，與二直角等。見首卷第二十三節。今於甲乙丁直角内減丙乙丁角，所餘爲甲乙丙角，丙乙丁角既與丙角度等，則甲乙丙、丙乙丁合成之一直角，與甲角之一直角非二直角之度耶。

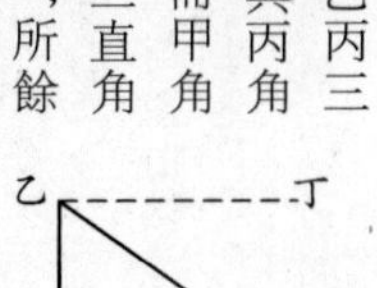

第五

凡三角形，自一界線引長成一外角，此外角度與三角形内所有之二鋭角等。如甲乙丙三角形，自甲乙線引長至丁所成之丙乙丁角即爲外角，其度與三角形内甲、丙二鋭角之度等。蓋甲乙丙三角形之三角度併之原與二直角等，如本卷第四節云。而甲丁直線與丙乙直線相交所成之甲乙丙、丁乙丙内外角亦與二直角等，如首卷第十四節云。則此内外二角所併之度與三角形内三角所併之度亦必相等。今於内外角所併之二直角内減去甲乙丙角，則所餘之丙

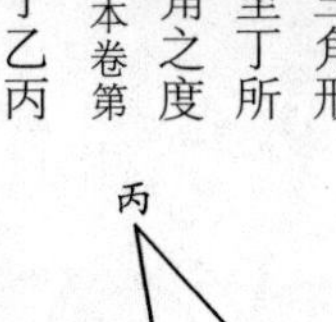

乙丁一外角度與甲角、丙角所併之度爲相等可知矣。

第六

凡兩三角形，其兩邊線之度相等，二線所合之角又等，則二形底線之度必等，二形之式亦等，其底線之二角亦皆等也。如甲乙丙一三角形，丁戊己一三角形，此二形之甲角、丁角若等，甲丙、丁戊二線，甲乙、丁己二線，又互相等，則乙丙、戊己之二底線必等；其二形之三角式亦必等。而乙角、己角相等，丙角、戊角亦相等。若將二形之甲角、丁角相合，則甲丙、丁戊二線，甲乙、丁己二線，各度必等。因其俱等，故丙乙線之二角與戊己線之二角俱恰相符而無偏側矣。若謂乙丙底與戊己底不符，必是戊己線上斜於庚、或下斜於辛，不成直線形矣。

第七

兩三角形，其三邊線之度若等，則三角之度亦必相等，而此形內所函之分亦俱等也。如甲乙丙、丁戊己兩三角形之甲乙線、丁戊線，甲丙線、丁己線，乙丙線、戊己線兩兩相等，則甲角與丁角、乙角與戊角、丙角與己角必各相等。而甲乙丙三界所函之分、丁戊己三界所函之分亦俱相等。蓋因此兩三角形之各線俱恰相符，故所函之分亦俱恰相符也。

第八

凡兩三角形有一線相等，其相等線左右所生之二角又相等，則其他線他角俱相等，而二形之分亦相等也。如甲乙丙、丁戊己兩三角形之甲乙線、丁戊線若等，而此二線左邊所成之甲角、丁角，右邊所成之乙角、戊角亦相等，則甲丙線度與丁己線度等。丙乙線度與己戊線度等，而丙角與己角亦等，甲丙乙形所函之分與丁己戊形所函之分自然相等矣。若將甲乙線與丁戊線相較，再將甲角與丁角、乙角與戊角相較，此二線二角之度必俱相符。此二線二角既俱相符，其他線他角亦必各相符矣。若謂一線不符，則相等之角亦必不符，必其一線斜出、或一線偏入，以致各角俱不相等。角既不相等，而形式亦必不同矣。

第九

三角形之兩邊線若等，其底線之兩角度亦必等。如甲乙丙三角形，其甲乙、丙乙兩邊線之度等，則其甲丙底線之甲角、丙角之度亦俱等也。若以甲丙底平分於丁處，自丁至乙角畫一直線，遂成甲乙丁、丙乙丁兩三角形。此兩形之甲乙線與丙乙線既相等，而甲丙底線平分之甲丁、丙丁線度亦等，則乙丁爲兩三角形所共用之各一邊線，然則此兩三角形之各三邊線度必俱相等可知矣。三角形之三線既各相等，則其各角之度亦必相等。因其各角之度相等，故甲角、丙角之度亦必等也。

又 第十一

凡三角形內，長界所對之角必大，短界所對之角必小。如甲乙丙三角形之乙丙界長於甲丙界，故其相對之甲角大於乙角。而甲乙界短於甲丙界，故其所對之丙角小於乙角也。試依甲丙界度截乙丙於丁，復自甲至丁作甲丁線，即成甲丙丁兩界相等之三角形。夫甲丙、丁丙兩界度既相等，則甲丁丙、丁甲丙兩角亦相等。今甲丁丙角相等之丁甲丙角原自乙甲丙角所分，則乙甲丙角必大於甲丁丙角矣。然此甲丁丙角爲甲乙丁小三角形之外角，與小三角形內之甲、乙二角相併之度等。見本卷第五節。既與甲、乙二角之度等，則大於乙角可知矣。夫甲丁丙角既大於乙角，則乙甲丙角必更大於乙角矣。丙角之小於乙角，其理亦同。

第十二

凡三角形內必有二鋭角。蓋三角形之三角併之與二直角等，見本卷第四節。如甲乙丙三角形之乙角爲直角，則所餘甲角、丙角併之始與乙角相等。二角併之僅與一直角等，則此二角獨較之必小於直角矣，故此甲、丙二角爲鋭角也。又如丁戊己三角形之戊角爲鈍角，則所餘之丁角、己角愈小於直角而爲鋭角矣。

第十三

凡自一點至一横線畫衆線，而衆線內有一垂線必短於他線，而他線與垂線相離愈遠則愈長也。如自甲點至乙丙線畫甲乙、甲丁、甲戊幾線，此內甲乙爲垂線，較之甲丁、甲戊線，則其度最短。而甲戊線與甲乙線相離既遠於甲丁，故更長於甲丁線也。蓋甲乙爲垂線，則乙角必爲直角，見首卷第十節。而甲乙丁三角形內丁角、甲角必俱爲鋭角，而小於乙角矣。因乙角大於丁角，故此乙角相對之甲丁線必長於丁角相對之甲乙線。又甲丁戊外角原與甲乙丁、乙甲丁二內角相併之度等，見本卷第五節。則此甲丁戊一外角必大於甲乙丁一內角矣。甲丁戊之外角既大於甲乙丁之內角，則甲丁戊角相對之甲戊線必長於甲乙丁角相對之甲丁線可知矣。

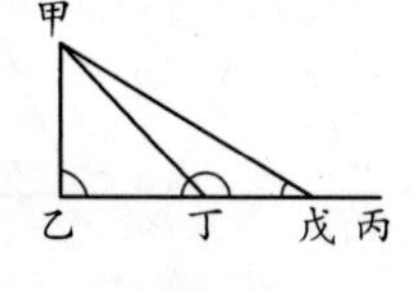

第十四

凡三角形，將二界線相併，必長於所餘之一界線。如甲乙丙三角形，將甲乙、甲丙二界線併之，則長於所餘之乙丙界線也。試以丙甲線引之至丁，作丁甲線與甲乙等，則丁丙線爲甲丙、甲乙二界線之共度矣。復自丁至乙作丁乙線，成乙甲丁兩界相等之三角形，其丁乙甲角與丁角等，見本卷第九節。則丁乙丙角必大於丁角。夫丁乙丙角既大於丁角，則其所對之丁丙線必長於丁角相對之乙丙線可知矣。見本卷第十一節。

《幾何原本》三

第二

凡四平行線所成方形，其所函之角成兩對角，必兩兩相等。如甲乙丙丁平行線方形，其甲角度、丙角度等，而乙角度、丁角度亦等。若以丙丁線引長至戊作一線，成一丁外角與甲角爲二尖交錯之角，其度相等。見首卷第二十二節。而丁外角與丙角又爲一邊之內外角，其度亦等。見首卷第二十二節。夫甲、丁二角既等，丁、丙二角又等，則甲角與丙角必自相等。而丁、乙兩對角之相等，不言可知矣。

第三

凡平行四邊形，自一角至相對之角作一對角線，必平分四邊形爲兩三角形。如甲丙乙丁四邊形，作甲乙對角線，即成丙甲乙、丁甲乙兩相等三角形。蓋此四邊形之丙、丁二角爲對角，其度必等。見本卷第二節。而對角線所分之丙甲乙、丁乙甲二角，丙乙甲、丁甲乙二角，俱爲二尖交錯之角，其度又兩兩相等。見首卷第二十二節。夫此兩三角形原自一四邊形而分各角又俱相等，則其所函之分必等，而四邊形平分爲兩平分無疑矣。

第四

凡平行線所成方形，其兩兩平行線度俱相等。如甲丙乙丁四邊形之丙甲線與乙丁線度等；丙乙線與甲丁線度等。此即如前節作一對角線成兩三角形，而兩形之各角必俱相等，則丙甲、乙丁二線，丙乙、甲丁二線，俱爲各相等角所對之線，其度亦必相等矣。見二卷第八節。

第五

平行線方形內兩對角線，其相交處必平分二線之正中。如甲乙、丙丁二線相交於戊，則所成甲戊、戊乙二線，丙戊、戊丁二線俱等。蓋因丙戊乙、甲戊丁兩三角形之丙乙、甲丁二線爲平行線，其度等。見本卷第四節。而丙乙戊、丁甲戊二角，乙丙戊、甲丁戊二角皆爲平行線內相對之錯角，其度俱等。見首卷第二十二節。夫丙乙、甲丁二線既等，各相對之錯角又等，則丙乙戊、丁甲戊二等角相對之戊丙、戊丁二線度與甲丁戊、乙丙戊二等角相對之戊甲、戊乙二線度必皆相等可知矣。見二卷第八節。

第六

凡平行線方形內，於對角線上或縱或横正中截開，即將此形爲兩平分。如甲丙乙丁之方形，其甲乙對角線上畫一戊己線，於庚處截開，則平分甲丙乙丁方形爲丙戊己乙一段、甲戊己丁一段，此二段內之戊甲庚、己乙庚兩三角形之甲庚、乙庚二線相等。而戊甲庚、己乙庚之兩角又爲平行線內二尖交錯之角，其度相等。而甲庚戊、乙庚己二尖相對之角，其度又等，則此兩三角形度亦必相等。又如甲乙對角線將甲丙乙丁方形爲兩平分，則其甲丙乙、甲丁乙兩三角形度必等。將此兩相等之三角形以戊己線截開，於甲丙乙形內減甲戊庚、於甲丁乙形內減乙己庚，則所餘之甲庚己丁、乙庚戊丙二形度必等。今所分各形，既俱兩兩相等，則甲丙乙丁之方形爲戊己線所截，自爲兩平分可知矣。

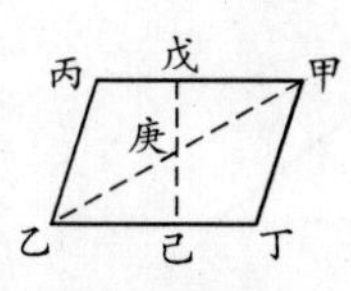

第七

凡四邊形，於對角線不拘何處復作相交二平行線，即成四四邊形。設如甲丙乙丁四邊形，於對角線之戊處復作一壬戊己、一辛戊庚相交之二平行線，即成甲戊、戊乙、丙戊、戊丁四四邊形。此四形中之甲戊、戊乙二形爲對角線上所成之形，丙戊、戊丁二形爲對角線旁所成之形，此對角線旁所成兩形必俱相等，如丙壬戊庚、戊辛丁己兩形之分是已。蓋甲丙乙丁之全形，因甲乙對角線平分爲兩平分，所成之甲丙乙、甲丁乙兩大三角形之分必等。其對角線上所成之一小方形，復爲甲戊對角線平分爲兩平分，成甲庚戊、甲己戊兩小三角形，此兩小三角形之分亦必等。而對角線上所成之一大方形，又爲戊乙對角線平分爲兩平分，成戊壬乙、戊辛乙兩中三角形，此兩中三角形之分亦必等。今將甲丙乙、甲丁乙兩大三角形内減去甲庚戊、甲己戊之兩相等小三角形，再減去戊壬乙、戊辛乙之兩相等中三角形，所餘對角線旁所成之丙壬戊庚、戊辛丁己兩四邊形，此兩四邊形自然相等矣。

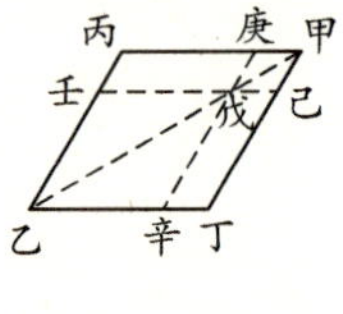

第八

凡兩平行線内同底所成之四邊形，其面積必等。如甲己、乙辛兩平行線内，於乙丙底作甲乙丙丁一長方四邊形、戊乙丙己一斜方四邊形，此兩形雖不同，而所容之分必相等。何也？試以兩三角形考之，如甲乙戊一三角形，丁丙己一三角形，此兩三角形之甲乙、丁丙二線等，甲戊、丁己二線亦等。甲丁、戊己二線俱與乙丙平行，而度分相等。若於甲丁、戊己二線各加一丁戊線，即成甲戊、丁己線，其度自然相等。而戊甲乙、己丁丙二角爲甲乙、丁丙平行線一邊之内外角，其度又等，則此兩三角形自然相等可知矣。今於兩三角形内各減去丁戊庚，則所餘之甲乙庚丁、戊庚丙己二形之分必等。復於此二形内每加一庚乙丙形，則成甲乙丙丁、戊乙丙己之兩四邊形，其面積必然相等也。

第九

兩平行線内無論作幾四邊形，其底度若等，則面積必俱等。如甲乙、丙丁二平行線内，作甲丙己戊、庚辛丁乙兩平行線四邊形，其丙己、辛丁兩底度相等，則其積亦等。試自丙己底至庚乙畫二直線，即成一庚丙己乙斜四邊形。此斜四邊形既與甲丙己戊四邊形同出於丙己之底，即同前節兩形面積俱等矣。至於庚辛丁乙與庚丙己乙又同出於庚乙之底，故此兩形面積亦俱等。觀此兩兩相等，則甲丙己戊、庚辛丁乙兩形之面積相等明矣。

第十

凡兩平行線内同底所成之各種三角形，其面積俱等。如甲乙、丙丁兩平行線内，於丙丁底作甲丙丁一三角形、己丙丁一三角形，此兩三角形之面積必等。何也？自丁至戊作一直線與甲丙平行，再自丁至乙作一直線與己丙平行，即成甲丙丁戊、己丙丁乙兩四邊形。此二形既同出於丙丁底，其面積相等。而甲丙丁、己丙丁兩三角形爲平分兩四邊形之一半，其面積亦必相等矣。

第十一

兩平行線内無論作幾三角形，其底度若等，其面積亦俱等。如甲乙、丙丁二平行線内，作甲丙戊、庚戊己兩三角形，其丙戊、戊己兩底度相等，故其面積亦等。今自戊至辛作一直線與甲丙平行，又自己至乙作一直線與庚戊平行，即同前節成面積相等之兩四邊形。而此甲丙戊、庚戊己兩三角形爲面積相等兩四邊形之各一半，則此兩三角形之面積必等可知矣。

第十二

凡有幾三角形，其底若俱在一直線，而各底相對之角又共遇於一處，則其衆三角形必在二平行線之間。如甲乙丙、甲丙丁、甲丁戊、甲戊己四三角形，其乙丙、丙丁、丁戊、戊己各底俱在一庚辛直線上，而各底相對之角又皆遇於甲處，則此四三角形俱同在庚辛、壬癸二平行線之間矣。

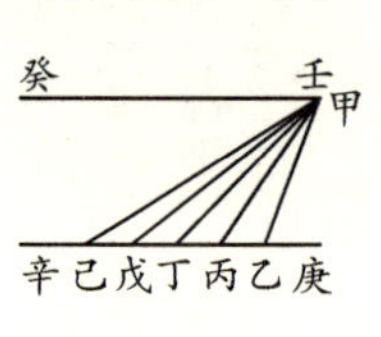
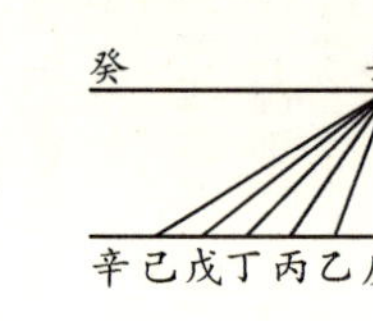

又 第十四

多邊多角形自角至心作線，凡有幾界，即成幾三角形。設如辛七邊形，自心至邊七角作七線，即成七三角形。而此各三角形之分，俱相等也。

第十五

欲知衆邊形各邊角之度，將邊數加一倍，得數減四，其所餘之數即爲各邊角度也。如辛七邊形，以七邊數加一倍共爲十四，十四內減四，所餘之十即爲十直角數，爲此七邊形之各邊角之總度也。何也？假如辛形自心至七角作七線成七三角形，凡三角形之三角與二直角等，見二卷第四節。則此七三角形之各三角度共與十四直角等。其七三角形之辛心所有之七角又與四直角等，見首卷第十五節。若將十四直角內減四直角，乃餘十直角，則此十直角與衆邊形之各邊角之總度相等可知矣。

《幾何原本》四

第五

凡自圜之輻線之末與圜界相切作一垂線，則此垂線與輻線之末在圜界僅一點相切，其他全在圜外。即如甲圜之甲乙輻線於乙末作一丙乙垂線，則此丙乙垂線與甲乙輻線俱在圜界乙處之一點相切，而此垂線之丁等處俱在圜外也。若自圜之甲心至丁作一甲戊丁線，此線必長於甲乙輻線，如二卷第十三節云。因其長於輻線，必出於圜界之外。此甲戊丁線既出於圜界之外，則丙乙線全在圜外可知矣。

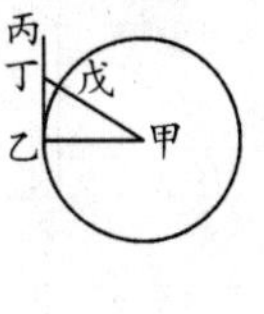
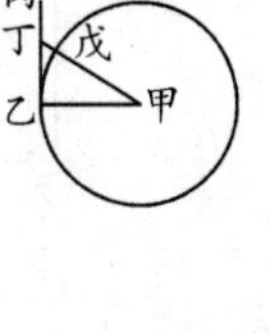

第六

圜弦線上，自圜心作一垂線，則將弦線爲兩平分。如乙丙弦自圜心甲至弦線丁作一垂線，必將乙丙弦爲兩平分，成乙丁、丁丙二段。若自甲心至弦線乙、丙二末作二輻線，成一甲乙丙三角形，此三角形之甲乙、甲丙二線爲一圜之輻線，其度必等。此二輻線既等，則甲乙丙三角形內甲丁垂線所分之乙丁、丁丙二段亦必等矣。若將垂線引長至弧界戊作線，則又將乙丙弧界爲兩平分矣。

第七

凡自圜外一處至圜界兩邊作二切線，此二線之度必等。如自圜外甲至圜界乙、丙兩邊作甲乙、甲丙二切線，此二線之度相等。今於圜心丁至圜界乙、丙二切線之末作二輻線，則此二輻線爲甲乙、甲丙之垂線矣。如本卷第五節云。因其爲垂線，則甲乙丁、甲丙丁之二角必同爲直角。見首卷第十節。再自丙至乙作一弦線，即成丁乙丙、甲乙丙兩三角形。丁乙丙三角形之丁乙、丁丙二線同爲圜之輻線，其度必等。因其相等，故丁乙丙、丁丙乙二角亦必等。夫甲乙丁、甲丙丁二角原相等，此二角內減去丁乙丙、丁丙乙二角，則所餘之甲乙丙、甲丙乙二角亦自相等。此二角既俱相等，則甲乙、甲丙二切線爲等角傍之兩界線，自然相等無疑矣。

第八

凡圜內兩弦線若等，其分圜弧面之積必等，自心至兩弦所作垂線亦必等。如甲圜之丙乙、丁戊二弦之度若等，則所分丙己乙辛、丁庚戊壬二弧面積必等。自此圜之甲心至丙乙、丁戊二弦各作甲壬、甲辛垂線，其度亦必等。何也？如自甲心至丙乙、丁戊二弦之末各作輻線，即成甲丙乙、甲丁戊兩三角形。此兩三角形之各界線必兩兩相等，則此兩三角形內相等線所對之角亦必相等。見二卷第七節。角既相等，則等角相對弧界之丙己乙、丁庚戊二段亦必相等。見首卷第十二節。丙己乙、丁庚戊二弧線既等，丙乙、丁戊二弦線又等，則丁庚戊壬之弧面積與丙己乙辛之弧面積自然相符矣。又甲辛、甲壬二垂線將丙乙、丁戊二弦爲兩平分，則丙辛、乙辛、丁壬、戊壬之四線亦俱等。三角形之各界線既兩兩相等，而三角形內各角又兩兩相等，則平分丙乙、丁戊二弦之甲辛、甲壬之度，自然相等矣。

第九

凡弦線之所屬有三種：一爲弧之切線；一爲弧之割線；一爲弧之弦線。欲取弧界各角之度，用此三線求之必得也。如甲圜之甲乙輻線，於乙末作丙乙垂線，復自圜心甲至圜界戊割出至丙乙垂線丁分作甲丁線，又從圜界戊至甲乙輻線作戊己垂線，則成三種線。此三線內，丁乙線爲乙戊弧之切線；甲丁線爲乙戊弧之割線；戊己線爲乙戊弧之正弦。凡欲得各角弧界之度，必於此三種線取之。如欲取乙甲戊角相對弧度，則自與甲角相對乙戊弧之丁乙切線取之，或自乙戊弧之甲丁割線取之，或自乙戊弧之戊己正弦取之，皆得乙戊弧之度數焉。

又 第十一

圜內之心角、界角同立圜界之一段，而各角之二線所成之式又分爲三種：

有界角、心角同(角)[用]一線者；有界角、心角不同用一線者；有界角二線跨心角二線者。總之，此三種心角，皆大於界角一倍。如有三圖，圜心之甲丙乙角皆自圜界甲乙一段，作甲丙、乙丙二線；圜界之甲丁乙角亦自圜界甲乙一段，作甲丁、乙丁二線，則第一圖之甲丁乙界角之乙丁線同立於甲丙乙心角之乙丙線上，而甲丙乙心角爲甲丙丁三角形之外角，與甲丁丙、丙甲丁二內角等。見二卷第五節。其甲丙、丙丁二線又爲一圜之輻線，其度亦等。此二線既等，則甲丁丙、丙甲丁二角亦必等。見二卷第九節。今甲丙乙之外角既與甲丁丙、丙甲丁二內角等，則甲丙乙心角大於甲丁乙界角一倍可知矣。如第二圖，甲丁乙界角之乙丁線不同立於甲丙乙心角之乙丙線上，而甲丙乙心角在甲丁乙界角甲丁、丁乙二直線之外，則自丁角過圜之丙心至對界作一丁丙戊全徑線，即成甲丙戊一大心角、乙丙戊一小心角、甲丁戊一大界角、乙丁戊一小界角。其甲丙戊大心角，即如第一圖必倍於甲丁戊大界角。而乙丙戊小心角，亦必倍於乙丁戊小界角。於甲丙戊大心角內減去乙丙戊小心角，甲丁戊大界角內減去乙丁戊小界角，則所餘之甲丙乙心角必大於所餘之甲丁乙界角一倍矣。如第三圖，甲丁乙界角之二線正跨於甲丙乙心角二線之上，而甲丙乙心角在甲丁乙界角甲丁、丁乙二直線之間，則自丁角過圜之丙心至對界作丁丙戊全徑線，即成甲丙戊、乙丙戊二心角，甲丁戊、乙丁戊二界角。此甲丙戊心角必倍於甲丁戊界角，乙丙戊心角亦必倍於乙丁戊界角。以甲丙戊、乙丙戊二心角併之，乃甲丙乙一心角；以甲丁戊、乙丁戊二界角併之，乃甲丁乙一界角。今所分之二心角既各倍於所分之界角，則此所併之甲丙乙心角必倍於所併之甲丁乙界角矣。

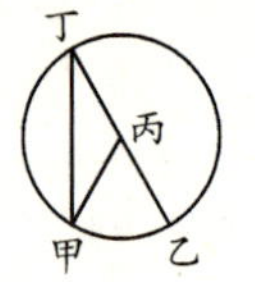

第一圖 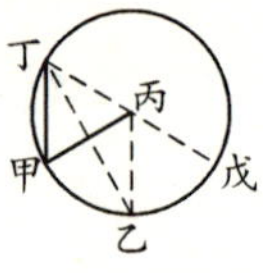　第二圖 　第三圖

第十二

凡自圜之弧線一段任作相切界角幾何，其度必俱相等。如甲乙丁丙之圜，自甲乙弧線一段至圜界丙丁作相切之甲丙乙、乙丁甲二界角，此二角之度必俱相等。試自圜之戊心至圜界甲乙作二輻線，即成甲戊乙一心角，此甲戊乙之心角與甲丙乙、乙丁甲界角俱同一圜弧線之一段，則心角必倍於界角。然則甲丙乙、乙丁甲二界角既俱爲甲戊乙心角之一半，則此二角之度必等可知矣。

第十三

凡圜內心角所對弧線之度比界角所對弧線之度少一半，則二角之度必等。如甲丙戊丁圜內有甲乙丙一心角、甲丁戊一界角，而甲乙丙心角相對甲丙弧線之度比甲丁戊界角相對甲戊弧線之度少一半，則甲乙丙心角之度必與甲丁戊界角之度相等。試自丁角過圜之乙心至對界作丁乙己全徑線，復自乙心至戊界作乙戊半徑線，即成甲乙己、己乙戊二心角，甲丁己、己丁戊二界角。其甲乙己心角必倍於甲丁己界角，而己乙戊心角亦必倍於己丁戊界角。今以甲乙己、己乙戊二心角相併，甲丁己、己丁戊二界角亦相併，則甲乙己、己乙戊二心角所併之度必倍於甲丁己、己丁戊二界角所併之度矣，是以甲丁戊一界角必得甲乙己、己乙戊二心角所併之一半。夫甲丙弧線既爲甲戊弧線之一半，而甲乙丙角又爲甲乙己、己乙戊二心角所併之一半，則甲乙丙心角度必與甲丁戊界角之度相等矣。

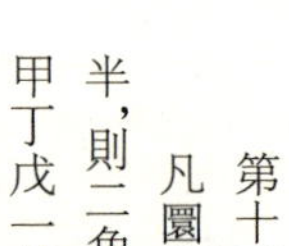

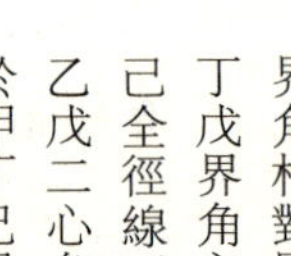

第十四

凡圜內界角立於圜界之半者，必爲直角。如甲乙丙丁圜內之甲乙丙界角立於甲丁丙圜界之正一半，則此甲乙丙角必然爲直角也。自甲丁丙之半圜於丁界爲兩平分，復自丁界至圜心戊作丁戊輻線，即成甲戊丁角，其相對之甲丁弧爲圜界四分之一。既爲圜界四分之一，則必爲直角。如首卷第十節云。夫心角相對弧線若爲界角相對弧線之一半，其二角之度相等矣。如本卷第十三節云。今甲戊丁心角相對之甲丁弧線既爲甲乙丙界角相對之甲丁丙弧線之一半，則甲戊丁心角度必與甲乙丙界角度相等。且甲丁弧線既爲圜界四分之一，而甲丁丙弧線又爲圜界之正一半，則甲戊丁心角爲直角，而甲乙丙界角亦必爲直角矣。

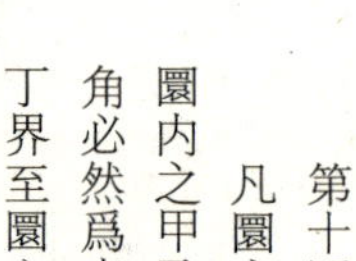

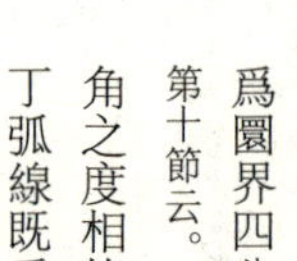

第十五

凡圜內界角其所對之弧過於圜界之半者，必爲鈍角。如甲乙丙戊圜內之甲乙丙界角，其相對之甲戊丙弧大於圜界之一半，故其相對之甲乙丙角爲鈍角也。試將甲戊丙弧平分於戊爲甲戊、戊丙兩段，復自圜心丁至甲、戊作二輻線，即成

甲丁戊一心角。其甲戊丙弧分既大於半圜，則此甲戊弧線一段亦大於圜之四分之一矣，故此甲戊弧線相對之甲丁戊心角必爲鈍角。見首卷第十一節。夫心角相對之弧線比界角相對之弧線少一半，則二角之度必相等。如本卷第十三節云。今甲丁戊心角相對之甲戊弧線正爲甲乙丙界角相對甲戊丙弧線之一半，則甲乙丙界角自然與甲丁戊心角等矣。夫甲丁戊心角既爲鈍角，則甲乙丙界角亦必爲鈍角矣。

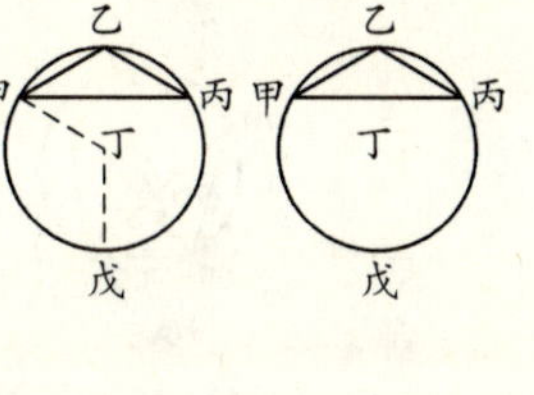

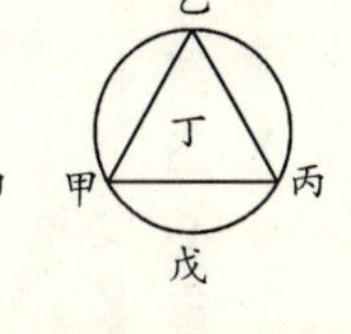

第十六

凡圜内界角其所對之弧不及圜界之半者，必爲鋭角。如甲乙丙戊圜内之甲乙丙界角，其相對之甲戊丙弧小於圜界之一半，故其相對之甲乙丙角爲鋭角也。試將甲戊丙弧平分於戊，爲甲戊、戊丙兩段。復自圜心丁至甲、戊作二輻線，即成甲丁戊一心角，此心角所對之甲戊弧線既不足圜界四分之一，則此甲丁戊心角必爲鋭角矣。見首卷第十一節。此甲丁戊心角所對之弧比之甲乙丙界角所對之弧爲一半，則此二角之度必等。夫甲丁戊心角既爲鋭角，則甲乙丙界角亦必爲鋭角矣。

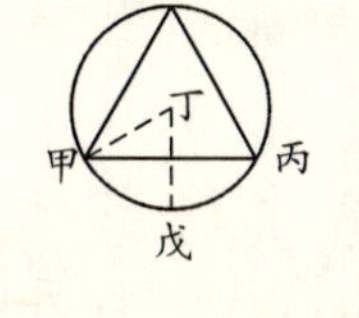

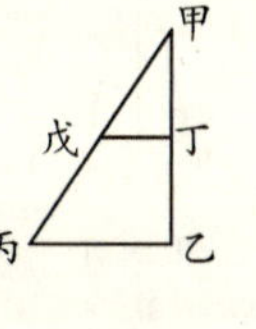

又 上編卷三

《幾何原本》八

第一

凡三角形内，與其底線平行作一直線，則所截三角形之兩邊線互相爲比例線，其兩邊線所分各二段互相爲比，爲相當比例四率，而每邊所截之一段與本全線比之亦爲相當比例四率也。如甲乙丙三角形内，與乙丙底線平行作一丁戊線，則分甲乙一邊爲甲丁、丁乙二段，分甲丙一邊爲甲戊、戊丙二段，其甲乙一邊之甲丁、丁乙二段互相爲比，甲丙一邊之甲戊、戊丙二段互相爲比，其比例俱同爲相當比例四率矣。又如甲乙一邊之甲丁一段與本邊甲乙全線爲比，甲丙一邊之甲戊一段與本邊甲丙全線爲比，其比例亦俱同爲相當比例四率

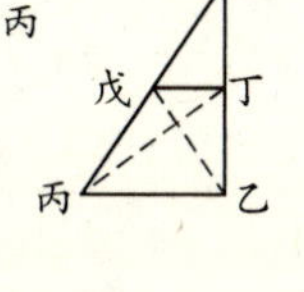

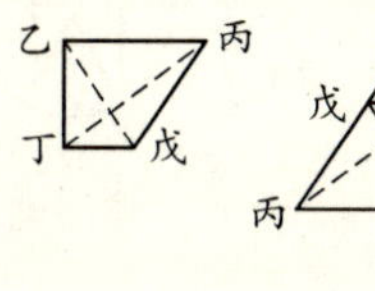

矣。今以三角形按所截分分爲各式，以各式面積互相比者考之。自丁戊線之丁、戊二端作丁丙、戊乙二線，則甲乙丙一三角形分爲四三角形。此四三角形内所有之乙戊丁、丙丁戊兩三角形既在乙丙、丁戊二平行線之間，又共立於一丁戊之底，其二形之積必等。見三卷第十節。於此二形各加一所截甲丁戊小三角形，即成甲戊乙、甲丁丙兩三角形，其積亦必相等。又如甲丁戊、乙丁戊兩三角形之底俱在甲乙一直線上，而兩三角形之戊角又共在一戊處，其兩形必在二平行線之間。而甲丁戊、丙丁戊兩三角形之底俱在甲丙一直線上，而兩三角形之丁角又共在一丁處，其兩形亦在二平行線之間。見三卷第十二節。因各三角形兩兩俱爲二平行線所限，故其面積互相爲比必同於其底界之互相爲比也。見七卷第十節。此所以甲丁戊、丙丁戊兩三角形積互相爲比，與其甲戊、戊丙兩底線之互相爲比同。其甲丁戊、乙丁戊兩三角形積互相爲比，與其甲丁、丁乙兩底線之互相爲比亦同也。再甲乙戊三角形之積既與甲丙丁三角形之積相等，則以甲乙丙之全形與所分之甲乙戊三角形、或與所分之甲丙丁三角形相比，其比例必俱相同。而甲丙丁三角形之甲丁底與甲丙乙全形之甲乙底互相爲比，甲乙戊三角形之甲戊底與甲乙丙全形之甲丙底互相爲比，亦必俱相同矣。因其各三角形得互相爲比例，故其所截兩邊線兩兩爲相當比例率也。

第二

凡三角形内，與底平行作一直線，其所截兩邊線之每一段與各邊全線之比，即同於所作線與底線之比也。如甲乙丙三角形内，與乙丙底平行作一丁戊線，此丁戊線所截甲丁一段與甲乙全線之比，甲戊一段與甲丙全線之比，皆如丁戊線與乙丙底線之相比也。假若將甲乙丙三角形之甲乙邊線爲底，而與甲乙底線平行作一戊己線，即成戊己乙丁四邊長方形，其兩兩平行線之度俱各相等。然三角形之兩邊與所截之每段既互相爲比，如前節所云。則此乙丙邊之乙己一段與乙丙邊全線之比，即同於彼甲丙邊之甲戊一段與甲丙邊全線之比。而丁戊之平行線既與乙己平行線度相等，則此丁戊平行線與

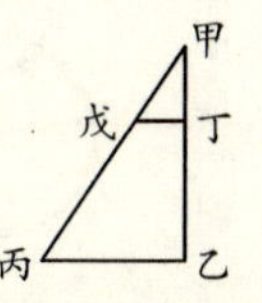

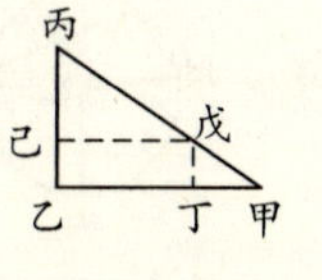

原底乙丙線之比，亦必同於彼甲丙邊之甲戊一段與甲丙邊全線之比矣。故甲戊段爲一率，甲丙邊全線爲二率，丁戊平行線爲三率，乙丙底線爲四率，爲相當比例四率也。又如甲乙邊之甲丁一段與甲乙邊全線之比，既同於丁戊平行線與乙丙底線之比，則甲丁段爲一率，甲乙邊全線爲二率，丁戊平行線爲三率，乙丙底線爲四率，亦爲相當比例四率也。苟甲乙邊全線爲六分，則甲丁段得其六分之二分；乙丙邊全線爲六分，則丁戊段亦得其六分之二分。所以成兩兩相當比例之率也。

又 第四

同式直角三角形面積互相爲比，同於三角形各相當界所作方形之互相爲比。而同式三角形面積互相爲比者，比之各相當界互相爲比，則爲連比例内隔一位相加之比例也。如甲乙丙、丁戊己兩同式直角三角形，其面積互相爲比，即同於此兩三角形之乙丙、戊己相當二界所作庚乙、辛戊兩方形互相爲比之比例。而此兩三角形之面積互相爲比[者]，比之乙丙、戊己相當二界互相爲比之比例，則爲連比例内隔一位相加之比例矣。蓋兩三角形之乙、戊二角俱爲直角，若與乙丙、戊己二線平行作甲壬、丁癸二線，又與甲乙、丁戊二線平行作壬丙、癸己二線，即成壬乙、癸戊兩直角長方形。此甲乙丙、丁戊己兩三角形因與所作壬乙、癸戊兩直角長方形在二平行線内，同爲一底，其積爲一半。將半與半相比者，即同於全與全之相比。故甲乙丙、丁戊己兩三角形互相爲比，必同於壬乙、癸戊兩直角長方形互相爲比之比例矣。夫依乙丙、戊己、甲乙、丁戊各相當二界所作壬乙、癸戊兩長方形互相爲比之比例，既與甲乙丙、丁戊己兩三角形互相爲比之比例同，則依乙丙、戊己相當二界所作庚乙、辛戊兩正方形互相爲比之比例，亦與壬乙、癸戊兩長方形與甲乙丙、丁戊己兩三角形互相爲比之比例同矣。又凡直角兩方形，其兩界互相爲比之比例若俱同，則兩形面積互相爲比之比例，較之兩界互相爲比之比例，爲隔一位相加之比例。見七卷第五節。今甲乙丙、丁戊己兩三角形之各依底線所作正方形互相爲比，較之二底線互相爲比之比例，即爲隔一位相加之比例。夫甲乙丙、丁戊己兩三角形之面積互相爲比者，既與所作庚乙、辛戊兩正方形面積互相爲比之比例同，則此所作兩正方形面積相比，較之兩底相比，爲隔一位相加之比例。而甲乙丙、丁戊己兩三角形面積互相爲比，較之乙丙、戊己相當二界互相爲比之比例，亦爲隔一位相加之比例可知矣。

第五

同式無直角三角形面積互相爲比，同於三角形各相當界所作方形之互相爲比。而三角形面積互相爲比者，比之各相當界互相爲比，則爲連比例内隔一位相加之比例也。如甲乙丙、丁戊己兩同式三角形，雖無直角，然其相當各角俱等，則此兩形面積互相爲比，同於在此兩形之甲乙、丁戊相當二界所作方形互相爲比之比例。而兩形之面積互相爲比者，比之甲乙、丁戊相當二界互相爲比之比例，則爲連比例内隔一位相加之比例矣。試自兩形之丙、己二角，與甲乙、丁戊二界平行，作丙庚、己辛各一線；又自甲、丁二角至庚、辛二線之末作甲庚、丁辛二線；又與此二線平行，自乙、戊二角至壬、癸二處作乙壬、戊癸二線，成庚乙、辛戊兩直角長方形。此兩長方形與甲乙丙、丁戊己兩三角形俱在兩平行線内，又同爲一底，則此兩三角形面積爲彼庚乙、辛戊兩長方形之一半。將半與半相比者，同於全與全之相比，故甲乙丙、丁戊己兩三角形面積之比例，必同於庚乙、辛戊兩長方形之比例矣。夫同式兩長方形之比例，同於相當界所立正方形之比例。而同式正方形之比例，比之各相當界之比例，爲連比例隔一位相加之比例。今此兩三角形面積之比例，既同於庚乙、辛戊兩長方之比例，亦必同於兩正方之比例，則兩三角形面積之比例，比之兩界之比例，爲連比例隔一位相加之比例可知矣。

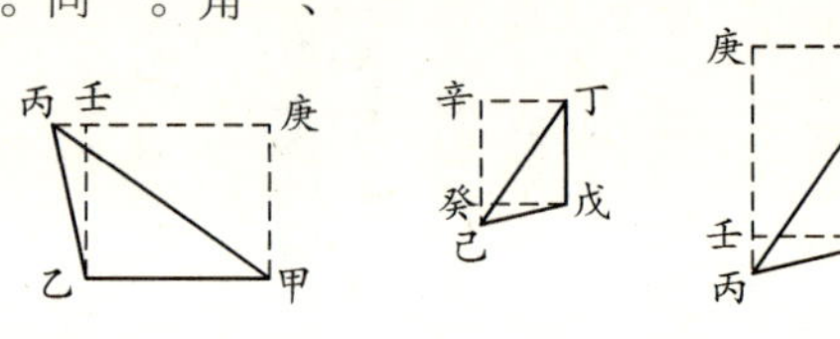

又 第七

大小各圜分之式若同，則其相對之圜心角度必俱等也。如甲乙、丙丁大小兩圜之戊甲己、庚丙辛兩分之式相同，其弧雖隨圜之大小各殊，而自圜所分之度必同，其各段所對二圜之壬、癸心角度亦等矣。夫戊甲己與庚丙辛兩段式既同，則此内所函甲戊己、丙庚辛兩三角形之甲、丙相當兩界角之

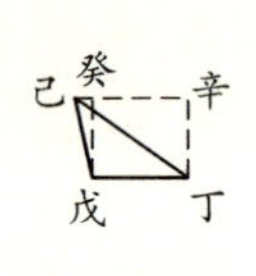

度必等。若自甲、丙二角過二圜心壬、癸至對界乙丁作甲壬乙、丙癸丁二線，則成兩界角與兩心角。蓋心角大於界角一倍，故甲乙大圜之戊壬乙心角比戊甲乙界角大一倍，乙壬己心角比乙甲己界角大一倍。今將戊壬乙、乙壬己兩心角併之，戊甲乙、乙甲己兩界角併之，則所併之心角亦必比所併之界角大一倍矣。而丙丁小圜之庚癸丁、丁癸辛兩心角併之，亦必比庚丙丁、丁丙辛所併之兩界角大一倍。夫兩圜之兩界角度既等，而兩圜之所併之心角度又等，則兩界角相對之戊乙己、庚丁辛兩弧段之分數亦必相等。界角所對之弧分既等，則心角所對之弧分亦必相等。心角所對之弧分，即爲甲、丙二界角相對之壬、癸二心角之度也。

又　下編卷一四　三角形

凡三角形，立於圜界之一半者爲直角，即勾股。過圜界之一半者爲鋭角，不及圜界之一半者爲鈍角，然不拘鋭角鈍角，自一角至底邊作垂線，即分爲兩直角，是仍不離乎勾股也。兩腰等者，垂線即當底之一半。而兩腰不等者，所分底界則有大小不同，故和較相比之法因之而生。蓋和求較、較求和，要必歸於勾股相求之理。由勾股而得垂線，則凡面積及内容方圓等形皆無不可得。至於三角形角度相求之法，乃割圜八線，實所以極三角之用，即如《周髀》所謂仰矩知高、俯矩知深是也，故另爲一卷。兹但取三角形之面線相求諸法，悉具圖解，以次勾股，使與勾股相表裏焉。

又　下編卷一九　各面形總論

面之爲形成於方圜，直線所成皆方之類，曲線所成皆圜之類。立法則方爲圜之本，度圜者必以方，而度方者必以矩，所謂方有盡而圜無盡是也。論理則圜又爲衆界形之本。蓋衆界形或函圜、或函於圜，其邊皆當弧線之度，故求衆界形者，必以圜界爲宗也。因有方圜衆界之各異，是以邊線等者，面積不等。如衆界形之每一邊與圜徑俱設爲一〇〇〇〇，則方面積爲一〇〇〇〇〇〇〇〇，而圜面積爲七八五三九八一六。三等邊形之面積爲四三三〇一二七〇，五等邊形之面積爲一七二〇四七七四一，六等邊形之面積爲二五九八〇七六二〇，七等邊形之面積爲三六三三九一二四〇，八等邊形之面積爲四八二八四二七一二，九等邊形之面積爲六一八一八二四二〇，十等邊形之面積爲七六九四二〇八八三，此各形之面積皆以方積比例者也。或以圜面積設爲一〇〇〇〇〇〇〇〇，則圜徑得一一二八三小餘七九一六。如圜徑與衆界形之每一邊俱設爲一一二八三小餘七九一六，則圜面積爲一〇〇〇〇〇〇〇〇。而三等邊形之面積爲五五一三二八八九，方面積爲一二七三二三九五四，五等邊形之面積爲二一九〇五七九八六，六等邊形之面積爲三三〇七九七三三四，七等邊形之面積爲四六二六八四〇九八，八等邊形之面積爲六一四七七四四三五，九等邊形之面積爲七八七〇九四三〇二，十等邊形之面積爲九七九六五七〇九九，此各形之面積皆以圜積比例者也。蓋因各形之邊線相等面積不同，故皆定爲面與面之比例也。面積等者邊線不等，如衆界形之面積與圜面積俱設爲一〇〇〇〇〇〇〇〇〇〇〇〇〇〇〇〇，則方邊爲一〇〇〇〇〇〇〇〇，而圜徑爲一一二八三七九一六。三等邊形之每邊爲一五一九六七一三七，五等邊形之每邊爲七六二三八七〇五，六等邊形之每邊爲六二〇四〇三二四，七等邊形之每邊爲五二四五八一二六，八等邊形之每邊爲四五五〇八九八五，九等邊形之每邊爲四〇二一九九六三，十等邊形之每邊爲三六〇五一〇五八，此各形之邊線皆以方邊比例者也。或以圜徑設爲一〇〇〇〇〇〇〇〇，則圜面積爲七八五三九八一六三三九七四四八三。如圜面積與衆界形之面積俱設爲七八五三九八一六三三九七四四八三，則圜徑爲一〇〇〇〇〇〇〇〇。而三等邊形之每邊爲一三四六七七三六九，四等邊形即正方。之每邊爲八八六二二六九二，五等邊形之每邊爲六七五六四七九三，六等邊形之每邊爲五四九八一八〇五，七等邊形之每邊爲四六四八九八〇三，八等邊形之每邊爲四〇三三一二八八，九等邊形之每邊爲三五六四四〇一四，十等邊形之每邊爲三一九四九四一八，此各形之邊線皆以圜徑比例者也。蓋因各形之面積相等邊線不同，故皆定爲線與線之比例也。然自衆界形之中心分之，則又各成三角形，皆以勾股爲準則，故勾股三角形雖爲面而不囿於面之中，却別立一章焉。要之衆界形邊求積者歸之勾股，積求邊者歸之正方，引而伸之，觸類而長之，凡爲面形者不能違是也。

清・莊亨陽《幾何原本舉要》　凡三角形之三角相並，必與二直角等，而具半周之度。

凡三角形自一界線引長成一外角，將三角形内所對二角並之始與一外角等。

凡三角有二形，兩邊線之度各等，二線所合之角俱等，則二形底線之度必等，式亦等，其下各二角皆等也。若二形三界線之度各相等，則三角度亦必等，而形内所函亦等也。若二形一界線之度相等於相等線，左右所生之二角又相等，則他線他角俱各等，而二形之度俱等也。

三角形有二邊等線者，其成線之兩角度亦爲相等也。蓋作一長線，上剖角下剖底成兩直角三角形，各相等也，則底線左右所成角必等可知。

凡三角形之長界線必對大角，最長對最大，次長對次大，短者對小者。

凡三角形必有二鋭角，何也？凡三角形將三角並之必與二直角等，故一鈍必兩鋭，一直亦兩鋭，即三等角亦皆鋭也。

凡自一點至一横線作衆線，衆線内有一垂線必短於他線，而他線之與垂線相離愈遠者線愈長也。

凡三角無論直、鋭、鈍，合並二界線，必長於所餘之一界線，所以凡自一點又至一點畫幾線，其各線中僅一線直而短，餘必曲而長矣。

凡平行線之四邊作兩對角線，相交處爲平分二線之正中。

凡於四邊形對角線之正中作一斜横線截開，則將四邊形爲兩平分。四邊形若於對角線不拘何處交加依兩界作二平行線，即成四四邊形，二形爲對角線内之形，二形爲對角線旁餘之形，此兩旁形其積必等。蓋對角線原屬平分而等，今交加線中所成兩大三角兩小三角形亦屬平分而等，於原兩三角内對減兩大三角兩小三角，則所旁餘四邊形其積亦必等。

兩平行線内，凡同底所成之四邊形其面積俱等。何也？如甲乙戊、丁丙己兩三角形，其甲丁、戊己二線之度俱與乙丙平行線爲等，故互相等也。若於甲丁、戊己二線每加一戊丁線，即甲戊、丁己兩線俱等。因甲乙丙丁之四邊形爲平行線，則所各相對之線亦俱等也。再戊甲乙、己丁丙二角爲甲乙、丁丙平行線一邊之内外角，兩形爲等，自此兩三角形減去丁戊庚，所存之甲乙庚丁、戊庚丙己二形俱等。於此所存之二形每加一庚乙丙形，則成甲乙丙丁、戊己丙乙之相等積四邊形矣。故凡兩平行線内，凡同立於一底者，則線無論短長，所存之四邊形俱等積也。

兩平行線内若同立一底，凡所有各種三角形之面積亦俱等也。蓋三角爲平行四邊形之一半，四邊既等，則三角亦等也，底度同亦然。

凡衆角形自角至心作線，有幾界即成幾角形，若作六界即成六三角形矣。欲知衆邊形角度之數，將邊數加倍，於得總數内減四，其所餘之數爲直角數，即爲衆角度也。如七邊形是七個三角形，凡三角形併三角等兩直角，則七三角形等十四直角，而圓心所有之七角當四直角矣，故將十四直角減四直角，餘十直角之度爲衆角之總度也。

凡自與圓界相切輻線之末作垂線，必在圓外。

凡在圓弦線若自圓心作垂線可以平分弦線，垂至圓界便可平分弧線。蓋自甲心作兩半徑至乙、丙二處，其線相等，則丙、乙二角相等，故自甲角至乙丙底線之丁處作垂線便是平分也。

凡自圓外一點至圓界兩邊作二切線，此二線必相等。蓋自圓心作二輻線與二切線相切，則二切線與二輻線互爲垂線，而兩線相遇之角必俱爲直角。又於兩直角作一對角線是謂弦線，而成丁乙丙與甲乙丁兩三角形。丙乙、丙丁係輻線原等，則底線兩合角必等，減圓内兩角數，則甲乙丁、甲丁乙二角乃兩直角之所餘也，二角既等，二切線亦必等矣。

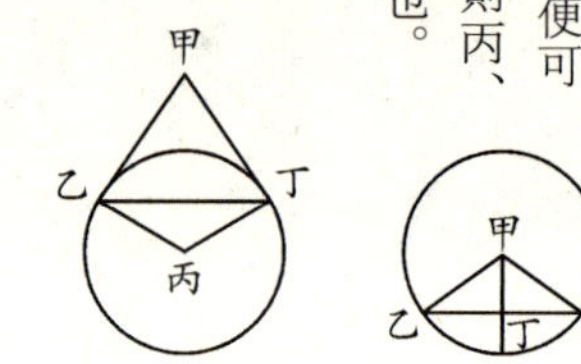

凡圓有兩弦線若等，其分圓弧面之積亦等。若自心至兩弦各作一垂線，則二垂線度亦等，又自心至兩弦線之各兩頭作四輻線亦等，則所成之兩三角形亦等。於甲乙輻線末作垂線者切線也；甲輻線割圓於戊而至丁者割線也；戊垂線至己者正弦也。凡立於乙戊弧之角者，欲求三角之度、三邊之數，皆於是取也。

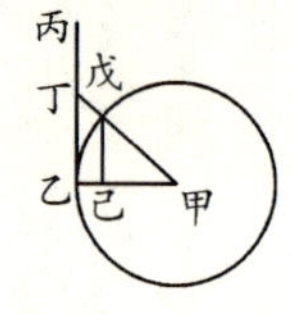

心角交與界角有三種：其圓心所生界角或在二直線之一線者，或在二直線之外者、或在二直線之間者，此三種心角皆大於界角一倍。如第一圖，心角在丁乙直線之内，則心角爲甲丙丁鈍角形之外角。外角則兼有本形丁、甲二角之度，而丙丁、丙甲爲一圓之輻線相等，則所合丁、甲二角亦必相等，外角既兼有二角之度則比丁角爲大一倍可知矣。第二圖，心角在丁乙直線之外，則自丁過内心至戊作一直線，成甲丙戊一大心角，甲丁戊一大界角，乙丙戊一小心角，乙丁戊一小界角。準前論，大心角倍於大界角，小心角亦倍於小界角。今於大心角減去小心角，大界角減去小界角，則所減之心角倍於所減之界角，而所存之原心

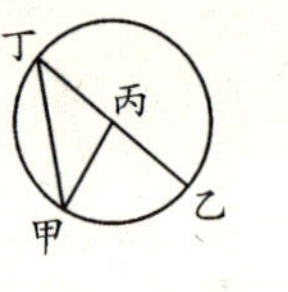

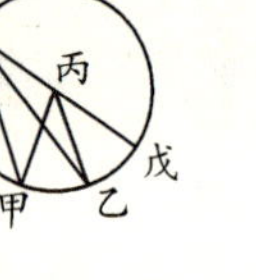

角亦倍於所存之原界角也。第三圖，心角在丁乙、丁甲直線之間，自丁界過丙心至對界作一直線，亦如第一圖論，將心角剖爲二，界角亦剖爲二，則分爲兩心角各倍於兩界角，仍合爲一心角，則倍於一界角也。

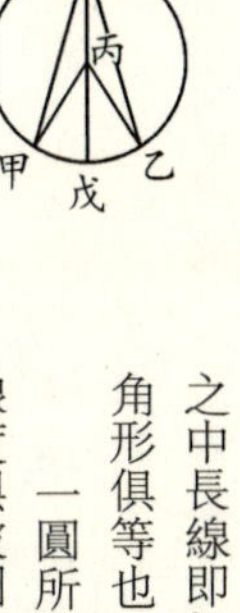

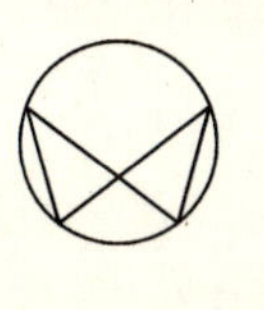

自圓之弧線，凡一段任與圓界何處其尖相切所成之界角有幾何，其度俱爲等也。蓋同立一弧者，心角皆大於界角一倍，如上節所云，則同弧之界角不論何處皆小於心角一倍也。因其俱爲心角之半，則不拘何處作界角皆相等也。

圓內有一心角、一界角，若心角所對弧度得界角所對弧度之一半，此兩角度必相等也。蓋同弧之心角大於界角一倍，今於心角弧度去一半，則兩角必相等也。

凡圓之界角若立於圓界之半，必爲直角。蓋心角所對弧線若是界角所對弧線之一半，則二角之度必等。今界角對弧爲半周，將半周弧剖作二心角，則二角皆爲直角。既爲直角，則界角對弧乃兼兩心角對弧者，安得不爲直角乎？

凡圓之界角若在半圓分之小分內，必爲鈍角也。如圖，甲乙丙爲小半圓，則所餘甲丁丙爲大半圓。若將甲丁丙弧線於丁處平分，又自圓心作戊丁、戊甲兩線，丁甲弧大於圓周四分之一爲鈍角也。又心角對弧若爲界角對弧之一半，則二角度爲相等。今甲丁正得甲丁丙之半，則戊爲鈍角，乙亦爲鈍角也。

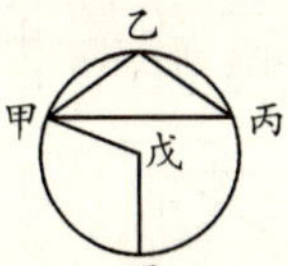

凡圓之界角若在半圓分之大分內，必爲鋭角也。如圖，甲乙丙爲大半圓，所餘甲戊丙爲小半圓。若將甲丙爲弧線兩分於戊，又自丁作丁甲、丁戊兩線成甲丁戊心角形，此心角形所對既不足圓界四分之一，則爲鋭角也。既爲鋭角，則甲乙丙角必爲鋭角可知矣。

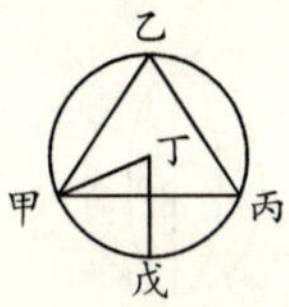

函圓形者，有函圓切三角形、函圓切四方形、（有）函圓切多邊形。圓內切形者，有圓內切三角形、圓內切四方形、圓內切多邊形。函圓衆界形之度大於函於圓之界，其函衆界形之圓界度亦大於所函之衆界形，在外者大，在內者小也，故函形界必大於函於形界也。

有一函圓衆界形，又一直角三角形，此三角形一直角所生二直線內一直線度若與所函圓之輻線度等，又一直線度與函圓衆界形之各界共度等，則三角形面積與衆界形面積俱等也。如自幾邊形之心至角作幾線，分爲幾三角，求三角之中長線即輻線也。底等高等所作三角形俱等，即所云二平行線內同底所作三角形俱等也，合衆三角形之底爲一大三角形之底，其面積當無不等也。

一圓所函之衆界形一直角三角形，此三角形之一直角所生二直線內，一直線度與彼圓自心至衆界形界所作垂線度若等，再一直線度與彼衆界形之共界度若等，則兩形之面積俱等也。

有一圓形，有一勾股形，若股如半徑，勾若全周，則兩形之面積必等也。蓋比前函圓之衆界形則爲小，比前函於圓之衆界形則爲大，就中間取之，恰合無疑也。夫函於圓之衆界形輻線及界而不及弧是比圓爲小也；函圓之衆界形輻線雖及弧而衆界度共線又長是比圓爲大也。今以圓周及輻線取直角三角形而合之相等無疑，則可得圓之面積也。蓋圓線式異於直線式難於符合，然苟將圓線作萬萬段亦與直線近也。

衆界形或函圓或函於圓，其界數愈多，愈與圓界度相近。如自函三邊而爲六邊，六邊而爲十二邊，十二邊而爲廿四邊，無論內外愈近圓界度數也。試設一函於圓九十六邊形，又設一函圓九十六邊形而作一圓，若將函圓形作一千五百六十二分，又將他形照此所分之度分之，則函於圓形僅得一千五百六十一分矣。而圓界度大於所函之衆界小於函圓之衆界，必得一千五百六十一分餘，其圓界中心徑線必得四百九十七分。若即小數算之將圓界作二十二分，則中心徑線必得七分餘。故在圓界可得直線之度，在直線亦可得圓界之度也。

有一圓形，又一衆界形，此圓界度若與彼衆界度等，則圓形之面積必大于衆界形之面積也。試準前半徑作股、界度作勾之法求之，則方周、圓周之界度雖同，而圓之垂線長、方之垂線短，則方所成之三角不及圓所成之三角，而所函之面積方亦不及圓矣。

綫分部

算法

明・徐光啓《句股義》

第一題　句股，求弦。

法曰：甲乙股四，乙丙句三，求弦。以股自之得十六，句自之得九，并得二十五爲實，開方得甲丙弦五。

第二題　句弦，求股。

法曰：如前圖，乙丙句三，自之得九。甲丙弦五，自之得二十五。相減得較十六，開方得甲乙股四。

第三題　股弦，求句。

法曰：如前圖，甲乙股四，自之得十六。甲丙弦五，自之得二十五。相減得較九，開方得乙丙句三。

已上三論，俱見一卷四十七題。凡言某卷某題者，皆引《幾何原本》爲證。下同。

又　第八題　句股較，求股、求句。

法曰：甲丙弦四十五，甲乙股、甲丙句之較爲甲丁九，求股、求句。以弦自之得二千〇二十五，倍之得四千〇五十，較自之得八十一，以減兩弦羃，存三千九百六十九爲實，開方得句股和六十三，加較九得七十二，半之得三十六爲甲乙股，減較得二十七爲乙丙句。

論曰：弦羃爲甲戊直角方形，倍之爲己丙直角形，較羃爲甲庚直角方形與甲辛等，相減即得減甲辛形之己辛丙罄折形也。今欲顯己辛丙罄折形開方而得句股和者，試察甲丙上直角方形與甲乙、乙丙上兩直角方形并等，一卷四七。即甲戊一弦羃内有一甲乙股羃、一乙丙句羃也，己丙兩弦羃内有兩甲乙羃、兩乙丙羃也，故以己丙爲實，開方即得丑辰直角方形，其丑寅與卯辰兩形兩股羃也，丙壬與癸子兩形兩句羃也。而丑寅、卯辰之間則重一等甲辛之卯寅形，減之，即丑辰直角方形與己辛丙罄折形等矣。乙丙爲句，丙丑與甲乙等，故乙丑邊即句股和也。若于乙丙句加甲丁較，即與甲乙股等。故甲乙、乙丙、甲丁并，半之爲甲乙股，以甲丁較減甲乙股，爲乙丙句。

第九題　句弦較，求句、求弦。

法曰：甲乙股三十六，乙丙句、甲丙弦之較爲甲丁十八，求句、求弦。以股自之得一千(一)[二]百九十六，較自之得三百(一)[二]十四，相減存九百七十二爲實，倍較爲法，除之得二十七爲乙丙句，加較得四十五爲甲丙弦。

論曰：股羃爲甲戊直角方形，較羃爲丁庚直角方形與辛癸等，相減存甲壬戊罄折形爲實，次倍甲丁較線爲乙寅線以爲法，除實，即得乙子直角形與甲壬戊罄折形等。何者？乙子直角形加一等較羃之乙丑直角方形，成子卯癸罄折形，即與股羃之甲戊直角方形等也。又何者？甲丙弦羃之甲辰直角方形内，當函一句羃、一股羃，一卷四七。試于甲辰形内截取丁庚較羃之外分作庚未、未午、午丁三直角形，其甲庚、申未、酉戌三線各與甲丁較線等，庚申、未戌、未辰、午酉四線各與等乙丙句之丁丙線等。夫未酉、酉戌并，與句等，即申未、未酉并，亦與句等。而庚申、未辰各與句等，即庚未、未午兩形并爲句羃，而丁庚、午丁兩形并爲股羃矣。丁戌、戌酉兩較也，乙卯、卯寅亦兩較也。而丁丙與乙丙元等，即丁午、乙子兩形等，丁庚與乙丑兩形又等，即丁庚午丁并與子卯癸罄折形等。而子卯癸罄折形與股羃之甲戊形等，此兩率者，各減一等較羃之辛癸、乙丑形，即乙子直角形，與甲壬戊罄折形等。

又法曰：股自之得一千(一)[二]百九十六爲實，以句弦較十八爲法，除之得句弦和七十二，加較得九十，半之得弦四十五，減較得句二十七。

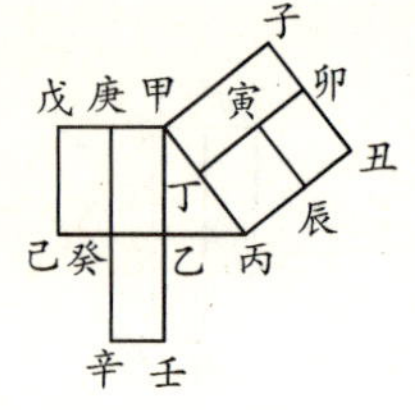

論曰：股羃爲甲己直角方形，以較而一爲甲辛直角形，即得甲壬邊與乙丙、丙甲句弦和等。何者？甲丙弦羃之甲丑直角方形内，當函一股羃、一句羃。一卷四七。試于甲丑形内截取子卯、丑辰邊各與甲丁較線等，即卯丑、辰丙俱與等乙丙句之丁丙線等，而作甲卯、卯辰、辰丁三直角形，其辰丁形之四邊皆與句等，句羃也，即甲卯卯辰兩形，當與股羃等，亦當與甲辛形等，而甲庚卯寅皆較也，甲子弦也，卯丑句也，則甲辛形之甲壬邊與句弦和等。

第十題　股弦較，求股、求弦。

法曰：乙丙句二十七，甲乙股、甲丙弦之較爲丙丁九，求股、求弦。以句自之，得七百二十九。較自之，得八十一。相減得六百四十八爲實，倍較爲法，除之得甲乙股三十六，加較得甲丙弦四十五。

論曰：句羃爲乙己直角方形，較羃爲丙丑直角方形與丙庚等，相減存乙庚己罄折形爲實，次倍丙丁較線爲乙辛線以爲法，除實即得辛壬直角形與乙庚己罄折形等，而乙壬邊與甲乙股等。何者？甲丙弦冪之甲癸直角方形內，當函一句冪、一股冪。一卷四七。試于甲癸形內截取丙丑較冪，之外分作甲丑、丑癸、丑子三直角形，即丑子與股冪等，而丙丑、甲丑、丑癸三形并，當與句冪等。次各減一相等之丙丑、丙庚，即甲丑、丑癸并，與乙庚己罄折形等，亦與辛壬直角形等。辛乙與寅丑、丑丁并等，即乙壬與甲丁或寅癸等，亦與甲乙等。

又法曰：句自之得七百二十九爲實，以較爲法，除之得股弦和八十一，加較得九十，半之得弦四十五，減較得股三十六。

論曰：句冪爲丙戊直角方形，以較而一爲丙己直角形，即得丙庚邊與甲乙、甲丙股弦和等。何者？甲丙弦冪之甲辛直角方形內，當函一股冪、一句冪。一卷四七。試于甲辛形內依丙丁較截作丁辛、丁癸、癸壬三直角形，即癸壬形與股冪等，而丁辛、丁癸兩形并，當與句冪等，亦與丙己直角形等。夫壬辛、甲癸、己庚皆較也，而甲丁與股等，丙辛與弦等，即丙庚與股弦和等。

第十一題　句股和，求股、求句。

法曰：甲丙弦四十五，甲乙、乙丙句股和六十三，求句、求股。以弦自之得二千〇二十五，句股和自之得三千九百六十九，相減得一千九百四十四。復與弦冪相減得八十一，開方得句股較甲卯九，加和得七十二，半之得甲乙股三十六，減較得乙丙句二十七。

論曰：以句股和作甲丁一直線，自之爲甲己直角方形，此形內函甲辛、癸己兩股冪，乙寅、庚壬兩句冪，而甲辛、癸己之間重一癸辛直角方形。夫甲丙弦之冪既與句股兩冪并等，一卷四七。以減甲己形內之甲辛、乙寅兩形，即所存戊辛寅罄折形，少于弦冪者，爲癸辛形矣。乙辛股也，乙丑句也，則丑辛較也。

第十二題　句弦和，求句、求弦。

法曰：甲乙股三十六，乙丙、甲丙句弦和七十二，求句、求弦。以股自之得一千(一)[二]百九十六，句弦和自之得五千一百八十四，相減得三千八百八十八，半之得一千九百四十四爲實，以和爲法，除之得乙丙句二十七，以減和得甲丙弦四十五。

論曰：以句弦和作乙丁一直線，自之爲乙戊直角方形，次用句弦度相減，取丙、庚兩點，從丙、從庚作庚辛、丙壬二平行線，依此法作癸子、丑寅二平行線，即乙戊一形中截成丙子、丑辛、丁卯、午己句冪四，庚未、辰壬、癸辰、未寅較句矩內直角形四，卯午較冪一也。今欲于乙戊全形中減一甲乙股之冪，則于卯己弦冪內一句一較并爲弦。存午己句冪，而減子午辛罄折形，即股冪矣。何者？卯己弦冪內，當函一句冪、一股冪也。一卷四七。又庚未與未寅等，即庚壬形亦股冪也。以庚壬形代罄折形，即丁辛、丙己兩形爲和冪與股冪之減存形也。半之即丙己形，以等句弦和之乙己除之，得乙丙句。

又法曰：股自之得一千(一)[二]百九十六，以句弦和七十二爲法除之得十八爲句弦較，加句弦和得九十，半之得四十五爲弦減較，得二十七爲句。

此法與本篇第九題又法同論。

第十三題　股弦和，求股、求弦。

法曰：乙丙句二十七，甲乙、乙丙股弦和八十一，求股、求弦。以句自之得七百二十九，股弦和自之得六千五百六十一，相減得五千八百三十二，半之得二千九百(〇)[一]十六爲實，以和爲法，除之得甲乙股三十六，以減和得甲丙弦四十五。

論曰：乙丁和冪內之戊己句冪也，餘論同本篇十三題。

又法曰：句自之得七百二十九，以股弦和八十一爲法，除之得九爲股弦較，加股弦和得九十，半之得四十五爲弦，減較得三十六爲股。

此法與本篇第十題又法同論。

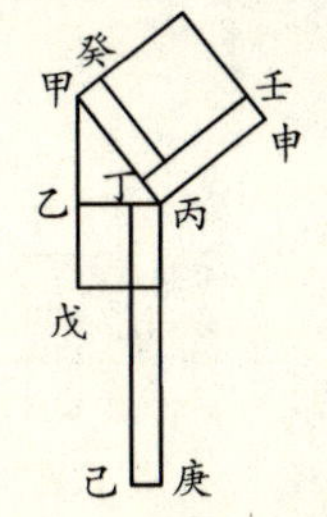

第十四題　股弦較、句弦較，求句、求股、求弦。

法曰：甲乙股、甲丙弦較二，乙丙句、甲丙弦較九，求句、求股、求弦。以二較相乘得十八，倍之得三十六爲實，平方開之得六爲弦和較，加句弦較九得甲乙股十五，加股弦較二得乙丙句八，以句弦較加句、或股弦較加股得十七爲甲丙弦。

論曰：股弦較甲丁二，自之得四爲己庚直角方形。句弦較乙戊九，自之得八十一爲辛壬直角方形。兩冪并得八十五，以二減九得七即句股較，自之得四十九爲乾兑直角方形。元設兩較互乘爲癸戊、子丑兩直角形，并得三十六。以三十六減八十五，亦得四十九，何以知？癸戊、子丑三十六爲實，開方得六之寅卯直角方形邊，則弦和較也。凡直角三邊形之弦冪，必與句股兩冪并等。一卷四七。甲乙丙既直角形，則甲乙、乙丙兩冪并，必與甲丙冪等。今于甲乙股加甲辰弦、丙乙句加乙午弦，甲丙弦加丙未句未申股各作一直線，以此三和線作一三邊形，一卷廿二。即甲申上之甲酉直角方形，必不等于丙午上之丙戌直角方形、乙辰上之乙亥直角方形并。而此不相等之較，必句股較冪之四十九也。何者？若于甲酉、丙戌、乙亥三直角方形各以元設句、股、弦分之，即甲酉形內有弦冪一、股冪一、句冪一、股弦矩內形二、句弦矩內形二、句股矩內形二。而乙亥形內有弦冪一、股冪一、股弦矩內形二。丙戌形內有弦冪一、句冪一、句弦矩內形二。次以甲酉內諸形與乙亥、丙戌內諸形相當相抵，則甲酉內存句股矩內形二，丙戌或乙亥內存弦冪一。次以此兩存形相當相抵，則一弦冪之大于兩句股矩內形，必句股較冪之四十九也。何者？一弦冪內，函一句冪、一股冪。今試如上圖，任作一甲乙弦冪，其乙丙爲句冪，則丁丙戊罄折形必與股冪等。乙己爲股冪，則丁己戊罄折形必與句冪等。次以乙庚、辛壬兩句股矩內形輳乙角，依角旁兩邊縱橫交加於弦冪之上，即得句股之較冪丙己，而乙丙上重一句冪。次以所重之句冪補其等句冪之丁己戊罄折形，則甲乙弦冪之大於乙庚、辛壬兩句股矩內形，必丙己句股較冪矣。故知向者乙亥、或丙戌內與甲酉內兩存形之較，必句股較冪之四十九也，則乙亥丙戌兩形并，其大於甲酉形，亦句股較冪之四十九也。今於辛壬較冪內減句股較冪四十九之乾兑直角方形，其所存乾離、震兑兩餘方形及離震、己庚兩直角方形并，必與癸戊、子丑兩形并等。次以癸戊、子丑兩形開方爲寅卯形，則減寅卯之甲酉形與減辛壬之丙戌形減己庚之乙亥形并，必等。而減寅卯之甲酉形內，元有弦冪如甲寅者四、有弦偕寅卯形邊矩內形如寅巽者四。減辛壬之丙戌形內，元有句冪如丙辛者四、有句偕句弦較矩內形如辛坎者四。減己庚之乙亥形內，元有句冪如己辰者四、有股偕股弦較矩內形如甲己者四。今以四弦冪當四句冪、四股冪，一卷四七。則甲己、辛坎兩形并，必與寅巽形等。甲丙與巽申等弦也，丙申句股和也，則兩弦間等寅卯形邊之丙巽不得不爲弦和較矣。既得丙巽六爲弦和較，即以元設兩較相加，可得句股弦各數也。何者？巽申弦也，巽艮句弦較也，艮申句也，丙申句股和也，于丙申句股和減艮申句，則丙巽加巽艮之丙艮股也，丙甲弦也，丙坤股弦較也，坤甲股也，巽甲句股和也，于巽甲句股和減坤甲股，則巽丙加丙坤之巽坤句也。次以巽艮加艮申或丙坤加坤甲，則弦也。

第十五題　句弦和、股弦和，求句、求股、求弦。

法曰：甲丙、乙丙句弦和七十二，甲乙、甲丙股弦和八十一，求句、求股、求弦。以兩和相乘得五千八百三十二，倍之得一萬一千六百六十四爲實，平方開之得弦和和一百〇八，以股弦和減之得乙丙句二十七，以句弦和減之得甲乙句三十六，以句股和減之得甲丙弦四十五。

論曰：兩和相乘爲乙己直角形，倍之爲丁戊直角形以爲實，平方開之得己庚直角方形與丁戊等，即其邊爲弦和和者。何也？丁戊全形內，有弦冪二、股弦矩內形、句弦矩內形、句股矩內形各二，與己庚全形內諸形比各等。獨丁戊形內餘一弦冪，己庚形內餘一句冪、一股冪，并二較一亦等，一卷四七。即己庚方形之各邊皆弦和和。

清·王澤沛《形學演》卷一　二直綫相交作角，平分每兩交角之綫，必互爲垂綫。

甲乙、丙丁二直綫相交於戊，成甲戊丙、乙戊丁爲二交角，甲戊丁、丙戊乙亦爲二交角。若作己庚、辛壬二綫爲每兩交角之平分角綫，題言此二綫互爲垂綫。何也？甲戊丙、丙戊乙二角之和爲二直角，今以己戊、壬戊二綫各平分之，甲戊丙減甲戊己角，丙戊乙減壬戊乙角，二角各減其半，所餘必爲一直角，即二平分角綫所成己戊壬角

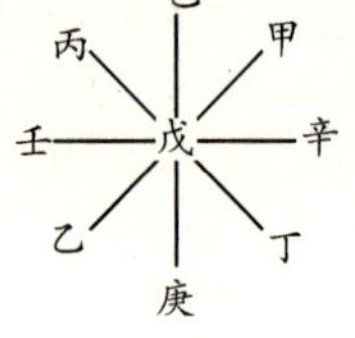

也。二綫交而成直角，即互爲垂綫矣。

兩邊等三角形，自底之兩端至兩腰各作垂綫，則兩垂綫必等。

甲乙丙三角形，甲丙、乙丙二邊等，若自甲、乙兩端至兩腰作甲己、乙戊二垂綫，題言此二垂綫必等。何也？甲乙戊、甲乙己兩三角形，甲與乙二腰間角本等，甲己邊同用，戊與己同爲直角，是兩形有一邊二角等也，則餘角餘邊均等，故甲己、乙戊二綫等。

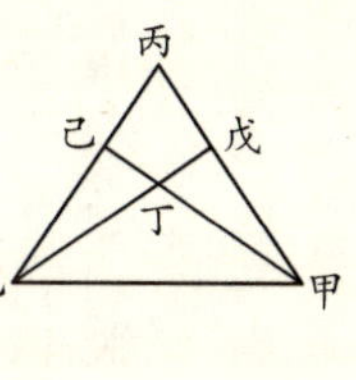

若相并之兩角等於兩直角，則平分各角之綫必成直角。

如圖，甲乙丁、丙乙丁相并之兩角等於兩直角，若於甲乙丁角内作乙戊平分角綫，丙乙丁角内作乙己平分角綫，題言此二綫必成直角。何也？甲乙丁角減甲乙戊角，丙乙丁角減丙乙己角，二角皆平分，則二角各減其半，二角等於二直角減半，則爲一直角也，故乙戊、乙己二綫成戊乙己角爲直角。

二直綫以中點相交，則聯二綫外端之四綫必成平行方形。

甲乙、丙丁二直綫相交於中點戊，若於二綫外端聯以甲丙、甲丁、乙丙、乙丁四綫，成甲丙乙丁四邊形，題言此形必爲平行方形。何也？甲戊丁、乙戊丙、甲戊丙、乙戊丁四三角形，戊爲中點，則戊甲等戊乙，戊丙等戊丁，戊點每兩交角亦等，是每相對之兩三角形，其兩腰及腰間角兩兩相等也，則餘角餘邊俱等。戊甲丙角等戊乙丁角，則甲丙、乙丁必平行。戊甲丁角等戊乙丙角，則甲丁、丙乙必平行。準首卷第二十一題。各對邊等而平行，故爲平行方形。

平分平行方形對角之兩綫，必彼此平行。

甲丙丁乙平行方形，若於甲丁二對角作甲戊、丁己二綫各平分之，題此二綫必平行。何也？甲戊、丁己各與甲丙、乙丁平行綫相交，則丙己丁角等於己丁乙角，乙戊甲角等於丙甲戊角，己丁乙、丙甲戊二角各爲丁、甲二角之平分角本等，即乙戊甲角等於己丁乙角，丙己丁角等於丙甲戊角，準首卷

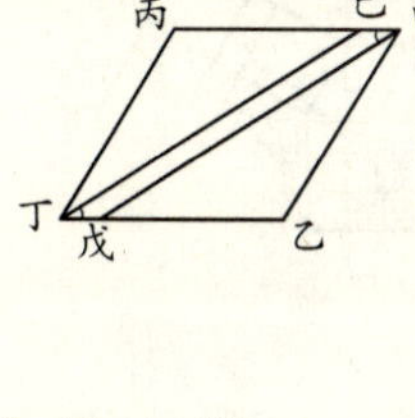

第二十一題，甲戊、丁己二綫必平行。

平分平行方形同方相倚兩角之綫，必相遇成直角。

甲丙丁乙平行方形，若於同方相倚之丁、乙兩角各作平分角綫相遇於戊，題言戊角必成直角。何也？丁、乙二全角本等於二直角，今以丁戊、乙戊二綫各平分之，二角各減其半，所餘戊丁乙、戊乙丁二角之和必等於一直角。準理：三角形三角之和爲二直角，乙戊丁三角形乙、丁二角和爲一直角，故戊角必自爲一直角。

若自平行方形之一邊，過對角綫中點至對邊作直綫，則此綫必被對角綫中點平分，而平行方形必被此綫平分。

甲丙丁乙平行方形，若作庚己直綫過丙乙對角綫之中點戊，題言庚己平分於戊，而原形平分於庚己。何也？丙己戊、乙庚戊兩三角形，戊點二交角等，戊丙己、戊乙庚二角亦等，戊丙、戊乙本等，是相當兩角及其間之邊各等也，則戊己、戊庚亦等，故庚己平分於戊，丙己戊、乙庚戊兩三角形等，則甲乙戊己、丙丁庚戊兩四邊形亦等。以原分於對角綫本等也，故亦平分於庚己。

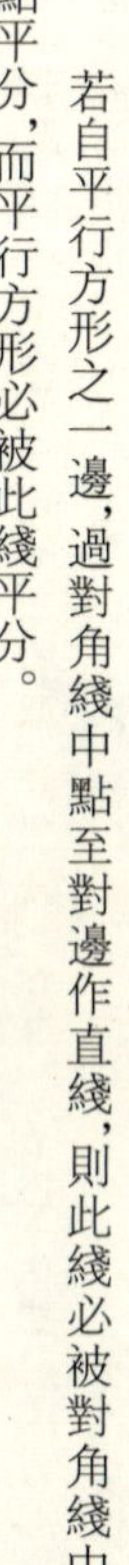

四邊形於對角綫之交點外任取一點，至各角作直綫，此四綫之和必大於兩對角綫之和。

如圖，甲丙丁乙四邊形於對角綫交點外任取戊點，至四角作甲戊、乙戊、丙戊、丁戊四直綫，則與兩對角綫成甲戊丁、乙戊丙兩三角形，其對角綫爲一邊，必小於餘二邊之和，故題言四綫之和大於兩對角綫之和。

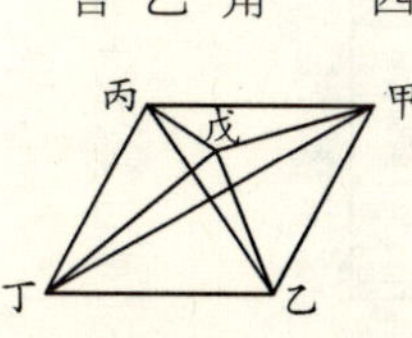

理分中末綫

設有一線長一丈二尺，欲依理分中末之分分之，問大分幾何，小分幾何。

理分中末者，乃三率連比例之一法也。割圓暨諸面體之所必需，故立定率以備之。若求此法之所以，見《幾何原本》中。然其分之之義，是將一線截爲大小兩分，其大分與原線之比同於小分與大分之比也。其所截兩率，自有分數，若併之，即全線也。其全線爲首率，大截爲中率，小截乃末率也。若將大截自乘，以全線除之得末率，以末率除之得全線，故爲連比例也。今依成法立爲定率，便

於推求，倍省功力。

法：用理分中末線之定率比例。

全分定率爲一率，一〇〇〇〇〇〇〇〇。

大分定率爲二率，六一八〇三三九九。

今設全線爲三率，一丈二尺。

求得大分爲四率，七尺四寸一分六釐四毫零七忽八微八纖。

用真數推之，將二三率相乘，以一率除之，得數爲四率，即所求大分之數也。

若於全線數内減去四率，其餘即小分，或以小分之定率爲二率，依法推之，則四率乃小分之數也。若於全線數内減去小分，其餘即大分之數也。

若用假數推之，照法用理分中末線假數之定率，以加減代乘除，即得所求也。

直綫形分部

算法

明・徐光啓《句股義》

第四題　句股，求容方。

法曰：甲乙股三十六，乙丙句二十七，求容方。以句股相乘爲實，并句股得甲戊六十三爲法，除之得容方辛乙、乙癸各邊俱一十五四二八。

論曰：甲乙三十六，乙丙二十七，相乘得九百七十二以爲實，即成甲乙丙丁直角形。次以甲乙、乙丙并得六十三爲法，即成甲戊線。除實得戊己邊十五四二八，即成甲戊己庚直角形與甲乙丙丁形等。六卷十六。而己庚邊截乙丙句于癸，甲丙弦于壬，即成乙辛壬癸滿句股之直角方形。何者？甲乙丙丁與甲戊己庚兩形互相視，即甲乙與甲戊若乙癸與乙丙。六卷十五。分之，即甲乙與乙戊若乙癸與癸丙，是甲乙與乙丙亦若乙癸與癸丙也。乙丙、乙戊元等。又甲辛與辛壬若壬癸與癸丙，六卷四。更之，即甲辛與壬癸若辛壬與癸丙也。而辛乙與壬癸等，乙癸與辛壬等，則甲辛與辛乙若乙癸與癸丙矣。夫甲乙與乙丙既若乙癸與癸丙，而甲辛與辛乙又若乙癸與癸丙，則甲乙與乙丙亦若甲辛與辛乙，而乙辛壬癸爲滿句股之直角方形。六卷十五增題。

又簡論曰：如前圖，以甲乙戊爲法，而除甲丙實，既得甲庚、戊己各與方形邊等。今以等甲乙戊之丙乙戊爲法，而除甲丙實，得庚丙、戊己亦各與方形邊等，則辛乙癸壬爲直角方形。

第五題　餘句、餘股，求容方、求句、求股。

法曰：甲丁餘股七百五十，戊丙餘句三十，求丁乙戊己容方邊。以丙戊、甲丁相乘得二萬二千五百爲實，開方得容方乙丁、丁己各邊俱一百五十，加餘股得股九百，加餘句得句一百八十。

論曰：甲丁、戊丙相乘爲實，即成己壬辛庚直角形，與丁乙戊己爲甲丙角線形内之兩餘方形等。一卷四三。而壬己與己戊偕丁己與己庚爲互相視之邊，六卷十四。故己壬辛庚之實即丁乙戊己之實，開方得丁乙戊己直角方形邊。

又論曰：甲丁與丁己既若己戊與戊丙，六卷四之系。即方形邊當爲甲丁、戊丙之中率。六卷卅三之十五增題。今列甲丁七百五十，戊丙三十，而求其中率之數。其法以前率比後率，爲二十五倍大之比例。二十五開方得五，則中率當爲五倍之比例。甲丁七百五十，反五倍得一百五十，一百五十，反五倍得丙戊三十，則方形邊一百五十爲甲丁丙戊之中率。六卷界説五。

第六題　容方與餘句求餘股，與餘股求餘句。

法曰：容方乙丁、丁己各邊俱一百五十，戊丙餘句三十，求甲丁餘股。以容方邊自之爲實，以餘句爲法除之，得甲丁餘股七百五十。以容方與餘股求餘句法同。

論曰：如上論，兩餘方形等實，故以等己庚之丙戊除之，得等壬己之甲丁。

又論曰：方形邊既爲甲丁、戊丙之中率，六卷卅三之十五增題。即方形邊自乘爲實，以戊丙除之，得甲丁。以甲丁除之，得戊丙。六卷十七。

清·方中通《數度衍》卷首之三《幾何約》

論線

五　一直線，兩平分之，又任兩分之，其任兩分線矩内直角形及分内線上直角方形并，與平分半線上直角方形等。如甲乙線平分於丙，又任兩分於丁，其丙丁爲分内線，則甲丁偕丁乙矩線内直角形及分内線丙丁上直角方形并，與丙乙線上直角方形等。蓋辛丙甲庚形與戊乙丁己形等故也。

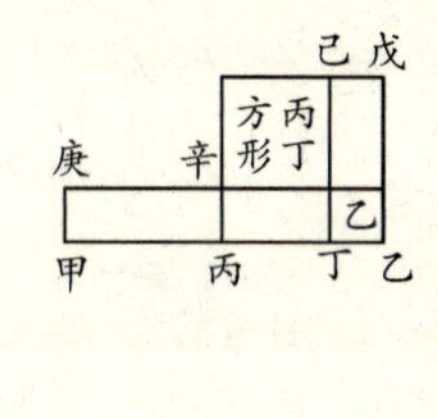

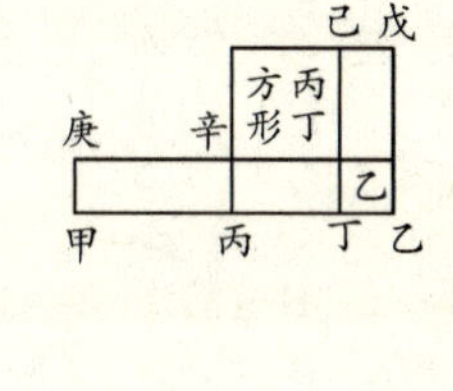

六　一直線，兩平分之，又任引增一直線，共爲一全線，其全線偕引增線矩内直角形及半元線上直角方形并，與半元線偕引增線上直角方形等。如甲乙線平分於丙，又以乙引長之，增乙丁與甲乙通爲一全線，則甲丁偕乙丁矩線内直角形，如丁戊者，及半元線丙乙上直角方形，如己乙者，相并，必與丙丁上直角方形，如己丁者等。蓋子與丑等故也。

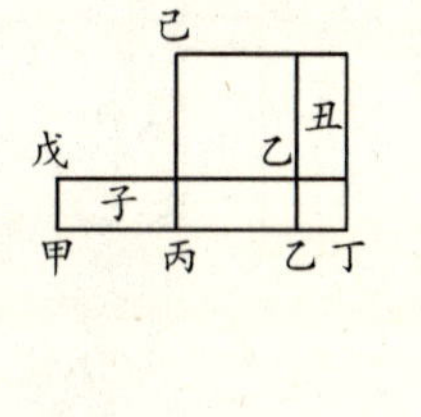

七　一直線，任兩分之，其元線上及任用一分線上兩直角方形并，與元線偕一分線矩内直角形二及分餘線上直角方形并等。

通曰：如甲乙線，任分於丙，則甲乙線上直角方形如乙丁者，及任用一分線或甲丙上直角方形如丙丙者相并，成甲丁辛庚戊己罄折形，與甲乙偕甲丙矩内直角形如甲庚者二而爲甲甲乙乙者，及分餘線丙乙上直角方形如壬丙者相并，成甲甲乙壬癸丙罄折形相等，蓋子與寅等，丑與卯等，故也。

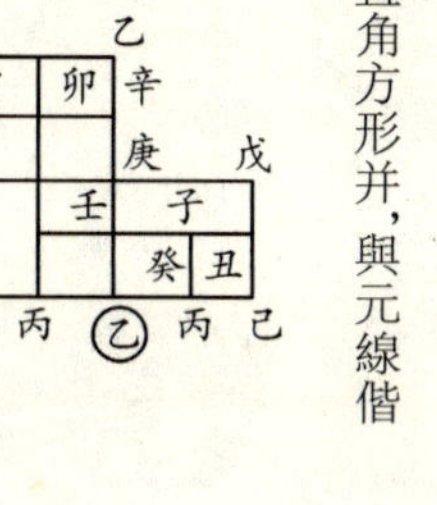

八　一直線，任兩分之，其元線偕初分線矩内直角形四及分餘線上直角方形并，與元線偕初分線上直角方形等。

通曰：如甲乙線，任分於丙，則甲乙偕一分線或甲丙矩内直角形四，如子丑寅卯者，及分餘線丙乙上直角方形，如辰者，相并，與甲乙并甲丙如甲丁線上直角方形等。

九　一直線，兩平分之，又任兩分之，任分線上兩直角方形并，倍大於平分半線上及分内線上兩直角方形并。

通曰：如甲乙線，平分於丙，又任分於丁，則甲丁、丁乙上兩直角方形相并成戊己乙罄折形，倍大於平分半線甲丙上及分内線丙丁上兩直角方形相并成庚辛丁罄折形。蓋子與子等，丑寅與丑寅等，卯辰與卯辰等，故也。

十　一直線，兩平分之，又任引增一線，共爲一全線，其全線上及引增線上兩直角方形并，倍大於平分半線上及分餘半線偕引增線上兩直角方形并。

通曰：如甲乙線，平分於丙，又任引增爲乙丁，則甲丁線上直角方形如丁戊者，與乙丁線上直角方形如乙己者相并，成戊己乙罄折形，倍大於甲丙線上直角方形如甲庚者，與丙丁線上直角方形如辛丙者相并，成辛庚甲罄折形。蓋子丑與子丑等，寅卯與寅卯等，故也。

又　十二　三邊鈍角形之對鈍角邊上直角方形，大於餘邊上兩直角方形并，之較爲鈍角旁任用一邊偕其引增線之與對角所下垂線相遇者矩内直角形二。如甲乙丙形，乙爲鈍角，從餘角如甲下一垂線，與鈍角旁一邊如丙乙引長之遇於丁，爲直角，則對鈍角之甲丙邊上直角方形，大於甲乙、乙丙邊上兩直角方形并，之較爲丙乙偕乙丁矩内直角形二。反説之，則甲乙、乙丙上兩直角方形及丙乙偕乙丁矩線内直角形二相并，與甲丙上直角方形等。

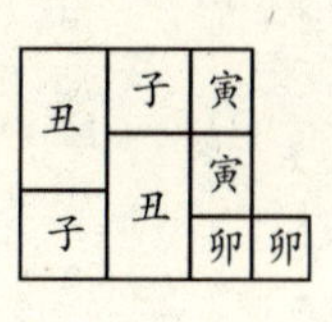

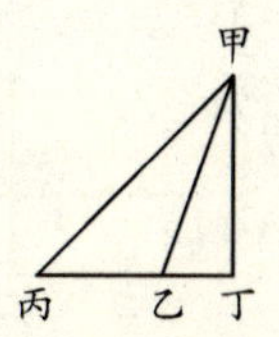

十三　三邊鋭角形之對鋭角邊上直角方形，小於餘邊上兩直角方形并，之

較爲鋭角旁任用一邊偕其對角所下垂線旁之近鋭角分線矩内直角形二。如甲乙丙三邊鋭角形，從一角如甲向對邊乙丙下一垂線，分乙丙於丁，則甲丙乙鋭角之相對甲乙邊上直角方形，小於乙丙、甲丙邊上兩直角方形并，之較爲乙丙偕丁丙矩線内直角形二。反説之，則乙丙、甲丙上兩直角方形并，與甲乙上直角方形及乙丙偕丁丙矩線内直角形二并等。

清・李子金《幾何易簡集》卷二　《幾何要法》删注

凡方形對角線旁兩餘方自相等。如甲乙丙丁方形有甲丙對角線，其兩旁之戊庚壬乙與辛庚己丁兩餘方必等。甲乙丙、甲丁丙兩大角等，甲戊庚、甲辛庚兩中角亦等，庚壬丙、庚己丙兩小角亦等，則戊庚壬乙與辛庚己丁兩餘方必等。

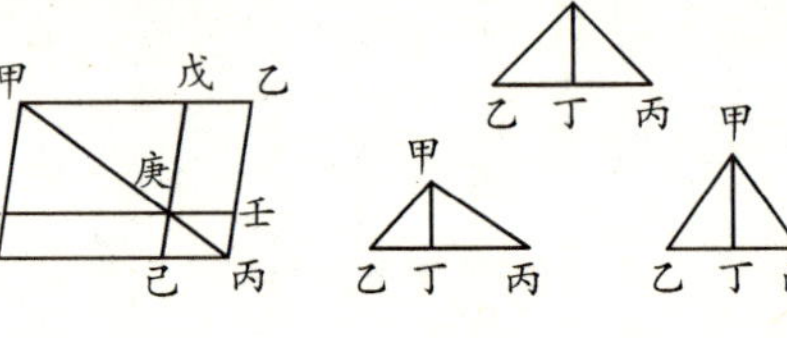

右圖即勾股之法而發明其所以肰之故也。前圖平分于度易合，而于數不盡，姑以後圖論之。而前圖之理，即在其中矣。凡在平行線内而又同底者，其三角形必居方形之半。丙甲庚與乙己爲平行線，甲乙己庚爲平行線内之方形，丙乙己既爲平行線内之三角形，而又與方形同乙己底，則居甲乙己庚方形之半無疑矣。甲子癸與乙戊爲平行線，子癸戊乙爲平行線内之直形，甲乙戊既爲平行線内之三角形，而又與直形同乙戊底，則居子癸戊乙直形之半無疑矣。丙乙己與戊乙甲之形等，丙乙己居甲乙己庚方形之半，戊乙甲居子癸戊乙直形之半，如是則子癸戊乙之直形與甲乙己庚之方形等明矣。依此推之，是甲丙辛壬之方形亦與子癸丁丙之直形等也，其大邊上方形豈不與兩小邊上方形并等乎？以數明之，如甲乙勾三自乘得九，甲丙股四自乘得十六，乙丙弦五自乘得二十五，是弦冪之數亦與句股兩冪之數等，其餘詳《算法通義》。

一直線，兩平分之，又任兩分之，其任分線上兩方形并倍大于平分線上方形及任分與平分相較小線上方形并。如甲乙線平分于丙，又任分于丁，甲丁、丁乙上兩方形并倍大于平分線甲丙上及任分與平分相較丙丁小線上兩方形并。試于丙上作丙戊垂線與甲丙等；次作戊甲、戊乙兩線；次從丁作己丁垂線；次從己作己庚小線與甲乙平行；末作甲己線。其甲丙戊爲直角，即甲戊上方形與甲丙、丙戊上兩方形并等，即甲戊上方形倍大于甲丙上方形矣，又戊庚己爲小直角，即戊己上方形與庚戊庚己上兩方形并等，即戊己上方形倍大于等庚己之丙丁上方形矣，則是甲戊、戊己上兩方形并倍大于甲丙、丙丁上兩方形并也。又甲己上方形既等于甲戊、戊己上兩方形并，又等于甲丁、丁己上兩方形并，則甲丁、丁己上兩方形并亦倍大于甲丙、丙丁上兩方形并矣。而丁己與丁乙等，則甲丁、丁乙上兩方形并豈不倍大于甲丙、丙丁上兩方形并乎？以數明之，假如甲乙十平分爲甲丙五、乙丙五，又任分爲甲丁六、乙丁四，其甲丁之冪三十六及乙丁之冪一十六，其五十二倍，大于甲丙之冪二十五及丁丙之冪一共二十六也。再以句股明之，甲戊之大弦冪倍大于甲丙之大股冪，戊己之小弦冪倍大于等庚己而爲丙丁之小股冪，乙丁之分線即己丁之句也。己丁之句、甲丁之股與己戊之句、甲戊之股共一甲己之弦，則是己丁、甲丁兩冪與己戊、甲戊兩冪等也，如是則乙丁、甲丁兩冪豈不倍大于甲丙、丁丙兩冪乎？唐荆川曰：網之方眼曰冪，自乘之方象之故，算家取以命名。

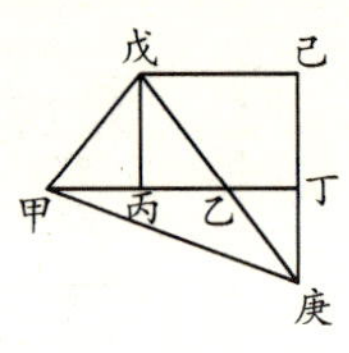

一直線，兩平分之，又任引增一線，共爲一全線，其全線上及引增線上兩方形并，倍大于平分半線上及分餘半線偕引增線上兩方形并。假如甲乙直線平分于丙，又任引增爲乙丁線，甲丁線上及乙丁線上兩方形并，倍大于甲丙線上及丙丁線上兩方形并。試于丙上作丙戊垂線與甲丙等；次作戊甲、戊乙兩邊線；次作己丁垂線引長之，又從戊乙引長之，遇于庚；次作戊己線與丙丁平行；末作甲庚線。其甲戊上方形等于甲丙、丙戊上兩方形并，必倍大于甲丙上方形，而戊庚上方形等于戊己、己庚上兩方形并，必倍大于對戊己邊之丙丁上方形，則甲戊、戊庚上兩方形并倍大于甲丙、丙丁上兩方形并也。又甲庚上方形等于甲戊、戊庚上兩方形并，亦等于甲丁、丁庚上兩方形并，則甲丁、丁庚上兩方形并亦倍大于甲丙、丙丁上兩方形并也，而甲丁、乙丁上兩方形并亦倍大于甲丙、丙丁上兩方形并矣。以數明之，假如十數平分之各五，又任增三爲十三，十三之冪一百六十九及三之冪九倍大于五之冪二十五及八之冪六十四也。

按：此與前章同法。甲戊之小弦冪倍大于甲丙之小股冪，戊庚之大弦冪倍大于等戊己而爲丙丁之大股冪，乙丁之增線即丁庚之勾也。丁庚之勾、甲丁之股與甲戊之句、庚戊之股共一甲庚之弦，則是庚丁、甲丁兩冪與甲戊、庚戊兩冪等也，如是則乙丁、甲丁兩冪豈不倍大于甲丙、丙丁兩冪乎？

有甲乙丙鈍角形，引增作甲丁丙直角，其甲丙大邊上方形，大于甲乙、乙丙上兩方形并，之較爲丙乙偕乙丁矩内直形二。反言之，則甲乙、乙丙上兩方形及丙乙偕乙丁矩内直形二并，與甲丙上方形等。如圖，丙丁線既分于乙，即丙丁上方形與丙乙、乙丁上兩方形及丙乙偕乙丁矩内直形二并等。此二率者每加一甲丁上方形，即丙丁、甲丁上兩方形并與丙乙、乙丁、甲丁上方形三及丙乙偕乙丁矩内直形二并等也。夫甲丙上方形等于丙丁、甲丁上兩方形并，即亦等于丙乙、乙丁、甲丁上方形三及丙乙偕乙丁矩内直形二并也。

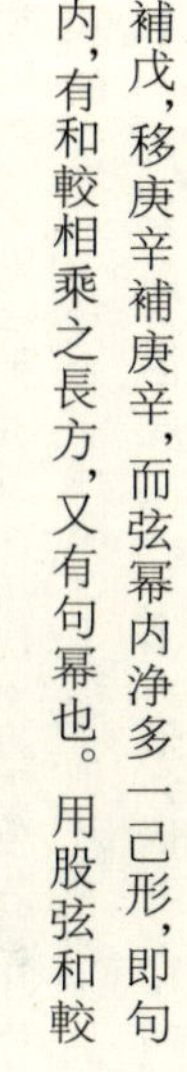

又甲乙線上方形既等于乙丁、甲丁上兩方形并，即甲丙上方形與甲乙、乙丙上兩方形及丙乙偕乙丁矩内直形二并等矣。此兼句股、平方兩法，丙丁之大股冪其丙乙上方形乃初開之一方也，丙乙偕乙丁矩内兩直形次開之兩廉也，乙丁上方形末開之一隅也，合之共成一丙丁上方形。甲丙之大弦冪内函丙丁之大股冪、甲丁之大句冪，甲乙之小弦冪内函甲丁之小股冪、乙丁之小句冪。今甲乙丙角形無乙丁之小句、甲丁之小股，而止有甲乙之小弦。甲乙冪内既函一甲丁冪，又函一乙丁冪，以大句股論之，是多一乙丁冪也。乙丁之冪即丙丁平方内一隅之冪也，故于丙丁方内止存丙乙之一方與丙乙偕乙丁矩内之兩廉而減去乙丁冪之一隅也。如是，則甲乙、乙丙上兩方形及丙乙偕乙丁矩内直形二并，與甲丙上方形等矣。

鋭角大邊上方形，小于餘邊上兩方形并，之較爲鋭角截分作直角其邊偕截分線矩内直形二。假如甲乙丙鋭角形截分作甲丁乙直角，其甲乙大邊上方形小于乙丙、甲丙上兩方形并，之較爲乙丙偕丁丙矩内直形二。反言之，則乙丙、甲丙上兩方形并，與甲乙上方形及乙丙偕丁丙矩内直形二并等。乙丙線既分于丁爲直角，即乙丙、丁丙上兩方形并，與乙丙偕丁丙矩内直形二及乙丁上方形并等。此二率者每加一甲丁上方形，即乙丙、丁丙、甲丁上方形三與乙丙偕丁丙矩内直形二及乙丁、甲丁上兩方形并等也。又甲丙上方形等于丙丁、甲丁上兩方形并，即乙丙、甲丙上兩方形并，與乙丙偕丁丙矩内直形二及乙丁甲丁上兩方形并等也。又甲乙上方形等于乙丁、甲丁上兩方形并，即乙丙、甲丙上兩方形并與乙丙偕丁丙矩内直形二及甲乙上方形并等。反言之，則甲乙上方形小于乙丙、甲丙上兩方形并者爲乙丙偕丁丙矩内直形二也。按此亦兼句股平方兩法，試以乙丙線爲平方，其乙丁上方形乃初開之一方也，乙丙偕丁丙矩内兩直形次開之兩廉兩隅也，乙丙上方形止有一方兩廉與一隅耳，内所多之一隅即丁丙上小句冪也。甲乙之弦冪止函乙丁之句冪與甲丁之股冪。今乙丙上方形既多出兩廉一隅，而甲丙之弦冪較之甲丁之股冪復多出丁丙上一小句冪，此小句冪與乙丙上方形之一隅等，如是則甲乙上方形其小于乙丙、甲丙上兩方形并，之較爲乙丙偕丁丙矩内直形二矣。二圖鈍角，則從鈍角上截分。三圖直角，則從直角上截分。

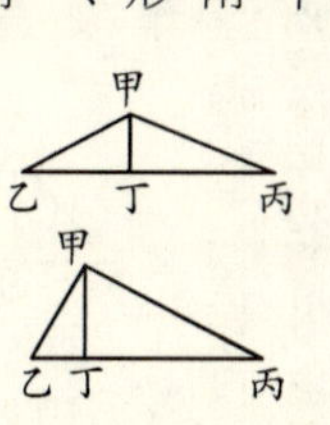

清・梅文鼎《幾何通解》以句股解《幾何原本》之根。

解《幾何》二卷第五題　第六題

甲丙爲弦，丁丙爲句，丁甲爲句弦和，乙丁爲句弦較。子甲同丁壬，甲癸並同。庚辛戊己弦冪也，己句冪也，戊庚辛較乘和之長方冪也。

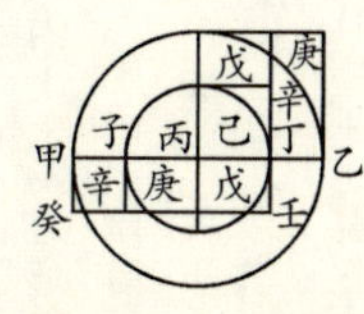

移戊補戊，移庚辛補庚辛，而弦冪内浄多一己形，即句弦冪内，有和較相乘之長方，又有句冪也。用股弦和較亦同。

論曰：凡大小方形相減，則其餘必爲兩形邊和較相乘之長方。是故己形者句自乘之小方也，戊庚辛句弦較乘句弦和之長方也，合之成戊庚辛己形，即弦自乘之大方矣。

《幾何》二卷第五題以倍弦爲甲乙原線，以甲丙弦爲平分之綫，以甲丁和乙丁較爲任分之綫，以丁丙句爲分内綫，其理一也。第六題以子丁倍句爲原綫，以丁丙句爲平分綫，以句弦較乙丁即子甲。爲引增線，以丁甲句弦和爲全線，其理亦同。

解《幾何》二卷第七題

甲丁股冪，即甲乙元綫上方。子戊句冪，即甲乙方內所作己辛方，乃任分線甲丙上方也。併之成癸寅弦冪。即所謂兩直角方形併也。

弦冪內有戊甲股，即甲乙原綫。戊癸句，即任分之甲丙線。相乘長方形二，即己甲長方及丁辛長方，亦即甲乙偕甲丙矩形二也。及句股較乙丙上方一。即壬丙小方，亦即所謂分餘綫上方也。

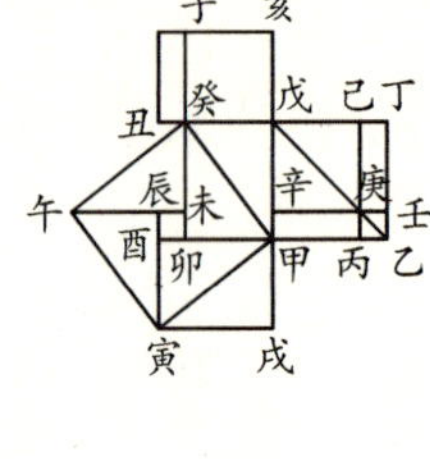

何以明之？曰：試於戊癸線引長至丑，令丑癸如己丁較，即乙丙。遂作子丑小長方，與丁庚等。以益亥癸，成亥丑長方。與丁辛等，亦與己甲等。次於癸寅內作甲酉、寅辰、午未、癸卯四線，皆與甲乙股等，自然有甲卯、寅酉、午辰、癸未四綫皆與戊癸句等。又自有未卯、卯酉等句股較與乙丙較等，即顯弦冪內有句股形四，較冪一也。

試於弦冪內移午辰寅句股補癸戊甲之位，成戊卯長方，與己甲等。又移癸未午句股補甲戌寅之位成戌酉長方，與亥丑等。而較冪未酉小方元與壬丙等，又子丑小長方元與丁庚等。

合而觀之，豈非丁甲股冪及子戊句冪併，即與己甲亥丑兩長方及壬丙小方等積乎？

解《幾何》二卷第八題

庚甲乙句股形，取丁乙如庚甲句，則丁甲爲句股和，和之冪爲丁己大方。即元線甲乙偕初分線上直角方也。於大方周線，取戊丑、己子皆與庚甲句等，即丑丁、戊子、己庚皆與甲乙股等。即甲乙元線也。句綫即分線。

次作丑癸、庚辛、乙壬、子卯四線，皆與外周四股線平行而等。自有丑壬、子癸、庚卯、乙辛四線皆與外周四句綫平行而等，又有壬癸、癸卯、卯辛、辛壬四句股較綫自相等。即分餘線也。

丁己和冪內有長方形四，皆句乘股之積，即元線偕初分線矩內形四也。又有句股較自乘冪一，即分餘線上方形也。

解《幾何》二卷第九題

甲丙爲股，丁丙爲句，丁甲句股和，乙丁句股較。壬庚爲句冪，辛丙爲股冪，丑丁較冪，丁癸和冪。戊己線上方爲句冪之倍，戊甲線上方爲股冪之倍，併和較冪，倍大於句冪股冪之併。古法倍弦冪內減句股和冪，開方得較。若減較冪，亦開方得和，即其理也。

論曰：己丁較上方，與丁甲和上方併之，即己甲上方也。戊己線上方，與戊甲線上方併，亦即己甲上方也。而戊己爲句冪斜線，戊甲爲股冪斜線。凡斜線上方形倍於原方，故較冪併和冪，亦倍大於句冪股冪之併也。而句冪、股冪併之即弦冪，古人所以用倍弦冪也。

此第十題與前題法同。

丙甲即句，丁丙即股，丁甲全線即和，丁乙引增線即較。准前論，丁庚即丁乙。較上方冪，與丁甲和上方冪併，成庚甲線上冪。而庚甲冪內，原兼有丙丁股，即己戊。及丙甲句二冪己壬爲股冪，辛丙爲句冪。之倍數，庚戊爲股斜線，其冪必倍于股冪。戊甲爲句斜綫，其冪必倍於句冪。故甲庚冪內能兼戊庚及戊甲二冪。

解《幾何》二卷第十一題　六卷第三十題　四卷第十　第十一題解理分中末線之根。

癸庚弦，其冪庚乙。丙癸句，其冪丙戊。引庚甲至壬，使甲壬如癸丙，則庚壬爲句弦和。丙庚原爲句弦較，以較乘和，成丙壬長方，內截甲丁小長方與戊辛等。

合而觀之，是弦冪內兼有勾弦較乘和之積及句冪也。夫弦冪內原有句股二冪，今以句弦較乘和之積，可代股冪，是句弦較乘和即同股冪也。

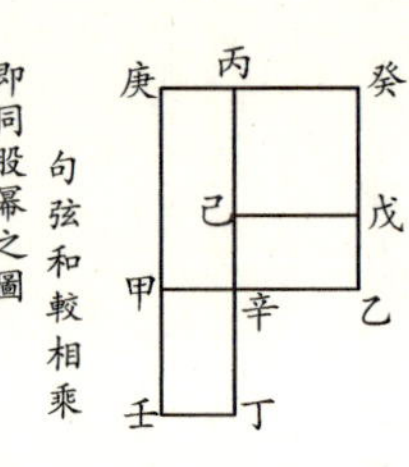

句弦和較相乘即同股冪之圖

句弦和及股及句弦較爲連比例。

凡有句弦和，有句弦較，求股。以較乘和，開方即得。或有股，有句弦和，求句、求弦。以股自乘爲實，句弦和除之，得較，和較相減，半之，得句，句加較得弦。若先有較以除股冪，亦得和也。

如圖，丁丙戊句股形。丁丙弦與丁乙等，亦與丁庚等。丁戊句，亥戊爲倍句。乙戊爲句弦較，與庚亥等。

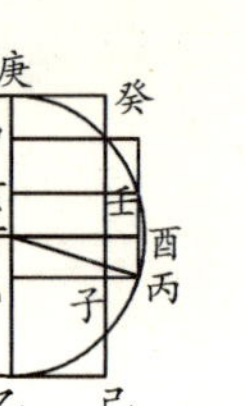

戊庚爲句弦和，與亥乙等。亥己爲句弦和乘句弦較之積，與戊癸等。丙戊股，其冪甲丙。

凖前論，甲丙方與亥己長方等積，戊癸同。則庚戊和與丙戊股，若丙戊股與戊乙較也。以戊乙較減亥乙和，餘亥戊倍句，折半爲句。丁戊或亥丁或戊乙較與丙戊股，亦若丙戊股與庚戊和也。

又論曰：以二圖合觀之，凡倍句加句弦較，即句弦和。以倍句減句弦和，餘即句弦較。

此不論句小股大如前圖，或句大股小如後圖，並同。

此可以明倍句與句弦較必爲句弦和之兩分線，故以句弦和爲全線，則其内兼有倍句及句弦較之兩線矣。但倍句有時而大於較，有時而小於較，故不能自爲連比例，而必藉股以通之。今於句弦和全線内，取倍句如股，則先以股線爲和較之中率者。今以如股之倍句當之，而倍句原係句弦和全線之大分，於是和與倍句之比例，若倍句與較，亦即爲全線與大分，若大分與小分。此理分中末線所由出也。【略】

解《幾何》三卷第二十七題

甲乙丙句股形，以乙丙句折半於己。作己戊線與股平行，平分甲丙弦於戊。又作戊庚線與句平行，平分甲乙股於庚，成己庚長方。此即半句乘半股，爲句股積之半也。

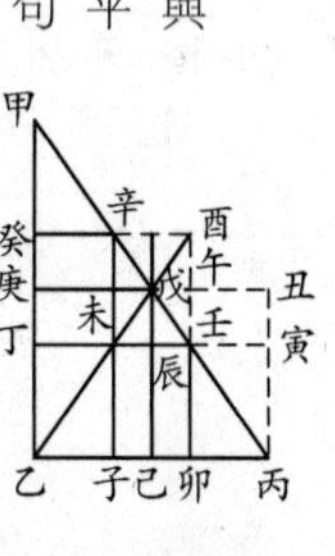

凡句股形内依正角作長方，惟此爲大。若於形内，別作長方皆小。皆不及句股半積也。

今任作卯丁形，則小於己庚。何以知之？曰：試作丑戊線，與丙己半句平行而等。又作丑丙線，與戊己半股平行而等。又引辰壬至寅，引壬卯至午，即顯壬丑形，與壬己形等。又乙辰原與己寅等，則以己寅加壬丑，而成丑午壬辰己之磬折形，即亦與卯丁形等矣。夫磬折形在丑己方形内，而缺午辰之一角，即相同磬折之卯丁形，以較己庚半積方形，亦缺戊未之一角也。蓋丑己等己庚，而所缺之午辰小方，亦等戊未也。凖此言之，即凡作長方於丙戊界内者，皆小於己庚半積形也。

又作子癸形，則亦小於己庚。何以知之？曰：試作戊乙對角線引之至酉，即顯癸未形與卯未形等，即卯丁形與子癸形亦等。而其小於己庚形，爲所缺之戊未小方亦等矣。

凖此言之，即凡作長方於甲戊界内者皆小於己庚半積形也。又知句股内容方之積，亦皆小於半積。惟句股相等如半方者容方即爲半積。

論曰：此磬折形，依弦線而成，蓋即幾何所謂有闕依形也。所闕之小方午辰及戊未，皆與丑己形相似而體勢等。以有弦線爲之對角也，然以句股解之殊簡。

又論曰：若壬角在弦線上，去戊角更遠，則所缺之午辰小方亦更大。而其形皆相似，而體勢等，辛角亦然。

清・杜知耕《幾何論約》卷一

四十七題　凡三邊直角形，對直角邊上所作直角方形，與餘兩邊上所作直角方形并等。

解曰：甲乙丙角形，于對乙甲丙直角之乙丙邊上作乙丙丁戊方形，題言此方形與甲乙邊上所作甲乙己庚及甲丙邊上所作甲丙辛壬兩方形并等。

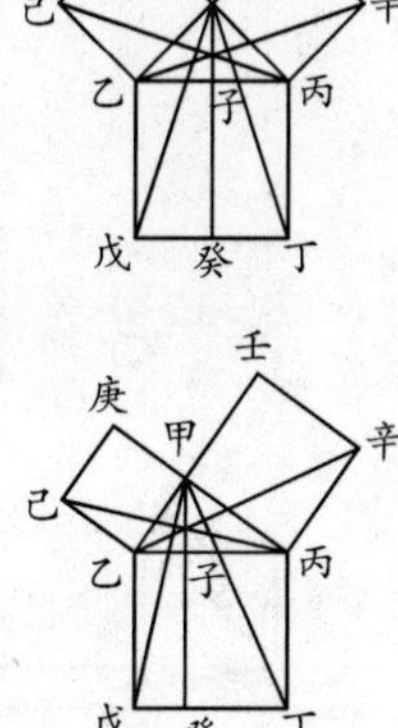

論曰：試從甲作甲癸直線與乙戊平行，分乙丙邊于子。次自甲至丁至戊各作直線。末自乙至辛、自丙至己各作直線。其乙甲丙與乙甲庚既皆直角，即庚甲、甲丙是一直線。本卷十四。又丙乙戊與甲乙己既皆直角，而每加一甲乙丙角，即甲乙戊與丙乙己兩角亦等。又甲乙戊角形之甲乙、乙戊兩邊與丙乙己角形之己乙、乙丙兩邊等，甲乙戊與丙乙己兩角既等，則對等角之甲戊與丙己兩邊亦等，而此兩角形亦等矣。夫乙庚方形倍大于同乙己底同在平行線内之丙乙己角形，而戊子直角形亦倍大于同乙戊底同在平行線内之甲乙戊角形，則乙庚方形不與戊子直角形等乎？依顯，丙壬與癸丙兩形亦等，是戊丙一形與乙庚、丙壬兩形并等矣。

一增：凡直角方形之對角線上所作直角方形，倍大于元形。

四十八題　凡三角形之一邊上所作直角方形，與餘邊上所作兩直角方形并等，則對一邊之角必直角。

又 卷二

一題

兩直線任于一直線分爲若干分，其兩元線矩内直角形與不分線偕諸分線矩内直角形并等。

解曰：甲與乙丙兩線任于乙丙三分之爲乙丁、戊丙，題言甲偕乙丙矩内形，與甲偕乙丁、甲偕丁戊、甲偕戊丙三矩内形并等。

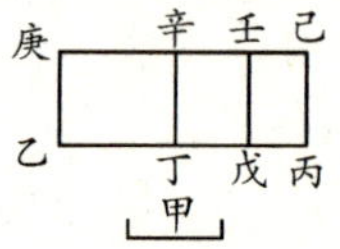

論曰：乙己全形即甲偕乙丙矩内形，乙辛、丁壬、戊己三分形即甲偕乙丁、丁戊、戊丙三矩内形，故三分形并與全形等。

二題

一直線任兩分之，其元線上直角方形與元線偕兩分線兩矩内形并等。

三題

一直線任兩分之，其元線任偕一分線矩内直角形，與分餘線偕一分線矩内直角形及一分線上直角方形并等。

解曰：甲乙線任分于丙，題言元線甲乙任偕一分線甲丙矩内形，不論甲丙爲大分、爲小分。與分餘丙乙偕甲丙矩内形及甲丙上方形并等。

論曰：甲己爲元線甲乙偕分線甲丙矩内形，甲丁爲分線甲丙上方形，丙己爲甲丙偕分餘線丙乙矩内形，是甲丁及丙己兩分形并與甲己全形等。

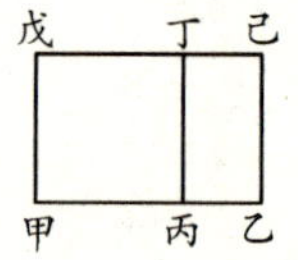

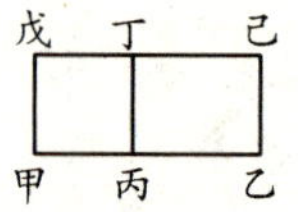

四題

一直線任兩分之，其元線上直角方形與各分線上兩直角方形及兩分線矩内形二并等。

解曰：甲乙線任分于丙，題言甲乙線上方形與甲丙、丙乙線上兩方形及甲丙偕丙乙、丙乙偕甲丙兩矩内形并等。

論曰：甲丁爲甲乙元線上方形，辛己爲甲丙上方形，丙壬爲丙乙上方形，甲庚、庚丁俱甲丙偕丙乙矩内形也，故四形并與甲乙元線上甲丁方形等。

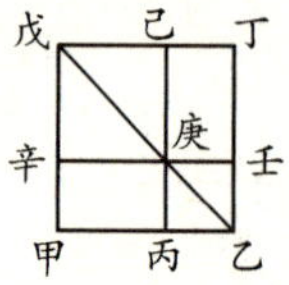

系：凡直角方形之角線形，皆直角方形。

五題

一直線兩平分之，又任兩分之，其任兩分線矩内形及分内線上方形并，與平分半線上方形等。

解曰：甲乙線平分于丙，又任分于丁，其丙丁爲分内線。丙丁線者，丙乙所以大于丁乙之較，又甲丁所以大于甲丙之較，故曰分内線。題言甲丁、丁乙矩内形及分内線丙丁上方形并，與丙乙線上方形等。

論曰：癸庚爲丙丁上方形，丁壬爲丁乙上方形，丙辛、辛己爲兩餘方自相等。辛己加一丁壬，則與丙壬等，即與甲癸等。甲癸加一丙辛，即甲丁偕丁乙矩内形，豈不與卯寅丑磬折形等乎？故加一丙丁上癸庚方形，與丙乙線上方形等。

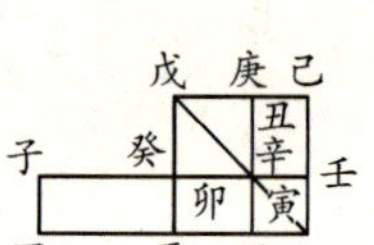

六題

一直線兩平分之，又任引增一直線共爲一全線，其全線偕引增線矩内形及半元線上方形并，與半元線偕引增線上方形等。

解曰：甲乙線平分于丙，又從乙引增乙丁，與甲乙通爲一全線，題言甲丁偕乙丁矩内形及半元線丙乙上方形并，與丙丁上方形等。

論曰：甲癸與丙辛等，又丙辛與辛戊等，一卷四三。即辛戊與甲癸亦等。甲癸加一丙壬，即甲丁偕丁乙矩内形，與卯寅丑磬折形等矣。故加一乙丙上癸庚方形，與丁丙上丙戊方形等。

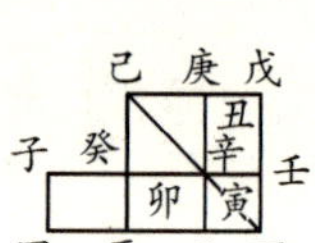

七題

一直線任兩分之，其元線上及任用一分線上兩方形并，與元線偕一分線矩内形二及分餘線上方形并等。

解曰：甲乙線任分于丙，題言元線甲乙上及任用一分線甲丙上兩方形并，不論甲丙爲大分、爲小分。與甲乙偕甲丙矩内形二及分餘線丙乙上方形并等。

論曰：甲丁爲甲乙上方形，辛己爲甲丙上方形，丙壬爲丙乙上方形，甲己與辛丁皆甲乙偕甲丙矩内形也。兩矩内形及丙壬方形并，與甲丁方形較多一辛己方形，故與甲乙及甲丙上兩方形并等。

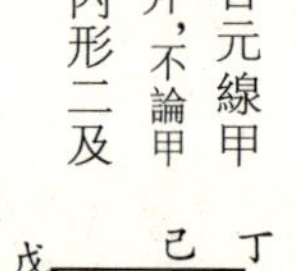

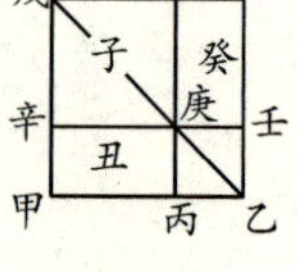

八題

一直線任兩分之，其元線偕初分線矩内形四及分餘線上方形并，與元線偕初分線上方形等。

解曰：甲乙線任分于丙，題言元線甲乙偕初分線丙乙矩內形四不論丙乙爲大分、爲小分。及分餘線甲丙上方形并，與甲乙偕丙乙通作一線。上方形等。

論曰：丙己、庚壬、壬丁、丁乙皆甲乙偕丙乙矩內形，甲子爲甲丙上方形。此五形并，與甲乙偕丙乙上方形等。甲乙偕丙乙上方形，即癸己全形也。

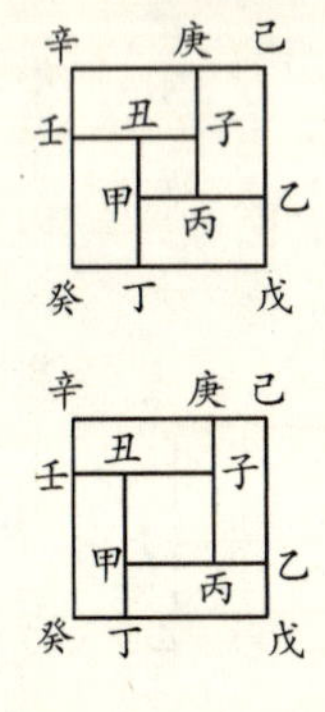

九題

一直線兩平分之，又任兩分之，任分線上兩方形并，倍大于平分半線上及分內線上兩方形并。

解曰：甲乙線平分于丙，又任分于丁，題言甲丁、丁乙上兩方形并，倍大于平分半線甲丙上分餘線丙丁上兩方形并。

論曰：自丙作丙戊垂線與甲丙等。次作甲戊、戊乙兩腰。次從丁作丁己垂線，遇戊乙于己，從己作己庚線與甲乙平行，成戊庚己、甲丙戊、己丁乙角形三，皆兩腰等而直角。末作甲己線成己戊甲、甲丁己角形二，皆直角。戊庚己形之戊己上方，必倍大于己庚上方，即倍大于等己庚之丙丁上方。甲丙戊形之甲戊上方，必倍大于甲丙上方。又甲戊己形之甲己上方，與戊己、甲戊上兩方形并等，即甲己上方亦倍大于甲丙、丙丁上兩方形并。又甲己上方與甲丁、丁己上兩方形并等，即與甲丁及等丁己之丁乙上兩方形并等。夫甲丁、丁乙上兩方形并，既等于甲己上方形，必亦倍大于甲丙、丙丁上兩方形并。

十題

一直線兩平分之，又任引增一線共爲一全線，其全線上及引增線上兩直角方形并，倍大于平分半線上及分餘半線偕引增線上兩直角方形并。

解曰：甲乙線平分于丙，又任引增乙丁，題言甲丁線上及乙丁線上兩方形并，倍大于甲丙線上及丙丁線上兩方形并。

論曰：自丙作丙戊垂線與甲丙等，自戊至甲至乙各作腰線。次從丁作己丁垂線引長之，又引長戊乙，相遇于庚。次作戊己線與丙丁平行，成甲丙戊、戊己庚、庚丁乙角形三，各兩腰等而直角。末作甲庚線，成甲戊庚、甲丁庚角形二，皆直角。甲丙戊形之甲戊上方，必倍大于甲丙上方。戊己庚形之戊庚上方，必倍大于等戊己之丙丁上方。又甲庚上方與甲戊、戊庚上兩方形并等，即甲庚上方亦倍大于甲丙、丙丁上兩方形并。又甲丁及等丁庚之丁乙上兩方形并，與甲庚上方形等，是甲丁、丁乙上兩方形并，亦倍大于甲丙、丙丁上兩方形并矣。

又 十二題

三邊鈍角形，其對鈍角邊上方形大于餘邊上兩方形并，其較爲鈍角旁任用一邊偕其引增線之與對角所下垂線相遇者矩內形二。

解曰：甲乙丙鈍角形，乙爲鈍角。從餘角下一垂線，與鈍角旁一邊丙乙引增線遇于丁爲直角，題言對鈍角之甲丙邊上方形，大于甲乙、乙丙兩邊上方形并，其較爲丙乙偕乙丁矩內形二。

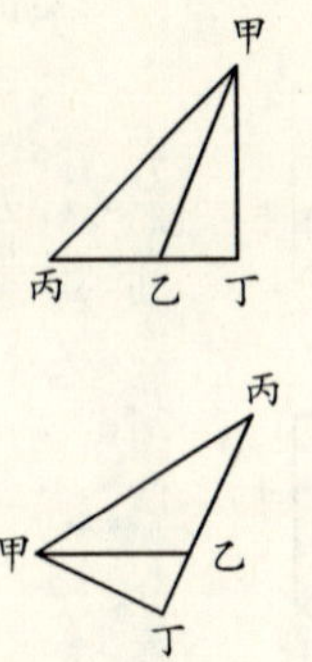

論曰：丙丁線任分于乙，即丙丁上方形與丙乙、乙丁上兩方形及丙乙偕乙丁矩內形二并等。本卷四。甲丙上方形與甲丁、丙丁上兩方形并等，即與甲丁、乙丁、丙乙上三方形及丙乙偕乙丁矩內形二并等也。又甲乙上方形與甲丁、乙丁上兩方形并等，于甲乙上方形再增一丙乙上方形，而與甲丙上方形較，仍朒丙乙偕乙丁矩內形二也。

十三題

三邊鋭角形，其對鋭角邊上方形小于餘邊上兩方形并，其較爲鋭角旁任用一邊偕其對角所下垂線旁之近鋭角分線矩內形二。

解曰：甲乙丙鋭角形，從甲角向對邊乙丙下一垂線，分乙丙于丁，題言對丙鋭角之甲乙邊上方形小于甲丙、乙丙邊上兩方形并，其較爲乙丙偕丁丙矩內形二。

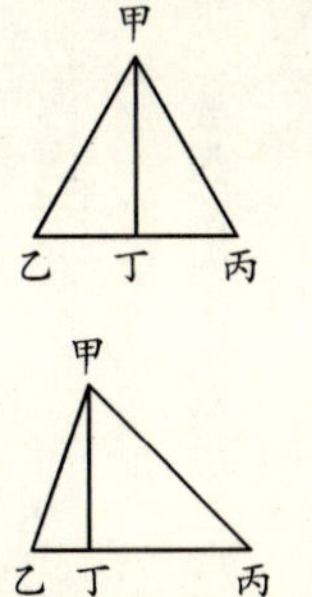

論曰：乙丙線任分于丁，即乙丙及丁丙上兩方形并，與乙丙偕丁丙矩內形二及乙丁上方形并等。本卷七。又甲丙上方形與甲丁、丁丙上兩方形并等，若甲丙、乙丙上兩方形并，必與乙丙偕丁丙矩內形二及甲丁、乙丁上兩方形并等，又甲乙上方形與甲丁、乙丁上兩方形并等，即甲乙上方形與甲丙、乙丙上兩方形較，則朒乙丙偕丁丙矩內形二矣。

清・年希堯《面體比例便覽》 平方邊求對角斜線

設有正方形每邊五十尺，問對角斜線幾何。

法：用平方邊與斜線之定率比例。

平方邊定率爲一率，一〇〇〇〇〇〇〇〇。

對角線定率爲二率，一四一四二一三五六。

今設方邊爲三率，五十尺。

求得斜線爲四率，七丈零七寸一分零六毫有餘。

用真數推之，將二三率相乘，以一率除之，得數爲四率，即所求平方形內對角斜線也。

若用假數推之，用平方邊與斜線假數之定率比例。

平方邊定率之假數爲一率，假數一〇〇〇〇〇〇〇〇〇〇〇。

對角線定率之假數爲二率，假數一〇一五〇五一四九九七八。

今設方邊之假數爲三率，真數五十尺，假數四六九八九七〇〇〇四。

求得斜線之假數爲四率，真數七丈零七寸一分零六毫有餘，假數四八四九四八五〇〇二。

用假數推之，將二三率相加，得數減去一率，其餘爲四率。查假數表內與四率相近之假數，所對之真數即爲所求也。

對角斜線求平方之邊

設有對角斜線七丈零七寸一分零六毫，問平方邊幾何。

法：用對角線與平方邊之定率比例。

對角線定率爲一率，一〇〇〇〇〇〇〇〇。

平方邊定率爲二率，七〇七一〇六七五。

今設對角線爲三率，七丈零七寸一分零六毫。

求得平方邊爲四率，五丈。

用真數推之，將二三率相乘，以一率除之，得數爲四率，即所求平方之邊也。

二、三率兩數相同者，爲三率連比例也。此數既爲首率之後，又爲末率之前，故稱中率。因其一率相連兩端，則名三率連比例也。

若用假數推之，用對角線與平方邊假數之定率比例。

對角線定率之假數爲一率，假數一〇〇〇〇〇〇〇〇〇〇〇。

平方邊定率之假數爲二率，假數四八四九四八五〇〇二一。

今設對角線之假數爲三率，真數二十一尺二寸一分三釐三毫，假數四三二六六〇八二二四一。

求得平方邊之假數爲四率，真數一十五尺。假數四一七六〇九三二三六二。

用假數推之，將二三率相加，得數減去一率，其餘爲四率。查假數表內與四率相近之假數，所對之真數即爲所求也。

清・《數理精蘊》上編卷三

《幾何原本》九

第一

凡直角三角形，自直角至相對界作一垂線，則一形分爲兩形，與原形共爲三同式直角三角形，而其比例俱相同也。如甲乙丙直角三角形，自甲直角至相對乙丙界作一甲丁垂線，則甲乙丙一形分爲甲丁乙、甲丁丙兩形，此所分兩形與原有甲乙丙形之式俱相同，而皆爲直角三角形，其三形每相當各界之比例亦俱相同也。蓋甲丁線既爲垂線，則兩傍所分甲丁乙、甲丁丙二角必俱爲直角，見首卷第十節。是故甲乙丙三角形之甲角、甲丁乙三角形之丁角，其度相等，而兩三角形又共一乙角，其相當二角度既等，則所餘各一角度自等，見八卷第三節。故甲乙丙之丙角與甲丁乙之甲角其度相等也。而甲乙丙之甲角亦與甲丁丙之丁角相等，此兩三角形又共一丙角，故所餘之甲乙丙之乙角與甲丁丙之甲角其度亦等。三三角形之每相當各角之度既等，則三三角形之式必同。三三角形之式既同，則其每相當各界之比例亦俱相同可知矣。

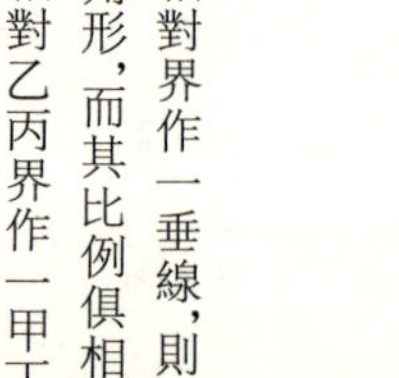

第二

凡直角三角形，自直角至相對界作一垂線，則所截之兩段一爲一率，一爲三率，而所作之垂線爲中率，此三率即爲相連比例率也。如甲乙丙直角三角形，自甲直角至相對乙丙界作一甲丁垂線，則截乙丙界爲兩段。其所截之乙丁段爲一率，則丁丙段爲三率。若丁丙段爲一率，則乙丁段爲三率。而所作甲丁垂線總爲中率，故此乙丁、甲丁、丁丙三線互爲相連比例三率也。蓋甲乙丁、甲丁丙兩三角形爲同式，故其相當之乙丁、甲丁二界互相爲比，即同於甲丁、丁丙二界之互相爲比也。今以乙丁線爲四分，丁

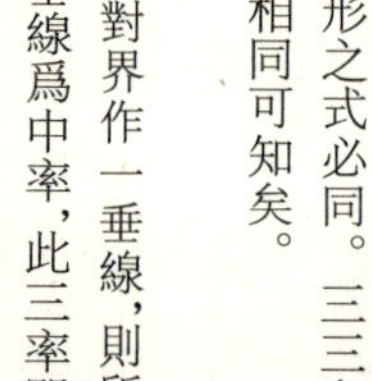

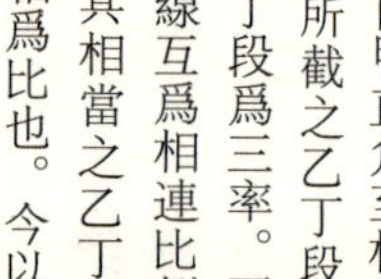

丙線爲一分，則甲丁線必得二分。因四分與二分之比必同於二分與一分之比，故爲相連比例三率也。

第三

直角三角形，自直角至相對界所作垂線與所分二段固爲相連比例三率。如依垂線度作一方形，則與所分二段一爲寬度、一爲長度所作長方形之積相等也。如甲乙丙直角三角形，自甲直角至相對乙丙界作一甲丁垂線，截乙丙界爲兩段，遂成乙丁、甲丁、丁丙之連比例三率。今依甲丁垂線度作一戊丁正方形，即爲中率自乘之數。以甲丁垂線所截丁丙一段爲寬度、乙丁一段爲長度作一己丁長方形，即爲首率末率相乘之數。其戊丁正方形之積必與己丁長方形之積相等也。何也？蓋同式兩三角之相當界互相爲比之比例同，故此乙丁界與甲丁界之比，即同於甲丁界與丙丁界之比。乙丁線既爲一率，則甲丁線爲二率，甲丁線復爲三率，則丙丁線爲四率。然則此相連比例三率，又爲相當比例四率，故二率與三率相乘，一率與四率相乘，所得之分數相同。見七卷第四節。今既以甲丁爲二率，又爲三率，則甲丁自乘之數，即是二率三率相乘之數。而乙丁一率與丙丁三率相乘所得己丁長方形，即與甲丁二率三率自乘之正方相等可知矣。此乃首率末率求中率之法也。要之首率末率相乘中率相乘，中率相乘者，中率自乘，或二率三率相乘，俱在首率末率之中，故云。其所成之二式雖異，因俱自相連比例四率而生，故其積相等而得以爲準也。

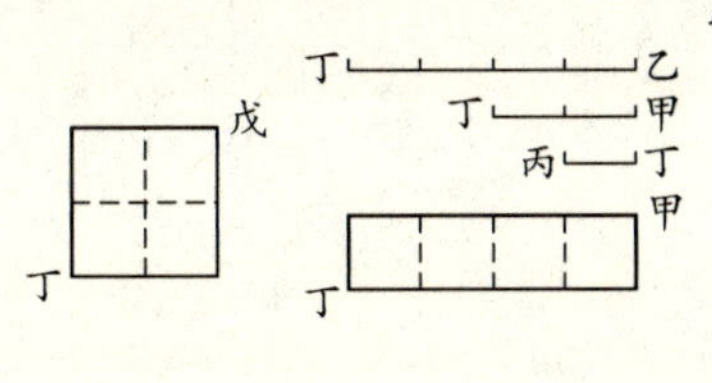

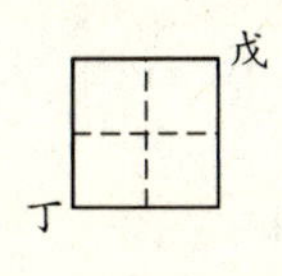

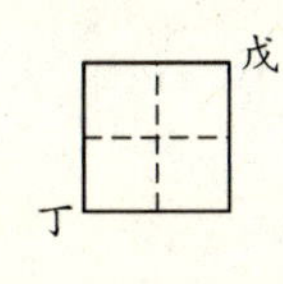

第四

凡有直角三角形，其直角相對界所作方形之積必與兩傍界所作兩方形之積相等也。如甲乙丙直角三角形，其甲直角相對乙丙界作一乙丁方形，其積必與甲乙、甲丙之兩傍線所作戊乙、己丙兩方形之積相等也。試自甲直角過相對乙丙界至方形辛丁界作一甲庚壬垂線，則甲乙丙三角形分爲甲乙庚、甲庚丙兩三角形，而乙丁正方形分爲乙壬、庚丁兩長方形。此所分甲乙庚、

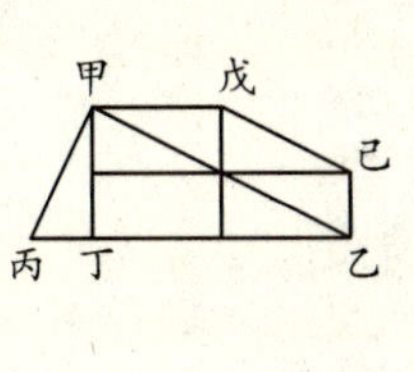

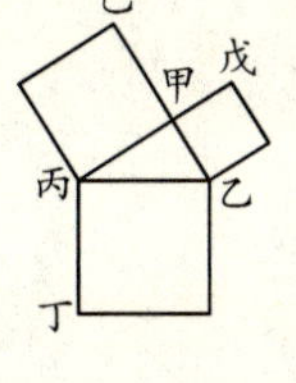

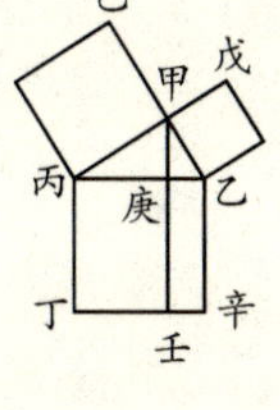

甲庚丙兩三角形與甲乙丙原三角形爲同式，則其每相當界之互相比例必同矣。是以甲庚丙小三角形之庚丙小界與丙甲大界之比，即同於甲乙丙大三角形之甲丙小界與乙丙大界之比，而爲相當比例四率也。然丙甲、甲丙之二率三率原爲一線，則庚丙、丙甲、乙丙又爲相連比例三率矣。故丙甲中率所作己丙方形之積，與庚丙一率爲寬、乙丙三率爲長所作庚丁長方形之積相等也。乙丁既爲正方形，則庚壬度必與方界乙丙各度等，故庚丁長方即同庚丙爲寬、乙丙爲長所作之長方也。又如甲乙庚、甲乙丙兩三角之乙庚、甲乙、乙甲、乙丙四界爲相當比例四率，又爲相連比例三率，故甲乙中率所作戊乙方形之積，亦與乙庚一率爲寬乙丙三率長所作乙壬長方形之積相等也。今庚丁、乙壬之兩長方形既與己丙、戊乙兩正方形等，則兩形相合之乙丁正方形亦必與己丙、戊乙兩正方形相等可知矣。

第五

凡直角三角形之三界所作同式三形，其一大界所作一形之積，必與二小界所作二形之積等也。如在甲乙丙直角三角形之乙丙、甲乙、甲丙三界，作乙丁、戊乙、己丙三同式長方形，則乙丙大界所作乙丁一形之積，必與甲乙、甲丙二小界所作戊乙己丙二形之積等也。又或如甲乙丙直角三角形，於乙丙大界作乙戊丁丙一半圜，於甲乙、甲丙二小界作甲庚乙、甲己丙二半圜，則乙丙大界所作乙戊丁丙一半圜之積，必與甲乙、甲丙二小界所作甲庚乙、甲己丙二半圜之積等也。蓋依三界所作三形之式既同，故同式衆形互相爲比即同於相當界所作正方形之互相爲比也。要之一大界所作一大形內減一小界所作一小形，即餘一小界所作一小形。而一小界所作一小形內再加入一小界所作一小形，則爲一大界所作一大形矣。

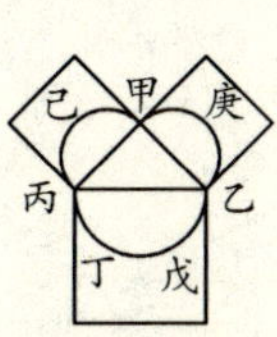

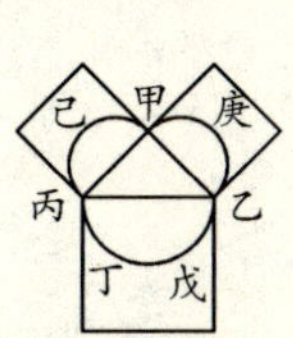

又　下編卷一九　直線形

設如正方形，每邊五十尺，問對角斜線幾何。

法：以方邊五十尺自乘，得二千五百尺，倍之得五千尺，開方得七十尺七寸一分零六豪有餘，即所求之對角斜線也。如圖，甲乙丙丁正方形，其甲乙、乙丙、丙丁、丁甲每邊皆五十尺，甲丙爲所求對角斜線，甲乙爲股，則乙丙爲勾。乙丙爲股，則甲乙爲勾。因甲乙與乙丙相等皆可互爲勾股，故以一邊自乘，倍之，開方得弦，即如各自乘，相併，開方而得弦也。又用定率比例法，以定率之方邊一〇〇〇〇〇〇〇爲一率，對角斜線一四一四二一三五爲二率，今所設之方邊五十尺爲三率，求得四率七十尺七寸一分零六豪有餘，即所求之對角斜線也。蓋定率設方邊爲一千萬，其對角斜線爲一千四百一十四萬二千一百三十五，故定率之方邊一千萬與定率之對角斜線一千四百一十四萬二千一百三十五之比，即如今所設之方邊五十尺與所求之對角斜線七十尺七寸一分零六豪有餘之比也。

若有對角斜線求方邊，則以對角斜線自乘，折半開方，所得爲正方形之每一邊也。蓋甲丙弦自乘之方與甲乙股、乙丙勾兩正方相併之積等。今以甲丙弦自乘，折半，則必與甲乙或乙丙自乘之一正方相等，故開方而得每一邊也。或用定率比例法，以定率之對角斜線一四一四二一三五爲一率，方邊一〇〇〇〇〇〇〇爲二率，今所設之對角斜線爲三率，求得四率即方邊也。

設如正方形，每邊二尺，今將其積倍之，問得方邊幾何。

法：以每邊二尺自乘得四尺，倍之得八尺，開方得二尺八寸二分八釐四豪有餘，即所求之方邊數也。如圖，甲乙丙丁正方形每邊二尺，其面積四尺，倍之得八尺，即如戊乙己庚正方形，其每邊即甲乙丙丁方形之對角斜線。試於戊乙己庚正方形內作甲乙丙丁正方形，以乙爲心，戊爲界作戊己弧與丁角相切，則丁乙與己乙皆爲半徑，其度相等。蓋丁乙對角斜線自乘之方爲甲乙邊自乘之方之二倍，故戊乙己庚正方形即爲甲乙丙丁正方形之二倍，而戊甲丁丙己庚磬折形積即與甲乙丙丁正方形積相等也。

設如正方形，每邊二尺，今將其積四倍之，問得方邊幾何。

法：以每邊二尺倍之得四尺，即所求之方邊數也。如圖，甲乙丙丁正方形每邊二尺，其面積四尺，四倍之得一十六尺，即如戊乙己庚正方形之面積，其每邊得甲乙丙丁正方形每邊之二倍，是故不用四倍其積開方，止以每邊二尺倍之而即得也。此法蓋因兩方面之比例比之兩界之比例爲連比例隔一位相加之比例，見《幾何原本》七卷第五節。故戊乙己庚正方面積一十六尺與甲乙丙丁正方面積之四尺相比爲四分之一，而戊乙己庚正方邊之四尺與甲乙丙丁正方邊之二尺之比爲二分之一。夫十六與八、八與四、四與二皆爲二分之一之連比例，而十六與四之比，其間隔八之一位，故爲連比例隔一位相加之比例也。

設如長方形，長十二尺、闊八尺，今將其積倍之仍與原形爲同式形，問得長闊各幾何。

法：以闊八尺自乘得六十四尺，倍之得一百二十八尺，開方得一十一尺三寸一分三釐七毫有餘，即所求之闊。既得闊，乃以原闊八尺爲一率，原長十二尺爲二率，今所得闊一十一尺三寸一分三釐七豪有餘爲三率，求得四率一十六尺九寸七分零五豪有餘，即所求之長也。或以長十二尺自乘、倍之、開方，亦得一十六尺九寸七分零五豪有餘爲所求之長也。如圖，甲乙丙丁長方形，甲乙闊八尺，甲丁長十二尺，將其積倍之，即如戊己庚辛長方形，此兩長方面積之比例即同於其相當二界各作一正方面積之比例，見《幾何原本》七卷第七節。故依甲乙丙丁長方形之丁丙闊界作丁丙壬癸正方形，將其積倍之，即如戊己庚辛長方形之辛庚闊界所作之辛庚子丑正方形，故開方得辛庚爲所求之闊也。既得辛庚之闊，則以甲乙與甲丁之比即同於戊己與戊辛之比，得戊辛爲所求之長也。若以原長自乘、倍之、開方，即如以二長界各作一正方形互相爲比例也。

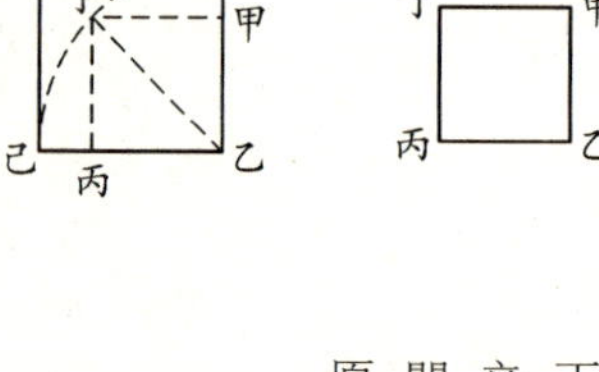

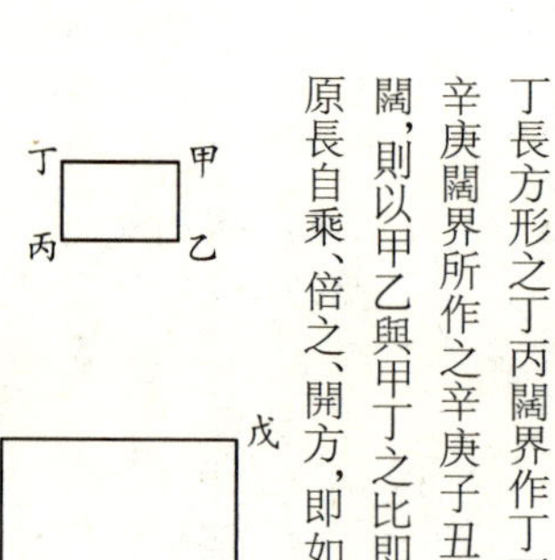

設如長方形，長十二尺、闊八尺，今將其積四倍之仍與原形爲同式形，問得長闊各幾何。

法：以闊八尺倍之得十六尺，即所求之闊，又以原長十二尺倍之得二十四尺，即所求之長也。如圖，甲乙丙丁長方形，甲乙闊八尺，甲丁長十二尺，將其積四倍之，即如戊己庚辛長方形，其每邊得甲乙丙丁長方形每邊之二倍，是故不用四倍其積開方，止以各邊之數倍之而即得也。此法蓋因兩長方面之比例既同於其相當二界各作一正方面之比例，而兩正方面之比例比二界之比例爲連比例隔一位相加之比例，故兩長方面之比例較之兩界之比例亦爲連比例隔一位相加之比例也。

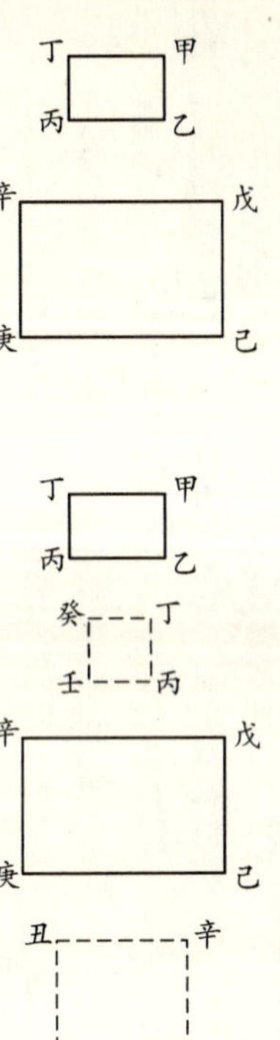

設如三角形，面積三千尺，底闊八十尺，問中長幾何。

法：以積三千尺倍之得六千尺，用底闊八十尺除之得七十五尺，即所求之長也。如圖，甲乙丙三角形，其積倍之成丁乙丙戊長方形，乙丙爲底闊，故以底闊除長方積，得甲己爲中長也。

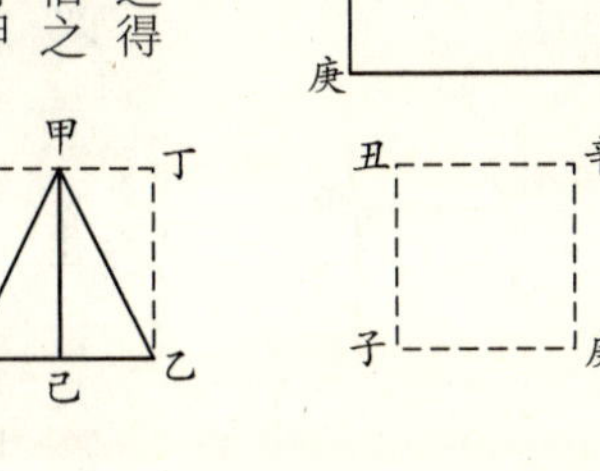

設如兩兩等邊無直角斜方形，一曰象目形。小邊皆二十五丈，大邊皆三十九丈，對兩小角斜線五十六丈，問面積幾何。

法：以對角斜線分斜方形爲兩三角形算之，以對角斜線五十六丈爲底，大邊三十九丈、小邊二十五丈爲兩腰，用三角形求中垂線法，求得中垂線十五丈。乃以對角斜線五十六丈與中垂線十五丈相乘，得八百四十丈，即斜方形之面積也。如圖，甲乙丙丁斜方形，甲丁、乙丙二小邊皆二十五丈，甲乙、丁丙二大邊皆三十九丈，甲丙對兩小角斜線五十六丈。今以甲丙斜線分甲乙丙丁斜方形爲甲乙丙、甲丁丙兩三角形，俱以甲丙爲底，甲丁與丁丙爲兩腰，求得丁戊或乙己皆爲中垂線，故以甲丙斜線與丁戊垂線相乘，所得甲丙庚辛長方形比甲丁丙三角形積大一倍，而甲乙丙丁斜方形亦函兩三角形積，故所得之甲丙庚辛長方形與甲乙丙丁斜方形之面積相等也。

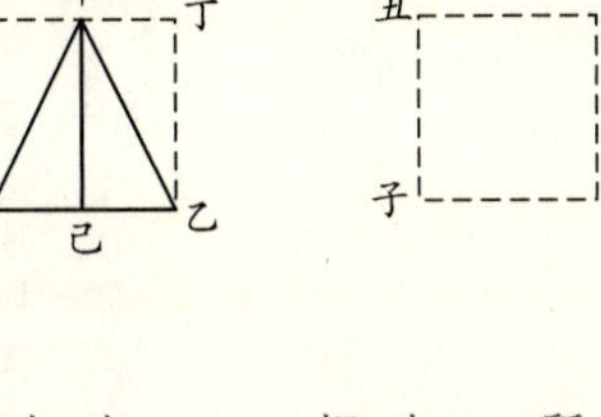

設如不等邊兩直角斜方形，直角之邊長五十丈，上闊二十丈，下闊二十八丈，問面積幾何。

法：以上闊二十丈與下闊二十八丈相加，得四十八丈，折半得二十四丈，與長五十丈相乘，得一千二百丈，即斜方形之面積也。如圖，甲乙丙丁斜方形，以上闊甲丁與下闊乙丙相加得乙戊，折半爲乙己，與甲乙長相乘遂成甲乙己庚長方形，其斜方外所多之丁庚辛勾股形與斜方內所少之辛己丙勾股形之積等，故所得之甲乙己庚長方形即甲乙丙丁斜方形之面積也。

又法：上闊下闊相併與長相乘，得數折半即斜方形之面積也。蓋前法上闊下闊相加折半而後與長相乘，此法則上闊下闊相加即與長相乘而後折半，其理一也。

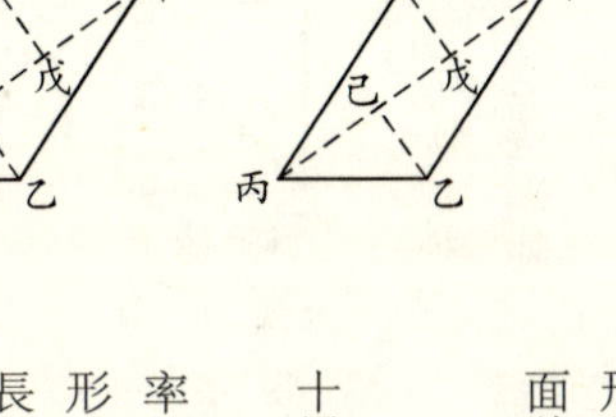

設如梯形長三十丈，上闊十二丈，下闊二十丈，問面積幾何。

法：以上闊十二丈與下闊二十丈相加，得三十二丈，折半得十六丈，與長三十丈相乘，得四百八十丈，即梯形之面積也。如圖，甲乙丙丁梯形，以上闊甲丁與下闊乙丙相加得乙戊，折半爲乙己，與丁己長相乘，遂成庚乙己丁長方形，其梯形外所多之甲庚乙勾股形與梯形內所少之丁己丙勾股形之面積等，故所得之庚乙己丁長方形，即甲乙丙丁梯形之面積也。

又法：以上闊下闊相併，與長相乘，得數折半，即梯形之面積也。

設如三角形，自尖至底中長二百尺，底闊一百五十尺，今欲自尖截長一百二十尺，問截闊幾何。

法：以中長二百尺爲一率，底闊一百五十尺爲二率，截長一百二十尺爲三率，求得四率九十尺，即所截之闊也。如圖，甲乙丙三角形，甲丁中長二百尺，乙丙底闊一百五十尺，甲戊爲所截長一百二十尺，而甲丁與乙丙之比，即同於甲戊與己庚之比也。如以截闊求截長，則以底闊爲一率，中長爲二率，截闊爲三率，所得四率即所截之長也。

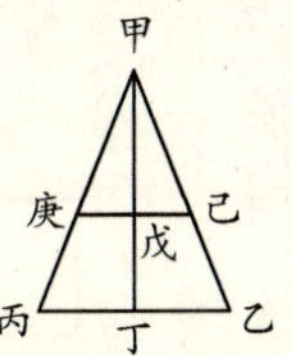

設如不等邊兩直角斜方形，長九十尺，上闊二十尺，下闊三十八尺，今欲截

中闊二十七尺，問上下各截長幾何。

法：以上闊二十尺與下闊三十八尺相減，餘一十八尺爲一率，長九十尺爲二率，以上闊二十尺與所截中闊二十七尺相減，餘七尺爲三率，求得四率三十五尺，即上所截之長。以上所截之長三十五尺與總長九十尺相減，餘五十五尺，即下所截之長也。如欲先得下所截之長，則仍以上闊二十尺與下闊三十八尺相減，餘一十八尺爲一率，長九十尺爲二率，乃以所截中闊二十七尺與下闊三十八尺相減，餘一十一尺爲三率，求得四率五十五尺，即下所截之長也。如圖，甲乙丙丁斜方形，甲乙爲長九十尺與丁戊等，乙丙爲下闊三十八尺，甲丁爲上闊二十尺與乙戊等，己庚爲所截中闊二十七尺，上闊與下闊相減餘戊丙十八尺，上闊與所截中闊相減餘辛庚七尺，而戊丙與丁戊之比即同於辛庚與丁辛之比也。又甲乙丙丁斜方形，上闊與下闊相減餘戊丙十八尺，所截中闊與下闊相減餘壬丙十一尺，而戊丙與丁戊之比，又同於壬丙與庚壬之比也。如有所截上長或所截下長求截闊，則以總長爲一率，上下闊相減所餘爲二率，截長爲三率，求得四率。有上截長則與上闊相加，有下截長則與下闊相減，所得即所截之闊也。

設如梯形，面積一千五百尺，下闊四十尺，中長五十尺，問上闊幾何。

法：以積一千五百尺倍之得三千尺，用長五十尺除之，得六十尺爲上下兩闊相和之數，內減下闊四十尺，餘二十尺，即上闊也。如圖，甲乙丙丁梯形，倍之成甲乙己戊斜方形，試將己角取直作己辛線，則截斜方形一段爲己辛戊勾股形，如以己辛戊勾股形移補於甲庚乙，遂成庚乙己辛長方形，其積原與甲乙己戊斜方形等。今用庚乙中長除之，得乙己，即上下兩闊相和之數，內減乙丙下闊，所餘丙己與甲丁等，即上闊也。

設如不等邊兩直角斜方形，積九千六百尺，長一百二十尺，上下兩闊相差之較四十尺，問上闊下闊各幾何。

法：以積九千六百尺倍之，得一萬九千二百尺，用長一百二十尺除之，得一百六十尺爲上下兩闊相和之數，內減上下兩闊相差之較四十尺，餘一百二十尺，折半得六十尺爲上闊，加上下兩闊相差之較四十尺，得一百尺，即下闊也。如圖，甲乙丙丁斜方形，其甲乙長一百二十尺，甲丁上闊與乙丙下闊相差戊丙四十尺，試將原積倍之，遂成甲乙己庚長方形，故以甲乙長除之得乙己爲上下闊相和之數，內減戊丙上下兩闊相差之較，餘數折半，得乙戊與甲丁等爲上闊，加戊丙較得乙丙爲下闊也。

設如梯形，面積六千六百五十尺，長九十五尺，上下兩闊相差之較二十尺，問上闊下闊各幾何。

法：以積六千六百五十尺倍之，得一萬三千三百尺，用長九十五尺除之，得一百四十尺爲上下兩闊相和之數，內減上下兩闊相差之較二十尺，餘一百二十尺，折半得六十尺爲上闊，加上下兩闊相差之較二十尺，得八十尺爲下闊也。如圖，甲乙丙丁梯形，甲戊長九十五尺，甲丁上闊與乙丙下闊相差乙戊與己丙共二十尺，試將原積倍之，成甲乙庚辛斜方形，與壬乙庚癸長方形之積等，故以甲戊長除壬乙庚癸長方形得乙庚爲上下兩闊相和之數，內減乙戊與己丙上下兩闊相差之較，餘折半得戊己與甲丁等爲上闊，加乙戊與己丙上下兩闊相差之較，得乙丙爲下闊也。

設如方環形，外周二百八十丈，內周一百二十丈，求面積幾何。

法：以外周二百八十丈四歸之，得七十丈，自乘得四千九百丈。又以內周一百二十丈四歸之，得三十丈，自乘得九百丈。兩自乘數相減，餘四千丈，即方環之面積也。如圖，甲乙丙丁外周二百八十丈，四歸之得甲乙之一邊，自乘得甲乙丙丁大方積。戊己庚辛內周一百二十丈，四歸之得戊己之一邊，自乘得戊己庚辛小方積。兩方積相減，所餘即方環之面積也。

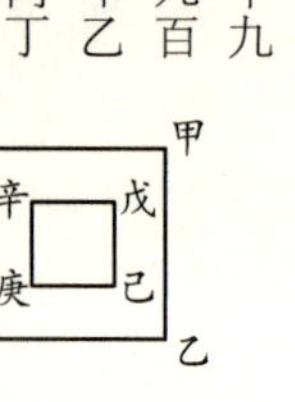

又法：以外周二百八十丈自乘，得七萬八千四百丈。內周一百二十丈自乘，得一萬四千四百丈。兩數相減，餘六萬四千丈，以十六除之得四千丈，即方環面積也。前法將內外周各四歸之而得內外方邊，故以內外方邊各自乘相減而得方環面積。此法即以內外周各自乘相減，以十六除之而得方環面積也。蓋內外周爲內外方邊之四倍，內外周自乘之積必比內外方邊自乘之積大十六倍。凡方邊大一倍，則面積大四倍。今方邊大四倍，故面積大十六倍，爲隔一位相加之連比例也。是以兩周各自乘相減之餘積比兩方邊各自乘相減之餘積亦大十六倍也。

又有方環面積，求外方邊至內方邊之闊。則以外周二百八十丈與內周一百二十丈相加，得四百丈，折半得二百丈，以除方環面積四千丈得二十丈，即外方邊至內方邊之闊也。如圖，自方環內邊作壬癸、子丑二線，則甲乙癸壬、子丑丙丁爲外方邊與闊相乘之二長方，壬戊辛子、己癸丑庚爲內方邊與闊相乘之二長方，引而長之，成寅卯辰巳一長方，其長即半外周與半內周之和，其闊即外方邊至內方邊之闊，故以外周與內周相併折半，除方環面積，而得外方邊至內方邊之闊也。

又法：以內方邊三十丈與外方邊七十丈相減，餘四十丈，折半得二十丈，亦即外方邊至內方邊之闊也。如圖，甲丁爲外方邊，減與戊辛內方邊相等之壬子，餘甲壬與子丁，折半得甲壬，即方環之闊也。

設如方環，面積四千尺，闊二十尺，求內外方邊各幾何。

法：以闊二十尺自乘得四百尺，四因之得一千六百尺，與環積四千尺相減，餘二千四百尺，四歸之得六百尺，以闊二十尺除之得三十尺，即內方邊。又以闊二十尺倍之得四十尺，加內方邊三十尺得七十尺，即外方邊也。如圖，甲乙丙丁、戊己庚辛方環形，內減甲寅戊壬、辰乙癸己、子辛卯丁、庚丑丙巳闊自乘之四正方，餘寅辰己戊、辛庚巳卯、壬戊辛子、己癸丑庚四長方，四歸之得寅辰己戊一長方，其闊即方環之闊，其長即方環內邊之長，故以寅戊闊除之得戊己，爲內方邊也。

又法：置環積四千尺，以闊二十尺除之，得二百尺，四歸之得五十尺，加闊二十尺得七十尺，即外方邊。於五十尺內

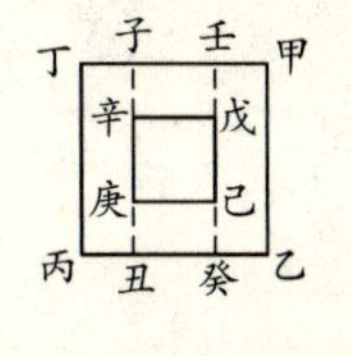

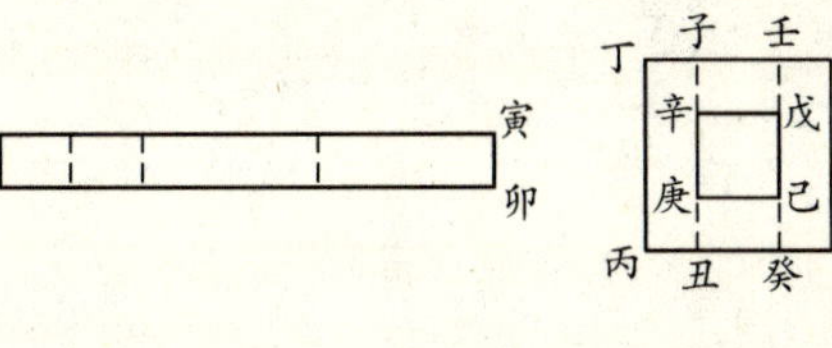

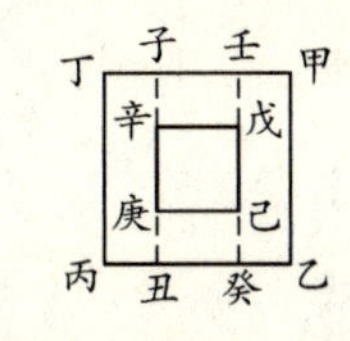

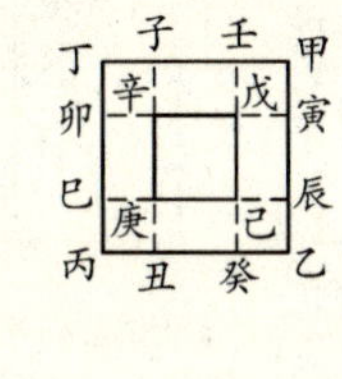

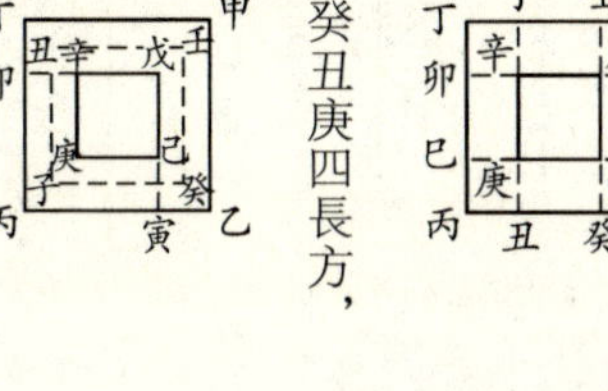

減闊二十尺，餘三十尺，即內方邊也。如圖，甲乙丙丁、戊己庚辛方環積，以闊除之，即得壬癸子丑爲內周外周相併折半之中數，以四歸之，即得壬癸一邊與戊寅等，故加闊得外邊，減闊得內邊也。

設如勾股形，股三十六尺，勾二十七尺，今從上段截勾股形積五十四尺，問截長闊各幾何。

法：以股三十六尺爲一率，勾二十七尺爲二率，截積五十四尺倍之，得一百零八尺爲三率，求得四率八十一尺，開方得九尺，即所截之闊。既得所截之闊，則以勾二十七尺爲一率，股三十六尺爲二率，所截之闊九尺爲三率，求得四率十二尺，即所截之長也。此法一率與二率爲線與線之比例，三率與四率爲面與面之比例也。如圖，甲乙丙勾股形，甲乙爲股三十六尺，乙丙爲勾二十七尺，甲丁戊勾股形爲截積五十四尺，是故甲乙與乙丙之比應同於甲丁與丁戊之比，然而無甲丁之數，故將截積倍之爲甲丁與丁戊相乘之長方，則甲乙與乙丙之比必同於甲丁與丁戊相乘之長方與丁戊自乘之正方之比，蓋截積倍之成己甲丁戊長方形，丁戊自乘成庚丁戊辛正方形，此二形爲二平行線內直角方形，其面之互相爲比同於其底之互相爲比，見《幾何原本》八卷第七節。故開方而得丁戊爲所截之闊。又乙丙與甲乙之比即同於丁戊與甲丁之比，而得甲丁爲所截之長也。若先求截長，則以勾二十七尺爲一率，股三十六尺爲二率，倍截積一百零八尺爲三率，求得四率一百四十四尺，開方得十二尺爲所截之長。蓋乙丙與甲乙之比同於丁戊與甲丁之比，亦必同於丁戊與甲丁相乘之長方與甲丁自乘之正方之比，截積倍之成甲丁戊己長方形，甲丁自乘成甲丁庚辛正方形，此二形之面互相爲比亦同於其底之互相爲比也。故開方而得甲丁爲所截之長也。既得截長，則用比例四率求之，亦得所截之闊矣。

又法：以勾二十七尺與股三十六尺相乘，折半得勾股積四百八十六尺爲一率，所截之勾股形積五十四尺爲二率，勾二十七尺自乘，得七百二十九尺爲三率，求得四率八十一尺，開方得九尺爲所截之闊。若以股三十六尺自乘，得一千

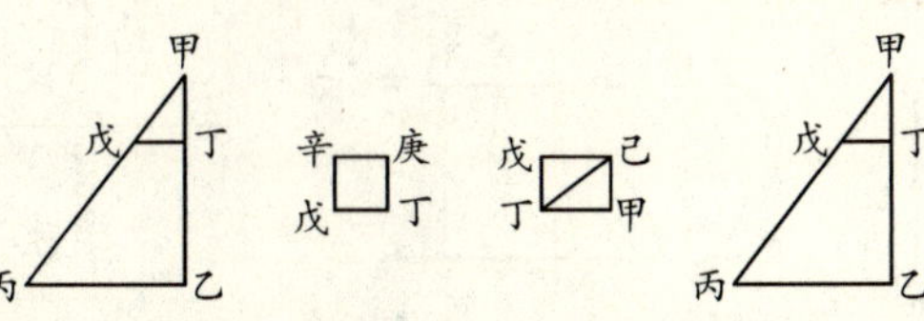
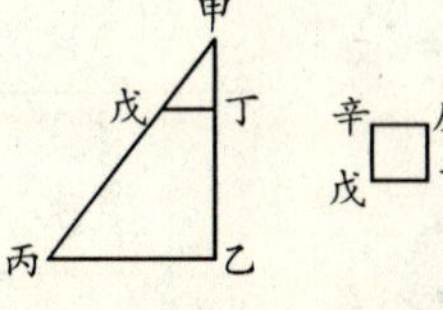
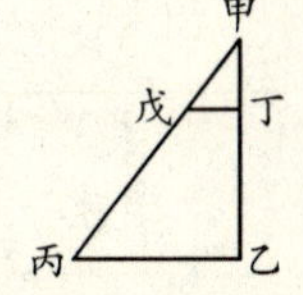
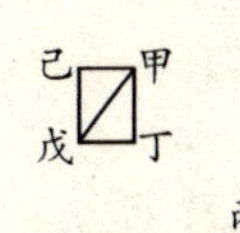
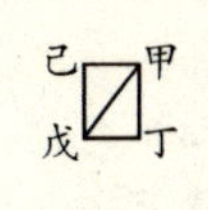
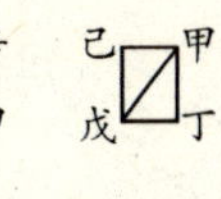

二百九十六尺爲三率，則得四率一百四十四尺，開方得十二尺爲所截之長也。如圖，甲乙丙勾股形，截甲丁戊勾股形積五十四尺，此兩勾股形爲同式形，故甲乙丙勾股積與甲丁戊勾股積之比，同於乙丙勾自乘之乙己庚丙正方形與丁戊勾自乘之丁辛壬戊正方形之比，亦必同於甲乙股自乘之癸子乙甲正方形與甲丁股自乘之丑寅丁甲正方形之比也。

設如勾股形，股三十六尺，勾二十七尺，今從下段截斜方形積四百三十二尺，問截長及上闊各幾何。

法：以股三十六尺爲一率，勾二十七尺爲二率，截積四百三十二尺倍之得八百六十四尺爲三率，求得四率六百四十八尺。乃以勾二十七尺自乘得七百二十九尺，內減所得四率六百四十八尺，餘八十一尺，開方得九尺爲所截之上闊。既得所截之上闊，則以勾二十七尺爲一率，股三十六尺爲二率，所截之上闊九尺與勾二十七尺相減，餘一十八尺爲三率，求得四率二十四尺，即所截之長也。此法亦係線與線爲比、面與面爲比也。如圖，甲乙丙勾股形，甲乙爲股三十六尺，乙丙爲勾二十七尺，丁乙丙戊斜方形爲截積四百三十二尺，其甲乙與乙丙之比應同於戊己即丁乙與己丙之比，然而無戊己之數，故將截積倍之遂成戊己之長與丁戊乙丙上下兩闊之和相乘之長方形，將此長方形爲三率，所得四率即丁戊、乙丙上下兩闊之較即己丙也。與丁戊、乙丙上下兩闊之和相乘之長方形也。蓋截積倍之成庚丁乙辛長方形，己丙兩闊之較與兩闊之和相乘，成壬己丙癸長方形，此二長方形同以兩闊之和爲長，故丁乙與己丙之比即如庚丁乙辛長方形與壬己丙癸長方形之比也。又己丙上下兩闊之較與丁戊、乙丙上下兩闊之和相乘之積，與丁戊、乙丙上下兩闊之數各自乘相減之餘積等，試依乙丙度作子丑寅卯一大正方形，又依丁戊度作子辰巳午一小正方形，兩正方形相減，所餘爲辰丑寅卯午巳磬折形。引而長之，遂成辰丑申未長方形，其辰丑即上下兩闊之較，其丑申即上下兩闊之和，故所得四率長方形積與辰丑寅卯午巳磬折形之積等。今於乙丙自乘之子丑寅卯大正方形內減辰丑寅卯午巳磬折形，所餘即丁戊自乘之子辰巳午小正方形，故開方而得丁戊爲所截之闊也。既得所截之闊，則以丁戊與乙丙相減餘己丙，而乙丙與甲乙之比即同於己丙與戊己即丁乙。之比也。

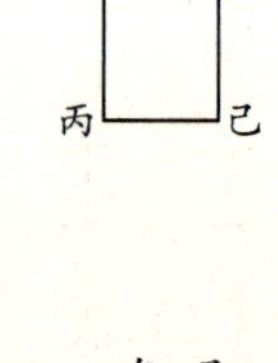
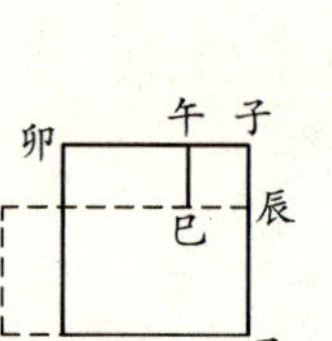
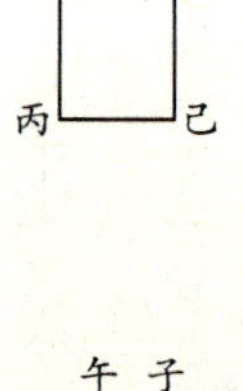
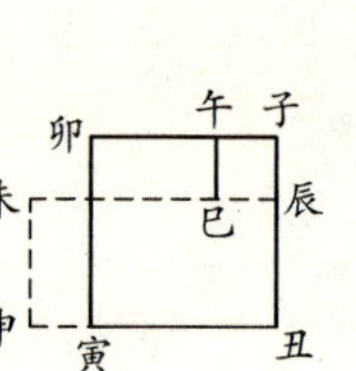

又法：以勾二十七尺與股三十六尺相乘，折半得勾股積四百八十六尺，內減從下段所截之斜方積四百三十二尺，餘五十四尺，即爲從上段所截之勾股形積。依前法比例求之所得亦同。

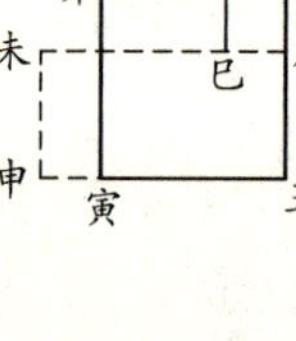
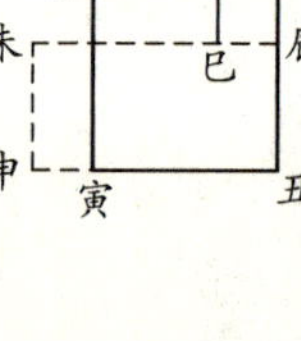
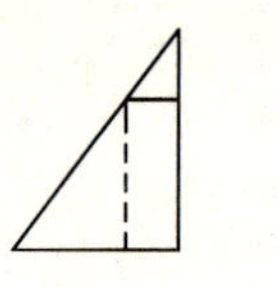

設如三角形，中長二十尺，底闊一十五尺，今從上段截三角形積五十四尺，問截長闊各幾何。

法：以底闊一十五尺爲一率，中長二十尺爲二率，截積五十四尺倍之，得一百零八尺爲三率，求得四率一百四十四尺，開方得一十二尺，即所截之長。既得所截之長，則以中長二十尺爲一率，底闊十五尺爲二率，所截之長十二尺爲三率，求得四率九尺，即所截之闊也。此法亦一率與二率爲線與線之比例，三率與四率爲面與面之比例也。如圖，甲乙丙三角形，甲丁中長二十尺，乙丙底闊十五尺，甲戊己三角形爲截積五十四尺，是故乙丙與甲丁之比應同於戊己與甲庚之比，然而無戊己之數，故將截積倍之，爲戊己與甲庚相乘之長方，則乙丙與甲丁之比必同於戊己與甲庚相乘之長方與甲庚自乘之正方之比，

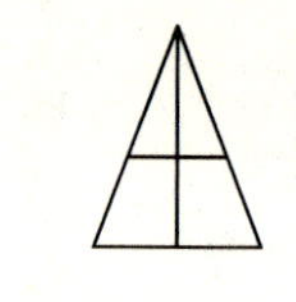

故開方而得甲庚爲所截之長。又甲丁與乙丙之比同於甲庚與戊己之比，而得戊己爲所截之闊也。若先求截闊，則以中長二十尺爲一率，底闊一十五尺爲二率，倍截積一百零八尺爲三率，求得四率八十一尺，開方得九尺爲所截之闊。蓋甲丁與乙丙之比同於甲庚與戊己之比，亦同於甲庚與戊己相乘之長方與戊己自乘之正方之比，故開方而得戊己爲所截之闊也。既得截闊，則用比例四率求之，亦得所截之長矣。

又法：以底闊十五尺與中長二十尺相乘，折半得三角積一百五十尺爲一率，所截之三角積五十四尺爲二率，以底闊十五尺自乘，得二百二十五尺爲三率，求得四率八十一尺，開方得九尺爲所截之闊。若以中長二十尺自乘，得四百尺爲三率，則得四率一百四十四尺，開方得十二尺爲所截之長也。如圖，甲乙丙三角形，截甲戊己三角形積五十四尺，此兩三角形爲同式形，故甲乙丙三角形積與甲戊己三角形積之比同於甲丁中長自乘之甲丁辛壬正方形與甲庚截長自乘之甲庚癸子正方形之比，亦同於乙丙底闊自乘之乙丙丑寅正方形與戊己截闊自乘之戊己卯辰正方形之比也。

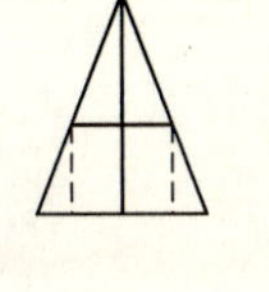

設如三角形，中長二十尺，底闊十五尺，今從下段截梯形積九十六尺，問截長及上闊各幾何。

法：以中長二十尺爲一率，底闊十五尺爲二率，截積九十六尺倍之，得一百九十二尺爲三率，求得四率一百四十四尺，乃以底闊十五尺自乘，得二百二十五尺，內減所得四率一百四十四尺，餘八十一尺，開方得九尺爲所截之上闊。既得所截之上闊，則以底闊十五尺爲一率，中長二十尺爲二率，所截之上闊九尺與底闊十五尺相減，餘六尺爲三率，求得四率八尺，即所截下段之長也。如圖，甲乙丙三角形，甲丁爲中長二十尺，乙丙爲底闊十五尺，戊乙丙己梯形爲截積九十六尺，戊己爲所截之闊，庚丁與戊辛、己壬等。爲所截之長，乙辛、壬丙兩段爲截闊與底闊之較，是故甲丁與乙丙之比應同於庚丁與乙辛、壬丙兩段之比矣。蓋甲丁與乙丁之比同於等庚丁之戊辛與乙辛之比，又甲丁與丁丙之比同於等庚丁之己壬與壬丙之比，合之則甲丁與乙丁、丁丙兩段之比亦同於庚丁與乙辛、壬丙兩段之比也。但今無庚丁之數，故將截積倍之，遂成庚丁所截之長與戊己、乙丙上下兩闊之和相乘之長方形，將此長方形爲三率，所得四率即乙辛、壬丙上下兩闊之較與戊己、乙丙上下兩闊之和相乘之長方形也。又乙辛、壬丙上下兩闊之較與戊己、乙丙上下兩闊之和相乘之積，與戊己、乙丙上下兩闊之數各自乘相減之餘積等，故以所得四率長方形積與乙丙自乘方積相減，即餘戊己自乘方積，開方而得戊己爲所截之闊也。既得戊己截闊，則於乙丙底闊內減之餘乙辛、壬丙，而乙丙與甲丁之比又同於乙辛、壬丙兩段與庚丁截長之比也。

又法：以底闊十五尺與中長二十尺相乘，折半得三角形積一百五十尺，內減從下段所截之梯形積九十六尺，餘五十四尺，即爲從上段所截之三角形積。依前法比例求之，所得亦同。

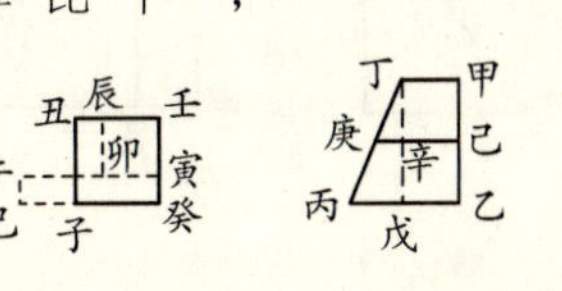

設如不等邊兩直角斜方形，長二十四尺，上闊十二尺，下闊二十尺，今從上段截積一百六十八尺，問截長闊各幾何。

法：以長二十四尺爲一率，下闊二十尺內減上闊十二尺，餘八尺爲二率，截積一百六十八尺倍之，得三百三十六尺爲三率，求得四率一百一十二尺。乃以上闊十二尺自乘得一百四十四尺，與所得四率一百一十二尺相加，得二百五十六尺，開方得十六尺，即所截之闊。既得所截之闊，則以上下兩闊相減之較八尺爲一率，長二十四尺爲二率，截闊十六尺內減上闊十二尺，餘四尺爲三率，求得四率十二尺，即所截之長也。此法亦係一率與二率爲線與線之比例，三率與四率爲面與面之比例也。如圖，甲乙丙丁斜方形，甲乙長二十四尺與丁戊等，甲丁爲上闊十二尺，乙丙爲下闊二十尺，甲己庚丁斜方形爲截積一百六十八尺，是故丁戊與戊丙之比應同於丁辛與辛庚之比，然而無丁辛之數，故將截積倍之，爲丁辛截長與甲丁、己庚上中兩闊之和相乘之長方形爲三率，所得四率即辛庚上中兩闊之較與甲丁己庚上中兩闊之和相乘之長方形也。又辛庚上中兩闊之較與甲丁、己庚上中兩闊之和相乘之積，與甲丁、己庚上中兩闊之數各自乘相減之餘積等，試依己庚度作壬癸子丑一大正方形，又依甲丁度作壬寅卯辰一小正方形，兩正方形相減，所餘爲寅癸子丑辰卯磬折形，引而長之，遂成寅癸巳午長方形，其寅癸即上中兩闊之較，其癸巳即上中兩闊之和，故所得四率長方

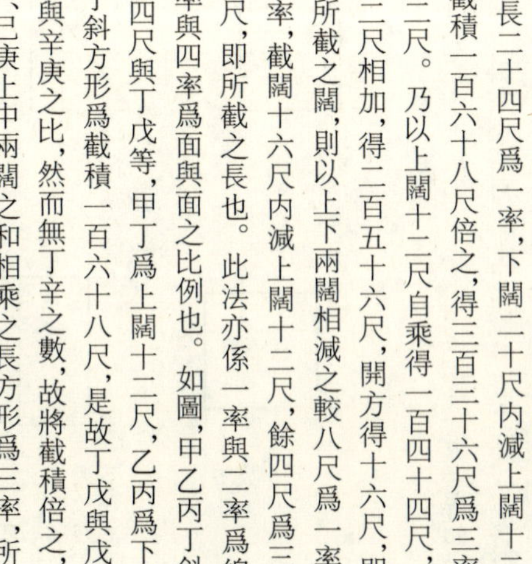

形積與寅癸子丑辰卯磬折形之積等。今於甲丁自乘之壬寅卯辰小正方形外，加寅癸子丑辰卯磬折形，即得己庚自乘之壬癸子丑大正方形，故開方而得己庚爲所截之闊也。既得所截之闊，則以己庚與甲丁相減餘辛庚，而戊丙與丁戊之比即同於辛庚與丁辛之比也。

又法：將斜方形增作勾股形算之，以上闊十二尺與下闊二十尺相減，餘八尺爲一率，長二十四尺爲二率，上闊十二尺爲三率，求得四率三十六尺爲斜方形上所增小勾股形之股，與斜方形之長二十四尺相加，得六十尺爲斜方形與所增小勾股形相併所成之大勾股形之股，乃以上闊十二尺爲小勾，所得三十六尺爲小股，相乘得四百三十二尺，折半得二百一十六尺爲斜方形上所增之小勾股形積，與截積一百六十八尺相加，得三百八十四尺爲所截之勾股形積，乃用勾股形從上段截勾股積法算之，而得所截之闊焉。如圖，甲乙丙丁斜方形，增作勾股形爲壬乙丙，其上闊甲丁與下闊乙丙相減，所餘爲戊丙，以戊丙與丁戊之比同於甲丁與壬甲之比，得壬甲爲小勾股形之股，以壬甲與甲乙相加，得壬乙爲大勾股形之股，又壬甲丁勾股形積與甲己庚丁斜方形截積相加，得壬己庚勾股形積，即壬乙丙大勾股形從上段截壬己庚勾股形積也。

設如不等邊兩直角斜方形，長二十四尺，上闊十二尺，下闊二十尺，今從下段截積二百一十六尺，求截長闊各幾何。

法：以長二十四尺爲一率，下闊二十尺內減上闊十二尺，餘八尺爲二率，截積二百一十六尺倍之，得四百三十二尺爲三率，求得四率一百四十四尺。乃以下闊二十尺自乘得四百尺，內減所得四率一百四十四尺，餘二百五十六尺，開方得一十六尺，爲所截之闊。既得所截之闊，則以上下兩闊相減之較八尺爲一率，長二十四尺爲二率，下闊二十尺內減截闊十六尺，餘四尺爲三率，求得四率十二尺，即所截下段之長也。此與勾股形從下段截斜方形積之理同。前法從上段截積，所得四率爲上闊與截闊各自乘相減之餘積，上闊小而截闊大，故以上闊自乘與所得四率相加，開方而得截闊。此法從下段截積，所得四率爲下闊與截闊各自乘相減之餘積，下闊大而截闊小，故以下闊自乘內減所得四率，開方而得截闊也。

設如梯形，長十二丈，上闊五丈，下闊十一丈，今從上段截積二十四丈，問截長闊各幾何。

法：以長十二丈爲一率，上闊五丈與下闊十一丈相減，餘六丈爲二率，截積二十四丈倍之，得四十八丈爲三率，求得四率二十四丈。乃以上闊五丈自乘，得二十五丈，與所得四率二十四丈相加，得四十九丈，開方得七丈，即所截之闊。既得所截之闊，則以上下兩闊相減之較六丈爲一率，長十二丈爲二率，截闊七丈內減上闊五丈，餘二丈爲三率，求得四率四丈，即所截之長也。此法亦係一率與二率爲線與線之比例，三率與四率爲面與面之比例也。如圖，甲乙丙丁梯形，甲戊長十二丈，甲丁上闊五丈，戊己、庚辛俱相等，乙丙下闊十一丈，乙戊與己丙兩段爲上下兩闊相減之較六丈，甲壬癸丁小梯形爲截積二十四丈，是故甲戊總長與乙戊、己丙上下兩闊之較之比，應同於甲庚截長與壬庚辛癸上中兩闊之較之比，然無甲庚之數，故將截積倍之，爲甲庚截長與甲丁、壬癸上中兩闊之和相乘之長方形爲三率，所得四率即壬庚、辛癸上中兩闊之較與甲丁、壬癸上中兩闊之和相乘之長方形也。又壬庚、辛癸上中兩闊之較與甲丁、壬癸上中兩闊之和相乘之積，與甲丁、壬癸上中兩闊之數各自乘相減之餘積等，故以所得四率長方形積與甲丁自乘方積相加，即得壬癸自乘方積，開方而得壬癸爲所截之闊也。既得壬癸截闊，則以上下兩闊相減之乙戊、己丙兩段與甲戊總長之比，即同於上中兩闊相減之壬庚辛癸兩段與甲庚截長之比矣。

又法：將梯形增作三角形算之，以上闊五丈與下闊十一丈相減，餘六丈爲一率，長十二丈爲二率，上闊五丈爲三率，求得四率十丈爲梯形上所增小三角形之中長，與梯形之長十二丈相加，得二十二丈爲梯形與所增小三角形相併所成之大三角形之中長，乃以上闊五丈爲底，所得十丈爲中長，相乘得五十丈，折半得二十五丈爲梯形上所增之小三角形積，與截積二十四丈相加，得四十九丈爲所截之三角形積，乃用三角形從上段截三角積法算之，而得所截之闊焉。如圖，甲乙丙丁梯形，增作三角形爲子乙丙，其上闊甲丁與下闊乙丙相減所餘爲乙戊、己丙，而乙戊、己丙與甲戊之比即同於甲丁與子丑之比，得子丑爲小三角形之中長，以子丑與等甲戊之丑寅相加，得子寅爲大三角形

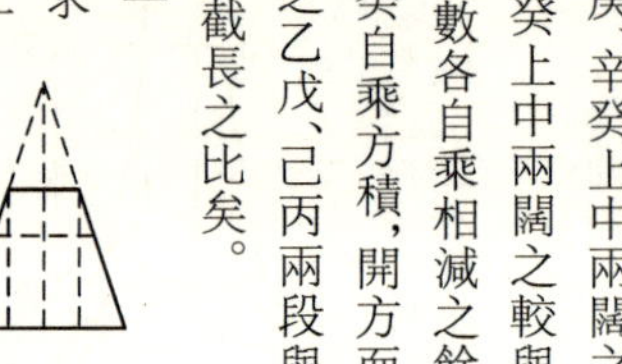

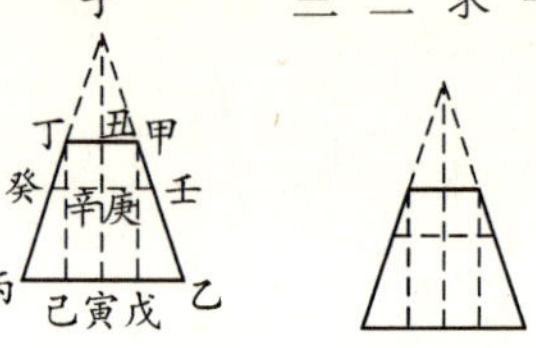

之中長，又子甲丁三角形積與甲壬癸丁斜方形截積相加得子壬癸三角形積，即子乙丙大三角形從上段截子壬癸三角形積也。

設如梯形，長十二丈，上闊五丈，下闊十一丈，今自下段截積七十二丈，問截長闊各幾何。

法：以長十二丈爲一率，上闊五丈與下闊十一丈相減，餘六丈爲二率，以截積七十二丈倍之，得一百四十四丈爲三率，求得四率七十二丈。乃以下闊十一丈自乘得一百二十一丈，內減所得四率七十二丈，餘四十九丈，開方得七丈，即所截之闊。既得所截之闊，則以上下兩闊相減之較六丈爲一率，長十二丈爲二率，截闊七丈與下闊十一丈相減，餘四丈爲三率，求得四率八丈，即所截之長也。如圖，甲乙丙丁梯形，甲戊長十二丈，甲丁上闊五丈與戊己等，乙丙下闊十一丈，乙戊與己丙兩段爲上下兩闊相減之較六丈，庚乙丙辛梯形爲截積七十二丈，是故甲戊總長與乙戊、己丙上下兩闊之較之比，應同於庚壬截長與乙壬癸丙中下兩闊之較之比，然無庚壬之數，故將截積倍之，爲庚壬截長與庚辛、乙丙中下兩闊之和相乘之長方形爲三率，所得四率即乙壬、癸丙中下兩闊之較與庚辛、乙丙中下兩闊之和相乘之長方形也。又乙壬、癸丙中下兩闊之較與庚辛、乙丙中下兩闊之和相乘之積，與庚辛乙丙中下兩闊之數各自乘相減之餘積等，故以所得四率長方形積與乙丙自乘方積相減，即餘庚辛自乘方積，開方而得庚辛爲所截之闊也。

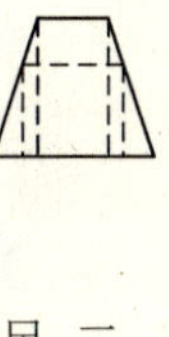

設如梯形，長一百二十尺，上闊二十尺，下闊八十尺，今自一邊截勾股積四百五十尺，問截長闊各幾何。

法：以長一百二十尺爲一率，上闊二十尺與下闊八十尺相減，餘六十尺折半得三十尺爲二率，截積四百五十尺倍之，得九百尺爲三率，求得四率二百二十五尺，開方得一十五尺爲所截之闊。既得所截之闊，則以上下兩闊相減折半之三十尺爲一率，長一百二十尺爲二率，截闊十五尺爲三率，求得四率六十尺，爲所截之長也。如圖，甲乙丙丁梯形，甲丁上闊二十尺與戊己等，乙丙下闊八十尺，甲戊長一百二十尺，乙戊爲上下闊相減折半之三十尺，庚乙辛爲所截勾股積四百五十尺，甲乙戊勾股形與庚乙辛勾股形爲同式形，故立算與勾股形從上段截勾股積之法相同也。

設如梯形，長一百二十尺，上闊四十尺，下闊八十尺，今自一邊截斜方形積四千二百尺，問截上闊下闊各幾何。

法：以上闊四十尺與下闊八十尺相減，餘四十尺，折半得二十尺，爲所截斜方形上闊與下闊之較。又以截積四千二百尺倍之，得八千四百尺，以長一百二十尺除之，得七十尺爲所截斜方形上闊與下闊之和。內減上闊下闊之較二十尺，餘五十尺，折半得二十五尺爲上闊。加較二十尺，得四十五尺爲下闊也。如圖，甲乙丙丁梯形，甲丁爲上闊四十尺與戊己等，乙丙爲下闊八十尺，甲戊爲長一百二十尺，甲乙辛庚爲所截斜方形積四千二百尺，倍之成壬癸辛庚長方形，乙戊爲所截斜方形上下兩闊之較。今以甲戊長除壬癸辛庚長方積得癸辛，爲上下兩闊之和。內減乙戊上下兩闊之較，餘癸乙與戊辛，折半得戊辛與甲庚等，即所截斜方形之上闊。加乙戊上下兩闊之較得乙辛，即所截斜方形之下闊也。

設如三角形，小腰邊二十丈，大腰邊三十四丈，底邊四十二丈，面積三百三十六丈，今欲平分面積一半，與原三角形爲同式形，問所截三邊各幾何。

法：以原面積三百三十六丈爲一率，原面積折半，得一百六十八丈爲二率，底邊四十二丈自乘，得一千七百六十四丈爲三率，求得四率八百八十二丈，開方得二十九丈六尺九寸八分四釐八豪有餘，爲所截之底邊。乃以全底邊四十二丈爲一率，大腰邊三十四丈爲二率，所截之底邊二十九丈六尺九寸八分四釐八豪有餘爲三率，求得四率二十四丈零四寸一分六釐二豪有餘，爲所截之大腰邊。仍以全底邊四十二丈爲一率，小腰邊二十丈爲二率，所截之底邊二十九丈六尺九寸八分有餘爲三率，求得四率十四丈一尺四寸二分一釐三豪有餘，即所截之小腰邊也。如圖，甲乙丙三角形，平分面積一半成丁戊丙三角形，此兩三角形既爲同式形，則甲乙丙三角形之面積與丁戊丙三角形之面積之比同於各邊各自乘之正方面積

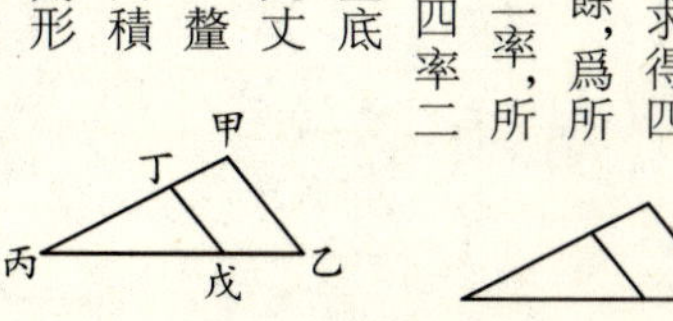

與所截各邊各自乘之正方面積之比，故以甲乙丙三角形面積爲一率，丁戊丙三角形面積爲二率，乙丙底邊自乘如乙己庚丙正方面爲三率，所得四率即戊丙截底自乘，如戊辛壬丙正主面，故開方得戊丙也。既得戊丙，則乙丙與甲丙之比同於戊丙與丁丙之比，又乙丙與甲乙之比同於戊丙與丁戊之比，俱爲相當比例四率也。若取原積三分之一或幾分之幾者，則將其積以其分數歸之，比例並同。

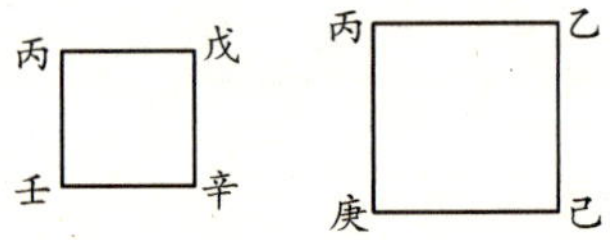

又法：以乙丙邊四十二丈自乘，折半開方即得戊丙邊，甲丙邊自乘，折半開方即得丁丙邊，甲乙邊自乘，折半開方即得丁戊邊，此即面與面比、線與線比之理也。

又法：設全積爲一尺，半積爲五十寸，乃以五十寸開方得七寸零七釐一豪零六忽，而以各邊之數乘之，即得各邊所截之數。蓋全積爲一尺，其全邊亦爲一尺，半積爲五十寸，其截邊爲七寸零七釐一豪零六忽。今以一尺與全邊之比，即同於七寸零七釐一豪零六忽與截邊之比，又因一尺爲一率，故省一率之除，止用乘而即得也。若取幾分之一者，皆倣此類推之。

設如大小兩正方，面積共四百一十尺，大正方邊比小正方邊多六尺，問兩正方邊及面積各幾何。

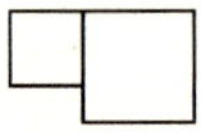

法：以兩正方面積共四百一十尺倍之，得八百二十尺。又以多六尺自乘，得三十六尺，與倍共積八百二十尺相減，餘七百八十四尺，開方得二十八尺爲大小兩正方邊之和，加大正方比小正方每邊所多六尺得三十四尺，折半得十七尺爲大正方之邊，內減六尺餘十一尺爲小正方之邊。以大正方邊十七尺自乘得二百八十九尺，爲大正方之面積。以小正方邊十一尺自乘得一百二十一尺，爲小正方之面積也。如圖，甲乙丙丁一大正方形，丁戊己庚一小正方形，戊丙爲兩正方邊之較，試以兩正方之共積倍之，則得甲辛壬庚一正方形，仍餘癸子丙戊兩正方邊之較自乘之一正方形。蓋癸丑己正方形與甲乙丙丁正方形等，乙辛丑子正方形與丁戊己庚正方形等，其中疊一癸子丙戊正方形，即戊丙較自乘之積，故以戊丙較自乘與所倍共積相減，即得甲辛壬庚正方形，開方得甲庚爲兩正方邊之和，加較折半得丁丙爲大正方邊，內減戊丙較得丁戊爲小正方邊。既得方邊，則各自乘即得各面積矣。

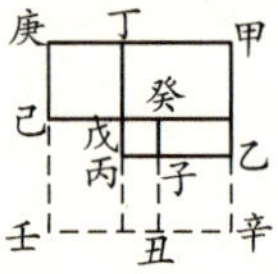

又法：以兩正方邊之較六尺自乘得三十六尺，與兩正方共積四百一十尺相減，餘三百七十四尺，折半得一百八十七尺爲長方積。以兩正方邊之較六尺爲長闊之較，用帶縱較數開方法算之，得闊十一尺爲小正方之邊，加較六尺得十七尺爲大正方之邊也。如圖，甲乙丙丁一大正方形，丁戊己庚一小正方形，戊丙爲兩正方邊之較，以戊丙邊較自乘得辛壬丙戊一正方形，與共積相減，餘甲乙壬辛己庚磬折形。如以癸乙壬辛長方形移於庚己子丑，即戊甲癸子丑一長方形，折半得丁戊子丑一長方形，庚丑與戊丙等，即長闊之較，故用帶縱較數開方法算之，得丁戊闊即小方邊，加庚丑較得丁丑與丁丙等，即大方邊也。

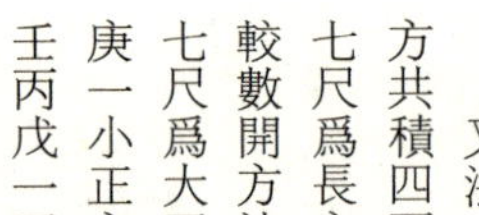

設如大小兩正方，面積共六百一十七尺，大小兩正方邊共三十五尺，問大小兩正方邊及面積各幾何。

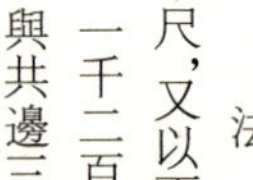

法：以兩正方面積共六百一十七尺倍之，得一千二百三十四尺，又以兩正方邊共三十五尺自乘，得一千二百二十五尺，與倍共積一千二百三十四尺相減，餘九尺，開方得三尺爲大小兩正方邊之較，與共邊三十五尺相加，得三十八尺，折半得十九尺爲大正方之邊，內減兩正方邊之較三尺，餘十六尺爲小正方之邊。以大正方邊十九尺自乘，得三百六十一尺爲大正方之面積，以小正方邊十六尺自乘，得二百五十六尺爲小正方之面積也。如圖，甲乙丙丁一大正方形，丁戊己庚一小正方形，甲庚爲兩正方邊之和，戊丙爲兩正方邊之較，試以兩正方之共積倍之，則得甲辛壬庚正方形，而多癸子丙戊較自乘之一正方形，故以甲庚共邊自乘得甲辛壬庚正方形，與倍共積相減，即餘癸子丙戊一小正方形，開方得戊丙，即兩正方邊之較，與兩正方邊之和相加折半得丁丙，爲大正方邊。內減戊丙較得丁戊，爲小正方邊。既得方邊，則各自乘即得各面積矣。

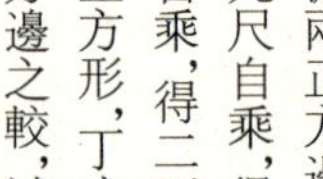

又法：以兩正方邊之和三十五尺自乘，得一千二百二十五尺，內減兩正方共積六百一十七尺，餘六百零八尺，折半得三百零四尺爲長方積，以兩正方邊之和三十五尺爲長闊和，用帶縱和數開方法算之，得闊十六尺爲小正方之邊，與共

積三十五尺相減，餘十九尺爲大正方之邊也。如圖，甲乙丙丁一大正方形，戊己庚辛一小正方形，以共邊自乘得壬癸子丑一正方形，內減與甲乙丙丁大正方形相等之寅癸卯辰一正方形，又減與戊己庚辛小正方形相等之午辰巳丑一正方形，餘壬寅辰午與辰卯子巳二長方形，折半得壬寅辰午一長方形，其壬午長與甲乙大方邊等，壬寅闊與戊己小方邊等，兩正方之共邊即長闊之和，故用帶縱和數開方法算之，得闊爲小方邊，得長爲大方邊也。

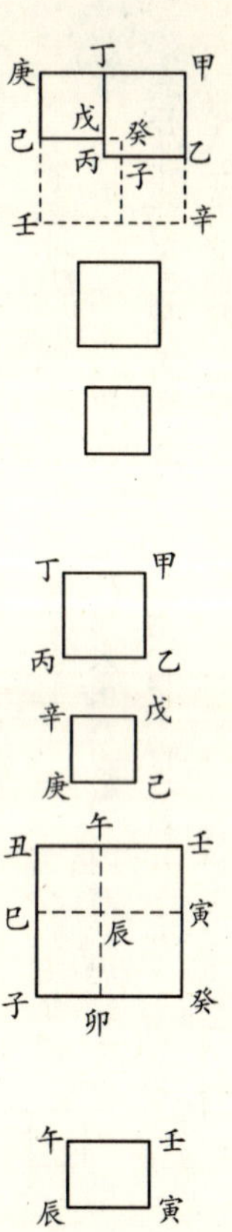

設如大小兩正方形，大正方邊比小正方邊多七尺，大正方積比小正方積多三百四十三尺，問大小兩正方邊各幾何。

法：以大正方積比小正方積所多三百四十三尺，用大正方邊比小正方邊所多七尺除之，得四十九尺爲大小兩正方邊之和，加兩正方邊之較七尺得五十六尺，折半得二十八尺爲大正方之邊，與共邊四十九尺相減，餘二十一尺爲小正方之邊也。如圖，甲乙丙丁一大正方形，戊己庚辛一小正方形，試於甲乙丙丁大正方形內作與戊己庚辛相等之甲壬癸子小正方形，則壬乙丙丁子癸磬折形即大正方比小正方所多之積，引而長之成壬乙丑寅一長方形，其壬乙闊即兩正方邊之較，乙丑長即兩正方邊之和，故以壬乙兩正方邊之較除之，得乙丑兩正方邊之和。以乙丑與壬乙相加，折半得乙丙，爲大正方形之邊。將乙丙與乙丑共邊相減，餘丙丑與子癸等即戊己，爲小正方形之邊也。

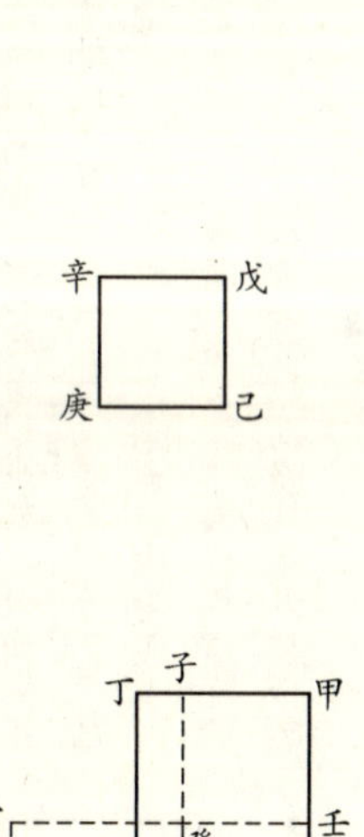

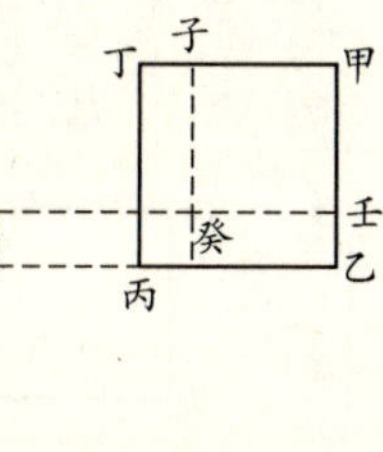

設如大小兩正方形，共邊三十一尺，大正方積比小正方積多一百五十五尺，問大小兩正方邊各幾何。

法：以大正方積比小正方積所多一百五十五尺，用共邊三十一尺除之，得五尺爲大小兩正方邊之較，與共邊三十一尺相加得三十六尺，折半得十八尺爲大正方之邊，與共邊三十一尺相減，餘十三尺爲小正方之邊也。如圖，甲乙丙丁一大正方形，戊己庚辛一小正方形，試於甲乙丙丁大正方形內作與戊己庚辛相等之甲壬癸子小正方形，則壬乙丙丁子癸磬折形即大正方比小正方所多之積，引而長之成壬乙丑寅長方形，其乙丑長即兩正方邊之和，其壬乙闊即兩正方邊之較，故以乙丑兩正方邊之和除之得壬乙，與乙丑相加折半得乙丙，爲大正方形之邊。以乙丙與乙丑相減，餘丙丑與子癸等即戊己，爲小正方形之邊也。

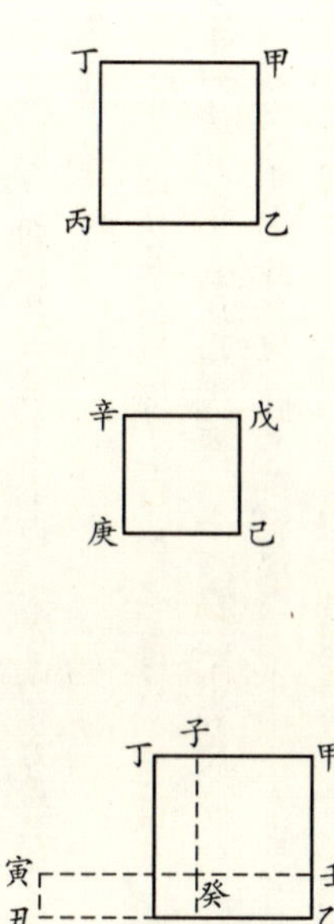

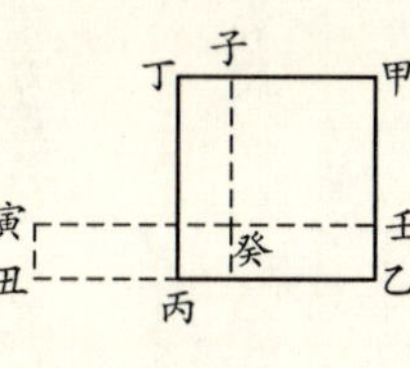

設如大小兩正方形，共積一百三十尺，大正方積比小正方積多三十二尺，問大小兩正方邊各幾何。

法：以大正方積比小正方積所多三十二尺與共積一百三十尺相減，餘九十八尺，折半得四十九尺爲小正方之積，開方得七尺爲小正方之邊。又以小正方積四十九尺與大正方積比小正方積多三十二尺相加，得八十一尺爲大正方之積，開方得九尺爲大正方之邊也。如圖，甲乙丙丁一大正方形，戊己庚辛一小正方形，試於甲乙丙丁大正方形內作與戊己庚辛相等之壬癸丙子小正方形，則甲乙癸壬子丁磬折形即大正方比小正方所多之積，以此磬折形積與兩正方形之共積相減，餘壬癸丙子與戊己庚辛兩小正方形，折半得戊己庚辛一小正方形，故開方得戊己爲小方邊。又以戊己庚辛相等之壬癸丙子小正方形積與甲乙癸壬子丁磬折形積相加，即得甲乙丙丁大正方形，故開方得甲乙爲大方邊也。

設如不等三正方形，共積三百八十一尺，大方邊比次方邊多三尺，次方邊比小方邊多三尺，問三方邊各幾何。

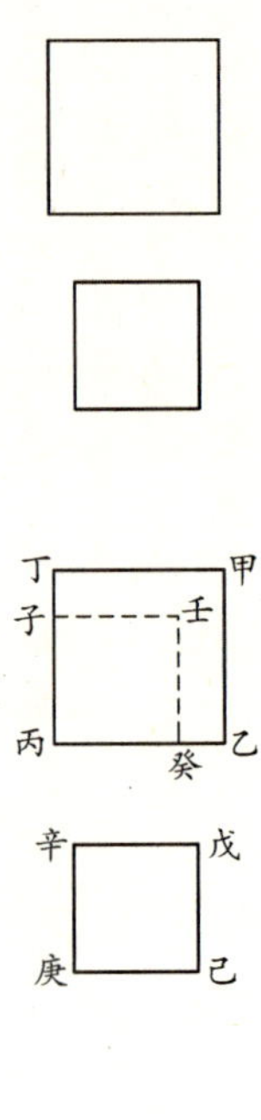

法：以大方邊比次方邊所多三尺與次方邊比小方邊所多三尺相加，得六尺爲大方邊比小方邊所多之較，自乘得三十六尺，又以次方邊比小方邊所多三尺自乘得九尺，兩數相併得四十五尺，與共積三百八十一尺相減，餘三百三十六尺，三因之得一千零八尺爲長方積。以大方邊比小方邊多六尺倍之得十二尺，又以次方邊比小方邊多三尺倍之得六尺，兩數相併得十八尺爲長闊之較，用帶縱較數開方法算之，得闊二十四尺，三歸之得八尺爲小正方形之邊，加次方邊比小方邊多三尺，得十一尺爲次正方形之邊，又加大方邊比次方邊多三尺，得十四尺爲大正方形之邊也。如圖，甲乙丙丁一大正方形，戊己庚辛一次正方形，壬癸子丑一小正方形，試於甲乙丙丁大正方形內作與壬癸子丑相等之寅乙卯辰小正方形，則辰巳即大正方邊比小正方邊所多之較。又於戊己庚辛次正方形內作與壬癸子丑相等之午己未申小正方形，則申酉即次正方邊比小正方邊所多之較。以辰巳自乘得辰巳丁戌一正方形，以申酉自乘得申酉辛亥一正方形，以所得兩正方形之共積與三正方形之共積相減，則餘寅乙卯辰、午己未申、壬癸子丑三小正方形，及甲寅辰戌、辰卯丙巳、戊午申亥、申未庚酉四長方形。又試將此所餘三小正方形及四長方形之積共作壬癸乾坎一長方形，加三倍即成艮癸乾震一大長方形，其艮癸闊爲壬癸小方邊之三倍，與癸巽等。巽乾即長闊之較，而巽離乃辰巳與甲寅相併之數，爲大方邊比小方邊所多之較之二倍。離乾乃申酉與戊午相併之數，爲次方邊比小方邊所多之較之二倍。故以大方邊與小方邊之較倍之得巽離，又以次方邊與小方邊之較亦倍之得離乾，巽離與離乾相併得巽乾，爲長闊之較。用帶縱較數開方法算之，得艮癸闊，三歸之得壬癸爲小正方形之邊，加次方邊比小方邊所多之較，即得次正方形之邊，又加大方邊比次方邊所多之較，即得大正方形之邊也。

設如甲乙丙丁不等邊無直角四邊形，甲乙邊十尺，甲丁邊十七尺，丁丙邊二十八尺，乙丙邊三十五尺，自丁角至乙角斜線二十一尺，問面積幾何。

法：以丁乙斜線分爲甲乙丁、丁乙丙兩三角形算之，先用甲乙丁三角形求得甲戊垂線八尺，與乙丁二十一尺相乘，折半得八十四尺，爲甲乙丁三角形之面積。又用丁乙丙三角形求得丁己垂線一十六尺八寸，與乙丙三十五尺相乘，折半得二百九十四尺，爲丁乙丙三角形之面積。以兩三角形之面積相併，得三百七十八尺，即甲乙丙丁四邊形之面積也。凡無法多邊形，皆任以兩角作對角斜線分爲幾三角形算之。舊術四不等邊形分爲兩段：一爲勾股形，一爲斜方形。蓋必有二平行線，然後可算。若此法非二平行線者，則必分爲丁己丙與丁甲庚二勾股形，甲乙己庚一斜方，然後可算，不如分爲兩三角形算之，爲簡捷而密合也。

設如甲乙丙三角形，面積三百八十四尺，乙丙底邊三十二尺，今自甲角將原積平分爲二，問每分底邊幾何。

法：以乙丙底邊三十二尺折半，得十六尺，即每分底邊之數也。蓋自甲至乙丙線上作甲戊垂線，則甲丁乙、甲丁丙兩三角形同以甲戊爲高，即爲二平行線內同底兩三角形，其面積必等，見《幾何原本》三卷第十節。故甲丁乙、甲丁丙兩三角形積爲相等，而各得甲乙丙三角形積之一半也。如分三分或四分者，倣此類推。

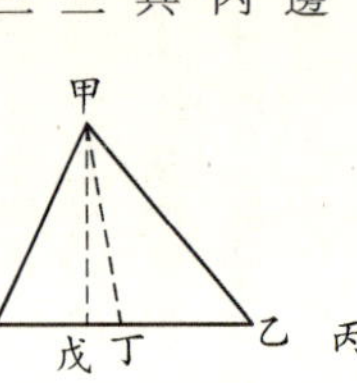

設如甲乙丙丁二平行線無直角四邊形，甲乙邊八丈，丙丁邊十二丈，面積一百六十丈，今將原積分爲四分，問每分截邊幾何。

法：以甲乙八丈與丙丁十二丈相加得二十丈，四歸之得五丈，即每分所截之邊。乃自甲量至戊得五丈，自戊至丙作戊丙線，成甲戊丙三角形爲第一分。又從丙量至己得五丈，自戊至己作戊己線，成丙戊己三角形爲第二分。又從己量至庚得五丈，自戊至庚作戊庚線，成己戊庚三角形爲第三分。又自庚至丁餘二丈，自戊至乙餘三丈，庚丁與戊乙相併亦得五丈，成戊庚丁乙斜方形，即爲第四分也。蓋甲乙與丙丁二線既爲平行，自乙至辛作乙辛垂線，則三三角形與一斜方形同以乙辛爲高，其邊線既等，則所得各形之面積亦必相等，而各爲四邊形面積之四分之一也。

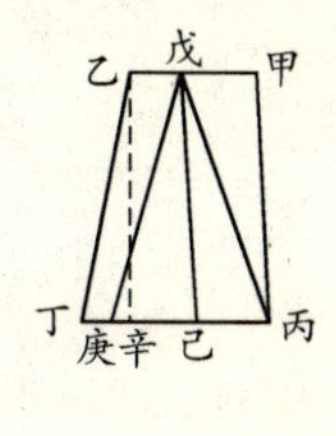

設如甲乙丙丁戊不等邊無直角五邊形，面積一十九丈九十八尺，甲乙邊二丈五尺，乙丙邊三丈九尺，丙丁邊六丈，丁戊邊一丈五尺，甲戊邊四丈一尺，自甲角至丙角斜線五丈六尺，自甲角至丁角斜線五丈二尺，今自甲角將面積平分爲三分，問截各邊幾何。

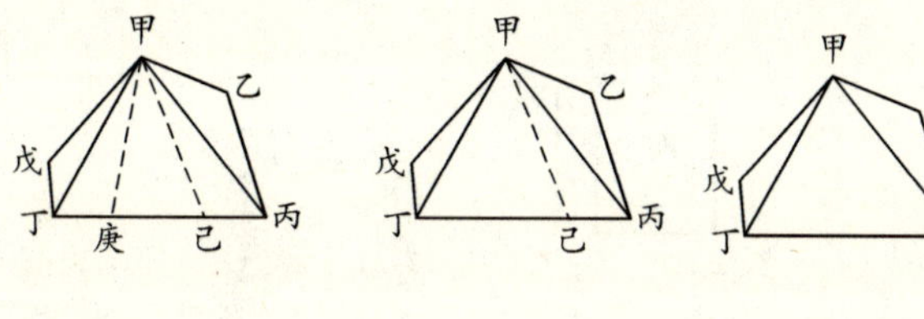

法：以面積十九丈九十八尺三分之，每分得六丈六十六尺，乃以甲丙、甲丁二斜線分爲甲乙丙、甲丙丁、甲丁戊三三角形算之，用三角形求面積法，求得甲乙丙三角形面積四丈二十尺，甲丙丁三角形面積一十三丈四十四尺，甲丁戊三角形面積二丈三十四尺。因甲乙丙、甲丁戊兩三角形面積俱不足一分所應得之數，而甲丙丁三角形面積又過一分所應得之數，故先以甲乙丙三角形面積四丈二十尺與每分所應得六丈六十六尺相減，餘二丈四十六尺，即第一分應得甲乙丙三角形面積外又截甲丙丁三角形以補之之數，乃以甲丙丁三角形面積一十三丈四十四尺爲一率，所應截之二丈四十六尺爲二率，丙丁邊六丈爲三率，求得四率一丈零九寸八分有餘，爲甲丙丁三角形補甲乙丙三角形分數之邊如丙己，乃自甲至己作甲己線，成甲乙丙己不等邊四邊形爲第一分，又以甲丙丁三角形面積一十三丈四十四尺爲一率，每分所應得六丈六十六尺爲二率，丙丁邊六丈爲三率，求得四率二丈九尺七寸三分有餘，爲甲丙丁三角形內應得一分之邊如己庚，又自甲至庚作甲庚線，成甲己庚三角形爲第二分，餘甲庚丁戊不等邊四邊形即第三分，此三分之面積俱爲相等也。蓋兩形同高者，其面積之比例同於其底邊之比例，故以甲丙丁三角形面積與甲丙己三角形截積之比同於丙丁與丙己之比，而得甲丙己三角形面積爲二丈四十六尺，與甲乙丙三角形面積四丈二十尺相加，得六丈六十六尺。又甲丙丁三角形面積與甲己庚三角形面積之比同於丙丁與己庚之比，而得甲己庚三角形面積六丈六十六尺，則所餘甲庚丁戊四邊形面積亦必爲六丈六十六尺。若以甲丁戊三角形面積二丈三十四尺與每分六丈六十六尺相減，餘四丈三十二尺，即甲庚丁三角形面積。乃以甲丙丁三角形面積與甲庚丁三角形面積之比同於丙丁與庚丁之比，而得庚丁一丈九尺二寸八分有餘，與丙己己庚相加得六丈，以合丙丁原數也。

又　下編卷二二　各等邊形

設如五等邊形，每邊一尺二寸，問面積幾何。

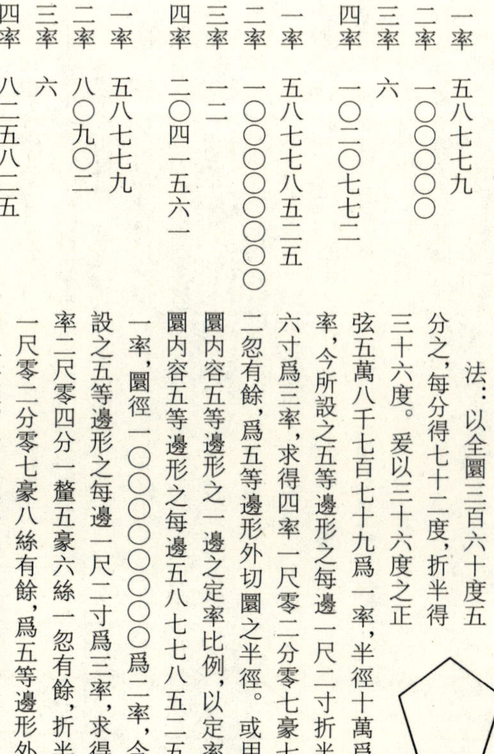

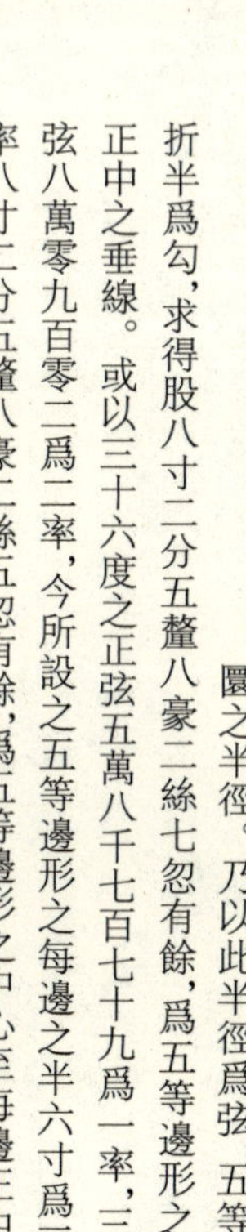

法：以全圜三百六十度五分之，每分得七十二度，折半得三十六度。爰以三十六度之正弦五萬八千七百七十九爲一率，半徑十萬爲二率，今所設之五等邊形之每邊一尺二寸折半得六寸爲三率，求得四率一尺零二分零七豪七絲二忽有餘，爲五等邊形外切圜之半徑。或用求圜內容五等邊形之一邊之定率比例，以定率之圜內容五等邊形之每邊五八七七八五二五爲一率，圜徑一〇〇〇〇〇〇〇〇爲二率，今所設之五等邊形之每邊一尺二寸爲三率，求得四率二尺零四分一釐五豪六絲一忽有餘，折半得一尺零二分零七豪八絲有餘，爲五等邊形外切圜之半徑。乃以此半徑爲弦，五等邊形之每邊折半爲勾，求得股八寸二分五釐八豪二絲七忽有餘，爲五等邊形之中心至每邊正中之垂線。或以三十六度之正弦五萬八千七百七十九爲一率，三十六度之餘弦八萬零九百零二爲二率，今所設之五等邊形之每邊之半六寸爲三率，求得四率八寸二分五釐八豪二絲五忽有餘，爲五等邊形之中心至每邊正中之垂線。既得此垂線，乃與每邊折半之數相乘，得四十九寸五十四分九十釐有餘，五因之，

一率　五八七七九
二率　一〇〇〇〇〇
三率　六
四率　一〇二〇七七二

一率　五八七七八五二五
二率　一〇〇〇〇〇〇〇〇
三率　一二
四率　二〇四一五六一

一率　五八七七九
二率　八〇九〇二
三率　六
四率　八二五八二五

得二尺四十七寸七十四分五十釐有餘，即五等邊形之面積也。如圖，甲乙丙丁戊五等邊形，試作一外切圜形，則每邊之弧皆爲七十二度。將甲乙邊折半於己，自圜心庚作庚己辛半徑線，遂平分甲乙弧於辛，則甲辛弧爲三十六度，甲己即三十六度之正弦，庚己即三十六度之餘弦。是故三十六度之正弦與半徑十萬之比，即如今所設之每邊之半甲己與所得之半徑甲庚之比。又三十六度之正弦與三十六度之餘弦之比，即如今所設之每邊之半甲己與所得之垂線庚己之比也。此即圜內容五等邊形之法而轉用之也。

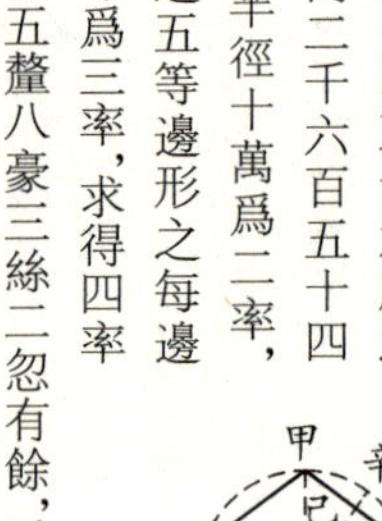

又法：以三十六度之正切七萬二千六百五十四爲一率，半徑十萬爲二率，今所設之五等邊形之每邊之半六寸爲三率，求得四率八寸二分五釐八毫三絲二忽有餘，爲五等邊形內容圜之半徑。或用求圜外切五等邊形之一邊之定率比例，以定率之圜外切五等邊形之每邊七二六五四二五二爲一率，圜徑一〇〇〇〇〇〇〇〇爲二率，今所設之五等邊形之每邊一尺二寸爲三率，求得四率一尺六寸五分一釐六毫五絲八忽有餘，折半得八寸二分五釐八毫二絲九忽有餘，爲五等邊形內容圜之半徑，即五等邊形之中心至每邊正中之垂線。乃與每邊折半之數相乘，五因之，得二尺四十七寸七十四分八十七釐有餘，爲五等邊形之面積也。如圖，甲乙丙丁戊五等邊形，試作一內容圜形，自甲角過圜心己作甲己庚線，遂平分丙丁邊於庚，則丙庚即三十六度之正切，故以三十六度之正切與半徑十萬之比，同於今所設之每邊之半丙庚與所得之內容圜半徑己庚之比也。此即圜外切五等邊形之法而轉用之也。

一率	七二六五四
二率	一〇〇〇〇〇
三率	六
四率	八二五八三二

一率	七二六五四二五二
二率	一〇〇〇〇〇〇〇〇
三率	一二
四率	一六五一六五八

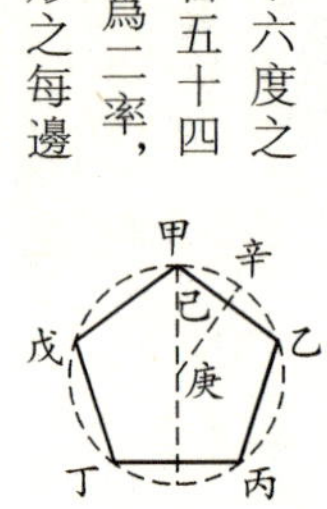

又法：用連比例三率有中率求末率之法，以每邊一尺二寸爲中率，求得末率七寸四分一釐六毫四絲有餘。中率求末率，即如首率求中率也。乃以末率與中率相加，得一尺九寸四分一釐六毫四絲有餘爲首率，即五等邊形兩角相對之斜線。乃以此斜線爲弦，每邊之半爲勾，求得股一尺八寸四分六釐六毫零九忽有餘，爲五等邊形中心至每邊正中之垂線與分角線之和。即五等邊形自一角至每邊正中之垂線。復以此垂線爲首率，每邊之半爲中率，求得末率一寸九分四釐九毫五絲二忽，爲五等邊形中心至每邊正中之垂線與分角線之較。乃以此較數與先所得和數相加，得二尺零四分一釐五毫六絲一忽有餘，折半得一尺零二分零七毫八絲有餘，爲五等邊形之分角線。即五等邊形外切圜之半徑。仍以此較數與先所得和數相減，得一尺六寸五分一釐六毫五絲七忽有餘，折半得八寸二分五釐八毫二絲八忽有餘，爲五等邊形中心至每邊正中之垂線。即五等邊形內容圜之半徑。乃以此垂線與每邊之半相乘，五因之，得二尺四十七寸七十四分八十四釐有餘，即五等邊形之面積也。如圖，甲乙丙丁戊五等邊形，己爲五等邊形之中心，試自甲角至丙、丁二角作甲丙、甲丁二線，成甲丙丁三角形。又自丁角至乙角作丁乙線，截甲丙線於庚，則又成丁庚丙三角形。此兩三角形爲同式形，故甲丙線爲首率，即理分中末線之全分。丙丁邊爲中率，即理分中末線之大分。而所截之甲庚一段與丙丁邊等亦爲中率，庚丙一段即爲末率，即理分中末線之小分。其比例爲甲丙首率與丙丁中率之比，即同於丙丁中率與庚丙末率之比，故按連比例三率有中率求末率之法，求得庚丙末率，與甲庚中率相加，即得甲丙首率爲兩角相對斜線。爰用甲丙斜線爲弦，丙辛每邊之半爲勾，求得甲辛股爲己辛中心至邊之垂線與甲己分角線之和。既得甲辛線，則用連比例有首率中率求末率之法，以甲辛爲首率，丙辛爲中率，求得辛壬末率，即己辛中心至邊之垂線與甲己分角線之較。既得辛壬，與甲辛相加折半得甲己，即分角線，又爲五等邊形外切圜之半徑。以辛壬與甲辛相減折半得己辛，即中心至每邊之垂線，又爲五等邊形內容圜之半徑。既得己辛垂線，與丙丁每邊之半丙辛相乘，得己丙丁一三角形之面積，五倍之即五等邊形之面積也。

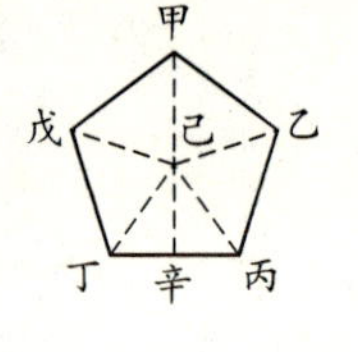

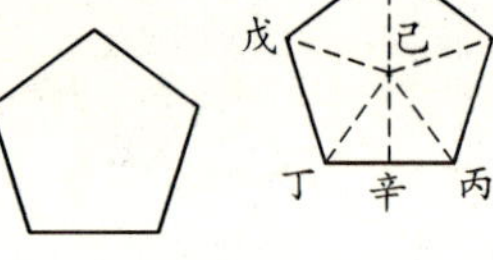

又既得五等邊形兩角相對之斜線與自一角至每邊正中之垂線，求面積捷法。以所得末率七寸四分一釐六毫四絲有餘加每邊之半六寸，得一尺三寸四分一釐六毫四絲有餘，與自一角至

每邊正中之垂線一尺八寸四分六釐六豪零九忽有餘相乘，得二尺四十七寸七十四分八十四釐有餘，即五等邊形之面積也。如圖，甲乙丙丁戊五等邊形，自甲角至丙、丁二角作甲丙、甲丁二線，遂成甲丙丁、甲乙丙、甲戊丁三三角形。又自甲至己作甲己垂線，則甲己垂線與丙己每邊之半相乘，即得甲丙丁三角形面積。又自乙角至甲丙線上作乙庚垂線，則乙庚垂線與甲丙斜線相乘，即得甲乙丙、甲戊丁兩三角形之共面積。然無乙庚之數，今試自丁角至乙角作丁乙斜線，截甲丙斜線於辛，則甲辛與丁辛等俱爲中率，乙辛與辛丙等俱爲末率，又成乙辛庚勾股形，與甲丙己勾股形爲同式形。丁辛丙三角形之辛角原與丙角等，而與乙辛庚勾股形之辛角爲對角，其度亦等。庚角與己角又同爲直角，其餘一角亦必等，所以爲同式形。故甲丙爲一率，甲己爲二率，乙辛爲三率，乙庚爲四率，凡二率三率相乘，與一率四率相乘之數等。今以甲己垂線與乙辛末率相乘，必與乙庚垂線與甲丙斜線相乘之積等，是即甲乙丙甲戊丁兩三角形之共積矣。故以乙辛末率與丙己每邊之半相加，而與甲己垂線相乘，即得甲乙丙丁戊五等邊形之面積也。

又法：用邊線相等面積不同之定率比例，以定率之正方面積一〇〇〇〇〇〇〇〇爲一率，五等邊形面積一七二〇四七七四一爲二率，今所設之五等邊形之每邊一尺二寸自乘得一尺四十四寸爲三率，求得四率二尺四十七寸七十四分八十七釐有餘，即五等邊形之面積也。

一率　一〇〇〇〇〇〇〇〇
二率　一七二〇四七七四一
三率　一四四
四率　二四七七四八七

蓋五等邊形之每一邊爲一〇〇〇〇，則其自乘之正方面積爲一〇〇〇〇〇〇〇〇。而五等邊形之每一邊一〇〇〇〇，所得之五等邊形面積爲一七二〇四七七四一。故以子丑寅卯辰五等邊形之寅卯一邊一〇〇〇〇自乘之寅卯巳午正方面積一〇〇〇〇〇〇〇〇與子丑寅卯辰五等邊形面積一七二〇四七七四一之比，即同於今所設之甲乙丙丁戊五等邊形之每一邊一尺二寸自乘之丙丁己庚正方面積一尺四十四寸與今所得之甲乙丙丁戊五等邊形面積二尺四十七寸七十四分八十七釐有餘之比也。

又法：用面積相等邊線不同之定率比例，以定率之五等邊形之每邊七六二三八七〇五爲一率，正方形之每邊一〇〇〇〇〇〇〇〇爲二率，今所設之五等邊形之每邊一尺二寸爲三率，求得四率一尺五寸七分四釐零三忽有餘爲與五等邊形面積相等之正方形每邊之數，自乘得二尺四十七寸七十四分八十五釐有餘，即五等邊形之面積也。

一率　七六二三八七〇五
二率　一〇〇〇〇〇〇〇〇
三率　一二
四率　一五七四〇〇三

蓋五等邊形之每邊爲七六二三八七〇五，正方形之每邊爲一〇〇〇〇〇〇〇〇，則兩面積相等，故以子丑寅卯辰五等邊形之寅卯一邊七六二三八七〇五與巳午未申正方形之午未一邊一〇〇〇〇〇〇〇〇之比，即同於今所設之甲乙丙丁戊五等邊形之丙丁一邊一尺二寸與今所得之己庚辛壬正方形之庚辛一邊一尺五寸七分四釐零三忽有餘之比。既得庚辛一邊，自乘得己庚辛壬正方面積，即與甲乙丙丁戊五等邊形之面積爲相等也。

如有五等邊形之面積二尺四十七寸七十四分八十七釐，求每邊之數，則用邊線相等面積不同之定率比例，以定率之五等邊形之面積一七二〇四七七四一爲一率，正方形之面積一〇〇〇〇〇〇〇〇爲二率，今所設之五等邊形之面積二尺四十七寸七十四分八十七釐爲三率，求得四率一尺四十四寸，開方得一尺二寸，即五等邊形之每一邊也。

一率　一七二〇四七七四一
二率　一〇〇〇〇〇〇〇〇
三率　二四七七四八七
四率　一四四

此法蓋因五等邊形之每邊與正方形之每邊相等，五等邊形之面積與正方形之面積不同，故先定爲面與面之比例，既得面積而後開方得線也。

又法：用面積相等邊線不同之定率比例，以定率之正方形之每邊一〇〇〇〇〇〇〇〇爲一率，五等邊形之每邊七六二三八七〇五爲二率，今所設之五等邊形之面積二尺四十七寸七十四分八十七釐開方得一尺五寸七分四釐零三忽有餘爲三率，求得四率一尺二寸，即五等邊形之每一邊也。

一率	一〇〇〇〇〇〇〇〇
二率	七六二三八七〇五
三率	一五七四〇〇三
四率	一二

此法蓋因五等邊形之面積與正方形之面積相等，五等邊形之每邊與正方形之每邊不同，故以五等邊形之面積先開方既得方邊，而後爲線與線之比例也。

設如六等邊形，每邊一尺二寸，問面積幾何。

法：因六等邊形之每邊與分角線（即六等邊形外切圜之半徑。）相等，故即以每邊一尺二寸爲弦，每邊之半六寸爲勾，求得股一尺零三分九釐二毫三絲有餘，爲六等邊形中心至每邊正中之垂線。（即六等邊形內容圜之半徑。）乃以此垂線與每邊之半相乘，六因之，得三尺七十四寸一十二分二十八釐有餘，即六等邊形之面積也。如圖，甲乙丙丁戊己六等邊形，庚爲六等邊形之中心，其庚丙分角線與丙丁類每邊等，故以庚丙爲弦，每邊之半丙辛爲勾，求得庚辛股即六等邊形中心至每邊正中之垂線。既得垂線，與丙丁之半丙辛相乘，得庚丙丁一三角形面積，六倍之，即六等邊形之面積也。

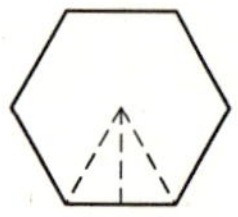

又法：用邊線相等面積不同之定率比例，以定率之正方面積一〇〇〇〇〇〇〇〇爲一率，六等邊形面積二五九八〇七六二〇爲二率，今所設之六等邊形之每邊一尺二寸自乘得一尺四十四寸爲三率，求得四率三尺七十四寸一十二分二十九釐有餘，即六等邊形之面積也。蓋六等邊形之每一邊爲一〇〇〇〇，則其自乘之正方面積爲一〇〇〇〇〇〇〇〇，而六等邊形之每一邊一〇〇〇〇所得之六等邊形面積爲二五九八〇七六二〇，故以子丑寅卯辰巳六等邊形之寅卯一邊一〇〇〇〇自乘之寅卯午未正方面積一〇〇〇〇〇〇〇〇與子丑寅卯辰巳六等邊形面積二五九八〇七六二〇之比，即同於今所設之甲乙丙丁戊己六等邊形之每一邊一尺二寸自乘之丙丁庚辛正方面積一尺四十四寸與今所得之甲乙丙丁戊己六等邊形面積三尺七十四寸一十二分二十九釐有餘之比也。

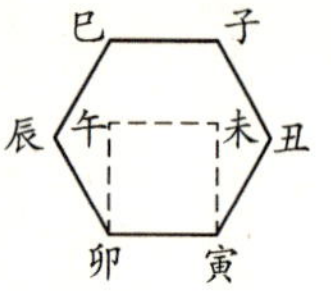

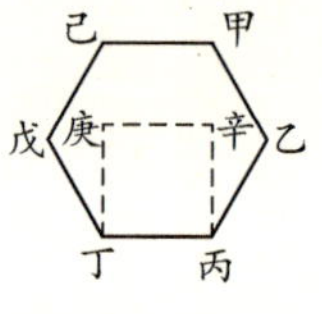

一率	一〇〇〇〇〇〇〇〇
二率	二五九八〇七六二〇
三率	一四四
四率	三七四一二二九

又法：用面積相等邊線不同之定率比例，以定率之六等邊形之每邊六二〇四〇三二四爲一率，正方形之每邊一〇〇〇〇〇〇〇〇爲二率，今所設之六等邊形之每邊一尺二寸爲三率，求得四率一尺九寸三分四釐二毫二絲五忽有餘爲與六等邊形面積相等之正方形每邊之數，自乘得三尺七十四寸一十二分二十六釐有餘，即六等邊形之面積也。蓋六等邊形之每邊爲六二〇四〇三二四，正方形之每邊爲一〇〇〇〇〇〇〇〇，則兩面積相等，故以子丑寅卯辰巳六等邊形之寅卯一邊六二〇四〇三二四與午未申酉正方形之未申一邊一〇〇〇〇〇〇〇〇之比，即同於今所設之甲乙丙丁戊己六等邊形之丙丁一邊一尺二寸與今所得之庚辛壬癸正方形之辛壬一邊一尺九寸三分四釐二毫二絲五忽有餘之比。既得辛壬一邊，自乘得庚辛壬癸正方面積，即與甲乙丙丁戊己六等邊形之面積爲相等也。

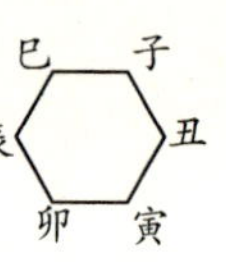

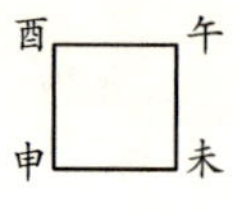

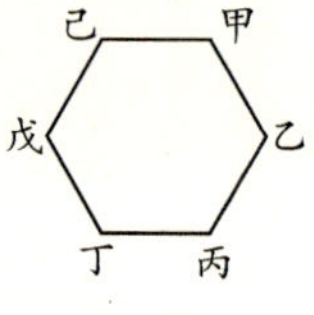

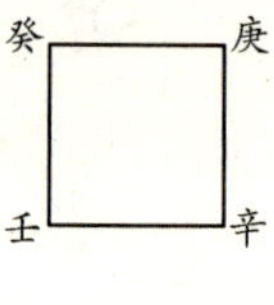

一率	六二〇四〇三二四
二率	一〇〇〇〇〇〇〇〇
三率	一二
四率	一九三四二二五

如有六等邊形之面積三尺七十四寸一十二分二十九釐，求每邊之數，則用邊線相等面積不同之定率比例，以定率之六等邊形之面積二五九八〇七六二〇爲一率，正方形之面積一〇〇〇〇〇〇〇〇爲二率，今所設之六等邊形之面積三尺七十四寸一十二分二十九釐爲三率，求得四率一尺四十四寸，開方

一率	二五九八〇七六二〇
二率	一〇〇〇〇〇〇〇〇
三率	三七四一二二九
四率	一四四

得一尺二寸，即六等邊形之每一邊也。此法蓋因六等邊形之每邊與正方形之每邊相等，六等邊形之面積與正方形之面積不同，故先定爲面與面之比例，既得面積而後開方得線也。

一率　一〇〇〇〇〇〇〇〇
二率　六二〇四〇三二四
三率　一九三四二二五
四率　一二

又法：用面積相等邊線不同之定率比例，以定率之正方形之每邊一〇〇〇〇〇〇〇〇爲一率，六等邊形之每邊六二〇四〇三二四爲二率，今所設之六等邊形之面積三尺七十四寸一十二分二十九釐開方得一尺九寸三分四釐二豪二絲五忽有餘爲三率，求得四率一尺二寸，即六等邊形之每一邊也。此法蓋因六等邊形之面積與正方形之面積相等，六等邊形之每邊與正方形之每邊不同，故以六等邊形之面積先開方，既得方邊而後爲線與線之比例也。

設如七等邊形，每邊一尺二寸，問面積幾何。

法：以全圜三百六十度七分之，每分得五十一度二十五分四十二秒有餘，折半得二十五度四十二分五十一秒有餘。爰以二十五度四十二分五十一秒有餘之正弦四萬三千三百八十八爲一率，半徑十萬爲二率，今所設之七等邊形之每邊一尺二寸，折半得六寸爲三率，求得四率一尺三寸八分二釐八豪七絲有餘，爲七等邊形外切圜之半徑。

一率　四三三八八
二率　一〇〇〇〇〇
三率　六
四率　一三八二八七〇

或用求圜內容七等邊形之一邊之定率比例，以定率之圜內容七等邊形之每邊四三三八八三七四爲一率，圜徑一〇〇〇〇〇〇〇〇爲二率，今所設之七等邊形之每邊一尺二寸爲三率，求得四率二尺七寸六分五釐七豪一絲七忽有餘，折半得一尺三寸八分二釐八豪五絲八忽有餘，爲七等邊形外切圜之半徑。

一率　四三三八八三七四
二率　一〇〇〇〇〇〇〇〇
三率　一二
四率　二七六五七一七

乃以此半徑爲弦，七等邊形之每邊折半爲勾，求得股一尺二寸四分五釐九豪二絲五忽有餘，爲七等邊形之中心至每邊正中之垂線。或以二十五度四十二分五十一秒有餘之正弦四萬三千三百八十八爲一率，二十五度四十二分五十一秒有餘之餘弦九萬零九十七爲二率，今所設之七等邊形之每邊之半六寸爲三率，求得四率一尺二寸四分五釐九豪二絲五忽有餘，爲七等邊形之中心至每邊正中之垂線。

一率　四三三八八
二率　九〇〇九七
三率　六
四率　一二四五九二五

既得此垂線，乃與每邊折半之數相乘，得七十四寸七十五分五十五釐有餘，七因之，得五尺二十三寸二十八分八十五釐有餘，即七等邊形之面積也。如圖，甲乙丙丁戊己庚七等邊形，試作一外切圜形，則每邊之弧皆爲五十一度二十五分四十二秒有餘，將甲乙邊折半於辛，自圜心壬作壬辛癸半徑線，遂平分甲乙弧於癸，則甲癸弧爲二十五度四十二分五十一秒有餘，甲辛即二十五度四十二分五十一秒有餘之正弦，壬辛即二十五度四十二分五十一秒有餘之餘弦，是故二十五度四十二分五十一秒有餘之正弦與半徑十萬之比，即如今所設之每邊之半甲辛與所得之半徑甲壬之比。又二十五度四十二分五十一秒有餘之正弦與二十五度四十二分五十一秒有餘之餘弦之比，即如今所設之每邊之半甲辛與所得之垂線壬辛之比也。此即圜內容七等邊形之法而轉用之也。

又法：以二十五度四十二分五十一秒有餘之正切四萬八千一百五十七爲一率，半徑十萬爲二率，今所設之七等邊形之每邊之半六寸爲三率，求得四率一尺二寸四分五釐九豪二絲四忽有餘，爲七等邊形內容圜之半徑。

一率　四八一五七
二率　一〇〇〇〇〇
三率　六
四率　一二四五九二四

或用求圜外切七等邊形之一邊之定率比例，以定率之圜外切七等邊形之每邊四八一五七四六二爲一率，圜徑一〇〇〇〇〇〇〇〇爲二率，今所設之七等邊形之每邊一尺二寸爲三率，求得四率二尺四寸九分一釐八豪二絲五忽有餘，折半得一尺二寸四分五釐九豪一絲二忽有餘，爲七等邊形內容圜之半徑，即七等邊形之中心至每邊正中之垂線。乃與每邊折半之數相乘，七因之，得五尺二十三寸二十八分三十釐有餘，即七等邊形之面積也。如圖，甲乙

一率　四八一五七四六二
二率　一〇〇〇〇〇〇〇〇
三率　一二
四率　二四九一八二五

丙丁戊己庚七等邊形，試作一內容圜形，自甲角過圜心辛作甲辛壬線，遂平分丁戊邊於壬，則丁壬即二十五度四十二分五十一秒有餘之正切，故以二十五度四十二分五十一秒有餘之正切與半徑十萬之比，同於今所設之每邊之半丁壬與所得之內容圜半徑辛壬之比也。此即圜外切七等邊形之法而轉用之也。

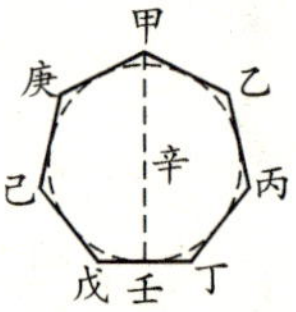

又法：用邊線相等面積不同之定率比例，以定率之正方面積一〇〇〇〇〇〇〇爲一率，七等邊形面積三六三三九一二四〇爲二率，今所設之七等邊形之每邊一尺二寸自乘得一尺四十四寸爲三率，求得四率五尺二十三寸

一率　一〇〇〇〇〇〇〇
二率　三六三三九一二四〇
三率　一四四
四率　五二三二八三三

二十八分三十三釐有餘，即七等邊形之面積也。蓋七等邊形之每一邊爲一〇〇〇，則其自乘之正方面積爲一〇〇〇〇〇〇〇，而七等邊形之每一邊一〇〇〇所得之七等邊形面積爲三六三三九一二四〇，故以子丑寅卯辰巳午七等邊形之卯辰一邊一〇〇〇自乘之卯辰未申正方面積一〇〇〇〇〇〇〇與子丑寅卯辰巳午七等邊形面積三六三三九一二四〇之比，即同於今所設之甲乙丙丁戊己庚七等邊形之每一邊一尺二寸自乘之丁戊辛壬正方面積一尺四十四寸與今所得之甲乙丙丁戊己庚七等邊形面積五尺二十三寸二十八分三十三釐有餘之比也。

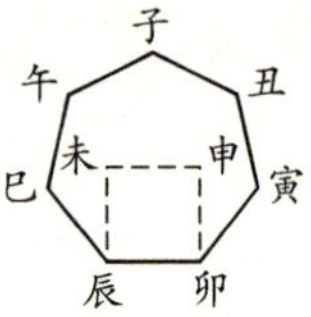

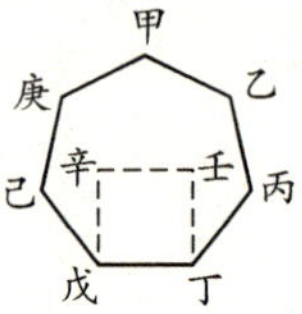

又法：用面積相等邊線不同之定率比例，以定率之七等邊形之每邊五二四五八一二六爲一率，正方形之每邊一〇〇〇〇〇〇〇爲二率，今所設之七等邊形之每邊一尺二寸爲三率，求得四率二

一率　五二四五八一二六
二率　一〇〇〇〇〇〇〇
三率　一二
四率　二二八七五三八

尺二寸八分七釐五毫三絲八忽有餘，爲與七等邊形面積相等之正方形每邊之數，自乘得五尺二十三寸二十八分三十三釐有餘，即七等邊形之面積也。蓋七等邊形之每邊爲五二四五八一二六，正方形之每邊爲一〇〇〇〇〇〇〇，則兩面積相等，故以子丑寅卯辰巳午七等邊形之卯辰一邊五二四五八一二六與未申酉戌正方形之申酉一邊一〇〇〇〇〇〇〇之比，即同於今所設之甲乙丙丁戊己庚七等邊形之丁戊一邊一尺二寸與今所得之辛壬癸乾正方形之壬癸一邊二尺二寸八分七釐五毫三絲八忽有餘之比。既得壬癸一邊，自乘得辛壬癸乾正方面積，即與甲乙丙丁戊己庚七等邊形之面積爲相等也。

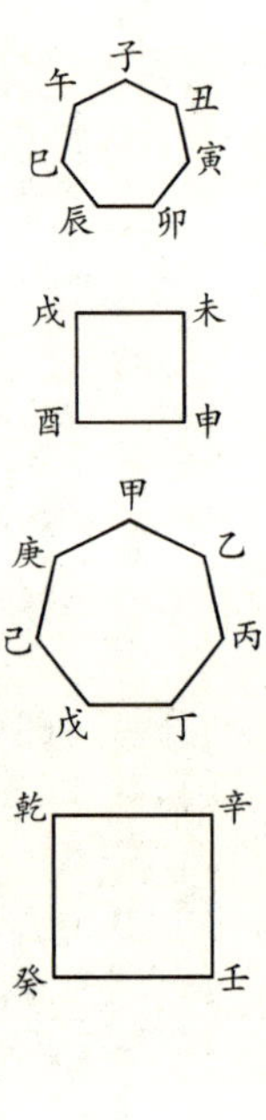

如有七等邊形之面積五尺二十三寸二十八分三十三釐，求每邊之數，則用邊線相等面積不同之定率比例，以定率之七等邊形之面積三六三三九一二四〇爲一率，正方形之面積一〇〇〇〇〇〇〇爲二率，今所設之七等邊形

一率　三六三三九一二四〇
二率　一〇〇〇〇〇〇〇
三率　五二三二八三三
四率　一四四

之面積五尺二十三寸二十八分三十三釐爲三率，求得四率一尺四十四寸，開方得一尺二寸，即七等邊形之每一邊也。此法蓋因七等邊形之每邊與正方形之每邊相等，七等邊形之面積與正方形之面積不同，故先定爲面與面之比例，既得面積而後開方得線也。

又法：用面積相等邊線不同之定率比例，以定率之正方形之每邊一〇〇〇〇〇〇〇爲一率，七等邊形之每邊五二四五八一二六爲二率，今所設之七等邊形之面積五尺二十三寸二十八分三十三釐開方得二尺二寸

一率　一〇〇〇〇〇〇〇
二率　五二四五八一二六
三率　二二八七五三八
四率　一二

八分七釐五毫三絲八忽有餘爲三率，求得四率一尺二寸，即七等邊形之每一邊也。此法蓋因七等邊形之面積與正方形之面積相等，七等邊形之每邊與正方形之每邊不同，故以七等邊形之面積先開方，既得方邊，而後爲線與線之比例也。

設如八等邊形，每邊一尺二寸，問面積幾何。

法：以全圓三百六十度八分之，每分得四十五度，折半得二十二度三十分。爰以二十二度三十分之正弦三萬八千二百六十八爲一率，半徑十萬爲二率，今所設之八等邊形之每邊一尺二寸折半得六寸爲三率，求得四率一尺五寸六分七釐八毫八絲九忽有餘，爲八等邊形外切圓之半徑。或用求圓內容八等邊形之一邊之定率比例，以定率之圓內容八等邊形之每邊三八二六八三四三爲一率，圓徑一〇〇〇〇〇〇〇〇爲二率，今所設之八等邊形之每邊一尺二寸爲三率，求得四率三尺一寸三分五釐七毫五絲一忽有餘，折半得一尺五寸六分七釐八毫七絲五忽有餘，爲八等邊形外切圓之半徑。乃以此

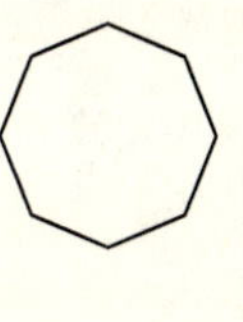

一率　三八二六八
二率　一〇〇〇〇〇
三率　六
四率　一五六七八八九

一率　三八二六八三四三
二率　一〇〇〇〇〇〇〇〇
三率　一二
四率　三一三五七五一

一率　三八二六八
二率　九二三八八
三率　六
四率　一四四八五四一

半徑爲弦，八等邊形之每邊折半爲勾，求得股一尺四寸四分八釐五毫二絲七忽有餘，爲八等邊形之中心至每邊正中之垂線。或以二十二度三十分之正弦三萬八千二百六十八爲一率，二十二度三十分之餘弦九萬二千三百八十八爲二率，今所設之八等邊形之每邊之半六寸爲三率，求得四率一尺四寸四分八釐五毫四絲一忽有餘，爲八等邊形之中心至每邊正中之垂線。既得此垂線，乃與每邊折半之數相乘，得八十六寸九十一分二十四釐有餘，八因之，得六尺九十五寸二十九分九十二釐有餘，即八等邊形之面積也。如圖，甲乙丙丁戊己庚辛八等邊形，試作一外切圓形，則每邊之弧皆爲四十五度。將甲乙邊折半於壬，自圓心癸作癸壬子半徑線，遂平分甲乙弧於子，則甲子弧爲二十二度三十分，甲壬即二十二度三十分之正弦，癸壬即二十二度三十分之餘弦，是故二十二度三十分之正弦與半徑十萬之比，即如今所設之每邊之半甲壬與所得之半徑甲癸之比。又二十二度三十分之正弦與二十二度三十分之餘弦之比，即如今所設之每邊之半甲壬與所得之垂線癸壬之比也。此即圓內容八等邊形之法而轉用之也。

又法：以二十二度三十分之正切四萬一千四百二十一爲一率，半徑十萬爲二率，今所設之八等邊形之每邊之半六寸爲三率，求得四率一尺四寸四分八釐五毫四絲有餘，爲八等邊形內容圓之半徑。或用求圓外切八等邊形之一邊之定率比例，以定率之圓外切八等邊形之每邊四一四二一三五六爲一率，圓徑一〇〇〇〇〇〇〇〇爲二率，今所設之八等邊形之每邊一尺二寸爲三率，求得四率二尺八

一率　四一四二一
二率　一〇〇〇〇〇
三率　六
四率　一四四八五四〇

一率　四一四二一三五六
二率　一〇〇〇〇〇〇〇〇
三率　一二
四率　二八九七〇五六

寸九分七釐零五絲六忽有餘，折半得一尺四寸四分八釐五毫二絲八忽有餘，爲八等邊形之中心至每邊正中之垂線。乃與每邊折半之數相乘，八因之，得六尺九十五寸二十九分三十四釐有餘，爲八等邊形之面積也。如圖，甲乙丙丁戊己庚辛八等邊形，試作一內容圓形，自圓心壬作壬癸中心至每邊正中之垂線，遂平分丁戊邊於癸，則丁癸即二十二度三十分之正切，故以二十二度三十分之正切與半徑十萬之比，同於今所設之每邊之半丁癸與所得之內容圓半徑壬癸之比也。此即圓外切八等邊形之法而轉用之也。

又法：以每邊一尺二寸，自乘得一尺四十四寸，折半得七十二寸，開方得八寸四分八釐五毫二絲八忽有餘，與每邊之半六寸相加，得一尺四寸四分八釐五毫二絲八忽有餘，爲自中心至每邊正中之垂線。乃以此垂線與每邊之半相乘，八因之，得六尺九十五寸二十九分三十四釐，爲八等邊形之面積也。如圖，甲乙丙丁戊己庚辛八等邊形，壬爲八等邊形之中心，試將辛甲、乙丙、丁戊、己庚四邊俱引長相交，遂成癸子丑寅正方形，其四角丙子丁類勾股相等之四勾股形之弦，即八等邊形之每一邊，故以丙丁一邊自乘折半開方，得丙子或子丁，於丙子內再加乙丙邊之半卯丙，得卯子與壬辰等，即八等邊形自中心至每邊正中之垂線。既得

垂線，與每邊之半相乘，八因之，即得八等邊形之面積也。

一率	一〇〇〇〇〇〇〇
二率	四八二八四二七一二
三率	一四四
四率	六九五二九三五

又法：用邊線相等面積不同之定率比例，以定率之正方面積一〇〇〇〇〇〇〇爲一率，八等邊形面積四八二八四二七一二爲二率，今所設之八等邊形之每邊一尺二寸自乘得一尺四十四寸爲三率，求得四率六尺九十五寸二十九分三十五釐有餘，即八等邊形之面積也。蓋八等邊形之每一邊爲一〇〇〇，則其自乘之正方面積爲一〇〇〇〇〇〇〇，而八等邊形之每一邊一〇〇〇所得之八等邊形面積爲四八二八四二七一二，故以子丑寅卯辰巳午未八等邊形之卯辰一邊一〇〇〇自乘之卯辰申酉正方面積一〇〇〇〇〇〇〇與子丑寅卯辰巳午未八等邊形面積四八二八四二七一二之比，即同於今所設之甲乙丙丁戊己庚辛八等邊形之每一邊一尺二寸自乘之丁戊壬癸正方面積一尺四十四寸與今所得之甲乙丙丁戊己庚辛八等邊形面積六尺九十五寸二十九分三十五釐有餘之比也。

一率	四五五〇八九八五
二率	一〇〇〇〇〇〇〇〇
三率	一二
四率	二六三六八四一

又法：用面積相等邊線不同之定率比例，以定率之八等邊形之每邊四五五〇八九八五爲一率，正方形之每邊一〇〇〇〇〇〇〇〇爲二率，今所設之八等邊形之每邊一尺二寸爲三率，求得四率二尺六寸三分六釐八毫四絲一忽有餘，爲與八等邊形面積相等之正方形每邊之數，自乘得六尺九十五寸二十九分三十五釐有餘，即八等邊形之面積也。蓋八等邊形之每邊爲四五五〇八九八五，正方形之每邊爲一〇〇〇〇〇〇〇〇，則兩面積相等，故以子丑寅卯辰巳午未八等邊形之卯辰一邊四五五〇八九八五與申酉戌亥正方形之酉戌一邊一〇〇〇〇〇〇〇〇〇之比，即同於今所設之甲乙丙丁戊己庚辛八等邊形之丁戊一邊一尺二寸與今所得之癸乾一邊二尺六寸三分六釐八毫四絲一忽有餘之比。既得癸乾一邊，自乘得壬癸乾坎正方面積，即與甲乙丙丁戊己庚辛八等邊形之面積爲相等也。

一率	四五五〇八九八五
二率	一〇〇〇〇〇〇〇〇
三率	一二
四率	二六三六八四一

一率	四八二八四二七一二
二率	一〇〇〇〇〇〇〇〇
三率	六九五二九三五
四率	一四四

如有八等邊形之面積六尺九十五寸二十九分三十五釐，求每邊之數，則用邊線相等面積不同之定率比例，以定率之八等邊形之面積四八二八四二七一二爲一率，正方形之面積一〇〇〇〇〇〇〇〇爲二率，今所設之八等邊形之面積六尺九十五寸二十九分三十五釐爲三率，求得四率一尺四十四寸，開方得一尺二寸，即八等邊形之每一邊也。此法蓋因八等邊形之每邊與正方形之每邊相等，八等邊形之面積與正方形之面積不同，故先定爲面與面之比例，既得面積，而後開方得線也。

一率	一〇〇〇〇〇〇〇〇
二率	四五五〇八九八五
三率	二六三六八四一
四率	一二

又法：用面積相等邊線不同之定率比例，以定率之正方形之每邊一〇〇〇〇〇〇〇〇爲一率，八等邊形之每邊四五五〇八九八五爲二率，今所設之八等邊形之面積六尺九十五寸二十九分三十五釐，開方得二尺六寸三分六釐八毫四絲一忽有餘爲三率，求得四率一尺二寸，即八等邊形之每一邊也。此法蓋因八等邊形之面積與正方形之面積相等，八等邊形之每邊與正方形之每邊不同，故以八等邊形之面積先開方，既得方邊，而後爲線與線之比例也。

設如九等邊形，每邊一尺二寸，問面積幾何。

法：以全圜三百六十度九分之，每分得四十度，折半得二十度。爰以二十度之正弦三萬四千二百零二爲一率，半徑十萬爲二率，今所設之九等邊形之每邊一

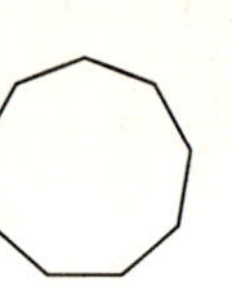

一率	三四二〇二
二率	一〇〇〇〇〇
三率	六
四率	一七五四二八三

一率　三四二〇二〇一四
二率　一〇〇〇〇〇〇〇
三率　一二
四率　三五〇八五六五

尺二寸折半得六寸爲三率，求得四率一尺七寸五分四釐二豪八絲三忽有餘，爲九等邊形外切圜之半徑。或用求圜内容九等邊形之一邊之定率比例，以定率之圜内容九等邊形之每邊三四二〇二〇一四爲一率，圜徑一〇〇〇〇〇〇〇爲二率，今所設之九等邊形之每邊一尺二寸爲三率，求得四率三尺五寸零八釐五豪六絲五忽有餘，折半得一尺七寸五分四釐二豪八絲二忽有餘，爲九等邊形外切圜之半徑。乃以此

一率　三四二〇二
二率　九三九六九
三率　六
四率　一六四八四八二

半徑爲弦，九等邊形之每邊折半爲勾，求得股一尺六寸四分八釐四豪八絲六忽有餘，爲九等邊形之中心至每邊正中之垂線。或以二十度之正弦三萬四千二百零二爲一率，二十度之餘弦九萬三千九百六十九爲二率，今所設之九等邊形之每邊之半六寸爲三率，求得四率一尺六寸四分八釐四豪八絲二忽有餘，爲九等邊形之中心至每邊正中之垂線。既得此垂線，乃與每邊折半之數相乘，得九十八寸九十分八十九釐有餘，九因之，得八尺九十寸一十八分零一釐有餘，即九等邊形之面積也。如圖，甲乙丙丁戊己庚辛壬九等邊形，試作一外切圜形，則每邊之弧皆爲四十度，將甲乙邊折半於癸，自圜心子作子癸丑半徑線，遂平分甲乙弧於丑，則甲丑弧爲二十度，甲癸即二十度之正弦，子癸即二十度之餘弦，是故二十度之正弦與半徑十萬之比，即如今所設之每邊之半甲癸與所得之半徑甲子之比。又二十度之正弦與二十度之餘弦之比，即如今所設之每邊之半甲癸與所得之垂線子癸之比也。此即圜内容九等邊形之法而轉用之也。

又法：以二十度之正切三萬六千三百九十七爲一率，半徑十萬爲二率，今所設之九等邊形之每邊之半六寸爲三率，求得四率一尺六寸四分八釐四豪八絲七忽有餘，爲九等邊形内容圜之半徑。或用求圜外切九等邊形之一邊之定率比例，以定率之圜外切九等邊形之每邊三六三九七〇二四爲一率，圜徑一〇〇〇〇〇〇〇爲二

一率　三六三九七
二率　一〇〇〇〇
三率　六
四率　一六四八四八七

一率　三六三九七〇二四
二率　一〇〇〇〇〇〇〇
三率　一二
四率　三二九六九七二

率，今所設之九等邊形之每邊一尺二寸爲三率，求得四率三尺二寸九分六釐九豪七絲二忽有餘，折半得一尺六寸四分八釐四豪八絲六忽有餘，爲九等邊形内容圜之半徑，即九等邊形之中心至每邊正中之垂線。乃與每邊折半之數相乘，九因之，得八尺九十寸一十八分一十九釐有餘，爲九等邊形之面積也。如圖，甲乙丙丁戊己庚辛壬九等邊形，試作一内容圜形，自甲角過圜心癸作甲癸子線，遂平分戊己邊於子，則戊子即二十度之正切，故以二十度之正切與半徑十萬之比，同於今所設之每邊之半戊子與所得之内容圜半徑癸子之比也。此即圜外切九等邊形之法而轉用之也。

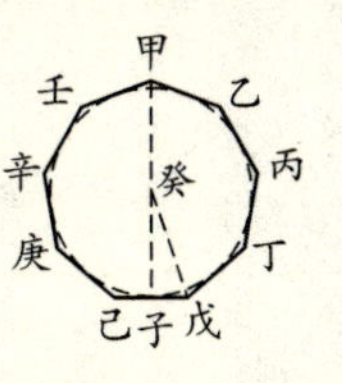

又法：用邊線相等面積不同之定率比例，以定率之正方面積一〇〇〇〇〇〇〇爲一率，九等邊形面積六一八一八二四二〇爲二率，今所設之九等邊形之每邊一尺二寸自乘得一尺四十四寸爲三率，求得四率八尺九十寸一十八分二十六釐有餘，即九等邊形之面積也。蓋九等邊形之每一邊爲一〇〇〇〇，則其自乘之正方面積爲一〇〇〇〇〇〇〇〇，而九等邊形之每一邊一〇〇〇〇所得之九等邊形面積爲六一八一八二四二〇，故以子丑寅卯辰巳午未申九等邊形之辰巳一邊一〇〇〇〇自乘之辰巳酉戌正方面積一〇〇〇〇〇〇〇〇與子丑寅卯辰巳午未申九等邊形面積六一八一八二四二〇之比，即同於今所設之甲乙丙丁戊己庚辛壬九等邊形之每一邊一尺二寸自乘之戊己癸乾正方面積一尺四十四寸與今所得之甲乙丙丁戊己庚辛壬九等邊形面積八尺九十寸一十八分二十六釐有餘之比也。

一率　一〇〇〇〇〇〇〇
二率　六一八一八二四二〇
三率　一四四
四率　八九〇一八二六

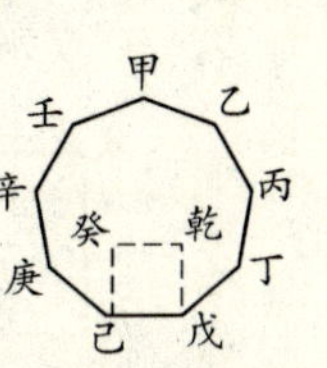

又法：用面積相等邊線不同之定率比例，以定率之九等邊形之每邊四〇二一九九六三爲一率，正方形之每邊一〇〇〇〇〇〇〇爲

一率　四〇二一九九六三
二率　一〇〇〇〇〇〇〇
三率　一二
四率　二九八三五九二

二率，今所設之九等邊形之每邊一尺二寸爲三率，求得四率二尺九寸八分三釐五豪九絲二忽有餘，爲與九等邊形面積相等之正方形每邊之數，自乘得八尺九十寸一十八分二十一釐有餘，即九等邊形之面積也。蓋九等邊形之每邊爲四〇二一九九六三，正方形之每邊爲一〇〇〇〇〇〇〇〇，則兩面積相等，故以子丑寅卯辰巳午未申九等邊形之辰巳一邊四〇二一九九六三與酉戌亥金正方形之戌亥一邊一〇〇〇〇〇〇〇〇之比，即同於今所設甲乙丙丁戊己庚辛壬九等邊形之戊己一邊一尺二寸與今所得之癸乾坎艮正方形之乾坎一邊二尺九寸八分三釐五豪九絲二忽有餘之比。既得乾坎一邊，自乘得癸乾坎艮正方面積，即與甲乙丙丁戊己庚辛壬九等邊形之面積爲相等也。

如有九等邊形之面積八尺九十寸一十八分二十六釐，求每邊之數，則用邊線相等面積不同之定率比例，以定率之九等邊形之面積六一八一八二四二〇爲一率，正方形之面積一〇〇〇〇〇〇〇〇爲二率，今所設之九等邊形之面積八尺九十寸一十八分二十六釐爲三率，求得四率一尺四十四寸開方得一尺二寸，即九等邊形之每一邊也。此法蓋因九等邊形之每邊與正方形之每邊相等，九等邊形之面積與正方形之面積不同，故先定爲面與面之比例，既得面積，而後開方得線也。

一率	六一八一八二四二〇
二率	一〇〇〇〇〇〇〇〇
三率	八九〇一八二六
四率	一四四

又法：用面積相等邊線不同之定率比例，以定率之正方形之每邊一〇〇〇〇〇〇〇〇爲一率，九等邊形之每邊四〇二一九九六三爲二率，今所設之九等邊形之面積八尺九十寸一十八分二十六釐，開方得二尺九寸八分三釐五豪九絲二忽有餘爲三率，求得四率一尺二寸，即九等邊形之每一邊也。此法蓋因九等邊形之面積與正方形之面積相等，九等邊形之每邊與正方形之每邊不同，故以九等邊形之面積先開方，既得方邊，而後爲線與線之比例也。

一率	一〇〇〇〇〇〇〇〇
二率	四〇二一九九六三
三率	二九八三五九二
四率	一二

設如十等邊形，每邊一尺二寸，問面積幾何。

法：以全圜三百六十度十分之，每分得三十六度，折半得十八度。爰以十八度之正弦三萬零九百零二爲一率，半徑十萬爲二率，今所設之十等邊形之每邊一尺二寸折半得六寸爲三率，求得四率一尺九寸四分一釐六豪二絲一忽有餘，爲十等邊形外切圜之半徑。或用求圜內容十等邊形之一邊之定率比例，以定率之圜內容十等邊形之每邊三〇九〇一六九九爲一率，圜徑一〇〇〇〇〇〇〇〇爲二率，今所設之十等邊形之每邊一尺二寸爲三率，求得四率三尺八寸八分三釐二豪八絲一忽有餘，折半得一尺九寸四分一釐六豪四絲有餘，爲十等邊形外切圜之半徑。乃以此半徑爲弦，十等邊形之每邊折半爲勾，求得股一尺八寸四分六釐六豪零九忽有餘，爲十等邊形之中心至每邊正中之垂線。或以十八度之正弦三萬零九百零二爲一率，十八度之餘弦九萬五千一百零六爲二率，今所設之十等邊形之每邊之半六寸爲三率，求得四率一尺八寸四分六釐五豪九絲八忽有餘，爲十等邊形之中心至每邊正中之垂線。既得此垂線，乃與每邊折半之數相乘，得一尺一十寸七十九分五十八釐有餘，十因之，得一十一尺零七寸九十五分八十釐有餘，即十等邊形之面積也。如圖，甲乙丙丁戊己庚辛壬癸十等邊形，試作一外切圜形，則每邊之弧皆爲三十六度，將甲乙邊折半於子，自圜心丑作丑子寅半徑線，遂平分甲乙弧於寅，則甲寅弧爲十八度，甲子即十八度之正弦，丑子即十八度之餘弦，是故十八度之正弦與半徑十萬之比，即如今所設之每邊之半甲子與所得之半徑甲丑之比。又十八度之正弦與十八度之餘弦之比，即如今所

一率	三〇九〇二
二率	一〇〇〇〇〇
三率	六
四率	一九四一六二一

一率	三〇九〇一六九九
二率	一〇〇〇〇〇〇〇〇
三率	一二
四率	三八八三二八一

一率	三〇九〇二
二率	九五一〇六
三率	六
四率	一八四六五九八

設之每邊之半甲子與所得之垂線丑子之比也。此即圜内容十等邊形之法而轉用之也。

一率　三二四九二
二率　一〇〇〇〇〇
三率　六
四率　一八四六六〇八

又法：以十八度之正切三萬二千四百九十二爲一率，半徑十萬爲二率，今所設之十等邊形之每邊之半六寸爲三率，求得四率一尺八寸四分六釐六豪零八忽有餘，爲十等邊形内容圜之半徑。或用求圜外切十等邊形之一邊之定率比例，以定率之圜外切十等邊形之每邊三二四九一九七〇爲一率，圜徑一〇〇〇〇〇〇〇〇爲二率，今所設之十等邊形之每邊一尺二寸爲三率，求得四率三尺六寸九分三釐二豪二絲有餘，折半得一尺八寸四分六釐六豪一絲有餘，爲十等邊形内容圜之半徑，即十等邊形之中心至每邊正中之垂線。乃與每邊折半之數相乘，十因之，得一十一尺零七寸九十六分六十釐有餘，爲十等邊形之面積也。如圖，甲乙丙丁戊己庚辛壬癸十等邊形，試作一内容圜形，自中心子至每邊之正中作子丑垂線，遂平分戊己邊於丑，則戊丑即十八度之正切，故以十八度之正切與半徑十萬之比，同於今所設之每邊之半戊丑與所得之内容圜半徑子丑之比也。此即圜外切十等邊形之法而轉用之也。

一率　三二四九一九七〇
二率　一〇〇〇〇〇〇〇〇
三率　一二
四率　三六九三二二〇

又法：用連比例三率有中率求末率之法，以每邊一尺二寸爲中率，求得末率七寸四分一釐六豪四絲有餘，中率求末率，即如首率求中率也。乃以末率與中率相加，得一尺九寸四分一釐六豪四絲有餘爲首率，即十等邊形之分角線。即十等邊形外切圜之半徑。乃以分角線爲弦，每邊之半爲勾，求得股一尺八寸四分六釐六豪零九忽有餘，爲十等邊形自中心至每邊正中之垂線。即十等邊形内容圜之半徑。乃以此垂線與每邊之半相乘，十因之，得一十一尺零七寸九十六分五十四釐有餘，即十等邊形之面積也。如圖，甲乙丙丁戊己庚辛壬癸十等邊形，子爲十等邊形之中心，試自中心子至戊、己二角作子戊、子己二線，成子戊己三角形。又自己角至丙角作己丙線，截子戊線於丑，則又成己丑戊三角形，與子戊己三角形爲同式形，故子戊線爲首率，即理分中末線之全分。戊己邊爲中率，即理分中末線之大分。而所截之子丑一段與戊己邊等亦爲中率，丑戊一段即爲末率，即理分中末線之小分。其比例爲子戊首率與戊己中率之比，即同於戊己中率與丑戊末率之比。故按連比例三率有中率求末率之法，求得丑戊末率，與子丑中率相加，即得子戊首率爲分角線，又爲十等邊形外切圜之半徑，以子戊爲弦，戊己邊之半戊寅爲勾，求得子寅股，即十等邊形中心子至每邊正中之垂線，又爲十等邊形内容圜之半徑。既得子寅垂線，與戊己邊之半戊寅相乘，得子戊己三角形之面積，十因之，即十等邊形之面積也。

又法：用邊線相等面積不同之定率比例，以定率之正方面積一〇〇〇〇〇〇〇〇爲一率，十等邊形面積七六九四二〇八八三爲二率，今所設之十等邊形之每邊一尺二寸自乘得一尺四十四寸爲三率，求得四率一十一尺零七寸九十六分六十釐有餘，即十等邊形之面積也。蓋十等邊形之每一邊爲一〇〇〇〇，則其自乘之正方面積爲一〇〇〇〇〇〇〇〇，而十等邊形之每一邊一〇〇〇〇所得之十等邊形面積爲七六九四二〇八八三，故以子丑寅卯辰巳午未申酉十等邊形之辰巳一邊一〇〇〇〇自乘之辰巳戌亥正方面積一〇〇〇〇〇〇〇〇與子丑寅卯辰巳午未申酉十等邊形面積七六九四二〇八八三之比，即同於今所設之甲乙丙丁戊己庚辛壬癸十等邊形之每一邊一尺二寸自乘之戊己乾坎正方面積一尺四十四寸與今所得之甲乙丙丁戊己庚辛壬癸十等邊形面積一十一尺零七寸九十六分六十釐有餘之比也。

一率　一〇〇〇〇〇〇〇〇
二率　七六九四二〇八八三
三率　一四四
四率　一一〇七九六六〇

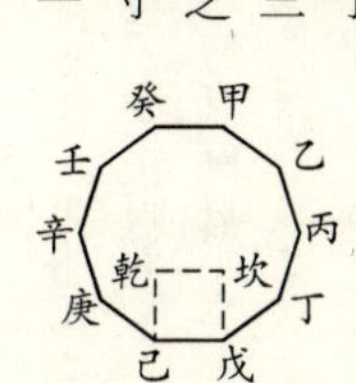

又法：用面積相等邊線不同之定率比例，以定率之十等邊形之每邊三六〇五一〇五八爲一率，正方形之每邊一〇〇〇〇〇〇〇〇爲二率，今所設之十等邊形之每

一率　三六〇五一〇五八
二率　一〇〇〇〇〇〇〇〇
三率　一二
四率　三三二八六一二

邊一尺二寸爲三率，求得四率三尺三寸二分八釐六豪一絲二忽有餘爲十等邊形面積相等之正方形每邊之數，自乘得一十一尺零七寸九十六分五十七釐有餘，即十等邊形之面積也。蓋十等邊形之每邊爲三六〇五一〇五八，正方形之每邊爲一〇〇〇〇〇〇〇〇，則兩面積相等，故以子丑寅卯辰巳午未申酉十等邊形之辰巳一邊三六〇五一〇五八與戌亥金木正方形之亥金一邊一〇〇〇〇〇〇〇〇之比，即同於今所設之甲乙丙丁戊己庚辛壬癸十等邊形之戊己一邊一尺二寸與今所得之乾坎艮震正方形之坎艮一邊三尺三寸二分八釐六豪一絲二忽有餘之比。既得坎艮一邊，自乘得乾坎艮震正方面積，即與甲乙丙丁戊己庚辛壬癸十等邊形之面積爲相等也。

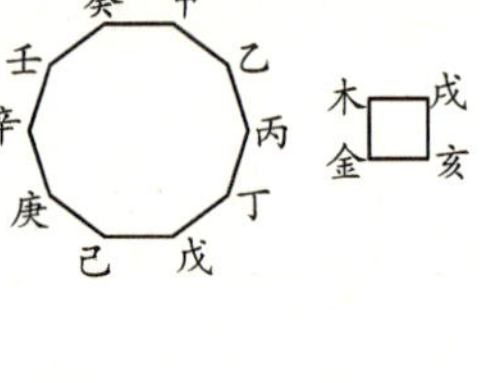

如有十等邊形之面積一十一尺零七寸九十六分六十釐，求每邊之數，則用邊線相等面積不同之定率比例，以定率之十等邊形之面積七六九四二〇八八三爲一率，正方形之面積一〇〇〇〇〇〇〇〇爲二率，今所設之十等邊形之面積一十一尺零七寸九十六分六十釐爲三率，求得四率一尺四十四寸，開方得一尺二寸，即十等邊形之每一邊也。此法蓋因十等邊形之每邊與正方形之每邊相等，十等邊形之面積與正方形之面積不同，故先定爲面與面之比例，既得面積，而後開方得線也。

一率　七六九四二〇八八三
二率　一〇〇〇〇〇〇〇〇
三率　一一〇七九六六〇
四率　一四四

又法：用面積相等邊線不同之定率比例，以定率之正方形之每邊一〇〇〇〇〇〇〇〇爲一率，十等邊形之每邊三六〇五一〇五八爲二率，今所設之十等邊形之面積一十一尺零七寸九十六分六十釐開方得三尺三寸二分八釐六豪一絲二忽有餘爲三率，求得四率一尺二寸，即十等邊形之每一邊也。此法蓋因十等邊形之面積與正方形之面積相等，十等邊形之每邊與正方形之每邊不同，故以十等邊形之面積先開方，既得方邊，而後爲線與線之比例也。

一率　一〇〇〇〇〇〇〇〇
二率　三六〇五一〇五八
三率　三三二八六一二
四率　一二

又　更面形

設如六等邊形每邊一尺二寸，今欲作與六等邊形面積相等之七等邊形，問每一邊幾何。

法：用面積相等邊線不同之定率比例，以定率之六等邊形每邊六二〇四〇三二四爲一率，七等邊形之每邊五二四五八一二六爲二率，今所設之六等邊形每邊一尺二寸爲三率，求得四率一尺零一分四釐六豪五絲八忽有餘，即七等邊形之每一邊也。蓋六等邊形每邊爲六二〇四〇三二四，七等邊形每邊爲五二四五八一二六，則兩面積相等，故以子丑寅卯辰巳六等邊形之每邊六二〇四〇三二四與午未申酉戌亥金七等邊形之每邊五二四五八一二六之比，即同於今所設之甲乙丙丁戊己六等邊形之每邊一尺二寸與今所得之庚辛壬癸乾坎艮七等邊形之每邊一尺零一分四釐六豪五絲八忽有餘之比，而兩面積亦爲相等也。

一率　六二〇四〇三二四
二率　五二四五八一二六
三率　一二
四率　一〇一四六五八

設如五等邊形面積一尺四十四寸，今欲作與五等邊形每邊相等之八等邊形，問積幾何。

法：用邊線相等面積不同之定率比例，以定率之五等邊形面積一七二〇四七七四一爲一率，八等邊形面積四八二八四二七一二爲二率，今所設之五等邊形面積一尺四十四寸爲三率，求得四率四尺零四寸一十二分八十二釐有餘，即八等邊形之面積也。蓋五等邊形面積爲一七二〇四七七四一，八等邊形面積爲四八二八四二七一二，則五等邊形之每邊與八等邊形之每邊相等，故以子丑寅卯辰五等邊形之面積一七二〇四七七

一率　一七二〇四七七四一
二率　四八二八四二七一二
三率　一四四
四率　四〇四一二八二

四一與巳午未申酉戌亥金八等邊形之面積四八二八四二七一二之比，即同於今所設之甲乙丙丁戊五等邊形之面積一尺四十四寸與今所得之己庚辛壬癸乾坎艮八等邊形之面積四尺零四寸一十二分八十二釐有餘之比，而五等邊形之每邊與八等邊形之每邊亦爲相等也。

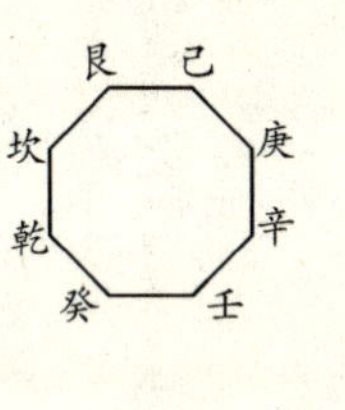

清・莊亨陽《幾何原本舉要》　四方直角平面形，凡在一線可以相乘也。如甲乙形欲乘丙丁線，則將此形作四小方體，又將丙丁依甲乙所分之厚分比之，若得三分，則將甲乙形三層垛之，遂成函十二小方形之直角體也。凡六面平行直角體必得疊一四邊直角平面與一直線相乘而成也。

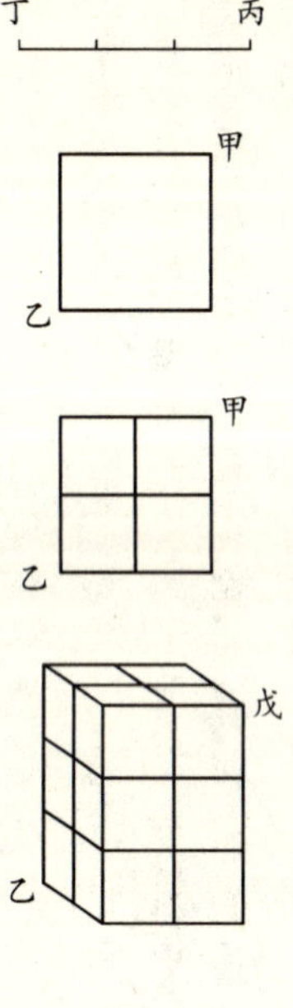

自直角三角形之直角至相對界作一垂線，分爲兩直角形，則此大小三三角形俱爲同式也。蓋中垂兩傍所成俱爲直角，而乙角又不變，兩角相等，則一角亦等，而丁變爲甲，甲變爲丁矣，丙角亦不變，而與乙甲丁同爲同式三三角形也。

自直角三角形之直角至於對界作一垂線，截相對界爲兩段，則所截之兩段長者爲一率，短者爲三率，而垂線爲中率，爲相連比例三率也。如甲乙丙、甲丁乙兩角俱爲同式，則比例必同，以乙丁比甲丁同於甲丁比丁丙也。

自直角作垂線至於對界，在此垂線作四方形，又將所分對界兩段一段爲長，一段爲高，合作長方形兩積俱等也。蓋三線既爲相連比例線，凡相連比例三線，其中線自乘之積同□□線三線相乘之積，故也。

凡直角三角形，是謂勾股。勾股上兩方合之，與弦上方等積。何也？

如圖，以甲乙丙全形分爲甲乙庚、甲庚丙大小兩形，是爲同式形，而每每相當界互相比之比例同也。於是以小形庚丙與全形甲丙之比，同於全形甲丙與全形乙丙之比，爲相連比例率也。則在甲丙中率所作四方形，必同於一率庚丙爲高與三率乙丙爲長相乘所作長方形之積等也。又大形乙庚與全形甲乙之比同於全形甲乙與全形乙丙之比，亦爲相連比例率，而在甲乙中率所作方形同於一三合率所作方形之積等也。今庚丁乙壬所分之兩形與己丙戊乙兩方形每等，則將所分兩形相合，則乙丁方形自然與己丙戊乙兩方形等可知矣。

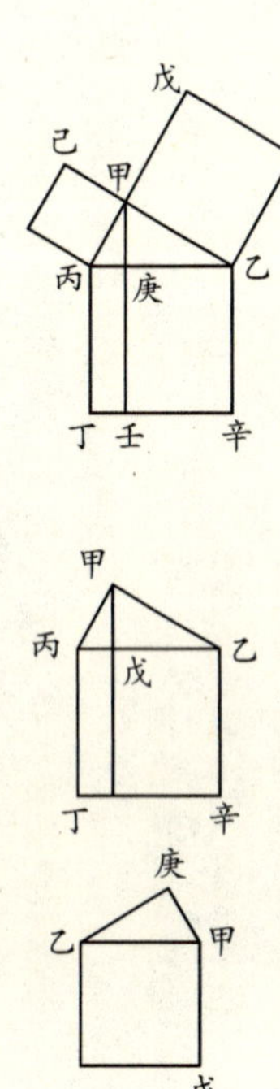

在勾股弦三界作凡同式三形，弦上積兼有勾股之積也。

在直角三角形之大界作乙戊丁丙一半圓，在二小界作甲庚乙兩半圓，亦如前節爲等也。而甲庚乙半圓之甲戊乙弧一段，甲己丙半圓之甲丁丙弧一段，若減之，則所餘甲庚乙戊、甲己丙丁二段又與甲乙丙原三角形之積等也。

清・王澤沛《形學演》卷一　若平行方形兩對角綫等，則此形爲直角方形。

甲丙丁乙平行方形，設甲丁、乙丙兩對角綫等，則此形爲直角方形。何也？對角綫必交於中點，則甲戊、乙戊、丙戊、丁戊均等，每兩交角亦等。是每相對之兩三角形兩腰及腰間角皆等也，則餘邊餘角俱等。戊甲乙與戊乙甲、戊丙丁與戊丁丙各角均等，戊甲丙與戊丙甲、戊乙丁與戊丁乙各角亦均等，則戊甲乙與戊甲丙合，必等於戊乙甲與戊乙丁合。推之餘角均同，是甲乙丙丁四角皆等也。四角等，則皆爲直角，故題云。

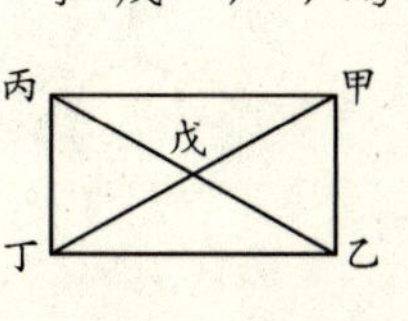

若平行方形之兩對角綫相等而正交，即必爲正方形。

甲丙丁乙平行方形，若甲丁、丙乙兩綫等，而正交於戊，則此形爲正方形。何也？對角綫交於中點，兩綫既等，則甲戊、乙戊、丙戊、丁戊均等。兩綫正交，則戊點四交角同爲直角，亦均等。是甲戊乙、乙戊丁、丁戊丙、丙戊甲四三角形兩腰及腰間角均等也，則餘角餘邊俱等。準上論，對角綫等，則爲直角方形。四角皆直角，四邊又皆等邊，故必爲正方形。

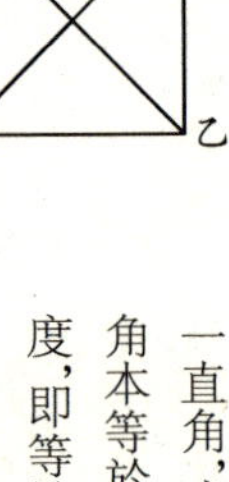

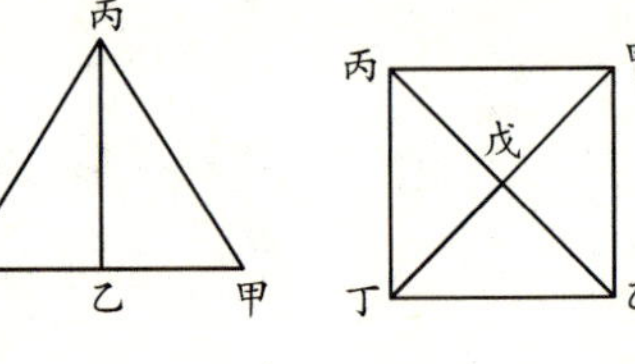

若句股形之句旁角倍大於股旁角，則弦即倍大於句。

甲乙丙句股形，若句旁甲角倍大於股旁丙角，甲丙弦即必倍大於甲乙句。何也？試引長甲乙至丁，令丁乙與甲乙等。同用丙乙股作丙丁弦，成乙丙丁句股形，必與原形等。成甲丙丁三角形，丙角倍增必等於甲角。準理：三角形二腰間角等，則二腰必等。丙丁等甲丁，即甲丙等甲丁，是甲乙、乙丁倍句與甲丙弦等也，故題云云。

句股形弦之中點距三角均等。

甲乙丙句股形，題言弦之中點丁距甲、乙、丙三角均等。何也？試作乙丁斜綫，並自丁至甲乙、乙丙二邊各作丁戊、丁己垂綫，準首卷第三十題，己爲甲乙之中點，戊爲乙丙之中點。甲丁己、乙丁己兩三角形，甲己、乙己等，丁己同用，己點二直角，是兩腰及腰間角各等也，則甲丁、乙丁必等。仿此可證丙丁與乙丁亦等，故題云云。

兩邊等三角形，自底兩端至對邊各作垂綫，則二垂綫與底所成角各半於等邊間之角。

甲乙丙兩邊等三角形，自甲乙兩端至各對邊作甲戊、乙己二垂綫，題言此二綫與底所成之甲乙己、乙甲戊二角，各半於等邊間之丙角。何也？甲乙己三角形，己爲直角，甲乙己角與甲角和必等於直角。試自丙作平分角綫與底正交於丁，成丁甲丙三角形。丁爲直角，丁丙甲角與甲角和亦必等於直角，是同一甲角或與丁丙甲半丙角和，或與甲乙己垂綫與底所成角和，皆等於直角也，則甲乙己角與丙角之半等也。推之，乙甲戊角亦复如是，故題云云。

若將等腰三角形之底引長，則外角大於直角之度即腰間角之半。

甲乙丙等腰三角形，乙丙引長至丁，題言甲丙丁外角大於直角之度即腰間甲角之半。何也？試自甲作平分角綫至戊，戊爲直角，則戊甲乙角與乙角和爲一直角，戊甲丙角即甲乙二角和大於直角之度，甲丙丁外角本等於甲乙二角和，見首卷弟二十六題。故其大於直角之度，即等於戊甲丙角爲腰間角之半也。

平分三角形腰間角之綫若亦平分其底，則此形爲等腰三角形。

甲乙丙三角形，平分丙角之綫引長至丁，甲乙底亦平分於丁，題言丙甲、丙乙必等。何也？甲丙丁、乙丙丁兩三角形，丙角與甲乙邊皆平分必等，丙丁同用又等，丁點二直角亦等，故甲丙、乙丙等，而爲等腰三角形。

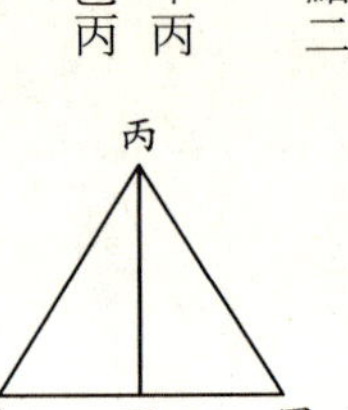

設有甲乙丙三角形，甲乙引長至丁，令甲丁與甲丙等，即以甲乙爲度於甲丙截取甲戊，並作戊丁直綫與乙丙相交於己，又自甲作甲己直綫，則甲己必平分甲角。

甲乙丙三角形，依題作戊丁直綫，成甲戊丁三角形，與原形同用甲角，甲丁等甲丙，甲戊等甲乙，準理，戊丁亦必等乙丙。若兩形各減同用之甲戊己乙四邊形，戊己丙、乙己丁必仍同式而等，作甲己直綫，甲戊己、甲乙己兩三角形，甲己同用，甲乙甲戊本等，乙己、戊己亦證之等，相當之三邊皆等，則三角亦皆等，首卷弟十五題。故乙甲己、戊甲己二角等，而甲角平分於甲己。

甲乙丙三角形，自甲作兩直綫與底相遇於戊、於丁，令丙甲戊角等於乙角，乙甲丁角等於丙角，則甲丁戊必爲兩邊等三角形。

如圖，丙甲戊角等於乙角，乙甲丁角等於丙角，則丙甲戊角與丙角和必等於乙甲丁角與乙角和，甲戊丁角爲甲戊丙三角形一邊引長之外角，甲丁戊角爲甲丁乙三角形一邊引長之外角，各相對內兩角之和既等，此兩角必亦等。準首卷弟二十六題。是甲丁戊三角形兩腰間角等也，則兩腰必等，故題云云。

甲乙丙丁平行方形，自丙丁之中點戊至甲作直綫，又自甲乙之中點己至丙作直綫，如是甲戊與丙己必分丁乙對角綫爲三平分。

甲乙丙丁平行方形，如題作甲戊、丙己二直綫，甲己、戊丙平行而等，此二綫亦爲平行綫。於丁乙綫上成乙己庚、戊丁辛兩三角形，各相當之邊皆平行，各角必皆等，乙己戊丁二邊本等，是兩形等也，則乙庚必等於丁辛。試更過辛點作壬癸虚綫，令與丙丁平行，成庚辛癸三角形，與丁辛戊形亦各邊皆平行，各角皆等，辛癸等戊丙，即等戊丁，則庚辛必亦等於丁辛，故丁乙對角綫分於甲戊丙己二綫爲三平分。

三角形内任取一點至三角各作直綫，此三綫之和必小於三邊之和，而大於其較。

甲乙丙三角形，於内任取丁點至各角作丁甲、丁乙、丁丙三直綫。準理，丁甲、丁乙和小於丙甲、丙乙和，丁甲、丁丙和小於乙甲、乙丙和，丁丙、丁乙和小於甲丙、甲乙和，是丁點三綫之倍小於原形三邊之倍也。若以甲丙爲度，於甲乙長邊内截取甲戊，餘乙戊即甲乙、甲丙之較。以丙乙爲度，於甲丙次邊内截取丙己，餘甲己即甲丙、乙丙之較。又截取甲辛爲甲乙、丙乙之較。試自丁作甲乙之垂綫丁庚，乙丁弦大於乙庚，首卷第十七題。自更大於乙戊；甲丁大於甲庚，自更大於甲辛；準此，丙丁自亦大於甲己，故題云云。

甲乙丙三角形，平分甲角之直綫甲丁與乙丙之垂綫甲戊所成之角，必半於乙角與丙角之較。

如圖，甲丁平分甲角，甲戊正交於乙丙，題言二綫所成之丁甲戊角半於乙角與丙角之較。何也？試自乙作乙己直綫，令丙乙己角等於丙角，甲乙己角即二角之較。甲戊丙、甲戊乙兩三角形，戊點各一直角，戊甲丙與丙角和、戊甲乙與乙角和必皆等於直角。二者各減丙角，戊甲丙角必仍等於戊甲乙與甲乙己之和。戊甲丙爲半甲角加丁甲戊角，戊甲乙與甲乙己和爲半甲角減丁甲戊角而加甲乙己角。是甲乙己角以其半補戊甲乙之所減，又以其半等戊甲丙之所加也，故丁甲戊角半於甲乙己角。

又　卷四

兩邊等之直角三角形，其弦上之方等於此三角形面積之四倍。甲乙丙直角三角形，甲乙、甲丙兩腰等，題言乙丙弦上之方四倍於原形之積。何也？

準理：弦方等於句股二方和，試於甲丙邊作甲丙己丁方，於甲乙邊作甲乙庚戊方。甲乙、甲丙既等，則二方各等於直積，爲原形之倍，和之則爲原形之四倍也。試更於二方内各作丙丁、乙戊對角綫，並作丁戊聯綫，必均等於乙丙，戊乙丙丁戊弦方，適得甲乙丙形之四，故云。

直角三角形，自己知之尖角作綫平分其對邊，則分綫方與弦方之較等於平分半邊方之三倍。

甲乙丙直角三角形，自甲角作直綫平分乙丙邊於丁，題言甲丁方與甲丙方之較等於乙丁方或丙丁方之三倍。何也？甲丙丁三角形，甲丁乙爲鋭角，甲丁丙必爲鈍角，準四卷第十三題：　甲丙^{二}＝甲丁^{二}丄丙丁^{二}丄二乙丁・丙丁　夫　乙丁＝丙丁　甲丙^{二}丅甲丁^{二}＝丙丁^{二}丄二乙丁・丙丁＝三丙丁^{二}　則　甲丙^{二}丅甲丁^{二}＝三丙丁^{二}　故題云云。

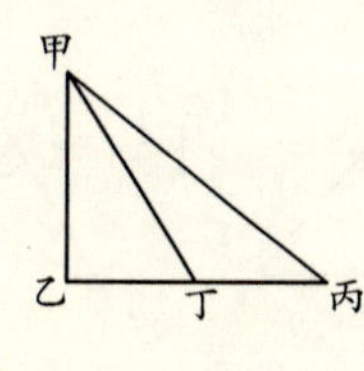

句股形，其句方或股方等於餘兩邊之和較矩内直角方形。

甲乙丙句股形，於甲丙弦上作甲丙丁戊爲弦方，截丙丁於己。令丙己等於句，作丙己庚辛即爲句方，餘甲辛庚己丁戊磬折形必等於股方，但此形之甲辛與丁己均爲句弦較，甲戊加庚己爲句弦和，則其積爲句弦和較相乘積，是股方等於句弦和較矩内直角形也。若令丙己等於股，則甲庚丁磬折形爲股弦和較相乘積，又爲弦方減股方之句方積，故題云云。

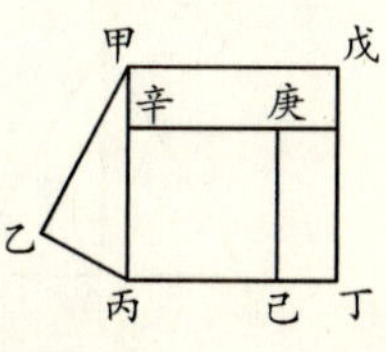

三角形，自腰間角至底作垂綫，則兩腰方之較等於底綫兩段方之較。甲乙丙三角形，自甲作乙丙之垂綫甲丁，題言甲乙、甲丙二方之較等於乙丁、丙丁二方之較。何也？準四卷第三十三題：　（甲乙丄甲丙）（甲乙丅甲丙）＝（乙丁丄丙丁）×（乙丁丅丙丁）　即　甲乙^{二}丅甲丙^{二}＝乙丁^{二}丅丙丁^{二}　故題云云。

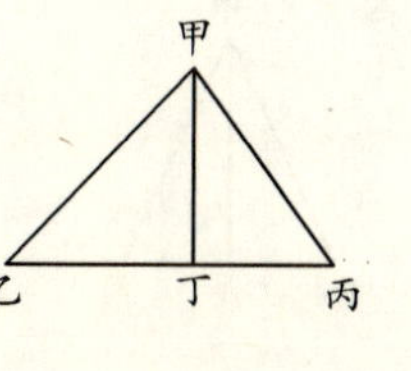

於直角方形內任取一點，至各角作直綫，則此對角間兩綫方之和等於彼對角間兩綫方之和。

甲乙丙丁平行方形內取戊點，至各角作戊甲、戊乙、戊丙、戊丁四綫，題言戊甲、戊丙二方和等於戊乙、戊丁二方和。何也？試自戊點至甲丙、乙丁兩對角綫之交點己作直綫，準四卷十四題：　戊甲^{二}⊥戊丙^{二}＝二戊己^{二}⊥二甲己^{二}　戊乙^{二}⊥戊丁^{二}＝二戊己^{二}⊥二乙己^{二}　夫　乙己＝甲己　則　戊甲^{二}⊥戊丙^{二}＝戊乙^{二}⊥戊丁^{二}　故題云云。

於平行方形對角綫之任一點至兩對角各作直綫，即分平行方形爲兩對等面三角形。

甲乙丙丁平行方形，於乙丁對角綫任取戊點，至甲、丙兩角各作直綫，分原形爲四三角形，必兩兩等積。何也？試自甲、丙二角各作乙丁之垂綫甲庚、丙己，成甲乙庚、丙丁己兩三角形。甲乙、丙丁本等，庚、己二直角又等，甲乙庚、丙丁己爲平行綫內相對二角亦等，則甲庚、丙己必等，如是：

甲戊丁積＝$\frac{二}{甲庚戊丁}$　丙戊丁積＝$\frac{二}{丙己戊丁}$　則　甲戊丁積＝丙戊丁積　又　甲戊乙積＝$\frac{二}{甲庚戊乙}$　丙戊乙積＝$\frac{二}{丙己戊乙}$　則　甲戊乙積＝丙戊乙積

四邊形，其兩對角綫方之和倍大於聯各對邊中點兩直綫方之和。

甲乙丙丁四邊形，於各對邊中點作戊己、庚辛兩聯綫，題言甲丙、乙丁兩綫方之和倍大於戊己、庚辛兩綫方之和。何也？試於各中點作四聯綫，戊辛、庚己必與甲丙平行，戊庚、辛己必與丁乙平行，準四卷第十六題。成戊庚己辛平行方形，準四卷十五題：　戊己^{二}⊥庚辛^{二}＝戊庚^{二}⊥辛己^{二}⊥戊辛^{二}⊥庚己^{二}　戊庚＝辛己　戊辛＝庚己　戊己^{二}⊥庚辛^{二}＝二戊庚^{二}⊥二戊辛^{二}　夫　甲丙＝二戊辛　乙丁＝二戊庚　甲丙^{二}＝四戊辛^{二}　乙丁^{二}＝四戊庚^{二}　甲丙^{二}⊥乙丁^{二}＝四戊庚^{二}⊥四戊辛^{二}　故　甲丙^{二}⊥乙丁^{二}＝二戊己^{二}⊥二庚辛^{二}

於平邊三角形內任取一點至各邊作垂綫，此三垂綫之和必等於三角形之高。

甲乙丙平邊三角形，於內任取丁點，至各邊作丁戊、丁己、丁庚三垂綫，題言此三綫之和必等於丙辛高。何也？試自丁至各角作虛綫，分原形爲三三角形，準理，

甲丁乙＝甲乙$\frac{二}{丁戊}$　甲丁丙＝甲丙$\frac{二}{丁庚}$　丙丁乙＝乙丙$\frac{二}{丁己}$　乙丙＝甲丙＝甲乙　甲丁乙⊥甲丁丙⊥甲丁乙＝甲乙$\left(\frac{二}{丁戊}⊥\frac{二}{丁庚}⊥\frac{二}{丁己}\right)$　甲丁乙⊥甲丁丙⊥丙丁乙＝甲乙丙＝甲乙$\frac{二}{丙辛}$　甲乙$\left(\frac{二}{丁戊⊥丁庚⊥丁己}\right)$＝甲乙$\frac{二}{丙辛}$　$\frac{二}{丁戊⊥丁庚⊥丁己}$＝$\frac{二}{丙辛}$　故　丁戊⊥丁庚⊥丁己＝丙辛

若於本卷四卷。十一題圖，作己乙與壬丙兩直綫，此兩綫必平行。

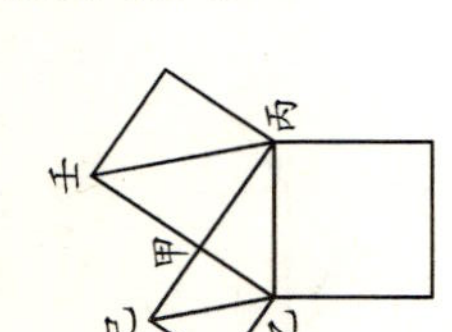

如圖，於甲乙句方內作己乙對角綫，乙丙股方內作壬丙對角綫，題言兩綫必平行。何也？乙甲丙、壬甲丙均爲直角，乙壬必聯爲直綫，己乙平分乙角，壬丙平分壬角，則甲乙己角、甲壬丙角均爲半直角，此二角爲乙壬直綫與己乙、壬丙二綫交之內相對二角，二角等，故己乙壬丙必平行。

前圖若自辛與戊向乙丙之引增綫各作垂綫，則所截之引增綫必等，且二垂綫之和必等於乙丙。

依題引長乙丙作辛寅、戊子二垂綫，辛寅丙句股形，辛寅與甲癸平行，辛丙與甲乙平行，則辛角等癸甲乙角，即等癸丙甲角，丙角等甲乙癸角，即等丙甲癸角，辛丙本等於甲丙，是辛寅丙與丙癸甲爲同式兩等形也。仿此可證戊子乙與甲癸乙亦爲同式兩等形，如是：　辛寅＝丙癸　寅丙＝甲癸　又　戊子＝乙癸　子乙＝甲癸　故　寅丙＝子乙　辛寅⊥戊子＝丙癸⊥乙癸＝乙丙

前圖若作戊丁與丑辛與壬己三直綫，所成之各三角形必與原三角形等面。

如題成戊乙丁、丑丙辛、壬甲己，各戊乙丁形引長丁乙底，而自戊作底之垂綫，相遇於子，成戊子乙句股形，與甲癸乙形戊乙、甲乙二弦等，甲乙戊、子乙癸同爲直角，同減甲乙子角，所餘子乙戊、甲乙癸二角必等，則戊子必等於甲癸。又試引長丑丙辛形之底，作辛寅垂綫必亦等於甲癸，理同。丁乙、丑丙本各等於乙丙，高等底等，故面積均等，其壬甲己形與原形等句等股，其理易明。

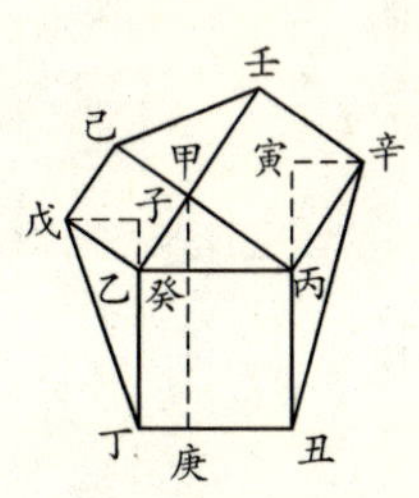

前圖戊丁、丑辛、壬己三綫方之和，等於原三角形弦方之六倍。

如圖，寅丙辛角等於丙丑辛、丙辛丑兩角之和，寅丙辛爲句股形之股旁角，小於直角，丑辛二角和亦必小於直角，則丑丙辛爲鈍角，即戊乙丁亦爲鈍角，理同。

準四卷第十三題：　丑辛^{二}＝丙丑^{二}丄丙辛^{二}丄二丙寅・丙丑　戊丁^{二}＝乙丁^{二}丄乙戊^{二}丄二乙子・乙丁　丙丑^{二}＝乙丁^{二}＝乙丙^{二}　丙辛＝甲丙　乙戊＝甲乙　丙辛^{二}丄乙戊^{二}＝甲丙^{二}丄甲乙^{二}＝乙丙^{二}　丙寅＝丙癸　乙子＝乙癸　二丙寅・丙丑＝二丙庚積＝乙子・乙丁＝二乙庚積　二丙庚丄二乙庚＝二乙丙^{二}　壬己＝乙丙　壬己^{二}＝乙丙^{二}　丑辛^{二}丄戊丁^{二}丄壬己^{二}＝六乙丙^{二}　故云。

直角方形之面積爲其相倚兩邊方之中率。

甲乙丙丁直角方形，題言甲丙面積爲其相倚如甲乙與乙丙兩邊方之中率。何也？試於甲乙、乙丙綫上各作正方形，甲乙方與甲丙形等高，乙丙方與甲丙形同底，準比例理：

甲乙^{二}：甲丙∷甲乙：乙丙　甲丙：乙丙^{二}∷甲乙：乙丙　甲乙^{二}：甲丙∷甲丙：乙丙^{二}　故題云云。

若將三角形三邊之中點聯以直綫，即分原形爲四等分。

甲乙丙三角形，於各邊之中點聯以丁戊、戊己、己丁三直綫，準理：直綫分兩腰有比例必與底平行。丁己與乙丙平行，丁戊與甲丙平行，丁戊、丙己即爲平行方形，分於戊己對角綫。丙戊己、丁戊己爲兩等分。又甲丁戊己、丁乙戊己均爲平行方形，即甲丁己、乙戊丁各與丁戊己爲等分，理同。是甲丁己、乙戊丁、丙戊己、丁戊己爲四等分也，故云。

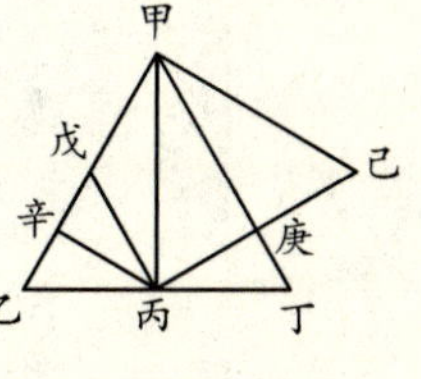

若將四邊形各邊之中點聯以直綫，其聯綫即成一平行方形，且此形爲原形面積之半。

甲乙丙丁四邊形，於各邊之中點聯以直綫，成戊己庚辛形，題言此形爲平行方形，其積爲原形面積之半。何也？試作乙丁對角綫，戊辛直綫分甲乙丁形之兩腰有比例，必與乙丁平行，即己庚亦與乙丁平行，戊己、辛庚又各與甲丙對角綫平行，理並同，故戊己庚辛爲平行方形。又試引長戊己至壬、辛庚至癸，令己壬等戊己，庚癸等庚辛。作壬癸綫，成己壬癸庚爲戊己庚辛之等形，並自壬、癸二角各作直綫至丙，庚丙等庚丁，庚癸等庚辛，庚點二交角亦等，則庚丙癸、庚丁辛兩形等，仿此可證己丙壬、己乙戊兩形亦等。且丙壬等乙戊即等甲戊，丙癸等丁辛即等甲辛，壬癸本等於戊辛，則丙壬癸、甲戊辛兩形亦等。是甲戊辛、己乙戊、庚丁辛加丙己庚等於己壬庚癸形，即等於戊己庚辛形，而戊己庚辛形爲原形面積之半也，故題云云。

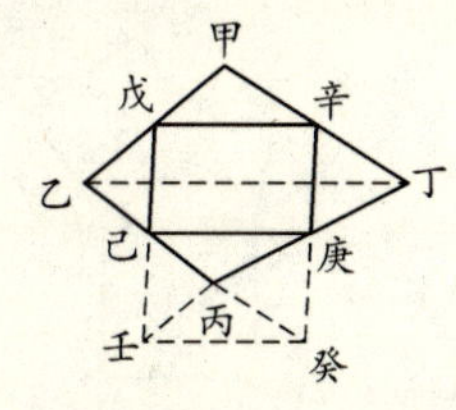

若句股形一角爲直角三分之二，則弦上之平邊三角形等於句股上兩平邊三角形之和。

甲乙丙句股形，設乙角爲直角三分之二，題言甲乙弦上平邊三角形等於甲丙乙丙兩平邊三角形之和。何也？乙角倍於甲角，甲乙即倍於乙丙。作甲乙丁爲弦上平邊三角形，丙丁必等於乙丙。自丙至弦之中點戊作直綫，戊乙丙即句上平邊三角形。並作甲丙己股上平邊三角形，丙甲己角平分於甲丁綫，丙己與甲丁相交於庚，必成直角。乃自丙作甲乙之垂綫丙辛，如是丙辛等丙庚，丙戊等

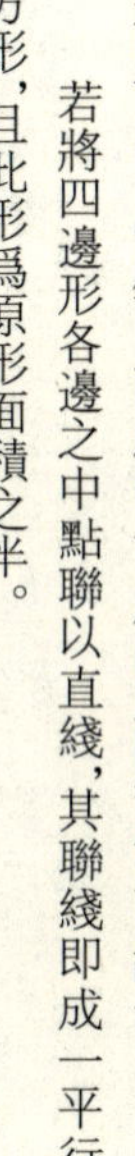

丙丁，丙戊辛形等丙庚丁形。又丙辛等庚己，甲丙等甲己，甲辛丙形等甲庚己形。移丙辛戊爲丙庚丁，移甲庚己爲甲辛丙，則句股上兩平邊三角形和適等於甲乙丁弦上平邊三角形。合題。

三角形自腰間角至底中點之直綫，必小於兩腰和之半。

甲乙丙三角形，自腰間甲角至乙丙之中點丁作直綫，題言甲丁直綫必小於甲乙、甲丙和之半。何也？試自丁至甲丙之中點戊作直綫，戊甲爲甲丙之半，戊丁亦等於甲乙之半。甲丁戊三角形，甲丁必小於戊甲、戊丁之和，即小於甲乙、甲丙和之半也。故云。

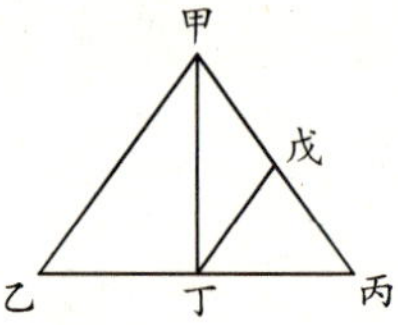

三角形自各角至對邊中點三綫之和，必小於三邊之和而大於其半。

甲乙丙三角形，自各角至各對邊中點作甲丁、乙戊、丙己三綫，準上論：甲丁小於甲戊、甲己和，乙戊小於乙丁、乙己和，丙己小於丙丁、丙戊和，甲丁加乙戊加丙己仍小於甲戊、甲己和加乙丁、乙己和加丙丁、丙戊和，是三綫之和小於三邊之和也。又甲丁大於甲丙、丙丁之較，亦大於甲乙、乙丁之較，即甲丁之倍大於甲乙、甲丙和與乙丙之較，仿此證乙戊之倍大於甲乙、乙丙和與甲丙之較，丙己之倍大於甲丙、乙丙和與甲乙之較，則甲丁之倍加乙戊之倍加丙己之倍，仍大於甲乙、甲丙和加甲乙、乙丙和，加甲丙、乙丙和與乙丙加甲乙加甲丙之較，是倍三綫之和大於三邊之和也。半之，則三綫之和仍大於三邊之和之半也，故題云云。

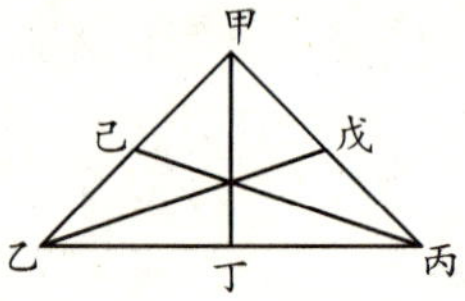

同以已知直綫爲底之諸三角形，若尖角俱在底之平行綫內，即莫小於等腰形兩腰之和。

甲乙丁、丙乙丁、戊乙丁諸三角形，同以已知之乙丁綫爲底，尖角俱在乙丁平行之甲戊綫內，丙乙丁爲等腰三角形，題言各形兩腰之和以丙乙、丙丁爲最小。何也？試引長丁丙至己，令丙己等丙乙，隨作甲己綫。甲乙丙、甲己丙兩三角形，丙乙、丙己二邊等，丙甲同用，甲丙乙、甲丙己二角亦等，則甲己與甲乙等。甲丁己三角形，丁己小於甲丁甲己之和，即丙丁丙乙和小於甲丁甲乙和也。準此知又小於戊丁戊乙和，故云。

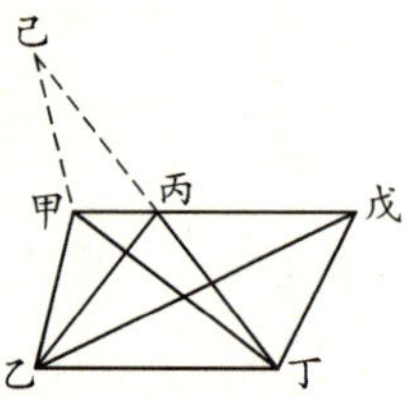

於有框之長方卓內任置一球，順對角綫擊之，此球即觸四邊而仍回原處，其所行之道必等於兩對角綫之和。

甲乙丙丁長方形，內切戊己庚辛四邊形，其每兩對邊各與甲丙、乙丁兩對角綫平行，題言戊己庚辛四邊之和等於甲丙乙丁之和。何也？戊辛己庚交乙丁綫於壬、於癸，必平分於壬、癸。以甲丙與乙丁相交於子，彼此截半。戊辛、己庚與甲丙平行，則亦於乙丁截半也。戊己癸壬爲平行方形，則戊己等於癸壬。壬乙戊與子乙丙同式，癸己丁與子丙丁同式，各爲等腰三角形，則壬戊等壬乙，癸己等癸丁。戊己壬戊癸己爲戊己庚辛形四邊和之半，壬癸壬乙癸丁爲甲乙丙丁形對角綫之一，二者既等，則四邊之和必等於兩對角綫矣，故題云云。

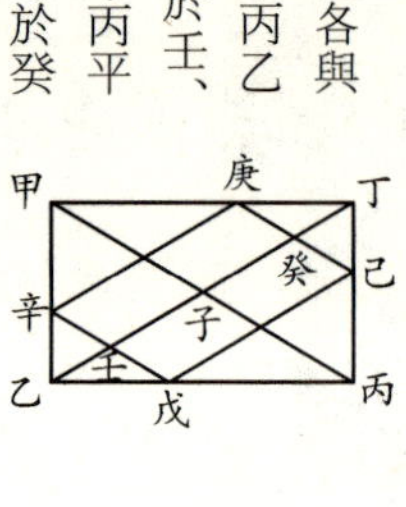

自平行方形內之任一點至各角作直綫，其所分每相對兩三角形之和等平行方形之半。

設甲乙丙丁平行方形，於內任取戊點，作戊甲、戊乙、戊丙、戊丁四直綫，分原形爲甲戊丁、乙戊丙、甲戊乙、丙戊丁四三角形，題言每相對兩形之和等於原形甲乙丙丁之半。何也？試過戊點作甲丁、乙丙兩邊之垂綫己庚，兩邊本平行，故己庚爲其公垂綫。準理：

$$\text{甲戊丁}=\text{甲丁}\frac{\text{二}}{\text{己戊}}\quad \text{乙戊丙}=\text{乙丙}\frac{\text{二}}{\text{戊庚}}\quad \text{夫}$$

$$\text{甲丁}=\text{乙丙}\quad \frac{\text{二}}{\text{己戊}}\text{丄}\frac{\text{二}}{\text{戊庚}}=\frac{\text{二}}{\text{己庚}}\quad \text{則}\quad \text{甲戊丁丄}$$

$$\text{乙戊丙}=\frac{\text{二}}{\text{乙丙己庚}}\quad \text{甲乙丙丁}=\text{乙丙己庚}\quad \text{甲戊丁丄乙戊丙}=\frac{\text{二}}{\text{甲乙丙丁}}$$

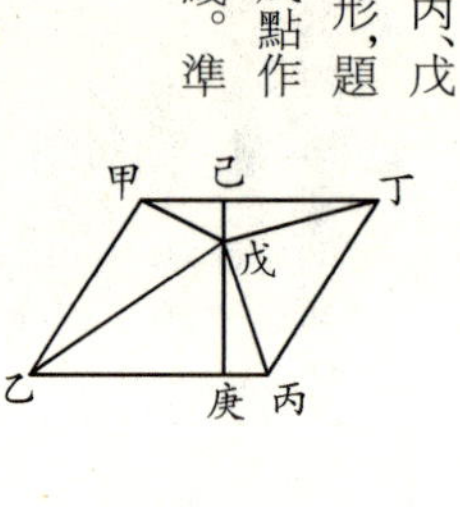

仿此可證甲戊乙、丙戊丁兩形之和亦必等於原形之半，故云。

自三角形之尖角至底作垂綫，則兩腰方之較等於底綫兩段方之較。

甲乙丙三角形，自甲作乙丙之垂綫甲丁，題言甲乙、甲丙二方之較等於乙丁、丙丁二方之較。何也？準四卷第三十三題：

(甲乙丄甲丙)(甲乙丅甲丙)＝(乙丁丄丙丁)(乙丁丅丁

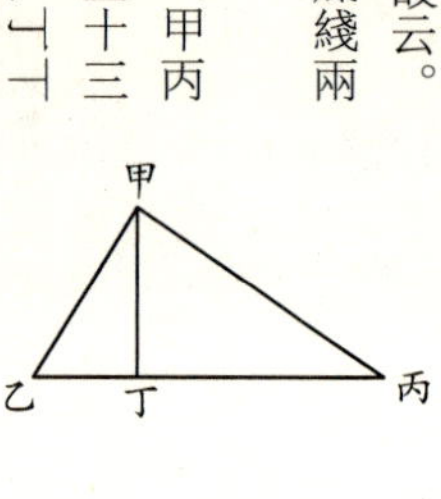

丙丁）　甲乙＝丁甲乙・甲丙丄甲乙・甲丙丁甲丙＝＝乙丁＝丁乙丁・丙丁丄乙丁・丙丁丁丙丁＝　甲乙＝丁甲丙＝＝乙丁＝丁丙丁＝　故題云云。

自三角形各角至各對邊中點各作直綫，此三綫必相交於一點。

甲乙丙三角形，自甲至乙丙之中點丁、自乙至甲丙之中點戊、自丙至甲乙之中點己各作直綫，題言三綫必交於一點。何也？試自甲作乙丙之垂綫甲庚，此綫與甲丁有比例，若自乙、自丙至各對邊又各作垂綫，即又各與乙戊丙己二綫有比例，四卷第三十二題三垂綫必相交於一點，則甲丁、乙戊、丙己三綫亦相交於一點，故題云云。

前題。

甲乙丙三角形，其三邊中點爲丁、爲戊、爲己，先作乙丁、丙戊二綫相交於庚，再自庚點作庚甲、庚己二綫分原形爲六小三角形，其乙丁丙、丙戊乙二積各爲原積之半，各減同用之丙庚乙形，餘丙庚丁、乙庚戊二形必等。而甲庚丁與丙庚丁等，甲庚戊與乙庚戊等，以底與高各等也，則甲庚丁與甲庚戊亦等。又丙庚己與乙庚己亦以等底等高而均等，是原形平分於庚甲、庚己二綫也，則二綫必聯爲自甲至己之一直線，與乙丁、丙戊二線相交於庚點。合題。

將三角形之邊依次引長，使引增綫各等於其原邊，即以直綫聯其外端，則所成之三角形必七倍於原形。

甲乙丙三角形，引長乙丙至丁，令丙丁等丙乙。引丙甲至戊，令甲戊等甲丙。引甲乙至己，令乙己等乙甲。作丁戊、戊己、己丁三聯綫，成丁戊己三角形，題言此形七倍於甲乙丙形。何也？試取己丁之中點庚，至乙作直綫，分丁乙己爲兩三角形。己庚、丁庚兩底等，頂角同在乙點，其高亦等，則乙己庚、乙庚丁兩形等。又作庚丙聯綫，分丁乙、丁己兩腰有比例，必與乙己平行。甲乙丙、乙己庚兩三角形，甲乙、乙己兩底等，頂角俱在丙庚綫內，則兩形等。乙己庚本半於丁乙己，是丁乙己形內有兩甲乙丙形也。仿此可證丁丙戊、戊甲己又各有兩甲乙丙形，即丁戊己全形內有七甲乙丙形也，故題云云。

曲綫形分部

算法

明・徐光啟《句股義》

第七題　勾股，求容圓。

法曰：甲乙股六百，乙丙句三百二十，求容圓。以句股相乘得（一萬九千二百）〔一十九萬二千〕，倍之得（三萬八千四百）〔三十八萬四千〕爲實，別以句股求弦，得甲丙弦（八百八十）〔六百八十〕，本篇一。并勾股弦爲法，除實得容圓徑乙子二百四十。

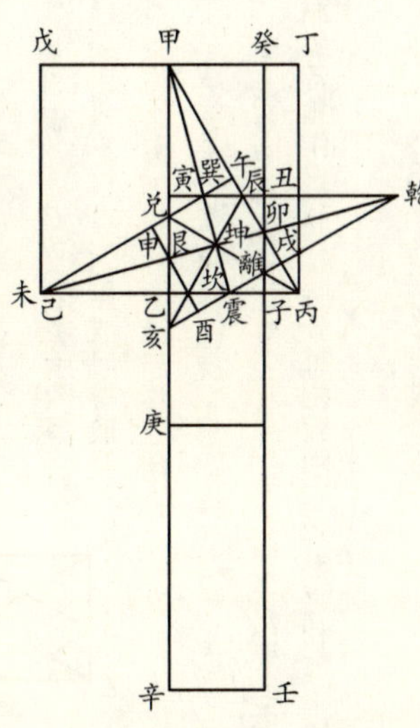

論曰：甲乙股乙丙勾相乘，即甲乙丙丁直角形。倍之爲實，即丙丁戊己直角形，求得甲丙弦，并勾股，得一千六百。於甲乙線引長之，截乙庚與句等，庚辛與弦等，得甲辛爲弦和和線，以爲法，除實得辛壬邊二百四十，即成甲辛壬癸直角形與丙丁戊己形等。六卷十六。而壬癸邊截乙丙句於子，次從子作子丑寅乙直角方形，即此形之各邊皆爲容圓徑，曷名爲容圓徑也。謂於甲乙丙三邊直角形內作一圜，其甲丙弦截子丑寅乙直角方形之卯辰線，與乙子、子丑、丑寅、寅乙諸邊皆爲切圜線也。則何以顯此五邊之皆爲切圜線乎？試于甲乙丙形上復作一丙午未直角三邊形，交加其上，其午丙與乙丙等、未午與甲乙等、未丙與甲丙等，即兩形必等。一卷廿二可推。次依丙午未直角，作午申酉戌直角方形，與乙子丑寅直角方形等。次于戌酉線引之至亥，又成甲戌亥直角三邊形，以甲爲同角，交加于甲乙丙形之上，亦以午申、酉戌爲容圓徑。次于亥戌、寅丑兩線引之遇于乾，又成乾寅亥直角三邊形，以亥爲同角，交加于甲乙丙形之上，亦以乙子、丑寅爲容圓徑。次作丙兑線，遇諸形之交加線于離、于兑。次作甲震線，遇諸形之交加線于巽、于震。次作亥辰線，遇諸形之交加線于坎、于辰。次作未乾線，遇諸形之交加線于艮、于卯，而四線俱相遇于坤。夫午丙與乙丙兩線等，而減相等之午戌、乙子，即戌丙與子丙必等。丙離同線，丙戌離、丙子離又等爲直角，戌離丙、子離丙又俱小于直角，即丙離戌、丙離子兩三角形必等。而兩形之各邊、各角俱等，六卷七。則丙兑線必分甲丙未角爲兩平分矣。一卷九。又子離與戌離兩邊既等，本論。子離震，戌離卯兩交角又等，一卷十五。卯戌離、震子離又等爲直角，即卯離戌、離震子之各邊、各角俱等，而兩形亦等。一卷廿六。又子離與離戌兩邊既等，離卯與離震兩邊又等，本論。即子卯與戌震兩邊亦等。子丑與戌酉各爲相等之直角方形邊，必等。而各減相等之子卯、戌震，其所存卯丑、震酉必等。丑卯辰、坎震酉兩角又各爲離卯戌、離震子相等角之交角，必等。辰丑卯、震酉坎又等爲直角，即卯丑辰、震酉坎之各邊、各角俱等，而兩形亦等。一卷廿六。依顯，午巽辰與坎艮乙之各邊、各角俱等，而兩形亦等。巽寅兑與兑艮申之各邊、各角俱等，而兩形亦等。又子丙、戌丙之數各八十，乙子、戌午各二百四十，以諸率分數論之，則丑卯、酉震各九十，丑辰、坎酉各四十八，卯辰、坎震各一百〇二，算見《測圓海鏡》之句股步率。則減丑卯之卯子，必一百五十也。卯子股一百五十，丙子句八十，以求卯丙弦，則一百七十也。本篇一。次減丙戌八十，即卯戌亦九十也。丑辰卯、卯戌離兩三角形之辰丑卯、離戌卯既等爲直角，丑卯辰、戌卯離兩交角又等，丑卯與戌卯復等，即兩形必等，而其各邊各角俱等，一卷廿六。依顯，子離震、與震酉坎兩形亦等。

依顯，諸形之交角者皆相等，其連角如酉亥坎、乙亥坎兩形亦等。而子離、離戌皆四十八也，則酉坎、坎乙亦皆四十八也，亥酉、亥乙皆八十也。子乙與戌酉等，子丙與酉亥復等，則乙丙與戌亥必等。而甲爲同角，甲乙丙、甲戌亥又等爲直角，則甲乙丙、甲戌亥之各邊、各角俱等，而兩形亦等。一卷廿六。甲亥與甲丙既等，各減相等之丙戌、乙亥，又減相等之乙寅、戌午，即甲寅與甲午必等。夫甲巽午、甲巽寅兩形之甲寅、甲午既等，甲巽同線，甲午巽、甲寅巽又等爲直角，即兩形必等，而各邊、各角俱等，六卷七。是甲震線必分丙甲亥角爲兩平分也。一九卷。甲乙丙一形内，既以丙兑線分甲丙乙角爲兩平分，又以甲震線分丙甲乙角爲兩平分，而相遇于坤，則以坤爲心、甲乙爲界作圜，必切乙子、子丑、丑寅、寅乙、卯辰五邊，而爲甲乙丙直角三邊形之内切圜，即乙丑直角方形之各邊爲容圓徑。四卷四。展轉論之，則各大直角三邊形内之分角線皆分本角爲兩平分，皆遇于坤，而坤心圜爲各形之内切圜，即兩直角方形邊爲各句股形内之容圓徑。

又法曰：甲乙股六百，乙丙句三百二十，并得九百二十，與甲丙弦六百八十相減，亦得乙子二百四十。

論曰：如前論，諸大句股形之分餘勾俱八十，諸勾股和與諸弦相減之較亦俱八十，則初分句二百四十爲諸形之容圓徑。

清・方中通《數度衍》卷首之三《幾何約》

論圜

二十二　圜内切界四邊形，每相對兩角并，與兩直角等。如圜心爲戊，圜内有甲乙丙丁四邊形，則甲乙丙、丙丁甲兩角并，或乙丙丁、丁甲乙兩角并，與兩直角必等。

二十三　一直線上，作兩圜分，不得相似而不相等。

二十四　相等兩直線上，作相似兩圜分必等。如甲乙、丁戊兩等直線上，作甲丙乙、丁己戊兩相似圜分必等。

又　二十六　等圜之乘圜分角或在心、或在界等，其所乘之圜分亦等。

如在心者爲甲庚丙、丁辛己兩角等，在界者爲甲乙丙、丁戊己兩角等，其甲丙、丁己兩圜分必等。

二十七　等圜之角所乘圜分等，則其角或在心、在界俱等。此反前題也。如甲丁、乙丙兩直線，在一圜内而不相交，其相去之甲乙、丁丙兩圜分等，則兩線必平行。

二十八　等圜内之直線等，則其割本圜之分大與大、小與小各等。

又　二十九　等圜之圜分等，則其割圜分之直線亦等。

三十一　負半圜角必直角，負大分角小於直角，負小分角大於直角，大圜分角大於直角，小圜分角小於直角。如甲乙戊丙圜，其心丁，徑甲丙。於半圜分内任作甲乙丙角負半圜分，乙甲丙角負乙甲丙大分，又任作乙戊丙角負乙戊丙小分，則負半圜之甲乙丙爲直角，負大分之乙甲丙爲鋭角，負小分之乙戊丙爲鈍角，丙乙甲大圜分角大於直角，丙乙戊小圜分角小於直角。

又凡角形之内，一角與兩角并等，其一角必直角。何者？其外角與内相對之兩角等，則與外角等之内交角豈非直角？

又　三十五　圜内兩直線交而相分，各兩分線矩内直角形等。如甲乙、丙丁兩線，圜内交於戊，若兩線俱過心者，其各分四線等，則甲戊偕戊乙與丙戊偕戊丁兩矩内直角形等。或丙丁線過心而甲乙線不過心者，或兩線俱不過心者，其甲戊偕戊乙與丙戊偕戊丁兩矩内直角形亦等。

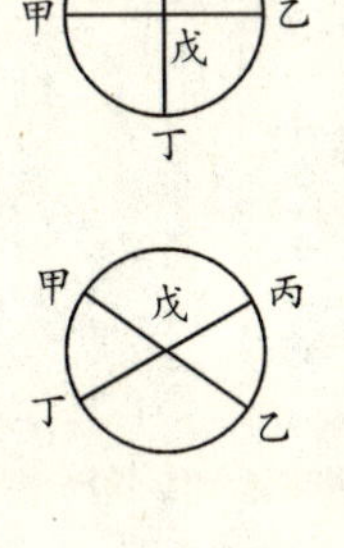

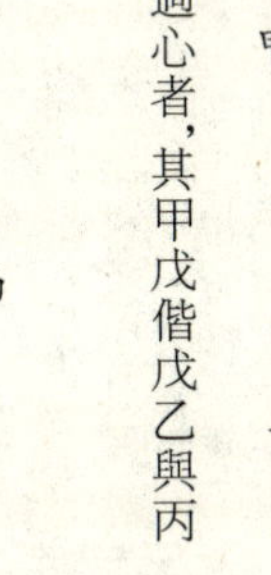

三十六　圜外任取一點，從點出兩直線，一切圜、一割圜，其割圜全線偕規外線矩内直角形，與切圜線上直角方形等。如甲乙丙圜外，任取丁點，從丁作丁乙切圜線而切於乙，作丁甲割圜線，毋論過心不過心，而截圜界於丙，則甲丁偕丙丁矩内直角形，與丁乙上直角方形等。

又從圜外甲點作數線至規内，各全線偕各規外線如甲戊偕甲丁、甲己偕甲丙兩矩内直角形必等。

又從圜外甲點作兩直線切圜，如甲乙、甲丙必等。亦止可作兩線切圜，無三線也。

三十七　圜外任於一點出兩直線，一至規外，一割圜，其割圜全線偕割圜之規外線矩内直角形，與至規外之線上直角方形等，則至規外者必切圜線。此反前題也。

清·李子金《幾何易簡集》卷二《幾何要法》删注

圜内有甲乙、丙丁兩線交而相分于戊，其甲戊偕戊乙矩内形與丙戊偕戊丁矩内形等，兩線無論過心與不過心，其數皆同。

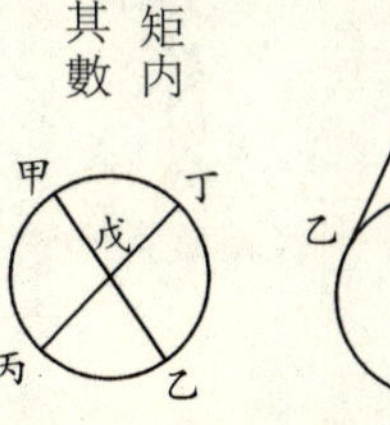

圜内線獨丙丁過心者，又有二種：其一，丙丁平分甲乙線于戊。試作己乙線相聯，即丙戊偕戊丁矩内直形及己戊上方形并，與等己丁之己乙上方形等。夫己乙上方形與己戊、戊乙上兩方形并等，即丙戊偕戊丁矩内直形及己戊上方形并與己戊戊乙上兩方形并亦等矣。次每減同用之己戊上方形，則所存丙戊偕戊丁矩内直形不與戊乙上方形等乎？按：此亦是勾股之法。蓋戊己即勾，戊乙即股，己乙即弦，丙戊即己乙偕己戊之勾弦和，戊丁即勾弦差，丙戊偕戊丁矩内直形即勾弦和與勾弦差相乘，其積與戊乙之股冪等，再加以己戊之勾冪，則即己乙之弦冪矣。

若丙丁與甲乙線斜交而相分于戊，即平分甲乙線于庚。

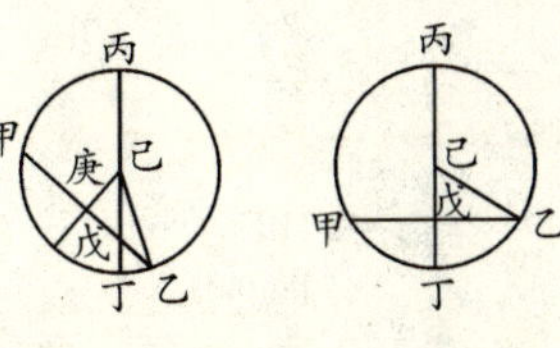

次于庚己、己乙各作直線，即己庚爲甲乙之垂線，其丙戊偕戊丁矩內直形及己戊上方形并，與等己丁之己乙上方形等。而戊己上方形與己庚、庚戊上兩方形并等，己乙上方形與己庚、庚乙上兩方形并亦等，則丙戊偕戊丁矩內直形及己庚、庚戊上兩方形并，與己庚、庚乙上兩方形并等。次每減同用之己庚上方形，即所存丙戊偕戊丁矩內直形及庚戊上方形，不與庚乙上方形等乎？夫甲戊偕戊乙矩內直形及庚戊上方形并，亦與庚乙上方形等，則此二相等率每減同用之庚戊上方形，則丙戊偕戊丁與甲戊偕戊乙兩矩內直形等矣。按：此亦句股之法。蓋己庚之句與庚乙之股二冪與己乙之弦冪等，己庚之句、庚戊之股二冪與己戊之弦冪等，丙戊偕戊丁矩內直形及己戊小弦冪并與己乙大弦冪等，丙戊偕戊丁矩內直形及庚戊小股冪并與庚乙大股冪等，至于丙戊偕戊丁矩、甲戊偕戊乙矩兩直形相等者，蓋丙戊雖大于甲戊，而戊乙則大于戊丁，此亦交互比例之法也。

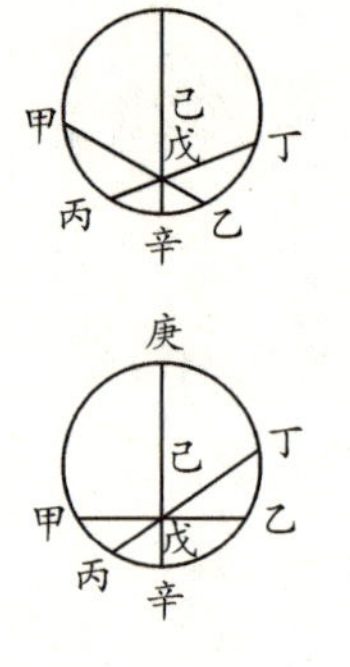

圜內兩線俱不過心者，又有二種，或一線平分，或兩線俱不平分。皆從己心與戊相聯作庚辛線，甲戊偕戊乙矩內形，不論甲乙線平分、不平分，皆與過心之庚戊偕戊辛矩內形等；丙戊偕戊丁矩內形，不論丙丁線平分、不平分，亦與過心之庚戊偕戊辛矩內形等，則甲戊偕戊乙與丙戊偕戊丁丙矩內形必等。按：此亦交互比例之法。庚戊雖大于甲戊，而戊乙則大于戊辛；甲戊雖大于丙戊，而戊丁則大于戊乙，蓋甲戊與庚戊之比例若戊辛與戊乙，丙戊與甲戊之比例若戊乙與戊丁也。假如前圖甲戊六寸、庚戊九寸、甲戊比于庚戊爲三分之二。戊辛四寸、戊乙六寸、戊辛比于戊乙亦爲三分之二。雖縱橫交羅至于無窮，皆不出此交互比例之數也。

圜外任取一點，從點出兩直線，一切圜、一割圜，其割圜之全線偕圜外線矩內形與切圜線上方形等。如甲乙丙圜外，從丁點作丁乙線切圜于乙。次作丁甲過心線。次作乙戊線爲丁乙之垂線，即甲丁偕丙丁矩內形及等戊丙之戊乙上方形并，與戊丁上方形等。而戊丁上方形與戊乙、丁乙上兩方形并等，即甲丁偕丙丁矩內形及戊乙上方形與戊乙、丁乙上兩方形并等。此兩率者，每減同用之戊乙上方形，則所存甲丁偕丙丁矩內形與丁乙上方形等矣。此兼句股、連比例兩法，戊乙之句冪及丁乙之股冪并，與戊丁之弦冪等，其甲丁偕丙丁矩內形與乙丁上方形等者，蓋甲丁爲前率，乙丁爲中率，丙丁爲後率，前後二率相乘與中率自乘之數相等，此度與數所以殊塗而同歸也。

若丁甲不過戊心，則從戊心作戊己、戊丙、戊丁、戊乙四線，即戊乙爲丁乙之垂線，戊己爲甲丙之垂線。其甲丙線既兩平分于己，而圜外有丙丁線，即甲丁偕丁丙矩內形及己丙上方形并，與己丁上方形等。次每加一戊己上方形，即甲丁偕丁丙矩內形及己丙、戊己上兩方形并，與己丁、戊己上兩方形并等。夫己丙、戊己上兩方形并，與等戊丙之戊乙上方形等。而戊丁上方形與己丁、戊己上兩方形并等，即甲丁偕丁丙矩內形及戊乙上方形并，與戊丁上方形等矣。又戊丁上方形與戊乙、丁乙上兩方形并等，即甲丁偕丁丙矩內形及戊乙上方形并，與戊乙丁乙上兩方形并等。次每減同用之戊乙上方形，則所存甲丁偕丁丙矩內形與丁乙上方形等。此亦兼句股、連比例之法。戊乙之大勾冪及丁乙之大股冪并，與戊丁之大弦冪等；戊己之小句冪及己丙之小股冪并，與戊丙之小弦冪等；戊己之句、丁己之股與戊乙之句、丁乙之股共一戊丁之弦，是戊己、丁己兩句股之冪與戊乙、丁乙兩句股之冪等也。甲丁偕丁丙矩內形，即丁乙之大股冪也。甲丁偕丁丙矩內形及己丙上方形并，與己丁上方形等，即丁乙大股冪及己丙小股冪并，與己丁更大之股冪等也。其甲丁偕丙丁矩內形與丁乙上方形等，説見前注，無容再贅。

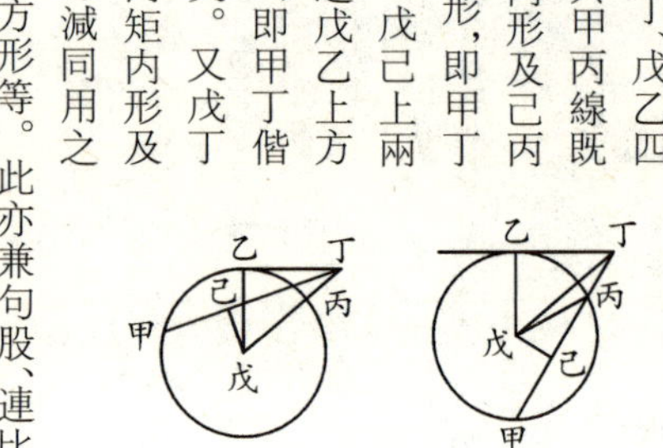

若從圜外一點作數線至圜內，其各全線偕圜外線矩內直形俱等。如從甲作甲丙、甲丁、甲戊、甲己各線，截圜界于庚、于辛、于壬、于癸。其甲丙偕甲庚、甲丁偕甲辛、甲戊偕甲壬、甲己偕甲癸各矩內直形俱等。試作甲乙切圜線，則各矩內直形與甲乙上方形俱等。按：此純是連比例之法。全線乃初率，圜外線乃末率，切圜線乃中率。全線爲直形之長圜外線，爲直形之廣。全線漸大，則圜外線漸小；全線漸小，則圜外線漸大，乃損廣益長、損長益廣之理。故各割圜線矩內之形皆

等，其切圜線與各全線之比例，若各圜外線與切圜線之比例，故各全線偕圜外線矩内形俱與切圜線上方形等也。

甲乙線過心圖，乃假前圖之數，以明一線分身之連比例。先作一甲丙丁圜，以戊爲心。次作一丁戊垂線至戊心而止。次以圜徑爲度，作一丁乙切圜線，使丁戊如句、丁乙如股。次作一甲乙過心線，其樞機只在切圜線與圜徑等，割圜線必平分圜之中心耳。如是，則甲乙全線即爲初率，甲丙圜内線即爲中率，所截乙丙圜外線即爲末率，而甲乙偕乙丙矩内形自然與甲丙圜徑線上方形等矣。乙丁切圜線實與甲丙圜徑線同，是即與乙丁切圜線上方形等也。除此之外，任作無量之線，其矩内直形止與切圜線上方形等，而不與圜内線上方形等，即非一線分身之連比例也。甲乙線不過心圖，乃假前圖之數，以明兩線相較之連比例。甲乙借乙丙矩内直形雖與乙丁切圜線上方形等，而不與甲丙圜内線上方形等，是舍本身圜徑之線而別用一割線與切線相較，故謂之兩線相較之連比例，而非一線分身之連比例也。推而論之，連比例之線不啻百千億萬，至于一線分身之連比例，于百千億萬線中止有一線，而本書不曾明言，是以不得不急爲講求也。天地之間既有一圜，必有一切圜之線與割圜之線。其切圜之線大于圜徑者，無算也；小于圜徑者，亦無算也。其割圜之線在圜心之左者，無算也；在圜心之右者，亦無算也，其爲連比例之線，蓋有不可勝窮者矣，而切圜之線與圜徑相等者，惟有一線，割圜之線平分圜心者，亦惟有一線。苟明于此，一線之理而于一線分身連比例之法，思過半矣。西儒謂此一線爲神分線，信不誣也。

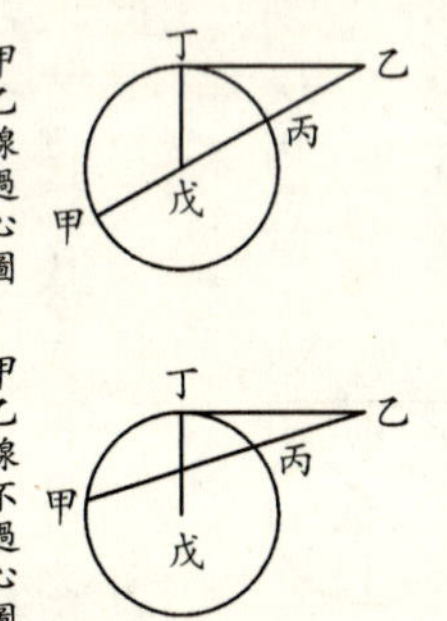

甲乙線過心圖

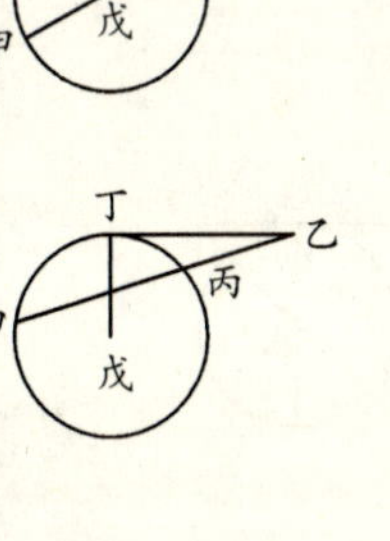

甲乙線不過心圖

清·梅文鼎《幾何通解》以句股解《幾何原本》之根。

解《幾何》三卷第三十五題

圜内有一線不過圜心，而十字相交於圜徑，即成句股和較之法。

如甲丙乙句股形，以甲乙弦爲半徑作圜。將甲丙股及丙乙句各引長至圜界，則己丙爲句弦較，丙丁爲句弦和。較乘和開方，得甲丙股。而丙戊亦甲丙也，故甲丙乘丙戊與己丙乘丁丙等積也。所謂圜内兩線相交，其各分線相乘等積，即此理也。

若有一線不過心而斜交於徑，則以他句股交錯求之。

如庚壬線斜交圜徑於丙，法：自圜心乙作十字線至辛，平分庚壬線爲兩。乃以辛丙減辛庚，餘庚丙爲較。以辛丙加辛壬，得壬丙爲和。辛庚方内，有庚丙較乘丙壬和之積及辛丙方。乙辛庚句股形以乙庚爲弦，弦冪内兼有庚辛及乙辛句股二冪，即兼有庚丙乘丙壬之積及辛丙、乙辛二方也。又乙辛丙小句股形以乙丙爲弦，則乙丙方内兼有辛乙、辛丙二方。而甲丙乙句股形以同庚乙之甲乙爲弦，弦冪内兼有甲丙及乙丙二方。此兩弦者既等，其冪必等。而其所兼之辛丙、乙辛二方，又與乙丙方等，則各減等率，而其所餘之庚丙乘丙壬積，亦必與甲丙方等矣。而己丙乘丙丁，原與甲丙方等，則己丙乘丙丁，亦必與庚丙乘丙壬等矣。

若兩線俱不過心，則作一過心線和之。辛戊線與庚壬線交於丙，則戊丙乘丙辛與庚丙乘丙壬亦等。試作丁己過心線，與兩線交於丙，則戊丙乘丙辛及庚丙乘丙壬之積，皆於丁丙乘丙己之積等，則亦必自相等矣。

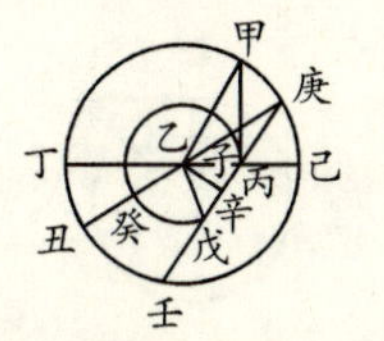

又法：以大小兩句股相減。

如前法，作乙辛線，平分庚壬線於辛，成乙辛庚、乙辛丙大小兩句股形。以丙辛句減庚辛句餘庚丙爲較，以同丙辛之辛戊加庚辛句成庚戊爲和。即丙壬。又以乙丙弦減庚乙弦餘子庚爲較，又兩弦相加成子丑爲和。以庚子較乘子丑和與庚丙較乘丙壬和之積必等。詳後條。而己丙即庚子，丙丁即子丑，亦即庚癸。故己丙乘丙丁與庚丙乘丙壬亦等。

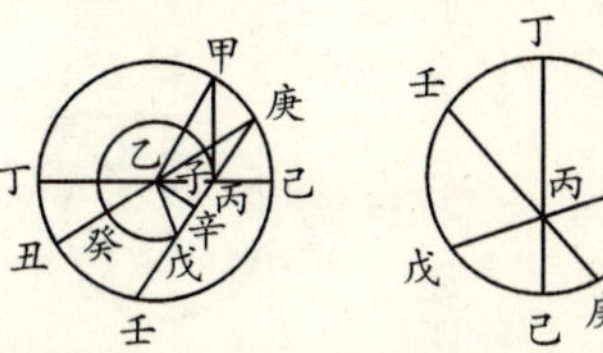

又庚乙方内兼有庚子乘庚癸之積及乙子方，即如兼有庚丙乘丙壬之積及乙丙方也。乙丙即乙子。而同庚乙之甲乙弦冪内，原兼有甲丙方及乙丙方，此庚乙、甲乙兩積内，各減去乙丙方，則所存者，一爲庚丙乘丙壬之積，一爲甲丙自乘積。此所餘兩積，亦必相同可知矣。又己丙乘丙丁之積，原與甲丙方等，則亦與庚丙乘丙壬等矣。

又以兩方相減及兩句股相加減，合圖以明之。圖如後。

先解兩方相減。

法：於寅辛大方内減辰戌小方與己子等，餘爲寅午長方即二方較寅辰乘大方邊之積。及未辛長方。即午未較乘小方邊之積。未移未辛長方於丑卯，成寅卯長方。即較乘和之積。又庚甲大方内減己癸小方，丁辛爲兩方較，己辛爲兩方和，亦即辛丙。又作丁壬、癸戌二線，減去丁癸小方與己癸等，其餘辛壬、壬癸兩長方。又移癸壬爲丙壬，成丁丙長方，即較乘和之積也。

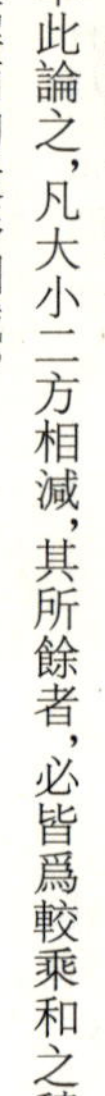

準此論之，凡大小二方相減，其所餘者，必皆爲較乘和之積。

次解兩句股形相減。

乙庚辛句股與乙庚丁句股相減，則以丁庚句減辛庚句餘辛丁爲兩句之較。又以同丁庚之己庚句加辛庚句成辛己爲兩句之和，和乘較成丁丙長方。又以乙丁弦減辛乙弦餘辛戌爲兩弦之較，又兩弦相加成辛子爲兩弦之和，和乘較成卯寅長方。此兩長方者，其積必等。無論乙爲正角、或鈍角、或鋭角，並同。

何以明之？曰：句股法。乙辛弦上方兼有乙庚、庚辛上二方，又乙己弦上方兼有乙庚、庚己上二方。今既以乙己上方減乙辛上方，則各所兼之乙庚方已同減盡。故乙辛上方之多於乙己上方者，即是庚辛上方多於庚己上方之數也，又是兩分之乙庚辛句股及乙庚己句股，即乙庚丁。故不論乙角鋭鈍，其法悉同也。

解《幾何》三卷第三十六　三十七題

甲乙丙句股形，以乙丙句爲半徑作圓，則甲丙股爲切線，甲乙弦爲割線。甲乙割線内減丁乙半徑，則甲丁爲句弦較。甲乙割線加乙戊半徑，則甲戊爲句弦和，和乘較開方得甲丙股。若割（員）［圓］線不過乙心如甲庚，則以他句股明之。

法：自乙心向割圓線作乙己爲十字線，則割線之在圓内者，平分爲兩。子己，己庚。又作乙子半徑，成子己乙小句股，則子乙小弦上方冪兼有子己小股、乙己小句兩冪。又甲庚總線既分於己，則甲己大線内減子己小線，其餘甲子在圓外者爲較，以小線己庚加大線甲己成甲庚總爲和。凡大小二方相較，則大方内兼有較乘和及小方之積。則是甲己冪内，必兼有甲子乘甲庚之長方及子己方也。又甲己乙亦句股形，其甲乙弦内原兼有甲己及乙己句股二冪，即是兼有甲子乘甲庚之長方及子己方與乙己方也。而子己及己乙二方，原合之成一子乙方。子乙，即丙乙也。是合丙乙方與甲子乘甲（寅）［庚］之長方，而成甲乙方也。又甲丙乙句股形同以甲乙爲弦，原合丙乙方與甲丙方，而成甲乙方。兩形之甲乙方内各去其相等之丙乙方，則其餘積一爲甲子乘甲庚之長方，一爲甲丙自乘方。是二者，不得不等矣。

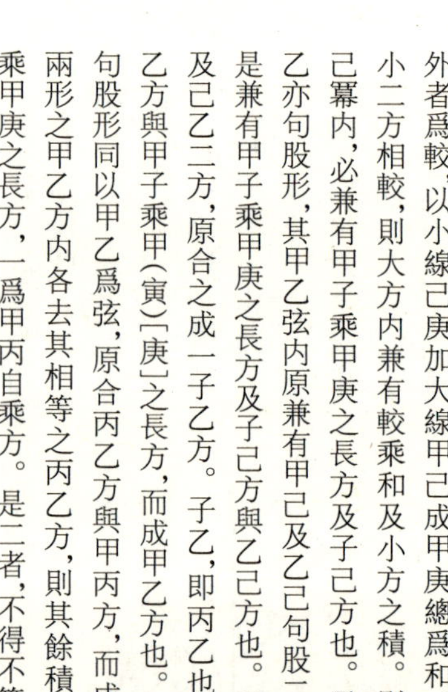

用法

凡測平圓形，既得甲丙切線自乘爲實，以甲丁之距爲法除之，得甲戊之距。以甲丁距減之，得丁戊圓徑。

若欲測庚物之在圓周者，亦以甲丙切線自乘爲實，以甲子爲法除之，即得甲庚之距。

又法：用兩句股相加減。甲乙丙句股形，以乙丙句爲半徑作圓。又以甲乙弦爲半徑作外圓，自外圓任取甲點，作過心圓徑至戊。又作一不過心斜綫入内（員）［圓］至庚，則以兩圓間距線乘其全線皆與股冪等，而亦自相等。如以甲丁乘甲戊，或甲壬乘甲庚，其積皆等，又皆與甲丙切線上方冪等。

法：以（丙）［兩］句股相加減。自乙心作乙辛十字正線，平分壬庚線於辛，成乙辛甲句股。又作乙壬乙庚二線，成乙辛壬小句股，與乙辛庚等。以辛壬與甲辛相減，餘甲壬爲句股之較。又相加成甲庚全線，爲兩句之和，則以甲壬乘甲庚爲句之較乘和也。又以乙壬與甲乙相減，餘甲丁爲兩弦之較，相加成甲戊全線爲兩弦之和，則以甲丁乘甲戊爲弦之較乘和也。此句與弦之和較相乘，兩積必等。而甲丁乘甲戊，原與甲丙自乘等，故三積俱等。

準此論之，凡自甲點任作多線入内（員）［圓］，其法並同。不但此也，但於外（員）［圓］周任作線入内（員）［圓］亦同。如於丑作丑戊線，則丑卯乘丑戊，亦與甲丙冪等。

何以知之？曰：試於丑作丑寅過心線，即諸數並同甲戊矣。而丑卯戊之於丑辰寅，猶甲壬庚之於甲丁戊故也。

簡法：作戊庚過心線，則乙辛庚與乙辛壬成相同之句股，即顯壬丙爲兩句之較，而丙庚爲其和。又顯戊癸爲兩弦之較，與已丙等。而癸庚爲其和。與丙丁等。則壬丙乘丙庚與已丙乘丙丁皆較乘和也，其積必等。

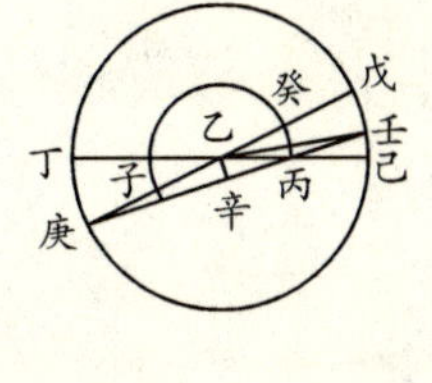

方斜較求原方《幾何約》論線第十四條有用法，今解其理。

甲乙丙丁正方形，甲乙其對角線，戊乙爲方斜之較。於戊乙上作庚癸乙戊小方，則丙庚與庚戊等。

論曰：法：於方之一角甲作圓，而以丙甲方邊爲圓之半徑，則乙丙爲切圓線，乙辛爲自圓外割圓之全線，乙戊較爲割圓在外之餘綫。而兩綫皆出一點，則乙戊乘乙辛之矩形與乙丙切線方形等。夫乙丙即原設方也，今以同乙戊之癸乙爲横，乙辛爲直，作乙已長方。即乙戊乘乙辛之矩。又移切甲已長方爲子甲長方，又移卯補午，移辰補酉，移丑補寅，則復成乙丙甲丁方形矣。而丑卯午酉等斜剖半方形，皆以乙戊較爲半方形之邊。是庚戊及丙庚皆與乙戊等，而亦自相等，又何疑焉？

用法

有方斜之較乙戊，求原方形之一邊。法：以乙戊較作小方形取其斜乙庚，再引長之截丙庚如乙戊，得乙丙如所求。

如有圓城正西之門如戊，西南之門如丙，人立於庚，可兩見之，而庚丙與庚戊皆等，問城徑。

法：以庚戊自乘，成戊庚癸乙小方形。以方斜之法，倍小方爲實，以平方開之，得其斜距爲乙庚。以乙庚加庚丙爲乙丙，即圓城之半徑。此即《幾何約》之用法也。

又論曰：試於庚丙上作丙子較線上方，引庚戊至丁，則丁庚又爲丙子方之斜。而丁戊與乙丙等，從丁戊作丁壬甲戊爲元方，如所求。

又論曰：此即句弦和較相乘開方得股也。乙甲、丁甲皆如弦，戊甲、甲辛皆如句。乙戊如句弦較，丁丙同。乙辛如句弦和，乙辛和與乙戊較相乘成癸已辛乙長方。平方開之，得丁戊股。乙丙同。

切線角與圓周角交互相應《幾何》三卷三十二　卅三增題。

乙丙丁三角形，在圓内有甲乙切圓線，則所作丙乙甲角與丙丁乙角同大，又丁乙戊角與丁丙乙角同大，所謂交互相應也。

論曰：乙丙弧爲丁角度，而丙乙甲角亦以乙丙弧爲度，故丙乙甲角即丁角也。丁乙弧爲丙角度，而丁乙戊角亦以丁乙弧爲度，故丁乙戊角即丙角也。若丁爲鈍角，則丙乙甲亦鈍角，兩鈍角同以丙辛乙弧爲度故也。凡用圓周度爲角度，皆以兩度爲一度。後第二題詳之。

又增題：(員)[圓]内三角形一角移動，則餘二角變。而本角度分不變，交互相應之角度亦不變。

如上圖，丁角移至辛，則丙角加大。而相應之辛乙戊角亦從之而大，以辛丁乙弧大於丁乙弧也。辛乙戊大，則辛乙丙小矣，其較皆爲丁辛弧。若丁角雖移至辛，而其度不變，相應之丙乙甲角亦不變，以所用之丙乙弧不變也。

又丙角移至壬，則丁角加大，相應之壬乙甲亦從之而大，以壬丙乙弧大於丙乙弧也。壬乙甲大，則壬乙丁小矣，其較皆爲丙壬弧。若丙角雖移至壬，其度不變，相應之丁乙戊亦不變，以所用之丁乙弧不變也。

又增題：切圓線作角與圓周弧度相應(圖)

有子甲戊圓，有乾艮線相切於子。從子點出線，與切線作角，必割圓周之度。其大小皆相應，但皆以圓周兩度當角之一度。

如用子午正線，則所作兩旁子角皆正角。各九十度。而亦剖圓爲半周，是

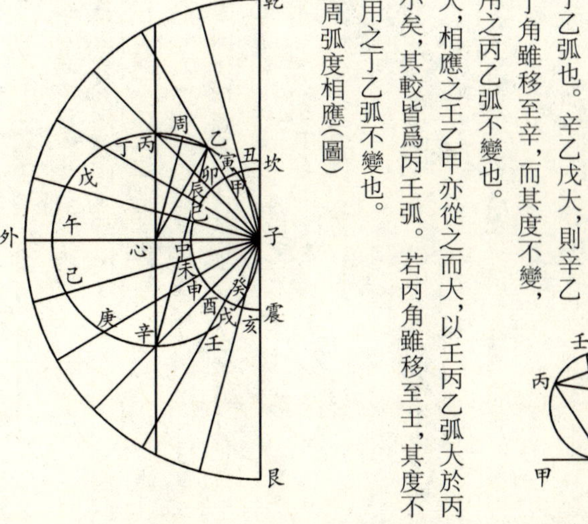

兩度當一度。又如用子辛綫作辛子艮鋭角，四十五度。而本線割圓周於辛爲九十度，亦兩度當一度。又如用子辛綫作辛子乾鈍角，百三十五度。而綫割辛午子圓分爲二百七十度。三象限，亦兩度當一度。又如於(員)[圓]内任作辛子乙角，乙辛子角所乘之子甲乙弧六十度，乾子乙角同用子甲乙弧亦六十度，然其實度是坎寅弧實只三十度，亦兩當一也。又子乙辛角乘子癸壬辛弧，一象限。艮子辛角亦割子癸壬辛弧，一象限。然其實度爲震酉弧只四十五度，亦兩當一也。所以者何？曰：試作心乙線，移角於心，則所乘弧子甲乙。六十度，皆實度也。今(也)[心]角在辛，是圓周也，非圓心也。凡圓周之角，小於圓心一倍故也。

論曰：圓周至圓心，正得圓徑之半，故所作角爲折半比例。試作乙丙線，成辛乙丙句股形。又從心作心周線，與辛乙平行，則所作周心丙角與乙辛丙等。而此心周綫平剖乙丙句，亦平分乙周丙於周，而正得其半矣。

系：句股形，平分弦線作點，從此作線與股平行，即平分句線爲兩。

又論曰：查角度之法，皆以切點爲心，作半圓，即見真度。此不論半圓大小，或作於圓内，或作於圓外，並同。作於圓外，其度開明，易於簡查。

又論曰：試於所切(圈)[圓]心，作竪徑線，與切線平行，如辛丙線。引長之出圓外，而以查角度之線，割圓周而過之，則皆成大小句股形。而所過竪線上點，皆即八線中之切線，爲句股形之股。角度斜線爲竪線所截處，即八線中割線，當爲弦。而切點至圓心之半徑，常爲句，如子辛角度線。割竪線於辛，成辛子心句股形，其所當角度爲酉中四十五度。則辛心即四十五度之切線，辛子即四十五度之割線，餘並同，其子心即半徑也。

又論曰：角度半圓有大小，而子心半徑常爲句者，以所作竪線在圓心，欲用圓度相較也。若於半圓之端，如中、如外作竪線與切線平行，其所作切線割線亦同比例而即以各半圓之半徑爲句矣。不但此也，即任於子心外直線上任作一竪線，其所作句股並同，但皆以十字交處，距子點之度命爲半徑。此入線割圓之法所由以立也。

又梅文鼎《方圓冪積》

方圓相容

《新法曆書》曰：割圓亦屬古法，蓋人用圭表等測天，天圓而圭表直，與圓爲異類，詎能合歟。此所以有割圓之法也。新法名爲八線表云。

又云：徑一圍三，絶非相準之率。然徑七圍二十二則盈，徑五十圍百五十七則朒。或詳繹之，則徑一萬，圍三萬一四一五九，雖亦小有畸零不盡，然用之頗爲相近。

今算得平方與同徑之平圓，其比例若四〇〇〇〇與三一四一五九。平方内容平圓，平圓内復容平方，則内方與外方内圓與外圓之冪，皆加倍之比例。

假如戊己辛庚平方内容甲乙丙丁圓，圓内又容甲丙乙丁小平方，小方内又容壬丑癸子小平圓，如此遞互相容，則其冪積皆如二與一也。

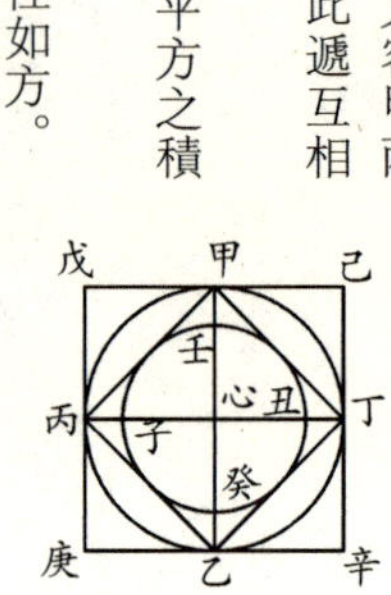

假如外大平方戊己辛庚。之積一百，則内小平方之積甲丁乙丙。必五十。平圓亦然。

若求其徑，則成方斜之比例，大徑如斜，小徑如方。

假如内小平方積一百，以甲丁或丙乙爲徑，開方求一百之根，得徑一十。其外大平方積二百，以甲乙或丁丙爲徑，開方求二百之根，得徑一十四一四有奇。甲乙爲甲丁小方之斜，故斜徑自乘之冪與其方冪若二與一。而其徑與斜徑若一十與一十四一四奇也，折半則爲五與七〇七奇。故曰方五則斜七有奇也。

三邊形内容平圓，平圓内又容三邊，則其冪之比例爲四與一。

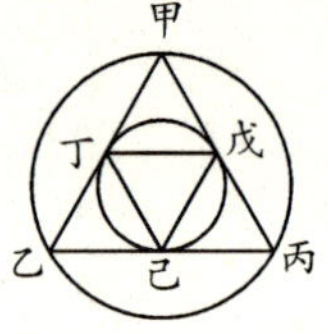

甲乙丙三邊形内容丁戊己平圓，平圓内又容丁戊己小三邊，則内小三邊形爲外大三邊形四之一。内外兩平圓之冪，其比例亦爲四與一。

若有多層，皆以此比例遞加。

方圓周徑相求

同積較徑，爲方變(員)[圓]變方之用。

凡方圓同積，則(員)[圓]徑大，方徑小，其比例若一一二八三七九與一〇〇〇〇〇〇。

解曰：圓徑一一二八三七九，則方徑一〇〇〇〇〇〇也。

法曰：有圓徑，求其同積之方徑。當以一〇〇〇〇〇〇乘，以一一二八三七九除。

有方徑，求其同積之圓徑。當以一一二八三七九乘，以一〇〇〇〇〇〇除。

凡方圓同積，則圓徑上平方與方徑上平方，其比例若四〇〇〇〇〇〇〇與三一四一五九二六五。

解曰：圓徑自乘四〇〇〇〇〇〇〇〇，則方徑自乘三一四一五九二六五。

法曰：有圓徑，求其同積之方徑。當以三一四一五九二六五乘之，四〇〇〇〇〇〇〇除之，得數，平方開之得方徑。

有方徑，求其同積之圓徑。當以四〇〇〇〇〇〇〇〇乘，三一四一五九二六五除，得數，平方開之得圓徑。

凡方圓同積，則（員）〔圓〕徑與方徑，若一〇〇〇〇〇〇與〇八八六二二六。

解曰：圓徑一〇〇〇〇〇〇，則方徑八八六二二六也。

法曰：有圓徑，求同積之方徑。以八八六二二六乘圓徑，一〇〇〇〇〇〇除之，即得方徑。

有方徑，求同積之圓徑。以一〇〇〇〇〇〇乘方徑，八八六二二六除之，即得圓徑。

約法

以一一二八三七九乘方徑，去末六位，得同積之圓徑。

以〇八八六二二六乘圓徑，去末六位，得同積之方徑。

同積較周

凡方圓同積，則圓周小，方周大，其比例若一〇〇〇〇〇〇與一一二八三七九，亦若八八六二二六與一〇〇〇〇〇〇。

解曰：圓周一〇〇〇〇〇〇，則方周一一二八三七九也。方周一〇〇〇〇〇〇，則圓周八八六二二六也。

約法

以一一二八三七九乘圓周，去末六位，得同積之方周。

以〇八八六二二六乘方周，去末六位，得同積之圓周。

凡方圓同積，則其徑與徑、周與周，爲互相視之比例。

解曰：方周與圓周之比例，若圓徑與方徑也。

論曰：凡同積之周，方大而圓小。同積之徑，則又方小而圓大，所以能互相爲比例。

約法

以方周乘方徑爲實，圓周除之得圓徑；若以圓徑除實，亦得圓周。

以圓周乘圓徑爲實，方周除之得方徑；若以方徑除實，亦得方周。皆用異乘同除，例如左：

一　圓周一〇〇〇〇〇〇
二　方周一一二八三七九
三　方徑〇二八二〇九四七五
四　圓徑〇三一八三〇九八八
積七九五七七四七九七八

一　方周一〇〇〇〇〇〇
二　圓周〇八八六二二六
三　圓徑〇二八二〇九四七五
四　方徑〇二五〇〇〇〇
積六二五〇〇〇〇〇〇〇〇

一　圓徑一〇〇〇〇〇〇
二　方徑〇八八六二二六
三　方周三五四四九〇四
四　圓周三一四一五九二
積七八五三九八一六〇〇〇〇

一　方徑一〇〇〇〇〇〇
二　圓徑一一二八三七九
三　圓周三五四四九〇四
四　方周四〇〇〇〇〇〇
積一〇〇〇〇〇〇〇〇〇〇〇〇

第四率並與一率乘，得四倍積，四除之得本積。

論曰：以上皆方圓周徑互相求，乃同積之比例。方圓交變用之，即比例規變面線之理。

同徑較積較周即方内容圓，圓外切方。

凡方圓同徑，則方積大，圓積小，周亦如之，其比例若四〇〇〇〇〇〇〇與三一四一五九二六五。

方徑一〇〇〇〇周四〇〇〇〇　積一〇〇〇〇〇〇〇〇
圓徑一〇〇〇〇周三一四一五奇　積〇七八五三九八一六
方徑二〇〇〇〇周八〇〇〇〇　積四〇〇〇〇〇〇〇〇
圓徑二〇〇〇〇周六二八三一奇　積三一四一五九二六五

凡徑倍者，周亦倍，而其積爲倍數之自乘，亦謂之再如比例。《授時曆》謂之平差。

徑二倍，周亦二倍，而其積則四倍；徑三倍，周亦三倍，而其積九倍；乃至徑十倍，周亦十倍，而積百倍；徑百倍，周亦百倍，而積萬倍。皆所加倍數之自乘數，亦若平方，謂之再加也。

同周較積較徑

凡方圓同周，則圓積大，方積小，徑亦如之，其比例若四〇〇〇〇〇〇〇與三一四一五九二六五。

方周一〇〇〇〇〇　徑〇二五〇〇〇〇　積六二五〇〇〇〇〇〇〇
圓周一〇〇〇〇〇　徑〇三一八三〇九八八　積七九五七七四七〇〇〇〇
方周四〇〇〇〇〇　徑一〇〇〇〇〇　積一〇〇〇〇〇〇〇〇〇〇
圓周四〇〇〇〇〇　徑一二七三二三九五四　積一二七三二三九五四〇〇〇

論曰：周四則徑與積同數，但其位皆陞，皆視周數之位。今用百萬爲周，則積陞六位，成萬億矣。故雖同而實不同，不惟不同，而且懸絶。定位之法，所以當明也。

問：位既大陞而數不變何耶？曰：周徑相乘，得積之四倍。於是四除其積，即得所求平積，此平冪之公法也。兹方圓之周既爲四，則以乘其徑，而復四除之，即還本數矣。惟周數之四、或十、或百、或千、萬、億，無定。而除法之四定爲單數，故無改數而有進位也。

又論曰：周四倍之，徑與周一之徑爲四倍，其積則十六倍。所謂再加之比例。

清・杜知耕《幾何論約》卷三

二題

圜界任取兩點，以直線相聯，則直線全在圜內。

三題

直線過圜心分他直線爲兩平分，其分處必爲兩直角；爲兩直角，必兩平分。

解曰：甲乙丙丁圜有丙丁線過戊心，平分甲乙線于己，題言戊己必是垂線，而己旁爲兩直角；又言己旁既爲兩直角，則戊己必分甲乙爲兩平分。

四題

圜內不過心兩直線相交，不得俱爲兩平分。

解曰：甲乙丙圜內有甲乙、丙丁兩直線，俱不過己心，而交于戊，題言兩直線或有一線爲兩平分，不得俱爲兩平分。

五題

兩圜相交，必不同心。

六題

兩圜內相切，必不同心。

七題

圜徑離心任取一點，從點至圜界任出幾線，其過心線最大，不過心線最小；餘線愈近心者愈大，愈近不過心線者愈小；而諸線中，止兩線等。

解曰：甲戊辛圜，其徑甲乙，其心己。離心任取一點爲庚，從庚至圜界任出幾線，爲庚丙、庚丁、庚戊。題先言從庚所出諸線，惟過心庚甲最大；次言不過心庚乙最小；三言庚丙大于庚丁，庚丁大于庚戊，愈近心愈大，愈近庚乙愈小；後言庚乙兩旁，如庚戊、庚辛，止可出兩線等，不得有三線等。

八題

圜外任取一點，從點任出幾線，其至規內，則過心線最大，餘線愈離心愈小；其至規外，則過心線最小，餘線愈近徑愈小；而諸線中，止兩線等。

解曰：乙己壬圜之外，從甲點任出幾線，其一過心爲甲壬，餘爲甲辛、甲庚、甲己，皆至規內。題先言過心之甲壬最大，次言近心之甲辛大于離心之甲庚，甲庚又大于甲己；三言規外之甲乙爲乙壬徑餘者最小；四言甲丙近徑，餘小于甲丁，甲丁又小于甲戊；後言甲乙兩旁止可出兩線，如甲丙、甲子相等，不得有三線等。

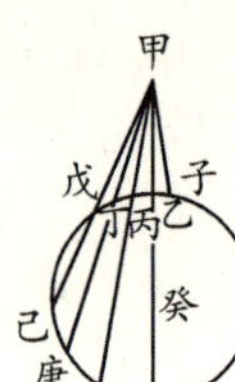

九題

圜內從一點至界作三線以上皆等，此點必是圜心。

論曰：三線皆半徑，故等。若非圜心，所出止有兩線等，不得有三線等。

十題

兩圜相交，止于兩點。

十一題

兩圜內相切，作直線聯兩心，引出之必至切界。

解曰：甲乙丙、甲戊丁兩圜內相切于甲，兩心爲己、爲庚，題言作直線聯庚己兩心，引抵圜界必至甲。

十二題

兩圜外相切，以直線聯兩心，必過切界。

十三題

圜相切不論內外，止以一點。

十四題

圜內兩直線等，即距心之遠近等；距心之遠近等，即兩直線等。

解曰：甲乙丙丁圜，其心戊，圜內甲乙、丁丙兩線等，題言兩線距心遠近亦等；又言兩線距心遠近等，則兩線亦等。

十五題

徑爲圜內之大線，其餘線近心大于遠心。

解曰：甲丙己圜，其心庚，其徑甲己。其近心線爲乙戊，遠心線爲丙丁，題言甲己最大，乙戊近心大于丙丁遠心。

十六題

圜徑末之直角線全在圜外，而直線偕圜界所作切邊角不得更作一直線入其内，其半圜分角大于各直線鋭角，切邊角小于各直線鋭角。

解曰：甲乙丙圜，其心丁，甲丙爲徑，從甲作甲戊爲甲丙之垂線，題言戊甲全在圜外；又言戊甲垂線偕乙甲圜界所作切邊角不得更作一直線入其内，若作甲己線，必割圜爲分；又言甲丙徑線偕甲乙圜界所作丙甲乙圜分角大于各直線鋭角，而戊甲垂線偕甲乙圜分所作戊甲乙切邊角小于各直線鋭角。

論曰：甲戊下有直線，既云必割圜爲分，即此直線偕戊甲所作角必大于切邊角，偕丙甲所作角必小于分圜角。

系：戊甲線必切圜以一點。

增題：有兩種幾何，一大一小。以小率半增之遞增至于無窮，以大率半減之遞減至于無窮，其元大者恒大，元小者恒小。如戊甲乙切邊角爲小率，壬庚辛直線鋭角爲大率，今别作甲丙、甲丁等圜，俱切戊己線于甲，其切邊角愈增愈大。別以庚癸、庚子分壬庚辛角愈分愈小，然直線角恒大，切邊角恒小，乃至終古不得相比。

又增題：舊有一説，以一小率加一大率之上，或以一大率加一小率之上，不相離，逐線漸移之，必至一相等之處。又一説，有率大于此率者，有率小于此率者，則必有率等于此率者。昔人以爲皆公論，若用以律，本題即不可得，故今斥爲不公論。如甲乙丙圜，其徑甲丙，令甲丙之甲界定在于甲，而引丙線，逐線漸移之向己，其所經丁、戊、己及中間，逐線所經無數，凡割圜時，皆爲鋭角，即小于半圜分角，繞離鋭角，便爲直角，即大于半圜分角，終無相等線，可見前一舊説未爲公論。又直線鋭角皆小于半圜分角，直角與鈍角皆大于半圜分角，是有大者，有小者，終無等者，可見後一舊説未爲公論。

又　十八題

直線切圜，從圜心作直線至切界，必爲切線之垂線。

解曰：甲乙線切丙丁圜于丙，從戊心至切界作戊丙線，題言戊丙爲甲乙之垂線。

十九題

直線切圜，圜内作切線之垂線，則圜心必在垂線内。

二十題

負圜角與分圜角所負所分之圜分同，則分圜角必倍大于負圜角。

解曰：甲乙丙圜，其心丁，有乙丁丙分圜角、乙甲丙負圜角，同以乙丙圜分爲底，題言乙丁丙角倍大于乙甲丙角。

先論分圜角在乙甲、甲丙之内者，曰從甲作甲戊線，其甲丁乙形之丁甲、丁乙等，即丁甲乙、丁乙甲兩角等，一卷五。而乙丁戊外角與相對兩内角并等，一卷三二即乙丁戊倍大于乙甲丁矣。依顯，丙丁戊亦倍大于丙甲丁，則乙丁丙全角亦倍大于乙甲丙全角。

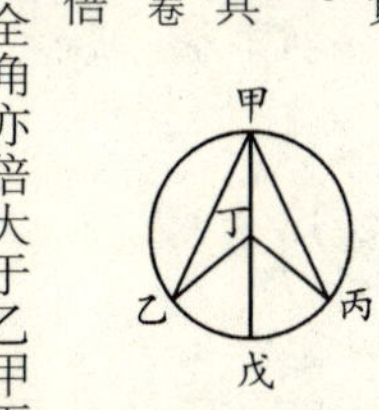

次論分圜角不在乙甲、甲丙之内，而甲乙線過丁心者，曰丁甲丙形。兩腰等，則兩角亦等。而乙丁丙外角與甲丙兩内角并等，是乙丁丙角倍大于乙甲丙角。

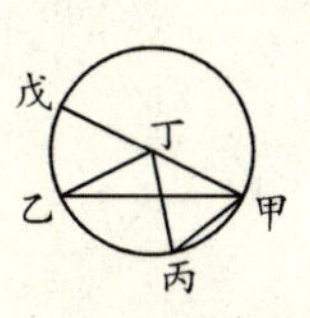

後論分圜角在負圜角之外，而甲乙截丁丙者，曰乙甲丙負圜角。乙丁丙分圜角自甲作甲戊過心線，依前論推顯，戊丁丙分圜角倍大于戊甲丙負圜角，又戊丁乙分圜角倍大于戊甲乙負圜角，次于戊丁丙角減戊丁乙角，于戊甲丙角減戊甲乙角，所餘乙丁丙分圜角必倍大于乙甲丙負圜角。

增：若乙丁、丁丙不作角于心，或爲半圜，或大于半圜，則心外餘地亦倍大于同底之負圜角。

論曰：作甲戊過心線，即心外餘地分爲乙丁戊、戊丁丙，依前論推顯，此兩角倍大于乙甲丁、丁甲丙兩角。

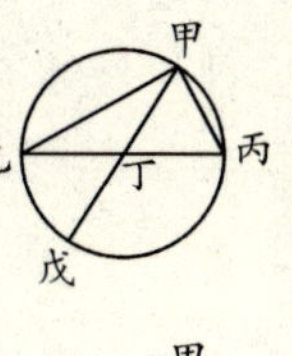

二十一題

凡同圜分，內所作負圜角俱等。

解曰：甲乙丙丁圜，其心戊。于丁甲乙丙圜分內任作丁甲丙、丁乙丙兩角，題言此兩角等。

論曰：若函心大分所作如第一圖，則依丁丙作丁戊丙分圜角，此角既倍大于甲角，又倍大于乙角，是甲乙兩角自相等。或半圜分所作如第二圖，則依二十題增言：心外餘地倍大于同底各負圜角，即各角自相等。或不函心小分所作如第三圖，則作戊丙，戊丁兩線，再作乙庚、甲己兩過心線，丁戊己、己戊丙兩角并既倍大于丁甲丙角，而丁戊庚、庚戊丙兩角并又倍大于丁乙丙角，則甲、乙兩角必自相等。

二十二題

圜內切界四邊形每相對兩角并，與兩直角等。

解曰：甲乙丙丁圜，其心戊，圜內有甲乙丙丁四邊形，題言甲乙丙、丙丁甲兩角并，乙丙丁、丁甲乙兩角并，各與兩直角等。

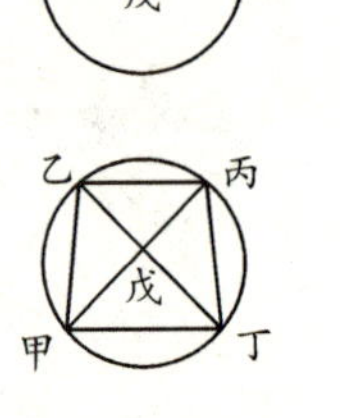

論曰：試作甲丙、乙丁兩對角線，其甲乙丁、甲丙丁兩角同負甲乙、丙丁圜分即等，本卷二一。依顯，丙甲丁、丙乙丁兩角亦等。以同負丙乙、甲丁圜分故。則甲乙丁、丙乙丁兩角并，即一甲乙丙角。與甲丙丁、丙甲丁兩角并等。次每加一丙丁甲角，即甲乙丙、丙丁甲兩角并，與甲丙丁、丙甲丁、丙丁甲三角并等。此三角并，元與兩直角等，一卷三二。則甲乙丙、丙丁甲兩角并，亦與兩直角等。依顯，乙丙丁、丁甲乙兩角并，亦與兩直角等。

二十三題

一直線上作兩圜分，不得相似，而不相等。

二十四題

相等兩直線上作相似兩圜分，必等。

又 二十六題

等圜之乘圜分角，或在心、或在界等，其所乘之圜分亦等。

解曰：甲乙丙、丁戊己兩圜等，其心爲庚、爲辛，有甲庚丙、丁辛己兩乘圜角等，或甲乙丙、丁戊己兩乘圜角等，題言所乘之甲丙、丁己兩圜分亦等。乘圜角之在心即分圜角，在界即負圜角，隨類異名。

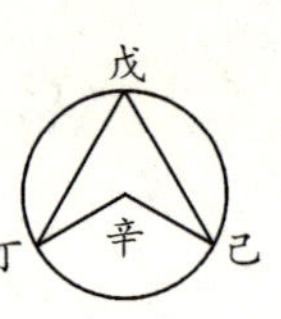

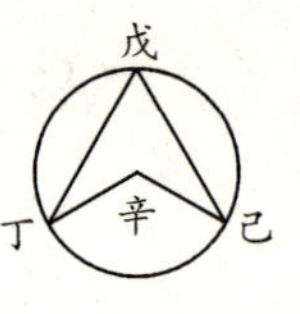

二十七題

等圜之角所乘圜分等，則其角或在心、或在界俱等。

增題：從此推顯，有甲丁、乙丙兩直線不相交，而在一圜之內，若甲乙與丁丙兩圜分等，則甲丁、乙丙兩線必平行，若兩線平行，則甲乙丁丙兩圜分必等。

二十八題

等圜內兩直線等，所割圜分大與小、小與大，各等。

二十九題

等圜之圜分等，則其割圜分之直線亦等。

又 三十一題

負半圜角必直角；負大分角小于直角；負小分角大于直角；大圜分角大于直角；小圜分角小于直角。

解曰：甲乙丙圜，其心丁，其徑甲丙，于半圜分內任作甲乙丙角形，即甲乙丙角負甲乙丙半圜分，乙甲丙角負乙甲丙大分，又任作乙戊丙角負乙戊丙小分，題先言負半圜之甲乙丙角爲直角；二言負大分之乙甲丙角小于直角；三言負小分之乙戊丙角大于直角；四言丙乙庚謂丙乙直線偕乙庚曲線所作角。大圜分角大于直角；後言丙乙辛謂丙乙直線偕乙辛曲線所作角小圜分角小于直角。

論曰：試作乙壬過心線，其壬丁丙分圜角倍大于壬乙丙負圜角，甲丁壬分圜角倍大于甲乙壬負圜角。甲丁壬、壬丁丙兩角并，與兩直角等，則甲乙壬、壬乙丙兩角并，必爲一直角矣。本卷二十。

次論曰：試作甲壬線，成乙甲壬角，與甲乙丙直角等。而乙甲丙爲其分，故小于直角。

三論曰：甲乙戊丙四邊形在圜內，其乙甲丙、乙戊丙相對兩角并等兩直角，本卷二二。而乙甲丙小于直角，則乙戊丙必大于直角。

四論曰：甲乙丙直角爲丙乙庚大圜分角之分，則丙乙庚角大于直角。

後論曰：試引甲乙線至己，成丙乙己直角，而丙乙辛角爲其分，故小于直角。

一系：凡角形之内一角，與兩角并等，其一角必直角。甲乙丙角形之甲丙丁外角，與相對之甲乙兩角等，而甲丙乙内角又與外角等，一卷三二。非直角而何？

二系：大分之角大于直角，小分之角小于直角，終無等于直角。

三十二題

直線切圜，從切界任作直線，割圜爲兩分，分内各任爲負圜角，其切線與割線所作兩角，與兩負圜角交互相等。

解曰：甲乙線切丙丁戊圜于丙，任作丙戊直線割圜爲兩分，兩分内任作丙丁戊、丙己戊兩負圜角，題言甲丙戊角與丙己戊角、乙丙戊角與丙丁戊角交互相等。

先論割圜線過心者，曰：甲丙戊、乙丙戊兩皆直角，一卷十八。而丙己戊、丙丁戊兩負半圜角亦皆直角，本卷三一。故交互相等。

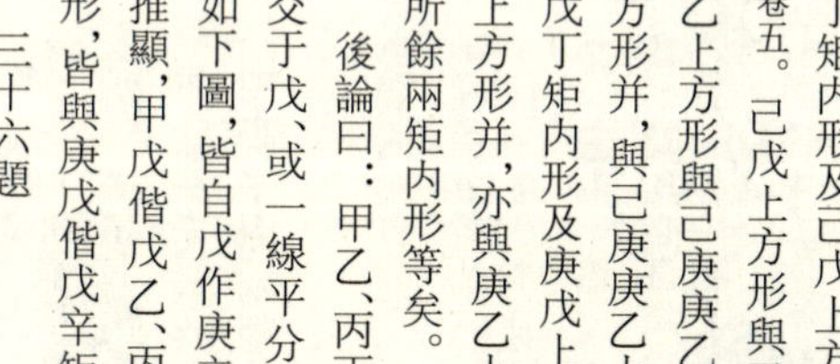

後論割圜線不過心者，曰：試作丙庚過心線；次作戊庚線相聯，丙戊庚爲直角，以負半圜故。即戊丙庚、戊庚丙兩角并等于一直角，亦等于甲丙庚角，此二率各減同用之戊丙庚角，即所存甲丙戊與戊庚丙等也，而丙己戊與丙庚戊元等，以所負之圜分等故。故甲丙戊與丙己戊交互相等。又丙丁戊己四邊形之丙丁戊、丙己戊兩對角并等兩直角，本卷二二。而甲丙戊、乙丙戊兩交角并亦等兩直角，一卷十三。此二率各減一相等之甲丙戊、丙己戊，則所存之乙丙戊、丙丁戊亦交互相等。

又 三十五題

圜内兩直線交，而相分各兩分線矩内形等。

解曰：甲丁乙丙圜内有甲乙、丙丁兩線，或俱過心、或一過心、一不過心、或俱不過心交而相分于戊，題言甲戊偕戊乙與丙戊偕戊丁兩矩内形等。若俱過心，其各分四線等，即兩矩内形

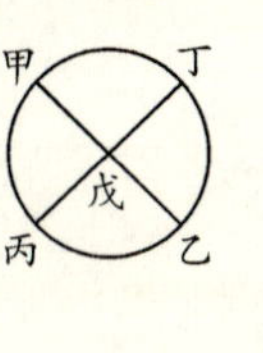

亦等。

先論曰：圜内線獨丙丁過心者，又有二種。其一、丙丁平分甲乙線于戊，試從心作己乙線，其丙丁線既平分于己，又任分于戊，即丙戊偕戊丁矩内形及己戊上方形并，與等己丁之己乙上方形等。二卷五。又己戊、戊乙上兩方形并，亦與己乙上方形等，一卷四七。是丙戊偕戊丁矩内形及己戊上方形并，與己戊戊乙上兩方形并亦等矣。次每減一同用之戊己上方形，則所存丙戊偕戊丁矩内形不與戊乙上方形亦等乎？戊乙上方形即戊乙偕甲戊矩内形以甲戊、戊乙兩線等故。也。

次論曰：若丙丁任分甲乙線于戊，即平分甲乙線于庚。次從心作己庚、己乙兩線，即己庚爲甲乙之垂線。其丙戊偕戊丁矩内形及己戊上方形并，與等己丁之己乙上方形等；二卷五。己戊上方形與己庚庚戊上兩方形並等；一卷四七。己乙上方形與己庚庚乙上兩方形并亦等，則内戊偕戊丁矩内形及己庚、庚戊上兩方形并，與己庚庚乙上兩方形并等。次每減同用之己庚上方形，即所存丙戊偕戊丁矩内形及庚戊上方形不與庚乙上方形等乎？又甲戊偕戊乙矩内形及庚戊上方形并，亦與庚乙上方形等，二卷五。此相等兩率每減同用之庚戊上方形，則所餘兩矩内形等矣。

後論曰：甲乙、丙丁兩線俱不過心相交于戊，或一線平分如上圖，或俱任分如下圖，皆自戊作庚辛過心線。依上論推顯，甲戊偕戊乙、丙戊偕戊丁兩矩内形，皆與庚戊偕戊辛矩内形等，即兩矩内形自相等。

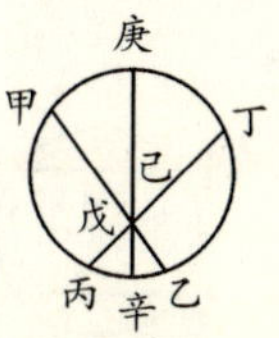

三十六題

圜外任取一點，從點出兩線，一切圜，一割圜，其割圜全線偕規外線矩内形，與切圜線上方形等。

解曰：甲乙丙圜外任取丁點，從丁作丁乙線切圜于乙，作丁甲線截圜界于丙，題言甲丁偕丙丁矩内形，與丁乙上方形等。

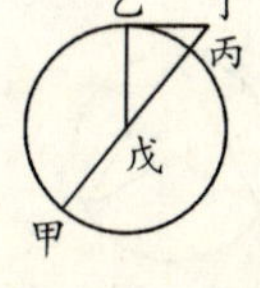

先論丁甲過心者，曰：試作乙戊爲乙丁之垂線，其甲丙線平分于戊。又引出一丙丁線，即甲丁偕丙丁矩内形及等戊丙之戊乙上方形并，與戊丁上方形等。二卷六。又戊丁上方形與戊乙、丁乙上兩方形并等，一卷四七。即甲丁偕丙丁矩内形及戊乙上方形并，與戊乙、丁乙上兩方形并等。每減同用之戊乙上方形，則所存甲丁偕丙丁矩内形與丁乙上方形等。

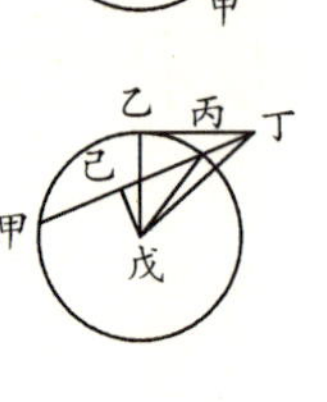

後論丁甲不過心者，曰：試平分甲丙于己，次從戊心作戊己、戊丙、戊丁、戊乙四線，即戊乙爲丁乙之垂線，戊己爲甲丙之垂線。其甲丙線既平分于己，又引出一丙丁線，即甲丁偕丙丁矩内形及己丙上方形并，與己丁上方形等。二卷六。次每加一戊己上方形，即甲丁偕丁丙矩内形及己丙、戊己上兩方形并，與己丁、戊己上兩方形并等。夫己戊、丙己上兩方形并，與戊丙上方形等；又戊己、己丁上兩方形并，與戊丁上方形等，是甲丁偕丙丁矩内形及戊丙上方形并，與戊丁上方形等。又戊丁上方形與丁乙及等戊乙之戊丙上兩方形并等，每減同用之戊丙上方形，所存甲丁偕丁丙矩内形與丁乙上方形不亦等乎？

一系：若從圜外一點任作幾線，各全線偕規外線矩内形俱等。

論曰：各矩内形俱與乙丁線上方形等，即各矩内形自相等。

二系：從圜外丁點作丁甲、丁乙兩切圜線，兩線必相等。

論曰：兩線俱與丙丁偕丁戊矩内形等，即兩線自相等。

三系：從圜外一點止可作兩直線切圜。

三十七題

圜外任于一點出兩直線，一至規外、一割圜止規内，而割圜全線偕割圜之規外線矩内形與至規外之線上方形等，則止規外之線必切線。

解曰：甲乙丙圜其心戊，從丁點作丁乙至規外，遇圜界于乙。又作丁甲割圜至規内，而截圜界于丙，其丁甲偕丁丙矩内形與丁乙上方形等，題言丁乙必切圜線。同前題反言之。

清・年希堯《面體比例便覽》

圓徑求周

設有圓徑一尺二寸，問周幾何。

法：用周徑定率比例。比例者，以今有之數，照定率之例，依法比之，而得今之所求也。

徑之定率爲一率，一〇〇〇〇〇〇〇〇。

周之定率爲二率，三一四一五九二六五。

今設圓徑爲三率，一尺二寸。

求得圓周爲四率，三尺七寸六分九釐九毫一絲一忽一微八纖。

用真數推之，將二三率相乘，以一率除之，得四率，即所求之圓周也。此四率斷比例之法也。

四率斷比例者，前兩率與後兩率各自爲數，皆不相同，或一率與四率若相同，亦偶然耳。其一率與二率爲原有之例，三率爲今所設之數，四率爲今所求之數也。二三率相乘者，是將二率爲一邊，三率爲一邊，相乘作一長方形之積數，即以此形之積數以一率除之者，是將此形積另作一長方形也。但以一率爲一邊，引二三率相乘之形積，從一率之例結而爲一邊，即四率也。其鎔範變換，極盡精微。凡該比例者，必須照此推之也。

若用假數推之，用周徑定率之假數比例。

徑率之假數爲一率，假數一〇〇〇〇〇〇〇〇〇〇。

周率之假數爲二率，假數一〇四九七一四九八七二七。

今設圓徑之假數爲三率，真數一尺二寸，假數四〇七九一八一二四六〇。

求得圓周之假數爲四率，真數三尺七寸六分九釐九毫有餘，假數四五七六三三一八七。

用假數推之，以二三率相加，得數減去一率，其餘爲四率。查假數表内，與四率相近之假數，所對之真數，即得所求也。

夫假數者，乃數學家之超法也。其詳見《數理精蘊》中，但其數加之則代乘，減之則代除，兩分之爲開平方，三分之爲開立方，四分之爲開三乘方，等而推之，皆可爲也，不亦超法乎。

圓周求徑

設有圓周一丈五尺，問徑幾何。

法：用周徑定率比例。

周之定率爲一率，一〇〇〇〇〇〇〇〇〇。

徑之定率爲二率，三一八三〇九八八。

今設圓周爲三率，一丈五尺。

求得圓徑爲四率，四尺七寸七分四釐六毫四絲八忽二微有餘。

用真數推之，將二三率相乘，以一率除之，得數爲四率，即所求之徑數也。

周徑互求，即可以將徑求周之定率反而用之。何得又立一周求徑之定率耶？特爲執簡御繁之法也。若以前徑求周之定率推之，必用三一四一五九二六五爲一率，以徑之一〇〇〇〇〇〇〇〇〇爲二率，以設周爲三率，求四率。以二率之一〇〇〇〇〇〇〇〇〇乘三率之一丈五尺，其乘雖易，而以一率之三一四一五九二六五爲法除之則難。雖數相同，而多位之乘除皆不易得，其難免於不錯。故復演將一率變而爲一〇〇〇〇〇〇〇〇〇，止以二三率所乘之數爰爲所求，不須以一率除之，蓋合古法一歸不須歸之義也。

若用假數推之，以周求徑定率之假數比例。

周率假數定率爲一率，假數一〇〇〇〇〇〇〇〇〇〇。

徑率假數定率爲二率，假數九五〇二八五〇一二一七三。

今設圓周之假數爲三率，真數一丈五尺，假數四一七六〇九一二五九一。

求得圓徑之假數爲四率，真數四尺七寸七分四釐有餘，假數三六七八九四一三八六四。

用假數推之，以二三率相加，得數減去一率，其餘爲四率。查假數表内，與四率相近之假數，所對之真數，即爲所求也。

平圓面積求圓周之自乘積

設有平圓面積六尺一十六寸，問圓周自乘積幾何。題言一十六寸乃面積之例也，既言寸，皆以一寸爲方積，一百寸方始足尺方，今十六寸仍不滿百，故曰一十六寸。

法：用圓面周方之定率比例。

平圓面積爲一率，〇一〇〇〇〇〇〇〇〇。

圓周方積爲二率，一二五六六三七〇六二。

設圓面積爲三率，六尺一十六寸。

得周方積爲四率，七十七尺四十寸八十八分四十三釐零一毫有餘。

用真數推之，將二三率相乘，以一率除之，得數爲四率，即所求周方之積數也。

或以周方之積用平方法開之，即得圓周數也。

若以假數推之，用圓面周方假數之定率比例。

平圓面積定率之假數爲一率，假數一〇〇〇〇〇〇〇〇〇〇。

圓周方積定率之假數爲二率，假數一一〇九九二〇九八六四〇。

今設圓面積之假數爲三率，真數六尺一十六寸，假數三七八九五八〇七一二一。

求得周方積之假數爲四率，真數七十七尺四十寸八十八分有餘，假數四八八八七九〇五七六二。

用假數推之，以二三率相加，得數減去一率，其餘爲四率。查假數表内，與四率相近之假數，所對之真數，即爲所求也。

周方積求平圓面積

設有周方積七十七尺四十寸八十八分四十三釐零一毫有餘，求平圓面積幾何。

法：周方積與平圓面積之定率比例。

周方積定率爲一率，一〇〇〇〇〇〇〇〇〇。

圓面積定率爲二率，七九五七七四七。

設周方積爲三率，七十七尺四十寸八十八分四十一釐零一毫有餘。

得圓面積爲四率，六尺一十六寸。

用真數推之，將二三率相乘，以一率除之，得數爲四率，即所求平圓面積之數也。

若用假數推之，用周方圓面定率之假數比例。

圓周方積定率之假數爲一率，假數一〇〇〇〇〇〇〇〇〇〇。

平圓面積定率之假數爲二率，假數八九〇〇七九〇一三六〇。

設圓周方積之假數爲三率，真數七七四〇八八四三〇一，假數三八八八七四〇九六〇七。

得平圓面積之假數爲四率，真數六尺一十六寸，假數二七八九五三〇九六七。

用假數推之，以二三率相加，得數減去一率，其餘爲四率。查假數表内，與四率相近之假數，所對之真數，即爲所求也。

平方積求平圓及各邊形等積

設有正方形面積一尺四十四寸，欲作與正方邊相等之圓徑，問平圓面積幾何。

此更各形之面積，不更各形之邊。

用邊線相等面積不同之定率比例。

平方積之定率爲一率，一〇〇〇〇〇〇〇〇。

平圓積之定率爲二率，七八五三九八一六。

今設平方積爲三率，一尺四十四寸。

求得平圓積爲四率，一尺一十三寸零九分七十釐有餘。

用真數推之，將二三率相乘，以一率除之，得數爲四率，即所求平圓面積也。

若用假數推之，用邊線相同面積不同假數之定率，以加減代乘除求出四率。查假數表内相對四率之真數，即所求也。

此邊線相等面積不同各形之定率，皆以平方積爲例而設。如有平方積，欲更爲他形之面積，其積雖變，但其形之邊仍與平方邊相等。如欲求三等邊形、或五等邊形、或六七八九十等邊形，皆以所求形之定率爲二率，平方積定率爲一率，設平方積爲三率，照法求四率，即所求各形面之積也。

邊線相等面積不同定率

平方真數一〇〇〇〇〇〇〇〇，假數一〇〇〇〇〇〇〇〇〇〇。

平圓真數七八五三九八一六，假數九八九五〇八九八八一四。

三邊真數四三三〇一二七〇，假數一九六三六五〇六三六一。

五邊真數一七二〇四七七四一，假數一〇二三五六四八九七二四。

六邊真數二五九八〇七六二〇，假數一〇四一四六五一八八六五。

七邊真數三六三三九一二四〇，假數一〇五六〇三七四四五九七。

八邊真數四八二八四二七一二，假數一〇六八三八〇五六八一一。

九邊真數六一八一八二四二〇，假數一〇七九一一一六六四九九。

十邊真數七六九四二〇八八三，假數一〇八八六一六三九七〇二。

平圓積求平方及各等邊形之面積

設有平圓面積一尺一十三寸零九分七十三釐有餘，問平方面積幾何，仍欲平方邊與圓徑相等。

用第二邊線相等面積不同之定率比例。

此爲平圓積更成平方積也，其圓徑與方邊仍相同。

平圓面積之定率爲一率，一〇〇〇〇〇〇〇。

平方面積之定率爲二率，一二七三二三九五四。

今設平圓積爲三率，一尺一十三寸零九分七十三釐有餘。

求得平方積爲四率，一尺四十四寸。

用真數推之，將二三率相乘，以一率除之，得數爲四率，即所求平方面積也。

若用假數推之，用第二邊線相等面積不同假數之定率，以加減代乘除，求出四率。查假數表内，相對四率之真數，即所求也。此理與前法同，前法以平方爲例，此法以平圓爲例，故各等邊形定率之數亦因之而變。如以平圓積數求他等邊形者，依此定率推之，則無訛矣。

又邊線相等面積不同定率

平圓真數一〇〇〇〇〇〇〇〇，假數一〇〇〇〇〇〇〇〇〇〇。

平方真數一二七三二三九五四，假數一〇一〇四九一〇一一八六。

三邊真數五五一三三二八八九，假數九七四一四一〇七五四七。

五邊真數二一九〇五七九八六，假數一〇三四〇五五九〇九一〇。

六邊真數三三〇七九七三三四，假數一〇五一九五六二〇〇五一。

七邊真數四六二六八四〇九八，假數一〇六六五二八四五七八三。

八邊真數六一四七七四四三五，假數一〇七八八七一五七九九七。

九邊真數七八七〇九四三〇二，假數一〇八九六〇二六七六八五。

十邊真數九七六五七〇九九，假數一〇九九一〇七四〇八八八。

平方邊求平圓徑及各等邊形之邊

設有平方形之邊一尺二寸，求平圓徑幾何，欲平圓積與平方積仍相同。

此以平方邊爲例，更各等邊形之邊，不更各形之積。

用面積相等邊線不同之定率比例。

平方邊之定率爲一率，一〇〇〇〇〇〇〇。

平圓徑之定率爲二率，一一二八三七九一六。

今設平方邊爲三率，一尺二寸。

求得平圓徑爲四率，一尺三寸五分四釐零五絲四忽有餘。

用真數推之，將二三率相乘，以一率除之，得數爲四率，即所求平圓之徑也。

若欲以假數推之，用面積相等邊線不同定率之假數照法推之，即得所求也。

平圓徑求三等邊形之邊

設有平圓徑一尺二寸，問三等邊形之邊幾何，仍欲其形積與平圓積相同。

此以平圓徑爲例，但更各形之邊，不更各形之積。

法：用第二面積相等邊線不同之定率比例。

平圓徑定率爲一率，一〇〇〇〇〇〇。

三邊形之邊爲二率，一三四六七七三六九。

今設平圓徑爲三率，一尺二寸。

求得三邊形邊爲四率，一尺六寸一分六釐一毫二絲八忽。

用真數推之，將二三率相乘，以一率除之，得數爲四率，即所求三等邊形之邊也。

若用假數推之，以三邊形定率之假數照法推之，即所求也。

平圓內求容各形之一邊

設有平圓徑一尺二寸，求內容三等邊形之一邊，問該幾何。

此以平圓徑爲例，求圓內容各形之邊。

平圓徑之定率爲一率，一〇〇〇〇〇〇。

三邊形之定率爲二率，八六六〇二五四〇。

今設平圓通徑爲三率，一尺二寸。

求得三邊形邊爲四率，一尺零三分九釐二毫三絲有餘。

用真數推之，將二三率相乘，以一率除之，得數爲四率，即所求三等邊形之一邊也。

若用假數推之，以圓內各形之一邊定率假數照法推之，即得所求也。

求圓內各形之一邊定率

圓徑真數一〇〇〇〇〇〇，假數一〇〇〇〇〇〇〇〇〇。

三邊真數八六六〇二五四〇，假數九九三七五三〇六三一七。

方邊真數七〇七一〇六七八，假數九八四九四八五〇〇二一。

五邊真數五八七七八五二五，假數九七六九二一八六八五二。

六邊真數五〇〇〇〇〇〇〇，假數九六九八九七〇〇〇四三。

七邊真數四三三八八三七四，假數九六三七三三七三三六。

八邊真數三八二六八三四三，假數九五八二八三九六六〇五。

九邊真數三四二〇二〇一四，假數九五三四〇五一六八四六。

十邊真數三〇九〇一六九九，假數九四八九九八二三六四〇。

平圓內求容各形之面積

設有平圓徑一尺二寸，問內容五等邊形之面積幾何。

此以平圓徑自乘爲例，求圓內容各形之面積。

圓徑自乘定率爲一率，一〇〇〇〇〇〇。

五邊面積定率爲二率，五九四四一〇三一。

設徑自乘爲三率，一尺四十四寸。

得五邊積爲四率，八十五寸五十九分五十釐有餘。

用真數推之，將二三率相乘，以一率除之，得數爲四率，即所求圓內容五等邊形之面積也。

若用假數推之，用定率之假數照法推之，即得所求也。

平圓面積求圓內容各等邊形之面積

設有平圓面積一尺一十三寸零九分七十三釐有餘，問內容七等邊形之面積幾何。

此以平圓本積爲例，求圓內容各形之面積。

平圓本積定率爲一率，一〇〇〇〇〇〇。

七邊面積定率爲二率，八七一〇二六四一。

設平圓積爲三率，一尺一十三寸零九分七十三釐有餘。

得七邊積爲四率，九十八寸五十一分零七釐有餘。

用真數推之，將二三率相乘，以一率除之，得數爲四率，即所求圓內容七等邊形之面積也。

若用假數推之，用定率之假數照法推之，即得所求也。

平圓面積與圓內各形之面積定率

圓積真數一〇〇〇〇〇〇，假數一〇〇〇〇〇〇〇〇〇。

三邊真數四一三四九六六七，假數九六一六四七二〇一八一。

方積真數六三六六一九七七，假數九八〇三八〇一二二九。

五邊真數七五六八二六七二，假數九八七八九九六四六一四。

六邊真數八二六九九三三四，假數九九一七五〇二〇一三八。

七邊真數八七一〇二六四一，假數九九四〇〇三一三三二五五。

八邊真數九〇〇三一六三一，假數九九五四三九五二二〇七。

九邊真數九二〇七二五四二，假數九九六四一三〇一三七七。

十邊真數九三五四八九二八，假數九九七一〇三八八一六八。

平圓求外切各等邊形之邊

設有平圓徑一尺二寸，問外切三等邊形之一邊幾何。

此以平圓徑爲例，求外切各形之邊。

平圓通徑定率爲一率，一〇〇〇〇〇〇〇〇。

外切三邊定率爲二率，一七三二〇五〇八〇。

今設平圓通徑爲三率，一尺二寸。

求得三邊形邊爲四率，二尺零七分八釐四毫六絲。

用真數推之，將二三率相乘，以一率除之，得數爲四率，即所求平圓外切三等邊形之一邊也。

若用假數推之，用定率之假數照法推之，即得所求也。

平圓外切各形之一邊定率

圓徑真數一〇〇〇〇〇〇〇〇，假數一〇〇〇〇〇〇〇〇〇〇。

三邊真數一七三二〇五〇八〇，假數一〇二三八五六〇六二七四。

方邊真數一〇〇〇〇〇〇〇〇，假數一〇〇〇〇〇〇〇〇〇〇。

五邊真數七二六五四二五二，假數九八六一二六一〇四〇六。

六邊真數五七七三五〇二七，假數九七六一四三九三七二六。

七邊真數四八一五七四六二，假數九六八二六六三五八八九。

八邊真數四一四二一三五六，假數九六一七二二四三一四六。

九邊真數三六三九七〇二四，假數九五六一〇六五八六八二。

十邊真數三二四九一九七〇，假數九五一一七七六〇三八五。

平圓徑方求外切各形之面積

設有平圓徑一尺二寸，自乘得一尺四十四寸爲徑方積，以徑方積問外切五等邊形之面積幾何。

此以平圓徑自乘爲例，求外切各形之面積。

平圓徑自乘積定率爲一率，一〇〇〇〇〇〇〇〇。

外切五邊面積定率爲二率，九〇八一七八一六。

今設圓徑自乘爲三率，一尺四十四寸。

求得五邊面積爲四率，一尺三十寸七十七分七十六釐有餘。

用真數推之，將二三率相乘，以一率除之，得數爲四率，即所求平圓外切五等邊形之面積也。

若用假數推之，用定率之假數照法推之，即得所求也。

平圓外切各形之面積定率

圓徑真數一〇〇〇〇〇〇〇〇，自乘假數一〇〇〇〇〇〇〇〇〇〇。

三邊真數一二九九〇三八一〇，假數一〇一一三六二一八九〇九。

方積真數一〇〇〇〇〇〇〇〇，假數一〇〇〇〇〇〇〇〇〇〇。

五邊真數九〇八一七八一六，假數九九五八一七一〇五三六。

六邊真數八六六〇二五四〇，假數九九三七五三〇六三一七。

七邊真數八四二七五五八，假數九九二五七〇一六三七五。

八邊真數八二八四二七一二，假數九九一八二五四三一〇三。

九邊真數八一八九三三〇三，假數九九一三二四八三八六三。

十邊真數八一二二九九二四，假數九九〇九七一六〇四七二。

平圓面積求外切各形之面積

設有平圓面積一尺一十三寸零九分七十三釐有餘，問圓外切七等邊形之面積幾何。

此以平圓面積爲例，求外切各形之面積。

平圓面積定率爲一率，一〇〇〇〇〇〇〇〇。

外七邊積定率爲二率，一〇七三〇二九七四。

今設平圓面積爲三率，一尺一十三寸零九分七十三釐有餘。

得外七邊面積爲四率，一尺二十一寸三十五分六十八釐有餘。

用真數推之，將二三率相乘，以一率除之，得數爲四率，即所求平圓外切七等邊形之面積也。

若用假數推之，用定率之假數照法推之，即得所求也。

平圓面積求外切各形之面積定率

平圓真數一〇〇〇〇〇〇〇〇，面積假數一〇〇〇〇〇〇〇〇〇〇。

三邊真數一六五三九八六六九，假數一〇二一八五三二〇〇九五。

方積真數一二七三二三九五四，假數一〇一〇四九一〇一一八六。

五邊真數一一五六三二八三四，假數一〇〇六三〇八一一七二二。

六邊真數一一〇二六五七七九，假數一〇〇四二四四〇七五〇三。

七邊真數一〇七三〇二九七四，假數一〇〇三〇六一一七五六一。

八邊真數一〇五四七八六一七，假數一〇〇二三一六四四二八九。

九邊真數一〇四二六九七九一，假數一〇〇一八一五八五〇四九。

十邊真數一〇三四二五一五二，假數一〇〇一四六二六一六五八。

圓徑求面積

設有圓徑八尺，問面積幾何。

用邊線相等面積不同之定率。

圓徑方積爲一率，一〇〇〇〇〇〇〇〇。

平圓面積爲二率，七八五三九八一六。

今設圓徑自乘爲三率，六尺四寸。

求得平圓面積爲四率，五十寸二十六分五十四釐八十二毫有餘。

用真數推之，將二三率相乘，以一率除之，得數爲四率，即所求平圓面積也。

若用假數推之，用定率之假數照法推之，即得所求也。

《統宗》之法：以平圓積爲平方積四分之三約七五爲定率，其七五，乃百內之七十五也。以此較之，在釐毫之間，所差亦微。積數若多，相差愈多。今此率七八五三九八一六較古爲密，宜遵用之。

圓周求面積

設有圓周六尺六寸，問面積幾何。

用圓周方積與圓積之定率。

圓周方積定率爲一率，一〇〇〇〇〇〇〇〇。

平圓面積定率爲二率，七九五七七四七。

今設周方爲三率，四十三尺五十六寸。

求得圓積爲四率，三尺四十六寸六十三分九十四釐五十九毫有餘。

法：以圓周六尺六寸，自乘得四十三尺五十六寸爲三率，將二三率相乘，以一率除之，得四率，即所求平圓之面積也。

若用假數推之，用周方圓積假數之定率，再以三率真數檢對數表內之假數，以加減代乘除，得四率之假數，再檢表取真數，即所求也。

《統宗》之法：周方爲圓積之十二倍，故以圓周自乘，以十二除之，得圓積。若求圓周，則將圓積十二乘之，以平方開之，得圓周。此以周三徑一立法者也。如以周求積，其數必大，以積求周，其數必小，故周三徑一之率用之爲疏，若在寸分之間，以此約之，所差僅在分釐，施於丈尺，其差甚大，不適用。今法詳密，且周徑之率不止一數，隨所求周徑之大小，取其核者用之。

圓徑求面積

設有圓周六尺六寸，問平圓面積幾何。

用圓周求徑定率，先求得圓徑。次將周徑俱折半相乘，即面積。

圓周定率爲一率，一〇〇〇〇〇〇〇〇。

圓徑定率爲二率，三一八三〇九八八。

今設圓周爲三率，六尺六寸。

求得圓徑爲四率，二尺一寸零八毫四絲五忽二微有餘。

以二三率相乘，一率除之，得四率，即圓徑也。再將圓周六尺六寸折半爲三尺三寸，又將圓徑二尺一寸零八毫四絲五忽二微折半爲一尺零五分零四毫二絲二忽六微有餘，即將周徑折半之數相乘，得三尺四十六寸六十三分九十四釐五十八毫有餘，爲平圓之面積也。

若依舊法：以周六尺六寸自乘，以十二除之，得三尺六十三寸，與前數較之，三尺之間竟差二十餘寸，其法之疏可知矣。即《數理精蘊》所載之周徑定率有三：其一爲徑七周二十二，用之於寸分之間，所差亦微；其一爲徑一百一十三周三百五十五，用之於尺寸之間，亦有微差；其一爲徑一〇〇〇〇〇〇周三一四一五九二六五，用於推天周，亦不能吻合。蓋圓數無窮，西人曾於周徑推至三十位，尚有畸零，其圓之爲物，或非數之所能洞悉其然耶，故將周徑定率録出三條，諒所求周徑之大小，取核者檢而推之，庶不致疏漏矣。其一：徑一〇〇〇〇〇〇〇，周三一四一五九六三五。

其形乃從圓裏來者，斯能合算。此外姑用其法推之，難於必準矣。

清·《數理精蘊》上編卷二

《幾何原本》四

第十九

凡等邊衆界形，或函圜、或函於圜，其界數愈多，愈與圜界相近。如甲圜形函乙丙丁等邊三角形，又函乙己丙庚丁戊等邊六角形，以三角形之三邊比之六角形之六邊，則六角形之六邊與圜界相近矣。設有十二角形之十二邊，比此六角形之六邊，則十二角之十二邊又與圜界爲近。若有二十四角之二十四邊，則又更近於十二角之十二邊矣。蓋函衆

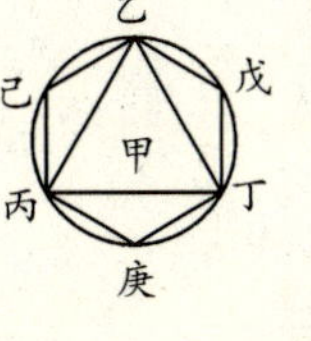

界形之度，必大於所函之衆界形度。見本卷第十七十八兩節。今甲圜既函等邊六角形，自大於六角形。而此六角形又函等邊三角形，亦必大於三角形。由此推之，十二角函六角、二十四角函十二角，其邊愈多者其度愈大，故與圜界愈近也。又如復有一函圜等邊四角形內又作一函圜等邊八角形，此四角形既函八角形，必大於八角形可知矣。若於八角形內復作十六角形，十六角形內又作三十二角形，其所函形愈小邊數愈多，則與所函之圜界度愈近矣。

苟設一函於圜界之多邊形爲幾十萬邊，設函於圜界之多邊形一自六邊起算，一自四邊起算。復設一函圜界之多邊形亦爲幾十萬邊，設函圜界之多邊形亦一自六邊起算，一自四邊起算。使此函圜之多邊形自外與圜界相比，而函於圜界之多邊形自內與圜界相比，則此二多邊形之每邊直界線將與圜界曲線合而爲一，故圜界曲線可得直線之度，而多邊形之直線亦可得爲圜界度也。

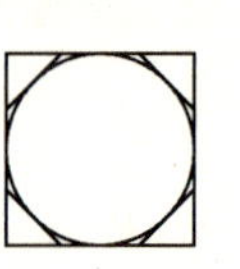

第二十

函圜切界等邊形，其所函圜之輻線度與一直角三角形之小邊之度等，而等邊形之衆界共度，又與三角形之大邊之度等，則三角形之面積與等邊形之面積等。

如丙丁戊己庚等邊五角形，其所函甲圜之甲乙輻線與辛壬癸直角三角形之辛壬小邊線度等。而五角形之丙丁戊己庚五邊線共度，又與三角形之壬癸大邊線度等，則此辛壬癸三角形面積必與丙丁戊己庚等邊五角形面積等也。何以見之？若自五邊形之甲心至丙丁戊己庚之五角作甲丙、甲丁、甲戊、甲己、甲庚五線，即分成甲丙丁類五三角形。夫辛壬癸三角形之壬癸線度，既與五角形之五邊共度等。今將壬癸線平分五分，以所分之每分爲底，依前所分五三角形式作甲壬丙類五正式三角形，復自所分丙丁戊己四處俱至三角形之辛角作丙辛、丁辛、戊辛、己辛四線，遂分辛壬癸一三角形爲辛壬丙類五斜式三角形。再自甲壬丙類五三角形之甲角至底各作一甲乙垂線俱與圜之輻線等，則甲壬丙相等之五三角形之高度亦自相等矣。於是復自辛壬癸三角形之辛角與五甲角相切作一辛子線，與壬癸爲平行線，則此平行線內同底所成之各種三角形之面積，必俱相等矣。見三卷第十節。蓋辛壬丙、甲壬丙兩三角形爲同底；辛丙丁、甲丙丁兩三角形爲同底；辛丁戊、甲丁戊兩三角形爲同底；辛戊己、甲戊己兩三角形爲同底；辛己癸、甲己癸兩三角形爲同底，故其面積俱相等也。且辛壬丙三角形與甲壬丙三角形既俱相等，則辛壬丙之類五斜式三角形之面積，即如甲壬丙之類五正式三角形之面積矣。其所分各形之面積俱等，則其全形之面積自然相等。此所以辛壬癸直角三角形之面積，與丙丁戊己庚等邊五角形之面積相等也。

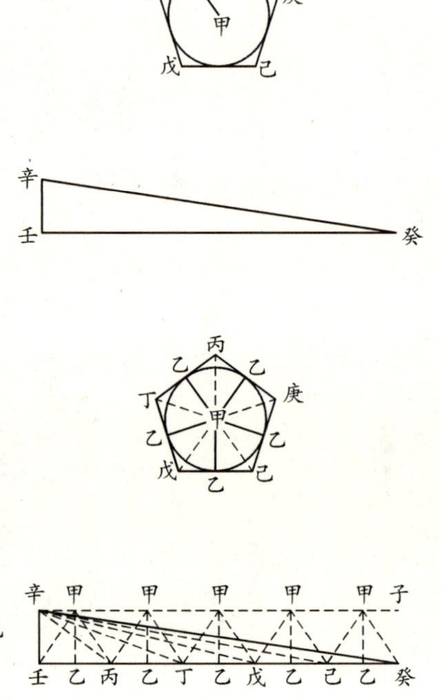

第二十一

圜界內函等邊衆界形，其圜心至衆界所作中垂線與一直角三角形之小邊之度等，而等邊衆界形之衆界共度又與直角三角形之大邊之度等，則此三角形之面積與等邊衆界形之面積等。如甲圜所函乙丙丁戊己庚等邊六角形，其圜之甲心至衆界所作甲辛垂線與壬癸子直角三角形之壬癸小邊線度等，而六角形之乙丙丁戊己庚六邊線共度，又與三角形之癸子大邊線度等，則此壬子癸三角形面積必與乙丙丁戊己庚等邊六角形面積等也。若依前節法，將六邊形分爲六三角形，復以三角形之癸子界照六邊形度分爲六分，又照六邊形所分六三角形作六正式三角形，復自壬子癸三角形之壬角至乙丙丁戊己五處作五斜線，成六斜式三角形。此兩式三角形同底、又同在二平行線內，則其面積必兩兩相等。此兩式六三角形之垂線，既與壬癸子直角三角形之壬癸小邊線度等，而兩式六三角形之底線共度，又與壬子癸直角三角形之癸子大邊線度等，則壬癸子直角三角形之面積必與乙丙丁戊己庚等邊六角形之面積相等矣。

第二十二

凡圜形之輻線與一直角三角形之小邊線度等，而圜之周界與三角形之大邊線度等，則此直角三角形之面積與圜形之面積相等。如有一甲圜形，其甲乙輻線與丙丁戊直角三角形之丙丁小邊線度等，而甲圜形之乙周界又與丙丁戊三角形之丁戊大邊線度等，則此丙丁戊三角形之面積即與甲圜形之面積相等也。何以見之？甲圜之輻線與三角形之小邊等者，即如等邊衆界形之中垂線，與三角形之小邊等也。甲圜之周界與三角形之大邊等者，即如等邊衆界形之各界共度，與三角形之大邊等也。若夫函圜衆界形相等之三角形，其小邊雖與圜之輻線等，其大邊則長於圜之周線，故其積分亦大於圜之積分。而函於圜衆界形相等之三角形，其小邊既短於圜之輻線，而大邊亦短於圜之周線，故其積分亦小於圜之積分。今此甲圜形相等之丙丁戊三角形，其小邊既與圜之輻線等，而三角形之大邊又與圜之周線等，則其積分與圜形之積分相等無疑矣。然圜周界，曲線也；等邊衆界形之界度，直線也；觀之，似難於相通者。如以圜之內外各設多邊衆界形，分爲千萬邊，如本卷第十九節云。則逼圜界最近，將合而爲一。乃依所分之段爲千萬正式三角形，此千萬正式三角形之中垂線，亦將與圜之輻線合而爲一。而千萬邊共界度既與圜周合而爲一，則圜周之曲線亦變而爲直線矣。夫千萬邊正式三角形之中垂線既成圜之輻線，則與丙丁戊三角形之小邊等。而千萬邊正式三角形之底界共度，又成圜之周度，則又與丙丁戊三角形之大邊度等矣。復自丙丁戊三角形之內角至千萬正式三角形之底界，各作千萬斜式三角形以比正式三角形，因其底同，其分自相等，故千萬斜式三角形之共積比之千萬正式三角形之共積、千萬正式三角形之共積比之丙丁戊一直角三角形之面積、丙丁戊直角三角形之面積比之甲圜形之面積，俱相等也。

第二十三

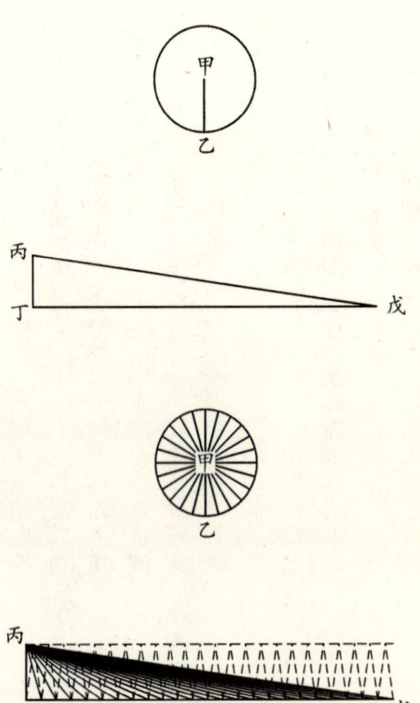

有一圜形、又一衆界形，此圜界度若與彼衆界總度等，則圜形之面積必大於衆界形之面積也。如甲乙丙丁圜形之周界與戊己庚辛等邊四角形之四邊總度等，則圜形之面積必大於等邊四角形之面積矣。前言：凡圜形之輻線與一直角三角形之小邊線度等，而圜之周界與三角形之大邊線度等，則三角形之面積與圜形之面積相等矣。今試以甲乙丙丁圜形周界爲三角形之大邊，以甲乙丙丁圜形之甲壬輻線爲三角形之小邊，作一子丑寅直角三角形，則三角形之丑寅大邊線度亦與戊己庚辛四角形之四邊總度等。而三角形之子丑小邊線度雖與圜形甲壬輻線等，却比四角形之自壬心至癸邊所作垂線爲長。若將三角形之子丑小邊線照四角形之壬癸垂線度截開，則分子丑線於卯，復自卯至寅作一斜弦，即成卯丑寅一直角三角形。而此卯丑寅三角形之分，與戊己庚辛四角形相等也。此卯丑寅三角形自子丑寅三角形分之，則卯丑寅形必小於子丑寅形。今甲乙丙丁圜形之面積既與子丑寅三角形之面積等，而戊己庚辛四角形之面積又與卯丑寅三角形之面積等，則戊己庚辛四角形之面積必小於甲乙丙丁圜形之面積可知矣。觀此凡界度相等之形，圜界所函之分比衆界所函之分必大，而衆界所函之分與圜界所函之分同者，則衆界之總度復比圜界度大也。

又 上編卷三

《幾何原本》九

第六

一圜之内,二弦線相交,所截之段遞轉比之,其比例俱同,而爲相當比例四率也。如甲圜内乙丙、丁戊二弦線相交於己,其所截之戊己一段與己丙一段之比例,即同於乙己一段與己丁一段之比例,故戊己、己丙、乙己、己丁四段爲相當比例之四率也。何以見之?若自乙至戊、自丁至丙復作二弦線,即成乙己戊、丁己丙兩三角形。此兩三角形之乙角、丁角俱切於甲圜之戊丙弧段,其度相等。見四卷第十二節。再乙己戊之己角,丁己丙之己角又爲二尖相對之角,其度亦相等。今乙、丁二角之度既等,而兩己角之度又等,則所餘戊、丙二角亦自等。兩三角形之相當各角既等,則其式必同。其式既同,則每相當各二線互相爲比之比例俱同。而戊己、己丙、乙己、己丁四段互相爲比例四率可知矣。

第七

圜之徑線不拘何處作一垂線,則所截之兩段,一爲一率,一爲三率,而垂線爲中率,即爲相連比例三率也。如甲圜自丁界至乙丙徑線戊處作一丁戊垂線,將乙丙徑線截爲兩段,其所截乙戊一段爲一率,戊丙一段爲三率,而丁戊垂線爲中率,此乙戊、丁戊、戊丙三線爲相連比例三率也。試自圜界丁至乙、丙二處作丁乙、丁丙二線,則成一乙丙丁三角形,其丁角既立於圜之乙己丙半界,故爲直角。見四卷第十四節。而丁戊垂線乃自直角至相對乙丙底界所作之垂線,故所截乙戊一段爲一率,戊丙一段爲三率,而丁戊垂線爲中率,爲相連比例三率也。

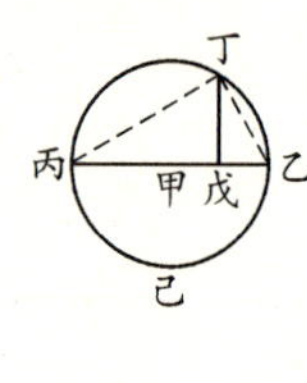

第八

自圜外一點,過圜界二處至相對界作二線,以此兩全線互相爲比,即同於圜界外所截之二段遞轉爲比之比例,而爲相當比例四率也。如己圜,自圜外甲點過圜界乙丁二處至相對界丙、戊二處作二線,則甲丙、甲戊兩全線互相爲比,必同於圜界外所截甲乙、甲丁二段之遞轉相比,而爲相當比例四率也。試自圜界乙、丁二處至相對界丙、戊二處作乙戊、丁丙二線,則成甲丙丁、甲戊乙兩三角形,此兩三角形之丙、戊二角既切於一圜之乙丁弧界,其二角之度必等。見四卷第十二節。再甲丙丁之甲角、甲戊乙之甲角既共爲一角,其度自等。兩三角形各二角度俱等,則兩三角形必爲同式矣。故甲丙、甲戊相當二界互相爲比之比例,即同於甲丁、甲乙相當二界互相爲比之比例,是以甲丙與甲戊之比同於甲丁與甲乙之比,將甲丙全線爲一率,甲戊全線爲二率,甲乙、甲丁遞轉移之,而以甲丁一段爲三率,甲乙一段爲四率,爲相當比例之四率也。

第九

凡函於圜内之三角形,以其一角平分爲二,過相對底界至相對界作一直線,則所分角之小邊線與所作線之在三角形内一段之比,即同於所作線之全分與所分角之大邊線之比也。如函於圜内有甲乙丙三角形,以甲角平分爲二分,過所對乙丙底界至相對界作一直線,即成甲丁戊一全線,以三角形之甲乙小邊與所作甲丁戊線之甲丁一段之比,即同於所作甲丁戊全線與三角形之甲丙大邊之比也。何以言之?若自圜界乙至戊作乙戊弦線,即成甲乙戊、甲丁丙兩三角形,此兩三角形之戊、丙二角俱切於圜界甲乙弧之一段,其度必等。而甲乙戊三角形之甲角、甲丁丙三角形之甲角,又爲一角所平分之兩角,其度亦必等,因此兩三角形各二角之度等,故兩形爲同式。兩三角形之式既同,則兩形之相當二界互相爲比之比例俱同,是以甲乙小分與甲丁小分之比,即同於甲戊大分與甲丙大分之比也。

第十

凡函於圜内之三角形,以其一角爲兩平分,自角至底作一線,則所分底線兩

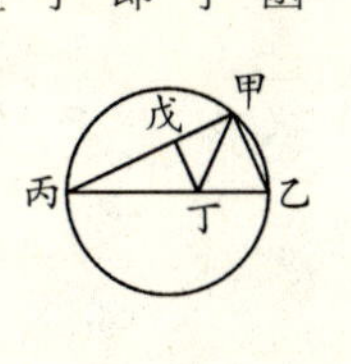

段互相爲比，即同於所分角之兩傍兩邊線之互相爲比也。如函於圜內有甲乙丙三角形，以甲角平分爲二分，至乙丙底作甲丁一線，則分乙丙底線爲乙丁、丁丙兩段，以乙丁與丁丙之比，即同於以甲乙小邊線與甲丙大邊線之比也。試自所分底線之丁至甲丙線與甲乙平行作丁戊一線，即成戊丁丙一小三角形。蓋甲乙丙大三角形之乙角、戊丁丙小三角形之丁角既爲乙甲、丁戊平行線一邊之內外角，其度必等。見首卷第二十三節。而甲乙丙、戊丁丙兩三角形又共一丙角，故此兩三角形之各二角度等，爲同式兩三角形也。再甲丁戊之丁角、乙甲丁之甲角，因爲平行線內二尖交錯之角，其度亦等。然則乙甲丁之甲角既爲甲乙丙之甲角之兩平分，則甲丁戊之丁角亦與甲丁戊之甲角度等矣。甲丁戊三角形之丁角甲角既等，則二角所對之丁戊、甲戊二線亦必等矣。甲乙丙、戊丁丙兩三角形既爲同式，而三角之度又俱等，則其甲乙丙大三角形之甲乙、甲丙二線互相爲比，即同於戊丁丙小三角形之戊丁戊丙二線互相爲比之比例也。今戊丁、甲戊二線其度既等，則甲乙線與甲丙線之比又同於以甲戊線與戊丙線之比。至於丁戊平行線所截乙丁一段與丁丙一段之比，則又同於甲戊一段與戊丙一段之比矣。是故甲乙線與甲丙線之比，爲同於乙丁線與丁丙線之比也。

又　下編卷一五　割圜屢求勾股。

圜內容六邊起算

設如圜徑二兆，用內容六邊起算，問得圜周幾何。

法：以圜徑二兆折半得一兆爲圜內所容六邊形之每一邊，乃以半徑一兆爲弦，六邊之一邊一兆折半得五千億爲勾，求得股八千六百六十億二千五百四十萬三千七百八十四。小餘四三八六四六七六三七一二二一七〇七五二九三六一八三四七一。與半徑相減，餘一千三百三十九億七千四百五十九萬六千二百一十五，小餘五六一三五三三六二七六八二九二四七〇六三八一六五二九。復爲勾，六邊之一邊折半之五千億爲股，求得弦五千一百七十六億三千八百零九萬零二百零五，小餘〇四一五二四六九七七九七六七五二四八〇九六六五七六六四。爲圜內所容十二邊形之每一邊。如是屢求，得圜內二十四邊形之每一邊爲二千六百一十億五千二百三十八萬四千四百四十零，小餘一〇三一八三〇九六八一二四五七九〇九七八〇二〇三八七。圜內四十八邊形之每一邊爲一千三百零八億零六百二十五萬八千四百六十零，小餘二八六一三三六三〇六三二一一七五五〇三五〇八八二八七九。圜內九十六邊形之每一邊爲六百五十四億三千八百一十六萬五千六百四十三，小餘五五二二八四一二七三一二八八二四一六〇八六七八四三三。圜內一百九十二邊形之每一邊爲三百二十七億二千三百四十六萬三千二百五十二，小餘九七三五六三三八五九二八五六五八九九一八九八三三二一三。圜內三百八十四邊形之每一邊爲一百六十三億六千二百二十七萬九千二百零七，小餘八七四二五八五七〇三九八一四六五八九五二六六七九九六四。圜內七百六十八邊形之每一邊爲八十一億八千一百二十萬八千零五十二，小餘四六九五七九一八九二四八二一九九一〇〇三六二五一二三三七。圜內一千五百三十六邊形之每一邊爲四十億九千零六十一萬二千五百八十二，小餘三八一九〇二八八二六一一七九六八八五一九〇〇三九。圜內三千零七十二邊形之每一邊爲二十億四千五百三十萬七千三百六十零，小餘六七六六〇九〇八三三八五九三三九二一〇二〇七九〇二九。圜內六千一百四十四邊形之每一邊爲一十億二千二百六十五萬三千八百一十四，小餘〇二七三九五〇二三〇二八五九八九五八八五三二四三九一七。圜內一萬二千二百八十八邊形之每一邊爲五億一千一百三十二萬六千九百二十三，小餘七二四八三四六二八一二三三九〇三一九〇八四七六七九。圜內二萬四千五百七十六邊形之每一邊爲二億五千五百六十六萬三千四百六十三，小餘九五一三〇九四八〇五三三四九〇一二四一〇六三一七六。圜內四萬九千一百五十二邊形之每一邊爲一億二千七百八十三萬一千七百三十二，小餘三三六七六六二六一八六九四七六四六〇四九二〇九九七。圜內九萬八千三百零四邊形之每一邊爲六千三百九十一萬五千八百六十六，小餘一五一〇二二〇七一六〇七〇八〇七二六三八七〇七五三。圜內一十九萬六千六百零八邊形之每一邊爲三千一百九十五萬七千九百三十三，小餘〇七九五九〇九〇三二〇九三八一五四一九三〇六五三八〇〇。圜內三十九萬三千二百一十六邊形之每一邊爲一千五百九十七萬八千九百六十六，小餘五四〇三〇五五二八八六九二四八七七九三七三三七五九六七。圜內七十八萬六千四百三十二邊形之每一邊爲七百九十八萬九千四百八十三，小餘二七〇二一六四六五四二八〇六六六八一〇五六一一一四八。圜內一百五十七萬二千八百六十四邊形之每一邊爲三百九十九萬四千七百四十一，小餘六三五一一七四五二九七五八六八〇七〇六八一一七九三三九。圜內三百一十四萬五千七百二十八邊形之每一邊爲一百九十九萬七千三百七十零，小餘八一七五五九〇九六六六四〇五九二五四〇〇二八六七九六四。

圜内六百二十九萬一千四百五十六邊形之每一邊爲九十九萬八千六百八十五；小餘四〇八七七九六七二八三九七五五七四〇六一一三六一四。圜内一千二百五十八萬二千九百一十二邊形之每一邊爲四十九萬九千三百四十二；小餘七〇四三八九八五一九八三三一二三六三九八二九九六三五五。圜内二千五百一十六萬五千八百二十四邊形之每一邊爲二十四萬九千六百七十一；小餘三五二一九四九二七九三七〇八八六一七六九八八〇二六五六。圜内五千零三十三萬一千六百四十八邊形之每一邊爲一十二萬四千八百三十五；小餘六七六〇九七四六四二一一七二三三三二五〇四七〇九四一八。圜内一億零六十六萬三千二百九十六邊形之每一邊爲六萬二千四百一十七；小餘八三八〇四八七三二一三六二五九〇六三三〇九五八七八四三。圜内二億零一百三十二萬六千五百九十二邊形之每一邊爲三萬一千二百零八；小餘九一九〇二四三六六〇七一九二九二〇四二六九一一八四〇二。圜内四億零二百六十五萬三千一百八十四邊形之每一邊爲一萬五千六百零四；小餘四五九五一二一八三〇三六四三九四九七一〇七三二〇九五一。圜内八億零五百三十萬六千三百六十八邊形之每一邊爲七千八百零二；小餘二二九七五六〇九一五一八二七九一五〇四八二九一五一四二。圜内一十六億一千零六十一萬二千七百三十六邊形之每一邊爲三千九百零一；小餘一一四八七八〇四五七五九一四六九九六五八一四八七〇一五。圜内三十二億二千一百二十二萬五千四百七十二邊形之每一邊爲一千九百五十零；小餘五五七四三九〇二二八七九五七四五二九五三四四〇六八七四。圜内六十四億四千二百四十五萬零九百四十四邊形之每一邊爲九百七十五；小餘二七八七一九五一一四三九七八七三二九三六四一一九九二六。圜内一百二十八億八千四百九十萬一千八百八十八邊形之每一邊爲四百八十七；小餘六三九三五九七五五七一九八九三六七七四九八九〇九九〇五。圜内二百五十七億六千九百八十萬三千七百七十六邊形之每一邊爲二百四十三；小餘八一九六七九八七七八五九九四六八三八七四九四五四九五三。圜内五百一十五億三千九百六十萬七千五百五十二邊形之每一邊爲一百二十一。小餘九〇九八三九九三八九二九九七三四一四二一四七九八七九〇九。乃以五百一十五億三千九百六十萬七千五百五十二邊之數與其每一邊一百二十一小餘九〇九八三九九三八九二九九七三四一四二四七九八七九〇九。之數相乘，得六兆二千八百三十一億八千五百三十萬七千一百七十九，小餘五八六四七六五八〇一三四八二二〇三五五〇一〇八八七六八。爲圜徑二兆之周數。

圜内容四邊起算

設如圜徑二兆，用内容四邊起算，問得圜周幾何。

法：以圜徑二兆折半得一兆，自乘得一穰，倍之開方得一兆四千一百四十二億一千三百五十六萬二千三百七十三，小餘〇九五〇四八八〇一六八八七二四二〇九六九八〇七八五六九。爲圜内所容四邊形之每一邊。乃以半徑一兆爲弦，四邊之一邊一兆四千一百四十二億一千三百五十六萬二千三百七十三小餘〇九五〇四八八〇一六八八七二四二〇九六九八〇七八五六九。折半得七千零七十一億零六百七十八萬一千一百八十六小餘五四七五二四四〇〇八四四三六二一〇四八四九〇三九二八四。爲勾，亦即爲股，四邊折半所成之勾股形，其勾與股相等。與半徑相減，餘二千九百二十八億九千三百二十一萬八千八百一十三，小餘四五二四七五五九一五五六三七八九五一五〇九六〇七一六。復爲勾，四邊之一邊折半之七千零七十一億零六百七十八萬一千一百八十六小餘五四七五二四四〇〇八四四三六二一〇四八四九〇三九二八四。爲股，求得弦七千六百五十三億六千六百八十六萬四千七百三十零小餘一七九五四三四五六九一九九六八〇六〇七九七七三三五二三。爲圜内所容八邊形之每一邊。復以半徑一兆爲弦，八邊之一邊折半得三千八百二十六億八千三百四十三萬二千三百六十五小餘〇八九七七一七二八四五九九八四〇三〇三九八八六六七六一。爲勾，求得股九千二百三十八億七千九百五十三萬二千五百一十一，小餘二八六七五六一二八一八三一八九三九六七八二八六八二二。與半徑相減，餘七百六十一億二千零四十六萬七千四百八十八，小餘七一三三四三八七一八一六八一〇六〇三二一一七一三七八。復爲勾，八邊之一邊折半之三千八百二十六億八千三百四十三萬二千三百六十五小餘〇八九七七一七二八四五九九八四〇三〇三九八八六六七六一。爲股，求得弦三千九百零一億八千零六十四萬四千零三十二小餘二五六五三五六九六五六九七三六九五四〇四四八一八五五。爲圜内所容十六邊形之每一邊。如是屢求，得圜内三十二邊形之每一邊爲一千九百六十億三千四百二十八萬零六百五十九；小餘一二一二〇三九八八三九一一二七七七二八三六九一七二三。圜内六十四邊形之每一邊爲九百八十一億三千五百三十四萬八千六百五十四；小餘八三六〇二八五〇九九一五〇七三五四一九二一八〇四五八六。圜内一百二十八邊形之每一邊爲四百九十億八千二百四十五萬七千零四十五；小餘八二四五七六〇六三四七一六二二一〇六二

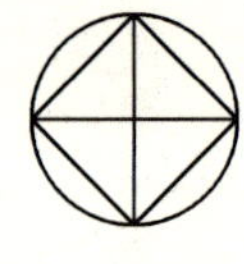

〇八五七五四一三二。圜內二百五十六邊形之每一邊爲二百四十五億四千三百零七萬六千五百七十一；小餘四三九八五二一五八八一七八〇五二八三二二七〇七一六〇〇。圜內五百一十二邊形之每一邊爲一百二十二億七千一百七十六萬九千二百九十八；小餘三〇八九五〇七一九二八一一〇九八九七五三九一五〇二八七。圜內一千零二十四邊形之每一邊爲六十一億三千五百九十一萬三千五百二十五；小餘九三四八一八四〇〇九三五六一三五六一一八八八五〇三一八。圜內二千零四十八邊形之每一邊爲三十億六千七百九十六萬零三百七十二；小餘五六九五三一二二四六〇七五五四四八二五五三五七八〇五四。圜內四千零九十六邊形之每一邊爲一十五億三千三百九十八萬零六百三十七；小餘四八五四〇九〇五三八七七二一六八〇六九八〇五三六五二九。圜內八千一百九十二邊形之每一邊爲七億六千六百九十九萬零三百七十五；小餘一四二七九二一七八一四四九六三四〇七九一三二八八三二一。圜內一萬六千三百八十四邊形之每一邊爲三億八千三百四十九萬五千一百九十四；小餘六二二四〇六六一四八七九八三九一四六七五四三七〇三三二。圜內三萬二千七百六十八邊形之每一邊爲一億九千一百七十四萬七千五百九十八；小餘一九一九五四六九一七四一〇四四四三三三四一二七四三一七。圜內六萬五千五百三十六邊形之每一邊爲九千五百八十七萬三千七百九十九；小餘二〇六一三三七六九〇二九八六六八三四九五八〇七。圜內一十三萬一千零七十二邊形之每一邊爲四千七百九十三萬六千八百九十九；小餘六一六八三六四三七四五八三七五六五七一七一三四八二七。圜內二十六萬二千一百四十四邊形之每一邊爲二千三百九十六萬八千四百四十九；小餘八一〇一三九四一二八四三〇四四三七四六一七五二八三三〇。圜內五十二萬四千二百八十八邊形之每一邊爲一千一百九十八萬四千二百二十四；小餘九〇五二八四八五五六八五七六〇〇四九三三九五五四六八八。圜內一百零四萬八千五百七十六邊形之每一邊爲五百九十九萬二千一百一十二；小餘四五二六六九三二一五〇〇九〇九九三八七二六〇〇六〇〇六五。圜內二百零九萬七千一百五十二邊形之每一邊爲二百九十九萬六千零五十六；小餘二二六三三八〇二二四五七七〇八七一四一二〇二五三九六六。圜內四百一十九萬四千三百零四邊形之每一邊爲一百四十九萬八千零二十八；小餘一一三一六九四三二四二六一〇七五三四七四三三九三三。圜內八百三十八萬八千六百零八邊形之每一邊爲七十四萬九千零一十四；小餘〇五六五八四七六八二四七八〇六三七七四六五一五五〇七七。圜內一千六百七十七萬七千二百一十六邊形之每一邊爲三十七萬四千五百零七；小餘〇二八二九二三九〇六八九七三七六六八七〇六六八〇〇三二。圜內三千三百五十五萬四千四百三十二邊形之每一邊爲一十八萬七千二百五十三；小餘五一四一四六一九六一六五五九八一四四三五〇一〇八二二四。圜內六千七百一十萬八千八百六十四邊形之每一邊爲九萬三千六百二十六；小餘七五七〇七三〇九八一八五三九〇二三五九二四六五〇三〇六。圜內一億三千四百二十一萬七千七百二十八邊形之每一邊爲四萬六千八百一十三；小餘三七八五三六五四九一〇五五一九〇一三四三一〇二四六八二。圜內二億六千八百四十三萬五千四百五十六邊形之每一邊爲二萬三千四百零六；小餘六八九二六八二七四五五四三六二四九三六四九〇九九七八四。圜內五億三千六百八十七萬零九百一十二邊形之每一邊爲一萬一千七百零三；小餘三四四六三四一三七二七三八一六二〇一九一二四八三三二一。圜內一十億七千三百七十四萬一千八百二十四邊形之每一邊爲五千八百五十一；小餘六七二三一七〇六八六三八七一五八五六七六六四六一四六四。圜內二十一億四千七百四十八萬三千六百四十八邊形之每一邊爲二千九百二十五；小餘八三六一五八五三四一九三六一〇五九二一七〇八五三九四。圜內四十二億九千四百九十六萬七千二百九十六邊形之每一邊爲一千四百六十二；小餘九一八〇七九二六七一五九六八〇九六二七七四五二九。圜內八十五億八千九百九十三萬四千五百九十二邊形之每一邊爲七百三十一；小餘四五九〇三九六三三五七九八四〇五〇三一四〇一六六〇二七。圜內一百七十一億七千九百八十六萬九千一百八十四邊形之每一邊爲三百六十五；小餘七二九五一九八一六七八九九二〇二五七六八四九九二八八六。圜內三百四十三億五千九百七十三萬八千三百六十八邊形之每一邊爲一百八十二；小餘八六四七五九九〇八三九四九六〇一二九六〇六八六〇七七〇。乃以三百四十三億五千九百七十三萬八千三百六十八邊之數與其每一邊一百八十二。小餘八六四七五九九〇八三九四九六〇一二九六〇六八六〇七七〇。之數相乘，得六兆二千八百三十一億八千五百三十萬七千一百七十九，小餘五八六四七六八六三〇八三一〇六七五五〇〇三〇二三三六〇。爲圜徑二兆之周數。

圜外切六邊起算

設如圜徑二兆，用外切六邊起算，問得圜周幾何。

法：以圜徑二兆爲弦，半徑一兆爲勾，求得股一兆七千三百二十億五千零八十萬七千五百六十八。小餘八七七二九三五二七四四六三四一五〇五八七二三六六九四二。取其三分之二，得一兆一千五百四十七億零五十三萬八千三百七十九，小餘二五一五二九〇一八二二九七五六一〇〇三九一四九一一二九五。即圜外六邊形之每一邊。蓋圜徑爲弦，半徑爲勾，所得股即圜外三邊形之每邊之一半，倍之爲圜外三邊形之每一邊。其每一邊之三分之一，即圜外六邊形之每一邊。今以六邊起算，故省求三邊，止以所得之股取其三分之二，爲六邊形之每一邊也。乃以六邊形之每一邊一兆一千五百

四十七億零五十三萬八千三百七十九小餘二五一五二九〇一八二二九七五六一〇〇三九一四九一一二九五。折半得五千七百七十三億五千零二十六萬九千一百八十九小餘六二五七六四五〇九一四八七八〇五〇一九五七四五五六四七。爲勾，半徑一兆爲股，即用六邊之一邊爲弦，圜內六邊與半徑等，圜外六邊亦與本形半徑等，故即用六邊之一邊爲弦也。與半徑相減，餘一千五百四十七億零五十三萬八千三百七十九小餘二五一五二九〇一八二二九七五六一〇〇三九一四九一一二九五。即股弦較，又即小同式形之勾。

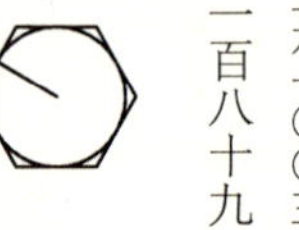

復以六邊形之一邊折半之勾五千七百七十三億五千零二十六萬九千一百八十九小餘六二五七六四五〇九一四八七八〇五〇一九五七四五五六四七。爲一率，半徑之股一兆爲二率，小同式形之勾一千五百四十七億零五十三萬八千三百七十九小餘二五一五二九〇一八二二九七五六一〇〇三九一四九一一二九五。爲三率，推得四率二千六百七十九億四千九百一十九萬二千四百三十一小餘一二二七〇六四七二五五三六五八四九四一二七六三三〇五七。爲小同式形之股，倍之得五千三百五十八億九千八百三十八萬四千八百六十二小餘二四五四一二九四五一〇七三一六九八八二五五二六六一四。爲圜外十二邊形之每一邊。如是屢求，得圜外二十四邊形之每一邊爲二千六百三十三億零四百九十九萬五千一百七十四；小餘七九一七〇六九四三〇五二九一四八一九四三四二〇七一八四。圜外四十八邊形之每一邊爲一千三百一十億八千六百九十二萬五千六百三十零；小餘四七六四五七一二九〇八七四四九七五九八八五五八九八四二。圜外九十六邊形之每一邊爲六百五十四億七千三百二十二萬零八百二十五；小餘九四五一七二八七八五一七八九七七八六九一九二四七三一〇。圜外一百九十二邊形之每一邊爲三百二十七億二千七百八十四萬四千二百七十零；小餘六二三一六五三三〇六八二一五七二五九三九八八九七五六。圜外三百八十四邊形之每一邊爲一百六十三億六千二百八十二萬六千八百零七；小餘五八七七五二七四〇七五〇二二四一四二六二九三〇五五〇二。圜外七百六十八邊形之每一邊爲八十一億八千一百二十七萬六千五百零一；小餘五七四七一二三四〇五二八六五四六三七〇二〇六三七八四二四六。圜外一千五百三十六邊形之每一邊爲四十億九千零六十二萬一千一百三十八；小餘四三九四八七一七〇七三八九五七六二五〇九三〇八六七〇。圜外三千零七十二邊形之每一邊爲二十億四千五百三十萬八千四百三十零；小餘一八九六八二三〇九八七九八九二〇四九四〇七三〇一四三八。圜外六千一百四十四邊形之每一邊爲一十億二千二百六十五萬三千九百四十七；小餘七一六五〇二九四〇六〇七九二三六一七〇八二四〇〇七六八。圜外一萬二千二百八十八邊形之每一邊爲五億一千一百三十二萬六千九百四十零；小餘四三五九七二三〇一六二四八九八六三九六七三七八二六二。圜外二萬四千五百七十六邊形之每一邊爲二億五千五百六十六萬三千四百六十六；小餘〇四〇二〇一六六四〇五二四五三七一九三三九一五〇五八二。圜外四萬九千一百五十二邊形之每一邊爲一億二千七百八十三萬一千七百三十二；小餘四九七八七七七八四〇一〇五六〇七七四〇一〇四六二三四八。圜外九萬八千三百零四邊形之每一邊爲六千三百九十一萬五千八百六十六；小餘一八三六六一〇一一四〇三三三五六四一三七七六七八四八四。圜外一十九萬六千六百零八邊形之每一邊爲三千一百九十五萬七千九百三十三；小餘〇八三六七〇七〇六三八九二五一四九七五〇二五一六九四。圜外三十九萬三千二百一十六邊形之每一邊爲一千五百九十七萬八千九百六十六；小餘五四〇八一五四一八四三七〇一〇三七九二〇二九四三三二。圜外七十八萬六千四百三十二邊形之每一邊爲七百九十八萬九千四百八十三；小餘二七〇二八〇二一三三五八二一〇八七二五八六〇四二〇三〇。圜外一百五十七萬二千八百六十四邊形之每一邊爲三百九十九萬四千七百四十一；小餘六三五一二四一六九六五六九〇二八一四八七〇四五五八。圜外三百一十四萬五千七百二十八邊形之每一邊爲一百九十九萬七千三百七十零；小餘八一七五六〇〇九二七二五四六七四九七七六四三五四。圜外六百二十九萬一千四百五十六邊形之每一邊爲九十九萬八千六百八十五；小餘四〇八七七九七七三四七三八一六〇七九九七四二七五二九八。圜外一千二百五十八萬二千九百一十二邊形之每一邊爲四十九萬九千三百四十二；小餘七〇四三八九八六七五四六七七一七八七八〇九四六一二一四。圜外二千五百一十六萬五千八百二十四邊形之每一邊爲二十四萬九千六百七十一；小餘三五二一九四九二九八八二五二一〇一六八八二八八四八六二。圜外五千零三十三萬一千六百四十八邊形之每一邊爲一十二萬四千八百三十五；小餘六七六〇九七四六四四五四九〇二三九八八一三七二三〇八二。圜外一億零

六十六萬三千二百九十六邊形之每一邊爲六萬二千四百一十七；小餘八三八〇四八七三二一六六六五六四三五七〇三三九六九七六。圓外二億零一百三十二萬六千五百九十二邊形之每一邊爲三萬一千二百零八；小餘九一九〇二四三六六〇七五七二八八七二三八八七六六五四二八。圓外四億零二百六十五萬三千一百八十四邊形之每一邊爲一萬五千六百零四；小餘四五九五一二一八三〇三六九一四五一八〇一一五一六〇八〇。圓外八億零五百三十萬六千三百六十八邊形之每一邊爲七千八百零二；小餘二二九七五六〇九一五一八二三八五一九二三二八九九七一〇。圓外一十六億一千零六十一萬二千七百三十六邊形之每一邊爲三千九百零一；小餘一二四八七八〇四五七五九一五四四一七一四四八四二五六二。圓外三十二億二千一百二十二萬五千四百七十二邊形之每一邊爲一千九百五十零；小餘五五七四三九〇二二八七九五七五三五三二六二四七〇三六八。圓外六十四億四千二百四十五萬零九百四十四邊形之每一邊爲九百七十五；小餘二七八七一九五一一四三九七八七四四七一八二一六三二〇。圓外一百二十八億八千四百九十萬一千八百八十八邊形之每一邊爲四百八十七；小餘六三九三五九七五五七一九八九三六九三三六九八五五八〇二。圓外二百五十七億六千九百八十萬三千七百七十六邊形之每一邊爲二百四十三；小餘八一九六七九八七七八五九九四六八四三〇六一二七七六〇六。圓外五百一十五億三千九百六十萬七千五百五十二邊形之每一邊爲一百二十一。小餘九〇九八三九九三八九二九九七三四二一〇七七六八二五一六。乃以五百一十五億三千九百六十萬七千五百五十二邊之數與其每一邊一百二十一小餘九〇九八三九九三八九二九九七三四二一〇七七六八二五一六。之數相乘，得六兆二千八百三十一億八千五百三十萬七千一百七十九，小餘五八六四七六九三二一五四六〇一七七八二八三九六〇八三三二。爲圜徑二兆之周數。

圜外切四邊起算

設如圜徑二兆，用外切四邊起算，問得圜周幾何。

法：以圜徑二兆爲外切四邊形之每一邊，乃以圜徑二兆爲股，亦即爲勾，求得弦二兆八千二百八十四億二千七百一十二萬四千七百四十六，小餘一九〇〇九七六〇三三七七四四八四一九三九六一五七一三八。爲圜外四邊形之斜弦。與圜徑相減，餘八千二百八十四億二千七百一十二萬四千七百四十六，小餘一九〇〇九七六〇三三七七四四八四一九三九六一五七一三八。即圜外八邊形之每一邊。又以八邊形之每一邊八千二百八十四億二千七百一十二萬四千七百四十六小餘一九〇〇九七六〇三三七七四四八四一九三九六一五七一三八。折半得四千一百四十二億一千三百五十六萬二千三百七十三小餘〇九五〇四八八〇一六八八七二四二〇九六九八〇七八五六九。爲勾，半徑一兆爲股，求得弦一兆零八百二十三億九千二百二十萬零二百九十二。小餘三九三九六八八九九四四六四一〇七三三七七八四〇一二。與半徑相減，餘八百二十三億九千二百二十萬零二百九十二，小餘三九三九六八八九九四四六四一〇七三三七七八四〇一二一。即股弦較，又即小同式形之勾。復以八邊形之一邊折半之勾四千一百四十二億一千三百五十六萬二千三百七十三小餘〇九五〇四八八〇一六八八七二四二〇九六九八〇七八五六九。爲一率，半徑之股一兆爲二率，小同式形之勾八百二十三億九千二百二十萬零二百九十二小餘三九三九六八八九九四四六四一〇七三三七七八四〇一二一。爲三率，推得四率一千九百八十九億一千二百三十六萬七千三百七十九，小餘六五八〇〇六九一一五九七六二二六四四六七六二二八五九七。爲小同式形之股。倍之得三千九百七十八億二千四百七十三萬四千七百五十九，小餘三一六〇一三八二三一九五二四五二八九三五二四五七一九四。爲圜外十六邊形之每一邊。如是屢求，得圜外三十二邊形之每一邊爲一千九百六十九億八千二百八十萬六千七百一十四；小餘三二八五〇六一五四三九五〇四二五八二六五四八六四五四八四。圜外六十四邊形之每一邊爲九百八十二億五千三百六十九萬九千五百三十八；小餘九三四五〇八二一〇六八六四二五四二六二七三四一五八。圜外一百二十八邊形之每一邊爲四百九十億九千七百二十四萬四千二百一十七；小餘八五〇八八二〇九一五九五〇七九二一八一七四四三八四。圜外二百五十六邊形之每一邊爲二百四十五億四千四百九十二萬四千七百五十九；小餘一三三五五〇四六一七七五一〇六四六八五四一五九二八九〇。圜外五百一十二邊形之每一邊爲一百二十二億七千二百萬零三百一十五；小餘二四六八〇三九一八五八八七三一二〇二六二一六〇五八二一。圜外一千零二十四邊形之每一邊爲六十一億三千五百九十四萬二千四百零二；小餘八四五三三九九七四一四七八三一三六四二四三四七六五八四。圜外二千零四十八邊形之每一邊爲三十億六千七百九十六萬三千九百八十二；小餘一七七三三三〇五六九八五四四一六三三六七〇〇八七四九四四。圜外四千零九十六邊形之每

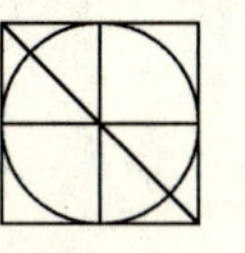

一邊爲一十五億三千三百九十八萬一千零八十八；小餘六八六一八五二二〇三四六四一五四二三二五五八四七五三八。圜外八千一百九十二邊形之每一邊爲七億六千六百九十九萬零四百三十一；小餘五四二八八一九七六六九一四六八三六八一五四四三九三二〇。圜外一萬六千三百八十四邊形之每一邊爲三億八千三百四十九萬五千二百零一；小餘六七一四一七七〇二九一五五五二二一七二六一八二二一〇。圜外三萬二千七百六十八邊形之每一邊爲一億九千一百七十四萬七千五百九十九；小餘〇七三二〇六〇八〇〇九二二九六〇九三一四五一四六一〇六。圜外六萬五千五百三十六邊形之每一邊爲九千五百八十七萬三千七百九十九；小餘三一六二九〇一九二四五二〇六五五二六二〇七六一九八五八。圜外一十三萬一千零七十二邊形之每一邊爲四千七百九十三萬六千八百九十九；小餘六三〇六〇五九九〇三七一六九七五二九八八九四六二九四四。圜外二十六萬二千一百四十四邊形之每一邊爲二千三百九十六萬八千四百四十九；小餘八一一八六〇六〇六九五七〇二三三六九五八九三〇一三三〇。圜外五十二萬四千二百八十八邊形之每一邊爲一千一百九十八萬四千二百二十四；小餘九〇五五〇〇〇〇四九五〇〇〇一一四八一五〇〇二三三六六。圜外一百零四萬八千五百七十六邊形之每一邊爲五百九十九萬二千一百一十二；小餘四五二六九六二二五一五八九三九六六〇二二八〇二〇一五四。圜外二百零九萬七千一百五十二邊形之每一邊爲二百九十九萬六千零五十六；小餘二二六三四一三八四一六四九六二三〇六三四八二四八二二〇。圜外四百一十九萬四千三百零四邊形之每一邊爲一百四十九萬八千零二十八；小餘一一三一六九八五一六五五六六七七一五五三八六四二七五四。圜外八百三十八萬八千六百零八邊形之每一邊爲七十四萬九千零一十四；小餘〇五六五八四八二〇七七四四八二二七八一五三二九一四五二。圜外一千六百七十七萬七千二百一十六邊形之每一邊爲三十七萬四千五百零七；小餘〇二八二九二三九七二五五五七二二二九二二七四〇四七三〇。圜外三千三百五十五萬四千四百三十二邊形之每一邊爲一十八萬七千二百五十三；小餘五一四一四六一九六九八六三二七四四四五七〇一三三五七四。圜外六千七百一十萬八千八百六十四邊形之每一邊爲九萬三千六百二十六；小餘七五七〇七三〇九八二八七九八一三九四七八五八七三三八六。圜外一億三千四百二十一萬七千七百二十八邊形之每一邊爲四萬六千八百一十三；小餘三七八五三六五四九一一八三五二九〇六四五五五三七六〇二。圜外二億六千八百四十三萬五千四百五十六邊形之每一邊爲二萬三千四百零六；小餘六八九二六八二七四五五五九六五四七九三六〇五九三九一六。圜外五億三千六百八十七萬零九百一十二邊形之每一邊爲一萬一千七百零三；小餘三四四六三四一三七二七七五八一九九二九四六九〇〇〇九六。圜外一十億七千三百七十四萬一千八百二十四邊形之每一邊爲五千八百五十一；小餘六七二三一七〇六八六三八七四〇九〇三二三一七七五四四〇。圜外二十一億四千七百四十八萬三千六百四十八邊形之每一邊爲二千九百二十五；小餘八三六一五八五三四三一九三六四一八九八九八一七八三九四。圜外四十二億九千四百九十六萬七千二百九十六邊形之每一邊爲一千四百六十二；小餘九一八〇七九二六七一五九六八一三九八三六九八五〇二五二。圜外八十五億八千九百九十三萬四千五百九十二邊形之每一邊爲七百三十一；小餘四五九〇三九六三三五七九八四〇六〇一三四六三六七一六六。圜外一百七十一億七千九百八十六萬九千一百八十四邊形之每一邊爲三百六十五；小餘七二九五一九八一六七八九九二〇二八八四四三三六三八。圜外三百四十三億五千九百七十三萬八千三百六十八邊形之每一邊爲一百八十二。小餘八六四七五九九〇八三九四九六〇一四二六九二九五四四五〇。乃以三百四十三億五千九百七十三萬八千三百六十八邊之數與其每一邊一百八十二小餘八六四七五九九〇八三九四九六〇一四二六九二九五四四五〇。之數相乘，得六兆二千八百三十一億八千五百三十萬七千一百七十九，小餘五八六四七七三一二七一七八六一八五八九四一三三七六〇〇。爲圜徑二兆之周數。

又　下編卷二〇　曲線形

設如圜徑一尺二寸，問周幾何。

法：用周徑定率比例，以徑數一〇〇〇〇〇〇〇〇〇爲一率，周數三一四一五九二六五爲二率，今所設之圜徑一尺二寸爲三率，求得四率三尺七寸六分九釐九豪一絲一忽一微八纖，即所求之圜之周數也。

一率	一〇〇〇〇〇〇〇〇〇
二率	三一四一五九二六五
三率	一二
四率	三七六九九一一一八

蓋圜之數奇零不盡，立法必自方數始，是故圜內容形屢求勾股至億萬邊，圜外切形屢求勾股至億萬邊，內外湊集，使圜周變爲直線，精密已極，始爲得之。爰設圜徑爲一，而圜周得三一四一五九二六五有餘，是爲定率，故以圜徑一與圜周三一四一五九二六五之比，即同於今所設之圜徑一尺二寸與今所得之

圜周三尺七寸六分九釐九豪一絲一忽一微八纖之比也。

一率　一一三
二率　三五五
三率　一二
四率　三七六九一一五〇

又周徑定率比例以徑數一一三爲一率，周數三五五爲二率，今所設之圜徑一尺二寸爲三率，求得四率三尺七寸六分九釐九豪一絲一忽五微有餘爲圜之周數也。蓋以徑一周三一四一五九二六五之定率約之，徑一一三周得三五四九九九六九有餘，進而爲三五五，則周數微大，故今所得圜周亦微大，然止在忽微之間耳。

一率　七
二率　二二
三率　一二
四率　三七七一四二八五七

又周徑定率比例以徑數七爲一率，周數二十二爲二率，今所設之圜徑一尺二寸爲三率，求得四率三尺七寸七分一釐四豪二絲八忽五微七纖有餘爲圜之周數也。蓋以徑一周三一四一五九二六五之定率約之，徑七周得二一九九一一四八五有餘，進而爲二二，則周數大，而所得周數亦大，至於舊術徑一圍三乃圜內容六等邊形之共度，實小於圜之周線，故徑一則圍三有餘，圍三則徑一不足也。

設如圜周一丈五尺，問徑幾何。

法：用周徑定率比例，以周數三一四一五九二六五爲一率，徑數一〇〇〇〇〇〇〇〇〇爲二率，今所設之圜周一丈五尺爲三率，求得四率四尺七寸七分四釐六豪四絲八忽二微有餘，即所求之圜之徑數也。蓋前法有徑求周，故以定率之徑與定率之周爲比，即如今所設之徑與今所得之周爲比。此法有周求徑，故以定率之周與定率之徑爲比，即如今所設之周與今所得之徑爲比也。

一率　三一四一五九二六五
二率　一〇〇〇〇〇〇〇〇〇
三率　一五
四率　四七七四六四八二

又周徑定率比例，以周數一〇〇〇〇〇〇〇〇〇爲一率，徑數三一八三〇九八八爲二率，今所設之圜周一丈五尺爲三率，求得四率四尺七寸七分四釐六豪四絲八忽二微爲圜之徑數也。蓋圜周爲三一四一五九二六五，則圜徑爲一〇〇〇〇〇〇〇〇〇。若圜周爲一〇〇〇〇〇〇〇〇〇，則圜徑爲三一八三〇九八八，其比例仍同也。

一率　一〇〇〇〇〇〇〇〇〇
二率　三一八三〇九八八
三率　一五
四率　四七七四六四八二

如以周數三五五爲一率，徑數一一三爲二率，今所設之圜周一丈五尺爲三率，亦得四率四尺七寸七分四釐六豪四絲七忽八微有餘爲圜之徑數。

一率　三五五
二率　一一三
三率　一五
四率　四七七四六四七八

又或以周數二二爲一率，徑數七爲二率，今所設之圜周一丈五尺爲三率，則得四率四尺七寸七分二釐七豪二絲七忽二微有餘，較之前法所得徑數稍小。蓋徑爲七而周稍小於二二，若周爲二二徑必稍大於七，今截而爲七則徑數稍小，故所得徑數亦稍小也。

一率　二二
二率　七
三率　一五
四率　四七七二七二七二

設如圜徑八寸，問面積幾何。

法：以圜徑八寸用徑求周法，求得圜周二尺五寸一分三釐二豪七絲四忽一微二纖，折半得一尺二寸五分六釐六豪三絲七忽零六纖，與半徑四寸相乘，得五十寸二十六分五十四釐八十二豪有餘，即圜之面積也，蓋圜之半徑線若與直角三角形之小邊線度等，而圜之周界又與直角三角形之大邊線度等，則此直角三角形之面積與圜形之面積相等。見《幾何原本》四卷第二十一節。如甲乙丙丁圜形，其戊丙半徑與己庚辛直角三角形之己庚小邊線度等，而甲乙丙丁圜周界與己庚辛直角三角形之庚辛大邊線度等，則此己庚辛三角形之面積即與甲乙丙丁圜形之面積相等，是故以戊丙半徑相等之己庚與乙丙丁半周相等之庚壬相乘所得之癸壬庚己長方形，癸壬庚己長方形積，即與己庚辛三角形積等。即爲圜之面積也。如以全周與全徑相乘，則以四歸之亦得圜面積。蓋全徑爲半徑之倍，全周爲半周之倍，則全周全徑相乘之積必大於半周半徑相乘之積四倍，爲隔一位相加之比例，故全周與全徑相乘，以四歸之而得圜面積也。

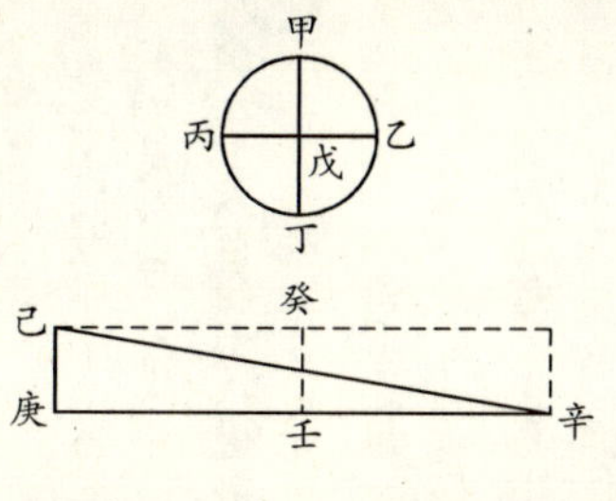

又法：用方邊圓徑相等方積圓積不同之定率比例，以方積一〇〇〇〇〇〇〇〇爲一率，圓積七八五三九八一六爲二率，今所設之圓徑八寸自乘得六十四寸爲三率，求得四率五十寸二十六分五十四釐八十二毫有餘，即圓之面積也。此法蓋因圓徑方邊相等圓積方積不同，故以圓徑自乘作方積定爲面與面之比例。如子寅圓徑爲一〇〇〇〇，則其自乘之辰巳午未正方積爲一〇〇〇〇〇〇〇〇。而圓徑一〇〇〇〇所得之子丑寅卯圓面積爲七八五三九八一六，故以子寅圓徑一〇〇〇〇自乘之辰巳午未正方積一〇〇〇〇〇〇〇〇與子寅圓徑所得之子丑寅卯圓面積七八五三九八一六之比，即同於今所設之甲丙圓徑八寸自乘之戊己庚辛正方積六十四寸與今所得之甲乙丙丁圓面積五十寸二十六分五十四釐八十二毫有餘之比也。

一率　一〇〇〇〇〇〇〇〇
二率　七八五三九八一六
三率　六四
四率　五〇二六五四八二

又法：用圓積方積相等圓徑方邊不同之定率比例，以圓徑一〇〇〇〇〇〇〇〇爲一率，方邊八八六二二六九二爲二率，今所設之圓徑八寸爲三率，求得四率七寸零八釐九毫八絲一忽五微四纖有餘爲與圓面積相等之正方形每邊之數，自乘得五十寸二十六分五十四釐八十二毫有餘，即圓之面積也。此法蓋以圓積方積設爲相等，使圓徑與方邊不同先定爲線與線之比例，既得線而後自乘之爲面也。如子寅圓徑一〇〇〇〇〇〇〇〇，其所得之積開方，則得八八六二二六九二，即爲辰巳午未正方之每邊，是以子丑寅卯圓面積與辰巳午未方面積爲相等，故子寅圓徑一〇〇〇〇〇〇〇〇與辰巳方邊八八六二二六九二之比，即同於今所設之甲丙圓徑八寸與今所得之戊己方邊七寸零八釐九毫八絲一忽五微四纖之比。既得戊己方邊，自乘得戊己庚辛方面積，即與甲乙丙丁圓面積爲相等也。

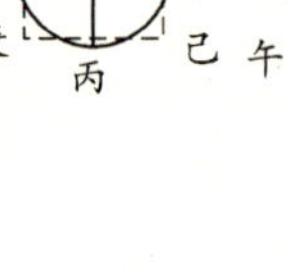

一率　一〇〇〇〇〇〇〇〇
二率　八八六二二六九二
三率　八
四率　七〇八九八一五四

又法：用方周圓周定率比例，以方周數四五二爲一率，圓周數三五五爲二率，圓徑八寸自乘得六十四寸爲三率，求得四率五十寸二十六分五十四釐八十六毫有餘，即圓之面積也。此法若因方周與圓周之比同於方積與圓積之比。見《算法原本》二卷第二十八節。如子丑圓徑爲一一三，則子丑圓周爲三五五，寅卯辰巳正方邊與圓徑同亦爲一一三，則寅卯辰巳方周爲四五二。方邊一一三，以四因之，則得四五二。試以正方面之午丑半徑爲高，寅卯辰巳方周爲底，作一午丑未申長方形，則比寅卯辰巳正方形之面積大一倍。又以圓面之午丑半徑爲高，子丑圓周爲底，作一午丑酉戌長方形，則比子丑圓形之面積亦大一倍。此兩長方形同以午丑爲高，故此兩長方面積之比例必同於兩底邊丑未與丑酉之比例。且全與全之比例又同於半與半之比例，故方積與圓積之比例亦必同於兩底邊丑未與丑酉之比例矣。夫丑未即寅卯辰巳方周，丑酉即子丑圓周，故以方周四五二與圓周三五五之比，即同於今所設之甲丙圓徑自乘之戊己庚辛正方積與今所得之甲乙丙丁圓面積之比也。

一率　四五二
二率　三五五
三率　六四
四率　五〇二六五四八六

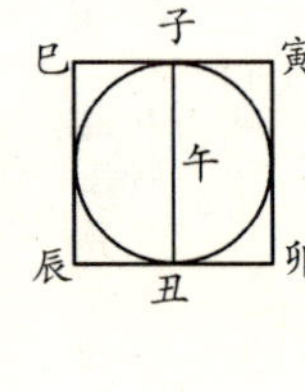

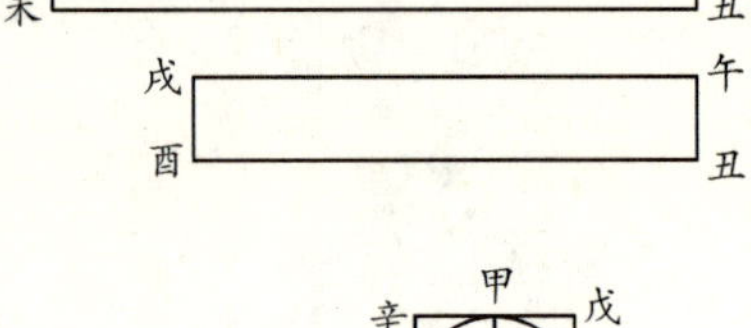

又法：以十四分爲一率，十一分爲二率，圓徑八寸自乘得六十四寸爲三率，求得四率五十寸二十八分五十七釐一十四毫有餘爲圓之面積也。此法亦係方周與圓周之比同於方積與圓積之比。蓋圓徑七則圓周爲二二，半之得一一，方邊七則方周爲二八，半之得一四，故以十四分與十一分之比，亦同於今所設圓徑自乘之方積與今所

一率　一四
二率　一一
三率　六四
四率　五〇二八五七一四

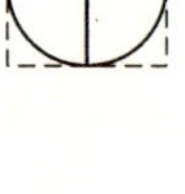

得圓面積之比也。然所得之面積過大者，因徑七圍二十二之定率其周既大，故所得之圓積亦大也。舊術圓積得方積四分之三，求積則以圓徑自乘四分損一得圓積，求徑則以圓積三分益一開方得圓徑，此仍以徑一圍三立法，故徑求積所得之數必小，積求徑所得之數必大也。

設如圓周六尺六寸，問面積幾何。

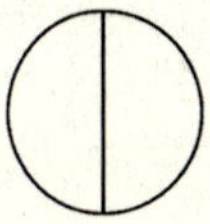

法：以圓周六尺六寸用圓周求徑法，求得圓徑二尺一寸零八豪四絲五忽二微有餘，折半得一尺零五分零四豪二絲二忽六微有餘，與半周三尺三寸相乘，得三尺四十六寸六十三分九十四釐五十八豪有餘，即圓之面積也。

又法：用圓周方積與圓積定率比例，以圓周方積一〇〇〇〇〇〇〇〇〇爲一率，圓積七九五七七四七爲二率，今所設之圓周六尺六寸自乘，得四十三尺五十六寸爲三率，求得四率三尺四十六寸六十三分九十四釐五十九豪有餘，即圓之面積也。此法蓋以圓周自乘之正方積與圓積設爲比例，爲面與面之比例也。

一率　一〇〇〇〇〇〇〇〇〇
二率　七九五七七四七
三率　四三五六
四率　三四六六三九四五九

圓周爲一〇〇〇〇，則其自乘方積爲一〇〇〇〇〇〇〇〇，而圓周一〇〇〇〇，所得之圓面積爲七九五七七四七有餘，故以圓周一〇〇〇〇自乘之方積一〇〇〇〇〇〇〇〇與圓積七九五七七四七之比，即同於今所設之圓周六尺六寸自乘之方積四十三尺五十六寸與今所得之圓面積三尺四十六寸六十三分九十四釐五十九豪有餘之比也。舊術圓積爲周自乘方積十二分之一，有圓周求積，則以圓周自乘以十二除之得圓積，有圓積求周，則將圓積以十二因之開方得圓周。此仍以徑一圍三立法，故周求積所得之數必大，積求周所得之數必小也。

設如圓面積六尺一十六寸，問徑幾何。

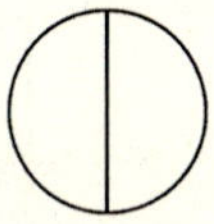

法：用圓徑方邊相等圓積方積不同之定率比例，以圓積一〇〇〇〇〇〇〇〇一率，方積一二七三二三九五四爲二率，今所設之圓面積六尺一十六寸爲三率，求得四率七尺八十四寸三十一分五十五釐五十六豪六十四絲，爲與圓徑相等之正方邊之正方面積，開方得二尺八寸零五豪六絲有餘，即圓之徑數也。

一率　一〇〇〇〇〇〇〇〇
二率　一二七三二三九五四
三率　六一六
四率　七八四三一五五五六六四

蓋圓積爲七八五三九八一六，則方積爲一〇〇〇〇〇〇〇〇，若圓積爲一〇〇〇〇〇〇〇〇，則方積爲一二七三二三九五四，其比例仍同，故以圓積一〇〇〇〇〇〇〇〇爲一率者，即如以圓積七八五三九八一六爲一率，而以方積一二七三二三九五四爲二率者，即如以方積一〇〇〇〇〇〇〇〇爲二率也。

又法：用圓積方積相等圓徑方邊不同之定率比例，以方邊一〇〇〇〇〇〇〇〇爲一率，圓徑一一二八三七九一六爲二率，今所設之圓面積六尺一十六寸開方，得二尺四寸八分一釐九豪三絲四忽有餘爲三率，求得四率二尺八寸零五豪六絲二忽有餘，即圓之徑數也。此法亦以圓積方積設爲相等使圓徑與方邊不同，故以圓面積開方得方邊爲線與線之比例。蓋方邊爲八八六二二六九二，則圓徑爲一〇〇〇〇〇〇〇〇，若方邊爲一〇〇〇〇〇〇〇〇，則圓徑爲一一二八三七九一六，其比例仍同，故以方邊一〇〇〇〇〇〇〇〇爲一率者，即如以方邊八八六二二六九二爲一率，而以圓徑一一二八三七九一六爲二率者，即如以圓徑一〇〇〇〇〇〇〇〇爲二率也。

一率　一〇〇〇〇〇〇〇〇
二率　一一二八三七九一六
三率　二四八一九三四
四率　二八〇〇五六二

又法：用圓周方周定率比例，以圓周三五五爲一率，方周四五二爲二率，今所設之圓面積六尺一十六寸爲三率，求得四率七尺八十四寸三十一分五十四釐九十二豪九十五絲有餘，開方亦得二尺八寸零五豪六絲有餘爲圓之徑數也。

一率　三五五
二率　四五二
三率　六一六
四率　七八四三一五四九二九五

又法：以十一分爲一率，十四分爲二率，今所設之圓面積六尺一十六寸爲三率，求得四率七尺八十四寸，開方得二尺八寸爲圓之徑數也。蓋徑七圍二十二之定率，其徑既小，則方周與方積亦皆小，故開方所得之圓徑亦小也。

一率　一一
二率　一四
三率　六一六
四率　七八四

設如圓面積六尺一十六寸，問周幾何。

法：以圜面積六尺一十六寸用圜積求徑法，求得圜徑二尺八寸零五豪六絲有餘。又用圜徑求周法，求得八尺七寸九分八釐二豪二絲有餘，即圜之周數也。

又法：用圜積與圜周方積定率比例，以圜積一○○○○○○○○○爲一率，圜周方積一二五六六三七○六二爲二率，今所設之圜面積六尺一十六寸爲三率，求得四率七十七尺四十寸八十八分四十三釐零一豪有餘，開方得八尺七寸九分八釐二豪有餘，即圜之周數也。蓋圜積爲一○○○○○○○○○，則圜周自乘方積爲一二五六六三七○六二，其比例仍同，故以圜積一○○○○○○○○○與圜周自乘方積一二五六六三七○六二之比，即同於今所設之圜面積六尺一十六寸與今所得之圜周自乘方積七十七尺四十寸八十八分四十三釐零一豪之比。既得圜周自乘方積，開方即得圜周也。

一率　一○○○○○○○○○
二率　一二五六六三七○六二
三率　六一六
四率　七七四○八八四三○一

設如橢圜形，一名鴨蛋形。大徑九尺，小徑六尺，問面積幾何。

法：以大徑九尺與小徑六尺相乘，得五十四尺爲長方積。乃用方邊圜徑相等方積圜積不同之定率比例，以方積一○○○○○○○○爲一率，圜積七八五三九八一六爲二率，今所得之大小徑相乘之長方積五十四尺爲三率，求得四率四十二尺四十一寸一十五分零六十四豪，即橢圜形之面積也。蓋圜面積與橢圜面積之比同於圜外所切之正方形積與橢圜形外所切之長方積之比，見《幾何原本》八卷第十二節。則圜外所切之正方形積與圜面積之比，亦必同於橢圜形外所切之長方形積與橢圜面積之比也。如甲乙丙丁橢圜形，甲丙大徑九尺，乙丁小徑六尺，以大徑與小徑相乘，遂成戊己庚辛長方形，此長方形積與橢圜形積之比即同於正方積與圜積之比，故以定率之方積數爲一率，圜積數爲二率，今所得之大小徑相乘之長方積爲三率，求得四率爲橢圜形之面積也。

一率　一○○○○○○○○
二率　七八五三九八一六
三率　五四
四率　四二四一一五○○六四

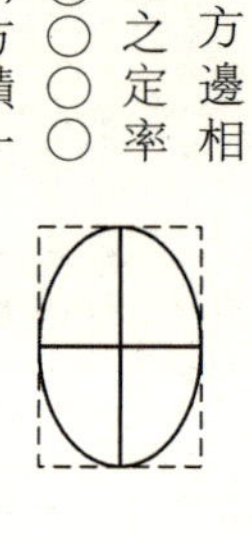

設如橢圜形，面積四十二尺四十一寸一十五分零六十四豪，大徑九尺，問小徑幾何。

法：用圜徑方邊相等圜積方積不同之定率比例，以圜積一○○○○○○○○爲一率，方積一二七三二三九五四爲二率，今所設之橢圜形面積四十二尺四十一寸一十五分零六十四豪爲三率，求得四率五十四尺爲長方積，以大徑九尺除之得六尺，即橢圜形之小徑也。蓋方面積與圜面積之比既同於長方面積與橢圜形面積之比，則圜面積與方面積之比亦必同於橢圜形面積與長方面積之比也。如甲乙丙丁橢圜形，用定率比例而得戊己庚辛長方形，其戊己長與甲丙大徑等，其己庚闊與乙丁小徑等，故以大徑除之得小徑也。如有小徑求大徑，則以所得長方積用小徑除之，而得大徑也。

一率　一○○○○○○○○
二率　一二七三二三九五四
三率　四二四一一五○○六四
四率　五四

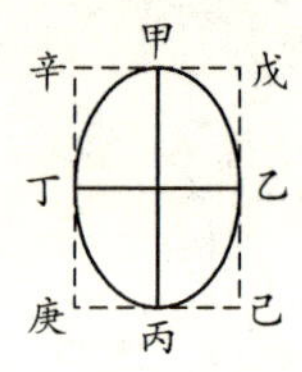

設如圜環形，外周二十一尺三寸，內周七尺一寸，闊二尺二寸六分，求面積幾何。

法：以外周二十一尺三寸與內周七尺一寸相加，得二十八尺四寸，折半得一十四尺二寸，以闊二尺二寸六分乘之，得三十二尺零九寸二十分，即圜環形之面積也。如圖甲乙丙丁圜環形，甲乙外周二十一尺三寸，丙丁內周七尺一寸，甲丙與丁乙皆二尺二寸六分，試依甲乙大圜之戊乙半徑度與甲乙圜周度作一己庚辛直角三角形，其己庚小邊與甲乙大圜之戊乙半徑等，庚辛大邊與大圜之周界等，則己庚辛直角三角形之面積與甲乙大圜之面積等。又依丙丁小圜之戊丁半徑，截己庚辛三角形之己庚小邊於壬，又依丙丁小圜周度作壬癸線與庚辛平行，則成己壬癸一小直角三角形，其面積與丙丁小圜之面積等。如於己庚

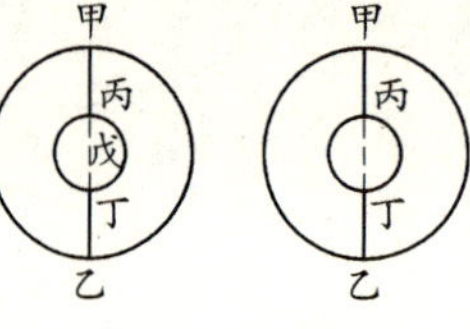

辛大三角形内減己壬癸小三角形，所餘癸辛庚壬斜尖方形之面積必與甲乙丙丁圓環形之面積等矣。故如斜尖方形求積法，以如丙丁内周之壬癸與如甲乙外周之庚辛相加，折半得丑庚，而以如丁乙闊之壬庚乘之，得子丑庚壬一長方形與癸辛庚壬斜尖方形等，即甲乙丙丁圓環形之面積也。

設如圓環形，外徑二尺四寸，内徑一尺二寸，求面積幾何。

法：以外徑二尺四寸求得周七尺五寸三分九釐八豪二絲有餘，又以内徑一尺二寸求得周三尺七寸六分九釐九豪一絲有餘，乃以内徑一尺二寸與外徑二尺四寸相減，餘一尺二寸，折半得六寸爲圓環形之闊。依前法算之，得三尺三十九寸二十九分二十釐有餘，爲圓環形之面積也。

又法：以外徑二尺四寸自乘，得五尺七十六寸。又以内徑一尺二寸自乘，得一尺四十四寸。兩數相減，餘四尺三十二寸爲方環面積。乃用方積圜積定率比例，以

一率	一〇〇〇〇〇〇〇〇
二率	七八五三九八一六
三率	四三二
四率	三三九二九二〇

方積一〇〇〇〇〇〇〇〇爲一率，圜積七八五三九八一六爲二率，今所得之方環面積四尺三十二寸爲三率，求得四率三尺三十九寸二十九分二十釐有餘，即圓環形之面積也。此法蓋以方環圓環爲比例，即如用方積圜積定率爲比例也，分而言之，則外徑自乘與外大圜面積爲比，内徑自乘與内小圜面積爲比。既得兩圜面積，相減始爲圜環面積。今以内外徑各自乘相減，即用方積圜積定率比例，是合兩比例而爲一比例也。

設如圓環形，外周六尺六寸，内周二尺二寸，求面積幾何。

法：以外周六尺六寸，求得徑二尺一寸零八豪四絲有餘。又以内周二尺二寸，求得徑七寸零二豪八絲有餘。兩徑相減，餘一尺四寸零五豪六絲有餘，折半得七寸零二豪八絲有餘，爲圓環形之闊。依前法算之，得三尺零八寸一十二分三十二釐有餘，即圓環形之面積也。

又法：以外周六尺六寸自乘，得四十三尺五十六寸。内周二尺二寸自乘，得四尺八十四寸。兩數相減，餘三十八尺七十二寸。乃用圜周方積與圜積定率比例，以圜周方積一〇〇〇〇〇〇〇〇爲一率，圜積七九五七七四七爲二

一率	一〇〇〇〇〇〇〇〇
二率	七九五七七四七
三率	三八七二
四率	三〇八一二三九

率，兩周自乘相減之餘三十八尺七十二寸爲三率，求得四率三尺零八寸一十二分三十九釐有餘，即圓環形之面積也。此法蓋以兩圜周自乘相減之餘積與圓環積爲比例即如用圜周方積圜積定率爲比例也，分而言之，則外周自乘與外大圜面積爲比，内周自乘與内小圜面積爲比。既得兩圜面積，相減始爲圓環面積。今以内外周各自乘相減，即用圜周方積圜積定率比例，是合兩比例而爲一比例也。

設如圓環形，面積四百六十二尺，闊七尺，求内外徑各幾何。

法：以闊七尺除圓環面積四百六十二尺，得六十六尺，即内外周相併折半之數爲中周，乃以周求徑法，求得徑二十一尺零八釐四豪五絲有餘爲内外徑相併，折半之數爲中徑。加闊七尺得二十八尺零八釐四豪五絲有餘，即外徑。中徑内減闊七尺餘一十四尺零八釐四豪五絲有餘，即内徑也。如圖甲乙丙丁圓環形，其面積四百六十二尺，甲丙與丁乙皆七尺。先所得之中周六十六尺爲戊己周，次所得之中徑二十一尺零八釐四豪五絲有餘爲戊己徑，其甲戊與戊丙等，丁己與己乙等，故甲戊與己乙兩段、戊丙與丁己兩段皆與丁乙及甲丙闊度等，是以於中徑内加闊得外徑，減闊得内徑也。

又法：先用圜積方積定率比例，以圜積一〇〇〇〇〇〇〇〇爲一率，方積一二七三二三九五四爲二率，圓環積四百六十二尺爲三率，求得四率五百八十八尺二十三寸

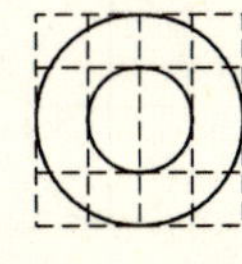

一率	一〇〇〇〇〇〇〇〇
二率	一二七三二三九五四
三率	四六二
四率	五八八二三六六七

六十六分六十七釐有餘爲方環積。乃以闊七尺自乘得四十九尺，以四因之，得一百九十六尺，與所得之方環積相減，餘三百九十二尺二十三寸六十六分六

十七釐有餘，四歸之，得九十八尺零五寸九十一分六十六釐有餘，以闊七尺除之，得一十四尺零八釐四毫五絲有餘爲內圜徑。加倍闊十四尺，得二十八尺零八釐四毫五絲有餘爲外圜徑也。此法蓋以圓環積變爲方環積，即如前法方環積變爲圓環積也。如甲乙丙丁圓環形變爲戊己庚辛壬癸子丑方環形，內減戊寅壬辰、卯己巳癸、子午庚酉、未丑申辛闊自乘之四正方形，餘寅卯癸壬、癸巳午子、丑子酉申、辰壬丑未四長方形，四歸之餘寅卯癸壬一長方形，以寅壬闊除之得壬癸長與丙丁內徑等，加甲丙與丁乙得甲乙，即外徑也。

設如圓環形，面積三百零八尺，闊七尺，求內外周各幾何。

一率　一〇〇〇〇〇〇〇
二率　三一四一五九二六五
三率　七
四率　二一九九一一四

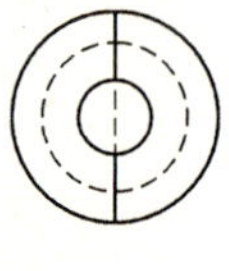

法：以闊七尺除圓環面積三百零八尺，得四十四尺爲內外周相併，折半之數爲中周。又用徑求周法，以徑數一〇〇〇〇〇〇〇爲一率，周數三一四一五九二六五爲二率，闊七尺爲三率，求得四率二十一尺九寸九分一釐一毫四絲有餘爲內外周相減折半之數，爲半較。乃以半較二十一尺九寸九分二釐一毫四絲有餘與中周四十四尺相加，得六十五尺九寸九分一釐一毫四絲有餘，即外周數。以半較二十一尺九寸九分一釐一毫四絲有餘與中周四十四尺相減，餘二十二尺零八釐八毫六絲有餘，即內周數也。如圖甲乙丙丁圓環形，其面積三百零八尺，丁乙闊七尺，試依甲乙大圜之戊乙半徑度與甲乙圜周度作一己庚辛直角三角形，則己庚辛三角形之面積與甲乙大圜之面積等。又依丙丁小圜之戊丁半徑截己庚辛三角形之己庚小邊於壬，又依丙丁小圜周度作壬癸線與庚辛平行，則成己壬癸一小直角三角形，其面積與丙丁小圜之面積等。如於己庚辛大三角形內減己壬癸小三角形，所餘癸辛庚壬斜尖方形之面積必與甲乙丙丁圓環面積等矣。而癸辛庚壬斜尖方形積又與子丑庚壬長方形積等，故以如丁乙闊之壬庚除之，得丑庚爲內外周相併折半之中周數，又以寅庚全徑與庚辛全周之比同於丁乙圓環闊與子丑等與辛丑半較之比，蓋丁乙爲內外徑相減折半

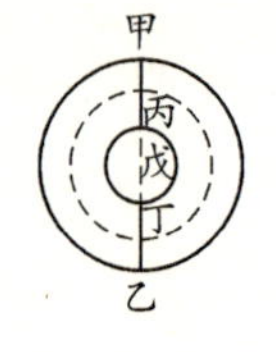

之較，辛丑即內外周相減折半之較，爲相當比例四率也。既得辛丑與丑卯等，即辛庚外周大於丑庚中周之較，亦即癸壬內周與卯庚等。小於丑庚中周之較，故於中周加半較得外周，減半較得內周也。

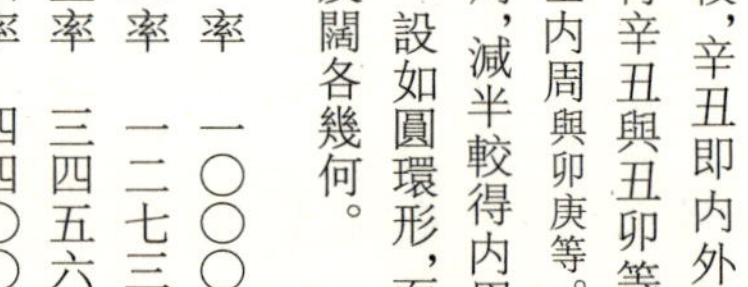

設如圓環形，面積三尺三十六寸，內周一尺一寸，求外周及闊各幾何。

一率　一〇〇〇〇〇〇〇
二率　一二七三二三九五四
三率　三四五六二七七五〇
四率　四四〇〇六六九一七

法：以內周一尺一寸用周求徑法，求得內徑三寸五分零一毫有餘，又用周徑求積法，求得內周圜面積九寸六十二分七十七釐五十毫有餘，與圓環積三尺三十六寸相加，得三尺四十五寸六十二分七十七釐五十毫有餘，即外周圜面積。乃用圜積方積定率比例，以圜積一〇〇〇〇〇〇〇〇爲一率，方積一二七三二三九五四爲二率，今所得之外周圜面積三尺四十五寸六十二分七十七釐五十毫有餘爲三率，求得四率四尺四十寸零六分六十九釐一十七毫有餘，爲外徑自乘之方積，開方得二尺零九分七釐七毫有餘即外徑。減去內徑三寸五分零一毫，餘一尺七寸四分七釐六毫，折半得八寸七分三釐八毫，即圓環形之闊。又用徑求周法，求得周六尺五寸九分零一毫有餘，即外周數也。

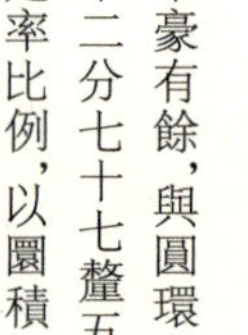

設如圓環形，面積三百八十四尺，外周八十八尺，求內周及闊各幾何。

一率　一〇〇〇〇〇〇〇
二率　一二七三二三九五四
三率　二三二二四六四
四率　二九五七〇五二九九五〇

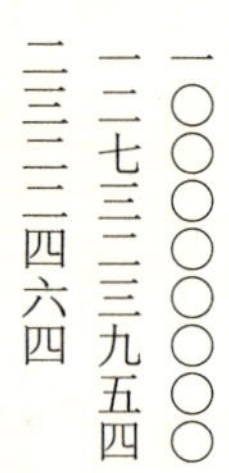

法：以外周八十八尺用周求徑法，求得外徑二十八尺零一分一釐二毫有餘，又用周徑求積法，求得外周圜面積六百一十六尺二十四寸六十四分有餘，內減去圓環積三百八十四尺，餘二百三十二尺二十四寸六十四分有餘，爲內周圜面積。乃用圜積方積定率比例，以圜積一〇〇〇〇〇〇〇〇爲一率，方積一二七三二三九五四爲二率，今所得之內周圜面積二百三十二尺二十四寸六十四分爲三率，求得四率二百九十五尺七十寸五十二分九十九釐

五十豪有餘，即內徑自乘之方積，開方得一十七尺一寸九分六釐有餘，即內徑。與外徑二十八尺零一分一釐二豪相減，餘一十尺八寸一分五釐二豪有餘，折半得五尺四寸零七釐六豪，即圓環形之闊。又用徑求周法，求得周五十四尺零二分二釐八豪有餘，即內周數也。

設如圜徑一尺二寸，今截弧矢形一段，矢闊二寸四分，求弦長幾何。

法：以矢闊二寸四分爲首率，圜徑一尺二寸內減矢闊二寸四分，餘九寸六分爲末率，首率末率相乘得二十三寸零四分，開方得四寸八分爲中率，倍之得九寸六分，即弧矢形之弦數也。如圖，甲乙圜徑一尺二寸，截甲丙丁弧矢形，其甲戊爲矢闊二寸四分，試自甲至丙作甲丙線，自丙至乙作丙乙線，遂成甲丙乙直角三直形，而丙戊半弦即爲其垂線，故所截甲戊爲首率，戊乙爲末率，求得丙戊爲中率，見《幾何原本》九卷第二節，並見勾股卷定勾股無零數法中。倍之得丙丁，即弧矢形之弦也。

又法：以圜徑一尺二寸折半得半徑六寸爲弦，矢闊二寸四分與半徑六寸相減，餘三寸六分爲勾，求得股四寸八分，倍之得九寸六分，得弧矢形之弦數也。如圖，甲乙圜徑一尺二寸，折半得甲己半徑六寸與丙己等爲弦，又於甲己半徑六寸內減甲戊矢闊二寸四分，餘戊己三寸六分爲勾，求得丙戊股，倍之得丙丁，爲弧矢形之弦也。

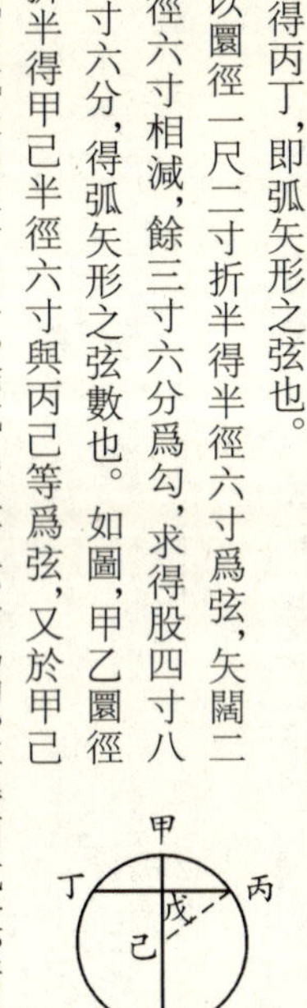

設如圜徑一尺七寸，今截弧矢形一段，弦長一尺五寸，求矢闊幾何。

法：以弦長一尺五寸折半，得半弦七寸五分，自乘得五十六寸二十五分爲長方積，以圜徑一尺七寸爲長闊和，用帶縱和數開方法算之，得闊四寸五分，即矢之闊也。如圖，甲乙圜徑一尺七寸，截甲丙丁弧矢形，其丙丁爲弦長一尺五寸，自甲至丙、自丙至乙作二線，成甲丙乙直角三角形，而丙戊爲垂線，故甲戊爲首率，戊乙爲末率，丙戊爲中率，中率自乘之正方與首率末率相乘之長方等。今以丙丁弦折半，得半弦丙戊，自乘即與甲戊矢爲闊戊乙截徑爲長相乘之長方等，故以甲乙爲長闊和，求得甲戊闊即矢也。

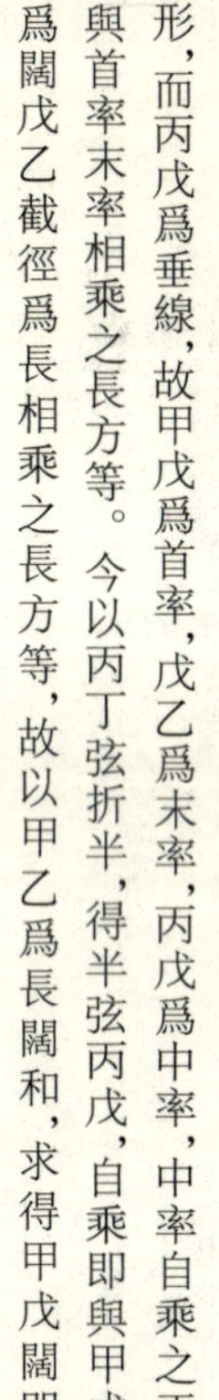

又法：以圜徑一尺七寸折半得八寸五分爲弦，以弦長一尺五寸折半得七寸五分爲股，求得勾四寸，與半徑八寸五分相減，餘四寸五分，即矢之闊也。如圖，甲乙圜徑一尺七寸，折半得丙己半徑八寸五分爲弦，丙丁弦一尺五寸，折半得丙戊七寸五分爲股，求得戊己勾與甲己半徑相減餘甲戊，即矢之闊也。

又法：以圜徑一尺七寸爲弦，弧弦一尺五寸爲股，求得勾八寸，與圜徑一尺七寸相減餘九寸，折半得四寸五分，即矢之闊也。如圖，甲乙圜徑一尺七寸與丁庚等，如自丙至庚作丙庚線，則成丁丙庚直角三角形，故以丁庚爲弦，丙丁爲股，求得丙庚勾與戊辛等，以戊辛與甲乙全徑相減，餘甲戊與辛乙兩段，折半即得甲戊爲矢之闊也。

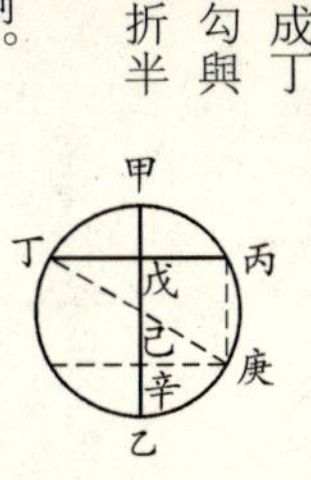

設如弧矢形，統長一尺二寸，矢闊四寸，求圜徑幾何。

法：以矢闊四寸爲首率，弦長一尺二寸折半得六寸爲中率，乃以中率六寸自乘，用首率四寸除之，得九寸爲圈之截徑，加矢闊四寸，得一尺三寸，即圜之徑數也。如圖甲乙丙丁弧矢形，甲丙弦長一尺二寸，丁乙矢闊四寸，試繼甲丁丙弧作一全圜，法見《幾何原本》十一卷十三節。將丁乙矢線引長作丁戊全徑線，又自甲至丁作甲丁線，自甲至戊作甲戊線，遂成丁甲戊直角三角形。而甲乙半弦即爲其中垂線，故丁乙矢爲首率，乙戊截徑爲末率，而甲乙半弦即爲中率，故丁乙與甲乙之比同於甲乙與乙戊之比而得乙戊截徑，加丁乙矢，即得丁戊爲圜之全徑也。

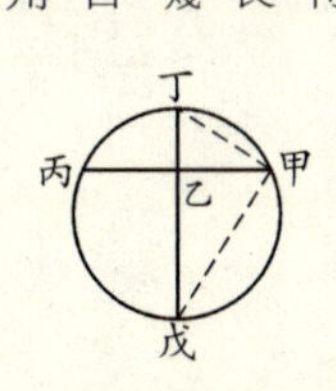

設如弧矢形，弦長八尺，矢闊二尺，求面積幾何。

法：先用弧矢形有弦矢求圜徑法，求得圜之全徑十尺，折半得半徑五尺爲一率，半弦四尺爲二率，以半徑十萬爲三率，求得四率八萬爲正弦數，撿八線表得五十三度零七分四十九秒爲半弧之度分，倍之得一百零六度一十五分三十八秒爲全弧之度分。乃以全圜三百六十度化作一百二十九萬六千秒爲一率，全弧一百零六度十五分三十八秒化作三十八萬二千五百三十八秒爲二率，全徑十尺求得全周三十一尺四寸一分五釐九豪二絲有餘爲三率，求得四率九尺二寸七分二釐九豪八絲有餘爲全弧之數。與半徑五尺相乘，得四十六尺三十六寸四十九分，折半得二十三尺一十八寸二十四分五十釐，爲自圜心所分弧背三角形積。又於半徑五尺

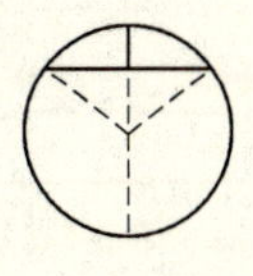

內減矢二尺，餘三尺，與弦八尺相乘，得二十四尺，折半得十二尺，爲自圜心至弦所分直線三角形積。與弧背三角形積二十三尺一十八寸二十四分五十釐相減，餘一十一尺一十八寸二十四分五十釐，即弧矢形之面積也。如圖甲乙丙丁弧矢形，甲丙弦長八尺，丁乙矢闊二尺，甲乙爲半弦四尺，試繼此弧作一全圜，求得丁戊全徑，解見前。折半得己丁半徑。既得半徑，而甲乙半弦又即爲甲丁半弧之正弦，故比例得正弦數，撿表而得甲丁半弧之度分，倍之得甲丁丙全弧之度分。又甲戊丙丁全圜之度分與甲丁丙全弧之度分之比同於甲戊丙丁全周之尺寸與甲丁丙全弧之尺寸之比，而得甲丁丙全弧之數，與己丁半徑相乘，折半即得甲己丙丁弧背三角形之面積。又於丁己半徑內減丁乙矢，餘乙己爲截半徑，與甲丙弦相乘，折半得甲己丙直線三角形面積，與甲己丙丁弧背三角形面積相減，餘即甲乙丙丁弧矢形之面積也。

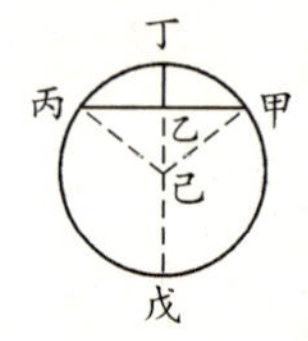

設如圜形截弧矢一段，所截弧度一百二十度，弧界長二尺二寸，求圜徑及弦長矢闊各幾何。

法：以截弧一百二十度爲一率，全圜三百六十度爲二率，截弧二尺二寸爲三率，求得四率六尺六寸爲圜之周數。用圜周求徑法，求得圜徑二尺一寸零八豪四絲有餘，乃以半徑十萬爲一率，截弧一百二十度折半得六十度，查正弦得八萬六千六百零三，倍之得一十七萬三千二百零六，即一百二十度之通弦爲二率，今所得之圜徑二尺一寸零八豪四絲有餘折半，得一尺零五分零四豪二絲有餘爲三率，求得四率一尺八寸一分九釐三豪九絲有餘，即弧矢形之弦數。又以半徑十萬爲一率，六十度之餘弦五萬與半徑十萬相減，餘五萬，即六十度之正矢爲二率，今所得之半徑一尺零五分零四豪二絲有餘爲三率，求得四率五寸二分五釐二豪一絲有餘，即弧矢形之矢數也。如圖甲乙丙丁圜形，截甲乙戊丁弧矢形一段，知乙甲丁弧一百二十度，又知乙甲丁弧界爲二尺二寸，求甲丙全徑及乙丁弦、甲戊矢，則以乙甲丁弧一百二十度與甲乙丙丁全圜三百六十度之比，即同於乙甲丁弧界二尺二寸與甲乙丙丁全圜界六尺六寸之比也。既得全周求得甲丙全徑，折半於己心，自己至乙作己乙半徑線，則乙戊即如六十度之正弦，乙丁即如一百二十度之通弦，甲戊即如六十度之正矢，故以半徑十萬與一百二十度之通弦一十七萬三千二百零六之比，即同於己乙半徑一尺零五分零四豪二絲有餘與乙丁全弦一尺八寸一分九釐三豪九絲有餘之比。又半徑十萬與六十度之正矢五萬之比，即同於己乙半徑與甲戊矢五寸二分五釐二豪一絲有餘之比也。

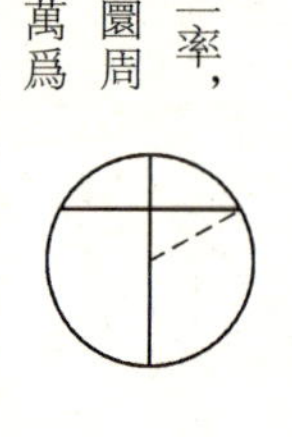
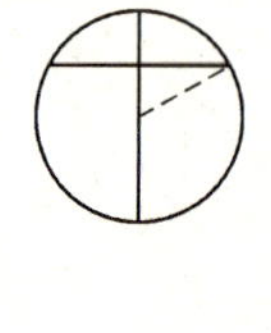

設如圜形截弧矢一段，任自弧界一處對圜心至弦作一斜線，長一尺二寸，將全弦分爲大小兩段，大段長一尺八寸，小段長一尺六寸，問圜徑幾何。

法：以所作之斜線一尺二寸爲一率，截弦小段一尺六寸爲二率，大段一尺八寸爲三率，求得四率二尺四寸爲自截弦處過圜心至圜對界之線，將此線與所作之斜線一尺二寸相加，得三尺六寸，即圜徑也。如圖甲乙丙丁圜形，截甲乙丁弧矢形，任自圜界甲對圜心戊至乙丁弦上作甲己斜線，將乙丁弦分爲乙己、己丁兩段，乙己小段一尺六寸，己丁大段一尺八寸。試將甲己斜線引長，過圜心至圜對界丙作甲丙線，又自甲至乙作甲乙線，復自丁至丙作丁丙線，遂成甲己乙、丁己丙兩同式三角形，乙角對甲丁弧，丙角亦對甲丁弧，甲角對乙丙弧，丁角亦對乙丙弧，兩己角爲對角，故兩三角形爲同式形也。故以甲己與乙己之比，即同於己丁與己丙之比。既得己丙，與甲己相加，即得甲丙爲圜徑也。

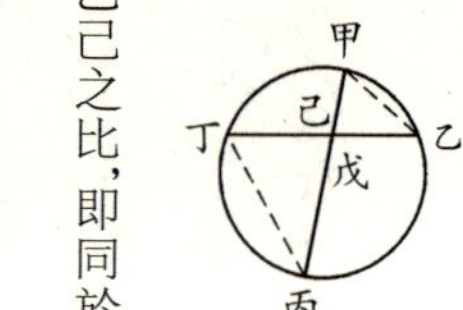

設如圜形截弧矢一段，任自弧界一處至弦作一垂線，長一尺二寸，將全弦分爲大小兩段，其大段長三尺，小段長一尺，問圜徑幾何。

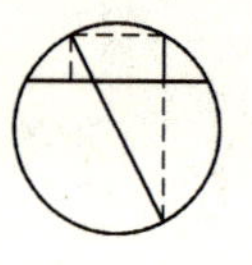
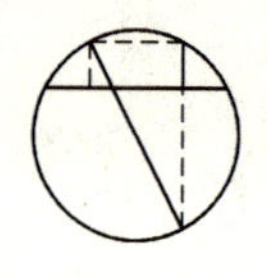

法：以所作垂線一尺二寸爲一率，截弦小段一尺爲二率，大段三尺爲三率，求得四率二尺五寸，爲自截弦處至圜對界之直線。乃以此線與所作之垂線一尺二寸相加，得三尺七寸爲股，以截弦小段一尺與大段三尺相減，餘二尺爲勾，求得弦四尺二寸，即圜徑也。如圖甲乙丙丁圜形，截甲乙丁弧矢形，任自弧界甲至乙丁弦上作甲戊垂線，長一尺二寸，將乙丁弦分爲乙戊、戊丁兩段，乙戊小段一尺，戊丁大段三尺。試將甲戊垂線引長至圜對界丙作甲丙線，又自甲至乙作甲乙線，復自丁至丙作丁丙線，遂成甲戊乙、丁戊丙兩

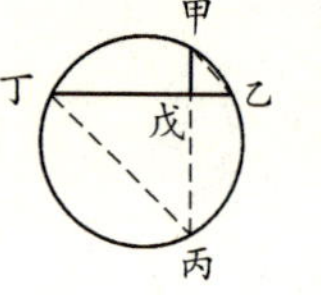

同式三角形，乙角對甲丁弧，丙角亦對甲丁弧，甲角對乙丙弧，丁角亦對乙丙弧，兩戊角俱爲直角，故兩三角形爲同式形也。故以甲戊與戊乙之比，同於丁戊與戊丙之比。既得戊丙，與甲戊相加，即得甲丙。又以乙戊同己丁。與戊丁相減，餘戊己與甲庚等，乃自甲至庚作甲庚線與乙丁平行，則甲角爲直角，必立於圜界之一半。又自庚至丙作庚丙線，則又成庚甲丙勾股形，故以庚甲爲勾，甲丙爲股，求得庚丙弦，即圜徑也。

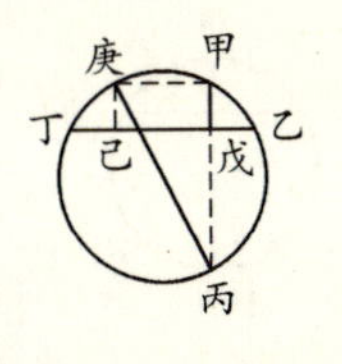

設如一大圜形，內容四小圜形，但知大圜形徑一尺二寸，求小圜形徑幾何。

法：以大圜形徑一尺二寸自乘，倍之開方，得一尺六寸九分七釐零五絲有餘，內減大圜形徑一尺二寸，餘四寸九分七釐零五絲有餘，即小圜形徑也。如圖甲大圜形，內容乙丙丁戊四小圜形，試切甲大圜形界作己庚辛壬正方形，其方邊即大圜形全徑，用方邊求斜弦法，求得壬庚、己辛兩斜弦，即成己甲壬、己甲庚、庚甲辛、壬甲辛四勾股形，內各容一小圜形。而四方邊遂爲四勾股形之各弦，兩斜弦各折半，遂各爲四勾股形之各勾股。任取一勾股和，減弦即得容圜全徑也。解見勾股容圜法中。

設如一大圜形，內容四小圜形，但知小圜形徑五寸，求大圜形徑幾何。

法：以小圜形徑五寸自乘，倍之開方，得七寸零七釐一豪有餘，加小圜形徑五寸，得一尺二寸零七釐一豪有餘，即大圜形徑也。如圖甲大圜形，內容乙丙丁戊四小圜形，試連四小圜形中心作乙丙、丙丁、丁戊、戊乙四線，遂成乙丙丁戊一正方形。用方邊求斜弦法，求得乙丁斜弦，加己乙與丁庚兩半徑，即一小圜形之全徑。即得己庚大圜形全徑也。

設如一大圜形，內容三小圜形，但知大圜形徑一尺二寸，求內容小圜形徑幾何。

法：以大圜形徑一尺二寸，求得外切三角形之每邊爲二尺零七分八釐四豪六絲有餘，乃以大圜形徑一尺二寸爲三角形之兩腰，半徑六寸爲中垂線，用三角形容圜法，求得容圜半徑二寸七分八釐四豪六絲有餘，倍之得五寸五分六釐九豪二絲有餘，即小圜形全徑也。如圖甲大圜形，內容乙丙丁三小圜形，試求外切甲大圜界戊己庚三角形，自圜心甲至戊、己、庚三角各作一分角線，皆與圜之全徑等，即成戊甲己、己甲庚、戊甲庚三三角形，內各容一小圜形。故任以兩全徑爲兩腰，一半徑爲中垂線，用三角形容圜法算之，即得一小圜徑也。

設如一大圜形，內容三小圜形，但知小圜形徑五寸，求大圜形徑幾何。

法：以小圜形徑五寸爲等邊三角形之每一邊，用等邊三角形求外切圜形全徑法，求得外切圜徑五寸七分七釐三豪五絲有餘，加小圜全徑五寸，得一尺零七分七釐三豪五絲有餘，即大圜形全徑也。如圖甲大圜形，內容乙丙丁三小圜形，試連三小圜形中心作乙丙、乙丁、丙丁三線，遂成乙丙丁等邊三角形，其每邊皆與小圜全徑等。又切乙丙丁三角作一圜形，用等邊三角形求外切圜形全徑法，解見三角形卷。求得乙戊徑線，加己乙與戊庚兩半徑，即一小圜形之全徑。即得己庚大圜形全徑也。

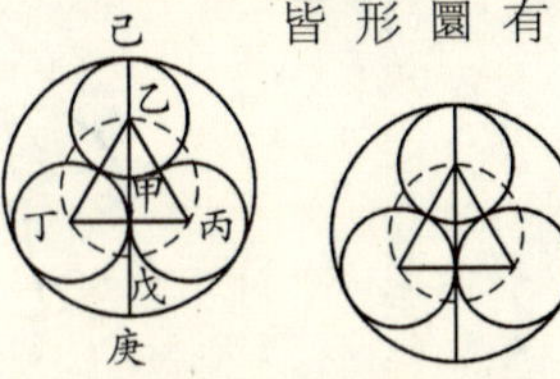

又 下編卷二二　圜內容各等邊形

設如圜徑一尺二寸，求內容三等邊形之每一邊及面積幾何。

法：以圜徑一尺二寸爲弦，半徑六寸爲勾，求得股一尺零三分九釐二豪三絲有餘爲圜內容三等邊形之每一邊。爰以三等邊形之每一邊爲弦，每一邊折半爲勾，求得股九寸。或以圜徑一尺二寸，取其四分之三，亦得九寸爲圜內容三等邊形之中垂線。乃以每一邊之一尺零三分九釐二豪三絲有餘與中垂線九寸相乘，得九十三寸五十三分零七釐有餘，折半得四十六寸七十六分五十三釐有餘，即圜內容三等邊形之面積也。如圖，甲乙圜徑一尺二寸，內容甲丙丁三等邊形，試自丁至乙作丁乙線，即圜內容六等邊形之每一邊，與丁戊半徑等。甲乙全徑、丁乙半徑與甲丁邊遂成甲丁乙勾股形，故以甲乙全徑爲弦，丁乙半徑爲勾，求得甲丁股，即圜內容三等邊形之每一邊也。

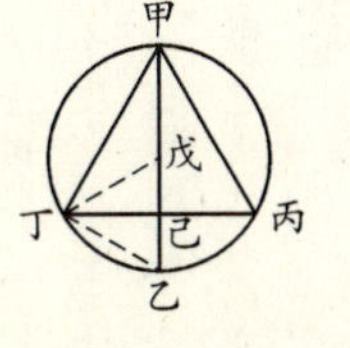

其甲己中垂線，即甲丁弦己丁勾所求之股，又爲圜徑四分之三。既得一邊，又得中垂線，即如三角形求面積法算之，而得圜內容三等邊形之面積也。

一率	一〇〇〇〇〇
二率	八六六〇三
三率	六
四率	五一九六一八

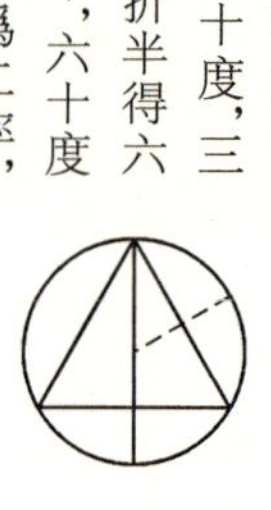

又法：以全圜三百六十度，三分之，每分得一百二十度，折半得六十度，乃以半徑十萬爲一率，六十度之正弦八萬六千六百零三爲二率，今所設之半徑六寸爲三率，求得四率五寸一分九釐六豪一絲八忽，倍之得一尺零三分九釐二豪三絲六忽，爲圜內容三等邊形之每一邊。既得每一邊之數，乃取圜徑四分之三爲中垂線，與每一邊之數相乘，折半得四十六寸七十六分五十六釐有餘，即圜內容三等邊形之面積也。如圖，甲乙圜徑一尺二寸，內容甲丙丁三等邊形，每一邊之弧皆一百二十度，試將甲丙邊折半於戊，自圜心己作己戊庚半徑線，遂平分甲丙弧於庚，則甲庚弧爲六十度，甲戊即六十度之正弦，甲丙即一百二十度之通弦，是故半徑十萬與六十度之正弦之比，即如所設之半徑六寸與甲戊之半邊之比，既得半邊，倍之即全邊也。

一率	一〇〇〇〇〇〇〇〇
二率	八六六〇二五四〇
三率	一二
四率	一〇三九二三〇

又用求圜內各形之一邊之定率比例，以定率之圜徑一〇〇〇〇〇〇〇〇爲一率，圜內容三等邊形之每一邊八六六〇二五四〇爲二率，今所設之圜徑一尺二寸爲三率，求得四率一尺零三分九釐二豪三絲有餘，即圜內容三等邊形之每一邊也。

一率	一〇〇〇〇〇〇〇〇
二率	三二四七五九五三
三率	一四四
四率	四六七六五三

又用求圜內各形之面積之定率比例，以定率之圜徑自乘之正方面積一〇〇〇〇〇〇〇〇爲一率，圜內容三等邊形之面積三二四七五九五三爲二率，今所設之圜徑一尺二寸自乘得一尺四十四寸爲三率，求得四率四十六寸七十六分五十三釐有餘，即圜內容三等邊形之面積也。

又用圜面積之定率比例，以定率之圜面積一〇〇〇〇〇〇〇〇爲一率，圜內容三等邊形之面積四一三四九六六七爲二率，今所設之圜徑一尺二寸，求得圜面積一尺一十三寸零九分七十三釐有餘爲三率，求得四率四十六寸七十六分五十三釐有餘，即圜內容三等邊形之面積也。

一率	一〇〇〇〇〇〇〇〇
二率	四一三四九六六七
三率	一一三〇九七三
四率	四六七六五三

設如圜徑一尺二寸，求內容四等邊形之每一邊及面積幾何。

法：以圜徑一尺二寸折半得半徑六寸，自乘得三十六寸，倍之得七十二寸，開方得八寸四分八釐五豪二絲八忽有餘，爲圜內容四等邊形之每一邊。其半徑自乘倍之所得七十二寸，即圜內容四等邊形之面積也。如圖，甲乙圜徑一尺二寸，內容甲丙乙丁四等邊形，試自圜心戊至丁角作戊丁半徑線，遂成甲戊丁勾股形。因甲戊、戊丁皆同爲半徑，一爲勾，一即爲股，故止以半徑自乘倍之開方而得甲丁弦，即圜內容四等邊形之每一邊也。每一邊自乘，是仍爲半徑自乘倍之之數，即圜內容四等邊形之面積也。

又法：以全圜三百六十度，四分之，每分得九十度，折半得四十五度，乃以半徑十萬爲一率，四十五度之正弦七萬零七百一十一爲二率，今所設之半徑六寸爲三率，求得四率四寸二分四釐二豪六絲六忽，倍之得八寸四分八釐五豪三絲二忽，爲圜內容四等邊形之每一邊。既得每一邊之數，即以每一邊自乘得七十二寸，即圜內容四等邊形之面積也。如圖，甲乙圜徑一尺二寸，內容甲丙乙丁四等邊形，每一邊之弧皆九十度，試將甲丙邊折半於戊，自圜心己作己戊庚半徑線，遂平分甲丙弧於庚，則甲庚弧爲四十五度，甲戊即四十五度之正弦，甲丙即九十度之通弦，是故半徑十萬與四十五度之正弦之比，即如所設之半徑六寸與甲戊之半邊之比，既得半邊，倍之即全邊也。

一率	一〇〇〇〇〇
二率	七〇七一一
三率	六
四率	四二四二六六

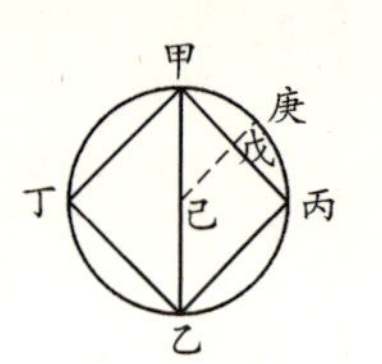

又用求圜內各形之一邊之定率比例，以定率之圜徑一〇〇〇〇〇〇〇〇爲一率，圜內容四等邊形之每一邊七〇七一〇六七八爲二率，今所設之圜徑一尺

二寸爲三率，求得四率八寸四分八釐五毫二絲八忽有餘，即圜內容四等邊形之每一邊也。

一率	一〇〇〇〇〇〇〇
二率	七〇七一〇六七八
三率	一二
四率	八四八五二八

又用求圜內各形之面積之定率比例，以定率之圜徑自乘之正方面積一〇〇〇〇〇〇〇爲一率，圜內容四等邊形之面積五〇〇〇〇〇〇〇爲二率，今所設之圜徑一尺二寸自乘得一尺四十四寸爲三率，求得四率七十二寸，即圜內容四等邊形之面積也。

一率	一〇〇〇〇〇〇〇
二率	五〇〇〇〇〇〇〇
三率	一四四
四率	七二

又用圜面積之定率比例，以定率之圜面積一〇〇〇〇〇〇〇爲一率，圜內容四等邊形之面積六三六六一九七七爲二率，今所設之圜徑一尺二寸，求得圜面積一尺一十三寸零九分七十三釐有餘爲三率，求得四率七十二寸，即圜內容四等邊形之面積也。

一率	一〇〇〇〇〇〇〇
二率	六三六六一九七七
三率	一一三〇九七三
四率	七二

設如圜徑一尺二寸，求內容五等邊形之每一邊及面積幾何。

法：以圜徑一尺二寸折半得半徑六寸爲首率，用連比例三率有首率求中率末率使中率末率相加與首率等之法，求得中率三寸七分零八毫二絲有餘，即圜內容十等邊形之每一邊。詳見割圜卷中。乃以所得中率與半徑首率相減，餘二寸二分九釐一毫八絲爲末率，折半得一寸一分四釐五毫九絲爲半末率，即以此半末率爲勾，中率爲弦，求得股三寸五分二釐六毫七絲一忽有餘，倍之得七寸零五釐三毫四絲二忽有餘，爲圜內容五等邊形之每一邊。又以中率與半末率相加，得四寸八分五釐四毫一絲有餘，爲自圜心至每一邊之中垂線。乃以每一邊折半之數與中垂線相乘，得一十七寸一十一分九十釐有餘，五因之，得八十五寸五十九分五十釐有餘，即圜內容五等邊形之面積也。如圖，甲乙圜徑一尺二寸，內容甲丙丁戊己五等邊形，試自圜心庚至每角各作一半徑線，即分五等邊形爲五三角形。又自乙至戊作乙戊線，即圜內容十等邊形之每一邊，庚乙、庚戊半徑與乙戊邊遂成庚乙戊三角形。又依乙戊線度截庚乙半徑於辛，作戊辛線，則又成戊辛乙三角形，與庚乙戊三角形爲同式形。故庚乙爲首率，乙戊、戊辛俱爲中率，辛乙爲末率，辛壬與壬乙俱爲半末率，是以壬乙半末率爲勾，乙戊中率爲弦，求得戊壬股，倍之得戊丁，即圜內容五等邊形之每一邊。又以庚辛中率與辛壬半末率相加，得庚壬中垂線，用三角形求面積法算之，得庚丁戊一三角形面積，五倍之，而得圜內容五等邊形之總面積也。

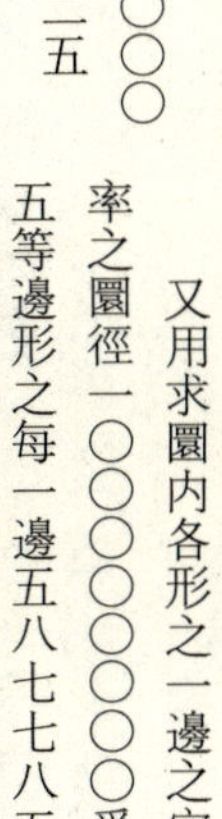

又法：以全圜三百六十度，五分之，每分得七十二度，折半得三十六度，乃以半徑十萬爲一率，三十六度之正弦五萬八千七百七十九爲二率，今所設之半徑六寸爲三率，求得四率三寸五分二釐六毫七絲四忽，倍之得七寸零五釐三毫四絲八忽，爲圜內容五等邊形之每一邊。次以半徑十萬爲一率，三十六度之餘弦八萬零九百零二爲二率，今所設之半徑六寸爲三率，求得四率四寸八分五釐四毫一絲二忽，爲自圜心至每一邊之中垂線。與每一邊折半之數相乘，五因之，得八十五寸五十九分六十釐有餘，爲圜內容五等邊形之面積也。如圖，甲乙圜徑一尺二寸，內容甲丙丁戊己五等邊形，每一邊之弧皆七十二度，試將甲丙邊折半於庚，自圜心辛作辛庚壬半徑線，遂平分甲丙弧於壬，則甲壬弧爲三十六度，甲庚即三十六度之正弦，甲丙即七十二度之通弦，辛庚即三十六度之餘弦，是故半徑十萬與三十六度之正弦之比，即如所設之半徑六寸與甲庚之半邊之比。既得半邊，倍之即全邊。又半徑十萬與三十六度之餘弦之比，即如所設之半徑六寸與辛庚中垂線之比也。

一率	一〇〇〇〇〇
二率	五八七七九
三率	六
四率	三五二六七四

一率	一〇〇〇〇〇
二率	八〇九〇二
三率	六
四率	四八五四一二

又用求圜內各形之一邊之定率比例，以定率之圜徑一〇〇〇〇〇〇〇〇爲一率，圜內容五等邊形之每一邊五八七七八五二五爲二率，今所設之圜徑一尺二寸爲三率，求得四率七寸零五釐三毫四絲二忽有餘，即圜內容五等邊形

一率	一〇〇〇〇〇〇〇〇
二率	五八七七八五二五
三率	一二
四率	七〇五三四二

之每一邊也。

一率　一〇〇〇〇〇〇〇〇
二率　五九四四一〇三一
三率　一四四
四率　八五五九五〇

又用求圜内各形之面積之定率比例，以定率之圜徑自乘之正方面積一〇〇〇〇〇〇〇〇爲一率，圜内容五等邊形之面積五九四四一〇三一爲二率，今所設之圜徑一尺二寸自乘得一尺四十四寸爲三率，求得四率八十五寸五十九分五十釐有餘，即圜内容五等邊形之面積也。

一率　一〇〇〇〇〇〇〇〇
二率　七五六八二六七二
三率　一一三〇九七三
四率　八五五九五〇

又用圜面積之定率比例，以定率之圜面積一〇〇〇〇〇〇〇〇爲一率，圜内容五等邊形之面積七五六八二六七二爲二率，今所設之圜徑一尺二寸，求得圜面積一尺一十三寸零九分七十三釐有餘爲三率，求得四率八十五寸五十九分五十釐有餘，即圜内容五等邊形之面積也。

設如圜徑一尺二寸，求内容六等邊形之每一邊及面積幾何。

法：以圜徑一尺二寸折半得半徑六寸，即圜内容六等邊形之每一邊。爰以半徑六寸爲弦，每一邊折半得三寸爲勾，求得股五寸一分九釐六豪一絲五忽有餘，爲自圜心至每一邊之中垂線。乃以每一邊折半之數與中垂線相乘，得一十五寸五十八分八十四釐有餘，六因之，得九十三寸五十三分零四釐有餘，即圜内容六等邊形之面積也。如圖，甲乙圜徑一尺二寸，内容甲丙丁乙戊己六等邊形，其每一邊皆六寸與半徑等，試自圜心庚至每角各作一半徑線，即分六等邊形爲六三角形，以甲庚半徑爲弦，甲丙一邊折半得甲辛爲勾，求得股爲庚辛中垂線，用三角形求面積法算之，得甲丙庚一三角形之面積。六倍之，而得圜内容六等邊形之總面積也。

一率　一〇〇〇〇〇
二率　五〇〇〇〇
三率　六
四率　三

又法：以全圜三百六十度，六分之，每分得六十度，折半得三十度。乃以半徑十萬爲一率，三十度之正弦五萬爲二率，今所設之半徑六寸爲三率，求得四率三寸，倍之得六寸，爲圜内容六等邊形之每一邊。次以半徑十萬爲一率，三十度之餘弦八萬六千六百零

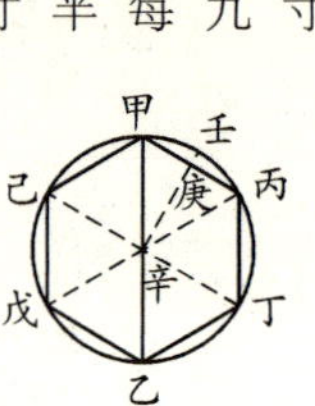

一率　一〇〇〇〇〇
二率　八六六〇三
三率　六
四率　五一九六一八

三爲二率，今所設之半徑六寸爲三率，求得四率五寸一分九釐六豪一絲八忽爲自圜心至每一邊之中垂線，與每一邊折半之數相乘，六因之，得九十三寸五十三分一十二釐有餘，爲圜内容六等邊形之面積也。如圖，甲乙圜徑一尺二寸，内容甲丙丁乙戊己六等邊形，每一邊之弧皆六十度，試將甲丙邊折半於庚，自圜心辛作辛庚壬半徑線，遂平分甲丙弧於壬，則甲壬弧爲三十度，甲庚即三十度之正弦，甲丙即六十度之通弦，辛庚即三十度之餘弦，是故半徑十萬與三十度之正弦之比，即如所設之半徑六寸與甲庚之半邊之比。既得半邊，倍之即全邊。又半徑十萬與三十度之餘弦之比，即如所設之半徑六寸與辛庚中垂線之比也。

一率　一〇〇〇〇〇〇〇〇
二率　五〇〇〇〇〇〇〇
三率　一二
四率　六

又用求圜内各形之一邊之定率比例，以定率之圜徑一〇〇〇〇〇〇〇〇爲一率，圜内容六等邊形之每一邊五〇〇〇〇〇〇〇爲二率，今所設之圜徑一尺二寸爲三率，求得四率六寸，即圜内容六等邊形之每一邊也。

一率　一〇〇〇〇〇〇〇〇
二率　六四九五一九〇五
三率　一四四
四率　九三五三〇七

又用求圜内各形之面積之定率比例，以定率之圜徑自乘之正方面積一〇〇〇〇〇〇〇〇爲一率，圜内容六等邊形之面積六四九五一九〇五爲二率，今所設之圜徑一尺二寸自乘得一尺四十四寸爲三率，求得四率九十三寸五十三分零七釐有餘，即圜内容六等邊形之面積也。

一率　一〇〇〇〇〇〇〇〇
二率　八二六九九三三四
三率　一一三〇九七三
四率　九三五三〇七

又用圜面積之定率比例，以定率之圜面積一〇〇〇〇〇〇〇〇爲一率，圜内容六等邊形之面積八二六九九三三四爲二率，今所設之圜徑一尺二寸，求得圜面積一尺一十三寸零九分七十三釐有餘爲三率，求得四率九十三寸五十三分零七釐有餘，即圜内容六等邊形之面積也。

設如圜徑一尺二寸，求內容七等邊形之每一邊及面積幾何。

法：以圜徑一尺二寸折半得半徑六寸爲一率，用連比例四率有一率求二率三率四率使一率與四率相加與二率兩倍再加一三率等之法，求得二率二寸六分七釐零二絲五忽有餘，爲圜內容十四等邊形之每一邊。詳見割圜卷中。乃以半徑六寸爲底，仍以半徑六寸與十四等邊形之每一邊二寸六分七釐零二絲五忽有餘爲兩腰，用三角形求中垂線法算之，得二寸六分零三毫三絲有餘，倍之得五寸二分零六毫六絲有餘，爲圜內容七等邊形之每一邊。爰以半徑六寸爲弦，七等邊形之每一邊折半爲勾，求得股五寸四分零五毫八絲一忽有餘，爲自圜心至每一邊之中垂線。乃以每一邊折半之數與中垂線相乘，得一十四寸零七分二十九釐有餘，七因之，得九十八寸五十一分零三釐有餘，即圜內容七等邊形之面積也。

如圖，甲乙圜徑一尺二寸，內容甲丙丁戊己庚辛七等邊形，試自圜心壬至每角各作一半徑線，即分七等邊形爲七三角形，又自戊至乙作戊乙線，即圜內容十四等邊形之每一邊。壬乙、壬戊半徑與戊乙邊遂成壬戊乙三角形，故以壬乙半徑爲底，壬戊半徑與戊乙十四等邊形之每一邊爲兩腰，求得戊癸垂線，倍之得戊己，即圜內容七等邊形之每一邊也。又壬戊爲弦，戊癸爲勾，求得股爲壬癸中垂線，用三角形求面積法算之，得壬戊己一三角形之面積，七倍之而得圜內容七等邊形之總面積也。

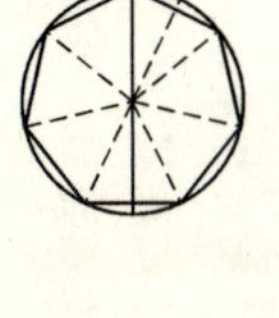

又法：以全圜三百六十度，七分之，每分得五十一度二十五分四十二秒有餘，折半得二十五度四十二分五十一秒有餘，乃以半徑十萬爲一率，二十五度四十二分五十一秒有餘之正弦四萬三千三百八十八爲二率，今所設之半徑六寸爲三率，求得四率二寸六分零三毫二絲八忽，倍之得五寸二分零六毫五絲六忽，爲圜內容七等邊形之每一邊。次以半徑十萬爲一率，二十五度四十二分五十一秒有餘之餘弦九萬零九十七爲二率，今所設之半徑六寸爲三率，求得四率五寸四分零五毫八絲二忽，爲自圜心至每一邊之中垂線。與每一邊折半之數相乘，七因之，得九十八寸五十分九十六釐有餘，爲圜內容七等邊形之面積也。如圖，甲乙圜徑一尺二寸，內容甲丙丁戊己庚辛七等邊形，每一邊之弧皆五十一度二十五分四十二秒有餘，試將甲丙邊折半於壬，自圜心癸作癸壬子半徑線，遂平分甲丙弧於子，則甲子弧爲二十五度四十二分五十一秒有餘，甲壬即二十五度四十二分五十一秒有餘之正弦，甲丙即五十一度二十五分四十二秒有餘之通弦，癸壬即二十五度四十二分五十一秒有餘之餘弦，是故半徑十萬與二十五度四十二分五十一秒有餘之正弦之比，即如所設之半徑六寸與甲壬之半邊之比。既得半邊，倍之即全邊。又半徑十萬與二十五度四十二分五十一秒有餘之餘弦之比，即如所設之半徑六寸與癸壬中垂線之比也。

一率　一〇〇〇〇〇
二率　四三三八八
三率　六
四率　二六〇三二八

又用求圜內各形之一邊之定率比例，以定率之圜徑一〇〇〇〇〇〇〇〇爲一率，圜內容七等邊形之每一邊四三三八八三七四爲二率，今所設之圜徑一尺二寸爲三率，求得四率五寸二分零六毫六絲有餘，即圜內容七等邊形之每一邊也。

一率　一〇〇〇〇〇〇〇〇
二率　四三三八八三七四
三率　一二
四率　五二〇六六〇

又用求圜內各形之面積之定率比例，以定率之圜徑自乘之正方面積一〇〇〇〇〇〇〇〇爲一率，圜內容七等邊形之面積六八四一〇二五四爲二率，今所設之圜徑一尺二寸自乘得一尺四十四寸爲三率，求得四率九十八寸五十一分零七釐有餘，即圜內容七等邊形之面積也。

一率　一〇〇〇〇〇〇〇〇
二率　六八四一〇二五四
三率　一四四
四率　九八五一〇七

又用圜面積之定率比例，以定率之圜面積一〇〇〇〇〇〇〇〇爲一率，圜內容七等邊形之面積八七一〇二六四一爲二率，今所設之圜徑一尺二寸，求得圜面積一尺一十三寸零九分七十三釐有餘爲三率，求得四率九十八寸五十一分零七釐有餘，即圜內容七等邊形之面積也。

一率　一〇〇〇〇〇〇〇〇
二率　八七一〇二六四一
三率　一一三〇九七三
四率　九八五一〇七

設如圓徑一尺二寸，求內容八等邊形之每一邊及面積幾何。

法：以圓徑一尺二寸，求得圓內容四等邊形之每一邊爲八寸四分八釐五豪二絲八忽有餘，折半得四寸二分四釐二豪六絲四忽有餘爲股，又以四邊之半四寸二分四釐二豪六絲四忽有餘與半徑六寸相減，餘一寸七分五釐七豪三絲六忽有餘爲勾，求得弦四寸五分九釐二豪一絲九忽有餘，爲圓內容八等邊形之每一邊。爰以半徑六寸爲弦，八等邊形之每一邊折半得二寸二分九釐六豪零九忽有餘爲勾，求得股五寸五分四釐三豪二絲八忽有餘，爲自圓心至每一邊之中垂線。乃以每一邊折半之數與中垂線相乘，得一十二寸七十二分七十八釐有餘，八因之，得一尺零一寸八十二分二十四釐有餘，即圓內容八等邊形之面積也。如圖，甲乙圓徑一尺二寸，內容甲丙丁戊乙己庚辛八等邊形，先求得圓內容四等邊形之每一邊爲戊己，折半得戊壬與癸壬等爲股，以癸壬與癸乙半徑相減，餘壬乙爲勾，求得戊乙弦爲圓內容八等邊形之每一邊。試自圓心至每角各作一半徑線，即分八等邊形爲八三角形，以癸乙半徑爲弦，戊乙折半得子乙爲勾，求得股爲癸子中垂線，用三角形求面積法算之，得癸戊乙一三角形之面積，八倍之，而得圓內容八等邊形之總面積也。

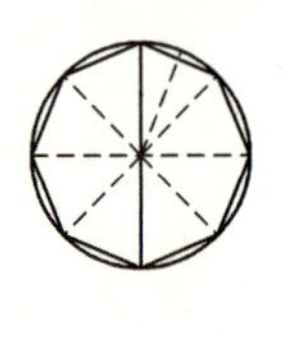
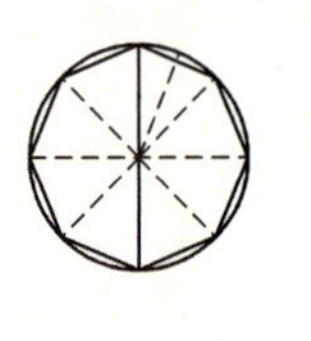

一率	一〇〇〇〇〇
二率	三八二六八
三率	六
四率	二二九六〇八

又法：以全圓三百六十度，八分之，每分得四十五度，折半得二十二度三十分。乃以半徑十萬爲一率，二十二度三十分之正弦三萬八千二百六十八爲二率，今所設之半徑六寸爲三率，求得四率二寸二分九釐六豪零八忽，倍之得四寸五分九釐二豪一絲六忽，爲圓內容八等邊形之每一邊。次以半徑十萬爲一率，二十二度三十分之餘弦九萬二千三百八十八爲二率，今所設之半徑六寸爲三率，求得四率五寸五分四釐三豪二絲八忽，爲自圓心至每一邊之中垂線。與每一邊折半之數相乘，八因之，得一尺零一寸八

一率	一〇〇〇〇〇
二率	九二三八八
三率	六
四率	五五四三二八

十二分二十四釐有餘，爲圓內容八等邊形之面積也。如圖，甲乙圓徑一尺二寸，內容甲丙丁戊乙己庚辛八等邊形，每一邊之弧皆四十五度，試將甲丙邊折半於壬，自圓心癸作癸壬子半徑線，遂平分甲丙弧於子，則甲子弧爲二十二度三十分，甲壬即二十二度三十分之正弦，甲丙即四十五度之通弦，癸壬即二十二度三十分之餘弦，是故半徑十萬與二十二度三十分之正弦之比，即如所設之半徑六寸與甲壬之半邊之比。既得半邊，倍之即全邊。又半徑十萬與二十二度三十分之餘弦之比，即如所設之半徑六寸與癸壬中垂線之比也。

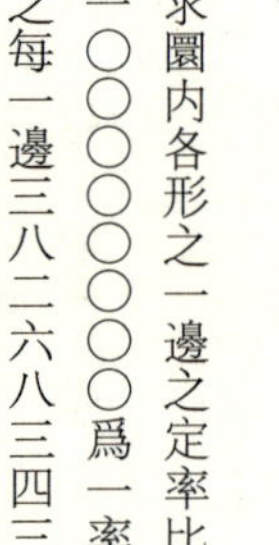

又用求圓內各形之一邊之定率比例，以定率之圓徑一〇〇〇〇〇〇〇〇爲一率，圓內容八等邊形之每一邊三八二六八三四三爲二率，今所設之圓徑一尺二寸爲三率，求得四率四寸五分九釐二豪二絲有餘，即圓內容八等邊形之每一邊也。

一率	一〇〇〇〇〇〇〇〇
二率	三八二六八三四三
三率	一二
四率	四五九二二〇

又用求圓內各形之面積之定率比例，以定率之圓徑自乘之正方面積一〇〇〇〇〇〇〇〇爲一率，圓內容八等邊形之面積七〇七一〇六七八爲二率，今所設之圓徑一尺二寸自乘得一尺四十四寸爲三率，求得四率一尺零一寸八十二分三十三釐有餘，即圓內容八等邊形之面積也。

一率	一〇〇〇〇〇〇〇〇
二率	七〇七一〇六七八
三率	一四四
四率	一〇一八二三三

又用圓面積之定率比例，以定率之圓面積一〇〇〇〇〇〇〇〇爲一率，圓內容八等邊形之面積九〇〇三一六三一爲二率，今所設之圓徑一尺二寸，求得圓面積一尺一十三寸零九分七十三釐有餘爲三率，求得四率一尺零一寸八十二分三十三釐有餘，即圓內容八等邊形之面積也。

一率	一〇〇〇〇〇〇〇〇
二率	九〇〇三一六三一
三率	一一三〇九七三
四率	一〇一八二三三

設如圓徑一尺二寸，求內容九等邊形之每一邊及面積幾何。

法：以圓徑一尺二寸折半得半徑六寸爲一率，用連比例四率有一率求二

率三率四率相加與二率三倍等之法，求得二率二寸零八釐三豪七絲七忽有餘，爲圜内容十八等邊形之每一邊。詳見割圜卷中。乃以半徑六寸爲底，仍以半徑六寸與圜内容十八等邊形之每一邊二寸零八釐三豪七絲七忽有餘爲兩腰，用三角形求中垂線法算之，得二寸零五釐二豪一絲一忽有餘，倍之得四寸一分零四豪二絲二忽有餘，即圜内容九等邊形之每一邊。爰以半徑六寸爲弦，九等邊形之每一邊折半爲勾，求得股五寸六分三釐八豪一絲五忽有餘，爲自圜心至每一邊之中垂線。乃以每一邊折半之數與中垂線相乘，得一十一寸五十七分零一釐有餘，九因之，得一尺零四寸一十三分零九釐有餘，即圜内容九等邊形之面積也。如圖，甲乙圜徑一尺二寸，内容甲丙丁戊己庚辛壬癸九等邊形，試自圜心子至每角各作一半徑線，即分九等邊形爲九三角形。又自己至乙作己乙線，即圜内容十八等邊形之每一邊，子乙、子己半徑與己乙邊遂成子己乙三角形，故以子乙半徑爲底，子己半徑與己乙十八等邊形之每一邊爲兩腰，求得己丑垂線，倍之得己庚，爲圜内容九等邊形之每一邊也。又子己爲弦，己丑爲勾，求得股爲子丑中垂線，用三角形求面積法算之，得子己庚一三角形之面積，九倍之，而得圜内容九等邊形之總面積也。

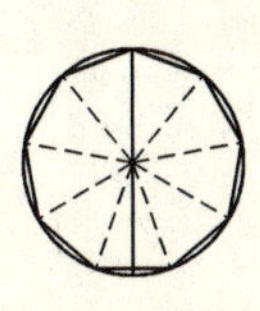

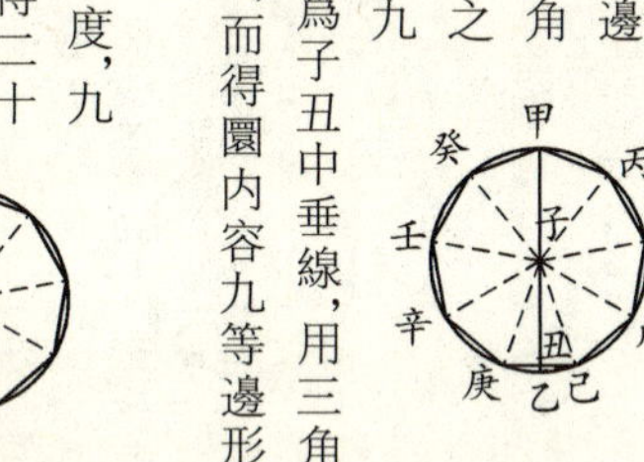

一率	一○○○○○
二率	三四二○二
三率	六
四率	二○五二一二

又法：以全圜三百六十度，九分之，每分得四十度，折半得二十度，乃以半徑十萬爲一率，二十度之正弦三萬四千二百零二爲二率，今所設之半徑六寸爲三率，求得四率二寸零五釐二豪一絲二忽，倍之得四寸一分零四豪二絲四忽，爲圜内容九等邊形之每一邊。次以半徑十萬爲一率，二十度之餘弦九萬三千九百六十九爲二率，今所設之半徑六寸爲三率，求得四率五寸六分三釐八豪一絲四忽，爲自圜心至每一邊之中垂線。與每一邊

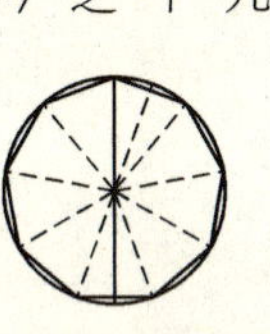

一率	一○○○○○
二率	九三九六九
三率	六
四率	五六三八一四

折半之數相乘，九因之，得一尺零四寸一十三分零九釐有餘，爲圜内容九等邊形之面積也。如圖，甲乙圜徑一尺二寸，内容甲丙丁戊己庚辛壬癸九等邊形，每一邊之弧皆四十度，試將甲丙邊折半於子，自圜心丑作丑子寅半徑線，遂平分甲丙弧於寅，則甲寅弧爲二十度，甲子即二十度之正弦，甲丙即四十度之通弦，丑子即二十度之餘弦，是故半徑十萬與二十度之正弦之比，即如所設之半徑六寸與甲子之半邊之比。既得半邊，倍之即全邊。又半徑十萬與二十度之餘弦之比，即如所設之半徑六寸與丑子中垂線之比也。

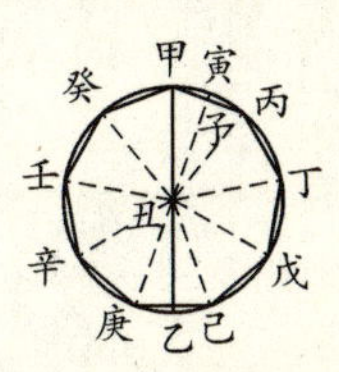

又用求圜内各形之一邊之定率比例，以定率之圜徑一○○○○○○○○爲一率，圜内容九等邊形之每一邊三四二○二○一四爲二率，今所設之圜徑一尺二寸爲三率，求得四率四寸一分零四豪二絲四忽有餘，即圜内容九等邊形之每一邊也。

一率	一○○○○○○○○
二率	三四二○二○一四
三率	一二
四率	四一○四二四

又用求圜内各形之面積之定率比例，以定率之圜徑自乘之正方面積一○○○○○○○○爲一率，圜内容九等邊形之面積七二三一三六○六爲二率，今所設之圜徑一尺二寸自乘得一尺四十四寸爲三率，求得四率一尺零四寸一十三分一十五釐有餘，即圜内容九等邊形之面積也。

一率	一○○○○○○○○
二率	七二三一三六○六
三率	一四四
四率	一○四一三一五

又用圜面積之定率比例，以定率之圜面積一○○○○○○○○爲一率，圜内容九等邊形之面積九二○七二五四二爲二率，今所設之圜徑一尺二寸，求得圜面積一尺一十三寸零九分七十三釐有餘爲三率，求得四率一尺零四寸一十三分一十五釐有餘，即圜内容九等邊形之面積也。

一率	一○○○○○○○○
二率	九二○七二五四二
三率	一一三○九七三
四率	一○四一三一五

設如圜徑一尺二寸，求内容十等邊形之每一邊及面積幾何。

法：以圜徑一尺二寸折半得半徑六寸爲首率，用連比例

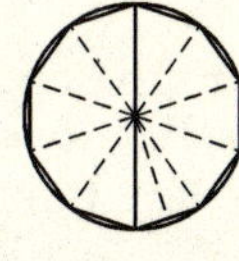

三率有首率求中率末率使中率末率相加與首率等之法，求得中率三寸七分零八豪二絲有餘，即圜内容十等邊形之每一邊。詳見割圜卷中。爰以半徑六寸爲弦，十等邊形之每一邊折半得一寸八分五釐四豪一絲有餘爲勾，求得股五寸七分零六豪三絲三忽有餘，爲自圜心至每一邊之中垂線。乃以每一邊折半之數與中垂線相乘，得一十寸五十八分零一釐有餘，十因之，得一尺零五寸八十分一十釐有餘，即圜内容十等邊形之面積也。如圖，甲乙圜徑一尺二寸，内容甲丙丁戊己乙庚辛壬癸十等邊形，其子乙半徑爲首率，己乙每一邊爲中率，其每一邊皆三寸七分零八豪二絲有餘，試自圜心子至每角各作一半徑線，即分十等邊形爲十三角形，以子乙半徑爲弦，己乙折半得丑乙爲勾，求得股爲子丑中垂線，用三角形求面積法算之，得子己乙一三角形之面積，十倍之，而得圜内容十等邊形之總面積也。

一率　一〇〇〇〇〇
二率　三〇九〇二
三率　六
四率　一八五四一二

一率　一〇〇〇〇〇
二率　九五一〇六
三率　六
四率　五七〇六三六

又法：以全圜三百六十度，十分之，每分得三十六度，折半得十八度。乃以半徑十萬爲一率，十八度之正弦三萬零九百零二爲二率，今所設之半徑六寸爲三率，求得四率一寸八分五釐四豪一絲二忽，倍之得三寸七分零八豪二絲四忽，爲圜内容十等邊形之每一邊。次以半徑十萬爲一率，十八度之餘弦九萬五千一百零六爲二率，今所設之半徑六寸爲三率，求得四率五寸七分零六豪三絲六忽，爲自圜心至每一邊之中垂線。與每一邊折半之數相乘，十因之，得一尺零五寸八十分二十七釐有餘，爲圜内容十等邊形之面積也。如圖，甲乙圜徑一尺二寸，内容甲丙丁戊己乙庚辛壬癸十等邊形，每一邊之弧皆三十六度，試將甲丙邊折半於子，自圜心丑作丑子寅半徑線，遂平分甲丙弧於寅，則甲寅弧爲十八度，甲子即十八度之正弦，甲丙即三十六度之通弦，丑子即十八度之餘弦，是故半徑十萬與十八度之正弦之比，即如所設之半徑六寸與甲子之半邊之比。

既得半邊，倍之即全邊。又半徑十萬與十八度之餘弦之比，即如所設之半徑六寸與丑子中垂線之比也。

一率　一〇〇〇〇〇〇〇〇
二率　三〇九〇一六九九
三率　一二
四率　三七〇八二〇

又用求圜内各形之一邊之定率比例，以定率之圜徑一〇〇〇〇〇〇〇〇爲一率，圜内容十等邊形之每一邊三〇九〇一六九九爲二率，今所設之圜徑一尺二寸爲三率，求得四率三寸七分零八豪二絲有餘，即圜内容十等邊形之每一邊也。

一率　一〇〇〇〇〇〇〇〇
二率　七三四七三一五六
三率　一四四
四率　一〇五八〇一三

又用求圜内各形之面積之定率比例，以定率之圜徑自乘之正方面積一〇〇〇〇〇〇〇〇爲一率，圜内容十等邊形之面積七三四七三一五六爲二率，今所設之圜徑一尺二寸自乘得一尺四十四寸爲三率，求得四率一尺零五寸八十分一十三釐有餘，即圜内容十等邊形之面積也。

一率　一〇〇〇〇〇〇〇〇
二率　九三五四八九二八
三率　一一三〇九七三
四率　一〇五八〇一三

又用圜面積之定率比例，以定率之圜面積一〇〇〇〇〇〇〇〇爲一率，圜内容十等邊形之面積九三五四八九二八爲二率，今所設之圜徑一尺二寸，求得圜面積一尺一十三寸零九分七十三釐有餘爲三率，求得四率一尺零五寸八十分一十三釐有餘，即圜内容十等邊形之面積也。

圜外切各等邊形

設如圜徑一尺二寸，求外切三等邊形之每一邊及面積幾何。

法：以圜徑一尺二寸爲弦，半徑六寸爲勾，求得股一尺零三分九釐二豪三絲有餘，倍之得二尺零七分八釐四豪六絲有餘，爲圜外切三等邊形之每一邊。爰以三等邊形之每一邊爲弦，每一邊折半爲勾，求得股一尺八寸，或以半徑六寸三倍之得一尺八寸，爲圜外切三等邊形之中垂線。乃以每一邊之二尺零七分八釐四豪六絲有餘與中垂線一尺八寸相乘，得三尺七十四寸一十二分二十八釐有餘，折半得一尺八十七寸零六分一十四釐有餘，即圜外切三等邊形之面積也。如圖，甲乙圜徑一尺二寸，外切丙丁戊三等邊形，試將丙丁邊折半於己，自圜心庚作庚己半徑線，則成丙己庚三角形。其丙庚己角爲六十度，丙己庚角爲九十度，庚丙己角爲三十度。又自甲至己作甲己線，爲圜內容六等邊形之每一邊，則又成甲己庚、甲己丙兩三角形，其甲己庚三角形之甲己庚角爲六十度，故甲己丙三角形之甲己丙角爲三十度，而甲丙己角亦爲三十度，則丙甲與甲己皆與半徑等矣，故丙庚即全徑爲弦，庚己即半徑爲勾，求得丙己股，倍之得丙丁爲圜外切三等邊形之每一邊也。又丙甲既與半徑等，則丙乙中垂線爲半徑之三倍，用三角形求面積法算之，而得圜外切三等邊形之面積也。

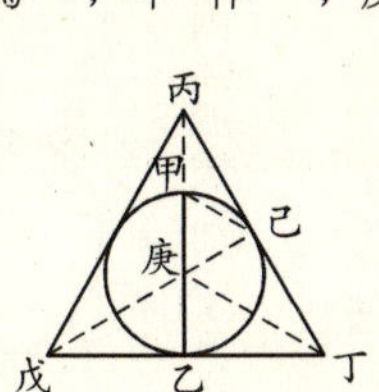

一率　一〇〇〇〇〇

二率　一七三二〇五

三率　六

四率　一〇三九二三〇

又法：以全圜三百六十度，三分之，每分得一百二十度，折半得六十度，乃以半徑十萬爲一率，六十度之正切一十七萬三千二百零五爲二率，今所設之半徑六寸爲三率，求得四率一尺零三分九釐二毫三絲，倍之得二尺零七分八釐四毫六絲，爲圜外切三等邊形之每一邊也。既得三等邊形之每一邊，乃以半徑三因之，與每一邊之數相乘，折半得一尺八十七寸零六分一十四釐，爲圜外切三等邊形之面積也。如圖，甲乙圜徑一尺二寸，外切丙丁戊三等邊形，每一邊之弧皆一百二十度，試將丙丁邊折半於己，自圜心庚作庚己半徑線，則甲己弧爲六十度，丙己即六十度之正切，丙丁即六十度正切之倍，是故半徑十萬與六十度之正切之比，即如所設之半徑六寸與丙己之半邊之比。既得半邊，倍之即全邊也。

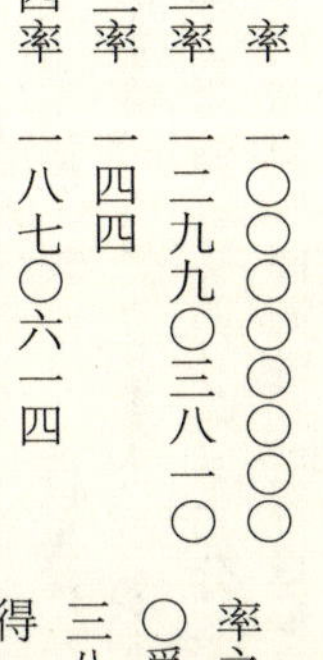

一率　一〇〇〇〇〇〇〇〇

二率　一七三二〇五〇八〇

三率　一二

四率　二〇七八四六〇

又用求圜外各形之一邊之定率比例，以定率之圜徑一〇〇〇〇〇〇〇〇爲一率，圜外切三等邊形之每一邊一七三二〇五〇八〇爲二率，今所設之圜徑一尺二寸爲三率，求得四率二尺零七分八釐四毫六絲，即圜外切三等邊形之每一邊也。

一率　一〇〇〇〇〇〇〇〇〇

二率　一二九九〇三八一〇

三率　一四四

四率　一八七〇六一四

又用求圜外各形之面積之定率比例，以定率之圜徑自乘之正方面積一〇〇〇〇〇〇〇〇〇爲一率，圜外切三等邊形之面積一二九九〇三八一〇爲二率，今所設之圜徑一尺二寸自乘得一尺四十四寸爲三率，求得四率一尺八十七寸零六分一十四釐有餘，即圜外切三等邊形之面積也。

一率　一〇〇〇〇〇〇〇〇

二率　一六五三九八六六九

三率　一一三〇九七三

四率　一八七〇六一四

又用圜面積之定率比例，以定率之圜面積一〇〇〇〇〇〇〇〇爲一率，圜外切三等邊形之面積一六五三九八六六九爲二率，今所設之圜徑一尺二寸，求得圜面積一尺一十三寸零九分七十三釐有餘爲三率，求得四率一尺八十七寸零六分一十四釐有餘，即圜外切三等邊形之面積也。

設如圜徑一尺二寸，求外切四等邊形之每一邊及面積幾何。

法：因圜徑一尺二寸，即外切四等邊形之每一邊，自乘得一尺四十四寸，即圜外切四等邊形之面積，故他法皆不設，止存一題以備體焉。

設如圜徑一尺二寸，求外切五等邊形之每一邊及面積幾何。

法：以圜徑一尺二寸折半得半徑六寸爲首率，用連比例三率有首率求中率之法，求得中率三寸七分零八毫二絲有餘，倍之得七寸四分一釐六毫四絲有餘，爲自圜心至外切五等邊形各角之分角線。乃以分角線爲弦，圜之半徑爲股，求得勾四寸三分五釐九毫二絲四忽有餘，倍之得八寸七分一釐八毫四絲八忽有餘，爲圜外切五等邊形之每一邊。爰以每一邊之八寸七分一釐八毫四絲八忽有餘與半徑六寸相乘，得五十二寸三十一分零八釐有餘，折半得二十六寸一十五分五十四釐有餘，五因之，得一尺三十寸七十七分七十二釐有餘，即圜外切五等邊形之面積也。如圖，甲乙圜徑一尺二寸，外切丙丁戊己庚五等邊形，以辛乙半徑爲首率，即理分中末線之全分。則自圜心至角之辛己分角線爲倍中率。即倍理分中末線之大分。何以知之？試自丙角至戊、己二角作丙戊、丙己兩角相對斜線，成丙戊己三角形。復自戊角至庚角作戊

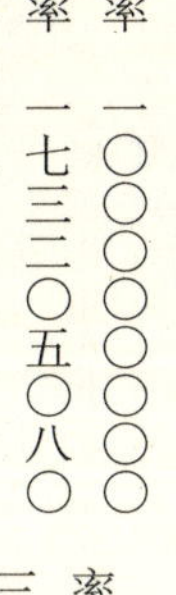

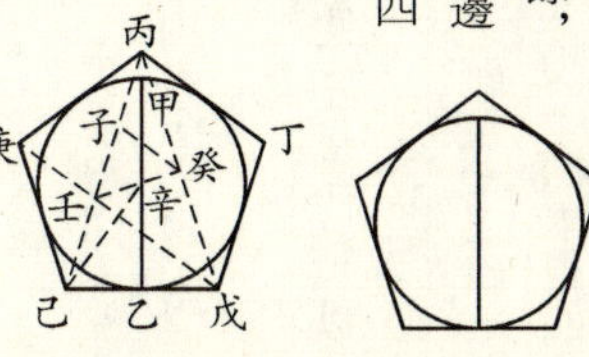

庚丙兩角相對斜線，截丙己斜線於壬，又成戊己壬三角形，與丙戊己三角形爲同式形。戊己壬角形之戊角當己庚邊與戊己邊等，故戊己壬三角形之戊角與丙戊己三角形之丙角等，又同用一己角，則其餘一角亦必等，故爲同式形。 而丙戊爲首率，即理分中末線之全分。 戊己爲中率，即理分中末線之大分。 己壬爲末率，即理分中末線之小分。 丙壬亦與戊己等爲中率，乃自壬至丙戊線作壬癸垂線，平分丙戊邊於癸，遂成丙癸壬勾股形，與辛乙己勾股形爲同式形。辛乙己勾股形之辛角當乙己邊爲戊己邊之半，故辛乙己勾股之辛角與丙癸壬勾股之丙角等，癸角與乙角又同爲直角，則其餘一角亦必等，故爲同式形。 夫丙戊既爲首率，丙壬既爲中率，若以丙戊之半丙癸爲首率，則丙壬之半丙子亦爲中率，而丙壬即爲倍中率，丙癸壬勾股形與辛乙己勾股形既爲同式形，則辛乙己勾股形之辛乙股與辛己弦之比，必同於丙癸壬勾股形之丙癸股與丙壬弦之比，是以辛乙半徑爲首率，則辛己分角線亦即爲倍中率也。 既得辛己分角線，乃以辛己分角線爲弦，辛乙半徑爲股，求得乙己勾，倍之得戊己，即圓外切五等邊形之每一邊也。 又自圓心至各角作分角線，即分五等邊形爲五三角形，其辛乙中垂線，即圓之半徑。 故以所得圓外切五等邊形之每一邊與半徑相乘，折半得辛戊己一三角形之面積，五倍之，而得圓外切五等邊形之總面積也。

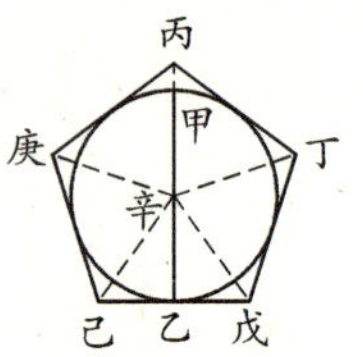

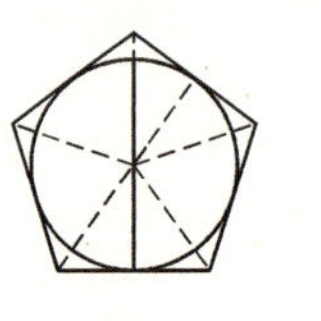

又法：以全圓三百六十度，五分之，每分得七十二度，折半得三十六度。乃以半徑十萬爲一率，三十六度之正切七萬二千六百五十四爲二率，今所設之半徑六寸爲三率，求得四率

一率	一〇〇〇〇〇
二率	七二六五四
三率	六
四率	四三五九二四

四寸三分五釐九毫二絲四忽，倍之得八寸七分一釐八毫四絲八忽，爲圓外切五等邊形之每一邊。既得五等邊形之每一邊，乃以半徑與每一邊之數相乘折半，五因之，得一尺三十寸七十七分七十二釐，爲圓外切五等邊形之面積也。 如圖，甲乙圓徑一尺二寸，外切丙丁戊己庚五等邊形，每一邊之弧皆七十二度，試將丙丁邊折半於辛，自圓心壬作壬辛半徑線，又作壬丙分角線，割圓界於甲，則甲辛弧爲三十六度，丙辛即三十六度之正切，丙丁即三十六度正切之倍，是故半徑十萬與三十六度之正切之比，即如所設之半徑六寸與丙辛之半邊之比。既得半邊，倍之即全邊也。

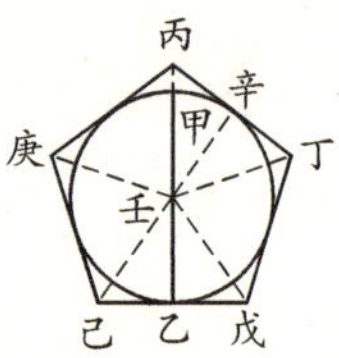

一率	一〇〇〇〇〇〇〇〇
二率	七二六五四二五二
三率	一二
四率	八七一八五一

又用求圓外各形之一邊之定率比例，以定率之圓徑一〇〇〇〇〇〇〇〇爲一率，圓外切五等邊形之每一邊七二六五四二五二爲二率，今所設之圓徑一尺二寸爲三率，求得四率八寸七分一釐八毫五絲一忽有餘，即圓外切五等邊形之每一邊也。

一率	一〇〇〇〇〇〇〇〇
二率	九〇八一七八一六
三率	一四四
四率	一三〇七七六

又用求圓外各形之面積之定率比例，以定率之圓徑自乘之正方面積一〇〇〇〇〇〇〇〇爲一率，圓外切五等邊形之面積九〇八一七八一六爲二率，今所設之圓徑一尺二寸自乘得一尺四十四寸爲三率，求得四率一尺三十寸七十七分七十六釐有餘，即圓外切五等邊形之面積也。

一率	一〇〇〇〇〇〇〇〇
二率	一一五六三二八三四
三率	一一三〇九七三
四率	一三〇七七六

一率	一〇〇〇〇〇〇〇〇
二率	一一五六三二八三四
三率	一一三〇九七三
四率	一三〇七七七六

又用圓面積之定率比例，以定率之圓面積一〇〇〇〇〇〇〇〇爲一率，圓外切五等邊形之面積一一五六三二八三四爲二率，今所設之圓徑一尺二寸，求得圓面積一尺一十三寸零九分七十三釐有餘爲三率，求得四率一尺三十寸七十七分七十六釐，即圓外切五等邊形之面積也。

設如圓徑一尺二寸，求外切六等邊形之每一邊及面積幾何。

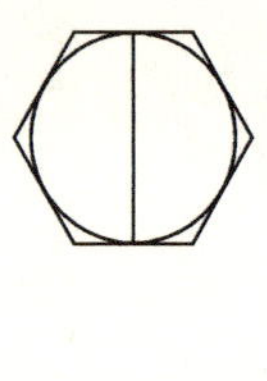

法：以圓徑一尺二寸折半得半徑六寸，自乘得三十六寸，三歸四因得四十八寸，開方得六寸九分二釐八毫二絲有餘，即圓外切六等邊形之每一邊。乃以每一邊之六寸九分二釐八毫二絲有餘與半徑六寸相乘，得四十一寸五十六分九十二釐有餘，折半得二十寸七十八分四十六釐有餘，六因之，得一尺二十四寸七十分七十六釐有餘，即圓外切六等邊形之面積也。 如圖，甲乙圓徑一尺二寸，外切丙丁戊己庚辛六等邊形，試自圓心至各角作分角線，即分六等邊形爲六三角形，其壬乙半徑即每一三角

形之中垂線，而中垂線自乘之方爲每邊自乘之方之四分之三，故以半徑自乘，三歸四因開方，即得圜外切六等邊形之每一邊也。既得每一邊，與半徑相乘，折半得壬戊己一三角形之面積，六倍之而得圜外切六等邊形之總面積也。

一率　一〇〇〇〇〇
二率　五七七三五
三率　六
四率　三四六四一〇

又法：以全圜三百六十度，六分之，每分得六十度，折半得三十度，乃以半徑十萬爲一率，三十度之正切五萬七千七百三十五爲二率，今所設之半徑六寸爲三率，求得四率三寸四分六釐四豪一絲，倍之得六寸九分二釐八豪二絲，爲圜外切六等邊形之每一邊。既得六等邊形之每一邊，乃以半徑與每一邊之數相乘折半，六因之，得一尺二十四寸七十分七十六釐，爲圜外切六等邊形之面積也。如圖，甲乙圜徑一尺二寸，外切丙丁戊己庚辛六等邊形，每一邊之弧皆六十度，試將丙丁邊折半於壬，自圜心癸作癸壬半徑線，又作癸丙分角線，割圜界於子，則子壬弧爲三十度，丙壬即三十度之正切，丙丁即三十度正切之倍，是故半徑十萬與三十度之正切之比，即如所設之半徑六寸與丙壬之半邊之比。既得半邊，倍之即全邊也。

一率　一〇〇〇〇〇〇〇〇
二率　五七七三五〇二七
三率　一二
四率　六九二八二〇

又用求圜外各形之一邊之定率比例，以定率之圜徑一〇〇〇〇〇〇〇〇爲一率，圜外切六等邊形之每一邊五七七三五〇二七爲二率，今所設之圜徑一尺二寸爲三率，求得四率六寸九分二釐八豪二絲有餘，即圜外切六等邊形之每一邊也。

一率　一〇〇〇〇〇〇〇〇
二率　八六六〇二五四〇
三率　一四四
四率　一二四七〇七六

又用求圜外各形之面積之定率比例，以定率之圜徑自乘之正方面積一〇〇〇〇〇〇〇〇爲一率，圜外切六等邊形之面積八六六〇二五四〇爲二率，今所設之圜徑一尺二寸自乘得一尺四十四寸爲三率，求得四率一尺二十四寸七十分七十六釐有餘，即圜外切六等邊形之面積也。

一率　一〇〇〇〇〇〇〇〇
二率　一一〇二六五七八一
三率　一一三〇九七三
四率　一二四七〇七六

又用圜面積之定率比例，以定率之圜面積一〇〇〇〇〇〇〇〇爲一率，圜外切六等邊形之面積一一〇二六五七八一爲二率，今所設之圜徑一尺二寸，求得圜面積一尺一十三寸零九分七十三釐有餘爲三率，求得四率一尺二十四寸七十分七十六釐有餘，即圜外切六等邊形之面積也。

設如圜徑一尺二寸，求外切七等邊形之每一邊及面積幾何。

一率　五四〇五八一
二率　五二〇六六〇
三率　六
四率　五七七八八九

法：以圜徑一尺二寸，求得內容七等邊形之每一邊爲五寸二分零六豪六絲有餘，又求得自圜心至每一邊之中垂線爲五寸四分零五豪八絲一忽有餘，乃以中垂線之數爲一率，每一邊之數爲二率，今所設之半徑六寸爲三率，求得四率五寸七分七釐八豪八絲九忽有餘，爲圜外切七等邊形之每一邊。爰以每一邊之五寸七分七釐八豪八絲九忽有餘與半徑六寸相乘，得三十四寸六十七分三十三釐有餘，折半得一十七寸三十三分六十六釐有餘，七因之，得一尺二十一寸三十五分六十二釐有餘，即圜外切七等邊形之面積也。如圖，甲乙圜徑一尺二寸，外切丙丁戊己庚辛壬七等邊形，先求得圜內容七等邊形之每一邊爲癸子，又求得圜心至每一邊之中垂線爲丑寅，以丑寅與癸子之比，即同於丑乙與己庚之比，爲相當比例四率也。又自圜心至各角作分角線，即分七等邊形爲七三角形，其丑乙中垂線，即圜之半徑，故以所得圜外切七等邊形之每一邊與半徑相乘，折半得丑己庚一三角形之面積，七倍之，而得圜外切七等邊形之總面積也。

一率　一〇〇〇〇〇
二率　四八一五七
三率　六
四率　二八八九四二

又法：以全圜三百六十度，七分之，每分得五十一度二十五分四十二秒有餘，折半得二十五度四十二分五十一秒有餘，乃以半徑十萬爲一率，二十五度四十二分五十一秒之正切四萬八千一百五十七爲二率，今所設之半徑六寸爲三率，求得四率二寸八分八釐九毫四絲二忽有餘，倍之得五寸七分七釐八毫八絲四忽有餘，爲圜外切七等邊形之每一邊。既得七等邊形之每一邊，乃以半徑與每一邊之數相乘折半，七因之，得一尺二十一寸三十五分五十六釐有餘，爲圜外切七等邊形之面積也。如圖，甲乙圜徑一尺二寸，外切丙丁戊己庚辛壬七等邊形，每一邊之弧皆五十一度二十五分四十二秒有餘，試將丙丁邊折半於癸，自圜心子作子癸半徑線，又作子丙分角線，割圜界於甲，則甲癸弧爲二十五度四十二分五十一秒有餘，丙癸即二十五度四十二分五十一秒有餘之正切，丙丁即二十五度四十二分五十一秒有餘之正切之倍，是故半徑十萬與二十五度四十二分五十一秒有餘之正切之比，即如所設之半徑六寸與丙癸之半邊之比。既得半邊，倍之即全邊也。

又用求圜外各形之一邊之定率比例，以定率之圜徑一〇〇〇〇〇〇〇〇爲一率，圜外切七等邊形之每一邊四八一五七四六二爲二率，今所設之圜徑一尺二寸爲三率，求得四率五寸七分七釐八毫八絲九忽有餘，即圜外切七等邊形之每一邊也。

一率　一〇〇〇〇〇〇〇〇
二率　四八一五七四六二
三率　一二
四率　五七七八八九

又用求圜外各形之面積之定率比例，以定率之圜徑自乘之正方面積一〇〇〇〇〇〇〇〇爲一率，圜外切七等邊形之面積八四二七五五五八爲二率，今所設之圜徑一尺二寸自乘得一尺四十四寸爲三率，求得四率一尺二十一寸三十五分六十八釐有餘，即圜外切七等邊形之面積也。

一率　一〇〇〇〇〇〇〇〇
二率　八四二七五五五八
三率　一四四
四率　一二一三五六八

又用圜面積之定率比例，以定率之圜面積一〇〇〇〇〇〇〇〇爲一率，圜外切七等邊形之面積一〇七三〇二九七四爲二率，今所設之圜徑一尺二寸求得圜面積一尺一十三寸零九分七十三釐有餘爲三率，求得四率一尺二十一寸三十五分六十八釐有餘，即圜外切七等邊形之面積也。

一率　一〇〇〇〇〇〇〇〇
二率　一〇七三〇二九七四
三率　一一三〇九七三
四率　一二一三五六八

設如圜徑一尺二寸，求外切八等邊形之每一邊及面積幾何。

法：以圜徑一尺二寸自乘得一尺四十四寸，倍之得二尺八十八寸，開方得一尺六寸九分七釐零五絲六忽有餘，內減圜徑一尺二寸餘四寸九分七釐零五絲六忽有餘，即圜外切八等邊形之每一邊。乃以每一邊之四寸九分七釐零五絲六忽有餘與半徑六寸相乘，得二十九寸八十二分三十三釐有餘，折半得一十四寸九十一分一十六釐有餘，八因之，得一尺一十九寸二十九分二十八釐有餘，即圜外切八等邊形之面積也。如圖，甲乙圜徑一尺二寸，外切丙丁戊己庚辛壬癸八等邊形，試依甲乙圜徑度作子丑寅卯正方形，又作子寅對角斜線，於子寅對角斜線內減與甲乙圜徑相等之辰巳，餘子辰巳寅兩段，即與圜外切八等邊形之丙丁一邊相等也。何則？丙子丁勾股形因子寅斜線平分爲子辰丙、子辰丁兩勾股形，與原形爲同式形，（子辰丙勾股形之辰角與丙子丁勾股形之子角同爲直角，又同用一丙角，其餘一角必等，故爲同式形。）丙子既與子丁等，子辰必與丙辰等，而爲丙丁之一半，則子辰、巳寅兩段亦必與丙丁一邊等。故以圜徑自乘倍之，開方而得對角斜線，於斜線內減圜徑，即圜外切八等邊形之每一邊也。又自圜心至各角作分角線，即分八等邊形爲八三角形，其午乙中垂線即圜之半徑，故以所得圜外切八等邊形之每一邊與半徑相乘，折半得午巳庚一三角形之面積，八倍之，而得圜外切八等邊形之總面積也。

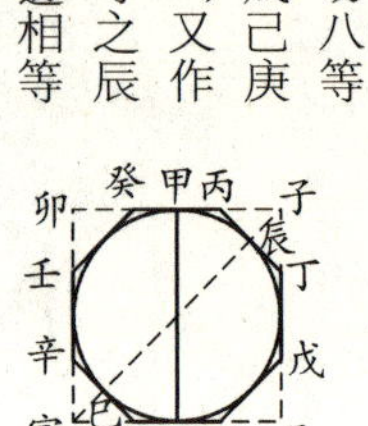

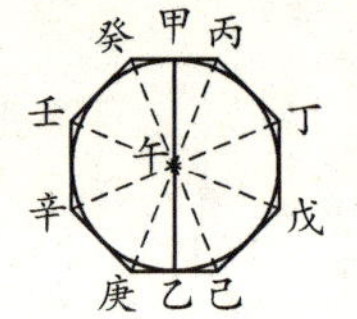

又法：以全圜三百六十度，八分之，每分得四十五度，折半得二十二度三十分，乃以半徑十萬爲一率，二十二度三十分之正切四萬一千四百二十一爲二率，今所設之半徑六寸爲三率，求得四率二寸四分八釐五毫二絲六忽，倍之得四寸九分七釐零五絲二忽，爲圜外切八等邊形之每一邊。既得八等邊形之每一邊，乃以半徑與每一邊之數相乘折半，八因之，得一尺一十九寸二十九分二十四釐有餘，爲圜外切八等邊形之面積也。如圖，甲乙圜徑一尺二寸，外切丙丁戊

一率　一〇〇〇〇〇
二率　四一四二一
三率　六
四率　二四八五二六

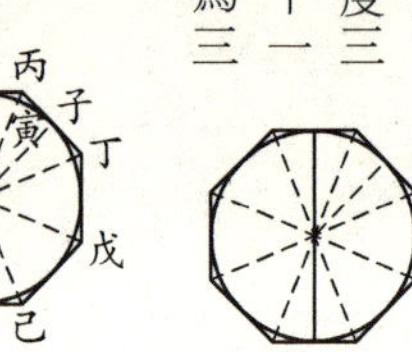

己庚辛壬癸八等邊形，每一邊之弧皆四十五度，試將丙丁邊折半於子，自圜心丑作丑子半徑線，又作丑丙分角線，割圜界於寅，則寅子弧爲二十二度三十分，丙子即二十二度三十分之正切，丙丁即二十二度三十分之正切之倍，是故半徑十萬與二十二度三十分之正切之比，即如所設之半徑六寸與丙子之半邊之比。既得半邊，倍之即全邊也。

一率　一〇〇〇〇〇〇〇
二率　四一四二一三五六
三率　一二
四率　四九七〇五六

又用求圜外各形之一邊之定率比例，以定率之圜徑一〇〇〇〇〇〇〇爲一率，圜外切八等邊形之每一邊四一四二一三五六爲二率，今所設之圜徑一尺二寸爲三率，求得四率四寸九分七釐零五絲六忽有餘，即圜外切八等邊形之每一邊也。

一率　一〇〇〇〇〇〇〇〇
二率　八二八四二七一二
三率　一四四
四率　一一九二九三五

又用求圜外各形之面積之定率比例，以定率之圜徑自乘之正方面積一〇〇〇〇〇〇〇〇爲一率，圜外切八等邊形之面積八二八四二七一二爲二率，今所設之圜徑一尺二寸自乘得一尺四十四寸爲三率，求得四率一尺一十九寸二十九分三十五釐有餘，即圜外切八等邊形之面積也。

一率　一〇〇〇〇〇〇〇〇
二率　一〇五四七八六一七
三率　一一三〇九七三
四率　一一九二九三五

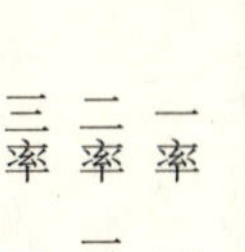

又用圜面積之定率比例，以定率之圜面積一〇〇〇〇〇〇〇〇爲一率，圜外切八等邊形之面積一〇五四七八六一七爲二率，今所設之圜徑一尺二寸，求得圜面積一尺一十三寸零九分七十三釐有餘爲三率，求得四率一尺一十九寸二十九分三十五釐有餘，即圜外切八等邊形之面積也。

設如圜徑一尺二寸，求外切九等邊形之每一邊及面積幾何。

法：以圜徑一尺二寸，求得內容九等邊形之每一邊爲四寸一分零四豪二絲二忽有餘，又求得自圜心至每一邊之中垂線爲五寸六分三釐八豪一絲五忽有餘，乃以中垂線之數爲一率，每一邊之數爲二率，今所設之半徑六寸爲三率，求得四率四寸三分六釐七豪六絲二忽有餘，爲圜外切九等邊形之每一邊。

一率　五六三八一五
二率　四一〇四二二
三率　六
四率　四三六七六二

爰以每一邊之四寸三分六釐七豪六絲二忽有餘與半徑六寸相乘，得二十六寸二十分五十七釐有餘，折半得一十三寸一十分二十八釐有餘，九因之，得一尺一十七寸九十二分五十七釐有餘，即圜外切九等邊形之面積也。如圖，甲乙圜徑一尺二寸，外切丙丁戊己庚辛壬癸子九等邊形，先求得圜內容九等邊形之每一邊爲丑寅，又求得圜心至每一邊之中垂線爲卯辰，以卯辰與丑寅之比，即同於卯乙與庚辛之比，爲相當比例四率也。又自圜心至各角作分角線，即分九等邊形爲九三角形，其卯乙中垂線，即圜之半徑，故以所得圜外切九等邊形之每一邊與半徑相乘，折半得卯庚辛一三角形之面積，九倍之，而得圜外切九等邊形之總面積也。

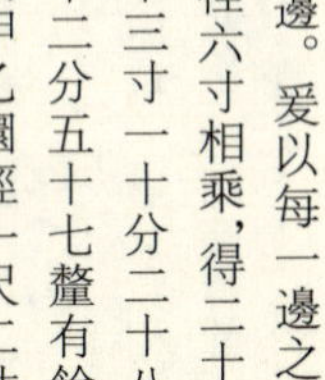

又法：以全圜三百六十度，九分之，每分得四十度，折半得二十度，乃以半徑十萬爲一率，二十度之正切三萬六千三百九十七爲二率，今所設之半徑六寸爲三率，求得四率二寸一分八釐三豪八絲二忽，倍之得四寸三分六釐七豪六絲四忽，爲圜外切九等邊形之每一邊。既得九等邊形之每一邊，乃以半徑與每一邊之數相乘折半，九因之，得一尺一十七寸九十二分六十二釐有餘，爲圜外切九等邊形之面積也。如圖，甲乙圜徑一尺二寸，外切丙丁戊己庚辛壬癸子九等邊形，每一邊之弧皆四十度，試將丙丁邊折半於丑，自圜心寅作寅丑半徑線，又作寅丙分角線，割圜界於甲，則甲丑弧爲二十度，丙丑即二十度之正切，丙丁即二十度之正切之倍，是故半徑十萬與二十度之正切之比，即如所設之半徑六寸與丙丑之半邊之比。既得半邊，倍之即全邊也。

一率　一〇〇〇〇〇
二率　三六三九七
三率　六
四率　二一八三八二

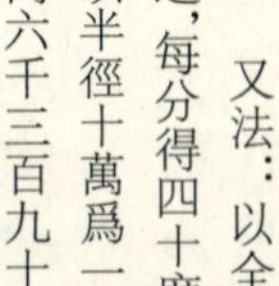

又用求圜外各形之一邊之定率比例，以定率之圜徑一〇〇〇〇〇〇〇爲一率，圜外切九等邊形之每一邊三六三九七〇二四爲二率，今所設之圜徑一尺二寸爲三率，求得四率四寸三分六釐七豪六絲四忽有餘，即圜外切九等邊形之每一邊也。

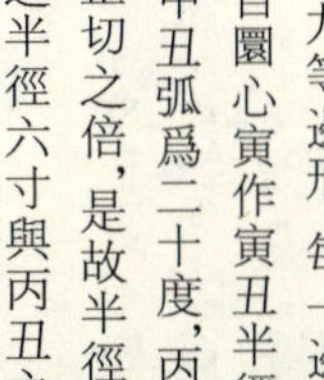

一率　一〇〇〇〇〇〇〇
二率　三六三九七〇二四
三率　一二
四率　四三六七六四

又用求圜外各形之面積之定率比例，以定率之圜徑自乘之正方面積一〇〇〇〇〇〇〇〇爲一率，圜外切九等邊形之面積八一八九三三〇三爲二率，今所設之圜徑一尺二寸自乘得一尺四十四寸爲三率，求得四率一尺一十七寸九十二分六十三釐有餘，即圜外切九等邊形之面積也。

一率　一〇〇〇〇〇〇〇〇
二率　八一八九三三〇三
三率　一四四
四率　一一七九二六三

又用圜面積之定率比例，以定率之圜面積一〇〇〇〇〇〇〇〇爲一率，圜外切九等邊形之面積一〇四二六九七九一爲二率，今所設之圜徑一尺二寸，求得圜面積一尺一十三寸零九分七十三釐有餘爲三率，求得四率一尺一十七寸九十二分六十五釐有餘，即圜外切九等邊形之面積也。

一率　一〇〇〇〇〇〇〇〇
二率　一〇四二六九七九一
三率　一一三〇九七三
四率　一一七九二六五

設如圜徑一尺二寸，求外切十等邊形之每一邊及面積幾何。

法：以圜徑一尺二寸，求得內容十等邊形之每一邊爲三寸七分零八豪二絲有餘，又求得自圜心至每一邊之中垂線爲五寸七分零六豪三絲三忽有餘，乃以中垂線之數爲一率，每一邊之數爲二率，今所設之半徑六寸爲三率，求得四率三寸八分九釐九豪零三忽有餘，爲圜外切十等邊形之每一邊。爰以每一邊之三寸八分九釐九豪零三忽有餘與半徑六寸相乘，得二十三寸三十九分四十一釐有餘，折半得一十一寸六十九分七十釐有餘，十因之，得一尺一十六寸九十七分一十二釐有餘，即圜外切十等邊形之面積也。如圖，甲乙圜徑一尺二寸，外切丙丁戊己庚辛壬癸子丑十等邊形，先求得圜內容十等邊形之每一邊爲寅卯，又求得圜心至每一邊之中垂線爲辰巳，以辰巳與寅卯之比，即同於辰乙與庚辛之比，爲相當比例四率也。又自圜心至各角作分角線，即分十等邊形爲十三角形，其辰乙中垂線即圜之半徑，故以所得圜外切十等邊形之每一邊與半徑相乘折半，得辰庚辛一三角形之面積，十倍之，而得圜外切十等邊形之總面積也。

一率　五七〇六三三
二率　三七〇八二〇
三率　六
四率　三八九九〇三

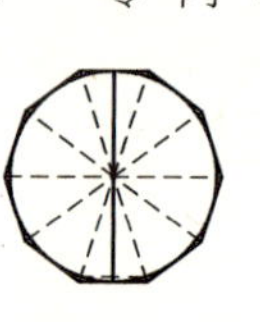

又法：以全圜三百六十度，十分之，每分得三十六度，折半得十八度。乃以半徑十萬爲一率，十八度之正切三萬二千四百九十二爲二率，今所設之半徑六寸爲三率，求得四率一寸九分四釐九豪五絲二忽，倍之得三寸八分九釐九豪零四忽，爲圜外切十等邊形之每一邊。既得十等邊形之每一邊，乃以半徑與每一邊之數相乘折半，十因之，得一尺一十六寸九十七分一十二釐，爲圜外切十等邊形之面積也。如圖，甲乙圜徑一尺二寸，外切丙丁戊己庚辛壬癸子丑十等邊形，每一邊之弧皆三十六度，試將丙丁邊折半於寅，自圜心卯作卯寅半徑線，又作卯丙分角線，割圜界於辰，則辰寅弧爲十八度，丙寅即十八度之正切，丙丁即十八度之正切之倍，是故半徑十萬與十八度之正切之比，即如所設之半徑六寸與丙寅之半邊之比。既得半邊，倍之即全邊也。

一率　一〇〇〇〇〇
二率　三二四九二
三率　六
四率　一九四九五二

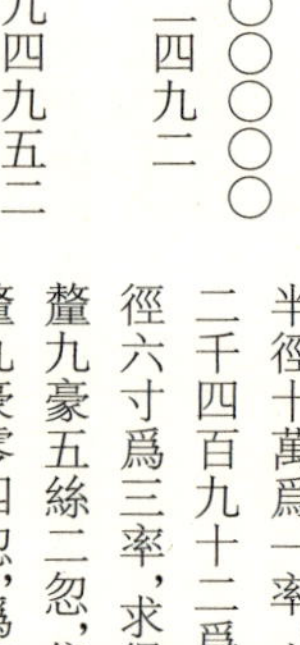

又用求圜外各形之一邊之定率比例，以定率之圜徑一〇〇〇〇〇〇〇〇爲一率，圜外切十等邊形之每一邊三二四九一九七〇爲二率，今所設之圜徑一尺二寸爲三率，求得四率三寸八分九釐九豪零三忽有餘，即圜外切十等邊形之每一邊也。

一率　一〇〇〇〇〇〇〇〇
二率　三二四九一九七〇
三率　一二
四率　三八九九〇三

又用求圜外各形之面積之定率比例，以定率之圜徑自乘之正方面積一〇〇〇〇〇〇〇〇爲一率，圜外切十等邊形之面積八一二二九九二四爲二率，今所設之圜徑一尺二寸自乘得一尺四十四寸爲三率，求得四率一尺一十六寸九十七分一十釐有餘，即圜外切十等邊形之面積也。

一率　一〇〇〇〇〇〇〇〇
二率　八一二二九九二四
三率　一四四
四率　一一六九七一〇

又用圜面積之定率比例，以定率之圜面積一〇〇〇〇〇〇〇〇爲一率，圜外切十等邊形之面積一〇三四二五一五二爲二率，今所設之圜徑一尺二寸，求得圜面積一尺一十三寸零九分七十三釐有餘爲三率，求得四率一尺一十六

一率　一〇〇〇〇〇〇〇〇
二率　一〇三四二五一五二
三率　一一三〇九七三
四率　一一六九七一〇

寸九十七分一十釐有餘，即圜外切十等邊形之面積也。

又 下編卷二二 更面形

設如正方形每邊一尺二寸，今欲作與正方形積相等之圜面積，問徑幾何。

法：用面積相等邊線不同之定率比例，以定率之正方形之每邊一〇〇〇〇〇〇〇〇爲一率，圜徑一一二八三七九一六爲二率，今所設之正方形之每邊一尺二寸爲三率，求得四率一尺三寸五分四釐零五絲四忽有餘，即所求之圜徑也。

一率　一〇〇〇〇〇〇〇〇
二率　一一二八三七九一六
三率　一二
四率　一三五四〇五四

蓋正方形之每邊爲一〇〇〇〇〇〇〇〇，圜徑爲一一二八三七九一六，則兩面積相等，故以子丑寅卯正方形之每邊一〇〇〇〇〇〇〇〇與辰巳圜徑一一二八三七九一六之比，即同於今所設之甲乙丙丁正方形之每邊一尺二寸與今所得之戊己圜徑一尺三寸五分四釐零五絲四忽有餘之比，而兩面積亦爲相等也。

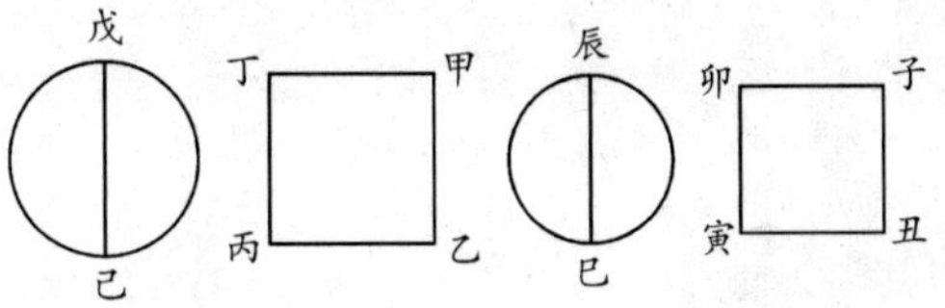

設如正方形面積一尺四十四寸，今欲作與正方邊相等之圜徑，問積幾何。

法：用邊線相等面積不同之定率比例，以定率之正方面積一〇〇〇〇〇〇〇〇爲一率，圜面積七八五三九八一六爲二率，今所設之正方面積一尺四十四寸爲三率，求得四率一尺一十三寸零九分七十三釐有餘，即所求之圜面積也。

一率　一〇〇〇〇〇〇〇〇
二率　七八五三九八一六
三率　一四四
四率　一一三〇九七三

蓋正方面積爲一〇〇〇〇〇〇〇〇，圜面積爲七八五三九八一六，則正方形之每邊與圜徑相等，故以子丑寅卯正方面積一〇〇〇〇〇〇〇〇與辰巳圜面積七八五三九八一六之比，即同於今所設之甲乙丙丁正方面積一尺四十四寸與今所得之戊己圜面積一尺一十三寸零九分七十三釐有餘之比，而正方形之每邊與圜徑亦爲相等也。

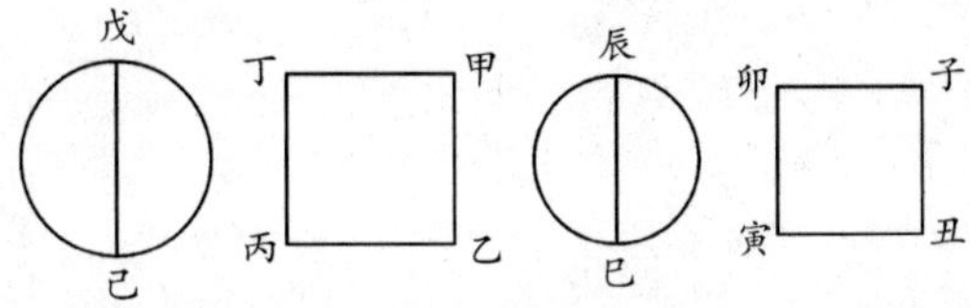

設如圜徑一尺二寸，今欲作與圜面積相等之三等邊形，問每一邊幾何。

法：用面積相等邊線不同之定率比例，以定率之圜徑一一二八三七九一六爲一率，三等邊形之每邊一五一九六七一三七爲二率，今所設之圜徑一尺二寸爲三率，求得四率一尺六寸一分六釐一豪二絲八忽有餘，即三等邊形之每一邊也。

一率　一一二八三七九一六
二率　一五一九六七一三七
三率　一二
四率　一六一六一二八

蓋圜徑爲一一二八三七九一六，三等邊形之每邊爲一五一九六七一三七，則兩面積相等，故以子丑圜徑一一二八三七九一六與寅卯辰三等邊形之每邊一五一九六七一三七之比，即同於今所設之甲乙圜徑一尺二寸與今所得之丙丁戊三等邊形之每邊一尺六寸一分六釐一豪二絲八忽有餘之比，而兩面積亦爲相等也。

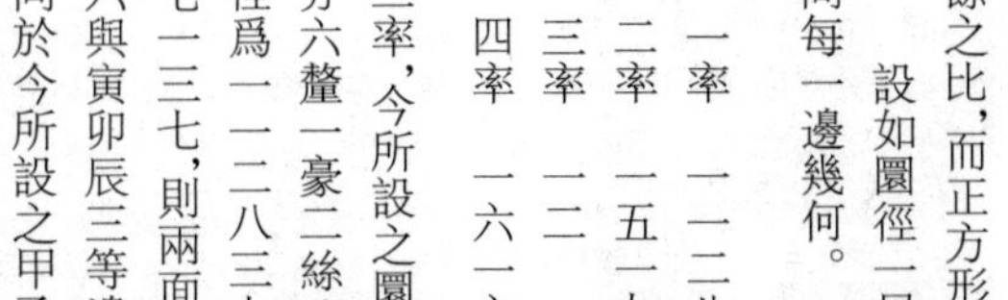

設如圜面積一尺四十四寸，今欲作與圜徑相等之五等邊形，問積幾何。

法：用邊線相等面積不同之定率比例，以定率之圜面積七八五三九八一六爲一率，五等邊形面積一七二〇四七七四一爲二率，今所設之圜面積一尺四十四寸爲三率，求得四率三尺一十五寸四十四分三十五釐有餘，即五等邊形之面積也。

一率　七八五三九八一六
二率　一七二〇四七七四一
三率　一四四
四率　三一五四四三五

蓋圜面積爲七八五三九八一六，五等邊形面積爲一七二〇四七七四一，則圜徑與五等邊形之每邊相等，故以子丑圜面積七八五三九八一六與寅卯辰巳午五等邊形面積一七二〇四七七四一之比，即同於今所設之甲乙圜面積一尺四十四寸與今所得之丙丁戊己庚五等邊形面積三尺

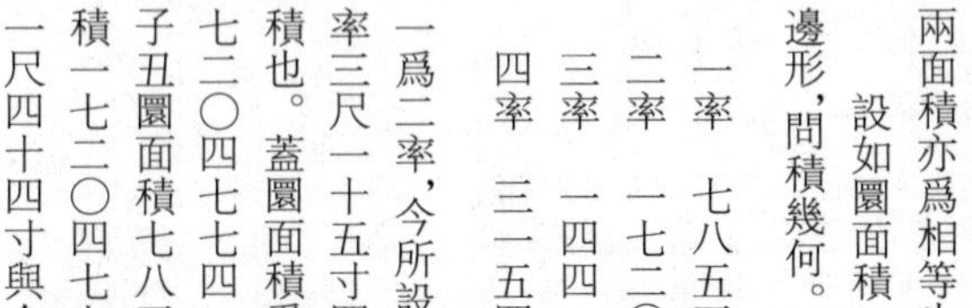

一十五寸四十四分三十五釐有餘之比，而圜徑與五等邊形之每邊亦爲相等也。

清·莊亨陽《幾何原本舉要》　一圓之內，二弦線不拘何處相交，以相交所截之段互相轉比之比例俱同，爲四相比例率也。

如圖，二線於己處相交，以此戊己段與己丙段相比之比例，將己丁、己乙相比之位轉之爲己乙、己丁，雖以復爲前，以前爲後比之，其比例仍同，而戊己、己丙、己乙、己丁四段爲相比例率也。蓋乙戊己、丁己丙兩形，此兩形之乙角、丁角既俱切於圓界，而又同立於戊丙之弧，則此二角爲等，而二角之己角爲對尖之角，其角亦爲等。二形之三角俱等，即爲同式也。同式則戊己、己丙相當二線互相之比，即同於己乙、己丁相當二線互相比之比例，又戊己、己丙、己乙、己丁四段俱爲相比例率也。

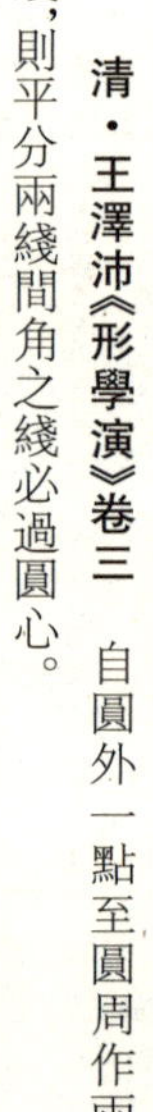

於圓徑線不拘何處作一垂線，將徑線截爲兩段，則所截之兩段爲一率、三率，而垂線爲中率，成相連比例也，即勾股垂線之理。

自圓外之凡一點出二線過圓界之二處至相對弧界，則此兩全線互相之比同於在圓界外所有之二段轉位以比之比例，而爲四相比例率也。

如圖，自丙至丁、自戊至乙相交作二線成甲丙丁、甲乙戊兩三角形，則兩形之丙、戊二角既同切於圓界、同立於乙丁之弧，則丙、戊等角也。再甲角既係公共，則亦等角也。二角既等，則同式矣。同式則甲丙、甲戊相當二界互相之比同於甲丁、甲乙相當二界相比之比例，以甲丙爲一率、甲戊爲二率，轉位甲丁爲三率，轉位甲乙爲四率，俱爲相比例率也。

將函於圓之三角形於甲角作平分角之甲戊直線，則甲乙傍線與甲丁段直線之比，即同於甲戊全直線與甲丙傍線之比也。蓋甲乙戊、甲丁丙形之丙、戊二角同弧同切，其度爲等。而甲乙戊之甲角、丁甲丙之甲角既自一角而平分爲兩角，其度亦必等，是爲同式形也，則以兩形之相當甲乙小界與甲丁小界之比，同於又相當甲戊大界與甲丙大界之比也。

將函於圓三角形之甲角爲兩平分，自甲角至底線作甲丁直線，分底線爲兩段，以乙丁與丁丙之比同於甲乙傍線與甲丙傍線之比也。蓋自丁處作甲乙平行之丁戊線，成戊丁丙小三角形，則全形之乙角與小形之丁角爲平行線一邊之內外角，爲等，而丙角係公共角，亦爲等，爲同式形也。再甲丁戊之丁角、乙甲丁之甲角爲平行線間之尖錯交角，度爲等，而甲丁戊、甲乙丁之甲角原係平分，亦爲等，是甲丁戊角之丁角甲角等。可知兩角既等，則兩等角所對甲戊、丁戊線亦必等也，是故全形甲乙線與甲丙線之比同於相當丁戊線與戊丙之比。而甲戊線與丁戊線等，則甲乙比甲丙亦若甲戊比戊丙也，又丙乙、丙甲二線既爲丁戊平行線所截，則乙丁比丁丙若甲戊比甲丙也。

清·王澤沛《形學演》卷三　自圓外一點至圓周作兩等綫，則平分兩綫間角之綫必過圓心。

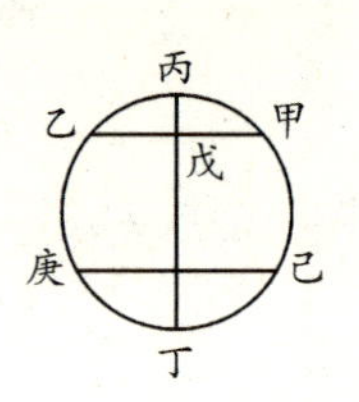

如圖，自圓外甲點至(員)[圓]周乙、丙二點作兩等綫，甲丁直綫平分兩綫間甲角，題言此綫必過(員)[圓]心。何也？試自乙、丙至圓心戊各作虛綫必等，即自乙至丙作虛綫成丙甲乙、丙戊乙皆爲等腰三角形。甲(丙)丁既平分甲角，即必平分乙丙底邊，又必平分戊角，戊本圓心角，是甲丁直行過圓心也。

圓內諸平行弦中點之所，即諸平行弦之垂徑。

如圖，甲乙爲弦，丙丁爲徑，設丙丁與甲乙正交於戊，必平分甲乙，三卷第六題。是丙丁徑爲甲乙弦中點之垂綫也。更作己庚弦，令與甲乙平行，必同以丙丁爲垂綫。弦以徑爲垂綫，即亦必爲所平分。如是若更作諸平行弦，即皆以丙丁爲垂綫，而平分於丙丁，則諸平行弦中點之所，即丙丁徑綫與之正交之所也，故題云云。

圓內有兩平行弦，將四端互作直綫聯之，四聯綫必兩兩相等。

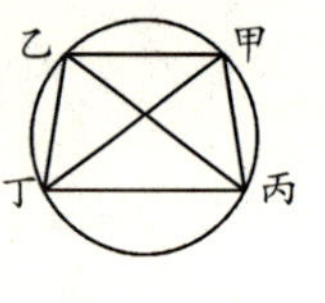

如圖，圓內有甲乙、丙丁平行之兩弦，作甲丁、乙丙、甲丙、乙丁四綫，互聯兩弦之四端，此四聯綫必兩兩相等。何也？準三卷第十題，甲丙、乙丁二弧本等，弧等則所乘之弦亦等，是甲丙、乙丁二聯綫等也。甲丙、乙丁二弧既等，同加甲乙弧，丙甲乙、丁乙甲二弧必仍等，則所乘甲丁、乙丙二聯綫亦等也，故題云云。

圓內有已知之點，過此點諸弦中點之所，即一圓周。

甲爲圓內已知之點，乙丙爲過甲點之圓徑，丁戊、己庚爲過甲點之諸弦，題言諸弦中點之所如壬、如癸，聯之即一圓周。何也？

試自圓心辛作虛綫至壬、至癸，則丁戊、己庚二弦爲圓徑所平分。而壬、癸二角成二直角，準三卷弟六題。即凡過甲點之弦，其中點至圓心辛必皆成直角。而甲辛爲其所同乘，取甲辛之中點爲心作圓，必過諸直角尖之所，即諸弦中點之所也，故云。

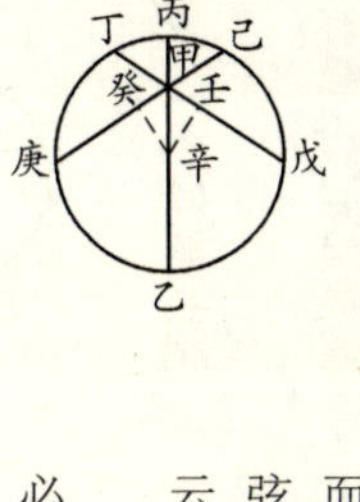

同以已知之直綫爲底之諸三角形，若頂角俱在底之平行綫內，則等腰形之頂角最大。

甲乙爲已知之直綫，甲丙乙、甲丁乙、甲戊乙諸三角形同以甲乙爲底，設丙、丁、戊諸頂角俱在甲乙平行之丁戊綫內，而甲丙、乙丙兩腰等，則丙角大於丁、戊諸角。何也？試作圓過甲、乙、丙三點，則丙爲圓分角，丁戊爲圓周之切綫，丁、戊諸角皆出圓外，準三卷弟十九題，各於所乘甲乙弧內減其頂角所函弧，而以半爲度，莫大於丙角，即以甲乙全弧之半爲度也，故題云云。

圓內有距心等之兩弦，若以直綫聯各同方之兩端，則兩聯綫必平行。

甲乙、丙丁距心等之兩弦，作甲丙、乙丁二綫聯各同方之兩端，題言此二綫必平行。何也？準三卷弟八題，甲乙、丙丁兩弦距心等，則兩弦必等，弦等則所乘甲乙、丙丁兩弧亦等。甲丙、乙丁爲函此兩弧之二綫，所函之弧既等，則二綫必平行，準三卷弟十題。故甲丙、乙丁爲平行綫。

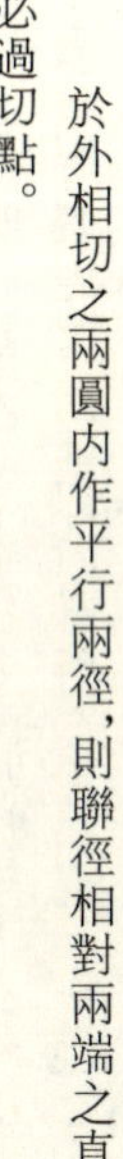

三平分之圓弧，自此端至二均分點與彼端各作直綫，所成之兩角必等。

如圖，甲乙圓弧分於丙、丁二點爲三平分，自甲至丙、至丁、至乙各作直綫，題言所成之丙甲丁、丁甲乙兩角必等。何也？圓分角以所乘弧之半爲度，丙丁、丁乙兩弧既分之等，丙甲丁、丁甲乙兩圓分角自無不等，故題云云。

若以兩邊等三角形之一等邊爲徑作圓，此圓周必平分其底。

甲乙丙兩邊等三角形，任以甲乙一等邊爲徑作圓，圓周必平分乙丙底。何也？試自甲作平分角綫至丁，必亦平分乙丙而與之正交，分原形爲甲乙丁、甲丙丁兩直角三角形，以甲乙弦爲徑，則圓周必過直角尖之所，即平分乙丙之丁點也，故題云云。

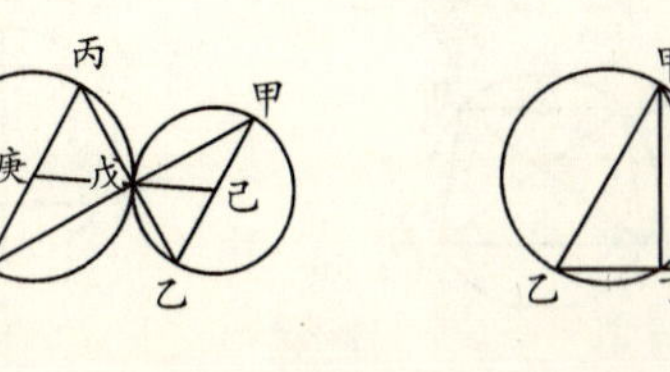

於外相切之兩圓內作平行兩徑，則聯徑相對兩端之直綫必過切點。

甲、丙二圓外相切於戊，設甲乙、丙丁二徑平行，則自甲至丁作直綫必過戊點。何也？試作兩心聯綫己庚，準三卷十一題，必過切點戊，己庚綫在丙丁、甲乙平行綫內，則甲己戊角等於丁庚戊角，乙己戊角等於丙庚戊角。作甲戊、丁戊、乙戊、丙戊四綫，成甲己戊、丁庚戊、乙己戊、丙庚戊兩兩同式之等腰三角形，因頂角等，腰間角必等也，故甲戊己角等於丁戊庚角，乙戊己角等於丙戊庚角，則甲戊、丁戊、乙戊、丙戊必各連爲一直綫，故題云云。

圓之內切四邊形，若相對之兩邊等，則餘兩邊必平行。案：相當宜作相對。

甲乙丙丁圓之內切四邊形，設甲丙、乙丁相對之兩邊等，則甲乙與丙丁必平行。何也？甲丙、乙丁二弦既等，則二弧亦等。此甲丙、乙丁二弧爲甲丙、乙丁兩邊所乘弧，即爲甲乙、丙丁兩邊所函弧。準理：兩綫與圓周交所函之兩弧等，則兩綫爲平行綫，故甲乙、丙丁兩邊必平行。

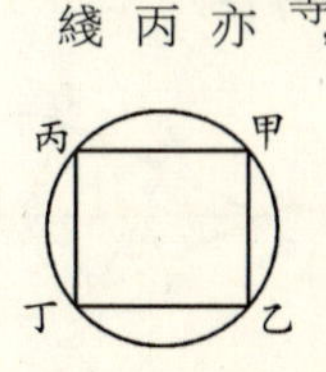

圓內兩弦割徑於一點，若與徑作角等，則兩弦必等。

甲乙、丙丁兩弦同割己庚徑於戊點，設甲戊己角與丙戊己角等，則兩弦必等。何也？甲戊己、丙戊己二角既等，則丁戊庚、乙戊庚爲二交角亦等。試自圓心作兩弦之垂綫辛壬、辛癸，成辛壬戊、辛癸戊兩直角三角形。兩戊角等，壬、癸兩直角亦等，戊辛同用又等，則辛壬、辛癸必等。準理：兩距心之遠近等，則兩弦等，故甲乙丙丁必等。

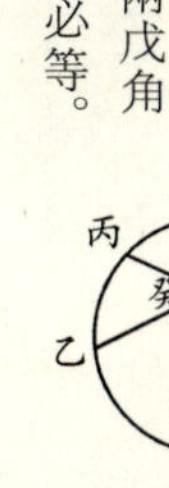

過圓內已知點至短之弦，必與此點距心之綫成直角。

如圖，甲爲已知點，作甲辛聯心綫，復作甲辛正交之丙乙弦，又過甲點作丁戊、己庚諸弦，自辛作己庚之正交綫辛壬，戊丁之正交綫辛癸，成甲癸辛、甲壬辛諸直角三角形。甲辛爲弦，必大於辛壬、辛癸，甲辛距遠，則丙乙爲最短之弦，甲辛本與丙乙成直角，故題云云。

於圓內一點作相交之二等弦，其互分之四段必兩兩相等。

甲乙、丙丁二等弦相交於戊點，互分爲戊甲、戊丙、戊乙、戊丁四段，題言此四段必兩兩相等。何也？試自戊至圓心己作直綫，即自己作二弦之垂綫己庚、己辛，二弦既等，則二垂綫必等。戊己庚、戊己辛兩句股形，己庚、己辛等，戊己同用，則戊庚、戊辛必等。甲辛、乙辛、丙庚、丁庚本等，甲辛減戊辛，丙庚減戊庚，餘甲戊、丙戊必等。乙辛加戊辛，丁庚加戊庚，乙戊、丁戊必亦等，故云。

同心大小兩圓，若將小圓弦之兩端引長至大圓周，則兩圓間之兩段必等。

如圖，同心兩圓引長小圓之甲乙弦至大圓周之丙、丁兩點，題言甲丙、乙丁兩段必等。何也？試自心作甲乙之垂綫心戊，甲乙必平分於戊，丙丁即亦平分於戊，是丙戊等丁戊，甲戊等乙戊也。丙戊減甲戊，丁戊減乙戊，餘甲丙、乙丁自必仍等，故題云云。

圓內作甲丙弦，引長至丁，令丙丁與半徑等，並自丁過己心作直綫，與圓周相交於癸、於乙，又作甲己半徑，甲己乙角必三倍甲丁乙角。

依題成甲己乙、甲丁乙二角，試更作丙己虛綫，成己丙丁爲等腰三角形，丁角必等於丙己丁角。甲丙己爲己丙丁形一邊引長之外角，必倍於丁角。甲己丙亦爲等腰三角形，甲角必等於甲丙己角，亦即倍於丁角。甲己乙爲丁甲己形之外角，等於丁角加倍丁角之甲角，故三倍於丁角。

兩圓相交於甲、於乙，若自甲作兩圓之切綫，引長抵圓周於丁、於丙，則甲乙丙圓分必與甲乙丁圓分相似。

依題成甲乙丙、甲乙丁兩圓分，試更作甲乙公弦，並自乙至丙、至丁各作直綫，成甲丙乙、甲丁乙兩三角形，乙甲丁角與丙角同以左圓甲乙弧之半爲度必等，乙甲丙角與丁角同以右圓甲乙弧之半爲度亦等，則甲乙丙、甲乙丁二角自亦必等。準理：不等圓內之等角所函弧或圓分俱各相似，是甲丙、甲丁二弧及圓分兩兩相似也，則甲乙丙、甲乙丁兩圓分自亦相似。

自圓周之任一點至其內切平邊三角形相近之兩角各作直綫，此兩綫之和必等於自點至餘一角之直綫。

甲乙丙爲圓之內切平邊三角形，於圓周任取丁點至各角作直綫，題言相近甲丁、丙丁二綫之和等於乙丁。何也？試截乙丁於戊，令戊丁與丙丁等。隨作丙戊直綫，成丙戊丁三角形，丙丁戊角與丙甲乙角同乘丙乙弧本等，爲三分兩直角之一。丙丁、戊丁兩腰等，則丙、戊兩角亦等，是丙戊丁爲平邊三角形也。乙丙戊、甲丙丁兩三角形，丙戊等丙丁，丙乙等丙甲，丙乙戊、丙甲丁二角同乘丙丁弧亦等，丁丙戊、甲丙乙二角等，同減甲丙戊角，餘丁丙甲、戊丙乙二角必仍等。乙丙戊、甲丙丁兩形，有二邊二角等，乙戊必等於甲丁，故甲丁、丙丁之和等於乙丁。

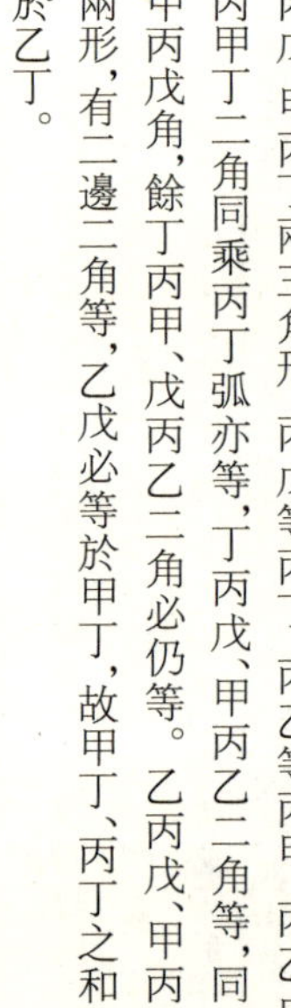

數三角形之底同而腰間角等，則諸尖角之所即一圓弧。

如圖，甲乙丙、甲乙丁、甲乙戊諸三角形，同以甲乙爲底，而丙、丁、戊諸角均等，題言過丙丁戊諸點即一圓弧。何也？試作圓過甲、乙、丙三點，則丙爲圓分角，而甲乙弧爲其所乘，丁、戊諸角既等於丙角，而同用甲乙底，即亦同乘甲乙弧而以其半爲度爲此圓之圓分角也，則圓周必亦過戊、丁諸點矣，故題云云。

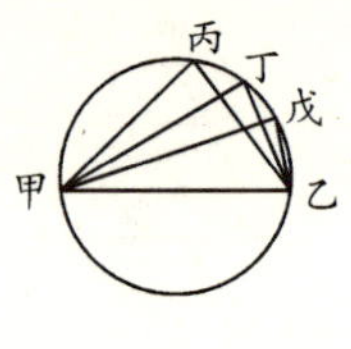

又 卷四 三角形之面積，等於其三邊之和乘內切圓半徑之半。

如圖，甲乙丙三角形於各邊圓周之切點上各作垂綫，相遇於丁，丁戊、丁己、丁庚均爲內切圓之半徑，更自丁至各角作虛綫，成甲丁乙、乙丁丙、丙丁甲諸三角形，準四卷弟六題，

$\text{甲丁乙積}=\frac{\text{甲乙丁庚}}{\text{二}}$　　$\text{乙丁丙積}=\frac{\text{乙丙丁戊}}{\text{二}}$

$\text{丙丁甲積}=\frac{\text{甲丙丁己}}{\text{二}}$　則　甲丁乙積丄乙丁丙積丄

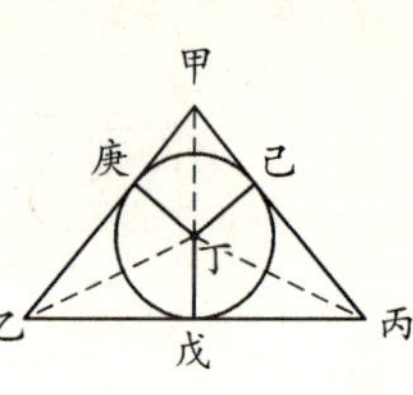

丙丁甲積＝(甲乙⊥乙丙⊥甲丙)×$\frac{二}{半徑}$　故題云云。

自圓外一點，作兩切綫，並至圓心作直綫，此綫必與聯二切點之直綫正交。

如圖，自圓外甲點至圓周作甲乙、甲丙二切綫，並至圓心丁作直綫，題言甲丁直綫必與乙丙聯綫正交。何也？甲乙丙三角形，丙角、乙角同以乙丙弧之半爲度必等，則甲丙、甲乙二腰亦等。準上論，甲丁圓心綫必平分兩等綫間之甲角，亦即平分乙丙底。乙丙既平分於甲丁，即必與之正交矣。

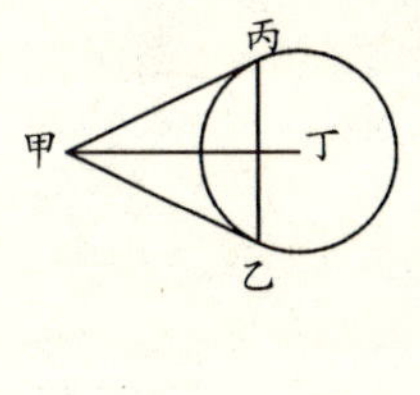

兩圓相交，若於公弦之引增綫内任取一點至各圓作切綫，此二切綫必等。

如圖，兩圓相交於甲、於乙，取甲乙引增綫之丙點至各圓作丙丁、丙戊二切綫，題言丙丁、丙戊必等。何也？準四卷第二十九題，　丙丁²＝甲丙乙丙　丙戊²＝甲丙乙丙

則　丙丁²＝丙戊²　故　丙丁＝丙戊

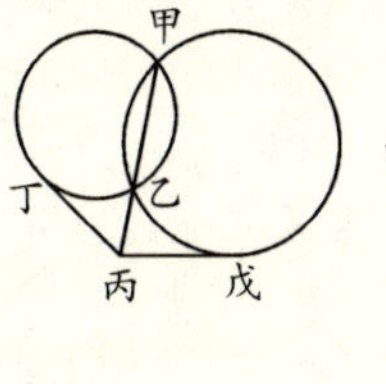
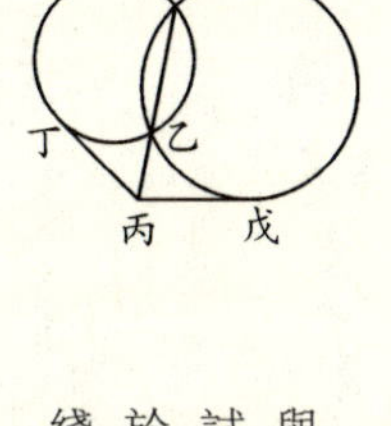

又　**卷五**　平邊三角形之内外兩切圓必同心，而此徑倍於彼徑。

甲乙丙平邊三角形，自三角形之心至各邊之中點均等，得其内切圓。自心至各角亦均等，得其外切圓，是内外兩切圓同以三角形之心爲心也。自心至乙角作直綫，爲外切圓半徑。至甲乙之中點丁作直綫爲内切圓半徑，成乙丁心句股形，乙心平分乙角，乙角本三分二直角之一，心乙丁角即三分一直角之一，則乙心丁角三分一直角之二，乙心弦必倍於心丁句矣。

又　**卷六**　圓之外切正方倍於其内切正方。

設甲乙丙丁爲圓之外切正方，戊己庚辛爲其内切正方，題言甲丙方倍於戊庚方。何也？試作己辛徑綫等於外方邊，而爲内方之對角綫。準理：己辛方等於戊己方加戊辛方，己辛方即外切之甲丙方，戊己方加戊辛方即内切方之倍，故題云云。

圓内切平邊三角形之面積，半於其内切有法六邊形之面積。

設甲乙丙爲圓之内切平邊三角形，甲丁乙戊丙己爲其内切有法六邊形，題言三角形積半於六邊形積。何也？試作丙丁徑綫與甲乙正交於庚，則六邊形平分於丙丁，三角形平分於丙庚。又自甲作綫至圓心辛，成甲辛丙己四邊等平行方形，平分於甲丙，並成甲丁辛平邊三角形，平分於甲庚。是甲丁丙己形内有兩甲丙辛形、兩甲辛庚形也。甲丙庚半於甲丁丙己，甲乙丙即半於甲丁乙戊丙己，故題云云。

圓之内切平邊三角形，自一角所作之徑，必被此角之對邊截去四分之一。

設甲乙丙爲圓之内切平邊三角形，自乙角作乙丁徑綫與對邊甲丙相交於戊，題言戊丁爲乙丁四分之一。何也？試於三角形内作同心小切圓，圓周仍過戊點，而對點截乙丁於己，準上論，心己爲心乙之半，心戊爲心丁之半，是乙丁徑綫以内切圓半徑四分之，而戊丁適得其一也，故題云云。

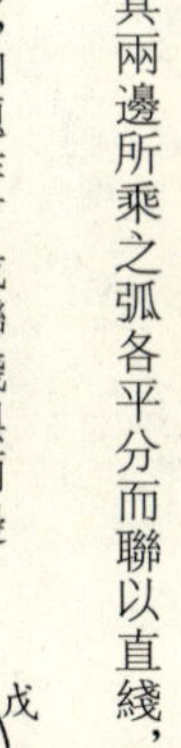

圓之内切平邊三角形，若將其兩邊所乘之弧各平分而聯以直綫，則聯綫三平分於兩邊。

甲乙丙圓之内切平邊三角形，如題作丁戊聯綫與兩邊相交於己、於庚，則丁己、己庚、庚戊爲三平分。何也？甲戊弧半甲丙弧，甲丁弧半甲乙弧，甲戊弧加甲丁弧必等於甲丙弧與甲乙弧，即所乘之丁戊弦自亦等於甲丙弦與甲乙弦。準上論，圓内兩等弦相交於一點，其互分之四段兩兩相等，則甲庚等庚戊，甲己等丁己，惟丁戊與乙丙平行，甲己庚爲甲乙丙同式之平邊三角形，甲庚、甲己均等於己庚，即庚戊、丁己亦均等於己庚也，故題云云。

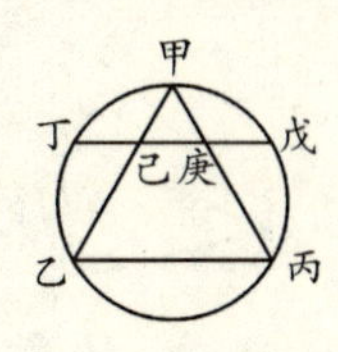

句股形，其内、外兩切圓徑之和等於句股之和。

甲乙丙句股形，作内外兩切圓，題言兩圓徑之和等於甲丙、乙丙之和。何也？外切圓即以甲乙弦爲徑，自内切圓心至各邊作心丁、心戊、心己諸垂綫，即内切圓半徑。又自心至甲、乙二角各作直綫，必平分此二角。甲戊心、甲己心兩句股形，弦同句等，甲角平分亦等，則甲己與甲戊等，仿此可證乙己與乙丁等。心戊丙丁爲正方形，戊心等丙丁，丁心等丙戊，甲己加乙己加戊心加丁

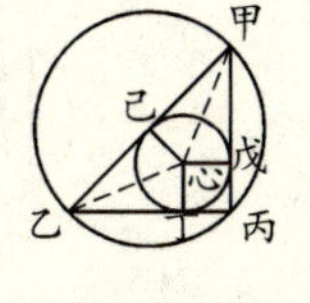

心爲兩圓徑之和，甲戊加乙丁加丙戊加丙丁爲句股之和，其分各等，其和必仍等，故云。

句股和與弦之較等於其内切圓之徑。

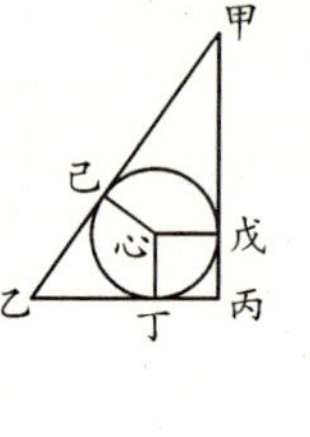
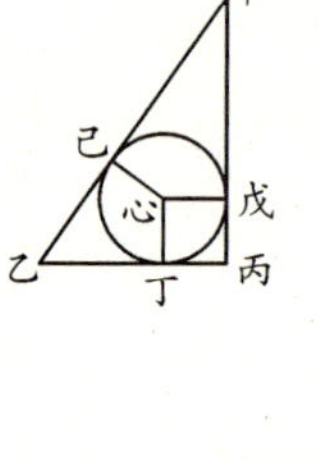

甲乙丙句股形，丁戊己爲其内切圓，題言甲丙、乙丙之和與甲乙弦較等於丁戊己圓之徑。何也？試自圓心至各切點作心丁、心戊、心己諸半徑，準上論，甲己等甲戊，乙己等乙丁，於甲丙乙丙和内減甲戊與乙丁，餘丙戊丙丁之和，即句股和與弦之較。而丙戊等丁心，丙丁等戊心，丁心戊心和即内切圓之徑，故題云云。

又　卷七　自圓外一點作兩割綫，與自點至圓心之綫作等角，則二割綫規内之兩段必等。

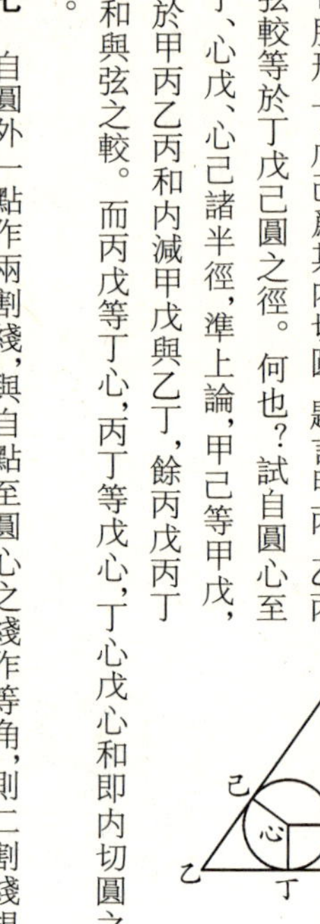

如圖，自圓外甲點作兩綫割圓周於乙、於丙、於丁、於戊，又自甲至圓心作直綫，題言丁甲心、戊甲心二角等，則乙丁與丙戊兩段必等。何也？試自心作甲丁、甲戊二綫之垂綫心己、心庚，成甲心己、甲心庚兩句股形。甲心綫同用，己與庚同爲直角，兩甲角又等，則兩形必等，故心己與心庚等。乙丁、丙戊兩弦距心既等，則兩弦必等，故題云云。

以平邊三角形之一邊爲徑作圓，則此圓内切平邊三角形之邊必等於原三角形之高。

甲乙丙平邊三角形，任以甲丙爲徑作圓，題言圓之内切平邊三角形以甲乙丙之高爲邊。何也？準理：圓周必過乙丙之中點丁，甲乙之中點戊，作戊丁聯綫，甲戊、戊丁、丁丙均等於半徑，即各爲内切有法六角形之邊。將越一之兩角聯以直綫如甲丁，即内切平邊三角形之邊。甲丁平分乙丙爲垂綫，本甲乙丙形之高，故云。

自圓周任取之兩點，各出直綫於圓之切綫相遇成諸角，即莫大於成角於切點者。

如圖，取圓周甲、乙二點，各出直綫相遇於切圓於戊之丙丁綫，成甲戊乙、甲丁乙諸角，題言戊角爲最大。何也？準理：丙丁綫惟戊點與圓周相切，餘點俱在圓外。甲丁乙成角亦在圓外，割圓周於己、於庚，戊角以甲乙弧之半爲度，丁角以甲乙弧減己庚弧之半爲度，是戊角大於丁角也，故題云云。

兩圓相交，過交點作數直綫以兩圓之周爲界，即莫長於與聯二圓心綫平行之綫。

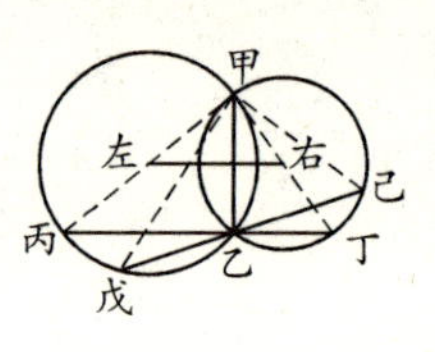

左、右兩圓相交於甲、於乙，過交點乙以兩圓周爲界作丙丁、戊己諸直綫，題言與左右聯心綫平行之丙丁爲最長。何也？試作甲乙聯線，並自丙、丁、戊、己各端至甲作直綫，丙丁與甲乙正交，則甲丙、甲丁各爲圓徑，甲戊必小於甲丙，甲己必小於甲丁。甲丙丁、甲戊己兩三角形，丙、戊二角同乘左甲乙弧，丁、己二角同乘右甲乙弧，爲同式形。甲戊、甲己二腰既各小於甲丙、甲丁二腰，戊己底即必小於丙丁底矣，故云。

自圓心至弦作直綫，此直綫方與弦兩段矩内形之和等於其半徑方。

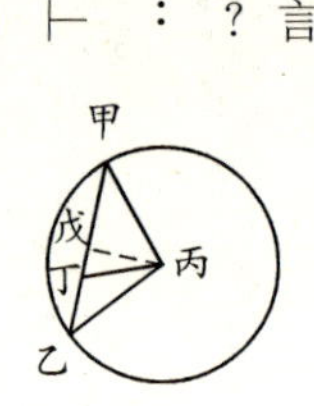

如圖，甲乙爲弦，自圓心丙至甲乙之丁點作直綫，題言丙丁正方與甲丁、乙丁相乘積之和，等於其半徑方。何也？試自丙至甲至乙各作直綫，並作甲乙之垂綫丙戊，準理：

甲丙^{二}＝丙丁^{二}丄甲丁^{二}丅二戊丁甲丁　乙丙^{二}＝丙丁^{二}丄乙丁^{二}丄二戊丁乙丁　二戊丁＝甲丁丅乙丁　甲丙^{二}＝丙丁^{二}丄甲丁^{二}丅(甲丁丅乙丁)甲丁＝丙丁^{二}丄甲丁^{二}丅甲丁^{二}丄甲丁乙丁　乙丙^{二}＝丙丁^{二}丄乙丁^{二}丄(甲丁丅乙丁)乙丁＝丙丁^{二}丄乙丁^{二}丄甲丁乙丁丅乙丁^{二}　甲丙^{二}＝乙丙^{二}＝丙丁^{二}丄甲丁乙丁　故云。

自圓徑距心等遠之兩點各出直綫於圓界任何點相遇，其每兩遇綫方之和恒等。

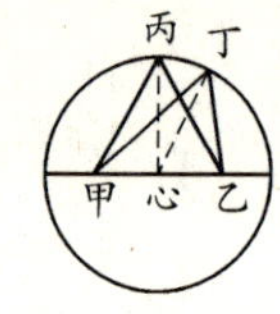

圓徑甲、乙兩點距心等遠，自甲、乙各出直綫於圓界之丙或丁點相遇，題言每兩遇綫如甲丙、乙丙與甲丁、乙丁其兩綫方之和恒等。何也？試自丙、丁二點至心各作直綫，心爲甲乙之中點，準四卷弟十四題，　甲丙^{二}丄乙丙^{二}＝二丙心^{二}丄二甲心^{二}　甲丁^{二}丄乙丁^{二}＝二丁心^{二}丄二甲心^{二}　夫丙心＝丁心　則　$甲丙^{二}丄乙丙^{二}＝甲丁^{二}丄乙丁^{二}$　故題云云。

圓内切三角形，作綫平分其一角與對弧相交，則自交點至餘兩角之綫必各等於自交點至三角形内切圓心之綫。

甲乙丙圓之内切三角形，自乙作平分角綫與對弧相交於丁，自丁至甲、丙二角各作直綫，又自甲、丙各作平分角綫遇乙丁綫於戊點，戊即三角形内切圓之心，題言丁甲、丁丙各等於丁戊。何也？乙角既平分，則所乘丁甲、丁丙二弧必等，即丁甲、丁丙二弦亦等。甲戊丁角等於戊甲乙、戊乙甲二角之和，戊甲乙與戊甲丙爲平分角必等，戊乙甲與丙甲丁所乘爲等弧亦等，則甲戊丁角等於戊甲丙、丙甲丁二角之和，是丁甲戊三角形二腰間角等也，即丁甲、丁戊二腰必等，仿此可證丁丙亦等於丁戊，理同，故題言云云。

兩圓相交，公弦必平分其公切。

如圖，左、右二圓相交於甲、於乙，丙丁爲兩圓之公切，引長甲乙公弦與遇於戊，題言丙丁必平分於戊。何也？準四卷第二十九題，　$丙戊^{二}＝甲戊乙戊$　$丁戊^{二}＝甲戊乙戊$

$丙戊^{二}＝丁戊^{二}$　則　丙戊＝丁戊　故題云云。

於半圓之徑作以半徑爲徑之兩圓，又於半圓之餘面作切圓，此切圓之徑必爲彼二圓徑三分之二。

甲乙丙半圓，丙爲極點，丁爲圓心，分甲丁、乙丁爲徑作兩等圓，任於乙丁圓内作戊己徑，令與丙丁平行，自己至丙作聯綫交丁戊弧於庚，隨用丙、庚二點求得圓心，法於庚點作綫，令申庚丙成角等於丙角，其綫與丙丁相遇之所即(員)[圓]心。作小圓爲半圓餘面之切圓，上論兩切圓内作平行兩徑，聯徑相對兩端之綫必遇切點，故庚爲切點。題言此圓之徑丙辛爲戊己或丙丁三分之二。何也？試引長丙丁至壬，令丁壬與丁戊乙己圓之半徑己癸等。隨作壬己綫，必與丁癸平行而等。丙壬與壬己比若三與一比，甲癸與戊癸亦然。作甲戊聯綫，成甲癸戊與丙壬己爲同式兩句股形，丙己壬角等於甲戊癸角。又戊己與丙壬平行，戊己丙角等於己丙壬角，亦即等於戊甲癸角，己庚戊亦與二形同式，則庚戊爲丙己之垂綫。丙己本過丁戊乙己圓與餘面切圓之切點，其庚戊垂綫必遇己庚於丁戊乙己圓界，則亦過切點。半以圓函直角必切圓周，故。若更於丙辛徑之下端辛至戊作聯綫，準理亦必過切點。聯平行兩徑相對之兩端。是二綫合而爲一，而甲戊必過辛點。戊癸與辛丁若甲癸與甲丁，甲癸爲三丁癸，甲丁爲二丁癸，則戊癸與辛丁比若三與二比。丙丁倍於戊癸，則丙丁與辛丁比若六與二比，即三與一比。辛丁爲丙丁三分之一，則丙辛爲丙丁三分之二，合題。

於有法多邊形内任取一點，至各邊作垂綫，此諸垂綫之和等於多邊形之邊數乘内切圓之半徑。

設甲乙丙丁戊爲有法五邊形，於内任取己點，至各邊作己庚、己辛、己壬、己癸、己子諸垂綫，又自中心丑至一邊之中點寅作垂綫爲内切圓之半徑，題言己至各邊五垂綫等於五之丑寅。何也？試自己至各角作虛綫，分原形爲五三角形，準理：

$甲己乙＝甲乙\frac{二}{己庚}$　$乙己丙＝乙丙\frac{二}{己辛}$

$丙己丁＝丙丁\frac{二}{己壬}$　$丁己戊＝丁戊\frac{二}{己癸}$　$戊己甲＝戊甲\frac{二}{己子}$　甲乙＝乙丙＝丙丁＝丁戊＝戊甲　甲己乙丄乙己丙丄丙己丁丄丁己戊丄戊己甲＝甲乙丙丁戊　$甲乙\left(\frac{二}{己庚}丄\frac{二}{己辛}丄\frac{二}{己壬}丄\frac{二}{己癸}丄\frac{二}{己子}\right)＝甲乙丙丁戊$

若自丑至各角作直綫，亦分原形爲五三角形。　$甲乙丙丁戊＝五甲乙\frac{二}{丑寅}$

$全形＝甲乙×五\frac{二}{丑寅}$　$甲乙\frac{二}{己庚丄己辛丄己壬丄己癸丄己子}＝$

$甲乙五\frac{二}{丑寅}$　己庚丄己辛丄己壬丄己癸丄己子＝五丑寅　故題云云。

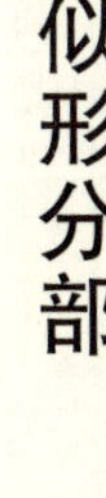

相似形分部

算法

清·方中通《數度衍》卷首之三《幾何約》

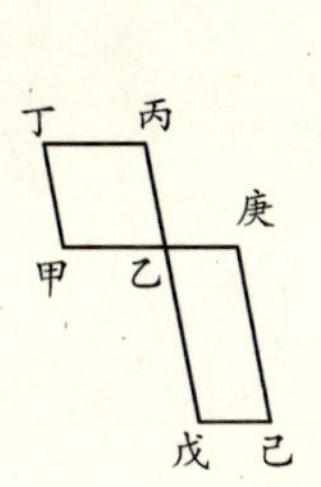

論線面之比例

十四　兩平行方形等，一角又等，即等角旁之兩邊爲互相視之邊。兩平行方形之一角等，而等角旁兩邊爲互相視之邊，即兩形等。如甲乙丙丁、乙戊己庚兩平行方形等，甲乙丙、戊己庚兩角又等，此兩角各兩旁之兩邊甲乙與乙庚之比例，若戊乙與乙丙也。反言之亦可。

十五　相等兩三角形之一角等，即等角旁之各兩邊互相視。兩三角形之一角等，而等角旁之各兩邊互相視，即兩三角形等。如甲乙丙、乙丁戊兩角形等，兩乙角又等，此等角旁之各兩邊甲乙與乙戊之比例，若丁乙與乙丙也。反言之亦可。

十六　四直線爲斷比例，即首尾兩線矩內直角形，與中兩線矩內直角形等。首尾兩線與中兩線兩矩內直角形等，即四線爲斷比例。如甲、乙、丙、丁四線爲斷比例，甲與乙若丙與丁，而戊形係甲丁首尾兩線矩內直角形，己形係乙丙中兩線矩內直角形，則戊、己兩形必等。反言之亦可。

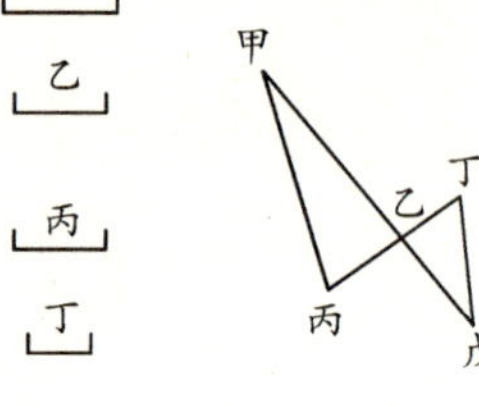

十七　三直線爲連比例，即首尾兩線矩內直角形，與中線上直角方形等。首尾線矩內直角形，與中線上直角方形等，即三線爲連比例。如甲、乙、丙三線爲連比例，甲與乙若乙與丙，而丁形係甲丙首尾兩線矩內直角形，戊形係乙上直角方形，則丁、戊兩形必等。反言之亦可。

十九　相似三角形之比例，爲其相似邊再加之比例。如甲乙丙、丁戊己兩角形等角，乙與戊、丙與己相當之角各等，而甲乙與乙丙之比例若丁戊與戊己，則兩形之比例，爲乙丙與戊己兩邊再加之比例也。

又凡三直線爲連比例，即第一線上角形與第二線上角形之比例，若第一線與第三線之比例也。

二十　以三角形分相似之多邊直線形，則分數必等，而相當之各三角形各相似，其各相當兩三角形之比例，若兩元形之比例，爲兩相似邊再加之比例。如此甲乙丙丁戊、彼己庚辛壬癸兩多邊直線形，其乙甲戊、庚己癸兩角等，餘相當之各角俱等，而各等角旁各兩邊之比例各等，則各以角形分之，其分數必等，如題所云。

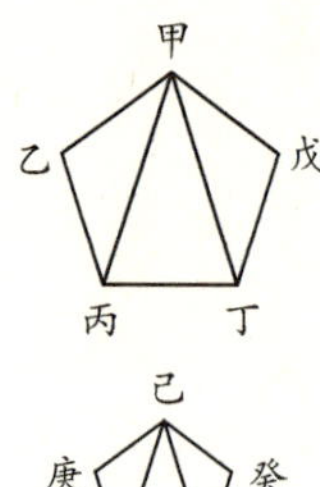

又甲線倍大於乙線，則甲上方形與乙上方形爲四倍大之比例。

又凡三直線爲連比例，其線上多邊形一與二之比例若一與三。

二十一　兩直線形各與他直線形相似，則自相似。

二十二　四直線爲斷比例，則兩比例線上各任作自相似之直線形，亦爲斷比例。兩比例線上各任作自相似之直線形爲斷比例，則四直線爲斷比例。

二十三　等角兩平行方形之比例，以兩形之各兩邊兩比例相結，如甲丙、丙己兩平行方形之乙丙丁、戊丙庚兩角等，則兩比例之前率在此形，兩比例之後率在彼形。如甲丙與丙己之比例，以乙丙與丙庚偕丁丙與丙戊相結也，或以乙丙與丙戊偕丁丙與丙庚相結，此乃不同理之比例也。

二十四　平行線方形之兩角線方形自相似，亦與全形相似。如甲乙丙丁平行方形，作甲丙對角線，任作戊己庚辛兩線與丁丙、乙丙平行，而與對角線交相遇於壬，則戊庚、己辛兩角線方形自相似，亦與全形相似。

又二十六　平行方形之內減一平行方形，其減形與元形相似而體勢等。又一角同，則減形必依元形之對角線。如乙丁形內減戊庚形，元形減形相似而體勢等。又戊甲庚同角，則戊庚形必依乙丁形之對角線。

二十七　凡依直線之有闕平行方形，不滿線者，其闕形與半線上之闕形相似而體勢等，則半線上似闕形之有闕依形必大於此有闕依形。如甲乙線，平分於丙，於半線丙乙上任作丙丁戊乙平行方形，對角線乙丁。次作甲乙戊辛滿元線平行方形，即甲丁爲甲丙半線上之有闕依形，丙戊爲丙乙半線上之闕形。此兩形相似相等，體勢又等，則甲乙線上凡作有闕依形，不滿線者，其闕形與丙戊相似而體勢等，即甲丙半線上之甲丁有闕依形必大於此有闕依形。

又 三十一 三邊直角形之對直角邊上一形，與直角旁邊上兩形若相似而體勢等，則一形與兩形并等。如甲乙丙三邊直角形，乙甲丙爲直角，於乙丙上任作直線形爲丁，於甲乙、甲丙上亦作己、戊兩形與丁相似而體勢等，則丁形與戊乙兩形并必等。

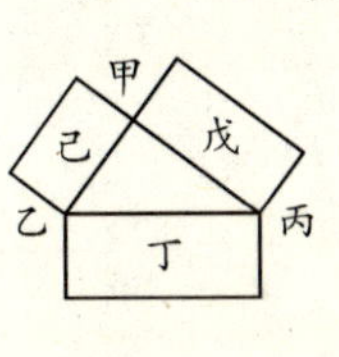
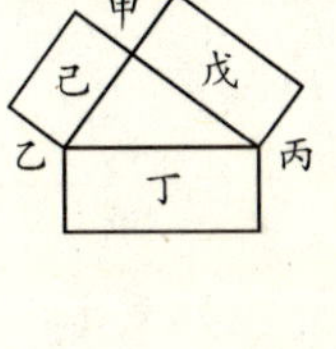

通曰：此勾股半冪相并，與弦半冪等也。

三十二 兩三角形，此形之兩邊與彼形之兩邊相似，而平置兩形成一外角，若各相似之各兩邊各平行，則其餘各一邊相聯爲一直線。如甲乙丙、丁丙戊兩角形，甲乙、甲丙邊與丁丙、丁戊邊相似，則甲乙與甲丙之比例，若丁丙與丁戊也。試平置兩形令相切，成甲丙丁外角，而甲乙與丁丙、甲丙與丁戊各平行，則乙丙、丙戊必一直線。

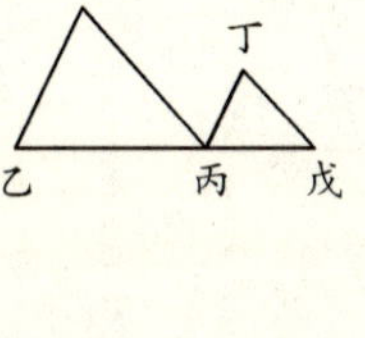
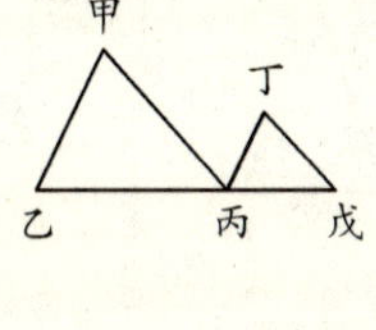

三十三 等圜之乘圜分角或在心、或在界，其各相當兩乘圜角之比例，皆若所乘兩圜分之比例。而兩分圜形之比例，亦若所乘兩圜分之比例。如兩圜等，其心爲丁、爲辛，各任割一圜分爲乙丙、爲己庚，其乘圜角之在心者爲乙丁丙、己辛庚，在界者爲乙甲丙、己戊庚，則乙丙與己庚兩圜分之比例，若乙丁丙與己辛庚兩角。又乙甲丙與己戊庚兩角之比例，若乙丙與己庚。又乙丁、丁丙兩腰偕乙丙圜分内乙丁丙分圜形，與己辛、辛庚兩腰偕己庚圜分内己辛庚分圜形之比例，亦若乙丙與己庚。

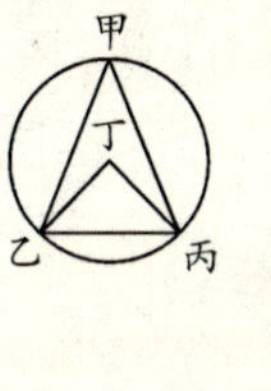

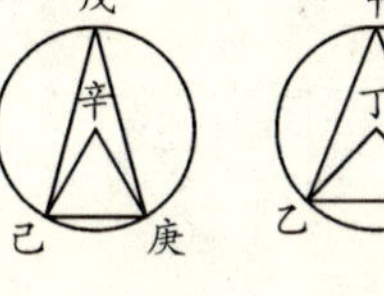

又凡在圜心兩角之比例，皆若兩分圜形。

又在圜心角與四直角之比例，若圜心角所乘圜分與全圜界。

增題

一 圜與圜，爲其徑與徑再加之比例。如甲乙丙、丁戊己兩圜，其徑甲丙、丁己，則甲乙丙與丁戊己爲甲丙與丁己再加之比例。

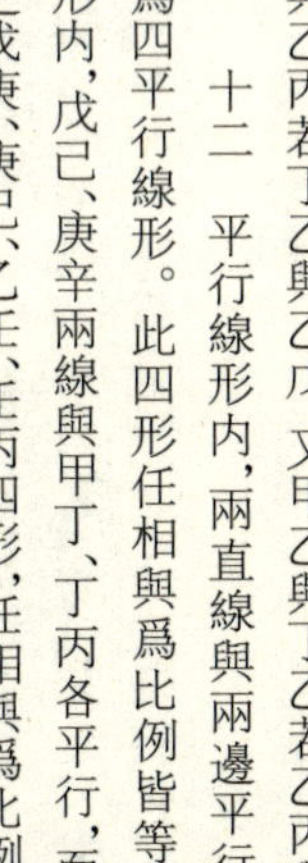

又全圜與全圜、半圜與半圜、相當分與相當分，任相與爲比例皆等。蓋諸比例皆兩徑再加之比例故也。

又三邊直角形，對直角邊爲徑所作圜，與餘兩邊爲徑所作兩圜并等，半圜與兩半圜并等，圜分與相似兩圜分并等。

又三線爲連比例，以爲徑所作三圜亦爲連比例。推此可求各圜之相與爲比例者，又可以圜求各圜之相與爲比例者。

又 九 圜内兩合線交而相分，其所分之線彼此互相視。如圜内有甲丙、乙丁兩合線，交而相分於戊，則所分之甲戊、戊丙、乙戊、戊丁爲互相視之線。謂甲戊與戊丁，若乙戊與戊丙也。又甲戊與乙戊，若戊丁與戊丙也。

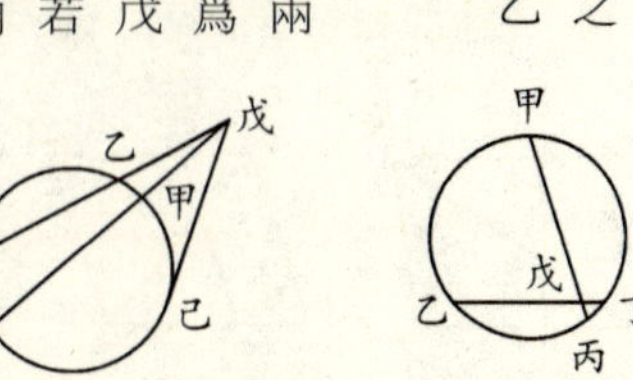

通曰：兩等線交，亦等。兩不等線交，亦不等。

十 圜外任取一點，從點出兩直線皆割圜至規内，其兩全線與兩規外線彼此互相視。若從點作一切圜線，則必爲各割圜全線與其規外線之各中率。如任取戊點，作戊丁、戊丙兩割圜線，則戊丙與戊丁若戊甲與戊乙，又戊丙與戊甲若戊丁與戊乙也。或有戊己切圜線，則戊丙偕戊乙矩内直角形與戊己上直角方形等，即戊丁偕戊甲亦然。

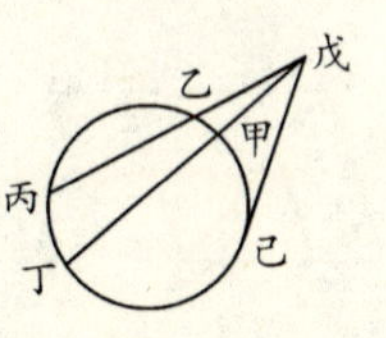

十一 兩直線相遇作角，從兩腰之各一界互下垂線，而每方爲兩線，一自界至相遇處，一自界至垂線，則各相對之兩線皆彼此互相視。如甲乙、丙乙兩線，相遇於乙，作甲乙丙角，從甲作丙乙之垂線，從丙作甲乙之垂線，若甲乙丙爲鈍角，如甲丁、丙戊兩垂線至甲乙、丙乙之各引出線上，而甲戊、丙丁交而相分於乙也；若甲乙丙爲鋭角，如甲丁、丙戊兩垂線在甲乙、丙乙之内，交而相分於己也，則兩圖之甲乙、乙戊、丙乙、乙丁皆互相視者。謂甲乙與乙丙若丁乙與乙戊，又甲乙與丁乙若乙丙與乙戊也。

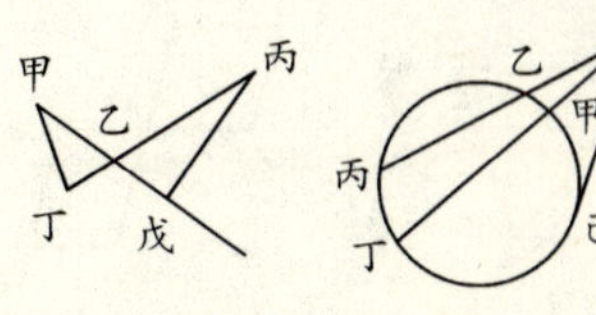

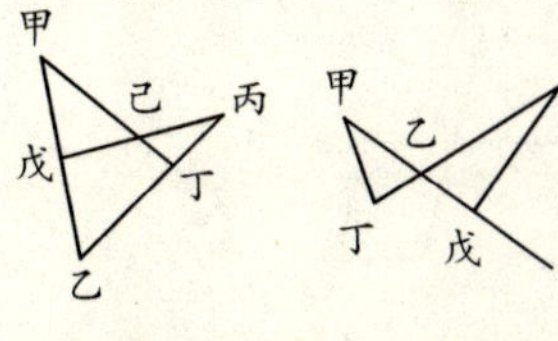

十二 平行線形内，兩直線與兩邊平行相交，而分元形爲四平行線形。此四形任相與爲比例皆等。如甲丙平行線形内，戊己、庚辛兩線與甲丁、丁丙各平行，而交於壬，則所分之戊庚、庚己、乙壬、壬丙四形，任相與爲比例皆等。

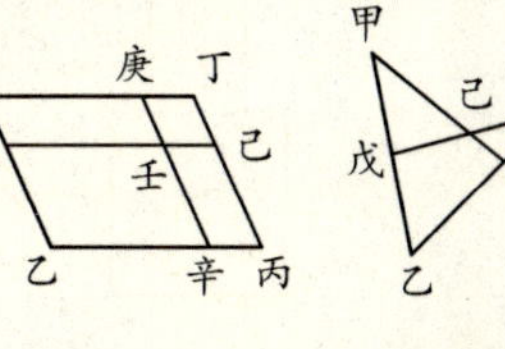

十三　凡四邊形之對角兩線交而相分，其所分四三角形，任相與爲比例，皆等。如甲乙丙丁四邊形之甲丙、乙丁兩對角線，交相分於戊，則所分甲戊丁、乙戊丙、甲戊乙、丁戊丙四三角形，任相與爲比例皆等。

清·李子金《幾何易簡集》卷三　凡直角三邊形，從直角向對邊作一垂線，分本形爲兩直角三邊形，即兩形皆與全形相似，亦自相似。若依次分之，至于無窮，其形亦無不相似。凡從直角所作之垂線，即爲兩分邊線之中率。如圖，丙丁與甲丁之比例，若丁甲與丁乙，故丁甲爲丁丙、丁乙兩分邊之中率也。又乙丙與丙甲之比例，若丙甲與丙丁，故丙甲爲乙丙、丙丁之中率也；乙丙與乙甲之比例，若乙甲與乙丁，故乙甲爲乙丙、乙丁之中率也，此所謂連比例也。至于乙丙偕甲丙與甲乙之比例，若甲丙偕丁丙與丁甲之比例；乙丙偕乙甲與甲丙之比例，若甲丙偕甲丁與丁丙之比例；甲乙偕甲丙與乙丙之比例，若甲丁偕丙丁與甲丙之比例；以及甲丙與甲乙之比例，若丙丁與甲丁，甲丙與甲丁之比例，若甲乙與乙丁，乙丙與甲乙之比例，若甲丙與甲丁，此又所謂斷比例也。

兩平行方等，而一角又等，其角旁之兩邊即爲互相視之邊。兩平行方之一角等，其角旁兩邊爲互相視之邊，即兩形等。如甲乙丙辛、戊乙庚己兩平行方等，甲乙丙、戊乙庚兩角又等，此兩角各兩旁之兩邊即爲互相視之邊。蓋甲乙與乙庚之比例，若戊乙與乙丙也。試以兩相等之角相聯于乙，令甲乙、乙庚爲一直線，即戊乙、乙丙亦一直線。次從辛丙、己庚各引長之遇于丁，其辛乙、乙己兩平行方既等，即辛乙與乙丁兩形之比例，若己乙與乙丁也。而辛乙與乙丁俱在平行線內，即兩形之比例，若其底甲乙與乙庚也。因見己乙與乙丁兩形亦若其底戊乙與乙丙，則甲乙與乙庚亦若戊乙與乙丙矣，此即予所謂交互比例之法也。後段不必重敘，只就前段一反觀之即得矣。

兩三角形等，其一角又等，其等角旁之兩邊即爲互相視之邊。兩三角形之一角等，其等角旁之兩邊爲互相視之邊，即兩三角形等。如圖，甲乙丙、丁乙戊兩角形等，兩乙角又等，所謂等角旁之兩邊爲互相視者，謂甲乙與乙戊之比例，若丁乙與乙丙也。試以兩等角相聯于乙，令甲乙、乙戊爲一直線，即丁乙、乙丙亦一直線。次作丙戊線相聯，即甲乙丙與丙乙戊之比例，若丁乙戊與丙乙戊也。夫甲乙丙與丙乙戊兩等等高形之比例，若其底甲乙與乙戊，而丁乙戊與丙乙戊兩等高形亦若其底丁乙與乙丙也，則甲乙與乙戊若丁乙與乙丙矣。其後段亦就前段反觀之，至于甲乙丙與丁乙戊兩角形，即前甲乙丙辛與戊乙庚己兩平行方之半，故其比例之理相同也。

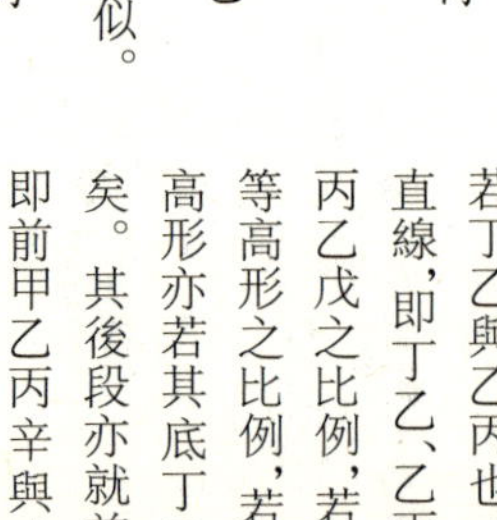

四直線爲斷比例，即首尾兩線矩內形與中兩線矩內形等；首尾兩線與中兩線矩內形等，即四線爲斷比例。假如有甲乙、己庚、戊己、乙丙四直線謂之斷比例者，謂甲乙與己庚若戊己與乙丙也。而甲乙丙丁爲甲乙、乙丙首尾兩線矩內形，戊己庚辛爲戊己、己庚中兩線矩內形，其甲丙、戊庚兩形相等，蓋兩形之乙與己既俱爲直角，而甲乙與己庚之比例，若戊己與乙丙，是乙己直角旁各兩邊爲互相視，而甲丙、戊庚兩直形必等。所謂甲丙、戊庚兩直形等，即四線爲斷比例者，謂甲乙與己庚若戊己與乙丙也。甲丙、戊庚兩形之乙、己直角既等，即直角旁之各兩邊互相視，而甲乙與己庚之比例，若戊己與乙丙也，則四線爲斷比例矣。若平行斜方形而等角者，亦與此同論。以數攷之，假如甲乙八寸，乙丙三寸，相乘得二十四；或戊己六寸、己庚四寸，相乘亦得二十四寸，此兩形之相等也。而己庚四寸，視甲乙八寸，爲二分之一；乙丙三寸，視戊己六寸，亦爲二分之一，此四線之爲斷比例也。

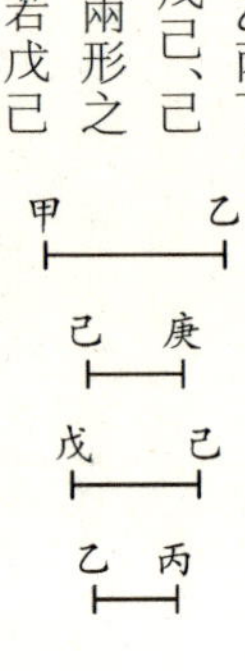

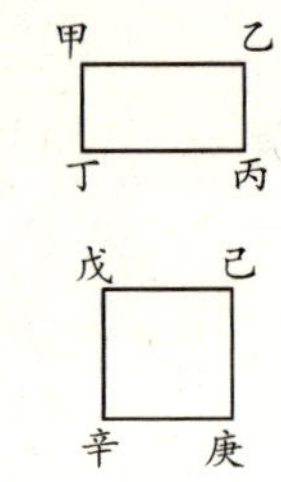

三直線爲連比例，即首尾兩線矩內形與中線上方形等；首尾線矩內形與中線上方形等，即三線爲連比例。如圖，甲乙、戊己、乙丙三線爲連比例，謂甲乙與戊己若戊己與乙丙也。而甲乙丙丁爲甲乙、乙丙首尾線矩內直形，戊己庚辛爲戊己上方形，則甲丙、戊庚兩形等。試作己庚線與戊己等，即甲乙、乙丙、戊己、己

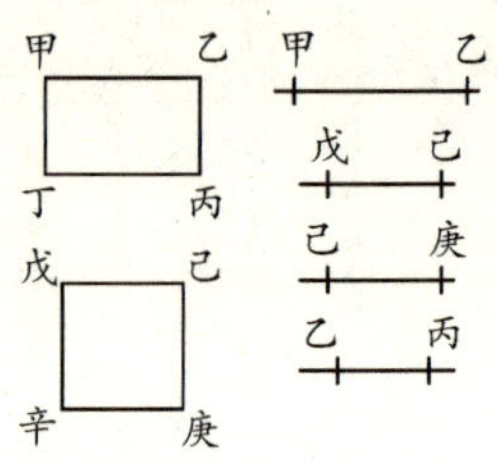

庚爲比例等，蓋謂甲乙與戊己若己庚與乙丙也，則戊己、己庚矩內形即戊己上方形。與甲乙、乙丙首尾線矩內之甲丙形等矣。甲丙直形與戊庚方形等，則甲乙與戊己之比例，若戊己與乙丙。甲丙、戊庚既皆直角，即甲乙與戊己之比例，若己庚與乙丙，而己庚與乙丙亦若等己庚之戊己與乙丙，則甲乙與戊己若戊己與乙丙矣。若平行斜方形而等角者，亦與此同論。凡直線上方形與他線所作矩內直形等者，即此線爲他兩線之中率。以數攷之，假如甲乙首線九寸、乙丙尾線四寸，相乘得三十六寸；戊己中線六寸，自乘亦得三十六寸，此兩形之相等也。而戊己中線六寸，視甲乙首線九寸爲三分之二；乙丙尾線四寸，視戊己中線六寸亦爲三分之二，此三線之爲連比例也。按此連比例及前章斷比例皆有交互之意，此所謂交互比例之法。

凡兩形同底等高，而形相似者，則兩形相等爲相同之比例。就令作再加之比例，亦未免爲相同之比例。若兩形等高，而乙丙底大于戊己底，即于乙丙線上截取乙庚爲連比例之第三率，令乙丙與戊己之比例，若戊己與乙庚也。見要法：有兩直線，求別作一線相與爲連比例章。次作甲庚直線，其甲庚丙與甲庚乙兩形既同在平行線內，則兩形之比例即丙庚與庚乙兩線之比例也。若兩形不等高，前形大于後形，相似而體勢等，如後圖甲乙丙形之與丁戊己形，則兩形之比例，若乙丙與乙庚兩線之比例。後形之戊己線與庚丙線等，而其形則與甲乙庚等。乙丙線爲前率，戊己與庚丙線等爲中率，故庚丙之與乙丙爲兩線之比例，乙庚線爲末率，故乙庚之與乙丙爲兩線再加之比例也。凡線與線相較爲兩線之比例；面與面相較爲兩線再加之比例；體與體相較爲兩線三加之比例，詳具後圖，本注繁而欠明，故删之。

兩形相等

後圖

試以數明之，如圖，甲數八、乙數四、丙數二、丁數一，乙較甲爲二分之一，此線與線相較爲兩線之比例。甲上方形爲六十四，乙線居甲線二分之一，其數三十二爲一加之比例，丙線又居乙線二分之一，其數一十六爲再加之比例。今乙線上方形與甲線上方形相似而體勢等，而其數止得一十六，此面與面相較所以爲兩線再加之比例也。甲線上方體爲五百一十二，乙線居甲線二分之一，其數二百五十六爲一加之比例。丙線居乙線二分之一，其數一百二十八爲再加之比例。丁線居丙線二分之一，其數六十四爲三加之比例。乙線上方體與甲線上方體相似而體勢等，而其數止得六十四，此體與體相較所以爲三加之比例也。角數難曉，方數易見，故借方數爲證，其餘諸形皆可依例推之。

有相似之多邊直線形，各以三角形分之，其兩相當三角形之比例，若兩元形之比例；其元形之比例爲兩相似邊再加之比例。如甲乙丙丁戊與己庚辛壬癸兩多邊直線形各以三角形分之，其甲乙丙與己庚辛兩形之比例，既若甲乙丙丁戊與己庚辛壬癸兩多邊形之比例，而甲乙丙與己庚辛兩形之比例爲甲乙、己庚兩相似邊再加之比例，則兩元形亦爲甲乙、己庚再加之比例。凡直線多邊形，任作幾邊、任作如何形狀，其兩形相似而體勢等者，不必細分爲若干形，其兩元形之比例皆爲其相似邊再加之比例。而原本細分爲若干角形者，不過解說明白使人易曉耳。有兩形相似而大小復等者，兩形只是一形，此爲相同之比例。若兩形相似而大小不等，則爲相似邊再加之比例。諸形中惟方形之數整齊易辨，圖說見前。至于兩圜之比例，則爲其徑線再加之比例，蓋圜之徑線同于直線形之邊線故也。

兩平行方形之比例，以兩形之各兩邊兩比例相結。如圖，甲丙、丙己兩平行方形之乙丙丁、戊丙庚兩角等，所謂兩邊之比例相結者，蓋言兩比例之前率在此形，兩比例之後率在彼形。如甲丙與丙己之比例，以乙丙與丙庚偕丁丙與丙戊相結，或以乙丙與丙戊偕丁丙與丙庚相結也。試以兩角相聯于丙，而乙丙、丙庚作一直線，即戊丙、丙丁亦一直線。次于甲丁、己庚各引長之遇于辛。次任作一壬線。次以乙丙、丙庚、壬三線，求其斷比例之末率線爲癸。末以丁丙、丙戊、癸三線，求其斷比例之末率線爲子，其乙丙與丙庚兩底之比例，

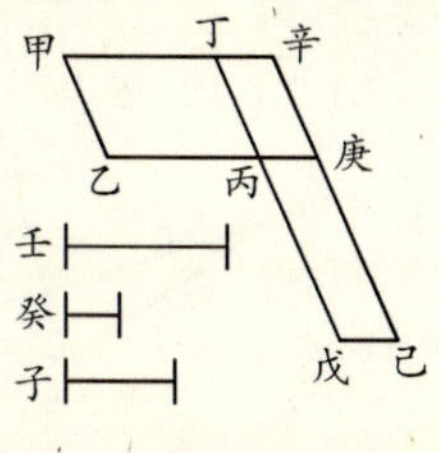
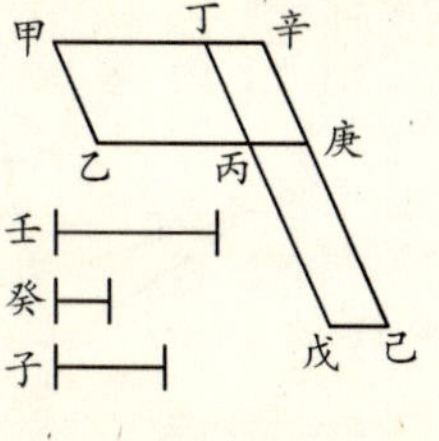

既若甲丙與丙辛兩形，而乙丙與丙庚亦若壬與癸，則甲丙與丙辛亦若壬與癸矣，

因見丙辛與丙己亦若癸與子，甲丙與丙己亦若壬與子也。夫壬與子之比例，元以壬與癸、癸與子相比例相結，而壬與癸、癸與子元若乙丙與丙庚、丁丙與丙戊，則甲丙與丙己之比例，以乙丙與丙庚偕丁丙與丙戊兩比例相結也。其以乙丙與丙戊偕丁丙與丙庚相結，則先以乙丙、丙戊爲一直線，可依上推顯，原注云此不同理之比例也，兩形不相似又不相等，等角旁之各兩邊亦不互相視，故必用相結之理，借象之術，假虛形實，以通比例之窮也。以數明之，乙丙六十、丙庚二十、壬三，求得癸一；丁丙四十、丙戊八十、癸一，求得子二，即甲丙之實二千四百與丙己之實一千六百，若壬三與子二爲相等帶半之比例也，其曰壬與癸、癸與子兩比例相結者，壬三倍大于癸，癸反二倍大于子。反二倍者，癸得子之半也。三乘半得一五，則壬與子爲相等帶半之比例也，其曰借象者，乙丙與丙庚、丁丙與丙戊二比例，既不同理，又異中率，故借壬與癸、癸與子同中率而不同理之二比例以爲象，初作壬與癸若乙丙與丙庚，次作癸與子若丁丙與丙戊，則癸爲前率之後，後率之前，是爲壬子首尾兩率之樞紐。令相象之丙庚、丁丙亦化兩率爲一率，爲乙丙、丙戊首尾兩率之樞紐。因以兩比例相結爲首尾兩率之比例，雖不能使三率爲同理之兩比例而合爲一連比例，亦能使兩不同理之比例首尾合而爲一比例矣。自三以上，可倣此相借以至無窮也。

按：本書云：相結之理蓋在中率。如兩片相合，此爲之膠；兩襟相合，此爲之紐，蓋于無可比例之中，而設法相聯以求首尾之比例，此法固爲巧妙。予更立一法，不須別作壬癸子線，以爲借象之術，只就本形相結之中率以求首尾兩率之比例，更爲明白其法。

作一形如前圖。次于丙丁引長之，作丁壬線與丙戊等。次將丁庚以直線聯之。次從壬作壬癸線與丁庚平行。次從丙庚引長之與壬癸線過于癸。次從丁辛線引長之爲辛子，而與壬癸線相交于丑。末作癸子線與庚辛平行，而遇辛子線于子，爲庚癸子辛平行方形，亦爲庚癸丑丁平行方形。而與丙己等，即甲丙與丙己兩形之比例，若乙丙與庚癸兩線之比例也。蓋甲丙與庚子或庚丑。兩形同在平行線內，故兩形之比例，若乙丙與庚癸兩底之比例。而庚子與丙己等，故甲丙與丙己之比例，亦若乙丙與庚癸兩底之比例也。始也，丙己之形以丙庚爲廣，以丙戊爲長，乃狹長之形。繼也，變成以庚辛爲廣，以庚癸爲長，乃寬短之形。始也，丙己與丙辛同廣，故其形狹而長。繼也，丙己以丙辛之長爲廣，故其形寬而短。至于丙己與庚子等者，蓋丙戊與庚癸之比例，若庚辛與庚丙故也。此乃于不同理之中，而生一比例之法，遂使首尾兩率從中率相結而出，亦天然之妙也。以數明之，乙丙六十、丁丙四十，甲丙之實二千四百；庚辛四十、庚癸四十，庚子之實一千六百，是庚子形爲甲丙形三分之二，其比例若乙丙與庚癸之兩線。丙戊八十、丙庚二十、丙己之實亦一千六百，與庚子等，是丙己形亦爲甲丙形三分之二，其比例豈不若乙丙與庚癸之兩線乎？

又 卷四 有甲乙丙三邊直角形，甲爲直角，于乙丙邊上任作直線形爲乙丙丁戊。次于甲乙、甲丙上亦作甲乙己庚、甲丙壬辛兩形與乙丁形相似而體勢等，其乙丁形與乙庚、丙辛兩形并等。此當以句股法通之，蓋一弦冪內函一勾一股之冪，則弦上一形與勾股上兩形若形相似而體勢等，則一形自與兩形并等也，餘詳二卷。西法舊本有比例之線，而無比例之面。其言比例之面者，皆丁先生增之于前，利先生增之于後者也。

增題：圜與圜爲其徑與徑再加之比例，全圜與全圜、半圜與半圜、相當分與相當分，其比例皆等，蓋諸比例皆兩徑線再加之比例故也。依此推之，圜與圜亦爲其周與周再加之比例也。

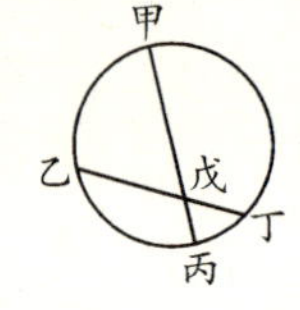

有甲乙丙丁圜，內有甲丙、乙丁兩線交而相分于戊，其所分之甲戊、戊丙、乙戊、戊丁爲互相視之線。蓋謂甲戊與戊丁若乙戊與戊丙，又甲戊與乙戊若丁戊與丙戊也。原論云：甲戊偕戊丙與乙戊偕戊丁兩矩內形等，即等角旁之兩邊爲互相視之邊。按：此即予所謂交互比例之法也。以數明之，假如甲戊九、戊丙二、乙戊六，戊丁三，戊丁三視甲戊九爲三分之一；戊丙二視乙戊六亦爲三分之一；乙戊六視甲戊九爲三分之二；戊丙二視戊丁三亦爲三分之二，故甲戊九與戊丙二相乘得一十八；乙戊六與戊丁三相乘亦得一十八，而兩矩內直形等也。

有甲乙丙丁圜，于圜外任取一點如戊，作戊丁、戊丙兩割圜線與圜界相交于甲、于乙，其戊丙、戊乙、戊丁、戊甲爲互相視。蓋戊丙與戊丁若戊甲與戊乙，又戊丙與戊甲若戊丁與戊乙也。試作戊己切圜線，即戊丙偕戊乙矩內形與戊己上方形等，又戊丁偕戊甲矩內形亦與戊己上方形等，即戊丙偕戊乙與戊丁偕戊甲兩矩內形亦等。而等角旁之兩邊爲互相視之邊，又戊丙偕戊乙、戊丁偕戊甲兩矩內形俱與戊己上方形等，即戊丙、戊己、戊乙三線，戊丁、戊己、戊甲三線俱爲連比例。而戊己切線，爲各全線與其規外線之各中率。按：凡爲互相視之邊，乃彼此互相消息，損長則益廣，損廣則益長，任千變萬化，總不出此一定之數故也。以矩形言之，戊丁之長大于戊丙，而戊乙之廣則大于戊甲，戊丙之長大于戊己，而戊己之廣則大于戊乙，長廣相乘，其實皆一，此亦自狀之妙也。今以數攷之，假如圜徑六十分，切圜線亦六十分，戊丁割圜全線九十七分〇八毫二絲强以此爲長，而減去圜徑甲丁線六十分，餘規外戊甲線三十七分〇八毫二絲强爲廣，長廣相乘得三千六百分，其切圜戊己線六十分自乘亦得三千六百分，而兩形相等。又如戊丙割圜全線九十分爲長，減去圜內乙丙線五十分，餘規外戊乙線四十分爲廣，長廣相乘亦得三千六百分，與切圜戊己線六十分自乘之數等。即此可見，任作如許割圜線，其全線偕規外線矩內直形皆與切圜線上方形等，則切圜線爲各割圜全線與其規外線之各中率昭狀矣。夫全線前率也，規外線末率也，切圜線中率也，中率爲一定不易之數，前末兩率皆全線與規外線互相消息，雖長廣無一定之數，而總不出乎中率之外。凡此盈虚消長之機皆天造地設，非人力之所能强爲也，餘説見前。

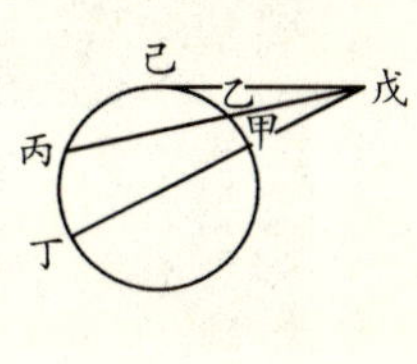

清・杜知耕《幾何論約》卷六

一題

等高之角形、方形自相爲比例，與其底之比例等。

解曰：甲乙丙、丁戊己兩角形，乙辛、戊庚兩方形等高，其底乙丙、戊己，題言甲乙丙與丁戊己，乙辛與戊庚皆若乙丙與戊己之比例。

增題：凡兩角形、兩方形等底自相爲比例，與其高之比例等。

耕曰：即前圖，以高爲底，以底爲高，其理自明。

二題

三角形任依一邊作平行線，即此線分兩餘邊爲比例必等；三角形內有一線分兩邊爲比例而等，即此線與餘邊爲平行。

解曰：甲乙丙角形內作丁戊與乙丙平行，題言丁戊分甲乙于丁，分甲丙于戊，其甲丁與丁乙之比例，若甲戊與戊丙也。又言甲丁與丁乙、甲戊與戊丙爲比例而等，則丁戊、乙丙必平等。

論曰：試作丁丙、戊乙兩線，其丁戊乙、丁戊丙兩形同丁戊底，又在平行線內即等，一卷三七。而甲戊丁與丁戊乙兩形之比例，若甲戊丁與丁戊丙矣。五卷七。夫甲戊丁與丁戊乙亦同在平行線內，則甲戊丁與丁戊乙兩形之比例，必若甲丁、丁乙兩底也。本卷一。依顯，甲戊與戊丙兩底之比例，亦若甲戊丁與丁戊丙兩形也，是甲丁與丁乙亦若甲戊與戊丙矣。五卷十。

三題

三角形以一直線任分一角爲兩平分，分對角邊爲兩分，則兩分之比例若餘兩邊；三角形分角線所分對角邊之比例，若餘兩邊，則所分角爲兩平分。

解曰：甲乙丙角形，以甲丁線平分乙甲丙角，題言乙丁與丁丙若乙甲與甲丙；又言乙丁與丁丙若乙甲與甲丙，則甲丁線分乙甲丙角必爲兩平分。

論曰：試作乙戊與甲丁平行。次引長丙甲線至戊，其甲乙戊與乙甲丁相對兩角必等，外角丁甲丙與內角戊亦等。一卷二九。今乙甲丁與丁甲丙又等，即甲乙戊角與戊角亦等，而甲戊與甲乙兩腰亦等矣，一卷六。則戊甲與甲丙必若乙甲與甲丙。夫戊甲與甲丙又若乙丁與丁丙，本卷二。是乙甲與甲丙若乙丁與丁丙矣。

四題

凡等角三角形，其在等角旁之各兩腰相與爲比例必等，而對等角之邊爲相似邊。

解曰：甲乙丙、丁丙戊兩形相當之各角俱等，題言甲乙與乙丙之比例若丁丙與丙戊；甲乙與甲丙若丁丙與丁戊；甲丙與乙丙若丁戊與丙戊，而每對等角之邊各相似，相似者，謂各前、各後率、各對本形之相當角。

論曰：試并置兩形，令兩底成一直線。次引長乙甲、戊丁兩線相遇于己，成乙己戊形。其甲丙與己戊平行，則戊丙與丙乙若

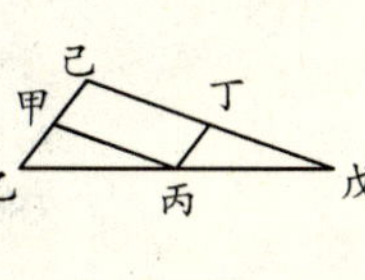

己甲與甲乙，即若等己甲之丁丙與甲乙也，更之甲乙與乙丙若丁丙與丙戊也。又丁丙與己乙平行，則乙丙與丙戊若己丁與丁戊，即若等己丁之甲丙與丁戊也，更之即乙丙與甲丙若丙戊與丁戊也。依顯，甲乙與甲丙亦若丁丙與丁戊也。

系：凡角形內之直線與一邊平行，而截一分爲角形，必與全形相似。如甲乙丙角形，作丁戊直線與乙丙平行，而截一分爲甲丁戊形，必與甲乙丙全形相似。

增題：凡角形之內，任依乙丙邊作丁戊平行線，于乙丙邊任取己點，向甲角作甲己直線，分丁戊于庚，則乙己與己丙之比例，必若丁庚與庚戊。

論曰：甲己乙、甲庚丁兩角形既相似，即甲己與己乙若甲庚與庚丁也。更之，即甲己與甲庚若己乙與庚丁也。五卷十九。依顯，甲己與甲庚若己丙與庚戊，則乙己與丁庚亦若己丙與庚戊也。五卷十一。更之，即乙己與己丙若丁庚與庚戊也。五卷十六。

五題

兩三角形，其各兩邊之比例等，即兩形爲等角形，而對各相似邊之角各等。

解曰：甲乙丙、丁戊己兩角形，其甲乙與乙丙若丁戊與戊己；乙丙與甲丙若戊己與丁己；甲丙與甲乙若丁己與丁戊，題言此兩形爲等角形，而對各相似邊之角甲與丁、乙與戊、丙與己各等。論同前題。

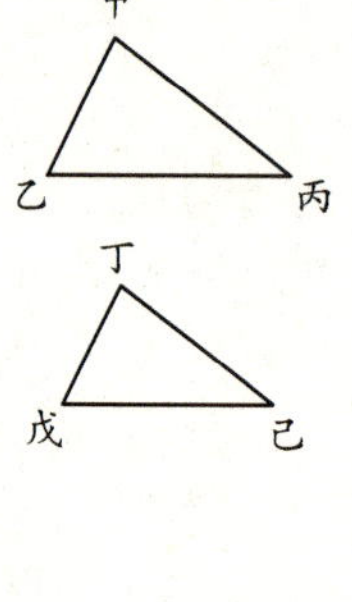

六題

兩三角形之一角等，而等角旁之各兩邊比例等，即兩形爲等角形，而對各相似邊之角各等。

解曰：甲乙丙、丁戊己兩角形，其乙與戊兩角等，而甲乙與乙丙若丁戊與戊己，題言餘角丙與己、甲與丁俱等。論同四題。

七題

兩三角形第一角等，第二相當角各兩旁之邊比例等，第三相當角或俱小于直角，或俱不小于直角，即兩形爲等角形，而對各相似邊之角各等。

解曰：甲乙丙、丁戊己兩角形，其第一甲角與丁角等，第二丙角兩旁之甲丙、乙丙兩邊偕相當己角兩旁之丁己、戊己兩邊比例等，其第三相當角乙與戊或俱小于直角，或俱不小于直角，題言兩形之丙與己、乙與戊角俱等。

八題

直角三邊形，從直角向對邊作一垂線，分本形爲兩直角三邊形，即兩形皆與全形相似，亦自相似。

解曰：甲乙丙直角三邊形，從直角作甲丁垂線，題言所分甲丁丙、甲丁乙兩形皆與全形相似，亦自相似。

論曰：甲乙丙、甲丁丙兩形既各以乙甲丙、甲丁丙爲直角，而丙角又同，其餘一角必等。而兩形爲等角形，等角旁之各兩邊比例必等，依顯，甲丁乙與甲乙丙全形亦相似。夫兩形既各與全形相似，即兩形亦自相似。

系：從直角作垂線，即此線爲兩分對邊線比例之中率，而直角旁兩邊各爲對角全邊與同方分邊比例之中率。何者？丙丁與甲丁若甲丁與乙丁也，故甲丁爲丙丁、乙丁之中率。又乙丙與丙甲若丙甲與丙丁也，故丙甲爲乙丙、丙丁之中率。又乙丙與乙甲若乙甲與乙丁也，故乙甲爲乙丙、乙丁之中率。

又 十四題

兩平行方形等，一角又等，即等角旁之兩邊爲互相視之邊；兩平行方形之一角等，而等角旁兩邊爲互相視之邊，即兩形等。

解曰：辛乙、乙己兩方形等，謂其容等。甲乙丙、戊乙庚兩角又等，題言此兩角旁之各兩邊爲互相視之邊，謂甲乙與乙庚若戊乙與乙丙也。又言等角旁之各兩邊爲互相視，則辛乙、乙己兩形必等。

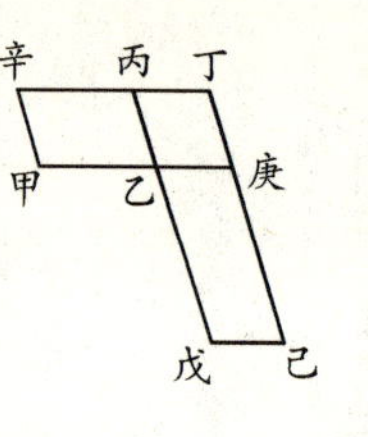

論曰：試以兩等角相聯于乙，令甲乙、乙庚成一直線，而戊乙、乙丙亦一直線。一卷十五增。次引長辛丙、己庚遇于丁，辛乙、乙己兩形既等，即辛乙與乙丁若乙己與乙丁也。而辛乙與乙丁兩形等高，即兩形之比例若其底甲乙與乙庚也。本卷一。依顯，乙己與乙丁等高，兩形亦若其底戊乙與乙丙也，則甲乙與乙庚亦若戊乙與乙丙也。

十五題

相等兩三角形之一角等，即等角旁之各兩邊互相視；兩三角形之一角等，而等角旁之各兩邊互相視，即兩三角形等。

解曰：甲乙丙、丁乙戊兩角形等，兩乙角又等，題言等角旁之各兩邊互相視，謂甲乙與乙戊若乙丁與乙丙也。又言等角旁之各兩邊爲互相視，則甲乙丙、丁乙戊兩角形必等。

論曰：試以兩等角相聯于乙，令甲乙、乙戊成一直線，而丁乙、乙丙亦一直線。一卷十五增。次作丙戊相聯，甲乙丙、丁乙戊兩形既等，即甲乙丙與丙乙戊之比例，若丁乙戊與丙乙戊矣。夫甲乙丙與丙乙戊兩等高形之比例，若其底甲乙與乙戊也。而丁(己)[乙]戊與丙乙戊兩等高形之比例，亦若其底丁乙與乙丙也，是甲乙與乙戊若丁乙與乙丙。

十六題

四直線爲斷比例，即首尾兩線矩内形與中兩線矩内形等；首尾兩線矩内形與中兩線矩内形等，即四線爲斷比例。

解曰：甲乙、己庚、戊己、乙丙四線爲斷比例，謂甲乙與己庚若戊己與乙丙也，題言甲乙、乙丙矩内甲丙形與己庚、戊己矩内戊庚形等；又言兩矩内形等，則甲乙與己庚必若戊己與乙丙也。

論曰：兩形之乙與己兩角既等，而等角旁之兩邊又互相視，則兩形必相等。本卷十四，若平行斜方形而等角亦同此論。

十七題

三直線爲連比例，即首尾兩線矩内形與中線上直角方形等；首尾兩線矩内形與中線上直角方形等，即三線爲連比例。

解曰：甲乙、戊己、乙丙三線爲連比例，謂甲乙與戊己若戊己與乙丙也，題言甲乙、乙丙矩内甲丙形與戊己上戊庚方形等；又言甲乙、乙丙矩内形與戊己上方形等，則甲乙與戊己必若戊己與乙丙也。

論曰：試作己庚線與戊己等，即戊己、己庚兩線矩内形與甲乙、乙丙兩線矩内形等，本卷十六，若平行斜方形而等角亦同此論。

系：凡直線上方形與他兩線矩内均等，即此線爲他兩線之中率。

又 十九題

相似三角形之比例，爲其相似邊再加之比例。

解曰：甲乙丙、丁戊己兩角形，其相當之角各等，而甲乙與乙丙若丁戊與戊己，題言兩形之比例，爲乙丙與戊己再加之比例。

論曰：若兩形等，則爲相同之比例，即再加仍相同之比例。若乙丙大于戊己邊，即于乙丙截乙庚，令乙丙與戊己若戊己與乙庚也。次作甲庚線，其甲乙與乙丙若丁戊與戊己，更之，即甲乙與丁戊若乙丙與戊己也，亦若戊己與乙庚也。夫甲乙庚與丁戊己兩形有乙、戊兩角等，而各兩邊又互相視，即兩形等。本卷十五。又甲乙丙與甲乙庚等高，兩形之比例若其底乙丙與乙庚，即甲乙丙與丁戊己兩形之比例，亦若乙丙與乙庚矣。乙丙、己戊、乙庚三線既爲連比例，則乙丙與乙庚爲乙丙與戊己再加之比例。

系：依本題可顯，凡三線爲連比例，即第一甲線上角形與第二乙線上角形之比例，若第一甲線與第三丙線也；第二乙線上角形與第三丙線上角形之比例，亦若第一甲線與第三丙線也，皆再加之比例，故也。

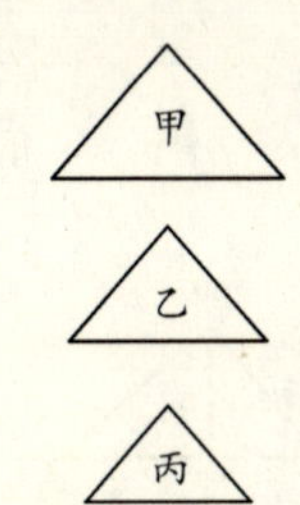

二十題

以三角形分相似多邊形，則分數必等，而相當各三角形各相似，其各相似兩三角形之比例，若兩元形其元形之比例，爲兩相似邊再加之比例。

先解曰：此甲乙丙丁戊彼己庚辛壬癸兩多邊形，其相當各角俱等，而等角旁各兩邊之比例各等，題言各以角形分之，其角形之分數

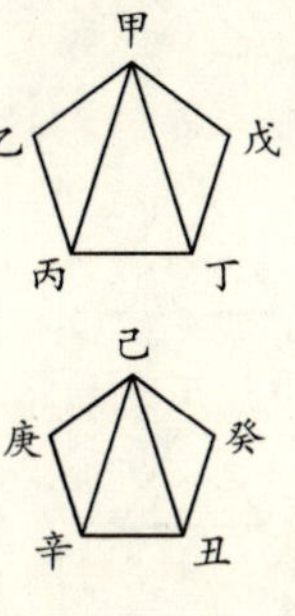

必等,而相當之各角各相似。

次解曰:各相當角形之比例若兩元形。

論曰:此角形之比例既若彼角形,則此各角形并必若彼各角形并,是此全形若彼全形矣。

後解曰:兩元形之比例,爲兩相似邊再加之比例。

論曰:兩分形之比例既若兩元形,而兩分形之比例爲兩相似邊再加之比例,則兩元形亦爲相似邊再加之比例。

增題:甲直線倍大于乙直線,則甲直線上方形與乙直線上方形爲四倍大之比例;若甲方形與乙方形爲四倍大之比例,則甲線必倍大于乙線。何者?相似兩形之比例,爲其邊再加之比例,故也。

系:依此題可顯,三直線爲連比例,則第一線上多邊形與第二線上相似多邊形若第一線與第三線之比例。

二十一題

兩直線形各與他直線形相似,則兩形自相似。

二十二題

四直線爲斷比例,則兩比例線上各任作自相似之直線形,亦爲斷比例。兩比例線上各任作自相似之直線形爲斷比例,則四直線亦爲斷比例。

解曰:甲乙、丙丁、戊己、庚辛四線爲斷比例,謂甲乙與丙丁若戊己與庚辛也。于甲乙、丙丁線上任作兩角形,于戊己、庚辛線上任作兩方形,題言四形亦爲斷比例,謂甲乙壬與丙丁癸若戊丑與庚卯。又言若四形爲斷比例,則甲乙、丙丁、戊己、庚辛四線亦爲斷(比)例。何者?角形與角形、方形與方形皆爲其相似邊再加之比例,故也。

二十三題

等角兩平行方形之比例,以兩形之各兩邊兩比例相結。

解曰:甲丙、丙己兩平行方形,兩丙角等,題言兩形之比例以各等角旁各兩邊之比例相結者,謂兩比例之前率在此形,兩比例之後率在彼形。如甲丙與丙己之比例,以乙丙與丙庚偕丁丙與丙戊相結也,或以乙丙與丙戊偕丁丙與丙庚相結也。

論曰:試以兩等角相聯,令乙丙、丙庚、丁丙、丙戊各成直線。次引長甲丁、己庚遇于辛。次任作一壬線。次以乙丙、丙庚、壬三線,求斷比例之末率線爲癸。本卷十二。末以丁丙、丙戊、癸三線,求斷比例之末率線爲子。其甲丙、丙辛兩形等高,既若乙丙、丙庚兩底,即若壬與癸也。五卷二十。依顯,丙辛、丙己兩形亦若癸與子也。平之,即丙甲與丙己若壬與子也。若以乙丙與丙戊偕丁丙與丙庚相結,以乙丙、丙戊聯成一線,依上推顯。

注曰:乙丙與丙庚、丁丙與丙戊二比例,既不同理,又異中率,故借壬與癸、癸與子同中率,而不同理之兩比例以爲象,令相象之丙庚、丁丙亦化兩率爲一率,爲乙丙、丙戊首尾兩率之樞紐,因以兩比例相結所以通比例之窮也。自三以上,倣此。

二十四題

平行方形之兩角線形自相似,亦與全形相似。

解曰:甲乙丙丁平行方形,作甲丙對角線,任作戊己、庚辛兩線與丁丙、乙丙平行,交角線于壬,題言戊庚、己辛兩角線方形自相似,亦與全形相似。

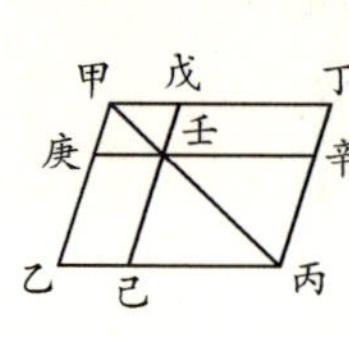

又 二十六題

平行方形之內減去一平行方形,其減形與元形相似而體勢等;又一角同,則減形必依元形之對角線。

解曰:乙丁平行方形內減戊己平行方形,元形與減形相似而體勢等;又同甲角,題言戊己形必依乙丁形之對角線。

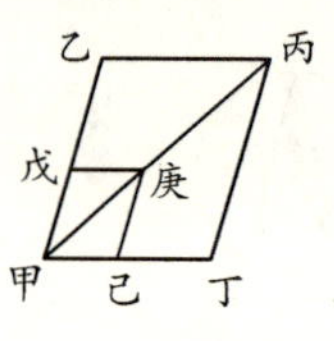

二十七題

凡依直線之有闕平行方形,不滿線者,其闕形與半線之上闕形相似而體勢等,則半線上似闕形之有闕依形必大于此有闕依形。

解曰:甲乙線平分于丙,于甲丙半線上任作甲丁形爲甲丙半線上有闕依形。次作甲戊滿元線形,而丙戊爲丙乙半線上闕形。次作丁乙角線。末任作己壬、癸子兩線與甲乙、乙戊平行，交角線于庚，即得甲庚爲甲乙線上有關依形。而癸壬爲關形，癸壬關形既依乙丁角線，則與丙戊關形相似而體勢等，題言甲丁有關依形必大于甲庚有關依形。

論曰：己丁、丁壬兩形同高、等底，即兩形等。一卷三六。而庚戊爲丁壬之分，則丁壬大于庚戊，較餘一庚丁形，其大于丙庚亦如之，丙庚、庚戊兩餘方相等故。即等丁壬之己丁形大于丙庚，亦較餘一庚丁形也。次每加一丙己形，則甲丁必大于甲庚矣。

又解曰：若庚點在丙戊形之外，即引乙丁角線至庚，作辛丑與癸戊平行。次引甲癸、乙(癸)[庚]聯之；末作庚己與辛甲平行，得甲庚爲甲乙線上有關依形，而己丑爲關形，與丙戊關形相似而體勢等，題言甲丁有關依形亦大于甲庚有關依形。

論曰：試引丙丁線至子，即辛子、子丑兩線等。而辛丁、丁丑兩形亦等，其丁丑、己丁兩餘方亦等，即己丁與辛丁亦等。夫辛丁大于辛壬，既較餘一庚丁形，則己丁之大于辛壬，亦較餘一庚丁形也。此兩率每加一甲壬形，則甲丁大于甲庚者，亦較餘一庚丁形矣。依顯，不論庚點在丙戊形內、形外，凡依角線作關形，而與丙戊相似者，其有關依形俱小于甲丁，以必有庚丁之較故也。

又　三十一題

三邊直角形之對直角邊上一形與直角旁邊上兩形若相似而體勢等，則一形與兩形并等。

解曰：甲乙丙三邊直角形，甲爲直角，各邊上任作直線形相似而體勢等，題言乙丁形與乙庚、丙辛兩形并等。

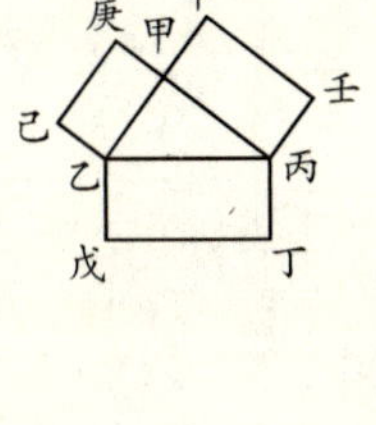
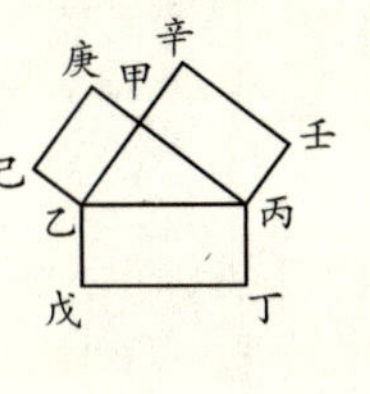
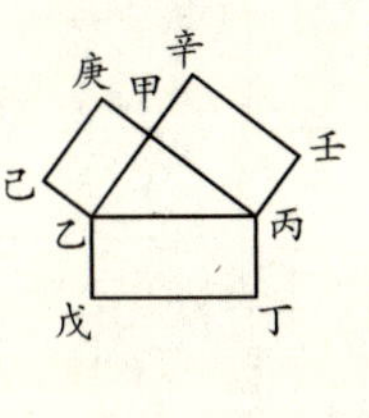

論曰：甲丙上方形與乙丙上方形之比例，若丙辛與乙丁；甲乙上方形與乙丙上方形之比例，若乙庚與乙丁。夫甲丙、甲乙上兩方形并，與乙丙上方形等，一卷四七。則丙辛、乙庚兩形并，亦必與乙丁等。

增題：角形之一邊上形與餘邊上相似兩形并等，則對一邊角必直角。

三十二題

兩三角形，此形之兩邊與彼形之兩邊相似，而平置兩形成一外角，若相似之各兩邊各平行，則其餘各一邊相聯爲一直線。

解曰：甲乙丙、丁丙戊兩角形，其甲乙與甲丙若丁丙與丁戊也。試平置兩形，令相切成一甲丙丁外角，而甲乙與丁丙、甲丙與丁戊各相似之兩邊各平行，題言乙丙、丙戊爲一直線。

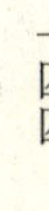

三十三題

等圜之乘圜分角，或在心、或在界，其各相當兩乘圜角之比例，皆若所乘兩圜分之比例，而兩分圜形之比例，亦若所乘兩圜分之比例。

解曰：甲乙丙、戊己庚兩圜等，其心爲丁、爲辛，兩圜各任割一圜分爲乙丙、爲己庚。其乘圜角之在心者，爲乙丁丙、己辛庚；在界者，爲乙甲丙、己戊庚，題先言乙丙與己庚兩圜分之比例，若乙丁丙與己辛庚兩角；次言乙甲丙與己戊庚兩角之比例，若乙丙與己庚兩圜分；後言乙丁、丁丙兩腰偕乙丙圜分乙丁丙分圜形與己辛、辛庚兩腰偕己庚圜分己辛庚分圜形之比例，亦若乙丙與己庚兩圜分。

一系：在圜心兩角之比例皆若兩分圜形。

二系：在圜心角與四直角之比例，若圜心角所乘之圜分與全圜界；四直角與在圜心角之比例，若全圜界與圜心角所乘之圜分。

又　卷末　增題利氏曰：丁先生言歐几里得六卷中多研察有比例之線，竟不及有比例之面，故因其義類增益數題，補其未備，竇復增一題，竊并于首，仍以題首，從先生舊題隨類附演，以廣其用，俱稱今者以別于先生舊增也。

今增題：圜與圜，爲其徑與徑再加之比例。

解曰：甲乙丙、丁戊己兩圜，其徑甲丙、丁己，題言兩圜爲甲丙、丁己再加之比例。

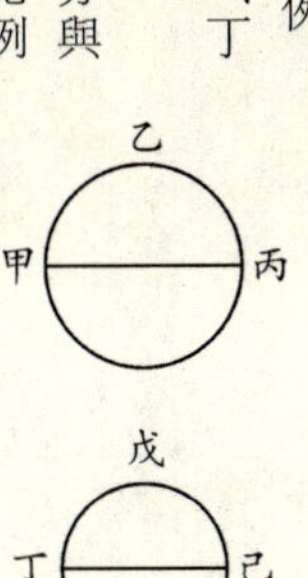

一系：全圜與全圜、半圜與半圜、圜分與相當圜分相爲比例皆等，皆兩徑再加之比例故也。

二系：三邊直角形，對直角邊爲徑所作圜與餘兩邊爲徑所作圜并等，半圜與兩半圜并等，圜分與相似兩圜分并等。

三系：三線爲連比例，以爲徑所作三圜亦連比例。推此可求各圜之相與爲比例者，又可以圜求各圜之相與爲比例者。

又　八增題：圜内兩合線交而相分，其分線彼此互相視。

解曰：甲乙丙丁圜内有甲丙、乙丁兩線交而相分于戊，題言甲戊與戊丁若乙戊與戊丙，又甲戊與乙戊若戊丁與戊丙也。

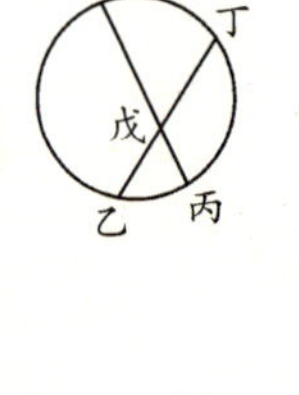

論曰：甲戊偕戊丙與乙戊偕戊丁兩矩内形等，三卷三五。即等角旁之兩邊爲互相視。

九增題：圜外任取一點，從點出兩直線皆割圜至規内，其兩全線與兩規外線彼此互相視。若從點作一切圜線，則切圜線爲各割圜全線與其規外線之各中率。

解曰：甲乙丙丁圜外任取戊點，作戊丙、戊丁兩線，割圜界于甲、于乙，題言戊丙與戊丁若戊甲與戊乙，又戊丙與戊甲若戊丁與戊乙也。又言己戊切線爲各割圜全線與規外線之各中率，謂丙戊與己戊若己戊與戊乙，又丁戊與己戊亦若己戊與甲戊也。

論曰：丙戊偕乙戊矩内形與己戊上方形等，三卷三六。又丁戊偕甲戊矩内形與己戊上方形亦等，即兩矩内形自相等。而等角旁之兩邊爲互相視之邊，本卷十四。又兩矩内形各與戊己上方形等，即戊丙、戊己、戊乙三線，戊丁、戊己、戊甲三線，俱爲連比例，而己戊爲各中率。

十增題：兩直線相遇作角，從兩線之各一界互下垂線，而每方爲兩線：一自界至相遇處，一自界至垂線，則各相對之兩線皆彼此互相視。

解曰：甲乙、丙乙兩線相遇于乙，作甲乙丙角，從甲作丙乙之垂線，從丙作甲乙之垂線。若甲乙丙爲鈍角，如上圖，兩垂線當至甲乙、丙乙之各引出線上爲甲丁、爲丙戊，其甲戊、丙丁交而相分于乙也。若甲乙丙爲鋭角，如下圖，甲丁、丙戊兩垂線當在甲乙、丙乙之内交而相分于己也。題言甲乙與乙丙若丁乙與乙戊，又甲乙與丁乙若乙丙與乙戊也。

論曰：甲乙丁形之甲乙丁、甲丁乙兩角與丙乙戊形之丙乙戊、丙戊乙兩角皆等，兩爲直角，兩于上圖爲交角，于下圖爲同角故。即兩形爲等角形，故各相對之兩線爲彼此互相視。

十一增題：平行線形内兩直線與兩邊平行，分元形爲四平行線形，此四形任相與爲比例皆等。

解曰：甲丙形内作戊己、庚辛兩線，與甲丁、丙丁平行而交于壬，題言所分之戊庚、庚己、乙壬、壬丙四形任相與爲比例皆等。

論曰：戊壬與壬己兩線之比例，既若戊庚與庚己兩形，又若乙壬與壬丙兩形，即戊庚與庚己亦若乙壬與壬丙也。依顯，乙壬與戊庚亦若壬丙與庚己也。

十二增題：凡四邊形之對角兩線交而相分，其所分四三角形任相與爲比例皆等。

解曰：甲乙丙丁四邊形有甲丙、乙丁兩對角線交而相分于戊，題言所分甲戊丁、乙戊丙、甲戊乙、丁戊丙四三角形任相與爲比例皆等。

論曰：甲戊與戊丙兩線之比例，若甲戊丁與丁戊丙兩形，又若甲戊乙與乙戊丙兩形，即甲戊丁與丁戊丙兩形亦若甲戊乙與乙戊丙也。依顯，甲戊乙與甲戊丁亦若乙戊丙與丁戊丙也。

七附：等角兩平行方形，不同理。不必借象即以相結。

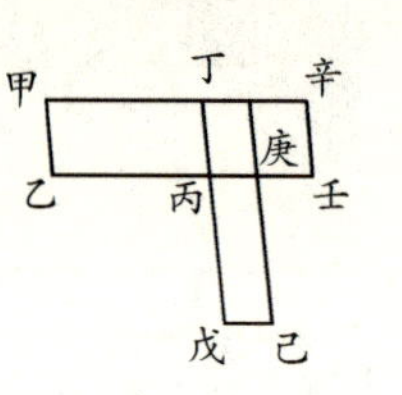

如甲丙、丙己兩平行方形，兩丙角等，即以兩角相聯，令乙丙、丙庚、丁丙、丙戊各成直線。六卷二三。次引丙庚至壬，令丙庚與丙壬若丁丙與丙戊，旋依丁丙、丙壬作丁壬形，即甲丙與丙己兩形之比例，若乙丙與丙壬。何者？丙庚、丙壬、丁丙、丙戊四線既爲斷比例，前後兩率矩内形與中兩率矩内形必等，六卷十六。即丙己與丁壬等。又丁壬與甲丙同丁丙邊，即兩形等高，兩形之比例必若兩底乙丙之與丙壬也，故甲丙與丙己亦若乙丙與丙壬。此以丁丙、丙庚爲前率、之後復爲後率，之前化二爲一作首尾兩率之樞紐，不必假借他象，即以相結。若以乙丙與丙戊偕丁丙與丙庚相結，倣此。

清・《數理精蘊》上編卷三

《幾何原本》七

第一

前卷所論比例之法，凡一十有二。相當比例一種，相連比例一種，正比例一種，反比例一種，遞轉比例一種，分數比例一種，合數比例一種，更數比例一種，隔位比例一種，錯綜比例一種，加分比例一種，減分比例一種。雖種種變化不窮，其每相當分數所成之率依然一理。故其相比之例俱同，而皆爲相當比例四率也。是故線與線爲比，面與面爲比，體與體爲比。依前各種比例之法，線之比例若同，則爲相當比例線；面之比例若同，則爲相當比例面；體之比例若同，則爲相當比例體矣。夫線面體爲類不同，雖不能互相爲比，假使線面體之每相當分數若等，則按其各類相當分數比之，亦爲同理比例率也。如甲之六分線與乙之三分線相比，丙之六分面與丁之三分面相比，戊之六分體與己之三分體相比，此三種每相當分數既俱相等，故其比例亦俱相等，而六率互爲同理比例可知矣。

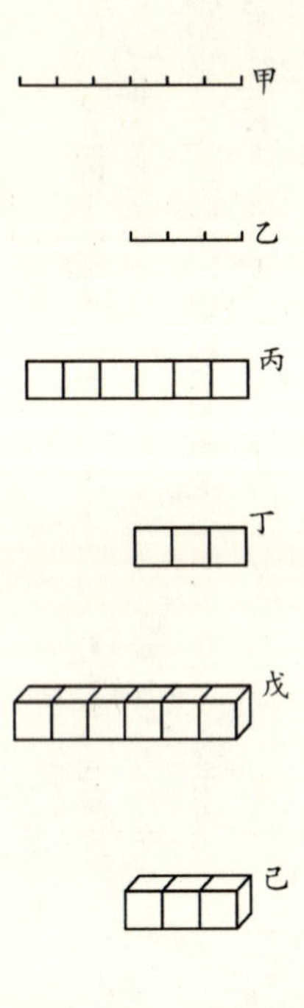

第二

大凡直角平方面積，皆生於二線之度，故欲知方面所生比例之分，將其二形之縱橫線分考之，即可得而知矣。如甲乙、丙丁直角平分之二面，欲知其所生比例之分，則視甲乙大形之甲戊橫線長度，得彼丙丁小形之丙已橫線長度爲三倍。而甲乙大形之甲庚縱線寬度，得彼丙丁小形之丙辛縱線寬度爲二倍。假若將甲乙大形自中線平分爲甲癸、壬乙二形，其甲癸形之甲壬寬度、丙丁形之丙辛寬度必俱相等，其甲戊橫線長度既仍與丙已橫線長度爲三倍。其所分之甲癸形必與丙丁三形相等，再彼壬乙形亦與丙丁三形相等，則此二形相合之甲乙一全形比之丙丁小形爲六分可知矣。又或甲乙大形之甲戊橫線長度，得丙丁小形之丙已橫線長度爲四倍；甲乙大形之甲庚縱線寬度，得丙丁小形之丙辛縱線寬度爲三倍，則大形與小形四倍者有三，而大形比小形爲十二分可知矣。再或甲乙大形之甲戊橫線比丙丁小形之丙已橫線爲十二倍；丙丁小形之丙辛縱線反比甲乙大形之甲庚縱線爲三倍，則甲乙大形之甲戊橫線之長雖比丙丁小形之丙已橫線之長多十一倍，而甲乙大形之甲庚縱線之寬又比丙丁小形之丙辛縱線之寬少二倍矣。將此縱橫二線之多少較之，甲乙大形比丙丁小形爲四倍，而丙丁小形爲甲乙大形之四分之一，於是以二形之縱橫多少互相較對以比例之，始得知此形與彼形之比例焉。故凡直角平方面形與他一形相比，其比例有二。以此形之長與他形之長比之，爲一比例。以此形之寬與他形之寬比之，爲一比例。兩形相比之間，而兼兩比例者，正以平面之積，自二線之度生之故也。

第三

有兩直角方面形，若將此方面横界與他方面横界爲比，又將他方面縱界與此方面縱界爲比，其比例若同，則此兩方面必相等也。如甲乙、丙丁兩方面形，甲乙形之甲戊横界比丙丁形之丙已横界大一倍，而丙丁形之丙庚縱界比甲乙形之甲辛縱界亦大一倍，則甲乙、丙丁兩形之分必相等。是知兩方面形縱橫之分互相較對，則兩方面之積可知矣。

第四

凡有相比例四率，其二率與三率相乘，一率與四率相乘，則所得之分數俱相等也。如甲乙、丁戊、戊己、乙丙相比例四率，甲乙一率爲二分，丁戊二率爲四分，戊己三率爲三分，乙丙四率爲六分。將丁戊二率爲縱線，戊己三率爲横線，以之相乘，又將甲乙一率爲縱線，乙丙四率爲横線，以之相乘，其所得之丁己一方面形、甲丙一方面形其分數俱是十二，互相等矣。然則丁己形之丁戊縱度雖比甲丙形之甲乙縱度大一半，而丁己形之戊己横度復比甲丙形之乙丙横度少一半，故其縱横互較之分相等，而其積亦等也。是故四率中凡有三率，欲求其不知之一率，將兩率之分相乘，所得之數以一率之分除之，即得其一率矣。設如甲乙三分爲一率，丁戊六分爲二率，戊己五分爲三率，乙丙十分爲四率。今只知一率、二率、三率之分欲推四率，則以丁戊六分二率與戊己五分三率相乘爲丁己三十分，乃以甲乙三分一率除之，即得乙丙十分四率矣，此以小分爲首率者也。或知乙丙、戊己、丁戊之三率，而推甲乙之一率，則以乙丙十分爲一率，戊己五分爲二率，丁戊六分爲三率，二率與三率相乘一率除之，即得甲乙之四率矣，此以大分爲首率者也。又或知甲乙、丁戊、乙丙之三率而推戊己之一率，則以丁戊爲一率，甲乙爲二率，乙丙爲三率，二率與三率相乘一率除之，即得戊己之四率矣，此即反推比例之理也。又或知戊己、乙丙、甲乙之三率而推丁戊之一率，則以戊己爲一率，甲乙爲二率，乙丙爲三率，二率與三率相乘一率除之，即得丁戊之四率矣，此即遞轉比例之理也。

第五

凡有兩直角方面形，此一方面之横界與他一方面横界爲比，此一方面之縱界與他一方面縱界爲比，其比例若等，則此兩方面之比例比之兩界之比例，爲連比例隔一位相加之比例也。如甲乙、丙丁同式二方面形，其甲乙形之甲戊横界爲丙丁形丙己横界之二倍，而甲乙形之甲庚縱界亦爲丙丁形丙辛縱界之二倍，則甲乙形面積與丙丁形面積之比比之甲乙形之一界與丙丁形之一界之比者，即如連比例三率隔一位相加之比例矣。蓋甲乙方面之縱横界既爲丙丁方面縱横界之二倍，則甲乙方面内，如丙丁方面之二倍者有二，二其二爲四，故甲乙方面積比丙丁方面積爲四倍。今甲乙方面積爲一十六分與丙丁方面積之四分相比，較之甲乙方界之四分與丙丁方界之二分相比者不同，蓋丙丁四得甲乙十六之四分之一，而辛丁二得庚乙四之二分之一，以四分比一分，較之二分比一分不爲二倍乎？故欲求其比例相連之率，則於甲乙形之界二倍之，得八分與丙丁方界二分爲比，即如甲乙方面積十六與丙丁方面積四分之比矣。夫八與十六、四與八、二與四皆二分之一之比例，而十六隔八與四比，八隔四與二比，則皆成四分之一之比例，故十六與四較之四與二，爲兩界上連比例隔一位相加之比例也。又如甲乙方面之縱横界爲丙丁方面縱横界之三倍，則甲乙方面内，如丙丁方面之三倍者有三，三其三爲九，故甲乙之面積比丙丁面積爲九倍。今甲乙之積爲三十六分與丙丁方面積四分相比，較之甲乙方界之六分與丙丁方界之二分相比者不同，蓋丙丁四得甲乙三十六之九分之一，而辛丁二得庚乙六之三分之一，以九分比一分，較之三分比一分，不爲三倍乎？故欲求其比例相連之率，則於甲乙形之界三倍之得十八與丙丁方界二分爲比，即如甲乙方面積三十六與丙丁方面積四之比例矣。蓋十八與六、六與二皆三分之一之比例，而三十六隔十二與四比，十八隔六與二比，則皆爲九分之一之比例，故三十六與四較之六與二，亦爲兩界上連比例隔一位相加之比例也。

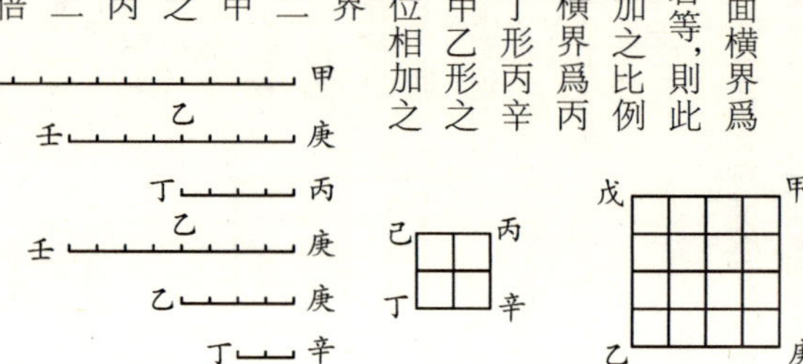

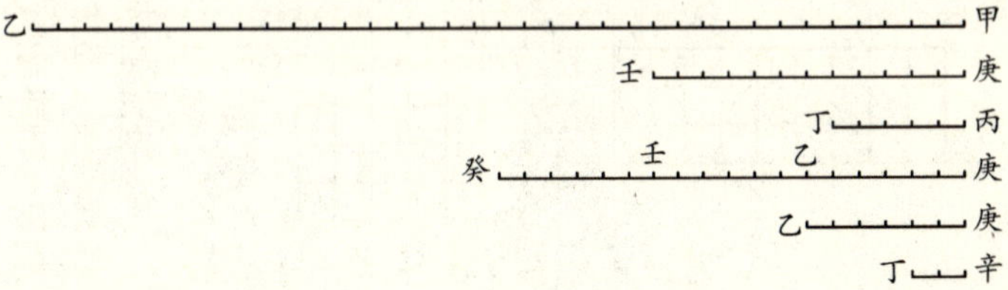

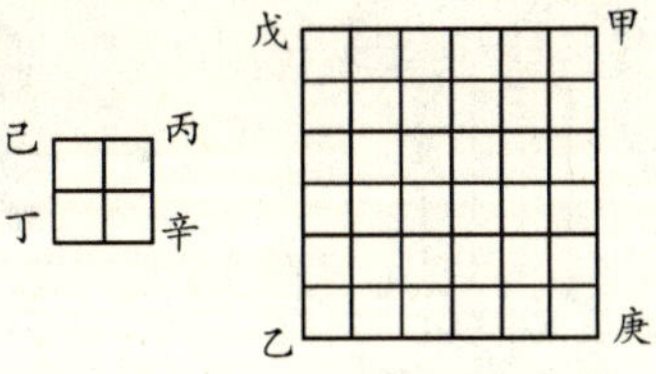

第六

凡直角方面形有二種：一爲長方，一爲正方。因其縱横界之比例各異，故其所生之形不同面積不得互相爲比也。如欲比之，必以長方與長方爲比，正方與正方爲比，其比例始行。如甲乙、丙丁兩長方面形，其甲乙形之甲戊横界與丙丁形之丙己横界爲大一倍，甲乙形之甲庚縱界與丙丁形之丙辛縱界亦爲大一倍，其比例相同。若以甲乙形之甲戊横界與丙丁形之丙辛縱界爲比，則大三倍，而甲乙形之甲庚縱界與丙丁形之丙己横界爲比，止大一分，猶不得大一倍，其比例則異。故甲乙形所生之積爲二十四，而丙丁形所生之積爲六，俱爲長方形焉。又如子丑、寅卯兩正方形，其子丑形之子辰横界與寅卯形之寅巳横界之比，子丑形之子午縱界與寅卯形之寅未縱界之比，俱爲大三倍，而比例相同。復以子丑形之子辰横界與寅卯形之寅未縱界爲比，子丑形之子午縱界與寅卯形之寅巳横界爲比，亦各大三倍，而比例相同。故子丑形所生之積爲三十六，而寅卯形所生之積爲四，俱爲正方形焉。以此四形兩兩相比，則甲乙長方形與丙丁長方形爲比，而子丑正方形與寅卯正方形爲比，各爲相當比例之四方面也。

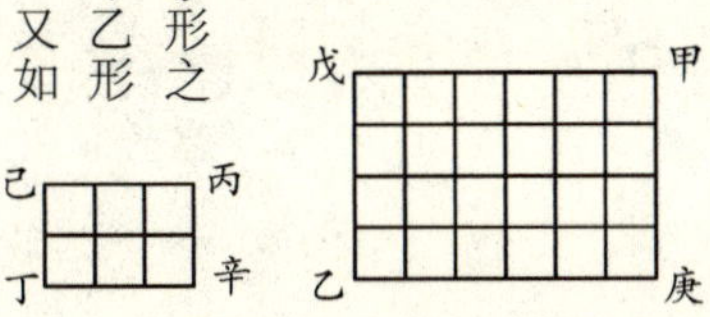

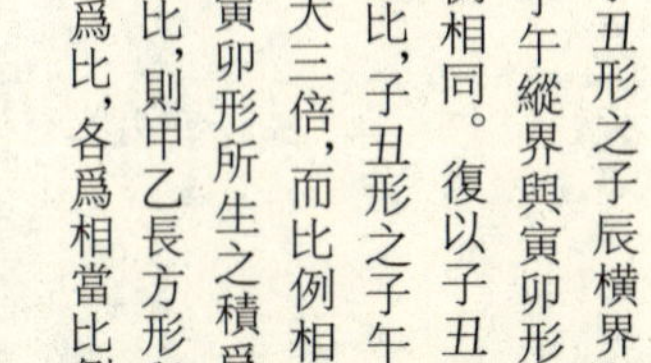

第七

有兩同式長方面，於兩形相當之二界各作兩正方面，互相爲比，即同原兩長方面之互相爲比也。如甲乙、丙丁兩直角長方面，在甲戊、丙己相當二横界各作甲庚、丙辛兩正方面，則所作甲庚、丙辛兩正方面互相爲比即同於原有之甲乙、丙丁相同之兩長方面之互相爲比也。夫甲乙、丙丁同式之兩長方面積既爲隔一位相加之比例，則所作甲庚、丙辛同式之正方面積亦必爲隔一位相加之比例。然則甲乙、丙丁原有之兩面互相爲比與所作甲庚、丙辛之正方面之互相爲比，其爲同理之比例無疑矣。

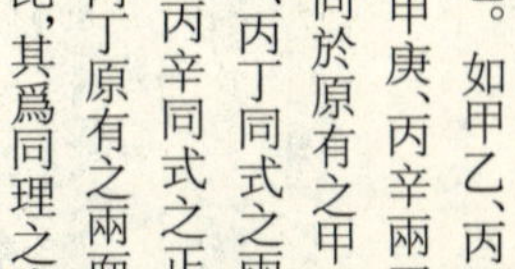

第八

大凡二平行線内所有直角方面互相爲比，同於其底之互相爲比也。如甲乙、丙丁二平行線内有甲己、庚丁兩直角方面，其甲己面與庚丁面之比，即同於甲己面之丙己底線與庚丁面之辛丁底線之比也。蓋甲己面之丙己底線與庚丁面之辛丁底線爲三倍，而甲己面之甲丙縱線與庚丁面之庚辛縱線因同在二平行線内，其度固同，今以二面縱線俱依庚丁面之庚辛分數分之，皆爲四倍，則甲己面爲一十二分，而庚丁面爲四分矣。以甲己面之十二分與庚丁面之四分爲比，即如甲己面之丙己底三分與庚丁面之辛丁底一分之比，故其比例相同也。

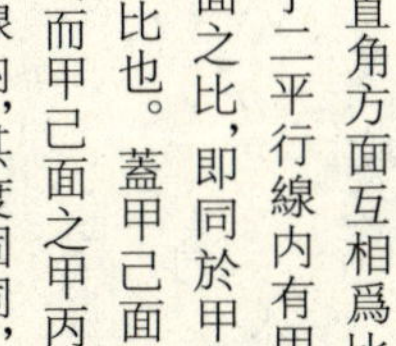

第九

凡二平行線内所有二界平行斜方面互相爲比，同於其底界度之互相爲比也。如甲乙、丙丁二平行線内有甲戊、乙丁兩斜方面積互相爲比，即同於丙戊、己丁兩底界之互相爲比也。試將甲戊、乙丁兩斜方面之丙戊、己丁兩底界上立庚戊、辛丁兩直角面，則此兩直角面因與兩斜方面同底同高，其積必等。見三卷第八節。前節言：凡二平行線內所有直角方面互相爲比，同於其底之互相爲比。此甲戊、乙丁兩斜方面既與同底所立庚戊、辛丁兩直角面相等，則甲戊、乙丁兩斜方面互相爲比必同於丙戊、己丁兩底界之互相爲比可知矣。故凡二平行線內所有面積相比之分數，必與底界相比之分數同也。

第十

凡二平行線內所有三角形面積互相爲比，亦同於其底界度之互相爲比也。如甲乙、丙丁二平行線內有戊己庚、辛壬癸兩三角形，其內所函面積互相爲比，即同於己庚、壬癸兩底界之互相爲比也。何也？凡二平行線內，所有三角形得其同底所立四邊形之一半。今以甲乙、丙丁二平行線內之戊己庚三角形同底立一戊己庚子四邊形，辛壬癸三角形同底立一辛壬癸丑四邊形，則戊己庚三角形爲戊己庚子四邊形之一半，而辛壬癸三角形爲辛壬癸丑四邊形之一半。如以兩三角形面積互相爲比，即同於兩四邊形面積之互相爲比，而爲相當比例四率矣。其面積既互相爲比，則其兩三角形面積相比同於兩三角形底之相比者，亦如兩四邊形相比同於兩四邊形底之相比矣。然則戊己庚、辛壬癸兩三角形面積互相爲比，必同於己庚、壬癸兩底界互相爲比者可知也。今壬癸底界既比己庚底界大一倍，故辛壬癸三角形面積必比戊己庚三角形面積亦大一倍也。

《幾何原本》八

第八

凡大小同式多邊形分爲衆三角形，其相當三角形之式俱相同也。如甲乙丙丁戊、己庚辛壬癸兩同式五邊形，自大形甲角至丙丁二角，自小形己角至辛壬二角各作二線，則大形分爲甲乙丙、甲丙丁、甲丁戊三三角形，小形分爲己庚辛、己辛壬、己壬癸三三角形。而甲乙丙之形與相當己庚辛之形同式，甲丙丁之形與相當己辛壬之形同式，甲丁戊之形與相當己壬癸之形同式。因其所分各三角形俱爲同式，故相當各角度必等。相當各角度既等，則其相當各界之比例亦必俱同。自五邊形所分之各三角形之相當界互相爲比之比例既同，則五邊形之相當各界互相爲比之比例亦必同。相當各界之比例相同，則兩形之式相同可知矣。

第九

凡大小同式多邊形互相爲比，同於各形相當界所作方形之互相爲比。而比之各面相當界互相爲比之比例，爲連比例隔一位相加之比例也。如甲乙丙丁戊、己庚辛壬癸兩同式五邊形，於大形之丙丁界、小形之辛壬界各作子丙、丑辛大小兩方形，其大小五邊形互相爲比，必同於所作子丙、丑辛大小二方形之互相爲比。大小五邊形既同於大小兩方形之互相爲比，則比之丙丁、辛壬相當二界互相爲比之比例，爲連比例隔一位相加之比例矣。若將甲乙丙丁戊、己庚辛壬癸兩形分爲衆三角形，則相當各三角形之式必同。相當各三角形之式既同，則相當各三角形互相爲比，即同於在三角形各相當界所作方形之互相爲比。而各三角形面積之互相爲比，較之各相當界互相爲比之比例，亦爲連比例隔一位相加之比例。夫所分衆三角形互相爲比，既同於所作方形之互相爲比，則衆三角形所合甲乙丙丁戊、己庚辛壬癸之大小五邊形互相爲比，亦必同於丙丁、辛壬相當界所作子丙、丑辛大小兩方形之互相爲比。而比之丙丁、辛壬相當界互相爲比之比例，爲連比例隔一位相加之比例可知矣。

第十

凡大小同式直界形互相爲比，同於在所比各形內外所有同式形之各相當界所作正方形之互相爲比也。如甲乙丙丁戊己、庚辛壬癸子丑大小兩直界形，於此二形內所函之甲丙丁己、庚壬癸丑二同式四邊形之甲丙、庚壬相當二界作寅丙、卯壬正方形，則兩直界形互相爲比，即同於兩正方形之互相爲比也。若將甲乙丙丁戊己、庚辛壬癸子丑兩六邊形俱分爲

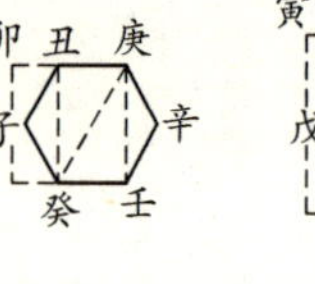

三角形，則其相當各三角形之式俱相同。而相當各三角形互相爲比，必同於甲丙、庚壬相當二界所作寅丙、卯壬正方形之互相爲比矣。此所分三角形之比例既同於所作正方形之比例，則大小兩形內各三角形之甲丙、庚壬界又爲兩四邊形之共界，而甲乙丙丁戊己、庚辛壬癸子丑兩同式形互相爲比，亦必同於其所函之甲丙丁己、庚壬癸丑兩四邊形之甲丙、庚壬兩相當界所作寅丙、卯壬兩正方形之互相爲比可知矣。

第十一

凡大小同式曲界形互相爲比，同於在所比各形內外所有同式形之各相當界所作正方形之互相爲比也。如甲乙丙丁戊己、庚辛壬癸子丑大小二圜，此二圜之中，雖各函一同式六邊形，各函一同式四邊形，又各函衆同式三角形，此大小二圜之積互相爲比，必同於在圜內所函同式形之甲丙、庚壬相當二界所作寅丙、卯壬正方形之互相爲比也。大凡衆界形，或函圜，或函於圜，其界數愈多，愈與圜界相近。而圜界分爲千萬段，即成千萬直界形，見四卷第十九、二十等節。則大小兩圜之比例固與內函相當直界形之比例等矣。夫相當直界形之比例原同於兩形之相當界所作方形之比例，而圜界形之比例又同於相當直界形之比例，則此大小二圜互相爲比之比例，同於此二圜之輻線或徑線所作正方形互相爲比之比例可知矣。

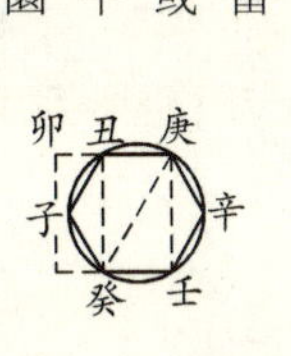

第十二

凡圓面徑與撱圓面一名鴨蛋形。高度等者，其面積互相爲比之比例，即同於函兩形各作切方形互相爲比之比例。而圓形面積與撱圓形面積互相爲比之比例，又同於圓形徑與撱圓形小徑互相爲比之比例也。如子壬寅癸之圓面，子丑寅卯之撱圓面，其子寅高度俱同，圓徑即撱圓大徑。其面積互相爲比之比例，必同於圓面外所作切圓戊己庚辛正方形與撱圓面外所作切圓甲乙丙丁長方形互相爲比之比例。而子壬寅癸圓面與子丑寅卯撱圓面互相爲比之比例，又同於圓面之壬癸徑與撱圓面之丑卯小徑互相爲比之比例也。蓋平行線內兩面形互相爲比之比例，同於其底界互相爲比之比例。見七卷第八節。今戊己庚辛正方形與甲乙丙丁長方形皆在戊辛、己庚平行線內，故戊己庚辛正方形與甲乙丙丁長方形互相爲比之比例，同於己庚底與乙丙底互相爲比之比例。而子壬寅癸圓面與子丑寅卯撱圓面亦在戊辛、己庚平行線內，則子壬寅癸圓面與子丑寅卯撱圓面互相爲比之比例，必同於戊己庚辛正方形與甲乙丙丁長方形互相爲比之比例矣。然戊己庚辛正方形之己庚底即圓面壬癸徑度，而甲乙丙丁長方形之乙丙底又即撱圓面之丑卯徑度也。夫平圓與撱圓之比例既同於正方形與長方形之比例，而正方形與長方形之比例又同於己庚底與乙丙底之比例，則圓面與撱圓面之比例同於圓面之壬癸徑與撱圓面之丑卯徑之比例可知矣。

清·莊亨陽《幾何原本舉要》 凡兩直角平面形欲相比例，有兩比例，焉如大形之長度與小形之長度幾倍爲均，大形之寬度與小形之寬度幾倍爲均是也。然合闕比兩比例仍是一比，例如甲方之長與乙方之長三倍爲均，甲方之寬與乙方之寬兩倍爲均，二三相乘爲六，則甲方之形與乙方之形之比例爲六倍爲均也。若長四倍爲均，寬三倍爲均，三四一十二，則大形與小形之比例爲十二倍爲均也。再若大形之橫度比小形十二爲均，小形之直度比大橫直度三倍爲均，則以三除十二得四，大形比小形四倍爲均也。若四倍，則以四除十二得三倍爲均，皆成一比例也。

有兩直角形，若此形之長倍於彼形之長，而彼形之寬反倍於此形之寬，則此兩形之積爲等也，或一倍、或三、四、五、六倍皆然。凡有相比例四率，其在中之二率、三率相乘所得數，必同於一率四率相乘所得數也。如一率二、二率四、三率三、四率六，以中率三四相乘爲十二，首尾率二六相乘亦一十二也。試將三度、四度之線相乘作長方形，又將二度、四度線相乘作長方形形，雖不同而積等也。故一二三率已知者也，所求四率未知者也，既求得四率，則以一率與四率相乘所得數與二率三率相乘所得數無以異也。如東河之水流速三倍，西河之水流速六倍，東河之流一秒十缸，欲知西河之流一秒幾何缸？則以東河之三倍爲一率，西河之六倍爲二率，東河之十缸爲三率，求得西河之流二十缸，試相乘之數爲等也。又如三個兵每月餉六兩，今已五月應餉幾何？則以三兵爲一率，六兩爲二率，五月爲三率，求得餉銀一十兩，試相乘之數又等也。

有兩個直角面，苟此面之橫界與他面之橫界、此面之縱界與他面之縱界比例若等，則此兩面相比之比例即爲兩界相比之比例隔一位加一倍之比例，即前相連比例一條所云也。蓋兩界之比例第爲一倍之比例，而兩面之比例爲加一倍之比例也。如甲之横界大于乙一倍而爲二，縱界亦大於乙一倍而爲二，則甲之面大於乙之面三倍，而爲四，爲二倍爲均者二，若甲之横界、縱界各大於乙五倍，則甲之面内與乙之面内六倍爲均者，有六矣。

丙乙之邊線爲相連比例，丙乙之面於相連比例中爲隔一位加一倍比例，今設一甲線爲一分、乙線爲二分、丙線爲四分爲相連比例，則丙面與乙面之比同於丙線與甲線之比。蓋丙面大於乙面三倍，丙線長於甲線三倍，共爲隔一位加一倍之比例也。

前數節所論直角面之縱横界比例等者，謂之同直角面，其兩相比例之横界，俱謂之相當界也。

在相同直角面，縱横兩相當界之比例必等也。

在相同直角面，於兩面相當之一界作爲兩方面，則所作兩方面互相之比，即同於原面互相之比，亦爲隔一位加一倍之比例也。

凡二平行線内，凡有直角面互相之比，同於與此兩底互相之比也。如甲己面之丙己底界與戊丁面之己丁底界若大三倍，則甲己面與戊丁面亦大三倍也。試將戊己相兼之，縱界依此界分與丙己、己丁底界，相乘成甲己面十二分，戊丁面四分，總爲大三倍也。

凡二平行線内，所有凡平行四邊面互相之比同於其兩底界互相之比也。蓋同底所立之直面、斜面積俱同，則直面、斜面之比例俱等，故底若大三倍，則面亦大三倍也。

凡在二平行線之間，若有兩三角形以兩形積互相之比必同於兩底界互相之比也。蓋同底所作之三角形爲四邊形之一半，四邊形之比例等，則三角形之比例亦等。故三角底若大一倍，則三角形積亦大一倍；底若大三倍，則積亦大三倍也。

凡三角幾形之底俱在於一直線，又與各底相對之衆角皆聚於一處，則其三角衆形必在二平行線之間也。觀圖可見。

凡三角形作與底線平行之線，不拘何處截斷，則兩旁之線皆成四比例線。如圖，甲丁與丁乙之比同於甲戊與戊丙之比，是二段互相比之比例同也。又甲丁一段與甲乙全線之比同於甲戊一段與甲戊全線之比，是分線之比例同也，故曰四相比例也。

蓋自乙至戊、自丙至丁作乙戊、丙丁二線，分爲幾三角形，此内之乙戊丁、丙丁戊兩三角形既在二平行線之間，又同立於丁戊之底，則其積等也。又各增入甲戊丁三角形，其積亦等也。又甲丁戊、丙丁戊兩三角形其底線同在甲丙一直線，而兩角又相遇於丁，即如前所云，二平行線之間有兩三角形，則兩形積互相之比必同於兩形底界互相之比，則甲丁戊形積比丙戊丁形亦同於底線甲戊比戊丙之比例。再彼甲丁戊、乙丁戊兩形積之比亦同於甲丁、丁乙兩底線之比也。再甲乙戊、甲丁丙兩形之積既等，則甲丁戊形積與乙丁戊形積之比同於甲丁段與乙丁段之比，而又同於甲戊段與丙戊段之比，是以甲丁段與乙丁段之比必同於甲戊段與丙戊段之比也，故以甲丁爲一率，丁乙爲二率，甲戊爲三率，可以求戊丙之四率也。誠如是以甲乙丙全形之三角或與所分甲乙戊三角或與所分甲丙丁三角之比例俱爲同也。因其比例同，而此三角全形所分兩形之積既爲等，則甲丙丁所分形之甲丁底與甲丙乙全形之甲乙底互相之比、其甲乙戊所分形之甲戊底與甲丙乙全形之甲丙底互相之比俱爲同也，則甲丁段之一分爲一率，甲乙全線三分爲二率，甲戊段一分爲三率，甲丙全線四分爲四率，亦爲相比例率也。

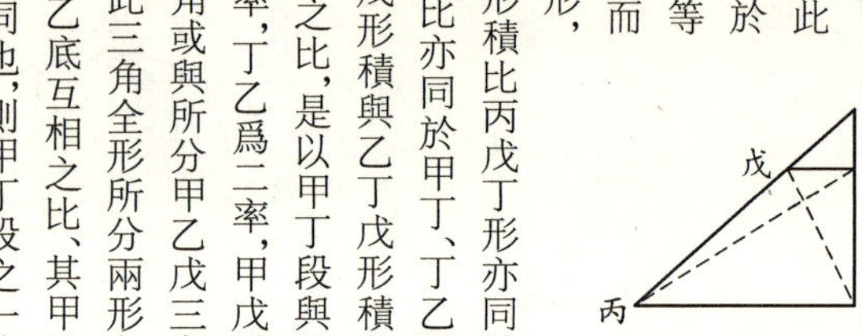

凡在三角形内，不論何處作與底平行直線，則以所作平行線與原底線之比同於兩邊所截一段與各每邊全線之比也。

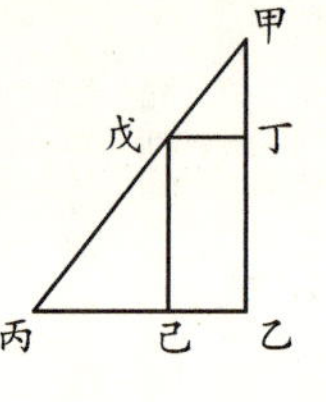
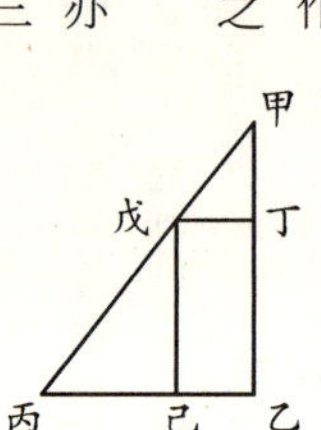

如圖所截，若甲丁段二分，甲乙線六分，則丁戊線亦爲二分，乙丙線亦爲六分可知也。何也？試將甲乙丙三角形轉以乙甲線爲底，於戊丁線之戊處至己處作與甲乙平行線，則己乙之度即戊丁之度。準前節全線與截段相比之例，則戊丁平行線與原爲底乙丙全線之比必同於甲戊與甲丙全線甲丁與甲乙全線之比也。故以甲戊爲一率，甲丙爲二率，戊丁爲三率，乙丙爲四率，爲四相比例。以甲丁爲一率，甲乙爲二率，戊丁爲三率，乙丙爲四率，亦四相比例率也。

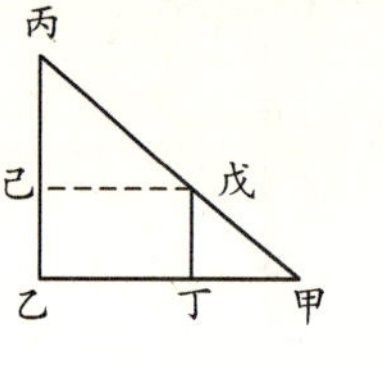

有衆大小三角形，若同式，將衆形相當界互相比之，比例爲同，俱爲相比例率也。如二勾股同式形，則此股與相當股之比必同於勾與勾之比、股與股之比也。試將勾股如前截一小勾股，可驗矣。

同式直角兩形互相之比同於在此各一面相當界所作方形相比之比例。蓋三角積得方形之半，全與全之比若半與半之比也。

同式直角兩形互相之比，即是各一面相當界相比之比例爲加一倍之比例也。如甲線一分，乙線二分，丙線四分爲相連比例線，今兩形之三邊線若各大一倍，則亦如直角四邊形積爲大三倍，尖大三倍，則非相連比例線，而爲甲線一分與丙線四分隔一位加一倍之比例也。

同式鈍角、鋭角互相之比亦同於此各一面相當界所作方形互相比之比例，而爲在此各一邊相當界互相比之比例隔一位加一倍之比例也，理如前節。

大小各圓分之式若同，其分限雖殊，而分數必等，與其分相對所成之心角必俱等也。

將同式大小多邊兩形內爲三角以分，此所分相當，大小三角形之式俱同也。如兩五邊形各分爲三三角形，則甲乙丙與己庚辛相當爲同式，甲丙丁與己辛壬相當爲同式，己壬癸與甲丁戊相當爲同式。蓋兩形相當，角度等，則相當界互相比之比例等也。乙丙、庚辛二界相當之比同於甲丙、己辛相當二界相比之比例，由是甲丙、己辛之比同於丙丁、辛壬之比，而丙丁、辛壬之比亦猶甲丁、己壬之比，而甲丁、己壬之比亦猶丁戊、壬癸之比，故曰相同式也。

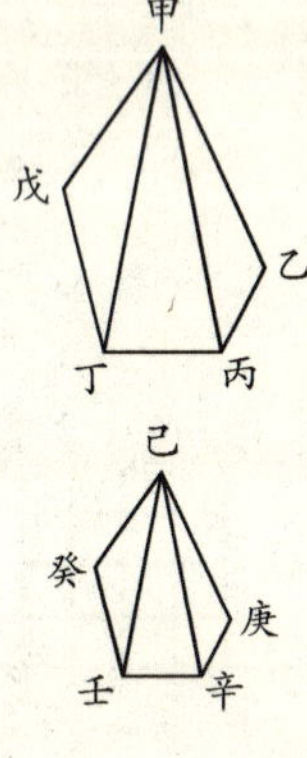

凡同式多邊大小衆形互相之比同於在此相當界所作四方形互相比之比例，而與此各一面相當界互相比之比例爲加一倍之比例也，理如前。

凡大小同式直界形互相之比同於在其形內外相函之同式形各相當界立作平面方形互相比之比例。如圖，甲乙丙、庚辛壬相當三角各二形之比同於在甲丙、庚壬所作方形相比之比例也。蓋大形所函者甲丙己丁之形，小形所函者庚壬癸丑之形，故於甲丙、庚壬相當二界立作方形，而得比例也。

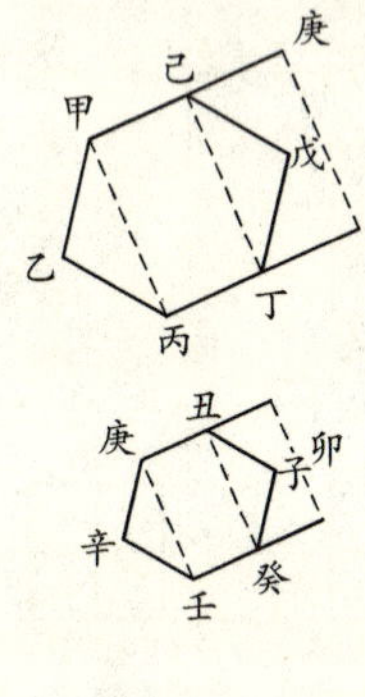

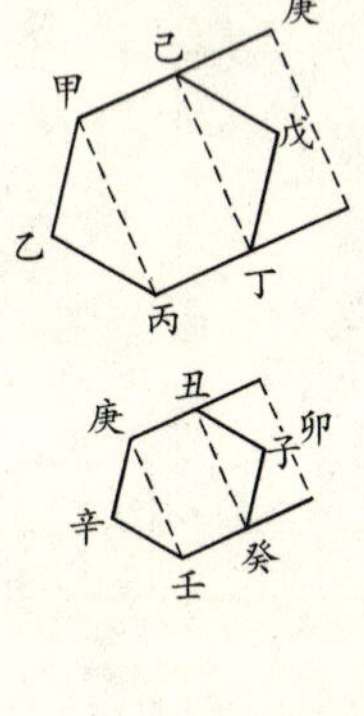

凡圓曲褂各種界形之內，將每每一類同式形互相之比同於在所比形之內外相函同式形之每每相當所作方形相比之比例也。如圖，大小二圓形內雖函六面同式多邊兩形，函甲己丙丁、庚丑壬癸直角四邊同式兩形，函甲丙丁、庚壬癸三角同式兩形，而但取所函四邊形甲丙、壬庚相當界所作之方形，便得圓形比例也。蓋衆界之界愈多，則於圓界愈近，故將直角形分爲千萬界形，在圓界可以近用之，而圓曲形亦既可以爲千萬直界形以用之，故將此二圓爲同式直界互相之比同於在所函同式形之相當二界所作方形相比之比例也。然則二圓互相之比同於或在輻線、或在徑線所作方形相比之比例可知矣。

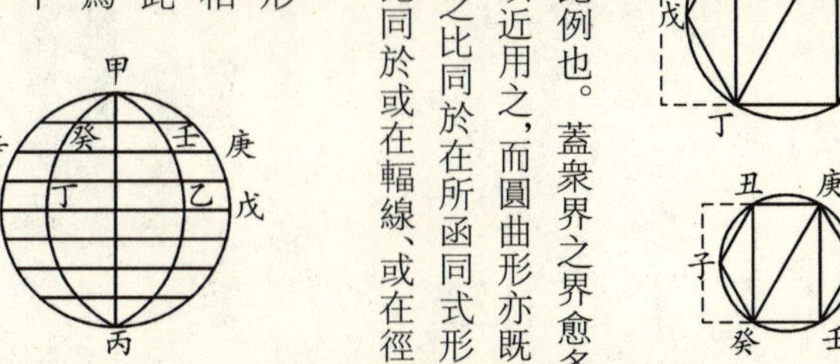

有一平面鴨卵形，其大徑度與圓徑若等，則鴨卵形之平面積與圓面積之比同於以鴨卵形之小徑與大徑相比之比例也。何也？將與戊己徑線平行任分幾線，此每線段如庚辛與壬癸之比同於戊己與乙丁之比，而爲作鴨卵形之定理也。今每平行線俱依此之比例，即平行鴨蛋形之積與圓形之積相比，同於乙丁小徑與戊己大徑之比例也。

清・王澤沛《形學演》卷四　句股形之股若倍大於句，則自直角至弦之垂綫分弦兩段之比例，若一與四之比例。

甲乙丙句股形，設甲乙股倍於乙丙句，自乙作甲丙之垂綫乙丁，題言丙丁與甲丁比，若一與四比。何也？乙丙與甲乙比，若一與二比。甲丁乙、乙丁丙兩句股形均與原形相似，見四卷弟二十三題。則其爲比例均同，如是丙丁：乙丁∷一：二　乙丁：甲丁∷一：二　則丙丁：甲丁∷一：四　故題云云。

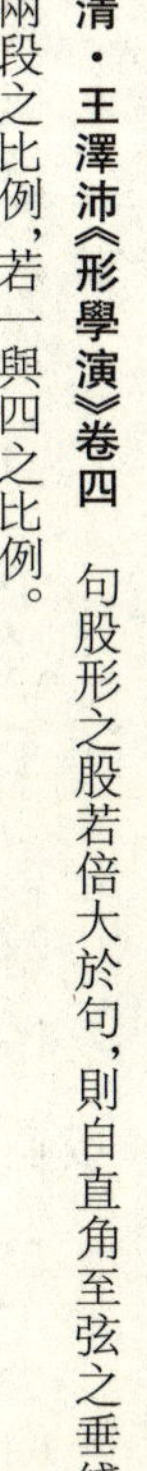

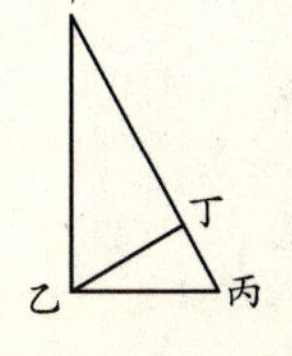

圓之內切平邊三角形，其邊與圓之半徑相比，若方根三與一比。甲乙丙圓之

內切平邊三角形，心乙爲圓之半徑，題言甲乙與乙心比，若方根三與一比。何也？試更作甲心綫，並引長乙心至對邊丁。準理，　甲乙^{二}＝甲心^{二}丄乙心^{二}丄二丁心乙心　夫　二丁心＝乙心　二丁心乙心＝乙心^{二}　甲心^{二}＝乙心^{二}　則　甲乙^{二}＝甲心^{二}丄乙心^{二}丄二丁心乙心＝三乙心^{二}　甲乙^{二}＝三乙心^{二}　甲乙＝乙心√三　故　甲乙：乙心∷√三：一

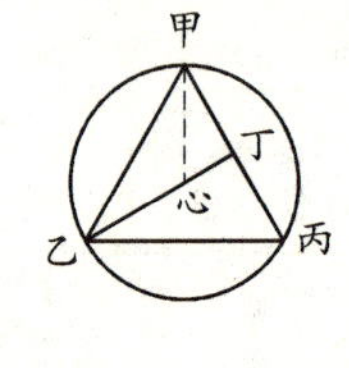

圓之內切平邊三角形與內切有法六邊形，其邊之方相比若三與一比。

甲乙丙圓之內切平邊三角形，平分甲丙弧於丁，作甲丁綫爲內切有法六邊形之邊，題言甲乙方與甲丁方比，若三與一比。何也？試作乙丁聯綫，必過圓心，成乙甲丁句股形。甲乙^{二}＝乙丁^{二}－丁甲丁^{二}　夫　乙丁＝二甲丁　乙丁^{二}＝四甲丁^{二}　則　甲乙^{二}＝三甲丁^{二}　故甲乙^{二}：甲丁^{二}∷三：一

圓之內外有法六邊切形，其面積相比，若三與四比。

甲乙丙圓之內切有法六邊形，丁戊己爲其外切有法六邊形，題言兩積相比，若三與四比。何也？有法多邊形相比，如其內外切圓之半徑方相比，六卷九題。原圓即丁戊己形之內切圓，丙至心爲其半徑，任取甲乙丙一邊之中點庚至心作直綫，即其內切圓之半徑，成心庚丙句股形。　心庚^{二}＝心丙^{二}－庚丙^{二}　心丙＝二庚丙　心丙^{二}＝四庚丙^{二}　心庚^{二}＝三庚丙^{二}　心庚^{二}：心丙^{二}∷三：四　即　甲乙丙積：丁戊己積∷三：四　故題云云。

全圓之內切正方比其半圓之內切正方，如五比二。

先設甲乙半圓，於甲乙徑綫上作甲乙丙丁正方，即自丙、丁二角至圓心各作直綫與圓界相交於戊、於己，作己戊庚辛半圓之內切正方，準三角比例理：　戊庚：丁甲∷戊心：丁心　戊庚^{二}：丁甲^{二}∷戊心^{二}：丁心^{二}　夫　丁心^{二}＝丁甲^{二}丄甲心^{二}　丁甲＝二甲心　丁甲^{二}＝四甲心^{二}　甲心^{二}＝戊心^{二}　則　丁心^{二}＝四甲心^{二}丄戊心^{二}＝五戊心^{二}　即　丁甲^{二}＝五戊庚^{二}

乃以丁甲爲徑作全圓，並作丁壬甲癸內切正方，準句股理：　丁甲^{二}＝丁癸^{二}丄甲癸^{二}　夫　甲癸＝丁癸　甲癸^{二}＝丁癸^{二}　則　丁甲^{二}＝二丁癸^{二}

如是將二方程，代於一式內，即得。

五戊庚^{二}＝丁甲^{二}　二丁癸^{二}＝丁甲^{二}

二丁癸^{二}＝五戊庚^{二}　則　丁癸^{二}：戊庚^{二}∷五：二　故題云云。

半圓之內切正方比其象限之內切正方，如八比五。

設甲乙丙象限，先於甲丙二端各作垂綫相遇於丁，成甲乙丙丁半徑方，作丁乙對角綫，交甲丙弧於戊，作戊己、戊庚二綫，成戊己乙庚象限之內切正方，準上論半圓之內切正方與徑方比，若一與五比，今按：　乙戊^{二}＝二乙己^{二}　乙己^{二}：乙戊^{二}∷一：二　乙戊^{二}：全徑^{二}∷一：四　乙己^{二}：全徑^{二}∷一：八　八乙己^{二}＝全徑^{二}＝五半(員)[圓]內切方　則　半(員)[圓]內切方：乙己^{二}∷八：五　故題云云。

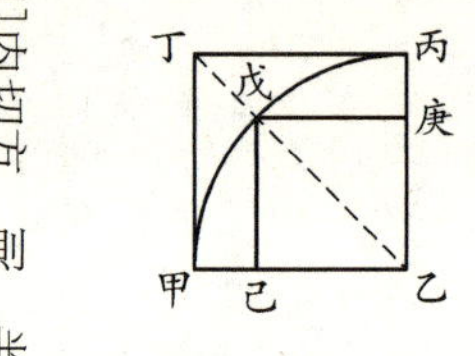

作圖法分部

綜論

清・方中通《數度衍》卷首之三《幾何約》

論三角形

一　於有界直線上，求立平邊三角形。

如甲乙線，先以甲爲心、乙爲界作丙乙丁圜。次以乙爲心，甲爲界作丙甲丁圜，兩圜相交於丙、於丁。末自甲至丙、丙至乙各作直線，即成甲乙丙平邊三角形。

二　一直線，線或內或外有一點，求以點爲界，作直線

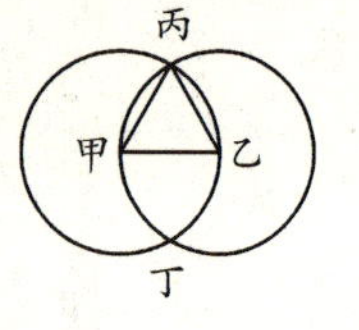

與元線等。

如甲點、乙丙線，先以丙爲心、乙爲界作丙乙圜。次觀甲點，若在丙乙外，則自甲至丙作線如上圖，或在丙乙内，則截取甲至丙一分線如下圖，俱以甲丙爲底，作甲丁丙平邊三角形。次引丁丙至丙乙圜界爲丙戊，引丁甲出丙乙圜外至己爲甲己，乃以丁爲心、戊爲界作丁戊圜，其甲己線與丁戊圜相交於庚，即甲庚線與乙丙線等。

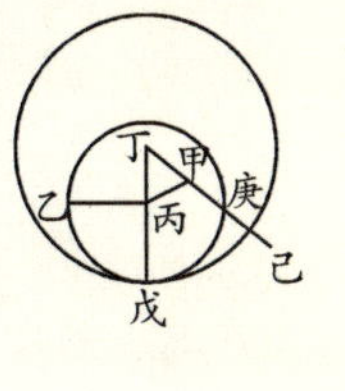

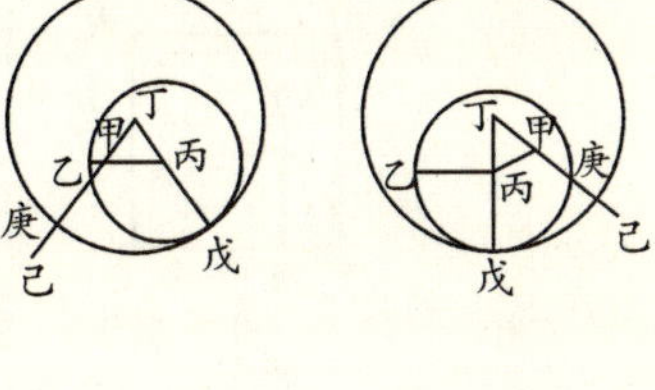

三　兩直線一長一短，求於長線減去短線之度。

如甲短線、乙丙長線，先引乙至別界作乙丁線與甲等，乃以乙爲心、丁爲界作圜，交乙丙線於戊，則戊丙爲餘也。

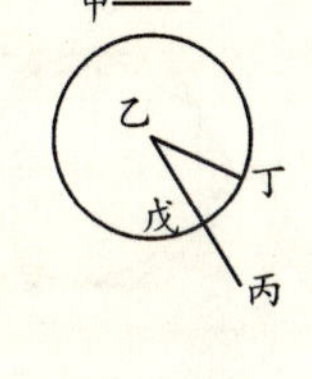

又　九　有直線角，求兩平分。

如乙甲丙角，先於甲乙線任截一分爲甲丁，亦截甲戊與甲丁等，作丁戊直線。次以丁戊爲底，倒立丁戊己平邊三角形。再作甲己直線，即得。

通曰：乙丙底，作甲己垂線亦得。

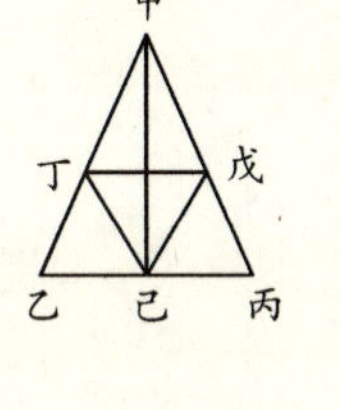

十　有界線，求兩平分。

如(右)[下]圖乙丙線，以乙丙爲底，作甲乙丙兩邊等三角形，兩平分之，得甲己直線，即分乙丙線於己。

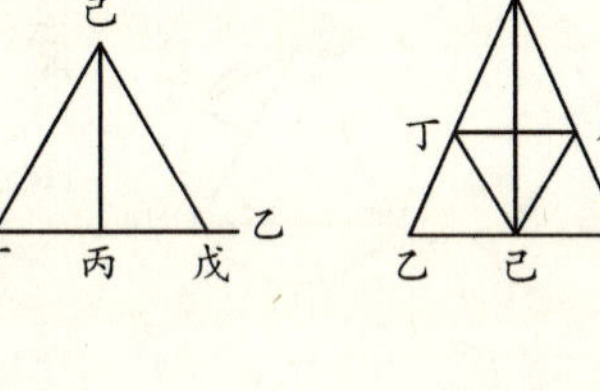

十一　一直線任於一點上，求作垂線。

如甲乙線上，任指一點於丙，先於丙之左右各截一界爲丁、爲戊。次以丁戊爲底，作丁己戊兩邊等角形。再作己丙直線，即己丙爲甲乙之垂線。若欲於甲點立垂線，則任取丙點立丁丙垂線，乃以甲丙丁角平分得丙己線。次以甲丙爲度截戊丙，又於戊上立垂線，與己丙線相遇於庚。再作庚甲直線，即得。

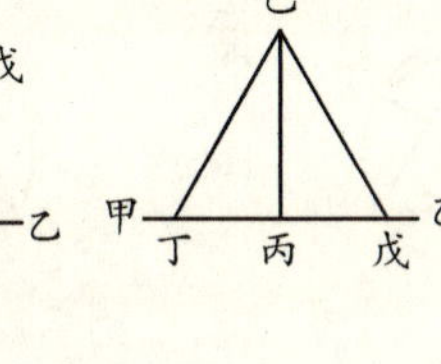

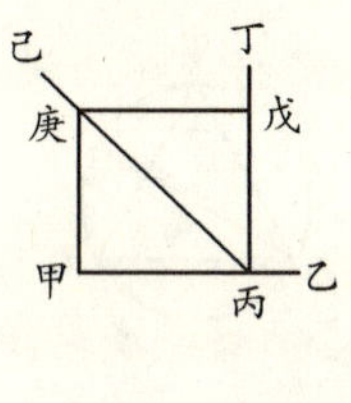

十二　無界直線外有一點，求於點上作垂線至直線上。

如甲乙線外有丙點，先以丙爲心作圜，令兩交於甲乙線爲丁、爲戊。次從丁、戊各作直線至丙，又兩平分丁戊線於己，作丙己線，即甲乙之垂線也。

又法：於甲乙線上近甲近乙任取一點爲心、以丙爲界作一圜界，於丙點及相望處各稍引長之。次於甲乙線上視前心，或相望如上圖，或進或退如下圖，任移一點爲心，以丙爲界作一圜界，交處得丁，乃作丙丁垂線。

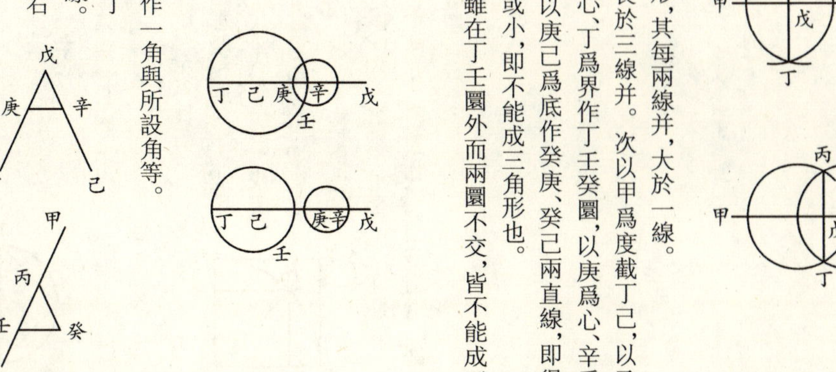

又　二十二　三直線，求作三角形，其每兩線并，大於一線。

如甲、乙、丙三線，先任作丁戊線長於三線并。次以甲爲度截丁己，以乙爲度截己庚，以丙爲度截庚辛，乃以己爲心、丁爲界作丁壬癸圜，以庚爲心、辛爲界作辛壬癸圜，兩圜相遇於壬、於癸。再以庚己爲底作癸庚、癸己兩直線，即得己癸庚三角形。若兩線并與其一線或等或小，即不能成三角形也。

通曰：若庚點在丁壬圜内及庚點雖在丁壬圜外而兩圜不交，皆不能成三角形也。

二十三　一直線，任於一點上，求作一角與所設角等。

如甲乙線與設丁戊己角，先於戊丁任取庚點，於戊己任取辛點作庚辛線。次將甲乙線依庚戊、戊辛、辛庚度，用右法作壬丙癸角形與丁戊己角等。

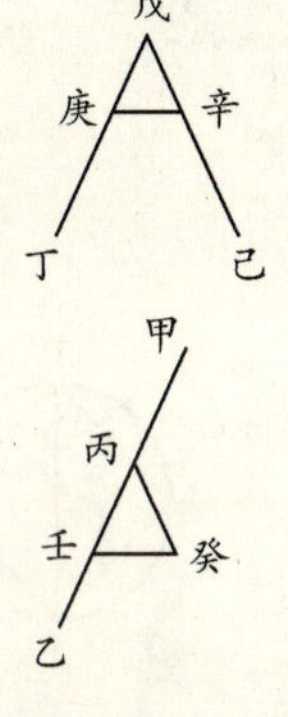

通曰：壬丙等庚戊，丙癸等戊辛，癸壬等辛庚，即右之甲乙丙三線也。

又　三十一　一點上，求作直線與所設直線平行。

如甲點與乙丙線，先從甲向乙丙線任指丁點作甲丁線，成甲丁乙角。次於甲作戊甲丁角與甲丁乙角等。再引戊甲至己，則己戊線與乙丙平行。

又法：作甲丁線，以丁爲心任作戊己圜界。次用元度以甲爲心作庚辛圜界，稍長於戊己，乃取戊己爲度，截取庚辛，再作甲辛線，各引長之，即得。

用法：設丙角，甲、乙兩線，求作有法四邊形。先作丁己庚角與丙角等。次截己庚與甲等，丁己與乙等。再依丁己平行作戊庚，己庚平行作丁戊，即得。

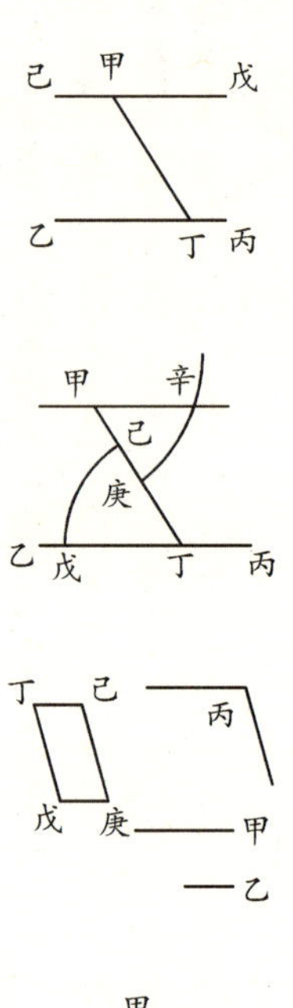

又凡角形，任於一邊、任作一點，求從點分本形爲兩平分。

如取丁點，先向甲角作直線。次平分乙丙於戊，作戊己線與甲丁平行；末作己丁直線。即分本形爲兩平分。

又　四十二　有三角形，求作平行方形與之等，而方形角與所設角等。

如甲乙丙角形，先兩平分乙丙邊於戊，作丙戊己角與所設丁角等。次自甲作直線與乙丙平行，而遇戊己線於己。末自丙作直線與戊己平行，爲丙庚，得己戊丙庚平行方形與甲乙丙角形等。

又　四十四　一直線上，求作平行方形與所設三角形等，而方形角有與所設角等。

如甲線、乙角形、丙角，先作丁戊己庚平行方形與乙角形等，而戊己庚角與丙角等。次引庚己至辛，作己辛線與甲線等。次作辛壬線與戊己平行，又引丁戊至壬。次自壬至己作對角線，引出至癸，又引丁

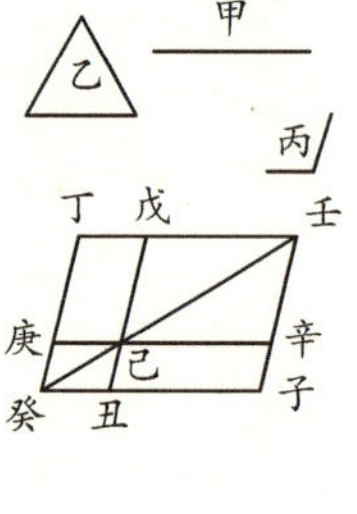

庚至癸相遇。再作癸子線與庚辛平行，又引壬辛至子，引戊己至丑，得己丑子辛平行方形如求，與乙角形等。

四十五　有多邊直線形，求作一平行方形與之等，而方形角有與所設角等。

如甲乙丙五邊形、丁角，先分五邊形爲甲、乙、丙三其三角形。次作戊己庚辛平行方形與甲等而有丁角。次於戊辛、己庚兩平行線引長之，作庚辛壬癸平行方形與乙等，又引前線作壬癸子丑平行方形與丙等，并爲戊己子丑平行方形，與五邊形等，而有丁角。

又甲與乙兩直線形不等，甲大乙小，以乙減甲，求較幾何。

先任作丁丙己戊平行方形與甲等。次於丙丁線上，依丁角作丁丙辛庚平行方形與乙等，得辛庚戊己平行方形，爲相減之較矣。

四十六　一直線上，求立直角方形。

如丙丁線上，兩界各立垂線甲丙、乙丁與丙丁等，再作甲乙線即得。

設不等兩直角方形，一以甲爲邊，一以乙爲邊，求別作兩直角方形自相等，并之又與元設兩形并等。

先作丙戊線與甲等。次作戊丙丁直角，而丙丁與乙等，作戊丁線相聯。再於丁、戊兩角各作一角，皆半於直角者，爲己戊、己丁，相等而遇於己，則己戊、己丁兩線上所作兩直角方形自相等，而并之又與丙戊、丙丁兩線上所作兩直角方形并等。其曰半直角者，己戊丁半於庚戊丁，己丁戊半於辛丁戊也。

又多直角方形，求并作一直角方形與之等。

如五直角方形，以甲、乙、丙、丁、戊爲邊，先作己庚辛直角，而己庚線與甲等，庚辛線與乙等。次作己辛線，即作己辛壬直角，而壬辛與丙等。次作

壬己線，即作己壬癸直角，而壬癸與丁等。次作己癸線，即作己癸子直角，而癸子與戊等。末作己子線，於此線上作直角方形如求。

論線

十一　一直線，求兩分之，而元線偕初分線矩內直角形與分餘線上直角方形等。

如甲乙線，先作甲丙直角方形。次以甲丁平分於戊，作戊乙線，從戊甲引至己，令戊己與戊乙等，乃於甲乙線截取甲庚與甲己等，則甲乙偕庚乙矩線內直角形與甲庚上直角方形等。

又　十四　有直線形，求作直角方形與之等。

如甲無法四邊形，先作乙丁形與之等，而直角。次任用一邊引長之，如丁丙引至己，而丙己與乙丙等。次以丁己兩平分於庚，其庚點若在丙，即乙丁是直角方形，與甲等矣，若庚點在丙外，則以庚爲心，丁己爲界作丁辛己半圓，再從乙丙線引長之，遇圜界於辛，即丙辛上直角方形與甲等。

又直角方形之對角線，所長於本形邊之較爲甲乙，而求本形邊。先於甲乙上作甲丙直角方形。次作乙丁對角線，又引長之爲丁戊線，而丁戊與甲丁等，即得乙戊線如求。

論圜

一　有圜，求尋其心。

如甲乙丙丁圜，先於圜之兩界任作一甲丙直線。次兩平分於戊，再於戊上作乙丁垂線，兩平分於己，己即圜心。因顯圜內有直線，分他線爲兩平分，而作直角，即圜心在其內。

又　十七　設一點、一圜，求從點作切線。

如甲點與乙丙圜，其圜心丁，先從甲作甲丁直線，截圜於乙。次以丁爲心、甲爲界作甲戊圜，乃作甲丁之垂線爲乙戊，遇甲戊圜於戊，又作戊丁直線，截乙丙圜於丙，再作甲丙直線，即切乙丙圜於丙也。

又　二十五　有圜之分，求成圜。

如甲乙丙圜分，先作甲丙線。次作乙丁爲甲丙之垂線，丁即分甲丙爲兩平分。次作甲乙線，須視丁乙甲角或大於丁甲乙角，或小、或等。若大，則甲乙丙當爲圜小分也，即作乙甲戊角與丁乙甲角等。次引乙丁至戊，戊即圜心。若丁乙甲角小於丁甲乙角，則甲乙丙當爲圜大分也，即作乙甲戊角與丁乙甲角等，戊即圜心。若乙甲兩角正等，則甲乙丙當爲半圜分，丁即圜心矣。

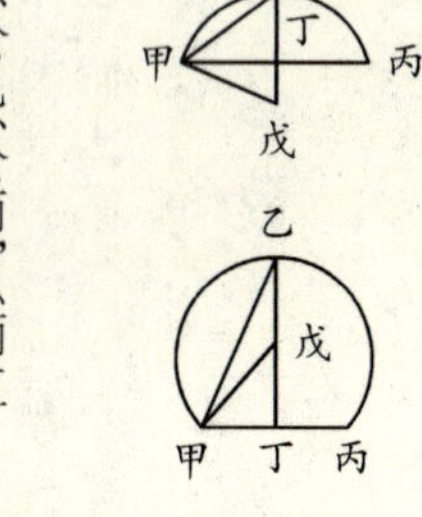

又法：於甲乙丙圜分任取三點於甲、於乙、於丙，以兩直線聯之，各兩平分於丁、於戊，從丁、從戊作甲乙、乙丙之各垂線，爲己丁、爲己戊，而相遇於己，即己爲圜心。

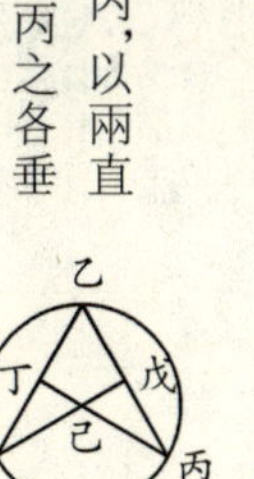

又法：任取四點爲甲、爲乙、爲丙、爲丁，每兩點各自爲心，相向各任作圜分，四圜分兩相交於戊、於己、於庚、於辛，從戊己、從庚辛各作直線引長之，交於壬，即壬爲圜心。

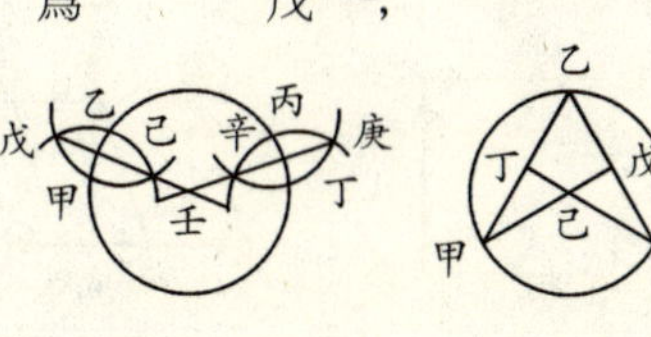

又　三十　有圜之分，求兩平分之。

如甲乙丙圜分，先作甲丙線。次兩平分於丁，作乙丁線爲甲丙之垂線，即分甲乙丙圜爲兩平分。

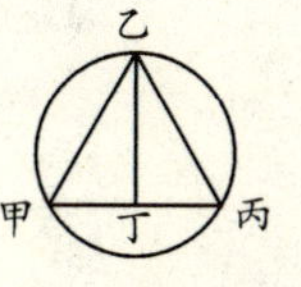

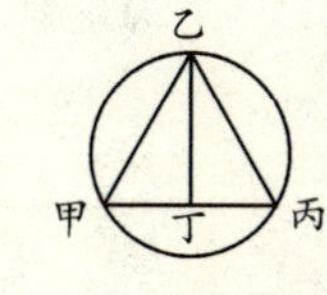

又　三十三　一線上，求作圜分，而負圜分角與所設直線角等。

如甲乙線，丙直角，先以甲乙兩平分於丁，以丁爲心、甲乙爲界作半圜，圜分內作甲戊乙角，即負半圜角爲直角而與丙等。若丙係鋭角，先於甲點上作丁甲乙鋭角與丙等。次作戊甲爲甲丁之垂線。次作己乙甲角與己甲乙角等，乙己線遇甲戊線於己，即己乙、己甲兩線等，以己爲心、甲爲界作圜，則甲庚乙圜分內所作負圜角必爲鋭角而與丙等。若丙係鈍角如辛者，即作壬甲乙鈍角與辛等，又作戊甲爲壬甲之垂線，餘倣

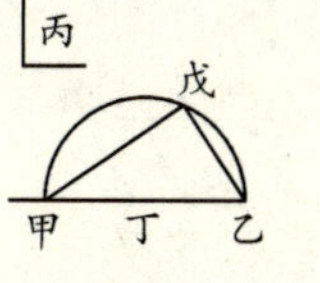

銳角法，而於甲乙線上作甲癸乙角，即與辛等。

三十四　設圜，求割一分，而負圜分角與所設直線角等。

如甲乙丙圜，丁角，先作戊己線切圜於甲。次作己甲乙角與丁等，即割圜之甲乙線上所作甲丙乙角負甲丙乙圜分而與丁等。

論圜內外形

一　有圜，求作合圜線與所設線等，此設線不大於圜之徑線。

如甲乙丙圜與丁線，其丁線不大於徑線，若大則不可合矣。先作圜徑爲乙丙，若乙丙與丁等者，即是合線。若丁小於徑者，即乙丙上截取乙戊與丁等。次以乙爲心、戊爲界作甲戊圜，交甲乙丙圜於甲。末作甲乙合線，即與丁等。

通曰：甲乙與乙戊等，凡兩圜相交，毋論深淺，其一圜之半徑必與合圜線等。

二　有圜，求作圜內三角切形與所設三角形等角。

如甲乙丙圜與設角形，先作庚辛線切圜於甲。次作庚甲乙角與己角等。次作辛甲丙角與戊角等。末作乙丙線，即圜內三角切形，與所設形之三角各等，甲等丁，乙等戊，丙等己也。

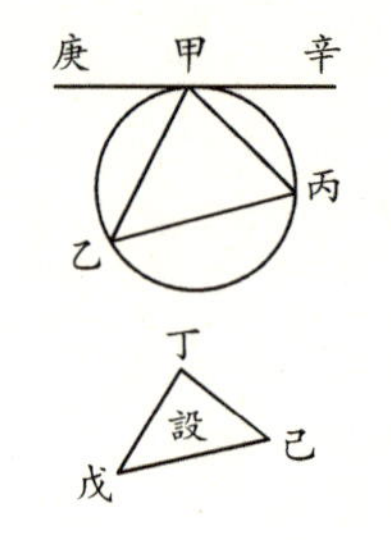

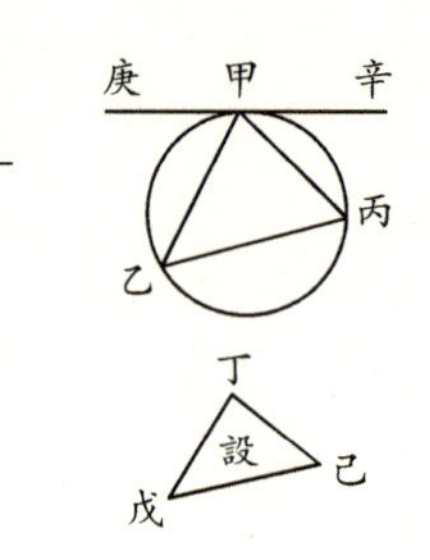

通曰：凡三角形并三角爲一處，必成直線。蓋圜外切線自切界出兩線入規內，分切處爲三角，并此三角，必與設形三角相并等也。

三　有圜，求作圜外三角切形與所設三角形等角。

如圖，先於戊己一邊引長之爲庚辛。次於圜界抵心作甲壬線。次作甲壬乙角與丁戊庚角等。次作乙壬丙角與丁己辛角等。次於甲乙丙上作癸子、子丑、丑癸三垂線切圜而令角上相遇，則癸子丑三角與設形之丁、戊、己三角各等。

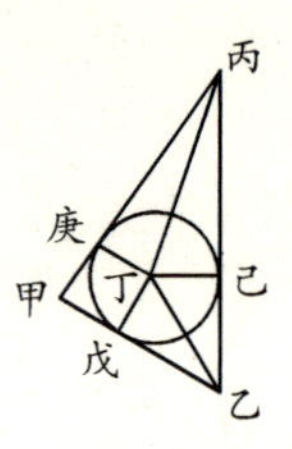

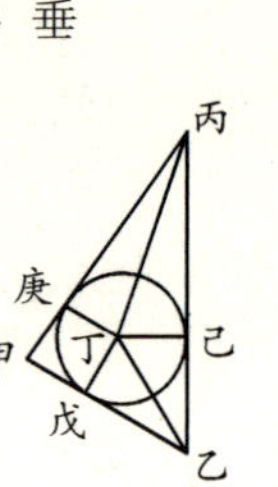

四　三角形，求作形內切圜。

如圖，先以甲乙丙角、甲丙乙角各兩平分，作乙丁、丙丁兩直線遇於丁，自丁至角形之三邊各作垂線，爲丁己、丁庚、丁戊，以丁爲心、戊、庚、己爲界作圜切甲乙丙角形之三邊。

五　三角形，求作形外切圜。

如圖，先平分兩邊，分甲丙於戊、甲乙於丁，各作垂線，爲丁己、戊己，而遇於己，其己點或在形內、或在形外、或在乙丙邊上。再作己甲、己丙、己乙三線等，以己爲心、甲爲界作圜切三角。

六　有圜，求作內切圜直角方形。

如圖，作甲丙、乙丁兩徑線，直角相交如戊。次作甲乙、乙丙、丙丁、丁甲四線，即成甲乙丙丁内切圜直角方形。

七　有圜，求作外切圜直角方形。

如圖，作甲丙、乙丁兩徑線，直角交於戊。次於甲乙丙丁作庚己、己辛、辛壬、壬庚四線，爲兩徑之垂線，而相遇於己辛、壬庚，即成己庚壬辛外切圜直角方形。

八　直角方形，求作形內切圜。

如圖，以四邊各兩平分之於戊、於己、於庚、於辛，作辛己、戊庚兩線交於壬，以壬爲心、戊爲界作圜，如所求。

九　直角方形，求作形外切圜。

如圖，作甲丙、丁乙對角兩線，而交於戊，以戊爲心、甲爲界作圜，如所求。

通曰：方外圓內，同徑。圓外方內，方斜爲圓徑也。

十　求作兩邊等三角形，而底上兩角各倍大於腰間角。

如圖，先任作甲乙線。次分之於丙，其分法須甲乙偕丙乙矩內直角形與甲丙上直角方形等。次以甲爲心、乙爲界作乙丁圜。次作乙丁合圜線與甲丙等。末作甲丁線相聯，其甲乙、甲丁等，成兩邊等三角形，底上乙、丁兩角各倍大於甲角。

十一　有圜，求作圜內五邊切形，其形等邊等角。

如圖，先作己庚辛兩邊等角形，而庚、辛兩角各倍大於己角。次於圜內作甲丙丁角形，與己庚辛角形各等角。次以甲丙丁、甲丁丙兩角各兩平分，爲丙戊、丁乙兩線。末作甲乙、乙丙、丙丁、丁戊、戊甲五線相聯，即得。

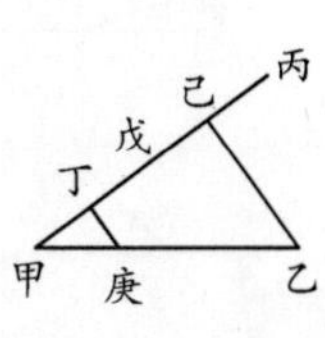

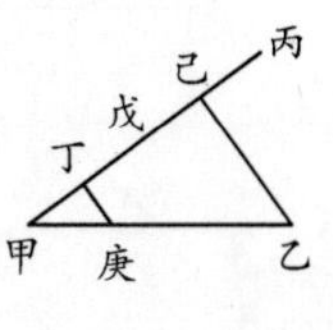

十二　有圜，求作圜外五邊切形，其形等邊等角。

如圖，先用右法作圜內五邊等邊等角切形，乃從己心作己甲、己乙、己丙、己丁、己戊五線。再從此五線作庚辛、辛壬、壬癸、癸子、子庚五垂線，各界相遇即得。

十三　五邊等邊等角形，求作形內切圜。

如圖，先分乙甲戊、甲乙丙兩角各兩平分，爲己甲、己乙兩線遇於己。又自己作己庚爲甲乙之垂線，而平分甲乙於庚。再以己爲心、庚爲界作圜，如求。

十四　五邊等邊等角形，求作形外切圜。

如圖，分乙甲戊、甲乙丙兩角各兩平分，爲己甲、己乙兩線遇於己，以己爲心、甲爲界，如求。

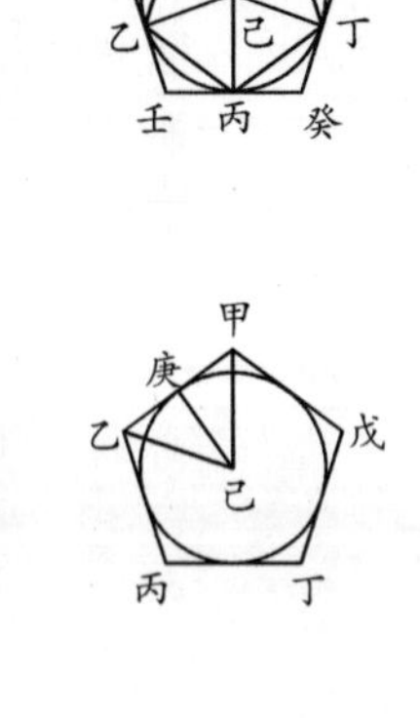

十五　有圜，求作圜內六邊切形，其形等邊等角。

如圖，先作甲丁徑線，庚爲心。次以丁爲心、庚爲界作圜，兩圜相交於丙、於戊。次從庚心作丙庚、戊庚，

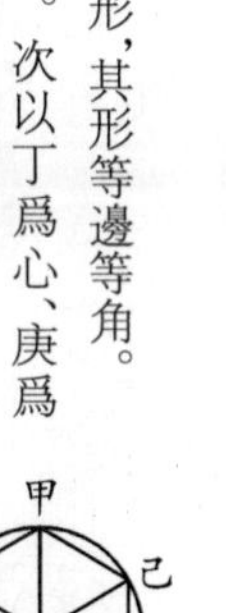

各引長之爲丙己、戊乙。末作甲乙、乙丙、丙丁、丁戊、戊己、己甲六線，相聯即得。

又凡圜之半徑爲六分圜之一之分弦，庚丁與丙丁等也。

十六　有圜，求作圜內十五邊切形，其形等邊等角。

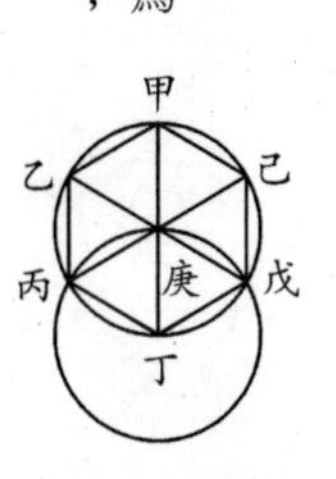

如圖，先作甲乙丙內切圜平邊三角形，與丁等角，三邊等也。次作甲戊己庚辛內切圜五邊形等角，甲乙圜分之圜界爲十五分之五分，甲戊圜分之圜界爲十五分之三分，戊乙爲十五分之二分，乙己爲十五分之一分也，依度作十五合圜線，如求。蓋甲乙圜分爲三分圜之一，即命三；甲戊圜分爲五分圜之一，即命五。三五相乘得十五，即知兩分法可作十五邊形也。又如甲乙命三，甲戊命五，三五相較得二，即知戊乙得十五分之二也。以此法爲例。

又從甲點作數形之各一邊，如甲乙爲六邊形之一邊，甲丙爲五邊形之一邊，甲丁爲四邊形之一邊，甲戊爲三邊形之一邊，甲乙命六，甲丙命五，較數一，乘數三十，即知乙丙圜分爲所作三十邊等邊等角形之一邊也。又如後圖，甲乙丙與丁戊兩圜同己心，求如甲乙丙大圜丙作多邊切形，不至丁戊小圜，其多邊爲偶數而等。先從己心作甲丙徑線，截丁戊圜於戊，從戊作庚辛切線而爲甲戊之垂線，乃於甲庚丙圜分減半，存乙丙，又減半，存壬丙，又減半，存癸丙，小於庚丙而止，作癸丙合圜線，此即所求切圜形之一邊也。

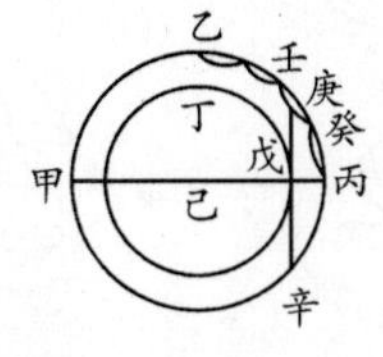

論線面之比例

九　一直線，求截所取之分。

如甲乙線，欲取三分之一，先從甲任作甲丙線爲丙甲乙角。次從甲向丙任作所命分之平度，如甲丁、丁戊、戊己爲三分也。次作己乙直線。末作丁庚線與己乙平行，即甲庚爲甲乙三分之一。

十　有直線，求截各分如所設之截分。

如甲乙線，先任作甲丙線，又作丙乙線相聯，乃任分於丁、於戊，即從丁作丁己，從戊作戊庚，皆與丙乙平行，即分甲乙線於己、於庚，若甲丙之分於丁、於戊。

又法：如後圖甲乙線，求五平分。任作丙乙線。次於乙丙上任取一點，作丁戊線與甲乙平行。次從丁向戊任作五平分，爲丁己、己庚、庚辛、辛壬、壬癸，令小於甲乙。次作甲癸子線，再作子壬、子辛、子庚、子己四線，各引長之，即分甲乙於丑、於寅、於卯、於辰爲五平分也。

又法：從甲、從乙作甲丁、乙丙兩平行線。次從乙任作戊、己、庚、辛四平分。次用元度從甲作壬、癸、子、丑四平分。末作戊丑、己子、庚癸、辛壬四線，即分甲乙於午、於辰、於卯、於寅爲五平分。

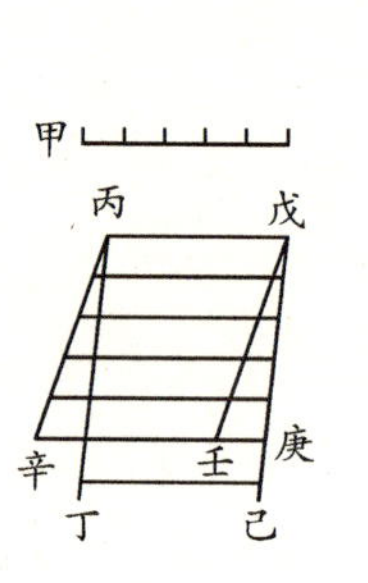

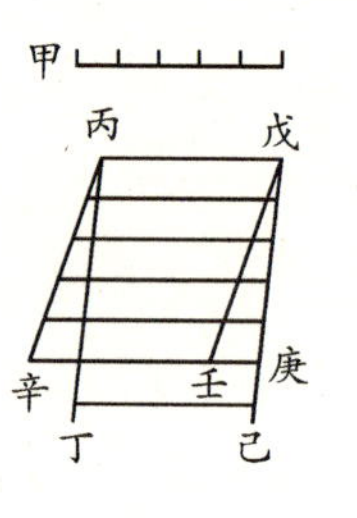

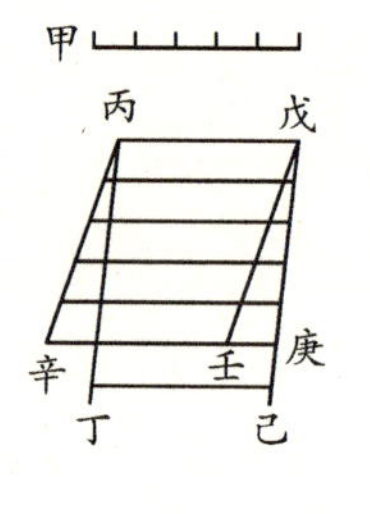

又法：先作丙丁、戊己兩平行線，任平分若干格，今欲分甲線爲五平分，即觀甲線之度，以一角抵戊，一角抵庚辛線，如長於庚，即漸移之至壬而合，即戊壬之分爲甲線之分。

十一　兩直線，求別作一線相與爲連比例。

如甲乙、甲丙兩線，而甲乙與甲丙之比例，若甲丙與他線也。先引甲乙爲乙丁，與甲丙等。次作丙乙線。次作丁戊線與丙乙平行。次引甲丙至戊，即丙戊線爲所求。

又法：以甲乙、乙丙兩線別作甲乙丙直角。次以甲丙線聯之。次作丙丁爲甲丙之垂線。末引甲乙至丁，即乙丁線爲所求。

十二　三直線，求別作一線相與爲斷比例。

如甲乙、乙丙、甲丁三線，而甲乙與乙丙之比例，若甲丁與他線也。先以甲乙、乙丙作一直線爲甲丙，以甲丁線任作甲角。次作丁乙線。次作丙戊線與丁乙平行。次引甲丁至戊，即丁戊線爲所求。

十三　兩直線，求別作一線爲連比例之中率。

如甲乙、乙丙兩線，求甲乙與他線之比例，若他線與乙丙也。先以兩線作一直線爲甲丙。次兩平分於戊。次以戊爲心，甲丙爲界作半圜。次從乙至圜界作乙丁垂線，即乙丁線爲中率也。

又凡半圜內之垂線，皆爲兩分徑線之中率線也。

又甲乙線大於甲丙二倍以上，求兩分甲乙而以甲丙爲中率者。先以甲乙、甲丙作丙甲乙直角，平分甲乙於丁，以丁爲心，甲乙爲界作半圜。次作丙戊與甲乙平行，遇圜界於戊。次作戊己垂線，分甲乙於己，即戊己爲甲己、己乙兩分之中率，戊己與甲丙等也。

通曰：凡半圜外之切線，自等半徑以下者，皆爲全徑兩分之中率也。

又　十八　直線上，求作直線形與所設直線形相似而體勢等。

如甲乙線，先設丙丁戊己庚形，任從一角向各對角各作直線，而分本形爲若干角形，如作己丙、己丁，分爲丙丁己、丁己戊、丙己庚三三角形。次於甲乙上作甲壬乙角形，與丙己丁等角。次作乙壬辛與丁己戊等角。又作甲壬癸與丙己庚等角，則甲乙辛壬癸與丙丁戊己庚相似而體勢等矣。凡設多角形，俱倣此。

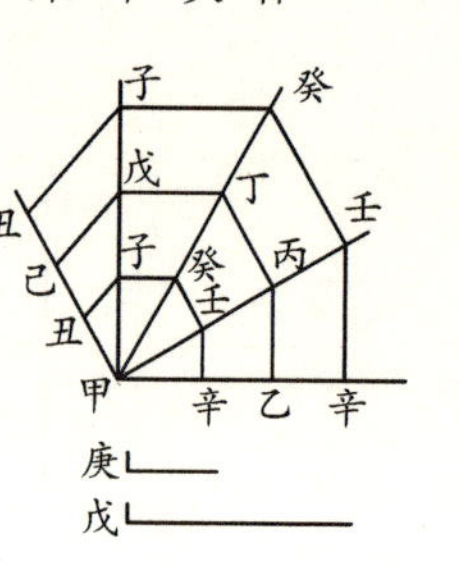

又法：如設甲乙丙丁戊己形，求於庚線上作相似而體勢等形。先引甲乙至辛，甲丑亦然。次從甲向角各作直線，爲甲壬、甲癸、甲子。次於甲乙線上截取甲辛與庚線等，不論其在乙內外。末作辛壬與乙丙平行，作壬癸與丙丁平行，作癸子與丁戊平行，作子丑與戊己平行，即所求。

又 二十五 兩直線形，求作他直線形，與一形相似，與一形相等。

如甲乙兩形，先於甲形任取一邊，如丙丁上作平行方形與甲等，爲丙戊。次於丁戊邊上作平行方形與乙等，而丙丁庚、己戊辛俱爲直線也。次作壬癸線爲丙丁、丁庚之中率。次於壬癸上作子形與甲相似而與乙等。

通曰：似者形似也，等者容等也，體勢等者非容等也。

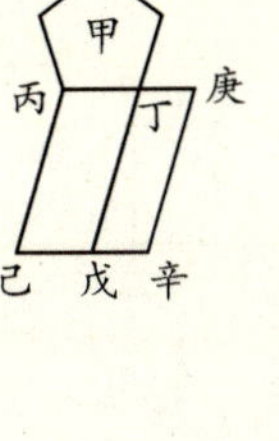

又 二十八 一直線，求作依線之有闕平行方形與所設直線形等，而其闕形與所設平行方形相似。

其所設直線形不大於半線上所作平行方形，與所設平行方形相似者，如甲乙線，平分於戊，於戊乙半線上作戊己庚乙平行方形與丁相似而體勢等。次作甲辛庚乙滿元線平行方形，若甲己平行方形與丙等者，即得所求。甲己，依線之有闕平行方形也。戊庚，闕形也。

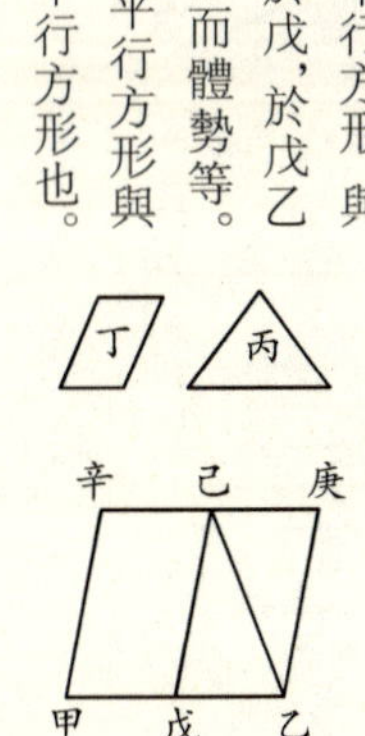

二十九 一直線，求作依線之帶餘平行方形與所設直線形等，而其餘形與所設平行方形相似。

如甲乙線，平分於戊，於戊乙半線上作戊己庚乙平行方形與丁相似。別作平行方形與丙及戊庚并相等，爲辛形。又別作平行方形與辛等，又與丁相似，爲壬癸子丑形。乃引己戊至卯與壬丑等，引己庚至寅與壬癸等，作卯寅平行方形與申等。又引甲乙至酉，引庚乙至午，引午卯至未，又作甲未與己卯平行，得甲辰帶餘平行方形，依甲乙線與丙等，而酉午爲其餘形，與戊庚形相似，即與丁相似也。

三十 有直線，求作理分中末線。

如甲乙線上作甲丙直角方形。次依丁甲邊作丁己帶餘平行方形與甲丙形等，而甲己爲其餘形，又與甲丙形相似，則戊己線分甲乙於辛，爲理分中末線也。謂甲乙與甲辛，若甲辛與辛乙也。

增題

二 直線形，求減所命分，其所減所存各作形與所設形相似而體勢等。

如甲形，求減三分之一。先作丙丁形與甲等、與乙相似。次任於一邊，如丙戊上作丙己戊半圜。次分丙戊爲三分，而取其庚戊一分，從庚作己庚爲丙戊之垂線。次作己丙、己戊兩線。次於己丙、己戊上作己辛、己壬兩形，各與乙相似。

又若於大圜，求減所設小圜，以圜徑當形邊，法如右。

又依此可作直角方形與初月形等。如甲乙丙丁圜，其界上有附圜四分之一爲乙壬丙戊初月形，先從乙丙作甲乙丙丁內切圜直角方形。次用方形法四平分之，即其一爲所求方形。

三 兩直線形，求別作一直線形爲連比例。

如甲、子兩形，先作戊己庚直線形，與甲等、與子相似，以相似兩形之各一邊如戊己、乙丙爲前率、中率線，而求其連比例之末率線爲辛壬，於辛壬上作辛壬癸形與子、丑兩形相似，如求。

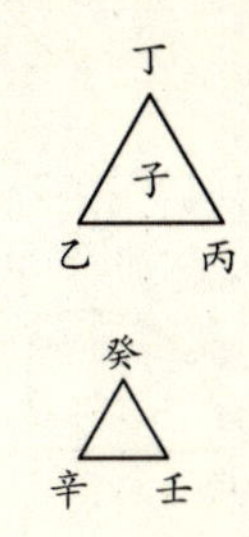

四 二直線形，求別作一直線形爲斷比例。

如甲、丁、辛三形，先作戊形與甲等、與丁相似。次以三形之任各一邊如壬癸、乙丙、己庚，求其斷比例之末率線爲寅卯，於寅卯上作寅卯辰形與辛相似，如求。

五 兩直線形，求別作一形爲連比例之中率。

如甲、丁兩形，先作戊己庚直線形，與甲

等，與丁相似。次求戊己、乙丙兩線之中率爲辛壬，於辛壬上作辛壬癸形與戊己、乙丙上兩形相似，即爲戊己、乙丙兩形之中率。

又法：如後圖甲、乙兩形，先作丁丙戊己平行線形與甲等。次作庚己辛壬平行線形，與乙等、與丁戊相似，以所作兩形己角相聯，令丁己壬、戊己庚俱成直線，再引各邊成丙子辛癸平行線形，即兩餘方形俱爲丁戊、庚壬兩形之中率。

六　一直線形，求分作兩直線形俱與所設形相似而體勢等，其比例若所設兩幾何之比例。

此與二題之法相同，但多乙、丙兩線之比例耳。如先取戊己邊，兩分之於庚，令戊庚與庚己之比例，若乙與丙也，餘用前法。

七　一直線形，求分作兩直線形俱與所設形相似而體勢等，其兩分形兩相似邊之比例，若所設兩幾何之比例。

如甲形，求分兩形俱與丁相似，其兩分形兩相似之邊又與乙與丙之比例相若。先以乙、丙兩線求其連比例之末率爲戊。次作己庚辛形與甲等、與丁相似。次分己辛於壬，令己壬與壬辛若乙與戊，餘同二題之法。

八　兩直線形，求并一直線形與所設形相似而體勢等。

如甲、乙兩形，先作戊丁己形與甲等，作己庚辛形與乙等，又各與所設丙相似。次令兩形相似之戊己、己辛兩邊聯爲直角。次作戊辛線聯之，於戊辛上作戊辛壬形與丙相似，即與上兩形并等也。

又法：作一平行方形與甲乙兩形并等，又作戊辛壬角形與平行方形等，又與丙相似，即所求。

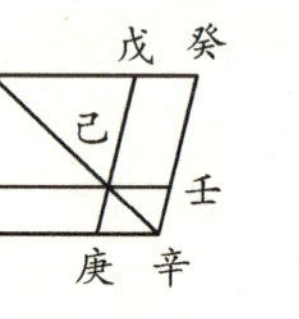
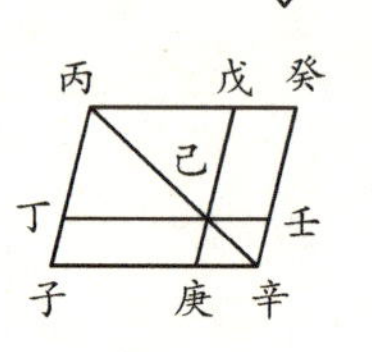
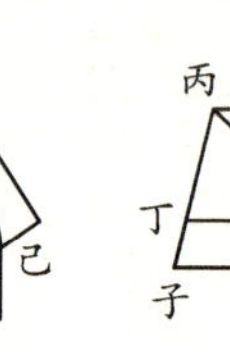
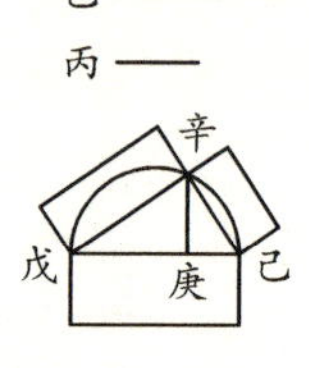
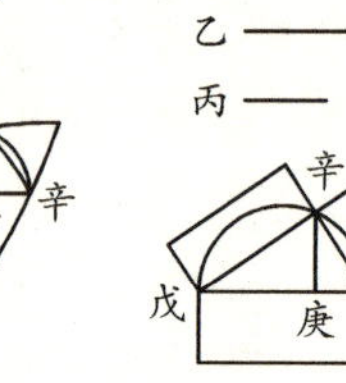
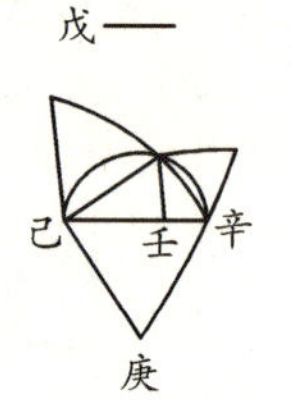

又　十四　三角形任於一邊任取一點，從點求作一線分本形爲兩形，其兩形之比例若所設兩幾何之比例。

如甲乙丙角形，任於一邊，如乙丙上任取一點，求丁上作線分本形爲兩形，其兩形之比例若所設戊與己，其庚與丁若同點，即丙於庚，令乙庚與庚丙之比例若戊與己也。先兩分乙作丁甲線，則乙丁甲與丁丙甲兩角形之比例，若戊與己也。假若庚點在丁丙之內，亦作丁甲線，從庚作庚辛線與丁甲平行。次作丁辛相聯，即丁辛線分本形爲兩形，其比例若戊與己也。又若庚點在乙丁之內，亦作丁甲線，從庚作庚辛線與丁甲平行。次作丁辛相聯，即丁辛線分本形爲兩形，其比例若戊與己也。

又凡角形，任於一邊任取一點，從點求減命分之一。如前法作多倍大之比例，即得其所作倍數。每少於命分之一，如求減四分之一，即作三倍大之比例，減五分之一，即作四倍大之比例也，則全形與所減分之比例，其倍數若命分之數也。

十五　一直線形，求別作一直線形相似而體勢等，其小大之比例，如所設兩幾何之比例。

如甲形，先以所設乙丙及任用甲之一邊如丁戊三線，求其斷比例之末率爲己。次求丁戊及己之中率線爲庚辛，乃於庚辛上作壬形與甲相似，甲與壬之比例若乙與丙。

用此法可依此直線形加作兩倍大，三、四、五倍，以至無窮之他形，亦可減作二分之一，三、四、五分之一，以至無窮之他形，其此形與他形皆相似而體勢等也。如甲乙丙丁直角方形，求別作五倍大之他形。先以甲乙線引長之，以甲乙爲度截取五分至戊，令乙至戊五倍大於甲乙也。次以甲戊丙平分於己。次以己爲心，甲戊爲界作甲庚戊半圜，其乙丙線引之至圜界於庚，即乙庚爲所求方形之一邊也。再作庚辛壬乙直角方形，即五倍大於甲丙。

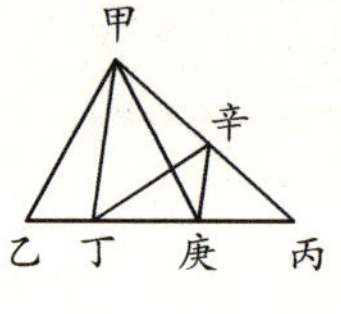
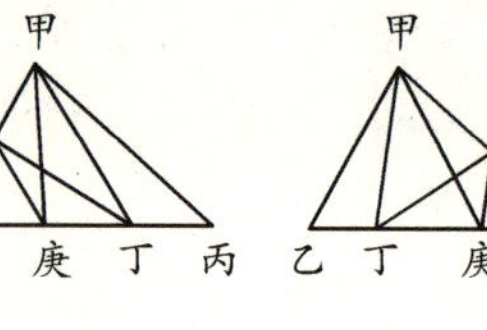
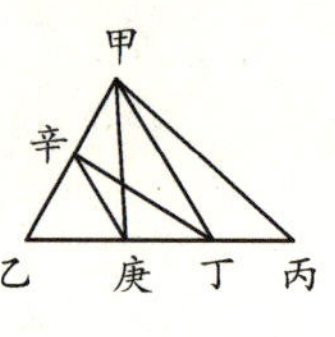

又凡甲乙上，不論何等，與乙庚上形相似而體勢等者，其乙庚上形者五倍大於甲乙上形，相加相減俱倣此，以至無窮。

十六　諸三角形，求作內切直角方形。

如甲乙丙銳角形，先從甲角作甲丁爲乙丙之垂線。次以甲丁線兩分於戊，令甲戊與戊丁之比例，若甲丁與乙丙。末從戊作己庚線與乙丙平行，從己、從庚作己辛、庚壬兩線，皆與戊丁平行，即得己壬形如所求。若直角、鈍角，則從直角甲、鈍角甲作垂線，餘法同前。

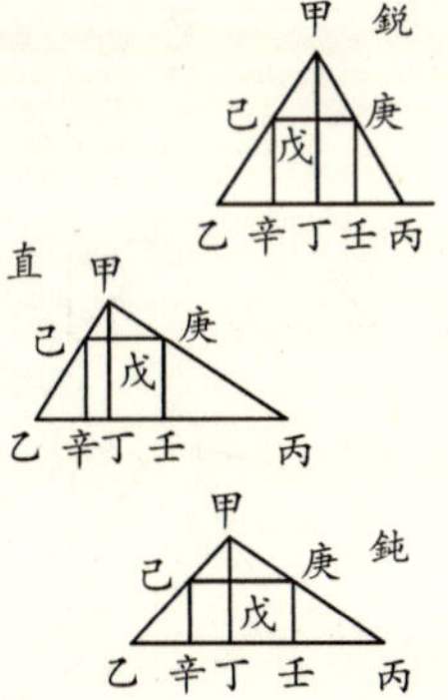

又若直角三邊形，求依乙角作內切直角方形。則以垂線甲乙兩分於丁，令甲丁與丁乙之比例，若甲乙與乙丙。次從丁作丁戊線與乙丙平行，從戊作戊己線與甲乙平行，即得丁己形如求。

通曰：西學莫精於象數，象數莫精於幾何。余初讀三過不解，忽秉燭玩之，竟夜而悟，明日質諸穆師，極蒙許可，凡制器尚象，開物成務，以前民用，以利出入，盡乎此矣，故約而記之於此。

清・李子金《幾何易簡集》卷一　《幾何要法》删注

要法云：幾何在曆家則多用圓，畫圓必先備器，器有三，曰尺、曰規、曰矩。尺以畫線而貴直；規以畫圓而貴調；矩以畫方而貴準。

西法以銅鐵爲筆，頗費工力，且時常修理，否則不調而難用矣。今只用常筆畫直線，則加以筆牀，畫曲線，則縛筆於規之一股，而微露其尖，規之制照常法以銅鐵爲之，令可開闔。若再求簡便，則削木枝之兩岐者，一股縛錐以作圜心，一股縛筆以畫圜線。縛筆之一股斜削其頭磨令光圓縛筆於上亦微露其尖。露尖極短，則畫線極細；露尖稍長，則畫線稍粗。復以繩束其兩股，令其可大可小無不如意，較銅鐵之筆似更省而更便也。若欲作極大極小之圜，不妨多作數具以供隨便之用，列圖於後。

甲乙丙丁爲面，欲審其平。

即用直尺施於甲角繞面運轉，不礙不空方爲平面。

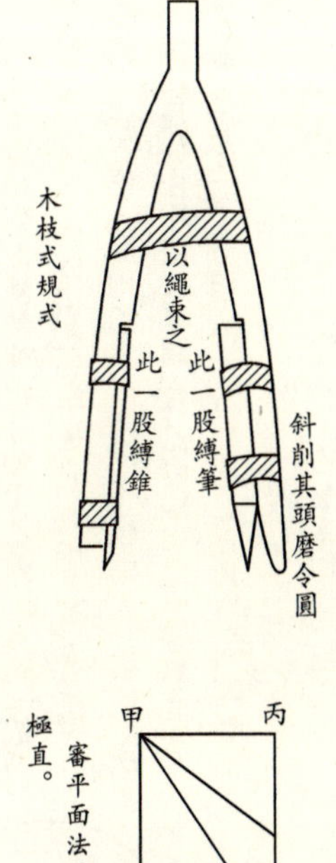

審平面法尺要極直。

有一甲乙線，欲引長之。

先以甲爲心，乙爲界作小平圜。次以乙爲心，任取一度於半圜左右各作短線，與圜線相交爲丙、爲丁。次以丙丁爲心，任取一度向再作短界線相交爲戊。末引甲乙線至戊即得。

有一甲乙線，求兩平分。

即以甲、乙爲心，任用一度愈遠愈準。向上、向下各作短界線相交爲丙、丁。用尺作丙丁直線，即平分甲乙於戊矣。若下面無地，即先作兩短界線於丙。次另用一度作兩短界線於丁。規度愈相遠，畫線愈準。末於丙丁交處作丙丁戊線，即平分甲乙於戊。

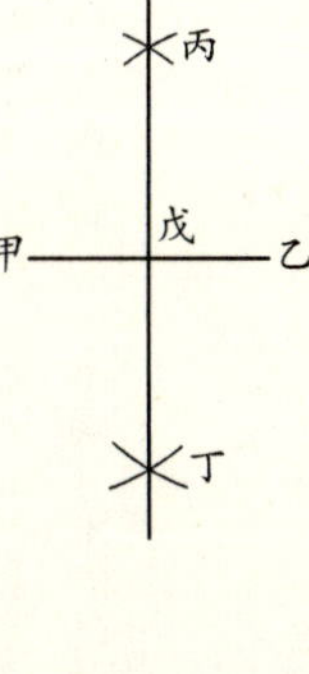

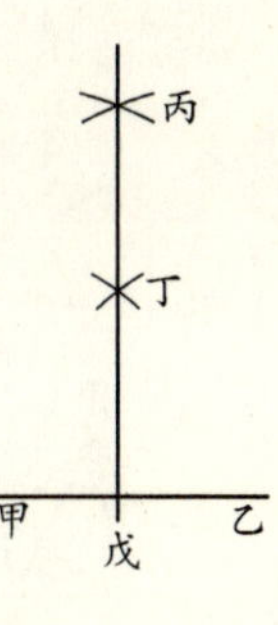

有甲乙直線，任指一點於丙，求作垂線。

先於丙點左右任用一度爲丁、爲戊，即以丁戊爲心任用一度愈遠愈準。向上作兩短界線相交於己。末作己丙直線即得。或再向下作兩短界線相交於庚。末作己庚直線必相交於丙。

若欲立垂線於甲點而甲外無餘線可用，則任取一丙點作丁丙垂線，次作戊甲線與丁丙平行，即得。

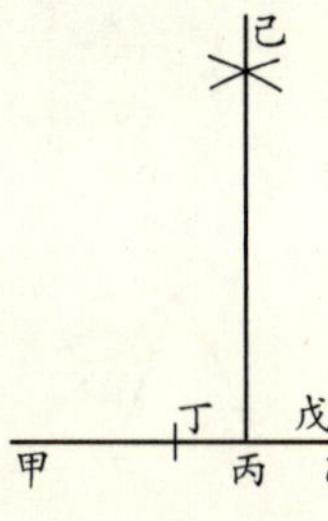

有甲乙直線，求自丙點作垂線。

先以丙爲心向直線兩處各作小半圜，與直線相交於甲、乙，即各以甲、乙爲心向丙點及相望處各作短界線，上交於丙，下交於丁。末作丙丁線，即得丙戊爲垂線。

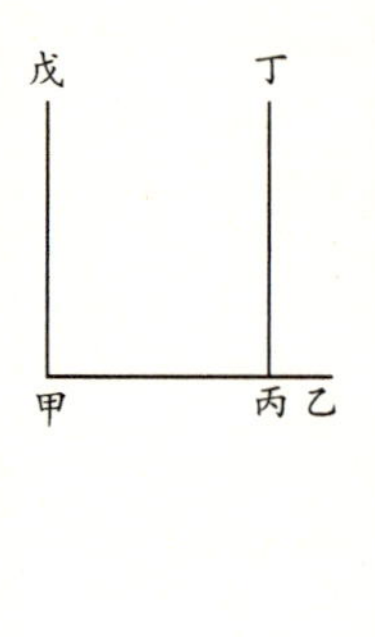

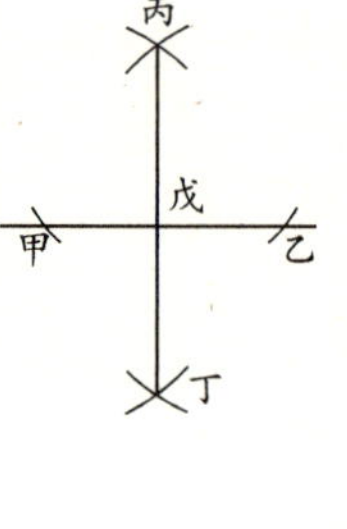

有甲乙線，任遠近求作平行線。

近甲、近乙各取一心以所求遠近爲度，向上各作一小半圜。末用度以半圜爲界作直線，即所求。

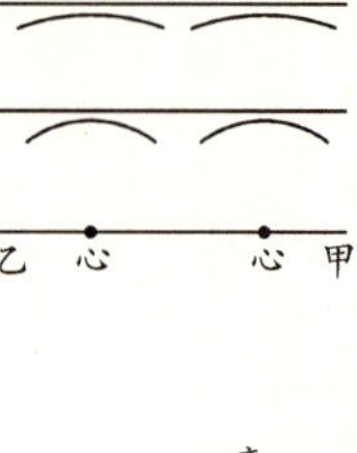

有甲乙線，求五平分。

先從甲任作甲丙線爲丙甲乙角。次從甲向丙任作五平度爲丁、戊、己、庚、辛。次作辛乙直線。末用平行線法作庚丑、己子、戊癸、丁壬與辛乙平行，則壬、癸、子、丑分甲乙線爲五平分矣。

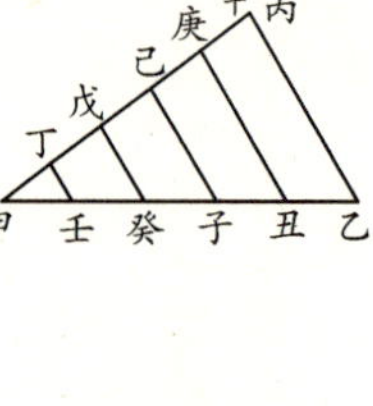

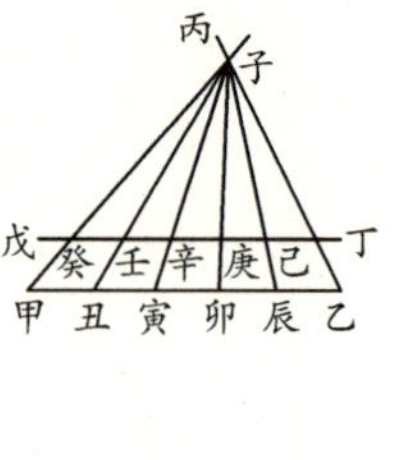

又法：先從乙作丙乙甲角。次作丁戊線與甲乙平行。次從丁作己、庚、辛、壬、癸爲五平分。次從甲過癸作甲子線。末從子作子壬、子辛、子庚、子己四線，各引長之而分甲乙於丑、寅、卯、辰爲五平分。

又法：從甲、從乙作甲丁、乙丙兩平行線。次從乙作戊、己、庚、辛四平分，用元度亦從甲作壬、癸、子、丑四平分。末作戊丑、己子、庚癸、辛壬四線，相聯即分甲乙線於卯、辰、巳、午爲五平分。

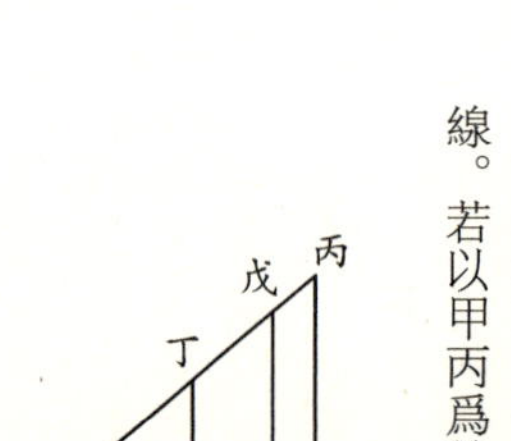

又法：極簡極神可分百千不等之線與百千不等之分。先作一器如丙丁戊己，任平分爲若干格。器愈大格愈密，其用愈廣。今有甲乙直線欲分爲五平分，即以規取甲乙之度，以一髀任抵戊丙線，一髀抵第五庚辛線爲壬。次作戊壬直線，而取兩格相距之度用以分甲乙直線，則得五平分矣。若圖小而所分者大，須變其數以求之。如所分之物爲一丈，或取十分之一，或取二十分之一得度，則倍其數以合之。

有甲乙線，求截各分，其比例若甲丙線之甲丁、丁戊、戊丙。

先以甲乙、甲丙兩線相聯於甲作丙甲乙角。次作丙乙線相聯。末從丁、從戊作丁己、戊庚兩線，皆與丙乙平行，即分甲乙線於己、於庚，若甲丙線之甲丁、丁戊、戊丙也。

有甲乙線，求兩分之，而兩分之比例若丙與丁。

先從甲任作甲戊線爲戊甲乙角。次截取甲己與丙等，己庚與丁等。次作庚乙線聯之。末作己辛線與庚乙平行，即得。

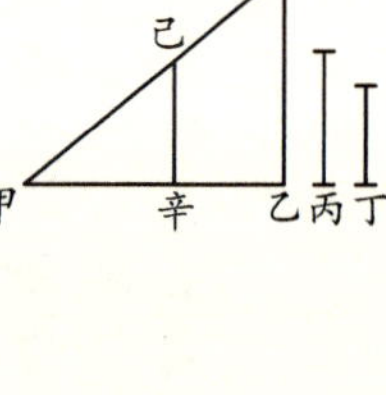
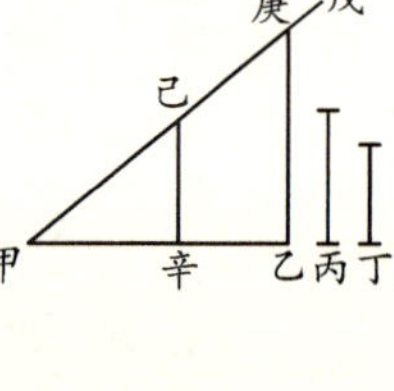

有甲乙、甲丙兩線，求别作一線相與爲連比例。

先合甲乙、甲丙爲丙甲乙角。次於甲乙引長之爲乙丁，令與甲丙等。次作乙丙線相聯。次作丁戊線與乙丙平行。末於甲丙引長之遇於戊，即丙戊爲所求線。若以甲丙爲前率倣此。

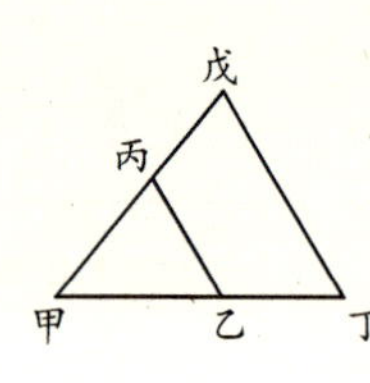

有甲乙、乙丙、甲丁三線，求別作一線相與爲斷比例。

令甲丁與他線之比例，若甲乙與乙丙也。先以甲乙、乙丙共作一直線。次以甲丁線聯作丁甲丙角。次作丁乙線。次作丙戊線與丁乙平行。末自甲丁引長之遇丙戊於戊，即丁戊爲所求線。

有甲乙、乙丙兩線，求別作一線爲連比例之中率。

令甲乙與他線之比例，若他線與乙丙也。先以兩線作一直線爲甲丙。次以甲丙兩平分於戊，即以戊爲心，甲丙爲界，作甲丁丙半圜。末從乙至圜界作乙丁垂線，即得。此與圜內相交之線同理。

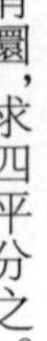

有圜，求四平分之。

凡測天象，多用四分，圜之一爲一象限，故造法不可不準。先作甲乙過心線。次依作垂線法於戊心上自丙至丁作垂線，即得所求。若求六平分，不用他法。只以元度循圜周六步之，即得。

有圜，求十二平分之。

先四平分於甲、乙、丙、丁。次㠯畫圜元規各以甲、乙、丙、丁爲心向左、右各指兩點，即得。再分一爲二，即得二十四平分。曆家每平分周天爲三百六十度，其法先四平分之。次依壽法十二平分之爲十二宫，每宫又三分之，令各包十度，再平分之，令各包五度。次於每宫又五平分之，令各包六度，遂用六度之規至終不改，從子宫初一度起步完一周，又從初五度、初十度、十五度、二十度、二十五度各步完一周，得三百六十度。有圜之分任截幾度。如有甲乙圜分欲取三十度，依壽全圖作甲丙丁爲三十度，角線移於圜分即甲戊爲三十度。圜分半徑長則展之，半徑短則縮之。

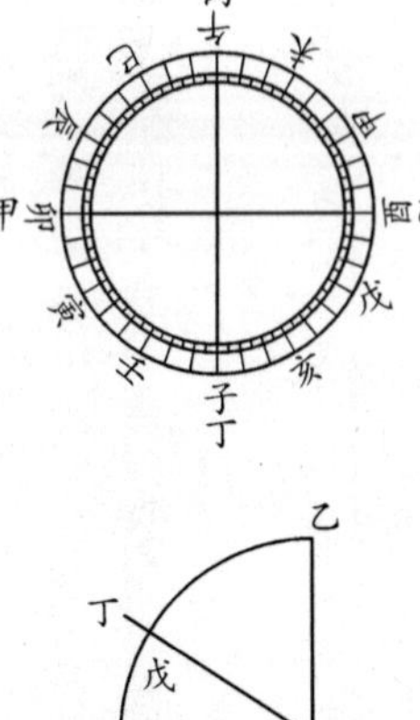

有甲乙丙丁圜，欲求其心。

先於圜之兩界任作一戊己直線。次㠯平分線法各以戊、己爲心向丙、向丁各作短線相交，或丁下無地再易一度仍向丙作之。次作丙丁垂線，再各㠯丙丁爲心向甲乙作短線相交，而以直線聯之，則得庚爲圜心。

有甲乙丙圜分，求成圜。

先任作甲、乙、丙三點。次作甲丙、乙丙兩線而各平分於戊、於丁。次於戊丁上各作垂線相交於圜心爲己。即可成圜。

有甲乙丙三點，求作一圜貫之。

先以甲爲心向乙、丙各作小半圜。次以乙、丙爲心向甲亦如之，甲乙相交爲丁、爲戊，甲丙相交爲己、爲庚。次作丁戊、己庚兩直線相交於辛。末以辛爲心任取一點爲界作圜，即得。

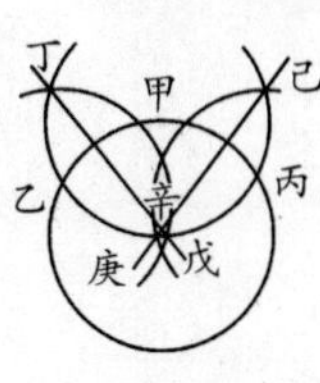

有甲乙丙三角形，求作形外切圜。

先平分兩邊於丁、於戊。次於丁、戊上各作垂線爲己丁、己戊而相遇於己。末以己爲心甲爲界作圜，即得。若形是直角、鈍角，則分直角、鈍角兩邊，直角圜心必在形邊，鈍角圜心必在形外。依此法將前圖三點先作三角形，然後作圜貫之更捷。

有甲乙丙角形，求作形內切圜。

先將乙丙兩角各平分之，作乙庚、丙戊兩線相交於丁爲心作圜，即得。

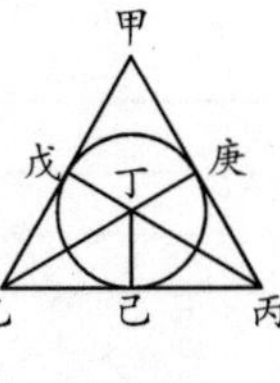

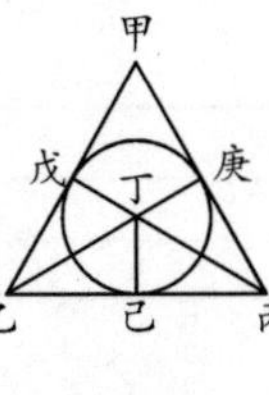

有甲乙丙圜，求作圜內三角切形，其三角與所設丁戊己之三角各等。

先作庚辛線切圜於甲。次作庚甲乙角與己角等。次作辛甲丙角與戊角等。末作乙丙線，即得此圜內三邊不等之角形也。

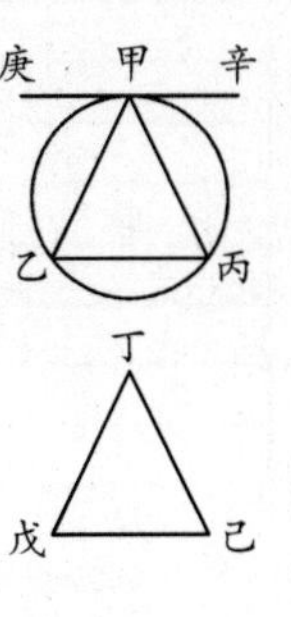

若作三邊等之角形，只以半徑爲度，周圜界六步而三分之，界以直線即得。

又法：以半徑爲度，任用圜界一點爲心，作兩圜相交。又移一心，以交線爲界，再作一交圜，其三線相交處爲一角，其兩線相交處爲兩角，直線界之亦得所求。此法本書不載，予故補而出之。

有甲乙丙圜，求作圜外三角切形與丁戊己之三角各等。

先於戊己邊引長之爲庚辛，作甲壬線。次作甲壬乙角與丁戊庚等。次作乙壬丙角與丁己辛等。末於甲乙丙上作癸子、子丑、丑癸三垂線，即得所求。

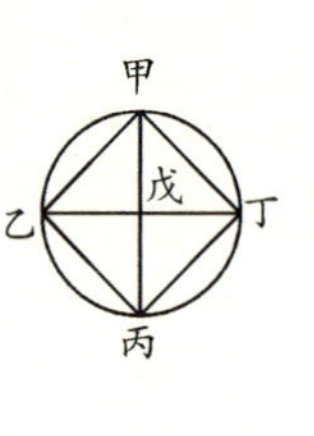

有甲乙丙丁圜，求作内切圜方形。

先作乙丁徑線甲丙垂線相交於戊。次作甲乙、乙丙、丙丁、丁甲四線，即得。

有甲乙丙丁圜，求作外切圜方形。

先作甲丙、乙丁兩徑線相交於戊。次作庚己、己辛、辛壬、壬庚四線平行，即得。

有甲乙丙丁方形求作内切圜。

先平分四邊於戊、己、庚、辛，而作辛己、戊庚兩線交於壬。末以壬爲心作圜，即得。

有甲乙丙丁方形求作外切圜。

先作對角兩線相交於戊。末以戊爲心，甲爲界作圜，即得。

有圜，求作圜内五邊切形，其形等邊等角。

如有甲乙丙丁戊圜，先作己庚辛兩邊等之角形，而庚辛兩角各倍大於己角。次於圜内作甲丙丁角形，與己庚辛角相似。次平分丙丁兩角，作丙戊、丁乙兩線。末作甲乙、乙丙、丙丁、丁戊、戊甲五線，相聯即得。凡作五邊形宜用下章法爲簡，朕此章法最妙，但此三角形不易作耳。按：此形乃一線分身連比例之法，而以五邊之一邊爲底線，次作兩邊線於圜内也。《幾何原本》六卷第三十題「求理分中末線」止言中末率已成之形，而不言分截之法。二卷第十一題「一直線，求兩分之，而元線偕初分小線矩内直角形與分餘大線上直角方形等」雖言分截之法，而不言其理。三卷第三十六題「從圜外一點出兩直線，一切圜一割圜，其割圜之全線偕規外線矩内直角形與切圜線上直角方形等」則統言其理矣，而不明言某一切線、某一割線，爲作此形一定不可易之法，予别有補注，姑附其説於此。

有圜，求作内切圜五邊及十邊形。

如有甲乙丙圜丁爲心，先作甲乙過心線。次作丙丁垂線。次平分丁乙線於戊，作丙戊線。次取戊丙度移於徑線爲戊己。次作丙己線，則丙己爲甲乙丙圜五分之一，以此爲度，可作内切圜五邊形，丁己度可作十邊形。按：此即一線分身連比例之法，其詳見後。

有圜，求作圜外五邊切形。

依壽法作圜内甲乙丙丁戊五邊形。次乃從己心作己甲、己乙、己丙、己丁、己戊五線。次從此五線作庚辛、辛壬、壬癸、癸子、子庚五垂線，即成外切圜五邊形。

五邊形，求作形内切圜。

先平分五邊於庚、辛、壬、癸、子。次從五角作甲壬、乙癸、丙子、丁庚、戊辛五線而相交於己。末以己爲心庚爲界作圜，即得。

五邊形求作形外切圜。

先用前法得己爲心。次以己爲心甲爲界作圜，即得。

有甲乙丙丁戊己圜其心庚，求作圜内六邊切形。

即以半徑爲度，循圜六步之。末以對角過心線相聯，即得。

有甲乙丙圜求作圜内十五邊切形。

先於圜内作甲乙丙平邊三角形。次作甲戊己庚辛五邊形，則甲戊得十五分之三，戊乙得十五分之二，乙己得十五分之一。末取乙己爲度，循圜步之，即得。

以此爲例，推而用之，可作無量數形。

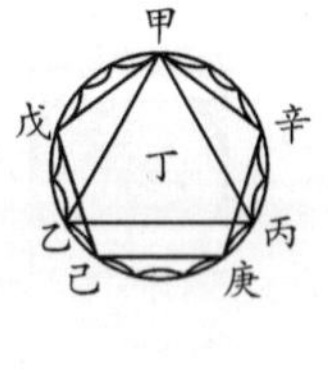

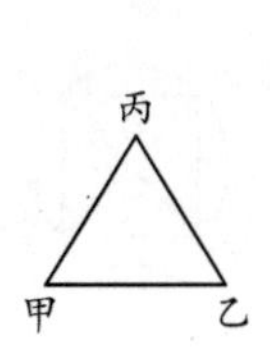

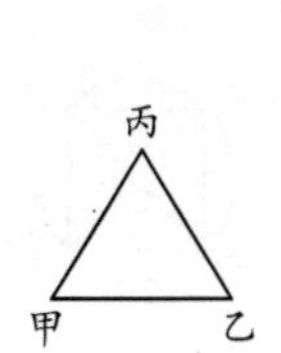

有甲乙直線，求作等邊三角形。

取甲乙爲度，即以甲、乙爲心。或上或下作短界線相交爲丙。末作丙甲、丙乙兩線，即得。

有甲乙線，求作兩邊等角。

以甲乙爲底用所欲之度或長或短，以甲、乙爲心，向丙、向丁作短線相交，以直線聯之，即得。

有甲乙線，求作三不等角。

先用與甲乙不等之度以甲爲心向丙作短界線。次用與甲乙不等復與甲丙不等之度，以乙爲心亦向丙作短界線而相交於丙。末作甲丙、乙丙兩線，即得。

有甲乙丙角，求兩平分之。

先以甲爲心任取一度作半圜，與兩邊線相交於丁、戊。次用元度或任取一度以丁、戊爲心向己作短線相交。末作甲己線，即得。

有甲乙丙直角，求三平分之。

先任於一邊作三邊等角形爲甲乙丁。次平分甲丁於戊，而作乙戊線，即得。

有丁戊己角，於甲乙線上求作一角與之等。

先於本角截作庚戊辛形。次依壽作兩邊等角法作丙壬癸角，即得。

無論何等三角形，任取一邊折半向角作直線，即爲兩平分。

又如甲乙丙角欲從丁點求兩平分之。

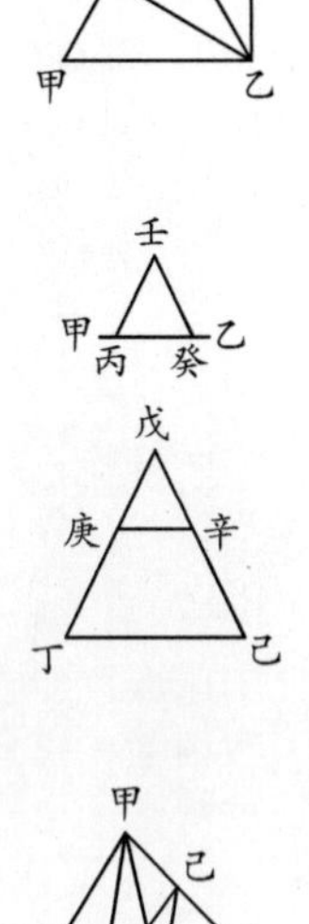

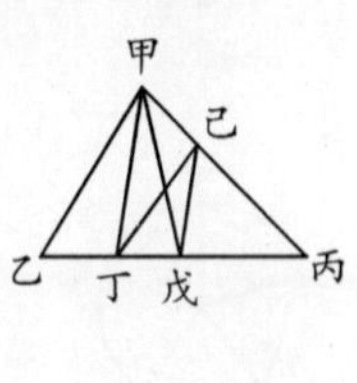

先自甲角作甲丁線。次平分乙丙線於戊，作戊己線與甲丁平行。末作己丁線，即得。

凡作方形必欲用矩，先論審矩法，後論棄矩求方之法。

先作一圜中畫徑線。次以矩角倚半圜之界，視矩稜正切徑線與圜相交處，即可用。若有出入，便當更改，或作一直線，更作一垂線較之，亦可。

有子丑寅卯無法四邊形，求作方形與之等。

先依子丑對角之長作甲乙線與之等。次依寅巳、辰卯兩線相并折半作甲丙線與之等，因作丙丁、乙丁兩線成甲丁直形與子丑寅卯形等。次引丙丁至己，令丁己與丁乙等。次平分丙己於戊，即以戊爲心丙爲界作丙庚己半圜。次從乙丁線引長之遇圜界於庚，則庚丁上方形即爲辛壬而與子丑寅卯形等。

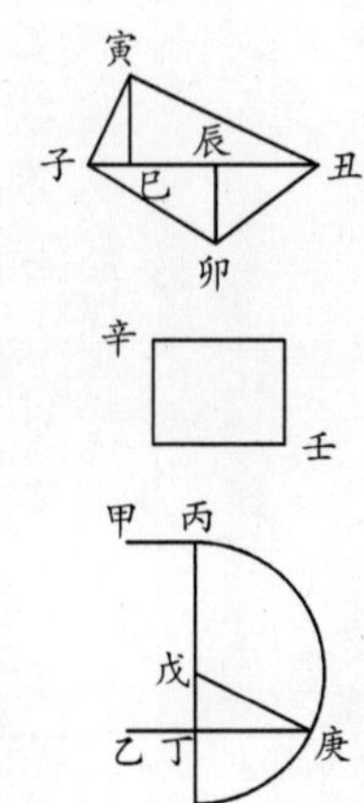

有甲乙丙角形，求作一平行方形與之等，而有丁角。

先平分乙丙邊於戊。次作丙戊己角與丁角等。次作甲己庚線與乙丙平行，末作丙庚線與戊己平行，則得己戊丙庚平行方形如所求。

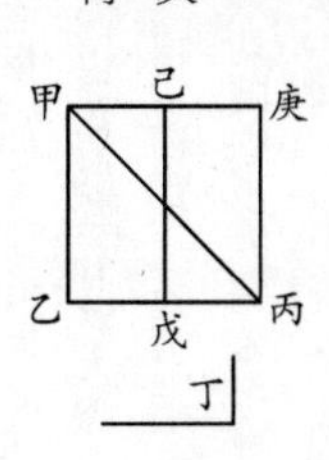

有甲乙丙五邊形，求作一平行方形與之等，而有丁角。

先分五邊形爲甲、乙、丙三三角形，依壽章法作戊己庚辛平行方形與甲等，而有丁角。次於戊辛、己庚兩平行線引

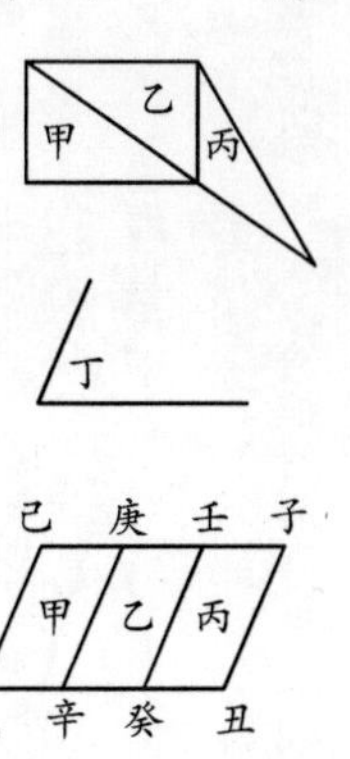

長之，作庚辛壬癸形與乙等。末作壬癸子丑形與丙等，即此三形并爲一平行方形與五邊形等。

有甲、乙、丙、丁、戊五線上方形，求并作一方形。此即勾股之法。

先任以甲爲度作己庚股，以乙爲度作庚辛勾，而作己辛線爲弦。次以丙爲度作辛壬勾，而前之己辛又成股，復作己壬線爲弦。次以丁爲度作壬癸勾，而前之己壬又成股，復作己癸線爲弦。次以戊爲度作癸子勾，而前之己癸又成股，復作己子線爲弦，則己子線上方形即與甲、乙、丙、丁、戊五線上方形并等也。

有甲乙丙丁平行方形，求作三角形與之等，而有戊角。

先取甲丙線引長之爲甲己。次依方形之乙丁底作乙丁己角形，居方形之半而有戊角。次取乙丁線引長之令庚丁與乙丁底等，作庚丁己角復居方形之半。則乙己庚三角形豈不與甲乙丙丁之方形等，而有戊角乎？

有三角形如乙，求作甲線上平行方形與之等，而有丙角。

先依前三角求作平行方形法，作丁戊己庚平行方形與乙等，而有丙角。次於庚己線引長之，作己辛線與甲線等。次作辛壬線與戊己平行。次於丁戊引長之與辛壬線過於壬。次作壬己對角線引出之，又自丁庚引長之，與對角線遇於癸。次自癸作直線與庚辛平行，又於壬辛引長之，與癸子線遇於子。末於戊己引長之至癸子線得丑，即己丑子辛爲甲線上平行方形而有丙角如所求。

有甲、乙兩線上方形，求別作兩方形自相等，而并之又與甲、乙兩線上方形并等。

先以乙爲度作丙丁線，以甲爲度作丙戊線，而相聯於丙爲直角。次作丁戊線成丁丙戊勾股形。次平分丁戊於庚，作己庚垂線與丁庚等。末作己丁、己戊兩線，即己丁、己戊兩線上方形自相等，而并之又與甲乙兩線上方形并等也。

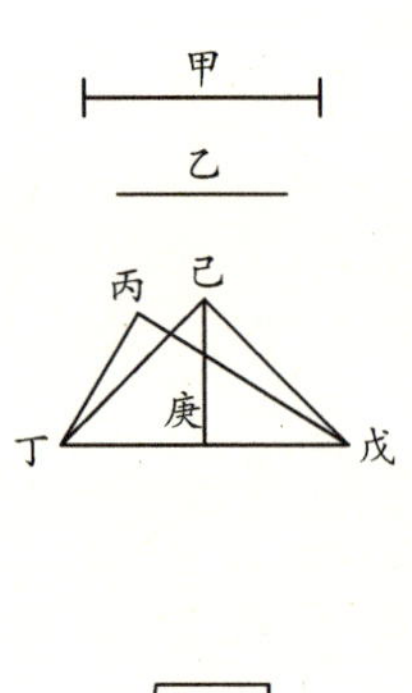

有甲、乙兩無法四邊形，甲大於乙，求以乙減甲其較幾何。

先任作丙丁戊己平行方形與甲等。次作丙丁庚辛平行方形與乙等，即得辛庚戊己爲相減之較矣。

要法云：方圓、圓方之法，自古名賢究析未準，吾師丁先生《幾何》六卷之末設此神法，其用甚廣。今撮其要，以推作方圓、圓方之法。先設甲乙丙丁方形。次以乙爲心作甲丁象限任分爲若干度，今姑分爲九十度，又作橫線亦分甲乙、丙丁兩線爲九十分，其橫線與象限線交處俱作點。次作甲戊曲線以貫諸點，因作甲戊直線以爲方圓、圓方之根線，而乙甲爲邊，乙甲如股。乙丁爲底，乙丁線内乙戊如勾。若乙戊線與圓之半徑等，則用甲乙線。若圓之半徑長，則作乙己線與半徑等，更作己庚線與戊甲線平行，而用庚乙邊。若圜之半徑短，則作乙辛線與半徑等，更作辛壬線與戊甲平行，而用壬乙邊。

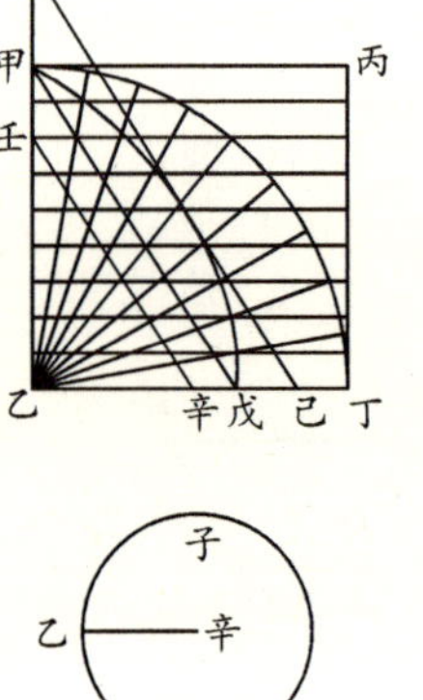
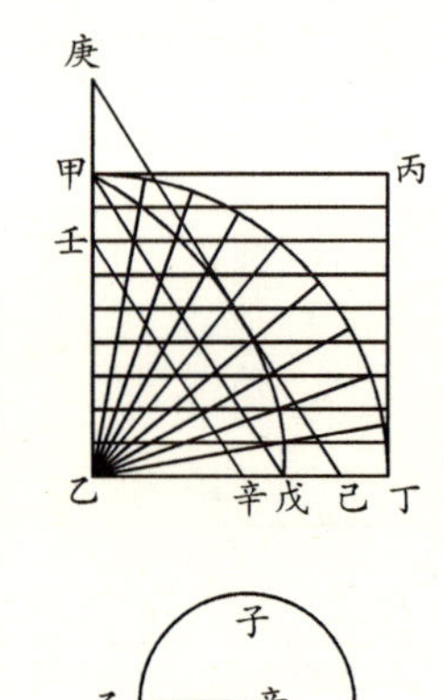

今有子丑圜，如前圖，其半徑與乙辛等。先作一寅卯線立一辰己垂線。次從己取己午、午未各與乙壬等。次取己申與乙辛等，而平分申未於酉，即以酉爲心、以申未爲界作半圜，遇垂線於辰，即己辰爲方形之一邊，而此方形與所有之子丑圜等矣。

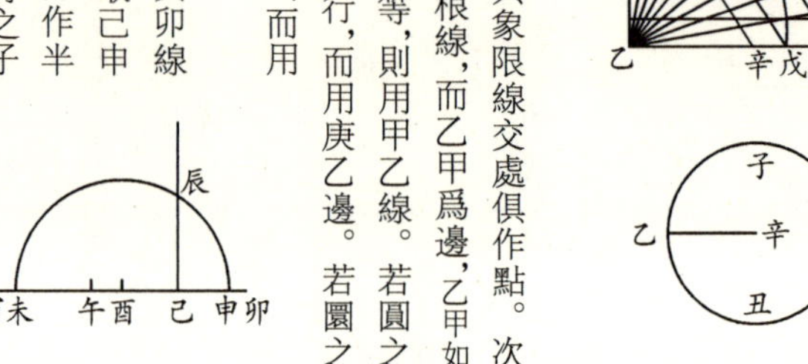

有甲線上方形，求作一圜與之等。

先設一圓，依前法求出作方之線如辰己，即己申爲圓之半徑。因作辰申線，次作戌己線與甲等。次作戌卯線與辰申平行。末以己卯爲半徑之度作一圓，即得所求。

方內容圓，古人以方四圓三爲率，故未得密合。嘗細攷之，凡方積四，方內之圓積當是三一四有奇。丁先生之法，蓋不用方四圓三之率，而欲求其密合也。愚更立一簡法，只以圓之三半徑加圓內六弧之一矢爲長，以半徑爲廣，其矩內形即與圓等。肰後以直形化爲方形，則方形自與圓等也。此乃徑一周三一三四之率，雖不能天肰巧合，實在劉徽、祖沖之二密率之間，亦庶乎？簡而可用矣。

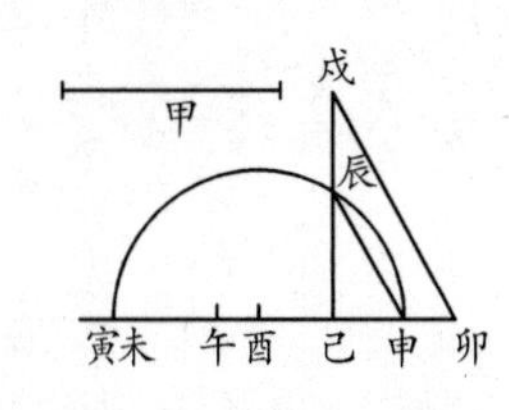

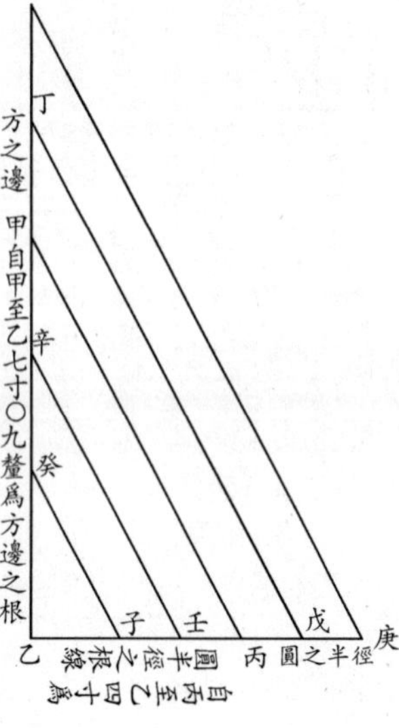

度與數殊塗而同歸，予復假尺寸之數立一成法，以七寸〇九釐爲方之一邊、以四寸爲圓之半徑作甲丙弦線，聯之以爲方圓、圓方之根線，用法同前。此爲徑一周三一四一七之率，最密最簡，玅不可言。

又有用數之法，以圜求方與之等，只以半徑爲後率，半周爲前率，二率相乘，平方開之，即得中率爲方形之一邊，而其積與原圜等。若以方求圜與之等，則置原方半徑以四因之爲前率，取四因之數以三一四一六除之爲後率，用前法作半圜求之即得中率爲圜徑，而其積與原方形等。假如原方半徑三寸，以四因之得一十二寸爲前率，即取一十二寸以三一四一六除之得三寸八分一九七爲後率，二率相乘得四十五寸八分三六四，平方開之，得六寸七分七釐强爲圜徑。復取四十五寸八分三六四，以方圜密率三一四一六乘之，以四歸之，亦得三十六寸，與方形半徑三寸之積等。

予又有用數之法，更密更簡爲諸法之第一。有圜求方與之等，置圜徑以八八六二乘之，即得。方邊有方求圜與之等，置方邊以一一二八三乘之，即得圜徑。

要法云：依方圓、圓方之法可推，任有直線形可作一圓與之等；任設一圓可作直線形與之等。須先依前章法求多邊直線形作一方形與之等。次依本章法作一圓形與方形等，則得一圓與所有直線形等矣。若有圓求作三角形，先依本章法作一方形與圓等。次依前法作三角形與方形等，則所作三角形與原圓等矣。

予撰《幾何易簡集》凡直角方形省曰：方形、或曰：羃直角，或易曰：方角直角形，或省曰：直形方形；四角之字，或止言對角二字。無非欲省其繁文，使雅俗共曉而已。

又　卷二　《幾何要法》删注

有甲乙丙三角形，求作平行方形與之等，而有丁角。

先平分乙丙邊於戊。次作丙戊己角與丁角等。次作甲庚線與乙丙平行。末作丙庚線與戊己平行，則得己戊丙庚平行方形與甲乙丙角形等。試作甲戊線，則甲戊丙三角形得甲乙丙三角形之半，亦得己戊丙庚平行方形之半，如是則己戊丙庚平行方形與甲乙丙三角形等矣。

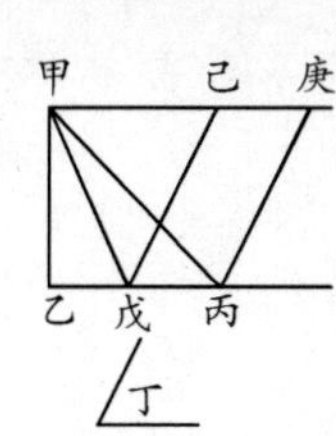

有甲乙線，求兩分之，而元線偕初分小線矩內直形與分餘大線上方形等。

先於甲乙線上作甲乙丙丁方形。次平分甲丁線於戊。次作戊乙線。次從戊甲引長之至己，使戊己與戊乙等。末截甲乙線爲甲庚與甲己等，即甲乙偕庚乙矩內直形與甲庚上方形等。試於庚上作壬辛線與丁己平行。次作己辛線與甲庚平行，其壬庚與丙乙等，即與甲乙等，而庚丙直形在甲乙偕庚乙矩線內也，又甲庚與甲己等，即己庚爲甲庚上方形也。今欲明庚丙直形與己庚方形等，試觀甲丁兩平分於戊而引增一甲

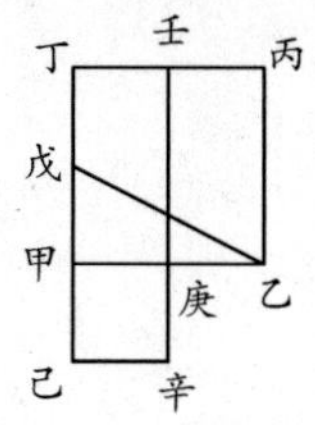

己，是丁己偕甲己矩内直形及甲戊上方形并，與等戊己之戊乙上方形等。夫戊乙上方形等於甲戊、甲乙上兩方形并，即丁辛直形及甲戊上方形并，與甲戊、甲乙上兩方形并等矣。次各減同用之甲壬直形，則所存己庚方形與庚丙直形等，而甲乙偕庚乙矩内直形與甲庚上方形等矣。原注云：此題無數可解，謂其數不盡，難以恰合。此乃一線分身連比例之作法也。按：本書之言比例者不同，有斷比例，有連比例，而連比例之中又有一線分身之連比例與兩線相較之連比例。據圖甲乙元線分截於庚，其甲乙元線爲初率，截餘之甲庚大線爲中率，初截之乙庚小線爲末率，此乃以初率與中末二率自相消息，若無作法，則大費推求且難得準的與兩線相較之連比例，可隨在度量而即得者不同也。今以數攷之，雖有奇零不盡之處，而其理則如是也。假如甲丁元線長八寸，如股折半得甲戊線長四寸，如勾股自乘得六十四寸，勾自乘得一十六寸，并之得八十寸，平方開之得戊乙線長八寸九分四釐四毫强，而戊己與戊乙等，内減去甲戊之勾四寸，餘爲勾弦差。此數即甲乙線截去乙庚末率所餘甲庚之中率也。而以甲庚減甲乙，則乙庚末率當爲三寸〇五釐六毫。以甲乙八寸與乙庚三寸〇五釐六毫相乘，得二十四寸四分四釐八毫，爲甲乙偕乙庚矩内直形之數。以甲庚四十九分四釐四毫自乘，亦得二十四寸四分四釐强，爲甲庚上方形之數。如是，則甲乙偕乙庚矩内直形豈不與甲庚上方形等乎？以比例之數言之，甲庚之四寸九分四釐四毫與甲乙之八寸相比，則甲庚爲甲乙十分之六一八。以乙庚之三寸〇五釐六毫與甲庚之四寸九分四釐四毫相比，則乙庚亦爲甲庚十分之六一八。此所謂一線分身之連比例也。再以圖攷之，甲乙與甲庚并與丁己線等，爲大直形之長，又爲初率大方形之丁甲，又爲中率小方形之甲己，又爲末率丁己與丁甲之比例若丁甲之與甲己，丁甲與甲己之比例又若甲庚之與乙庚，是分身之中又有分身，比例之中又有比例。蓋一圖而備四率矣。然求立一定之法，則以甲乙爲初率，甲庚爲中率，乙庚爲末率，乃確不可易者。若以丁己爲初率，丁甲爲中率，甲己爲末率，理雖脗合，但恐丁己一線其分截於甲之度無所據以定之耳。蓋一圖之中雖備四率，而所用者則止於三率也。若不究其數，而但以勾股之度量之，更爲簡捷。只以初率之元線爲股，折半爲勾，勾弦差爲中率，以勾弦差減股餘爲末率足矣。

依方形對角線長於方形邊之較，求方形邊。

假如方形對角線長於方形邊爲甲乙，先於甲乙線上作甲丙方形。次作乙丁對角線，引長之爲丁戊，與甲丁等，即得乙戊線爲方形之邊，試於乙戊作己戊垂線與乙戊等，因作戊乙庚己方形。末作戊甲線，則戊己與甲己等，而乙己對角線大於戊己邊之較爲甲乙矣。按：方形與對角線之較原有奇零不盡之數，古人以方五斜七立法，亦言其大槩耳。若以句股法求之，凡方邊五寸，得對角線七寸〇七釐一毫六五有奇，其不能恰合者，乃天之所設，非法之所能齊也。惟不以數求，而以度求，斯無不盡之嫌矣。

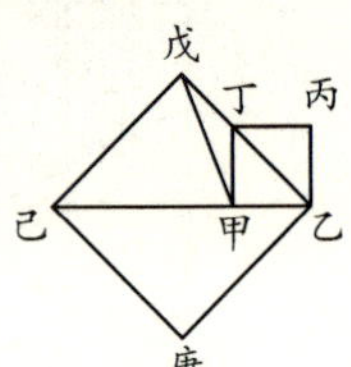

又 卷三 作兩邊等三角形，而使底上兩角各倍大於頂上一角。

先以五邊之一爲底。次作兩邊線於圜内，詳見要法：圜内作五邊形及十邊形，依此五邊形作一線分身之法最爲簡妙，而《原本》不載，不知何人所作，今本要法所載之圖，而以句股之度量之。先作一甲乙丙圜。次作甲乙過心線。次作丙丁垂線。次平分乙丁於戊，即以戊丁爲勾、丙丁爲股、而作丙戊線爲弦。次移丙戊之度於徑線爲戊己，其丁己即句弦差也。復以丁己之句弦差爲句、丙丁爲股，而作丙己爲弦，即丙己之度可作圜内五邊形，丁己之度可作圜内十邊形。若以丙己之度作底上兩角，次依圜界作頂上一角，即爲兩邊等三角形。其底上兩角各倍大於頂上一角也。

有圜，從圜界上一點作數形之各一邊於圜内。

如甲乙爲六邊形之一邊，甲丙爲五邊形之一邊，甲丁爲四邊形之一邊，甲戊爲三邊形之一邊。甲乙命六，甲丙命五，較數一，即乙丙爲三十邊形之一邊。蓋五六相乘爲三十，故可作三十邊。較數一，故當爲一邊也。按：甲乙爲六分圜之一，即得三十分圜之五；甲丙爲五分圜之一，即得三十分圜之六；而乙丙，則三十分圜之一也。因見乙丁爲二十四邊形之二邊，蓋甲乙六與甲丁四相乘得二十四，而其較數二也。如是，則知乙戊爲十八邊形之三邊，丙丁爲二十邊形之一邊，丙戊爲十五邊形之二邊，丁戊爲十二邊形之一邊矣。再析言之，乙六、丙五，五六相乘，故得三十，五六相減，故得較數一；乙六、丁四，四六相乘，故得二十四，四六相減，故得較數二；乙六、戊三，三六相乘，故得一十八，三六相減，故得較數三；丙五、丁四，四五相乘，故得二十，四五相減，故得較數一；丙五、戊三，三五相乘，故得一十五，三五相減，故得較數二；丁

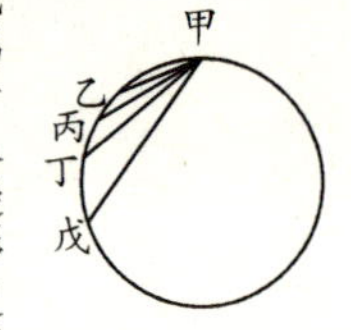

四、戊三，三四相乘，故得一十二，三四相減，故得較數一也。

有他線大於元線二倍以上，求分他線爲兩分，而以元線爲中率。

如甲乙線大於甲丙元線二倍以上，先以甲乙、甲丙聯爲丙甲乙直角，而兩平分甲乙於丁。次以丁爲心，甲乙爲界作甲戊乙半圜。次作丙戊線與甲乙平行，而遇半圜界於戊。次作戊己垂線與甲丙平行。末作戊甲、戊乙兩線，即戊己爲甲己、己乙之中率。而甲丙與戊己等，則甲丙亦甲己、己乙之中率也。若甲乙不大於甲丙二倍以上，則甲丙大於半徑不得爲兩分之中率矣。

有甲乙線上，求作一形與所有丙丁戊己庚形相似而體勢等。

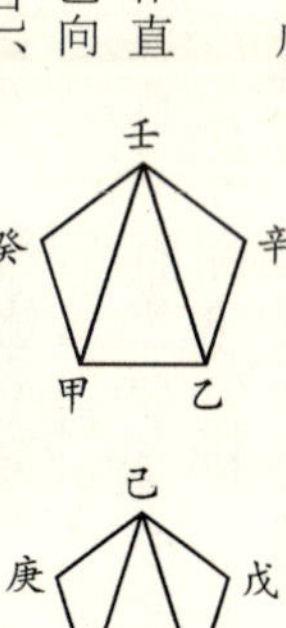

先於所有形任從一角各向對角作直線，而分本形爲若干角形，如圖，則從己向丁、向丙作兩直線，而分爲丙丁己、丙庚己、丁戊己三三角形。次於元線上作甲乙壬、乙甲壬兩角與丁丙己、丙丁己兩角各等，其甲壬、乙壬兩線遇於壬，即甲壬乙與丙己丁兩形相似。次作乙壬辛、壬乙辛兩角與丁己戊、己丁戊兩角各等，其壬辛、乙辛兩線遇於辛，即乙辛壬與丁戊己兩形相似。末依上法作甲壬癸與丙己庚形相似，即得甲乙辛壬癸與丙丁戊己庚兩形相似而體勢等。凡作多角形，俱倣此。

又簡法：如有甲乙丙丁戊己直線形，求於庚線上作一形與之相似而體勢等。

先於甲角旁之甲乙、甲己兩線任引出之爲甲辛、甲丑。次從甲向各角各作直線爲甲壬、甲癸、甲子。次於甲乙線上截取甲辛與庚線等。末從辛作辛壬線與乙丙平行，作壬癸線與丙丁平行，癸子與丁戊、子丑與戊己各平行，即所求。按此法頗妙，蓋即句股與比例規之意，遠則廣大，近則狹小，亦自然之數也。

有甲乙兩直線形，求作他直線形與甲相似、與乙相等。

先於求相似之甲形任取一邊，如丙丁，於丙丁邊上作平行方形與甲等爲丙戊。見要法。次於丁戊邊上作平行方形與乙等，而戊丁庚角與丁丙己角等爲丁辛。次作一壬癸線爲丙丁、丁庚之中率。末於壬癸上作子形與甲相似而體勢等，即子形與乙形等。按丙丁、壬癸、丁庚三線既爲連比例，則一丙丁與三丁庚之比例，若一丙丁上之甲與二壬癸上之子兩形相似而體勢等者之比例也。又丙丁與丁庚之比例，若丙戊與丁辛兩等高平行方形之比例也，則丙戊與丁辛若甲與子矣。夫丙戊與丁辛元若甲與乙，則甲與乙之比例，若甲與子，而乙形與子形等矣。《原本》云：凡三直線爲連比例，則第一線上多邊形與第二線上相似之多邊形其比例，若第一線與第三線也。今甲、乙兩形不相似，故先將兩形於平行線內作兩平行方形以爲前後兩率，然後求出中率，作子形於中率之上而令與甲相似，則子形即與乙形等矣。

一甲乙直線，求作理分中末線。

先於原線上作甲乙丙丁方形。次依丁甲邊作丁己直方形與甲丙方形等，而甲己爲其餘形又與甲丙方形相似，則戊己線分甲乙於辛，爲理分中末線也。丁己與甲丙兩形既等，每減一甲戊形，即所存甲己與辛丙兩形亦等矣。此兩形之甲辛己、戊辛乙兩角既等，即兩角旁之各兩邊線爲互相視之線也。而等戊辛之甲乙線與等辛己之甲辛線其爲比例，若甲辛與辛乙也，是甲辛乙線爲理分中末也。甲乙、甲辛、辛乙凡三線，而第一、第三矩內之辛丙直形與第二甲辛上方形等，即三線爲連比例，而甲乙與甲辛若甲辛與辛乙矣。

按前法云：依丁甲邊作丁己直方形與甲丙方形等，然此非可以妄意揣度而作也。既作甲丙方形，即將丁甲平分於壬。次將丁甲線引長之爲丁庚線。次以壬爲心、乙爲界作小半圜，而與丁庚線相遇於庚。次以甲爲心、庚爲界作更小半圜，而與甲乙線相遇於辛。次作戊辛己線與丁甲庚線平行。末作庚己線與甲辛平行，而與戊辛己線相遇於己，然後能令甲乙與甲辛之比例，若甲辛與辛乙，而甲乙偕辛乙矩內直形始得與甲辛上方形等也。若不用此法，而任分甲乙於辛，則於連比例之率不合矣。甲乙偕辛乙矩內直形不與甲辛上方形等，即丁己之大直形亦不與甲丙之大方形等矣。西洋謂此線爲神分線，不其然乎？子以勾股法求之，更爲簡捷，詳見二卷。

又　卷四　一直線形，求所減之分與所存之分各作一形與所設之形相似而體勢等。

如甲形，求減三分之一。先作丙丁形與甲相等，而與所設之乙形相似。次於丙戊邊上作丙己戊半圜。次分丙戊爲三平分，而取其一爲庚戊。次從庚作己庚垂線。次作己丙、己戊兩線。末於己丙、己戊上作己辛、己壬兩形各與丙丁相似而體勢等，即得。按：此法最爲曲折，必先變甲爲平行方形，而有乙角爲第一餘方。次以乙底爲度，用對角線求第二餘方，得甲幾倍大於乙。次用後作倍大他形之法，即得丙丁形與乙相似而與甲相等。或先以乙形之底爲前率，作一與乙等高與甲相等之形而有乙角爲後率以求中率，然後以中率爲底作一形與乙相似，則自與甲相等也。餘以前法作之，即得。以數明之，假如甲之實一十八，其乙形高二度、濶四度，即以高二度除一十八，得高二度、濶九度一餘方。次以乙濶四度爲前率，甲濶九度爲後率，求中率得六度，即以六爲度用對角線作之得濶六度、高三度之一餘方爲丙丁，即與乙相似而與甲相等也。

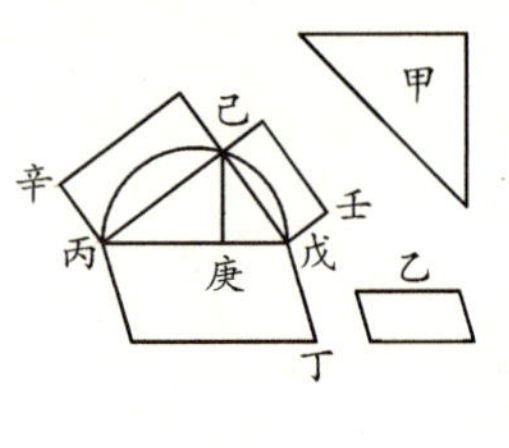

若直線形，求減之所減所存，不論何形，其法更易。

如甲形，求減三分之一。

先作乙丙平行方形與甲等。次分乙丁爲三平分，而取其一爲戊丁。末從戊作己戊線與丙丁平行，即戊丙形爲等甲之乙丙形三分之一也。

若於大圜求減一小圜，則以圜徑當形邊，餘法同前。

按：此亦兼句股與連比例兩法，甲丙大圜之徑如弦，甲乙中圜之徑如股，乙丙小圜之徑如句，凡一弦冪皆與句股兩冪并等。圜形雖與方形不同，無論大小皆形相似而體勢等，故與方形同法。則甲乙、乙丙兩圜并，與甲丙圜等也，其爲連比例者，蓋甲丙與甲乙之比例，若甲乙與甲丁，若甲丙與乙丙之比例，若乙丙與丁丙也。凡面與面之比例爲其相似邊再加之比例，則是甲丙與甲乙兩形之比例，若甲丙與甲丁兩線之比例；甲丙與乙丙兩形之比例，若甲丙與丁丙兩線之比例也。以數明之，假如甲丙大圜之徑一百度，甲乙中圜之徑八十度，中圜徑爲大圜徑十分之八。雖兩徑之比例爲十分之八，而兩形之比例則非十分之八，故再加以中圜徑之比例爲甲乙十分之八者，方爲大圜與中圜兩形之比例也。其大圜徑所分之甲丁線六十四度爲中圜徑十分之八，則是甲丙大圜與甲乙中圜兩形之比例，若甲丙與甲丁之兩線也。而甲丙大圜與乙丙小圜兩形之比例，若甲丙與丁丙之兩線可知矣。

依前法，可方一初月形。謂可作一方形與初月形等也。

如甲乙丙丁圜有附圜周四分之一爲乙壬丙戊之初月形，而求作一方形與之等。先從乙丙作甲乙丙丁內切圜方形。次用方形法四平分之，即其一爲所求方形與初月形等。蓋甲乙丙半圜與甲乙、乙丙上兩半圜并等，甲乙、乙丙兩線自相等，即其上兩半圜亦自相等。而庚乙壬丙分圜形爲大半圜之半，即與乙己丙戊小半圜等，此兩率者各減一同用之乙己丙壬一小弧，其所存乙壬丙戊初月形與庚乙丙角形等。而庚己丙辛方形與庚乙丙角形亦等，則與乙壬丙戊初月形亦等，因見甲乙丙丁方形與四初月形并等也。

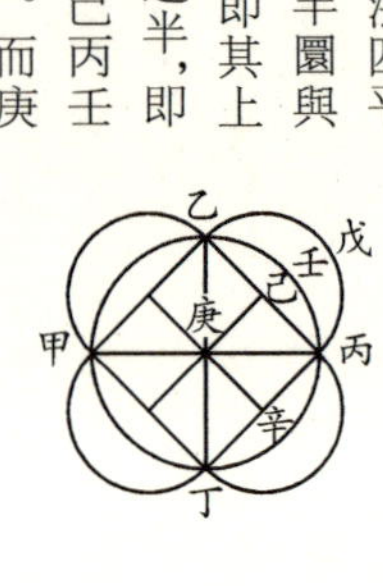

按：此法所推絲毫不爽，但圓內減方所餘之四弧，自古及今未有定例，予嘗細加攷求，雖未能天然巧合，亦庶乎密而不疎矣。詳《算法通義》及《象限表》。

有甲與乙丙丁兩直線形，求別作一直線形爲連比例。

先作一戊己庚形與乙丙丁相似，與甲相等。次以相似之各一邊如戊己、乙丙爲前中率線，而求其連比例之末率爲辛壬線。末於辛壬上作辛壬癸形與兩形相似而體勢等，即所求。原論云：戊己、乙丙、辛壬三線既爲連比例，即其三形相似而體勢等者亦爲連比例。若有兩圜，求別作一圜爲連比例，則以圜徑當形邊，依上法作之。戊己庚與乙丙丁兩底之比例，若乙丙丁與辛壬癸，爲連比例。而戊己庚與乙丙丁兩形之比例，若戊己與辛壬兩底線之比例，此又爲兩相似邊再加之比例也。

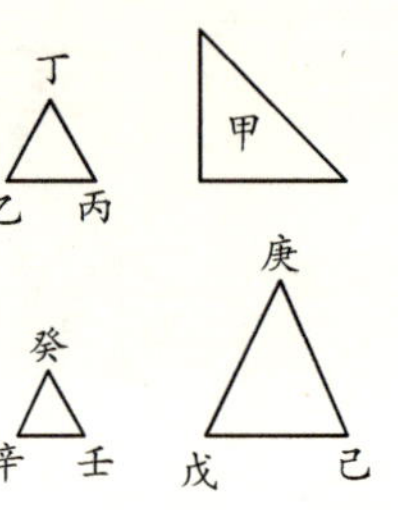

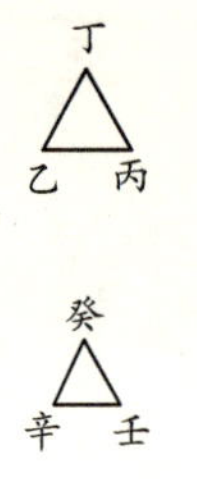
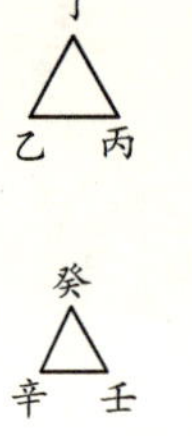

有一甲、二乙丙丁戊、三己庚辛三直線形，求別作一直線形爲斷比例。

先作壬癸子丑形與甲相等，與乙丁相似。次以三形之各一邊如壬癸、乙丙、己庚爲三率，求其斷比例之末率線爲寅卯。末於寅卯上作寅卯辰形與己庚辛相似而體勢等，即所求。原論云：四線既爲斷比例，即其線上形相似而體勢等者，亦爲斷比例。若有三圜，求別作一圜爲斷比例，亦以圜徑當形邊作之。按：壬癸與乙丙之比例，若己庚與寅卯，壬子與乙丁兩形之比例，亦若己庚辛與寅卯辰兩形，此爲斷比例。至於壬子與乙丁兩形，己庚辛與寅卯辰兩形，其比例又當以各相似邊再加之比例求之。

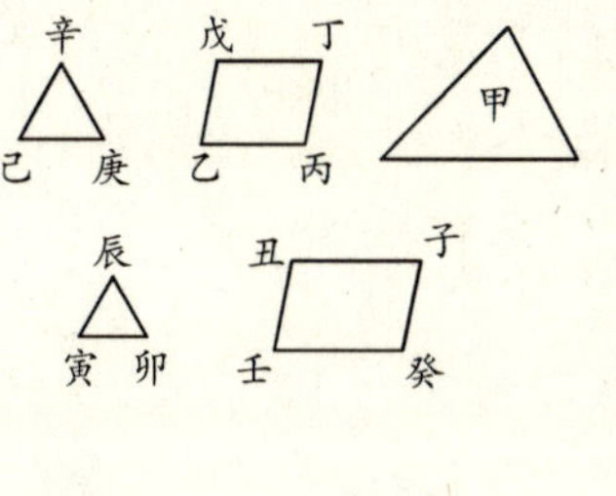

有甲與乙丙丁兩形，求別作一形爲連比例之中率。

先作戊己庚形與甲相等，與乙丙丁相似。次求戊己、乙丙兩線連比例之中率爲辛壬。見要法。末於辛壬上作辛壬癸形與戊己、乙丙上兩形相似，即所求。原論云：戊己、辛壬、乙丙三線既爲連比例，即各線上相似之形亦爲連比例。按：戊己庚與辛壬癸兩形之比例，若戊己與乙丙兩底線之比例，此又爲相似邊再加之比例也。

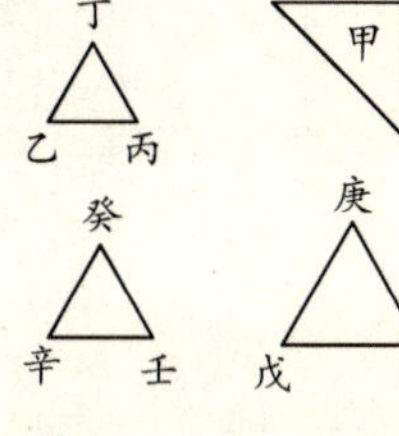

有甲、乙兩直線形，求別作一形爲連比例之中率。

先作丁丙己戊平行方形，其角任直、任斜只要與甲等。次作庚戊壬辛平行方形與乙等、與丁己相似。次以兩形之戊角相聯，而丁戊、戊壬爲一直線，庚戊、戊己亦一直線。末從兩形引長各邊成丙子辛癸平行方形，即兩餘方形俱爲丁己、庚壬兩形之中率。若兩圜，求作一圜爲連比例之中率，亦以圜徑當形邊，依前法作之。按：庚戊壬辛平行方形與丁己相似而與乙相等，非易作也，須另有作法，方得無差。其法：先作一平行方形與乙等雖與乙等，未必能與圖丁己形相似。置此爲對角線之一餘方。次依圖丁戊爲長用對角線再作一相等之餘方，其廣若干爲末率，以己戊之廣爲初率，兩廣相并折半爲心，以己爲界作半圜，而於兩廣之間作一垂線，與圜界相遇之度即中率也。其中率之廣，即圖之戊庚，然後以對角線作之方妥，本章欠明。

有甲直線形，求分作兩形俱與丁形相似，其比例若乙丙之兩線。

先作戊己庚辛直形與甲相等、與丁相似。次分戊辛於壬，令戊壬與壬辛之比例，若乙與丙也。分法先以乙丙聯作一直線。次截戊壬與壬辛若乙與丙。見要法。次於戊辛上作戊癸辛半圜。次作癸壬爲戊辛之垂線。次作戊癸、癸辛線相聯。末於戊癸、癸辛上作戊丑子癸、癸卯寅辛兩形皆與戊庚相似，即此兩形并與甲等，而又各與丁相似，其比例又若乙與丙也。原論云：戊子、癸寅兩形并與等戊庚之甲等，又戊壬與壬癸之比例，若戊癸與癸辛，戊壬、壬癸、壬辛三線爲連比例，即戊壬與壬辛爲戊壬與壬癸再加之比例。而戊子與癸寅兩形亦爲戊癸與癸辛兩相似邊再加之比例，則戊壬與壬辛之比例，亦若戊子與癸寅也。夫戊壬與壬辛元若乙與丙，則戊子與癸寅亦若乙與丙矣。按：此圖固兼連比例及再加之比例兩法，而負半圜之三邊直角形又即句股之象也。戊癸辛形大句股也，戊壬癸形中句股也，戊辛大弦與戊癸大股之比例，若戊癸中弦與戊壬中股之比例。戊壬爲戊辛再加之後率，故戊庚與戊子兩形其比例，若戊辛與戊壬兩線也。戊癸辛大句股也，癸壬辛小句股也，戊辛大弦與癸辛大句之比例，若癸辛小弦與壬辛小句之比例，壬辛爲癸辛再加之後率，故辛己與辛卯兩形其比例，若戊辛與壬辛兩線也。如是，則戊子、辛卯兩形即爲戊己庚辛一形之所分矣。若一圜，求分作兩圜其比例若所設兩線，亦以圜徑當形邊，依前法作之。

有甲直線形，求分作兩形俱與丁形相似，其所分形相似邊之比例若乙與丙兩線之比例。

先以乙丙兩線求出連比例之末率爲戊。次作己庚辛形與甲相等、與丁相似。次任用己辛一邊兩分之於壬，令己壬與壬辛之比例，若乙與戊。次於己辛上作己癸辛半圜。次作癸壬爲己辛之垂線；次作己癸、癸辛兩線相聯。末於己癸、癸辛上作己子癸、癸丑辛

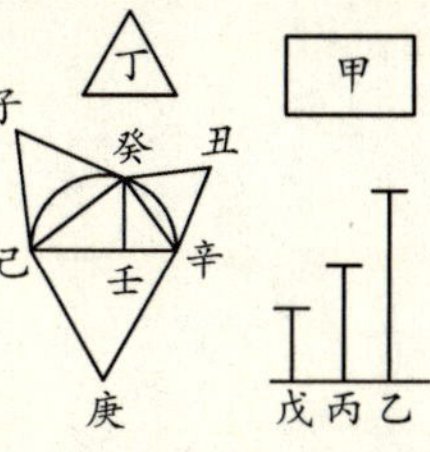

兩形俱與丁相似而體勢等，此兩形并即與己庚辛等。而己癸、癸辛兩相似邊之比例，若乙與丙。若一圜，求分作兩圜，其兩圜徑之比例，亦若所設之兩線。按：兩相似邊之比例，若乙與丙，兩相似形之比例，則若乙與戊也。此圖與前圖之理相同，但前所設乙線即前率、丙線即末率，此則以乙線爲前率、丙線爲中率而求出戊線爲末率，前不言中率，而中率自在此，則指出兩相似邊之比例，若前中兩率之比例。雖形狀不同，名目稍異，而其實則一也。論旨多重前題，故不復載。

有甲乙兩形，求并作一形與丙形相似。

先作戊丁己形與甲等，作己庚辛形與乙等，令各與丙相似。次以戊己、己辛相似之邊聯爲直角。次作戊辛線相聯。末於戊辛線上作戊辛壬形與丙相似而體勢等，即與上兩形并等。若兩圜，求并作一圜，亦以圜徑當形邊作之。按：此專是句股之法，戊己如股，己辛如句，戊辛如弦。

有三角形，於一邊任取一點，從點作一線分本形爲兩形，其兩形之比例求若所設兩線之比例。

先法：甲乙丙角形任於乙丙邊上取一點爲丁，求從丁點作一線分本形爲兩形，其兩形之比例若所設之戊、己兩線。先以乙丙線兩分於庚，令乙庚與庚丙之比例若戊與己，其庚與丁若同在一點，即作丁甲線，則乙丁與丁丙兩線之比例，若乙丁甲與丙丁甲兩角形也。是丁甲線所分兩形之比例，若戊與己也。

次法：若庚在丁丙之内，亦作丁甲線。次從庚作庚辛線與丁甲平行。次作丁辛線相聯即丁辛線，分本形爲兩形，其乙丁辛甲無法四邊形與丁丙辛角之比例，若乙庚與庚丙，即亦若戊與己也。試作庚甲線，其辛庚甲與庚辛丁兩形必等。若每加一丙庚辛角，即丙庚甲與丙辛丁兩角形亦等，則甲乙丙全形與丙庚甲角形之比例，若甲乙丙與丙辛丁也。分之，則乙庚甲角形與丙庚甲角形之比例，若乙丁辛甲無法四邊形與丙辛丁角形也。乙庚甲與丙庚甲兩形之比例，既若乙庚與庚丙，則乙丁辛甲與丙辛丁兩形之比例，亦若乙庚與庚丙也，即亦若戊與己也。

後法：若庚在乙丁之内，亦作丁甲線。次作庚辛線與丁甲平行。次作丁辛線相聯，即丁辛分本形爲二，其乙丁辛角形與丁丙甲辛無法四邊形之比例，若乙庚與庚丙，亦若戊與己也。試作庚甲線如前，因見辛庚甲、庚辛丁兩角形等，次每加一乙庚辛角形，即乙庚甲與乙辛丁兩角形亦等，則甲乙丙全形與乙庚甲角形之比例，若甲乙丙與乙辛丁也。分之，則丙庚甲與乙庚甲兩形之比例，若丁丙甲辛與乙辛丁也。乙庚甲與丙庚甲之比例，既若乙庚與庚丙，則乙丁辛角形與丁丙甲辛無法四邊形之比例，亦若乙庚與庚丙，則亦若戊與己矣。凡角形於一邊任取一點，從點求減幾分之一。先分爲幾分，而後取其一，即得。按：先法庚、丁同點，則全形與所分兩形等高，既等高，則同在平行線内矣，故兩形之比例若兩底之比例。次法、後法庚、丁不同點，則所分兩形不得與全形等高，故仍借乙庚甲與丙庚甲兩形，而作丁甲、庚辛兩平行線，以平行線内之辛庚甲與庚辛丁兩相等之角形交相兑換，而後得所分之兩形若乙庚與庚丙，亦若戊與己也。

有甲形，求別作一形與之相似，其小大之比例，若所設乙、丙兩線。

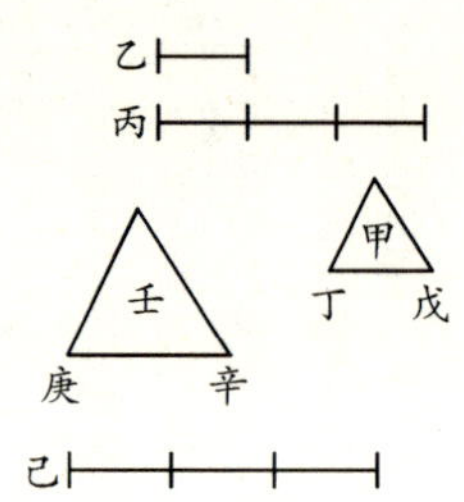
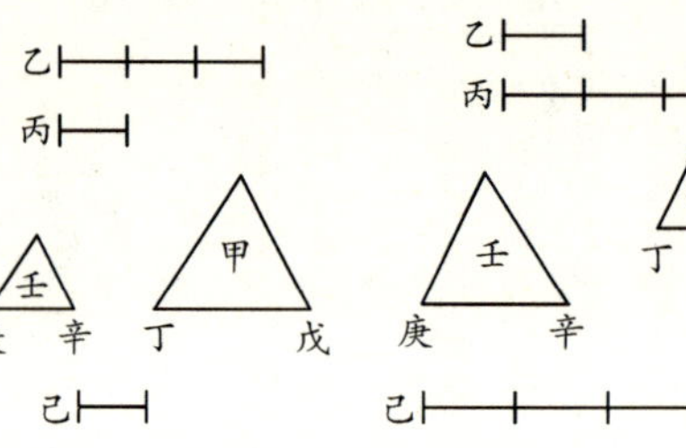
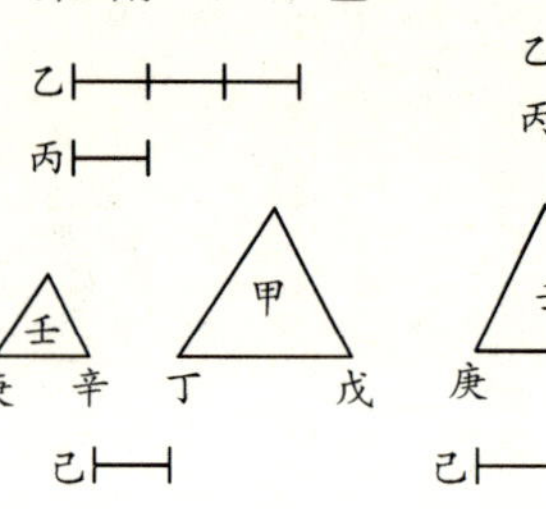

先以乙丙及甲之一邊如丁戊三線，求其斷比例之末率爲己。次求丁戊及己之中率爲庚辛。末從庚辛上作壬形與甲相似，即甲與壬之比例若乙與丙，蓋丁戊、庚辛與己三線爲連比例，即一丁戊與三己之比例，若相似之甲與壬兩形也。依此法可作兩倍大、三、四、五倍大，以至無窮之他形，亦可作減二分之一及三、四、五分之一，以至無窮之他形。凡形相似而體勢等者，其兩相似之邊爲前、中兩率，其兩形之比例，則若前率與末率之比例，諸如此類，皆所謂再加之比例也。

凡一切方形平行線形及各形之相加相減者，皆有作法。

如甲乙丙丁方形，求作一五倍大之形。

先將甲乙線引長之，以甲乙爲度截取五分至戊，使五倍大於甲乙。次兩平分甲戊於己。次以己爲心、甲戊爲界作甲庚戊半圜，取乙丙線引長之遇圜界於庚，即乙庚爲所求方形之一邊也。末作乙庚辛壬方形即五倍大於甲丙。蓋乙庚既爲戊乙、乙甲之中率線，即一戊乙與三乙甲之比例，若二庚乙上方形與三甲乙上方形之比例。戊乙既五倍於乙甲，則乙辛亦五倍於甲丙；若戊乙爲乙甲之六倍，則乙辛亦甲丙之六倍；戊乙爲乙甲三分之一，則乙辛亦甲丙三分之一，相加、相減倣此，以至無窮。按：此亦兩相似邊再加之比例，乙庚與乙甲兩相似邊之比例，若戊乙與乙庚。而乙辛與甲丙兩形其比例，則若戊乙與乙甲也。

有甲乙丙丁平行直方形，求别作二倍大之形與之相似而體勢等。

先將甲乙線引長之，以甲乙爲度，令自乙至戊二倍大於甲乙。次兩平分甲戊於己，以己爲心、甲戊爲界作甲庚戊半圜，取丙乙線引長之遇圜界於庚，即乙庚爲所求直方形之一邊。次於甲戊線上截取甲辛與乙庚等，從辛作辛壬線與乙丙平行。次作甲丙對角線引長之，與辛壬線遇於壬。末作丁癸、癸壬成甲辛壬癸平行直方形，即二倍大於甲丙又相似而體勢等也。蓋戊乙、乙庚、乙甲三線既爲連比例，如前論。一戊乙與二乙甲之比例，若二等乙庚之甲辛上直形甲壬與三甲乙上直形甲丙也。戊乙既二倍於甲乙，則甲壬亦二倍於甲丙矣。用此法，凡甲乙上不論何等形與乙庚上形相似而體勢等者，其乙庚上形皆二倍大於甲乙上形，相加、相減倣此以至無窮。若用前法作圜，則乙庚徑上圜亦二倍大於甲乙徑上圜，相加、相減倣此以至無窮。按：方形四邊皆等，乃一定不易之形，若平行直方形其兩長、兩廣全無一定之局，固不可無法以準之也。所求之形必須與本形相似，則本形之長廣即其法矣。既以戊乙、乙甲兩率求出乙庚之中率，則乙庚即所求直形之一邊，甲乙爲原形之長，則等乙庚之甲辛亦爲所求二倍大形。之長甲丁爲原形之廣，則依對角線所求之，甲癸亦爲二倍大形之廣，故一切平行方形之□莫妙於對角之一線也。

有甲乙丙鋭角形，求作内切方形。

先從甲角作甲丁爲乙丙之垂線。次兩分甲丁於戊，令甲戊與戊丁之比例，若甲丁與乙丙。見要法，有甲乙線，求兩分之章。末從戊作己庚線與乙丙平行。次作己辛、庚壬兩線皆與戊丁平行，即得己壬形如所求。若直角、鈍角，則從直角、鈍角作垂線，餘法同。如第二圖、第三圖是也。己戊庚線既與乙丙平行，即乙丁與丁丙若己戊與戊庚也。又丁丙與甲丁若戊庚與戊甲，甲丁丙與甲戊庚爲等角形故也。即乙丙與甲丁若己庚與甲戊。又甲丁與乙丙若甲戊與戊丁，所謂甲丁與乙丙若甲戊與戊丁者，蓋甲丁與乙丙元若甲戊與己庚，而戊丁與己庚等，己庚一線雖可大、可小，而必使作方形之一邊，則戊丁一線又安得不與之等？故云：若甲戊與戊丁也。予更立一法，以數求之，所得亦同。只以用丁自乘爲實，以甲丁與乙丙相并爲法，除之，即得甲戊之數，以減甲丁，餘爲戊丁，即内切方形之一邊也。蓋以甲丁線兩分於戊，令甲戊與戊丁之比例，若甲丁與乙丙，則是以甲丁一線與甲丁、乙丙兩線相當也。法當以甲丁爲小率，乙丙爲大率，甲丁與乙丙相并爲總率。既欲分甲丁於戊，則置甲丁爲實，以小率乘之，以總率除之，即得甲戊小分線。以大率乘之，以總率除之，即得戊丁大分線。假如甲丁垂線三寸、乙丙底線五寸，置甲丁三寸爲實，以甲丁三寸小率乘之得九寸，以甲丁、三寸。乙丙五寸。相并八寸爲總率，除之得一寸一分二釐五毫爲甲戊小分線。以乙丙五寸大率乘之得一十五寸，亦以八寸總率除之得一寸八分七釐五毫爲戊丁大分線，即内切方形之一邊也。

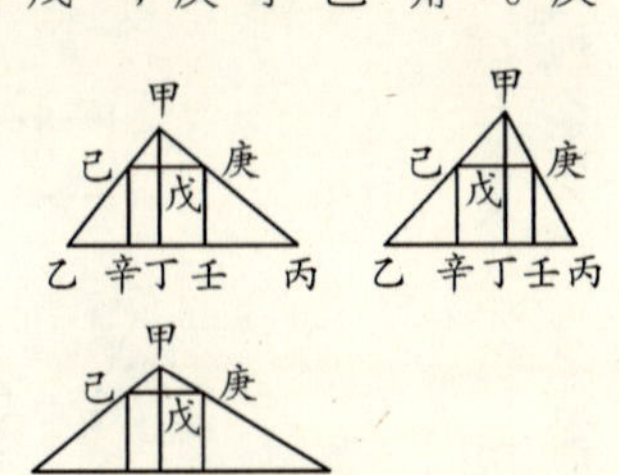

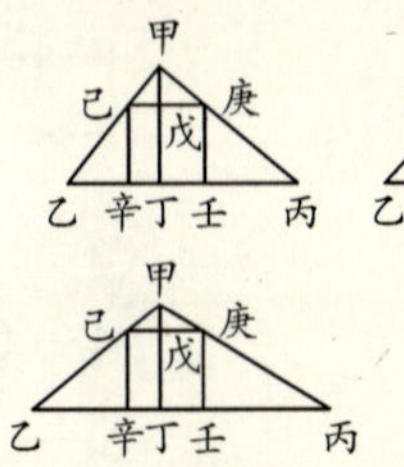

若直角三邊形，求依角作方形，則分甲乙垂線於丁，令甲丁與丁乙之比例，若甲乙與乙丙。次從丁作丁戊線與乙丙平行。次作戊己線與丁乙平行，即得丁己形如所求。原論云：乙丙與甲乙既若丁戊與甲丁，而甲乙與乙丙又若甲丁與丁乙，即丁戊與丁乙必等，而丁己爲方形矣。如圖，三邊直角形依乙角作方形，其方形邊必爲甲丁、己丙兩餘邊之中率，蓋甲丁與丁戊若戊己與己丙故也。按：此即算家勾股容方之圜也，以數求之，則以勾股相乘爲實，以勾股相并爲法，除之即得。假如勾三寸、股六寸，相乘得一十八寸爲實，以句三寸。股六寸。相并共九寸爲法，除之得二寸即内切方形之一邊也。此與前圖形雖不同而其理則一。前圖之甲丁垂線即勾也，乙丙底線即股也，垂線與底線相乘即句股之相乘也。垂線與底線相并爲法除之，即句股之相并爲法除之也，所得之戊丁即句股所容方之一邊也。然三邊直角形依直角所作之方形大於依大邊上所作之方形，何以明之？假如句三、股四、弦五之三邊直角形，以句股相乘得一十二寸，以句股相并七寸，除之得一寸七分一釐四毫强爲方形之一邊，若於直角作一線爲大邊之垂線，其數當得二寸四分，與底線之五寸相乘亦得一十二寸，而以垂線與底線相并，則得七寸四分。以此爲法，除一十二寸，止得方形之邊一寸六分二釐强，以是知三邊直角形。依直角所作之方形大於依大邊上所作之方形也。

補遺一欵

有甲乙丙丁平行方形，而取其三分之一作一形，與甲丙形相似而與三分之一相等。先將甲乙線引增三分之一爲乙戊，作一平行方形爲乙戊己丙。次作甲丙對角線。次平分丁己於庚，即以庚爲心、以丁己爲界作丁辛己半環，而與乙丙線相交於辛。次以丙辛爲度作壬癸線與甲乙平行而與甲丙線相遇於壬。末作壬子線與乙丙平行，則丙癸壬子即與甲丙形相似而與乙己形三分之一相等也。

四卷第十八圖：有甲乙丙丁平行直方形，求别作二倍大之形與之相似而體勢等，止言以小作大而不言以大作小，故特補而出之。凡欲知不相似之形居本形之幾分，先將兩形俱變作直方，而以他形之直方爲第一餘方。次用對角線取本形直方之長、或廣作第二餘方，即得他形爲本形之幾分也。

清·杜知耕《幾何論約》卷一

一題

有界直線上，求立平邊三角形。

法曰：甲乙直線上，求立平邊三角形。先以甲爲心、乙爲界作丙乙丁圜。次以乙爲心、甲爲界作丙甲丁圜，兩圜相交於丙、於丁。末作甲丙、乙丙兩線，即甲乙丙爲平邊三角形。

論曰：兩圜既等，甲乙、乙丙、丙甲三線皆圜之半徑，故等。界説十五。

用法：不必作全圖，但作短界線相交處即得丙。下圖。

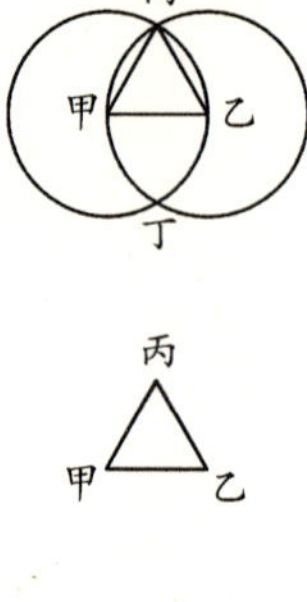

二題

一直線或内或外有一點，求以點爲界作直線與元線等。

法曰：有甲點及乙丙線，求以甲爲界作一線與乙丙等。先以丙爲心、乙爲界作乙戊圜。次觀甲點，若在丙乙之外，則作甲丙線，如上圖，或甲點在丙乙之内，則截取甲丙線，如下圖，兩法俱以甲丙線爲底，作甲丁丙平邊三角形。本卷一。次引丁丙至乙戊圜界爲丙戊，引丁甲出圜界外稍長爲甲己。末以丁爲心、戊爲界作辛戊圜，其丁己線與辛戊圜相交於庚，即甲庚與乙丙等。

論曰：丁戊、丁庚同爲外圜半徑，故等。丙戊、丙乙同爲内圜半徑，亦等。於丁庚減丁甲，於丁戊減丁丙，其所減兩腰等，則所存必等。公論三。夫甲庚既等於丙戊，即等於丙乙矣。

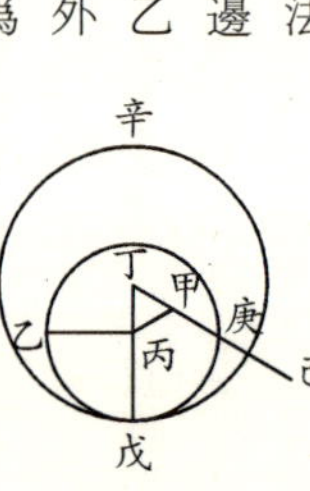

若所設甲點在丙乙線之一界，其法尤易。若甲點在丙，即以丙爲心作乙戊圜，從丙至戊即所求。

三題

長短兩直線，求於長線減去短線之度。

法曰：甲短線、乙丙長線，求於乙丙減甲。先作乙丁線與甲等。次以乙爲心、丁爲界作圜，圜界交乙丙於戊，即乙戊與等甲之乙丁等。蓋乙丁、乙戊同心同圜故也。界説十五。

又　九題

有直線角，求兩分之。

法曰：乙甲丙角求兩平分之。先於甲乙線任截一分爲甲丁。次於甲丙截甲戊與甲丁等。次作丁戊線。次以丁戊爲底立丁己戊平邊三角形。本卷一。末作甲己線，即乙甲丙角爲兩平分。

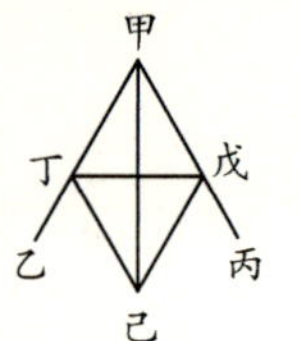

用法如前，截取甲丁、甲戊，即以丁爲心，向乙丙間作一短界線。次用元度以戊爲心，亦如之，兩界線交處即得己。本卷一。

十題

一有界線，求兩平分之。

法曰：甲乙線求兩平分。先以甲乙爲底，作甲乙丙兩邊等三角形。本卷一。次平分丙角，本卷九。作丙丁線即平分甲乙於丁。

用法：以甲爲心，任用一度但須長於甲乙線之半，向上、向下各作一短界線。次用元度以乙爲心，亦如之，兩界線交處即丙、丁。末作丙丁線，即平分甲乙於戊。

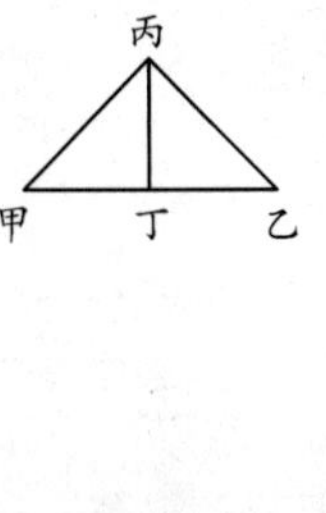

十一題

一直線任於一點上，求作垂線。

法曰：甲乙直線任指丙點，求作垂線。先任用一度於丙左右各截一界爲丁、爲戊。次以丁戊爲底，作丁己戊兩邊等角形。本卷一。末作己丙線即爲甲乙之垂線。

用法：於丙點左右，如前截取丁與戊，即以丁爲心，任用一度但須長於丙丁線，向丙上方作短界線。次用元度以戊爲心，亦如之，兩界線交處即己。

增：若所欲立垂線之點在線末甲界上，甲外無餘線可截，則於甲乙線上任取丙點，如前法於丙上立丁丙垂線。次平分甲丙丁角爲己丙線。次於丁丙線截取戊丙與甲丙等。次於戊上立垂線與己丙線相遇於庚。末自庚作庚甲線爲所求。

論曰：庚丙甲、庚丙戊兩角形等，甲與戊兩角必等。戊既直角，則甲亦直角，故庚甲爲甲乙之垂線。界十。

用法：甲點上欲立垂線，先以甲爲心，向元線上方任抵一界爲丙。次用元度以丙爲心作大半圜，圜界遇甲乙線於丁。次自丁至丙作直線，引長至戊遇圜界於己。末作己甲線爲所求。

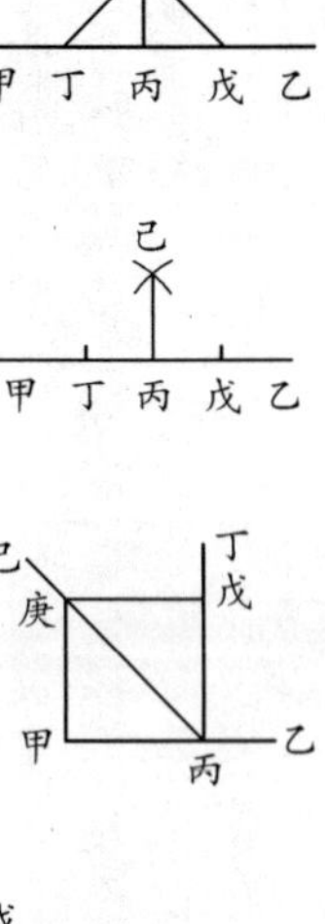

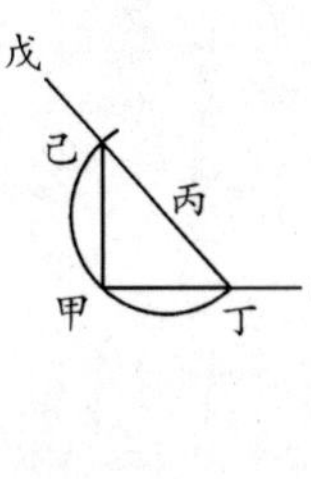

耕曰：丁己既過丙心，即是圜徑，而己甲丁則全圜之半也。丁甲己角既負半圜，必爲直角，三卷三一。故己甲爲甲乙之垂線。

十二題

有無界直線之外有一點，求自點作垂線至直線上。

法曰：甲乙線外有丙點，求自丙作垂線至甲乙。先以丙爲心作一圜，令兩交於甲乙線爲丁、爲戊。次作丙丁、丙戊兩線。次平分丁戊於己。本卷十。末作丙己爲所求。

用法：以丙爲心，向直線兩處各作短界線爲甲、爲乙。次用一度以甲爲心，向丙點相望處作短界線，乙爲心亦如之，兩界線交處爲丁。末作丙丁交直線於戊，即丙戊爲垂線。

又用法：於甲乙線上近甲或近乙任取一點爲心，以丙爲界作一圜界，於丙點及相望處各稍引長之。次於甲乙線上視前心或相望如上圖，或進或退如下圖，任移一點爲心，以丙爲界作一圜界，與前圜界交處得丁。末作丙丁線交甲乙線於戊，即丙戊爲垂線。若追界作垂線無可截取，亦用此法。

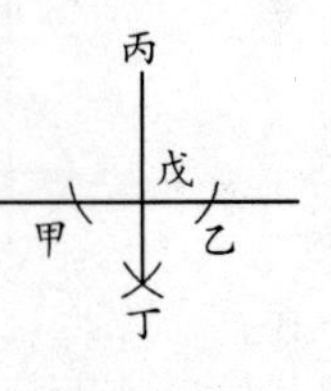

又 二十二題

三直線其每兩線并大於一線，求作三角形。

法曰：甲、乙、丙三線，其第一、第二線并大於第三線，若兩線比第三線或等、或小，即不能作三角形，見本卷二十。求作三角形。先任作丁戊線長於三線并。次截丁己與甲等，截己庚與乙等，截庚辛與丙等。次以己爲心、丁爲界作丁壬癸圜，以庚爲心、辛爲界作辛壬癸圜，其兩圜相遇，下爲壬、上爲癸。末以庚己爲底作癸庚、癸己兩線，即得己癸庚三角形。壬點亦可作。若兩圜不相交，即是兩線或等、或小於第三線不成三角形。

用法：先作丁戊線與乙等。次以丁爲心、甲爲度向上作短界線。次以戊爲心、丙爲度亦如之交處得己。末作己丁、己戊兩線爲所求。若設一三角形，求別作一形與之等，亦用此法。

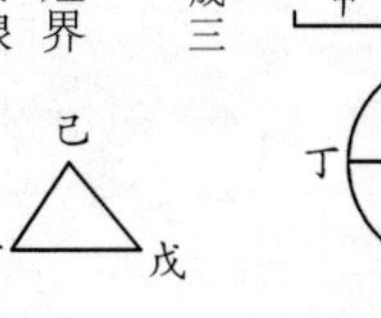

二十三題

一直線任於一點上，求作一角與所設角等。

法曰：甲乙線於丙點，求作一角與丁戊己角等。先任作庚辛線成庚戊辛角形。依次甲乙線作丙壬癸角形與戊庚辛等。本卷二二。

又　三十一題

一點上，求作直線與所設直線平行。

法曰：甲點求作直線與乙丙平行。

先從甲向乙丙線任作甲丁線，即乙丙線上成甲丁乙角。次於甲點上作一角與甲丁乙等，本卷二三。爲戊甲丁。引長戊甲至己，即己戊爲所求。

論曰：戊甲丁、甲丁乙相對之兩内角等，兩線必平行。本卷二八。

用法：先從甲點作甲丁線。次以丁爲心，任作戊己圜界。次用元度，以甲爲心，作庚辛圜界少長於戊己。次取戊己度，截庚辛圜界於辛。末作甲辛線爲所求。

又用法：以甲點爲心，於乙丙線近乙處任作短界線爲丁。次用元度以丁爲心，於乙丙線向丙作短界線爲戊。次用元度以戊爲心，向上與甲平處作短界線，又用元度以甲爲心，向甲之平處作短界線兩界線交處爲己。末作己甲線爲所求。

又用法：取甲至乙丙線爲度，於乙丙線近乙處任指一點爲心，作短界線於甲。次用元度近丙處任指一點爲心，作短界線於丁。末作丁甲線爲所求。出《幾何要法》。

增：從此題生一用法。設一角兩線，求作四邊形有角與所設角等。

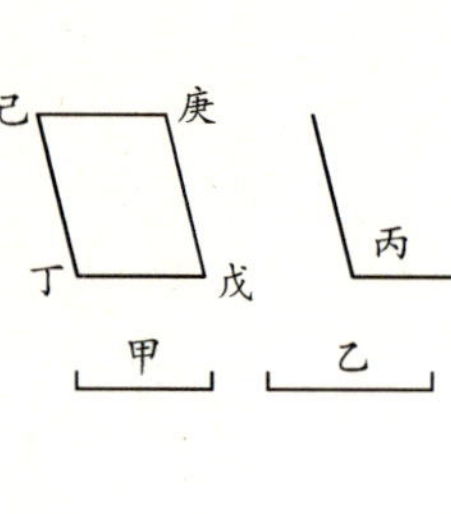

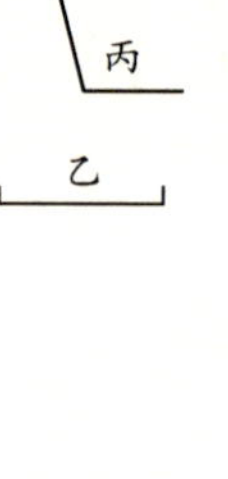

法曰：先作己丁戊角與丙等。次截丁戊與甲等，己丁與乙等。末依丁戊平行作己庚，依丁己平行作庚戊爲所求。

又　四十二題

有三角形，求作平行方形與之等，而方形角有與所設角等。

法曰：求作平行方形與甲乙丙角形等，而有丁角。先平分乙丙邊於戊。次作丙戊己角與丁等。本卷十。次作甲庚直線與乙丙平行。末作丙庚線與戊己平行，即得己戊丙庚方形爲所求。

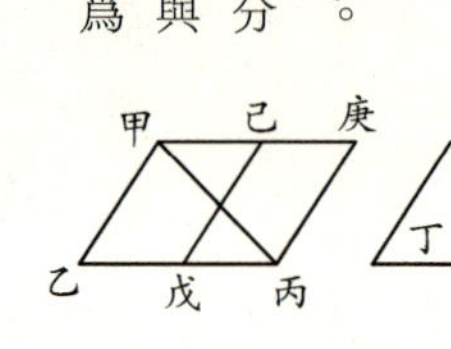

又　四十四題

一直線上，求作平行方形與所設三角形等，而方形角有與所設角等。

法曰：求於甲線上作平行方形與乙等，而有丙角。先作己丁方形與乙等，而戊己庚角與丙等。次引長丁戊、庚己兩線爲戊壬、己辛，令各與甲等。次作壬己對角線引出之。次引長戊己、丁庚兩線，而丁庚遇對角線於癸。末作癸子與庚辛平行、作壬子與戊丑平行，即己丑子辛平行方形爲所求。論同本卷四二、四三。

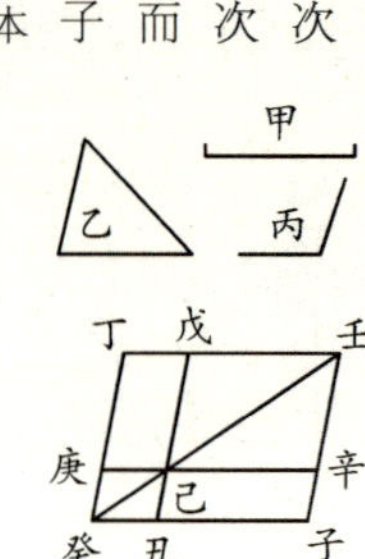

四十五題

有多邊直線形，求作一平行方形與之等，而方形角有與所設角等。

法曰：求作平行方形與甲乙丙五邊形等，而有丁角。先分五邊形爲甲乙丙三三角形。次作戊己庚辛方形與甲等，而有丁角。次引長戊辛、己庚，作庚辛壬癸方形與乙等，而有丁角。末復引前線作壬癸子丑方形與丙等，而有丁角，即此三形并成一平行方形爲所求。自五以上倣此法，論同本卷四二、四四。

增題：甲、乙兩形，甲大乙小，以乙減甲，求較幾何法。

先任作丁丙己戊方形與甲等。次於丙丁線上作丁丙辛庚方形與乙等，即得辛庚戊己爲甲乙相減之較。

四十六題

一直線上，求立直角方形。

法曰：甲乙線上求立直角方形。先於甲乙兩界各立垂線爲丙甲、丁乙，皆與甲乙線等。末作丙丁聯之，即直角方形。

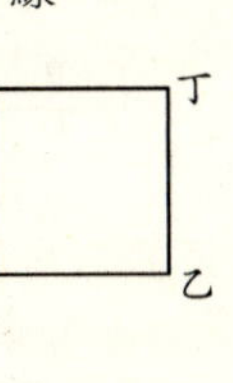

四十七題

二增：設不等兩方形，一以甲爲邊，一以乙爲邊，求別作兩方形自相等，而并之又與元設兩形并等。

法：先作丙丁戊形，令丙丁與甲等，丙戊與乙等，而直角。末於丁戊兩端各作半直角，兩腰遇於己而等，則己必直角，本卷三二。即己戊、己丁上兩方形自相等，并之又與甲乙上兩方形并等。

論曰：丁戊上方形與丁丙、丙戊上兩方形并等，又與丁己、己戊上兩方形并等，是丁己、己戊上兩方形并，與丁丙丙戊上兩方形并亦等。

三增：多直角方形，求并作一方形。

設不等五方形其邊爲甲乙丙丁戊，先作己庚辛直角，令己庚與甲等，辛庚與乙等。次作己辛線，旋作己辛壬直角，令辛壬與丙等。次作己壬線，旋作己壬癸直角，令壬癸與丁等。次作己癸線，旋作己癸子直角，令癸子與戊等。末作己子線，即己子線上所作方形爲所求。

論曰：辛己上方形與甲乙上兩方形并等，己壬上方形與甲乙丙上三方形并等，餘倣此。

四增：甲乙丙三邊直角形，以兩邊求第三邊長短之度。

如先得甲乙數六，甲丙數八，求乙丙之數。其甲乙、甲丙上兩方形并，既與乙丙上方形等。甲乙之冪三十六，方形自乘之數曰冪。甲丙之冪六十四，并之得百，而乙丙之冪亦百，開方得十，即乙丙之數也。又設先得甲乙六，乙丙十，而求甲丙之數。乙丙之冪百，減甲乙之冪三十六，餘六十四，開方得八，即甲丙之數也。求甲乙倣此。

又　卷二

十一題

一直線，求兩分之，而元線偕初分線矩內形與分餘線上方形等。

法曰：甲乙線求兩分之，令元線偕初分小線矩內形與分餘大線上方形等。先於甲乙線上作甲丙方形。次平分甲丁於戊，作戊乙線。次引戊甲線至己，令戊己與戊乙等。末截甲乙於庚，令甲庚與甲己等，即甲乙偕庚乙矩內形與甲庚上方形等爲所求。

論曰：從庚作壬辛線與丁己平行。次作己辛線與甲庚平行，庚丙爲甲乙、乙庚矩內形，己庚爲甲庚上方形，己壬爲丁己偕甲己矩內形，於己壬增一甲戊上方形，必與等戊己之戊乙上方形等。本卷六。戊乙上方形又與戊甲、甲乙上兩方形并等，是戊甲、甲乙上兩方形并，與己壬及戊甲上方形并亦等矣。次各減同用之戊甲上方形，所存甲丙、己壬兩形不亦等乎？再各減同用之甲壬形，所存甲乙、乙庚矩內形即庚丙形。與甲庚上方形即己庚形。必相等。此題所求即理分中末線，詳六卷三十。

又　十四題

有直線形，求作直角方形與之等。

法曰：甲無法四邊形，求作方形與之等。先作乙丁形與甲等而直角，一卷四五。次任以丁丙邊引之至己，令丙己與乙丙等。次平分丁己於庚，其庚點若在丙，則乙丁即是方形，若在丙外，即以庚爲心，丁爲界作丁辛己半圜。末於乙丙線引長抵圜界於辛，即丙辛上方形與甲等。

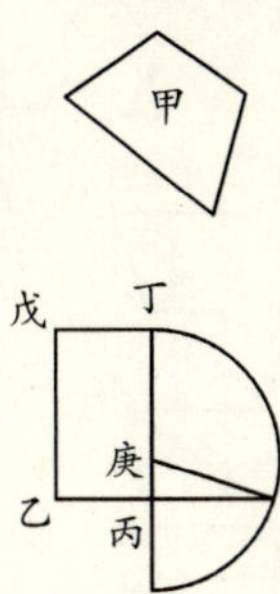

論曰：自庚作庚辛線，庚辛上方形與庚丙、丙辛上兩方形并等。又等庚辛之庚己上方形，與庚丙上方形及丁丙偕等丙乙之丙己矩內形即乙丁形。并等，本卷五。此二率每減去同用之庚丙上方形，所存乙丁形與丙辛上方形安得不等？

增題：若先得方形之對角線所長於本形邊之較，而求本形邊其較爲甲乙。先於甲乙上作甲丙方形。次作乙丁對角線，引長至戊，令丁戊與甲乙等，即得乙戊線爲所求。

論曰：依乙戊線作戊庚方形。次引乙甲線至己。末作戊甲線，其己甲丁、己戊丁兩角必等。兩皆直角。同減去丁戊甲形，所存己甲戊、己戊甲兩角亦等。角等，則己甲、己戊兩腰必等，故乙己角線大於戊己邊之較爲甲乙。

耕曰：前論止言當然，而未及所以然。今補一論，以明之。另作辛壬爲乙己角線上方形。次作癸子、丑寅兩形皆與庚戊等，錯綜加於辛壬方形之上，重疊一丑子方形，而缺辰己、卯午相等兩方形。凡兩方形并，與角線上一方形等，一卷四七增。則丑子一形必與兩缺形并等。次作辛未爲卯午缺形之角線，而辛未上方形必亦與兩缺形并等，則丑子形之未丑邊與辛未線必等。夫午未爲方邊，小於角線之較，與上圖甲乙等，即與上圖丁戊等。未丑與辛未等，即與上圖丁乙等，故并兩線爲方邊。

又　卷三

一題

有圜，求心。

解曰：甲乙丙丁圜，求心。先於圜之兩界任作一甲丙直線平分於戊。次於戊作乙丁垂線平分於己，即己爲圜心。

系：因此推顯，圜內有直線分他線爲兩平分而爲直角，即圜心在其內。

又　十七題

設一點、一圜，求從點作切線。

法曰：甲點求作直線切乙丙圜，其心丁。先從甲作丁直線截圜界於乙。次以丁爲心、甲爲界，作甲戊圜。次從乙作甲丁之垂線，而遇甲戊圜於戊。次作戊丁線，而截乙丙圜於丙。末作甲丙線爲所求。

論曰：甲丙丁與戊丁乙兩角形各等，戊乙丁既直角，則甲丙偕丙丁半徑亦直角，故甲丙爲切線。

又　二十五題

有圜分，求成圜。

法曰：甲乙丙圜分，求成圜。先作甲丙線。次作乙丁爲甲丙之垂線。次作甲乙線，視丁乙甲角或大、或小、或等於丁甲乙角，若等，即丁爲圜心。何也？兩角等，則對等角之乙丁、丁甲兩邊必等。又丁丙元與甲丁等，是從丁出三線至圜界皆等，故丁爲圜心。

次法曰：若丁乙甲角大於丁甲乙角，當爲圜之小分，即作乙甲戊角與丁乙甲角等。次引乙丁線與甲戊線遇於戊，即戊爲圜心。

論曰：試作戊丙線，成甲丁戊、丙丁戊相等兩角形。而甲戊、戊丙兩線必等，又戊乙甲、戊甲乙兩角等，而對等角之戊乙、戊甲兩線必亦等，今戊甲、戊乙、戊丙三線至界皆等，故戊爲圜心。

後法曰：若丁乙甲角小於丁甲乙角，甲乙丙當爲圜之大分，即作乙甲戊角與丁乙甲角等，而甲戊遇丁乙線於戊，即戊爲圜心。

論曰：試作戊丙線，依前推知，甲戊與戊丙等，又與戊乙等，是從戊至界三線皆等，而戊爲圜心。

增：求圜分之心，有一簡法。於甲乙丙圜分任取三點，於甲、於乙、於丙，以兩線聯之，各平分於丁、於戊。從丁、戊各作垂線相遇於己，即己爲圜心。

用法：圜界上任取四點各爲心，相向作界線，兩兩相交爲戊、己、庚、辛，各作直線交於壬，即壬爲心。

又　三十題

有圜分，求兩平分。

法曰：甲乙丙圜分，求兩平分。先於分之兩界作甲丙線。次平分於丁，作乙丁垂線，即分圜分爲兩平分。

又　三十三題

一直線上，求作圜分，而負圜分角與所設直線角等。

先法曰：設甲乙線、丙角，求線上作圜分，而負圜角與丙等，或直或銳或鈍。若直角，即平分甲乙於丁，以丁爲心、甲爲界作半圓，內作乙戊甲，即直角。本卷三一。

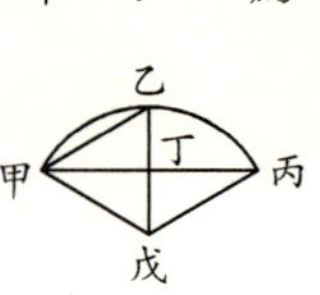

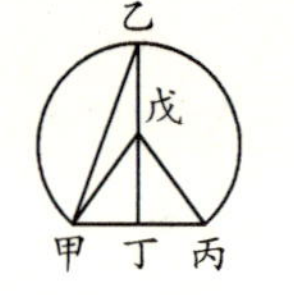

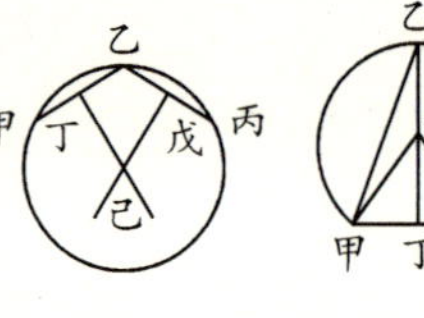

次法曰：若設丙鋭角，先依甲乙線作丁甲乙鋭角與丙等。次作戊甲爲甲丁之垂線。次作己乙甲角與己甲乙角等，而乙己線與戊甲線遇於己，即以己爲心、甲爲界作甲庚乙圜，圜內依甲乙線作甲庚乙鋭角，即與丙等。

論曰：甲戊線過己心，又爲丁甲之垂線，丁甲線必切圜於甲，本卷十六之系。則丁甲乙與甲庚乙兩角必交互相等。

後法曰：若設辛鈍角，依甲乙線作壬甲乙鈍角與辛等，餘倣次法，作甲癸乙鈍角與辛等。

三十四題

設圜，求割一分，而負圜分角與所設角等。

法曰：設甲乙丙圜，求割一分作負圜角與丁等。先作戊己線切圜於甲。次作己甲乙角與丁等。末依甲乙線作甲丙乙角與丁等。

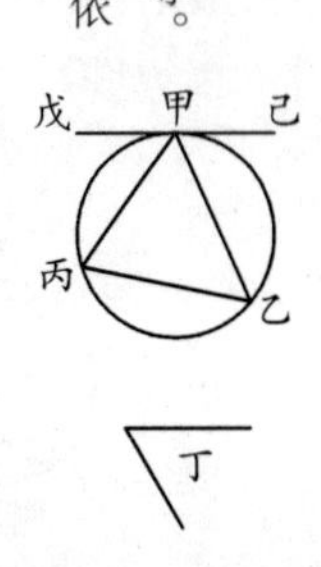

論曰：己甲乙與甲丙乙兩角交互相等。本卷三二。

又 卷四

一題

有圜，求作合圜線與所設線等。

法曰：甲乙丙圜，求作合圜線與所設丁線等。先作丙乙圜徑，若與丁等，即是合線，若丁小於徑，若大於徑即不可合。即於乙丙截乙戊與丁等。次以乙爲心、戊爲界作甲戊圜，交甲乙丙圜於甲。末作甲乙線爲所求。耕曰：當任指乙爲心，丁爲度向圜界作短界線爲甲，即作甲乙線。

二題

有圜，求作圜內三角切形與所設三角形等。

法曰：甲乙丙圜，求作圜內三角切形，其三角與所設丁戊己形之三角各等。先作庚辛切圜線。次作庚甲乙角與所設己角等。次作辛甲丙角與所設戊角等。末作乙丙線爲所求。

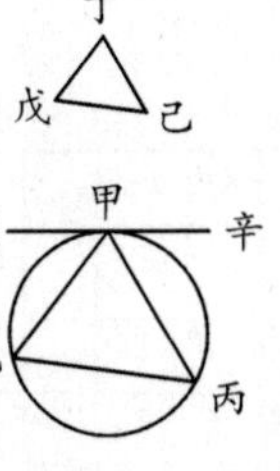
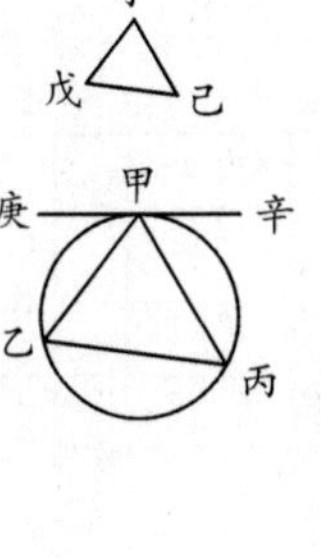

論曰：甲丙乙與庚甲乙兩角，甲乙丙與辛甲丙兩角，各交互相等。三卷三一。兩角既等，餘一角必亦等。

三題

有圜，求作圜外三角切形與所設三角形等。

法曰：甲乙丙圜，求作圜外三角切形，其三角與所設丁戊己形之三角各等。先引長戊己邊爲庚辛。次自圜界抵心作甲壬線。次作甲壬乙角與丁戊庚等。次作乙壬丙角與丁己辛等。末於三線各作垂線，成三角形爲所求。

論曰：甲壬乙子四邊形之四角與四直角等，一卷三二。而壬甲子、壬乙子皆直角，即甲壬乙、甲子乙兩角并等兩直角，彼丁戊庚、丁戊己亦等兩直角，一卷十三。每減一相等之丁戊庚、甲壬乙，則所存丁戊己與甲子乙必等。依顯，丑與己、癸與丁角俱等。一卷三二。

四題

三角形，求作形內切圜。

法曰：甲乙丙角形，求作形內切圜。先於乙、丙兩角各平分之，作乙丁、丙丁兩線相遇於丁。次自丁至各邊作垂線，爲丁己、丁庚、丁戊，其戊丁乙角形之丁戊乙、丁乙戊兩角與乙丁己角形之丁己乙、丁乙己兩角各等，乙丁同邊，即丁戊、丁己兩邊亦等。一卷二六。依顯，丁己、丁庚兩邊亦等。夫三線俱等，丁必圜心，即以丁爲心、戊爲界，(在)[作]己戊庚圜爲所求。耕曰：兩分角線相遇處即圜心，任作一垂線使可作圜，不必更作餘兩線。餘兩線爲論理而提，非作法所需也。

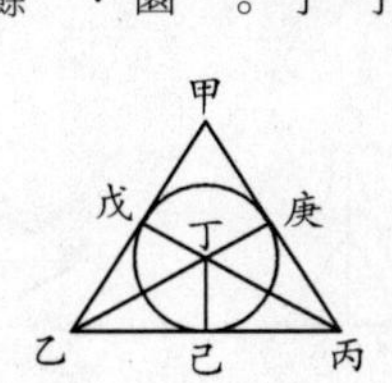

五題

三角形，求作形外切圜。

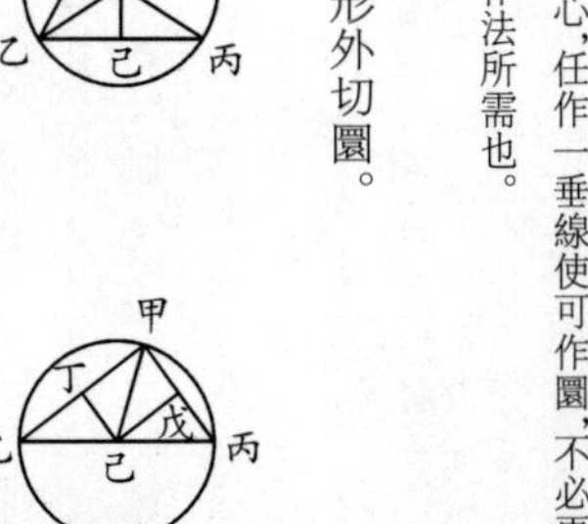

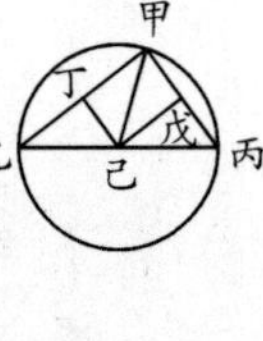

法曰：甲乙丙角形，求作形外切圜。先平分兩邊若直角、鈍角，則分直、鈍兩旁之邊。於丁、於戊，作丁己、戊己爲兩邊之垂線相遇於己，其己點或在形內、或在形外，俱作己甲、己乙、己丙三線，或在乙丙邊上止作己甲線，其甲丁己角形之甲丁與乙丁己形之乙丁兩腰等。丁己同腰丁之兩旁俱直角，即甲己、己乙兩底必等。一卷四。依顯，甲己、己丙兩底亦等。夫三線俱等，己必圜心，即以己爲心、甲爲界作乙甲丙圜爲所求。

耕曰：兩垂線相遇處爲心，即可作圜，不必更作餘線。

一系：若圜心在三角形內，必鋭角形。在一邊，必直角形。在形外，必鈍角形。

二系：若鋭角形，圜心必在形內。直角形，必在一邊。鈍角形，必在形外。

增：任設三點不在一直線，可作過三點之圜。其法於三點各作直線，相聯成三角形，依前法作圜。

用法：甲、乙、丙三點，先以甲、乙各自爲心相向作圜分，相交於丁、於戊。次於甲、丙亦如之相交於己、於庚。末作丁戊、己庚兩線，引長相交於辛，即辛爲圜心。

六題

有圜，求内切圜直角方形。

法曰：甲乙丙丁圜其心戊，求作内切方形。先作甲丙、乙丁兩徑線，以直角相交於戊。次作甲乙、乙丙等四線爲所求。

論曰：四角皆負半圜分，故皆直角。三卷三一。

七題

有圜，求作外切圜直角方形。

法曰：甲乙丙丁圜其心戊，求作外切方形。先作甲丙、乙丁兩徑線，以直角相交於戊。次作庚己、己辛等四線，各與兩徑平行爲所求。

八題

直角方形，求作形内切圜。

法曰：辛庚方形，求作内切圜。先平分四邊，作甲丙、乙丁兩線相交於戊，即以戊爲心、甲爲界作甲乙丙丁圜爲所求。

九題

直角方形，求作形外切圜。

法曰：甲丙方形，求作外切圜。先作甲丙、乙丁對角線相交於戊，即以戊爲心、甲爲界作圜爲所求。

十題

求作兩邊等三角形，底上兩角各倍大於腰間角。

法曰：先任作甲乙線。次分於丙，令甲乙偕丙乙矩内形與甲丙上方形等。二卷十一。次以甲爲心、乙爲界作乙丁圜。次作乙丁合圜線與甲丙等。本卷一。末作甲丁線，相聯即兩邊等三角形，而乙、丁兩角倍大於甲角。

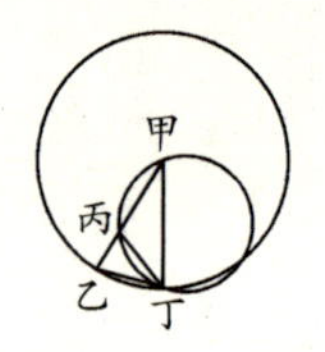

論曰：試作丙丁線成甲丙丁角形，外作甲丙丁切圜，本卷五。其甲乙偕丙乙矩内形與甲丙上方形等，亦與乙丁上方形等。而丁乙必丙丁圜之切線，三卷三七。即乙丁丙角與甲角交互相等。三卷三二。於兩角每加一丙丁甲角，即甲丁乙全角與丙甲丁、丙丁甲兩角并等。又乙丙丁外角亦與丙甲丁、丙丁甲兩内角并等，一卷三二。即乙丙丁角與甲丁乙角等，而與相等之甲乙丁角亦等。乙丙丁、丙乙丁兩角既等，則丙丁、乙丁兩線必等。又乙丁元與甲丙等，是丙丁與甲丙亦等。兩線既等，則甲與甲丁丙兩角亦等。夫乙丁丙、丙丁甲既俱等於甲角，是甲丁乙倍大於甲角，而相等之甲乙丁角亦倍大於甲角。

十一題

有圜，求作圜内五邊切形，其形等邊等角。

法曰：甲丙戊圜，求作等邊等角五邊内切形。先作己庚辛兩邊等角形，而庚、辛兩角俱倍大於己角。本卷十。次於圜内作甲丙丁角形與己庚辛等。次平分甲丙丁、甲丁丙兩角，作丙戊、丁乙兩線。末作甲乙、乙丙等四線爲所求。

論曰：甲丙丁、甲丁丙兩角皆倍大於丙甲丁角，今平分兩角，即甲丁乙、乙丁丙、丙甲丁、丁丙戊、戊丙甲五角皆等，五角所乘之五圜分亦等，五圜分等，則五邊等矣。又甲乙丙丁圜分與乙丙丁戊圜分等，則乘兩圜分之甲戊丁與乙甲戊

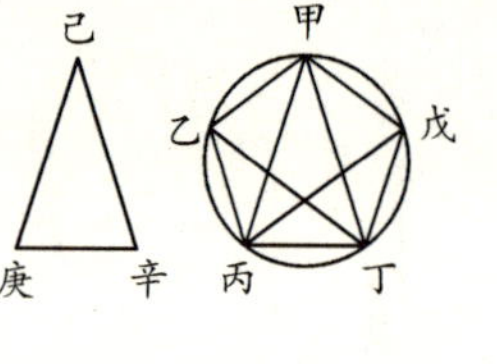

兩角亦等。依顯，餘三角俱等，而五角等矣。

十二題

有圜，求圜外五邊切形，其形等邊等角。

法曰：甲乙丙丁戊圜，求作五邊外切形等邊等角。先作圜內五邊切形。次從己心作己甲、己乙等五線。次從此五線作庚辛、辛壬等五垂線爲所求。

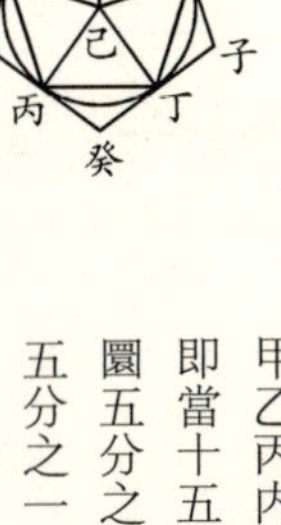

十三題

五邊形，求作形內切圜。

法曰：甲乙丙丁戊五邊形，求作內切圜。先平分甲戊邊於庚，平分乙丙邊於辛。次作庚丙、辛戊兩垂線相交於己。末以己爲心、庚爲界作圜爲所求。

十四題

五邊形，求作形外切圜。

法曰：甲乙丙丁戊五邊形，求作外切圜。先平分乙丙丁、丙丁戊兩角，作庚丙、辛丁兩線相交於己。末以己爲心、丙爲界作圜爲所求。

十五題

有圜，求作圜內六邊切形，其形等邊等角。

法曰：甲丙戊圜，其心庚，求作六邊內切形等邊等角。先作甲丁徑線。次以丁爲心、庚爲界作圜，兩圜相交於丙、於戊。次從庚心作庚丙、庚戊，各引長爲丙己、戊乙。末以甲乙、乙丙等六線聯之爲所求。

耕曰：兩圜既等，其庚丙丁角形之庚丁、庚丙同爲上圜之半徑必等，而庚丁、丙丁同爲下圜之半徑亦等。六三角形俱依此推類。三邊等，故三角亦等也。分角等，故全角亦等也。

一系：凡圜之半徑爲六分圜之一之分弦，何者？庚丁與丁丙等故也。

二系：依前十二、十三、十四題可作六邊形在圜外，又六邊形內外俱可作切圜。

十六題

有圜，求作圜內十五邊切形，其形等邊等角。

法曰：甲乙丙圜，求作十五邊內切形等邊等角。先作甲乙丙內切圜平邊三角形，本卷二。每一邊當圜三分之一，即當十五分之五。次從甲作甲戊己庚辛五邊形，每一邊當圜五分之一，即當十五分之三，平分戊乙於壬，則壬乙得十五分之一，即依壬乙作十五合圜線爲所求。

一系：依前十二、十三、十四題，可作外切圜十五邊形，又十五邊形內外俱可作切圜。

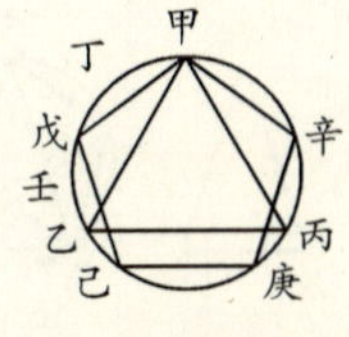

增題：若圜內從一點設不等兩內切形之各一邊，此兩邊各爲若干分圜之一，其兩若干分相乘之數，即後作形之分數。其兩若干分之較數，即兩邊相距之圜分。

如甲丙戊圜從甲點作甲乙爲六邊形之一邊，甲丙爲五邊形之一邊，甲丁爲四邊形之一邊，甲戊爲三邊形之一邊，甲乙命六，甲丙命五，較數一，即乙丙圜分爲三十邊形之一邊。何者？五六相乘得三十，故當爲三十邊也。較數一，故當爲一邊也。又甲乙圜分爲六分圜之一，即三十分之五，甲丙爲五分圜之一，即三十分之六，則乙丙得三十分之一也。依顯，乙丁爲二十四邊形之二邊。何者？甲乙命六，甲丁命四，四六相乘得二十四。又較數二也，因推乙戊爲十八邊形之三邊，丙戊爲十五邊形之二邊，丁戊爲十二邊形之一邊也。

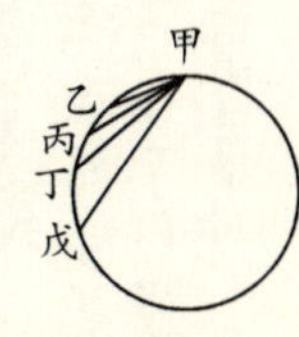

二系：凡作形於圜之內，等邊則等角。何者？形之邊所乘之圜分皆等故。三卷二七。凡作形於圜之外，從圜心至角各作直線，依本卷十二題可推各角等。

三系：凡等邊形可作在圜內，即可作在圜外，又形內外俱可作圜。

四系：凡圜內有一形欲作他形，其邊倍於此邊，即分此一邊所合之圜分爲兩平分，而每分各作一線，即三邊可作六邊，四邊可作八邊，倣此以至無窮。

又補題：圜內有同心圜，求作一多邊形切大圜、不至小圜，其多邊爲偶數而等。

如甲乙丙、丁戊兩圜同以己爲心。先作甲丙徑線截丁戊圜於戊。次從戊作庚辛爲甲戊之垂線。次平分甲乙丙於乙，再平分丙乙於壬，再平分丙壬於癸，丙癸小於丙庚，作丙癸合線，即所求多邊形之一邊也。

九題

一直線，求截所取之分。

法曰：甲乙直線，或截取三分之一。先從甲任作甲丙線爲丙甲乙角。次從甲向丙任作所命分之平度，如甲丁戊己爲三分。次作己乙直線。末作丁庚與己乙平行，即甲庚爲甲乙三分之一。

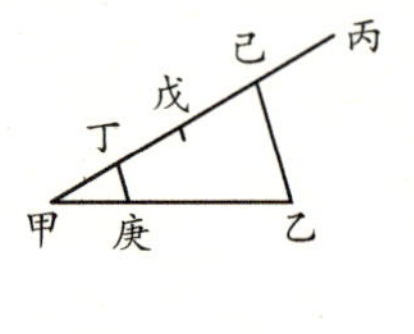

論曰：丁庚既與己乙平行，即己丁與丁甲若乙庚與庚甲，合之，己甲與甲丁若乙甲與庚甲也。甲丁既爲己甲三之一，則庚甲亦乙甲三之一矣。

十題

一直線，求截各分如所設之截分。

法曰：甲乙線，求截各分如所設甲丁、戊丙之比例。先以甲乙、甲丙相聯成丙甲乙角。次作丙乙線相聯。末從丁、從戊作丁己、戊庚兩線，皆與丙乙平行，即分甲乙線於己、於庚，若甲丙之甲丁、丁戊、戊丙也。

從此題作一用法：甲乙直線，求平分若干分。即從甲任作甲丙爲若干平分，餘同前。

又簡法：如甲乙線，求五平分。即從乙任作丙乙線爲丙乙甲角。次任作丁戊與甲乙平行。次從丁向戊任作五平分，爲丁己、庚辛、壬癸，令丁癸小於甲乙。次從甲過癸作甲子線，遇乙丙於子。末從子作子壬、子辛、子庚、子己四線，各引至甲乙線爲丑、寅、卯、辰五平分。

又簡法：如甲乙線，求五平分。即從甲、從乙作甲丁、乙丙兩平行線。次從乙任作戊、己、庚、辛四平分，即用元度從甲作壬、癸、子、丑四平分。末作戊丑、己子、庚癸、辛壬四線，即分甲乙於巳、辰、卯、寅爲五平分。

又用法：先作一器，如丙丁戊己，任平分爲若干格。今欲分甲乙線爲五平分，即取甲乙之度一端抵戊丙線，一端抵庚辛線，如甲乙大於戊庚，即漸移之，令合線若至壬，即戊壬之分爲甲乙之分。

增題：有直線，求兩分之，而兩分之比例若所設兩線之比例。法同前。

又增題：甲乙、丙丁兩線各三分於戊己、於庚辛，其甲戊與戊乙若丙庚與庚丁，甲己與己乙若丙辛與辛丁也。即中率戊己、庚辛各與前後率爲比例亦等，謂甲戊與戊己若丙庚與庚辛，己乙與戊己若辛丁與庚辛也。

論曰：試聯甲於丙，作乙甲丁角。次作丁乙、辛己、庚戊三線相聯，其甲戊與戊乙既若丙庚與庚丁，即庚戊與丁乙平行，甲己與己乙既若丙辛與辛丁，即辛己與丁乙平行。而庚戊與辛己亦平行，故甲戊與戊己若丙庚與庚辛也，己乙與戊己亦若辛丁與庚辛也。

十一題

兩直線，求別作一線相與爲連比例。

法曰：甲乙、甲丙兩線，求別作一線相與爲連比例，謂甲乙與甲丙若甲丙與所求線也。先合兩線作丙甲乙角，以丙乙線聯之。次引長甲乙線至丁，令乙丁與甲丙等。次作丁戊線與丙乙平行。末引長甲丙線遇丁戊於戊，即丙戊爲所求。

論曰：丙乙既與戊丁平行，即甲乙與乙丁若甲丙與丙戊也。而乙丁、甲丙元等，即甲乙與甲丙若甲丙與丙戊也。五卷七。

注曰：別有一法：以甲乙、乙丙兩線列作甲乙丙直角，以甲丙聯之。次引長甲乙線。末從丙作丙丁爲甲丙之垂線，遇引長線於丁，即乙丁爲所求。

論曰：甲丙丁既是直角，而丙乙垂線即爲甲乙、乙丁之中率，則甲乙與乙丙若乙丙與乙丁也。本卷八之系。

十二題

三直線，求別作一線相與爲斷比例。

解曰：甲乙、乙丙、甲丁三線，求別作一線相與爲斷比例，謂甲丁與所求線若甲乙與乙丙也。先以甲乙、乙丙爲一直線。次以甲丁線合甲丙任作甲角。次作丁乙相聯。次作丙戊與丁乙平行，末引長甲丁遇丙戊於戊，即丁戊爲所求。

論曰：丁乙既與丙戊平行，即甲丁與丁戊若甲乙與乙丙。本卷二。

十三題

兩直線，求別作一線爲連比例之中率。

法曰：甲乙、乙丙兩線，求別作一線爲中率，謂甲乙與所求線若所求線與乙丙也。先并兩線成一直線而平分於戊，即以戊爲心，甲作界作甲丁丙半圜。末從乙至界作乙丁垂線，即乙丁爲所求。

論曰：試作甲丁、丁丙兩線成甲丁丙直角形，三卷三十。而丁乙垂線爲對邊兩分線之中率。本卷八之系。

注曰：依此題可推：凡半圜内之垂線，皆爲兩分徑線之中率。何者？半圜之内，從垂線作角皆直角，故也。三卷三。

增題：有甲乙、甲丙兩線，甲乙大於甲丙二倍以上，求兩分甲乙，而以甲丙爲中率。

先以甲乙、甲丙聯爲直角，平分甲乙於丁，即以丁爲心、甲爲界作甲戊乙半圜。次自丙作丙戊與甲乙平行，遇圜界於戊。末從戊作戊己垂線，而分甲乙於己，即甲丙爲甲己、己乙之中率。何者？戊己既半圜内垂線，即爲兩分徑線之中率，而甲丙與戊己等，故爲甲己、己乙之中率。

又　十八題

直線上，求作直線形與所設直線形相似而體勢等。

法曰：甲乙線上，求作直線形與所設丙丁戊己庚形相似而體勢等。先於設形任從一角向對角作直線，分本形爲若干角形，

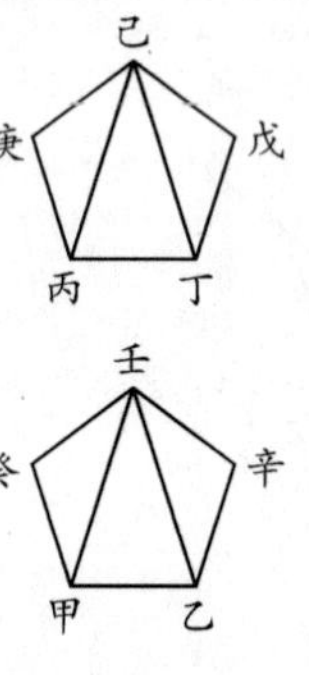

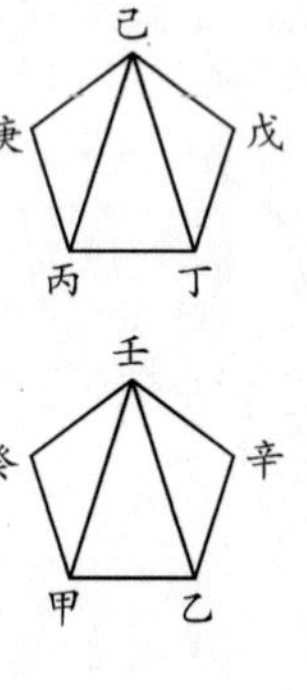

如上形，即分爲角形三。次於元線上作甲壬乙角形與丙己丁角形等。次作乙壬辛、甲壬癸兩角形與丁己戊、丙己庚兩角形等。則甲乙辛壬癸與所設形相似而體勢等。凡設多角形，俱倣此。

增簡法：如設甲乙丙丁戊直線形，求於癸線上作一形與所設形相似而體勢等。

先於甲角旁之甲乙、甲戊引長之，爲甲己、甲壬。次從甲向各角作直線，爲甲庚、甲辛。次於甲乙線上截取甲己與癸線等。末從己作己庚與乙丙平行，作庚辛、辛壬與丙丁、丁戊各平行，即所求。

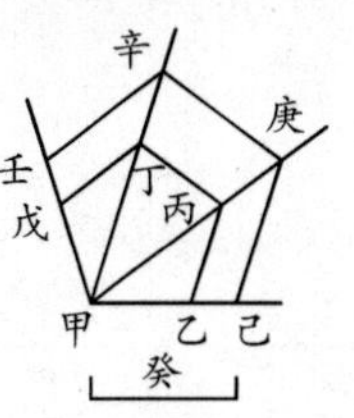

又　二十五題

兩直線形，求作他直線形與一形相似，與一形相等。

法曰：甲、乙兩直線形，求作一形與甲相似，與乙相等。先於甲邊丙丁上作丙戊方形與甲等。一卷四四五。次依丁戊邊作丁辛方形與乙等。次作一壬癸線爲丙丁、丁庚之中率。本卷十二。末於壬癸作子形與甲相似，即與乙相等。

論曰：丙丁、壬癸、丁庚三線既爲連比例，則一丙丁與三丁庚若一丙丁上之甲與二壬癸之上之子相似兩形之比例，又若丙戊與丁辛等高兩形之比例，則丙戊與丁辛若甲與子矣。夫丙戊、丁辛元若甲與乙，今又若甲與子，是乙與子等也。

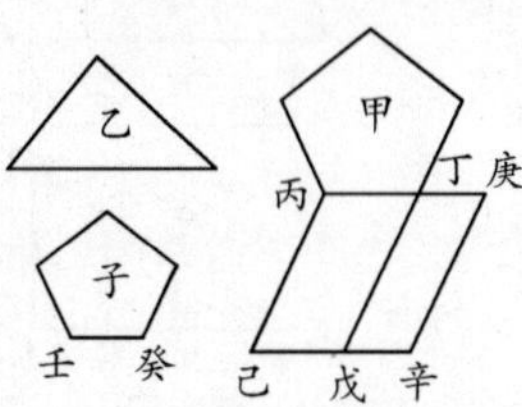

又　二十八題

一直線，求作依線之有闕方形與所設直線形等，而其闕形與所設方形相似，其所設直線形不大於半線上所作方形與所設方形相似者。

法曰：甲乙線，求作依線之有闕方形與丙等，而其闕形與丁相似。先平分甲乙於戊。次於戊乙半線上作戊庚形與丁相似。次作甲庚滿線形，若甲己形與丙等，即得所求矣。若甲己大於丙，若甲己小於丙，即不可作。即等甲己之戊庚亦大於丙也。則求戊庚大於丙之較爲壬，一卷〇五增。即作癸丑形與壬等，而與戊庚相似。次截取巳乙、己卯與癸子、癸寅等，而作已卯方形必與癸丑相等、相似，而又與戊庚相似。次引巳辰抵元線，又引卯辰兩端作午未線，即甲辰爲甲乙線上有闕依形與丙等，而乙辰闕形與丁相似。

論曰：辰庚與辰戊兩餘方既等，每加一乙辰角線形，即乙巳與戊午亦等，而與等戊午之戊未亦等。乙巳與戊未既等，又每加一戊辰形，即甲辰與甲辰酉磬折形等矣。夫磬折形爲戊庚之分，而戊庚與丙及癸丑并等，戊庚既截去等癸丑之卯己，則所餘磬折形與丙等矣，即甲辰亦與丙等。

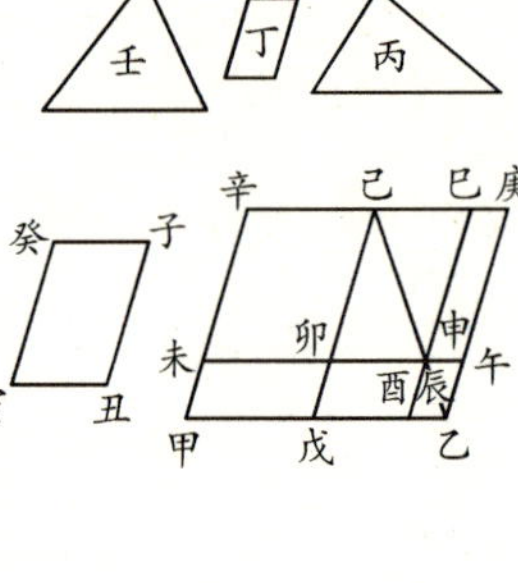

二十九題

一直線，求作依線之帶餘方形與所設形等，而其餘形與所設方形相似。

法曰：甲乙線，求作依線帶餘方形與丙等，而其餘形與丁相似。先平分甲乙於戊，於戊乙上作戊庚方形與丁相似。次別作辛方形與丙及戊庚并等，又別作癸丑方形與辛等、又與丁相似，癸丑既與辛等，即大於戊庚。次引巳戊至卯與壬丑等，引巳庚至寅與壬癸等，而作寅卯方形，即卯寅與癸丑等，只與戊庚相似。次引甲乙至己，引庚乙至午，引午卯至未。末作甲未線與巳卯平行，即得甲辰帶餘方形依甲乙線與丙等，而己午爲餘形與戊庚相似，即與丁相似。

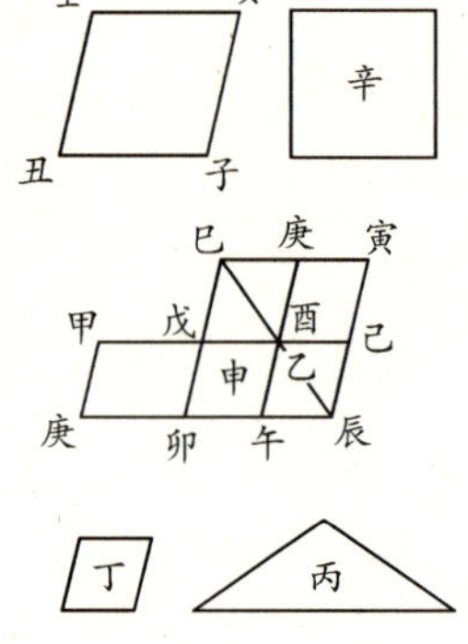
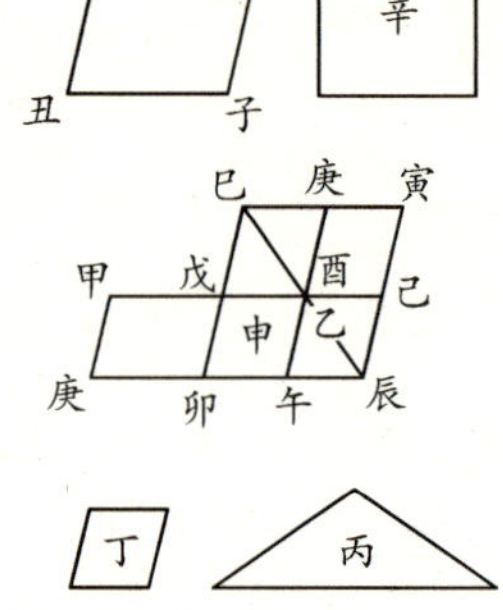

論曰：甲卯戊午既等，戊午與乙寅兩餘方又等，是甲卯與乙寅亦等矣。而每加一卯己形，則甲辰與甲乙酉磬折形必亦等。夫磬折形元與丙等，卯寅即癸三元與丙及戊庚并等，每減一戊庚，即磬折形與丙等。即甲辰亦與丙等。

三十題

一直線，求理分中末線。

法曰：甲乙線，求理分中末。先於元線作甲丙方形。次依丁甲邊作丁己帶餘方形與甲丙形等，而甲己爲餘形又與甲丙相似，則戊己分甲乙於辛，即所求。本卷界三。

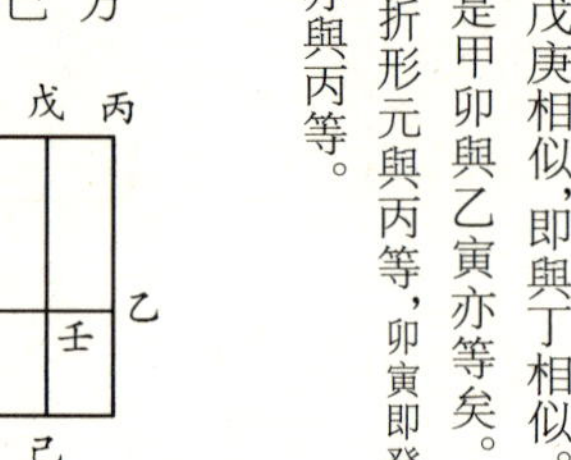

論曰：丁己與甲丙兩形既等，每減一甲戊形，即甲己、辛丙兩形亦等矣。此兩形之兩辛角既等，即等角旁之各兩邊爲互相視之線也。本卷十四。而等戊辛之甲乙線與等辛己之甲辛線其比例，若甲辛與辛乙也，是甲辛乙爲理分中末也。

又 卷末

一增題：直線形，求減所命分，其所減、所存各作形與所設形相似而體勢等。

法曰：甲形，求減三分之一，所減、所存各作形與乙相似。先作丙丁形與甲等，與乙相似。次依丙戊邊作丙己戊半圓。次截丙戊三分之一爲戊庚。次作己庚爲丙戊之垂線。次作己丙、己戊兩線。末於己丙、己戊上作己辛、己壬兩形各與丙丁相似爲所求。

耕曰：丙丁、己辛、己壬三形既相似，其比例必若其底與底再加之比例。三底線負半圓爲三邊直角形，其己庚丙、己庚戊兩分形又與全形相似，則丙戊與己丙必若己丙與丙庚，是丙戊與丙庚爲再加之比例，而丙丁、己辛兩形必若丙戊、丙庚兩線矣。夫丙庚既爲丙戊三分之二，則辛己亦必丙丁三分之二。依顯，己壬爲丙戊三分之一。

若所存、所減不論何形，其法更易。如甲形，求減三分之一。先作乙丙形與甲等。次截乙丁三分之一爲丁戊。末作己戊，即戊丙形爲甲三分之一。

今附有大圓，求減小圓。則以圓徑當形邊，餘同前。

又附依此法，可作一方形與初月形等。如甲乙丙丁圜有初月戊形，附圜界四分之一。先作甲乙丙丁内切方形，而四平分之，其一分即與初月形等。何者？甲乙丙半圜與甲乙、乙丙上兩半圜等，即戊己半圜爲半大圜之半，而己庚分圜形亦爲半大圜之半，是己庚分圜形與戊己半圜等矣。此兩率各減一同用之己形，所存戊、庚兩形不亦等乎？庚爲甲乙丙丁方形四之一，故甲乙丙丁方形四分之一之方形與初月形等。

二增題：兩直線形，求別作一直線形爲連比例。

法曰：甲與乙丙丁兩形，求別作一形爲連比例。先作戊己庚形與甲等、與乙丙丁相似。次以戊己爲前率，乙丙爲中率，而求連比例之末率爲辛壬。本卷十一。末於辛壬上作辛壬癸形與兩形相似爲所求。

論曰：三線既爲連比例，即其上相似三形亦爲連比例。本卷二二。

今附有兩圜，求別作一圜爲連比例，即以圜徑當形邊，法同前。

三增題：三直線形，求別作一直線形爲斷比例。

法曰：一甲、二乙丁、三己庚辛，求別作一形爲斷比例。先作壬子形與甲等、與乙丁相似。次以壬癸、乙丙、己庚爲三率，求斷比例之末率爲寅卯。本卷十二。末於寅卯上作寅卯辰形與己庚辛相似爲所求。

論曰：四線既爲斷比例，其線上相似形亦爲斷比例。本卷二三。

今附有三圜，求別作一圜爲斷比例，法同前。

四增題：兩直線形，求別作一形爲連比例之中率。

法曰：甲與乙丙丁兩形，求別作一形爲連比例之中率。先作戊己庚形與甲等、與乙丙丁相似。次求戊己、乙丙兩線連比例之中率爲辛壬，於辛壬上作辛壬癸形與乙丙丁相似爲所求。

又法曰：甲、乙兩形，求別作一形爲連比例之中率。先作丁己形與甲等。次作庚壬形與乙等、與丁己相似，令兩形戊角相聯，而丁壬、己庚各成直線。末引各邊作子癸直角形，其子戊、戊癸兩餘方皆爲甲乙之中率。

論曰：丁己與戊癸若子戊與庚壬，何者？兩比

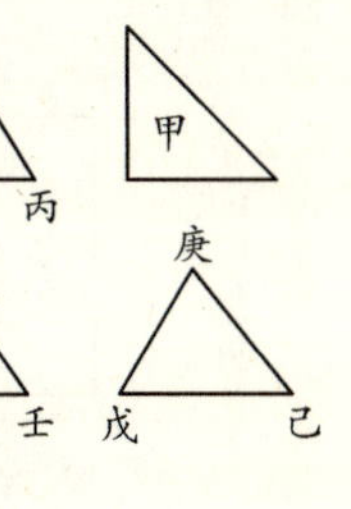

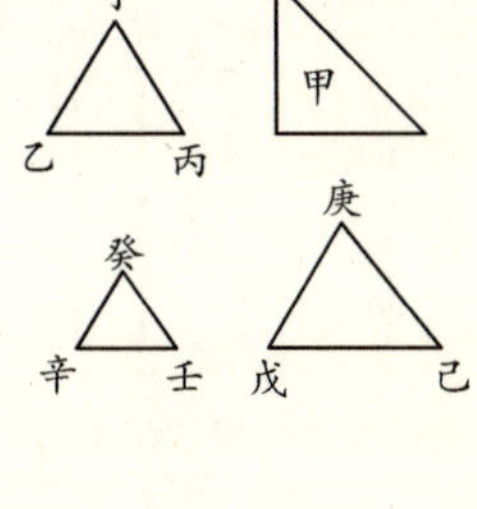

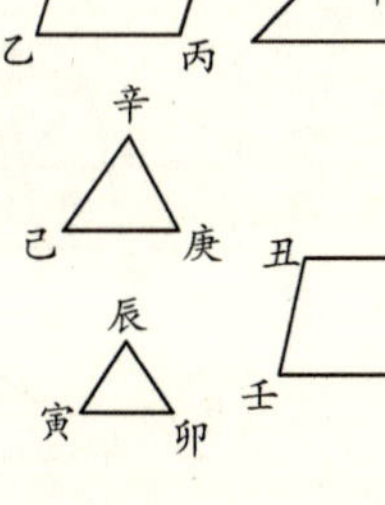

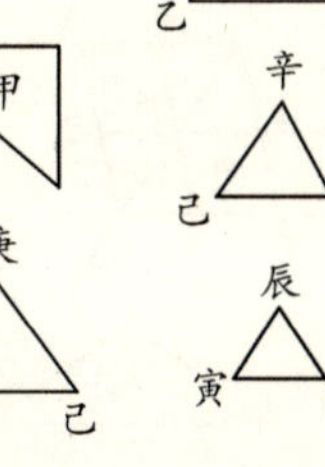

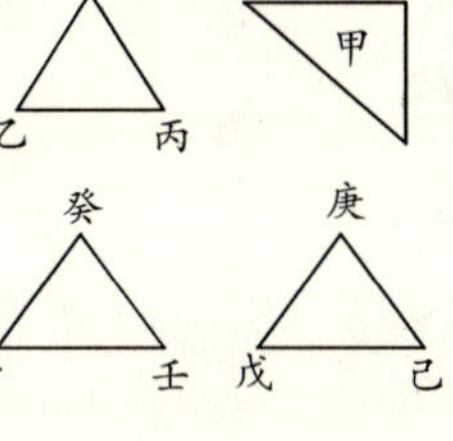

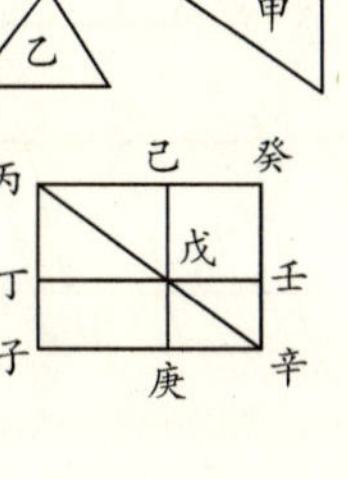

例皆若丁戊與戊壬也，故兩餘方皆爲等甲乙兩角線形之中率。

今附兩圜，求別作一圜爲連比例之中率，法同前。

五增題：一直線形，求分作兩直線形俱與所設形相似而體勢等，其比例若所設兩幾何之比例。

法曰：一甲形，求分爲兩形俱與丁相似，與乙、丙比例等。先作戊庚形與甲等、與丁相似。次分戊辛邊於壬，令戊壬與壬辛若乙與丙。次於戊辛上作戊癸辛半圜。次從壬作癸壬爲戊辛之垂線。次作戊癸、癸辛兩線。末於戊癸、癸辛上作戊子、癸寅兩形，俱與戊庚形相似爲所求。

今附一圜，求分作兩圜與所設比例等，法同前。

六增題：一直線形，求分作兩直線形俱與所設形相似而體勢等，其兩分形兩相似邊之比例若所設兩幾何之比例。

法曰：一甲形，求分作兩形俱與丁相似，其兩分形兩相似邊之比例若乙與丙。先以乙丙兩線求連比例之末率爲戊。次作己庚辛形與甲等、與丁相似。次分己辛於壬，令己壬與壬辛若乙與戊。次於己辛線上作己癸辛半圜。次從壬作壬癸爲己辛之垂線。次作己癸、癸辛兩線。末於己癸、癸辛上作己子癸、癸丑辛，俱與丁相似爲所求。

今附一圜，求分作兩圜兩徑若所設之比例，法同前。

七增題：兩直線形，求并作一直線形與所設形相似而體勢等。

法曰：甲、乙兩形，求并作一形與丙相似。先作戊丁己形與甲等，作己庚辛形與乙等。次以兩形相似邊聯爲直角。次以戊辛聯之。末於戊辛線作戊辛壬形與丙相似爲所求。

又法曰：先作一方形與甲乙兩形并等。次作角形與方形等，與丙相似。

今附兩圜，求并作一圜，法同前。

又 十三增題：三角形任於一邊任取一點，從點

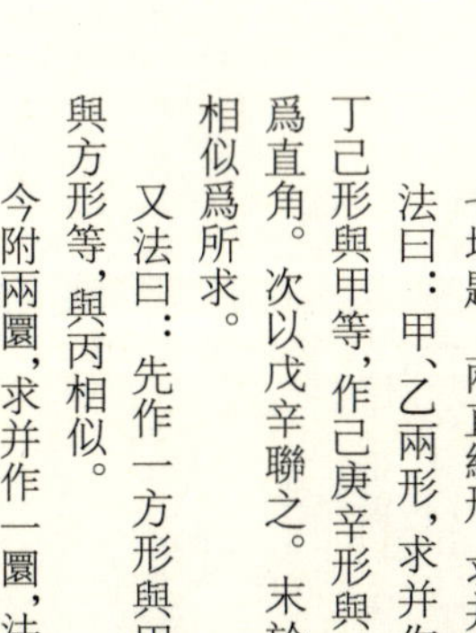

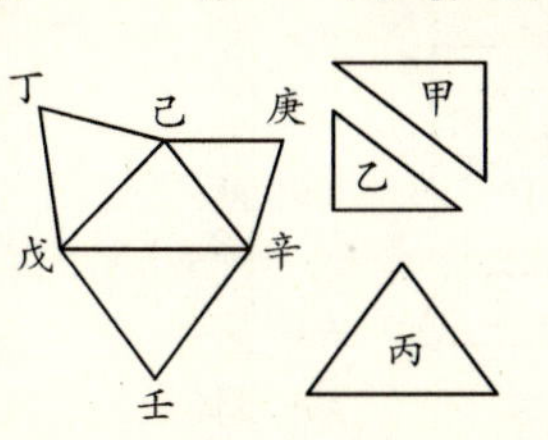

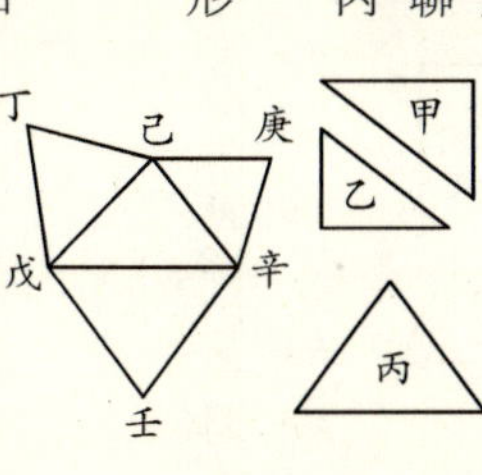

求作一線，分本形爲兩形，其兩形之比例若所設兩幾何。

法曰：甲乙丙角形任於乙丙邊任取丁點，求從丁作一線分本形爲兩形，其兩形之比例若戊與己。先分乙丙於庚，令乙庚與庚丙若戊與己。如庚、丁同點，一圖。即作丁甲線爲所求。如庚在丁丙之內，二圖。亦作丁甲線。從庚作辛庚線與丁甲平行。末作丁辛線，即分乙丁辛甲無法四邊形與丁丙辛角形其比例若戊與己也。如庚在乙丁之內，三圖。亦作丁甲線。次從庚作庚辛線與丁甲平行。末作辛丁線，即分乙丁辛角形與丁丙辛甲無法四邊形其比例若戊與己也。詳一卷三十八題第二增。

十四增題：一直線形，求別作一直線形相似而體勢等，其比例若所設兩幾何。

法曰：甲直線形，求別作一形與甲相似，令甲與所作形之比例若乙與丙。先以乙丙及丁戊三線求斷比例之末率爲己。次求丁戊及己之中率爲庚辛。本卷十二、十三。末於庚辛上作壬形與甲相似爲所求。若先設大甲，求作小壬，若丙與乙，倣此。

論曰：丁戊、庚辛、己三線爲連比例，即一丁戊與三己之比例，若一丁戊上之甲與二庚辛上之壬。

有用法：作各形之相加、相減者，如乙丁方形，求別作五倍大方形。先引長甲乙至戊，令乙戊五倍於乙甲。次平分甲戊於己，即以己爲心、甲爲界作甲庚戊半圜。次引長乙丙抵圜界於庚，即依乙庚線作乙辛方形爲所求。

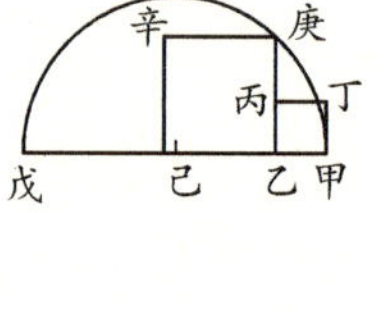

耕曰：甲乙偕戊乙矩內形與乙庚上方形等，三卷三五。矩內形既五倍於乙丁，則乙辛方形亦必五倍於乙丁。

又丁乙直線形，求別作二倍大相似形。先引長甲乙至戊，令乙戊二倍於甲乙。次平分甲戊於己，即以己爲心、甲爲界作甲庚戊半圜。次引長丙乙抵圜界於庚。次於甲戊線截取甲辛與乙庚等，從辛作辛壬與乙丙平行。次作甲丙對角線引長之遇辛壬於壬。次自壬作壬癸與丙丁平行。末引甲丁線聯之成癸辛形，即二倍於丁乙而相似。

用此法，不論何形，但兩形相似，其在庚乙上形皆二倍於在甲乙上形。

今附若用前法作圜，則乙庚徑上圜亦二倍大於甲乙徑上圜，相加、相減，倣此。

十五增題：諸三角形，求作內切直角方形。

法曰：甲乙丙角形，求作內切方形。先從甲角作甲丁爲乙丙之垂線。次分甲丁於戊，令甲戊與戊丁若甲丁與乙丙。本卷十增。次從戊作己庚與乙丙平行。末自庚、自己作庚壬、己辛兩線，各與甲丁平行，即得己壬形爲所求。若直角、鈍角，則從直角、鈍角作垂線。

耕曰：己庚既與底線平行，則甲丁與乙丙若甲戊與己庚，今又若甲戊與戊丁，是戊丁與己庚等矣。而庚壬、己辛又各與戊丁等，即庚辛爲方形。

又甲乙丙直角三邊形，求依乙角作內切方形。先分甲乙於丁，令甲丁與丁乙若甲乙與乙丙。末從丁作丁戊與乙丙平行，從戊作戊己與甲乙平行，即得丁己形爲所求。

耕曰：丁戊既與底線平行，則甲乙與乙丙若甲丁與丁戊，今又若甲丁與丁乙，是丁乙與丁戊等矣，即乙戊爲方形。

今附如上三邊直角形，依乙角作內切方形，其方邊必爲甲丁、己丙兩分餘邊之中率。何者？甲丁與丁戊若戊己與己丙故也。本卷四之系。

後附：耕自爲圖論附之卷末，其法似爲本書所無，其理實函各題之內，非能於本書之外，別生新義也。稱後附者以別於丁氏、利氏之增題也。計十條。

一附：直角三邊形，以直角旁兩邊，求對直角邊。

一卷四十七題第四增言：直角三邊形先得兩邊，可求餘一邊，皆用算數相求，然亦可比量得之。按：直角三邊形，即算家所謂勾股也。乙丙即弦，甲乙即勾，甲丙即股。乙丙之大於甲丙爲丁丙，曰股弦較。乙丙之大於甲乙爲乙戊，曰勾弦較。甲丙之大於甲乙爲丙己，曰勾股較。凡六線，先得兩線，皆可求餘線。今先得甲乙、甲丙兩邊，求乙丙。先作庚辛壬直角，令辛壬與甲乙等，辛庚與甲丙等。末作庚壬，即得乙丙邊之度。

二附：以對直角邊及直角旁一邊，求餘邊。

先得甲乙、乙丙兩邊，求甲丙。先作庚壬與乙丙等，平分於癸，即以癸爲心、庚爲界作半圜。次以壬爲心、甲乙爲度，向圜作短界爲辛。末作庚辛線爲所求。若先得甲丙、乙丙兩邊，求甲乙法，同上。

三附：以對直角邊與一邊之較及一邊，求全邊。

先得甲乙邊及甲丙、乙丙之較丙丁，求餘邊。先作庚辛與丙丁等。次作辛壬垂線與甲乙等。次作庚壬。次引長庚辛至癸。次作庚壬子直角，而壬子截庚癸於子。末平分庚子於丑，即庚丑線與乙丙等，辛丑線與甲丙等。何也？庚癸線既以庚壬子直角線截之，則庚辛偕辛子矩内形必與辛壬上方形等，三卷三五。按勾股法，依股弦較爲濶作直形，而與勾冪等，其長必一弦一股之度，故加辛庚折半得乙丙弦。若先得甲丙及甲乙、乙丙之較乙戊，求乙丙法，同上。

四附：以直角旁兩邊之較及對直角邊，求全邊。

先得乙丙及甲乙、甲丙之較己丙。先作庚辛與乙丙等。次平分於寅，即以寅爲心、庚爲界向上作短界線。次以庚爲心、己丙爲度向上作短界線，相交處爲丑，自丑作辛丑線。次作庚辛壬直角，令辛壬與辛丑等。次作庚壬線。末截庚壬於癸，令壬癸與丙己等，餘庚癸平分於子，即庚子與甲乙等，子壬與甲丙等。按勾股法，一勾一股并作方形當弦上方形二，而朒一勾股較上方形，令庚辛上方形即弦冪等，辛丑之辛壬上方形當一弦冪，而朒一勾股較上方形。又庚壬上方形與庚辛、辛壬上兩方形并等，則庚壬一線必爲一勾一股之度。

五附：以直角旁兩邊與對直角邊之兩較線，求各邊。

先得甲丙、乙丙之較丁丙及甲乙、乙丙之較乙戊。先倍乙戊加丁丙爲庚辛壬癸線，平分於子，即以子爲心、庚爲界作庚丑癸半圜。次自壬作垂線，抵圜界於丑，即壬丑線，加壬癸，即與甲乙等。加辛壬，即與甲丙等。加辛癸，即與乙丙等。按勾股法，丁丙偕乙戊矩内形二與戊丁上方形等。夫庚壬偕壬癸矩内形，即兩較矩内形二也。而又與壬丑上方形等，則壬丑垂線不與戊丁亦等乎？故遞加之得勾股弦也。若倍丙丁加乙戊所求亦同。

六附：又法以方邊角線之較，求方邊。

先得方邊角線之較甲乙，三倍之爲甲乙丙丁線，平分於戊，即以戊爲心、甲爲界作甲己丁半圜，自丙作垂線，抵圜界於己，即己丙線加丙丁爲方邊，加甲丙爲角線。試作庚辛爲角線上方形。次作庚癸、壬辛皆爲元方形，詳二卷十四之增。其子丑與丑壬兩線之比例，若丑壬與子丑、寅卯兩線并，則丑壬爲子丑及子丑、寅卯兩線并之中率。今甲丙倍丙丁，而己丙爲中率，其丙丁與己丙若己丙與甲丙也，則己丙、丑壬兩線必等。故加等子丑之丙丁得方邊，加等子丑寅卯兩線并之甲丙得角綫。

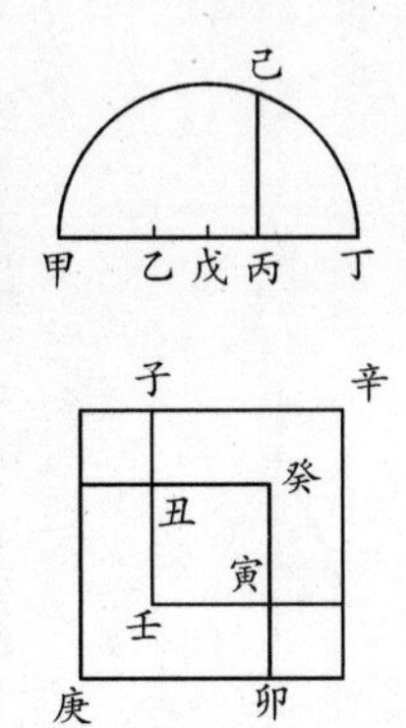

又 八附：又法求理分中末線。

設甲乙線，求理分中末。詳六卷三十。即以甲乙當股。次作乙丙勾，令勾半於股。次以甲丙弦聯之。次截甲丙於丁，令丙丁與乙丙等。末截甲乙於戊，令甲戊與甲丁等，即甲戊乙爲理分中末也。何者？勾股上兩方形并，與弦上方形等。一卷四七。於弦方内減去等勾方之己形，所餘庚辛壬磬折形必與股方等。

又甲丁、甲戊兩線等，即辛、癸兩形亦等，再減辛癸兩形，所餘庚壬兩形與子丑寅磬折形必亦等。又甲乙既倍於丙乙，即甲卯亦倍於甲辰，甲丁、甲戊又等，則癸子兩形并當甲戊偕丙乙矩内形二。與庚壬兩形并即甲丁偕丙乙矩内形二。亦等矣，即癸子兩形并與子丑寅磬折形亦等。此二率每減一同用之子形，則所餘癸與丑寅并安得不等？夫癸即甲戊上方形也，丑寅即甲乙偕乙戊矩内形也，故甲戊乙爲理分中末也。

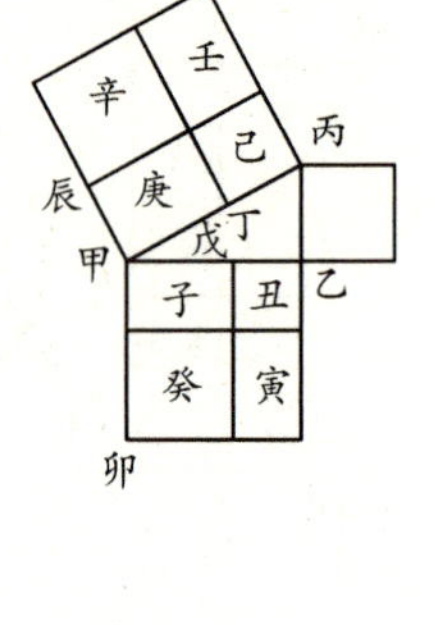

九附：求於三角形内作一線抵兩腰與底線平行，又與所設線等。

甲乙丙三角形，求作一線抵兩腰與乙丙平行，而與丁線等。先作甲戊線。次分於己，令甲戊與甲己若乙丙底與丁線。末從己作庚辛線與乙丙平行爲所求。若設線大於乙丙，即不可作。

十附：有多線，求理分中末。

設甲乙、丙丁、戊己、庚辛多線，各求理分中末。先依前法入附。分甲乙於壬。次任作甲癸乙角形。次從壬作癸壬線。次作丙丁、戊己、庚辛多線，令兩界各抵腰線，而與底線平行。九附。末依癸壬線分丙丁於子，分戊己於丑，分庚辛於寅，各爲理分中末也。

清·梅文鼎《幾何通解》以句股解《幾何原本》之根。

丙戊線上取理分中末線

先以丙戊線命爲股，以丙戊折半成丁戊，命爲勾。取丙丁弦與丁乙等，則戊乙爲句弦較。此變股爲倍句，成理分中末線。亥戊倍句，與丙戊股等。以加較，成亥乙即句弦和。亥己爲和較相乘積，與丙亥股幂等。丙亥爲丙戊股之方，即爲亥戊倍句之方。

準前論，亥乙和與丙戊股，若丙戊股與戊乙較。今亥戊即丙戊，則又爲亥乙和與亥戊倍句，若亥戊倍句與戊乙較也。

天亥乙者，全線也。亥戊其大分，戊乙其小分也。合之則是全線與其大分，若大分與其小分。

論曰：此以丙戊股線爲理分中末之大分，而求得其全線亥乙與其小分戊乙也。而大分與小分之比例，原若全線與大分。故即可以丙戊大分爲全線，而以小分戊子即戊乙也。爲大分，則子丙自爲小分矣。以亥乙爲全線，亥戊大分，即丙戊，亦即乙甲。戊乙小分，即戊子。亥乙與乙甲，即亥戊。若亥戊與子戊也。即亥戊與戊乙。此用亥乙甲大句股比亥戊子小句股。若丙戊爲全線，則戊子爲大分，子丙爲小分，爲亥戊與戊子，若子己與己甲也。

此用亥戊子大句股比子己甲小句股。亥戊與戊乙，若戊子與子丙，又相視之理也。又若子己爲全線，則子庚又爲大分，庚己又爲小分。

其法：但於大分子己内，截取子庚如小分丙子，作丙庚小方。則戊子即子己。與子丙，若子庚與庚己。以此推之，可至無窮。

甲乙線求作理分中末線

法：以甲乙全線，折半於庚，乃作垂線於甲端爲丙甲。如半線甲庚之度爲句，全線爲股。次作丙乙線爲弦。次引丙甲線至丁，令丙丁如丙乙度。末以甲爲心，丁爲界，作丁戊己圈分，則甲己爲理分中末之大分，己乙爲小分，其比例爲甲乙與甲己，若甲己與己乙也。

遞加法：借右圖以乙爲心，甲爲界，運規，截丁己圈分於戊。自戊作線向甲，成甲戊線，與甲丁等。乃自戊作戊乙線，與乙甲等，成甲戊乙三角形。

此形甲、戊兩角，悉倍於乙角。即右圖展大。乃平分戊角，作戊辛線，此線與甲戊等，亦與乙辛等，成辛戊甲相似三角形，則甲乙與乙辛，即戊辛。若乙辛與辛甲也。又平分辛角，作辛壬線，與壬戊、辛甲皆等。則成甲辛壬三角形，與辛戊甲相似。則乙辛與辛甲，若辛甲與壬甲也。如此遞半，則其角比例並同。

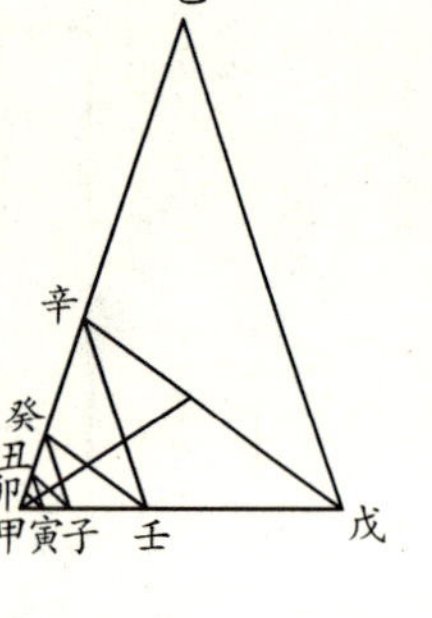

㊀乙甲。㊁乙辛，即戊辛、戊甲。㊂辛

甲，即辛壬、戊壬。㊃辛癸，即壬癸、壬甲。㊄癸甲，即癸子、壬子。㊅癸丑，即丑子、子甲。㊆丑甲，即丑寅、寅子。㊇丑卯，即卯寅、寅甲。㊈卯甲。若能知其數，則以大分遞乘，全數除之，得細數。

甲乙線十數求作理分中末線

先依甲乙線，作甲乙丁丙正方形。四面皆十數。次任用一面平分之，如甲丙平分於壬，甲乙之半數也。甲丙與甲乙等，其分亦等。次自壬向乙角作乙壬斜總，其數一一一八〇三三九。次用甲壬度，自壬截乙壬於癸，其餘癸乙即大分，其數六一八〇三三九。末以癸乙度截甲乙於戊，則乙戊爲大分，戊甲爲小分，其數三八一九六六〇。

簡法：作句股形，令甲壬句，如甲乙股之半。乃以壬爲心，甲爲界，作圓分，截乙壬於癸。末以乙爲心，癸爲界，作圓分，截甲乙於戊，則乙戊爲大分，甲戊爲小分。

又簡法：以甲乙全線爲半徑，作半圓形，則乙庚、乙辛兩線皆與甲乙等。次平分辛乙線於己。次以己爲心，庚爲界，運規，割甲乙線於戊，戊己之度，即同己庚。則乙戊爲大分，甲戊爲小分。

附長方變正方法

甲乙丙丁長方形，欲變正方，以長方形之橫邊、乙丙。直邊丙丁。二線，取其中比例，即所求。

取中比例法：以丙丁、乙丙即戊丙。聯爲一直線，丁戊。而折半於己。以己爲心，丁若戊爲界，作半圓。次引乙丙橫線至圓界，截圓界於庚，成丙庚線，即乙丙及丙丁二線之中比例綫。次於丙庚綫上作小方形，其容與甲乙丙丁長方形等。

如右圖，丙庚線上方形爲丙壬，乃子壬癸句股形内之容方也。而甲丙長方形，則子壬癸句股外之餘方也。餘方與容方等積。

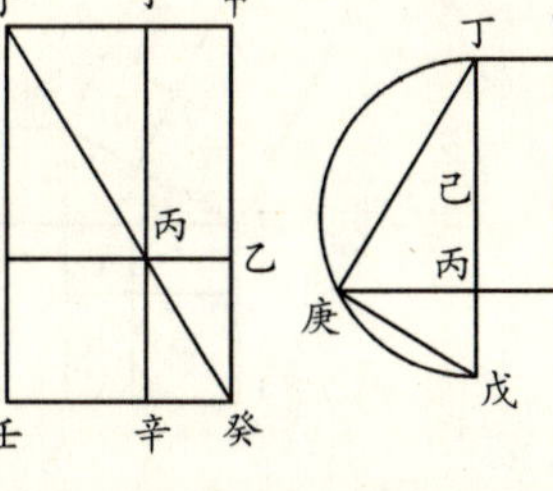

簡法：先引丁丙邊至辛，引乙丙邊至未。次以丙角爲心，乙爲界，作小圓界虛線，截引長線於戊。次以丁戊線折半於己，次以己爲心，戊爲界，連規，作小圓界，截引長線於庚，則丙庚即所變方形之一邊。末依丙庚線作方形，與甲乙丙丁長方形等積。

理分中末線用法

一用以分平圓爲十平分。半徑與三十六度之分圓，若全分與理分中末之大分也。

一用以分平圓爲五平分。《曆書》言：以全分爲股，大分爲句，求其弦。即半徑全數爲股，三十六度之分圓爲句，求得七十二度之分圓爲弦。

清·《數理精蘊》上編卷四

《幾何原本》十一

第一

作三界度等之三角形及兩界度等之三角形法。如欲作三界度等之三角形，則作一甲乙線，取甲乙之度爲準，以甲爲心，自甲至丙作弧一段，又以乙爲心，自乙至丙作弧一段，兩弧相交處至甲乙作二線，即成三界度等之甲丙乙三角形矣。蓋甲乙丙三角形之甲乙、甲丙、丙乙三界原係一圜之輻線，其度必等。度既等，而線未有不等者也。若欲作兩界度等之三角形，仍作一甲乙線，比甲乙線之度或大、或小取一度，以甲、乙二處爲圜心，皆至丙作弧兩段，仍於兩弧相交處作二線，即成兩界度等之甲丙乙三角形矣。蓋甲丙、丙乙二線雖比甲乙線或大、或小，然二線俱同爲一圜之輻線，其度自等。兩度既等，則兩界線亦必等也。

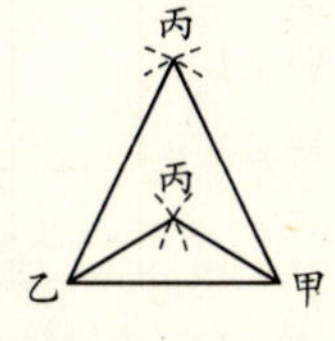

第二

平分直線角爲兩分法。如甲乙丙角，欲平分爲兩分，乃以乙角爲心，任意作弧線一段，則乙甲、乙丙二線截於丁戊，即成乙丁、乙戊等度二線。自弧兩端復作一丁戊線，照丁戊線度依前節法作一三界度等之丁己戊三角形，則己角與乙

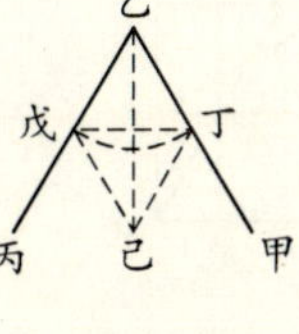

角正相對。乃自乙角至己角作一乙己直線，即分甲乙丙角爲兩平分矣。何也？其乙丁己、乙戊己兩三角形之乙丁、乙戊二界是一圜之輻線，其度等。而丁己、戊己二界是三界度等三角形之兩傍界，其度亦等。而乙己線既爲兩形之共界，其等無疑。此兩三角形之各界度既各相等，則與丁己戊己界相對之丁乙己、戊乙己二角亦必相等可知矣。見二卷第七節。

第三

平分一直線爲兩分法。如有甲乙一直線，欲平分爲兩段，乃如第一節法，於甲乙線上作一甲丙乙三界度等之三角形，又如第二節法，平分甲丙乙角爲二分，自丙角作垂線至甲乙線，即平分甲乙線於丁，而甲丁、丁乙兩段必等也。蓋甲丙乙原爲三界度等之三角形，今作丙丁垂線平分爲兩三角形，則兩三角形之相當各角各界必俱等。而甲丁、丁乙爲兩形相當之底界，其度安得不等乎？

第四

橫線上立縱線法。如有甲乙一橫線，欲於丙處立一縱線，則於丙之兩傍任意取等度二分爲戊丙、己丙，以戊爲心，於橫線上作弧一段，又以己爲心，於橫線上作弧一段，兩弧相交於丁，此丁處正與丙相對，自丁至丙作一直線，即甲乙線上正立之縱線也。試自戊己至丁作二線，成一戊丁己三角形。此形之丁戊、丁己兩線俱同一圜之輻線，其度必等。而丁丙線既將戊己底線爲兩平分，則丁丙線必爲甲乙線之垂線矣。見二卷第十節。

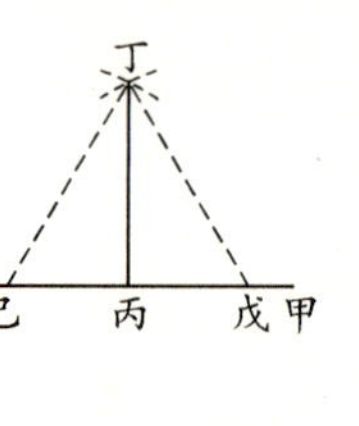

第五

有一橫線，自此線上不拘何處立縱線法。如有甲乙一橫線，自此線上丙處至甲乙線欲作一縱線，則以丙爲心，作弧線一段，截甲乙線於戊、己，乃自戊己至丙作二線，成一戊丙己三角形。又照第二節分角法，平分丙角爲二分。自丙至甲乙線上作丙丁線，則此丙丁線即爲自丙至甲乙線之縱線也。蓋戊丙己三角形之丙戊、丙己兩界度等，故戊角與己角必等。而丙丁線又平分丙角爲二，則所分之戊丙丁、己丙丁兩角度亦等，而丙丁戊、丙丁己兩並角亦必等。此兩並角既等，則成兩直角。既成兩直角，則丙丁線必爲甲乙橫線之垂線矣。見一卷第十節。

第六

在橫線一邊立縱線法。如有甲乙橫線，在乙邊欲立一縱線，則於甲乙線上不拘何處立爲圜心，如以丙爲圜心，自丙至乙爲圜界，旋轉作一圜，則於甲乙線丁處相交，即自丁處過丙心至相對界作一直線，交圜界於戊，乃自戊至乙作一戊乙直線，即是乙邊所立之縱線也。蓋丁乙戊角因在半圜，必爲直角。見四卷第十四節。既爲直角，則戊乙線必爲甲乙線之垂線。既爲垂線，故爲橫線一邊所立之縱線也。若甲乙線一邊之上有一戊點，欲自戊至甲乙線一邊作一垂線，則自戊至甲乙線任意作一戊丁斜線，遂將戊丁斜線平分於丙，於是以丙爲心，自戊旋轉作一圜，則截甲乙線於己，自戊至己作一直線，即是欲作之垂線也。蓋戊己丁角既在半圜，必爲直角。既爲直角，則戊己必爲垂線矣。

第七

一圜分爲三百六十度法。如甲乙丙丁一圜界，欲分爲三百六十度，則取圜之輻線度，緣圜界比之，即分圜界爲六段。將六段各平分爲二，則爲十二段。十二段各平分爲三，則爲三十六段。三十六段各平分爲十，即成三百六十度矣。

第八

一直線上作角度法。如甲乙線上，欲作三十度之角，則用有度之圜，依圜之丙丁輻線度截甲乙線於戊，於是以甲爲心，自戊作弧一段，復依圜界之丙庚三十度之分，自戊截弧於己，乃自己至甲作一直線，即成己甲戊三十度之角矣。

第九

各種多界形，倣已有之形，或大、或小另作一同式形法。如有甲乙丙一三角形，欲倣此式另作一形，則考甲乙界度有幾分，如甲乙界度爲三分，今取其二分作一丁戊線，又以甲丙界度亦作三分，而取其二分，以丁爲圜心，作弧一段，又以乙丙界度亦作三分，而取其二分，以戊爲圜心，作弧一段，兩弧相交於己，乃自己至丁戊作二線，即成丁戊己一小三角形與原有甲乙丙大三角形爲同式也。蓋丁戊己三角形之三界雖與甲乙丙三角形之三界不等，而其相當各角之度俱等。因其相當各角之度俱等，故其相當各界之比例皆同。相當各界之比例既同，則其二形之式不得不同也。若有一甲乙丙丁戊己六界形，欲倣此式另作一形，則在此六界形作分角線，分爲四三角形，照前法倣作四三角形，即成一庚辛壬癸子丑小六界形，其式與原有之甲乙丙丁戊己大六界形同也。

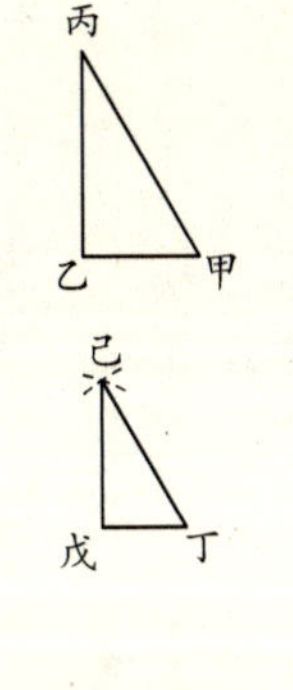

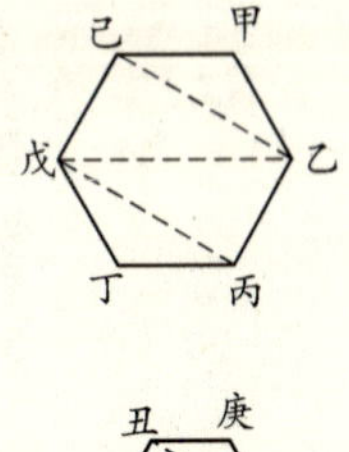

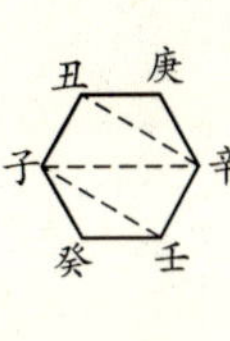
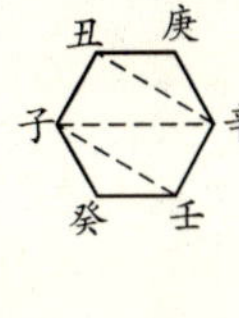

第十

有一直線，或上或下一點作與此線平行一線法。如甲乙線上有一丙點，欲自丙點作與甲乙線平行一線，則以丙爲圜心，任意取甲乙線之近甲邊一處作弧一段如丁，又取甲乙線之近乙邊一處爲心如戊，乃照丙丁原度，於丙點相對處作弧一段如己，復照丁戊度，以丙爲心，於丙點相對處作弧一段，則二弧相交於己，乃自丙至己交處作一丙己直線，即爲甲乙線之平行線也。何則？試自丁戊二處至丙己二處作二線，即成丙丁戊己一四界形，此四界形之丙丁、己戊相對之兩縱線，丙己、丁戊相對之兩橫線，因依各度所取，必兩兩相等。既兩兩相等，則必爲平行線四邊形。然則丙己、甲乙爲平行線四邊形之二線，豈有不平行之理哉？

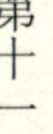

第十一

有一直線上作一正方形法。如甲乙一直線，欲作一正方形，則以甲爲心，取甲乙度自乙至丙作一弧線，又以乙爲心，依甲乙度自甲至丁作一弧線，又於甲乙線之兩端，照本卷第六節立甲丙、乙丁二縱線，則乙丙弧截於丙，甲丁弧截

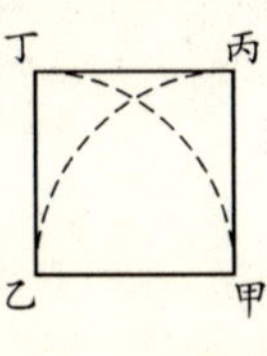

於丁，乃自丙至丁作一直線，即成甲乙丁丙一正方形也。何則？丙甲、甲乙、乙丁三線俱同爲一圜之輻線，其度必等，而丁丙、丙甲二線又俱切一圜界爲兩尖相合，其度亦必等，見四卷第七節。則四界俱等矣。且甲乙二角又爲垂線所立之角，必成直角，則丙丁二角亦必爲直角，而四角又等矣。四角皆等，故甲乙丁丙形爲甲乙線上所立之正方形也。

第十二

平分一弧爲兩段法。如有甲乙弧，欲平分爲兩段，則自甲至乙作一甲乙弦線，將此弦線照本卷第三節平分直線爲兩分法作一戊丁縱線，復自戊引至弧界截甲乙弧於丙，即平分甲乙弧爲甲丙、丙乙兩段矣。蓋丙丁縱線既平分甲乙弧線，則亦必平分甲乙弧之全圜。既平分甲乙弧之全圜，則必平分甲乙弧爲兩段可知矣。見四卷第六節。

第十三

有一段弧，欲繼此弧作一全圜法。如有甲乙一段弧，繼此弧欲作一全圜，則在此弧界任意指三處如甲、丙、乙，自甲、乙二處至丙作甲丙、丙乙二線，照前節作平分甲丙、丙乙兩弦之丁己、戊己二線，引長則相交於己，乃以己爲心繼甲乙弧界作一全圜，即成甲乙弧之全圜也。蓋丁己、戊己二線既平分甲丙、丙乙二弦，則必平分甲丙、丙乙二弧。見四卷第六節。既平分甲丙、丙乙二弧，則其相交之處必爲圜心，故己爲繼甲丙乙弧界所作全圜之圜心也。

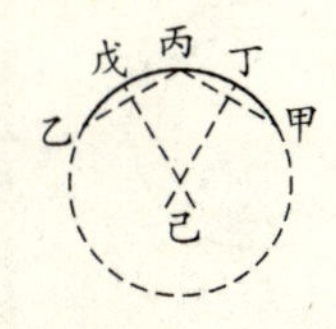

第十四

不拘何處有三點，求緣此三點作一圜法。如甲、乙、丙三點不在一直線上，欲緣此三點作一圜，則依前節作甲丙、丙乙二線，又平分此二線正中作丁己、戊己二垂線，引長至己處相交，遂以己爲心，以甲乙丙爲界作一圜，則甲、乙、丙三點俱在一圜之界矣。此節之理與前節同。

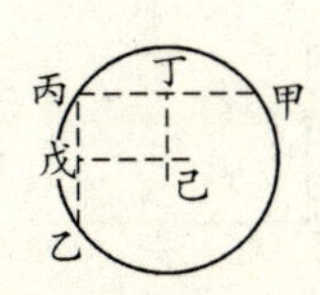

第十五

有圜不知中心，求知中心之法。如有一甲乙丙丁圜不知其中心，欲求知之，則於此圜界隨便取甲、乙、丁三處，從甲至乙至丁作二弦線，將此二線平分正中爲戊、己二處，自

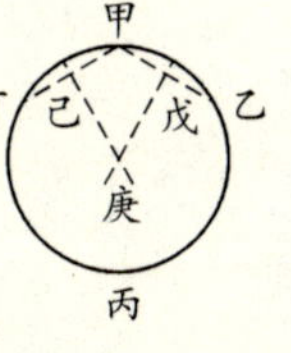

戊己作戊庚、己庚兩垂線，則相交於庚，此庚即是甲乙丙丁圜之中心也。此節之理亦與前同。

第十六

有圜外一點，將此點至圜界作切線法。如乙圜之外有一甲點，欲將此甲點與圜界相切作一切線，則以此甲點至圜心作一甲乙直線，又以乙爲心、以甲爲界作一甲丙圜界，又自甲乙線所截圜之丁處作一丁己垂線，則此垂線即截甲丙圜界於丙，乃自丙至乙心作一丙乙直線，復自丙乙所截圜界戊處作一戊甲線，即是自甲點至圜界所作之切線也。何則？此乙丁、乙戊既同爲一圜之輻線，其乙甲、乙丙亦同爲一圜之輻線，則甲乙戊與丙乙丁兩三角形之各兩邊線必等。而兩三角形又同一乙角，然則兩三角形之每相當各角必俱等矣。見二卷第六節。夫丁丙線原爲甲乙輻線之垂線，則丁角必爲直角，而相當之戊角，亦必爲直角矣。戊角既爲直角，則甲戊線亦必爲乙丙輻線之垂線，故甲戊與丙丁皆爲圜界之切線也。見四卷第九節。

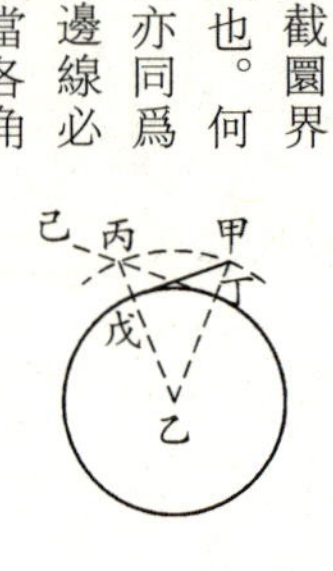

第十七

有圜内弦線，欲與此弦線平行作圜外切線法。如有一甲乙丙丁圜之乙丁弦線，欲與此乙丁弦線平行作切圜之切線，則從圜心戊至乙丁弦作戊己垂線，平分乙丁弦線於己，引長截圜界於甲爲甲戊線，又切甲處作庚辛線爲甲戊之垂線，即是所求之切線也。何則？此庚辛線既爲甲戊線之垂線，其戊甲庚角必爲直角。又己戊線既爲乙丁線之垂線，其戊己乙角亦必爲直角。然則戊甲庚角與戊己乙角既俱爲直角，其度必等。因其度等，故乙丁庚辛兩線爲兩平行線也。又戊甲線爲圜之輻線，而庚辛既爲甲戊之垂線，則必爲甲乙丙丁圜之切線可知矣。見四卷第九節。

第十八

作函三角形之圜法。如甲乙丙三角形，欲作函此三角形之一圜，則平分甲丙邊於丁，平分丙乙邊於戊，自丁戊作二垂線，引長至己相交，即以己爲心、任以甲丙乙三角形之一角爲界作一甲丙乙庚圜，即是函甲丙乙三角形之圜也。

此節之理與本卷第十三節同。

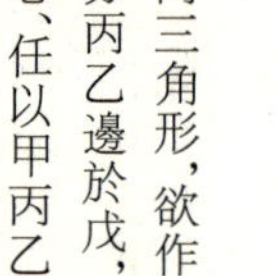

第十九

圜内作等度四角形及等度八角形法。如甲丙乙丁圜内欲作一等度四角形，則以甲乙丙丁二徑線交於圜心皆作直角，復自甲、丙、乙、丁四處作甲丙、丙乙、乙丁、丁甲四弦線，即成甲丙乙丁等度之四角形也。何則？甲乙、丙丁二徑線在圜心作直角相交，則平分圜界爲四分矣。既平分圜界爲四分，則甲丙、丙乙、乙丁、丁甲四弦線度必等。而甲丙乙丁四角既俱立在一圜之半界，亦必俱爲直角。見四卷第十四節。既俱爲直角，必爲正方形可知矣。苟欲作等度八角形，則照前平分圜界爲四分，將所分之每分又各平分爲二分，即平分圜界爲八分，乃作八弦線，即成甲戊丙己乙庚丁辛一形爲圜内等度八角形也。

第二十

圜内作等度六角形、三角形、十二角形法。如甲圜内欲作等度六角形，則以圜之甲乙輻線爲度，將圜界分爲乙丙、丙丁、丁戊、戊己、己庚、庚乙六段，作六弦線即成一乙丙丁戊己庚等度之六角形也。何則？苟以乙爲心、以甲爲界作一丙甲庚弧線，則乙丙、乙甲二線俱爲丙甲庚圜之輻線，而度必等。夫乙丙丁戊己庚六界形之諸界因俱照甲乙輻線度所作，故此形之六界俱相等也。若欲作三角形，則照前法將圜界分爲六段，以所分六段兩兩相合爲三段，作乙丁、丁己、己乙三弦線，即成一乙丁己等度三角形也。若欲作十二角形，亦照前法將圜界分爲六段，以所分六段各平分爲二分，作十二弦線，即成一乙辛丙壬丁癸戊子己丑庚寅等度之十二角形也。

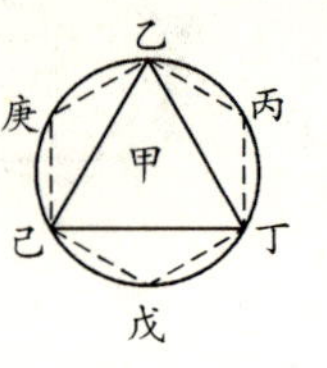

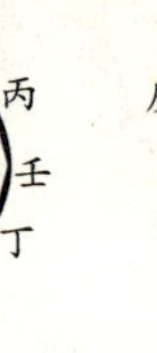

第二十一

圜内作各種等度多界形總法。苟甲圜内欲作等度多界各種形，則察各種形之各角度，見三卷第十七節。如等度三角形之三角俱六十度；四角形之四角俱九十度；五角形之五角俱一百零八度；六角形之六角俱一百二十度；七角形之七角俱一百二十八度三十四分一十七秒；八角形之八角俱一百三十五度；九角形之九角俱一百四十度；十角形之十角俱一百四十四度；十一角形之十一角俱一百四十七度一十六分二十二秒；十二角形之十二角俱一百五十度。今甲圜內若欲作一等度九角形，則以九角形之每角一百四十度與一百八十度相減，餘四十度。復以別有度之圜，取四十度之分以分甲圜界，即平分爲乙丙丁戊己庚辛壬癸之九分，再照平分度作乙丙、丙丁、丁戊、戊己、己庚、庚辛、辛壬、壬癸、癸乙九弦線，即成甲圜內等度之九角形也。何也？從圜心甲作線至各角，分九角形爲九三角形，其每三角形之三角共一百八十度內減去二界角一百四十度，餘心角四十度即每界所對之角。此九角形之每界即九心角之弦線，故以心角度分圜界度，即得九角形之分也。凡圜內欲作等邊多界形，皆依此法作之。

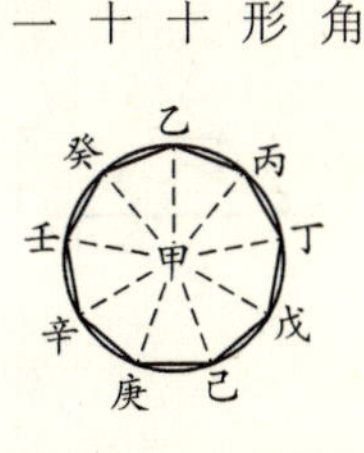

第二十二

作函圜等度多界形法。如欲作函圜之等度三角形、四角形、五角形或多界形，則將圜界照欲作之幾界平分爲幾叚，乃自圜心至所分各界作幾輻線，於輻線之末各作切界線，俱引長至合角，即成函圜之等度多界形也。如第一圖，自甲心至庚、辛、壬三角作甲庚、甲辛、甲壬三線，即成六三角形。其庚甲乙、庚甲丙兩三角形之庚乙、庚丙二線爲合尖切圜之線，其度必等。見四卷第七節。而庚甲乙、辛甲丁兩形之庚甲乙、辛甲丁二角爲對角，其度又等，庚乙甲、辛丁甲之二角爲輻線切線所成之角，其度又皆爲直角相等，見四卷第五節。則其餘一角亦必等。而其乙甲、甲丁二界又同爲一圜之輻線，其度必等，則其他界亦必俱等可知。再辛丙、辛丁二線，壬丁、壬乙二線，俱爲合尖切圜之線，其度相等，而辛甲丙與壬甲乙兩三角形，壬甲丁與庚甲丙兩三角形，必俱與前每相當之角等，則此六三角形俱相等矣。六三角形俱相等，則其庚乙、乙壬、壬丁、丁辛、辛丙、丙庚相等之六界兩兩相合，即成庚壬、庚辛、辛壬之三界，其度安得不等乎？故庚辛壬三角形爲函圜等界形也。其

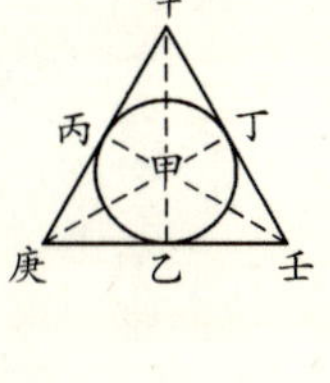

第二圖函圜四角形、第三圖函圜五角形，或更欲作多界形，其理皆同。

第二十三

作函等度多界形之圜法。如甲乙丙三角形、或甲乙丙丁四角形、或甲乙丙丁戊五角形，欲作函此三形之圜，則任用此三形之甲乙、乙丙二界，平分於庚、辛二處，乃自庚、辛二處各作垂線至各形中心相交爲己，即以己爲心，以各形之角爲界作圜，即成函此三形之圜也。何也？各形之界皆爲圜之弦線，而弦線上所作之垂線必皆交於圜心，今甲乙、乙丙二界上所作之庚己、辛己二線既平分二界而相交於己，則己必爲圜心，故以己爲心作圜，即成函各等界形之圜也。

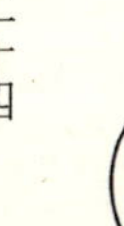

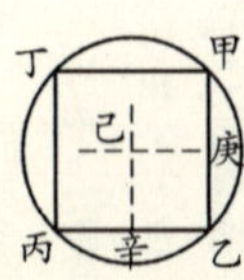

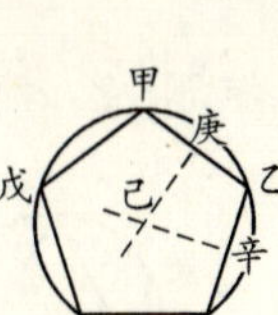

第二十四

作函於等度多界形之圜法。如甲乙丙三角形、或甲乙丙丁四角形、或甲乙丙丁戊五角形，欲在此三形內各作一圜，則照前節平分甲乙、乙丙二界，作己庚、己辛二垂線，引長相交於己，即以己爲心、以庚辛爲界作圜，即成多界形內所函之圜也。何也？己庚、己辛二線是平分甲乙、乙丙二線之垂線，引長之必相交於各形之中心，今既相交於己，則己必爲各形之心。凡形心作垂線至各界，其度必等，即如圜之輻線，故以己爲心、庚辛爲界所作之圜，即爲各等界形所函之圜也。

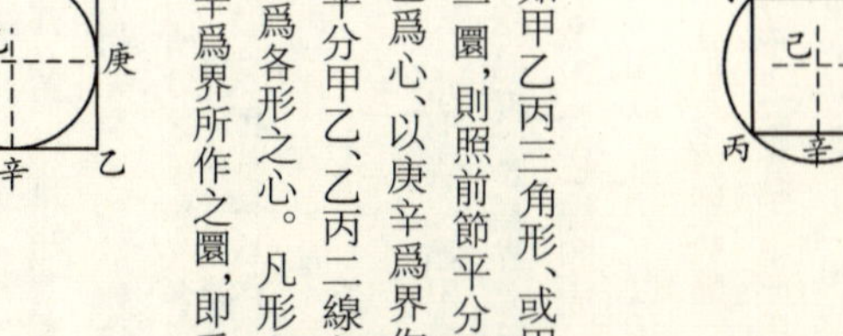

第二十五

有一三角形、一圜形，於此圜內作切圜界三角形與原有之三角形同式法。如有甲乙丙一三角形、丁戊己庚辛一圜形，欲於此圜內作一切界三角形與原有之甲乙丙三角形同式，則於圜

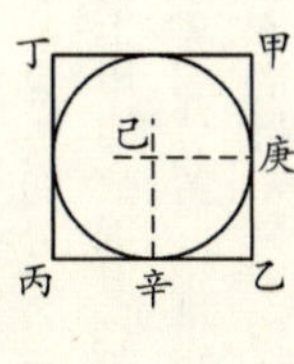

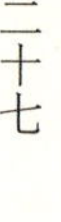

界任意作與甲角相等之辛角，將此角之兩邊線俱引至圜界作辛庚、辛戊二線，再自戊至庚作一戊庚線，又於戊處作與乙角相等之庚戊丁角，爰自戊至丁作一丁戊線，復自庚至丁作一庚丁線，成一丁戊庚三角形，即是所求之圜内切界三角形與原有之甲乙丙三角形爲同式也。何則？其庚辛戊三角形之辛角與庚丁戊三角形之丁角其尖既俱與圜界相切，而共立於戊己庚一段弧分，其度必等。見四卷第十二節。此辛角原與甲角等，則丁角亦必與甲角等。又庚戊丁之戊角原係依甲乙丙之乙角之度而作者，固相等。夫丁角與甲角、戊角與乙角既等，則所餘之庚角與丙角亦必等。其三角既俱等，其兩形必爲同式可知矣。

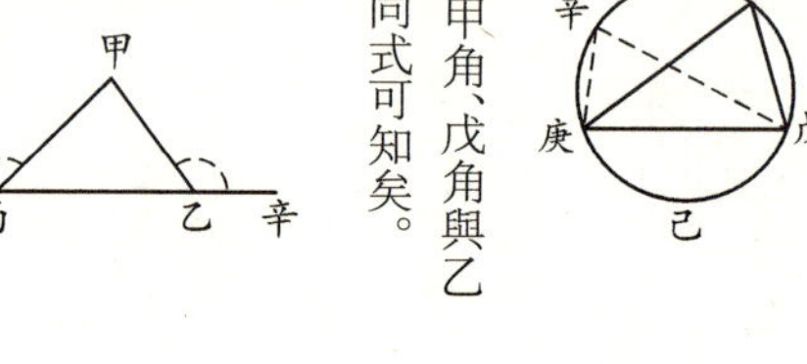

第二十六

有一三角形、一圜形，於此圜外作切界三角形與原有之三角形同式法。如有甲乙丙一三角形、戊己庚一圜形，欲於此圜外作一切界三角形與原有之甲乙丙三角形同式，則將原有之甲乙丙三角形之乙丙底線引長至辛、壬二處，此兩傍即成辛乙甲、壬丙甲二外角，乃於圜心丁處作與辛乙甲角相等之戊丁庚角，又作與壬丙甲角相等之己丁庚角，則成丁戊、丁己、丁庚之三輻線，於三輻線之末作三垂線引長相交成一癸子丑三角形，即是所求之圜外切界三角形與原有之甲乙丙三角形爲同式也。何則？凡三角形之三角相併，必與二直角等。見一卷第四節。今戊丁庚子一四邊形可分爲兩三角形，則此四邊形之四角相併，必與四直角等矣。四直角内減去子戊丁、子庚丁之兩直角，所餘戊丁庚、戊子庚兩角相併，亦必與兩直角等也。又辛乙甲外角與甲乙丙内角相併，亦與二直角等，見一卷第十四節。其戊丁庚角既係依辛乙甲角之度而作者，則戊子庚角必與甲乙丙角相等，其庚丑己角亦必與甲丙乙角相等，而己癸戊角又必與乙甲丙角相等。三角俱等，則兩形之式必相同也。

第二十七

三角形内作切三界之圜法。如有一甲乙丙三角形，欲於此形内切三界作一圜，則依此卷第二節之法將甲、乙、丙三角俱平分爲兩分，所分三角之三線俱引長使相交於丁，自丁至甲乙、乙丙、丙甲三界線作丁戊、丁己、丁庚三垂線，乃以丁爲心以戊己庚爲界作一圜，即是三角形内之切界圜也。何則？戊甲丁與庚甲丁兩小三角形之甲角因自一角爲兩平分，其度必等。又丁戊、丁庚既係兩垂線，則甲戊丁、甲庚丁二角俱爲直角而相等。此戊甲丁、庚甲丁兩小三角形内之二角既等，其各三角必俱相等。而又共用一甲丁線爲邊，則此兩三角形之各相當邊亦必俱等。故丁戊線與丁庚線等者，即是丁己線與丁戊線丁庚線等也。此三線既等，以爲輻線作戊己庚圜，則必與三角形之甲乙、乙丙、丙甲三界相切矣。

第二十八

勾股形内作正方法。如有一甲乙丙勾股形，欲於此形内作一正方形，則以丙爲心、以乙爲界作一乙丁弧線，將此弧線平分於戊，自戊至丙作一戊丙線，即平分丙角爲兩分，而截甲乙線於庚矣，乃自庚與甲丙線平行作庚己線，又自庚與乙丙線平行作庚辛線，即成庚己丙辛一正方形爲所求甲乙丙勾股形内之正方也。何則？甲丙乙勾股形之丙角原是直角，今庚辛、庚己二線各與甲丙、乙丙平行，則庚、己、丙、辛之四角必俱爲直角矣。而庚己丙三角形内，己庚丙角與己丙庚角又俱是直角之一半，其度必等，則己丙線與庚己線相等。而庚辛線與己丙線、庚己線與辛丙線皆爲平行線内之垂線，其度亦等，故庚己、己丙、丙辛、辛庚四線相等。而庚、己、丙、辛四角俱爲直角，是爲甲乙丙勾股形内之正方形也。

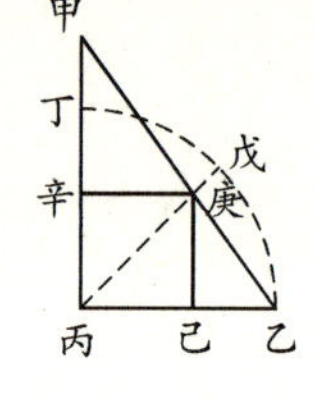

第二十九

勾股形内作正方第二法。如有一甲乙丙勾股形，欲於此形内作一正方，則將乙丙線引長，照甲乙線度增於乙丙作一壬丙線，自此壬丙之兩末與甲乙線平行作丁壬、癸丙兩垂線，使其度俱與甲乙線等，又自丁至癸與壬丙線平行作一丁癸線，自丁至丙作一對角線截甲乙線於戊，乃自戊與乙丙線平行作戊己線，截甲丙線於己，又自己與戊乙線平行作己庚垂線，成一戊乙庚己正方形，即爲甲乙丙勾股形内欲作之正方也。何則？試將戊己線引長成辛戊己子線，則此辛戊己子線與甲乙線分丁壬丙癸爲四長方形。其甲戊子癸長方與辛壬乙戊長方既爲丁壬丙癸大長方對角線傍所成兩形，其分必等，見三卷第七節。故子戊線與戊辛線之比例同於乙戊線與戊

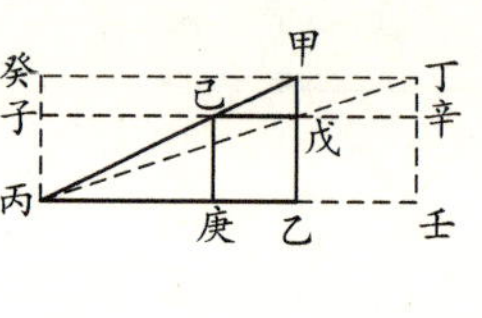

甲線之比例也。然此子戊線與丙乙線等，而戊辛線又與甲乙線等，則丙乙線與甲乙線之比例亦同於乙戊線與戊甲線之比例也。又甲乙丙與甲戊己兩三角形爲同式，故丙乙線與乙甲線之比例同於己戊線與戊甲線之比例，而乙戊線與戊甲線之比例又同於己戊線與戊甲線之比例也。乙戊線既與己戊線相等，而乙庚線與戊己線、己庚線與戊乙線又爲兩平行線内之垂線，其度相等，故戊、乙、庚、己四角俱爲直角。戊、乙、庚、己四角既俱爲直角，則戊乙庚己之方形即是甲乙丙勾股形内之正方矣。

第三十

三角形内作正方法。如有甲乙丙三角形，欲於此形内作一正方，則自甲角至乙丙底線作一甲辛垂線，將此垂線引長出甲角如乙丙底線度作一壬辛線，又自壬兩分如乙丙線度與乙丙線平行作一子癸線，又自癸至辛作癸辛線截甲乙線於丁，自子至辛作子辛線截甲丙線於庚，乃自丁至庚作一庚丁線，此線必與乙丙平行，又自庚丁二處作庚己丁戊二垂線，即成丁戊己庚一正方形，即爲甲乙丙三角形内欲作之正方也。何則？壬辛線與壬子線之比同於辛丑線與丑庚線之比，而辛壬線與壬癸線之比又同於辛丑線與丑丁線之比，故辛壬線與癸子線之比亦必同於辛丑線與丁庚線之比也。然辛壬與癸子原相等，則辛丑與丁庚亦必相等矣。辛丑與丁庚既等，則丁戊、戊己、己庚、庚丁四邊亦必俱等。丁戊、戊己、己庚、庚丁四邊既俱等，則爲甲乙丙三角形内之正方無疑矣。

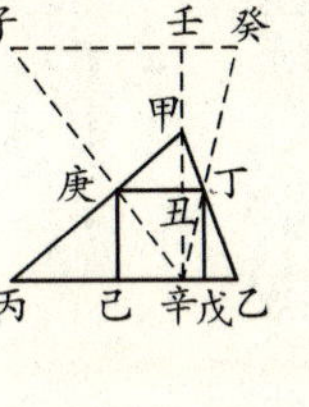

第三十一

有一直線，將此線爲正方對角線作正方法。如有一甲乙直線，欲以此線爲對角線作一正方，則將甲乙線平分成戊，以戊爲心、以甲乙爲界作一圜，即於此圜内作一丙丁徑線爲甲乙線之垂線，乃自甲至丙、自丙至乙、自乙至丁、自丁至甲作四直線，即成甲丁乙丙一正方形爲所求之正方也。蓋甲丙乙角、丙乙丁角、乙丁甲角、丁甲丙角既俱在半圜内，必俱爲直角。而甲戊丙、丙戊乙、乙戊丁、丁戊甲四三角形之兩傍線俱是半徑線，必相等。又此四三角形之兩傍線所合之角俱爲直角，亦必相等，則甲丙、丙乙、乙丁、丁甲四直線必俱相等可知矣。甲丙乙丁四邊形内四角既俱爲直角，而四邊線又俱相等，則必爲正方形，而甲乙線爲其對角線矣。

第三十二

有一直線爲正方邊與對角線相較之餘，於此線求作其原正方法。如有一甲乙線爲正方邊與對角線相較之餘，求作一正方，則先將此甲乙線爲一邊作甲乙丙丁一小正方形，次自甲至丙作一小對角線，於是以丙爲心、以乙爲界作一圜，乃引甲丙線至圜界戊處作一甲戊線，將此甲戊線爲度作一甲戊己庚大正方形，即是所求之正方也。試引甲乙線至己作甲己一對角線，此對角線之乙己一段必與戊己邊線相等。何也？其丙乙、丙戊爲一圜之二輻線既等，則丙乙戊、丙戊乙二角亦等。若於丙乙己直角内減去丙乙戊角，又於所作丙戊己直角内減去丙戊乙角，所餘戊乙己、乙戊己二角亦必相等。此二角既等，則乙己、戊己兩線必等矣。因其相等，則所作甲戊己庚一大正方之甲己對角線與戊己一邊線相較，則原有之甲乙線爲其相較之餘可知矣。

《幾何原本》十二

第一

有一直線，將此線爲底作一兩邊度等三角形，使底之兩邊各一角俱比上一角爲大一倍之三角形法。如有一甲乙直線，將此線爲底欲作兩邊度等之三角形而底之兩邊各一角俱比上一角爲大一倍，則用十一卷第八節之法，於甲乙線之兩頭各作一七十二度之角，將兩邊線俱引長相交於丙，即成一甲乙丙三角形爲所求之形也。何則？凡三角形之三角相併爲一百八十度，與二直角等。今此所作甲乙丙三角形之甲乙兩角既俱係七十二度，則於一百八十度内減去甲乙二角共一百四十四度，餘三十六度，即爲丙角之度。三十六度者，七十二度之半，故甲乙兩底角比丙角各大一倍也。

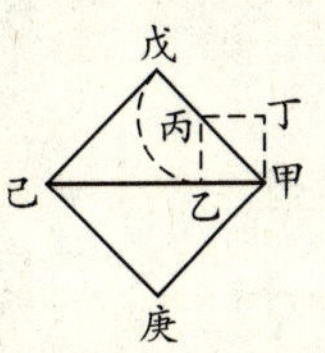

第二

有一直線，依此線度作兩邊度等三角形，使上一角小於兩底角一倍之三角形法。如有甲乙一直線，以此線爲一邊，復依此線度作一邊，使此兩邊線所合之上一角小於兩

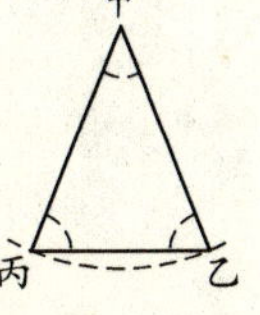

底角一倍之三角形，則用十一卷第八節之法，以甲乙、甲丙二線之甲末相合作一乙甲丙角爲三十六度，再自丙至乙作一乙丙直線爲底，即得一甲乙丙三角形爲所求之形也。何則？將甲角三十六度與全形三角之共數一百八十度相減，餘一百四十四度爲乙丙兩底角之共數。今甲丙線與甲乙線既等，則乙角與丙角必等。因其相等，將兩底角共數一百四十四度折半得七十二度，即爲每一底角之數。七十二度者，三十六度之倍數，故甲角比乙丙兩底角俱爲小一倍也。

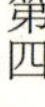

第三

有一直線，以此直線爲一邊作等邊等角之五界形法。如有甲乙一直線，以此直線爲一邊作一等邊等角之五界形，則將此甲乙直線爲底，用此卷第一節法作一兩邊度等甲丙乙三角形，其甲丙乙角爲丙乙甲、丙甲乙二角之各一半，又用十一卷第十五節法，於此三角形之週圍作一圜，此甲丙、丙乙兩直線原係相等，其相對之兩弧亦必相等。乃以此兩弧自戊、丁二處爲兩平分，又自甲至戊、自戊至丙、自丙至丁、自丁至乙作四直線，即成甲乙丁丙戊五邊五角等度之五界形也。何則？其甲丙乙角原爲丙乙甲角之一半，則甲丙乙角爲三十六度。試自甲、乙二處至圜心作甲己、乙己二線，成甲己乙一三角形，則此甲己乙角比甲丙乙角亦爲大一倍，見四卷第十一節。故甲己乙角爲七十二度，而甲乙弧線亦爲七十二度矣。以七十二度於全圜界三百六十度内減之，餘二百八十八度，折半得一百四十四度，即爲甲戊丙一段弧線之數也。再將一百四十四度折半得七十二度，即爲甲戊一段弧線之數也。既得甲戊弧線之數，則戊丙、丙丁、丁乙各弧線度俱各爲七十二度矣。甲乙、乙丁、丁丙、丙戊、戊甲五線既俱係相等弧之弦線，則五線之度必俱等。五線之度既等，則此形又在圜之内，而五角之度豈有不相等者哉？

第四

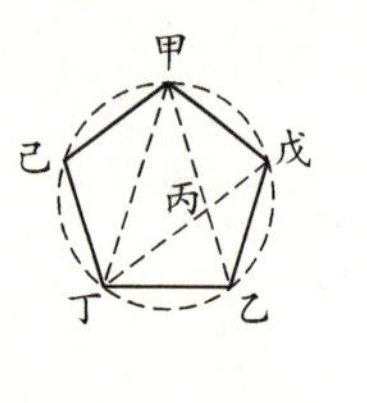

有一直線，分大小兩分爲相連比例線法。如甲乙直線爲全分，甲丙一段爲大分，丙乙一段爲小分，以甲乙全分與甲丙大分之比同於甲丙大分與丙乙小分之比，則用此甲乙線爲一邊線，依此卷第二節法作兩邊等度之兩底角比上一角各大一倍之甲乙丁三角形，又依此卷第三節法取乙丁線度作邊角俱等乙甲戊乙丁己五邊形，又自戊至丁作一直線截甲乙線於丙，乃得甲丙一大段爲大分，丙乙一小段爲小分，即是所欲作之相連比例線也。何則？甲戊、乙丁兩弧線度等，則甲乙戊、乙戊丁兩角度必等。又乙戊丁角與乙甲丁角共立於乙丁弧，其度亦必等也。至於甲乙丁角原比乙甲丁角大一倍，故甲戊丁角比丙戊乙角、丙乙戊角俱大一倍。其甲丙戊角因爲戊丙乙三角形之外角，與丙乙戊、丙戊乙兩内角等，故甲丙戊與甲戊丙兩角相等。此二角既等，則甲丙、甲戊兩線必等矣。又甲戊、戊乙兩線度原相等，其戊甲乙角必與戊乙甲角等，而甲乙戊一大三角形必與戊乙丙一小三角形爲同式形矣。蓋小三角形之丙戊乙角與大三角形之戊甲乙角等，而小三角形之丙乙戊角與大三角形之甲乙戊角爲共角而等，則小三角形之戊丙乙角與大三角形之甲戊乙角不得不等。三角俱等，非同式形而何？是故甲乙線與甲戊線之比必同於乙戊線與丙乙線之比也。夫甲戊原與甲丙相等，而乙戊原與甲戊相等，故乙戊亦與甲丙相等，然則甲乙全線與所分甲丙大分之比必同於甲丙大分與丙乙小分之比可知矣，故曰甲乙與甲丙、甲丙與丙乙爲相連比例之線也。

第五

平分一直線爲數段法。如有甲乙一直線，欲平分爲三分，則自甲乙線之兩末作甲丙、乙丁二平行線，隨意取一甲戊度將甲丙線分爲甲戊、戊庚、庚丙三段，又依甲戊度將乙丁線亦分爲乙辛、辛己、己丁三段，乃自二平行線之三段處復作甲丁、戊己、庚辛、丙乙四平行線，即平分甲乙直線爲甲壬、壬癸、癸乙之三分矣。試觀甲乙丁三角形之甲乙、乙丁兩傍線爲與甲丁線平行之壬己、癸辛二線所分，故俱爲相當率。今以甲乙全線與乙丁全線之比同於丁己段與甲壬段之比，而己辛段與壬癸段之比、辛乙段與癸乙段之比亦皆與甲乙全線與乙丁全線之比相同也。因其比例俱同，故丁乙線之丁己、己辛、辛乙三段爲平分，而甲乙線之甲壬、壬癸、癸乙三段亦爲平分也。

第六

有分數之直線，將別一直線依此線分，分爲相當比例率法。如有甲乙一直線原分爲甲己、己辛、辛乙三段，又有一丙丁直線，欲依此甲乙線分，分作三分爲相當比例之率，則齊二線之一端以爲平行線，自甲乙線之甲端過丙丁線之丙端作一縱線，復自甲乙線之乙端過丙丁線之丁端作一斜線，則二線相交於戊，乃自戊至所分己、辛二處作戊己、戊辛二線，則丙丁線即分爲丙庚、庚壬、壬丁三段與甲乙線之甲己、己辛、辛乙三段爲相當比例率也。試審戊甲乙全形内戊丙庚、戊甲己、戊庚壬、戊己辛、戊壬丁、戊辛乙之大小六三角形，其相當各式皆同。如戊丙庚與戊甲己爲同式，戊庚壬與戊己辛爲同式，戊壬丁與戊辛乙爲同式，故丙庚與甲己爲相當二界，庚壬與己辛爲相當二界，壬丁與辛乙爲相當二界。此六線既各爲相當界，故各爲相當比例率也。

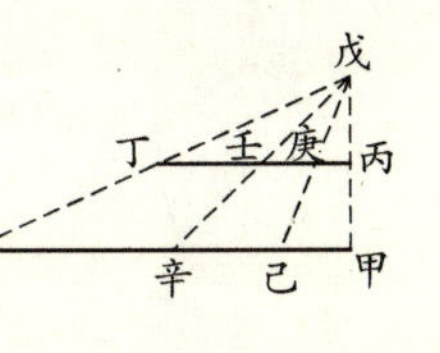

第七

有二直線，作與此二線相連比例之第三線法。如有甲乙、甲丙二直線，欲作與此二線相連比例之第三線，則將甲乙、甲丙二線之甲末合成一角，照甲丙線度增於甲乙線爲甲戊線，自乙末至丙末作一乙丙線，又與乙丙線平行自戊末作一戊己線，將甲丙線引至己處，乃成一甲己線，其自丙末所分之丙己線即爲與甲乙、甲丙二線相連比例之第三線也。蓋己戊線既與丙乙線平行，故甲乙丙三角形與甲戊己三角形爲同式。而甲乙、甲丙、乙戊、丙己四段必爲相當比例之四率，是以甲乙第一率與甲丙第二率之比，即同於乙戊第三率與丙己第四率之比也。夫乙戊之度原與甲丙等，故甲乙與甲丙之比即甲乙與乙戊之比，而甲丙與丙己之比即乙戊與丙己之比，然則甲乙與甲丙、甲丙與丙己豈非相連比例之三線乎？

第八

有三直線，作與此三線相當比例之第四線法。如有甲乙、甲丙、乙丁三線，欲作與此三線相當比例之第四線，則取甲丙線度另作一甲丙線，將此所作甲丙線照甲乙線度紀於乙，於是以甲爲心自乙作弧一段，又取原有之乙丁線度自乙截弧線於丁，即自乙至丁作一乙丁線，再依甲丙線度自甲過丁作一甲戊線，又與乙丁線平行作一戊丙線，此戊丙線即爲原三線相當比例之第四線也。蓋甲丙戊三角形與甲乙丁三角形爲同式，故甲乙線與甲丙線之比即同於丁乙線與戊丙線之比。因其比例相同，故戊丙線爲原有之甲乙、甲丙、乙丁三線相當比例之第四線也。或欲作相當比例之數線，則將甲角上下二線引長爲甲癸、甲子，凡相當各二處任意截爲幾段作幾平行線，即得相當比例之數線矣。如以甲角之甲子、甲癸二線截爲丁乙、戊丙、庚己、壬辛、子癸五段，於所截五處作五平行線，即得相當比例之十率矣。蓋以甲乙與甲丙之比同於丁乙與戊丙之比，以甲丙與甲己之比同於戊丙與庚己之比，以甲己與甲辛之比同於庚己與壬辛之比，以甲辛與甲癸之比同於壬辛與子癸之比，故將甲子、甲癸二線雖分爲無數段作無數平行線，其比例亦無不相同也。

第九

有二直線，欲另作一線爲此二線之中率法。如有甲乙、乙丙二線，欲另作一線爲此二線之中率，則將甲乙、乙丙二線相連爲一甲丙全線，乃平分全線於戊，以戊爲心、以甲丙兩末爲界作一半圜，自二線相連乙處至圜界作一丁乙垂線，即爲原有甲乙、乙丙二線之中率線也。何也？丁乙線既爲圜徑上之垂線，則甲乙、丁乙、乙丙爲相連比例之三率，見九卷第七節。故甲乙線與乙丁線之比同於乙丁線與乙丙線之比也。比例既同，則所作乙丁線爲原有甲乙、乙丙二線之中率可知矣。

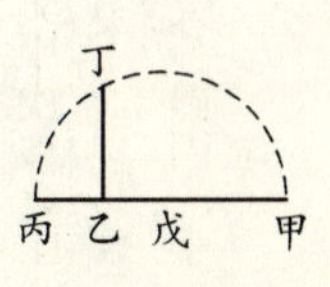

第十

有二直線，欲另作二線爲此二線間之兩率法。如有甲乙、乙戊二直線，欲另作二線爲此二線間之兩率，則將甲乙、乙戊二線之乙末相合爲直角，又自此二線所合乙角引長爲甲乙丙、戊乙丁二線。次將二矩尺之二角正置於丁戊、甲丙二線上，如一矩尺爲己庚辛，一矩尺爲壬癸子，乃以己庚辛矩尺之一股切於丁戊線之戊末，又以壬癸子矩尺之一股切於甲丙線之甲末，仍使二矩尺之己庚、癸子二股相合，則癸庚二角亦爲直角，而不離於所跨之線，其二矩尺之壬辛二股亦使不離於所切之線末。乃自甲至癸、自戊至庚、自庚至癸作三線，即截丁乙線於癸、截乙丙線於庚，成乙癸、乙庚二線，即爲原有之甲乙、乙

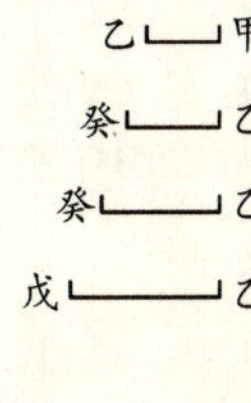

戊二線間之兩率也。何也？如平分戊癸線於丑，則丑爲心，戊爲界成一戊庚癸半圜，若平分甲庚線於寅，則寅爲心，甲爲界成一甲癸庚半圜。今乙癸線爲甲癸庚半圜徑線上之垂線，故乙癸爲甲乙、乙庚二線之中率。而乙庚線爲戊庚癸半圜徑線上之垂線，故乙庚又爲癸乙、乙戊二線之中率。是以甲乙線與乙癸線之比同於乙癸線與乙庚線之比，而乙癸線與乙庚線之比亦同於乙庚線與乙戊線之比因其比例相同，故乙癸、乙庚二線爲甲乙、乙戊二線間之兩率也。

第十一

有三角形，依一界作等積之直角四界形法。如有甲乙丙一直角三角形，欲依其乙丙界作一直角四界形與原三角形積等，則與乙丙平行作一甲丁線，又與甲乙平行作一丁丙線，即成一甲乙丙丁直角四界形，於是平分甲乙線於戊、平分丙丁線於己作一戊己線，則平分甲乙丙丁四界形爲兩形，此所分甲戊己丁與戊乙丙己兩直角四界形之積俱與甲乙丙三角形之積相等也。蓋甲乙丙三角形爲甲乙丙丁四界形之一半，今所分甲戊己丁與戊乙丙己兩四界形既俱爲甲乙丙丁四界形之一半，則必與甲乙丙三角形之積俱相等可知矣。又如庚辛壬無直角之三角形，依辛壬界作一直角四界形與原三角形積等，則與辛壬平行作一庚癸線，又自辛壬至庚癸線作子辛、癸壬二垂線，即成一子辛壬癸直角四界形，於是平分子辛線於丑，平分癸壬線於寅作一丑寅線，則平分子辛壬癸四界形爲兩形，其所分子丑寅癸與丑辛壬寅兩直角四界形之積俱與庚辛壬三角形之積相等也。試與庚辛線平行作一卯壬線，即成庚辛壬卯一斜方形，爲與子辛壬癸方形同底同高，故其積必等。見三卷第八節。今庚辛壬三角形爲庚辛壬卯形之一半，則亦必爲子辛壬癸方形之一半矣。既爲一半，則所分子丑寅癸與丑辛壬寅直角四界形必與庚辛壬三角形之積相等可知矣。

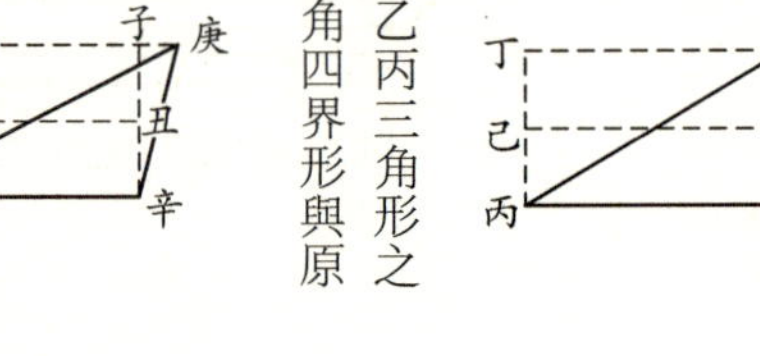

第十二

有一長方形，作與此積相等之正方形法。如有甲丙一長方形，欲作與此長方形相等之正方形，則將甲丙形之丙乙縱線合於甲乙横線，照此卷第九節法求得甲乙、丙乙二線之中率爲丁乙線，即以丁乙線爲一邊作一丁戊正方形，即與甲丙長方形之積相等也。何則？大凡相連比例三率内，中率所作之正方形積與首率末率所作之長方形積相等。今丁乙線既爲甲乙、丙乙二線之中率，則丁乙線所作之丁戊正方形積焉得不與甲乙、丙乙二線相合所作之甲丙長方形之積相等乎？

第十三

凡多界形，作與本形同式或大或小之形法。如有甲乙丙丁戊己庚辛之多界形，欲作比此形小一半之同式形，則自此形中心壬處至各角作衆線，又取甲乙、乙丙、丙丁、丁戊、戊己、己庚、庚辛、辛甲各界度之一半，與各界平行置於對角各線之間，爲癸子、子丑、丑寅、寅卯、卯辰、辰巳、巳午、午癸之八線，即成癸子丑寅卯辰巳午之形爲原形每界減半之同式形也。何也？如對角線間所成之甲乙壬、癸子壬大小兩三角形之甲乙、癸子線既平行而又同一壬角，則其相當各角俱等，而兩形之式相同。倣此推之，其乙丙壬、子丑壬二形，丙丁壬、丑寅壬二形，丁戊壬、寅卯壬二形，戊己壬、卯辰壬二形，己庚壬、辰巳壬二形，庚辛壬、巳午壬二形，辛甲壬、午癸壬二形，必俱爲同式形。此各相當大小兩形既俱同式，則所作癸子丑寅卯辰巳午小形之各邊爲甲乙丙丁戊己庚辛大形之各邊之一半，而爲同式形可知矣。又如甲乙丙丁戊己庚辛壬癸形，從甲角作線至各角，取乙丙度之一半置於甲乙、甲丙二線之間與乙丙平行如子丑，照此於諸對角線間作諸界之平行線，即成甲子丑寅卯辰巳午未申小形爲原形每界減半之同式形。其理亦與前同。若欲作比原形大幾倍之形，則以所作諸對角線按分引長，而於本形外作諸界之平行線，即成所欲作之大形也。

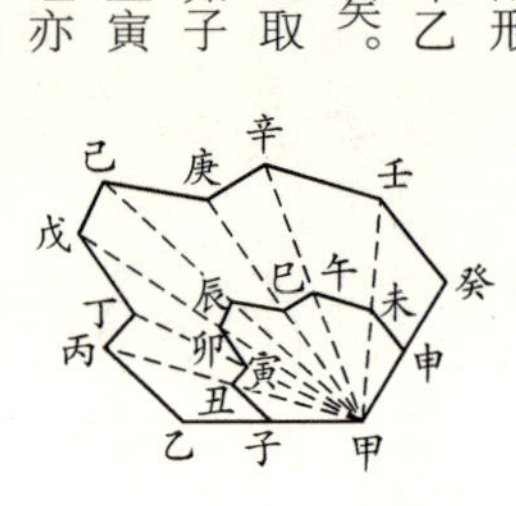

第十四

作分釐尺法。如甲戊尺三寸，每寸欲分爲百釐，則將甲乙邊平分作十分，將戊己邊亦平分爲十分，對所分之分作諸橫線與乙戊平行，次將一寸之甲辛、乙丙兩邊俱分爲十分，再於甲辛邊之第一分作斜線至乙丙邊之乙處，如此作十斜線俱與第一分斜線平行，即分乙丙之一寸爲一百釐也。何也？甲辛、乙丙皆爲一寸之度，俱平分爲十分矣。若將每分又分爲十釐，即每寸亦得百釐。然度狹線多，必致相淆，今作斜線橫線各十，其橫斜相交處共有百分，此百分即百釐也。如第一斜線與第一橫線相交之點即爲一釐，與第二橫線相交之點即爲二釐，以至第十橫線相交之點爲十釐，即甲辛邊所分之第一分之十釐也。一斜線有十釐，則十斜線豈非百釐乎？由此推之，若作二十橫線，則一斜線得二十釐，每寸即分爲二百釐，作百橫線，則一斜線得百釐，每寸即分爲千釐，其法甚簡，而其用尤甚便也。

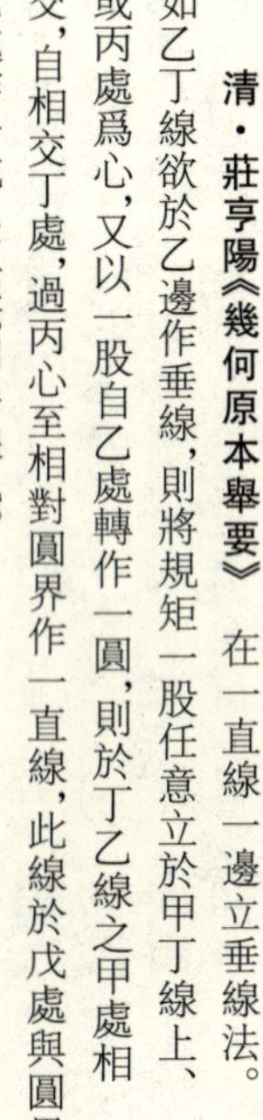

第十五

凡有三角形，知其一角之度及此一角之兩傍界、或知其二角之度及此二角之間一界，或不知角度但知三界，欲求其餘角餘界法。如有一甲乙丙三角形，知丙角爲三十八度四十四分及丙角兩傍之丙甲界長十四丈、丙乙界長十三丈，而欲知其餘角、餘界，則依十一卷第八節法作與丙角相等之三十八度四十四分之丁角，將丁角兩傍之丁戊界作十四分、丁己界作十三分，乃自戊至己作一戊己線，成一丁戊己小三角形與甲乙丙大三角形同式，量其戊己邊得九分，即大形之甲乙邊爲九丈也。再用有度之圜量取小形戊角得六十四度三十七分，即大形甲角之度也。小形己角得七十六度三十九分，即大形乙角之度也。何也？夫甲乙丙、戊己丁兩三角形之式既同，其相當各角各界必俱相等。小形之丁角即與大形之丙角等，其餘兩角亦必等。小形之丁己邊既以十三分當大形丙乙邊之十三丈，則小形戊己邊之九分必當大形甲乙邊之九丈矣。又或知甲乙丙三角形之乙角爲七十六度三十九分、丙角爲三十八度四十四分及乙丙界長十三丈，而欲知其餘角餘界，則作己丁界爲十三分，照乙角、丙角度作己角、丁角，於是畫己戊、丁戊二界相交於戊，即成戊己丁同式之小三角形，此小形之戊角必與甲角等，而小形之丁戊界十四分與大形之甲丙界十四丈相當，小形之戊己界九分與大形之甲乙界九丈相當矣。若知甲乙丙三角形之甲乙、甲丙、乙丙三界而不知其角，則照前將三界之度作同式之小形，量其三角之度即知大形之角度矣。

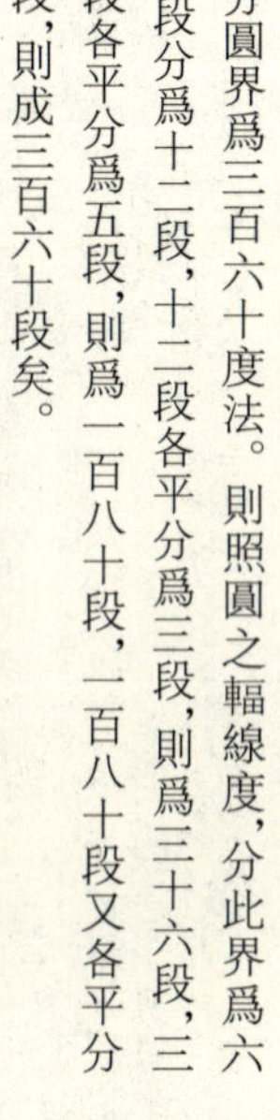

清·莊亨陽《幾何原本舉要》 在一直線一邊立垂線法。

如乙丁線欲於乙邊作垂線，則將規矩一股任意立於甲丁線上、或丙處爲心，又以一股自乙處轉作一圓，則於丁乙線之甲處相交，自相交丁處，過丙心至相對圓界作一直線，此線於戊處與圓界合，自戊處至乙處作一戊乙直線，即垂線也。

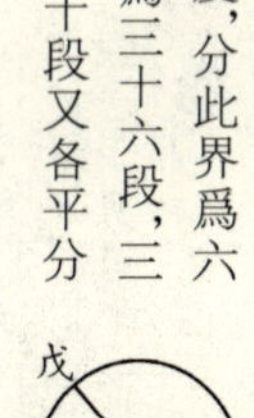

分圓界爲三百六十度法。則照圓之輻線度，分此界爲六段，六段分爲十二段，十二段各平分爲三段，則爲三十六段，三十六段各平分爲五段，則爲一百八十段，一百八十段又各平分爲二段，則成三百六十段矣。

一直線上，欲作一三十度角。則將甲乙線照分度圓之丙丁輻線度截於戊處，又以規矩一股立於甲，一股自戊處旋轉作一弧線，乃以規矩取圓界之丙庚度，將弧線截於己處，自己至甲作一直線，即爲三十度角也。

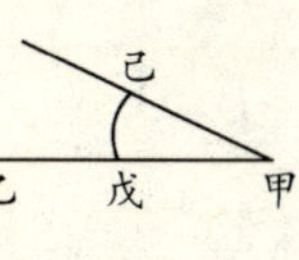

有丁戊直線，欲於丙處作平行線。則以規立於丙向丁戊線作弧線，如甲，又以規取丙甲度立於乙，向丙點平行作一弧線，又照甲乙度以規立於丙，向第二次所作弧線處再作一弧線，則二線於己處相交，自丙至乙作一直線，則成平行線也。

如甲乙線上作一四方形。則以規矩立於甲作丙乙弧線，又立於乙作甲丁弧線，又於甲乙兩頭如法立甲丙、乙丁垂線，於丙丁二處相切，又作丙丁一直線，即成爲四方形矣。

如乙圓之外有甲點，欲於此點作切圓線。則於甲點至圓心作一直線，又以乙爲心、以甲爲界作甲丙弧線，又自甲乙線所割丁處作丁己垂線，截外圓界於丙，又自丙至乙作一直線，又於丙乙線所割戊處作甲戊線，則所求之切線也。

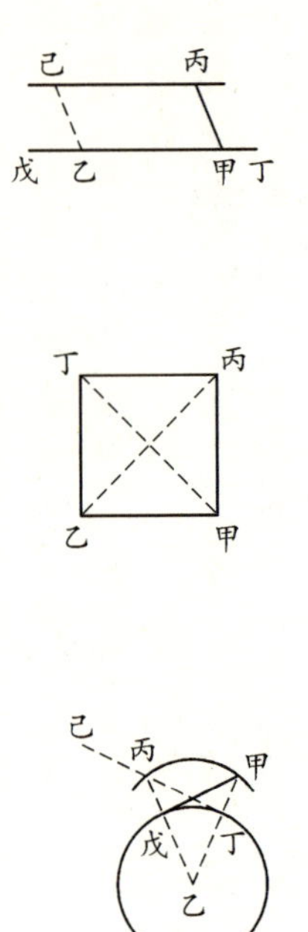

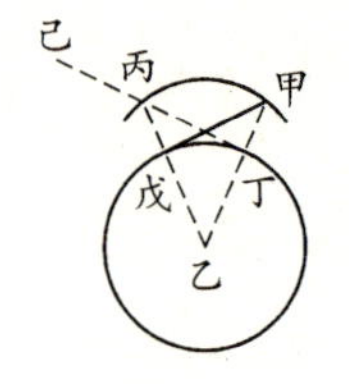

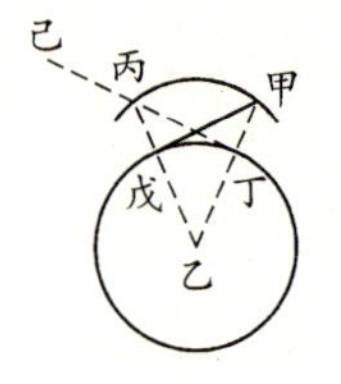

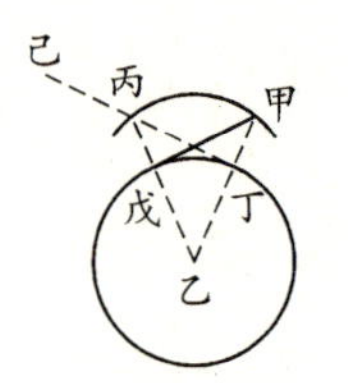

欲知圓界內等角之角度，則三角形各六十度；四界形角各九十度；五界形角各一百〇八度；六界形角各一百二十度；七界形角各一百二十八度三十四分十七秒；度各六十分，分各六十秒。八界形角各一百三十五度；九界形角各一百四十度；十界形角各一百四十四度；十一界形角各一百四十七度十六分二十二秒；十二界形角各一百五十度。

作函圓多界等度之各種形法。則自圓心作幾幅線，三邊作三線，四邊作四線，餘倣此。於幅線末各作切界線引至合角，則成函圓多界形也。

作函多界俱等各種形圓法。則照平分直線法作垂線，引二垂線相交處爲心，以角爲界，即成函多界之圓形也。

各形作內切圓亦照分直線法，以交合處爲心，以邊爲界，即是也。

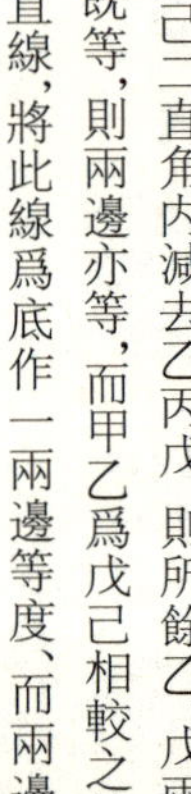

函圓之界

函界之圓

一三角形、一圓形，欲於此圓外作切界三角形與原有之三角形同式。如圖，將乙丙底線引長作辛壬線，即成乙、丙兩外角，即於圖作與辛乙甲等之子癸戊角，作與壬丙甲等之己癸子角，於癸己子三輻線末作垂線，引而合之即成同式形也。何也？蓋三角形之三角相並，必與兩直角等。今丑戊癸子四邊形作戊子線分爲兩形，此四邊形之四角相並必與四直角等，就中減戊子，原作之兩直角所餘癸丑兩角相並，亦與兩直角等也。又直線上內外並必與二直角等，則辛乙甲外角甲乙丙內角並之，必爲兩直角。今戊癸子角既爲效辛乙甲所作，則戊丑子角必等甲乙丙角可知矣。準此而論，則丙角必等於卯角，甲角必等於寅角又可知矣。

若欲於圓內作切界同式三角形。如圖，任意作與甲角等度之辛角，將角逐線引至圓界，作辛庚、辛戊二線。再自戊至庚作一直線，又於戊處倣乙角作戊角引線至壬切圓界。再自壬至庚作直線，即成同式形。何也？蓋戊壬庚、庚辛戊兩形同立於戊庚之弧，而壬辛兩角同切於圓界，則兩角爲等。因其爲等，此辛角原倣甲角而爲比，壬等於辛，則亦必等於甲也。又戊角乃倣乙角而爲比，亦必等也。二角既等，則庚角之等丙角可知矣。

勾股形作容方。則以直角爲心，勾末爲界規，作一象限。將弧線兩平分處作直線至直角，分弦線爲兩，於弦線分處作一勾垂線，又作一股垂線，即成兩直角也。

有甲乙直線，欲將此直線爲正方對角線與正方邊相較之所餘，求作一正方。則以甲乙線爲一邊線作一小正方，作甲丙小對角線。又以丙爲心、乙爲界作一圓。又引甲丙線至戊作甲戊爲大正方一邊線，作大正方即是所求之正方也。何也？引甲乙線至己爲對角線，乙己之線與戊己之線等。蓋丙乙、丙戊同爲小圓之幅線，則戊、乙兩角爲等也。若於丙乙己、丙戊己二直角內減去乙丙戊，則所餘乙、戊兩角又等也。兩角既等，則兩邊亦等，而甲乙爲戊己相較之餘也。

有一直線，將此線爲底作一兩邊等度、而兩邊各一角爲上一角之倍。則將兩頭各作七十二度角，兩線引長相交，則上角必三十六度也。若以一直線爲兩邊等度線，則作一三十六度角，兩邊如線之長而止，又作一底線，則下兩角各七十二度也。

若欲以一直線爲五邊形之一邊。則如前於此線之兩頭各作七十二度之兩邊等形，於此形外作切角圓形。再於兩長邊弧線度各平分之，則成五邊形也。何則？丙乙弧之界角爲三十六度，若爲心角，則七十二度，則丙乙弧乃得圓分之七十二度，於圓分爲五分之一也，則於甲丙弧及甲乙弧各兩分之，合成五分，故爲五邊形也。

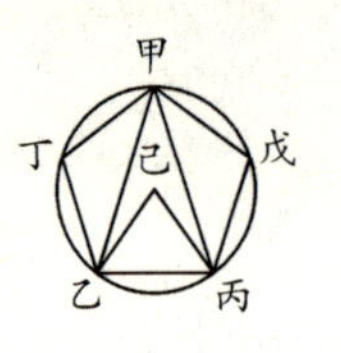

理分中末線將全線求大小分。則將全線爲一邊線，作一兩邊等度兩底角與

上一角各大一倍之三角形。又作五邊形，乃自甲至乙作直線截於丙處，則丁戊爲全，丁丙爲大分，戊丙爲小分，得相連比例也。蓋丁甲、乙戊兩弧線度等，則甲戊丁、乙甲戊兩角度必等。又戊甲乙角與戊丁乙角共立於乙戊弧，則角度亦等也。再甲戊乙與戊甲丁兩角本相等，若以等角內減去甲丙戊形，則所餘丁甲乙、丁戊乙兩角必等矣。然則丁戊乙角原係與乙丁戊角爲大一倍作者，則丁戊乙角比甲戊丙、戊甲丙兩角爲等矣。其丁丙甲角因爲甲丙戊之一外角，與丙甲戊、丙戊甲兩内角爲等，而丁丙甲與丁甲丙兩角爲等矣，因其等，則丁甲、丁丙兩線爲等也。又丁甲、甲戊兩線原等，其甲丁戊角必與甲乙丁角等，而丁戊甲、甲戊丙大小兩三角形內小三角形之丙甲戊角與大三角形之甲丁戊角亦等。又丙戊甲之戊角與丁戊甲之戊角原係共角，亦必等。因大小兩三角形既等是爲同式，則以戊丁線與甲丁線相比之比同於以戊甲線與丙戊線相比之比例，而丁甲與丁丙等，戊甲與丁甲等，亦與丁丙等，則以丁戊全線與大分丁丙相比之比同於丁丙大分與丙戊小分相比之比例，爲相連比例也。

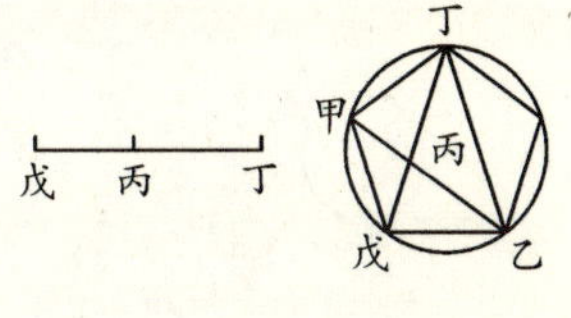

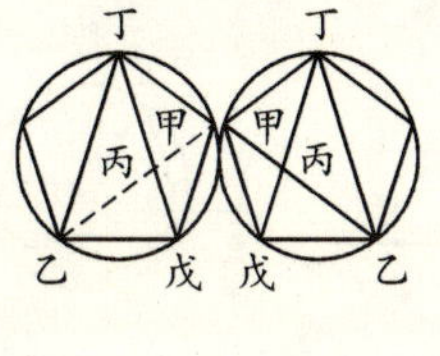

欲平分甲乙一直線爲數段。則於甲乙末各作一直線，如丙丁。將丙丁各爲平分作線割甲乙線，則甲乙線亦爲平分也，於是甲乙線與乙壬線之比同於甲丁線與丁己線相比之比例矣。

又如有甲乙線，於己辛兩處分爲三分，又有丙丁一線，亦欲分爲三分，爲相比例三率，則以甲乙線、丙丁線爲平行線，自甲乙之末各分直線切丙丁線，末至戊相會。又自辛己兩處各作兩線亦合於戊，則丙丁線即分爲三分，而爲甲乙線之相比例三率矣。

有直線二率，作與此相連比例三率線法。如有八分甲乙、四分甲丙之二線，求作一二分之相連線。則將甲丙、甲乙二線合成甲角，又於乙末增甲丙線度爲甲戊線，自乙至丙作一直線，又於戊作乙丙之平行線，如戊己。將甲丙線引至己處，則所引丙己線度即爲二分之分，而爲甲乙、甲丙相連比例第三率也。甲乙、甲丙、乙戊、丙己爲比例四率，乙戊同甲丙除去不用，則甲乙與甲丙之比同於甲丙與丙己之比也。

有直線三率，欲作相比例第四率線，再爲相比例數率線。則照樣作甲丙線，而以甲乙線度截於乙處，乃用規矩以甲爲心、以乙爲界作一弧線，而取乙丁線度，一股立於乙、一股交於弧線，得相交之丁處，遂作乙丁線。又作與乙丁平行之戊丙線，其戊丙線即丙度長。又作甲戊線切丁末，如甲爲第四率也。蓋甲丙全與甲乙段之比同於丁乙平行線與戊丙底之比，比例同也。若欲作相比例數率，則將甲戊、甲丙線引長，如癸子，中作平行數線分爲五段，即得十相比例率也。故以甲乙與甲丙之比同於丁乙與戊丙之比例，甲丙與甲己之比同於戊丙與庚己之比例，甲己與甲辛之比同於庚己與壬辛之比例，甲辛與甲癸之比同於壬辛與子癸之比例也。

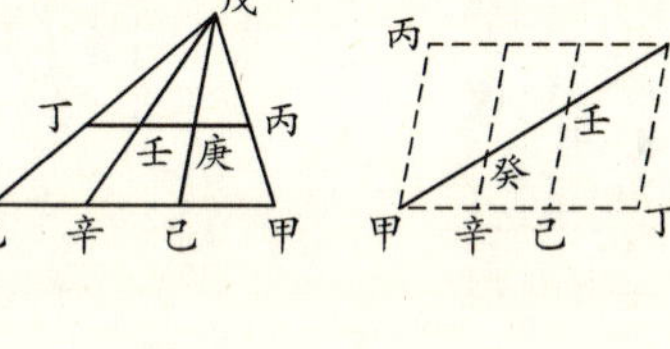

比例尺二股各有平分線，分爲二百餘分。假如有丁戊一線，欲分爲十分，則以規矩取丁戊線度立於尺各二百分之乙、丙二處照丁戊線度開之，使不移動。次以規矩立於尺之第二十分之己、庚二點，取己庚之間度，此間度即是平分丁戊線爲十分之度也。何也？如甲乙丙三角形爲己庚平行線所截，則甲己與甲乙之比同於己庚與乙丙之比例。甲己二十分，甲乙二百分爲十分之一；乙丙十分，己庚一分亦爲十分之一也。

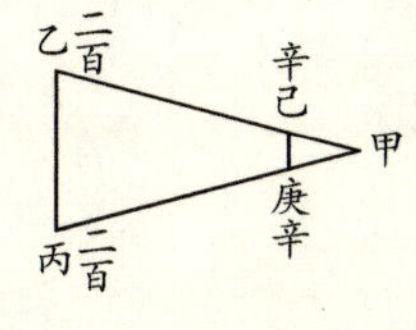

於比例尺作圓之諸弦線之總線法。則自甲之合處至乙、丙二末作二線，於甲乙之丁處爲心，以甲、乙兩末爲界作半圓，而分半圓界爲百八十度。自甲處至所分圓界各作弦線而立規矩，一股於甲處，又以一股於戊二十度、己四十度、庚六十度、辛八十度、壬百度、癸百二十度、子百四十度、丑百六十度等處，取弦線度各作於甲乙、甲丙兩線上，即爲諸弦線度之總線也。其取用之法若欲知寅角之度，則以規矩一股立寅處，一股任意作卯辰弧線，隨取寅卯輻線之度立於尺之六十度之丁未處，將尺之丁未照輻線度開之勿動，乃將規矩取卯辰弧線之度放於尺兩股所容中間。何處恰好？若恰容在八十度之申酉處，則是現原有寅角八十度之弦線也。何則？若作丁未、申酉二直線，則甲申酉之三角形爲平行之丁未線所截，則甲丁與甲酉之比同於丁未與申酉之比也。然則甲丁爲六十度弦線，甲酉爲八十度弦線，其與底平行之丁未線既與小圓輻線等，所以丁未線爲小圓六十度之弦線，申酉線亦爲小圓八十度之弦線，以此知寅角卯辰度之爲八十度也。如此凡大小圓之輻線度安於尺之六十度處，照此開之，其大小圓之諸弦線之度俱現於兩股間也。以六十度通弦即半徑故。

於比例作分平面線法。自甲之合處至乙、丙二末作直線，截甲丙線於丁處，照甲丁度於甲末作甲戊垂線。自戊處至所截丁處作戊丁線，照戊丁線度將甲丙線截於己處。自戊至己作戊己線，又照戊己線度將甲丙線截於庚處。自戊至庚作戊庚線，照此不止作至丙末。又將甲乙線亦照甲丙所截截之，即成分平面線也。何則？於甲丁戊直角三角形之三界作三正方形，甲丁、甲戊上方相等者也。丁戊上方兼甲丁、甲戊兩方者也，至甲己之界，即丁戊之界，是甲己上方比甲丁上方爲大一倍，甲庚方大甲丁方爲二倍也。由是推之，甲庚方大甲己方一倍，甲辛方又大甲庚方一倍，如此則甲辛、甲壬等界上方俱是大於甲丁界上方三倍、四倍可知也。苟有一癸子平面四方形，欲大於此形二倍之四方形，則以規矩取癸子界度立於丁處，將尺照此度開之勿動，次將規矩取尺庚寅處度作方，即大於癸子方二倍也。蓋於丁丑、庚寅作二線，而甲庚寅之三角爲丑丁平行線所分，則以甲丁比甲庚，若丑丁比寅庚也。甲庚既大於甲丁二倍，則寅庚亦大於丑丁二倍矣。

有二直線，欲以此二線作中比例線法。則將二直線相連爲圓徑，以平分處爲心、以兩末爲界作圓形，然後於二線連接處作垂線切圓界，則爲中比例線也。

有二直線，作中二率比例線。如圖，將二線合爲直角，又引作十字線，如丁與丙取矩尺，庚、癸二角正跨兩引線上，使矩尺壬辛股二處正切於甲戊之末，遂作甲癸、癸庚、庚戊三線，其所現乙癸、乙庚則爲中二率線也。蓋以戊癸之丑爲心、戊末爲界作半圓，以甲庚之寅爲心、甲末爲界作半圓，則乙癸線者甲庚半圓徑上之垂線，爲甲乙、乙庚之中率也。乙庚線者，戊癸半圓徑上之垂線，爲乙戊乙癸之中率也。則以甲乙線比乙癸線同於以乙癸線比乙庚線也，以乙癸線比乙庚線同於以乙庚線比乙戊線也，故曰中二率也。

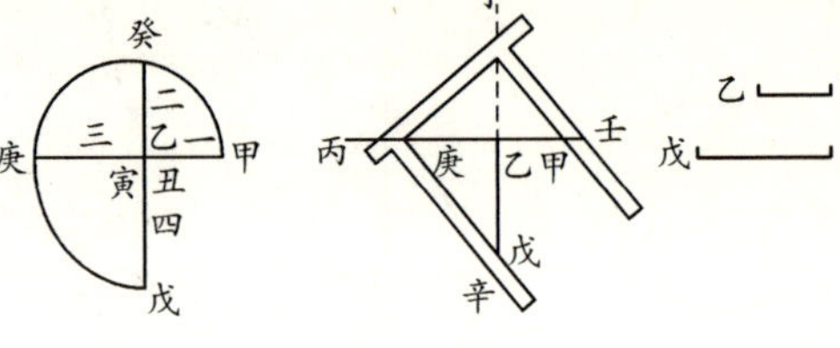

有一直角四界形，作爲與此等積之正方形。如圖，將甲乙、乙丙合爲一直線，求得中率之丁乙線，作丁戊正方形爲與甲丙等積也。蓋相連比例三率，其中率自乘之積與首率末率相乘之積等，故丁己上方與甲乙乘乙丙之方等積也。

凡有三角形，知其一角之度及角兩旁之界度，或知其二角之度及一界之度，或知三界度而不知角度，欲求全知法。如甲乙丙三角形，知丙角爲三十七度角，兩旁丙甲界長十四丈，丙乙界長十三丈，則作與丙角爲等之丁角亦三十七度，角傍丁戊界作爲十四分長，丁己界作爲十三分長。自戊至己作直線，相會與甲乙丙大形同式，將戊角之度取於規矩，安於分度圓界者，容多少便知戊角度若干，若容七十度，則大形甲角之度亦爲七十度矣。又小形己角可知爲七十三度，則大形乙角亦七十三度矣。再因小形戊己界分作九分，可知大形甲乙界之爲九丈矣。餘皆如此，蓋即小以知大，舉一以例餘也。

作不用比算測高深廣遠各種三角形之儀器法。先作甲乙丙半圓界分爲百八十度，將此半圓之丁甲、丁乙、丁丙三半徑線每每分爲一百分，各作直線縱横相交會如碁局。再於徑線之兩末作兩立表，安住不動。又於丁心處如圖作一遊表，如戊己。將遊表亦如半徑度分爲二百分，再於此儀器後面掛一墜線爲庚，即可按線而測矣。如欲測旗杆之高，則將儀器之丁心安於所立之處，定准墜線，以甲乙徑線兩末之立表與旗杆癸處對准爲地平，穩住不動。再將戊己遊表與旗杆尖之辛處相對准，次量所立之丁處至旗杆癸處得若干，若得四十丈，則看儀器地平線上自丁心起用四十分當四十丈，如子。再看子處垂線與上遊表相交處得若干，若得三十分，如丑，則旗杆之高爲三十丈也。若欲測丁辛弦線數，則看自丁至丑相交處得若干分。若得五十分，則相當數爲五十丈也。若欲測丁癸辛三角形之各角度，則癸角既爲直角，再看圓界自乙至遊表相交處得若干度，爲丁角度與九十度相減所餘者爲辛角度也。

畫地圖者，選戊己兩處可以盡見諸形。先於戊處立儀器，指諸要緊數處看所成之數角各得幾何度，記之。次移儀器到己處，將不動表與己對准爲地平，亦指於諸要緊數處看所成之數角亦各幾何度，亦記之。然後取一幅紙，任意作一線爲戊己相當線，將前所測角度倣而作之，一一與前相當成數三角形，其中邊所有之形一一畫上即成圖也。若將大圖蹲入小圖，則將大圖分爲數正方形，小圖亦分爲數正方形與大圖相當。將大圖中某方形內所函之山河、城渠、村林依蹲而入於小圖，即與原大圖同也。凡有多界形做此或爲大、或爲小之同式形，方如甲乙丙丁一無法形欲減各界之半作同式形，則任意自一壬處作諸對角線，又任意將甲乙界之度取其半爲甲乙平行線，作於甲壬、乙壬二線之間，恰容癸子處，照此於對角線間作諸界之平行線，則所成癸子卯己之形即是原有形每界減一半之同式小形也。苟欲作大於原有之形，則將對角線任意引長，而照前任意加爲界度，與原界作平行線，即成所欲作之大形也，或自一角發線亦可。

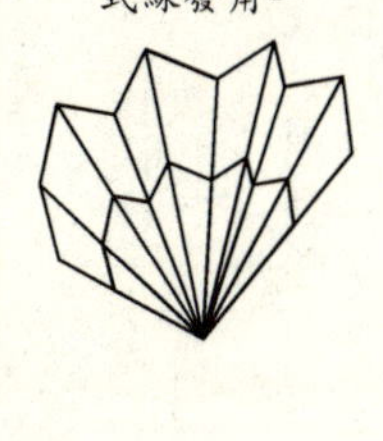

一角發線式

中心出線式

清・王澤沛《形學演》卷五　已知之直綫上，求作兩腰等三角形，使兩腰各倍大於其底。

設甲乙爲已知之直綫，先以甲爲心、以甲乙之倍爲度作弧；又以乙爲心、以前度爲度作弧。兩弧相遇於丙。自丙至甲、至乙各作直綫，成甲乙丙三角形，爲兩腰各倍於底之等腰三角形如所求。

已知正方之對角綫，求作其形。

設甲乙爲已知之對角綫，先求其中點丙爲心，以甲乙爲徑作圓。又自丙作甲乙之正交綫，上下引之抵圓周於丁、於戊，乃於甲、乙、丁、戊四端作甲丁、乙丁、甲戊、乙戊四聯綫，成甲戊乙丁正方形爲所求。

一直角，求三平分之。

設甲乙丙直角，任於乙丙邊截取丙點爲心，以乙丙之倍爲度作弧，與甲乙邊相遇於甲，自甲至丙作直綫，成甲丙乙三角形，爲弦倍於句之句股形。乃自乙作中垂綫乙丁，所分丙乙丁角等於甲角，而甲乙丁角等於丙角。又自弦之中點戊至乙作直綫，成甲戊乙等腰三角形，戊乙甲角又等於甲角，即戊乙丁角亦同等於甲角，以甲乙丁角爲甲角之倍也，如是甲乙戊、戊乙丁、丙乙丁三角，即平分乙角爲三等分，以甲角爲乙角三分之一也。

句股形，此尖角爲彼尖角三分之一，求將此角三平分之。

甲乙丙句股形，設甲角爲丙角三分之一，即必爲乙角四分之一。依前法先三分乙角，取甲乙丁角爲乙角三分之一，又四分甲乙丁角，取甲乙戊角爲乙角十二分之一，乃於甲角內作戊甲己角等於甲乙戊角，法見五卷弟四題。又作甲庚綫平分乙甲己角，如是戊甲己、己甲庚、庚甲乙三角，即各爲甲角三分之一如所求。

平邊三角形，已知自一角至對邊之垂綫，求作其形。

設甲乙爲已知之垂綫，先於乙作無定界之正交綫，爲甲乙所交之底邊，乃於甲左右作角，令各等於乙角三分之一。引長各邊與底相遇於丙、於丁，丙、丁二角即各爲乙角三分之二，丙、丁二角各倍於左右甲角，則甲丙倍於乙丙，甲丁倍於乙丁。丙、丁二角等，則甲丙、甲丁二邊亦等，乙丙加乙丁即亦等於甲丙與甲丁，甲丙丁爲平邊三角形如所求。

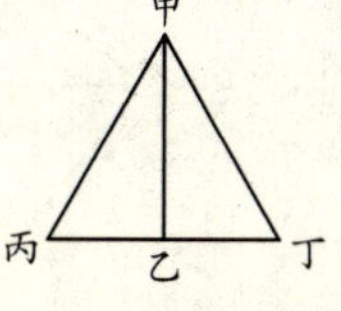

圓內有已知之點，求作於此點平分之弦。

設甲爲圓內已知之點，先於此點過圓心作甲乙直綫，乃

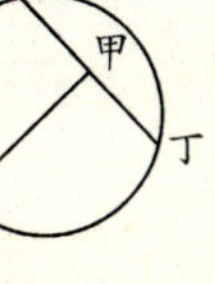

作甲乙之正交綫抵圓周於丙、於丁，準三卷第六題圓徑與弦正交必平分此弦，丙丁弦正交於甲乙徑，即必平分於甲點，爲過已知點平分之弦如所求。

圓内有已知之點，求作過此點至短之弦。

設甲爲圓内已知之點，先於此點至圓心作甲乙直綫，乃作甲乙之正交綫抵圓周於丙、於丁。準上論，過圓内已知點至短之弦必與此點距心之綫成直角，丙丁弦與甲乙綫正交，丙丁即爲過甲點至短之弦如所求。

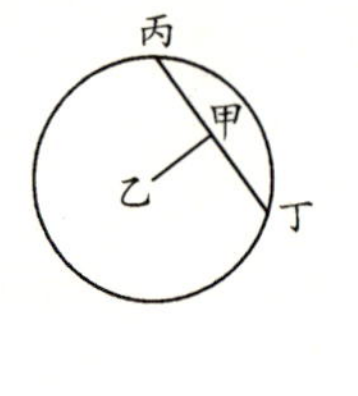
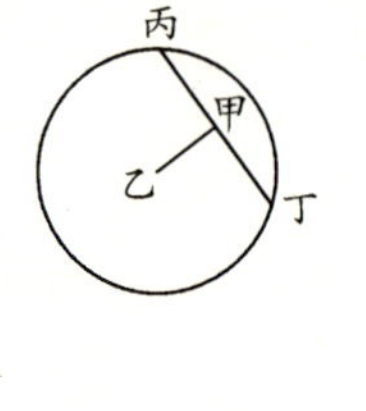

已知圓之兩弦及各弦之所在，求作其圓。

設甲乙、甲丙爲已知之兩弦，並已知其所在，先自甲乙之中點丁、甲丙之中點戊各作垂綫，二綫相遇於己，以己爲心、以甲己爲度作圓必過甲乙丙諸點爲所求。

案：如已知之兩弦平行，則自兩中點所作之垂綫必過圓心而聯爲一直綫，亦可以此法馭之。

求自綫外一點作直綫，令與原綫成角等於已知之角。

設甲乙直綫，丙爲綫外一點，先於丙作甲乙之平行綫丙丁，乃自丙作直綫，令與丙丁成角等於已知之角，引長此綫與原綫相遇於甲，成丙甲乙角，等於甲丙丁角，亦即等於已知之角如所求。

求以已知之綫爲半徑作圓過已知之兩點。

設甲乙爲已知之兩點，先以甲爲心、以已知之綫爲度作弧，次以乙爲心、以前度爲度作弧，兩弧相遇於丙。乃以丙爲心、以前度爲度作圓，圓周必過甲乙兩點，而半徑等於已知之綫如所求。

謹案：此題若已知之兩點相距遠於已知綫之倍，則此圓即不能作。

求於不得引長之直綫一端作垂綫。

設甲乙爲不得引長之直綫，先以甲爲心、任用一度作弧，又以乙爲心、以前度爲度作弧，兩弧相遇於丙，即以丙爲心、以前度爲度作圓，過甲、乙二點，又自甲過丙作直綫抵圓周於丁，乃作乙丁直綫爲甲乙一端之垂綫如所求。

又法：即以甲乙綫爲徑作圓，於其一端作圓之切綫，似尤簡便。

有三角形，其三邊相比，若二與四與五比，求此形爲鋭角三角形，抑爲鈍角三角形。

甲乙丙三角形，甲乙與甲丙與乙丙比若二與四與五比。設乙丙最大之邊爲底，自頂角甲作底之垂綫必落於原形内，如甲丁分原形爲兩句股形。準理：　甲丙^{二}＝丙丁^{二}丄甲丁^{二}　夫丙丁^{二}＝乙丙^{二}丅乙丁^{二}丅＝乙丁丙丁　甲丁^{二}＝甲乙^{二}丅乙丁^{二}　則甲丙^{二}＝乙丙^{二}丄甲乙^{二}丅＝乙丁丅＝乙丁丅＝乙丁丙丁＝乙丁（乙丁丄丙丁）　是甲丙方等於餘二邊方之和減乙丁乘乙丙之倍也，則所對之乙角必爲鋭角，仿此可證丙角亦爲鋭角，惟甲角所對之邊最大，角度亦必最大，其果爲鈍角與否，更作次圖解之。

設甲丙中邊爲底，乙丙既大於甲丙五之一，則自乙作底之垂綫必落於原形外，引長丙甲與之相遇於丁，成丙丁乙句股形。準理：　乙丙^{二}＝丙丁^{二}丄乙丁^{二}　夫　丙丁^{二}＝甲丙^{二}丄甲丁^{二}丄＝甲丙甲丁　乙丁^{二}＝甲乙^{二}丅甲丁^{二}　則乙丙^{二}＝甲丙^{二}丄甲乙^{二}丄＝甲丙甲丁

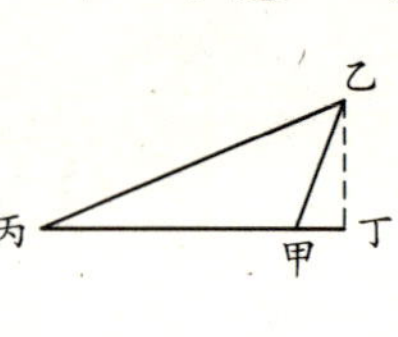

是乙丙方等於餘二邊方之和加甲丁乘甲丙之倍也，則所對之甲角必爲鈍角，而原形爲鈍角三角形。

求作兩腰等直角三角形之内切正方。

設甲乙丙直角三角形，甲丙、乙丙二腰等，先於弦上作甲乙丁戊正方，並自丁、戊二角各作直綫至甲乙之中點，與原形兩腰相交於己、於庚，乃作己庚聯綫，隨自己、庚二點各作垂綫，抵甲乙於辛、於壬，成壬庚己辛四邊形爲甲乙丙形之内切正方如所求。

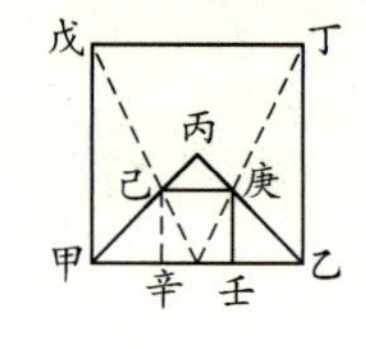

求作正方之内切等邊三角形，使一尖角在一邊之中點。

設甲乙正方形，先求甲丙一邊之中點丁爲心、以正方之邊爲度向對邊作弧，與左右二邊相交於戊、於己。乃自丁至戊、己二點各作直綫，並作戊己聯綫，成丁戊己三角形，其三邊均等於正方邊，丁角在一邊之中點，爲甲乙正方之内切等

邊三角形如所求。

已知之圓求兩分之，使乘此弧之角倍大於乘彼弧之角。

先於圓內作甲乙徑綫，又自甲以半徑爲度作甲丙、甲丁二弦，隨於丙、丁二點至乙各作直綫，成甲乙丙、甲乙丁兩句股形，二甲角各倍於二乙角，乃作丙丁綫分圓爲二分，乘丙乙丁弧之角倍大於乘丙甲丁弧之角如所求。

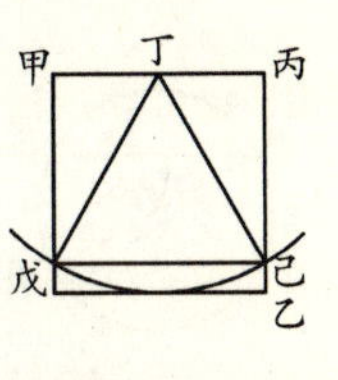

謹案：以半徑爲度作甲丙弦，則甲丁乙丙弧五倍於甲丙弧，以馭次題頗爲簡當，但説見後卷，未便引證。

已知之圓求兩分之，使乘此弧之角五倍於乘彼弧之角。

先於半圓內作等邊甲角，依前法三平分之得丙甲乙角，爲直角三分之一。隨作甲丁徑綫，平分爲二，並自丁至乙、至丙各作直綫，成甲乙丁、甲丙丁兩句股形，其兩甲角各爲直角六分之一，兩丁角即各爲直角六分之五。作丙乙直綫分圓爲二分，乘丙甲乙弧之丁角五倍於乘丙丁乙弧之甲角如所求。

求作圓過已知之兩點，使其心在已知之直綫內。

設甲乙已知之直綫，丙丁爲已知之兩點，作丙丁聯綫平分於戊，自戊作垂綫，向甲乙引之相遇於己，以己爲心、以己丙或己丁爲半徑作圓必過丙、丁兩點，而其心在甲乙綫內如所求。

求作圓之內切三角形與已知之三角形相似。

設甲乙丙爲已知之三角形，先求過甲、乙、丙三點之圓心丁，自丁至各角作直綫，乃於圓心戊作角，令等於甲丁丙角，引長二邊抵圓周於己、於庚。又自戊至圓周辛作直綫，令與戊己成角等於乙丁丙角，其與戊庚成角自亦等於甲丁乙角，如是作庚辛己三角形，即與甲乙丙形相似。蓋所分諸三角形，其每相當之兩形如辛戊己與乙丁丙腰間角等，等角旁之邊各爲等腰，有比例。兩兩相似，故兩全形亦彼此相似如所求。

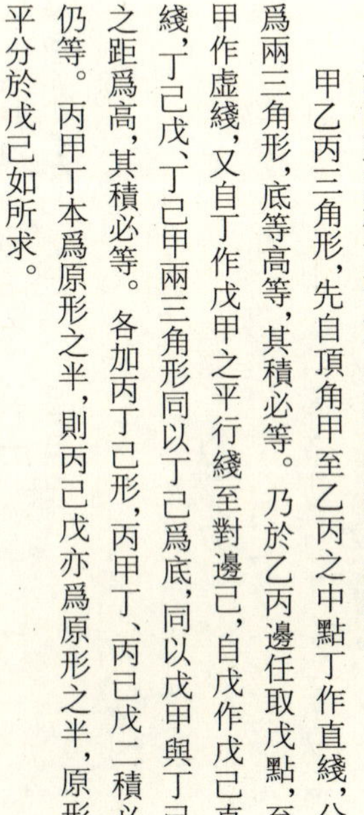

求作已知圓之兩切綫，令相遇成角等於已知之角。

先於圓內作甲乙徑綫，又自圓心丙作直綫，令與丙甲成角等於已知之角，引長抵圓周於丁，乃自乙、丁二端各作垂綫相遇於戊，成乙丙丁戊四邊形，乙、丁各爲直角，乙戊丁與乙丙丁二角之和必爲二直角。夫乙丙丁與甲丙丁和爲二直角，則乙戊丁角等於甲丙丁角，亦即等於已知之角如所求。

求自三角形一邊之任一點作直綫平分其形。

甲乙丙三角形，先自頂角甲至乙丙之中點丁作直綫，分爲兩三角形，底等高等，其積必等。乃於乙丙邊任取戊點，至甲作虛綫，又自丁作戊甲之平行綫至對邊己，自戊作戊己直綫，丁己戊、丁己甲兩三角形同以丁己爲底，同以戊甲與丁己之距爲高，其積必等。各加丙丁己形，丙甲丁、丙己戊二積必仍等。丙甲丁本爲原形之半，則丙己戊亦爲原形之半，原形平分於戊己如所求。

已知句股形之面積及弦，求作其形。

甲乙爲已知之弦，先於弦上作半圓，自甲作垂綫至丙，令等於已知面積正方邊之倍，準理：凡三角形皆可作其相等之正方，五卷三十一、二兩作均用此法。即以甲爲心、以甲丙爲度向半圓作弧，與之相遇於丁，自丁至甲作直綫，亦即等於已知面積正方邊之倍。如是作乙丙聯綫，即所求之句股和。作乙丁聯綫，即所求之句股較。乃於乙丙截去乙丁，而以其半爲度，於半圓內作甲戊綫，隨作戊乙綫，成乙戊甲句股形爲所求。

已知三邊形三邊之和及各角，求作其形。

設甲乙爲已知三邊之和，先於甲乙二端作綫，令甲角等於已知之任一角，乙角等於已知之又一角，引長二綫相遇於丙，丙角自亦等於已知之餘一角，乃以甲乙丙形三邊之和爲首率，重用甲乙綫爲中二率，求其四率比例綫即以爲度截甲乙於丁，甲丁即所求之底邊。自丁作乙丙之平行綫，抵甲丙邊於戊，成甲丁戊三角形爲所求。

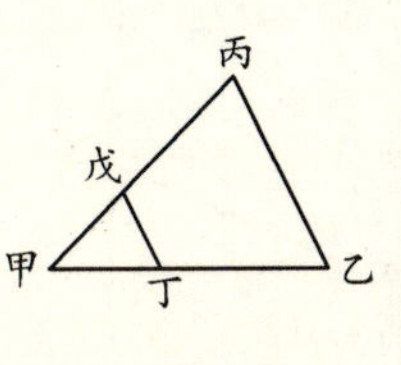

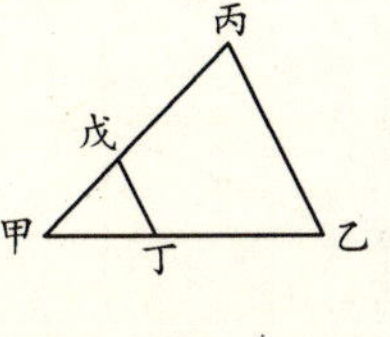

已知句股形之句或股與自直角至弦之垂綫，求作其形。

設甲乙爲已知之垂綫，先於乙作無定界之正交綫，隨以甲爲心、以已知之句或股爲度作弧，與該綫相遇於丙，乃作甲丙綫，並自甲作甲丙之垂綫，抵該綫於丁，成甲丙丁句股形爲所求。又法：以已知之句或股方之，與中垂綫方較，而求其餘形等積之正方邊，凡多邊形皆可作相等之正方。即垂綫所截句旁或股旁之分段弦，得其一即可作其形矣。

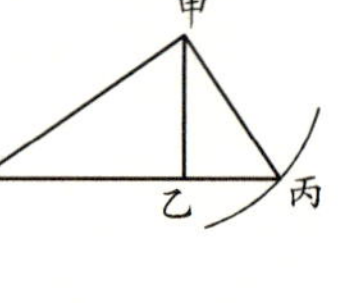

已知三角形之一角與對邊及餘兩邊之和，求作其形。

設甲乙綫爲餘兩邊之和，自甲作無定界綫，令成角等於已知角之半，乃以乙爲心、以已知對角之邊爲度作圓與該綫相遇於丙，隨作乙丙綫，並自丙作直綫，令與甲丙成角等於甲角，而抵甲乙綫於丁。如是丙丁等於甲丁，與乙丁各爲餘兩邊之一，丙丁乙角等於甲角，與甲丙丁角之和即等於已知之角，乙丙本等於已知之對邊，得丙丁乙三角形爲所求。

已知三角形之一角與所倚之邊及餘兩邊之和，求作其形。

設甲爲已知之角，甲乙爲已知所倚之邊，甲丙爲餘兩邊之和，作乙丙聯綫，成甲丙乙角。自乙作直綫，令與乙丙成角等於甲丙乙角，而抵甲丙邊於丁。如是乙丁等於丙丁，則乙丁與甲丁各爲餘兩邊之一，成甲乙丁三角形爲所求。

已知三角形之一角與所對之邊及餘兩邊之比例，求作其形。

設甲爲已知之角，令甲乙與甲丙比若已知餘兩邊之比，並令乙丙二點之距約大於已知之對邊。乃以已知對邊爲度，於乙丙截取乙丁，自丁作甲乙之平行綫與甲丙相遇於戊，自戊作丙乙之平行綫抵甲乙邊於己，如是戊己等於乙丁，爲已知之對邊，甲己與甲戊比若甲乙與甲丙比，爲已知比例之餘兩邊，成甲戊己三角形爲所求。

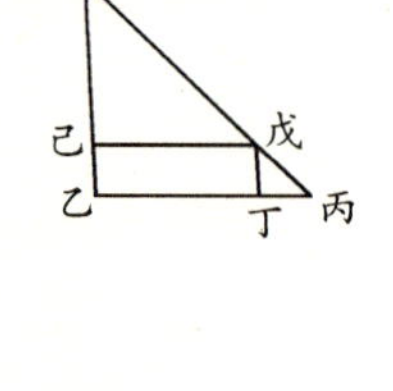

求作三等圓彼此相切，又作他圓與三等圓相切。

先任作甲乙綫，即以爲度作甲乙丙平邊三角形，以各角爲心、以各邊之半爲度，作甲乙丙三圓彼此相等相切，又自甲乙丙三點，求得三角形之中點丁，以丁爲心，以自丁過圓心至圓外界之距爲度作圓，必與三等圓相切如所求。

圓外有相等相切之數圓，又各與原圓相等相切，求其外切圓數。

先自圓心甲作乙丙過心綫，令甲乙、甲丙各與圓徑等，即於甲乙、甲丙二綫上各作上下兩平邊三角形甲乙丁、甲乙戊、甲丙己、甲丙庚。又自丁至己、自戊至庚各作聯綫，丁己、戊庚二綫亦各與原徑等，共成有法六邊形。以乙丙各角爲心、以乙丁丙己各邊之半爲界，可作相等相切六圓，爲原圓甲之外切圓數。

有四邊等平行方形，求作其內切圓。

甲乙丙丁四邊等平行方形，先作甲丙、乙丁兩對角綫交於中點戊，自戊作各對邊之垂綫己庚、辛壬，其戊乙己、戊乙壬兩三角形，甲乙、丙乙等，乙角必平分，己、壬二直角亦等，戊乙同用，則戊己、戊壬必等，仿此可證戊庚、戊辛亦等。戊己與戊庚、戊辛與戊壬本平分於戊點，則四綫均等。上論自平行方形之一邊過對角綫中點作直綫，此綫必平分於對角綫中點。如是以戊爲心、以戊己作爲度作圓，必過己壬庚辛諸點，爲原形之內切圓。

求作圓過已知正方之一角，而與對此角之兩邊相切。

甲乙丙丁正方，作甲丙對角綫及丙戊、丙己二綫四平分丙角，丙丁戊句股形，丁丙戊四分直角之一，丁戊丙即四分直角之三，乙己丙角亦然。自戊己各作垂綫相遇於庚，庚戊、庚己各等於庚丙，以腰閒角均等也，四分直角之一。庚即圓心。

又法：甲丙引長至子，令丙子等丙乙，作子乙綫，自丙作綫與之平行，抵甲乙於己，自己作甲乙之垂綫至庚，庚丙己爲等腰三角形，得圓心庚。

已知圓之半徑，求作其圓過已知之點與已知之直綫相切。

設甲爲已知之點，乙丙爲已知之直綫。先自甲作乙丙之垂綫甲丁，隨以已知半徑爲度截取戊丁，自戊作乙丙之平行綫，乃以甲爲心、以已知半徑爲度作弧，與該綫相交於己，己即圓心，作圓過甲點，而與乙丙綫相切如所求。

謹案：此題已知點及直綫相距不得過已知半徑之倍，與前以已知綫爲半徑作圓過已知之兩點題同。

正方内求作内切平邊三角形，使其一尖在方形之一尖。

甲乙丙丁正方形，先依丙丁、甲丁二邊各作丙丁戊、甲丁己平邊三角形，乃自戊、己二尖至乙各作直綫，甲乙己、丙乙戊各爲等腰三角形，其乙甲己角爲全甲角與丁甲己角之較，三分直角之一，即六分兩直角之一。甲乙己甲己乙二角之和六分兩直角之五，甲乙己一角即六分一直角之五，則丙乙己六分一直角之一，甲乙戊角同。乙角減甲乙戊、丙乙己二角，其戊乙己角六分一直角之四，即三分之二，即兩直角三分之一。引長乙戊抵甲丁於庚，引長乙己抵丙丁於辛，乙庚、乙辛必等。以甲乙、乙丙二邊等，甲丙二直角等，甲乙戊、丙乙己二角又等也。作庚辛聯綫，乙庚辛、乙辛庚二角以腰等而亦等，即各爲兩直角三分之一，乙庚辛爲平邊三角形，庚乙辛角在方形之乙角尖如所求。

又法：先作乙戊、乙己二綫三平分乙角，隨平分丙乙戊角，作綫抵丙丁邊於庚，平分甲乙己角，作綫抵甲丁邊於辛，乙丙庚、乙甲辛兩句股形，甲乙、丙乙本等，甲乙辛、丙乙庚各六分直角之一亦等，則乙庚、乙辛等。作庚辛聯綫，其庚、辛二角必等，庚乙辛角本三分直角之二，即三分二直角之一，庚辛二角亦各三分二直角之一，庚乙辛爲平邊三角形。

又法：先作甲丙對角綫，即以爲度作甲丙戊平邊三角形，乃自丁作戊甲之平行綫，抵甲乙邊於己，作戊丙之平行綫，抵丙乙邊於庚。作己庚聯綫，自亦與甲丙平行，成丁己庚形與戊甲丙形同式，爲正方之内切同尖平邊三角形。

求將直角分爲五等分。

如圖，甲乙丙直角，丙乙引長成二直角，以乙爲心、任截取乙丙爲度作丙丁半(員)[圓]，依六卷第七題作圓内十等邊形法，分半圓爲五等弧，丙戊、戊己各五分半圓之一，甲己得五分之一之半，即五分甲丙象限之一，所函甲乙己圓心角亦即五分乙直角之一，丙乙戊、戊乙己二角各五分乙直角之二，又各平分之，則分乙角爲五等分矣。

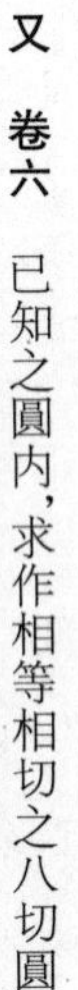

又　卷六　已知之圓内，求作相等相切之八切圓。

先依上法作圓之外切八等邊形甲乙丙丁戊己庚辛，並作甲戊、乙己、丙庚、丁辛四對角綫相交於圓心，成甲心乙、乙心丙、丙心丁、丁心戊、戊心己、己心庚、庚心辛、辛心甲相等相切之八三角形。乃作各三角形之内切圓，依法作各角之平分角綫，以相遇之點爲圓心，如戊己二綫相遇於壬，即得原圓内相等相切之八切圓。

已知之平邊三角形，求作其内切有法六邊形。

甲乙丙平邊三角形，依法先作其内切圓，乃於各角所函弧之中點作切綫，抵各邊於丁、戊、己、庚、辛、壬諸點，成丁己辛六邊形。原甲乙丙形爲圓之外切三邊形，其各邊本等，丁己辛形爲平分各弧所成之倍多邊形，其各邊必亦等，爲原形内切有法六邊形如所求。

又法：三平分各邊於各分點，作丁戊、己庚、辛壬三綫，甲丁戊、乙己庚、丙辛壬又各爲平邊三角形，丁戊、戊己各段即均等，得丁庚有法六邊形。

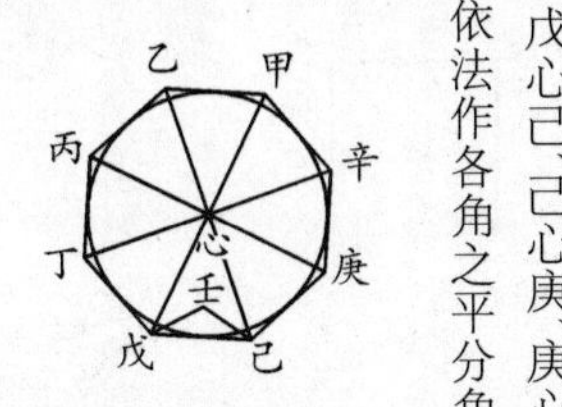

已知之圓分，求作其内切正方。

設甲乙已知之圓分，先於甲乙弦上作甲乙丙丁正方，隨自丙丁二角至甲乙之中點各作直綫與圓界相交於戊、於己，乃作戊己聯綫，並於戊己各作垂綫抵甲乙於庚、於辛，成戊己庚辛正方形如所求。

已知正方邊與對角綫之較，求作其形。

設甲乙爲已知之邊綫較，先自乙作無定界綫，令與甲乙成角等於直角之半。又自甲作綫，令成角等於直角加四

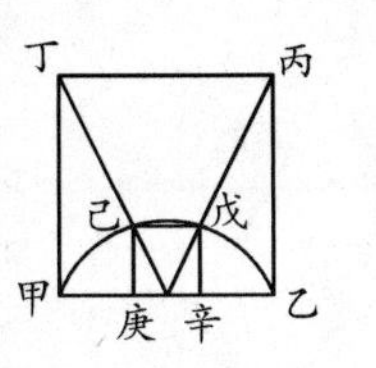

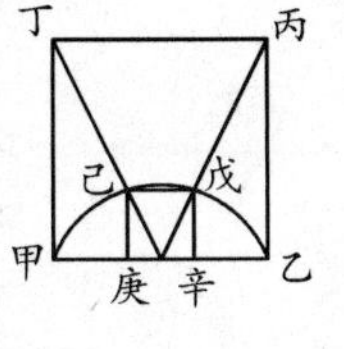

分直角之一，二綫相遇於丙，乙丙即所求之正方邊。乃自丙作乙丙之垂綫至丁，令等於乙丙，引長甲乙與之相遇，甲丁丙爲等腰三角形，甲丁丙角半於直角，甲丙丁角爲半直角，加半半直角二角之和等於乙甲丙外角，作乙戊、丁戊二垂綫，成乙丙丁戊正方形如所求。

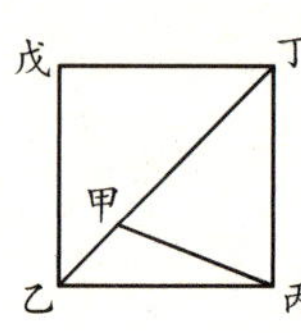

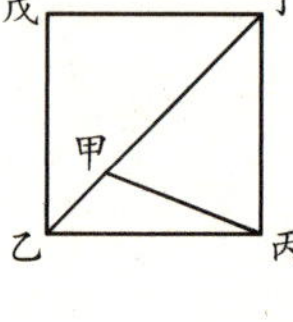

又 卷七　求於直綫一面已知之兩點各出直綫，令於原綫成角等於已知之角。

設甲乙直綫，丙、丁爲一面已知之兩點，先作丙丁聯綫，即自丙作丙戊綫，令與丙丁成角等於已知之角。乃自丙向甲乙原綫作丙戊之垂綫，又自丙丁之中點作垂綫與之相遇於己，以己爲心，以己丙爲度作圜，或與甲乙綫相交於二點如庚、如辛，或切甲乙綫於一點如壬。自丙丁二點各出直綫至庚、至辛、至壬，成角均等於戊丙丁角，亦即等於已知之角。惟甲乙綫若與丙丁二點相距太遠，則不能作。

求於直綫一面已任取之兩點各出直綫，於原綫相遇作等角。

甲乙直綫，任取一面之丙丁二點，自丙作甲乙之垂綫丙己，引長之至戊，令戊己等於丙己，作丁戊聯綫交甲乙於庚，次作丙庚綫，即丙庚甲、丁庚乙二角必等如所求。

已知三角形之三角及自形內一點至各邊之垂綫，求作其形。

先作丙丁爲形內底邊之垂綫，自丁作無定界之正交綫甲乙，隨作甲乙戊三角形，令三角各等於已知之三角。乃自丙作丁丙己角，令與甲角和爲二直角。又作丁丙庚角，令與乙角和爲二直角，並令丙己、丙庚各等於形內兩腰垂綫之一，其庚丙己角與戊角和自亦等於二直角。如是過己點作戊甲之平行綫辛壬，過庚點作戊乙之平行綫辛癸，成辛壬癸三角形爲所求。

求於兩圜之交點作直綫，使函於各圜內之綫相等。

如圖，大小二圜相交於甲，先於甲作小圜之切圜令與之等，而交大圜於乙。乃自乙過甲作直綫，抵小圜周於丙，甲丙與甲乙必等。何也？試別作兩等圜相切於甲，過甲作直綫抵兩圜界於乙、於丙，即自乙、丙二端至兩心丁、戊各作直綫，並過甲作丁戊聯心綫，成甲丁乙、甲戊丙兩三角形。乙丙爲丁乙、戊丙相對兩端之聯綫，本過切點，則丁乙、戊丙兩徑必平行，即乙丙兩角必等，甲點二交角亦等，丁乙、丁甲、戊丙、戊甲又各爲等，圜之半徑均等，故甲乙與甲丙等。乙丙即前圖過兩圜交點之直綫，而甲乙函於大圜內，甲丙函於小圜內也如所求。

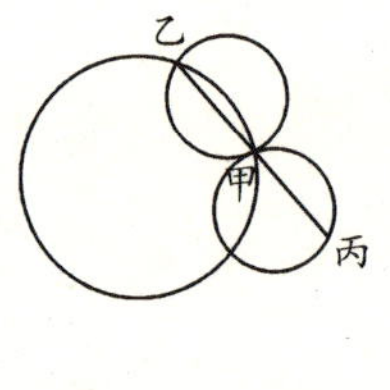

求作圜與他圜界已知之點相切，又與已知之直綫相切。

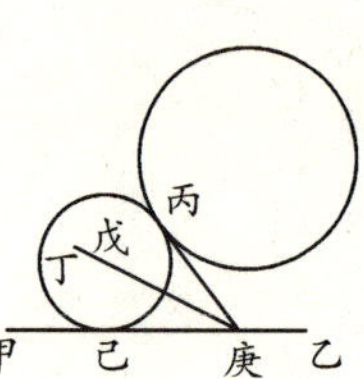

設甲乙爲已知之直綫，丙爲他圜界已知之點。先作他圜丙點之切綫丙庚，遇甲乙綫於庚。平分甲庚丙角作庚丁綫，又自丙作丙庚之垂綫丙戊，交庚丁綫於戊。以戊爲心，丙爲界作丙己圜，必切丙點與甲乙綫如所求。

已知三綫之所在，求作其公切圜。

甲乙、乙丙、丙丁爲已知所在之三綫，引長三綫相交於乙、於丙，平分甲乙丙角作乙辛綫，平分乙丙丁角作丙庚綫，二綫相交於戊，自戊作甲乙之垂綫戊己，以戊爲心己爲界作圜，必爲三綫之公切圜如所求。

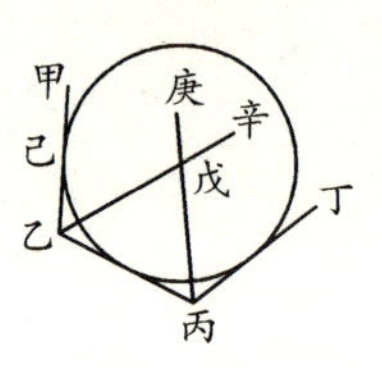

求作象限之内切圜。

甲乙丙象限，先自丙作平分角綫抵甲乙弧於丁，甲乙亦即平分於丁，自丁作甲乙之切綫，引長丙甲與遇於戊，引長丙乙與遇於己，成戊己丙三角形。乃自戊、己各作平分角綫，必相遇於丙丁之一點如庚，準五卷弟十五題。如是以庚爲心，以庚丁爲界作戊己丙三角形之内切圜，亦即甲乙丙象限之内切圜如所求。

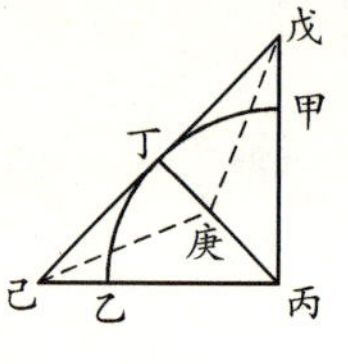

有不平行之二綫，已知其公切圜之半徑，求其圜心。

設甲乙、丙丁不平行之二綫，先自丙作垂綫丙己等於已知之半徑。次引長甲乙、丙丁二綫令相遇於戊，平分甲戊丁角作戊辛綫，自己作綫與丙丁平行，遇戊辛綫於庚，庚即圓心得所求。

已知之直綫求三平分之，即依之分平邊三角形爲九等分。

甲乙爲已知之直綫，依五卷十九題分爲甲丙、丙丁、丁乙三等分。甲乙戊爲平邊三角形，即自丙、丁二點各作甲戊之平行綫丙庚、丁辛，又作乙戊之平行綫丁壬、丙癸，準理直綫與底平行分兩腰必有比例，則甲癸、癸壬、壬戊、乙辛、辛庚、庚戊又各爲三等分。作壬庚、辛癸二聯綫，又必與甲乙平行，如是分原形爲九，又各爲平邊三角形，其各邊均等，各形即無一不等如所求。

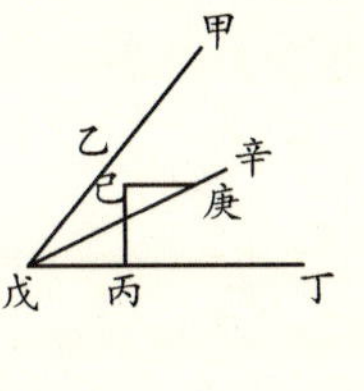

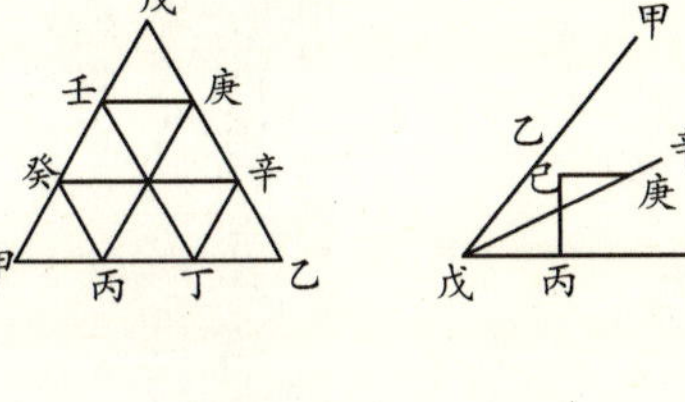

將卧梯頂牆漸扶使立，則梯中點之所即一圓弧，求其圓心何在，並徑長幾何。

設甲乙爲卧梯，丙甲爲牆，作丁戊、己庚、辛壬諸綫，令均等於甲乙。漸斜漸立，題成丁甲戊、己甲庚、辛甲壬諸句股形，取各弦中點如丁戊之癸、己庚之子、辛壬之丑，至甲各作直綫甲癸、甲子、甲丑，必均等於甲乙之半。以弦之中點距三角均等，而諸綫本等於甲乙也，則癸、子、丑諸點聯之即一圓弧，甲即其心，甲乙即其徑，合題。

相交之二直綫間有諸點，距二綫遠近之和恒等於已知之直綫，求此諸點之所。

設甲乙、丙乙相交之二直綫，先任於甲乙綫上作丁戊垂綫，令等於已知之綫。自戊作甲乙之平行綫，遇乙丙於丙，即以乙丙爲度，截取甲乙與之等。隨作甲丙聯綫，乃於甲丙綫上作己庚、己辛、壬癸、壬子諸距綫，其每點兩綫之和均等於丁戊。何也？試引長癸壬抵戊丙綫於丑，丑丙壬角與甲角爲一綫交二平行綫之内相對二角，子丙壬角與甲角爲等腰三角形之二腰間角，則二丙角必等。子丑二直角亦等，同用丙壬邊，丙丑壬丙子壬兩形等。壬子必等於壬丑，壬子、壬癸之和即等於癸丑。癸丑與丁戊同爲二平行綫間之垂綫本等，是壬癸、壬子之和與丁戊等也。仿此可證己庚、己辛之和亦與丁戊等，則甲丙綫上諸點距甲乙、丙乙二綫遠近之和，恒等於丁戊，即等於已知之直綫也，合題。

二直綫間有諸點，距二綫遠近之較恒等，求此諸點之所。

甲乙、丙乙二直綫，先於丙乙綫上作甲乙之平行綫丁戊，隨自丁作平分角綫丁己，乃於丁己綫上作甲乙、丙乙之諸距綫庚己、辛己、壬子、癸子，其甲乙綫上之庚己、壬子二綫必過丁戊綫於丑、於寅，準首卷二十九題己丑等己辛，子寅等子癸，其丑庚寅壬二段爲己子二點距甲乙丙乙遠近之較，同爲甲乙戊丁二平行綫間之垂綫必等，即丁己綫上諸點距甲乙丙乙之較恒等也，如所求。

自圓外一點至圓周作諸直綫，此諸綫中點之所即一圓周。

如圖，自圓外甲點至圓周作甲乙、甲丙、甲丁諸直綫，題言諸綫中點之所如甲丙之戊、甲丁之己、甲乙之庚聯之即一圓周。何也？試自甲至圓心辛作直綫，隨作辛丙、辛丁、辛乙諸綫，乃取甲辛之中點壬至戊、己、庚諸點各作直綫，壬戊必與辛丙平行，壬己必與辛丁平行，壬庚必與辛乙平行，壬戊、壬己、壬庚即必各爲半徑之半。以壬爲心、以半徑之半爲度，即戊己庚諸點之一圓周，合題。

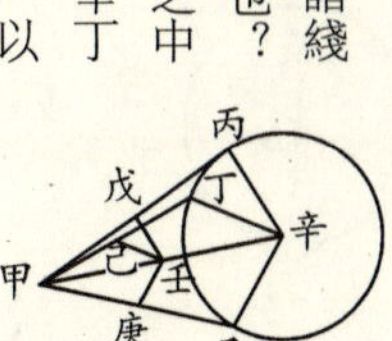

過圓内一點作諸弦，求此諸弦中點之所。

如圖，過圓内甲點作乙丙、丁戊、己庚諸弦，自甲作聯心綫甲辛，即以爲徑作一小圓。圓周與諸弦相交之所如壬、如癸，即諸弦中點之所。何也？試自辛至壬、癸諸點各作虚綫，成甲壬辛、甲癸辛諸三角形。壬癸各函於半圓内，必同爲甲辛綫上之直角，圓徑與弦相交成直角，即必平分此弦，故小圓周所過壬、癸諸點，爲甲點諸弦中點之所也。合題。

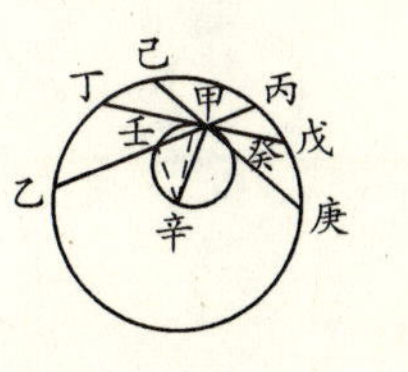

圖表

清・年希堯《面體比例便覽》

平方爲例邊線相等面積不同定率表

率	真數	假數
平方積爲一率	一〇〇〇〇〇〇〇〇〇	一〇〇〇〇〇〇〇〇〇〇〇
平圓積爲二率	一〇〇〇〇〇〇〇〇〇 七八五三九八一六	一〇〇〇〇〇〇〇〇〇〇〇 九八九五〇八九八八一四
三邊積爲二率	一〇〇〇〇〇〇〇〇〇 四三三〇一二七〇	一〇〇〇〇〇〇〇〇〇〇〇 九六三六五〇〇六三六一
五邊積爲二率	一〇〇〇〇〇〇〇〇〇 一七二〇四七七四一	一〇〇〇〇〇〇〇〇〇〇〇 一〇二三五六四八九七二四
六邊積爲二率	一〇〇〇〇〇〇〇〇〇 二五九八〇七六二〇	一〇〇〇〇〇〇〇〇〇〇〇 一〇四一四六五一八八六五
七邊積爲二率	一〇〇〇〇〇〇〇〇〇 三六三三九一二四〇	一〇〇〇〇〇〇〇〇〇〇〇 一〇五六〇三七四四五九七
八邊積爲二率	一〇〇〇〇〇〇〇〇〇 四八二八四二七一二	一〇〇〇〇〇〇〇〇〇〇〇 一〇六八三八〇五六八一一
九邊積爲二率	一〇〇〇〇〇〇〇〇〇 六一八一八二四二七	一〇〇〇〇〇〇〇〇〇〇〇 一〇七九一一一六六四九九
十邊積爲二率	一〇〇〇〇〇〇〇〇〇 七六九四二〇八八三	一〇〇〇〇〇〇〇〇〇〇〇 一〇八八六一六三九七〇二

平圓爲例邊線相等面積不同定率表

率	真數	假數
平圓積爲一率	一〇〇〇〇〇〇〇〇〇	一〇〇〇〇〇〇〇〇〇〇〇
平方積爲二率	一〇〇〇〇〇〇〇〇〇 一二七三二三九五四	一〇〇〇〇〇〇〇〇〇〇〇 一〇一〇四九一〇一一八六
立邊積爲二率	一〇〇〇〇〇〇〇〇〇 五五一三二八八九	一〇〇〇〇〇〇〇〇〇〇〇 九七四一四一〇七五四七
五邊積爲二率	一〇〇〇〇〇〇〇〇〇 二一九〇五七九八六	一〇〇〇〇〇〇〇〇〇〇〇 一〇三四〇五五九〇九一〇
六邊積爲二率	一〇〇〇〇〇〇〇〇〇 三三〇七九七三三四	一〇〇〇〇〇〇〇〇〇〇〇 一〇五一九五六二〇〇五一
七邊積爲二率	〇〇〇〇〇〇〇〇〇 四六二六八四〇九八	一〇〇〇〇〇〇〇〇〇〇〇 一〇六六五二八四五七八三
八邊積爲二率	一〇〇〇〇〇〇〇〇〇 六一四七七四四三五	一〇〇〇〇〇〇〇〇〇〇〇 一〇七八八七一五七九九七
九邊積爲二率	一〇〇〇〇〇〇〇〇〇 七八七〇九四三〇二	一〇〇〇〇〇〇〇〇〇〇〇 一〇八九六〇二六七六八五
十邊積爲二率	一〇〇〇〇〇〇〇〇〇 九七九六五七〇九九	一〇〇〇〇〇〇〇〇〇〇〇 一〇九九一〇七四〇八八八

方邊爲例面積相等邊線不同定率表

率	真數	假數
方邊爲一率	一○○○○○○○○○	一○○○○○○○○○○○
圓徑爲二率	一○○○○○○○○ 一一二八三七九一六	一○○○○○○○○○○ 一○○五二四五五○五九三
三邊爲二率	一○○○○○○○○ 一五一九六七一三七	一○○○○○○○○○○ 一○一八一七四九六八一九
五邊爲二率	一○○○○○○○○ 七六二三八七○五	一○○○○○○○○○○ 九八八二一七五五一三八
六邊爲二率	一○○○○○○○○ 六二○四○三二四	一○○○○○○○○○○ ○九七九二六七四○五六七
七邊爲二率	一○○○○○○○○ 五二四五八一二六	一○○○○○○○○○○ 九七一九八一二七七○一
八邊爲二率	一○○○○○○○○ 四五五○八九八五	一○○○○○○○○○○ 九六五八○九七一五九四
九邊爲二率	一○○○○○○○○ 四○二一九九六三	一○○○○○○○○○○ 九六○四四四一六七五○
十邊爲二率	一○○○○○○○○ 三六○五一○五八	一○○○○○○○○○○ 九五五六九一八○一四九

圓徑爲例面積相等邊線不同定率表

率	真數	假數
圓徑爲一率	一○○○○○○○○○	一○○○○○○○○○○○
方邊爲二率	一○○○○○○○○ 八八六二二六九二	一○○○○○○○○○○ 九九四七五四四九四○七
三邊爲二率	一○○○○○○○○ 一三四六七七三六九	一○○○○○○○○○○ 一○一二九二九四六二二六
五邊爲二率	一○○○○○○○○ 六七五六四七九三	一○○○○○○○○○○ 九八二九七二○四五四五
六邊爲二率	一○○○○○○○○ 五四九八一八○五	一○○○○○○○○○○ 九七四○二一八九九七四
七邊爲二率	一○○○○○○○○ 四六四八九八○三	一○○○○○○○○○○ 九六六七三五七七一○八
八邊爲二率	一○○○○○○○○ 四○三三一二八八	一○○○○○○○○○○ 九六○五六四二一○○一
九邊爲二率	一○○○○○○○○ 三五六四四○一四	一○○○○○○○○○○ 九五五一九八六六一五七
十邊爲二率	一○○○○○○○○ 三一九四九四一八	一○○○○○○○○○○ 九五○四四六二九五五六

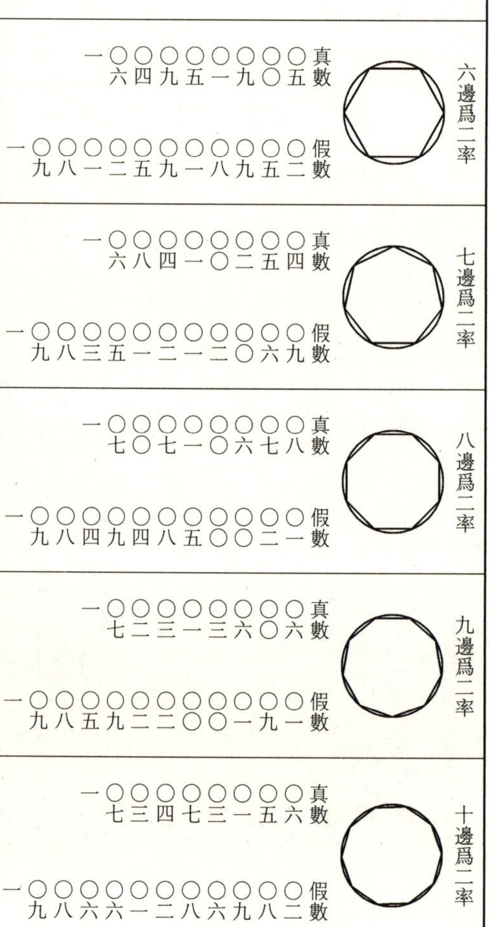

平圓徑爲例求圓內各形之一邊定率表

率	真數	假數
平圓徑爲一率	一〇〇〇〇〇〇〇〇	一〇〇〇〇〇〇〇〇〇〇〇
三邊爲二率	一〇〇〇〇〇〇〇〇 八六六〇二五四〇	一〇〇〇〇〇〇〇〇〇〇〇 九九三七五三〇六三一七
方邊爲二率	一〇〇〇〇〇〇〇〇 七〇七一〇六七八	一〇〇〇〇〇〇〇〇〇〇〇 九八四九四八五〇〇二一
五邊爲二率	〇〇〇〇〇〇〇〇 五八七七八五二五	一〇〇〇〇〇〇〇〇〇〇〇 九七六九二一八六八五二
六邊爲二率	一〇〇〇〇〇〇〇〇 五〇〇〇〇〇〇〇	一〇〇〇〇〇〇〇〇〇〇〇 九六九八九七〇〇〇四三
七邊爲二率	一〇〇〇〇〇〇〇〇 四三三八八三七四	一〇〇〇〇〇〇〇〇〇〇〇 九六三七三七三三七三六
八邊爲二率	一〇〇〇〇〇〇〇〇 三八二六八三四三	一〇〇〇〇〇〇〇〇〇〇〇 九五八二八三九六六〇五
九邊爲二率	一〇〇〇〇〇〇〇〇 三四二〇二〇一四	一〇〇〇〇〇〇〇〇〇〇〇 九五三四〇五一六八四六
十邊爲二率	一〇〇〇〇〇〇〇〇 三〇九〇一六九九	一〇〇〇〇〇〇〇〇〇〇〇 九四八九九八二三六四〇

平圓徑自乘爲倒求圓內各形之一邊定率表

率	真數	假數
圓徑平方爲一率	一〇〇〇〇〇〇〇〇	一〇〇〇〇〇〇〇〇〇〇〇
三邊爲二率	一〇〇〇〇〇〇〇〇 三二四七五九五三	一〇〇〇〇〇〇〇〇〇〇〇 九五一一五六一八九九五
平方爲二率	一〇〇〇〇〇〇〇〇 五〇〇〇〇〇〇〇	一〇〇〇〇〇〇〇〇〇〇〇 九六九八九七〇〇〇四三
五邊爲二率	一〇〇〇〇〇〇〇〇 五九四四一〇三一	一〇〇〇〇〇〇〇〇〇〇〇 九七七四〇八六三四二八
六邊爲二率	一〇〇〇〇〇〇〇〇 六四九五一九〇五	一〇〇〇〇〇〇〇〇〇〇〇 九八一二五九一八九五二
七邊爲二率	一〇〇〇〇〇〇〇〇 六八四一〇二五四	一〇〇〇〇〇〇〇〇〇〇〇 九八三五一二一二〇六九
八邊爲二率	一〇〇〇〇〇〇〇〇 七〇七一〇六七八	一〇〇〇〇〇〇〇〇〇〇〇 九八四九四八五〇〇二一
九邊爲二率	一〇〇〇〇〇〇〇〇 七二三一三六〇六	一〇〇〇〇〇〇〇〇〇〇〇 九八五九二二〇〇一九一
十邊爲二率	一〇〇〇〇〇〇〇〇 七三四七三一五六	一〇〇〇〇〇〇〇〇〇〇〇 九八六六一二八六九八二

平圓積爲例求圓内各形之面積定率表

率	真數	假數
平圓積爲一率 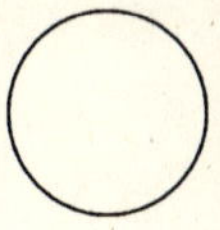	一〇〇〇〇〇〇〇〇	〇〇〇〇〇〇〇〇〇〇〇
三邊積爲二率	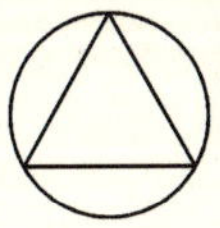 一〇〇〇〇〇〇〇〇 四一三四九六六七	一〇〇〇〇〇〇〇〇〇〇〇 九六一六四七二〇一八一
平方積爲二率	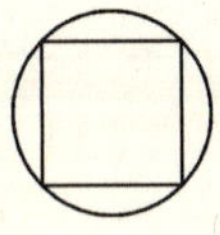 一〇〇〇〇〇〇〇〇 六三六六一九七七	一〇〇〇〇〇〇〇〇〇〇〇 九八〇二八八〇一二二九
五邊積爲二率	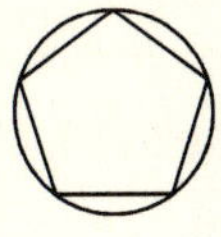 一〇〇〇〇〇〇〇〇 七五六八二六七一	一〇〇〇〇〇〇〇〇〇〇〇 九八七八九九六四六一四
六邊積爲二率	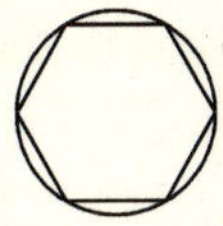 一〇〇〇〇〇〇〇〇 八二六九九三三四	一〇〇〇〇〇〇〇〇〇〇〇 九九一七五〇二〇一三八
七邊積爲二率	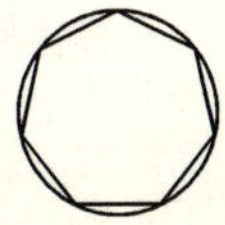 一〇〇〇〇〇〇〇〇 八七一〇二六四一	一〇〇〇〇〇〇〇〇〇〇〇 九九四〇〇三一三二五五
八邊積爲二率	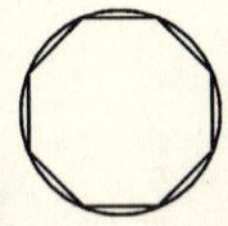 一〇〇〇〇〇〇〇〇 九〇〇三一六三一	一〇〇〇〇〇〇〇〇〇〇〇 九九五四三九五一二〇七
九邊積爲二率	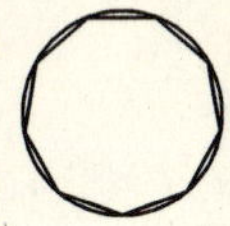 一〇〇〇〇〇〇〇〇 九二〇七二五四二	一〇〇〇〇〇〇〇〇〇〇〇 九九六四一三〇一三七七
十邊積爲二率	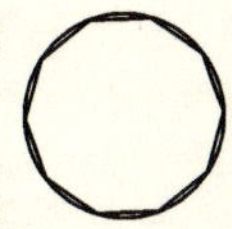 一〇〇〇〇〇〇〇〇 九三五四八九二八	一〇〇〇〇〇〇〇〇〇〇〇 九九九一〇三八八一六八

平圓徑爲例求圓外各形之一邊定率表

率	真數	假數
平圓徑爲一率 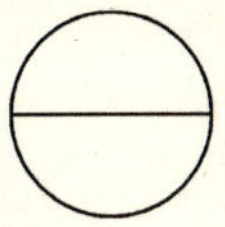	一〇〇〇〇〇〇〇〇	一〇〇〇〇〇〇〇〇〇〇〇
三邊爲二率	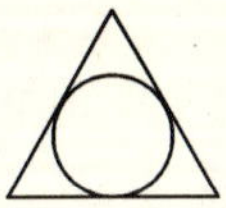 一〇〇〇〇〇〇〇〇 一七三二〇五〇八〇	一〇〇〇〇〇〇〇〇〇〇〇 一〇二三八五六〇六二七四
方邊爲二率 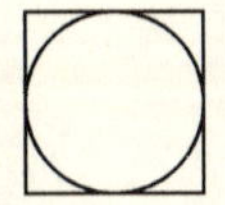	一〇〇〇〇〇〇〇〇 一〇〇〇〇〇〇〇〇	一〇〇〇〇〇〇〇〇〇〇〇 一〇〇〇〇〇〇〇〇〇〇〇
五邊爲二率	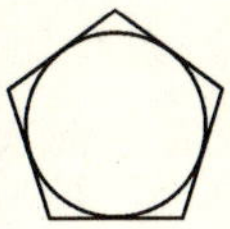 一〇〇〇〇〇〇〇〇 〇七二六五四二五二	一〇〇〇〇〇〇〇〇〇〇〇 九八六一二六一〇四〇六
六邊爲二率	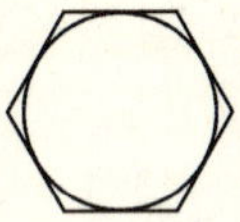 一〇〇〇〇〇〇〇〇 五七七三五〇二七	一〇〇〇〇〇〇〇〇〇〇〇 九七六一四三九三七二六
七邊爲二率	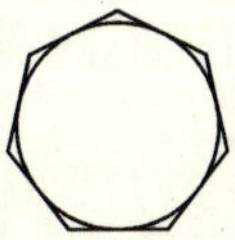 一〇〇〇〇〇〇〇〇 四八一五七四六二	一〇〇〇〇〇〇〇〇〇〇〇 九六八二六六三五八八九
八邊爲二率	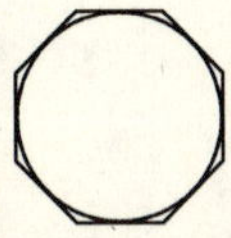 一〇〇〇〇〇〇〇〇 四一四二一三五六	一〇〇〇〇〇〇〇〇〇〇〇 九六一七二二四三一四六
九邊爲二率	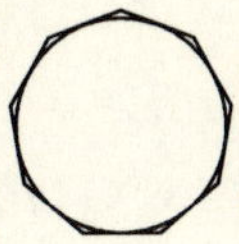 一〇〇〇〇〇〇〇〇 三六三九七〇二四	一〇〇〇〇〇〇〇〇〇〇〇 九五六一〇六五八六八二
十邊爲二率	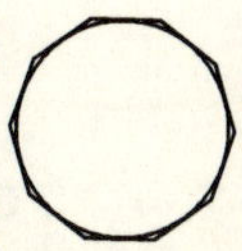 一〇〇〇〇〇〇〇〇 三二四九一九七〇	一〇〇〇〇〇〇〇〇〇〇〇 九五一一七七六〇三八五

圓徑方積爲例求圓外各形之面積定率表

率	真數	假數
平圓徑自乘爲一率	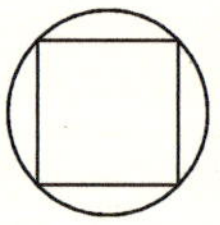 一〇〇〇〇〇〇〇〇	一〇〇〇〇〇〇〇〇〇〇〇
三邊積爲二率	 一〇〇〇〇〇〇〇〇 一二九九〇三八一〇	一〇〇〇〇〇〇〇〇〇〇〇 一〇一一三六二一八九〇九
平方積爲二率	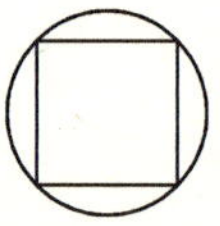 一〇〇〇〇〇〇〇〇 一〇〇〇〇〇〇〇〇	一〇〇〇〇〇〇〇〇〇〇〇 一〇〇〇〇〇〇〇〇〇〇〇
五邊積爲二率	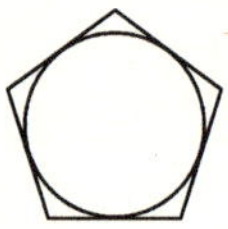 一〇〇〇〇〇〇〇〇 九〇八一七八一六	一〇〇〇〇〇〇〇〇〇〇〇 九九五八一七一〇五三六
六邊積爲二率	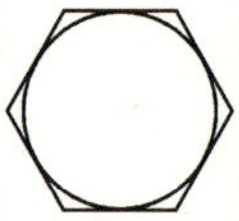 一〇〇〇〇〇〇〇〇 八六六〇二五四〇	一〇〇〇〇〇〇〇〇〇〇〇 九九三七五三〇六三一七
七邊積爲二率	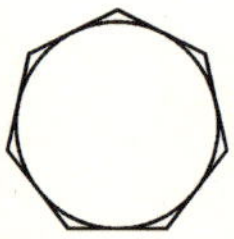 一〇〇〇〇〇〇〇〇 八四二七五五五八	一〇〇〇〇〇〇〇〇〇〇〇 九九二五七〇一六三七五
八邊積爲二率	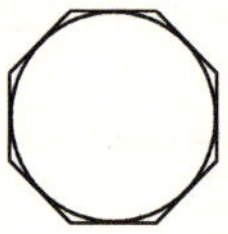 一〇〇〇〇〇〇〇〇 八二八四二七一二	一〇〇〇〇〇〇〇〇〇〇〇 九九一八二五四三一〇三
九邊積爲二率	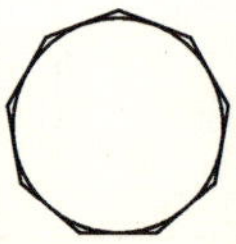 一〇〇〇〇〇〇〇〇 八一八九三三〇三	一〇〇〇〇〇〇〇〇〇〇〇 九九一三二四八三八六三
十邊積爲二率	 一〇〇〇〇〇〇〇〇 八一二二九九二四	一〇〇〇〇〇〇〇〇〇〇〇 九九〇九七一六〇四七二

平圓積爲例求圓外各形之面積定率表

率	真數	假數
平圓積爲一率	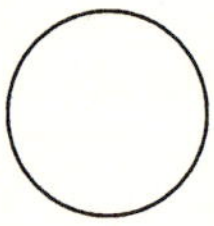 一〇〇〇〇〇〇〇〇	一〇〇〇〇〇〇〇〇〇〇〇
三邊積爲二率	 一〇〇〇〇〇〇〇〇 一六五三九八六六九	一〇〇〇〇〇〇〇〇〇〇〇 一〇二一八五三二〇〇九五
平方積爲二率	 一〇〇〇〇〇〇〇〇 一二七三二三九五四	一〇〇〇〇〇〇〇〇〇〇〇 一〇一〇四九一〇一一八六
五邊積爲二率	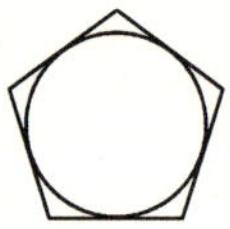 一〇〇〇〇〇〇〇〇 一一五六三二八三四	一〇〇〇〇〇〇〇〇〇〇〇 一〇〇六三〇八一一七二二
六邊積爲二率	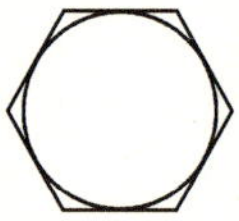 一〇〇〇〇〇〇〇〇 一一〇二六五七七九	一〇〇〇〇〇〇〇〇〇〇〇 一〇〇四二四四〇七五〇三
七邊積爲二率	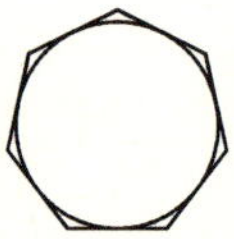 一〇〇〇〇〇〇〇〇 一〇七三〇二九七四	一〇〇〇〇〇〇〇〇〇〇〇 一〇〇三〇六一一七五六一
八邊積爲二率	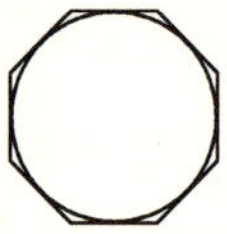 一〇〇〇〇〇〇〇〇 一〇五四七八六一七	一〇〇〇〇〇〇〇〇〇〇〇 一〇〇二三一六四四二八九
九邊積爲二率	 一〇〇〇〇〇〇〇〇 一〇四二六九七九一	一〇〇〇〇〇〇〇〇〇〇〇 一〇〇一八一五八五〇四九
十邊積爲二率	 一〇〇〇〇〇〇〇〇 一〇三四二五一五二	一〇〇〇〇〇〇〇〇〇〇〇 一〇〇一四六二六一六五八

正矢	截積	正矢	截積	正矢	截積
.一〇六	.〇四四五二	.一四一	.〇六七五三	.一七六	.〇九三〇七
.一〇七	.〇四五一四	.一四二	.〇六八二二	.一七七	.〇九三八四
.一〇八	.〇四五七五	.一四三	.〇六八九二	.一七八	.〇九四六〇
.一〇九	.〇四六三八	.一四四	.〇六九六二	.一七九	.〇九五三七
.一一〇	.〇四七〇〇	.一四五	.〇七〇三三	.一八〇	.〇九六一六
.一一一	.〇四七六三	.一四六	.〇七一〇三	.一八一	.〇九六九〇
.一一二	.〇四八二六	.一四七	.〇七一七四	.一八二	.〇九七六七
.一一三	.〇四八八九	.一四八	.〇七二四五	.一八三	.〇九八四五
.一一四	.〇四九五三	.一四九	.〇七三一六	.一八四	.〇九九二二
.一一五	.〇五〇一六	.一五〇	.〇七三八七	.一八五	.一〇〇〇〇
.一一六	.〇五〇八〇	.一五一	.〇七四五九	.一八六	.一〇〇七七
.一一七	.〇五一四五	.一五二	.〇七五三一	.一八七	.一〇一五五
.一一八	.〇五二〇九	.一五三	.〇七六〇三	.一八八	.一〇二三三
.一一九	.〇五二七四	.一五四	.〇七六七五	.一八九	.一〇三一二
.一二〇	.〇五三三八	.一五五	.〇七七四七	.一九〇	.一〇三九〇
.一二一	.〇五四〇四	.一五六	.〇七八二〇	.一九一	.一〇四六八
.一二二	.〇五四六九	.一五七	.〇七八九二	.一九二	.一〇五四七
.一二三	.〇五五三四	.一五八	.〇七九六五	.一九三	.一〇六二六
.一二四	.〇五六〇〇	.一五九	.〇八〇三八	.一九四	.一〇七〇五
.一二五	.〇五六六七	.一六〇	.〇八一一一	.一九五	.一〇七八四
.一二六	.〇五七三三	.一六一	.〇八一八五	.一九六	.一〇八六四
.一二七	.〇五七九九	.一六二	.〇八二五八	.一九七	.一〇九四三
.一二八	.〇五八六六	.一六三	.〇八三三二	.一九八	.一一〇二三
.一二九	.〇五九三三	.一六四	.〇八四〇六	.一九九	.一一一〇二
.一三〇	.〇六〇〇〇	.一六五	.〇八四八〇	.二〇〇	.一一一八二
.一三一	.〇六〇六七	.一六六	.〇八五五四	.二〇一	.一一二六二
.一三二	.〇六一三五	.一六七	.〇八六二九	.二〇二	.一一三四三
.一三三	.〇六二〇三	.一六八	.〇八七〇四	.二〇三	.一一四二三
.一三四	.〇六二七一	.一六九	.〇八七七九	.二〇四	.一一五〇三
.一三五	.〇六三三九	.一七〇	.〇八八五三	.二〇五	.一一五八四
.一三六	.〇六四〇七	.一七一	.〇八九二九	.二〇六	.一一六六五
.一三七	.〇六四七六	.一七二	.〇九〇〇四	.二〇七	.一一七四六
.一三八	.〇六五四五	.一七三	.〇九〇八〇	.二〇八	.一一八二七
.一三九	.〇六六一四	.一七四	.〇九一五五	.二〇九	.一一九〇八
.一四〇	.〇六六八三	.一七五	.〇九二三一	.二一〇	.一一九九〇

續表

正矢	截積	正矢	截積	正矢	截積
.二一一	.一二〇七一	.二四六	.一五〇〇九	.二八一	.一八〇九二
.二一二	.一二一五三	.二四七	.一五〇九五	.二八二	.一八一八二
.二一三	.一二二三五	.二四八	.一五一八二	.二八三	.一八二七二
.二一四	.一二三一七	.二四九	.一五二六八	.二八四	.一八三六一
.二一五	.一二三九九	.二五〇	.一五三五五	.二八五	.一八四五二
.二一六	.一二四八一	.二五一	.一五四四一	.二八六	.一八五四二
.二一七	.一二五六三	.二五二	.一五五二八	.二八七	.一八六三三
.二一八	.一二六四六	.二五三	.一五六一五	.二八八	.一八七二三
.二一九	.一二七二八	.二五四	.一五七〇二	.二八九	.一八八一四
.二二〇	.一二八一一	.二五五	.一五七八九	.二九〇	.一八九〇五
.二二一	.一二八九四	.二五六	.一五八七六	.二九一	.一八九九五
.二二二	.一二九七七	.二五七	.一五九六四	.二九二	.一九〇八六
.二二三	.一三〇六〇	.二五八	.一六〇五一	.二九三	.一九一七七
.二二四	.一三一四四	.二五九	.一六一三九	.二九四	.一九二六八
.二二五	.一三二二七	.二六〇	.一六二二六	.二九五	.一九三六〇
.二二六	.一三三一一	.二六一	.一六三一四	.二九六	.一九四五一
.二二七	.一三三九四	.二六二	.一六四〇二	.二九七	.一九五四二
.二二八	.一三四七八	.二六三	.一六四九〇	.二九八	.一九六三四
.二二九	.一三五六二	.二六四	.一六五七八	.二九九	.一九七二五
.二三〇	.一三六四六	.二六五	.一六六六六	.三〇〇	.一九八一七
.二三一	.一三七三一	.二六六	.一六七五五	.三〇一	.一九九〇八
.二三二	.一三八一五	.二六七	.一六八四四	.三〇二	.二〇〇〇〇
.二三三	.一三九〇〇	.二六八	.一六九三一	.三〇三	.二〇〇九二
.二三四	.一三九八四	.二六九	.一七〇二二	.三〇四	.二〇一八四
.二三五	.一四〇六九	.二七〇	.一七一〇九	.三〇五	.二〇二七六
.二三六	.一四一五四	.二七一	.一七一九七	.三〇六	.二〇三六八
.二三七	.一四二三九	.二七二	.一七二八七	.三〇七	.二〇四六〇
.二三八	.一四三二四	.二七三	.一七三七六	.三〇八	.二〇五五三
.二三九	.一四四〇九	.二七四	.一七四六五	.三〇九	.二〇六四五
.二四〇	.一四四九四	.二七五	.一七五五四	.三一〇	.二〇七三八
.二四一	.一四五八〇	.二七六	.一七六四三	.三一一	.二〇八三〇
.二四二	.一四六六五	.二七七	.一七七三三	.三一二	.二〇九二三
.二四三	.一四七五一	.二七八	.一七八二二	.三一三	.二一〇一五
.二四四	.一四八三七	.二七九	.一七九一二	.三一四	.二一一〇八
.二四五	.一四九二三	.二八〇	.一八〇〇二	.三一五	.二一二〇一

續表

正矢	截積	正矢	截積	正矢	截積
.三一六	.二一二九四	.三五一	.二四五九三	.三八六	.二七九六九
.三一七	.二一三八七	.三五二	.二四六八九	.三八七	.二八〇六七
.三一八	.二一四八〇	.三五三	.二四七八四	.三八八	.二八一六四
.三一九	.二一五七三	.三五四	.二四八八〇	.三八九	.二八二六二
.三二〇	.二一六六七	.三五五	.二四九七六	.三九〇	.二八三五九
.三二一	.二一七六〇	.三五六	.二五〇七一	.三九一	.二八四五七
.三二二	.二一八五三	.三五七	.二五一六七	.三九二	.二八五五四
.三二三	.二一九四七	.三五八	.二五二六三	.三九三	.二八六五二
.三二四	.二二〇四〇	.三五九	.二五三五九	.三九四	.二八七五〇
.三二五	.二二一三四	.三六〇	.二五四五五	.三九五	.二八八四八
.三二六	.二二二二八	.三六一	.二五五五一	.三九六	.二八九四五
.三二七	.二二三二一	.三六二	.二五六四七	.三九七	.二九〇四三
.三二八	.二二四一五	.三六三	.二五七四三	.三九八	.二九一四一
.三二九	.二二五〇九	.三六四	.二五八三九	.三九九	.二九二三九
.三三〇	.二二六〇三	.三六五	.二五九三六	.四〇〇	.二九三三七
.三三一	.二二六九七	.三六六	.二六〇三二	.四〇一	.二九四三五
.三三二	.二二七九一	.三六七	.二六一二八	.四〇二	.二九五三三
.三三三	.二二八八六	.三六八	.二六二二五	.四〇三	.二九六三一
.三三四	.二三九八〇	.三六九	.二六三二一	.四〇四	.二九七二九
.三三五	.二三〇七四	.三七〇	.二六四一八	.四〇五	.二九八二七
.三三六	.二三一六九	.三七一	.二六五一四	.四〇六	.二九九二五
.三三七	.二三二六三	.三七二	.二六六一一	.四〇七	.三〇〇二四
.三三八	.二三三五八	.三七三	.二六七〇八	.四〇八	.三〇一二二
.三三九	.二三四五三	.三七四	.二六八〇四	.四〇九	.三〇二二〇
.三四〇	.二三五四七	.三七五	.二六九〇一	.四一〇	.三〇三一九
.三四一	.二三六四二	.三七六	.二六九九八	.四一一	.三〇四一七
.三四二	.二三七三七	.三七七	.二七〇九五	.四一二	.三〇五一五
.三四三	.二三八三二	.三七八	.二七一九二	.四一三	.三〇六一四
.三四四	.二三九二七	.三七九	.二七二八九	.四一四	.三〇七一二
.三四五	.二四〇二二	.三八〇	.二七三八六	.四一五	.三〇八一一
.三四六	.二四一一七	.三八一	.二七四八三	.四一六	.三〇九〇九
.三四七	.二四二一二	.三八二	.二七五八〇	.四一七	.三一〇〇八
.三四八	.二四三〇七	.三八三	.二七六七七	.四一八	.三一一〇七
.三四九	.二四四〇三	.三八四	.二七七七五	.四一九	.三一二〇五
.三五〇	.二四四九八	.三八五	.二七八七二	.四二〇	.三一三〇四

續表

正　矢	截　積	正　矢	截　積	正　矢	截　積
.四二一	.三一四〇三	.四五六	.三四八七五	.四九一	.三八三七〇
.四二二	.三一五〇二	.四五七	.三四九七五	.四九二	.三八四七〇
.四二三	.三一六〇〇	.四五八	.三五〇七五	.四九三	.三八五七〇
.四二四	.三一六九九	.四五九	.三五一七四	.四九四	.三八六七〇
.四二五	.三一七九八	.四六〇	.三五二七四	.四九五	.三八七七〇
.四二六	.三一八九七	.四六一	.三五三七四	.四九六	.三八八七〇
.四二七	.三一九九六	.四六二	.三五四七四	.四九七	.三八九七〇
.四二八	.三二〇九五	.四六三	.三五五七三	.四九八	.三九〇七〇
.四二九	.三二一九四	.四六四	.三五六七三	.四九九	.三九一七〇
.四三〇	.三二二九三	.四六五	.三五七七三	.五〇〇	.三九二七〇
.四三一	.三二三九一	.四六六	.三五八七二		
.四三二	.三二四九〇	.四六七	.三五九七二		
.四三三	.三二五九〇	.四六八	.三六〇七二		
.四三四	.三二六八九	.四六九	.三六一七二		
.四三五	.三二七八八	.四七〇	.三六二七二		
.四三六	.三二八八七	.四七一	.三六三七一		
.四三七	.三二九八七	.四七二	.三六四七一		
.四三八	.三三〇八六	.四七三	.三六五七一		
.四三九	.三三一八五	.四七四	.三六六七一		
.四四〇	.三三二八四	.四七五	.三六七七一		
.四四一	.三三三八四	.四七六	.三六八七一		
.四四二	.三三四八三	.四七七	.三六九七一		
.四四三	.三三五八二	.四七八	.三七〇七一		
.四四四	.三三六八二	.四七九	.三七一七〇		
.四四五	.三三七八一	.四八〇	.三七二七〇		
.四四六	.三三八八〇	.四八一	.三七三七〇		
.四四七	.三三九八〇	.四八二	.三七四七〇		
.四四八	.三四〇七九	.四八三	.三七五七〇		
.四四九	.三四一七九	.四八四	.三七六七〇		
.四五〇	.三四二七八	.四八五	.三七七七〇		
.四五一	.三四三七八	.四八六	.三七八七〇		
.四五二	.三四四七七	.四八七	.三七九七〇		
.四五三	.三四五五七	.四八八	.三八〇七〇		
.四五四	.三四六七六	.四八九	.三八一七〇		
.四五五	.三四七七六	.四九〇	.三八二七〇		

諸等邊形表

邊數	邊求面積邊^{二}＝一	外切圓徑求面積徑^{二}＝一	内容圓徑求面積徑^{二}＝一
三	○.四三三○一二七○二	○.三二四七五九五二六	一.二九九○三八一○六
四	一.○○○○○○○○○	○.五○○○○○○○○	一.○○○○○○○○○
五	一.七二○四七七四○一	○.五九四四一○三二三	○.九○八一七八一六○
六	二.五九八○七六二一一	○.六四九五一九○五三	○.八六六○二五四○四
七	三.六三三九一二四四四	○.六八四一○二五四七	○.八四二七五五五八三
八	四.八二八四二七一二五	○.七○七一○六七八一	○.八二八四二七一二五
九	六.一八一八二四一九四	○.七二三一三六○六○	○.八一八九三三○二七
一○	七.六九四二○八八四三	○.七三四七三一五六五	○.八一二二九九二四一
邊數	面積求邊$\sqrt[二]{積}$＝一	外切圓徑求邊徑＝一	内容圓徑求邊徑＝一
三	一.五一九六七一三七一	○.八六六○二五四○四	一.七三二○五○八○八
四	一.○○○○○○○○○	○.七○七一○六七八一	一.○○○○○○○○○
五	○.七六二三八七○五六	○.五八七七八五二五二	○.七二六五四二五二八
六	○.六二○四○三二三九	○.五○○○○○○○○	○.五七七三五○二六九
七	○.五二四五八一二五八	○.四三三八八三七三九	○.四八一五七四六一九
八	○.四五五○八九八六一	○.三八二六八三四三二	○.四一四二一三五六二
九	○.四○二一九九六三八	○.三四二○二○一四三	○.三六三九七○二三四
一○	○.三六○五一○五八○	○.三○九○一六九九四	○.三二四九一九六九六

立體幾何部

題解

清・《數理精蘊》上編卷二

《幾何原本》五

第一

平面之上所立直線，無少偏倚，其各邊所生之角必俱直，則謂之平面上所立垂線也。如甲乙之平面正立一丙丁線，不偏不倚，此即爲平面上所立之垂線矣。

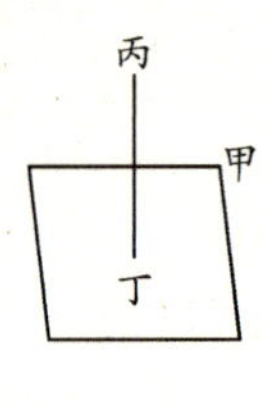

第二

凡兩平面相對，其所立衆垂線度俱各相等，則此相對之平面，謂之平行面也。如甲乙、丙丁二平面間所有戊己衆垂線之度俱相等，此甲乙、丙丁二平面即爲平行面矣。

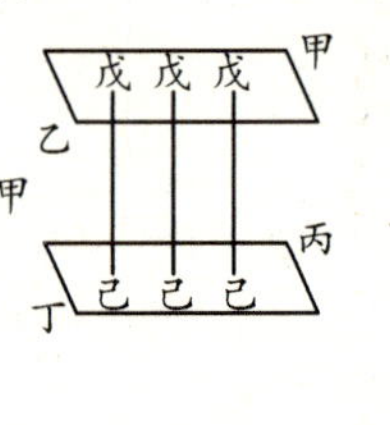

第三

平面上復立一平面，無少偏倚，其兩邊所成之角必皆爲直角，則謂之平面上所立直面也。如甲乙平面上所立之丙丁平面，無偏無倚，兩邊亦俱成直角，此即爲平面上所立之直面矣。

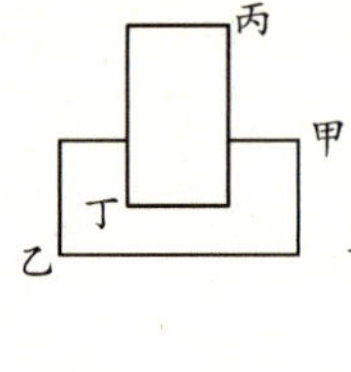

第四

凡各面相合，其每面之角所合處，復成一種體角，則謂之厚角。夫厚角必自三面合之乃成，其面多者爲各瓣相併所成之厚角也。如甲圖四面，爲四瓣相併所生之厚角；乙圖五面，爲五瓣相併所生之厚角是已。

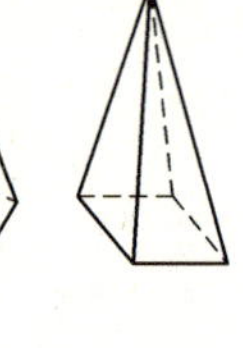

第五

凡各面相併所成之厚角，如將各面計之，則其衆角所合之分，必不足於四直角度也。如甲圖五面合成之厚角，若將其五面展開使平，作乙丙丁戊己平面之五瓣，復以甲爲心作一甲

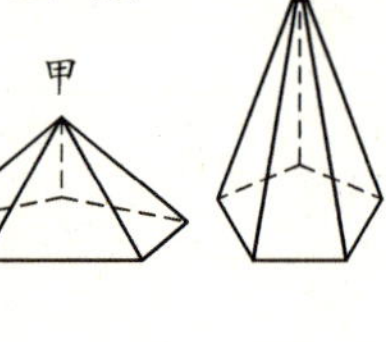

圜，其乙丙丁戊己之五瓣相離處不能滿甲圜之周界矣。因其不滿於圜之周界，故比四直角爲不足也。或以四直角分，强欲作一厚角，則其瓣過於大，必不能成平面所合之厚角矣。

第六

凡等邊三面所合厚角，其三面内之兩面角併之，必大於一直角度也。如甲丙乙丁之等邊三面所合之甲厚角，將乙甲丙、丙甲丁二面併之，必大於一直角度矣。依前節法，將甲厚角展開使平，雖不足四直角之度，而乙甲丙、丙甲丁之二面併之，則較之一直角度爲大焉。何以見之？夫三面展開，其所離之虚分仍有三面之分，以三面之實分合三面之虚分，則爲六角之全形。此六角之全形，得四直角度矣。六角而得四直角，則三角必得二直角。三角既得二直角，則二角相併，必大於一直角可知矣。

第七

凡平面二線交處作一垂線，正立而無偏倚，此線任在平面各處俱爲垂線。如甲乙丙丁平面上，甲丙、丁乙二線相交己處，作一戊己垂線正立而不偏倚，則此戊己線任在甲乙丙丁平面上某一處，俱爲垂線也。假使戊己垂線不能正立而有所偏倚，則如壬己線近於辛而離於庚矣。壬己線既近於辛而離於庚，則偏向於丁丙而遠於甲乙。而壬己丁、壬己丙之二角爲鋭角，壬己甲、壬己乙之二角爲鈍角矣。不得謂之甲丙、丁乙二線相交處正立之垂線矣。戊己既如壬己，則

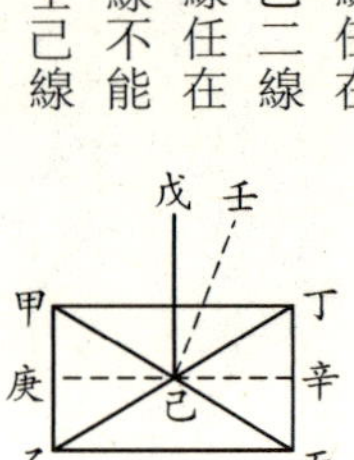

第八

衆線交處立一垂線，其各角若俱直，此所交各線必在一平面也。如甲丙、乙丁、庚辛之三線相交處立一戊己垂線，其與衆線相接各角若俱直，則此相交之三線必在一平面也。夫衆線之相交固在平面，而垂線之所立正所以考面，或一角不直，則不得謂之平面矣。

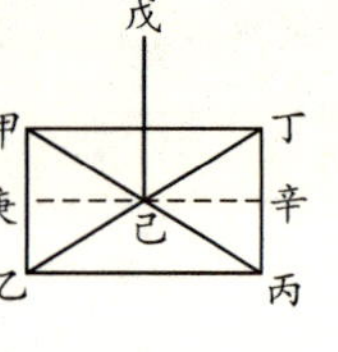

第九

平面上若立二垂線，必互爲平行線。如甲乙丙丁之平面上，立戊己、庚辛二垂線，則此二線互爲平行線也。試自辛過己至壬作一辛壬線，則戊己、庚辛二垂線所立之分必正，其在甲乙丙丁平面上任指何處所生之角俱是直角。見本卷首節。故戊己壬、庚辛己二角俱爲直角，而相等也。且此二角又爲二線與一線相交所成之內外角，其度既等，則戊己、庚辛二線必爲平行線矣。如首卷第二十一節。

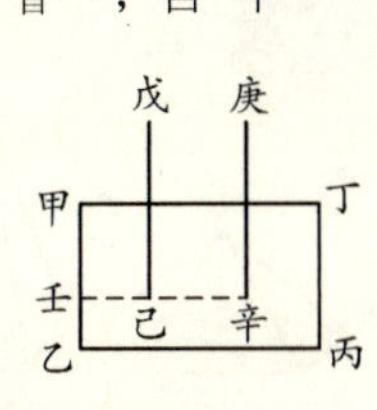

第十

有二線與一垂線平行，雖不在平面之一界，此三線亦互相爲平行線也。如甲乙、丙丁二線俱與戊己一垂線平行，不立於一直線上，雖不居平面之一界，此三線亦必互爲平行線也。試於甲乙、丙丁、戊己三線之末作一庚辛平面，此平面上之戊己線爲垂線，其四圍平面所生之各角俱是直角矣。復自乙過己，自丁過己作相交二線，則成甲乙己、戊己壬二角，丙丁己、戊己癸二角。此各二角俱爲平行線一邊之內外角，俱爲相等角矣，見首卷第二十一節。而甲乙己、丙丁己二角亦俱爲直角。夫甲乙、丙丁二線在庚辛平面上所生之角皆直，又皆與戊己垂線所生之角等，則甲乙、丙丁二線亦皆得爲垂線，其與戊己線爲互相平行之三線可知矣。

第十一

相對二平面之間橫一直線，此線在二平面上所生角若俱直，則此相對二面互相爲平行面也。如辛乙庚、丙癸丁壬二平面之間橫一戊己直線，此戊己線末所抵處，其四圍俱成直角，則此二平面互相爲平行面矣。試將此二平面之戊己橫線所抵之處作甲乙、庚辛相交二線，丙丁、壬癸相交二線，則戊己橫線於二平面各界所生之角俱爲直角。如甲乙、丙丁二線與戊己橫線相抵所生之甲戊己、戊己癸二尖交錯之角相等，故甲乙、丙丁相當之二線爲平行矣。又如辛戊己、戊己丙二尖交錯之角亦相等，故庚辛、壬癸相當二線亦爲平行矣。相對二平面之上，所有之相當各二線既俱同爲平行線，則相對之二平面自然互爲平行面矣。

第十二

有二平行面橫交一面，其相交處所生二線必平行。如甲乙、丙丁平行二面上橫交一戊己平面，其庚辛、壬癸之相交處所生二線亦俱平行也。何以言之？庚辛、壬癸平面相交處所生二縫，既在甲乙、丙丁二平面之上，自然與甲乙、丙丁二面之甲丑、子乙、丙卯、寅丁之各線同爲平行線。且又在戊己一平面內，其分自然相對，故此二平面與一平面相交之縫線亦得爲平行也。

第十三

凡各種面內所積之實爲體，而皆因其面以名之焉。如全體不成角度，止現圓之圓面，則謂之圓體，甲乙圖是也。如全體各面俱平，各邊相等，所成各角又等，則謂之平面正方體，丙丁圖是也。全體各面雖平，體長而面成兩式，其相對各面仍兩兩相等，相對各邊則又平行，角又相等，此謂之平行長方體，戊己圖是也。體有曲平兩面相雜，而不成等邊等面，則謂之底平半圓體，庚辛圖是也。全體相對之各面不平行，上下兩面平行，則謂之上下面平行體，壬癸圖是也。體圓而上下面俱平，則謂之長圓體，子圖是也。底爲平面，其各面俱合於一角而成厚角，則謂之尖瓣體。底三角者，謂之三瓣尖體。底四角者，謂之四瓣尖體。底衆角者，謂之衆瓣尖體，如丑、寅、卯三圖是也。又或底面圓而漸鋭成形，則謂之尖圓體，辰圖是也。

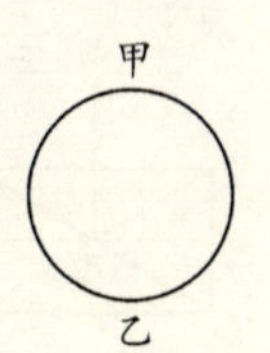

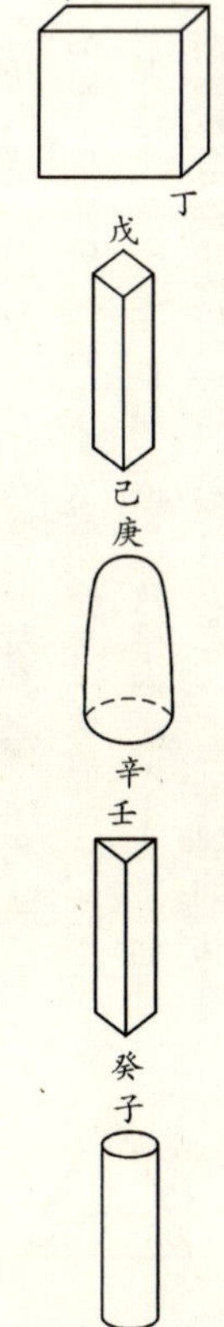

第十四

凡圓體、長圓體、尖圓體俱生於圜面，故其外皮面積亦生於圜界一旋轉之度分耳。如取甲乙丙丁之圓形，則以甲乙徑線爲樞心，將甲丙乙半圓作轉式旋轉復還於原處，即成甲丙乙丁一圓形體。如取甲乙戊己平行面之長圓形，則以甲

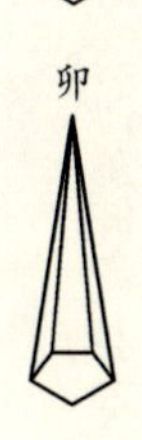

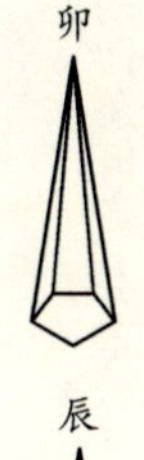

乙中線爲樞心，將丙丁線界作轉式，旋轉復還於原處，即成甲乙戊己一長圓體。如取甲丙平底尖圓形，則以甲乙中線爲樞心，將甲丁邊線作轉式，旋轉復還於原處，即成甲乙丙丁一尖圓體矣。

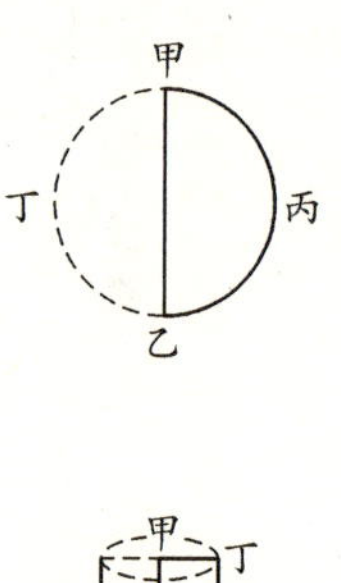

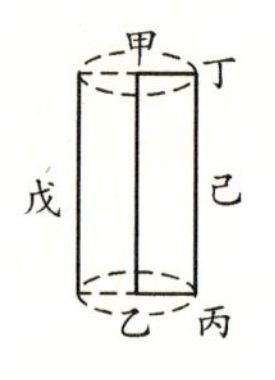

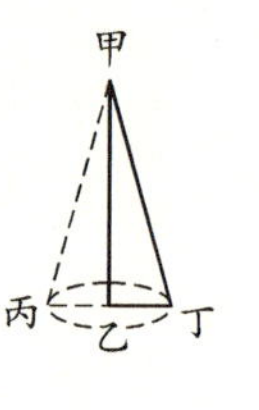

第十五

凡各體形，其各面平行相當，則相對兩邊面積俱相等。如甲乙丙丁之正方體，其甲戊、庚丁、甲己、戊丙、甲丙、乙丁六面俱各平行，故相對二面之積自兩兩相等也。

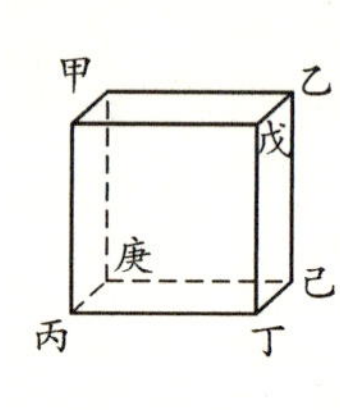

第十六

凡體面式不一而積等者，爲積數相等之體。面式既同而體積又等者，爲面式體積全等之體。如甲、乙二體爲積數相等之體也，丙、丁二體爲面式體積全等之體也。

第十七

凡平行面之長方體，自一面之對角線平分爲兩三稜體，此兩三稜體必爲面式體積全等之體矣。如甲乙平行面長方體，自丙、丁二角至相對戊、己二角分爲兩段，成戊丙乙、丁己甲兩三稜體，爲面式體積全等體也。試以甲丙庚戊、辛丁乙己兩平面形，自戊丙、丁己兩對角線均分爲兩三角形面，則所分之戊庚丙、己乙丁、丙甲戊、丁辛己四三角形面積俱相等。而丙乙、甲己、甲丁、戊乙各面又互爲平行，必兩兩相等。再對角線分成之丙丁己戊、戊己丁丙二面原在一界所分，必各相等。今所分二形之各面既各相等，則其積必等，而爲面式體積全等體無疑矣。

第十八

凡平行二平面之間，若同底立各平行體，其積必相等。設甲乙、丙丁平行二平面之間，於戊己庚辛底立壬庚、癸己二平行體，其積俱相等。何也？蓋因壬戊己子丑寅平面三角形之壬戊己子面與卯辛庚辰癸午平面三角形之卯庚辛辰面平行，而壬戊己子丑寅平面三角形之丑戊己寅面與卯辛庚辰癸午平面三角形之癸辛庚午面平行，故其各面之度相等。其壬子辰卯之面與丑寅午癸一面俱與戊己庚辛一面平行，其度亦必相等。此二面之度既等，則壬子寅丑、卯辰午癸二面之度亦必俱等。其上下各面度既等，而平面兩三角形之各面各邊度又俱等，則此壬庚、癸己二平行體之積必然相等也可知矣。

第十九

凡平行平面之間，所有立於等積底之各平行體，其積必俱相等。設如甲乙、丙丁平行二平面之間，有戊己庚辛、壬癸子丑二等積之底，立一寅庚正面平行體、一卯子斜面平行體，此二體之積必相等。試自寅庚正面平行體之戊己庚辛底至卯子斜面平行體之卯辰午未面，復作一卯庚斜面平行體，則寅庚、卯庚二體立於戊己庚辛之一底，其積相等矣。如前節所云。而卯子、卯庚二體，又同立於卯辰午未之面，其積亦必相等。是以寅庚正面平行體、卯子斜面平行體，俱與卯庚平行體相等。故云：凡平行平面之間，所有立於等積底之各平行體，其積必俱相等也。

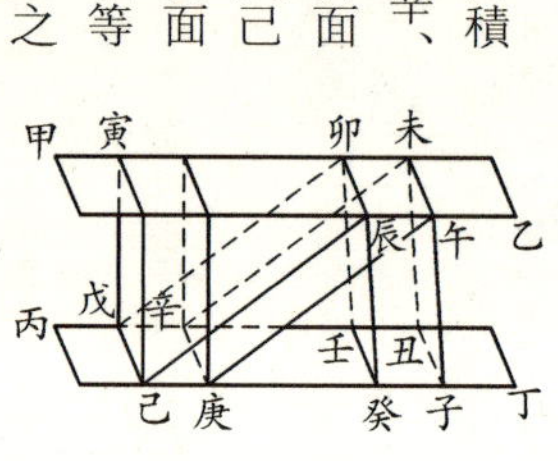

第二十

平行平面之間，有立於等積三角底之各三面體，其積必俱等。如甲乙、丙丁平行二平面之間，有子庚丑、寅癸卯等積三角底，立戊庚己、辛癸壬之兩三面體，此二體積必相等。何以見之？若以此二體之上邊二面之戊辰、辰己二界平行作戊未、己未二線，辛午、壬午二界平行作辛申、壬申二線，又於此二體之下邊二面之子

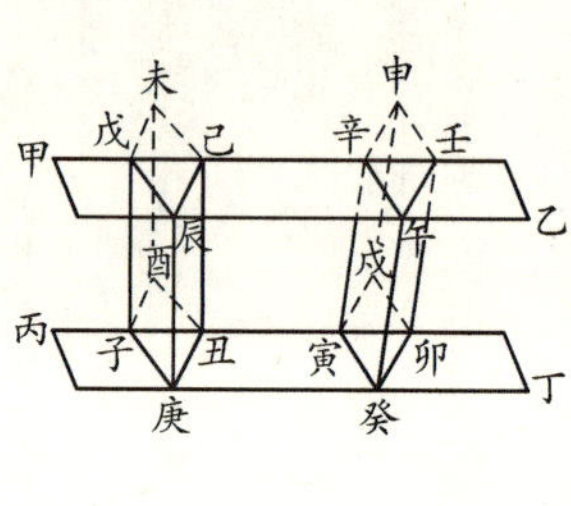

庚、庚丑二界平行作子酉、酉丑二線，寅癸、癸卯二界平行作寅戌、戌卯二線，則二體所生酉子庚丑、戌寅癸卯四邊平行二底，俱在子丑、寅卯二對角線，其度相等，見第三卷第三節。其分比三角面各大一倍矣。復於所作二底邊酉、戌二處作酉未一縱線，戌申一縱線，即成未庚、申癸平行面二方體矣。其酉子庚丑、戌寅癸卯二底既俱相等，則所生之未庚、申癸平行面之二方體亦自相等。見本卷第十九節。此未庚、申癸平行面二方體既各相等，則戊庚己、辛癸壬之三面體爲未庚、申癸二方體之正一半，其積必等無疑矣。

第二十一

凡各種體形，難以圖顯，蓋以圖止一面故也，必用木石製之，始能相肖。況此各種形體，又或有外實而內空者，必按其形以求其理，始可發明其精蘊矣。

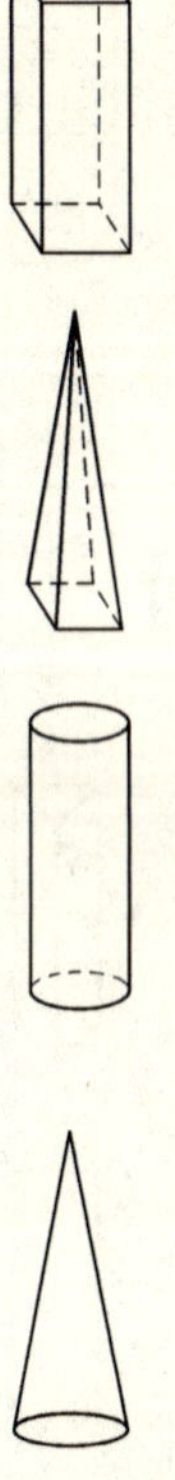

清・莊亨陽《幾何原本舉要》 各種面內積之處謂體，依面之端名之也。設如全身無角，只有一圓面，此謂圓體。全身各面俱平，而有角，此謂平體，立方是也。其身有曲，平兩相裸，謂之裸體，如半截橄欖是也。全身相對之各二面俱平行，此謂平行面體，長立方、長斜立方是也。全身相對之面不平行，而獨兩底面平行，此謂底平行面體，三角柱是也。周圍圓形而底與面平，謂長圓體圓柱是也。一平面底而立，幾平面俱合於一角而成大，此總謂尖瓣體也，底三角者爲三瓣尖體、底四角者謂四瓣尖體、底衆角者謂衆瓣尖體。若在平面上立圓面而成鋭尖，此謂尖圓體也。

所云圓體、長圓體、尖圓體此三種面俱生於一動之間耳。以甲乙爲樞心，將甲乙丙作轉式旋轉一周即成爲圓體也。於甲乙丙丁平面形，以甲乙爲樞心、以丙丁線界作轉式旋轉一周即爲長圓體也。於甲乙丙三角形，以甲乙爲樞心、以丙界作轉式旋轉一周即尖圓體也。樞心正，則爲正體。樞心偏，則偏體矣。

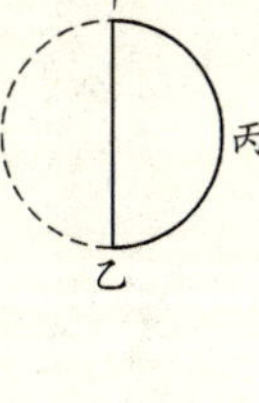

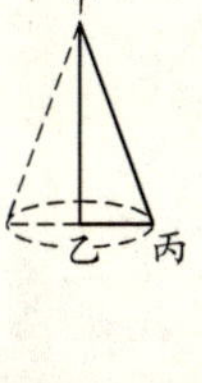

凡體，若面平行相當，所對兩邊面積俱爲等也。如正方體六面相當，則六面面積俱等。如長方體各底面相當，則底面之面積俱等也。

凡體，苟面積形式一同俱等謂全等體形；不等而積等謂等積體積；不等而式等謂等式體。

平行面三凡體形自封角線分爲兩段，此兩段爲全等體也。

平行面之間，若同在一底立各平行體形，其積俱爲等，如面例。

平行面之間，有在等積底所立之各平行體形，其積必俱等。蓋所立之處不同，而其度同也，故等也。

平行面之間，有在等積三角形兩底所立各三面體形，此所立各體之積必俱等也，理如前節。

平行平面之間，同在一底作一平行體形、作一三面體形，則三面體形必爲平行體形之一半。

各種體形難以發明，必作圖以明。然有空實，二端空者宗其空，實者宗其實，乃可耳。

凡等式體苟立於等積之底，其體之高若等，則其積俱爲等。凡尖圓尖瓣皆然也，蓋將大體截分爲衆小體，其小體底度亦等也。

有各種平行底之平面體與各種平面尖體，兩底積若等，其高數又等，則此一平行底之平面體與彼平面尖體三形之積等。推之，平行面體與四瓣尖體三形之積等，平行底之圓面體與圓面尖體三形之積等。蓋三面尖體爲三平面平行底平面體三分之一，四面尖體爲平行面體三分之一，尖圓體爲圓柱體三分之一也。若將實形作空形，以水注之，作比例可見。

凡相等界度之體內，其圓體所函之積數强於他種體所函之積也。如一圓、一方、二十二瓣體，論積皆不及圓。蓋如論面函於圓界之積大於各等邊平形所函之積也。六面俱爲等面，八角俱爲直角，是謂正方體。

厚角正體有五種，觀於各面數而名之也。一爲四瓣面之體，此四面每面有三角，各三角、各三界度若俱等，是謂四瓣體。二爲六瓣面之體，即正方體也。三爲八瓣面之體，共八面，面各三角、各三界度若俱等，是爲八瓣面體。四爲十二瓣面之體，此每面有五角，各五界度若俱等，是謂十二瓣體。五爲二十瓣面之體，此每面有三角，每面各三角、各三界度若俱等，是謂二十瓣體。此正體五種，外不生他形，總不外三角、四角、五角之平面合而成也。蓋將三角平面形、三瓣形合成一厚角，餘一面，求角合角，界合界，必取等角等界之平面三角形也，四瓣體是也。將三角平面四形合之，復加四形，八瓣體是也。將三角平面五形合之，復加十五形，二十瓣體是也。然欲以三角六形合之，不能成厚角矣。蓋六三角平面形界於界，角於角而對合之，成六角之平面形，能爲平，尖不能顯也。是故三角形所生只於四瓣、八瓣、二十瓣，自此而外無有也。四角所成只於正方角，此外無有也。將五角平面形三形合之，所成厚角即如十二瓣體是也，此外不能成他角也。至六角平面形，則將三角相合，已等於四直角，能爲平，而已不成厚角也。六角如此，七、八以上可知矣。

有兩直角體，苟此體之長、寬、厚界與彼體之長、寬、厚界相比之比例，若俱同，謂之同式體。而長、寬、厚各一邊相比例之界，俱謂相當界也。

凡大小平面體之相當角度若俱等，相當界互相比而比例若同，是謂同式。體正方、體四瓣、面體皆然。若圓柱體，則論其中所函尖瓣等體，若同式，則謂之同式圓體。

凡平面上所立之線若無偏斜，猶平階立直柱，其各邊所生之角若俱直，是謂平面上之垂線。

相對兩平面之角各垂線度若俱等，此相對二平面謂之平行面。

平面上所立之平面若無偏斜，猶平地上作直壁，是謂平面上之直平面。

自三面、四面以上，其各瓣相並所存之角謂之厚角。

成厚角之平面，各角度不足於四直角度也。何也？試將五面厚角尖使其平伸共爲一平面，則五瓣各相離而有空處不能成圓面，故不足四直角也。若欲將四直角顯尖作厚角，其瓣大而不能成平面厚角矣。

綜論

清・梅文鼎《幾何通解》以句股解《幾何原本》之根。

理分中末線用法

一用以量十二等面體

立方邊與所容十二等面邊，若理分中末之全分與小分也。又十二等面體之邊與內容立方邊，若理分中末之大分與全分也。又立方內容十二等面體，其內又容小立方，則外立方與內立方，若理分中末之全分與大分也。

一用以量二十等面體

立方邊與所容二十等面邊，若理分中末之全分與大分也。

一用以量圓燈

圓燈邊與自心至角線，若理分中末之大分與全分也。此自心至角線，即爲外切立方、立圓及十二等面、二十等面之半徑，又爲內切八等面之半徑。圓燈爲有法之形，即此可見。

清・《數理精蘊》上編卷二

《幾何原本》五

第二十二

凡各面所成體形內，其各面俱平行，或上、下面爲平行而立於等積之底，其體之高又等，則其體之積亦相等。如甲、乙體，其各面俱平行；又如丙、丁體，其上下面平行立於等積之底，其高又等；或又如戊、己體，其上下面平行，圓面積又等，高又等，則其兩兩體積必相等矣。又如庚辛、壬癸之類尖體形，苟立於等積之底，其體之高若等，則其體之積亦相等。何以見之？若將衆尖體分爲平行底之衆小體，其所分衆小體之底度、高度必俱相等，如子、丑圖，其所分小體之積俱等，故其全體之積亦相等也。

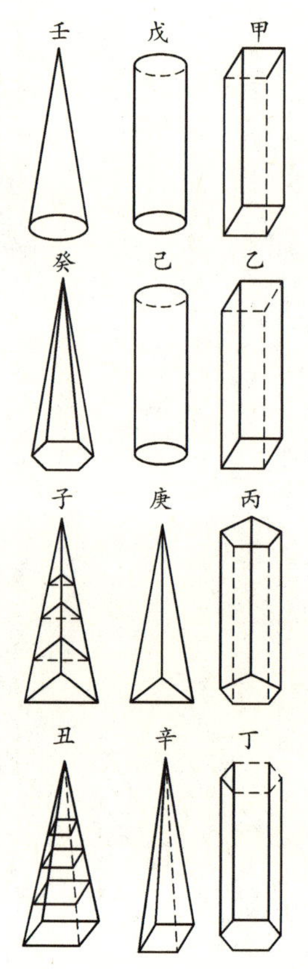

第二十三

凡上、下面平行各體，與平底尖體同底同高者，不論平面、圓面，其平底尖體皆得上、下面平行體三分之一。如甲乙上下面平行之長方體與丙丁四瓣尖體，其乙、丁兩底積等，甲乙、丙丁兩高度又等，則甲乙長方體與丙丁尖體三形等。如戊己上下面平行之三稜體與庚辛三瓣尖體，其己、辛兩底積等，戊己、庚辛兩高度又等，則戊己三稜體與庚辛尖體三形等。又如壬癸上下面平行之長圓體與子丑尖圓體，其癸、丑兩底積等，壬癸、子丑兩高度又等，則壬癸長圓體與子丑尖圓體三形等。又如壬癸長圓體與甲乙、戊己類體同底同高，則壬癸長圓體亦與丙丁、庚辛類尖體三倍所合之數等。又或子丑尖圓體與丙丁庚辛類尖體同底同高，則子丑尖圓體三倍之，乃與甲乙一體、戊己一體等也。夫同底同高上下面平行體，既俱爲尖體之三倍，則尖體爲上、下面平行體三分之一可知矣。蓋甲乙、戊己、壬癸各體其式雖不同，苟底積高度相等，其積必等。而丙丁、庚辛、子丑各體式雖不同，苟底積高度相等，其積亦必等。故知丙丁、庚辛、子丑平底尖體互爲甲乙、戊己、壬癸上下面平行各體三分之一也。如將上下面平行各體以木石爲之，分作同底同高之各平底尖體，用權衡以較其分量，則各體之積分，自昭然可見矣。

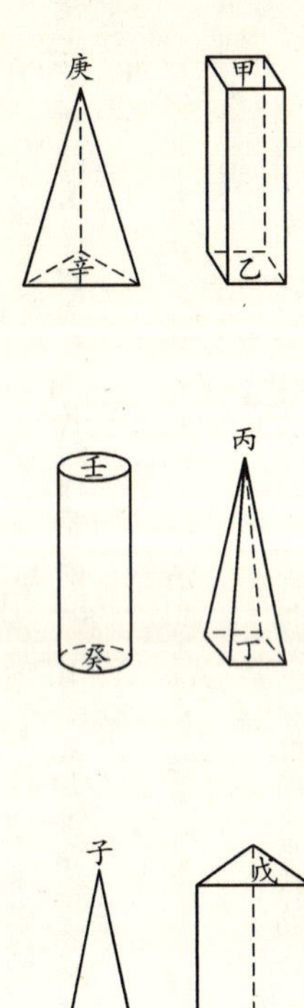

第二十四

凡長圓體外周面積與長方體底面積相等，而長圓體半徑又與長方體高度相等，則長圓體積必得長方體積之半也。如甲乙丙丁長圓體其周圍外面積，與戊己長方體之庚己底面積等，而長圓體之壬丁半徑，又與長方體之戊庚高度等，則此甲乙丙丁長圓體積必得戊己長方體積之一半也。試將甲乙丙丁長圓體從壬癸中線至周圍外面分爲千萬分，則成子丑己類千萬長尖體，此千萬長尖體之高與長圓體之壬子半徑等。而千萬長尖體之共底，即長圓體之周圍外面積，則此千萬長尖體必爲戊己長方體之一半矣。蓋寅己辛三角面，爲午己長方面之一半。見三卷第三節。而此子丑己類衆三角面與寅己辛三角面等，見四卷第二十節子丑己類衆三角面既與寅己辛三角面等，則子丑己類衆長尖體亦必與卯辰庚辛己寅三角體等。此卯辰庚辛己寅三角體固爲戊己長方體之一半，今長圓體所分之衆長尖體既與卯辰庚辛己寅三角體等，則亦必爲戊己長方體之一半，故甲乙丙丁長圓體爲戊己長方體之一半也。

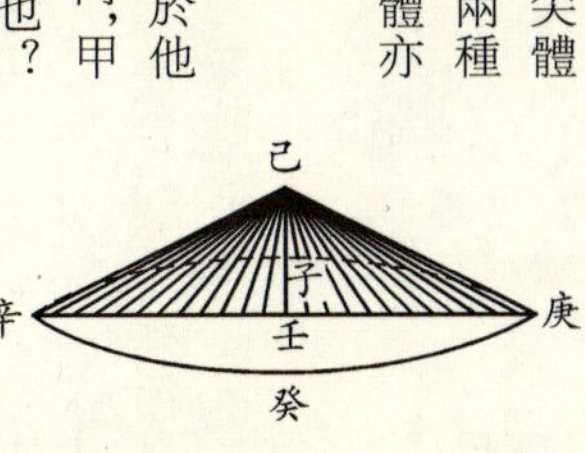

第二十五

凡球體外面積與尖圓體之底積等，而球體之半徑與尖圓體之高度等，則此球體之積與尖圓體之積等也。如甲乙丙丁球體之外面積與己庚辛尖圓體之庚子辛癸底積等，球體之甲戊半徑與尖圓體之己壬高度等，則此球體之積爲與尖圓體之積等也。試將球體從中心分爲千萬尖體，復將尖圓體亦分爲千萬尖體，則球體所分尖體每一分必皆與尖圓體所分尖體一分等。何也？蓋球體所分尖體，皆以球體之外面爲底，而以球體之甲戊半徑爲高。其尖圓體所分尖體，皆以尖圓體之底爲底，而以尖圓體之己壬高爲高。夫尖圓體之底積原與球體之外面積等，而尖圓體之高度又與球體甲戊半徑等，故此兩種千萬尖體皆爲同底同高，其積相等無疑矣。見本卷第十八節。然此兩種千萬尖體即球體尖圓體之所分，其所分之體既等，則原體亦必相等可知。故曰：球體與尖圓體俱相等也。

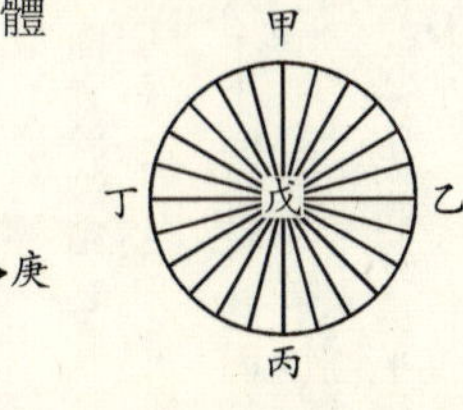

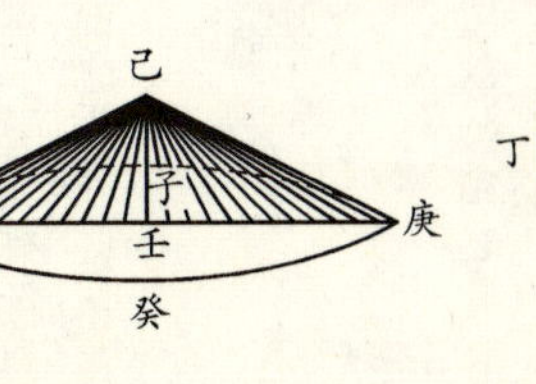

第二十六

凡各形外皮面積相等之體，惟圓體所函之積數大於他種各體所函之積。如甲、乙、丙、丁外皮面積相等各形內，甲圓體所函之積必大於乙、丙、丁直界體所函之積也。何也？大凡圓形，其半圓周一旋轉間即成圓體。此戊己庚半圓周，一次旋轉即成甲圓體。見本卷第十四節。又凡平面圓界所函之積，必大於等邊各形所函之積。見四卷第二十三節。平面圓界所函猶大於各等邊所函之積，則圓體所函必大於各直界體所函之積可知矣。

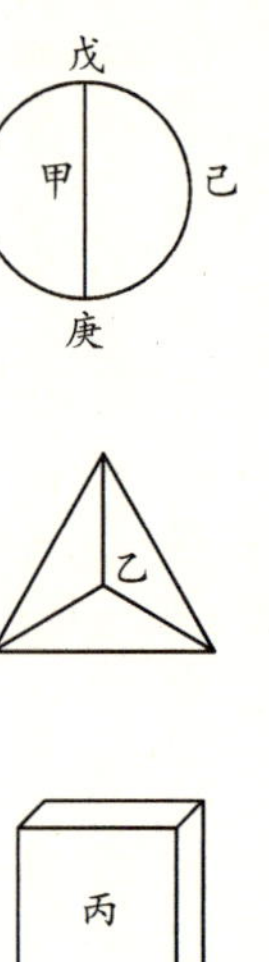
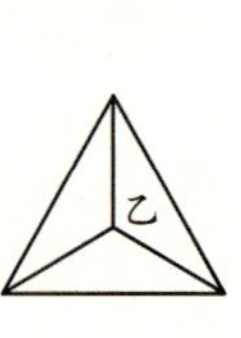
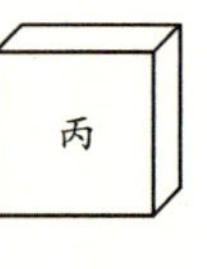

第二十七

厚角所成等面體形有五種，各以面數而名之。其一爲四面體，每面有三角，各三角之各三界度俱等，如甲圖是也。二爲六面體，每面俱爲正方，其方面之四角俱爲直角，而各界互等，故又爲正方體，如乙圖是也。三爲八面體，每面有三角，各三角之各三界度俱等，如丙圖是也。四爲十二面體，每面有五角，各五角之五界度俱等，如丁圖是也。五爲二十面體，每面有三角，各三角之各三界度俱等，如戊圖是也。

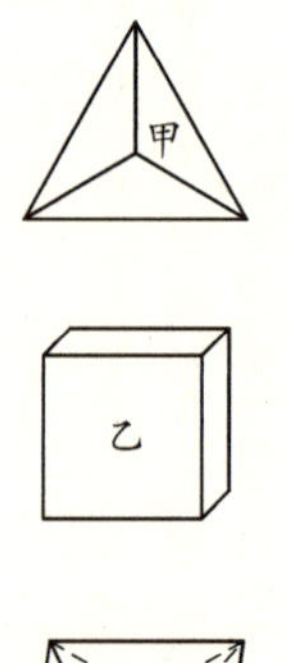
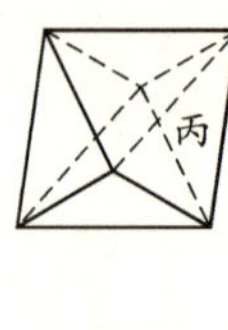
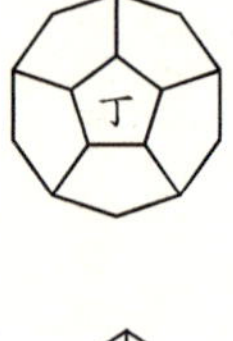

第二十八

前節發明五種厚角所成等面體形之外，不能復生他形。蓋此五種厚角體，俱是等邊三角、四角、五角之平面相合所成也。凡平面，自三界以下不能成面。見二卷首節。而厚角自三面以下，亦不能成角，故厚角自三面始。如甲四面體，其四厚角皆三平面三角形所合而成也。乙八面體，其六厚角皆四平面三角形所合而成也。丙二十面體，其十二厚角皆五平面三角形所合而成也。然平面三角形所合，過於五形，則不能成厚角。故平面六三角形合於一處，即成庚形。其甲乙丙丁戊己六角相合，與四直角等。見首卷第十五節。既與四直角等，則爲平面，不成厚角矣。如本卷第五節。六形相合，尚不能成厚角，況多形乎？是故平面三角形所生厚角體，僅得四面、八面、二十面三種而已。若夫平面正方四角形所成厚角，如丁六面正方體，其八厚角皆三平面四角形所合而成，此外更無他形。若將四平面四角形合於一處，即成辛形。其甲乙丙丁四角既俱爲直角，必不能成厚角矣。故四角形所生厚角，僅有一六面正方體而已。至於平面五角形所成厚角，如戊十二面體，其二十厚角皆三平面五角形所合而成，此外更無他形也。或將四平面五角形如癸子丑寅之四角合於壬，此四角俱爲鈍角，必大於四直角。既大於四直角，在平面尚不能相合，厚角豈能成耶？是以平面五角形所成之厚角，僅有一十二面體而已。或將平面六角形之三形合於一處爲癸，其甲乙丙三角度與四直角等，故不成厚角。六角平面相合既不成厚角，其七角、八角等形愈不能成厚角矣。故曰：四面、六面、八面、十二面、二十面五種體，只在三角、四角、五角三種平面形所生，此外不能復成他形也。

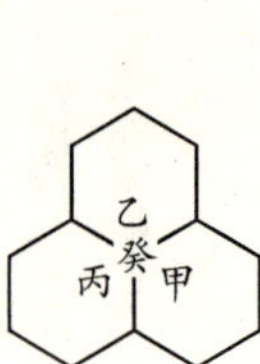

又　下編卷二五　各體形總論

體之爲形成於面，面之相合爲厚角，故凡體形皆自厚角所合而生。面之所合不能成厚角，則體亦不能成形，惟渾圓則無角，然求積之法，亦合衆尖體而成渾圓，是雖無角而實賴於角也。方體有正方、斜方、尖方、方環、陽馬、塹堵之異，圓體則有渾圓、長圓、尖圓之殊，至於各等面體，惟成於三角、四角、五角之面，而兼盡乎方圓之理。函於圓者，其角切於球之外面；函圓者，球之外面切於各面之中心，而各體又有互相容之妙，因其各面皆等，故其中心至每邊之線皆同。就其各形而分視之，則成各等邊面形。因其各形而細剖之，則成各同底尖體形。然求積總以勾股爲準則，蓋體成於面，面生於線，理固然也。有積求邊，則必以方圓爲比例，是以邊線等者體積不等，如圓球徑與各等面體之一邊俱設爲一〇〇〇，則正方體積爲一〇〇〇〇〇〇〇〇〇，圓球體積爲五二三五九八七七五，四面體積爲一一七八五一一二九，八面體積爲四七一四〇四五二一，十二面體積爲七六六三一一八九〇三，二十面體積爲二一八一六九四九六九，此各形之體積皆以方積比例者也。或以圓球體積設爲一〇〇〇〇〇〇〇〇〇，則圓球徑得一二四〇小餘七〇〇九八。如圓球徑與各等面體之一邊俱設爲一二四〇小餘七〇〇九八，則圓球體積爲一〇〇〇〇〇〇〇〇〇，正方體積爲一九〇九八五九三一七，四面體積爲二二五〇七九〇七七，八面體積爲九〇〇三一六三一七，十二面體積爲一四六三五四七九〇五一，二十面體積爲四一六六七三〇四六三，此各形之體積皆以球積比例者也。蓋因各形之邊線相等體積不同，故皆定爲體與體之比例也。體積等者邊線不等，如圓球體積與各等面體積俱設爲一〇〇〇〇〇〇〇〇〇〇〇〇〇〇〇〇〇〇〇〇〇〇，則正方體之每邊爲一〇〇〇〇〇〇〇〇，而圓球徑爲一二四〇七〇〇九八，四面體之每邊爲二〇三九六四八九〇，八面體之每邊爲一二八四八九八二九，十二面體之每邊爲五〇七二二〇七，二十面體之每邊爲七七一〇二五三四，此各形之邊線皆以方邊比例者也。或以圓球徑設爲一〇〇〇〇〇〇〇〇，則圓球體積爲五二三五九八七七五五九八二九八八七三〇七一九二三。如圓球體積與各等面體積俱設爲五二三五九八七七五五九八二九八八七三〇七一九二三，則圓球徑爲一〇〇〇〇〇〇〇〇，正方體之每邊爲八〇五九九五九七，四面體之每邊爲一六四三九四八八一，八面體之每邊爲一〇三五六二二八五，十二面體之每邊爲四〇八八一八九五，二十面體之每邊爲六二一四四三三二，此各形之邊線皆以球徑比例者也。蓋因各形之體積相等邊線不同，故皆定爲線與線之比例也。要之邊求積者，亦皆本於勾股，而積求邊者，一皆歸之正方，此方所以爲立法之原、入算之本也。

清・莊亨陽《幾何原本舉要》　直角體則有三比例，長也、寬也、厚也。如大形之長、寬、厚各大於小形之長、寬、厚一倍，則先成長寬倍之平面形，於平面形上又疊一相等之平面形，則亦倍厚矣。倍而成平面，則二倍爲均者。有二倍而成體，則四倍爲均者有二矣。

有直角兩體，苟此一體之底與他一體之底爲大一倍，而他一體之厚與此一體之厚亦大一倍，則此二體之積等，蓋即一體之豎起與放倒也。

凡兩直角同式體互相比之比例，爲界比例之隔二位加二倍之比例也。如大體之長、寬、厚比小體各大一倍，則此兩體相比之比爲隔二位相加之比例也。蓋界線爲相連之比例者，倍而爲平面，爲隔一位相加之比例；又倍而爲體，則爲隔二位相加之比例也。苟作一相連比線之率，甲爲一分、乙爲二分、丙爲四分、丁爲八分，又作一直角體與三界各加一倍之直角體，則小體與大體之比同於一率甲線與四率丁線之比。若知甲線比丁線爲八分之一，即可知大體比小體爲八分之一也。有直角同式兩體，在此兩體比例相當之二界立作兩四方體，互相以比之，其比例仍同於原體之比也。蓋原體爲隔一位加一倍之比例，則於兩相當界所作體亦爲隔一位加一倍之比例，均是八分之一也。

各種體之式若同，將每每一類體互相之比，同於在每每相當界作四方體相比之比例。如於兩同式尖瓣體之相當作四方體是也。

同式各種體內，將每一類體互相比者，同於在此內、外各所函者，函於者同式體之每每相當界作方體互相比之比例也。如兩球體函於兩方體，以小球則大球，則以小方爲一率，小球爲二率，大方爲三率，可以得大球之四率也。

凡平面上二直線相交處作一垂線莫偏斜，則此線於平面上處處俱爲垂線也。蓋若有偏，則自平面上視之，或成鈍角，或成鋭角；既無偏斜，則爲直角，既爲直角，則移向平面上處處俱爲垂線矣。

衆線相交處立一垂線，其角若俱直，此所交之各線必在平面一也。

平面上作二垂線正直立之，此二線必互爲平行也。蓋於平面上作一直線，而正直作二垂線，則所交直線之角皆爲直角，所謂二直線一邊成内外之二角也。

凡平行二線之間，任意自此一線至彼一線隨處作直線、斜線、交線三角形線俱同原平行線。在平面上一線與他一線平行，雖在別面，此二線亦互相爲平行也。

相對二平面間，若横一線正垂在二平面上，俱生直角，此相對二面互相爲平行面也。蓋於二平面上各作對角斜線，兩相交處爲兩平面之中，而垂綫正當兩線相交之處而俱成直角，則兩平面上之兩對角四邊俱係平行，則兩平面亦必爲平行者也。

二平行面上，凡相當之各二線俱爲平行也。

二平行面横穿一平面，而皆成直角，則中間縫線亦必平行也。如以木版穿木版之狀。

綫面位置關係分部

算法

清・王澤沛《形學演》卷八　兩直綫不在一平面內，過此綫只可作一平面與彼綫平行。

甲乙、丙丁兩直綫不在一平面内，過丙丁綫作戊己庚辛平面爲甲乙之平行面，題言丙丁綫上不能更作他面與甲乙平行。何也？若云過丙丁綫作壬癸子丑面亦與甲乙綫平行，試過甲乙綫與丙點作一平面交戊己庚辛面於戊辛綫，交壬癸子丑面於壬丑綫，戊己庚辛既爲甲乙綫之平行面，則引長之不得與甲乙相遇，故戊辛爲甲乙之平行綫。仿此證壬丑亦爲甲乙之平行綫。是過丙點有甲乙之兩平行綫也，與理不合，故題云云。

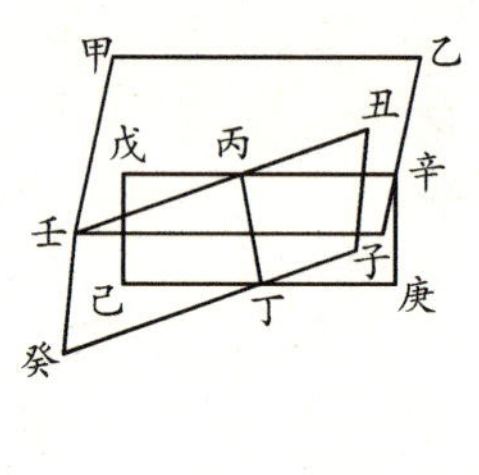

不在一平面内之四邊形，若將其四邊之中點以直綫聯之，即成平行方形。

設甲乙丙丁四邊形不在一平面内，取四邊之中點聯以戊己、己庚、庚辛、辛戊四直綫，題言戊己庚辛即成平行方形。何也？甲乙丙丁形，其每相倚之兩邊，即相交之二直綫，準七卷第一題，必在一平面内。聯以甲丙、乙丁兩對角綫，成甲乙丁、丙乙丁、乙甲丙、丁甲丙四三角形，各形必各在一平面内。一題二系。戊己庚辛形之四邊綫分各三角形之兩腰有比例，戊己與辛庚必與甲丙平行，戊辛與己庚必與乙丁平行，各對邊平行，即成平行方形，故題云云。

平面内有三直綫相交於一點，若過交點之直綫與三綫作角各等，此綫即爲平面之垂綫。

甲丙平面内有甲丙、乙丁、戊己三直綫相交於庚點，自庚作直綫庚辛，題言庚辛綫若與三交綫作角各等，此綫即爲甲丙面之垂綫。若云不然，試別自辛作甲丙面之垂綫如爲辛壬，乃以庚爲心，任作一圓，交三綫於癸、子、丑三點。又自辛、壬二點至癸、子、丑三點各作聯綫，辛庚癸、辛庚子、辛庚丑三三角形，辛庚邊同用，庚癸、庚子、庚丑爲同圓之半徑必等，三庚角又等，則三形必等，故辛癸、辛子、辛丑三綫必等。而辛壬癸、辛壬子、辛壬丑三句股形，壬角同爲直角，股同弦等，則三形亦必等，而壬癸、壬子、壬丑三綫亦等。是以壬爲心，壬癸爲半徑作圓，必過癸、子、丑三點，而與寅癸子丑圓三相交矣，與理不合，則知辛壬亦爲斜綫，而辛庚爲垂綫也，故題云云。

自平面外一點至其面所作之諸等綫，必與平面作等角。

設甲乙平面，自面外丙點至面作丙丁、丙戊、丙己、丙庚諸等綫，題言諸綫與平面所作諸角均等。何也？試自丙作甲乙面之垂綫丙辛，並自辛至諸等綫底各作面内綫，成丙辛丁、丙辛戊、丙辛己、丙辛庚諸句股形。股同弦等，則諸形均等。丁、戊、己、庚諸角，即無一不等，故題云云。

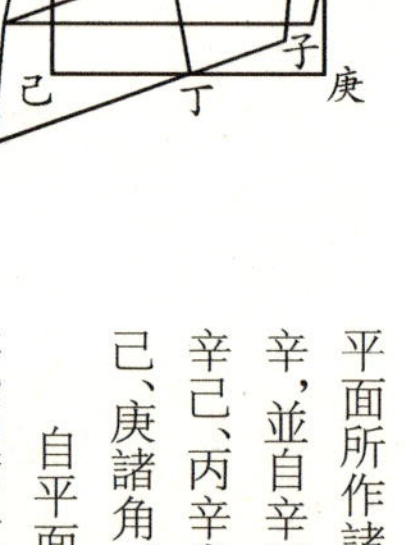

自平面外一點至其面所作之諸斜綫，若與平面作角等，則諸斜綫必等，且諸斜綫底必在一圓周内。

甲乙平面，自面外丙點至面作丙丁、丙戊、丙己、丙庚諸斜綫，題言若丁、戊、己、庚諸角等，則諸斜綫必等，且丁、戊、己、庚諸點必在一圓周内。何也？試自丙作平面之垂綫丙辛，並自辛至諸斜綫各作面内綫，成丙辛丁、丙辛戊、丙辛庚、丙辛己諸句股形。丁、戊、己、庚各角既等，則各丙角亦等。丙辛股同用，故丙丁、丙戊、丙己、丙庚諸弦必等，且辛丁、辛戊、辛己、辛庚諸句亦等。以辛爲心，以辛丁爲度作圓，必過丁、戊、己、庚諸點，合題。

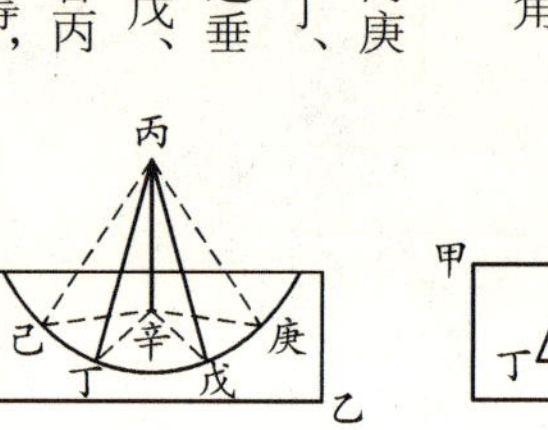

一直綫與平面平行，則凡平面内之諸直綫除與原綫平行者，其餘距原綫至短之綫必等。

甲乙直綫與丙丁平面平行，題言面内諸直綫除與甲乙平行如戊己、如庚辛外，其餘壬丁、己庚、丙丁諸綫距原綫至短之綫必等。何也？試於甲乙綫上作丙丁之垂面，與相交於壬癸，壬癸交綫必與甲乙原綫平行。以甲壬、乙癸二綫各爲丙丁面之垂綫，本平行綫限於甲乙與丙丁平行面内必等故也。戊己、庚辛諸綫既與甲乙平行，亦即與壬癸平行，不能與壬癸遇，其與甲乙之距綫在戊己綫上皆等乙己，在庚辛綫上皆等乙辛，而乙己、乙辛不必等，以各在甲癸垂面外爲甲乙綫至丙丁面之諸斜綫故也。其餘壬丁、己庚、丙丁諸綫不與甲乙原綫平行，必過壬癸綫，其距甲乙至短之綫即各交點至甲乙之垂綫，其度即甲乙與丙丁之距度，故彼此均等。

若平面内之二直綫與他平面相遇作等角，亦必與二面之交綫作等角。

甲乙、丙丁二平面相交，乙戊爲其交綫，甲乙面内己庚、辛壬二直綫遇丙丁面於庚、於壬。試任截己庚於辰，截辛壬於卯，令辰庚與卯壬等。作辰癸、卯子爲丙丁面之垂綫，作辰丑、卯寅爲己戊綫之垂綫。又作癸庚、癸丑、子寅、子壬諸綫，則己庚癸、辛壬子爲二直綫交他平面之角，己庚丑、辛壬寅爲二綫與二面交綫所作之角，題言若己庚癸等於辛壬子，則己庚丑必等於辛壬寅。何也？辰庚癸、卯壬子兩三角形，癸、子二角同爲直角，庚、壬二角原設之等，則辰、卯二角亦等。辰庚、卯壬又截之等，則兩形必等，故辰癸與卯子等。辰癸丑、卯子寅兩三角形，癸、子二角同爲直角，丑、寅二角同爲甲乙、丙丁二面之交角，則餘兩角亦等。辰癸與卯子既證之等，則兩形亦等，故辰丑等卯寅。辰丑庚、卯寅壬兩三角形，丑寅二角同爲直角，兩弦原截之等，兩股已證之等，則兩形亦等，故辰庚丑角與卯壬寅角等，合題。

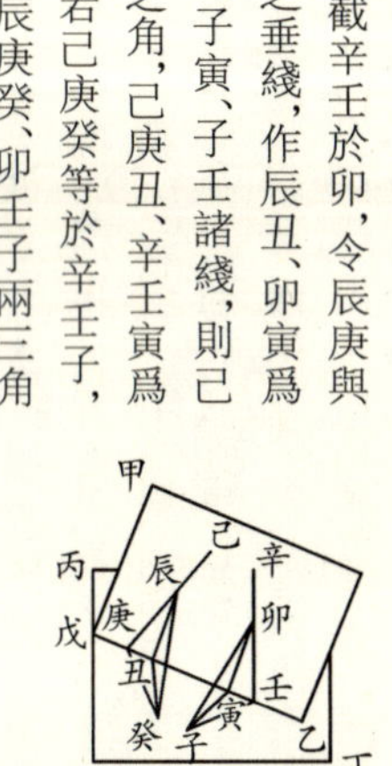

　自丙丁平面外之甲、乙兩點，至平面作甲丙、乙丁兩垂綫，則割甲乙而與其正交之面與原面之交綫，必與丙丁綫成直角。

　甲丙、乙丁爲丙丁面之兩垂綫，作戊己面割甲乙而與之正交，題言戊己與丙丁兩面之交綫己庚必與丙丁綫成直角。何也？甲丙、乙丁既各爲丙丁面之垂綫，即彼此平行，甲乙與丙丁必在一平面內。準七卷第一題四系。戊己面既與甲乙綫正交，亦即與甲丁面正交，是二面互爲垂面也。又甲丙既爲丙丁面之垂綫，則過甲丙綫之甲丁面必爲丙丁之垂面，是二面亦互爲垂面也。丙丁、戊己二面既均爲甲丁面之垂面，則二面之交綫己庚必爲甲丁面之垂綫，亦即爲甲丁面上過垂點之丙丁綫之垂綫矣，故題云云。

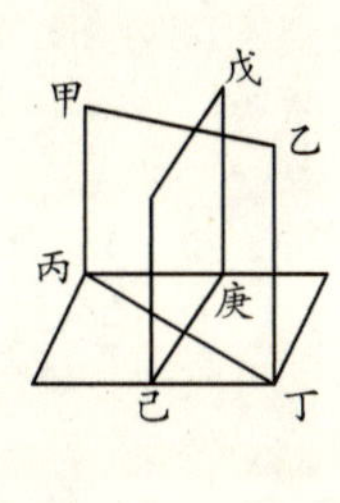

直綫體分部

算法

清・梅文鼎《幾何補編三》 方燈體

凡燈形內可容立方，立方在燈體內，必以其尖角各切於八三角面之心。

燈體者，立方去其八角也。平分立方面之邊爲點，而聯爲斜線，則各正方面內成斜線正方。依此斜線斜剖而去其角，則成燈體矣。此體有正方面六，三角面八，而邊線等，故亦爲有法之體。凡燈體內可容八等面，八等面在燈體內又以其尖角各切於六方面之心。

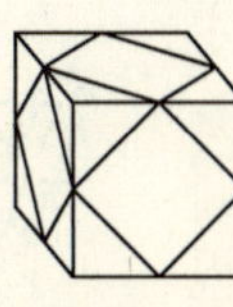

　凡燈體內可容立圓，此立圓內仍可容八等面，此八等面在立圓內可以各角切立圓之點，同會於燈體之六方面而成一點。

　凡燈體容立圓，其內仍可容諸體。然惟八等面在立圓內仍能切燈體，餘不能也。按：圓燈在立圓內亦能切燈體，與八等面同。

　凡諸體相容，皆有一定比例，以其外可知其內。

　燈體之邊設一百，其冪一萬，倍之二萬，開方得一百四十一四二一三，爲燈之高及其腰廣。邊如方，而高廣如斜，故倍冪求之。以高一百四十一四二一三，乘方斜之面冪二萬，得二百八十二萬八千四百二十六，爲方斜之立方積。五因六除，得二百三十五萬七千〇二十一爲燈積。

　燈積爲立方六之五。

以燈積減立積，餘四十七萬一千四百〇五，爲內容八等面積。此八等面在立積內，亦在燈積內，皆同腰廣同高。其積之比例爲立積六之一，爲燈積五之一。八等面與燈積不惟同高廣，亦且同邊，故五之一亦即爲八等面與燈積同邊之比例也。

　燈形內容立方，其邊爲燈體高廣三之二。設燈體邊一百，其高廣一百四十一四二一三，則內容立方邊九十四二八〇八，立方積八十三萬八千〇五十一。

　燈高廣自乘之冪二萬，如左圖甲乙方，去其左右各六之一，餘三之二如丙丁矩，又去其兩端六之一，餘三之二如戊正方。丙丁矩一萬三千三百三十三三三。戊正方八千八百八十八八八，爲內容正方之一面冪，其根九十四二八〇八。以根乘面，得八十三萬八千〇五十一。凡等邊平三角之心，依邊剖之皆近大邊三之一。燈內容立方之八角，皆切於平三角之心，燈改立方，則所去者皆四圍斜面三之一，於全形爲六之一。四圍皆六之

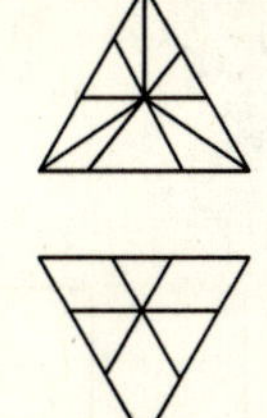
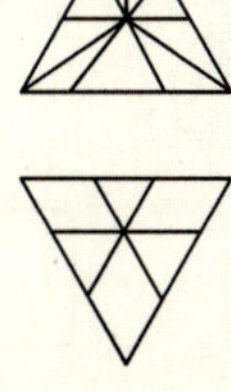

一，合之爲三之一，而所存必三之二矣。

凡立方體各自其邊之中半斜剖之，得三角錐八。此八者合之，即同八等面體。

依前算：八等面體其邊如方，其中高如方之斜。若以斜徑爲立方，則中含八等面體，而其體積之比例爲六與一。

何以言之？如己心辛爲八等面之中高，庚心戊爲八等面之腰廣，己庚、己戊、戊辛、辛庚，則八等面之邊也。若以庚心戊腰廣自乘，爲甲乙丙丁平面。又以己心辛中高乘之，爲甲乙丙丁立方，立方一面之形，與平面等。則八等面之角俱正切於立方各面之正中，而爲立方內容八等面體矣。夫己心辛、庚心戊皆八等面，己庚等面。爲方之斜也。故曰：以其斜徑爲立方，則中含八等面體也。

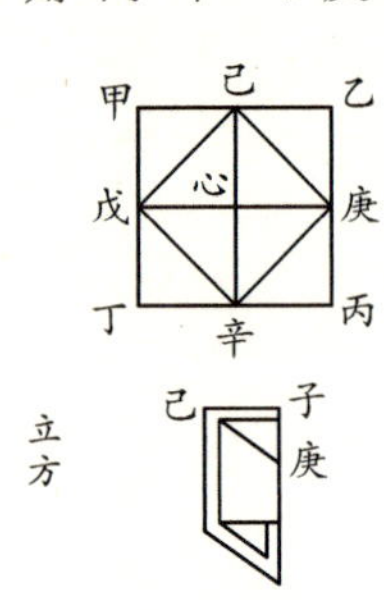

立方

又用前圖甲乙丙丁爲立方之上下平面，從己庚、庚辛、辛戊、戊己四線剖至底，則所存爲立方之半。而其所剖三角柱體四，合之，亦爲立方之半也。

此方柱也，其高如其方之斜。立方四隅各去一立三角柱，則成此體，其積爲立方之半，爲八等面之三倍，中仍容一八等面體。八等面體在方柱體內，柱形從對角斜線如己辛、戊庚。剖至底，又從對邊十字線如丑尾，卯箕。剖至底，又從腰線角申亢。橫截，則剖爲三角柱一十六。即皆如心辛申未丑之體。

半立方

八等面

立則爲三角柱

三角柱眂視之，則塹堵也。

塹堵從一尖即心尖。斜剖至對底，未申。則鼈臑也，鼈臑居塹堵三之一。

塹堵立則爲三角柱，鼈臑立則爲三角錐。八等面體從尖心剖至對角，亦剖至對邊，而皆至底。子。又從腰角申亢。橫剖之，則成三角錐十六。夫方柱爲塹堵十六，而八等面爲鼈臑亦十六，則塹堵鼈臑之比例，即方柱八等面之比例矣。

鼈臑爲塹堵三之一，則八等面亦方柱三之一矣。方柱者，立方之半也。八等面既爲方柱三之一，不得不爲立方六之一矣。

眂則成塹堵

鼈臑

三角錐

比燈體皆可依楞橫剖，如方燈橫剖成六等邊面，故其外切立圓之半徑與邊等；如圓燈橫剖成十等邊面，故其外切立圓之半徑與其邊，若理分中末之全分與其大分。

凡諸體改爲燈，皆半其邊，作斜線剖之。

凡燈體可補爲諸體，皆依其同類之面之邊引之，而會於不同類之面之中央成不同類之錐體，乃虛錐也。虛者盈之即成原體，所以化異類爲同類也。

如方燈依四等邊引之，補其八隅成八尖，即成立方。若依三等邊引之，補其六隅成六尖，即成八等面。

如圓燈依五等邊引之，補其二十隅，成二十尖，即成十二等面。若依三等邊引之，補其十二隅，成十二尖，即成二十等面。

增異類之面成錐，則改爲同類之面。而異類之面隱，此化異爲同之道也。

凡燈體之尖，皆以兩線交加而成，故稜之數皆倍於尖。方燈十二尖，二十四稜。圓燈三十尖，六十稜。

凡燈體之稜，即邊。皆可以聯爲等邊平面圈。如方燈二十四稜，聯之則成四圈，每圈皆六等邊，如六十度分圓線。圓燈六十楞，聯之則成六圈，每圈皆十等邊，如三十六度分圓線。此外惟八等邊聯之成三圈，每圈四楞，成四等面。而十二稜成六尖，有三稜八觚之正法，其餘四等面、十二等面、二十等面皆不能以邊正相聯爲圈。

燈體亦有二：

其一爲立方及八等面所變。其體有正方之面六，三角之面八，有邊稜二十四，而皆同長，稜尖凡十有二。

其一爲十二等面二十等面所變。其體有五等邊之面十二，有三角等邊之面二十，有邊楞六十，而皆同長，稜尖凡三十。

立方及八等面所變，是刓方就圓終帶方勢，謂之方燈。

十二等面及二十等面所變，是削圓就方終帶圓體，謂之圓燈。方燈爲立方及八等面所變，其狀並同，而比例同。

甲乙立方體，丙、丁、戊、己、庚、辛、壬、癸、子皆其邊折半處，各於折半點聯爲斜線，如丙戊、丙己等。依此燈體斜線剖而去其角，則成燈形矣。

立方

改爲燈

燈形之丁辛高、丙丁闊皆與立方同徑，其邊得立方之半斜，假如立方邊丁辛一百，則燈體邊丁壬七十有奇。其積得立方六之五，假如立方邊一百，其積百萬，則燈體邊七十有奇，其積八十三萬三千三百三十三。此爲立方內容燈體之比例也。

若燈與立方同邊，則立方積必反小于燈。假如燈體邊亦一百，則其積二百三十五萬七千〇二十一。而立方一百之積只一百萬，是反小於燈也。

解曰：燈體邊一百，如前圖之丁壬。其外切立方必徑一百四十一四二一三。如前圖之丁辛。其自乘之冪二萬，以徑乘冪，得二百八十二萬八四二六爲立方積。再五因六除，得燈積二百三十五萬七千〇二十一。

又法：以燈邊自乘倍之，開方得根，仍以根乘倍冪，再五因六除，見積亦同。

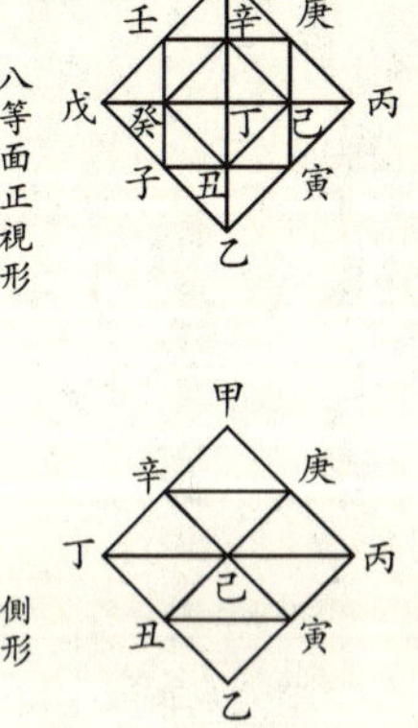
八等面正視形

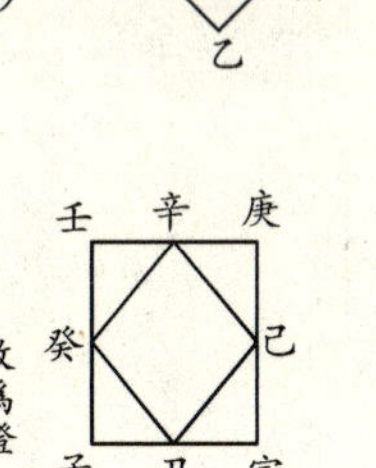
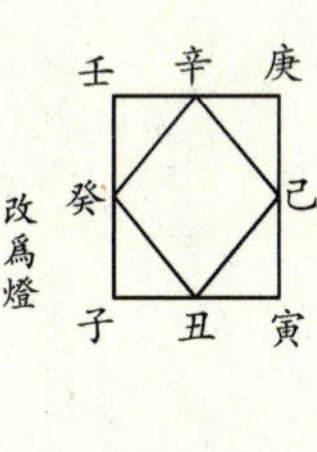
側形

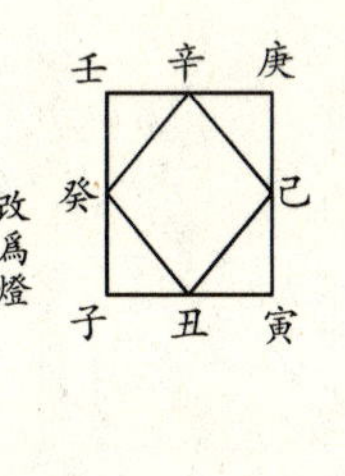
改爲燈

甲乙爲八等面體，甲、乙、丙、丁、戊皆其邊稜所輳之尖。甲丙丁面三邊皆等，其三邊折半於辛、於庚、於己。甲丁戊面，其邊折半於辛、於壬、於癸；乙丙丁面，其邊折半於寅、於己於丑；乙丁戊面，其邊折半於丑、於癸、於子。各以折半點聯爲斜線，則各成小三等面，如甲丙丁面內又成庚辛己三等邊面，其邊皆半於原邊，如庚辛得丁丙之半，餘三邊同。

燈側形

各自其小三角之面之邊剖之，而去其錐角，則成燈形矣。

如依辛己、己丑、丑癸、癸辛四邊平剖之，而去其丁角，以丁角爲尖，辛己丑癸爲底成扁方錐。甲、丙、乙、戊尖，並同。則所剖處成辛己丑癸平方面。去甲壬辛庚錐成卯壬辛庚面，去丙庚己寅錐成庚酉寅己面，並同一法，餘可類推。

八等面體有六角，皆依法剖之，成平方面六。而剖之後，各存原八等面中小三角等邊面八，與立方剖其八角者正同。

燈形之高闊，皆得八等面之半，如辛丑高得甲乙之半，己癸闊得丙戊之半。其邊亦爲八等面原邊之半，其積得八等面八之五。何以知之？曰：同類之體積，以其邊上立方積爲比例，故邊得二之一，其積必八之一也。今所剖去之各尖，俱以平方爲底，而成方錐。兩方錐合爲一八等面體，皆等面等邊，與原體爲同類，而其邊正得原邊二之一，則其積爲八之一也。原體六尖，各有所成之錐體皆相等。合之成同類八等面之體，凡三其積共爲原積八之三，則所存燈體得八之五也。

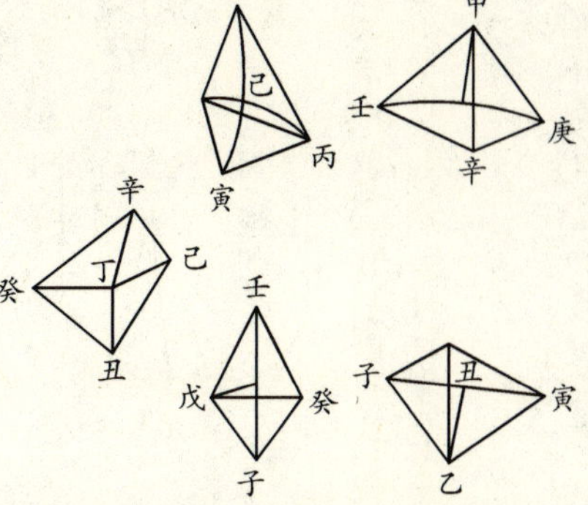

如上圖，甲乙二錐合爲八等面體一，丙戊二錐合爲八等面體一，丁尖及所對之尖共二錐合爲八等面體一，通共剖去同類之形三。

假如八等面之邊一百，則其積四十七萬一千四百〇四。其所容燈體邊五十，其積必二十九萬四千六百二十七五，以八等面積五因八歸之見積。

或用捷法，竟以十六歸進位，所得燈積亦同。

右法乃八等面內容燈體比例也。

若燈體之邊與八等面同大，則其積五倍大於八等面。

假如燈體邊一百，則其積二百三十五萬七千〇二十，以八等面邊一百之積四十七萬一千四百〇四加五倍得之。此法則燈體與八等面同爲立方所容之比例，亦即爲燈內容八等面之比例。

准此而知，燈內容八等面，八等面又容燈，則內燈體爲外燈體八之一。

燈體內容八等面　五之一，

八等面內容燈體　八之五。用畸零乘法。化大分爲小分，以八等面母數八，乘五之一。得八乘母數五，得四十。

外燈體四十、八等面體八、內燈體五，合之爲內體得外體四十之五，約爲八之一。

又八等面容燈，燈又容八等面，內八等面亦爲外八等面八之一。其體之比例既同，則其所容之比例亦同也。

立方內容燈體，燈內又容立方，則內立方邊得外立方邊三之二，內立方積得外立方積二十七之八。

以三之二自乘再乘，爲三加之比例也。

一百六十二，六之五，一百三十五；二十七之八，四十八。

準此而知，燈內容立方，則內立方積得燈積一百三十五之四十八。若燈容立方，立方又容燈，則內燈積亦爲外燈積二十七之八。其爲所容者之比例，即能容者之比例故也。

求方燈所去錐體

三角錐稜皆五十，即原邊之半。甲乙、甲丙、甲丁。底之邊皆七十〇七一〇七，即燈體之邊，丙乙、乙丁、丁丙。其半三十五三五五三。乙戊、戊丁。

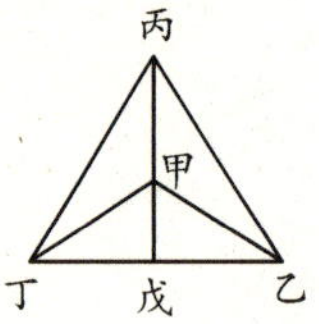

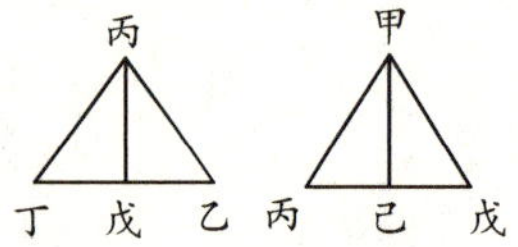

求甲戊斜垂線。

法曰：乙丁爲甲乙之方斜線，則甲戊爲半斜，與乙戊、戊丁等皆三十五三五五三。其冪皆一千二百五十。

求丙戊中長線。

以戊丁冪三因之，爲丙戊冪，平方開之，得六十一二三七二，爲丙丁乙等邊三角形中長線。

求甲己中高線。

法以戊丁冪一千二百五十，取三之一爲己戊冪四百一十六六六六六。與甲戊冪即丁戊冪。相減餘八百三十三三三三三，爲甲己中高冪，開方得甲己中高二十八八六七五。

又以己戊冪，開方得己戊二十〇四一二四。以己戊二十〇四一二四乘戊丁三十五三五五三得七百二十一六八六五。又三四之得二千一百六十四〇五七五，爲乙丙丁三等邊冪。

又以中高甲己二十八八六七五乘之得數，三除之，得三角錐積二萬〇八百二十三六六三五。又八乘之得一十六萬六千五百八十七三〇，爲所去八三角錐共積，即立方一百萬六之一。與前所推合。本該一十六萬六千六百六十六六六不盡，因積算尾數有欠，然不過萬分之一耳。

圓燈爲十二等面、二十等面所變，體勢並同，而比例亦別。

公法：皆於原邊之半作斜線相聯，則各平面之中成小平面。此小平面與原體之平面皆相似，即爲內容燈體之面。依此小平面之邊平剖之，去原體之鋭角，此所去之鋭角皆成錐體。錐體之底平，割錐體，則原體挫鋭爲平，亦成平面於燈體。原有若干鋭，亦成若干面。而與先所成之小平面不同類，然其邊則同。十二等面每面五邊等，今自其各邊之半聯爲斜線，則成小平面於內，亦五等邊爲同類。

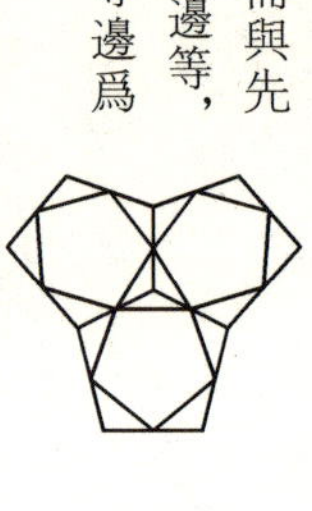

依此斜線剖之，而去其角，所去者皆成三角錐。錐體既去，即成三等面爲異類。

原有十二面，故所存小平面同類者，亦十有二。

原有二十尖，故所剖錐體而成異類之面者，亦二十。

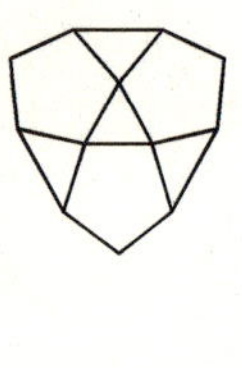

求燈體邊

法以十二等面邊爲理分中末之大分，求其全分而半之，即

十二等面之分形

變燈

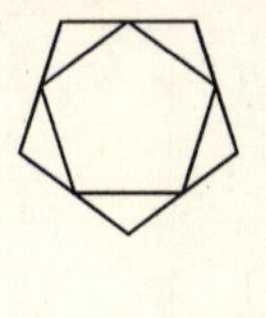
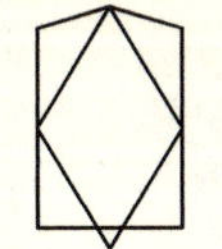
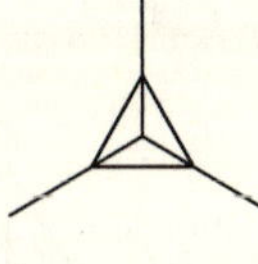
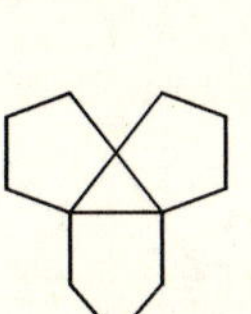

爲內容燈體之邊。

一率	理分中末之大分	六十一八〇三三九八
二率	理分中末全分之半	五十〇
三率	十二等面之邊	一百〇〇
四率	內容燈體之邊	八十〇九〇一七

燈體邊原爲大橫線之半，十二等面邊與其大橫線，若小分與大分，則亦若大分與全分也。而十二等面邊與燈邊，亦必若大分與全分之半矣。

總乘較爲實，戊丙底爲法，法除實得丙辛。以丙辛減戊丙得戊辛，折半爲戊己。

法當以所得戊己自乘爲句冪，用減甲戊冪，餘爲甲己冪，開方得一十七八四一一，爲中高。

今改用捷法：當求丙辛。取戊丙冪九之一爲戊己冪，戊己爲戊丙三之一，故其冪爲九之一。得五百四十五四二三七。

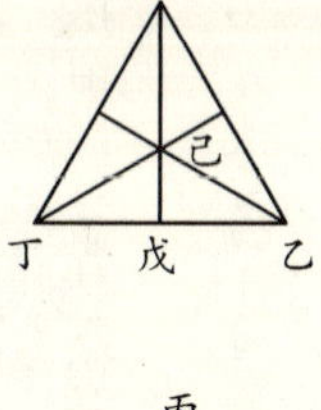
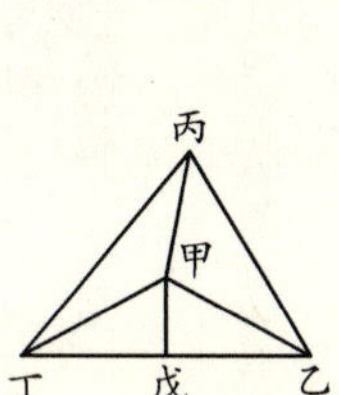
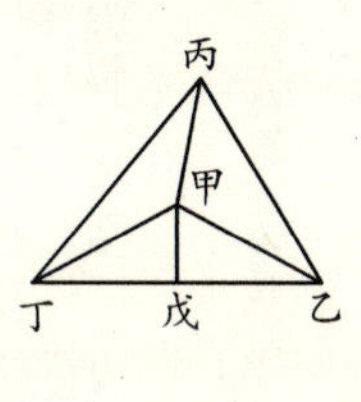

或徑用戊丁冪三之一，亦同。

又捷法：不求甲戊斜垂線，但以戊丁冪三分加一，以減甲丁即甲丙或甲乙冪爲甲己冪，開方即得甲己中高。比前法，省數倍之力。

戊丁冪一千六百三十六二七一二，三之一，五百四十五四二三七。併得二千一百八十一六九四九。甲丁即甲丙冪。二千五百〇〇。相減餘甲乙冪。三百一十八三〇五。與前所得同。

解曰：原以戊丁冪減甲丁冪，得甲戊冪。復以戊丁冪三之一減甲戊冪，得甲己冪。今以戊丁三分加一，而減甲丁冪，即徑得甲己冪，其理正同。

訂定三角錐法圓燈所去。

用捷法：以戊丁冪三分加一，減甲丁冪，爲甲己冪。

甲丁甲乙、甲丙。皆設五十。

丙丁丁乙、乙丙。皆八十〇九〇一七。其半戊丁、戊乙。四十〇四五〇八半。

丙戊七十〇〇六二九，爲底之垂線。

甲己一十七八四一一，爲中高。

丙乙丁底冪二千八百三十四一〇〇三八。

法以半邊戊丁。乘中長丙戊。得底冪，丙乙丁。以中高甲己。乘底冪，丙乙丁。得三角柱積五萬〇五百六十三五二九三。三除之，得錐積一萬六千八百五十四五〇九七。又以二十乘之，爲燈體所去之積三十三萬七千〇九十〇一九四〇。

十二等面邊設一百，前推其積爲七百六十八萬二千二百一十五。今減去積三十三萬七千〇九十，存燈積七百三十四萬五千一百二十五，內容燈體邊八十〇九〇一七。

依《測量全義》凡同類之體，皆以其邊上立方爲比例，可以推知二十等面所變之燈體。

二十等面邊設一百，則燈體之邊五十，求其積。

一	燈體邊八十〇九〇一七之立方五十二萬九千〇百〇八五。
二	燈體積七百三十四萬五千一百二十五
三	燈體邊五十之立方一十二萬五千
四	燈體邊五十之積一百七十三萬三千九百四十八

圓燈

邊設三十〇九〇一七。即理分中末之大分乙丁。

外切立圓半徑五十，即理分中末之全分丁中、乙中。

外切立圓全徑一百，即外切立方。

體積四十〇萬三千三百四十九。

內有三角錐計二十，共積一十二萬八千七百五十三。五棱錐計十二，共積二十七萬四千五百九十六。

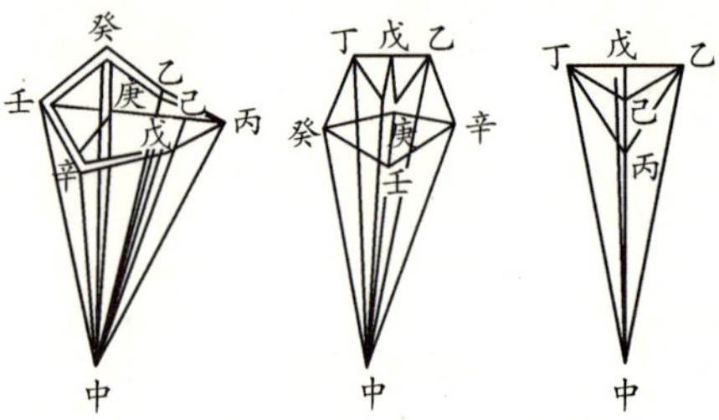

丁中丙乙三角錐爲圓燈分體之一，乙丁丙三等邊面己爲平面心，中爲體心，中己爲分體之中高，戊丁爲半邊，丁中自體心至角線爲分體之稜，戊中爲斜垂線。

乙癸中辛五棱錐亦圓燈分體之一，乙丁癸壬辛五等邊面庚爲平面心，中庚爲分體中高，其戊丁半邊、丁中分體稜、戊中斜垂線與前三角錐皆同一線。

何以知兩種錐形得同諸線乎？曰：乙戊丁邊兩種分體所同用，而兩種錐體皆以體心中爲其頂尖，故諸線不得不同。

先算三角錐共二十。

半邊一十五四五〇八五。戊丁冪二百三十八七二八七。

平面容圓半徑戊己。〇八九二〇五。其冪七十九五七六二。用捷法取戊丁冪，以三除得之。

平面積乙丙丁面。四百一十三四八七九。

中高即己中。四十六七〇七五。本法以戊丁冪減丁中冪爲戊中冪，又以戊丁冪三之一當戊己冪，減之爲己中冪。今徑以戊丁冪加三之一，減丁中冪爲己中，是捷法也。

三角錐積六千四百三十七六六二〇。

二十錐共積一十二萬八千七百五十三二四。

次算五棱錐共十二。

半邊一十五四五〇八五。戊丁。半周七十七二五四二五。用半邊五因得之。

平面容圓半徑二十一二六六三。戊庚。

五等邊平積一千六百四十二九一二〇。中高四十一七八五三。庚中。

五棱錐積二萬一千九百六十二六六。

十二錐共積二十七萬四千五百九十六。

求戊庚半徑法爲三十六度之切線〇七二六五四與全數一〇〇〇〇〇，若半邊戊丁一十五四五八五與平面容圓半徑戊庚。二十一二六六三也。

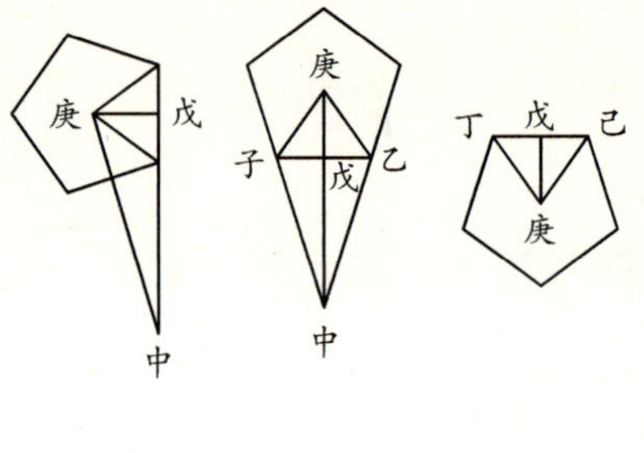

戊丁句冪二百三十八七二八七，丁中弦冪二千五百〇〇相減，戊中股冪二千二百六十一二七一三。

戊庚句冪四百五十二二五五五。戊中弦冪二千二百六十一二七一三相減，庚中股冪一千八百〇九〇一五八。

戊丁半邊冪四因之，爲全邊三十〇九〇一七之冪。

一　燈體邊五十之立方一十二萬五千。

二　燈體邊五十之體積一百七十三萬三千九百四十八。

三　燈體邊三十〇九〇一七之立方二萬九千五百〇八四九八七。

四　燈體邊三十〇九〇一七之體積四十〇萬九千三百二十九與細推者，只差五千九百八十，爲八十分之一。

柱積六萬八千六百四十九。

錐積二萬二千八百八十三。

十二錐共積二十七萬四千五百九十六。

孔林宗附記

方燈可名爲二十四等邊體，圓燈可名爲六十等邊體。

四等面體又可變爲十八等邊體，爲六邊之面四，爲三邊之面四，凡十二角。又可變爲二十四等面體，面皆三邊，凸邊二十四，凹邊十二，十字之交六，凡八角如蒺藜形。六等面體又可變三十六等邊體，爲八邊之面六，爲三邊之面八，凡二十四角。八等面體亦可變三十六等邊體，爲六邊之面八，爲四邊之面六，凡二十四角。又可變四十八等邊體，爲四邊之面十八，爲三邊之面八，凡二十四角。

清・《數理精蘊》上編卷三

《幾何原本》十

第一

大凡直角立方體積，皆生於面線互乘之度。故欲知方體所生比例之分，將所比形之長寬與厚詳較之，即可得而知矣。如甲乙、丙丁直角立方二體，其甲乙大形之戊己長比丙丁小形之庚辛長，甲乙大形之戊壬寬比丙丁小形之庚癸寬，甲乙大形之甲戊厚比丙丁小形之丙庚厚，俱爲大一倍。其甲乙大形之戊乙底平面積與丙丁小形之庚丁底平面積之比例，將縱横二線之長寬度分考之即得。見七卷第二節。既得二體底積之比例，乃以二形之厚度復與底積比之，即可知甲乙、丙丁二體之比例矣。蓋甲乙大體之戊己、戊壬長寬之度既比丙丁小體之庚辛、庚癸長寬之度大一倍，則戊乙平面底形之内，如庚丁平面底形二倍者有二矣。然則甲乙大形甲戊之厚度既比丙丁小形丙庚之厚度大一倍，則甲乙體形之内，如丙丁體形四倍者有二可知矣。是故欲知直角方體之比例，以本體之長寬與厚互相比例以較之，即得直角方體互相爲比之比例也。

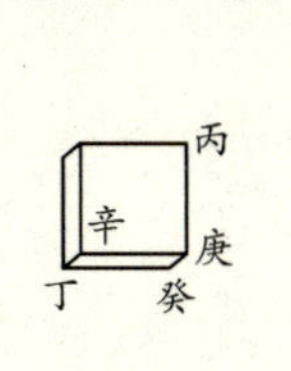

第二

有兩直角長方體，若將此一體之底度與他一體之底度、又將他一體之厚度與此一體之厚度爲比，其比例若同，則此二體之積必等也。如甲乙、丙丁兩直角長方體，甲乙體之戊乙底度比丙丁體之庚丁底度大一倍，而丙丁體之丙庚厚度比甲乙體之甲戊厚度亦大一倍，則甲乙、丙丁二體之積必相等。是故兩體之底積與厚度相較，則兩體之積可知矣。蓋體積之比例視其面線，今兩體之底面厚度交互相等如此，其體積不得不等也。

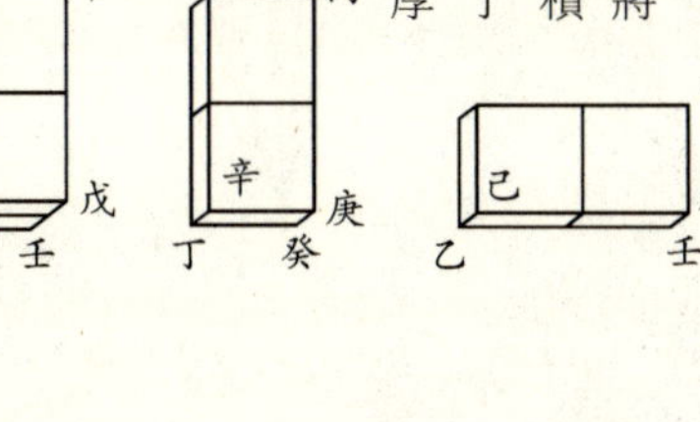

第三

有兩直角方體，其底面積之縱横二界相比之比例，與厚度面積之縱横二界相比之比例若俱同，則此兩體爲直角正方同式體也。如甲乙、丙丁兩直角方體，其甲乙體之戊乙底面之戊己横界比丙丁體之庚丁底面之庚辛横界大一倍，甲乙體之戊乙底面之戊壬縱界比丙丁體之庚丁底面之庚癸縱界大一倍，甲乙體之甲己厚面之甲戊直界比丙丁體之丙辛厚面之丙庚直界亦大一倍，則甲乙、丙丁之兩體俱

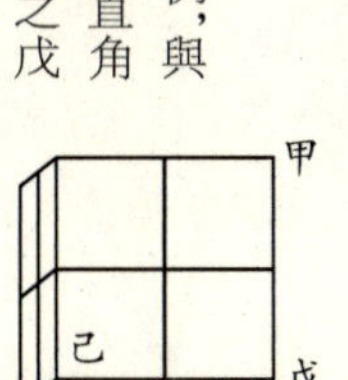

爲直角正方同式體也。至於兩體所有之戊己、庚辛二界，戊壬、庚癸二界，甲戊、丙庚二界，俱爲相當之界，而可互相爲比例矣。

第四

凡同式直角正方體，其體積之比例比之兩界線之比例，爲連比例隔二位相加之比例也。如甲乙、丙丁兩同式直角正方體，其相當之戊己、庚辛二界，戊壬、庚癸二界，甲戊、丙庚二界互相爲比之比例俱各大一倍，則此甲乙體積與丙丁體積之比，比之甲乙體之界線與丙丁體之界線之比者，即如連比例四率内隔二位相加之比例矣。蓋甲乙體之各界既爲丙丁體之各界之二倍，則甲乙體内如丙丁體之二倍者有四，二其四爲八，故甲乙體積比丙丁體積大八倍。夫以甲乙體積八與丙丁體積一相比爲八分之一，甲乙體界二與丙丁體界一相比爲二分之一，其比例不同。蓋以八分比一分較之二分比一分，爲四倍也。如欲求其相連比例之率，則於甲乙體之界四部之，得八分，與丙丁體界一分爲比，即如甲乙體積與丙丁體積之比例矣。夫八與四、四與二、二與一皆爲連比例二分之一之比例，今以八與一爲比，其間隔四與二之兩位，故曰同式兩體積之比例爲兩界上連比例隔二位相加之比例也。若邊爲三倍，則面爲九倍，體爲二十七倍，亦爲隔二位相加之比例也。

第五

有兩同式直角長方體，於兩體相當之二界各作兩正方體互相爲比，即同於原兩長方體之互相爲比也。如甲乙丙丁兩直角長方體，在戊乙、己丁相當二横界各作甲庚、丙辛二正方體，則所作之甲庚、丙辛兩正方體互相爲比之比例，仍同於原有之甲乙丙丁兩長方體互相爲比之比例也。夫甲乙、丙丁同式之兩長方體既爲隔二位相加之比例，則所作甲庚、丙辛同式之兩正方體亦必爲隔二位相加之比例矣。然則原有之甲乙長方體爲原有之丙丁長方體之八分之一，其所作甲庚正方體亦爲所作丙辛正方體之八分之一可知矣。

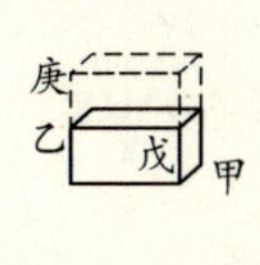

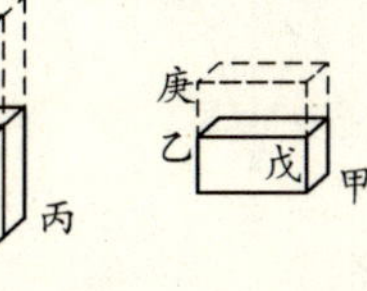

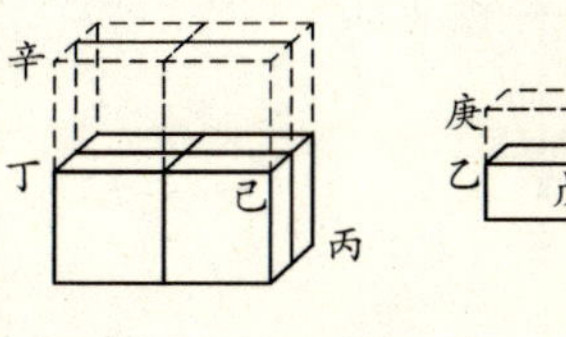

設如正方體每邊二尺，今將其積倍之，問得方邊幾何。

法：以每邊二尺自乘再乘得八尺，倍之得一十六尺，開立方得二尺五寸一分有餘，即所求之方邊數也。如圖，甲乙丙丁正方體，每邊二尺，其體積八尺，倍之得一十六尺，即如戊己庚辛正方體積，每邊得二尺五寸一分有餘。試於戊己庚辛正方體形内作甲乙丙丁正方體形，則其外之戊己乙甲壬丁丙庚辛癸磬折體形，即與甲乙丙丁正方體積相等也。

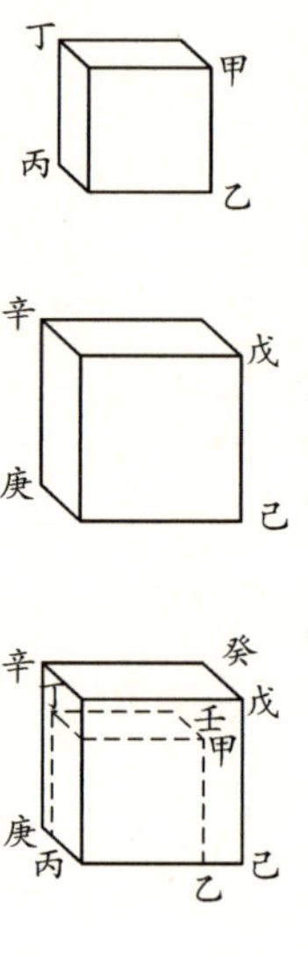

設如正方體每邊二尺，今將其積八倍之，問得方邊幾何。

法：以每邊二尺倍之得四尺，即所求之方邊數也。如圖，甲乙丙丁正方體，每邊二尺，其體積八尺，八倍之得六十四尺，即如戊己庚辛正方體積，其每邊得甲乙丙丁正方形每邊之二倍，是故不用八倍其積開立方，止以每邊二尺倍之而即得也。此法蓋因兩體積之比例比之兩界之比例，爲連比例隔二位相加之比例。見《幾何原本》十卷第四節。故戊己庚辛正方體積六十四尺與甲乙丙丁正方體積之八尺相比爲八分之一，而戊己庚辛正方邊之四尺與甲乙丙丁正方邊之二尺之比爲二分之一。夫六十四與三十二、三十二與十六、十六與八、八與四、四與二皆二分之一之連比例，而六十四與八之比，其間隔三十二與十六之兩位，故爲連比例隔二位相加之比例也。

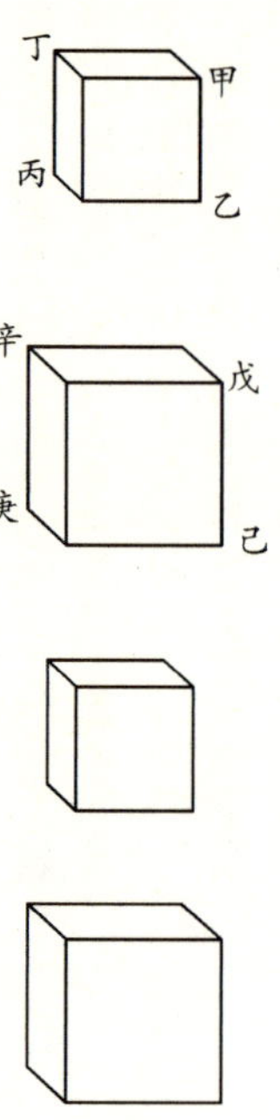

設如長方體長一尺二寸，闊八寸，高四寸，今將其積倍之，仍與原形爲同式形，問得長闊高各幾何。

法：以長一尺二寸自乘再乘得一尺七百二十八寸，倍之得三尺四百五十六寸，開立方得一尺五寸一分一釐有餘，即所求之長。既得長，乃以原長一尺二寸爲一率，原闊八寸爲二率，今所得之長一尺五寸一分一釐有餘爲三率，求得四率一尺零七釐有餘，即所求之闊也。又以原長一尺二寸爲一率，原高四寸爲二率，今所得之長一尺五寸一分一釐有餘爲三率，求得四率五寸零三釐有餘，即所求之高也。或以闊八寸自乘再乘倍之開立方，亦得一尺零七釐有餘，爲所求之闊。以高四寸自乘再乘倍之開立方，亦得五寸零三釐有餘，爲所求之高也。如圖甲乙丙丁長方體，甲乙高四寸，丁戊闊八寸，甲戊長一尺二寸，將其積倍之，即如己庚辛壬長方體。此兩長方體積之比例即同於其相當二界各作兩正方體積之比例，見《幾何原本》十卷第五節。故依甲乙丙丁長方體之甲戊長界作甲戊丑子正方體，將其積倍之，即如己庚辛壬長方體之己癸長界所作之己癸卯寅正方體，故開立方得己癸爲所求之長也。既得己癸之長，則以甲戊與丁戊之比即同於己癸與壬癸之比，得壬癸爲所求之闊。又甲戊與甲乙之比同於己癸與己庚之比，得己庚爲所求之高也。若以原闊自乘再乘倍之開立方，亦得一尺零七釐有餘，爲今所求之闊，原高自乘再乘倍之開立方，亦得五寸零三釐有餘，爲今所求之高，皆如以其相當二界各作正方體互相爲比之理也。

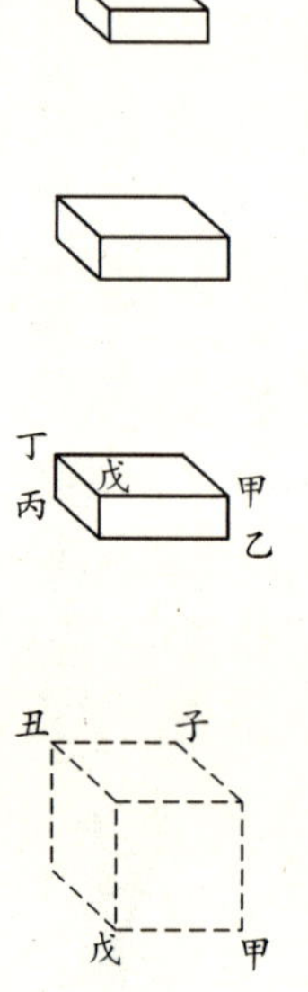

設如長方體長一尺二寸，闊八寸，高四寸，今將其積八倍之，仍與原形爲同式形，問得長闊高各幾何。

法：以長一尺二寸倍之得二尺四寸，即所求之長。又以原闊八寸倍之得一尺六寸，即所求之闊。又以原高四寸倍之得八寸，即所求之高也。如圖，甲乙丙丁長方體甲乙高四寸，丁戊闊八寸，甲戊長一尺二寸，將其積八倍之，即如己庚辛壬長方體，其每邊得甲乙丙丁長方體每邊之二倍，是故不用八倍

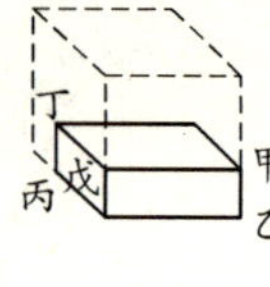

其積開立方，止以各邊之數倍之而即得也。此法蓋因兩長方體之比例既同於其相當二界各作正方體之比例，而兩正方體之比例比之二界之比例爲連比例隔二位相加之比例，故兩長方體積之比例較之兩體各界之比例，亦爲連比例隔二位相加之比例也。

設如塹堵體形，闊五尺，長十二尺，高七尺，問積幾何。

法：以闊五尺與長十二尺相乘得六十尺，又以高七尺再乘得四百二十尺，折半得二百一十尺，即塹堵體形之積也。蓋塹堵體形即平行二勾股面之三稜長體，如甲乙丙丁戊己塹堵體形，其兩端之二面皆爲勾股形，一爲甲乙丙，一爲丁戊己，俱平行。以乙丙闊與丙丁長相乘，成乙丙丁己長方面形。又以甲乙高再乘，成甲乙丙丁庚戊長方體形。凡平行面之長方體，自其一面之對角線平分爲兩三稜體，此兩三稜體之積相等。見《幾何原本》五卷第十七節。夫一長方體所分兩三稜體之積既相等，則三稜體積必爲長方體積之一半，故將所得之甲乙丙丁庚戊長方體積折半，即得甲乙丙丁戊己塹堵體形之積也。

又法：以闊五尺與高七尺相乘得三十五尺，折半得一十七尺五寸，與長十二尺相乘得二百一十尺，即塹堵體形之積也。如甲乙丙丁戊己塹堵體形，以甲乙高與乙丙闊相乘折半，得甲乙丙一勾股面積，又與丙丁長相乘，即得甲乙丙丁戊己塹堵體形之積也。

設如芻甍體形，闊四尺，長十二尺，高四尺，問積幾何。

法：以闊四尺與長十二尺相乘得四十八尺，又與高四尺相乘得一百九十二尺，折半得九十六尺，即芻甍體形之積也。蓋芻甍體形即平行兩三角面之三稜長體，有直角爲塹堵體，無直角爲芻甍體。如甲乙丙丁戊己芻甍體形，其兩端之二面皆爲三角形，一爲甲乙丙，一爲丁戊己，俱平行。以乙丙闊與丙丁長相乘，成乙丙丁己長方面形。又以甲庚高再乘，成辛乙丙丁壬癸長方體形。凡

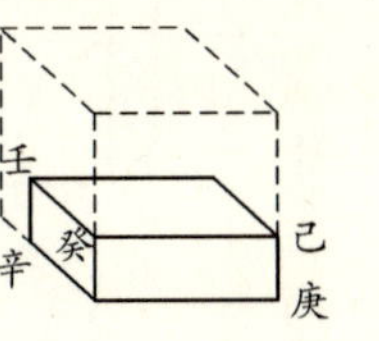

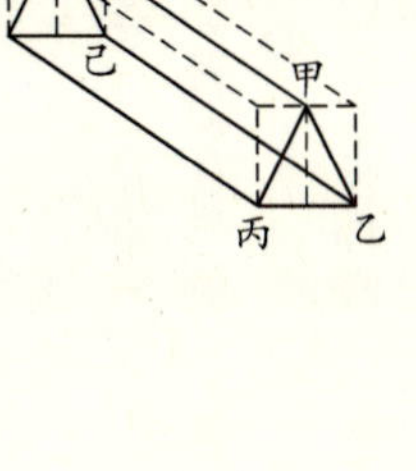

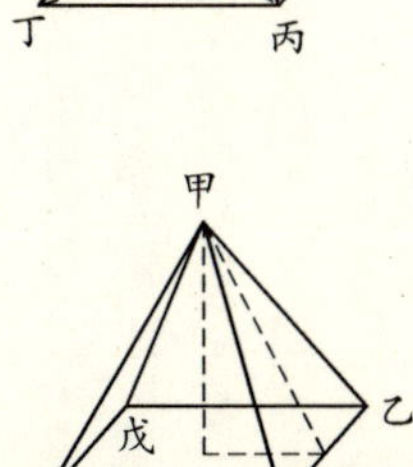

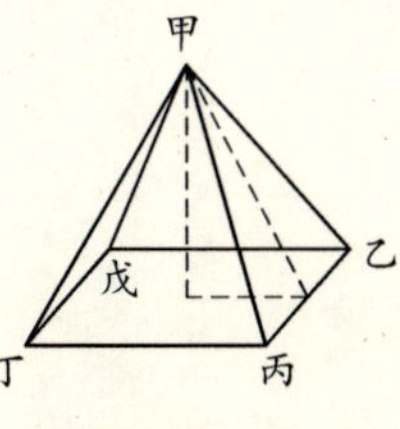

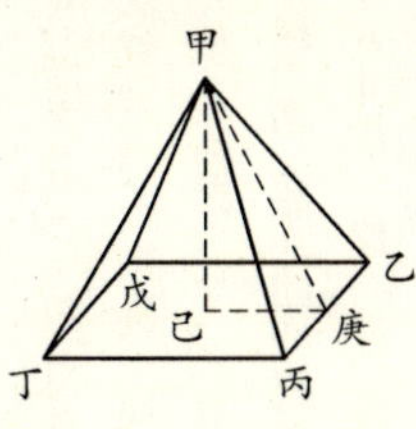

平行面之三稜體積爲平行面方體積之一半，見《幾何原本》五卷第二十節。故將所得之辛乙丙丁壬癸長方體積折半，即得甲乙丙丁戊己芻甍體形之積也。

又法：以闊四尺與高四尺相乘得一十六尺，折半得八尺，與長十二尺相乘得九十六尺，即芻甍體形之積也。如甲乙丙丁戊己芻甍體形，以乙丙闊與甲庚高相乘折半，得甲乙丙三角形面積。又與丙丁長相乘，即得甲乙丙丁戊己芻甍體形之積也。

設如方底尖體形，底方每邊五尺，自尖至四角之斜線皆六尺，問自尖至底中立垂線之高幾何。

法：以底方每邊五尺求對角斜線法，求得底方對角斜線七尺零七分一釐零六絲有餘，折半得三尺五寸三分五釐五毫三絲有餘爲勾，以自尖至四角之斜線六尺爲弦，用勾弦求股法，求得股四尺八寸四分七釐六毫八絲有餘，即自尖至底中立垂線之高數也。如圖甲乙丙丁戊方底尖體形，先求得乙丙丁戊底方面之乙丁對角斜線，折半於己，得乙己爲勾，以自尖至角之甲乙斜線爲弦，求得甲己股，即自尖至底中立垂線之高也。

又法：以底方每邊五尺爲平面三角形之底，以自尖至四角之斜線六尺爲兩腰，用平面三角形求中垂線法，求得一面中垂線五尺四寸五分四釐三毫五絲爲弦，以底方每邊五尺折半，得二尺五寸爲勾，求得股四尺八寸四分七釐六毫七絲有餘，即自尖至底中立垂線之高數也。如圖，甲乙丙丁戊尖方體，其四面皆爲平面三角形，一爲甲乙丙，一爲甲丙丁，一爲甲丁戊，一爲甲戊乙。任以甲乙丙三角形之乙丙爲底，以甲乙甲丙爲兩腰，求得甲庚中垂線。而以此甲庚爲弦，底邊折半得庚己爲勾，求得甲己股，即自尖至底中立垂線之高也。

設如方底尖體形，底方每邊六尺，高三尺，問積幾何。

法：以下方每邊六尺自乘得三十六尺，又以高三尺再乘得一百零八尺，三歸之得三十六尺，即方底尖體形之積也。如甲乙丙丁戊方底尖體形，以乙丙一邊自乘，得乙丙丁戊正方面形。又以甲己高再乘，得庚乙丁辛扁方體形。此扁方體與尖方體之底面積等，其高又等，故庚乙丁辛一扁方體之積與甲乙丙丁戊尖方體三形之積等。見《幾何原本》五卷第二十三節。試將甲己高倍之得壬己，與乙丙丁戊底面積相乘，得癸乙丁子正方體形，此正方體之乙丙丁戊、子寅癸丑、癸乙丙丑、戊丁子寅、乙戊寅癸、丙丁子丑六方面皆與尖方體之底面積等。又自甲心依各稜至各角剖之，則成甲乙丙丁戊、甲子寅癸丑、甲癸乙丙丑、甲戊丁子寅、甲乙戊寅癸、甲丙丁子丑六尖方體，此每一尖方體俱爲倍高正方體之六分之一。既爲倍高正方體之六分之一，則必爲同高扁方體之三分之一，故將所得庚乙丁辛之同高方體積三分之，而得甲乙丙丁戊尖方體之積也。

設如陽馬體形，底方每邊六尺，高亦六尺，問積幾何。

法：以底方每邊六尺自乘得三十六尺，又以高六尺再乘得二百一十六尺，三歸之得七十二尺，即陽馬體形之積也。如甲乙丙丁戊陽馬體形，以乙丙一邊自乘，得乙丙丁戊正方面形。又以甲丁高再乘，得己乙丁甲正方體形。此己乙丁甲一正方體之積與甲乙丙丁戊陽馬體三形之積等，故三分之即得陽馬體之積也。此陽馬體與尖方體，形雖不同而法則一。蓋尖方體形尖在正中，陽馬體形尖在一隅，然大凡體形，其底面積等，高度又等，則其體積亦必相等。見《幾何原本》二卷第二十二節。故今陽馬體之乙丙丁戊底面積即如尖方體之底，其甲丁高度即如尖方體之高度，故形雖不同而積則一也。

設如鼈臑體形，長與闊俱四尺，高九尺，問積幾何。

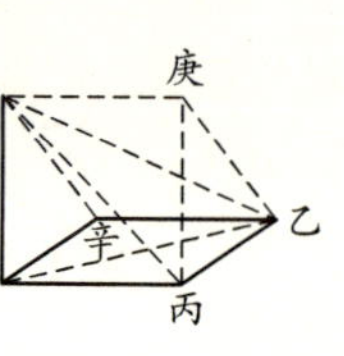

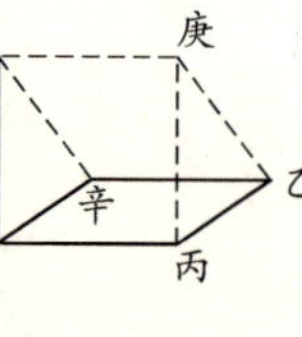
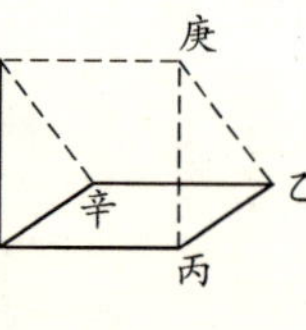
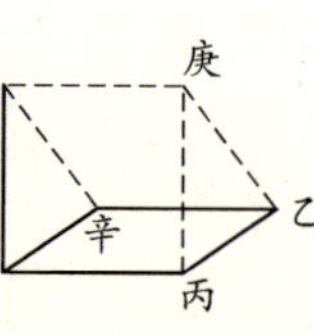
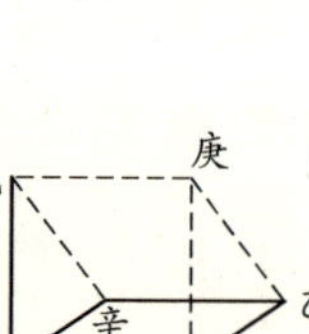
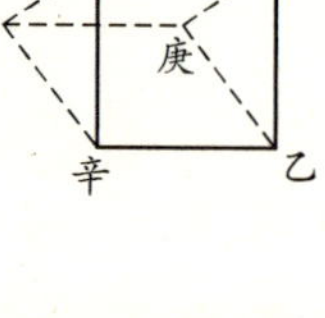
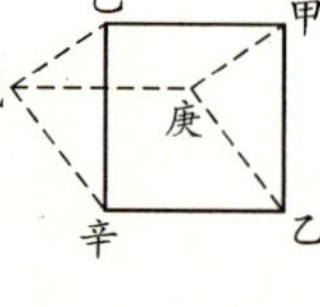
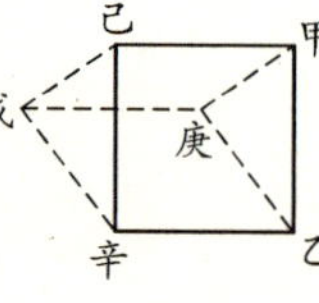
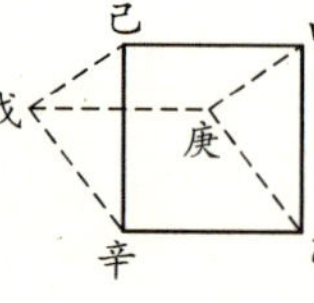
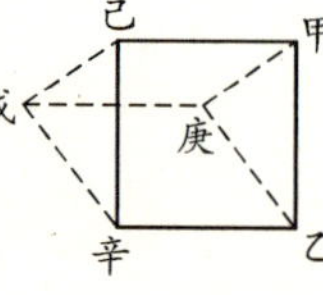
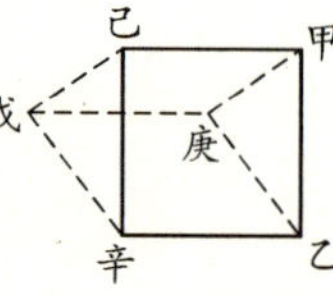
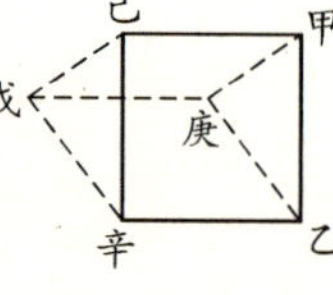

法：以長與闊四尺自乘得十六尺，以高九尺再乘得一百四十四尺，六歸之得二十四尺，即鼈臑體形之積也。蓋鼈臑體即勾股面之尖體，如甲乙丙丁鼈臑體形，以丁丙長與乙丙闊相乘，成乙丙丁戊正方面形。以甲丁高再乘，成甲庚戊乙丙己長方體形。此一長方體之積與甲戊乙丙丁陽馬體三形之積等，而甲乙丙丁鼈臑體之積又爲甲戊乙丙丁陽馬體積之一半。蓋各類尖體，其底面積等，其高又等，則其體積亦等。見《幾何原本》二卷第二十二節。今甲乙丙丁鼈臑體之乙丙丁底積爲甲戊乙丙丁陽馬體之乙丙丁戊底面積之一半，則甲乙丙丁鼈臑體積亦必爲甲戊乙丙丁陽馬體積之一半。鼈臑體既爲陽馬體之一半，而陽馬體又爲長方體之三分之一，則鼈臑體必爲長方體之六分之一。故將所得甲庚戊乙丙己長方體積六分之，即得甲乙丙丁鼈臑體之積也。又凡正方體或長方體，按法剖之，即成塹堵陽馬鼈臑各體，而自得其相比之率也。如圖甲乙丙丁戊己正方體，自其庚乙一面對角線至對面戊辛對角斜線平分之，即得甲乙辛戊己與庚乙丙丁戊二塹堵體。又將庚乙丙丁戊塹堵體自其上稜戊角至乙對角。依乙丙下稜斜剖之，則得戊乙丙丁辛一陽馬體，乙丙戊庚一鼈臑體。又將戊乙丙丁辛陽馬體自其戊乙相對斜稜平分之，則得戊乙丁辛與戊乙丙丁二鼈臑體。夫一正方體剖之，得二塹堵體，是塹堵體爲正方體二分之一也。一塹堵體剖之，得一陽馬體，一鼈臑體。而一陽馬體剖之，又得二鼈臑體。是陽馬體爲塹堵體之三分之二，即爲正方體之三分之一。而鼈臑體爲塹堵體之三分之一，即爲正方體之六分之一也。

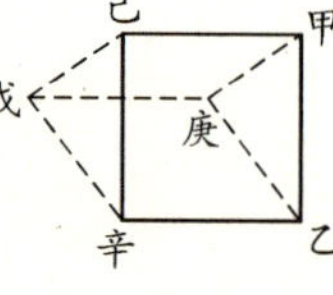
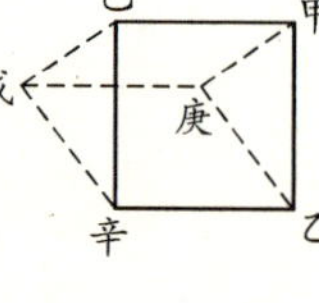
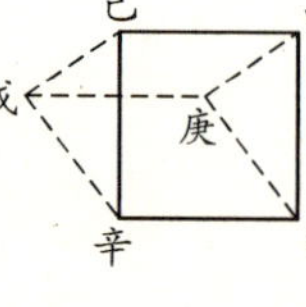
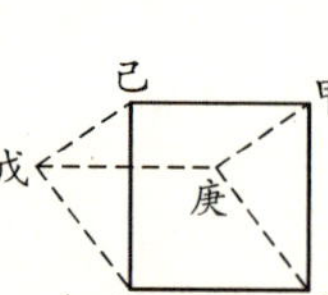
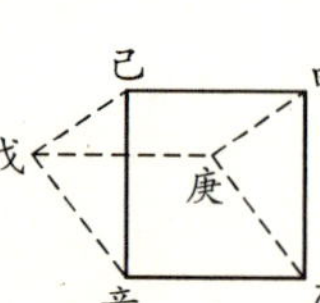
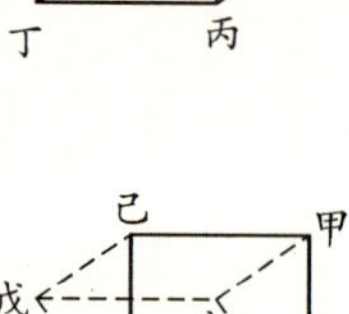
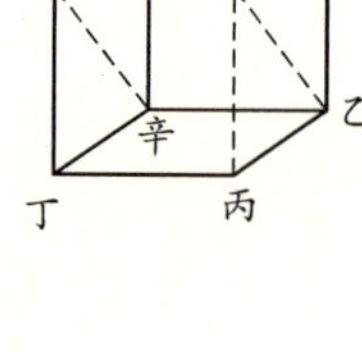
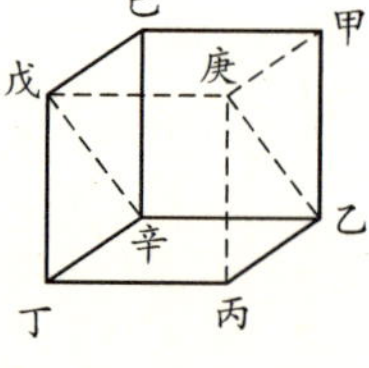
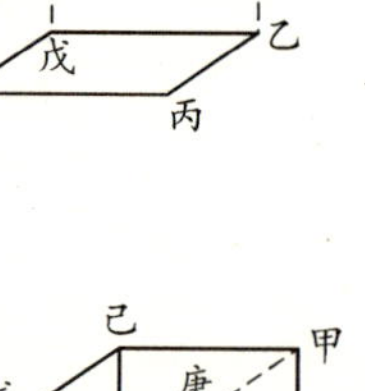
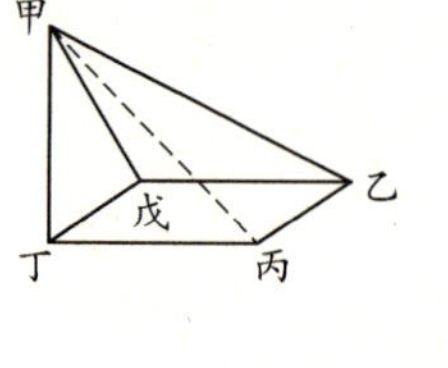
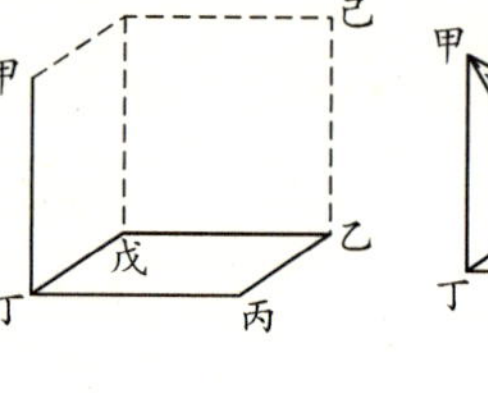

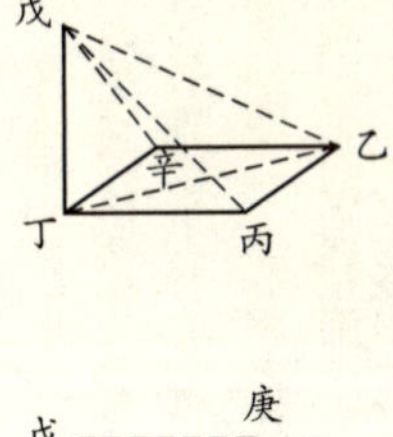

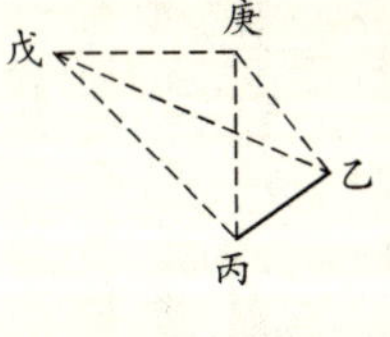

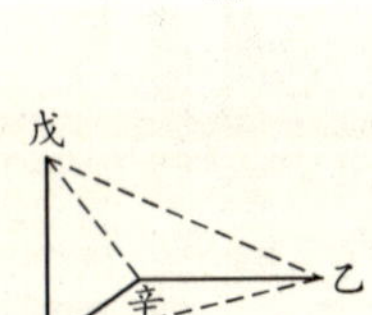

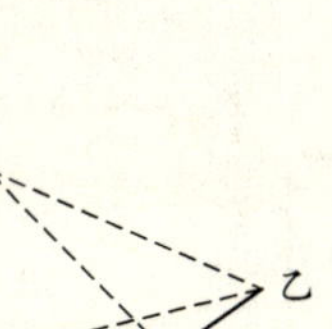

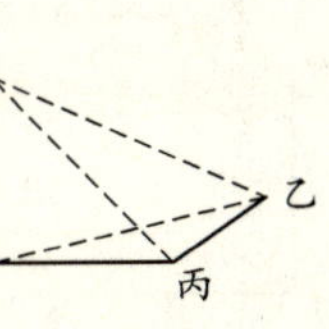

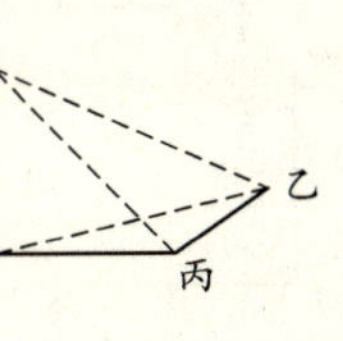

設如上下不等正方體形，上方每邊四尺，下方每邊六尺，高八尺，問積幾何。

法：以上方每邊四尺自乘得一十六尺，下方每邊六尺自乘得三十六尺，又以上方每邊四尺與下方每邊六尺相乘，得二十四尺，三數相併，得七十六尺，與高八尺相乘，得六百零八尺，三歸之，得二百零二尺六百六十六寸有餘，即上下不等正方體形之積也。如甲乙丙丁上下不等正方體形，戊丁上方邊自乘，得甲戊丁己正方面形。庚丙下方邊自乘，得乙庚丙辛正方面形。戊丁上方邊與庚丙下方邊相乘，得壬癸子丑長方面形。將此三方面形相併，與高八尺相乘，得三長方體形。其一上下方面俱如甲戊丁己，其一上下方面俱如乙庚丙辛，其一上下方面俱如壬癸子丑。蓋乙庚丙辛長方體比甲戊丁己長方體多壬癸戊甲、戊寅卯丁、己丁子丑、辰甲己巳四方廉體，又多乙壬甲辰、癸庚寅戊、丁卯丙子、巳己丑辛四長廉體，而壬癸子丑長方體比甲戊丁己長方體多壬癸戊甲、己丁子丑二方廉體，若將其多之六方廉體四長廉體俱截去，則此三長方體之上下方面必皆如甲戊丁己，乃以每一方廉體變爲二塹堵體，每一長廉體變爲三陽馬體，共得十二塹堵體、十二陽馬體。將甲戊丁己類三長方體各加四塹堵體、四陽馬體，則皆成上下不等三正方體，故三歸之，而得甲乙丙丁上下不等一正方體形之積也。

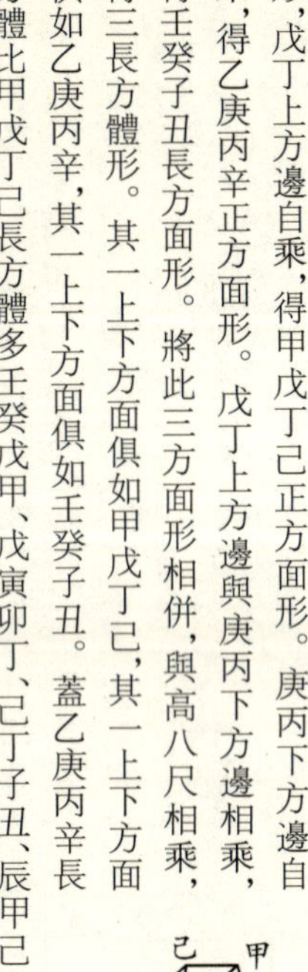

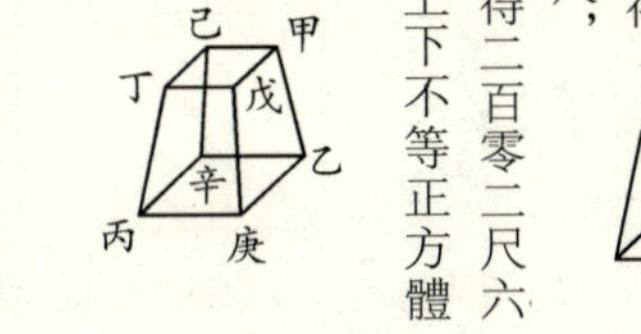

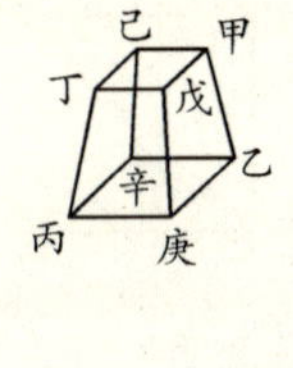

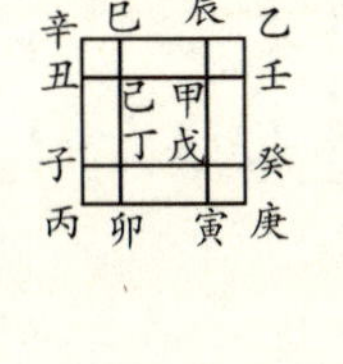

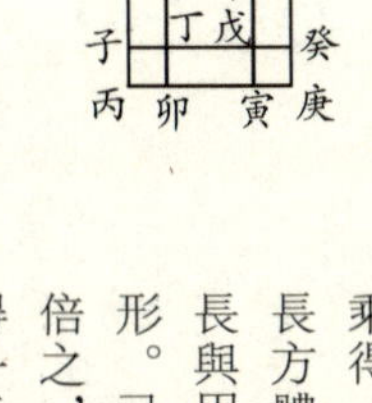

又法：以上方邊四尺與下方邊六尺相減，餘二尺，折半得一尺爲一率，高八尺爲二率，下方邊六尺，折半得三尺爲三率，求得四率二十四尺，爲上下不等正方體形上補成一尖方體之共高。乃以下方邊六尺自乘得三十六尺，與所得共高二十四尺相乘，得八百六十四尺，三歸之，得二百八十八尺爲大尖方體之積。又以高八尺與共高二十四尺相減，餘十六尺爲上小尖方體之高。以上方邊四尺自乘得十六尺，與上高十六尺相乘得二百五十六尺，三歸之，得八十五尺三百三十三寸有餘，爲上小尖方體之積。與大尖方體積二百八十八尺相減，餘二百零二尺六百六十六寸有餘，即上下不等正方體形之積也。如甲乙丙丁上下不等正方體形，加戊甲丁小尖方體形，遂成戊乙丙大尖方體形。先以上方邊與下方邊相減折半如己庚，下方邊折半如己辛，依勾股比例，己庚與壬庚之比，即同於己辛與戊辛之比，以戊辛與乙丙下方面相乘，三歸之，得戊乙丙大尖方體積。以戊癸與甲丁上方面相乘，三歸之，得戊甲丁小尖方體積。於戊乙丙大尖方體積内減去戊甲丁小尖方體積，所餘必甲乙丙丁上下不等正方體形之積也。

設如上下不等長方體形，上方長四尺，闊三尺，下方長八尺，闊六尺，高十尺，問積幾何。

法：以上長四尺與上闊三尺相乘得十二尺，倍之得二十四尺。下長八尺與下闊六尺相乘得四十八尺，倍之得九十六尺。又以上闊三尺與下長八尺相乘得二十四尺。以下闊六尺與上長四尺相乘得二十四尺。四數相併，得一百六十八尺，與高十尺相乘得一千六百八十尺，六歸之，得二百八十尺，即上下不等長方體形之積也。如甲乙丙丁上下不等長方體形，戊丁上長與甲戊上闊相乘，得一甲戊丁庚長方面形。倍之，得二甲戊丁庚長方面形。己庚下長與乙己下闊相乘，得一乙己丙辛長方面形。倍之，得二乙己丙辛長方面形。甲戊上闊與己丙下長相乘，得一壬癸子丑長方面形。乙己下闊與戊丁上長相乘，得一寅卯辰巳長方面形。將此六長方面形相併，與高十尺相乘，得六長方體形。其二上下方面俱如甲戊丁庚，其二上下方面俱如乙己丙辛，其一上下方面俱如壬癸子丑，其一上下方面俱如寅卯辰巳。

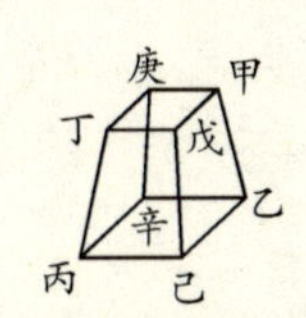

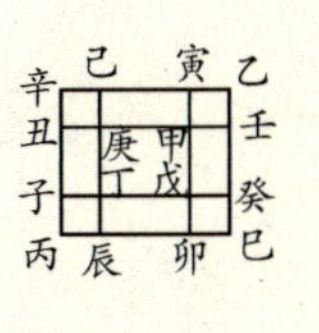

蓋二乙己丙辛長方體比二甲戊丁庚長方體爲多二壬癸戊甲、二戊卯辰丁、二庚丁子丑、二寅甲庚巳八方廉體，又多二乙壬甲寅、二癸巳卯戊、二丁辰丙子、二巳庚丑辛八長廉體。而一壬癸子丑長方體比一甲戊丁庚長方體多一壬癸戊甲、一庚丁子丑、二方廉體。而一寅卯辰巳長方體比一甲戊丁庚長方體多一寅甲庚巳、一戊卯辰丁、二方廉體。若將共多之十二方廉體八長廉體俱截去，則此六長方體之上下方面必皆如甲戊丁庚。乃以每一方廉體變爲二塹堵體，每一長廉體變爲三陽馬體，共得二十四塹堵體，二十四陽馬體。將六長方體各加四塹堵體四陽馬體，則皆成上下不等六長方體，故六歸之，而得甲乙丙丁上下不等長方體形之積也。

又法：以上長四尺倍之得八尺，加下長八尺，共十六尺，與上闊三尺相乘得四十八尺。又以下長八尺倍之得十六尺，加上長四尺得二十尺，與下闊六尺相乘得一百二十尺。兩數相併，得一百六十八尺，與高十尺相乘得一千六百八十尺，六歸之，得二百八十尺，即上下不等長方體形之積也。此法與前法同，此法之以上長倍之加下長與上闊相乘之數，即前法之上長上闊相乘倍之又加上闊與下長相乘之數也。又此法之以下長倍之加上長與下闊相乘之數，即前法之下長下闊相乘倍之又加下闊與上長相乘之數也，圖解並同。

又法：以上長四尺與上闊三尺相乘，得十二尺。下長八尺與下闊六尺相乘，得四十八尺。又以上長四尺與下闊六尺相乘，下長八尺與上闊三尺相乘，共得四十八尺，折半得二十四尺。三數相併，得八十四尺。與高十尺相乘，得八百四十尺，三歸之得二百八十尺，亦即上下不等長方體形之積也。蓋此法與上下不等正方體求積之法同，但正方體上下俱係正方面，故止用上下方邊各自乘，上方邊與下方邊相乘此則上下方面各有長闊既用上方長闊相乘，下方長闊相乘，又必以上長乘下闊，下長乘上闊，相加折半以取中數，乃可相併而與高數相乘，三歸之而得體積也。

又法：以上長四尺與下長八尺相減，餘四尺，折半得二尺爲一率，高十尺爲二率，下長八尺折半得四尺爲三率，求得四率二十尺，爲上下不等長方體形上補成一尖長方體之共高。乃以下長八尺與下闊六尺相乘，得四十八尺，與所得共高二十尺相乘，得九百六十尺，三歸之，得三百二十尺，爲大尖長方體之積。又以高十尺與共高二十尺相減，餘十尺爲上小尖長方體之高。以上長四尺與上闊三尺相乘，得十二尺，與上高十尺相乘，得一百二十尺，三歸之，得四十尺，爲上小尖長方體之積。與大尖長方體積三百二十尺相減，餘二百八十尺，即上下不等長方體形之積也。如甲乙丙丁上下不等長方體形，加戊甲丁小尖長方體形，遂成戊乙丙大尖長方體形。先以上長與下長相減折半如己庚，以下長折半如己辛，依勾股比例，己庚與壬庚之比，即同於己辛與戊辛之比。以戊辛與乙丙下長方面相乘，三歸之，得戊乙丙大尖長方體積。以戊癸與甲丁上長方面相乘，三歸之，得戊甲丁小尖長方體積。於戊乙丙大尖體積內減去戊甲丁小尖體積，所餘必甲乙丙丁上下不等長方體形之積也。

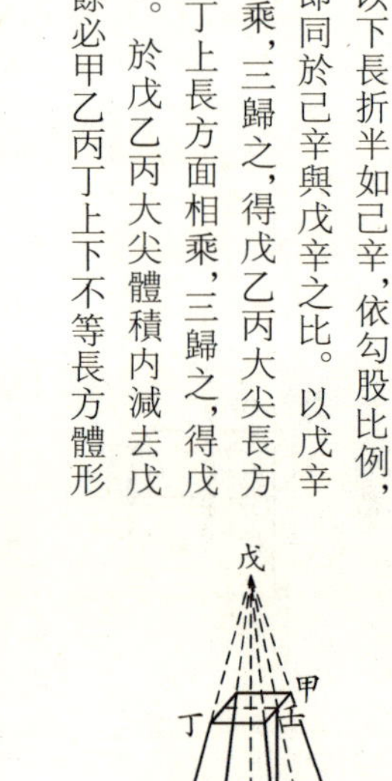

設如上下不等芻蕘體形，上長十尺，下長十四尺，下闊五尺，高十二尺，問積幾何。

法：以上長十尺與下闊五尺相乘，得五十尺。以高十二尺再乘，得六百尺，折半得三百尺，爲上下相等芻蕘體積。又以上長十尺與下長十四尺相減，餘四尺，與下闊五尺相乘，得二十尺，以高十二尺再乘，得二百四十尺，三歸之，得八十尺，與先所得上下相等芻蕘體積三百尺相併，得三百八十尺，即上下不等芻蕘體之積也。如甲乙丙丁戊上下不等芻蕘體形，自其上稜之甲戊兩端直剖之，則分爲甲己辛壬戊一芻蕘體，甲乙丙辛與戊庚壬丁二尖方體，故以與上長相等之己庚與己辛闊與乙丙等。相乘，即得己辛壬庚芻蕘體之底面積。與甲癸高相乘折半，得甲己辛壬戊芻蕘體積。又以甲戊上長與丙丁下長相減，所餘丙辛、壬丁二段即二尖方體之共長，與乙丙闊相乘，得乙辛與庚丁二尖方體之底面積。與高相乘，三歸之，即得甲乙丙辛與戊庚壬丁二尖方體積。與甲己辛壬戊一芻蕘積相加，即得甲乙丙丁戊一上下不等芻蕘體之總積也。

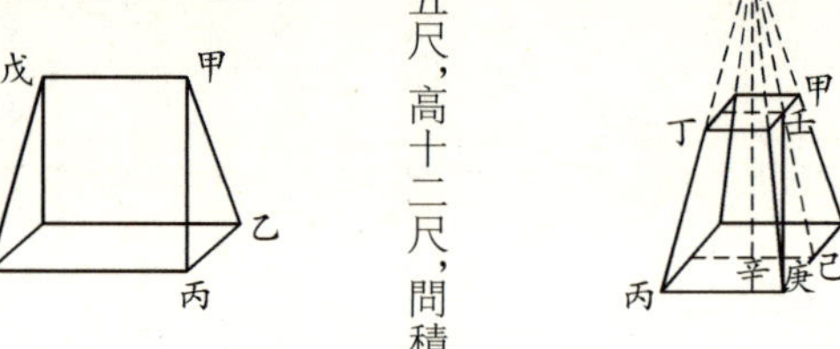

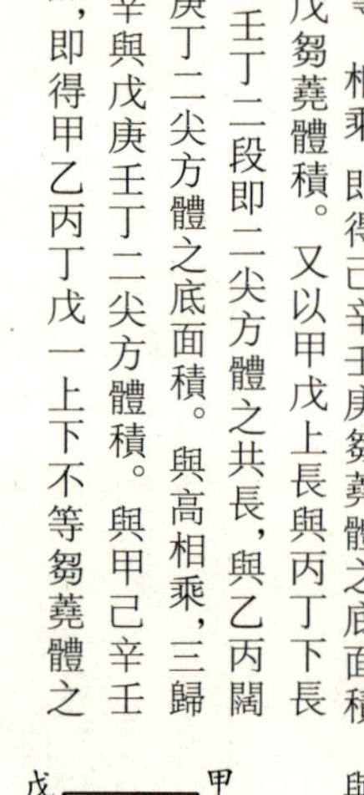

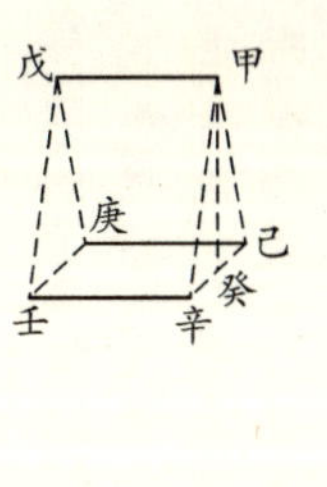

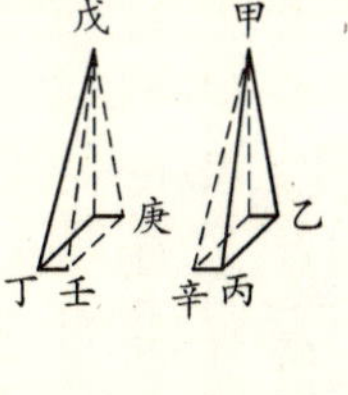

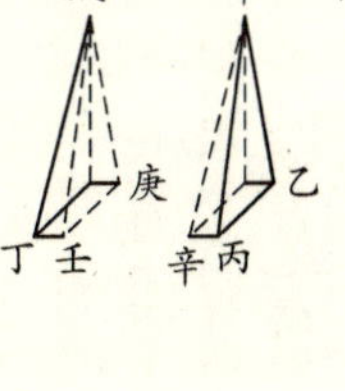

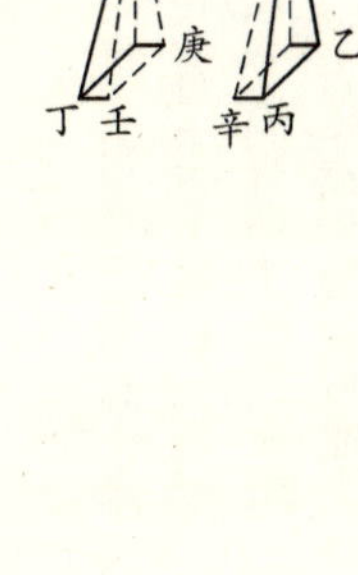

設如兩兩平行邊斜長方體形，長二尺四寸，闊八寸，高三尺七寸，問積幾何。

法：以長二尺四寸與闊八寸相乘，得一尺九十二寸。又以高三尺七寸再乘，得七尺一百零四寸，即兩兩平行邊斜長方體形之積也。如圖，甲乙丙丁戊己斜長方體形，以乙丙闊與丙丁長相乘，得乙丙丁庚長方面積。以戊丙高再乘，成己乙丙丁辛壬長方體。凡平行平面之間所有立於等積底之各平行體，其積必俱相等。見《幾何原本》五卷第十九節。故甲乙丙丁戊己斜倚之長方體，必與己乙丙丁辛壬正立之長方體爲相等也。

設如空心正方體積一千二百一十六寸，厚二寸，問內外方邊各幾何。

法：以厚二寸自乘再乘得八寸，八因之，得六十四寸，與共積一千二百一十六寸相減，餘一千一百五十二寸，六歸之，得一百九十二寸，用厚二寸除之，得九十六寸，爲內方邊與外方邊相乘長方面積。乃以厚二寸倍之得四寸爲長闊之較，用帶縱較數開平方法算之，得闊八寸，即內方邊。得長一尺二寸，即外方邊也。如圖，甲乙丙丁戊己庚辛空心正方體，其甲丑即空心正方體之厚，以之自乘再乘，八因之，得壬辛子癸類八小隅體，與空心正方體相減，則餘空心正方體之六面丑寅巳子類六長方扁體，六歸之，得丑寅巳子一長方扁體，用厚二寸除之，得丑寅卯辰一長方面積。其丑寅闊與戊己等，即內方邊。其丑辰長與甲乙等，即外方邊。其丑戊、辛辰皆與甲丑厚度等，丑戊、辛辰並之，即長闊之較，故以厚二寸倍之爲帶縱，求得闊爲內方邊，長爲外方邊也。

又法：以厚二寸倍之得四寸爲內方邊與外方邊之較，自乘再乘得六十四寸，與空心正方體積一千二百一十六寸相減，餘一千一百五十二寸，三歸之，得三百八十四寸，以內外方邊之較四寸除之，得九十六寸爲長方面積。以內外方邊之較四寸爲長闊之較，用帶縱較數開平方法算之，得闊八寸，即內方邊。加較四寸，得一尺二寸，即外方邊也。如圖，甲乙丙丁戊己庚辛空心正方體，以戊己庚辛空心小正方形移置乙角之一隅，則空心正方體變爲甲戊辛庚丙丁壬磬折體形，共甲戊即磬折體之厚，爲甲乙外方邊與戊己內方邊之較，依開立方次商法分之，得癸子丑三方廉體、寅卯辰三長廉體、巳一小隅體。以甲戊厚度自乘再乘，得巳一小隅體，與共積相減，餘三方廉體、三長廉體。三歸之，則餘癸一方廉體、寅一長廉體，共成午甲乙庚未申一扁方體，其午甲厚與甲戊等，以午甲厚除午甲乙庚未申扁方體，則得甲乙庚未之長方面形，甲戊即長闊之較，故用帶縱較數開平方法算之，得乙庚闊與戊乙等，即空心方體之內方邊，以甲戊與戊乙相加得甲乙，即空心方體之外方邊也。

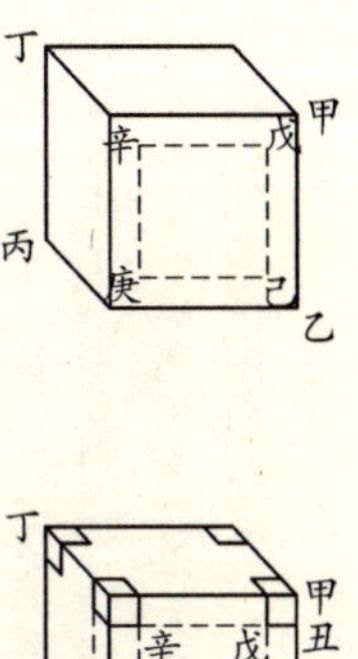

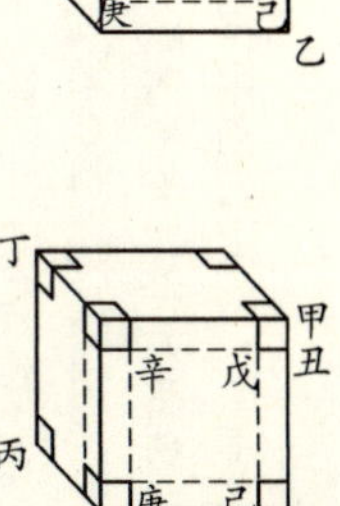

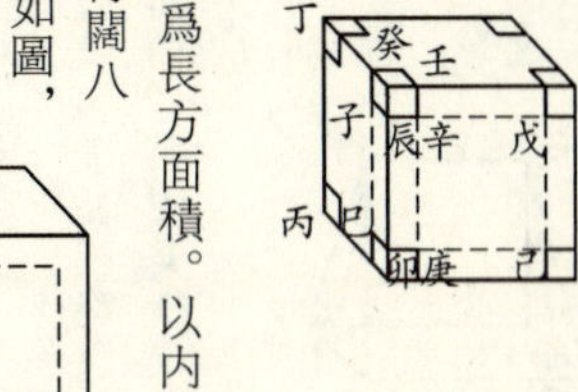

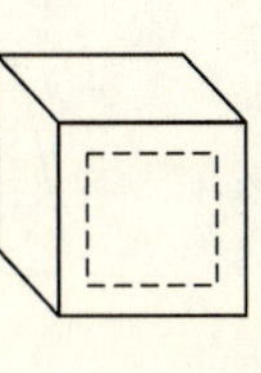

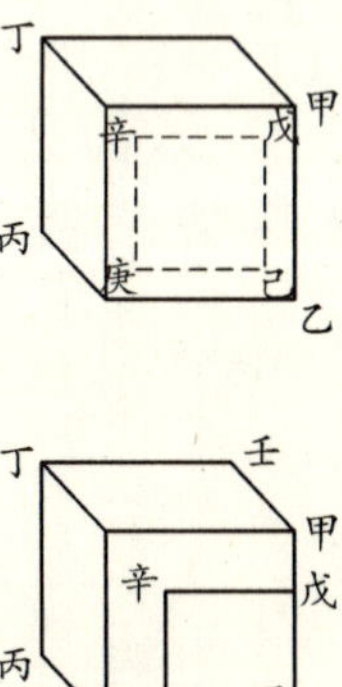

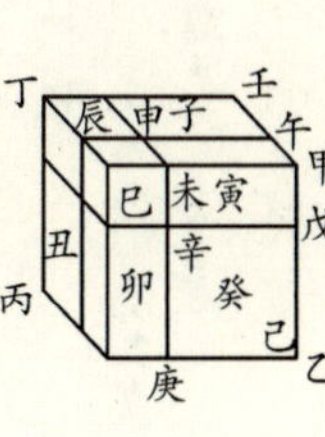

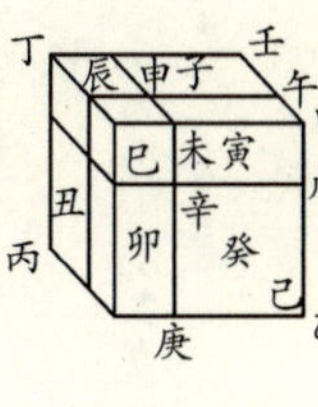

設如大小兩正方體，大正方體比小正方體每邊多四寸，積多二千三百六十八寸，問大小兩正方邊各幾何。

法：以大正方邊比小正方邊所多之較四寸自乘再乘，得六十四寸，與大正方體比小正方體所多之積二千三百六十八寸相減，餘二千三百零四寸，三歸之，得七百六十八寸，以邊較四寸除之，得一百九十二寸爲長方面積。乃以邊較四尺爲長闊之較，用帶縱較數開平方法算之，得闊十二尺，即小正方之邊數。加較四尺得十六尺，即大正方之邊數也。如圖，甲乙丙丁一大正方體，戊己庚辛一小正方體，試於甲乙丙丁大正方體減去戊己庚辛小正方體，餘壬甲戊辛庚丙丁三面磬折體形，即大正方積比小正方積所多之較。甲戊爲磬折體之厚，即大正方邊比小正方邊所多之較。此三面磬折體形依開立方次商法分之，則得癸子丑三方廉體、寅卯辰三長廉體、巳一小隅體，以甲戊邊較自乘再乘，得巳一小隅體，與磬折體積相減，餘三方廉體、三長廉體，三歸之，則得癸一方廉體、寅一長廉體，共成午甲乙庚未申一扁方體，其午甲厚與甲戊等，以午甲厚除之，則得甲乙庚未之長方面形，甲戊即長闊之較，故用帶縱開平方法算之，得乙庚闊與戊乙等，即小正方之邊數，以甲戊與戊乙相加得甲乙，即大正方之邊數也。

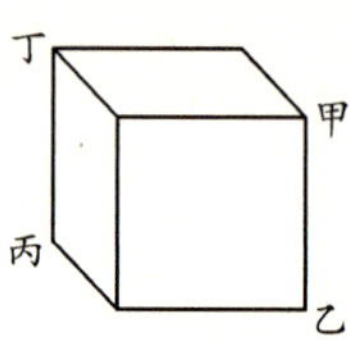

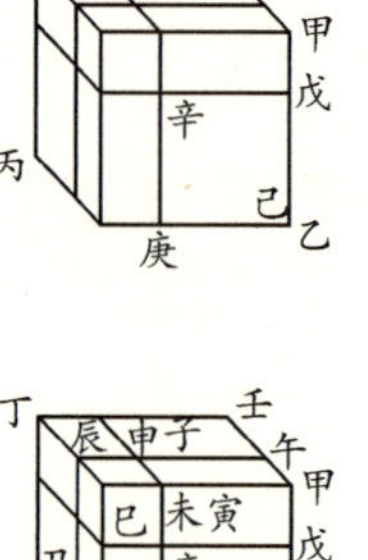

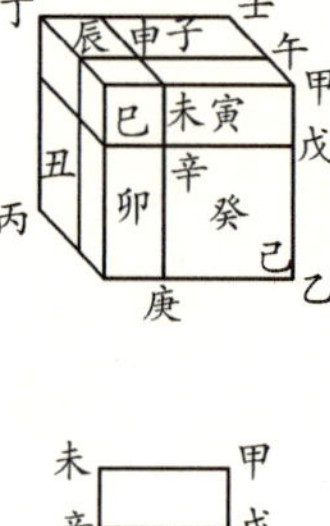

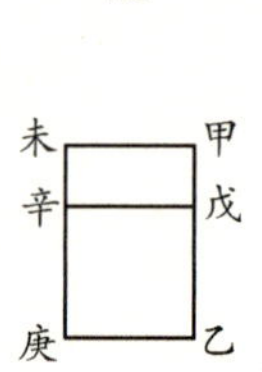

設如大小二正方體，共邊二十四尺，共積四千六百零八尺，問兩體之每邊及體積各幾何。

法：以共邊二十四尺自乘再乘，得一萬三千八百二十四尺，內減共積四千六百零八尺，餘九千二百一十六尺，三歸之，得三千零七十二尺，以共邊二十四尺除之，得一百二十八尺爲長方面積。乃以共邊二十四尺爲長闊和，用帶縱和數開平方法算之，得闊八尺，即小正方之邊數。與共邊二十四尺相減，餘十六尺，即大正方之邊數也。如圖，甲乙丙丁一大正方體，戊己庚辛一小正方體，以共邊二十四尺自乘再乘，則成壬乙癸子一總正方體。內減甲乙丙丁與戊己庚辛大小兩正方體之共積，餘丑寅卯三方廉體、辰巳午三長廉體，三歸之，則得丑一方廉體、辰一長廉體，共成未壬乙丙戌申一扁方體。用壬乙共邊除之，則得未壬戌申之長方面形，其未壬闊與壬甲等，其壬戌長與甲乙等，故以壬乙共邊爲長闊和，用帶縱和數開平方法算之，得未壬闊，即小正方之邊數。與長闊和相減，餘壬戌長，即大正方之邊數也。

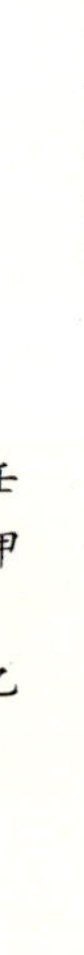

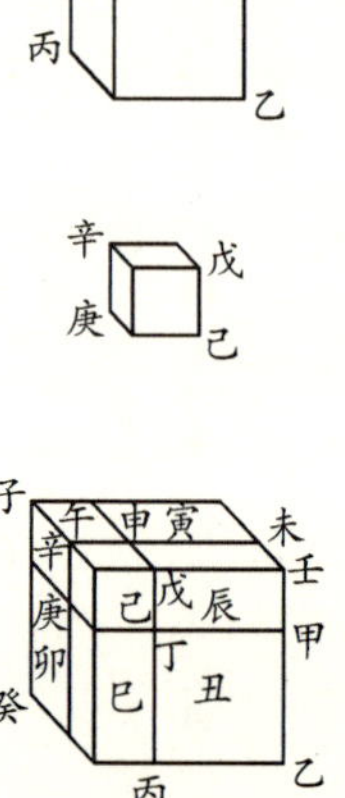

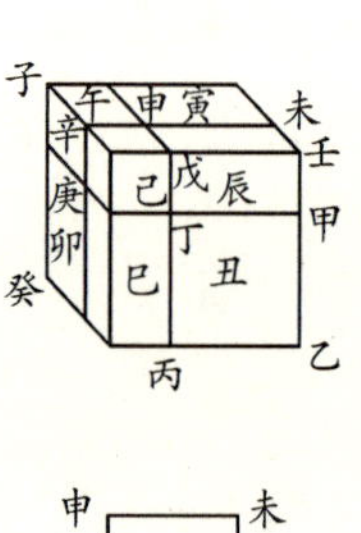

等面體分部

算法

清·梅文鼎《幾何補編一》 四等面形算法

先算平三角。

平三角形三邊同者，求得中長線。乙甲。其三之一，即內容平圓半徑，心甲。其三之二，即外切圓之半徑。乙心或乙丙。

又法：以邊半之，丙甲。自乘得數。丙庚方。取其三之一，開方甲壬小方。得容圓之半徑。壬癸、或甲癸，俱與心甲等。又取自乘數，丙庚方。三分加一，丙庚方加壬甲小方。并而開方，得外切圓之半徑。丙心。

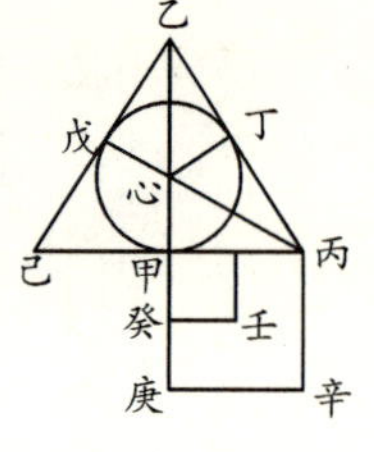

論曰：三邊角等，則半邊之角六十度，丙心甲角。其餘角三十度。心丙甲角。內容圓半徑爲三十度之正弦，心甲。外切圓半徑如全數，丙心。其比例爲一與二，故內容圓半徑心甲。正得外切圓半徑丙心。之半也。

形內，丙心甲與乙心丁兩小句股形相等，又並與乙甲丙大句股形相似。何則？乙角、丙角並分原等角之半，丁、甲等爲正角，則三角皆等，而邊之比例等。而大形之句丙甲。既爲其弦乙丙。之半，則小形之句心丁亦即心甲。自必各爲其弦心乙亦即心丙。之半。故知心甲原同心丁。爲丙心之半也。

心甲既爲心丙之半，則心甲一，心丙必二，而丙戊必三矣。乙甲同。何也？以乙心與丙心同爲二，心甲與心戊同爲一也，聯心乙二與心甲一，豈不成三？今以内圓半徑爲股，心甲。外圓半徑爲弦，心丙。三邊之半爲句，丙甲。成心甲丙句股形。則心丙自乘内，弦冪。有心甲股冪。及甲丙句冪。兩自乘之積也。而心甲股與心丙弦，既爲一與二之比例，則心甲之冪一，心丙之冪必四也。以心甲股冪一減心丙弦冪四，其餘積三，即丙甲句冪矣。故心甲之冪一，則丙甲之冪三，心丙之冪四。今先得邊，故以丙甲三爲主，而取其三之一爲心甲股冪，又於丙甲三加三之一爲四，即成心丙弦冪也。

以上俱明三等邊平面之比例。

今作四面等體求其心。

法：自乙頂向子向甲剖切之，成乙子甲三角面。

心者面之心，中者體之心，前圖所謂心者，面之心也。今所求者體之心，即後圖所謂中也，故必以剖而後見。

合形

剖形

次求甲丑線。

乙子邊平分於丑，從丑向甲得垂線，此丑甲垂線在體中必小於乙甲在外之垂線。故乙甲如弦，丑甲如股，乙丑如句也。法以乙甲弦自乘，内減乙丑句冪，餘爲股冪，開方得丑甲。

又法：準前論，乙丑之冪三，即丙甲，皆半邊故。則乙甲之冪九。乙甲三倍大於心甲。故心甲冪一，則乙甲冪九。以三減九餘六，亦即甲丑股冪矣，以開方得甲丑。捷法：倍原半邊甲丙自乘數，以開方得甲乙中垂線。或半原邊丙己自乘之數，開方亦得甲丑。丙甲之冪三，乙丑同。則甲丑之冪六，而丙己之冪十二也。甲丑與丙己冪積之比例爲一與二。

次求心中線。

捷法：但半心甲自乘，即心中冪。

論曰：心甲與心中猶甲丑與乙丑也，甲丑冪與乙丑冪爲六與三，則心甲與心中之冪亦如二與一。

又捷法：心中之冪一，心甲之冪二，則乙丑之冪六，即丙甲。而心丙之冪八，亦即乙心。俱倍數。

但以半邊乙丑或丙甲之冪取六之一，即心中冪，開方得心中，即四等面形内容小渾圓之半徑也。心中線者，即各面之心至體心也，故爲内容小渾圓半徑。以心中之冪一，句。加乙心之冪八，股。并之爲弦冪九，開方得中乙，或中子，或用前總圖，則爲甲丙，爲甲己並同。是即四等面形外切渾圓之半徑也。外切圓之冪九，中乙。内切圓之冪一，心中。得其根之比例爲三與一。故四等面形内容渾圓之徑一，則其外切渾圓之徑三。

又捷法：但以乙丑半邊之冪加五，即二之一。爲中乙或中子等冪，開方得外切圓之半徑。蓋乙丑之冪六，中乙之冪九，其比例爲一有半也。

此四邊不等形又爲三角立錐形。爲四等面形四之一，各自中切至邊線成此形。其底三邊等，即四等面形之一面。其高爲中心，即内容小渾圓之半徑。其中乙等三楞線三倍大於中心之高，即外切渾圓之半徑。

取四等面形全積捷法：

先取面冪。即前圖乙己丙平面，依前比例求其冪。以内容圓半徑心中。乘之，得數四因三歸見積。

法曰：丙甲半邊之冪三，則甲乙中長之冪九，開方得中長。乙甲。以乘丙甲，得乙己丙三等邊之冪積，即四等面形之一面也。

次求本積四之一。即各面輳心剖裂之形，如右圖。

丙甲半邊之冪六，則中心之冪一，開方得中心高，以乘所得面冪，而三分取其一，即爲四等面形四之一。於是四乘之，即爲全積也。

又捷法：以丙甲乘心甲，又以中心乘之，即得本形四之一。即同三除。以心甲爲乙甲三之一故也。

此帶縱小立方形與右圖四等面形四之一等積。

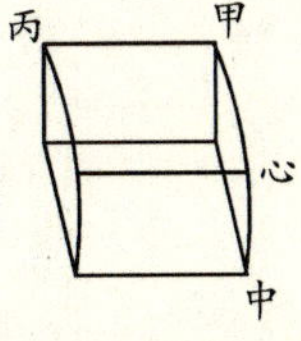

又捷法：以丙己全邊亦即丙乙。乘乙心，再以中心乘，即得本形全積。乙心爲心甲之倍數，丙己爲丙甲之倍數，用以相乘，則得丙甲乘心甲之四倍數也。

邊設一百，依上法求容。

丙己邊一百，其冪一萬。丙甲半邊五十，其冪二千五百。三因之，得七千五百，爲乙甲中垂之冪。丙甲股冪減丙己弦冪得句冪也，丙己亦即丙乙。平方開之，得八十六六〇二五爲乙甲。其三之一，得二十八八六七五爲心甲。其三之二，得五十七七三五爲心乙。又置丙甲冪二千五百，取六之一爲心中冪，得四百一十六六六不盡。開方得心中之高二十零四一二四，亦即內容渾圓之半徑。

依上法：以丙己全邊一百乘乙心五十七七三五，得五千七百七十三半。又以心中二十零四一二四乘之，得全積一十一萬七千八百五十一弱。與《曆書》微不同。

四等面體求心捷法：

準前論：心中冪一，則心甲冪二。中乙冪九，乙丑冪六。以句股法考之，則中甲與中丑之冪俱三也。何也？心中甲句股形，以中甲爲弦，故心中句冪一，心甲股冪二，并之爲中甲弦冪三也。而乙中丑句股形，以中丑爲句，故乙中弦冪九，內減乙丑股冪六，其餘爲中丑句冪亦三也。

由是徵之，則中丑與中甲正相等。但如法求得甲丑線折半得中點，即爲體心。

又捷法：取乙丑冪即原設邊折半自乘。半之，爲中丑冪。開方得中丑，亦得甲中。或乙子全邊自乘取八之一爲甲中冪亦同。中丑即原邊乙子距體心之度，甲中即原邊丙己距體心之度，而中爲體心。

想甲點在丙己邊折半之處，今從側立觀之，則線化爲點。而丙己與甲成一點，故從丙己原邊依楞直剖至乙子對邊，即成甲丑線，其線即所剖面之側立形。

此圖即前圖甲丑線所切之面，蓋面側視，則成線矣。

原設四等面全形，今依子丑乙楞至甲，則成縱剖圖，故甲點內有丙己線。若依丙甲己楞剖至丑，則成横剖圖，故丑點內有子乙也。

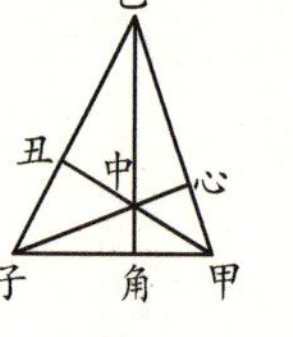

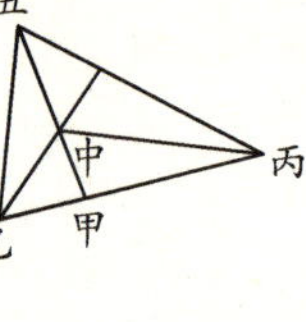

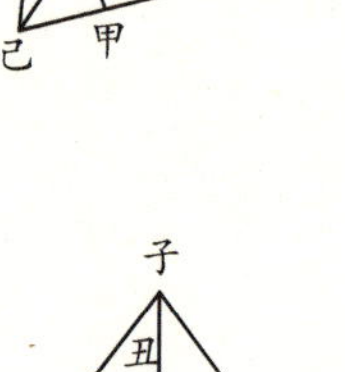

縱剖有三：依子乙楞剖至甲，而平分丙己邊於甲，一也。依丙乙楞剖而平分子己邊，二也。依己乙楞剖而平分子丙邊，三也。

横剖亦三：依丙己楞剖至丑，而平分子乙邊於丑，一也。依子丙邊剖而平分乙己邊，二也。依子己楞邊剖而平分丙乙邊，三也。其所剖之面並相似，皆以中點爲三對角垂線相交之心。

一率　一一七八五一　例容

二率　一〇〇〇〇〇〇例邊之立方積

三率　一〇〇〇〇〇〇設容

四率　八四八五二九〇設邊之立方積

開方得根二百〇四弱，爲公積一百萬之四等面體楞，與比例規解合。

若商四數，則其平廉積四十八萬，長廉積九千六百，其隅積六十四，共得四十八萬九千九百六十四，不足四千三百七十四爲少百分之一弱，故《比例規解》竟取整數也。

計開四等面諸數

邊一百積一十一萬七八五一。

積一百萬邊二百〇三九六。

內容渾圓全徑四十〇八二四八。外切渾圓全徑一百廿二四二〇〇。

互剖求心之圖

設邊一百，其冪一萬。丙己、乙子、乙丙、乙己、子丙、子己並同，爲外切渾圓徑冪三之二。

半邊五十，其冪二千五百。丙甲、甲己、乙丑、丑子等並同，爲邊冪四之一。

斜垂線之冪七千五百，乙心甲、子角甲、丙亢丑、己氐丑並同，爲邊冪四之三。

其根八十六六〇二五。

斜垂線三之二二十八八六七五，其冪八百三十三三三，即外切渾圓徑冪十八之一，爲邊冪十二之一。即各面內容平圓半徑。心甲、角甲、亢丑、氐丑並同。

互剖求心之圖

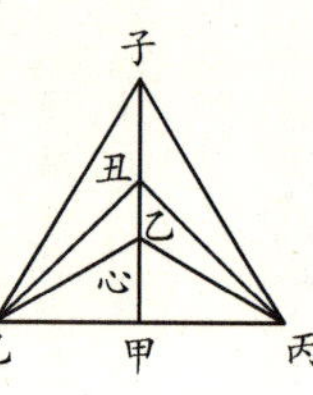

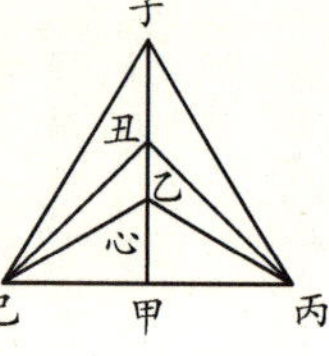

斜垂線三之二五十七七三五〇，其冪三千三百三十三三三。乙心、子角、丙亢、巳氐並同。

內容渾圓半徑二十〇四一二四，其冪四百一十六六六六不盡，爲邊冪二十四之一，即外切渾圓三十六之一。即分體中高。心中、角中、亢中、氐中並同。若內圓全徑之冪，則一千六百六十六六六六。爲邊冪六之一，外切渾圓徑冪九之一。

外切渾圓半徑六十一二三七二，其冪三千七百五十，即分體之立面楞。乙中、子中、丙中、巳中並同。四因之，爲渾圓全徑，冪一萬五千，其徑一百二十二四七四四。又外切正相容之立方，其冪五千，爲四等面邊冪之半，即斜方之比例，又爲外切渾圓徑冪三之一。

一率　外切渾圓徑一百二十二四七四四
二率　四等面之邊一百
三率　渾圓徑一百
四率　內容四等面邊八十一六四九六

又捷法：渾圓徑冪一萬五千，則內容四等面邊冪一萬，或內容立方面之斜亦同爲渾圓徑冪三之二。若設渾圓徑一百，其冪一萬，則內容四等面邊之冪六千六百六十六六六，亦三之二也。

平方開之，得八十一六四九六爲四等面邊，即內容立方之斜。內容立方面冪三千三百三十三三三，爲渾圓徑冪三之一，即方斜之半冪，亦即四等面邊冪之半。

平方開之，得五十七七三五，是爲渾圓徑一百內容立方之邊，亦即渾圓內容立方，立方又容小圓之徑。

若於四等面內又容渾圓，則其徑冪一千一百一十一一一，爲渾圓徑冪九之一，爲四等面冪六之一，立方面冪三之一。

開得平方根三十三三三不盡，冪九之一，則其根必三之一也。爲內容小渾圓之徑。以徑乘冪，得三萬七千〇三十七爲徑上立方積。以十一乘十四除，得二萬九千一百〇〇半爲圓柱積。柱積取三之二，得一萬九千四百爲小渾圓積，得大渾圓二十七之一。以小渾圓積二十七因之，得五十二萬三千九百爲四等面外切大渾圓積。即徑一百之渾圓積也。

互剖求心說。

凡四等面體，任以一尖爲頂，則其垂線爲自尖至相對之平面心。亦即平面容圓之心。而以餘三尖爲底，其垂線至底之點，旁距三尖皆等，即乙心、丙心、己心三線之距心背等。而以子尖爲頂，其垂線爲子中心，其底爲乙丙己平三角面，餘倣此。此爲正形。各尖皆可爲頂，其法並同。若以子中心垂線爲軸而旋之，則成圓角體。

凡四等面體，任平分一邊，而平分之點爲頂，以作垂線，則其垂線自此點至對邊之平分點。而以對邊爲底，底無面但有邊，底邊與頂邊相午直，正如十字形。

假如以子乙邊平分於丑，以線綴而懸之，則其垂線至所對丙己邊之平分。正中爲甲點，其線爲丑中甲。而子乙邊衡於上，則丙已邊縱於下。正如十字無左右之欹，亦無高下之微差也。若以丑中甲垂線爲軸，旋之則成圓柱體。

八等面形

第一合形

甲丁、甲丙、甲己、甲戊、丁丙、丙己、己戊、戊丁、戊乙、己乙、丁乙、丙乙，

以上形外之楞，凡十有二，即根數也，其長皆等。

或設一百爲一楞之數，則十二楞皆一百也。

甲丁戊、甲戊己、甲己丙、甲丙丁、丙丁乙、己丙乙、戊己乙、丁戊乙，以上形周之分面，凡八，皆等邊平三角形也，其容積其邊皆等。

或設一百爲邊數，則三邊皆一百。而形周之分面八皆三邊，邊皆一百也。

第二橫切形二

甲丁丙己戊，爲上半俯形。

丁丙己戊乙，爲下半仰形。

右二形各得合形之半，皆從丁戊楞橫剖至己丙。一俯一仰，皆方錐扁形。丁丙己戊爲方錐之底，其邊皆等，其從四角湊至頂之楞皆與底之邊等。

第三直切形四

從甲尖依前後楞直剖過丁己至乙尖，成左右兩形。

從甲尖依左右楞直剖過丙戊至乙尖，成前後兩形。

此四形者，一切皆與仰、俯二形同。但彼爲眠坐之體，故爲方錐。仰者即倒卓方錐。而此則立體，即如打倒方錐之形也。

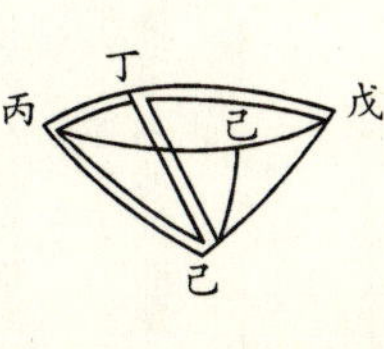

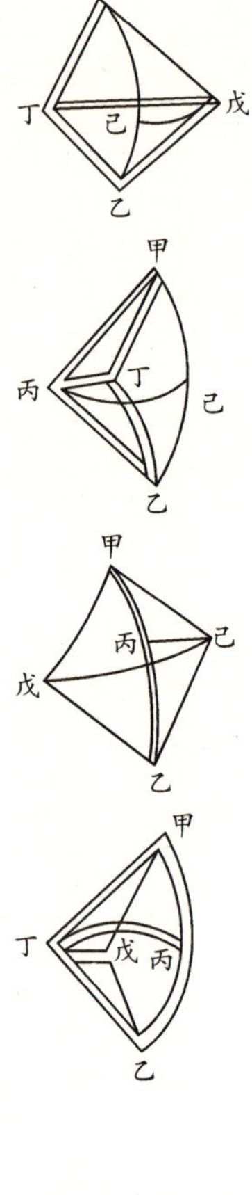

第四横切之面一，直切之面二

因横剖得正方平面，在立方錐以此爲底，倒方錐以此爲面，在合形則爲腰圍。其己丁及丙戊兩對角斜線相交於心，即兩直切之界也。心即合形中心。

因直剖得斜立方面二，其己丁及戊丙横對角線，即横切之界。其從甲至乙垂線，即直剖之界，如立面在前後互剖之形。則此線爲左右直剖之界，彼此互爲之也，亦即爲全形之中高徑線，以此知八等面之中高線爲方斜之比例。

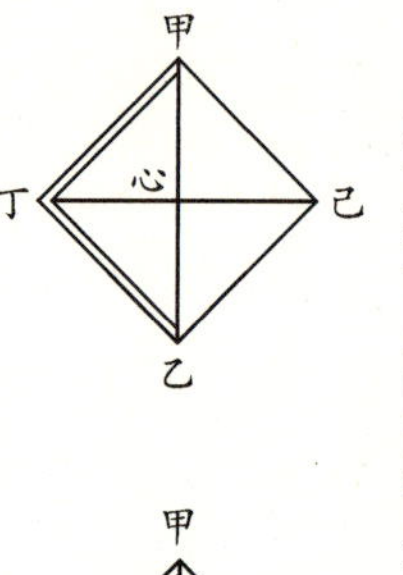

横切之面

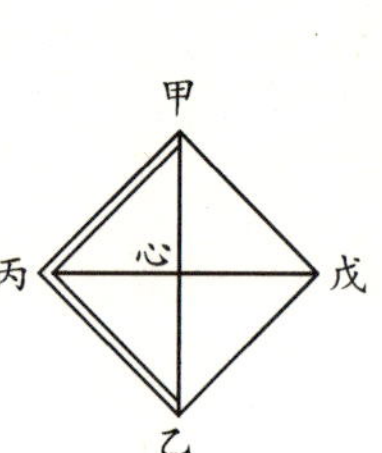

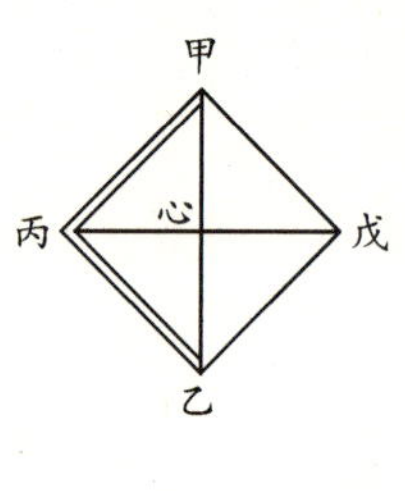

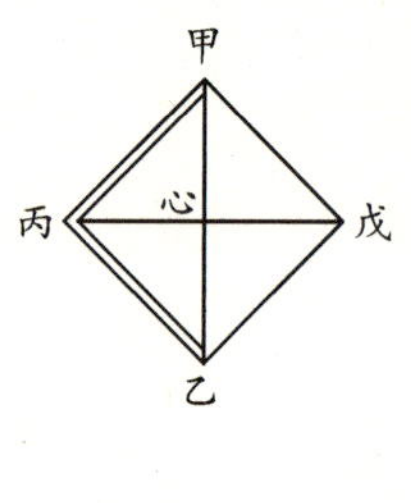

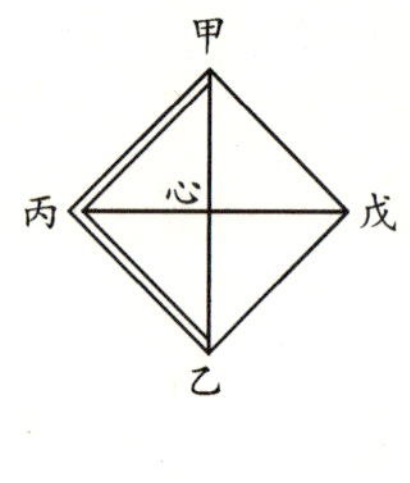

第五分形

因横剖及兩直剖分總形爲八，皆三角錐形也。

皆以等邊平三角形面爲錐形之底，而以横直剖線相交處之點爲其鋭頂，即合形之中心也。

其自頂心至角之楞皆等，皆邊線之方斜比例也。底線爲方，則此線爲其斜之半。而此楞線又即爲八等面形之外切圓之半徑。

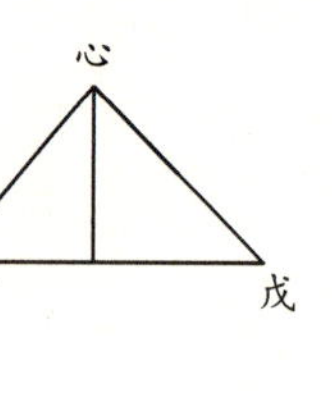

分形正面

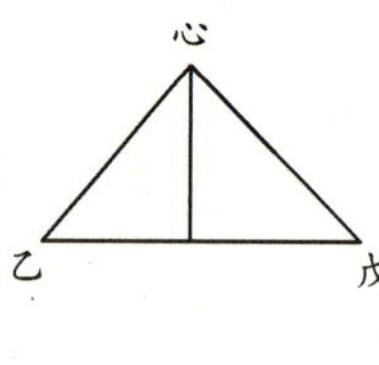

分形側面

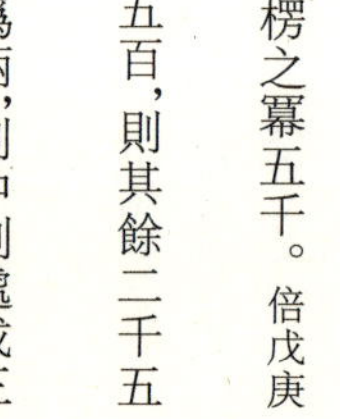

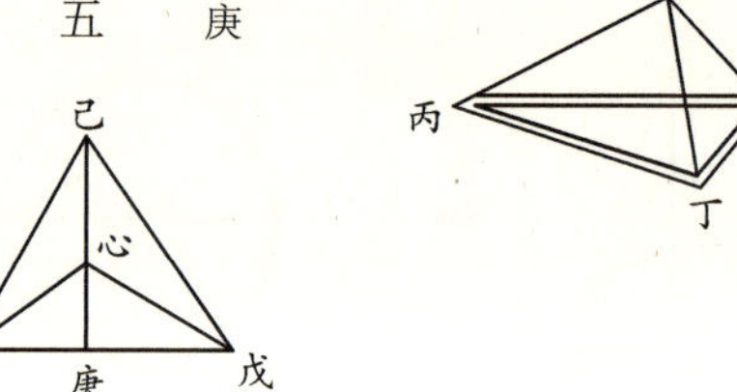

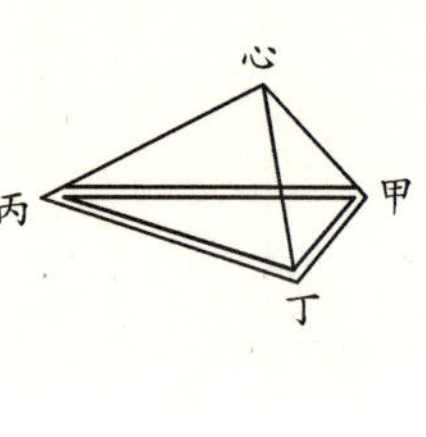

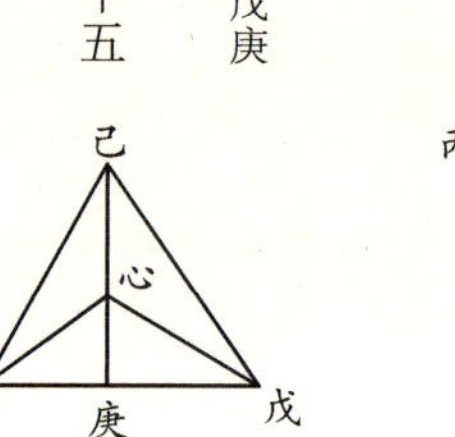

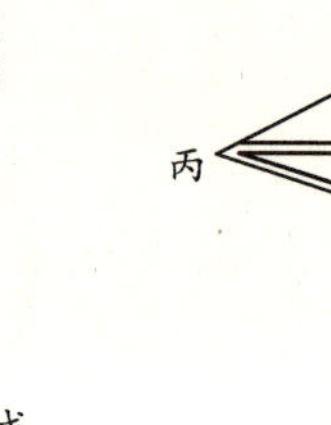

算分形

設己戊邊一百，其冪一萬，則心戊楞之冪五千。倍戊庚半邊之冪，爲半斜冪也。戊心之冪五千，内減戊庚冪二千五百，則其餘二千五百爲心庚之冪，故心庚必與戊庚等。

從心頂對己庚楞，直剖至庚，分形爲兩，則中剖處成三角平面。己庚者，乙己戊等邊三角平面之中垂線也，其冪爲邊四之三。設邊一百之冪一萬，則己庚之冪七千五百。

庚辛者，平面三角容圓之半徑也。得己庚三之一，其冪則九之一也。己庚之冪七千五百，則庚辛之冪八百三十三三三三。辛點即各三角平面之中心。以庚辛冪八百三十三三三三，減心庚冪二千五百，得心辛冪一千六百六十六。開方爲心辛，即分形之中高也，求得分形中高四十〇八二四七。

依平面三等邊法，設邊一百，其中長線八十六六〇二五，其冪積得四千三百三十〇一二五〇。取平冪三之一，得一千四百四十三三七五〇。以乘中高，得分形積五萬八千九百二十五三五一三。再以八因之，得總積四十七萬一千四百〇二八一〇四，與總算合。

設八等面之邊一百，其冪一〇〇〇〇，即横剖中腰之正方。半之爲每角輳心之線之冪，得〇五〇〇〇。此線即分形自底角輳頂心之楞，如心戊、心己、心乙。又爲八等面形外切渾圓之半徑。又半之爲分形每面自頂至邊斜垂線之冪，即心庚。得〇二五〇〇。此線即設邊之半，其冪爲設邊四之一。

設半邊之冪，取其三之二爲分形中高線之冪，即心辛。得〇一六六六六不盡，又爲八等面形內容渾圓之半徑。

捷法：取八等面，設邊之冪六而一爲八分體中高之冪，開方得中高。

假如設邊一百，其冪一萬，則分體中高之冪一千六百六十六不盡，求其根得四十〇八二四八。以中高乘三角平面冪，三除之得分體，八因之得全積。

又捷法：八等面，設邊之冪取三之二爲體內容渾圓之徑冪，開方得內容渾圓徑，折半爲八分體中高。

假如設邊一百，其冪一萬。則內容渾圓之徑冪六千六百六十六不盡，求其根得八十一六四九六。折半爲分體中高。

或竟以內容渾圓全徑乘設面三角平冪，四因三除之，得全積。

又捷法：

八等面，設邊之冪倍之爲體外切圓徑冪，開方得徑以乘設邊之冪，即腰廣平方。得數三歸見積。

假如設邊一百，其冪一萬，其斜如弦。弦之冪倍方冪得二萬，求其根得一百四十一四二一三。以乘腰廣一萬，得一百四十一萬四千二百一十三。三除之，得總積四十七萬一千四百〇四。

一系：八等面體之邊上冪與其外切渾圓之徑上冪，其比例爲一與二。方斜比例。

一系：八等面體之邊上冪與其內容渾圓之徑上冪，其比例爲三與二。

一系：八等面體外切渾圓之徑上冪與其內容渾圓之徑上冪，其比例爲三與一。

準此而知，八等面內容渾圓，渾圓內又容八等面，其渾圓外切之八等面邊或徑上冪，與內容之八等面邊或徑上冪，其比例亦必爲三與一也。

計開八等面形諸數

設邊一百，其積四十七萬一四〇四。與《曆書》所差甚微。

其體外切渾圓之徑一百四十一，內、外兩渾圓之徑冪爲三與一，其根約爲四與七而强。體內容渾圓之徑八十一。

八等面外切立方徑一百四十一，方斜比例也，與外切渾圓同。八等面內容立方徑四十七。

內、外切大、小立方之徑之比例爲三與一，內、外兩立方之積之比例爲二十七與一。

若渾圓內容立方，立方內容八等面體，八等面體內又容渾圓，則大小兩渾圓之徑，亦若三與一，其積亦若二十七與一。

一率　四七一四〇四　例容

二率　一〇〇〇〇〇〇例邊之立方

三率　一〇〇〇〇〇〇設積

四率　二一二一三二〇設邊之立積　開立方得根一百二十八，爲公積

一百萬之八等面根。與《比例規解》合。

又《幾何補編二》　二十等面體

凡二十等面體，其面之邊皆等，而皆斜交，故邊皆高於面。面之中心如己、如庚是距體心最近之處，故爲內容渾圓及十二等面所切之點也。

邊之兩端，又高於其折半之處。邊所輳爲尖，如甲、如戊、如乙、如心等，是距體心最遠之處，故爲外切渾圓及外切十二等面之尖也。其各邊折半之點，如寅、如卯，其距體心在近遠酌中，爲外切立方之半徑。其內切之己、庚，外切之甲、戊、乙心等，賴寅卯距心之線爲用，然後可知，故其用最要。

二十等面從腰橫剖所成之面。十二等面從腰橫剖，其根亦同。

問各邊既高於面，而又斜交，何以能橫切成平面乎？曰：從右圖觀之，甲、戊尖最高，則其所對之乙心等邊似平矣，而乙心等尖亦高。則其所對之甲戊等邊又平，一高一平，彼此相制，而成相等之距。故寅卯等折半之處，其距體心皆等，聯之爲線，即成相等之線，而皆平行也。

然則，何以知其爲十等邊平面？曰：准右圖，上下各五面，其腰圍亦上下各五面，而犬牙相錯成十面。今各從其半邊剖之，則必爲十邊平面無疑也。

如圖，奎卯寅十等邊平面，以中爲心。中寅、中卯皆原體心與其邊折中處相距之半徑，亦即爲外切立方之半徑也。於前圖作外切之奎角卯寅平圈，則寅卯等即爲分圓線，乃全圈十分之一，當三十六度。

二十等面分體之圖

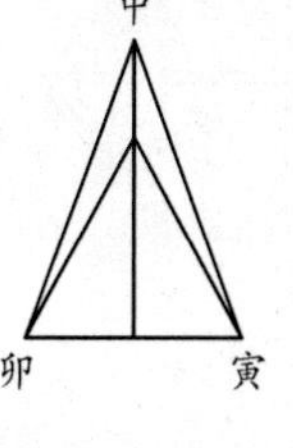

甲戊心爲二十等面之一面，其三邊等，中爲體心。

甲中、戊中、心中，皆各面之鋭角距體心之線，又爲體外切渾圓及外切十二等面之半徑。

以甲戊心面爲底，依甲中、戊中、心中三線，剖至體心中成三角錐體，爲二十等面體二十之一。

錐體之底，各以其三邊半之，於寅、於辰、於卯，從此三點作線，而體心之中點，皆爲錐體各立面之斜垂線。如辰中，即爲甲中戊立面之斜垂線；寅中，爲甲中心立面之斜垂線；卯中，爲戊中心立面之斜垂線。並同。

又聯寅卯辰三點，爲寅卯、卯辰、辰寅三線，成寅卯辰小等邊平三角面，以此爲底，依寅中、卯中、辰中三斜垂線，剖至體心之中點成小三角錐體，其積爲大三角錐四之一。其寅卯等邊爲原邊二之一。原設邊一百，則寅卯五十。其己點爲三角面之中心，大小並同。己中即分體之中高，大小錐體同。是即內容渾圓之半徑，亦即內容十二等面體各尖距其體中心之半徑。其辰中卯、寅中卯、卯中辰皆立三角面，皆爲横剖成十等邊平面之分形。故寅卯與寅中之比例，若理分中末線之大分與其全數也。

今求寅中線。即外切立方半徑，卯中亦同。

一率　理分中末之大分　六十一八〇三三九八

二率　全數　一百

三率　寅卯剖形十等邊之一即原邊之半。五十

四率　寅中　八十〇九〇一七

按：寅中線爲量體之主線，既得此線，即可以知餘線，而此線實生於理分中末線。《幾何原本》謂理分中末線爲用最廣，蓋謂此也。理分中末線詳十八卷《幾何通解》。

次求己中。即內容渾圓及十二等面之半徑。

甲戊邊設一百，半之於寅，作寅己垂線至己心。乃平面心。己寅二十八八六七五爲句，其冪八百三十三三三三三。捷法：取邊冪十二之一得之。寅中八十〇九〇一七爲弦，其冪六千五百四十五〇八五〇。內減句冪，餘五千七百一十一七五一七。開方得股，爲己中七十五五七六一。

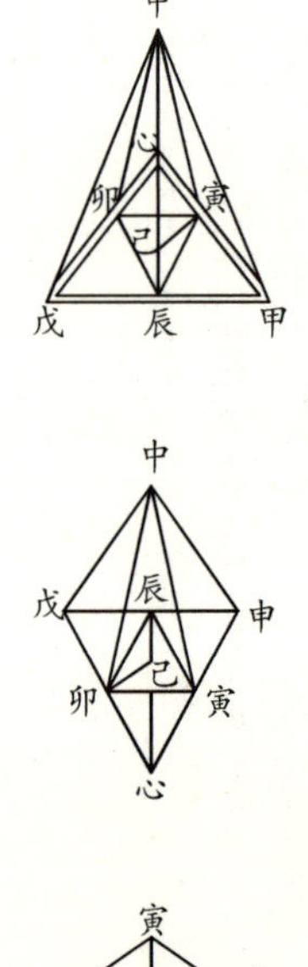

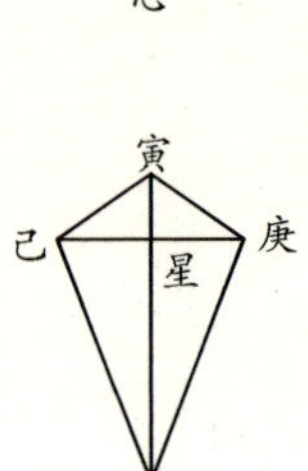

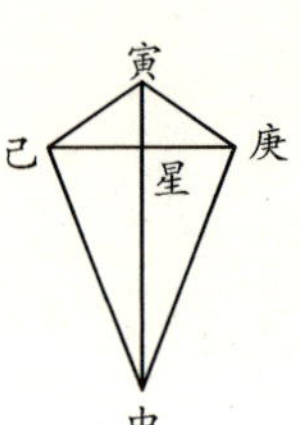

訂定寅中線。

一率　理分中末線大分　六十一八〇三三九八

二率　全數　一百

三率　寅卯剖形十等邊之一即原邊之半　五十

四率　寅中即外切立方之半徑　八十〇九〇一七

訂定己中線。

甲戊邊原設一百。半之於寅，作寅己線。

己寅句二十八八六七五。冪八百三十三三三三三三。

寅中弦八十〇九〇一七。冪六千五百四十五〇八五〇。

己中股冪五千七百一十一七五一七。根七十五五七六一。

末求己庚線。兩平面心相聯，即內容十二等面之邊。

一率　寅中八十〇九〇一七　爲大弦

二率　己中七十五五七六一　爲大股

三率　寅己二十八八六七五　爲小弦

四率　己星二十六九六七二　爲小股

倍己星得五十三九三四四，爲己庚。

解曰：中寅己大句股形，與己寅星小句股形，同用寅角，則其比例等，而爲

相似之形故也。

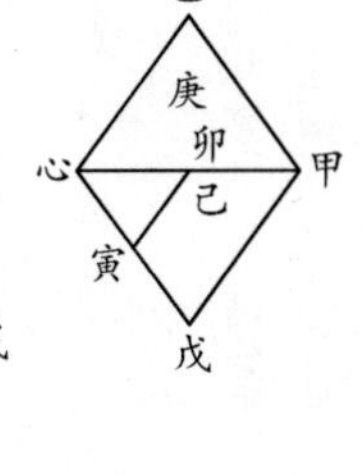
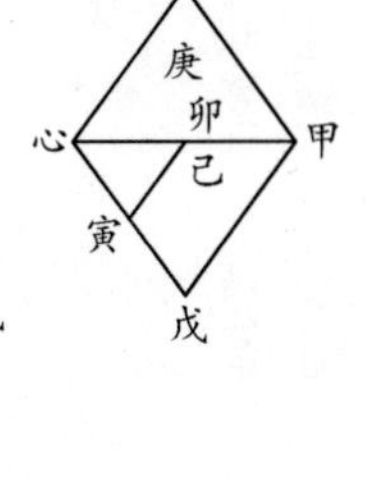

兩平面心相聯爲直線之圖

乙心甲及戊心甲兩等邊平三角面，以甲心邊爲同用之邊，而甲心隆起如星之山脊。兩平面之中心爲己、爲庚，聯爲己庚線，與甲心爲十字。然不緊相切何也？甲心既降起，則甲心折半之卯在己庚折半之柳點上，其距爲卯柳。

試側視之，則甲心戊面變爲戊卯線；甲心乙面變爲卯乙線；而甲卯心線，變爲卯點。己庚點在平面原近甲心點，爲卯戊卯乙三之一，則卯柳之距，亦爲垂線三之一矣。

己庚等線相聯成五等邊平面圖

準前論，甲心戊等三角平面，合二十面爲廿等面體，則甲心等邊線皆高於平面，而邊線之端互相輳，即爲尖角。如心點。依此推知，甲、乙、丙、丁、戊點皆必與他線互相輳而成尖角矣。

其己、庚、辛、壬、癸各點爲各平面之最中央，在體爲最平之處，故內容之渾圓，及內容之十二等面，各尖必切此點。

依前法，求得己庚等點聯爲直線，則凡五平面相輳爲尖，必有各中央之點，相聯爲線，而皆成五等邊平面形矣。此平面形正與心尖相應。依此推知，甲、乙、丙、丁、戊各點皆能爲尖，則其周圍相輳之五平面，亦必各以其中央之點相聯爲線，而皆成五等邊平面形。

二十等面體，五邊線相輳之尖，凡十有二。每一尖之周圍，皆有五平面，即皆有中央之點，相聯而成五等邊平面，亦十有二。如此而內容十二等平面體已成，故曰，但聯己庚二點爲線，即內容十二等面之邊也。

求甲中線。即外切渾圓及十二等面之半徑，心中、戊中並同。

寅甲爲原邊之半，設五十，其冪二千五百爲句冪。

寅中爲外切立方半徑八十〇九〇一七。其冪六千五

百四十五〇八五〇爲股冪，并句股冪九千〇四十五〇八五〇。平方開之，得甲中弦九十五一〇六五。

求體積。

設邊一百，其半五十，斜垂線八十六六〇二五。相乘得面冪四千三百三十〇一二五〇。

又以己中高七十五五七六乘面冪，得柱積三十二萬七千二百五十三九六〇〇。三除之，得分體積一十〇萬九千〇八十四六五〇〇。以二十乘之，得全積二百一十八萬一千六百九十三。

訂定體積

二十等面形自腰切之，成十等邊平面。

先求甲丁，乃十等邊平面從心對角之線，亦即二十分形各三角立體一面之中垂斜線。

法爲甲乙即切形十等邊之半，在原設二十等面形邊爲四之一。與甲丁，若十八度之正弦與全數也。十等邊各三十六度，其半十八度。

設邊一百，所切十等邊平面之邊五十，其半甲乙二十五。

一率	十八度正弦	〇三〇九〇
二率	全數	一〇〇〇〇
三率	甲乙	二五
四率	甲丁	八〇九〇六一

用等邊三角求容圓法。

設邊一百，其內容圓半徑二十八八六七五爲心甲。

以心甲爲句，二十八八六七五。其冪八百三十三三三二五。

以甲丁爲弦，八十〇九〇六一。其冪六千五百四十五七九七〇。

句冪減弦冪，餘五千七百一十二四六四五爲心丁股冪。

開方，得心丁七十五五八〇八。此即各面切形自各面

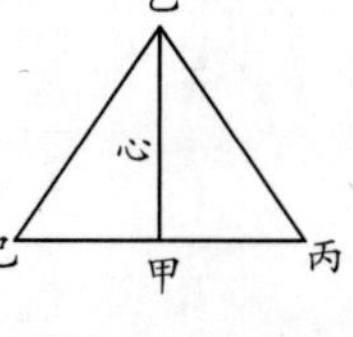

之心至切體尖之高也。其切體之尖，即原設二十等面總形之體心爲丁點。用後法，得乙己丙平面冪積四千三百三十〇一二五〇。

又依三等邊角形，設邊一百，丙己。其半五十，丙甲。求到乙甲中長八十六六〇二五。用其三之一，即心甲，二十八八六七五。以與丙甲五十相乘，得一千四百四十三三七五〇，爲各等面平積三之一。三因之，得平面冪。又以丁心七十五五八〇八乘之，得一十〇萬九千〇九十一四三七二，爲二十等面形分切每面至心之積。又以二十乘之，得全積。

依上法，求到二十等面全積二百一十八萬一千八百二十八，與前算所差不遠。查《比例規解》差不多，惟《測量全義》差遠。

按：以本形分爲二十，各成三角立錐形。而各以分形之高乘底，取三之一以爲分形積。然後以等面二十爲法，乘而并之，得總積，可謂的確不易矣。然與《曆書》中《比例規解》及《測量全義》俱不合，何耶？

用上法求形内容渾圓，其心丁七十五五八〇八，即内容渾圓半徑。以心丁線與各平面作垂線，而丁點即體心故。

置心丁倍之得小渾圓徑一百五十一零，自乘得二萬二千八百〇一。以十一乘十四除，得一萬七千九百一十五爲圓冪。置内容渾圓之平圓冪一七九一五，以圓徑一百五十一，取三之二，得一百强，以乘平圓冪，得一百八十〇萬二千二百四十九，爲二十等面内容渾圓之積。

置内容圓徑一百五十一，自乘得二萬二千八百〇一。再乘得三百四十四萬二千九百五十一。以立圓捷法〇五二三五九八七乘之，得渾圓積一百八十〇萬二千七百二十五。

先用密率十四除十一乘，得渾圓一百八十〇萬二千二百四十九，以較立圓捷法，所得少尾數四百七十六，約爲一萬八千之五弱，不足爲差也。

依立圓法，以圓率三一四一五九二乘立圓法六而一，得五十二萬三五九八，爲徑一百之渾圓積。

依法求得立方邊五十七七三五〇，立方積一十九萬二四五〇，四等面積六萬四千一百五十〇，並合前算。

小渾積一〇〇七六六　若用捷法，以渾圓率五二三五九八乘立方積，得數後去末六位，亦得一十〇萬〇七六六。

内容渾圓尚且如此之大，况二十等面之形又大於内圓乎？

然則《曆書》之率，其非確數明矣。

一率　二一八一八二八　例容二十等面
二率　一〇〇〇〇〇〇　例根一百之立積
三率　一〇〇〇〇〇〇　設容
四率　〇四五八三三二　所求根立積

如法算得二十等面之容一百萬，其根七十七。

《比例規解》作七十六，尚差不多。《測量全義》云：二十等邊設一百，其容五二三八〇九，則大相懸絶矣。久知其誤，今乃得其確算。已未年所定之率，以兩書酌而爲之，究竟不是，今乃得之，可見學問必欲求根也。

亥子戌爲二十等面之一面，亦即各分體之底，亥子、子戌、戌亥皆其邊，即根也半之爲亥甲。

甲乙丙爲横邊切處，即横切成十等邊形之一邊。

丁爲體心，亦即切十等邊平面之中心。

甲乙丙丁即横切十等邊平面之分形。心爲二十等面每面之正中，心丁爲體周各平面至體心之垂線，亦即分體之中高，亦即體内容渾圓之半徑。丁亥、丁子、丁戌皆分體之楞線，乃自各分面角輳體心之稜也，亦即爲外切渾圓之半徑。丁甲、丁丙皆横切平面各角輳心之線，亦即分體各斜面之中垂斜線也。

求法：以甲丁爲股，亥甲爲句，即根之半。兩冪相併，開方得弦，即丁亥也。丁子、丁戌同。

計開二十等面體諸用數

設邊一百，外切立方之半徑八十〇九〇一七爲體心至邊之半徑。即寅中、卯中、辰中等。倍之，爲邊至邊一百六十一八〇三四，即外切立方全徑。外切渾圓之半徑九十五一〇五六，爲體心至各角尖之半徑。即甲中、戌中、心中等。倍之，爲角尖至角尖一百九十〇二一一二，即外切渾圓全徑。内容渾圓及十二等面之半徑七十五五七六一，爲體心至各面之半徑。即己中、庚中等。倍之，得全徑一百五十一一五二二，爲面至面。

内容十二等面之邊五十三九三四四。内容燈體邊五十。即原邊之半。每面之冪四千三百三十〇一二五〇。

二十等面之冪共八萬六千六百〇二半。

分體積一十〇萬九千〇八十四六五爲二十分之一，合之，得全積二百一十八萬一千六百九十三，內容小立方之邊八十七二六七七。以下內容立圓徑自乘之冪，取三之一，開方得之。

如圖，以甲丁圓半徑折半於乙，從乙作綫至丙，復以乙爲心、丁爲界作圓分，截乙丙於戊，則戊丙爲理分中末綫之大分，即取戊丙度，作識於圓周如己、庚等點，以綫聯之，即成平面之十等邊形矣。

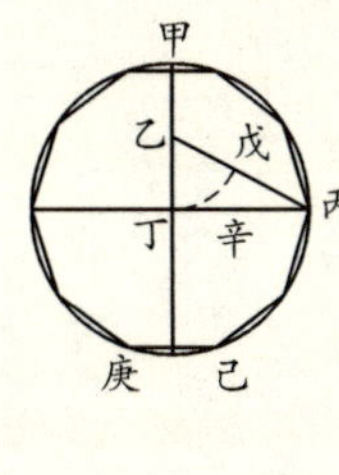

平面十等邊形之邊即理分中末綫大分圖

求理分中末綫大分小分法

如前圖丙丁半徑，設一百爲全分，爲句，半半徑乙丁五十爲股。用句股法，求得乙丙弦一百一十一八〇三三九八，內減半半徑五十，乙戊同乙丁。餘戊丙六十一八〇三三九八，即大分也。於丙丁全分內，減同丙戊之丙辛大分，餘辛丁三十八一九六六〇二，即小分也。

又《幾何補編三》 十二等面體

戊辛庚己壬五等邊形，即十二等面立體之一面，亦即分體形之底。乃五面立錐形之底。丙爲平面心，丙丁爲平面心至體心之垂線，亦即分體形之中高，又爲體內切渾圓之半徑，亦即爲內切二十等面之半徑。丁爲全體之中心，又爲十二分體之上銳即五等面立錐形之頂。戊辛、壬己等皆各面之外周線，即邊也。爲體之稜，亦名之爲根。自分面之心丙作垂線至邊，如癸丙、丙甲。分各邊爲兩，其分處爲癸，爲甲。即各邊折半處。

乃自癸至甲聯爲癸乙甲線，又自此線向丁心平剖之，成甲丁癸三角形面。各分形俱如此切之，成十等邊平面形。故丁癸、丁甲皆分體形自頂銳至各邊之斜垂線，在所切之十等邊平面形即爲自丁心至平面角之線。甲、癸等點在各邊爲折中，在切形之平面則對角。

又自丁至體周各角之線，如丁辛、丁庚、丁戊等。在分體即爲自底角至頂銳之稜，又爲外切渾圓之半徑，又爲外切二十等面之半徑。

十二等面體算法

先算十二等面之面。即戊辛庚己壬。

法爲全數與五十四度之切線，若甲辛與甲丙也。以甲丙乘甲辛，又五乘之，得戊辛庚己壬五角面積。甲丙辛角爲五等邊之半角三十六度，其餘角甲辛丙必五十四度。

次算面上大橫線。即甲癸。

又全數與三十六度之正弦，若甲丙與甲乙也，倍甲乙得甲癸。次算中高線。丙丁。

法爲全數與七十二度之割線，若甲乙與甲丁也。因平切十等邊爲三十六度，半之爲十八度。其餘角七十二度，即乙甲丁角。

乃以甲丁爲弦，甲丙爲句，兩冪相減，開方得股，即丙丁也。

次算分體之積。

法以中高丙丁乘戊辛庚己壬底，得數三分而取其一，爲分體之積。

末算全體總積。

置分體積以十二乘之，即得總積。

設十二等面體之邊一百，

依法求得全體總積七百六十八萬二千二百一十五八四七〇。求外切內容之立方及外切之立圓法。

置十二等面邊爲理分中末線之小分，求其大分，爲內容立方邊。

置十二等面邊爲理分中末線之小分，求其全分，爲外切立方邊。

置內容立方邊自乘而三之，開方得外切立圓全徑。

求外切內容諸數。

十二等面體分形　用理分中末線

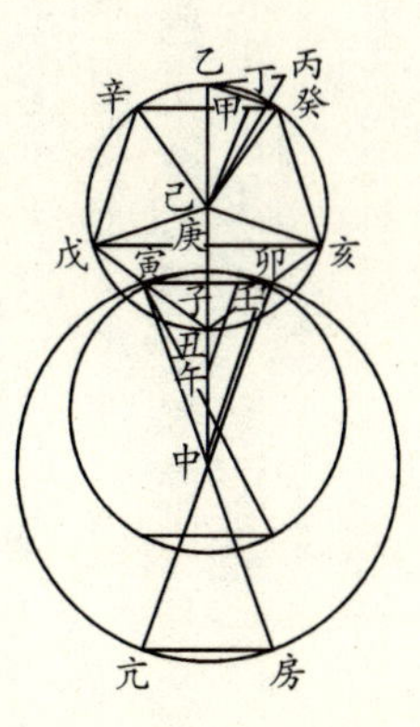

辛戊亥五等邊形爲十二等面之一，寅卯點爲邊折半處，中爲體心。卯中爲外切立方半徑，卯亢爲外切立方全徑。設一百。　寅卯線與卯中半徑，若理分中末之大分與其全數也。在圓內爲三十六度之分圓，辛癸、辛戊等，俱七十二度之分圓。乙己爲半徑，己丑同。乙癸爲三十六度之通弦。

乙己半徑與乙癸，亦若理分中末之全數與其大分也，故乙己癸三角形與卯中寅相似。

若取乙丙切線如乙癸之度，則丙己必同亥癸邊。即七十二度通弦。乙癸折半於甲，則甲乙爲十八度正弦。再於寅卯線取子壬如乙甲，取壬午如乙己半徑，引己子至午中。末乃自卯作線至中與壬午平行，因得寅中與卯中等，則寅中卯即爲橫切之半面。

一率　全數　一〇〇〇〇〇
二率　二十六度割線　一一二三六〇七
三率　子寅　一十五四五〇八四九五。
四率　丑寅半邊　一十九〇九八三　倍丑寅得丑戌三十八一九六六。

論曰：凡十二等面，從其半邊之點如寅、如卯。聯爲線，以剖至體之心，中點。則所剖成寅中卯三角形平面，必爲全圈十之一，即寅中卯角必三十六度。而中寅或中卯兩弦與寅加底，若理分中末之全分與其大分矣。

又十二等面在立方形内，必以卯中或寅中。自心至邊之線當立方之半徑，是立方半徑與十二等面之寅卯線，亦若理分中末之全分與其大分也。

若設立方半徑一百，則寅卯必六十一八〇三三九八，如理分中末之大分也。今設立方全徑一百，其半徑五十，則寅卯亦必三十〇九〇一六九九，如大分之半矣。

寅、卯二點既在丑戌、丑亥兩邊之折半，則戌亥大橫線必倍大於寅卯，而與理分中末大分之全相應，爲六十一八〇三三九八。

此皆設立方半徑五十之數也。而半徑五十，其全徑必一百，故知設徑一百，則十二等面之大橫線必六十一八〇三三九八，而竟同理分中末大分之數也。既得此大橫線，則諸線可以互知。

試先求邊。

法爲酉戌半大橫線。與丑戌等邊，若全數與三十六度之割線也。

一率　全數　一〇〇〇〇〇
二率　三十六度割線　一二三六〇七
三率　酉戌半大橫線　三十〇九〇一六九九。
四率　丑戌全邊　三十八一九六六。

論曰：五等邊各自其角作線至心，分形爲五，則各得七十二度角，如丑巳戌等，其巳角皆七十二度。其半必三十六度。如寅巳丑之巳角得戌巳丑之半，正三十六度。而丑戌酉與丑巳寅皆句股形，又同用丑角，則戌角與巳角等爲三十六度。

十二等面求積

設邊即丑亥、丑戌等。三十八一九六六。中垂線卯巳。二十六二八六五。一面之平冪二千五百一十〇一三七〇。

分體立錐之中高巳中。四十二四三三五，即內容渾圓半徑。

分積三萬五千四百九十五八四七三。其形爲五面立錐，其體積爲十二之一。

全積四十二萬五千九百五十〇一六七六。

外切立方根一百，其積一百萬。

外切渾圓徑一百〇七〇四六六。

內容立方根六十一八〇三三九八。

外切立方與體內容立方徑之比例，若理分中末之全分與其大分。

又若外切立方之外又切十二等面體，體外又切大立方，則大立方之徑與今所算外切立方徑，亦若理分中末之全分與其大分。而外切之十二等面與其內十二等面徑，亦必若理分中末之全分與其大分也。

孔林宗云：外立方與內立方之徑，爲理分線全分與大分之比例是矣。若內立方又容立圓，則小立圓之徑與小立方之徑同，而外渾圓與外立方之徑不同，似未可以前比例齊之。

若十二等面外切大立方，大立方之外又切大立圓，大立圓外又切十二等面，則大立圓與內容小立圓，亦必若理分中末之全分與其大分。而外切十二等面與十二等面，亦必若理分中末之全分與其大分，何則？皆外切立方與內容立方之比例也。

清·《數理精蘊》下編卷二七　各等面體

設如四面體，每邊一尺二寸，求積幾何。

法：以每邊一尺二寸爲弦，每邊折半得六寸爲勾，求得股一尺零三分九釐二毫三絲零四微有餘，爲每一面之中垂線。與每邊一尺二寸相乘，折半得六十二寸三十五分三十八釐二十四毫有餘，爲每一面之面積。又以每邊一尺二寸爲弦，每一面之中垂線取其三分之二得六寸九分二釐八毫二絲零二微有餘爲勾，求得股九寸七分九釐七毫九絲五忽九微有餘，爲四面體自尖至底中心之立垂線。或以每一面之中垂線一尺零三分九釐二毫三絲零四微有餘爲弦，每一面之中垂線取其三分之一得三寸四分六釐四豪一絲零一微有餘爲勾，亦得股九寸七分九釐七豪九絲五忽八微有餘，爲四面體自尖至底中心之立垂線。以此立垂線與每一面之面積六十二寸三十五分三十八釐二十四豪有餘相乘，三歸之，得二百零三寸六百四十六分七百三十七釐有餘，即四面體之積也。如圖，甲乙丙丁四面體，其稜六，角四，平鋪之，則面亦四，各成一等邊三角形。試以乙丙丁之一面爲底，以乙丙一邊爲弦，丁丙一邊折半得戊丙爲勾，求得乙戊股，與甲戊等，即每一面之中垂線。與丁丙一邊相乘，折半得乙丙丁底面積。又以甲丙一邊爲弦，己丙中垂線之三分之二爲勾，求得甲己股爲自尖至底中心之立垂線。或以甲戊每一面之中垂線爲弦，己戊中垂線之三分之一爲勾，亦得甲己股爲自尖至底中心之立垂線。乃以甲己立垂線與乙丙丁底面積相乘，三歸之，即得甲乙丙丁四面體之積也。

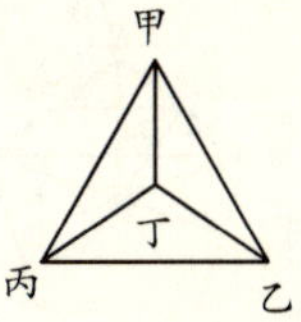

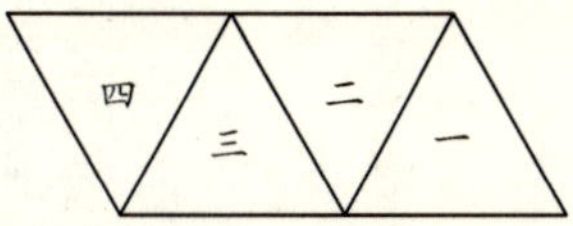

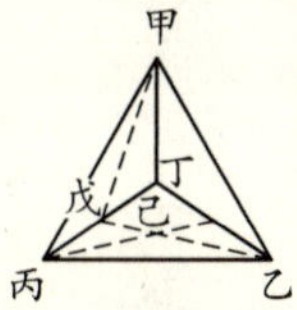

又求自尖至底中心之立垂線捷法，以每邊一尺二寸自乘，得一尺四十四寸，三歸二因得九十六寸，開平方得九寸七分九釐七豪九絲五忽八微有餘，即自尖至底中心之立垂線也。此法蓋因甲丙爲弦，戊丙爲勾，求得甲戊股，則甲戊自乘方爲甲丙自乘方之四分之三。見等邊三角形求中垂線法。又甲戊爲弦，己戊爲勾，求得甲己股，則甲己自乘方爲甲戊自乘方之九分之八。己戊爲甲戊三分之一，則甲戊自乘方爲九分，己戊自乘方爲一分，甲己自乘方爲八分。甲戊自乘方既爲甲丙自乘方四分之三，今命甲戊自乘方爲甲丙自乘方十二分之九，而甲己自乘方又爲甲戊自乘方九分之八，則甲己自乘方必爲甲丙自乘方十二分之八，即三分之二。故以一邊自乘，三歸二因得甲己自乘方積，而開方得甲己，爲立垂線之高數也。

又用知一邊求高數之定率比例，求自尖至底中心之立垂線，以定率之四面體之每邊一○○○○○○○○爲一率，四面體之立垂線八一六四九六五八爲二率，今所設之四面體之每邊一尺二寸爲三率，求得四率九寸七分九釐七豪九絲五忽八微有餘，即四面體自尖至底中心之立垂線也。

一率　一○○○○○○○○
二率　八一六四九六五八
三率　一二
四率　九七九七九五八

又用邊線相等體積不同之定率比例，以定率之正方體積一○○○○○○○○○爲一率，四面體積一一七八五一一二九爲二率，今所設之四面體之每邊一尺二寸自乘再乘得一尺七百二十八寸爲三率，求得四率二百零三寸六百四十六分七百五十釐有餘，即四面體之積也。蓋四面體之每一邊爲一○○○，則其自乘再乘之正方體積爲一○○○○○○○○○，而四面體之每一邊一○○○所得之四面體積爲一一七八五一一二九，故以子丑寅卯四面體之每邊一尺自乘再乘之辰巳午未正方體積一○○○○○○○○○與子丑寅卯四面體積一一七八五一一二九之比，即同於今所設之甲乙丙丁四面體之每邊一尺二寸自乘再乘之戊己庚辛正方體積一尺七百二十八寸與今所得之甲乙丙丁四面體積二百零三寸六百四十六分七百五十釐有餘之比也。

一率　一○○○○○○○○○
二率　一一七八五一一二九
三率　一七二八
四率　二○三六四六七五○

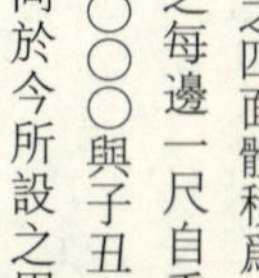

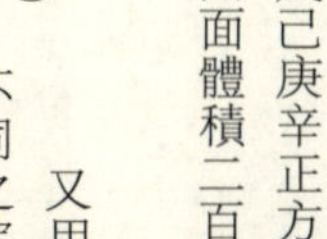

又用體積相等邊線不同之定率比例，以定率之四面體之每邊二○三九六四八九○爲一率，正方體之每邊一○○○○○○○○爲二率，今所設之四面體之每邊一尺二寸爲三率，求得四率五寸八分八釐三豪三絲六忽五微有餘，爲與四面體積相等之正方體每邊之數。自乘再乘得二百零三寸六百四十六分七百釐有餘，即四面體之積也。蓋四面體之每邊爲二○三九六四八九○，正方體之每邊爲一○○○○○○○○，則兩體積相等，故以子丑寅卯四面體之每邊二○三九六四八九○與辰巳午未正方體之每邊一○○○○○○○○之比，即同於今所設之甲乙丙丁四面體之每邊一尺二寸與今所得之戊己庚辛正方體之每邊五寸八

一率　二○三九六四八九○
二率　一○○○○○○○○
三率　一二
四率　五八八三三六五

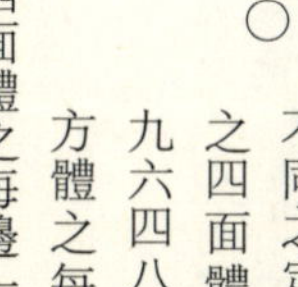

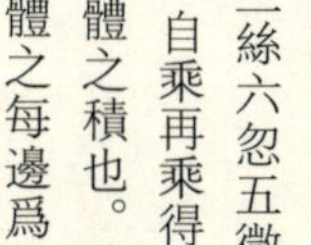

分八釐三豪三絲六忽五微有餘之比。既得一邊，自乘再乘得戊己庚辛正方體積，即與甲乙丙丁四面體之積爲相等也。

一率	一一七八五一一二九
二率	一○○○○○○○○○○
三率	二○三六四六七五
四率	一七二八

如有四面體積二百零三寸六百四十六分七百五十釐，求每邊之數，則用邊線相等體積不同之定率比例，以定率之四面體積一一七八五一一二九爲一率，正方體積一○○○○○○○○○○爲二率，今所設之四面體積二百零三寸六百四十六分七百五十釐爲三率，求得四率一尺七百二十八寸開立方得一尺二寸，即四面體之每一邊也。此法蓋因四面體之每邊與正方體之每邊相等，四面體積與正方體積不同，故先定爲體與體之比例，既得正方體積，而後開立方得線也。

一率	一○○○○○○○○○
二率	二○三九六四八九○
三率	五八八三三六五
四率	一二

又法：用體積相等邊線不同之定率比例，以定率之正方體之每邊一○○○○○○○○○爲一率，四面體之每邊二○三九六四八九○爲二率，今所設之四面體積二百零三寸六百四十六分七百五十釐開立方得五寸八分八釐三豪三絲六忽五微有餘爲三率，求得四率一尺二寸，即四面體之每一邊也。此法蓋因四面體積與正方體積相等，四面體之每邊與正方體之每邊不同，故以四面體積先開立方，得正方體之每邊，而後爲線與線之比例也。

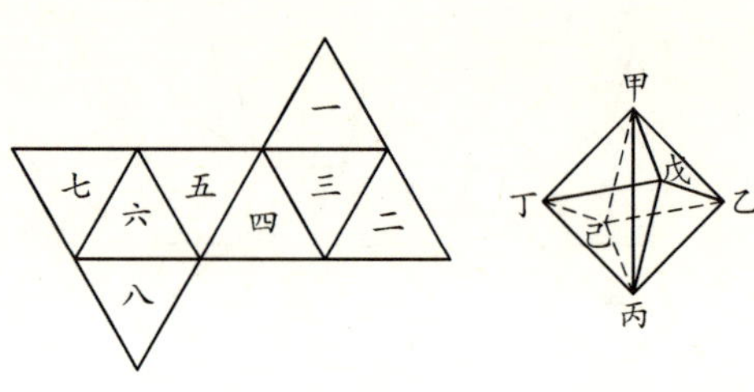

設如八面體，每邊一尺二寸，求積幾何。

法：以八面體分作二尖方體算之，將每邊一尺二寸自乘得一尺四十四寸爲二尖方體之共底面積，又以每邊自乘之一尺四十四寸，倍之得二尺八十八寸，開平方得一尺六寸九分七釐零五絲六忽二微有餘，爲二尖方體之共高即八面體之對角斜線。以此斜線與二尖方體之共底面積一尺四十四寸相乘，三歸之，得八百一十四寸五百八十六分九百七十六釐有餘，即八面體之積也。如圖，甲乙丙丁戊己八面體，其稜十二，角六，平鋪之，則面爲八，各成一等邊三角形。自體正中對四角平分截之，即成甲乙己丁戊、丙乙戊丁己二尖方體。甲丙爲二尖方體之共高，即甲乙丙丁正方形之對角斜線，故以戊乙一邊自乘，得戊乙己丁正方面積爲二尖方體之共底。又以戊乙己丁正方面積倍之開平方，即如甲乙爲勾，乙丙爲股，各自乘相併開方得甲丙弦爲八面體之對角斜線，即二尖方體之共高。以此共高與戊乙己丁二尖方體之底面積相乘，三歸之，得二尖方體積，即八面體之總積也。

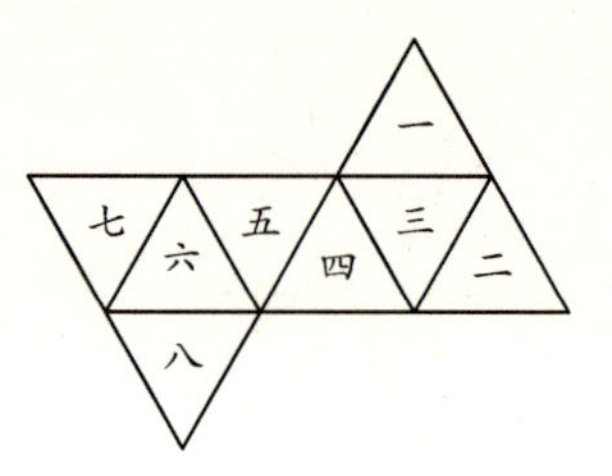

一率	一○○○○○○○○○○
二率	四七一四○四五二一
三率	一七二八
四率	八一四五八七一二

又用邊線相等體積不同之定率比例，以定率之正方體積一○○○○○○○○○○爲一率，八面體積四七一四○四五二一爲二率，今所設之八面體之每邊一尺二寸自乘再乘得一尺七百二十八寸爲三率，求得四率八百一十四寸五百八十七分一十二釐有餘，即八面體之積也。蓋八面體之每一邊爲一○○○，則其自乘再乘之正方體積爲一○○○○○○○○○○，而八面體之每一邊一○○○，所得之八面體積爲四七一四○四五二一。故以子丑寅卯辰巳八面體之每邊一尺自乘再乘之午未申酉正方體積一○○○○○○○○○○，與子丑寅卯辰巳八面體積四七一四○四五二一之比，即同於今所設之甲乙丙丁戊己八面體之每邊一尺二寸自乘再乘之庚辛壬癸正方體積一尺七百二十八寸，與今所得之甲乙丙丁戊己八面體積八百一十四寸五百八十七分一十二釐有餘之比也。

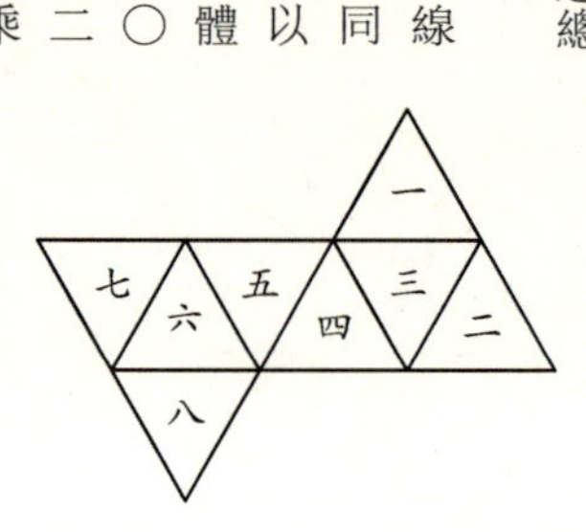

一率　一二八四八九八二九
二率　一〇〇〇〇〇〇〇〇
三率　一二
四率　九三三九二六

又用體積相等邊線不同之定率比例，以定率之八面體之每邊一二八四八九八二九爲一率，正方體之每邊一〇〇〇〇〇〇〇〇爲二率，今所設之八面體之每邊一尺二寸爲三率，求得四率九寸三分三釐九豪二絲六忽有餘，爲與八面體積相等之正方體每邊之數，自乘再乘得八百一十四寸五百八十六分八百五十六釐有餘，即八面體之積也。蓋八面體之每邊爲一二八四八九八二九，正方體之每邊爲一〇〇〇〇〇〇〇〇，則兩體積相等，故以子丑寅卯辰巳八面體之每邊一二八四八九八二九，與午未申酉正方體之每邊一〇〇〇〇〇〇〇〇之比，即同於今所設之甲乙丙丁戊己八面體之每邊一尺二寸，與今所得之庚辛壬癸正方體之每邊九寸三分三釐九豪二絲六忽有餘之比。既得一邊，自乘再乘得庚辛壬癸正方體積，即與甲乙丙丁戊己八面體之積爲相等也。

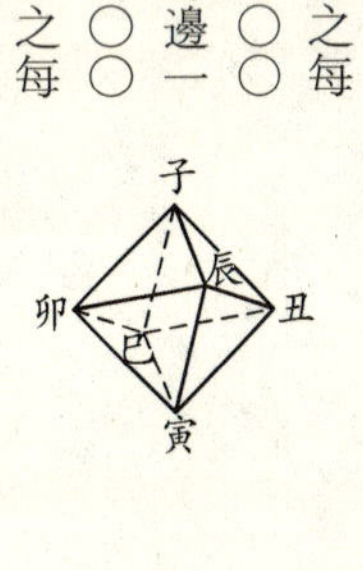

一率　四七一四〇四五二一
二率　一〇〇〇〇〇〇〇〇
三率　八一四五八七〇一二
四率　一七二八

如有八面體積八百一十四寸五百八十七分一十二釐，求每邊之數。則用邊線相等體積不同之定率比例，以定率之八面體積四七一四〇四五二一爲一率，正方體積一〇〇〇〇〇〇〇〇爲二率，今所設之八面體積八百一十四寸五百八十七分一十二釐爲三率，求得四率一尺七百二十八寸，開立方得一尺二寸，即八面體之每一邊也。此法蓋因八面體之每邊與正方體之每邊相等，八面體積與正方體積不同，故先定爲體與體之比例，既得正方體積，而後開立方得線也。

一率　一〇〇〇〇〇〇〇〇
二率　一二八四八九八二九
三率　九三三九二六
四率　一二

又法：用體積相等邊線不同之定率比例，以定率之正方體之每邊一〇〇〇〇〇〇〇〇爲一率，八面體之每邊一二八四八九八二九爲二率，今所設之八面體積八百一十四寸五百八十七分一十二釐開立方得九寸三分三釐九豪二絲六忽有餘爲三率，求得四率一尺二寸，即八面體之每一邊也。此法蓋因八面體積與正方體積相等，八面體之每邊與正方體之每邊不同，故以八面體積先開立方，得正方體之每邊，而後爲線與線之比例也。

設如十二面體，每邊一尺二寸，求積幾何。

法：以十二面體分作十二五角尖體算之，將每邊一尺二寸求得五等邊形之分角線爲一尺零二分零七豪八絲零九微有餘，自中心至每邊之垂線爲八寸二分五釐八豪二絲九忽一微有餘，面積爲二尺四十七寸七十四分八十七釐三十豪有餘。乃用理分中末線之大分六一八〇三三九九爲一率，全分一〇〇〇〇〇〇〇〇爲二率，今所設之每邊一尺二寸爲三率，求得四率一尺九寸四分一釐六豪四絲零七微有餘，爲每一面兩角相對之斜線。又用理分中末線之大分六一八〇三三九九爲一率，全分一〇〇〇〇〇〇〇〇爲二率，今所得之每一面兩角相對之斜線折半得九寸七分零八豪二絲零三微有餘爲三率，求得四率一尺五寸七分零八豪二絲零二微有餘，爲十二面體之中心至每邊正中之斜線。乃以此斜線爲弦，每一面中心至邊之垂線八寸二分五釐八豪二絲九忽一微有餘爲勾，求得股一尺三寸三分六釐二豪一絲九忽六微有餘，爲十二面體之中心至每一面中心之立垂線。爰以此立垂線與每一面積二尺四十七寸七十四分八十七釐三十豪有餘相乘，三歸之，得一尺一百零三寸四百八十九分零二十九釐有餘，爲一五角尖體積。十二因之，得一十三尺二百四十一寸八百六十八分三百四十八釐有餘，即十二面體之總積也。如圖，甲乙丙丁戊十二面體，其稜三十，角二十，平鋪之，則面十二各成一等邊五角形。先求得己庚辛壬癸五等邊形之子己類分角線，又求得子丑自中心至每邊之垂線，復求得己庚辛壬癸五等邊形之面積，次以辛壬一邊爲大分，己辛兩角相對斜線爲全分，故辛壬與己辛之比，同於理分中末線之大分與全分之比，而得兩角相對之斜線。又自十二面體之正中截之，則成十等邊之面形，而其所截之處皆正當每邊之一半，故其所截之寅卯等線亦爲乙、丙兩角相對斜線與己辛等。之一半，而爲十等邊形之一邊。故寅卯與辰寅之比，又同於理分中末線之大分與全分之比，而得十二面體之中心至每邊正中之斜線。乃以辰寅斜線爲弦，每面中心至每邊之子丑垂線爲勾，求得辰子股即十二面體中心至每面中心之立垂線。以此辰子立垂線與己庚辛壬癸一面積相乘，三歸之，得辰巳庚辛壬癸一五角尖體積。十二因之，即得甲乙丙丁戊十二面體之總積也。

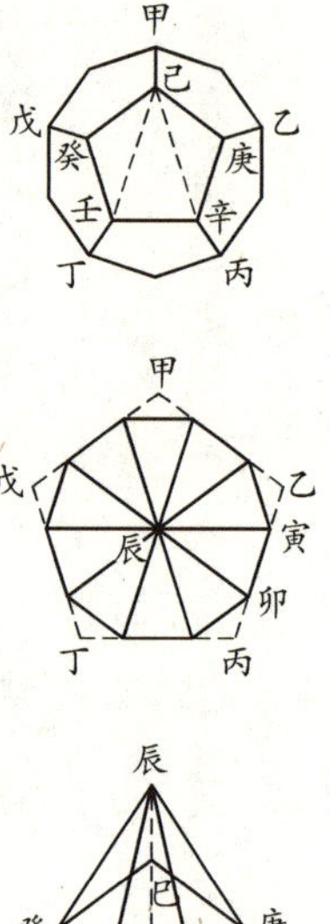

一率 一〇〇〇〇〇〇〇〇〇
二率 七六六三一一八九〇三
三率 一七二八
四率 一三二四一八六九四六四

又用邊線相等體積不同之定率比例，以定率之正方體積一〇〇〇〇〇〇〇〇〇爲一率，十二面體積七六六三一一八九〇三爲二率，今所設之十二面體之每邊一尺二寸自乘再乘得一尺七百二十八寸爲三率，求得四率一十三尺二百四十一寸八百六十九分四百六十四釐有餘，即十二面體之積也。蓋十二面體之每一邊爲一〇〇〇，則其自乘再乘之正方體積爲一〇〇〇〇〇〇〇〇〇。而十二面體之每一邊一〇〇〇，所得之十二面體積爲七六六三一一八九〇三。故以子丑寅卯辰十二面體之每邊一尺自乘再乘之巳午未申正方體積一〇〇〇〇〇〇〇〇〇，與子丑寅卯辰十二面體積七六六三一一八九〇三之比，即同於今所設之甲乙丙丁戊十二面體之每邊一尺二寸自乘再乘之己庚辛壬正方體積一尺七百二十八寸，與今所得之甲乙丙丁戊十二面體積一十三尺二百四十一寸八百六十九分四百六十四釐有餘之比也。

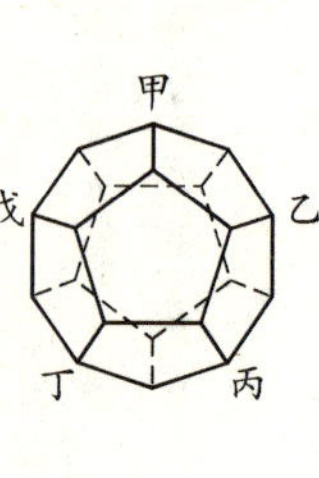
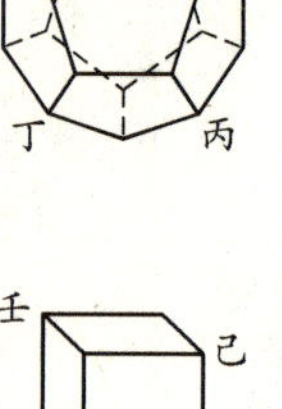
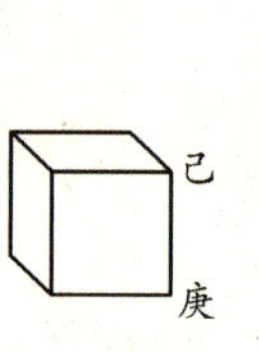

一率 五〇七二二二〇七
二率 一〇〇〇〇〇〇〇〇
三率 一二
四率 二三六五八二七六

又用體積相等邊線不同之定率比例，以定率之十二面體之每邊五〇七二二二〇七爲一率，正方體之每邊一〇〇〇〇〇〇〇〇爲二率，今所設之十二面體之每邊一尺二寸爲三率，求得四率二尺三寸六分五釐八豪二絲七忽六微有餘，爲與十二面體積相等之正方體每邊之數，自乘再乘得一十三尺二百四十一寸八百六十八分八百四十八釐有餘，即十二面體之積也。蓋十二面體之每邊爲五〇七二二二〇七，正方體之每邊爲一〇〇〇〇〇〇〇〇，則兩體積相等，故以子丑寅卯辰十二面體之每邊五〇七二二二〇七，與巳午未申正方體之每邊一〇〇〇〇〇〇〇〇之比，即同於今所設之甲乙丙丁戊十二面體之每邊一尺二寸，與今所得之己庚辛壬正方體之每邊二尺三寸六分五釐八豪二絲七忽六微有餘之比。既得一邊，自乘再乘得己庚辛壬正方體積，即與甲乙丙丁戊十二面體之積爲相等也。

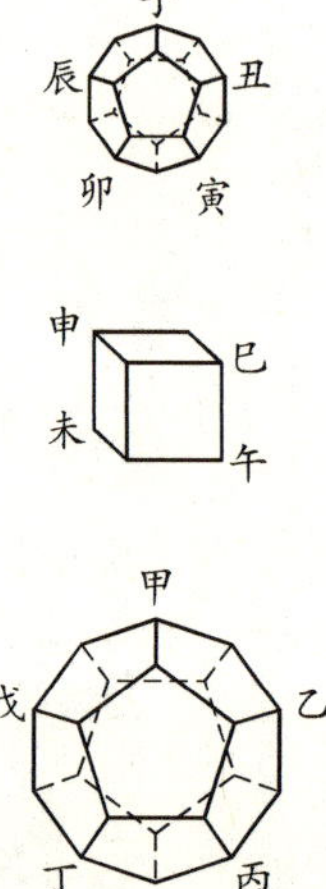
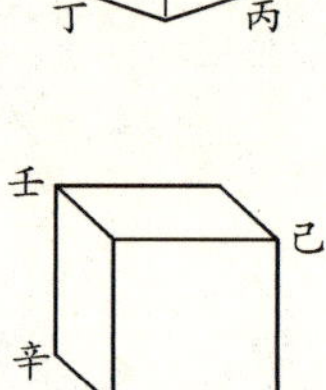

一率 七六六三一一八九〇三
二率 一〇〇〇〇〇〇〇〇〇
三率 一三二四一八六九四六四
四率 一七二八

如有十二面體積一十三尺二百四十一寸八百六十九分四百六十四釐，求每邊之數，則用邊線相等體積不同之定率比例，以定率之十二面體積七六六三一一八九〇三爲一率，正方體積一〇〇〇〇〇〇〇〇〇爲二率，今所設之十二面體積一十三尺二百四十一寸八百六十九分四百六十四釐爲三率，求得四率一尺七百二十八寸，開立方得一尺二寸，即十二面體之每一邊也。此法蓋因十二面體之每邊與正方體之每邊相等，十二面體積與正方體積不同，故先定爲體與體之比例，既得正方體積，而後開立方得線也。

又法：用體積相等邊線不同之定率比例，以定率之正方體之每邊一〇〇〇〇〇〇〇〇爲一率，十二面體之每邊五〇七二二二〇七爲二率，今所設之十二面體積一十三尺二百四十一寸八百六十九分四百六十四釐，開立方得二尺

一率	一〇〇〇〇〇〇〇〇
二率	五〇七二二二〇七
三率	二三六五八二七六
四率	一二

三寸六分五釐八毫二絲七忽六微有餘爲三率，求得四率一尺二寸，即十二面體之每一邊也。此法蓋因十二面體積與正方體積相等，十二面體之每邊與正方體之每邊不同，故以十二面體積先開立方，得正方體之每邊，而後爲線與線之比例也。

設如二十面體，每邊一尺二寸，求積幾何。

法：以二十面體分作二十三角尖體算之，將每邊一尺二寸求得三等邊形之分角線爲六寸九分二釐八毫二絲零二微有餘，自中心至每邊之垂線爲三寸四分六釐四毫一絲零一微有餘，面積爲六十二寸三十五分三十八釐二十四毫有餘。乃用理分中末線之大分六一八〇三三九九爲一率，全分一〇〇〇〇〇〇〇〇爲二率，今所設之每邊一尺二寸折半得六寸爲三率，求得四率九寸七分零八毫二絲零三微有餘，爲二十面體之中心至每邊正中之斜線。乃以此斜線爲弦，每一面中心至邊之垂線三寸四分六釐四毫一絲零一微有餘爲勾，求得股九寸零六釐九毫一絲三忽五微有餘，爲二十面體之中心至每一面中心之立垂線。爰以此立垂線與每一面積六十二寸三十五分三十八釐二十四毫有餘相乘，三歸之，得一百八十八寸四百九十八分四百一十五釐有餘，爲一三角尖體積。二十因之，得三尺七百六十九寸九百六十八分三百釐有餘，即二十面體之總積也。如圖，甲乙丙丁戊二十面體，其稜三十，角十二，平鋪之，則面二十，各成一等邊三角形。先求得己丙丁三等邊形之己庚類分角線，又求得庚辛自中心至每邊之垂線，復求得己丙丁三等邊形之面積，次自二十面體之正中截之，則成十等邊之面形，而其所截之處皆正當每邊之一半，故其所截之壬癸等線亦爲乙丙每邊之一半，而爲十等邊形之一邊。故壬癸與子壬之比，同於理分中末線之大分與全分之比，而得二十面體之中心至每邊正中之斜線。乃以子壬斜線爲弦，每面中心至每邊之庚辛垂線爲勾，求得子庚股，即二十面體中心至每面中心之立垂線。以此子庚立垂線與己丙丁一面積相乘，三歸之，得子己丙丁一三角尖體積。二十因之，即得甲乙丙丁戊二十面體之總積也。

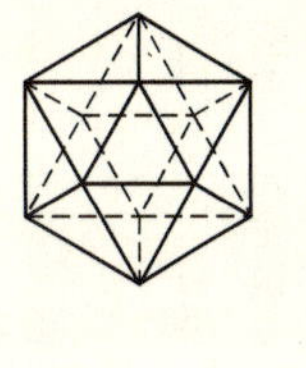

又用邊線相等體積不同之定率比例，以定率之正方體積一〇〇〇〇〇〇〇〇〇〇爲一率，二十面體積二一八一六九四九六九爲二率，今所設之二十面體之每邊一尺二寸自乘再乘得一尺七百二十八寸爲

一率	一〇〇〇〇〇〇〇〇〇
二率	二一八一六九四九六九
三率	一七二八
四率	三七六九九六八九〇六

三率，求得四率三尺七百六十九寸九百六十八分九百零六釐有餘，即二十面體之積也。蓋二十面體之每一邊爲一〇〇〇，則其自乘再乘之正方體積爲一〇〇〇〇〇〇〇〇〇。而二十面體之每一邊一〇〇〇，所得之二十面體積爲二一八一六九四九六九。故以子丑寅卯辰巳二十面體之每邊一尺自乘再乘之午未申酉正方體積一〇〇〇〇〇〇〇〇〇，與子丑寅卯辰巳二十面體積二一八一六九四九六九之比，即同於今所設之甲乙丙丁戊己二十面體之每邊一尺二寸自乘再乘之庚辛壬癸正方體積一尺七百二十八寸，與今所得之甲乙丙丁戊己二十面體積三尺七百六十九寸九百六十八分九百零六釐有餘之比也。

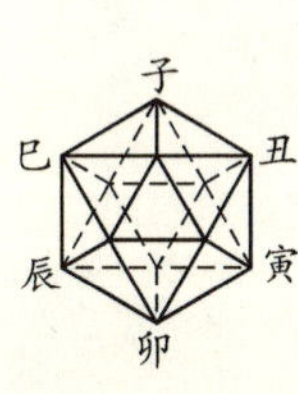

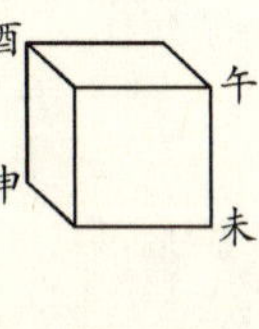

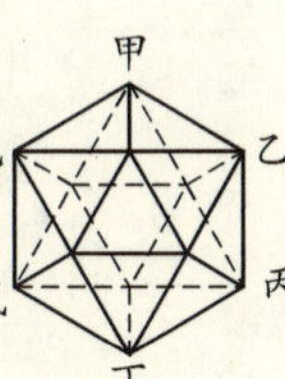

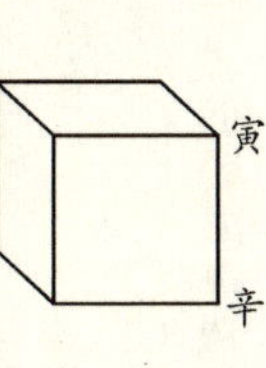

又用體積相等邊線不同之定率比例，以定率之二十面體之每邊七七一〇二五三四爲一率，正方體之每邊一〇〇〇〇〇〇〇爲二率，今所設之二十面體之每邊一尺二寸爲三率，求得四率一尺五寸五分六釐三豪六絲九忽有餘，爲與二十面體積相等之正方體每邊之數，自乘再乘得三尺七百六十九寸九百六十八分四百四十九釐有餘，即二十面體之積也。蓋二十面體之每邊爲七七一〇二五三四，正方體之每邊爲一〇〇〇〇〇〇〇，則兩體積相等。故以子丑寅卯辰巳二十面體之每邊七七一〇二五三四，與午未申酉正方體之每邊一〇〇〇〇〇〇〇之比，即同於今所設之甲乙丙丁戊己二十面體之每邊一尺二寸，與今所得之庚辛壬癸正方體之每邊一尺五寸五分六釐三豪六絲九忽有餘之比。既得一邊，自乘再乘得庚辛壬癸正方體積，即與甲乙丙丁戊己二十面體之積爲相等也。

一率　七七一〇二五三四
二率　一〇〇〇〇〇〇〇
三率　一二
四率　一五五六三六九

如有二十面體積三尺七百六十九寸九百六十八分九百零六釐，求每邊之數，則用邊線相等體積不同之定率比例，以定率之二十面體積二一八一六九四九六九爲一率，正方體積一〇〇〇〇〇〇〇〇〇爲二率，今所設之二十面體積三尺七百六十九寸九百六十八分九百零六釐爲三率，求得四率一尺七百二十八寸開立方得一尺二寸，即二十面體之每一邊也。此法蓋因二十面體之每邊與正方體之每邊相等，二十面體積與正方體積不同，故先定爲體與體之比例，既得正方體積而後開立方得線也。

一率　二一八一六九四九六九
二率　一〇〇〇〇〇〇〇〇〇
三率　三七六九九六八九〇六
四率　一七二八

又法：用體積相等邊線不同之定率比例，以定率之正方體之每邊一〇〇〇〇〇〇〇〇〇爲一率，二十面體之每邊七七一〇二五三四爲二率，今所設之二十面體積三尺七百六十九寸九百六十八分八百七十八釐，開立方得一尺五寸五分六釐三豪六絲九忽有餘爲三率，求得四率一尺二寸，即二十面體之每一邊也。此法蓋因二十面體積與正方體積相等，二十面體之每邊與正方體之每邊不同，故以二十面體積先開立方，得正方體之每邊，而後爲線與線之比例也。

一率　一〇〇〇〇〇〇〇〇〇
二率　七七一〇二五三四
三率　一五五六三六九
四率　一二

設如圓球徑一尺二寸，今欲作與圓球積相等之四面體，問每一邊幾何。

法：用體積相等邊線不同之定率比例，以定率之圓球徑一二四〇七〇〇九八爲一率，四面體之每邊二〇三九六四八九〇爲二率，今所設之圓球徑一尺二寸爲三率，求得四率一尺九寸七分二釐七豪三絲八忽有餘，即四面體之每一邊也。蓋圓球徑爲一二四〇七〇〇九八，四面體之每邊爲二〇三九六四八九〇，則兩體積相等，故以子丑圓球徑一二四〇七〇〇九八，與寅卯辰巳四面體之每邊二〇三九六四八九〇之比，即同於今所設之甲乙圓球徑一尺二寸，與今所得之丙丁戊己四面體之每邊一尺九寸七分二釐七豪三絲八忽有餘之比，而兩體積亦爲相等也。

一率　一二四〇七〇〇九八
二率　二〇三九六四八九〇
三率　一二
四率　一九七二七三八

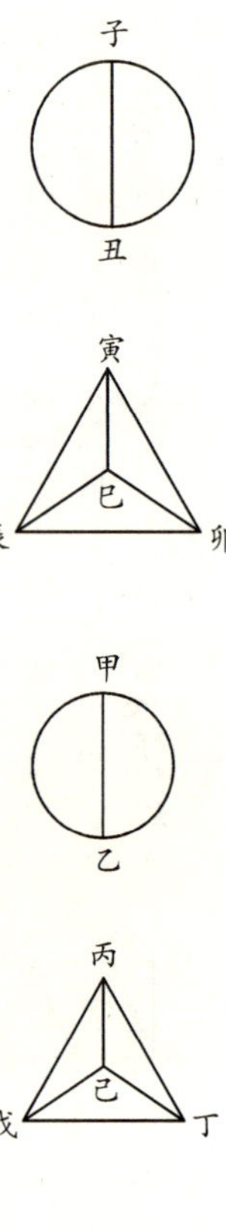

設如圓球積一尺七百二十八寸，今欲作與圓球徑相等之四面體，問積幾何。

法：用邊線相等體積不同之定率比例，以定率之圓球積五二三五九八七七五爲一率，四面體積一一七八五一一二九爲二率，今所設之圓球積一尺七百二十八寸爲三率，求得四率三百八十八寸九百三十六分六百四十五釐有餘，即四面體之積也。蓋圓球積爲五二三五九八七七五，四面體積爲一一七八五一一二九，則圓球徑與四面體之每邊相等。故以子丑圓球積五二三五九八七七五，與寅卯辰巳四面體積一一七八五一一二九之比，即同於今所設之甲乙圓球積一尺七百二十八寸，與今所得之丙丁戊己四面體積三百

一率　五二三五九八七七五
二率　一一七八五一一二九
三率　一七二八
四率　三八八九三六六四五

八十八寸九百三十六分六百四十五釐有餘之比，而圓球徑與四面體之每邊亦爲相等也。

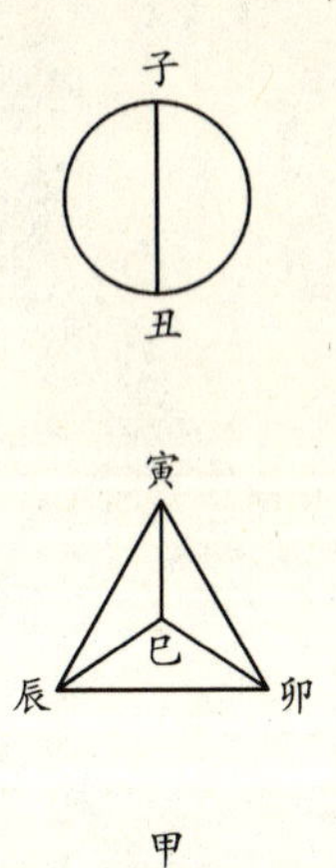

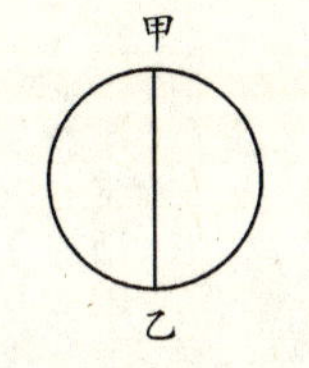

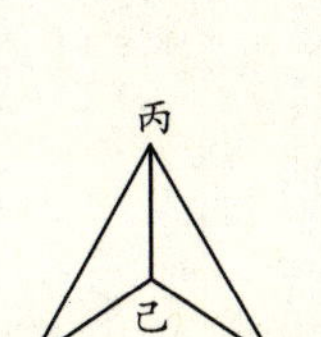

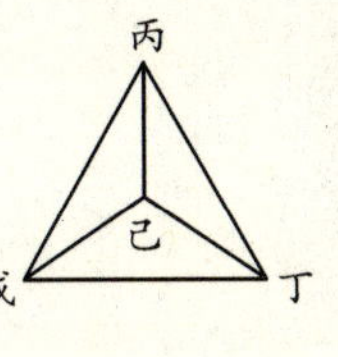

設如八面體每邊一尺二寸，今欲作與八面體積相等之十二面體，問每邊幾何。

一率　一二八四八九八二九

二率　五〇七二二二〇七

三率　一二

四率　四七三七〇七

法：用體積相等邊線不同之定率比例，以定率之八面體之每邊一二八四八九八二九爲一率，十二面體之每邊五〇七二二二〇七爲二率，今所設之八面體之每邊一尺二寸爲三率，求得四率四寸七分三釐七豪零七忽有餘，即十二面體之每一邊也。蓋八面體之每邊爲一二八四八九八二九，十二面體之每邊爲五〇七二二二〇七，則兩體積相等，故以子丑寅卯八面體之每邊一二八四八九八二九，與辰巳午未申十二面體之每邊五〇七二二二〇七之比，即同於今所設之甲乙丙丁八面體之每邊一尺二寸，與今所得之戊己庚辛壬十二面體之每邊四寸七分三釐七豪零七忽有餘之比，而兩體積亦爲相等也。

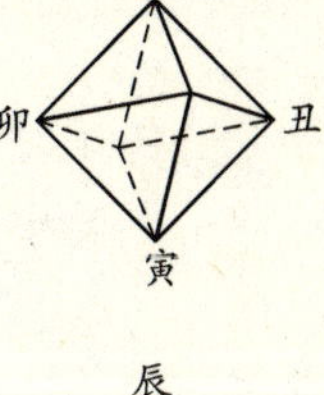

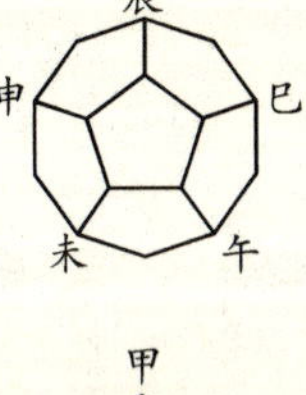

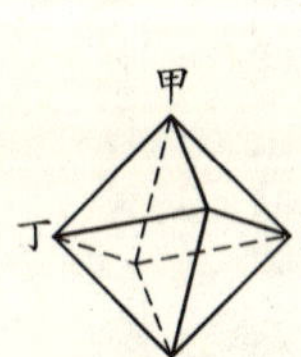

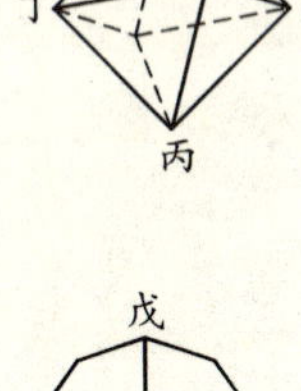

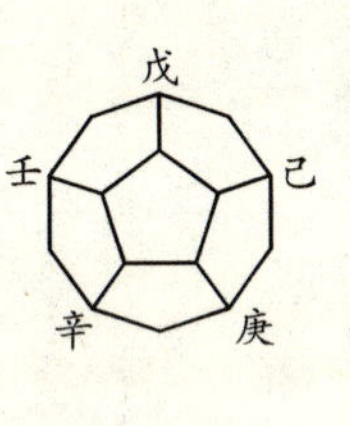

設如八面體積一尺七百二十八寸，今欲作與八面體每邊相等之二十面體，問積幾何。

一率　四七一四〇四五二

二率　二一八一六九四九六九

三率　一七二八

四率　七九九七三一一七三二

法：用邊線相等體積不同之定率比例，以定率之八面體積四七一四〇四五二爲一率，二十面體積二一八一六九四九六九爲二率，今所設之八面體積一尺七百二十八寸爲三率，求得四率七尺九百九十七寸三百一十一分七百三十二釐有餘，即二十面體之積也。蓋八面體積爲四七一四〇四五二，二十面體積爲二一八一六九四九六九，則八面體之每邊與二十面體之每邊相等，故以子丑寅卯八面體積四七一四〇四五二，與辰巳午未申酉二十面體積二一八一六九四九六九之比，即同於今所設之甲乙丙丁八面體積一尺七百二十八寸，與今所得之戊己庚辛壬癸二十面體積七尺九百九十七寸三百一十一分七百三十二釐有餘之比，而八面體之每邊與二十面體之每邊亦爲相等也。

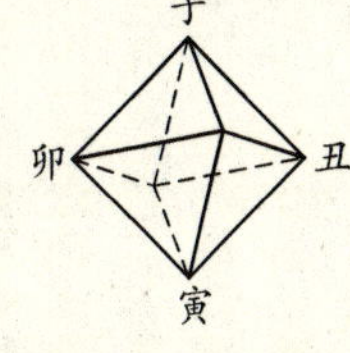

曲綫體分部

算法

清・年希堯《面體比例便覽》 立方積求圓球積

設有立方積一尺七百二十八寸，問圓球積幾何，仍欲圓球徑與立方邊相等。

此以立方積更爲渾圓積，其球徑與立方邊仍相同。

立方積之定率爲一率，一〇〇〇〇〇〇〇〇〇。

圓球積之定率爲二率，五二三五九八七七五。

今設立方積爲三率，一尺七百二十八寸。

求得圓球積爲四率，九百零四寸七百七十八分六百八十三釐有餘。

用真數推之，將二三率相乘，以一率除之，得數爲四率，即所求圓球之積也。

若用假數推之，用邊線相等體積不同定率之假數照法推之，即得所求也。

邊線相等體積不同定率：

立方真數一〇〇〇〇〇〇〇〇〇，假數一〇〇〇〇〇〇〇〇〇〇。

圓球真數五二三五九八七七五，假數九七一八九九八六二二三。

四面真數一一七八五一一二九，假數九〇七一三三三七五一九。

八面真數四七一四〇四五二一，假數九六七三三九三七四三一。

十二面真數七六六三一一八九〇三，假數一〇八八四四〇五五六四二。

二十面真數二一八一六九四九六九，假數一〇三三八七九四〇三〇一。

圓球積求立方積

設有圓球積九百零四寸七百七十八分六百八十三釐有餘，問立方積幾何，仍欲立方邊與圓球徑相同。

此與前題同理，但以球徑爲例，乃更積不更邊也。

圓球積之定率爲一率，一〇〇〇〇〇〇〇〇〇。

立方積之定率爲二率，一九〇九八五九三一七。

今設渾圓積爲三率，九百零四寸七百七十八分有餘。

求得立方積爲四率，一尺七百二十八寸。

用真數推之，將二三率相乘，以一率除之，得數爲四率，即所求立方之積也。

若用假數推之，第二邊線相等體積不同定率之假數照法推之，即得所求也。

第二邊線相等體積不同定率：

圓球真數一〇〇〇〇〇〇〇〇〇，假數一〇〇〇〇〇〇〇〇〇〇。

立方真數一九〇九八五九三一七，假數一〇二八一〇〇一三七七七。

四面真數二二五〇七九〇七七，假數九三五二三三五一二九六。

八面真數九〇〇三一六三一七，假數九九五四三九五一二〇八。

十二面真數一四六三五四七九〇五一，假數一一一六五四〇六九四一九。

二十面真數四一六六七三〇四六三，假數一〇六一九七九五四〇七八。

立方邊求圓球徑

設有立方邊一尺二寸，問圓球徑幾何，仍欲立方積與圓球積相同。

此更體之邊，不更體之積。

立方邊之定率爲一率，一〇〇〇〇〇〇〇〇〇。

圓球徑之定率爲二率，一二四〇七〇〇九八。

今設立方邊爲三率，一尺二寸。

求得渾圓徑爲四率，一尺四寸八分八釐八毫四絲一忽有餘。

用真數推之，將二三率相乘，以一率除之，得數爲四率，即所求圓球之徑也。

若用假數推之，用體積相等邊線不同定率之假數照法推之，即得所求也。

體積相等邊線不同定率：

立方真數一〇〇〇〇〇〇〇〇〇，假數一〇〇〇〇〇〇〇〇〇〇。

圓球真數一二四〇七〇〇九八，假數一〇〇九三六六七一二五九。

四面真數二〇三九六四八九〇，假數一〇三〇九五五五四一六〇。

八面真數一二八四八九八二九，假數一〇一〇八八六八七五二三。

十二面真數五〇七二二二〇七，假數九七〇五一九八一四五二一。

二十面真數七七一〇二五三四，假數九八八七〇六八六五六六。

圓球徑求立方邊

設有圓球徑一尺四寸八分八釐八毫四絲一忽有餘，問立方邊幾何，仍欲圓球積與立方積相同。

此更邊不更積，但以球徑爲例，與前題同理。

圓球徑定率爲一率，一〇〇〇〇〇〇〇〇〇。

立方邊定率爲二率，八〇五九九五九七。

今設圓球徑爲三率，一尺四寸八分八釐八毫四絲一忽有餘。

求得立方邊爲四率，一尺二寸。

用真數推之，將二三率相乘，以一率除之，得數爲四率，即所求立方之邊也。

第二體積相等邊線不同定率：

圓球真數一〇〇〇〇〇〇〇〇〇，假數一〇〇〇〇〇〇〇〇〇〇。

立方真數八〇五九九五九七，假數九九〇六三三二八七四一。

四面真數一六四三九四八八一，假數一〇二一五八八八二九〇一。

八面真數一〇三五六二八五，假數一〇〇一五二〇一六二六四。

十二面真數四〇八八一八九五，假數九六一一五三一〇一九三。

二十面真數六二一四四三三二，假數九七九三四〇一五三〇七。

橢圓體求積

設有橢圓體，大徑六寸，小徑四寸，問體積幾何。

用方積球積不同方邊球徑相等之定率。

立方積爲一率，一〇〇〇〇〇〇〇〇。

圓球積爲二率，五二三五九八七七五。

今作長方體積爲三率，九十六寸。

求得橢圓體積爲四率，五十寸二百六十五分四百八十二釐有餘。

橢圓體或稱鴨蛋體。乃以渾球之理推之，故以一率爲球徑之立方積，二率爲渾球之積，其三率以今設小徑自乘，再以大徑乘之，則成一長方體積也。即以其積用渾球之規比例之，則長方體變而爲橢圓體之積矣。

長圓體求積

設有長圓體，其徑與高皆七尺，問積幾何。

用長方體長圓體之定率。

其二，徑一一三，周三五五。

其三，徑七，周二十二。

橢圓形求面積

設有橢圓形，大徑九尺，小徑六尺，問面積幾何。

用邊線相等面積不同之定率。

圓徑自乘爲一率，一〇〇〇〇〇〇〇〇。

平圓面積爲二率，七八五三九八十六。

今設長方積爲三率，五十四尺。

求得橢圓積爲四率，四十二尺四十一寸一十五分零六十四毫。

三率長方積乃大徑小徑相乘之數，將二三率相乘，以一率除之，得數即所求橢圓形之積也。若用假數推之，以邊線相等面積不同定率之假數，再以三率之真數，查表内假數以加減代乘除，得四率之假數查表取真數，即得所求也。橢圓形乃平圓之變者也，即平圓必合規，始爲平圓，今橢圓亦必令其合規，斯入法矣。否則依法求之數，雖偶合不能無弊，故橢圓中規者，若圓柱斜截之，其所截開之面則成兩橢圓面形。

長方體積爲一率，一〇〇〇〇〇〇〇〇。

長圓體積爲二率，七八五三九八一六三。

今作長方體積爲三率，三百四十三尺。

求得長圓體積爲四率，二百六十九尺三百九十一寸五百八十二分六百釐。

用真數推之，將二三率相乘，以一率除之，得數爲四率，即所求長圓體積也。

題言徑與高等，故以徑自乘再乘爲三率，作爲立方體矣，再用長圓例比之，則方變而爲圓也。

若欲以假數推之，用長方體長圓體定率之假數，再以三率查表之假數録出，以加減代乘除，照法推之，即得所求也。

長圓體者，乃圓柱體也。其端之面，乃平圓也。其面既爲平圓，再以高乘之，豈非圓柱乎？其體竪於外者爲柱體，或深於下者，則爲井筒矣。

上下不等圓面體求積

設有上下不等圓面體，上徑四尺，下徑六尺，高八尺，問積幾何。

用上下不等正方體與上下不等圓面體之定率。

正方體積爲一率，一〇〇〇〇〇〇〇〇。

圓面體積爲二率，七八五三九八一六三。

今作方臺體積爲三率，二百零二尺六百六十六寸六百六十六分六百六十六釐有餘。

求得圓臺體積爲四率，一百五十九尺一百七十四寸二十七分七百零一釐有餘。

三率之數，乃以上徑自乘下徑自乘，又用上下兩徑相乘三數相併，以高乘之，得六百零八尺，以三歸之，得第三率也。又法：將第二率以三歸之，得二六一七九九三八八爲第二率，即將前三併之數，用高乘之，得六百零八，不須三歸，即爲三率，其所得之四率，與前法同。

上下不等圓面體者，乃圓臺體也。其體上有面，下有底，又有高，或方、或圓、或稜、或橢圓，上小下大，皆成臺體。與長圓體較，然不得雷同。竪於外者，或爲方臺，或爲圓臺。深於下者，則爲方窖、圓窖矣。然何得用圓面體之定率耶？其圓面體之定率，即平圓之定率。平圓者，乃圓面積也。將平圓面積，以高乘之，不亦柱體乎？今圓臺體仍用平圓面積爲例，因其三率，乃以上下徑及高已作爲方臺之積，故將其數依圓面之例比之，是將方臺化而圓臺矣。

上下不等橢圓面體

設有上下不等橢圓面體，即前所論臺體。上大徑四尺，小徑三尺，下大徑八尺，小徑六尺，高十尺，問積幾何。

用方積圓積定率。

方積爲一率，一〇〇〇〇〇〇〇〇〇。

圓積爲二率，七八五三九八一六三。

今作方積爲三率，二百八十尺。

橢圓臺積爲四率，二百一十九尺九百一十一寸四百八十五分六百四十釐。

其作三率之法：將上大徑四尺倍之，加下大徑八尺，共十六尺，與上小徑三尺相乘，得四十八尺。又以下大徑八尺倍之，加上大徑四尺，共二十尺，與下小徑六尺相乘，得一百二十尺。兩共數相併，得一百六十八尺，以高十尺乘之，得一千六百八十尺，以六歸之，得二百八十尺，成一上下不等長方體積，始爲三率。二三率相乘，以一率除之，得四率，即所求橢圓臺體之積也。夫一千六百八十尺乃爲六箇上下不等長方體積，故以六歸之，得二百八十尺，乃一箇上下不等長方體積。若以七八五三九八一六三用六歸之，得一三〇八九九六九四爲一圓體積，其一〇〇〇〇〇〇〇〇〇作爲六箇上下不等長方體積，既以此爲六箇長方體積，其一三〇八九九六九四爲一箇圓積。今將六箇方積一〇〇〇〇〇〇〇〇〇爲一率，以一箇圓積一三〇八九九六九四爲二率，其今作成之六箇方積一千六百八十尺爲三率，不必六歸，其所得之四率與前法同也。

尖圓體求積

設有尖圓體，或曰圓錐。底徑六尺，中高六尺，問積幾何。

用方積圓積之定率。

方積爲一率，一〇〇〇〇〇〇〇〇〇。

圓積爲二率，七八五三九八一六三。

今作尖方積爲三率，七十二尺。

求得尖圓積爲四率，五十六尺五百四十八寸六六十七分七百三十釐有餘。

其作三率之法：乃以底徑六尺自乘爲平方，以高六尺再乘爲立方，得二百一十六尺，以三歸之，得七十二尺，是將立方積取三分之一也，此一分即方尖體積，爰以其積爲三率，二三率相乘，以一率除之，得四率，即所求圓尖體也。

《數理精蘊》論方體，自頂中心向兩傍割至底之兩邊，去兩塹堵體，又自頂中心向彼兩傍割至底之兩邊，又去兩陽馬體，其四體共爲方體積三分之二，其餘乃方尖體之積也，其積爲方體積三分之一，夫方尖體爲立方體三分之一，凡屬尖體者，皆爲立體三分之一也。所論既明，他如圓柱、五楞、六楞、橢圓等柱，若求尖體，皆可類推矣。又法：先將圓積七八五三九八一六三以三歸之，得二六一七九九三八八爲二率，即將今所作之立方積爲三率，二三率相乘，以一率除之，得四率，其數與前同。依《幾何原本》之論，合之既可以爲比例，分之亦可以爲比例也。

清·《數理精蘊》上編卷三

《幾何原本》十

第六

凡有大小平面體，其相當角度俱等，而相當界之比例又同，則謂之同式體也。如甲、乙大小兩平面體，其相當各角之度俱等，而相當各界之比例又同，則甲乙二體謂之同式平面正方體也。如丙、丁大小兩四瓣體，其相當各角之度俱等，而相當各界之比例又同，則丙、丁二體謂之同式四瓣體也。又如大小圓面體，於其內外作各種平面體，其平面體之式若同，則圓面體亦謂之同式體，如戊、己大小兩圓體所函之庚、辛尖瓣等體是也。

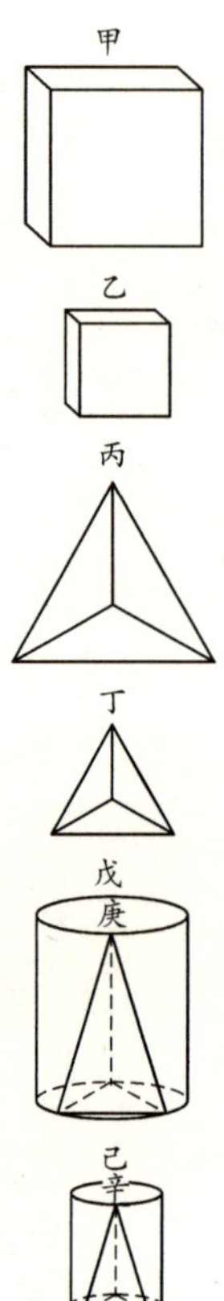

第七

同式各種體之比例，同於在各體相當界所作正方體之比例也。如甲乙丙、丁戊己大小兩三角尖瓣體互相爲比，即同於乙丙、戊己相當二界所作庚乙、辛戊兩正方體之互相爲比。又如壬、癸兩圓球體，其互相爲比之比例亦同於圓球徑相當之乙丙、戊己二界所作庚乙、辛戊兩正方體互相爲比之比例也。蓋同式平面形互相爲比之比例，同於各相當二界所作正方面形互相爲比之比例矣。今各種體之式既同，故其相當面互相爲比之比例必同。相當而互相爲比之比例同者，緣相當面之各相當界互相爲比之比例同也。故凡同類兩體，知此一體之度，而不知彼一體之度，欲求知之，則在同式兩體相當二界各作一正方體，此所作之二體，一爲一率，一爲二率，所知之體爲三率，推得四率即其未知之體矣。或有同類兩體知此一體之界，而不知彼一體之界，則依所知一體之界作一正方體，其兩體一爲一率，一爲二率，所作正方體爲三率，推得四率即是彼一體界數所作之正方體矣。故曰：同式兩體之比例與相當界所作正方體之比例相同也。

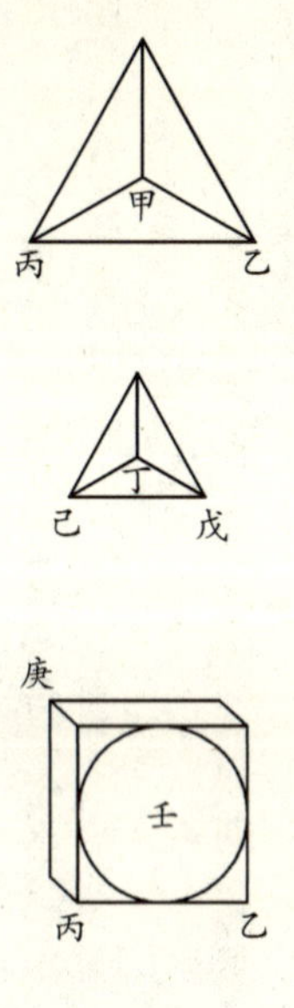

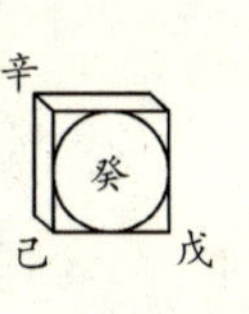
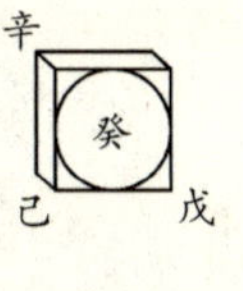
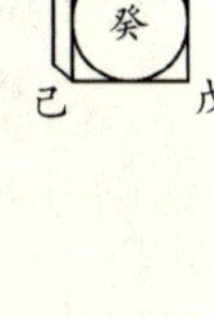

第八

凡圓面半徑與球體半徑等者，其圓面積爲球體外面積之四分之一。而圓面半徑與球體全徑等者，其圓面積與球體外面積等也。如丁己圓面之丁戊半徑與甲丙球體之甲乙半徑等，則丁己圓面積爲甲丙球體外面積之四分之一。又如庚壬圓面之庚辛半徑與甲丙球體之甲丙全徑等，則庚壬圓面積與甲丙球體外面積等也。試作子寅卯一尖圓體，使其寅辰卯之底面積與甲丙球體外面積等，其子丑高度與甲丙球體之甲乙半徑等，則此尖圓體積與球體積相等。見五卷第二十五節。又作午未申一小尖圓體，使其未申底徑與甲丙球體之全徑等，亦與大尖圓體之寅丑半徑等，其午酉高度與甲丙球體之甲乙半徑等，亦與大尖圓體之子丑高度等，則此小尖圓體積爲球體積之四分之一，亦即爲大尖圓體積之四分之一。何以見之？蓋大小兩面之比例，同於相當界所生連比例隔一位加一倍之比例。今大尖圓體之寅卯底徑比小尖圓體之未申底徑大一倍，則大尖圓體底積比小尖圓體底積必又大一倍，而小尖圓體底積爲大尖圓體底積之四分之一矣。又兩體同高者，其體積之比例同於其底面之比例。今小尖圓體底積既爲大尖圓體底積之四分之一，則其體積必爲大尖圓體積之四分之一，而亦爲球體之四分之一矣。球體原與大尖圓相等。夫大尖圓體之底積原與球體之外面積等，小尖圓體底積既爲大尖圓體底積之四分之一，亦必爲球體外面積之四分之一。而丁己圓面固與小尖圓之底積等，則爲球體外面積之四分之一無疑矣。至於庚壬圓面之徑原比丁己圓面之徑大一倍，則其面積必大四倍。今丁己圓面既爲甲丙球體外面積之四分之一，則庚壬圓面積比丁己圓面積大四倍者，安得不與球體外面積相等乎？

第九

凡球體全徑與上下面平行長圓體底徑高度相等，則球體爲長圓體之三分之二也。如甲乙丙丁一球體，戊己庚辛一長圓體，此球體之乙丁全徑與長圓體之己庚底徑度等，而球體之甲丙全徑與長圓體之戊己高度等，則球體積爲長圓體積之三分之二也。蓋長圓體與尖圓體同底同高，則其比例爲三分之一。五卷第二十三節言：平底尖體與上下面平行體同底同高，則尖體爲平行體三分之一。尖圓體之底徑與球之全徑等，高與球之半徑等者，尖圓體積爲球體積之四分之一，而尖圓體又爲半球體之二分之一矣。說見前節。今於乙己庚丁半長圓體內作己壬庚半球體，又作一壬己庚尖圓體，則此尖圓體爲半球體之二分之一。尖圓體既爲半球體之二分之一，又爲半長圓體之三分之一，則半球體豈非長圓體之三分之二乎？夫全與全之比例即若半與半之比例，今半長圓與半球之比例爲三分之二，則全長圓體與全球體之比例亦爲三分之二可知矣。

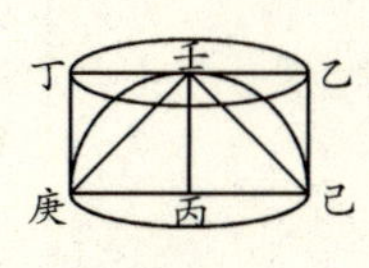

第十

凡球體全徑與長圓體底徑高度相等者，其球體外面積與長圓體周圍面積等也。如甲乙丙丁一球體，戊己庚辛一長圓體，其球體之乙丁全徑與長圓體之己庚底徑等，而球體之甲丙全徑與長圓體之戊己高度等，則此球體外面積必與長圓體之周圍面積等也。大凡體之面積相等者，其體積之比例同於其高之比例，而體積之比例與高之比例同者，其面積必相等。試將球體乙壬半徑分爲六分，取其三分爲高，以長圓周圍面積爲底，所成之體積必與長圓體積等。取半徑之二分爲高，以球體外面積爲底，所成之體積必與球體之積等。蓋長圓體與球體之比例原爲三與二之比例，此所成之二體亦必爲三與二之比例。一體之高爲三分，一體之高爲二分，是積之比例與高之比例同矣，非因其面積相等之故乎？由是觀之，球體外面積與長圓體周圍面積相等也明矣。

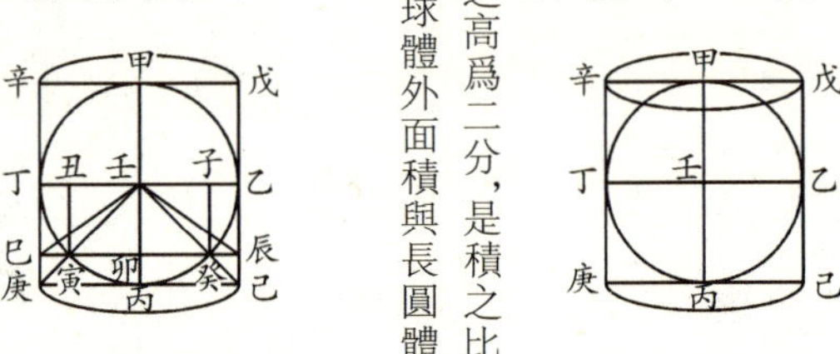

第十一

凡球體全徑與上下面平行長圓體底徑高度相等者，其相當每段之外面積皆相等也。如甲乙丙丁一球體、戊己庚辛一長圓體，此球體之乙丁全徑與長圓體之己庚底徑等，球體之甲丙全徑與長圓體之戊己高度等，則球體之癸丙寅一段凸面積必與相當長圓體之辰己庚巳一段周圍外面積等也。夫乙辰巳丁一段長圓體內，分出子癸寅丑一小長圓體，餘癸子乙辰巳丁丑寅空心體，此空心體與子癸寅丑長圓體之積必等。何以知之？蓋壬癸爲大圓面之半徑，而所截卯癸又爲小圓面之半徑，其壬卯與卯癸之度又等，故壬癸、壬卯、卯癸三線成一壬癸卯直角三角形，而壬癸半徑所作圓面必與壬卯、卯癸兩線爲半徑所作兩圓面等。見九卷第六節。又壬癸與壬乙皆一圜之輻線，其度必等，而卯辰原與壬乙相等，故卯辰爲半徑所作之圓面，即壬癸爲半徑所作之圓面。於卯辰爲半徑所作圓面內，減去卯癸爲半徑所作圓面，即餘辰癸環面，與壬卯爲半徑所作之圓面等，而壬卯與卯癸原相等，然則辰癸環面既與壬卯半徑所作之圓面等，亦必與卯癸爲半徑所作之圓面等矣。夫卯癸即小長圓底之半徑，而辰癸又爲空心體底之環徑，其兩面積既等，則其兩體積必等無疑矣。又壬癸寅小尖圓體原與癸乙辰巳丁寅曲凹體等，乙丙丁半球體爲半長圓體三分之二，則癸乙己丙庚丁寅曲凹體爲長圓體三分之一，與壬己庚尖圓體相等，故壬癸寅一段尖圓體與相當癸乙辰巳丁寅一段曲凹體亦必相等也。而壬癸寅小尖圓體爲子癸寅丑小長圓體三分之一，則癸乙辰巳丁寅曲凹體亦爲辰癸空心體之三分之一矣。於乙辰巳丁長圓體內減去壬癸寅小尖圓體，又減去癸乙辰巳丁寅曲凹體，則餘乙癸壬寅丁一段空心球體，必與乙辰壬巳丁一段空心長圓體等。如以乙辰巳丁一段長圓體作六分，則子癸寅丑小長圓爲三分，壬癸寅小尖圓體爲一分，與小尖圓體相等之癸乙辰巳丁寅曲凹體亦爲一分。今既減去小尖圓體及曲凹體，是於六分內減去二分，而存一段空心球體爲四分也。而壬辰巳大尖圓體亦爲乙辰巳丁長圓體三分之一，於長圓體內減去大尖圓體，則餘乙辰壬巳丁空心長圓體爲三分之二也。三分之二之比例固同於六分之四之比例，則此一段空心長圓體與一段空心球體相等無疑。若將此兩空心體從壬心至外面剖爲千萬尖體，俱以乙壬半徑爲高，以兩空心體外面爲底。則空心球體所分之各尖體與空心長圓體所分之各尖體其積既等、其高又等，則其底不得不等。同底、同高者，其積既等，則同高、同積者其底必等。此各尖體之底既等，則兩空心體之外面積相等可知矣。千萬尖體之底，即兩空心體之面也。夫乙丙丁半球體外面積原與乙己庚丁半長圓體周圍外面積等，於半球體內減去乙癸寅丁一段，餘癸丙寅一段球體；於半長圓體內減去乙辰巳丁一段，餘辰己庚巳一段長圓體，其減去之各段外面積既相等，則所餘之球體癸丙寅一段凸面與長圓體辰己庚巳一段周圍外面積相等也明矣。

第十二

凡橢圓體大徑與圓球體徑相等者，其二體積之比例，即同於橢圓體小徑所作方面與圓球體徑所作方面之比例也。如甲乙丙丁橢圓體之甲丙大徑與甲戊丙己圓球徑等，則橢圓體積與球體積之比例，即同於橢圓乙丁小徑所作方面與球體戊己徑所作方面之比例也。試將橢圓體與球體任意依徑線平行分之，其所分之大、小平圓面如子丑乃球體大圓面之徑、寅卯乃橢圓體小圓面之徑，此大、小兩平圓面之比例同於其相當子丑、寅卯二徑所作二方面之比例，見八卷第十一節。而子丑徑與寅卯徑之比例，又同於戊己徑與乙丁徑之比例，故此所分之大小圓面之比例，亦必同於戊己方面與乙丁方面之比例矣。若將此兩體與戊己徑平行任意分爲幾何面，其相當大小兩面之比例，皆如戊己方面與乙丁方面之比例。此所分各面之比例既皆同於乙丁與戊己所作方面之比例，則橢圓體與圓球體之比例，必同於乙丁所作方面與戊己所作方面之比例可知矣。即所分之寅丙卯橢圓體之一段與子丙丑圓球體之一段其比例亦必同於乙丁所作方面與戊己所作方面之比例矣。

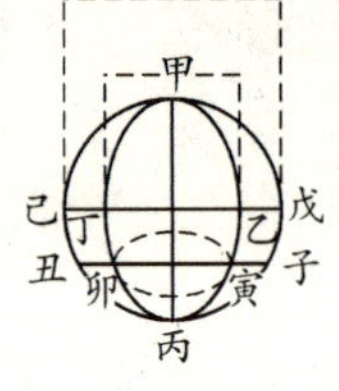

第十三

凡撱圓體大徑與長圓體高度等，而撱圓體小徑與長圓體底徑等，則撱圓體爲長圓體之三分之二，亦如圓球體與同徑同高長圓體之比例也。如甲乙丙丁一撱圓體、戊己庚辛一長圓體，其撱圓體之甲丙大徑與長圓體之戊己高度等，而撱圓體之乙丁小徑亦與長圓體之己庚底徑等，則撱圓體爲長圓體之三分之二，其比例即如子丑寅卯球體與辰巳午未長圓體之比例也。蓋戊己庚辛長圓體之戊己高度與辰巳午未長圓體之辰巳高度等，故兩長圓體之比例，即同於己庚底積與巳午底積之比例，至於戊己庚辛長圓體之己庚底積與撱圓體之乙丁小徑所作圓面積等，而辰巳午未長圓體之巳午底積又與球體丑卯全徑所作圓面積等，則戊己庚辛長圓體積與辰巳午未長圓體積之比例，即同於撱圓體之乙丁小徑所作圓面與球體丑卯全徑所作圓面之比例矣。夫撱圓體與球體之比例，原同於撱圓體小徑所作圓面與球體全徑所作圓面之比例，故撱圓體與球體之比例，亦同於撱圓體同徑同高之長圓體與球體同徑同高之長圓體之比例也。若轉比之，即戊己庚辛長圓體與甲乙丙丁撱圓體之比例，亦同於辰巳午未長圓體與子丑寅卯球體之比例矣。夫球體既爲同徑同高長圓體之三分之二，則撱圓體亦必爲同徑同高長圓體之三分之二可知矣。

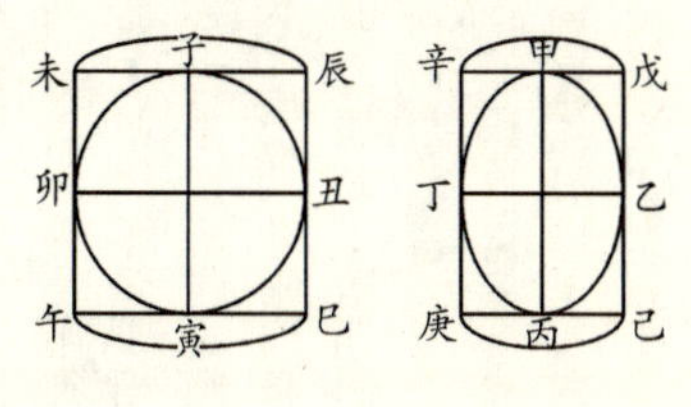
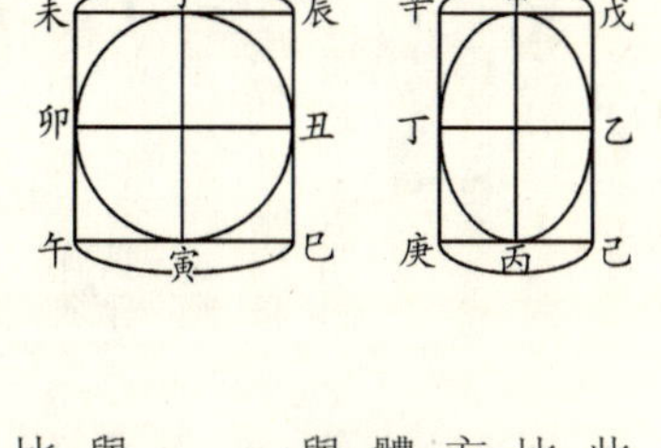

第十四

凡函撱圓之長方體與所函撱圓體之比例，同於函球之正方體與所函球體之比例也。如甲乙丙丁長方體函一戊己庚辛撱圓體，其長方體之甲乙高度與撱圓體之戊庚大徑等，長方體之乙丙底度與撱圓體之己辛小徑等，則此甲乙丙丁長方體與所函戊己庚辛撱圓體之比例，同於壬癸子丑正方體與所函寅卯辰午球體之比例也。蓋甲乙丙丁長方體之甲乙高度與壬癸子丑正方體之壬癸高度等，故長方體與正方體之比例同於兩體底積之比例。今此長方體之底積與所函撱圓體之己辛小徑所作方面等，而正方體之底積與所函球體之卯午全徑所作方面等矣，然則此長方體與正方體之比例，不同於撱圓體小徑所作方面與球體全徑所作方面之比例乎？夫撱圓體與球體之比例，原同於撱圓體小徑所作方面與球體全徑所作方面之比例，則撱圓體與球體之比例，同於函撱圓體之長方體與函球體之正方體之比例可知矣。若轉比之，則長方體與所函撱圓體之比例，亦必同於正方體與所函球體之比例矣。

第十五

凡撱圓體大徑與圓球體之徑等者，其撱圓體外面積與球體外面積之比例，即同於撱圓體小徑與球體全徑之比例，即任分一段，其相當一段外面積之比例亦無不同也。如甲乙丙丁撱圓體之甲丙大徑與甲戊丙己球體全徑等，則此撱圓體外面積與球體外面積之比例，必同於撱圓體之乙丁小徑與球體之戊己全徑之比例也，即任分寅丙卯一段撱圓體外面積與子丙丑一段球體外面積之比例，亦仍同於乙丁小徑與戊己全徑之比例也。蓋兩體所分寅卯子丑平圓面皆與乙丁、戊己徑線平行，故寅卯圓界與子丑圓界之比，同於寅卯圓徑與子丑圓徑之比，而寅卯徑與子丑徑之比，又同於乙丁徑與戊己徑之比也。然此兩體依徑平分，可爲無數平圓界，其相當各圓界之比例，既皆同於乙丁徑與戊己徑之比例，則全體外面積之比例豈不同於乙丁徑與戊己徑之比例乎？至於所分之寅丙卯一段撱圓體與子丙丑一段球體，俱可分爲平圓以比之，則一段與一段之比例無異於全體與全體之比例也明矣。

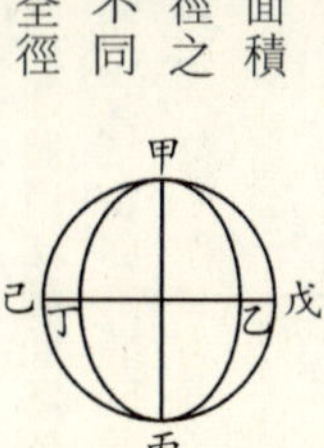

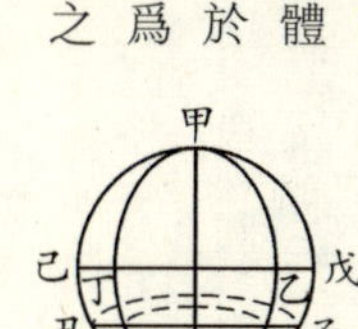

第十六

凡撱圓體大徑與長圓體高度等，而撱圓體小徑與長圓體底徑等，則撱圓體外面積與長圓體周圍外面積等，即任分一段，其相當一段之外面積亦無不等也。如甲乙丙丁一撱圓體、戊己庚辛一長圓體，其撱圓體之甲丙大徑與長圓體之戊己高度等，而撱圓體之乙丁小徑與長圓體之己庚底徑等，則撱圓體之外面積與長圓體周圍之面積等，即任分壬丙癸一段撱圓體外面積亦與相當壬己庚癸一段長圓體之外面積等也。試依撱圓體甲丙大徑度作

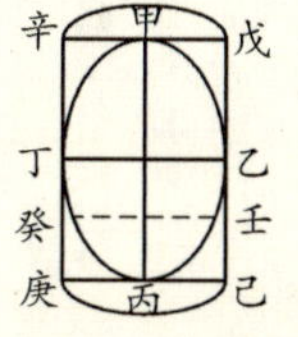

子丑寅卯一球體，并作與球體同高同徑辰巳午未一長圓體，則此兩長圓體之高度等。其二體周圍面積之比例，必同於二體底徑之比例，二長圓體底徑之比例，即是撱圓體之乙丁小徑與球體之寅卯全徑之比例也。撱圓體外面積與球體外面積之比例，原同於撱圓體乙丁徑與球體丑卯徑之比例，則戊己庚辛長圓體外面積與撱圓體外面積之比例，亦同於辰巳午未長圓體外面積與球體外面積之比例也。夫球體外面積原與辰巳午未長圓體外面積等，而撱圓體外面積既與戊己庚辛長圓體外面積之比例相同，則此撱圓體外面積與戊己庚辛長圓體外面積相等無疑矣，至於撱圓體所分一段與球體所分一段之比例，與其全體之比例亦相同。今撱圓體外面全積與戊己庚辛長圓體周圍外面全積之比例，既同於球體外面全積與辰巳午未長圓體周圍外面全積之比例，則所分撱圓體之壬丙癸一段外面積與長圓體之壬己庚癸一段外面積之比例，亦必同於所分球體之申寅酉一段外面積與長圓體之戌巳午亥一段外面積之比例矣。彼球體之申寅酉一段外面積既與長圓體之戌巳午亥一段外面積相等，則此撱圓體之壬丙癸一段外面積與長圓體之壬己庚癸一段外面積相等也明矣。

又　下編卷二六　曲線體

設如長圓體，徑與高皆七尺，問積幾何。

法：以長圓體徑七尺用求圓面積法，求得圖面積三十八尺四十八寸四十五分零九釐九十六毫二十五絲有餘。以高七尺乘之，得二百六十九尺三百九十一寸五百六十九分七百三十七釐有餘，即長圓體之積也。如圖，甲乙丙丁長圓體，先以乙丙底徑求得乙己丙戊圓面積，而以庚辛高乘之，即得甲乙丙丁長圓體之積也。

又法：以長圓體徑七尺用徑求周法，求得圓周二十一尺九寸九分一釐一毫四絲八忽五微五纖有餘，與高七尺相乘，得一百五十三尺九十三寸八十分三十九釐八十五毫有餘，爲長圓體之外面積。以半徑三尺五寸乘之，得五百三十八尺七百八十三寸一百三十九分四百七十五釐有餘，折半得二百六十九尺三百九十一寸五百六十九分七百三十七釐有餘，即長圓體之積也。如圖，甲乙丙丁長圓體，先求得乙己丙戊圓周，與甲乙高相乘，得甲乙丙丁外面積爲底，以庚甲半徑乘之得庚甲丙辛長方體，爲甲乙丙丁長圓體積之二倍。蓋因長圓體之外面積與長方體之底面積等，而長圓體之半徑又與長方體之高度等，則長圓體爲長方體之一半，見《幾何原本》五卷第二十四節。故折半即得甲乙丙丁長圓體之積也。

又法：用長方體長圓體之定率比例，以長方體積一〇〇〇〇〇〇〇〇〇爲一率，長圓體積七八五三九八一六三爲二率，今所設之長圓體徑七尺自乘，以高七尺再乘得三百四十三尺爲三率，求得四率二百六十九尺三百九十一寸五百六十九分九百零九釐有餘，即長圓體之積也。此法蓋以長方體與長圓體爲比例，定率之一〇〇〇〇〇〇〇〇〇爲長方體積，而七八五三九八一六三爲長方體同高同徑之長圓體積，故以徑自乘高再乘得長方體積。彼定率之長方體與長圓體之比，即同於今所得之長方體積與所求之長圓體積之比也。

一率　一〇〇〇〇〇〇〇〇〇
二率　七八五三九八一六三
三率　三四三
四率　二六九三九一五六九九〇九

設如尖圓體，底徑六尺，中高六尺，問積幾何。

法：以底徑六尺用求圓面積法，求得底面積二十八尺二十七寸四十三分三十三釐八十五毫有餘，以高六尺乘之，得一百六十九尺六百四十六寸三分一百釐有餘，三歸之得五十六尺五百四十八寸六百六十七分七百釐有餘，即尖圓體之積也。如圖，甲乙丙丁戊尖圓體，先以乙丁底徑求得乙丙丁戊底面積，以甲己高乘之得庚乙丁辛長圓體，爲甲乙丙丁戊尖圓體之三倍。蓋因上下面平行各體與平底尖體同底同高者，其平底尖體皆得上下面平行體之三分之一。見《幾何原本》五卷第二十三節。故以所得庚乙丁辛長圓體積三歸之，即得甲乙丙丁戊尖圓體積也。

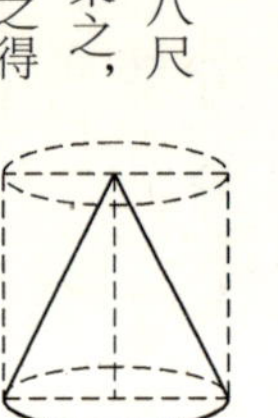

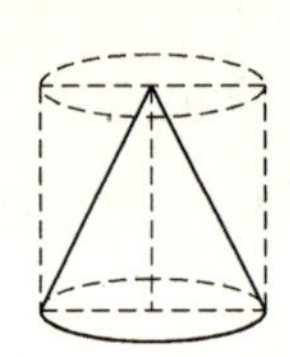

又法：用尖方體尖圓體之定率比例，以尖方體積一

一率　一〇〇〇〇〇〇〇〇〇
二率　七八五三九八一六三
三率　七二
四率　五六五四八六六七七三六

〇〇〇〇〇〇〇〇爲一率，尖圓體積七八五三九八一六三爲二率，今所設之尖圓體底徑六尺自乘，以高六尺再乘得二百一十六尺，三歸之得七十二尺成尖方體積爲三率，求得四率五十六尺五百四十八寸六百六十七分七百三十六釐有餘，即尖圓體之積也。蓋尖方體爲長方體之三分之一，而尖圓體爲長圓體之三分之一，故尖方體與尖圓體之比，即同於長方體與長圓體之比也。

又捷法：定率比例以長方體積一〇〇〇〇〇〇〇〇〇爲一率，尖圓體積二六一七九九三八八爲二率，今所設之尖圓體底徑六尺自乘，以高六尺再乘，得二百一十六尺爲三率，求得四率五十六尺

一率　一〇〇〇〇〇〇〇〇〇
二率　二六一七九九三八八
三率　二一六
四率　五六五四八六六七八〇八

五百四十八寸六百六十七分八百零八釐有餘，即尖圓體之積也。此法蓋以長方體與尖圓體爲比例，長方體積爲一〇〇〇〇〇〇〇〇〇，則長圓體積爲七八五三九八一六三。將此長圓體積三歸之，則得尖圓體積爲二六一七九九三八八，故定率之長方體與尖圓體之比，即同於今底徑自乘高再乘所得之長方體積與所求之尖圓體積之比也。

設如尖圓體，底周二十二尺，自尖至底周之斜線五尺，求中垂線之高幾何。

法：以底周二十二尺用周求徑法，求得底徑七尺零二釐八毫一絲七忽有餘，折半得半徑三尺五寸零一釐四毫零八忽有餘爲勾，以自尖至底周之斜線五尺爲弦，求得股三尺五寸六分九釐三毫三絲三忽有餘，即中垂線之高也。如圖，甲乙丙丁戊尖圓體，以乙丙丁戊底周求得乙丁底徑，折半得乙己半徑爲勾，以自尖至底周之甲乙斜線爲弦，求得甲己股，即中垂線之高也。

設如圓球，徑二尺，問外面積幾何。

法：以圓球徑二尺用徑求周法，求得周六尺二寸八分三釐一毫八絲五忽有餘，與徑二尺相乘，得一十二尺五十六寸六十三分七十釐有餘，即圓球之外面積也。如圖，甲乙丙丁圓球體，以甲丙全徑與甲乙丙丁全周相乘，即得圓球體之外面積。蓋因圓面半徑與球體半徑等者，其圓面積爲球體外面積之四分之一。而圓面半徑與球體全徑等者，其圓面積與球體外面積等。見《幾何原本》十卷第八節。故圓球全徑與全周相乘，而得圓球之外面積也。

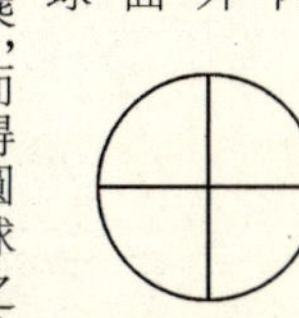

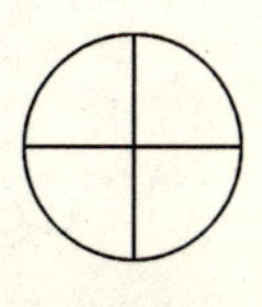

設如圓球，徑一尺二寸，問積幾何。

法：以圓球徑一尺二寸用徑求圓面積法，求得圓面積一尺一十三寸零九分七十三釐三十五毫四十絲有餘。以圓球徑一尺二寸乘之，得一尺三百五十七寸一百六十八分零二十四釐有餘爲長圓體積，三歸之，得四百五十二寸三百八十九分三百四十一釐有餘，倍之得九百零四寸七百七十八分六百八十二釐有餘，即圓球之體積也。如圖，甲乙丙丁圓球體，求得戊己庚辛平圓面積，以甲丙全徑乘之，得與圓球同徑同高之壬戊庚癸長圓體。此球體之乙丁全徑與長圓體之戊庚底徑度等，而球體之甲丙全徑又與長圓體之壬戊高度等，則球體積爲長圓體積之三分之二。見《幾何原本》十卷第九節。試以圓球同徑之平圓面積爲底，圓球之半徑爲高，作一甲乙丁尖圓體，則其積爲甲乙丁半球體積之半。夫尖圓體與長圓體同底同高，其比例爲三分之一，而尖圓體又爲半球體之二分之一，則半球體必爲半長圓體之三分之二。半球體既爲半長圓體之三分之二，則全球體必爲全長圓體之三分之二可知。故以所得壬戊庚癸長圓體積三歸倍之，即得甲乙丙丁圓球體積也。

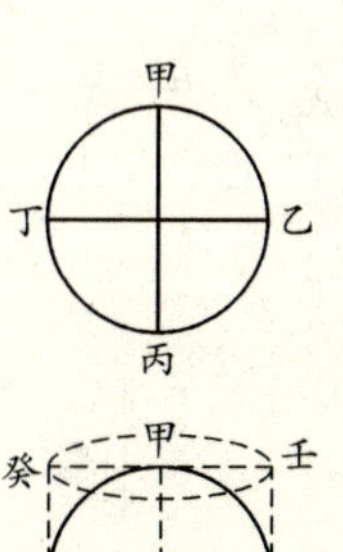

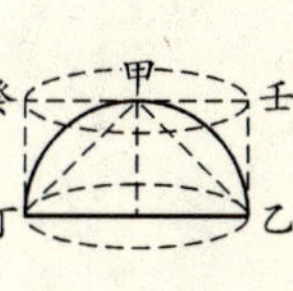

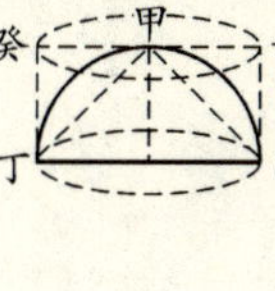

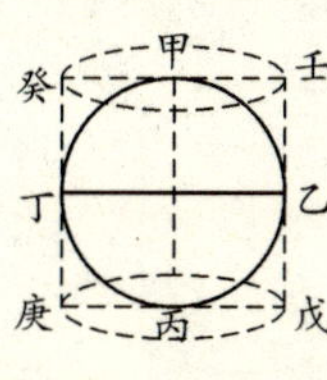

又法：以圓球徑一尺二寸用求圓球之外面積法，求得圓球之外面積四尺五十二寸三十八分九十三釐四十一毫六十絲有餘，以半徑六寸乘之，得二尺七百一十四寸三百三十六分四十九釐有餘，三歸之得九百零四寸七百七十八分六百八十三釐有餘，即圓球之體積也。如圖，甲乙丙丁圓球體，先求得外面積，乃以

此外面積爲底，戊丙半徑爲高，作一戊己庚尖圓體，其體積必與圓球體積等。蓋尖圓體之底面積與球體之外面積等，尖圓體之高度與球體之半徑等，則其體積亦必等。見《幾何原本》五卷第二十五節。故以戊丙半徑與外面積相乘三歸之，即如得戊己庚尖圓體積而爲甲乙丙丁圓球體積也。

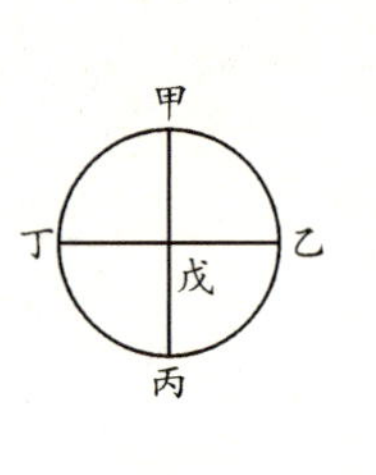
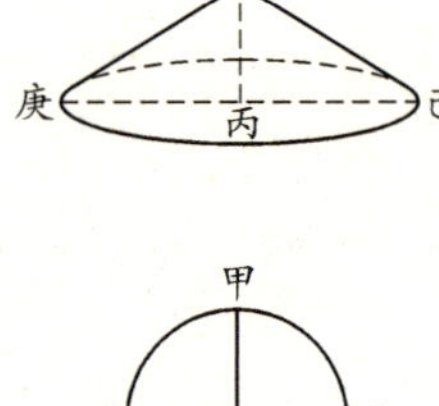
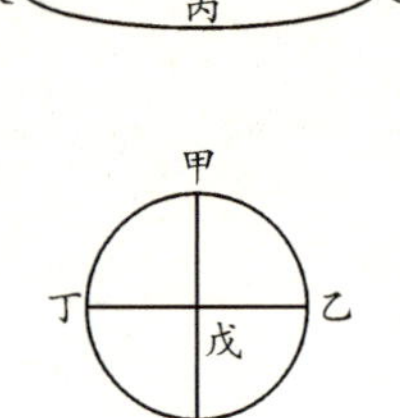
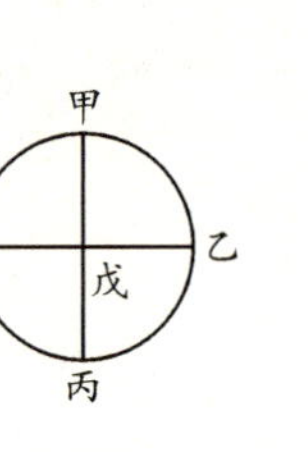
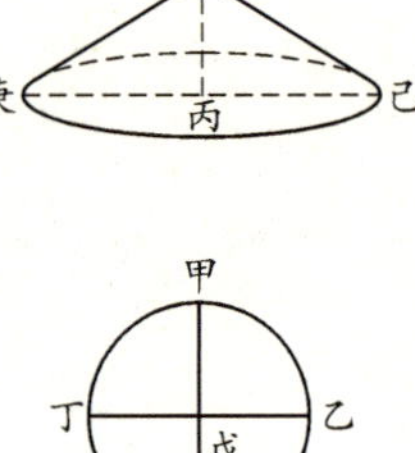
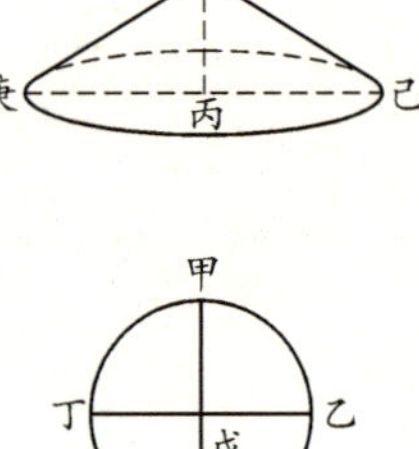
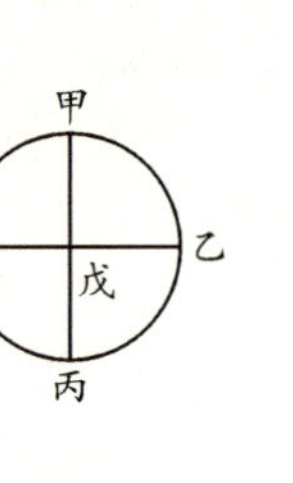

一率　一〇〇〇〇〇〇〇〇〇
二率　五二三五九八七七五
三率　一七二八
四率　九〇四七七八六八三

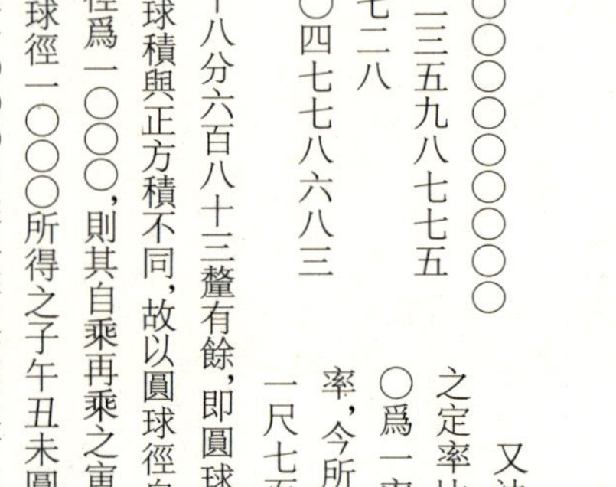

又法：用方邊球徑相等方積球積不同之定率比例，以方積一〇〇〇〇〇〇〇〇〇爲一率，球積五二三五九八七七五爲二率，今所設之圓球徑一尺二寸自乘再乘得一尺七百二十八寸爲三率，求得四率九百零四寸七百七十八分六百八十三釐有餘，即圓球之體積也。此法蓋因圓球徑與正方邊相等，而圓球積與正方積不同，故以圓球徑自乘再乘作正方積爲體與體之比例。如子丑圓球徑爲一〇〇〇，則其自乘再乘之寅卯辰巳正方體積爲一〇〇〇〇〇〇〇〇〇，而圓球徑一〇〇〇所得之子午丑未圓球體積爲五二三五九八七七五，故以子丑圓球徑一〇〇〇自乘再乘之寅卯辰巳正方體積一〇〇〇〇〇〇〇〇〇，與子丑圓球徑所得之子午丑未圓球體積五二三五九八七七五之比，即同於今所設之甲丙圓球徑一尺二寸自乘再乘之戊己庚辛正方體積一尺七百二十八寸，與今所得之甲乙丙丁圓球體積九百零四寸七百七十八分六百八十三釐有餘之比也。

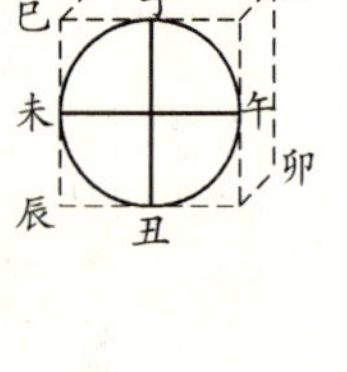
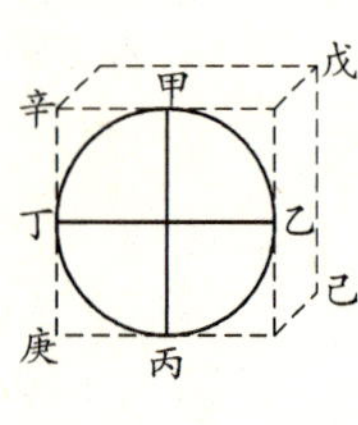

一率　一〇〇〇〇〇〇〇〇
二率　八〇五九九五九七
三率　一二
四率　九六七一九五一六

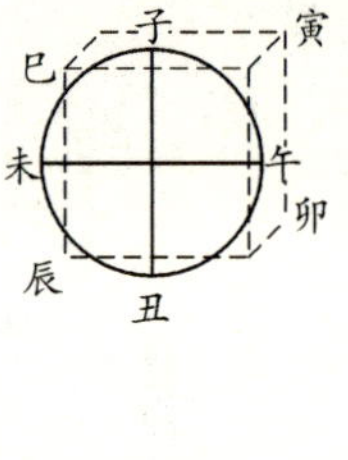

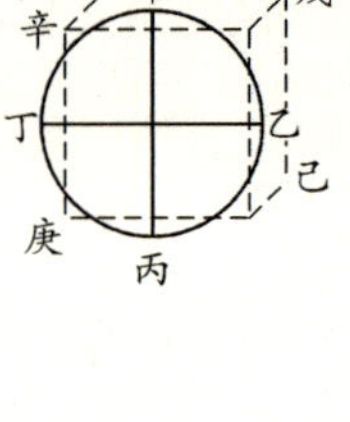

又法：用球積方積相等球徑方邊不同之定率比例，以圓球徑一〇〇〇〇〇〇〇〇爲一率，正方邊八〇五九九五九七爲二率，今所設之圓球徑一尺二寸爲三率，求得四率九寸六分七釐一豪九絲五忽一微六纖有餘，爲與圓球積相等之正方體每邊之數。自乘再乘得九百零四寸七百七十八分六百四十九釐有餘，即圓球之體積也。此法蓋以圓球積與正方積設爲相等，使圓球徑與正方邊不同，先定爲線與線之比例，既得線而後自乘再乘之爲體也。如子丑圓球徑一〇〇〇〇〇〇〇〇，其所得之體積開立方則得八〇五九九五九七，即爲寅卯辰巳正方體之每一邊。是子午丑未圓球積與寅卯辰巳正方積相等，故子丑圓球徑一〇〇〇〇〇〇〇〇與寅卯正方邊八〇五九九五九七之比，即同於今所設之甲丙圓球徑一尺二寸與今所得之戊己正方邊九寸六分七釐一豪九絲五忽一微六纖有餘之比。既得戊己正方邊，自乘再乘得戊己庚辛正方體積，即與甲乙丙丁圓球體積爲相等也。

一率　二一
二率　一一
三率　一七二八
四率　九〇五一四二八五七

又法：以二十一分爲一率，十一分爲二率，今所設之圓球徑一尺二寸自乘再乘得一尺七百二十八寸爲三率，求得四率九百零五寸一百四十二分八百五十七釐有餘，爲圓球之體積也。蓋以正方體積一〇〇〇〇〇〇〇〇〇圓球體積五二三五九八七七五之定率約之，則正方體積二十一，而圓球體積得一〇九九有餘，進而爲十一，則圓球體積稍大，故今所得之圓球體積亦稍大也。

一率　一〇〇〇〇〇〇〇〇〇
二率　一九〇九八五九三一七
三率　六
四率　一一四五九一五五九〇二

設如圓球，積六尺，問徑幾何。

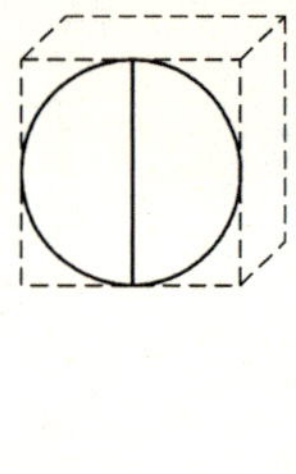

法：用球徑方邊相等球積方積不同之定率比例，以球積一〇〇〇〇〇〇〇〇〇爲一率，方積一九〇九八五九三一

七爲二率，今所設之圓球積六尺爲三率，求得四率十一尺四百五十九寸一百五十五分九百零二釐有餘，爲與圓球徑相等之正方邊之正方體積。開立方得二尺二寸五分四釐五豪零二忽有餘，即圓球之徑也。蓋圓球積爲五二三五九八七七五，則正方積爲一〇〇〇〇〇〇〇〇〇，若圓球積爲一〇〇〇〇〇〇〇〇〇，則正方積爲一九〇九八五九三一七，其比例仍同，故以圓球積一〇〇〇〇〇〇〇〇〇爲一率者，即如以圓球積五二三五九八七七五爲一率。而以正方積一九〇九八五九三一七爲二率者，即如以正方積一〇〇〇〇〇〇〇〇〇爲二率也。

又法：用球積方積相等球徑方邊不同之定率比例，以方邊一〇〇〇〇〇〇〇〇〇爲一率，球徑一二四〇七〇〇九八爲二率，今所設之圓球積六尺開立方得一尺八寸一分七釐一豪二絲有餘爲三率，求得四率二尺二寸五分四釐五豪零二忽有餘，即圓球之徑也。此法亦以圓球積與正方積設爲相等，使圓球徑與正方邊不同，故以圓球積開立方得立方邊爲線與線之比例。蓋方邊爲八〇五九九五九七，則球徑爲一〇〇〇〇〇〇〇〇〇，若方邊爲一〇〇〇〇〇〇〇〇〇，則球徑爲一二四〇七〇〇九八，其比例仍同。故以方邊一〇〇〇〇〇〇〇〇〇爲一率者，即如以方邊八〇五九九五九七爲一率。而以球徑一二四〇七〇〇九八爲二率者，即如以球徑一〇〇〇〇〇〇〇〇〇爲二率也。

一率　一〇〇〇〇〇〇〇〇〇
二率　一二四〇七〇〇九八
三率　一八一七一二〇
四率　二二五四五〇二

設如橢圓體，大徑六寸，小徑四寸，問積幾何。

法：以小徑四寸用徑求圓面積法，求得圓面積一十二寸五十六分六十三釐七十豪六十絲有餘，以大徑六寸乘之，得七十五寸三百九十八分二百二十三釐有餘，爲長圓體積。三歸之得二十五寸一百三十二分七百四十一釐有餘，倍之得五十寸二百六十五分四百八十二釐有餘，即橢圓體之積也。如圖，甲乙丙丁橢圓體，以乙丁小徑求得戊己庚辛平圓面積，再以甲丙大徑乘之，得壬戊庚癸長圓體，此橢圓體積即爲長圓體積之三分之二，亦如圓球體積爲同徑同高之長圓體積之三分之二，故以所得壬戊庚癸長圓體積三歸倍之，即得甲乙丙丁橢圓體積也。

又法：以小徑四寸自乘得十六寸，以大徑六寸再乘得九十六寸，爲長方體積。乃用方積球積不同方邊球徑相等之定率比例，以方積一〇〇〇〇〇〇〇〇〇爲一率，球積五二三五九八七七五爲二率，今所得之長方體積九十六寸爲三率，求得四率五十寸二百六十五分四百八十二釐有餘，即橢圓體之積也。蓋函橢圓之長方體與所函橢圓體之比，同於函球之正方體與所函球體之比。見《幾何原本》十卷第十四節

一率　一〇〇〇〇〇〇〇〇〇
二率　五二三五九八七七五
三率　九六
四率　五〇二六五四八二

如甲乙丙丁橢圓體，甲丙大徑六寸，乙丁小徑四寸，以乙丁小徑自乘，又以甲丙大徑再乘，遂成戊己庚辛長方體形。此長方體積與橢圓體積之比，即同於正方體積與圓球體積之比，故以定率之正方體積爲一率，圓球體積爲二率，今所得之長方體積爲三率，求得四率爲橢圓體之積也。

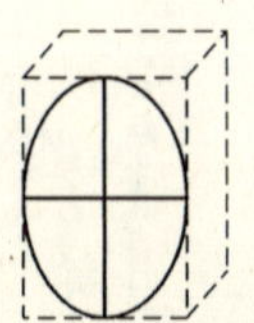

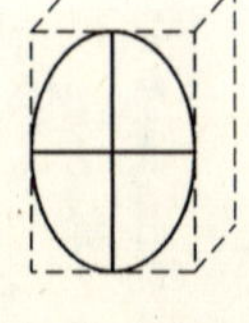

設如橢圓體，積五十寸，大徑比小徑多二寸，問大小徑各幾何。

法：用方積球積不同方邊球徑相等之定率比例，以球積一〇〇〇〇〇〇〇〇〇爲一率，方積一九〇九八五九三一七爲二率，今所設之橢圓體積五十寸爲三率，求得四率九十五寸四百九十二分九百六十五釐八百五十豪有餘，爲長方體積。乃以大徑比小徑多二寸爲長與闊之較，用帶一縱開立方法算之，得闊三寸九分九釐二豪有餘，即橢圓體之小徑。加大徑比小徑多二寸，得五寸九分九釐二豪有餘，即橢圓體之大徑也。如圖，甲乙丙丁橢圓體，用球積與方積之定率比

一率　一〇〇〇〇〇〇〇〇〇
二率　一九〇九八五九三一七
三率　五〇
四率　九五四九二九六五八五〇

例，即成戊己庚辛長方體形。其戊己長即甲丙大徑，壬庚闊即乙丁小徑，甲丙大徑比乙丁小徑多二寸，即長闊之較。故用帶一縱開立方法算之，得闊爲撱圓體之小徑，得長爲撱圓體之大徑也。

設如上下不等圓面體，上徑四尺，下徑六尺，高八尺，問積幾何。

法：以上徑四尺用徑求圓面積法，求得上圓面積一十二尺五十六寸六十三分七十釐六十毫有餘。又以下徑六尺用徑求圓面積法，求得下圓面積二十八尺二十七寸四十三分三十三釐八十五毫有餘。又以上徑四尺與下徑六尺相乘得二十四尺，開方得中徑四尺八寸九分八釐九毫七絲九忽四微八纖有餘，用徑求圓面積法，求得中圓面積一十八尺八十四寸九十五分五十五釐八十五毫有餘，三數相併，得五十九尺六十九寸二分六十釐三十毫有餘，與高八尺相乘，得四百七十七尺五百二十二寸八十二分四百釐有餘，三歸之得一百五十九尺一百七十四寸二十七分四百六十六釐有餘，即上下不等圓面體之積也。蓋上下不等圓面體立法與上下不等正方體同理，但上下不等正方體上下俱係方面，故求得上中下三方面積相併，與高相乘，三歸之而得體積。此上下俱係圓面，故求得上中下三圓面積相併，與高相乘，三歸之而得體積也。

又法：以上徑四尺與下徑六尺相減餘二尺，折半得一尺爲一率，高八尺爲二率，下徑六尺折半得三尺爲三率，求得四率二十四尺，爲上下不等圓面體上補成一尖圓體之共高。乃以下徑六尺用徑求圓面積法，求得圓面積二十八尺二十七寸四十三分三十三釐八十五毫有餘，與所得共高二十四尺相乘，得六百七十八尺五百八十四寸一十二分四百釐有餘，三歸之得二百二十六尺一百九十四寸六百七十分八百釐有餘，爲大尖圓體之積。又以高八尺與共高二十四尺相減，餘十六尺爲上尖圓體之高。以上徑四尺用徑求圓面積法，求得圓面積一十二尺五十六寸六十三分七十釐六十毫有餘，與上高十六尺相乘，得二百零一尺六十一寸九百二十九分六百釐有餘，三歸之得六十七尺二十寸六百四十三分二百釐有餘，爲上小尖圓體之積。與大尖圓體積二百二十六尺一百九十四寸六百七十分八百釐有餘相減，餘一百五十九尺一百七十四寸二十七分六百釐有餘，即上下不等圓面體之積也。如圖，甲乙丙丁上下不等圓面體，加戊甲丁小尖圓體，遂成戊乙丙大尖圓體，故於戊乙丙大尖圓體積內，減去戊甲丁小尖圓體積，而得甲乙丙丁上下不等圓面體之積也。

又法：用上下不等正方體與上下不等圓面體之定率比例，以正方體積一〇〇〇〇〇〇〇〇爲一率，圓面體積七八五三九八一六三爲二率，上徑四尺自乘，下徑六尺自乘，上徑四尺與下徑六尺相乘，三數相併，以高八尺乘之得六百零八尺，三歸之得二百零二尺六百六十六寸六百六十六分六百六十六釐有餘，成上下不等正方體積爲三率，求得四率一百五十九尺一百七十四寸二十七分七百零一釐有餘，即上下不等圓面體之積也。

一率	一〇〇〇〇〇〇〇〇
二率	七八五三九八一六三
三率	二〇二六六六六六六六六
四率	一五九一七四〇二七〇一

又捷法：定率比例以一〇〇〇〇〇〇〇〇爲一率，二六一七九九三八八爲二率，上徑四尺與下徑六尺自乘，上徑四尺與下徑六尺相乘，三數相併，以高八尺乘之，得六百零八尺爲三率，求得四率一百五十九尺一百七十四寸二十七分九百釐有餘，即上下不等圓面體之積也。此法蓋以三上下不等正方體與一上下不等圓面體爲比例。夫一上下不等正方體積爲一〇〇〇〇〇〇〇〇，則一上下不等圓面體積爲七八五三九八一六三。若三上下不等正方體積爲一〇〇〇〇〇〇〇〇，則一上下不等圓面體積爲二六一七九九三八八。故以上徑自乘，下徑自乘，上下徑相乘，三數相併以高乘之，所得爲三上下不等正方體積。彼定率之三上下不等正方體與一上下不等圓面體之比，即同於今所得之三上下不等正方體積與所求之一上下不等圓面體積之比也。

一率	一〇〇〇〇〇〇〇〇
二率	二六一七九九三八八
三率	六〇八
四率	一五九一七四〇二七九〇〇

設如上下不等撱圓面體，上大徑四尺，小徑三尺，下大徑八尺，小徑六尺，高十尺，問積幾何。

法：以上大徑四尺與上小徑三尺相乘得一十二尺，以下大徑八尺與下小徑六尺相乘得四十八尺。又以上大徑四尺與

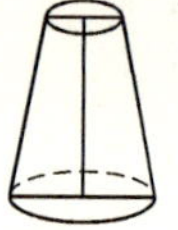

下小徑六尺相乘，下大徑八尺與上小徑三尺相乘，共得四十八尺，折半得二十四尺。三數相併，得八十四尺。乃用方積圓積之定率比例，以方積一〇〇〇〇〇〇〇〇〇爲一率，圓積七八五三九八一六三爲二率，三數相併之八十四尺爲三率，求得四率六十五尺九十七寸三十四分四十五釐六十九毫有餘，與高十尺相乘，得六百五十九尺七百三十四寸四百五十六分九百釐有餘，三歸之得二百一十九尺九百一十一寸四百八十五分六百三十三釐有餘，即上下不等橢圓面體之積也。蓋上下不等橢圓面體立法與上下不等圓面體同，但上下不等圓面體上下俱係圓面，故求得上中下三圓面積相併，與高相乘，三歸之而得體積。此上下俱係橢圓面，故必求得上中下三長方面積相併，用定率比例得三橢圓面積，乃與高相乘，三歸之而得體積也。

一率　一〇〇〇〇〇〇〇〇〇
二率　七八五三九八一六三
三率　八四
四率　六五九七三四四五六九

又法：以上大徑四尺與下大徑八尺相減，餘四尺，折半得二尺爲一率，高十尺爲二率，下大徑八尺折半，得四尺爲三率，求得四率二十尺，爲上下不等橢圓面體上補成一尖橢圓體之共高。乃以下大徑八尺小徑六尺用求橢圓面積法，求得下橢圓面積三十七尺六十九寸九十一分一十一釐六十八毫有餘，與所得共高二十尺相乘，得七百五十三尺九百八十二寸二百三十三分六百釐有餘，三歸之得二百五十一尺三百二十七寸四百一十一分三百釐有餘，爲大尖橢圓面體之積。又以高十尺與共高二十尺相減，餘十尺爲上小尖橢圓面體之高。以上大徑四尺小徑三尺用求橢圓面積法，求得上橢圓面積九尺四十二寸四十七分七十七釐九十二毫有餘，與上高十尺相乘，得九十四尺二百四十七寸七百七十九分二百釐有餘，三歸之得三十一尺四百一十五寸九百二十六分四百釐有餘，爲上小尖橢圓面體積。與大尖橢圓面體積二百五十一尺三百二十七寸四百一十一分三百釐有餘相減，餘二百一十九尺九百一十一寸四百八十四分八百釐有餘，即上下不等橢圓面體積也。如圖，甲乙丙丁上下不等橢圓面體，加戊甲丁小尖橢圓面體，遂成戊乙丙大尖橢圓面體，故於戊乙丙大尖橢圓面體內減戊甲丁小尖橢圓面體，而得甲乙丙丁上下不等橢圓面體之積也。

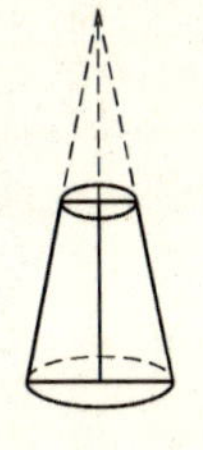

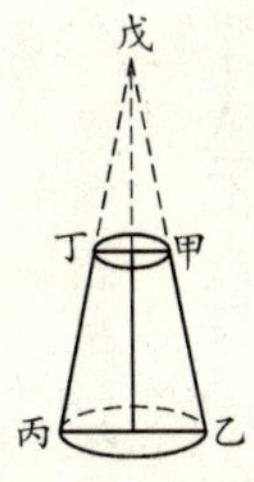

又法：用上下不等長方體與上下不等橢圓面體之定率比例，以長方體積一〇〇〇〇〇〇〇〇〇爲一率，長圓體積七八五三九八一六三爲二率，以上大徑四尺倍之，加下大徑八尺，共一十六尺，與上小徑三尺相乘，得四十八尺，以下大徑八尺倍之，加上大徑四尺，共二十尺，與下小徑六尺相乘，得一百二十尺，兩數相併，得一百六十八尺，以高十尺乘之，得一千六百八十尺，六歸之得二百八十尺，成上下不等長方體積爲三率，求得四率二百一十九尺九百一十一寸四百八十五分六百四十釐有餘，即上下不等橢圓面體之積也。蓋長方面積與橢圓面積之比，同於方面積與圓面積之比，故上下不等長方體與上下不等橢圓面體之比，即同於長方體與長圓體之比也。

一率　一〇〇〇〇〇〇〇〇〇
二率　七八五三九八一六三
三率　二八〇
四率　二一九九一一四八五六四〇

又捷法：定率比例以一〇〇〇〇〇〇〇〇〇爲一率，一三〇八九九六九四爲二率，以上大徑四尺倍之，加下大徑八尺，共一十六尺，與上小徑三尺相乘，得四十八尺，以下大徑八尺倍之，加上大徑四尺，共二十尺，與下小徑六尺相乘，得一百二十尺，兩數相併，得一百六十八尺，以高十尺乘之，得一千六百八十尺爲三率，求得四率二百一十九尺九百一十一寸四百八十五分九百二十釐有餘，即上下不等橢圓面體之積也。此法蓋以六上下不等長方體與一上下不等橢圓面體爲比例。夫一上下不等長方體積爲一〇〇〇〇〇〇〇〇〇，則一上下不等橢圓面體積爲七八五三九八一六三。若六上下不等長方體積爲一〇〇〇〇〇〇〇〇〇，則一上下不等橢圓面體積爲一三〇八九九六九四。故以上大徑倍之加下大徑與上小徑相乘，以下大徑倍之加上大徑與下小徑相乘，兩數相併，以高乘之，所得爲六上下不等長方體積。彼定率之六上下不等長方體積與一上下不等橢圓面體積之比，即同於今所得之六上下不等長方體積與所求之一上下不等橢圓面體積之比也。

一率　一〇〇〇〇〇〇〇〇〇
二率　一三〇八九九六九四
三率　一六八〇
四率　二一九九一一四八五九二〇

設如截球體一段，高二寸，底徑九寸六分，問積幾何。

法：以高二寸爲首率，底徑九寸六分折半得四寸八分爲中率，求得末率一

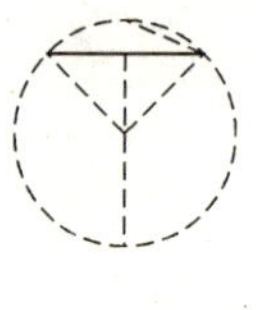

尺一寸五分二釐，爲圓球之截徑。加高二寸得一尺三寸五分二釐，爲圓球之全徑。折半得六寸七分六釐，爲圓球之半徑。又以高二寸爲勾，底徑九寸六分折半得四寸八分爲股，求得弦五寸二分，作平圓半徑，用求圓面積法，求得平圓面積八十四寸九十四分八十六釐有餘，即爲截球體一段之外面積。與圓球半徑六寸七分六釐相乘，得五百七十四寸二百五十二分五百三十六釐有餘，三歸之得一百九十一寸四百一十七分五百一十二釐有餘，爲自圓球中心所分球面尖圓體積。又以截球體底徑九寸六分用求平圓面積法，求得截球體之底面積七十二寸三十八分二十二釐有餘，於圓球半徑六寸七分六釐內減去截球體之高二寸，餘四寸七分六釐，與截球體之底面積七十二寸三十八分二十二釐有餘相乘，得三百四十四寸五百三十九分二百七十二釐有餘，三歸之得一百一十四寸八百四十六分四百二十四釐有餘，爲自圓球中心至截球體底徑所分平面尖圓體積。與球面尖圓體積一百九十一寸四百一十七分五百一十二釐有餘相減，餘七十六寸五百七十一分八十八釐有餘，即截球體一段之積也。如圖，甲乙丙截球體一段，其乙丙底徑即如弧矢形之弦長，其甲丁高即如弧矢形之矢闊，故甲丁爲首率，乙丙底徑折半得乙丁爲中率，求得丁戊末率爲截球徑，見各面形弦矢求圜徑法。與甲丁高相加得甲戊，爲圓球全徑。折半得甲己，爲圓球半徑。又以甲丁爲勾，乙丁爲股，求得甲乙弦。乃以甲乙弦爲半徑，求得庚乙丙平圓面積，即與甲乙丙截球體一段之外面積等。蓋圓面半徑與球體半徑等者，其圓面積爲球體外面積之四分之一。而圓面半徑與球體全徑等者，其圓面積與球體外面積等，見《幾何原本》十卷第八節。故甲辛戊壬圓球體其外面積爲同徑子丑寅卯平圓面積之四倍。若甲辛壬半球體其外面積必爲子丑寅卯平圓面積之二倍，然則甲己半徑求得平圓面積，又辛己半徑亦求得平圓面積，兩面積相併，必與甲辛壬半球體之外面積等矣。今甲乙丙截球體一段，若以甲丁爲半徑求得平圓面積，又以乙丁爲半徑求得平圓面積，兩面積相併，亦必與甲乙丙截球體一段之外面積等。而甲乙弦自乘之正方，與甲丁勾自乘之正方、乙丁股自乘之正方相併之積等，則甲乙弦爲半徑所得之圓面積，亦必與甲丁勾爲半徑所得之圓面

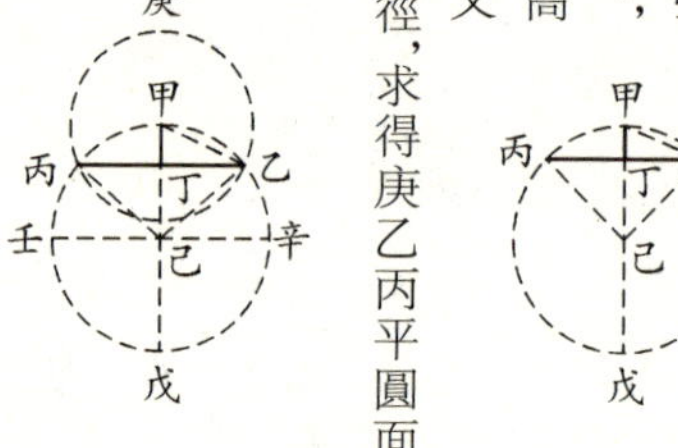

積、乙丁股爲半徑所得之圓面積相併之積等。故以甲乙弦爲半徑所得之庚乙丙平圓面積，即與甲乙丙截球體一段之外面積相等也。既得截球體一段之外面積，與甲己圓球半徑相乘，三歸之得己丙甲乙球面尖圓體積。又以乙丙截球體底徑求得乙丙底面積，與丁己截半徑相乘，三歸之，得己丙丁乙平面尖圓體積。與己丙甲乙球面尖圓體積相減，所餘即甲乙丙截球體一段之積也。

又法：先求得圓球徑一尺三寸五分二釐，用徑求周法，求得圓周四尺二寸四分七釐四豪三絲三忽有餘，與截球體一段之高二寸相乘，得八十四寸九十四分八十六釐有餘，即爲截球一段之外面積。與圓球半徑六寸七分六釐相乘，得五百七十四寸二百五十二分五百三十六釐，三歸之得一百九十一寸四百一十七分五百一十二釐有餘，爲自圓球中心所分球面尖圓體積。又以截球體底徑九寸六分用求平圓面積法，求得截球體之底面積七十二寸三十八分二十二釐有餘，於圓球半徑六寸七分六釐內減去截球體之高二寸，餘四寸七分六釐，與截球體之底面積七十二寸三十八分二十二釐有餘相乘，得三百四十四寸五百三十九分二百七十二釐有餘，三歸之得一百一十四寸八百四十六分四百二十四釐有餘，爲自圓球中心至截球徑所分平面尖圓體積。與球面尖圓體積一百九十一寸四百一十七分五百一十二釐有餘相減，餘七十六寸五百七十一分八十八釐有餘，即截球體一段之積也。如圖，甲乙丙截球體一段，先求得甲戊全徑與庚辛等，又求得壬庚癸辛全周，與甲丁高相乘，得庚子丑辛截長圓體一段之外面積，與甲乙丙截球體一段之外面積等。蓋球體全徑與長圓體底徑高度相等者，其相當每段之外面積皆相等。見《幾何原本》十卷第十一節。既得甲乙丙截球體一段之外面積，則與甲己半徑相乘，三歸之而得己丙甲乙球面尖圓體積。又以乙丙截球體底面積與丁己截半徑相乘，三歸之而得己丙丁乙平面尖圓體積，與己丙甲乙球面尖圓體積相減，餘即得甲乙丙截球體一段之積也。

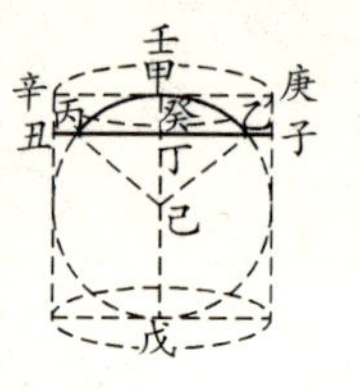

設如空心圓球，積二千寸，厚三寸，問內外徑數各幾何。

法：用球徑方邊相等球積方積不同之定率比例，以球積一〇〇〇〇〇〇〇〇〇爲一率，方積一九〇九八五九三一七爲二率，今所設之

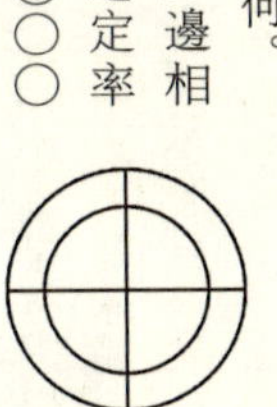

一率　一〇〇〇〇〇〇〇〇〇
二率　一九〇九八五九三一七
三率　二〇〇〇
四率　三八一九七一八六三四

空心圓球積二千寸爲三率，求得四率三尺八百一十九寸七百一十八分六百三十四釐有餘，爲空心正方體積。乃用算空心正方體法，以厚三寸自乘再乘，得二十七寸，八因之得二百一十六寸，與所得空心正方體積三尺八百一十九寸七百一十八分六百三十四釐相減，餘三尺六百零三寸七百一十八分六百三十四釐有餘，六歸之得六百寸六百一十九分七百七十二釐有餘，用厚三寸除之，得二尺零二十分六十五釐九十豪，爲內徑與外徑相乘長方面積。乃以厚三寸倍之得六寸，爲長闊之較，用帶縱較數開平方法算之，得闊一尺一寸四分六釐三豪九絲七忽有餘，即空心圓球內徑。得長一尺七寸四分六釐三豪九絲七忽有餘，即空心圓球外徑也。此法蓋以空心圓球體與空心正方體爲比例，即如用球積與方積定率爲比例也。如圖，甲乙丙丁戊己庚辛空心圓球體，其甲丙外徑與壬癸外方邊等，其戊庚內徑與寅卯內方邊等，是以甲乙丙丁大球體與壬癸子丑大正方體爲比，戊己庚辛小球體與寅卯辰巳小正方體爲比，而空心圓球體與空心正方體之比，即如球體積與方體積之比也。既得空心正方體積，則用算空心正方體法，以壬酉厚自乘再乘，八因之，得午巳未申類八小隅體，與空心正方體相減，則餘空心正方體之六面，酉戌坎未類六長方扁體，六歸之得酉戌坎未一長方扁體。用厚三寸除之，得酉戌亥乾一長方面積。其酉戌闊與戌庚等即內徑，其酉乾長與壬丑等即外徑，其酉寅、巳乾皆與壬酉厚度等，酉寅、巳乾併之即長闊之較，故以厚三寸倍之爲帶縱，求得闊爲內徑，長爲外徑也。

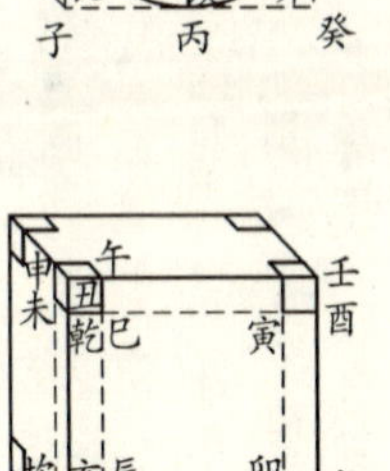

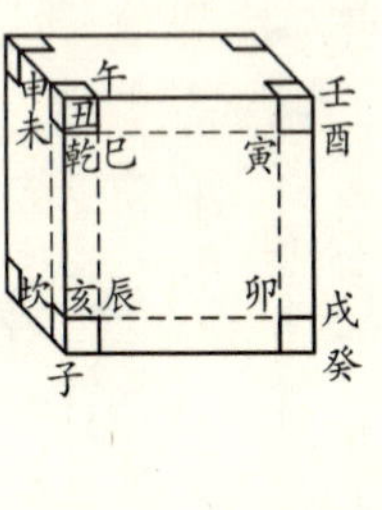

又法：用定率比例求得空心正方體積，以厚三寸倍之得六寸，爲內方邊與外方邊之較。自乘再乘得二百一十六寸，與所得空心正方體積三尺八百一十九寸七百一十八分六百三十四釐有餘相減，餘三尺六百零三寸七百一十八分六百三十四釐有餘，三歸之得一尺二百零一寸二百三十九分五百四十四釐有餘，以內外方邊之較六寸除之，得二尺零二十分六十五釐九十豪有餘，爲長方面積。以內外方邊之較六寸爲長闊之較，用帶縱較數開平方法算之，得闊一尺一寸四分六釐三豪九絲七忽有餘，即空心圓球內徑。得長一尺七寸四分六釐三豪九絲七忽有餘，即空心圓球外徑也。如圖，甲乙丙丁戊己庚辛空心圓球體，用定率比例而得壬癸子丑寅卯辰巳空心正方體，將寅卯辰巳空心小正方形移置癸角之一隅，則空心正方體變爲壬寅巳辰子申未午磬折體形。其壬寅即磬折體之厚，爲甲丙外徑與戊庚內徑之較，依開立方法分之，得酉戌亥三方廉體、乾坎艮三長廉體、震一小隅體。以壬寅厚度自乘再乘得震一小隅體，與空心正方體積相減，餘三方廉體，三長廉體，三歸之則餘酉一方廉體、乾一長廉體，共成巽壬癸辰坤離一扁方體。其巽壬厚與壬寅等，以巽壬厚除巽壬癸辰坤離扁方體，則得壬癸辰坤長方面，壬寅即長闊之較，故用帶縱較數開平方法算之，得卯辰闊與寅癸等，即空心圓球之內徑。以壬寅與寅癸相加，得壬癸與甲丙等，即空心圓球之外徑也。

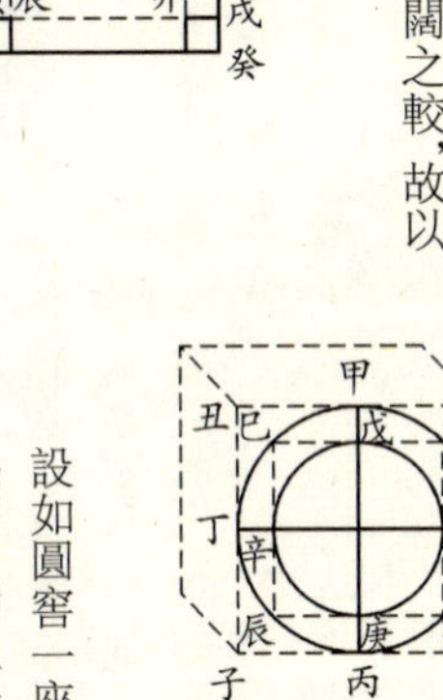

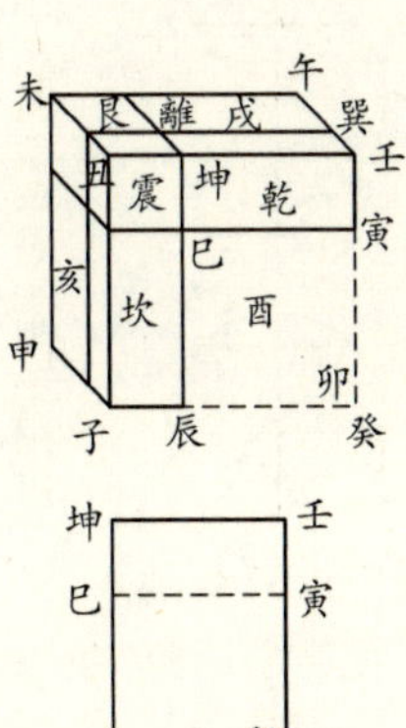

設如圓窖一座，周二十四尺，高十尺，問盛米幾何。

法：以周二十四尺用圓周求面積法，求得圓面積四十五尺八十三寸六十六分二十二釐有餘，與高一丈相乘，得四百五十八尺三百六十六寸二百二十分

一率　二千五百寸

二率　一石

三率　四百五十八尺三百六十六寸二百二十分

四率　一百八十三石三斗四升六合四勺

有餘，爲圓窖之積數。乃以米一石積數定率二千五百寸爲一率，一石爲二率，圓窖體積四百五十八尺三百六十六寸二百二十分有餘爲三率，求得四率一百八十三石三斗四升六合四勺有餘，即所盛之米數也。此法與求長圓體積之法同。如甲乙丙丁長圓窖，以甲戊丁己圓周求得平圓面積，用甲乙高乘之，即得甲乙丙丁長圓體積。既得體積，則以一石積數二千五百寸與一石之比，同於今所得之體積與今所求之米數之比也。

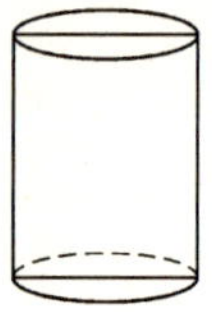

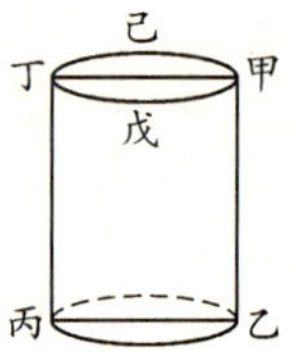

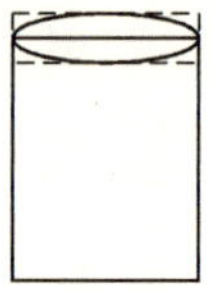

設如圓窖一座，盛米一百六十石，高十尺，問周徑各幾何。

法：以米一石爲一率，一石積數定率二千五百寸爲二率，盛米一百六十石爲三率，求得四率四百尺爲圓窖之積數。

一率　一〇〇〇〇〇〇〇〇

二率　一二七三二三九五四

三率　四〇

四率　五〇九二九五八一六〇

以高十尺除之，得四十尺爲圓窖之面積。乃用圓積方積之定率比例，以圓積一〇〇〇〇〇〇〇〇爲一率，方積一二七三二三九五四爲二率，今所得之圓窖面積四十尺爲三率，求得四率五十尺九十二寸九十五分八十一釐六十豪有餘，開平方得七尺一寸三分六釐四豪九絲有餘，即圓窖之徑數。再用徑求周法，求得周二十二尺四寸一分九釐九豪四絲有餘，即圓窖之周數也。

設如積米一堆，高五尺，底周十四尺，問米數幾何。

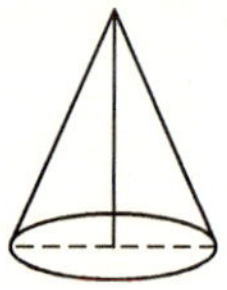

法：以底周十四尺用圓周求面積法，求得圓面積一十五尺五十九寸七十一分八十四釐一十二

一率　二千五百寸

二率　一石

三率　二十五尺九百九十五寸三百零六分八百二十釐

四率　十石零三升九合八勺一抄

豪有餘，爲尖圓堆之底面積。與高五尺相乘，得七十七尺九百八十五寸九百二十分六百釐有餘，三歸之得二十五尺九百九十五寸三百零六分八百二十釐有餘，爲尖圓堆之積數。乃以米一石積數定率二千五百寸爲一率，一石爲二率，今所得之尖圓堆之積數二十五尺九百九十五寸三百零六分八百二十釐有餘爲三率，求得四率一十石零三升九合八勺一抄有餘，即所堆之米數也。此法與尖圓體求積之法同。既得尖圓堆之積，而以一石之積數定率爲比例，即得米數也。

設如倚壁積米一堆，高四尺底周六尺，問米數幾何。

法：以底周六尺爲半周，倍之得一十二尺爲全周，用圓周求面積法，求得圓面積一十一尺四十五寸九十一分五十五釐有餘，折半得五尺七十二寸九十五分七十七釐有餘，爲倚壁尖圓堆之底面積。以高四尺乘之，得二十二尺九百一十八寸三百零八分有餘，三歸之得七尺六百三十九寸四百三十六分有餘，爲倚壁尖圓堆之積數。乃以米一石積數定率二千五百寸爲一率，一石爲二率，今所得之倚壁尖圓堆之積數七尺六百三十九寸四百三十六分有餘爲三率，求得四率三石零五升五合七勺七抄有餘，即倚壁所堆之米數也。蓋倚壁尖圓堆即尖圓體之一半，故求得平圓面積折半，與高數相乘，又以三歸之，得倚壁尖圓堆之積數，而以一石積數爲比例，即得米數也。

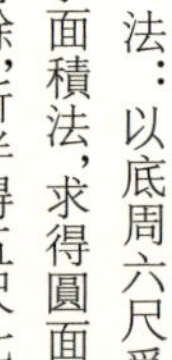

一率　二千五百寸

二率　一石

三率　七尺六百三十九寸四百三十六分

四率　三石零五升五合七勺七抄

設如倚壁內角積米一堆，高五尺，周一十二尺，問米數幾何。

法：以周一十二尺四因之，得四十八尺爲全周，用圓周求面積法，求得圓面積一百八十三尺三十四寸六十四分九十釐有餘，四歸之得四十五尺八十三寸六十六分二十二釐有餘，爲倚壁內角尖圓堆之底面積。與高五尺相乘，得二百二十九尺一百八十三寸一百一十分，三歸之得七十六尺三百九十四寸三百七十分，爲倚壁內角尖圓堆之積數。乃以米一石積數定率二千五百寸爲一率，一石爲二率，今所得之倚壁內角尖圓堆之積數七十六尺三百九十四寸三百七十分爲三率，求得

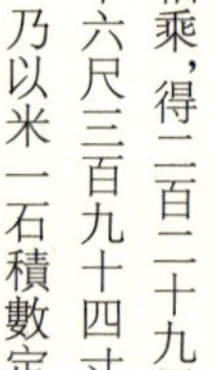

一率	二千五百寸
二率	一石
三率	七十六尺三百九十四寸三百七十分
四率	三十石零五斗五升七合七勺

四率三十石零五斗五升七合七勺有餘，即倚壁內角所堆之米數也。蓋倚壁內角尖圓堆即尖圓體之四分之一，故求得平圓面積，四歸之，與高數相乘，又以三歸之，得倚壁內角尖圓堆之積數，而以一石積數爲比例，即得米數也。

設如倚壁外角積米一堆，高六尺，底周三十三尺，問米數幾何。

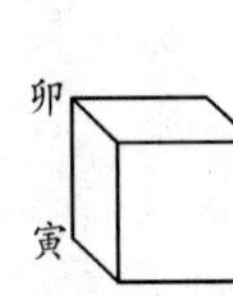

法：以周三十三尺三歸四因，得四十四尺爲全周，用圓周求面積法，求得圓面積一百五十四尺六寸一十九分八十一釐九十二毫有餘，四歸三因，得一百一十五尺五十四寸六十四分八十六釐四十四毫有餘，爲倚壁外角尖圓堆之底面積。以高六尺乘之，得六百九十三尺二百七十八寸九百一十八分六百四十釐有餘，三歸之得二百三十一尺九十二寸九百七十二分八百八十釐有餘，即倚壁外角尖圓堆之積數。乃以米一石積數定率二千五百寸爲一率，一石爲二率，今所得之倚壁外角尖圓堆之積數二百三十一尺九十二寸九百七十二分八百八十釐有餘爲三率，求得四率九十二石四斗三升七合一勺八抄有餘，即倚壁外角所堆之米數也。蓋倚壁外角尖圓堆即尖圓體四分之三，故求得平圓面積四歸三因，與高數相乘，又以三歸之，得倚壁外角尖圓堆之積數，而以一石積數爲比例，即得米數也。

一率	二千五百寸
二率	一石
三率	二百三十一尺九十二寸九百七十二分八百八十釐
四率	九十二石四斗三升七合一勺八抄

又　下編卷二九　更體形

設如正方體，每邊一尺二寸，今欲作與正方體積相等之圓球體，問徑幾何。

法：用體積相等邊線不同之定率比例，以定率之正方體之每邊一〇〇〇〇〇〇〇〇〇爲一率，圓球徑一二四〇七〇〇九八爲二率，今所設之正方體之每邊一尺二寸爲三率，求得四率一尺四寸八分八釐八毫四絲一忽有餘，即圓球之徑也。蓋正方體之每邊爲一〇〇〇〇〇〇〇〇〇，圓球徑爲一二四〇七〇〇九八，則兩體積相等，故以子丑寅卯正方體之每邊一〇〇〇〇〇〇〇〇〇與辰巳圓球徑一二四〇七〇〇九八之比，即同於今所設之甲乙丙丁正方體之每邊一尺二寸與今所得之戊己圓球徑一尺四寸八分八釐八毫四絲一忽有餘之比，而兩體積亦爲相等也。

一率	一〇〇〇〇〇〇〇〇〇
二率	一二四〇七〇〇九八
三率	一二
四率	一四八八八四一

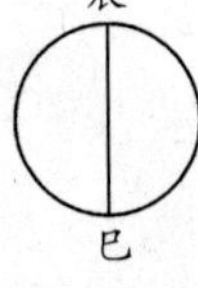

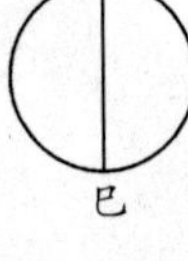
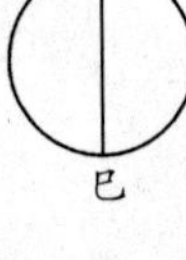
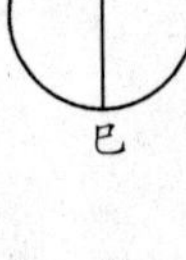
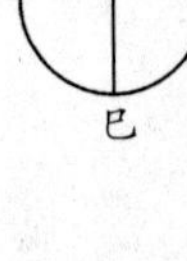
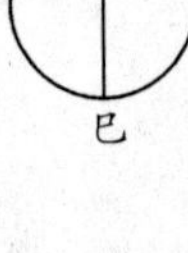
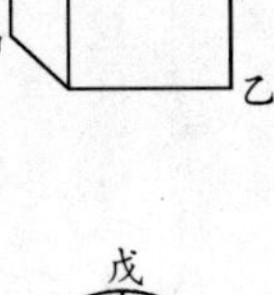
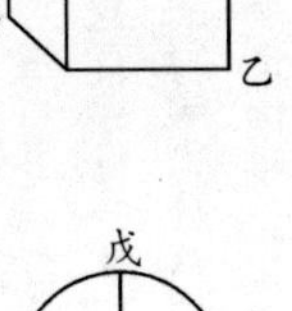
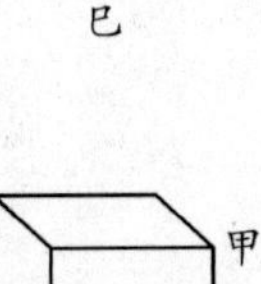
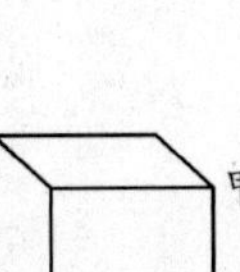
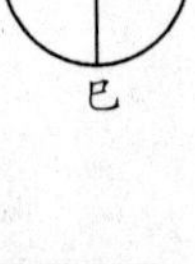
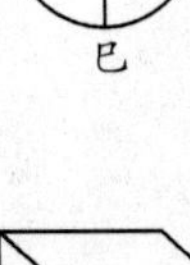
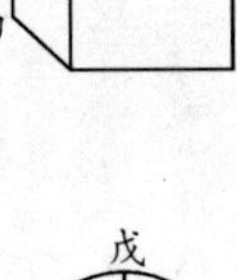
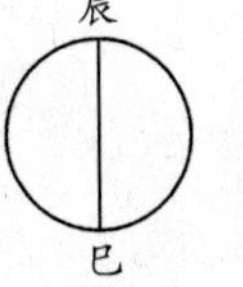
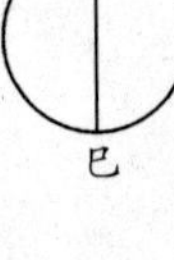
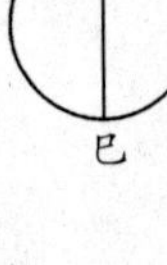
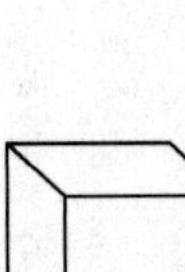
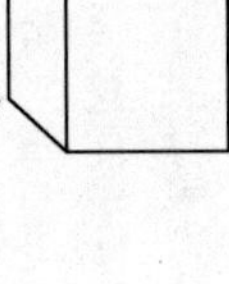
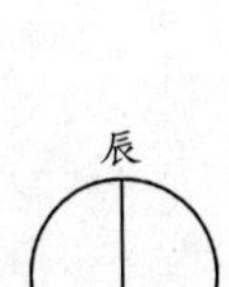

設如正方體積一尺七百二十八寸，今欲作與正方邊相等之圓球體，問積幾何。

法：用邊線相等體積不同之定率比例，以定率之正方體積一〇〇〇〇〇〇〇〇〇爲一率，圓球積五二三五九八七七五爲二率，今所設之正方體積一尺七百二十八寸爲三率，求得四率九百零四寸七百七十八分六百八十三釐有餘，即圓球之積也。蓋正方體之每邊與圓球徑相等，故以子丑寅卯正方體積一〇〇〇〇〇〇〇〇〇與辰巳圓球積五二三五九八七七五之比，即同於今所設之甲乙丙丁正方體積一尺七百二十八寸與今所得之戊己圓球積九百零四寸七百七十八分六百八十三釐有餘之比，而正方體之每邊與圓球徑亦爲相等也。

一率	一〇〇〇〇〇〇〇〇〇
二率	五二三五九八七七五
三率	一七二八
四率	九〇四七七八六八三

清・莊亨陽《幾何原本舉要》 有一尖圓體，又一半球體，苟尖圓體底徑與半球體徑度等，而尖圓體高度與半球體半徑又等，則此尖圓體爲半球體積之一半也。蓋尖圓爲長圓三分之一，而半球爲長圓體三分之二，則尖圓爲半球之半也。又球體徑度與尖圓體底徑度若等，而球體半徑與尖圓體高又等，則此一球體之積當四尖圓體之積也。蓋將尖圓加一倍，則與半球等。合四尖圓，則與全球等也。有一球體，又一尖圓體，苟尖圓體底面積與球體外面總積若等，而尖圓高度與球體半徑又等，則此兩體之積爲等也。何也？將球體從外面至心分爲千萬尖體，此所分千萬尖體之底積必與原球外面之總積等，亦即與尖圓體之底面積等也。又原尖圓體之高與所分千萬尖體之高既等，則一尖圓體之積與所分千萬尖體總積等也。如是，其所分千萬尖體之總積既與原球之積等，則此尖圓體之積必與此球體之積等可知矣。

凡有一球體，苟以此球體之半徑作一圓，則所作圓之面積於此球體外面積爲四分之一也。如前節之言，既爲相等，又作一小尖圓體，其底徑與原球徑等，其高與原球體半徑等，則於原球爲四分之一，而於前大尖圓體亦爲四分之一也。此大小兩尖圓體之高度既等，其兩底面積之比同於兩體積之比例。體積爲四分之一，底面積亦爲四分之一，而於球體外面之積亦爲四分之一也。因其爲四分之一，而小尖圓體之半徑原與球體半徑等，則以此球體半徑作圓之面積亦與球體外面積爲四分之一可知矣。

有一球體又一圓形，苟此圓形之半徑與球體徑度若等，則此一圓形之面積爲與一球體外面積等也。蓋以球之半徑作圓之半徑，則其面積爲球四分之一。若以球之全徑爲圓之半徑，則半徑所作之圓視全徑所作之圓面積又爲四分之一矣。何則？凡圓互相之比同於相當界所作方形互相比之比例，又爲每相當界互相比之比例，爲加一倍之比例也。兹兩半徑之比爲大一倍，而兩圓面之比又加一倍，即是半徑作圓爲一分，全徑作圓爲四分，既爲四分，則此圓面積與球體外面等積可知矣。有長圓體，又一長方體，苟此長方體底面積與長圓體周圍面積若等，又此長方體高度與長圓體半徑之半又等，則此長方體之積爲與一長圓體之積等也。何也？將長圓體從壬癸心線至外面分爲千萬長體，則此所分千萬長體之共積爲子己長方體積之一半也。蓋子庚高度與所分千萬長體之壬丁高度相等，又長方體之庚己底面積與所分千萬長體之底共面積及長圓體甲丙周圍面積等，如前所云，所分千萬長體之共積與子己長方體爲一半，亦如以子庚高度分一半爲戊庚，而戊己長體即與所分千萬長體相等矣，如是，則戊己長方體積與甲丙長圓體等積可知也。

有一球體、一長圓體，苟此長圓體之底徑度高度與球體徑度若等，則此球體外面之積爲與長圓體周圍之面積等也。蓋將球體半徑乙壬分爲六分，用半徑之半三分，與戊己庚辛長圓體之面積相乘得數，照前節所云，爲長圓體之積也。又用所分六分之二爲乙壬半徑，三分之一與球體外面積相乘得數，爲球體之積也，夫球體比長圓體積爲三分之二矣。然用三與長圓體周圍之面積相乘者爲得長圓體積，用二與球體外面積相乘者爲得球體積，今以球體與長圓體相比之比例同於爲乘面積用三二兩數之比例，如是則球體外面之積與長圓體周圍之積等可知也。

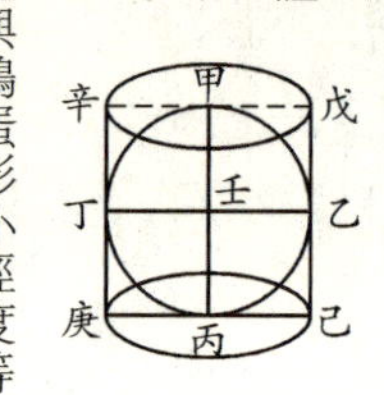

長方面内有平面鴨卵形，正方面内有圓形，苟長方之寬與鴨蛋形小徑度等，長與大徑度等，而正方一邊度又圓徑度俱與鴨蛋形大徑度等，則以長方面積與正方面積之比例同於以鴨蛋形面積與圓形面積相比之比例也。又鴨蛋體大徑與球體徑度若等，則鴨蛋體外面積與球體外面積相比之比例同於以鴨蛋體小徑與大徑相比之比例也。何則？將兩體外面俱分幾平行圓，此每圓假如以子丑圓界與寅卯圓界之比，同於以子丑圓徑與寅卯圓徑之比也。今照作鴨蛋形之定理，而子丑徑與寅卯徑之比同於戊己徑乙丁徑相比之比例，誠如是其每大圓界與相對小圓界俱依此爲比例，則兩外面積之相比同於兩徑之相比可知矣。

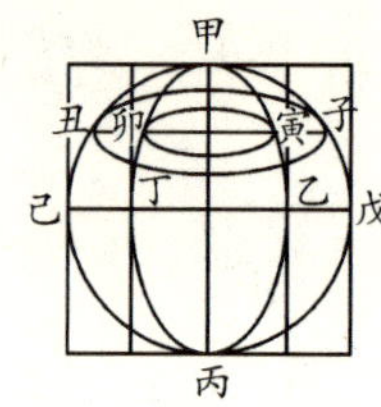

清・王澤沛《形學演》卷八 於半球面極點外任取一點，即過此點至半球底周作一大弧，案：大字當係垂字之誤，下文所云諸斜弧别乎垂弧而名之也，不尒則同爲無定之弧，同過一任取之點，何由定其孰大孰小耶。 凡球面過此點之諸斜弧莫小於此弧之小段。

設甲乙丙半球，甲爲極點，於甲點外任取一點如丁，作戊丁己爲乙丙圓周之垂弧，必過甲點，隨過丁點作斜弧如庚丁辛，題言各弧之小段如丁庚、丁戊諸弧，以丁戊爲最小。何也？試過極點作辛甲庚弧，甲庚、甲辛必皆爲一象限與甲戊、甲己等。甲丁庚弧三角形，甲庚一邊必小於甲丁丁庚兩邊和，即相等之甲戊亦小於甲丁丁庚兩邊和矣。二者各減同用之甲丁，丁戊必小於丁庚，惟丁庚爲任作之弧，故丁戊爲最小。

又過此點之諸斜弧，莫大於此弧之大段。

戊甲己爲垂弧，庚丁辛爲任作之斜弧，題言各弧大段如丁辛、丁己諸弧以丁己爲最大。何也？如前作辛甲庚弧、甲丁辛弧三角形，丁甲甲辛二邊和必大於丁辛一邊，即丁甲甲己和亦大於丁辛矣。甲己等於甲辛。但丁甲甲己和即丁己，而丁辛爲任作之弧，故丁己爲最大。

若過此點之諸斜弧與底周之交點距垂弧之交點等，即彼此等。甲乙丙半球，戊己爲過丁點之垂弧，庚辛壬癸爲過丁點諸斜弧，題言若庚、壬二點距戊點等，辛、癸二點距己點等，則丁庚與丁壬、丁辛與丁癸各等。何也？丁戊庚、丁戊壬兩弧三角形，丁戊邊同用，庚戊、壬戊二邊等，戊點二直角又等，準十卷第十題，丁庚、丁壬必等。仿此可證丁辛、丁癸亦等，故題云云。

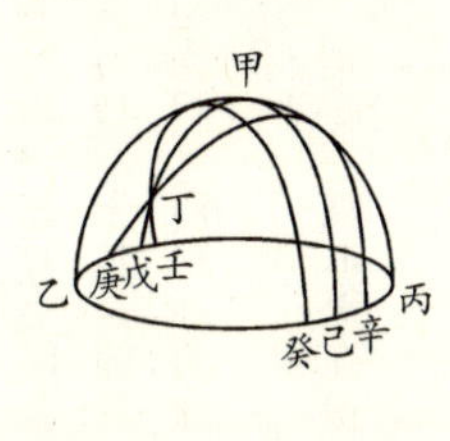

容圓　容方分部

算法

清・梅文鼎《幾何補編一》　凡四等面體，以其邊爲斜線，而求其方以作立方，則此立方能容四等面體。

何以知之？曰：準前論，以一邊衡於上，而爲立方上一面之斜，則其相對之一邊，必縱於下，而爲立方底面之斜矣。又此二邊之勢既如十字相午直，而又分於上下，爲立方上下兩面之斜線。然則自上面之各一端向底面之各一端聯爲直線，即爲

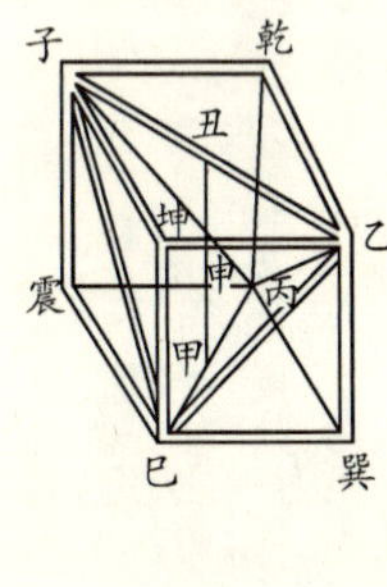

四等面之餘四邊，亦即立方餘四面之斜。如此，則四等面之六邊各爲立方形六面之斜線，而爲正相容之體。

如前所論，圓角體、圓柱體雖亦能容四等面形，而垂線皆小於圓徑，故不得爲正相容。

捷法：四等面之邊自乘折半，開方，即正相容之立方根。即弦倍句股意。

設邊一百，其冪一萬，折半五千，即爲立方一面之積。求其立方根，得七十○七一○六，即丑中甲垂線之高。

若以此作容四等面之圓柱，則其高七十○七一○六同立方之方根。而其圓徑一百同立方面之斜，此圓柱內可函立方。其乙中、子中等，爲自四等面體心至各角之線，又爲立方心至各角之線，又爲外切渾圓之半徑，又爲四等面分爲四體之楞線，又爲立方分爲六方錐之楞線。

又捷法：以四等面之邊冪，加二分之一，開方，即外切正相容之渾圓徑，亦即立方體內對角線。如自乙至震。折半爲自心至角線。

四等面設邊一百，其冪一萬。用捷法，二分加一得一萬五千，爲外切正相容之渾圓全徑冪。開方得一百二十二四七四四，爲渾圓全徑。折半得六十一二三七二，爲渾圓半徑。

設立方邊一百，其積百萬。內容四等面邊一百四十一四二一三，其積三十三萬三千三百三十三三三三三爲立方積三之一。乾坤震巽立方乾丙、坤巳、乙巽、子震，與中心之丑甲同高。內容子乙丙巳四等面，爲立方積三之一。

立方內容四等面圖

何以明之？凡錐體爲同底同高之柱體三之一。今自立方之乙角依斜線剖至丙巳，成乙丙巳巽三角錐。以丙巳巽立方之半底爲底，又自子角斜剖至丙巳，成子丙巳震錐。以丙巳震立方之半底爲底，合兩半底，則與立方同底矣。而子震與乙巽之高即立方高也，是此二錐得立方三之一矣。

又自子乙斜線斜剖至巳角成倒錐，以子乙坤立方之半頂爲底，以坤巳立方高爲高。又自子乙斜剖至丙角，亦成倒卓之錐。以子乙乾立方之半頂爲底，以乾丙立方高爲高，與前二錐同，亦三之一也。

合此二錐，共得立方三之二，則其餘爲子乙丙巳四等面體者，必立方三之一矣。

準此論之，凡同邊之八等面積四倍大於四等面積。何以知之？以此所剖之四錐體，合之則爲八等面之半體，皆以剖處爲面。面其邊其面皆與四等面等，是同邊之體也。而八等面之半體，既倍大於四等面，則其全體必四倍之矣。

設八等面邊一百四十一四二一三，與四等面同邊，則八等面之積一百三十三萬三千三百三十三三三不盡，爲四等面之四倍。

若設四等面邊一百，則其外切之立方面冪三千，立方根七十〇七一〇六。以根乘冪，得立方積三十五萬三千五百五十三。四等面積一十一萬七千八百五十一，爲立方積三之一。

推得八等面邊一百，其積四十七萬一千四百〇四。

此同邊之比例。

若立方內容之八等面，則其積爲立方內容之四等面二之一。何以知之？八等面與立方同高，則其積爲立方六之一故也。

設立方邊一百，內容八等面邊七十〇七一〇六。其積一十六萬六千六百六十六，爲四等面之半。若設立方邊七十〇七一〇六，則內容八等面積五萬八千九百二十五半，其邊五十。

四等面體又容小立方，小立方內又容小四等面體，則內容小立方徑爲外切立方三之一，內小四等面在小立方內，其徑亦爲四等面三之一，而其積皆二十七之一。

何以知之？凡三等邊平面之心，皆居垂線三之一。假如子巳丙爲四等面之一面，其平面之心必在癸。而子甲垂線分三之一爲癸甲，其餘三面盡同。而內容之小立方，必以其下方之兩角縱切子巳丙之癸心及乙巳丙之壬心，其上方之兩點必橫切於子乙巳之卯心及子乙丙之申心。而立方內容之小四等面，亦必以其四角同切此四點也。今壬癸兩點，既下距丙巳線爲其各斜垂線三之一，而卯申兩點，又上距子乙線之斜垂線亦三之一，則其中所餘三之一必爲立方所居也。而內小立方，不得不爲子乙與丙巳相距線三之一矣。

問：癸點爲三之一者，斜面之垂線也。小立方者，直立線也。何以得同爲三之一乎？答曰：癸點所居三之一，雖在斜面，而子乙縱線與丙巳橫線上下相距必有垂線直立於其心，此直立垂線即前圖之甲丑與外切立方線同高者也。丑甲中垂線以上停三之一之上點，與卯申平對。以下停三之一之下點，與壬癸平對。依句股法，弦與股比例同也，然則丑甲線之中停，即小立方之所居矣。

又丑甲者，即外切立方之高也。故知小立方徑，爲外切立方徑三之一。又小四等面在小立方內，以其邊爲小立方之斜。而縱橫邊相午對如十字，其中心亦以丑甲線之中停爲其軸。其斜面之勢，一切皆與大四等面同。而丑甲者，亦大四等面之軸也。小四等面之中軸，既爲丑甲三之一，其餘一切皆三之一矣。

夫體積生於邊者也。邊爲三之一者，面必爲九之一，體必爲二十七之一，無疑也。

準此論之，渾圓在四等面內者，亦必爲外切渾圓二十七之一，其徑亦三之一也。何也？渾圓之切點與小立方、小四等面之切點並同也。

以此推知，小立方與小四等面在大四等面內，或居小渾圓內以居大四等面內，其徑積並同。

求體積

渾圓徑一百，其徑上立方一百萬。依立圓法，以十一乘十四除，得七十八萬五千七百一十四爲圓柱積。仍三分取二，得五十二萬三千八百〇九爲渾圓積。

內容立方面冪三千三百三十三三三，其邊五十七七三五〇。以邊爲高乘面，得一十九萬二千四百五十〇，爲內容立方積。

內容四等面體邊冪六千六百六十六六六。其邊八十一六四九六。

依前論，四等面體爲立方三之一，得六萬四千一百五十〇，爲四等面積。

立方內容小渾圓，以立方之邊爲徑五十七七三五〇。依立圓法，以立方積十一乘十四除，得一十五萬一千二百一十爲圓柱積。取三之二，得一十〇萬〇八百六十六爲小立圓積。

四等面內容小渾圓徑冪一千一百一十一，其徑三十三三三。以徑乘冪，得徑上立方積三萬七千〇三十七。以十一乘十四除，得二萬九千一百〇半爲圓柱積。又三分取一，得一萬九千四百，爲立方內之四等面內容小渾圓積，爲大渾圓積二十七之一。若先有內小渾圓積，但以二十七因之，得大渾圓積。

依此論之，凡渾圓內容立方，立方內又容四等面體，四等面內又容小渾圓，其內外相似之大小二體皆二十七之比例也。

又捷法：用方斜比例。

立方面之斜一百，其冪一萬，則其方冪五千，三因之，得一萬五千。開方得立方對角斜線，即外切渾圓全徑。立方面之斜一百，即立方內容四等面之邊。立方體對角斜線一百二十二四七四四，即立方外切渾圓之全徑，亦即四等面外切渾圓全徑。半之，得六十一二三七二，即立方外切渾圓半徑亦即立方體心至各角之線，亦即四等面體心至各角之線。

求二十等面外切渾圓之半徑

依句股法，以丁甲股八十〇九〇六自乘，冪六千五百四十五七九七〇。亥甲句五十〇自乘，冪二千五百，相并，爲亥丁弦冪九千〇四十五七九七〇。平方開之，得亥丁九十五一〇五二，爲外切渾圓半徑，亦即二十分形自其各角輳心之稜。倍之得一百九十〇二一〇四，即外切渾圓全徑。

立方內容二十等邊算法

亢卯寅房爲立方全徑一百，中寅、中卯爲半徑五十。寅、卯二點爲二十等面邊折半之界，寅卯線爲二十等面邊之半。中爲體之中心，寅中卯角爲三十六度，中寅半徑當理分中末之全數，寅卯即理分中末之大分，甲戌、戌心、心甲皆寅卯之倍數，即二十等面之邊，其數六十一八〇三三九八。甲辰半邊三十〇九〇一六九九，與寅卯同。心辰垂線五十三五二三三三。半垂線心箕二十六七六一六。甲辰冪九百五十四九一五〇。三因甲辰冪，爲心辰冪二千八百六十四七四五〇不盡。

論曰：以中寅半徑五十求寅卯，正得理分中末大分之半。而甲戌邊原倍於寅卯、寅房全徑，亦倍於寅中，是全數與大分皆倍也。故徑以全數當寅房全徑，以理分中末之大分當甲戌等二十等邊之全邊也。

又立方邊設一百，即寅房徑。半之五十。即中寅。

內容二十等面之邊六十一八〇三三九八，即甲戌等。

面之中垂線五十三五二三三三，即心辰。

中垂線之半二十六七六一六，即心箕。

面之冪一千六百五十三九五七八，即甲戌心面。

中垂線三之一，得一十七八四一一，即心巳。

內容立圓半徑四十六七〇八六，即巳中。全徑九十三四一七二。

二十等面全積五十一萬五千〇二十六九五九七。

約法

立方根與所容二十等面之邊，若全數與理分中末之大分，面冪三之一以乘容圓全徑，得數十之爲全積。

中垂線三之一心巳爲句，即平面容圓半徑。自乘得句冪三百一十八三〇四八四九。以減中寅弦冪二千五百〇〇，餘巳中股冪二千一百八十一六九五一五一。開方得巳中根四十六七〇八六。

二十等面邊設一百，用理分中末線求其外切之立方。

一率　二十等面邊六十一八〇三三九八

二率　外切立方一百〇〇

三率　二十等面邊一百〇〇

四率　外切立方一百六十一八〇三四

依法求得二十等面邊一百，其外切立方一百六十一八〇三四，與先所紙算合。

半圓內容正方

法以圓徑爲三率，丙丁。理分中末之小分爲二率，庚辛。理分中末全線加小分爲首率。丁辛爲全線，庚辛爲小分，其得爲丁庚總線也。二三相乘，一率除之，得四率，丙乙即甲丁。爲全徑之小分，以減全徑，餘乙丁。乃於乙作正十字線至圓界，如己乙。即以此線自乘作正方，己甲。如所求。

論曰：己乙即丙乙與乙丁之中率，而丙乙既爲乙丁全徑之小分，則己乙即大分也，而甲乙亦爲大分，甲丁亦爲小分矣。若自甲作甲戊，必與己乙、甲乙等，而其形正方。

半渾圓內容立方

法以乙甲圓徑自乘之冪，取其六之一，開方得容方根。丙丁方，丙戊邊。

論曰：試倍甲丙乙庚半渾圓爲全渾圓體，亦倍丙丁正方形。作丙已長立方形，亦必能容矣。然則丙已線在長立方形之內爲斜線者，亦即渾圓之徑也。試於長立方面作戊已斜弦，則已壬爲之句，戊壬爲之股，而戊已弦冪內，有已壬冪與戊壬冪矣。而丙己線爲弦，則戊己又爲股，丙戊又爲句，而丙己自冪内又兼有戊己冪及丙戊冪矣。丙戊亦即己壬。又戊壬爲己壬即丙戊、亦即戊癸。之四倍，則戊壬股冪内有己壬句冪四，合之爲戊己弦冪，則戊己冪内有己壬冪五矣。而丙己弦冪内復兼有戊己股冪及丙戊句冪，是丙己冪内有丙戊冪六也。丙己既同圓徑，則取其冪六之一開方，必丙戊容方邊矣。

立方内容十二等面，其内又容立方。此相容比例。

立圓内容十二等面，其内又容立方，此立方之面冪爲外圓徑上面冪三之一。而立方之各角，即同十二等面角以切於立圓之面。

法以外切渾圓徑上冪取三之一，爲十二等面内小立方冪，平方開之得小立方根，根乘冪見積。

又簡法：以十二等面之面冪，求其横剖之大線，此線即十二等面内容小方之邊。

如圖，作甲乙線，剖一面爲二，此線在面中最大，即爲内小立方根。以此自乘而三之，即小立方外切渾圓徑冪。

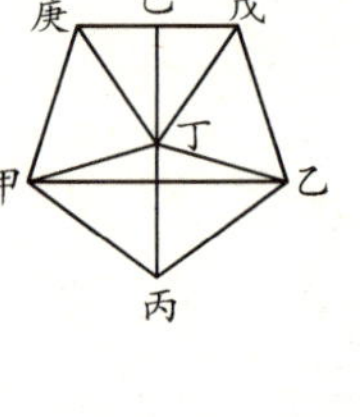

凡立方容二十等面，二十等面又容渾圓，圓内又容小立方，此小立方之各角能同渾圓之切點，以切於二十等面之平面心。

法以内容渾圓徑之冪取三之一爲内小立方之冪，平方開之，得切點相距，即小立方根，以根乘冪見積。簡法：取内容渾圓之内容立方邊，求其理分中末之大分，爲内容十二等面邊。

又簡法：如前求得二十等面内容十二等面之一面，乃求其横剖之大線，即二十等面内容小立方之根。以根自乘而三之，即二十等面内容渾圓之徑冪，開方得根，即内容渾圓徑，折半爲分體之中高。

此二十等面之面，作三分之一横剖。

此十二等面之面，在二十等面内。

此五等面邊，即前横線所成。

凡五等邊平面，其邊即七十二度之通弦。横剖大線，即一百四十四度之通弦，各折半爲正弦，可以徑求。

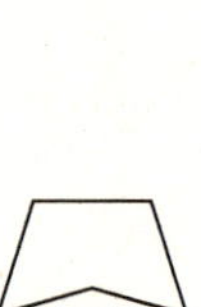

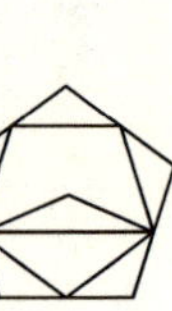

一率　三十六度正弦

二率　七十二度正弦

三率　五等邊之一邊

四率　横剖之大線

凡二十等面體與十二等面體，可互相容而不窮。

十二等面體有二十尖，二十等面體有十二尖。其各尖相距必均，其互相容也，皆能以其在内之尖，切在外各面之中心而徧。凡二十等面内容立圓，仍可以容二十等面。

二十等面内容立圓，仍可以容十二等面。

甲心乙、乙心丙、丙心丁、丁心戊、戊心甲皆二十等面之一面，其各三邊皆等，各以庚、辛、壬、癸、己爲其面之心。若内容十二等面體，則十二等面之各尖必切於庚、辛、壬、癸、己等心點。

今求内容十二等面之邊，則必以庚、辛等心點聯爲直線，即成五等邊面之邊，而與十二等面之形相似而可以相容矣。法當以邊甲戊。半之，甲辰。作對心垂線，辰心。成心辰甲句股形，既得己卯，倍之爲己庚，即内容十二等面之一邊。

第一圖，原形如五面扁錐，心尖鋭起。甲心戊等三等邊平面凡五共輳而成一心尖，乃二十等面四之一。其己、庚、辛、壬、癸五點，皆三等邊平面之中心，亦即内容十二等面之稜尖所切，故必先求此點。

簡法曰：半甲戊邊於辰，作辰心對角斜垂線。又取心甲、心戊各三之二爲心子、心丑，乃聯子丑爲線，與

二十等面體内容十二等面之圖

甲戌邊平行，與辰心垂線十字相交於己點，則己點即甲心戊平面之心。再從子至午作與邊平行線，線之半即庚點。餘三面盡如此作平行線，則辛點在午未線，壬點在未酉線，癸點在酉丑線，但半之皆得心矣。

第二圖，剖形是五等邊平面。因前圖子丑等平行線橫剖之，去其中高之尖，成子午未酉丑五等邊平面。此平面之心點，在前圖心頂之內。惟子丑等邊線，是原形所作平行線，在體外可見，餘皆以剖而成。乃從各角作線至心，如子心等分爲五平面三角形，而心子等線，皆小於子丑邊。因子己原邊及子心丑角，求得心己垂線及子心對角線。

第三圖，正用之形即內容十二等面之一面。因第二圖各平分其邊，得己、庚、辛、壬、癸五點，即原形之平面心。又聯此點作直線，則成此形。以此形爲內容十二等面之一面，則己、庚等五點爲十二等面之鋭角，而皆切二十等面之平面心矣。

求己庚線法：因心子對角線及心己垂線、子己原半邊，得己卯，倍之爲己庚。

第一圖，設二十等面邊一百，甲戌等五邊、甲心等五稜頂線並同，則子心六十六六六。子丑平行線同，皆爲原邊三之二。心己斜垂線五十七七三五〇，爲心辰斜垂線三之二，乃斜立面也。

第二圖，子己半邊三十三三三。子心對角線五十六七〇九九。己心垂線四十五八七九二。

法爲全數與五十四度之割線一七〇一三，若子己邊與子心也。子己乘割線，以全數十萬而一，得子心。

又全數與五十四度之切線一三七六三八，若子己邊與己心也。子己乘切線，以全數十萬而一，得己心。凡全數除降五位。

第三圖，己庚等兩平面心相距線五十三五八一六，其半己卯二十六七九〇八。

法爲子心對角線與己子半邊，若心己垂線與己卯也，倍己卯得己庚。

求得二十等面邊一百，內容十二等面其邊五十三五八一六。

捷法：但用法聯兩平面之中心點，即爲內容十二等面之邊。

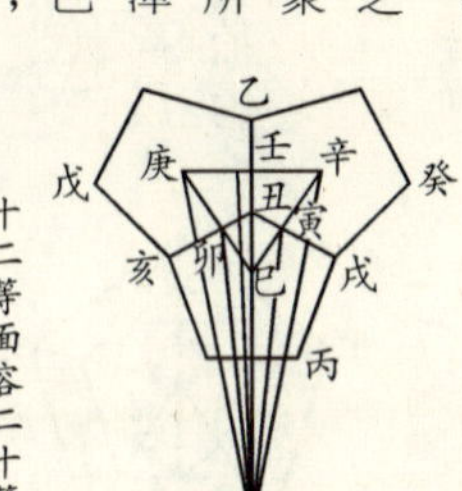

十二等面容二十等面圖

第一圖，割十二等面之三平面一尖成此形。

癸丑、丙丑、戊丑之五等邊平面，皆十二等面之一。巳、庚、辛各爲其中心一點。丑爲三平面稜所聚之尖，亥丑、戌丑、乙丑俱平面邊，各爲兩平面所同用之稜。中爲體心，巳中、辛中、庚中皆內切渾圓半徑，亦內容二十等面自尖至體心半徑。巳卯、庚卯、巳寅、辛寅、辛壬、庚壬俱平面中垂線，寅、卯、壬皆平面邊折半之點。

第二圖，內容二十等面體，各自其邊剖至心，成此分體，爲內容體二十分之一。辛庚巳三角尖，即十二等面之中心原點。此點以外，俱剖而得。甲點與卯點同在卯中線，而甲在卯下，丁在寅下，辰在壬下俱同。

第三圖，自卯點起，依卯巳、卯庚二線剖至體心中，成此平面形。卯即原邊折半處，卯中即原體外切立方之半徑，中即體心，巳庚即原兩平面之中心點。今聯爲巳庚線，即內容二十等面之一邊。巳中庚即內切二十等面分體之立面，乃三角錐體之一面，甲中爲內切二十等面分體之斜垂線，觀第二圖可明。第二圖角點居剖內三角之中心，正對原體之五尖而在其下。故角中爲內容分體之正高，而甲中爲斜垂線也。

今求巳庚線，即內容二十等面之邊。法於卯中外切立方半徑。內求甲中以相減，得卯甲爲股，用與卯巳弦原體之面上中垂線兩冪相減，開方得句爲巳甲，倍之得巳庚。

卯巳中三角形，卯中即外切立方半徑。設五十爲底，卯巳即原體之平面中垂線二十六。二八六五。

巳中即內容渾圓半徑，亦即內容二十等面分體之斜稜，四十二五三二五。

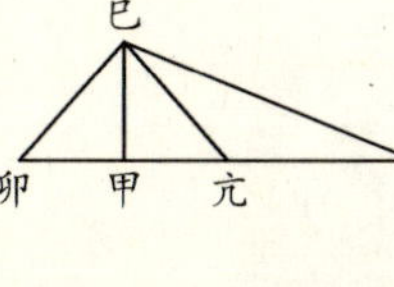

以卯巳、巳中兩弦相減爲較，相并爲總，以總乘較爲實，卯中底五十爲法，除之，得亢中二十一三六〇六。以減卯中，餘二十

七六三九四爲亢卯，折半得一十三八一九七。爲卯甲以卯甲減卯中，餘三十六一八〇三爲甲中，即内容二十等面分體之斜垂線。

卯巳自乘，得六百九十〇九八〇〇爲弦冪。卯甲自乘得一百九十〇九八四一爲股冪。相減，餘四百九十九九五九爲句冪。開方得巳甲二十二三六〇五，倍之得巳庚四十四七二一一，即爲内容二十等面邊。

此法甚確，亦且甚捷，無可疑者。偶於枕上，又思得一法，借燈體分形之三角錐，以求十二等面内容二十等面分體之三角錐。是以錐體相截而知其所截之邊，即爲内容二十等面之邊。

第一圖，丑爲三平面所聚之尖，丑戌、丑亥、丑乙皆兩平面同用之稜。巳、庚、辛皆五等邊平面之心，巳寅、巳卯等皆平面心至邊垂線，巳牛丑爲平面心對角線。寅、卯、壬皆平面邊折半之點，寅中、卯中、壬中爲體心至邊線，即外切立方半徑中爲體心。

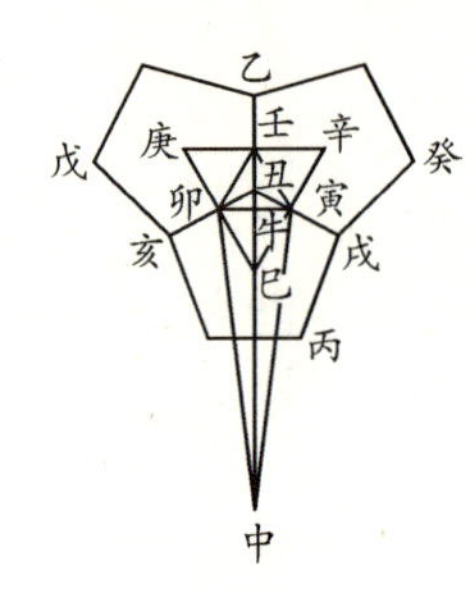

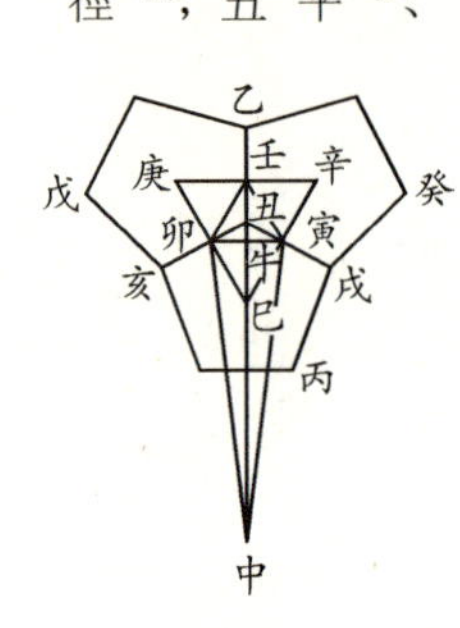

第二圖，聯寅卯、卯壬、壬寅三線爲平三角面。橫剖之，又各依寅中、卯中、壬中線剖至體心中，則成三角錐體二。其一爲丑寅卯壬體，是三角錐而稍扁者也。其一爲寅卯壬中體，是三角錐而稍長者也。其寅卯壬三角平面，爲扁形之底，又爲長形之面。其寅卯等線與寅中卯中之比例，皆若理分中末之大分與其全分也。其扁形錐既剖面去，則成圓燈。所存長錐，即燈形分體之一。平面心之點爲斗在丑尖下，與牛點平，故丑牛爲弦，則斗牛如句，而丑斗之距如股也。

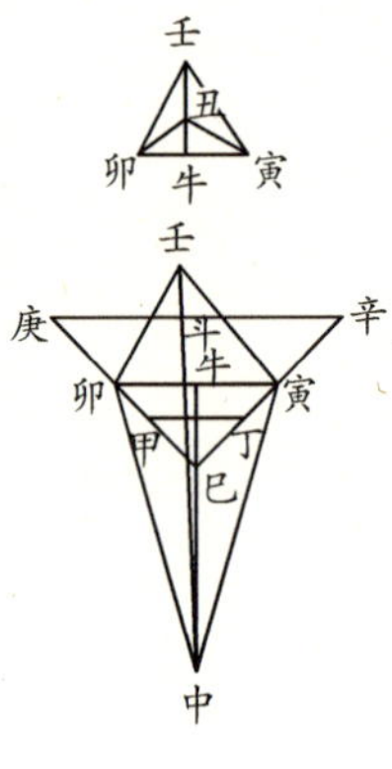

第三圖，又於圓燈分體剖去辰甲丁之一截，則成甲丁辰中三角錐乃十二等面内容二十等面分體中之分體，其辰甲丁面與巳庚辛脗合爲一。蓋巳庚辛者，内容二十等面之一面。各於邊折半爲甲、丁、辰，而聯之爲線，則成小三角於中。故辰丁等線皆居巳庚線之半，而甲中原爲二十等面分體之斜垂線者，今則爲三角錐之楞。

第四圖，巳牛丑即原平面從心至角尖之線，丑斗角中即原體自尖至中心之線，又爲外切渾圓半徑。依第二圖，截丑巳於牛，而橫剖之，亦截丑中於斗，成丑斗牛句股形。又依第三圖，截斗中於角，成丑角巳句股形。此兩句股形相似而比例等，法爲丑牛與丑斗，若丑巳與丑角也。

第五圖，寅中卯三角形爲圓燈分體之立面，截爲甲丁中三角形。此兩形相似而比例等，法爲卯中與卯寅，若甲中與甲丁也。又斗中爲圓燈分體之中高，其平面爲寅卯壬。角中爲截體之中高，其平面爲丁甲辰。此兩體相似而線之比例等，法爲斗中與寅卯，若角中與甲丁。先求丑斗高。用截去扁三角錐，以牛卯即寅卯之半。冪三分加一，以減丑卯冪，爲丑斗冪，開方得丑斗。

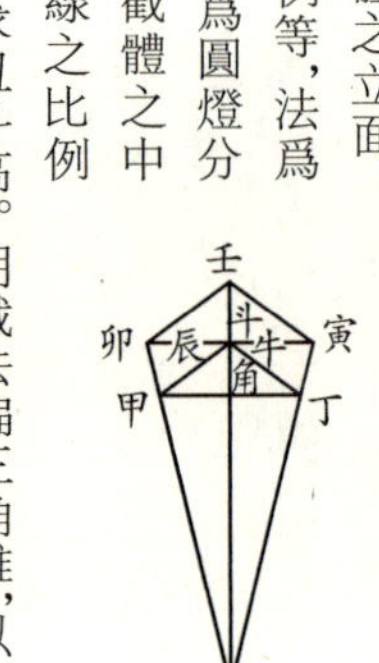

次求丑角高。用巳丑對角線乘丑斗，以丑牛除之，得丑角高。其丑牛線以牛卯冪減丑卯冪，開方得丑牛，巳寅、丑寅兩冪併，開方爲巳丑。

末求巳庚線。用丑角減丑中得角中，又用丑斗減丑中得斗中，以角中乘寅卯，以斗中除之，得甲丁。倍甲丁得巳庚，爲内容二十等面之邊。

理分中末線以量代算

先以己爲心作圓，而匀分其邊爲五。作甲庚乙丙丁五等邊平面，即十二等面之一面。乙丁爲大橫線，設一百，甲庚等邊必六十一八〇三三九八，爲大橫線理分中末之大分。若乙丁大橫線設六十一八〇三三九八，則甲庚等邊必三十八一九六六，亦爲大橫線理分中末之小分。

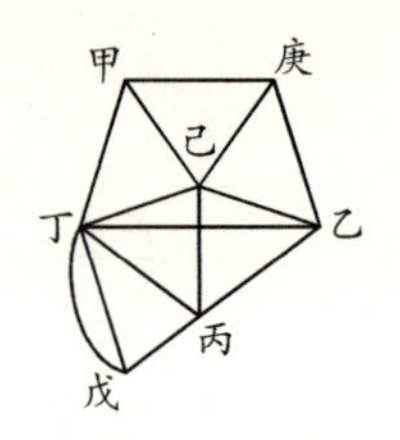

設立方一百，内容十二等面邊三十八一九六六，爲理分中末之小分，亦即大分之小分。十二等面内又容小立方，其邊與十二等面之大橫線等六十一八〇三三九八，爲大立方邊一百與十二等面邊三十八一九六六之中率。何也？大立方一百，乘十二等面邊三十八一九六六，開方得根，即小立方及大橫線六十一八〇三三九八。

若大橫線自乘之冪，以十二等面邊除之，即仍得外立方根。而以外立方根除大橫線冪，必仍得十二等面之邊矣。

以十二等面邊減外切立方邊，餘爲內容立方邊。

以內容立方邊加十二等面邊，即外切立方邊。

計開立方設邊一百。

內容十二等面邊三十八一九六六〇一。

內容小立方邊六十一八〇三三九八。

外切渾圓徑一百〇七〇四六六二五。

外切渾圓半徑五十三五二三三。

內容渾圓半徑四十二五三二五。

內容渾圓全徑八十三〇六五一。

內容二十等面邊四十四七二一一。

立方內容燈體

甲庚立方體六面，各平分其邊。如壬、丑、癸、卯，及子、未、酉、午、辰諸點。而斜剖其八角，如從丑癸剖至子；從癸卯剖至酉；從酉剖至午未，則立方去其八角。則成燈體。

燈體得立方六之五，何以知之？立方所去之八角，合之即成八等面。八等面既爲立方六之一，則所存燈體不得不爲立方六之五矣。立方內容燈體，皆以燈之邊線爲立方半斜。立方內燈體又容八等面，則以內八等面之邊線爲立方半斜，與立方竟容八等面無異。此燈內容八等面，其邊線必等，其中徑亦等。剖立方之角成此。

立方

燈

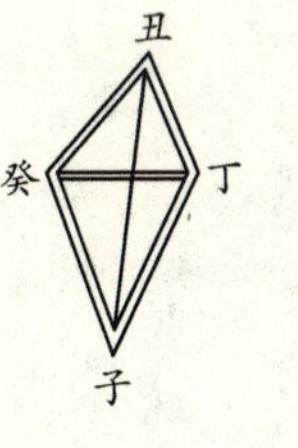

剖角

以剖處爲底，則三邊等，以立方之角丁爲頂，成三角扁錐。

扁錐立起，則成偏頂錐，爲八等面分體。

凡八等面容燈體，皆以燈體之邊線得八等面之半。八等面內之燈體，又容立方，則亦方斜比例，與八等面竟容立方無異也。

甲丙丁、丙丁乙、甲丁戊、戊丁乙皆八等面之一，己子卯等小三角在甲丁丙等大三角面內，即燈體之八斜面正切於八等面者也。其中央心點，即內容立方角所切。

扁　偏頂　正形　側形

八等面內容燈體之圖

等徑之比例：

立方徑一	其邊一	其積一	一〇〇〇〇〇〇
內容燈徑一	其邊〇七	其積六之五	〇八三三三〇〇
內容八等面徑一	其邊〇七	其積六之一	〇一六六六〇〇

凡立方內容燈體，燈內又容立圓，圓內又容八等面，其切於立方之面之中央，凡六處皆同一點。若立圓內容燈體，燈內又容立方，方內又容八等面，其相切俱隔遠，不能同在一點。

又《幾何補編四》　諸體比例

凡諸體之比例有三：一曰同邊之比例，可以求積；一曰同積之比例，可以求邊；一曰相容之比例，可以互知。

內相容之比例亦有三：一曰立圓內容諸體之比例，所容體又容立圓；一曰立方內容諸體之比例，所容體又容立方；一曰諸體自相容之比例，即同徑同高之比例。或兩體互相容，或數體遞相容。

等積之比例《比例規解》所用，今攷定。

立方積	一〇〇〇〇〇〇	其邊一百
四等面積	一〇〇〇〇〇〇	其邊二百〇四
八等面積	一〇〇〇〇〇〇	其邊一百二十八
十二等面積	一〇〇〇〇〇〇	其邊五十
二十等面積	一〇〇〇〇〇〇	其邊七十七

方燈、圓燈：

凡方燈依楞剖之，縱横斜側皆六等邊平面。凡圓燈依楞剖之，縱横斜側皆十等邊平面。故皆有法形體。

等邊之比例《測量全義》所用，今攷定。

立方邊	一〇〇	積一〇〇〇〇〇〇
方燈體邊	〇七〇七一〇六	積〇八三三三三三
邊	一〇〇	積二三五七〇二一
八等面邊	〇七〇七一〇六	積〇一六六六六六
邊	一〇〇	積〇四七一四〇四
四等面邊	一〇〇	積〇一一七八五一
十二等面邊	一〇〇	積七六八二二一五
二十等面邊	一〇〇	積二一八一八二二
圓燈體邊	〇三〇九〇一七	積〇二九〇九二九
邊	一〇〇	積

等徑之比例皆立方所容。

立方徑	一〇〇積一〇〇〇〇〇〇	邊一〇〇
內容方燈徑	一〇〇積〇八三三三三三	邊〇七〇七一〇六
內容四等面徑	一〇〇積〇三三三三三三	邊一四一四二一三
內容八等面徑	一〇〇積〇一六六六六六	邊〇七〇七一〇六
內容立圓徑	一〇〇積〇五二三五八〇九	
內容二十等面徑	一〇〇積〇五一五二二六	邊〇六一八〇三四
內容十二等面徑	一〇〇積〇四二五九五〇	邊〇三八二九六六
內容圓燈徑	一〇〇積〇二九〇九二九	邊〇三〇九〇一七

右以立方爲主面求諸體。

內立方及燈體之徑，爲自面至面。

四等面、十二等面、二十等面之徑，皆自邊至邊。以邊折半處作垂線至對邊折半處，形如工字四等面，則上下邊遥相午錯如十字。

八等面之徑，爲自尖至尖。然皆以其徑之兩端正切於立方方面之中心一點，立方六面，其相切亦必六點。

求積約法

凡立方內容諸體，皆與立方之六面同高、同闊。則燈形積爲立方積六之五；四等面積爲立方積三之一；八等面積爲立方積六之一。以上三者，皆方斜比例。

燈形及八等面，皆以方求斜。法以邊自乘，倍之開方，得外切立方徑。以徑再自乘，得立方積。取六之五爲燈，六之一爲八等面積。

四等面則以方求其半斜。法以邊自乘，半之開方，得外切立方徑。以徑再自乘爲立方積，取三之一爲四等面積。

立圓在立方內，則其積爲立方積二十一之十一。

謹按：方圓比例，祖率圓徑一百一十三，圓周三百五十五，見鄭世子《律學新説》：較徑七周二十二之率爲密，又今推平圓居平方四百五十二分之三百五十五較十四分之十一爲密，又推得立圓居立方六百七十八分之三百五十五較二十一分之十一爲密。

准立方比例以求各體自相比，皆以同高、同闊、同爲立方所容者較其積。燈內容同高之八等面，爲八等面得燈積五之一；又立圓內容同高之八等面，爲八等面得圓積六十六之二十一，即二十二之七。二者皆同高而又能相容。

用課分法，母互乘子得之。

八等面	六之一		二十一		七	若徑
立圓	二十一之十一	互得	六十六	約得	二十二	若圍

准此而知，立圓內容八等面，其積之比例，若圍與徑也。

又立方內容十二等面，其內又容八等面；又立方內容二十等面，其內又容八等面，二者亦同高而能相容。

同高之四等面積，爲燈積五之二。即十之四。以燈面四因，退位得四等面積。

同高之八等面積，爲四等面積二之一。

同高之四等面積，爲立圓積十一之七。

四等面	三之一		二十一		七
立圓	二十一之十一	互得	三十三	約得	十一

此三者，但以同高、同爲立方所容，而不能自相容。若相容，則不同高。

凡立方之燈形內又容立方，則內小立方邊與徑得外立方三之二，體積爲二十七之八，面冪爲九之四。

凡燈容立方，以其邊爲方，而求其斜爲外切之立方邊，取方斜三之二，爲內立方邊。

立方邊	一〇〇	面冪一〇〇〇〇	體積一〇〇〇〇〇〇
燈邊	〇七〇七一〇六	面冪〇五〇〇〇	體積〇八三三三三三
小立方邊	〇六六六六六六	面冪〇四四四四四	體積〇二九六二九六

凡方內容圓，圓內又容方，則內小方之冪得大方冪三之一。

捷法：以小方根倍之，爲等邊三角形之邊，而求其中垂線即外切立圓之徑，亦即爲外大方之邊。

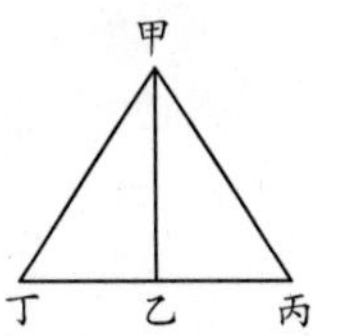

如圖，三邊既等，則乙丙得甲丙之半。若乙丙一，其冪亦一，而甲丙二，其冪則四。以乙丙句冪一減甲丙弦冪四，所餘爲甲乙股冪三。內方之冪一，而外切渾圓之冪三，故其根亦如乙丙與甲乙也。或以小立方之根爲句，倍根爲弦，求其股爲外切渾圓徑，亦同。渾圓徑即外方邊。

若以量代算，則三角形便。

如以大方求小方者，則以大方爲中垂線，而作等邊三角形，其半邊即小方根也。

捷法：句股形使甲角半於丙角，則弦倍於句，而句與股，如小立方根與大方根。

或用大方爲股，而作句股形，使其句爲弦之半，即得之。

或以甲角作三十度，而自乙作垂線引之，與甲丙弦線遇於丙，則乙丙即圓所容方之根。

又按：先有大方求小方者，取大方根倍之，爲等邊三角形之邊，而求其中垂線，以三歸之，即得。

凡立方內容方燈，燈內又容立圓，圓內又容圓燈，燈內又容八等面，凡四重在內，其外切於立方也皆同點。切立方有六處所同者，皆在其方面之最中一點。若從此一點刺一針，則五層悉透內。推方燈以面切面，不可言點，若言點，則有十二，皆切在立方邊折半處。

凡立方內容方燈，燈內又容十二等面體，體內又容圓燈，燈內又容八等面，凡四重在內，其切于立方也皆同處。凡六處皆在立方面內，方燈體以面切面，十二等面以邊切，餘皆以尖切，尖切者皆每面之最中點。

凡立方內容方燈，燈內又容二十等面體，體內又容圓燈，燈內又容八等面，同上。

凡立方、方燈、立圓、十二等面、二十等面、圓燈內所容之八等面，皆同大。

凡立方內容四等面體，體內又容八等面，其切立方皆同處。四等面以邊切爲立方六面之斜，八等面以尖切居立方各面中心，即切等面邊折半處。

准此而知，立方內所容之八等面與四等面所容之八等面亦同大，且同高。各體中所容八等面皆同大，因此可知。

凡立圓內容十二等面體，又容立方，其立方之角同十二等面之尖，而切於立圓，故立圓內所容之立方與十二等面內所容之立方同大。

凡二十等面體內容立圓，內又容立方，立方之角切立圓以切二十等面之面，故立圓所容之立方與二十等面內所容之立方必同大。

凡二十等面體內容立圓，內又容十二等面體，體內又容立方，此立方之角切十二等面之角以切立圓，而切於二十等面之面皆同處。

凡諸體能相容者，其相容之中間皆可容立圓。此立圓爲外體之內切圓，亦爲內體之外切圓。

惟八等面外切二十等面、十二等面、四等面及圓燈，其中間難著立圓。何也？八等面之切圓燈以尖切尖，而其切四等面、十二等面、二十等面則以尖切邊，故其中間不能容立圓。

其他相切之中間能容立圓者，皆以內之失切外之面。

凡諸體在立方內即不能外切他體，惟四等面在立方內能以其角同立方之角切他體，故諸體所容四等面之邊皆與其所容立方之面爲斜線。

凡諸體相容，其在內之體爲所容，其在外之體爲能容，能容與所容兩體之相切，必皆有一定之處。

凡相容兩體之相切，或以尖，或以邊，即體之稜。或以面。

渾圓在立方內爲以面切面，其相切處只一點，皆在立方每面之中央。立方六面相切，凡六點。

立方在渾圓內爲以尖切面，立方之角有八，故相切有八點。有一點不相切者，即非正相容也。

渾圓在諸種體内皆與在立方内同，謂其皆以面切諸體之面，而切處亦皆一點也，然其數不同，如四等面則切點有四；方燈則切點有六；八等面則切點有八；十二等面及圓燈則切點有十二；二十等面則切點有二十，其切點之數皆如其面之數，而皆在其面之中央也。方燈則以其方面爲數，圓燈則以其五等邊之面爲數，而不論三角之面者，何也？三角之面距體心遠，故不能内切立圓也。

諸體在渾圓内皆與立方在渾圓内同，謂其皆以各體之尖切渾圓之面也，其數亦各不同，如四等面則切點亦四；方燈則切點十二；八等面則切點六；十二等面則切點二十；二十等面則切點十二；圓燈則切點三十，皆如其尖之數也。

四等面在立方内以邊稜切立方之面，四等面有六稜以切立方之六面，皆偏其四尖，又皆切於立方之角。

十二等面、二十等面在立方内皆以其邊稜切立方之面，兩種各有三十稜，其切立方，只有其六，以立方只有六面也。

此三者爲以楞切面。

八等面在立方内以尖切面，凡六點。圓燈在立方内亦以尖切面有六點，皆在立方面中尖與八等面同。

方燈在立方内則以面切面，皆方面也。方燈之方面六亦與立方等也，其十二尖又皆切於立方之十二邊楞，皆在其折半處爲點。

十二等面與二十等面遞相容，皆以内體之尖切外體之面。

十二等面在八等面内以其尖切八等面之面，體有二十尖，只用其八也。

方燈在八等面内亦以面切面，而皆三角面，方燈之三角面有八，數相等也。又其尖皆切於八等面各稜之中央折半處，稜有十二，與燈之尖正等也。

圓燈在十二等面内以面切面，皆五等邊平面也。圓燈體之五等邊平面原有十二故也，又皆以其尖切十二等面之邊楞，而皆在其中半。

圓燈在二十等面内亦以面切面，皆三角平面也。圓燈體之三角平面原有二十故也，又皆以其尖切二十等面之邊楞，而皆在其中半。

問：十二等面與二十等面體勢不同，而圓燈之尖皆能切其楞邊，何也？

曰：圓燈有三十尖，而兩等面體皆有三十楞故也。

凡能容之體，皆可改爲所容之體，遞相容者，亦可遞改。

如立方容圓，即可刓方爲圓渾圓容方，即可削圓爲方。

遞相容者，如立方内容渾圓，圓内又容十二等面體，體内又容二十等面，即可遞改。

凡所容之體，皆可補爲能容之體，皆以數求之。

如立方外切立圓以其尖角，則求立方心至角之線爲立圓半徑。

凡以面切面者，其情相通。

如方燈以其方面切立方面，又能以其三角切八等邊面，則此三者皆方斜之比例也。

又如圓燈以其五等邊面切十二等面，又能以其三角面切二十等面，則此三者皆理分中末之比例也。

若反用之，而令立方在方燈之内，則立方之尖所切者必三角面；若八等面在方燈之内，則其尖所切又必方面也。

若令十二等面在圓燈内，則所切者必三角面；而二十等面居圓燈内，所切者又必五等邊面也，故曰其情相通。

諸體相容

凡立圓立方，皆可以容諸體。

凡立圓内容立方，立方内又可容立圓，兩者不雜他體，可以相生而不窮。

凡立圓内容立方，此立方内又可容四等面，四等面又可容立圓，三者以序進，亦可以不窮。

凡立圓内容立方，又容四等面，四等面在立方内以其尖切立圓，與立方尖所切必同點。

凡立圓容四等面，在立圓所容立方内必以其楞爲立方面之斜，依此斜線衡轉成圓柱形，必爲立圓之所容，而此柱形又能含立方。

外圓者柱之底若面，内方者立方之底若面，直而斜者四等面之邊。

凡四等面體在立圓内任以一尖爲頂，以所對之面爲底，旋而作圓錐，此錐體必爲立圓之所容，而不能爲立方之容。

此兩體雖非正相容體，然皆有法之體。

凡立方内可容八等面，八等面又可容立方，而相與爲不窮。

凡立方有六等面八尖，八等面有八等面六尖，故二者相容，則所容體之尖皆切於爲所容大體之面之中央而等。

凡立方内容立圓，此立圓内仍容八等面，其八等面尖切立圓之點，即可爲切立方之點。

八等面内容立圓，此立圓内仍容立方，則立方尖切立圓之點，亦即可爲其切八等面之點。

凡立圓可爲諸等面體所容，其在諸體内必以圓面一點切諸體之各面，此一點皆在其各等面之中心而等而徧。

凡八等面内容立圓，仍容立方，此立方内仍容四等面，而四等面以其角切立方角，即可同立方角。切立圓以切八等面，疊串四體，皆一點相切，必在八等面各面之中心。

立方設一百，内容二十等面邊六十一八〇三三九八。内又容立圓九十三四一七二。

簡法：取内容立圓徑冪三之一，開方得内容小立方。再以小立方爲理分中末之全分，而求其大分得内容十二等面邊。

凡十二等面、二十等面皆能爲立圓之所容，皆以其尖切渾圓。

凡十二等面、二十等面皆能容立圓，皆以各面之中心一點正與渾圓相切。

凡十二等面與二十等面可以互相容，皆以内體之尖切外體之各面中心一點。

凡十二等面内容渾圓，渾圓内又容二十等面，與無渾圓者同徑。二十等面内容渾圓，渾圓内又容十二等面，亦與無渾圓同徑。何也？渾圓在各體内皆以其體切於外體各面之中心點，而此點即各内體切渾圓之點故也。

以上皆可以迭串相生而不窮。

凡十二等面内容渾圓，渾圓又容十二等面，亦可以相生不窮。

二十等面與渾圓遞相容亦同。

凡立方内容十二等面，皆以十二等面之邊正切於立方各面之正中凡六，皆遥相對如十字。

假如上下兩面所切十二等面之邊横，則前後兩面所切之邊必縱，而左右兩面所切之邊又横。

若引其邊爲周線，則六處相交皆成十字。

立方内容二十等面邊亦同。

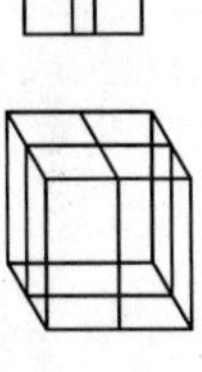

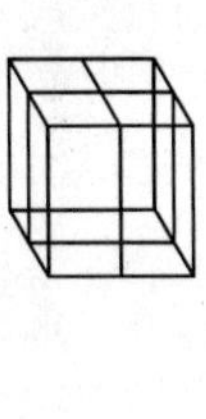

凡各體相容，皆以内之尖切外之面，惟立方内容四等面，則以角而切角。立方内容十二等面、二十等面，則以邊而切面。

大圓容小圓法

甲大圓内容乙戊丙三小圓。

法以小圓徑如乙戊、戊丙。爲邊作等邊三角形，而求其心，如丁。乃於丁戊三角形自心至角線。加戊甲小圓半徑。爲大圓半徑。丁甲。

凡平圓内容三平圓、四平圓、五平圓、六平圓皆以小圓自相扶立。

若平圓内容七平圓以上，皆中有稍大圓夾之。

甲大渾圓内容丙戊乙己四小渾圓，法以小渾圓徑如乙戊、戊己等爲邊作四等面體，而求其體心，如丁。次求體心至角線如丁戊、丁己、丁乙、丁丙，又爲外切立圓半徑。加小渾圓半徑即戊甲。爲大渾圓半徑。如丁甲。

凡渾圓内容四渾圓，或容六渾圓、或容八渾圓、十二渾圓，皆直以小渾圓自相扶。若渾圓内容二十渾圓，則中多餘空，必内有稍大渾圓夾之。

甲大平圓内容乙戊丙己四小平圓，法以小圓徑如乙戊等。爲邊作平方，如乙戊丙己方。而求其斜，如丁乙，即方心至小圓心線。加小圓半徑如乙甲。爲大圓半徑。如丁甲。

若先有大圓甲。而求所容小圓，則以三率之比例求之。法爲方斜併數二四一四與方根一〇〇，若所設之渾圓半徑丁甲與所容之小圓半徑乙甲。

推此而知，五等邊形於其鋭角爲心，半其邊爲界，作小圓；而以五等邊之心至角加半邊以爲半徑，而作大圓，則大圓容五小圓，俱如上法。

若六等邊於其鋭作小圓，仍可於其心作圓，共七小圓。何也？六等面之邊與半徑等也，其法只以小圓徑即六等邊。二分加一，爲大圓半徑。

甲大渾圓内容乙、丙等六小渾圓。

法以小渾圓之徑爲邊作八等面虚體，如乙、己、丙、辛、戊皆小立圓之心，聯爲線，則成八觚，乃求八等面心丁。至角之度，如丁乙等。加小圓半徑，如甲乙。爲大渾圓半徑。如甲丁。

捷法：以小渾圓徑爲方，即乙己丙辛平方。求其斜，如丁乙。加小圓半徑，如甲乙。爲大圓半徑。或以小渾圓徑自乘而倍之，開方得根，加小圓半徑，爲大圓半徑，亦同。

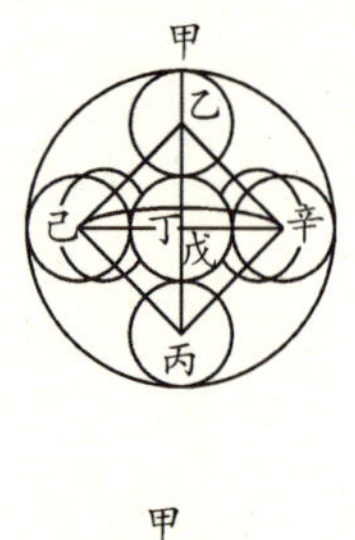

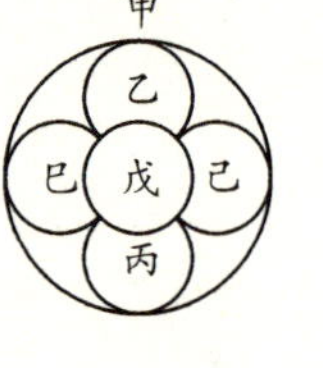

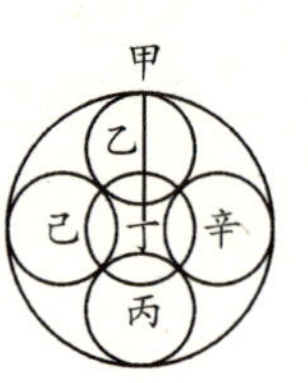
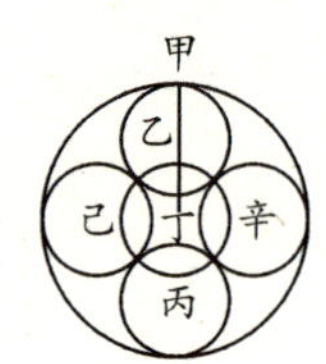
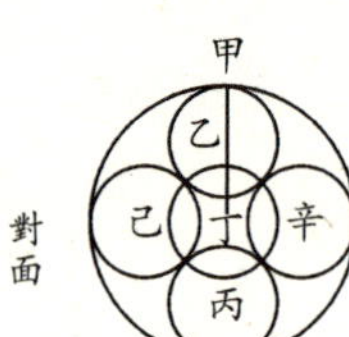

或先得大圓而求小圓徑，則用比例。法爲方斜并二四一四與方根一〇〇，若所設大渾圓之徑與內容六小渾圓之徑。

甲渾圓內容乙、丙、戊、己、庚、壬、辛及癸、丑、子、寅、卯十二小圓。

法以小立圓徑如乙丙等。作二十等面虛體之稜，乙丙等俱小圓之心，聯之則成二十等面之稜。次求體心丁。至角即小圓心。線，如乙丁。加小圓半徑，如甲乙。爲大圓半徑。如甲丁。

按：體心至角線，即二十等面外切圓半徑。二十等面之例邊一百，即小渾圓例徑。

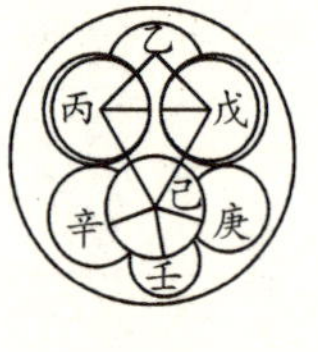

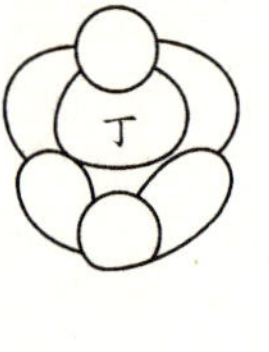

外切渾圓例徑二百八十八一三五五。二十等面邊一百者，其外切渾圓徑一百八十八奇，又加小圓例徑得此數。

若先有大渾圓，而求所容之十二小渾圓，則以二率爲一率，四率爲三率。

一　外切渾圓之例徑二百八十八一三五五。

二　二十等面之例邊一百即小渾圓。

三　設渾圓之全徑一百

四　內容十二小渾圓之徑三十八六九四八。其比例如全分與小分。

甲庚大平圓內容七小圓。

法以甲庚圓徑取三之一如丁乙、庚辛等爲小圓徑。

若容八圓以上，則其數變矣。假如以七小圓均布於大圓周之內，而切於邊，則中心一小圓必大於七小圓，而後能相切。以上倣此。

甲大渾圓內容八小立圓

法以小圓徑作立方，如乙庚方。求其立方心至角數即外切渾圓半徑，如乙丁。再加小圓半徑如甲乙。爲大渾圓半徑。如甲丁。

按：八小圓半徑十，甲乙。則其全徑二十，內斜線乙丁。十七，加甲乙。共二十七，內減小圓徑二十，餘七，倍之得十四，是比小圓半徑爲小，其比例爲十之七，安得復容一稍大小圓在內乎？

又二十等面十二尖，可作十二小圓，以居大渾圓內，而爲所容。又八等面有六尖，可作六小圓，爲大渾圓所容。四等面有四尖，可作四小圓。

又方燈亦有十二尖，可作十二小圓，爲大渾圓所容，其中容空處，仍容一小圓爲十三小圓，皆等徑也。

十二等面有二十尖，用爲小渾圓之心，可作二十小立圓，以切大渾圓，內有稍大渾圓夾之。

圓燈尖三十，可作三十小球，亦皆以內稍大渾圓夾之。

公法：皆以心至尖爲小渾圓心，距體心之度皆以小渾圓徑爲所作虛體邊。

如作內容二十小渾圓聯其心，成十二等面虛體。

虛體之各邊皆如小渾圓徑也，虛體之各尖距心皆等，此距心度以小渾圓半徑加之，爲外切之大渾圓半徑，以小渾圓半徑減之，爲內夾稍大渾圓半徑。

渾圓內容各種有法之體，以查曲線弧面之細分。

公法：凡有法之體，在渾圓體內其各尖必皆切於渾圓之面。

凡渾圓面與內容有法體之尖相切成點，皆可以八線知其弧度所當。內惟八等面皆以弧線十字相交爲正角，餘皆鋭角，其十二等面則鈍角。十二等面每面五邊等析之，從每面之角至心成平三角形五，則輳心之角皆七十二度，半之三十六度，即甲心乙角，其餘心乙甲角，必五十四度，倍之爲甲乙丁角，則百〇八度故爲鈍角。凡渾圓面切點，依內切各面之界聯爲曲線，以得所分渾體之弧面，皆如其內切體等面之數之形。

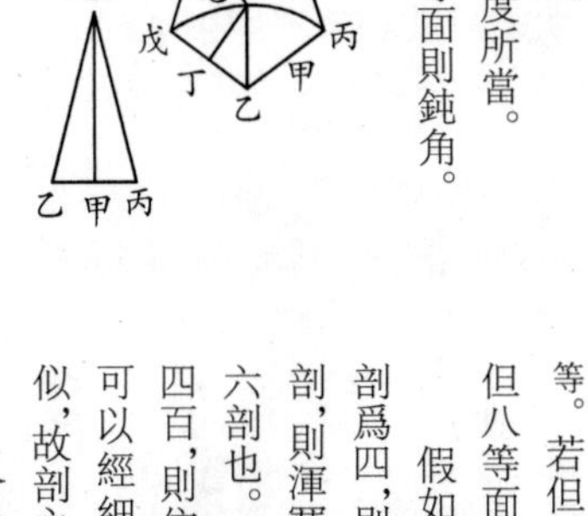

如四等面，則其分爲弧面者亦四，而皆爲三角弧面；十二等面則亦分弧面爲十二而皆成五邊弧形；八等面則弧面亦分爲八；二十等面弧面亦分二十而皆爲三角弧形；內惟六等面爲立方體，所分弧面共六，皆爲四邊弧形。

凡渾圓面上以內切兩點聯爲線，皆可以八線知其幾何長。其法以各體心到角之線命爲渾圓半徑，以此半徑求其周作圈線，即爲圓渾體過極大圈，以八線求兩點所當之度，即知兩點間曲線之長。

凡渾圓面以曲線爲界，分爲若干相等之弧面，即可以知所分弧面之冪積。

假如四等面外切渾圓，依切點聯爲曲線，分渾圓面爲四，則此四相等三角形弧面各與渾圓中剖之平圓面等冪。何也？渾圓全冪得渾體中剖平圓面之四倍，今以渾冪分爲四，即與渾圓中剖之平圓等冪矣。

推此知，六等面分外切渾圓冪爲六，即各得中剖平圓三之二。八等面分渾圓冪爲八，即各得中剖平圓之半冪。

十二等面分渾圓冪爲十二，即各得中剖平圓三之一。

二十等面分渾圓冪爲二十，即各得中剖平圓五之一。

凡依等面切渾所剖之圓冪，又細剖之，皆可以知其分冪。

假如四等面分爲渾圓冪四之一，作三角弧面，若中分其邊而會於中心，則一又剖爲三，爲渾圓冪十二之一，與十二等面所分正等，但十二等面剖爲三邊弧線等，此所分爲四邊弧線形如方勝而邊不等。若自各角中剖會於心成三邊形，其冪亦等，而邊亦不等也。再剖則一剖爲六，爲渾圓面冪二十四之一。皆得十二等面所剖之半而邊不等。若但一剖爲二，則得渾圓冪八之一，與八等面所剖正等，但八等面三邊等，又三皆直角，此則邊不等，又非直角。

假如八等面剖爲渾冪八之一，若一剖爲二，則十六之一。剖爲四，則三十二之一。可剖爲六十四至四千九十六。若三剖，則渾冪二十四之一，如十二等面之均剖，亦如四等面之六剖也。再細剖之，可剖爲九十，是依度剖也，可剖爲五千四百，則依分剖也。再以秒微剖之，可至無窮。惟八等面可以經細剖之者，以腰圍爲底，而兩弦會於極，其形皆相似，故剖之可以不窮。

又以此知，曲面之容倍於平面，何也？八等面所剖之渾體腰圍即平圓周也，以平圓周之九十度爲底，兩端皆以半徑爲兩弦，以會於平圓之心，則其冪爲平圓四之一。若渾體四面以腰圍九十度爲底，兩端各以曲線爲兩弦，以會於渾圓之極，則其冪爲平圓二之一矣。

假如六等面即立方。在渾圓內，剖渾冪爲六，得渾冪六之一。若一剖爲二，則與十二等面所剖等。剖爲四則二十四之一，再剖則一爲八，而得四十八之一。

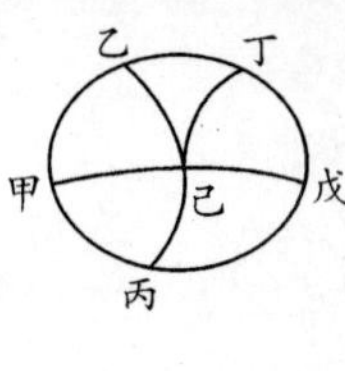

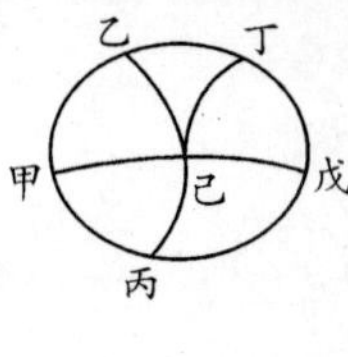

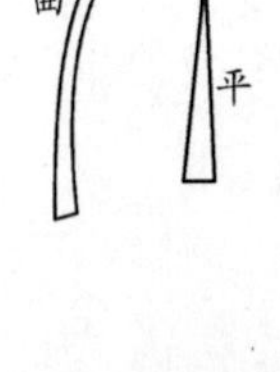

假如十二等面，剖渾冪爲十二，各得十二之一，若剖一爲五，則得六十之一。再剖一爲十，則得百二十之一，而與八等面所剖爲十五之一。

假如二十等面，剖渾冪爲二十，各得渾冪二十之一，若一剖二，則四十之一。若一剖三，則六十之一。若一剖六，則百二十之一，皆與十二等面所剖之冪等，而邊不必等也。

凡球上所剖諸冪以爲底，直剖至球之中心成錐形，即分球體爲若干分。如四等面之冪，得球冪四之一，依其邊

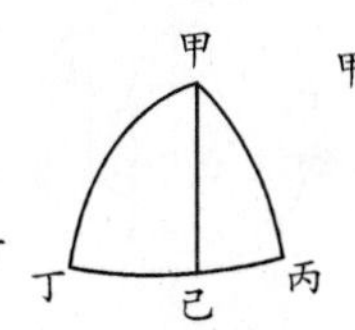

直剖至球心成三角錐，其錐積亦爲球體四之一，推之盡然。

又梅文鼎《方圓冪積》 渾圓内容立方，立方内又容渾圓，如此遞互相容，則外圓徑上冪與内圓徑上冪爲三倍之比例；外立方與内立方之徑冪亦然。丙庚丁渾圓内容丙甲丁乙立方，丙戊及戊甲皆立方邊，丙辛及甲辛並同，丙乙及甲丁等，亦同。丙戊甲辛爲立方面，餘六面並同。丙甲，爲方面斜線。丙丁爲立方體内對角綫。即渾圓徑。乙甲同，其辛壬及己戊皆亦對角，若作綫亦同。丙乙及甲丁等，又皆爲立楞。戊壬及辛己同。

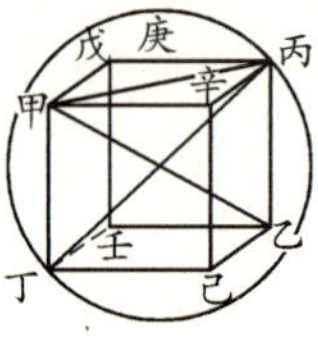

解曰：立方面上斜徑之冪爲方冪之倍，句股法也，斜爲弦，方爲句，又爲股併句股實。成弦實，故倍。方冪，即成斜徑之冪。又以斜徑爲股，立方之立楞爲句，求得立方體内兩對角之外徑爲弦，此弦實内有股實，即面上外徑之冪，爲方冪者二。有句實，即立楞之冪立楞原即方邊，故其冪即立方函冪。共得方冪三。而此兩對角斜徑，即渾圓之徑。内小圓徑又在立方體内，即以方徑爲徑，其徑之冪即立方面也，故曰三倍比例也。

立方内又容立圓，則内圓徑即立方之徑。

若求其徑，則外徑大於内徑，若一十七有奇與一十。

内徑之冪百，開方得一十爲徑，則外徑之冪三百，開方得一十七又三十五之一十一。爲徑，若有幾層互容，皆以此比例遞加即得。

若求其體積，則爲五倍有奇之比例。若有多層，亦以此比例遞加。

假如内容立方積一千，則外大立方積五千一百九十四有奇。

解曰：立積一千，則其徑冪一百而外大立積之徑冪三百，又以徑一十七又三十五之二十一。乘之，得五千一百九十四，又七之二。此言大方積又在圖上渾圓之外。

積之比例：

立方同徑之立圓，其比例爲六〇〇與三一四。

立方同徑之圓柱，其比例爲四〇〇與三一四。

圓柱與同徑之立圓，其比例爲三與二。

渾圓内容立方徑一萬寸，求圓徑。

法以方斜一萬四千一百四十二寸爲股，自乘得二億爲股實。以方徑一萬寸爲勾，自乘得一億爲勾實。併勾股實爲三億，爲弦實。開方得弦一萬七千三百二十〇半寸，命爲渾圓之徑。

又以渾圓徑求圍，得五萬四千四百十四寸弱。周徑相乘，得九億四千二百四十七萬六九九四寸爲渾冪。四除渾冪，得二億三千五百六十一萬九千二百四十八寸奇爲大平圓冪，即立方一萬寸外切渾圓之腰圍平冪也。

圓柱積四萬〇千八百十〇億四三一八四九八四寸，以渾圓徑乘平圓冪得之。

倍圓柱積，以三除之，得渾圓積二萬七千二百〇六九五四五六六五六寸。

約法：立方徑一十尺，其積一千尺。外切之渾圓徑一十七尺三二〇五，渾圓積二千七百二十〇尺六九五四。約爲二千七百廿一尺弱。

試再用徑上立方求渾圓積法。即立方内求所容渾圓。以渾圓徑自乘，再乘得渾圓徑上立方，以圓率三一四奇。乘之，得數。六除之，得渾積並同。

立方與圓柱，若四〇〇與三一四奇。同徑之圓柱也。

立方爲六方角所成，圓柱爲六圓角所成，其所容角體並六。而方與圓異，故其比例，如同徑之周。此條爲積之比例。

圓周上自乘之方，與渾圓面冪，若三一四奇與一〇〇。

渾圓面冪，與圓徑上平方形，亦若三一四奇與一〇〇。

皆圓周與徑之比例。

渾圓面冪，與圓徑上平圓，若四與一。

圓柱面冪，與圓徑上平圓，若六與一。六圓角之底，皆一外向，合成此數。

平圓並爲一，而圓柱冪爲其六倍；渾圓冪爲其四倍，渾圓爲圓柱三之二。即此可徵積之比例，如其面也。以上四條並面冪之比例。

渾圓體與圓角體，若四與一。

渾圓面既爲平圓之四倍，從面至心，皆成角體，故體之比例亦四倍。

立方面與徑上平方，若六與一。六面故也。

立方體與渾圓體，若六〇〇與三一四奇。

渾圓面與徑上平方，既若三一四奇與一〇〇。而立方面與徑上平方，若六與一平方同爲一〇〇。而立方面爲其六倍，渾圓面爲其三倍一四奇。故立方之面與渾圓之面，亦若六〇〇與三一四奇也。而體之比例同面，故亦爲六〇〇與三一四奇。

立圓得圓柱三之二。

論曰：凡圓柱之面及底，皆立圓徑上平圓也。旁周似圓筩，亦如截竹。周圍並以圓徑爲高，即圓徑乘圓周冪也，爲徑上平圓之四倍，與渾圓面冪同積。半徑乘半周得平圓，則全徑乘全周必平圓之四倍。合面與底共得平圓之六倍，而渾圓面冪原係平圓之四倍是圓柱冪六，而渾圓冪四也。而體積之比例，準此可知，亦必爲三之二矣。三之二，即六之四之半。

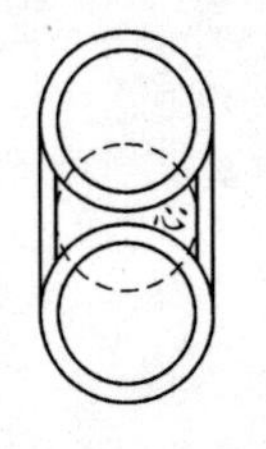

圓柱形

問：體積之比例何以得如面冪。曰：試於圓柱心作圓角體。至面至底，成圓角體二，皆以半徑爲高，平圓爲底，其餘則外如截竹，而內則上下並成虚圓角。于是縱剖其一邊，而令圓筩伸直。以其冪爲底，以半徑爲高，成長方錐。底闊如全徑，直如圓周，高如半徑，錐只一點。此體即同四圓角。或縱剖爲四方錐，亦同皆以周四分之一爲底闊，以全徑爲底長，以半徑爲高，其體並同圓角。何也？以周四之一乘全徑，與半徑乘半周同。故方底同圓底，而其高又同，則方角同圓角。合面底二圓角，共六圓角矣。而渾圓體原同四圓角，渾圓面爲底，半徑爲高，作圓錐，即同四圓角。是圓柱渾圓二體之比例，亦三與二也。

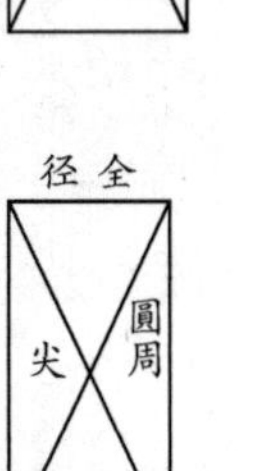

長方錐形

圓柱内截去兩圓角體之餘

圓柱内截兩圓角體

圓角體得圓柱三之一，凡角體並同。

準前論，圓柱有六圓角，試從中腰平截爲兩，則有三圓角。而圓筩體原當四圓角，今截其半仍爲二圓角。或面或底原係一圓角，合之成三圓角。以爲一扁圓柱，然則圓角非圓柱三之一乎。若立方形，各從方楞切至心，則成六方角。皆以方面爲底，半徑爲高。從半徑平切之，爲扁立方。則四周之四方角，皆得一半，成兩方角。而或底或面原有一方角，亦是三方角合成一扁立方，而方角體亦三之一矣。

渾圓體分爲四，則所分角體各所乘之渾冪，皆與圓徑上平圓冪等。

甲乙丙丁渾圓體，從丑乙、辰乙、癸乙、子乙、卯乙、寅乙等各半徑，各自其渾冪透至乙心。以半徑旋行而割切之，則成上下兩圓角體：一甲卯辰丑乙，以甲丑卯辰割渾圓之面爲底，乙爲其鋭。此割圓曲徑，自丑而甲而辰，居圓周三之一。一丙癸寅子乙，以子丙寅癸渾圓之割面爲底，乙爲其鋭。此割圓曲徑亦三之一，如三百六十之一百二十。此上下兩角體相等，皆居全渾體四之一。中腰成鼓形，而上下兩面並穵空各成虚圓角。其外則周遭皆凸面，如丑戊子及辰丁癸之割圓狀。此割圓曲徑，自辰而丁、而癸居圓周六之一，爲三百六十之六十。

此鼓形體，倍大於上下兩角體，居渾圓全體之半。若從戊乙丁腰横絶之爲二，則一如仰盂，一如覆碗。而其體亦渾圓四之一也。

如此四分渾體，而其割圓之面冪，即各與圓徑上之平圓冪等。故曰：渾圓面冪與徑上平圓若四與一也。

問：何以知中腰鼓體能倍大於上下兩角體？曰：試於子丙乙癸角體從子寅癸横切之，則成子未癸午小圓面，爲所切乙子寅癸小圓角體之底，乃子寅小半徑，乘子未癸小半周所成也。然則以子寅小半徑，乘子未癸小半周，又以乙寅半徑爲高乘之，而取其三之一，即小角體矣。

試又于中腰鼓體從丑子及卯寅及辰癸諸立線周遭直切之，脱去其外鼓凸形，即成圓柱體之外周截竹形。又從酉乙申横切之爲兩，一仰盂，一覆碗。則此覆碗體舉一式爲例，可直切斷而伸之。亦可成方角體。此體以乙寅半徑乘子未癸午小圓全周爲底，其形長方。又以小半徑子寅，子寅即乙申。爲高而乘之，取三之一爲長方角體。此長方角體必倍大子小圓角體。何也？兩法並以小半徑及半半徑兩次連乘，取三之一成角體，而所乘者一爲小圓全周，一爲小圓半周。故倍大無疑也。

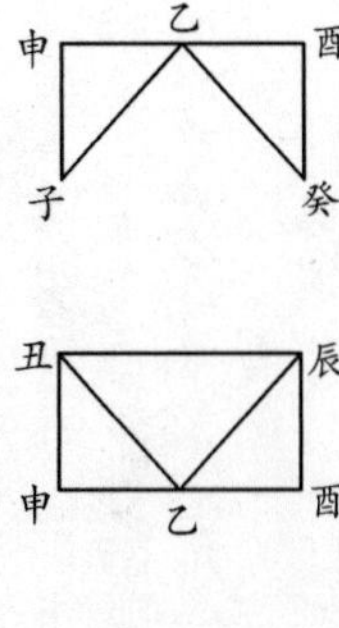

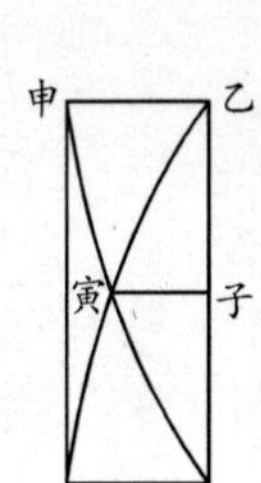

又丙癸寅子亦可成角體，與乙子寅癸等。覆碗體既倍大，則兼此兩角體矣。

準此而論，仰盂體必能兼甲丑卯辰，及乙辰卯丑兩角體，亦無疑也。

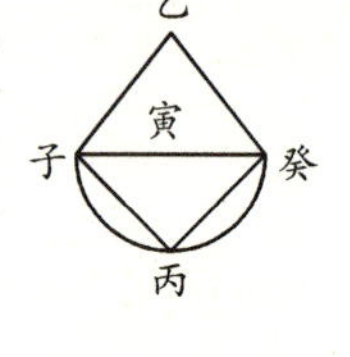

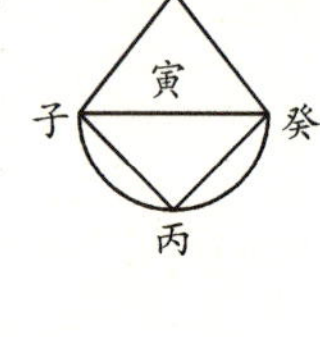

又，角體内既切去一小角體，又空去一相同之小角體，則所餘者爲丙癸寅子同底仰盂體。

鼓體内既空去如截竹之體，則所餘者爲内平如丑子及辰癸。外凸如子戊丑及辰丁癸。之空圈體，而此體必倍大于圓底仰盂體。何以知之？蓋兩體並以半徑爲平面，丑子與癸丙並同。並以圓周六之一爲凸面。而腰鼓之平面以半徑循圓周行，圓底仰盂之平面則以半徑自心旋轉。周行者，兩頭全用；旋轉者，在心之一頭不動，而只用一頭，則只得其半矣。故決其爲倍大也。

準此，而論，甲丑卯辰亦爲空空之圓覆碗體，而只得鼓體之半矣。由是言之，則上下角體各得中腰鼓體之半，而鼓體倍大于角形。渾體平分爲四，夫復何疑？

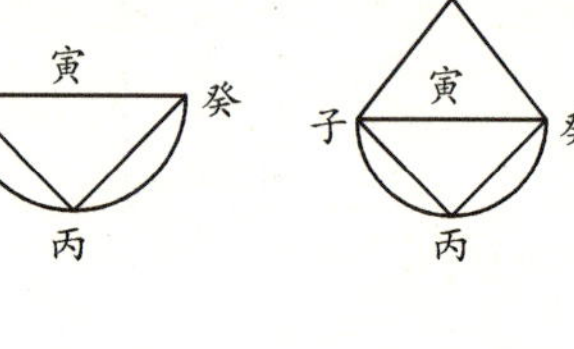

曰：渾體四分如此真無纖芥之疑，體既勻分爲四，則其渾體外冪亦勻分爲四，亦無可復疑。但何以知此所分四分之一必與徑上平(員)[圓]相等耶？曰：此易明也。凡割渾圓一分而求其冪，法皆從其所切平面圓心，作立線至凸面心，而以其高爲股，圓面心至邊之半徑爲勾。勾股求其斜弦，用爲半徑，以作平圓，即與所割圓體之凸面等冪。

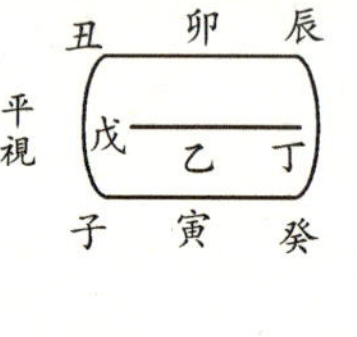

假如前圖所論上下兩角體，從丑卯辰横線切之，則以甲卯爲股，卯丑爲勾，求得甲丑弦，與半徑同。以作平圓，與丑卯辰甲凸面等，然則此角體之凸面豈不與徑上平圓等冪乎！

甲亢半徑，與甲丑同，以作丑亢平圓，與甲丑卯辰凸面等冪。

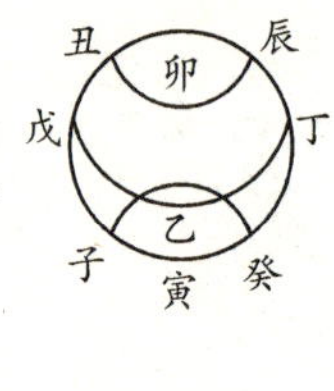

試又作甲戊線，爲半徑之斜線。甲乙與戊乙皆半徑，爲句、爲股故也。以爲半徑而作平(員)[圓]必倍大于半徑所作之平圓，而渾圓半冪與之等，則渾圓半冪，不又爲平圓之倍乎？

如圖，甲丑爲半徑，作乙庚房平圓與丙戊甲平圓等，亦與甲辰卯丑割圓凸面等，爲渾冪四之一也。

甲戊爲半徑，作戊心亥平圓，與甲丁乙戊半渾冪等，而倍大于乙庚房，亦倍大于丙戊甲平圓，則平圓居渾冪四之一。

如是宛轉相求無不脗合，則平圓爲渾圓冪四之一，信矣。

取渾冪四之一法

當以半徑爲通弦，以一端抵圓徑之端爲心，旋而規之，則所割渾冪爲四之一。而其渾冪，與圓徑上平圓冪等。

甲辰即丁乙。之自冪一百，辰卯之自乘冪七十五。如四與三，則辰丑通弦爲徑以作平圓，亦丁戊全徑上平圓四分之三也。大小兩平圓各爲底，以半徑爲高而作圓角體，其比例亦四與三也。

今渾圓徑上平圓即丁戊徑上平圓。所作之圓角體，既爲渾積四之一。則辰丑通弦徑所作之圓角體，即渾體十六之三矣。即甲丑卯辰角體及乙丑卯辰角體之合。若以丑辰通弦上平圓爲底，半半徑爲高，而作角體，即渾體卅二之三。

分渾體爲四又法

甲乙丙渾圓體，從圓周分爲三。一丑甲辰，一辰癸丙，一丙子丑，各得周三之一。又從辰、從丙、從丑，依各半徑，辰乙、丙乙、丑乙皆是。至乙心。旋而切之，則成三角體者三，各得渾體四之一，一辰甲丑乙，一丑子丙乙，一丙癸辰乙。説見前。則其所餘亦渾體四之一也。此餘形有三平圓面，以辰丑、丑丙、辰丙爲圓徑，而並空空至乙心。如圓錐之冪有兩凸面，以辰丑、丑丙、辰丙之圓周爲界，以乙爲頂，皆弧三角形，三角並鋭。兩凸面各得渾圓冪八之一。

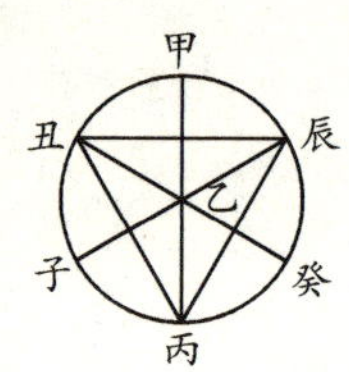

按：辰丑即一百二十度通弦也，準前論，以此通弦爲圓徑作平圓爲底，半半徑爲高，而成圓角體，此圓角體積即爲渾圓體積三十二分之三。即先所論圓角體八之三。

若依此切渾圓體成半平半凸之體，其積爲渾積三十二之五。即圓角體八之五。

環堵形面冪　錐形面冪

有正方正圓面欲於周作立圍之堵墻，而冪積與之倍。

法於方面取半徑爲高即得。

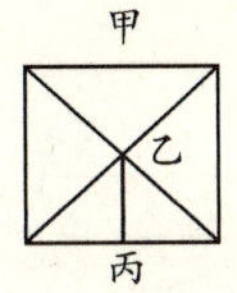

甲乙丙平方，於其周作立起之方圍，形如環堵。取平方乙丙半徑爲高，則方圍面冪，倍大於平方。

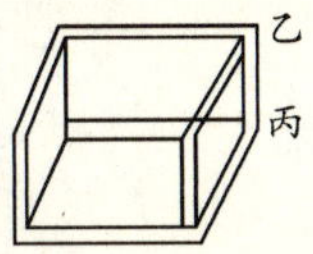

論曰：從平方心乙，對角分平方爲四，成四三角形。並以方根爲底，半徑爲高，于是以此四三角形立起。令乙鋭上指，則皆以乙丙半徑爲高，而各面皆半冪，故求平方以半徑乘周得冪也。然則依方周作方墻，而以半徑爲高，豈不倍大於平方冪乎？

準此論之，凡六等邊、八等邊，以至六十四等邊，雖至多邊之面，而從其各周作墻，各以其半徑爲高，則其冪皆倍於各平冪矣。然則平圓者多邊之極也。若於其周作立圍如環，而以其半徑爲高，則環形冪積亦必倍大於平圓。

有方錐、圓錐，於其周作圍墻而冪積與之倍。

法於錐形之各斜面取其至鋭之中線，如乙丙。以爲環墻之高，即得。

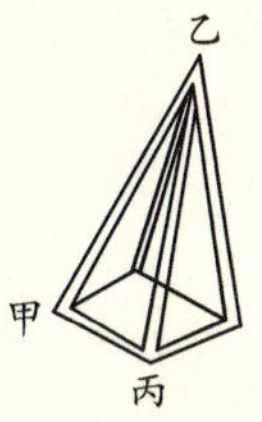

方墻如環堵。底用方周，高如乙丙，即斜面自鋭至底之斜立中線。

解曰：此以錐體之斜面較冪也。

論曰：凡方錐皆有稜，兩稜交於鋭，各成三角面而斜立。從此斜立之三角面，自鋭自根闊處平分之得中線。乙丙於是自稜剖之，成四三角面，而植之則中線直指天頂，而各面皆圭形，爲半冪。故，凡錐體亦可以中線乘半周得冪也。然則於底周作方墻，而以中線爲高，四面補成全冪，豈不倍大乎？

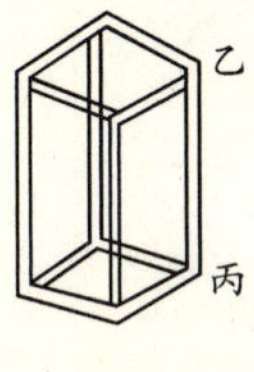

準此論之，凡五稜六稜以上，至多稜多面之錐體盡然矣。而圓錐者，多稜多面之極也。則以其斜立線爲高，而自其根作圓環，則其圓環之冪，亦必倍大於圓錐之冪。

前論切渾圓之算得此益明。蓋圓仰盂，圓覆碗及空空之鼓形，其體皆一凸面，一平面，相合而成。其凸面弧徑皆割渾圓圈周六之一，其平面之闊皆半徑。然而不同者，其内面空空之平冪，一爲錐形，仰盂覆碗之内，空如笠。一爲環形也。彭體之内，空如截竹。準前論，空空之環冪必倍大於錐形之冪。則其所負之割渾圓體亦必環形，所負倍大於錐形。而空空之鼓體，必能兼圓覆碗圓仰盂之二體。

補約法

立方與立圓之比例，若廿一與十一。平圓與外方，若十一與十四。平圓與内方，若十一與七。

圓内容方之餘，即四小弧矢形。若七與四。圓外餘方，即四角減弧矢。若十一與三。準此則餘圓即小弧矢。與餘方，若四與三。而小弧矢與其所減之餘方角，若一與七五，亦若四與三也。

清・年希堯《面體比例便覽》　圓球内容等面各體

設有圓球徑一尺二寸，問内容四面體之邊幾何。

此以圓球徑求圓球内容各體之邊。

渾圓球通徑定率爲一率，一〇〇〇〇〇〇〇〇。

容四面體邊定率爲二率，八一六四九六五八。

今設圓球徑爲三率，一尺二寸。

求得容體邊爲四率，九寸七分九釐七毫九絲五忽八微。

用真數推之，將二三率相乘，以一率除之，得數爲四率，即所求圓球内容四面等體之一邊也。

若用假數推之，用定率假數照法推之，即得所求也。

圓球内容各形之一邊定率

球徑真數一〇〇〇〇〇〇〇〇，假數一〇〇〇〇〇〇〇〇〇〇。

四面真數八一六四九六五八，假數九九一一九五四三七〇五。

立方真數五七七三五〇二六，假數九七六一四三九三七二六。

八面真數七〇七一〇六七八，假數九八四九四八五〇〇二一。

十二面真數三五六八二二〇九，假數九五五二四五一七三二八。

二十面真數五二五七三一一一，假數九七二〇七六三六七七九。

圓球内容各形之體積

設有圓球徑一尺二寸，自乘再乘一千七百二十八寸，問内容四面體之積幾何。

此渾球内容四面體積。

球徑自乘再乘定率爲一率，一〇〇〇〇〇〇〇〇〇。

圓容四面體積定率爲二率，六四一五〇〇二九。

今設球徑再乘爲三率，一千七百二十八寸。

求得四面體積爲四率，一百一十寸八百五十一分二百五十釐有餘。

用真數推之，將二三率相乘，以一率除之，得數爲四率，即所求圓球内容四面體之積也。

若用假數推之，用定率之假數照法推之，即得所求也。

圓球内容各形之體積定率：

球徑自乘再乘真數一〇〇〇〇〇〇〇〇〇，假數一〇〇〇〇〇〇〇〇〇〇〇〇。

四面真數六四一五〇〇二九，假數八八〇七一九六八六三三。

立方真數一九二四五〇〇八六，假數九二八四三一八一一七九。

八面真數一六六六六六六六六，假數九二二一八四八七四九六。

十二面真數三四八一四五四八二，假數九五四一七六〇七六二六。

二十面真數三一七〇一八八三三，假數九五〇一〇八五〇六三八。

圓球體積求内容各形之體積

設有圓球積九百零四寸七百七十八分六百八十四釐有餘，問内容立方體積幾何。

此圓球内容立方也。

圓球積定率爲一率，一〇〇〇〇〇〇〇〇〇。

立方積定率爲二率，三六七五五二五九〇。

今設圓球積爲三率，九百零四寸七百七十八分六百八十四釐。

求得容立方爲四率，三百三十二寸五百五十三分七百四十八釐有餘。

用真數推之，將二三率相乘，以一率除之，得數爲四率，即所求圓球内容立方之體積也。

若用假數推之，用定率之假數照法推之，即得所求也。

圓球體積與球内各形之體積定率：

球積真數一〇〇〇〇〇〇〇〇〇，假數一〇〇〇〇〇〇〇〇〇〇〇。

四面真數一二二五一七五三〇，假數九〇八八一九八二四一〇。

立方真數三六七五五二五九〇，假數九五六五三一九四九五六。

八面真數三一八三〇九八八五，假數九五〇二八五〇一二七三。

十二面真數六六四九〇八八九一，假數九八二二七六二一四〇三。

二十面真數六〇五四六一三七二，假數九七八二〇八六四四一五。

圓球外切各等面體之邊

設有圓球徑一尺二寸，問外切四面體之邊幾何。

此四面體内包一圓球也，以球徑爲例，求四面體之邊。

圓球通徑定率爲一率，一〇〇〇〇〇〇〇。

四面體邊定率爲二率，二四四九四八九七四。

今設圓球通徑爲三率，一尺二寸。

求得四面體邊爲四率，二尺九十三分九釐三毫八絲七忽六微有餘。

用真數推之，將二三率相乘，以一率除之，得數爲四率，即所求圓球外切四面體之邊也。

球外各形之一邊定率：

球徑真數一〇〇〇〇〇〇〇〇，假數一〇〇〇〇〇〇〇〇〇〇。

四面真數二四四九四八九七四，假數一〇三八九〇七五六二五二。

立方真數一〇〇〇〇〇〇〇〇，假數一〇〇〇〇〇〇〇〇〇〇。

八面真數一二二四七四四八七，假數一〇〇八八〇四五六二九五。

十二面真數四四九〇二七九七，假數九六五二二七三三九九一。

二十面真數六六一五八四五三，假數九八二〇五八五三四四〇。

圓球外切各等面體之積

設有圓球徑一尺二寸，自乘再乘一千七百二十八寸，問外切四面體積幾何。

此四面體内包一圓球也，以球徑之立方積爲例，求四等面體之積。

圓球徑立方積定率爲一率，一〇〇〇〇〇〇〇〇〇。

外切四面體積定率爲二率，一七三二〇五〇八〇七。

今設球徑自乘再乘爲三率，一尺七百二十八寸。

求得外切四面體積爲四率，二尺九百九十二寸九百八十三分七百九十四釐有餘。

用真數推之，將二三率相乘，以一率除之，得數爲四率，即所求圓球外切四面體之積也。

若用假數推之，用假數之定率照法推之，即得所求也。

圓球外各形之體積定率：

球徑自乘再乘真數一〇〇〇〇〇〇〇〇〇，假數一〇〇〇〇〇〇〇〇〇〇〇。

四面真數一七三二〇五〇八〇七，假數一〇二三八五六〇六二七四。

立方真數一〇〇〇〇〇〇〇〇〇〇，假數一〇〇〇〇〇〇〇〇〇〇〇。

八面真數八六六〇二五四〇三，假數九九三七五三〇六三一七。

十二面真數六九三七八六三六七，假數九八四一二二五七六一五。

二十面真數六三一七五六九九九，假數九八〇五五〇〇六二一。

圓球體積求球外各形之體積

設有圓球本體積九百零四寸七百七十八分六百八十四釐有餘，問圓球外切十二面體積幾何。

此十二面體內包圓球也，仍以球積爲例。

圓球本體積定率爲一率，一〇〇〇〇〇〇〇〇〇。

十二面體積定率爲二率，一三二五〇三四三五八。

今設圓球積爲三率，九百零四寸七百七十八分六百八十四釐有餘。

求得十二面體積爲四率，一尺一百九十八寸八百六十二分八百四十二釐有餘。

用真數推之，將二三率相乘，以一率除之，得數爲四率，即所求圓球外切十二面體積也。

若以假數推之，用定率之假數照法推之，即得所求也。

圓球體積與球外各形之體積定率：

球積真數一〇〇〇〇〇〇〇〇〇，假數一〇〇〇〇〇〇〇〇〇〇〇。

四面真數三三〇七九七三三七二，假數一〇五一九五六二〇〇五一。

立方真數一九〇九八五九三一七，假數一〇二八一〇〇一三七七七。

八面真數一六五三九八六六八六，假數一〇二一八五三二〇〇九四。

十二面真數一三二五〇三四三五八，假數一〇一二二二二七一三九二。

二十面真數一二〇六五六六九九一，假數一〇〇八一五五一四三九八。

清·《數理精蘊》下編卷二八　球內容各等面體

設如圓球徑一尺二寸，求內容四面體之每一邊及體積幾何。

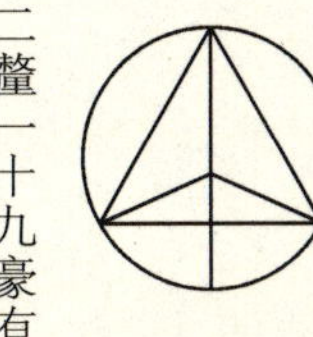

法：以圓球徑一尺二寸三歸二因得八寸，爲圓球內容四面體自尖至每面中心之立垂線。自乘得六十四寸，二歸三因得九十六寸，開平方得九寸七分九釐七毫九絲五忽八微有餘，即圓球內容四面體之每一邊也。乃以四面體之每一邊用等邊三角形求面積法，求得每一面積四十一寸五十六分九十二釐一十九毫有餘，與自尖至每面中心之立垂線八寸相乘，得三百三十二寸五百五十三分七百五十釐有餘，三歸之，得一百一十寸八百五十一分二百五十釐有餘，即圓球內容四面體之積也。如圖，甲乙圓球徑一尺二寸，內容甲丙丁戊四面體，甲己與丙庚俱爲自尖至每面中心之立垂線，相交於辛，爲四面體之中心，亦即圓球之中心，甲辛與丙辛俱爲圓球半徑，甲己壬勾股形與甲庚辛勾股形爲同式形。甲己壬勾股形以甲己自尖至底中心立垂線爲股，己壬一面中垂線之三分之一爲勾，甲壬一面中垂線爲弦。甲庚辛勾股形以甲庚一面中垂線之三分之二爲股，庚辛四面體中心至每面中心之垂線爲勾，甲辛四面體自尖至中心立垂線爲弦。故兩勾股形同用一甲角，而己角庚角同爲直角，其壬角與辛角亦必相等，所以爲同式形也。己壬爲丙壬一面中垂線之三分之一，亦爲甲壬一面中垂線之三分之一，故庚辛亦必爲甲辛四面體自尖至中心立垂線之三分之一。而甲辛即圓球之半徑，故庚辛亦爲圓球半徑之三分之一，庚辛與辛己等。今命甲辛圓球半徑爲三分，則甲乙圓球全徑爲六分。以辛己一分與甲辛三分相加，則得甲己四分。是甲己立垂線爲甲乙圓球全徑之六分之四，即三分之二，故以甲乙圓球徑三歸二因，即得甲己爲四面體自尖至每面中心之立垂線也。又四面體之立垂線自乘方爲每邊自乘方之三分之二，見前四面體求積法。故以甲己立垂線自乘二歸三因，即得每一邊自乘方積，開平方得甲丙爲四面體之每一邊也。既得一邊，則用等邊三角形求面積法，求得丙丁戊三角形面積，與甲己立垂線相乘，三歸之，即得甲丙丁戊四面體之積也。

又求邊捷法：以圓球徑一尺二寸自乘，三歸二因，得九十六寸，開平方亦得九寸七分九釐七毫九絲五忽八微有餘，爲內容四面體之每一邊也。蓋四面體之甲己立垂線既爲甲乙圓球徑之三分之二，則甲己自乘方必爲甲乙自乘方之九分之四。而甲己自乘方又爲甲丙

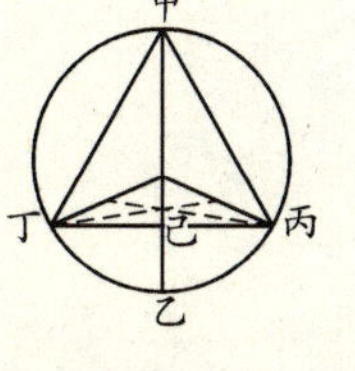

每邊自乘方之三分之二，即六分之四，則甲丙每一邊自乘方必爲甲乙圓球徑自乘方之九分之六，即三分之二，故以圓球徑自乘，三歸二因開平方亦得四面體之每一邊也。如有四面體之一邊，求外切圓球徑，則先求得自尖至每面中心之立垂線，二歸三因即圓球徑。或以一邊自乘，二歸三因開平方亦即得圓球徑也。

一率	一〇〇〇〇〇〇〇〇
二率	八一六四九六五八
三率	一二
四率	九七九九七九五八

又用求球內各形之一邊之定率比例，以定率之圓球徑一〇〇〇〇〇〇〇〇爲一率，圓球內容四面體之一邊八一六四九六五八爲二率，今所設之圓球徑一尺二寸爲三率，求得四率九寸七分九釐七毫九絲五忽八微有餘，即圓球內容四面體之一邊也。

一率	一〇〇〇〇〇〇〇〇〇
二率	六四一五〇〇二九
三率	一七二八
四率	一一〇八五一二五〇

又用求球內各形之體積之定率比例，以定率之圓球徑自乘再乘之正方體積一〇〇〇〇〇〇〇〇〇爲一率，圓球內容四面體積六四一五〇〇二九爲二率，今所設之圓球徑一尺二寸自乘再乘得一千七百二十八寸爲三率，求得四率一百一十寸八百五十一分二百五十釐有餘，即圓球內容四面體之積也。

一率	一〇〇〇〇〇〇〇〇〇
二率	一二二二五一七五三〇
三率	九〇四七七八六八四
四率	一一〇八五一二四九

又用圓球積之定率比例，以定率之圓球積一〇〇〇〇〇〇〇〇〇爲一率，圓球內容四面體積一二二二五一七五三〇爲二率，今所設之圓球徑一尺二寸求得圓球積九百零四寸七百七十八分六百八十四釐有餘爲三率，求得四率一百一十寸八百五十一分二百四十九釐有餘，即圓球內容四面體之積也。

設如圓球徑一尺二寸，求內容正方體之每一邊及體積幾何。

法：以圓球徑一尺二寸自乘，得一百四十四寸，三歸之，得四十八寸，開平方得六寸九分二釐八毫二絲零三微有餘，即圓球內容正方體之每一邊。以一邊自乘再乘，得三百三十二寸五百五十三分七百四十八釐有餘，即圓球內容正方體之積也。如圖，甲乙圓球徑一尺二寸，內容甲丙丁乙戊己庚正方體，試以丙丁一邊爲股，丁乙一邊爲勾，求得丙乙弦即每一面之對角斜線。勾與股既相等，則丙乙每一面對角斜線自乘方爲丙丁或丁乙每邊自乘方之二倍矣。又試以丙乙對角斜線爲股，甲丙一邊爲勾，求得甲乙弦即圓球徑，則甲乙圓球徑自乘方又爲甲丙類每邊自乘方之三倍矣。故以圓球徑自乘三歸，即得每邊自乘之積，開平方即得圓球內容正方體之一邊，以一邊自乘再乘，即得圓球內容正方體之積也。如有正方體之一邊，求外切圓球徑，則以一邊自乘，三因之開平方，即得圓球徑也。

甲 丙 丁 乙 戊 己 庚

一率	一〇〇〇〇〇〇〇〇
二率	五七七三五〇二六
三率	一二
四率	六九二八二〇三

又用求球內各形之一邊之定率比例，以定率之圓球徑一〇〇〇〇〇〇〇〇爲一率，圓球內容正方體之一邊五七七三五〇二六爲二率，今所設之圓球徑一尺二寸爲三率，求得四率六寸九分二釐八毫二絲零三微有餘，即圓球內容正方體之一邊也。

一率	一〇〇〇〇〇〇〇〇〇
二率	一九二四五〇〇八六
三率	一七二八
四率	三三二五五三七四八

又用求球內各形之體積之定率比例，以定率之圓球徑自乘再乘之正方體積一〇〇〇〇〇〇〇〇〇爲一率，圓球內容正方體積一九二四五〇〇八六爲二率，今所設之圓球徑一尺二寸自乘再乘得一千七百二十八寸爲三率，求得四率三百三十二寸五百五十三分七百四十八釐有餘，即圓球內容正方體之積也。

一率	一〇〇〇〇〇〇〇〇〇
二率	三六七五五二五九〇
三率	九〇四七七八六八四
四率	三三二五五三七四八

又用圓球積之定率比例，以定率之圓球積一〇〇〇〇〇〇〇〇〇爲一率，圓球內容正方體積三六七五五二五九〇爲二率，今所設之圓球徑一尺二寸求得圓球積九百零四寸七百七十八分六百八十四釐有餘爲三率，求得四率三百三十二寸五百五十三分七百四十八釐有餘，即圓球內容正方體之積也。

設如圓球徑一尺二寸，求內容八面體之每一邊及體積幾何。

法：以圓球徑一尺二寸自乘，得一尺四十四寸，折半得七十二寸，開平方得八寸四分八釐五豪二絲八忽一微有餘，即圓球内容八面體之每一邊也。乃以八面體之每一邊自乘，得七十二寸，以球徑一尺二寸再乘，得八百六十四寸，三歸之，得二百八十八寸，即圓球内容八面體之積也。如圖，甲乙圓球徑一尺二寸，内容甲丙乙丁戊己八面體，自正中對四角平分截之，則成甲丙己丁戊、乙丁戊丙己二尖方體，甲乙圓球徑爲二尖方體之共高，即甲丙乙丁正方面之對角斜線。試以甲丙一邊爲股，乙丙一邊爲勾，則甲乙球徑爲弦。勾與股既相等，則甲乙自乘方爲甲丙自乘方之二倍，故以甲乙球徑自乘折半開方，即得甲丙爲内容八面體之一邊。以戊丙一邊自乘，得戊丙己丁二尖方體之共底面積。以甲乙共高再乘，三歸之，得二尖方體積，即八面體之總積也。如有八面體之一邊，求外切圓球徑，則以一邊自乘加倍開平方，得對角斜線，即圓球徑也。

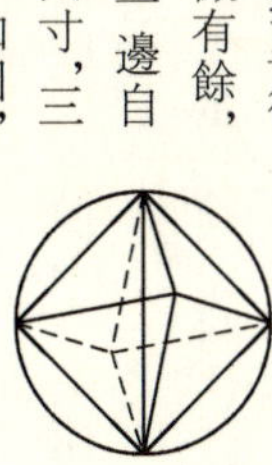

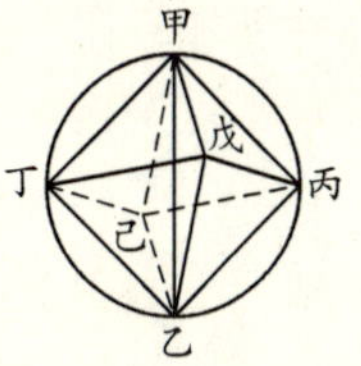

又用求球内各形之一邊之定率比例，以定率之圓球徑一〇〇〇〇〇〇〇〇〇爲一率，圓球内容八面體之一邊七〇七一〇六七八爲二率，今所設之圓球徑一尺二寸爲三率，求得四率八寸四分八釐五豪二絲八忽一微有餘，即圓球内容八面體之一邊也。

一率　一〇〇〇〇〇〇〇〇〇
二率　七〇七一〇六七八
三率　一二
四率　八四八五二八一

又用求球内各形之體積之定率比例，以定率之圓球徑自乘再乘之正方體積一〇〇〇〇〇〇〇〇〇爲一率，圓球内容八面體積一六六六六六六六六爲二率，今所設之圓球徑一尺二寸自乘再乘得一千七百二十八寸爲三率，求得四率二百八十八寸，即圓球内容八面體之積也。

一率　一〇〇〇〇〇〇〇〇〇
二率　一六六六六六六六六
三率　一七二八
四率　二八八

又用圓球積之定率比例，以定率之圓球積一〇〇〇〇〇〇〇〇〇〇爲一率，圓球内容八面體積三一八三〇九八八五爲二率，今所設之圓球徑一尺二寸求得圓球積九百零四寸七百七十八分六百八十四釐有餘爲三率，求得四率二百八十七寸九百九十九分九百九十八釐有餘，即圓球内容八面體之積也。

一率　一〇〇〇〇〇〇〇〇〇〇
二率　三一八三〇九八八五
三率　九〇四七七八六八四
四率　二八七九九九九九八

設如圓球徑一尺二寸，求内容十二面體之每一邊及體積幾何。

法：以理分中末線之全分一〇〇〇〇〇〇〇〇爲股，小分三八一九六六〇一爲勾，求得弦一〇七〇四六六二六爲一率，小分三八一九六六〇一爲二率，今所設之圓球徑一尺二寸爲三率，求得四率四寸二分八釐一豪八絲六忽五微有餘，即圓球内容十二面體之每一邊也。乃以十二面體之每一邊用五等邊形求面積法，求得每一面積三十一寸五十四分三十八釐五十七豪有餘。又用五等邊形求外切圓徑法，求得半徑即分角線。三寸六分四釐二豪三絲七忽一微有餘爲勾，圓球半徑六寸爲弦，求得股四寸七分六釐七豪九絲二忽七微有餘爲自圓球中心至每一面中心之立垂線。與每一面積三十一寸五十四分三十八釐五十七豪相乘，得一百五十寸三百九十八分八百零七釐有餘，三歸之得五十寸一百三十二分九百三十五釐爲一五角尖體積，十二因之得六百零一寸五百九十五分二百二十釐有餘，即圓球内容十二面體之總積也。如圖，甲乙圓球徑一尺二寸，内容甲丙丁戊己十二面體，自正中平分截之，則成十等邊面形。其所截之處皆正當每邊之一半，故其所截之庚辛等線亦爲甲丙兩角相對斜線之一半，而爲十等邊形之一邊。試自十二面體之甲卯一邊正中至中心辰作庚辰垂線，即爲所截十等邊形外切圜之半徑，與甲庚每邊之半甲辰圓球半徑共成甲庚辰勾股形。庚辰爲股，甲庚爲勾，甲辰爲弦，庚辰即如理分中末線之全分，甲庚即如理分中末線之小分。何以知之，蓋十二面體每面之壬子兩角相對斜線與甲丙等。爲全分，則子丑一邊與甲卯等。爲大分。若以壬子兩角相對斜線爲大分，則子丑一邊爲小分。兩角相對

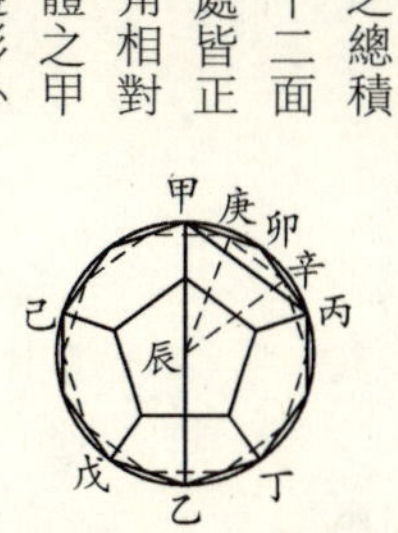

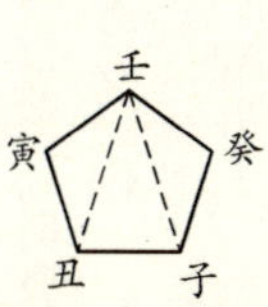

斜線之一半庚辛爲大分，則每邊之半甲庚即爲小分矣。又庚辰中心至每邊正中之垂線既爲十等邊形外切圜之半徑，而庚辛爲十等邊形之一邊，則庚辛爲大分，而庚辰必爲全分矣。因庚辰全分爲股，甲庚小分爲勾，而甲辰圓球半徑爲弦，故以理分中末線之全分爲股，小分爲勾，求得弦與小分之比，同於甲辰半徑與甲庚半邊之比，即同於今所設之甲乙全徑與甲卯全邊之比也。既得一邊，則用五等邊形求面積法，求得壬癸子丑寅五等邊形面積，又求得巳癸五等邊形外切圜半徑。即分角線。乃以辰癸圓球半徑爲弦，與辰甲等。巳癸分角線爲勾，求得辰巳股，即圓球中心至内容十二面體每面中心之立垂線。與壬癸子丑寅五等邊形面積相乘，三歸之得辰壬癸子丑寅一五角尖體積，十二因之，即得圓球内容十二面體之總積也。如有十二面體之每一邊，求外切圓球徑，則先求得自中心至每邊正中之垂線爲股，半邊爲勾，求得弦，倍之，即圓球全徑也。

又求邊法用求圓球内容正方體之一邊法，以圓球徑一尺二寸自乘得一百四十四寸，三歸之，得四十八寸開平方得六寸九分二釐八毫二絲零三微有餘，爲圓球内容十二面體每一面兩角相對斜線。乃以理分中末線之全分一〇〇〇〇〇〇〇〇爲一率，大分六一八〇三三九九爲二率，每一面兩角相對斜線六寸九分二釐八毫二絲零三微爲三率，求得四率四寸二分八釐一毫八絲六忽四微有餘，即圓球内容十二面體之每一邊也。如圖，甲乙圓球徑一尺二寸，内容甲丙丁戊己十二面體，試於每一面各作一斜線相連，則十二斜線之二十四端合爲八角，遂成正方體形。其十二面之十二斜線，即正方體之十二邊。其八角即正方體之八角，皆切於圓球之面。故用求球内容正方體法，求得正方體之一邊，即十二面體每一面兩角相對之斜線。既得斜線，則以理分中末線之全分與大分之比，即同於兩角相對之斜線與每一邊之比，而得十二面體之每一邊也。如有十二面體之每一邊，求外切圓球徑，則先求得每面兩角相對斜線爲正方體之一邊，用正方體求外切圓球徑之法，亦即得圓球徑矣。

又用求球内各形之一邊之定率比例，以定率之圓球徑一〇〇〇〇〇〇〇〇爲一率，圓球内容十二面體之一邊三五六八二二〇九爲二率，今所設之圓球徑一尺二寸爲三率，求得四率四寸二分八釐一毫八絲六忽五微有餘，即圓球内容十二面體之一邊也。

一率　一〇〇〇〇〇〇〇〇
二率　三五六八二二〇九
三率　一二
四率　四二八一八六五

又用求球内各形之體積之定率比例，以定率之圓球徑自乘再乘之正方體積一〇〇〇〇〇〇〇〇〇爲一率，圓球内容十二面體積三四八一四五四八二爲二率，今所設之圓球徑一尺二寸自乘再乘得一千七百二十八寸爲三率，求得四率六百零一寸五百九十五分三百九十二釐有餘，即圓球内容十二面體之積也。

一率　一〇〇〇〇〇〇〇〇〇
二率　三四八一四五四八二
三率　一七二八
四率　六〇一五九五三九二

又用圓球積之定率比例，以定率之圓球積一〇〇〇〇〇〇〇〇〇爲一率，圓球内容十二面體積六六四九〇八八九一爲二率，今所設之圓球徑一尺二寸求得圓球積九百零四寸七百七十八分六百八十四釐有餘爲三率，求得四率六百零一寸五百九十五分三百九十一釐有餘，即圓球内容十二面體之積也。

一率　一〇〇〇〇〇〇〇〇〇
二率　六六四九〇八八九一
三率　九〇四七七八六八四
四率　六〇一五九五三九一

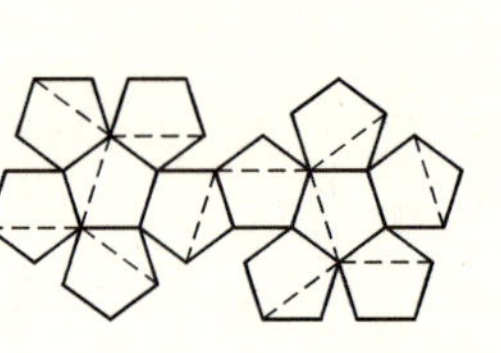

設如圓球徑一尺二寸，求内容二十面體之每一邊及體積幾何。

法：以理分中末線之全分一〇〇〇〇〇〇〇〇爲股，大分六一八〇三三九九爲勾，求得弦一一七五五七〇五〇爲一率，大分六一八〇三三九九爲二率，今所設之圓球徑一尺二寸爲三率，求得四率六寸三分零八豪七絲七忽三微有餘，即圓球內容二十面體之每一邊也。乃以二十面體之每一邊用等邊三角形求面積法，求得每一面積一十七寸二十三分四十一釐七十豪有餘。又用三等邊形求外切圓徑法，求得半徑即分角線。三寸六分四釐二豪三絲七忽一微有餘爲勾，圓球半徑六寸爲弦，求得股四寸七分六釐七豪九絲二忽七微有餘，爲自圓球中心至每一面中心之立垂線。與每一面積一十七寸二十三分四十一釐七十豪有餘相乘，得八十二寸一百七十一分二百六十四釐有餘，三歸之，得二十七寸三百九十分四百二十一釐有餘，爲一三角尖體積。二十因之，得五百四十七寸八百零八分四百二十釐有餘，即圓球內容二十面體之總積也。如圖，甲乙圓球徑一尺二寸，內容甲丙丁戊己二十面體，自正中平分截之，則成十等邊面形。其所截之處皆正當每邊之一半，故其所截之庚辛等線亦爲甲丙每邊之一半，而爲十等邊形之一邊。試自二十面體之甲癸一邊正中至中心壬作庚壬垂線，即爲所截十等邊形外切圓之半徑，與甲庚每邊之半甲壬圓球半徑共成甲庚壬勾股形。庚壬爲股，甲庚爲勾，甲壬爲弦，庚壬即如理分中末線之全分，甲庚即如理分中末線之大分。何以知之？蓋庚壬中心至每邊正中之斜線既爲十等邊形外切圜之半徑，庚辛既爲十等邊形之一邊，則庚辛爲大分，庚壬必爲全分。庚辛爲每邊之半，甲庚亦爲每邊之半，則甲庚亦即爲大分矣。因庚壬全分爲股，甲庚大分爲勾，甲壬圓球半徑爲弦，故以理分中末線之全分爲股，大分爲勾，求得弦與大分之比，同於甲壬半徑與甲庚半邊之比，即同於今所設之甲乙圓球全徑與甲癸全邊之比也。又圖子丑圓球內容子丙寅丑卯己二十面體，自丙己二處橫截之，則所截之面成圓內容甲丙丁戊己五等邊面形。試自二十面體之己角至寅角作己寅全徑線，則成己丙寅勾股形。己丙爲股，丙寅爲勾，己寅爲弦，以甲丙丁戊己五等邊面形言之，則己丙股爲兩角相對斜線，即如理分中末線之全分，丙寅勾與丙丁一邊同，即如理分中末線之大分。

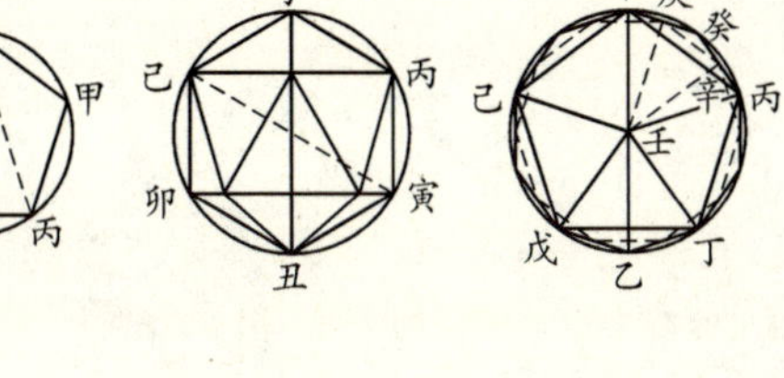

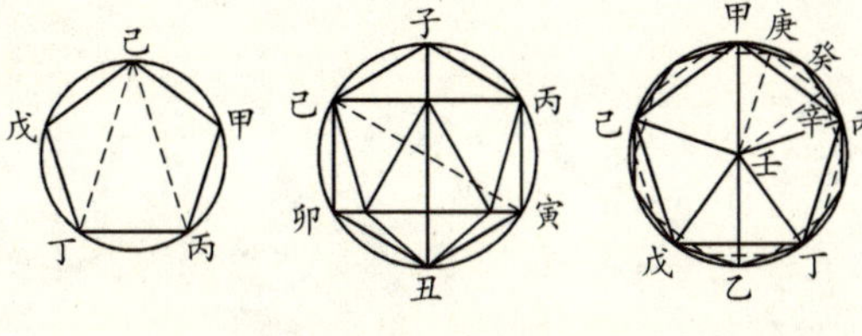

今己丙全分既爲股，丙寅大分既爲勾，己寅與子丑同爲圓球徑既爲弦，故以理分中末線之全分爲股，大分爲勾，求得弦與大分之比，即同於今所設之子丑全徑與丙寅一邊之比也。既得一邊，則用三等邊形求面積法，求得辰巳午三等邊形面積。又求得未巳三等邊形外切圜半徑，即分角線。乃以壬巳圓球半徑與甲壬等。爲弦，未巳分角線爲勾，求得壬未股，即圓球中心至內容二十面體每面中心之立垂線。與辰巳午三等邊形面積相乘，三歸之，得壬辰巳午一三角尖體積，二十因之，即得圓球內容二十面體之積也。如有二十面體之一邊，求外切圓球徑，則先求得自中心至每邊正中之垂線爲股，半邊爲勾，求得弦，倍之即圓球全徑也。

又用求球內各形之一邊之定率比例，以定率之圓球徑一〇〇〇〇〇〇〇〇爲一率，圓球內容二十面體之一邊五二五七三一一一爲二率，今所設之圓球徑一尺二寸爲三率，求得四率六寸三分零八豪七絲七忽三微有餘，

一率	一〇〇〇〇〇〇〇〇
二率	五二五七三一一一
三率	一二
四率	六三〇八七七三

即圓球內容二十面體之一邊也。

又用求球內各形之體積之定率比例，以定率之圓球徑自乘再乘之正方體積一〇〇〇〇〇〇〇〇〇爲一率，圓球內容二十面體積三一七〇一八八三三爲二率，今所設之圓球徑一尺二寸自乘再乘得一千七百

一率	一〇〇〇〇〇〇〇〇〇
二率	三一七〇一八八三三
三率	一七二八
四率	五四七八〇八五四三

二十八寸爲三率，求得四率五百四十七寸八百零八分五百四十三釐有餘，即圓球內容二十面體之積也。

又用圓球積之定率比例，以定率之圓球積一〇〇〇〇〇〇〇〇〇爲一率，圓球內容二十面體積六〇五四六一三七二爲二率，今所設之圓球徑一尺二寸，求得圓球積九百零四寸七百七十八分六百八十四釐有

一率	一〇〇〇〇〇〇〇〇〇
二率	六〇五四六一三七二
三率	九〇四七七八六八四
四率	五四七八〇八五四三

餘爲三率，求得四率五百四十七寸八百零八分五百四十三釐有餘，即圓球內容二十面體之積也。

球外切各等面體

設如圓球徑一尺二寸，求外切四面體之每一邊及體積幾何。

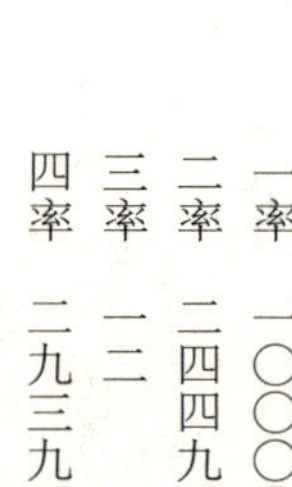

法：以圓球徑一尺二寸倍之得二尺四寸，爲圓球外切四面體自尖至每面中心之立垂線。自乘得五尺七十六寸二歸三因得八尺六十四寸，開平方得二尺九寸三分九釐三豪八絲七忽六微有餘，即圓球外切四面體之每一邊也。乃以四面體之每一邊用等邊三角形求面積法，求得每一面積三尺七十四寸一十二分二十九釐七十二豪有餘，與自尖至每面中心之立垂線二尺四寸相乘，三歸之，得二尺九百九十二寸九百八十三分七百七十六釐有餘，即圓球外切四面體之積也。如圖，甲乙圓球徑一尺二寸，外切丙丁戊己四面體，丙乙與丁庚俱爲自尖至每面中心之立垂線，相交於辛，爲四面體之中心，亦即圓球之中心，辛乙與辛庚俱爲圓球半徑，丙乙壬勾股形與丙庚辛勾股形爲同式形。丙乙壬勾股形以丙乙自尖至底中心立垂線爲股，乙壬一面中垂線之三分之一爲勾，丙壬一面中垂線爲弦。丙庚辛勾股形以丙庚一面中垂線之三分之二爲股，庚辛圓球半徑爲勾，丙辛四面體自尖至中心立垂線爲弦。故兩勾股形同用一丙角，而乙角庚角同爲直角，其壬角與辛角亦必相等，所以爲同式形。乙壬爲丁壬一面中垂線之三分之一，亦爲丙壬一面中垂線之三分之一，故庚辛亦必爲丙辛四面體自尖至中心立垂線之三分之一，而庚辛爲圓球半徑與甲辛等。甲辛既爲丙辛之三分之一，則丙甲即爲丙辛之三分之二，與甲乙全徑等。故以甲乙圓球徑倍之得丙乙，爲四面體自尖至每面中心之立垂線也。又四面體之立垂線自乘方，爲每一邊自乘方之三分之二，見前四面體求積法。故以丙乙立垂線自乘，二歸三因得每一邊自乘方積，開平方得丙丁，爲四面體之每一邊也。既得一邊，則用等邊三角形求面積法，求得丁戊己三角形面積，與丙乙立垂線相乘，三歸之即得丙丁戊己四面體之積也。如有四面體之一邊，求內容圓球徑，則先求得自尖至每面中心之立垂線，折半即內容圓球徑也。

又用求球外各形之一邊之定率比例，以定率之圓球徑一〇〇〇〇〇〇〇〇〇

一率　一〇〇〇〇〇〇〇〇〇　爲一率，球外切四面體之一邊二四四九四

二率　二四四九四八九七四　八九七四爲二率，今所設之圓球徑一尺二

三率　一二　寸爲三率，求得四率二尺九寸三分九釐三

四率　二九三九三八七六　豪八絲七忽六微有餘，即圓球外切四面體之一邊也。

又用求球外各形之體積之定率比例，

一率　一〇〇〇〇〇〇〇〇〇　以定率之圓球徑自乘再乘之正方體積一〇

二率　一七三二〇五〇八〇七　〇〇〇〇〇〇〇〇爲一率，球外切四面體

三率　一七二八　積一七三二〇五〇八〇七爲二率，今所設

四率　二九九二九八三七九四　之圓球徑一尺二寸自乘再乘得一尺七百二十八寸爲三率，求得四率二尺九百九十二寸九百八十三分七百九十四釐有餘，即圓球外切四面體之積也。

又用圓球積之定率比例，以定率之圓

一率　一〇〇〇〇〇〇〇〇〇　球積一〇〇〇〇〇〇〇〇〇爲一率，圓球

二率　三三〇七九七三三七二　外切四面體積三三〇七九七三三七二爲二

三率　九〇四七七八六八四　率，今所設之圓球徑一尺二寸求得圓球積

四率　二九九二九八三七九四　九百零四寸七百七十八分六百八十四釐有餘爲三率，求得四率二尺九百九十二寸九百八十三分七百九十四釐有餘，即圓球外切四面體之積也。

設如圓球徑一尺二寸，求外切正方體之每一邊及體積幾何。

法：因圓球徑一尺二寸，即外切正方體之每一邊，自乘再乘得一尺七百二十八寸，即外切正方體積。故他法皆不設，止存此題以備一體焉。

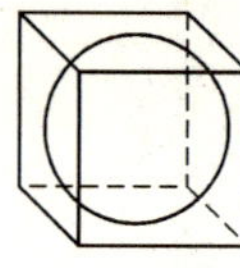

設如圓球徑一尺二寸，求外切八面體之每一邊及體積幾何。

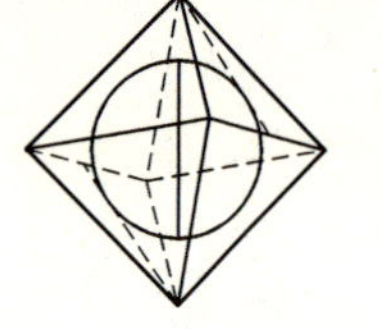

法：以圓球徑一尺二寸折半得六寸，爲圓球外切八面體中心至每面中心之立垂線。自乘得三十六寸，六因之，得二百一十六寸開平方得一尺四寸六分九釐六豪九絲三忽八微有餘，即圓球外切八面體之每一邊也。乃以八面體

之每一邊用等邊三角形求面積法，求得每一面積九十三寸五十三分零七釐四十三豪有餘，與圓球半徑六寸相乘，三歸之，得一百八十七寸零六十一分四百八十六釐有餘爲一三角尖體積。八因之，得一尺四百九十六寸四百九十一分八百八十八釐有餘，即圓球外切八面體之總積也。如圖，甲乙圓球徑一尺二寸，外切丙丁戊己庚辛八面體，自丁辛己庚四角平分之，則成丙丁辛己庚戊己庚丁辛二尖方體。將二尖方體自尖依各稜直剖之，則又得子丙丁庚類八三角尖體。圓球之外面皆切於各面之中心，圓球之半徑即外切八面體中心至每一面中心之立垂線。試自丙角至丁庚邊正中壬作丙壬一面中垂線，又自八面體中心子至丙丁庚面中心癸作子癸立垂線，復自八面體中心子至丁庚邊正中壬作子壬線，遂成壬癸子勾股形。此形以子癸立垂線即圓球半徑。爲股，丙壬一面中垂線之三分之一癸壬爲勾，八面體中心至每邊正中斜線子壬爲弦。子壬即八面體每邊之一半，蓋壬丑與庚己平行，其度相等，折半於子，故爲每邊之半。夫癸壬既爲丙壬一面中垂線之三分之一，則癸壬自乘方必爲丙壬一面中垂線自乘方之九分之一。而丙壬一面中垂線自乘方原爲丙丁每邊自乘方之十二分之九，則癸壬自乘方必爲丙丁每邊自乘方之十二分之一。又子壬既爲每邊之半，則其自乘方必爲每邊自乘方之四分之一。今命爲十二分之三，癸壬勾自乘方既爲每邊自乘方十二分之一，子壬弦自乘方又爲每邊自乘方十二分之三，則子癸股自乘方必爲每邊自乘方十二分之二，即六分之一。故以子癸圓球半徑自乘，六因之，得每邊自乘方積，開平方得八面體之每一邊也。既得每一邊，則用等邊三角形求面積法，求得丙丁庚一面積。與子癸圓球半徑相乘，三歸之，得子丙丁庚一三角尖體積。八因之，即得丙丁戊己庚辛八面體之總積也。如有八面體之一邊，求內容圓球徑，則求得自中心至每一面中心之立垂線，即內容圓球之半徑也。

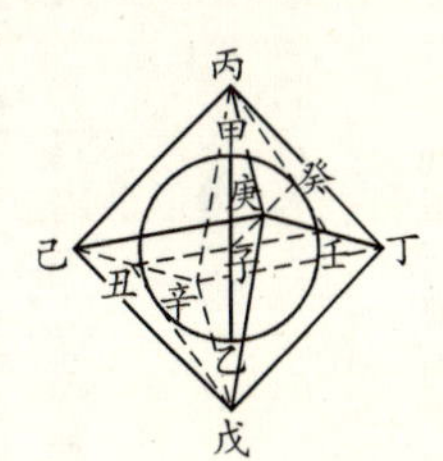

一率　一〇〇〇〇〇〇〇
二率　一二二四七四四八七
三率　一二
四率　一四六九六九三八

又用求球外各形之一邊之定率比例，以定率之圓球徑一〇〇〇〇〇〇〇〇爲一率，圓球外切八面體之一邊一二二四七四四八七爲二率，今所設之圓球徑一尺二寸爲三率，求得四率一尺四寸六分九釐六豪九絲三忽八微有餘，即圓球外切八面體之一邊也。又用求球外各形之體積之定率比例，以定率之圓球徑自乘再乘之正方體積一〇〇〇〇〇〇〇〇爲一率，圓球外切八面體積八六六〇二五四〇三爲二率，今所設之圓球徑一尺二寸自乘再乘得一尺七百二十八寸爲三率，求得四率一尺四百九十六寸四百九十一分八百九十六釐有餘，即圓球外切八面體之積也。

一率　一〇〇〇〇〇〇〇〇
二率　八六六〇二五四〇三
三率　一七二八
四率　一四九六四九一八九六

一率　一〇〇〇〇〇〇〇〇〇
二率　一六五三九八六六八六
三率　九〇四七七八六八四
四率　一四九六四九一八九七

又用圓球積之定率比例，以定率之圓球積一〇〇〇〇〇〇〇〇〇爲一率，圓球外切八面體積一六五三九八六六八六爲二率，今所設之圓球徑一尺二寸，求得圓球積九百零四寸七百七十八分六百八十四積有餘爲三率，求得四率一尺四百九十六寸四百九十一分八百九十七釐有餘，即圓球外切八面體之積也。

設如圓球徑一尺二寸，求外切十二面體之每一邊及體積幾何。

法：以理分中末線之全分一〇〇〇〇〇〇〇〇爲一率，大分六一八〇三三九九爲二率，今所設之圓球徑一尺二寸折半得六寸爲三率，求得四率三寸七分零八豪二絲零三微有餘，爲圓球外切十二面體每一面中心至邊之垂線。又以全分一〇〇〇〇〇〇〇〇爲一率，倍小分七六三九三二〇二爲二率，今所設之圓球半徑六寸爲三率，求得四率四寸五分八釐三豪五絲九忽二微有餘，爲每一面中心至角之分角線。乃以每一面之分角線爲弦，每一面中心至邊之垂線爲股，求得勾二寸六分九釐四豪一絲六忽八微有餘，倍之得五寸三分八釐八豪三絲三忽六微有餘，即圓球外切十二面體之每一邊也。乃以十二面體之每一邊與每一面中心至邊之垂線相乘，得數折半，五因之，得四十九寸九十五分二十六釐零九豪有餘，爲圓球外切十二面體之每一面之積。與圓球半徑六寸相乘，三歸之，得九十九寸九百零五分二百一十八釐有餘，爲每一五角尖體積。十二因之，得一尺一百九十八寸八百六十二分六百一十六釐有餘，即圓球外切十二面體之總積也。

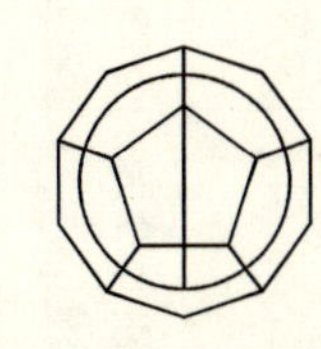

蓋圓球外切十二面體，其圓球之外面皆切於各面之中

心，圓球之半徑即外切十二面體中心至每一面中心之立垂線。以圓球半徑爲理分中末線之全分，則外切十二面體之每一面中心至邊之垂線即五等邊形內容圜半徑。爲大分，每一面中心至角之分角線即五等邊形外切圜半徑。爲倍小分。如甲乙圓球徑一尺二寸，外切丙丁戊己庚十二面體，按其一面中垂線平分剖之，則成丙辛壬癸子丑不等邊六角形。丙辛與子癸皆十二面體之每一邊，辛壬、壬癸、子丑、丑丙皆爲十二面體之每一面自一角至對邊之中垂線，寅丑與寅卯皆爲十二面體中心至每邊正中之垂線，寅辰爲十二面體中心至每面中心之立垂線，即圓球半徑，辰丑爲每面中心至邊之垂線，辰丙爲每面中心至角之分角線。今以寅辰爲全分，則辰丑爲大分，辰丙爲倍小分。何以知之？寅卯既爲十二面體中心至每邊正中之垂線，平分丙辛邊於卯，故丙卯爲每邊之半，寅卯爲全分，則丙卯爲小分。蓋十二面體中心至每邊正中之垂線爲全分，則其每一面兩角相對斜線之一半爲大分，而每邊之半即爲小分。見球內容十二面體法。試依寅卯全分度作丑巳卯寅正方形，則丑巳與巳卯亦皆爲全分。巳卯既爲全分，而丙卯又爲小分，則巳丙即爲大分，丑巳丙勾股形與寅辰丑勾股形爲同式形。寅辰丑勾股形之丑角與寅角併之共九十度，而寅辰丑勾股形之丑角與丑巳丙勾股形之丑角併之亦共九十度，故此二勾股形之巳丑丙角與丑寅辰角爲相等，辰角與巳角又同爲直角，其餘一角亦必等，故爲同式形。丑巳丙勾股形之丑巳股爲全分，則巳丙勾爲大分。寅辰丑勾股形之寅辰股爲全分，則辰丑勾亦即爲大分。故以寅辰圓球半徑與辰丑每面中心至邊之垂線之比，即同於理分中末線之全分與大分之比也。又凡五等邊形自心至邊之垂線爲大分，則自心至角之分角線即爲倍小分。如丙午未申酉五等邊形，其辰丑垂線爲大分，則辰申分角線爲倍小分。何以知之？蓋丙未兩角相對斜線爲全分，則未申一邊爲大分，而酉未與丙申兩兩角相對斜線相交所截戊申一段即爲小分，成連比例三率，故丙戌與戌未亦皆爲大分，與未申等。試自戌至亥作戌亥垂線，平分丙未兩角相對斜線於亥，則成丙亥戌勾股形，與

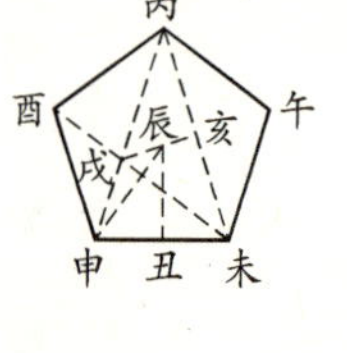

辰丑申勾股形爲同式形。辰丑申勾股形之辰角當丑中半邊，所對之弧爲未申邊所對之弧之一半，故辰丑申勾股形之辰角與丙戌亥勾股形之丙角等，丑角與亥角又同爲直角，其餘一角亦必等，故爲同式形。夫丙未爲全分，則丙戌爲大分。丙未爲大分，則丙戌爲小分。若以丙未之半丙亥爲大分，則丙戌即爲倍小分。故以辰丑垂線爲大分，則辰申分角線亦即爲倍小分。今圓球半徑與每面中心至邊之垂線之比，既同於全分與大分之比，則圓球半徑與每面分角線之比，亦即同於全分與倍小分之比也。既得辰丑垂線，又得辰申分角線，則用股弦求勾法，求得丑申勾，倍之得未申，即圓球外切十二面體之每一邊。既得每一邊，又得每面中心至邊之垂線，則以辰丑每面中心至邊之垂線與未申一邊相乘，折半五因之，得丙午未申酉五等邊形面積，與寅辰圓球半徑相乘，三歸之，得寅丙午未申酉一五角尖體積。十二因之，即得丙丁戊己庚十二面體之總積也。如有十二面體之一邊，求內容圓球徑，則求得十二面體中心至每面中心之立垂線，即內容圓球之半徑也。

又用求球外各形之一邊之定率比例，以定率之圓球徑一〇〇〇〇〇〇〇〇〇爲一率，圓球外切十二面體之每一邊四四九〇二七九七爲二率，今所設之圓球徑一尺二寸爲三率，求得四率五寸三分八釐八豪三絲三忽五微有餘，即圓球外切十二面體之一邊也。

一率　一〇〇〇〇〇〇〇〇〇
二率　四四九〇二七九七
三率　一二
四率　五三八八三三五

又用求球外各形之體積之定率比例，以定率之圓球徑自乘再乘之正方體積一〇〇〇〇〇〇〇〇〇〇爲一率，圓球外切十二面體積六九三七八六三六七爲二率，今所設之圓球徑一尺二寸自乘再乘得一尺七百二十八寸爲三率，求得四率一尺一百九十八寸八百六十二分八百四十釐有餘，即圓球外切十二面體之積也。

一率　一〇〇〇〇〇〇〇〇〇〇
二率　六九三七八六三六七
三率　一七二八
四率　一一九八八六二八四〇

又用圓球積之定率比例，以定率之圓球積一〇〇〇〇〇〇〇〇〇爲一率，圓球外切十二面體積一三二五〇三四三五八爲二率，今所設之圓球徑一尺二寸，求得圓球積九百零四寸七百七十八分六百八十四釐有餘爲三率，求得四率一尺一百九十八寸八百六十二分八百四十二釐有餘，即圓球外切十二面體之積也。

一率　一〇〇〇〇〇〇〇〇〇
二率　一三二五〇三四三五八
三率　九〇四七七八六八四
四率　一一九八八六二八四二

設如圓球徑一尺二寸，求外切二十面體之每一邊及體積幾何。

法：以理分中末線之全分一〇〇〇〇〇〇〇〇〇爲一率，小分三八一九六六〇一爲二率，今所設之圓球徑一尺二寸折半得六寸爲三率，求得四率二寸二分九釐一豪七絲九忽六微有餘，爲圓球外切二十面體每一面中心至邊之垂線。三因之，得六寸八分七釐五豪三絲八忽八微有餘，爲每一面自一角至對邊之中垂線。自乘三歸四因開平方，得七寸九分三釐九豪零一忽四微有餘，即圓球外切二十面體之每一邊也。乃以二十面體之每一邊用等邊三角形求面積法，求得每一面積二十七寸二十九分一十九釐有餘，與圓球半徑六寸相乘，三歸之得五十四寸五百八十三分八百釐有餘，爲一三角尖體積。二十因之，得一尺九十一寸六百七十六分有餘，即圓球外切二十面體之總積也。　蓋圓球外切二十面體，其圓球之外面皆切於各面之中心，圓球之半徑即外切二十面體中心至每一面中心之立垂線。以圓球半徑爲理分中末線之全分，則外切二十面體之每一面中心至邊之垂線即三等邊形內容圜半徑。爲小分，每一面中心至角之分角線即三等邊形外切圜半徑。爲倍小分，其每一面自一角至對邊之中垂線爲三小分。　如甲乙圓球徑一尺二寸，外切丙丁戊己庚二十面體，按其一面中垂線平分剖之，則成丙辛壬癸子丑不等邊六角形。丙辛與癸子皆二十面體之每一邊，丑丙、辛壬、壬癸、子丑皆爲二十面體之每一面自一角至對邊之中垂線，寅丑與寅卯皆爲二十面體中心至每邊正中之垂線，寅辰爲二十面體中心至每面中心之立垂線，即圓球半徑，辰丑爲每面中心至邊之垂線，辰丙爲每面中心至角之分角線。今以寅辰爲全分，則辰丑爲小分，辰丙爲倍小分，丙丑即爲三小分也。何以知之？寅卯既爲二十面體中心至每邊正中之垂線，平分丙辛邊於卯，故丙卯爲每邊之半。寅卯爲全分，則丙卯爲大分。蓋二十面體中心至每邊正中之垂線爲全分，則每邊之半爲大分，見球內容二十面體法。試依寅卯全分度作巳卯寅丑正方形，則丑巳與巳卯亦皆爲全分。巳卯既爲全分，而丙卯又爲大分，則巳丙即爲小分，丑巳丙勾股形與寅辰丑勾股形爲同式形。丑巳丙勾股形之丑巳股爲全分，則巳丙勾爲小分。寅辰丑勾股形之寅辰股爲全分，則辰丑勾爲小分。故以寅辰圓球半徑與辰丑每面中心至邊之垂線之比，即同於理分中末線之全分與小分之比也。既得辰丑每面中心至邊之垂線，則以三因之，即得丙丑每面自一角至對邊之中垂線。而每面自一角至對邊之中垂線自乘方爲每邊自乘方之四分之三，故以所得丙丑每面自一角至對邊之中垂線自乘三歸四因開平方，即得午未爲圓球外切二十面體之每一邊。既得午未一邊，與丙丑每面自一角至對邊之中垂線相乘，折半得丙午未一三角形面積。與寅辰圓球半徑相乘，三歸之，得寅丙午未一三角尖體積。二十因之，即得丙丁戊己庚二十面體之總積也。如有二十面體之每一邊，求內容圓球徑，則求得二十面體中心至每面中心之立垂線，即內容圓球之半徑也。

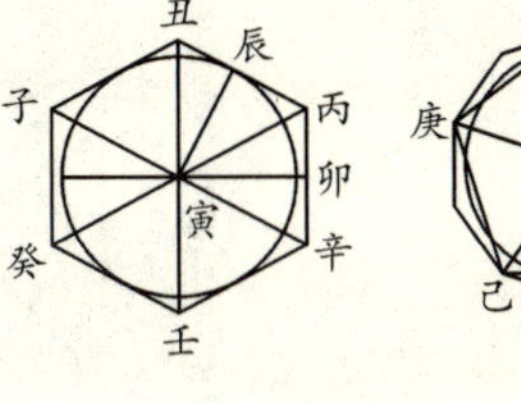

又用求球外各形之一邊之定率比例，以定率之圓球徑一〇〇〇〇〇〇〇〇〇爲一率，圓球外切二十面體之每一邊六六一五八四五三爲二率，今所設之圓球徑一尺二寸爲三率，求得四率七寸九分三釐九豪零一忽四微有餘，即圓球外切二十面體之一邊也。

一率　一〇〇〇〇〇〇〇〇〇
二率　六六一五八四五三
三率　一二
四率　七九三九〇一四

又用求球外各形之體積之定率比例，以定率之圓球徑自乘再乘之正方體積一〇

一率　一〇〇〇〇〇〇〇〇〇
二率　六三一七五六九九九
三率　一七二八
四率　一〇九一六七六〇九四

○○○○○○○○爲一率，圓球外切二十面體積六三一七五六九九九爲二率，今所設之圓球徑一尺二寸自乘再乘得一尺七百二十八寸爲三率，求得四率一尺九十一寸六百七十六分零九十四釐有餘，即圓球外切二十面體之積也。

又用圓球積之定率比例，以定率之圓球積一○○○○○○○○爲一率，圓球外切二十面體積一二○六五六六九九一爲二率，今所設之圓球徑一尺二寸，求得圓球積九百零四寸七百七十八分六百八十四釐有餘爲三率，求得四率一尺零九十一寸六百七十六分零九十四釐有餘，即圓球外切二十面體之積也。

一率　一○○○○○○○○
二率　一二○六五六六九九一
三率　九○四七七八六八四
四率　一○九一六七六○九四

又　下編卷二九　各等面體互容

設如正方體，每邊一尺二寸，求內容四面體之每一邊幾何。

法：以正方體每邊一尺二寸自乘，得一尺四十四寸，倍之得二尺八十八寸，開平方得一尺六寸九分七釐零五絲六忽二微有餘，即正方體內容四面體之每一邊也。如圖甲乙丙丁正方體，內容丁甲戊己四面體，以四面體之六稜切於正方體之六面，則四面體之每一邊即爲正方體之每一面之對角斜線，故用方邊求斜弦之法，以一邊自乘倍之，開平方即得內容四面體之每一邊也。如有四面體之一邊，求外切正方體之一邊，則用斜弦求方邊法，以四面體之一邊自乘折半，開平方即得外切正方體之每一邊也。

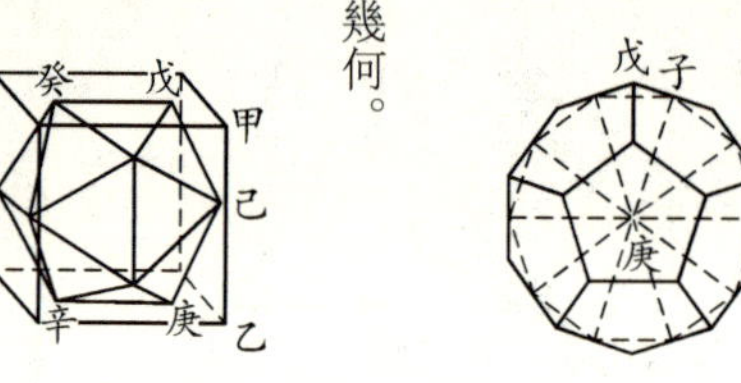

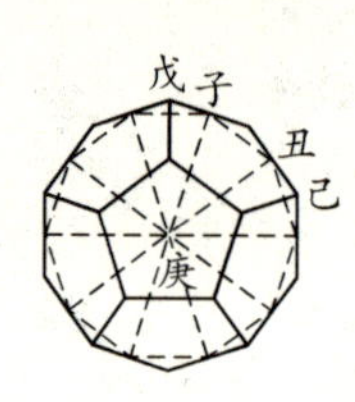

設如正方體，每邊一尺二寸，求內容八面體之每一邊幾何。

法：以正方體每邊一尺二寸自乘，得一尺四十四寸，折半得七十二寸，開平方得八寸四分八釐五豪二絲八忽一微有餘，即正方體內容八面體之每一邊也。如圖，甲乙丙丁正方體，內容戊己庚辛壬癸八面體，以八面體之六角切於正方體之六面，則正方體之每一邊即與內容八面體之對角斜線等，甲乙與戊庚等。故用斜弦求方邊之法，以一邊自乘折半，開平方即得內容八面體之每一邊也。如有八面體之一邊，求外切正方體之一邊，則用方邊求斜弦法，以八面體之一邊自乘加倍，開平方即得外切正方體之每一邊也。

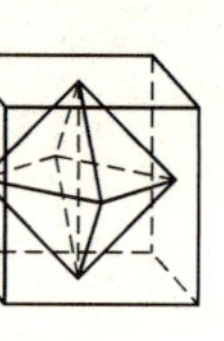

設如正方體，每邊一尺二寸，求內容十二面體之每一邊幾何。

法：以理分中末線之全分一○○○○○○○○爲一率，小分三八一九六六○一爲二率，今所設之正方體每邊一尺二寸爲三率，求得四率四寸五分八釐三豪五絲九忽二微有餘，即正方體內容十二面體之每一邊也。如圖，甲乙丙丁正方體，內容戊己庚辛壬癸十二面體，以十二面體之六稜切於正方體之六面，則正方體之每邊與十二面體之兩邊相對之線等，即十二面體中心至每邊正中之斜線之倍。而正方體之每邊之半即爲十二面體中心至每邊正中之斜線。試將十二面體之正中截之，則成十等邊之面形，而其所截之處皆正當每邊之一半。故其所截之子丑等線亦爲戊己兩角相對斜線之一半，而爲十等邊形之一邊。其子寅外切圜之半徑爲中心至每邊正中之斜線，即正方體每邊之一半。子寅即如理分中末線之全分，子丑即如理分中末線之大分，而戊子每邊之半即如理分中末線之小分，見球內容十二面體法。故全分與小分之比，同於今所設之正方體每邊之半與內容十二面體每邊之半之比，即同於今所設之正方體之一邊與內容十二面體之一邊之比也。如有十二面體之一邊，求外切正方體之一邊，則以十二面體之一邊爲理分中末線之小分，比例得全分，即外切正方體之每一邊也。

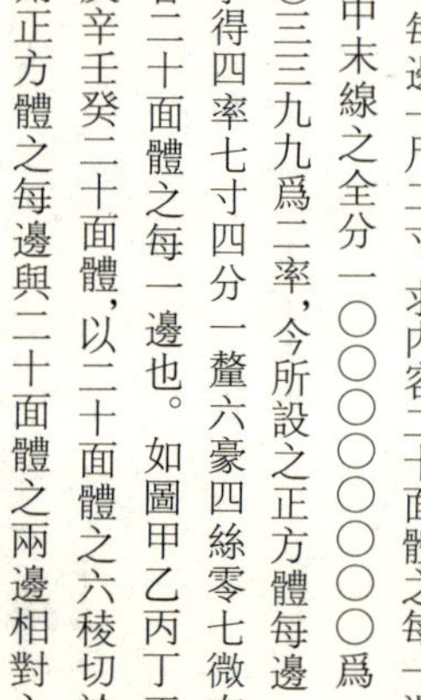

設如正方體，每邊一尺二寸，求內容二十面體之每一邊幾何。

法：以理分中末線之全分一○○○○○○○○爲一率，大分六一八○三三九九爲二率，今所設之正方體每邊一尺二寸爲三率，求得四率七寸四分一釐六豪四絲零七微有餘，即正方體內容二十面體之每一邊也。如圖甲乙丙丁正方體，內容戊己庚辛壬癸二十面體，以二十面體之六稜切於正方體之六面，則正方體之每邊與二十面體之兩邊相對之線等，即二十面體戊庚兩角相對之斜線。試自二十面體之戊庚二角類對角平截之，則所截之面成戊己庚子丑五等邊之面形。戊庚兩角相對斜線即如理分中末線之全分，庚子與己庚等。一邊即如理分中末線之大分，見球内容二十面體法。故全分與大分之比，即同於今所設之正方體之每一邊與內容二十面體之每一邊之比也。如有二十面體之一邊，求外切正方體之一邊，則以二十面體之一邊爲理分中末線之大分，比例得全分，即外切正方體之每一邊也。

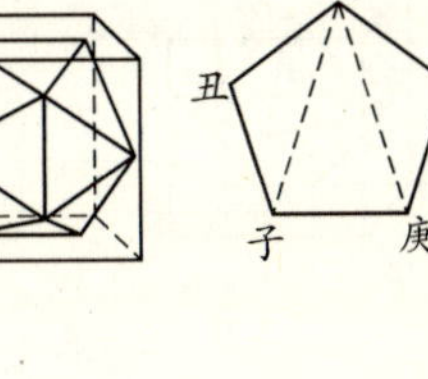

設如四面體，每邊一尺二寸，求內容正方體之每一邊幾何。

法：以四面體每邊一尺二寸自乘，得一尺四十四寸，三歸二因，得九十六寸，開平方，得九寸七分九釐七毫九絲五忽八微有餘，爲四面體自尖至底中心之立垂線。折半得四寸八分九釐八毫九絲七忽九微有餘，爲四面體內容圓球全徑。乃用求球內容正方體之每一邊法，以球徑自乘三歸開平方，得二寸八分二釐八毫四絲二忽七微有餘，即四面體內容正方體之每一邊也。如圖，甲乙丙四面體，內容丁戊己庚辛壬正方體，以正方體之丁己辛癸四角切於四面體各面之中心，則四面體中心至每一面中心之立垂線即正方體中心至角之斜線，四面體內容圓球徑即正方體外切圓球徑，故先求得四面體內容圓球徑，又求得球內容正方體之一邊，即四面體內容正方體之一邊也。

又法：以四面體每邊一尺二寸自乘，得一百四十四寸，以十八歸除之得八寸，開平方得二寸八分二釐八毫四絲二忽七微有餘，即四面體內容正方體之每一邊也。此法與前法同。蓋四面體之自尖至底中心之立垂線自乘方爲每邊自乘方之三分之二，即六分之四。內容圓球徑爲立垂線之一半，見球外切四面體法。則內容圓球徑自乘方爲立垂線自乘方之四分之一，即爲每邊自乘方之六分之一，而圓球內容正方體之每邊自乘方又爲圓球徑自乘方之三分之一，故內容正方體之每邊自乘方爲四面體之每邊自乘方之十八分之一也。如有正方體之一邊，求外切四面體之一邊，則以正方體之每邊自乘，以十八乘之，開平方即得外切四面體之每一邊也。

設如四面體，每邊一尺二寸，求內容八面體之每一邊幾何。

法：以四面體每邊一尺二寸折半得六寸，即四面體內容八面體之每一邊也。如圖，甲乙丙四面體，內容丁戊己庚辛壬八面體，以八面體之四面切於四面體之各面，以八面體之六角切於四面體之六稜，其各角皆當各稜之一半，故內容八面體之每邊亦爲四面體每邊之一半也。如有八面體之一邊，求外切四面體之一邊，則以八面體之一邊倍之，即得外切四面體之每一邊也。

設如四面體，每邊一尺二寸，求內容十二面體之每一邊幾何。

法：以四面體每邊一尺二寸自乘，得一尺四十四寸，三歸二因，得九十六寸，開平方得九寸七分九釐七毫九絲五忽八微有餘，爲四面體自尖至底中心之立垂線。折半得四寸八分九釐八毫九絲七忽九微有餘，爲四面體內容圓球全徑。乃用求球內容十二面體之一邊法，以理分中末線之全分一〇〇〇〇〇〇〇〇〇〇爲股，小分三八一九六六〇一爲勾，求得弦一〇七〇四六六二六爲一率，小分三八一九六六〇一爲二率，今所得之圓球徑四寸八分九釐八毫九絲七忽九微爲三率，求得四率一寸七分四釐八毫零三忽九微有餘，即四面體內容十二面體之每一邊也。如圖，甲乙丙四面體，內容丁戊己庚辛壬十二面體，以十二面體之戊庚壬癸四角切於四面體各面之中心，則四面體中心至每一面中心之立垂線即十二面中心至各角之斜線，四面體內容圓球徑即十二面體外切圓球徑。故先求得四面體內容圓球徑，又求得球內容十二面體之每一邊，即四面體內容十二面體之每一邊也。如有十二面體之一邊，求外切四面體之每一邊，則先求得十二面體外切圓球徑，又求得球外切四面體之每一邊，即十二面體外切四面體之每一邊也。

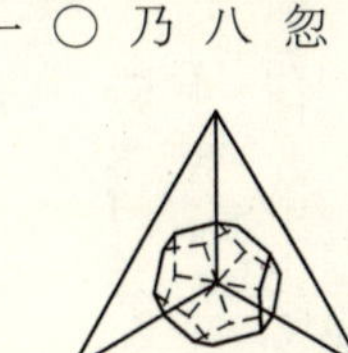

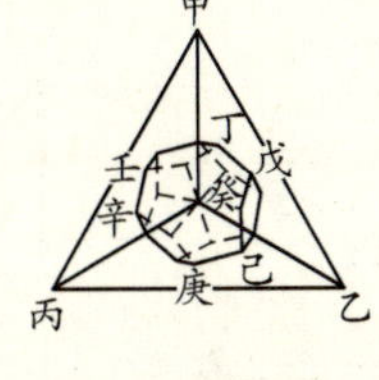

設如四面體，每邊一尺二寸，求內容二十面體之每一邊幾何。

法：以四面體每邊一尺二寸，求得內容圓球全徑四寸八分九釐八毫九絲七忽九微有餘，法見前題。乃用求球外切二十面體之一邊法，以理分中末線之全分一〇〇〇〇〇〇〇〇爲一率，小分三八一九六六〇一爲二率，今所得之圓球全徑折半得半徑二寸四分四釐九毫四絲八忽九微有餘爲三率，求得四率九分三釐五毫六絲二忽一微有餘，爲二十面體每一面中心至邊之垂線。三因之，得二寸八分零六毫八絲六忽三微有餘，爲二十面體每一面自角至對邊之垂線。自乘三歸四因開平方，得三寸二分五釐二毫六絲三忽三微有餘，即四面體內容二十面體之每一邊也。如圖，甲乙丙四面體，內容丁戊己庚辛壬二十面體，以二十面體之丁戊癸、己庚子、壬丑辛、寅卯辰之四面切於四面體各面之中心，則四面體中心至每一面中心之立垂線即二十面體中心至每一面中心之立垂線，四面體內容圓球徑即二十面體內容圓球徑。故先求得四面體內容圓球徑，又求得球外切二十面體之一邊，即四面體內容二十面體之一邊也。如有二十面體之一邊，求外切四面體之一邊，則求得二十面體內容圓球徑，又求得球外切四面體之一邊，即二十面體外切四面體之一邊也。

設如八面體，每邊一尺二寸，求內容正方體之每一邊幾何。

法：以每邊一尺二寸三歸之得四寸，自乘得一十六寸，倍之得三十二寸，開平方得五寸六分五釐六毫八絲六忽四微有餘，即八面體內容正方體之每一邊也。如圖，甲乙丙丁八面體，內容戊己庚辛正方體，以正方體之八角切於八面體各面之中心，試自八面體之壬角至對邊作壬癸一面中垂線，又自一面中心辛與甲丁邊平行作子丑線，則壬辛爲壬癸三分之二，子丑亦爲甲丁三分之二，辛丑即爲甲丁三分之一與丑庚等，辛丑、丑庚與內容正方體之辛庚一邊遂成辛丑庚勾股形。辛丑既與丑庚等，故以辛丑自乘倍之開平方，即得辛庚爲八面體內容正方體之每一邊也。如有正方體之一邊，求外切八面體之一邊，則以正方體之一邊自乘折半開平方，得數三因之，即外切八面體之一邊也。

設如八面體，每邊一尺二寸，求內容四面體之每一邊幾何。

八面體之每邊即內容四面體之每一邊也，何以知之？蓋甲乙丙丁八面體內容戊乙丙己四面體，以乙丙己底面合於八面體之一面，則上尖戊切於八面體甲庚丁一面之中心，其戊乙邊恰與乙丙邊等。故八面體之每一邊即內容四面體之每一邊也。

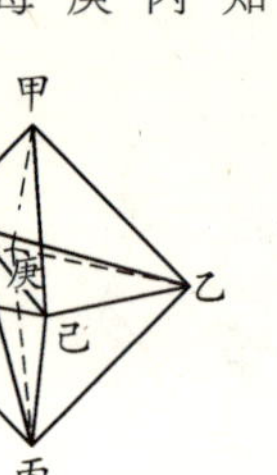

設如八面體，每邊一尺二寸，求內容十二面體之每一邊幾何。

法：以八面體每邊一尺二寸自乘，得一尺四十四寸，三歸二因，得九十六寸，開平方得九寸七分九釐七毫九絲五忽八微有餘，爲八面體內容圓球全徑。乃用求球內容十二面體之一邊法，以全徑自乘三歸開平方，得五寸六分五釐六毫八絲五忽四微有餘爲十二面體每一面兩角相對斜線。又以理分中末線之全分一〇〇〇〇〇〇〇〇爲一率，大分六一八〇三三九九爲二率，今所得之每一面兩角相對斜線爲三率，求得四率三寸四分九釐六毫一絲二忽八微有餘，即八面體內容十二面體之每一邊也。如圖甲乙丙丁八面體，內容戊己庚辛十二面體，以十二面體之戊己庚辛壬癸子丑八角切於八面體各面之中心，則八面體中心至每面中心之立垂線即內容十二面體中心至各角之斜線，八面體內容圓球徑即十二面體外切圓球徑。故先求得八面體內容圓球徑，又求得球內容十二面體之一邊，即八面體內容十二面體之一邊也。如有十二面體之一邊，求外切八面體之一邊，則先求得十二面體外切圓球徑，又求得球外切八面體之一邊，即十二面體外切八面體之一邊也。

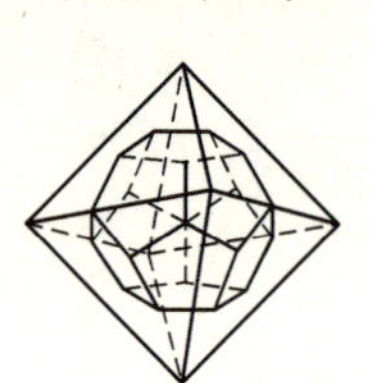

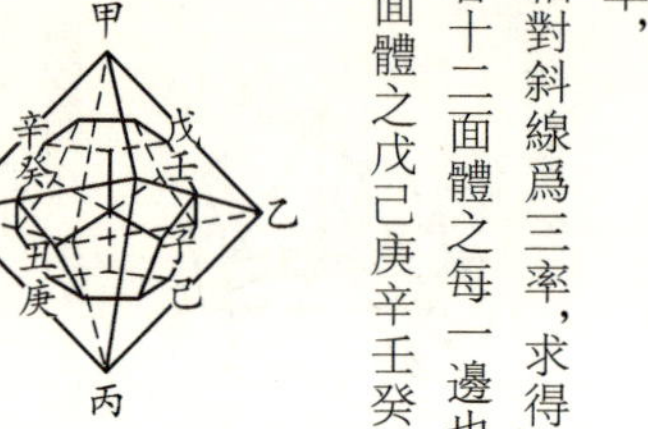

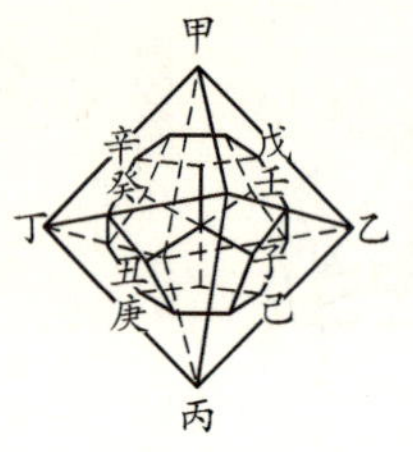

設如八面體，每邊一尺二寸，求內容二十面體之每一邊幾何。

法：以八面體每邊一尺二寸自乘，得一尺四十四寸，六歸之，得二十四寸，開平方，得四寸八分九釐八毫九絲七忽九微有餘，爲八面體內容圓球半徑。乃用求球外切二十面體之一邊法，以理分中末線之全分一〇〇〇〇〇〇〇〇〇爲一率，小分三八一九六六〇一爲二率，今所得之圓球半徑四寸八分九釐八豪九絲七忽九微爲三率，求得四率一寸八分七釐一豪二絲四忽三微有餘，爲二十面體每一面中心至邊之垂線。三因之，得五寸六分一釐三豪七絲二忽九微有餘，爲每一面自角至對邊之垂線。自乘三歸四因開平方得六寸四分八釐二豪一絲七忽五微有餘，即八面體內容二十面體之每一邊也。如圖，甲乙丙丁八面體，內容戊己庚辛壬癸二十面體，以二十面體之戊丑子、丑庚寅、寅辛壬、子壬癸、戊己卯、己庚辰、巳辰辛、卯巳癸八面切於八面體各面之中心，則八面體中心至每面中心之立垂線即內容二十面體中心至每面中心之立垂線，八面體內容圓球徑即二十面體內容圓球徑。故先求得八面體內容圓球徑，又求得球外切二十面體之一邊，即八面體內容二十面體之一邊也。如有二十面體之一邊，求外切八面體之一邊，則先求得二十面體內容圓球徑，又求得球外切八面體之一邊，即二十面體外切八面體之一邊也。

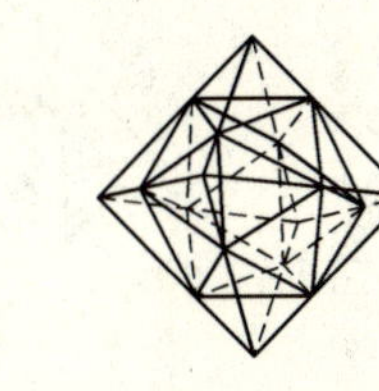

設如十二面體，每邊一尺二寸，求內容正方體之每一邊幾何。

法：以理分中末線之大分六一八〇三三九九爲一率，全分一〇〇〇〇〇〇〇〇爲二率，今所設之十二面體每邊一尺二寸爲三率，求得四率一尺九寸四分一釐六豪四絲零七微有餘，即十二面體內容正方體之每一邊也。如圖，甲乙丙丁戊己十二面體，內容庚乙辛丁壬己正方體，以正方體之十二稜切於十二面體之各面，則正方體之每一邊即十二面體之每一面兩角相對斜線，故用五等邊面形有邊求對角斜線法算之，即得十二面體內容正方體之每一邊也。如有正方體之一邊，求外切十二面體之一邊，則正方體之一邊即外切十二面體之每一面兩角相對斜線，用五等邊面形有對角斜線求邊法算之，即得正方體外切十二面體之一邊也。

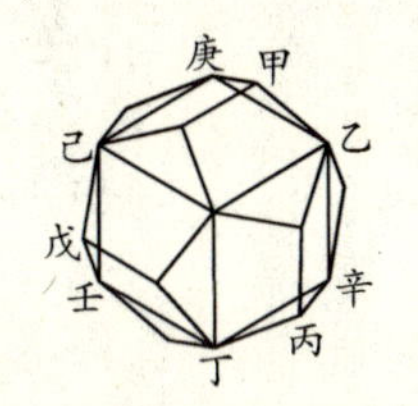

設如十二面體，每邊一尺二寸，求內容四面體之每一邊幾何。

法：以十二面體每邊一尺二寸用求十二面體外切圓球徑法，以理分中末線之小分三八一九六六〇一爲一率，全分一〇〇〇〇〇〇〇〇爲二率，今所設之十二面體每邊一尺二寸折半得六寸爲三率，求得四率一尺五寸七分零八豪二絲零三微有餘，爲十二面體中心至每邊正中之斜線。以此斜線爲股，每邊之半六寸爲勾，求得弦一尺六寸八分一釐五豪一絲零二微有餘，倍之得三尺三寸六分三釐零二絲零四微有餘，爲十二面體外切圓球全徑。乃用求球內容四面體之一邊法，以球徑自乘三歸二因開平方得二尺七寸四分五釐八豪九絲四忽六微有餘，即十二面體內容四面體之每一邊也。如圖，甲乙丙丁戊己十二面體，內容庚辛壬癸四面體，以四面體之四角切於十二面體之四角，則十二面體中心至各角之斜線即四面體中心至各角之斜線，十二面體外切圓球徑即四面體外切圓球徑。故先求得十二面體外切圓球徑，又求得球內容四面體之一邊，即十二面體內容四面體之一邊也。如有四面體之一邊，求外切十二面體之一邊，則先求得四面體外切圓球徑，又求得球內容十二面體之一邊，即四面體外切十二面體之一邊也。

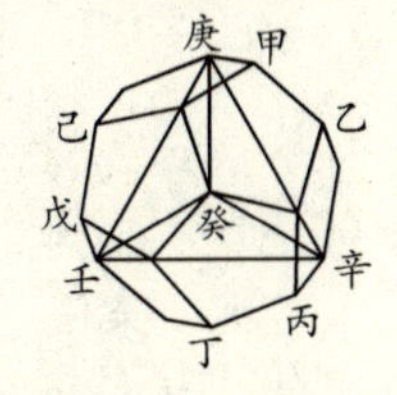

設如十二面體，每邊一尺二寸，求內容八面體之每一邊幾何。

法：以理分中末線之小分三八一九六六〇一爲一率，全分一〇〇〇〇〇〇〇〇爲二率，今所設之十二面體每邊一尺二寸折半得六寸爲三率，求得四率一尺五寸七分零八豪二絲零三微有餘，爲十二面體中心至每邊正中之斜線。倍之得三尺一寸四分一釐六豪四絲零六微有餘，即十二面體外切正方體之一邊。爲內容八面體兩角相對斜線。自乘折半開平方得二尺二寸二分一釐四豪七絲五忽二微有餘，即十二面體內容八面體之每一邊也。如圖，甲乙丙丁戊己十二面體，內容庚辛壬癸八面體，以八面體之六角切於十二面體之六稜，則十二面體中心至每邊正中之斜線即內容八面體中心至各角之斜線，倍之則得八面體兩角相對之斜線，故用斜弦求方邊法，求得方邊即十二面體內容八面體之每一邊也。如有八面體之一邊，求外切十二面體之一邊，則先求得八面體兩角相對斜線，折半爲外切十二面體中心至每邊正中之斜線，乃以理分中末線之全分與小分之比，同於十二面體中心至每邊正中之斜線與每邊之半之比，既得每邊之半，倍之，即八面體外

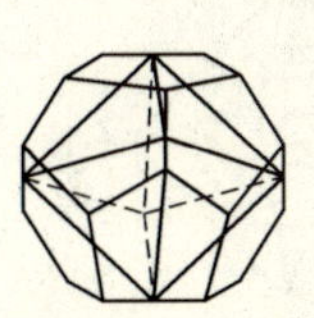

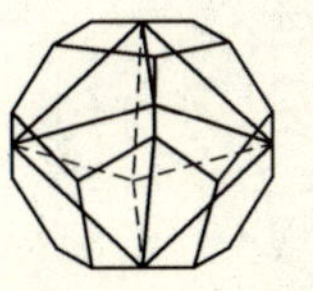

切十二面體之一邊也。

設如十二面體，每邊一尺二寸，求內容二十面體之每一邊幾何。

法：以十二面體每邊一尺二寸，用求十二面體中心至每面中心之立垂線法，求得中心至每邊正中之斜線一尺五寸七分零八毫二絲零三微有餘，又求得每一面中心至邊之垂線八寸二分五釐八毫二絲九忽一微有餘，乃以中心至每邊正中之斜線爲弦，每一面中心至邊之垂線爲勾，求得股一尺三寸三分六釐二豪一絲九忽六微有餘，倍之得二尺六寸七分二釐四豪三絲九忽二微有餘，爲十二面體內容圓球全徑。乃用求球內容二十面體之一邊法，以理分中末線之全分一〇〇〇〇〇〇〇〇爲股，大分六一八〇三三九九爲勾，求得弦一一七五五七〇五〇爲一率，大分六一八〇三三九九爲二率，今所得之圓球全徑二尺六寸七分二釐四豪三絲九忽二微爲三率，求得四率一尺四寸零四釐九豪八絲四忽四微有餘，即十二面體內容二十面體之每一邊也。如圖，甲乙丙丁戊十二面體，內容己庚辛壬癸二十面體，以二十面體之十二角切於十二面體各面之中心，則十二面體中心至每面中心之立垂線即內容二十面體中心至各角之斜線，十二面體內容圓球徑即二十面體外切圓球徑。故先求得十二面體內容圓球徑，又求得球內容二十面體之一邊，即十二面體內容二十面體之一邊也。如有二十面體之一邊，求外切十二面體之一邊，則先求得二十面體外切圓球徑，又求得球外切十二面體之一邊，即二十面體外切十二面體之一邊也。

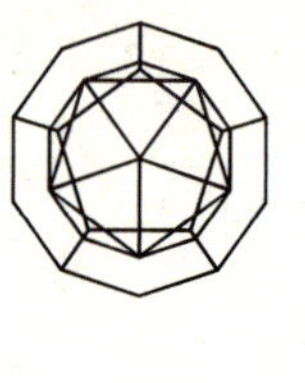

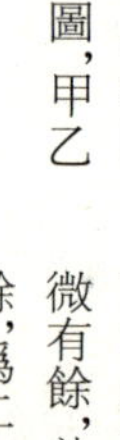

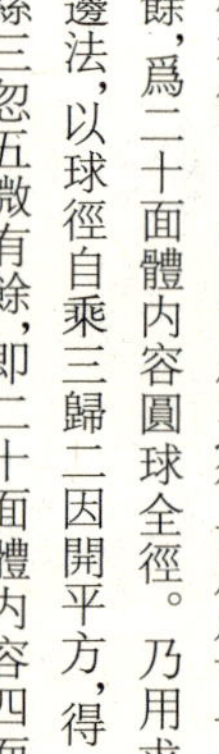

設如二十面體，每邊一尺二寸，求內容正方體之每一邊幾何。

法：以二十面體每邊一尺二寸，用求二十面體中心至每面中心之立垂線法，求得中心至每邊正中之斜線九寸七分零八毫二絲零三微有餘，又求得每一面中心至邊之垂線三寸四分六釐四豪一絲零一微有餘，乃以中心至每邊正中之斜線爲弦，以每一面中心至邊之垂線爲勾，求得股九寸零六釐九豪一絲三忽五微有餘，倍之得一尺八寸一分三釐八豪二絲七忽有餘，爲二十面體內容圓球全徑。乃用求球內容正方體之一邊法，以球徑自乘三歸開平方，得一尺零四分七釐二豪一絲三忽四微有餘，即二十面體內容正方體之每一邊也。如圖，甲乙丙丁戊己二十面體，內容庚辛壬癸正方體，以正方體之八角切於二十面體之八面之中心，則二十面體中心至每一面中心之立垂線即內容正方體中心至角之斜線，二十面體內容圓球徑即正方體外切圓球徑。故先求得二十面體內容圓球徑，又求得球內容正方體之一邊，即二十面體內容正方體之一邊也。如有正方體之一邊，求外切二十面體之一邊，則先求得正方體外切圓球徑，又求得球外切二十面體之一邊，即正方體外切二十面體之一邊也。

設如二十面體，每邊一尺二寸，求內容四面體之每一邊幾何。

法：以二十面體每邊一尺二寸，用求二十面體中心至每面中心之立垂線法，求得立垂線九寸零六釐九豪一絲三忽五微有餘，法見前題。倍之得一尺八寸一分三釐八豪二絲七忽有餘，爲二十面體內容圓球全徑。乃用求球內容四面體之每一邊法，以球徑自乘三歸二因開平方，得一尺四寸八分零九豪八絲三忽五微有餘，即二十面體內容四面體之每一邊也。如圖，甲乙丙丁戊己二十面體，內容庚辛壬癸四面體，以四面體之四角切於二十面體之四面之中心，則二十面體中心至每面中心之立垂線即內容四面體中心至角之斜線，二十面體內容圓球徑即四面體外切圓球徑。故先求得二十面體內容圓球徑，又求得球內容四面體之一邊，即二十面體內容四面體之每一邊也。如有四面體之一邊，求外切二十面體之一邊，則先求得四面體外切圓球徑，又求得球外切二十面體之一邊，即四面體外切二十面體之一邊也。

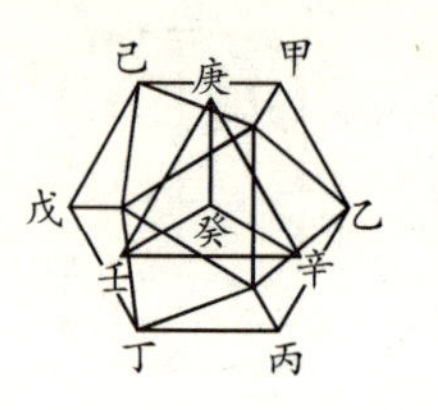

設如二十面體，每邊一尺二寸，求內容八面體之每一邊幾何。

法：以理分中末線之大分六一八〇三三九九爲一率，全分一〇〇〇〇〇〇〇〇爲二率，今所設之二十面體每邊一尺二寸折半得六寸爲三率，求得四率九寸七分零八豪二絲零三微有餘，爲二十面體中心至每邊正中之斜線。倍之得一尺九

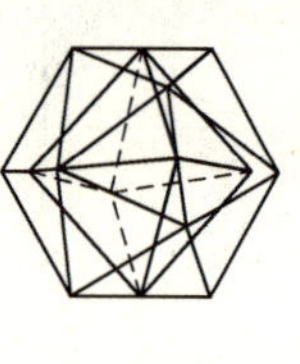

寸四分一釐六豪四絲零六微有餘，即二十面體外切正方體之一邊。爲內容八面體兩角相對之斜線。自乘折半開平方，得一尺三寸七分二釐九豪四絲七忽一微有餘，即二十面體內容八面體之每一邊也。如圖，甲乙丙丁戊己二十面體，內容庚辛壬癸八面體，以八面體之六角切於二十面體之六稜，則二十面體中心至每邊正中之斜線即內容八面體中心至各角之斜線，倍之則得八面體兩角相對之斜線，故用斜弦求方邊法，求得方邊，即二十面體內容八面體之每一邊也。如有八面體之每一邊，求外切二十面體之每一邊，則先求得八面體兩角相對斜線，折半爲外切二十面體中心至每邊正中之斜線，乃以理分中末線之全分與大分之比，同於二十面體中心至每邊正中之斜線與每邊之半之比，既得每邊之半，倍之，即八面體外切二十面體之一邊也。

設如二十面體，每邊一尺二寸，求內容十二面體之每一邊幾何。

法：以二十面體每邊一尺二寸，用求二十面體中心至每面中心之立垂線法，求得立垂線九寸零六釐九豪一絲三忽五微有餘，法見前。倍之得一尺八寸一分三釐八豪二絲七忽有餘，爲二十面體內容圓球全徑。乃用求球內容十二面體之一邊法，以理分中末線之全分一〇〇〇〇〇〇〇爲股，小分三八一九六六〇一爲勾，求得弦一〇七〇四六六二六爲一率，小分三八一九六六〇一爲二率，今所得之圓球全徑一尺八寸一分三釐八豪二絲七忽有餘爲三率，求得四率六寸四分七釐二豪一絲三忽五微有餘，即二十面體內容十二面體之每一邊也。如圖，甲乙丙丁戊二十面體，內容己庚辛壬癸十二面體，以十二面體之二十角切於二十面體各面之中心，則二十面體中心至每面中心之立垂線即內容十二面體中心至角之斜線，二十面體內容圓球徑即十二面體外切圓球徑。故先求得二十面體內容圓球徑，又求得球內容十二面體之一邊，即二十面體內容十二面體之一邊也。如有十二面體之一邊，求外切二十面體之一邊，則先求得十二面體外切圓球徑，又求得球外切二十面體之一邊，即十二面體外切二十面體之每一邊也。

清・莊亨陽《幾何原本舉要》 凡球體在長圓內，苟此球徑線與長圓體之底徑高度若俱等，則此球積爲長圓體三分之二也。何則？將球體合長圓體於乙丁平分之，又將半長圓體內減去半球體，餘乙己庚丁申丙癸凹面體，爲與己庚壬尖圓體等積。等也，何以知之？將尖圓凹面二體俱與己庚底平行分爲幾段之面，則兩體之面積每段各相等也。試將尖圓體分癸卯申一段之面積必與分曲凹形午癸申戌一段周圍之面積等矣。何也？以壬癸半徑作正方與壬子、子癸兩線作兩正方並之爲等也。又以壬癸半徑線作一圓與以壬子、子癸爲兩半徑線作兩圓並之爲等也。再壬乙與壬癸俱是一圓之半徑線必等，而壬乙與卯午俱爲一長方之平行線亦必等，則卯午與壬癸亦必等也。是則以壬子、子癸爲兩半徑作兩圓，亦必等於卯午半徑線所作一圓也。今將卯午所作圓內減去與壬子線相等之癸卯線所作之圓，即餘癸午曲凹形一段周圍之面，與癸子爲半徑線所作圓面等也。夫卯癸線與癸子線既爲等線，而卯癸與癸子爲半徑作兩圓亦必等，則癸午曲凹形之面積必與卯癸爲半徑作圓之面積等矣。再將壬未半徑作一圓、以壬辰辰未爲兩半徑作兩圓等，亦如前所云：以辰未爲半徑作一圓與壬未相等，辰巳線爲半徑作一圓之面積內減去辰未作圓之面積，所餘未巳曲凹形一段周圍之面積與壬辰爲半徑作圓之面積等。而壬辰與辰寅既爲正方之等線，則以尖體內之辰寅爲半徑作圓之面積與相對未巳曲凹形之面積等也。大兩體每段所分既俱相等，則全體亦必相等矣。前云：一尖圓體與一長圓體其底積高數若等，則尖圓體與長圓體爲三分之一也；所餘曲凹形既與尖圓等積，則亦三分之一，而所減半球爲半長圓體三分之二，而全球爲全長圓體三分之二矣。

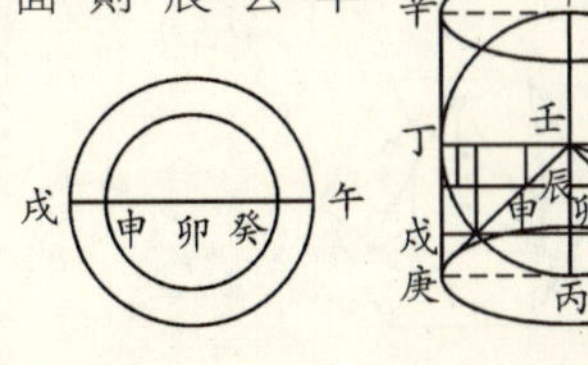

有能函鴨蛋體之長圓體，則鴨蛋體外面之全積爲與長圓體周圍之積等也，則試以鴨蛋體之大徑作球之徑，又作一函球之長圓，則函球之長圓與函鴨蛋之長圓周圍面積之比，同於兩底圓界相比之比例，亦同於大徑線與小徑線相比之

比例也。又球體之面積與函球體之周圍面積既等，則以函球體周圍面積與函鴨蛋體周圍面積之比，亦同於大徑與小徑之比也。則是鴨蛋體面積與函鴨蛋體周圍面積二項與球體面積相比，皆同於大徑與小徑之比，則鴨蛋與函蛋體兩項面積相等可知矣。

有一鴨蛋體函於一球體，則兩積之比同於鴨蛋體小經線所作正方面與球體大徑線所作正方面相比之比例也。

有一鴨卵體，有一恰函鴨蛋體，此兩體積之比同於球體積與函球體積相比之比例也。

有一鴨蛋體恰函於長圓體內，則鴨蛋體積爲得長圓體積三分之二也。蓋蛋體與函卵體之比同於球體與函球體之比，則彼爲三分之二，此亦三分之二也。

有一長方體恰函鴨蛋體，有一見方體恰函球體，則長方體積與鴨蛋體積之比同於見方體積與球體積相比之比例也，又長方體積與見方體積之比同於鴨蛋體積與球體積相比之比例也。

有一球體恰函於長圓體內，若將此兩體俱於寅卯處分之，此所分球體子丙丑一段之凸面積與所分相對長圓體寅己庚卯一段之周圍外面積爲等也。何則？假如於癸子丑辰小長圓體內減去壬子丑小尖圓體，此所減小尖圓體積爲小長圓體積三分之一，其所餘者必是三分之二，而此所分寅子丑卯曲凹體之一段周圍面積與子丑線爲徑作相對圓之面積等矣，如是，則乙寅子丑卯丁辰癸長圓一段空心體與癸子丑辰小長圓體此二體之底面積高度既等，其體積亦等。而乙寅子丑卯丁曲凹體之積與壬子丑小尖圓之積等矣，然因何爲等？蓋壬子丑小尖圓體所分每每圓之面積與所分相對每每曲凸體周圍之面積等也。

壬子丑小尖圓體積既爲癸子丑辰小長圓體積三分之一，又此小長圓體積與乙寅子丑卯丁辰癸長圓一段空心體積爲相等，則是乙寅子丑卯丁曲凹體之積與乙寅子丑卯丁辰癸長圓一段空心體積爲三分之一，苟於乙子丑丁球段內減去壬子丑一小尖圓體，餘乙子壬丑丁球體一段之積與乙寅卯丁一長圓體積爲三分之二也。若於乙寅卯丁長圓體內減去壬寅卯尖圓體爲此乙寅卯丁長圓體三分之一，餘乙寅壬卯丁長圓體一段之積與乙子壬丑丁球體一段之積等也。今將乙寅壬卯丁一段之體從外面至心之壬處分爲千萬尖體之共底面積相乘，得數爲乙寅壬卯丁一段之體積數也。又以此乙子壬丑丁一段之體從外面至心之壬處分爲千萬尖體，若以乙壬半徑爲高度，用三分之一與所分千萬尖體之共底面積相乘，得數爲乙子壬丑丁一段之體積數也。如前所云，此乙寅壬卯丁一段體積與乙子壬丑丁一段體積既等，則此兩體面積亦必等。而此乙丙丁半球體凸面積與乙己庚丁半長圓體周圍外面積亦等，若於半長圓內減去乙寅卯丁一段外面積，於半球體內減去乙子丑丁一段外面積，此所減之乙子丑丁一段面積與彼所減之乙寅卯丁一段面積爲相等，此所餘子丙丑球體一段面積與彼所餘寅己庚卯長圓體一段面積相等可知也。

有鴨蛋體一半，有球體一半，若全球體徑度與全蛋體大徑度等，而半鴨蛋體高度與半球體高度亦等，則此半蛋體外面之積與半球體外面積同於以蛋體小徑度與球體徑度相比之比例也，理同前。

有大小半鴨蛋體，有大小半長圓體，若全體之小徑與全體之底徑等，而大小半體之高度又等，則此大小半鴨蛋體外面之積與大小半長圓體周圍外面之積等也。何則？試作一鴨蛋體外函以球體，又外函以長圓體，照甲己高度截於寅丑爲長三分之一，則全與全半與半之比，亦若三分之一與三分之一之比也。是小半蛋體之外面積與小半球體外面之積之比，亦若函小半蛋體外面之積與函小半球體長圓之外面積相比之比例。而小半球之外面積既與函球小半長圓之外面積等，則小半蛋體之外面積安得不與函蛋體小半長圓之外面積等乎？

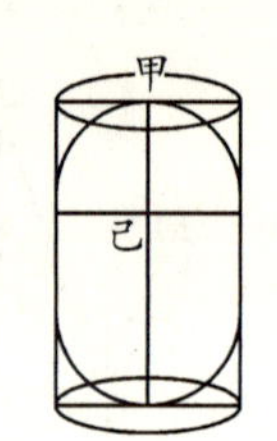

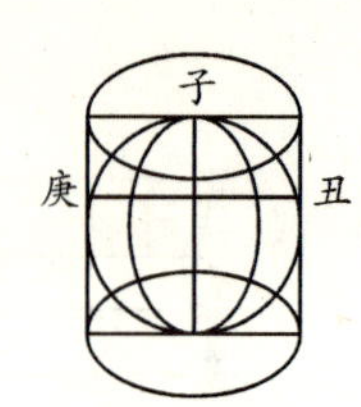

有一鴨蛋體恰函於一球體內，則以鴨蛋每段之積與相對球體每段積之比同於以鴨蛋體小徑之所作正方面積與球體徑度所作正方面積之比也。如圖，甲寅卯一段與相對球體甲子丑一段俱與乙丁戊己大小徑線平行，分爲幾圓面，此所分蛋體每圓之面積與所分相對球體之每圓面積之比，同於以乙丁小徑度所作正方面積與戊己大徑度所作正方面積相比之比例，如是則以甲寅卯之體積與甲子丑之體積之比，同於乙丁徑之方面積與戊己徑方面積相比之比例可知矣。

作圖法分部

綜論

清・莊亨陽《幾何原本舉要》 於比例尺作分體綫法。則於甲之合處至二腹之乙丙二末作甲乙、甲丙二線，以規矩取丁己方體之戊己界度，立於甲而截於甲乙線之庚處，次作大於戊己界一倍之辛壬線，依前法求得中二率爲癸子、丑寅二線，將癸子界作見方體，則此體大於丁己見方體一倍也。蓋四線爲相連比例率，而戊己與辛壬爲加二倍之比例，則丁己卯子二體爲同式，而以戊己癸子各一界相比之比例爲加二倍之比例也。戊己、辛壬二線之比因同於丁己、卯子二體之比例，若辛壬第四線大於戊己一倍，則卯子體亦大於丁己體一倍矣。次將規矩取癸子界度，一股立於甲，一股照此度截於甲乙線之長處，則此度所作方體大於原丁己體一倍矣。再作比原丁己體之戊己界長二倍之己未線，照前求中二率之申酉、戌亥二線，將申酉第二率線度取於規矩，一股立於甲，一股截甲乙線之乾處，則甲乾界度所作方體比原丁己體爲二倍可知也。照此不止作大於丁己體之戊己界或三四倍或五六倍之長線，如前求得中二率，將所求第二率度截於尺線上，即成比例尺之分體線也。若有一坎庚見方體，欲作一大於此二倍之體，則以規矩取坎庚體之艮庚界度，將比例尺之所截庚處，照此開之勿動；次將比例尺第三所截乾處之開度取於規矩，即是大於坎庚體二倍之形界。蓋甲庚線與甲乾線之比同於以庚庚與乾乾線之比例，甲乾上方大於甲庚上方二倍，則乾乾上方必大於庚庚上方二倍可知矣。又有易分之法，如一面之界度長一百釐，則以此界一百釐自乘、再乘，則此體積共乙百萬釐，大此一倍之體數爲二百萬釐。其二百萬釐體之一面界度爲一百二十五釐，又大二倍之體數爲三百萬釐，其三百萬釐體之一面界度爲一百四十四釐，如此累加，將外界之釐數書明，又將釐度分於尺寸欲書入比例尺，則將所書之數，以規矩取所分之度。初照一百釐界度截比例尺之庚處；次照一百二十五釐界度截於辰處；三照一百四十四釐界度截於乾處，不止至末，與前法所分俱爲同也。

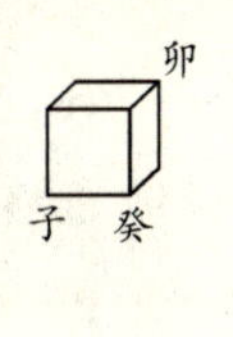

清・王澤沛《形學演》卷八 三直綫俱不平行，求作其一綫之平行綫與餘兩綫相交。

案：三綫既不平行，作綫與一綫平行，必與餘綫不平行，是任作一綫，即與餘兩綫相交也。不平行三字，當係不在一平面內六字之誤。

設甲乙、丙丁、戊己三綫俱不在一平面內，過丙丁綫作戊己綫之平行面丙丁辛庚，交甲乙綫於壬，自壬作戊己之平行綫必在丙丁辛庚平面內，交丙丁綫於癸，成壬癸綫如所求。

數平面相交於一直綫，任取其在上之一點至諸平面各作垂綫，求諸垂綫底之所。

甲乙、丙丁、戊己數平面相交於丁己一直綫，任取在上之庚點至丁己作垂綫庚辛，即以爲徑作圓，圓周必過諸平面。乃自庚至諸割點如甲乙之壬、丙丁之癸、戊己之子各作直綫，庚壬辛、庚癸辛、庚子辛各爲半圓所函之直角，庚壬、庚癸、庚子即庚點至諸平面之垂綫，而壬、癸、子各點爲諸垂綫底之所如所求。

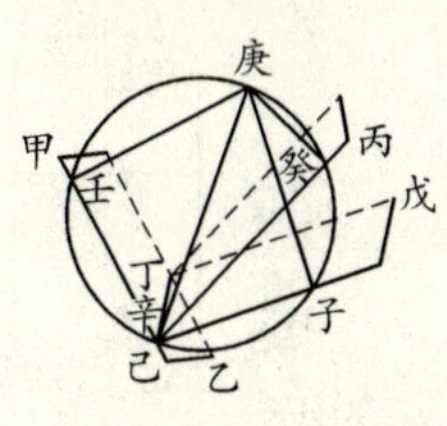

已知二平面之交角，求作他面與之相交，使其二交綫成直角。

甲乙、丙丁二平面相交於戊己，已知其交角，任自戊己綫上己點作丙丁內之直綫己丁，令戊己丁非直角。又過己點作庚辛面爲己丁綫之垂面，交甲乙面於己壬綫。庚辛面既爲己丁綫之垂面，則己壬綫必與己丁正交，作己丁、己壬二綫所在之面如所求。

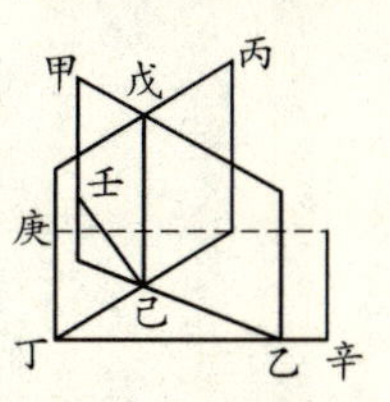

二直綫不在一平面內，彼此互爲垂綫，有已知之活綫兩端恒在二綫之內，求活綫中點之所。

甲乙、丙丁二直綫不在一平面內，彼此互爲垂綫，過丙丁綫作戊己面爲甲乙之平行面，作甲庚面爲戊己之垂面，交戊己面於庚辛綫，則庚辛爲丙丁之垂綫。壬癸、子丑均爲活綫，作壬寅、子卯爲戊己面之垂綫，其底點必在庚辛綫上。甲乙既與戊己面平行，必與庚辛綫平行，壬寅、子卯同爲庚辛之垂綫，亦平行，又限於二平行綫之間，必等。如是壬寅癸、子卯丑兩句股形，股弦各等，兩形必等，則寅癸等卯丑。辰巳爲活綫中點，自此作戊己面之垂綫辰午、巳未，午未二點必爲寅癸卯丑二綫之中點。準上題辛午、辛未均等，自辛作戊己面之垂綫，申辛平分之於酉，辰午、巳未二綫爲等股之半，必同等於酉辛。過酉點作戊己之平行面，必過辰巳諸點。作酉辰、酉巳二綫，則辛辰、辛巳必爲平行方形。而酉辰等辛午，酉巳等辛未，但辛午原等辛未，故酉辰必等酉巳。以酉爲心、以寅癸爲徑於辰酉巳平面上作員，則辰巳諸點必在此(員)[圓]周上如所求。

圖表

清·梅文鼎《幾何補編四》 通率表附

此表穀成供奉。

內廷抄得中秘之本，謹附於諸體比例卷後，以公同好。

面線不同面積相等	
◯	一〇〇〇〇〇〇〇
△	一三四六七七三七
□	〇八八六二二六九
⬠	〇六七五六四七九
⬡	〇五四九八一八一

面線相等面積不同	
◯	一〇〇〇〇〇〇〇
△	〇五五一三二八九
□	一二七三二三九五
⬠	二一九〇五七九九
⬡	三三〇七九七三三

圓線內各形比例	
◯	一〇〇〇〇〇〇〇
△	〇四一三四九六七
□	〇六三六六一九八
⬠	〇七五六八二六七
⬡	〇八一六九九三三

尺寸不一積數相等	
◯	一〇〇〇〇〇〇〇
⧉	〇八〇五九九六〇
▽	一二五七九二一一
⌭	〇八七三五八〇五
◇	一一六二四四七四
方	一〇〇〇〇〇〇〇

積數不一尺寸相等	
◯	一〇〇〇〇〇〇〇
⧉	一九〇九八五九三
▽	〇五〇〇〇〇〇〇
⌭	一五〇〇〇〇〇〇
◇	〇六三六六一九七
斜	一四一四二一三六

圓線外各形比例	
◯	一〇〇〇〇〇〇〇
△	一六五三九八六七
□	一二七三二三九五
⬠	一一五六三二八三
⬡	一一〇二六五七八

寸	〇	兩	錢	分
金	一	六	八	〇
水銀	一	二	二	八
銀	〇	九	〇	〇
玉	〇	二	六	〇

	兩	錢	分
鉛	九	九	三
銅	七	五	〇
鐵	六	七	〇
錫	六	三	〇

徑	一		一	三
週	三		五	五
	兩	錢	分	釐
石	二	五	〇	〇
水	〇	九	三	〇
油	〇	八	三	〇

	知一邊求垂線	知一邊求一面	知一邊求體積
	○○○○○○○一	○○○○○○○一	○○○○○○○一
△	六六九四六一八○	七二一○三三四○	一一五八七一一○
八面	八六○一七○七○	七二一○三三四○	五四○四一七四○
十二面	二六一五三一一一	四七七四○二七一	九八一一三六六七
廿面	四一六七五五七○	七二一○三三四○	○五九六一八一二

	求球內各形之一邊	求球內各形之一面	求球內各形之體積
○	○○○○○○○一	○○○○○○○一	○○○○○○○一
	六六六四六一八○	一五七六八八二○	○○五一四六○○
	三○五三七七五	二三三三三三三○	一○五四二九一○
八面	八六○一七○七○	四六○五六一二○	六六六六六六一○
十二面	一二二八六五三○	六四五○九一二○	五五四一八四三○
廿面	一一三七五二五○	七一八六九一一○	八八一○七一三○

	求球外各形之一邊	求球外各形之一面	求球外各形之體積
○	○○○○○○○一	○○○○○○○一	○○○○○○○一
	七七八四九四四二	一六七○八九五二	八○五○二三七一
	○○○○○○○一	○○○○○○○一	○○○○○○○一
八面	○五四七四二二一	二九一五九四六○	四五二○六六八○
十二面	○八二○九四四○	七三九八六四三○	四六八七三九六○
廿面	五四八五一六六○	一七二五九八一○	○七五七一三六○

知一邊求面積	七二一○三三四○
知一邊求高數	四五二○六六八○
知徑數求面積	二八九三五八七○
知大小徑數求面積	二八九三五八七○
知大小徑數求體積	八八九五三二五○
知底徑高數求體積	二八九三五八七○
知上下各大小徑數高數求體積	七九九八○三一○

知面積求一邊	一一○四九○三二
知徑數求體積	八八九五三二五○
知徑數求渾圓面冪	六二九五一四一三
知大小徑數求外面積	六二九五一四一三
知上下徑數高數求體積	四九九七一六二○
知底徑高數求體積	四九九七一六二○
知一邊數求體積	一一五八七一一○

清・年希堯《面體比例便覽》

立方積爲例邊線相等體積不同定率表

體	真數	假數
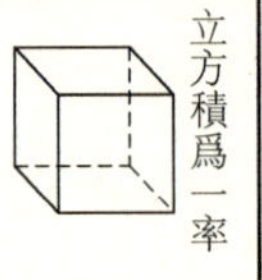 立方積爲一率	一〇〇〇〇〇〇〇〇〇	一〇〇〇〇〇〇〇〇〇〇〇
 圓球積爲二率	一〇〇〇〇〇〇〇〇〇 五二三五九八七七五	一〇〇〇〇〇〇〇〇〇〇〇 九七一八九九八六二一三
四面體積爲二率	一〇〇〇〇〇〇〇〇〇 一一七八五一一二九	一〇〇〇〇〇〇〇〇〇〇〇 九〇七一三三三七五一九
八面體積爲二率	一〇〇〇〇〇〇〇〇〇 四七一四〇四五二一	一〇〇〇〇〇〇〇〇〇〇〇 九六七三三九三七四三一
十二面體積爲二率	一〇〇〇〇〇〇〇〇〇 七六六三一一八九〇三	一〇〇〇〇〇〇〇〇〇〇〇 一〇八八四四〇五五六四三
二十面體積爲二率	一〇〇〇〇〇〇〇〇〇 二一八一六九四九六九	一〇〇〇〇〇〇〇〇〇〇〇 一〇三三八七九四〇三〇一

圓球積爲例邊線相等體積不同定率表

體	真數	假數
圓球積爲一率	一〇〇〇〇〇〇〇〇〇	一〇〇〇〇〇〇〇〇〇〇〇
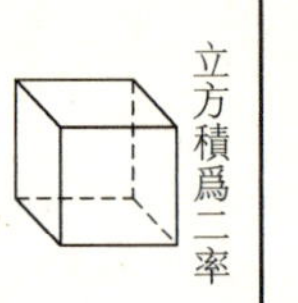 立方積爲二率	一〇〇〇〇〇〇〇〇〇 一九〇九八五九三一七	一〇〇〇〇〇〇〇〇〇〇〇 一〇二八一〇〇一三七七七
四面體積爲二率	一〇〇〇〇〇〇〇〇〇 二二五〇七九〇七七	一〇〇〇〇〇〇〇〇〇〇〇 九三五二三三五一二九六
八面體積爲二率	一〇〇〇〇〇〇〇〇〇 九〇〇三一六三一七	一〇〇〇〇〇〇〇〇〇〇〇 九九五四三九五一二〇八
十二面體積爲二率	一〇〇〇〇〇〇〇〇〇 一四六三五四七九〇五一	一〇〇〇〇〇〇〇〇〇〇〇 一一一六五四〇六九四一九
二十面體積爲二率	一〇〇〇〇〇〇〇〇〇 四一六六七三〇四六三	一〇〇〇〇〇〇〇〇〇〇〇 一〇六一九七九五四〇七八

圓球徑爲例求球內各形之一邊定率表

率	真數	假數
圓球徑爲一率	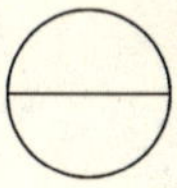 一〇〇〇〇〇〇〇〇	一〇〇〇〇〇〇〇〇〇〇〇
四面體邊爲二率	 一〇〇〇〇〇〇〇〇 八一六四九六五八	一〇〇〇〇〇〇〇〇〇〇〇 九九一一九五四三七〇五
立方邊爲二率	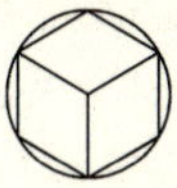 一〇〇〇〇〇〇〇〇 五七七三五〇二六	一〇〇〇〇〇〇〇〇〇〇〇 九七六一四三九三七二六
八面體邊爲二率	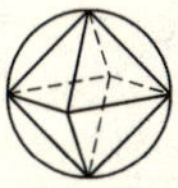 一〇〇〇〇〇〇〇〇 七〇七一〇六七八	一〇〇〇〇〇〇〇〇〇〇〇 九八四九四八五〇〇二一
十二面體邊爲二率	 一〇〇〇〇〇〇〇〇 三五六八二二〇九	一〇〇〇〇〇〇〇〇〇〇〇 九五五二四五一七三二八
二十面體邊爲二率	 一〇〇〇〇〇〇〇〇 五二五七三一一一	一〇〇〇〇〇〇〇〇〇〇〇 九七二〇七六三六七七九

圓球徑方爲例求球內各形之體積定率表

率	真數	假數
球徑立方爲一率	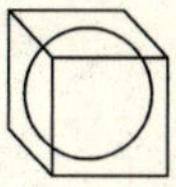 一〇〇〇〇〇〇〇〇〇	一〇〇〇〇〇〇〇〇〇〇〇
四面體積爲二率	 一〇〇〇〇〇〇〇〇〇 六四一五〇〇二九	一〇〇〇〇〇〇〇〇〇〇〇 八八〇七一九六八六三三
立方積爲二率	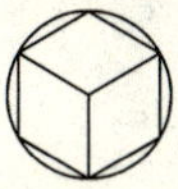 一〇〇〇〇〇〇〇〇〇 一九二四五〇〇八六	一〇〇〇〇〇〇〇〇〇〇〇 九二八四三一八一一七九
八面體積爲二率	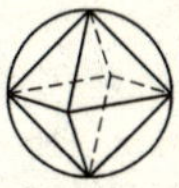 一〇〇〇〇〇〇〇〇〇 一六六六六六六六六	一〇〇〇〇〇〇〇〇〇〇〇 九二二一八四八七四九六
十二面體積爲二率	 一〇〇〇〇〇〇〇〇〇 三四八一四五四八二	一〇〇〇〇〇〇〇〇〇〇〇 九五四一七六〇七六二六
二十面體積爲二率	 一〇〇〇〇〇〇〇〇〇 三一七〇一八八三三	一〇〇〇〇〇〇〇〇〇〇〇 九五〇一〇八五〇六三八

圓球徑方爲例求球外各形之體積定率表

率	真數	假數
求徑立方積爲一率	一〇〇〇〇〇〇〇〇〇	一〇〇〇〇〇〇〇〇〇〇〇
四面體積爲二率	一〇〇〇〇〇〇〇〇〇 一七三二〇五〇八〇七	一〇〇〇〇〇〇〇〇〇〇〇 一〇二三八五六〇六二七四
立方積爲二率	一〇〇〇〇〇〇〇〇〇 一〇〇〇〇〇〇〇〇〇	一〇〇〇〇〇〇〇〇〇〇〇 一〇〇〇〇〇〇〇〇〇〇〇
八面體積爲二率	一〇〇〇〇〇〇〇〇〇 八六六〇二五四〇三	一〇〇〇〇〇〇〇〇〇〇〇 九九三七五三〇六三一七
十二面體積爲二率	一〇〇〇〇〇〇〇〇〇 六九三七八六三六七	一〇〇〇〇〇〇〇〇〇〇〇 九八四一二二五七六一五
二十面體積爲二率 	一〇〇〇〇〇〇〇〇〇 六三一七五六九九九	一〇〇〇〇〇〇〇〇〇〇〇 九八〇〇五五〇〇六二一

圓球積爲例求球外各形之體積定率表

率	真數	假數
圓球體積爲一率	一〇〇〇〇〇〇〇〇〇	一〇〇〇〇〇〇〇〇〇〇〇
四面體積爲二率	一〇〇〇〇〇〇〇〇〇 三三〇七九七三三七二	一〇〇〇〇〇〇〇〇〇〇〇 一〇五一九五六三〇〇五一
立方積爲二率	一〇〇〇〇〇〇〇〇〇 一九〇九八五九三一七	一〇〇〇〇〇〇〇〇〇〇〇 一〇二八一〇〇一三七七七
八面體積爲二率	一〇〇〇〇〇〇〇〇〇 一六五三九八六六八六	一〇〇〇〇〇〇〇〇〇〇〇 一〇二一八五三二〇〇九四
十二面體積爲二率	一〇〇〇〇〇〇〇〇〇 一三二五〇三四三五八	一〇〇〇〇〇〇〇〇〇〇〇 一〇一二二二二七一三九二
二十面體積爲二率	一〇〇〇〇〇〇〇〇〇 一二〇六五六六九九一	一〇〇〇〇〇〇〇〇〇〇〇 一〇〇八一五五一四三九八

圓球積爲例求球内各形之體積定率表

率	真數	假數
圓球積爲一率	一〇〇〇〇〇〇〇〇〇	一〇〇〇〇〇〇〇〇〇〇〇
四面體積爲二率	一〇〇〇〇〇〇〇〇〇 一二二五一七五三〇	一〇〇〇〇〇〇〇〇〇〇〇 九〇八八一九八二四一〇
立方體積爲二率	一〇〇〇〇〇〇〇〇〇 三六七五五二五九〇	一〇〇〇〇〇〇〇〇〇〇〇 九五六五三一九四九五六
八面體積爲二率	一〇〇〇〇〇〇〇〇〇 三一八三〇九八八五	一〇〇〇〇〇〇〇〇〇〇〇 九五〇二八五〇一二七三
十二面體積爲二率	一〇〇〇〇〇〇〇〇〇 六六四九〇八八九一	一〇〇〇〇〇〇〇〇〇〇〇 九八二二七六二一四〇三
二十面體積爲二率	一〇〇〇〇〇〇〇〇〇 六〇五四六一三七二	一〇〇〇〇〇〇〇〇〇〇〇 九七八二〇八六四四一五

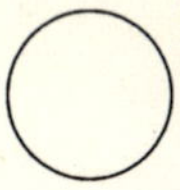

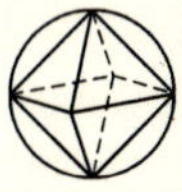

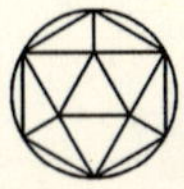

圓球徑爲例求球外各形之邊定率表

率	真數	假數
圓球徑爲一率	一〇〇〇〇〇〇〇〇	一〇〇〇〇〇〇〇〇〇〇〇
四面體邊爲二率	一〇〇〇〇〇〇〇〇 二四四九四八九七四	一〇〇〇〇〇〇〇〇〇〇〇 一〇三八九〇七五六二五二
立方邊爲二率	一〇〇〇〇〇〇〇〇 一〇〇〇〇〇〇〇〇	一〇〇〇〇〇〇〇〇〇〇〇 一〇〇〇〇〇〇〇〇〇〇〇
八面體邊爲二率	一〇〇〇〇〇〇〇〇 一二二四七四四八七	一〇〇〇〇〇〇〇〇〇〇〇 一〇〇八八〇四五六二九五
十二面體邊爲二率	一〇〇〇〇〇〇〇〇 四四九〇二七九七	一〇〇〇〇〇〇〇〇〇〇〇 九六五二二七三三九九一
二十面體邊爲二率	一〇〇〇〇〇〇〇〇 六六一五八四五三	一〇〇〇〇〇〇〇〇〇〇〇 九八二〇五八五三四四〇

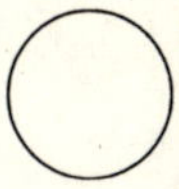

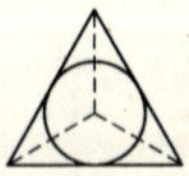

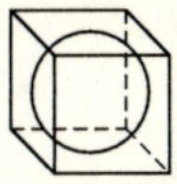

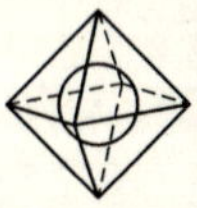

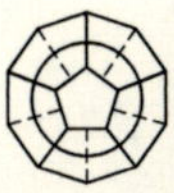

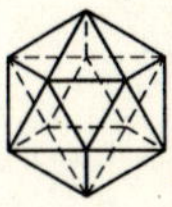

立方邊爲例體積相等邊線不同定率表

	真數	假數
立方邊爲一率 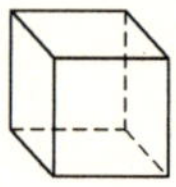	一〇〇〇〇〇〇〇〇	一〇〇〇〇〇〇〇〇〇〇〇
圓球徑爲二率	 一〇〇〇〇〇〇〇〇 一二四〇七〇〇九八	一〇〇〇〇〇〇〇〇〇〇〇 一〇〇九三六六七一二五九
四面體邊爲二率	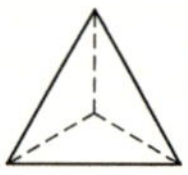 一〇〇〇〇〇〇〇〇 二〇三九六四八九〇	一〇〇〇〇〇〇〇〇〇〇〇 一〇三〇九五五五四一六〇
八面體邊爲二率	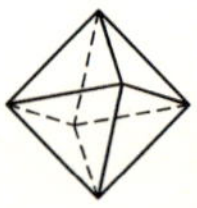 一〇〇〇〇〇〇〇〇 一二八四八九八二九	一〇〇〇〇〇〇〇〇〇〇〇 一〇一〇八八六八七五二三
十二面體邊爲二率	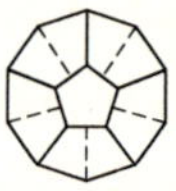 一〇〇〇〇〇〇〇〇 五〇七二二二〇七	一〇〇〇〇〇〇〇〇〇〇〇 九七〇五一九八一四五二
二十面體邊爲二率	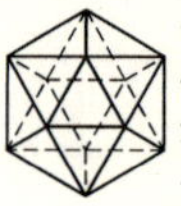 一〇〇〇〇〇〇〇〇 七七一〇二五三四	一〇〇〇〇〇〇〇〇〇〇〇 九八八七〇六八六五六六

圓球徑爲例體積相等邊線不同定率表

	真數	假數
圓球徑爲一率	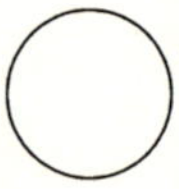 一〇〇〇〇〇〇〇〇	一〇〇〇〇〇〇〇〇〇〇〇
立方邊爲二率	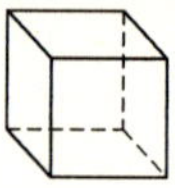 一〇〇〇〇〇〇〇〇 八〇五九九五九七	一〇〇〇〇〇〇〇〇〇〇〇 九九〇六三三二八七四一
四面體邊爲二率	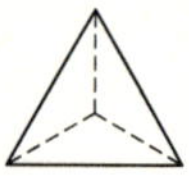 一〇〇〇〇〇〇〇〇 一六四三九四八八一	一〇〇〇〇〇〇〇〇〇〇〇 一〇二一五八八八二九〇一
八面體邊爲二率	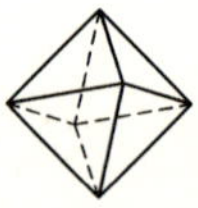 一〇〇〇〇〇〇〇〇 一〇三五六二二八五	一〇〇〇〇〇〇〇〇〇〇〇 一〇〇一五二〇一六二六四
十二面體邊爲二率	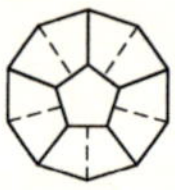 一〇〇〇〇〇〇〇〇 四〇八八一八九五	一〇〇〇〇〇〇〇〇〇〇〇 九六一一五三一〇一九三
二十面體邊爲二率	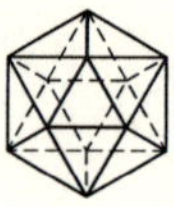 一〇〇〇〇〇〇〇〇 六二一四四三三二	一〇〇〇〇〇〇〇〇〇〇〇 九七九三四〇一五三〇七

通率附録表

	真數	假數
圓徑求周	一〇〇〇〇〇〇〇〇 三一四一五九二六五	一〇〇〇〇〇〇〇〇〇〇〇 一〇四九七一四九八七二七
圓周求徑	一〇〇〇〇〇〇〇〇 三一八三〇九八八	一〇〇〇〇〇〇〇〇〇〇〇 九五〇二八五〇一二七三
圓面求周方	一〇〇〇〇〇〇〇〇 一二五六六三七〇六二	一〇〇〇〇〇〇〇〇〇〇〇 一〇九九二〇九八六四〇
周方求圓面	一〇〇〇〇〇〇〇〇 七九五七七四七	一〇〇〇〇〇〇〇〇〇〇〇 八九〇〇七九〇一三六〇
長圓體求積	一〇〇〇〇〇〇〇〇 七八五三九八一六三	一〇〇〇〇〇〇〇〇〇〇〇 九八九五〇八九八一六三
上下不等長圓體求積	一〇〇〇〇〇〇〇〇 七八五三九八一六三	一〇〇〇〇〇〇〇〇〇〇〇 八一一六九三七四三四〇
尖圓堆求積	〇〇〇〇〇〇〇〇〇 二六一七九九三八八	一〇〇〇〇〇〇〇〇〇〇〇 九四一七九六四五三二七
三邊形求中垂線	一〇〇〇〇〇〇〇〇 八六六〇二五四〇	一〇〇〇〇〇〇〇〇〇〇〇 九九三七五三〇六三一七
知大小徑求周	一〇〇〇〇〇〇〇〇 二一四一五九六二五	一〇〇〇〇〇〇〇〇〇〇〇 一〇四九七一四九八七二七
知大小徑求面積	一〇〇〇〇〇〇〇〇 七八五三九八一六三	一〇〇〇〇〇〇〇〇〇〇〇 九八九五〇八九八八一四
知大小徑求體積	一〇〇〇〇〇〇〇〇 五二三五九八七七五	〇〇〇〇〇〇〇〇〇〇〇 九七一八九九八六二二三
上下不等橢圓體求積	一〇〇〇〇〇〇〇〇 七八五三九八一六三	一〇〇〇〇〇〇〇〇〇〇〇 九八九五〇八九八八一四
知方邊求斜線	一〇〇〇〇〇〇〇〇 一四一四二一三五六	一〇〇〇〇〇〇〇〇〇〇〇 一〇一五〇五一四九九七八
知斜線求方邊	一〇〇〇〇〇〇〇〇 七〇七一〇六七五	一〇〇〇〇〇〇〇〇〇〇〇 四八四九四八五〇〇二一
理分中末線求大分	一〇〇〇〇〇〇〇〇 六一八〇三三九九	一〇〇〇〇〇〇〇〇〇〇〇 九七九一〇一二三五九八
理分中末線求小分	一〇〇〇〇〇〇〇〇 三八一九六六〇一	一〇〇〇〇〇〇〇〇〇〇〇 九五八二〇二四七一九五

正　矢	截　積	正　矢	截　積
.〇一	.〇〇〇一五六〇三二四	.二六	.〇八七七八〇二八七五
.〇二	.〇〇〇六一九九四一〇	.二七	.〇九三八九九〇六二八
.〇三	.〇〇一三八五四四二四	.二八	.一〇〇一六二三五一四
.〇四	.〇〇二四四六二五三五	.二九	.一〇六五六三八七〇〇
.〇五	.〇〇三七九六〇九一一	.三〇	.一一三〇九七三三五五
.〇六	.〇〇五四二八六七二一	.三一	.一一九七五六四六四八
.〇七	.〇〇七三三七七一三二	.三二	.一二六五三四九七四五
.〇八	.〇〇九五一六九三一三	.三三	.一三三四二六五八一六
.〇九	.〇一一九六〇〇四三二	.三四	.一四〇四二五〇〇二八
.一〇	.〇一四六六〇七六五七	.三五	.一四七五二三九五五〇
.一一	.〇一七六一二八一五六	.三六	.一五四七一七一五五〇
.一二	.〇二〇八〇九九〇九七	.三七	.一六一九九八三一九六
.一三	.〇二四二四五七六四九	.三八	.一六九三六一一六五六
.一四	.〇二七九一四〇九七九	.三九	.一七六七九九四〇九八
.一五	.〇三一八〇八六二五六	.四〇	.一八四三〇六七六九〇
.一六	.〇三五九二三〇六四八	.四一	.一九一八七六九六〇一
.一七	.〇四〇二五一一三二三	.四二	.一九九五〇三六九九九
.一八	.〇四四七八六五四四九	.四三	.二〇七一八〇七〇五一
.一九	.〇四九五二三〇一九四	.四四	.二一四九〇一六九二七
.二〇	.〇五四四五四二七二七	.四五	.二二二六六〇三七九三
.二一	.〇五九五七四〇二一五	.四六	.二三〇四五〇四八一九
.二二	.〇六四八七五九八二七	.四七	.二三八二六五七一七二
.二三	.〇七〇三五三八七三一	.四八	.二四六〇九九八〇二一
.二四	.〇七六〇〇一四〇九五	.四九	.二五三九四六四五三四
.二五	.〇八一八一二三〇八七	.五〇	.二六一七九九三八七八

正　矢	截　積	正　矢	截　積	正　矢	截　積
.〇〇一	.〇〇〇〇四	.〇三六	.〇〇九〇一	.〇七一	.〇二四六八
.〇〇二	.〇〇〇一二	.〇三七	.〇〇九三八	.〇七二	.〇二五一九
.〇〇三	.〇〇〇二二	.〇三八	.〇〇九七六	.〇七三	.〇二五七一
.〇〇四	.〇〇〇三四	.〇三九	.〇一〇一五	.〇七四	.〇二六二四
.〇〇五	.〇〇〇四七	.〇四〇	.〇一〇五四	.〇七五	.〇二六七六
.〇〇六	.〇〇〇六二	.〇四一	.〇一〇九三	.〇七六	.〇二七二九
.〇〇七	.〇〇〇七八	.〇四二	.〇一一三三	.〇七七	.〇二七八二
.〇〇八	.〇〇〇九五	.〇四三	.〇一一七三	.〇七八	.〇二八二五
.〇〇九	.〇〇一一三	.〇四四	.〇一二一四	.〇七九	.〇二八八九
.〇一〇	.〇〇一三三	.〇四五	.〇一二五五	.〇八〇	.〇二九四三
.〇一一	.〇〇一五三	.〇四六	.〇一二九七	.〇八一	.〇二九九七
.〇一二	.〇〇一七五	.〇四七	.〇一三三九	.〇八二	.〇三〇五二
.〇一三	.〇〇一九七	.〇四八	.〇一三八二	.〇八三	.〇三一〇七
.〇一四	.〇〇二二〇	.〇四九	.〇一四二五	.〇八四	.〇三一六二
.〇一五	.〇〇二四四	.〇五〇	.〇一四六八	.〇八五	.〇三二一八
.〇一六	.〇〇二六八	.〇五一	.〇一五一二	.〇八六	.〇三二七四
.〇一七	.〇〇二九四	.〇五二	.〇一五五六	.〇八七	.〇三三三〇
.〇一八	.〇〇三二〇	.〇五三	.〇一六〇一	.〇八八	.〇三三八七
.〇一九	.〇〇三四七	.〇五四	.〇一六四六	.〇八九	.〇三四四四
.〇二〇	.〇〇三七五	.〇五五	.〇一六九一	.〇九〇	.〇三五〇一
.〇二一	.〇〇四〇三	.〇五六	.〇一七三七	.〇九一	.〇三五五八
.〇二二	.〇〇四三二	.〇五七	.〇一七八三	.〇九二	.〇三六一六
.〇二三	.〇〇四六二	.〇五八	.〇一八三〇	.〇九三	.〇三六七四
.〇二四	.〇〇四九二	.〇五九	.〇一八七七	.〇九四	.〇三七三二
.〇二五	.〇〇五二三	.〇六〇	.〇一九二四	.〇九五	.〇三七九〇
.〇二六	.〇〇五五五	.〇六一	.〇一九七二	.〇九六	.〇三八四九
.〇二七	.〇〇五八七	.〇六二	.〇二〇二〇	.〇九七	.〇三九〇八
.〇二八	.〇〇六一九	.〇六三	.〇二〇六八	.〇九八	.〇三九六八
.〇二九	.〇〇六五三	.〇六四	.〇二一一七	.〇九九	.〇四〇二七
.〇三〇	.〇〇六八六	.〇六五	.〇二一六五	.一〇〇	.〇四〇八七
.〇三一	.〇〇七二一	.〇六六	.〇二二一五	.一〇一	.〇四一四八
.〇三二	.〇〇七五六	.〇六七	.〇二二六五	.一〇二	.〇四二〇八
.〇三三	.〇〇七九一	.〇六八	.〇二三一五	.一〇三	.〇四二六九
.〇三四	.〇〇八二七	.〇六九	.〇二三三六	.一〇四	.〇四三三〇
.〇三五	.〇〇八六四	.〇七〇	.〇二四一七	.一〇五	.〇四三九一

諸等邊形表

面數	邊求體積 邊^{三}＝一	外切球徑求體積 徑^{三}＝一	内容球徑求體積 徑^{三}＝一
四	〇.一一七八五一一三〇	〇.〇六四一五〇〇三〇	一.七三二〇五〇八〇八
六	一.〇〇〇〇〇〇〇〇〇	〇.一九二四五〇〇九〇	一.〇〇〇〇〇〇〇〇〇
八	〇.四七一四〇四五二一	〇.一六六六六六六六七	〇.八六六〇二五四〇四
一二	七.六六三一一八九六一	〇.三四八一四五四八三	〇.六九三七八六三七九
二〇	二.一八一六九四九九一	〇.三一七〇一八八三九	〇.六三一七五七〇一八

面數	體積求邊 $\sqrt[三]{積}$＝一	外切球徑求邊 徑＝一	内容球徑求邊 徑＝一
四	二.〇三九六四八九〇三	〇.八一六四九六五八一	二.四四九四八九七四三
六	一.〇〇〇〇〇〇〇〇〇	〇.五七七三五〇二六九	一.〇〇〇〇〇〇〇〇〇
八	一.二八四八九八二九三	〇.七〇七一〇六七八一	一.二二四七四四八七一
一二	〇.五〇七二二二〇七二	〇.三五六八二二〇九〇	〇.四四九〇二七九七七
二〇	〇.七七一〇二五三四七	〇.五二五七三一一一二	〇.六六一五八四五三八

畫法幾何總部

主編　潘澍原

題解

清・年希堯《視學・弁言》【略】一得定位則蟬聯而生，雖毫忽分秒不能互置，然後物之尖斜平直，規圓矩方，行筆不離乎紙，而其四周全體，一若空懸中央，面面可見。至於天光遥臨，日色傍射，以及燈燭之輝暎，遠近大小隨形呈影，曲折隱顯莫不如意。蓋一本平物之自然，而以目力受之，犂然有當於人心，余然後知視之爲學如是也。

清・傅蘭雅譯　徐建寅刪述《器象顯真》卷三　視圖者，以真體之形移於平面也。

中心投影部

綜論

清・年希堯《視學・弁言》【略】然古人之論繪事者有矣，曰仰畫飛檐，又曰深見溪谷中事，則其目力已上下無定所矣，烏足以語學耶？而其言之近似者，則曰透空一望，百斜都見，終未若此册之切要著明也。余故悉次爲圖，公諸同好，勤敏之士得其理而通之，大而山川之高廣，細而蟲魚花鳥之動植飛潛，無一不可窮神盡秘而得其真者。毋徒漫語人曰真而不妙，夫不真，又安所得妙哉？

又《視學・再版序》　視學之造詣無盡也，予曷敢遽言得其精蘊哉？雖然，予究心於此者三十年矣。嘗謂中土工繪事者，或千巖萬壑，或深林密箐，意匠經營，得心應手，固可縱橫自如，淋漓盡致而相賞於尺度風裁之外。至於樓閣器物之類，欲其出入規矩，毫髮無差，非取則於泰西之法，萬不能窮其理而造其極。先是，予粗理其端緒，刊圖問世，特豹之一斑而鼎之一臠，雖已公諸同好，終不免於膚淺。近得數與郎先生諱石寧者往復，再四研究其源流，凡仰陽合覆、歪斜倒置、下觀高視等線法，莫不由一點而生。迨細究一點之理，又非泰西所有而中土所無者。凡目之視物，近者大，遠者小，理有固然。即如五嶽最大，自遠視之，愈遠愈小，然必小至一星之點而止。又如芥子最小，置之遠處，驀直視去，雖冥然無所見，而於目力極處，則一點之理仍存也。由此推之，萬物能小如一點，一點亦能生萬物。因其從一點而生，故名曰頭點，從點而出者成線，從線而出者成物。雖物類有殊異，與點線有差別，名或不同，其理則一。再如物置面前遠五尺者若干大，遠一丈者若干大，則用點剖之謂之曰離點，而遠近又有一定不易之理矣。試按此法，或繪成一室，位置各物，儼若所有，使觀之者如歷階級，如入門户，如升堂奥，而不知其爲畫；或繪成一物，若懸中央，高凹平斜，面面可見，借光臨物，隨形成影，拱凹顯然，觀者靡不指爲真物。豈非物假陰陽而拱凹，室從掩映而幽深，爲泰西畫法之精妙也哉？然亦難以枚舉縷述，而使之該備也。惟首知出乎點線而分遠近，次知審乎陰陽而明體用，更知取諸天光以臻其妙，則此法之若離若合，或同或異，神明變化，亦略備於斯三者也。

量點法分部

畫法

清・年希堯《視學》

第一圖

或設甲乙丙丁大平方，欲斜視，或左或右。先畫一視平線，再畫一地平線，定頭點於中，次定離點於左、於右。在方圖上量乙丁尺寸，定於地平線上左如辛巳、右如寅卯。壬辰癸未之長方，即甲乙丙丁之半圖。次將甲乙之尺寸量於地平線上如寅午，從頭點甲作斜線至卯、至寅，作二線，從右離點引線至午，酉午線與申寅線相交處定子點。從子作平線至申卯線於丑，成子丑寅卯斜方，即甲乙丙丁方之尺寸也。左戊己庚辛斜方，與右邊子丑寅卯斜方同法而作也。

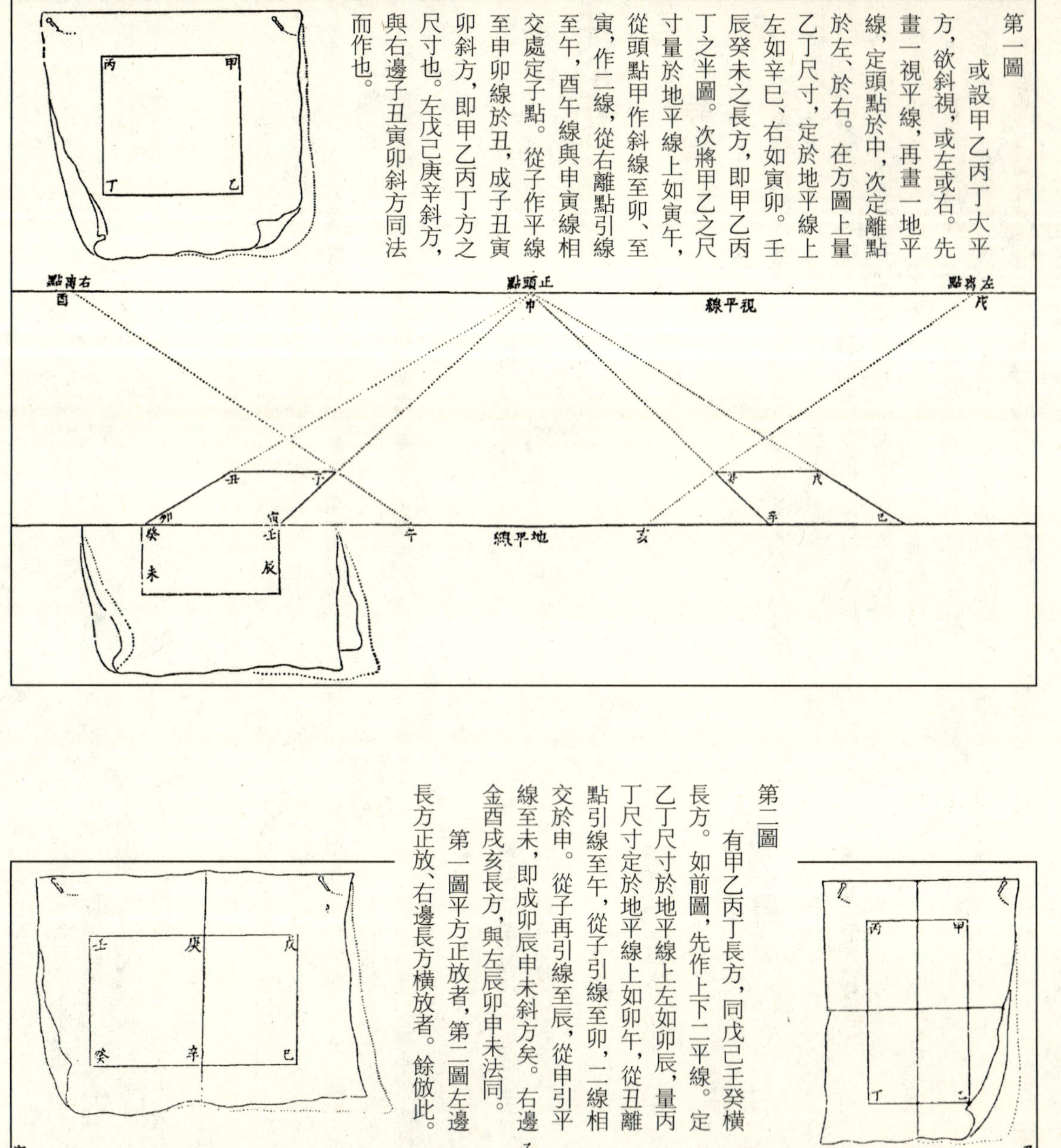

第二圖

有甲乙丙丁長方，同戊己壬癸橫長方。如前圖，先作上下二平線。定乙丁尺寸於地平線上左如卯辰，量丙丁尺寸定於地平線上如卯午，從丑離點引線至午，從子引線至卯，二線相交於申。從子再引線至辰，從申引平線至未，即成卯辰申未斜方矣。右邊金酉戌亥長方，與左辰卯申未法同。

第一圖平方正放者，第二圖左邊長方正放、右邊長方橫放者。餘倣此。

第三圖

此幅三圖，即前三圖之方形，以方中容小方也。如左戊己庚辛尺寸定於地平線上如子午。卯酉，金石邊如壬癸。從正頭點作線，如正壬線、正癸線。次從左離點作竹、子、午、卯、酉、絲六線與正壬線相交辰、戌、丑、未、申、壬六點，俱作平線至正癸線止。亢子、亢卯二線與土辰邊相交一點、二點，從正引線過一過二至壬癸邊上，即得長方中容二小方矣。

橫方圖與長方圖法相同。地平上之甲乙丙丁，即正圖上之甲乙丙地平上危星甲胃尺寸，即正圖上危星甲胃。如前法作線，即得此斜方內容方矣。餘俱倣此。

方圖上參軫尺寸定於地平上如房柳，木參尺寸定於地平上如房女。正房線與右女線相交處日點，作平線至正柳邊於月，日月房柳之方，即木參軫翌尺寸矣。欲知牛斗尾箕之方。容於日月房柳之中，先將牛斗尺寸。定於房柳線之中如室畢，從正引線至室、至畢，作二線。再從月至房、日至柳作十字線，得一二三四之方，即尾箕斗牛尺寸矣。

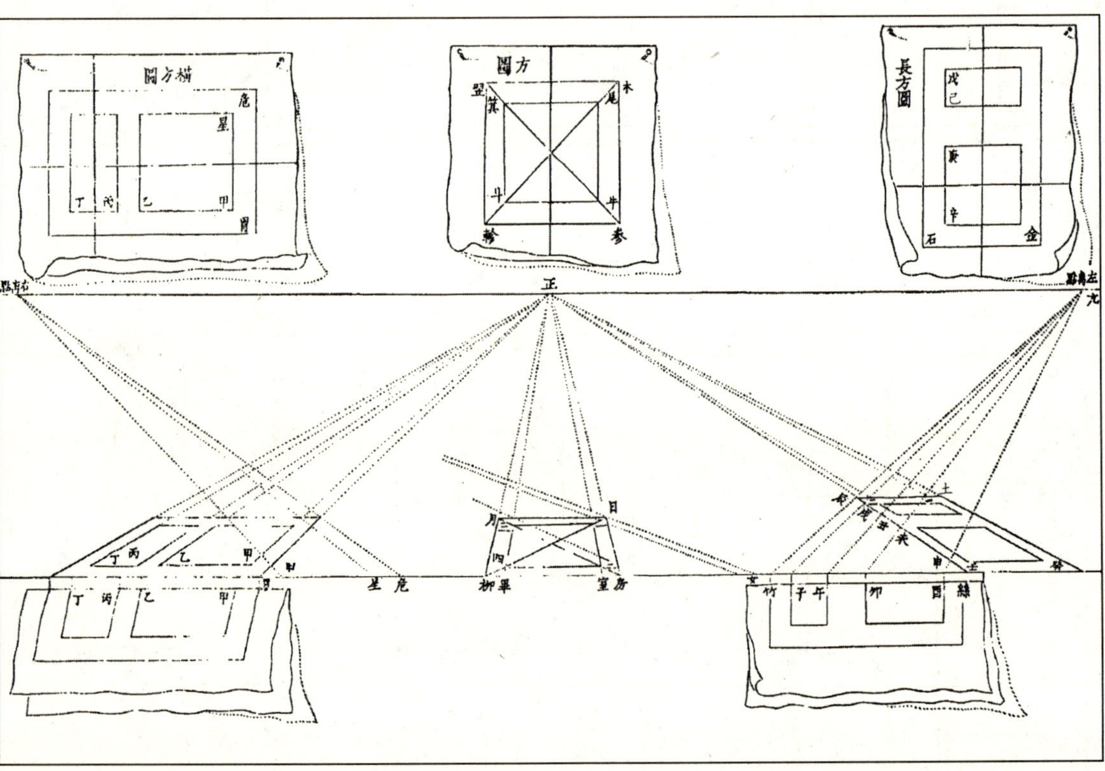

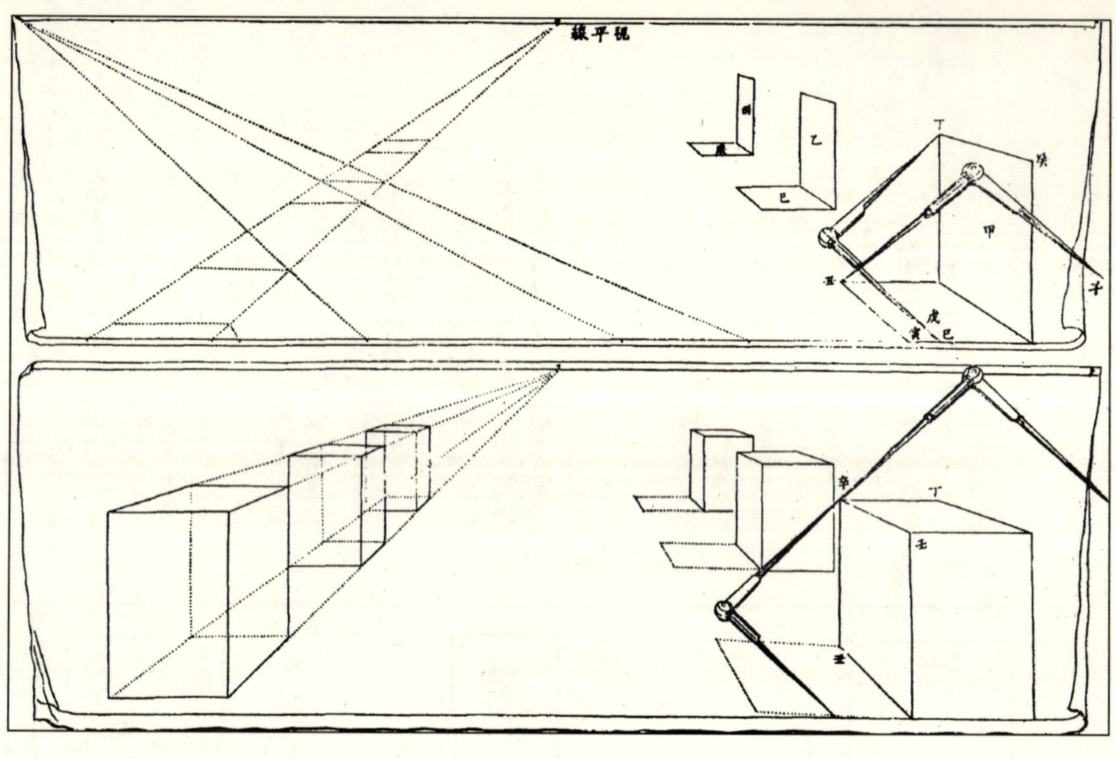
視平線
甲
乙
丁
子

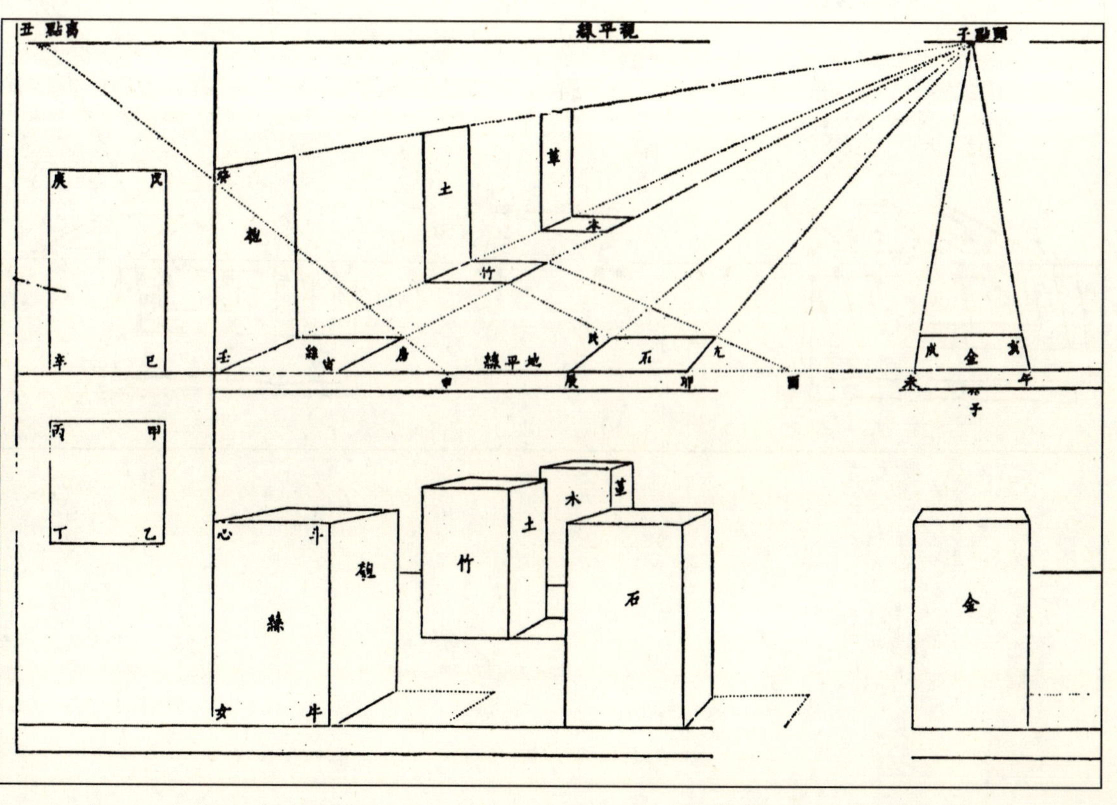
視平線
地平線
土
竹
石
金
絲
匏
水
甲
乙
丙
丁
子

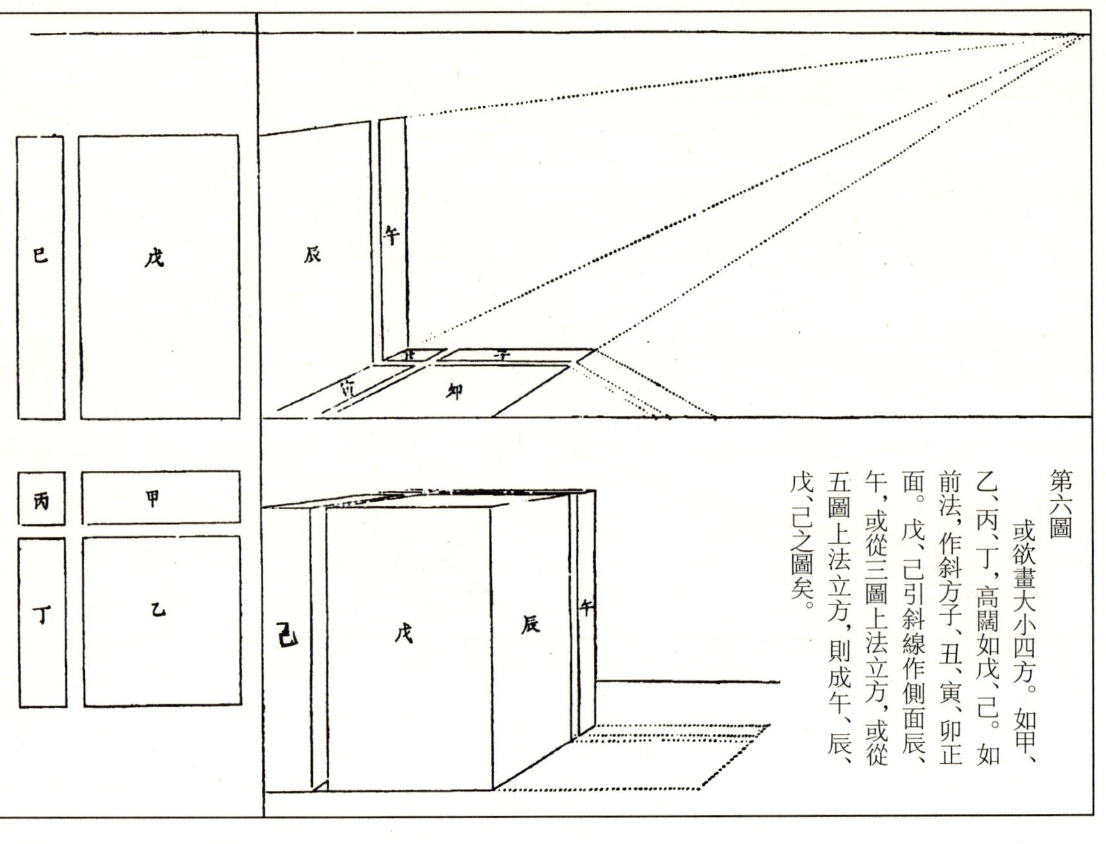

第六圖

或欲畫大小四方。如甲、乙、丙、丁，高闊如戊、己。如前法，作斜方子、丑、寅、卯正面。戊、己引斜線作側面辰、午，或從三圖上法立方，或從五圖上法立方，則成午、辰、戊、己之圖矣。

先作丙底，次作子丑正面，後作子丑側面。四圍尺寸俱備，則全體不煩廢心而定也。此與前方圖之法同，類此而推，物物可作，非難法也。

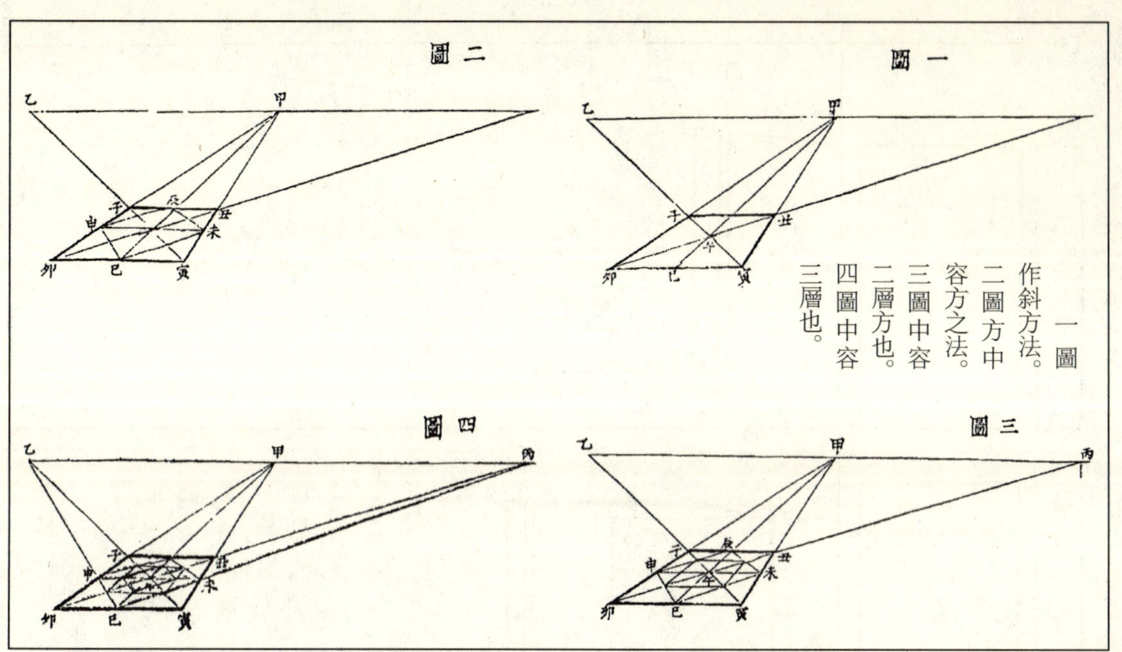

一圖作斜方法。二圖方中容方之法。三圖中容二層方也。四圖中容三層也。

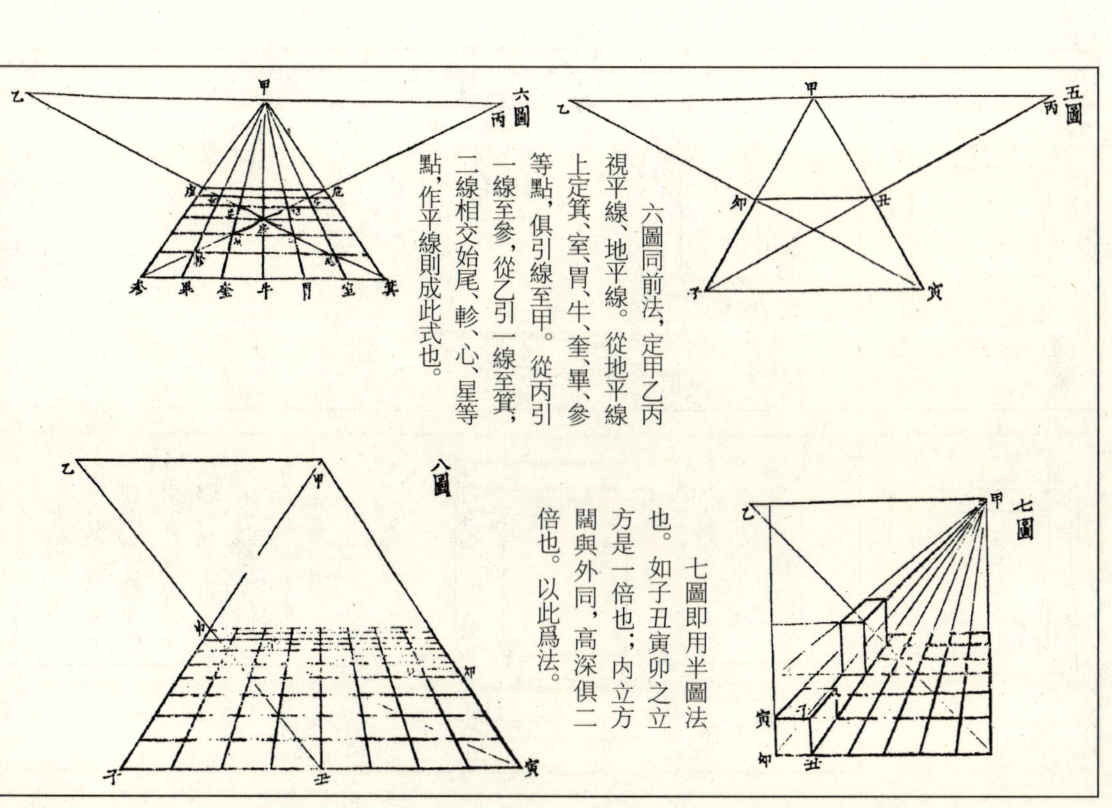

六圖同前法，定甲乙丙視平線、地平線。從地平線上定箕、室、胃、牛、奎、畢、參等點，俱引線至甲。從丙引一線至參，從乙引一線至箕，二線相交始尾、軫、心、星等點，作平線則成此式也。

七圖即用半圖法也。如子丑寅卯之立方是一倍也；內立方闊與外同，高深俱二倍也。以此爲法。

九圖

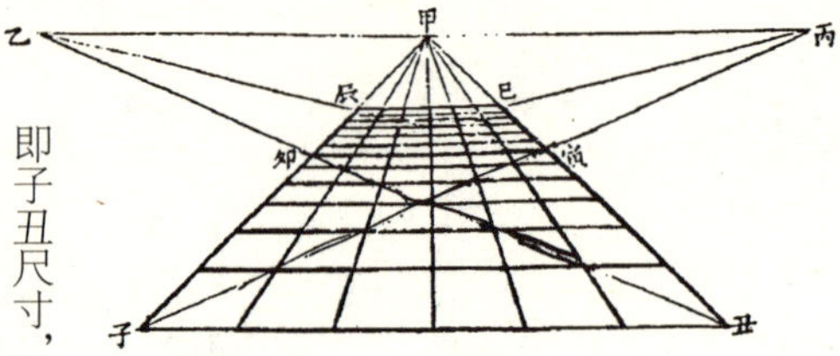

十圖

十一圖

十二圖

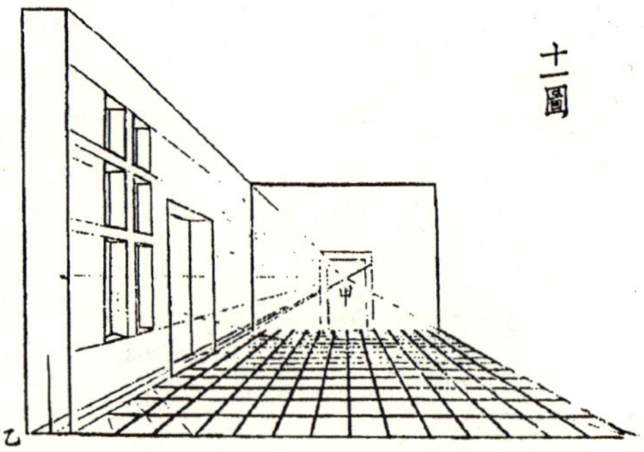

此四圖［九圖、十圖、十一圖、十二圖］，就地平上起物件法。如第九圖，從二離點作十字線，子至卯即子丑尺寸，丑至寅亦子丑尺寸。作卯寅辰巳十字線，與子丑寅卯十字線尺寸同。

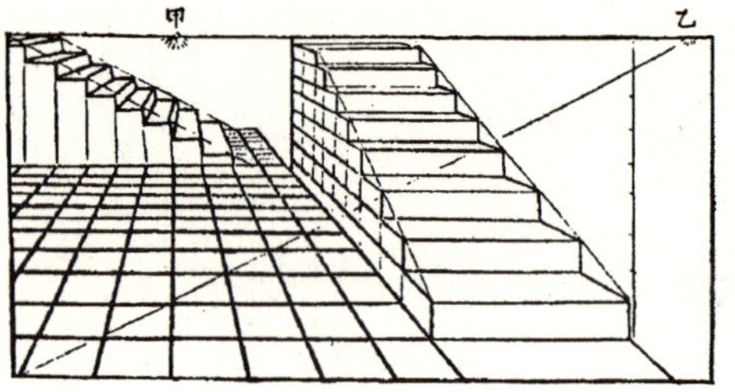

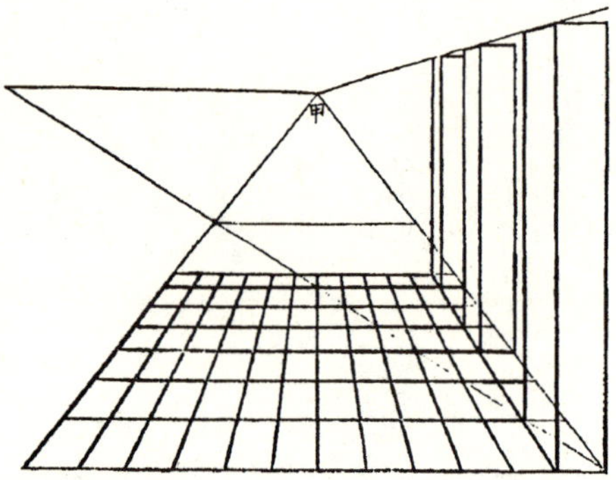

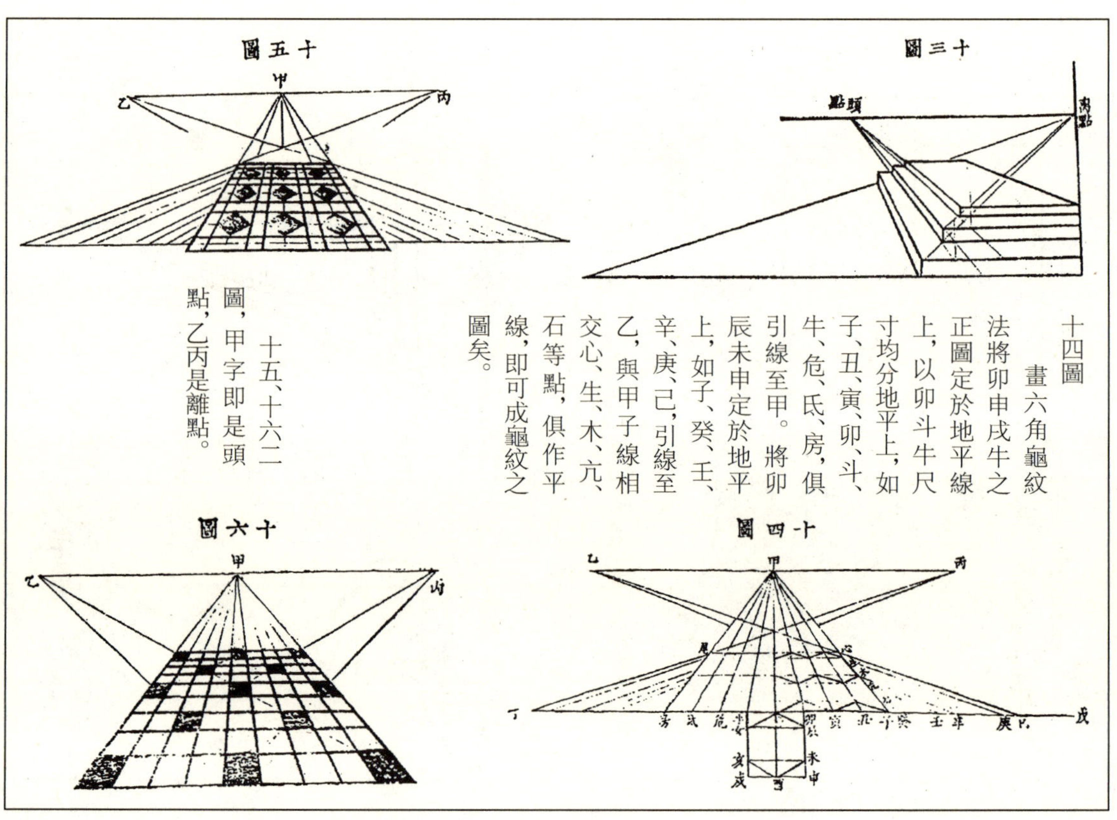

十三圖

十四圖畫六角龜紋法，將卯申戌牛之正圖定於地平線上，以卯斗牛尺寸均分地平上，如子、丑、寅、卯、斗、牛、危、氐、房，俱引線至甲。將卯辰未申定於地平上，如子、癸、壬、辛、庚、已，引線至乙，與甲子線相交心、生、木、亢、石等點，俱作平線，即可成龜紋之圖矣。

十四圖

十五圖

十五、十六二圖，甲字即是頭點，乙丙是離點。

十六圖

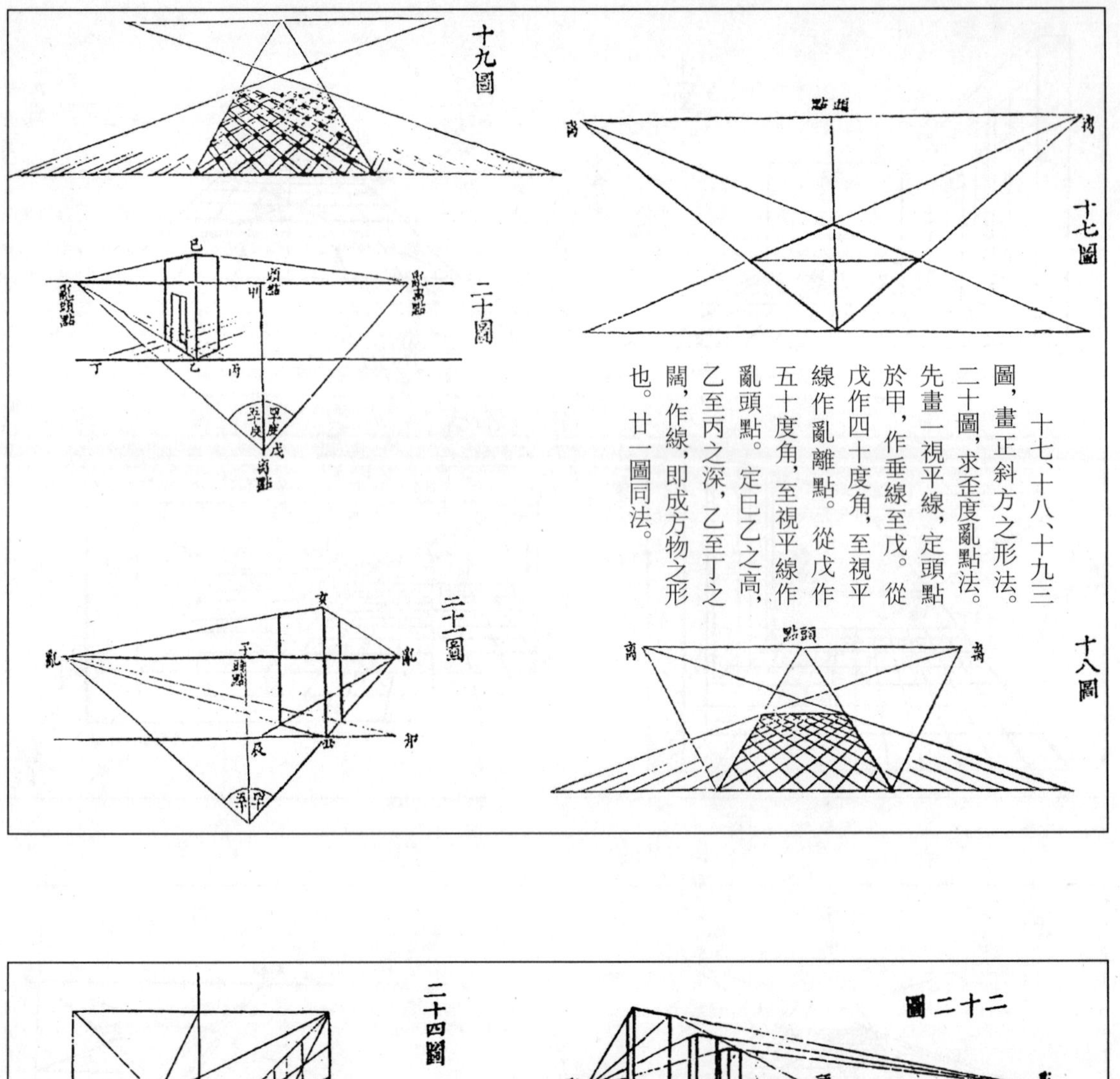

十七、十八、十九三圖，畫正斜方之形法。二十圖，求歪度亂點法。先畫一視平線，定頭點於甲，作垂線至戊。從戊作四十度角，至視平線作亂離點。從戊作五十度角，至視平線作亂頭點。定巳乙之高，乙至丙之深，乙至丁之闊，作線，即成方物之形也。廿一圖同法。

二十二圖與二十、二十一圖同，亦是亂點之法。二十三圖補前正圖未完之法，或地平上任意欲没物件，定遠近尺寸如子丑寅卯，或如辰巳午未，或如甲乙丙丁，或如申酉戌亥，皆可任意爲之，不必拘其所在也。類此而推，雖高山遠澤，皆可作也。二十四圖乃畫升羅底進深之法，或十丈，或百丈，無不可也。

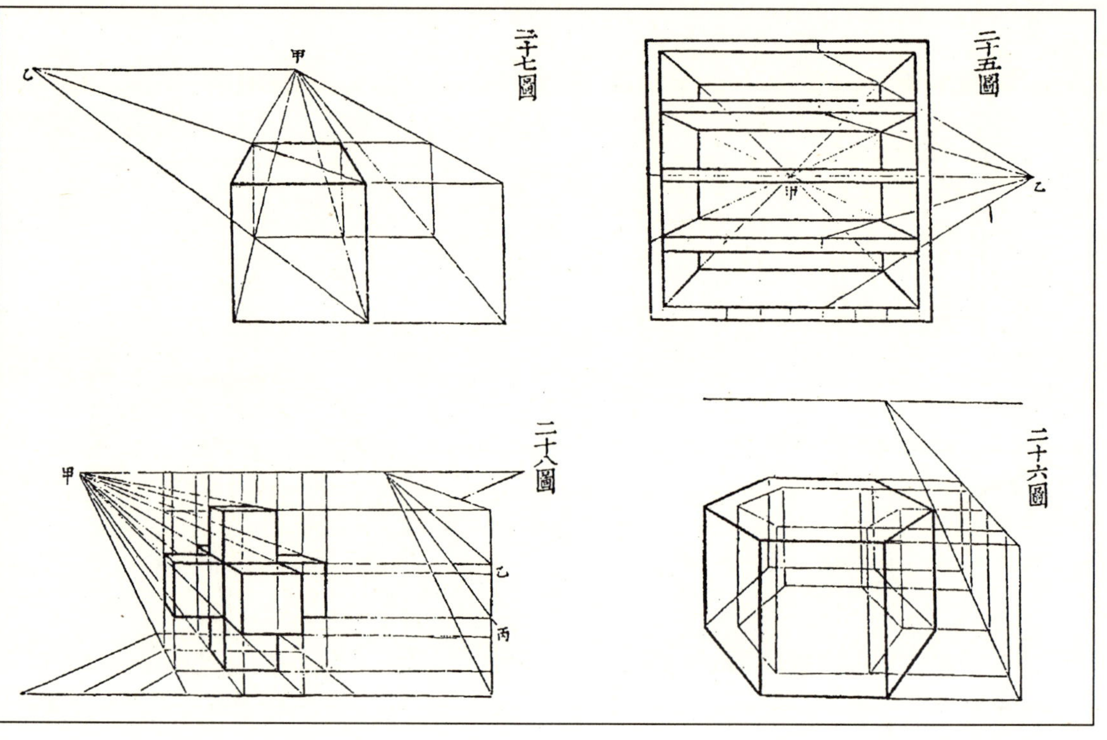

二十九圖

作斜五角圖法。先將正面之圖定於地平線上，將己、戊、丁、乙、甲，定於地平線上如甲、辛、壬、癸子，俱引線至離點，與頭點正甲線相交丑、寅、卯、辰，將丑、寅、卯、辰俱引平線至正丙線止。次將正圖上午未、角作線直上至地平線止，再引斜線至丑申線止，即得形五角矣。次從中心作線至五角，則成五辞形矣。將正圓上內五角引線直上，至地平線拐灣至正，與五角線相交處作線，即成內五角形也。

三十圖

取斜三角形法。先畫一地平線。次畫三角正面之圖，將乙、甲、丙、戊之尺寸，量於地平上如金、亥、戊、乙等點。次將酉壬、未辛、丁庚、申己、乙戊俱引線至正。從地平線上戌點引線至離，與正乙線相交於子，與正申線相交於卯。從亥引線至離，與正丁線相交於寅；從金引線至離，與正丁線相交於辰。從子引平線至正酉線於丑，從卯引平線至午，戌子丑辰外三角，寅卯午內三角也。

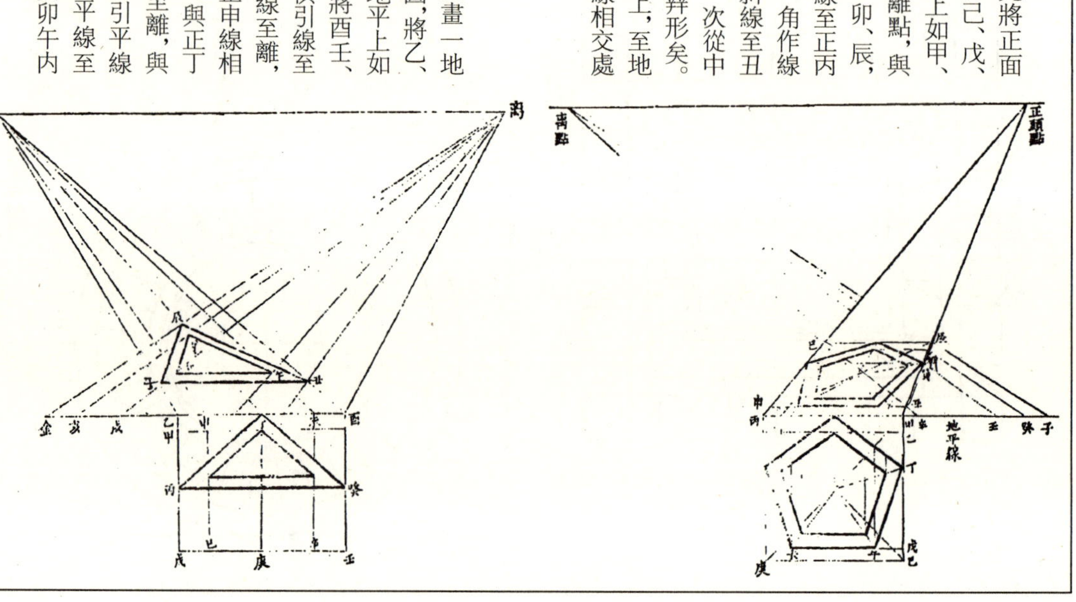

此七角圖與五角法同。

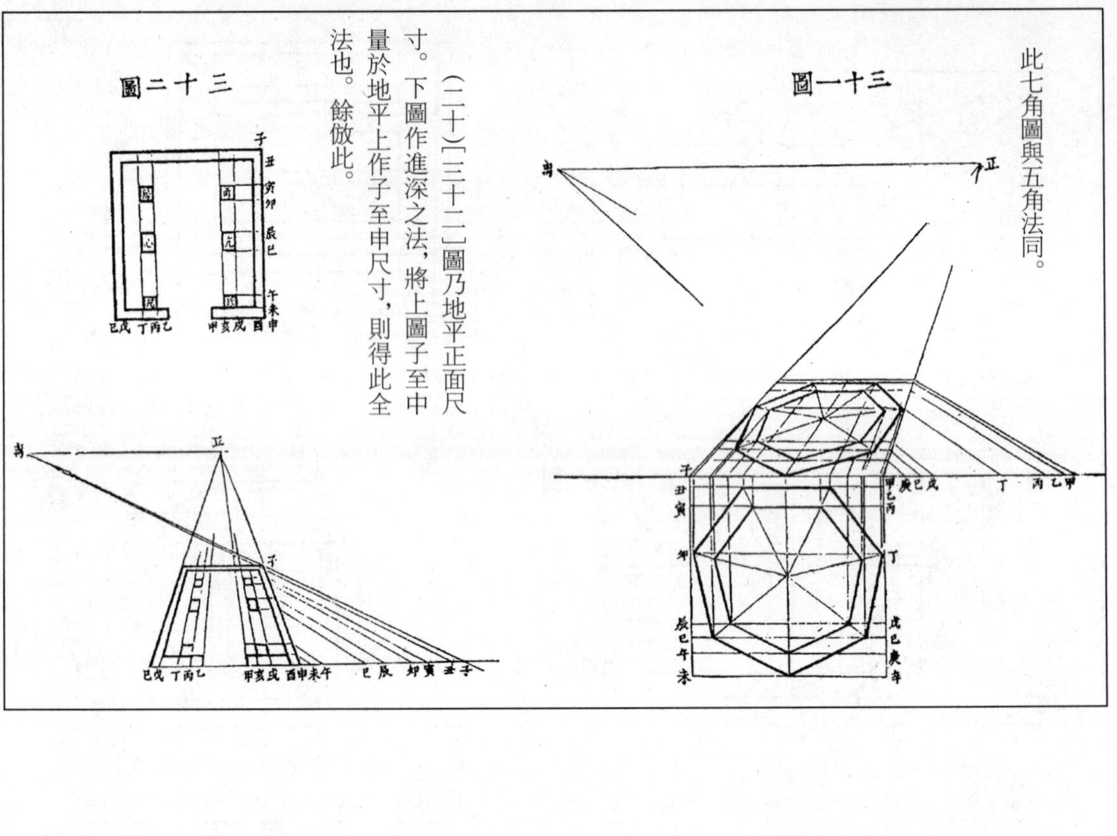

三十一圖

(二十)[三十二]圖乃地平正面尺寸。下圖作進深之法，將上圖子至中量於地平上作子至申尺寸，則得此全法也。餘倣此。

三十二圖

定圓洞之進深。先畫一平線，次定一離點，從離點引線過丙至戊，將洞之進深尺寸從戊量至巳，從巳引線至離點，與十字線相交於丁，丁至丙尺寸即戊至巳尺寸矣。方圖之深，亦與圓圖同法。

三十三圖

三十四圖

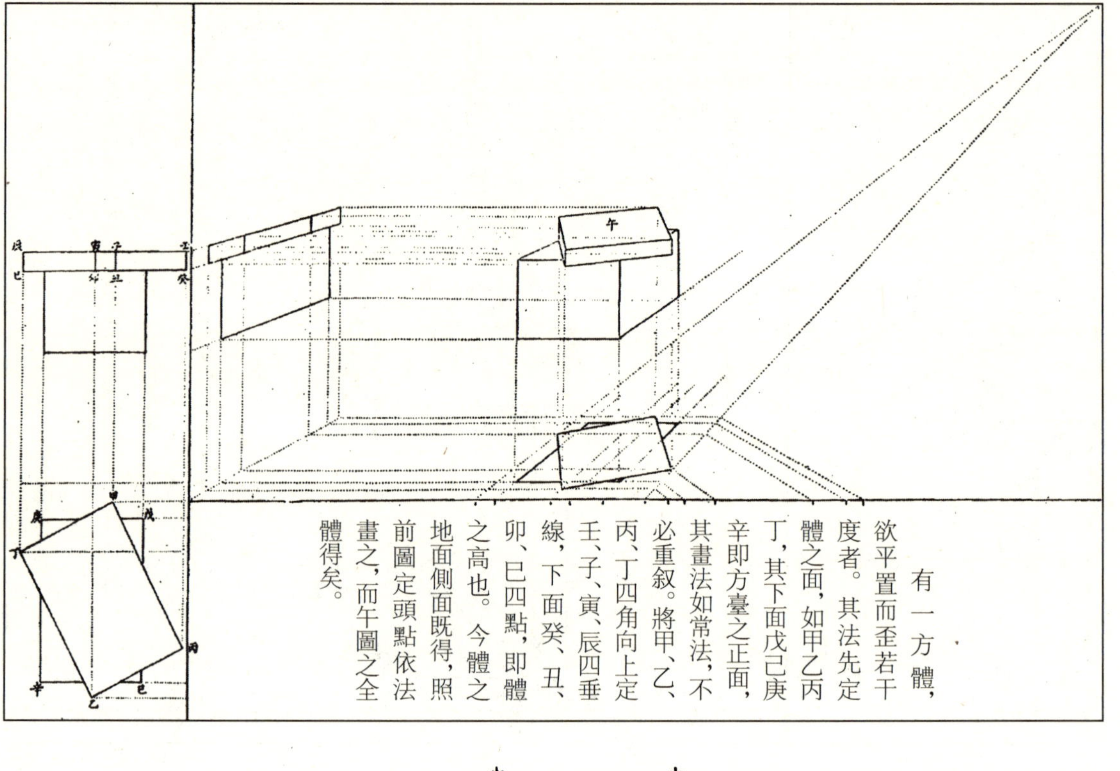

有一方體，欲平置而歪若干度者。其法先定體之面，如甲乙丙丁，其下面戊己庚辛即方臺之正面，其畫法如常法，不必重叙。將甲、乙、丙、丁四角向上定壬、子、寅、辰四垂線，下面癸、丑、卯、巳四點，即體之高也。今體之地面側面既得，照前圖定頭點依法畫之，而午圖之全體得矣。

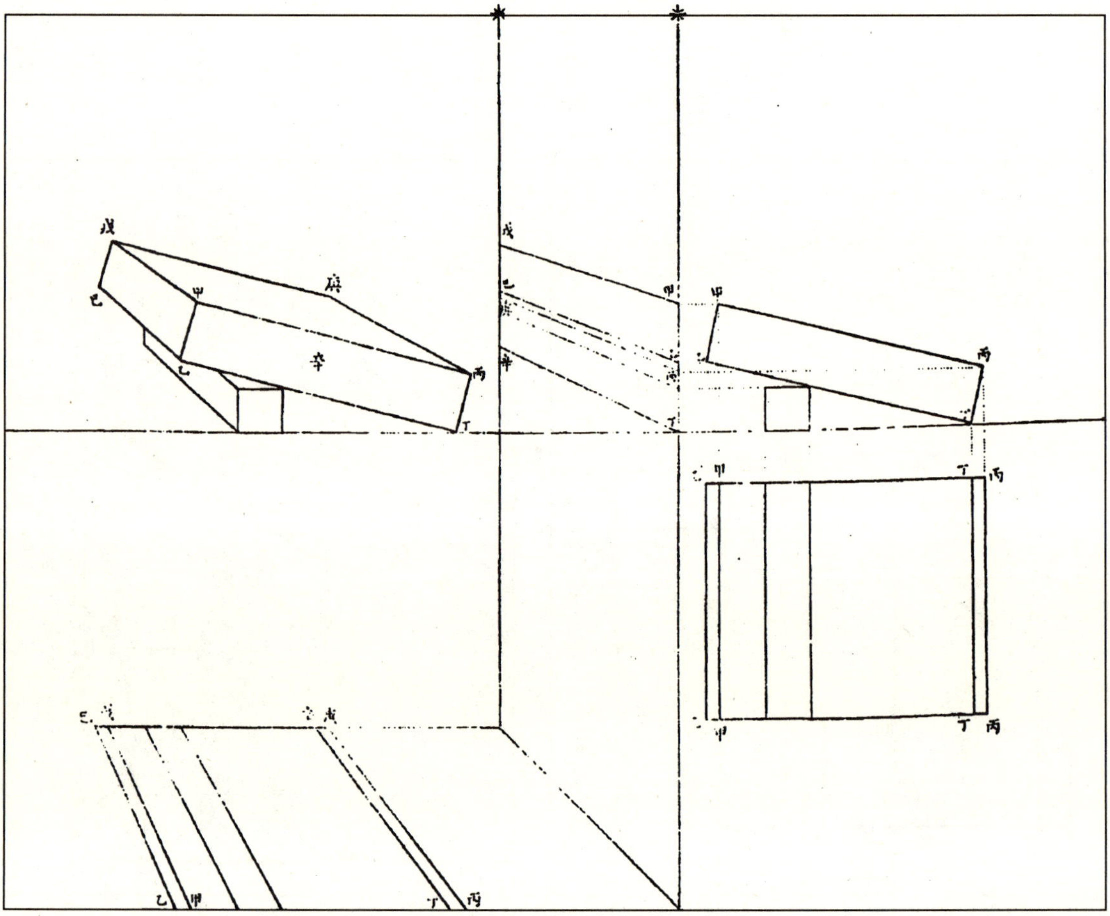

欲作兩方體，一體正置，一體仰靠其上。其法先畫一仰立側面，欲仰高若干，在卯角定若干度，如上圖寅卯辰巳，正立體側面，如午未申酉。今二體側面之高已有，而正視之面未定，將寅、卯、辰、巳四角作垂線向下，午、未、申、酉亦作垂線，定體之寬。如甲乙庚辛即寅辰之正面，戊巳丙丁即卯巳之下面，如壬癸子丑即午申之正面。上一體係上仰之體，故取上下兩面。正立之體，只取上一面，而下一面亦在其中，量於地平線上，照前法定頭點取之，而全體得矣。

此圖與前圖之體同。今將前圖之正面移作側面，側面移作正面視之，照此法畫之，即得全體矣。

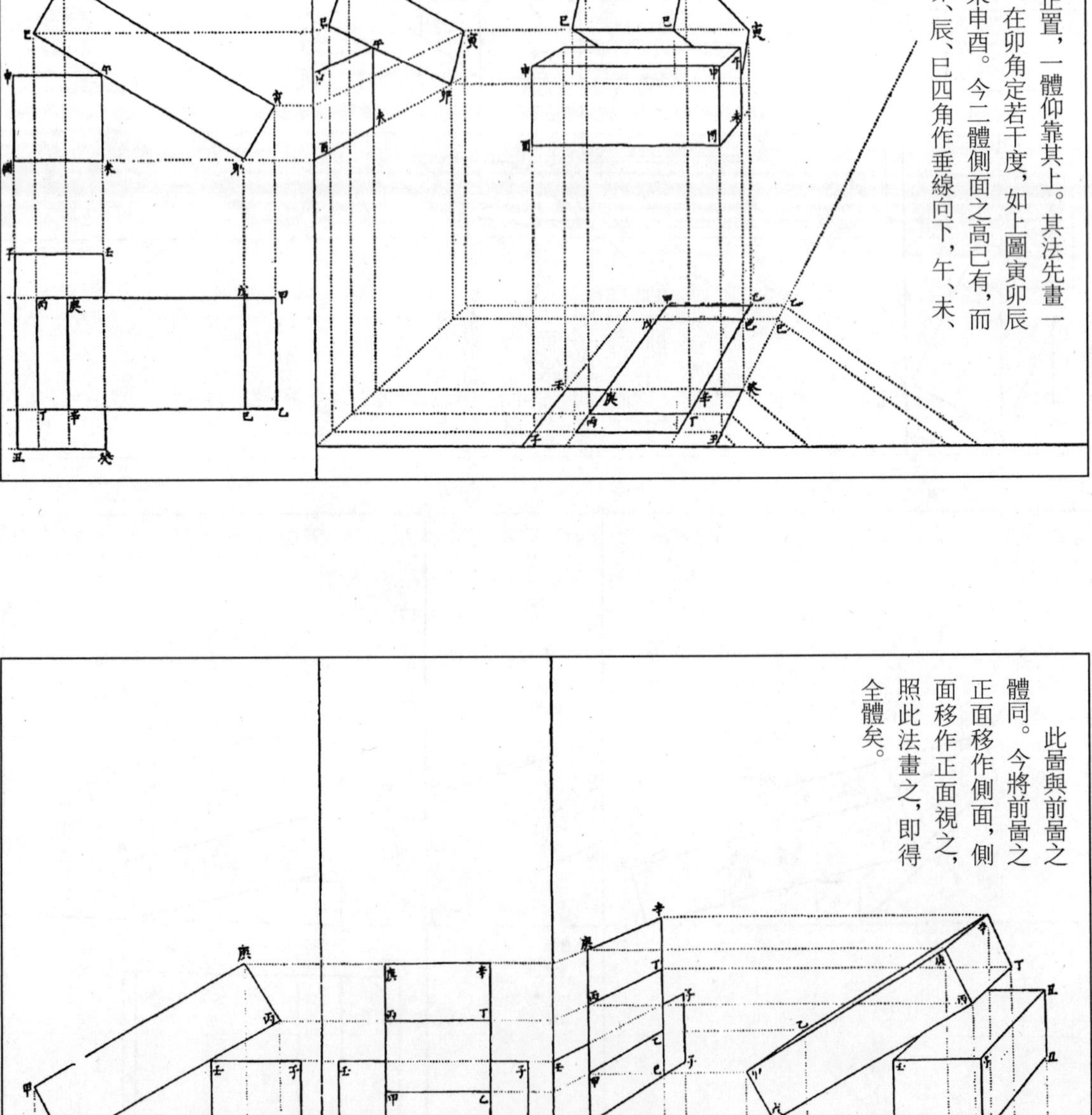

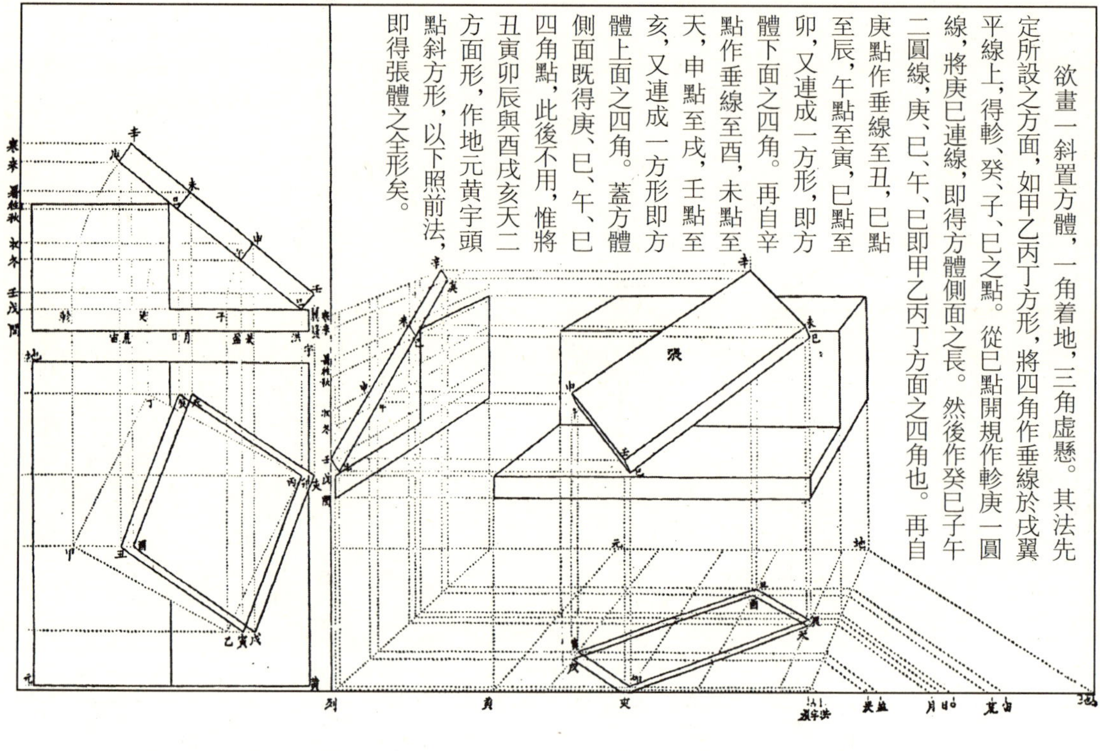

欲畫一斜置方體，一角着地，三角虛懸。其法先定所設之方面，如甲乙丙丁方形，將四角作垂線於戊翼平線上，得軫、癸、子、巳之點。從巳點開規作軫庚一圓線，將庚巳連線，即得方體側面之長。然後作癸巳子午二圓線，庚、巳、午、巳即甲乙丙丁方面之四角也。再自庚點作垂線至丑，巳點至辰，午點至寅，巳點至卯，又連成一方形，即方體下面之四角。再自辛點作垂線至酉，未點至天，申點至戌，壬點至亥，又連成一方形即方體上面之四角。蓋方體側面既得庚、巳、午、巳四角點，此後不用，惟將丑寅卯辰與酉戌亥天二方面形，作地元黃宇頭點斜方形，以下照前法，即得張體之全形矣。

此啚係前啚之後面轉作正面視者，用此畫法。

此圖係前圖之左面轉作正面視者，用此畫法。

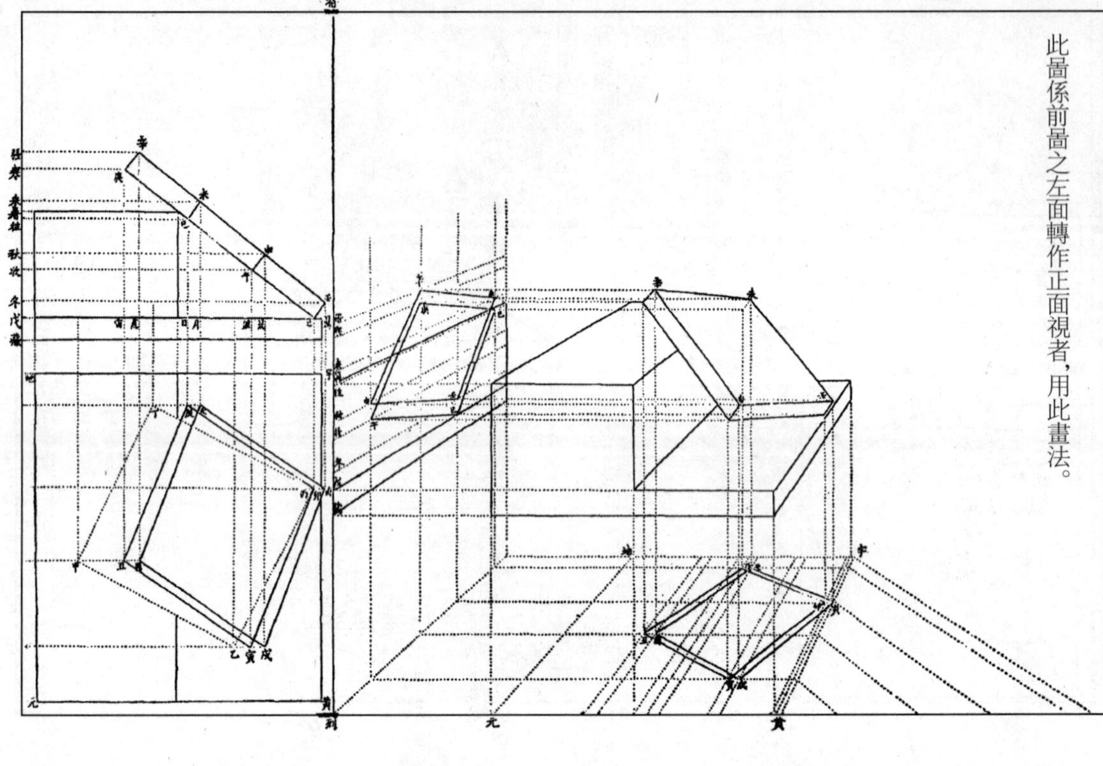

此圖係前圖之右面轉作正面視者，用此畫法。

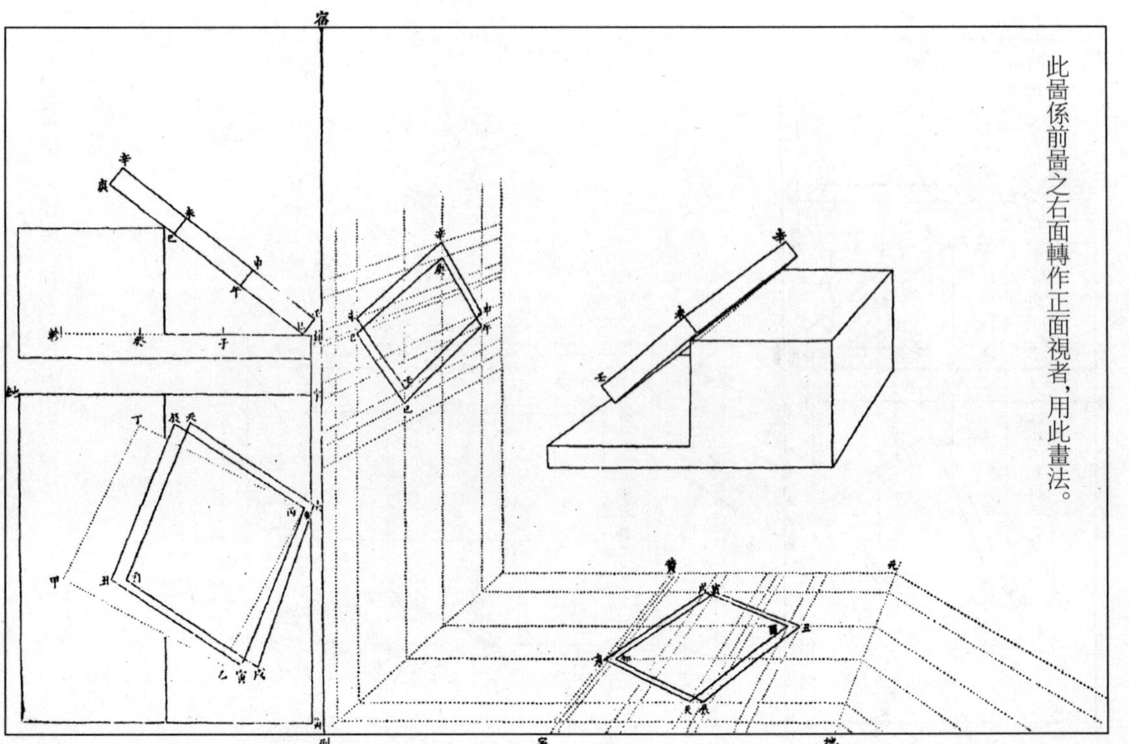

又 欲畫一斜置方體，一角着地，三角虛懸，不似前圖三角虛懸而底仍是正者。其法欲斜若干度，先定一斜方形，如一圖之甲乙丙丁也。次將甲、乙、丙、丁四角向下作一正視側面，如二圖之戊己庚辛長方形。另作一地平線如三圖之署往，將一圖之甲乙線置於上，如甲乙從一點開規作甲壬觚線，壬點隨意定，即角之高度也。復將壬與乙作連線，將一圖之丁乙線量於壬乙線上，得秋點，再自壬點量得癸點，二線等長，秋與乙向上作直角，壬與癸向下作直角，成一壬癸丑直角三角形。丑點隨意定，得壬丑之長，壬丑線即一圖丙乙之邊，癸丑即一圖丁乙之邊，癸丑線愈長，其物愈歪，故此丑點隨所欲而定。再從乙點向上斜行，至秋線上得子點，與癸丑等長，即一圖呂丁之長。又成一乙秋子直角三角形，與壬癸丑三角等，壬、子、丑、乙四點作連線，即成一斜方底。次從壬點上行任至巳作一垂線，再從壬點向上斜行任至寅，與乙壬線作直角，將二圖上戊庚線量在壬寅線上，截於卯，從卯點作小平線至巳壬垂線上，得辰點。再從子角作小垂線至午，折半得未點。二圖之下另作一長方形如申酉戌亥，與二圖等。將三圖上之午未之線量於四圖申戌垂線上，得天點，從天過地作一線與申酉等長，得元點。將天地元三點向上作直角與申戌等長，得黄、宇、宙三點，三線俱與三圖上之辰壬等長。從宇點作一小短線與申酉平行，至中垂線得洪點。將洪地線量於三圖巳壬垂線上，從任點上行得荒點，作小平線至壬寅線上，得日點。將丑、子、乙三點向上與壬日線平行作三垂線，得日、月、盈、昃四點，作成連線即成一斜方頂。次將日、月、盈、昃四角，下底壬、子、丑、乙四角，俱作垂線至署往地平線上，得宿、列、張、寒、午、來、乙、辰八點，將四圖黄、天、宇、地、宙、元六角點向下俱作垂線。次將三圖地平上宿、列、張、寒、午、來、乙、辰八點作於天角垂線上，復作平行線，照三圖之角點相連，即成日月盈昃壬丑子乙全體地面矣。再將三圖上之日、月、盈昃、壬、丑、子、乙八角作平行線至收甲線上，得冬、藏、閏、餘、成、歲、律、甲八點，有此地面，更得三圖正面。其一、二、四圖不復再用，只將三、五二圖照前法頭點，求全體可得也。

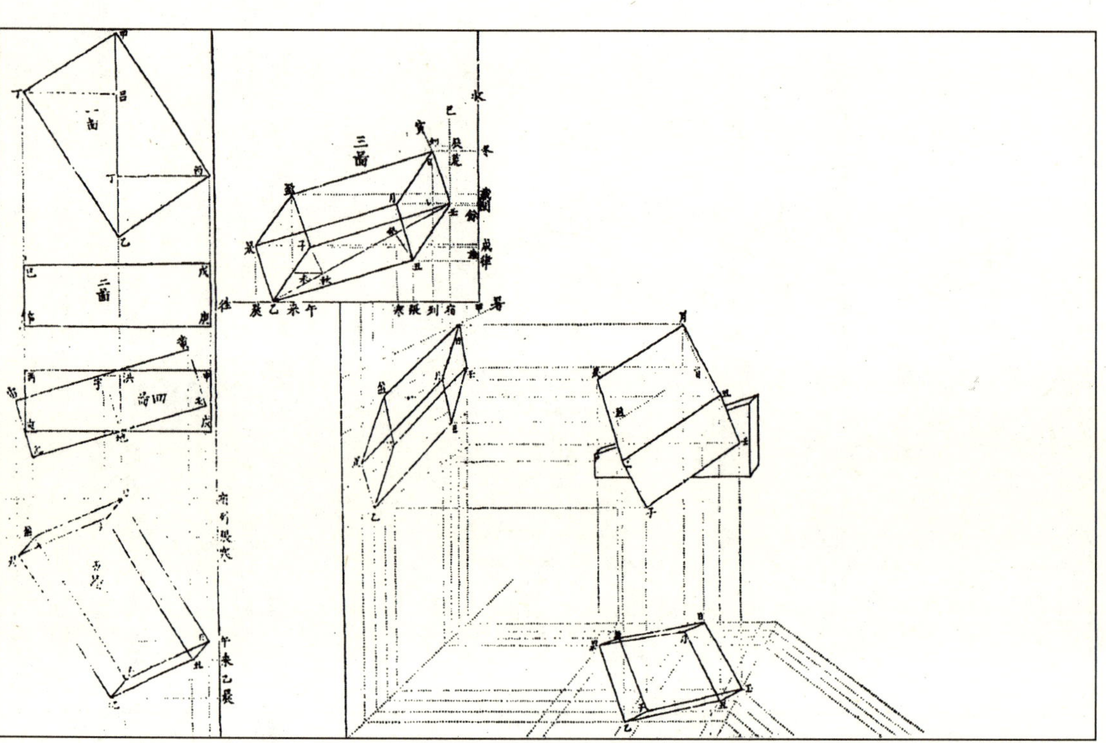

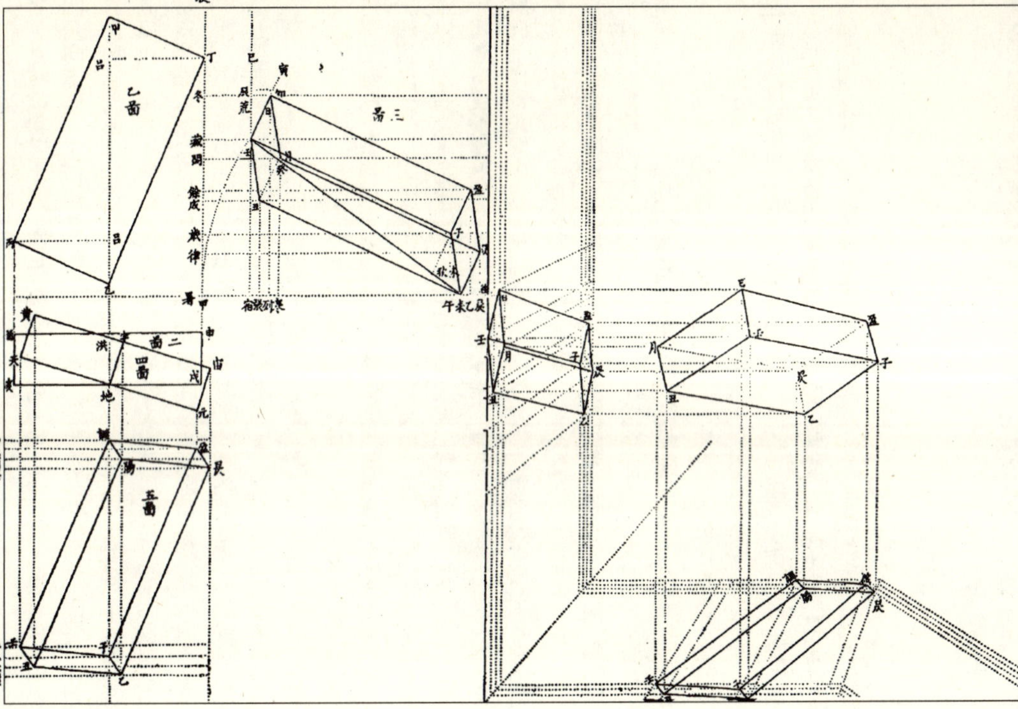

此畧係前畧之後面轉作正面視者，用此畫法。

圓球正視者，其體渾圓，只用規一圓環即得。若傍視必成腰圓，離頭點愈遠愈腰。其法將所設球徑畫一圓環地面如甲乙丙丁，照前法用頭點於地平線上作斜方。如戊己庚辛，側面如子丑壬癸。次將寅、卯、辰三點之中平分如巳、午二點，從巳點作垂線下至角線得未點，自未點作平線至戊辛對角線上得申點，從頭點作輻線至地平線得酉點，將酉辛之短線在甲乙丙丁畧上自戌點上量得亥點，自亥向上作垂線。次從環心開規，以天點爲界作一環如天地元黄，再自甲乙丙丁環上宇點向上作垂線得宙點，從環心以宙點爲界作一環如宙洪荒日，將二環亦畫於頭點地面斜方内。有此三環，而上面之全體畫得矣。今再立一法，較前法更覺明顯。自斜方環上酉、月二點向上作垂線，在側面上往秋、巳午垂線上取藏、閏二點作平線，得盈、昃二點，即得斜方第二環。自二環上晨、宿二點向上作垂線，在側面上寒暑、寅辰垂線上取收、冬二點作平線，得列、張二點，即得斜方第三環。有此三環，環内各得六點，上面球體之上、下、前、後、左、右六面全體畢現矣。

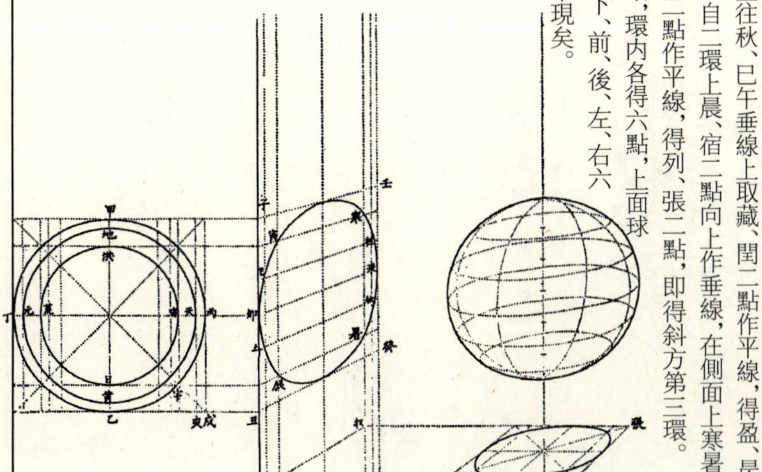

應用

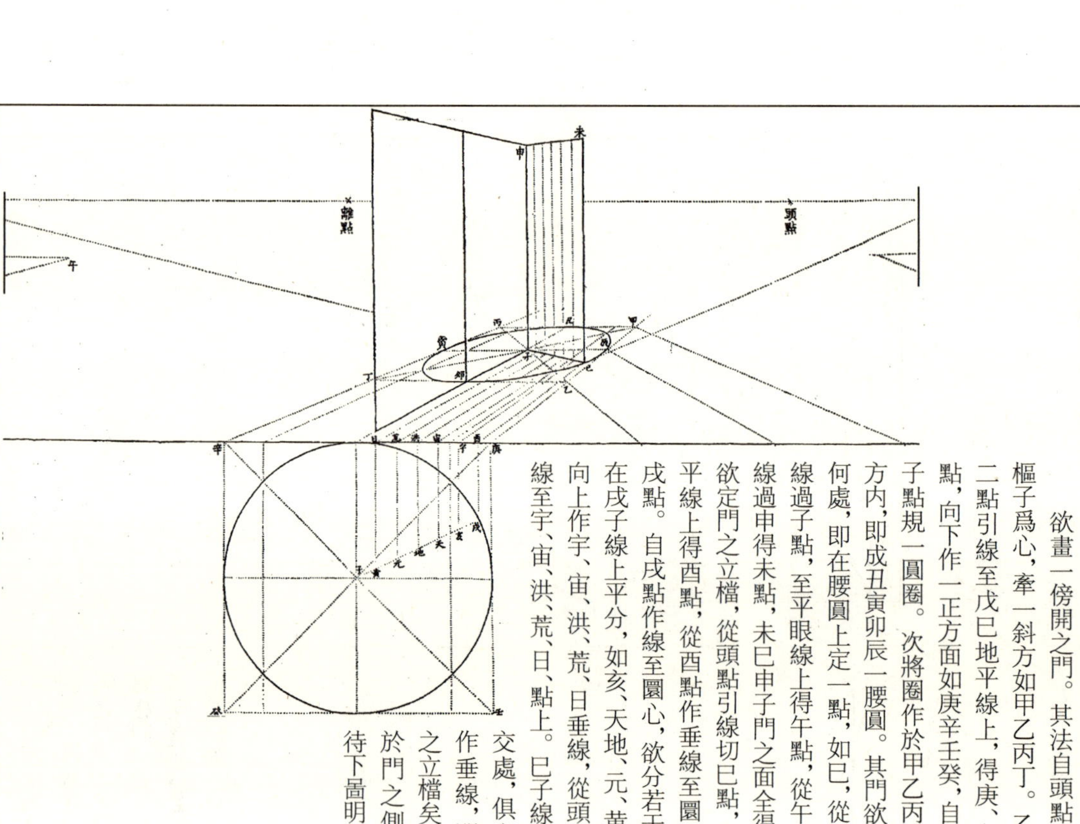

欲畫一傍開之門。其法自頭點以門樞子爲心，牽一斜方如甲乙丙丁。乙丁、二點引線至戊巳地平線上，得庚、辛二點，向下作一正方面如庚辛壬癸，自中心子點規一圓圈。次將圈作於甲乙丙丁斜方內，即成丑寅卯辰一腰圓。其門欲開至何處，即在腰圓上定一點，如巳，從巳引線過子點，至平眼線上得午點，從午點引線過申得未點，未巳申子門之面全得矣。欲定門之立檔，從頭點引線切巳點，至地平線上得酉點，從酉點作垂線至圜邊得戌點。自戌點作線至圜心，欲分若干檔，在戌子線上平分，如亥、天地、元、黃，俱向上作宇、宙、洪、荒、日垂線，從頭點引線至宇、宙、洪、荒、日、點上。巳子線上相交處，俱向上作垂線，即門之立檔矣。至於門之側面，待下圖明之。

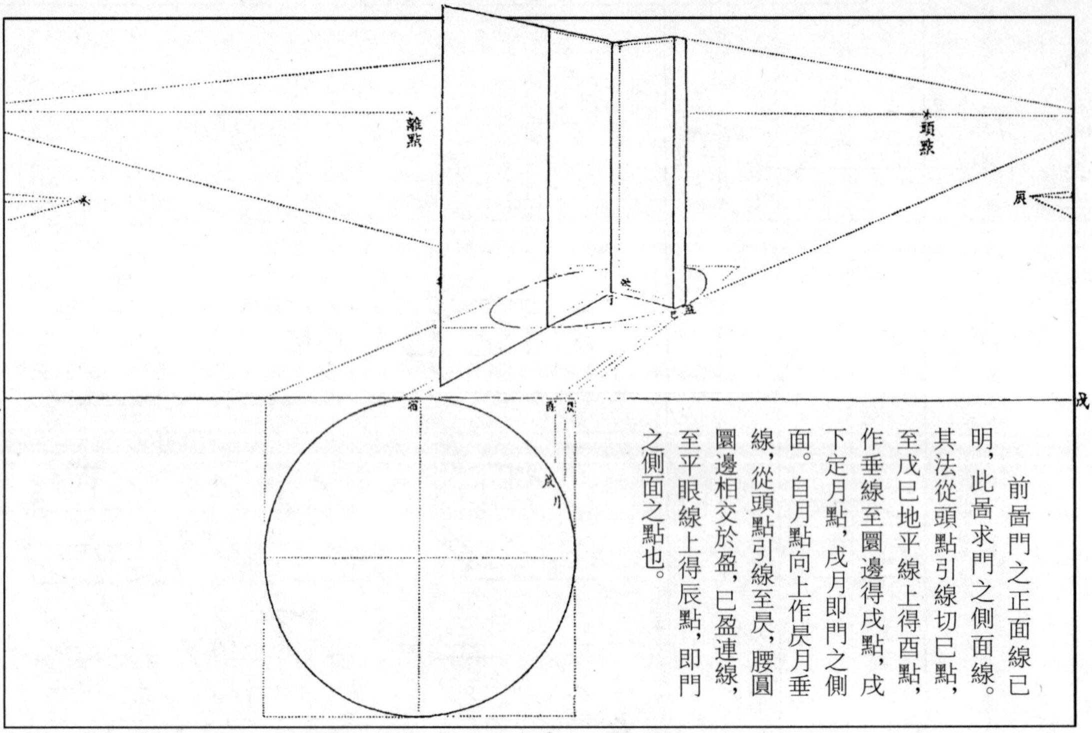

前啚門之正面線已明，此啚求門之側面線。其法從頭點引線切巳點，至戊巳地平線上得酉點，作垂線至圜邊得戌點，戌下定月點，戌月即門之側面。自月點向上作戻月垂線，從頭點引線至戻，腰圓圜邊相交於盈，巳盈連線，至平眼線上得辰點，即門之側面之點也。

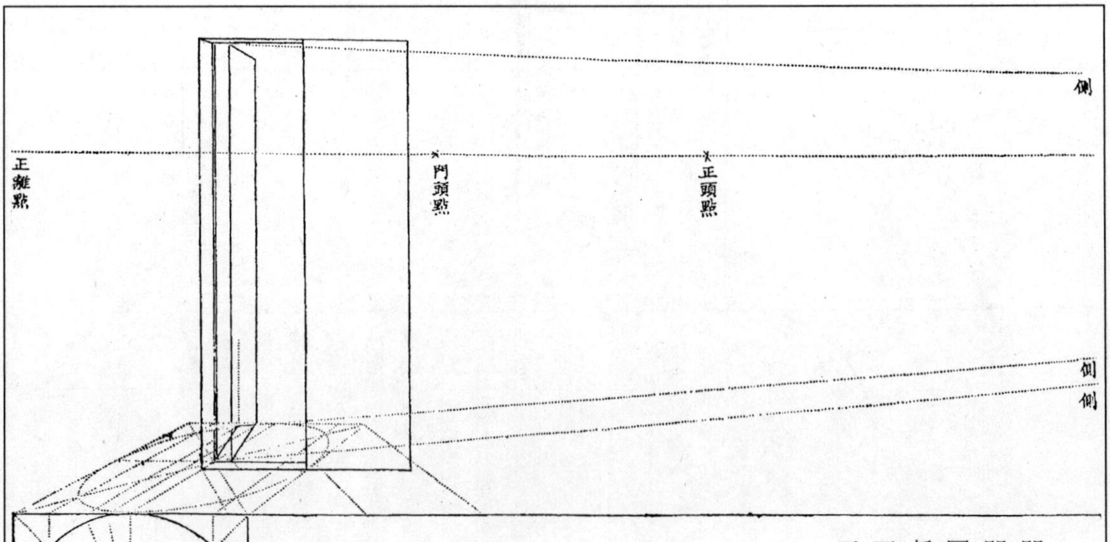

前圖係側墻上開門，此係正墻上開之門。其法與前圖相同。此三側字係門之側面點，與正頭點離二尺四寸五分。

開窗户法

先定一方窗如木甲亥四，定一地平線如壬癸，從甲四線作平線如力寅。將木甲之長定於甲寅線上如乙甲、丙甲，從頭點壬引三線過乙、過甲、過丙作三線，至地平線上得丁、辛、庚三點。次從離點引線過甲角，得壬庚線上巳點、壬辛線上戊點。將甲、巳、戊三點作三平線如子丑、乙寅、戊卯三線，得子戊巳工一斜方。甲與工作斜線，從丁點作垂線至辰，丁辰之長與丁庚等。從辰開規，丁爲界，作半圜，從辰至庚作一斜線於半圜上，得未點。從未上行得申點，從申引線至頭點，得酉戌二點。從亥四邊上行得七點與亥四線等長，從頭點壬引線過四角任至一，從工、戌、丙、酉、巳五點作平線至壬一線上，得六、五、四、三、二等點，俱作垂線上行，從頭點引二線過亥點、七點，得八六九二之方形。將七、生、月、方、四、女、十、心八點連成一圓圜，從亥處作根開窗，不拘何處，只在圜邊上止。此圖只明窗之兩軸處作圓圜之法，至於全圖詳於下二圖內。

此幅乃補前圖窗户上格櫺之法。將原定之窗户上未午二角，作垂線至地平線上，得辛戊二點。從申、酉二點作垂線，再從甲頭點引線至辛、至戊，與申、酉二垂上相交處。得庚巳二點，將庚、辛、巳、戊連成一方。從辛戊線上定正面格櫺之寬，從庚辛線上定側面之寬，俱作垂線上行，至未午正面、申未側面，取成各點。再順子丑邊引一斜線，順卯寅邊引一斜線，二線相交處定一丁點，丁點即能畫窗上之斜櫺線。再順子未邊引一線上行，順未卯邊引一線上行，二線相交處定一點，從此點引線成窗格拐角中之人工小短線，餘角俱倣此。如子未、卯午二線或太長不能相交，順子未邊俱作平行線亦可。所差不過些微，取格櫺中角線可也。

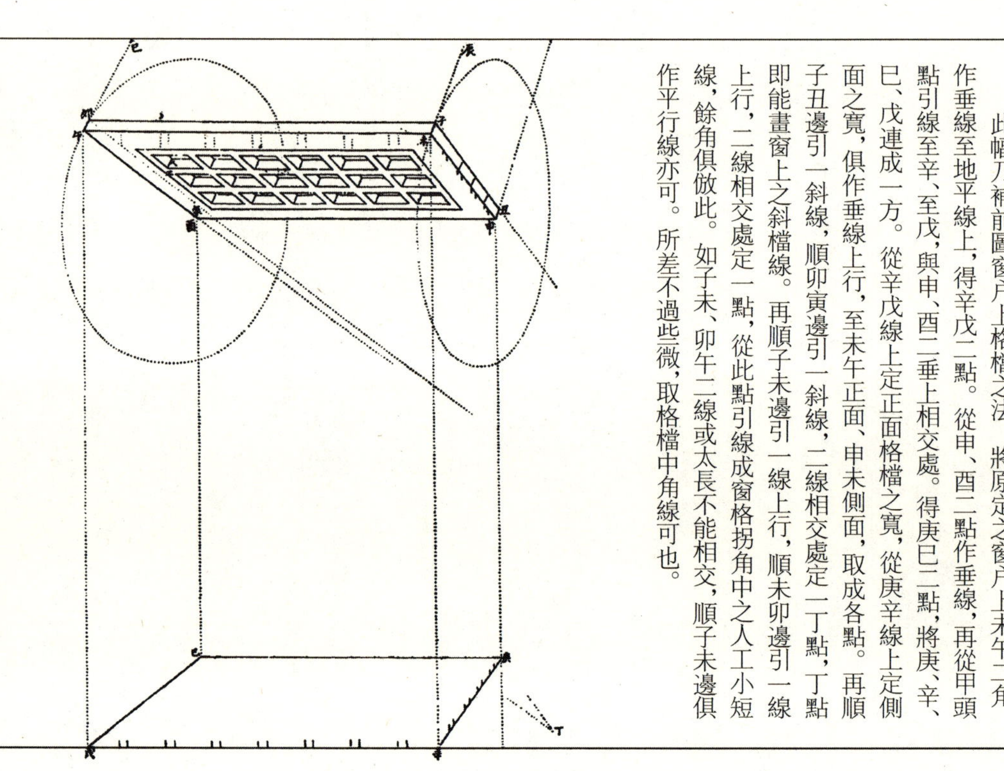

此圖與前圖同法，但甲乙戊巳二線相交處甚遠，故格檔中之線俱係平行如工人小短線。此甲乙丙丁乃窗之橫頭，人目之正面也，所以格檔中與甲乙丙丁平行也，即前圖上云不能相交，俱作平行線可也。

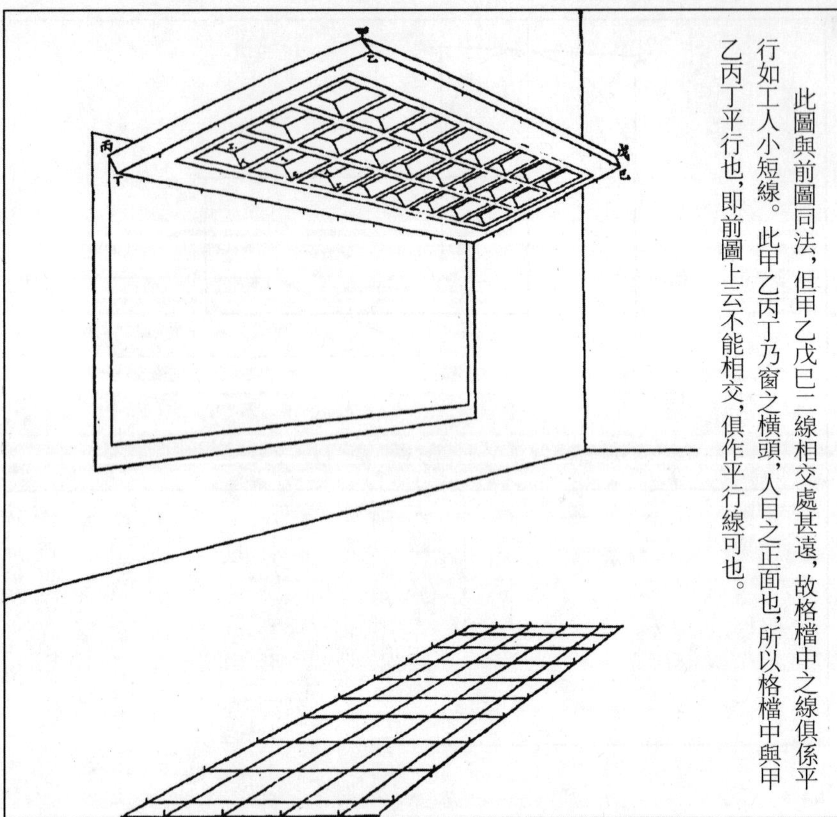

圖表

清・年希堯《視學》 透視圖

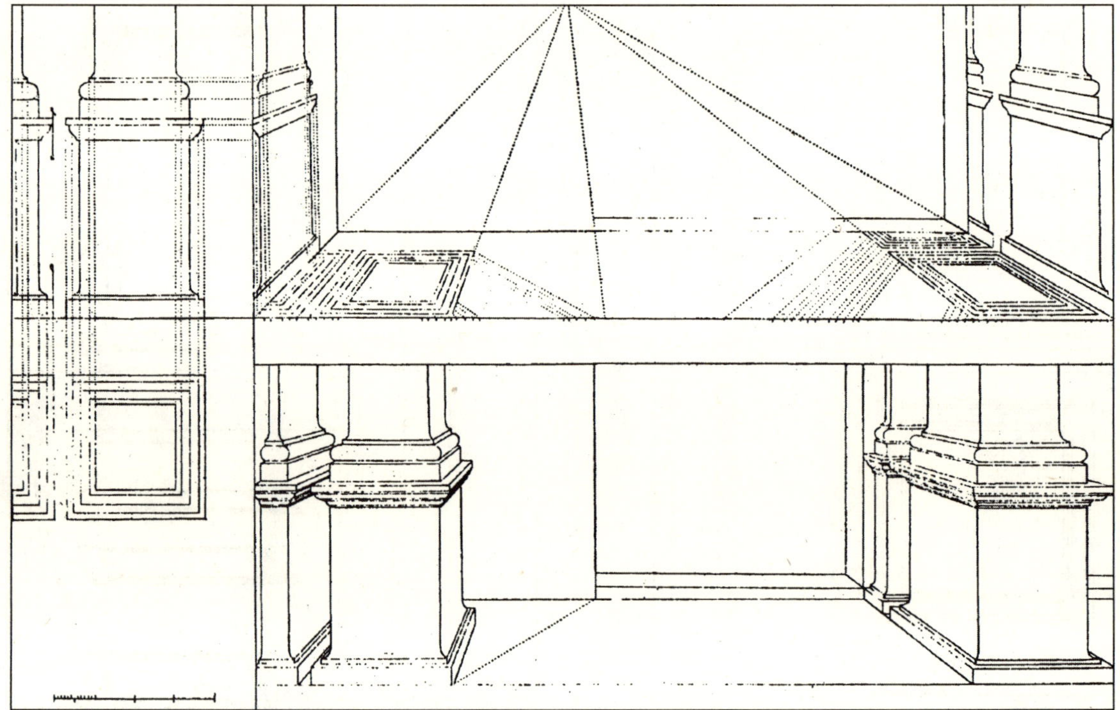

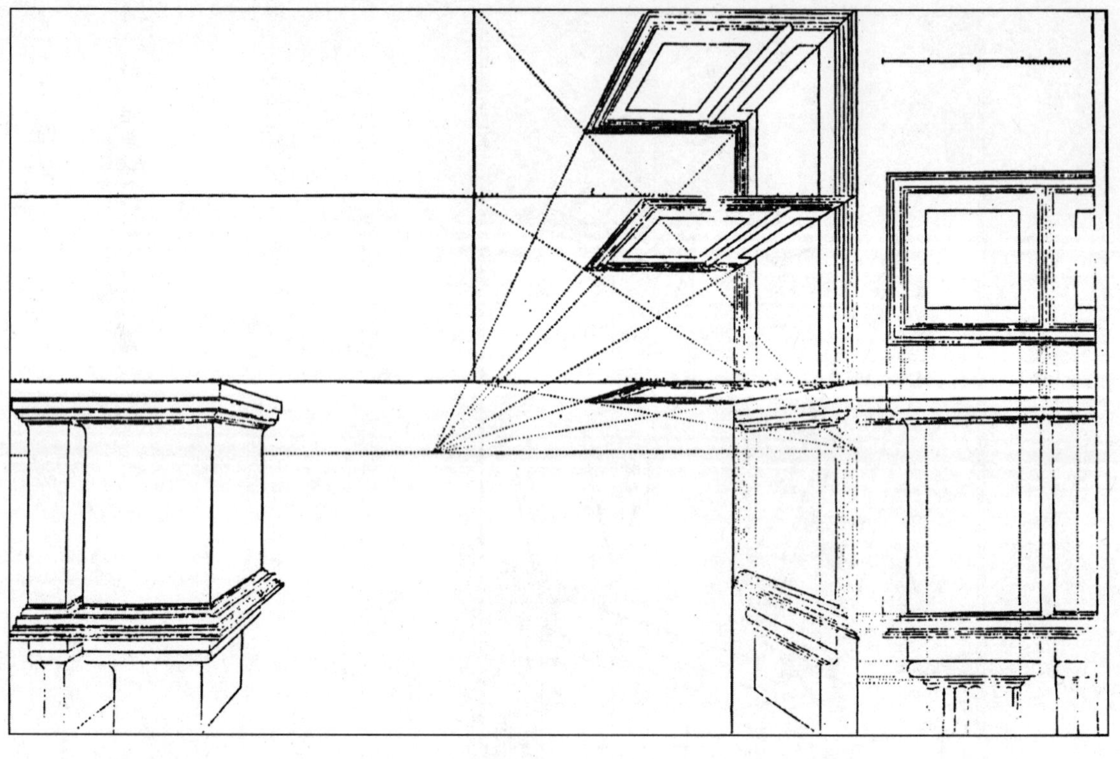

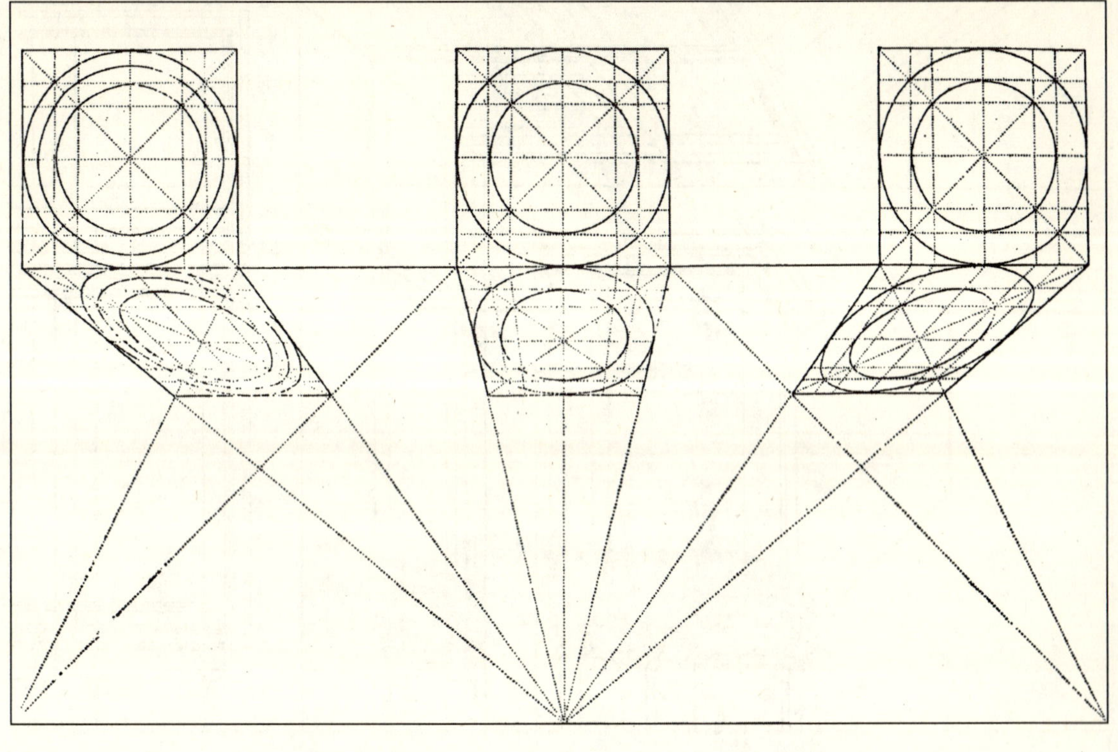

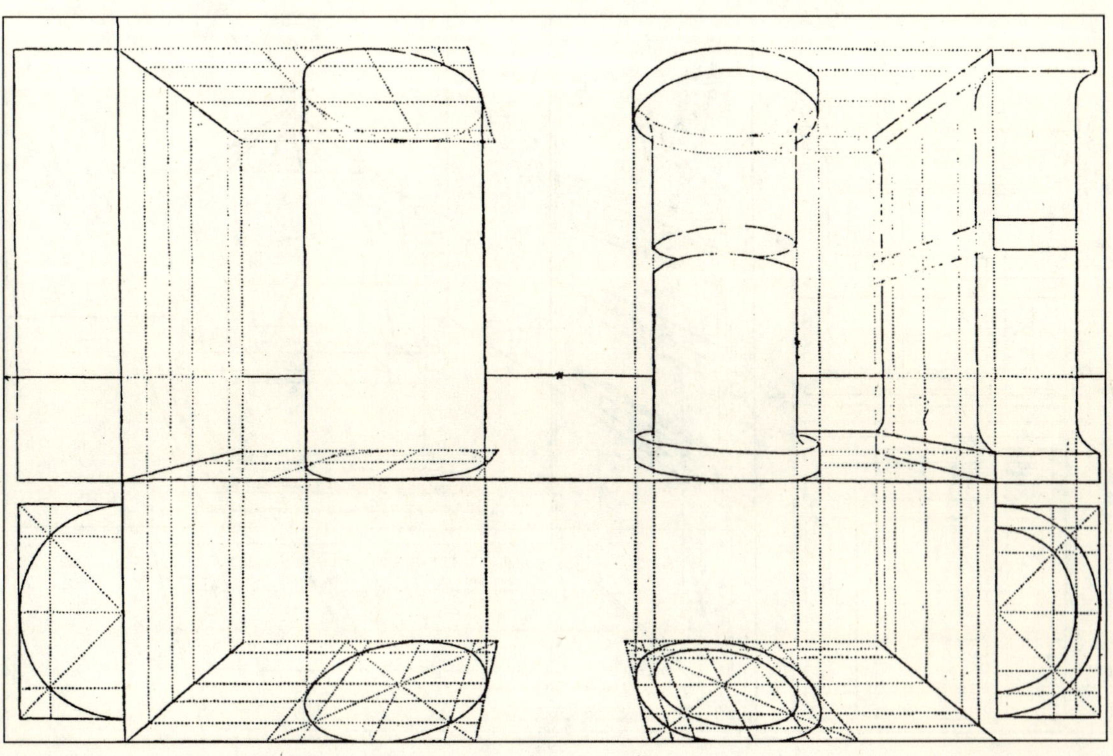

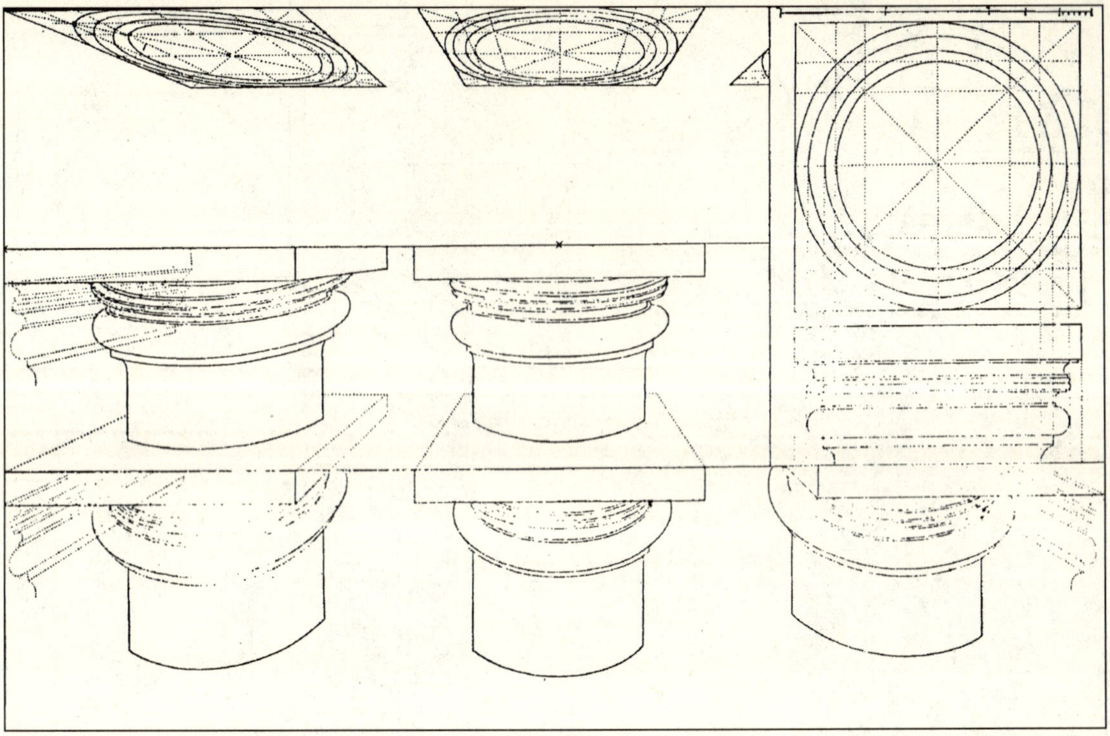

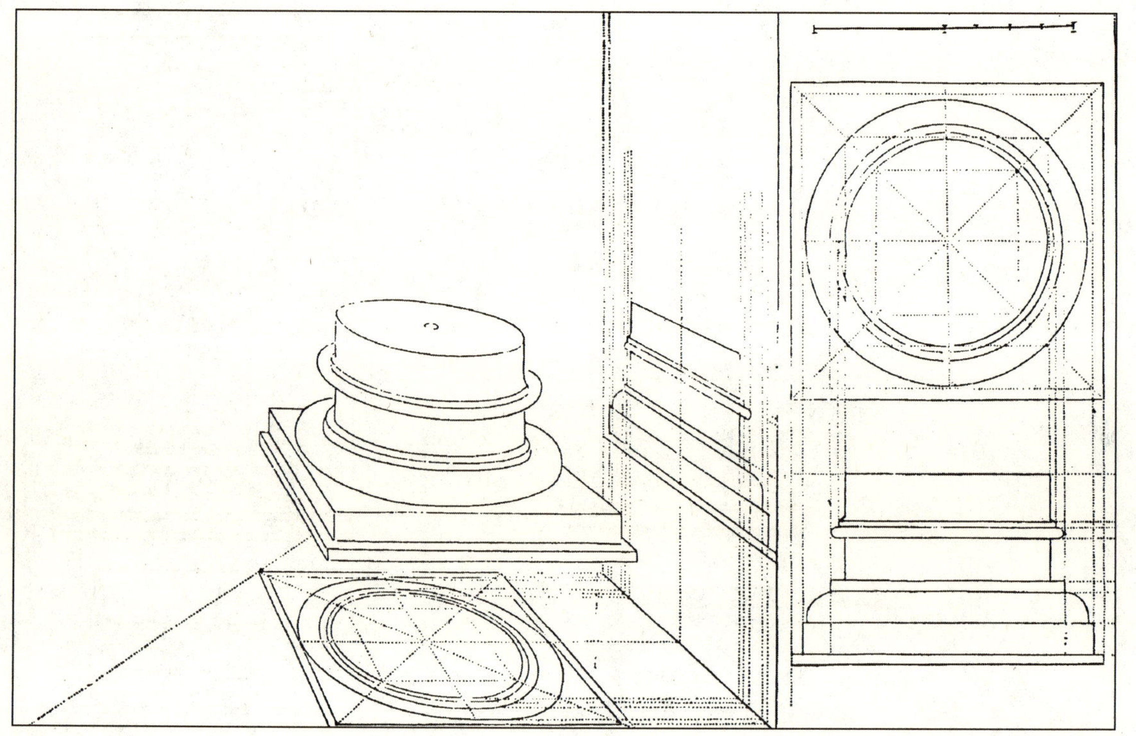

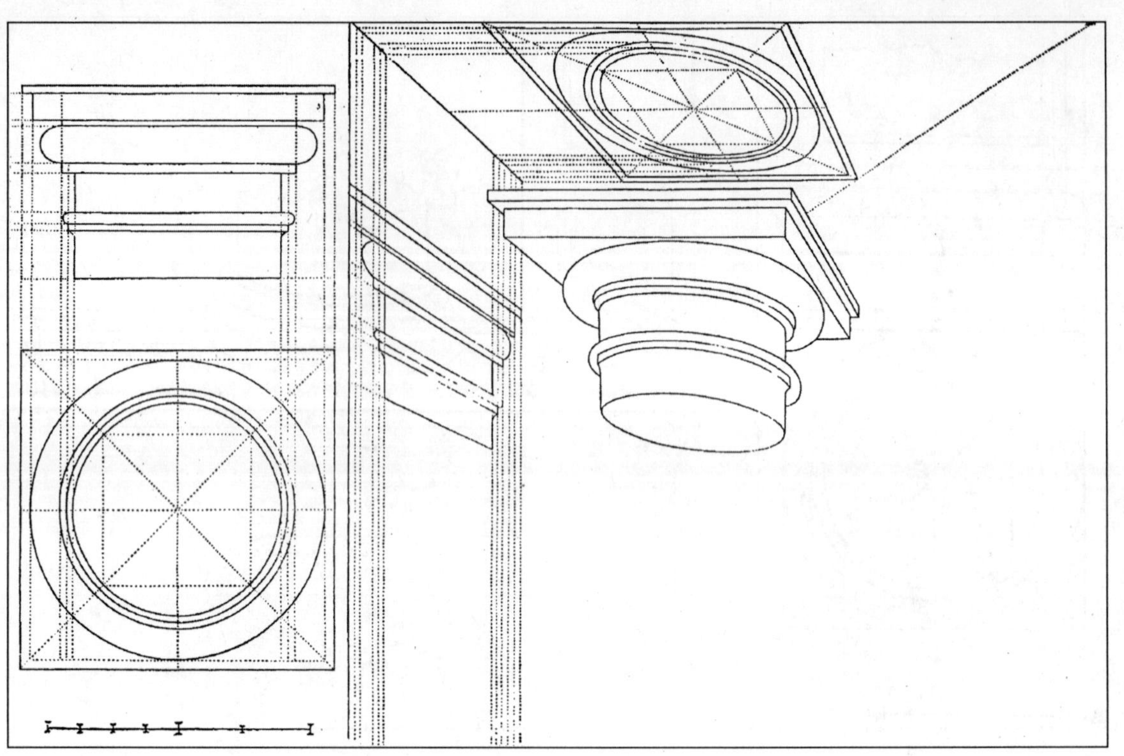

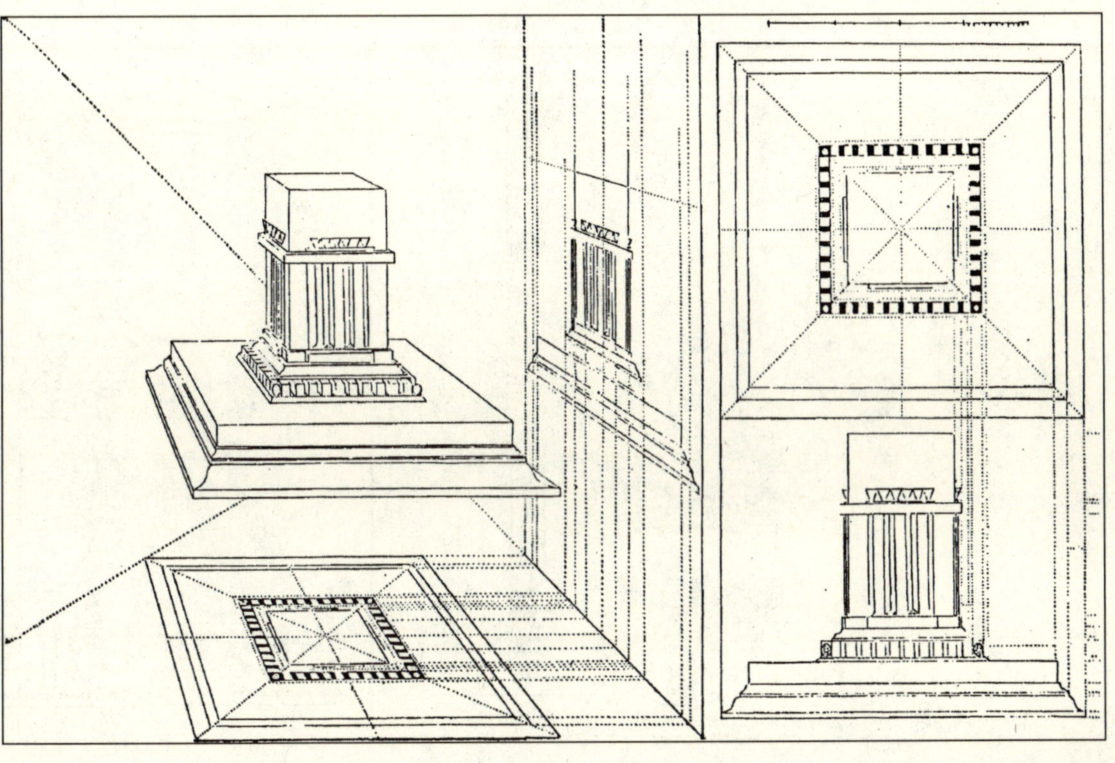

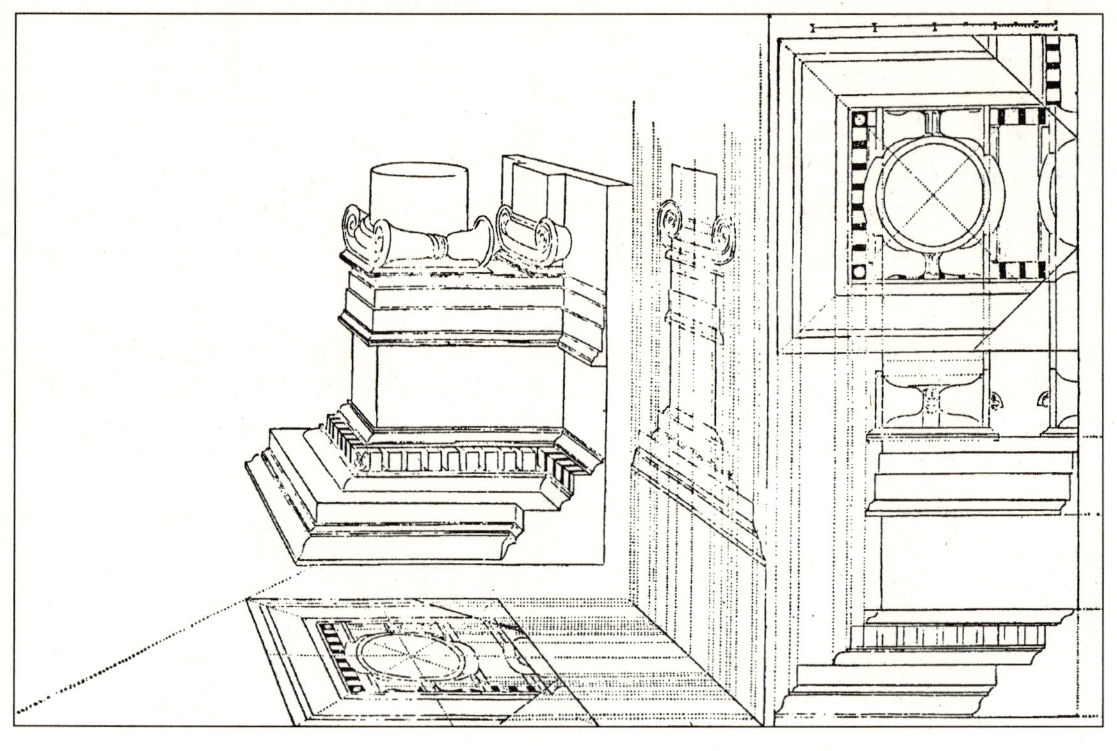

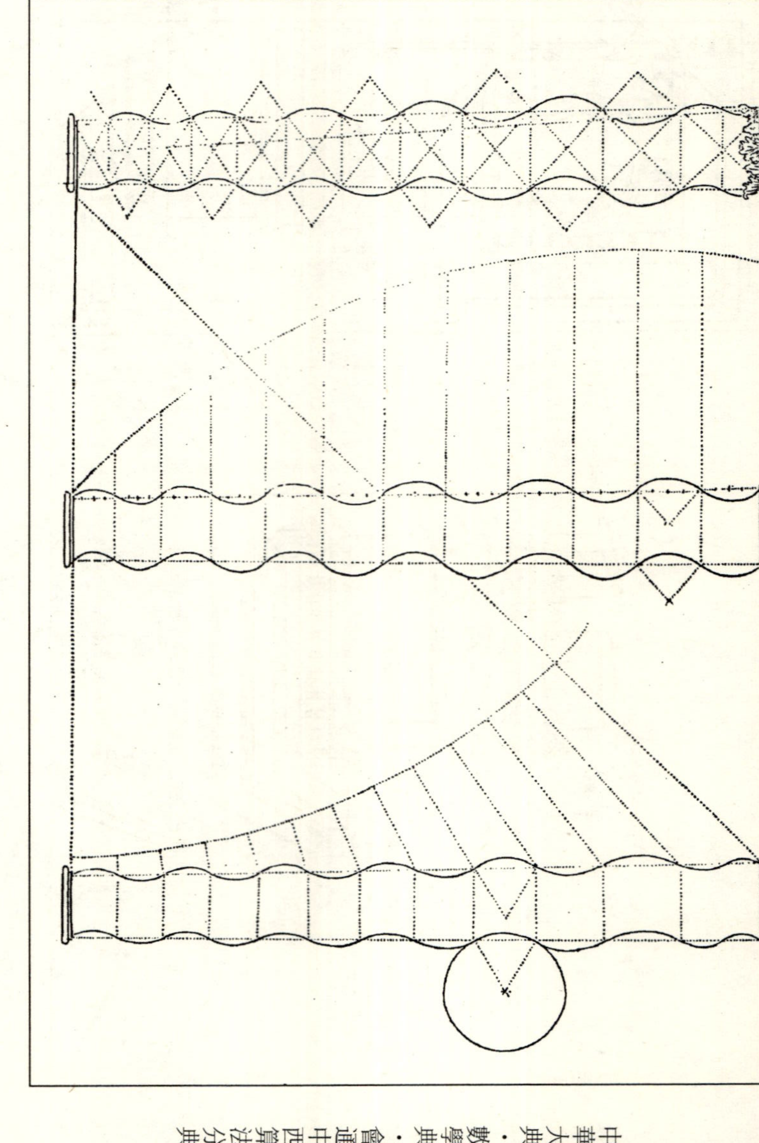

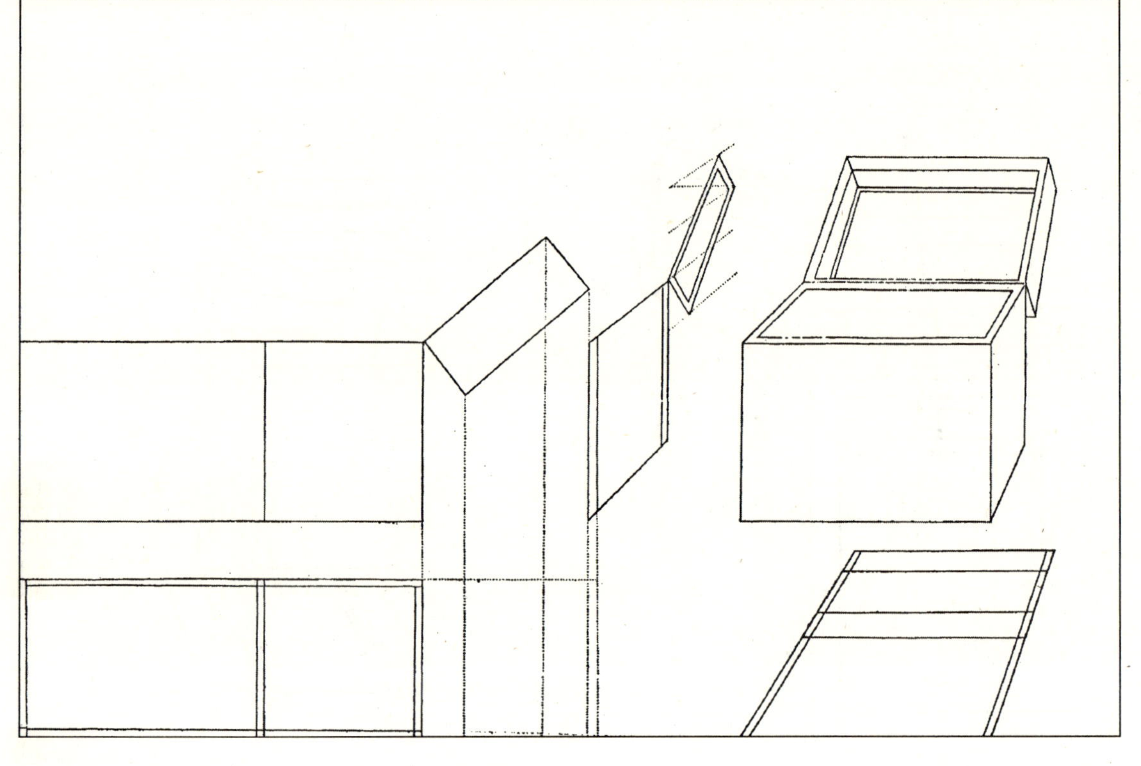

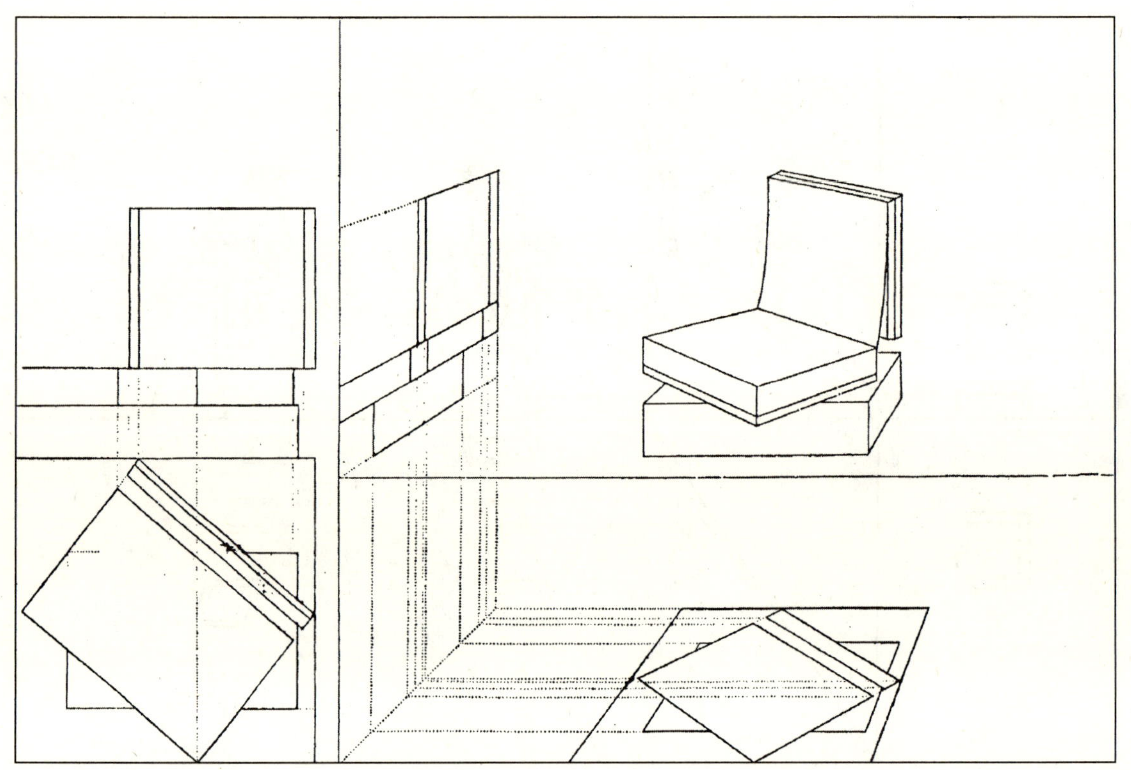

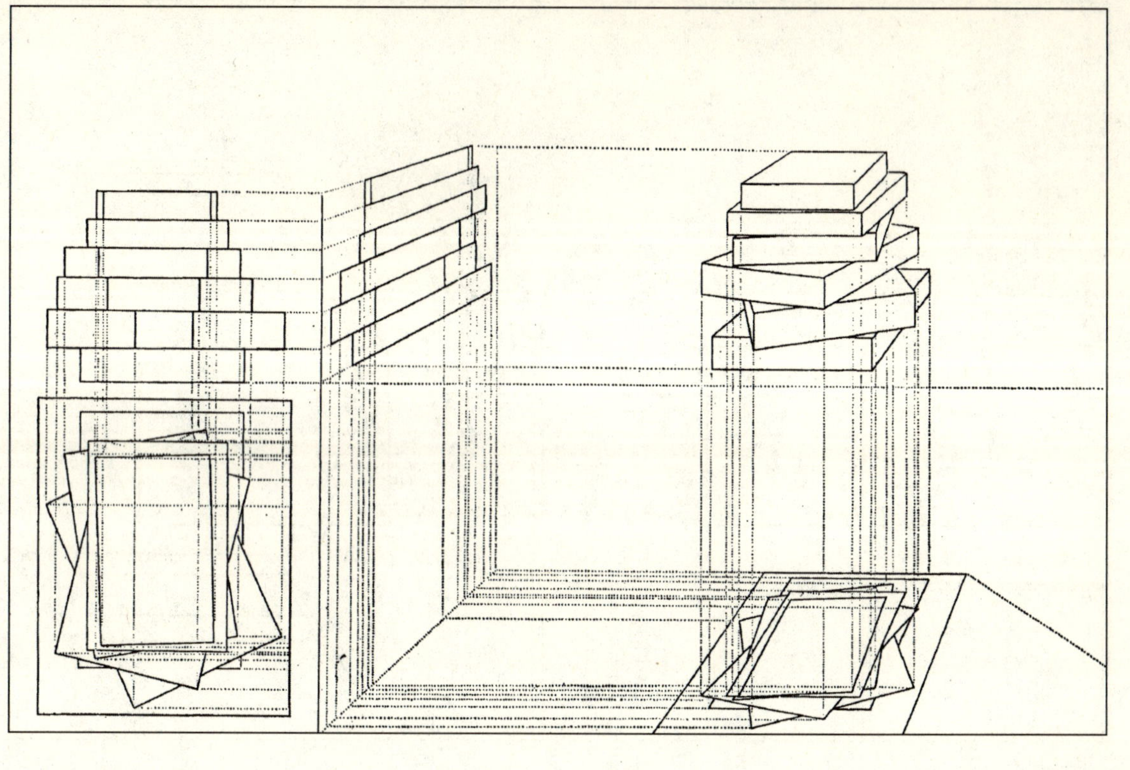

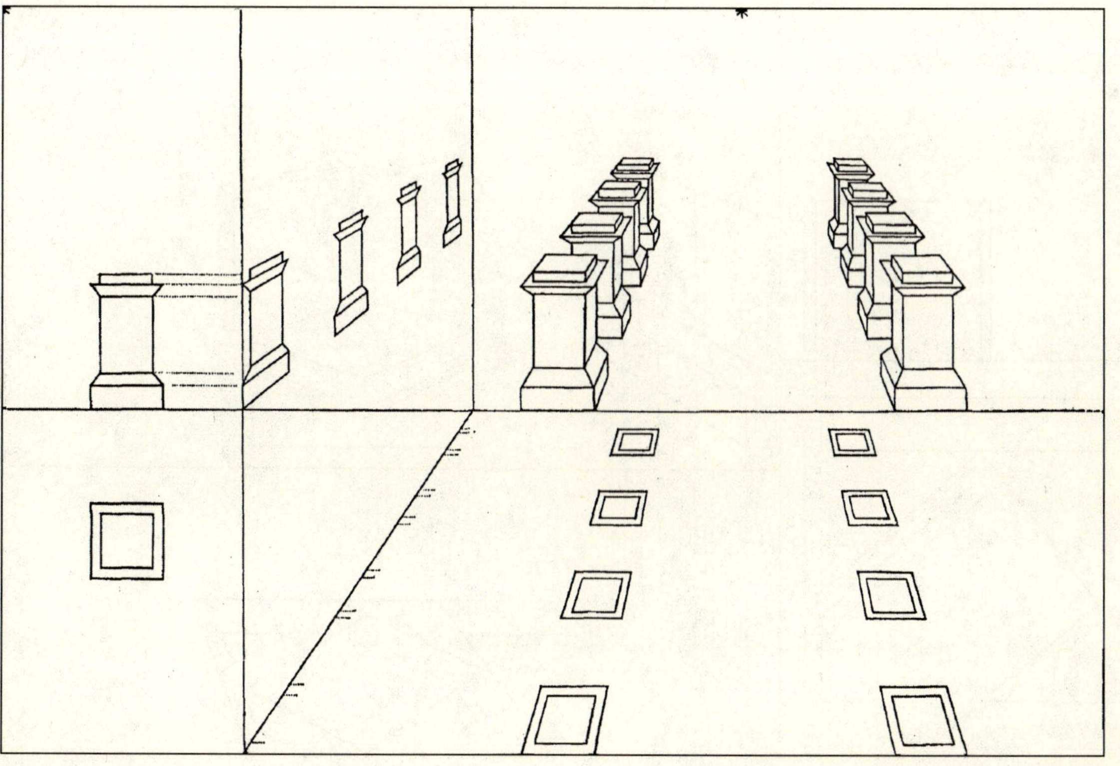

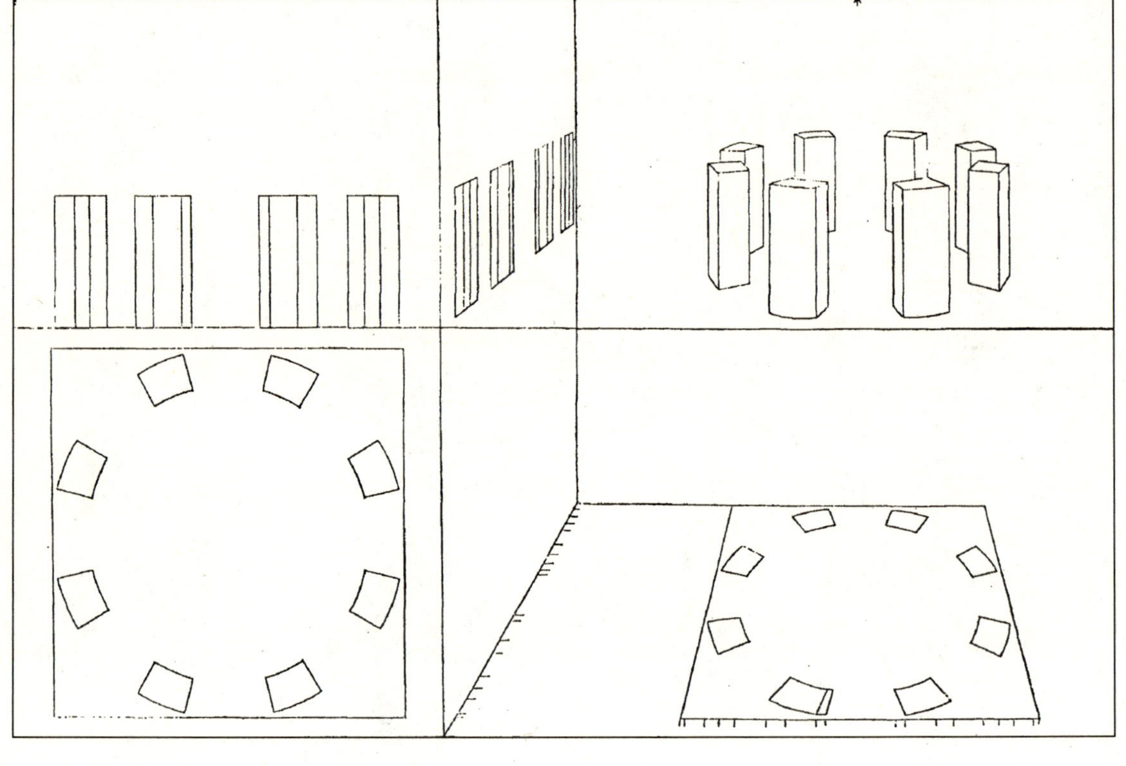

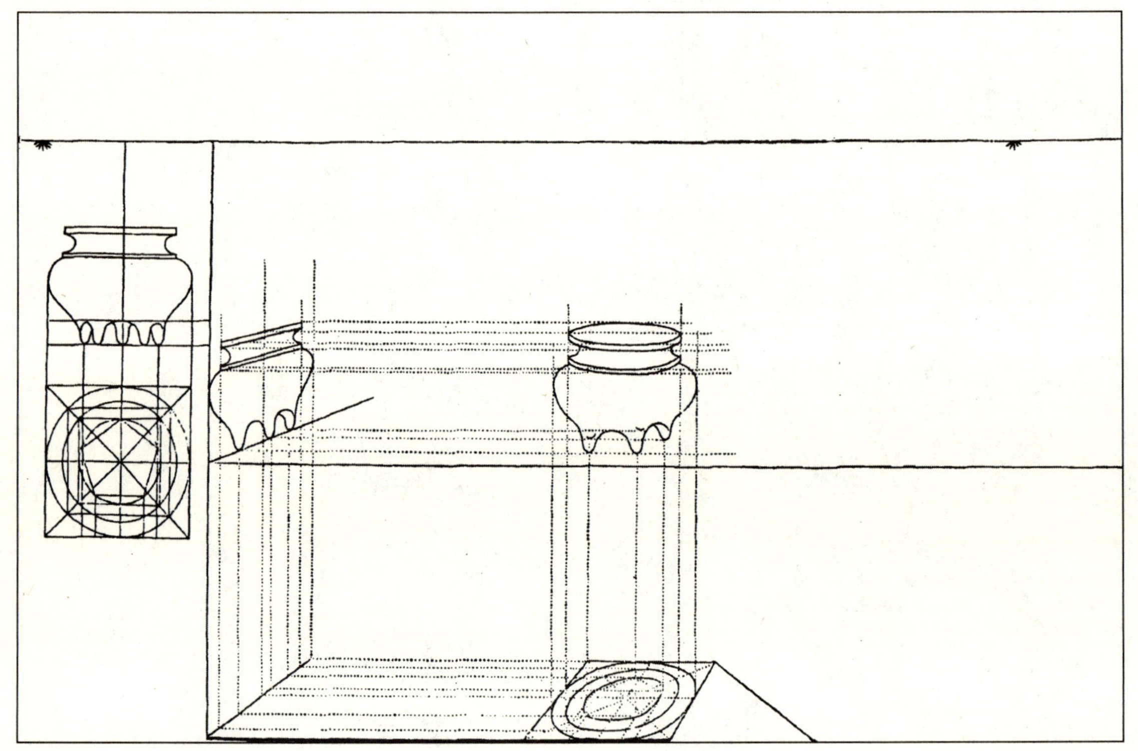

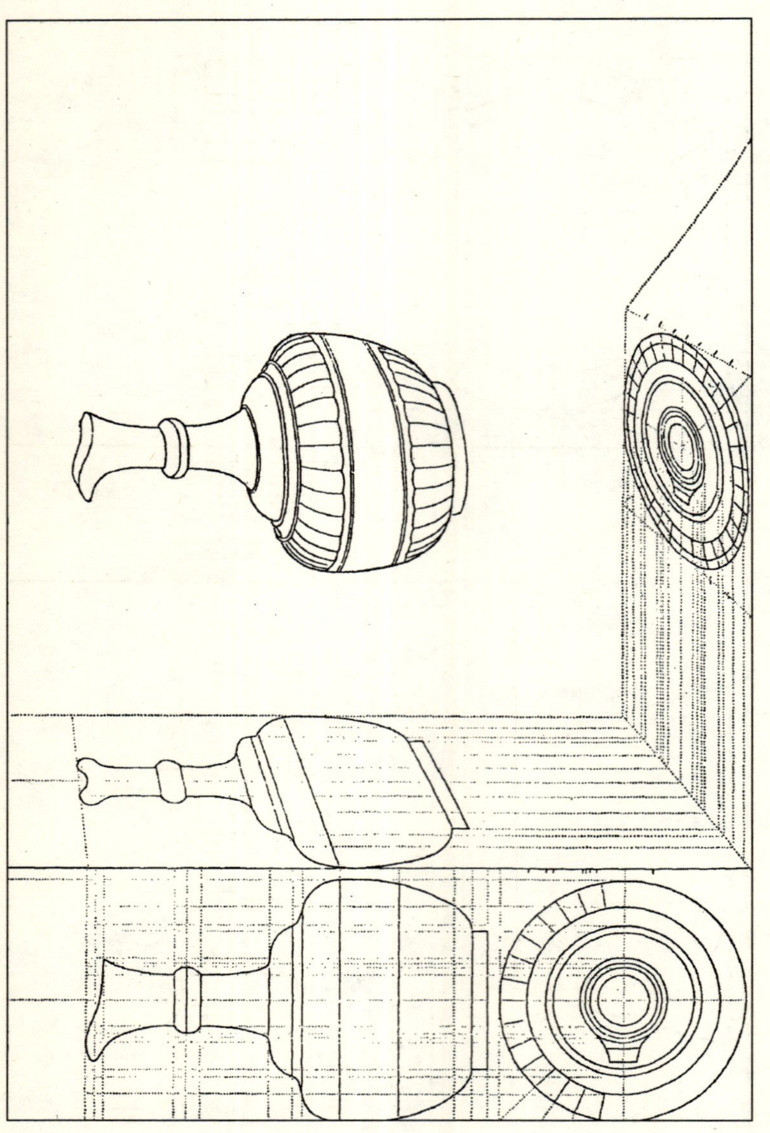

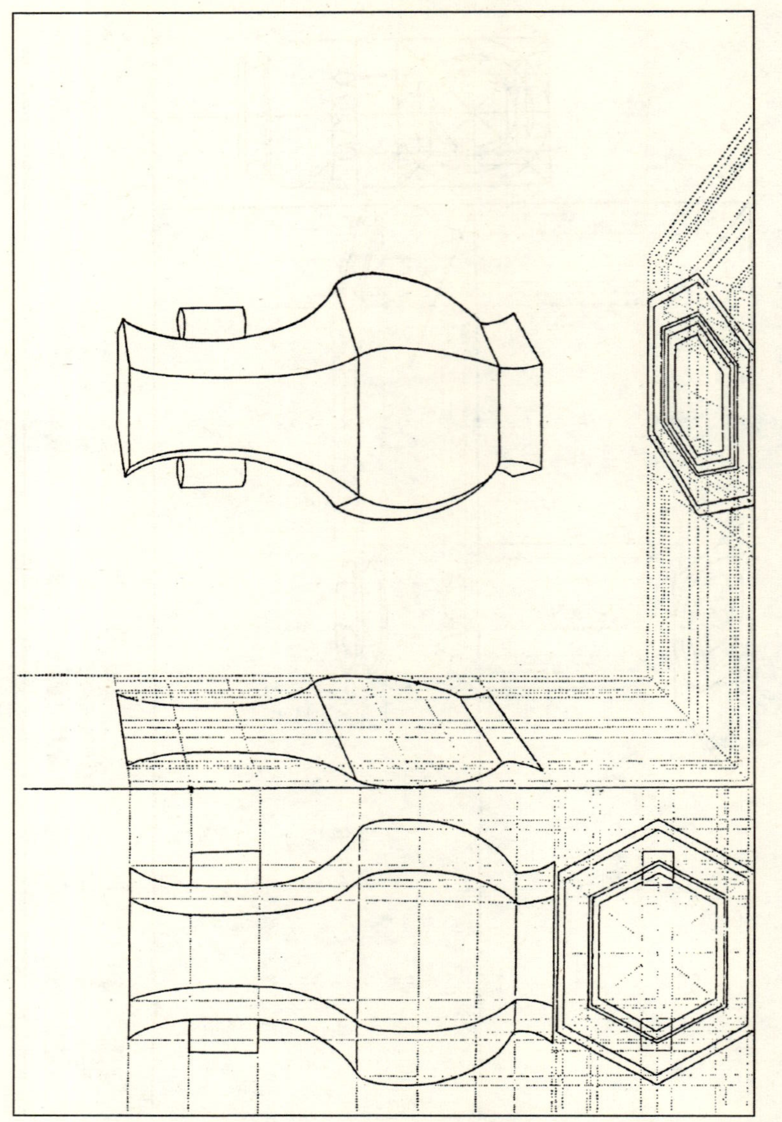

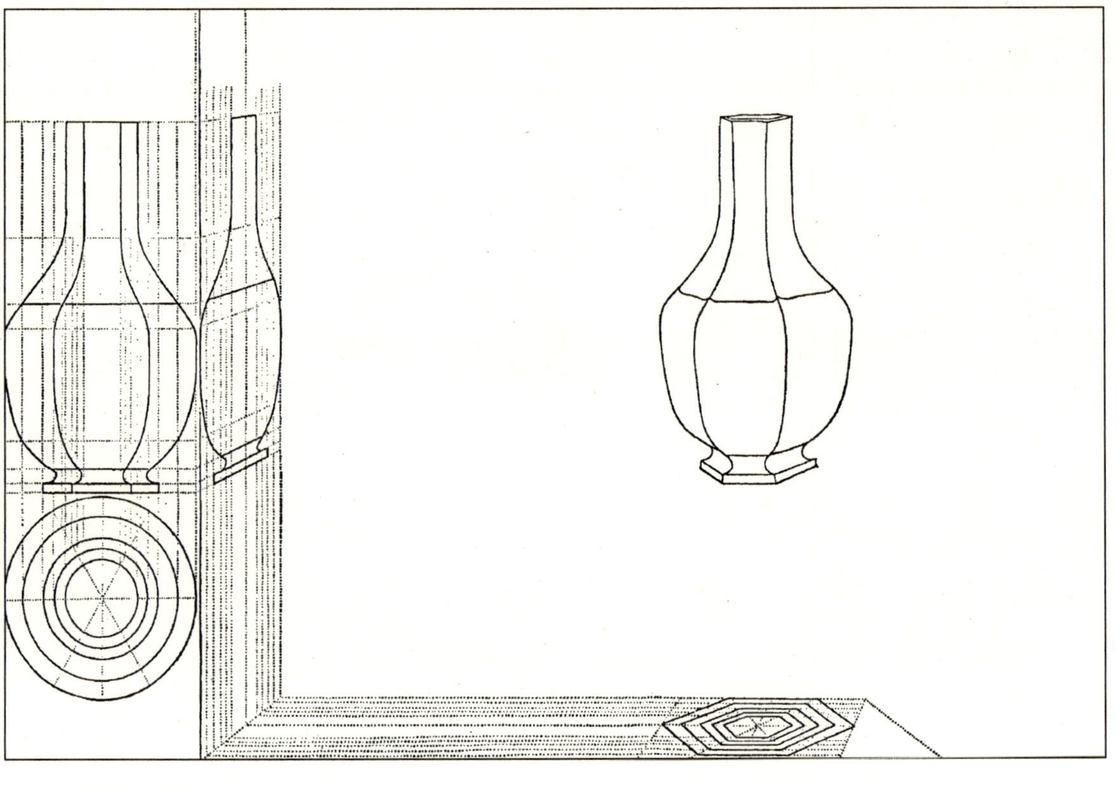

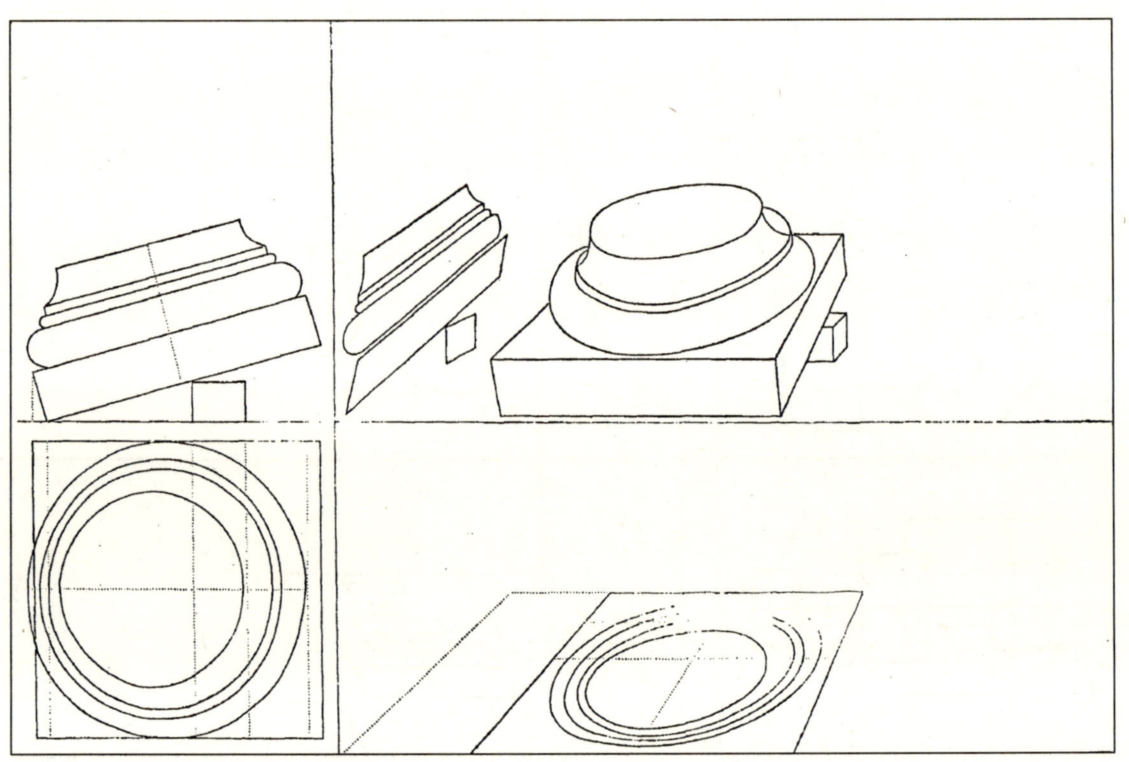

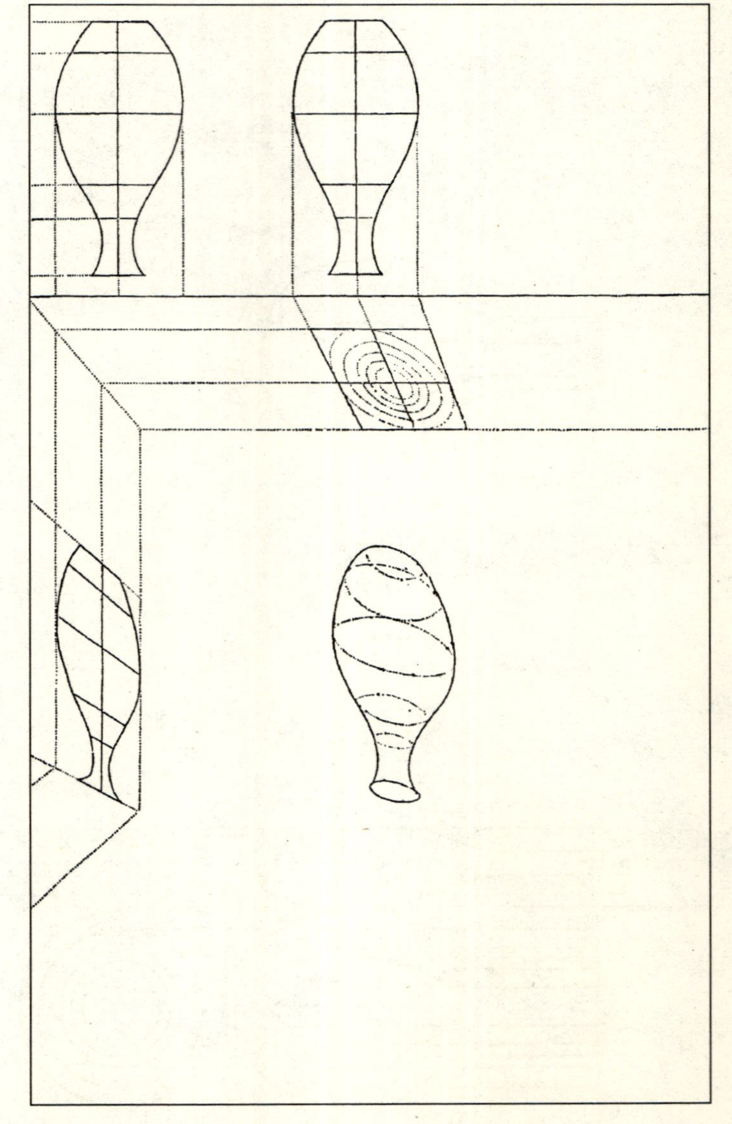

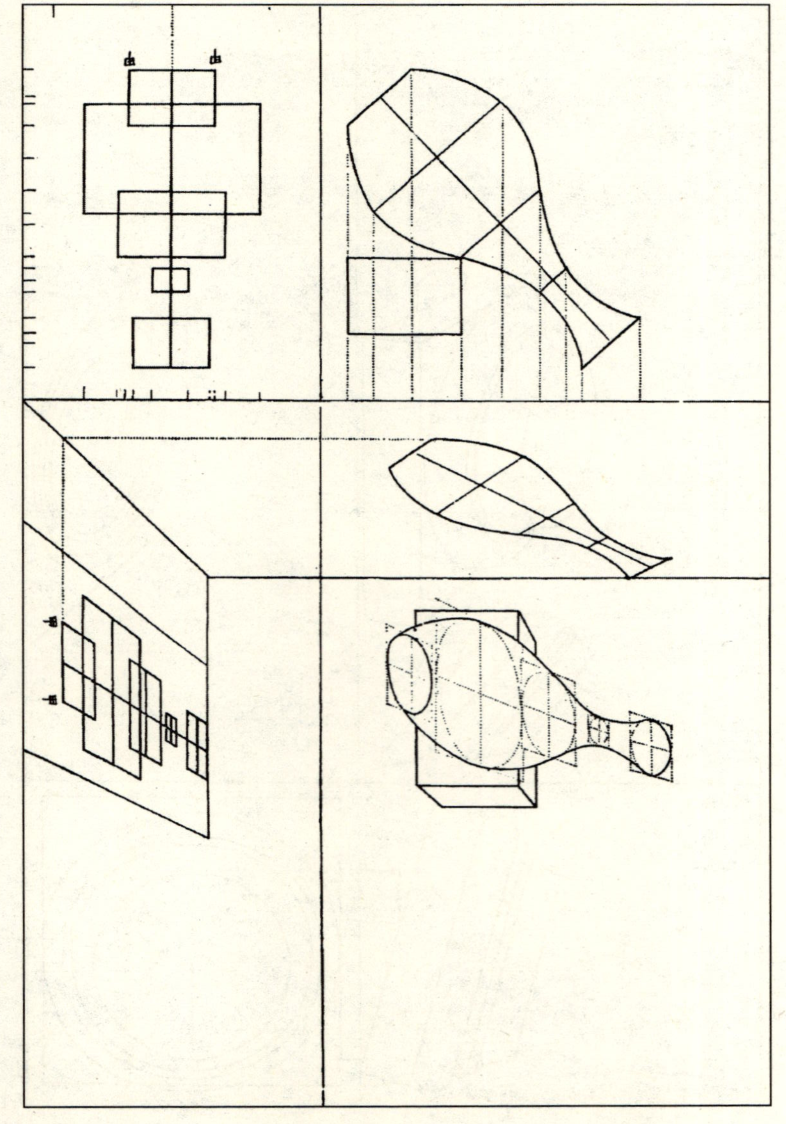

截距法分部

畫法

清·年希堯《視學》

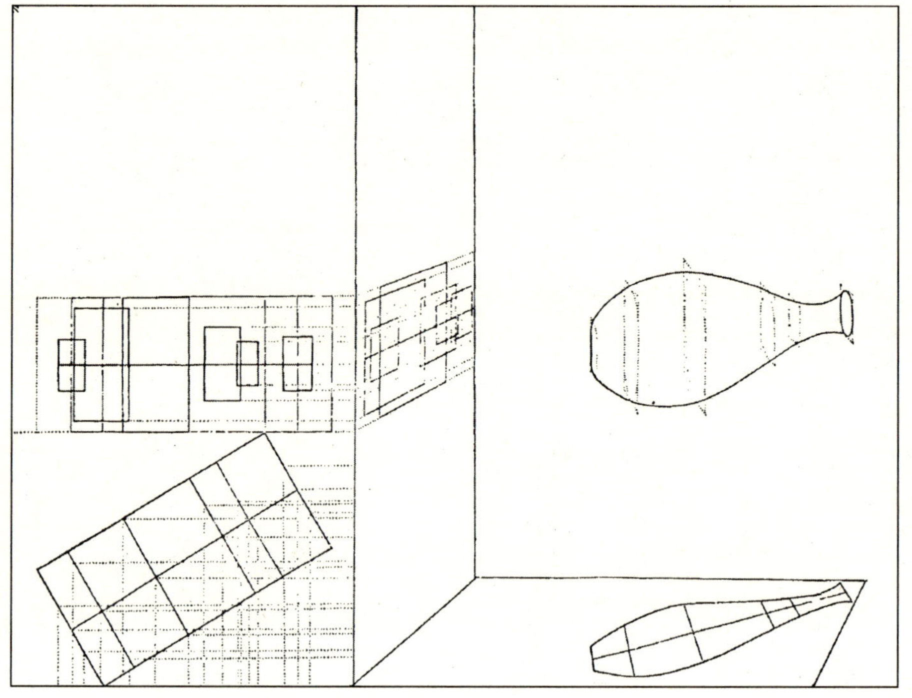

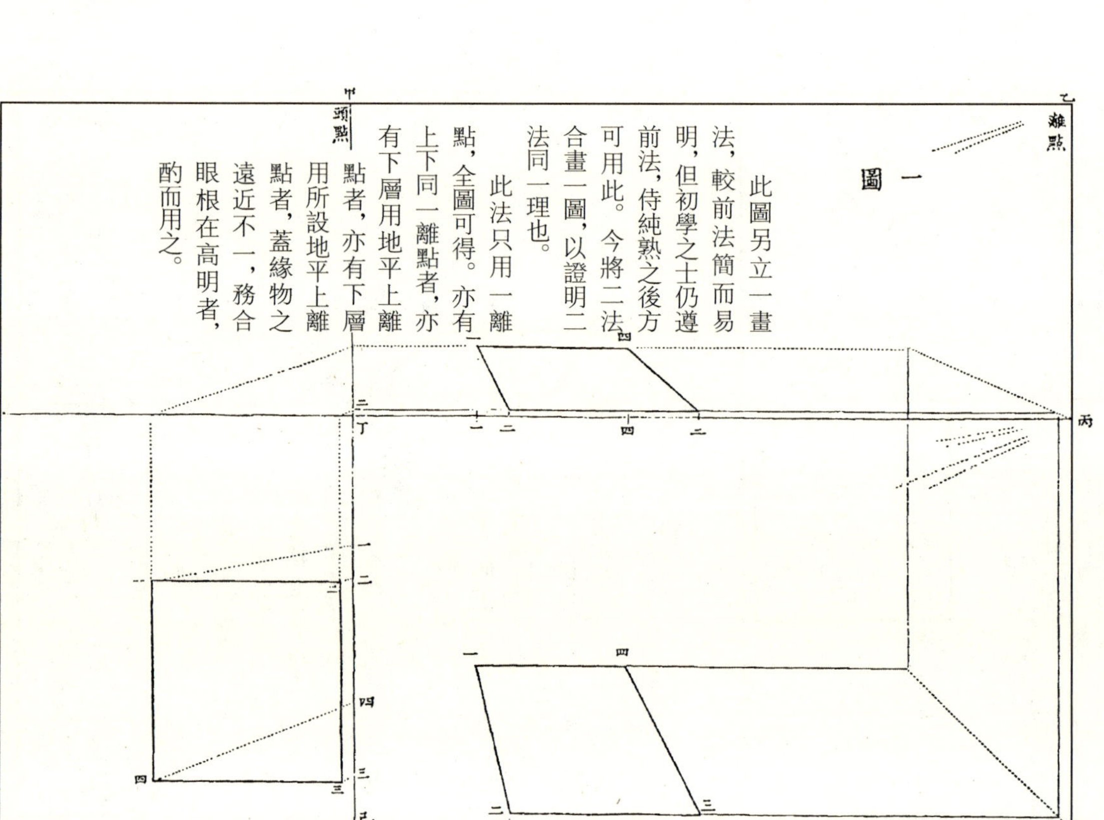

圖一

此圖另立一畫法，較前法簡而易明，但初學之士仍遵前法，侍純熟之後方可用此。今將二法合畫一圖，以證明二法同一理也。

此法只用一離點，全圖可得。亦有上下同一離點者，亦有下層用地平上離點者，亦有下層用所設地平上離點者，蓋緣物之遠近不一，務合眼根在高明者，酌而用之。

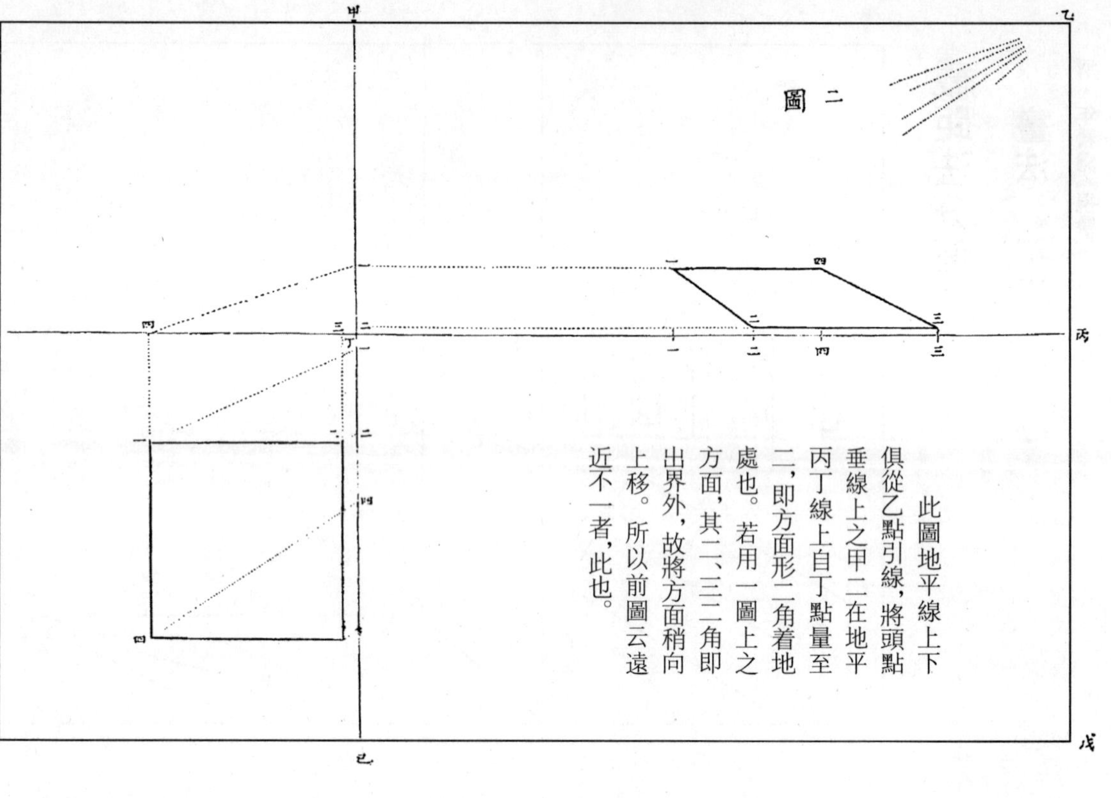

圖二

此圖地平線上下俱從乙點引線，將頭點垂線上之甲二在地平丙丁線上自丁點量至二，即方面形二角着地處也。若用一圖上之方面，其二、三二角即出界外，故將方面稍向上移。所以前圖云遠近不一者，此也。

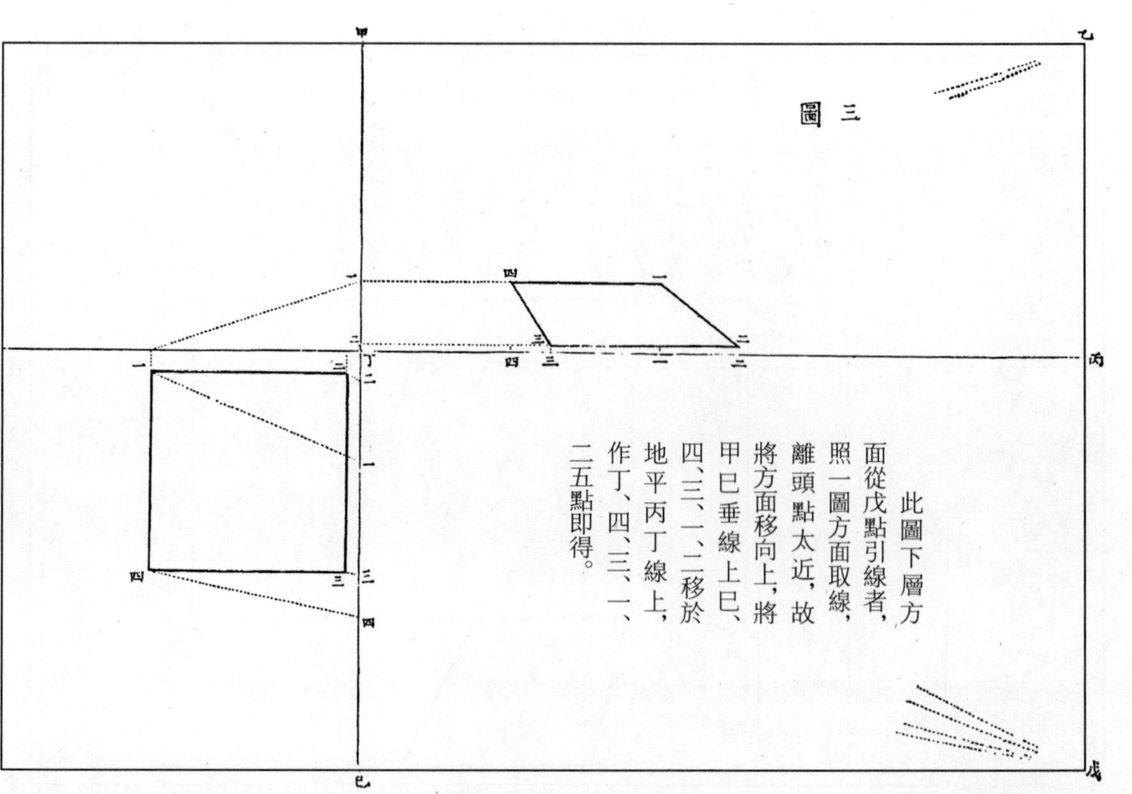

圖三

此圖下層方面從戊點引線者，照一圖方面取線，離頭點太近，故將方面移向上，將甲巳垂線上巳、四、三、一、二移於地平丙丁線上，作丁、四、三、一、二五點即得。

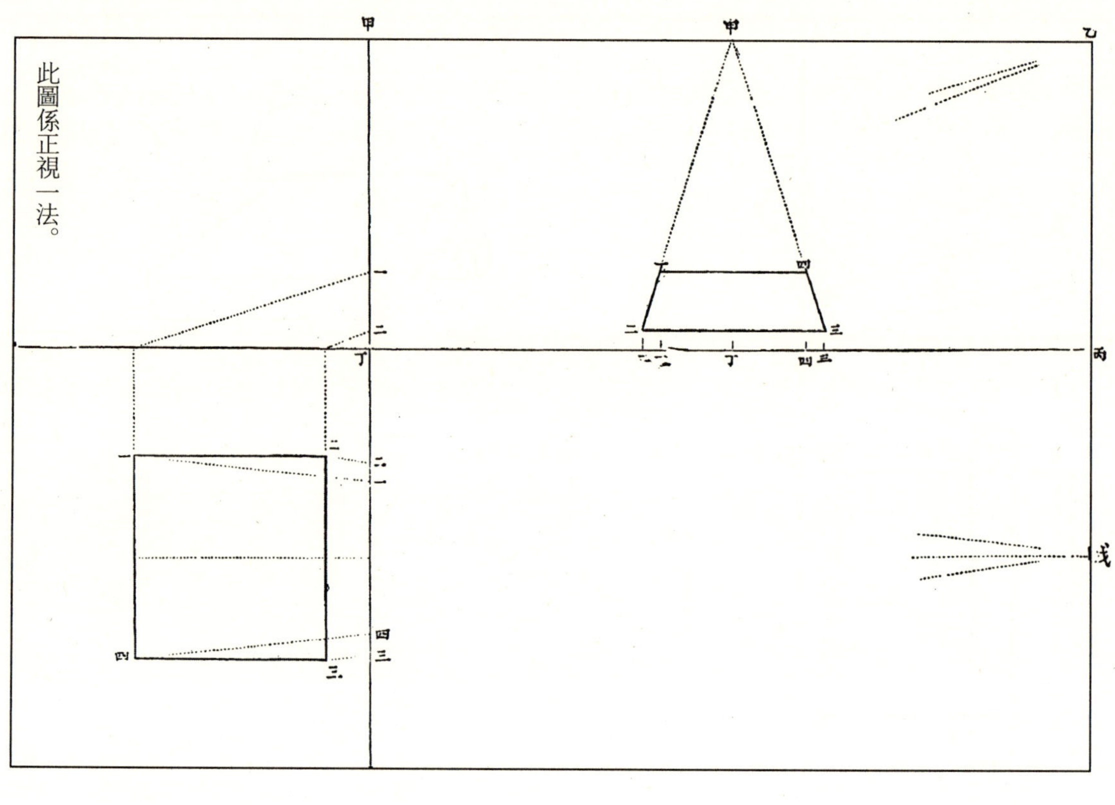

此圖係正視一法。

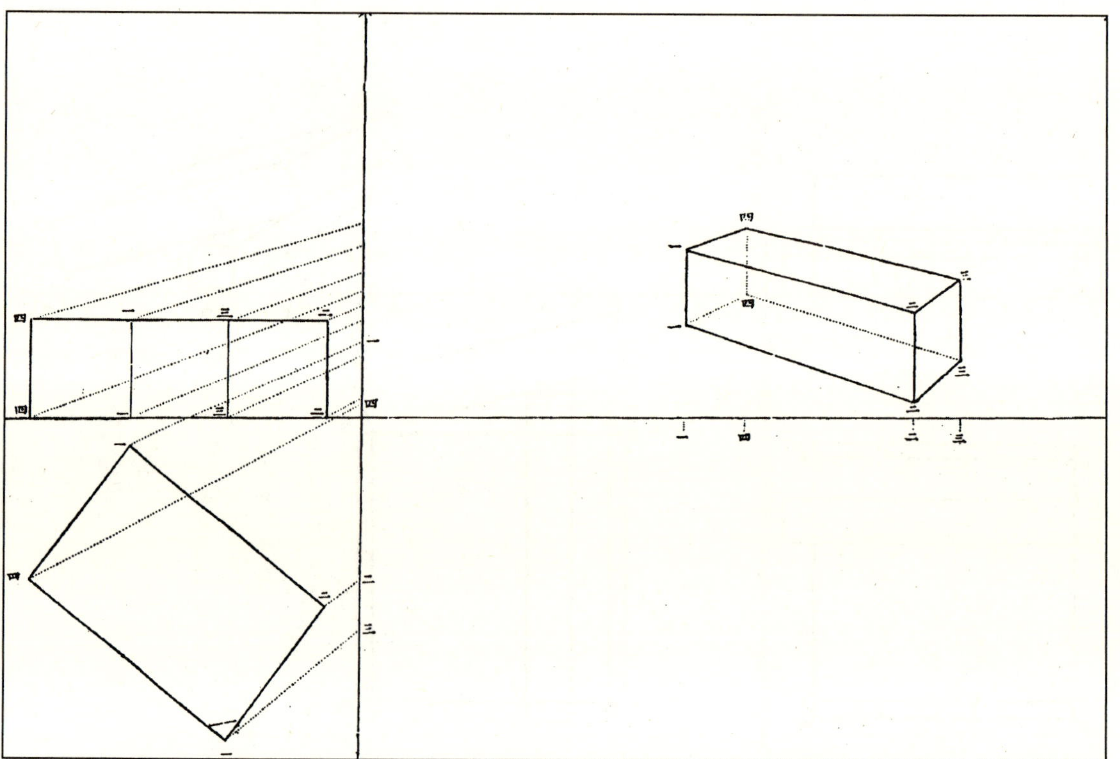

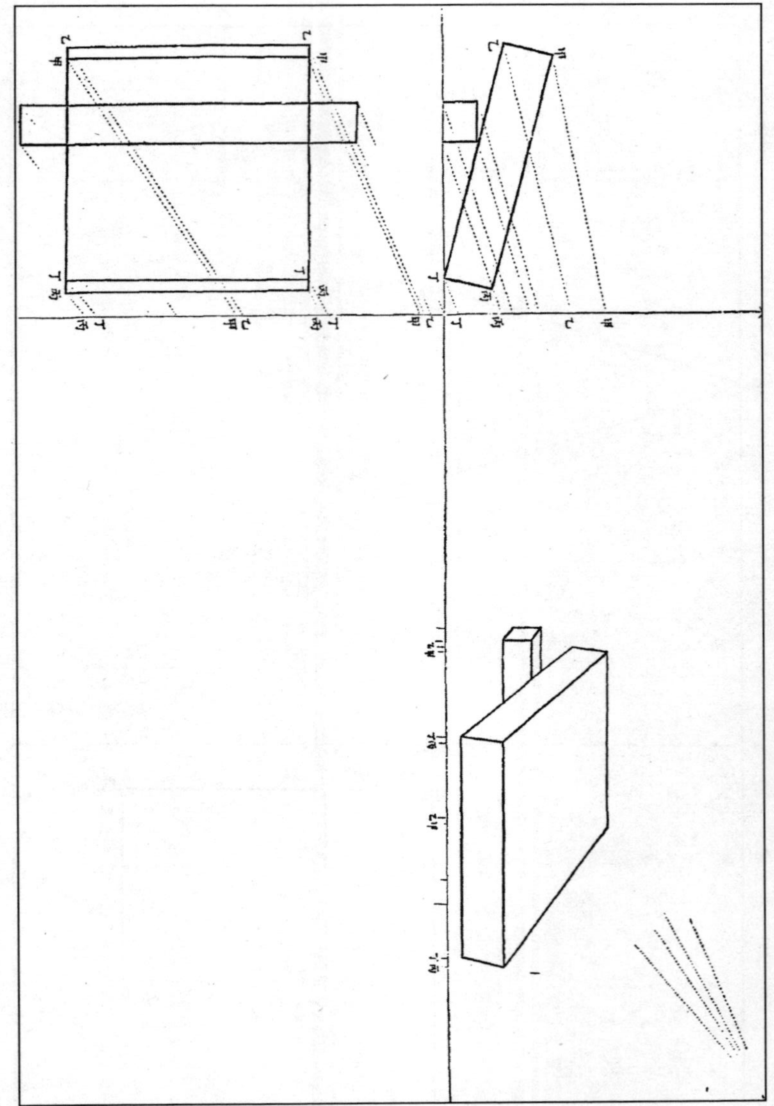

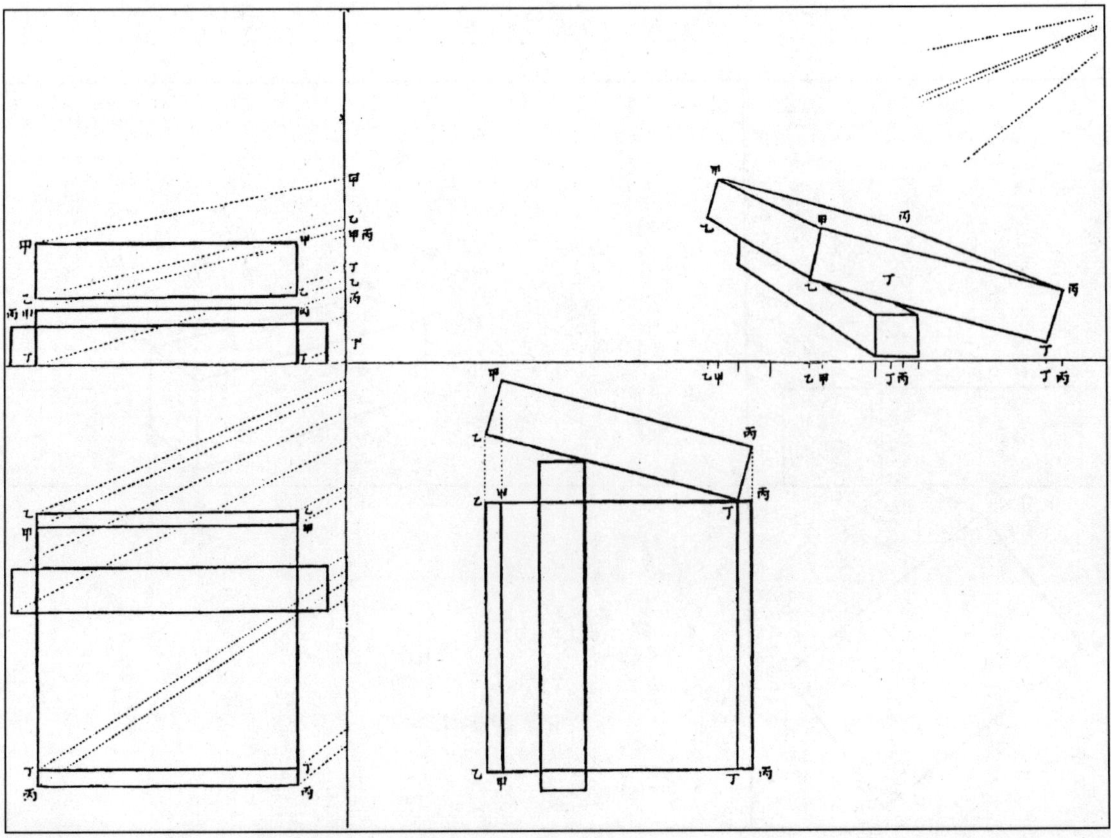

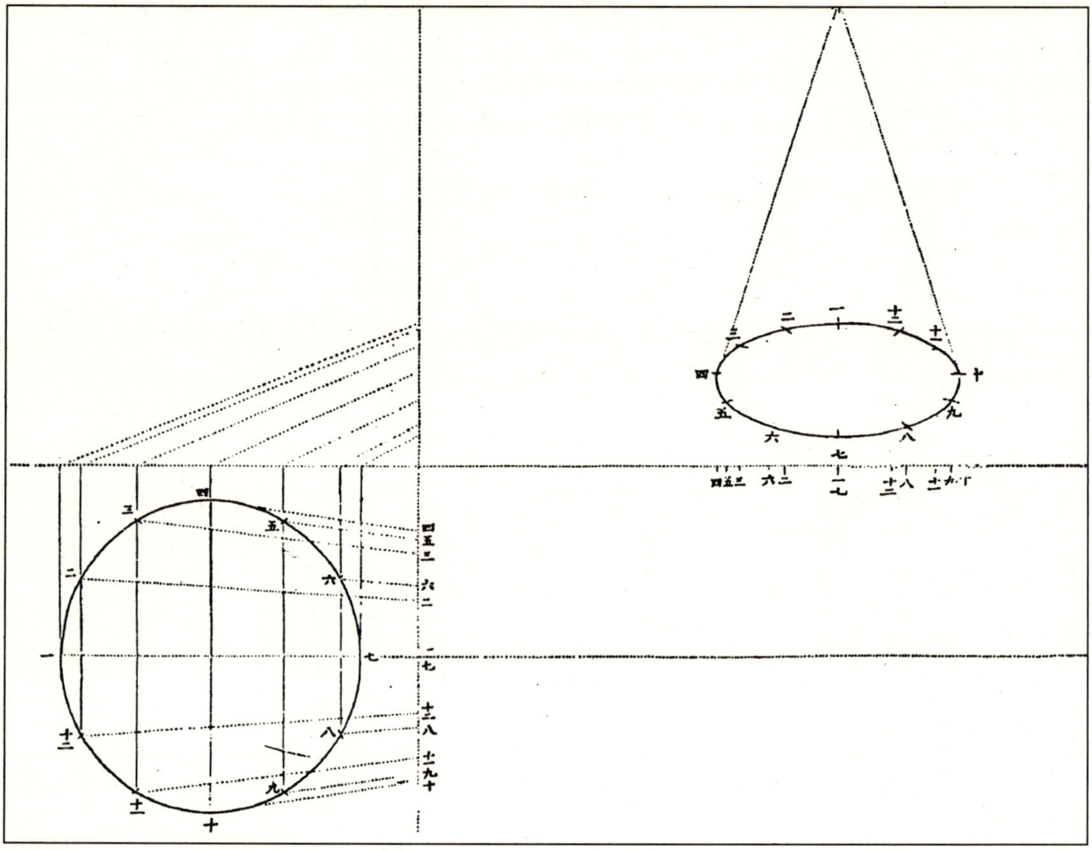

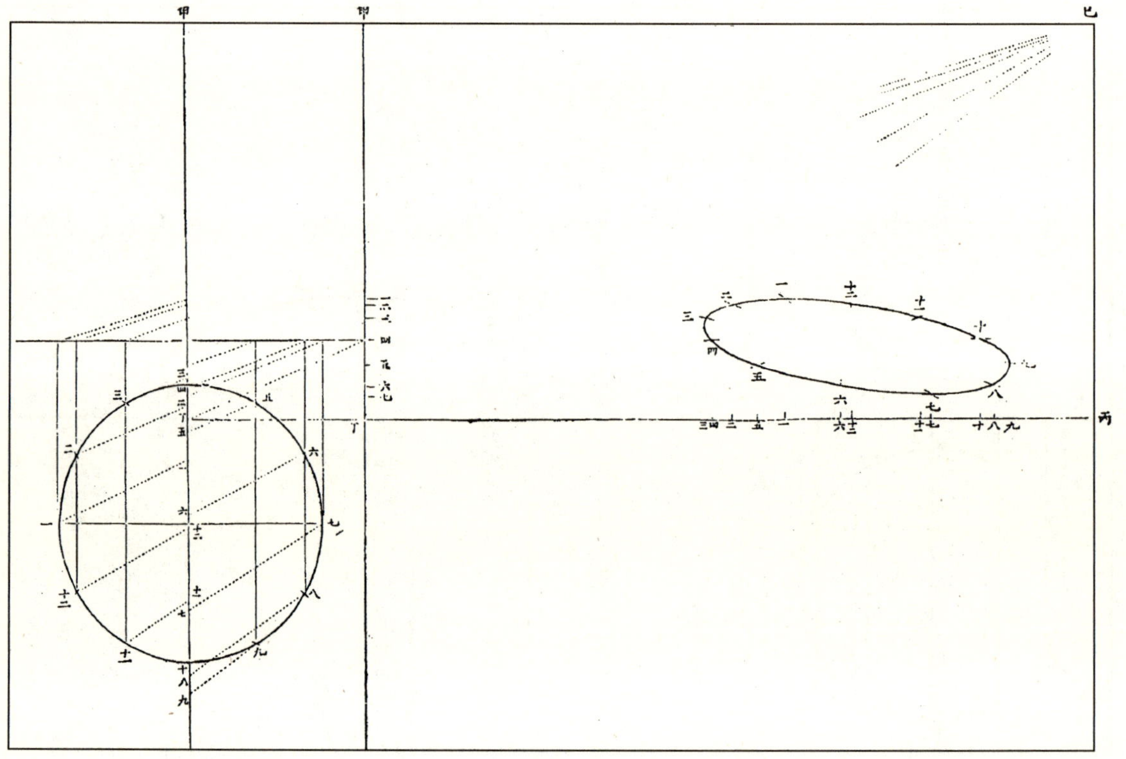
甲
甲
乙
丙

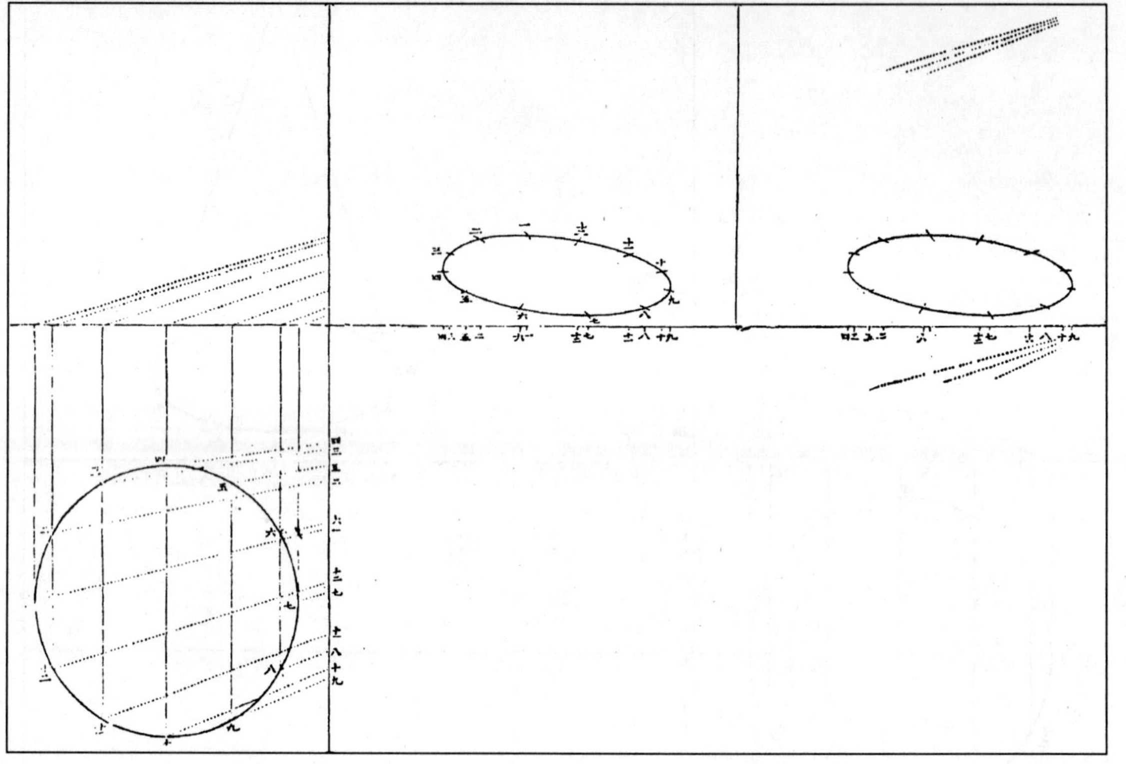

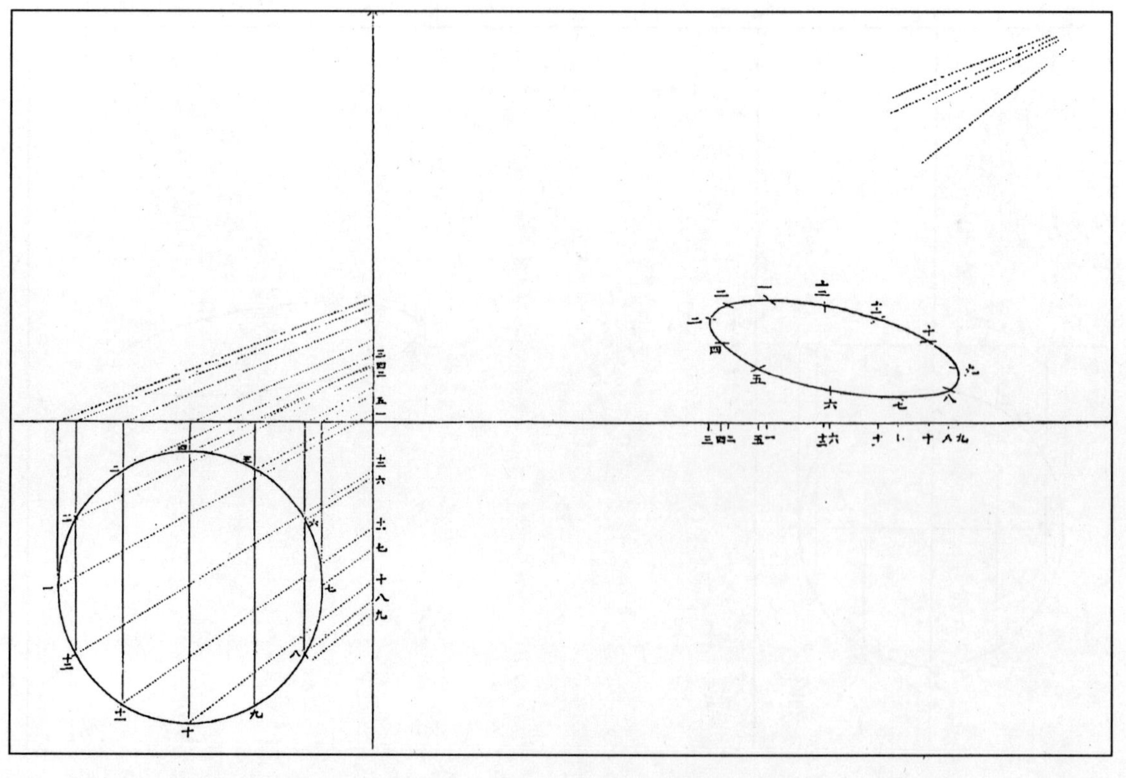

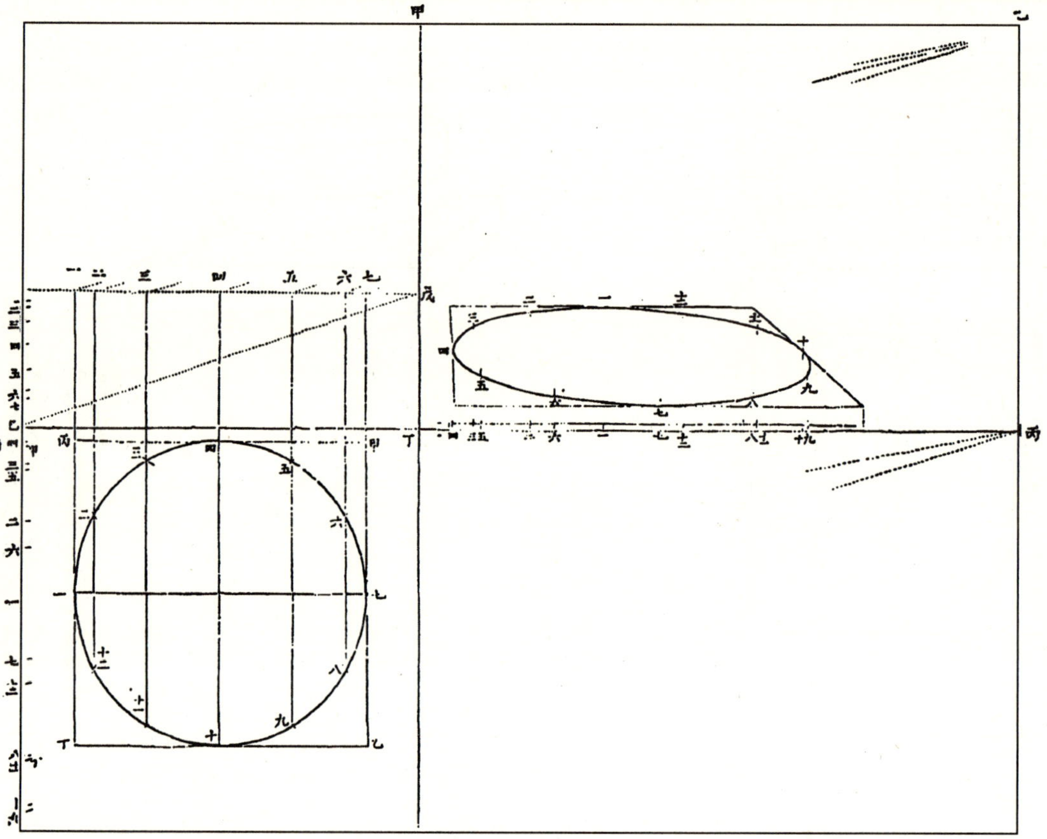

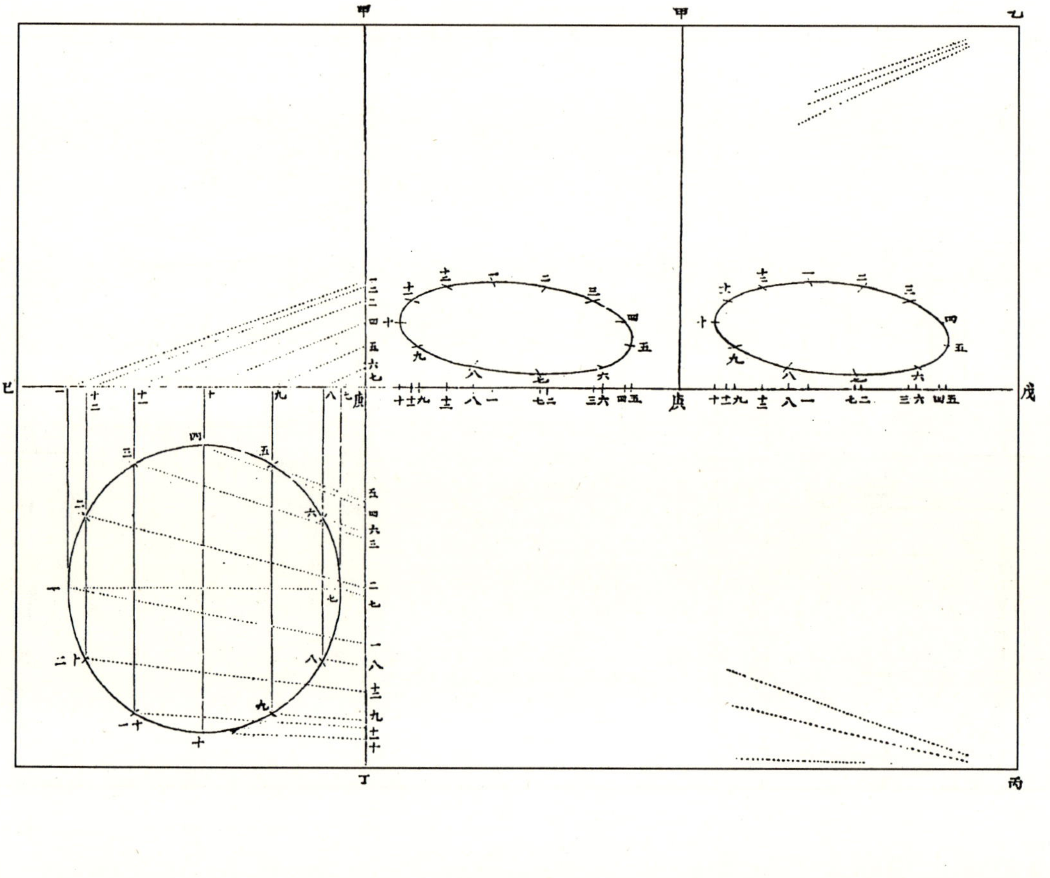

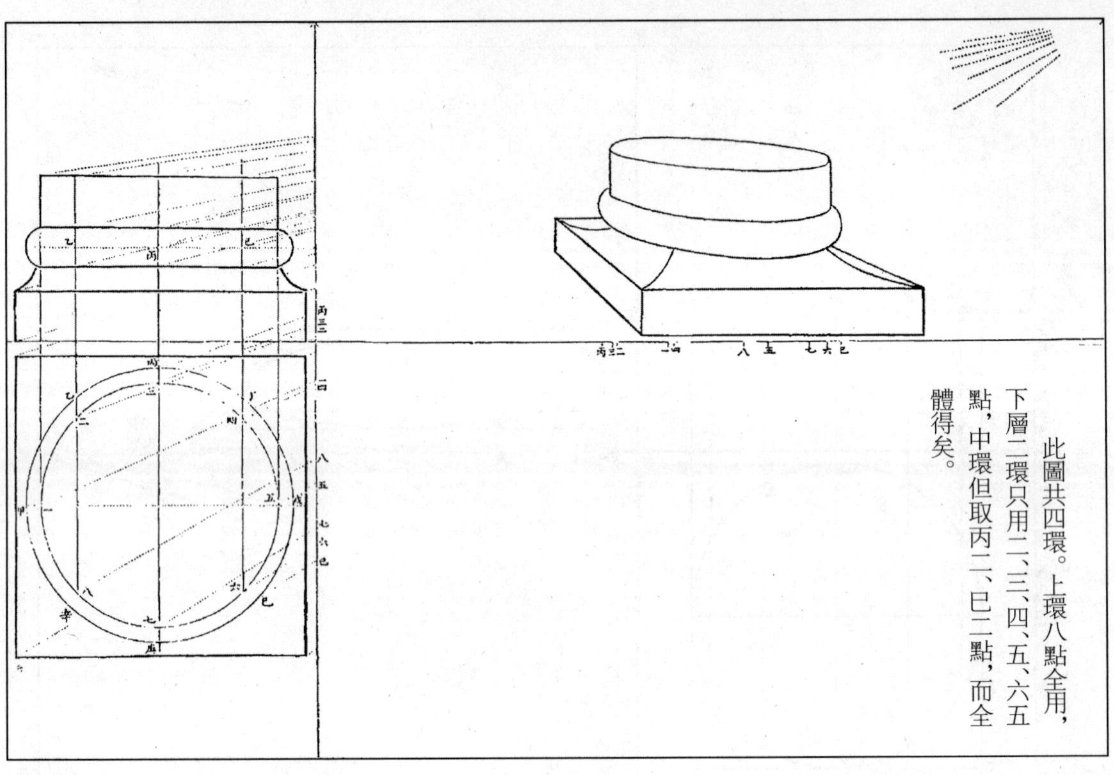

此圖共四環。上環八點全用，下層二環只用二、三、四、五、六五點，中環但取丙二、巳二點，而全體得矣。

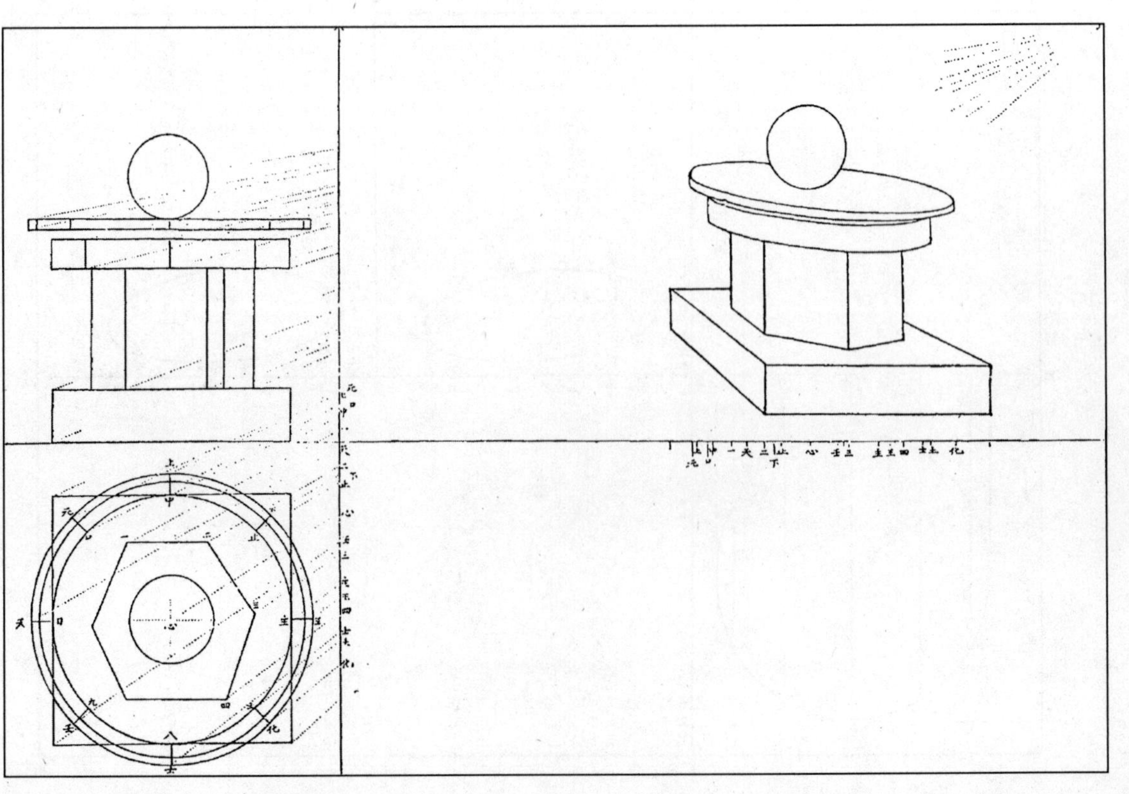

應用

清·年希堯《視學》

一圖畫層樓屋宇於蓬頂之上，視之宛若竪立深遠，今繪此圖，以明定頭點、離點之法。先設一方室，蓬頂如甲乙丙丁，迎面之墻如甲戊丙庚，左壁如甲戊乙巳，右壁如丙庚丁辛，地平如戊己庚辛。設有人站立於癸處，目在於壬，視蓬頂上之方圖，如木生壬工斜方式。欲畫此圖，先定一方體之正面如未申酉戌，體之底如申土戌亥，從癸點作一斜線與戊己線平行，至庚戌線上得午點，從午點上行任至天。次從壬點作一斜線與午癸線平行，至天午線上得子點，子點即與目之壬點相對，子壬之長即目至墻相距之遠。從子作平線於墻上至丑點，子丑之長即子壬之長，所謂離點也。再從壬點上行至蓬頂，仰視正對人之頭頂定寅點，寅點者即頭點也。再從寅點作線至卯，寅至卯即子丑之長。今將寅卯之長定於天卯垂線上如辰卯，辰點即畫物件之頭點，丑點即離點也。此圖係定頭點、離點之根，至於畫法明於二圖之内。

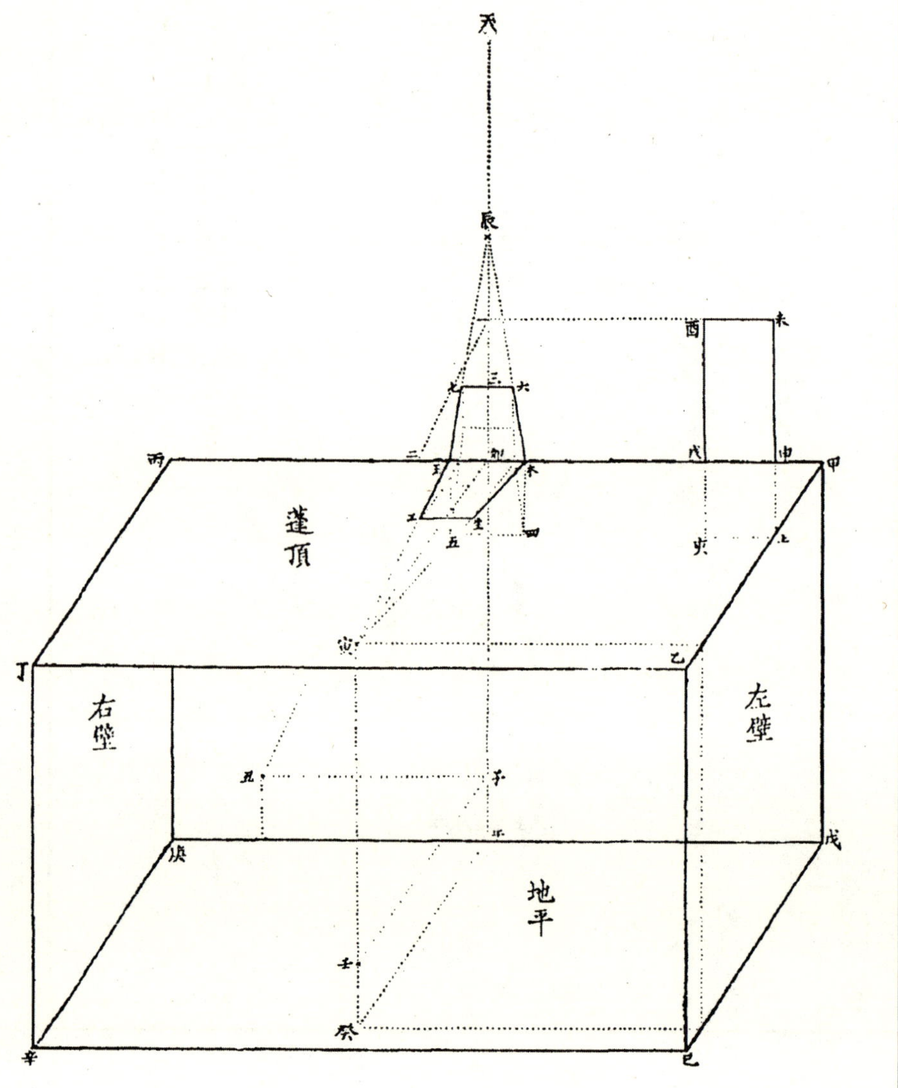

此圖與前一圖相同，今將遠近尺寸畧放大些，牽線易於明曉。今定前圖子丑之長五尺，蓬頂之高六尺，定辰卯之長與子丑線相等。旁另設一方體之面如未申酉戌，高三尺，方底如申土戌亥，一尺七寸。今將未申酉戌之高定於蓬頂甲丙線上，從酉引平線至辰卯線上得一點。

從丑引線至一點與甲丙線相交於二，將二卯之長定與辰卯線上如三卯，將申土戌亥之方底定於辰卯垂線下如木四壬五，從辰引線至木、至壬，從三點引平線割斷，即得六七木壬方體之面也。再從辰引線至四、至五，從六七二角作垂線與辰四線相交於癸、辰五線相交於壬，即得六七癸壬之方頂也。另將申土戌亥之方底移於左如庚辛丁戊，依法畫之，即得庚丁牛女斜視之方體也。

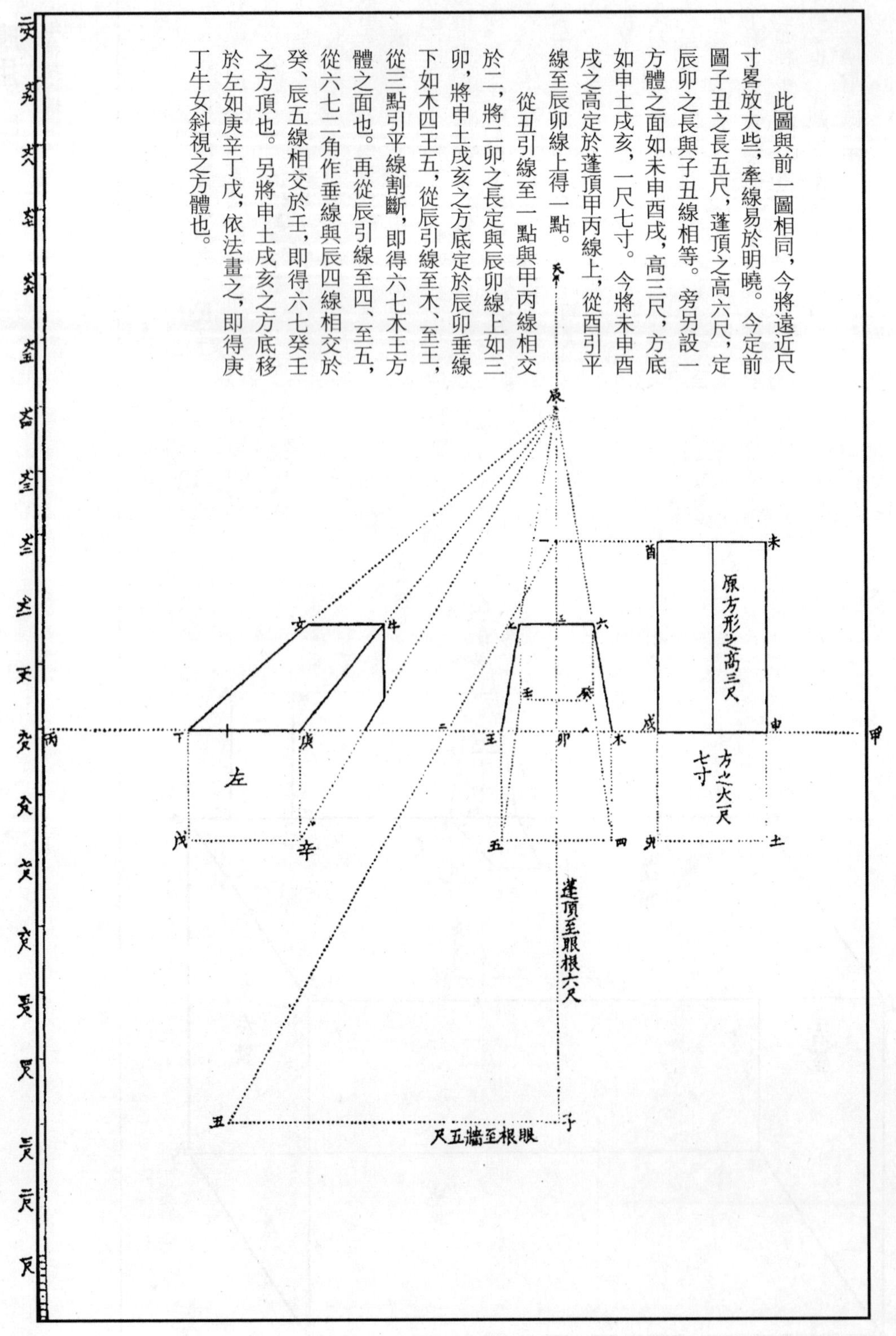

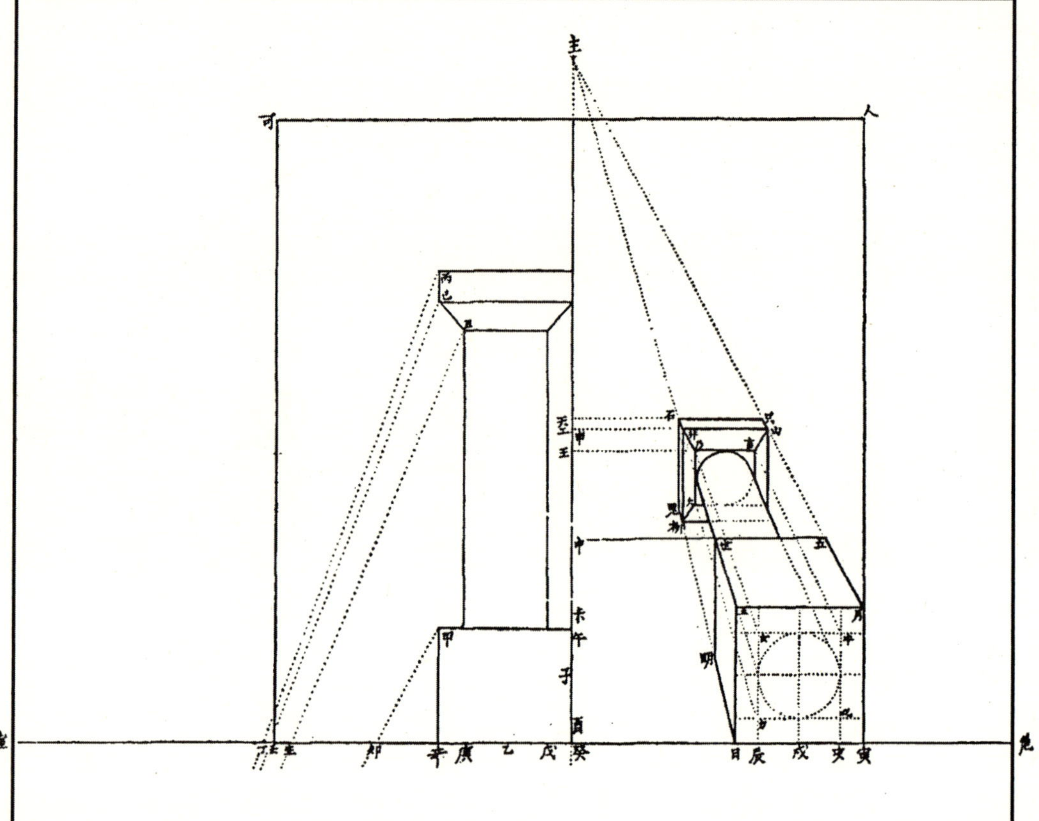

此圖畫方頂法。取頭點離點與前三圖同，主癸線即前圖之辰卯線。今於主癸線上先定中心如申點，申至癸尺寸取方，即得人寅可壬一方邊也。主癸線左設一柱如丙巳丑甲，柱子垂線至危室線上如癸戊乙庚辛，將癸戊乙庚辛移於寅角上，成寅亥戌辰日五點。再將癸戊乙庚辛移於主癸線上如未午子酉癸，從未午子酉癸引平線至人寅線上，將亥戌辰日作垂線上行，即得月寅土日，柱子底盤定矣。再從柱上丙、巳、丑、甲引四線至加離點，與危室線上相交得丁、壬、生、卯四點，自癸量至丁、壬、生、卯四點尺寸移於主癸中垂線上，定天、工、王、中四點。從主引線至月、至土，作二線，從天作平線得只、石二點，從工作平線得山、井二點，從中作平線得立、世二點。從主引線至日作一線，從石作垂線得鬼點，從井作垂線得柳點，從世作垂線得明點。再從主引線至牛、至女，作二線，從王作平線得乃、言二點，從主引線至力，從乃作垂線得大點。將言、乃、大連成一小方，即與底盤上牛女力化之方相同。牛女力化四方之中作一圓柱底，言乃大之方中亦作圓柱之頂，頂、底二圓邊界作線，即成圓柱之式。餘點各連成線，則得斜式方柱矣。

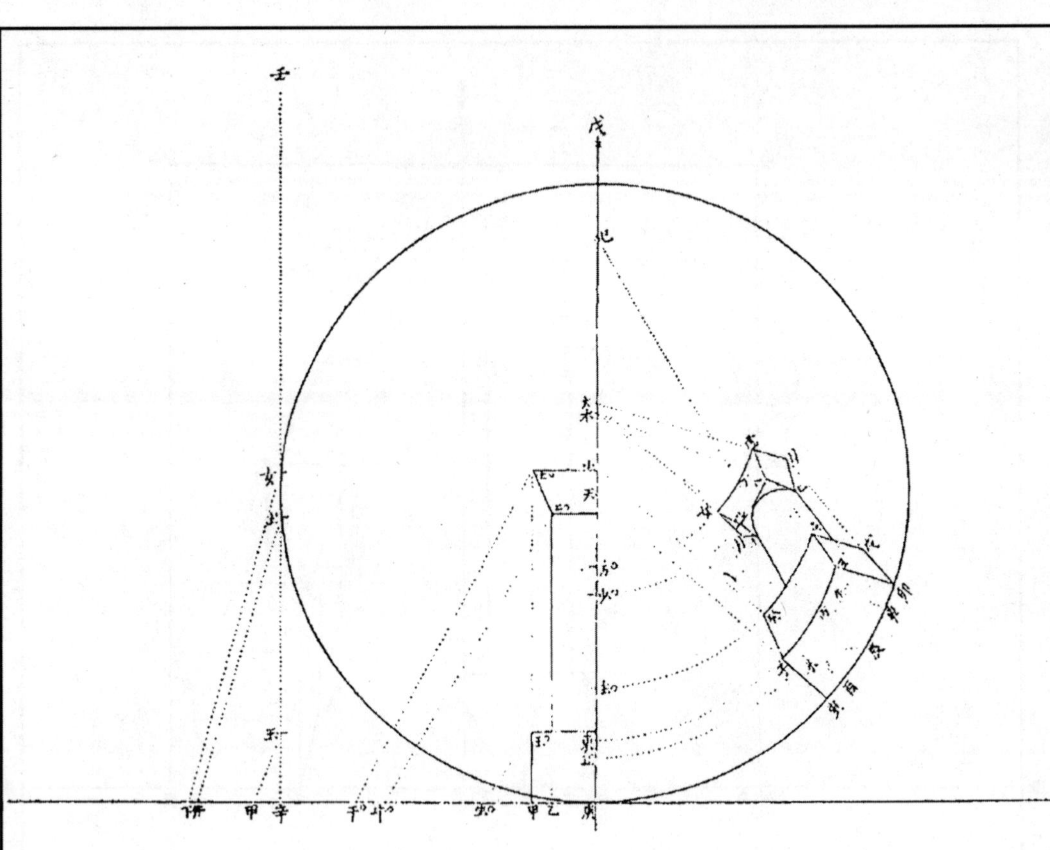

此圖係畫圓頂之法。頭點、離點與前二圖相同。此圖之戊庚線，照前二圖之辰卯線一樣取法。今欲畫圓頂，先於戊庚線上任定一中心如天點，從天點開規至庚點作圓，切圓邊界作一垂線如壬辛，切圓之庚界作一平線如午未。從戊庚線左旁設一柱如士工王甲，從士、工、王三點引線至離點申，與午未線相交得干、牛、生三點。再從柱上士、工、王三點引平線至壬辛線上，得女、土、王三點，俱引線至離點申，與午未線相交得下、井、田三點。今將庚未線上下井、田、千、牛、生、庚七點移於戊庚線上，如大、木、小、方、少、主、庚七點，大、木、小、天四點乃畫圓頂各層中心之根，方、少、主三點乃定圜界柱石各層高之尺寸。從大點開規至方作一圈，取圈之六分之一得丁點，從木開規至少點作一圜，從小點開規至主點作一圈。將午未線上柱底甲乙庚尺寸移於戊庚線上如東正庚，從天點開規至東點作一圜，天點乃本圜之心，均作六分之一得丙點，從天引線過丙至圜界得辰點。將庚至甲尺寸定於丙東圜上如子、丑二點，從辰引線至子、至丑，從天開規至正點作一圜與辰子、辰丑二小斜線相交，得午、未二點。從丙點引線過丁點，至戊庚線上得巳點，巳點乃仰視圓頂之正頭點也。從天引線過丑、午、丙、未、子等點，即得丑卯、午車、丙辰、未酉、子寅五線連成柱石之底也。從巳引線至丑、至子，與方點圜相交得虛、女與主圜相交得癸亥。從巳引線至卯、至寅，作二線，從大點引線過虛、過女，與巳卯、巳亥二線相交得日、月二點，從小點引線過亥得戌點，從巳引線至午、至未，作二線，與少圜相交得八、九二點。從巳引線至車、至酉，作二線，從木引線過八點、九點，得七點、十點。取各點俱連成線，即成一柱矣。餘柱倣此法可也。

陰影法分部

畫法

清・年希堯《視學》

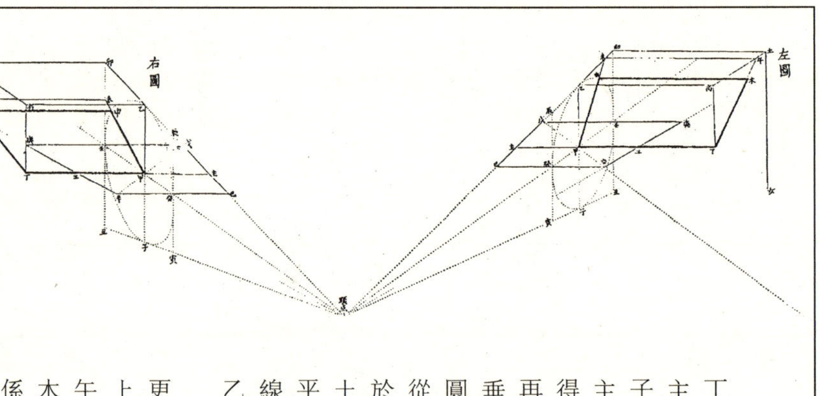

此圖與前圖開窗户法同。先定方匾如甲乙丙丁。次從甲丁線引長至主點，定甲主、甲工二點，甲主、甲工之長與乙甲線等，從乙甲作垂線至子，甲子之長與乙甲線等。次從頭點引線過工、過甲、過主作三線，從離點引線切甲角，與主工二線相交，得辛、戊二點，俱作平線，連成一平方如戊己庚辛。再從頭點引線過乙、過子作二線，從壬、癸二點作垂線，連成一立方卯丑辰寅，從卯丑辰寅之中作一圜圜。今從圜圜邊界定一點於申，申至甲連一線，從甲申線引長至卯辰線上得未點。再從頭點引線於丙角作一斜線，再從卯角作一平線，二線相交得土點。從土作一垂線至女，與卯丑線等，從未點作平線至丙土線上得午點，從午引線至丁，從申引平線至午丁線上得木點，將甲申木丁連成一方，即甲乙丙丁之方面朝前仰也。

今右圖與左圖法相同，不另註矣。設匾朝前更出，則甲申線引長之未點不在辰卯、丙土二線上，今在卯丑、土女二線上相交得午、未二點。今將午、未、丁、甲連成一方線，從申引平線至木，得申木丁甲一朝前式之斜方形也。此左、右二圖平方俱係細線，立方俱係虚線，視圖明如指掌矣。

此幅乃畫成前二式之全圖也。若按是法繪蓬頂，仰而視之，方圓合宜，柱石凌空，窗櫺掩映，儼若層樓矗然在上，其空隙處如窺碧落而見星辰矣。繪事至此，方識泰西之法精研細密，神乎其神，何可以游藝目之耶？

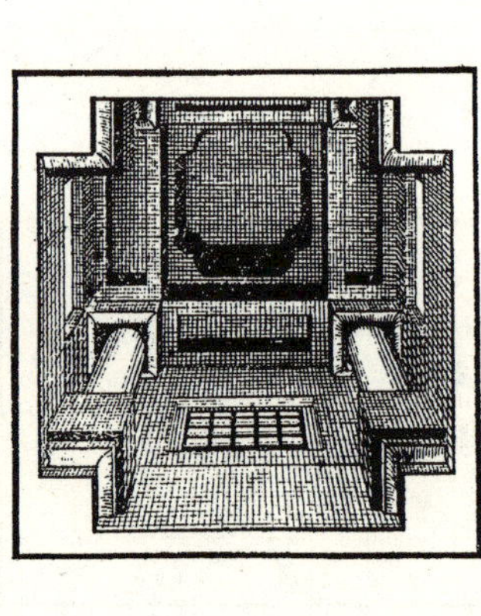

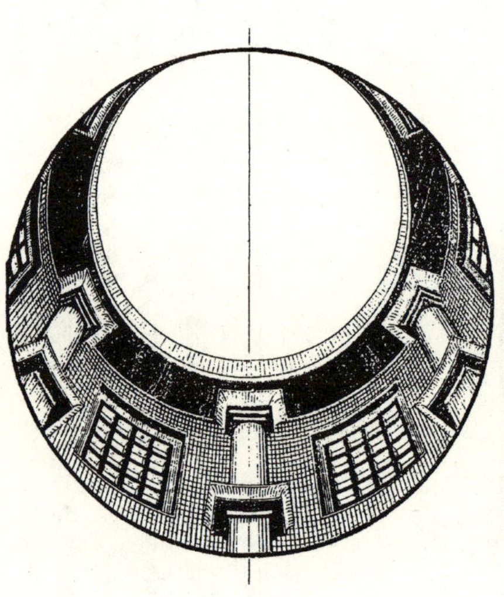

求方匡甲乙、甲丙二線影法

或設一方匡，如甲乙丙丁大如戊巳庚進深，欲求甲乙、甲丙之影。先定一亮光頭點，從亮光頭點作垂線。定一離點於辛，從光作平線至癸，從辛作平線如辛壬。次從正頭點引線過丁角至壬，從壬引線由上至癸。從光引線過甲角任至辰，從癸引線過乙角至巳丁拐角線，相交於卯，從卯引平線至光辰線，相交於午。從辛引線過丙角，至光辰線午點相接，午至丙即甲丙邊影，午至卯、卯至乙即甲乙邊之影也。

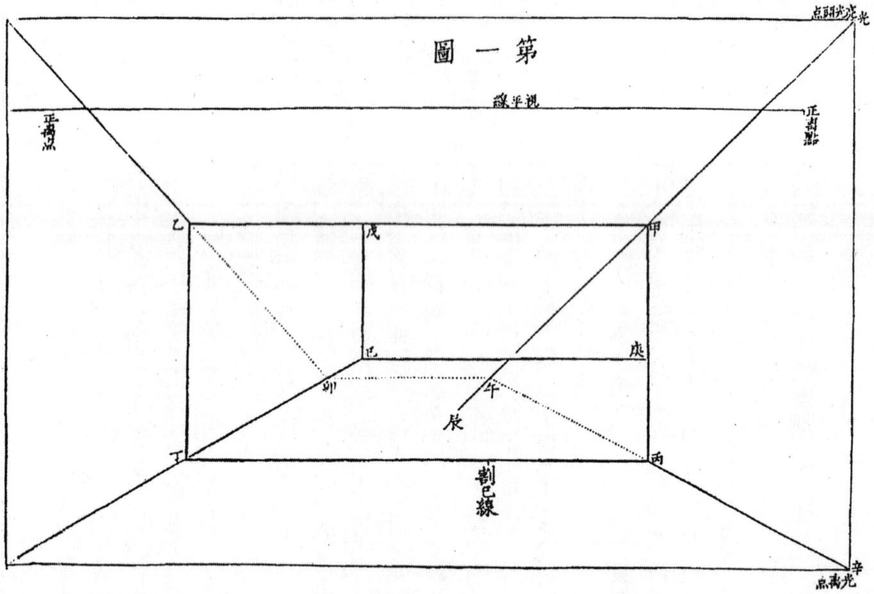

第一圖

求丑寅邊與酉癸邊影

從乙引線，順尾牛邊至婁元線上於亥。次從乙引線，順箕斗邊至婁元於戌。由亥上行，作垂線與乙戌線相交於房。從房作平行線於左、於右，得丙、丁二點。婁元線與女石邊相平，令丙房丁線與斗四邊相平，從乙引線至四。次從戌引線過癸角，至乙四線於巳，與子丑邊相交於辛。從巳作平行線任至庚，與箕斗邊相交與金，與卯寅線相交於壬，由金至壬、由壬至辛、由辛至癸即上方酉癸邊影也。從午作小垂線，至斗四線於未，從丙引線過未，至午四邊得申點，從申作線至寅，從申作線至丑，二線即丑寅邊也。

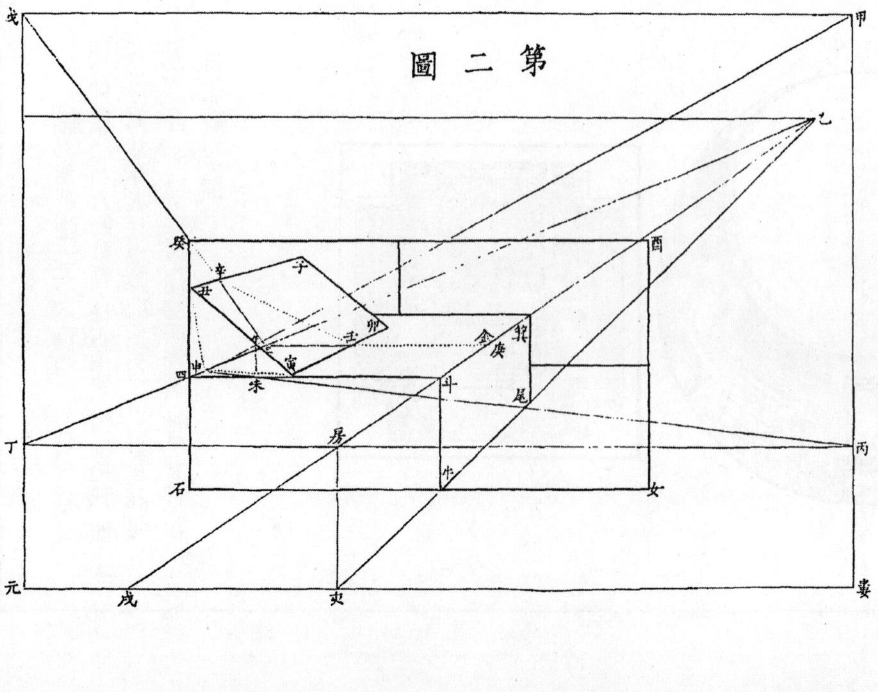

第二圖

求參未邊影

順未卯邊引線至丙丁邊於子，從正引線過子至辛壬邊於寅。從寅引線上行任至辰，辰寅線務與子未卯線作平行。從光引線至辰寅線上，務成直角於午。復從光點引線過參任至亥，從正引線過參，至卯子上於女，從午引線過女至酉點，從酉點至未，未至石、石接至參即未參邊影也。

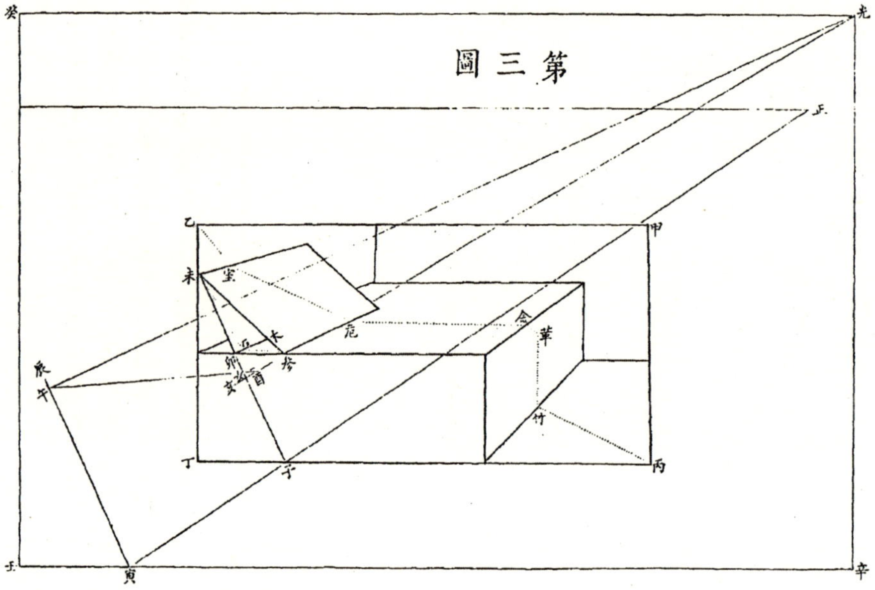

乙至室、室至危、危至金、金至革即甲乙邊影也。革至竹、竹至丙即甲丙邊影。此影與第二圖同，不再注矣。

第三圖

求辰戌邊影與辰亥邊影

從子引線切辰角任至壬，從未引線切申角任至子壬線於丙，從丙引線至戌，得亥戌線，從亥引線至辰，辰亥戌線即辰戌邊影。從壬引線至乙，得丁乙線，從丁引線至辰，辰丁乙線即辰亥邊影。此影與前三圖同，因此法與垂線相同，甚便捷，故録附後。

第三圖[副一]

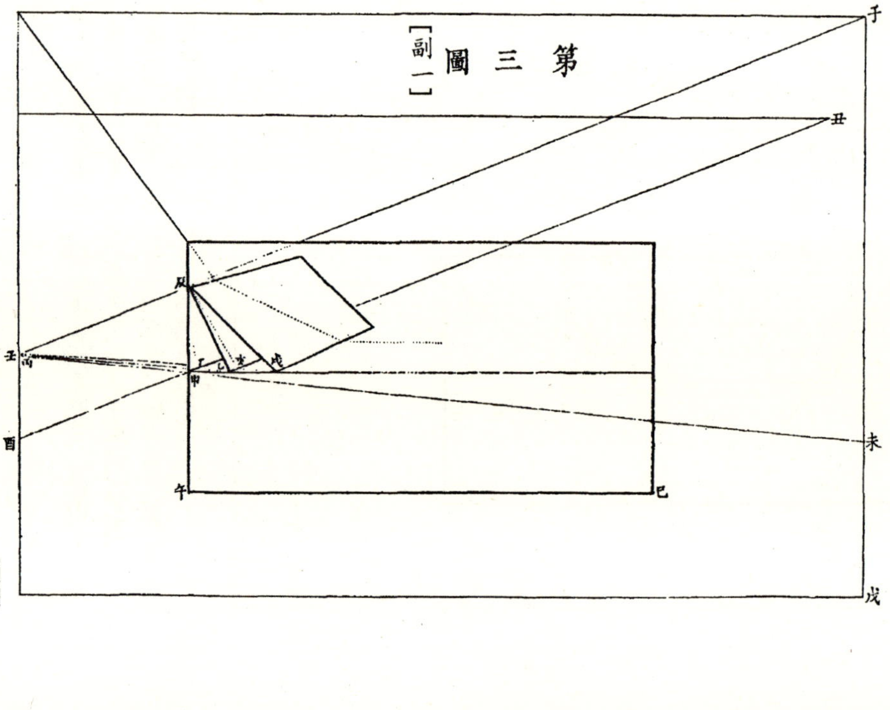

求卯辰、卯丑邊影

順子丑邊引長線至巳，從午引長線過巳至未，與丁戊線相交於申，從申引長線至酉，與丑巳線平行。從卯角引線至甲，與亥戌線平行，卯甲線與子丑邊相交於乙，從戊引線過乙任至辛，作戊辛線。又從亥引長線切卯角至子丑邊，與戊辛線相交於丙，從丙作線至丑。又從午引線至丙，與丑卯邊相交於一，丙至一即辰卯邊影，丙至丑即卯丑邊影也。

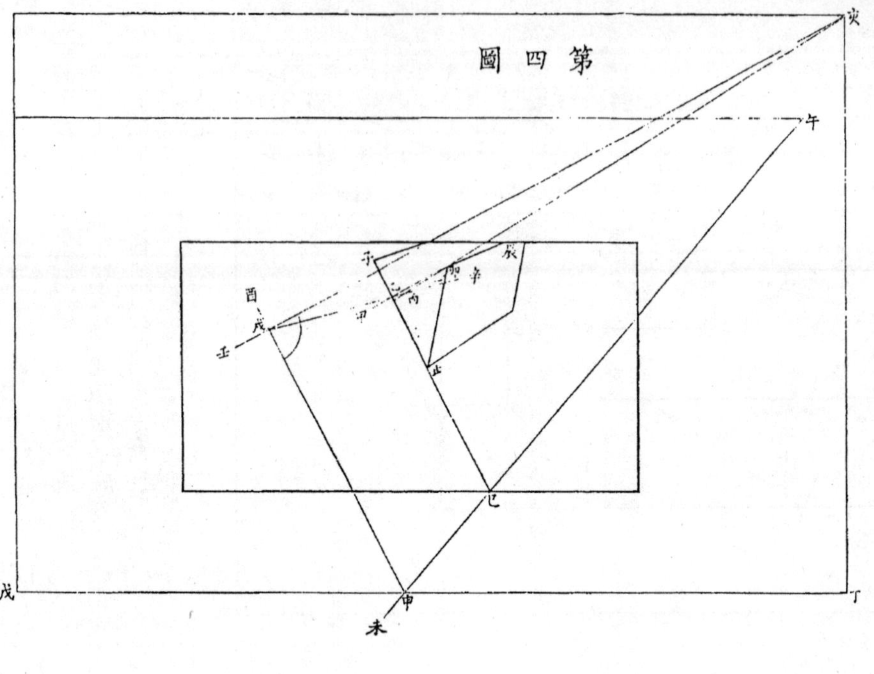

第四圖

求壬辛、斗亥線影

從子角引平線至虛，從虛引線至午，與未申線相交於危，從危引平線至斗、至壬。再從丑引平線至畢，從畢引線至午，與未申線相交於觜，從觜引平線至丑寅邊得辛。從辛至壬，再從辛引線至斗，得斗亥、壬辛二影，即所求上方酉戌之影也。

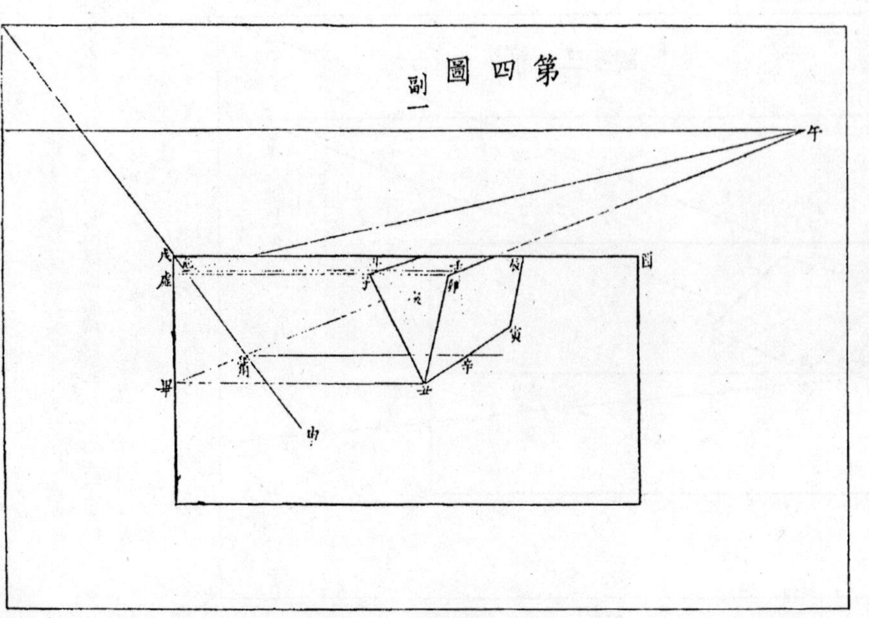

第四圖副一

求子丑邊影

從子作垂線至牛，從丑作垂線至亢。在子丑邊之中定張點，引垂線至戌，得牛、亢、戌三點。從乙引線過戌至參，從乙引線過牛至井，從井上行作垂線至木，從亥引長線切子角，至木井線上得房。次從亥上引線過張點，至乙參線上得箕點，從乙引線過亢至胃，從亥引線過丑，至乙胃線上得室。從室引線至午，與心申線相交得戌。從室引線至箕，從箕引線至房，從房引線至午，與未申線相交得奎。戊室即寅丑邊影，室箕即張丑邊影，箕房即子張邊影，房奎即子角影也。

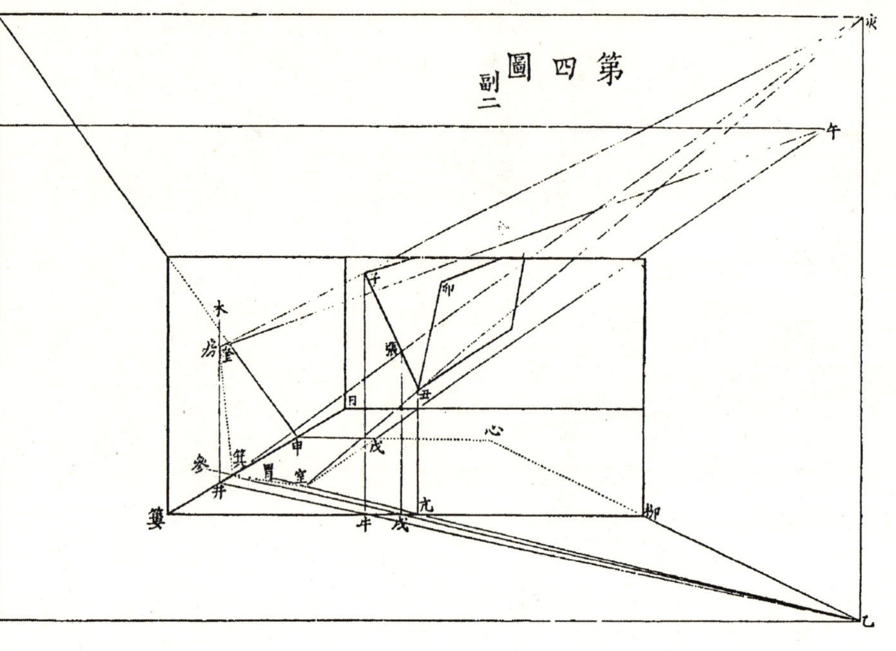
第四圖 副二

求丁丑邊影

從甲作垂線於乙，從巳引線過甲任至子。次從亥引線過乙至巳子線於戊點，從丁引線過戊至庚辛邊於丙，從丙引線至丑，丁至丙，丙至丑，即丑丁邊影也。卯壬線與前法同。

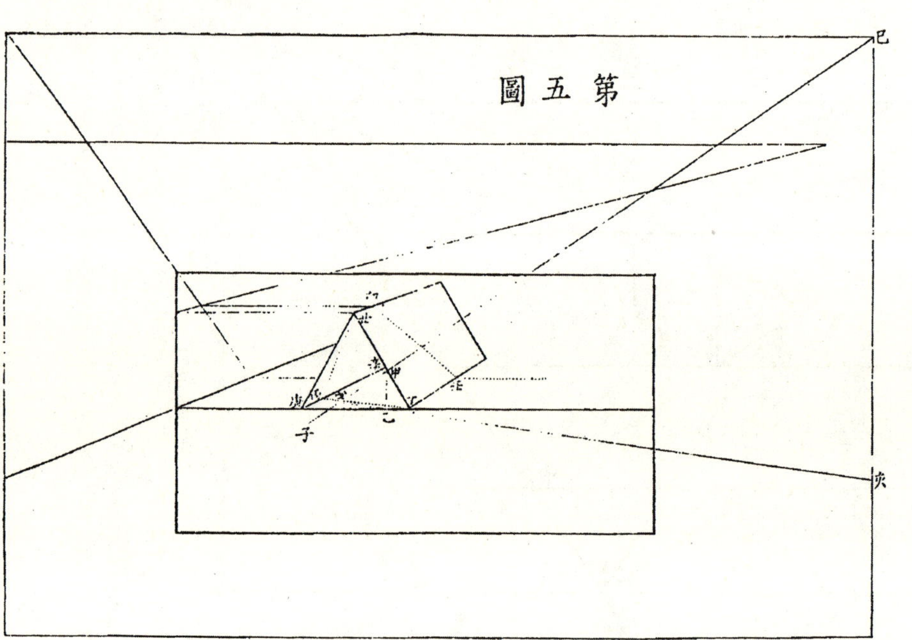
第五圖

求甲尾、甲子邊影

從甲作垂線至乙，於甲尾邊任定一丙點作垂線至丁，從戊引長線過甲至辛。又從戊引線過丙至庚，從巳引長線過乙，與午壬相交於卯，由卯上行至戊辛線上得辰。再從巳引長線過丁至庚丙線上得寅點，從尾引線過寅至午壬線得申點，從辰引線至午，與甲尾線相交於酉，尾至卯、卯至辰即甲尾邊影辰至酉，即甲子邊影也。

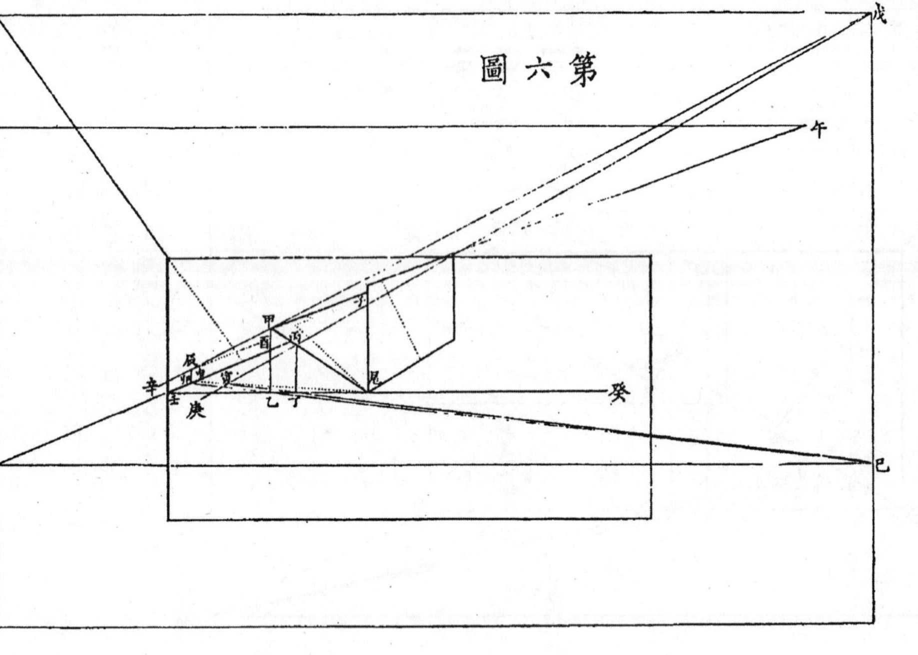

求甲乙、甲酉二邊影

順丙乙邊引線任至庚，與四五線相交得八，從辛引線過八任至寅，與六七線相交得壬，由壬斜上行任至癸，務與乙庚線平行。從丑引線與癸壬線，作成丑壬癸直角。從甲角作線任至子，務與丑壬平行，與丙乙相交於女，從壬點引線過女任至辰。次從丑引線切甲角任至酉，與壬辰相交得未，從未作線至乙。次從未引線至辛，與甲乙邊相交於戌，戌至未即甲酉邊影，未至乙即甲乙邊影也。

第六圖副一

求丙辛邊影

從丙角作一垂線，至辛巳邊於丁，從庚切丙角任至甲，從戊引線過丁任至申，與甲庚線相交於乙，從乙引線至辛，與癸巳邊相交於壬，壬至辛即丙辛邊影也。

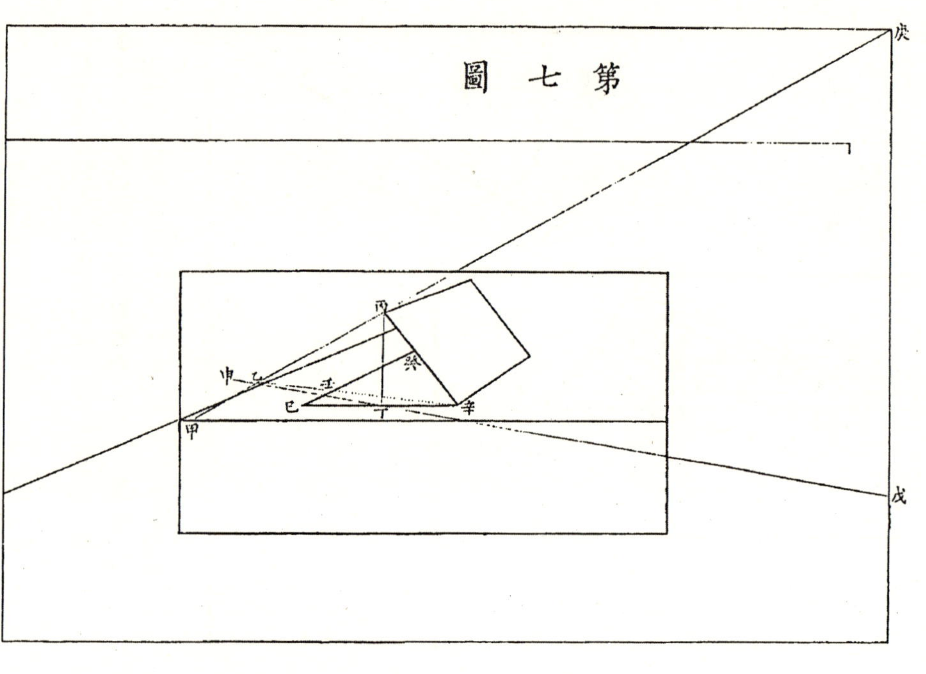

第七圖

求日甲角影

日月竹匏長方形乃斜置，必先求亂點。順日匏邊引線至木仁線上得黃，次順甲革邊引線至木仁線上得張，黃、張二點即亂點也。從乙角作垂線至戊巳邊於丙，從張引線過丙任至往，從甲角作垂線任至金，與張往線相交於丁，從庚引線過丁任至辛，與戊巳線相交於壬，從壬上行作垂線於午，從子引線過日角任至卯，與壬午垂線相交於申。次從子引線過甲角至辰，與壬午線相交於盈，從申至盈即甲日邊之影也，從盈至乙即甲乙邊之影也。從黃引線至申，從子引線切月角任至石，與黃申線相交於酉，酉申即日月邊之影也。次從一角上行作小垂線於戌，從子引線過戌任至寅，從天引線過一任至地，與子寅線相交於七，從黃引線過七點任至宇，與一九線相交於三，從三作線至申，與九四邊相交於二七至三，三至二即日角之影也。

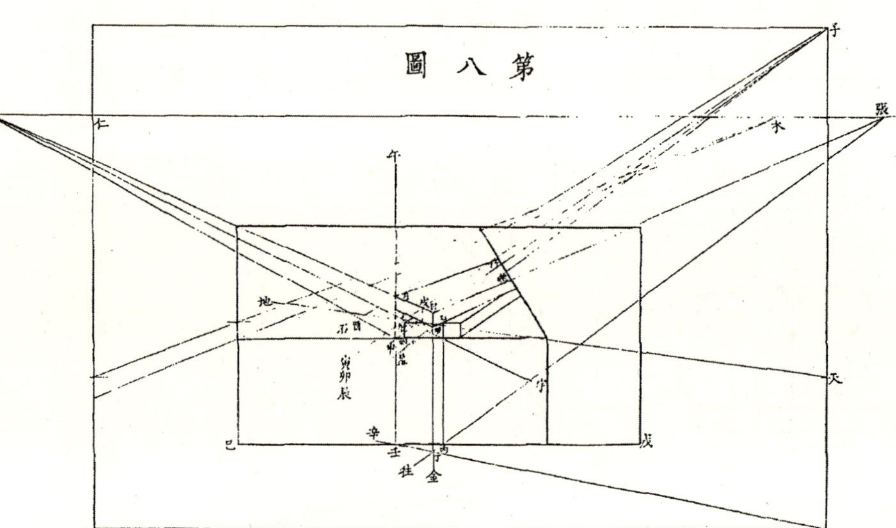

第八圖

求辰戊邊影

順甲乙邊作壬癸平線，依丙丁邊作庚辛平線。從子引線至癸，與午未線相交於申。從子引線至辛，與午未線相交於酉。從子引線至巳，與午未線相交於戌。從箕切辰角引長線任至斗，與申、酉、戌三平線相交於房、於亢、於角。自房點引線至壬，與五女邊相交於虛，與牛女邊相交於危。從亢引線至庚，與甲乙邊相交於室，與丙六邊相交於心。從角引線至戊，與丁七邊相交於八，與九十邊相交於奎，虛至危、危至室、室至心、心至生、生至戊俱係辰戊邊之影也。

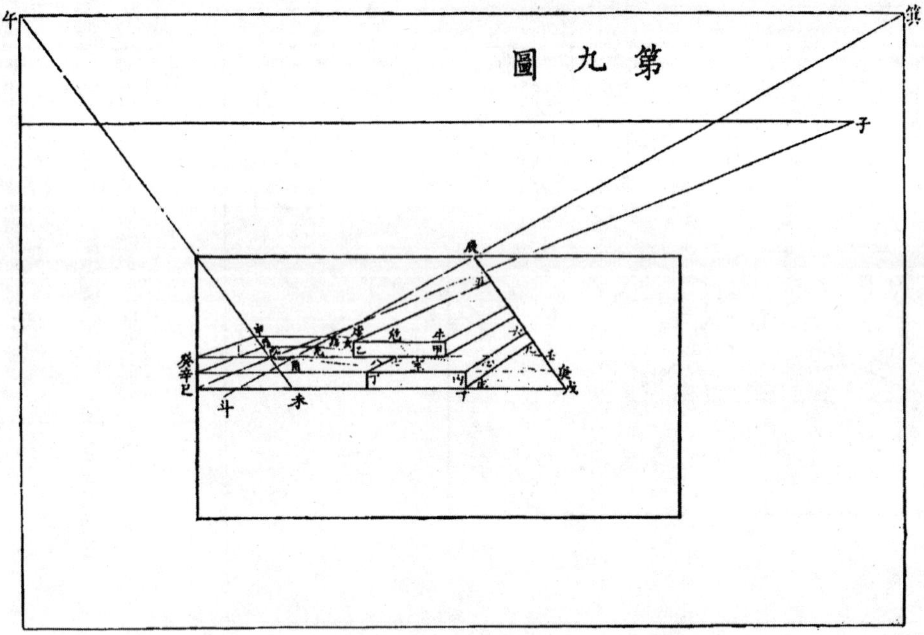

第九圖

求斜歪册頁影法

先從册頁邊順至乙心線相交於房，得亂點。然後從丁作一垂線至三五邊於戊，從乙引線過戊任至辛。從巳角作垂線任至庚，與房辛線相交於仁。從丙引線過仁任至壬，從甲切巳角任至未，與丙壬線相交於一。從亂點房引線至辰角，與四斗邊相交於酉。

從酉作垂線至三五邊於亥，從辰角作垂線任至午。從房引線過亥任至信，與辰午垂線相交於石。從甲引線切辰角任至子，與辰午線相交於智，與斗三線相交於卯。從丙引線過石任至癸，與甲子線相交於丑。從丁引線至一，一與丁作線，即丁巳邊影也。從丙引線切三角任至義，與六七拐角邊相交於八。從乙引線至丑，與丙義線相交於禮，一至丁，即丁巳邊影，一至丑，即巳辰邊影，丑至禮、禮至八即酉辰邊影也。八至九、九至十等影已詳之前圖中矣。

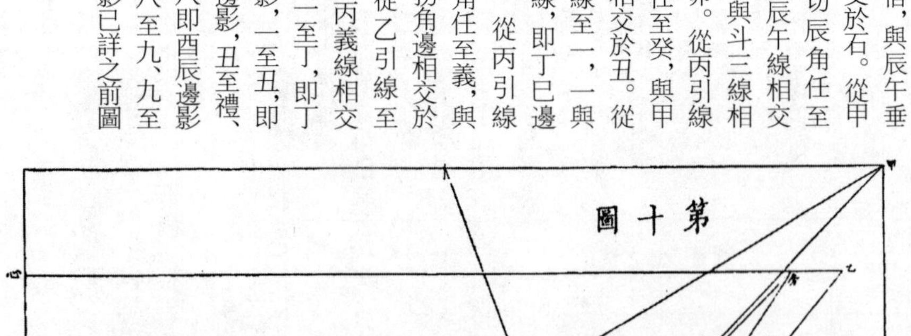

第十圖

求甲心邊影

順丁心邊引線至柳危邊於卯，從辰引線過卯至房室線於寅。從寅引線任至丑，務與心卯線平行。從危引線至丑寅線上，務成丑子尾直角。從甲角作線至丁心邊於丙，務與尾子線平行。從子引線過丙至丁女邊於戊。從戊引線至奎亥邊於酉，務與丁申線平行。從尾引線切甲角任至未，與戊酉線相交於庚。從丁角作垂線至斗牛邊於任。從壬引線至辰，與丁心邊相交於癸。從午引線切心角至壬癸線於辛，從辛引線由上至丁女邊於巳。從庚引線至辰，與甲乙邊相交於日。從日至庚作線即甲戌邊影，從庚至巳、巳至心即甲心邊影也。

第十一圖

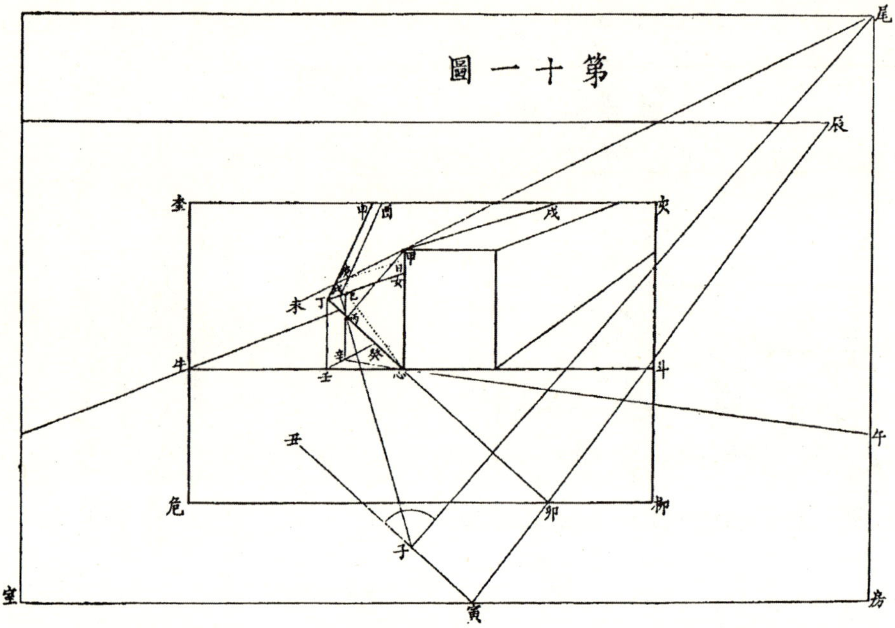

求乙辰、乙丁、丙丁三影

從丁作垂線至戌辛邊於亥，從女引線過丁任至庚。從奎引線過亥至女庚線於心。從心引線至危，與卯柳線相交於斗。從心引線至辰，辰至心即丁辰邊影，斗至心即丙丁邊影也。從奎心線順至房辰線於元，從元作線至乙。再從元作線至丁，丁元乙線即乙丁邊影也。次從乙作平線至申鬼邊於午，從午引線至危，與申卯線相交於未。從未引平線至乙巳邊於甲，從丁引平線至申鬼邊於癸，從癸引線至危，與卯申線相交於丑。從丑引平線至丁戊邊，相交於丙，從丙引線至甲，甲丙線即酉申邊之影也。從奎引線至辛壬邊於尾，從尾引線由上任至虛。從女引線切乙角，至尾虛線於子，從子引線至尾，與卯申線相交於寅，寅至子即甲乙邊影，子至尾、尾至辰即乙辰邊影也。

第十二圖

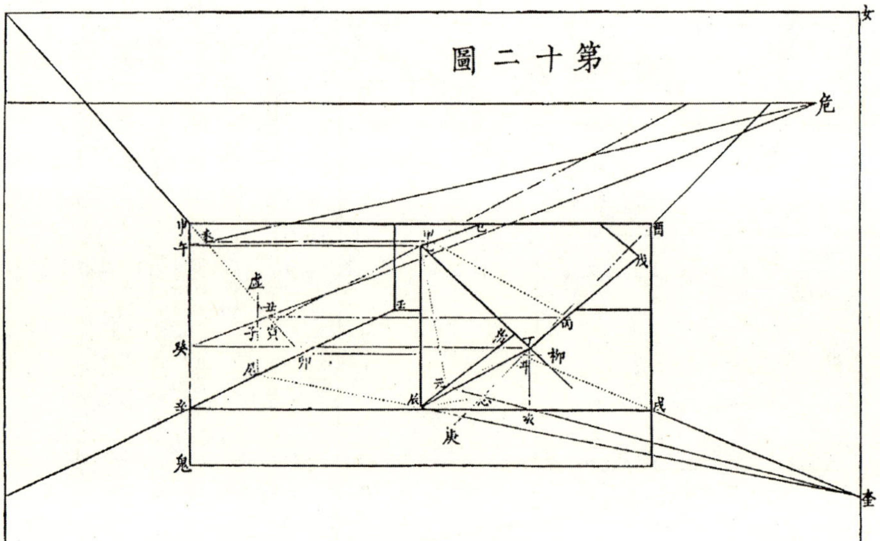

求星婁邊影

順女心邊作平線，至井柳拐角線於戊，從戊引線上行作垂線任至丑。從巳角引平線至丑戊垂線於庚，從丁引線過婁任至黃。從庚引線至乙，與丁黃線相交於辛，從辛引平線至軫巳邊於壬。次從張角上引平線，至丑戊線於癸從癸引線至乙，與丁黃線相交於申，從申引平線至張月邊於戌。從地角引平線至丑戊線於尾，從尾引線至乙，與丁黃線相交於亥，從亥引平線任至房，順地辰邊引線至房亥線，相交於亢，從亢作線至戌，與月辰邊相交於參。從戌作線至壬，得壬戌參線，即星婁邊之影也。從地張邊上任作一子點，從子引垂線至地尾線上於心，從甲引線過子任至斗，從丙引線過寅至甲斗線相交於牛，從牛引線至地，與氐寅邊相交於日，日至地作線即地張邊影也，餘影俱詳之前圖矣。

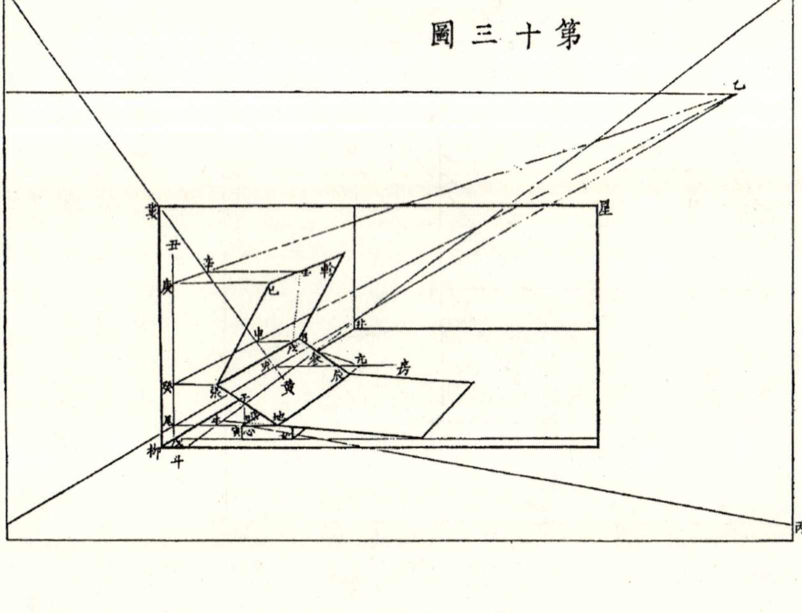

第十三圖

求甲乙、丁午等影

順牛斗邊作癸子平線於子、於癸，從甲角作垂線至癸子線得二，從乙角作垂線至癸子線得壬。從乙丁邊上任作戊一二垂線，至癸子線得一，從丁角作丁三垂線，至癸子線得三。次從婁引線切甲角任至箕，從胃引線過二，至癸戊線得亥，從亥上行作垂線任至申，與婁箕線相交於酉。再從婁引線過乙角任至尾，從胃引線過壬，至癸戊線得心，從心上行作垂線任至未，與婁尾線相交於寅。從婁引線過戊任至卯，從胃引線過一，至婁卯線得女。從婁引線過丁任至辰，從胃引線過三，至婁辰線得生，從生引線至午，與牛七邊相交於十，從十作線至工，工十午線即丁午邊影。從生作線過女，至癸戊邊得四，從四作線由上至寅，從寅作線至酉，從酉作線至奎，與甲乙邊相交於房，房至酉即甲虛邊影，酉至寅即甲乙邊影，寅至四、四至生即乙丁邊影，生至午即丁午邊影也。所作戊一垂線，因四點不能取，故於乙丁邊上或前或後，任意作戊點垂線於一，由一得女，由女方得四點也。

第十三圖副一

此法與十圖相同。

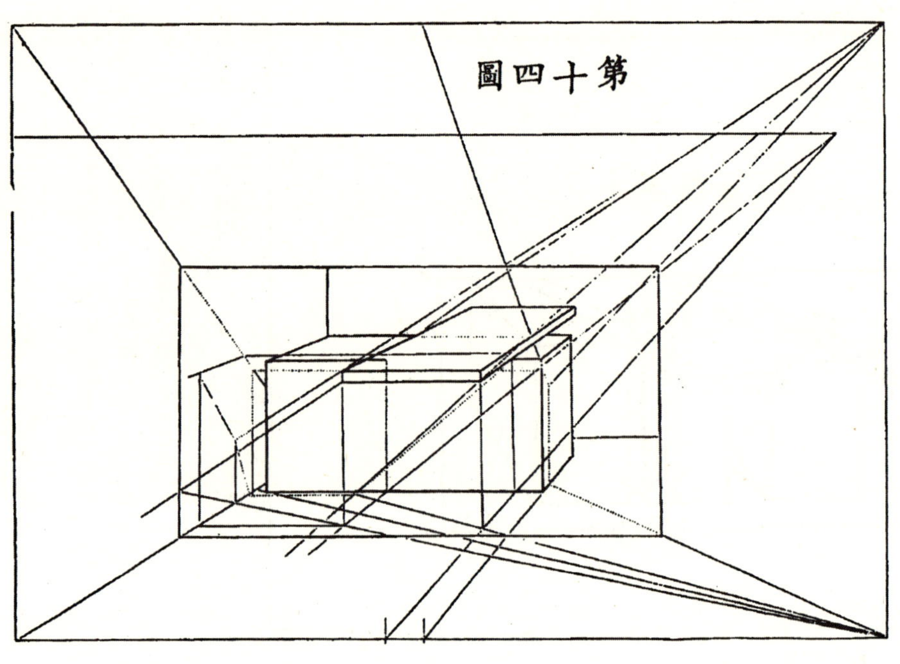

十五圖諸般之影，前圖俱以詳載，但只引各樣線法，不細注矣。

十五圖

求子角影法

從子角作垂線至丑，從寅角作垂線至卯，卯引線至正。從辛引線過丑至辰，從光引線過子任至午，從辰由上至子午線於巳。亥戌影作小垂線取之，得戌亥巳寅之影也。從申作平線至未，則得酉胃影也。

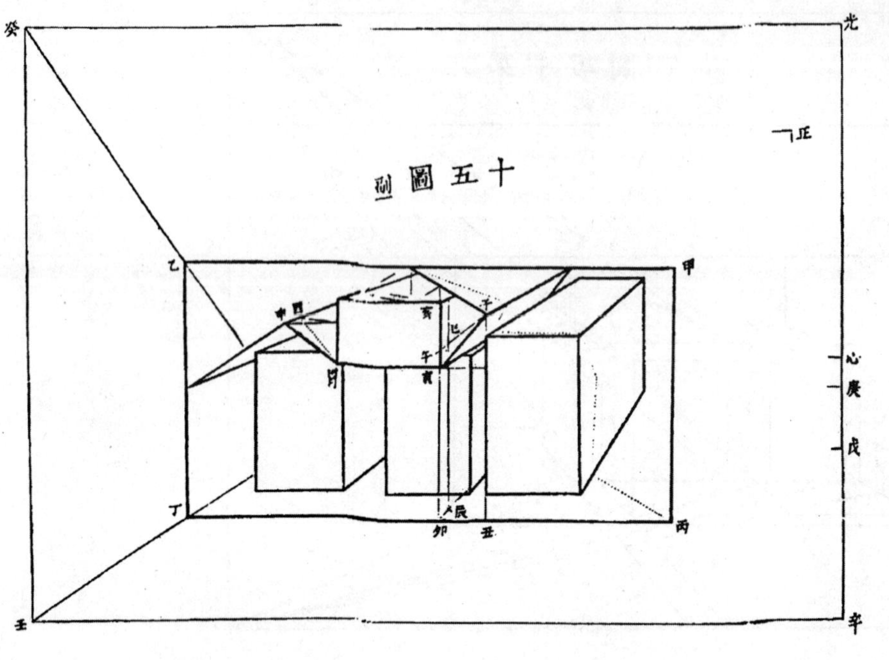

十五圖副

求甲丙邊影法

從光引線過甲角任至戌。從正引線不拘多少，如子、丑、寅、卯、辰、巳、午、未等線。從正引線至書邊於酉，從酉作垂線至丙丁邊於申，從申至正與丙亥線於木，從木由上與正酉線相交於子，餘俱倣，此即得子、丑、寅、卯、辰、巳、午、丙相接，即甲丙邊之影也。

凡求甲乙邊影，如從酉引平線至乙丁邊於參，從參引線至正，與乙危線相交於室，從室引平線至子。次從女引平線至乙丁邊於牛，從牛引線至正，與乙危線相交於心，從心引線至斗。一取子點二取斗點，俱以此法取之，即得胃氏房。將子、斗、胃、氏、房相連，即成甲乙邊影也。

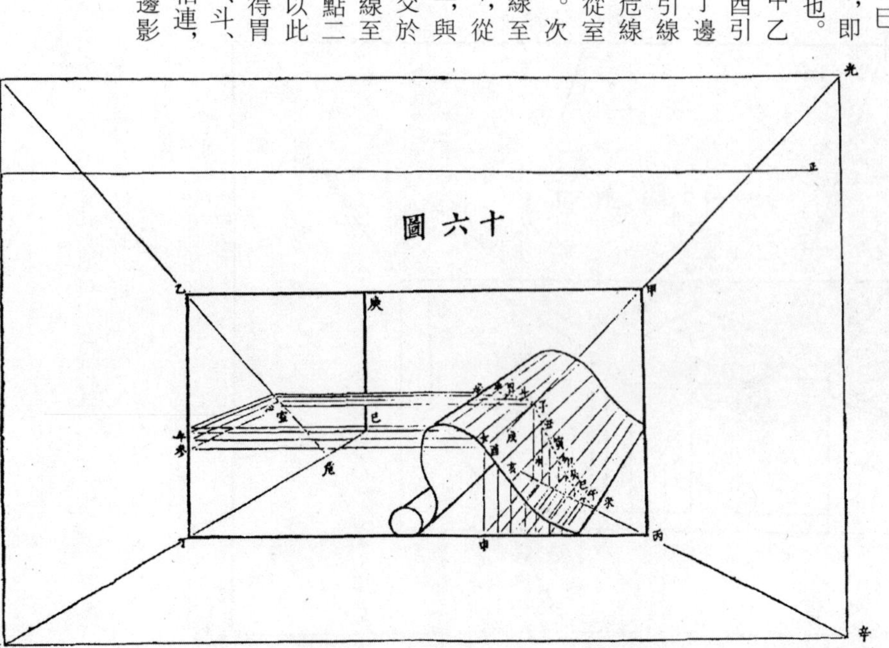

十六圖

取子、丑、寅、卯、辰、巳、午、未點，與前圖上子、斗二點法取之，即可得矣。餘俱倣此法可也。

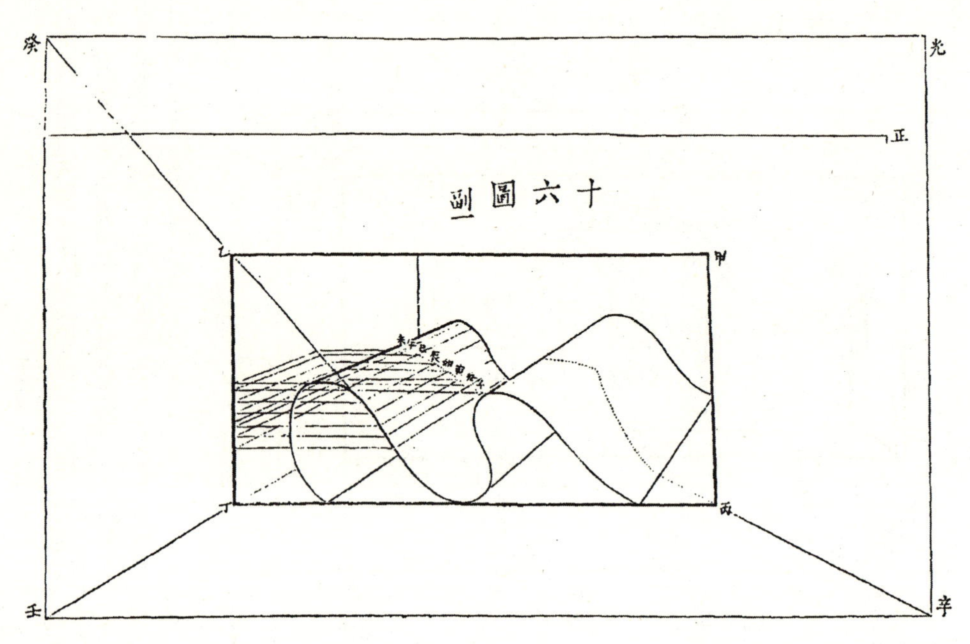

十六圖副一

書頁面上影子，前圖以詳明。書頁本身邊影照於丙丁巳庚地平上者，與書頁本身上影法，地平上俱用垂線取可也。本身上影作垂線法，如方匡逢拐角線，即直上與光線相交取之，逢斜則依斜行，逢灣曲半圓亦隨其邊而行也，亦以光線割之得點，即如本圖之影矣。餘俱倣此。

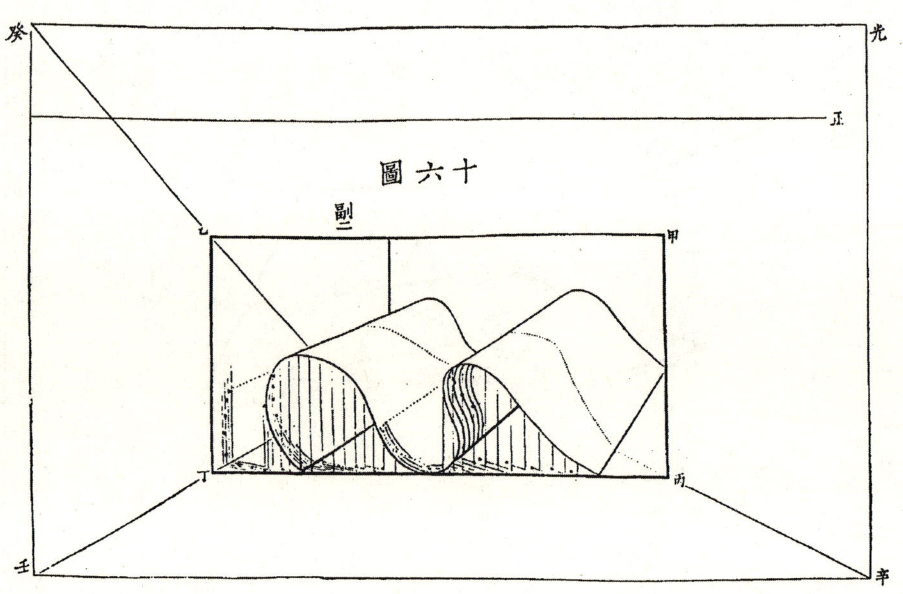

十六圖副二

此圖午角内影與第二圖同法，未申戌影與第七圖同法。甲乙影用垂線取之。酉亥影與丑巳影，從午引線至正，與寅辰亮光線相交於巳，從巳引線至亥，即得酉亥影於角上也；順卯邊引線至正，與寅辰線相交於辰，從辰至丑即得丑角上影也。餘影前圖俱詳，不再注矣。

十七圖

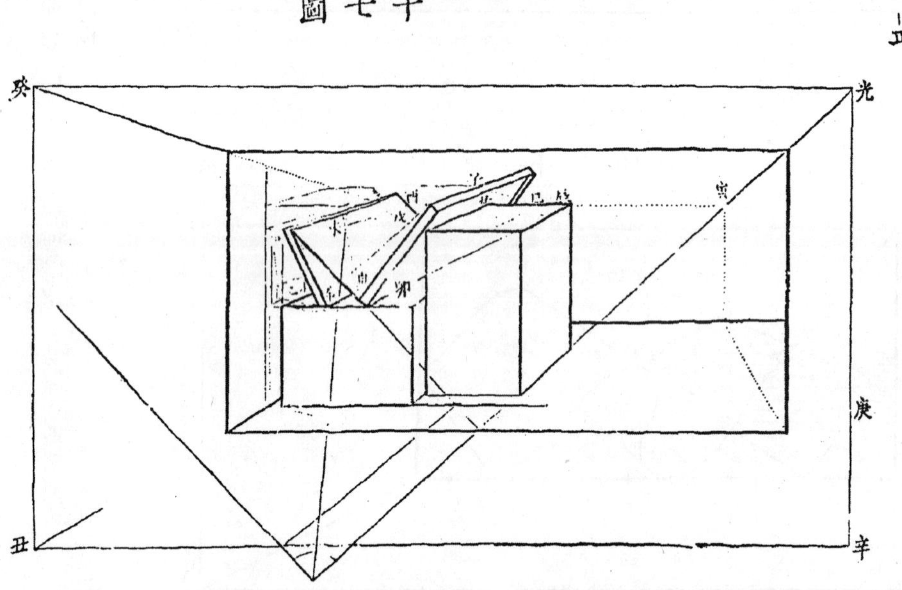

先定甲辛垂線，自離點引線過辛至丙丁邊，得庚點上行。次從光點引線過甲，得戊庚垂線。戊至丙、至巳作線，即甲丙、甲巳邊之影也。次將乙巳甲邊引長至地平線上，得丁癸線。再自乙角作垂線至子，自離點引線過子點，光點引線切乙角，二線相交得丑點。從元點引線過地點，與光乙線相交得寅點。將月日邊引長至乙甲邊，得壬點，自壬點引線至寅，得口卯線，即乙甲角之影也。次自玉角作垂線至申，從頭點引線至申，得申未虛線、午辰虛線，即月午日丙體之底線也。自離點引線切午點，至申未線得吉點，上行至玉戌線得中點，再上行與玉合線平行得五點，自頭點引線至五，午至中、中至五、五至只等線，即卯月午邊影也。次從巳點作線至玉戌線上得酉點，酉巳線與中午線平行。癸丑線與申未線相交之亥點上行得戌點，戌點上行與玉合線平行得天點，從頭點引線至天點得文天線，天與酉作線，文天、天酉二線即古乙、乙甲二邊之影也。

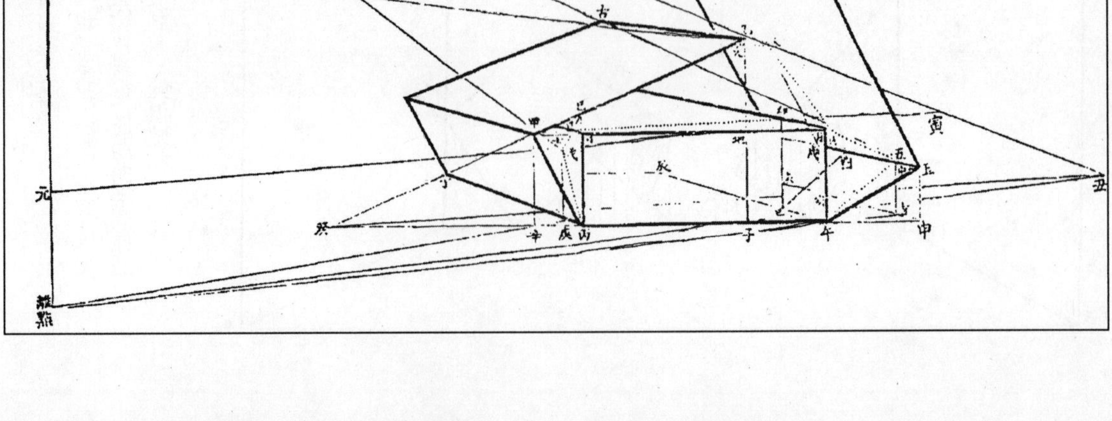

先從甲角作垂線至乙。次從光點引線切甲角，離點引線過乙點，二線相交得中點。丙角作小垂線至丁，光點引線過丙角，離點引線過丁點，二線相交得日點。次從丙角作丙八線，頭點引線至八點，得禾八線。由壬點過中點至化生線上，得白點，白點上行得田點，從田點引線得田言線。中點上行得仁點，頭點引線至仁，得仁太線，向至仁、仁至太即壬甲同邊影也。自八引線過日點至千，千至玉、壬至火即壬平邊影也，火至日即平丙邊影也，日至千、千至玉即丙玉邊影也。

求甲丙邊影照於瓶上法

先於瓶上畫圓線。次將瓶上圓圈尺寸俱移於地平上，如申酉戌等圈。從辛引線過丙任至亥，丙亥線即甲丙邊影。務從丙亥影上申、酉、戌等點立垂線，與衆圈相交處則得子、丑、寅、卯等點，連成虛線，則甲丙邊影射於瓶上，毫髮無錯矣。

求筆筒影法

於筆筒上不拘多少，作垂線，四甲字一垂線，四乙字一垂線，挨次得點相連，則筆筒之影成矣。

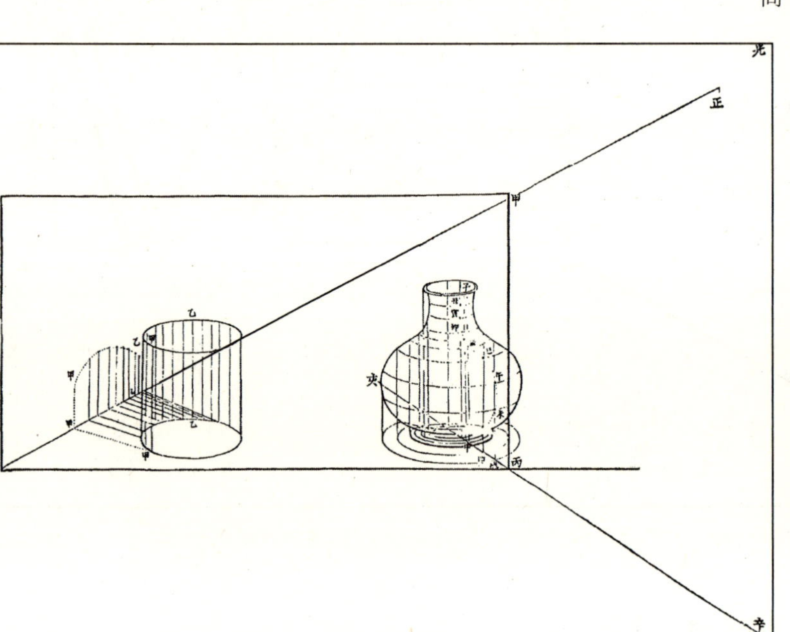

天下太平方體，取化下子虛底，自光點引線過王角，次從乙點引線過工角，二線相遇得丁點。再自田角作田口虛線，自丁點引平線至田口線上得千點，自壬角引線至千點。自小角作平線，至田口線得山點，自山點向上作主山垂線，順四五邊接虛線得六點。自甲點引線至六點，木火邊接虛線，至甲六線上得占點。六、占二點相交壬千影線上得於點，四木邊引虛線至口白線上得卜點，自於點引線至木卜虛線上得也點，日方之影即壬王邊之影也。止角作平線，至主山線上得正點，從正點引線至甲，與壬千線相交得中點，從中點作平線得申點，從申點引線至千丁線、丙辛線，二線相交處得示點，得申去之影，即壬王之影也。自羊角作垂線，至下化線上得不點，自生角作垂線，成生只羊不虛方形。光點引線過羊點，乙點引線過不點，二線相交得凡點。乙點引線過只角，至丙辛邊得令點。令點與行角作線，自光點引線過生角，至令行線上得月點，從凡點作凡力小平線，從力點與月點作線，行月線即行生邊影，月力線即生羊邊影。取餘影法，前圖已明，此圖不復再贅矣。

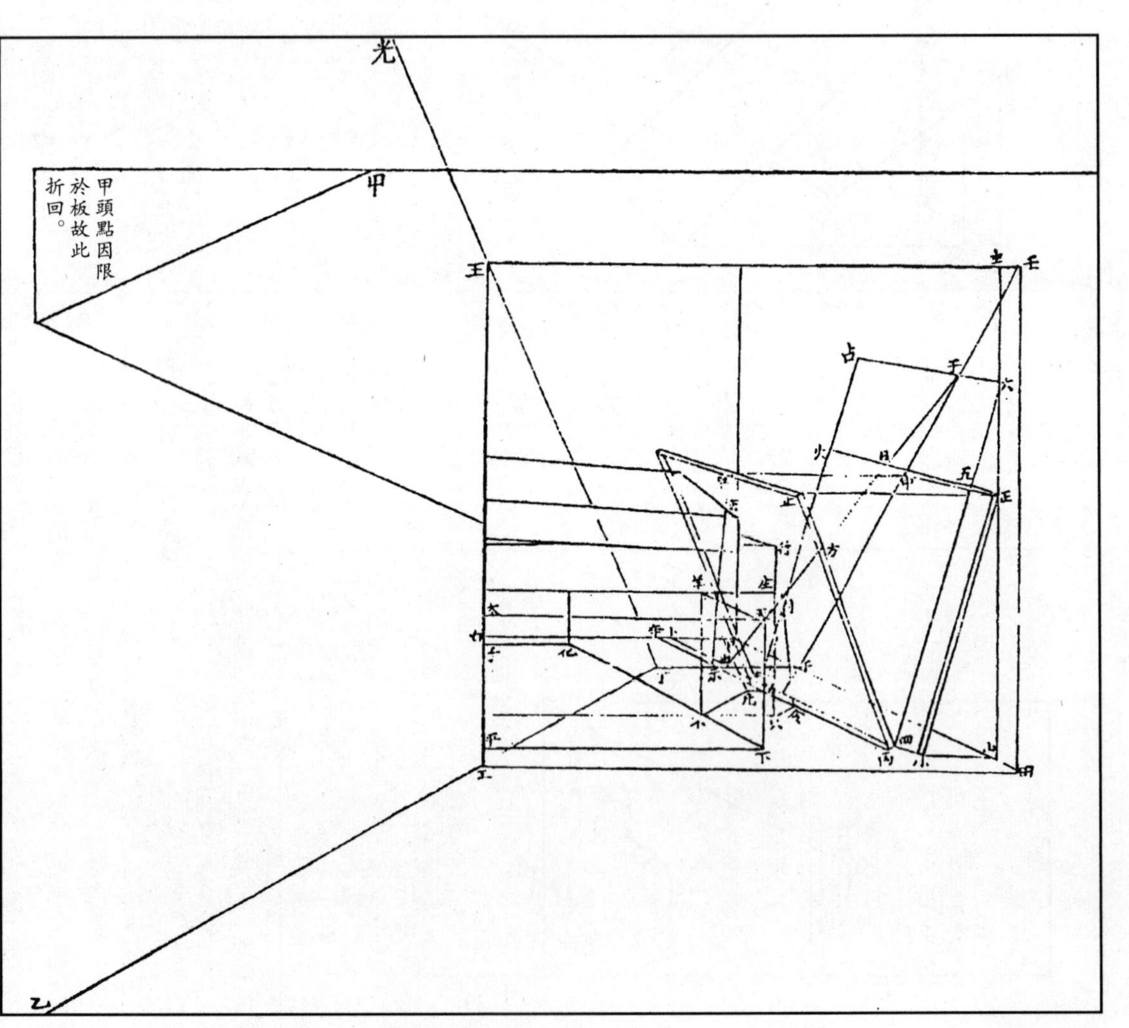

求圓圈畫影法

先定壬點於中心，將規矩定尺寸畫一圓圈。次定厚薄於癸點，再作一圓圈，如一薄篾圈掛空，離地若干，即定地平線處是也。從壬中心作一平線，如子丑。從癸作一平線，如卯寅。從子作垂線至地平上相交於辛，從丑作垂線相交於戊，從寅作垂線至庚，從卯作垂線至巳，戊辛即子丑之地平，巳庚即卯寅之地平。從圓圈隨手作垂線不拘多少，如前圖垂線法取之，如三個乙字一垂線也，三個丙字一垂線也，三個甲字一垂線也。從乙起挨次作線得點，週而復轉至丙止，即得卯寅之圓影也。從丁週而復轉至辰，即得子丑之圓矣。二圈影相並，即有全體影也。餘俱倣此，不拘方、圓、三角，是物之影懸掛者，俱可得矣。

應用

清·年希堯《視學》

求門影法

從甲中心引平線至乙，從光引線過乙任至丙。從離點引線過癸至戊，從戊作垂線至光丙線於巳，從巳引平線至甲丁線於庚。以庚點作根將規矩展開至巳，作半圓至辛，則得乙壬邊影於門上也。

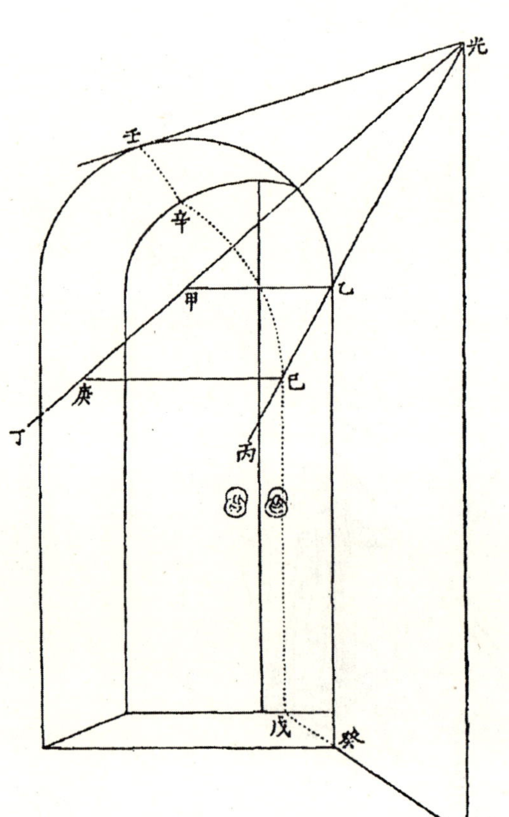

圖表

清·年希堯《視學》

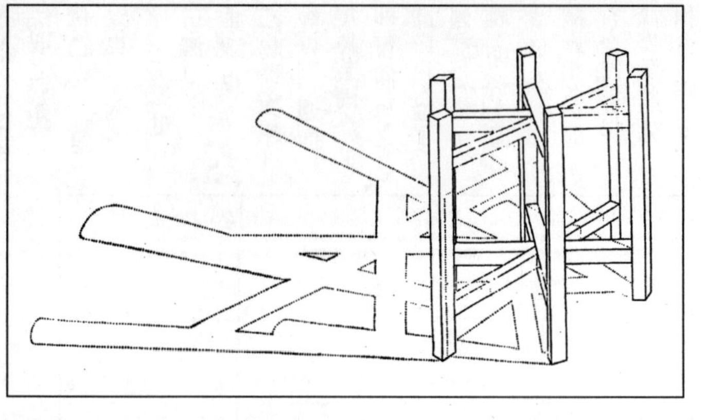

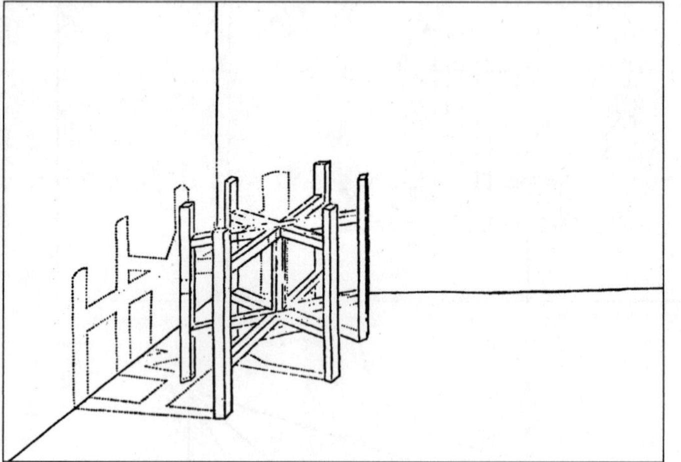

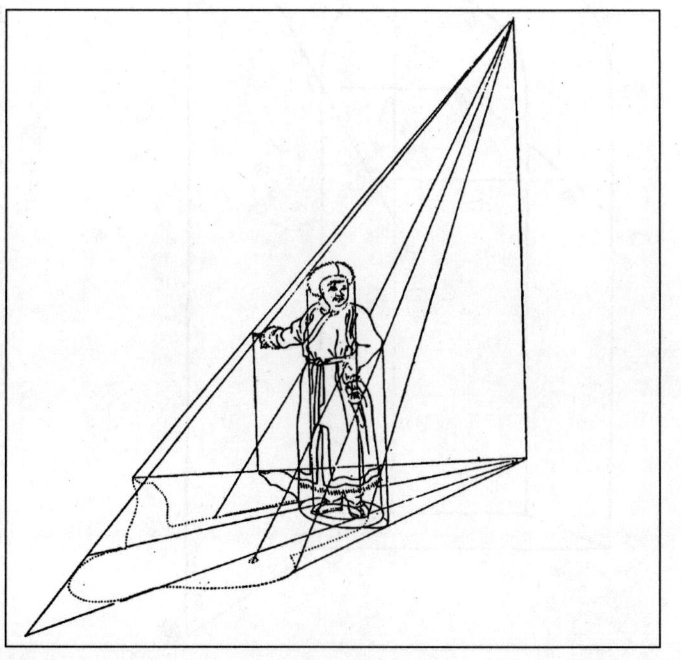

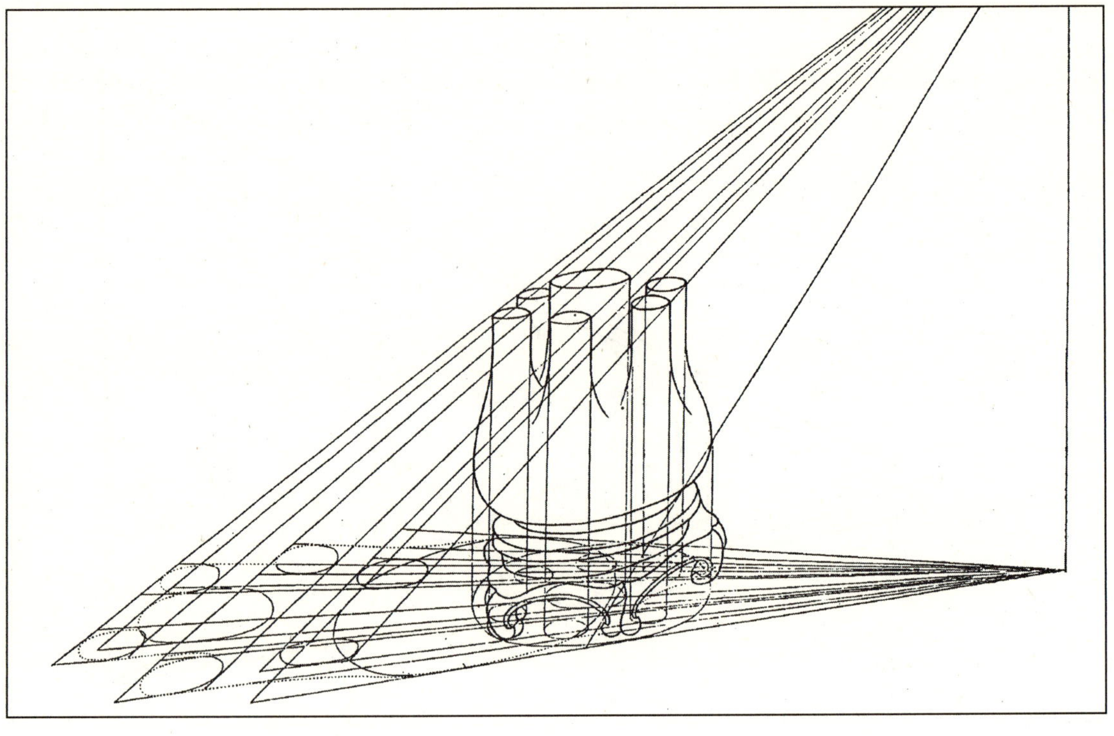

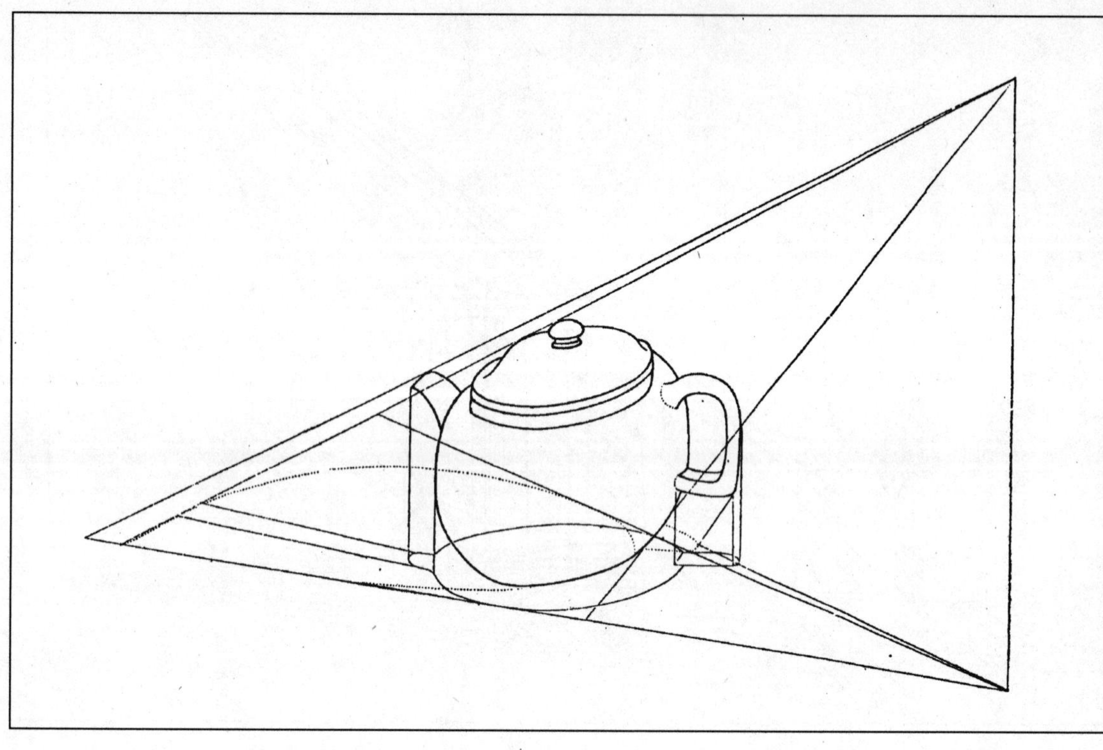

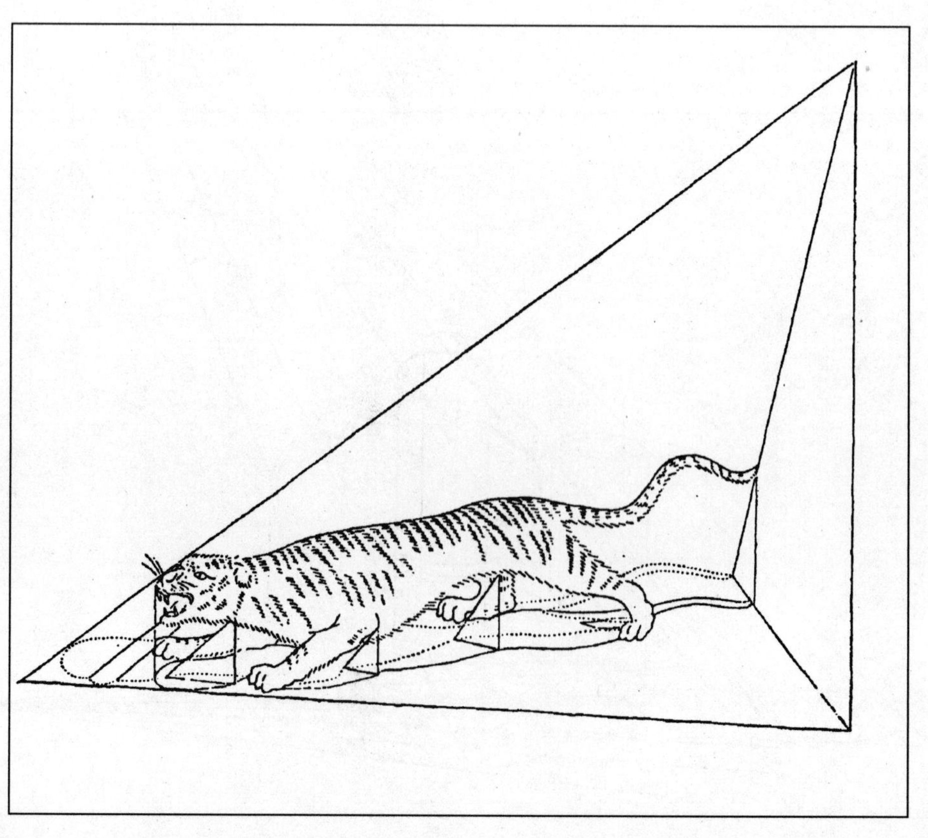

網格法分部

畫法

清・年希堯《視學》 此圖之一、二、三、四、五、六係前後六層，如一圖在外全見者；二圖則一圖之後，所見便少；三圖又在二圖之後，所見更少；四圖至六圖皆然。今所畫只有全圖之半，以便於量比耳。

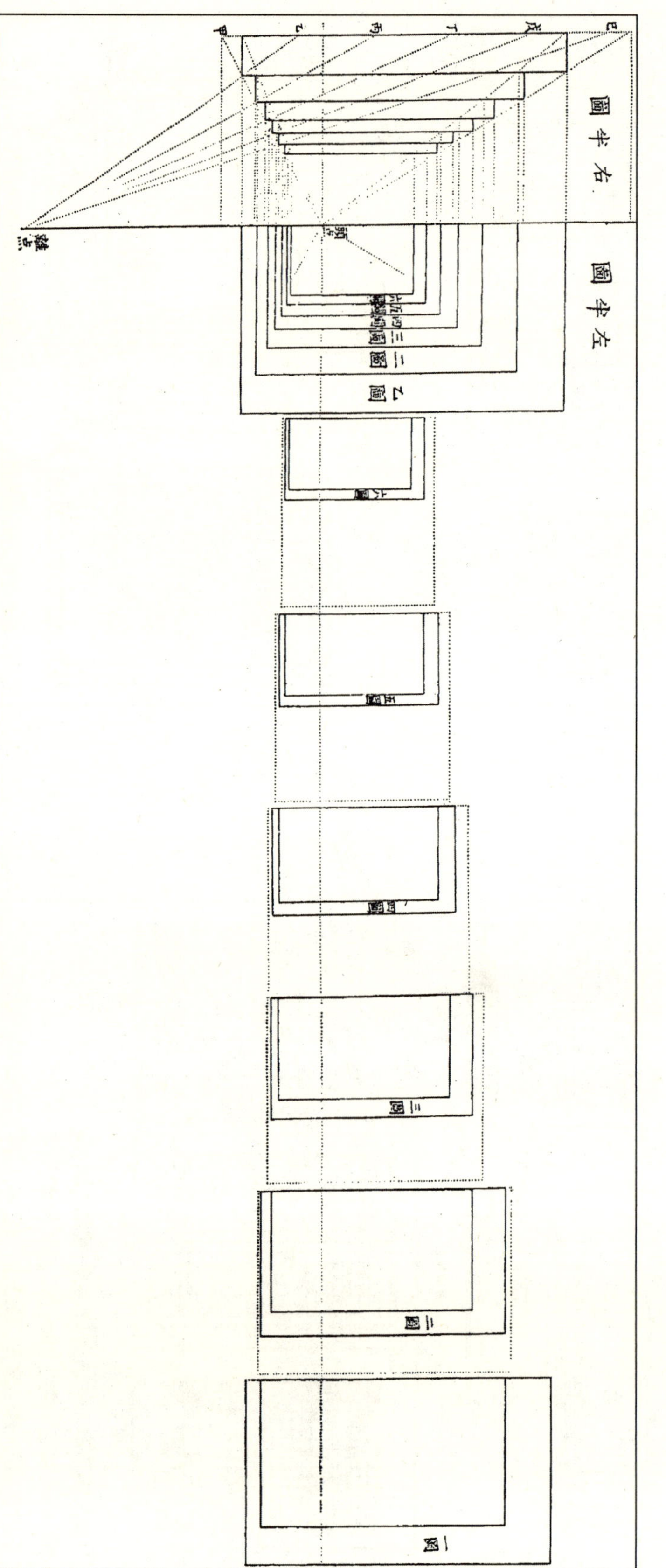

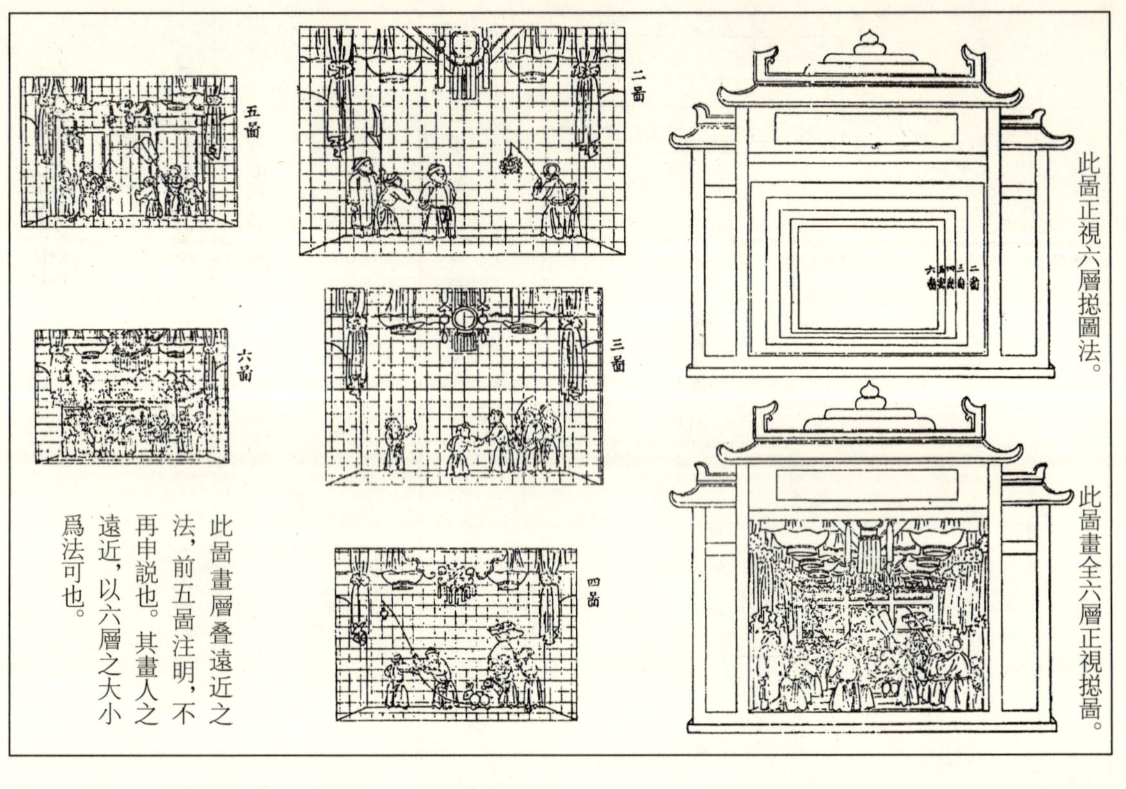

此畵正視六層揺圖法。

此畵畫全六層正視揺畵。

此畵畫層疊遠近之法，前五畵注明，不再申説也。其畫人之遠近，以六層之大小爲法可也。

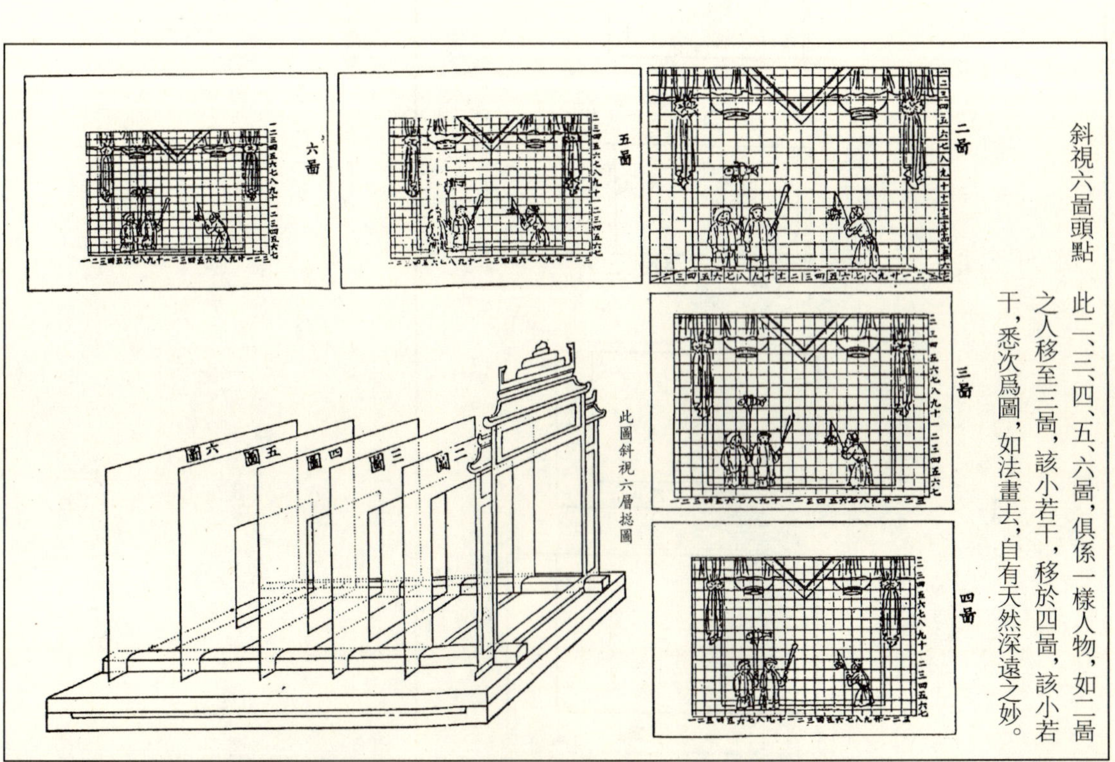

斜視六畵頭點　此二、三、四、五、六畵，俱係一様人物，如二畵之人移至三畵，該小若干，移於四畵，該小若干，悉次爲圖，如法畫去，自有天然深遠之妙。

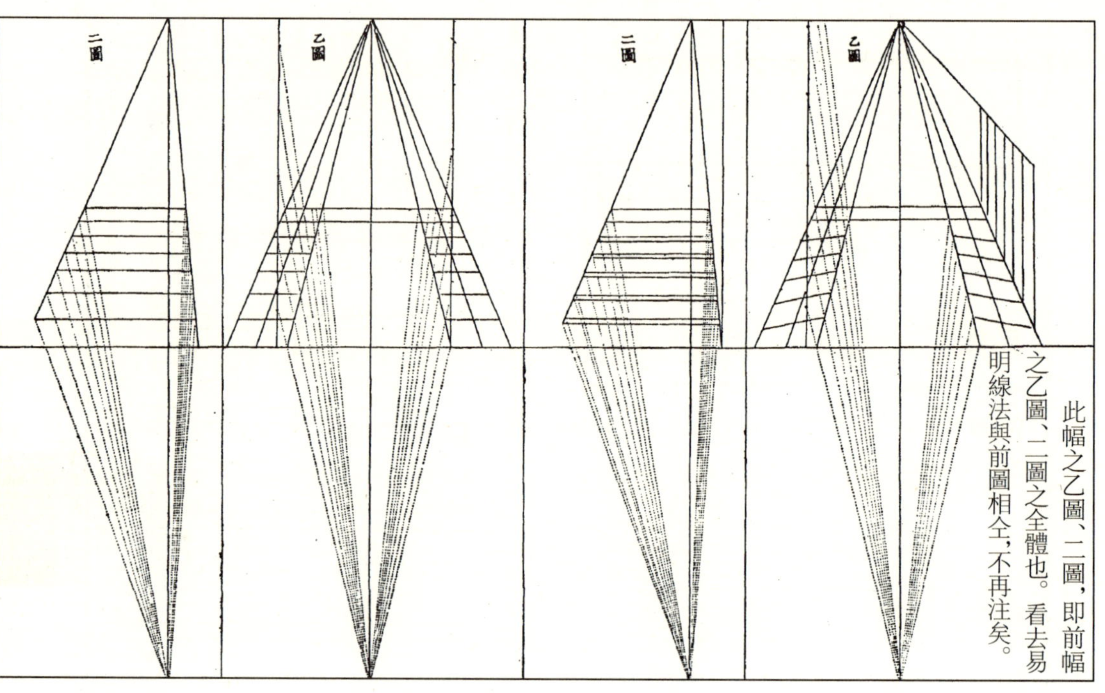

此幅之乙圖、二圖，即前幅之乙圖、二圖之全體也。看去易明線法與前圖相仝，不再注矣。

第一畐　先定甲乙平線，引長至丙，乙丙與甲乙等長。次定丁乙垂線，自丁定戊點，自甲引線至丁、至戊。再從丁乙垂線定火點，與丁戊等，將火乙之長從戊上量得水點，再從甲引線至水。次自戊作一平行線至子，從戊勻分六分，得已、庚、辛、壬、癸、子六點，自丙引線至已、庚、辛、壬、癸、子，甲戊線上相交處得丑、寅、卯、辰、巳、午點。作申丑、酉寅、亥卯、天辰五線，上下引長得水、一、乙、二、乙、三、乙、四、乙五等點。巳、午二點作垂線至甲乙平線上，得巳土、午見二垂線。次自丁、申、酉、亥、天作垂線出甲乙地平線外，以丁爲心開規，自一點至乙，得乙共小垂線。申、酉、亥、天俱倣此，得半太、石沖、户兄、寸台小垂線。

第二畐　先定公仁光地平線。次定吉地平行線，此線即頭點眼線。自仁點向上定中點，即一畐內水先之高。次從一畐內戊點向上作垂線，與中點等高，作戊中短平線。再從吉點引線至戊至仁，自一畐上之戊、申、丑、酉、寅、亥、卯、天、辰、巳、午各點，向上至吉丁線上俱作中、戊、正、丑、工、寅、化、卯、干、辰等平線，吉仁線上亦照吉戊線上作短平線。次從地點引線至戊、丑、寅、卯、辰上，得冬、占、且、户力線，吉仁線上亦照此得止、毛、力、加、巾等線。

第三畐　先定頭點乙，乙至巳即一畐內之巳土，乙至戊即一畐內之水戊，乙至丑、寅、卯、辰即一畐內之乙丑、乙寅、乙卯、乙辰之長，乙至共即一畐內乙共之短垂線，乙至台即一畐內之寸台短線也。共至台點之中有太、冲、兄三點在內，因共台之中甚促，不能容此三點，故只有前後共、台二點矣。此五點各有所用，共點引戊月上斜線，太點引士一片上斜線，餘俱倣此式。次從共點引線至戊、至月，得各片上下之界。

第四畐　將一畐內戊子平線上戊、已、庚、辛、壬、癸、子再加一倍，已辛作一度，仍係六分，其餘線法與三畐同。

第五畐　將乙點作爲頭點，乙至共點即一畐內之乙共，共至口即一畐內之天辰，口至只即一畐內之亥卯，只至主即一畐內之酉寅，主至光即一畐內之申丑，光至兄即一畐內之丁戊，乙至言即一畐內之言士，乙巳即一畐內之巳土，五至圭即一畐內之天辰，四至丘即一畐內之亥卯，三至旨即一畐內之酉寅，二至耳即一畐內之申丑，一至酉即一畐內之丁戊。第一片之高中仁、冬止即二畐上之中仁、冬止，其二、三、四、五片俱倣此。巳品之高即二畐上之巳品，巳品均分二十格，横格取成方格。第一片之中仁線亦均分二十格，冬止線亦均分二十格，作成連線，依光點爲心引線過中仁邊之圈，俱成斜線。二片以主爲心，三片以只爲心，四片以口爲心，五片以共爲心，俱與第一片上之法作斜線。

此西國畫圓房之法也，因中國無此房式，人亦從無繪之者。今作此畐以明一法，學者可以推廣其意。

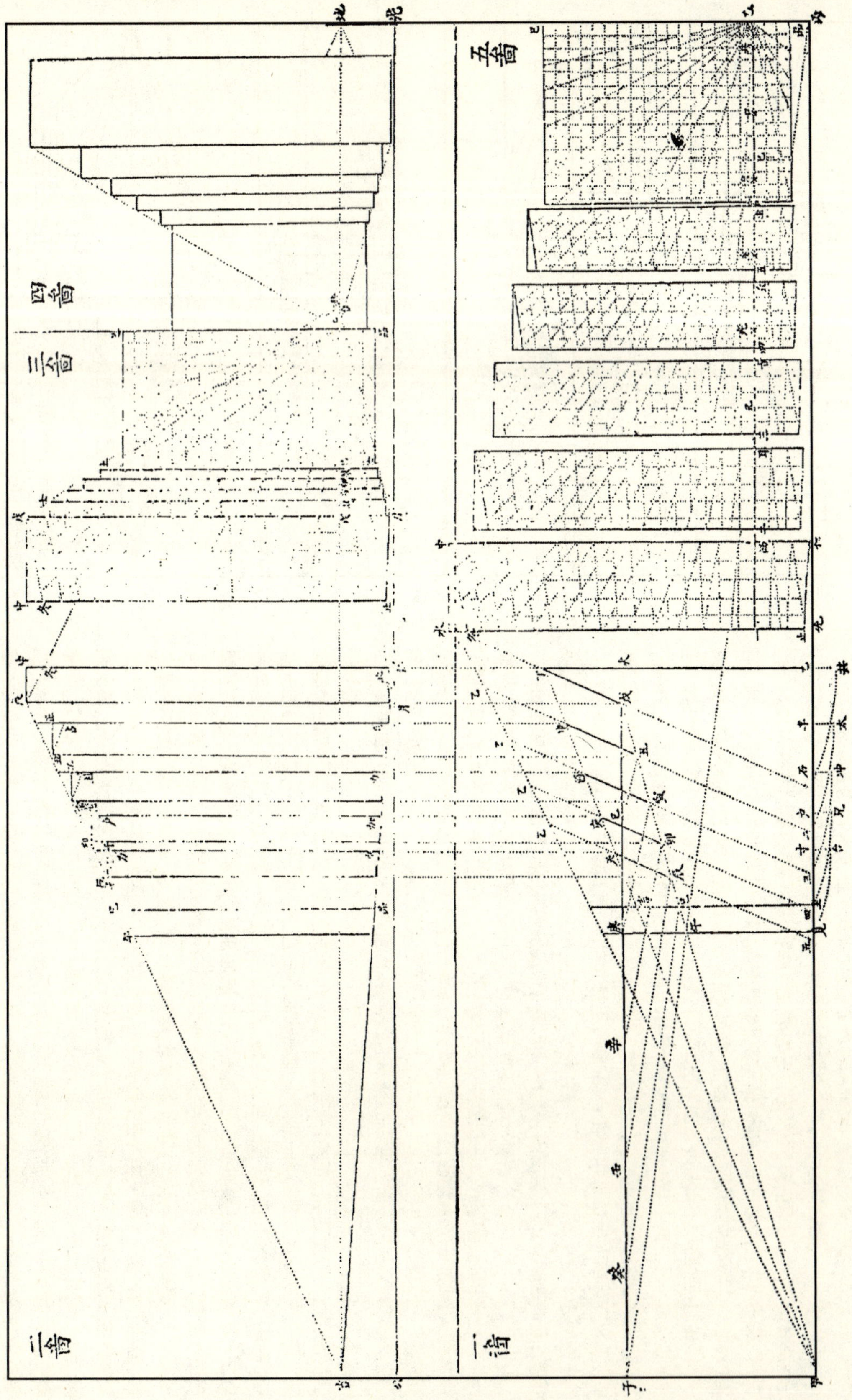

二圖

三圖

四圖

一圖

五圖

多面正投影部

綜論

清・傅蘭雅譯　徐建寅刪述《器象顯真》卷三　凡體俱以長、闊、厚三面爲界，而此三面又以線爲界，故真形之顯於平面，必以界線爲主也。若論其理，則以原體與人目相距，假設其各點之光線俱平行直射至目，於此相距之間置以玻璃，使與光線正交而收實體之像，依像勾勒，即顯器具一面之視形。故有三面正交之視形，即可以顯器體之真形矣。設將器體挂於正交三面之內，而在此三面之上勾勒正對之視形，則雖取去原體，真形已能全顯。因各種機件多爲各面正交，故有三面圖已足顯其全形，非若動植等物之錯綜宛轉，常成無法之形，雖有三面，尚難曲肖也。

設甲乙丙爲各面皆平行正交之長立方體，如第一圖，甲乙爲平面，甲丙、乙丙爲兩立面，挂於丁戊、丁巳、丁庚方箱之內，使體之三面與箱之三面平行。次將體之三面移於箱之三面，法自體之各角作線引至箱面而正交，即得甲丙在丁巳平面上之視形，甲丙、乙丙在丁庚平面上之視形，乙丙、甲乙在丁戊平面上之視形。甲乙成爲三面視形，甲丙爲正立視形，乙丙爲旁立視形，甲乙爲平視形，丁丑線名爲根線。此三者即甲乙丙長方體移於平面之視形，可以顯體之真形。然此體之視形既有其二，可得其三，如有甲丙與乙丙二視形，即得第三形甲乙。法作丙辛、乙壬與甲子、丙丑各線，遇於丁戊面，再自辛、壬、子、丑四點平行引長至四線，相交即得甲乙視形。如先有甲丙、甲乙二視形，可自甲乙視形作辛、壬二線，自甲丙視形作寅、卯二線，平行引長相交，亦得乙丙視形。

第一圖

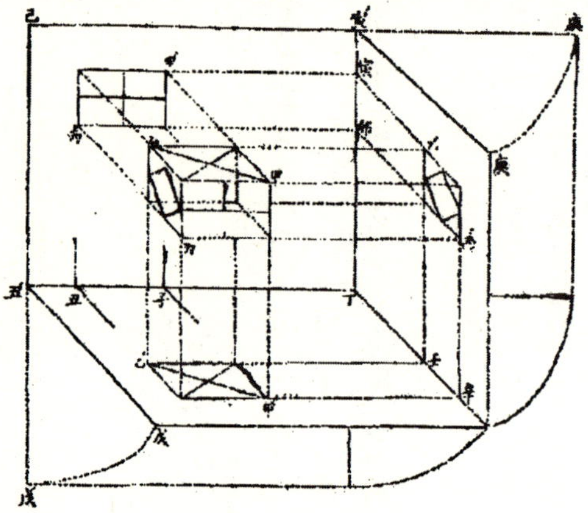

已有二視形，而欲求其第三，即用前法。然平常器具，以二立或一立一平，已顯全形，惟器體有繁簡之別，其對面、內面如有不能見者，必設中心剖開，能使內藏之物外露，始能顯之，此剖面圖之所由作也。此視圖係幾何法之圖與望圖不同。

畫圖者，用規矩各器將圖之各界線自此處移至別處，又可不用立方箱之繁。第一圖之說乃講明理法之本原，使人自能設想於胸中，畫圖將固不必如是也。而三視形俱可畫於一箇平面，如丁庚旁面可鋪於平面如丁戊，丁戊面可鋪於平面如丁庚，即得三面視形在一箇平面。如第二圖，作識之字同前，丁丑、丁寅仍爲根線與立線，因欲見其從何面移來也。甲子甲與丙丑乙俱連成直線，而與根線正交。故欲求平視形內任何點之方位，可將丁字尺對準正立視形之點，而引下作線，再由旁立視形，取相配之點與立線相距之度，自根線度引下之線，即其點之方位。先有正立視形與平視形，同法爲之，由此可見一箇平面可畫一器數方向之視形也。學者常將視形與真體並觀，此理自然明曉。

第二圖

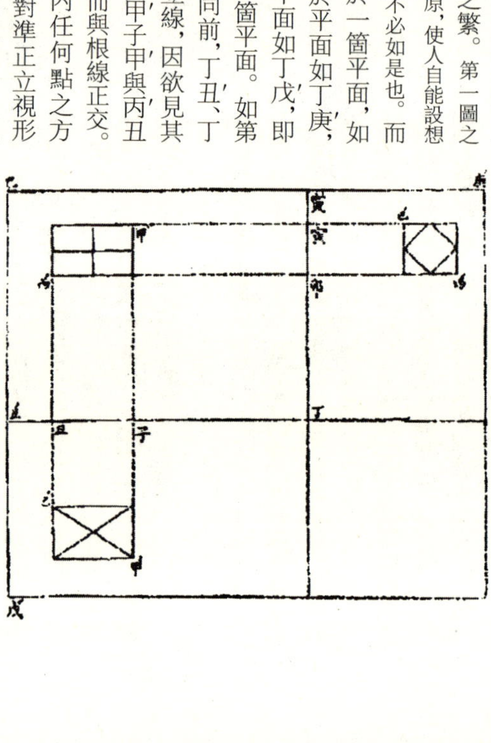

一般幾何體分部

畫法

清·傅蘭雅譯　徐建寅刪述《器象顯真》卷三

六面錐體圖見第一頁。

六面錐之真形，如首頁之第一圖、第二圖，此體須作正立視形以顯其邊與高，平視形以顯其底與頂，即能全見真形。

觀此體知，其中線之四邊相對而相等，故兩邊亦相等。此類名正形。

在紙幅之中，先作根線丑酉，又以線端丑、酉各爲心，作人、物二交界，而作立中線與根線正交。規若不能展開至根線之端以作人、物二交界，則自丑度至寅，自酉度至卯，使相距等，即以爲心，在根線上下作交界，而作立中線過之，各線俱以此二線爲主。次作外格線，其大小約能容此全圖而稍有餘地，以半高爲度，自根線任何點之上下作識，而作天戌線與地亥線與根線平行，又以半闊爲度，自庚、辛二點左右作識，而作天地線與戌亥線。

次約取能容此圖爲度，自辛點作吡界，自庚點作吠界，作線切此界，即得第一圖、第二圖之立中線。再以同法作各中線，又作横中線與根線平行如寅卯，交各中線之點，爲平視形之心。

正置平、立二視形第一圖、第二圖

先作平視形。以錐體底之一邊爲半徑，以申′點爲心，作圓線交寅′卯′線於甲′丁′，即以原度自甲′、丁′二點在圓線作界，交於己′、戊′、乙′、丙′，作六線連，此六點即成錐形之底。再作三線連對角，即成六面錐平視形。若各線不差，則對角線必與邊平行。

次以平視形各點移作立視形。因錐形之底著於地面，故必切於根線，自甲′、乙′、丙′、丁′各作線與中線平行，向上遇根線於甲、乙、丙、丁，以爲各角之相當點。再以錐形之高，在中線自庚點度至申，作申甲、申乙、申丙、申丁四線，即成立視形對目之三面。其申甲、申丁二邊與視面平行，故其長不改，己戊二角點正對乙′乙、丙′丙二線，故申乙申丙二邊短於真體。

斜置平、立二視形第三圖、第四圖

申甲、申丁二邊仍與視面平行，故其立視形與前同式，惟欹側而使一角著於根線。

先在根線定丁點之方位，作丁甲線與根線成角等於斜置之度，自丁度至甲等於第一圖之丁甲。即於此線之中點庚，作正交線爲錐形之中線，以錐體之高自庚度中線至申，以底邊之半自庚左右度至乙與丙，作申甲、申乙、申丙、申丁四線，即成立視形之各邊。

次以立視形之各點移下作平視形。因申甲、申丁二邊線與視面平行，故移至平視形，必對寅卯線。自甲、丁二點作線垂下，交寅卯線於甲′、丁′二點，又自乙、丙二點作線垂下。以錐形底之半闊爲度，自寅卯線向上、向下作界如辰、如巳，切此二界作平行線，與垂線交於己、戊、乙、丙四點，連爲六邊線，即成斜置錐底之平視形。其丁戊、丁丙二邊須作虛線，因平視形內不能見此二邊也。次自頂點申作線垂下，遇寅卯線於申′，自申′點作線至各底角，即成斜置錐體之平視形。

剖面視形第五圖、第六圖

剖面與視面正交，與底面成角，旁面與視面俱斜交。

作申申′中線，交寅卯線於申′，爲錐形之中心。依心作圓線，因各面不與視面平行，當依所斜之度作甲丁線過申點。用前法，自甲′、丁′二點，得四角點，連成六邊形。再作對角線，即爲全錐之平視形。由此以作立視形，如前法。

在立視形依所斜之度作剖面線，交於中線如呻叮。次移至平視形，亦爲六邊形，其角必在錐形之稜。自立視形之剖面線與各稜線之交點呻、吧、吆、哎、吶、叮作線垂下，與平視形各對角線相交於呻′、吧′、哎′、叮′、吶′、吆′，即剖面之角，作線連之，即成剖面平視形。

各邊不等者，因剖面與底面不平行也。在剖面內之對角線作虛線者，因平視形內不可有此線也。申呻′、申叮′等亦作虛線者，因在立視形已剖去之處也。剖面之内俱作平行密線者，使醒目也。後皆仿此。

五面錐剖面視形第七圖、第八圖

剖面與視面正交，與底面斜交，底邊丁′戊′與視面平行。此體與前體略相似，然作法不同，理亦有異。

作申申′中線，交寅卯線於申′。以錐體底五等邊形外切圓線之半徑爲度，以申′點爲心作圓線，交中線於乙′，自乙′作圓線内切五等邊形甲′乙′丙′丁′戊′。再自申′點作線至各角，即成平視形。

次以平視形之各點移上作立視形，如前法，並作剖面線呷呐。移至平視形成剖面，亦如前法，但取叱點乃前法所無。因自叱點向下所作之垂線與申乙線相合也。故必另求叱點距中心之度。設錐體轉過四分周之一，則乙點移至乙二，自乙二點作線向上，交根線於乙三，作申乙三線。以叱點轉過與根線平行，交申乙二線於乙四，以叱乙四爲度，自申度中線，即得叱點或自乙四作線垂下，交平中線於乙一，以申乙一爲度，以申爲心，轉規交中線於叱，亦得此點，餘俱如前法。

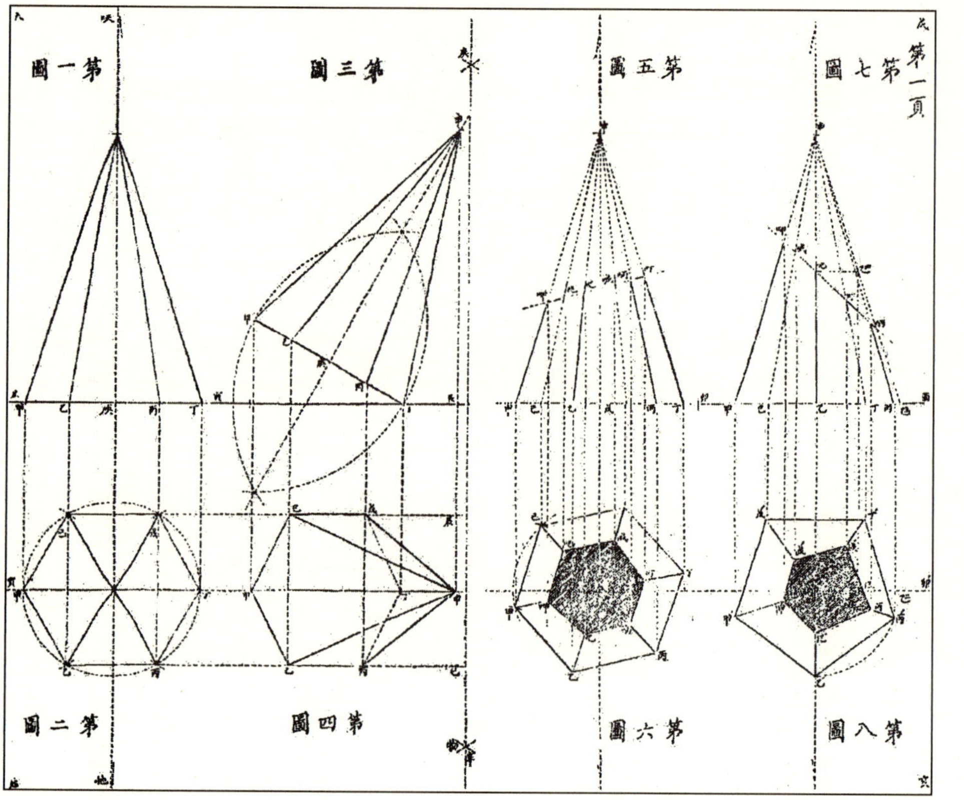

六面柱體圖見第二頁。

正置平、立二視形第一圖、第二圖

先作平視形。以柱底之一邊爲半徑，以横、立二中線之交點申爲心，作圓線。再作内切六等邊形，即成平視形。

次以平視形各點移上作立視形。因體正立，故稜線俱合垂線，即自各角作線向上至根線而引長之，即爲各稜線。以柱體之高爲度，自庚點度立線至甲，自甲作線至丁與庚線平行，即成立視形柱體之各稜，俱與視面平行，故各稜線之長亦與真體相等也。

斜置平、立二視形第三圖、第四圖

柱體雖斜置，仍與視面平行，故形與前同，惟以一角之庚點著於根線。

先作底線。將正立視形移其上，如前法。

次以立視形各點移下作平視形。自各角作線垂下，又作上、下二邊線與横中線平行，交各垂線於甲、乙、丙、丁、戊、己，與庚、辛、壬、子、丑、寅作線聯此各點，即成斜置之平視形。

扭置平、立二視形第五圖、第六圖

向左斜立，以庚角爲定點而扭轉，先有斜置平、立視形。

先作平視形。以扭過之斜度作中線天天，以斜置之平視形移其上。移甲、子二點於天天中線，作甲、子。取甲庚爲度，自甲度中線於庚。取甲呷爲度，自甲度中線於呷。在呷作正交線，取呷己爲度，自中線呷度正交線於乙，於己自乙己各作線，與中線天天平行。又作甲己與甲乙二線，再自庚、丁、子三點向上向下作線與甲己、申乙平行，即成平視形。

底面與根面之角度等於斜置者，故體雖扭過其各相當之角，仍與斜置者同在一箇平面。

次自平視形各角作線向上，作立視形。另自斜置立視形之各角作線向右與根線平行，與相當各垂線相交之點，即得各角之點，作線連之，即成立視形。

圓錐剖面圖見第三頁。

斜剖面視形第一圖、第二圖

剖面與視面正交，與根線斜交，天天爲剖面線。

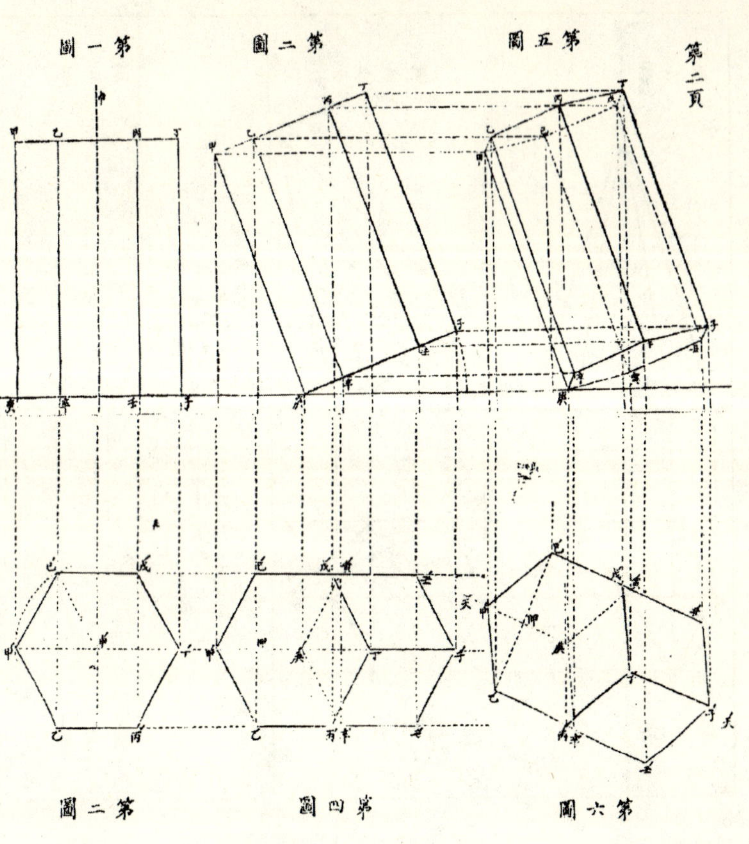

先作平、立二視形，以底之半徑爲度，以申爲心作圓線。再切圓線作直線向上，交根線於甲、於乙，以錐體之高爲度，自中線交根線之點丙度中線至申，作申甲、申乙二線。

次作剖面線天天，自頂點申任作一線斜下，在甲、乙二點之間交根線於戊，即爲圓錐外面之一界線。交剖面線天天於戌，此點爲剖面與界線之交點。自戊點作線垂下，交平視形圓線於戊，自戊作半徑線至心點申。又自戌點作線垂下，交戊申線於戌，則戌點爲戌之相當點，必爲剖面之界。以同法作申丁線，交剖面線於叮。自丁點作垂線至丁點，作申丁線。又自叮點作垂線，交申丁線於叮，則叮點爲叮之相當點。仿此爲之，可任得多點。

申甲與申乙二線，移於平視形，即爲甲乙線。故於剖面線相交之呷、吃二點作線垂下，交甲乙線於呷、吃，必爲剖面平視形所成曲線之二極。故呷吃線必爲曲線之中線，其曲線之上、下兩半相同。次連各點作曲線，即得剖面之平視形，適合撱圓線。

圓錐剖面與中線正交者，必爲正圓，故可假設多層平剖面，以得斜剖面之平視形，如下法。

作己庚剖面線，自此二點作線垂下，交甲乙線於己、庚，必爲剖面圓線之徑。以申己爲半徑，以申爲心，作圓線，自己庚與天天線之交點辛作線垂下，交前圓線於辛、於壬。以同法得多點，即可連成撱圓曲線，亦爲斜剖面平視形。

剖面形

將天天線之吃爲定點，轉移至直立，使呷合於呼，又平行移至呷吃，爲撱圓之大徑。以剖面線之分點叮移至呷吃線叮，在叮點作橫線與呷吃線正交。以剖面平視形之叮叮二自叮二點左、右作短界，交於叮、吧二點。以同法作多點，即可連成撱圓線。簡法：先作大小二徑，可以常法作撱圓線。

斜剖面視形第三圖、第四圖

剖面與視面正交、與界線平行，地地爲剖面線

先用撱圓第二法，由立視形得平視形曲線之各點如己、庚、癸、子等。寅點爲頂點，即可聯成曲線，爲剖面平視形，適合拋物線。

剖面形

將地地剖面線之寅爲定點，轉移至乙，又平行移至寅、乙。以剖面之分點戊移至寅乙線戊二，在戊二點作線與寅乙線正交。以剖面平視形相當之界申己爲度，自戊二點左、右作短界交於己、於庚。以同法作多點，即可聯成拋物線。

直剖面視形第五圖、第六圖

剖面與中線與視面俱平行，在平視形爲人人線，在立視形爲剖面正形，作法與前略同。

在立視形任作戊己線與中線正交，以其半爲度，以申爲心，作圓線交人人線於庚於辛；又以申壬爲度，以申爲心，作圓線交甲乙線於子。自子作線向上，交界線於子。自子作線至丑與根線平行，而得壬點爲曲線之頂。自庚、辛二點作線向上，交戊己線於庚於辛。以同法作多點，即可聯成雙曲線。

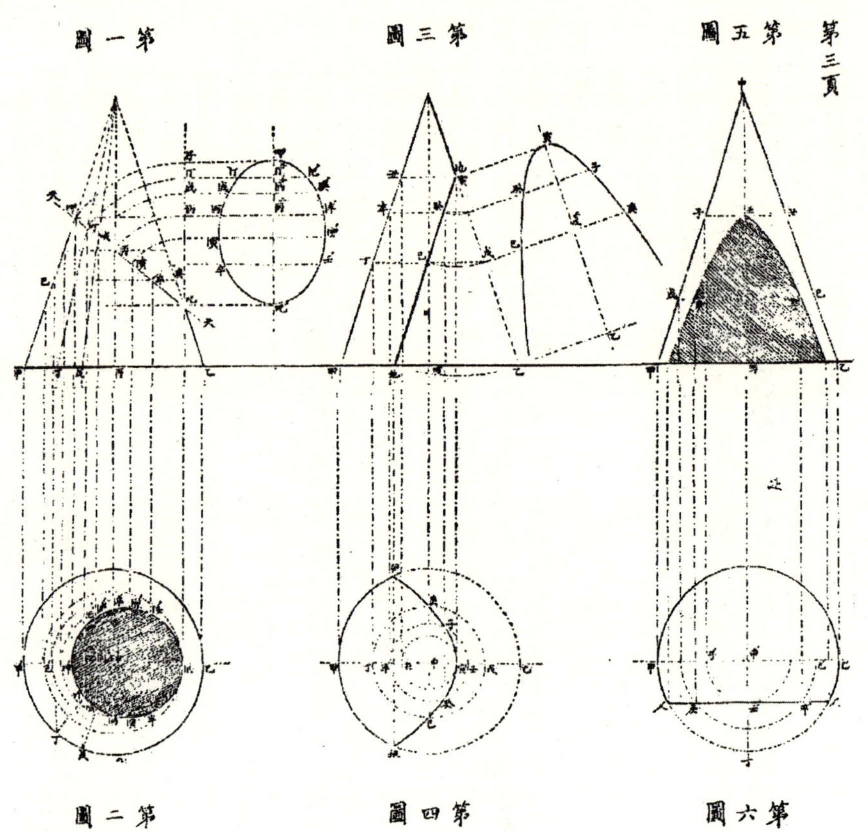
第三頁
第一圖
第三圖
第五圖
第二圖
第四圖
第六圖

幾何體相貫通分部

畫法

清・傅蘭雅譯　徐建寅删述《器象顯真》卷三

二圓柱相貫諸形圖見第四頁。

通曉圓錐之剖面，則圓柱之剖面易明矣。設圓柱正立，則斜剖面必合橢圓，小徑等圓柱之徑，大徑以圓錐剖面法求之。

相貫正交，中線正對第一圖、第二圖

甲乙丁戊長方爲大圓柱之立視形，甲′辛′乙′圓線爲大圓柱之平視形。寅子丑壬長方爲小圓柱之立視形，丑巳壬卯圓線爲小圓柱之平視形，二柱相貫處之曲線，即甲辛乙與丑巳壬卯二圓線。

相貫正交，中線不正對第三圖、第四圖

先作平視形。如前法任取呷′點，作横線呷′吃′，此爲與圓柱中線平行剖面之平視線，交大圓柱界於呐′、叮′二點，自呐′、叮′二點作線向上。次將小圓柱端界線壬′丑′平行移至壬二丑二，在壬二丑二線作半圓線。再將呷′吃′線引長，交壬二丑二線於哦′，遇半圓線於呷二，以呷二哦′爲度，自壬、子二點之上、下各作界如呷、吃、咦、哱，作二線連之，與前呐、叮二點之線，交於呐、叮、嗔、哌四點，即剖面與貫界之交點。以同法在平視形作多剖面線而得多點，作曲線連之，即二圓柱貫界之視形。曲線之頂旺、吁必是旺′、吁′二點之相當點，其端點必是甲、乙二點之相當點。

相貫正交，二柱同徑第五圖、第六圖

作法同前，貫界在立視形必爲正交之直線。

相貫正交，全體轉過第七圖、第八圖

先依轉過之斜度作平視形。由正平視形之任點呐′，在斜置平視形取相當之點呐作線向上，另由正立視形相當之點叮作線向右，與根線平行交前線於呐。以同法得多點，聯成曲線，即貫界之斜視形。次作柱端之橢圓線。

圓柱、圓錐、圓球相貫諸形圖見第五頁。

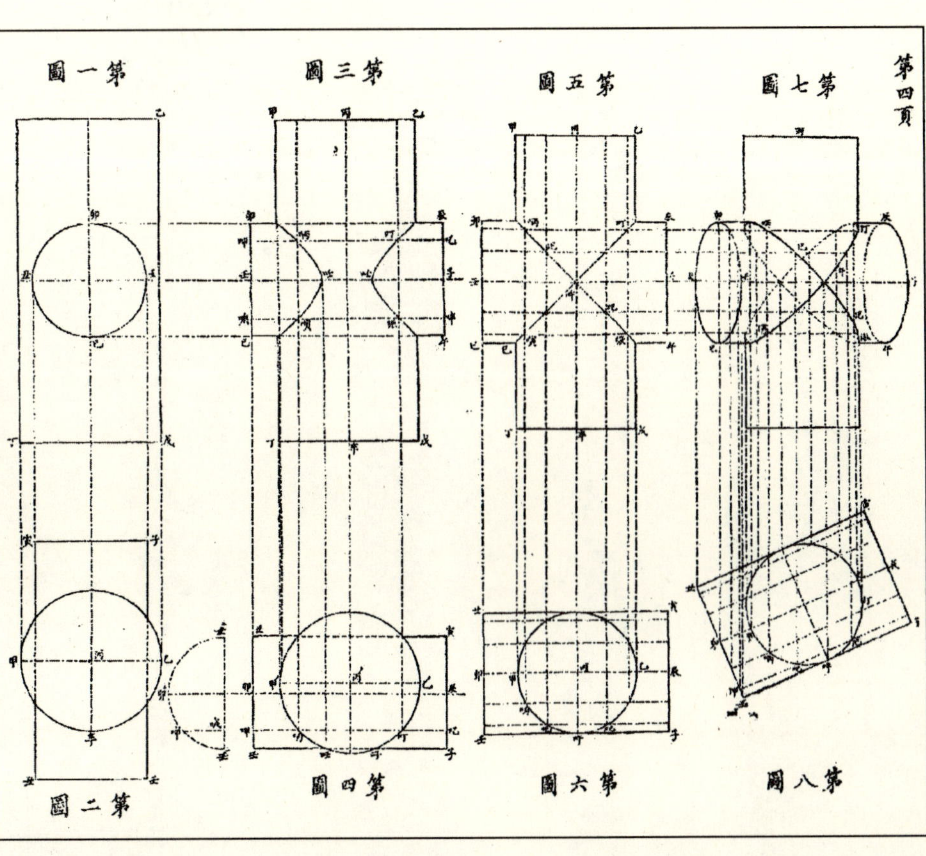

相貫斜交二柱異徑中線與視面平行第九圖、第十圖

先作立視形外界甲乙丁戊與已卯午辰二長方。次由各點作線垂下，交横中線於甲′乙′已′卯′丁′各點。又以大圓柱之半徑爲相距，在横中線之上下各作平行線，以此二平行線之相距寅子爲大徑，以甲′乙′爲小徑，作橢圓線，又作丑′丁′辛′半橢圓

線。又以小柱之徑爲大徑，己′卯′爲小徑，作己′卯′啐′吀′擕圓線，即成平視形。

求貫界視形之曲線。在平視形任取呷點作平線，呷吽爲與圓柱中線平行剖面之平視線，交大圓柱端擕圓線於吧′吽′二點，小圓柱於啐′吀′二點。自吧′吽′吀′啐′四點各作線向上至立視形，交甲乙線於吧、於吽，交巳卯線於啐、於吀。自吧、吽二點各作線與大柱中線平行，自啐、吀二點各作線與小柱中線平行，四線相交於吅、呼、咿、嗔四點，以同法得多點而連成曲線，即二柱貫界之立視形。再自吅、味等點作線垂下，交剖面線於吅、味等點，即成平視形之貫界曲線。

求貫界視形曲線之又法。將丁戊、午辰二線平移至丁₂戊₂與午₂辰₂，即以爲徑作半圓線。作呷₂呐₂與丁₂戊₂平行，此線爲大圓柱剖面之平視線，作叮₂戒₂與午₂辰₂平行，亦爲小圓柱剖面之平視線，其相距巳等於壬辰。即自呷₂、呐₂、叮₂、戒₂四點各作線與柱之中線平行，相交於吅呼咿嗔四點。以同法作多點，即可連成曲線。

求二曲線之頂點，作味₂呻₂線與丁₂戊₂平行，其相距壬午等於小柱之半徑子庚。自味₂、呻₂二點各作線與大柱中線平行，交小柱中線於味呻，即二曲線之頂。

圓錐圓球相貫 第十一圖、第十二圖

丁申爲圓錐之中線，甲乙丑爲圓錐之底，甲乙申爲圓錐立視形，丙、丙′爲圓球平、立二視形之心，戊子已與戊庚已爲二視形之外界。

求貫界視形之曲線，在立視形作呷吃剖面線，交圓錐界線於呐叮，即移至平視形作剖面。以呷吃之半爲度，以丙爲心作圓線，爲圓球之剖面。以呐叮之半爲度，以申爲心作圓線，爲圓錐之剖面二圓線，交於戒、吧二點。自此二點作線向上至立視形，交剖面線呷吃於戒、吧，即貫界曲線內之二點。以同法得多點，即可連成曲線。上曲線亦同法爲之，但必先定曲線之頂，而後定剖面。

求曲線之頂，必設剖面過圓錐中線與圓球心。在平視形作丙丑過圓錐中心申，即爲剖面線。次以丙爲心，使丑轉移至丑₂，使申至申₂。自申₂作線向上至申₃，爲剖面之中線。將界線申乙平行移過至申₃丑₃，交球界於味吧二點，自此二點作橫線。再自吧、味二點作線垂下交丙丑₂線，仍轉移至丙丑線，得嗔、咿二點。自此二點作線向上交前二橫線於嗔、咿，即二曲線之頂點。

求曲線之端點。在平視形作剖面線甲乙過圓錐中線，交圓球界於吀、喋。以吀喋之半爲度，以立視形之丙爲心，作圓線交圓錐界線甲申與乙申，得四點，即曲線之端點。作平視形貫界曲線，以第十圖之理思之自知。

圓柱、圓環相貫 第十三圖、第十四圖

甲戊乙巳庚子爲圓環平視形，甲乙丙丁爲立視形，辛吧丑爲圓柱平視形，辛壬丑寅爲立視形與圓環正交。

求貫界視形之曲線。在立視形作剖面線呷吃，移爲平視形，得圓柱剖面辛吧丑圓線，圓環剖面呷吃庚圓線，兩圓線相交於吧、吃二點。自此二點作線向上，交立視形剖面線呷吃於吧、吃₃二點。再以同法得多點，即可連成曲線。又在立視形中線之下作剖面線距橫中線與前線等，與前垂線所成交點如戒、叮，亦可連成曲線。

求二曲線之頂點，亦用前法。在平視形作剖面線辰乙過圓柱之心與環心，將此線以辰爲定點轉移至乙₂，咿點移至味。自味點作線向上至立視形，交環界於味、吧二點。自此二點作線向左，自咿點作線向上，交二平線於嗔、咿二點，即曲線之頂點。

求曲線之端點。在平視形圓柱心作橫線，交柱界於辛、丑二點。次以辰爲心，自辛、丑二點作圓線交於甲乙線，即自其點作線向上至立視形交環體圓線。次自交點作橫線交於圓柱界，即曲線之端點。

求貫界曲線交圓環上界之點。將平視形環體之徑甲己平分於吧，以辰爲心，自吧點作圓線，交圓柱界線於叺、於喋。自此二點各作線向上，交圓環上面界線於叺、喋二點。

圓環剖面 第十三圖、第十四圖

剖面與立視面平行，在平視形爲卯酉線，酉戊亦爲剖面線，在立視形亦見爲線卯酉，則見其剖面。【略】

在立視形作噢呷與吀吃二剖面線，與甲乙線平行而相距等，交環體界於噢、啐二點。將此二點移至平視形甲乙線，得噢、啐二點。以辰爲心，自噢、啐二點作圓線，交卯酉剖面線於哌、吽二點。自此二點作線向上至立視形，交噢呷、吀吃二線於哌、吽、吅、呼四點。以同法得多點，又自卯點得卯點，即可連成曲線，爲剖面之界。

求剖面曲線與外界平線之交點。在平視形以辰爲心，自環體中點吧作圓線，交卯酉線於呻。自呻點作線向上，交外界已叺、丁丙平線於呻、吅，即是此點。

求曲線之端點。在平視形以辰爲心，自酉作圓線，交辰甲線於咳。自咳作線向上至立視形，交環體圓線於咳、吠二點。自此二點作橫線向右，交呷丙線於哂、哦二點，即曲線之端點。

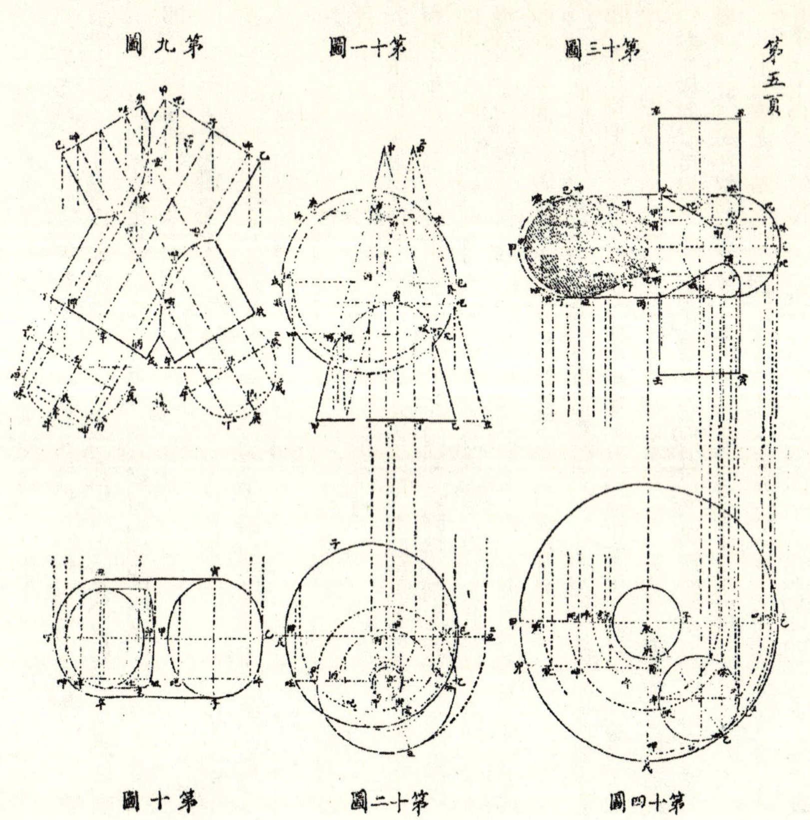

圓柱、多面柱、圓球、圓亭相貫諸形圖見第六頁。

六面柱與圓球相貫第十五圖、第十六圖

柱之中線正對球心，丁戊己庚辛壬爲六等邊柱之平視形，其球之平視外界必爲同心之圓線。

求貫界視形之曲線。先在平視形引長戊己線之兩端，交球界於呷叱。以其半爲度，以立視形之丙點爲心，作戊己與寅、丑二弧，即成與立視面平行之貫界曲線。

次在平視形引長己庚線之兩端，交球界於吧、吷。自此二點作線向上至立視形，交甲乙線於吧、吷二點。以爲小徑，以叮咦爲大徑，作橢圓線，即是兩旁貫界之曲線。

又法，不用平視形，作丁庚線得戊、己二點。將戊己線與己庚線各平分任分如一、二。自分點作線向上，遇圓線於啐、啐。以一啐爲度，移於己庚線之分點，如一啐，即可連成曲線，亦合橢圓線。

圓柱、圓球相貫第十七圖、第十八圖

圓柱中線與球心不正對，丁戊丑卯與甲乙二圓線爲球與柱之平視形，其貫界曲線與前法略同。

求貫界視形之曲線。在平視形作剖面線哂叮與甲乙線平行，即與立視面平行。與柱圓界交於庚、辛二點。自此二點作線向上至立視形，以哂叮之半爲度，以立視形之丙點爲心，作圓線，交前向上線於庚、辛、壬、子四點。再以同法得多點，即可連成曲線。

長方體與圓亭相貫第十九圖、第二十圖

丙丁爲圓亭之中線，長方體之面與視面平行，寅卯爲其中線。

求貫界視形之直線。以己庚之半爲度，以平視形之丙點爲心，作圓線，交寅卯中線於己、庚，交長方邊線於甲、乙等點，移至立視形得甲、乙二點。同法得子、丑二點，以直線連各點，即成貫界視形直線。

圓柱與圓亭相貫第二十一圖、第二十二圖

圓柱中線與圓亭中線正對而正交，俱與前同。

求貫界視形之曲線。在立視形作剖面線呷叱與甲乙中線平行，交圓亭界線於哂、叮二點。次在中線丙丁以柱徑作半圓叱哦吘，交呷叱線於嗾。以嗾啐爲度，在平視形之壬寅線甲點上下作識，如吁、呷二點。自此二點各作線與甲乙線平行。再以哂啐爲度，丙點爲心，作圓線，交前二線於嗔、吧、咿、嗁四點。即可成平視形之曲線。自此四點作線向上至立視形，交呷叱線於嗔、吧二點。以同法得多點，即可連成曲線。

求曲線之頂點。將圓亭之界引長而成圓錐，自圓錐之頂點作線，爲吘哦吧圓線之切線，其切點在哦，自哦點作剖面線與甲乙中線平行。用前法在平視形得吒、味、吘、呻四點，自此四點作線向上至立視形，交剖面線於吒、味二點，即曲線頂點。

第六頁

第二十一圖

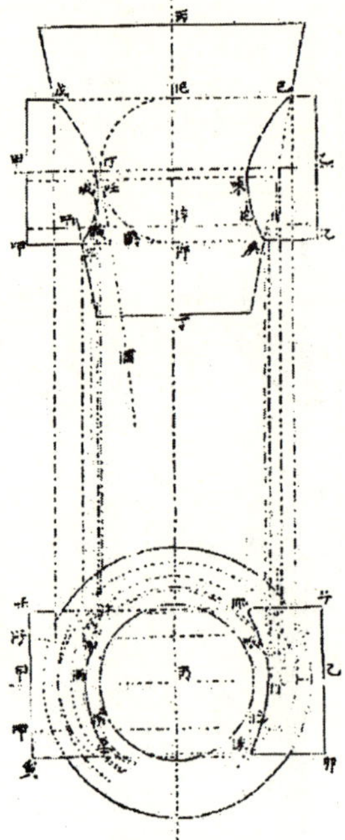

第十九圖

第十七圖

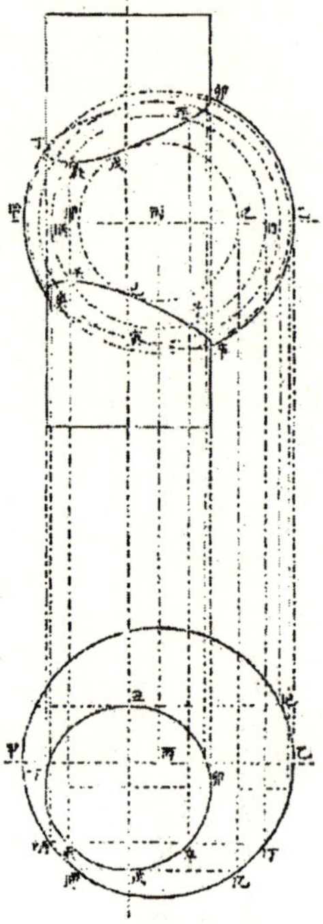

第十五圖

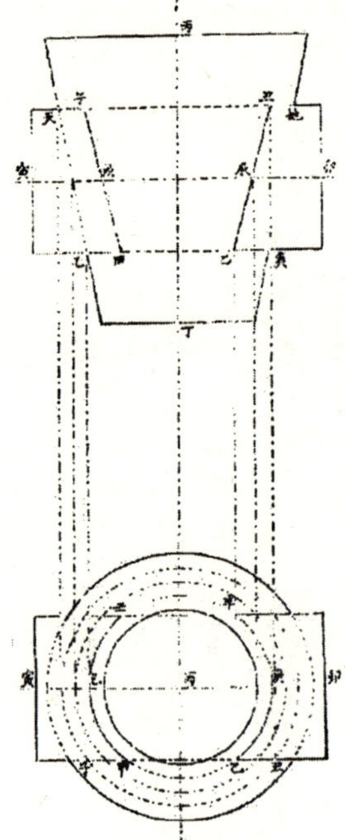

第二十二圖

第二十圖

第十八圖

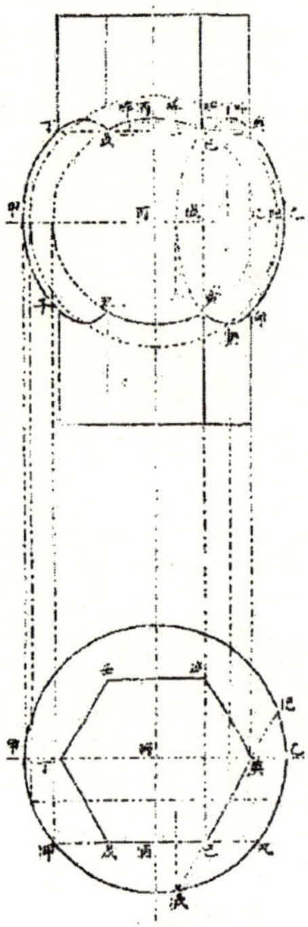

第十六圖

圖表

宋·李誡《營造法式》卷三一

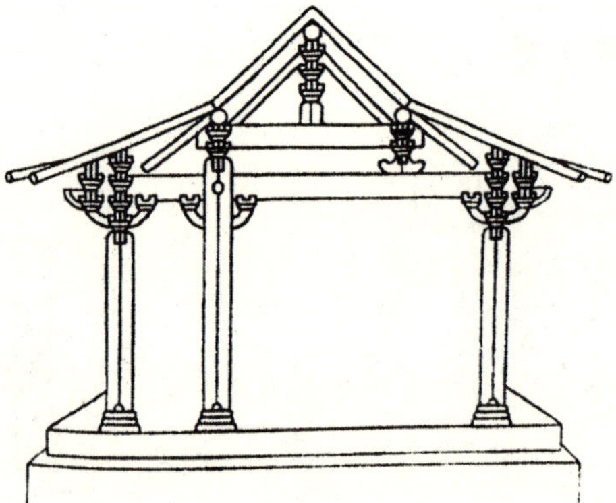

四架椽屋劄牽二椽栿用三柱

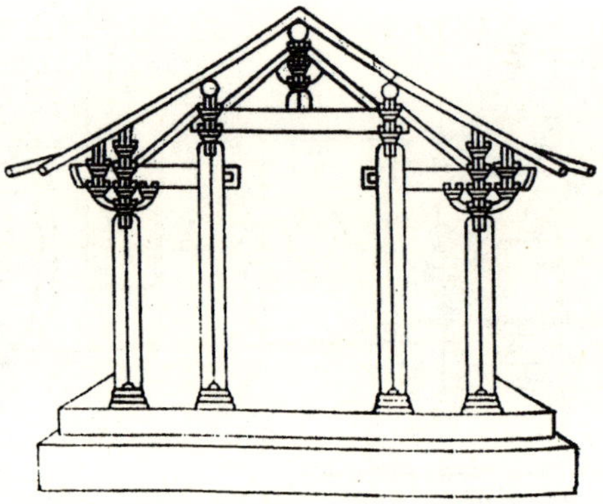

四架椽屋分心劄牽用四柱

清·梅文鼎《環中黍尺》

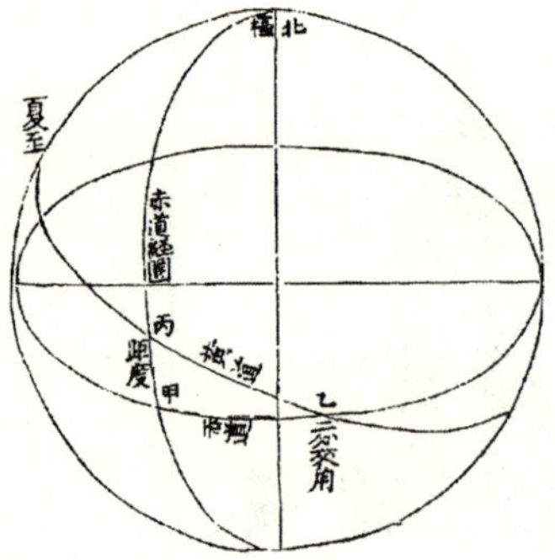

斜視之圖

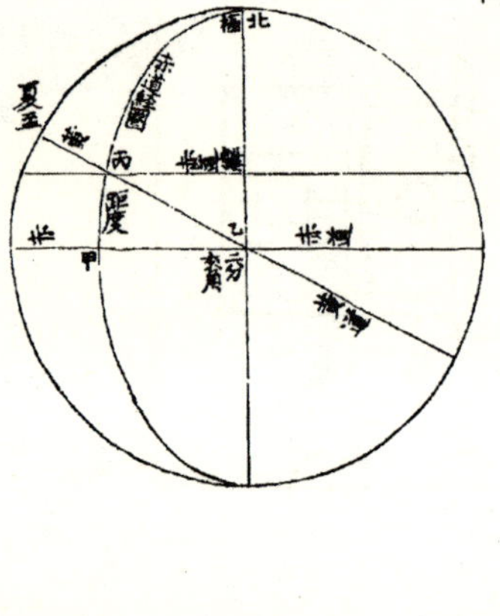

平儀正形

清・傅蘭雅譯　徐建寅删述《器象顯真》卷三　以幾何法畫機器視圖。

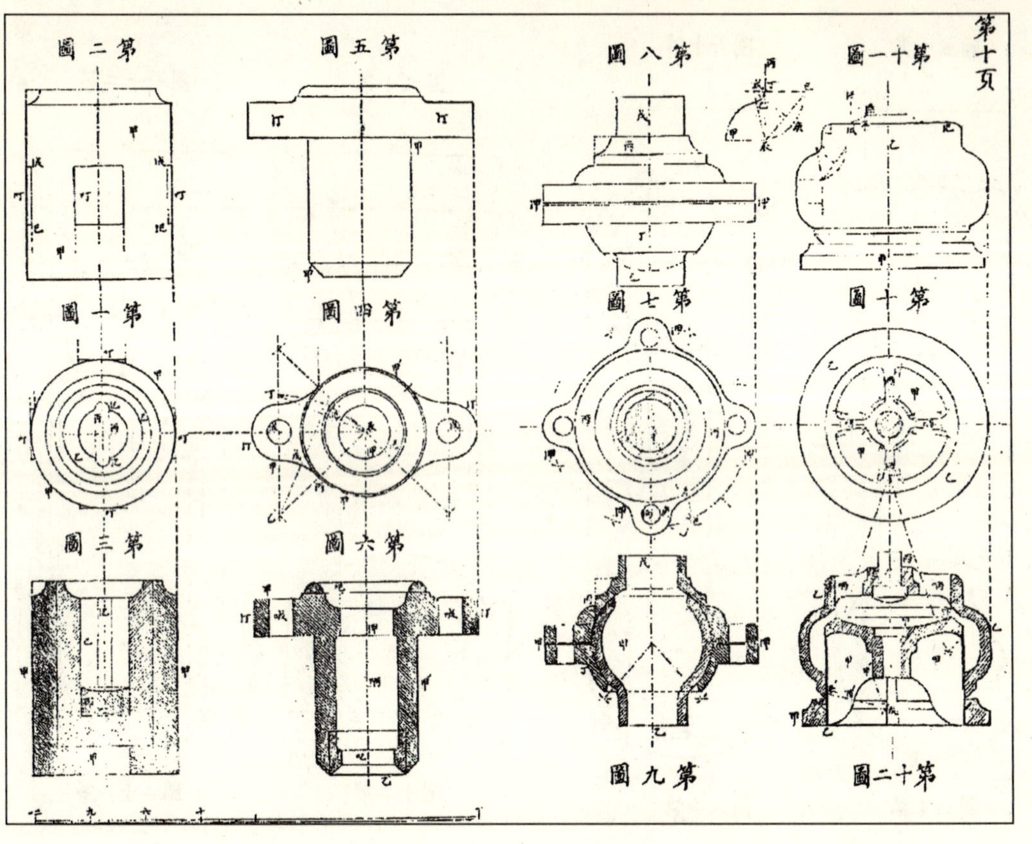

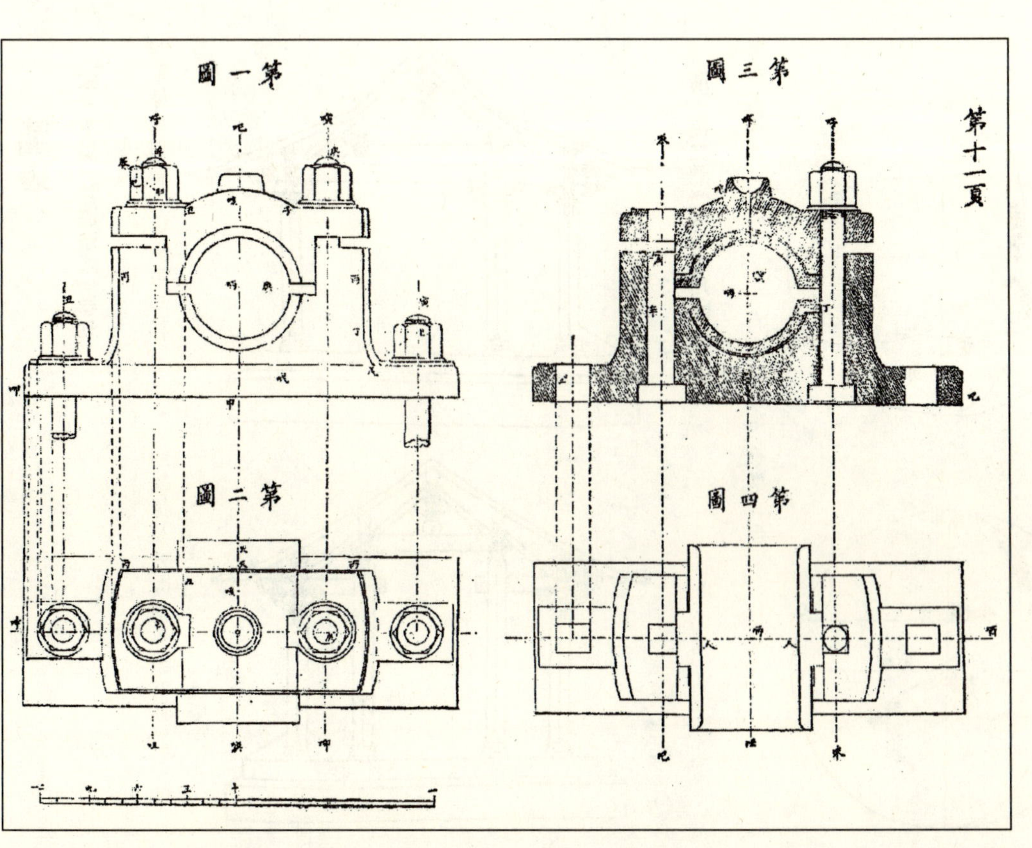

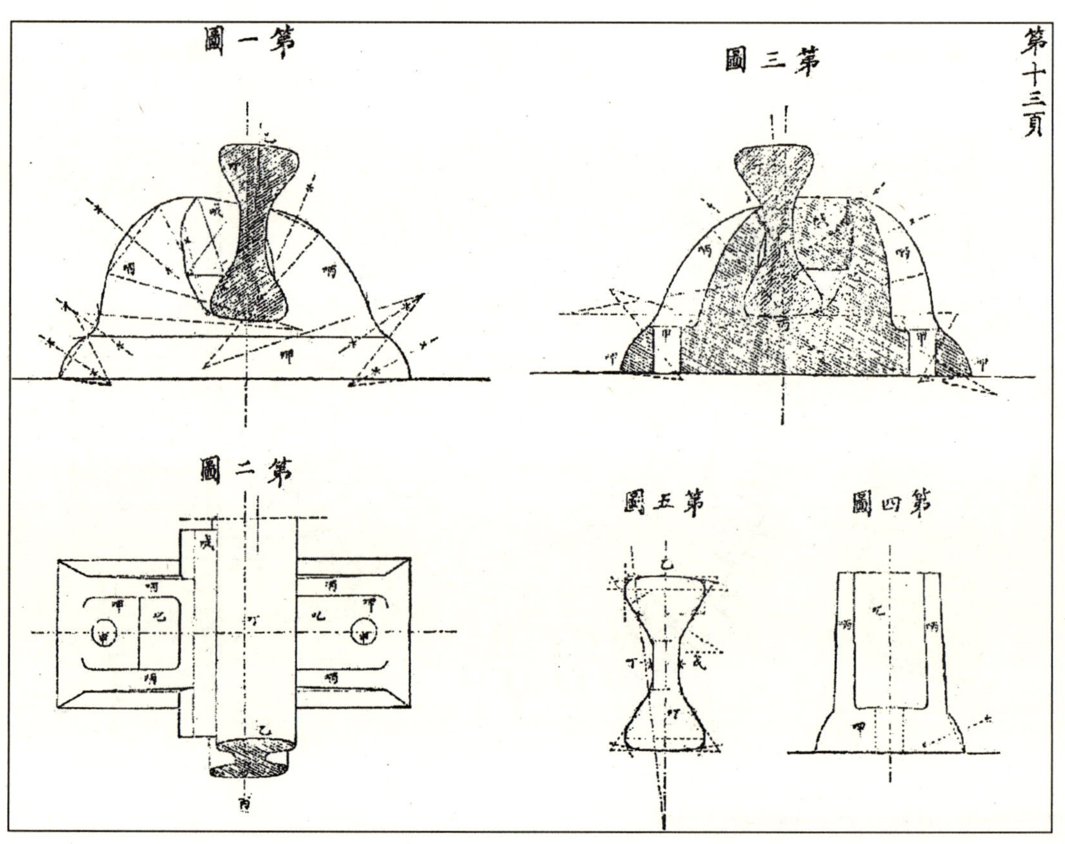
第十二頁
第一圖
第二圖
第三圖
第四圖
第五圖
第六圖
第七圖
第八圖
第九圖

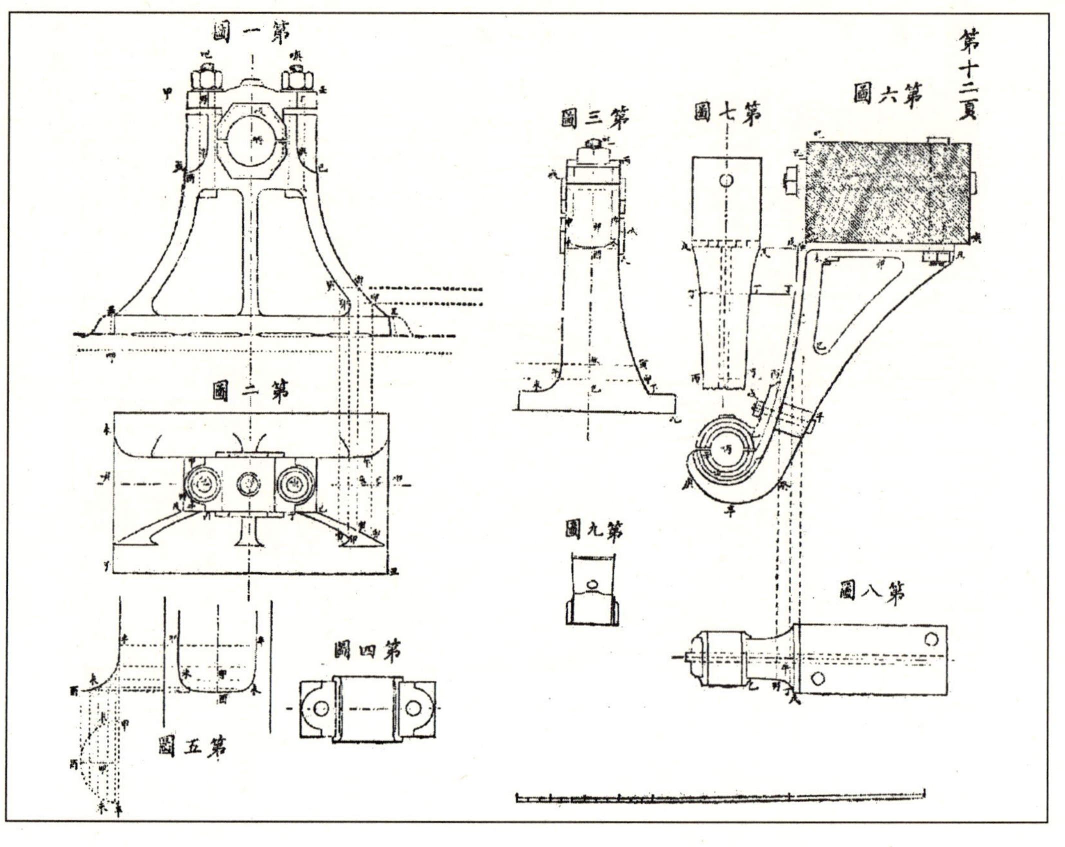
第十三頁
第一圖
第二圖
第三圖
第四圖
第五圖

又第十五頁

第二圖

第一圖

第三圖

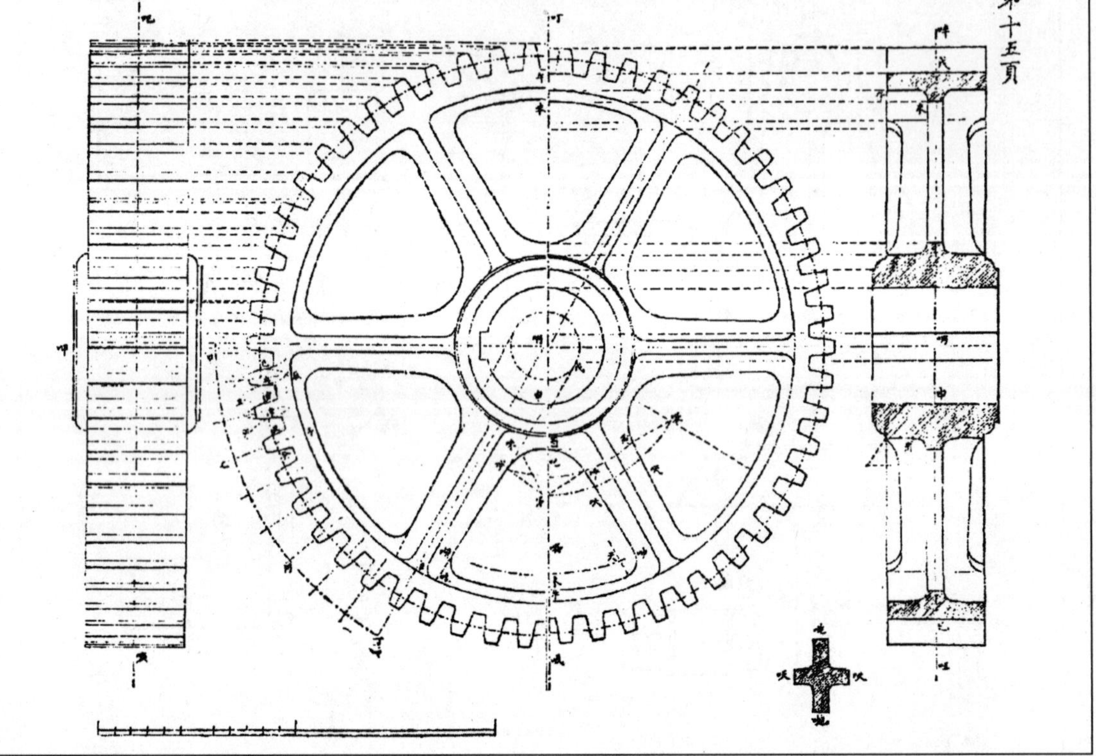

又第二十一頁

第二圖

第一圖

第三圖

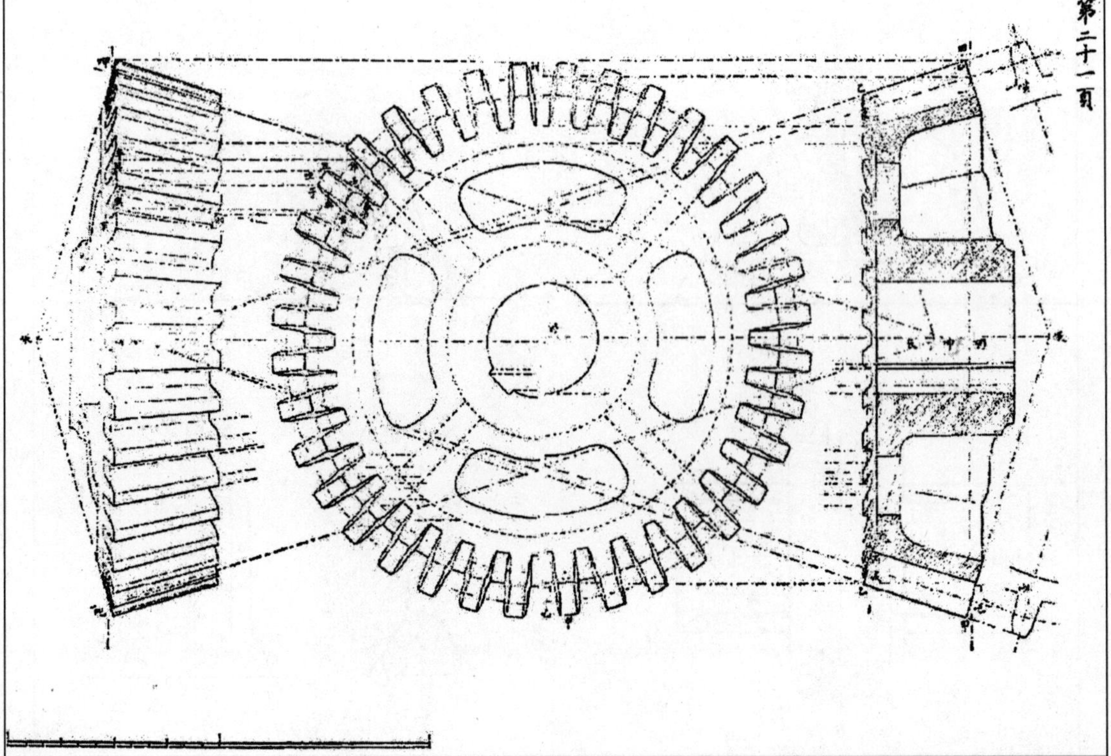

第二十二頁

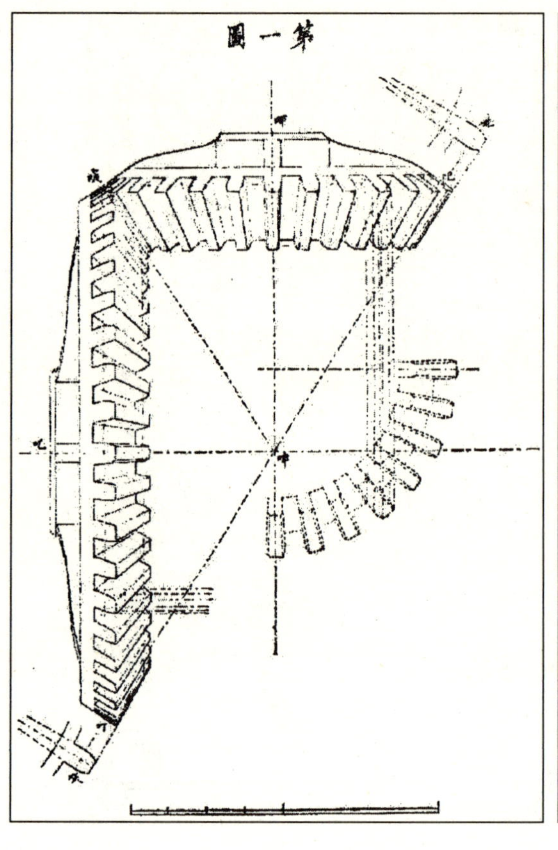
第一圖

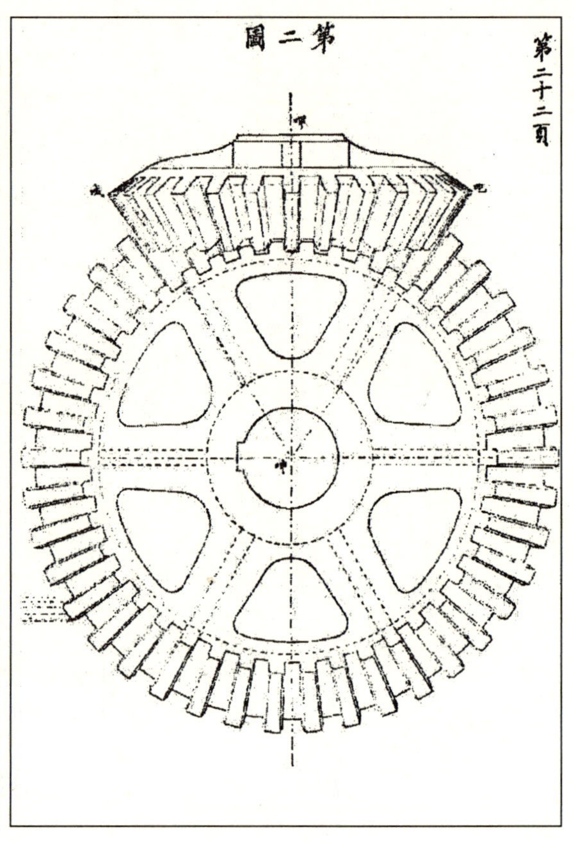
第二圖

又第二十六頁

第一圖

第二圖

第三圖

第四圖

第五圖

第六圖

第七圖

第八圖

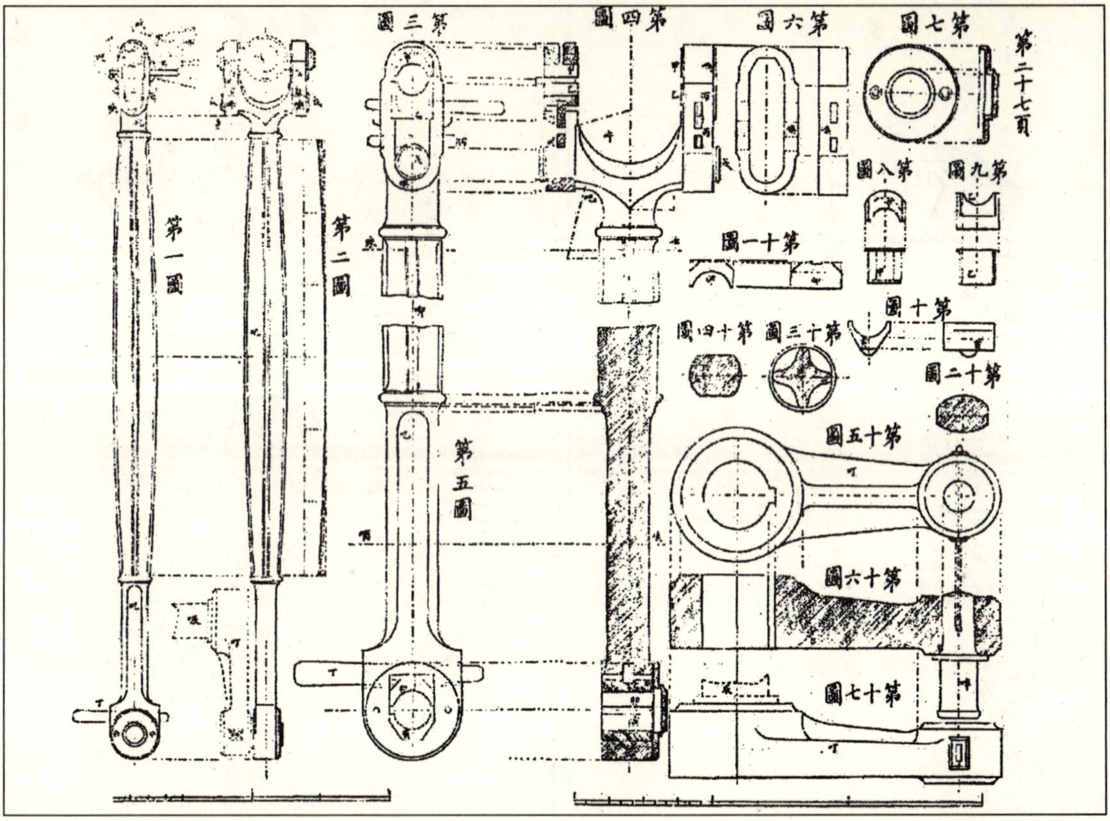

第二十七頁

第一圖 第二圖 第三圖 第四圖 第五圖 第六圖 第七圖 第八圖 第九圖 第十圖 第十一圖 第十二圖 第十三圖 第十四圖 第十五圖 第十六圖 第十七圖

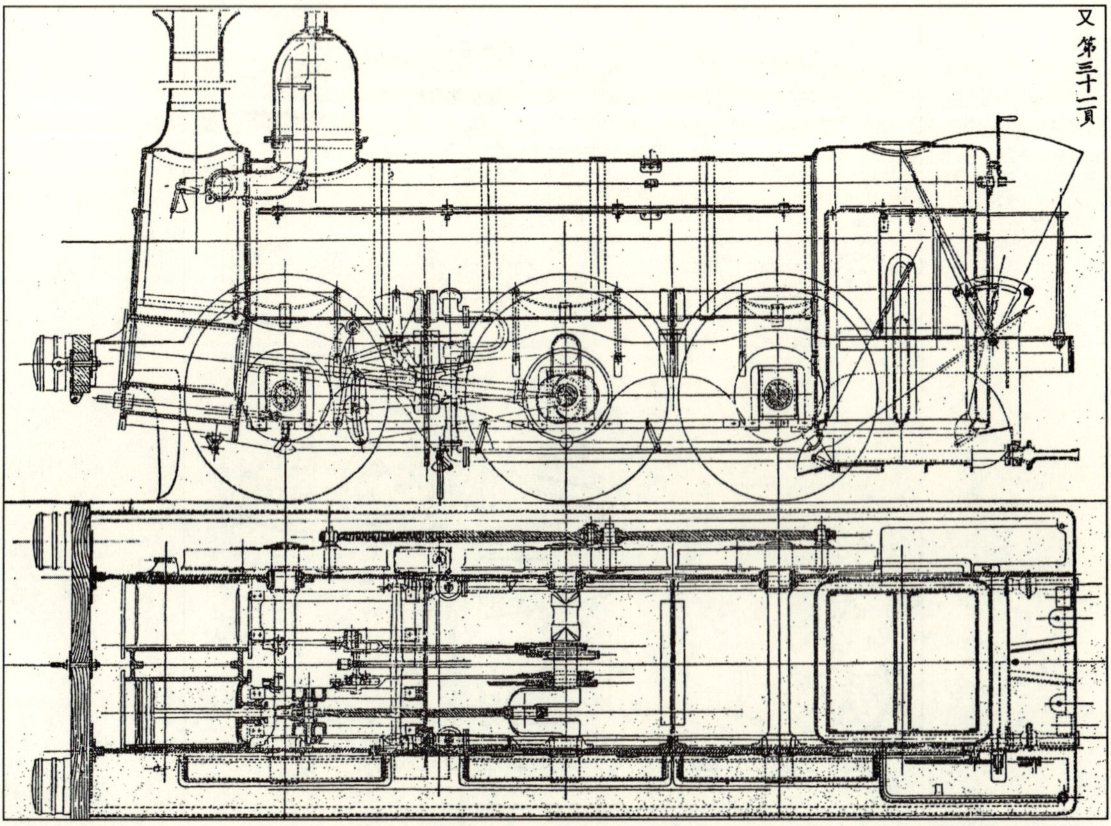

又第三十一頁

三角總部

主編 董傑

平面三角學部

題解

明·《崇禎曆書》法原部《大測》 大測者，測三角形法也。凡測筭，皆以此測彼，而此一彼一，不可得測。《九章》筭，多以三測一，獨句股章，以二測一，則皆三角形也。其不言句股者，句與股交，必爲直角。直角者，正方角也。遇斜角，則句股窮矣。分斜角爲兩直角，亦句股也。遇或不可得分，又窮矣。三角形之理，非句股可盡，故不名句股也。句股之易測者，直線也，平面也。測天則圜面曲線，非句股所能得也。故有弧矢弦割圜之法。弧者，曲線。弦矢者，直線也。以弧求弧，無法可得，必以直線曲弧，相當相準，乃可得之。相當相準者，圜徑之法也。而圜與徑，終古無相準之率。古云「徑一圍三」，實圍以内二徑之六弦，非圍也。祖冲之密率云「徑七，圍二十二」，則其外切線也，非圍也。劉徽密率云「徑五十，圍百五十七」，則又其内弦也，非圍也。或推至萬萬億以上，然而小損即内弦，小益即外切線也，終非圍也。曆家以句股開方，展轉商求，累時方成一率，然不能離徑一圍三之法，即祖率已繁，不復能用，況徽率乎？況萬萬億以上乎？是以甚難而實謬。今西法以周天一象限分爲半弧，而各取其正半弦。其術，從二徑六弦始，以次求得六宗率，皆度數之正義，無可疑者。次用三要法相分相準，以求各率，而得各弧之正半弦。又以其餘弧之正弦爲餘弦，以餘弦減半徑爲矢，弧之外與正弦平行而交於割線者，爲切線。以他半徑截弧之一端而交於切線者，爲割線。其與餘弦平行者，則餘切線也。即正割一線，交於餘切線而止者，餘割線也。以正弦減半徑者，餘矢也。總之爲八線，其弧度分，爲五千四百。每一度分，有八線焉。合之爲四萬三千二百率也。其用之，則一形中，有三邊三角，任有其三，可得其餘三也。凡測候所得者，皆弧度分也。以此二三弧，求彼一弧，先簡此弧之某直線，與彼弧之某直線，推筭得數，簡表，即得彼弧之度分，不勞餘力，不費晷刻，爲之者勞，用之者逸。方之句股開方以測圓者，甚易而實是也。然則必無差乎？曰：有之，或在其末位，如半徑設十萬，則所差者，十萬分之一也。設千萬，則所差者，千萬分之一也。曆家推演，至微纖以下，率皆棄去，即謂之無差，亦可。故論此法者，謂于推步術中，爲農夫之耒耜，工匠之利器矣。測天者所必須，大于他測，故名大測。

清·梅文鼎《平三角舉要》卷一《測算名義》 古用句股，有割員、弧背、弦矢諸名。今用三角，其類稍廣，不可以不知。爰摘綱要，列于首簡。

點

點如針芒，無長短濶狹可論，然算從此起。譬如算日月行度，只論日月中心一點，此點所到，即爲躔離真度。

線

線有弧直二種，皆有長短，而無濶狹。自一點引而長之，至又一點止，則成線矣。

弧線 凡弧線必中規

直線 凡直線必中繩

平行直線 凡平行線必相距等

如測日月相距度，皆自太陽心算至太陰心，是爲弧線。如測日月去人遠近，皆自人目中一點，算至太陽太陰天，是爲直線。凡句股三角之法，俱論線。線兩端各一點，故線以點爲其界。

面

面有方圓各種之形，皆有長短、有濶狹，而無厚薄，故謂之冪。冪者，所以冒物。如量田疇界域，只論土面之大小，不言深淺。

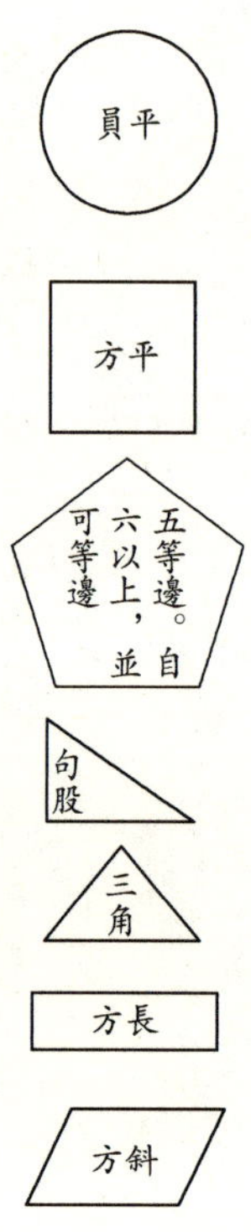

面之方員各類，皆以線限之，故面以線爲界。面之線，亦曰邊。

惟員面是一線所成，乃弧線也。若直線，必三線以止，始能成形。

體

體或方或員，其形不一，皆有長短、有濶狹，又有厚薄。或淺深高下之類。員體如球如柱。方體如櫃如㪷，或如員塔方塔，皆以面爲界。

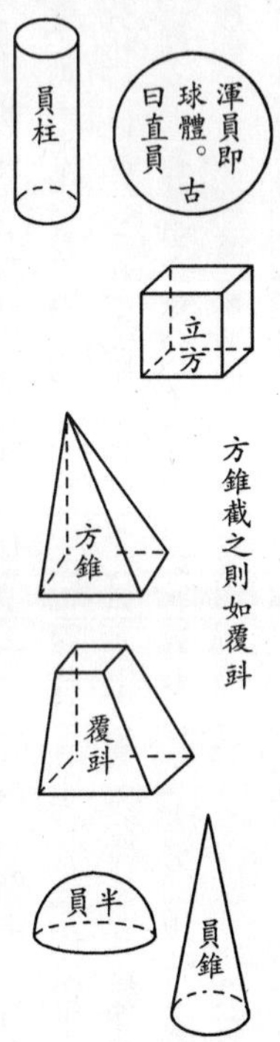

以上四者，謂點線面體。略盡測量之事矣。然其用，皆在線。如論點，則有距線。論面，則有邊線。論體，則有棱線。面與面相得，則成棱線。凡所謂長短、闊狹、厚薄、淺深、高下，皆以線得之。三角法者，求線之法也。長短、濶狹、厚薄等類，皆以量而得。而量者，必于一線正中，若稍偏於兩旁，則其度不真矣。故凡測量所求者，皆線也。

三角形

欲明三角之法，必詳三角之形。

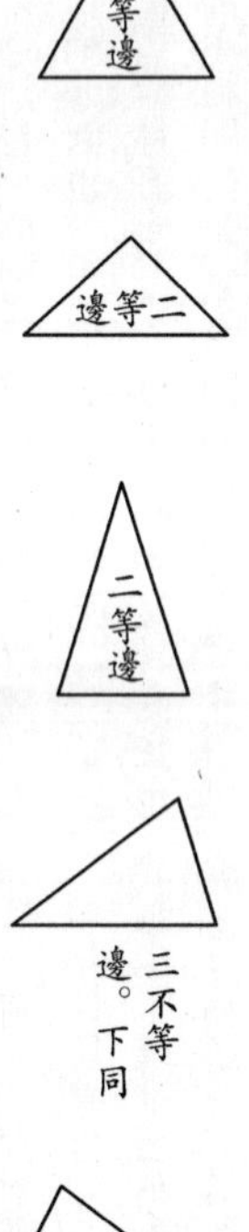

兩直線不能成形，成形者必三線以上。而三線相遇，則有三角，故三角形者，形之始也。

多線皆可成形，析之皆可成三角。至三角，則無可析矣。故三角能盡諸形之理。凡可算者爲有法之形，不可算者爲無法之形。三角者，有法之形也。不論長短斜正，皆可以求其數，故曰有法。若無法之形，析之成三角，則可量。故三角者，量法之宗也。

角

三角法異于句股者，以用角也，故先論角。

兩線相遇則成角。平行兩直線，不能作角。何也？線既平行，則雖引而長之，至于無窮，終無相遇之理。角安從生？是故作角者，必兩線相遇，必不平行也。

角有三類，一正方角，一鋭角，一鈍角。

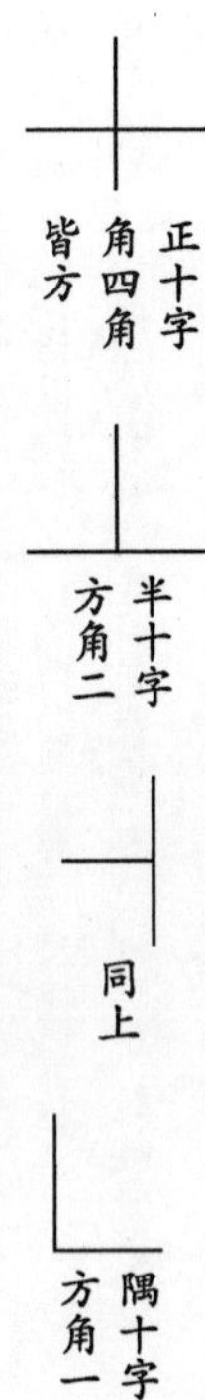

如右圖，以兩線十字縱横相遇，皆爲正方角。亦曰直角，亦曰方角。

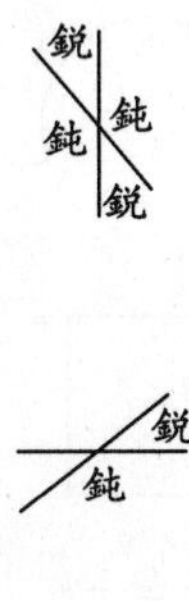

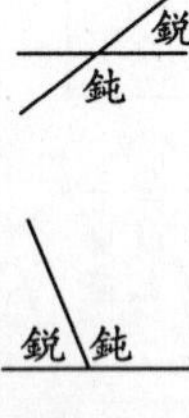

如右圖，以兩線斜相遇，則一爲鋭角，一爲鈍角。凡鋭角，必小于正方角。凡鈍角，必大于正方角。正方角止一，鋭角、鈍角則有多種，而算法生焉。

弧

角在小形與在大形，無以異也，故無丈尺可言，必量之以對角之弧。法以角之端爲員心，用規作員，員周分三百六十度，乃視本角所對之弧于全員三百六十度中，得幾何度分。其弧分所對，正得九十度者爲正方角。九十度者，全員四之一，謂之象限。若所對弧分，不滿九十度者爲鋭角。自八十九度以至一度，並鋭角也。所對弧分，在九十度以上者爲鈍角。自九十一度至百七十九度，並鈍角也。

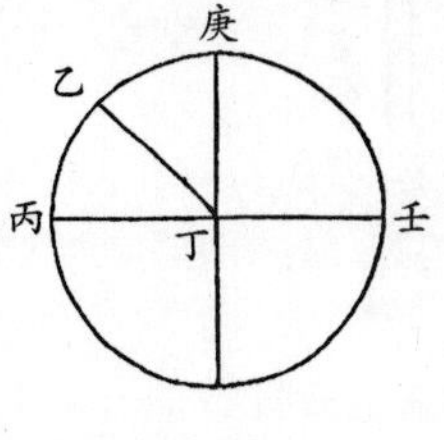

如圖，丁爲角，即角爲員心，以作員形，其庚丁丙角，凡論角度，並以中一字，爲所指之角。此言庚丁丙，即丁爲角也。所對者庚丙弧，在全員爲四之一，正得象限九十度，是爲正方角。

若乙丁丙角，所對者乙丙弧，在象限庚丙弧之内，小于象限九十度，是爲鋭角。

又乙丁壬角，所對乙庚壬弧，過于壬庚弧，壬庚亦象限九十度弧，故庚丁壬亦方角。大于象限九十度，是爲鈍角。

角之度，生于割員。

清·《數理精藴》下編卷一四　三角形

凡三角形，立於圓界之一半者爲直角，即勾股。過圓界之一半者爲（鋭）

[鈍]角，不及圓界之一半者爲(鈍)[鋭]角。然不拘鋭角、鈍角，自一角至底邊作垂線，即分爲兩直角，是仍不離乎勾股也。兩腰等者，垂線即當底之一半。而兩腰不等者，所分底界，則有大小不同，故和較相比之法，因之而生。蓋和求較、較求和，要必歸於勾股相求之理，由勾股而得垂線。則凡面積及内容方圓等形，皆無不可得。至於三角形角度相求之法，乃割圓八線，實所以極三角之用，即如《周髀》所謂仰矩知高、俯矩知深是也。故另爲一卷。兹但取三角形之面線相求諸法，悉具圖解，以次勾股，使與勾股相表裏焉。

清・安清翹《矩線原本》卷二《測量篇上》　大角爲次邊、小邊所夾之角。次角爲大邊、小邊所夾之角。小角爲大邊、次邊所夾之角。

凡角過二十五度者爲鈍角，不及二十五度者爲鋭角。凡鈍角用外弧之正弦、餘弦。以鈍角與五十度相減，餘爲外弧。若用矢，則用大矢。

清・吴嘉善《平三角邊角互求術》　句股術論邊，句股爲横直兩邊，弦爲斜邊。三角術兼言角。角者兩綫相交所成之角也。

如圖，甲乙、丙丁兩綫相交，成甲(午)丁角、甲(午)丙角、丙(午)乙角、乙(午)丁角。凡言角者，舊以中一字爲主。今更於其字加圈以别之。如甲(午)丁角，指甲午、丁午綫所成(午)角也。下倣此。上圖，兩綫十字正交，所成四角皆相等，謂之直角。下圖，兩綫斜交，所成之角，兩角小於直角，如甲(午)丁角、丙(午)乙角是也。曰鋭角。古名曰句。兩角大於直角，甲(午)丙角、乙(午)丁角是也。曰鈍角。古名曰倨。

凡量角以度，以度板量之。度者，所當圓周之度也。凡圓周，無論大小，一概分爲三百六十度，每度分爲六十分，每分分爲六十秒，每秒分爲六十微，以下皆以六十遞析。此近日步天術也。度板亦倣此造之。法以成角之點，如午點。合於度板圓心，視成角兩綫，截得圓度若干，即爲角度。

凡直角必足九十度，四分圓度，得九十度爲一象限。無須量。

凡兩角度相并，滿半周，一百八十度也。則彼此互爲外角。如前圖，甲(午)丙角爲本角，則以丙(午)乙角爲外角。丙(午)乙角爲本角，則以甲(午)丙角爲外角。餘倣此。

凡兩角度相并，滿象限，則彼此互爲餘角。

如圖，甲(丙)乙角與乙(丙)丁角相并，滿一象限。甲丁弧。以甲(丙)乙角爲本角，則乙(丙)丁角爲餘角。以乙(丙)丁角爲本角，則甲(丙)乙角爲餘角。

凡兩角相對，則彼此互爲對角。如第一圖，甲(午)丙角，以乙(午)丁角爲對角。丙(午)乙角，以甲(午)丁角爲對角是也。

凡作一綫與成角之一綫平行，順其勢而成角爲平行角，其式同，其度等。

如圖，以甲丁綫與己丁綫相交，而成(丁)角。乃與己丁平行，再畫一綫，如丙乙順交於甲丁，而成甲(乙)丙角，其(乙)角與(丁)角爲平行角。或與甲丁平行，再畫一綫，如戊庚順交於己丁，而成戊(庚)己角，其(庚)角與(丁)角，亦爲平行角也。

凡作一綫與成角之一綫平行，逆其勢而成角爲互角，其式同，其度等。

如上圖之下一圖，以庚丁與丁乙綫相交，而成丁角。與乙丁平行綫逆交於庚丁，而成戊(庚)丁角，其(庚)角與(丁)角爲互角。其與庚丁平行綫，亦與乙丙綫逆交於乙丁，而成丁(乙)丙角，其(乙)角與(丁)角，亦爲互角。

凡三角形，并其三角，皆足半周。

如圖，甲乙丙形，與乙丙平行畫戊甲己綫。準前説，則戊(甲)丙角與甲(丙)乙角爲互角，其度等。以加丙(甲)乙角，成戊(甲)乙角。又己(甲)乙角與甲(乙)丙角爲互角，以加戊(甲)乙角，適足半周是也。

凡量角，以度而入，算以八綫。八綫者，弦綫、矢綫、切綫、割綫，有正有餘，故得八也。對度列各綫數，是爲八綫表。

如圖，以甲乙丁角言之，庚丁爲正弦綫，甲庚爲正矢綫，甲戊爲正切綫，戊乙爲正割綫，丁辛爲餘弦綫，丙辛爲餘矢綫，己丙爲餘切綫，己乙爲餘割綫。若以丁乙丙角言之，則各綫名同，唯正餘互易耳。

凡角爲邊之對面者，曰所對之角。邊爲角之對面者，曰所對之邊。

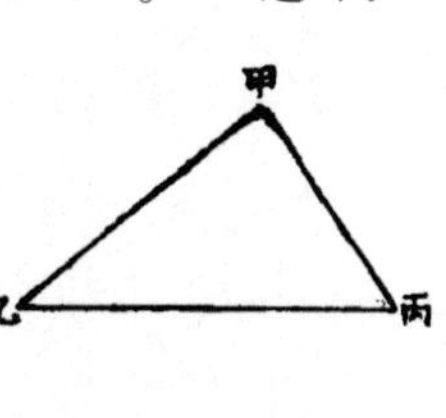

如圖，甲角爲乙丙邊之對角，乙丙邊爲甲角之對邊。丙角爲甲乙邊之對角，甲乙邊爲丙角之對邊。乙角爲甲丙邊之對角，甲丙爲乙角之對邊是也。

凡角居兩邊之中，曰所夾之角。邊居兩角之中，曰所夾之邊。

如前圖，以甲丙、乙丙而論，則丙爲所夾之角。以甲角、丙角而論，則甲丙爲所夾之邊是也。

綜論

清·薛鳳祚《曆學會通》正集一卷《法數部·正弦》　三角八線表

三角法，用一規矩，或因已知之邊，可取未知之角。或因已知之角，可取未知之邊。其作法之難，繇于已知之邊非未知之角之量。其角之量，在于割圓。割圓者，于大圓中裁取一段爲用也。故求角，欲先知割圓之大小。而割圓之量，在線。故求割圓，欲先知割圓之線之大小。既有割圓之線，可以得三角之邊。

如圖，有三角子丑卯。知丑卯邊，不能知丑卯邊相對之子角。以丑卯邊非子角之量，子角之量爲割圓之寅戌卯邊。故知寅戌卯邊之大小，即爲子角之大小。知子角，又不能知子角相對之丑卯邊。而割圓之寅戌卯爲子角之量，故能知寅戌卯之邊與其線，得丑卯之邊。

又《三角算法》

三角解

三角形有三角有三邊。角即兩邊相交之處，邊或係正線，謂之正線三角。或係割圓，謂之圈線三角。

一圈分四方，謂之割圓。每方九十，共三百六十。度角之量，即割圓邊。割圓九十度，名正角。九十以外，名鈍角。以内，名鋭角。凡邊大者，對角亦大。邊小者，對角亦小。

三角共一百八十度整數，故有兩角即可以知三角，以三角乃兩角之餘。

算三角九例

凡稱一率者，相減，二率、三率者，相加。稱四率者，爲算中所求之數。

凡稱餘線，即九十度餘度之正線。如四十度餘線，即五十度正線。一百三十度餘線，即五十度之正線。

凡稱正線，切線，取各線之對數，其對數至末位不能盡同，皆取其近小之數。

凡兩數相加者，稱總數。相減者，稱較數。

凡各法皆立有設數，則所算諸法不爲空理。

算法

三角有四。有正線正角、有正線鈍角、有圈線正角、有圈線鈍角。

清·李子金《天弧象限表》　三角形互相推求之法

勾股之法，論邊不論角。邊有三，非以二求一，則不可得。象限之法，論角復論邊，合角與邊，而爲六，非以三求三，則不可得。三角之形狀，雖不可勝窮，而推測之大法，則不過二端。其一爲以一角兩邊，求餘角餘邊。其一爲以一邊兩角，求餘邊。不言求餘角者，既有兩角，而三角自在也。至于一角兩邊，其一角又有鋭角、鈍角之不同。其兩邊又有旁邊、對邊之不同。一角兩旁邊者，鋭角爲一法，鈍角爲一法。一角一旁邊一對邊者，無論鋭角、鈍角，總爲一法。但鋭角用本角之正弦，鈍角用餘角之正弦，爲異耳。一邊兩角者，止有一法。此四法者，盡乎三角形之用者也。雖云四法，而後二法，俱寓于前二法之中。則又止二法而已。任三角之形千變萬化，但執此二法以御之，則絜矩之道也。

又　凡推求三角形之法，必先有可知之三率，始能推其不可知之一率。

清·梅文鼎《平三角舉要·序》　西法用三角，猶古法之用句股也。但三角有鈍角，而句股無之。論者遂謂句股之術有所窮。殊不知鋭角形須分爲兩句股。鈍角形須補成句股。邊角比例，莫非句股也。【略】然則句股雖不能備三角之形，而能兼三角之理。三角不能出句股之外，而能盡句股之用。一而二，二而一者也。

清·《數理精蘊》下編卷一七 三角形邊角相求

三角形，有直角者爲勾股。無直角者作中垂線，分爲兩直角形，則亦成兩勾股。是皆有其二而得其一，或有其三而分爲二，槩以邊線相求者也。至於割圜之法，則凡三角形，有一角，即有八線皆成勾股，而可比例以相求。故三角形不論角之直與鋭鈍，要以角度爲準。而三角之度，必與兩直角之度等。角之大者，所對之邊亦大。角之小者，所對之邊亦小。凡三角三邊，但知其三，而其餘者悉可得。若直角，則惟知其二而其餘者亦可得。此三角之法所由立，而測量之用所由廣也。如知兩角一邊，求又一邊者，以對所知之角與對所求之角爲比，即如所知之邊與所求之邊爲比也。知兩邊一角，求又一角者，以對所知之邊與對所求之邊爲比，即如所知之角與所求之角爲比也。或所知之一角，在所知兩邊之間，而求又一角者，則角無所對之邊，而邊亦無所對之角，必用兩邊之和較，與所知角之外角半弧之切線爲比，而得所求兩角與所知角之外角半弧之較。既得較而角度亦得矣。又如，知三邊而求三角者，則以三角形求中垂線法，分爲兩直角形，而三角自隨之而得。或用三邊之方面，按法比例，而得兩直角形之各一角。既得一角，而三角亦可得矣。若止有三角，則三邊無所約束，故不成法。蓋角度爲虚率，而邊線爲實數。有實數而虚率可馭。總以比例四率，展轉用之。惟在分合有法，相度得宜耳。

清·吴嘉善《平三角邊角互求術》 凡句股術，以三事互求，得二可求其餘。三角術，以六事互求，三邊、三角，凡六事也。得三可知其餘。凡三題三術。

第一題，有兩邊一角，求餘事。

第二題，有三角一邊，求餘事。凡平三角，知兩角即知三角，故兩角一邊不立題。

第三題，有三邊求三角。凡平三角，僅知三角，不可求邊，故不立題。

右三題爲經。

第一術，邊角相求法。

第二術，切綫分外角法。

第三術，總較法。

右三術爲緯。

清·華蘅芳《算草叢存》 三角測量説

彼此兩處相距若非甚遠，而中間無所阻隔者，則可從此處直至彼處，而步步量其尺寸，本無待於測，亦無藉乎算也。若兩處之相去稍遠，而其間有所間隔，不能從此處直行至彼，則量度之法窮矣。所以算學家特創一種算法，名曰測量。

測量二字之意，言測與量並用也。亦言以測算代其量度之事也。

學者須知量與測，皆不能無差，須處處防其有差，則其差可以稍小。

即以量度而論，或用步弓、或用丈桿、或用鐵鏈、或用帶尺，此數種器具，或以金類爲之、或以竹木爲之、或以絲麻爲之，均能受天時之燥溼寒暑而變其長短之數，器先不能自準，用以量物，安得無差。

又因造此量度之器，不能極長，必處處接續用之。其相接之處，恒苦於不能使此端與彼端不相離，亦不相過。又苦於所量之路，微有灣曲，不能恰在直線上，故其量得之數，最易有差。

量得之數雖不能無差，然有一法可使其差稍小。蓋所謂差者，非失之多，即失之少也。若量之多次，而取其折中之數，則其差必比一次量之者稍小。何也？一次失之多，未必次次均失之多。一次失之少，未必次次均失之少也。以多濟少，以少濟多，則其差可小矣。

至於測之易差，略有數端。一因測器不精，二因目力有限，三因測法未善。

測器之病，因造器之時，不能悉合幾何之理。如弧線不合平圓，度分不能均匀，置軸不在圓心，軸線與圓面不成正角，窺管之軸不能與圓徑在一箇垂面，此種造器不精之各病，其差雖僅在毫釐，然能使所測之角度，忽失之大，忽失之小。所以凡用測器，不可認定一面。如用此面測過一次，必用彼面再測一次。而將兩次所得之數相加折半，以消其差。測之次數愈多愈佳。天文家有環測之法，亦此故也。

何以言目力之有限也。測器之上有用窺管者、有用照星者、有用隙縫者、有用十字交線者，以目窺之，恒苦於近目之物太大，遠處之物太小，不能對定一點，則分秒不準。

測法不善，則由於算學之數，有時易差。凡極大極小之角，其正弦增減之數，非太速，即太遲，用以入算，其差必多，所以凡角之近於初度，或近於九十度及一百八十度者，測量之人，每不取焉。

要而言之，測算所得之數，比量度所得之數，衹能得其約略而已，如謂不失尺寸，吾不敢信也。

或有問者曰：量度之數雖不能無差，然舍量度之外，更無他法可以取信，是量度固不可廢也。至於測算之數，更不如量度之準，則其法更不足恃矣。何必嘵嘵然，講論測量之法乎。

余答之曰：測算誠不如量度之準，然至不能量度，則舍測算之外，更有何法乎？蓋測算之法，乃是不得已而用之，非欲誇炫算術也。所以相距之遠近，苟可量度而得者，與其用測，不如用量。所求之數，苟可推算而得者，不必於算法之外，更求簡易之法。

如謂別有妙器，無論任何遠，皆可一測而得其相距之數，可以無須推算，則西人何必數十百年究心於代微積之理，造弦切割之表，以供邊角相求之用哉。蓋論造法之理，不得不力求其深，而論用法之事，不妨但言其淺。今且爲學者言測量之法。

測量之術無他謬巧也，三角而已。三角之法並無多種也，平三角、弧三角而已。弧三角，惟天文之事用之。若測量地面之物，平三角已足用矣。

茲有最要之例數條，學者須熟記之，然後可習平三角之法。不明此例，必動手便錯也。

凡平三角形爲三條直線相遇而成，所以有三箇邊，亦有三箇角。

凡平三角形之三箇角，合之必爲一百八十度。所以已知其任兩角，則其又一角亦已知。因可將兩角之和減一百八十度而得也。

凡角大於九十度者曰鈍角，小於九十度者曰鋭角，等於九十度者曰直角，亦曰正角、亦曰方角。

凡平三角形，其三箇角皆小於九十度者，謂之鋭角形。有一角大於九十度者，謂之鈍角形。有一角等於九十度者，謂之直角形。

凡平三角形，任兩邊之和必大於又一邊，否則不能成平三角形。

凡平三角形，大邊必對大角，小邊必對小角，等邊必對等角，所以三角相等者，其三邊亦相等，兩角相等者，其所對之兩邊亦相等。

凡平三角形，已知其三邊，則可求其三角。已知其三角，則不能求其三邊，因其形可任何大小也。

凡平三角形，每角之正弦，必與其所對之邊有比例。

凡鈍角之正弦，等於外角之正弦。以鈍角減一百八十度，即爲外角。

凡直角之正弦，即是半徑。

凡平三角形，其大邊之平方等於又兩邊平方之和者，必爲直角形。大於又兩邊平方之和者，必爲鈍角形。小者爲鋭角形。

凡平三角形之某邊、某角均可以字識之，惟所用之字亦有一定之例。其三箇角恒用呷、吃、呐三字，其三箇邊恒用甲、乙、丙三字。又恒以對呷角之邊爲甲，對吃角之邊爲乙，對呐角之邊爲丙。如是則某邊所對之角，某角所對之邊，可不致混淆也。

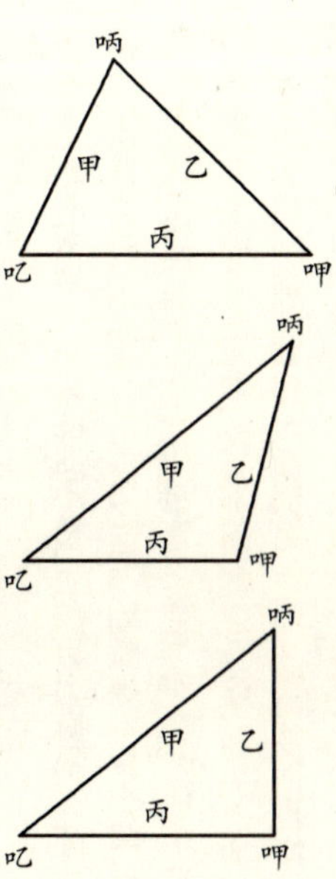

惟因所識之字，有一定之例，則題中衹須言某邊某角已知，某邊某角未知，即可據之以作圖。又可用此數字作代數式，以明其算法。

若作識之字不合此例，則對邊對角之理不明，而題之文理不能簡，圖之眉目不能清，亦不易以代數之式明其算法矣。

平三角形之三邊三角，共爲六事。此六事中，必有三事爲已知，其已知之三事內至少必有一爲邊，而後可求其未知之三事，所以其法只有五種。

一爲對邊求對角。

二爲對角求對邊。

三爲兩邊夾一角。

四爲兩角夾一邊。

五爲三邊求各角。

清・劉澤楨《中西數學通解》卷一三　三角形

邊角相求

三角形有直角者爲句股。無直角者，作中垂線，分爲兩直角形，則亦成兩句股。是皆有其二,而得其一。或有其三,而分爲二。概以邊綫相求者也。至於割圜之法,則凡三角形,有一角,即有八綫,皆成句股,而可比例以相求。故三角形不論角之直與鋭鈍,要以角度爲準。而三角之度,必與兩直角之度等。角之大者,所對之邊亦大。角之小者,所對之邊亦小。凡三角三邊,但知其三,而其餘者悉可得。若直角,則惟知其二,而其餘者亦可得。此三角形之法所由立,而測量之用所由廣也。如知兩角一邊求又一邊者,以對所知之角與對所求之角爲比,即如所知之邊與所求之邊爲比也。知兩邊一角求又一角者,以對所知之邊與對所求之邊爲比,即如所知之角與所求之角爲比也。或所知之角在所知兩邊之間,而求又一角者,則角無所對之邊,而邊亦無所對之角,必用兩邊之和較,與所知角之外角半弧之切線爲比,而得所求兩角與所知角之外角半弧之較。既得較,而角度亦得矣。又如,知三邊而求三角者,則以三角形求中垂線,分爲兩直角形,而三角自隨之而得。或用三邊之方面,按法比例,而得兩直角形之各一角。既得一角,而三角亦可得矣。若止有三角,則三邊無所約束,故不成法。蓋角度爲虚率,而邊線爲實數,有實數而虚(數)[率]可馭。總以比例四率,展轉用之,惟在分合有法,相度得宜耳。

邊角關係分部

算法

清・李子金《天弧象限表》 各角之正弦與各角之對邊,其比例皆相若。

假如有甲乙丙三角形,甲角正弦六萬,對邊一十五步。乙角正弦八萬,對邊二十步。丙角正弦十萬,對邊二十五步。六與十五之比例、八與二十之比例、十與二十五之比例,皆爲十分之四是也。若三角中有一鈍角,則用其餘角之正弦。

清・梅文鼎《平三角舉要》卷四《或問》 三角大意,首卷略具。而入算仍有疑端,同學好問,事事必求其所以然。故不憚爲之詳複,以暢厥旨。

問:各角正弦與各邊皆不平行,何以能相爲比例?曰:凡三角形,一邊必對一角,其角大者正弦大,而所對之邊亦大。角小者正弦小,而所對之邊亦小。故邊與邊之比例,如正弦與正弦也。

兩正弦爲兩邊比例圖

乙丙丁三角形,丁乙邊大,對丙角。丁丙邊小,對乙角。術爲以丁乙邊比丁丙邊,若丙角之正弦與乙角之正弦。

解曰:試以丁丙爲半徑,作丁甲線爲丙角正弦。又截戊乙如丁丙半徑,作戊己線爲乙角正弦。丁甲正弦大于戊己,故丁乙邊亦大于丁丙。

問:丁甲何以獨爲丙角正弦也?曰:此以丁丙爲半徑故也。若以丁乙爲半徑,則丁甲即爲乙角之正弦。

如圖,用丁乙爲半徑,作丁甲線爲乙角正弦。又引丙丁至戊,令戊丙如丁乙半徑。作戊己線爲丙角正弦,即見乙角之正弦丁甲小于戊己,故丁丙邊亦小于丁乙。

解曰:正弦者,半徑所生也。故必兩半徑齊同,始可以較其大小。前圖截戊乙如丁丙,此圖引丁丙如丁乙,所以同之也。

三正弦遞相爲三邊比例圖

乙丁丙鈍角形。丁鈍角,對乙丙大邊。丙次大角,對乙丁次大邊。乙小角,對丁丙小邊。其各邊比例皆各角正弦之比例。

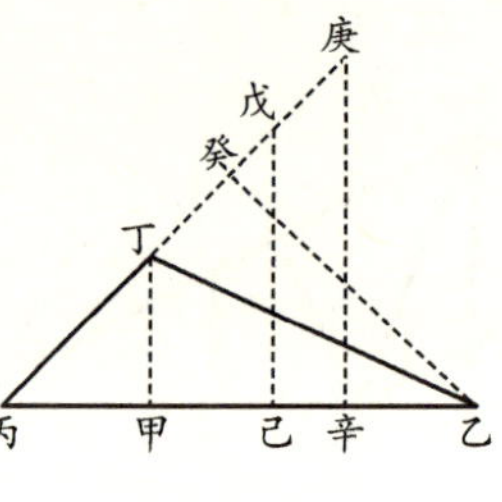

試以乙丁爲半徑,作丁甲線爲乙小角之正弦。又引丙丁邊至戊,使戊丙如乙丁,作戊己線爲丙角之正弦。又展戊丙線至庚,使庚丙如乙丙,作庚辛線爲丁鈍角之正弦。如此則三邊皆若弦,三正弦皆若股。其比例爲以乙丙大邊同庚丙。比乙丁次邊,同戊丙。若丁鈍角之正弦庚辛與丙角之正弦戊己。又以乙丁次大邊同戊丙。比丁丙小邊,若丙角之正弦戊己與乙角之正弦丁甲。又以丁丙小邊比乙丙大邊,同庚丙。若乙小角之正弦丁甲與丁鈍角之正弦庚辛。

問:庚辛何以爲丁角正弦?曰:鈍角以外角之正弦爲正弦。試作乙癸線爲丁角正弦，乙丁癸外角也。故其正弦，即丁鈍角正弦。必與庚辛等。何也？庚丙辛句股形與乙丙癸形等，庚丙弦既同乙丙，又同用丙角。辛與癸又同爲方角，其形必等。則庚辛必等乙癸。而乙癸既丁角正弦矣，等乙癸之庚辛，又安得不爲丁角正弦乎？凡取正弦，必齊其半徑。此以丁甲爲乙角正弦，是用乙丁爲半徑也。而取丙角正弦戊己，必引戊丙如乙丁。其丁角正弦庚辛，又即外角之正弦乙癸。是三半徑皆乙丁也。

試取壬丙如丁丙，作庚壬線，即同乙丁半徑，則壬角同丁角，壬外角即丁外角，而庚辛正弦之半徑仍爲乙丁。庚壬同乙丁故。

此以庚壬當乙丁，易乙丁丙形爲庚壬丙，則庚辛正弦亦歸本位，與前圖互明。

試以各角正弦，同居一象限，較其弧度。

如圖，甲乙丙形，丙角最大，其正弦乙丁亦最大，所對甲乙邊亦最大。甲角次大，其正弦丑壬亦次大，所對乙丙邊亦次大。乙角最小，其正弦丙卯亦小，所對丙甲邊亦最小。丙乙二角正弦，並乙丙爲半徑。甲角取正弦截丑甲如乙丙，亦以乙丙爲半徑。乃別作一象弧，如戊己。仍用乙丙爲半徑，取戊庚如乙丙。而以先所得各角之餘弦取度。於丁作乙丁爲丙角之正弦。於壬作丑壬爲甲角之正弦。於卯作丙卯爲乙角之正弦。即各如原度而各角之差數覩矣。戊庚半徑既同乙丙，則丁庚即丁丙，而爲丙角餘弦。又壬庚即甲壬爲甲角餘弦，卯庚即卯乙爲乙角餘弦。

解曰：角無大小，以弧而知其大小。今乙丁正弦，其弧乙己，是丙角最大也。丑壬正弦，其弧丑己，是甲角次大也。丙卯正弦，其弧丙己，是乙角最小也。而對邊之大小亦如之，故皆以正弦爲比例也。

或疑鈍角之度益大，其正弦反漸小，而其所對之邊則漸大，何以能相爲比例乎？曰：此易知也。凡鈍角正弦，即外角之正弦。而外角度，原兼有餘兩角之度。故鈍角之正弦，必大于餘兩角，而得爲大邊之比例也。

如乙丙甲鈍角形，丙鈍角最大，其正弦乙丁亦最大，而所對乙甲邊亦最大。乙角次大，其正弦丙卯亦次大，而所對甲丙邊亦次大。甲角最小，其正弦丑壬亦小，而所對乙丙邊亦最小。截甲丑如乙丙，從丑作丑壬，即甲角正弦。

乃從乙作乙庚弧以丙爲心，乙丙爲半徑。爲丙外角之度，又作辛丙半徑與甲乙平行，分乙庚弧度爲兩，則辛庚即甲角之弧度，其餘辛乙亦即乙角之弧度。從辛作辛未正弦與丑壬等，又自庚截癸庚度如辛乙，則癸庚亦乙角之弧。作癸子正弦與丙卯等。此顯丙外角之度，兼有乙甲兩角之度，其正弦必大於兩角正弦也。雖丙鈍角加大，而外角加小，則乙甲兩角必又小于外角。又何疑于鈍角正弦，必爲大邊比例乎？

試更以各角切員觀之，則各角之對邊，皆爲其對弧之通弦。

如圖，三角形，以各角切員，則乙丙邊爲丙戊乙弧之通弦而對甲角。甲丙邊爲丙己甲弧之通弦而對乙角。甲乙邊爲乙庚甲弧之通弦而對丙角。則是各角之對邊，即各角對弧之通弦也。夫通弦者，正弦之倍數。則三邊比例，即三正弦之比例矣。

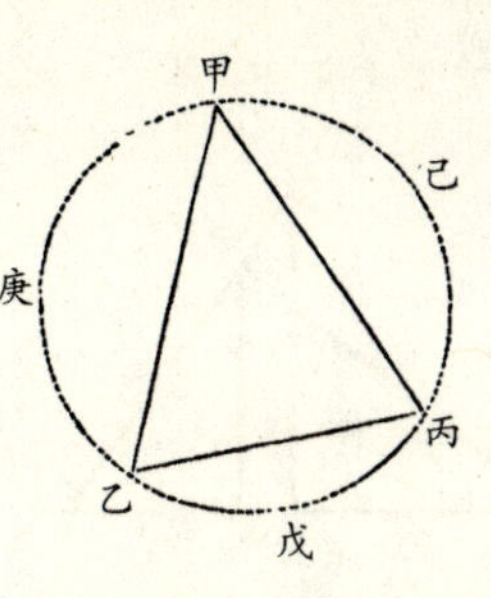

又試以各邊平分之，則皆成各角之正弦。

於前圖內，更以各邊所當之弧皆平分之。丙戊乙弧平分于戊點。丙己甲弧平分于己點。乙庚甲弧平分于庚點。自員心，丁。各作半徑至其點，即分各邊爲兩平分。以丁壬戊半徑，分乙丙邊于壬。以丁辛己半徑，分甲丙邊于辛。以丁癸庚半徑，分甲乙邊于癸。則所分之邊，皆爲兩平分。則弧之平分者，即原設各角之度。而邊之平分者，即皆各角之正弦。丙丁戊角，以丙戊爲弧，丙壬爲正弦。而丙丁戊角，原爲丙丁乙角之半，必與甲角同大。故丙戊半弧，即甲角之本度。

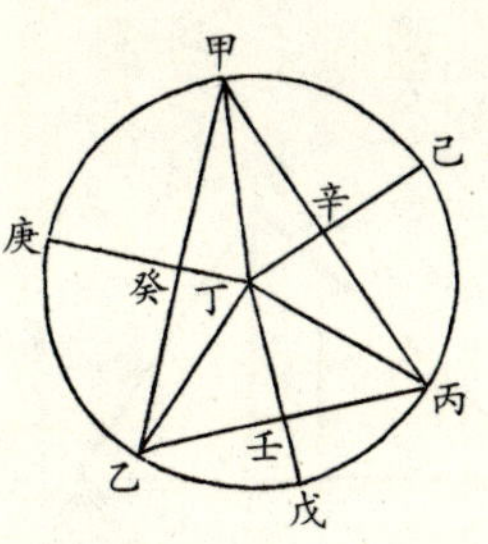

丙壬半邊，即甲角之正弦。乙丁戊角亦然。準此論之，則甲丁己角，原爲甲丁丙角之半，必與乙角同大。故甲己半弧，即乙角之本度。甲辛半邊，即乙角之正弦。己丁丙角亦然。又乙丁庚角，原爲乙丁甲角之半，必與丙角同大。故乙庚半弧，即丙角之本度。乙癸半邊，即丙角之正弦。庚丁甲角亦然。夫分其邊之半，即皆成正弦。則邊與邊之比例，亦必如正弦與正弦矣。全與全，若半與半也。

問：三角之本度皆用半弧，何也？曰：量角度，必以角爲員心，真度乃見。今三角皆切員邊，則所作通弦之弧，皆倍度也。故半之，乃爲角之本度。

如圖，以甲角爲心，甲丁爲半徑作員，則其弧丑丁子乃甲角之本度也。而平分之丙戊及戊乙兩弧，並與丑丁子弧等。試作戊丙及乙戊兩弦必相等。又並與丑子弦等。凡弦等者弧亦等。故乙戊丙弧，必爲甲角之倍度。餘角類推。

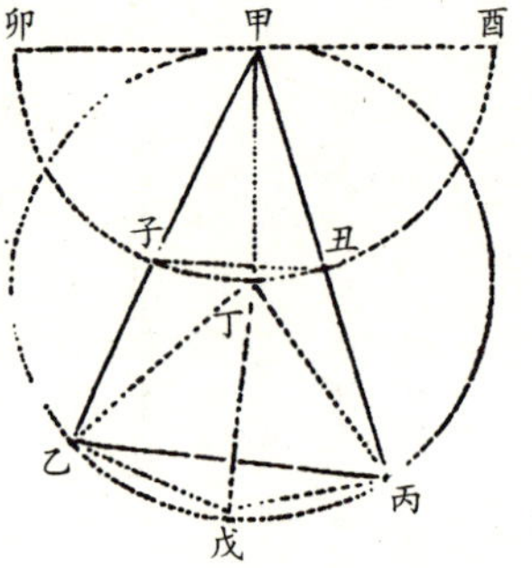

問：三邊求角，何以用和較相乘也？曰：欲明和較之用，當先知和較之根。凡大小兩方，以其邊相併謂之和，相減謂之較。和較相乘者，兩方相減之餘積也。

如圖，甲癸小方，丁癸大方。於大方內，依小方邊作己庚橫線。又取己辛如小方邊，作辛壬線，成己壬小方與甲癸等。大方內減己壬小方，則所餘者爲乙庚及庚壬兩長方形。夫乙己及丁庚及庚辛並兩邊之較也，甲己庚則和也。若移庚壬長方爲乙甲長方，即成丁甲大長方，而爲較乘和之積。故凡兩方相減之餘積爲實，以和除之得較，以較除之亦得和矣。

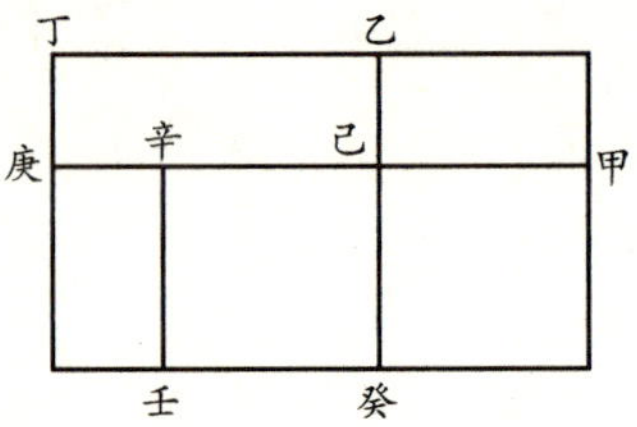

依此論之，若有兩方形相減，又別有兩方相減而其餘積等，則爲公積。故以此兩方之和較相乘爲實，而以彼兩方之和爲法，除之得彼兩方之較。或以彼兩方之較爲法，除之亦必得和。

如圖，有方二十九之冪八百四十一，與方二十七之冪七百二十九相減，成較二乘和五十六之積。又有方十六之冪二百五十六，與方十二之冪一百四十四相減，成較四乘和二十八之積。

兩積同爲一百一十二，故以先有之較二和五十六相乘爲實，以今有之和二十八爲法，除之即得較四，爲今所求數。

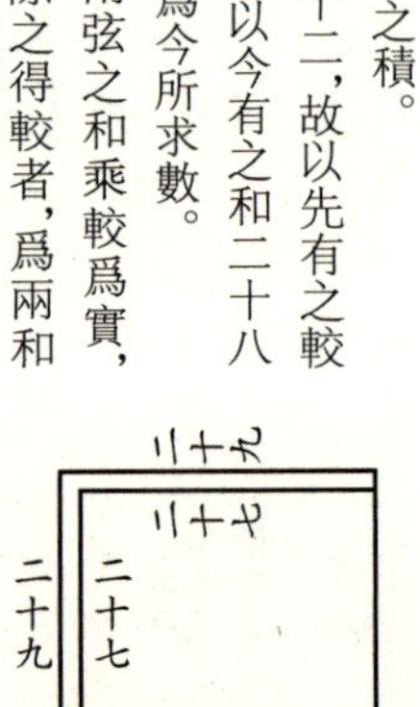

是故三角形，以兩弦之和乘較爲實，以兩分底之和爲法，除之得較者，爲兩和較相乘同積也。兩和較相乘同積者，各兩方相減同積也。

何以明之？曰：凡三角形，以中長線分爲兩句股，則兩形同以中長線爲股，而各以分底線爲句。是股同而句不同也。句不同者，弦不同也。弦大者句亦大，弦小者句亦小。故兩弦上方相減，必與兩句上方相減之餘積等。而兩和較相乘亦等。

如圖，甲乙丙三角形，以甲丁中長線分爲兩句股形。則丙乙爲兩句之和，未寅及子卯並同。丙戊爲兩句之較。未子及寅卯並同。未卯長方爲兩句之較乘和也。又丙己爲兩弦之和，辰壬同。酉丙爲兩弦之較。辰癸及辛庚壬午並同。癸壬長方爲兩弦之較乘和也。此兩長方必等積。

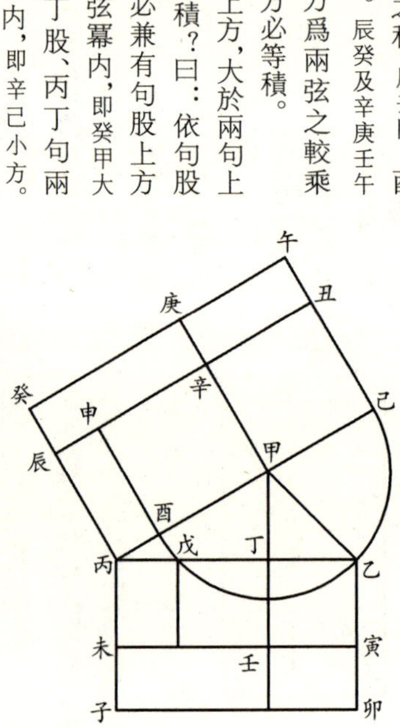

問：兩弦上方，大於兩句上方，何以知其等積？曰：依句股法，弦上方冪，必兼有句股上方冪。是故甲丙弦冪內，即癸甲大方。必兼有甲丁股、丙丁句兩冪。乙甲弦冪內，即辛己小方。亦兼有甲丁股、乙丁句兩冪。則是甲丁股冪者，兩弦冪所同也。其不同者，句冪耳。股冪既同，則弦冪相減時，股冪俱對減而盡，使非句冪不同，已無餘積。然則兩弦冪相減之餘積，于癸甲大方內，減己辛相同之申甲小方，所餘者，癸辛申丙兩長方成罄折形。豈不即爲兩句冪相減之餘積乎。于丁子方內減丁寅相同之戊丑小方，所餘者，丑子及戊未兩長方成罄折形。由是言之，兩和較相乘之等積，信矣。于弦冪相減之癸辛申丙罄折形內，移申丙補庚壬，即成和較相乘之癸壬長方。又于句冪相減之丑子未戊罄折形內，移戊未補丑卯，即成和較相乘之未卯長方。兩磬折形既等積，則兩長方亦等積。

問：和較之列四率與諸例不同，何也？曰：此互視法也。《同文算指》謂之變測，古《九章》謂之同乘異除，乃三率之別調也。何則？凡異乘同除，皆以原有兩率之比例爲今兩率之比例。其首率爲法，必在原有兩率之中。互視之術，則反以原有之兩率爲二、爲三，以自相乘爲實，其首率爲法者，反係今有之率，與異乘同除之序相反，故曰別調也。

然則又何以仍列四率？曰：以相乘同實也。三率之術，二三相乘與一四相乘同實。故可以三率求一率。二三相乘，以一除之得四，以四除之，即仍得一。若一四相乘，以二除之，亦可得三。以三除之亦仍得二。互視之術，以原有之兩率自相乘，與今有之兩率自相乘同實。故亦以三率求一率。原兩率自相乘，以今有之率除之，得今有之餘一率。若今兩率自相乘，以原有之率除之，亦即得原有之餘一率。但三率之術以比例成其同實。互視之術則以同實而成其比例。既成比例，即有四率，故可以列而求之也。

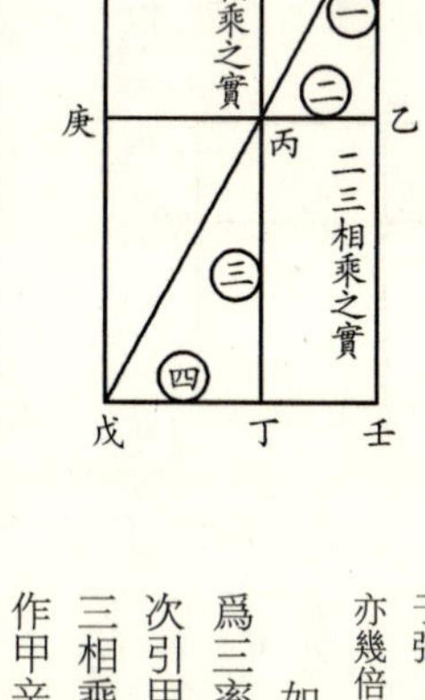

如圖，長方形，對角斜剖成兩句股則相等，而其中所成小句股亦相等，甲壬戊與甲己戊等，則甲乙丙與甲辛丙等，丙丁戊與丙庚戊等，並長方均剖故也。即所成長方之積亦必相等。于甲壬戊句股形內，減相等之甲乙丙，及丙丁戊兩小句股，存乙丙丁壬長方。又于甲己戊句股形內，減相等之甲辛丙，及丙庚戊兩小句股，存辛己庚丙長方。所減之數等，則所存之數亦等。故兩長方雖長闊不同，知其必爲等積。今以甲乙爲首率，乙丙爲次率，丙丁爲三率，丁戊爲四率。則乙丁長方即乙丙丁壬形。爲二三相乘之積，此形以乙丙二率爲闊，丙丁三率爲長，是二率三率相乘也。辛庚長方即辛己庚丙形。爲一四相乘之積。此形以辛丙爲長，丙庚爲闊，而辛丙原同甲乙，乃一率也。丙庚原同丁戊，乃四率也。是一率四率相乘也。既兩長方相等，則二三相乘與一四相乘等實矣。此列率之理也。在異乘同除本術，則甲乙及丙乙爲原有之數，丙丁爲今有之數，戊丁爲今求之數。其術爲以原有之甲乙股比原有之丙乙句，若今有之丙丁股與戊丁句也。故于原有中取丙乙句與今有之丙丁股，以異名相乘爲實，又于原有中取同名之甲乙股爲法，除之即得今所求之丁戊句。是先知四率之比例，而以乘除之，故成兩長方，二率乘三率，成乙丁長方。以首率除之，必變爲辛庚長方。故曰以比例成其同實也。

互視之術，則乙丙與丙丁爲原有之數，甲乙爲今有之數，丁戊爲今求之數。術爲以乙丙較乘丙丁和之積，若丙庚較即丁戊。乘丙辛和即甲乙。之積，故以原有之乙丙較、丙丁和自相乘爲實，以今有之甲乙和即辛丙。爲法，除之即得今所求之丁戊較。即丙庚。是先知兩長方同積，而以四率取之，故曰以同實成其比例也。

然則又何以謂之互視？曰：三率之用，以原有兩件自相比之例，爲今有兩件自相比之例，是視此之差等爲彼之差等，故大句比大股，若小句比小股。大句小于大股幾倍，小句亦小于小股幾倍。又大句大于小句幾倍，大股亦大于小股幾倍。互視之用，以原有一件與今一件相比之例，爲今又一件與原又一件相比之例。是此視彼之所來以往，彼亦視此之所往以來。如互相酬報。故弦之較比句之較，反若句之和比弦之和。弦之和大于句，故句之較反大于弦。若和之數弦大于句幾倍，則較之數句大于弦亦幾倍。是以別之爲互視也。

三率圖

互視圖

如圖，以甲乙爲一率，丙乙爲二率，丙丁爲三率，丁戊爲四率。作甲戊弦成兩句股。次引甲乙及丁戊會于壬，成乙丁長方，爲二三相乘之積。亦引乙丙至庚，引丁丙至辛。作甲辛及戊庚線，並引長之會于己，成辛庚長方，爲一四相乘之積。是先有比例，而成同實之長方。

如次圖，乙丙乘丙丁爲乙丁長方，辛丙乘丙庚爲辛庚長方，兩長方以角相連于丙。次引己辛及乙壬會于甲，引己庚及壬丁會于戊，乃作甲戊線。則辛丙與丙丁，若乙丙與丙庚。是先知同實而成其比例也。

問：三角形兩叉術，用外角切線，何也？曰：此分角法也。一角在兩邊之中，則角無所對之邊，邊無所對之角，不可以正弦爲比例。今欲求未知之兩角，故借外角分之也。

然則何以用半較角？曰：較角者，本形中未知兩角之較也。此兩角之度，合之即爲外角之度。必求其較角，然後可分。而較角不可求，故求其半，知半較知全較矣。此用半較角之理也。

如圖，甲丙乙形，先有丙角，則甲丙丁爲外角。外角內作丙辛線與乙甲平行，則辛丙丁角與乙角等，辛丙甲角與甲角等。其辛丙庚角爲兩角之較。而辛丙己角，其半較也。己丙丁及己丙甲皆半外角也。以半較角與半外角相減，成乙角。于丁丙己內減辛丙己，其餘丁丙辛，即乙角度。若相加，亦成甲角。于己丙甲，加辛丙己，成辛丙甲，即甲角度。

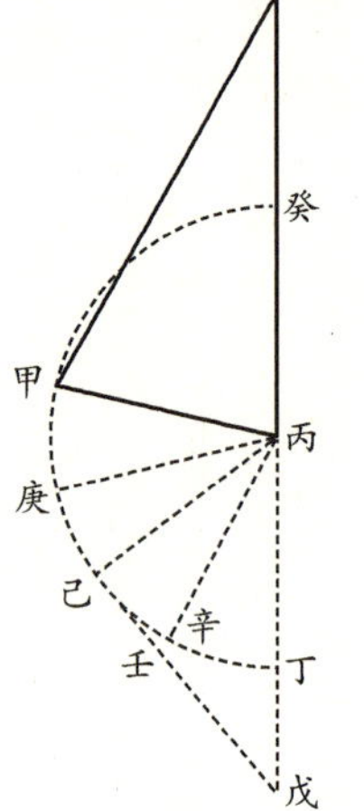

半較角用切線何也？曰：此比例法也。角與所對之邊，並以正弦爲比例。今既無正弦可論，而有其所對之邊，故即以邊爲比例。角之正弦可以例邊，則邊之大小亦可以例角。是故乙丁者兩邊之總也，乙癸者兩邊之較也，而戊己者半外角之切線也，壬己者半較角之切線也。以乙丁比乙癸，若戊己與壬己，故以切線爲比例也。

然則何以不徑用正弦？曰：凡一角分爲兩角，則正弦因度離立，不同在一線，不可以求其比例。其在一線者，惟切線耳。而邊之比例，與切線相應。切線比例，又原與正弦相應。故用切線實用正弦也。

如圖，甲丙丁外角，其弧甲己丁。於辛作辛丙線，分其角爲兩。則小角之弧丁辛，其正弦卯丁。大角之弧辛甲，其正弦甲丑。小角正弦當乙角之對邊甲丙。大角正弦當甲角之對邊乙丙。

今欲移正弦之比例於一線。先作甲丁通弦，割分角線於子。則子甲與子丁，若甲丑與卯丁。甲丑子與丁卯子兩句股形，有子交角等，丑卯皆正角，即兩形相似而比例等。然則子甲者，大形之弦。子丁者，小形之弦。而甲丑者，大形之股。卯丁者，小形之股也。弦與弦若股與股，故子甲比子丁，若丑甲與卯丁。而甲丁即兩正弦之總，甲丁爲子甲、子丁之總，亦即爲甲丑、卯丁之總。辰子即兩正弦之較。以子丁減子甲，其較辰子。是辰子爲子甲、子丁之較，亦即爲甲丑、卯丁之較。平分甲丁半之於酉，則酉丁爲半總，酉子爲半較，其比例同也。全與全，若半與半，故甲丁與辰子爲兩正弦之總與較，則半之而爲酉丁與酉子，亦必若兩正弦之總與較。

於是作午戊切員線引平分線丙酉至己，分甲己丁弧于己。自己作午戊線與己丙爲十字垂線，即此線爲切員線。與甲丁平行，引諸線至其上。引丙甲至午，引丙丁至戊，引丙辰割庚點至未，引丙卯割辛點至壬。則午戊切線上比例與甲丁通弦等。而正弦之比例在切線矣。先以甲丁與辰子當兩正弦之總與較。今午戊與未壬亦可當兩正弦之總與較。則先以酉丁與酉子爲半總半較者，今亦以己戊與己壬爲半總半較矣。故曰用切線實用正弦也。切線與正弦，所以能同比例者，以有通弦作之合也。

問：三較連乘之理。曰：亦句股術也。以句股爲比例，而以三率之理轉換之，則用法最精之處也。故三較連乘，即得容員半徑上方乘半總之積。

假如甲乙丙三角形，甲丙邊，一百五十。甲乙邊，一百二十二。乙丙邊，一百一十二。術以半總一百九十二。較各邊，得甲丙之較，四十二。甲乙之較，七十。乙丙之較，八十。三較連乘得數，二十三萬五千二百。即容員半徑自乘又乘半總之積也。

置三較連乘數，以半總除之，得數，一千二百二十五。平方開之，得容員半徑。三十五。倍之得容員徑。七十。置三較連乘數，以半總乘之，得數，四千五百一十五萬八千四百。平方開之，得三角形積。六千七百二十。若如常法，求得中長線，一百二十。以乘乙丙底而半之，所得積數亦同。

然則何以見其爲句股比例？曰：試從形心如法作線，分爲六句股形。形心，即容員心。又引甲丙邊至卯，使卯丙如乙戊。引甲乙邊至辰，使乙辰如己丙。則甲卯、甲辰並半總，六小句股形之句，各于其兩相同者而取其一，即成半總。而丙卯爲甲丙邊之較，即乙戊或乙辛。乙辰爲甲乙邊之較，即己丙或辛丙。甲己爲乙丙邊之較。己丙同辛丙，又丙卯同乙辛，則卯己同乙丙，而甲己爲其較。若用辰戊以當乙丙，則甲戊爲較[亦]同。又從卯作卯壬

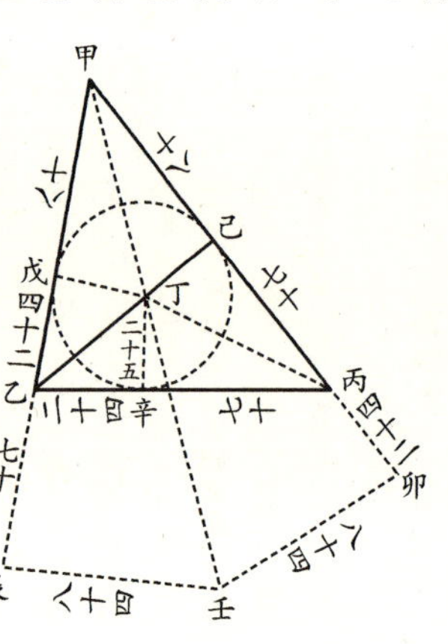

十字垂線至壬，此線與丁己員半徑平行。引甲丁分角線出形外，遇于壬成甲卯壬大句股形，與甲己丁小句股之比例等。從辰作辰壬線，成甲辰壬大句股，與甲戊丁小句股爲比例，亦同。術爲以丁己比壬卯，若甲己與甲卯也。次以丁己自乘方爲一率，以丁己乘壬卯之長方爲次率，則其比例，仍若甲己三率與甲卯四率也。乘之者並丁己，故所乘之丁己與壬卯，比例不變也。

以數明之。甲己八十，甲卯一百九十二，爲二倍四分比例。丁己三十五，壬卯八十四，亦二倍四分比例。丁己自乘一千二百二十五，丁己乘壬卯二千九百四十，亦二倍四分比例。故曰比例等。

又移辛點至癸，截丙癸如丙卯。則乙癸亦如乙辰。引丙卯至午，使卯午同乙辰。亦同乙癸。引乙辰至未，使辰未同丙卯，亦同丙癸。則午丙及未乙，並同乙丙。又作丙壬、乙壬、午壬、未壬四線，成午丙壬，及乙未壬，及乙丙壬，各三角形皆相等。丙卯壬句股形與未辰壬等，則丙壬必等未壬。又午卯壬句股形與乙辰壬等，則午壬等乙壬，而午丙壬及乙未壬，兩三角形必等矣。其乙丙壬三角形，既以乙丙與兩三角形同底，又同用丙壬、乙壬兩弦，亦不得不等。于是自癸作癸壬垂線，卯壬辰壬並垂線，故癸壬亦必垂線。成丙癸壬句股形，與丙卯壬形等。即成癸丙卯壬四邊形與丁己丙辛小四邊形爲相似形。卯與癸俱方角，而小形之己與辛亦方角，則大形之丙角與壬角合之亦兩方角也。而小形之丙角，原爲大形丙角之外角，合之亦兩方角也。則小形之丙角與大形之壬角等。而小形之丁角亦與大形之丙角等。是大小兩形之四角俱等，而爲相似形。則丁己丙句股形與丙卯壬形亦相似，而比例等。大小兩四邊形各均，剖其半以成句股，則其相似之比例不變，全與全若半與半也。

一　丁己
二　己丙
三　丙卯，即甲丙之較戊乙
四　卯壬

術爲以丁己比己丙，若丙卯與卯壬也。凡三率法中，二三相乘，一四相乘，其積皆等。則己丙乘丙卯之積，即丁己乘卯壬之積，可通用也。先定以丁己自乘，比丁己乘卯壬，若甲己與甲卯。今以三率之理通之，爲以丁己自乘，比己丙乘丙卯，亦若甲己與甲卯。

一　丁己自乘方，即容員半徑自乘
二　己丙乘丙卯長方，即甲乙之較乘甲丙之數
三　甲己，即乙丙之較
四　甲卯，即半總

復以三率之理轉換用之，則三較連乘之積，以己丙較乘戊乙較爲二率。又以甲己較爲三率乘之，是二三相乘即三較連乘。即容員半徑自乘方，乘半總之積也。以丁己半徑自乘爲首率，以甲卯半總爲四率乘之，是一四相乘也。凡一四相乘，必與二三相乘之積等。

以數明之。丁己，三十五。卯壬，八十四。相乘得二千九百四十。己丙，七十。丙卯，四十二。相乘亦二千九百四十。故可通用。

己丙乘丙卯，二千九百四十。又以甲己八十。乘之得二十三萬五千二百。丁己自乘，一千二百二十五。又以甲卯一百九十二。乘之亦二十三萬五千二百。故可通用。

問：三較之術，可以求角乎？曰：可。其所求角，皆先得半角，即銳鈍通爲一術矣。

術曰：以三邊各減半總得較。各以所求角對邊之較，乘半總爲法。以餘兩較各與半徑全數相乘，又自相乘爲實。法除實得數，平方開之，爲半角切線。撿表得度，倍之爲所求角。

假如甲乙丙三角形，甲丙邊，七十五。甲乙邊，五十六。乙丙邊六十一。與半總九十六。各相減，得甲丙之較，二十一。甲乙之較，四十。乙丙之較。三十五。

今求乙角。術以乙角所對邊甲丙之較二一。乘半總，九六。得數二〇一六。爲法。以餘兩較甲乙較四〇，乙丙較三五。各乘半徑全數，又自相乘，得數一四〇〇〇〇〇〇〇〇〇〇〇〇。爲實。法除實，得數，六九四四四四四四四四。平方開之，得數八三三三三。爲半角切線。撿表，三十九度四十八分一十九秒。倍之得乙角。七十九度三十六分三十八秒。

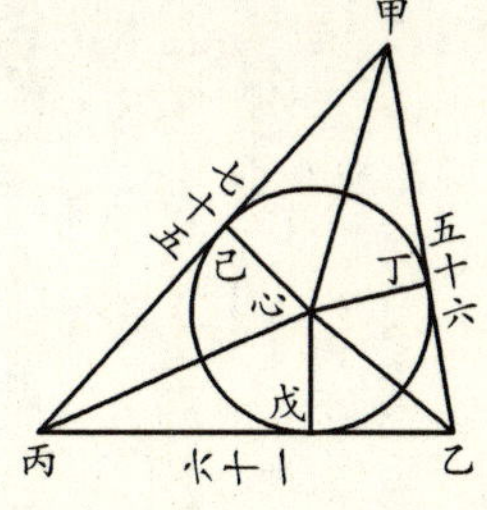

次求丙角。術以丙角所對邊甲乙之較，四〇。乘半總，得數三八四〇。爲法。餘兩較甲丙二一，乙丙三五。各乘半徑全數，又自相乘，得數七三五〇〇〇〇〇〇〇〇〇〇〇

○。爲實。法除實，得數，一九一四○六二五○○。平方開之，得半角切線。四三七五○。撿表，二十三度三十七分五十二秒半。倍之得丙角。四十七度一十五分四十五秒。

次求甲角。術以甲角所對邊乙丙之較，三五。乘半總，得數三三六○。爲法。餘兩較甲丙二一，甲乙四○。各乘半徑全數，又自相乘，得數八四○○○○○○○○○○○。爲實。法除實，得數二五○○○○○○○。平方開之，得半角切線。五○○○。撿表，二十六度三十三分五十三秒。倍之得甲角。五十三度○七分四十六秒。

問：前條用三較連乘，今只用一較爲除法，何也？曰：前條求總積，故三較連乘。今有專求之角，故以對邊之較爲法也。

然則用對邊何也？曰：對邊之較，在所求角之兩旁，爲所分小句股形之句。今求半角切線，故以此小句爲法也。

如求乙半角，則所用者角旁小句股，心戊乙，或心丁乙。其句乙戊，或乙丁。並二十一，即對邊甲丙之較也。術爲以乙戊比心戊，若半徑與乙角小形之角，即半角也。之切線。

其與半總相乘何也？曰：將以半總除之，又以小形句即對邊之較。除之。今以兩除法一半總，一對邊之較，即小形句。相乘，然後除之。變兩次除爲一次除也。古謂之異除同除。

用兩次除亦有説乎？曰：前條三較連乘，必以半總除之，而得容員半徑之方冪。今欲以方冪爲用，故亦以半總除也。

然則又何以對邊之較除？曰：非但以較除也，乃以較之冪除也。何以言之？曰：原法三較連乘爲實，今只以兩較乘，是省一乘也。既省一對邊之較乘，又以對邊之較除之，是以較除兩次也。即如以較自乘之冪除之矣。

餘兩較相乘，先又各乘半徑，何也？曰：此三率之精理也。凡線與線相乘除，所得者線也。冪與冪相乘除，所得者冪也。先既定乙戊句爲首率，心戊股即容員半徑。爲次率，半徑爲三率，乙角切線爲四率。而今無心戊之數，惟三較連乘中，有心戊即容員半徑。自乘之冪。即三較連乘半總除之之數。故變四率並爲冪。以乙戊句冪爲首率，即對邊之較除兩次。心戊股冪爲次率，即半總除連乘數。半徑之冪爲三率，即半徑自乘。得半角切線之冪爲四率。即分形之乙角。故得數開方即爲切線。

又術以三較連乘，半總除之，開方爲中垂線。即容員半徑。以半徑全數乘之爲實，各以所求角對邊之較除之，即得半角切線。

一	乙戊乙角對邊之較。	丙戊丙角對邊之較。	甲己甲角對邊之較。
二	心戊中垂線	心戊中垂線	心己中垂線亦即心戊。
三	半徑全數	半徑全數	半徑全數
四	乙半角切線	丙半角切線	甲半角切線

此即用前圖可解，乃本法也。

論曰：常法三邊求角，倘遇鈍角，必于得角之後，又加審焉，以鈍角與外角同一八線也。今所得者既爲半角，則無此疑，實爲求角之捷法。

補遺

問：以邊求角，句股第二術。因和較乘除而知正角，乃定其爲句股形，何也？曰：古法句弦較乘句弦和，開方得股。今大邊壬丁。與小邊，癸丁。以和較相乘爲實，癸壬邊爲法，除之而仍得癸壬。是適合開方之積也。則大邊小邊之和較，即句弦之和較。而癸爲正角，成句股形矣。凡句股形，弦爲大邊而對正角。今丁壬邊最大，即弦也。故所對之癸角爲正角。

試再以丁壬與壬癸之和較求之。

如法，用丁壬、壬癸相加得和，一百九十六丈。相減得較。一十六丈。較乘和三千一百三十六丈。爲實，丁癸五十六丈。爲法，除之亦得五十六丈。何則股弦較乘和，亦開方得句，故也。

然則句股弦和較之法，又安從生？曰：生于割圜。

試以丁壬弦爲半徑，作戊丁丙己圜。全徑二百一十二，半徑一百○六。乙丁正弦九十，即癸壬股。乙壬餘弦五十六，即癸丁句。丙乙正矢五十，即句弦較。乙庚大矢一百六十二。即句弦和。正矢乘大矢，得數八千一百。開方得正弦。即句弦和乘較，開方得股。

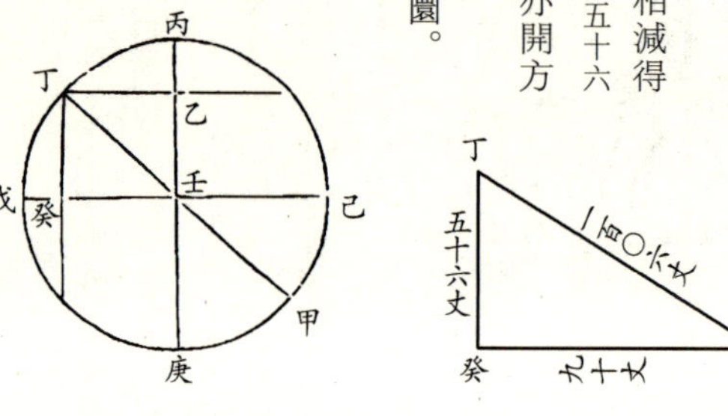

然則此八千一百者，既爲正矢、大矢相乘之積，又爲正弦自乘之積。故以正弦自乘爲實，而

正矢除之，可以得大矢。大矢除之，亦得正矢。即乙丁股自乘爲實，而以句弦較丙乙除之，得乙庚爲句弦和。若以句弦和除之，亦得句弦較。更之，則正矢乘大矢爲實，以正弦除之，仍得正弦矣。即句弦較丙乙乘句弦和乙庚爲實，以乙丁股爲法，除之而仍復得股。

論曰：句股形在平圜內，其半徑恒爲弦，若正弦、餘弦，則爲句爲股，可以互用。故其理亦可互明。以丁壬及丁癸二邊取和較，求壬癸邊爲句弦求股。以丁壬及壬癸二邊取和較，求丁癸邊爲股弦求句。一而已矣。

問：數則合矣，其理云何？曰：仍句股術也。

如上圖，于圜徑兩端，如丙、如庚。各作通弦線，至正弦丁乙。之鋭，如庚乙、丙乙。成丙乙庚大句股形。又因中有正弦，成大小兩句股形乙丁庚爲大形，乙丙丁爲小形。而相似。以乙丁線分正角爲兩，則小形乙角爲大形乙角之餘，而與庚角等，即大形乙角，亦與小形丙角等，故兩形相似。則乙丁正弦，既爲小形之股又爲大形之句。其比例爲丙丁小形句。與乙丁，小形股。若乙丁大形句。與丁庚大形股。也。故正矢丁丙。乘大矢丁庚。與正弦乙丁。自乘等積。丙庚全徑爲正弦所分。其一，丁丙正矢爲小形之句，而乙丁正弦爲其股。其一，丁庚大矢爲大形之股，而乙丁正弦爲其句。

論曰：凡割員算法，專恃句股。古法、西法所同也。故論句股者，必以割圜。而論割圜者，仍以句股。如根株華實之相須，非旁證也。或疑切線分外角，以正弦爲比例，恐不可施于鈍角，作此明之。

甲丙乙鈍角形，有丙角及丙甲、丙乙二邊，求餘角。

法爲丁乙邊總。與癸乙，邊較。若己戊半外角切線。與壬己。半較角切線。

論曰：試作壬丙線與乙甲平行，分外角爲兩。則壬丙丁即乙角，其正弦卯丁。又甲丙壬即甲角，其正弦甲丑。以兩句股丑子甲、卯子丁。相似之故，能令兩正弦丑甲、卯丁。之比例，移於通弦，以成和較，丑甲與卯丁，既若子甲與子丁，則丁甲即兩正弦之和，辰子即兩正弦之較。而半外角、半較角之算以生，半外角爲和，半較角爲較，並與兩正弦之和較同比例，即與兩邊之和較同比例。並如鋭角。

又論曰：此所分大角爲鈍角，故甲丑正弦作於形外。然雖在形外，而引分角線至丑，適與之會，即能成丑子甲句股形與卯子丁相似，而生比例。

又圖，丙乙甲形，先有丙角，求餘角。

法爲邊總丁乙與邊較乙癸，若半外角切線戊己與半較角切線未己。此亦因所分爲鈍角，故卯丁正弦在形外。又大邊爲半徑，故乙癸較亦在形外，而丁乙爲和，餘並同前。

問：平三角形，以一邊爲半徑，得三正弦比例，不識大邊亦可以爲半徑乎？小邊、次邊爲半徑，已具前條，故云。曰：可。

如乙丙丁鈍角形，引乙丁至辰，如乙丙大邊而用爲半徑。以丁爲心，作丑辰亥半弧，從辰作辰午爲丁鈍角正弦。又作丁斗半徑，與乙丙平行，則斗牛爲丙角正弦。又截女丑弧如辰斗，作女丁半徑，則女亢爲乙角正弦。合而觀之，丁角正弦辰午。最大，故對邊乙丙亦大。丙角正弦斗牛。居次，故對邊乙丁亦居次。乙角正弦女亢。最小，故對邊丁丙亦小。

又問：若此，則三邊任用其一，皆可爲半徑而取正弦是已。然此乃同徑異角之比例也。若以三邊爲弦，三正弦爲股，則同角異邊之比例也。兩比例之根不同，何以相通？曰：相通之理，自具圖中。乃正理，非旁證也。

試於前圖，用乙丁次邊爲弦，其股乙癸與斗牛平

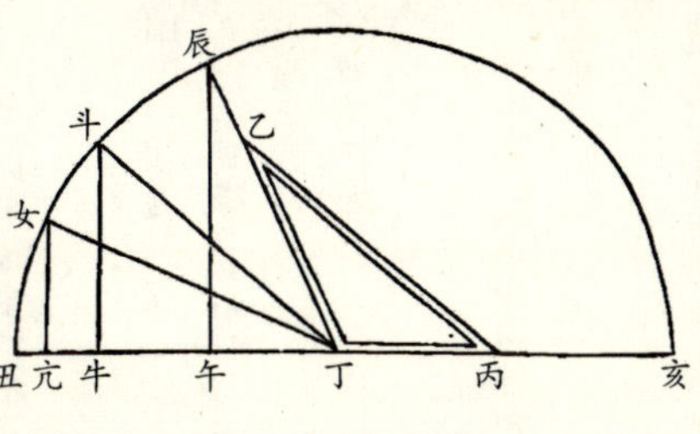

行而等，則丙角正弦也。又截酉丁，如丁丙小邊爲弦，其股酉壬與女亢平行而等，則乙角正弦也。又辰丁大邊爲弦，即乙丙。其股辰午，原爲丁大角正弦也。於是三邊並爲弦，三對角之正弦並爲股，成同角相似之句股形，而比例皆等。可以相求矣。此如先得大邊，乙丙即辰丁。與所對大角，丁。故用辰午丁大句股形爲法，求餘二句股也。乙癸丁、酉壬丁。皆同用丁角而形相似，故法可相求。其實三正弦皆大邊爲半徑所得，故其理相通，未有理不相通而法可相求者，故曰皆正理，非旁證也。

又試於乙丙丁形，或鈍角、或鋭角，同理。以丁丙小邊爲半徑，作房箕壁象弧。以乙爲心。如上法，取三正弦，以尾壁弧爲丁角度，其正弦尾虚。又箕壁弧爲丙角度，其正弦箕危。又戊壁弧爲乙角度，其正弦戊申。成同徑異角之比例。又如法用三邊爲弦，三正弦爲股，乙戊即丁丙小邊，配乙角正弦戊申，原如弦與股。又本形乙丁次邊爲弦，則丁甲爲股與箕危平行而等，丙角正弦也。又引乙丁至子，成子乙即乙丙大邊，以爲弦，則子寅爲股與尾虚平行而等，丁角正弦也。則並爲相似之句股形，而比例等。

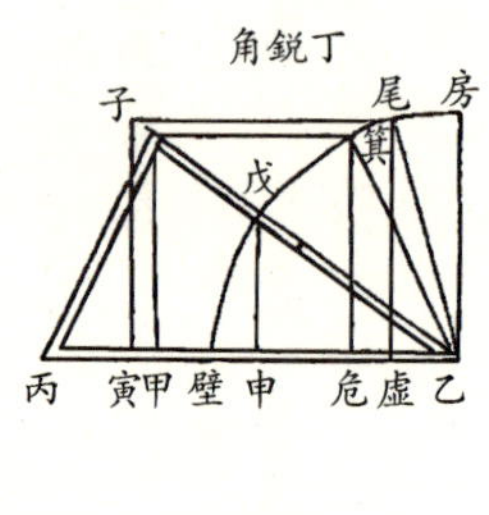

又試以乙丁次邊爲半徑，作象限如前。以丙爲心。取三正弦，張婁爲丁角弧度，張井其正弦。氐婁爲丙角弧度，氐參其正弦。室婁爲乙角弧度，室奎其正弦。成同徑異角之比例。又仍用三邊爲弦，三正弦爲股，引丁丙至翌與大邊乙丙等，成翌丙弦，其股翌胃與張井平行而等，丁角正弦也。又乙丁次邊成(氏)[氐]丙弦，其股氐參原爲丙角正弦，又丁丙小邊爲弦，其股丁柳與(氏)[氐]參平行而等，乙角正弦也。即復成相似之句股形而比例等。

問：員内三角形，以對弧爲角倍度，設有鈍角小邊，何以取之？或問：内原設鈍角，兩邊並大于半徑，故云。曰：法當引小邊，截大邊，作角之通弦。如後圖，乙甲丙鈍角形在平員内。以各角切員，而乙甲邊小于半徑，則引乙甲出員周之外。乃以甲角爲心，平員心丁爲界，作子丁丑弧截引長邊于子，截大邊于丑，則丑甲、子甲並半徑與丁甲等，而丑子爲通弦。又平分對邊，作兩通弦，從員心作丁乙、丁丙兩半徑，截乙戊丙員處爲甲角對邊所乘之弧。而半之于戊，作乙戊、丙戊二線成兩通弦。則此兩通弦自相等，又並與丑子通弦等。夫子丁丑弧，甲角之本度也。丙戊弧、乙戊弧，皆對弧之半度也，而今乃相等，通弦等者，弧度亦等。是甲角之度，適得對弧乙戊丙之半。而乙戊丙對弧爲甲角之倍度矣。

清·安清翹《矩線原本》卷二《測量篇上》 凡三角形，其三邊之比例，同於三角正弦之比例，爲比例四隅。三正弦與三邊爲同式兩三角形。

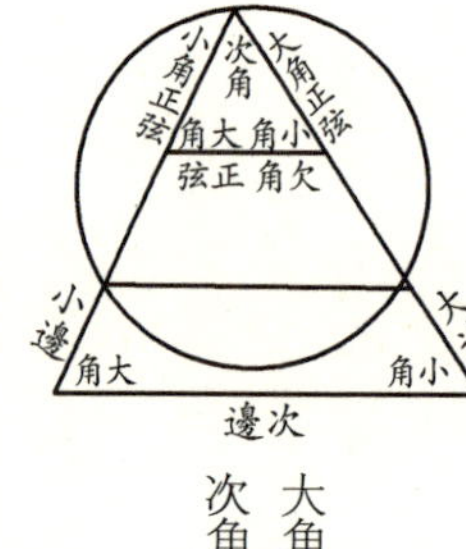

大角正弦／大邊　次角正弦／次邊

大角正弦／大邊　小角正弦／小邊

次角正弦／次邊　小角正弦／小邊

清·張作楠《弧角設如》卷中

附平三角切線分外角圖説 如圖，甲乙丙平三角形，有甲乙邊、乙丙邊，有乙角，求餘角。

試引甲乙至戊，以乙爲心，乙丙爲半徑，作戊丙丁半圓，截乙戊線於戊，截甲乙邊於丁，則甲戊爲

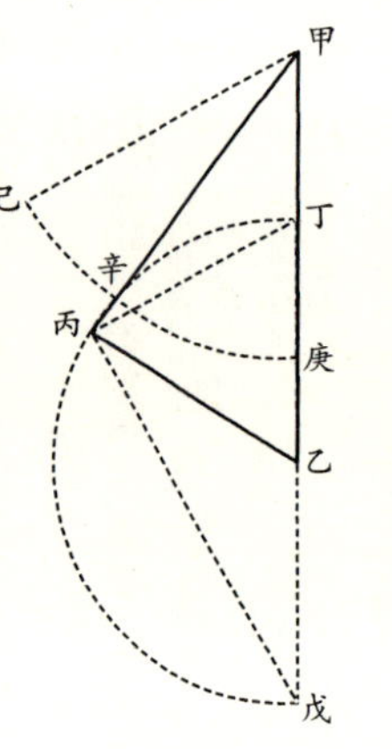

兩邊和，甲丁爲兩邊較。又自丙至丁，作丙丁線，成丁乙丙兩邊相等之三角形，則丁角與丙角等，而爲半外角。又與丁丙平行，作甲己線。又自戊過丙至己，作戊己線，成戊丁丙及戊甲己大小同式兩句股形。大形甲角與小形丁角等，則甲角亦即半外角，而己甲丙角即半較角。又以甲爲心，己爲界，作己庚弧，爲半外角度，則己戊爲其切線。己辛爲半較角度，則己丙爲其切線。檢表得己甲丙角度。即得甲丙丁角度。說見梅氏《赤水遺珍》。

清·吳嘉善《平三角邊角互求術》

第一術之一求邊。

對所知邊之角，取其正弦爲一率，對所知角之邊爲二率，對所求邊之角取其正弦爲三率，得四率爲所求之邊。比例式如下。

一率　對所知邊之角正弦
二率　對所知角之邊
三率　對所求邊之角正弦
四率　所求之邊

第一術之二求角。

對所知角之邊爲一率，對所知邊之角取其正弦爲二率，對所求角之邊爲三率，得四率爲所求角之正弦。檢表得所求角度。比例式如下。

一率　對所知角之邊
二率　對所知邊之角正弦
三率　對所求角之邊
四率　所求角之正弦

第二術求兩角。

兩邊相加爲總，相減爲較。以所夾角度，減半周，得數半之爲半外角。乃以總爲一率，較爲二率，以半外角取其正切爲三率，得四率爲半較角之正切。檢表得角度，以加半外角爲對大邊之角，以減半外角爲對小邊之角。比例式如下。

一率　總
二率　較
三率　半外角之正切
四率　半較角之正切

既得大邊、小邊之兩角，再用第一術，以求對邊，法較易也。

附術求對邊。

法以兩邊各自乘，得數相加於上。又以兩邊相乘，得數倍之，再以所夾角餘弦乘之，半徑除之，消上位，所夾角鋭者，用減。所夾角鈍者，用加。爲正平方實，平方開之，得對夾角之邊。

第三術求角。

以夾所欲求角之兩邊相乘，倍之爲一率。兩邊各自乘，得數相加於上，又以對所求角之邊自乘，得數與上位相減爲二率。半徑爲三率。求得四率爲所求角之餘弦。檢表爲所求角度也。

補例

假如有甲乙丙直角三角形，甲角三十度，丙角六十度，乙直角九十度，甲丙邊三十丈，乙丙邊十五丈，甲乙邊二十五丈九尺八寸。三邊三角，隨舉三數以問其餘。

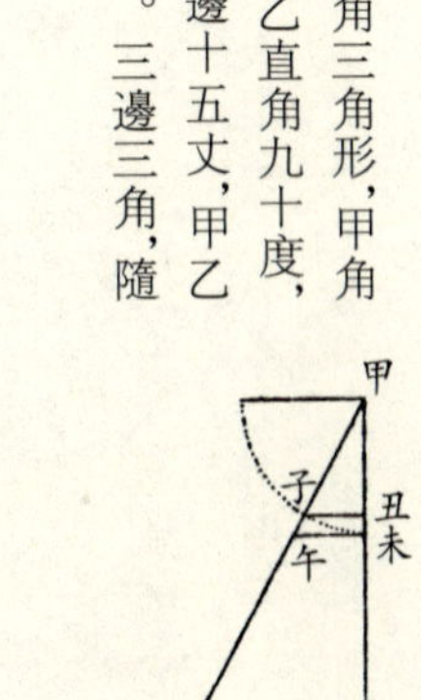

甲　丑　未　子　午　〔申〕　寅　辰　丙　巳　酉　卯　乙

第一術之一求邊。

設如知有乙角九十度，丙角六十度，乙丙邊十五丈，求甲乙邊若干。

答曰：二十五丈九尺八寸有奇。

法以丙角六十度，減象限九十度，餘三十度爲甲角。乃以甲角爲對所知邊之角，取其正弦如子丑。五萬爲一率。乙丙邊爲所知之邊，其數十五丈爲二率。丙角爲對所求邊之角，其正弦如辰巳。八萬六千六百〇二爲三率。求得四率二十五丈九尺八寸有奇，即甲乙爲所求邊也。

準上問，求甲丙邊若干。

答曰：三十丈。

法亦以甲角爲對所知邊之角，其正弦五萬爲一率。乙丙邊爲所知之邊，其數十五丈爲二率。以乙角爲對所求邊之角，其正弦即半徑，如寅乙與卯乙。十萬爲三率。求得四率三十丈，即甲丙爲所求邊也。

設如知有甲角三十度，丙角六十度，甲丙邊三十丈，求甲乙邊若干。

答曰：二十五丈九尺八寸有奇。

法以乙角爲對所知邊之角，其正弦十萬爲一率。所知之甲丙邊三十丈爲二率。丙角爲對所求邊之角，其正弦八萬六千六百〇二爲三率。求得四率二十五丈九尺八寸有奇，即甲乙爲所求邊也。

準上問，求乙丙邊若干。

答曰：一十五丈。

法亦以乙角爲對所知邊之角，其正弦十萬爲一率。所知甲丙邊三十丈爲二率。對所求之甲角正弦五萬爲三率。求得四率十五丈，即乙丙邊爲所求也。

第一術之二求角。

假如有甲乙丙直角三角形，如前圖。祇知乙角爲直角，乙丙邊十五丈，甲丙邊三十丈，求甲角度若干。

答曰：三十度。

法以對所知角之甲丙邊三十丈爲一率，對所知邊之乙角正弦即半徑。十萬爲二率，對所求角之乙丙邊十五丈爲三率，求得四率五萬爲甲角正弦。檢表，得三十度爲所求角度也。

假如知有甲角三十度，乙丙邊十五丈，甲乙邊二十五丈九尺八寸〇六釐，求丙角度若干。

答曰：六十度。

法以對所知角之乙丙邊十五丈爲一率，對所知邊之甲角正弦五萬爲二率，對所求角之甲乙邊二十五丈九尺八寸〇六釐爲三率，求得四率八萬六千六百〇二爲丙角正弦。檢表，得六十度爲所求丙角度也。

假如知有甲角三十度，乙丙邊十五丈，甲丙邊三十丈，(問)求乙角度若干。

答曰：九十度。

法以對所知角之乙丙邊十五丈爲一率，對所知邊之甲角正弦五萬爲二率，對所求角之甲丙邊三十丈爲三率，求得四率十萬爲乙角正弦。即半徑。檢表，得九十度爲乙角直角度也。

若祇知乙角九十度，甲乙邊二十五丈九尺八寸，乙丙邊十五丈，求餘角各若干。

答曰：甲角三十度，丙角六十度。

此題角無所對之邊，邊無所對之角，惟有直角，故可以同式句股爲比例，如下法。

法以原有股即甲乙邊。二十五丈九尺八寸爲一率，原有句即乙丙邊。十五丈爲二率，今有股即甲未半徑。十萬爲三率，求得四率五萬七千七百三十五爲今有句，即甲角正切。如前圖午未。檢表，得三十度爲甲角度也。以減象限九十度，餘六十度，即丙角度也。如欲先求丙角，則以乙丙邊十五丈爲一率，甲乙邊二十五丈九尺八寸爲二率，丙酉半徑十萬爲三率，求得四率一十七萬三千二百〇五爲丙角正切。如前圖(甲)[申]酉。檢表，得六十度爲丙角度也。以減象限九十度，餘三十度，即甲角度也。

假如有甲乙丙鋭角三角形，知甲角六十度，甲乙邊四十丈，乙丙邊三十五丈一尺七寸五分，求丙角、乙角各若干。

答曰：丙角八十度，乙角四十度。

如圖，甲角六十度，乙角四十度，丙角八十度，甲乙邊四十丈，乙丙邊三十五丈一尺七寸五分，甲丙邊二十六丈〇九寸六分有奇。

法以對所知角之乙丙邊三十五丈一尺七寸五分爲一率，所知之甲角正弦如子丑。八萬六千六百〇二爲二率，對所求角之甲乙邊四十丈爲三率，求得四率九萬八千四百八十一爲丙角正弦。如寅卯。檢表得八十度，即丙角度也。既得丙角，乃并甲角得一百四十度。以減半周一百八十度，餘四十度，即乙角度也。

如欲求甲丙邊，則以甲角爲對所知邊之角，其正弦八萬六千六百〇二爲一率。所知之乙丙邊三十五丈一尺七寸五分爲二率。對所求邊之乙角，其正弦如辰巳。六萬四千二百七十八爲三率。求得四率二十六丈〇九寸六分有奇爲甲丙邊也。

假如有甲乙丙鈍角三角形，知乙角一百一十九度三十四分，甲乙邊五十四丈，甲丙邊七十九丈零二寸四分，求餘角各若干。

答曰：甲角二十三度五十八分，丙角三十六度二十八分。

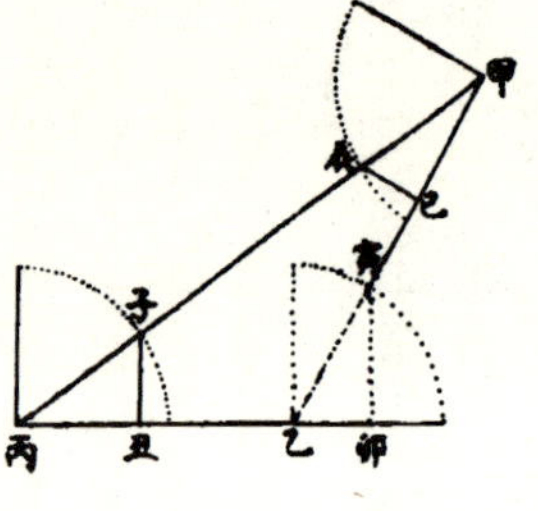

如圖，甲角二十三度五十八分，乙角一百一十九度三十四分，丙角三十六度二十八分，甲丙邊七十九丈〇二寸四分，甲乙邊五十四丈，乙丙邊三十

六丈九尺〇五分八釐有奇。

法以對所知角之甲丙邊七十九丈〇二寸四分爲一率，所知之乙角外角正弦如寅卯。八萬六千九百九十二爲二率，對所求角之乙丙邊五十四丈爲三率，求得四率五萬九千四百三十五爲丙角正弦。如子丑。檢表得三十六度二十八分，即丙角度也。既得丙角，乃并乙角得一百五十六度〇二分。以減半周一百八十度，餘二十三度五十八分，即甲角度也。

如欲求乙丙邊，則以乙角爲對所知邊之角，其正弦即外角正弦。八萬六千九百九十二爲一率。所知之甲丙邊七十九丈〇二寸四分爲二率。對所求邊之甲角，其正弦如辰巳。四萬〇六百二十〇五爲三率。求得四率三十六丈九尺〇五分八釐有奇，爲乙丙邊也。

第二術求兩角。

假如有甲乙丙鋭角三角形，知甲角六十度，甲乙邊四十丈，甲丙邊二十六丈〇九寸六分，求餘角各若干。

答曰：乙角四十度，丙角八十度。

此題既無直角，又角無所對之邊，邊無所對之角，故必用兩邊之和較與外角半弧之正切爲比例，而得所知角之外角半弧較。以加減所知角之半外角，而得大小兩角也。

法以甲乙邊四十丈與甲丙邊二十六丈〇九寸六分相加，得六十六丈〇九寸六分爲兩邊和，爲一率。又以甲乙邊四十丈與甲丙邊二十六丈〇九寸六分相減，餘一十三丈九尺〇四分爲兩邊較，爲二率。以甲角六十度與半周一百八十度相減，餘一百二十度，折半，得六十度爲半外角，其正切一十七萬三千二百〇五，爲三率。求得四率三萬六千三百九十七，爲半較角正切。檢表得二十度，即半較角度。與半外角六十度相減，餘四十度，即乙角度也。如以半較角與半外角相加，得八十度，即丙角度也。

既得乙、丙兩角度，即以丙角爲對所知邊之角，其正弦九萬八千四百八十一爲一率。甲乙邊爲對所知角之邊四十丈爲二率。以甲角爲對所求邊之角，其正弦八萬六千六百〇二爲三率。求得四率三十五丈一尺七寸五分有奇，即乙丙爲所求邊也。

又法以甲乙邊四十丈自乘，得一千六百丈。又以甲丙邊二十六丈〇九寸六分自乘，得六百八十一丈〇〇一分二釐。兩自乘相加，得二千二百八十一丈〇〇一分二釐，寄上位。又以甲乙邊四十丈與甲丙邊二十六丈〇九寸六分相乘，得一千〇四十三丈八尺四寸，倍之，得二千〇八十七丈六尺八寸。再以所夾角六十度餘弦五萬乘之，半徑除之，得一千〇四十三丈八尺四寸。以減上位，餘一千二百三十七丈一尺六寸一分二釐爲正平方實，平方開之，得三十五丈一尺七寸五分有奇爲乙丙邊也。

假如有甲乙丙鈍角三角形，知甲角一百一十九度三十四分，甲乙邊五十四丈，甲丙邊三十六丈九尺〇五分八釐有奇，求餘角各若干。

答曰：甲角二十三度五十八分，丙角三十六度二十八分。

此題亦兩邊夾一角，而角在兩邊之中，角無所對之邊，邊無所對之角，與前法俱同。特鈍鋭加減異耳。

法以甲乙邊五十四丈與乙丙邊三十六丈九尺相加，得九十丈〇九尺爲兩邊和，爲一率。又以甲乙邊與乙丙邊相減，餘一十七丈一尺爲兩邊較，爲二率。以乙角一百一十九度三十四分與半周一百八十度相減，餘六十度二十六分爲外角，折半，得三十度一十三分爲半外角，其正切五萬八千二百四十爲三率。求得四率一萬〇九百五十六爲半較角之正切。檢表，得六度一十五分爲半較角，與半外角三十度一十三分相減，餘二十三度五十八分，即甲角度。如以半較角六度一十五分與半外角三十度一十三分相加，得三十六度二十八分，即丙角度也。

既得甲、丙兩角之度，求甲丙邊，則以丙角爲對所知邊之角，其正弦五萬九千四百三十五爲一率。甲乙邊爲對所知角之邊五十四丈爲二率。乙外角爲對所求邊之角，乙角爲鈍角，故用外角。其正弦八萬六千九百七十八爲三率。求得四率七十九丈〇二寸四分有奇，爲甲丙邊也。

又法以甲乙邊五十四丈自乘，得二千九百一十六丈。又以乙丙邊三十六丈九尺自乘，得一千三百六十一丈六尺。兩自乘數相加，得四千二百七十七丈六尺，寄上位。又以甲乙邊五十四丈與乙丙邊三十六丈九尺相乘，得一千九百九十二丈六尺，倍之，得三千九百八十五丈二尺。以乙外角六十度二十六分餘弦四萬九千三百四十三乘之，半徑除之，得一千九百六十六丈四尺一寸七分，以加上位，得六千二百四十四丈〇一寸七分爲正平方實，平方開之，得七十九丈〇二寸四分有奇，爲甲丙邊也。

第三術求三角。

假如有甲乙丙鋭角三角形，知甲乙邊一百二十二尺，甲丙邊一百一十二尺，乙丙邊一百五十尺，求甲、乙、丙三角各若干。

答曰：甲角七十九度三十六分，乙角四十七度一十六分，丙角五十三度〇八分。

如求丙角。法以甲丙邊一百一十二尺與乙丙邊一百五十尺相乘，得一萬六千八百尺，倍之，得三萬三千六百尺爲一率。以甲丙邊一百一十二尺自乘得一萬二千五百四十四尺，乙丙邊一百五十尺自乘得二萬二千五百尺，兩自乘數相加，得三萬五千〇四十四尺，寄上位。又以甲乙邊一百二十二尺自乘得一萬四千八百八十四尺，與上位相減，餘二萬〇一百六十尺爲二率。半徑十萬爲三率。求得四率六萬爲丙分角之正弦，即丙角之餘弦。檢表，得五十三度〇八分即丙角度也。

如求乙角，則以甲乙邊與乙丙邊相乘，得數倍之爲一率。以甲乙邊自乘，乙丙邊自乘，兩自乘數相加，內減去甲丙邊自乘之數，餘爲二率。半徑爲三率。求得四率六萬七千八百六十八爲乙分角正弦，即乙角之餘弦。檢表，得四十七度一十六分即乙角度也。

或既得丙角，用兩邊一角比例之術，如前第一術之二比例式。即得甲乙二角矣。

清・李善蘭《天算或問》 或問曰：平三角三邊求角，以夾角之二邊相乘，倍之，爲一率。二冪相加，以對角之邊冪減之，爲二率。半徑爲三率，得四率，爲本角之餘弦。何也？

答曰：此大小句股比例也。以夾角之小邊爲弦，正交大邊之中垂線爲句，截大邊一分爲股。此形與半徑正餘弦所成句股形同式。一率乃弦乘倍大邊，二率乃股乘倍大邊，三率八線弦，四率八線股也。或以夾角之大邊爲弦，正交小邊引長線之垂線爲句，小邊加引長線爲股。則一率乃弦乘倍小邊，二率乃股乘倍小邊，三率八線弦，四率八線股也。

如甲乙丙三角，已知三邊，求甲角。作丙子線正交甲乙邊，成甲丙子句股形。甲丙爲弦，甲子爲股。甲丙乘甲乙，乃弦帶大邊母也。倍之，是帶倍大邊爲母也。乙丙冪內有乙子、子丙二冪，甲丙冪內有甲子、子丙二冪，甲乙冪內有甲子、子乙二冪，又有兩個甲子、子乙相乘方。甲乙、甲丙二冪內減去乙丙冪，乃減去乙子、子丙二冪也。所餘乃二甲子冪、二甲子、子乙相乘方也。乃股帶倍大邊母也。弦與股所帶母同，故

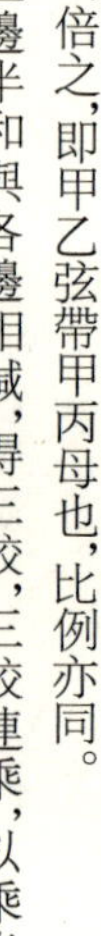

其比例不變，仍若半徑與甲角正弦也。若作乙丑線，成甲丑乙句股形，用甲乙弦、甲丑股，則所帶母爲倍小邊。乙丙冪內爲乙丑、丑丙二冪，甲乙冪內爲一乙丑冪、一丑丙冪、一甲(內)[丙]冪、二丑丙丙甲相乘(距)[矩]。長方爲矩。甲乙、甲丙二冪內減去乙丙冪，即減去乙丑、丑丙二冪，所餘爲二甲丙冪、二甲丙丙丑矩，即丑甲股帶倍甲丙母也。甲乙、甲丙相乘，倍之，即甲乙弦帶甲丙母也，比例亦同。

或問曰：平三角求積，以三邊半和與各邊相減，得三較，三較連乘，以乘半和，開平方得積。何也？

答曰：三角容圜，自圜心作三邊之垂線，截三邊爲六分，夾角二分，兩兩相等，即三較也。三邊半和爲一率，任取一較爲二率，餘二較相乘爲三率，則垂線冪爲四率。又垂線乘半和即三角積，二三率相乘，乃半和乘垂線冪也。以一率除之，得垂線冪。今不除更乘之，是半和冪乘垂線冪，即半和垂線相乘積，自乘亦即三角積自乘也，故開平方得三角積。

清・張毓瑗《平三角和較術圖解》卷上 有一角，有對角邊，有夾角兩邊較，求餘兩角。

法以對角邊爲一率，兩邊較爲二率，半角餘弦爲三率，求得四率，即半較角正弦。乃以半較角與半角餘度相加減，得兩角。

若先求邊，則以半徑爲一率，半角餘切爲二率，兩邊較爲三率，求得四率爲句。半徑爲一率，半角餘割爲二率，對邊爲三率，求得四率爲弦。用句弦求股法，求得股，即兩邊和。乃與兩邊較相加減，各折半，得兩邊。

有一角，有對角邊，有夾角兩邊和，求餘兩角。

法以對角邊爲一率，兩邊和爲二率，半角正弦爲三率，求得四率，即半較角餘弦。乃以半較角與半角餘度相加減，得兩角。

若先求邊，則以半徑爲一率，半角正切爲二率，兩邊和爲三率，求得四率爲股。半徑爲一率，半角正割爲二率，對邊爲三率，求得四率爲弦。用股弦求句法，求得句，即兩邊較。乃與兩邊和相加減，各折半，得兩邊。

解曰：如圖，甲乙丙形，乙丙爲對角邊，作乙丁及乙戊，令甲丁及甲戊皆等於甲乙，則丙丁爲兩邊

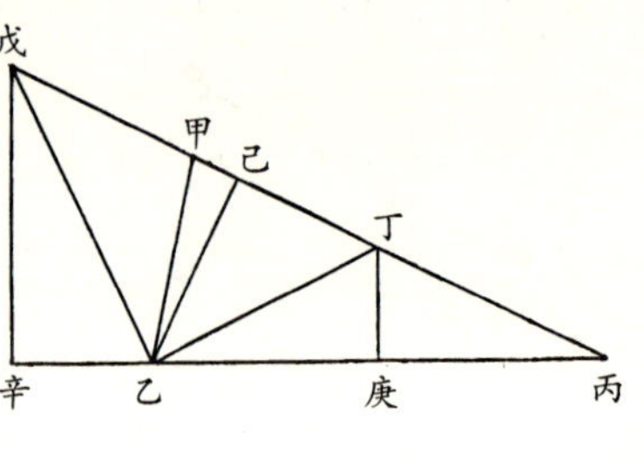

較，丙戊爲兩邊和。作丁庚及戊辛，均正交丙辛。作乙己正交丙戊，則乙丙比丙丁，若乙己比丁庚。以乙己爲丁乙己半角餘弦，則丁庚爲丁乙庚半較角正弦。又乙丙比丙戊，若乙己比戊辛。以乙己爲乙戊己半角正弦，則戊辛爲乙戊辛半較角餘弦。

又解曰：若先求邊，則如第二圖。甲乙丙形，乙丙爲對角邊，作乙丁及乙戊，令甲丁及甲戊皆等於甲乙，則丙丁爲兩邊較，丙戊爲兩邊和。作庚己正交甲丙，而與乙丁及戊乙之引長綫相遇於庚。於己又作戊庚及丁己，惟戊丙庚及戊乙庚兩句股形，同用一戊庚弦。故以其中點爲心，兩端爲界，作一圓，必過戊庚丙乙四點。可知丙戊庚角必等於丙乙庚角。而丁戊庚形與丁乙丙形爲同式，又丁戊乙與丁庚丙兩形原爲同式，故得乙丁比戊乙，若丙丁比庚丙。又乙丁比丁戊，若乙丙比戊庚。若以乙丁爲半徑，則戊乙爲半角餘切，丁戊爲半角餘割。迺依戊丙庚句股形，求得丙戊股，即兩邊和。依同理顯，己丙丁及己乙丁兩句股形，同用一丁己弦，故以其中點爲心，兩端爲界，作一圓，必過丁丙己乙四點。可知乙丙丁角必等於乙己丁角。而戊丙乙形與戊己丁形爲同式，又丁戊乙與己戊丙兩形原爲同式，故得戊乙比乙丁，若丙戊比丙己。又戊乙比丁戊，若乙丙比丁己。若以戊乙爲半徑，則乙丁爲半角正切，丁戊爲半角正割。迺依己丙丁句股形，求得丙丁句，即兩邊較。

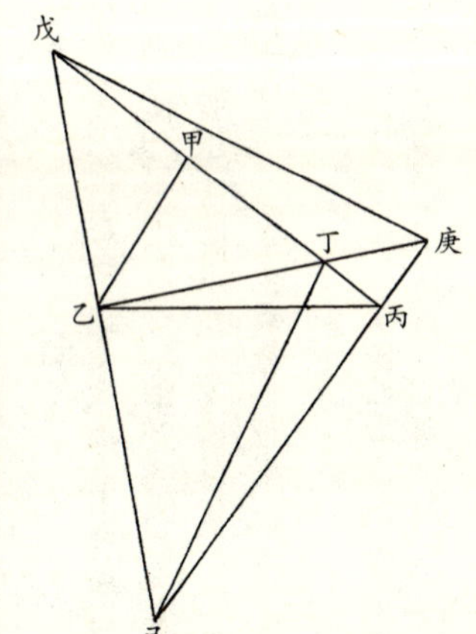

有一角，有角旁邊，有對邊與餘邊較，求旁一角。

法以兩邊較與角旁邊相加爲一率，相減爲二率，半角正切爲三率。求得四率，即對餘邊之半角正切。此對邊大於餘邊也。若對邊小於餘邊，則三四率用餘切。

若先求邊，則以角餘弦乘角旁邊，半徑除之，與兩邊較相加爲一率。角餘弦乘兩邊較，半徑除之，與角旁邊相加爲二率。角旁邊爲三率。求得四率，即兩邊和。乃與兩邊較相加減，各折半得兩邊。此對邊大於餘邊也。若對邊小於餘邊，則一二率相加易爲相減。

解曰：如圖，甲乙丙形，甲爲所知角，甲乙爲角旁邊，作三分角綫暨三垂綫，則乙庚爲兩邊較與角旁邊相加之半，甲己爲相減之半。取庚辛等於甲己，作辛壬與乙丁平行，則乙庚比庚辛，若丁庚比壬庚。以丁庚爲丁辛庚角正切，即半甲角正切。則壬庚即爲半乙角正切。

若命乙爲所知角，甲乙爲角旁邊，則乙庚比庚辛，即若乙丁庚角正切即半乙角餘切。比辛丁庚角正切。即半甲角餘切。

又解曰：若先求邊，則如第二圖，甲乙丙形，甲爲所知角，甲乙爲角旁邊。令丙丁及丙戊皆等於丙乙，則甲丁爲所知兩邊較，甲戊爲所求兩邊和。作丁壬及丙己，均正交乙庚。作乙壬正交甲丙，則丙甲己及丁甲庚及丁壬辛及乙壬庚及乙甲辛五形均爲同式。又戊乙丁原設爲直角，故戊乙甲與丁壬均爲丁乙庚之餘角。此兩角必相等，而戊乙甲形與乙丁壬形必爲同式。若以甲丙爲半徑，則甲己爲角餘弦，所以甲丙比甲己，若甲乙比甲辛，加甲丁得辛丁。又甲丙比甲己，若甲丁比甲庚，加甲乙得乙庚。而辛丁比乙庚，若丁壬比乙壬，即若甲乙比甲戊，迺得甲戊爲兩邊和。

若所知甲角爲鈍，則如第三圖，解之説同第二圖，惟一二兩率相加易爲相減，但角既爲鈍，則餘弦爲負，故相減仍

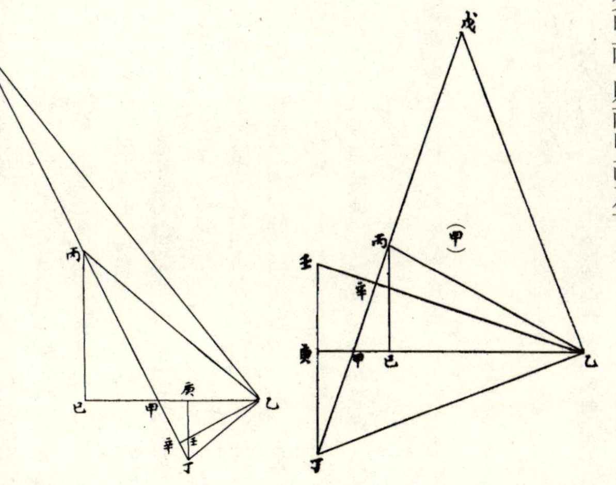

同於相加。

若對邊小於餘邊，則如第四圖，解之說仍同第二圖，惟一二兩率相加易爲相減。又戊乙甲與乙丁壬均爲乙丁庚之外角。

有一角，有角旁邊，有對邊與餘邊和，求旁一角。

法以兩邊和與角旁邊相加爲一率，相減爲二率，半角餘切爲三率，求得四率，爲對餘邊之半角正切。

若先求邊，則以角餘弦乘角旁邊，半徑除之，與兩邊和相減爲一率。角餘弦乘兩邊和，半徑除之，與角旁邊相減爲二率。角旁邊爲三率。求得四率，即兩邊較。乃與兩邊和相加減，各折半得兩邊。

解曰：如圖，甲乙丙形，甲爲所知角，甲乙爲角旁邊。作三分角綫暨三垂綫，則丙戊爲兩邊和與角旁邊相減之半。又作形外容圓暨辛壬、辛子、辛丑三垂徑，則丙壬爲兩邊和與角旁邊相加之半。惟丙壬比丙戊，若辛壬比丁戊，而甲壬等於乙戊。故以辛壬爲半甲角餘切，則丁戊即爲半乙角正切。

又解曰：若先求邊，則如第二圖甲乙丙形，甲爲所知角，甲乙爲角旁邊。令丙丁及丙戊皆等於丙乙，則甲丁爲所知兩邊和，甲戊爲所求兩邊較。作丁壬及丙己均正交甲庚，作乙辛正交甲丁，而引長至壬。則丙甲己、丁甲庚、丁壬辛、乙壬庚、乙甲辛五形均爲同式。又戊乙丁原設爲直角，故戊乙甲與乙丁壬均爲丁乙庚之餘角，此兩角必相等，而戊乙甲形與乙丁壬形必爲同式。若以甲丙爲半徑，則甲己爲角餘弦，所以甲丙比甲己，若甲乙比甲辛，以減甲丁得辛丁。又甲丙比甲己，若甲丁比甲庚，內減甲乙得乙庚。而辛丁比乙庚，若丁壬比乙壬，即若甲乙比甲戊，迺得甲戊爲兩邊較。

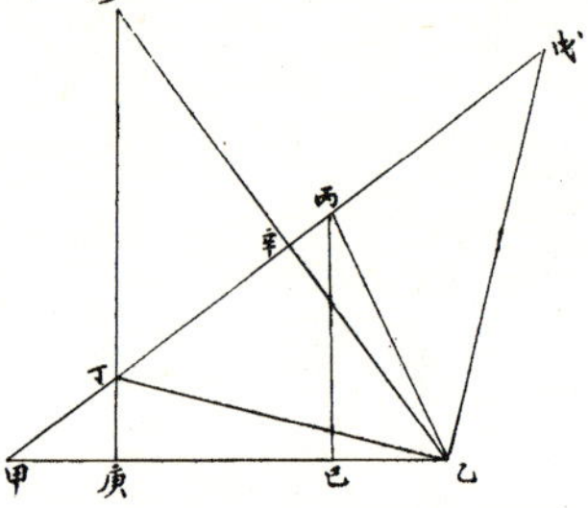

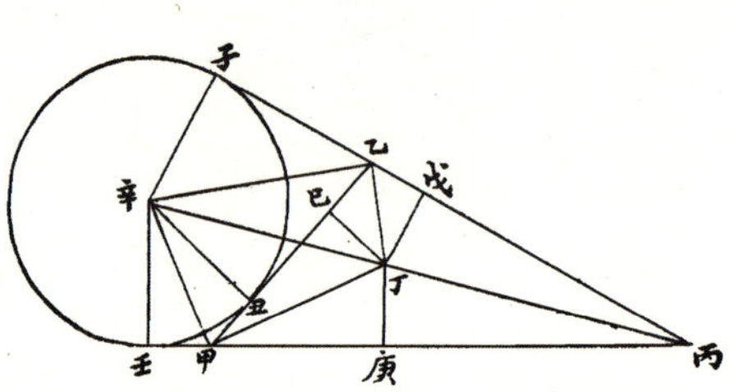

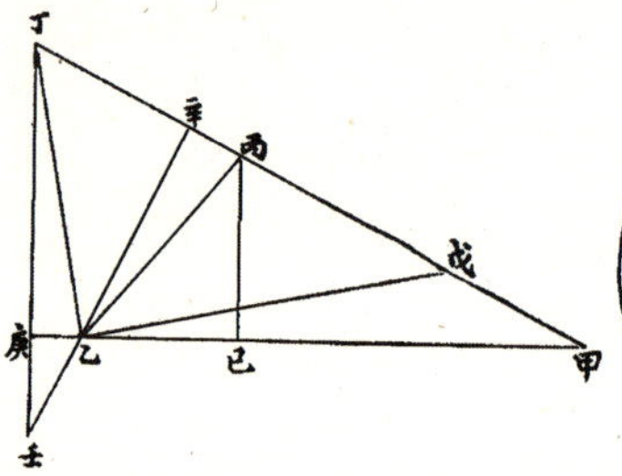

若所知甲角爲鈍，則如第三圖，解之說同第二圖。惟一二兩率相減，易爲相加，但角既爲鈍，則餘弦爲負，故相加，仍同於相減。

有一角，有對邊與餘兩邊之兩較，求兩角。

法以兩較邊相加爲一率，相減爲二率。此知角爲小角，或大角也。若爲中角，則一二率互易。半角餘切爲三率。求得四率爲借角正切。又以半徑爲一率，半角正弦倍之爲二率，借角正弦爲三率。求得四率爲加減度正弦。與借角相減得半較角。乃以半較角與半角餘度相加減得兩角。

解曰：如圖，甲乙丙形，甲爲小角，乙丙爲對邊。令丁丙及戊乙皆等於乙丙，作丁戊，則甲丁及甲戊爲兩較。又令甲庚等於甲丁，作丁庚。令甲己等於甲戊，作己戊。則己丁爲兩較和，戊庚爲兩較較。其己戊引長至辛，必正交丁庚。乃與甲丁平行，作戊子，又作辛壬及子丑，均正交甲庚。又與乙丙平行，作丁寅及子卯，又作戊辰，正交丁寅，引長綫於辰，則得戊辰寅與子丑卯兩形爲同式。又與甲庚平行，作子午，遇丁寅於未。又作戊丙聯綫，必過未點。設謂戊丙另交子午於(味)[未]，則甲丙比甲戊，若午丙比午(味)[未]。惟甲丙比午丁，若甲乙比午未。而午丁等於甲戊，甲乙等於午丙，可知午未必等於午味。而未、味必合爲一點。惟戊寅比寅未，若戊乙比乙丙。可知戊寅必等於寅未，即等於子卯，所以戊辰必等於子丑。惟己丁比戊庚，若己辛比戊辛。如以己辛爲半角餘切，則戊辛爲戊丁辛借角正切。又半徑比半角倍正弦，若戊辛比倍辛壬，即子丑。亦若戊辛比戊辰。如以戊辛爲戊丁辛借角正弦，則戊辰即爲戊丁辰加減度之正弦。與戊丁辛借角相減得，辰丁辛爲半較角。

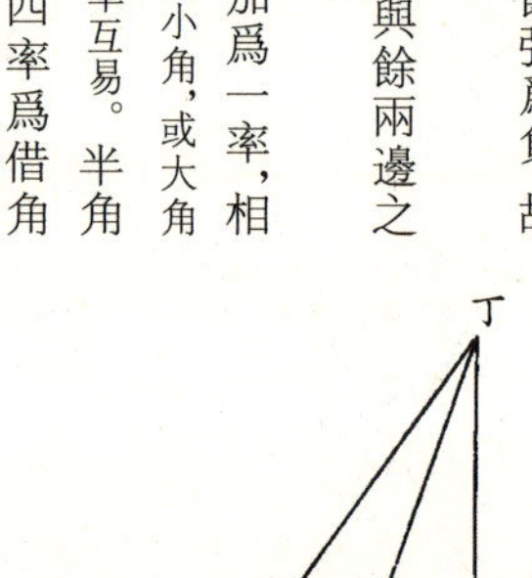

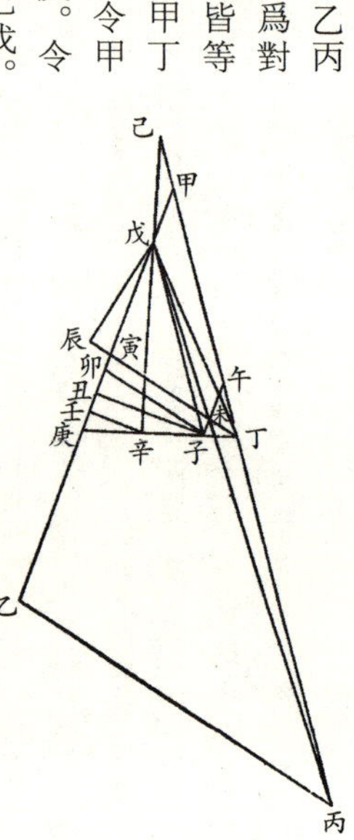

若甲爲大角，則如第二圖，解之説同第一圖。

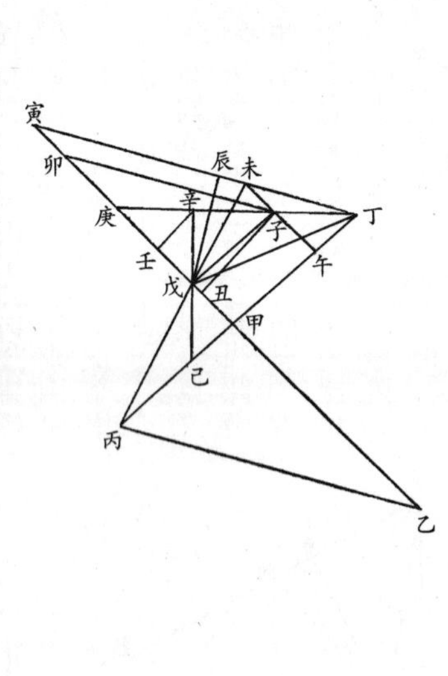

若甲爲中角，則如第三圖，解之説仍同第一圖。惟易己丁爲兩較較，戊庚爲兩較和，又戊辰爲戊丁寅加減度之正弦。

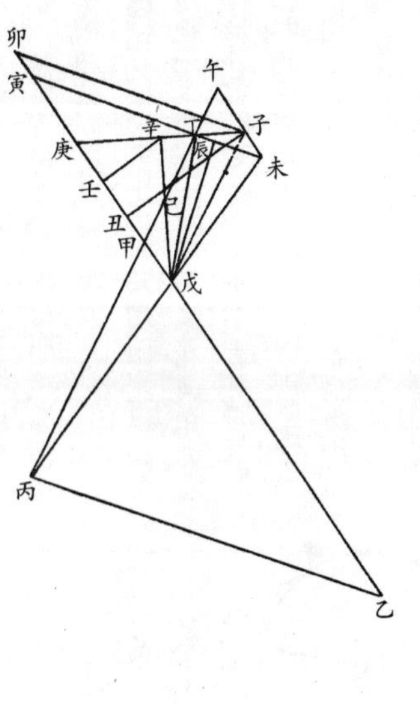

若甲爲中角，而對邊與大邊之較大於對邊與小邊之較，則如第四圖，解之説同第三圖。

附解曰：如附一圖，甲乙丙形，甲爲小角，依前理，作丁戊、丁庚、己戊諸綫，併引長己戊正交丁庚，則己丁兩較和比戊庚兩較較，必若己辛比戊辛，即若半角餘切比戊丁辛借角正切。又與丁庚平行作乙壬，與甲丙平行作戊子，則戊子等於戊乙，即等於丁丙，故子丙必與丁戊平行，而壬子丙必等於戊丁辛。凖乙子丙角形，知乙丙比乙子，若乙子丙角正弦比乙丙子角正弦。惟乙丙比乙子，若戊乙比乙子，即若半徑比半角倍正弦，所以半徑比半角倍正弦，必若壬子丙借角正弦比乙丙子加減度之正弦。與壬子丙借角相減，得子乙丙半較角。

按：此圖爲海陵費氏所述，其説則由瑗增損，圖中用對邊對角比例作綫頗簡，以下七題，悉凖此圖引伸其義，附解於各題之末。

若甲爲大角，則如附二圖，解之説同附一圖。惟加減度爲丑丙子。

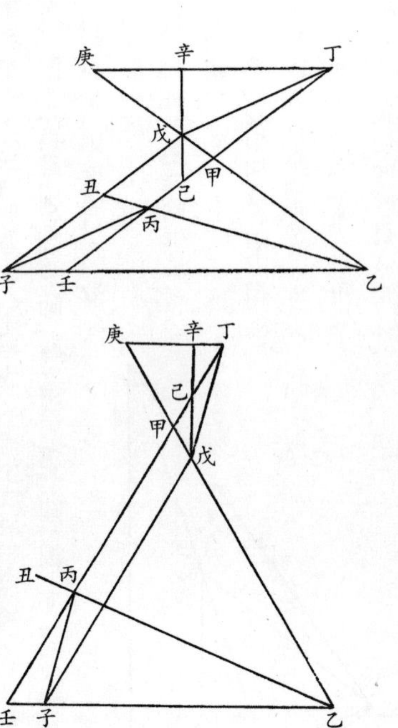

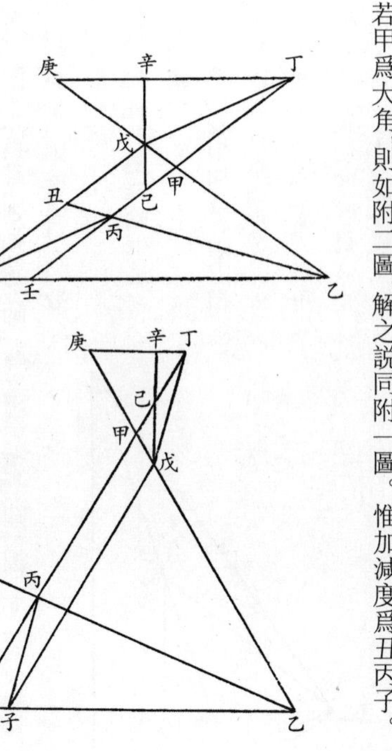

若甲爲中角，則如附三圖，解之說仍同附一圖。惟易己丁爲兩較較，戊庚爲兩較和。又借角等於乙子丙，加減度爲丑丙子。

若角爲中角，而對邊與大邊之較大(與)[於]對邊與小邊之較，則如附四圖，解之說仍同附一圖。惟易己丁爲兩較較，戊庚爲兩較和。

有一角，有對邊與餘兩邊之兩和，求兩角。

法以兩和邊相加爲一率，相減爲二率，半角餘切爲三率。求得四率爲借角正切。又以半徑爲一率，半角正弦倍之爲二率，借角正弦爲三率。求得四率爲加減度正弦。與借角相加，得半較角。乃以半較角與半角餘度相加減，得兩角。

解曰：如圖，甲乙丙形，令丁丙及戊乙皆等於乙丙，作丁戊，則甲丁及甲戊爲兩和。又令甲庚等於甲丁，作丁庚。令甲己等於甲戊，作己戊。則己丁爲兩和和，戊庚爲兩和較。其己戊引長至辛，必正交丁庚。乃與甲丁平行，作戊子，又作子丑及辛壬，均正交甲庚。又與乙丙平行，作丁寅及子卯。又作戊辰正交丁寅於辰，則得戊辰寅與子丑卯兩形爲同式。又與甲庚平行，作子午遇丁寅於未。又作戊丙聯綫，必過未點。駁論同前。惟戊寅比寅未，若戊乙比乙丙，可知戊寅必等於寅未，即等於子卯。所以戊辰必等於子丑。惟己丁比戊庚，若己辛比戊辛。如以己辛爲半角餘切，則戊辛爲戊丁辛借角正切。又半徑比半角倍正弦，若戊辛比倍辛壬，即子丑。亦若戊辛比戊辰。如以戊辛爲戊丁辛借角正弦，則戊辰即爲戊丁辰加減度之正弦，與戊丁辛借角相加，得辰丁辛爲半較角。

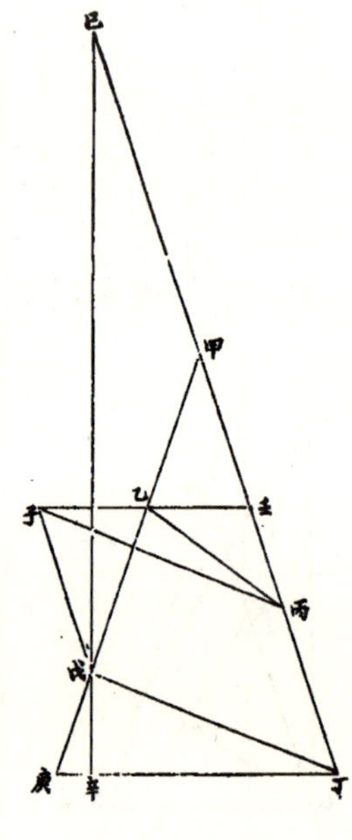

附解曰：如附圖，甲乙丙形，依前理作丁戊、丁庚、己戊諸綫，併引長己戊正交丁庚，則己丁兩和和比戊庚兩和較，必若己辛比戊辛，即若半角餘切比戊丁辛借角正切。又與丁庚平行，作乙壬與甲丙平行，作戊子。則戊子等於戊乙，即等於丁丙。故子丙必與丁戊平行，而壬子丙必等於戊丁辛。準乙子丙角形，知乙丙比乙子，若乙子丙角正弦比乙丙子角正弦。惟乙丙比乙子，若戊乙比乙子，即若半徑比半角倍正弦。所以半徑比半角倍正弦，必若壬子丙借角正弦比乙丙子加減度之正弦，與乙子丙借角相加，得壬乙丙半較角。

又 卷下 有一角，有對邊與餘兩邊之一和一較，求兩角。此題之較爲對邊大於餘邊。

法以一和邊、一較邊相加爲一率，相減爲二率，半角正切爲三率。求得四率爲借角餘切。又以半徑爲一率，半角餘弦倍之爲二率，借角餘弦爲三率。求得四率爲加減度正弦。與借角相減，得半較角。乃以半較角與半角餘度相加減，得兩角。

有一角，有對邊與餘兩邊之一較一和，求兩角。此題之較爲對邊小於餘邊。

法以一較邊、一和邊相減爲一率，相加爲二率，半角正切爲三率。求得四率爲借角餘切。又以半徑爲一率，半角餘弦倍之爲二率，借角餘弦爲三率。求得四率爲加減度正弦。與借角相減，得半較角。乃以半較角與半角餘度相加減，得兩角。

解曰：如圖，甲乙丙形，令丁丙及戊乙皆等於乙丙，作丁戊，則甲丁爲和邊，甲戊爲較邊。又令甲庚等於甲丁作丁庚，令甲己等於甲戊作己戊。則戊庚爲和較相加，己丁爲和較相減。其己戊引長至辛，必正交丁庚。乃與甲庚平行作己子，又作丁丑正交己子。又與乙丙平行，作丁寅交己子於卯，又作戊辰正交丁寅引長綫於辰，則得戊辰寅與丁丑卯兩形爲同式。又與甲庚平行作丁未，又作戊丙聯綫，引長至未，遇丁寅於申，則丁未必等於卯寅。試與甲己平行作卯酉，則甲丙比乙丙，若卯酉比卯寅。惟甲丙比丁丙，若甲戊比丁未，而丁丙等於乙丙，甲戊等於卯酉，所以丁未必等於卯寅。惟丁未比丁申及戊寅比寅申，均若戊乙比乙丙，可知丁未必等於丁申，戊寅必等於寅申，即戊寅亦等於丁卯，所以戊辰必等於丁丑。惟戊庚比己丁，若庚辛比辛丁，如以庚辛爲半角正切，則辛丁爲戊丁辛借角餘切。又半徑比半角倍餘弦，若丁子比倍丁丑，即若辛丁比丁丑，亦若辛丁比戊辰。如以辛丁爲戊丁辛借角餘弦，則戊辰即爲戊丁辰加減度之正弦，與戊丁辛借角相減，得辰丁辛爲半較角。

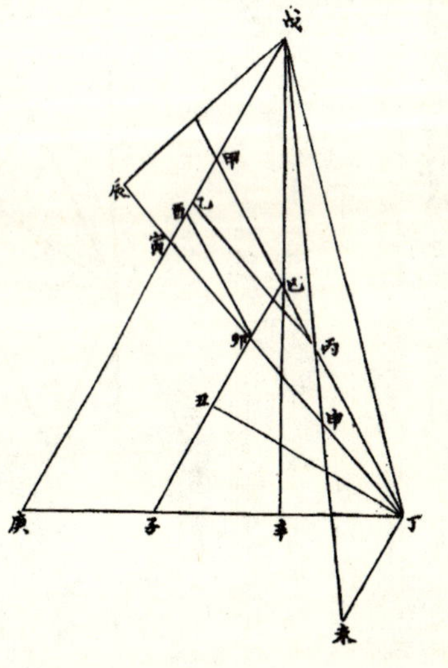

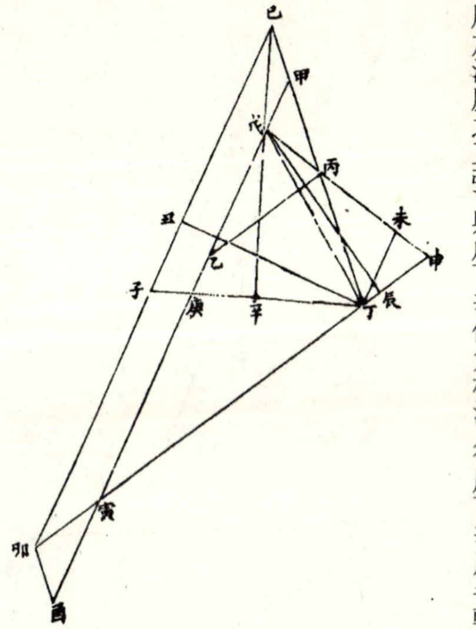

若對邊小於餘邊，則如第二圖，解之説同第一圖。惟易戊庚爲和較相減，己丁爲和較相加。又加減度爲戊丁寅，半較角爲寅丁辛。

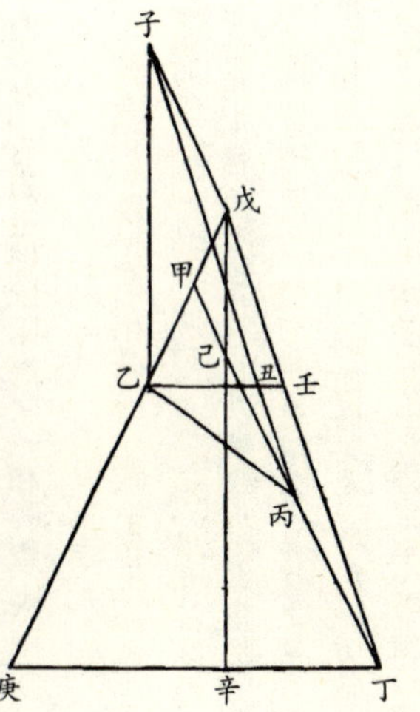

附解曰：如附一圖，甲乙丙形，依前理作丁戊、丁庚、己戊諸綫，併引長己戊正交丁庚。則戊庚和較相加比己丁和較相減，必若庚辛比辛丁，即若半角正切比戊丁辛借角餘切。又與丁庚平行作乙壬，與甲丁平行作戊子，與戊辛平行作乙子。則戊子等於戊乙，即等於丁丙。故子丙必與丁戊平行，而壬丑丙必等於戊丁辛，亦等於乙子丙之餘角。準乙子丙角形，知乙丙比乙子，若乙子丙角正弦比乙丙子角正弦。惟乙丙比乙子，若戊乙比乙子，即若半徑比半角倍餘弦。所以半徑比半角倍餘弦，必若壬丑丙借角餘弦比乙丙子加減度之正弦，與壬丑丙借角相減，得壬乙丙半較角。

若對邊小於餘邊，則如附二圖，解之説同附一圖。惟易戊庚爲和較相減，己丁爲和較相加。

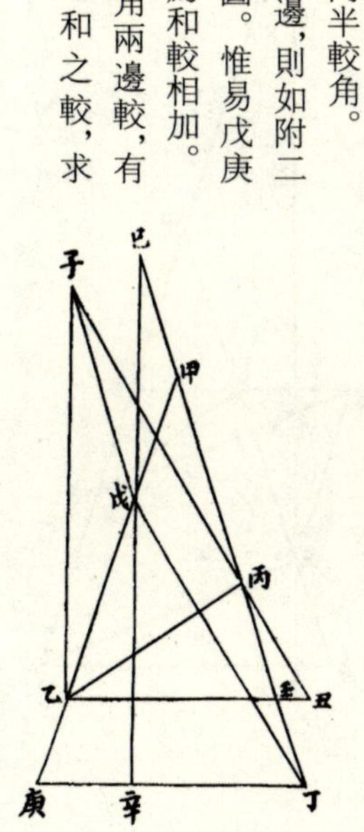

有一角，有夾角兩邊較，有對邊與夾角兩邊和之較，求兩角。

法以對邊與兩邊和之較爲一率，兩邊較爲二率，半角餘切爲三率，求得四率爲借角正切。又以半徑爲一率，半角正弦爲二率，借角正弦爲三率，求得四率爲加減度正弦。與借角相減得半較角。乃以半較角與半角餘度相加減得兩角。

有一角，有夾角兩邊較，有對邊與夾角兩邊和之和，求兩角。

法以對邊與兩邊和之和爲一率，兩邊較爲二率，半角餘切爲三率，求得四率爲借角正切。又以半徑爲一率，半角正弦爲二率，借角正弦爲三率，求得四率爲加減度正弦。與借角相加得半較角。乃以半較角與半角餘度相加減得兩角。

解曰：如圖，甲乙丙形，令丁丙及戊乙皆等於半乙丙作丁戊。又令甲庚等於甲丁作丁庚。令甲己等於甲戊作己戊。則己丁爲對邊與兩邊和之較，戊庚爲兩邊較，其己戊引長至辛，必正交丁庚。作辛丑正交甲庚，又與乙丙平行作丁寅及辛卯。又作戊辰正交丁寅，引長綫於辰，則得戊辰寅與辛丑卯，兩形爲同式。又與甲丁平行作戊子，與甲庚平行作子午，遇丁寅於未。又作戊丙聯綫，必過未點。駁論同前。惟戊寅比寅未，若戊乙比乙丙，可知戊寅必半於寅未，即等於辛卯，所以戊辰必等於辛丑。惟己丁比戊庚，若己辛比戊辛，如以己辛爲半角餘切，則戊辛爲戊丁辛借角正切。又半徑比半角正弦，若戊辛比辛丑，即若戊辛比戊辰。如以戊辛爲戊丁辛借角正弦，則戊辰即爲戊丁辰加減度之正弦，與戊丁辛借角相減，得辰丁辛爲半較角。

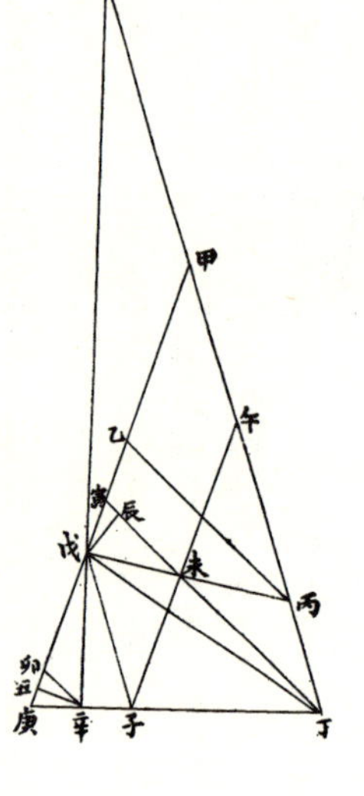

若欲令己丁爲對邊與兩邊和之和，則如第二圖，解之説同第一圖。惟以戊丁辰加減度與戊丁辛借角相加，得辰丁辛爲半較角。

附解曰：如附一圖，甲乙丙形，依前理作丁戊、丁庚、己戊諸線，併引長己戊正交丁庚，則己丁爲對邊與兩邊和之較，戊庚爲兩邊較。而己丁比戊庚，必若己辛比戊辛，即若半角餘切比戊丁辛借角正切。又與丁庚平行作乙壬，與甲丙平行作戊子。則戊子必等於戊乙，即等於丁丙。故子丙必與丁戊平行，而壬子丙必等於戊丁辛。準乙子丙角形，知乙丙比乙子，若乙子丙角正弦比乙丙子角正弦。惟乙丙比乙子，若戊乙比乙丑，即若半徑比半角正弦。所以半徑比半角正弦，必若壬子丙借角正弦比乙丙子加減度之正弦，與壬子丙借角相減得子乙丙半較角。

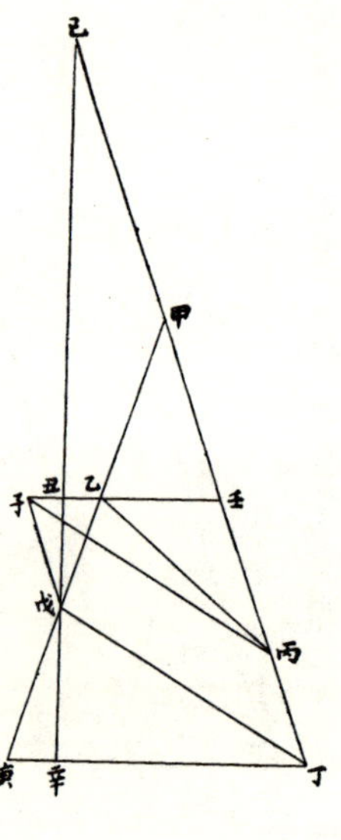

若欲令己丁爲對邊與兩邊和之和，則如附二圖，解之説同附一圖。惟以乙丙子加減度與壬子丙借角相加，得壬乙丙半較角。

有一角，有夾角兩邊和，有對邊與夾角兩邊較之和，求兩角。

法以對邊與兩邊較之和爲一率，兩邊和爲二率，半角正切爲三率。求得四率爲借角正切。又以半徑爲一率，半角餘弦爲二率，借角正弦爲三率。求得四率爲加減度餘弦，與借角相減得半較角。乃以半較角與半角餘度相加減得兩角。

有一角，有夾角兩邊和，有對邊與夾角兩邊較之較，求兩角。

法以對邊與兩邊較之較爲一率，兩邊和爲二率，半角正切爲三率，求得四率爲借角正切。又以半徑爲一率，半角餘弦爲二率，借角正弦爲三率，求得四率爲加減度餘弦，與借角相減得半較角。乃以半較角與半角餘度相加減得兩角。

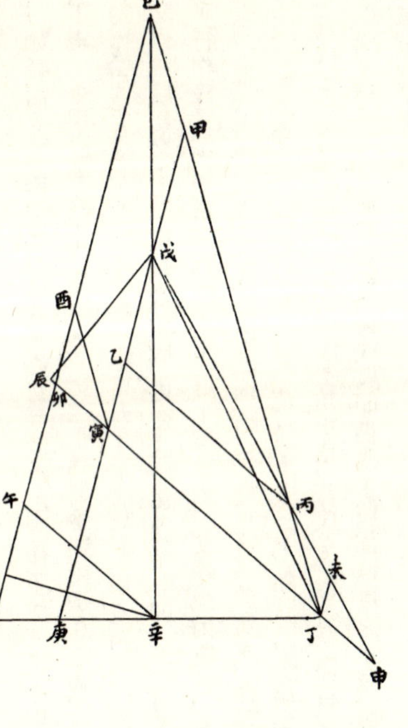

解曰：如圖，甲乙丙形，令丁丙及戊乙皆等於半乙丙作丁戊。又令甲庚等於甲丁作丁庚。令甲己等於甲戊作己戊。則戊庚爲對邊與兩邊較之和，己丁爲兩邊和。其己戊引長至辛，必正交丁庚。與甲庚平行作己子。又作辛丑正交己子。又與乙丙平行作丁寅及辛午。又作戊辰正交丁寅，引長綫於辰。則得戊辰寅與辛丑午兩形爲同式。又與甲庚平行作丁未。又作戊丙聯綫，引長至申，遇丁寅引長綫於申。則丁未必半於卯寅。證同前。惟丁未比丁申及戊寅比寅申，均若戊乙比乙丙。可知丁未必半於丁申，戊寅必半於寅申，即戊寅亦半於丁卯，而等於辛午，所以戊辰必等於辛丑。惟戊庚比己丁，若庚辛比辛丁。如以庚辛爲半角正切，則辛丁爲丁戊辛借角正切。又半徑比半角餘弦，若辛子比辛丑，即若辛丁比戊辰。如以辛丁爲丁戊辛借角正弦，則戊辰即爲丁戊辰加減度之餘弦。與丁戊辛借角相減，得辰戊辛即辰丁辛。半較角。

若欲令戊庚爲對邊與兩邊較之較，則如第二圖，解之説同第一圖。

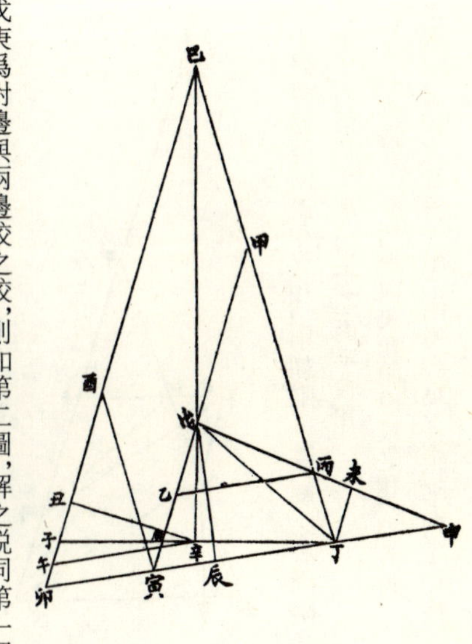

附解曰：如附一圖，甲乙丙形，依前理作丁戊、丁庚、己戊諸綫，併引長己戊，正交丁庚。則戊庚爲對邊與兩邊較之和，己丁爲兩邊和，而戊庚比己丁，必

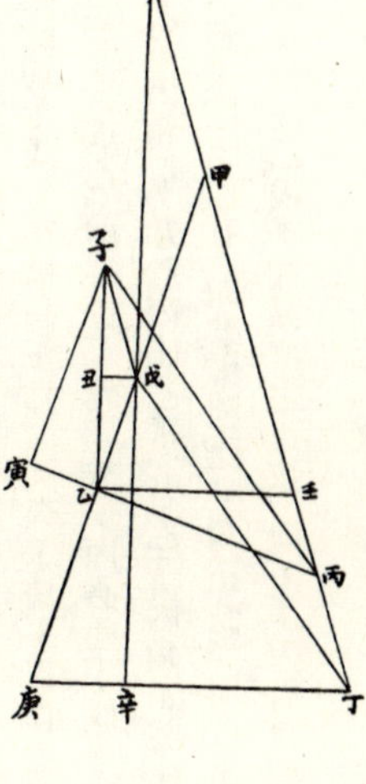

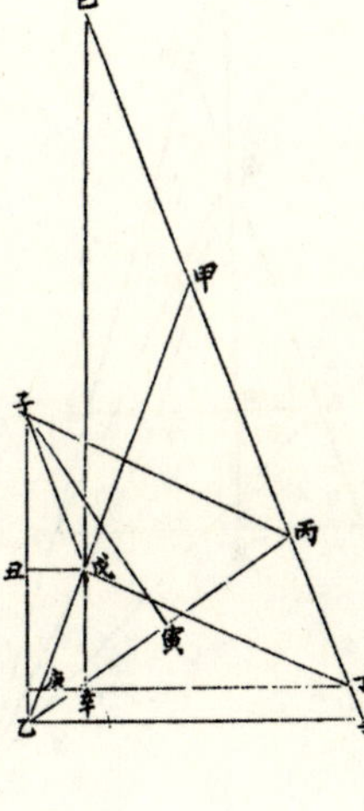

若辛庚比辛丁，即若半角正切比丁戊辛借角正切。又與丁庚平行作乙壬，與甲丙平行作戊子，與戊辛平行作乙子，則戊子必等於戊乙，即等於丁丙。故子丙必與丁戊平行，而乙子丙必等於丁戊辛。準乙子丙角形，知乙丙比乙子，若乙子丙

角正弦比乙丙子角正弦。惟乙丙比乙子，若戊乙比乙丑，即若半徑比半角餘弦。所以半徑比半角餘弦，必若乙子丙借角正弦比丙子寅加減度之餘弦。即乙丙子角正弦。與乙子丙借角相減，得乙子寅即壬乙丙。半較角。

若欲令戊庚爲對邊與兩邊較之較，則如附二圖，解之説同附一圖。

有一角，有夾角兩邊和與對邊較，有夾角兩邊較與對邊較，求旁一角。

法以較之較爲一率，和之較爲二率，半角正切爲三率。求得四率，即旁半角正切。

有一角，有夾角兩邊和與對邊較，有夾角兩邊較與對邊和，求旁一角。

法以較之和爲一率，和之較爲二率，半角正切爲三率，求得四率，即旁半角正切。

有一角，有夾角兩邊較與對邊較，有夾角兩邊和與對邊和，求旁一角。

法以較之較爲一率，和之和爲二率，半角正切爲三率，求得四率，即旁半角餘切。

有一角，有夾角兩邊較與對邊和，有夾角兩邊和與對邊和，求旁一角。

法以較之和爲一率，和之和爲二率，半角正切爲三率，求得四率，即旁半角餘切。

解曰：如圖，甲乙丙形，甲爲所知角，試作丁甲、丁乙、丁丙三分角綫暨丁戊、丁己、丁庚三垂綫。則倍丙己及倍丙戊，均爲較之較。倍乙庚及倍乙戊均爲較之和。倍甲己及倍甲庚均爲和之較。又於形外作辛、壬二容員，則倍丙子及倍乙丑均爲和之和。而丙丑、丙卯及乙子、乙寅均等於甲己。又辛乙子爲丁乙戊之餘角，壬丙丑爲丁丙戊之餘角。惟丙己比丙卯，若丁己比午卯。又乙庚比乙寅，若丁庚比未寅。又丙戊比丙子，若丁戊比辛子。又乙戊比乙丑，若丁戊比壬丑。若以甲己爲半徑，丙丑、丙卯、乙子、乙寅並同。則丁己、丁庚、丁戊均爲半甲角正切。午卯爲半丙角正切，未寅爲半乙角正切，辛子爲半乙角餘切，壬丑爲半丙角餘切。

解三角形分部

算法

清・李子金《天弧象限表》 以一角兩旁邊，求餘角餘邊法。今所有之一角，有正弦而無對邊。餘兩角又皆有對邊而無正弦。雖有一角兩邊，止有兩率，可知焉？能得三率，而用之乎？故必委曲設法，先求出三率之數，而後餘角餘邊可得也。一角兩旁邊之法有二，其一爲鋭角，其一鈍角。

以一鋭角兩旁邊，求餘角餘邊爲第一法。凡先有一鋭角兩旁邊之形，宜截作兩段小勾股，算之所不知者，中分之垂線耳。此垂線乃兩段勾股同用之勾，即兩角同用之正弦也。

法當以所有小邊當半徑全數。先以半徑外數乘所有角之正弦，以全數除之或省一除，以位定之。則得勾，乘所有角之餘弦，以全數除之或省一除，以位定之。則得股。是第一段之勾股得矣。以股減大邊，餘即爲第二段之股。以第二段之勾股，求第二段之弦，則得所有鋭角對邊之數。即以此對邊爲一率，正弦爲二率，餘一角之對邊爲三率。以二率三率相乘，以一率除之，則得四率，爲餘一角之正弦。查表得度，兩角得而三角即在其中矣。按象限表，割線與半徑之比例，若切線之與正弦。而勾股之形與表相通，既得第二段勾股，其餘角亦可以勾股求之。以勾當半徑，股當切線，弦當割線，以弦除股，即得對股角之正弦，以當半徑，勾當切線，弦當割線，以弦除勾，即得對勾角之正弦。本當先以半徑乘，後以割線除，今省一乘，用捷法也。

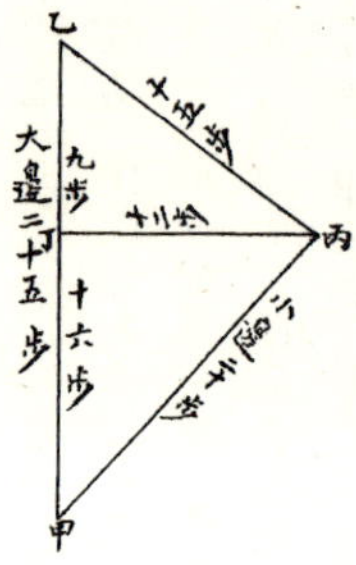

一鋭角兩旁邊圖

假如甲乙丙三角形，有甲角三十六度八十七分，甲乙大邊二十五步，甲丙小邊二十步。

法以甲丙小邊爲半徑十萬，先以甲丙外數二十步乘甲角正弦六萬，得一百二十萬。以半徑十萬除之，得丙丁勾一十二步。或省一除，退三位即得。次以甲丙外數二十步，乘甲角餘弦八萬，得一百六十萬。以半徑十萬除之，得甲丁股一十六步，亦宜省一除，退三位。成第一段甲丙丁勾股形。以甲丁股減甲乙大邊，二十五步。餘乙丁九步爲第二段乙丙丁勾股形。用勾股求弦法，得乙丙邊一十五步爲甲角對邊之數。即以此乙丙邊一十五步爲一率，以甲角正弦六萬爲二率，以乙角對邊甲丙二十步爲三率。以二率三率相乘，得一百二十萬。以一率十五步。除之，得八萬爲乙角正弦。查表得乙角五十三度一十三分。合一而兩角共九十度，以減兩方角一百八十度，餘九十度爲丙角之數。

又法，既得乙丙邊一十五步，即截乙丙丁形，作第二段勾股。以乙丁邊當半徑，丙丁邊當切線，乙丙邊當割線。以乙丁半徑。乘丙丁，切線一十二步。得一百二十萬，以乙丙割線一十五步。除之，得八萬爲乙角之正弦。餘法同前。

以一鈍角兩旁邊，求餘角餘邊爲第二法。凡先有一鈍角兩旁之形，必增作一段大勾股算之。所不知者，外補之方角耳。然必添出勾股之大勾，接成勾股之大股乃成方角。其所添所接，即餘角正餘兩弦之數也。因鈍角無正弦，故借餘角推之。

法當以所有之一邊當半徑，全數十萬。先以半徑外數乘餘角之正弦，以全數十萬。除之，則得添出之大勾乘餘角之餘弦。以全數除之，得數與所有之另一邊并，則得接成之大股。是將鈍角三邊形增成一段大勾股形也。次用勾股求弦法，得原形鈍角對邊之數。即以此大弦當割線爲一率，以大股當半徑全數十萬。爲二率，以大勾當切線爲三率。以大股之半徑全數十萬。乘大勾，以大弦除之，則得對大勾一鋭角之正弦。查表得度，以減餘角之度，其餘即爲本形與餘形相接一鋭角之度也。

一鈍角兩旁邊圖

假如甲乙丙三角形，有甲角一百三十度，甲乙邊一十五步，甲丙邊一十二步。二邊無分長短，任人取用。今用甲丙邊。

法以甲丙邊當半徑，全數十萬。先以甲丙外數一十二步乘丙甲丁餘角五十度。之正弦七萬六千六百○四，得九十一萬九千二百四十八。以甲丙半徑十萬。除之，得丙丁邊九步一十九分二四八作大勾。次以甲丙外數一十二步。乘丙甲丁餘角之餘弦六萬四千二百七十九，得七十七萬一千三百四十八。以甲丙半徑十萬。除之，得甲丁邊七步七十一分三四八，與甲乙邊一十五步并，共得乙丁邊二十二步七十一分三四八作大股。用勾股求弦法，得乙丙大弦二十四步半，即原形鈍角對邊之數也。即以此大弦二十四步半。當割線爲一率。以乙丁大股二十二步七十一分三四(分)〔八〕。當半徑十萬。爲二率。以丙丁大勾九步一十九分二四八。當切線爲三率。以大股之半徑十萬。乘大勾，九步一十九分二四八。除九十一萬九千二百四十八，以大弦二十四步半。除之，得三萬七千五百二十爲四率，即乙角之正弦也。查表得二十二度○三分，以減餘角五十度，餘二十七度九十七分爲甲丙乙角，其正弦則四萬六千九百也。

以一角一旁邊一對邊，求餘角餘邊爲第三法。鋭角、鈍角總爲一法。但鋭角用本角正弦，鈍角用餘角正弦，微有不同。

法備前鈍角圖中，故仍借前圖以明之。凡表中諸線之數皆稱內數，三角形諸邊之數皆稱外數。此形有甲角一百三十度，甲角雖無正弦，餘角五十度。之正弦，即其正弦也。既有正弦七萬六千六百○四，又有對邊二十四步半，是內外兩數俱可知也。乙角有對邊一十二步而無正弦，是外數可知，內數不可知也。丙角既無甲乙對邊之步數又無正弦，是內外兩數俱不可知也。兩數俱可知，則不須求。兩數俱不可知，則無法可求。惟兩數有一可知，則用兩數之俱可知者，以爲比例，而因三率以得四率也。乙角有甲丙對邊一十二步，故先求乙角。法見前圖。其先有鋭角者，亦倣前法推之。

以一邊兩角，求餘邊爲第四法。不言求餘角者，有兩角，即有三角也。法備前圖，亦不再贅。

又　制象限儀法

推測之學，其理不出于比例。比例之最妙者，莫如勾股。但勾股爲正方角，而別有等角、斜角之類，則非勾股之法之所能盡，必以象限儀之度測之，以象限表之數推之，而後天之高、星辰之遠，以及一切方圓三角等形，無不可得而知矣。

以銅板或堅木板爲之。自二三尺至七八尺皆可。弧背分爲九十度，每度分爲十分。器大則分爲百分，愈大愈準。

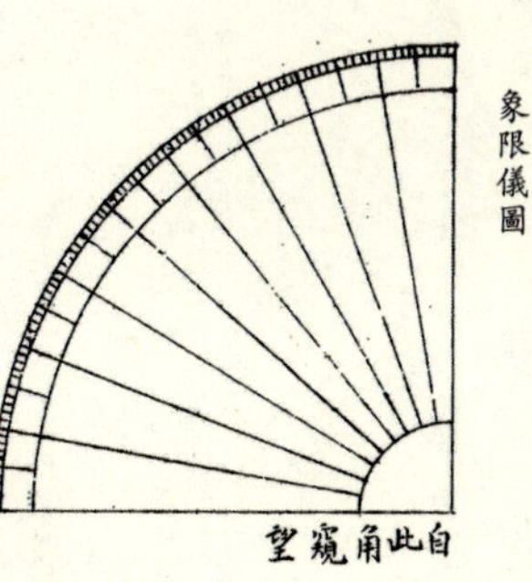

象限儀圖

又 徑弦求背法，可代象限儀。其法依勾股之制。立表窺之，以表作勾，以兩表相去作股，求出弦數若干。以弦除勾，即得。表中正弦除股，即得表中餘弦。表中正弦，表中餘弦，乃象限表中之數，非所立之表也。表字恐混，故註之。其勾股之弦，即表中半徑之全數也。半徑十尺，其數即十萬也。以正弦減半徑十尺。得餘矢。以餘弦減半徑十尺。得正矢。倍正弦得正弧通弦。倍餘弦得餘弧通(弧)[弦]。兩通弦相乘，折半得半圓內勾股之積，以減半圓之積，一百五十七尺〇八分。餘爲兩弧共積，兩弧各以三弦一矢相并，以矢乘之爲各弧之率，并之爲總率。置共積，以各率乘，以總率除，則得各弧之積。各加弧內三角積，取半圓內勾股積，折半，即各弧內三角積也。得各弧分之積。置各弧分之積，以全周三百六十度乘之，以全積三百一十四尺一寸六分除之，即得各弧之度。或以一象九十度乘之，以一象之積七十八尺五寸四分除之，亦得。取正弧之度，折半，即象限儀所測之角度也。取餘弧之度，折半，即餘角之度也。

如圖，乙丙表作勾，甲丙兩表相去作股，甲乙斜窺處作弦。乙辛丁爲正弧，戊庚丁爲餘弧。丙丁與乙丙等爲正弦，己丁與甲丙等爲餘弦。乙丙丁爲正弧通弦，戊己丁爲餘弧通弦。丙辛爲正矢，己庚爲餘矢。乙丙丁己戊爲半圓內勾股形。乙丁甲爲正弧內三角形。戊丁甲爲餘弧內三角形。

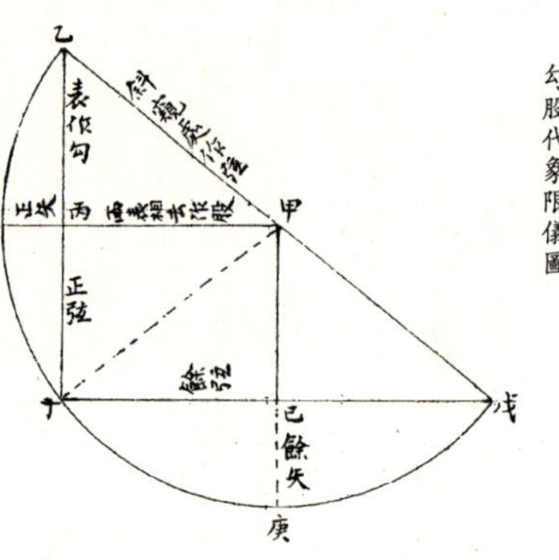

勾股代象限儀圖

假如有某星，欲測其出地高幾度。先立一表，高一十一尺。退立一窺表，高三尺五寸。立表不拘高低，此一十一尺及三尺五寸皆偶設之數也。以兩表及所測之星，三相直，爲準。兩表相減，得前表高七尺五寸，作勾。兩表相去，得一十二尺九寸九分〇四毫，作股。用勾股求弦法，得斜窺處一十五尺，作弦。即以弦一十五尺。除勾，七尺五寸。得五尺，本當先以半徑乘之，後以弦除之。今省一乘，退一位，即得。後多倣此。即表中五萬之正弦也。除股一十二尺九寸九分〇四毫，得八尺六寸六分〇三毫弱，即表中八萬六千六百〇三之餘弦也。如是，則勾股之弦，應作十尺，即表中半徑十萬之數也。丙丁正弦與甲己等。以正弦五尺。減甲庚半徑，十尺。得己庚餘矢五尺。己丁餘弦與甲丙等。以餘弦八尺六寸六分〇三毫。減甲辛半徑，十尺。得丙辛正矢一尺三寸三分九釐七毫。倍正弦五尺，得乙丁正弧通弦十尺。倍餘弦，八尺六寸六分〇三毫。得戊丁餘弧通弦一十七尺三寸二分〇六毫。兩通弦相乘，得一百七十三尺二寸〇六釐。折半，得八十六尺六寸〇三釐，爲半圓內乙丁戊勾股之積。再折半，得四十三尺三寸〇一釐五毫，爲乙丁甲正弧內三角積，亦爲戊丁甲餘弧內三角積。以乙丁戊勾股積八十六尺六寸〇三釐。減半圓積，一百五十七尺〇八分。餘七十〇尺四寸七分七釐，爲兩弧共積。置正弧三弦一矢，相并得三十一尺三寸三分九釐七毫。以矢一尺三寸三分九釐七毫。乘之，得四十一尺九寸八分六釐弱，爲正率。置餘弧三弦一矢，相并得五十六尺九寸六分一釐八毫，以矢五尺。乘之，得二百八十四尺八寸〇九釐，爲餘率。兩率相并，得三百二十六尺七寸九分五釐，爲總率。

用三率法。置兩弧共積七十〇尺四寸七分七釐。爲實，以正率四十一尺九寸八分六釐。乘之，得二千九百五十九尺〇四分七釐强。以總率三百二十六尺七寸九分五釐。除之，得九尺〇五分四釐七毫五絲弱，爲正弧之積。再置共積七十〇尺四寸七分七釐。爲實，以餘率二百八十四尺八寸〇九釐。乘之，得二萬〇〇七十二尺四寸八分强。以總率三百二十六尺七寸九分五釐。除之，得六十一尺四寸二分二釐二毫，爲餘弧之積。兩積并，即七十〇尺四寸七分七釐之數也。或用簡法。既得正弧之積，以減共積，即得餘弧之積。置正積，九尺〇五分四釐七毫五絲。加弧內三角積，四十三尺三寸〇一釐五毫。得五十二尺三寸五分六釐二毫五絲，爲正弧分之積。置餘積，六十一尺四寸二分二釐二毫。加弧內三角積，四十三尺三寸〇一釐五毫。得一百〇四尺七寸二分三釐七毫，爲餘弧分之積。兩弧分共一百五十七尺〇八分，恰與半圓之積相當也。正弧分爲半圓三分之一，其積本爲五十二尺三寸六分，減去弧內三角積，四十三尺三寸〇一釐五毫。正弧之積當得九尺〇五分八釐五毫。今得九尺〇五分四釐七毫五絲，是於九千〇五十八釐五毫中少三釐七毫五絲也。餘弧分爲半圓三分之二，其積本爲一百〇四尺七寸二分，減去弧內三角積，四十三尺三寸〇一釐五毫。餘弧之積當得六十一尺四寸一分八釐五毫。今得六十一尺四寸二分二釐二毫，是于六萬一千四百一十八釐五毫外，多三釐七毫也。其所差，不亦微乎。正弧分之積，本爲五十二尺三寸六分，今得五十二尺三寸五分六釐二毫五絲，是于五萬二千三百六十釐中，少三釐七毫五絲也。餘弧分之積，本爲一百〇四尺七寸二分，今得一百〇四尺七寸二分三釐七毫，是于一十〇萬四千七百二十釐外，多三釐七毫也。其所差，不更微乎。置正弧分之積，五十二尺三寸五分六釐二毫五絲。以全周三百六十度乘之，得一萬八千八百四十八度二十五分。以全積三百一十四尺一寸六分除之，得正弧五十九度九十九分五十七秒强，是于六十萬秒中，少四十三秒也。置餘弧之積，一百〇四尺七寸二分三釐七毫。以全周三百六十度乘之，得三萬七千七百〇〇度五十三分二十秒。以全積三百一十四尺一寸六分除之，得餘弧一百二十度〇〇〇四十五秒，是于一百二十萬秒外，多四十五秒也。正弧折半，得二十九度九十九分七十八秒，半作三十度，即所測正角之度。餘弧折半，得六十度〇〇〇二十二秒，半作六十度，即餘角之度。推斯數也。雖謂之不差，可也。

徑弦求背，舊無算法，惟有徑矢求背之一法。然有徑、有弦，即可得矢。故可以一法括之。但所謂半背弦差藏之矢冪，與徑相除之中，其法疎而難用，故不得不變通其數，以求脗合。愚以爲欲求弧背，必先求弧積。

按：舊弧矢求積法，矢弦相并，折半，以矢乘之。蓋用徑一周三之率。因圓田周徑各折半相乘之法，而通之也。

假如圓徑二十尺，半圓之弧，其弦即徑也，矢即半徑也。以矢十尺與弦二十尺相并，得三十尺，即半周也。以半徑十尺之矢乘之，則得全圓之積。矢弦相并折半，全周四分之一也。故以矢乘之，而得半圓之積。因而通之。凡一切弧矢，其矢弦相并，即半周之義也。折半，即全周四分之一之義也。以矢乘之，即半徑之義也。然以此法施于半圓之弧，雖與密率不合，其差猶未甚也。若施于漸細漸長之弧，其差亦將漸多，而不可用矣。故用兩弧比例之法，以求各弧之率，而後各弧之積可得也。間嘗反復推求，而得一最密之率。以矢弦相乘作兩弧之比例，則小弧得多，而大弧得少。蓋大弧背曲，而矢長。其形爲半圓。以矢弦相乘，作直形，則兩角之虛，止爲四分之一。小弧背直，而矢短。其形近兩段勾股。以矢弦相乘作直形，則兩角之虛，幾至四分之二。將虛作實，以爲比例之率。故小弧得多，而大弧得少。以一弦一矢相并，以矢乘之，即矢弦相并折半，以矢乘之之數(數)也。數有倍半，其理則同。作兩弧之比例，則小弧得少，大弧得多。(北)大弧背曲，而矢長。其矢有爲弦十分之五者，加一矢，則加十分之五。小弧背直，而矢短。其矢有尚不及弦十分之一者，加一矢，尚不能加十分之一。大弧兩角之虛，雖不及小弧之兩角，而小弧一矢相乘之實，其不及大弧之一矢也遠矣。將實準虛，以爲比例之率，故大弧得多，而小弧得少。斟酌于虛實多寡之間，惟以三弦一矢相并，以矢乘之爲率，而後兩弧所得之積，皆與真積密合。兩弧之積得，則兩弧分之積可得。兩弧分之積得，則兩弧背之度可得。既得弧分之積，只以一一四五九乘之，亦得弧度。更是捷法。

按：弧矢之形，弦爲直線，背爲曲線。曲線與直線相求，自古無相通之比例。故徑背求弦、徑弦求背，皆無良法。即以西洋之巧算，亦不過列爲八線表，製爲象限儀而已。但每遇一數，必須携表以備查考，携儀以便測望，未免稍贅。予不揣庸劣，創立二法，皆就兩弧本身之數升降消息，以爲比例。布算雖多曲折，而得數實云近密。蓋亦于無法中求爲有法，不得已而後起耳。雖然，予所創之法固前古所未有，然亦不過遷就其數，以求可用。若妄謂數出天然，確不可易，予又何敢自欺以欺人乎！

清·薛鳳祚《三角算法》　正線正角三角法

先有三件算三件。有三法。第一，有兩角一邊。第二，有兩邊一正角，其正角爲兩邊相對之角。第三，有兩邊一正角，其正角爲兩邊相連之角。

第一，有兩角一邊，求一角兩邊。

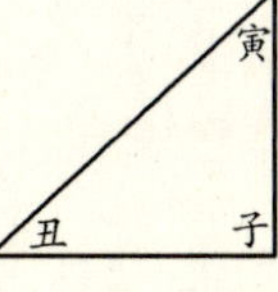

算角。如圖，有子爲正角，有丑角，有子丑邊，算寅角。

設丑角四十七度五十分。子角，九十度。子丑邊，二八五八。子角、丑角總數一百三十七度五十分。減一百八十度，餘四十二度五十分。即寅角。

算邊。如圖，有正角，求(邊)對角[邊]。有子丑邊，有子丑邊對寅角，算丑寅邊。

設寅角，四十二度五十分。正線九八二九六八三。爲一率，子丑邊二八五八。比例線三四五六〇六二。爲二率，通弦一〇〇〇〇〇〇〇。爲三率。總數，一二四五六〇六二。較數，三六二六三七九。較數原數四三三〇。即丑寅邊。

算二邊。如圖，有子丑邊對寅角，有子丑邊，有子寅邊對丑角，算子寅邊。

設寅角四十二度五十分。正弦九八二九六八三。爲一率，子丑邊二八五八。比例線三四五六〇六二。爲二率，丑角四十七度五十分。正弦九八六七六三一。爲三率。總數，一三二二三六九三。較數，三四九四〇一〇。較數原數三一二九。即子寅邊。
第二，有二邊一正角，其角爲一邊對角，求二角一邊。
算角。如圖，有子寅邊，有丑寅邊，有子正角，算丑角。
設丑寅邊四二三〇。比例線三六二六三四〇。爲一率，通弦一〇〇〇〇〇〇〇。爲二率，子寅邊三二一九。比例線三四九四〇一五。爲三率。總數，一三四九四〇一五。較數，九八六七六七五。得四十七度五十分。爲丑角正線。
算寅角。先有二角，一子正角，九十度。一丑角。四十七度三十分。其一角爲先有二角一百八十度之餘，四十二度三十〇分。爲寅角。
算邊。用第一法，有兩角一邊，取一邊。如圖，有丑寅邊對子正角。有丑寅邊，有子丑邊對寅角，求子丑邊。
設丑寅邊對角通弦一〇〇〇〇〇〇〇。爲一率，丑寅邊四二三〇。比例線三六三六三四〇。爲二率，子丑邊對寅角四十度五十分。正線九八二九六八三。爲三率。總數，一三四五六〇二三。較數，三四五六〇二三。得原數二八五八。爲子丑邊正線。
第三，有二邊一正角，其角爲兩邊相連之角，求一邊二角。
算寅角。如圖，有寅角對子丑邊，有寅角相連子寅邊，有子角正角。
設子寅邊三二一九。比例線三四九四〇一五。爲一率，子丑邊二八五八。比例線三四五六〇六二。爲二率，通弦一〇〇〇〇〇〇〇。爲三率。總數，一三四五六〇六二。較數，九九六二〇四七。得四十二度五十分。爲寅角(切)〔正〕線。
算丑角。上二角總數一正角、一寅角四十二度五十分。減一百八十[度]之餘四十七度五十分。爲丑角。
算丑寅邊。如圖，有子寅邊，有子丑邊，有三角。
一法，有二角一邊，即有三邊角，第一法。又法，設大邊子寅三二一九。比例線三四九四〇一五。加一倍。六九八八〇三〇。以小邊子丑二八五八。比例線三四五六〇二六。減加倍數，餘三五三二九六八。其原數三四〇四。加小邊子丑二八五八。爲六二六二。比例線三七九六七一三。加子丑邊比例線，三四五六〇六二。總數七二五二七七五。半之，三六二六三八七。原數，四二三〇。即所求丑寅邊。
若先有正角、對邊，求正角相連子寅邊。如圖，有正角，有子丑邊，有丑寅邊。
設有丑寅邊，四二三〇。子丑邊，二八五八。總數，七〇八八。比例線。三八五〇五二四。二邊相減，餘數一三七二。比例線三一三七三五四。二比例數并之，六九八八七八。半之，三四九三九三九。原數三二一九。即子寅邊。
有丑寅邊子寅邊，求正角相連子丑邊。同上法。
正線鈍角三角法。先有三件算三件，有四法。第一，有兩角一邊。第二，有兩邊一角。其角爲先有之邊對角。第三，有兩邊一角。其角爲先有之邊相連之角。第四，有三邊，求三角。
第一，有兩角一邊，求一角兩邊。
與上正角第一法同。
第二，有兩邊一角，其角爲先有之邊對角。求兩角一邊。
算丑角。如圖，有寅角，有寅角對子丑邊，有所求角對子寅邊。
設子丑邊一三〇六。比例線三一一五九四三。爲一率，寅角一百十二度十分(正)〔比例〕線九九六六八五九。爲二率，子寅邊一二八八。比例線三一〇九九二六。爲三率。總數，一三〇七六八五。較數，九九六〇八四二。得三十六度二分，爲丑角(切)〔正〕線。
算子角。有丑角，有寅角，子角即一百八十度之餘。一度八十三分。
算丑寅邊。如圖，有寅角，有子丑邊，有子寅邊。
此與正角有兩角一邊求一邊同法。若先有一角爲鈍角，則所求即鋭角，可用前法。但恐同爲鋭角，則所求角有鈍有鋭。若知所求角爲鈍角，則四率所得加九十度。如不知，不用此法。
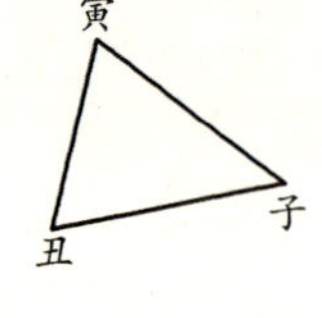
第三，先有兩邊一角，其角爲先有邊在中之角。求兩角一邊。
算丑角。如圖，有子寅邊，有丑寅邊，有寅角。
設子寅大邊，一二八八。丑寅小邊，四六。總數一三三四。半之，六六七。比例線二八二四一二六。爲一率。大邊一二八八。與總數之半，六六七。相減，餘六二一。比例線二七九三〇九二。爲二率。寅角一百十二度十分。減一百八十度，餘六十七度九十〇分。半之，三十三度九十五分。(切)〔比例〕線九八二八一七〇。爲三率。總數，一二六二一二六二。較數，九七九七一三六。得三二度八分。切線。三率切線度得六十六度〇三分。爲大邊所對之丑角。減之，得一度八十六分。爲小邊所對之子角。

算子丑邊。有三角，有二邊，用前第一法。

第四，有三邊，算三角。

算三角。如圖，有丑子邊，有丑寅邊，有子寅邊，求三角。先取三餘。設子丑邊，一三〇六。子寅邊，一二八八。丑寅邊，四六。相加，總數二六四〇。半之，一三二〇。比例線。三一二〇五七四。取三餘。子丑一三〇六。減半總數，得一四。爲子丑邊餘，比例線。一一四六一二八。子寅一二八八。減半總數，得三二。爲子寅邊餘，比例線。一五〇五一五〇。丑寅四六。減半總數，得一二七四。爲丑寅邊餘，比例線。三一〇五一六九。

求寅角。設寅角對子丑邊餘比例線，一一四六一二八。加半總比例線，三一二〇五七四。總數四二六六七〇二。爲一率。子寅邊餘比例線，一五〇五一五〇。丑寅邊餘比例線，三一〇五一六九。相加四六一〇三一九。爲二率。通弦二〇〇〇〇〇〇〇。爲三率。總數，二四六一〇三一九。較數，三〇三四三六一七。半之，一〇一七一八〇八。爲五十六度五分。(切)〔正〕線，倍之一百一十二度。爲寅角。

設丑角對子寅邊餘比例線，一五〇五一五〇。加半總比例線，三一二〇五七四。總數四六二五七二四。爲一率。子丑邊餘比例線，一一四六一二八。丑寅邊餘比例線，三一〇五一六九。并之四二五一二九七。爲二率。通弦二〇〇〇〇〇〇〇。爲三率。總數，二四二五一二七九。較數，一九六二五五七三。半之，九八一二八六五。爲三十三度二分。(切)〔正〕線，倍之，六十六度三分。爲丑角。

求子角。設寅角，一百十二度六分。加丑角，六十六度六分。得一百七十八度一十二分。以減一百八十度，得一度八十八分。爲子角。

若三角同大，即三角亦同大。如一角六十，即三角一百八十。若二邊同大，即二角亦同大，以減一百八十度，爲其餘。

有三邊算三角，省法。分一鈍三角爲兩正三角，作正線于大邊之上，分大邊爲二，取子卯邊。算子卯邊。如圖，有三邊求三角，作正線于卯，分子丑爲兩。先求子卯邊。取卯丑邊，一率大邊比例線，二率二小邊相並比例線，三率二小邊相較之比例線，四率比例線原數，即子卯邊。減子丑得卯丑邊。

一，算子卯寅三角。有子卯邊，有子寅邊，有正角，用上法算子角。

一，算卯寅丑三角。有卯丑邊，有寅丑邊，有正角，用上法算丑角。

算卯寅丑角，算子寅卯角。卯寅丑角加子寅卯角得子寅丑角。

若二立邊同大，則線分于子丑之中，省子卯算，即有兩三角，子角、丑角，同上求一角。

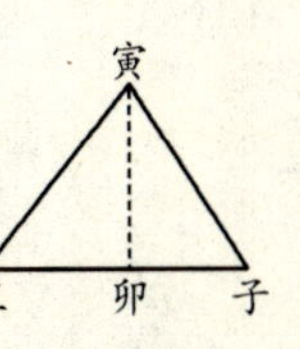

清·梅文鼎《平三角舉要》卷二《算例》

凡三角形有三類，曰直角三邊形，即句股也，有正方角一，餘並鋭。曰鋭角形，三角並鋭。曰鈍角形，三角内有鈍角一，餘並鋭。

有一角一邊，求餘角餘邊。

句股形第一術

假如壬癸丁。句股形，有丁角，五十七度。壬丁弦，九十一丈八尺。求餘邊餘角。

一，求丁癸邊。術曰：以半徑全數比丁角之餘弦，若壬丁弦與癸丁句。半徑即丁乙，餘弦即甲丁。以丁乙比甲丁，若壬丁比丁癸。

一率　原設弦　半徑一〇〇〇〇〇

二率　原設句　丁角五十七度。餘弦〇五四四六四。八線表内五十七度相對之數。他倣此。

三率　今有弦　壬丁邊九十一丈八尺

四率　今所求句　癸丁邊五十丈

一，求壬癸邊。以半徑比丁角之正弦，若壬丁弦與壬癸股。

一率　原設弦　半徑一〇〇〇〇〇

二率　原設股　丁角五十七度。正弦〇八三八六七

三率　今有弦　壬丁邊九十一丈八尺

四率　今所求股　壬癸邊七十七丈

一，求壬角。以丁角五十七度。減象限九十度。餘三十三度爲上角。

假如壬癸丁。句股形，有丁角，六十二度。癸丁句，二十四丈。求餘邊餘角。

戊丙丁句股形，以戊丙切線爲股，丙丁半徑爲句，戊丁割線爲弦，是丁角原有之線。今壬癸丁句股形，既同丁角，則其比例等。

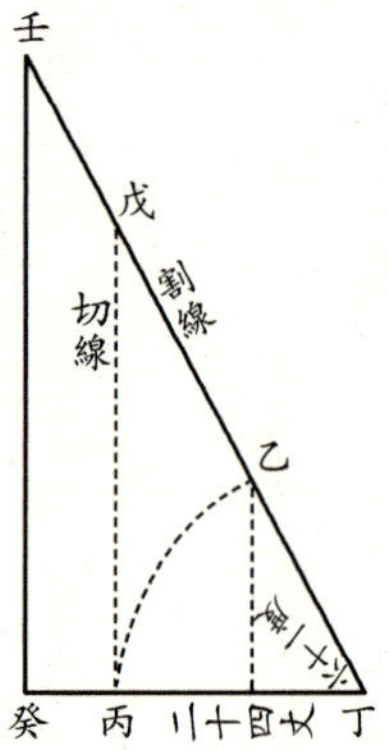

一，求壬丁邊。以半徑比丁角之割線，若癸丁句與壬丁弦。

一率　原設句　半徑一〇〇〇〇〇

二率　原設弦　丁角六十二度。割線二一三〇〇五

三率　今有句　癸丁邊二十四丈

四率　所求弦　壬丁邊五十一丈一尺

一，求壬癸邊。以半徑比丁角之切線，若癸丁句與壬癸股。

一率　原設句　半徑一〇〇〇〇〇

二率　原設股　丁角六十二度。切線一八八〇七三

三率　今有句　癸丁邊二十四丈

四率　所求股　壬癸邊四十五丈一尺

一，求壬角。以丁角六十二度。減象限，餘二十八度，即壬角。

句股形第二術

有邊，求角。

假如壬癸丁。句股形，有壬丁弦，一百零二丈二尺。癸丁句，四十八丈。求二角一邊。

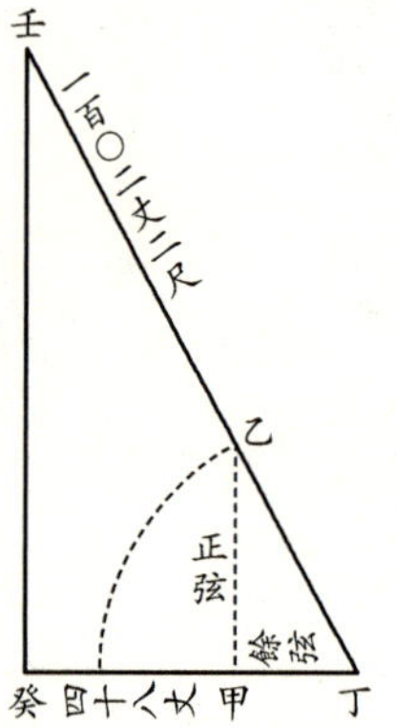

一，求丁角。術爲以壬丁弦比癸丁句，若半徑乙丁與丁角之餘弦甲丁。

一率　壬丁邊一百〇二丈二尺

二率　癸丁邊〇四十八丈

三率　半徑一〇〇〇〇〇

四率　丁角餘弦〇四六九六六

以所得餘弦，查八線表，得六十二度爲丁角。後省曰撿表。

一，求壬癸邊。以半徑比丁角之正弦，若壬丁弦與壬癸股。

一率　半徑一〇〇〇〇〇

二率　丁角六十二度。正弦〇八八二九五

三率　壬丁邊一百〇二丈二尺

四率　壬癸邊〇九十丈〇二尺三寸

一，求壬角。以丁角六十二度。減象限，餘二十八度爲壬角。

假如壬癸丁。三角形，有壬丁邊，一百〇六丈。壬癸邊，九十丈。癸丁邊，五十六丈。求角。

一，求癸角。術以壬丁大邊與丁癸邊相加，得一百六十二丈。爲總。又相減，得五十丈。爲較。以較乘總得八千一百丈。爲寔。以壬癸邊九十丈。爲法，除之仍得九十丈。與壬癸邊數等。即知癸角爲正方角，定爲句股形。

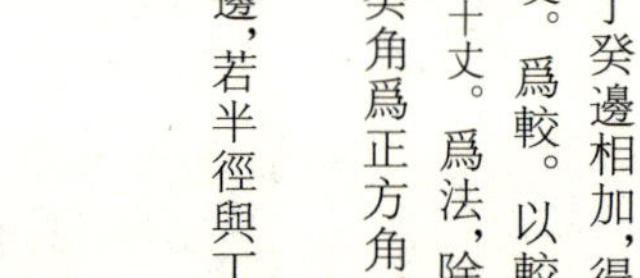

一，求丁角。以丁癸邊比壬癸邊，若半徑與丁角之切線。

一率　丁癸句五十六丈

二率　壬癸股九十丈

三率　半徑一〇〇〇〇〇

四率　丁角切線一六〇七一四

求得丁角五十八度〇六分。以所得切線撿表即得。

一，求壬角。以丁角五十八度〇六分。減象限，得壬角三十一度五十四分。

銳角形第一術

有兩角一邊，求餘角餘邊。

假如乙丙丁。銳角形，有丙角，六十度。丁角，五十度。丙丁邊。一百二十尺。

先求乙角。以丙角六十度。丁角五十度。併之，得一百一十度。減半周，一百八十度。得乙角七十度。

次求乙丁邊。術爲以乙角正弦比丙丁邊，若丙角正弦與乙丁邊。

一率　乙角正弦九三九六九

二率　丙丁邊一百二十尺

三率　丙角正弦八六六〇三

四率　乙丁邊一百一十尺〇六寸

次求乙丙邊。以乙角正弦比丙丁邊，若丁角正弦與乙丙邊。

一　乙角七十度。正弦九三九六九

二　丙丁乙角對邊。一百二十尺

三　丁角五十度。正弦七六六〇四

四　乙丙丁角對邊。九十七尺八寸

銳角形第二術

有一角兩邊，求餘角餘邊。

假如甲乙丙。銳角形，有丙角，六十度。甲丙邊，八千尺。甲乙邊。七千零三十四尺。

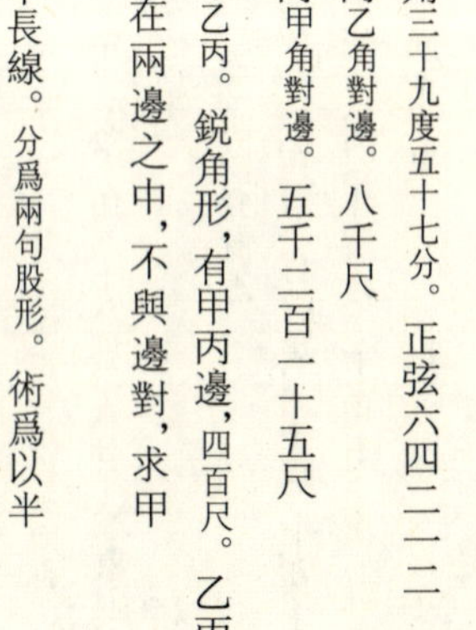

先求乙角。術爲以甲乙邊比甲丙邊，若丙角正弦與乙角正弦。

一　甲乙丙角對邊。七千〇三十四尺

二　甲丙乙角對邊。八千尺

三　丙角六十度。正弦八六六〇三

四　乙角正弦九八四九六

撿正弦表，得乙角八十度〇三分。

次求甲角。以丙角乙角相併，得一百四十度〇三分。以減半周。餘三十九度五十七分爲甲角。

次求乙丙邊。術爲以乙角之正弦比甲角之正弦，若甲丙邊（之）與乙丙邊。

一　乙角八十度〇三分。正弦九八四九六

二　甲角三十九度五十七分。正弦六四二一二

三　甲丙乙角對邊。八千尺

四　乙丙甲角對邊。五千二百一十五尺

假如甲乙丙。銳角形，有甲丙邊，四百尺。乙丙邊，二百六十一尺〇八分。丙角六十度。角在兩邊之中，不與邊對，求甲乙邊。

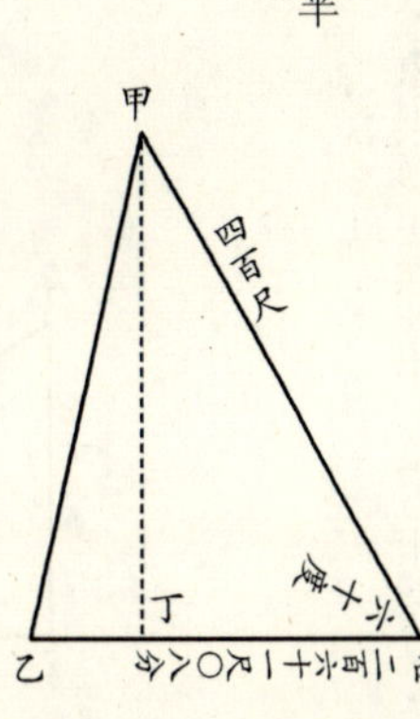

先求中長線。分爲兩句股形。術爲以半徑比丙角正弦，若甲丙邊與甲丁中長線。

一　半徑一〇〇〇〇〇

二　丙角六十度。正弦〇八六六〇三

三　甲丙邊四百尺

四　甲丁中長線三百四十六尺四寸一分

次求丙丁邊。即所分甲丁丙形之句，而甲丙爲之弦。以半徑比丙角餘弦，若甲丙邊與丙丁邊。

一　半徑一〇〇〇〇〇

二　丙角六十度。餘弦〇五〇〇〇〇

三　甲丙邊四百尺

四　丙丁邊二百尺

次求乙丁邊。以丙丁減丙乙，餘六十一尺〇八分爲乙丁。

次求丁甲乙分角。即分形甲丁乙句股之甲角。以甲丁中長線比乙丁分邊，若半徑與甲分角切線。

一　甲丁中長線三百四十六尺四寸一分

二　乙丁分邊〇六十一尺〇八分

三　半徑一〇〇〇〇〇

四　甲分角切線〇一七六三三

撿表得甲分角一十度。

末求甲乙邊。以半徑比甲分角割線，若甲丁與甲乙邊。

一　半徑一〇〇〇〇〇
二　甲分角十度。割線一〇一五四三
三　甲丁中長線二百四十六尺四寸一分
四　甲乙邊三百五十一尺七寸五分

又術新增。

用切線分外角。

假如甲乙丙。鋭角形，有甲丙邊，四百尺。乙丙邊，二百六十一尺〇八分。丙角，六十度。此即前例，但徑求甲角。術以甲丙、乙丙。兩邊相併爲總，相減爲較。又以丙角六十度。減半周得外角，一百二十度。半之，得半外角，六十度。撿其切線。依三率法，求得半較角，以減半外角得甲角。

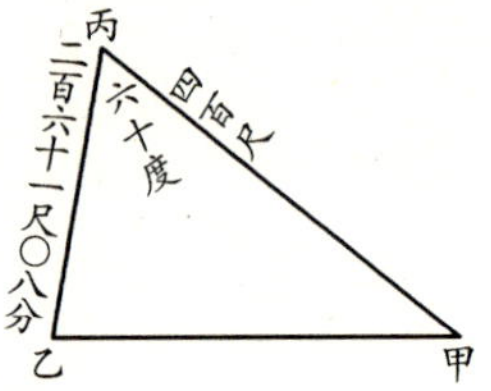

一　兩邊總六百六十一尺〇八分
二　兩邊較一百三十八尺九寸二分
三　半外角切線一七三二〇五
四　半較角切線〇三六三九七

撿切線表，得二十度。爲半較角，轉與半外角六十度。相減，得甲角四十度。

次求乙角。併甲丙二角，一百度。以減半周，得乙角八十度。

次求甲乙邊。

一　甲角四十度。正弦六四二七九
二　丙角六十度。正弦八六六〇三
三　乙丙邊二百六十一尺〇八分
四　甲乙邊三百五十一尺七寸五分

鋭角形第三術

有三邊，求角。

假如甲乙丙。鋭角形，有乙丙邊，二十丈。甲丙邊，一十七丈五尺八寸五分。乙甲邊。一十三丈〇五寸。術曰：任以乙丙。大邊爲底，從甲角作甲丁虛垂線至底，分爲兩句股形。

一甲丁丙形，以甲丙邊爲弦，丁丙爲句。

一甲丁乙形，以甲乙邊爲弦，丁乙爲句。兩弦相併爲總，相減爲較。兩句相併即乙丙邊原數。爲句總，求兩句相減之數爲句較。術爲以句總比弦總，若弦較與句較也。

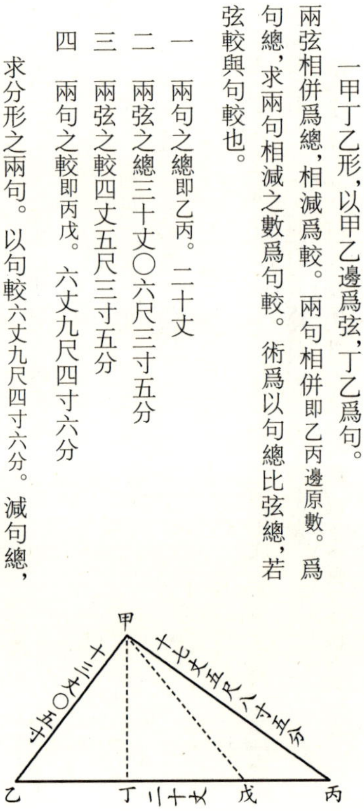

一　兩句之總即乙丙。二十丈
二　兩弦之總三十丈〇六尺三寸五分
三　兩弦之較四丈五尺三寸五分
四　兩句之較即丙戊。六丈九尺四寸六分

求分形之兩句。以句較六丈九尺四寸六分。減句總，二十丈，即乙丙。餘乙戊，一十三丈〇五寸四分。半之，得丁乙即戊丁。六丈五尺二寸七分爲甲丁乙。分形之句。

又以戊丁六丈五尺二寸七分。加句較，六丈九尺四寸六分，即戊丙。得丁丙一十三丈四尺七寸三分爲甲丁丙。分形之句。

求丙角。以甲丙弦比丁丙句，若半徑與丙角之餘弦。

一　甲丙邊一十七丈五尺八寸五分
二　丁丙分邊一十三丈四尺七寸三分
三　半徑一〇〇〇〇〇
四　丙角餘弦〇七六六一六

撿餘弦表，得丙角四十度。

求甲角。術先求分形大半之甲角，以丙角四十度減象限，餘五十度爲丁甲丙。分形之甲角。

次求分形小半之甲角。以甲乙弦比丁乙句，若半徑與分形甲角之正弦。

一　甲乙邊一十三丈〇五寸
二　丁乙分邊〇六丈五尺二寸七分
三　半徑一〇〇〇〇〇
四　甲分角正弦〇五〇〇一五

撿正弦表，得三十度爲丁甲乙。分形之甲角。

末併分形兩甲角，先得五十度，後得三十度。得甲全角八十度。

求乙角併丙甲二角，一百二十度。以減半周，得乙角六十度。

鈍角形第一術

有兩角一邊，求餘角餘邊。

假如乙丙丁。鈍角形，有丙角，三十六度半。乙角，二十四度。丁乙邊。五十四丈。

先求丁角。術以丙乙二角併之，共六十度半。以減半周，得餘一百一十九度半爲丁鈍角。

次求乙丙邊。以丙角正弦比丁角正弦，若乙丁邊與乙丙邊。

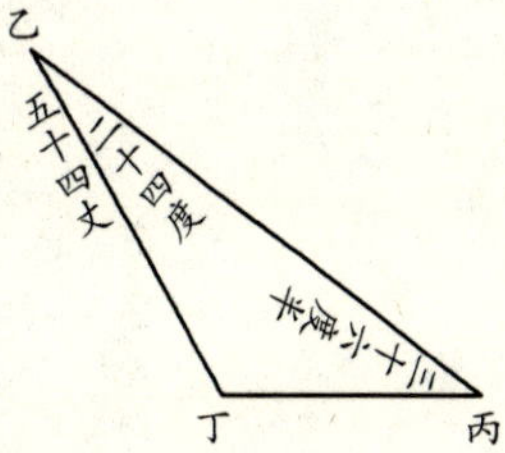

一 丙角三十六度(二)[三]十分。正弦五九四八二

二 丁角一百十九度三十分。正弦八七〇三六

三 乙丁邊五十四丈

四 乙丙邊七十九丈〇一十

右所用丁角正弦，即六十度半正弦，以鈍角度減半周用之。凡鈍角並同。

求丁丙邊，以丙(邊)[角]正弦比乙角正弦，若乙丁邊與丁丙邊。

一 丙角三十六度三十分。正弦五九四八二

二 乙角二十四度。正弦四〇六七四

三 乙丁邊五十四丈

四 丁丙邊三十六丈九尺二寸

鈍角形第二術

有一角兩邊，求餘角餘邊。

假如甲乙丙。鈍角形，有乙角，九十九度五十七分。甲丙對邊，四千尺。甲乙邊。三千五百一十七尺。

求丙角。術爲以甲丙對邊比甲乙邊，若乙角正弦與丙角正弦。

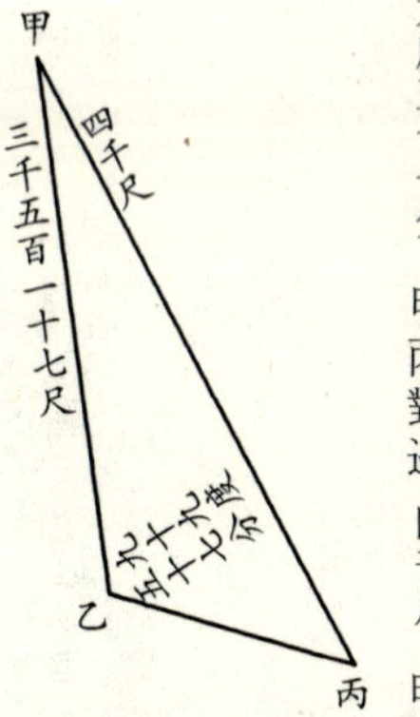

一 甲丙邊四千尺

二 甲乙邊三千五百一十七尺

三 乙角九十九度五十七分。正弦九八四九六即八十度三分正弦。

四 丙角正弦八六六〇三

撿表得丙角六十度。

求甲角。併乙丙二角，共一百五十九度五十七分。以減半周，得餘二十度〇三分爲甲角。

求乙丙邊。以乙角之正弦比甲角之正弦，若甲丙對邊與乙丙邊。

一 乙角九十九度五十七分。正弦九八四九六

二 甲角二十度零三分。正弦三四二八四

三 甲丙邊四千尺

四 乙丙邊一千三百九十二尺

假如乙丁丙。鈍角形，有乙丁邊，一千零八十尺。乙丙邊，一千五百八十二尺。乙角。二十四度。角在兩邊之中，不與邊對。

從不知之丙角，作虛垂線于形外，如丙戊。亦引乙丁線于形外，如丁戊。兩虛線遇于戊，成正方角，乃求丙戊垂線。以半徑比乙角正弦，若乙丙邊與丙戊。

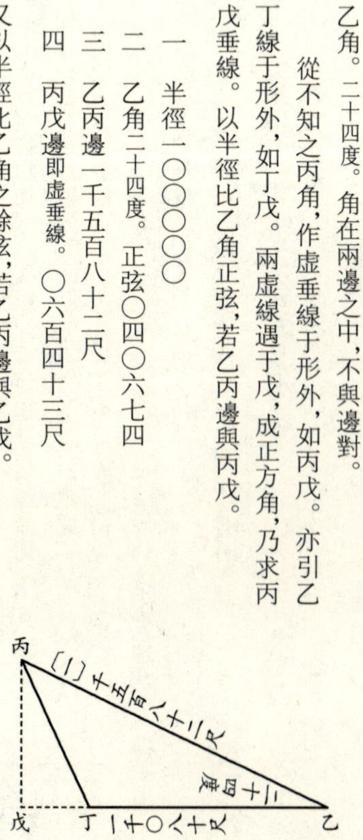

一 半徑一〇〇〇〇〇

二 乙角二十四度。正弦〇四〇六七四

三 乙丙邊一千五百八十二尺

四 丙戊邊即虛垂線。〇六百四十三尺

又以半徑比乙角之餘弦，若乙丙邊與乙戊。

一 半徑一〇〇〇〇〇

二 乙角二十四度。餘弦〇九一三五五

三 乙丙邊一千五百八十二尺

四 乙戊邊即乙丁引長線。一千四百四十五尺

以原邊乙丁一千〇八十尺。與引長乙戊邊相減，得丁戊三百六十五尺。爲形外所作虛句股形之句。則先得丙戊垂線爲股，而原邊丁丙爲之弦。

求丁丙邊。依句股求弦術，以丙戊股自乘，四十一萬三千四百四十九尺。丁戊

句自乘，一十三萬三千二百二十五尺。併之，得數五十四萬六千六百七十四尺。爲實，平方開之，得弦七百三十九尺，爲丁丙邊。

求丙角，以丁丙邊比丁乙邊，若乙角正弦與丙角正弦。

一　丁丙邊〇七百三十九尺
二　丁乙邊一千〇八十尺
三　乙角二十四度。正弦四〇六七四
四　丙角正弦五九四四二

撿表，得丙角三十六度二十九分。

求丁角。併乙、丙二角，共六十度二十九分。以減半周，得餘一百一十九度三十一分爲丁鈍角。

又術新增。

用切線分外角。

假如乙丙丁。鈍角形，有丁乙邊，五百四十尺。丙乙邊，七百九十一尺。乙角。二十四度。角在兩邊之中不與邊對。

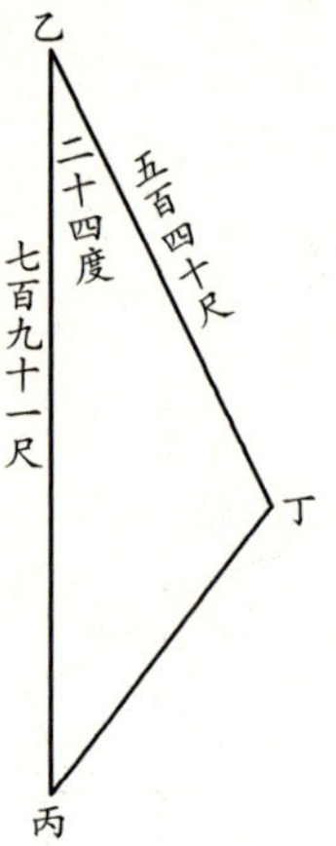

求丙角。以丁乙、丙乙。兩邊相併爲總，相減爲較。又以乙角二十四度。減半周，得外角一百五十六度。半之，得半外角七十八度。撿其切線，得四七〇四六三，乃求半較角切線，以邊總比邊較，若半外角切線與半較角切線。

一　兩邊之總一千三百三十一尺
二　兩邊之較〇二百五十一尺
三　半外角切線四七〇四六三
四　半較角切線〇八八七一九

撿表，得半較角四十一度三十五分，以轉減半外角七十八度，得餘三十六度二十五分爲丙角。

求丁角。併乙丙二角，六十度二十五分。以減半周，得一百一十九度三十五分爲丁鈍角。

求丁丙邊。以丙角正弦比乙角正弦，若乙丁邊與丁丙邊。

一　丙角三十六度二十五分。正弦五九三六五
二　乙角二十四度。正弦四〇六七四
三　乙丁邊五百四十尺
四　丁丙邊三百六十九尺九寸八分

鈍角形第三術

有三邊，求角。新式。

假如乙丙丁。鈍角形，有乙丙邊，三百七十五尺。乙丁邊，六百〇七尺。丁丙邊。三百尺。術自乙角作垂線至甲，又引丁丙線遇于甲，則成乙甲丁句股形。又引横線至辛，使甲辛如丙甲，成乙甲辛句股形，則丁辛爲兩句之總，而丁丙邊爲兩句之較。又乙丁邊爲大形乙甲丁。之弦。乙丙邊爲小形乙甲辛，即乙甲丙。之弦。兩弦相併爲總，相減爲較。乃以句較比弦較，若弦總與句總。

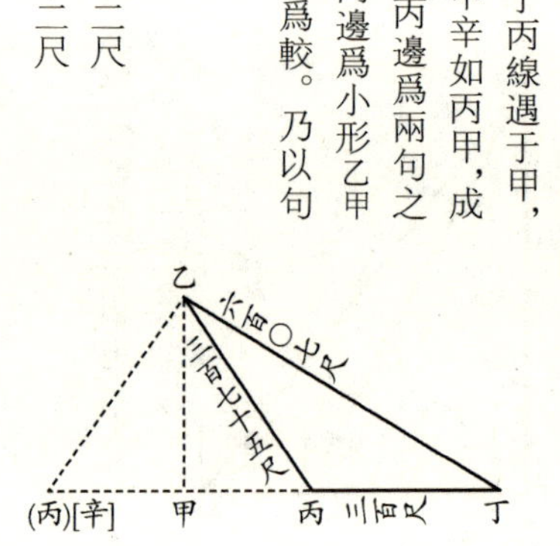

一　句較即丁丙邊。三百尺
二　弦較即乙丁內減乙丙之餘。二百三十二尺
三　弦總即乙丁乙丙二邊相併。九百八十二尺
四　句總七百五十九尺四寸

以句較三百尺。減所得句總，七百五十九尺四寸。餘數四百五十九尺四寸。半之，得數二百二十九尺七寸。爲小形之句甲丙。以甲丙小形之句。加丁丙較，三百尺。得數五百二十九尺七寸。爲大形之句甲丁。

求丁角。用乙甲丁大形。以乙丁弦比丁甲句，若半徑與丁角之餘弦。

一　乙丁弦六百〇七尺
二　甲丁句五百二十九尺七寸
三　半徑一〇〇〇〇〇
四　丁角餘弦〇八七二六五

撿表，得丁角二十九度一十四分。

求丙角。用乙甲丙小形。以甲丙句比乙丙弦，若半徑與丙角之割線。

一　甲丙句二百二十九尺七寸

二　乙丙弦三百七十五尺

三　半徑一〇〇〇〇

四　丙角割線一六三二五六

撿表，得丙角五十二度一十四分。爲本形之丙外角，以減半周，得丙鈍角一百二十七度四十六分。

求乙角。併丁、丙二角所得度分共一百五十七度。以減半周，得餘二十三度，爲乙角。

又　卷五《測量》　三角用法算例已具，茲則舉高深廣遠以徵諸實事，亦與算例互相補備也。

三角測高第一術

自平測高。假如有塔不知其高。距三十丈立表一丈，用象限儀測得高二十六度三十四分弱。依法求得塔高一十六丈。法爲半徑一〇〇〇〇〇。與戊角切線，五〇〇〇〇。若距塔根丙乙即戊丁三十丈。與塔頂高甲丁是截算表端以上。十五丈，加戊丙表一丈，即丁乙。共得塔高十六丈。甲乙。

凡用象限儀以垂線作角，與用指尺同理。指尺即闚衡，亦曰闚管，亦曰闚筩。

若戊丙表立于高所，當更加立處之高，以爲塔高。

省算法。從表根丙平安象限，以一邊指塔根乙，一邊指癸。乃順丙癸直線行至癸，得三十丈，與丙乙等。復于癸平安象限，作癸角與戊角等。邊指丙，尺指壬，則壬丙遠，即甲丁之高。亦加丁乙爲塔高。

論曰：癸角同戊角，丙癸同丙乙，丙與

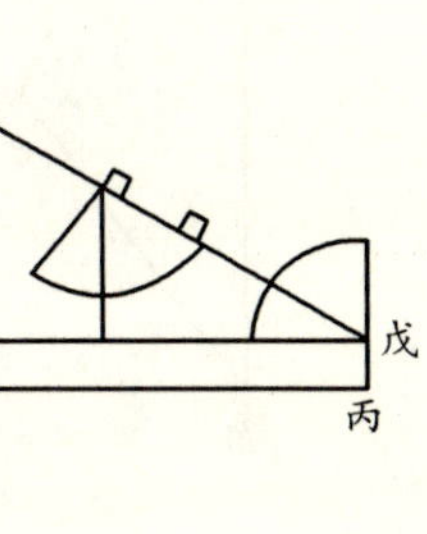
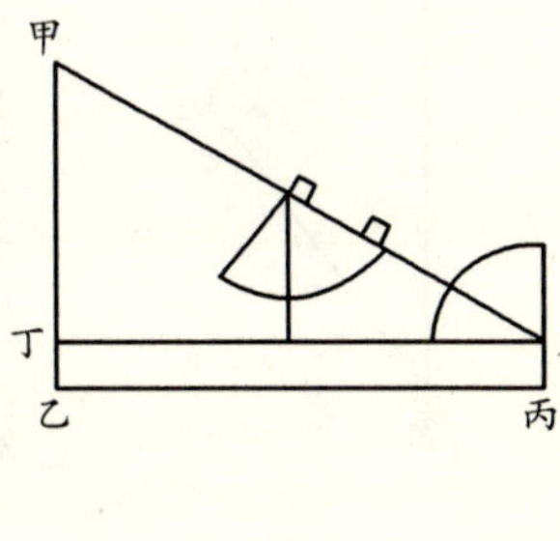
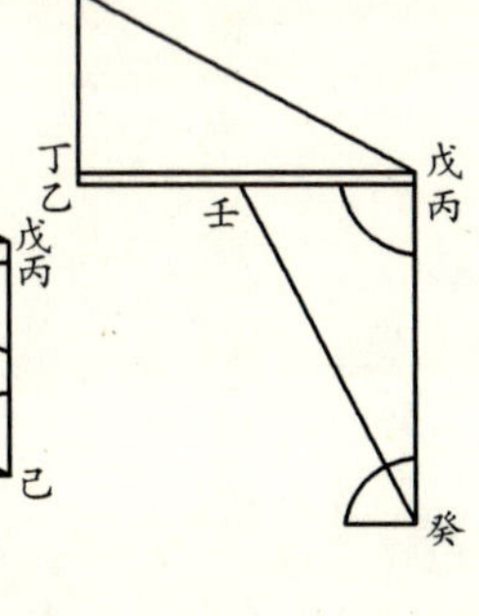
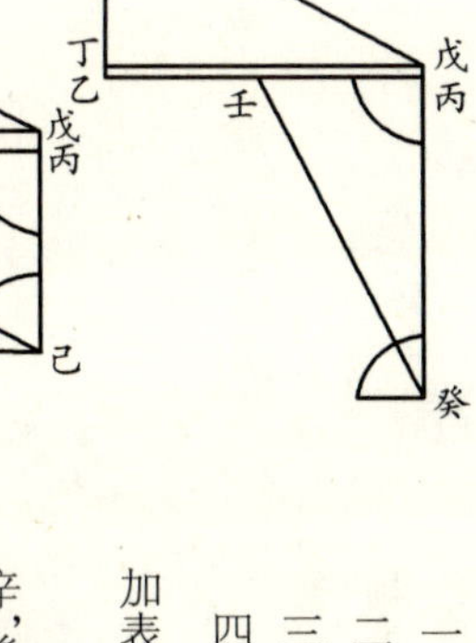

乙並正角，則兩句股等。立面與平面一也。又術，自丙向癸却行，以象限平安。邊指丙，尺指乙，求作戊之餘角，得己丙之距，即同甲丁之高。

又省算法，用有細分矩度。自戊數至癸，令其分如丙乙之距。或兩倍、三倍。從癸數壬癸直線之分，即甲丁之距也。先以二分爲丈，或三分爲丈，今亦同之。

用距度以垂線作角，其用亦同。

三角測高第二術

平面測不知遠之高，法用重測。假如有山頂，欲測其高，而不知所距之遠。依術立二表相距一丈二尺，用象限儀測得高六十度十九分。退測後表，得五十八度三十七分。查其兩餘切線以相減，得較數爲法，表距乘半徑爲實，算得山高三十一丈。

一　餘切線較〇〇四〇〇〇

二　半徑一〇〇〇〇〇

三　表距戊己一丈二尺

四　山高甲丁三十丈

加表一丈，共三十一丈。

省算法，用矩度。假令先測指線交於辛，後測指線交于庚，成辛庚戊三角形。法于兩指線中間，以兩測表距即戊己。變爲分。如壬癸小線，引長之至丙，即丙戊所當測高。

論曰：此即古人重表法也。或隔水量山，或于城外測城內之山，並同。

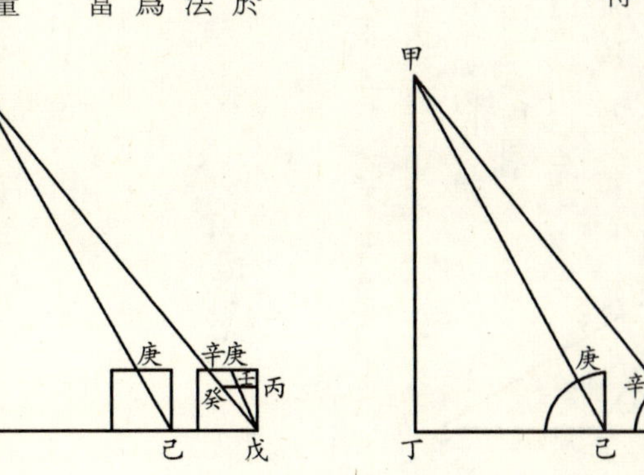
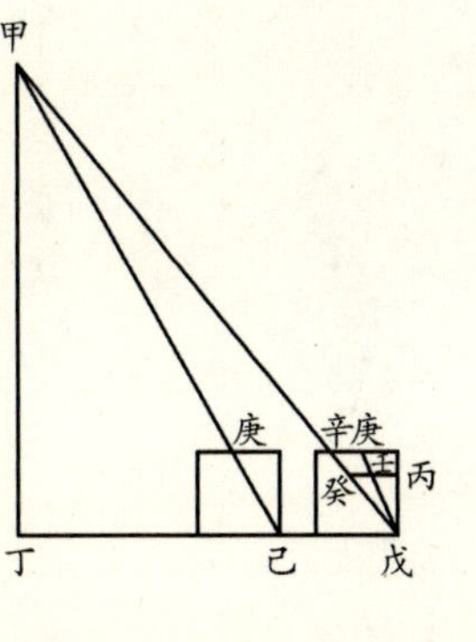

三角測高第三術

從高測高，又謂之因遠測高。假如人在山巔，欲知此山之高，但知山左有橋，離山半里，用象限測橋，得遠度一十八度二十六分强，依切線法，求得山高一里半。

一　甲角切線　半徑一〇〇〇〇〇

二　半徑　甲角餘切二〇〇〇二八

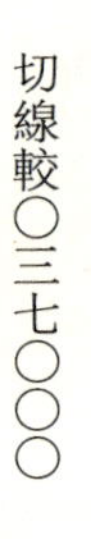

三　橋遠戊丁。一百八十步

四　山高甲丁。五百四十步〇五尺

省算法，用矩度。作壬癸線以當戊丁，則己壬當甲丁。

三角測高第四術

從高測不知遠之高，法用重測。假如，人在山上，欲知本山之高，然又無可據之遠。但山有樓或塔，量得去山二十一丈，以象限儀指定一處，于樓下測得五十五度二十六分。又于樓上測得五十三度五十分，用餘切線，求得山高三百四十四丈五尺。

一　兩餘切較〇四六

二　下一測餘切六八九

三　樓高兩測之距。二十一丈

四　山高三百四十四丈五尺

省算法，用矩度。上測交庚下測交辛，成辛己庚三角形。法于兩指線中間以上下兩測之距變爲分，如壬癸小線，引長之至丙，即壬丙當所測本山之高。

三角測高第五術

若山上無兩高可測，則先測其弦。但山上有兩所可以並見此物，即可測矣。甲乙爲山上兩所，不拘平斜，但取直線。任指一處如戊。於甲於乙用器兩測之，成甲乙戊形。此形有甲乙兩角，又有甲乙之距，爲兩角一邊，可求甲戊邊。法爲戊角之正弦與甲乙邊，若乙角之正弦與甲戊。再用甲戊丁句股形，爲半徑與甲戊，若甲角餘弦與甲丁，即山之高也。

三角測高第六術

借兩遠測本山之高。有山不知其高，亦無距山之遠。但山前有大樹，從此樹向山而行，相去一百八十五丈。又有一樹，人在山上，可見兩樹如一直線，即於山上以象限儀測此二樹。一測遠樹四十三度三十二分，一測近樹三十度〇七分，用切線較得本山高五百丈。

一　切線較〇三七〇〇〇

二　半徑一〇〇〇〇〇

三　兩遠之較一百八十五丈

四　本山高五百丈

省算。作壬癸小線當兩遠之距己戊。而丙甲當本山高。甲丁。

三角測高第七術

用山之前後兩遠測高。甲爲山顛，可見戊己兩樹。其樹與山參相直，如山南樹直正子，北樹直正午。而不知其距。但山外有路，與此樹平行爲庚辛，其長三里，如兩樹正南北，此路亦自南向正北行。即借庚辛之距爲兩樹之距，以兩切線并爲法求之。

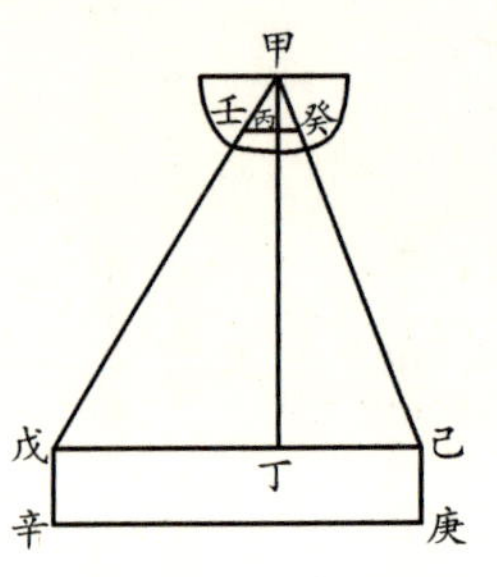
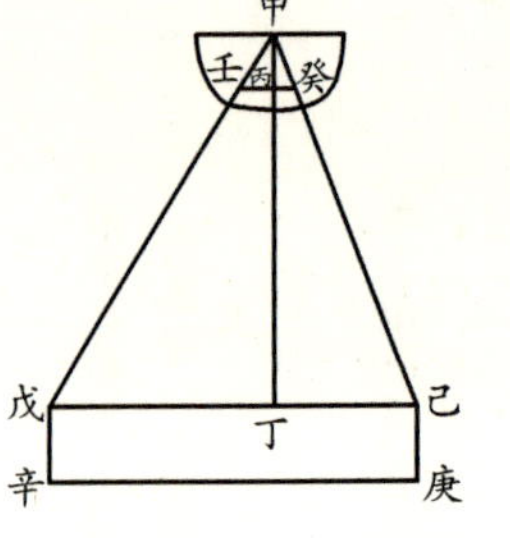

先從甲測己，得甲角一十七度〇四分。又

從甲測戊，得甲角二十四度三十四分。法爲兩切線并與己戊，若半徑與甲丁也。

一率　兩切線并〇九九六〇〇

二率　半徑一〇〇〇〇〇

三率　己戊即庚辛三里

求得四率甲丁。三里〇四步又三之一強。

三角測高第八術

測山上之兩高。甲山上有塔如乙，欲測其高如乙甲之距。於戊安儀器，測乙測甲，得其兩戊角之度。一乙戊丁，二甲戊丁。各取其切線相減得較。法爲半徑比切線較，若戊丁與乙甲。

省算法，數戊丙之分，以當戊丁。作壬癸丙小線，則壬癸之分即當乙甲。用矩度亦同。

三角測高第九術

隔水測兩高之橫距。有甲乙兩高在水外，欲測其相距之遠。任於丙用儀器，以邊向丁，闚筩指甲，得甲丙丁角。一百二十五度。又指乙，得乙丙丁角。五十度。次依丙丁直線行至丁，得一百步。再用儀器，以邊向丙，闚筩指甲，得甲丁丙角。三十九度。又指乙，得乙丁丙角。一百零八度。又甲丁乙角，六十九度。得三角形三。一甲丁丙，二乙丁丙，三甲丁乙。

今算甲丁丙形，有丁丙邊，丁丙二角，求甲丁邊。

一率甲角一十六度。正弦，二七五六四。二率丁丙，一百步。三率丙角一百二十五度。正弦。八一九一五。求得四率甲丁邊。二百九十七步。

次乙丁丙形，有丁丙邊，丙丁二角，求乙丁邊。

一率乙角二十二度。正弦，三七四六一。二率丁丙邊，一百步。三率丙角五十度。正弦。七六六〇四。求得四率乙丁邊。二百〇四步。

末乙丁甲形，有甲丁邊，二百九十七步。乙丁邊，二百〇四步。丁角。六十九度。先求甲角。

一率兩邊之總，五百〇一步。二率兩邊之較，九十三步。三率半外角五十五度半。切線。一四五五〇一。求得四率半較角切線。二七〇〇九。查表得一十五度〇七分弱，以減半外角，得甲角四十度二十三分強。

次求甲乙邊。

一率甲角正弦，六四七九〇。二率乙丁邊，二百〇四步。三率丁角正弦。九三三五九。求得四率甲乙邊二百九十四步弱。

論曰：此所測甲丁及乙丁皆斜距也。或甲乙兩高並在一山之上，于山麓測之。或甲乙分居兩峯，于兩峯間平地測之。或甲在水之東，乙在水之西，於一岸測之。並同。

若用有度數之指尺，並可用省算之法。

三角測高第十術

隔水測兩高之直距。有兩高，如乙與甲，于戊于庚測之。

先以乙庚戊形，求乙庚斜距。次以甲庚戊形，求甲庚斜距。末以乙甲庚形，有乙庚邊，甲庚邊及庚角。求乙甲邊，即所求。

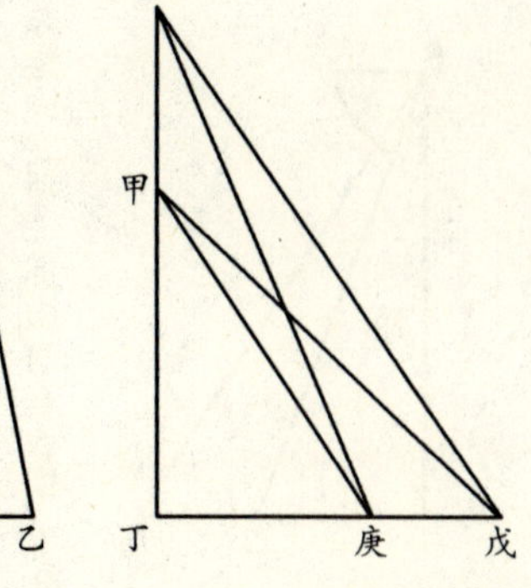

三角測高第十一術

若山之最高顛爲次高所掩，則用遞測。山前後左右地勢不同，則用環測。環測者從高測下，與測深同。太高之山則用屢測。

癸極高，爲甲次高所掩。則先測甲，復從甲測癸，謂之遞測。

乙丁與子丑，居癸山之下爲地平，而各不等。則從癸四面測之。如測癸辛之高，以辛乙爲地平。又測癸戊之高，以戊子丑爲地平。則乙丁與子丑之較爲戊辛，謂之環測。

若山太高太大，則于乙測甲。又于甲

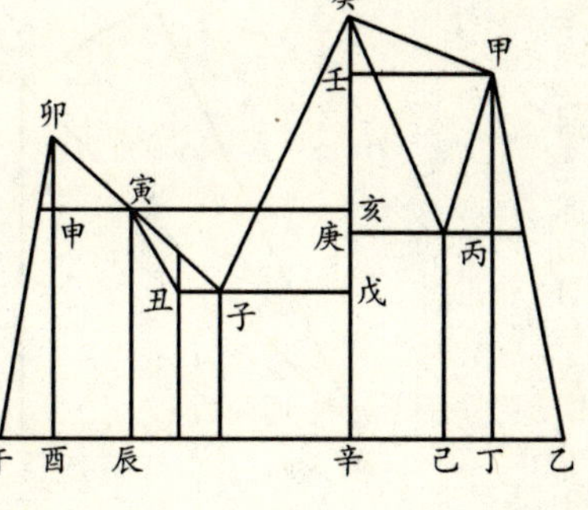

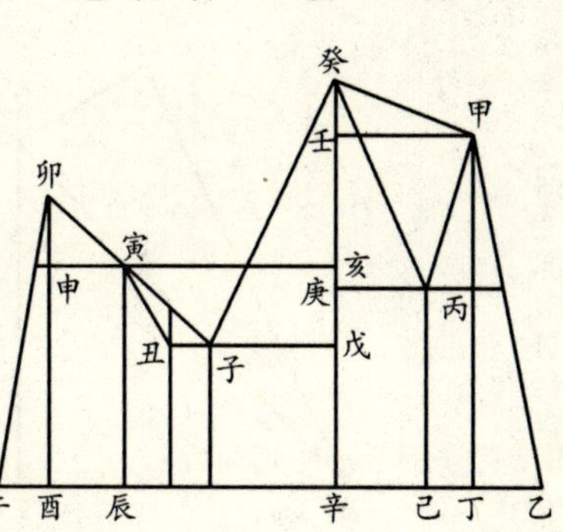

測癸。或先測卯，又測寅，又測丑測子，再從子丑測癸，細細測之，則真高自見。而地之高下亦從可知矣，謂之屢測。

三角測遠第一術

平面測遠。有所測之物如乙，於甲立表安象限，以邊指乙，餘一邊對丁。從甲乙直線上，任取九步如丁。於丁復安象限，以邊對甲，闚管指乙，得丁角七十一度三十四分。用切線，算得乙距甲二十七步。法爲半徑與丁角切線，若丁甲與乙甲。若欲知丁乙之距，依句股法，甲丁、甲乙各自乘，并而開方，即得乙丁。

若徑求乙丁，則爲以半徑比丁角之割線，若甲丁與丁乙也。是爲以句求弦。

省算，用矩度。自丁數至癸，取丁癸之分，如丁甲之距，或以分當步，或二分或三分當一步，皆可。作壬癸丁小句股，則壬癸之分，即乙甲也。或一分當步，或二分三分，並如丁癸之例。而丁壬亦即當丁乙。若先從丁測，則以測器向甲，指尺向乙作丁角。次依丁甲直線行至甲，務令測器之一邊順丁甲，餘一邊指乙，則甲爲正方角。如前算之即得。若甲非正方角，則于丁甲直線上，或前或後移測，求爲正方角乃止。

三角測遠第二術

省算法。人在甲，欲測乙之遠。於甲置儀器，一邊向乙，一邊向丁成正方角。乃依甲丁直線行至丁，以邊向甲，闚管指乙，作四十五度角，即甲丁與甲乙等。若用矩度，以乙丁線正對方角，則丁角爲正方角之半，而甲丁等乙甲。

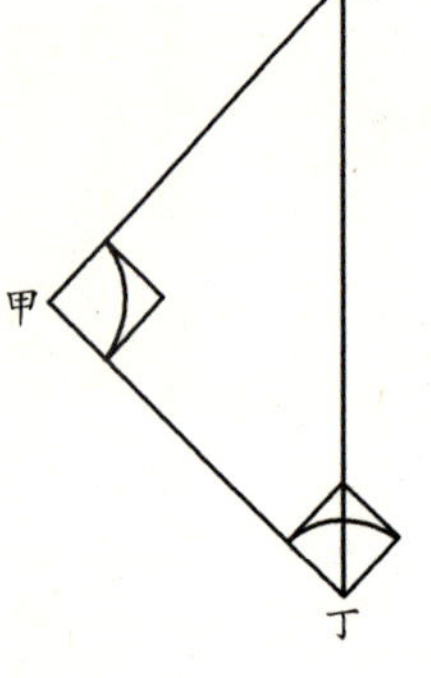

論曰：丁角爲正方角之半，則乙角亦正方角之半，而句與股齊，故但量甲丁，即知甲乙。

又省算法。於甲置儀器，以邊向丁，闚管指乙，作六十度角。順甲丁直線行至丁，復作六十度角，則甲丁等甲乙。

論曰：甲角，丁角俱六十度，則乙角亦六十度矣。故三邊俱等。若丁不能到，則於甲丁線上取丙，以儀器二邊對甲對乙，成正方角，則甲丙爲乙甲之半。

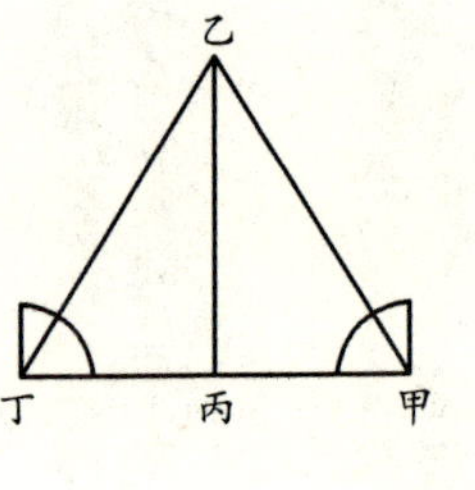

三角測遠第三術

平面測遠，用斜角。人在甲測乙而兩旁無餘地，可作句股，則任指一可測之地如丁，量得丁甲二十丈。於丁安儀器，以邊向甲，窺筩指乙，得丁角。四十六度。又於甲安儀器，以邊指丁，窺筩指乙，得乙甲庚角。二十一度。加象限，九十度。得甲鈍角。一百一十一度。法爲以乙角之正弦二十三度，乃甲、丁二角減半周之餘。比丁甲，若丁角之正弦與乙甲。算得乙甲三十六丈八尺二寸。

若求乙丁，則爲以乙角之正弦比丁甲，若甲角之正弦與乙丁。算得乙丁四十七丈七尺八寸。甲爲鋭角，法同。

省算法。於儀器作壬甲線，與乙丁平行。作壬癸線，與乙甲平行，成壬癸甲小三角形，與丁乙甲等。則甲癸當甲丁，而壬癸當甲乙。又壬甲當乙丁，用矩度同。但于象限内作横直分，用同矩度。

論曰：壬角既同乙角，壬甲與乙丁平行，壬癸與乙甲平行，則作角必相等。癸鈍角又同甲角，則兩三角相似，而比例等。

鋭角形，於甲測乙，用矩度之邊指丁作甲角。另用一矩度，其矩須於兩面紀度。從丁測之以邊向甲，闚筩指乙作丁角。末移丁角作癸角於器上，作壬癸線，與乙丁平行。則癸甲當丁甲，而壬甲當乙甲，壬癸當乙丁。

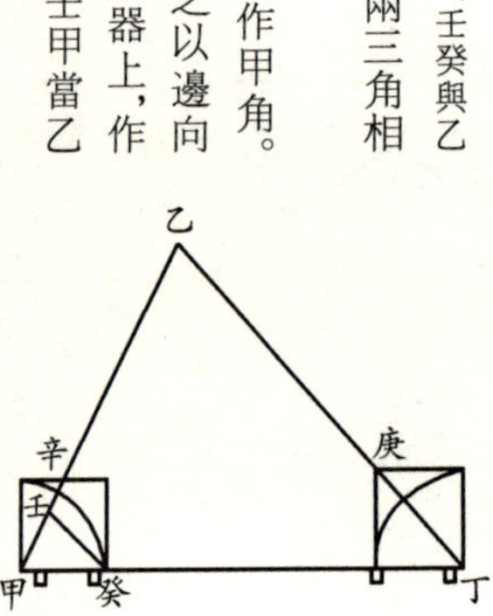

三角測遠第四術

平面測遠，借他線爲比例。甲、乙爲兩所，順甲乙直線行，任取若干步至丙。又於丙任作直線至丁，得若干步。於丁安儀器，以邊對甲，闚衡指丙，作丁角。順此直線至戊，復安儀器，邊對乙，衡指丙。作戊角，令與丁角等。則丙丁比丁戊，若丙甲與甲乙。

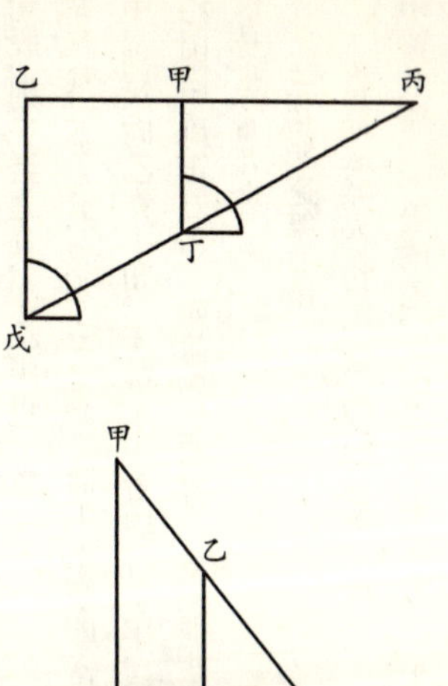

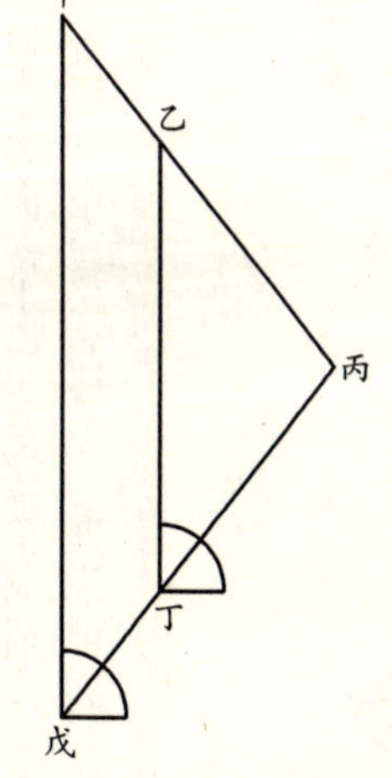

省算法。於乙甲直線上取丙，又從丙作丙戊直線，截丁丙如乙丙。於丁用象限闚乙作丁角。再於戊闚甲作戊角，令與丁角等，則丁戊即甲乙。

又法。甲置儀器，指乙、指丁作角，以減半周成外角。己戊爲甲角之度，丙庚戊爲外角之度。於丁置儀器，指甲、指乙，使丁角如半外角之度。但量甲丁，即得甲乙。

論曰：凡外角能兼內餘二角乙、丁。之度，丁角既爲外角之半，則乙角亦外角之半矣。角等者，所對之邊亦等，故甲丁等甲乙。

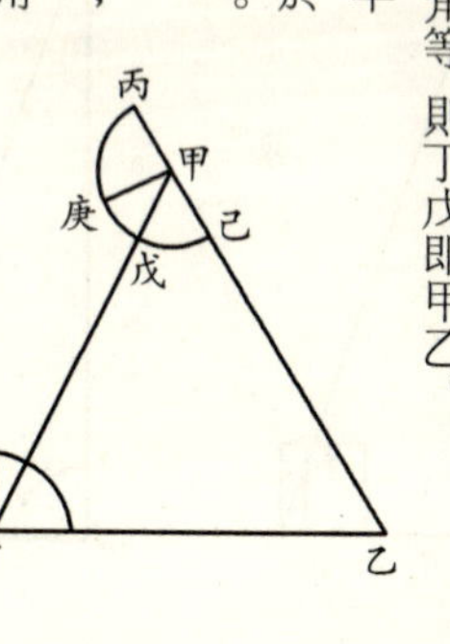

三角測遠第五術

平面測遠，借他形爲比例。從甲測乙，任立一表於丙，從甲用儀器，以邊向乙，闚管指丙得甲角。復於丁加儀器，以邊向戊，闚管指丙，使丁丙甲爲一直線。而作丁角與甲角等。乃順儀器邊，取直線至戊，令戊丙乙爲一直線。則丁丙與丁戊，若丙甲與甲乙。鈍角形，句股形，並同一理。

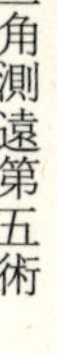

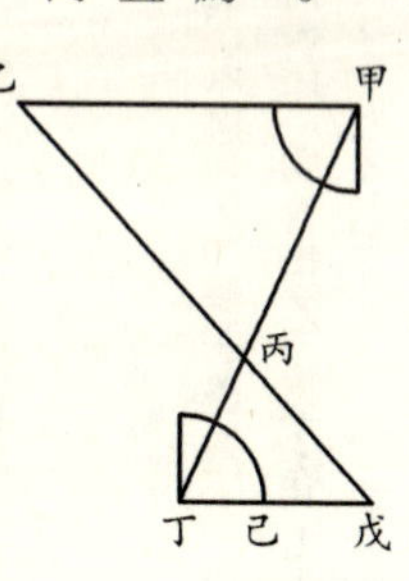

論曰：丙戊丁與丙甲乙，兩三角形相似。以兩形之丙角爲交角，必相等。而丁角又等甲角，則戊角亦等乙角矣。故其比例等。

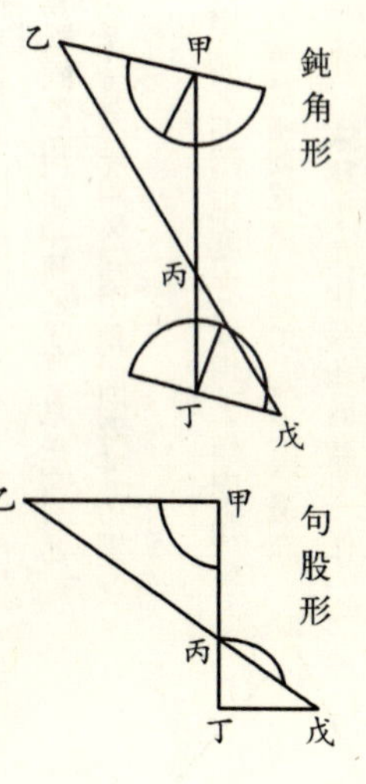

三角測遠第六術

省算。有甲、乙兩所，欲測其距。如前立丙表，以器測得甲丙乙角之度。又順乙丙直線行至戊，令丙戊之距，同甲丙而止。再從戊行至丁，從丁闚丙至甲成一直線。於此直線上，進退移測，使乙丁丙角爲乙丙甲角之半。則但量丁戊，即同乙甲。甲爲鈍角，或丙爲鈍角，並同。

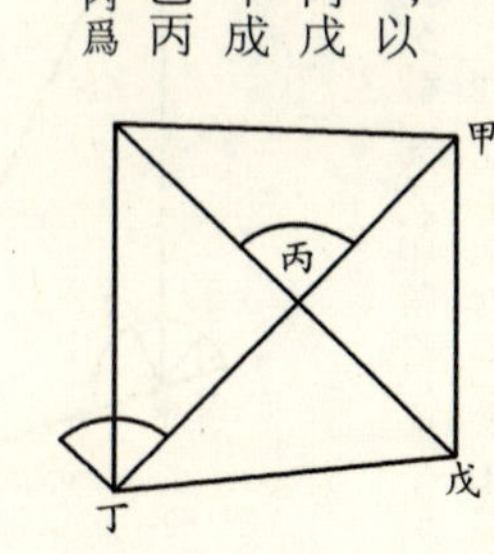

論曰：甲丙與丙戊既相等，乙丁丙角，爲乙丙甲外角之半，則丙乙丁角，亦外角之半。是乙丙與丁丙亦等也。而丙交角又等，是甲丙乙三角形與戊丙丁形等角、等邊也。故丁戊即乙甲。

三角測遠第七術

重測。甲、乙爲兩所，欲測其距，而俱不能到，則兩測之於戊、於丁，量得戊丁之距，十六步半。用器測得戊角、五十度四十三分。丁角，三十六度一十分。兩角之餘切線較五五〇〇〇。爲一率，半徑一〇〇〇〇〇。爲二率，戊丁十六步半。爲三率。得四率爲乙甲之距。三十步。若求戊甲之距，以兩測之餘切較五五〇〇〇。爲一率，先測戊角之餘切八一八〇〇。爲二率，丁戊十六步半。爲三率。得四率戊甲。二十四步五四。

論曰：此即古人重表測遠法也。必丁戊甲直線，與乙甲線横直相遇，使甲爲正角，其算始真。假如乙甲正南北距，則丁戊甲必正東西，斯能横直相交，而成正角也。

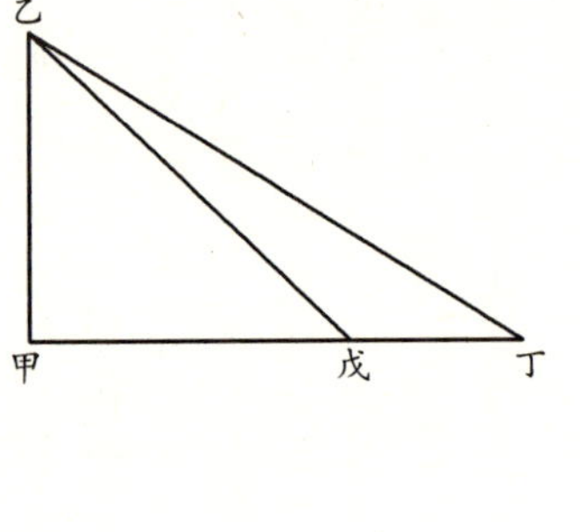

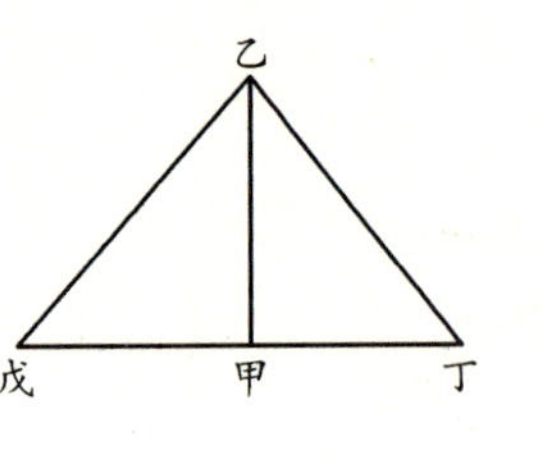
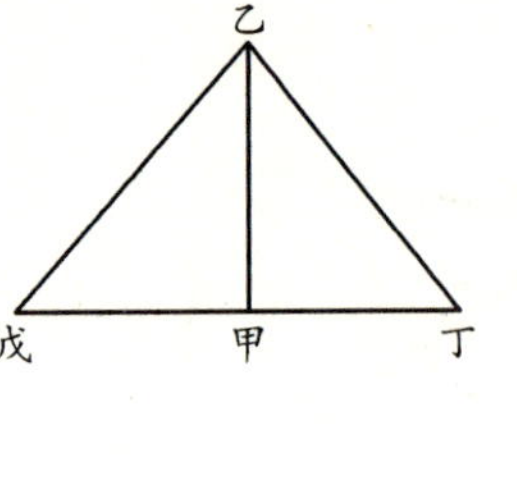
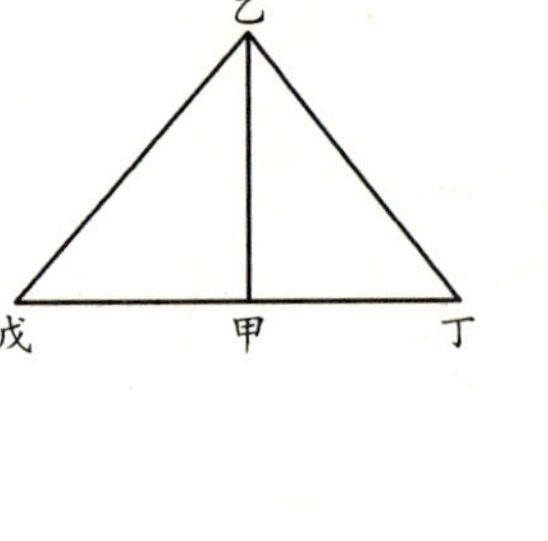

三角測遠第八術

分兩處重測。乙岸在河東，欲測其距西岸之遠如甲。則任於甲之左右，取丁戊兩所，與甲參相直而距河適均。測得丁角，五十度四十三分。戊角，五十五度四十三分。用兩角度之餘切線并一五〇〇〇〇。爲一率，半徑一〇〇〇〇〇。爲二率，丁戊之距九十六步。爲三率。求得四率乙甲之距。六十四步。爲兩岸闊。

論曰：此法但取丁戊直距與河岸平行，則不必預求甲點。而自有乙甲之距爲丁戊之垂線，尤便於測河，視用切線較，更簡捷而穩當矣。

三角測遠第九術

用高測遠。甲、乙爲兩所不知其遠，而先知丁乙之高，於甲用儀器，測丁乙之高幾何度分，即知甲乙。法爲半徑比甲角之餘切，若丁乙高與甲乙之遠。若人在高處如丁，用高測遠，則爲半徑比丁角之切線，若丁乙與甲乙。其理並同，但于丁加儀器而用正切。

三角測遠第十術

用不知之高測遠。欲知丁乙之遠，而不能至乙。乙之上有庚，又不知庚乙之高。法用重測。先於丁測之，得丁角。三十八度一十三分。又依丁乙直線，進至甲測之，得甲角。五十三度五十二分強。兩餘切較〇五四〇〇一。爲一率，丁角餘切一二七〇〇一。爲二率，丁甲之距二十步。爲三率。得四率丁乙。四十七步〇三。或丁後有餘地，退後測之，亦同。

省算。作壬癸丙線，以壬癸分當丁甲之距，壬丙當丁乙之遠。若人在高處如庚，於庚測丁、測甲，以求丁乙，其法亦同。但於庚施儀器，而用正切。法爲以兩庚角之切線較比丁庚乙之切線，若丁甲與丁乙。

三角測遠第十一術

用高上之高測遠。甲乙爲兩所，而乙之根爲物所掩，如山麓有小阜，坡面壘砢，林木蔽虧，或島嶼盤糾，荻葦深阻。難得真距。若用兩測，甲外又無餘地。但取其高處如戊，爲山顛。山上又有石臺，臺上有塔，如丁。丁戊之高，原有定距，以此爲用。從甲測丁，又測戊，得兩角，一丁甲乙，二戊甲乙。求其切線。法爲以切線較比半徑，若丁戊與乙甲。

省算。作壬癸丙小線，以壬癸當丁戊，則甲丙當甲乙，矩度同。若從高測遠，則於丁、於戊兩用儀器測甲，用丁戊兩角之餘切較，以當丁戊，而半徑當甲乙，其理亦同。

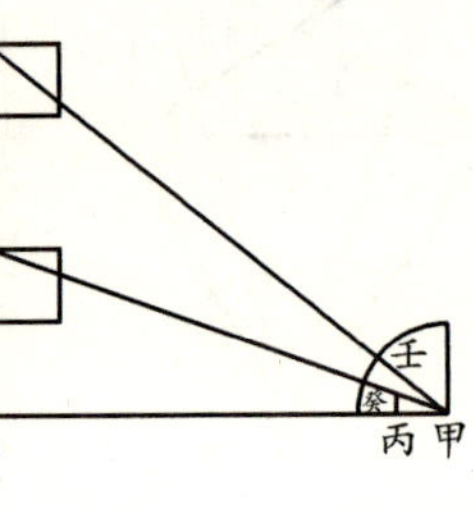
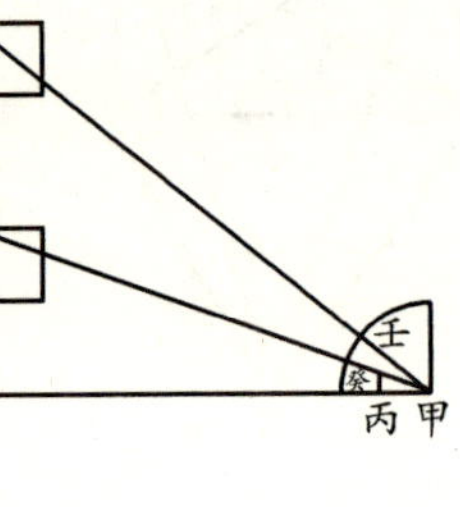

三角測遠第十二術

從高測兩遠。甲乙兩遠，人從高處測之。於丁用儀器，測甲、測乙，得兩丁角。一甲丁丙，二乙丁丙。法爲以半徑比兩角之切線較，若丁丙高與乙甲也。

又法。既得兩角，則移儀器窺戊，作戊丁甲角，如甲丁丙之倍度。又移窺己，作己丁乙角，如乙丁丙之倍度。則但量己戊即知乙甲。

三角測遠第十三術

連測三遠。丙乙爲跨水長橋，甲乙爲橋端斜岸。今于丁測橋之長，并甲乙岸闊，及其距丁之遠近。

法于丁安儀器，以邊指戊，衡指甲、指乙、指丙，作丁角五。一甲丁戊，二乙丁戊，三乙丁甲，四戊丁丙，五乙丁丙，皆丁角而有大小。

次順儀器邊直行至戊，得丁戊之距。于戊復用儀器，以邊指丁，衡指丙、指乙、指甲，作戊角三。一丁戊丙，二乙戊丙，三甲戊丁，皆戊角而有大小。

一，甲丁戊形，有丁角、戊角，有丁戊邊，可求甲丁邊。

一，乙丁戊形，有丁角、戊角，有丁戊邊，可求乙丁邊。

一，戊丁丙形，有戊角、丁角，有丁戊邊，可求丁丙邊。

以上並二角一邊，求餘邊。得甲、乙、丙三處距丁之遠近。

一，乙丁丙形，有丙丁邊、乙丁邊，有丁角，可求乙丙邊。

一，乙丁甲形，有甲丁邊、乙丁邊，有丁角，可求乙甲邊。

以上並二邊一角求餘邊，得岸闊與橋長。

三角測斜坡第一術

斜坡上平面測兩所之距。斜坡上有甲、乙兩所，欲量其相距之數。任立丙表，測得乙丙甲角度。乃順甲丙直線進退闕乙至戊，得乙戊丙角爲乙丙甲角之半。又横過至丁，從丁闕丙至乙成一直線。順此直線進退闕甲，至丁，得甲丁丙角亦爲丙角之半，則丁戊即乙甲。

又法。不必立表，但任指一點爲丙。而於甲丙直線上任取己點，乙丙直線上任取庚點，作庚丙己三角形。有己角、庚角，即知丙角。末乃如上作丁、戊兩角爲丙角之半，即所求。

論曰：此因乙甲在斜面高處而不能到，故借用丁丙戊形測之。以丁丙戊、乙丙甲兩形相等故也。何則？丙交角既等，而乙丙甲外角原兼有丙乙戊、乙戊丙兩角之度。戊角既分其半，乙角亦半，則兩角等。而乙丙、戊丙兩邊亦等矣。準此論之，則甲丁丙角爲丙外角之半者，丁甲丙角亦必爲丙外角之半。而甲丙、丁丙亦等矣。兩形之角既等，各兩邊又等，則三邊俱等。而戊丁即乙甲。若甲、乙兩所在下而丁、戊兩測在上，亦同。

三角測斜坡第二術

斜坡測對山之斜高。對山之斜高，如甲戊乙，於對山之斜坡測之。如丙丁，先量得丙丁之距。於丙安儀器，得丙角二。一乙丙丁，二戊丙丁。於丁安儀器，得丁角四。一乙丁丙，二乙丁戊，三戊丁丙，四乙丁甲。成各三角形。

先用乙丙丁形，有丙角，丁角及丁丙邊。測乙丁邊。次用戊丙丁形，有丙、丁二角及丁丙邊。測丁戊邊。三用乙丁戊形，有乙丁、戊丁二邊及丁角。測乙戊邊。四用乙丁甲形，有乙角，丁角及乙丁邊。測乙甲邊。乙甲内減乙戊得戊甲邊。乙戊甲爲垂線之高，法同。

三角測斜坡第三術

測對坡之斜高及其巖洞。從丙、從丁測對面之斜坡戊甲及乙戊。

一，乙丙丁形，有丙丁兩測之距，丙角、丁角。可求乙丁邊。二，戊丙丁形，有丙丁邊，丁角、丙角。可求丁戊、丙戊二邊。三，乙丁戊形，有乙丁邊，戊丁邊，丁角。可求乙戊邊，爲所測對山上斜入之巖。四，丙丁甲形，有丁角、丙角，丙丁邊。可求丙甲邊。五，甲丙戊形，有丙戊邊、丙甲邊、丙角。可求戊甲邊，爲所測對坡斜高。

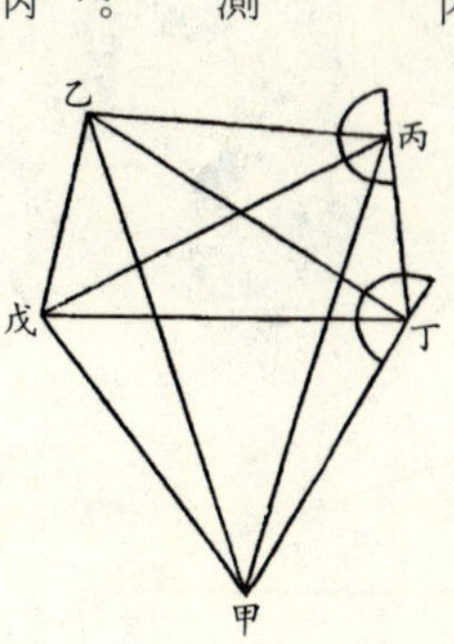

或戊爲高處基址，乙爲房檐，亦同。

三角測深第一術

測井之深及闊。甲乙爲井口之闊。於甲作垂線至丁，或用磚石投之，以識其處。從乙測之，得乙角成甲乙丁句股形，即以甲乙井口爲句，得甲丁股爲井之深。既得乙丙深，即甲丁。

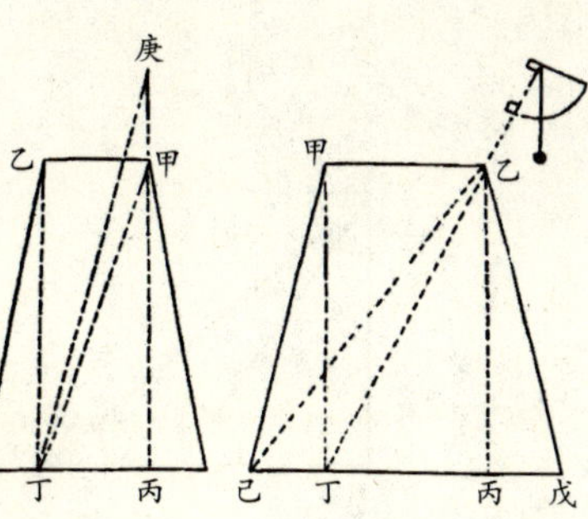
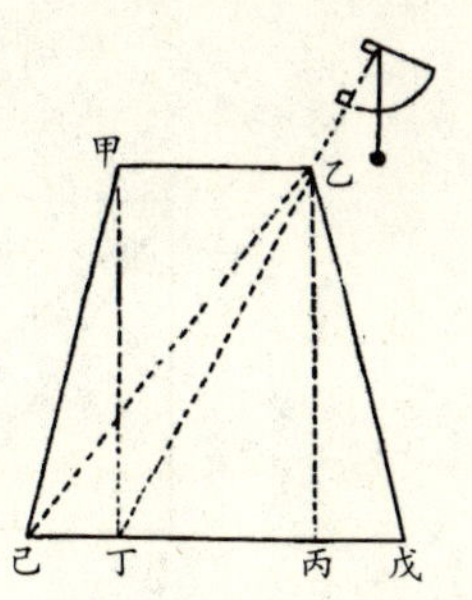

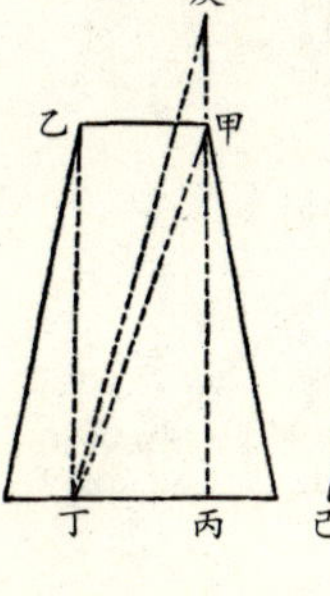

即可用乙己戊形，得己戊爲底闊。法以半徑當井深，乙丙。以兩乙角，一戊乙丙，二己乙丙。之切線并，當井底之闊。己戊。

若不知井口，則立表於井口，如庚甲，求庚、甲二角，成庚甲丁形，測之。

三角測深第二術

登兩山測谷深。先于二山取甲乙之平，而得其距數爲橫線，即可用三角形，求丙丁垂線爲谷之深，與測高同理。法爲甲、乙兩角之餘切線(井)[并]比半徑，若甲乙與丙丁。

論曰：深與高同理。測深之法即測高之法也。

附隔水量田法。甲乙丙丁田，在水中不可得量。于岸上戊、庚兩處用儀器測之，得諸三角形，算得其邊。一甲乙，二乙丙，三丙丁，四丁甲。次求乙丁對角線，分爲兩三角形。一甲乙丁，二丙乙丁。末用和較法，求得分形之兩垂線。一甲癸，二壬丙。(井)[并]兩垂線而半之，以乘乙丁，即得田積。

或用三較連乘法，求三角形積并之，亦同。

凡有平面形，在峭壁懸崖之上，及屋上承塵，可以仰觀者，並可以此法測之。

清・陳厚耀《算義探奧》

三角形求中長法義求容方附

今如有三角形，三邊不等。任以一邊爲底，謂之勾，勾濶二十一步。大弦十七步，小弦十步，求中長股若干，及兩半大勾若干，小勾若干。曰：中長股八步，大勾十五步，小勾六步。大小二勾股形，合而爲一。則成三角形。

法曰：以小弦十步自乘得百步。大弦十七步自乘得二百八十九步。相減餘一百八十九步。却以全勾二十一步除之，得九爲勾較。勾較者，大小兩勾相較所餘之數也。以減全勾二十一步，餘十二步，折半得六步爲小勾。加較九得十五步爲大勾。又用勾弦求股法，以小勾六步自乘得三十六步，以減小弦自乘百步，餘六十四步爲實。平方開之，得八步爲中長，如股。

三角形圖

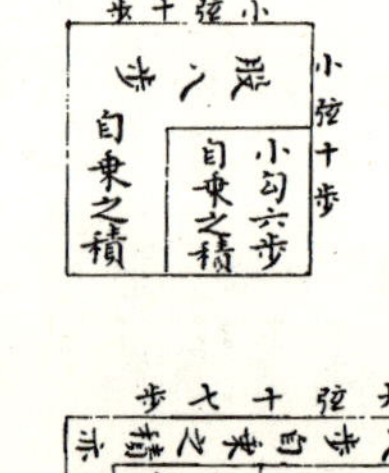

小弦自乘圖

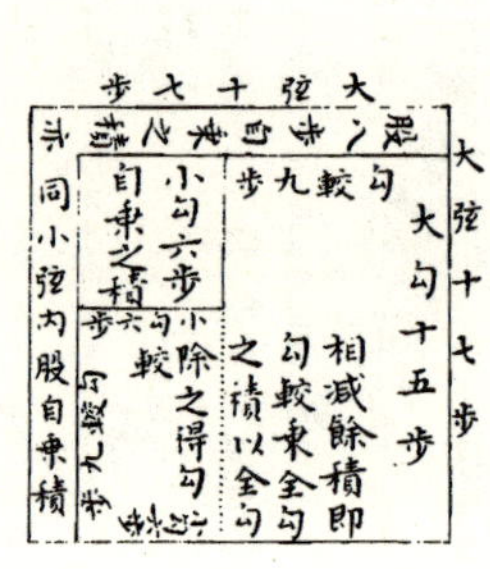

大弦自乘圖

解曰：小弦自乘內，有一小勾自乘，一股自乘之積。大弦自乘內，亦有一大勾自乘，一股自乘之積。以少減多，是減却一股自乘。又於大勾自乘內，減却一小勾自乘也。其所減餘積，形如曲矩。若截其曲而續其直，適如勾較乘全勾之長。故以全勾除之，即得勾較。以勾較減全勾，餘折半，即得小勾矣。既得小勾，則用勾弦求股法，即得中長矣。

又法以小弦減大弦，餘弦較七步。弦較者，兩弦相較所餘之數也。又以大弦併小弦共二十七步，乘弦較七步，得一百八十九步爲實。以全勾二十一步除之，亦得勾較九。餘如前法。

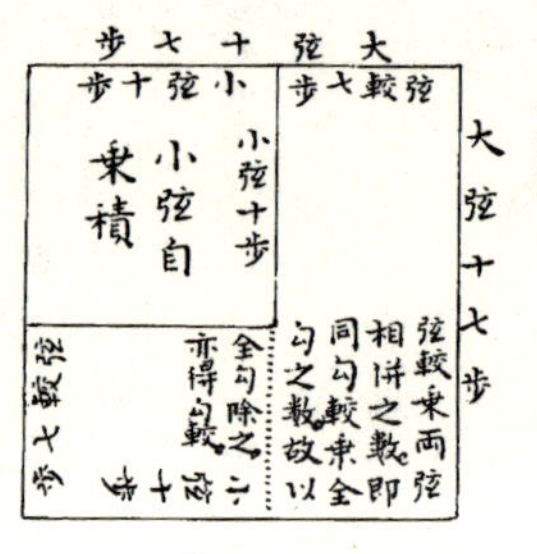

又法圖

解曰：此法比前法更捷。然不設前法，圖以明之，則此法之用意不伸。前圖以小弦自乘減大弦自乘，餘積得勾較乘全勾之積。此圖不必相減，而小弦自乘積外之數，即爲弦較乘兩弦相併之數。而弦較乘兩弦相併之數，即前勾較乘全勾之數也。故但以弦較乘兩弦併爲實，而以全勾除之，亦得勾較矣。餘同前。

三角偏形求正長

今如三角偏形，大弦十七步，小弦十步，偏勾九步，以求虛股正長若干，及正勾若干。曰：正長八步，正勾六步。

三角偏形圖

法曰：以小弦減大弦，餘七步。以大弦併小弦，共二十七步。相乘得一百八十九步，却以偏勾九步除之，得共勾二十一步。減偏勾九步餘十二步，折半，得六步爲正勾。却用勾弦求股法，以小弦十步自乘得百步，正勾六步自乘得三十六步，相減餘六十四步，開方得正長八步，如股。

解曰：此亦同前法。前小弦在外，則爲三角正形。此小弦在內，則三角偏形。前以全勾求得勾較，減勾較以知小勾。此以偏勾求得共勾，減偏勾以知正勾。偏勾即勾較也，共勾即全勾也，正勾即小勾也。其折半得勾，勾弦求股之法俱同前。

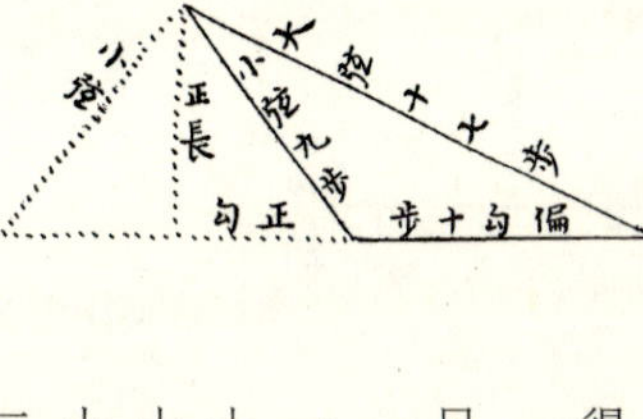

如前圖，若以偏勾九步爲小弦，以小弦十步爲偏勾，求正長若干，亦如前法。以大弦小弦相減餘八步，大弦小弦相併共二十六步。相乘得二百零八步，却以偏勾十步除之，得二十步零八分。以減偏勾餘十步八分，折半，得五步四分爲正勾。用勾弦求股法，得正長七步一分有零。

清·《數理精蘊》下編卷一四　三角形

設如有等邊三角形，每邊十尺，求中垂線幾何。

法以底邊十尺，折半得五尺爲勾。任以兩腰之一邊十尺爲弦，勾弦求股，得八尺六寸六分零二(豪)[毫]有餘，即爲中垂線也。

如圖，甲乙丙三角形，其甲乙、甲丙兩腰相等，則其底邊之乙、丙兩角度亦必相等。見《幾何原本》二卷第九節。今所求之垂線爲甲丁，即將甲乙丙三角形平分爲兩直角三角形。而甲丁乙、甲丁丙皆爲直角，其度又等。故所分之兩直角三角形爲同式形。而甲丁垂線又爲兩三角形所共用之邊線。則所分之底邊之乙丁、丁丙焉得不等？故將乙丙底邊折半爲勾，任以甲乙、甲丙兩邊之一邊爲弦，求得股爲中垂線也。

又法以底邊十尺，折半得五尺，自乘得二十五尺，三因之得七十五尺，開方得八尺六寸六分零二(豪)[毫]有餘，即爲中垂線也。蓋弦比勾大一倍，則弦之自乘之方，必比勾之自乘之方大四倍，爲連比例隔一位相加之比例。見《幾何原本》七卷第五節。依勾弦求股之法，於弦自乘方積之四倍內，減勾自乘方積之一倍，餘三倍即爲股自乘之方積，是中垂線之自乘方積，爲勾自乘方積之三倍。故將底邊折半自乘，三因之，即與中垂線自乘之方積等。而開方得中垂線也。

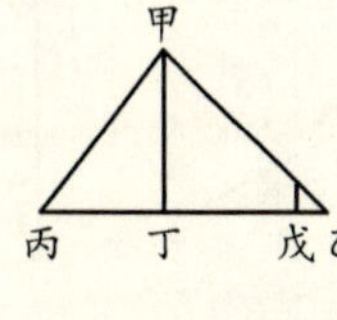

設如有鋭角三角形，大腰一百二十二尺，小腰一百一十二尺，底一百五十尺，求中垂線幾何。

法以底一百五十尺爲一率。大腰一百二十二尺與小腰一百一十二尺相加，得二百三十四尺爲二率。以大腰一百二十二尺與小腰一百一十二尺相減，餘十尺爲三率。求得四率十五尺六寸，爲底邊之較。與底一百五十尺相減，餘一百三十四尺四寸，折半，得六十七尺二寸爲勾。以小腰一百一十二尺爲弦，求得股八十九尺六寸爲中垂線也。

如圖，甲乙丙三角形，甲乙爲大腰，甲丙爲小腰，乙丙爲底，甲丁爲所求中垂線。試以甲爲心，丙爲界，作一圜，截甲乙大腰於庚，截乙丙底於戊。又將甲乙大腰引長至己，作甲己線，與甲丙小腰相等。則己乙爲兩腰之和，庚乙爲兩腰之較。蓋甲庚與甲丙等，故庚乙爲兩腰之較。乙丙爲底邊之和，乙戊爲底邊之較。蓋丁丙與丁戊等，故乙戊爲底邊之較。今以乙丙底邊之和與乙己兩腰之和爲比，即同於乙庚兩腰之較與乙戊底邊之較爲比，爲轉比例之四率。《幾何原本》九卷第八節，自圜外一點至圜內所作之兩線。此兩全線之比例，同於圜外兩段轉相比之比例。故乙丙爲一率，乙己爲二率，乙庚爲三率。求得四率爲乙戊。既得乙戊，則於乙丙底邊內減去乙戊，餘戊丙。折半，得丁丙爲勾，甲丙爲弦，求得股爲甲丁，中垂線也。

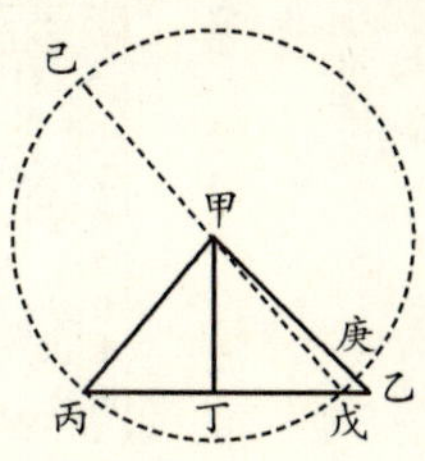

又法以大腰一百二十二尺自乘，得一萬四千八百八十四尺。又以小腰一百一十二尺自乘，得一萬二千五百四十四尺。兩自乘數相減，餘二千三百四十尺。以底邊一百五十尺除之，得十五尺六寸爲底邊之較。與底邊一百五十尺相減，餘一百三十四尺四寸。折半，得六十七尺二寸爲勾，以小腰一百一十二尺爲弦，求得股八十九尺六寸爲中垂線也。

如圖，甲乙丙三角形，試自甲角作甲丁垂線，則分爲甲丁乙、甲丁丙兩勾股形。甲乙、甲丙皆爲弦，乙丁、丁丙皆爲勾，共以甲丁爲股。乙丙爲兩勾之和，乙戊爲兩勾之較。今以甲乙弦自乘，則成甲戊己乙一正方形，內丁庚辛乙爲乙丁勾自乘之一正方形。於甲戊己乙正方形內，減去丁庚辛乙正方形。所餘甲戊己辛庚丁磬折形積，即與甲丁股自乘之一正方形等。又以甲丙弦自乘，則成甲壬癸丙一正方形，內丁子丑丙爲丁丙勾自乘之一正方形。於甲壬癸丙正方形內，減去丁子丑丙正方形，所餘甲壬癸丑子丁磬折形積，亦與甲丁股自乘之一正方形等。是則前圖之甲戊己辛庚丁磬折形，與後圖之甲壬癸丑子丁磬折形相等矣。若兩自乘之數相減，則如甲戊己乙正方形內，減去與甲壬癸丑子丁磬折形相等之甲戊己辛庚丁磬折形，又減去丁子丑丙一小正方形，所餘爲子庚辛乙丙丑一小磬折形。引而長之，成一長方形，其長即乙丁與丁丙之和，其闊即乙丁與丁丙之較。故以乙丁與丁丙之和，除子庚辛乙丙丑磬折形之積，而得乙丁與丁丙之較也。

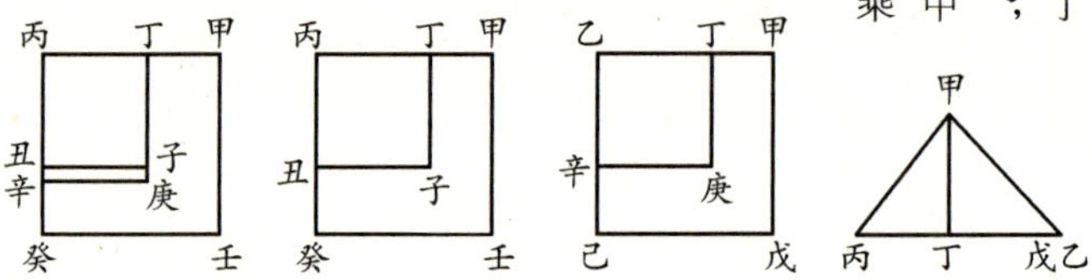

又圖甲乙丙三角形，作甲丁垂線，分爲兩勾股形，共以甲丁垂線爲股。故甲乙弦自乘方內，有甲丁股自乘一方，乙丁勾自乘一方。而甲丙弦自乘方內，有甲丁股自乘一方，丁丙勾自乘一方。今兩勾股形之股既同，則兩弦方相減所餘之數，即兩勾方相減所餘之數。故甲丁乙勾股形之甲乙弦自乘方內，減甲丁丙勾股形之甲丙弦自乘方，所餘庚辛乙寅丑子磬折形，即與甲丁乙勾股形之丁乙勾自乘方內，減甲丁丙勾股形之丁丙勾自乘方，所餘乙卯辰巳申未磬折形相等。若將乙卯辰巳申未磬折形，引而長之，遂成乙壬酉未長方形。其長即乙丁、丁丙兩勾之和，其闊即乙丁、丁丙兩勾之較，其積即乙丁、丁丙兩勾方相減之餘，亦即甲乙、甲丙兩弦方相減之餘。是以兩弦自乘相減之餘積，以兩勾之和除之，而得兩勾之較也。

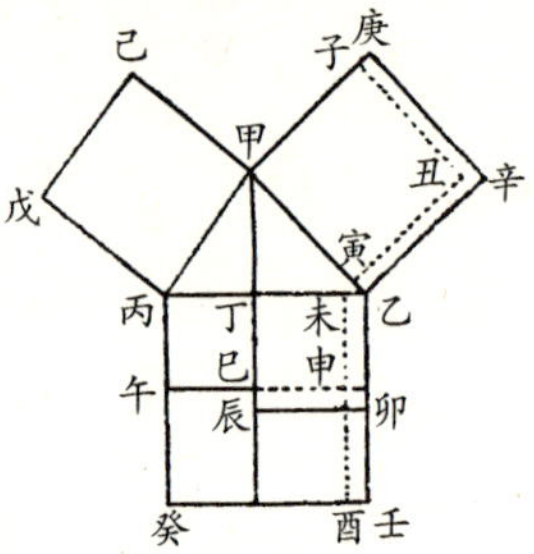

設如有鈍角三角形，大腰十七尺，小腰十尺，底二十一尺，求中垂線幾何。

法以底二十一尺爲一率。以大腰十七尺與小腰十尺相加，得二十七尺爲二率。以大腰十七尺與小腰十尺相減，餘七尺爲三率。求得四率九尺，爲底邊之較。與底二十一尺相減餘十二尺。折半，得六尺爲勾，以小腰十尺爲弦，求得股八尺爲中垂線也。

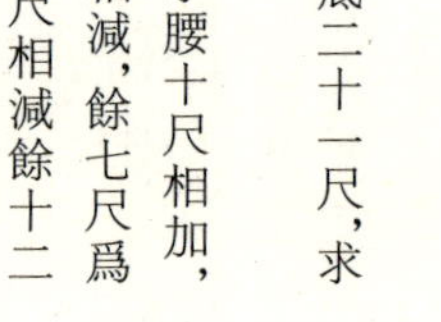

如圖，甲乙丙三角形，甲乙爲大腰，甲丙爲小腰，乙丙爲底，甲丁爲所求中垂線。試以甲爲心，丙爲界，作一圜，截甲乙大腰於庚，截乙丙底邊於戊。又將甲乙大腰引長至己，作甲己線，與甲丙小腰等。則己乙爲兩腰之和，庚乙爲兩腰之較。乙丙爲底邊之和，乙戊爲底邊之較。其乙丙與乙己之比，即同於庚乙與乙戊之比，爲轉比例四率也。

又法以大腰十七尺自乘，得二百八十九尺。又以小腰十尺自乘，得一百尺。兩自乘數相減，餘一百八十九尺。以底二十一尺除之，得九尺爲底邊之較。與底二十一尺相減餘十二尺，折半，得六尺爲勾。以小腰十尺爲弦，求得股八尺爲中垂線也。圖解同前。

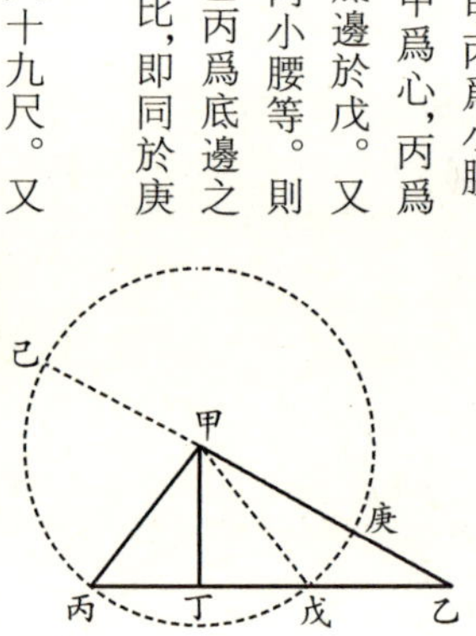

設如有斜立鈍角三角形，大腰二十一尺，小腰十七尺，底十尺，求形外垂線幾何。

法以底十尺爲一率。大腰二十一尺與小腰十七尺相減，餘四尺爲二率。大腰二十一尺與小腰十七尺相加，得三十八尺爲三率。求得四率十五尺二寸，爲底與形外垂線兩邊連底之總。內減去底十尺餘五尺二寸，折半，得二尺六寸爲勾。以小腰十七尺爲弦，求得股十六尺八寸爲形外垂線也。

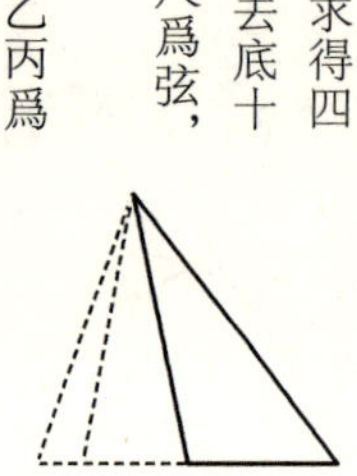

如圖，甲乙丙三角形，甲乙爲大腰，甲丙爲小腰，乙丙爲底，甲丁爲所求形外垂線。試以甲爲心，丙爲界，作一圜，截甲乙大腰於庚。又將甲乙大腰引長至己，作甲己線，與甲丙小腰相等。復將乙丙底引長至戊，作乙戊線，則成甲乙戊三角形。其乙丙爲底邊之較，乙戊爲底邊之和。乙庚爲兩腰之較，乙己爲兩腰之和。自圜外至圜内所作兩線之比例，既同於圜外兩段轉相比之比例。則圜外兩段之比例，亦必同於兩全線轉相比之比例。故乙丙與乙庚之比，即同於乙己與乙戊之比，爲比例四率。既得乙戊，則減乙丙餘丙戊，折半得丙丁爲勾。[以]甲丙爲弦，求得股即甲丁垂線也。

又法以大腰二十一尺自乘，得四百四十一尺。又以小腰十七尺自乘，得二百八十九尺。兩自乘數相減，餘一百五十二尺。以底十尺除之，得十五尺二寸爲底與形外垂線兩邊連底之總。內減底十尺餘五尺二寸，折半得二尺六寸爲勾。以小腰十七尺爲弦，求得股十六尺八寸爲形外垂線也。

如圖，甲乙丙三角形，將乙丙底引長至戊，自甲作垂線至丁，則丁戊與丁丙等。又自甲至戊作甲戊線，與甲丙小腰等。則成甲丁乙、甲丁戊兩勾股形，甲乙、甲戊皆爲弦，乙丁、丁戊皆爲勾，共以甲丁爲股。而乙丙爲兩勾之較，乙戊爲兩勾之和。前法以和求較，此法以較求和，其理一也。圖解並同前。

設如有鋭角三角形，兩腰俱五尺，底六尺，求面積幾何。

法先以底六尺折半，得三尺爲勾，任以兩腰之一邊五尺爲弦，求得股四尺爲中垂線。與底六尺相乘，得二十四尺。折半，得一十二尺爲三角面積也。

如圖，甲乙丙三角形，以乙丙底邊與甲丁中垂線相乘，成戊乙丙己長方形積，比三角形積正大一倍。故折半得三角積也。

設如有鈍角三角形大腰十七尺，小腰十尺，底二十一尺，求面積幾何。

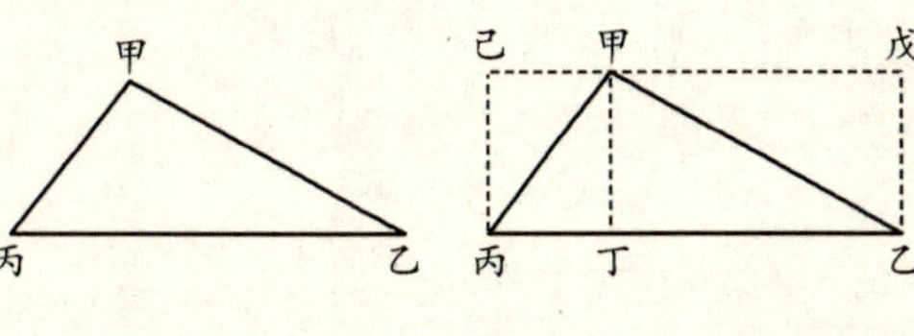

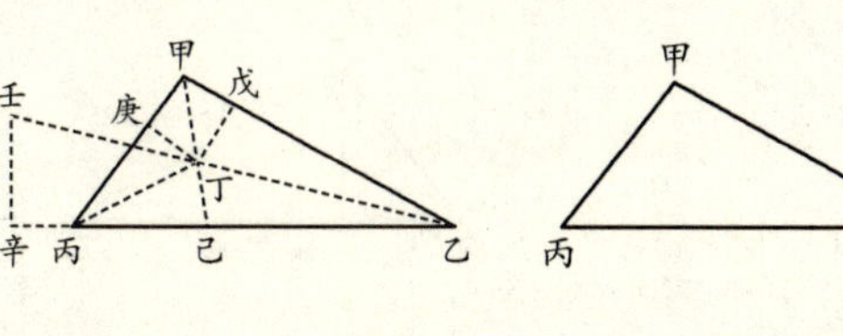

法先用求中垂線法，求得中垂線八尺。與底二十一尺相乘，得一百六十八尺，折半，得八十四尺爲三角面積也。

如圖，甲乙丙三角形，先求甲丁垂線。既得甲丁垂線，乃與乙丙底邊相乘，成戊乙丙己長方形，比三角形積正大一倍，故折半得三角積也。

又法以甲乙邊十七尺，乙丙邊二十一尺，甲丙邊十尺，三數相加，得四十八尺爲三邊之總。折半，得二十四尺爲半總。以甲乙邊十七尺與半總二十四尺相減，餘七尺爲甲乙邊與半總之較。以乙丙邊二十一尺與半總二十四尺相減，餘三尺爲乙丙邊與半總之較。以甲丙邊十尺與半總二十四尺相減，餘十四尺爲甲丙邊與半總之較。乃以半總二十四尺爲一率。甲丙邊與半總之較十四尺爲二率。乙丙邊與半總之較三尺，與甲乙邊與半總之較七尺相乘，得二十一尺爲三率。求得四率十二尺二十五寸。開方，得三尺五寸爲三角形自中心至三邊之垂線。與三邊之總四十八尺相乘，得一百六十八尺，折半，得八十四尺即三角形之面積。或以所得垂線三尺五寸，與半總二十四尺相乘，亦得八十四尺，爲三角形之面積也。

此法蓋一率二率以線與線爲比，三率四率以面與面爲比也。

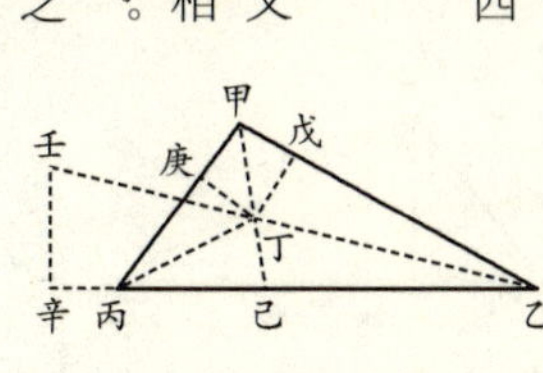

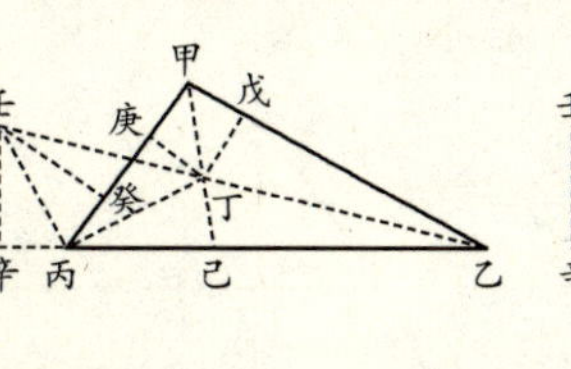

如[圖]，甲乙丙三角形，自中心丁至三邊各作一垂線。又自中心丁至三角各作一分角線，即成六直角三角形，俱兩兩相等。丁己丙與丁庚丙等。丁己乙與丁戊乙等。丁戊甲與丁庚甲等。又按甲戊度引乙丙線至辛，則乙辛爲三邊之半總，即三較之和。乙己與乙戊等，即甲丙邊與半總之較。己丙與丙庚等，即甲乙邊與半總之較。丙辛與甲戊甲庚等，即乙丙邊與半總之較。試自辛作直角，將乙丁線引長，作一乙辛壬直角形。則壬辛與丁己平行，乙辛壬形與乙己丁形遂爲同式形。其乙辛與乙己之比，即同於壬辛與丁己之比。然乙辛一率，乙己二率之數雖有，而壬辛之數却無。又但知己丙與丙辛相乘之數，即丁己與壬辛相乘之數。故以己丙與丙辛相乘之數爲三率。何以知己丙與丙辛相乘之數，即丁己與壬辛相乘之數？試作壬丙線、壬癸線，使丙癸與丙辛等。癸角辛角皆爲直角，癸丙辛角與辛壬癸角相合，共成一百八十度。然庚丙己角爲癸丙辛角之外角，相合亦共成一百八十度。是庚丙己角與辛壬癸角等。庚丁己角與癸丙辛角等，是以壬癸丙辛形與丙庚丁己形爲同式形。而丙辛壬勾股形與丁己丙勾股形亦爲同式形，可互相比例矣。以丁己作一率，己丙作二率，丙辛作三率，即得四率壬辛。是以己丙二率與丙辛三率相乘之數，即與丁己一率與壬辛四率相乘之數等。故直以己丙丙辛相乘之數作三率也。其所得四率，即丁己自乘之數。是故乙辛與乙己之比，同於丁己與壬辛相乘之面即己丙與丙辛相乘之面。與丁己自乘之面之比也。既得丁己自乘之面，故開方而得丁己，爲三角形自中心至三邊之垂線，與丁戊丁庚俱相等。又即三角形容圜之半徑也。既得自中心至三邊之垂線，則用垂線與三邊之總相乘，所得一長方積即如用垂線與三邊各相乘，所得三長方積合爲一長方。比三角形積大一倍，故折半而得三角形之面積。如以垂線與半總相乘，即與三角形積等而不用折半矣。

設如有鈍角三角形，大腰三十七尺，小腰十五尺，底四十四尺，求內容正方邊幾何。

法先用求中垂線法，求得中垂線十二尺，與底邊四十四尺相加，得五十六尺爲一率。中垂線十二尺爲二率。底邊四十四尺爲三率。推得四率九尺四寸二分八釐五(豪)[毫]有餘，即三角形內所容正方之一邊也。

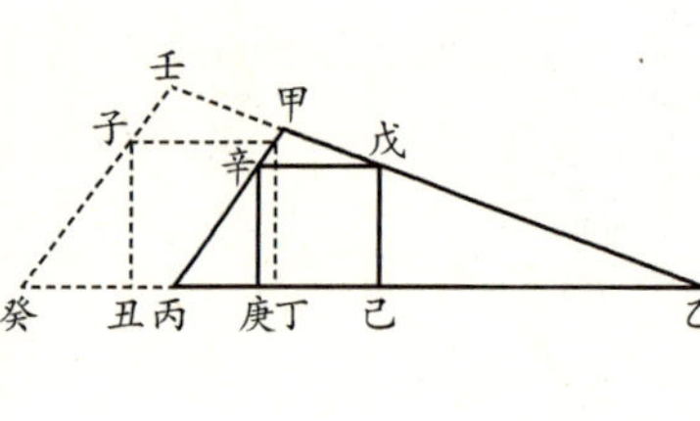

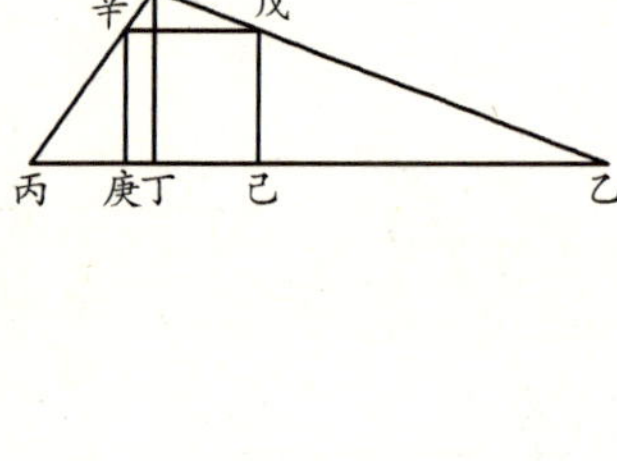

如圖，甲乙丙三角形，甲乙爲大腰，甲丙爲小腰，乙丙爲底，甲丁爲所得中垂線，戊己庚辛爲今所求內容正方形。試依甲丁中垂線度，將乙丙線引長，作乙癸線爲五十六尺。又與甲丙線平行，作壬癸線。又將甲乙線引長，作壬乙線，則成與甲乙丙同式之壬乙癸三角形。復與底線平行作甲子線，與丙癸等，即與甲丁垂線等。又與甲丁平行作子丑線，與甲丁等。則甲丁垂線所作甲丁丑子正方形，即爲壬乙癸三角形內所容之正方形矣。故壬乙癸三角形之乙癸底與甲丁方邊之比，即同於甲乙丙三角形之乙丙底與戊己方邊之比。故中垂線與底邊相加爲一率，中垂線爲二率，底邊爲三率。推得四率，爲內容正方之一邊也。

設如等邊三角形，每邊一尺二寸，求內容圜徑幾何。

法先用求中垂線法，求得中垂線一尺零三分九釐二(豪)[毫]有餘。以三歸之，得三寸四分六釐四(豪)[毫]有餘，即內容圜形半徑。倍之得六寸九分二釐八(豪)[毫]有餘，即內容圜形全徑也。

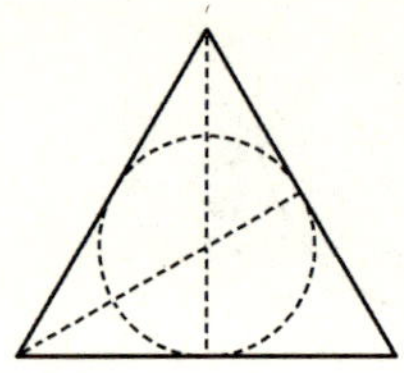

如圖，甲乙丙三角形，內容丁圜形，先求得甲戊中垂線。又自丙角至甲乙線界，作丙己垂線，與甲戊中垂線相交於丁，即三角形之中心，亦即內容圜形之中心。故丁戊與丁己，即內容圜形之半徑。又甲戊乙、甲己丁兩勾股形爲同式形，甲乙爲乙戊之二倍，則甲丁亦必爲丁己或丁戊之二倍。丁戊既爲內容圜形之半徑，則甲丁即爲內容圜形之全徑，而甲戊中垂線必爲丁戊半徑之三倍矣。故求得甲戊中垂線，以三歸之，得丁戊，即內容圜形之半徑。倍之得庚戊，即內容圜形之全徑也。

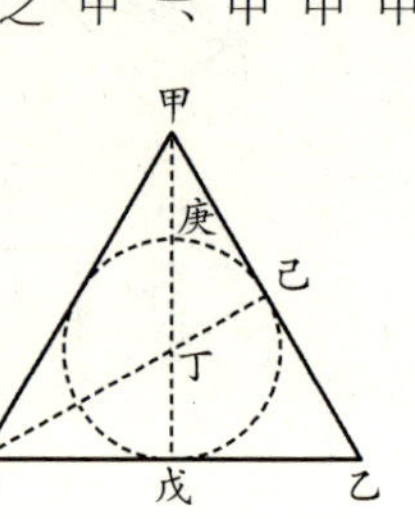

設如等邊三角形，每邊一尺二寸，求外切圜徑幾何。

法先用求中垂線法，求得中垂線一尺零三分九釐二(豪)[毫]有餘。三歸四因，得一尺三寸八分五釐六(豪)[毫]有餘，即外切圜形全徑也。

如圖，甲乙丙三角形，外切丁圜形，先求得甲戊中垂線。又自丙角至甲乙線界，作丙己垂線，與甲戊中垂線相交於丁，即三角形之中心，亦即外切圜形之中心。故甲丁與丙丁，即外切圜形之半徑。又甲戊乙、甲己丁兩勾股形爲同式形，甲乙爲乙戊之二倍，則甲丁亦必爲丁己或丁戊之二倍。甲丁既爲外切圜形之半徑，則爲甲戊中垂線之三分之二，而甲戊中垂線却爲甲庚全徑之四分之三矣。故求得甲戊中垂線，三歸四因得甲庚，即外切圜形之全徑也。

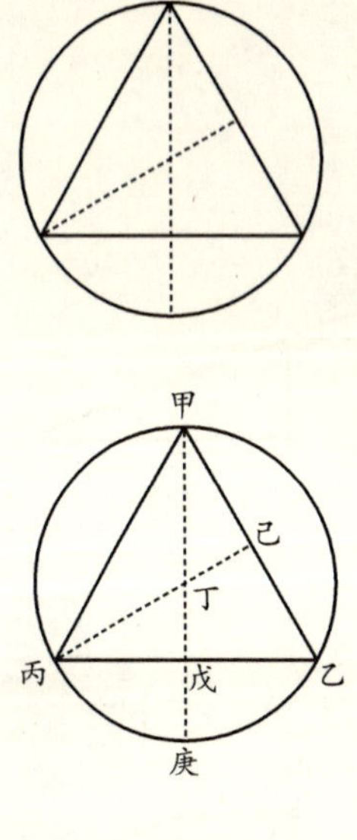

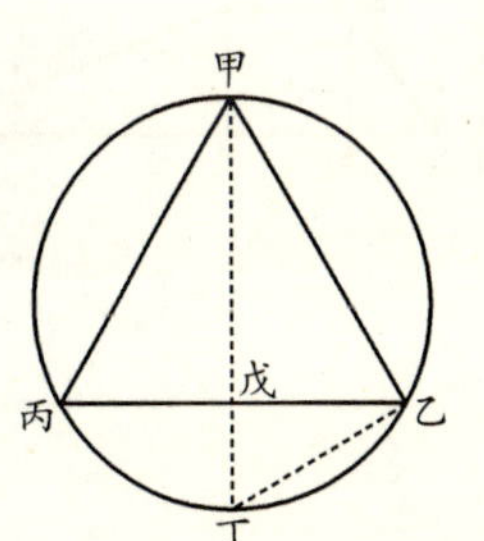

又，法以每邊一尺二寸自乘，三歸四因，開方得一尺三寸八分五釐六（豪）〔毫〕有餘，即外切圜形全徑也。

如圖，甲乙丙三角形，外切甲乙丁丙圜形。試自甲角作甲戊中垂線，又引長作甲丁全徑線，復自丁至乙作丁乙線，遂成甲乙丁、甲戊乙兩勾股形爲同式形。甲乙既爲乙戊之二倍，則甲丁亦必爲乙丁之二倍。故甲丁自乘方積比乙丁自乘方積大四倍。若依勾弦求股之法言之，則甲丁弦自乘方積內，減乙丁勾自乘方積，所餘爲甲乙股自乘之方積。今甲丁弦自乘方積，既爲乙丁勾自乘方積之四倍。則是甲、乙每邊自乘方積，爲甲丁全徑自乘方積之四分之三矣。故以一邊自乘，三歸四因，即與全徑自乘之方積等，而開方得外切圜形之全徑也。

設如有鋭角三角形，大腰三百三十八尺，小腰三百尺，底四百一十八尺，求內容圜徑幾何。

法先用求中垂線法，求得中垂線二百四十尺，與底四百一十八尺相乘，得一十萬零三百二十尺。以大腰三百三十八尺、小腰三百尺、底四百一十八尺三數相加，得一千零五十六尺，除之，得九十五尺即內容圜半徑。倍之，得一百九十尺即內容圜全徑也。

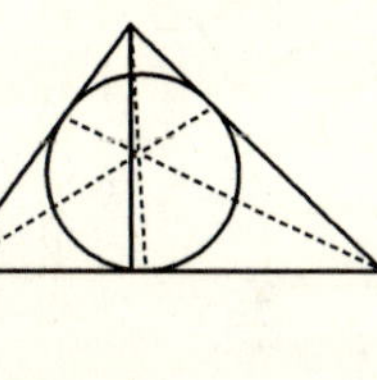

如圖，甲乙丙三角形，內容戊圜形，試自圜之中心至甲乙丙三角各作戊甲、戊乙、戊丙三線，遂分甲乙丙三角形，爲甲戊乙、甲戊丙、乙戊丙三三角形，其三邊皆爲三角形之底，而戊己半徑皆爲三角形之垂線。今乙丙底邊與甲丁中垂線相乘所得之長方積，原比甲乙丙三角形積大一倍，即如將所分三三角形各用垂線乘底邊所得之三長方積，合爲一長方也。三長方之長雖不同而闊則一，故各以長除積而得闊者，即如合三角形之三邊，除三角形之倍積，而得半徑也。

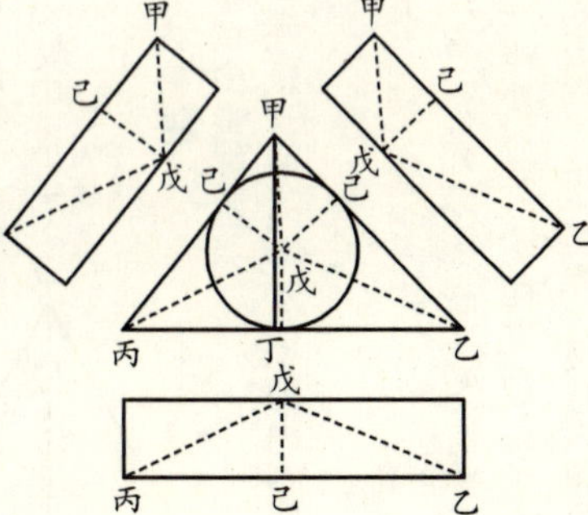

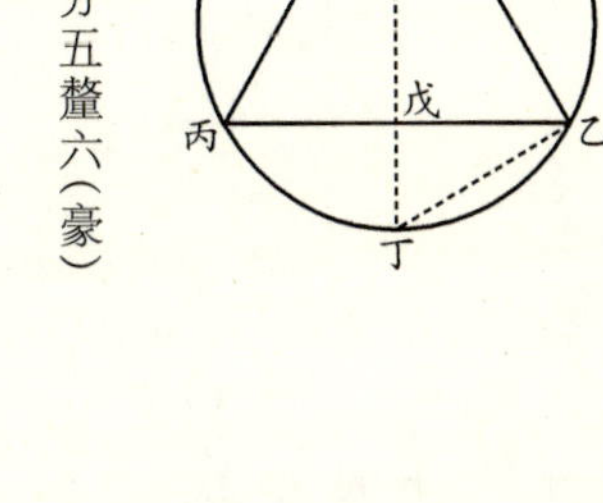

設如有鋭角三角形，大腰一百八十三尺，小腰一百六十八尺，底二百二十五尺，求外切圜徑幾何。

法用求中垂線法，求得中垂線一百三十四尺四寸爲一率，小腰一百六十八尺爲二率，大腰一百八十三尺爲三率。推得四率二百二十八尺七寸五分，即外切圜徑也。

如圖，甲乙丙三角形，甲乙爲小腰，甲丙爲大腰，乙丙爲底，甲丁爲中垂線。試作切三角一圜，自甲角至圜對界作甲戊全徑線。又自丙角至戊作丙戊線，則甲丙戊三角形之丙角，立於圜界之一半，必爲直角，與甲丁垂線所分甲丁乙三角形之丁角等。而戊角與乙角皆對甲丙弧，其度又等。故甲丙戊與甲丁乙兩三角形爲同式形。是以甲丁與甲乙之比，同於甲丙與甲戊之比，而爲相當比例四率也。

設如有鈍角三角形，大腰十七尺，小腰十尺，底二十一尺，求外切圜徑幾何。

法用求中垂線法，求得中垂線八尺爲一率，小腰十尺爲二率，大腰十七尺爲三率。推得四率二十一尺二寸五分，即外切圜徑也。

如圖，甲乙丙三角形，甲乙爲小腰，甲丙爲大腰，乙丙爲底，甲丁爲中垂線。試作切三角一圜，自甲角至圜對界作甲戊全徑線。又自丙角至戊作丙戊線。則甲丙戊三角形之丙角，立於圜界之一半，必爲直角，與甲丁垂線所分甲丁乙三角形之丁角等。而戊角與乙角，皆對甲丙弧，其度又等。故甲丙戊與甲丁乙兩三角形爲同式形。是以甲丁與甲乙之比同於甲丙與甲戊之比，而爲相當比例四率也。

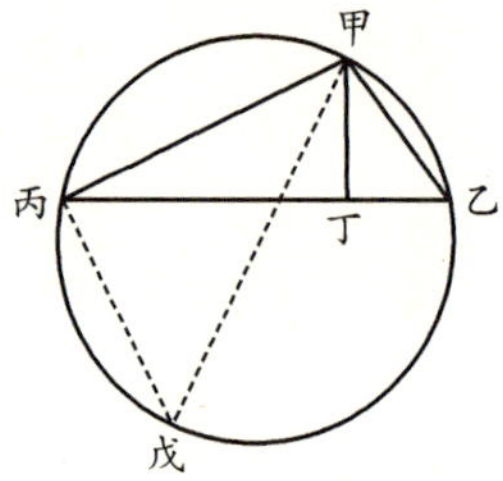

又　下編卷一七　三角形邊角相求

設如甲乙丙直角三角形，乙角爲直角九十度，知丙角五十七度，丙乙邊五丈，求甲乙邊幾何。

法以丙角五十七度與象限九十度相減，餘三十三度爲甲角。

一率　甲角正弦
二率　丙角正弦
三率　丙乙邊
四率　甲乙邊

乃以甲角爲對所知之角，其正弦五萬四千四百六十四爲一率。丙角爲對所求之角，其正弦八萬三千八百六十七爲二率。丙乙邊爲所知之邊，其數五丈爲三率。求得四率七丈六尺九寸九分三釐有餘，即甲乙爲所求之邊也。

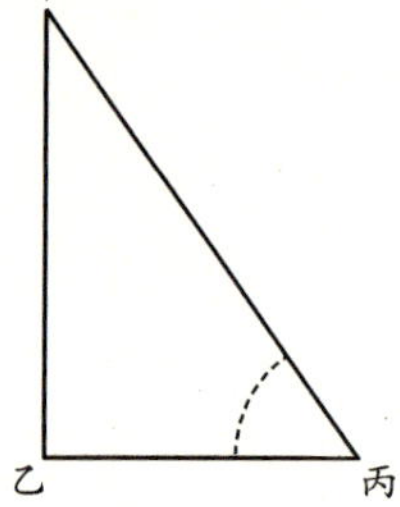

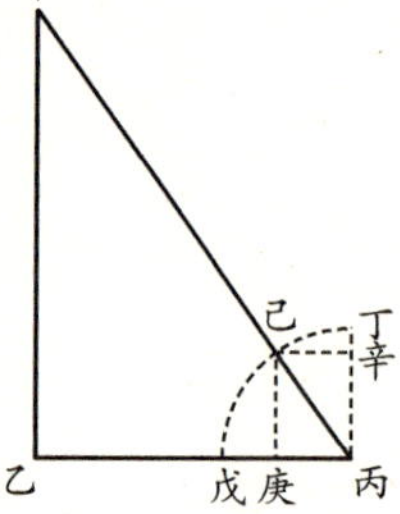

一率　半徑
二率　丙角正切
三率　丙乙邊
四率　甲乙邊

如丙丁戊一象限，己戊弧爲丙角之正弧，己庚線爲丙角之正弦，丁己弧爲丙角之餘弧，即甲角之正弧，辛己線爲丙角之餘弦，即甲角之正弦。是故丙角五十七度之餘弧爲三十三度。丙角五十七度之餘弦爲三十三度之正弦。己庚丙與甲乙丙兩勾股形爲同式形，故甲角正弦丙庚即辛己。與丙角正弦己庚之比，同於丙乙邊與甲乙邊之比，爲相當比例四率也。

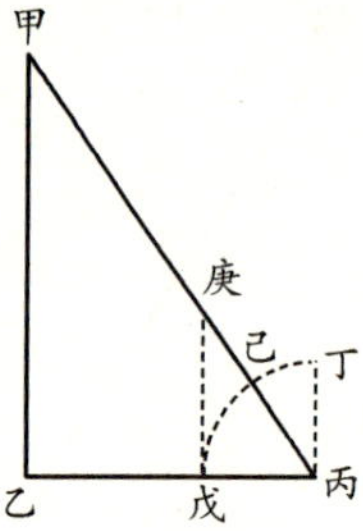

又法以半徑十萬爲一率，丙角五十七度之正切一十五萬三千九百八十六爲二率，丙乙邊五丈爲三率。求得四率七丈六尺九寸九分三釐，即甲乙邊也。

如丙丁戊一象限，切己戊弧作庚戊線，爲丙角之正切。則丙戊爲半徑，庚戊丙與甲乙丙兩勾股形爲同式形。故丙戊半徑與庚戊正切之比，同於丙乙邊與甲乙邊之比，爲相當比例四率也。

設如甲乙丙直角三角形，乙角爲直角九十度，知丙角二十三度三十五分，甲乙邊三十二丈，求丙乙邊幾何。

一率　丙角正弦
二率　甲角正弦
三率　甲乙邊
四率　丙乙邊

法以丙角二十三度三十五分與九十度相減，餘六十六度二十五分爲甲角。乃以丙角爲對所知之角，其正弦四萬零八爲一率。以甲角爲對所求之角，其正弦九萬一千六百四十八爲二率。甲乙邊爲所知之邊，其數三十二丈爲三率。求得四率七十三丈三尺零三分有餘，即丙乙爲所求之邊也。

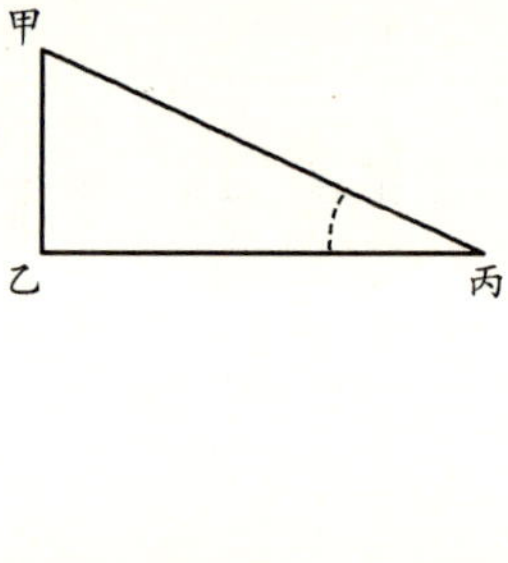

如丙丁戊一象限，己戊弧爲丙角之正弧，己庚線爲丙角之正弦。丁己弧爲丙角之餘弧，即甲角之正弧。辛己線爲丙角之餘弦，即甲角之正弦。故丙角二十三度三十五分之餘弧，爲六十六度二十五分。丙角二十三度三十五分之餘弦，爲六十六度二十五分之正弦。己庚丙與甲乙丙兩勾股形爲同式形，故丙角正弦己庚與甲角正弦丙庚之比，同於甲乙邊與丙乙邊之比，爲相當比例四率也。

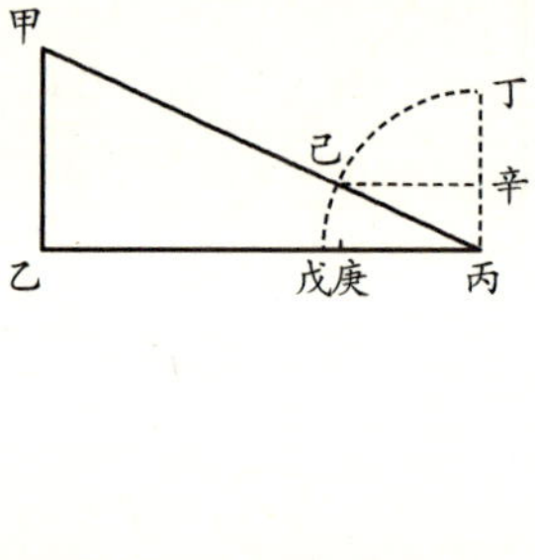

一率　半徑
二率　丙角餘切
三率　甲乙邊
四率　丙乙邊

又法以半徑十萬爲一率，丙角二十三度三十五分之餘切線二十二萬九千零七十三爲二率，甲乙邊三十二丈爲三率。求得四率七十三丈三尺零三分有餘，即丙乙邊也。

如丙丁戊一象限，切丁己弧作丁庚線，爲丙角之餘切，即甲角之正切。則丁丙爲半徑，丙丁庚與甲乙丙兩勾股形爲同式形，故丁丙半徑與丁庚餘切之比，同於甲乙邊與丙乙

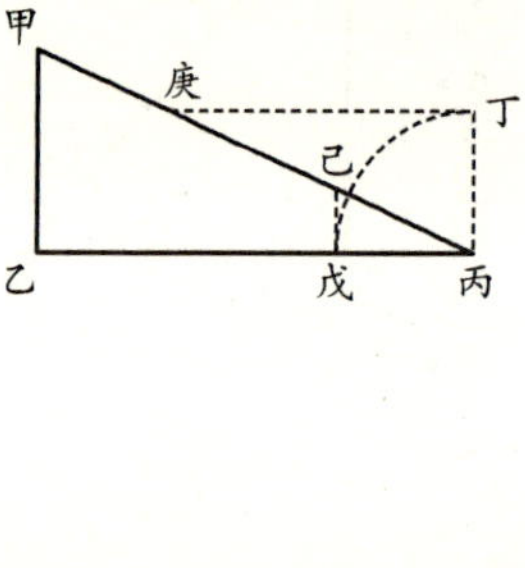

邊之比，爲相當比例四率也。

設如甲乙丙直角三角形，乙角爲直角九十度，知丙角四十三度三十七分，丙乙邊二十一尺，求甲丙邊幾何。

法以丙角四十三度三十七分與九十度相減，餘四十六度二十三分爲甲角。乃以甲角爲對所知之角，其正弦七萬二千三百九十七爲一率。甲角正弦即丙角餘弦，或直用丙角餘弦亦可。以乙角爲對所求之角，其正弦即半徑十萬爲二率。丙乙邊爲所知之邊，其數二十一尺爲三率。求得四率二十九尺零六釐有餘，即甲丙爲所求之邊也。

一率　甲角正弦
二率　半徑
三率　丙乙邊
四率　甲丙邊

如丙丁戊一象限，己戊弧爲丙角之正弧，丁己弧爲丙角之餘弧，即甲角之正弧，辛己線爲丙角之餘弦，即甲角之正弦。與丙庚等。己丙線爲半徑，即九十度之正弦。己庚丙與甲乙丙兩勾股形爲同式形，故甲角正弦丙庚與半徑己丙之比，同於丙乙邊與甲丙邊之比，爲相當比例四率也。

又，法以半徑十萬爲一率，丙角四十三度三十七分之正割一十三萬八千一百二十七爲二率，丙乙邊二十一尺爲三率。求得四率二十九尺零六釐有餘，即甲丙邊也。

一率　半徑
二率　丙角正割
三率　丙乙邊
四率　甲丙邊

如丙丁戊一象限，切己戊弧作庚戊線，爲丙角之正切。則丙戊爲半徑，庚丙爲正割。庚戊丙與甲乙丙兩勾股形爲同式形，故丙戊半徑與庚丙正割之比，同於丙乙邊與甲丙邊之比，爲相當比例四率也。

設如甲乙丙直角三角形，乙角爲直角九十度，知丙角五十一度五十一分，甲丙邊八十九丈零二寸二分，求甲乙邊丙乙邊各幾何。

法以丙角五十一度五十一分與九十度相減，餘三十八度零九分爲甲角。求甲乙邊，則以乙角爲對所知之角，其正弦即半徑十萬爲一率。以丙角爲對所求之角，其正弦七萬八千六百四十爲二率。甲丙邊爲所知之邊，其數八十九丈零二寸二分爲三率。求得四率七十丈零六分有餘，即甲乙爲所求之邊也。

一率　半徑
二率　丙角正弦
三率　甲丙邊
四率　甲乙邊

求丙乙邊，亦以乙角爲對所知之角，其正弦即半徑十萬爲一率。而以甲角爲對所求之角，其正弦六萬一千七百七十二爲二率。甲丙邊爲所知之邊，其數八十九丈零二寸二分爲三率。求得四率五十四丈九尺九寸有餘，即丙乙爲所求之邊也。

一率　半徑
二率　甲角正弦
三率　甲丙邊
四率　丙乙邊

如丙丁戊一象限，己戊弧爲丙角之正弧，己庚線爲丙角之正弦。丁己弧爲丙角之餘弧，即甲角之正弧。辛己線爲丙角之餘弦，即甲角之正弦。己庚丙與甲乙丙兩勾股形爲同式形，故半徑己丙與丙角正弦己庚之比，同於甲丙邊與甲乙邊之比，爲相當比例四率。又半徑己丙與甲角正弦丙庚之比，同於甲丙邊與丙乙邊之比，爲相當比例四率也。

又法求甲乙邊，以丙角五十一度五十一分之正割一十六萬一千八百八十五爲一率，其正切一十二萬七千三百零六爲二率，甲丙邊八十九丈零二寸二分爲三率。求得四率七十丈零六分有餘，即甲乙邊也。

一率　丙角正割
二率　丙角正切
三率　甲丙邊
四率　甲乙邊

求丙乙邊，則仍以丙角正割一十六萬一千八百八十五爲一率，而以半徑十萬爲二率，仍以甲丙邊八十九丈零二寸二分爲三率。求得四

一率　丙角正割
二率　半徑
三率　甲丙邊
四率　丙乙邊

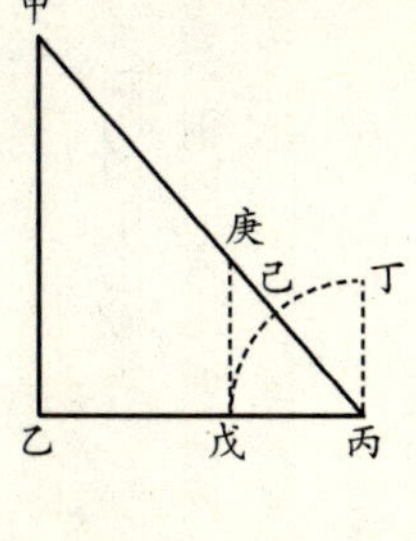

率五十四丈九尺九寸有餘，即丙乙邊也。

如丙丁戊一象限，己戊弧爲丙角之正弧，庚戊線爲丙角之正切，庚丙線爲丙角之正割。庚戊丙與甲乙丙兩勾股形爲同式形，故丙角正割庚丙與正切庚戊之比，同於甲丙邊與甲乙邊之比。又丙角正割庚丙與半徑丙戊之比，同於甲丙邊與丙乙邊之比，皆爲相當比例四率也。

設如甲乙丙直角三角形，乙角爲直角九十度，知甲乙邊二十丈，丙乙邊三十四丈六尺四寸一分，求甲角丙角各幾何。

法以甲乙邊二十丈爲一率，丙乙邊三十四丈六尺四寸一分爲二率，半徑十萬爲三率。求得四率一十七萬三千二百零五，爲甲角之正切。撿八線表，得六十度即甲角之度。與九十度相減，餘三十度即丙角之度也。

一率	甲乙邊
二率	丙乙邊
三率	半徑
四率	甲角正切

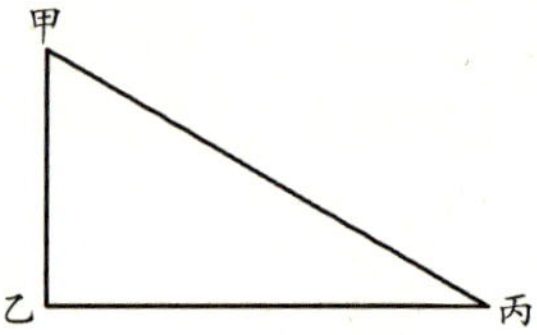

如先求丙角，則以丙乙邊三十四丈六尺四寸一分爲一率，甲乙邊二十丈爲二率，半徑十萬爲三率。求得四率五萬七千七百三十五，爲丙角之正切。撿八線表，得三十度，即丙角之度。與九十度相減，餘六十度即甲角之度也。

一率	丙乙邊
二率	甲乙邊
三率	半徑
四率	丙角正切

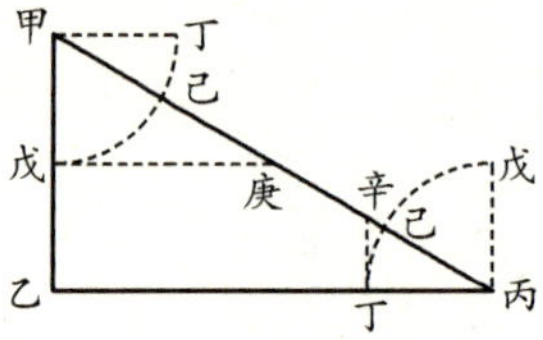

如圖，先求甲角，則如甲丁戊一象限，己戊弧爲甲角六十度之弧，庚戊爲甲角之正切。甲戊爲半徑，甲戊庚與甲乙丙兩勾股形爲同式形，故甲乙邊與丙乙邊之比，同於甲戊半徑與庚戊正切之比，爲相當比例四率。先求丙角，則如丙丁戊一象限，己丁弧爲丙角三十度之弧，辛丁爲丙角之正切。丙丁爲半徑，丙丁辛與丙乙甲兩勾股形爲同式形，故丙乙邊與甲乙邊之比，同於丙丁半徑與辛丁正切之比，爲相當比例四率也。

又法以甲乙邊二十丈與丙乙邊三十四丈六尺四寸一分相加，得五十四丈六尺四寸一分，爲兩邊之和爲一率。又以甲乙邊二十丈與丙乙邊三十四丈六尺四寸一分相減，餘一十四丈六尺四寸一分，爲兩邊之較爲二率。以乙角之外角九十度，折半，得四十五度爲半外角，其正切十萬爲三率。四十五度之正切，與半徑十萬等。求得四率二十六萬七千九百四十八，爲半較角之正切。撿八線表，得十五度爲半較角。與半外角四十五度相減，餘三十度即丙角之度。如以半較角十五度與半外角四十五度相加，得六十度即甲角之度也。

一率	兩邊之總
二率	兩邊之較
三率	半外角切線
四率	半較角切線

如圖，甲乙丙直角三角形，以乙直角爲心，甲乙小邊爲半徑，作一甲戊丁圜，截丙乙大邊於戊。將丙乙引長至圜界丁，則丁乙、戊乙俱爲半徑，與甲乙等。自丁至丙，即兩邊之和。自戊至丙，即兩邊之較。甲乙丁角，即乙角之外角。試自甲至戊作一甲戊線，則成甲乙戊直角三角形，其乙甲戊與乙戊甲二角相併，與甲乙丁外角度等。今折半用其正切，即如用甲戊乙角之正切。又心角與邊角度等，其切線亦等。故自甲至丁作一丁甲線，即甲戊丁角之正切。又戊甲丙角，即甲角大於甲戊乙角之較，又即丙角小於甲戊乙角之較。故於圜界戊至甲丙邊己，作己戊線，與甲丁線平行，即戊甲己角之正切。且丙丁甲三角形與丙戊己三角形爲同式形，故兩邊之和丙丁與甲戊丁半外角切線甲丁之比，即同於兩邊之較丙戊與半較角切線己戊之比，爲相當比例四率也。

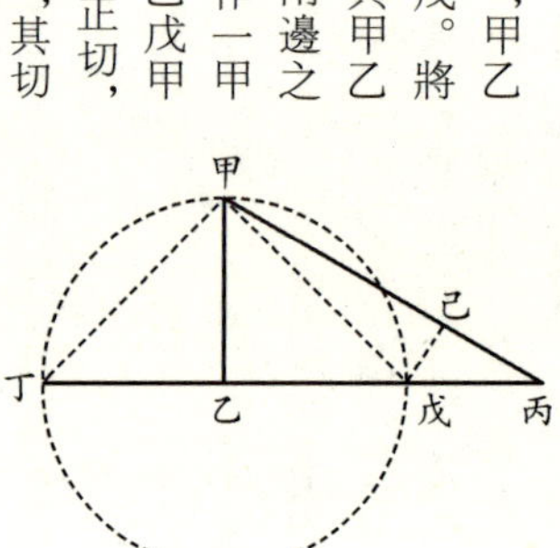

設如甲乙丙直角三角形，乙角爲直角九十度，知甲乙邊六十尺，丙乙邊三十二尺，求甲丙邊幾何。

法以甲乙邊六十尺爲一率，丙乙邊三十二尺爲二率，半徑十萬爲三率。求得四率五萬三千三百三十三，爲甲角之正切。撿八線表，得二十八度零四分，即甲角之度。如用丙乙邊作一率，甲乙邊作二率，即先得丙角度。

一率	甲乙邊
二率	丙乙邊
三率	半徑
四率	甲角正切

一率	甲角正弦
二率	半徑
三率	丙乙邊
四率	甲丙邊

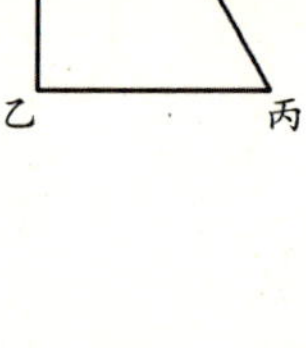

乃以甲角爲對所知之角，其正弦四萬七千零五十爲

一率。乙角爲對所求之角，其正弦即半徑十萬爲二率。丙乙邊爲所知之邊，其數三十二尺爲三率。求得四率六十八尺零一分二釐有餘，即甲丙爲所求之邊也。

一率　半徑
二率　甲角正割
三率　甲乙邊
四率　甲丙邊

又既得甲角之後，用割線法，則以半徑爲一率，甲角之正割爲二率，甲乙邊爲三率。求得四率，即甲丙，爲所求之邊也。或得丙角，則用丙角之正割爲二率，丙乙邊爲三率，亦得甲丙邊。若得丙角，仍用甲乙邊爲三率，則用丙角餘割即甲角之正割。爲二率，而亦得甲丙邊也。

又法用勾股求弦，以甲乙爲股，丙乙爲勾，求得弦，即甲丙邊也。法已載於勾股集中。

設如甲乙丙直角三角形，乙角爲直角九十度，知甲丙邊一百零二丈二尺，丙乙邊四十八丈，求甲角丙角各幾何。

一率　甲丙邊
二率　丙乙邊
三率　半徑
四率　甲角正弦

法以甲丙邊爲對所知之邊，其數一百零二丈二尺爲一率。丙乙邊爲對所求之邊，其數四十八丈爲二率。乙角爲所知之角，其正弦即半徑十萬爲三率。

求得四率四萬六千九百六十六，爲甲角之正弦。撿八線表，得二十八度零一分即甲角之度也。甲角之餘弦，即丙角之正弦。如撿八線表餘弦數，得六十一度五十九分，即丙角之度也。

如甲丁戊一象限，己庚爲甲角正弦，辛己與甲庚等，爲甲角之餘弦即丙角之正弦。甲庚己與甲乙丙兩勾股形爲同式形，故甲丙邊與丙乙邊之比，同於甲己半徑與己庚正弦之比，爲相當比例四率也。

一率　丙乙邊
二率　甲丙邊
三率　半徑
四率　丙角正割

又法以丙乙邊四十八丈爲一率，甲丙邊一百零二丈二尺爲二率，半徑十萬爲三率。求得四率二十一萬二千九百一十六，爲丙角之正割。撿八線表，得六十一度五十九分即丙角之度也。其丙角之餘割即甲角之正割。如撿餘割數，得二十八度零一分即甲角之度也。

如丙丁戊一象限，丙戊爲半徑，己戊爲丙角之正切，己丙爲丙角之正割。甲乙丙與己戊丙兩勾股形爲同式形，故丙乙邊與甲丙邊之比，同於丙戊半徑與己丙正割之比，爲相當比例四率也。

設如甲乙丙鋭角三角形，知乙丙邊三十二丈，乙角六十度，丙角四十六度，求甲乙邊甲丙邊各幾何。

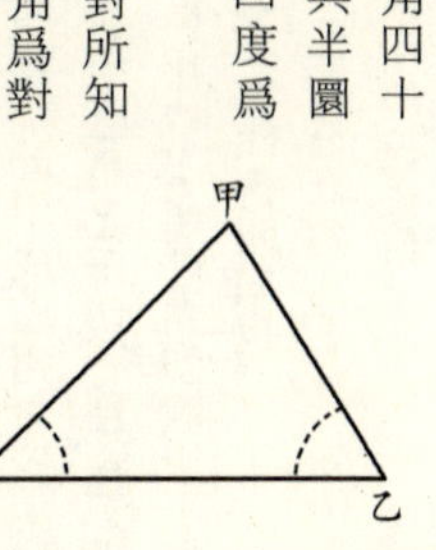

一率　甲角正弦
二率　乙角正弦
三率　乙丙邊
四率　甲丙邊

法以乙角六十度與丙角四十六度相加，得一百零六度，與半圜一百八十度相減，餘七十四度爲甲角。

求甲丙邊，則以甲角爲對所知之角，其正弦九萬六千一百二十六爲一率。以乙角爲對所求之角，其正弦八萬六千六百零三爲二率。乙丙邊爲所知之邊，其數三十二丈爲三率。求得四率二十八丈八尺二寸九分有餘，即甲丙爲所求之一邊也。

一率　甲角正弦
二率　丙角正弦
三率　乙丙邊
四率　甲乙邊

求甲乙邊，則仍以甲角爲對所知之角，其正弦九萬六千一百二十六爲一率。而以丙角爲對所求之角，其正弦七萬一千九百三十四爲二率。仍以乙丙邊爲所知之邊，其數三十二丈爲三率。求得四率二十三丈九尺四寸六分有餘，即甲乙爲所求之又一邊也。

如圖，甲乙丙三角形，作含三角形之圜，則每界角各對一弧。試自圜心丁作三角形各邊之垂線，即將每角所對之弧，平分一半各成兩心角。其每一心角與相當各界角之度等。見《幾何原本》四卷第十三節。是以乙角所對甲丙弧原係一百二十度，今爲丁庚癸垂線所平分，各爲六十度。一爲甲丁癸，一爲癸丁丙，皆與乙角原度等。丙角所對甲乙弧原係九十二度，今爲丁戊辛垂線所平

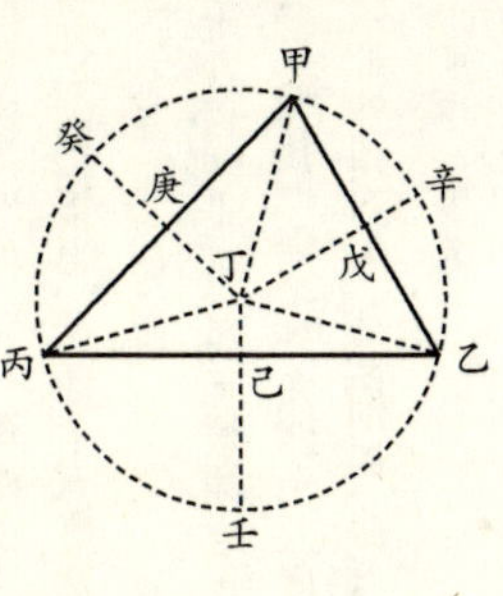

分，各爲四十六度。一爲甲丁辛，一爲辛丁乙，皆與丙角原度等。甲角所對乙丙弧原係一百四十八度，今爲丁己壬垂線所平分，各爲七十四度。一爲乙丁壬，一爲壬丁丙，皆與甲角原度等。乙己爲乙丁壬角之正弦。己丙爲壬丁丙角之正弦，亦即甲角之正弦。甲庚爲甲丁癸角之正弦。庚丙爲癸丁丙角之正弦，亦即乙角之正弦。甲戊爲甲丁辛角之正弦。戊乙爲辛丁乙角之正弦，亦即丙角之正弦。故求甲丙邊者，以乙己與甲庚之比，或己丙與庚丙之比，皆同於乙丙與甲丙之比。

又如，求甲乙邊者，以己丙與甲戊之比，或乙己與戊乙之比，皆同於乙丙與甲乙之比。俱是半與半、全與全之比例，而各爲相當比例四率也。

又圖，求甲丙邊者，則用甲丙爲半徑，自丙角至甲乙界作丙丁垂線爲甲角正弦。又依甲丙度截丙乙於戊，使戊乙與甲丙等。凡用正弦比例，因在圜内，皆同半徑。今使戊乙與甲丙相同，而後正弦之大小乃見。乃自戊至甲乙界，又作戊己垂線爲乙角正弦。觀戊己小於丙丁，則知甲丙同戊乙。亦小於乙丙。故甲角正弦丙丁與乙角正弦戊己之比，同於乙丙邊與甲丙邊之比，爲相當比例四率也。

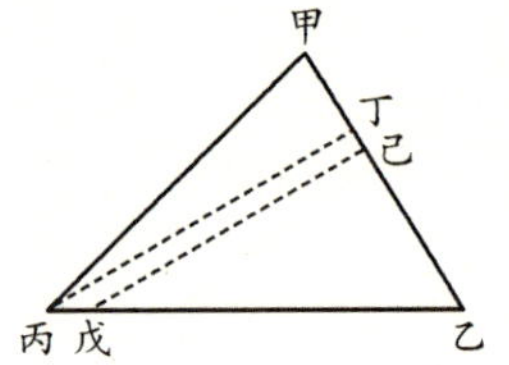

一率　乙角、丙角兩餘切
二率　乙角餘割
三率　乙丙邊
四率　甲乙邊

又如，求甲乙邊者，則用甲乙爲半徑，自乙角至甲丙界作乙丁垂線爲甲角正弦。又依甲乙度截乙丙於戊，使戊丙與甲乙等。乃自戊至甲丙界又作戊己垂線爲丙角正弦。觀戊己小於乙丁，則知甲乙同戊丙。亦小於乙丙。故甲角正弦乙丁與丙角正弦戊己之比，同於乙丙邊與甲乙邊之比，爲相當比例四率也。

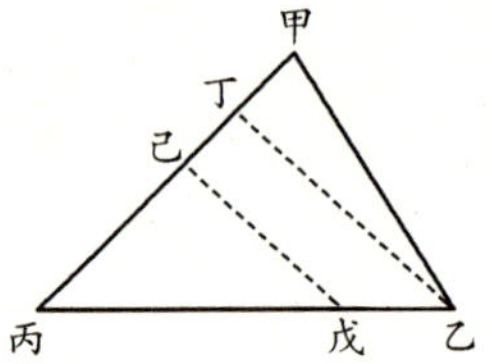

一率　乙角、丙角兩餘切
二率　丙角餘割
三率　乙丙邊
四率　甲丙邊

又法，求甲乙邊，以乙角六十度之餘切五萬七千七百三十五與丙角四十六度之餘切九萬六千五百六十九相加，得一十五萬四千三百零四爲一率。乙角之餘割一十一萬五千四百七十爲二率。乙丙邊三十二丈爲三率。求得四率二十三丈九尺四寸六分有餘，即甲乙邊。求甲丙邊，則仍以兩角餘切相加之一十五萬四千三百零四爲一率，而以丙角餘割一十三萬九千零一十六爲二率，仍以乙丙邊三十二丈爲三率。求得四率二十八丈八尺二寸九分有餘，即甲丙邊也。

此法蓋以甲乙丙一鋭角三角形，分爲甲丁乙、甲丁丙兩直角三角形。即如乙角六十度與象限九十度相減餘三十度爲甲丁乙三角形之甲角。又丙角四十六度與象限九十度相減，餘四十四度爲甲丁丙三角形之甲角。乙角之餘切戊己，即甲丁乙三角形之甲角之正切，如壬癸。乙角之餘割己乙，即甲丁乙三角形之甲角之正割，如甲壬。而丙角之餘切庚辛，即甲丁丙三角形之甲角之正切，如癸子。丙角之餘割庚丙，即甲丁丙三角形之甲角之正割，如甲子。若乙角、丙角兩餘切相加，即兩甲角正切相加之和，如壬子。甲癸壬與甲丁乙兩三角形爲同式形，甲癸子與甲丁丙兩三角形爲同式形，故甲壬子與甲乙丙兩三角形亦爲同式形。是故求甲乙邊者，以壬子與甲壬之比，同於乙丙與甲乙之比。求甲丙邊者，以壬子與甲子之比，同於乙丙與甲丙之比，皆爲相當比例四率也。

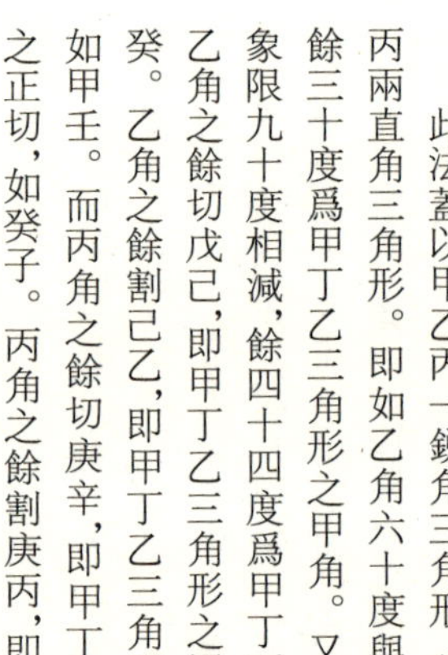

一率　甲角正弦
二率　丙角正弦
三率　乙丙邊
四率　甲乙邊

設如甲乙丙鋭角三角形，知甲角五十度，乙角七十度，乙丙邊九丈七尺八寸，求丙角甲乙邊、甲丙邊各幾何。

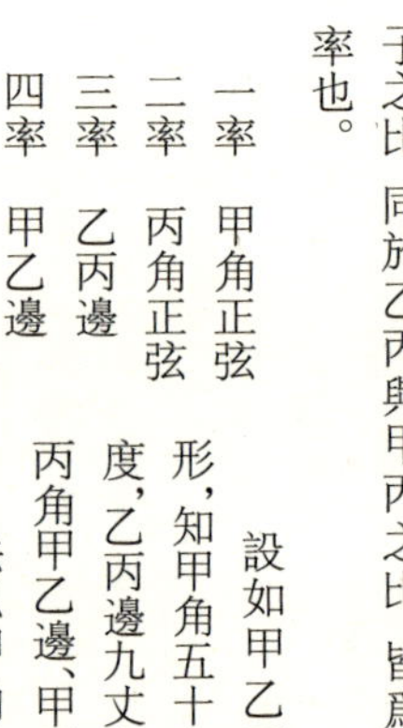

法以甲角五十度與乙角七十度相加，得一百二十度。與半圓一百八十度相減，餘六十度爲丙角。求甲乙邊，則以甲角爲對所知之角，其正弦七萬六千六百零四爲一率。以丙角爲對所求之角，其正弦八萬六千六百零三爲二率。乙丙邊爲所知之邊，其數九丈七尺八寸爲三率。求得四率一十一丈零五寸六分有餘，即甲乙爲所求之一邊也。

一率　甲角正弦
二率　乙角正弦
三率　乙丙邊
四率　甲丙邊

求甲丙邊，則仍以甲角爲對所知之角，其正弦七萬六千六百零四爲一率。而以乙角爲對所求之角，其正弦九萬三千九百六十九爲二率。仍以乙丙邊爲所知之邊，其數九丈七尺八寸爲三率。求得四率一十一丈九尺九寸六分有餘，即甲丙爲所求之又一邊也。此法所知之角與邊，雖與前法少異，然總是有兩角一邊，得其所餘一角，則仍與前法同矣。

設如甲乙丙鈍角三角形，知乙角二十四度，丙角三十六度三十分，乙丙邊七十九丈零一寸，求甲乙邊、甲丙邊各幾何。

法以乙角二十四度與丙角三十六度三十分相加，得六十度三十分。與半圜一百八十度相減，餘一百一十九度三十分爲甲鈍角。

一率　甲外角正弦
二率　丙角正弦
三率　乙丙邊
四率　甲乙邊

求甲乙邊，則以甲鈍角爲對所知之角。夫甲角既爲鈍角，過九十度乃用其外角，將甲角一百一十九度三十分與半圜一百八十度相減，餘六十度三十分爲甲角之外角，其正弦八萬七千零三十六爲一率。凡鈍角之外角，其正弦，即鈍角之正弦。解見《割圜》集內。丙角爲對所求之角，其正弦五萬九千四百八十二爲二率。乙丙邊爲所知之邊，其數七十九丈零一寸爲三率。求得四率五十三丈九尺九寸七分，即甲乙爲所求之一邊也。

一率　甲外角正弦
二率　乙角正弦
三率　乙丙邊
四率　甲丙邊

如求甲丙邊，則仍以甲角爲對所知之角，用其外角正弦八萬七千零三十六爲一率。而以乙角爲對所求之角，其正弦四萬零六百七十四爲二率。仍以乙丙邊七十九丈零一寸爲三率。求得四率三十六丈九尺二寸三分有餘，如既得甲乙邊，而以丙角爲對所知之角，其正弦爲一率。甲乙邊爲所知之邊，其數爲三率。所得亦同。即甲丙爲所求之又一邊也。此法亦有兩角一邊，但甲爲鈍角，故用外角正弦。求法畧異。

試以求甲乙邊言之。則甲乙邊爲半徑，於甲角之外，作乙丁垂線，則成乙甲丁之外角。其乙丁垂線，即乙甲丁外角之正弦。

又按：甲乙邊度，截乙丙邊於戊，使戊丙與甲乙半徑等。作戊己垂線，即丙角之正弦。

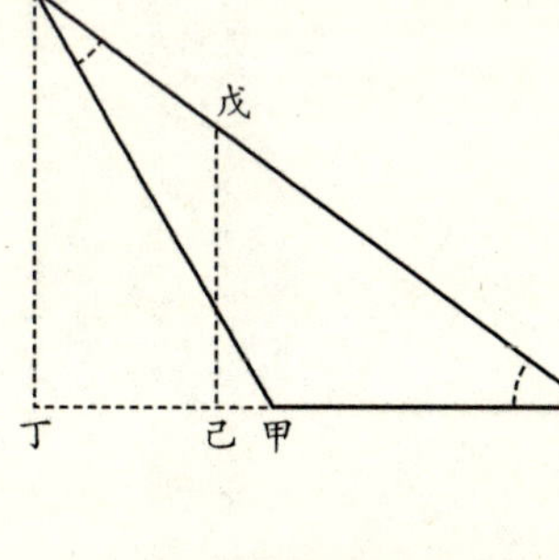

夫戊己丙與乙丁丙兩勾股形爲同式形，故乙甲丁外角之正弦乙丁與丙角之正弦戊己之比，即同於乙丙邊與等甲乙邊之戊丙之比，爲相當比例四率也。其求甲丙邊用外角正弦，其理亦同。

一率　乙角、丙角兩餘切
二率　乙角餘割
三率　乙丙邊
四率　甲乙邊

又法求甲乙邊，以乙角二十四度之餘切二十二萬四千六百零四與丙角三十六度三十分之餘切一十三萬五千一百四十二相加，得三十五萬九千七百四十六爲一率。乙角之餘割二十四萬五千八百五十九爲二率。乙丙邊七十九丈零一寸爲三率。求得四率五十三丈九尺九寸七分有餘，即甲乙邊。

求甲丙邊，則仍以兩角餘切相加之三十五萬九千七百四十六爲一率，而以丙角之餘割一十六萬八千一百一十七爲二率，乙丙邊七十九丈零一寸爲三率。求得四率三十六丈九尺二寸三分有餘，即甲丙邊也。

一率　乙角、丙角兩餘切
二率　丙角餘割
三率　乙丙邊
四率　甲丙邊

此法蓋以甲乙丙一鈍角三角形，分爲甲丁乙、甲丁丙兩直角三角形。其乙角之餘切戊己，即甲丁乙三角形之甲角之正切，如壬癸。乙角之餘割己乙，即甲丁乙三角形之甲角之正割，如甲壬。而丙角之餘切庚辛，即甲丁丙三角形之甲角之正切，如癸子。丙角之餘割庚丙，即甲丁丙三角形之甲角之正割，如甲子。乙角、丙角兩餘切相加之數，即兩甲角正切相加之和，如壬子。甲癸壬與甲丁乙兩三角形爲同式形，甲癸子與甲丁丙兩三角形爲同式形，故甲壬子與甲乙丙兩三角形亦爲同式形。是以求甲乙邊者，以壬子與甲壬之比，同於乙丙與甲乙之比。求甲丙邊者，以壬子與甲子之比，同於乙丙與甲丙之比。皆爲相當比例四率也。

設如甲乙丙鈍角三角形，知乙角三十三度三十八分四十秒，丙外角五十五度五十三分，乙丙邊一十六丈，求甲角甲乙邊甲丙邊各幾何。

法以乙角三十三度三十八分四十秒與丙外角五十五度五十三分相減，餘二十二度一十四分二十秒即甲角。取甲角，當以丙外角與半圜一百八十度相減，餘爲丙鈍角。仍以丙鈍角與乙角相加，又與半圓一百八十度相減，餘爲甲角。今止以丙外角內減乙角，即得甲角者，蓋因丙外角與乙、甲二內角相併之度等。又三角形三角相併共爲一百八十度與半圓等。今於半圓內減去丙鈍角，所餘爲丙外角。而一百八十度內減丙鈍角，則餘乙、甲二角共度。是甲、乙二角共度與丙外角之度等，故於丙外角內減去乙角，即甲角也。

一率　甲角正弦
二率　丙外角正弦
三率　乙丙邊
四率　甲乙邊

求甲乙邊，則以甲角爲對所知之角，其正弦三萬七千八百四十七爲一率。以丙外角爲對所求之角，其正弦八萬二千七百九十爲二率。乙丙邊爲所知之邊，其數一十六丈爲三率。求得四率三十五丈，即甲乙，爲所求之一邊。

一率　甲角正弦
二率　乙角正弦
三率　乙丙邊
四率　甲丙邊

求甲丙邊，則仍以甲角爲對所知之角，其正弦三萬七千八百四十七爲一率。而以乙角爲對所求之角，其正弦五萬五千四百零四爲二率。仍以乙丙邊爲所知之邊，其數一十六丈爲三率。求得四率二十三丈四尺二寸二分有餘，如既得甲乙邊，而以丙外角爲對所知之角，其正弦爲一率。甲乙邊爲所知之邊，其數爲三率。所得亦同。即甲丙，爲所求之又一邊也。此法亦有兩角一邊，與前法同，但先有外角少異耳。

一率　乙角、丙角兩餘切較
二率　乙角餘割
三率　乙丙邊
四率　甲乙邊

又法求甲乙邊，以乙角三十三度三十八分四十秒之餘切一十五萬零二百五十九與丙外角五十五度五十三分之餘切六萬七千七百四十八相減，餘八萬二千五百一十一爲一率。乙角之餘割一十八萬零四百九十三爲二率。乙丙邊一十六丈爲三率。求得四率三十五丈，即甲乙邊。

一率　乙角、丙角兩餘切較
二率　丙外角餘割
三率　乙丙邊
四率　甲丙邊

求甲丙邊，則仍以兩角餘切相減之八萬二千五百一十一爲一率，而以丙外角之餘割一十二萬零七百八十八爲二率，仍以乙丙邊一十六丈爲三率，求得四率二十三丈四尺二寸二分有餘，即甲丙邊也。

此法蓋以乙丙邊引長，自甲角作甲丁垂線，遂成甲丁乙、甲丁丙兩直角三角形。甲丁丙三角形之丙角，即甲乙丙三角形之丙角之外角。其餘切戊己，即甲丁丙三角形之甲角之正切，如壬癸。丙外角之餘割己丙，即甲丁丙三角形之甲角之正割，如甲壬。甲乙丙三角形之乙角之餘切庚辛，即甲丁乙三角形之甲角之正切，如子癸。甲乙丙三角形之乙角之餘割辛乙，即甲丁乙三角形之甲角之正割，如甲子。甲丁丙三角形之丙角餘切，與甲丁乙三角形之乙角餘切相減之數，即兩甲角之正切相減之較，如子壬。甲癸壬三角形與甲丁丙三角形爲同式形，甲癸子三角形與甲丁乙三角形爲同式形，故甲子壬三角形與甲乙丙三角形亦爲同式形。是以子壬與甲子之比，同於乙丙與甲乙之比。又子壬與甲壬之比，同於乙丙與甲丙之比。皆爲相當比例四率也。

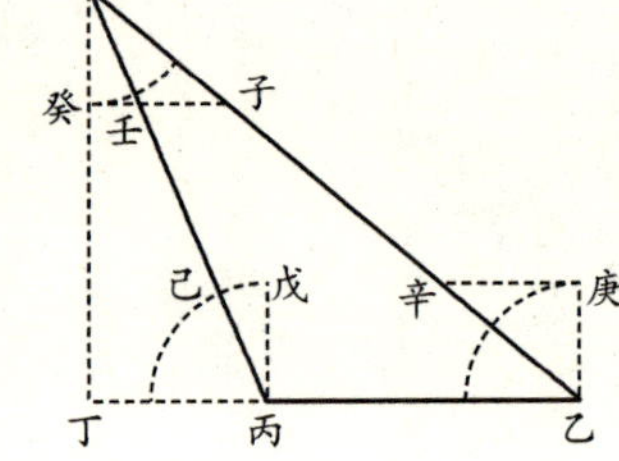

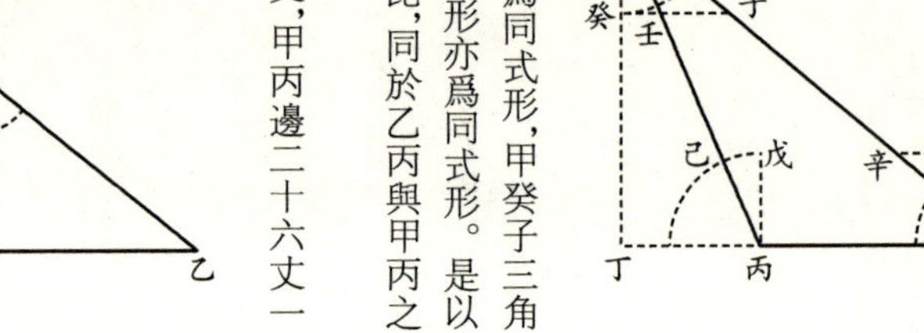

設如甲乙丙鋭角三角形，知甲角六十度，甲乙邊四十丈，甲丙邊二十六丈一尺零八分，求乙角丙角及乙丙邊各幾何。

一率　兩邊之總
二率　兩邊之較
三率　半外角切線
四率　半較角切線

法以甲乙邊四十丈與甲丙邊二十六丈一尺零八分相加，得六十六丈一尺零八分，爲兩邊之和爲一率。又以甲乙邊四十丈與甲丙邊二十六丈一尺零八分相減，餘一十三丈八尺九寸二分，爲兩邊之較爲二率。以甲角六十度與半圓一百八十度相減，餘一百二十度爲外角，折半，得六十度爲半外角，其正切一十七萬三千二百零五爲三率。求得四率三萬六千三百九十七，爲半較角之正切。撿八線表，得二十度爲半較角。與半外角六十度相減，餘四十度即乙角之度。

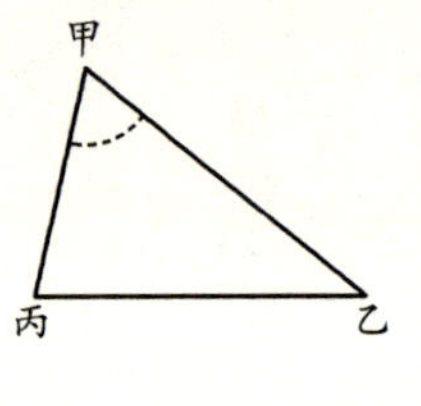

一率　丙角正弦
二率　甲角正弦
三率　甲乙邊
四率　乙丙邊

如以半較角二十度與半外角六十度相加，得八十度即丙角之度也。既得乙丙兩角，即以丙角爲對所知之角，其正弦九萬八千四百八十一爲一率。以甲角爲對所求之角，其正弦八萬六千六百零三爲二率。甲乙邊爲所知之邊，其數四十丈爲三率。求得四率三十五丈一尺七寸五分有餘，即乙丙爲所求之邊也。

如圖，甲乙丙鋭角三角形，以甲角爲心，甲丙小邊爲半徑，作一丙丁戊圜，截甲乙大邊於戊。將甲乙引長至圜界丁，則甲丁、甲戊俱爲半徑與甲丙等。自丁至乙即兩邊之和，自戊至乙即兩邊之較。丁甲丙角即甲角之外角。試自丙至戊作一丙戊線，則成甲丙戊三角形。其甲丙戊與甲戊丙二角併之，與丁甲丙外角度等。今折半用其正切，即如用丁戊丙角之正切。又心角與邊角度等，其切線亦等。故自丙至丁作一丙丁線，即丁戊丙角之正切。又戊丙乙角，即丙角大於甲戊丙角之較，亦即乙角小於甲戊丙角之較。故自圜界戊至乙丙邊己，作己戊線與丙丁平行，即戊丙己角之正切。且乙丁丙三角形與乙戊己三角形爲同式形，故兩邊之和丁乙，與丁戊丙半外角切線丁丙之比，即同於兩邊之較戊乙與半較角切線戊己之比，爲相當比例四率也。

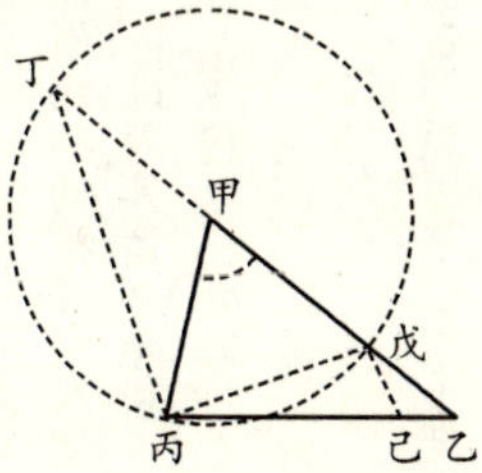

一率　半徑
二率　甲角正弦
三率　甲丙邊
四率　丙丁邊

又法自丙角作丙丁垂線，分爲丙丁甲、丙丁乙兩直角形算之。先用丙丁甲直角形，求丙丁垂線及甲丁分邊。以丁角爲對所知之角，其正弦即半徑十萬爲一率。以甲角爲對所求之角，其正弦八萬六千六百零三爲二率。甲丙邊爲所知之邊，其數二十六丈一尺零八分爲三率。求得四率二十二丈六尺一寸有餘爲丙丁垂線。

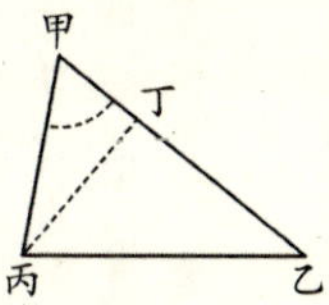

一率　半徑
二率　丙分角正弦
三率　甲丙邊
四率　甲丁邊

又以丁角爲對所知之角，其正弦即半徑十萬爲一率。以甲角六十度與九十度相減，餘三十度即甲丙丁角即丙之分角。爲對所求之角，其正弦五萬爲二率。直用甲角餘弦亦可。甲丙邊爲所知之邊，其數二十六丈一尺零八分爲三率。求得四率十三丈零五寸四分爲甲丁分邊。

一率　丁乙分邊
二率　丙丁垂線
三率　半徑
四率　乙角正切

既得甲丁分邊，乃與甲乙邊四十丈相減，餘二十六丈九尺四寸六分爲丁乙分邊。於是用丙丁乙直角形，求乙角及乙丙邊。以丁乙二十六丈九尺四寸六分爲一率，丙丁二十二丈六尺一寸有餘爲二率，半徑十萬爲三率。求得四率八萬三千九百零八爲乙角正切。撿八線表，得四十度爲乙角。以乙角四十度與甲角六十度相加，得一百度。與一百八十度相減，餘八十度爲丙角。既得乙、丙兩角，則用兩角一邊，求又一邊之法算之，即得乙丙邊矣。或先求乙丙邊，則以丁乙二十六丈九尺四寸六分爲勾，丙丁二十二丈六尺一寸爲股，求得弦三十五丈一尺七寸五分有餘，即乙丙邊也。

一率　半徑
二率　甲角餘弦
三率　甲丙邊
四率　甲丁分邊

又法先求甲丁分邊，比例而得乙角。以半徑十萬爲一率，即丁直角之正弦。以甲角六十度之餘弦五萬爲二率，即丙分角之正弦。以甲丙邊二十六丈一尺零八分爲三率。求得四率十三丈零五寸四分爲甲丁分邊。

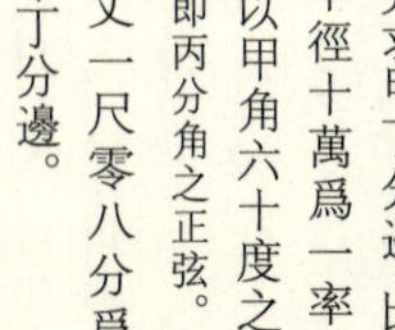

一率　甲丁分邊
二率　丁乙分邊
三率　甲角餘切
四率　乙角餘切

乃以甲丁分邊十三丈零五寸四分爲一率。以甲丁分邊與甲乙全邊四十丈相減，餘二十六丈九尺四寸六分爲丁乙分邊爲二率。甲角六十度之餘切五萬七千七百三十五爲三率。求得四率一十一萬九千一百七十六爲乙角餘切。撿表，得四十度即乙角也。如甲角之戊庚一象限，其庚己爲甲角之餘切，而庚己甲與甲丁丙爲同式形。

又如乙角之辛癸一象限，其壬癸爲乙角之餘切，而壬癸乙與乙丁丙爲同式形。故甲丁與丁乙之比，同於庚己與壬癸之比也。

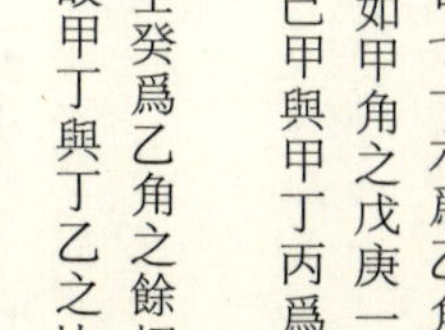

一率　甲丙邊
二率　甲乙邊
三率　甲角餘割
四率　丙兩分角正切

又法用甲角餘割、餘切，求乙角、丙角。以甲丙邊二十六丈一尺零八分爲一率，甲乙邊四十丈爲二率，甲角六十度餘割一十一萬五千四百七十爲三率。求得四率一十七萬六千九百一十一，爲甲角餘切與乙角餘切之共數，即甲丙丁與乙丙丁兩分角之共切。又將甲角六十度與象限九十度相減，餘三十度即甲丙丁之分角。撿其正切五萬七千七百三十五，與兩分角之共切一十七萬六千九百一十一相減，餘一十一萬九千一百七十六爲丁丙乙分角之正切，即乙角之餘切。撿表，得四十度即乙角之度也。以乙角四十度與甲角六十度相加，得一百度。又與半圜一百八十度相減，餘八十度即丙甲之度也。

如甲乙丙銳角三角形，作丙丁垂線，分爲甲丁丙與乙丁丙兩直角形。以丙角爲心，作一戊己庚半圜，則丙丁垂線平分於己，兩邊各成一象限。試與甲乙邊平行，作一辛壬線，則辛己一段爲甲丙丁分角之正切，即甲角之餘切。己壬一段爲乙丙丁分角之正切，又即乙角之餘切。而辛丙爲甲丙丁分角之正割，亦即甲角之餘割。辛壬丙與甲乙丙兩三角形爲同式形，故甲丙邊與甲乙邊之比，即同於甲角餘割辛丙即甲丙丁分角之正割。與甲丙丁、乙丙丁兩分角之正切相合之辛壬之比，爲相當比例四率也。既得辛壬兩分角之共切，内減去甲丙丁分角三十度之正切辛己，所餘己壬爲乙丙丁分角之正切，即爲乙角之餘切。撿表即得乙角也。

設如甲乙丙鈍角三角形，知甲角一百一十九度三十四分，甲乙邊五十四尺，甲丙邊三十六尺九寸，求乙角、丙角及乙丙邊各幾何。

一率　兩邊之總
二率　兩邊之較
三率　半外角正切
四率　半較角正切

法以甲乙邊五十四尺與甲丙邊三十六尺九寸相加，得九十尺九寸，爲兩邊之和爲一率。又以甲乙邊與甲丙邊相減，餘一十七尺一寸，爲兩邊之較爲二率。以甲角一百一十九度三十四分與半圜一百八十度相減，餘六十度二十六分爲外角，折半得三十度一十三分爲半外角，其正切五萬八千二百四十爲三率。求得四率一萬零九百五十六爲半較角之正切。撿八線表，得六度一十五分爲半較角。與半外角三十度一十三分相減，餘二十三度五十八分即乙角之度。如以半較角六度一十五分與半外角三十度一十三分相加，得三十六度二十八分即丙角之度也。

一率　丙角正弦
二率　甲外角正弦
三率　甲乙邊
四率　乙丙邊

既得乙、丙二角，求乙丙邊則以丙角爲對所知之角，其正弦五萬九千四百三十五爲一率。甲外角爲對所求之角，甲角爲鈍角，故用外角。其正弦八萬六千九百七十八爲二率。甲乙邊爲所知之邊，其數五十四尺爲三率。求得四率七十九尺零二分四釐有餘即乙丙邊也。

如圖，甲乙丙鈍角三角形，以甲角爲心，甲丙爲半徑，作一丙丁戊圜。其乙丁爲兩邊之和，乙戊爲兩邊之較。丙丁爲半外角之正切，己戊爲半較角之正切。乙丁丙三角形與乙戊己三角形爲同式形，故以兩邊之和乙丁與丁戊丙半外角切線丙丁之比，即同於兩邊之較乙戊與半較角切線己戊之比，爲相當比例四率也。

一率　半徑
二率　甲外角正弦
三率　甲丙邊
四率　丙丁垂線

又法自丙角作丙丁垂線於形外，成丙丁乙與丙丁甲兩直角形。先用丙丁甲直角形，求丙丁垂線及甲丁虚邊。以丁直角爲對所知之角，其正弦即半徑十萬爲一率。以甲角一百一十九度三十四分與半圜一百八十度相減，餘六十度二十六分即甲外角爲對所求之角，其正弦八萬六千九百七十八爲二率。甲丙邊爲所知之邊，其數三十六尺九寸爲三率。求得四率三十二尺零九分五釐爲丙丁垂線。

一率　半徑
二率　丙外分角正弦
三率　甲丙邊
四率　甲丁虚邊

又以丁直角爲對所知之角，其正弦即半徑十萬爲一率。（又）以甲外角六十度三十六分與九十度相減，餘二十九度三十四分爲甲丙丁角即丙外分角。爲對所求之角，其正弦四萬九千三百四十四爲二率。如直用甲外角之餘弦爲二率亦可。甲丙邊爲所知之邊，其數三十六尺九寸爲三率。求得四率十八尺二寸零八釐，爲甲丁虚邊。與甲乙邊五十四尺相加，得七十二尺二寸零八釐爲乙丁全邊。

一率　乙丁邊
二率　丙丁垂線
三率　半徑
四率　乙角正切

又以乙丁全邊七十二尺二寸零八釐爲一率，丙丁垂線三十二尺零九分五釐爲二率，半徑十萬爲三率。求得四率四萬四千四百四十八爲乙角正切。撿八線表，得二十三度五十八分爲乙角之度。與甲外角六十度二十六分相減，餘三十六度二十八分，即丙角之度。甲外角與乙、丙二内角等，故減去乙角，餘即丙角。既得乙、丙二角，則用兩角一邊求又一邊之法算之，即得乙丙邊。或先求乙丙邊，則以乙丁全邊七十二尺二寸零八釐爲股，丙丁垂線三十二尺零九分五釐爲勾，求得弦七十九尺零二分即乙丙邊也。

又法用甲角餘割、餘切，求乙角、丙角。以甲丙邊三十六尺九寸爲一率，甲乙邊五十四尺爲二率，以甲外角六十度二十六分之餘割一十一萬四千九百七十一爲三率。求得四率一十六萬八千二百五十，爲甲外角餘切與乙角餘切之較數。乃以甲外角六十度二十六分之餘切五萬六千七百三十一與兩餘切之較相加，得二十二萬四千九百八十一，爲乙角餘切。撿表，得二十三度五十八分即乙角之度。與甲角一百一十九度三十四分相加，得一百四十三度三十二分，與半圜一百八十度相減，餘三十六度二十八分，即丙角之度也。

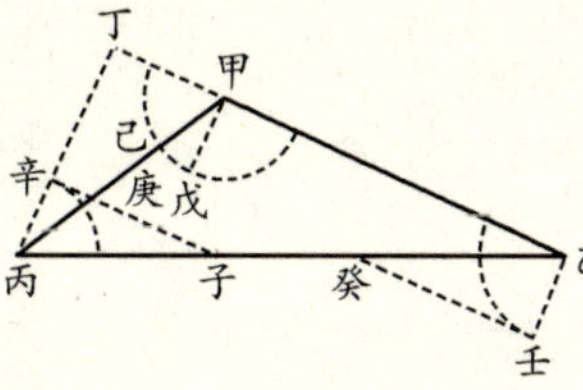

一率　甲丙邊

二率　甲乙邊

三率　甲外角餘割

四率　甲外角、乙角兩餘切較

如甲乙丙鈍角形，將甲乙邊引長，自丙角作丙丁垂線，遂成丙丁甲、丙丁乙兩直角三角形。丙丁甲三角形之甲角，即甲乙丙三角形之甲角之外角，其餘切戊己，即丙丁甲三角形之丙角之正切，如庚辛。甲外角之餘割甲己，即丙丁甲三角形之丙角之正割，如庚丙。而丙丁乙三角形之乙角之餘切壬癸，即丙丁乙三角形之丙角之正切，如子辛。若丙丁乙三角形之乙角餘切與丙丁甲三角形之甲角餘切相減，即兩丙角相差之較，如子庚。丙辛庚三角形與丙丁甲三角形爲同式形，丙辛子三角形與丙丁乙三角形爲同式形，故丙庚子三角形與丙甲乙三角形亦爲同式形。是以甲丙邊與甲乙邊之比，同於甲外角餘割庚丙即甲己。與兩餘切之較子庚之比，爲相當比例四率也。既得子庚，兩餘切之較與甲外角之餘切庚辛即戊己。相加，得子辛即乙角之餘切。撿表得乙角度。既得乙角，則以乙角與甲角相併，與半圜相減，餘即丙角矣。

設如甲乙丙銳角三角形，知乙角六十度，甲乙邊八十丈，甲丙邊七十丈三尺四寸，求甲角、丙角及乙(内)[丙]邊各幾何。

一率　甲丙邊

二率　甲乙邊

三率　乙角正弦

四率　丙角正弦

法以甲丙邊爲對所知之邊，其數七十丈三尺四寸爲一率。甲乙邊爲對所求之邊，其數八十丈爲二率。乙角爲所知之角，其正弦八萬六千六百零三爲三率。求得四率九萬八千四百九十六爲丙角正弦。撿表，得八十度零三分即丙角度也。既得丙角度，則以乙角六十度與丙角八十度零三分相加，得一百四十度零三分，與一百八十度相減，餘三十九度五十七分即甲角度也。

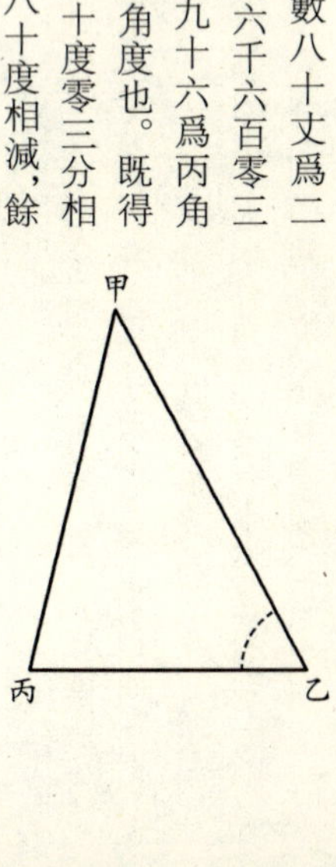

既得甲角，求乙丙邊，則以乙角爲對所知之角，其正弦八萬六千六百零三爲一率。甲角爲對所求之角，其正弦六萬四千二百一十二爲二率。甲丙邊爲所知之邊，其數七十丈三尺四寸爲三率。求得四率五十二丈一尺五寸三分有餘，即乙丙爲所求之邊也。

一率　乙角正弦

二率　甲角正弦

三率　甲丙邊

四率　乙丙邊

又法用餘割求丙角。以甲乙邊八十丈爲一率，甲丙邊七十丈三尺四寸爲二率，乙角六十度之餘割十一萬五千四百七十爲三率。求得四率十萬一千五百二十六爲丙角餘割。撿表，得八十度零三分即丙角度也。

一率　甲乙邊

二率　甲丙邊

三率　乙角餘割

四率　丙角餘割

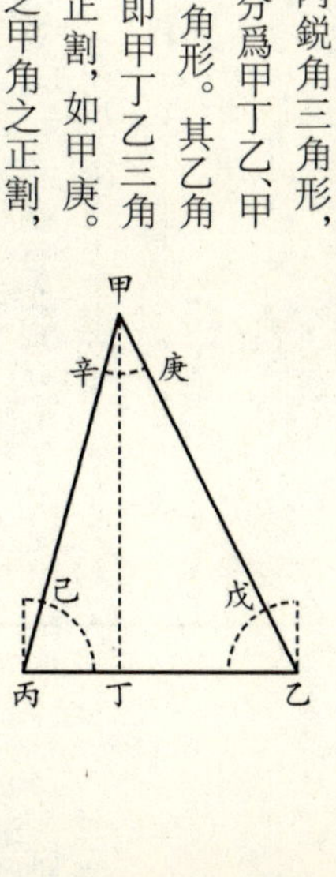

如甲乙丙銳角三角形，作甲丁垂線，分爲甲丁乙、甲丁丙兩直角三角形。其乙角之餘割戊乙，即甲丁乙三角形之甲角之正割，如甲庚。丙角之餘割己丙，即甲丁丙三角形之甲角之正割，如甲辛。甲庚辛與甲乙丙兩三角形爲同式形，故甲乙邊與甲丙邊之比，同於乙角餘割甲庚即戊乙。與丙角餘割甲辛即己丙。之比，爲相當比例四率也。

設如甲乙丙鈍角三角形，知丙角一百一十度，甲乙邊二十二丈五尺五寸，甲丙邊十二丈，求甲角、乙角及乙丙邊各幾何。

一率　甲乙邊

二率　甲丙邊

三率　丙外角正弦

四率　乙角正弦

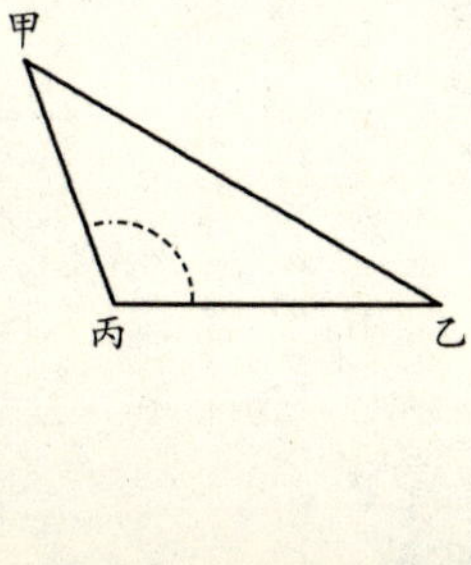

法以甲乙邊爲對所知之邊，其數二十二丈五尺五寸爲一率。甲丙邊爲對所求之邊，其數十二丈爲二率。丙角爲所知之角，其外角七十度之正弦九萬三千九百六十九爲三率。求得四率五萬爲乙角正弦。撿表，得三十度即乙角度也。既得乙角度，則以乙角三十度與丙角一百一十度相加得一百四十度，與一百八十度相減餘四十度，即甲角度也。

一率　乙角正弦
二率　甲角正弦
三率　甲丙邊
四率　乙丙邊

既得甲角，求乙丙邊。則以乙角爲對所知之角，其正弦五萬爲一率。甲角爲對所求之角，其正弦六萬四千二百七十九爲二率。甲丙邊爲所知之邊，其數十二丈爲三率。求得四率十五丈四尺二寸七分，即乙丙爲所求之邊也。

一率　甲丙邊
二率　甲乙邊
三率　丙外角餘割
四率　乙角餘割

又法用餘割求乙角。以甲丙邊十二丈爲一率，甲乙邊二十二丈五尺五寸爲二率，丙外角七十度之餘割十萬六千四百一十八爲三率。求得四率一十九萬九千九百七十七爲乙角之餘割。撿表得三十度即乙角度也。

如甲乙丙鈍角三角形，將乙丙邊引長，自甲角作甲丁垂線，遂成甲丁丙、甲丁乙兩直角三角形。甲丁丙三角形之丙角，即甲乙丙三角形之丙角之外角，其餘割己丙，即甲丁丙三角形之甲角之正割，如甲辛。甲丁乙三角形之乙角之餘割戊乙，即甲丁乙三角形之甲角之正割，如甲庚。甲庚辛與甲乙丙兩三角形爲同式形，故甲丙邊與甲乙邊之比，同於丙外角餘割甲辛即己丙。與乙角餘割甲庚即戊乙。之比，爲相當比例四率也。

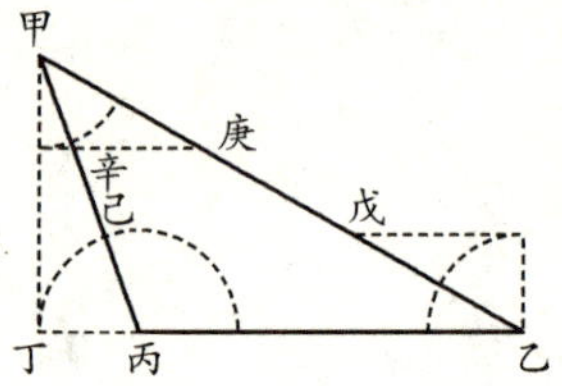

設如甲乙丙鋭角三角形，知甲乙邊一百二十二尺，甲丙邊一百一十二尺，乙丙邊一百五十尺，求甲乙丙三角各幾何。

一率　三萬三千六百尺
二率　二萬零一百六十尺
三率　半徑
四率　丙角餘弦

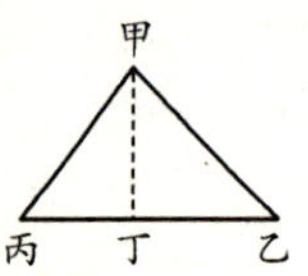

法求丙角。以甲丙邊一百一十二尺與乙丙邊一百五十尺相乘得一萬六千八百尺，倍之得三萬三千六百尺爲一率。以甲丙邊一百一十二尺自乘得一萬二千五百四十四尺，乙丙邊一百五十尺自乘得二萬二千五百尺，以兩邊各自乘數相加得三萬五千零四十四尺，又以甲乙邊一百二十二尺自乘得一萬四千八百八十四尺，與兩邊各自乘相加數三萬五千零四十四尺相減，餘二萬零一百六十尺爲二率。半徑十萬爲三率。求得四率六萬爲甲分角之正弦，即丙角之餘弦。撿表，得五十三度零八分即丙角之度也。

求乙角，則以甲乙邊與乙丙邊相乘得數，倍之爲一率。以甲乙邊、乙丙邊各自乘相加，內減去甲丙邊自乘之數，餘爲二率。半徑十萬爲三率。求得四率爲甲分角之正弦，即乙角之餘弦。撿表即得乙角之度也。或既得丙角，用兩邊一角比例之法，即得甲、乙二角矣。此法蓋以三邊之面積，互相加減，使面與面比而得線與線之比也。如甲乙丙三角形，自甲角至乙丙邊作一甲丁垂線，分爲甲丁丙、甲丁乙兩勾股形。又作三邊之各正方，復作兩邊相乘之長方，其甲丙戊己爲甲丙邊自乘之一正方，庚辛乙甲爲甲乙邊自乘之一正方，乙壬癸丙爲乙丙邊自乘之一正方。丙癸丑子爲甲丙邊與乙丙邊相乘之一長方，倍之爲丙癸卯寅一大長方。今於甲丙戊己與乙壬癸丙兩正方相併數內，減庚辛乙甲一正方，則是減去辰己午甲一正方。即如甲丙戊己之一正方，又減去庚辛乙午己辰一磬折形。即如庚辛乙甲之正方比甲丙戊己之正方所多之較，其積與乙壬申未一長方等。甲丁丙、甲丁乙兩勾股形，同用一甲丁股，是以甲丙弦方內有甲丁一股方、丁丙一勾方，而甲乙弦方內有甲丁一股方、乙丁一勾方。因兩三角形同用一股，故其兩弦較與兩弦和相乘之數，兩勾較與兩勾和相乘之數，必然相等。午乙即兩弦之較，辰己與辛乙相併即兩弦之和。庚辛乙午己辰磬折形，即兩弦較與兩弦和相乘之積。而乙未爲兩勾之較，己丙爲兩勾之和，乙壬申未即兩勾較與兩勾和相乘之積，所以知其相等也。所餘爲未申癸丙一長方。試以甲丁垂線引長，則平分未申癸丙一長方爲未申酉丁與丁酉癸丙二長方。此二長方與丙癸丑子、子丑卯寅二長方同用一邊，爲二平行線內所有二方面互相爲比，同於其底互相爲比之例。故丙癸卯寅之長方與未申癸丙之長方之比，即同於丙寅邊與未丙邊之比也。又比例之理，全與全、半與半之比例相同，故丙癸卯寅之長方爲甲丙邊與乙丙邊相乘又加一倍之積。與未申癸丙之長方即甲丙邊、乙丙邊兩正方相併，內減甲乙邊一正方所餘之積。相比，同於丙子邊與甲丙邊同。與丁丙邊之比也。又甲丙邊即如甲丁垂線所分

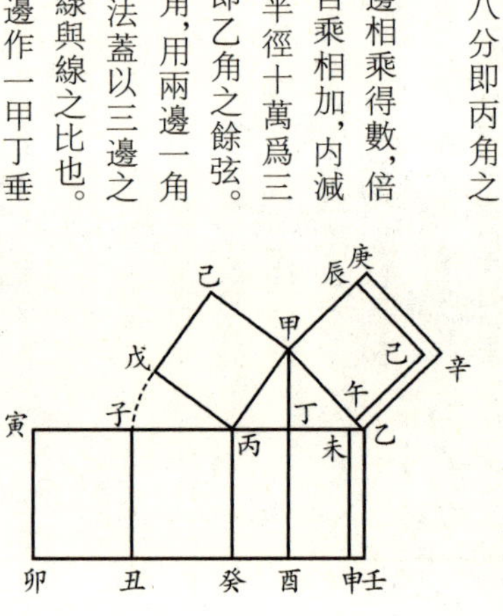

丁直角之正弦，而甲丁垂線所分之丁丙邊，即如甲分角之正弦。是以甲丙邊與乙丙邊相乘，加倍之丙癸卯寅長方積爲一率。甲丙邊乙丙邊兩正方相併積内，減甲乙邊一正方所餘未申癸丙長方積爲二率。對丁直角之正弦半徑十萬爲三率。求得四率，爲甲分角之正弦，即丙角之餘弦也。

又求分邊得角法。以乙丙邊爲底，

一率　分邊之和
二率　兩腰之和
三率　兩腰之較
四率　兩邊之較

其數一百五十尺爲一率。甲乙邊大腰一百二十二尺與甲丙邊小腰一百一十二尺相加，得二百三十四尺爲二率。兩邊相減，餘一十尺爲三率。求得四率一十五尺六寸爲分邊之較。與乙丙邊一百五十尺相減，餘一百三十四尺四寸，折半，得六十七尺二寸爲丁丙分邊之數。

乃以甲丙邊爲對所知之邊，其數一百一十二尺爲一率。丁丙分邊爲對所求之邊，其數六十七尺二寸爲二率。丁角爲所知之角，其正弦半徑十萬爲三率。

一率　甲丙邊
二率　丁丙分邊
三率　半徑
四率　丙角餘弦

求得四率六萬爲甲丁丙三角形之甲角正弦，又即丙角之餘弦。撿表，得五十三度零八分爲丙角之度。既得丙角，則用兩邊一角比例之法，遂得甲、乙二角矣。

如圖，以甲角爲心，甲丙小邊爲半徑，作一戊丙己庚圜，截甲乙邊於庚，截丙乙邊於戊。將甲乙引長至圜界己，則甲己與甲丙等。自己至乙即兩邊之和，自庚至乙即兩邊之較。乙戊即乙丁、丁丙兩分邊之較。是故分邊之和乙丙與兩邊之和己乙之比，即同於兩邊之較庚乙與分邊之較乙戊之比，爲轉比例四率也。

一率　半總
二率　甲丙邊與半總之較
三率　甲乙邊與半總之較與乙丙邊與半總之較
四率　三角形自中心至三邊垂線自乘之較

又法以甲乙邊一百二十二尺，乙丙邊一百五十尺，甲丙邊一百一十二尺三數相加，得三百八十四尺爲三邊之總，折半，得一百九十二尺爲半總。以甲乙邊一百二十二尺與半總一百九十二尺相減，餘七十尺爲甲乙邊與半總之較。以乙丙邊一百五十尺與半總一百九十二尺相減，餘四十二尺爲乙丙邊與半總之較。以甲丙邊一百一十二尺與半總一百九十二尺相減，餘八十尺爲甲丙邊與半總之數。

乃以半總一百九十二尺爲一率。甲丙邊與半總之較八十尺爲二率。甲乙邊與半總之較七十尺與乙丙邊與半總之較四十二尺相乘，得二千九百四十尺爲三率。求得四率一千二百二十五尺。開方，得三十五尺爲三角形自中心至三邊之垂線。

一率　甲乙邊與半總之較
二率　三角中心至邊垂線
三率　半徑
四率　丙分角正切

先求丙角，則用甲乙邊與半總之較七十尺爲一率，三角形自中心至三邊之垂線三十五尺爲二率，半徑十萬爲三率。求得四率五萬爲丙半角之正切。撿表，得二十六度三十四分，倍之，得五十三度零八分，即丙角之度也。

如先求乙角，則用甲丙邊與半總之較八十尺爲一率。先求甲角，則用乙丙邊與半總之較四十二尺爲一率。俱用三角形自中心至三邊之垂線三十五尺爲二率。半徑十萬爲三率。即各得各半角之正切焉。此法蓋一率、二率以線與線爲比，三率、四率以面與面爲比也。

如甲乙丙三角形，自中心丁至三邊各作一垂線。又自中心丁至三角，各作一分角線。即成六直角三角形，俱兩兩相等，丁己丙與丁庚丙等，丁己乙與丁戊乙等，丁戊甲與丁庚甲等。又按甲戊度引乙丙線至辛，則乙辛爲三邊之半總即三較之和。乙己與乙戊等，即甲丙邊與半總之較。己丙與丙庚等，即甲乙邊與半總之較。丙辛與甲戊、甲庚等，即乙丙邊與半總之較。試自辛作直角，將乙丁線引長，作一乙辛壬直角形。則壬辛與丁己平行，乙辛壬形與乙己丁形遂爲同式形。其乙辛與乙己之比，即同於壬辛與丁己之比。然乙辛一率、乙己二率之數雖有，而壬辛之數却無。又但知己丙與丙辛相乘之數，即丁己與壬辛相乘之數，故以己丙與丙辛相乘之數爲三率。何以知己丙與丙辛相乘之數即丁己與壬辛相乘之數，試作壬丙線、壬癸線，使丙癸與丙辛等，癸角、辛角皆爲直角。癸丙辛角與辛壬癸角相合，共成一百八十度，然庚丙己角爲癸丙辛角之外角，相合亦共成一百八十度。是庚丙

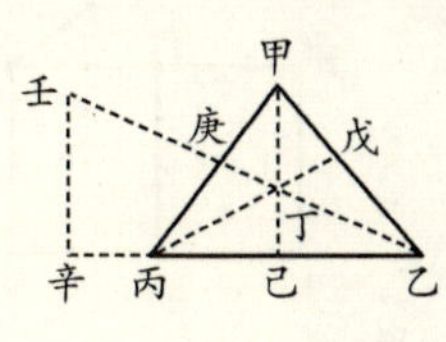

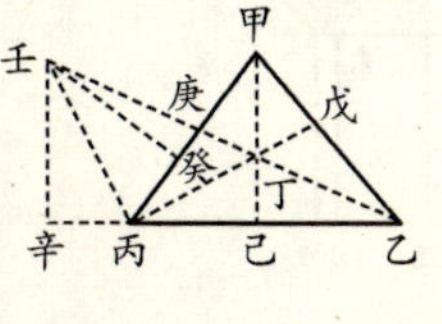

己角與辛壬癸角等，庚丁己角與癸丙辛角等。是以壬癸丙辛形與丙庚丁己形爲同式形，而丙辛壬勾股形與丁己丙勾股形亦爲同式形，可互相比例矣。以丁己作一率，己丙作二率，丙辛作三率，即得四率壬辛。是以己丙二率與丙辛三率相乘之數，即與丁己一率壬辛四率相乘之數等，故直以己丙丙辛相乘之數作三率也。其所得四率，即丁己自乘之數。是故乙辛與乙己之比，同於丁己與壬辛相乘之面，即己丙與丙辛相乘之面。與丁己自乘之面之比也。既得丁己自乘之面，故開方而得丁己，爲三角形自中心至三邊之垂線，與丁戊與丁庚俱相等，又即三角形容圜之半徑也。

又　下編卷一八　三角測量

三角度數測量度數測量，必取資於儀器，全圜儀、半圜儀、象限儀，雖爲體不同，其爲用則一。以九十度爲準，以定表、遊表爲二視線，其相距之度，即爲所測之角。

設如一塔不知其高，但知距塔之遠爲三十丈，欲測其高幾何。

法以儀器定準墜線，以定表看地平，遊表看塔尖，得兩表相距二十四度。乃以二十四度與九十度相減，餘六十六度爲對所知之角，其正弦九萬一千三百五十五爲一率。儀器上二十四度爲對所求之角，其正弦四萬零六百七十四爲二率。距塔之遠三十丈爲所知之邊爲三率。求得四率十三丈三尺五寸七分，加儀器之高，即所求之塔之高也。

如圖，甲乙爲塔之高，丙乙爲距塔之遠，儀器中心爲丁。丁丙爲儀器中心距地之高，丁戊爲定表，所對地平爲庚丁。己爲遊表，看塔尖甲得兩表距弧二十四度爲己戊，其正弦爲己辛，其餘弦爲壬己，與丁辛等。象限九十度内減二十四度，餘六十六度爲癸己，即甲角之正弧，其正弦即壬己。是以與壬己相等之丁辛與己辛之比，同於丁庚與甲庚之比，爲相當比例四率。既得甲庚，加同丁丙高之庚乙，得甲乙即塔之高也。

又法以半徑十萬爲一率，二十四度之切線四萬四千五百二十三爲二率，距塔之遠三十丈爲三率。求得四率十三丈三尺五寸七分。加儀器之高即塔之高也。

如圖，己戊弧爲二十四度，丁戊爲半徑，壬戊爲二十四度之正切。故丁戊與壬戊之比，同於丁庚與甲庚之比，爲相當比例四率也。

設如一樹欲知其遠，取一直角，横量十五丈測之，問得幾何。

法以儀器定遊表於九十度，定表看樹，對遊表立兩表竿，取直横量十五丈。復安儀器於此，以定表看原處，遊表看樹，得兩表相距六十度。乃以六十度與九十度相減，餘三十度爲對所知之角，其正弦五萬爲一率。儀器上六十度爲對所求之角，其正弦八萬六千六百零三爲二率。横量十五丈爲所知之邊爲三率。求得四率二十五丈九尺八寸，即所測之樹之遠也。

如圖，甲爲樹，甲乙爲距樹之遠，乙爲所定直角，丙乙爲横量十五丈。丙爲儀器中心，丙丁爲定表，看原處乙。丙戊爲遊表，看甲。得兩表距弧六十度爲戊丁，其正弦爲戊己，餘弦爲庚戊與丙己等。象限九十度内減六十度，餘三十度爲辛戊，即甲角之正弧，其正弦即庚戊。是以與庚戊相等之丙己與戊己之比，同於丙乙與甲乙之比，爲相當比例四率也。

又法以半徑十萬爲一率，丙角六十度之正切十七萬三千二百零五爲二率，横量十五丈爲三率。求得四率二十五丈九尺八寸，即所測之樹之遠也。若求甲丙斜距，則以半徑十萬爲一率，丙角六十度之正割二十萬爲二率，横量

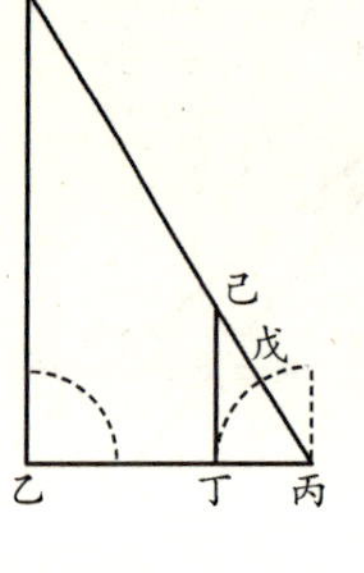

十五丈爲三率。求得四率三十丈，即甲丙斜距之遠也。

如圖，戊丁弧爲六十度，丙丁爲半徑，已丁爲六十度之正切，已丙爲六十度之正割。故丙丁與已丁之比，同於丙乙與甲乙之比。又丙丁與已丙之比，同於丙乙與甲丙之比，俱各爲相當比例四率也。

設如一山欲知其高，用重測之法測之，退步十丈，問山之高得幾何。

法先安儀器，定準墜線。以定表看地平，遊表看山頂，得兩表相距五十度。又退行十丈，復安儀器，定準墜線。以定表仍看前儀器，定表所看地平原處，仍以遊表看山頂，得兩表相距四十度。乃以前儀器所得五十度內減後儀器所得四十度，餘十度爲對所知之角，其正弦一萬七千三百六十五爲一率。後儀器所得四十度爲對所求之角，其正弦六萬四千二百七十九爲二率。退行十丈爲所知之邊爲三率。求得四率三十七丈零一寸，爲前儀器中心至山頂之斜距。次以山頂垂線與地平所成直角爲對所知之角，其正弦即半徑十萬爲一率。前儀器所得五十度爲對所求之角，其正弦七萬六千六百零四爲二率。前儀器中心至山頂之斜距三十七丈零一寸爲所知之邊爲三率。求得四率二十八丈三尺五寸，即所測之山之高也。

如圖，甲乙爲山之高，丙丁爲退行十丈。前測得丙角五十度，後測得丁角四十度。而丙角爲甲丙丁三角形之外角，與丁甲二內角相併之度等。解見《三角形》邊線角度相求卷中。故丙角五十度內減丁角四十度，餘十度即甲丙丁三角形之甲角。故先用甲丙丁鈍角三角形求甲丙邊。既得甲丙邊，然後用甲乙丙直角三角形，求甲乙邊爲山之高也。

又法以前測所得五十度之餘切八萬三千九百一十，與後測所得四十度之餘切十一萬九千一百七十五相減，餘三萬五千二百六十五爲一率。半徑十萬爲二率。退行十丈爲三率。求得四率二十八丈三尺五寸，即所求之山之高也。

如圖，戊已爲丙角之餘切，即丙甲乙角之正切，與壬癸等。庚辛爲丁角之餘切，即丁甲乙角之正切，與子癸等。子壬即兩餘切之較，甲癸與戊丙及庚丁俱同爲半徑。甲癸壬三角形與甲乙丙三角形爲同式形，而甲癸子三角形與甲乙丁三角形爲同式形，故甲壬子三角形與甲丙丁三角形亦爲同式形。是以子壬與甲癸之比，同於丁丙與甲乙之比，而爲相當比例四率也。

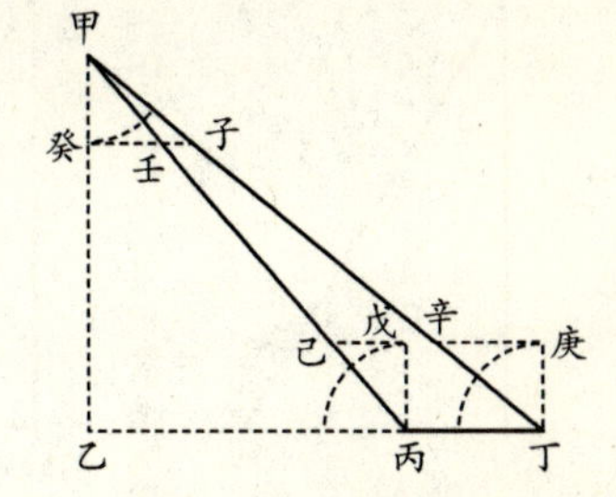

設如人在山上欲測山之高，但知山前有二樹與山參直，二樹相距十八丈，問山之高得幾何。

法於山頂安儀器，定準墜線，以定表向空中取一平線。先以遊表看近樹，得遊表距垂線三十八度。次以遊表看遠樹，得遊表距垂線四十九度。乃以所得兩數相減，餘十一度爲對所知之角，其正弦一萬九千零八十一爲一率。以看遠樹所得之四十九度與九十度相減，餘四十一度爲對所求之角，其正弦六萬五千六百零六爲二率。二樹相距十八丈爲三率。求得四率六十一丈八尺九寸，爲近樹距山頂之斜距。次以山頂垂線與地平所成直角爲對所知之角，其正弦即半徑十萬爲一率。以看近樹所得之三十八度與九十度相減，餘五十二度爲對所求之角，其正弦七萬八千八百零一爲二率。近樹距山頂之斜距六十一丈八尺九寸爲所知之邊爲三率。求得四率四十八丈七尺七寸，即所測之山之高也。

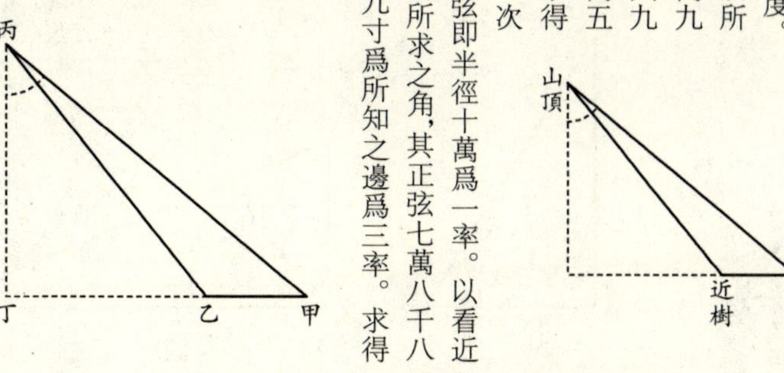

如圖，甲乙爲兩樹相距十八丈，丙丁爲山之高。甲丙丁角爲看遠樹所得之四十九度，乙丙丁角爲看近樹所得之三十八度。兩數相減，餘十一度爲甲丙乙角。甲丙丁角四十九度與九十度相減，所餘之四十一度爲甲角。乙丙丁角三十八度與九十度相減，所餘之五十二度爲乙角。先用甲乙丙鈍角三角形求丙乙邊，既得丙乙邊，然後用乙丙丁直角三角形，求丙丁邊爲山之高也。

又法以先看遠樹所得四十九度之正切十一萬五千零三十七，與後看近樹所得三十八度之正切七萬八千一百二十九相減，餘三萬六千九百零八爲一率。半徑十萬爲二率。二樹相距之十八丈爲三率。求得四率四十八丈七尺七寸，即山之高也。

如圖，戊己爲甲丙丁角之正切，庚己爲乙丙丁角之正切，戊庚即兩正切之較，丙己爲半徑。故戊庚與丙己之比，同於甲乙與丙丁之比，而爲相當比例四率也。

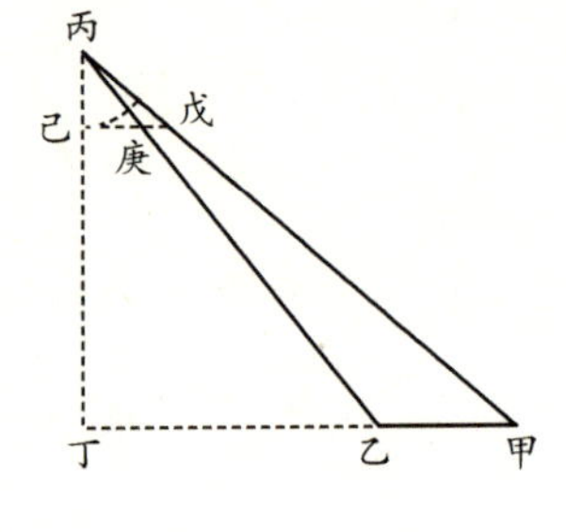

設如一石欲知其遠，不取直角於左右兩處横量五十丈測之，問兩處各距石幾何。

法先平安儀器於左，以定表看右儀器之中心，遊表看石，得兩表相距七十度。次平安儀器於右，以定表看左儀器之中心，遊表看石，得兩表相距六十度。乃以兩角度相併得一百三十度，與一百八十度相減，餘五十度爲對所知之角，其正弦七萬六千六百零四爲一率。求右邊，則以左邊儀器所得七十度爲對所求之角，其正弦九萬三千九百六十九爲二率。左右相距五十丈爲所知之邊爲三率。求得四率六十一丈三尺三寸爲右邊距石之遠。若求左邊距石之遠，則以右邊儀器所得六十度爲對所求之角，其正弦八萬六千六百零三爲二率。左右相距五十丈爲所知之邊爲三率。求得四率五十六丈五尺三寸爲左邊距石之遠也。

如圖，甲爲石，乙丙爲左右相距五十丈，乙角爲左邊所測七十度，丙角爲右邊所測六十度。兩角相併與一百八十度相減，得甲角五十度。共爲甲乙丙鋭角三角形。蓋知乙、丙二角及乙丙邊，而求甲乙邊及甲丙邊也。

又法以左邊儀器所得七十度之餘切三萬六千三百九十七，與右邊儀器所得六十度之餘切五萬七千七百三十五相併，得九萬四千一百三十二爲一率。右邊儀器所得六十度之餘割十一萬五千四百三十爲二率。左右相距五十丈爲三率。求得四率六十一丈三尺三寸，爲右邊距石之遠。若求左邊距石之遠，則以左邊儀器所得七十度之餘割十萬六千四百一十八爲二率，左右相距五十丈爲三率。求得四率五十六丈五尺三寸，爲左邊距石之遠也。

如圖，甲爲石，乙丙爲左右相距五十丈，乙角爲左邊所測七十度，丙角爲右邊所測六十度。試自甲至乙丙線上作甲丁垂線，分爲甲丁乙、甲丁丙兩直角形。戊己爲丙角之餘切，即丁甲丙角之正切，與壬癸等。己丙爲丙角之餘割，即丁甲丙角之正割，與甲癸等。庚辛爲乙角之餘切，即丁甲乙角之正切，與壬子等。庚乙爲乙角之餘割，即丁甲乙角之正割，與甲子等。而癸子即兩餘切之和。甲壬癸與甲丁丙爲同式形，甲壬子與甲丁乙爲同式形，故甲子癸與甲乙丙亦爲同式形。是以癸子與甲癸之比，同於丙乙與甲丙之比。又癸子與甲子之比，同於丙乙與甲乙之比，皆爲相當比例四率也。

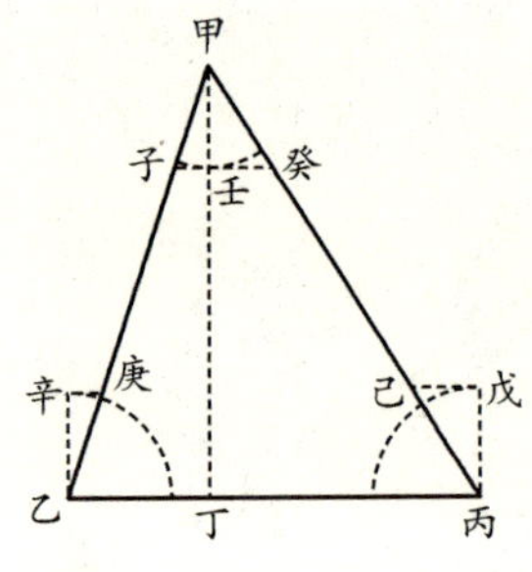

設如隔河一樹欲知其遠，不能定直角，爰取兩處，俱斜對樹横量十二丈測之，問離樹之遠得幾何。

法平安儀器於一處，隨定表横量十二丈。復安一儀器，若止用一儀器，則記準一處亦可。以先安儀器定表看後安儀器中心，遊表看樹得兩表相距一百一十度。次以後安儀器，定表看先安儀器中心，遊表看樹得兩表相距四十度。乃以兩角度相併，得一百五十度與一百八十度相減，餘三十度爲對所知之角，其正弦五萬爲一率。後安儀器所得四十度爲對所求之角，其正弦六萬四千二百七十九爲二率。横量十二丈爲所知之邊爲三率。求得四率十五丈四尺二寸七分，即所測之樹之遠也。

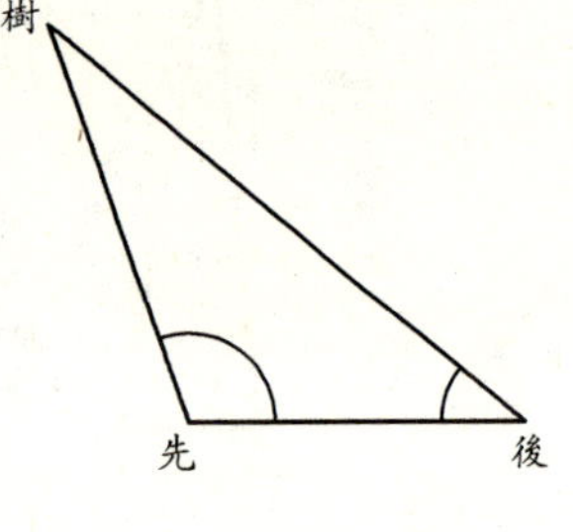

如圖，甲爲樹，甲乙爲離樹之遠，乙丙爲横量十二丈。乙角爲一百一十度，丙角爲四十度。兩角相併與一百八十度相減，得甲角三十度。共爲甲乙丙鈍角三角形。蓋知乙、丙二角及乙丙邊而求甲乙邊也。

又法以先安儀器所得之外角七十度之餘切三萬六千三百九十七，與後安儀器所得四十度之餘切十一萬九千一百七十五相減，餘八萬二千七百七十八爲一率。先安儀器所得之外角七十度之餘割十萬六千四百一十八爲二率。横量十二丈爲三率。求得四率十五丈四尺二寸七分，即所測之樹之遠也。

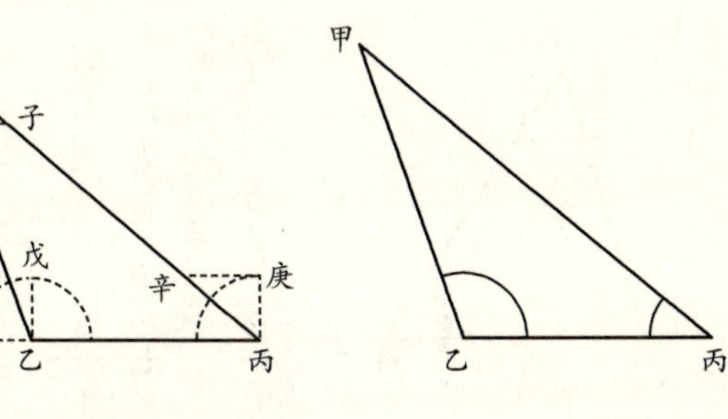

如圖，甲爲樹，甲乙爲離樹之遠，乙丙爲横量十二丈。乙角爲先安儀器所得一百一十度，丙角爲後安儀器所得四十度。試將乙丙線引長，自甲角作甲丁垂線，遂成甲丁乙直角三角形。而甲乙丁角即乙角之外角，戊己爲乙外角之餘切，即乙甲丁角之正切，與壬癸等。己乙爲乙外角之餘割，即乙甲丁角之正割，與甲壬等。庚辛爲丙角之餘切，即丙甲丁角之正切，與子癸等。子壬即兩餘切之較。甲癸壬三角形與甲丁乙三角形爲同式形，甲癸子三角形與甲丁丙三角形爲同式形，故甲壬子三角形與甲乙丙三角形亦爲同式形。是以子壬與甲壬之比，同於丙乙與甲乙之比，而爲相當比例四率也。

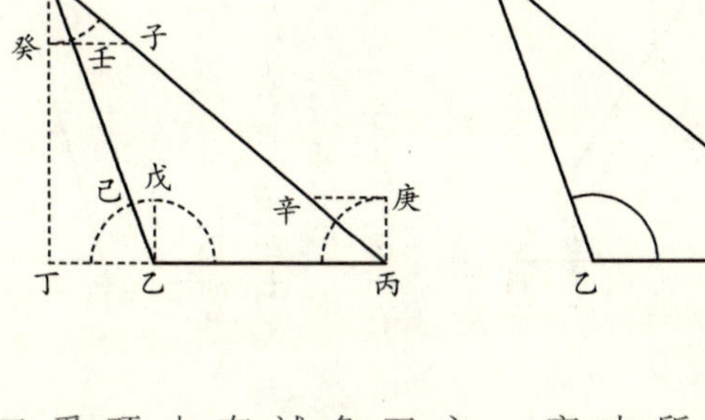

設如遠望一山欲知其高，不得退步。爰取左右兩處横量一百丈，先求斜距測之，問山之高得幾何。

法以儀器斜對山頂，隨定表横量一百丈，任記一處，遊表看山頂，得兩表相距八十六度五十三分。又隨定表横量一百丈，所記之處復安儀器斜對山頂，以定表看原處遊表看山頂，得兩表相距七十八度零七分。乃以兩角度相併得一百六十五度，與一百八十度相減，餘一十五度爲對所知之角，其正弦二萬五千八百八十二爲一率。後測所得七十八度零七分爲對所求之角，其正弦九萬七千八百五十七爲二率。横量一百丈爲所知之邊爲三率。求得四率三百七十八丈零九寸，爲先安儀器至山頂之斜距。次以儀器安於原處定準墜線，定表看地平遊表看山頂，得兩表相距五十一度。乃以山頂垂線與地平所成直角爲對所知之角，其正弦即半徑十萬爲一率。儀器所得五十一度爲對所求之角，其正弦七萬七千七百一十五爲二率。儀器至山頂之斜距三百七十八丈零九寸爲所知之邊爲三率。求得四率二百九十三丈八尺三寸，即所測之山之高也。

如圖，甲爲山頂，甲乙爲先安儀器至山頂之斜距，乙丙爲横量一百丈。甲丙爲後安儀器至山頂之斜距，乙角爲八十六度五十三分，丙角爲七十八度零七分。兩角相併與一百八十度相減，得甲角一十五度，遂成甲乙丙鋭角三角形。今有乙、丙二角與乙丙邊，求甲乙邊，即先安儀器至山頂之斜距。又甲丁爲山之高，甲乙爲儀器至山頂之斜距，丁角即山頂垂線與地平所成直角，乙角爲五十一度，復成甲丁乙直角三角形。今有乙、丁二角與甲乙邊，求甲丁邊，即山之高也。

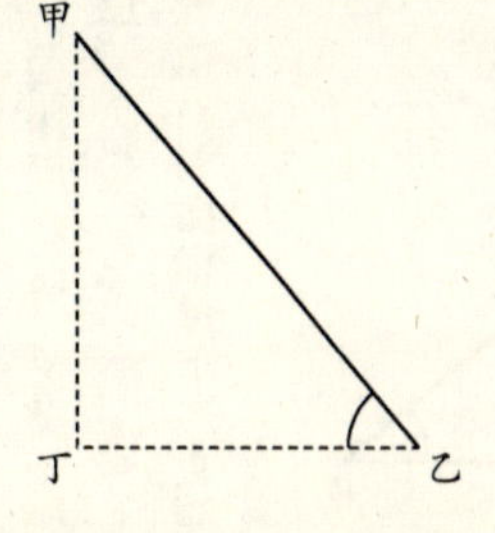

設如人在山坡，測山之高，前後不得地平。爰取斜坡前後兩處相距一百丈測之，問山之高得幾何。

法於山坡先安儀器定準墜線，以定表空取一地平以遊表看山頂，得兩表相距四十度。於是向後就斜坡直量一百丈，復安儀器定準墜線，以定表空取一地平以遊表看山頂，得兩表相距三十五度。又以遊表看前儀器中心，得兩表相距十三度。乃以前儀器所得四十度内減後儀器所得三十五度，餘五度爲對所知之角，其正弦八千七百一十六爲一率。以前儀器所得四十度内減後儀器看前儀器中心所得十三度，餘二十七度爲對所求之外角，其正弦四萬五千三百九十九爲二率。退量一百丈爲所知之邊爲三率。求得四率五百二十丈八尺七寸，爲山頂至後儀器之斜距。次以山頂垂線與地平所成直角爲對所知之角，其正弦即半徑

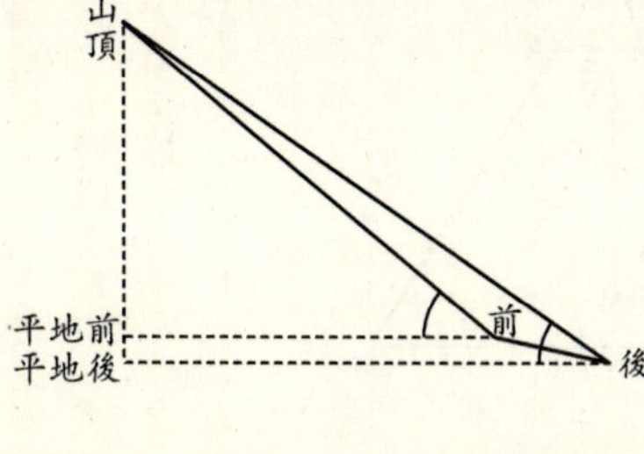

十萬爲一率。後儀器所得三十五度爲對所求之角，其正弦五萬七千三百五十八爲二率。山頂至後儀器之斜距五百二十丈八尺七寸爲所知之邊爲三率。求得四率二百九十八丈七尺六寸，即所測之山之高也。

如圖，甲乙爲山之高，丙丁爲山坡斜距一百丈，甲丙戊角爲前儀器所得四十度，甲丁乙角爲後儀器所得三十五度，丙丁乙角爲後儀器看前儀器中心所得十三度。若將戊丙線引長至己，則甲己戊角與甲丁乙角爲二平行線之内外角，其度必等。故於甲丙戊角四十度内減甲丁乙角三十五度，餘五度爲丁甲丙角。此即前題退步兩(側)[測]之理。又試將丁丙線引長至庚，則庚丙戊角與丙丁乙角，亦爲二平行線之内外角，其度亦等。故於甲丙戊角四十度内減與庚丙戊角相等之丙丁乙角十三度，餘甲丙庚角二十七度，爲甲丙丁鈍角之外角。故先用甲丙丁鈍角三角形求甲丁邊，爲後儀器至山頂之斜距。次用甲乙丁直角三角形求甲乙邊，爲山之高也。

設如東、西二樹欲知其相距之遠，測處距西樹五十丈，距東樹七十丈，問二樹相距幾何。

法以儀器定表看東樹，遊表看西樹，得兩表相距五十度。乃以距西樹五十丈與距東樹七十丈相加，得一百二十丈爲一率。又以五十丈與七十丈相減，餘二十丈爲二率。兩表相距五十度與一百八十度相減，餘一百三十度爲外角，折半，得六十五度爲半外角，其正切二十一萬四千四百五十一爲三率。求得四率三萬五千七百四十二，爲半較角之正切。撿表得十九度四十分。與半外角六十五度相減，餘四十五度二十分爲小角。與半外角六十五度相加，得八十四度四十分爲大角。既得二角，則以小角四十五度二十分爲對所知之角，其正弦七萬一千一百二十一爲一率。兩表相距五十度爲對所求之角，其正弦七萬六千六百零四爲二率。距西樹之遠爲所知之邊，其數五十丈爲三率。求得四率五十三丈八尺五寸，即東西二樹相距之遠也。

如圖，甲爲西樹，乙爲東樹，丙爲儀器中心。甲丙爲距西樹五十丈，乙丙爲距東樹七十丈，丙角爲兩表視線相距五十度。

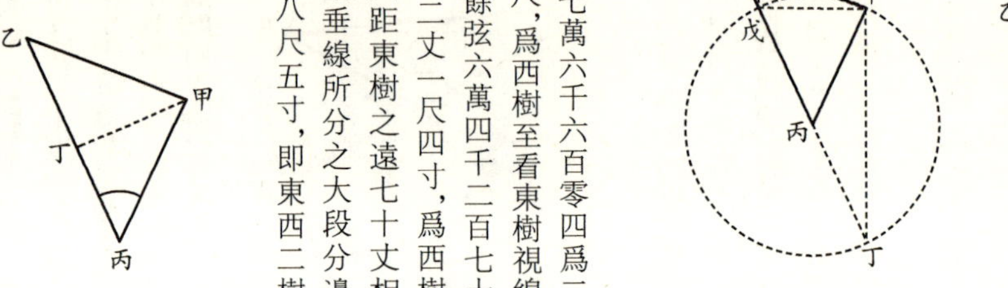

今以丙角爲心，甲丙小邊爲半徑，作一甲丁戊圜，截乙丙大邊於戊。將乙丙引長至圜界丁，則丙戊、丙丁俱爲半徑，與甲丙等。自丁至乙，即兩邊之和。自戊至乙，即兩邊之較。試自甲至戊作甲戊線，則成丙甲戊三角形，其丙甲戊與丙戊甲二角併之，與甲丙丁外角度等。今折半用其正切，即如用丁戊甲角之正切。故自甲至丁作甲丁線，即丁戊甲角之正切。又戊甲乙角，即甲角大於丙甲戊角之較，亦即乙角小於丙戊甲角之較。故自圜界戊至甲乙邊作己戊線與甲丁平行，即戊甲乙角之正切。且乙甲丁與乙己戊爲同式形，故兩邊之和乙丁與丁戊甲半外角切線甲丁之比，即同於兩邊之較乙戊與半較角切線己戊之比，爲相當比例四率也。

又法以半徑十萬爲一率，兩表相距五十度之正弦七萬六千六百零四爲二率，距西樹之遠五十丈爲三率。求得四率三十八丈三尺，爲西樹至看東樹視線上之垂線。又以半徑十萬爲一率，兩表相距五十度之餘弦六萬四千二百七十九爲二率，距西樹之遠五十丈爲三率。求得四率三十二丈一尺四寸，爲西樹至看東樹視線上垂線所分之小段分邊線。將此數與距東樹之遠七十丈相減，餘三十七丈八尺六寸，亦爲西樹至看東樹視線上垂線所分之大段分邊線。爰以此線爲勾，所得垂線爲股，求得弦五十三丈八尺五寸，即東西二樹相距之遠也。

如圖，甲乙丙三角形，甲爲西樹，乙爲東樹，丙爲儀器中心。甲丙爲距西樹五十丈，乙丙爲距東樹七十丈。試自甲角至乙丙視線上作甲丁垂線，遂分甲乙丙三角形爲甲丁乙、甲丁丙兩直角三角形。先求得甲丁垂線爲股。次求得丁丙小段分邊線，與乙丙相減，餘乙丁大段分邊線爲勾。求得甲乙弦，即二樹相距之遠也。

又法以距西樹之遠五十丈爲一率，距東樹之遠七十丈爲二率，兩表相距五十度之餘割一十三萬零五百四十一爲三率。求得四率一十八萬二千七百五十七，爲西樹至看東樹視線上垂線所分兩分角之兩正切之和。內減兩表相距五十度之餘切八萬三千九百一十，餘九萬八千八百四十七爲對西樹視線之對邊角之餘切。撿表，得四十五度二十分即對西樹視線之對邊角。乃以此角度爲對所知之角，其正弦七萬一千一百二十一爲一率。兩表相距五十度爲對所求之角，其正弦七萬六千六百零四爲二率。距西樹之遠爲所知之邊，其數五十丈爲三率。求得四率五十三丈八尺五寸，即東西二樹相距之遠也。

如圖，甲乙丙三角形，甲爲西樹，乙爲東樹，丙爲儀器中心。甲丙爲距西樹五十丈，乙丙爲距東樹七十丈，丙角爲兩表視線相距五十度。試自甲角至乙丙視線上作甲丁垂線，遂分甲乙丙三角形爲甲丁乙、甲丁丙兩直角三角形。以甲角爲心，作一戊己庚半圜，則甲丁垂線平分於己，兩邊各成一象限。又與乙丙平行作一辛壬線，則辛己一段爲乙甲丁分角之正切，即乙角之餘切。己壬一段爲丙甲丁分角之正切，即丙角之餘切。而甲壬爲丙甲丁分角之正割，亦即丙角之餘割。甲辛壬與甲乙丙兩三角形爲同式形，故甲丙邊與乙丙邊之比，同於丙角餘割甲壬即丙甲丁分角之正割。與丙甲丁、乙甲丁兩分角之正切相合之辛壬之比，爲相當比例四率。既得辛壬兩分角之共切，內減去丙甲丁分角之正切己壬，即丙角之餘切。所餘辛己爲乙甲丁分角之正切，即爲乙角之餘切。撿表即得乙角。既得乙角，則用兩角一邊比例求之，而得甲乙邊矣。

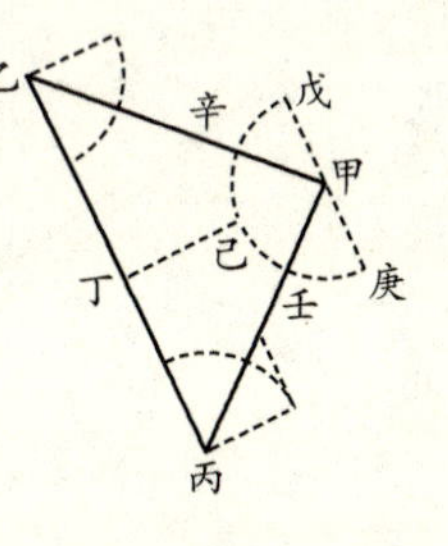

設如南、北二橋欲知其相距之遠，測處距南橋九十丈，距北橋一百二十丈，問二橋相距幾何。

法以儀器定表看北橋，遊表看南橋，得兩表相距一百二十度。乃以距南橋九十丈與距北橋一百二十丈相加，得二百一十丈爲一率。又以九十丈與一百二十丈相減，餘三十丈爲二率。兩表相距一百二十度與一百八十度相減，餘六十度爲外角，折半，得三十度爲半外角，其正切五萬七千七百三十五爲三率。求得四率八千二百四十八爲半較角之正切。撿表得四度四十三分。與半外角三十度相減，餘二十五度一十七分爲小角。與半外角三十度相加，得三十四度四十三分爲大角。既得二角，則以小角二十五度十七分爲對所知之角，其正弦四萬二千七百零九爲一率。兩表相距一百二十度爲對所求之角，其外角六十度之正弦八萬六千六百零三爲二率。距南橋之遠爲所知之邊，其數九十丈爲三率。求得四率一百八十二丈四尺九寸爲南北二橋相距之遠也。

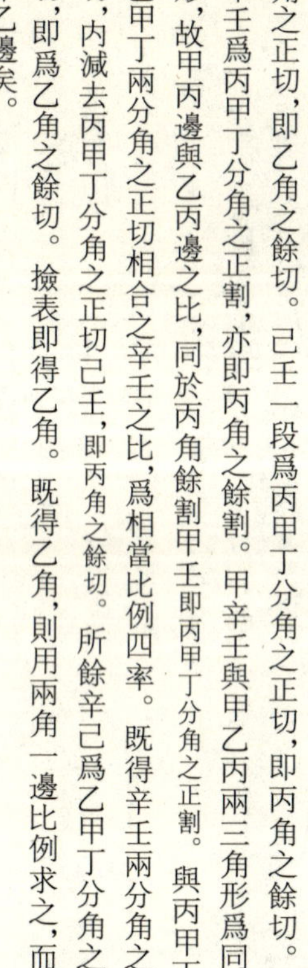

如圖，甲爲南橋，乙爲北橋，丙爲儀器中心。甲丙爲距南橋九十丈，乙丙爲距北橋一百二十丈，丙角爲兩表視線相距一百二十度。今以丙角爲心，甲丙小邊爲半徑，作一甲丁戊圜，截乙丙大邊於戊。將乙丙引長至圜界丁，則乙丁爲兩邊之和，乙戊爲兩邊之較。試自甲至戊作甲戊線，成甲丙戊三角形。其丙甲戊與丙戊甲二角併之，與甲丙丁外角度等。今折半用其正切，即如用丁戊甲角之正切。又戊甲乙角，即甲角大於丙甲戊角之較，亦即乙角小於丙戊甲角之較。故自圜界戊至甲乙邊作己戊線，與甲丁平行，即戊甲乙角之正切。且乙甲丁與乙己戊爲同式形，故兩邊之和乙丁與丁戊甲半外角切線甲丁之比，即同於兩邊之較乙戊與半較角切線己戊之比，爲相當比例四率也。

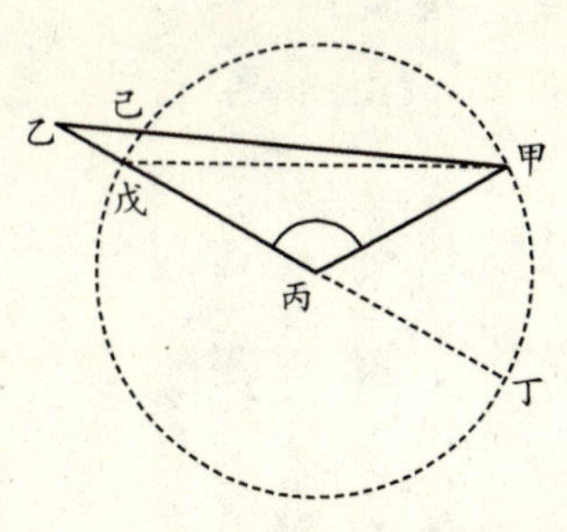

又法以半徑十萬爲一率，兩表相距一百二十度之外角六十度之正弦八萬六千六百零三爲二率，距南橋之遠九十丈爲三率。求得四率七十七丈九尺四寸，爲南橋至看北橋視線引長虛邊線上之垂線。又以半徑十萬爲一率，兩表相距一百二十度之外角六十度之餘弦五萬爲二率，距南橋之遠九十丈爲三率。求得四率四十五丈，爲南橋至看北橋視線引長所成直角之虛邊線。與距北橋一百二十丈相加，得一百六十五丈，爲南橋至看北橋視線引長之總邊線。爰以此線爲股，所得南橋至虛邊之垂線爲勾，求得弦一百八十二丈四尺八寸，即南北二橋相距之遠也。

如圖，甲乙丙三角形，甲爲南橋，乙爲北橋，丙爲儀器中心。甲丙爲距南橋九十丈，乙丙爲距北橋一百二十丈。試將乙丙線引長自甲角作甲丁垂線，遂成甲丁丙、甲丁乙兩直角三角形。先求得甲丁垂線爲勾。次求得丙丁虛邊線與乙丙相加，得乙丁總邊線爲股。求得甲乙弦，即二橋相距之遠也。

又法以距南橋之遠九十丈爲一率，距北橋之遠一百二十丈爲二率，兩表相距一百二十度之外角六十度之餘割一十一萬五千四百七十爲三率，求得四率一十五萬三千九百六十爲南橋至看北橋視線。引長虛邊線上之垂線，所成兩分角之正切之較，與兩表相距一百二十度之外角六十度之餘切五萬七千七百三十五相加，得二十一萬一千六百九十五，爲對南橋視線之對邊角之餘切。撿表，得二十五度十七分，即對南橋視線之對邊角。乃以此角度爲對所知之角，其正弦四萬二千七百零九爲一率。兩表相距一百二十度爲對所求之角，其外角六十度之正弦八萬六千六百零三爲二率。距南橋之遠爲所知之邊，其數九十丈爲三率。求得四率一百八十二丈四尺九寸，即南北二橋相距之遠也。

如圖，甲乙丙三角形，甲爲南橋，乙爲北橋，丙爲儀器中心。甲丙爲距南橋九十丈，乙丙爲距北橋一百二十丈，丙角爲兩表視線相距一百二十度。試將乙丙邊引長，自甲角作甲丁垂線，遂成甲丁丙、甲丁乙兩直角三角形。甲丁丙三角形之丙角，即甲乙丙三角形之丙角之外角，其餘切戊己，即甲丁丙三角形之甲角之正切，如庚辛。丙外角之餘割己丙，即甲丁丙三角形之甲角之正割，如甲庚。而甲乙丙三角形之乙角之餘切壬癸，即甲丁乙三角形之甲角之正切，如子辛。若甲丁乙三角形之乙角餘切與甲丁丙三角形之丙角餘切相減，即兩甲角相差之較，如子庚。甲辛庚三角形與甲丁丙三角形爲同式形，甲辛子三角形與甲丁乙三角形爲同式形，故甲子庚三角形與甲乙丙三角形亦爲同式形。是以甲丙邊與乙丙邊之比，同於丙外角餘割甲庚即己丙。與兩餘切之較子庚之比，爲相當比例四率。既得子庚兩餘切之較與丙外角之餘切庚辛即戊己。相加，得子辛即乙角之餘切。撿表得乙角。既得乙角，則用兩角一邊比例求之而得甲乙邊矣。

設如隔河東、西二樹欲知其相距之遠，爰對一樹取一直角，左右橫量十三丈測之，問二樹相距幾何。

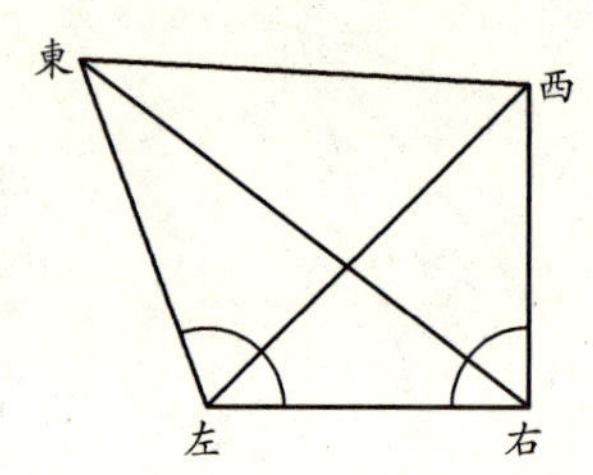

法先對西樹安儀器於右，定遊表於九十度。以定表看西樹隨遊表橫量十三丈。乃以遊表看東樹，得西樹視線距橫量邊線九十度，東樹視線距橫量邊線三十八度，西樹東樹兩視線相距爲五十二度。次於直角橫量十三丈處安儀器於左，以定表看右儀器中心遊表看東樹，得東樹視線距橫量邊線一百一十度。復以遊表看西樹，得西樹視線距橫量邊線四十五度。乃先求右儀器距西樹之遠。以左儀器看西樹距橫量邊線之四十五度與九十度相減，餘四十五度爲對所知之角，其正弦七萬零七百一十一爲一率。以左儀器看西樹距橫量邊線之四十五度爲對所求之角，其正弦七萬零七百一十一爲二率。左右橫量十三丈爲所知之邊爲三率。求得四率十三丈爲右儀器距西樹之遠。次求右儀器距東樹之遠。以右儀器看東樹距橫量邊線三十八度，與左儀器看東樹距橫量邊線一百一十度相併，得一百四十八度，與一百八十度相減餘三十二度爲對所知之角，其正弦五萬二千九百九十二爲一率。以左儀器看東樹距橫量邊線一百一十度爲對所求之角，其外角七十度之正弦九萬三千九百六十九爲二率。左右橫量十三丈爲所知之邊爲三率。求得四率二十三丈零五寸爲右儀器距東樹之遠。末求東、西二樹相距之遠。以右儀器距西樹十三丈與右儀器距東樹二十三丈零五寸相加，得三十六丈零五寸爲一率。又以十三丈與二十三丈零五寸相減，餘十丈零五寸爲二率。以右儀器看西樹、東樹兩表相距五十二度與一百八十度相減，餘一百二十八度爲外角，折半，得六十四度爲半外角，其正切二十萬零五千零三十爲三率。求得四率五萬七千一百五十八爲半較角之正切。撿表，得二十九度四十五分，與半外角六十四度相減餘三十四度十五分爲小角。以半較角二十九度四十五分與半外角六十四度相加，得九十三度四十五分爲大角。乃以小角三十四度十五分爲對所知之角，其正弦五萬六千二百八十爲一率。看西樹、東樹兩表相距之五十二度爲對所求之角，其正弦七萬八千八百零一爲二率。右儀器距西樹之遠十三丈爲所知之邊爲三率。求得四率十八丈二尺爲東、西二樹相距之遠也。

如圖，甲爲西樹，乙爲東樹，丙爲右儀器中心，丁爲左儀器中心。丙丁爲兩測之距十三丈，甲丙丁角爲直角九十度，甲丙乙角爲右儀器看東樹、西樹兩表相距之五十二度，乙丙丁角爲右儀器看東樹視線距横量邊線三十八度，乙丁丙角爲左儀器看東樹視線距横量邊線一百一十度，甲丁丙角爲左儀器看西樹距横量邊線四十五度。先以甲丁丙角四十五度與九十度相減，餘四十五度爲丁甲丙角，遂成甲丙丁三角形，求甲丙邊爲右儀器距西樹之遠。次以乙丙丁角三十八度與乙丁丙角一百一十度併之，與一百八十度相減，餘三十二度爲丙乙丁角，遂成乙丙丁三角形，求乙丙邊爲右儀器距東樹之遠。末以甲乙丙三角形之甲丙、乙丙二邊，甲丙乙一角，求乙甲丙大角九十三度四十五分，甲乙丙小角三十四度十五分，而得甲乙邊爲東西二樹相距之遠也。

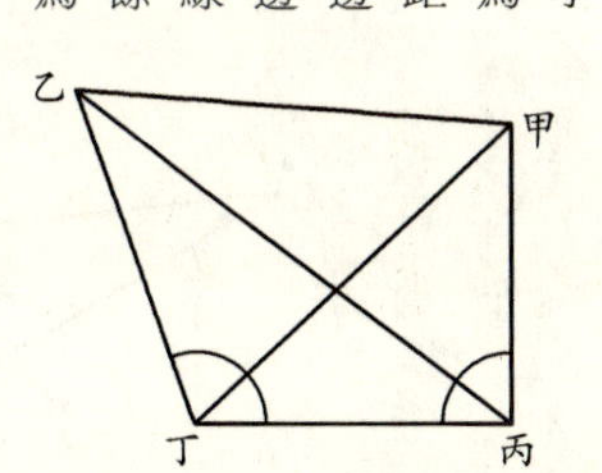

設如南、北二峯欲知其相距之遠，不取直角，於左右兩處横量一百丈測之，問二峯相距幾何。

法安儀器於右，隨定表向左横量一百丈。乃以遊表看南峯，得南峯視線距横量邊線一百零七度。復以遊表看北峯，得北峯視線距横量邊線四十六度。南峯、北峯兩視線相距爲六十一度。次於横量一百丈處安儀器於左，以定表看右儀器中心遊表看北峯，得北峯視線距横量邊線九十九度。復以遊表看南峯，得南峯視線距横量邊線五十度。北峯、南峯兩視線相距爲四十九度。乃先求左儀器距北峯之遠。以右儀器看北峯距横量邊線之四十六度與左儀器看北峯距横量邊線之九十九度相併，得一百四十五度，與一百八十度相減，餘三十五度爲對所知之角，其正弦五萬七千三百五十八爲一率。以右儀器看北峯距横量邊線之四十六度爲對所求之角，其正弦七萬一千九百三十四爲二率。横量一百丈爲所知之邊爲三率。求得四率一百二十五丈四尺一寸爲左儀器距北峯之遠。次求左儀器距南峯之遠，以左儀器看南峯距横量邊線之五十度與右儀器看南峯距横量邊線之一百零七度相併，得一百五十七度，與一百八十度相減，餘二十三度爲對所知之角，其正弦三萬九千零七十三爲一率。右儀器看南峯距横量邊線一百零七度爲對所求之角，其外角七十三度之正弦九萬五千六百三十爲二率。横量一百丈爲所知之邊爲三率。求得四率二百四十四丈七尺四寸，爲左儀器距南峯之遠。末求南、北二峯相距之遠。以左儀器距北峯一百二十五丈四尺一寸與左儀器距南峯二百四十四丈七尺四寸相加，得三百七十丈一尺五寸爲一率。又以一百二十五丈四尺一寸與二百四十四丈七尺四寸相減，餘一百一十九丈三尺三寸爲二率。以左儀器看南峯北峯兩視線相距四十九度與一百八十度相減，餘一百三十一度爲外角，折半，得六十五度三十分爲半外角，其正切二十一萬九千四百三十爲三率。求得四率七萬零七百四十爲半較角之正切。查表得三十五度十六分，與半外角六十五度三十分相減，餘三十度十四分爲小角。與半外角六十五度三十分相加，得一百度四十六分爲大角。乃以小角三十度十四分爲對所知之角，其正弦五萬零三百五十二爲一率。左儀器看南峯、北峯兩視線相距之四十九度爲對所求之角，其正弦七萬五千四百七十一爲二率。左儀器距北峯之遠一百二十五丈四尺一寸爲所知之邊爲三率。求得四率一百八十七丈九尺七寸爲南北二峯相距之遠也。

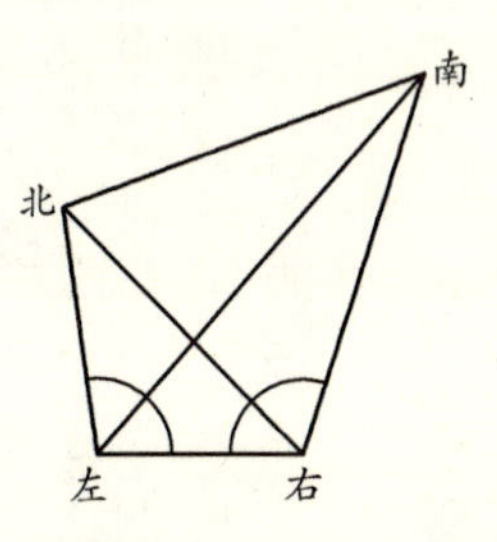

又法求自北峯至左儀器距南峯視線上之垂線，作勾股法算之，則以垂線所分直角爲對所知之角，其正弦即半徑十萬爲一率。左儀器看南峯、北峯兩視線相距之四十九度爲對所求之角，其正弦七萬五千四百七十一爲二率。左儀器距北峯之遠爲所知之邊，其數一百二十五丈四尺一寸爲三率。求得四率九十四丈六尺四寸爲自北峯至左儀器距南峯視線上之垂線。次求左儀器至垂線末之分邊線。仍以垂線所分直角爲對所知之角，其正弦即半徑十萬爲一率。以左儀器看南峯、北峯兩視線相距之四十九度與九十度相減，餘四十一度爲對所求之角，其正弦六萬五千六百零六爲二率。即四十九度之餘弦。左儀器距北峯之遠爲所知之邊，其數一百二十五丈四尺一寸爲三率。求得四率八十二丈二尺七寸，爲自左儀器至垂線末之分邊線與左儀器距南峯之二百四十四丈七尺四寸相減，餘一百六十二丈四尺七寸爲南峯距垂線末之分邊線。乃以此數爲股，所得垂線九十四丈六尺四寸爲勾，求得弦一百八十八丈零二寸即南、北二峯相距之遠也。

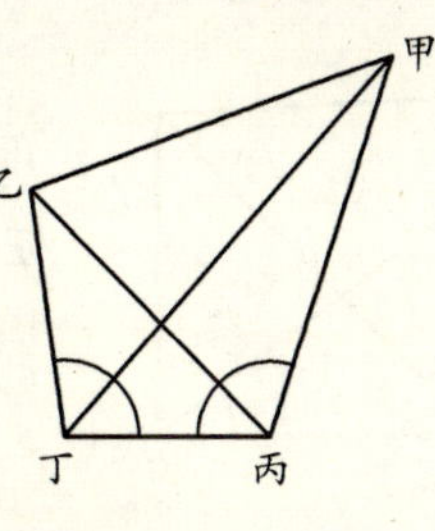

如圖，甲爲南峯，乙爲北峯，丙爲右儀器中心，丁爲左儀器中心。丙丁爲兩測之距一百丈，甲丙丁

角爲右儀器看南峯視線距横量邊線一百零七度，乙丙丁角爲右儀器看北峯視線距横量邊線四十六度，乙丁丙角爲左儀器看北峯視線距横量邊線九十九度，甲丁丙角爲左儀器看南峯視線距横量邊線五十度，甲丁乙角爲左儀器看南峯、北峯兩表相距之四十九度。先以乙丙丁角四十六度，與乙丁丙角九十九度併之，與一百八十度相減，餘三十五度爲丁乙丙角，遂成乙丁丙三角形，而求乙丁邊，爲左儀器距北峯之遠。次以甲丁丙角五十度，與甲丙丁角一百零七度併之，與一百八十度相減，餘二十三度爲丁甲丙角，遂成甲丙丁三角形，而求甲丁邊，爲左儀器距南峯之遠。末以甲乙丁三角形之甲丁、乙丁二邊，甲丁乙一角，求甲乙丁大角一百度四十六分，乙甲丁小角三十度十四分，而得甲乙邊爲南、北二峯相距之遠也。又或求得乙戊垂線，又求得丁戊爲左儀器至垂線末之分邊線，則以丁戊與甲丁相減，餘甲戊爲股，乙戊垂線爲勾，而得甲乙弦爲南、北二峯相距之遠也。

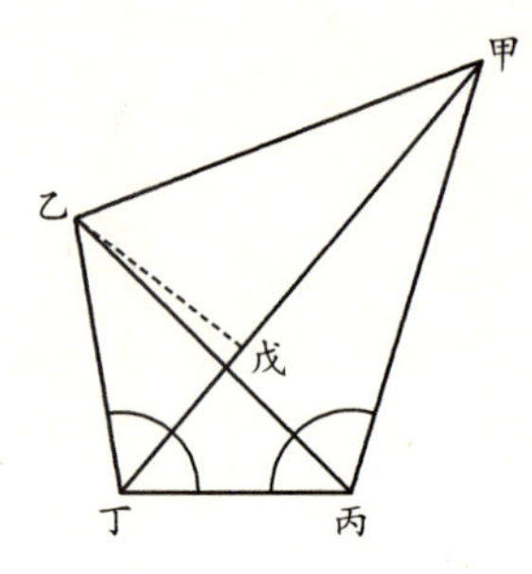

清·戴震《句股割圜記》卷上　凡準望，度兩測之距，及兩測所得規限，求距所準望之遠，成三距三觚。兩測相距，與兩測各距所準望處而三。兩測爲兩觚，所準望處對兩測之距爲一觚，亦合之而三。凡三觚之規限，併之適圜半周。故測知兩觚規限，則知其三。凡觚之規限内矩分，各與對距相應，故必以相對之觚與距定其率，然後以餘觚之規限内矩分，各與所對之距互求。

凡據於句股之一觚，其規限過一矩之規，用外弧内矩分，互求之率同。三觚或用内弧，或用外弧，皆以對所知之距爲正觚。規限爲正弧，其距爲對正觚之距，餘兩觚爲對所求兩距之觚。若以距求觚，則其距爲對所求一觚之距。

句股第十四術吴曰：今名兩角夾一邊，求餘角餘邊。所知之兩角，不夾所知之一邊，術同。

有正弧及對正觚之距，有對所求一距之觚規限，求其距。以對所求一距之觚規限内矩分，乘對正觚之距，正弧内矩分除之，得所求之距。

如前測，窺衡指二十二限爲左觚之外弧。右移八十丈，窺衡指十四限爲右觚之弧。以外弧二十二減圜半周四十八限，餘二十六限爲左觚之弧。合左右弧共四十，以減圜半周，餘八限是爲正觚之弧。以右弧十四限内矩分七九三三五三三四，與對正觚之距八十丈相乘，得六三四六八二六七二〇爲實，以正弧八限之内矩分五〇〇〇〇〇〇〇除之，得一二六九三六五三四四，爲左觚距所測之遠百二十六丈九尺三寸六分有奇。

若左觚之外弧二十二限内矩分九九一四四八六，與八十丈相乘，得七九三一五五八八〇爲實，以正弧八限之内矩分除之，得一五八六三一七七六，爲右觚距所測之遠百五十八丈六尺三寸一分有奇。

附圖

如斜坡下測坡之高，得高弧八限，退八十丈於對坡測之，得高弧四限，其地高於前測二限，以加前後測得後測之弧六限，前測之外弧十限，其弧三十八限也。合兩弧共四十四限，與圜半周相減，得正觚之弧四限。以後弧六限之内矩分三八二六八三四三，乘兩測之距八十丈，得三〇六一四六七四四爲實，以正弧四限之内矩分二五八八一九〇二爲法，除之得一一八二八六〇二九五三三，爲斜坡百一十八丈二尺八寸六分有奇。因借斜坡測山岩之高，於坡上測得高弧十四限，坡下測得高弧二十二限，以坡之斜爲弦，其句弦弧八限，則股弦弧必十六限。以上測十四限加一矩之規共三十八限。内減股弦弧十六限，餘爲上觚之弧二十二限。以下測二十二限，併前所測坡之高弧八限共三十限，以減圜半周得下觚之弧十八限。合上下兩弧共四十限，以減圜半周得正觚之弧八限。以上弧二十二限之内矩分九九一四四八六，乘斜坡爲實，以正弧八限内矩分五〇〇〇〇〇〇〇爲法，除之得坡下斜距山岩二百三十四丈五尺四寸八分有奇。用大小勾股互求，得岩高。

句股第十五術吴曰：今名兩邊一角，角有所對之邊，求餘角餘邊。

有正弧及對正觚之距，有對所求一觚之距，求其觚規限。以對所求一觚之距乘正弧内矩分，對正觚之距除之，得所求之觚規限内矩分。此即前術，轉而用之。

附圖

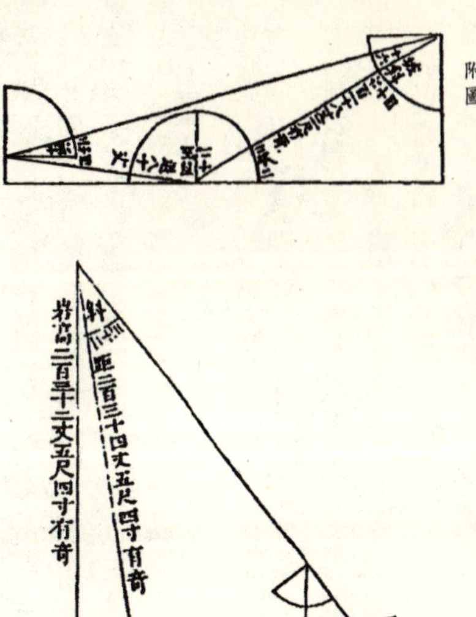

或測知兩距一觚，所知之觚，所知之兩距旁之，則於圜半周減一觚規限，餘爲兩觚規限之和，半之爲半和限。兩距之和較，與半和限半較限之矩分相應。

凡兩數通爲和較，累增而上，皆成倍半之率。如大小兩弧相加爲和弧，相減爲較弧。和弧較弧又相加爲和，必倍於大弧。相減爲較，必倍於小弧。惟兩弧之半和半較相加，則爲大弧，相減爲小弧。

以兩弧之和規之成弧背，則弧弦與大小弧內矩分成同限之句股二，其限必與兩弧之半較相等。大小弧內矩分爲句，弧弦爲其兩弦之和。

第二十八圖

勾股第十六術吴曰：今名兩邊夾一角，求餘角餘邊。用梅氏切綫分外角法。

和兩距及一觚規限，所知之兩距，旁於所知之觚，其觚曰本觚，規限曰本弧，減本弧於圜半周，餘爲所求兩觚規限之和，吴曰：今名外角。半之爲兩弧之半和。以所知兩距之較，乘兩弧之半和矩分，兩距之和除之，得兩弧之半較矩分。以半和半較相加，得對大距之觚規限。若相減，則得對小距之觚規限。既知三觚兩距，則如前第十四術，得對本觚之距。

如測得一距二十八丈八尺六寸七分五釐一毫三秒四忽，一距二十一丈一尺三寸二分四釐八毫六秒六忽，於兩距之交，測得窺衡指六十四限，是爲本弧。以減圜半周，餘百二十八限，爲所求兩觚規限之和。半之，六十四限爲半和。以兩距之較七丈七尺三寸五分零二毫六秒八忽，乘半和限之矩分一七三二〇五〇八〇，得一三三九七四五九五爲實，兩距之和五十丈爲法，除之得半較限矩分二六七九四九一九。檢立成，爲十六限。以加半和限，得大弧八十限。以減半和限，得小弧四十八限。

凡矩分，隨數之和較得以相權。凡內矩分，必兼和較小大相權也。

凡用立成求小大句股，先有弦，求句或求股者，以徑隅當其弦，內矩分當其句，次內矩分當其股。先有股，求句或求弦者，以圜半徑當其股，矩分當其句，徑引數當其弦。先有句，求股或求弦者，以圜半徑當其句，次矩分當其股，次引數當其弦。至若規限小大微異，則內矩分、次內矩分之小大各成句股者，敧斜異勢。惟矩分可共以圜半徑爲股，而小大平行爲句。如第二十八圖，弧弦與小大兩弧之內矩分成句股，弧弦爲兩弦之和，兩弦之和較半之，恒與兩距之和較相應。然兩弦之半和，即爲半和限內矩分。兩弦之半較，不可爲半較限內矩分。於弧弦內更作一規，易兩弦之半和半較爲半和限半較限矩分，而兩距之和較，與兩弦之半和半較相應者，即與半和限半較限之矩分相應矣。

吴曰：三角形，任以兩邊爲弦，餘一邊或爲兩句之和，銳角形之邊，或對鈍角之邊。或爲兩句之較，鈍角旁之邊。截之成句股二。兩弦之和較相乘，得長方冪，同於兩句之和較相乘所得長方冪也。以兩句之和除之，得兩句之較。若較除之則得和。以是爲三邊求角之率。分三角形爲兩句股，然後用句股求角法，以八綫表之半徑全數與句相乘，弦除之，得句弦所交之角餘弦。此術爲平三角法邊角互求之一，記中所不載者。

設大弦二十，自乘得四百。小弦十三，自乘得百六十九。相減餘二百三十一。兩弦之和三十三與兩弦之較七相乘，亦得二百三十一。

設大句十六，自乘得二百五十六。小句五，自乘得二十五。相減餘二百三十一。兩句之和二十一與兩句之較十一相乘，亦得二百三十一。

又術，凡三角之容圜半徑，截三邊爲六，而相等者各二，成角旁相等之邊，以爲股。皆以容圜之半徑爲之句。三邊相併，半之爲半和。三邊各與半和相減而得三較。角所對邊之較，即邊所對角兩旁相等之邊也。先知三邊求其角，以三較連乘（連乘者，兩較相等，得數，）餘一較又乘之。半和除之，開方得容圜半徑。以八綫表半徑全數，與容圜半徑相乘，角所對邊之較除之，得半角之正切，倍之得角。若三較連乘，又乘以半和，則開方得三角形積。半和除之得容圜半徑。三角形積者，容圜半徑與半和相乘之冪也。此求角求積及容圜三術交通，皆不論角之鋭鈍，頗爲便用。

附圖

附圖

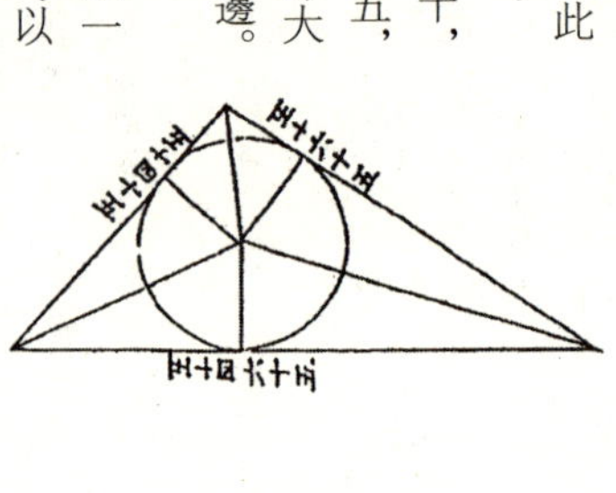

設大邊百一十，次邊八十，小邊六十，相併共二百五十，半之百二十五爲半和。三邊各與半和相減，大邊之較十五，次邊之較四十五，小邊之較六十五。合次邊小邊之較，即大邊。合大邊小邊之較，即次邊。合大邊次邊之較，即小邊。兩兩相等，而會於角之兩旁，與容圜半徑成句股。

清·汪萊《衡齋算學》卷一　邊角比例鋭鈍知不知一條。凡平三角形，知三角者，不能求三邊。知三邊者，可以求三角。知一邊二角、一角二邊者，皆可以求餘角、餘邊。

知三邊，求三角法。置大邊爲底，以中小邊併數，乘中小邊較數，大邊除之，得分底邊較數。分底邊較數與大邊相加，折半爲分底大邊。相減，折半爲分底小邊。又以小邊爲一率，分底小邊爲二率，半徑爲三率。求得四率，爲對中邊之角餘弦，其角必鋭。中邊爲一率，分底大邊爲二率，半徑爲三率。求得四率，爲對小邊之角餘弦，其角亦鋭，併對中邊。對小邊二鋭角去減半周，餘爲對大邊之角。

知二角夾知一邊，求餘角、餘邊法。併所知二角，去減半周，餘爲對所知邊之角。再用對角求對邊法，即得餘二邊。

知二邊夾知一角，求餘邊餘角法。以所知二邊相併爲一率。相減餘爲二率。所知一角與半周相減，餘半之，爲半外角，取其切綫爲三率。求得四率，爲半較角切綫，其角必鋭。半較角與半外角相加，爲對所知大邊之角。相減，餘爲對所知小邊之角。再用對角求對邊法，即得對所知角之邊。

知一角對知一邊，知又一角對不知邊，求餘角餘邊法。併二角，去減半周，餘爲原不知之一角。再用對角求對邊法，即得餘二邊。

知一邊對知一角鈍，知又一邊對不知角，求餘角、餘邊法。用對邊求對角法，求得對所知又一邊之角，必鋭。併二角，去減半周，即得原不知之又一角。再用對角求對邊法，即得原不知之一邊。

以上五題，皆無鋭、鈍遊移之慮。惟知一邊對知一角鋭，知又一邊對不知角者，若求其角，則有知不知之别。

凡原所知邊大於又所知邊，對角鋭，則又所知邊所求對角亦鋭。若原所知邊小於又所知邊，對角鋭，則又所知邊所求對角不能定。

附録邊角比例算法

對角求對邊。

一率　原所知角正弦
二率　原所知對邊
三率　又所知角正弦
四率　所求對邊

對邊求對角。

一率　原所知邊
二率　原所知對角正弦
三率　又所知邊
四率　所求對角正弦

清·安清翹《一線表用》卷一　句股筭略

平三角句股形一術（三邊互求。）

有句、有股，求弦。句自乘，股自乘，相加，開平方得弦。有句、有弦，求股。

句自乘，弦自乘，相減，開平方得股。有股、有弦，求句，術同。凡句股之名，可以互易。

有句，有弦，求股，用和較術。連比例也。以句弦相加爲和，相減爲較，和即連比例之首率。較即連比例之末率。和較相乘，開平方得股。股即連比例之中率。有弦、有股，求句術同。

句股形二術有兩邊，求角。

有句、有股，求角。句自乘，股自乘，相加爲和，相減爲較。次置半徑十萬，半徑即和角二十五度之正弦也。以較乘之，和除之，得數爲較角之正弦。檢表得較角。乃以較角與二十五度相加，折半得對大邊之角。省稱止曰大角。相減，折半得對小邊之角。省稱止曰小角。大角爲正，則小角爲餘。小角爲正，則大角爲餘。句股之名，可以互易。正餘之名，亦可以互易。邊角之大小，則有辨也。

有弦、有句，求句角。置半徑十萬，以句乘之，弦除之，得數爲正弦。檢表得句角。以句角與二十五度相減即股角。有弦、有股，求股角術同。

句股形三術有角，有一邊，求餘邊。

有角、有弦，求句股。置弦邊，以角之正弦乘之，半徑十萬。除之，得句。置弦邊，以角之餘弦乘之，半徑十萬。除之，得股。句股正餘之名，可以互易。

有角、有句，求弦。置句邊，以半徑十萬。乘之，句角之正弦除之，得弦。有角、有股，求弦，術同。

有角、有句，求股。置句邊，以角之餘弦乘之，正弦除之，得股。有角、有股，求句，術同。

句股形四術三邊定句股形。

有三邊，不知爲句股形。以大邊、次邊各自乘，相減。以小邊除之，得數與除之之數相等，即定爲句股形。或三邊各自乘，以次邊小邊自乘之數相加，與大邊自乘之數等，亦爲句股形。

三角形一術邊角互求。有對邊，求對角。

有大小兩邊、有對大邊之角，省稱止曰大角。求對小邊之角。省稱止曰小角。置大角之正弦，以小邊乘之，大邊除之，得小角之正弦。有大小兩邊、有小角，求大角，術同。

三角形二術兩邊夾一角，求對兩邊之角及對角之邊。

有大小兩邊、有一角，其角在兩邊之間，名爲夾角，求對大小兩邊之角。置半徑十萬，以大邊乘之，小邊除之，得數與夾角之餘弦相加減，夾角不及二十五度，則減。過二十五度，則加。爲句，夾角之正弦爲股，用句股求角術，求得對股之角。按：法先求較角，乃視股數大於句數，以較角與二十五度相加，折半爲對股之角。股數小於句數，則以較角與二十五度相減，折半爲對股之角。即對小邊之角。與夾角相加，以減半周，即對大邊之角。次求對夾角之邊，用邊角互求術。

三角形三術邊角互求。有對角，求對邊。

有三角、有一邊，求餘邊。置對所求邊之角正弦，以所知一邊乘之，對所知一邊角之正弦除之，得所求之一邊。

三角形四術三邊求角，分爲兩句股形。

有三邊求角法。以兩邊爲大小兩弦，各自乘，相減，以餘一邊除之，得數與餘一邊相加，折半爲大句。相減，折半爲小句。次用句弦求角術，得角。

清・安清翹《矩線原本》卷二《測量篇上》

句股第一術

句與股，求其弦。句自乘、股自乘，併之爲弦實，開方得弦。

句股第二術

句與弦，求其股。句自乘、弦自乘，相減，餘爲股實，開方得股。

句股第三術

股與弦，求其句。股自乘、弦自乘，相減，餘爲句實，開方得句。

句股第四術

股與弦，求其句，用和較率。股弦相加爲和，相減爲較。以較乘和爲句實，開方得句。句與弦求其股，用和較率，術同。

句股第五術

句與股弦較，求其股，或求其弦。句自乘，股弦較除之，得股弦和。和較相減，餘爲倍股，半之得股。若相加，則爲倍弦，半之得弦。股與句弦較，求句弦，術同。

句股第六術

句與股弦和，求其弦，或求其股。句自乘，股弦和除之，得股弦較，以加股弦和，半之得弦。以減股弦和，半之得股。股與句弦和，求句弦，術同。凡句與股之名，可互易。

句股第七術

截圓徑得矢，求弧背之弦。用第四術。命矢爲小矢，於圓徑減小矢，餘爲大矢。以小矢、大矢相乘四之，開方得弧背之弦。若不四其實，則得半弧弦。或不用和較率，則矢與圓半徑相減，餘爲股，圓半徑爲弦，用第三術，得句。倍句爲弧背之弦。

句股第八術

弧背之弦與矢，求其圓徑。用第五術。弦折半自乘，矢除之，若弦自乘，則四其矢除之。加矢爲圓徑。

句股第九術

圓徑平截之，爲弧背之弦，求其矢。弦折半，與圓半徑相減，得次弧背之矢。即句弦較。若相加，則得句弦和。用第七術，得次半弧背之弦，於圓半徑減次半弧背之弦得矢。或不用和較率，則弧背之弦，半之爲句，圓半徑爲弦，用第二術，得股。股即次半弧背之弦也。

句股第十術

有三邊，不知爲句股形，以大邊、次邊各自乘，相減，以小邊除之，得數仍與小邊等，即定爲句股形。大邊與小邊各自乘，相減，以次邊除之，術同。

凡同式大小兩句股形，其小句、小股、小弦之比例同於大句、大股、大弦之比例，爲比例四隅。

小句╱小股　小句╱小弦　小股╱小弦
大句　大股　大句　大弦　大股　大弦

句股第十一術

小股與大句相乘，小句除之，得大股。小句與大股相乘，小股除之，得大句。大股與小句相乘，大句除之，得小股。大句與小股相乘，大股除之，得小句。以上句與股互求。

小弦與大句相乘，小句除之，得大弦。小句與大弦相乘，小弦除之，得大句。大弦與小句相乘，大句除之，得小弦。大句與小弦相乘，大弦除之，得小句。以上句與弦互求。

小弦與大股相乘，小股除之，得大弦。小股與大弦相乘，小弦除之，得大股。大弦與小股相乘，大股除之，得小弦。大股與小弦相乘，大弦除之，得小股。以上股與弦互求。

凡同弦之大小句股形，或同股之大小句股形，分爲左右，爲比例四隅。《一線表》皆同弦句股形也。

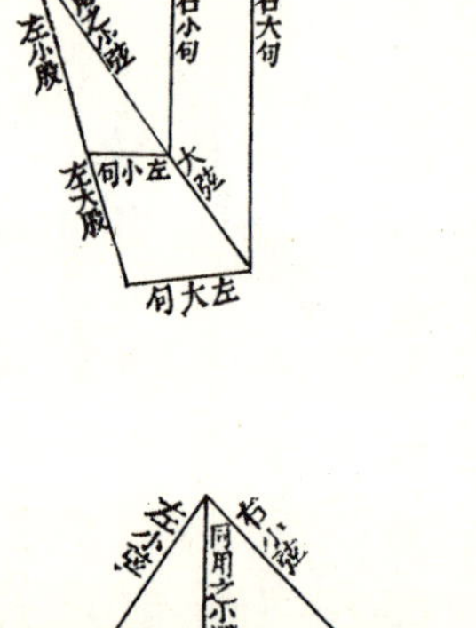

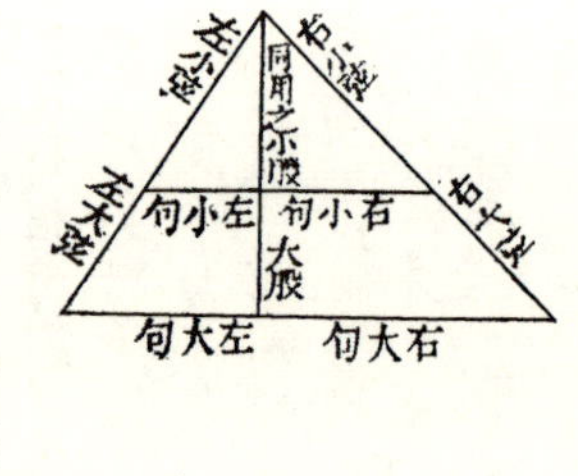

右小句╱右大句　右小股╱右大股　右小弦╱右大弦
左小句　左大句　左小股　左大股　左小弦　左大弦

句股第十二術

右大句與左小句相乘，以左大句除之，得右小句。若以右小句除之，則得左大句。右小句與左大句相乘，以左小句除之，得右大句。若以右大句除之，則得左小句。右大股與左大股，右小股與左小股互求，術同。

右大弦與左小弦相乘，以左大弦除之，得右小弦。若以右小弦除之，則得左大弦。右小弦與左大弦相乘，以左小弦除之，得右大弦。若以右大弦除之，則得左小弦。

凡同股之大小兩句股形，其兩小句較與小股之比例，同於兩大句較與大股之比例，爲比例四隅。

兩小句較╱小股
兩大句較　大股

句股第十三術

有小股，有兩小句之較，有兩大句之較，求大股。以小股與兩大句之較相乘，兩小句之較除之，得大股。此《海島算經》重測法也。

凡準望之法，表爲小股，人目去前後表各爲一小句，相減，餘爲兩小句較。所測之高爲大股，前後表距所測之處各爲一大句，兩表間爲兩大句之較，其前後各成同股之兩句股形。

論曰：西法用三角測量，其術甚精。然必儀器表數兩者俱備，苟缺其一，即無從措手。古法只用數尺之表，隨地測量，而高深廣遠，可一算得之。用是知中西各有所長，不可偏廢也。

凡句股形對弦之角爲方角，二十五度。其對句之角謂之句角，對股之角謂之股角，合句角、股角與方角等。句角爲正，則股角爲餘。股角爲正，則句角爲餘。角之正弦爲句，則餘弦爲股。餘弦爲句，則正弦爲股。

弦╱半徑
句股　句股角正弦

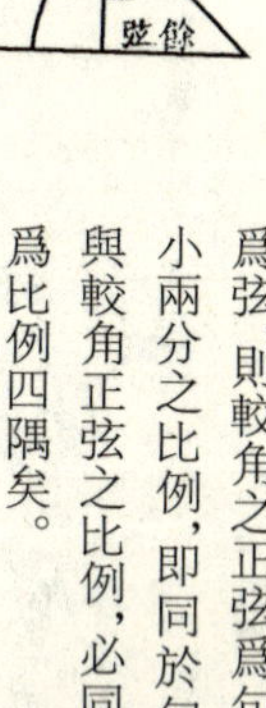

句股第十四術

凡測量，折而成方者，皆句股形也。測得一角或句角、或股角。與二十五度相減，即得餘角。角大者，所對之邊亦大。角小者，所對之邊亦小。句股之名，可以互易。正餘之名，亦可以互易。邊角之大小，則有辨也。

凡句股形，自方角作垂線，截弦邊爲大小兩分，小分、大分之比例，同於句幂、股幂之比例，爲比例四隅。隔一位之比例也。

弦邊小分╱句幂
弦邊大分　股幂

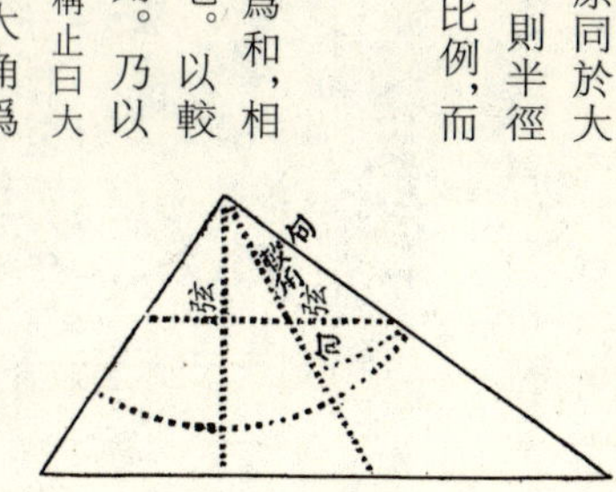

小分爲初率，弦邊爲末率，以句邊爲中率。大分爲初率，弦邊爲末率，以股邊爲中率。則小分乘弦邊，必與句幂等。大分乘弦邊，必與股幂等。而兩長方幂之比例，原同於小分、大分之比例。則小分、大分之比例，必同於句幂、股幂之比例，而爲比例四隅矣。

凡句股兩角相加爲和，即方角二十五度。相減爲較。和角正弦即半徑。與較角正弦之比例，同於句股兩幂相和相較之比例，爲比例四隅。

兩幂和╱兩幂較
半　徑　較角正弦

句股形，自方角作垂線，分方角爲句股。兩角截弦邊爲大小兩分。又以半徑爲句，作同式形，截弦邊爲大小兩段。兩段之和爲弦，則半徑爲句。兩段之較爲弦，則較角之正弦爲句。而大小兩段之比例，原同於大小兩分之比例，即同於句幂、股幂之比例。前圖。則半徑與較角正弦之比例，必同於句股兩幂相和相較之比例，而爲比例四隅矣。

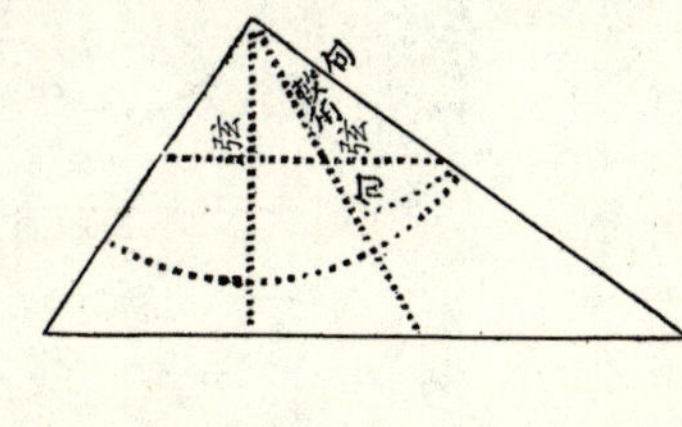

句股第十五術

有句、有股，求角。句自乘，股自乘，相加爲和，相減爲較。次置半徑十萬，即和角二十五度之正弦也。以較乘之，和除之，得數爲較角之正弦。檢表得較角。乃以較角與二十五度相加，折半得對大邊之角。省稱止曰大角。相減，折半得對小邊之角。省稱止曰小角。大角爲正，則小角爲餘。小角爲正，則大角爲餘。凡得正弦，即檢表得角度，後倣此。

句股第十六術

有弦、有句，求角。置半徑十萬，以句乘之，弦除之，得數爲正弦。檢表得句角，以減二十五度即股角。有弦、有股，求角，術同。

句股第十七術

有弦、有角，求句股。置弦邊，以角之正弦乘之，半徑除之得句。置弦邊，以角之餘弦乘之，半徑除之，得股。句股正餘之名，可以互易。

句股第十八術

有角、有句，求弦。置句邊，以半徑乘之，角之正弦除之得弦。有角、有股，求弦，術同。有角、有句，求股。置句邊，以角之餘弦乘之，正弦除之得股。有角、有股，求句，術同。

句股第十九術

有角、有句股較，求句股。以角之正弦、餘弦相加爲和，相減爲較。次置句股較，以和乘之，較除之，得句股和。與句股較相加，半之得大邊。相減，半之得小邊。

句股第二十術

有角、有句弦較，求句弦。以句角之正弦與半徑相加爲和，相減爲較。次置句弦較，以和乘之，較除之，得句弦和。與句弦較相加，半之得弦邊。相減，半之得句邊。

凡句股皆半方形也。變而爲三邊形，即同股之兩句股形也。一爲大邊，一爲次邊，一爲小邊。三邊對三角，大邊對大角，次邊對次角，小邊對小角，故亦曰三角

形。【略】

句股第二十一術

凡三角形，其三角合之，適半周五十度。測知一角，與半周相減，餘爲兩角之和。測知兩角，與半周相減，則餘一角。

句股第二十二術

有大小兩邊，有對大邊之角，求對小邊之角。置大角之正弦，以小邊乘之，大邊除之，得小角之正弦。有大小兩邊、有小角，求大角，術同。

句股第二十三術

有大小兩邊，有一角，其角在兩邊之間，名爲夾角，求對大小兩邊之角。先置半徑十萬，以大邊乘之，小邊除之，得數夾角不及二十五度，則得數爲兩句和。夾角過二十五度，則得數爲兩句較。與夾角之餘弦相加減夾角不及二十五度，則減。過二十五度，則加。爲句，夾角之正弦爲股。次用句股求角術，第十五術。求得對股之角，按：法先求較角，乃視股數大於句數，則以較角與二十五度相加，折半，爲對股之角。股數小於句數，則以較角與二十五度相減，折半，爲對股之角。即對小邊之角。與夾角相加，以減半周，即對大邊之角。

句股第二十四術

有兩角，有一邊，求角所對之邊。置對所求邊之角正弦，以一邊乘之，對一邊角之正弦除之，得所求之一邊。

三角形，任自一角作垂線，或形內、或形外。分爲同股之兩句股形，其左右兩句之和較，與左右兩弦之和較，爲比例四隅。

凡左右兩句冪相減之餘，與左右兩弦冪相減之餘，其數相等。凡弦冪內原有句、股兩冪，今兩弦既同股，則兩弦冪相減，其股冪以對減而盡，所餘止爲兩句冪相減之餘矣。故其數相等。而凡兩方冪相減之餘，即爲兩邊線和較相乘之數，則兩句之和較相乘，必同於兩弦之和較相乘，而爲比例四隅矣。

兩句和　　兩弦和
兩弦較　　兩句較

句股第二十五術

有三邊，求角。任以兩邊爲兩弦，餘一邊或爲兩句之和，或爲兩句之較。兩弦之和較相乘，以和除之，則得較。以較除之，則得和。和較相加，折半得大句。相減，折半得小句。次用句弦求角術，得角。

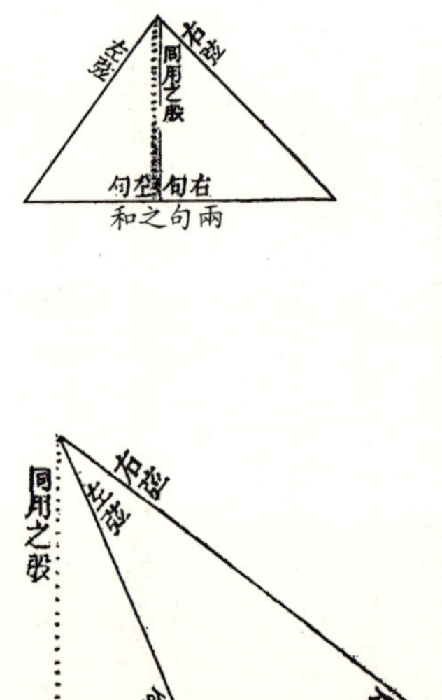

句股第二十六術

有一角、有一邊、有兩邊之和，而所有之一角一邊不相對，求兩邊。用垂線分兩句股術求之。日月食，求太陽、太陰距地心線，舊用此法也。

以所有之角正弦，乘所有之一邊，半徑除之，得垂線爲股。又以所有之角餘弦，乘所有之一邊，半徑除之爲分句。以分句與兩邊和相減，所有之角爲鈍角，則相加。餘爲句弦和。次以股自乘，句弦和除之，得句弦較。和較相加，折半得弦，即對所有角之邊。和較相減，折半得句，與分句相加，所有之角爲鈍角，則相減。即餘一邊也。

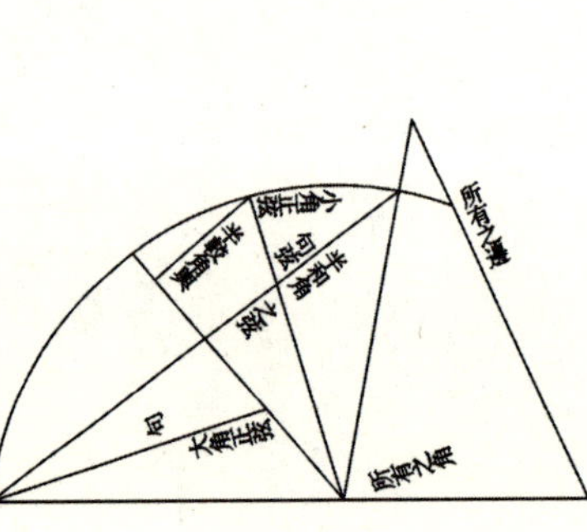

句股第二十七術

有一角、有一邊、有兩邊之和，而所有之一角與所有之一邊相對，求餘兩角。

用分角術，求之。

以所有之外角，半之爲半和角。以半和角之正弦與兩邊和相乘，以所有之邊除之，得兩角正弦和。乃以兩角正弦和爲句，倍半和角之正弦爲弦，用句弦求角術，求得對句之角。其餘角爲半較角，以半較角與半和角相加即大角，相減即小角。

句股第二十八術

有一角、有對角之邊，測得對角之邊，爲左右兩句，求餘兩角。以所有之一角爲和角，用分角術求之。

倍大角之通弦，爲小邊所截，分爲大小兩段。和角之正弦爲句，大段爲之弦。較角之正弦爲句，小段爲之弦。而大小兩段與測得左右兩句之和較平行相應，則兩句之和較與和角較角之正弦爲比例四隅。以兩句較乘和角之正弦，以兩句和除之，得較角之正弦也。以較角與和角相加減，折半得大小兩角。

和大角
較角
小角
句
小段爲弦
大段爲弦
句左
句右
較句兩　和句兩

清·劉澤楨《中西數學通解》卷一三　三角形

設如甲乙丙直角三角形，乙角爲直角九十度。知丙角五十七度，丙乙邊五丈，求甲乙邊幾何。

答曰：甲乙邊七丈六尺九寸九分三釐有餘。

法以丙角五十七度，與象限九十度相減，餘三十三度爲甲角。乃以甲角爲對所知之角，其正弦五萬四千四百六十四爲一率。丙角爲對所求之角，其正弦八萬三千八百六十七爲二率。丙乙邊爲所知之邊，其數五丈爲三率。求得四率七丈六尺九寸九分三釐有餘，即甲乙爲所求之邊也。

一率　甲角正弦
二率　丙角正弦
三率　丙乙邊
四率　甲乙邊

如丙丁戊一象限，己戊弧爲丙角之正弧，己庚線爲丙角之正弦。丁己弧爲丙角之餘弧，即甲角之正弧。辛己線爲丙角之餘弦，即甲角之正弦。是故丙角五十七度之餘弧爲三十三度，丙角五十七度之餘弦爲三十三度之正弦。己庚丙與甲乙丙兩句股形爲同式形。故甲角正弦丙庚即辛己。與丙角正弦己庚之比，

甲
丁　辛
己
乙　戊庚丙

同於丙乙邊與甲乙邊之比，爲相當比例四率也。

又法以半徑十萬爲一率，丙角五十七度之正切一十五萬三千九百八十六爲二率，丙乙邊五丈爲三率。求得四率七丈六尺九寸九分三釐，即甲乙邊也。

如丙丁戊一象限，切己戊弧作庚戊線爲丙角之正切，則丙戊爲半徑。庚戊丙與甲乙丙兩句股形爲同式形，故丙戊半徑與庚戊正切之比，同於丙乙邊與甲乙邊之比也。

甲
丁
己
庚
乙　戊　丙

《天元草》曰：立天元一爲甲乙邊，以丙角五十七度減象限，餘三十三度，其正弦五萬四千四百六十四乘之，得 [illegible] 爲如積，寄左。乃以丙角五十七度之正弦八萬三千八百六十七乘丙乙邊五丈，得 [illegible] 爲同數。與左相消，得 [illegible] 上實下法，得七丈六尺九寸九分三釐有餘，即甲乙邊。

又法立天元一爲甲乙邊，以半徑十萬乘之，得太 [illegible] 爲如積，寄左。乃以丙角五十七度之正切一十五萬三千九百八十六乘丙乙邊五丈，得 [illegible] 爲同數。與左相消，得 [illegible] 上實下法，得七丈六尺九寸九分三釐，即甲乙邊。

《代數草》曰：命 天＝甲乙邊 則 九〇丄丙角＝甲角 故 九〇丄五七＝三三＝甲角 其比例爲 甲角正弦∶丙角正弦∷丙乙邊∶天 變得 甲角正弦×天＝丙角正弦×丙乙邊 以真數代之，得 五四四六四天＝四一九三三五 即 天＝七六九九三…… 爲甲乙邊。

又法命 天＝甲乙邊 其比例爲 半徑∶丙角正切∷丙乙邊∶天 變之，得 半徑×天＝丙角正切×丙乙邊 以題之真數代之，得 一〇〇〇〇〇天＝

七·六九九三〇 即 天＝七·六九九三〇 爲甲乙邊。

解如比例，後仿此。

按：此題爲已知正角旁之任一邊與任一鋭角，求其餘三事，代數另有圖解公式如左。

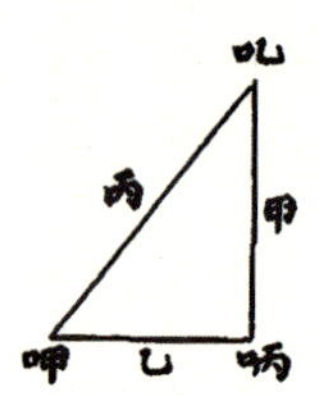

如圖，凡言角者皆加口旁，爲呷角、吃角、吶角。言邊者不用口旁，爲甲邊、乙邊、丙邊。故知甲爲呷角所對之邊，乙爲吃角所對之邊，丙爲吶角所對之邊矣。此題爲已知吶角旁之一邊甲，與對角吃，求他角呷，他邊乙與丙。則先從 呷＝九〇°－吶 得呷角，又因 $\frac{甲}{丙}$＝正弦呷 ㈠ $\frac{乙}{甲}$＝餘切呷 ㈡ 所以 丙＝$\frac{甲}{正弦呷}$ ㈢ 乙＝甲餘切呷 ㈣ 若用對數，則爲 對丙＝對甲－對正弦呷 (甲) 對乙＝對甲＋對餘切呷 (乙)

前題宜用四式推之，則 甲乙邊＝乙，丙乙邊＝五＝甲，丙角五一°＝吶 而 九〇°－吶＝三八°＝呷 所以 乙＝甲餘切呷 代以數得 乙＝五×一·五三九八六 即 乙＝七·六九九三 爲甲乙邊。如求丙邊，即題問之甲丙邊。則依三式推之即得。此題甲邊爲五，數止一位，用以乘他數，法甚簡便，可不必用對數。

如用對數推之，則乙式 對乙＝對甲＋對餘切呷 即 對乙＝〇·六九八九七〇＋〇·一八七四八一 即 對乙＝〇·八八六四五二 即 乙＝七·六九九三 與前數同。

按：此即《精蘊》又法，試將四式作比例明之，則 半徑：餘切呷∷甲：乙 變得 半徑×乙＝甲×餘切呷 須知半徑爲一，所乘除之數不變，故作爲 乙＝甲餘切呷 又須知呷角餘切，即吃角正切，故與《精蘊》又法同。而對數所以減一者，蓋對數比例，二、三率相加，減一率得四率。依上比例，一率爲半徑一，故對甲加對餘切呷而必減去一也。後仿此。

設如甲乙丙直角三角形，乙角爲直角九十度，知丙角五十一度五十一分，甲丙邊八十九丈零二寸二分，求甲乙邊、丙乙邊各幾何。

答曰：甲乙邊七十丈零六分有餘，丙乙邊五四丈九尺九寸有餘。

法以丙角五十一度五十一分與九十度相減，餘三十八度零九分爲甲角。求甲乙邊，則以乙角爲對所知之角，其正弦即半徑十萬爲一率。以丙角爲對所求之角，其正弦七萬八千六百四十爲二率。甲丙邊爲所知之邊，其數八十九丈零二寸二分爲三率。求得四率七十丈零六分有餘，即甲乙爲所求之邊也。求丙乙邊，亦以乙角爲對所知之角，其正弦即半徑十萬爲一率。而以甲角爲對所求之角，其正弦六萬一千七百七十二爲二率。甲丙邊爲所知之邊，其數八十九丈零二寸二分爲三率。求得四率五十四丈九尺九寸有餘，即丙乙爲所求之邊也。

一率　半徑
二率　丙角正弦
三率　甲丙邊
四率　甲乙邊

一率　半徑
二率　甲角正弦
三率　甲丙邊
四率　丙乙邊

如丙丁戊一象限，己戊弧爲丙角正弧，己庚線爲丙角正弦。丁己弧爲丙角餘弧，即甲角正弧，辛己線爲丙角餘弦，亦爲甲角正弦。己庚丙與甲乙丙兩句股形爲同式形，故半徑己丙與丙角正弦己庚之比，同於甲丙邊與甲乙邊之比。又半徑己丙與甲角正弦丙庚之比，同於甲丙邊與丙乙邊之比也。

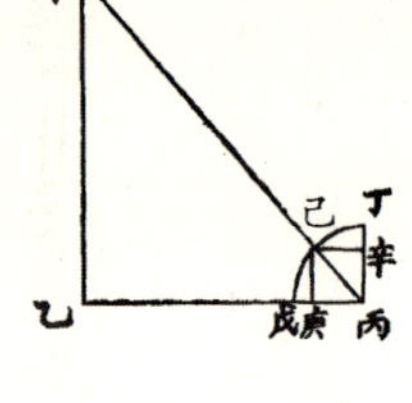

又法求甲乙邊。以丙角五十一度五十一分正割一十六萬一千八百八十五爲一率，其正切一十二萬七千三百零六爲二率，甲丙邊八十九丈零二寸二分爲三率。求得四率七十丈零六分有餘，即甲乙邊也。求丙乙邊，則仍以丙角正割一十六萬一千八百八十五爲一率，而以半徑十萬爲二率，仍以甲丙邊八十九丈零二寸二分爲三率。求得四率五十四丈九尺九寸有餘，即丙乙邊也。

一率　丙角正割
二率　丙角正切
三率　甲丙邊
四率　甲乙邊

一率　丙角正割
二率　半徑
三率　甲丙邊
四率　丙乙邊

如丙丁戊一象限，己戊弧爲丙角正弧，庚戊線爲丙角正切，庚丙線爲丙角正割。庚戊丙與甲乙丙兩句股形爲同式形，故丙角正割庚丙與正切庚戊之比，同於甲丙邊與甲乙邊之比。又丙角正割庚丙與半徑丙戊之比，即同於甲丙邊與丙乙邊之比，皆爲相當比例四率也。

《天元草》曰：立天元一爲甲乙邊，而以乙角正弦即半徑。十萬乘之，得太 一〇〇〇〇〇 爲如積，寄左。乃以丙角正弦 與甲丙邊 相乘，得 爲同數，與左相消，得 上實下法，得七十丈零六分有餘，即甲乙邊。

又立天元一爲丙乙邊，以半徑乘之，得太 一〇〇〇〇〇 爲如積，寄左。乃以甲角正弦 與甲丙邊 相乘，得 爲同數，與左相消，得 上實下法，得五十四丈九尺九寸有餘，爲丙乙邊。

《代數草》曰：命 天＝甲乙邊 則其比例爲 半徑：丙角正弦：：甲丙邊：天 即 一〇〇〇〇〇：七八六四〇：：八九〇二二：天 變得 一〇〇〇〇〇天＝七〇〇〇六九〇〇 即 天＝七〇〇〇六 爲甲乙邊。

又命 天＝丙乙邊 則其比例爲 半徑：甲角正弦：：甲丙邊：天 即 一〇〇〇〇〇：六一七七二：：八九〇二二：天 變得 一〇〇〇〇〇天＝五四九九〇六六九八四 即 天＝五四九九〇 爲丙乙邊。

按：此題爲知其對正角之邊與任一鋭角，求其餘三事。代數另有公式。如後。

如圖，呷吃呐爲直角三角形，已知其弦丙，又知其吃角，求呷角與甲乙兩邊。則先從 呷＝九〇°－乙 得呷角。又因

$\frac{甲}{丙}$＝正弦呷 ㊀　$\frac{乙}{丙}$＝餘弦呷 ㊁　所以 甲＝丙正弦呷 ㊂

乙＝丙餘弦呷 ㊃　若用對數，則其式爲 對甲＝對丙＋對正弦呷－一 ㊄

對乙＝對丙＋對餘弦呷－一 ㊅

試以題之真數代之，依三式，得 甲＝八九〇二二×七八六四〇 即 甲＝七〇〇〇六三三 爲所求之甲乙邊。

依四式，得 乙＝八九〇二二×六一七七二 即 乙＝五四九九〇 爲所求之丙乙邊。用對數，則依五式，得 對甲＝四九四九四九四九八九五四一－一 即 對甲＝四八四五一三八七 即 甲＝七〇〇〇六 依六式，得 對乙＝四九四九九九 即 乙＝五四九九〇

按：此即《精蘊》前法，式不同而理實一也。試將三四式作比例，其故自明。

設如甲乙丙直角三角形，乙角爲直角九十度，知甲乙邊六十尺，丙乙邊三十二尺，求甲丙邊幾何。

答曰：甲丙邊六十八尺零一分二釐有餘。

一率	甲乙邊
二率	丙乙邊
三率	半徑
四率	甲角正切

法以甲乙邊六十尺爲一率，丙乙邊三十二尺爲二率，半徑十萬爲三率。求得四率五萬三千三百三十三爲甲角正切。檢表，得二十八度零四分即甲角度。如用丙乙邊作一率，甲乙邊作二率，即先得丙角度。

一率	甲角正弦
二率	半徑
三率	丙乙邊
四率	甲丙邊

乃以甲角爲對所知之角，其正弦四萬七千零五十爲一率。乙角爲對所求之角，其正弦即半徑十萬爲二率。丙乙邊爲所知之邊，其數三十二尺爲三率。求得四率六十八尺零一分二釐有餘，即甲丙爲所求之邊也。

又既得甲角之後，用割線法，則以半徑爲一率，甲角正割爲二率，甲乙邊爲

三率。求得四率即甲丙爲所求之邊也。或得丙角，則用丙角正割爲二率，丙乙邊爲三率。亦得甲丙邊。若得丙角，仍用甲乙邊爲三率，則用丙角餘割即甲角正割。爲二率，而亦得甲丙邊也。或用句股求弦，亦得甲丙邊。

《天元草》曰：立天元一爲甲丙邊即弦，自之得太〇一爲弦冪，寄左。乃以甲乙邊六十尺爲股，自乘，得三六〇〇爲股冪。丙乙邊三十二尺爲句，自乘，得一〇二四爲句冪。兩冪相加，共四六二四亦爲弦冪。與左相消，得四六二四〇一開平方，得六十八尺零一分二釐有餘，即甲丙邊。

《代數草》曰：命 天＝甲丙邊 則 $天^2＝(六〇)^2＋(三二)^2$ 即 $天^2＝三六〇〇＋一〇二四$ 即 $天^2＝四六二四$ 開方得 天＝六八.〇一二 爲甲丙邊。

解曰：天、代二法，謹依《精蘊》句股求弦法推算，其得數仍同比例。

按：此題爲知其正角旁之兩邊，求其餘三事。代數另有公式如左。

如圖，呷吃哂直角三角形，已知正角旁之甲乙兩邊，求其他邊丙、他角呷與吃。則先從 正切呷＝$\frac{乙}{甲}$ ㊀ 故 吃＝九〇°－呷 ㊁ 又從 丙＝$\frac{甲}{正弦呷}$ ㊂ 或 丙＝甲餘割呷 ㊃ 而得丙邊。又法，能從 丙＝$\sqrt{甲^2＋乙^2}$ 而得丙。若用對數，則一式爲 對正切呷＝對乙－對甲 (甲) 三式爲 對丙＝對甲－對正弦呷 (乙) 四式爲 對丙＝對甲＋對餘割呷 (丙) 惟 丙＝$\sqrt{甲^2＋乙^2}$ 即《精蘊》句股求弦法，不合於對數之用。而一式即《精蘊》第一個四率比例。三式即《精蘊》第二個四率比例。四式即《精蘊》第四個四率比例。照上各式，以題之真數代之，無不得其所求數。

設如甲乙丙直角三角形，乙角爲直角九十度，知甲丙邊一百零二丈二尺，丙乙邊四十八丈，求甲角、丙角各幾何。

答曰：甲角二十八度零一分，丙[角]六[十]一[度]五十九分。

一率　甲丙邊
二率　丙乙邊
三率　半徑
四率　甲角正弦

法以甲丙邊爲對所知之邊，其數一百零二丈二尺爲一率。丙乙邊爲對所求之邊，其數四十八丈爲二率。乙角爲所知之角，其正弦即半徑十萬爲三率。求得四率四萬六千九百六十六，爲甲角正弦。檢表，得二十八度零一分即甲角度也。甲角餘弦即丙角正弦。如檢八線表餘弦數，得六十一度五十九分即丙角度也。

如甲丁戊一象限，己庚爲甲角正弦，辛己與甲庚等，爲甲角餘弦即丙角正弦。甲庚己與甲乙丙兩句股形爲同式形，故甲丙邊與丙乙邊之比，同於甲己半徑與己庚正弦之比也。

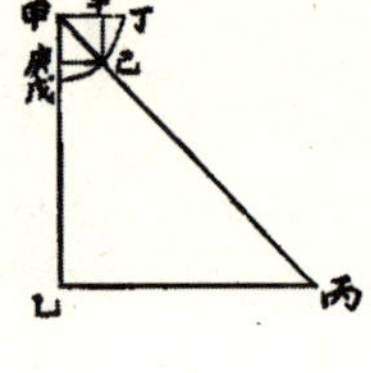

一率　丙乙邊
二率　甲丙邊
三率　半徑
四率　丙角正割

又法以丙乙邊四十八丈爲一率，甲丙邊一百零二丈二尺爲二率，半徑十萬爲三率。求得四率二十一萬二千九百一十六，爲丙角正割。檢八線表，得六十一度五十九分即丙角度也。其丙角餘割即甲角正割。如檢餘割數，得二十八度零一分即甲角度也。

如丙丁戊一象限，丙戊爲半徑，己戊爲丙角正切，己丙爲丙角正割。甲乙丙與己戊丙兩句股形爲同式形，故丙乙邊與甲丙邊之比，同於丙戊半徑與己丙正割之比也。

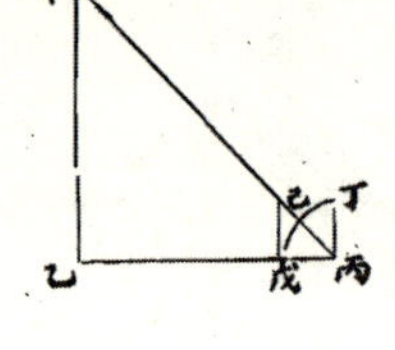

《天元草》曰：立天元一爲甲角正弦，以甲丙邊一百零二丈二尺乘之，得太一〇二二爲如積，寄左。乃以丙乙邊四十八丈乘半徑十萬，即乙角正弦。得四八〇〇〇〇〇爲同數。與左相消，得四八〇〇〇〇〇 一〇二二上實下法，得四萬六千九百六十六爲甲角正弦。檢表，得二十八度零一分爲甲角度。與九十度相減，餘六十一度五十九分即丙角度。

《代數草》曰：命 天＝甲角正弦 則作比例爲 甲丙邊：丙乙邊：：半徑：天 即 一〇二二：四八〇〇〇〇：：一〇〇〇〇〇：天 變得 一〇二二天＝四八〇〇〇〇〇〇〇 即

天＝四九九六六 爲甲角正弦。檢表，得 甲角＝二八°〇′ 爲甲角度，則 九〇°－呷＝六一°五九′ 爲丙角度。

按：此題爲知其對正角之邊，與正角旁之任一邊，求其餘三事。代數另有公式。如左。

如圖，呷吃呐直角形，已知其弦丙，又知正角旁之甲邊，求他邊乙、他兩角呷與吃。則先從 $乙^2＝丙^2－甲^2$ ㊀ 得乙邊。又因 正弦呷＝$\frac{甲}{丙}$ ㊁ 得呷角。則 吃＝九〇°－呷 ㊂ 得吃角。一式不便於用對數，二式可作爲 對正弦呷＝對甲－對丙 ㊃ 以題之真數代入各式，其得數仍與前同。

以上爲直角三角形邊角相求。

設如甲乙丙（鈍）[銳]角三角形，知乙丙邊三十二丈，乙角六十度，丙角四十六度，求甲乙邊、甲丙邊並甲角各幾何。

答曰：甲乙邊二十三丈九尺四寸六分有餘，丙[邊二十]八[丈]八[尺]二[寸]九[分有餘]，甲角七十四度。

一率	甲角正弦
二率	乙角正弦
三率	乙丙邊
四率	甲丙邊

法以乙角六十度與丙角四十六度相加，得一百零六度。與半周一百八十度相減，餘七十四度爲甲角。求甲丙邊，則以甲角爲對所知之角，其正弦九萬六千一百二十六爲一率。以乙角爲對所求之角，其正弦八萬六千六百零三爲二率。乙丙邊爲所知之邊，其數三十二丈爲三率。求得四率二十八丈八尺二寸九分有餘，即甲丙爲所求之邊也。求甲乙邊，則仍以甲角爲對所知之角，其正弦九萬六千一百二十六爲一率。而以丙角爲對所求之角，其正弦七萬一千九百三十四爲二率。仍以乙丙邊爲所知之邊，其數三十二丈爲三率。求得四率二十三丈九尺四寸六分有餘，即甲乙爲所求之邊也。

一率	甲角正弦
二率	丙角正弦
三率	乙丙邊
四率	甲乙邊

如圖，甲乙丙三角形，作含三角形之圜，則每界角各對一弧。試自圜心丁，作三角形各邊之垂線，即將每角所對之弧平分一半，各成兩心角。其每一心角與相當各界角之度等。見《幾何原本》四卷第十三節。是以乙角所對甲丙弧，原係一百二十度，今爲丁庚癸垂線所平分，各爲六十度，一爲甲丁癸，一爲癸丁丙，皆與乙角原度等。丙角所對甲乙弧，原係九十二度，今爲丁戊辛垂線所平分，各爲四十六度，一爲甲丁辛，一爲辛丁乙，皆與丙角原度等。甲角所對乙丙弧，原係一百四十八度，今爲丁己壬垂線所平分，各爲七十四度，一爲乙丁壬，一爲壬丁丙，皆與甲角原度等。乙己爲乙丁壬角之正弦，己丙爲壬丁丙角之正弦，亦即甲角正弦。甲庚爲甲丁癸角之正弦，庚丙爲癸丁丙角之正弦，亦即乙角正弦。甲戊爲甲丁辛角正弦，戊乙爲辛丁乙角正弦，亦即丙角正弦。故求甲丙邊者，以乙己與甲庚比，或己丙與庚丙比，皆同於乙丙與甲丙比。又若求甲乙邊者，以己丙與甲戊比，或乙己與戊乙比，皆同於乙丙與甲乙比。俱是半與半全與全之比也。

又圖，求甲丙邊者，則用甲丙爲半徑，自丙角至甲乙界作丙丁垂線爲甲角正弦。又依甲丙度，截丙乙於戊，使戊乙與甲丙等。凡用正弦比例，因在圜內，皆同半徑。今使戊乙與甲丙相同，正弦之大小乃見。乃自戊至甲乙界又作戊己垂線爲乙角正弦。觀戊己小於丙丁，則知甲丙同戊乙。亦小於乙丙，故甲角正弦丙丁與乙角正弦戊己之比，同於乙丙邊與甲丙邊之比也。

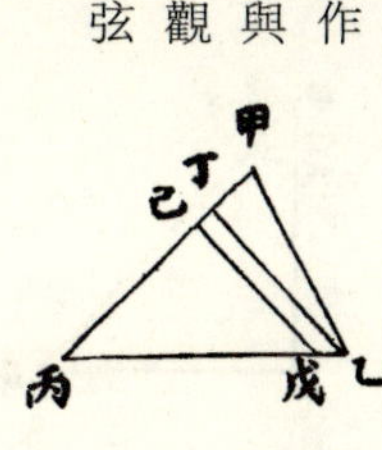

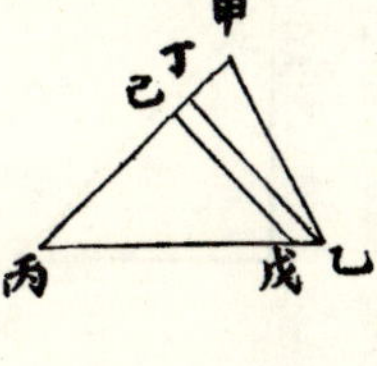

又如求甲乙邊者，則用甲乙爲半徑，自乙角至甲丙界，作乙丁垂線爲甲角正弦。又依甲乙度，截乙丙於戊，使戊丙與甲乙邊等。乃自戊至甲丙界，又作戊己垂線爲丙角正弦。觀戊己小於乙丁，則知甲乙同戊丙。亦小於乙丙。故甲角正弦乙丁與丙角正弦戊己之比，同於乙丙邊與甲乙邊之比也。

又法求甲乙邊，以乙角六十度餘切五萬七千七百三十五與丙角四十六度餘切九萬六千五百六十九相加，共一十五萬四千三百零四爲一率。乙角餘割一十一萬五千四百七十爲二率。乙丙邊三十二丈爲三率。求得四率二十三丈九尺四寸六分有餘，即甲乙邊。求甲丙邊，則仍以兩角餘切相加之一十五萬四千三百零四爲一率，而以丙角餘割一十三萬九千零一

一率	乙丙角餘切
二率	乙角餘割
三率	乙丙邊
四率	甲乙邊
二率	丙角餘割
四率	甲丙邊

十六爲二率，仍以乙丙邊三十二丈爲三率。求得四率二十八丈八尺二寸九分有餘，即甲丙邊也。

此法蓋以甲乙丙一鋭角三角形，分爲甲丁乙、甲丁丙兩直角三角形，即如乙角六十度，與象限九十度相減，餘三十度爲甲丁乙三角形之甲角。又丙角四十六度，與象限九十度相減，餘四十四度爲甲丁丙三角形之甲角。乙角之餘切戊己，即甲丁乙三角形之甲角之正切，如壬癸。乙角之餘割己乙，即甲丁乙三角形之甲角之正割，如甲壬。而丙角之餘切庚辛，即甲丁丙三角形之甲角之正切，如癸子。丙角之餘割庚丙，即甲丁丙三角形之甲角之正割，如甲子。若乙角丙角兩餘切相加，即兩甲角正切相加之和，如壬子。甲癸壬與甲丁乙兩三角形爲同式形，甲癸子與甲丁丙兩三角形爲同式形，故甲壬子與甲乙丙兩三角形亦爲同式形。是故求甲乙邊者，以壬子與甲壬之比，同於乙丙與甲乙之比。求甲丙邊者，以壬子與甲子之比，同於乙丙與甲丙之比也。

《天元草》曰：立天元一爲甲丙邊，以乙角丙角相加，得一百零六度。與半周相減，餘七十四度爲甲角。其正弦九萬六千一百二十六乘天元，得太 [illegible] 爲如積，寄左。乃以乙角正弦八萬六千六百零三，與乙丙邊三十二丈相乘，得 [illegible] 爲同數。與左相消，得 [illegible] 上實下法，得二十八丈八尺二寸九分有餘爲甲丙邊。

又立天元一爲甲乙邊，以甲角正弦乘之，得太 [illegible] 爲如積，寄左。乃以丙角正弦七萬一千九百三十四，與乙丙邊三十二丈相乘，得 [illegible] 爲同數。與左相消，得 [illegible] 上實下法，得二十三丈九尺四寸六分有餘即甲乙邊。

《代數草》曰：命 天＝甲丙邊 則 一八〇°丅丙°丅乙°＝七四° 爲甲角。所以得一比例爲 甲角正弦∶乙角正弦∷乙丙邊∶甲丙邊 [即] 九六一二六∶八六六〇三∷三二∶天 變得 九六一二六天＝二七七一二九六 即 天＝二八八二九… 爲甲丙邊。

又命 天＝甲乙邊 則其比例爲 甲角正弦∶丙角正弦∷乙丙邊∶甲乙邊 [即] 九六一二六∶七一九三四∷三二∶天 變得 九六一二六天＝二三〇一八八八 即 天＝二三九四六… 爲甲乙邊。

按：此題爲已知兩角，並知對所知任一角之邊，求其餘一角兩邊。代數另有公式如左。

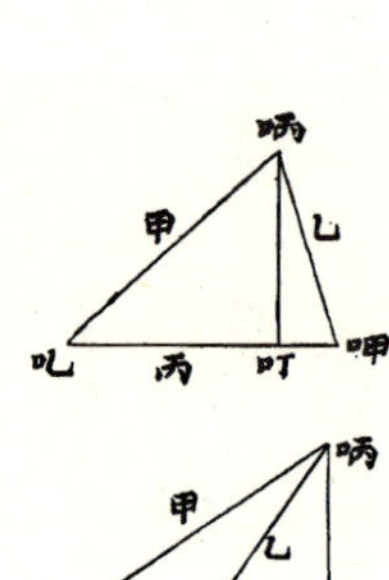

如圖，呷叱呐任何三角形，已知其呷角及甲邊，又知其叱、呐二角之任一角，欲求其他角及乙丙兩邊。將已知之兩角相加，以減一百八十度，即得其又一角。乃從得其乙與丙兩邊。

乙＝甲 $\frac{正弦呷}{正弦叱}$ ㈠　丙＝甲 $\frac{正弦呷}{正弦呐}$ ㈡

若用對數，則爲 對乙＝對甲丄對正弦叱丅對正弦呷 ㈠ 對丙＝對甲丄對正弦呐丅對正弦呷 ㈡

試以題之真數代之，則 呷＝一八〇°丅四六°丅六〇°＝七四° 乃依一式 乙＝甲 $\frac{正弦呷}{正弦叱}$ 而得 乙＝三二 $\frac{九六一二六}{八六六〇三}$ 即 乙＝二八八二九… 即前圖之甲丙邊。依二式 丙＝甲 $\frac{正弦呷}{正弦呐}$ 而得其 丙＝三二 $\frac{九六一二六}{七一九三四}$ 即 丙＝二三九四六… 即前圖之甲乙邊。用對數同前。

按：此即《精蘊》前法也。一式即第一個四率比例，二式即第二個四率比例。

設如甲乙丙鋭角三角形，知甲角六十度，甲乙邊四十丈，甲丙邊二十六丈一尺零八分，求乙角丙角及乙丙邊各幾何。

答曰：乙角四十度，丙[角]八[十度]，乙丙邊三十五丈一尺七寸五分有餘。

法以甲乙邊四十丈，與甲丙邊二十六丈一尺零八分相加，得六十六丈一尺零八分，爲兩邊之和爲一率。又以甲乙邊四十丈與甲丙邊二十六丈一尺零八分相減，餘一十三丈八尺九寸二分，爲兩邊之較爲二率。以甲角六十度與一百八十度相減，餘一百二十度爲外角，折半得六十度爲半外角，其正切一十七萬三千二百零五爲三率。求得四率三萬六千三百九十七，爲半較角正切。檢表得二十度，爲半較角。與半外角六十度相減，餘四十度即乙角。以半較角與半外角相加，得八十度即丙角。

一率　兩邊和
二率　兩邊較
三率　半外角正切
四率　半較角正切

次以丙角爲對所知之角，其正弦九萬八千四百八十一爲一率。以甲角爲對所求之角，其正弦八萬六千六百零三爲二率。甲乙邊爲所知之邊，其數四十丈爲三率。求得四率三十五丈一尺七寸五分有餘，即乙丙爲所求之邊也。

一率　丙角正弦
二率　甲角正弦
三率　甲乙邊
四率　乙丙邊

如圖，甲乙丙鋭角三角形，以甲爲心，甲丙小邊爲半徑，作一丙丁戊圜，截甲乙大邊於戊。將甲乙引長至圜界丁，則甲丁、甲戊俱爲半徑，與甲丙等。自丁至乙即兩邊和，自戊至乙即兩邊較。丁甲丙角即甲角之外角。試自丙至戊，作一丙戊線，則成甲丙戊三角形。其甲丙戊與甲戊丙二角併之，與丁甲丙外角度等。今折半用其正切，即如用丁戊丙角正切。又心角與邊角度等，其切線亦等。故自丙至丁，作一丙丁線，即丁戊丙角正切。又戊丙乙角即丙角大於甲戊丙角之較，亦即乙角小於甲戊丙角之較。故自圜甲戊至乙丙邊己，作己戊線與丙丁平行，即戊丙己角正切。且丁乙丙三角形與乙戊己三角形爲同式形，故兩邊之和丁乙與丁戊丙半外角切線丁丙之比，即同於兩邊之較戊乙與半較角切線戊己之比也。

又法自丙角作丙丁垂線，分爲丙甲丁、丙丁乙兩直角三角形算之。先用丙丁甲直角三角形，求丙丁垂線及甲丁分邊。以丁角爲對所知之角，其正弦即半徑十萬爲一率。以甲角爲對所求之角，其正弦八萬六千六百零三爲二率。甲丙邊爲所知之邊，其數二十六丈一尺零八分爲三率。求得四率二十二丈六尺一寸有餘爲丙丁垂線。又以丁角爲對所知之角，其正弦即半徑十萬爲一率。以甲角六十度與九十度相減，餘三十度即甲丙丁角即丙之分角。爲對所求之角，其正弦五萬爲二率。直用甲角餘弦亦可。甲丙邊爲所知之邊，其數二十六丈一尺零八分爲三率。求得四率十三丈零五寸四分爲甲丁分邊。乃與甲乙邊四十丈相減，餘二十六丈九尺四寸六分爲丁乙分邊。於是用丙丁乙直角形求乙角及乙丙邊。以丁乙二十六丈九尺四寸六分爲一率，丙丁二十二丈六尺一寸有餘爲二率，半徑十萬爲三率。得四率八萬三千九百零八爲乙角正切。檢表，得四十度爲乙角。以乙角四十度與甲角六十度相加得一百度，與一百八十度相減，餘八十度爲丙角。既得乙、丙兩角，則用兩角一邊，求又一邊法算之，即得乙丙邊矣。或先求乙丙邊，則以丁乙二十六丈九尺四寸六分爲句，丙丁二十二丈六尺一寸爲股，求得弦三十五丈一尺七寸五分有餘，即乙丙邊也。

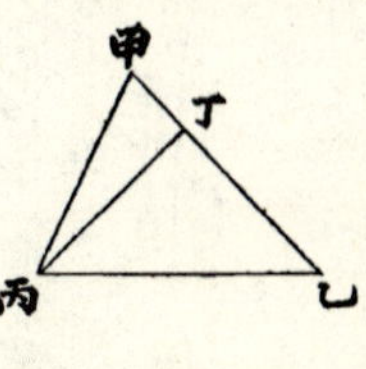

《天元草》曰：立天元一爲半較角正切，以甲乙邊與甲丙邊相加，共六十六丈一尺零八分乘之，得太　爲如積，寄左。乃以甲角六十度與半周相減，餘一百二十度爲甲外角，半之得六十度爲半外角，其正切一十七萬三千二百零五，乘甲乙邊與甲丙邊相減所餘之一十三丈八尺九寸二分，得　爲同數。與左相消，得　上實下法，得三萬六千三百九十七爲半較角正切。檢表，得二十度爲半較角。以加半外角六十度共八十度，即丙角。以減半外角六十度餘四十度，即乙角。次立天元一爲乙丙邊，以丙角正弦九萬八千四百八十一乘之，得太　爲如積，寄左。乃以甲角正弦八萬六千六百零三乘甲乙邊四十丈，

得 [illegible] 爲同數。與左相消，得 [illegible] 上實下法，得三十五丈一尺七寸五分有餘，即乙丙邊。

《代數草》曰：命 天＝半較角正切 則其比例爲 丙邊和：丙邊較：：半外角正切：半較角正切 以真數代入，得 [illegible] 天 變之，得 [illegible] 即 天＝三六三九七 爲半較角正切。檢八線表，得二十度，故 [illegible]＝八〇° 爲丙角度，[illegible]＝四〇° 爲乙角度。

次命 天＝乙丙邊 其比例爲 丙角正弦：甲角正弦：：甲乙邊：乙丙邊 即 九八四八一：八六六〇二：：四〇：天 變得 九八四八一天＝三四六四一二〇 即 天＝三五一七五…… 爲乙丙邊。

按：此題爲知其任兩邊，及此二邊所成之角，求其餘三事。代數另有公式。如左。

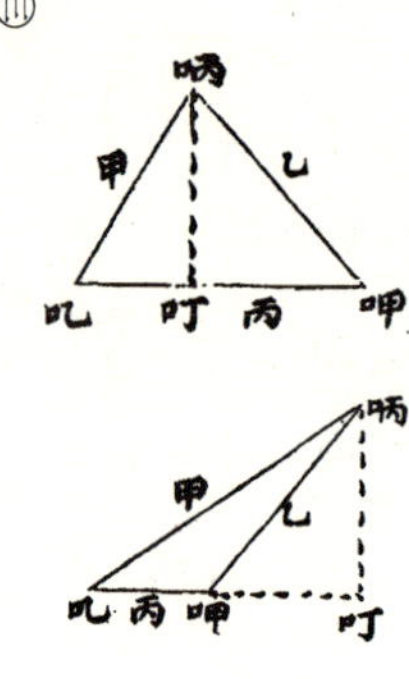

如圖，呷吆哂任何三角形，已知甲、乙兩邊及所夾之角哂，求吆、呷及丙邊。則從 $\frac{乙}{甲}＝\frac{正弦吆}{正弦呷}$ 得兩式爲 [illegible] ㈠ [illegible] ㈡ 所以 [illegible] ㈢ 推因 [illegible] ㈣ 故 [illegible] ㈤ 又因 三(呷吆)＝九〇°－$\frac{哂}{二}$ ㈥ 所以 正切三(呷吆)＝餘切$\frac{哂}{二}$ ㈦ [illegible] ㈧ 其 三(呷吆) ㈨ 及 三(呷吆) ㈩ 之同數已知。則從 呷＝三(呷吆)＋三(呷吆) ⑪ 吆＝三(呷吆)－三(呷吆) ⑫ 得呷與吆。又從 丙＝乙$\frac{正弦哂}{正弦吆}$ ⑬ 而得丙。

試以真數代之，則其六式 三(呷吆)＝九〇°－$\frac{哂}{二}$ 即 三(呷吆)＝九〇°－$\frac{六〇°}{二}$ 即 三(呷吆)＝[illegible] 所以依七式 正切三(呷吆)＝餘切$\frac{哂}{二}$ 即 正切三(呷吆)＝一七三二〇五 檢表，得 三(呷吆)＝六〇° 依八式 正切三(呷吆)＝[illegible] 餘切$\frac{哂}{二}$ 即 正切三(呷吆)＝三六三九七 檢表，得 三(呷吆)＝二〇° 則十一式 呷＝三(呷吆)＋三(呷吆) 即 呷＝六〇°＋二〇°＝八〇° 即題問之丙角。又十二式 吆＝三(呷吆)－三(呷吆) 即 吆＝六〇°－二〇°＝四〇° 即題問之乙角。

次依十三式 丙＝乙$\frac{正弦吆}{正弦哂}$ 即 丙＝四〇×$\frac{九八四八一}{八六六〇二}$ 即 丙＝$\frac{三四六四一二〇}{九八四八一}$ 即 丙＝三五一七五 即題問之乙丙邊。

以上數式，法較簡便，而其布算之理。仍與《精蘊》相同。如六式即半外角，九式同。八式即四率比例，十式即半較角，十一、十二兩式，即半較角與半外角相加爲丙角，相減爲乙角。十三式即第二個四率比例。

設如甲乙丙銳角三角形，知乙角六十度，甲乙邊八十丈，甲丙邊七十丈三尺四寸，求甲角、丙角及乙丙邊各幾何。

答曰：甲角三十九度五十七分，丙角八十度零三分，乙丙邊五十二丈一尺五寸三分有餘。

法以甲丙邊爲對所知之邊，其數七十丈三尺四寸爲一率。甲乙邊爲對所求之邊，其數八十丈爲二率。乙角爲所知之角，其正弦八萬六千六百零三爲三率。得四率九萬八千四百九十六爲丙角正弦。檢表，得八十度零三分即丙角也。既得丙角，則以乙角六十度與丙角八十度零三分相加，得一百四十度零三分。與一百八十度相減，餘三十九度五十七分即甲角也。既得甲角，求乙丙邊。則以乙角爲對所知之角，其正弦八萬六千六百零三爲一率。

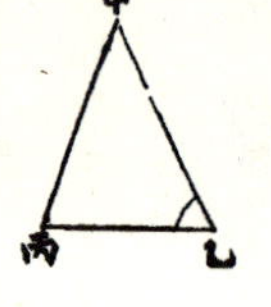

甲角爲對所求之角，其正弦六萬四千二百一十二爲二率。甲丙邊爲所知之邊，其數七十丈三尺四寸爲三率。得四率五十二丈一尺五寸三分有餘，即乙丙邊，爲所求之邊也。

又法用餘割求丙角。以甲乙邊八十丈爲一率，甲丙邊七十丈三尺四寸爲二率，乙角六十度餘割一十一萬五千四百七十爲三率。求得四率十萬一千五百二十六爲丙角餘割。檢表，得八十度零三分即丙角也。

如圖，甲乙丙鋭角三角形，作甲丁垂線，分爲甲丁乙、甲丁丙兩直角三角形，其乙角餘割戊乙，即甲丁乙三角形之甲角正割，如甲庚。丙角之餘割己丙即甲丁丙三角形之甲角正割，如甲辛。甲庚辛與甲乙丙兩三角形爲同式形，故甲乙邊與甲丙邊之比，同於乙角餘割甲庚即戊乙。與丙角餘割甲辛即己丙。之比也。

《天元草》曰：立天元一爲丙角正弦，以甲丙邊七十丈三尺四寸乘之，得太 七〇三四 爲如積，寄左。乃以甲乙邊八十丈乘乙角正弦八萬六萬六千六百零三，得 六九二八二四〇。爲同數。與左數相消，得 $\frac{六九二八二四〇}{七〇三四}$ 上實下法，得九萬八千四百九十六爲丙角正弦。檢表，得八十度零三分即丙角。與乙角相加，得一百四十度零三分，以減一百八十度，餘三十九度五十七分，爲甲角度。另立天元一爲乙丙邊，以乙角正弦八萬六千六百零三乘之，得太 八六六〇三 爲如積，寄左。乃以甲角正弦六萬四千二百一十二乘甲丙邊七十丈三尺四寸，得 四五一六六七一〇八 爲同數。與左相消，得 $\frac{四五一六六七一〇八}{八六六〇三}$ 上實下法，得五十一丈一尺五寸三分有餘即乙丙邊。

《代數草》曰：命 天＝丙角正弦，則其比例爲 甲丙邊：甲乙邊::乙角正弦：丙角正弦 即 七〇三四：八〇〇〇::八六六〇三：天 變得 七〇三四天＝六九二八二四〇 即 天＝九八四九六 爲丙角正弦。檢表得 八〇°〇三′ 爲丙角。則 甲角＝一八〇°－乙角－丙角。即 甲角＝三九°五七′ 次命 天＝乙丙邊 則其比例爲 乙角正弦：甲角正弦::甲丙邊：乙丙邊 即 八六六〇三：六四二一二::七〇三四：天 變之，得 八六六〇三天＝四五一六六七一〇八 即 天＝五一一五三… 爲乙丙邊。

按：此題爲知其任兩邊，及對所知任一邊之角，求其餘三事。代數另有公式。如左。

如圖，呷吃呐任何三角形，已知甲、乙二邊，又知其呷角，欲求吃、呐兩角及丙邊，則從吃角求起。先得 正弦吃＝$\frac{乙}{甲}$正弦呷 乃得 呐＝一八〇°－(呷＋吃) 則 丙＝甲$\frac{正弦呐}{正弦吃}$ 此題若所知之角爲鋭，而對角之邊小於角旁之邊，則有兩答。

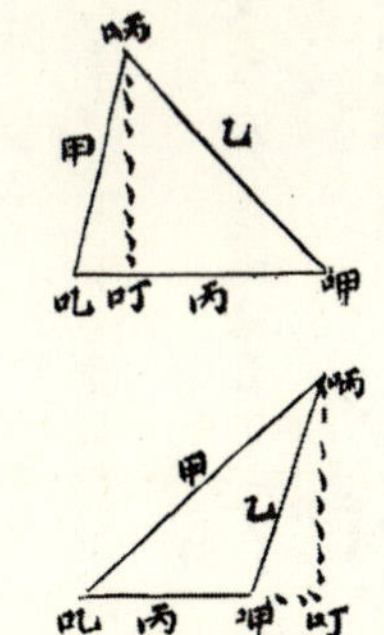

按：公式各式仍與《精蘊》法同。若用對數法如前。

設如甲乙丙鋭角三角形，知甲乙邊一百二十二尺，甲丙邊一百一十二尺，乙丙邊一百五十尺，求甲乙丙三角各幾何。

答曰：甲角七十九度三十六分四十秒，丙角五十三度零八分，乙角四十七度一十五分二十秒。

法求丙角。以甲丙邊一百一十二尺與乙丙邊一百五十尺相乘，得一萬六千八百尺，倍之，得三萬三千六百尺，爲一率。以甲丙邊一百一十二尺自乘，得一萬二千五百四十四尺，乙丙邊一百五十尺自乘，得二萬二千五百尺，以兩邊各自乘數相加，得三萬五千零四十四尺。又以甲乙邊一百二十二尺自乘，得一萬四千八百八十四尺。與兩邊各自乘相加數三萬五千零四十四尺相減，餘二萬零一百六十尺，爲二率。半徑十萬爲三率。求得四率六萬爲甲分角正弦，即丙角餘弦。檢表，得五十三度零八分，即丙角也。求乙角。則以甲乙邊與乙丙邊相乘，得數倍之爲一率。以甲乙邊乙丙邊各自乘相加，內減去甲丙邊自乘之數，餘爲二率。半徑十萬爲三率。求得四率爲甲分角正弦，即乙角餘弦。檢表，得乙角度也。或既得丙

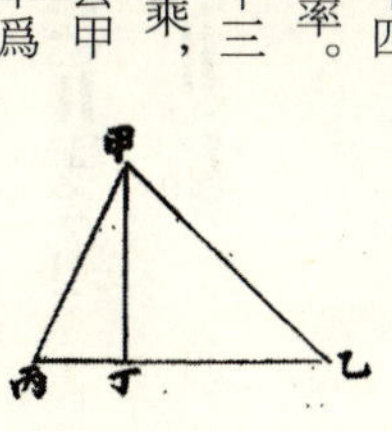

角，用兩邊一角比例之法，即得乙、甲兩角矣。

此法蓋以三邊之面積互相加減，使面與面比，而得線與線之比也。如甲乙丙三角形，自甲角至乙丙邊，作一甲丁垂線，分爲甲丁丙、甲丁乙兩句股形。又作三邊之各正方，復作兩邊相乘之長方，其甲丙戊己爲甲丙邊自乘方，庚辛乙甲爲甲乙自乘方，乙壬癸丙爲乙丙自乘方，丙癸丑子爲甲丙邊與乙丙邊相乘之長方，倍之得丙癸卯寅一大長方。今於甲丙戊己與乙壬癸丙兩方相併數內，減庚辛乙甲正方，則減去辰己午甲一正方，即如甲丙戊己之一正方。又減去庚辛乙午己辰一磬折形，即如庚辛乙甲正方比甲丙戊己方所多之較，其積與乙壬申未一長方等。甲丁丙、甲丁乙兩句股形，同一用甲丁股。是以甲丙弦方內，有甲丁一股方，丁丙一句方。而甲乙弦方內，有甲丁一股方，乙丁一句方。因兩三角形，同用一股，故其兩弦較與兩弦和相乘之數，兩句較與兩句和相乘之數，必然相等。午乙即兩弦較。辰己與辛乙相併，即兩弦和。庚辛乙午己辰磬折形，即兩弦較與兩弦和相乘之數。而乙未爲兩句較，乙丙爲兩句和，乙壬申未即兩句較與兩句和相乘之積。所以知其相等也。所餘爲未申癸丙一長方。試以甲丁垂線引長，則平分未申癸丙長方爲未申酉丁與丁酉癸丙二長方。此二長方與丙癸丑子、子丑卯寅二長方同。用一邊爲二平行線內所有二方面互相爲比，同於其底互相爲比之例，故丙癸卯寅長方與未申癸丙長方比，即同於丙寅邊與未丙邊比也。又比例理，全與全、半與半比例相同。故丙癸卯寅長方爲甲丙邊與乙丙邊相乘又加一倍之積。與未申癸丙長方即甲丙邊乙丙邊兩方相併，內減甲乙邊正方所餘之積。相比，同於丙子邊與甲丙邊同。與丁丙邊比也。又甲丙邊，即如甲丁垂線所分丁直角正弦。而甲丁垂線所分之丁丙邊，即如甲分角正弦。是以甲丙邊與乙丙邊相乘，加倍之丙癸卯寅長方積爲一率。甲丙邊、乙丙邊兩方相併積內減甲乙邊正方所餘未申癸丙長方積爲二率。對丁直角之正弦半徑十萬爲三率。求得四率爲甲分角正弦，即丙角餘弦也。

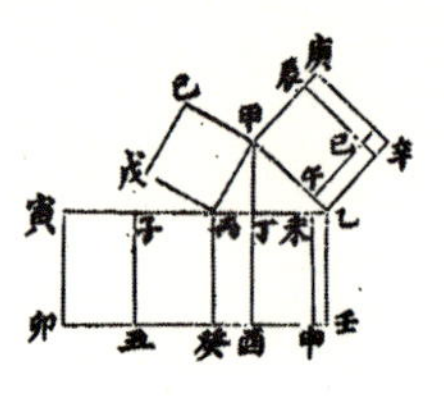

又求分邊得角法。以乙丙邊爲底，其數一百五十尺爲一率。甲乙邊大腰一百二十二尺與甲丙小腰一百一十二尺相加，得二百三十四尺爲二率。兩邊相減，餘一十尺爲三率。求得四率一十五尺六寸爲分邊之較。與乙丙邊一百五十尺相減，餘一百三十四尺四寸，折半，得六十七尺二寸爲丁丙分邊。乃以甲丙邊爲對所知之邊，其數一百一十二尺爲一率。丁丙分邊爲對所求之邊，其數六十七尺二寸爲二率。丁角爲所知之角，其正弦即半徑十萬爲三率。求得四率六萬爲甲丁丙三角形之甲角正弦，又即丙角餘弦。檢表，得五十三度零八分爲丙角。既得丙角，則用兩邊一角比例之法，遂得甲、乙二角矣。圖解見線面相求術中。

《天元草》曰：先將甲乙丙原三角形分爲甲丁丙、甲丁乙兩直角三角形，求得甲丁丙之丁丙邊六十七尺二寸，則立天元一爲丙角餘弦。以甲丙邊一百一十二尺乘之，則得太 ||‖ 爲如積，寄左。乃以丁丙邊六十七尺二寸乘丁角正弦，即半徑十萬，得 ⊥Ⅲ〇〇〇〇 爲同數。與左相消，得 ⊥Ⅲ〇〇〇〇 ||‖ 上實下法，得六萬爲丙角餘弦。檢表，得五十三度零八分即丙角。既得丙角，則用兩邊一角求餘角。

法立天元一爲甲角正弦，以甲乙邊一百二十二尺乘之，得太 ||‖ 爲如積，寄左。乃以乙丙邊一百五十尺乘丙角正弦八萬，得 |〇〇〇〇〇 爲同數。與左相消，得 |〇〇〇〇〇 ||‖ 上實下法，得九萬八千三百六十爲甲角正弦。檢表，得七十九度三十六分四十秒即甲角。加丙角共一百三十二度四十四分四十秒，以減半周，餘四十七度一十五分二十秒爲乙角。

《代數草》曰：如法先求得丁丙分邊 六七二 次命 天＝丙角餘弦 則得一比例爲 甲丙邊：丁丙邊：：丁角正弦：丙角餘弦 即 一一二：六七二：：一〇〇〇〇〇：天 變得 一一二天＝六七二〇〇〇〇 即 天＝六〇〇〇〇 爲丙角餘弦。檢表，得 五三〇八 爲丙角度。次命 天＝甲角正弦 其比例爲 甲乙邊：乙丙邊：：丙角正弦：甲角正弦 即 一二二：一五〇：：八〇〇〇〇：天 變得 一二二天＝一二〇〇〇〇〇〇 即 天＝九八三六〇 爲甲角正弦。檢表，得 七九三六四〇 爲甲角度。又因 一八〇－(甲角＋丙角)＝乙角 故 一八〇－(七九三六四〇＋五三〇八)＝乙角 即 一八〇－一三二四四四〇＝四七一五二〇 爲乙角。

解曰：天代二法，即《精蘊》又法。

按：此題爲知三角形之三邊求三角。代數另有公式。如左。

如圖，呷叱呐爲任何三角形，因其呷、叱、呐三角，至少必有一爲鋭角。令其鋭角爲叱，從呐點作呐叮垂線，因呷角可爲鋭可爲鈍，故其垂線或在三角形内，或在三角形外。呷爲鋭角，則垂線在形内。呷爲鈍角，則垂線在形外。從求垂線法，得

$$\text{甲}^{2}=\text{乙}^{2}\ \text{丄}\ \text{丙}^{2}\ \text{丅}\ \text{二乙丙餘弦呷}$$ 故 $$\text{餘弦呷}=\frac{\text{乙}^{2}\ \text{丄}\ \text{丙}^{2}\ \text{丅}\ \text{甲}^{2}}{\text{二乙丙}}$$ 可得呷角。

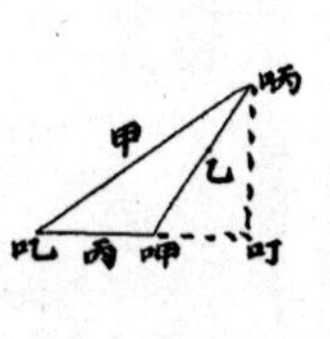

此式不便於用對數。

按：此即《精藴》前法，試以真數代之，自見。

以上爲一鈍兩鋭或三鋭角四法。

三角函數部

題解

清・王錫闡《曉菴新法》卷一　割圜

置全圜四分之,曰象限。日度九十一度少强,爻限九十六爻,平限九十限。

六分之,曰紀限。日度六十一度弱,爻限六十四爻,平限六十限。

十分之,曰專限。日度三十六度半强,爻限三十八爻四十策,平限三十六限。

參分象限之一,曰辰限。日度三十度半弱,爻限三十二爻,平限三十限。

四分紀限之一,曰氣限。當辰限之半,日度一十五度少弱,爻限一十六爻,平限一十五限。

參分專限之二,曰犕限。日度二十四度强,爻限二十五爻六十策,平限二十四限。

三百八十四分圜周之一,曰爻限。全周三百八十四爻,其一爻當日度之九十五分有奇,平限之九十三分太。

三百六十分圜周之一,曰平限。全周三百六十限,其一限當日度之一度一分半弱,爻限之一爻又三十分爻之二。

以歲周分圜周,曰度限,亦曰日度。全周三百六十五度少弱,其一度當爻限之一爻五策有奇,平限之九十八分半强。

割圜周之一,曰正弧。即用弧隨所用大小不拘度分。

正弧與象限之較,曰較弧。置象限内減正弧得較弧。

弧之對邊與兩端屬于弧之兩端者,曰全弦。全弦之半爲其半弧之正弦。正弦亦曰正半弦,既得正弦,復置半弧爲正弧。

又　圜之全徑爲半周,全弦二度。

半徑爲象限正弦,亦爲紀限全弦一度。

自爲勾股,得象限全弦。

又　半徑因正弦爲實,較弦爲法而一,得外切圜分,省曰切分。

半徑自因爲實,較弦爲法而一,得割圜界分,省曰界分。

又王錫闡《圜解》　弧弦矢第三。任用圜周之一段,(田)[曰]正弧,隨所用之大小未定度分。倍之曰全弧,當正弧之直線,其兩端屬于全弧之兩端者,曰全弦。半全弦爲正弧之正弦,正弧爲全弧之半,故正弦亦得全弦之半。自全弧折中之處出直線,至全弦折中之處,折弧弦之中,即弧弦最遠之處。曰正矢。正弧與象限之較,曰較弧。較弧之弦矢,曰較弦較矢。

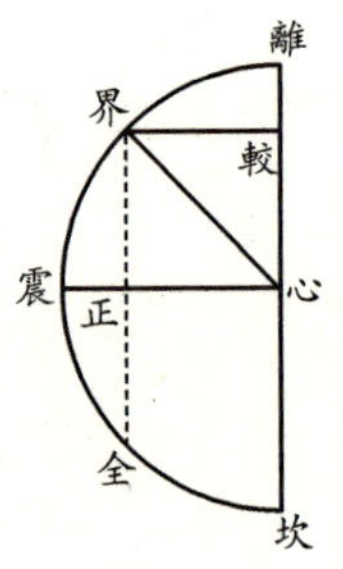

如上形,自震向離任截圜周之一段,爲正弧。其截處志之曰界。自震向坎截圜周與正弧等,其截處志之曰全。自界過震至全,[倍]弧也。正弧之倍。自界出直線三。一斜行至心,爲界心半徑。一縱行至全,爲全弦。一横行至離心半徑,與震心半徑平行,爲較弦,其遇處志之曰較。全弦相交于震心半徑之處,即折半之處也。全弧折半于震,故全弦亦折半于震心半徑。志之曰正。界正線爲正弦,震正徑分爲正矢。離較徑分爲較矢,震心徑與界較較弦平行。離心徑與界正正弦平行,則正心徑分與較弦等,較心徑分與正弦等。界較較弦與正心徑平行,全至離心徑正,而界正正弦與離心徑平行,則正心徑分不得不與較弦等。蓋界正正弦與離心徑平行,全至震心徑正,而界較較弦與震心徑平行,則較心徑分不得不與正弦等矣。震心徑厺較弦,正心徑分同。得震正正矢。離心徑厺正弦,較心徑分同。得離較較矢。

清・梅文鼎《平三角舉要》卷一《測算名義》

割員弧矢

有弧則有矢,弧矢者,古人割圓之法也。

如圖,以乙子直線割平員,則成弧矢形。所割乙丙子員分,如弓之曲,古謂之弧背。以弧背半之,則爲半弧背。如乙丙。

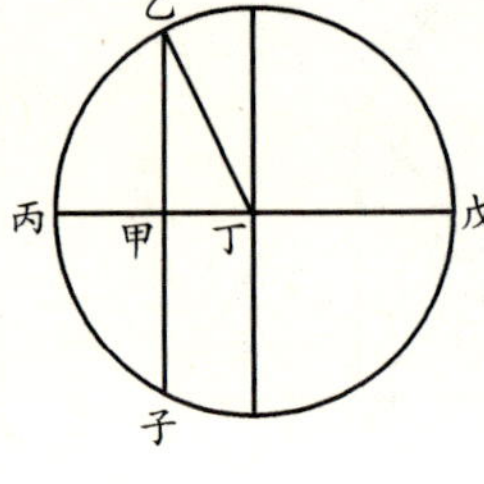

通弦、正弦

割員直線,如弓之弦,謂之通弦。如乙子。通弦半之,古謂之半弧弦,今曰正弦。如乙甲。

正矢、大矢

正弦以十字截半徑,成矢,如丁丙横半徑,爲乙甲正弦所截,成甲丙矢。謂之正矢。全徑内減去正矢,餘謂之大矢。如戊丙全徑内減去甲丙正矢,餘戊甲爲大矢。

正弧、餘弧、正角、餘角

所用之弧度爲正弧，以正弧減象限爲餘弧。如庚丙象限內，減乙丙正弧，則其餘乙庚爲餘弧。正弧所對爲正角。如正弧乙丙，對乙丁丙角，則爲正角。餘弧所對爲餘角。如餘弧庚乙對乙丁庚角，則爲餘角。

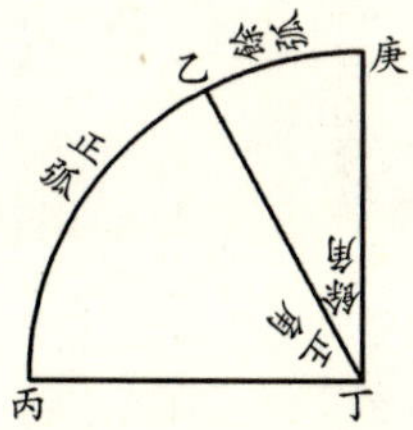

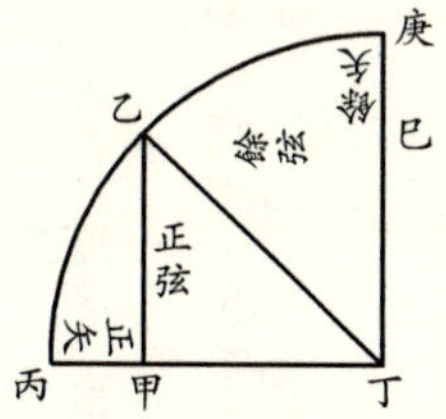

正弦、餘弦、正矢、餘矢

有正弧、正角，即有正弦、如乙甲。有正矢，如甲丙。亦即有餘弦、如乙己。有餘矢。如己庚。

正弦、正矢、餘弦、餘矢，皆乙丙弧所有，亦卯乙丁丙角所有。自一度至八十九度，並得爲乙丙，並得爲正弧，即正餘弦矢畢具。

若用乙庚爲正弧，則乙丙反爲餘弧。角之正餘亦同。

割線、切線

每一弧一角，各有正弦、餘弦、正矢、餘矢，已成四線於平員內。古人用句股割員，即此法也。蓋此四線，已成倒順二句股。再引半徑，透于平員之外，與切員直線相遇爲割線、切線，而各有正餘，復成四線，正割、正切、餘割、餘切，復成倒順二句股。共爲八線，故曰割員八線也。

如圖，庚乙丙平員，切戊丙直線于丙，又引乙丁半徑透出員周外，使兩線相遇于戊，則戊丙爲乙丙弧之正切線，亦即爲乙丁丙角之正切線。而戊丁爲乙丙弧之正割線，亦即爲乙丁丙角之正割線。又以平員切庚辛直線于庚，與乙丁透出線相遇于辛，則庚辛爲乙丙弧之餘切線，亦即爲乙丁丙角之餘切線。而辛丁爲乙丙弧之餘割線，亦即爲乙丁丙角之餘割線。

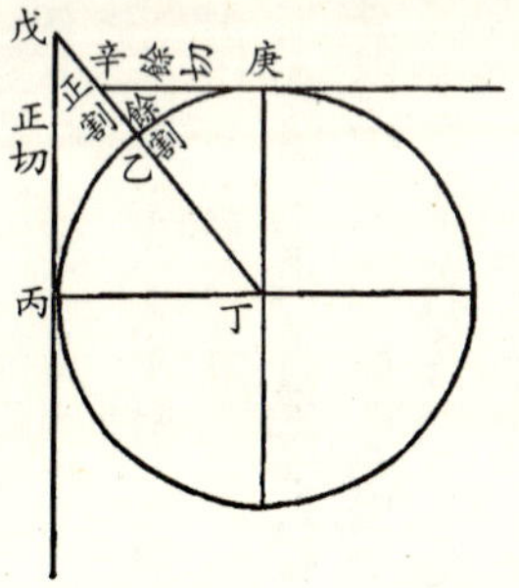

割圓八線

凡用一角，即對一弧，即有八線。正弦、正矢、正割、正切、餘弦、餘矢、餘割、餘切。弧亦然。凡一弧之八線，即成倒順四句股，角亦然。

如圖，庚丙象弧共九十度，庚丁丙爲九十度十字正方角。

任分乙丙爲正弧，乙丁丙爲正角，則乙庚爲餘弧，乙丁庚爲餘角。

正弦乙(丑)[甲]同丁己。正矢甲丙。正切戊丙。正割戊丁。

餘弦乙己同丁甲。餘矢庚己。餘切辛庚。餘割辛丁。

以上八線爲乙丙弧所用，亦即爲乙丁丙角所用。自一度至八十九度，並同。若用乙庚弧，亦同。此八線，但以餘爲正，以正爲餘。

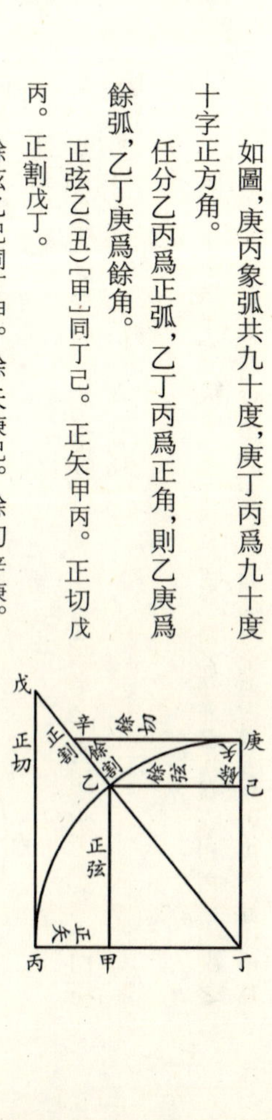

兩順句股等角圖

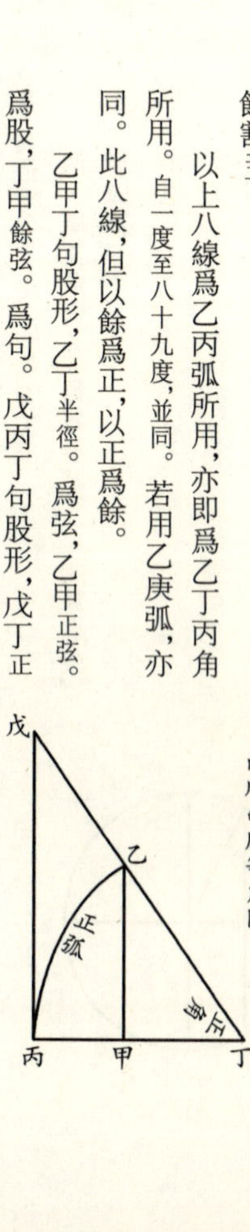

乙甲丁句股形，乙丁半徑。爲弦，乙甲正弦。爲股，丁甲餘弦。爲句。戊丙丁句股形，戊丁正割。爲弦，戊丙正切。爲股，丙丁半徑。爲句。

以上兩順句股形，同用乙丁甲角，故其比例等。凡句股形，一角等，則餘角並等。

兩倒句股等角圖

乙己丁倒句股形，乙丁半徑。爲弦，己丁正弦。爲股，乙己餘弦。爲句。辛庚丁倒句股形，辛丁餘割。爲弦，丁庚半徑。爲股，辛庚餘切。爲句。以上兩倒句股形，同用乙丁己角，故其比例亦等。

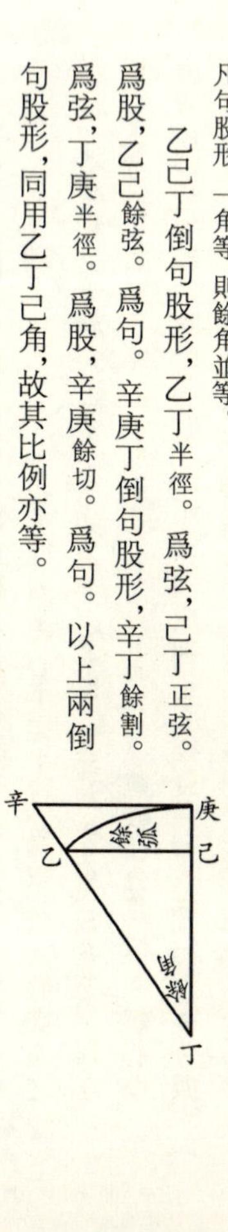

乙甲丁句股形，乙丁半徑。爲弦，乙甲正弦。爲股，甲丁餘弦。爲句。丁己乙倒句股形，乙丁半徑。爲弦，己丁正弦。爲股，乙己餘弦。爲句。此倒順兩句股形，等邊又等角，倒形之丁角，即順形丁角之餘。倒形之乙角，即順形乙角之餘。竟如一句股也。準此論之，則倒順四句股之比例，亦無不等矣。

順倒兩句股等角等邊圖

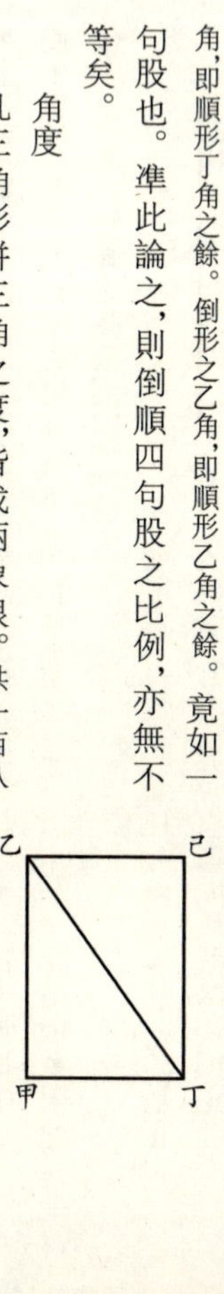

角度

凡三角形併三角之度，皆成兩象限。共一百八十度。

假如乙甲丁句股形，其丁角五十五度，當乙丙弧。則乙角必三十五度，當乙庚餘弧。兩角共一象限九十度。其甲角正方，原係九十度。合三角，成一百八十度。

乙角何以必三十五度也？試引乙丁弦過心至卯，則卯丁丑角與丁乙甲角等。卯丁乙同爲一線，丁丑線又與乙甲平行，則所作之角必等。而卯丁丑固三十五度也，則乙角亦三十五度矣。

又假如丙乙丁三角形，從乙角作乙甲直線至丁丙邊，分爲兩句股形。乙甲丁、乙甲丙。準前論，乙甲丁句股形，以乙分角與丁角合之，成一象限九十度。又乙甲丙句股形，以乙分角與丙角合之，成一象限九十度。然則以乙全角即兩分角之合。與丁丙兩角合之，必兩象限一百八十度矣。乙爲鈍角，並同。

以此推知，三角形有兩角，即知餘角。併兩角，以減半周一百八十度得之。句股形，有一角，即知餘角。句股原有正方角九十度，則餘兩角共九十度，故得一可知其二。

相似形

既知角，可以論形。有兩三角形，其各角之度相等，則爲相似形。而兩形中各邊之比例相等。謂此形中各邊自相較之比例亦如彼形中各邊自相較之比例也。

比例

兩數相形則比例生。比例者，或相等，或大若干，或小若干，乃兩數相比之差數也。有兩數于此，又有兩數于此，數雖不同，而其各兩數自相差之比例同，謂之比例等。

或兩小數相等，又有兩大數相等，是爲相等之比例。數雖有大小，其相等之比例，均也。或兩小數相差三倍，又有兩大數亦相差三倍，是爲三倍之比例。或兩小數相差爲一倍有半，又有兩大數相差亦一倍有半，是爲一倍有半之比例。數雖有大小，其爲三倍之比例，及一倍有半之比例均也。

清·《數理精蘊》下編卷一六　割圓八線

圜周定爲三百六十度，大而周天，小而寸許，皆如之。蓋圜有大小，而度分隨之，其爲數則同。自圜心平分圜周爲四分，名曰四象限，每一象限九十度。一象限之中，設爲正弦、餘弦、正矢、餘矢、正切、餘切、正割、餘割，名之曰割圜八線。

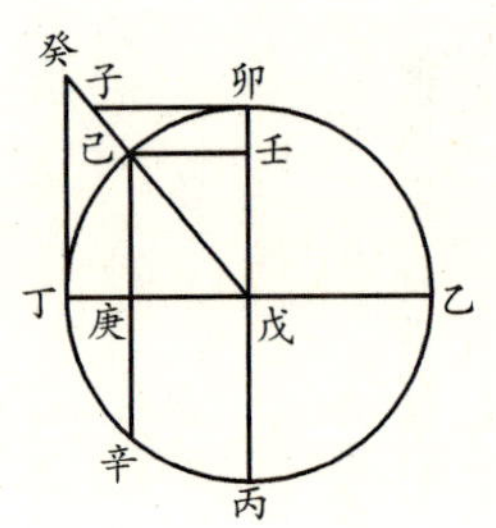

設如甲乙丙丁之圜，自圜心戊，平分全圜爲甲乙、乙丙、丙丁、丁甲四象限，其每一象限皆九十度。乃自圜心戊，任作一戊己半徑，則將甲丁九十度之弧，分爲甲己、己丁二段。己丁爲己戊丁角所對之弧，甲己爲甲戊己角所對之弧。如命己戊丁爲正角，則甲戊己爲餘角。甲戊己爲正角，則己戊丁爲餘角。正角所對爲正弧，餘角所對爲餘弧。今以己丁爲正弧，故甲己爲餘弧。又自己與甲丙全徑平行，作己辛線，謂之通弦。其對己丁正弧而立於戊丁半徑者，曰正弦。又與戊丁半徑平行，作壬己線，謂之餘弦，以其爲甲己餘弧之所對也。於戊丁半徑內，減戊庚，餘庚丁，謂之正矢。於甲戊半徑內，減壬戊，餘甲壬，謂之餘矢。自圜界與甲戊半徑平行，立於戊丁半徑之末，作垂線，仍與己戊丁角相對者，曰正切。將己戊半徑引長，與正切相遇於癸，成戊癸線，謂之正割。又自圜界與戊丁半徑平行，作甲子線，謂之餘切。戊癸正割，被甲子餘切截於子，所分戊子，謂之餘割。每一角一弧，即有正弦、餘弦、正矢、餘矢，已成四線於圜界之內。復引出半徑於圜界之外，而成正切、餘切、正割、餘割之四線。內外共爲八線，故曰割圜八線。逐度逐分正弧之餘，即爲餘弧之正。餘弧之正，即爲正弧之餘。是以前四十五度之八線，正餘互相對待爲用，不必復求後四十五度之八線也。凡此八線，皆九十度以內鋭角之所成。若直角九十度者，則不能成八線。蓋因半徑即九十度之正弦，甲戊半徑，即甲丁弧之弦。而切線割線爲平行，終無相遇之處也。若鈍角過九十度以外者，則於半周一百八十度內，減其角度，用其餘度之八線。即如己庚爲己丁弧之正弦，亦即乙己弧之正弦也。要之八線以正弦爲本，有正弦則諸線皆由此生，故六宗三要，皆係正弦之法。

清·戴震《句股割圜記》卷上　割圜之法，中其圜而觚分之，截圜周爲弧背。絙弧背之兩端曰弦，值弧與弦之半曰矢。

凡圜周截之，其形勢如弓弩之弧，謂之弧背。凡兩直畫相交，其交處成隅折，曰觚。觚者棱角之謂，不圜而有方角皆曰觚。六觚、八觚是也。兩直畫之交，以所交爲圜之中心，外截圜周成四觚背。凡矢必直弧背與弧弦之正中。元郭守敬《授時歷草》云：凡渾圜中割成平圜，任割平圜之一分，成弧矢形，皆有弧背，有弧弦，有矢割。弧背之形而半之，則有半弧背，有半弧弦，有矢。

弧矢之内，成相等之句股二。半弧弦爲句，減矢於圜半徑，餘爲股。緪句股之兩端曰徑隅，亦謂之弦。句股之弦適圜半徑也。

凡直畫交於圜之中心，外抵圜周者，皆成圜徑。自中心至周，爲圜半徑。兩直畫之交，截圜周，必外成弧矢形、内成三觚形。其矢引長之，交於圜之中心，截三觚形成相等之兩句股。外用半弧背、内用一句股。《授時曆草》云：因弧矢生句股形，以半弧弦爲句，矢減半徑之餘爲股，半徑則常爲弦。

第一圖

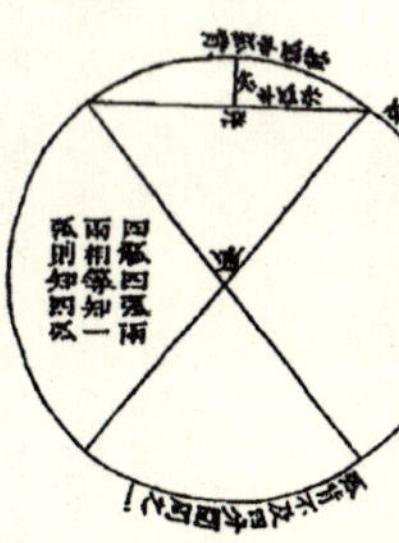

兩直畫交於圜之中心，所成之觚或倨或句，必兩兩相等而二。其弧背亦兩兩相等而二。或過四分圜周之一，或不及四分圜周之一。

弧矢之内成相等之句股二。半弧弦爲句，減矢於圜半徑，餘爲股。緪句股之兩端，曰徑隅亦謂之弦，句股之弦適圜半徑也。

凡直畫交於圜之中心，外抵圜周者，皆成圜徑。自中心至周，爲圜半徑。以兩直畫相交，截圜周成弧矢形者四，必兩兩相等。弧矢形有弧背，有弦，有矢，其内至圜心各成三觚形，亦兩兩相等。凡矢必當弧背與弦之正中，引長之則成圜徑。剖三觚形成句股形者二。有句、有股、有徑隅。横者爲句，直者爲股，斜者爲徑隅。股亦名髀，徑隅亦名弦。

第二圖

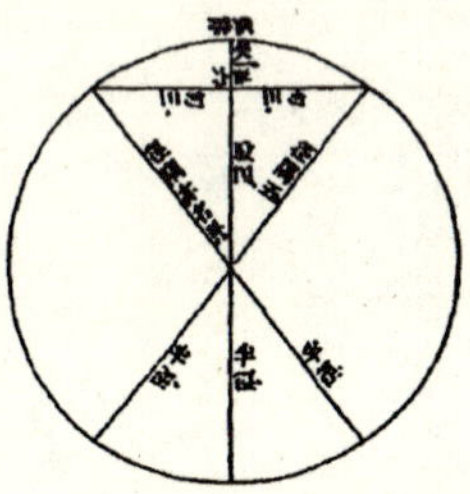

設矢一弦六圜之爲句三股四弦五起，其率隨其短長小大之變準此。凡弦不變而句與股隨弧大小者，以此爲率。

弧矢形半之，其用有三。曰半弧背，曰半弧弦，曰矢。其内連一句股，句即半弧弦，矢與股，共成圜半徑。

凡用半，猶之用全。故割圜法以半弧背與句股合爲用。凡直畫平分之爲分數，圜畫周分之爲度，謂之弧度。

天體渾圜也，如黄赤道各成一規，則皆平圜。古割圜法以半弧背與句股合爲用，由乘除開方以盡句股，由句股以盡弧矢，由弧矢以盡平圜渾圜。步算之能事畢矣。

元郭守敬《授時曆草》弧矢割圜圖，其説云：凡渾圜中割成平圜，任割平圜之一分，成弧矢形，皆有弧背、有弧弦、有矢。割弧背之形而半之，則有半弧背、有半弧弦、有矢。因弧矢生句股形，以半弧弦爲句，矢減半徑之餘爲股，半徑則常爲弦。

又云：句股内又成小句股，則有小句、小股、小弦，而大小可以互求，或立或平，可以互用。因二至黄赤之距成大句股，因各度黄赤之距成小句股。

又 爲矩以準望，凡百分以矩之。百分爲圜，半徑自一隅規之，其隅設垂綫，截一矩之規，成半弧背者二。弧外之句，謂之矩分。引徑隅爲弦，謂之徑引，數股適圜半徑也。次弧外之股，謂之次矩分，弦謂之次引，數句適圜半徑也。規法，九十有六限，限四之一矩之規，其限二十有四，爲立成以起算。

第十三圖

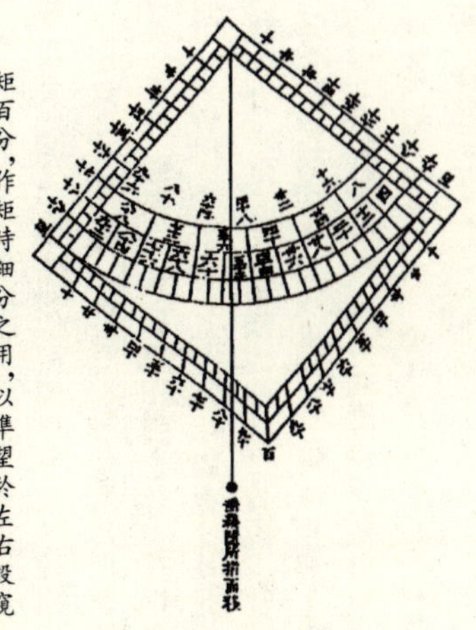

矩百分，作矩時細分之用，以準望於左右設窺耳。從兩縫中，向所測窺之，或設窺衡代垂綫，圖具其畧而已。

《周髀算經》曰：平矩以正繩，偃矩以望高，覆矩以測深，卧矩以知遠，環矩以爲圜，合矩以爲方。方屬地，圜屬天，天圜地方，方數爲典，以方出圜。

劉徽注《九章算術》於方田章，附割圜之説，以平圜徑二尺，半之一尺，爲圜裏六弧之一面。半徑爲弦，半面爲句，句弦求股，得股。轉減半徑，得餘，爲小句。半面又爲小股，句股求弦，得小弦，是爲割六弧成十二弧之一面。如是累析，爲二十四弧、四十八弧、九十六弧。今圜周設九十六限，準諸割圜累析之數。

積矩函分萬如次矩分而一，得過滿百之矩分。凡規限，半弧弦以爲句，謂之内矩分。共股謂之次内矩分。規限倍之爲半弧背，曰倍弧。規限之半曰分弧矩分，以爲句。取次半弧背之分弧矩分，加於句爲之弦，得徑引數。

準望之矩，其分數止於百，視垂綫所值。在規限十二以内得矩分。若規限十二以外，則得次矩分。故以法通之。而後矩分不窮於用，其矢與内矩分及次弧背之矢與次内矩分用綫横截之，視外畔方數即得。惟徑引數、次引數屬斜行，不能截取，故亦以法通之。

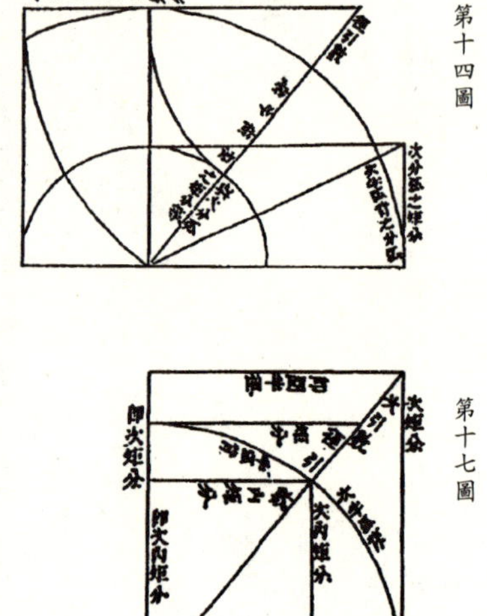
第十四圖

第十七圖

又 凡圜半徑內減次內矩分，即半弧背之矢，減內矩分，即次弧背之矢。半弧背、次半弧背之名互易，則矩分、次矩分等之名亦隨而易。

吴曰：是記之矩分、內矩分、徑引數，《八綫表》名正切、正弦、正割。其次矩分、次內矩分、次引數，《八綫表》名餘切、餘弦、餘割。合正矢、餘矢，成八綫。

清・焦循《釋弧》卷上 曲線謂之弧，直線謂之弦。以弧爲弦，復以弦爲弧。則弧得合弧限，謂之正弧。差弧限，謂之斜弧。以斜爲正，復以正爲斜。則斜得不變者，謂之本形。旁通者，謂之次形。以本形爲次形，復以次形爲本形。則本形得此三者，弧角之樞也。其術之目，曰：以角求弧、以弧求角、以弧角求弧、以弧角求角。舉其三，以測其三。比例之精，轉移之巧，非覃思冥索，未易言得。

又 弧矢之術，起於方田。全圜謂之周，半其全周謂之半周。半其半周謂之象限。凡析其周如弧，則統謂之弧。依弧而裁之爲稜，謂之觚。兩觚之間，如弧之有弦者，謂之弦。半之爲正弦。弦之中於圜者爲徑，半之爲半徑。

心之所湊者爲角，角應乎圜周之度爲角度。角度滿於象限爲正角，不滿爲鋭角，過曰鈍角。鋭角之弧爲鈍角之餘弧，其角爲鈍角之外角。鈍角之弧爲鋭角之餘弧，其角爲鋭角之外角。鈍角之弧過於象限，故又曰過弧。

李淳風注釋《九章算術》云：刻物作圭形者六枚，枚別三面，皆長一尺。攢此六物，悉使鋭頭向裏，則成六觚之形，角徑亦皆一尺。更從觚角外畔，圜繞爲規。則六觚之徑，盡達規矣。然則曰角、曰鋭，古已名之。但李氏所謂角，仍觚耳。觚爲每面線交接處之稜，趙友欽又名爲曲。西法所云角，即李氏所云鋭頭。惟有鋭，則有鈍矣。

矢之在鋭角者爲小矢，在鈍角者爲大矢。鈍角、鋭角，用弦同，用矢異。弧三角每線皆弧，用止弦切、矢較之術。馭弧以平，則專於矢。

一象限止於九十度，過此則又爲一象限。度雖增而弦不出乎此限也。如九十一度之通弦，即八十九度之通弦。一百七十九度之通弦，即一度之通弦。故鋭角之弦，與鈍角等。鋭角主乎限內，故半徑在限內者爲矢。鈍角主乎限外，故半徑在限外者爲矢。以象限言之，則爲正矢，爲餘矢，以縱横分之也。以半周言之，則爲小矢，爲大矢，以長短分之也。凡大矢減全徑得餘弦，小矢減半徑得餘弦。凡弧過半周則減半周，用餘弧限外之餘弦。過三象限則減全圜，用餘弧之餘弦。矢較詳見後。

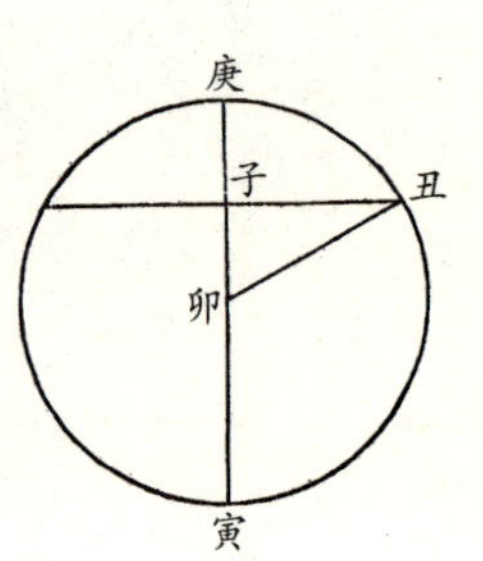

右圖，庚卯丑爲鋭角，丑卯寅爲鈍角，子丑爲正弦，庚子爲小矢，子寅爲大矢。庚丑爲鋭角度，丑寅爲鈍角度。

以弦爲切，以切爲弦，以割爲半徑，以半徑爲餘弦。各依而規之，皆同其度，是爲距等圈，測量之術以之。

句股以斜者爲弦，以句股有似於弧，斜者有似於弦也。方田以直者爲弦，以圜周有似於弧，直者有似於弦也。《海島算經》用兩竿測高即兩句股之比例，距等圈之義，亦即幾句股層層相疊也，是圈平三角法用之。蓋平三角所求者尺寸距等圈層層之度皆等以相等之度比例所求之尺寸，自一寸以至百尺，或高或深，無不脗合。弧三角惟論度不論數，距等之度不待求而自知，故不用也。

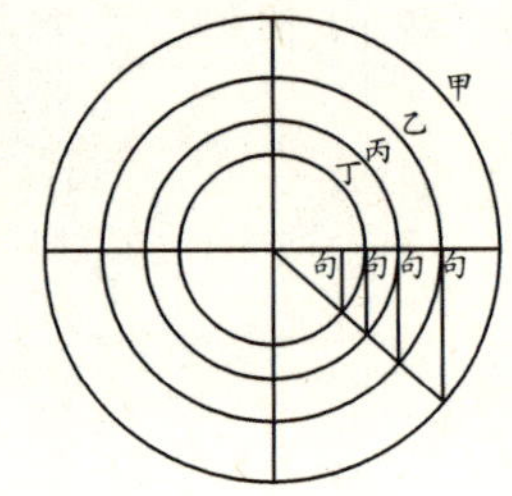

右圖，甲乙丙丁四圜周，即距等圈，同是句也。在甲爲弦，在乙爲切。在乙爲弦，在丙爲切。在丙爲弦，在丁爲切。

惟半徑横則爲句，縱則爲股，斜則爲弦，倍之爲割線之準，半之爲正弦之準。視所合以爲之用，故八線者，成於六觚之半徑者也。

清・安清翹《矩綫原本》卷二《測量篇上》 凡圓周定爲一百度，每度一百分，每分一百(杪)[秒]，微纖忽芒，皆以百遞析。取整數便於算也。半周五十度，一象限二十五度。

凡圓半徑定爲十萬。

割圓之法，自圓心分之，割圓周爲弧背。緪弧背之兩端爲弧弦。弧弦截圓徑爲大小矢。以半弧弦爲句，大矢減去圓半徑爲股，即餘弦也。以圓半徑爲之弦。小矢者，股弦較也。大矢者，股弦和也。於圓半徑減去半弧弦，爲餘矢，即句弦較也。

凡弧背，省稱止謂之弧，亦曰角度。次半弧背謂之餘弧，亦曰餘角。

凡半弧弦，省稱謂之正弦。小矢謂之正矢。

又安清翹《一線表用》卷一 句股筭略

凡半弧弦省稱止曰弧弦，亦曰正弦。其餘弧之半弧弦，曰餘弦。餘弧者，以本弧度分與二十五度相減之餘也。本弧與半周五十度相減爲外弧。凡弧過二十五度，用外弧之正弦。

清・劉澤楨《中西數學通解》卷一三 三角形邊角相求

八線名式。如後圖，甲乙丙丁全圜，爲全弧共三百六十度。甲乙、乙丙、丙丁、丁甲爲四象限，每象限九十度。凡八線皆列一象限内。戊甲、戊乙、戊丙、戊丁皆爲半徑。設數爲一十萬，甲己爲甲戊己角所對之弧，己丁爲己戊丁角所對之弧。正角所對爲正弧，餘角所對爲餘弧。今以己丁爲正弧，故甲己爲餘弧，己辛爲通弦，己庚爲正弦，己壬爲餘弦，庚丁爲正矢，甲壬爲餘矢。此兩弦、兩矢，爲分在圜界内四線。癸丁爲正切，甲子爲餘切，癸戊爲正割，戊子爲餘割。此兩切、兩割，爲分出圜界外四線。凡表内所列八線如此。然表但列六線不列兩矢者，因弦本與半徑平行，於半徑減餘弦，即得正矢。於半徑減正弦，即得餘矢。是以列弦不列矢也。

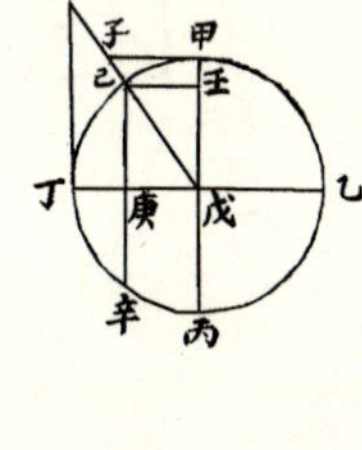

綜論

清・王錫闡《曉菴新法》卷一

通率

有日度求爻限者，以爻限周因之。如歲周而一，爻限周三百八十四，每度得一爻五策一十三分五十七秒少弱。

有爻限求平限者，以平限周因之。如爻限周而一，平限三百六十，每爻得空限九十三分七十五秒。

有平限求日度者，以歲周因之。如平限周而一，每限得一度一分四十五秒六十一微半强。

若反求者，以因法爲分法，分法爲因法。

有日度求平限者，以平限周因之。如歲周而一，每度得空限九十八分五十六秒四十七微少强。有平限求爻限者，以爻限周因之。如平限周而一，每限得一爻六策又參分策之二。有爻限求日度者，以歲周因之。如爻限周而一，每爻得空度九十五分一十一秒五十一微半强。

自一度以上，因陟而上，分降而下。自一度以下，因降而下，分陟而上。

假如一度以上者，以三度因四度，得一十二度，故曰因陟而上。以四度分三度，得百分度之七十五，故曰分降而下。又如三度之冪，得九度。四度之冪，得一十六度。因陟而上也。置九度平方開之，得三度。置一十六度平方開之，得四度。分降而下也。餘倣此。

假如一度以下者，以百分度之。二十因百分度之一十得百分度之二，故曰因降而下。以百分度之一十分百分度之二十得二度，故曰分陟而上。又如百分度之五十，其冪得百分度之二十五，因降而下也。置百分度之二十五，平方開之，得百分度之五十分，陟而上也。餘倣此。

又 命半徑爲一度，諸率以半徑爲法因之者，可免因法，以半徑爲法而一者，可免分法，後俱從省。

當日度之五十八度有奇，爻限之六十一爻有奇，平限之五十七限少强，其一分當日度之五十八分有奇，爻限之六十一策有奇，平限之五十七分少强。

徑一則圍三有奇，圍三則徑一不足。命全徑爲二度，得圍。

法六度二十八分三十二秒不足，用分全周得本文諸數。

變率

正弧過一象限者與半周相消。設有正弧一百爻，是爲過一象限之弧，與半周相減，存九十二爻，餘倣此。

過半周者内損半周。設有正弧二百爻，是爲過半周之弧，内減半周，存八爻，餘倣此。

至三象限已上者與全周相消。設有正弧三百爻，是爲三象限已上之弧，與全周相減，存八十四爻。

各以所存之弧代正弧求弦矢諸數。

割圜列表止一象限，而全周之爲象限者四，故正弧過一象限已上者，與全周半周相減，以所存之弧求正較、弦矢、切分、界分。

清・李子金《天弧象限表》 八線表止用六線。舊表既名八線，何以無矢。蓋矢者，弦之互餘，相減即得。故不復列表也。以正弦減半徑，得餘矢。以餘弦減半徑，得正矢。

表中所用之數

表中兩弦之數，止有六位。故以半徑全數爲十萬。凡數之末一位，皆單數，逆而上之二位者，自十起。三位者，自百起。四位者，自千起。五位者，自萬起。惟滿六位者，則自十萬起。十萬即半徑之全數。假如空度十分之正弦一七五，此係三位，當是一百七十五分。空度百分之正弦一七四五，此係四位，當是一千七百四十五分。空度十分之餘弦九九九九九，此係五位，當是九萬九千九百九十九分。惟空度空分之餘弦一〇〇〇〇〇，此係滿六位者，當是十萬分。其有前後之位數多，而中間之位數少者，皆省文也。假如空度六十分之正弦一空四七，百分之正弦一七四五，皆四位。而中間七十、八十、九十諸分，皆三位。俱以前後之四位括之。七十分之二二二即一二二二也。八十分之三九六即一三九六也。九十分之五七一即一五七一也。餘俱倣此。凡表內諸線之數，稱內。餘皆稱外。無論內外，相求俱用三率法算之。

又 中西象限之數不同。中法用實數，故以一象限爲九十一度三十一分四十秒。西法用齊數，故以一象限爲九十度。欲變西數爲中數，只以一〇一四五六乘之，即得。或以九一三一四乘之，以九歸之，亦得。然不如前法止用一乘之爲便也。若移實度以就表，則置所有度分以九千八百五十六乘之，亦無不可。在臨時用之，何如耳。

清・梅文鼎《平三角舉要》卷一《測算名義》

八線表

八線爲各弧各角之句股所成，故八線表者，即句股形之立成數也。古人用句股開方，已盡測量之理，然句股弦皆邊線耳，邊之數無方，放之則彌四遠，近之則陳几案，故所傳算術，皆以一端示例而已，不能備詳其數也。今變而用角，則有弧度三百六十以限之，而以象限盡全周，有合于舉一反三之旨。又析象限之度各六十分，凡爲句股形二千七百，角度五千四百。九十度之分，五千四百，而句股形並有兩角，故其形二千七百，而角數倍之。爲正弦、爲切線、爲割線共一萬六千二百。三項各五千四百，正餘互用也。而句股之形略備，用之殊便也。

銳角分兩句股，鈍角補成句股，然惟有八線表中豫定之句股，故但得其角度，則諸數歷然，可于無句股中，尋出句股矣。

半徑全數

全數，即半徑也。不言半徑而言全數者，省文也。凡八線生于角度，而有角有弧，則有半徑。八線之數，皆依半徑而立也。半徑常爲一。或五位，則爲一萬。或六位，則爲十萬。則正弦常爲半徑之分，正弦必小于半徑。而不得爲全數。惟半徑可稱全數也。割、切二線皆依正弦而生，亦皆有畸零，不得爲全數。

用全數爲半徑，有數善焉。一立表時易于求數也，一用表時便于乘除也。三率中，全數爲除法，則但降位，可省一除。若全數爲乘法，則但升位，可省一乘。

曆書中多言全數，或但曰全。以從省便。今算例中直云半徑，以欲明比例之理，故質言之。

補遺

正弦爲八線之主

割圜之法，皆作句股于圜內，以先得正弦，故古人祇用正弦，亦無不足。今用割、切諸線，而皆生于正弦。

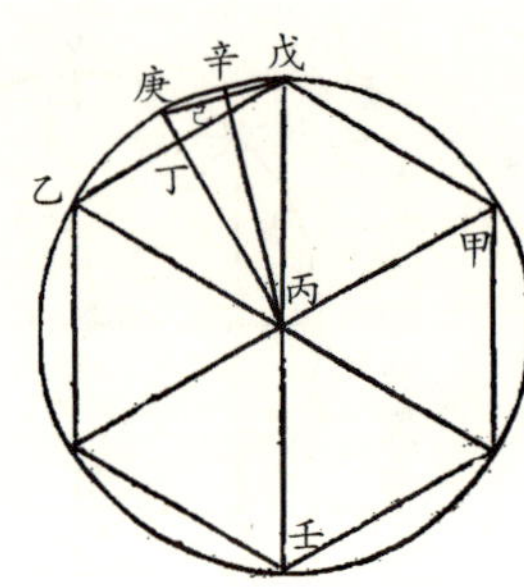

平圜徑二尺，即戊壬。半之一尺，即戊丙、庚丙等。爲圜裏六弧之一面。即乙戊。半徑戊丙。爲弦，半面戊丁。爲句，句弦求股，得股。丁丙。轉減半徑，庚丙。得餘庚丁。爲小句，半面戊丁。又爲小股。句股求弦，得小弦，戊庚。是爲割六弧成十二弧之一面。如是累析，爲二十四弧，四十八弧，至九十六弧以上，定爲徑一尺周三尺一寸四分有奇。

論曰：《九章算經》載劉徽割圜術，大略如此。其以半徑爲六弧之一面，與八線理合。半徑恒爲一，即全數，半面爲股，則正弦也。

平方徑十寸，其積百寸，內作同徑之平圜。平圜內又作平方，正得外方之半，其積五十寸，平方開之，得七寸〇七有奇。即離震等四等面之通弦。乃自四隅之旁，增爲八角曲圜，爲第一次。即八等面通弦。至第二次，則爲曲十六。即十六等面通弦。第三次，爲曲三十二。每次加倍，至十二次，則爲曲一萬六千三百八十四。于是方不復方，漸變爲圜矣。其法逐節以大小句股弦冪相求，至十二次所得小弦，以一萬六千三百八十四乘之，得三十一寸四分一釐五毫九絲二忽，爲徑十寸之圜周，與祖沖之徑一百一十三，周三百五十五合。

趙氏割圜圖

論曰：元趙友欽《革象新書》所撰乾象周髀法，大略如此。所得周徑，與西術同。其逐節所求皆通弦，所用小股，皆正弦也。

又論曰：劉徽、祖沖之，以割六弧起數。趙友欽以四角起數。今西術作割圜八線，以六宗率，則兼用之。可見理之至者，先後一揆。法之精者，中西合轍。西人謂古人但知徑一圍三，未深攷也。

又論曰：中西割圜之法，皆以句股法求通弦，通弦半之爲正弦，割圜諸率，皆自此出，總之爲句股之比例而已。

鈍角正弦、餘弦

鈍角不立正弦，即以外角之正弦爲正弦，亦即以外角之餘弦爲餘弦。

鈍角之正弦在形外，即外角之正弦也。故乙丙己鈍角，與乙丙甲外角，同以乙丁爲正弦。以鈍角減半周，得外角。假如鈍角一百二十度，其所用者，即六十度之正弦。乙丁線能爲乙丙甲角正弦，又能爲乙丙己鈍角正弦。八線表止于象限以此。因鈍角與外角同正弦，故表雖一象限，而寔有半周之用。又乙庚爲外角乙丙甲餘弦，即爲鈍角乙丙己。餘弦。

捷法，鈍角乙丙己。內減去正角戊丙己。得餘角，戊丙乙。即得餘弦。

過弧大矢

鈍角之弧爲過弧，矢爲大矢。

己戊爲象限弧，而乙戊己爲乙丙己鈍角之弧，是越象限弧而過之也，故曰過弧。

以乙丁辛弦分全圜，即全徑亦分爲二。則丁甲爲小半圜乙甲辛。之徑，謂之正矢。丁己爲大半圜乙己辛。之徑，謂之大矢。大矢者，鈍角所用也。鈍角與外角，同用乙丁正弦，乙庚餘弦，所不同者惟矢。乙丙己角用大矢丁己、乙丙甲角用正矢丁甲。

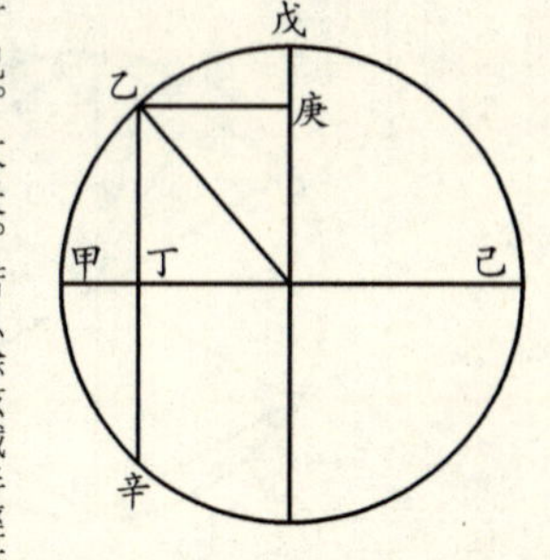

捷法，以乙庚即丁丙。餘弦，加己丙半徑，即得丁己。大矢。若以餘弦減半徑亦即得正矢。

正角以半徑全數爲正弦

八線，起〇度一分至八十九度五十九分，並有正弦，而九十度無正弦。非無正弦也，蓋即以半徑全數爲其正弦。故凡算三角，有用半徑與正弦相爲比例者，皆正角也。其法與鋭角形、鈍角形用兩正弦爲比例同理。

八十九度奇之正弦，至九九九九九而極，追滿一象限始能成半徑全數。是故半徑全數者，正角九十度之正弦也，其數爲一〇〇〇〇〇。

清·《數理精藴》下編卷一六　六宗三要

西洋曆算家作割圜八線表，始自圜內容六邊、四邊、十邊、三邊、五邊、十五邊，各曰六宗。蓋用圜徑求各等邊形之一邊，爲相當弧之通弦，以爲立表之原，故謂之宗。然六者，實本於三。如六邊形之一邊，即圜之半徑，不藉他求，數無零餘，而理最易見，此其一也。四邊形之一邊，則爲半徑所作正方形之對角斜弦，此又其一也。十邊形之一邊，則爲半徑所作連比例三率之中率，西法謂之理分中末線，此又其一也。至於三邊形則出於六邊，五邊形則出於十邊，十五邊形則又出於三邊及五邊，非別自立一法也。既得此六種形之一邊，各半之，即得六種弧之各正弦。爰命此六種弧爲本弧，按法可求本弧之餘弦。可求倍本弧之正弦、餘弦。亦可求半本弧之正弦、餘弦。是爲三要。又以不等兩弧之正弦、餘弦，求相加、相減弧之正弦。又兩弧距六十度前後之度等，得其兩正弦之較，即得距弧之正弦。是又名爲二簡法。由此錯綜之，可得正弦一百二十，其中最小者，爲四十五分之弦。其次一度三十分，又次爲二度十五分，又次爲三度。如此每越四十五分而得一弦。其自一分至四十四分之弦，則以比例求之。因弧分甚微，與直線所差無幾，故以弦求弦而得之。此西法立割圜八線表之大綱也。爾來西法對數表內，有設連比例四率，以求圜內容七邊、九邊二法。因推廣其理，於六宗之外，增求圜內容十八邊形、十四邊形之法，俱以半徑爲首率，求連比例四率之第二率，即十八邊形、十四邊形之每一邊。而九邊、七邊，又因之以生。亦猶三邊之出於六邊，五邊之出於十邊也。有此二形，與六宗相參伍，可得正弦三百六十，其中最小者爲十五分之正弦。又增一法，求十五分之三分之一，五分之正弦，所少者止一分至四分之正弦。較之四十五分爲尤密，可知矣。今以六宗三要二簡法，理分中末線并新增數法，皆按類具例於左。【略】

又 求象限内各線總法。六宗併新增十八邊形，及九邊形之每邊，各半之得八弧之正弦。用要法之一，各求其餘弦。次取十二度，十五邊之半。用要法之三，折半四次，得六度、三度、一度三十分及四十五分之正弦。復用新增法求其三分之一，得十五分之正弦。復求其三分之一，即得五分之正弦。既得五分之正弦，乃用簡法之一，求六十度以內之正弦，每越五分而得一弦，可得七百二十。又用簡法之二，求六十度以外之正弦，亦越五分而得一弦，又得三百六十。如以一度之弦與五十九度之弦相加，即六十一度之弦。以二度之弦與五十八度之弦相加，即六十二度之弦。以至二十九度之弦與三十一度之弦相加，即得八十九度之弦也。總而計之，一象限中共得正弦一千零八十，已居全表五分之一。象限中逐分計之，共正弦五千四百，故一千零八十爲五分之一也。再以五分之弦，用要法之三，得二分三十秒之弦。復用新增法，求其三分之一，得五十秒之弦。乃以五十秒之弧爲一率，五十秒之弦爲二率，一分之弧化六十秒爲三率。得四率爲一分之弦。既得一分之弦，即用簡法之一、簡法之二，錯綜加減之，則一象限中每度每分之正弦悉得矣。既得每度每分之正弦，則用前八線相求之法，即得每度每分之切、割諸線矣。如於一分之中，欲析爲六十秒，則以比例四率求之，即得每秒之八線也。

清·焦循《釋弧》卷上 《周髀算經》曰：數之法，出於圓，方圓出於方，方出於矩，矩出於九九八十一。九九者，數也。以數相乘除，不出乎矩。趙爽云矩廣長也，即所謂直線。以數相加減，不出乎方。故開方句股，均可以乘除之。理言之：由方而圓，則以形生形，必依形以求義。古人既明以圖，復象以器，以形故也。乃《九章算術》方田章，有圓田、弧田之術。圓爲弧之合，弧爲圓之分。於此可見，其術有周徑，有半周、半徑，有矢，有弦，爲割圓弧矢之術所從出，亦即三角八線之理所不能外也。

又 右圖，申辛爲六觚之一面。申未爲正弦，未卯爲餘弦，酉辰爲正切，卯酉爲正割，未辰爲正矢。申辰爲本弧，庚申爲他弧。丑申爲他弧之正弦，同於未卯。卯已爲餘割，庚丑爲餘矢，庚已爲餘切。

有矢、有正弦，可以倍六觚爲十二，可以半六觚爲三。

劉氏割圓之術曰：置圓徑二尺，半之爲一尺，即圓裏六觚之面。令半徑一尺爲弦，半面五寸爲句，爲之求股以減半徑，謂之小句。觚之半面，又謂之小股爲之求弦，即十二觚之一面也。由是割十二觚爲二十四，割二十四爲四十八，割四十八爲九十六。西人有三要之術，其一由正弦得餘弦。其二以正弦得半弧之弦，即此術也。其三以正弦得倍弧之弦。法以半徑爲一率，正弦爲二率，餘弦爲三率，求得四率。倍之，是也。術雖傳自西人，而其理仍割六觚爲十二觚之理耳。何也？六觚之餘弦，即三角之中垂線。而三角之中垂線，即三觚之正弦。若以此中垂線，横畫於三角之中，則三半徑變而爲三餘弦。而三半徑，適爲三餘弦之比例。三半徑既爲三餘弦之比例，則一半徑一半徑之半，必爲一餘弦一餘弦之半之比例。半徑之半，正弦也。餘弦之半，倍弧之弦也。故有半徑，有正弦，有餘弦，而倍弧之弦得矣。均割圓之理也。

右圖，辰未爲小句，未辛爲小股，辰辛直線爲求得弦，即十二觚之一面。

又 割圓起於半徑，而半徑隨弧度之分，以爲之截。故角之鈍鋭，弦之正餘，皆視乎半徑之所在，以爲短長小大之，則不出象限，故不能逃乎半徑。值乎短者小者，則半徑斜就之爲弦。值乎長者大者，則半徑縱横合之以爲句股。故弦之與徑，猶切之與割，亦猶徑之與餘割。割之於徑，猶徑之與餘弦，亦猶餘割之與餘切，皆自然之數也。以一六觚之形，剖而半之，則半徑必半於兩形相貫之半徑。兩形相貫之徑，即六十度之割線也。故正弦與半徑，不啻半徑與餘割。由是而推之，正割之較半徑，多一圓外短線。半徑之較餘弦，多一圓内短線。弦切以圓周内外爲限，故半徑與餘弦，猶之正割與半徑。而半徑與餘切，猶正割與餘割。正弦與餘弦，亦猶正割與餘割。均可知矣。梅勿菴《弧三角舉要》第五卷，分相當之法九，互視之法十二。推明其錯綜反變之理，謂八綫比例，同宗半徑。凡一率乘四率，二率乘三率，皆等於半徑自乘。可云至精至悉矣。而以六觚之理衡之，益信劉氏割圓之術，爲西人不能外也。

清·安清翹《矩線原本》卷四《割圓一線表》 割圓之術，所難得者，最小之弧弦耳。劉宋祖冲之以六角起算，元趙友欽以四角起算，俱定周徑密率爲徑一圍三一四有奇。西法立八線表，其立表之根，亦以六角、四角起算，與中法同。但中法未曾立表，不便於算。而西法則弦、矢之外，增切、割二線，表數過於繁多。二者均有可議。今參酌中西，止用半弧弦爲一線表，至立表之根，則增設求五分之一術，即得最小之弧弦。於理加密，而表數則甚簡，西法之八線表可以不用矣。

又 列表，自十分起，用圓周六千二百八十三萬一千，止用五位。退五位，得六百二十八小餘三一，入算帶小餘二位，以齊尾數。列表時去之。爲十分之正弦。半徑十萬爲二十五度之正弦。用前六術，求二分之一，求餘弦，求倍弧，求三倍弧，求五倍弧，求和弧，較弧。錯綜求之，欲大弧分爲小弧，則用求二分之一術。欲小弧加爲大弧，則用求倍弧、求三倍弧、求五倍弧術。大小相間，則用求和弧、較弧術。任意求之。以立表。

十分之弧弦與四度六十分之弧弦相減，餘六〇三爲弦較。今有之弧弦與四度五十分之弧弦相減，餘四三九爲零較。乃置零較四三九以十分乘之，弦較六〇三除之，得七分二十七秒。與四度五十分相加，得四度五十七分二十七秒，即所求之度分秒也。凡以弧度查弧弦，則餘數收之。以弧弦查弧度，則餘數棄之。

又安清翹《一線表用》卷一 一線表

古句股弧矢之術，於理已盡，於法亦無不足。所少者，未曾立表耳。西法立八線表，弦、矢之外，加切、割二線。其必加切、割二線者，以其省算也。圓内句股半徑常爲弦，圓外句股用正切、正割，則半徑爲股。用餘切、餘割，則半徑爲句。凡用半徑則省乘除。然立表則甚屬繁難。表數既多，檢表亦煩。八線舊表，自一分起，角度五千四百，句股形二千七百。新表自十秒起，角度三萬二千四百，句股形一萬六千二百。夫新表必自十秒起者，以舊表自一分起至六十度以後，切、割二線不可用中比例也。夫舊表已屬繁難，然且不可用，是立表無簡法矣。其所以無簡法者，由於用切、割二線也。是以近時曆學名家著書甚富，然皆不能立表布算。既不能布算，是無用之書也。今止用古法，半弧弦列爲一線表。凡算術用切、割二線者，俱設法改用半弧弦，補古法之未備，除西法之繁難。庶爲曆學之一助云爾。

又 外弧之矢爲外矢。本弧小於外弧，則外矢爲大矢。本弧大於外弧，則外矢爲小矢。

清·張作楠《八線對數類編》 西人對數以加減代乘除，最簡妙。然乘除開方，數在十萬外，須別立法御之。且除與開方，或遇奇零不盡，運算緐難，反不若常法之易。惟用於弧三角，則四率皆八線，以二率三率相加，一率減之，即得弧度。既知弧度，更不復求其真數，用甚捷。阮雲臺少保所以謂對數爲八線設也。舊表不列割線，《數理精蘊》用比例法增補，尤爲完備。兹求簡便，分弦、切爲二類而列，求割線、矢線法如左。

求正割對數，倍半徑減餘弦，即得。

如求二十度正割對數，倍半徑得二〇〇〇〇〇〇〇〇〇〇，減餘弦〇九九七二九八五八二，餘一〇〇二七〇一四一八，即二十度正割對數。

求正矢對數，倍半弧正弦，減半徑，加二之對數，即得。

如求二十度正矢對數，以半弧十度正弦〇九二三九六七〇二三倍之，得一八四七九三四〇四六，減半徑，餘〇八四七九三四〇四六。再加二對數〇〇三〇一〇二九九九，得〇八七八〇三七〇四六，即二十度正矢對數。

既得正割、正矢，求餘割、餘矢，則減象限，求得餘弧正割、正矢，即本弧餘割、餘矢。割線用正弦，矢線用半弧除弦，亦得。餘法與正數同。

又張作楠《八線類編》 弧三角法，全憑八線。《數理精蘊》本西人舊表而益精之。西人舊表初設半徑爲十萬，用之推步，秒微或不合。後又設半徑爲一千萬，取數較精，然未列秒數。每度每分每十秒逐層遞析，愈推愈密，允爲推步津梁苐。卷帙繁重，草野無由。悉睹兹分弦、切、割三線，各爲一帙，八線表不列矢線，蓋以餘弦減半徑，即得正矢。正弦減半徑，即得餘矢也。每度六十分列之其切、割線，六十度外遞增之數，不均以中比例取秒數，未能密合，則以所得正餘弦秒數，用八線相求法求之。正弦進位，餘弦除之，得正切。餘弦進位，正弦除之，得餘切。半徑自乘，餘弦除之，得正割。半徑自乘，正弦除之，得餘割。用表法如左。表内〇度至四十四度正、餘各號列於上，其〇分至六十分自上而下順列右行，四十五度至八十九度正、餘各號列於下，其〇分至六十分自下而上逆列左行，若求秒數用中比例。

如求五度十五分十六秒正弦，則以五度十五分與五度十六分相減，餘一分化爲六十秒爲一率。五度十五分正弦〇〇九一五〇一六與五度十六分正弦〇〇九一七九一三相減，餘〇〇〇〇二八九七爲二率。十六秒爲三率。求得四率〇〇〇〇〇七七二。與五度十五分正弦相加，得〇〇九一五七八八，即五度十五分十六秒正弦。

如求五度十五分十六秒餘弦，仍以六十秒爲一率。五度十五分餘弦○九九五八○四九内減五度十六分餘弦○九九五七七八二，餘○○○○○二六七爲二率。十六秒爲三率。求得四率○○○○○○七一。與五度十五分餘弦相減，餘○九九五七九七八，即五度十五分十六秒餘弦。

如有正弦○○九一五七八八求度分秒，則檢正弦表内數之相近略少者，爲五度十五分。乃以十五分與十六分兩正弦相減，餘○○○○二八九七爲一率。六十秒爲二率。今有之正弦内減五度十五分正弦，餘○○○○○七七二爲三率。求得四率十六秒。與五度十五分相加，即得。

如有餘弦○九九五七九七八求度分秒，則檢餘弦表内數之相近略多者，爲五度十五分。乃以十五分與十六分兩餘弦相減，餘○○○○○二六七爲一率。六十秒爲二率。五度十五分餘弦内減今有之餘弦，餘○○○○○○七一爲三率。求得四率十六秒。與五度十五分相加，即得。

凡檢表度數過一象限，則與半周相減，用餘度八線。過半周，則減半周，用餘度八線。過三象限，則與全周相減，用餘度八線。

清·賈步緯《算學》卷一　八線對數説

八線真數之比例，馭以乘除。八線對數之比例，馭以加減。施之用加減，實易於乘除。况弧三角術，四率皆八線，法實各七八位，挨次乘除，運算匪易，故復求各線相當之假數列表。凡遇比例之算，祇須一加一減即得。所求之弧角，若用於平面，則以邊線之實數，亦檢對數表中之假數，與此八線之假數相加減，而得所求邊之假數也。表以一百億爲半徑，故其假數爲一○，取其用半徑爲法實者，便加減也。表中所列假數比對數表之假數各截去末二位，故除去首位，止有假數八位。其第九位，滿五者已進於表中之末位，不滿五者已去之從簡省也。因其算平三角時，須與對數表並用，故必明其理，不致誤於所施。至求分下之秒，亦用中比例法，俱見對數表説中。

清·劉澤楨《中西數學通解》卷一三　三角形

按：三角形邊角互求各法，當先明割圜八線之理。夫割圜八線，起於弧度劃分角線而得。《周髀經》曰：圜出於方，方出於矩。誠哉古人之言，千古不易之理也。惜代遠年湮，其法不傳。劉宋祖沖之，以圜容六邊起算。元趙友欽，以圜容四邊起算。皆以屢求句股，變方爲圜，其得數雖密，而成功不易。明末西人入中國，有割圜、八線、六宗、三要等法。詳《精蘊》。而圜度内外諸線相求之法始備，八線之表亦詳《精蘊》。以立。然不知其勢神若干，需時幾何矣！其後杜、董、徐之屢乘屢除，已較捷於六宗等法。而李氏術與新術，尤爲捷便。及觀代數八線數理，而得數更密且速，實非在前各法所能企也。然八線已立爲表，則割圜之法，自可從緩。但照表檢查，各線無不可得。所謂前人爲其難，後人享其易也。

又　檢表法

檢表之法。四十五度以内，從上而下，從右而左，順次檢查。四十五度以外，自下而上，自左而右，逆次檢查。

度數式。凡度法以三十度爲一宫，六十分爲一度，六十秒爲一分，自秒以下，皆以六十進，故宜隔位作記。設如二十三度三十四分五十六秒。天元式

代數式　所有角度，均照此作式。

附對數略例。對數表，八線對數表，俱詳載《精蘊》。

凡真數用乘，則對數用加。

凡真數用除，則對數用減。

凡真數用開平方，則對數用折半。

凡真數用開立方，則對數用三分之一。

凡八線對數，照表相加，須減去首位之一，其當減之代數式，必加丅字作記。

以上各條記明，則如法推算，與真數求得無異，而可省乘除之繁矣。如乘除位少法簡，原可不必定用對數也。

特殊角函數值分部

算法

清·王錫闡《曉菴新法》卷一　一度自因倍爲實，平方開之，得一度四十一

分四十二秒一十三微半强，即象限全弦。

全徑爲冪，四分去一，三度，平方開之，得倍紀全弦。

倍紀當日度之一百二十一度大弱，爻限之一百二十八爻，平限之一百二十限。其全弦得一度七十三分二十秒五十微太强。

半之爲紀限正弦八十六分六十秒二十五微半弱。

四分全徑之一爲勾，五十分，半徑爲股，求弦去勾，爲專限全弦六十一分八十秒三十四微弱。

其冪與半徑之冪相從，平方開之，得倍專全弦。

倍專當日度之七十三度强，爻限之七十六爻八十策，平限之七十二限，其全弦得一度一十七分五十五秒七十微半强，半之爲專限正弦五十八分七十七秒八十五微少强。

紀限專限正弦相損爲股，兩正弦數俱見上，相損存二十七分八十二秒四十微弱，較弦相損爲勾，紀限較弦五十分，專限較弦八十分九十秒一十七微弱，相損存三十分九十秒一十七微弱，得髀限全弦。勾股求弦，得四十一分五十八秒二十三微半弱，即髀限全弦。

有不齊之兩弧，互以正弦因較弦相從爲兩弧相益之正弦。【略】

中分紀限全弦爲辰限正弦五十分。

置辰限求全弦五十一分七十六秒三十八微强。

半之爲氣限正弦二十五分八十八秒一十九微强。

以弦矢術遞損其半，至四分爻限之一之正弦而止。

四分爻限之一，得二十五策，其正弦四十秒九十微半强，以二十五爲法，分之爲百分爻限之一之正弦。

百分爻限之一即一策，其正弦一秒六十三微半强。用兩弧損益之術，得三百八十四爻及諸策之正弦。

又法，置髀限，以弦矢術遞損其半，至二十分爻限之一即五策。之正弦而止。其數八秒一十八微强爲實，五策爲法而一，亦得百分爻限之一之正弦。

清·薛鳳祚《曆學會通》正集一卷　法數部《正弦》　古者天學家第一要認各種圈線。于是將週天分三百六十度，半之爲一百八十度，半圈之線爲之徑，其徑爲一百二十度。欲其易知易算，分徑爲二萬萬，一百八十度之線爲二萬萬。故用此線算。法將此用割圓在一百八十度之下者線各若干。一百八十度線前分。二〇〇〇〇。九十度線分徑之半，(爲)一〇〇〇〇。是爲通弦。故九十度之正弦即通弦。

得割圓線之大小，其一半即爲正弦。如六十度線，一〇〇〇〇。半之，(爲)五〇〇〇〇。即三十度正弦。

以此求正弦之大小，即可以算各度各分。

如下圖，九十度爲大圈四分之一，丑爲心，丑子即丑辰，爲半徑，即通弦，其圈爲九十度，每度分百分。又分爲通弦一萬萬，即各度分皆可以此得正弦。如辰已圈，正線爲卯戌。自戌至未，即卯至丑，以卯戌作比例各線，皆以此作表。

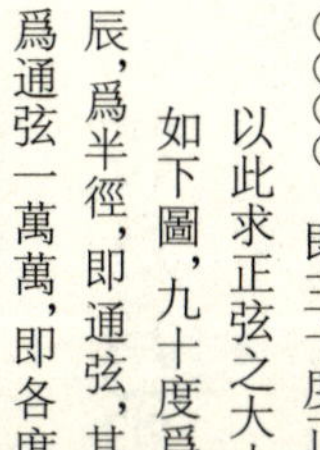

又　本表四十五度正弦、七度三十分、三十六度、六度五十分、三度四十五分、十一度二十五分，(七)[六]法奇數，餘俱偶數。【略】

算三十度正弦

分週天大圈爲六分，每分六十度。其割圓六十度之線，即通弦。通弦之半，即割圓六十度之半。六十度之半，爲三十度通弦，之半爲五〇〇〇〇。即三十度正弦。如上求餘弦法，求得六十度正弦。八六六〇(三〇)[二五]。

註曰：三十度正弦，五〇〇〇〇。自乘，二五〇〇〇〇。減通弦自乘，一〇〇〇〇。得七五〇〇〇。爲偶數，開得。八六六〇(三)[二五]。

算四十五度正弦

如圖，子丑、子寅俱通弦，丑寅邊爲正角，對邊九十度。卯寅、卯丑四十五度，午丑、午寅四十五度正弦。

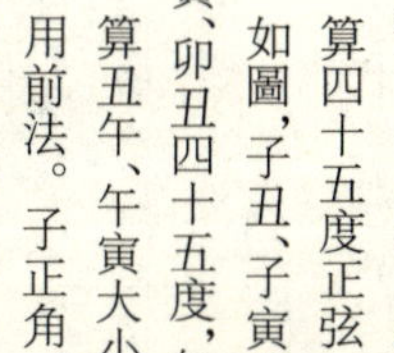

算丑午、午寅大小

用前法。子正角，作子丑方，又作子寅方，二方相加，即子角對邊丑寅之方。開之，即丑寅之大，半之，即丑午、午寅，皆爲四十五度正弦。如正角九十度，通弦一〇〇〇〇〇〇〇。自乘，爲子丑方，亦爲子寅方。二方相加，爲丑寅方，二〇〇〇〇〇〇〇。其根數一四一四二一三六。半之，七〇七一〇六八。即丑午、午寅四十五度正弦。

註曰：二方相加，爲丑寅方，二〇〇〇〇〇〇〇。爲奇數，開之，一四一四二一三六。半之。七〇七一〇六八。

方數，二〇〇〇〇〇〇〇。比例數三三〇一〇三〇。加首位三數，得六三〇一〇三〇。半之，三一五〇五一五。其原數。一四一四。此比例開方之法。

算十五度正弦

如圖，丑未三十度圈，三十度正弦未午，即午亥。五〇〇〇〇。以前算，過三十度正弦，其餘巳未，八六六〇四。爲六十度正弦，減通弦，爲午丑。一三三九。有午丑、有丑亥，作三角，午爲正角，午丑方與午亥方相加，即丑亥方。其根爲三十度線，半之，十五度正弦。二五八八一九〇。

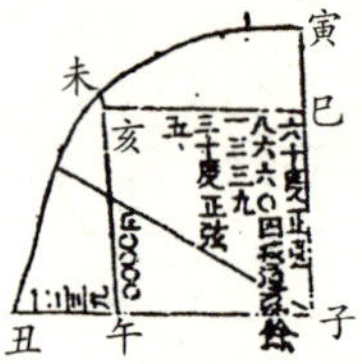

註曰：三十度正弦五〇〇〇〇。自乘，二五〇〇〇。其餘六十度正弦，八六六〇四。減通弦，餘一三三九。自乘，一七九四五。並之，二六七九四五。爲偶數。開方，五一七六四。半之。二五八八二。

如上取餘弦法，得七十五度正弦。九六五九二五八。

註曰：十五度正弦二五八八二。自乘，六六九九八七七九。減通弦自乘，得九三三〇一三。爲偶數。開之，九六五九二五八。爲七十五度正弦。

如下圖，分大圈作十分，先畫巳子丑半圈，丑寅卯辰巳爲徑，卯巳、卯丑、卯子皆爲通弦。

先分巳卯爲二，即巳辰、辰卯。從辰作子辰線，辰至子與辰至寅等(寅至子亦等)。

以線論。分卯寅，即圈十分之一，寅子即圈五分之一。

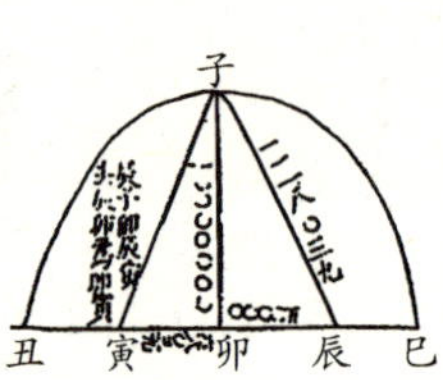

另可分法當求十二度正弦。

如圖，子辰巳午九十度，子丑寅卯通弦，午未申卯亦同。巳午作三十度，辰巳午作五十四度，巳午三十度，巳辰二十四度，辰巳直線爲二十四度線。

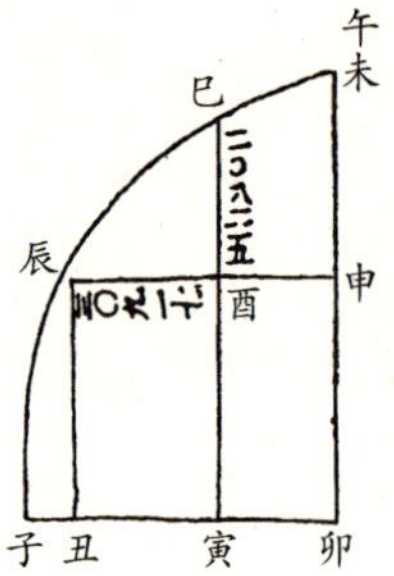

申酉辰爲五十四度正弦，辰丑三十六度爲餘弦，未巳三十度正弦，巳寅六十度爲餘弦，巳寅六十度内去三十六度辰丑，即巳酉，得酉巳二十四度邊。二(七)[〇]八二五。申酉辰五十四度内減三十度正弦巳未，五〇〇〇〇。得酉辰。三〇九(〇)一七。

算酉辰巳三角

有酉巳邊，有酉辰邊，有酉正角。巳酉方、酉辰方相加，即辰巳方，開之，得巳亥二十四度線，半爲十二度正弦。

註曰：寅巳六十度正弦，八六六〇三一。減丑辰三十六度正弦，五八七九六。餘二七八二五。爲酉巳，自乘。七七四二三。

申酉辰五十四度正弦，八〇九〇一七。減申酉三十度，五〇〇〇〇。餘三〇九〇一七。爲酉辰自乘。九五四九三二。兩自乘并之，(爲)一七二九一三。爲偶數，開之，得四一五八一。爲二十四度線，半之，爲十二度正弦。二〇七九一七。一二度正弦二〇七九二七半之，〇六度正弦，一〇四五二八七半之，〇三度正弦。五二三三六〇。

註曰：十二度正弦二〇七九一。自乘，四三二三六。餘弦九七八一四。減通弦，餘二一，八五下。二位自乘，四七四二。并之，四三七〇三九。爲奇數，開方，二〇九〇五。半之，一〇四五二八。爲六度正弦。

再求一度正弦

如圖，子丑酉一度五十分，酉乙一度，酉寅一度五十分。

酉甲七十五分，又分爲三，每分二十五分。戌未線、亥午線、甲巳線，其巳午、未申左右對斜邊皆爲正角。

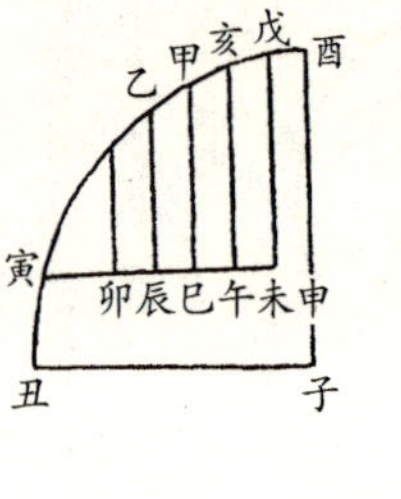

申寅一度五十分，正線申辰一度正弦，申巳七十五分正弦。

今求申辰一度正弦。

先有申巳七十五分正弦，一三〇八九六。以三分之，(爲)四三六三二。爲二十五署大者線，以加七十五分正弦，共得一度正弦，(爲)一七四五二八。爲一度署大者線。

先有申寅一度五十分，正弦二六一八六九。内去七十五分正弦，一三〇八九六。餘一三〇八七三。用以三分之，(爲)四三六二四。爲二十五分署小者線，加七十五分正弦一三〇八九六。共一七四五二〇。爲一度正弦署小者線，分稍大者之半，即一度正弦。一七四五二四。

餘八十九度弦，用上法，是。九九九八四七七。

又 求二十六度正弦

有五十二度五十分正弦，七九三三五三三。有五十分正弦。八七二六五。如圖，未己五十分正弦，八七二六五。申酉戌五十二度五十分正弦。七九三三五三三。五十二度五十分內減五十分，餘五十二度，得己未。申酉戌內減申酉，即未己，得酉戌。七八四六二。

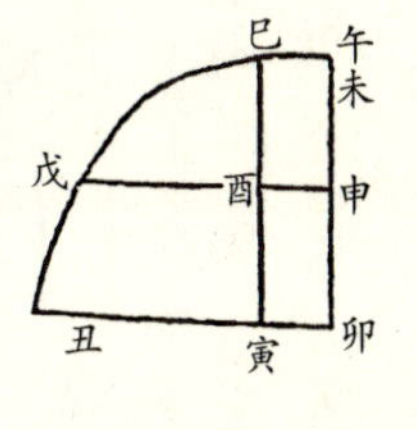

未己五十分正弦，其餘九九九九六。己寅五十二度五十分之餘三十七度五十分正弦。六〇八七六。戌丑減己寅，九九九九六。得己酉，三九三〇。有酉己、酉戌二邊，有酉正角，二邊開方，即戌己邊五十二度線，半之，即二十六度正弦。四三八三七一二一。其餘六十四度正弦。八九八七九四〇。

註曰：己寅五十分，餘八十九度五十分，正弦九九九九六。減五十二度五十分餘弦戌丑六〇八七六。餘己酉三九一二〇。自乘一五三二九九。申酉戌五十二度五十分正弦，七九三三五。減申酉五十分正弦，八七三。餘酉戌五十二度正弦，七八四六二。自乘，六一五六二八。並之，七六八八六。爲偶數，開方，八七六八七。半之，四三八三七一。爲二十六度正弦。

清・陳厚耀《八線表根》 算正弦表法。用求正弦法一之法，得六十度正弦八寸六分六厘零三微。又得三十度正弦五寸。十五度正弦二寸五分八厘八毫二微。七度三十分正弦一寸三分零五毫三微。三度四十五分正弦六分五厘四毫。將此數分一半，得一度五十二分三十秒正弦三分二厘七毫二微。將此數又分一半，得度〇五十六分十五秒正弦一分六厘三毫六微。再用五十六分十五秒爲一率，一分六厘三毫六微爲二率，六十分一度爲三率。得四率一分七厘四毫五微，爲一度正弦之數。

清・《數理精蘊》下編卷一六 六宗三要

六宗圜內容六邊形、四邊形、三邊形、十邊形、五邊形、十五邊形。

設如圜徑二十萬，求內容六邊形之一邊幾何。

法以圜徑二十萬，折半得半徑十萬，即圜內容六邊形之每一邊也。如甲圜內容六邊形，每邊之弧，得圜周六分之一，皆六十度。試自圜心甲至圜界乙、丙二處，作甲乙、甲丙二半徑線，成甲乙丙三角形，則甲角所對之弧爲六十度。而甲乙、甲丙兩腰俱爲半徑，既相等，則乙角、丙角亦必相等，而各爲六十度矣。三角既等，則三邊亦必相等，故乙丙邊即與甲乙、甲丙半徑相等也。乙丙弧既爲六十度，則乙丙邊十萬爲六十度之通弦。折半，得乙丁五萬即乙戊弧三十度之正弦也。此即六邊起算之理。前設圜徑爲二兆者，所以求其密合。今設圜徑爲二十萬，所以取其便於用也。

設如圜徑二十萬，求內容三邊形之一邊幾何。

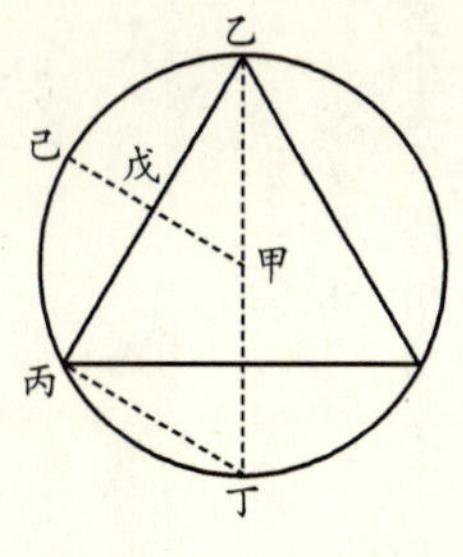

法以圜徑二十萬爲弦，自乘得四百億。又以半徑十萬爲勾，自乘得一百億。相減餘三百億，開方，得股一十七萬三千二百零五，小餘〇八〇七五六八。即圜內容三邊形之每一邊也。如甲圜內容三邊形，每邊之弧得圜周三分之一，皆一百二十度，爲六邊形每邊弧之一倍。試自乙角過圜心至對界作乙丁全徑線。又自丁依半徑度至丙作丁丙線，則成六邊形之每一邊，其丙丁弧即爲三邊形之每邊弧之一半。而丙角立於圜界之一半，必爲直角。故半徑爲勾，全徑爲弦，求得股，即三邊形之每一邊也。乙丙弧既爲一百二十度，則乙丙邊一十七萬三千二百零五小餘〇八〇七五六八。爲一百二十度之通弦。折半，得乙戊八萬六千六百零二，小餘五四〇三七八四。即乙己弧六十度之正弦也。

設如圜徑二十萬，求內容四邊形之一邊幾何。

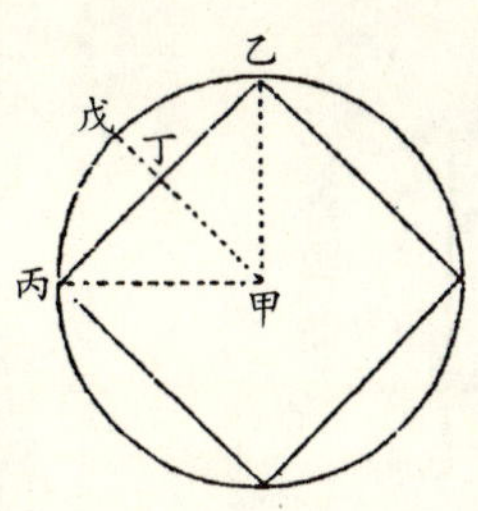

法以圜徑二十萬，折半得半徑十萬，自乘得一百億，倍之得二百億，開方，得一十四萬一千四百二十一，小餘三五六二三七三。即圜內容四邊形之每一邊也。如甲圜內容四邊形，每邊之弧，得圜周四分之一，皆九十度。試自圜心甲至圜界乙、丙二處，作甲乙、甲丙二半徑線，成甲乙丙勾股形。若命甲乙半徑爲股，則甲丙半徑爲勾。若命甲丙半徑爲股，則甲乙半徑爲勾。因勾股皆爲半徑，故以半徑自乘，倍之，開方而得弦。即如勾股各自乘，併之，開方而得弦也。乙丙弧既爲九十度，則乙丙邊一十四萬一千四百二十一小餘三五六二三七三。爲九十度之通弦。折半得乙丁七萬零七百一十，小餘六七八一一八六。即乙戊弧四十五度之正弦也。

又 設如圜徑二十萬，求內容十邊形之一邊幾何。

法用連比例三率，有首率求中率、末率，使中率、末率相加與首率等之法。以圓徑二十萬折半，得十萬爲首率。自乘得一百億爲長方積，以十萬爲長闊之較。用帶縱較數開方法算之，得六萬一千八百零三小餘三九八八七四九。爲連比例之中率，即圓内容十邊形之每一邊也。如甲圓内容十邊形，每邊之弧，得圓周十分之一，皆三十六度，其通弦即圓内十邊形之一邊。試自圓心甲至圓界乙、丙二處，作甲乙、甲丙二半徑線，遂成甲乙丙三角形。復自圓界乙至圓界戊，作一乙戊線，則截甲丙線於丁，又成乙丙丁三角形。而乙戊遂爲一百零八度之通弦。此乙丙丁三角形，與甲乙丙三角形爲同式形。乙丙丁三角形之乙角當戊丙弧，爲乙丙弧之倍。則乙丙丁三角形之乙角，與甲乙丙三角形之甲角等。又同用丙角，其餘一角亦必等。故爲同式形。其相當各邊，俱成相連比例。故甲乙與乙丙之比，同於乙丙與丙丁之比，爲相連比例三率。而甲乙爲首率，乙丙爲中率，丙丁爲末率也。又甲乙丙三角形，其甲角既居全圓十分之一，爲三十六度，則乙角必比甲角大一倍，爲七十二度。三角形之三角，共一百八十度。甲角既爲三十六度，則乙、丙兩角必爲一百四十四度平分之，各得七十二度，比甲角爲大一倍也。而乙丙丁三角形之乙角，與甲乙丙三角形之甲角等。則甲丁乙三角形之乙角，亦必與甲角等。是則甲丁乙三角形，爲兩邊相等之三角形。而乙丙丁三角形，亦爲兩邊相等之三角形也。夫甲丁既與丁乙等，而丁乙又與乙丙中率等，則甲丁亦必與中率等矣。是以甲丁中率與丁丙末率相加，與甲丙首率等。故用連比例三率，有首率求中率法算之，得中率爲十邊形之一邊也。

又法以圓徑二十萬折半，得半徑十萬爲股，自乘得一百億。又以半徑十萬折半，得五萬爲勾，自乘得二十五億。相加，得一百二十五億，開方，得弦一十一萬一千八百零三。小餘三九八八七四九。於弦數内減去勾數，餘六萬一千八百零三，小餘三九八八七四九。即圓内容十邊形之每一邊也。如甲圓内容十邊形，每邊之弧，得圓周十分之一，皆三十六度。試自圓心甲至圓界乙，作甲乙半徑線爲股。又自圓心甲取直角，作甲丙半徑線，折半得甲丁爲勾。求得乙丁弦，内減與甲丁相等之戊丁，餘乙戊，即與乙己等，爲圓内容十邊形之每一邊也。乙己弧既爲三十六度，則乙己邊六萬一千八百零三，小餘三九八八七四九。爲三十六度之通弦。折半，得乙庚三萬零九百零一，小餘六九九四三七四。即乙辛弧十八度之正弦也。

設如圓徑二十萬，求内容五邊形之一邊幾何。

法以半徑十萬爲底，仍以半徑十萬與圓内容十邊形之一邊六萬一千八百零三小餘三九八八七四九。爲兩腰，用三角形求中垂線法算之，得中垂線五萬八千七百七十八。小餘五二五二二二九二。倍之，得一十一萬七千五百五十七，小餘○五○四五八四。即圓内容五邊形之每一邊也。如甲圓内容五邊形，每邊之弧，得圓周五分之一，皆七十二度。試自圓心甲至圓界乙、丙二處，作甲乙、甲丙二半徑線，遂成甲乙丙三角形，其乙丙邊爲七十二度之通弦。如以乙丙弧七十二度，折半於丁，作乙丁線，即圓内容十邊形之一邊。仍自圓心甲至圓界丁，作甲丁半徑線，又成甲乙丁三角形。而甲丁線平分乙丙線於戊，此乙戊線爲甲乙丁三角形之中垂線，即五邊形每邊之一半。故以甲丁半徑爲底，甲乙半徑爲大腰，乙丁十邊形之一邊爲小腰，求得乙戊中垂線，倍之，爲五邊形之每一邊也。

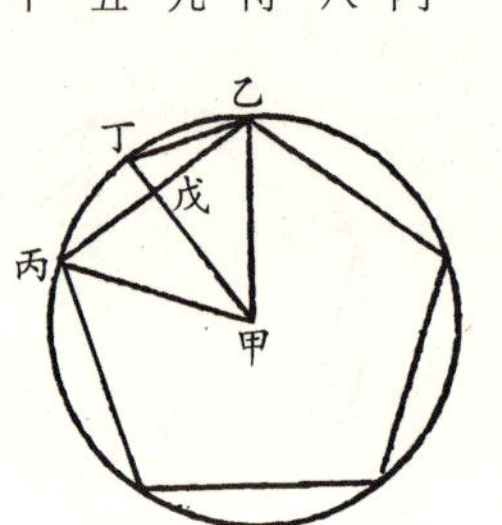

又，法以半徑十萬爲股，自乘得一百億。圓内容十邊形之一邊六萬一千八百零三小餘三九八八七四九。爲勾，自乘得三十八億一千九百六十六萬零一百一十二。小餘四八九九○五八五五八五○○一。相加，得一百三十八億一千九百六十六萬零一百一十二，小餘四八九九○五八五五八五○○一。開方，得弦一十一萬七千五百五十七，小餘○五○四五八四。即圓内容五邊形之每一邊也。此法蓋因半徑自乘，十邊形之一邊自乘，兩自乘方積相併，即與五邊形之一邊自乘之方積等。故用勾股求弦之法算之。如甲圓内容五邊形，將乙丙弧折半於丁，作乙丁線，即圓内容十邊形之一邊。仍自圓心甲至丁，作甲丁半徑線，遂成甲乙丁三角形。又依乙丁線度，截甲丁半徑於己，作乙己線，成乙己丁三角形，與甲乙丁三角形爲同式形。故甲乙爲首率，乙丁爲中率，己丁爲末率。甲己亦與乙丁等爲中率，而乙丙邊平分己丁末率於戊，又成乙戊丁勾股形。乙戊五邊形每邊之半爲股，丁戊末率之半爲勾，乙丁中率爲弦。

試依甲丁半徑度，作甲庚辛丁正方形。又依乙丙五邊形之一邊度，作乙丙癸壬正方形，其甲庚辛丁正方形內，甲子丑己爲乙丁弦自乘之一正方。甲己既與乙丁弦等，故甲子丑己爲弦自乘之正方。己寅辛丁長方形，亦與乙丁弦自乘之一正方等。丁辛原與甲丁首率等，己丁末率與丁辛首率相乘，自與乙丁中率自乘之正方等。而子庚寅丑長方形，爲乙丁弦自乘之一正方內，少勾自乘之四正方。蓋子庚辛卯長方形，爲首率與末率相乘之長方，與乙丁中率自乘之正方等，內卻少丑寅辛卯正方形。而丑寅辛卯正方形，實爲戊丁勾自乘之四正方。故子庚寅丑長方形爲乙丁弦自乘之一正方，少勾自乘之四正方也。是則甲丁半徑自乘之甲庚辛丁正方形內，有弦自乘之三正方，而少勾自乘之四正方。再加乙丁弦自乘之一正方，共得弦自乘之四正方，而少勾自乘之四正方。大凡弦自乘之正方內，原有勾自乘之一正方，股自乘之一正方。今弦自乘之四正方內，少勾自乘之四正方，即與股自乘之四正方等。而乙丙一邊自乘之乙丙癸壬正方形，實爲乙戊股自乘之四正方。然則甲丁半徑自乘方，與乙丁十邊形之一邊自乘方，相併，既與乙戊股自乘之四正方等，而乙丙一邊自乘之正方，豈不與甲丁半徑自乘乙丁十邊形之一邊自乘之兩正方等乎？故以甲丁半徑爲股，乙丁十邊形之一邊爲勾，求得弦而爲五邊形之一邊也。

又法以半徑十萬自乘得一百億爲長方積，仍以半徑十萬爲長闊之較，用帶縱較數開方法算之，得長一十六萬一千八百零三。小餘三九八八七四九。折半，得八萬零九百零一，小餘六九九四三七四。爲自圜心至五邊形每邊之垂線。乃以半徑十萬爲弦，圜心至五邊形每邊之垂線爲股，求得勾五萬八千七百七十八，小餘五二五二二九二。倍之得一十一萬七千五百五十七，小餘〇五〇四五八四。即圜內容五邊形之每一邊也。

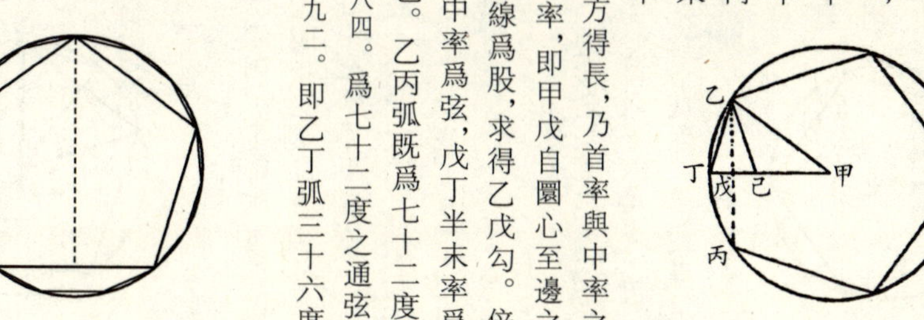

如甲圜內容五邊形，將乙丙弧折半於丁，作乙丁線，即圜內容十邊形之一邊。仍自圜心甲至丁，作甲丁半徑線，成甲乙丁三角形。又依乙丁線度，截甲丁半徑於己，作乙己線，成乙己丁三角形，與甲乙丁三角形爲同式形。故甲乙爲首率，乙丁爲中率，己丁爲末率。甲己亦與乙丁等爲中率。而乙丙邊平分己丁末率於戊，是以己戊與戊丁俱爲半末率。而甲戊自圜心至邊之垂線，則爲一中率半末率之共數。今以半徑首率自乘爲長方積，開帶縱平方得長，乃首率與中率之和，其內有兩中率、一末率。折半，得一中率、半末率，即甲戊自圜心至邊之垂線。既得甲戊垂線，乃以甲乙半徑爲弦，甲戊垂線爲股，求得乙戊勾。倍之得乙丙，即圜內容五邊形之一邊也。或以乙丁中率爲弦，戊丁半末率爲勾，求得乙戊股。倍之亦即圜內容五邊形之一邊也。乙丙弧既爲七十二度，則乙丙邊一十一萬七千五百五十七小餘〇五〇四五八四。爲七十二度之通弦。折半，得乙戊五萬八千七百七十八，小餘五二五二二九二。即乙丁弧三十六度之正弦也。

設如圜徑二十萬，求內容十五邊形之一邊幾何。

法以半徑十萬爲弦，圜內容五邊形之半五萬八千七百七十八小餘五二五二二九二。爲勾，求得股八萬零九百零一。小餘六九九四三七五。內減半徑之半五萬，餘三萬零九百零一小餘六九九四三七五。爲股。次以圜內容三邊形之一邊一十七萬三千二百零五，小餘〇八〇七五六八。內減圜內容五邊形之一邊一十一萬七千五百五十七，小餘〇五〇四五八四。餘五萬五千六百四十八，小餘〇三〇二九八四。折半，得二萬七千八百二十四小餘〇一五一四九二。爲勾，求得弦四萬一千五百八十二，小餘三三八一六三五。即圜內容十五邊形之每一邊也。如甲圜內容十五邊形，每邊之弧得圜周十五分之一，皆二十四度。

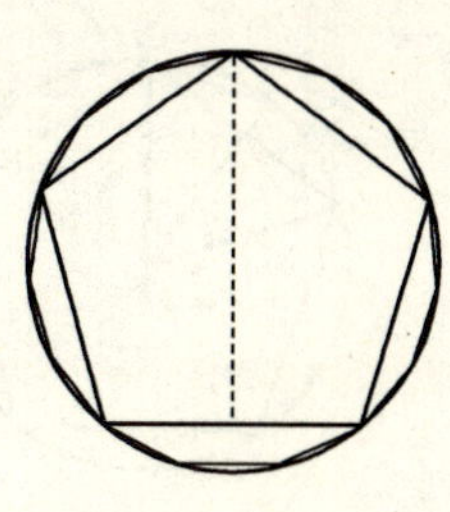

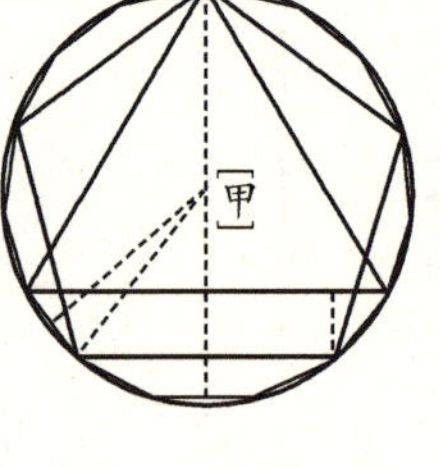

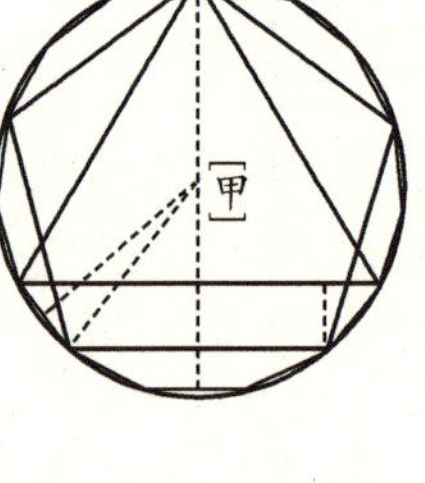

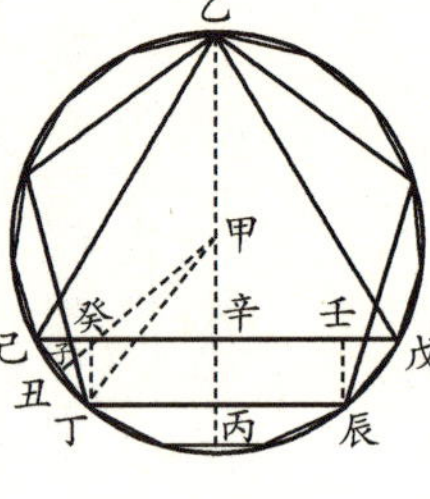

試從圜界乙，作圜內容三邊形。又作圜內容五邊形，將三邊形之每一邊弧分五段，五邊形之每一邊弧分三段，即得十五邊形之每一邊弧。如戊庚與己丁二段，皆爲十五邊形之弧。故以甲丁半徑爲弦，丁丙五邊之半爲勾，求得甲丙股。內減甲辛自圜心至三角底邊之垂線，爲半徑之半。餘辛丙，與癸丁或壬庚等。復於三邊形之戊己邊內，減五邊形之庚丁邊，即如戊己線內，減壬癸，餘戊壬與癸己二段。折半得癸己或戊壬。今任以癸丁或壬庚爲股，癸己或戊壬爲勾，求得己丁弦或戊庚弦，即圜內容十五邊形之每一邊也。己丁弧既爲二十四度，則己丁邊四萬一千五百八十二，小餘三三八一六三五。爲二十四度之通弦。折半，得己子二萬零七百九十一，小餘一六九〇八一七。即己丑弧十二度之正弦也。

又 設如圜徑二十萬，求內容十八邊形之一邊幾何。

法用連比例四率，有一率求二率，使一率與四率相加，與二率三倍等之法。以圜徑二十萬折半，得十萬爲一率。自乘再乘，得一千兆爲實。又以半徑十萬自乘，三因之得三百億爲法。按益實歸除之法，除實得三萬四千七百二十九小餘六三五五三三四。爲二率，即圜內十八邊形之每一邊也。如甲圜內容十八邊形，每邊之弧，得圜周十八分之一，皆二十度，其通弦即圜內十八邊形之一邊。試自圜心至圜界乙、丙，作甲乙、甲丙二半徑線，遂成甲乙丙三角形。復自圜界乙至圜界庚，作一乙庚線，則截甲丙線於戊，又成乙丙戊三角形，而乙庚爲六十度之通弦。復自圜界丙

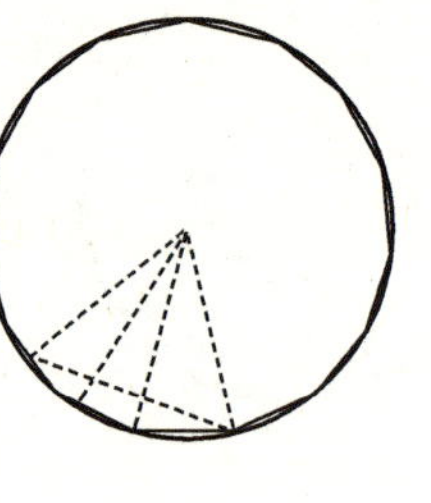

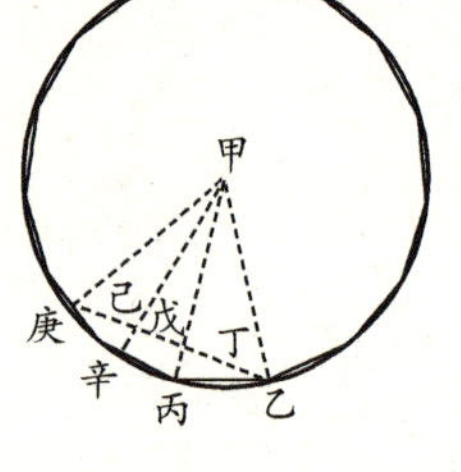

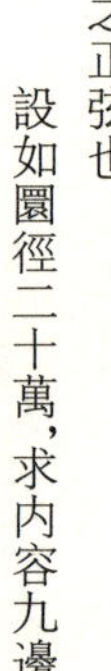

按丙戊線度至乙庚線之丁，作一丙丁線，則又成丙丁戊三角形。此三三角形皆爲同式形。乙丙戊三角形之乙角當庚丙弧，爲乙丙弧之倍，則乙丙戊三角形之乙角，與甲乙丙三角形之甲角等。又與甲乙丙三角形同用丙角。丙丁戊三角形之丁丙線，與甲辛半徑平行，則丙丁戊三角形之丙角，與甲丙辛三角形之甲角，爲相對錯角，亦必等。又與乙丙戊三角形同用戊角。是此三三角形之各角互相等，而爲同式形也。其相當各邊，俱成相連比例。故甲乙與乙丙之比，同於乙丙與丙戊之比，又同於丙戊與戊丁之比。爲相連比例四率。而甲乙爲一率，乙丙爲二率，丙戊爲三率，戊丁爲四率也。又乙庚爲六十度之通弦，與甲乙一率等。而乙戊、丁己、己庚三段皆與乙丙二率等。是乙庚一率中，有乙丙二率之三倍，而少一丁戊四率也。必以乙庚一率，與丁戊四率相加，方與乙丙二率之三倍等。故用連比例四率，有一率求二率法算之，得二率爲十八邊形之一邊也。乙丙弧既爲二十度，乙丙邊三萬四千七百二十九小餘六三五五三三四。爲二十度之通弦。折半，得一萬七千三百六十四，小餘八一七七六六七。即十度之正弦也。

設如圜徑二十萬，求內容九邊形之一邊幾何。

法以半徑十萬爲底，仍以半徑十萬與圜內容十八邊形之一邊三萬四千七百二十九小餘六三五五三三四。爲兩腰，用三角形求中垂線法算之，得中垂線三萬四千二百零二。小餘〇一四三三二六。倍之，得六萬八千四百零四，小餘〇二八六六五二。即圜內容九邊形之每一邊也。如甲圜容九邊形，每邊之弧，得圜周九分之一，皆四十度。試自圜心甲至圜界乙、丙二處，作甲乙、甲丙二半徑線，遂成甲乙丙三角形。其乙丙邊爲四十度之通弦。如以乙丙弧四十度折半於丁，作乙丁線，即圜內容十八邊形之一邊。仍自圜心甲至圜界丁，作甲丁半徑線，又成甲乙丁三角形。而甲丁線平分乙丙線於戊，此乙戊線爲甲乙丁三角形之中垂線，即九邊形每邊之一半。故以甲丁半徑爲底，甲乙半徑爲大腰，乙丁十八邊形之一邊爲小腰，求得中垂線，倍之爲九邊形之每一邊也。乙丙弧既爲四十度，乙丙邊爲四十度之通弦，其乙戊中垂線三萬四千二百零二，小餘〇一四三三二六。即乙丁弧二十

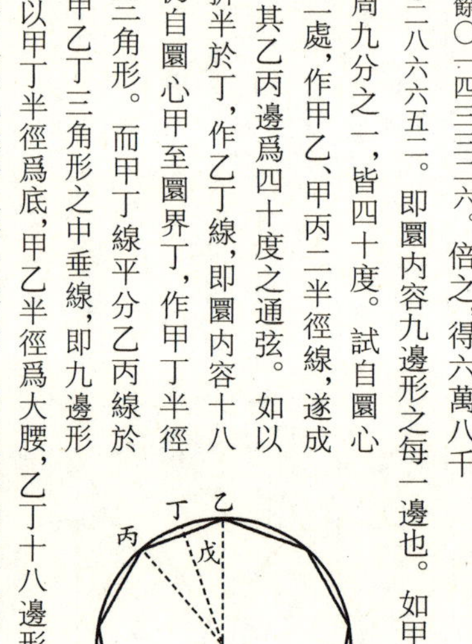

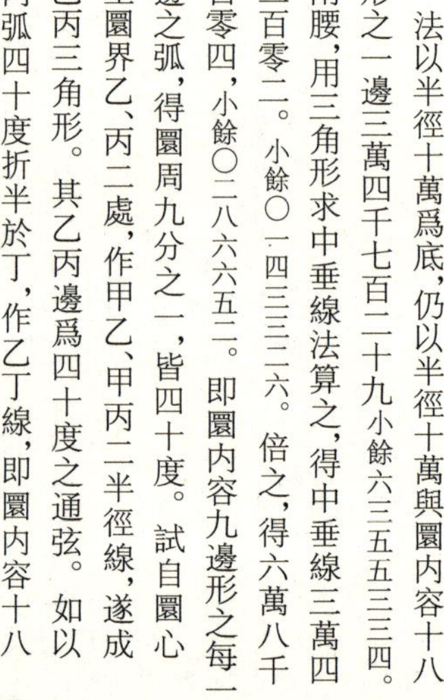

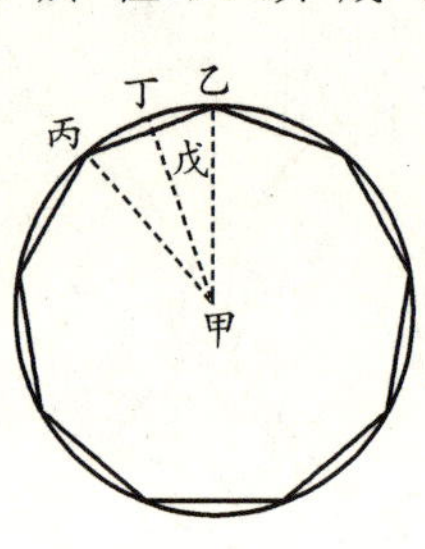

度之正弦也。

設如圜徑二十萬，求內容十四邊形之一邊幾何。

法用連比例四率，有一率求第二率，使一率與四率相加，與二率兩倍，再加一、三率等之法。以圜徑二十萬折半，得十萬爲一率。自乘再乘，得一千兆爲實。又以半徑十萬自乘，倍之得二百億爲法。按益實兼減實歸除之法，除實得四萬四千五百零四小餘一八六六七九一三。爲二率，即圜內十四邊形之每一邊也。

如甲圜內容十四邊形，每邊之弧，得圜周十四分之一，皆二十五度四十二分五十一秒有餘，其通弦即圜內十四邊形之一邊。試自圜心至圜界乙、丙，作甲乙、甲丙二半徑線，遂成甲乙丙三角形。復自圜界乙至圜界庚，作一乙庚線，則截甲丙線於戊，又成乙丙戊三角形。復自圜界丙按丙戊線度，至乙庚線之丁，作一丙丁線，則又成丙丁戊三角形。此三三角形皆爲同式形。乙戊丙三角形之乙角當丙庚弧，爲乙丙弧之倍，則乙戊丙三角形之乙角，與乙甲丙三角形之甲角等。又與乙甲丙三角形同用丙角。而丙丁戊三角形之丁丙線，與甲辛半徑平行，即丙丁戊三角形之丙角，與甲丙辛三角形之甲角，爲相對錯角，亦必等。又與乙丙戊三角形同用戊角，是此三三角形之各角互相等而爲同式形也。其相當各邊，俱成相連比例。故甲乙與乙丙之比，同於乙丙與丙戊之比。乙丙與丙戊之比，又同於丙戊與戊丁之比。爲相連比例四率。而甲乙爲一率，乙丙爲二率，丙戊爲三率，戊丁爲四率也。又按乙戊度作壬戊線，與丁丙平行，則截甲乙線於壬。乃自壬與乙丙平行，作壬子線。復自壬與乙戊平行，作壬癸線。則又成甲壬子與壬戊癸兩三角形，與乙丙戊三角形等。成壬癸子一三角形，與丙丁戊三角形等。其甲子、癸戊皆與乙丙二率等，而癸子與丁戊四率等。是甲丙一率內，有兩二率，一三率，而少一四率也。若以甲丙一率，與癸子四率相加，方與二率之兩倍，再加一三率之數等。故用連比例四率，有一率求二率法算之，得二率，爲十四邊形之每一邊也。

設如圜徑二十萬，求內容七邊形之一邊幾何。

法以半徑十萬爲底，仍以半徑十萬與圜內容十四邊形之一邊四萬四千五百零四小餘一八六六七九一三。爲兩腰，用三角形求中垂線法算之，得中垂線四萬三千三百八十八，小餘三七三九一一八。倍之，得八萬六千七百七十六，小餘七四七八二三六。即圜內容七邊形之每一邊也。

如甲圜容七邊形，每邊之弧，得圜周七分之一，皆五十一度二十五分四十二秒有餘。試自圜心甲至圜界乙、丙二處，作甲乙、甲丙二半徑線，遂成甲乙丙三角形。其乙丙邊爲五十一度二十五分四十二秒有餘之通弦。如以乙丙弧五十一度二十五分四十二秒有餘，折半於丁，作乙丁線，即圜內容十四邊形之一邊。仍自圜心甲至圜界丁，作甲丁半徑線，又成甲乙丁三角形。而甲丁線平分乙丙線於戊，此乙戊線爲甲乙丁三角形之中垂線，即七邊形每邊之一半。故以甲丁半徑爲底，甲乙半徑爲大腰，乙丁十四邊形之一邊爲小腰，求得乙戊中垂線，倍之，爲七邊形之每一邊也。

清・楊作枚《解八線割圓之根》 立表之根有七。一大圓中止有徑線，初無邊角可尋，乃作者憑空結撰，求得七弧之通弦，而全割圓表即從此推出，又絕無假借紐合之病，割圓之巧，孰有加於是焉。

表根一，圜內作六等邊切形，求得六十度之通弦。

法曰：六十度之通弦與圈之半徑等，作表時命爲十萬，亦曰全數。

解曰：如圖，辛爲心，作甲丙丁圈，甲丁爲全徑，辛丁爲半徑。次取丁爲心，辛爲界，作(戊庚辛)[辛戊庚]圈，與原圈相交於丙、(于)[於]戊。次引長丁辛線至庚，必平分丙戊弧於丁，亦平分戊丙弧于辛。以丁爲戊庚圈心故。次作辛丙、丙丁、丁戊、戊辛四線，成丁辛丙、丁辛戊二形，必皆三邊等三角形。何

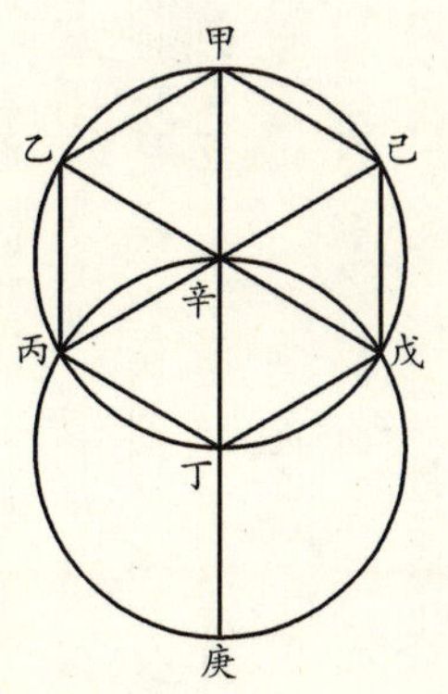

則？丁爲心，辛爲界，則丁辛與丁丙皆爲戊庚圈之半徑。仍用辛丁爲度，辛爲心，丁爲界，則辛丁又爲甲己圈之半徑。辛丙亦同。則辛丁、丁丙、辛丙三線俱

等，而辛丁丙爲三邊等形，丁辛丙三角俱自相等，每角六十度。夫辛角在心者也，則丙丁弧爲六十度，丙丁即六十度之通弦，與辛丁半徑等矣。丁戊辛形倣此。

次以丙辛引至己，戊辛引至乙，其甲辛己、乙辛甲交角俱與丙辛丁、戊辛丁角等。角等弧亦等，即平分大圈爲六分。次作丙丁等六線相連，成六等邊內切形，等邊等角。蓋乙辛己、丙辛戊兩交角之弧，既當六分圈之四，則中間己戊、乙丙二弧，亦必各爲六分圈之一，故成六等邊形，皆以半徑爲邊，此天地自然之數也。

表根二，圈內作四等邊切形，求得九十度之通弦。

法曰：半徑上方形倍之，開方得九十度之通弦。

解曰：圈內四等邊切形，即內切直角方形也。如圖，甲癸丁圈，庚爲心，作丁癸全徑。又作甲己全徑，與丁癸十字相交，爲湊心四直角，即平分大圓爲四分，每分九十度。次作甲癸、己癸、己丁、甲丁四線，相連成四邊等形，其切圈之甲、丁、己、癸四角俱爲直角，以各角俱乘半圈故。所容之癸甲丁己爲正方形，甲癸等爲九十度之通弦。用甲庚癸直角形，甲庚半徑上方與庚癸半徑上方并，開方，得甲癸弦，句股求弦術也。

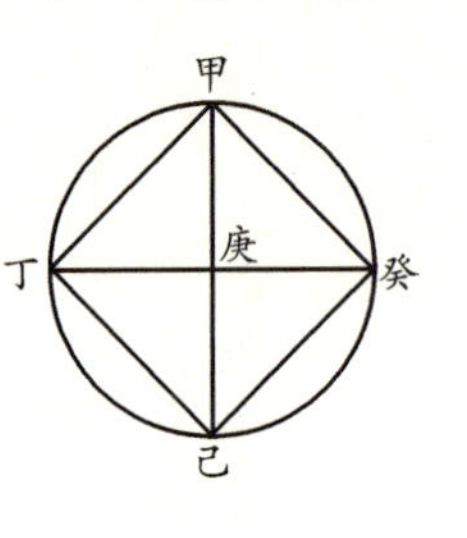

已上二根並仍《曆書》之舊。

表根三，圈內作十等邊切形，用理分中末線，求得三十六度之通弦。

法曰：圈徑上作理分中末線，其大分爲十邊等形之一邊，即三十六度之通弦。今欲明十邊形之理，先解理分中末線。欲明理分中末線，先解方形及矩形。

一，解曰：凡正方形內，如乙庚戊丙方。依一角復作正方形，如丁庚方。以小方之各邊引長之，如甲午、辛壬，即分元方戊庚爲四分小方，之各邊與大方之各邊俱兩兩平行。其與小方丁庚相對之丁戊形，亦必正方形。左右所截之午壬、甲辛二形，必皆矩形，而恒自相等。

一，解曰：任設一線如甲戊，兩平分之于乙。又任引長之爲戊庚，長短不論。其全線甲庚偕引長線戊庚即子庚。矩內形甲子矩。及半元線甲乙癸丑等。上方形并，成子丑壬甲磬折形，此形與半元線乙戊癸辛方。形等。何則？乙庚上方乙丙，與磬折形子丑壬甲共用乙子矩形。今試以此兩率各試去乙子矩形，兩所餘爲乙壬矩及丑丙矩。夫此兩矩形邊各相等，辛丙與乙辛等，辛丑與壬辛亦等。以壬丑爲正方故。其冪亦必等。則於乙子形加丑丙，得乙丙方，于乙子形加乙壬，得子甲壬磬折形，亦無不等矣。又己辛亦正方形，以相對之己庚爲正方故。己辛方與壬丑方亦等，以同在甲庚、癸子兩平行線內，又甲乙、乙戊相等故也，分中末線。

解理分中末線。明上二圖，可論理分中末線矣。

法曰：如圖，任作甲戊線，兩平分於乙。以甲戊線自之，作戊卯方，從乙平分處向丁作乙丁線。次以甲戊引至庚，令乙庚與乙丁等。于乙庚上作乙丙方，又取庚子與戊庚等。作癸子線分戊丁于己，則戊己爲戊丁元線之大分，己丁爲小分，戊己、丁己、戊丁三線成連比例，戊丁與戊己，若戊己與己丁，而戊己爲中。

解曰：依上二圖之論，甲庚線偕戊庚矩形及乙戊即甲乙。上方形，并與乙庚上方等。今乙庚線既令與乙丁等，則乙丁上方亦與乙庚上方等，是甲庚偕戊庚矩形及乙戊上方并，與乙丁上方等。而乙丁上方與乙戊、丁戊上兩方之并等。此二率者，共用乙戊上方。試以此二率各減去乙戊上方，則所存之戊卯方，與甲子矩形必等矣。夫戊卯方既與甲子矩等，又共用甲己矩形，試各減去甲己矩形，則所存戊子方與卯己矩形必等矣。卯己與戊子兩矩形既等，又以己直角相連，則兩形之邊爲互相似之比例，癸己與己子，若戊己與己丁。夫癸己即戊丁也，則戊丁與戊己，若戊己與己丁，爲連比例，而戊己爲中率，戊己大分上方，二三率。與戊丁一率。偕己丁四率。矩形等。戊丁全線爲首率，戊己大分爲中率，減戊丁，甲戊同。存己丁小分爲末率。蓋理分中末線云者，於一直線上作連比例之謂也。求之，法以所設甲戊半于乙爲句，甲戊爲股，即戊丁。求乙丁弦，即乙庚也。減乙戊句，存戊庚，即戊己大分。減戊丁元線，存己丁小分。

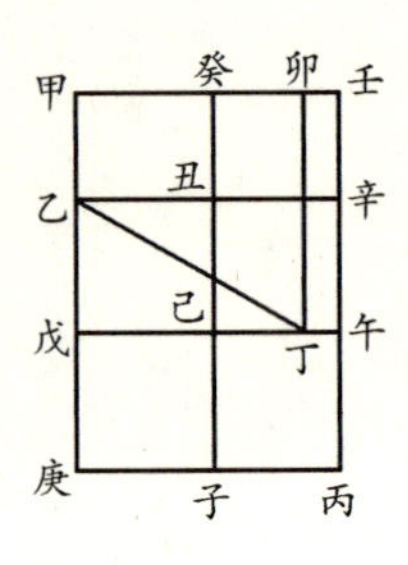

又　甲戊引長線止於庚者，欲令乙庚等乙丁也。若不爲連比例，戊庚可任意引長之，如前二圖之論。然理分中末線法，實從二圖之理推出，其關鍵全在乙庚、乙丁二線等也。

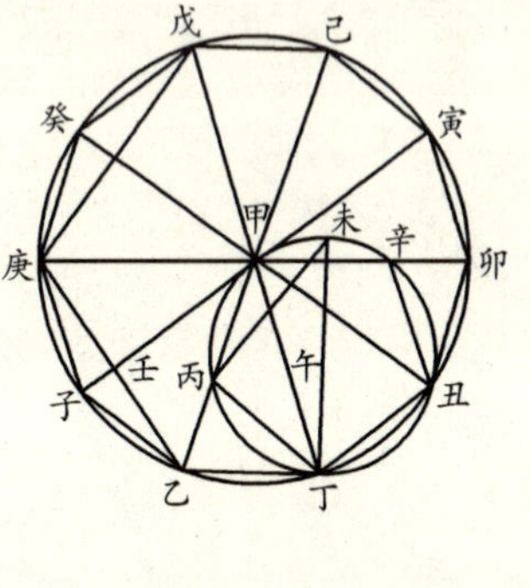

解理分中末線大分爲三十六度之通弦。觀上諸論，可明理分中末線之法，然何以知其大分能爲十等邊形之一邊？如圖，任作甲乙線，用上法，分之於丙，爲理分中末線。甲乙與甲丙，若甲丙與丙乙，甲丙其大分，丙乙其小分。次用甲乙全線爲半徑，甲爲心，乙爲界，作圈。又從乙作乙丁合圈線，令與甲丙等。末從圈心作甲丁線相連，其甲乙、甲丁兩半徑等，即甲丙丁爲兩腰等三角形。夫此三角形，其腰間之甲乙丁、甲丁乙二角必各倍大於底上甲角，何則？試從丙作丙丁線于甲丙丁角形外，作甲丙丁外切圈。其甲乙偕乙丙矩內直角形，與甲丙上方形等，因連比例等。亦即與至規外之乙丁上方等。而乙丁切小圈于丁，爲切線，即乙丁切線偕丁丙線所作乙丁丙角，與負丁甲丙圈分之甲角交互相等。見《幾何》三卷三十二。此二率者，每加一丙丁甲角，即甲丁乙全角，與丙甲丁、丙丁甲兩角并等。夫乙丙丁外角與丁甲相對之內兩角并等，即乙丙丁角與甲丁乙全角等，而與相等之甲乙丁亦等。丙丁與乙丁兩線亦等。夫乙丁原與甲丙等，即丙丁與丙甲亦等。因丙甲丁、丙丁甲兩角亦等，又甲角既與乙丁丙角等，即乙丁丙、甲丁丙兩角亦相等。是甲丁乙倍大於丙丁甲，亦即倍大於相等之丙甲丁角也。而甲乙邊與甲丁等，則甲乙丁角亦倍大於甲角也。

次解曰：丙丁乙角何以知其與丙甲丁角交互相等？試作未丁全徑，與乙丁爲直角。又作未丙線，成未丙丁直角。夫丙未丁、丙丁未二角并，與一直角等。乙丁未亦一直角，此二率者，各減去未丁丙角，所存丙丁乙、丙未丁二角必等。夫丙未丁負圈角也，丙甲丁亦負圈角也，同負丙丁弧，則丙甲丁角與丙未丁角等。夫未角與丙丁乙角等也，今既與丙甲丁等，則丙甲丁角亦必與丙丁乙角等。

依上論，顯甲乙丁形之乙、丁二角俱倍大於底上甲角，形內之丙丁乙形與甲乙丁原形相似，其丙、乙二角亦倍大於乙丁丙角。乙丁、丙丁、甲丙三線俱等，夫甲丁乙形之甲、乙、丁三角并等兩直角。今乙、丁二角既倍大於甲角，是合乙甲丁角而爲五分兩直角矣。則乙甲丁角該五分兩直角之一爲三十六度。夫五分兩直角之一與十分四直角全周。之一等，則乙甲丁角或乙丁弧即十分圈之一分。乙甲、丁甲又各爲半徑，則乙丁即十等邊形之一邊。夫乙丁與丙丁等，丙丁與甲丙等，則甲丙與乙丁亦等。而甲丙即理分中末線之大分，故圈徑上作理分中末線，其大分爲三十六度之通弦。

圈內作十等邊切形法。先依上，作甲丁乙兩腰等三角形，以甲乙、甲丁各引至圈界，爲乙已、丁戊，其已戊弧與乙丁等。次以戊乙弧半于庚，作乙庚、戊庚二線，各半之於辛、於壬。又作癸丑、子寅、卯庚諸線，俱過甲心，各抵圈界，即平分大圓爲十分。末作戊已等十線，相連即所求。

十邊形之理，據《曆書》見《幾何》十三卷九題，而《幾何》六卷已後之書，未經翻譯，不可得見。考之他書，未有發明其義者，余特作此解之。

表根四，圈內作五等邊內切形，求得七十二度之通弦。

法曰：六邊形上方形及十邊形上方形并，開方，得七十二度通弦。

解內切五等邊形法。

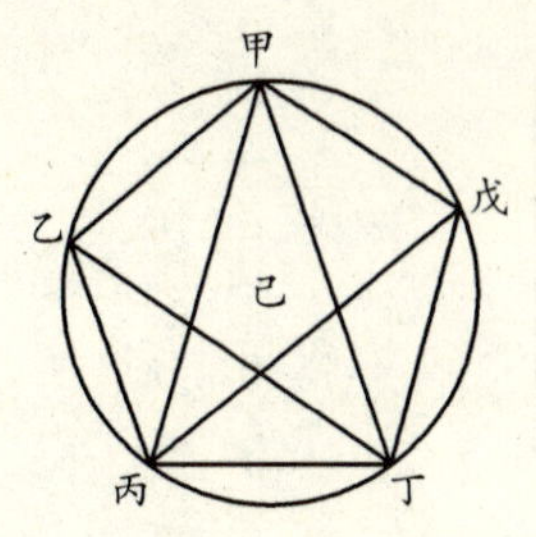

法曰：甲乙丁圈，於圈內作甲丙丁兩腰等乘圈角形，令腰間丙、丁二角各倍大於甲角，即甲角所乘之丙丁弧，爲全圈五分之一。何則？甲丙丁形之三角并等兩直角，今丙、丁二角既各倍大於甲角，則甲角爲五分兩直角之一。又甲爲乘圈角所乘之丙丁弧，必更倍大於甲角之度，爲全圈五之一矣。七十二度。夫丙、子二角又倍大于甲角，則其所乘甲丙、甲丁二弧，亦必倍大於丙丁，爲全圈五分之二。即作丙戊、丁乙二線，平分丙、丁二角，亦平分甲丁、甲丙二弧，分大圈爲五平分。丙丁線即五等邊之一。末作丁戊等四線，相連成五等邊內切形，等邊等角。此係《曆書》原法。

新增作五等邊形法。

甲庚壬平圓內作五邊等形，法任作切圓直線，如子丑，切平圓於甲。乃以切點甲爲心，任作半圈，如子寅丑。次勻分半圓周爲五平分，如子辰等。次從半圓上，取五平分之各點，作直線，至切點甲。此直線必過半圓周。如甲辰線，必過庚。寅甲線，必過戊。餘倣此。末於平圓內聯各點，

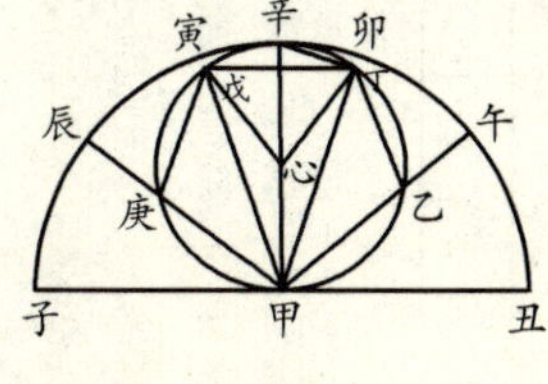

作通弦，即成五等邊形。庚甲、乙甲本爲通弦，補作戊庚、丁戊、乙丁三線，並與庚甲、乙甲等，皆七十二度通弦也。

解曰：卯甲寅負圈角，正得丁心。戊分圓角之半，卯甲寅既爲十等面凑心之角，必三十六度也。則丁心戊角，必七十二度，而爲五等邊角矣。或作半圓于外，如下圖，亦同前論。

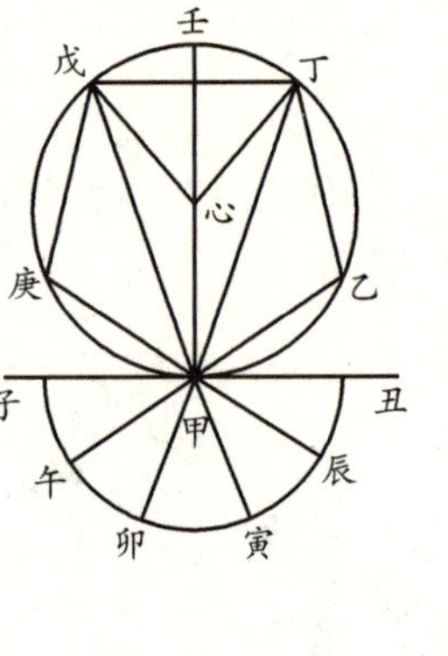

解六邊、十邊兩方并，等五邊上方形。

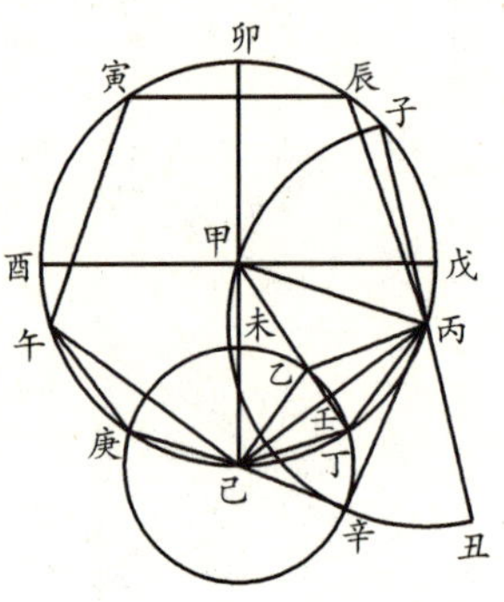
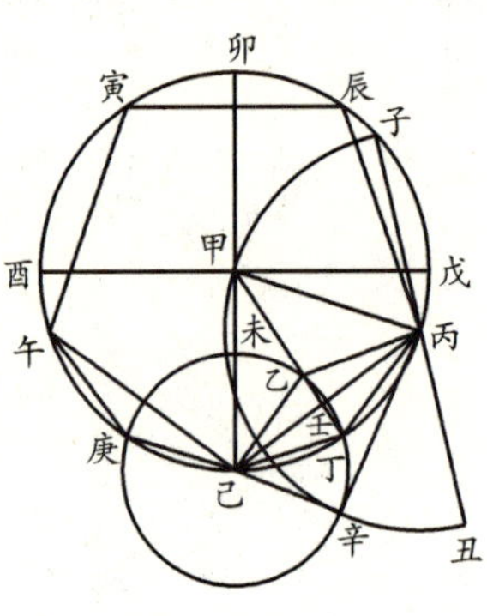

法曰：依前理分中末線法，作己丁、丁丙二邊，爲十分圈之一。乙己、乙丙、甲乙三線，俱爲中末線之大分，與十邊形之一等，乙丁其小分。次取己丁弧之倍至丙，作甲丙線，得己丙七十二度爲五分圈之一。己丁丙爲十分圈之二，即五分圈之一矣。作丙己線，即五等形之一邊也，己、甲、丙爲七十二度之角。次取己爲心，己丁大分爲界，作丁未庚圈。又以丙爲心，丙甲半徑爲界，作子甲丑圖，兩圈相交於辛。未從丙心向交點辛。作丙辛線，從己心向交點辛。作己辛線，成丙己辛三角形。此形辛爲直角。丙辛六邊形之邊即子丙。爲股。己辛十邊形之邊即己丁。爲句。己丙五邊形之邊爲弦。用句股術，得己丙七十二度之通弦。

解曰：丙辛己形，何以知辛點必爲直角。試觀乙己丁、乙丙丁俱爲兩腰等形，又自相等，合之，成己乙丙丁四等邊斜方形，則丙己線必平分乙丁小分于壬。甲丁線，因己丙弧爲己丁之倍，亦平分丙己弦于壬。壬點爲直角。又形内所分之乙壬己、乙壬丙、丁壬己、丁壬丙四句股形，俱自相等。夫丙己邊上方形，爲壬己上方形之四倍，《幾何》言全線上方形爲半元線上方形之四倍。而壬己上方乃乙己上方減去乙壬上方之數。句弦求股。是以乙己上方四倍之，即己乙、己丁、丙丁、丙乙四線上方之并。減去乙丁小分上方，乙丁上方爲乙壬上方之四倍，以乙壬爲乙丁之半故也。即乙壬等四小句方之并。所餘即與丙己上方等矣。而此四乙己方，減乙丁上方之餘，又與全數上方及中末線大分之方并等。即十邊形之一。何則？試觀二圖，即理分中末線圖。甲丁爲全數，甲戊爲全數上方，丁乙爲大分，丁子爲大分上方，兩方之并，成甲壬子戊磬折形。此形内容丁子大分方形之四，則重一庚己小分之方。取丙丁與乙丁等，則己丁壬乙俱爲大分之方。而庚壬矩與丁子方等，甲壬矩又與庚壬矩等，是共有大分上方形之四倍。而庚己小方，則重叠在内，庚己乃辛己小分之方也。今試於磬折形内，減去重叠之方，癸辛方。是即於四個大分方内，減一小分上方，亦猶之前圖，四乙己方内，減去乙丁上方，而所餘必等矣。夫此磬折形，既與前四乙己方内減乙丁上方之餘幂等，而此餘幂又與丙己上方等，則此磬折形亦與五等邊之一丙己上方等。而磬折形乃甲戊、丁子兩方之并也。甲戊方之根甲丁，即前丙辛己形之丙辛邊。丁子方形之根丁己，即前丙己辛形之己辛邊。今丙辛、己辛上兩方并，既等於丙己上方，是丙辛己爲句股形，而辛爲直角矣。丙辛半徑股也，己辛大分句也。丙子弧六十度之邊子丙，即丙辛股。己丁弧三十六度之邊丁己，即己辛句。而丙辛、己辛、丙己三邊，適凑成句股形。故《曆書》言六邊上方并十邊上方，與五邊上方等。蓋以此也。

若作戊乙線，成戊丁乙句股形，與前丙辛己形等。戊乙即五邊形之一益，可見辛之必爲直角矣。

求七十二度通弦法，取逕甚奇。《大測》止具算術，未著其理。據云見《幾何》十三卷一十題。薛書及孔林宗説，殊多牽附。余此圖與原算脗合，乃知古人立法之簡奥也。因更推衍四法如下。

如圖，午丁大圈，依理分中末線法，作十邊等内切形丁午等，俱大分。次從癸、昴諸點，癸甲、昴甲俱爲大分。作癸昴、昴壁等線，俱爲小分。各連之，則中末線之大小兩分，成内外兩十邊等形，俱各兩兩平行，一切于周，一切于徑。次任取戊爲心，甲爲界，作圈。亦依上法，用其大分小分作内外兩十邊等形。末作乙丙、乙丑等五線，爲五邊形之各邊。諸線交錯，得求乙丙邊之法有五。

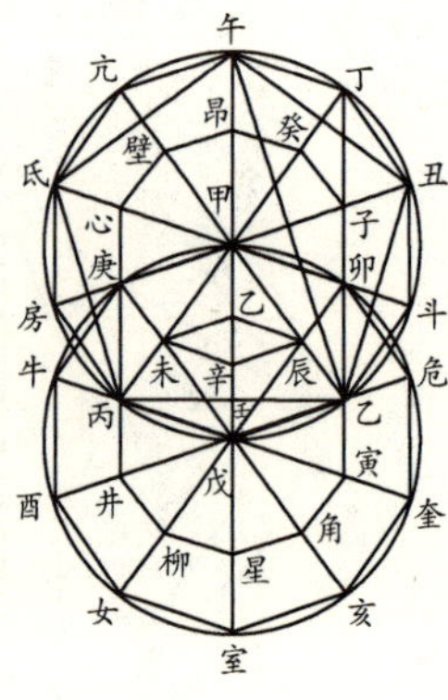

一，丁乙丙形，有丁丙全徑，有丁卯全數及卯乙大分，并爲丁乙，丁乙與午戊必平行。乙爲直角，用股弦求句法，得乙丙邊。

二，乙丙寅形，有乙寅小分爲句，有丙戊、戊寅兩大分，并得丙寅爲弦，求得乙丙股。

三，乙甲丙形，用其半甲壬丙形，有甲丙全數，有甲辛大分，有辛壬爲辛戊小分之半，并爲甲壬，求壬丙勾，倍之，得丙乙邊。

四，乙壬戊形，有乙戊大分爲弦，有壬戊小分之半爲句，求乙壬股，倍之，得乙丙邊。

又，形中兩圈相交，內有甲卯乙戊未爲小五邊形，其各邊，即大分。甲辰戊丙庚形同。又有甲卯乙戊丙庚爲小六邊形，其各邊，亦即大分。又小五邊形與午丑乙丙氐大五邊形相似，而體勢等，則其各邊俱成比例，乙甲全數與甲卯大分，若乙午與午丑，則以甲卯與午乙相乘，全數除之，亦得五邊形之一。其午乙線，以乙亢午直角形，用句弦求股術取之。

表根五，圈內作三等邊內切形，求得一百二十度通弦，半之，爲六十度正弦。

法曰：全徑上方形內減六邊形上方形，開方，得一百二十度之通弦。

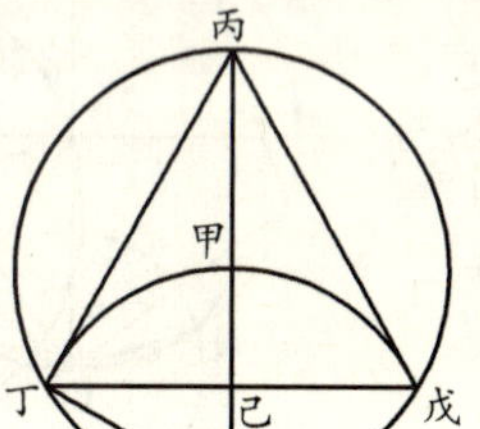

解曰：甲爲圈心，甲乙爲半徑作圈。次乙爲心，仍用乙甲爲半徑作弧，與大圈相交於丁、於戊，其所截之丁乙戊弧，即三分圈之一，何則？依前六邊形之論，丁乙、戊乙二弧，俱爲六分圈之一。今丁乙戊弧，乃倍大於丁乙，必三分圈之一矣。一百二十度。即作丁戊線，爲三等邊形之邊。次以乙甲引至丙，必平分丁丙戊大半圈於丙。以丙乙爲過心線，既平分丁戊弧於乙，亦必平分丁丙戊弧於丙也。從丙作丙戊、丙丁二線，成丁丙戊三邊等內切形。求之，用乙丁丙三角形。丁爲直角，以丁角乘丙戊乙半圈故。丁乙爲六邊形之一，丙乙全徑上方減去丁乙半徑上方，丁乙即乙甲。餘開方，得丙丁邊。

表根六，圈內作十五等邊內切形，求得二十四度之通弦。

法曰：三邊等形與五邊等形之較，即十五分圈之一，可求二十四度通弦。

解曰：戊丙大圈，丑爲心，作丙子全徑。取丙點爲宗，依前法，作丙甲辛三邊等形，又作丙戊乙己庚五邊等形。丙甲弧爲三分圈之一，一百二十度。丙戊乙弧爲五分圈之二，七十二度。相較，得甲乙弧二十四度，即十五分圈之一也。其求甲乙之邊，以五邊形之邊乙己半於癸，三邊形之邊甲辛半於壬，得乙癸，與甲壬相減，丁壬即乙癸。存甲丁爲股。次作乙丑、甲丑兩半徑，成乙丑癸、甲丑壬二直角形。以乙丑半徑上方，減乙癸半弦上方，餘開方，得癸丑邊。又以甲丑半徑上方，減甲壬半弦上方，餘開方，得丑壬邊。次以丑癸與丑壬相減，得壬癸即乙丁。爲句。末用甲丁乙直角形甲丁上方與丁乙上方并，開方，得甲乙爲十五等邊內切形之邊。

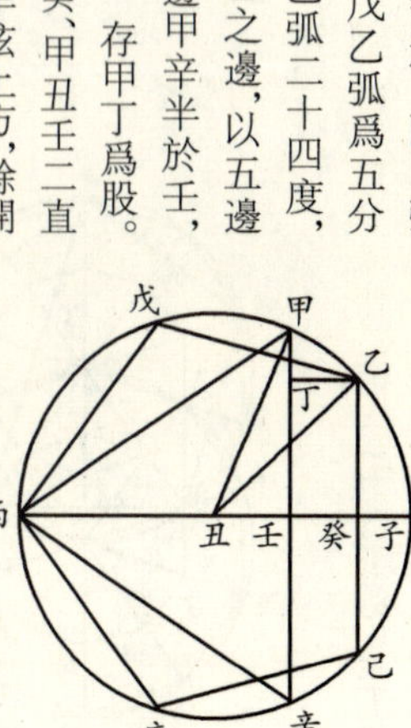

又 解曰：甲乙弧，何以知爲十五分圈之一？凡一圈內作三邊等形，又作五邊等形，以其邊數三與五相乘，得十五，即知可爲十五等邊切形。其兩弧之較，必有十五分圈之一，如甲乙也。餘倣此推。此亦《曆書》原法。

表根七，圈內作九等邊內切形，求得四十度之通弦。新增。求內切九等邊形。

法曰：甲爲圓心，于圓內先作庚子辛三邊等形，法見前。平分大圓爲三分。次用甲庚爲度，作庚己線與庚。辛爲直角，庚爲心，己爲界，作己壬弧，爲全圈六之一。六十度。次於己壬弧上任取癸點，向甲心作癸甲直線，與庚辛交於戊。其自癸至戊之度，令與甲乙半徑等。次癸爲心，戊爲界，作圈，與大圈相交於丙、於庚。庚點爲己壬弧圈心，又癸戊半徑與庚己等，必相交于庚。從癸又作癸庚、癸丙二線，得庚戊丙圈，所割之庚乙丙弧，必爲庚辛弧三之二，辛丙爲三之一，即全圈九分之一也。末作丙辛線，爲內切九等形之邊。依此作丙乙、乙庚諸線，成九等邊內切形，等邊等角。

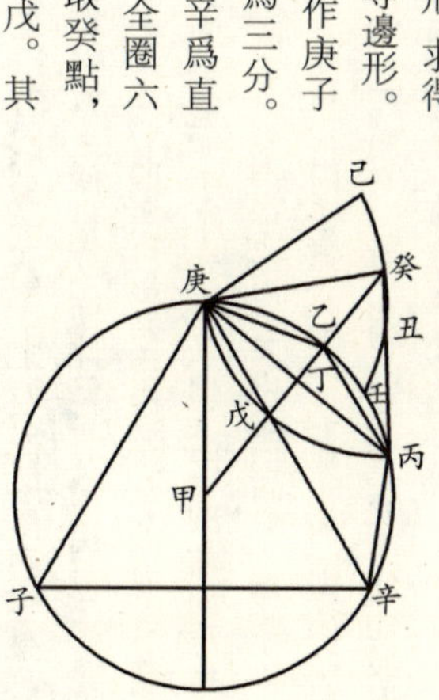

解曰：癸戊線既等甲乙半徑，則兩圈相交之庚戊丙、庚乙丙兩弧必等。又癸甲線既過兩心，甲大圓心，癸庚戊丙圈心。試作庚丙通弦，必平分通弦於丁，亦平分庚丙弧於乙，與丙庚弧於戊，而庚乙與丙乙等，庚戊與丙戊等，又兩弧庚乙丙、庚戊丙。共用庚丙通弦，則丙戊與丙乙，庚戊與庚乙亦各相等。其丙戊、丙乙、庚戊、庚乙四線亦等。又癸丙、癸戊、癸庚三線，俱即半徑，癸爲庚戊丙圈心故。則癸庚戊、癸丙戊爲兩腰等三角形，而兩癸角又等，庚戊丙戊二弧等故。則兩形之邊角俱自相等。又丙戊辛形，其戊、辛二角亦等。何則？戊角之餘爲丙戊庚角，而丙戊庚乃庚戊癸、丙戊癸兩角之并，亦即癸丙戊、癸戊丙兩角之并。癸戊庚角與癸戊丙等，因兩形爲等形，亦與癸丙戊角等。是丙戊辛角必與戊癸丙角等。其丙辛戊角乘庚丙弧，則辛角必得庚丙之半，與乙丙弧等，亦與丙戊等。是丙辛戊角，亦與戊、癸兩角等。而辛丙戊爲兩腰等形，因得戊丙與辛丙兩邊亦等。夫丙戊邊本與戊庚等，則丑丙與戊庚亦等。而丙戊即丙乙，庚戊即庚乙，是辛丙、丙乙、乙庚三線等也。而辛丙、丙乙、乙庚三圈分亦等矣。前庚乙辛弧乃全圈三之一，今庚乙又爲庚辛三之一，即全圈九之一爲四十度，而庚乙即四十度通弦。

按：癸丙線必與庚甲平行，其交己壬弧之丑點，必居癸壬弧之中，而壬丑、丑癸、癸己爲三平分，各得十二度。

求九邊形之邊。

法曰：取十邊形相較，可得九分圈之邊。如圖，乙辛戊圓，甲爲心，取辛丙弧爲十邊形之一，三十六度。戊乙弧爲九邊形之一，四十度。辛丙爲十邊形之邊，乙戊爲九邊形之邊。二線令平行，則其較弧辛乙與丙戊相等。各二度。次作辛乙、丙乙諸線，成辛乙戊丙四邊形。此形有丙辛邊，前第五根所得。有辛乙邊，一度正弦之倍，用後法所得。先求丙乙線。用丙辛乙鈍角形，作辛丁垂線，以辛丙半之，因乙辛，得辛丁。次以辛丁上方減辛乙上方，開方，得乙丁。又以減辛丙上方，開方，得丁丙，并之，得乙丙線與辛戊等。次以乙丙自乘方內，減去辛乙自乘方，餘以辛丙除之，得乙戊爲九邊形之邊，即四十度通弦也。上圖之庚乙線。

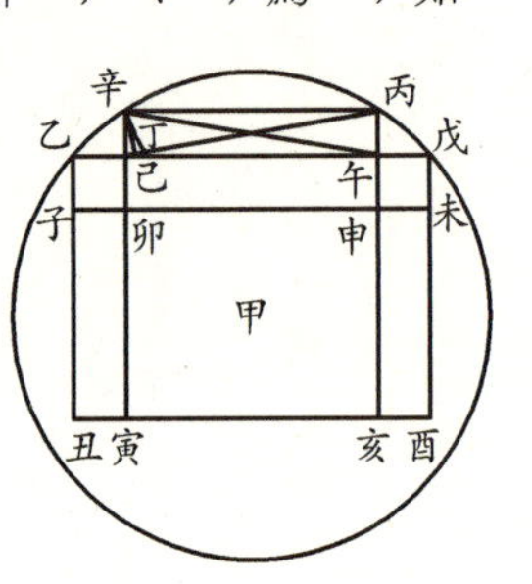

解曰：丙辛線既與戊乙平行，則丙乙、辛戊兩線相等，辛乙與丙戊亦等。從辛從丙作辛己、丙午二垂線，所截戊乙線之戊午、己乙，爲丙辛、戊乙二線相較之半，亦必等。夫丙乙自乘，得丙乙上方形。辛乙自乘，得丙戊上方形。辛乙與丙戊等故。而丙乙上方，乃丙午、乙午上兩方之并。丙戊上方，又丙午、戊午上兩方之并。則試於丙乙上方減去丙午上方，所餘爲乙亥方。丙戊上方減去丙午上方，所餘爲午未方。而午未方，即己子方也。今于丙乙上方形減丙戊上方形，是減去丙午上一方，又減去己子一方，即戊午上方形。所餘爲午卯丑亥磬折形。夫午乙與己戊二線相等，則午丑與己酉兩方形亦等，因得卯午矩與申酉矩等。移卯午，補申酉，則丑未矩形與午卯丑亥磬折形等矣。故以子丑除之，子丑即丙辛，以卯亥爲正方故。得子未邊，即乙戊四十度通弦也。

按：九邊形法，諸書所無。然缺此，則九十度之正弦不備。壬寅秋，客潤州，魏副憲官署時魏公銳意曆學，因作此圖補之。

附求一度之通弦。一度爲全圜三百六十之一，亦可名三百六十等邊內切形。

法曰：一度之通弦，取相近之數，用中比例法得之。

如圖，庚乙弧爲一度，先設甲庚一度三十分，依前法，表根六及表法一。求其正弦甲癸〇度〇二六一七六八九，又求其通弦，得〇度〇二六一七九二，半之，得〇度〇一三〇八九六，爲己庚四十五分弧正弦己辛也。三分之，得己寅〇度〇〇四三六三三，爲十五分弧略大線。加己辛，即未丑。得壬丑〇度〇一七四五二八，爲一度弧略大之正弦。次於甲癸線內減己辛，即戊癸。餘戊甲，亦三分之，得丙戊〇度〇〇四三六二四，爲十五分弧略小線。加戊癸，得丙癸〇度〇一七四五二，即丁午也，爲丁庚一度略小弧之正弦。夫大小兩弦，其差八數，爲壬亥，半之，得四壬申也。申亥同。加小減大，得乙子〇度〇一七四五二四，爲乙庚一度之正弦。若求其通弦，用正弦與正矢爲句股，求之。此薛儀甫《曆學會通》法。

再細求一度正弦。係作枚法。

前四十五分弧之正弦〇度〇一三〇八九六，法以四十五分半之，爲廿二分三十秒，求其正弦，得六五四四九。又半之，爲十一分十五秒，求得正弦三二七二四五。夫廿二分三十秒之弧，倍於十一分十五秒，而其弦亦倍，則知二十分以內之弧正弦，若平分數。縱有參差，非算所及。法以廿二分三十秒爲一率，正弦六五四四九爲二率，十五分爲三率，得四率十五分正弦〇度〇〇四三六三三六。次以十五分正弦與四十五分餘弦○度九九九一四三相乘，得○度○○四三六二八八六○六八六爲先數。以十五分餘弦○度九九九九○四八與四十五分正弦○度○一三○八九六相乘，得○度○一三○八九四七五三八爲後數。相乘之理，見表法六。兩數相併，得○度○一七四五二三六一四五爲一度正弦。與薛書略同，但此法似密。

論曰：弧與弦非平分數，然一度以内，弧弦相切，曲直之分，所差極微，故可以中比例法求也。

按：上七根所求者，皆各弧之通弦。表中所列俱正弦，蓋論割圓，必以通弦，便算則惟正弦。然正弦即通弦之半，全與分之比例等，其理一也。

清·戴震《句股割圓記》卷上　圜周六分之，其弧弦適圜半徑。是故周三徑一者，六觚之周也。

圜周大於六觚之周，爲六弧背與六弧弦之差。

圜半徑爲股，半之爲句，求其弦。句弦較十之，是爲十觚之周。

分圜周爲十弧，其弧弦半之，爲四限八分之内矩分，即十九限二分之次内矩分。立成三○九○一六九九半弱。合前六觚之率，其弧弦半之，爲十八限之内矩分，即十六限之次内矩分。立成五○○○○○○○適足。參以十二限之矩分、次矩分相等，適圜半徑。内矩分、次内矩分亦相等。準前方内函圜，圜内復函方之率，得内方徑，半之，爲十二限之内矩分及次内矩分。立成七○七一○六七八有奇。此推立成之根也。

第十五圖

六觚之一面，適得圜半徑。疊兩圜觀之，其數顯然。梅氏《平三角舉要》云：劉徽、祖沖之以割六弧起數，趙友欽以四角起數，割圜諸率，皆自此出。

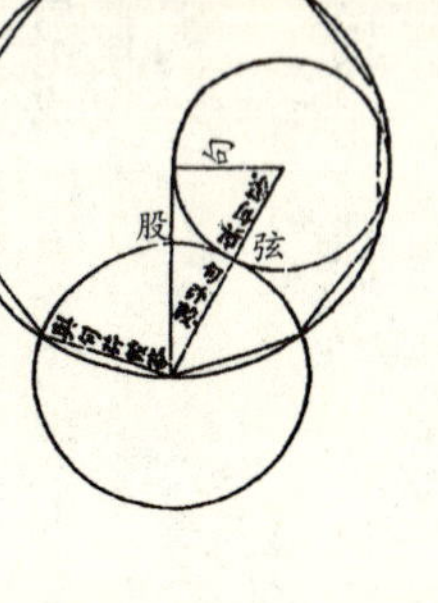

第十六圖

句、股各自乘，併之，萬二千五百分爲弦實，開方，得弦百一十一分八十萬零三千三百九十八，算有奇。減句五十分，餘六十一分八十萬零三千三百九十八，算有奇。爲十弧之弦。

清·焦循《釋弧》卷上　如圖，卯壬之餘弦，横之爲卯未中垂線。中垂線詳見後。錯之爲壬未，爲六觚内所容六觚之一面。倍之，即庚辛爲三觚之一面。卯壬未三餘弦爲卯申辛三半徑之比例。卯壬丁句股形爲卯申未句股形之比例。

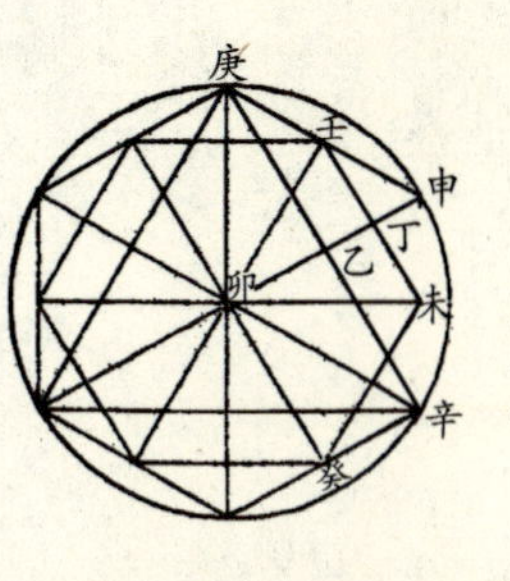

以半徑乘六觚之弦，得其斜弦，則觚可以四。

以半徑乘六觚之正弦，得其斜弦之較，則觚可以十。

六觚之一面，與兩半徑相合，成三角形。是形三面之度，皆十。三角所當之弧，皆六十。無庸算者也。故算從此起。由此變化之有二。一爲半其兩角，以倍其一角。一爲半其一角，以倍其兩角。半其兩角，以倍其一角，惟四分圜周之一。半其一角，以倍其兩角，惟十分圜周之一。四分周之一者，其觚兩畔所當，必八分之一。十分周之一者，其觚兩畔所當必十分之二。此二者，相爲消息，於六觚之面者也。凡三角之合數，必如半周之數。三角每角六十度，合爲百八十度。四觚之面九十度，其餘二角所當每角必四十五度。四十五度於全周爲八分之一，十觚之面三十六度，其餘二角所當每角必七十二度。七十二度於全周爲十分之二，兩三角之度合之，亦百八十度。四觚兩半徑相交爲直角，其觚面之絙於下者，適爲平方内之斜弦，故用平方求弦術得之。平方求弦，以方邊自乘，倍而開方除之。今方邊即半徑，而半徑即六觚之一面。故半徑乘六觚之弦，不啻方邊之自乘也。十觚之兩半徑相交爲鋭角，鋭鈍詳見後。若以中垂線爲股，半徑爲弦，可得句爲十觚面之半。然弦有數，中垂線無數，則句不得而求也。於是不可求以數，而可求以形。剖四觚之倍角，九十度之角。以垂於觚面，則分一三角形爲兩三角形，其形適相等。剖十觚之倍角，七十二度之角。以垂於半徑，則分一三角形爲大小兩三角形。其小三角形與本形適相等。既有相等之形，則可以爲例一三角形。既分爲大小兩三角形，則一半徑，亦分爲大小兩徑。其大徑等於十觚之面，其小徑即可比例十觚之面。小徑可比例十觚之面，則大徑可比例半徑之全矣。半徑與大小二徑互相比例，是三率比例術之中末二率同於首率者也。此理分中末線所爲用也。梅勿菴於《幾何通解》中，明是術本於句弦和較相乘即句股幂，而反復於遞加倍角之理。蓋角之有倍、有半，猶徑之有倍、有半。有角倍於角，則中分倍角，而得其對邊之度。以減對邊而得大分。有邊倍於邊，則中分倍邊，以其半減直角之對邊而得大分。其義一也。惟四觚之角，兩半一倍。惟十觚之角，兩倍一半。兩半一倍者，自其倍剖之，其垂線必如底之半。兩倍一半者，自其倍剖之，其垂線必如底之全。而如要之大半，要之小半，乃轉相爲底。故倍半之比例爲十觚之所專。此所以獨用理分中末線也。

如圖，卯角九十度，辰角、寅角各四十五度。自倍角剖之，其中垂線，即等觚面之半。以辰寅爲半徑，則卯寅爲正弦，辰卯爲餘弦。

如圖，寅戌與子寅，皆十觚之一面，卯丑、丑子同。辰寅半徑之半爲句，辰未半徑爲股，未寅爲弦，酉寅爲句弦較，即戌寅十觚之一，亦即卯丑之大分。

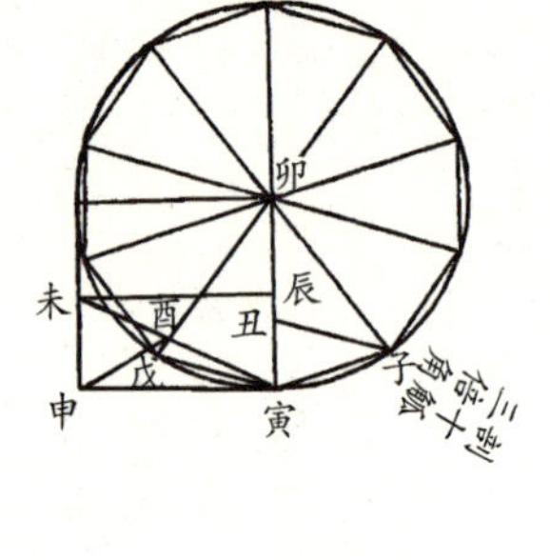

有兩弧之餘弦，各規之，互得其正弦。則兩正弦相加，得兩弧相加之正弦。相減，得兩弧相減之正弦。其理出於圓内容方，方内容圓也。

清・安清翹《矩線原本》卷四《割圓一線表》

求最小之弧弦並周徑密率。半周五十度，其通弦，即全徑二千萬。用求五分之一術，第一次得十度之通弦，第二次得二度之通弦，第三次得四十分之通弦，第四次得八分之通弦，第五次得一分六十秒之通弦，第六次得三十二秒之通弦。再用求二分之一術，第一次得十六秒之通弦，第二次得八秒之通弦，第三次得四秒之通弦，第四次得二秒之通弦，第五次得一秒之通弦爲圓周百萬分之一。其一秒之通弦爲數六十二小餘八三一八五三，以百萬乘之，得六千二百八十三萬一千八百五十三，即圓徑二千萬之周數。半之，爲徑一周三一四一五九二六五也。

基本關係分部

算法

清・王錫闡《曉菴新法》卷一 正弦與半徑爲勾弦，求股爲較弧之正弦，亦爲正弧之較弦。較弦損半徑爲矢，矢與正弦爲勾股，得全弦。

置半徑，内減較弦得矢，矢爲勾，正弦爲股，勾股求弦，得正弧全弦。半之，又爲半弧之正弦，用此法可以遞損半弧求其正弦。

又王錫闡《圜解》 弧弦矢互易第八 正弧可以爲較弧，較弧可以爲正弧，其于弦矢也亦然。或于正弧界内，或于正弧界外，或跨正弧内外，任取一弧皆可爲正弧。有不齊之兩弧，其兩弧之較亦可爲正弧，既得正弧，即可推其較弧及其弦矢。

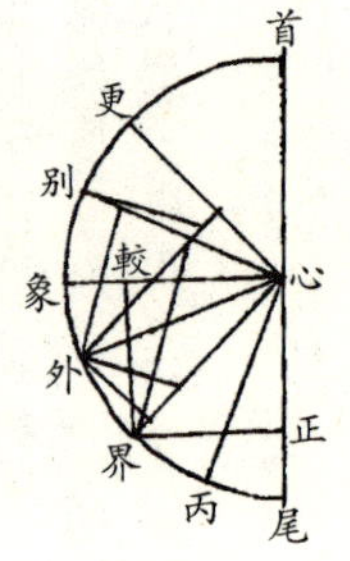

第一形，用半圜周，不用全周，從省也。取交首交尾之義，志半周弧黹端曰首，後端曰尾。從首至尾作首尾全徑，徑折半處志之曰心。厺首尾弧各一象，志之曰象。自象至心作象心半徑，與首尾全徑相遇，爲矩折二。以後半周，俱從此志號。設于尾象弧，任取一處，志之曰界。尾界弧爲正弧，界象弧爲較弧。于界出直線三。一主心爲半徑。一與象心半徑平行，遇尾心半徑成矩折，其遇處，志之曰正，爲正弦。一與尾心半徑平行，遇象心半徑成矩折，其遇處，志之曰較爲較弧。若相易，則命界象弧爲正弧，即命尾界弧爲較弧，界較較弦易爲正弦，界正正弦易爲較弦。(正)[尾]心半徑厺正尾徑分之尾正正矢，求矢金見第三。易爲較矢。象心半徑厺較心徑分之象較較矢，易爲正矢矣。又于尾界弧任取一處，志之曰内。内界爲正弧内任取之弧。于界象弧任取一處，志之曰外。界外爲正弧。外任取之弧，又任取一弧，即如自内過界至外之總弧，此弧但取跨正弦内外，不必先任取内界、界外兩弧之摠。今姑以此爲例，皆可爲正弦。有大小不齊之兩弧，小如尾界弧，大如尾外弧，亦不泥此兩弧，姑以爲例。其大小之多，如界外弧，亦可爲正弧。凡正弧與象限之較，皆爲較弧，别于象首弧。取距内一象限之處，志之曰别，更于象首弧，取距界一象限之處，志之曰更，界别弧，内界弧之較弧也。外别弧，内外弧之較弧也。外更弧，界外弧之較弧也。借爲兩弧同之。較弧于内、于外、于别、于更各出半徑直線至心，内心别及界心更俱爲矩折。次于界出兩直線，一與别心半徑平行，過内心半徑成矩折，爲任取内界弧正弦。一與内心半徑平行，遇别心半徑成矩折，爲任取内界弧較弦。于外出直線四。其二，一與更心半徑平行，遇界心半徑成矩折，爲任取界外弧正弦。一與界心半徑平行，遇更心半徑成矩折，爲任取界外弧較弦，借爲兩弧多正弦較法。其二，一與别心半徑平行，遇内心半徑成矩折，爲内外弧正弦。一與内心半徑平行，遇別心半徑成矩折，爲内外弧較弦。易之，而諸正弧皆可爲較弧，諸較弧皆可爲正弧。諸正弦皆可爲較弦，諸較弦皆可爲正弦。以較弦減半徑之正矢可更爲較矢。以正弦減半徑之較矢，皆可更爲(較)[正]矢也。由此推知，全圜之中，隨處可爲正弧，亦隨處可爲較弧及正較弦矢也。

自正弧𢍰端出直線，遇後端半徑成矩折，爲正弦。後端出直線，遇𢍰端半徑成矩折，亦爲正弦。其遇處分半徑爲二，從分至心爲較弦，至周爲正矢。自較弧後端出直線，遇前端半徑成矩折爲較弦。𢍰端出直線，遇後端半徑成矩折亦爲較弦。其遇處分半徑爲二，從分至心爲正弦，至周爲較矢。

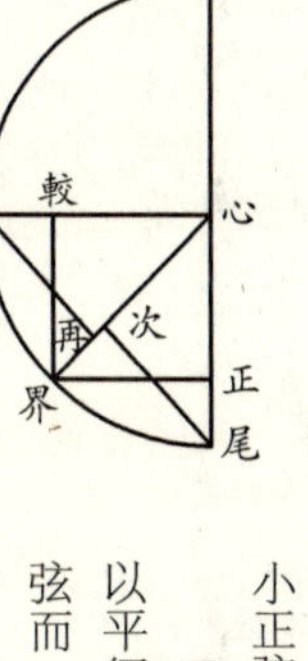

第二形。尾爲正弧之後端，象爲較弧之𢍰端，界爲正弧之𢍰端，較弧之後端。尾心爲正弧後端半徑，象心爲較弧𢍰端半徑，界心爲正弧𢍰端半徑。較弧後端半徑。[界]正爲正弦，遇正弧後端半徑之處。較[界]爲較弦，遇較弧𢍰端半徑之處。自界出直線至正成矩折爲正弦，分尾心半徑，從正至心爲較弦，至尾爲正矢。自界出直線至較成矩折爲較弦，從較至心爲正弦，至象爲較矢，𢍰已詳之矣。次從尾出直線，遇界心半徑成矩折，遇處志之曰次。而尾次線亦爲正弦，何以知之？弧之自尾至界，猶之自界至尾也。界心半徑，猶尾心半徑也。而直線遇半徑成矩折，又同得不同爲正弦乎？界心分于次，而次心徑分爲較弦，次界徑分爲正矢，不待言矣。再自象出直線，遇界心半徑成矩折，遇處志之曰再。而象再線，亦爲較弦，是與尾次線爲正弦。同理無煩贅解。而再心亦爲正弦，再界亦爲較矢，更不待言矣。由是推知，正弦較弦互爲句股，則以半徑爲斜弦。正弦正矢互爲句股，則法正弧爲全弧，而以其全弦爲斜弦。較弦較矢互爲句股，(放)[仿]此，有大小兩圈，其弧徑弦矢，比例皆同。

第三形，外爲大(圈)[圜]，内爲小圜。其大圜任分正較兩弧，正弧不及象限者，觀後一象限。正弧過象限者，觀𢍰一象限。自兩弧之界，出半徑直線至圜心，其與小圜周相交之處，割小圜象限，亦爲正較二弧，弧度與大圜相應，雖廣狹不同，而度分之多寡，嘗等。兩弧各正弧較弧，俱作正較兩弦，大(圈)[圜]半徑，自交小圜周，以至圜心之徑分，即爲小圜半徑。以後大圜省曰大，小圜省曰小。以大象限比大正較弧，猶小象限比小正較弧也。以大象限比小象限，猶大正較弧比小正較弧也。以大弧比大徑弦，猶小弧比小徑弦也。以大弧比小弧，猶大徑弦比小徑弦也。以大半徑比大正較弦，猶小半徑比小正較弦也。以大半徑比小半徑，猶大正較弦比小正較弦也。以大正弧正弦比大較弧較弦，猶小正弧正弦比小較弧較弦也。以大正弧正弦比小正弧正弦，猶大較弧較弦比小較弧較弦也。此以全比分，象限半徑爲全，兩弧兩弦爲分。以大比小，以正比較也。及觀而以分比全，以小比大，以較比正，俱(放)[仿]此矣。求法，用先比數，因猶數。如以數而一，得後比數，必先有三數，而後求可一數。假如以大半徑比小半徑，猶大正弦比小正弦，則用先比數小半徑，因猶數大正弦。如以數大半徑而一，得後比數，小正弦也，餘(放)[仿]此。

又　切分、界分　有圜外切分，有割圜界分。以平徑因正弦如較弦而一，得切分。半徑自因如較弦而一，得界分。

試引正弧𢍰端半徑心界。出圜外，又從後端象出直線與正弦正界。平行，其半徑引長之線與所出直線皆以相遇爲限，其遇處，志之曰切，所出直線切象，曰切分，引長之線，曰界分，偕正弧後端半徑成(可)[句]股形，其形與正弦界正。平徑界心。弦正心句股形相似。心在切心上，正心在象心上，界正與切象平行故也。則較弦正心之比正弦界正，猶後端半徑象心之比切分切象也。較弦之比𢍰端半徑界心，猶後端半徑象心之比切心也。較弧之切分、界分(放)[仿]此。其切分、界分相遇之處，志之曰分。餘觀式自明。

清・李子金《天弧象限表》

諸線相求之法

以正弦求餘弦，置正弦、半徑各自乘，相減，餘以平方開之即得。以餘弦求正弦，同法。以兩弦求正切線，置正弦爲實，以餘弦除之即得。本當先以半徑乘，後以餘弦除，此用捷法。凡當用全數乘除者，皆在可省，只于位上定之。以兩弦求餘切線，同法。以正弦、正切求正割線，以正弦除正切即得。或以餘弦除半徑亦得。以餘弦、餘切求餘割線，以餘弦除餘切即得。或以正弦除半徑亦得。

予又有用三線之法

其法于六線中止列三線，前四十五度，則有正弦、正割、餘切，而無餘弦、餘割、正切。求正切，則用正弦、正割相乘。求餘弦，則用正弦、餘切相乘。求餘割，則用正割、餘切相乘。後四十五度，則有餘弦、餘割、正切，而無正弦、正割、餘切。求餘切，則用餘弦、餘割相乘。求正弦，則用餘弦、正切相乘。求正割，則用餘割、正切相乘。較八線表，可省一半。較予象限表，則乘而不除。【略】

諸線展轉反復，俱可相求之例

假如正弦六，正切七五，正割一二五，餘弦八，餘切一三三三不盡，餘割一六六六不盡。以相連之二位求前一位，則用除法。以正弦六除正切七五，得正割一二五。以正切七五除正割一二五，得餘割一六六六。以正割一二五除餘割一六六六，得餘切一三三三。以餘割一六六六除餘切一三三三，得餘弦八。以餘切一三三三除餘弦八，得正弦六。再反而求之。以正弦六除餘弦八，得餘切一三三三。以餘弦八除餘切一三三三，得餘割一六六六。以餘切一三三三除餘割一六六六，得正割一二五。以餘割一六六六除正割一二五，得正切七五。以正割一二五除正切七五，得正弦六。以正切七五除正弦六，得餘弦八。以相間之二位，求中一位，則用乘法。正弦六正割一二五相乘，得正切七五。正切七五餘割一六六六相乘，得正割一二五。正割一二五餘切一三三三相乘，得餘割一六六六。餘割一六六六餘弦八相乘，得餘切一三三三。餘切一三三三正弦六相乘，得餘切一三三三。餘切一三三三正弦六相乘，得餘弦八。凡此皆天造地設之數，以乘除推之，絲毫不爽者也。

用切割兩線之法

表中止有正、餘之兩弦，而無切、割之兩線。欲得切、割兩線之數，固用兩弦求之矣。若先有切、割等線，而欲得正弦之數者，則又不可無法也。假如現有切線而不知正弦，法當以半徑、切線各自乘，二數相并，平方開之，則得割線。然後以割線除切線，即得正弦也。或現有割線，而不知正弦。則以半徑、割線各自乘，二數相減，平方開之則得切線。亦以割線除切線，得正弦。

表中所無者，宜用中比例法

西法以六十分爲一度，不便乘除。予以百分通之，而復省約其文。凡自一至九，自十一至十九之類，其分數皆表中所無，宜用中比例法。假如有一十八度二十二分之弧，查正弦若干，此表中所無也。其法以一十八度二十分正弦之數三萬一千二百三十三與一十八度三十分正弦之數三萬一千三百九十九相減，餘一百六十六爲實，置一十八度二十二分減去一十八度二十分餘二分爲法，乘之，得三百三十二分，餘十分爲法除之，得三十三分二十秒，或省此一除，只以位定之。與一十八度二十分正弦之數三萬一千二百三十三相并，共得三萬一千二百六十六分二十秒，即一十八度二十二分之正弦也。其餘凡以度分求正弦及切、割線者，皆依此法推之。

又如，有三萬一千二百六十六分二十秒之正弦，查度分若干。此亦表中所無也。其法先查正弦之相近而畧少者，得三萬一千二百三十三爲一十八度二十分之正弦，兩正弦相減餘三十三分二十秒爲實，置一十八度三十分減去一十八度二十分餘十分爲法，乘之，或省此一乘，俟除後退一位，亦可。得三百三十二分。以一十八度二十分正弦之數三萬一千二百三十三與一十八度三十分正弦之數三萬一千三百九十九相減，餘一百六十六，爲法除之得二分，與前一十八度二十分相并，當爲一十八度二十二分也。其餘凡以正弦及切、割線求度分者，皆依此法推之。

又　附表外算法

徑率二十尺。　　一象積七十八尺五寸四分。
半徑率十尺。　　周度三百六十。
周率六十二尺八寸三分二釐。　　半周度一百八十。
半周率三十一尺四寸一分六釐。　　一象度九十。
一象率一十五尺七寸〇八釐。　　度率一寸七分四釐五毫。
尺率一萬。
圓積三百一十四尺一寸六分。
半圓積一百五十七尺〇八分。

清·薛鳳祚《曆學會通》正集一卷《法數部·正弦》　算正弦。取正弦，有正角，有正角對邊之方。正角對邊之方與兩邊之方相等，若知兩邊，即知其三，可得割圓正弦。

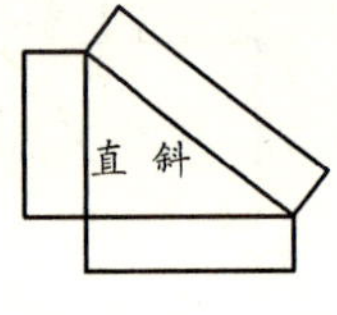

如圖，正角對斜邊之方爲大方，其二小方與大方同大。大方内減小方，即次方。次方内加小方，即大方。

又取其餘之正弦。

如下圖，設四十度圈線子丑，其餘五十度圈線丑寅。四十度正弦已丑，即卯未。五十度正弦丑未，即已卯。又作子卯線爲通弦，未爲正角卯未即已丑。四十度正弦。六四二七九。卯未方自乘數與通弦自乘數子卯方相減，開之，即五十度正弦丑未。七六六〇四。

註曰：四十度正弦六四二七九。自乘，四一三一九七。通弦自乘，一〇〇〇〇〇〇〇。減得五八六八〇三。爲偶數，開方。七六六〇四。

二十五分一度減七十五分。一率，七十五分二率，七十五分正弦一三〇八九六。三率，(二十五分)得二十五分正弦。四三六三二。

五十分一度二十五分減七十五分。一率，七十五分二率，七十五分正弦一三〇八九六。三率，(五十分)得五十分正弦。八七二六四。

一度。一率七十五分，二率一度五十分與七十五分之餘，一三〇八七三。三率二十五分，以二五乘一三〇八七三，得三二七一八二五。一率除得四三六二四。以加七十五分正弦一三〇八九六。得一度正弦。一七四五二〇。

一度二十五分。一率七十五分，二率七十五分與一度五十分正弦之餘，一三〇八七三。三率五十分，以五乘一三〇八七三，得六五四三六四。一率除得八七二五。以加七十五分正弦，一三〇八九六。得一度二十五分正弦。二一八一四五。

二度二十五分。一率七十五分，二率一度五十分與二度二十五分正弦之餘，一三〇八二九。三率七十五分。乘除皆七十五分，即還原數，得一三〇八二九。加一度五十分正弦，二六一七六九。爲二度二十五分正弦。三九二五九八。

又法。

有一度七十五分，求一度七十四分正弦。一率一度七十五分，二率一度七十五分正弦，三率一度七十四分，得一度七十四分正弦。

有三十七度五十分正弦，六〇八七六一四。求三十七度五十一分正弦。以三十七度五十分正弦。乘，以三十七度五十一分除得。六〇八五九九。

有十五分，求十分、五分正弦。置十五分正弦，以十五分除之，用十乘，即得十分正弦。用五乘，即得五分正弦。

有八分，求七分正弦。置八分正弦，以七乘之，以八除之，得七分正弦。

三率法，未位不能無差，以數多故。若用前五六位，斷不差。

諸法取割圓各度之正線，此爲測天正法。既而見割圓，不獨正線，又有兩邊相連之線。其一過割圓，謂之割線。其一截割圓，謂之切線。三線共成一三角。

如圖，子寅已爲半圈，子丑寅爲半圈之線，寅卯已割圓九十度，其正線已午丑，謂之通弦。如用已卯割圓，其正線即午卯，而已辰爲切線，丑卯辰爲割線，已午丑爲通弦。有三線成已辰丑三角，因而爲各種三角，皆有三邊，皆有切線，皆有割線。

如圖，作平邊通弦，即立邊子寅，爲切線，斜邊寅丑爲割線。

如圖，作立邊通弦，即平邊子丑，爲切線，斜邊寅丑爲割線。

如圖，作邊線通弦，即立邊丑卯，爲正線，平邊丑寅爲其餘線。

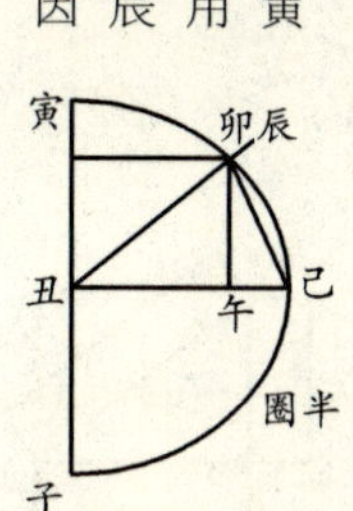

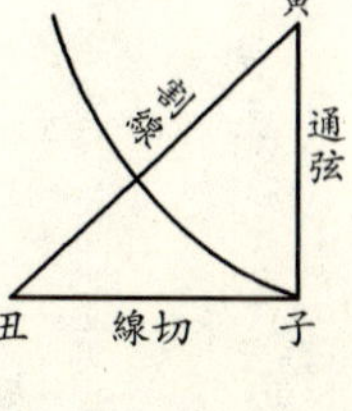

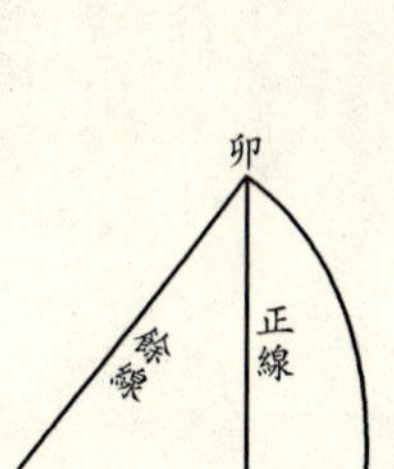

有正線，取切線。通弦乘正線除餘線即切線。如二十度切線，用二十度餘線九九七二九八六。爲一率，通弦一〇〇〇〇〇〇〇。爲二率，二十度正線九五三四〇五二。爲三率。得九五六一六六。即二十度切線。

有切線，取餘切線。倍通弦，減切線，即餘切線。如二十度切線減通弦之倍數，二〇〇〇〇〇〇〇。其餘即七十度切線。

取割線。倍通弦，減餘弦，即割線。如二十四度三七分割線，用通弦加倍爲二〇〇〇〇〇〇〇。減其餘六十五度三十八分正弦，九九五八六一九。得一〇〇四一三八一。即二十四度六十一分割線。有割線求度分。將割線與二通弦相減爲正弦，正弦之度之餘，即割線之度。

求矢線。倍本度半數正弦，減三十度正弦，即矢線。如二十四度十六分，其半數十二度八分，正弦九三三〇八四。倍之，爲一八六四一六八〇。減三十度正弦，九六九八九七〇。爲八九四二七一。即二十四度一十六分矢線。

有矢線，求其度分。如有矢線一〇二五七九三。求其度。用三十度正弦，九六九八八九七〇。相加，爲一九九五六九〇〇。半之，得九九七八四五五。其正弦爲七十二度一十分，倍之，爲一百四十四度二十分矢線。一〇二五七九三。

算在九十度内，三率法中不言餘，其正線、切線，即表内度爲正度。如言餘，於四率所得減九十度，其餘爲正度。

算在九十度外，三率法中不言餘，其表内度加九十度爲正度。如言餘，於四率所得減一百八十度，其餘爲正度。

清・梅文鼎《平三角舉要》卷一《測算名義》 論八線之比例有二

一爲八線自相生之比例

乙甲丁小句股形與戊丙丁大句股形相似。見前條。故以半徑乙丁比正弦乙甲，若割線戊丁與切線戊丙之比例也。此爲以小弦比小股，若大弦與大股。股求弦亦同。

又以半徑丙丁比正切戊丙，若餘弦甲丁與正弦乙甲之比例也。(比)[此]爲以大句比大股，若小句比小股。股求句亦同，餘倣此。

以故凡八線中，但得一線，則餘皆可求。觀圖自明。

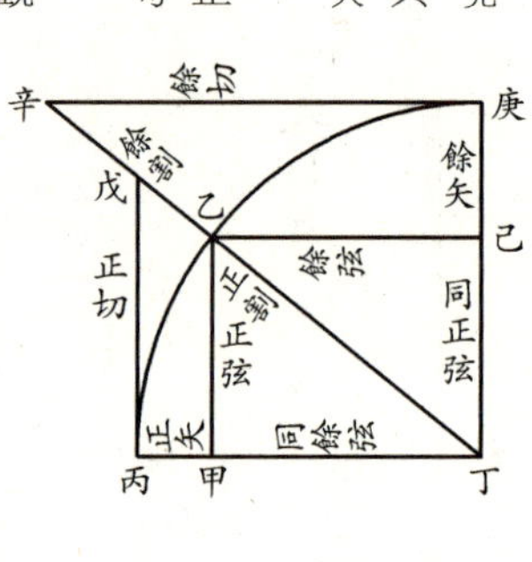
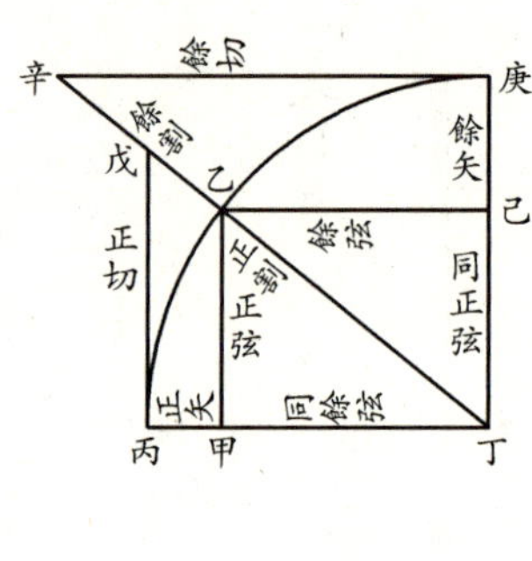

一爲八線算他形之比例

乙丁甲角所有八線，爲表中原設之數。亢丁房句股形，爲所求之數。或先有丁角，有亢丁弦，而求房丁句。則爲以乙丁半徑比甲丁餘弦，若亢丁弦與房丁句[之比例]也。以角與句求弦亦同。此用八線以求他形。或先有亢丁弦，有亢房股，而求丁角。則爲以亢丁弦比亢房股，若乙丁半徑與丁角之正弦乙甲[之比例]也。或先有亢房股，與房丁句，而求丁角。則爲以亢房股比房丁句，若丁庚半徑與丁角之餘切庚辛[之比例]也。以上二者，是用他形轉求八線。

總而言之，皆以先有兩數之比例，爲後兩數之比例，其乘除之法，皆依三率也。三率法，詳《筆算》。

又梅文鼎《弧三角舉要》卷五

八綫相當法引

弧三角有以相當立法者，何也？以四率皆八綫也。弧三角四率，何以皆八綫而不用他綫？八綫但論度，他綫則有丈尺。渾體故也。弧三角皆在渾圓之面。渾體異平，而御渾者必以平。是故八綫之數，生於平圓。而八綫之用，專於渾圓也。曷言乎專爲渾圓？曰：平三角之角之邊，皆直綫也。同在一平面而可以相爲比例。故雖用八綫，而四率中必兼他綫焉。以八綫例他綫，則用角可以求邊。以他綫例八綫，則用邊可以求角。皆兼用兩種綫。弧三角之角、之邊，皆弧度曲綫也。不同在平面，故非八綫，不能爲比例。而四率中無他綫焉。既皆以八綫相比例，則同宗半徑。有角之八綫，有邊之八綫，各角各邊俱非平面，而可以相求者，同一半徑也。相當互視之法，所由以立也。錯舉似紛賨，則有條不紊。故爲論列，使有倫次云。

八綫相當法詳衍

總曰相當，分之則有二，曰相當，曰互視。互視又分爲二，曰本弧，曰兩弧。但曰相當者，皆本弧也。又分爲二，曰三率連比例者，以全數爲中率也。其目有三。曰四率斷比例者，中有全數也，其目有六。凡相當之目九。

互視者，亦相當也。皆爲斷比例，而不用全數。若以四率之一與四相乘，二與三相乘，則皆與全數之自乘等也。本弧之互視，其目有三。兩弧之互視，其目有九。凡互視之目十二。

總名之皆曰相當，其目共二十一。内三率連比例三，更之則六。四率斷比例十有八，更之反之，錯而綜之，則百四十有四，共百有五十。

相當共九

一曰：正弦與全數，若全數與餘割。

二曰：餘弦與全數，若全數與正割。

三曰：正切與全數，若全數與餘切。

以上三法，皆本弧，皆三率連比例，而以全數爲中率。

四曰：正弦與餘弦，若全數與餘切。

五曰：餘弦與正弦，若全數與正切。

六曰：正割與正切，若全數與正弦。

七曰：餘割與餘切，若全數與餘弦。

八曰：正割與餘割，若全數與餘切。

九曰：餘割與正割，若全數與正切。

以上六法，亦皆本弧，而皆四率斷比例。四率之内，有一率爲全數。

互視共十二

一曰：正弦與正切，若餘切與餘割。

二曰：餘弦與餘切，若正切與正割。

三曰：正弦與餘弦，若正割與餘割。

以上三法，亦皆本弧，皆四率斷比例，而不用全數。然以四率之一與四、二與三相乘，則其兩矩内形，皆各與全數自乘之方形等。

四曰：此弧之正弦與他弧正弦，若他弧之餘割與此弧餘割。

五曰：此弧之正弦與他弧餘弦，若他弧之正割與此弧餘割。

六曰：此弧之正弦與他弧正切，若他弧之餘切與此弧餘割。

七曰：此弧之餘弦與他弧餘弦，若他弧之正割與此弧正割。

八曰：此弧之餘弦與他弧正弦，若他弧之餘割與此弧正割。

九曰：此弧之餘弦與他弧餘切，若他弧之正切與此弧正割。

十曰：此弧之正切與他弧正切，若他弧之餘切與此弧餘切。

十一曰：此弧之正切與他弧正弦，若他弧之餘割與此弧餘切。

十二曰：此弧之正切與他弧餘弦，若他弧之正割與此弧餘切。

以上九法，皆兩弧相當率也。其爲四率斷比例，而不用全數，則同。若以四率之一與四、二與三相乘，其矩内形，亦各與全數自乘之方形等。

相當法錯綜之理

	一法	更之	二法	更之	三法	更之
首率	正弦	餘割	餘弦	正割	正切	餘切
中率	全	全	全	全	全	全
末率	餘割	正弦	正割	餘弦	餘切	正切

此三率連比例也。首率與中率之比例，若中率與末率。故以首率末率相乘，即與中率自乘之積等。

假如三十度之正弦○五○○○○。與全數一○○○○○。之比例，若全數一○○○○○。與三十度之餘割。二○○○○○。其比例皆爲加倍也。更之，則餘割二○○○○○。與全數一○○○○○。若全數一○○○○○。與正弦。○五○○○○。其比例爲折半也。

又如三十度之餘弦○八六六○三。與全數一○○○○○。若全數一○○○○○。與三十度之正割。一一五四七○。更之，則正割一一五四七○。與全數一○○○○○。若全數一○○○○○。與餘弦○八六六○三。也。

又如三十度之正切○五七七三五。與全數一○○○○○。若全數一○○○○○。與三十度之餘切。一七三二○五。更之，則餘切一七三二○五。與全數一○○○○○。若全數一○○○○○。與正切○五七七三五。也。

凡三率連比例，有當用首率與中率者，改爲中率與末率。假如有四率，其一三十度正弦，其二全數。改用全數爲一率，三十度餘割爲二率，其比例同。

	四法	更之	又更	又更	反之	更之	又更	又更
一	正弦		餘切		餘弦		全	
二	餘弦	全	全	餘弦	餘切	正弦	正弦	餘切
三	全	餘弦	餘弦	全	正弦	餘切	餘切	正弦
四	餘切		正弦		全		餘弦	

凡四率之前後兩率矩内形與中兩率矩形等。故一與四、二與三可互居也。

	五法	更之	又更	又更	反之	更之	又更	又更
一	餘弦		正切		正弦		全	
二	正弦	全	全	正弦	正切	餘弦	餘弦	正切
三	全	正弦	正弦	全	餘弦	正切	正切	餘弦
四	正切		餘弦		全		正弦	

續表

法	率	法・更之	又更・又更	反之・更之	又更・又更
六法	一	正割	正弦	正切	全
	二	正切、全	全、正切	正弦、正割	正割、正弦
	三	全、正切	正切、全	正割、正弦	正弦、正割
	四	正弦	正割	全	正切
七法	一	餘割	餘弦	餘切	全
	二	餘切、全	全、餘切	餘弦、餘割	餘割、餘弦
	三	全、餘切	餘切、全	餘割、餘弦	餘弦、餘割
	四	餘弦	餘割	全	餘切
八法	一	正割	餘切	餘割	全
	二	餘割、全	全、餘割	餘切、正割	正割、餘切
	三	全、餘割	餘割、全	正割、餘切	餘切、正割
	四	餘切	正割	全	餘割
九法	一	餘割	正切	正割	全
	二	正割、全	全、正割	正切、餘割	餘割、正切
	三	全、正割	正割、全	餘割、正切	正切、餘割
	四	正切	餘割	全	正割

右四率斷比例也。一率與二率之比例，若三率與四率。

假如三十度之正弦〇五〇〇〇〇。與其餘弦，〇八六六〇三。若全數一〇〇〇〇〇。與其餘切。一七三二〇五。更之，則餘切一七三二〇五。與全數，一〇〇〇〇〇。若餘弦〇八六六〇三。與正弦〇五〇〇〇〇。也。第四法。

又如三十度之正割一一五四七。與其正切，〇五七七三五。若全數一〇〇〇〇〇。與其正弦。〇五〇〇〇〇。更之，則全數一〇〇〇〇〇。與正割，一一五四七〇。若正弦〇五〇〇〇〇。與正切〇五七七三五也。第六法。

又如三十度之餘割二〇〇〇〇〇。與其正割，一一五四七〇。若全數一〇〇〇〇〇。與其正切。〇五七七三五。更之，則正切〇五七七三五。與正割，一一五四七〇。若全數一〇〇〇〇〇。與餘割二〇〇〇〇〇。也。第九法，餘倣此。

凡四率斷比例，當用前兩率者，可以後兩率代之。假如有四率，其一率正弦，其二率餘弦，改用全數爲一率，餘切爲二率，其比例同。

互視

法	率	法・更之	又更・又更	反之・更之	又更・又更
一法	一	正弦	餘割	正切	餘切
	二	正切、餘切	餘切、正切	餘割、正弦	正弦、餘割
	三	餘切、正切	正切、餘切	正弦、餘割	餘割、正弦
	四	餘割	正弦	餘切	正切
二法	一	餘弦	正割	餘切	正切
	二	餘切、正切	正切、餘切	正割、餘弦	餘弦、正割
	三	正切、餘切	餘切、正切	餘弦、正割	正割、餘弦
	四	正割	餘弦	正切	餘切

續表

	三法　更之	又更　又更	反之　更之	又更　又更
一	正弦	餘割	餘弦	正割
二	餘弦　正割	正割　餘弦	餘割　正弦	正弦　餘割
三	正割　餘弦	餘弦　正割	正弦　餘割	餘割　正弦
四	餘割	正弦	正割	餘弦

此本弧中互相視之率也。其第一與第四相乘矩，第二與第三相乘矩，皆與全數自乘方等。故其邊爲互相視之邊，而相與爲比例皆等。

假如三十度之正弦〇五〇〇〇。與其餘割二〇〇〇〇。相乘，一〇〇〇〇〇〇〇〇。其餘弦〇八六六〇。與其正割一一五四七。相乘，一〇〇〇〇〇〇〇〇弱。皆與全數自乘之方等。故以正弦爲一率，餘弦爲二率，正割爲三率，餘割爲四率。則正弦〇五〇〇〇。與餘弦，〇八六六〇。若正割一一五四七。與餘割一〇〇〇〇。也。第三法。

又如三十度之正切〇五七七三。與其餘切一七三二〇。相乘，一〇〇〇〇〇〇〇〇弱。亦與全數之方等。故以正弦爲一率，餘切爲二率，正切爲三率，餘割爲四率。則正弦〇五〇〇〇。與正切，〇五七七三。若餘切一七三二〇。與餘割二〇〇〇〇。也。第一法。

或以餘弦爲一率，餘切爲二率，正切爲三率，正割爲四率。則餘弦〇八六六〇。與餘切，一七三二〇。若正切〇五七七三。與正割一一五四七。也。第二法。

此亦四法斷比例。故當用前兩率者，可以後兩率代之。假如有四率，當以正弦與正切爲一率、二率者，改用餘切爲一率，餘割爲二率，以乘除之，其比例亦同。餘倣此。

本弧諸線相當約法

其一爲弦與股之比例，　反之則如股與弦。

全　正割　餘切　餘割　全　餘弦　正切　正弦

正弦　正切　餘弦　全　餘割　餘切　正割　全

其二爲弦與勾之比例，　反之則如勾與弦。

全　餘割　正切　正割　全　正弦　餘切　餘弦

餘弦　餘切　正弦　全　正割　正切　餘割　全

其三爲勾與股之比例，　反之則如股與勾。

全　餘弦　餘割　餘切　全　正割　正弦　正切

正切　正弦　正割　全　餘切　餘割　餘弦　全

右括本弧七十八法。

如圖，甲丙、甲乙、甲丁，皆半徑全數。乙丙爲正弧，乙丁爲餘弧。乙戊爲正弦，庚丙爲正切綫，庚甲爲正割綫，乙己爲餘弦，辛丁爲餘切綫，辛甲爲餘割綫。

甲乙全數與乙戊正弦	庚甲正割與庚丙正切	辛甲餘割與甲丁全數	皆如弦與股
甲乙全數與乙己餘弦	辛甲餘割與辛丁餘切	庚甲正割與甲丙全數	皆如弦與句
甲丙全數與庚丙正切	甲戊餘弦與乙戊正弦	辛丁餘切與甲丁全數	皆如句與股

此皆一定比例。觀圖自明。

外有餘切餘弦，非弦與股之比例，則借第二比例更之。

一　甲乙全數即甲丁。　　辛丁餘切

二　乙己餘弦　　乙己餘弦

三　辛甲餘割　更之　辛甲餘割

四　辛丁餘切　　甲丁全數

全數與餘弦，若餘割與餘切。更之，而餘切與餘弦，若餘割與全數也。餘割與全數既爲弦與股，則餘切與餘弦亦如弦與股矣。

正切[與]正弦，非弦與句之比例，則借第一比例更之。

續表

五法	更之		又更		反之	更之	又更	又更
三	他正割	他餘弦	他餘弦	他正割	正弦	餘割	餘割	正弦
四	餘割		正弦		他正割		他餘弦	

六法	更之		又更	又更	反之	更之	又更	又更
一	正弦		餘割		他正切		他餘切	
二	他正切	他餘切	他餘切	他正切	餘割	正弦	正弦	餘割
三	他餘切	他正切	他正切	他餘切	正弦	餘割	餘割	正弦
四	餘割		正弦		他餘切		他正切	

以上大法三，更之二十有四，是以本弧之正弦、餘割與他弧互視。

七法	更之		又更	又更	反之	更之	又更	又更
一	餘弦		正割		他餘弦		他正割	
二	他餘弦	他正割	他正割	他餘弦	正割	餘弦	餘弦	正割
三	他正割	他餘弦	他餘弦	他正割	餘弦	正割	正割	餘弦
四	正割		餘弦		他正割		他餘弦	

八法	更之		又更	又更	反之	更之	又更	又更
一	餘弦		正割		他正弦		他餘割	
二	他正弦	他餘割	他餘割	他正弦	正割	餘弦	餘弦	正割
三	他餘割	他正弦	他正弦	他餘割	餘弦	正割	正割	餘弦
四	正割		餘弦		他餘割		他正弦	

一　甲乙全數即甲丙。　　庚丙正切
二　乙戊正弦　　更之　乙戊正弦
三　庚甲正割　　　　　庚甲正割
四　庚丙正切　　　　　甲丙全數

全數與正弦，若正割與正切。更之，而正切與正弦，若正割與全數也。正割與全數既爲弦與句，則正切與正弦亦如弦與句矣。

餘割正割，非句與股之比例，則仍借第一比例更之。

一　餘割辛甲　　　　　餘割辛甲
二　全數甲丁即甲丙。　更之　正割庚甲
三　正割庚甲　　　　　全數甲丙
四　正切庚丙　　　　　正切庚丙

餘割與全數，若正割與正切。更之，而餘割與正割，若全數與正切也。全數與正切既爲句與股，則餘割與正割亦如句與股矣。

互視自此而分，以前爲本弧所用，共大法三。更之則二十有四，合相當法，則七十有八。而總以三率連比例三大法爲根。

以後爲兩弧所用，共大法九，更之七十有二，而仍以本弧之三率連比例爲根。

四法	更之		又更	又更	反之	更之	又更	又更
一	正弦		餘割		他正弦		他餘割	
二	他正弦	他餘割	他餘割	他正弦	餘割	正弦	正弦	餘割
三	他餘割	他正弦	他正弦	他餘割	正弦	餘割	餘割	正弦
四	餘割		正弦		他餘割		他正弦	

五法	更之		又更	又更	反之	更之	又更	又更
一	正弦		餘割		他餘弦		他正割	
二	他餘弦	他正割	他正割	他餘弦	餘割	正弦	正弦	餘割

續表

	九法	更之	又更	又更	反之	更之	又更	又更
一	餘弦		正割		他餘切		他正切	
二	他餘切	他正切	他正切	他餘切	正割	餘弦	餘弦	正割
三	他正切	他餘切	他餘切	他正切	餘弦	正割	正割	餘弦
四	正割		餘弦		他正切		他餘切	

以上大法三，更之二十有四，是以本弧之餘弦、正割與他弧互視。

	十法	更之	又更	又更	反之	更之	又更	又更
一	正切		餘切		他正切		他餘切	
二	他正切	他餘切	他餘切	他正切	餘切	正切	正切	餘切
三	他餘切	他正切	他正切	他餘切	正切	餘切	餘切	正切
四	餘切		正切		他餘切		他正切	

	十一法							
一	正切		餘切		他正弦		他餘割	
二	他正弦	他餘割	他餘割	他正弦	餘切	正切	正切	餘切
三	他餘割	他正弦	他正弦	他餘割	正切	餘切	餘切	正切
四	餘切		正切		他餘割		他正弦	

	十二法							
一	正切		餘切		他餘弦		他正割	
二	他餘弦	他正割	他正割	他餘弦	餘切	正切	正切	餘切
三	他正割	他餘弦	他餘弦	他正割	正切	餘切	餘切	正切
四	餘切		正切		他正割		他餘弦	

以上大法三，更之二十有四，是以本弧之正切、餘切與他弧互視。

此皆兩弧中互相視之率也。本弧有兩率相乘矩與全數之方等，他弧亦有兩率相乘矩與前數之方等，則此四率爲互相視之邊。互相視者，此有一率贏于彼之一率若干倍，則此之又一率必朒于彼之又一率亦若干倍，而其比例皆相等。故以此弧之兩率爲一與四，則以他弧之兩率爲二與三。

假如有角三十度，邊四十度，此兩弧也。角之正弦○五○○○。與其餘割二○○○○。相乘，一○○○○○○○○。與全數自乘等。邊之正弦○六四二七。與其餘割一五五五七。相乘，一○○○○○○○○弱。亦與全數自乘等。則此四率爲互相視之邊。互相視者，言角之正弦○五○○○。與邊之正弦，○六四二七。若邊之餘割一五五五七。與角之餘割二○○○○。也。第四法。

又如有二邊，大邊五十度，小邊三十度。大邊之正弦、○七六六○。餘割一二○五四。相乘，與全數自乘數。小邊之正切、○五七七三。餘切一七三二○。相乘，亦與全數自乘等。則此四者互相視。互相視者，言大邊之正弦○七六六○與小邊之正切，○五七七三。若小邊之餘切一七三二○。與大邊之餘割一三○五○。也。第六法。

又如有兩角，甲角三十度，乙角五十度，此亦兩弧也。甲角之正切○五七七三。餘切一七三二○。相乘，與全數自乘等。乙角之正切、一一九一七。餘切○八三九一。相乘，亦與全數自乘等。則此四率爲互相視之邊。互相視者，言甲角之正切○五七七三。與乙角之正切，一一九一七。若乙角之餘切○八三九一。與甲角之餘切一七三二○。也。第十法。

假如別有四率，以五十度正弦爲第一，三十度正切爲第二。今改用三十度餘切第一，五十度餘割第二。其比例同。

兩弧相當約法括互視七十二法。

本弧　他弧

正弦餘割相乘　正弦餘割相乘

餘弦正割相乘　餘弦正割相乘

正切餘切相乘　正切餘切相乘

兩弧各綫相當

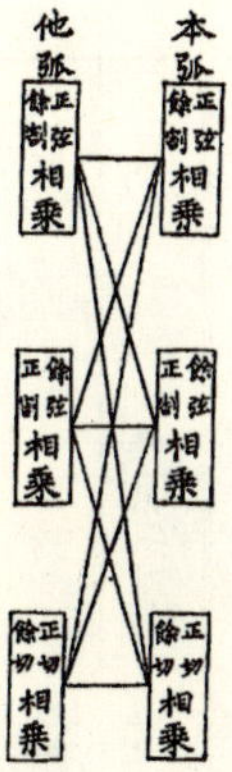

如圖，壬丙爲本弧，乙丙爲他弧，他弧小于本弧，而並在半象限以(丙)[內]。

本弧 正弦壬癸 餘弦壬丑 正切庚丙
餘割未甲 正割庚甲 餘切未丁
他弧 正弦乙戊 餘弦乙己 正切辛丙
餘割酉甲 正割辛甲 餘切酉丁

論曰：甲丙、甲丁皆半徑，乃本弧、他弧所共也。半徑自乘之方冪爲甲丙卯丁。而本弧中以正弦乘餘割，以餘弦乘正割，以正切乘餘切，所作矩形，既各與半徑方冪等。則他弧亦然。故可以互相視而成相當之率。

圖一

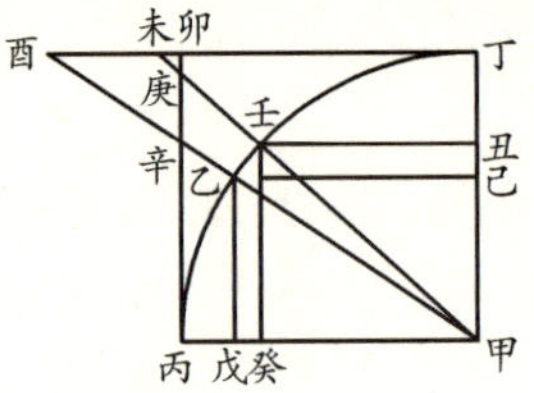

圖二

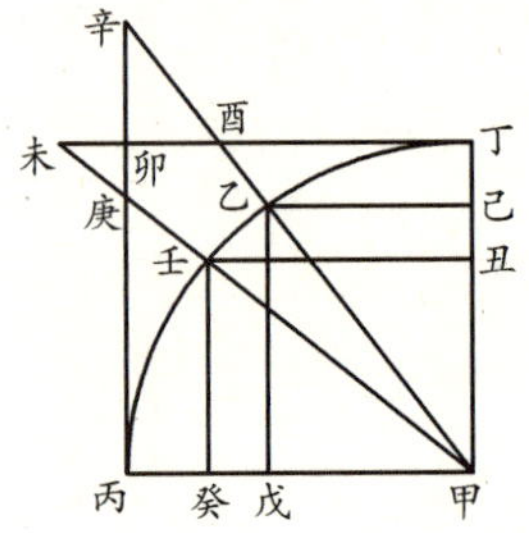

圖三

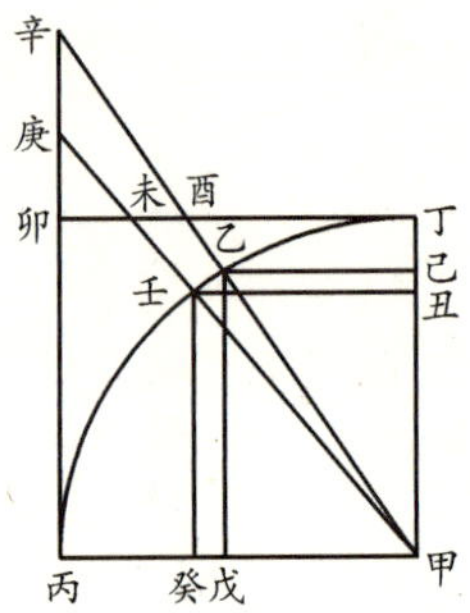

如上圖，壬丙本弧在半象限內，(已)[乙]丙他弧在半象限外。亦同。

如上圖，壬丙本弧小于乙丙他弧，而並在半象限外。並同。

清·陳厚耀《算義探奧》 割圓法義。勾股可以求方，亦可以求圓。圓中之勾股，亦化爲方以求之。

圓徑與截矢求截弦法

今如圓徑四十步，矢八步，以求截弦。曰：弦三十二步。

法曰：以圓徑四十步，折半，得二十步爲弦，自乘得數。又以半徑二十步，減矢八步，餘十二步爲勾，自乘得數。二數相減餘二百五十六步，平方開之，得十六步爲股。倍之，得三十二步爲截弧弦。

又法以圓徑四十步爲弦，自乘得數。又以圓徑減去左右二矢共十六步，餘二十四步爲勾，自乘得數。二數相減餘一千零二十四，平方開之，得三十二步如股，爲截弧弦。此法更捷。

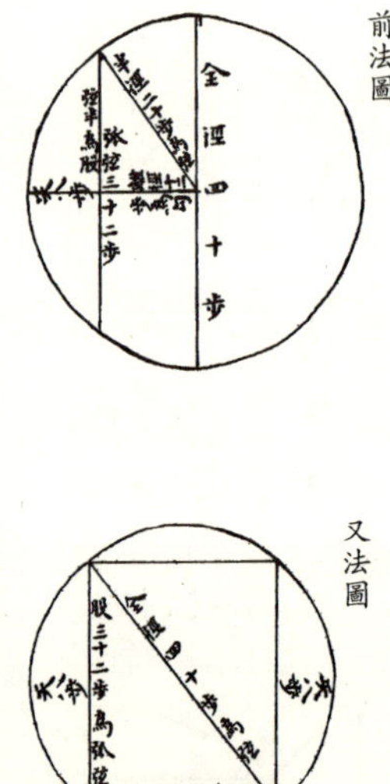
前法圖
又法圖

前法解曰：圓之中，縱橫斜直皆如一，故即以徑爲弦，其弧弦截處如股。因未知股，故先求半股。乃以圓徑之半爲弦，以半徑減矢爲勾，而用勾弦求股法，則得股矣。倍之，則爲全弧之弦。

又法解曰：圓徑即弦也，圓徑減左右二矢，餘徑之廣即勾也，亦用勾弦求股法，則得股，爲弧弦之長。

圓徑與截弦求截矢法

今如圓徑四十步，截弧弦三十二步，以求弧矢。曰：矢八步。

法曰：以半徑二十步爲弦，以半弧弦十六步爲股。各自乘得數。二數相減餘一百四十四步，平方開之，得十二步爲離徑，如勾。以減半徑二十步，餘八步爲矢。

解曰：此即股弦求勾法也。圖亦同前。

弧弦、弧矢求(圖)[圓]徑及離徑法

今如弧弦三十二步，弧矢八步，以求圓徑及離徑。曰：圓徑四十步，離徑十二步。

此弦較求弦求勾

此弦較求(眩)[弦]求股

法曰：置弧弦，折半得十六步。自乘得數爲實，以矢八步爲法，除之得三十二步。加矢八步得圓徑四十步。復折半，得二十步爲半圓徑。減矢八步餘十二步爲離徑。

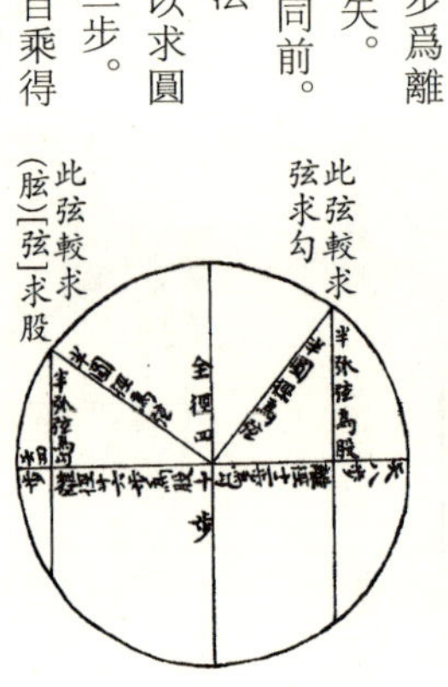

解曰：此即股與勾弦較求弦、求勾法也。亦謂之弦較求弦。弧弦折半爲股，矢爲勾弦較。以股自乘而以矢除之，則得三十二步爲勾弦相和之數。其勾即離徑，其弦即半圓徑。加矢即全徑也。

又如弧弦二十四步，矢四步，以求(圖)[圓]徑及離徑。曰：圓徑四十步，離徑十六步。

法曰：弧弦二十四步，折半，得十二步爲勾，自乘得數爲實，以矢四步爲法，除之得三十六步爲股弦和之數。加矢四步得圓徑四十步。復折半，得二十步，減矢四步，餘十六步爲離徑。

解曰：此即勾與股弦較求弦、求股法也。圖具上圖之左。

弧弦與離徑求圓徑及矢法

今如弧弦三十二步，離徑十二步，以求圓徑及矢。曰：圓徑四十步，矢八步。

法曰：弧弦折半十六步，自乘得數。又以離徑十二步，自乘得數。二數相併得四百，平方開之，得二十步爲半圓徑，倍之爲全徑。另以半圓徑減離徑十二步，餘八步爲矢。此即勾股求弦法。

圓徑與離徑求弧弦法

今如圓徑四十步，離徑十二步，以求弧弦。曰：弧弦三十二步。

法曰：圓徑折半二十步，自乘得數。又以離徑十二步，自乘得數。二數相減餘二百五十六，平方開之，得十六步爲半弧弦。倍之，得三十二爲全弧弦。此即勾弦求股法。

方氏曰：凡矢得徑十之一者，弦必六倍於矢。矢得徑十之二者，弦必四倍於矢。矢得徑十之三者，弦必三倍於矢。矢得徑十之四者，弦必倍於矢，而又八分矢之三也。矢得徑十之五者，弦必倍於矢也。弧矢者，半圓所生也。此求弧弦之捷法。

又陳厚耀《八線表根》

得正弦求切線之法

設如甲乙半徑一尺，乙丁弧線三十度，丁丙弦線五寸，求乙戊切線數若干。則以丙至甲數八寸六分六厘爲一率，丙丁五寸爲二率，甲乙一尺爲三率。將二率與三率相乘，一率除之，得五寸七分七厘三毫五微爲乙戊切線之數。

求切線用法

設如有甲乙一尺，己乙弧五十度，乙丁切線一尺一寸九分一厘七毫，求戊己弧之丙戊切線數若干。則用甲乙一尺與甲戊一尺相乘，以乙丁一尺一寸九分一厘七毫除之，得八寸三分九厘一毫爲丙戊切線之數也。爲何得此數？因甲乙丁三角形之三角與甲丙戊三角形之三角俱相等。即是丁乙爲一率，乙甲爲二率，甲戊爲三率，所得是丙戊四率也。

得正弦求割線之法

設如用甲丙八寸六分六厘爲一率，甲乙一尺爲二率，甲丁一尺爲三率。將二率與三率相乘，一率除之，得甲戊四率一尺一寸五分四厘七毫爲割線之數。

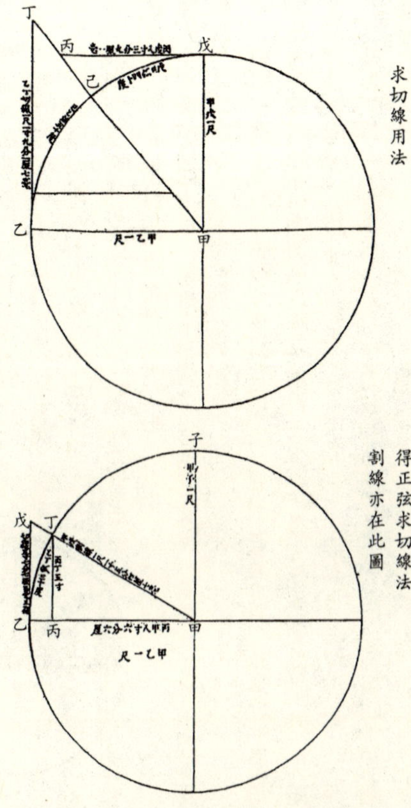

清·《數理精蘊》下編卷一六　八線相求

設如四十八度之正弦七萬四千三百一十四，小餘四八二五四七七。餘弦六萬六千九百一十三，小餘〇六〇六三五八。求正矢、正切、正割各幾何。

法以半徑十萬，內減四十八度之餘弦六萬六千九百一十三，小餘〇六〇六三五八。餘三萬三千零八十六，小餘九三九三九六四二。爲正矢。以餘弦六萬六千九百一十三，小餘〇六〇六三五八。爲一率，正弦七萬四千三百一十四，小餘四八二五四七七。爲二率，半徑十萬爲三率。求得四率一十一萬一千零六十一，小餘二五一四八三〇。爲正切。以餘弦六萬六千九百一十三，小餘〇六〇六三五八。爲一率，半徑十萬爲二率，仍以半徑十萬爲三率。求得四率一十四萬九千四百四十七，小餘六五四九八六六。爲正割也。

如圖，甲乙弧四十八度，甲丙爲正弦，甲丁爲餘弦與丙戊等，乙丙爲正矢。故乙戊半徑內，減與甲丁餘弦相等之丙戊，餘乙丙即爲正矢。己乙爲正切，己戊爲正割。甲丙戊、己乙戊兩勾股形爲同式形，故丙戊餘弦與甲丙正弦之比，同於乙戊半徑與己乙正切之比，爲相當比例四率。又丙戊餘弦與甲戊半徑之

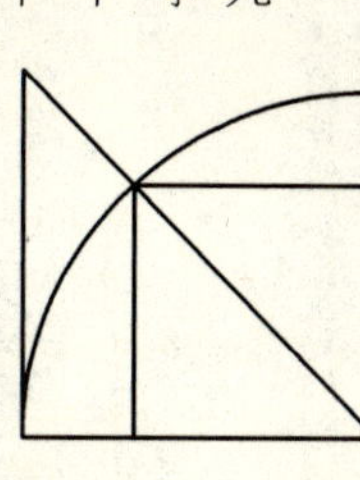

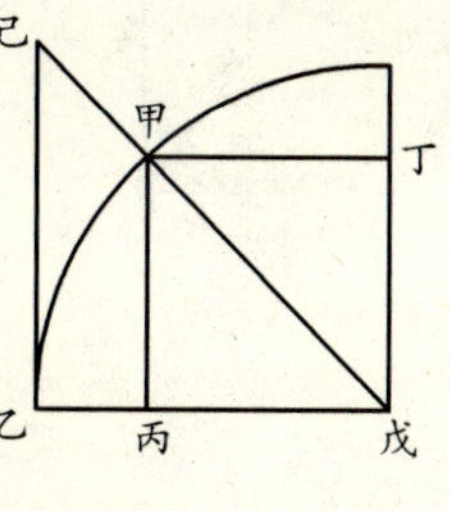

比，同於乙戊半徑與己戊正割之比，亦爲相當比例四率也。

又正切求正割捷法。以餘弧折半得二十一度，乃以二十一度之正切三萬八千三百八十六小餘四〇三三五〇三六。與本弧之正切一十一萬一千零六十一小餘二五一四八三〇。相加，得一十四萬九千四百四十七，小餘六五四八三三三。即爲本弧之正割也。

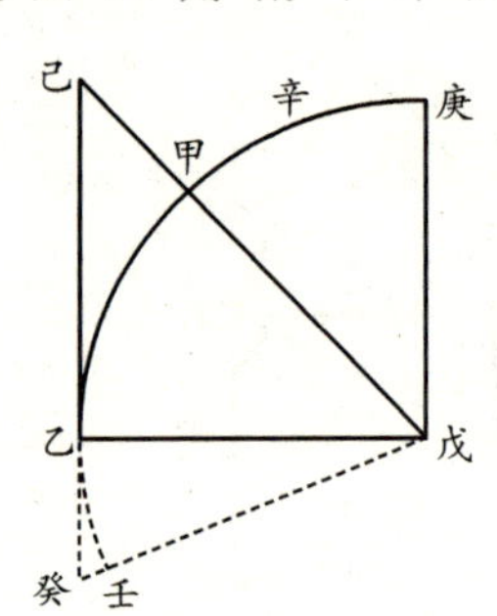

如圖，甲乙弧四十八度，己乙爲正切，己戊爲正割。試將甲庚餘弧四十二度，折半得庚辛二十一度，移於乙壬。又作乙癸爲乙壬弧二十一度之正切，與己乙相加得己癸，與己戊正割相等。蓋甲戊乙角四十八度，己乙戊角爲直角九十度，二角併之爲一百三十八度。於一百八十度内減之，餘四十二度爲戊己乙角。今於甲戊乙角四十八度，加乙戊壬角二十一度，遂成己戊癸角，爲六十九度。仍與戊己乙角四十二度相加，於一百八十度内減之，所餘亦六十九度即爲戊癸己角。戊癸己角既與己戊癸角相等，則己戊與己癸邊亦必相等也。有此法，則凡有逐度逐分之切線，求割線，可止用加法，不用四率矣。

又凡有本弧之正切、正割，相減即得半餘弧之正切。若有本弧之正割，及半餘弧之正切，相減即得本弧之正切也。

設如四十八度之正弦七萬四千三百一十四，小餘四八二五四七七。餘弦六萬六千九百一十三，小餘〇六〇六三五八。求餘矢、餘切、餘割各幾何。

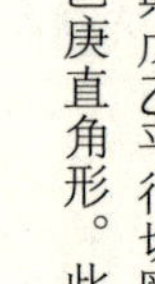

法以半徑十萬内減四十八度之正弦七萬四千三百一十四，小餘四八二五四七七。餘二萬五千六百八十五小餘五一七四五二三。爲餘矢。以正弦七萬四千三百一十四小餘四八二五四七七。爲一率，餘弦六萬六千九百一十三小餘〇六〇六三五八。爲二率，半徑十萬爲三率。求得四率九萬零四十小餘四〇四二九七。爲餘切。以正弦七萬四千三百一十四小餘四八二五四七七。爲一率，半徑十萬爲二率，仍以半徑十萬爲三率。求得四率一十三萬四千五百六十三小餘二七二九六〇七。爲餘割也。

如圖，甲乙弧四十八度，甲丙爲正弦與丁戊等。甲丁爲餘弦，己丁爲餘矢。故己戊半徑内減與甲丙正弦相等之丁戊，餘己丁即爲餘矢。庚己爲餘切，庚戊爲餘割，甲丁戊、庚己戊兩勾股形爲同式形，故丁戊正弦與甲丁餘弦之比，同於己戊半徑與庚己餘切之比，爲相當比例四率。又丁戊正弦與甲戊半徑之比，同於己戊半徑與庚戊餘割之比，亦爲相當比例四率也。

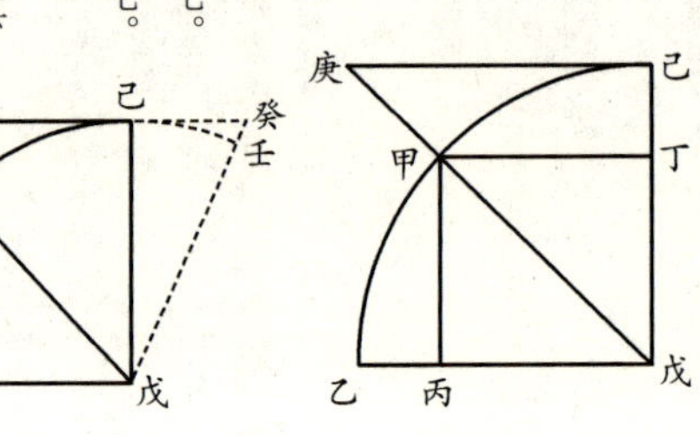

又餘切求餘割捷法。以本弧折半得二十四度，乃以二十四度之正切四萬四千五百二十二，小餘八六八五三一〇。與本弧之餘切九萬零四十小餘四〇四二九七。相加，得一十三萬四千五百六十三，小餘二七二九六〇七。即爲本弧之餘割也。

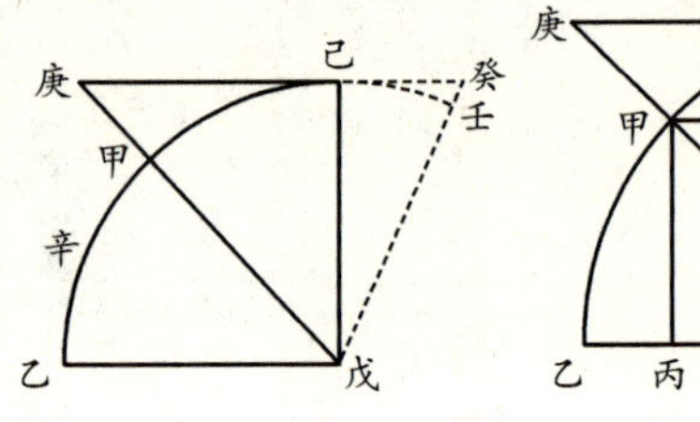

如圖，甲乙弧四十八度，庚己爲其餘切，庚戊爲其餘割。試將甲乙正弧四十八度，折半得辛乙二十四度，移於壬己。又作癸己爲壬己弧二十四度之正切，與庚己相加得庚癸，與庚戊餘割相等。蓋甲戊己角四十二度，庚己戊角爲直角九十度，二角相併爲一百三十二度。於一百八十度内減之，餘四十八度爲戊庚己角。今於甲戊己角四十二度，加己戊壬角二十四度，遂成庚戊癸角爲六十六度。仍與戊庚己角四十八度相加，於一百八十度内減之，所餘亦爲六十六度，即爲戊癸庚角。戊癸庚角既與庚戊癸角相等，則庚戊與庚癸邊亦必相等也。有此法，則凡有逐度逐分之切線，求餘割，亦可止用加法，不用四率矣。

又凡有本弧之餘切、餘割，相減即得半本弧之正切。若有本弧之餘割，及半本弧之正切，相減即得本弧之餘切矣。

清・楊作枚《解八線割圓之根》

求切線、(角)(割)線、矢線

割圓正弦而外，又有切、割、矢三線，并正弦爲四線，合其餘爲八線。蓋以八線準一弧，弧之曲度，得其真矣。切線止切圈以一點，全在圈外。割線從圈心過規，半在内半在外。正弦與矢全在圈内。

如圖，甲爲圈心，庚丁爲象限，庚甲、丁甲俱半徑。設有庚乙正弧，即戊乙爲正弦，乙辛戊甲同。爲餘弦。次於圈外作庚己線，與戊乙平行切圈于庚。又從甲心過所截弧乙點作甲己線，與庚己交於己，成甲己庚直角形。此己庚爲乙庚弧正切線，己甲其正割線也。而甲己庚直角形與圜內戊甲乙形相似，甲戊與戊乙，若甲庚與庚己。故以餘弦除正弦，半徑因之，得本弧正切。又戊甲與甲乙，若庚甲與甲己。故以餘弦除半徑，全數因之，得本弧正割。以戊甲餘弦減甲庚半徑得庚戊，本弦正矢。此皆庚乙弧相當之線也。夫庚乙既爲正弧，則乙丁爲餘弧。作乙辛線爲餘弧之弦。作丙丁線，切圈於丙爲餘弧之切。甲乙引出之遇于丙，甲丙爲餘弧之割，成甲丙丁直角形，與圜內甲乙辛形相似。甲辛與辛乙，若甲丁與丁丙，得餘切。甲辛與甲乙，若甲丁與甲丙，得餘割。乙戊即甲辛。正弦減甲丁半徑，得辛丁餘矢，此又丁乙餘弧相當之線也。一正一餘，共有八線。若或以丁乙爲正弧，即庚乙反爲餘弧。其八線正餘之名亦互易。蓋此爲正彼自爲餘耳。

論曰：庚乙正弧之各線，爲甲庚己、甲戊乙兩句股形所成。乙丁餘弧之各線，爲甲丁丙、甲辛乙兩句股形所成，而甲庚己形與甲丁丙形相似。一爲順句股，一爲倒句股。又圜內之乙甲辛、甲戊乙二句股形，俱自相似，亦與甲丁丙、甲庚己二形相似。是庚乙弧相當之線，成相似之直角形四。設算可以用正亦可以用餘。是一弧而能兼用八線，此八線表所由名也。

按：表中不列矢線者，以矢線用正餘弦減半徑即得，且不常用，故省之。又按：割圓之難，全在求正弦，若切、割線俱以比例得之。

附求割線省法用加減算。

如乙己弧爲二十度，其切線乙戊，求割線甲戊。

法先以餘弦己丙七十度，半于丁，得丁己三十五度，丁丙等。次以戊乙切線引長之，令與戊甲等，作甲戊辛兩腰等三角形，而乙庚弧必與丁丙等。即查乙庚弧之切乙辛，并乙戊，得戊辛，即甲戊割[線]也。

解曰：乙庚弧何以與丁己弧等？蓋甲辛戊既爲兩腰等三角形，則甲角之己庚弧，必爲丙己餘弧己壬也。之半。壬庚與己庚等，而庚點居己壬弧之中。夫丙己與己壬并，等兩直角，則己庚弧之不滿直角者，必爲丙己之半。今丙己既半於丁，則以丁己益己庚，丁甲庚必爲直角，而乙甲丙亦直角也。共用乙甲丁角，或丁乙弧。則丙己與乙庚等。

求矢線。餘弦減半徑得正矢，正弦減半徑得餘矢。

求切線。餘弦除正弦，半徑因之，得正切。正弦除餘弦，半徑因之，得餘切。

求割線。餘弦除半徑，半徑因之，得正割。正弦除半徑，半徑因之，得餘割。

按：圓內弦、矢二線，當正弧初度，則無。九十度，極大即半徑。圈外切、割二線，切線當正弧初度，亦無。割線即半徑至九十度俱極大。且切與割平行，不能相遇，名曰無窮之度。然至此，亦無切割之可言矣。惟將近九十度點有極大之切、割線。

定八線正餘之界

庚戊丙半圓，甲爲心，戊丙爲象限。設丙乙正弧，在九十度內，則乙壬爲正弦，壬丙爲正矢，甲丁爲正割，丙丁爲正切。其戊乙餘弧，乙己爲餘弦，己戊爲餘矢，甲辛爲餘割，戊辛爲餘切。若設庚乙爲正弧，在九十度外，亦以乙壬爲正弦，丁丙爲正切，甲丁爲正割，壬丙爲正矢，而庚壬亦爲正矢，又名大矢。其餘弧，仍用戊乙。非乙丙。在庚戊象限之外，乙己爲餘弦，戊己爲餘矢，戊辛爲餘切，甲辛爲餘割。蓋乙壬正弦爲丙乙庚乙兩弧共用，故總以戊乙爲餘弧也。凡算三角形，取用正餘諸線，以此爲準。

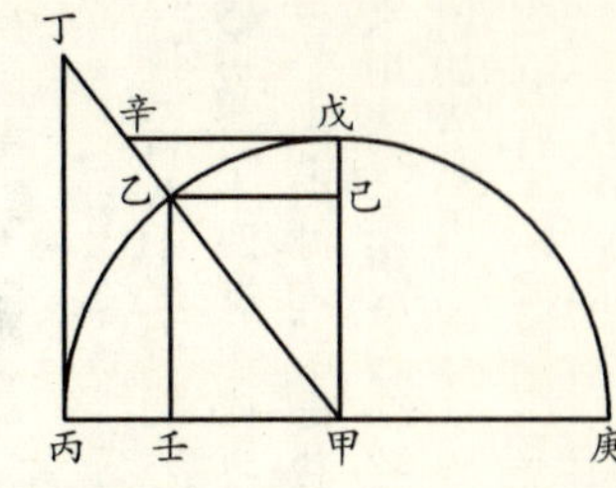

清·戴震《句股割圜記》卷上

句股第一術

有句，有股，求其弦。句自乘，股自乘，併之，開方得弦。

如句七丈，股二十四丈。句自乘得四十九丈，股自乘得五百七十六丈。相併，共六百二十五丈爲弦實，開方得弦二十五丈。

句股第二術

有句，有弦，求其股。句自乘，弦自乘，相減，開方得股。

如句八丈，弦十七丈，句自乘得六十四丈，弦自乘得二百八十九丈，相減餘二百二十五丈爲股實，開方得股十五丈。

句股第三術

有股，有弦，求其句。股自乘，弦自乘，相減，開方得句。凡曰句、曰股者，其名可互易，故與第二術同。

如股二十四丈，弦二十六丈。股自乘得五百七十六丈，弦自乘得六百七十六丈，相減餘百丈，開方得句十丈。

減矢於圜徑，餘爲股弦和，矢恒爲股弦較。凡兩數相併爲和，相減餘爲較。和較相乘爲句之方。

此借句股和較之率言之，在弧矢術，矢不及圜半徑爲小矢，過圜半徑爲大矢。圜徑內，減小矢得大矢，減大矢則得小矢。

減句於圜半徑，餘爲次弧背之矢。倍股爲次弧弦，減次弧背之矢於圜徑，餘爲句弦和，其矢爲句弦較。和較相乘爲股之方。

股弦較、句弦較，皆小矢也。股弦和、句弦和，皆大矢也。句與股之名可互易，弧背、次弧背之名亦可互易。合弧背、次弧背爲圜半周。合半弧背、次半弧背爲四分圜周之一。合小矢、大矢爲圜徑。合矢與次半弧弦爲圜半徑。合半弧弦與次弧背之矢亦爲圜半徑。

第六圖

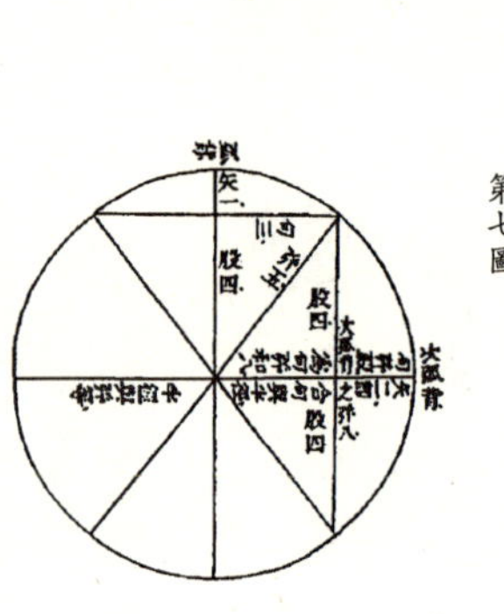

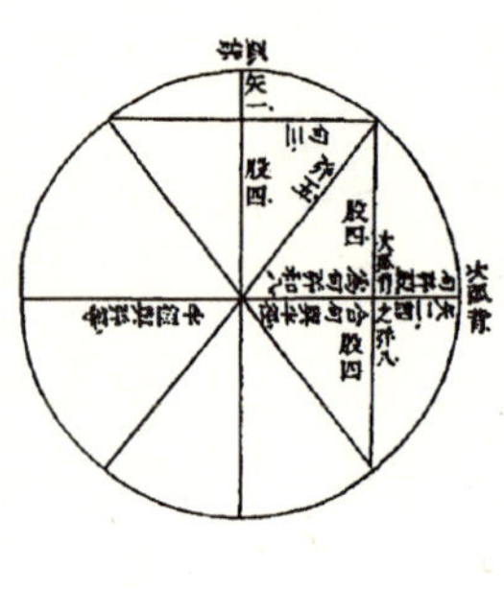

第七圖

句股第四術

有半弧弦，又名内矩分。有矢，求其圜徑。半弧弦自乘，矢除之，加矢爲圜徑。

如半弧弦八丈，矢二丈。半弧弦自乘，得六十四丈爲實，矢二丈爲法，除之，得三十二丈是爲大矢。加矢二丈，共三十四丈爲圜徑。

句股第五術

有矢，有圜徑，求半弧弦。以矢爲股弦較，於圜徑減矢，餘爲股弦和。和較相乘，開方得句，句即半弧弦，倍之爲全弦。

如矢二丈，圜徑五十二丈。圜徑內減矢，餘五十丈是爲大矢。小矢、大矢相乘，得百丈爲句實，開方得句十丈。

句股第六術

有半弧弦，有圜徑，求矢。以半弧弦與圜半徑相減，得次弧背之矢爲句弦較，相併爲句弦和。和較相乘，開方得股，股即次半弧弦。又名次内矩分。以減圜半徑得矢。

如半弧弦七丈，圜徑五十丈。於圜半徑二十五丈内，減半弧弦，餘十八丈爲句弦較。以減圜徑，餘三十二丈爲句弦和。和較相乘，得五百七十六丈爲股實，開方得股二十四丈，以減圜半徑，餘一丈爲矢。

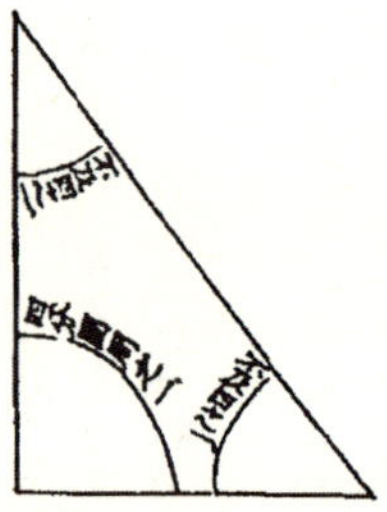

第十圖

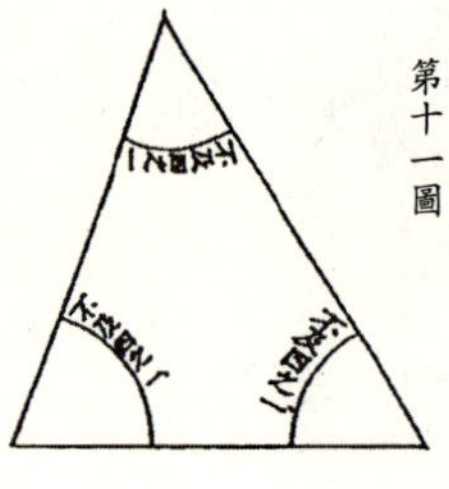

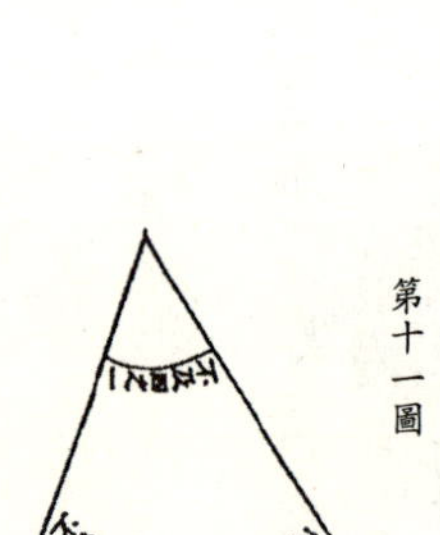

第十一圖

又 兩弧不及四分圜周之一者，測知一弧，以減四分圜周之一，則得其餘一弧。

三弧皆不及四分圜周之一，測知一弧，以減半周，餘爲兩弧之和。減兩弧則餘一弧。

一弧過四分圜周之一，餘兩弧合之，必不及四分圜周之一。合三弧，亦適半周。三觚形有二，其與半周相減之率同。

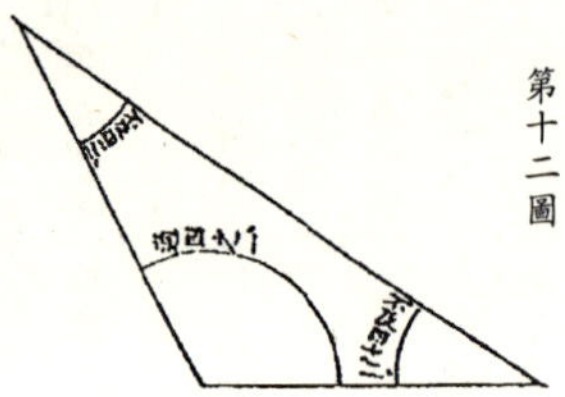

第十二圖

句股第七術

有次矩分，求矩分。以積矩爲實，次矩分爲法，除之得矩分。

如次矩分五十，以除積矩萬，得矩分二百。

有矩分，求次矩分。以積矩爲實，矩分爲法，除之得次矩分。

如矩分八十，除積矩萬，得次矩分百二十五。

右即廣袤互求之法。方百者，自乘，其冪萬。廣五十，袤二百，相乘，其冪亦萬。廣八十，袤百二十五，相乘，其冪如之。以冪爲實，廣除之得袤，袤除之得廣。

句股第八術

有矩分，求徑引數。以矩分之規限，減一矩之規二十四限，餘爲次弧。即次半弧背。半之爲次弧之分弧，取其矩分，加於所有之矩分，得徑引數。

如垂綫值次矩分五十七分七強，仍有奇零曰強。其規限八爲次弧。以次矩分除積矩，得百七十三分二十萬算強，一分爲百萬算。其規限十六。乃以次弧之半四，取其矩分二十六分八弱，微不足曰弱。加於十六限之矩分，得徑引數。

圜周之外內所成句股弦，皆方數也。隨徑隅所指，割圜周成弧背，皆圜限也。限同，則外內相應，句股弦三矩通一爲率。外內相應，句股弦三矩通一爲率，斯可以小大互權矣。

小句	小股	小弦	表一
大句	大股	大弦	表二

句股第九術

凡句股弦小大互求，必得其三，則可以知其四，以原有之兩矩定其率。今有之一矩，合而權之，異乘同除，如前表，隔表互權，異名乘同名除，凡用表，倣此。得所求之一矩。吳曰：古異乘間除，今名三率者是也。二率與三率異名相乘爲實，一率與三率同名爲法，除之得所求之數爲第四率。凡四率，可以迭更互求。

小股與大句相乘，小句除之得大股。
小句與大股相乘，小股除之得大句。
大股與小句相乘，大句除之得小股。
大句與小股相乘，大股除之得小句。已上句與股互求。
小弦與大句相乘，小句除之得大弦。
小句與大弦相乘，小弦除之得大句。
大弦與小句相乘，大句除之得小弦。
大句與小弦相乘，大弦除之得小句。已上句與弦互求。
小弦與大股相乘，小股除之得大弦。
小股與大弦相乘，小弦除之得大股。
大弦與小股相乘，大股除之得小弦。
大股與小弦相乘，大弦除之得小股。已上股與弦互求。

割圜之法，盡於句股互權。如句三股四、句六股八，小大同限也。以小句三爲廣，以大股八爲袤，其冪二十四。以小股四爲廣，大句六爲袤，其冪亦二十四。故三除之得八，八除之得三。四除之得六，六除之得四。又如句三股四弦五，句弦較二，句弦和八，股弦較一，股弦和九。二與四、四與八成句股，小大同限也。以小句二爲廣，以大股八爲袤，其冪十六。以小股四與大句四成方面，其冪亦十六。故二除之得八，八除之得二。四除之得四，開方亦得四。一與三、三與九成句股，小大同限也。以小句一爲廣，大股九爲袤，其冪九。以小股三大句三成方面，其冪亦九。故一除之得九，九除之得一。三除之得三，開方亦得三。此古算家句股測望，用異乘同除、小大互求之故。在乘除本法，如一人出粟三鬴，計三人共出粟若干。以三鬴與三人相乘得九鬴，論異乘同除，爲原有之一人出粟三鬴，定其率，今有之三人，以其率率之，當以三與三乘，以一除。凡除遇一則省除，故一乘而得。又如三人共分粟九鬴，計一人得粟若干。以三人除九鬴得三鬴，論異乘同除，爲原有之三人共得粟九鬴定其率，今有之一人以其率率之，當以九與一乘以三除。凡乘遇一則省乘，故一除而得。蓋異乘同除之於乘除本法，非有更端，則句股之小大互求，於乘除本法，亦非有更端。凡或乘或除，皆函小大互求及廣袤之冪，此至明淺易知者，然神而明之，極少算之巧，平圜渾圜之變，不出此矣。

吳曰：凡準望，於表長減人目高，以乘表距所測處之遠，人目去表之數除之，加表得所測之高。即小股乘大句，小句除之得大股也。若重測，於表長減人目高，以乘兩表閒，前後表相去之數。古人謂之表閒積。人目前後去表兩數相減爲較，除之，加表，得所測之高。此小股乘兩大句之較，兩小句之較除之，得大股也。若以人目去前表之數，或去後表之數，乘表閒，人目前後去表兩數較除之，得前表或後表距所測處之遠。此任以一小句乘兩大句之較，兩小句之較除之，各得其一大句也。凡表爲小股，人目去前後表，各爲一小句，其較爲兩小句之較，所測高爲大股，前後表距所測處各爲一大句，兩表閒，爲兩大句之較，其前後各成同限之大小句股。故能以小知大，迭更互求，無所不通，高深廣遠一理，皆

附圖

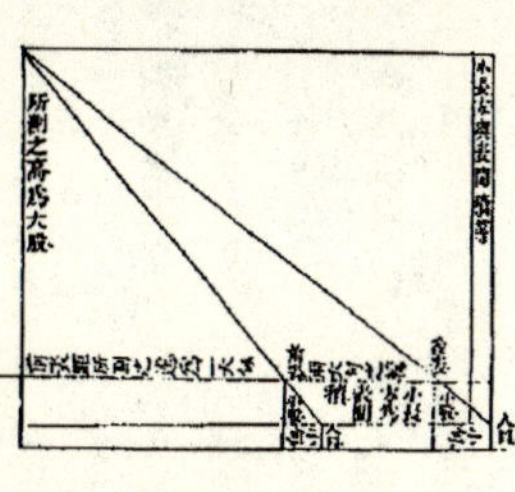

圜半徑、徑隅適得矩之百分，不待求而得，用之求他數，且免乘除之煩。

句股第十術

立成三句股互求、內矩分求次內矩分及求大小矢，已見前第六術。內矩分減圜半徑，得次弧背之矢，以加圜半徑，得次弧背之大矢。小矢、大矢相乘，開方得次內矩分。若先有次內矩分，減圜半徑則得矢，以加圜半徑得大矢。小矢、大矢相乘，開方得內矩分。

有次內矩分，有內矩分，求矩分。以圜半徑乘內矩分，次內矩分除之得矩分。

有內矩分，有次內矩分，求次矩分。以圜半徑乘次內矩分，內矩分除之得次矩分。若積矩爲實，即圜半徑與徑隅相乘之數。次內矩分除之得徑引數。內矩分除之得次引數。其互求省除者。

有內矩分，有徑引數，求矩分。以內矩分乘徑引數，徑隅除之得矩分。

有次內矩分，有次引數，求次矩分。以次內矩分乘次引數，徑隅除之得次矩分。

有次引數，有矩分，求徑引數。以次引數乘矩分，圜半徑除之得徑引數。

有徑引數，有次矩分，求次引數。以徑引數乘次矩分，圜半徑除之得次引數。

如前六觚之率，得十六限之次內矩分五〇〇〇〇〇〇〇〇，此五千萬也，後凡列立成，倣此。以減圜半徑萬萬，算得矢五〇〇〇〇〇〇〇〇，以加圜半徑得大矢一五〇〇〇〇〇〇〇〇。小矢、大矢相乘爲實，開方得內矩分八六六〇二五四〇。圜半徑乘內矩分，次內矩分除之得矩分一七三二〇五〇八一。又以積矩爲實，次內矩分除之得徑引數二〇〇〇〇〇〇〇〇。內矩分除之得次引數一一五四七〇〇五四。以次內矩分乘次引數，徑隅除之得次矩分五七七三五〇二七。前表內，求內矩分、次內矩分者各四，求矩分、次矩分、徑引數、次引數者亦各四。凡二十有四，擇其省便於算者用之，術內不盡列也。後凡術所不列而具於表者，倣此。

內矩分、次內矩分倍其數，合倍弧之弦矢，成同限之句股三。

句	股	弦	
內矩分	次內矩分	徑隅	表一
矩分	圜半徑	徑引數	表二
圜半徑	次矩分	次引數	表三
倍內矩分	倍次內矩分	圜徑	表四
倍弧內矩分	倍弧之大矢	倍次內矩分	表五
倍弧之矢	倍弧內矩分	倍內矩分	表六

句股比例之一端，附論之。

如隔水測其崖高。前表臨水，後表退三丈一尺九寸有半。表長去水面一丈五尺，人目高五尺，去前表八尺，後表一丈二尺五寸，睎望之，表端與所測之高齊。於表長減人目高，餘一丈，是爲兩小股，以乘兩表閒，得三萬一千九百五十寸，是爲表閒積，即小股乘兩大句之較所得數也。以前後人目去表之數相減，餘四尺五寸，即兩小句之較也。以除表閒積，得大股七丈一尺，加表長，得崖高去水面八丈六尺。

人目去前表八尺是爲一小句，以乘大股七十一尺，得五百六十八尺，以小股十尺除之，得大句五丈六尺八寸爲水面之闊。

若以前表八尺，乘表閒三十一尺九寸五分，得二百五十五萬六千分，以兩小句之較四尺五寸除之得大句。亦同。

附圖

此用準望之矩，不必立表。如上所測，置兩案，案上偃矩睎望之度，兩矩設垂綫處，去地五尺爲人目高，其相去三丈六尺四寸有半。前測垂綫值矩分八十，後測垂綫值次矩分八十，以次矩分除積矩，得矩分百二十五。矩之百分爲小股，兩矩分爲兩小句，相減，余四十五爲兩小句之較。以小股百乘兩矩相去三丈六尺四寸五分，得三十六萬四千五百分。以兩小句之較四十五，除之得大股八百一十分。加人目去地五尺，得崖高八丈六尺。前測矩分八十是爲一小句。以乘大股八百一十分，得六萬四千八百分。以小股百分除之，得一大句六丈四尺八寸。此前測遠水八尺也。若以前測矩分八十，乘兩矩相去三丈六尺四寸五分，得二十九萬一千六百分。以兩小句之較四十五除之，得大句六丈四尺八寸。亦同。

弧之外內，其句股弦平行觀之，成同限之句股三。

句	股	弦	
內矩分	次內矩分	徑隅	表一
矩分	圜半徑	徑引數	表二
圜半徑	次矩分	次引數	表三

半弧背、次半弧背，共在一矩之規，其句股弦平行相應，合二爲一，故可以迭更互求。凡句股弦三者，平行，則必同限。

第十八圖

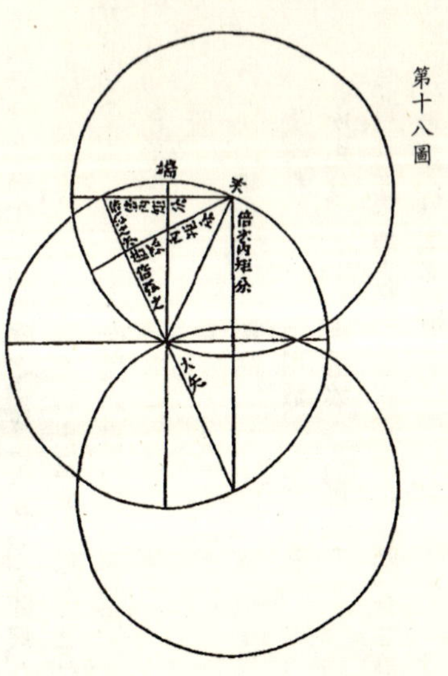

凡句股之限，必自圜之中心，割圜得之。若自圜周割圜，則成倍限，半之乃得其限。

第十九圖

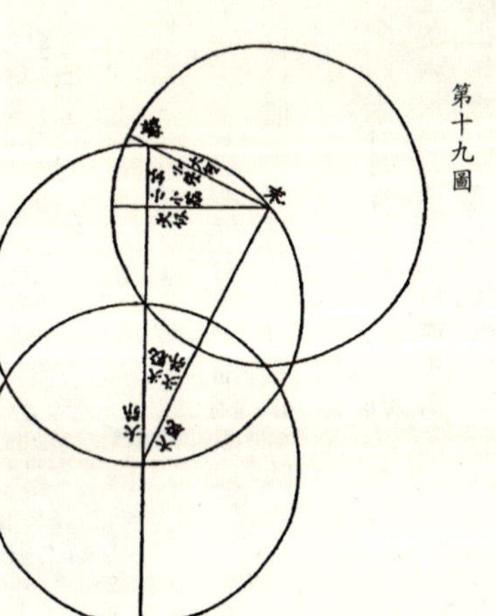

即前圖轉觀之。凡矢與内矩分爲句股，必得其規限之半。前第四、第五、第六三術之理，以所成之句股同限，故可互求。凡句股遞析之，皆成同限之句股。

矢與圜半徑成方冪，半之，分弧内矩分之方也。

凡大小矢相乘，必與内矩分自乘等。矢爲句，内矩分爲股。又以内矩分爲句，大矢爲股。其句股同限。矢自乘、内矩分自乘，併之，必與矢乘圜徑等，是爲分弧内矩分倍之所自乘方冪，矢爲句，内矩分爲股，分弧内矩分倍之爲弦。則分弧内矩分自乘，必得其四之一。凡方面倍冪，必四倍。矢乘圜半徑，即矢乘圜徑之半，故半之與分弧内矩分自乘等。合前第四、第五、第六三術及第六、第七、第十八、[第]十九四圖觀之，其理數可以互明。

減次矩分於次引數，其較爲分弧之矩分。

若減矩分於徑引數，則其較爲次半弧背之分弧矩分。合前第八術及第十四圖觀之，其理數可以互明。

句股第十一術

求分弧内矩分及次内矩分，以矢與圜半徑相乘，半之，開方得分弧之内矩分。以内矩分與分弧之内矩分相乘，矢除之得分弧之次内矩分。既得分弧之内矩分、次内矩分，用前第十術，悉得諸數。或以圜徑乘分弧之内矩分，即分弧之内矩分倍之，與圜半徑相乘之數。内矩分除之，得分弧之徑引數。若矢除之，則得分弧之次引數。其互求省算者，以次矩分與次引數相減，得分弧之矩分。若矩分與徑引數相減，則得次半弧背之分弧矩分。

如十二限之内矩分、次内矩分相等，並七〇七一〇六七八，以減圜半徑得矢二九二八九三二一，與圜半徑相乘，半之爲實，開方得六限之内矩分三八二六八三四三。又以十二限之内矩分與六限之内矩分相乘爲實，十二限之矢爲法，除之得六限之次内矩分九二三八七九五三。又如十二限之矩分、次矩分相等，適滿圜半徑，其徑引數、次引數亦相等。以次矩分一〇〇〇〇〇〇〇〇與次引數一四一四二一三五六相減，得六限之矩分四一四二一三五六。

句股第十二術

求倍弧内矩分及次内矩分，以内矩分與次内矩分相乘，倍之爲實，即内矩分乘倍次内矩分之數。徑隅除之得倍弧内矩分。若内矩分自乘，倍之爲實，即内矩分乘倍内矩分之數。徑隅除之得倍弧之矢，減矢於圜半徑得倍弧之次内矩分。

如二限之内矩分一三〇五二六一九與次内矩分九九一四四八六相乘，倍之爲實，徑隅除之得四限之内矩分二五八八一九〇二。又以二限之内矩分自乘，倍之爲實，徑隅除之得四限之矢三四〇七四一三，以減圜半徑，餘九六五九二五八七爲四限之次内矩分。

小大兩弧之和較互權心。小弧次内矩分以爲弦，兩弧和較之内矩分半和爲之句，次内矩分半和爲之股。小弧内矩分以爲弦，兩弧和較之次内矩分半較爲之句，内矩分半較爲之股。有大弧互權之率。若大弧次内矩分以爲弦，兩弧和較之内矩分半較爲之句，次内矩分半和爲之股。大弧内矩分以爲弦，兩弧和較之次内矩分半較爲之句，内矩分半和爲之股。有小弧互權之率。

句	股	弦	
大弧内矩分。	大弧次内矩分。	徑隅	表一
兩弧和較内矩分半和。	兩弧和較次内矩分半和。	小弧次内矩分。	表二
兩弧和較次内矩分半較。	兩弧和較内矩分半數。	小弧内矩分。	表三

句	股	弦	
小弧内矩分。	小弧次内矩分。	徑隅	表一
兩弧和較内矩分半較。	兩弧和較次内矩分半和。	大弧次内矩分。	表二
兩弧和較次内矩分半較。	兩弧和較内矩分半和。	大弧内矩分。	表三

小弧次内矩分爲弦，以大弧權之所得之句，即和弧較弧之内矩分半和。大弧次内矩分爲弦，以小弧權之所得之句，即和弧較弧之内矩分半較。故兩句之和即和弧内矩分，兩句之較即較弧内矩分。小弧内矩分爲弦，以大弧權之所得之句，即和弧較弧之次内矩分半較。小弧次内矩分爲弦，以大弧權之所得之股，即和弧較弧之次内矩分半和。故句與股之和，即較弧次内矩分。句與股之較，即和弧次内矩分。或大弧内矩分、次内矩分爲弦，以小弧權之所得之句股同。

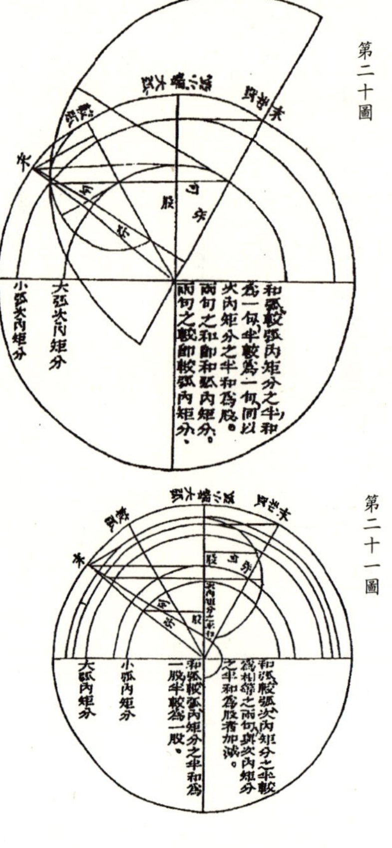

第二十圖　第二十一圖

兩股之和，即和弧内矩分。兩股之較，即較弧内矩分。句股之和，即較弧次内矩分。句股之較，即和弧次内矩分。

清·焦循《釋弧》卷上　如圖，辰庚亥寅爲圓周，庚辰寅爲半周，庚辰爲象限，庚卯寅爲徑，卯辰爲半徑，子辰午爲弧，子戌午爲弦，觚見下。

以半徑爲弦，其觚必六。有半徑得正弦，有正弦得餘弦，有餘弦得正切，有正切得正割。以餘弦減半徑爲正矢。四者，分象限而繫之。在本弧謂之正，在他弧謂之餘，是爲八綫。

古之圓率，徑一周三。劉氏徽曰周三者，從其六觚之環耳。又曰假令圓徑二尺，圓中容六觚之一面，與圓徑之半其數均等合。徑率一而外周率三也。西法以半徑爲一千萬，與劉氏假令二尺，不謀而合。則不獨以徑求周，必由此起。即以弧求弦，又孰能外乎此哉！蓋設徑爲二，則半徑爲一。六觚之弦即同半徑，則弦亦一也。半之爲零五。徽曰半面八綫則爲正弦矣。於是正弦有數爲句，半徑有數爲弦。用弦句求股術，得餘弦，於是餘弦有數矣。乃以餘弦爲一率，正弦爲二率，半徑爲三率。求得四率爲正切。而正切有數矣。乃以正弦爲一率，半徑爲二率，正切爲三率。求得四率爲正割。而正割有數矣。餘弦既爲他弧之正弦，又求得他弧之切割，而八綫備矣。

又　析圓周爲三百六十度，每度作直線與徑平行，而達於左右，則自一度至九十度，即自二度至一百八十度也。而自九十度至一百八十度，猶之自一度至九十度。故止得一象[限]九十度之弦，即可槩圓周三百六十度之弦也。然自近於一度者，弦與弧不啻平行。近於九十度者，弦與弧不啻旁午，逐度變移，不可爲定。如一度、二度相差約五三，而十五度以後相差止四八有奇。蓋一之於二，相去以倍，以漸而減，至八十九、九十，則所差甚微矣。非比例可得而知，則必本割圓之術，求其每面以爲通弦。本六觚之形，推之於四觚、十觚，又倍之半之，由三而得九。三觚、六觚、十二觚、二觚、四觚、八觚、五觚、十觚、二十觚。得九，則加減之法可施矣。蓋以度衡觚，觚有無奇零者，有有奇零者。無奇零，適當每度之數者，止有十七，其餘七十三皆有奇零。有奇零，則不可以割圓求觚，亦不能以倍半之術推而得。且數之自然而得者，惟六觚、四觚、十觚，每觚一半一倍。故止於九，其餘無奇零之觚八，皆不可以倍半求者。唯十五觚、十八觚，可由五觚、六觚以三分得一之術求之。餘觚六，則必用加減得之。雖無奇零，同於有奇零者矣。今逐度表之於左。

一度　一百八十觚
二度　九十觚
三度　六十觚
四度　四十五觚
五度　三十六觚
六度　三十觚
七度　二十五觚十四分觚之一
八度　二十二觚半
九度　二十觚
十度　十八觚
十一度　十六觚二十二分觚之八
十二度　十五觚
十三度　十三觚二十六分觚之二十二
十四度　十二觚二十八分觚之二十四
十五度　十二觚
十六度　十一觚三十二分觚之八
十七度　十觚三十四分之二
十八度　十觚
十九度　九觚三十八分觚之二十七
二十度　九觚
二十一度　八觚四十二分觚之二十四
二十二度　八觚四十四分觚之八
二十三度　七觚四十六分觚之三十八
二十四度　七觚半
二十五度　七觚五十分觚之一
二十六度　六觚五十二分觚之四十八
二十七度　六觚五十四分觚之三十二
二十八度　六觚五十六分觚之二十四
二十九度　六觚五十八分觚之十二
三十度　六觚
三十一度　五觚六十二分觚之五十
三十二度　五觚六十四分觚之四十
三十三度　五觚六十六分觚之三十
三十四度　五觚六十八分觚之二十
三十五度　五觚七十分觚之一十
三十六度　五觚
三十七度　四觚七十四分觚之六十四
三十八度　四觚七十六分觚之五十六
三十九度　四觚七十八分觚之四十八
四十度　四觚八十分觚之四十
四十一度　四觚八十二分觚之三十二
四十二度　四觚八十四分觚之二十四
四十三度　四觚八十六分觚之一十六
四十四度　四觚八十八分觚之八
四十五度　四觚
四十六度　三觚九十二分觚之八十四
四十七度　三觚九十四分觚之七十八
四十八度　三觚九十六分觚之七十二
四十九度　三觚九十八分觚之六十六
五十度　三觚一百分觚之六十
五十一度　三觚一百零二分觚之六十
五十二度　三觚一百零四分觚之四十八
五十三度　三觚一百零六分觚之四十二
五十四度　三觚一百零八分觚之三十六
五十五度　三觚一百一十分觚之三十
五十六度　三觚一百一十二分觚之二十四
五十七度　三觚一百一十四分觚之十八
五十八度　三觚一百一十六分觚之十二
五十九度　三觚一百一十八分觚之六
六十度　三觚

六十一度	二觚百二十二分觚之百一十六
六十二度	二觚百二十四分觚之百一十二
六十三度	二觚百二十六分觚之百零八
六十四度	二觚百二十八分觚之百零四
六十五度	二觚百三十分觚之百
六十六度	二觚百三十二分觚之九十六
六十七度	二觚百三十四分觚之九十二
六十八度	二觚百三十六分觚之八十八
六十九度	二觚百三十八分觚之八十四
七十度	二觚百四十二分觚之七十六
七十一度	二觚百四十二分觚之七十六
七十二度	二觚百四十四分觚之七十二
七十三度	二觚百四十六分觚之六十八
七十四度	二觚百四十八分觚之六十四
七十五度	二觚百五十分觚之六十
七十六度	二觚百五十二分觚之五十六
七十七度	二觚百五十四分觚之五十二
七十八度	二觚百五十六分觚之四十八
七十九度	二觚百五十八分觚之四十四
八十度	二觚百六十分觚之四十
八十一度	二觚百六十二分觚之三十六
八十二度	二觚百六十四分觚之三十二
八十三度	二觚百六十六分觚之二十八
八十四度	二觚百六十八分觚之二十四
八十五度	二觚百七十分觚之二十
八十六度	二觚百七十二分觚之十六
八十七度	二觚百七十四分觚之十二
八十八度	二觚百七十六分觚之八
八十九度	二觚百七十八分觚之四
九十度	二觚

右表六十度之弦，爲三等觚之一。觚盡於三，直線無二觚也。二觚即全徑。剖圓爲二，有兩全徑，則亦二觚耳。二觚有零，則三觚之不等者也。凡有零，皆不等之觚也。遵御製新增三分取一，用益實歸除得之，自三度半之爲一度半，是爲九十分，又半爲四十五分。三分取一，得十五分，又得五分，又半爲二分半，是爲一百五十秒。又三分取一，爲五十秒。乃以五十秒之弦，比例得六十秒之弦，是爲一分。由是求之，每度六十分之弦皆得矣。益實歸除者，以一面分爲三面，則三面之弦，必溢於一面之弦。故於一面之原度益之也。此用以求十八邊之一面。十八邊，即六觚之三倍。六觚邊與徑同度，故以半徑爲一率，即以六觚之邊爲一率也。邊所溢之形，似於三分之一之形。故以爲比例。詳見左圖。於是設爲四率，相求一率加四率同於二率三倍之法。若六觚以外之通弦，與半徑不等，則半徑雖仍爲一率，而一率加四率同於二率之三倍者，非半徑矣。故必以半徑與弧度之通弦相乘，以爲首率也。是術於比例之形，得其理。而比例之率，除半徑而外，餘皆無數可舉。故有比例而不能用，惟三分首率，以所分者爲二率，益之，以求合乎首率加四率如二率之三倍也。

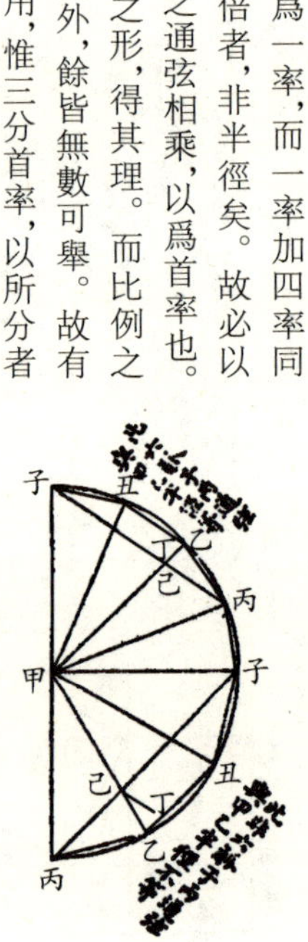

右圖，己丁乙小形同於甲乙丙大形，乙丁底同於乙丙底。而子丙通弦與子丑、丑乙、乙丙三面相較，三面正溢一乙丁，故必於子丙加乙丁三分之，乃得乙丙比例之理。以甲乙爲一率，乙丙爲二率，己乙爲三率，求得四率乙丁。今乙丙、己乙皆無數，故用益實歸除之法。子丙通弦，不同甲乙半徑，又不可竟用子丑，故以甲乙乘子丑爲首率。六觚之弦，同於半徑，則竟以甲乙爲首率矣。益實歸除之法附於左。

以一率自乘再乘，成一立方積爲實。通弦與半徑不等，則以半徑自乘通弦再乘。又以一率自乘，三因之，成三平方積爲法，以法除實爲未定之二率。以此二率自乘再乘，益於原實内爲共實。又以此未定之二率，與法相乘，得數減其實，餘爲弟二位實。又以法除之得數，加於前未定之二率，仍爲未定之二率。復如前法求之，得弟三位實。又以法除之得數，加爲二率，務令二率三倍，當一率併四率之數。而後二率定，三率、四率亦定。

以六觚之形，參之以四觚，則一度至於三十度爲六觚之半，三十一度至於九十度，爲六觚之全。依象限爲弦，則半者弧度之弦，適等於全者弧度之弦。

又 如圖，庚己三十度，己辰六十度。庚卯、己卯、辰卯皆半徑。丁丙、戊乙，同辛己、己甲皆正弦，亦即餘弦。卯甲、辛卯，同庚戊、丙辰皆正切。卯乙、丁卯同。以四率相求，明之於左。

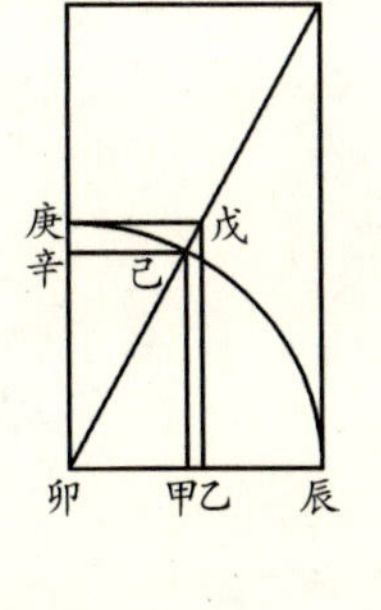

正弦辛己。半徑己卯。半徑丁丙。餘割丙卯。
餘弦辛卯。半徑卯己。半徑庚卯。正割卯戊。
正切戊庚。半徑庚卯。半徑丙丁。餘切丁卯。
正弦己辛。餘弦辛卯。半徑丙丁。餘切丁卯。
餘弦甲乙。正弦己辛。半徑乙戊。正切戊庚。
正割卯戊。正切戊庚。半徑卯己。正弦己辛。
餘割卯丙。餘切丙辰。半徑卯己。餘弦己甲。
正割卯戊。餘割卯丙。半徑卯庚。餘切卯丁。
餘割丙卯。正割戊卯。半徑辰卯。正切乙卯。
正弦卯甲。正切卯乙。餘切卯丁。餘割丙卯。
餘弦己甲。餘切丙辰。正切庚戊。正割戊卯。
正弦卯甲。餘弦甲己。正割卯己。餘割卯丙。

勿菴互視之法，有他弧本弧相求九則。按：之前十二則，已盡之，但變名耳。今釋於後。

他弧正弦即餘弦。他弧餘弦即正弦。他弧餘割即正割。
他弧正割即餘割。他弧正切即餘切。他弧餘切即正切。

清·陳昌齊《測天約術》 蓋八線相當之理。正弦與全數，若全數與餘割。餘弦與全數，若全數與正割。正切與全數，若全數與餘切。正弦與餘弦，若全數與餘切。餘弦與正弦，若全數與正切。正割與正切，若全數與正弦。餘割與餘切，若全數與餘弦。正割與餘割，若全數與餘切。餘割與正割，若全數與正切。此法之所由立也。

又本弧八線互視之理。正弦與正切，若餘切與餘割。餘弦與餘切，若正切與正割。正弦與餘弦，若正割與餘割。

兩弧八線互視之理。此弧之正弦與他弧正弦，若他弧之餘割與此弧餘割。此弧之正弦與他弧餘弦，若他弧之正割與此弧餘割。此弧之正弦與他弧正切，若他弧之餘切與此弧餘割。此弧之餘弦與他弧餘弦，若他弧之正割與此弧正割。此弧之餘弦與他弧正弦，若他弧之餘割與此弧正割。此弧之餘弦與他弧餘切，若他弧之正切與此弧正割。此弧之正切與他弧正切，若他弧之餘切與此弧餘切。此弧之正切與他弧正弦，若他弧之餘割與此弧餘切。此弧之正切與他弧餘弦，若他弧之正割與此弧餘切。共十二法，參錯用之。每一法可變爲四法。而八線相求之術，統於是矣。如所云：正弦與正切，若餘切與餘割。此以正弦爲一率，正切爲二率，餘切爲三率，求得餘割爲四率也。更之，則以餘割爲一率，餘切爲二率，正切爲三率，求得正弦爲四率。以正切爲一率，正弦爲二率，餘割爲三率，求得餘切爲四率。以餘切爲一率，正弦爲二率，餘割爲三率，求得正切爲四率。餘倣此推之。

清·安清翹《矩線原本》卷二《測量篇上》 句、股、弦三邊各自乘，成方冪，合句、股兩冪與弦冪等。

上方與下方同爲句股和，自乘其數相等。於上方內減去四句股積，所餘弦冪，於下方內亦減去四句股積，所餘句、股兩冪，則合句冪、股冪必與弦冪等。

句股相加爲和，相減爲較。和較相乘與句、股兩冪相減之餘數等。凡兩方冪相減，餘爲兩邊線和較相乘之數。

股弦相加爲股弦和，相減爲股弦較。和較相乘與句冪等。

句冪、股冪與句股相乘之冪爲連比例三率。句股相乘之冪半之，即句股積。

初率	中率	末率
句冪	句股相乘之冪。	股冪

句股形，自直角作垂線，截弦邊，分爲兩句股形，與原形爲三，爲連比例三率者，亦三。

初率	中率	末率
小句	小股又爲次句。	次股
初率	中率	末率
小句	小弦即大句。	大弦

初率　中率　末率

次股　次弦即大股。　大弦

小矢與大矢相乘，與半弧弦自乘等。

小矢爲連比例初率，大矢爲末率，半弧弦爲中率。凡初率與末率相乘，與中率自乘等。

又　卷四《割圓一線表》【略】以餘弦減半徑爲正矢，以正弦減半徑爲餘矢。餘弦減半徑爲小矢，加半徑爲大矢。小矢即股弦較，大矢即股弦和。外弧之矢爲外矢。本弧小，則外矢爲大矢。本弧大，則外矢爲小矢。

又安清翹《一線表用》卷一　一線表

【略】凡弧過五十度者，減去五十度。過七十五度者，與全周一百度相減，俱爲剩弧即用剩弧之正弦。

檢表法

凡查零分秒數，用中比例。如檢四度五十七分二十七秒之弧弦，則以四度五十分與四度六十分相減，餘十分爲弧較。弧較常爲十分。以四度五十分之弧弦二七八九九與四度六十分之弧弦二八五〇二相減，餘六〇三爲弦較。乃置弦較六〇三，以七分二十七秒乘之，十分除之，得零較四三九，與四度五十分之弧弦相加，得二八三三八，即四度五十七分二十七秒之弧弦也。如有弧弦二八三三八，求度分秒。與四度五十分之弧弦相較則多，與四度六十分之弧弦相較則少，則知在五十分、六十分之間。即以四度五十分之弧弦與四度六十分之弧弦相減，餘六〇三爲弦較。今有之弧弦與四度五十分之弧弦相減，餘四三九爲零較。乃置零較四三九，以十分乘之，弦較六〇三除之，得七分二十七秒，與四度五十分相加，得四度五十七分二十七秒，即所求之度分秒也。凡以弧度查弧弦，則餘數收之。以弧弦查弧度，則餘數棄之。

以餘弦減半徑爲正矢，以正弦減半徑爲餘矢。

餘弦減半徑爲小矢，加半徑爲大矢。小矢即股弦較，大矢即股弦和。

又　附立表簡法立表之根，詳《矩線原本》，兹附簡法。

用周徑密率，徑一周六二八三一，即用六百二十八小餘三一帶小餘二位，以齊尾數。爲十分之正弦。又用方斜密率，方五斜七〇七一〇六八，即以七萬〇七百一十〇小餘六八爲十二度五十分之正弦。再用後術，錯綜求之，以立表。

有正弦，求餘弦。法以正弦爲句，半徑十萬爲弦，求其股，即餘弦。

三角函數公式分部

算法

清·王錫闡《曉菴新法》卷一　有不齊之兩弧，互以正弦因較弦，相從爲兩弧相益之正弦，相消爲兩弧相損之正弦。倍正弦因較弦爲倍弧之正弦。

各隨用弧大小不拘度分。

又王錫闡《圜解》

兩弦相因第九

有大小兩弧，命小弧之正弦爲半徑作小圜，于小圜作大弧正弦與大小兩弧正弦相因等。作大弧較弦與小弧正弦因大弧較弦等。命小弧之較弦爲半徑作小圜，于小圜作大弧正弦與大弧正弦因小弧較弦等。作大弧較弦與大小兩弧較弦相因等。

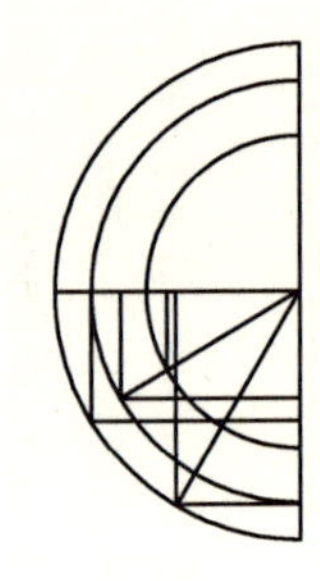

作大圜首尾象心，名志同前。于圜周任取一處，志之曰界。尾界爲小弧，作正弦至尾心半徑，志之曰正。作較弦至象心半徑，志之曰較。次于從界至首圜周取一處，志之曰次。尾次爲大弧，作正弧至尾心半徑，志之曰弦。作較弦至象心半徑，志之曰對。較弦，一名對弦。又作界心直線爲小弧半徑，次心直線爲大弧半徑。

第一形。先取小弧之正弦，界正爲度，截首心半徑，志之曰羅。截尾心半徑，志之曰計。亦取交首、交尾之義。其計心、羅心徑分，俱同爲半徑起。羅至計割象心半徑于較。較心徑分，本與小弧正弦等故也。作小圜、大圜大弧，次心半徑割小圜周之處，志之曰割。自割至心爲等小弧正弦之小圜半徑。自計至割爲小圜之大弧。從割出直線二，一與象心平行，與首尾全徑相遇成矩折，遇處，志之曰小。割小爲小圜大弧之正弦。以次心半徑一度比次弦大弧正弦，猶割心小圜半徑與界正正弦等。比割小。小圜大弧之正弦。求法用次弦，因割心如次心而一，次心既爲全度，即无用而一。得割小。故割小與次弦割心相因等也。一與首尾全徑平行，與象心相遇成矩折，遇處，志之曰少。割少爲小圜大大弧之較弦。以次心比次對大弧較弦，猶割心比割少也。小圜大弧之較弦求法，用次對。因割心如次心而一，得割少。故割少與次對割心相因等也。又取小弧之較弦，界較爲度，截首心半徑，志之曰半。截象心半徑，志之曰初。取初交、半交之義。其半心、初心徑分，俱爲半徑。起初過半至正，心正徑分，本與小弧較弦等故也。作小圜，大弧次心半徑割小圜周之處，志之曰交。自交至心爲等。小弧較弦之小圜半徑，自正至交爲小圜大弧。從交出直線二，一與象心平行，遇首尾全徑成矩折，遇處，志之曰大，爲小圜大弧正弦。以次心比次弦，猶交心小圜半徑同小弧較弦。比交大，小圜大弧正弦也。故交大與次弦交心相因等也。一與首尾全徑平行，遇象心成矩折，遇處，志之曰泰，交泰爲小圜大弧較弦。以次心比次對，猶交心比交泰，小圜大弧正弦也，故交泰與次對交心相因等也。命大弧之正弦或較弦爲半徑，作小圜，于小圜作小弧正弦較弦亦依此推之。

第二形。先取大弧之正弦、次弦爲度，截首心、尾心各半徑，志之曰羅、曰計。其計心、羅心及等正弦之對心，各爲半徑。起羅過對至計，作小圜，界心半徑割小圜處，志之曰交，計交爲小圜小弧。從交出直線二。一作交大正弦，作法前先，下同。以界心比界正，猶交心小圜半徑與大弧正弦等比交大也。故交大與界正交心相因等也。一作交泰較弦，以界心比界較，猶交心比交泰也。故交泰與界較交心相因等也。又取大弧較弦次對爲度，截首心、象心半徑，志之曰初、曰半。其半心、初心與等較弦之弦心各法爲半徑，起初過半至弦，作小圜界心半徑割小圜處，志之曰割，弦割爲小圜小弧。從割出直線二。一作割小正弦，以界心比割心，小圜半徑與大弧較弦等。猶界正比割小也，故割小與割心界正相因等也。一作割少較弦，以界心比割心，猶界較比割少也，故割少與割心界較相因等也。

右兩形中各兩弧俱不及象限，其俱過象限及一過一不及者，可以意推。

兩弧損益第十

兩弧相從曰總弧，相消曰多弧。置大小兩弧，以小弧較弦因大弧正弦，曰先數。以大弧較弦因小弧正弦，曰後數。

第一式大小兩弧俱不及象限，第二式大弧過象限，小弧不及象限。若大小兩弧俱過象限者，以(木)[大]爲小，以左爲右，以㫘爲後，置第一式及觀之即得。心、首、尾、象、界、次、正、較、弦、對、小、少、泰、交、割，同㫘。惟交字此章以志小弧較弦，截大弧半徑之處，後(放)[倣]此。交在次心半徑，交心與小弧較弦正心或界較等。從交出直線二，一與小心平行，遇象心半徑于泰成矩折，小弧較弦因大弧較弦數也。一與泰心平行，遇尾心半徑于小成矩折，小弧較弦因大弧正弦數也，是曰先數。(已上兩式相同。)交心與正心等，而在次心半徑上爲第一小圜半徑。則次心比交心，猶次對比交泰，故交泰爲小弧較弦因大弧較弦數也。次心比交心，猶次弦比交小，故交小爲小弧較弦因大弧正弦數也。

第一式，割在界心半徑，割心與大弧較弦次對或弦心等，從割出直線二，一與小心平行，遇(遇)象心半徑于少成矩折，大弧較弧因小弧較弦數也。此線[與]交泰等。一與泰心平行，遇尾心半徑于小成矩折，大弧較弦因小弧正弦數也，是曰次數。割心與弦心等，而在界心徑上爲第二小圜半徑，其比例與第一小圜同。而次數線割小。即在先數線交小。上爲先數之分。

何以知之？割少與交泰同爲兩弧較弦相因之數，必等。又皆與小心等，又皆平行，解前見。則割小直線無容不在交小直線之上矣。又交小與泰心平行，割小與少心平行，泰心及少心同在象心半徑一線上，而交小及割小同遇于小，不得更有兩線。

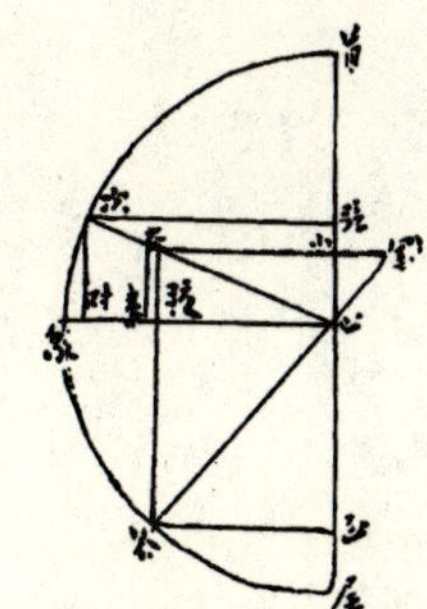

第二式，引長界心半徑至割，割心與大弧較弦等。從交出直線與象心半徑平行，遇首心半徑于小成矩折，大弧較弦因小弧正弦數也，是曰次數。割心既自界心引長，則割心小，所當弧度，即與小弧等。而割心爲第二小圜半徑，其比例與第一式同。而兩式之割小亦同。而次數線與先數線合爲一直線。何以知之？交小與割小俱與象心半徑平行，而皆遇于小，不得不合爲一直線。

兩弧俱不及象限者，以後數減先數爲多弧正弦，以後數加先數爲摠弧正弦。

第三式，用第一式，以後數割小減先數交小，爲兩弧多界次弧之正弦。界多。何以知之？于界出直線至次心半徑成矩折，其遇處，志之曰多，爲多弧次界之正弦。引長之，志其處曰引。又于較出直線，與次心半徑平行，遇引界線于引成矩折，爲較界引句股形。引較與交心(即次心半徑之分)平行，界較與小心平行。交心之與界較等。凡句股形，有兩邊平行，必爲相似之形。相似之形，有一邊相等，必三邊互等。而引較與交泰等，界引與先數交小或泰心等。(次以小弧正弦較心爲第二小圜半徑。)從較出直線，與界引平行，遇次心半徑于仝成矩折，得小弧正弦因大弧較弦數與後數等。(俱爲大弧較弦小弧正弦相因數也)引較與多仝平行，多引與仝較平行，而引多仝較成四矩方形，則多引與仝較等，與割小後數亦必等。于等先數之界引，厺等後數之界引，所存界多，多弧正弦與交割必等。易之而于等界引之先數厺等多引之後數，所存交割必與多弧正弦等。故曰于先數減後數得多弧正弦也。

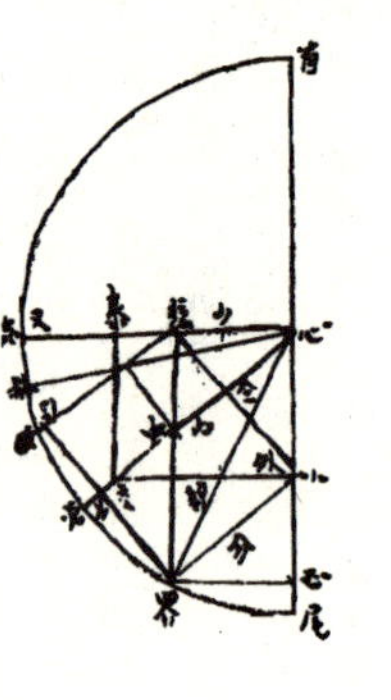

第四式，有第(六)[三]式諸線，又有第三式之多弧正弦界多、界引及引較兩線，同後數之同較線。

以後數割小加先數交小爲尾摠摠弧之正弦。何以知之？試作較正直線與界心半徑等。俱爲較心正界四矩方形對隅線也。較同線引之至外，從界出直線與引較平行，遇較外于外成矩折，而界外與引較等，外較與界引等。互爲平行兩線間之平行線也。成界引較外四矩方形。正心界折之較折爲界心較折。界心較折與正較心折等，則正較心之較折正較界與界心正等，爲當小弧之折。界較引與次心尾等，爲當大弧之折，平行兩線與一直線相遇也。合界較正與界較引兩折爲引較正，必與當總弧之摠心尾折等。更從正出直線與外較或界引。平行，與引較相遇成矩折，其遇處，志之曰更。更正與次心相交之處，志之曰內。夫引較正折，既當總弧較正又與半徑等，則更正必與摠弧正弦又心等。末于次心半徑與界較相交之處，志之曰中。更正與界外相遇，成矩折之處，志之曰分。而心較仝與正界分，皆爲句股形，界分與心同平行，分正與同較平行，界正與較心平行，相等，則兩句股必爲相似相等之形。而分正與後數較同等，更內亦等，既界與泰心等，則交小亦等，較外亦等，更分亦等。于更正厺等分正之更內，則所存之內正與更分等，亦與先數泰心等。于摠弧正弦摠并。厺先數，泰心所存又泰必與更內等，而更內與後數等，則于先數加後數，豈不與摠弧正弦等乎。

故曰：以後數加先數，爲摠弧正弦也。

其小弧不及象限而大弧過象限者反是。

第五式，用第二式，以後數割小。加先數交小。爲多弧界次弧。之正弦。次弦。何以知之？于界出直線，遇次心半徑于多成矩折，爲多弧正弦。從較出直線二。一與次心半徑平行，遇界于引成矩折。一與引多平行，遇次心半徑于同成矩折，與後數等，解見。亦與引多等。

界較引句股形與交心小句股形或心泰交。相似相等，解見第三式。而界引與先數等，等後數較同或割小。之引多加界引，與後數加先數之交等。割因知交割與多弧正弦界多等。

故曰：以後數加先數，得多弧正弦。

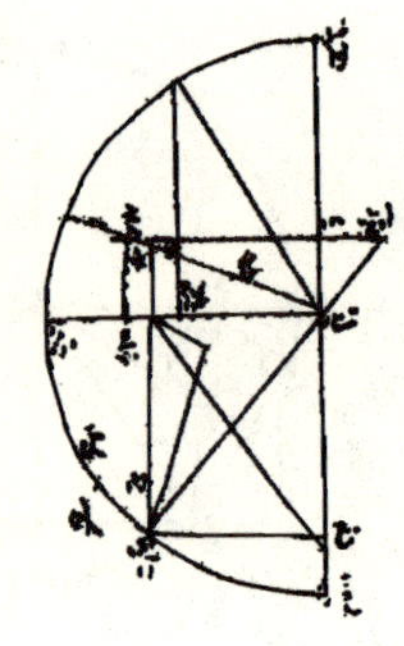

第六式，有第二式諸線，又有第五式之多弧正弦界多。等後數之較同，等先數之界引解俱前見。及較引。以後數割小。加先數交小。爲摠弧尾摠。之正弦。摠并。何以知之？作等半徑之正較直線，引較同至外，從界出直線與引較平行，遇較外于外成矩折，亦成界引較外四矩方形，而界外與較引等，外較與界引等，正較界爲句股形，界本四矩方形之一隅，其界較正折之對邊界正。即小弧之正弦，而較正又與半徑等，則界較正折與當小弧之折界心尾，或摠心次等。較界外與心泰交兩句股形之交心泰折與界較外折等。爲當大弧之折。凡弧過象限者，用其過弧。合界較正、界較外兩折，當與摠弧之象心摠折等，此亦摠弧之過弧。(放)[倣]第四式，作等摠弧較弦之正更線，即得等心摠并折之較正更折。而更較與摠弧正弦并心。等，界內與較中共在一線中心，與內正平行。界正與較心平行相等，則正內界與心較中爲相似相等之形。而界內與較中等，界分與較同平行，則界內分與較中同，兩句股形亦等。而界分與較仝必等，較同本與後數割小等，外更及引多俱等。外較本與先數泰心。等。于先數厺等更較之總弧正弦并心。所存泰并與等後數之外更等。故知于先數泰心。厺後數割小與泰并等。得摠弧正弦并心。也。

後數割心亦等矣。于等先數之較外，如等後數之外更與等摠弧正弦之較更等。則于先數交小。加後數割小。豈不與摠弧正弦摠并等乎！

多弧較弦第十一

置大小兩弧，以小弦正弦因大弧正弦，曰先數。以小弧較弦因大弧較弦，曰後數。

第一式，大小兩弧俱不及象限。第二式，小弧不及象限。第三式，大小兩弧俱過象限。第四式，多弧大于象限。亦有首象尾半周，首尾全徑，象心半徑，小弧，界尾弧。半徑界心及正弦，界正。較弦，界較。大弧次尾弧。半徑次心，多弧，次界弧。正弦界多。較弦。多心。次命小弧正弦較心爲第一小圜半徑，從較出直線與多弧正弦界多。平行，遇大弧半徑次心。成矩折，其遇處，志之曰同。同心爲兩正弦相因數，亦曰先數。又截次心半徑，以小弧較弦爲度，其截處，志之曰交。交心爲第二小圜半徑。從交出直線，與小弧較弦界較。平行，遇象心半徑成矩折，其遇處，志之曰泰。交泰爲兩較弦相數，亦曰後數。

大小兩弧俱不及象限者，以後數加先數，得多弧較弦。

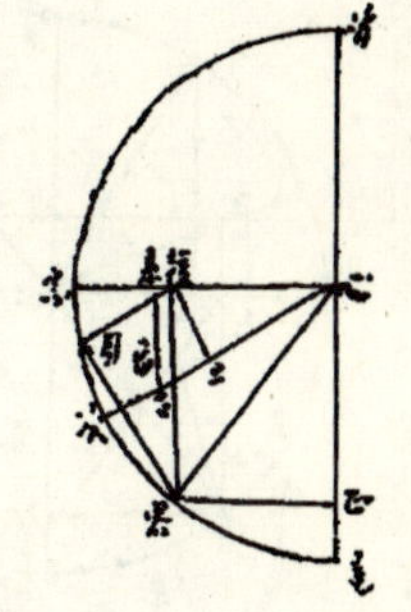

第一式，先數同心。與後數交泰。相從，得多弧較弦。多心。何也？試引長多弧正弦界多。至引。又于較出直線，與大弧半徑次心。平(徑)[行]，遇界引線于引成矩折，界較引爲一句股形，引爲矩折，象較引折與當大弧之較折象心次。等。則引較界與當大弧之折等，而引界較仍與當大弧之較折等。心泰交成一句股形，泰爲矩折，泰心交爲當大弧之較折，則交泰心與當大弧之折等。而兩句股爲相似形。又交心以界較爲度而形，句股爲相等形，則後數交泰與引較亦等。俱對大弧之較折多同。與引較爲兩平行線間之平行線，亦等。是多同與後數等也。以加先數恰得多弧較弦多心。矣。

小弧不及象限、大弧過象限者，以後數消先數得多弧較弦。

第二式，先數與後數相消得多弧較弦。多心。何也？于較出直線，與多弧正弦界多相遇于引成矩折，則界較引與心交泰兩句股形相似相等。而較引與後數交泰。等，與同多亦等。于先數同心。消後數之同多，得多弧較弦多心。也。

大小兩弧俱過象限者，以先數反損後數得多弧正弦。

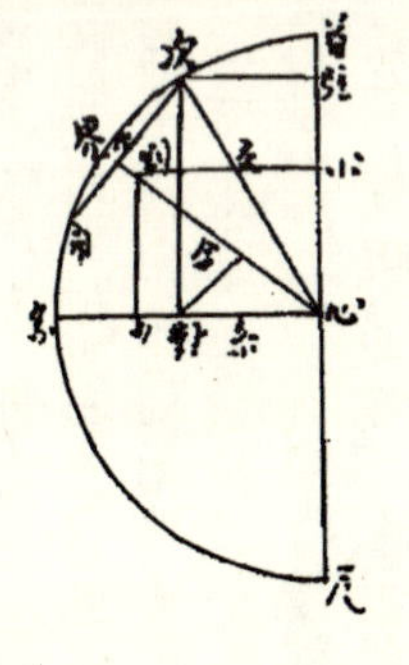

第七式，凡弧度過象者與半周相減，取其正較兩弦，爲用弧正較兩弦，則小弧反似大弧，大弧反佀小弧，而先數交小線反在後數割小線上矣。故以先數反減後數得多弧正弦也。試于次出直線，遇界心半徑于多成矩折，爲多弧正弦。引長至引。又于對出直線與界心半徑平行，遇引成矩折，即成次對引句股形與大弧較弦次對等故也。餘解見第三式。又從對出直線與引次平行，遇界心半徑于同成矩折，而對同與引多等。同爲兩平行線間之平行線。又與先數交小等。交小爲小弧較弦因大弧正弦數，對同爲大弧正弦因小弧較弦數故也。而引次與數割小。等，同爲相佀相等之句股形。則于割小去交小存割交，與多弧正弦等。

大小兩弧俱不及象限而總弧過象限者，亦以後數加先數得摠弧正弦。

第八式，凡不及象限若(于)[干]度與過象限若(于)[干]度，其過不及之度等，其正較兩弦亦各等。故以後數割小。加先數交小。亦得總弧正弦摠并。(放)[倣]第四式。惟總心半徑及摠并正弦俱在象限外。作較引界外四矩方形，與心泰交小四矩方形等。次作較正等半徑直線，得正較界折與對小弧之界心尾折等，合引較界折此折與對次弧之次心尾折等。爲引較正折與對摠弧心摠心尾折等。減引較外矩折，存外較正折，與當過弧之摠心象折等，又與心摠并折等。更引較外至更。與摠并等。從正出直線與較引平行，遇更較于更成矩折。更較正既與心摠折併等。而較正又與半徑多，則較更必與摠弧弦摠并等。于較正交次心半徑之處，志之曰內。又引長界外至較正線上，其相遇處，志之曰分。成正界分三邊形，與較心內三邊形相(多)[等]相佀。何也？較內與分正同在一直線，界分與內心平行，界正與較心平行相等。則兩三邊形必相佀相等矣。而較內與分正必等。夫較內與分正共在更較正句股形中，而形中有同內及外分兩平行線，截較正及較分兩邊，各爲三線。同及外又皆矩折，則較正之比較更，猶分正之比外更，亦猶較內之比較同。故較內與分正等。則較同與外更亦必等。而更外與

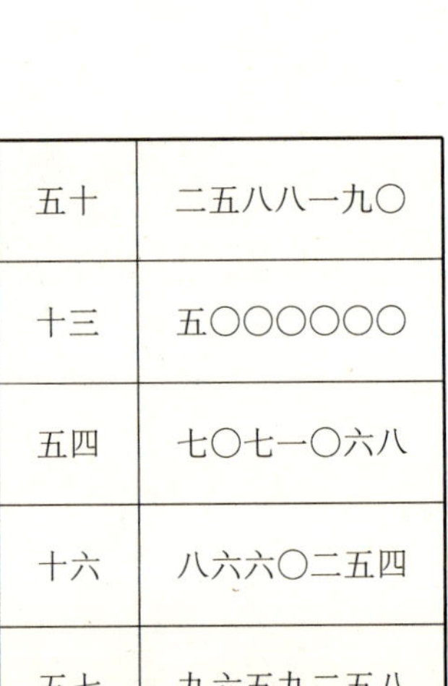

五十	二五八八一九〇
十三	五〇〇〇〇〇〇
五四	七〇七一〇六八
十六	八六六〇二五四
五七	九六五九二五八
十九	一〇〇〇〇〇〇〇

十五度線，如上法，取方得其斜邊，即爲其線，半之即七度五十分正弦。一三〇五二六二。

註曰：十五度正弦二五八八一一。自乘，六六九八三一三三。七十五度正弦九六五九二五八。(除)[減]通弦，餘三四〇七四二。自乘，二六一五一。并之六八一四四一一八。爲奇數，開之，二六一〇五五。半之。一三〇五二六二。

又取七度五十分之半，用上法，得三度七十五分正弦。六五四〇三一。

註曰：七度五十分正弦自乘，其餘八十二度五十分正弦減通弦，餘數自乘，二乘數相加爲奇數。開方，半之，即三度七十五分正弦。六五四〇三一。

七度五十分加三度七十五分，共十一度二十五分，用上法得正弦。一九五〇九〇三。

註曰：以下另爲一法，七度五十分加三度七十五分得十一度二十五分，倍之，二十二度五十分。正弦自乘，其餘六十七度五十分正弦減通弦，餘數自乘，並而開方，得二十二度五十分線，半之，十一度二十五分正弦。下廿二段同。

再加〇三度七五分爲一五度，已見。

再加爲一八度七五分，用上法，得正弦三二一四三九五。

再加爲二二度五〇分，用上法，得正弦三八二六八三四。

再加爲二六度二五分，用上法，得正弦四四二二八八七。

再加爲三〇度，已見。

再加爲三三度七五分，用上法，得正弦五五五五七〇二。

大小兩弧俱過象限者，亦以後數加先數得多弧較弦。

第三式，較界引句股形與交心泰句股形相似相等，而引較與(合)[後]數交泰等，亦與同多等。解見前兩式。于先數同心。加等後數之同多，得多弧正弦多心也。

小弧不及象限而多弧大于象限者，以先數消後數得多弧較弦。

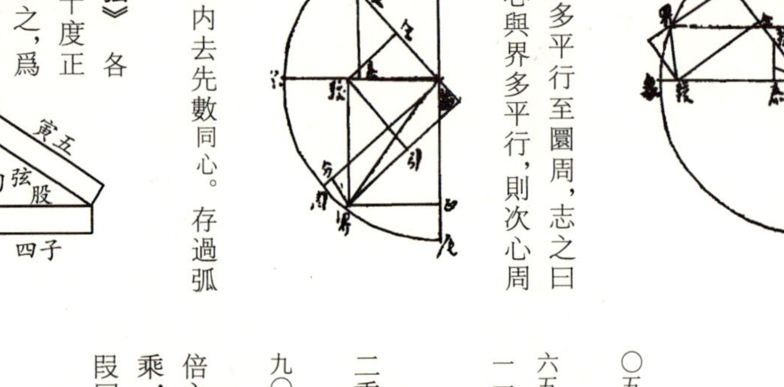

第四式，引長大弧次心半徑至多，從界出直線與較同平行，遇次多于多成矩折，則界多爲多弧之正弦，多心爲多弧之較弦。何也？大于象限之弧，以過弧之正弦爲較弦，過弧之較弦爲正弦。試從心出直線與界多平行至圜周，志之曰周。則周次弧必爲象限弧。次多界折既矩折，而周心與界多平行，則次心周折亦必矩折也。而界周爲出弧之過弧矣。從界出直線與多心平行，與周心相遇成矩折，遇處，志之曰分，爲多弧之過弧正弦，即多弧較弦也。而多心與界分等，爲兩平行線間之平行線故也。故亦爲多弧之較弦。而同依壽諸式，知較引與先數交泰。等。而同多與較引等，亦兩平行線間之平行線。以後數之同多。內去先數同心。存過弧較弦多心也。

清·薛鳳祚《曆學會通》正集一卷《法數部·正弦》 各度數之弦，即線之半。如一百八十度線半之，爲九十度正弦。九十度線半之，爲四十五度正弦。六十度線半之，爲三十度正弦。三十度線半之，爲十五度正弦。此作表之根。

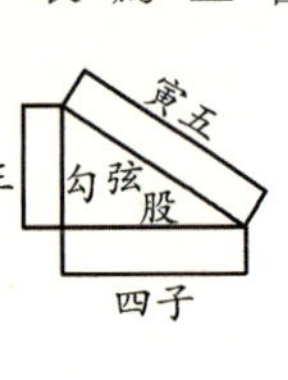

如圖，勾弦求股。勾三自乘九，弦五自乘二十五，相減得一十六爲偶數，開方股四。求勾、求弦法同。

再加爲三七度五〇分，用上法，得正弦六〇八七六一四。
再加爲四一度二五分，用上法，得正弦六五九三四五八。
再加爲四五度，已見。
再加爲四八度七五分，用上法，得正弦七五一八三九八。
再加爲五二度五〇分，用上法，得正弦七九三三五三三。
再加爲五六度二五分，用上法得正弦八三一四六九六。
再加爲六〇度，已見。
再加爲六三度七五分，用上法，得正弦八九六八七二七。
再加爲六七度五〇分，用上法，得正弦九二三八七九五。
再加爲七一度二五分，用上法，得正弦九四六九三〇一。
再加爲七五度，已見。
再加爲七八度七五分，用上法，得正弦九八〇七八五二。
再加爲八二度五〇分，用上法，得正弦九九一四四四九。
再加爲八六度二五分，用上法，得正弦九九七八五八九。
再加爲九〇度，見上。一〇〇〇〇〇〇〇。
三〇度半之一五度　一五度半之〇七度五〇分　〇七度五〇分半之〇三度七五分

其餘，六〇度　七五度　二二度五〇分　八六度二五分　四五度半之二二度五〇分　二二度五〇分半之一一度二五分

其餘，四五度　六七度五〇分　七八度七五分　七五度半之三七度五〇分　三七度五〇分半之一八度七五分

其餘，一五度　五二度五〇分　七一度二五分　五二度五〇分半之二六度二五分　六七度五〇分半之三三度七五分

其餘，六三度七五分　五六度二五分　八二度五〇分半之四一度二五分

其餘，四八度七五分

以上每遇有(五十)[二十五]分及七十五分者，不取半。

以上隔三度七十五分，表已具。再求一度兩分者作表。

大圈五分之一，作辰卯子三角。卯子爲通弦，卯辰爲通弦之半，卯爲正角辰卯方半弦與卯子方通弦相合，即得辰子方。

註曰：子卯一。加卯辰，五。乘，二五。開方，一一一八〇三爲子辰。子辰即辰寅。辰寅內減卯辰，五。餘六一八〇三。自乘，三八一九六一。加通弦爲一三八一九六一。爲奇數，開方，一一七五五六。半之，五八七七八五二。得三十六度正弦。

其餘用上法，得五十四度正弦。八〇九〇一七〇。

三六度正弦五八七七八五二。半之，一八度正弦。三〇九〇一七〇。

註曰：三十六度正弦五八七七八五二。自乘，三四五四九一七。餘弦八〇九〇一七。減通弦餘一九〇九八三。自乘，三六四七四五。並三八一九七一。爲偶數，開方，六一八〇三。半之。三〇九〇二。半之，〇九度正弦一五六四[三]四五。半之，〇四度五〇分正弦七八四五九一。

其餘，五四度正弦八〇九〇一七〇。　七二度正弦九五一〇五六五。　八一度正弦九八七六八八三。　八五度五〇分正弦九九六九一七三。　〇二度二五分正弦三九二五九八。

其餘，八七度七五分正弦九九九二二九〇。　五四度半之，二七度正弦四五三九九〇五。　半之，一三度五〇分正弦二三三四四五四。　半之，〇六度七五分正弦一一七五三七四。

其餘，六三度正弦八九一〇〇六五。　七六度五〇分正弦九七二三六九九。　八三度二五分正弦九九三〇六八五。　八一度半之，四〇度五〇分正弦六四九四四八〇。半之，二〇度二五分正弦三四六[一]一七一。

其餘，四九度五〇分正弦七六〇四〇六〇。　六九度七五分正弦九三八[一]九一三。

八五度五〇分半之，四二度七五分正弦六七八八(四)[〇]〇七。

其餘，四七度二五分正弦七三四三二二五。　六三度半之，三一度五〇分正弦五二二四九八六。　半之，一五度七五分正弦二七一四四〇五。

其餘，五八度五〇分正弦八五二六四〇二。　七四度二五分正弦九六二四五五二。　七六度五〇分半之，三八度二五分正弦六一九〇九四〇。

其餘，五一度七五分正弦七八五三一六九。　四九度五〇分半之，二四度七五分正弦四一八六五九七。

其餘，六五度二五分正弦九〇八一四三二。　五八度五〇分半之，二九度二五分正弦四八八六二一二。

其餘，六〇度七五分正弦八七二四九六〇。

註曰：十二度正弦二〇七九一一。自乘，四三二二六。餘弦九七八一四。減通

弦餘，二一八五。下二位自乘，四七七四二。并之，四三七〇三九。爲奇數，開方，二〇九〇五。　半之，一〇四五一八。爲六度正弦〔半之，爲〕〇三度正弦五二三三六〇。

其餘，七八度正弦九七八一四七六。　八四度正弦九九四五二一九。　八七度正弦九九八六一九五。　半之，〇一度五〇分正弦二六一（八）〔七〕六九。　半之，〇〇七五分正弦一三〇八九六。

其餘，八八度五〇分正弦九九九（六）〔七〕六七三。　八九度二五分正弦九九九九一四三。　七八度半之，三九度正弦六二九三二〇〇。　半之，一九度五〇分正弦三三三八〇六九。　半之，〇九度七五分正弦一六九三四九五。

其餘，五一度正弦七七七一四六〇。　七〇度五〇分正弦九四二六四一五。　八〇度二五分正弦九八五五五六一。　八四度半之，四二度正弦六六九一三〇六。　半之，二一度〇〇正弦三五八三六七九。　半之，一〇度五〇分正弦一八二二三五五。

其餘，四八度正弦七四三一四四八。　六九度〇〇正弦九三三五八〇四。　七九度五〇分正弦九八三二五四九。　一〇度五〇分半之，〇五度二五分正弦九一五〇一六。

其餘，八四度七五分正弦九九五八〇四九。　八七度〇〇半之，四三度五〇分正弦六八八三五四六。　半之，二一度七五分正弦三七〇五五七四。

其餘，四六度五〇分正弦七二五三七四四。　六八度二五分正弦九二八八〇（七六）〔九五〕。　八八度五〇分半之，四四度二五分正弦六九七七九〇五。

其餘，四五度七五分正弦七一六三〇一九。　五一度〇〇半之，二五度五〇分正弦四三〇五二一。　半之，一二度七五分正弦二二〇六九七四。

其餘，六四度五〇分正弦九〇二五八五三。　七七度二五分正弦九七五三四二三。　七〔十〕度五〇分半之，三五度二五分正弦五七七一四五二。

其餘，五四度七五分正弦八一六六四一六。　四八度〇〇半之，二四度〇〇正弦四〇六七三六六。

其餘，六六度〇〇正弦九一三五四五五。　六九度〇〇半之，三四度五〇分正弦五六六四〇六二。　半之，一七度二五分正弦二九六五四（〇）〔一五〕。

其餘，五五度五〇分正弦八二四一二六二。　七二度七五分正弦九五五〇一九九。　七九度三〇分半之，三九度七五分正弦六三九四三九〇。

其餘，五〇度二五分正弦七六八八四一（〇）〔八〕。　四六度三〇分半之，二三度二五分正弦三九四七四三九。

其餘，六六度七五分正弦九一八七九一二。　六四度三〇分半之，三二度二五分正弦五三三六一四五。

其餘，五七度七五分正弦八四五七二七八。　六六度〇〇半之，三三度〇〇正弦五四四六三九〇。　半之，（一）〔三〕六度五〇分正弦二八四〇一五三。

其餘，五七度〇〇正弦八三八六七〇六。　七三度五〇分正弦九五八八一九七。　半之，〇八度二五分正弦一四三四九二六。

其餘，八一度七五分正弦九八九六五一四。　五五度五〇分半之，二七度七五分正弦四六五六一四五。

其餘，六二度二五分正弦八八四九八七六。　五七度〇〇半之，二八度五〇分正弦四七七一五八八。　半之，一四度二五分正弦二四六一五三三。

其餘，六一度五〇分正弦八七八八一七一。　七五度七五分正弦九六九二三〇九。　七三度五〇分半之，三六度七五分正弦五九八三二四六。

其餘，五三度二五分正弦八〇一二五三八。　六一度五〇分半之，三〇度七五分正弦五一一三九三一。

其餘，五九度二五分正弦八五九四〇六四。

以上共一百二十，前後皆隔七十五分。

又 有一度求五十分正弦。同前法。

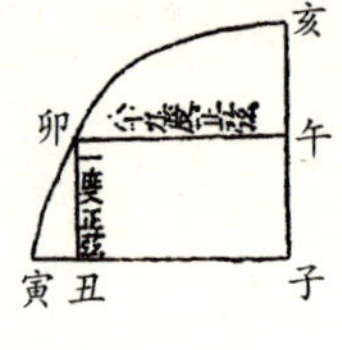

如圖，有丑卯一度正弦，午卯即子丑爲其餘八十九度正弦，子寅爲通弦，内減八十九度正弦，餘爲丑寅。此數有丑卯一度弦，有子丑八十九度弦減通弦。有丑正角，丑寅、丑卯二方相加即寅卯方，開方得丑角斜邊寅卯線，半之爲五十分正弦。八七二六五。其餘八十九度五十分正弦。九九九九六一九。

註曰：一度正弦一七四五。自乘，三〇四五。八十九度正弦九九九八五。減通弦，餘一五。自乘，二二五。下三位，并之，三〇四八五。開方，一七四五。半之，八七二六。爲五十分正弦。

以下平分隔二十五分表皆全。

七十五分　弦一三〇八九六餘一三〇八七三

一度五十分　弦二六一七六九餘一三〇八二九

二度二十五分　弦三九二五九八餘一三〇七六二

三度〇〇　弦五二三三六〇餘一三〇六七一

三度七五分　弦六五四〇三一

二十五分。一度減七十五分。一率七十五分，二率七十五分正弦，一三〇八九六。三率二五分，得二十五分正弦。四三六三二一。

五十分。一度二十五分減七十五分。一率七十五分，二率七十五分正弦，一三〇八九六。三率五十分，得五十分正弦。八七二六四。

一度。一率七十五分，二率一度五十分與七十五分之餘，一三〇八七三。三率二十五分。以二五乘一三〇八七三得三二七一八二五。一率除，得四三六二四。以加七十五分正弦一三〇八九六。得一度正弦。一七四五二〇。

一度二十五分。一率七十五分，二率七十五分與一度五十分正弦之餘，一三〇八七三。三率五十分。以五乘一三〇八七三得六五四三六四。一率除，得八七二五。以加七十五分正弦，一三〇八九六。得一度二十五分正弦。二一八一四五。

二度二十五分。一率七十五分，二率一度五十分與二度二十五分正弦之餘，一三〇八二九。三率七十五分。乘除皆七十。

清・李子金《天弧象限表》　徑背求弦法，可代象限表。其法，置所有正背度分，以度率一寸七分四釐五毫通之得若干，用減半周三十一尺四寸一分六釐。餘爲餘背。兩背各自乘爲各背羃，即各背一乘方也。并之，減去徑羃，四百尺。餘爲兩背羃大于兩弦羃之共積。另置各背羃，再以各背乘之爲二乘方。置二乘方，再以各背乘之爲三乘方。以各背一乘方、二乘方加三乘方之半爲各率，并之爲總率。置共積，以各率乘以總率除，則得各背羃大于各弦羃之積。以減各背羃餘爲各弦羃之積。平方開之，得各弧之通弦。折半，即象限表中半背之各正弦、餘弦也。欲得正切線，則置正弦，以半徑乘以餘弦除之。或省一乘，只以餘弦除之，其本位即正切線之數也。欲得餘切線，則置餘弦，以半徑乘之以正弦除之。或省一乘，只以正弦除之，其本位即餘切線之數也。既得兩切線，即置正切線，以半徑乘之或省一乘。以正弦除之，即得正割線。或只以餘弦除半徑，更捷。置餘切線，以半徑乘之或省一乘。以餘弦除之，即得餘割線。或只以正弦除半徑，更捷。凡當用半徑全數乘除者，皆在可省，只于位上定之。

假如有六十度之正弧，以所有者爲正弧。用減半周，一百八十度。餘一百二十度爲餘弧。各以度率一寸七分四釐五毫通之。其正弧六十度得一十〇尺四寸七分。其餘弧一百二十度得二十〇尺九寸四分。置正弧，一十尺〇四寸七分。自乘得一百〇九尺六寸二分〇九毫爲正背羃，即正背一乘方也。置餘弦，二十〇尺九寸四分。自乘得四百三十八尺四寸八分三釐六毫爲餘背羃，即餘背一乘方也。合二羃得五百四十八尺一寸〇四釐五毫，減去徑羃四百尺，餘一百四十八尺一寸〇四釐五毫爲兩背羃大于兩弦羃之共積。置正背羃，一百〇九尺六寸二分〇九毫。再以正背十尺〇四寸七分。乘之得一千一百四十七尺七寸三分爲正背二乘方。再以正背十尺〇四寸七分。乘之得一萬二千〇一十六尺七寸三分三釐一毫爲正背三乘方。折半得六千〇〇八尺三寸六分六釐五毫五絲，與正背一乘方、一百〇九尺六寸二分〇九毫。二乘方一千一百四十七尺七寸三分。相并，得七千二百六十五尺七寸强爲正率。置餘背羃，四百三十八尺四寸八分三釐六毫。再以餘背二十〇尺九寸四分。乘之得九千一百八十一尺八寸四分六釐，爲餘背二乘方。再以餘背二十〇尺九寸四分。乘之得一十九萬二千二百六十七尺八寸五分五釐爲餘背三乘方。折半，得九萬六千一百三十三尺九寸二分七釐。與餘背一乘方、四百三十八尺四寸八分三釐六毫。二乘方九千一百八十一尺八寸四分六釐。相并，得一十〇萬五千七百五十四尺二寸五分六釐六毫爲餘率二率。相并，共得一十一萬三千〇二十尺弱爲總率。置共積一百四十八尺一寸〇四釐五毫。爲實，以正率七千二百六十五尺七寸。乘之得一百〇七萬六千〇八十二尺八寸六分五釐六毫五絲。以總率一十一萬三千〇二十尺。除之得九尺五寸二分一釐一毫七絲二忽，爲正背羃大于正弦羃之積，以減正背羃一百〇九尺六寸二分〇九毫。餘一百尺〇〇九分九釐七毫三絲。平方開之，得一十尺〇〇〇四釐九毫八絲爲正弧之通弦。折半，得五尺〇〇二釐四毫九絲。以尺率一萬。通之，得五萬〇〇二十四有奇，即表中三十度之正弦也。表實五萬，以五萬而多二十四，不過萬分中之四分八釐而已。再置共積一百四十八尺一寸〇四釐五毫。爲實，以餘率一十〇萬五千七百五十四尺二寸五分六釐六毫。乘之得一千五百六十六萬二十六百八十一尺三寸弱。以總率一十一萬三千〇二十尺。除之得一百三十八尺五寸八分三釐强，爲餘背冪大于餘弦冪之積。以減餘背冪四百三十八尺四寸八分三釐六毫。餘二百九十九尺九寸强，平方開之，得一十七尺三寸一分七釐七毫爲餘弧之通弦。折半，得八尺六寸五分八釐八毫五絲。以尺率一萬。通之，得八萬六千五百八十八，即表中六十度之正弦，亦即三十度之餘弦也。表實八萬六千六百〇三，以八萬六千六百〇三而少一十五，不過萬分中之一分七釐而已。即謂之密合，亦可也。既得正弦，或只以正弦爲勾，半徑爲弦，求股得若干，即餘弦。倍之，即餘弧之通弦也。更捷。

按：此法，用尺爲單數，故立法以尺爲主。十尺即云十尺，不可以一丈爲名，二十尺即云二十尺，不可以二(十尺)[十入]爲名。凡相乘之積，濶一尺長一尺者，爲一尺。濶一尺長一寸者爲一寸。濶一尺長一分者爲一分。毫釐絲忽，莫不皆然。所有之數自尺起者，其相乘之積，十寸爲一尺，十分爲一寸。蓋以尺統之，故也。若數自寸起，其相乘之積，百寸始，爲一尺。假如五寸，自乘得二十五寸，以常數言之，當爲二尺五寸。若以一尺爲濶，則二十五寸，止得濶一尺長二寸五分矣。雖云二十五寸，其積實止二寸五分也。自寸以下，做此推之。半周率定爲三十一尺四寸一分六釐，尺爲主數，居第二位，故創立前法。若半周率定爲三百一十四分一釐六毫，分爲主數，居第三位，則前法不可行矣。須變法，以求之。其法并一乘方、二乘方，加三乘方二十五分之一，置三乘方，退一位，以四因之即得。蓋二十五分之一，即百分之四也。以爲各率，而其數乃合法。有萬變，神而明之，存乎其人耳。

清·陳厚耀《八綫表根》

求正弦法一

設如有一圓圈，將半徑作甲乙假數一尺。再將半個圓圈分作三分，得丁戊己弦線一尺，丁乙己弧線六十度。將六十度分一半，得乙己弧三十度。則乙己弧之正弦數，得戊己線是五寸。如甲戊己三角形，甲己線正方一百寸，己戊線正方二十五寸，兩正方數相減得七十五寸。將七十五寸開方，得八寸六分六厘爲甲戊線。然甲戊線與己辛線相等，則己辛線之數，是壬己弧線六十度之正弦數也。再甲乙線原是一尺，減去戊甲線八寸六分六厘，下剩一寸三分四厘爲戊乙線。得戊乙己三角形，戊己線正方二十五寸，戊乙線正方一寸七分九厘五毫六微，將兩正方數相加，得二十六寸七分九厘五毫六微。將此數開方，得五寸一分七厘六毫七微爲乙己線。再分一半，得二寸五分八厘八毫二微爲乙庚線，乃是乙丙弧線十五度之正弦數。再甲乙庚三角形，將甲乙線正方數與乙庚線正方數相減，得數開方，得知庚甲線九寸六分五厘九毫二微，爲七十五度弧線正弦之數。再甲丙線減去甲庚下剩庚丙線，得乙庚丙三角形。其講法與戊乙己三角形相等。

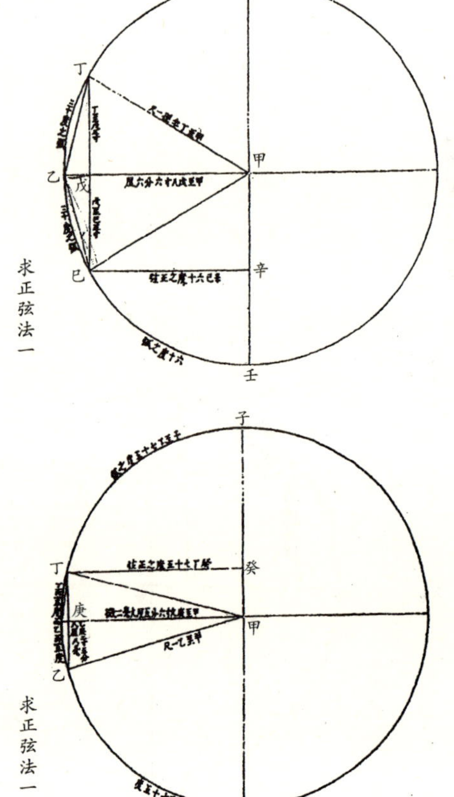

求正弦法一

求正弦法一

求正弦法二

設如子寅丑弧線九十度，甲子直線正方一百寸，甲丑直線正方一百寸。將二方數相加得二百寸。將二百開方，得一尺四寸一分四厘有餘，爲子卯丑線。將分一半得七寸零七厘有餘，爲子卯線，乃是四十五度弧線正弦之數。再甲子卯三角形，甲卯與卯子相等。將甲寅線一尺減去甲卯線七寸零七厘有餘，下剩二寸九分三厘，爲卯寅線。將子卯七寸零七厘正方與卯寅二寸九分三厘相加，得數開方，得七寸六分五厘有餘，爲子寅弧線之(直)[正]弦數。其餘別者，俱照前法。

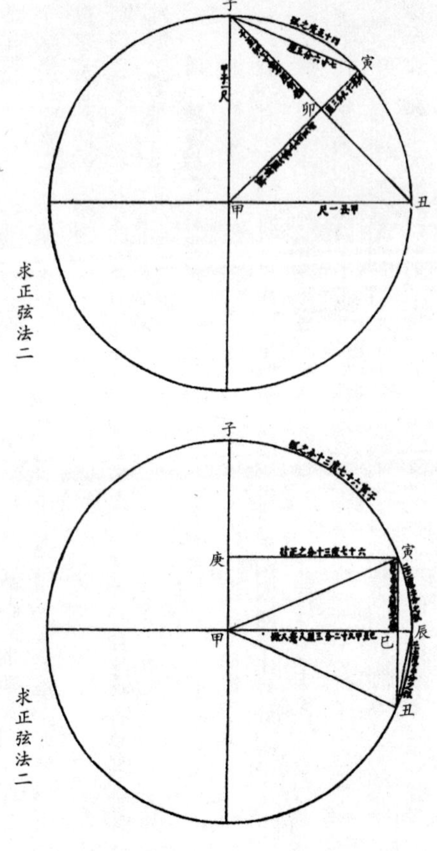

求正弦法二

求正弦法二

求正弦法三有一弧正弦，求加一倍正弦之法。

設如有辛乙弧二十度，甲乙一尺，乙戊三寸四分二厘，求四十度丙乙弧之正弦丙丁數若干。用甲乙一尺爲一率，甲戊七十度正弦九寸三分九厘七毫爲二率，丙乙六寸八分四厘爲三率。將二率與三率相乘，以一率除之，得丙丁正弦六寸四分二厘八毫也。爲何得此數？因甲乙戊三角與乙丙丁三角相等也。

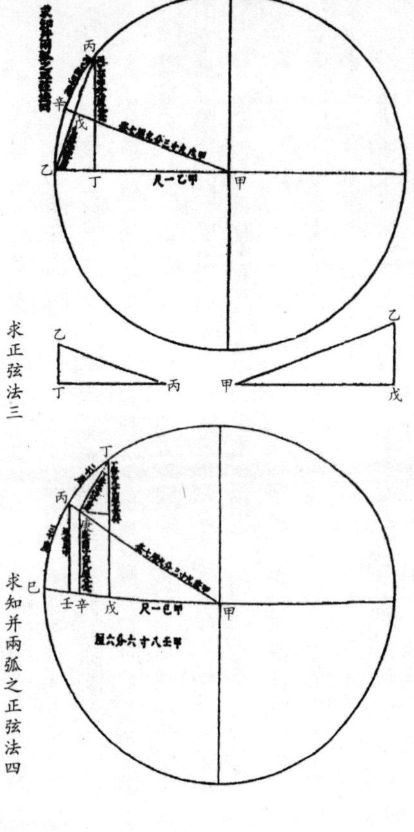

求正弦法三

求知并兩弧之正弦法四

求知并兩弧之正弦法四

設如有甲己半徑一尺，丙己弧三十度丙壬正弦五寸。與丁丙弧二十度丁庚正弦三寸四分二厘。相并，爲五十度丁己弧。求知五十度之正弦丁戊數若干。用甲丙一尺爲一率，甲庚九寸三分九厘七毫爲二率，丙壬五寸爲三率。將二率與三率相乘，以一率除之，得庚辛四寸六分九厘八毫。再用甲丙一尺爲一率，甲壬八寸六分六厘爲二率，丁庚三寸四分二厘爲三率。將二率與三率相乘，以一率除之，得丁癸二寸九分六厘二毫。再將丁癸數與庚辛數相加，得丁戊七寸六分六厘，爲五十度之正弦也。【略】

求正弦法五有一弧之正弦，求別弧之正弦與六十度相等遠。

設如有甲乙一尺，乙丑弧四十度，正弦丑戊六寸四分二厘八毫。丙丑弧二十度，正弦丑辰三寸四分二厘。丙寅弧亦是相等二十度。乙丙弧六十度，乙寅弧八十度。求正弦寅己之數若干。則以四十度正弦丑戊六寸四分二厘八毫與二十度正弦丑辰三寸四分二厘相加，得九寸八分四厘八毫，即是八十度正弦寅己數也。爲何得此數？因丑戊與卯己相等，丑辰亦與寅卯相等故也。

求正弦[法]五

清·《數理精蘊》下編卷一六　六宗三要

三要有本弧之正弦，求本弧之餘弦。有本弧之正弦餘弦，求倍弧之正弦餘弦。有本弧之正弦、餘弦，求半弧之正弦、餘弦。

設如本弧三十六度之正弦五萬八千七百七十八，小餘五二五二三九二。求餘弧五十四度之正弦幾何。

法以三十六度之正弦五萬八千七百七十八小餘五二五二三九二。爲勾，半徑十萬爲弦，求得股八萬零九百零一小餘六九九四三七五。爲五十四度之正弦，即三十六度之餘弦也。

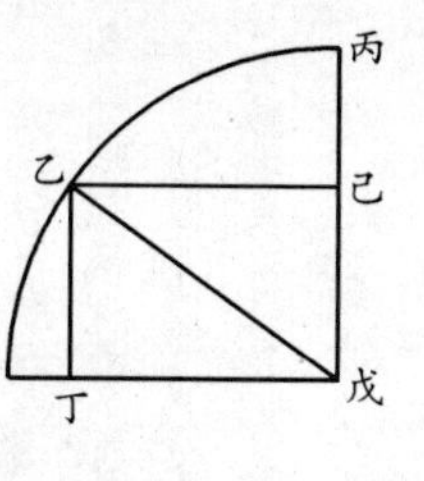

如甲乙丙九十度之一象限，其甲乙正弧三十六度，乙丙餘弧五十四度，乙丁爲三十六度之正弦。試自乙至象限中心戊，作乙戊半徑線，遂成乙丁戊勾股形。乙戊爲弦，乙丁爲勾，求得丁戊股與乙己等，爲乙丙餘弧五十四度之正弦，即甲乙正弧三十六度之餘弦也。

設如本弧三十六度之正弦五萬八千七百七十八，小餘五二五二二九二。餘弦八萬零九百零一。小餘六九九四三七五。求倍弧七十二度之正弦、餘弦各幾何。

法以半徑十萬爲一率，本弧之正弦五萬八千七百七十八小餘五二五二二九二。爲二率，本弧之餘弦八萬零九百零一小餘六九九四三七五。爲三率。求得四率四萬七千五百五十二。小餘八二五八一四七。倍之得九萬五千一百零五，小餘六五一六二九四。即倍弧七十二度之正弦也。求餘弦，則以三十六度之正弦五萬八千七百七十八小餘五二五二二九二。自乘，以半徑十萬除之，得三萬四千五百四十九。小餘一五〇二八一二。倍之得六萬九千零九十八，小餘三〇〇五六二四。與半徑十萬相減，餘三萬零九百零一，小餘六九九四三七六。即倍弧七十二度之餘弦也。

如甲乙丙九十度之一象限，其甲乙弧三十六度，倍之爲甲丁弧七十二度。乙己爲三十六度之正弦，庚乙爲三十六度之餘弦與戊辛等。蓋辛甲與乙己等，則戊辛必與戊己等，戊己即庚乙也。丁壬爲七十二度之正弦。試與乙己平行作辛癸線，遂成戊乙己、戊辛癸同式兩勾股形。其戊乙己勾股形之戊乙弦與乙己勾之比，同於戊辛癸勾股形之戊辛弦與辛癸勾之比，爲相當比例四率。而辛癸與子壬等爲丁壬之半。蓋辛甲爲丁甲之半，則辛癸亦爲丁壬之半。故倍之，得丁壬爲甲丁七十二度之正弦也。又如求餘弦，其甲辛戊、甲癸辛爲同式兩勾股形，其甲辛戊勾股形之甲戊弦與甲辛勾之比，同於甲癸辛勾股形之甲辛弦與甲癸勾之比，爲相連比例三率。既得甲癸，倍之得甲壬，蓋甲丁爲甲辛之倍，則甲壬亦爲甲癸之倍。與甲戊半徑相減，餘壬戊與丁丑等，即甲丁七十二度之餘弦也。

設如本弧四十五度之正弦七萬零七百一十，小餘六七八一一八六。餘弦亦七萬零七百一十，小餘六七八一一八六。求半弧二十二度三十分之正弦幾何。

法以本弧之正弦七萬零七百一十小餘六七八一一八六。爲股。本弧之餘弦七萬零七百一十小餘六七八一一八六。與半徑十萬相減，餘二萬九千二百八十九小餘三二一八八一四。爲勾。求得弦七萬六千五百三十六。小餘六八六四七三〇。折半得三萬八千二百六十八，小餘三四三二三六五。即半弧二十二度三十分之正弦也。

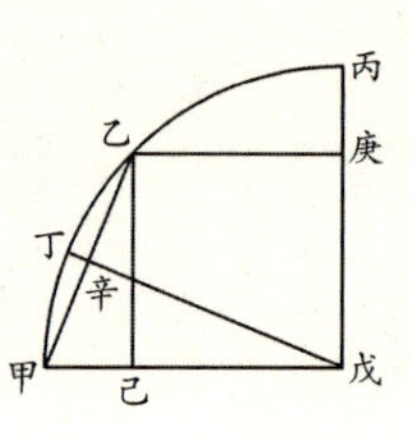

如甲乙丙九十度之一象限，其甲乙弧四十五度折半，爲丁乙弧二十二度三十分。乙己爲四十五度之正弦，戊己與庚乙等爲四十五度之餘弦。於戊甲半徑內減去戊己餘己甲爲勾，乙己爲股，求弦得乙甲爲四十五度之通弦。折半，得乙辛即丁乙二十二度三十分之正弦也。

又捷法以本弧四十五度之餘弦七萬零七百一十小餘六七八一一八六。與半徑十萬相減，餘二萬九千二百八十九。小餘三二一八八一四。折半，得一萬四千六百四十四小餘六六〇九四〇七。與半徑十萬相乘，開方，得三萬八千二百六十八，小餘三四三二三六五。即半弧二十二度三十分之正弦也。蓋乙己爲四十五度之正弦，甲己爲四十五度之正矢。乙辛、辛甲皆二十二度三十分之正弦。如與乙己平行作一辛壬線，平分甲己於壬，成甲辛戊、甲壬辛同式兩勾股形。其甲辛戊勾股形之甲戊弦與甲辛勾之比，同於甲壬辛勾股形之甲辛弦與甲壬勾之比，爲連比例三率。故首率甲戊與末率甲壬相乘，首率甲戊與末率甲壬相乘，與中率甲辛自乘之積相等。開方，得甲辛爲二十二度三十分之正弦也。

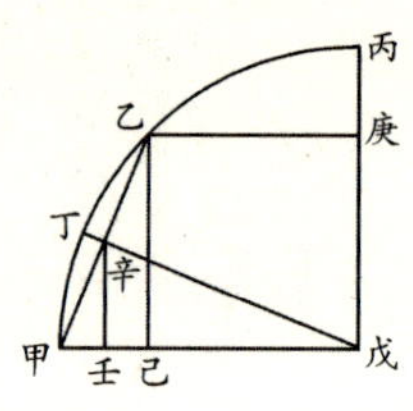

新增有本弧之餘弦，求倍弧之餘弦及半弧之餘弦。

設如本弧三十六度之餘弦八萬零九百零一，小餘六九九四三七五。求倍弧七十二度之餘弦幾何。

法以本弧三十六度之餘弦八萬零九百零一小餘六九九四三七五。自乘，以半徑十萬除之，得六萬五千四百五十，小餘八四九七一八七。與半徑十萬相減，餘三萬四千五百四十九。小餘一五〇二八一二三。倍之得六萬九千零九十八，小餘三〇〇五六二六。仍與半徑十萬相減，餘三萬零九百零一，小餘六九九四三七四。即倍弧七十二度之餘弦也。

如甲乙丙九十度之一象限，其甲乙弧三十六度，倍之爲甲丁弧七十二度。丁己爲三十六度之正弦，戊己爲三十六度之餘弦。丁庚爲七十二度之正弦，辛丁爲七十二度之餘弦與戊庚等。試自己至壬作己壬垂線，遂成甲己戊、己壬戊同式兩勾股形。其甲己戊勾股形之戊甲弦與戊己股之比，同於己壬戊勾股形之戊己弦與戊壬股之比，爲連比例三率。故中率戊己自乘，以首率戊甲除之，得末率戊壬。既得戊壬，與戊甲半徑相減餘壬甲。倍之得庚甲，仍與戊甲半徑相減，餘戊庚與辛丁等，即甲丁弧七十二度之餘弦也。

設如本弧四十五度之餘弦七萬零七百一十，小餘六七八一一八六。求半弧二十二度三十分之餘弦幾何。

法以本弧四十五度之餘弦七萬零七百一十，小餘六七八一一八六。與半徑十萬相減餘二萬九千二百八十九，小餘三二一八八一四。折半得一萬四千六百四十四，小餘六六〇九四〇七。與本弧四十五度之餘弦七萬零七百一十，小餘六七八一一八六。相加，得八萬五千三百五十五，小餘三三九〇五九三。與半徑十萬相乘，開方得九萬二千三百八十七，小餘九五三二五一。即半弧二十二度三十分之餘弦也。

如甲乙丙九十度之一象限，其甲乙弧四十五度，折半爲丁乙弧二十二度三十分。乙己爲四十五度之正弦，戊己與庚乙等，爲四十五度之餘弦。乙辛爲二十二度三十分之正弦，戊辛爲二十二度三十分之餘弦。戊己四十五度之餘弦，與戊甲半徑相減，餘己甲。折半得己壬，再與戊己相加，得戊壬。試自辛至壬作辛壬垂線，遂成甲辛戊、辛壬戊同式兩勾股形。其甲辛戊勾股形之戊甲弦與戊辛股之比，同於辛壬戊勾股形之戊辛弦與戊壬股之比，爲連比例三率。故首率戊甲與末率戊壬相乘，開方得戊辛，爲二十二度三十分之餘弦也。

新增有本弧之正弦，求其三分之一弧之正弦。

設如三十六度之正弦五萬八千七百七十八，小餘五二五二二九二。求其三分之一十二度之正弦幾何。

法用連比例四率，有一率求二率，使一率與四率相加與二率三倍等之法。以三十六度之正弦五萬八千七百七十八，小餘五二五二二九二。倍之得一十一萬七千五百五十七，小餘〇五〇四五八四。爲七十二度之通弦。乃以半徑十萬自乘，得一百億。用七十二度之通弦再乘，得一千一百七十五兆五千七百零五億零四百五十八萬四千爲實。又以半徑十萬自乘，三因之得三百億爲法。按益實歸除之法，除實得四萬一千五百八十二，小餘三三八一六三四。爲二十四度之通弦。折半，得二萬零七百九十一，小餘一六九〇八一七。即十二度之正弦也。

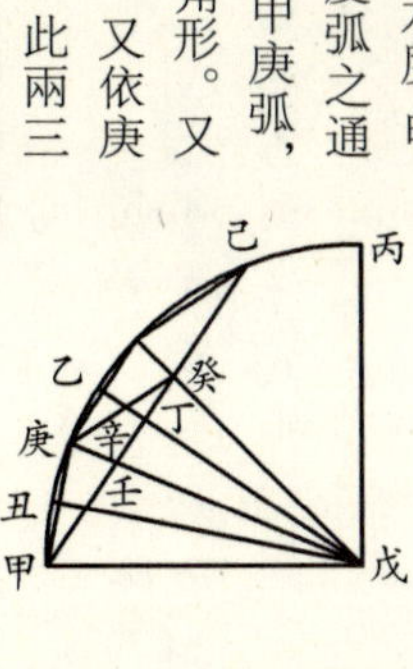

如甲乙丙九十度之一象限，其甲乙弧三十六度，甲丁爲其正弦。倍之得甲己，即甲乙己七十二度弧之通弦。試以七十二度取其三分之一，二十四度爲甲庚弧，其通弦甲庚與甲戊、庚戊兩半徑成一戊甲庚三角形。又庚戊半徑，截甲己通弦於辛成一庚甲辛三角形。又依庚辛度，向辛甲邊作庚壬線，成一庚辛壬三角形。此兩三角形，俱與戊甲庚三角形爲同式形，其相當各邊，俱成相連比例。故戊甲爲一率，甲庚爲二率，庚辛爲三率，辛壬爲四率也。今甲己七十二度之通弦，内有甲庚二率之三倍，而少一辛壬四率。蓋己癸、癸壬、辛甲三段，皆與甲庚二率等。而癸壬、辛甲二段內，却重辛壬一小段。是甲己通弦內，有己癸、癸壬、辛甲三二率，而少一辛壬四率也。若以甲己通弦爲高，與一率半徑自乘之方面相乘，所成之長方體，則比三倍二率爲高，與一率半徑自乘之方面相乘，所成之長方體，必少一四率爲高，與一率半徑自乘之方面相乘，所成之扁方體。此扁方體與二率自乘再乘之正方體等。故以一率半徑自乘之三方面爲法除實，每次所得二率之數，自乘再乘，益入原積則積漸增，與三倍二率與一率半徑自乘之方面相乘所成之長方體合，而除得之數即爲二率。既得甲庚二率爲二十四度之通弦。半之得甲子，即甲丑弧十二度之正弦也。

二簡法有兩弧之正弦、餘弦，求兩弧相加、相減之正弦。有距六十度前後相等弧之正弦，求距弧之正弦。

設如四十五度之正弦七萬零七百一十，小餘六七八一一八六。餘弦亦七萬零七百一十。小餘六七八一一八六。又有二十四度之正弦四萬零六百七十三，小餘六六四三〇七五。餘弦九萬一千三百五十四。小餘五四五七六四二。求兩弧相加六十九度之正弦，及兩弧相減二十一度之正弦各幾何。

法以半徑十萬爲一率，四十五度之正弦七萬零七百一十小餘六七八一一八六。爲二率，二十四度之餘弦九萬一千三百五十四小餘五四五七六四二。爲三率。求得四率六萬四千五百九十七。小餘四一八八〇二〇。又以半徑十萬爲一率，四十五度之餘弦七萬零七百一十小餘六七八一一八六。爲二率，二十四度之正弦四萬零六百七十三小餘六六四三〇七五。爲三率。求得四率二萬八千七百六十。小餘六二三八四七六。乃以兩四率相加，得九萬三千三百五十八，小餘〇四二六四九六。即兩弧相加所得六十九度之正弦。如以兩四率相減，餘三萬五千八百三十六小餘七九四九五四五。即兩弧相減所餘二十一度之正弦也。

如甲乙丙丁九十度之一象限，其乙甲弧四十五度，乙己爲四十五度之正弦，己戊爲四十五度之餘弦。於乙甲弧四十五度加丙乙弧二十四度，得丙甲弧六十九度。又於乙甲弧四十五度減乙子弧二十四度，餘子甲弧二十一度。試自丙至子作丙子線，則丙乙弧、乙子弧皆爲二十四度，丙庚與庚子皆爲二十四度之正弦，庚戊則爲二十四度之餘弦。今以乙戊半徑爲一率，乙己四十五度之正弦爲二率，庚戊二十四度之餘弦爲三率。求得四率庚辛與壬癸等。又以乙戊半徑爲一率，己戊四十五度之餘弦爲二率，丙庚二十四度之正弦爲三率。求得四率丙壬。故以丙壬加於庚辛，庚辛原與壬癸等。共得丙癸，即丙甲弧六十九度之正弦。如於庚辛內減與丙壬相等之庚卯，餘卯辛與子丑等，即子甲弧二十一度之正弦也。蓋乙己戊與庚辛戊爲同式勾股形，故乙戊與乙己之比，同於庚戊與庚辛之比，爲相當比例四率。又寅癸戊與乙己戊亦爲同式勾股形，而寅癸戊勾股形之寅角，與丙庚寅勾股形之寅角，爲兩尖相對角，其度等。癸角與庚角俱爲直角，其度又等。則戊角必與丙角等。如作庚壬線成丙壬庚勾股形，則此形之丙角，既與乙己戊勾股形之戊角等。而壬角又爲直角，與乙己戊勾股形之己角等。故亦爲同式勾股形。而乙戊與己戊之比，同於丙庚與丙壬之比，爲相當比例四率也。

設如八十四度之弧，距六十度[爲]二十四度，其正弦九萬九千四百五十二。小餘一八九五三六八。又有三十六度之弧，距六十度亦二十四度，其正弦五萬八千七百七十八。小餘五二五二二九二。求距弧二十四度之正弦幾何。

法以八十四度之正弦九萬九千四百五十二，小餘一八九五三六八。內減三十六度之正弦五萬八千七百七十八，小餘五二五二二九二。餘四萬零六百七十三，小餘六六四三〇七六。即距弧二十四度之正弦也。如有距六十度前二十四度爲三十六度，其正弦五萬八千七百七十八。小餘五二五二二九二。距弧二十四度之正弦四萬零六百七十三。小餘六六四三〇七六。求距六十度後二十四度爲八十四度之正弦。則以三十六度之正弦五萬八千七百七十八，小餘五二五二二九二。與距弧二十四度之正弦四萬零六百七十三小餘六六四三〇七六。相加，得九萬九千四百五十二，小餘一八九五三六八。即八十四度之正弦也。

又如有距六十度後二十四度爲八十四度，其正弦九萬九千四百五十二。小餘一八九五三六八。距弧二十四度之正弦四萬零六百七十三。小餘六六四三〇七六。求距六十度前二十四度爲三十六度之正弦。則以八十四度之正弦九萬九千四百五十二，小餘一八九五三六八。與距弧二十四度之正弦四萬零六百七十三小餘六六四三〇七六。相減，餘五萬八千七百七十八，小餘五二五二二九二。即三十六度之正弦也。

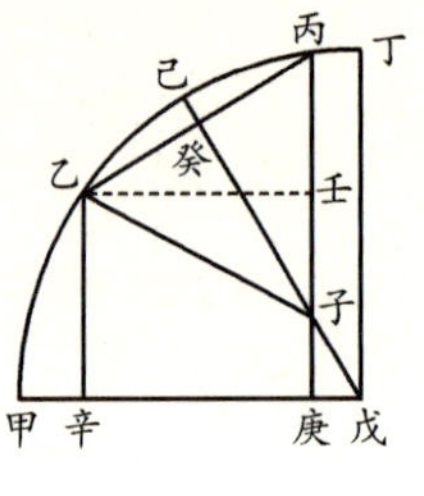

如甲乙丙丁九十度之一象限，其己甲弧六十度，丙甲弧八十四度，丙距己二十四度，乙甲弧三十六度，乙距己亦二十四度。丙庚爲八十四度之正弦，乙辛爲三十六度之正弦與壬庚等，丙壬爲兩正弦之較。試自己至象限中心戊作己戊線。又自丙至乙作丙乙線。則丙癸、癸乙皆爲距弧二十四度之正弦，與丙壬兩正弦之較相等。蓋己戊甲角六十度，則己戊丁角爲三十度。丙庚與丁戊平行，則丙子己角與丁戊己角爲二平行線上所成之內外角必相等，皆爲三十度。丙癸子角爲直角，則子丙癸角必爲六十度矣。又自乙至子作乙子線，則乙癸子與丙癸子爲同式勾股形，癸乙子角亦必爲六十度，癸子乙角亦必爲三十度。兩勾股形合之，共成一丙乙子三角形，而丙子乙角亦必爲六十度矣。三角度既等，則三邊必相等。今丙壬爲丙子之半，丙癸爲丙乙之半，丙子既與丙乙等，故丙壬亦必與丙癸等也。有此法，凡有六十度以前各弧之正弦，則以各距弧之正弦與之相加，可得六十度以後三十度各弧之正弦。若有六十度以後各弧之正弦，則以各距弧之正弦與之相減，可得六十度以前三十度各弧之正弦。六十度前後三十度之正弦，用加減而即得，較之勾股比例諸法，甚爲簡便也。

清·楊作枚《解八線割圓之根》 作表之法有七。用上根數，於大圓中求七弧之通弦，以爲造端之始，而各度之弦尚無從可得。爰立六種公法，或折半，或加倍，或相總，或相較，轉輾推求，以得象限内各度之正弦。蓋上諸法，乃其體，此則其用也。二者相資，表以成焉。

表法一，有一弧之正弦，求其餘弦及半本弧之正弦與餘弦。

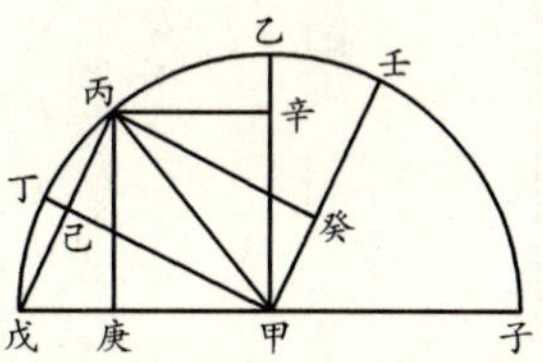

解曰：如圖，甲爲圜心，乙丙戊弧爲全圈四之一，九十。乙甲、戊甲俱半徑。設有戊丁丙弧，其正弦爲丙庚，即從丙作丙甲線，成丙庚甲直角形。法甲丙全數上方，減丙庚正弦上方，餘開之得甲庚，與丙辛等，即丙戊弧之餘弦也。又用甲庚減甲戊半徑，得庚戊矢。又作丙戊線，成丙庚戊直角形。法，庚戊矢上方，與丙庚上方并，開方得丙戊，爲戊丁丙弧通弦，半之得丙己或戊己，即半本弧丙丁或丁戊之正弦。又以丙甲己形，戊甲己形同。用句弦求股術，求己甲，得半本弧之餘弦。癸丙等。若再以丙己、丁己二邊，求丙丁弦，半之又得半丙丁弧之正弦。餘倣此遞求之。

論曰：丙戊弧，既平分于丁，其丙戊弦亦必平分於己，故半丙戊爲半本弧之正弦。試作丁甲壬象限，則丙己正弦，己甲餘弦，尤了然矣。

表法二，有一弧之正餘弦，求其倍本弧之正弦與餘弦。

解曰：甲丙象限内，設有甲戊弧，其正弦戊己，餘弦己乙。今求倍甲戊之甲丁弧正弦丁癸與餘弦癸乙。法先作丁甲線爲丁戊甲倍弧之通弦，此線必爲乙戊線平分於壬，則壬甲亦爲甲戊弧正弦與戊己等，丁壬亦等。夫壬甲既等，戊己則其餘弦，壬乙亦必等己乙。法，用己戊乙、庚壬乙兩形，乙戊全數與戊己正弦，若乙壬餘弦即乙己。與壬庚，而壬庚即辛癸，倍之得丁癸，爲倍弧甲丁之正弦。

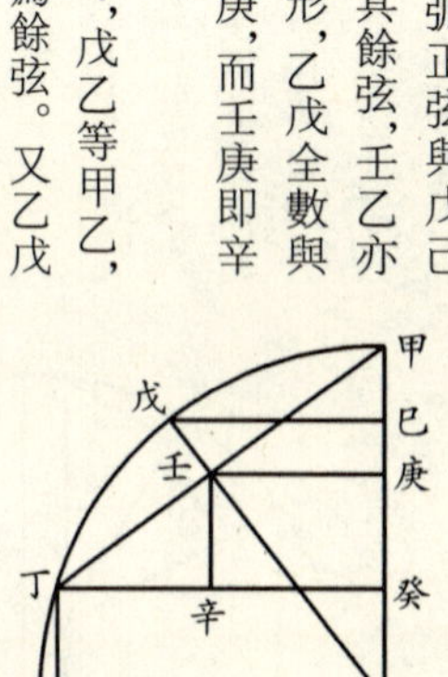

論曰：乙戊己、乙壬甲兩形相等，戊乙等甲乙，戊己等甲壬，己乙等壬乙，故壬乙得爲餘弦。又乙戊己、乙壬庚兩形相似，故第四率可求壬庚。即辛癸。而壬庚必爲丁癸之半，以丁癸甲直角形，丁甲弦既平分於壬，從壬作壬辛垂線，亦必平分其股于辛也。故倍癸辛，得丁癸，爲倍弧甲戊丁正弦。又壬庚線，亦平分甲癸句於庚。用甲壬庚形，依句股術，求甲庚，倍之，以減甲乙，存癸乙或丁子，即倍弧之餘弦也。

表法三，求象限内，六十度左右距等弧之正弦。

解曰：六十度左右距等弧之正弦，與其前後弧兩正弦之較等。如圖，乙丙象限内，設丙戊爲六十度，不動。有丙己小弧，須在三十度以上。丙己丁大弧，其大弧與丙戊六十度之較戊丁。令與丙己小弧與戊丙六十度之較戊己等，其大小兩弧正弦一爲己辛，一爲丁庚，相較爲丁癸。此丁癸與己壬、丁壬等，則丁癸爲戊丁、戊己距等弧之正弦，壬甲爲餘弦。

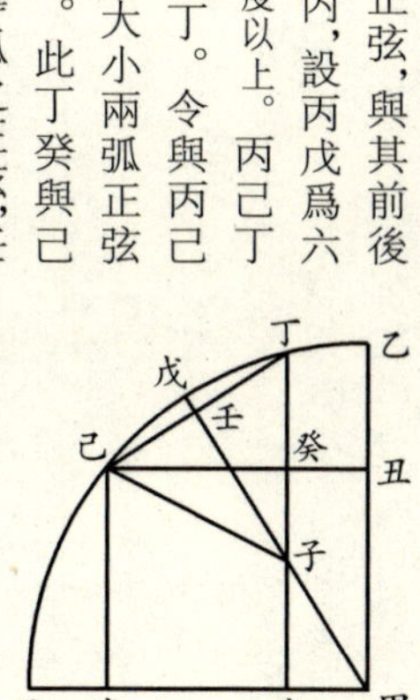

論曰：試從己向子作己子線，則丁己子爲三邊等形，何則？形中壬子丁、壬子己兩形相等，丁子壬、己子壬兩角本等，又同用壬子邊，則兩形自等。而丁子壬角與乙甲戊角等，以丁庚與乙甲平行故。爲三十度，乙甲戊爲丙戊甲角六十度之餘。則丁子己角爲丁子壬之倍，必六十度。又丁子壬、己子壬兩角等，則其餘壬丁子、壬己子二角亦必各六十度，而與丁子己角等，則丁子己爲平邊三角形。夫丁子己既爲平邊三角形，其己癸垂線必平分丁子於癸，子壬垂線必平分丁己於壬，兩分之丁癸與丁壬必等，而丁癸乃己丙、丁丙大小二弧兩正弦一己辛，一丁庚。之較。

按：此須先求得象限内六十（率）〔度〕之正弦，依上法，可求左右三十（率）

[度]之正弦。外此即不可用，以六十度之餘止三十度故也。

表法四，任設兩弧之正餘弦，求兩弧并及較弧折半之正弦。

解曰：戊壬象限內，任設不齊之兩弧。一置在上如戊丙，一置在下如丁壬。中間所容丙丁弧，即戊丙、丁壬兩弧并之餘。今求半丙丁弧丙乙丁乙之正弦。法作丁壬弧正弦丁辛，餘弦丁癸。戊丙弧正弦丙壬，即癸己。餘弦丙子。又作丙丁線爲較弧之通弦，成丙己丁直角形。次以丁壬弧正弦丁辛、己子同。減戊丙弧餘弦，丙子。得丙己爲股。丁壬弧餘弦丁癸。減戊丙弧正弦，癸己。得丁己爲句。句股求弦，得丙丁邊。半於庚，得丙庚或庚丁，爲丙丁半弧丙乙之正弦。

已上俱係《曆書》原法。

表法五，有一弧之正弦，求倍本弧之矢，因得餘弦。

解曰：設戊乙弧其正弦乙丁。戊丙爲戊乙弧之倍，其正弦丙己，正矢戊己。丙戊爲倍弧通弦，半子辛，其辛戊與乙丁等。法用戊丙己、戊辛甲兩直角相似形，二形同用戊角，故相似。己倍弧矢。夫四率之理，二三相乘之矩內形，與一四相乘之矩等。則丙戊乘辛戊，即甲戊乘戊己。而丙戊乘辛戊，所得矩形，爲辛戊上方形之倍。戊辛自乘得辛庚方，倍之爲丙庚矩，即丙戊與戊庚相乘之冪也。戊庚即戊辛。而全數甲戊也。又省一除。故以乙丁正弦即辛戊。自乘，倍之，退位，即得戊己倍弧矢。用減半徑，得倍弧餘弦己甲。若反之，以戊己矢，折半，進位，開方，即得半本弧之正弦。丁乙。此孔林宗術，勿菴稱爲正弦簡法。余作此圖，以著其理。

表法六，任設不齊之兩弧，求兩弧相并之正弦及相較之正弦。

解曰：寅己未圈，甲爲心，寅己爲一象限。設寅己弧內有己辛弧若干度，爲前弧。又有己戊弧，小于己辛，爲後弧。戊子爲後弧正弦，子甲其餘弦。午辛爲前弧正弦，午甲其餘弦。次取辛丑弧，與己戊後弧等。則己戊丑爲前後兩弧之并弧，丑亥即并弧之正弦。次作丑壬線爲丑辛弧正弦，與戊子等，其餘弦壬甲，亦與子甲等，辛壬亦與子己等。法用甲午辛、甲壬丁二相似形，以後弧之餘弦壬甲，因前弧之正弦辛午，全數甲辛。除之，得壬丁爲初數。卯亥等。寄位。次用甲辛午、丑壬卯二相似形，甲辛午形之辛角與丑乙辛角等，因丑壬乙爲直角，其丑壬卯角亦與丑乙壬角等，則亦與甲辛午角等。又二形之卯午俱爲直角，則兩形相似。甲辛與甲午，若丑壬與丑卯。則以前弧之餘弦甲午，因後弧之正弦丑壬，全數辛甲。除之，得丑卯爲次數。末以丑卯與初數卯亥相并，得丑亥，爲己戊丑兩弧相并之正弦。若求兩弧相較之正弦。法以後弧丑壬正弦引長之，抵圈界於癸，則丑癸爲丑辛癸弧之通弦。因壬點爲直角，其癸壬與丑壬必等，因得丑辛、癸辛兩弧亦等。夫丑辛弧，原與戊己後弧等，則辛癸與戊己弧亦等。即以辛癸減辛己前弧，得癸己，爲兩弧之較癸庚，即較弧之正弦，癸酉其餘弦。法用丑辰癸形，此形內之癸申壬、丑卯壬二直角形相等，丑癸辰句股形，丑癸弦既平分于壬，則從壬作壬卯、壬申二垂線，亦必平分丑辰句于卯，癸辰股于申，而癸申壬、丑卯壬兩形必等。因得壬申，即丑卯次數。壬申等卯辰，卯辰即丑卯。用以減初數壬丁，存申丁，即癸庚也，爲較弧癸己之正弦，亦與戊辛弧正弦等。

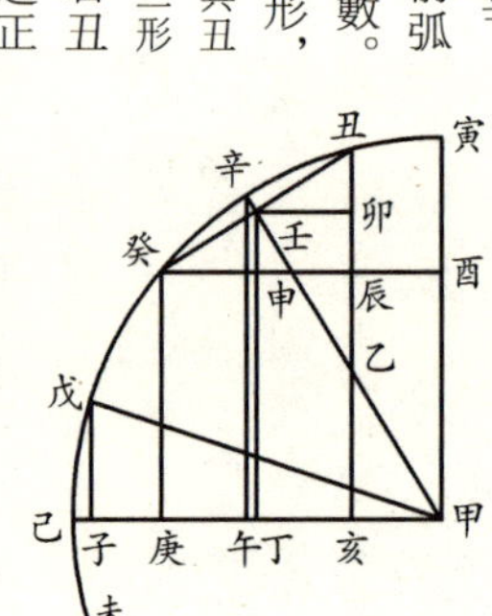

若兩弧相并在象限外，如次圖己寅丑弧，理亦同。鈐記同前。

有不齊之兩弧，求相并、相較弧正弦，又法。

法曰：兩弧小甲丙、大甲戊，相并，曰總弧。甲癸。相減，曰多弧。戊丙。置大小兩弧，以大弧正弦戊辛。因小弧較弦，子庚。曰先數。庚乙。以大弧較弦辛庚。因小弧正弦，庚午。曰後數。午未。視兩弧在象限內者，以後數亥壬。減先數，亥丙也，以午亥丙形與庚乙子形等故。爲總弧正弦。壬丙。以後數卯丑加先數，丑己以庚己丑形與庚乙子形等故。爲多弧正弦。卯己也，以卯午己形與庚酉癸形等故。卯己即酉癸。若兩弧過象限者，加減各異。又或置大小兩弧，同上。以大弧正弦戊辛。因小弧正弦午庚，曰先數。庚未。以大弧較弦庚辛。因小弧較弦，庚子。曰後數。

子乙。視兩弧在象限下，以後數午亥。加先數，得多弧較弦。壬庚。以後數庚丑。減先數，庚未。得總弧較弦。丑未即午卯，亦即庚酉。若兩弧象限内外不等，加減亦異。

此法詳《三角會編》五卷，梅勿菴先生《環中黍尺》亦著其法，然彼所論者，弧三角形，此則平圓中求正弦也。

表法七，圓内有五通弦，錯互成四不等邊形，求不知一弧之通弦。

解曰：甲爲圓心，戊庚爲圓徑，戊丙、丙丁、丁庚俱爲通弦，成戊庚丁丙四不等形，丁戊、丙庚爲對角線。法丁戊偕丙庚相乘之矩形，内減丁庚偕丙戊相乘之矩形，餘爲戊庚與丙丁相乘之矩形。蓋丁庚、丙戊相乘之矩，與戊庚、丁丙相乘之矩并，與丁戊、丙庚兩對角線相乘之矩等也。若有丙戊、丁庚、戊庚、丙庚、丁戊五通弦，用此可得丙丁弧之通弦。

論曰：庚戊丁形與庚丙丁形，其戊、丙兩角等。同乘丁庚弧故。若以丙丁弦引至己，作庚己丙直角形，則庚戊丁、庚己丙兩直角形相似。庚戊與戊丁，若庚丙與丙己。夫四率之理，二三相乘矩形與一四相乘之矩等，則庚丙與丁戊相乘所得，即庚丙與丙己相乘之己壬矩也。取己癸與庚戊徑等。次作丁辛線與己癸平行割圈於子。其子庚弧與丙戊弧等，何則？戊丁庚爲直角，丙丁子亦爲直角，同用戊丁子角，子戊弧。則丙丁戊、庚丁子兩角必等，其所乘之丙戊、庚子兩弧，亦等矣。因得庚子邊，即丙戊通弦。又庚子丁角與庚戊丁角等，同乘丁庚弧故。於庚作庚乙垂線與己丙平行，成子庚乙直角形，與庚戊丁直角形相似。戊庚與庚丁，若子庚與庚乙。依四率之理，庚子即丙戊。與丁庚相乘所得，即庚戊與庚乙相乘之己辛矩也。丁辛即庚戊，己丁即庚乙。用以減己壬矩形，餘丁壬矩形，乃庚戊與丁丙相乘之幂。故以庚戊除之，得丁丙爲丁丙弧之通弦。

若戊丙丁庚非半圈，或大或小不論。則庚戊爲戊丙庚弧之通弦，理亦同。但己壬爲斜方形，如上圖，戊丁庚爲小半圈，成己壬斜方，其庚乙線，不與丁己平行。法，作己庚乙角，令與丁己庚角等，則腰間相對丁、乙二角，亦等。因得庚乙丁己爲等邊，而庚乙子鈍角，爲丁乙庚之餘，與丁己庚角自等，亦即與圓内戊丁庚角等。而庚乙子庚戊丁爲相似形，庚乙即丁己。

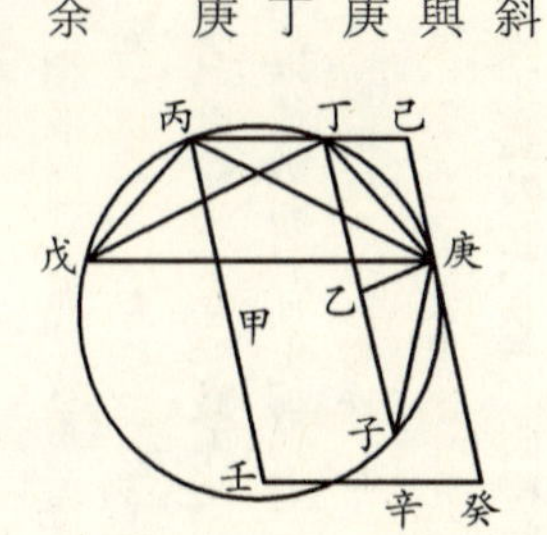

此上古多羅某法，諸書未有能言其故者。得余此圖，庶不昧古人精意。已上二法，係余所增。

用上七法交互推求，可得象限内各度之正弦。細推之，又可每隔十五分，四分度之一。得一正弦。十五分以下，用中比例法。以十五分正弦爲實，十五爲法而一，得一分之正弦。遞加之，得每度内各分之正弦，立割圓表。又此正弦算一象限已足，以適滿一直角故也。

清・戴震《句股割圜記》卷上

句股第十三術

有大小兩弧，求其和弧、較弧内矩分及次内矩分。以大弧内矩分與小弧次内矩分相乘，徑隅除之，得和弧、較弧内矩分之半和。以大弧次内矩分與小弧内矩分相乘，徑隅除之，得和弧、較弧内矩分之半較。加半較於半和，爲和弧内矩分。減半較於半和，爲較弧内矩分。

以大弧内矩分與小弧内矩分相乘，徑隅除之，得和弧、較弧次内矩分之半較。以大弧次内矩分與小弧次内矩分相乘，徑隅除之，得和弧、較弧次内矩分之半和。加半較於半和，爲較弧次内矩分。減半較於半和，爲和弧次内矩分。

如八限之内矩分五〇〇〇〇〇〇〇〇與六限之次内矩分九二三八七九五二相乘，徑隅除之，得四六一九三九七六四六，爲十四限及二限之内矩分半和。以八限之次内矩分八六六〇二五四〇，與六限之内矩分三八二六八三四三相乘，徑隅除之，得三三一四一三五七二八，爲十四限及二限之内矩分半較。兩數相加，得十四限之内矩分七九三三五三三四。相減，得二限之内矩分一三〇五二六一九。又以八限之内矩分與六限之内矩分相乘，徑隅除之，得一九一三四一七一五五，爲十四限及二限之次内矩分半較。以八限之次内矩分與六限之次内矩分相乘，徑隅除之，得八〇〇一〇三一四二三，爲十四限及二限之次内矩分半和。兩數相加，得二限之次内矩分九九一四四四八六。相減，得十四限之次内矩分六〇八七六一四三。既得二限，用求分弧術，得一限及半限諸數。又用十觚之率，得四限八分諸數。以與四限爲和較，得八分及八限八分。以半限與八分，得三分及一限三分。以三分與五分，得二分。以二分三分得一分。或用求倍弧術，或用和較術，各限分之立成，靡不得矣。

弧之外内句股弦，終於一矩之規，方圜之致，備矣。

半弧背適一矩之規者，矢與半弧弦適滿圜半徑，而無矩分等諸數，亦無次半弧背。凡規限之有諸數者，必不滿一矩之規。凡内矩分、次内矩分，皆不滿圜半徑。

圜周九十六限，限十分，分七十五秒，謂之規限，赤道法也。周三百六十五度二萬四千二百三十二分，滿百萬算成一度，謂之日度，黄道法也。日度以經歲爲之準，經歲即平歲實。用規限立算，得晝夜刻分。變日度，則得氣朔日躔。有規限求日度者，以日度乘、規限除。有日度求規限者，規限乘、日度除。

規限半之，四十八限，爲圜半周。又半之二十四限，爲一矩之規。推步家謂之象限。又半之十二限，應分至啟閉之衡，曰衡限。六分圜周之一。凡十六限半之八限爲一宫，又半之四限，應中氣、節氣之策，曰策限。在日度，十五度二十一萬八千四百三十算，故規限求日度，以千五百二十一萬八千四百三十乘，以十六除。日度求規限，乘除互易。

凡同限互權之率，句股之大恒也。句股應矩之方，變而三觚，不應矩之方，以句股御之，截爲句股六。而同限者，各二三三交錯，是以展轉互權。半弧背過一矩之規，以減圜半周，而得外弧。三觚句於句股，吴曰：今之鋭角。截其内。吴曰：凡鋭角用本角弧度。三觚一倨於句股，吴曰：今之一鈍角、二鋭角。引而截其外。吴曰：惟鈍角用外角弧度。

古割圜法書闕失傳，《授時曆草》有弧矢割圜圖，主於共半弧背之句股小大互求，實足以盡割圜之理。凡小大可互求者，未有非共半弧背者也。近人殫精此學，如梅定九、薛儀甫諸家，兼通西洋之説，有八綫表、平三角、弧三角等法，雖别立名目，於古之句股弧矢不異。惜譯書時欲張其説，凡一語可該，必衍爲千百言，多其端緒，使觀之者，目眩而莫測其涯涘。又諱言立法之本，出於句股弧矢，轉謂句股不能御三角，三角能御句股。以梅氏考論之詳，於《平三角舉要》論三角形用正弦爲比例之理，凡爲圖者十，而不能知其爲共半弧背之句股。其他大抵類此。

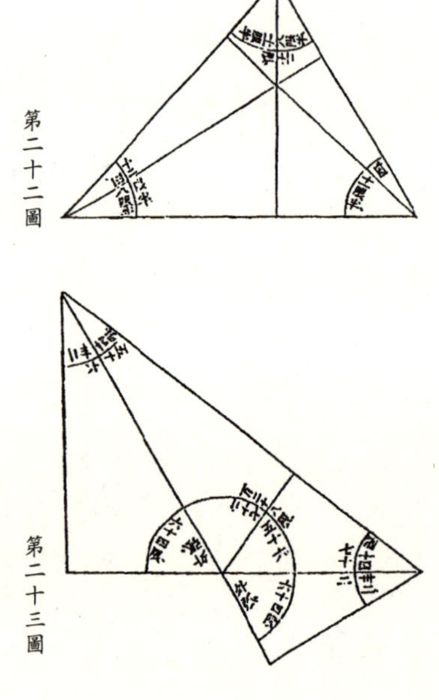

第二十二圖　第二十三圖

所知之距爲弦，其對觚之規限内矩分爲之股。所測之距爲弦，測知之規限内矩分爲之股。

凡矩分與徑引數，爲句與弦。内矩分與徑隅，爲句與弦。徑隅恒等，而内矩分不等，故以内矩分當截三觚爲六句股之距。而與觚之對距成句股，兩内矩分爲句，兩對距爲弦，猶之截兩觚之距爲句，兩對距爲弦也。兩徑隅如一，適當三觚之餘一距。兩内矩分爲句，徑隅爲弦，猶之餘一距爲弦也。若兩徑引數小大不等，不可齊之。如一以當一距，徑引數等，則矩分必隨之而等，與截三觚之距小大不等者不相應矣。故不可以矩分互權。

句此測器立成之數。	句此所準望之實數。	弦此準望所測。	
正弧内矩分	截右觚之距	對正觚之距	表一
右弧内矩分	截正觚之距	對右觚之距	表二
正弧内矩分	截左觚之距	對正觚之距	表一
左弧内矩分	截正觚之距	對左觚之距	表二
右弧内距分	截左觚之距	對右觚之距	表一
左弧内矩分	截右觚之距	對左觚之距	表二

表所列者，分互求之率三，明同限之句股各三也。

第二十四圖

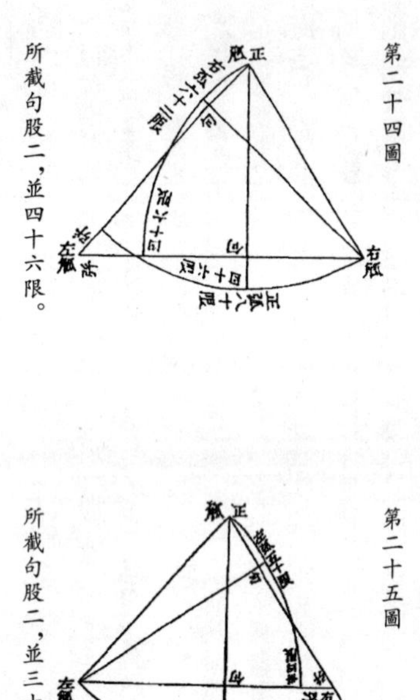

所截句股二，並四十六限。

第二十五圖

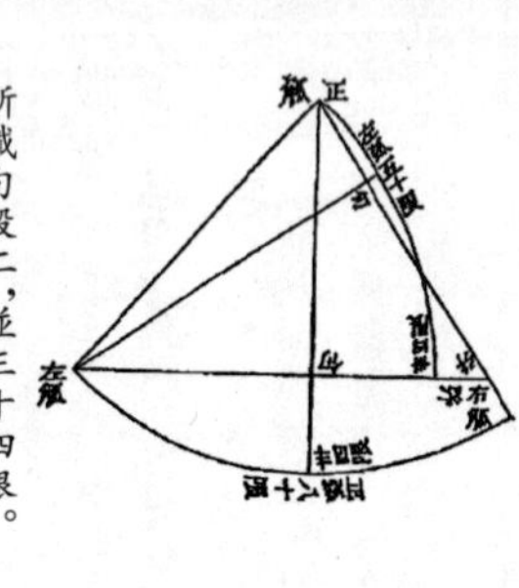

所截句股二，並三十四限。

第二十六圖

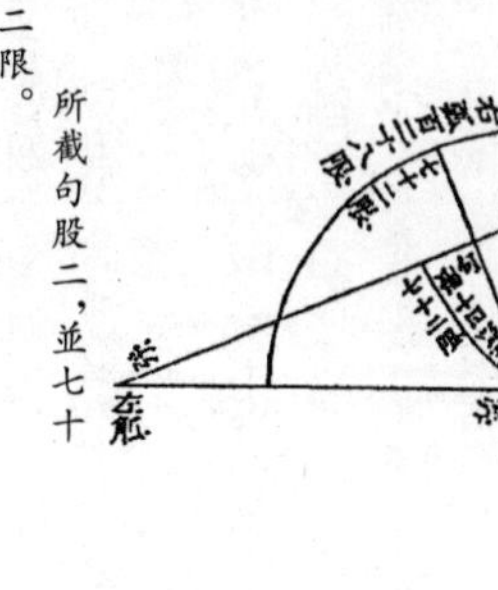

所截句股二，並七十二限。

第二十七圖

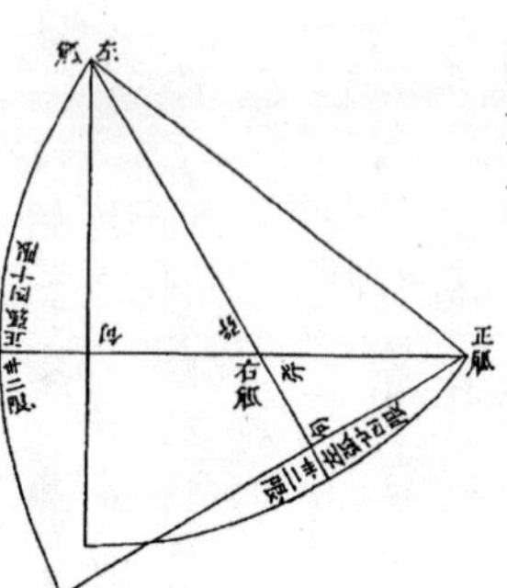

所截句股二，並三十二限。

清·焦循《釋弧》卷上 西人有二簡之法，其一用加減甚精。術以半徑與此弧正弦，例彼弧餘弦，而得四率。又以半徑與此弧餘弦，例彼弧正弦，而得四率。兩四率相加，則得此弧加彼弧之正弦。兩四率相減，則得此弧減彼弧之正弦。

試爲推其本原。凡四觚內容圓，容圓內又作四觚，內之四觚必與半徑同度，則內之正弦，必當半徑之半。故合內之兩正弦，即得半徑。半徑爲九十度之正弦。合兩正弦即得半徑，是既知兩四十五度之正弦，可得九十度之正弦，易明者也。由正方推之縱方，則不獨兩四十五相加也。六十度加三十度，亦可得九十度之正弦。四十五度加三十度，亦可得七十五度之正弦也。於四觚內容圓，圓之所值，必中垂線，亦即四十五度之餘弦。故推之於他數之加減，亦必自餘弦規之也。圓內容四觚，四觚同一圓，兩半面即一半徑矣。兩觚不齊，則兩正弦必一長一短，并之必溢。於兩弧相加之正弦，互之則長者短短者長，兩相消息，而適相合，此自然之理也。兩線所在，與兩正弦互爲同形之句股，故以比例求之耳。

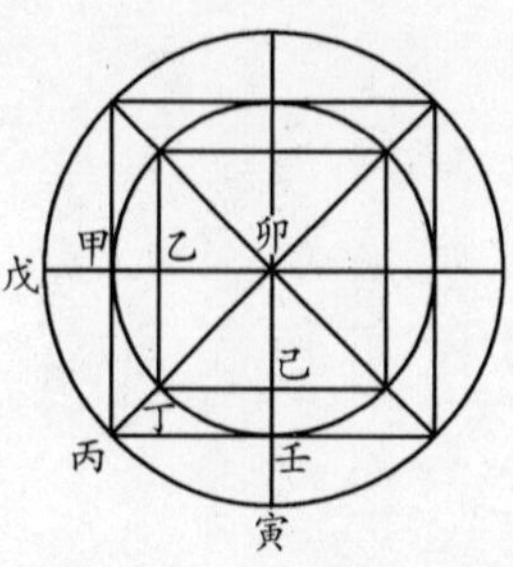

右圖，甲丙、丙壬兩正弦，乙丁、丁己容圓內兩正弦，卯甲、卯壬兩餘弦，卯寅半徑，乙丁、丁己相加即卯寅，相減盡。仍存甲丙四十五度之正弦。

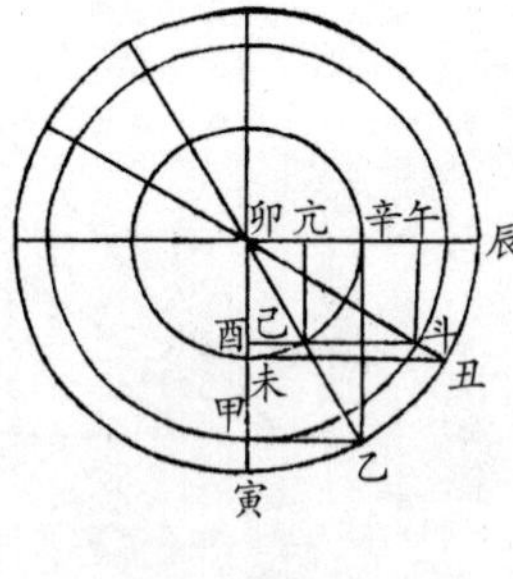

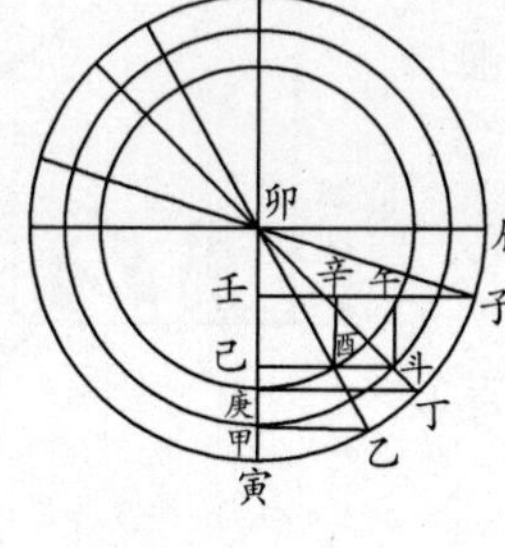

右二圖，前圖寅乙三十度，甲乙爲正弦，甲卯爲餘弦。寅丑六十度，未丑爲正弦，卯未爲餘弦。己酉爲三十度內互得之線，酉斗爲六十度內互得之線，相加即卯辰爲半徑，即九十度正弦。相減爲午亢，即三十度正弦。午辰與己酉等，午亢與甲乙等。自未辛作圓周於內，卯酉爲六十度餘弦者，爲未辛小圓中半徑，己酉即爲酉辛小圓三十度之正弦，可以例寅辰大圓三十度之半徑正弦矣。卯甲爲三十度餘弦者，爲甲斗次圓中半徑。酉斗即爲甲斗次圓六十度之正弦，可以例寅辰大圓六十度之半徑正弦矣。後圖寅乙三十度同前，寅丁四十五度，庚丁爲正弦，卯庚爲餘弦。寅子七十五度，壬子爲正弦，卯壬爲餘弦。己酉爲三十度內互得之線，己斗爲四十五度內互得之線。相加即壬子七十五度之弦，相減爲午辛十五度之正弦。卯庚爲庚午小圓半徑，己酉爲正弦，卯甲爲甲斗次圓半徑，己斗爲正弦，與寅辰大圓之半徑正弦，皆得爲例矣。以餘弦比半徑，未易了然。以餘弦爲半徑而規之使圓，則內外容圓之理，與距等圈之理，可相參而得矣。距等圈，詳見後。

有所知一正弦，以倍半之術推之。有所知兩正弦，以加減之術推之。以倍半之術推之，而觚之無奇零者得矣。以加減之術推之，而觚之有奇零者得矣。

又　二簡法之二，以六十度內外相距等者，加減相求，即互得其度。此理即六觚之理也。

試爲解之。凡形之四方者，必合四而成四觚。形之三角等者，必合六而成六觚。六觚之半，必一三角形正立，兩三角形倒垂，相銜而合爲一也。每三角形作中垂線，而橫分以弦，其正立者，弦依於六觚之面。其倒垂相銜者，弦依於半徑之橫。自中垂線而分之，弦必半於未分者之弦，不待智者知之也。依六觚之面，爲弦以截之，其弦即等於所截之邊。依其邊以爲邊，猶之乎弦也。以邊所截之弦及邊與弦所截之邊，猶之乎三觚也。依中垂線而垂之，猶之垂線也。則所截之邊，必倍於所截之弦矣。平行線而得同度之形。幾何此言，實爲以形求形之至論。今列爲圖明之。

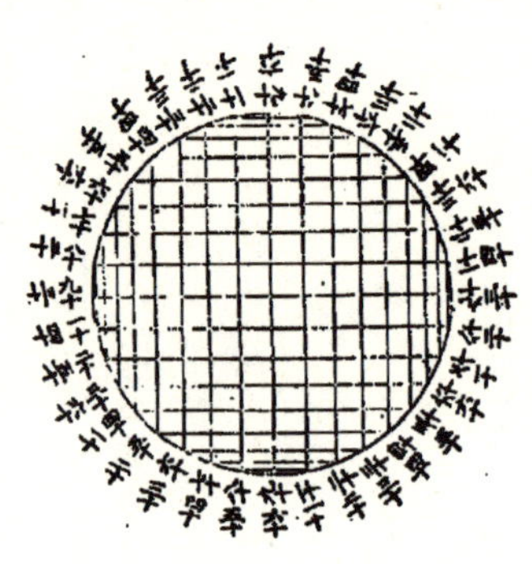

三十度至六十度，六十度至九十度，皆相距三十度，是爲距弧。四十度與八十度，距弧皆二十度。五十度與七十度，距弧皆十度。

清・安清翹《矩線原本》卷四《割圓一線表》

割圓求五分之一術

任設一弧之正弦，求其五分之一弧正弦，用借根方術。

法爲十根少半徑方分立方之四，十多半徑三乘分四乘方之三十二，與所設一弧之倍正弦等。乃以倍正弦爲實，帶縱四乘方開之，得一根之數，即所求五分之一弧正弦也。半徑方者，半徑自乘也。半徑三乘者，半徑乘三次也。

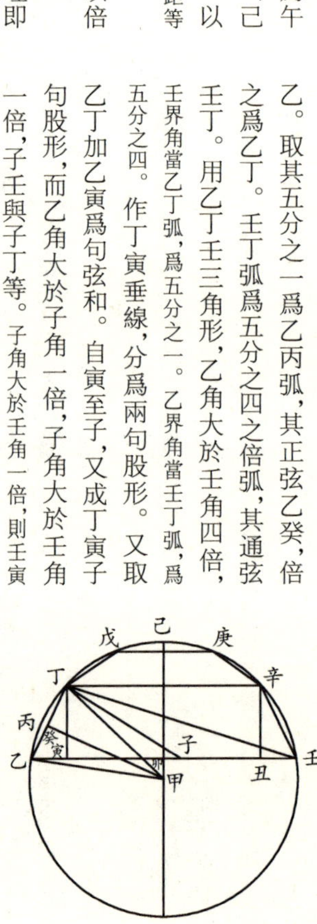

如圖，乙己一弧，其正弦卯乙，倍之爲壬乙。取其五分之一爲乙丙弧，其正弦乙癸，倍之爲乙丁。壬丁弧爲五分之四之倍弧，其通弦壬丁。用乙丁壬三角形，乙角大於壬角四倍，壬界角當乙丁弧，爲五分之一。乙界角當壬丁弧，爲五分之四。作丁寅垂線，分爲兩句股形。又取乙丁加乙寅爲句弦和。自寅至子，又成丁寅子句股形，而乙角大於子角一倍，子角大於壬角一倍，子壬與子丁等。子角大於壬角一倍，則壬寅爲句弦和，故子壬與子丁等。乃用丁子寅、丁寅乙兩句股形。乙寅爲左句，子寅爲右句。丁乙爲左弦，丁子爲右弦。左句自乘與右弦自乘相加，右句自乘與左弦自乘相加，兩數爲相等。兩句股形同股，故左句冪與右弦冪相加，右句冪與左弦冪相加，其數相等。

試借一根如乙癸，倍之得二根，爲乙丁左弦。於壬乙倍正弦內減丑寅，是爲倍正弦少六根多半徑方分立方之八，半之，得正弦少三根多半徑方分立方之四，爲乙寅左句。丑寅與辛丁等，辛丁通弦內有辛庚、庚戊、戊丁六根，而少半徑方分立方之八，故於倍正弦內減六根，加半徑方分立方之八，半之爲乙寅也。見後求三倍之弧弦條。左句左弦之和，得正弦少一根多半徑方分立方之四，爲寅子右句。於乙壬倍正弦內減乙子，得四根少半徑方分立方之八，爲子壬，與子丁右弦等。乃以左句自乘，得正弦方少正弦乘根之六，多正弦乘半徑方分立方之八，多九平方少半徑方分三乘方之二十四，多半徑三乘分五乘方之一十六，爲左句冪。右弦自乘，得十六平方少半徑方分三乘方之六十四，多半徑三乘分五乘方之六十四，爲右弦冪。左句冪與右弦冪相加，得正弦方少正弦乘根之六，多正弦乘半徑方分立方之八，多二十五平方少半徑方分三乘方之八十八，多半徑三乘分五乘方之八十寄左。又以右句自乘，得正弦方少正弦乘根之二，多正弦乘半徑方分立方之八，多一平方少半徑方分三乘方之八，多半徑三乘分五乘方之一十六，爲右句冪。左弦自乘得四平方，爲左弦冪。右句冪與左弦冪相加，得正弦方少正弦乘根之二，多正弦乘半徑方分立方之八，多五平方少半徑方分三乘方之八，多半徑三乘分五乘方之一十六。此數與寄左之數相等。與左相消，各減正弦方，各減正弦乘半徑方分立方之八，各加正弦乘根之六，各減五平方，各加半徑方分三乘方之八，各減半徑三乘分五乘方之二十六。餘爲二十平方少半徑方分三乘方之八十，多半徑三乘分五乘方之六十四，與正弦乘根之四爲相等，半之爲十平方少半徑方分三乘方之四十，多半徑三乘分五乘方之三十二，與正弦乘根之二爲相等。各退一位，爲十根少半徑方分立方之四十，多半徑三乘分四乘方之三十二，與倍正弦等。是故以設弧之正弦倍之爲實，約根方爲縱，四乘方開之得一根之數，即五分之一弧正弦也。

設二十五度正弦一千萬，求五分之一，五度正弦。求十二位。

法以二十五度正弦一千萬倍之，得二千萬，爲實。初商三百萬，以根數十因之，得三千萬，爲根積。又以三百萬自乘，再乘，以立方數四十因之，退十四位，以半徑方除之也。得一千零八十萬，爲立方存積。又以三百萬乘四次，以四乘方數三十二因之，退二十八位，以半徑三乘除之也。得七十七萬七千六百，爲四乘方存積。乃以四乘方存積加入根積，得三千零七十七萬七千六百，內減立方存積，餘一千九百九十七萬七千六百，以減實，餘二萬二千四百，以待次商。次商得〇位。三商九萬，合初商得三百零九萬，以根數十因之，得三千零九十萬，爲根積。又以三百零九萬自乘，再乘以立方數四十因之，退十四位，得一千一百八十萬零一千四百五十一，六。爲立方存積。又以三百零九萬乘四次，以四乘方數三十二因之，退二十八位，得九十萬零一千四百五十一，五二〇一七五六八。爲四乘方存積。乃以四乘方存積加入根積，得三千一百八十萬零一千四百五十一，五二〇一七五六八。內減立方存積，餘一千九百九十九萬九千九百九十九，九二〇一七五六八。以減實餘，〇七九八二四三二。以待四商。四商以後，依前法開之。凡求得一根之數三百零九萬零一百六十九，九四三七四。即五分之一，五度之正弦也。若用益實歸除之法，以立方存積益於原實，倍正弦內，乃併根積，四乘方存積減之，所得同。

割圓求二分之一術

任設一弧之通弦，求其二分之一弧通弦。

法先以本弧通弦折半爲句，半徑一千萬爲弦，求其股。與一千萬相減得矢。乃以矢與全徑二千萬相乘，開方即所求二分之一弧通法也。

如圖，丙丁爲所設一弧之通弦。半之爲丙戊，乙丙爲二分之一弧通弦。乙丙戊小句股形與乙丙己大句股形爲連比例三率，而乙戊即本弧之矢。爲首率，乙丙爲中率，全徑乙己爲末率。以乙戊初率與末率全徑二千萬相乘，開方得乙丙中率，即本弧二分之一乙丙弧之通法也。

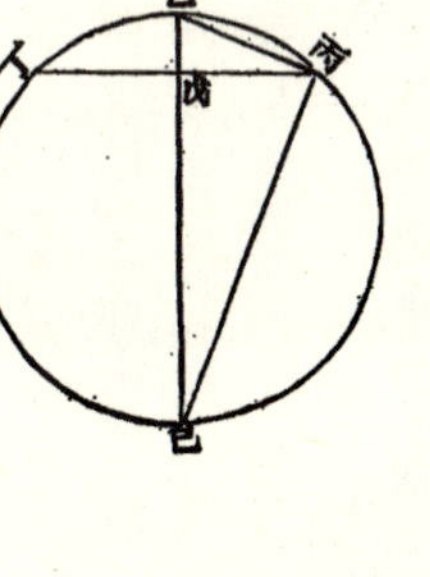

又　列表之法

求餘弦

有正弦，求餘弦。法以正弦爲句半徑爲弦，求其股，即餘弦也。

求倍弧之正弦

有本弧之正弦、餘弦，求其倍弧之正弦、餘弦。法以本弧之正弦倍之，以本弧之餘弦乘之，半徑除之，即所求倍弧之正弦也。若以本弧之正弦倍之自乘，以全徑除之得矢，與半徑相減，即倍弧之餘弦也。此即求二分之一術反用之也。

求三倍弧之正弦

有本弧之正弦，求其三倍弧之正弦。法以本弧之正弦六之。次以倍正弦自乘，再乘，以半徑方除之得數，與六之本弧正弦相減，折半，即所求三倍弧之正弦也。

如圖，乙丙爲倍弧之通弦，丙辛、辛庚同。乙庚爲三倍倍弧之通弦。甲乙丙三角形，倍弧通弦與甲乙、甲丙兩半徑所成。乙丙戊三角形，三倍倍弧之通弦截丙甲半徑於戊所成。丙丁戊三角形，按：丙(戊)[丁]線與甲辛半徑平行，作丙丁線所成。此三三角形俱爲同式形，乙丙戊三角形之乙角，當丙庚弧，爲乙丙弧之倍。則乙丙戊三角形之乙角與甲乙丙三角形之甲角等，又與甲乙丙三角形同用丙角。而丙丁戊三角形之丁丙線與甲辛半徑平行，則丙丁戊三角形之丙角與甲丙辛三角形之甲角爲相對角，亦必等，又與乙丙戊三角形同用戊角。是此三三角形之各角互相等，而爲同式形也。成連比例四率。而甲乙半徑爲一率，乙丙爲二率，丙戊爲三率，戊丁爲四率也。又乙戊、丁己、己庚三段，皆與倍弧之通弦乙丙等。是三之倍弧通弦與三倍倍弧之通弦乙庚相較，只多一丁戊四率也。乃用連比例四率，有一率二率，求四率之法。以二率倍弧通弦。自乘，再乘爲實，以一率半徑。自乘半徑方。爲法，除之得四率。與六之本弧通弦相減，即三倍倍弧之通弦。折半，即所求三倍弧之正弦也。

求五倍弧之正弦此求五分之一術，反用之也。

有本弧之正弦，求其五倍弧之正弦。法以本弧之正弦十之。次以倍正弦自乘，再乘，得數以四十乘之，半徑方除之。又以倍正弦乘四次，得數以三十二乘之，半徑三乘除之。乃以兩除得之數相減，以餘數減十之本弧正弦，折半，即所求五倍弧之正弦也。

求和弧較弧之正弦

有大小兩弧之正弦、餘弦，求其和弧、較弦之正弦。法以大弧之正弦乘小弧之餘弦，半徑除之。又以大弧之餘弦乘小弧之正弦，半徑除之。乃以兩除得之數相加即和弧之正弦，相減即較弧之正弦也。

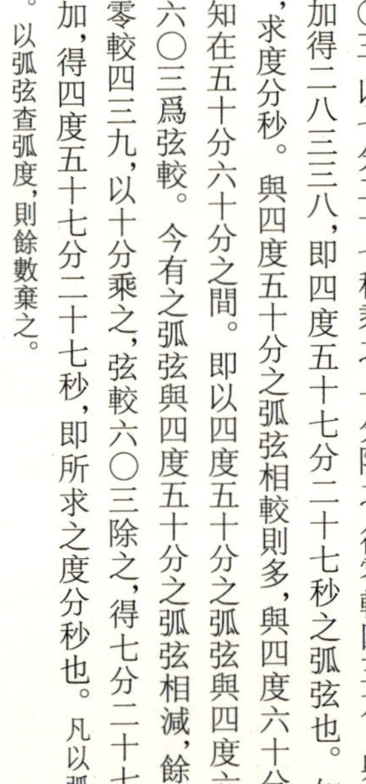

如圖，甲乙爲大弧，其正弦乙已，餘弦戊已。乙丙爲小弧，乙子同。其正弦丙庚，庚子同。餘弦庚戊。甲丙爲和弧，其正弦丙癸。甲子爲較弧，其正弦子丑。試自庚直角作線截戊已大弧餘弦。於辛，又自庚直角作線截丙癸和弧正弦。於壬，成乙已戊、庚辛戊、庚壬丙與庚卯子同。同式三句股形。而乙已大弧正弦。爲大股，乙戊半徑。爲大弦，庚辛爲小股，庚戊小弧餘弦。爲小弦。以大弧正弦乙已大股。乘小弧餘弦庚戊，小弦。半徑大弦。除之，而得庚辛小股。也。又戊已大弧餘弦。爲大句，乙戊半徑。爲大弦，丙壬與庚卯同。爲小句，丙庚小弧正弦。爲小弦。以大弧餘弦戊已大句。乘小弧正弦丙庚，小弦。乙戊半徑大弦。除之，而得丙壬小句。也。乃以丙壬與庚辛同壬寅。相加爲丙癸，即甲丙和弧之正弦。以庚卯與庚辛相減餘卯辛，同子丑。即甲子較弧之正弦也。

列表

列表自十分起，用圓周六千二百八十三萬一千，止用五位。退五位，得六百二十八，小餘三一，入算帶小餘二位，以齊尾數，列表時去之。爲十分之正弦，半徑十萬爲二十五度之正弦，用前六術，求二分之一、求餘弦、求倍弧、求三倍弧、求五倍弧、求和弧較弧。錯綜求之，欲大弧分爲小弧，則用求二分之一術。欲小弧加爲大弧，則用求倍弧、求三倍弧、求五倍弧術。大小相間，則用求和弧較弧術，任意求之。以立表。

檢表法

凡查零分秒數，用中比例。如檢四度五十七分二十七秒之弧弦，則以四度五十分與四度六十分相減，餘十分爲弧較。弧較常爲十分。以四度五十分之弧弦二七八九九與四度六十分之弧弦二八五〇二相減，餘六〇三爲弦較。乃置弦較六〇三，以七分二十七秒乘之，十分除之，得零較四三九。與四度五十分之弧弦相加得二八三三八，即四度五十七分二十七秒之弧弦也。如有弧弦二八三三八，求度分秒。則知在五十分六十分之間。即以四度五十分之弧弦相較則多，與四度六十分之弧弦相較則少，與四度六十分之弧弦相減，餘六〇三爲弦較。今有之弧弦與四度五十分之弧弦相減，餘四三九爲零較。乃置零較四三九，以十分乘之，弦較六〇三除之，得七分二十七秒，與四度五十分相加，得四度五十七分二十七秒，即所求之度分秒也。凡以弧度查弧弦，則餘數收之。以弧弦查弧度，則餘數棄之。

以餘弦減半徑爲正矢，以正弦減半徑爲餘矢。

餘弦減半徑爲小矢，加半徑爲大矢。小矢即股弦較，大矢即股弦和。

外弧之矢爲外矢。本弧小，則外矢爲大矢。本弧大，則外矢爲小矢。

又安清翹《一線表用》卷一　一線表

有本弧之正弦餘弦，求倍弧半弧之正弦。法置本弧之餘弦，以本弧之正弦乘之，半徑十萬除之，得數倍之，即倍弧之正弦也。若以本弧之餘弦與半徑十萬相減，折半，以半徑十萬乘之，得數開方，即半弧之正弦也。

有大小兩弧之正弦、餘弦，求其和弧、較弧之正弦。法置大弧之正弦，以小弧之餘弦乘之，半徑十萬除之。又置大弧之餘弦，以小弧之正弦乘之，半徑十萬除之。乃以兩除得之數相加，即和弧之正弦。相減，即較弧之正弦也。

清・李善蘭《弧矢啟祕圖解》

求分弧正弦術

法以正弦冪減半徑冪，平方開之得餘弦，用減半徑得正矢，以正矢乘半徑，半之，開平方得分弧正弦。

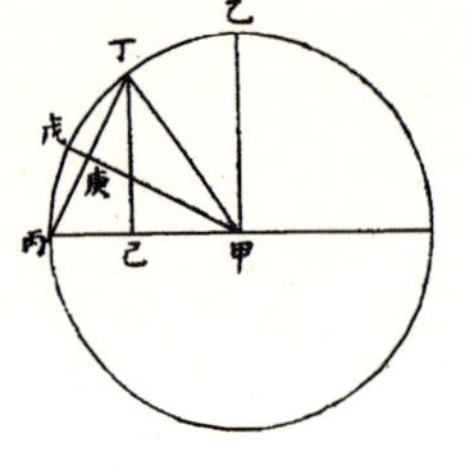

如圖，丁丙爲本弧，其正弦丁己，餘弦己甲。丁戊、戊丙均爲分弧，其正弦丁庚或庚丙。丁甲弦方減丁己股方，餘爲己甲句方，故開方而得己甲。於丙甲內減之得丙己。丁丙己、甲丙庚爲同式形，丙甲乘丙己，等於庚丙乘丁丙。即倍庚丙。半之即庚丙方。故以正矢丙己乘丙甲半徑，半之，開平方而得分弧正弦庚丙也。

求分弧正矢術

法半正矢以減半徑，餘以半徑乘之，開平方得分弧餘弦，以減半徑得分弧正矢。

如圖，丙辛爲本弧，其正矢辛丁，半正矢爲戊辛。丙庚、庚辛均爲分弧，其正矢庚己，餘弦己甲。辛甲己、甲己戊爲同式形，辛甲乘戊甲等於己甲方。故半徑内減半正矢，乘半徑，開平方得分弧餘弦己甲。既得餘弦，則與半徑相減而得正矢矣。

求分弧正切術

法以正切除半徑冪得餘切，自之，加半徑冪，平方開之得餘割，以餘切減之得分弧正切。

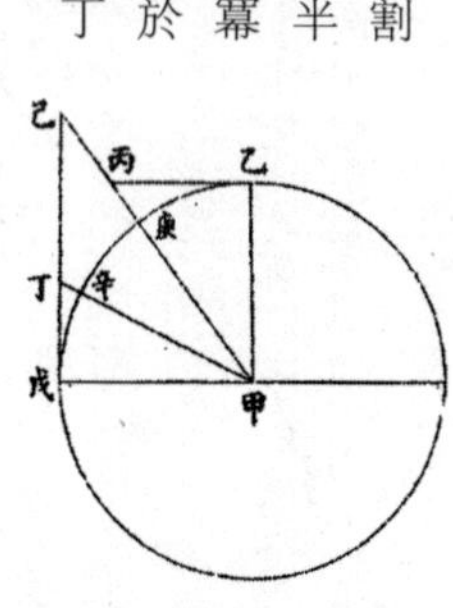

如圖，庚戊爲本弧，其正切己戊，餘切乙丙，餘割丙甲。辛戊爲分弧，其正切丁戊。正切乘餘切等於半徑冪，故以正切除半徑冪而得餘切。餘切冪加半徑冪等於餘割冪，故開平方而得餘割。凡餘切餘割較等於分弧之正切。既得餘切餘割，相減即爲分弧正切丁戊矣。

求分弧正割術

法以正割與半徑相加爲割徑和，相減爲割徑較。以較乘半徑冪，以和除之，得分弧正切冪。加半徑冪，開平方得分弧正割。

如圖，戊乙爲本弧，其正切丁乙，正割丁丙，丁己爲割徑和，丁戊爲割徑較。戊庚、庚乙均爲分弧，正切戊甲或甲乙，正割甲丙。丁戊甲、丁乙丙爲同式形，丁戊方乘乙丙方等於丁乙方乘戊甲方。丁戊除丁戊方得丁戊，丁戊除丁乙方得丁己。丁戊乘丁己等於丁乙方。即丁戊較乘乙丙半徑冪，丁己割徑和除之，而得戊甲分弧正切方。與半徑方相併，開平方而得分弧正割甲丙矣。

求倍弧正弦術

法置正弦冪倍之，以半徑除之，得倍弧正矢。以倍弧正矢減全徑，即以乘之，開平方得倍弧正弦。

如圖，丙乙爲本弧，其正弦丁乙。戊乙爲倍弧，其正弦戊己，正矢乙己，大矢己庚。甲乙丁、戊乙己爲同式形，丁乙乘戊乙等於己乙乘甲乙。戊乙倍丁乙，故倍丁乙正弦冪，以甲乙半徑除之得己乙倍弧正矢。凡正矢與大矢相乘等於正弦自乘。故以己乙與全徑相減得庚己，乘己乙，開平方而得倍弧正弦戊己也。

求倍弧正矢術

法以正矢減全徑，即以正矢乘之，倍以半徑，除之，得倍弧正矢。

如圖，己戊爲本弧，其正弦己丁，正矢丁戊，大矢庚丁。甲戊爲倍弧，其正弦甲丙，通弦甲戊，正矢丙戊。凡正矢與大矢相乘等於正弦冪。故以正矢丁戊減全徑得庚丁大矢，乘丁戊正矢即己丁冪。又乙己丁、甲戊丙爲同式形，己丁乘甲戊等於乙戊乘丙戊。甲戊倍己丁，故倍己丁冪，以半徑乙戊除之，而得丙戊倍弧正矢也。

求倍弧正切術

法倍正切，以乘半徑冪爲實，以正切冪減半徑冪爲法，法除實得倍弧正切。

如圖，甲戊爲本弧，其正切丁戊，餘切丙丑。乙戊爲倍弧，其正切己戊，餘切丙辛，餘割庚辛。凡本弧之正切，等於倍弧之餘割餘切較。割切較乘割切和等於半徑自乘。於半徑方内減去丁戊正切方，即如於和較相乘方内減去較方，餘爲二割切較乘切線，即二丁戊乘丙辛。夫二丁戊乘丙辛與二丁戊之比，等於丙辛乘己戊與己戊之比。二形同以丙辛爲高，則在平行線内，二面之比例等於二底之比例。而丙辛乘己戊等於半徑自乘，即二丁戊乘丙辛與二丁戊之比，等於半徑冪與己戊之比。故倍丁戊正切，乘半徑冪，以丁戊正切冪減，半徑冪除之，而得己戊倍弧正切也。

求倍弧正割術

法以正割冪乘半徑爲實。以半徑冪減正割冪爲正切冪，以正切冪反減半徑冪爲法。法除實得倍弧正割。

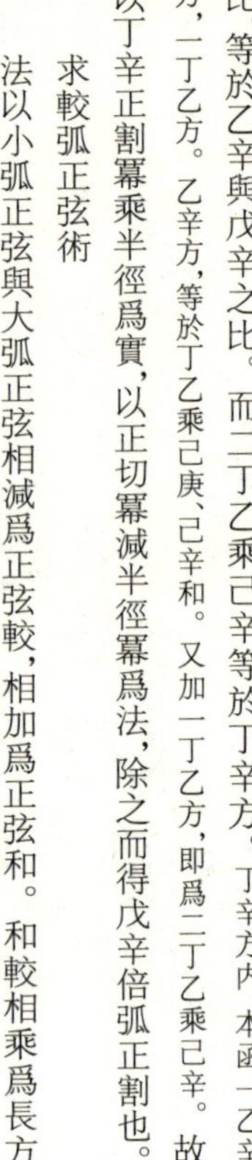

如圖，丙乙爲本弧，其正切丁乙，正割丁辛。甲乙爲倍弧，其正切戊乙，正割戊辛，餘切庚己，餘割己辛。丁辛弦冪內，有乙辛股冪及丁乙句冪，故相減而得丁乙正切冪。凡本弧之倍弧，不滿一象限，則本弧之正切等於倍弧之餘割餘切較。割切較乘割切和等於半徑自乘。於半徑方內減去丁乙正切方，餘爲二丁乙乘己庚。夫二丁乙乘己庚與二丁乙乘己辛之比，等於乙辛與戊辛之比。而二丁乙乘己辛等於丁辛方。丁辛方內，本函一乙辛方，一丁乙方。乙辛方，等於丁乙乘己庚、己辛和。又加一丁乙方，即爲二丁乙乘己辛。故以丁辛正割冪乘半徑爲實，以正切冪減半徑冪爲法，除之而得戊辛倍弧正割也。

求較弧正弦術

法以小弧正弦與大弧正弦相減爲正弦較，相加爲正弦和。和較相乘爲長方積。加入大弧餘弦冪，平方開之得小弧餘弦。與大弧餘弦相減爲餘弦較，相加爲餘弦和。乃以正餘弦兩較相減爲較較，兩和相減爲和較。以較較乘和較，半之，加上長方，半徑除之得較弧正弦。

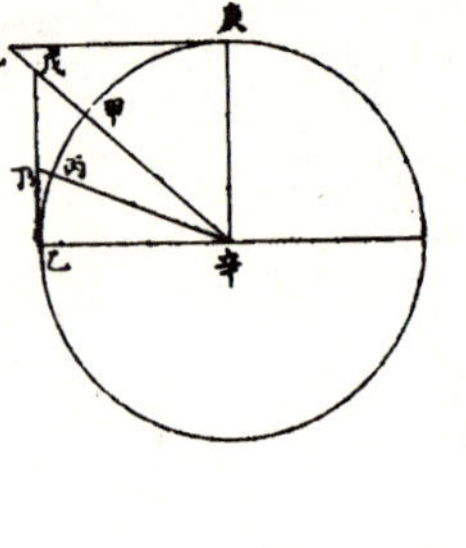

如圖，庚戊爲小弧，其正弦庚丙，餘弦丙甲。辛戊爲大弧，其正弦辛己，餘弦己甲。辛壬爲兩正弦較，壬寅爲兩正弦和，己寅等辛己。壬庚爲兩餘弦較，壬卯爲兩餘弦和。子卯等丙甲。辛庚爲較弧，其正弦辛乙。兩正弦冪之較，即爲小弧餘弦冪大於大弧餘弦冪之較。故以兩正弦較乘兩正弦和，加入大弧餘弦冪，平方開之得小弧餘弦丙甲。即子卯。又試作卯寅辛庚線，成卯壬寅、辛壬庚二同式句股形。小句乘大句，加小股乘大股，等於小弦乘大弦，即癸壬丙磬折形。小句乘大句之半，加小股乘大股之半，亦等小弦乘大弦之半。

又小股乘大句，和較相乘長方積。加小句股較乘大句股較之半，較較乘和較之半。本等於小弦乘大弦之半，即亦等於癸壬丙磬折形。夫癸壬丙磬折形等於辛丁乘甲丙，辛壬乘甲丙爲癸庚矩。甲丙庚、壬庚丁爲同式形，故壬丁乘甲丙等於壬庚乘庚丙，爲壬丙矩，相併成癸壬丙磬折形。即亦等於甲庚半徑。乘辛乙。甲庚丙、辛丁乙同式（故）［形］，故以小股乘大句和較根乘積，加小句股較乘大句股較之半，即較較乘和較之半，半徑除之而得較弧正弦辛乙。

求較弧正矢術

法以小弧正矢減半徑爲小弧餘弦，以大弧餘弦減之爲餘弦較，加之爲餘弦和，和較相乘，以減大弧正弦冪，平方開之得小弧正弦，以減大弧正弦爲正弦較。乃以正弦較、餘弦較各自乘，相併半之，半徑除之得較弧正矢。

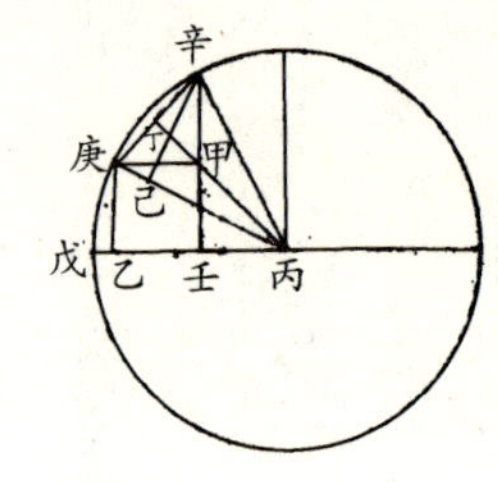

如圖，庚戊爲小弧，其正弦庚乙，餘弦乙丙，正矢戊乙。辛戊爲大弧，其正弦辛壬，餘弦壬丙，正矢戊壬。辛甲爲兩正弦較，庚甲爲兩餘弦較。求小弧正弦，解同前。辛庚爲較弧，其正弦辛己，正矢庚己。試作辛庚通弦，又平分於丁，作丙丁線，成丙丁庚、辛己庚二同式形。丙庚乘己庚等於辛庚乘丁庚，即辛庚方之半。而辛庚方，本等於辛甲、庚甲二方和，即辛庚方之半，必等於辛甲、庚甲二方和之半，即辛甲、庚甲二方和之半，亦必等於丙庚乘己庚。故以辛甲兩正弦較、庚甲兩餘弦較各自乘，相併半之，半徑除之得較弧正矢己庚也。

求較弧正切術

法以小弧正切減大弧正切爲正切較。以正切較乘大弧正切，大弧正割除之爲外分股。以外分股減大弧正割爲內分股。乃以外分股乘半徑冪爲實，以內分股乘大弧正切爲法，法除實得較弧正切。

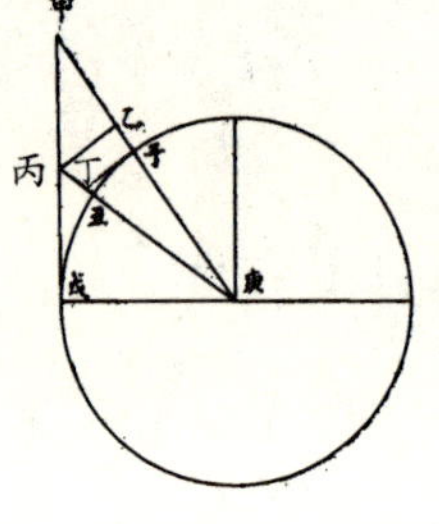

如圖，丑戊爲小弧，其正切丙戊，正割丙庚。子戊爲大弧，其正切甲戊，正割甲庚。甲丙爲兩正切較。甲戊庚、甲乙丙爲同式形，故以甲丙乘甲戊，甲庚除之，得甲乙外分股。與甲庚相減得乙庚，爲內分股。子丑爲較弧，其正切子丁。庚乙與庚子，若乙丙與子丁，即甲戊乘庚乙與庚子，亦若甲戊乘乙丙與子丁，即甲戊乘庚乙與庚子方，亦若甲戊乘乙丙與庚子乘子丁，即甲戊乘庚乙與庚子方，亦若庚子除甲戊乘乙丙與子丁。而甲戊乘乙丙等於庚戊或庚子乘甲乙。故以庚子除甲戊乘乙丙得甲乙。即甲戊乘庚乙與庚子方，亦若甲乙與子丁。故以甲乙外分股乘庚子半徑冪爲實，以庚乙內分股乘甲戊大弧正切爲法，除之而得子丁較弧正切也。

求較弧正割術

法置大弧正割，以大弧正切冪乘之，大弧正割冪除之，爲和數，自之爲和冪。復以小弧正割冪減大弧正割冪，以大弧正切冪乘之，大弧正割冪除之，以減和冪。餘以平方開之，得數，以減和數，得較數。以較數減大弧正割爲大股。乃以半徑乘小弧正割，以大股除之得較弧正割。

如圖，庚乙爲小弧，其正切丑乙，正割丑丙。己乙爲大弧，其正切甲乙，正割甲丙。己庚爲較弧，其正切己丁，正割丁丙。甲丙冪與甲乙冪，若甲丙與甲丙，除甲乙冪，即甲辛和數。甲乙爲甲丙、甲辛之中率。又甲丙、丑丙兩割線冪之較，若甲乙、丑乙兩切線冪之較。甲丙乙、甲乙辛、甲丑戊均爲同式形，甲丙冪與甲乙冪，若甲乙、丑乙兩冪較與甲辛、戊辛兩冪較。既得甲辛、戊辛兩冪較，與甲辛和冪相減得戊辛冪，開方而得戊辛。與甲辛相減得甲戊較數。於甲丙內減之得戊丙大股。丙戊丑、丙己丁爲同式形，丙戊與丙丑，若丙己與丙丁。故以丙己半徑乘小弧正割丙丑，丙戊大股除之，而得丙丁較弧正割也。

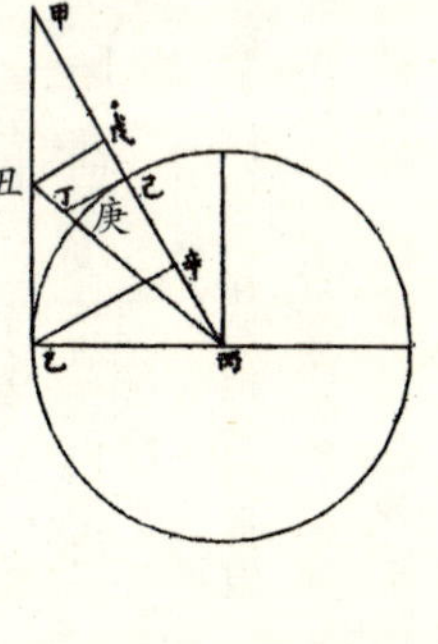

求和弧正弦術

法以大弧正弦冪減半徑冪，以小弧正弦冪乘之，半徑冪除之，平方開之於上。又以大弧正弦乘小弧餘弦，半徑除之，併入上位得和弧正弦。

如圖，丁戊爲小弧，其正弦丁己，餘弦丙己。甲丁爲大弧，其正弦甲庚，餘弦丙庚。甲戊爲和弧，其正弦甲乙。甲丙冪內減去甲庚冪，餘爲丙庚冪。丙丁冪與丁己冪，若丙庚冪與庚辛冪。開方而得庚辛，即癸乙。又丁丙己與庚甲癸爲同式形，丙丁與丙己，若甲庚與甲癸。既得甲癸，與癸乙相加，即得甲乙爲和弧正弦也。

求和弧正矢術

法以大弧正矢乘大弧大矢，又以小弧正弦冪乘之，半徑冪除之，平方開之，於上。復以大弧正矢乘小弧餘弦，半徑除之，併入上位，以加小弧正矢，得和弧正矢。

如圖，丙戊爲小弧，其正弦丙己，正矢戊己。甲丙爲大弧，其正弦甲丁，正矢丙丁。甲戊爲和弧，其正矢戊辛。正矢與大矢相乘，等於正弦冪。癸丙己與甲丁子爲同式形，癸丙冪與丙己冪，若甲丁冪與丁子冪，開方而得丁子，即庚辛。又癸丙己與丁丙乙亦爲同式形，癸丙與癸己，若丁丙與丁乙，得丁乙，即庚己，與庚辛相加，得己辛。又加戊己小弧正矢，得戊辛，爲和弧正矢。

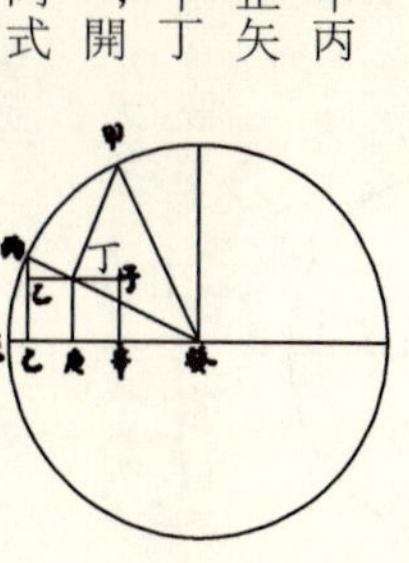
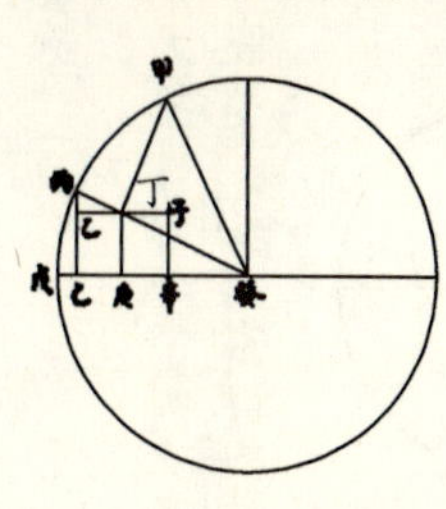

求和弧正切術

法以大弧正切乘小弧正切，用減半徑冪爲法，大弧正切乘小弧正割冪爲實，法除實，加入小弧正切，得和弧正切。

如圖，乙戊爲小弧，其正切乙丙。戊庚爲大弧，其正切戊丁，正割丁甲。乙庚爲和弧，其正切乙辛，正割辛甲。自丁作丁己線與丙乙平行，成戊丁己句股形，與甲乙辛形爲同式。戊丁乘乙辛，若戊己乘乙甲。於半徑冪內減去戊丁乘乙辛，即如減去戊己乘乙甲，餘爲乙甲乘己甲。又甲己丁、甲辛丙爲同式形，甲己與己丁，若甲辛與辛丙，即乙甲乘己甲與乙甲乘己丁，亦若甲辛與辛丙，即乙甲乘己甲與乙甲乘己丁，亦若甲辛方與甲辛乘辛丙，即乙甲乘己甲與甲辛除乙甲乘己丁，亦若甲辛方與辛丙。而乙甲乘己丁，若甲辛乘戊丁，故以甲辛除乙甲乘己丁得戊丁，即乙甲乘己甲與戊丁，若甲辛方與辛丙。既得辛丙，與小弧正切乙辛相加，得乙丙爲和弧正切也。

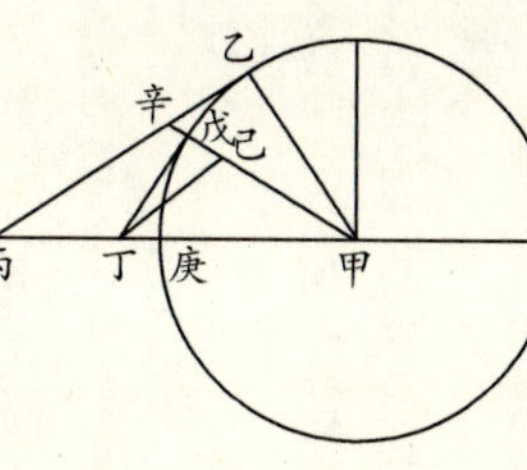

求和弧正割術

法以大弧正割冪乘小弧正切冪，半徑冪除之，復以小弧正切冪減之，平方開之，以減半徑爲法。兩正割相乘爲實。法除實，得和弧正割。

如圖，丁丙爲小弧，其正切丁乙，正割乙甲。己丁爲大弧，其正切己庚，正割庚甲。己丙爲和弧，其正割辛甲。作庚癸與丁乙平行，作乙戊與辛己平行。甲丁冪與丁乙冪，若甲庚冪與庚癸冪，即戊乙冪。丁乙戊、甲己庚爲同式形，半徑與甲庚，若丁乙與戊乙，而半徑與甲庚，若丁乙與庚癸，故庚癸等戊乙。於戊乙冪内減去丁乙冪，餘爲丁戊冪，開方而得戊丁，與甲丁相減得甲戊。甲戊乙、甲庚辛爲同式，甲戊與甲乙，若甲庚與甲辛，故以甲乙乘甲庚，甲戊除之，而得甲辛，和弧正割也。

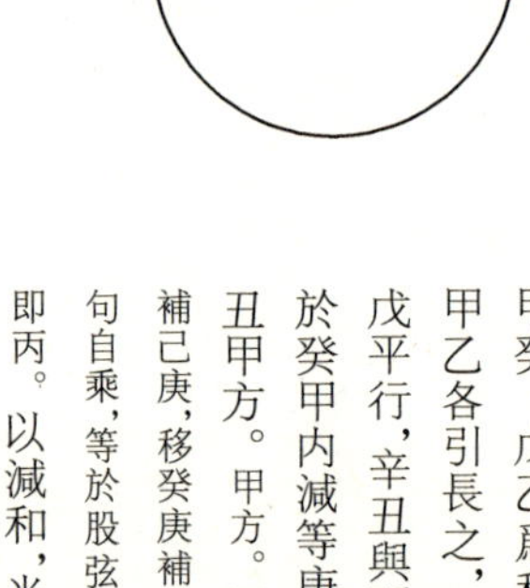

求較弧正餘弦新術

法以小弧正弦加大弧餘弦爲甲，自之爲甲方，於上。以小弧餘弦加大弧正弦爲乙，以除上，得數，以加乙，半之爲丙，以減乙，半之爲丁，丁乘半徑，丙除之，得較弧正弦。甲乘半徑，丙除之，得較弧餘弦。

如圖，子戊爲小弧，其正弦戊丑，餘弦丑甲。丙戊爲大弧，其正弦戊癸，餘弦癸甲。丙子爲較弧，其正弦子乙，餘弦乙甲。自戊作戊己線，與戊丑等，而與甲丙平行，以加癸甲，得丁甲，丁癸等己戊，亦等戊丑。自之，爲甲丁方。即甲方。甲丑加戊癸，爲甲庚、庚丁和，移戊癸於己丁，丑庚等己庚，即移己庚於丑庚。以除甲丁方，得甲庚、庚丁較。句自乘，等於股弦較乘股弦和。以加和，即乙。半之，爲甲庚。即丙。以減和，半之，爲庚丁。即丁。甲子乙、甲庚丁爲同式形，甲庚與庚丁，若甲子與子乙。又甲庚與甲丁，若甲子與甲乙。故以庚丁乘甲子，甲庚除之，得較弧正弦子乙。又以甲丁乘甲子，甲庚除之，得較弧餘弦甲乙也。

求和弧正餘弦新術

法以小弧正弦減大弧餘弦爲甲，自之爲甲方，於上。以小弧餘弦加大弧正弦爲乙，以除上，得數，以加乙，半之爲丙。以減乙，半之爲丁。丁乘半徑，丙除之，得和弧正弦。甲乘半徑，丙除之，得和弧餘弦。

如圖，己乙爲小弧，其正弦己丁，餘弦甲丁。戊己爲大弧，其正弦癸己，餘弦甲癸。戊乙爲和弧，其正弦子乙，餘弦甲子。癸己、甲乙各引長之，遇於丙，取丙辛等丙己，作辛庚與甲戊平行，辛丑與丙癸平行，庚辛等己丁，辛丁等己庚。於癸甲内減等庚辛之癸丑，亦等己丁。餘丑甲，自之爲丑甲方。甲方。甲丁加癸己，爲甲辛、辛丑和，移辛丁補己庚，移癸庚補丑辛。以除丑甲方，得甲辛、辛丑較。句自乘，等於股弦較乘股弦和。以加和，半之，爲甲辛。即丙。以減和，半之，爲辛丑。即丁。甲辛丑、甲乙子爲同式形，甲辛與辛丑，若甲乙與乙子。又甲辛與丑甲，若甲乙與子甲。故以辛丑乘甲乙，甲辛除之，得和弧正弦乙子。又以丑甲乘甲乙，甲辛除之，得和弧餘弦子甲也。

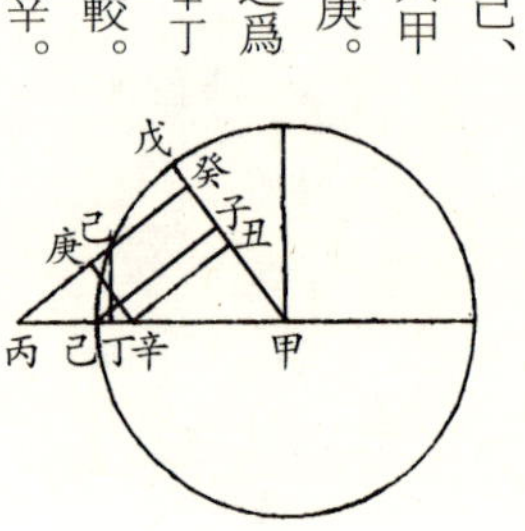

求較弧割切新術

法以大割乘小切，小割除之得句。又以大割乘半徑，小割除之得股。乃以半徑加句乘半徑，大切加股除之，得較弧割切較。又以大切加股乘半徑，半徑加句除之，得較弧割切和。和較相加，折半爲正割。相減，折半爲正切。

如圖，戊己爲小弧，乙戊同。其正切庚己，庚乙同。正割庚甲。丙戊爲大弧，其正切丙辛，正割辛甲。丙乙爲較弧，其正切丙丁，正割丁甲。自辛作辛癸線，與庚乙平行。復將辛癸、甲丙各引長之遇於子。復將甲丁引長之至癸。甲丁庚、甲癸辛爲同式形，故比例而得甲癸股、辛癸句。甲子癸、甲丁丙、辛子丙、辛丁癸四句股，均爲同式形。甲丁、丁丙句弦和加辛丁、丁癸句弦和與甲丙股加辛癸股之比，若甲丙股與甲丁、丁丙句弦較之比。甲丁、丁丙句弦和加辛丁、丁癸句弦和，爲大切加股，甲丙股加辛癸股爲半徑加句，故以半徑加句乘半徑，大切加股除之，而得較弧割切較也。又甲子、子癸句弦較加辛子、子丙句弦較與甲癸股加辛丙股之比，若甲丙股與甲丁、丁丙句弦和之比，而甲子子癸、辛子子丙二句弦較和爲半徑加句，甲癸、辛丙二股和爲大切加股，故以大切加股乘半徑，半徑加句除之，而得較弧割切和也。

求和弧割切新術

法以大割乘小切，小割除之，得句。又以大割乘半徑，小割除之，得股。乃於半徑內減句乘半徑，大切加股除之，得和弧割切較。以大切加股乘半徑，半徑內減句除之，得和弧割切和。和較相併半之，爲和弧正割。相減半之，爲和弧正切。

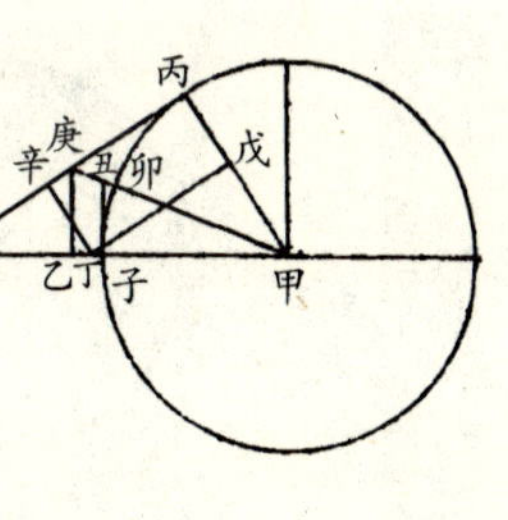

如圖，卯子爲小弧，其正切丑子，正割丑甲。丙卯爲大弧，其正切丙庚，正割庚甲。丙子爲和弧，其正切丙癸，正割癸甲。自庚作庚乙線與丑子平行。取癸丁等癸庚，作丁辛線與甲丙平行。作丁戊線與癸丙平行。甲子丑、甲乙庚爲同式形，比例而得庚乙句、乙甲股。又甲丁戊、甲癸丙亦爲同式形，甲丁、丁戊股弦和與戊甲句，若丙甲句與甲癸、癸丙股弦較。甲丁、丁戊股弦和爲大切加股，戊丁等丙辛，庚辛等丁乙。戊甲句即半徑內減句。丙戊等辛丁，即等庚乙。故於半徑內減句乘半徑，大切加股除之，得和弧割切較。又戊甲句與甲丁、丁戊股弦和，若丙甲句與甲癸、癸丙股弦和。故以大切加股乘半徑，半徑內減句除之，得和弧割切和。既得和較，相加折半，爲和弧正割。相減折半，爲和弧正切矣。

常用三角函數表分部

圖表

清·李子金《天弧象限表》

割圓八線表原圖

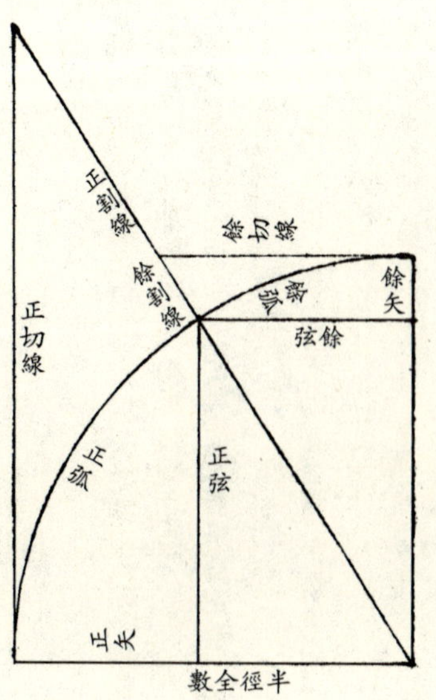

○	正弦	餘弦	
○	○○	一○○○○○	百分
十分	一七五	九九九九九	九十
二十	三四九	九	八十
三十	五二四	九	七十
四十	六九八	八	六十
五十	八七三	六	五十
六十	一○四七	五	四十
七十	一二二二	三	三十
八十	一三九六	九九九九○	二十
九十	一五七一	九九九八八	十分
百分	一七四五	九九九八五	○
	餘弦	正弦	八九度

一度	正弦	餘弦	
○	一七四五	九九九八五	百分
十分	一九二○	八二	九十
二十	二○九四	七九	八十
三十	二二六九	七四	七十
四十	四四三	七○	六十
五十	六一八	六六	五十
六十	七九二	六一	四十
七十	二九六七	五六	三十
八十	三一四一	五一	二十
九十	三一六	四五	十分
百分	三四九○	九九九三九	○
	餘弦	正弦	八八度

二度	正弦	餘弦	
○	三四九○	九九九三九	百分
十分	六六四	三三	九十
二十	三八三九	二六	八十
三十	四○一三	一九	七十
四十	一八八	一二	六十
五十	三六二	九九九○五	五十
六十	五三六	九九八九七	四十
七十	七一一	八九	三十
八十	四八八五	八一	二十
九十	五○五九	七二	十分
百分	五二三三	九九八六三	○
	餘弦	正弦	八七度

三度	正弦	餘弦	
○	五二三三	九九八六三	百分
十分	四○八	五四	九十
二十	五八二	四四	八十
三十	七五六	三四	七十
四十	五九三一	二四	六十
五十	六一○五	一三	五十
六十	二七九	九九八○三	四十
七十	四五三	九九七九二	三十
八十	六二七	八○	二十
九十	八○二	六八	十分
百分	六九七六	九九七五六	○
	餘弦	正弦	八六度

四度	正弦	餘弦	
○	六九七六	九九七五六	百分
十分	七一五○	四四	九十
二十	三二四	三一	八十
三十	四九八	一九	七十
四十	六七二	九九七○五	六十
五十	七八四六	九九六九二	五十
六十	八○二○	七八	四十
七十	一九四	六四	三十
八十	三六八	四九	二十
九十	五四二	三五	十分
百分	八七一六	九九六一九	○
	餘弦	正弦	八五度

五度	○	十分	二十	三十	四十	五十	六十	七十	八十	九十	百分	
正弦	八七一六	八八八九	九〇六三	一二三七	四一一	五八五	七五八	九三二	一〇一〇六	一二七九	一〇四五二	餘弦
餘弦	九九六一九	九九六〇四	九九五八八	七一	五六	四〇	二三	九九五〇六	九九四八八	七〇	九九四五二	正弦
	百分	九十	八十	七十	六十	五十	四十	三十	二十	十分	○	八四度

六度	○	十分	二十	三十	四十	五十	六十	七十	八十	九十	百分	
正弦	一〇四五二	六二六	八〇〇	一〇九七四	一一一四七	三二〇	四九四	六六七	一一八四〇	一二〇一四	一二一八六	餘弦
餘弦	九九四五二	三四	九九四一五	九九三九六	七七	五七	三七	九九三一七	九九二九七	七六	九九二五五	正弦
	百分	九十	八十	七十	六十	五十	四十	三十	二十	十分	○	八三〔分〕〔度〕

七度	○	十分	二十	三十	四十	五十	六十	七十	八十	九十	百〔度〕〔分〕	
正弦	一二一八六	三六〇	五三三	七〇六	一二八八〇	一三〇五三	二二六	三九九	五七二	七四四	一三九一六	餘弦
餘弦	九九二五五	三三	九九二一一	九九一八九	六七	四四	九九一二一	九九〇九八	七五	五一	九九〇二七	正弦
	百分	九十	八十	七十	六十	五十	四十	三十	二十	十分	○	八二度

八度	○	十分	二十	三十	四十	五十	六十	七十	八十	九十	百分	
正弦	一三九一七	一四〇九〇	二六三	四三六	六〇八	七八一	一四九五四	一五一二六	二九九	四七一	一五六四三	餘弦
餘弦	九九〇二七	九九〇〇三	九八九七八	五三	二七	九八九〇二	九八八七六	四九	九八八二三	七九六	九八九六九	正弦
	百分	九十	八十	七十	六十	五十	四十	三十	二十	十分	○	八一度

九度	○	十分	二十	三十	四十	五十	六十	七十	八十	九十	百分	
正弦	一五六四三	八一六	一五九八八	一六一六〇	三三三	五〇五	六七七	一六八四九	一七〇二二	一九三	一七三六五	餘弦
餘弦	九八七六九	四一	九八七一四	九八六八六	五七	二九	九八六〇〇	九八五七〇	五四一	九八五一一	九八四八一	正弦
	百分	九十	八十	七十	六十	五十	四十	三十	二十	十分	○	八十度

十度	○	十分	二十	三十	四十	五十	六十	七十	八十	九十	百分	
正弦	一七三六五	五三七	七〇八	一七八八〇	一八〇五二	二二四	三九五	五六七	七三八	一八九一〇	一九〇八一	餘弦
餘弦	九八四八一	五〇	九八四二〇	九八三八八	五七	九八三二五	九八二九四	六一	九八二二九	九八一九六	九八一六三	正弦
	百分	九十	八十	七十	六十	五十	四十	三十	二十	十分	○	七九度

十一度	○	十分	二十	三十	四十	五十	六十	七十	八十	九十	百分	
正弦	一九〇八一	二五二	四二三	五九五	七六六	一九九三七	二〇一〇八	二七九	四五〇	六二〇	二〇七九一	餘弦
餘弦	九八一六三	一二九	〇九六	〇六一	九八〇二七	九七九九二	九五八	九二三	八八七	八五一	九七八一五	正弦
	百分	九十	八十	七十	六十	五十	四十	三十	二十	十分	○	七八度

十二度	○	十分	二十	三十	四十	五十	六十	七十	八十	九十	百分	
正弦	二〇七九一	二〇九六二	二一一三二	三〇三	四七四	六四四	八一四	二一九八五	二二一五五	三二五	二二四九五	餘弦
餘弦	九七八一五	九七七七八	四二	九七七〇五	九七六六七	九七六三〇	九七五九二	五三	九七五一五	九七四七六	九七四三七	正弦
	百分	九十	八十	七十	六十	五十	四十	三十	二十	十分	○	七七度

十三度	○	十分	二十	三十	四十	五十	六十	七十	八十	九十	百分	
正弦	二二四九五	六六五	二二八三五	二三〇〇五	一七五	二三三四五	五一四	六八四	二三八五三	二四〇二三	二四一九二	餘弦
餘弦	九七四三七	三九八	三五八	三一八	二七八	二三七	一九六	一五五	一一三	〇七二	九七〇三〇	正弦
	百分	九十	八十	七十	六十	五十	四十	三十	二十	十分	○	七六度

十四度	○	十分	二十	三十	四十	五十	六十	七十	八十	九十	百分	
正弦	二四一九二	三六一	五三一	七〇〇	二四八六九	二五〇三八	二〇七	三七六	五四五	七一三	二五八八二	餘弦
餘弦	九七〇三〇	九六九八七	九四五	九〇二	八五八	八一五	七七一	二七	六八二	六三八	九六五九三	正弦
	百分	九十	八十	七十	六十	五十	四十	三十	二十	十分	○	七五度

十五度	正弦	餘弦	
○	二五八八二	九六五九三	百分
十分	二六〇五〇	五四七	九十
二十	二一九	五〇二	八十
三十	三八七	四五六	七十
四十	五五六	四一〇	六十
五十	七二四	三六三	五十
六十	二六八九二	三一六	四十
七十	二七〇六〇	二六九	三十
八十	二二八	二二三	二十
九十	三九六	一七四	十分
百分	二七五六四	九六一二六	○
	餘弦	正弦	七四度

十六度	正弦	餘弦	
○	二七五六四	九六一二六	百分
十分	七三二	〇七八	九十
二十	二七八九九	九六〇二九	八十
三十	二八〇六七	九五九八一	七十
四十	二三四	九三二	六十
五十	四〇二	八八二	五十
六十	五六九	八三三	四十
七十	七三六	七八二	三十
八十	二八九〇三	七三三	二十
九十	二九〇七〇	六八一	十分
百分	二九二三七	九五六三〇	○
	餘弦	正弦	七三度

十七度	正弦	餘弦	
○	二九二三七	九五六三〇	百分
十分	四〇四	五七九	九十
二十	五七一	五二八	八十
三十	七三七	四七六	七十
四十	二九九〇四	四二四	六十
五十	三〇〇七一	三七二	五十
六十	二三七	三一九	四十
七十	四〇三	二六六	三十
八十	五七〇	二一三	二十
九十	七三六	一五九	十分
百分	三〇九〇二	九五一〇六	○
	餘弦	正弦	七二度

十八度	正弦	餘弦	
○	三〇九〇二	九五一〇六	百分
十分	三一〇六八	九五〇五二	九十
二十	二三三	九四九九七	八十
三十	三九九	九四三	七十
四十	五六五	八八八	六十
五十	七三〇	八三三	五十
六十	三一八九六	七七七	四十
七十	三二〇六一	七二一	三十
八十	二二七	六六五	二十
九十	三九二	六〇九	十分
百分	三二五五七	九四五五二	○
	餘弦	正弦	七一度

十九度	正弦	餘弦	
○	三二五五七	九四五五二	百分
十分	七二二	四九五	九十
二十	三二八八七	四三八	八十
三十	三三〇五一	三八〇	七十
四十	二一六	三二二	六十
五十	三八一	二六四	五十
六十	五四五	二〇六	四十
七十	七一〇	一四七	三十
八十	三三八七四	〇八八	二十
九十	三四〇三八	九四〇二九	十分
百分	三四二〇二	九三九六九	○
	餘弦	正弦	七十度

二十度	正弦	餘弦	
○	三四二〇二	九三九六九	百分
十分	三六六	九〇九	九十
二十	五三〇	八四九	八十
三十	六九四	七八九	七十
四十	三四八五七	七二八	六十
五十	三五〇二一	六六七	五十
六十	一八四	六〇六	四十
七十	三四七	五四四	三十
八十	五一一	四八三	二十
九十	六七四	四二〇	十(度)[分]
百分	三五八三七	九三三五九	○
	餘弦	正弦	六九度

二一度	正弦	餘弦	
○	三五八三七	九三三五九	百分
十分	三六〇〇〇	二九五	九十
二十	一六二	二三一	八十
三十	三二五	一六九	七十
四十	四八八	一〇六	六十
五十	六五〇	九三〇四二	五十
六十	八一二	九二九七八	四十
七十	三六九七五	九一三	三十
八十	三七一三七	八四九	二十
九十	二九九	七八四	十分
百分	三七四六一	九二七一八	○
	餘弦	正弦	六八度

二二度	正弦	餘弦	
○	三七四六一	九二七一八	百分
十分	六二二	六五三	九十
二十	七八四	五八七	八十
三十	三七九四六	五二一	七十
四十	三八一〇七	四五五	六十
五十	二六八	三八八	五十
六十	四三〇	三二一	四十
七十	五九一	二五四	三十
八十	七五二	一八六	二十
九十	三八九一二	一一九	十分
百分	三九〇七三	九二〇五〇	○
	餘弦	正弦	六七度

二三度	正弦	餘弦	
○	三九〇七三	九二〇五〇	百分
十分	二三四	九一九八二	九十
二十	三九四	九一四	八十
三十	五五五	八四五	七十
四十	七一五	七七五	六十
五十	三九八七五	七〇六	五十
六十	四〇〇三五	六三六	四十
七十	一九五	五六六	三十
八十	三五五	四九六	二十
九十	五一四	四二五	十分
百分	四〇六七四	九一三五五	○
	餘弦	正弦	六六度

二四度	正弦	餘弦	
○	四〇六七四	九一三五五	百分
十分	八三三	二八三	九十
二十	四〇九九二	二一二	八十
三十	四一一五一	一四〇	七十
四十	三一〇	九一〇六八	六十
五十	四六九	九〇九九六	五十
六十	六二八	九二四	四十
七十	七八七	八五一	三十
八十	四一九四五	七七八	二十
九十	四二一〇四	七〇四	十分
百分	四二二六二	九〇六三一	○
	餘弦	正弦	六五度

二五度	正弦	餘弦	
〇	四二二六二	九〇六三一	百分
十分	四二〇	五五七	九十
二十	五七八	四八二	八十
三十	七二六	四〇八	七十
四十	四二八九四	三三四	六十
五十	四三〇五一	二五九	五十
六十	二〇九	一八三	四十
七十	三六六	一〇八	三十
八十	五二三	九〇〇三二	二十
九十	六八〇	八九九五六	十分
百分	四三八三七	八九八七九	〇
	餘弦	正弦	六四度

二六度	正弦	餘弦	
〇	四三八三七	八九八七九	百分
十分	四三九九四	八〇三	九十
二十	四四一五一	七二六	八十
三十	三〇七	六四九	七十
四十	四六四	五七一	六十
五十	六二〇	四九三	五十
六十	七七六	四一五	四十
七十	四四九三二	三三七	三十
八十	四五〇八八	二五九	二十
九十	二四三	一八〇	十分
百分	四五三九九	八九一〇一	〇
	餘弦	正弦	六三度

二七度	正弦	餘弦	
〇	四五三九九	八九一〇一	百分
十分	五五四	八九〇二二	九十
二十	七一〇	八八九四二	八十
三十	四五八六五	八六二	七十
四十	四六〇二〇	七八二	六十
五十	一七五	七〇一	五十
六十	三三〇	六二〇	四十
七十	四八四	五三九	三十
八十	六三九	四五八	二十
九十	七九三	三七七	十分
百分	四六九四七	八八二九五	〇
	餘弦	正弦	六二度

二八度	正弦	餘弦	
〇	四六九四七	八八二九五	百分
十分	四七一〇一	三一三	九十
二十	二五五	一三〇	八十
三十	四〇九	八八〇四八	七十
四十	五六二	八七九六五	六十
五十	七一六	八八二	五十
六十	四七八六九	七八九	四十
七十	四八〇二二	七一五	三十
八十	一七五	六三一	二十
九十	三二八	五四六	十分
百分	四八四八一	八七四六二	〇
	餘弦	正弦	六一度

二九度	正弦	餘弦	
〇	四八四八一	八七四六二	百分
十分	六三四	三七七	九十
二十	七八六	二九二	八十
三十	四八九三八	二〇七	七十
四十	四九〇九〇	一二一	六十
五十	二四二	八七〇三六	五十
六十	三九四	八六九四九	四十
七十	五四六	八六三	三十
八十	六九七	七七七	二十
九十	四九八四九	六九〇	十分
百分	五〇〇〇〇	八六六〇三	〇
	餘弦	正弦	六十度

三十度	正弦	餘弦	
○	五○○○○	八六六○三	百分
十分	一五一	五一五	九十
二十	三○二	四二七	八十
三十	四五三	三四○	七十
四十	六○二	二五一	六十
五十	七五四	一六三	五十
六十	五○九○四	八六○七四	四十
七十	五一○五四	八五九八五	三十
八十	二○四	八九六	二十
九十	三五四	八○六	十分
百分	五一五○四	八五七一七	○
	餘弦	正弦	五九度

三一度	正弦	餘弦	
○	五一五○四	八五七一七	百分
十分	六五三	六二七	九十
二十	八○三	五三六	八十
三十	五一九五二	四四六	七十
四十	五二一○一	三五五	六十
五十	二五○	二六四	五十
六十	三九九	一七三	四十
七十	五四七	八五○八一	三十
八十	六九八	八四九八九	二十
九十	八四四	八九七	十分
百分	五二九九二	八四八○五	○
	餘弦	正弦	五八度

三二度	正弦	餘弦	
○	五二九九二	八○五	百分
十分	五三一四○	七一二	九十
二十	二八八	六一九	八十
三十	四三五	五二六	七十
四十	五八三	四三三	六十
五十	七三○	三三九	五十
六十	五三八七七	一五一	四十
七十	五四○二四	八四○五七	三十
八十	一七一	八三九六二	二十
九十	三一七	八三八六七	十分
百(度)(分)	五四四六四		○
	餘弦	正弦	五七度

三三度	正弦	餘弦	
○	五四四六四	八三八六七	百分
十分	六一○	七七二	九十
二十	七五六	六七六	八十
三十	五四九○二	五八一	七十
四十	五五○四八	四八五	六十
五十	一九四	三八九	五十
六十	三三九	二九二	四十
七十	四八四	一九五	三十
八十	六三○	○九八	二十
九十	七七五	八三○○一	十分
百分	五五九一九	八二九○四	○
	餘弦	正弦	五六度

三四度	正弦	餘弦	
○	五五九一九	八二九○四	百分
十分	五六○六四	八○六	九十
二十	二○八	七○八	八十
三十	三五三	六一○	七十
四十	四九七	五一一	六十
五十	六四一	四一三	五十
六十	七八四	三一四	四十
七十	五六九二八	二一四	三十
八十	五七○七一	一一五	二十
九十	二一五	八二○一五	十分
百分	五七三五八	八一九一五	○
	餘弦	正弦	五五度

三五度	正弦	餘弦	
〇	五七三五八	八一九一五	百分
十分	五〇一	八一五	九十
二十	六四三	七一四	八十
三十	七八六	六一四	七十
四十	五七九二八	五一三	六十
五十	五八〇七〇	四一二	五十
六十	二一二	三一〇	四十
七十	三五四	二〇八	三十
八十	五〇六	一〇六	二十
九十	六三七	八一〇〇四	十分
百分	五八七七九	八〇九〇二	〇
	餘弦	正弦	五四度

三六度	正弦	餘弦	
〇	五八七七九	八〇九〇二	百分
十分	五八九二〇	七九九	九十
二十	五九〇六一	六九六	八十
三十	二〇一	五九三	七十
四十	三四二	四八九	六十
五十	四八二	三八六	五十
六十	六二二	二八二	四十
七十	七六三	一七八	三十
八十	五九九〇二	八〇〇七三	二十
九十	六〇〇四二	七九九六八	十分
百分	六〇一八二	七九八六四	〇
	餘弦	正弦	五三度

三七度	正弦	餘弦	
〇	六〇一八二	七九八六四	百分
十分	三二一	七五八	九十
二十	四六〇	六五三	八十
三十	五九九	五四七	七十
四十	七三八	四四一	六十
五十	六〇八七六	三三五	五十
六十	六一〇一五	二二九	四十
七十	一五三	一二三	三十
八十	二九一	七九〇一五	二十
九十	四二九	七八九〇八	十分
百分	六一五六六	七八八〇一	〇
	餘弦	正弦	五二度

三八度	正弦	餘弦	
〇	六一五六六	七八八〇一	百分
十分	七〇四	六九三	九十
二十	八四一	五八六	八十
三十	六一九七八	四七八	七十
四十	六二一一五	三六九	六十
五十	二五一	二六一	五十
六十	三八八	一五二	四十
七十	五二四	七八〇四三	三十
八十	六六〇	七七九三四	二十
九十	七九六	八二四	十分
百分	六二九三二	七七七一五	〇
	餘弦	正弦	五一度

三九度	正弦	餘弦	
〇	六二九三二	七七七一五	百分
十分	六三〇六八	六〇五	九十
二十	二〇三	四九四	八十
三十	三三八	三八四	七十
四十	四七三	二七三	六十
五十	六〇八	一六二	五十
六十	七四二	七七〇五一	四十
七十	六三八七七	七六九四〇	三十
八十	六四〇一一	八二八	二十
九十	一四五	七一七	十分
百分	六四二七九	七六六〇四	〇
	餘弦	正弦	五十度

四十度	○	十分	二十	三十	四十	五十	六十	七十	八十	九十	百分	
正弦	六四二七九	四一二	五四六	六七九	八一二	六四九四五	六五〇七七	二一〇	三四二	四七四	六五六〇六	餘弦
餘弦	七六六〇四	四九二	三八〇	二六七	一五四	七六〇四一	七五九二七	八一三	七〇〇	五八五	七五四七一	正弦
	百分	九十	八十	七十	六十	五十	四十	三十	二十	十分	○	四九度

四一度	○	十分	二十	三十	四十	五十	六十	七十	八十	九十	百分	
正弦	六五六〇六	七三八	六五八六九	六六〇〇〇	一三一	二六二	三九三	五二三	六五三	七八三	六六九一三	餘弦
餘弦	七五四七一	三五六	二四一	一二六	七五〇一一	七四八九六	七八〇	六六四	五四八	四三一	七四三一四	正弦
	百分	九十	八十	七十	六十	五十	四十	三十	二十	十分	○	四八度

四二度	○	十分	二十	三十	四十	五十	六十	七十	八十	九十	百分	
正弦	六六九一三	六七〇四三	一七二	三〇一	四三〇	五五九	六八八	八一六	六七九四四	六八〇七二	六八二〇〇	餘弦
餘弦	七四三一四	一九八	七四〇八四	七三九六三	八四六	七二八	六一〇	四九一	三七三	二五四	七三一三五	正弦
	百分	九十	八十	七十	六十	五十	四十	三十	二十	十分	○	四七(分)(度)

四三度	○	十分	二十	三十	四十	五十	六十	七十	八十	九十	百分	
正弦	六八二〇〇	三二七	四五五	五八二	七〇九	八三五	六八九六二	六九〇八八	二一四	三四〇	六九四六六	餘弦
餘弦	七三一三五	七三〇一六	七二八九七	七七七	六五七	五三七	四一七	二九七	一七六	七二〇五五	七一九三四	正弦
	百分	九十	八十	七十	六十	五十	四十	三十	二十	十分	○	四六度

四四度	○	十分	二十	三十	四十	五十	六十	七十	八十	九十	百分	
正弦	六九四六六	五九一	七一七	八四二	六九九六六	七〇〇九一	二一五	三三九	四六三	五八七	七〇七一一	餘弦
餘弦	七一九三四	八一三	六九一	五六九	四四七	三二五	二〇三	七一〇八〇	七〇九五七	八三四	七〇七一一	正弦
	百分	九十	八十	七十	六十	五十	四十	三十	二十	十分	○	四五度

清・《數表精詳》

	弦正	線切	線割		弦正	線切	線割
三〇	九九九九六	一一四五八九	一一四五九三	三〇	八七三	八七三	一〇〇〇〇四
二九	九九九九六	一一〇八九二	一一〇八九七	三一	九〇二	九〇二	一〇〇〇〇四
二八	九九九九六	一〇七四二六	一〇七四三一	三二	九三一	九三一	一〇〇〇〇四
二七	九九九九五	一〇四一七一	一〇四一七六	三三	九六〇	九六〇	一〇〇〇〇五
二六	九九九九五	一〇一一〇七	一〇一一一二	三四	九八九	九八九	一〇〇〇〇五
二五	九九九九五	九八二一七九	九八二二三〇	三五	一〇一八	一〇一八	一〇〇〇〇五
二四	九九九九五	九五四八九五	九五四九四七	三六	一〇四七	一〇四七	一〇〇〇〇五
二三	九九九九四	九二九〇八五	九二九一三九	三七	一〇七六	一〇七六	一〇〇〇〇六
二二	九九九九四	九〇四六三三	九〇四六八九	三八	一一〇五	一一〇五	一〇〇〇〇六
二一	九九九九四	八八一四三六	八八一四九二	三九	一一三四	一一三五	一〇〇〇〇六
二〇	九九九九三	八五九三九八	八五九四五六	四〇	一一六四	一一六四	一〇〇〇〇七
一九	九九九九三	八三八四三五	八三八四九五	四一	一一九三	一一九三	一〇〇〇〇七
一八	九九九九三	八一八四七〇	八一八五三二	四二	一二二二	一二二二	一〇〇〇〇七
一七	九九九九二	七九九四三四	七九九四九七	四三	一二五一	一二五一	一〇〇〇〇八
一六	九九九九二	七八一二六三	七八一三二七	四四	一二八〇	一二八〇	一〇〇〇〇八
一五	九九九九一	七六三九〇〇	七六三九六六	四五	一三〇九	一三〇九	一〇〇〇〇九
一四	九九九九一	七四七二九二	七四七三五九	四六	一三三八	一三三八	一〇〇〇〇九
一三	九九九九一	七三一三九〇	七三一四五八	四七	一三六七	一三六七	一〇〇〇〇九
一二	九九九九〇	七一六一五一	七一六二二一	四八	一三九六	一三九六	一〇〇〇一〇
一一	九九九九〇	七〇一五三三	七〇一六〇五	四九	一四二五	一四二五	一〇〇〇一〇
一〇	九九九八九	六八七五〇一	六八七五七四	五〇	一四五四	一四五五	一〇〇〇一一
九	九九九八九	六七四〇一九	六七四〇九三	五一	一四八三	一四八四	一〇〇〇一一
八	九九九八九	六六一〇五五	六六一一三〇	五二	一五一三	一五一三	一〇〇〇一一
七	九九九八八	六四八五八〇	六四八六五七	五三	一五四二	一五四二	一〇〇〇一二
六	九九九八八	六三六五六七	六三六六四六	五四	一五七一	一五七一	一〇〇〇一二
五	九九九八七	六二四九九二	六二五〇七二	五五	一六〇〇	一六〇〇	一〇〇〇一三
四	九九九八七	六一三八二九	六一三九一一	五六	一六二九	一六二九	一〇〇〇一三
三	九九九八六	六〇三〇五八	六〇三一四一	五七	一六五八	一六五八	一〇〇〇一四
二	九九九八六	五九二六五九	五九二七四三	五八	一六八七	一六八七	一〇〇〇一四
一	九九九八五	五八二六一二	五八二六九八	五九	一七一六	一七一六	一〇〇〇一五
〇	九九九八五	五七二九〇〇	五七二九八七	六〇	一七四五	一七四六	一〇〇〇一五
八九				〇度			

	弦正	線切	線割		弦正	線切	線割
六〇	一〇〇〇〇〇			〇			一〇〇〇〇〇
五九	九九九九九	三四三七七五	三四三七七五	一	二九	二九	一〇〇〇〇〇
五八	九九九九九	一七一八八七	一七一八八七	二	五八	五八	一〇〇〇〇〇
五七	九九九九九	一一四五九二	一一四五九二	三	八七	八七	一〇〇〇〇〇
五六	九九九九九	八五九四三六	八五九四三七	四	一一六	一一六	一〇〇〇〇〇
五五	九九九九九	六八七五四九	六八七五五〇	五	一四五	一四五	一〇〇〇〇〇
五四	九九九九九	五七二九五七	五七二九五八	六	一七五	一七五	一〇〇〇〇〇
五三	九九九九九	四九一一〇六	四九一一〇七	七	二〇四	二〇四	一〇〇〇〇〇
五二	九九九九九	四二九七一八	四二九七一九	八	二三三	二三三	一〇〇〇〇〇
五一	九九九九九	三八一九七一	三八一九七二	九	二六二	二六二	一〇〇〇〇〇
五〇	九九九九九	三四三七七四	三四三七七五	一〇	二九一	二九一	一〇〇〇〇〇
四九	九九九九九	三一二五二一	三一二五二三	一一	三二〇	三二〇	一〇〇〇〇一
四八	九九九九九	二八六四七八	二八六四七九	一二	三四九	三四九	一〇〇〇〇一
四七	九九九九九	二六四四四一	二六四四四三	一三	三七八	三七八	一〇〇〇〇一
四六	九九九九九	二四五五五二	二四五五五四	一四	四〇七	四〇七	一〇〇〇〇一
四五	九九九九九	二二九一八二	二二九一八四	一五	四三六	四三六	一〇〇〇〇一
四四	九九九九九	二一四八五八	二一四八六〇	一六	四六五	四六五	一〇〇〇〇一
四三	九九九九九	二〇二二一九	二〇二二二一	一七	四九五	四九五	一〇〇〇〇一
四二	九九九九九	一九〇九八四	一九〇九八七	一八	五二四	五二四	一〇〇〇〇一
四一	九九九九八	一八〇九三二	一八〇九三五	一九	五五三	五五三	一〇〇〇〇二
四〇	九九九九八	一七一八八五	一七一八八八	二〇	五八二	五八二	一〇〇〇〇二
三九	九九九九八	一六三七〇〇	一六三七〇三	二一	六一一	六一一	一〇〇〇〇二
三八	九九九九八	一五六二五九	一五六二六二	二二	六四〇	六四〇	一〇〇〇〇二
三七	九九九九八	一四九四六五	一四九四六八	二三	六六九	六六九	一〇〇〇〇二
三六	九九九九八	一四三二三七	一四三二四一	二四	六九八	六九八	一〇〇〇〇二
三五	九九九九七	一三七五〇七	一三七五一一	二五	七二七	七二七	一〇〇〇〇三
三四	九九九九七	一三二二一九	一三二二二二	二六	七五六	七五六	一〇〇〇〇三
三三	九九九九七	一二七三二一	一二七三二五	二七	七八五	七八五	一〇〇〇〇三
三二	九九九九七	一二二七七四	一二二七七八	二八	八一四	八一五	一〇〇〇〇三
三一	九九九九六	一一八五四〇	一一八五四四	二九	八四四	八四四	一〇〇〇〇四
三〇	九九九九六	一一四五八九	一一四五九三	三〇	八七三	八七三	一〇〇〇〇四
八九				〇度			

	弦正	線切	線割		弦正	線切	線割
三〇	九九九六六	三八一八八五	三八二〇一六	三〇	二六一八	二六一九	一〇〇〇三四
二九	九九九六五	三七七六八六	三七七八一八	三一	二六四七	二六四八	一〇〇〇三五
二八	九九九六四	三七三五七九	三七三七一三	三二	二六七六	二六七七	一〇〇〇三六
二七	九九九六三	三六九五六〇	三六九六九五	三三	二七〇五	二七〇六	一〇〇〇三七
二六	九九九六三	三六五六二七	三六五七六三	三四	二七三四	二七三五	一〇〇〇三七
二五	九九九六二	三六一七七六	三六一九一四	三五	二七六三	二七六四	一〇〇〇三八
二四	九九九六一	三五八〇〇六	三五八一四五	三六	二七九二	二七九三	一〇〇〇三九
二三	九九九六〇	三五四三一三	三五四四五四	三七	二八二一	二八二二	一〇〇〇四〇
二二	九九九五九	三五〇六九五	三五〇八三八	三八	二八五〇	二八五一	一〇〇〇四一
二一	九九九五九	三四七一五一	三四七二九五	三九	二八七九	二八八一	一〇〇〇四一
二〇	九九九五八	三四三六七八	三四三八二三	四〇	二九〇八	二九一〇	一〇〇〇四二
一九	九九九五七	三四〇二七三	三四〇四二〇	四一	二九三八	二九三九	一〇〇〇四三
一八	九九九五六	三三六九三五	三三七〇八三	四二	二九六七	二九六八	一〇〇〇四四
一七	九九九五五	三三三六六二	三三三八一二	四三	二九九六	二九九七	一〇〇〇四五
一六	九九九五四	三三〇四五二	三三〇六〇三	四四	三〇二五	三〇二六	一〇〇〇四六
一五	九九九五三	三二七三〇三	三二七四五五	四五	三〇五四	三〇五五	一〇〇〇四七
一四	九九九五二	三二四二一三	三二四三六七	四六	三〇八三	三〇八四	一〇〇〇四八
一三	九九九五二	三二一一八一	三二一三三七	四七	三一一二	三一一四	一〇〇〇四八
一二	九九九五一	三一八二〇五	三一八三六二	四八	三一四一	三一四三	一〇〇〇四九
一一	九九九五〇	三一五二八四	三一五四四二	四九	三一七〇	三一七二	一〇〇〇五〇
一〇	九九九四九	三一二四一六	三一二五七六	五〇	三一九九	三二〇一	一〇〇〇五一
九	九九九四八	三〇九五九九	三〇九七六一	五一	三二二八	三二三〇	一〇〇〇五二
八	九九九四七	三〇六八三三	三〇六九九六	五二	三二五七	三二五九	一〇〇〇五三
七	九九九四六	三〇四一一六	三〇四二八〇	五三	三二八六	三二八八	一〇〇〇五四
六	九九九四五	三〇一四四六	三〇一六一二	五四	三三一六	三三一七	一〇〇〇五五
五	九九九四四	二九八八二三	二九八九九〇	五五	三三四五	三三四六	一〇〇〇五六
四	九九九四三	二九六二四五	二九六四一四	五六	三三七四	三三七六	一〇〇〇五七
三	九九九四二	二九三七一一	二九三八八一	五七	三四〇三	三四〇五	一〇〇〇五八
二	九九九四一	二九一二二〇	二九一三九二	五八	三四三二	三四三四	一〇〇〇五九
一	九九九四〇	二八八七七一	二八八九四四	五九	三四六一	三四六三	一〇〇〇六〇
〇	九九九三九	二八六三六三	二八六五三七	六〇	三四九〇	三四九二	一〇〇〇六一
八八				一度			

	弦正	線切	線割		弦正	線切	線割
六〇	九九九八五	五七二九〇〇	五七二九八七	〇	一七四五	一七四六	一〇〇〇一五
五九	九九九八四	五六三五〇六	五六三五九五	一	一七七四	一七七五	一〇〇〇一六
五八	九九九八四	五五四四一五	五五四五〇五	二	一八〇三	一八〇四	一〇〇〇一六
五七	九九九八三	五四五六一三	五四五七〇五	三	一八三二	一八三三	一〇〇〇一七
五六	九九九八三	五三七〇八六	五三七一七九	四	一八六二	一八六二	一〇〇〇一七
五五	九九九八二	五二八八二一	五二八九一六	五	一八九一	一八九一	一〇〇〇一八
五四	九九九八二	五二〇八〇七	五二〇九〇三	六	一九二〇	一九二〇	一〇〇〇一八
五三	九九九八一	五一三〇三二	五一三一二九	七	一九四九	一九四九	一〇〇〇一九
五二	九九九八〇	五〇五四八五	五〇五五八四	八	一九七八	一九七八	一〇〇〇二〇
五一	九九九八〇	四九八一五七	四九八二五八	九	二〇〇七	二〇〇七	一〇〇〇二〇
五〇	九九九七九	四九一〇三九	四九一一四一	一〇	二〇三六	二〇三七	一〇〇〇二一
四九	九九九七九	四八四一二一	四八四二二四	一一	二〇六五	二〇六六	一〇〇〇二一
四八	九九九七八	四七七三九五	四七七五〇〇	一二	二〇九四	二〇九五	一〇〇〇二二
四七	九九九七七	四七〇八五三	四七〇九六〇	一三	二一二三	二一二四	一〇〇〇二三
四六	九九九七七	四六四四八九	四六四五九六	一四	二一五三	二一五三	一〇〇〇二三
四五	九九九七六	四五八二九四	四五八四〇三	一五	二一八一	二一八二	一〇〇〇二四
四四	九九九七六	四五二二六一	四五二三七二	一六	二二一一	二二一一	一〇〇〇二四
四三	九九九七五	四四六三八六	四四六四九八	一七	二二四〇	二二四〇	一〇〇〇二五
四二	九九九七四	四四〇六六一	四四〇七七五	一八	二二六九	二二六九	一〇〇〇二六
四一	九九九七四	四三五〇八一	四三五一九六	一九	二二九八	二二九八	一〇〇〇二六
四〇	九九九七三	四二九六四一	四二九七五七	二〇	二三二七	二三二八	一〇〇〇二七
三九	九九九七二	四二四三三五	四二四四五二	二一	二三五六	二三五七	一〇〇〇二八
三八	九九九七二	四一九一五八	四一九二七七	二二	二三八五	二三八六	一〇〇〇二八
三七	九九九七一	四一四一〇六	四一四二二七	二三	二四一四	二四一五	一〇〇〇二九
三六	九九九七〇	四〇九一七四	四〇九二九六	二四	二四四三	二四四四	一〇〇〇三〇
三五	九九九六九	四〇四三五八	四〇四四八二	二五	二四七二	二四七三	一〇〇〇三一
三四	九九九六九	三九九六五五	三九九七八〇	二六	二五〇一	二五〇二	一〇〇〇三一
三三	九九九六八	三九五〇五九	三九五一八五	二七	二五三〇	二五三一	一〇〇〇三二
三二	九九九六七	三九〇五六八	三九〇六九六	二八	二五六〇	二五六〇	一〇〇〇三三
三一	九九九六六	三八六一七七	三八六三〇七	二九	二五八九	二五八九	一〇〇〇三四
三〇	九九九六六	三八一八八五	三八二〇一六	三〇	二六一八	二六一九	一〇〇〇三四
八八				一度			

	弦正	線切	線割		弦正	線切	線割
六〇	九九九三九	二八六三六三	二八六五三七	〇	三四九〇	三四九二	一〇〇〇六一
五九	九九九三八	二八三九九四	二八四一七〇	一	三五一九	三五二一	一〇〇〇六二
五八	九九九三七	二八一六六四	二八一八四二	二	三五四八	三五五〇	一〇〇〇六三
五七	九九九三六	二七九三七二	二七九五五一	三	三五七七	三五七九	一〇〇〇六四
五六	九九九三五	二七七一一七	二七七二九八	四	三六〇六	三六〇九	一〇〇〇六五
五五	九九九三四	二七四八九九	二七五〇八〇	五	三六三五	三六三八	一〇〇〇六六
五四	九九九三三	二七二七一五	二七二八九八	六	三六六四	三六六七	一〇〇〇六七
五三	九九九三二	二七〇五六六	二七〇七五〇	七	三六九三	三六九七	一〇〇〇六八
五二	九九九三一	二六八四五〇	二六八六三六	八	三七二三	三七二五	一〇〇〇六九
五一	九九九三〇	二六六三六七	二六六五五五	九	三七五二	三七五四	一〇〇〇七〇
五〇	九九九二九	二六四三一六	二六四五〇五	一〇	三七八一	三七八三	一〇〇〇七二
四九	九九九二七	二六二二九六	二六二四八七	一一	三八一〇	三八一二	一〇〇〇七三
四八	九九九二六	二六〇三〇七	二六〇四九九	一二	三八三九	三八四二	一〇〇〇七四
四七	九九九二五	二五八三四八	二五八五四二	一三	三八六六	三八七一	一〇〇〇七五
四六	九九九二四	二五六四一八	二五六六一三	一四	三八九七	三九〇〇	一〇〇〇七六
四五	九九九二三	二五四五一七	二五四七一三	一五	三九二六	三九二九	一〇〇〇七七
四四	九九九二二	二五二六四四	二五二八四一	一六	三九五五	三九五八	一〇〇〇七八
四三	九九九二一	二五〇七九八	二五〇九九七	一七	三九八四	三九八七	一〇〇〇七九
四二	九九九一九	二四八九七八	二四九一七九	一八	四〇一三	四〇一六	一〇〇〇八一
四一	九九九一八	二四七一八五	二四七三八七	一九	四〇四二	四〇四六	一〇〇〇八二
四〇	九九九一七	二四五四一八	二四五六二一	二〇	四〇七一	四〇七五	一〇〇〇八三
三九	九九九一六	二四三六七五	二四三八八〇	二一	四一〇〇	四一〇四	一〇〇〇八四
三八	九九九一五	二四一九五七	二四二一六四	二二	四一二九	四一三三	一〇〇〇八五
三七	九九九一三	二四〇二六三	二四〇四七一	二三	四一五九	四一六二	一〇〇〇八七
三六	九九九一二	二三八五九三	二三八八〇二	二四	四一八八	四一九一	一〇〇〇八八
三五	九九九一一	二三六九四五	二三七一五六	二五	四二一七	四二二〇	一〇〇〇八九
三四	九九九一〇	二三五三二一	二三五五三三	二六	四二四六	四二五〇	一〇〇〇九〇
三三	九九九〇九	二三三七一八	二三三九三二	二七	四二七五	四二七九	一〇〇〇九一
三二	九九九〇七	二三二一三七	二三二三五二	二八	四三〇四	四三〇八	一〇〇〇九三
三一	九九九〇六	二三〇五七七	二三〇七九四	二九	四三三三	四三三七	一〇〇〇九四
三〇	九九九〇五	二二九〇三八	二二九二五六	三〇	四三六二	四三六六	一〇〇〇九五
八七				二度			

	弦正	線切	線割		弦正	線切	線割
三〇	九九九〇五	二二九〇三八	二二九二五六	三〇	四三六二	四三六六	一〇〇〇九五
二九	九九九〇四	二二七五一九	二二七七三九	三一	四三九一	四三九五	一〇〇〇九七
二八	九九九〇二	二二六〇二〇	二二六二四一	三二	四四二〇	四四二四	一〇〇〇九八
二七	九九九〇一	二二四五四一	二二四七六四	三三	四四四九	四四五四	一〇〇〇九九
二六	九九九〇〇	二二三〇八一	二二三三〇五	三四	四四七八	四四八三	一〇〇一〇〇
二五	九九八九八	二二一六四〇	二二一八六五	三五	四五〇七	四五一二	一〇〇一〇二
二四	九九八九七	二二〇二一七	二二〇四四四	三六	四五三六	四五四一	一〇〇一〇三
二三	九九八九六	二一八八一三	二一九〇四一	三七	四五六五	四五七〇	一〇〇一〇四
二二	九九八九四	二一七四二六	二一九六五六	三八	四五九四	四五九九	一〇〇一〇六
二一	九九八九三	二一六〇五六	二一六二八八	三九	四六二三	四六二八	一〇〇一〇七
二〇	九九八九二	二一四七〇四	二一四九三七	四〇	四六五三	四六五八	一〇〇一〇八
一九	九九八九〇	二一三三六九	二一三六〇三	四一	四六八二	四三八七	一〇〇一一〇
一八	九九八八九	二一二〇四九	二一二二八五	四二	四七一一	四七一六	一〇〇一一一
一七	九九八八八	二一〇七四七	二一〇九八四	四三	四七四〇	四七四五	一〇〇一一三
一六	九九八八六	二〇九四六〇	二〇九六九八	四四	四七六九	四七七四	一〇〇一一四
一五	九九八八五	二〇八一八八	二〇八四二八	四五	四七九八	四八〇三	一〇〇一一五
一四	九九八八三	二〇六九三二	二〇七一七四	四六	四八二七	四八三三	一〇〇一一七
一三	九九八八二	二〇五六九一	二〇五九三四	四七	四八五六	四八六二	一〇〇一一八
一二	九九八八一	二〇四四六五	二〇四七〇九	四八	四八八五	四八九一	一〇〇一二〇
一一	九九八七九	二〇三二五三	二〇三四九九	四九	四九一四	四九二〇	一〇〇一二一
一〇	九九八七八	二〇二〇五六	二〇二三〇三	五〇	四九四三	四九四九	一〇〇一二二
九	九九八七六	二〇〇八七二	二〇一一二一	五一	四九七二	四九七八	一〇〇一二四
八	九九八七五	一九九七〇二	一九九九五二	五二	五〇〇一	五〇〇七	一〇〇一二五
七	九九八七三	一九八五四六	一九八七九八	五三	五〇三〇	五〇三七	一〇〇一二七
六	九九八七二	一九七四〇三	一九七六五六	五四	五〇五九	五〇六六	一〇〇一二八
五	九九八七〇	一九六二七三	一九六五二八	五五	五〇八八	五〇九五	一〇〇一三〇
四	九九八六九	一九五一五六	一九五四一二	五六	五一一七	五一二四	一〇〇一三一
三	九九八六七	一九四〇五一	一九四三〇九	五七	五一四六	五一五三	一〇〇一三三
二	九九八六六	一九二九五九	一九三二一八	五八	五一七六	五一八二	一〇〇一三四
一	九九八六四	一九一八七九	一九二一四〇	五九	五二〇五	五二一二	一〇〇一三六
〇	九九八六三	一九〇八一一	一九一〇七三	六〇	五二三四	五二四一	一〇〇一三七
八七				二度			

	弦正	線切	線割		弦正	線切	線割
六〇	九九八六三	一九〇八一一	一九一〇七三	〇	五二三四	五二四一	一〇〇一三七
五九	九九八六一	一八九七五五	一九〇〇一九	一	五二六三	五二七〇	一〇〇一三九
五八	九九八六〇	一八八七一一	一八八九七五	二	五二九二	五二九九	一〇〇一四〇
五七	九九八五八	一八七六七八	一八七九四四	三	五三二一	五三二八	一〇〇一四二
五六	九九八五七	一八六六五六	一八六九二三	四	五三五〇	五三五七	一〇〇一四三
五五	九九八五五	一八五六四五	一八五九一四	五	五三七九	五三八七	一〇〇一四五
五四	九九八五四	一八四六四五	一八四九一五	六	五四〇八	五四一六	一〇〇一四七
五三	九九八五二	一八三六五五	一八三九二七	七	五四三七	五四四五	一〇〇一四八
五二	九九八五一	一八二六七七	一八二九五〇	八	五四六六	五四七四	一〇〇一五〇
五一	九九八四九	一八一七〇八	一八一九八三	九	五四九五	五五〇三	一〇〇一五一
五〇	九九八四七	一八〇七五〇	一八一〇二六	一〇	五五二四	五五三三	一〇〇一五三
四九	九九八四六	一七九八〇二	一八〇〇七九	一一	五五五三	五五六二	一〇〇一五五
四八	九九八四四	一七八八六三	一七九一四二	一二	五五八二	五五九一	一〇〇一五六
四七	九九八四二	一七七九三四	一七八二一五	一三	五六一一	五六二〇	一〇〇一五八
四六	九九八四一	一七七〇一五	一七七二九八	一四	五六四〇	五六四九	一〇〇一五九
四五	九九八三九	一七六一〇六	一七六三八九	一五	五六六九	五六七八	一〇〇一六一
四四	九九八三八	一七五二〇五	一七五四九〇	一六	五六九八	五七〇八	一〇〇一六三
四三	九九八三六	一七四三一四	一七四六〇〇	一七	五七二七	五七三七	一〇〇一六四
四二	九九八三四	一七三四三二	一七三七二〇	一八	五七五六	五七六六	一〇〇一六六
四一	九九八三三	一七二五五八	一七二八四八	一九	五七八五	五七九五	一〇〇一六八
四〇	九九八三一	一七一六九三	一七一九八四	二〇	五八一四	五八二四	一〇〇一六九
三九	九九八二九	一七〇八三七	一七一一三〇	二一	五八四四	五八五四	一〇〇一七一
三八	九九八二七	一六九九九〇	一七〇二八三	二二	五八七三	五八八三	一〇〇一七三
三七	九九八二六	一六九一五〇	一六九四四六	二三	五九〇二	五九一二	一〇〇一七五
三六	九九八二四	一六八三一九	一六八六一六	二四	五九三一	五九四一	一〇〇一七六
三五	九九八二二	一六七四九六	一六七七九四	二五	五九六〇	五九七〇	一〇〇一七八
三四	九九八二一	一六六六八一	一六六九八一	二六	五九八九	五九九九	一〇〇一八〇
三三	九九八一九	一六五八七四	一六六一七五	二七	六〇一八	六〇二九	一〇〇一八二
三二	九九八一七	一六五〇七五	一六五三七七	二八	六〇四七	六〇五八	一〇〇一八三
三一	九九八一五	一六四二八三	一六四五八七	二九	六〇七六	六〇八七	一〇〇一八五
三〇	九九八一三	一六三四九九	一六三八〇四	三〇	六一〇五	六一一六	一〇〇一八七
八六			三度				

	弦正	線切	線割		弦正	線切	線割
三〇	九九八一三	一六三四九九	一六三八〇四	三〇	六一〇五	六一一六	一〇〇一八七
二九	九九八一二	一六二七二二	一六三〇二九	三一	六一三四	六一四五	一〇〇一八九
二八	九九八一〇	一六一九五二	一六二二六一	三二	六一六三	六一七五	一〇〇一九〇
二七	九九八〇八	一六一一九〇	一六一五〇〇	三三	六一九二	六二〇四	一〇〇一九二
二六	九九八〇六	一六〇四三五	一六〇七四六	三四	六二二一	六二三三	一〇〇一九四
二五	九九八〇四	一五九六八七	一五九九九九	三五	六二五〇	六二六二	一〇〇一九六
二四	九九八〇三	一五八九四五	一五九二六〇	三六	六二七九	六二九一	一〇〇一九八
二三	九九八〇一	一五八二一一	一五八五二七	三七	六三〇八	六三二一	一〇〇二〇〇
二二	九九七九九	一五七四八三	一五七八〇一	三八	六三三七	六三五〇	一〇〇二〇一
二一	九九七九七	一五六七六二	一五七〇八一	三九	六三六六	六三七九	一〇〇二〇三
二〇	九九七九五	一五六〇四八	一五六三六八	四〇	六三九五	六四〇八	一〇〇二〇五
一九	九九七九三	一五五三四〇	一五五六六一	四一	六四二四	六四三八	一〇〇二〇七
一八	九九七九二	一五四六三八	一五四九六一	四二	六四五三	六四六七	一〇〇二〇九
一七	九九七九〇	一五三九四三	一五四二六七	四三	六四八二	六四九六	一〇〇二一一
一六	九九七八八	一五三二五四	一五三五七九	四四	六五一一	六五二五	一〇〇二一三
一五	九九七八六	一五二五七一	一五二八九八	四五	六五四〇	六五五四	一〇〇二一五
一四	九九七八四	一五一八九三	一五二二二二	四六	六五六九	六五八四	一〇〇二一六
一三	九九七八二	一五一二二二	一五一五五三	四七	六五九八	六六一三	一〇〇二一八
一二	九九七八〇	一五〇五五七	一五〇八八九	四八	六六二七	六六四二	一〇〇二二〇
一一	九九七七八	一四九八九八	一五〇二三一	四九	六六五六	六六七一	一〇〇二二二
一〇	九九七七六	一四九二四四	一四九五七九	五〇	六六八五	六七〇〇	一〇〇二二四
九	九九七七四	一四八五九六	一四八九三二	五一	六七一四	六七三〇	一〇〇二二六
八	九九七七二	一四七九五四	一四八二九一	五二	六七四三	六七五九	一〇〇二二八
七	九九七七〇	一四七三一七	一四七六五六	五三	六七七二	六七八八	一〇〇二三〇
六	九九七六八	一四六六八五	一四七〇二六	五四	六八〇一	六八一七	一〇〇二三二
五	九九七六六	一四六〇五九	一四六四〇一	五五	六八三一	六八四七	一〇〇二三四
四	九九七六四	一四五四三八	一四五七八二	五六	六八六〇	六八七六	一〇〇二三六
三	九九七六二	一四四八二三	一四五一六八	五七	六八八九	六九〇五	一〇〇二三八
二	九九七六〇	一四四二一二	一四四五五九	五八	六九一八	六九三四	一〇〇二四〇
一	九九七五八	一四三六〇七	一四三九五五	五九	六九四七	六九六三	一〇〇二四二
〇	九九七五六	一四三〇〇七	一四三三五六	六〇	六九七六	六九九三	一〇〇二四四
八六			三度				

	弦正	綫切	綫割		弦正	綫切	綫割
六〇	九九七五六	一四三〇〇七	一四三三五六	〇	六九七六	六九九三	一〇〇二四四
五九	九九七五四	一四二四一一	一四二七六二	一	七〇〇五	七〇二二	一〇〇二四六
五八	九九七五二	一四一八二一	一四二一七三	二	七〇三四	七〇五一	一〇〇二四八
五七	九九七五〇	一四一二三五	一四一五八九	三	七〇六三	七〇八〇	一〇〇二五〇
五六	九九七四八	一四〇六五五	一四一〇一〇	四	七〇九二	七一一〇	一〇〇二五二
五五	九九七四六	一四〇〇七九	一四〇四三五	五	七一二一	七一三九	一〇〇二五四
五四	九九七四四	一三九五〇七	一三九八六五	六	七一五〇	七一六八	一〇〇二五七
五三	九九七四二	一三八九四〇	一三九三〇〇	七	七一七九	七一九七	一〇〇二五九
五二	九九七四〇	一三八三七八	一三八七三九	八	七二〇八	七二二七	一〇〇二六一
五一	九九七三八	一三七八二一	一三八一八三	九	七二三七	七二五六	一〇〇二六三
五〇	九九七三六	一三七二六七	一三七六三一	一〇	七二六六	七二八五	一〇〇二六五
四九	九九七三四	一三六七一九	一三七〇八四	一一	七二九五	七三一四	一〇〇二六七
四八	九九七三一	一三六一七四	一三六五四一	一二	七三二四	七三四四	一〇〇二六九
四七	九九七二九	一三五六三四	一三六〇〇二	一三	七三五三	七三七三	一〇〇二七一
四六	九九七二七	一三五〇九八	一三五四六八	一四	七三八二	七四〇二	一〇〇二七四
四五	九九七二五	一三四五六六	一三四九三七	一五	七四一一	七四三一	一〇〇二七六
四四	九九七二三	一三四〇三九	一三四四一一	一六	七四四〇	七四六一	一〇〇二七八
四三	九九七二一	一三三五一五	一三三八八九	一七	七四六九	七四九〇	一〇〇二八〇
四二	九九七一九	一三二九九六	一三三三七一	一八	七四九八	七五一九	一〇〇二八二
四一	九九七一六	一三二四八〇	一三二八五七	一九	七五二七	七五四八	一〇〇二八四
四〇	九九七一四	一三一九六九	一三二三四七	二〇	七五五六	七五七八	一〇〇二八七
三九	九九七一二	一三一四六一	一三一八四一	二一	七五八五	七六〇七	一〇〇二八九
三八	九九七一〇	一三〇九五八	一三一三三九	二二	七六一四	七六三六	一〇〇二九一
三七	九九七〇八	一三〇四五八	一三〇八四〇	二三	七六四三	七六六五	一〇〇二九三
三六	九九七〇五	一二九九六二	一三〇三四六	二四	七六七二	七六九五	一〇〇二九六
三五	九九七〇三	一二九四六九	一二九八五五	二五	七七〇一	七七二四	一〇〇二九八
三四	九九七〇一	一二八九八一	一二九三六八	二六	七七三〇	七七五三	一〇〇三〇〇
三三	九九六九九	一二八四九六	一二八八八四	二七	七七五九	七七八二	一〇〇三〇二
三二	九九六九六	一二八〇一四	一二八四〇四	二八	七七八八	七八一二	一〇〇三〇五
三一	九九六九四	一二七五三六	一二七九二八	二九	七八一七	七八四一	一〇〇三〇七
三〇	九九六九二	一二七〇六二	一二七四五五	三〇	七八四六	七八七〇	一〇〇三〇九
八五				四度			

	弦正	綫切	綫割		弦正	綫切	綫割
三〇	九九六九二	一二七〇六二	一二七四五五	三〇	七八四六	七八七〇	一〇〇三〇九
二九	九九六八九	一二六五九一	一二六九八六	三一	七八七五	七八九九	一〇〇三一二
二八	九九六八七	一二六一二四	一二六五二〇	三二	七九〇四	七九二九	一〇〇三一四
二七	九九六八五	一二五六六〇	一二六〇五七	三三	七九三三	七九五八	一〇〇三一六
二六	九九六八三	一二五一九九	一二五五九八	三四	七九六二	七九八七	一〇〇三一八
二五	九九六八〇	一二四七四二	一二五一四二	三五	七九九一	八〇一七	一〇〇三二一
二四	九九六七八	一二四二八八	一二四六九〇	三六	八〇二〇	八〇四六	一〇〇三二三
二三	九九六七六	一二三八三八	一二四二四一	三七	八〇四九	八〇七五	一〇〇三二六
二二	九九六七三	一二三三九〇	一二三七九五	三八	八〇七八	八一〇四	一〇〇三二八
二一	九九六七一	一二二九四六	一二三三五二	三九	八一〇七	八一三四	一〇〇三三〇
二〇	九九六六八	一二二五〇五	一二二九一三	四〇	八一三六	八一六三	一〇〇三三三
一九	九九六六六	一二二〇六七	一二二四七六	四一	八一六五	八一九二	一〇〇三三五
一八	九九六六四	一二一六三二	一二二〇四三	四二	八一九四	八二二二	一〇〇三三七
一七	九九六六一	一二一二〇一	一二一六一二	四三	八二二三	八二五一	一〇〇三四〇
一六	九九六五九	一二〇七七二	一二一一八五	四四	八二五二	八二八〇	一〇〇三四二
一五	九九六五七	一二〇三四六	一二〇七六一	四五	八二八一	八三〇九	一〇〇三四五
一四	九九六五四	一一九九二三	一二〇三四〇	四六	八三一〇	八三三九	一〇〇三四七
一三	九九六五二	一一九五〇四	一一九九二一	四七	八三三九	八三六八	一〇〇三五〇
一二	九九六四九	一一九〇八七	一一九五〇六	四八	八三六八	八三九七	一〇〇三五二
一一	九九六四七	一一八六七三	一一九〇九三	四九	八三九七	八四二七	一〇〇三五四
一〇	九九六四四	一一八二六二	一一八六八四	五〇	八四二六	八四五六	一〇〇三五七
九	九九六四二	一一七八五三	一一八二七七	五一	八四五五	八四八五	一〇〇三五九
八	九九六三九	一一七四四八	一一七八七三	五二	八四八四	八五一四	一〇〇三六二
七	九九六三七	一一七〇四五	一一七四七一	五三	八五一三	八五四四	一〇〇三六四
六	九九六三五	一一六六四五	一一七〇七三	五四	八五四二	八五七三	一〇〇三六七
五	九九六三二	一一六二四八	一一六六七七	五五	八五七一	八六〇二	一〇〇三六九
四	九九六三〇	一一五八五三	一一六二八四	五六	八六〇〇	八六三二	一〇〇三七二
三	九九六二七	一一五四六一	一一五八九三	五七	八六二九	八六六一	一〇〇三七四
二	九九六二五	一一五〇七二	一一五五〇五	五八	八六五八	八六九〇	一〇〇三七七
一	九九六二二	一一四六八五	一一五一二〇	五九	八六八七	八七二〇	一〇〇三七九
〇	九九六一九	一一四三〇一	一一四七三七	六〇	八七一六	八七四九	一〇〇三八二
八五				四度			

	弦正	線切	線割		弦正	線切	線割
三〇	九九五四〇	一〇三八五四	一〇四三三四	三〇	九五八五	九六二九	一〇〇四六三
二九	九九五三七	一〇三五三八	一〇四〇二〇	三一	九六一四	九六五八	一〇〇四六五
二八	九九五三四	一〇三二二四	一〇三七〇八	三二	九六四二	九六八八	一〇〇四六八
二七	九九五三一	一〇二九一三	一〇三三九七	三三	九六七一	九七一七	一〇〇四七一
二六	九九五二八	一〇二六〇二	一〇三〇八九	三四	九七〇〇	九七四六	一〇〇四七四
二五	九九五二六	一〇二二九四	一〇二七八二	三五	九七二九	九七七六	一〇〇四七七
二四	九九五二三	一〇一九八八	一〇二四七七	三六	九七五八	九八〇五	一〇〇四八〇
二三	九九五二〇	一〇一六八三	一〇二一七四	三七	九七八七	九八三四	一〇〇四八二
二二	九九五一七	一〇一三八一	一〇一八七三	三八	九八一六	九八六四	一〇〇四八五
二一	九九五一四	一〇一〇八〇	一〇一五七三	三九	九八四五	九八九三	一〇〇四八八
二〇	九九五一一	一〇〇七八〇	一〇一二七五	四〇	九八七四	九九二三	一〇〇四九一
一九	九九五〇八	一〇〇四八三	一〇〇九七九	四一	九九〇三	九九五二	一〇〇四九四
一八	九九五〇六	一〇〇一八七	一〇〇六八五	四二	九九三二	九九八一	一〇〇四九七
一七	九九五〇三	九九八九三一	一〇〇三九二	四三	九九六一	一〇〇一一	一〇〇五〇〇
一六	九九五〇〇	九九六〇〇七	一〇〇一〇一	四四	九九九〇	一〇〇四〇	一〇〇五〇三
一五	九九四九七	九九三一〇一	九九八一二三	四五	一〇〇一九	一〇〇六九	一〇〇五〇六
一四	九九四九四	九九〇二一一	九九五二四八	四六	一〇〇四八	一〇〇九九	一〇〇五〇九
一三	九九四九一	九八七三三八	九九二三八九	四七	一〇〇七七	一〇一二八	一〇〇五一二
一二	九九四八八	九八四四八二	九八九五四七	四八	一〇一〇六	一〇一五八	一〇〇五一五
一一	九九四八五	九八一六四一	九八六七二二	四九	一〇一三五	一〇一八七	一〇〇五一八
一〇	九九四八二	九七八八一七	九八三九一二	五〇	一〇一六四	一〇二一六	一〇〇五二一
九	九九四七九	九七六〇〇九	九八一一一九	五一	一〇一九二	一〇二四六	一〇〇五二四
八	九九四七六	九七三二一七	九七八三四一	五二	一〇二二一	一〇二七五	一〇〇五二七
七	九九四七三	九七〇四四一	九七五五七九	五三	一〇二五〇	一〇三〇五	一〇〇五三〇
六	九九四七〇	九六七六八〇	九七二八三三	五四	一〇二七九	一〇三三四	一〇〇五三三
五	九九四六七	九六四九三五	九七〇一〇三	五五	一〇三〇八	一〇三六三	一〇〇五三六
四	九九四六四	九六二二〇五	九六七三八七	五六	一〇三三七	一〇三九三	一〇〇五三九
三	九九四六一	九五九四九〇	九六四六八七	五七	一〇三六六	一〇四二二	一〇〇五四二
二	九九四五八	九五六七九一	九六二〇〇二	五八	一〇三九五	一〇四五二	一〇〇五四五
一	九九四五五	九五四一〇六	九五九三三二	五九	一〇四二四	一〇四八一	一〇〇五四八
〇	九九四五二	九五一四三六	九五六六七七	六〇	一〇四五三	一〇五一〇	一〇〇五五一
八四				五度			

	弦正	線切	線割		弦正	線切	線割
六〇	九九六一九	一一四三〇一	一一四七三七	〇	八七一六	八七四九	一〇〇三八二
五九	九九六一七	一一三九一九	一一四三五七	一	八七四五	八七七八	一〇〇三八五
五八	九九六一四	一一三五四〇	一一三九七九	二	八七七四	八八〇七	一〇〇三八七
五七	九九六一二	一一三一六三	一一三六〇四	三	八八〇三	八八三七	一〇〇三九〇
五六	九九六〇九	一一二七八九	一一三二三一	四	八八三一	八八六六	一〇〇三九二
五五	九九六〇七	一一二四一七	一一二八六一	五	八八六〇	八八九五	一〇〇三九五
五四	九九六〇四	一一二〇四八	一一二四九三	六	八八八九	八九二五	一〇〇三九七
五三	九九六〇二	一一一六八一	一一二一二八	七	八九一八	八九五四	一〇〇四〇〇
五二	九九五九九	一一一三一六	一一一七六五	八	八九四七	八九八三	一〇〇四〇三
五一	九九五九六	一一〇九五四	一一一四〇四	九	八九七六	九〇一三	一〇〇四〇五
五〇	九九五九四	一一〇五九四	一一一〇四五	一〇	九〇〇五	九〇四二	一〇〇四〇八
四九	九九五九一	一一〇二三七	一一〇六八九	一一	九〇三四	九〇七一	一〇〇四一一
四八	九九五八八	一〇九八八二	一一〇三三六	一二	九〇六三	九一〇一	一〇〇四一三
四七	九九五八六	一〇九五二九	一〇九九八四	一三	九〇九二	九一三〇	一〇〇四一六
四六	九九五八三	一〇九一七八	一〇九六三五	一四	九一二一	九一五九	一〇〇四一九
四五	九九五八〇	一〇八八二九	一〇九二八八	一五	九一五〇	九一八九	一〇〇四二一
四四	九九五七八	一〇八四八三	一〇八九四三	一六	九一七九	九二一八	一〇〇四二四
四三	九九五七五	一〇八一三九	一〇八六〇〇	一七	九二〇八	九二四七	一〇〇四二七
四二	九九五七二	一〇七七九七	一〇八二六〇	一八	九二三七	九二七七	一〇〇四二九
四一	九九五七〇	一〇七四五七	一〇七九二一	一九	九二六六	九三〇六	一〇〇四三二
四〇	九九五六七	一〇七一一九	一〇七五八五	二〇	九二九五	九三三五	一〇〇四三五
三九	九九五六四	一〇六七八三	一〇七二五一	二一	九三二四	九三六五	一〇〇四三八
三八	九九五六二	一〇六四五〇	一〇六九一九	二二	九三五三	九三九四	一〇〇四四〇
三七	九九五五九	一〇六一一八	一〇六五八九	二三	九三八二	九四二三	一〇〇四四三
三六	九九五五六	一〇五七八九	一〇六二六一	二四	九四一一	九四五三	一〇〇四四六
三五	九九五五三	一〇五四六二	一〇五九三五	二五	九四四〇	九四八二	一〇〇四四九
三四	九九五五一	一〇五一三六	一〇五六一一	二六	九四六九	九五一一	一〇〇四五一
三三	九九五四八	一〇四八一三	一〇五二八九	二七	九四九八	九五四一	一〇〇四五四
三二	九九五四五	一〇四四九一	一〇四九六九	二八	九五二七	九五七〇	一〇〇四五七
三一	九九五四二	一〇四一七二	一〇四六五〇	二九	九五五六	九六〇〇	一〇〇四六〇
三〇	九九五四〇	一〇三八五四	一〇四三三四	三〇	九五八五	九六二九	一〇〇四六三
八四				五度			

	弦正	綫切	綫割		弦正	綫切	綫割
三〇	九九三五七	八七七六八九	八八三三六七	三〇	一一三二〇	一一三九四	一〇〇六四七
二九	九九三五四	八七五四二五	八八一一一八	三一	一一三四九	一一四二三	一〇〇六五〇
二八	九九三五一	八七三一七二	八七八八八〇	三二	一一三七八	一一四五三	一〇〇六五四
二七	九九三四七	八七〇九三一	八七六六五三	三三	一一四〇七	一一四八二	一〇〇六五七
二六	九九三四四	八六八七〇一	八七四四三八	三四	一一四三六	一一五一一	一〇〇六六〇
二五	九九三四一	八六六四八二	八七二二三四	三五	一一四六五	一一五四一	一〇〇六六四
二四	九九三三七	八六四二七五	八七〇〇四一	三六	一一四九四	一一五七〇	一〇〇六六七
二三	九九三三四	八六二〇七八	八六七八五九	三七	一一五二三	一一六〇〇	一〇〇六七一
二二	九九三三一	八五九八九三	八六五六八八	三八	一一五五二	一一六二九	一〇〇六七四
二一	九九三二七	八五七七一八	八六三五二八	三九	一一五八〇	一一六五九	一〇〇六七七
二〇	九九三二四	八五五五五五	八六一三七九	四〇	一一六〇九	一一六八八	一〇〇六八一
一九	九九三二〇	八五三四〇二	八五九二四一	四一	一一六三八	一一七一八	一〇〇六八四
一八	九九三一七	八五一二五九	八五七一一三	四二	一一六六七	一一七四七	一〇〇六八八
一七	九九三一四	八四九一二八	八五四九九六	四三	一一六九六	一一七七七	一〇〇六九一
一六	九九三一〇	八四七〇〇七	八五二八八九	四四	一一七二五	一一八〇六	一〇〇六九五
一五	九九三〇七	八四四八九六	八五〇七九三	四五	一一七五四	一一八三六	一〇〇六九八
一四	九九三〇三	八四二七九五	八四八七〇七	四六	一一七八三	一一八六五	一〇〇七〇一
一三	九九三〇〇	八四〇七〇五	八四六六三二	四七	一一八一二	一一八九五	一〇〇七〇五
一二	九九二九七	八三八六二五	八四四五六六	四八	一一八四〇	一一九二四	一〇〇七〇八
一一	九九二九三	八三六五五五	八四二五一一	四九	一一八六九	一一九五四	一〇〇七一二
一〇	九九二九〇	八三四四九六	八四〇四六六	五〇	一一八九八	一一九八三	一〇〇七一五
九	九九二八六	八三二四四六	八三八四三一	五一	一一九二七	一二〇一三	一〇〇七一九
八	九九二八三	八三〇四〇六	八三六四〇五	五二	一一九五六	一二〇四二	一〇〇七二二
七	九九二七九	八二八三七六	八三四三九〇	五三	一一九八五	一二〇七二	一〇〇七二六
六	九九二七六	八二六三五五	八三二三八四	五四	一二〇一四	一二一〇一	一〇〇七三〇
五	九九二七二	八二四三四五	八三〇三八八	五五	一二〇四三	一二一三一	一〇〇七三三
四	九九二六九	八二二三四四	八二八四〇二	五六	一二〇七一	一二一六〇	一〇〇七三七
三	九九二六五	八二〇三五二	八二六四二五	五七	一二一〇〇	一二一九〇	一〇〇七四〇
二	九九二六二	八一八三七〇	八二四四五七	五八	一二一二九	一二二一九	一〇〇七四四
一	九九二五八	八一六三九八	八二二五〇〇	五九	一二一五八	一二二四九	一〇〇七四七
〇	九九二五五	八一四四三五	八二〇五五一	六〇	一二一八七	一二二七八	一〇〇七五一
八三			六度				

	弦正	綫切	綫割		弦正	綫切	綫割
六〇	九九四五二	九五一四三六	九五六六七七	〇	一〇四五三	一〇五一〇	一〇〇五五一
五九	九九四四九	九四八七八一	九五四〇三七	一	一〇四八二	一〇五四〇	一〇〇五五四
五八	九九四四六	九四六一四一	九五一四一一	二	一〇五一一	一〇五六九	一〇〇五五七
五七	九九四四三	九四三五一五	九四八八〇〇	三	一〇五四〇	一〇五九九	一〇〇五六〇
五六	九九四四〇	九四〇九〇四	九四六二〇三	四	一〇五六九	一〇六二八	一〇〇五六三
五五	九九四三七	九三八三一七	九四三六二〇	五	一〇五九七	一〇六五八	一〇〇五六六
五四	九九四三四	九三五七二四	九四一〇五二	六	一〇六二六	一〇六八七	一〇〇五六九
五三	九九四三一	九三三一五五	九三八四九七	七	一〇六五五	一〇七一六	一〇〇五七三
五二	九九四二八	九三〇五九九	九三五九五七	八	一〇六八四	一〇七四六	一〇〇五七六
五一	九九四二四	九二八〇五八	九三三四三〇	九	一〇七一三	一〇七七五	一〇〇五七九
五〇	九九四二一	九二五五三〇	九三〇九一七	一〇	一〇七四二	一〇八〇五	一〇〇五八二
四九	九九四一八	九二三〇一六	九二八四一七	一一	一〇七七一	一〇八三四	一〇〇五八五
四八	九九四一五	九二〇五一六	九二五九三一	一二	一〇八〇〇	一〇八六三	一〇〇五八八
四七	九九四一二	九一八〇二八	九二三四五九	一三	一〇八二九	一〇八九三	一〇〇五九二
四六	九九四〇九	九一五五五四	九二〇九九九	一四	一〇八五八	一〇九二二	一〇〇五九五
四五	九九四〇六	九一三〇九三	九一八五五三	一五	一〇八八七	一〇九五二	一〇〇五九八
四四	九九四〇二	九一〇六四六	九一六一二〇	一六	一〇九一六	一〇九八一	一〇〇六〇一
四三	九九三九九	九〇八二一一	九一三六九九	一七	一〇九四五	一一〇一一	一〇〇六〇四
四二	九九三九六	九〇五七八九	九一一二九二	一八	一〇九七三	一一〇四〇	一〇〇六〇八
四一	九九三九三	九〇三三七九	九〇八八九七	一九	一一〇〇二	一一〇七〇	一〇〇六一一
四〇	九九三九〇	九〇〇九八三	九〇六五一五	二〇	一一〇三一	一一〇九九	一〇〇六一四
三九	九九三八六	八九八五九八	九〇四一四六	二一	一一〇六〇	一一一二八	一〇〇六一七
三八	九九三八三	八九六二二七	九〇一七八八	二二	一一〇八九	一一一五八	一〇〇六二一
三七	九九三八〇	八九三八六七	八九九四四四	二三	一一一一八	一一一八七	一〇〇六二四
三六	九九三七七	八九一五二〇	八九七一一一	二四	一一一四七	一一二一七	一〇〇六二七
三五	九九三七四	八八九一八五	八九四七九一	二五	一一一七六	一一二四六	一〇〇六三〇
三四	九九三七〇	八八六八六二	八九二四八二	二六	一一二〇五	一一二七六	一〇〇六三四
三三	九九三六七	八八四五五一	八九〇一八六	二七	一一二三四	一一三〇五	一〇〇六三七
三二	九九三六四	八八二二五二	八八七九〇一	二八	一一二六三	一一三三五	一〇〇六四〇
三一	九九三六〇	八七九九六四	八八五六二八	二九	一一二九一	一一三六四	一〇〇六四四
三〇	九九三五七	八七七六八九	八八三三六七	三〇	一一三二〇	一一三九四	一〇〇六四七
八三			六度				

	弦正	線切	線割		弦正	線切	線割
六〇	九九二五五	八一四四三五	八二〇五五一	〇	一二一八七	一二二七八	一〇〇七五一
五九	九九二五一	八一二四八一	八一八六一二	一	一二二一六	一二三〇八	一〇〇七五五
五八	九九二四八	八一〇五三六	八一六六八一	二	一二二四五	一二三三八	一〇〇七五八
五七	九九二四四	八〇八六〇〇	八一四七六〇	三	一二二七四	一二三六七	一〇〇七六二
五六	九九二四〇	八〇六六七四	八一二八四九	四	一二三〇二	一二三九七	一〇〇七六五
五五	九九二三七	八〇四七五六	八一〇九四六	五	一二三三一	一二四二六	一〇〇七六九
五四	九九二三三	八〇二八四八	八〇九〇五二	六	一二三六〇	一二四五六	一〇〇七七三
五三	九九二三〇	八〇〇九四八	八〇七一六七	七	一二三八九	一二四八五	一〇〇七七六
五二	九九二二六	七九九〇五八	八〇五二九一	八	一二四一八	一二五一五	一〇〇七八〇
五一	九九二二二	七九七一七六	八〇三四二三	九	一二四四七	一二五四四	一〇〇七八四
五〇	九九二一九	七九五三〇二	八〇一五六五	一〇	一二四七六	一二五七四	一〇〇七八七
四九	九九二一五	七九三四三八	七九九七一四	一一	一二五〇四	一二六〇三	一〇〇七九一
四八	九九二一一	七九一五八二	七九七八七三	一二	一二五三三	一二六三三	一〇〇七九五
四七	九九二〇八	七八九七三四	七九六〇四〇	一三	一二五六二	一二六六二	一〇〇七九九
四六	九九二〇四	七八七八九五	七九四二一六	一四	一二五九一	一二六九二	一〇〇八〇二
四五	九九二〇〇	七八六〇六四	七九二四〇〇	一五	一二六二〇	一二七二二	一〇〇八〇六
四四	九九一九七	七八四二四二	七九〇五九二	一六	一二六四九	一二七五一	一〇〇八一〇
四三	九九一九三	七八二四二八	七八八七九二	一七	一二六七八	一二七八一	一〇〇八一三
四二	九九一八九	七八〇六二二	七八七〇〇一	一八	一二七〇六	一二八一〇	一〇〇八一七
四一	九九一八六	七七八八二五	七八五二一八	一九	一二七三五	一二八四〇	一〇〇八二一
四〇	九九一八二	七七七〇三五	七八三四四三	二〇	一二七六四	一二八六九	一〇〇八二五
三九	九九一七八	七七五二五四	七八一六七七	二一	一二七九三	一二八九九	一〇〇八二八
三八	九九一七五	七七三四八〇	七七九九一八	二二	一二八二二	一二九二九	一〇〇八三二
三七	九九一七一	七七一七一五	七七八一六七	二三	一二八五一	一二九五八	一〇〇八三六
三六	九九一六七	七六九九五七	七七六四二四	二四	一二八八〇	一二九八八	一〇〇八四〇
三五	九九一六三	七六八二〇八	七七四六八九	二五	一二九〇八	一三〇一七	一〇〇八四四
三四	九九一六〇	七六六四六六	七七二九六二	二六	一二九三七	一三〇四七	一〇〇八四八
三三	九九一五六	七六四七三二	七七一二四二	二七	一二九六六	一三〇七六	一〇〇八五一
三二	九九一五二	七六三〇〇五	七六九五三〇	二八	一二九九五	一三一〇六	一〇〇八五五
三一	九九一四八	七六一二八七	七六七八二六	二九	一三〇二四	一三一三六	一〇〇八五九
三〇	九九一四四	七五九五七五	七六六一三〇	三〇	一三〇五三	一三一六五	一〇〇八六三
八二			七度				

	弦正	線切	線割		弦正	線切	線割
三〇	九九一四四	七五九五七五	七六六一三〇	三〇	一三〇五三	一三一六五	一〇〇八六三
二九	九九一四一	七五七八七二	七六四四四一	三一	一三〇八一	一三一九五	一〇〇八六七
二八	九九一三七	七五六五七六	七六二七五九	三二	一三一一〇	一三二二四	一〇〇八七一
二七	九九一三三	七五四四八七	七六一〇八五	三三	一三一三九	一三二五四	一〇〇八七五
二六	九九一二九	七五二八〇六	七五九四一八	三四	一三一六八	一三二八四	一〇〇八七八
二五	九九一二五	七五一一三二	七五七七五九	三五	一三一九七	一三三一三	一〇〇八八二
二四	九九一二二	七四九四六五	七五六一〇七	三六	一三二二六	一三三四三	一〇〇八八六
二三	九九一一八	七四七八〇六	七五四四六二	三七	一三二五四	一三三七二	一〇〇八九〇
二二	九九一一四	七四六一五四	七五二八二五	三八	一三二八三	一三四〇二	一〇〇八九四
二一	九九一一〇	七四四五〇九	七五一一九四	三九	一三三一二	一三四三二	一〇〇八九八
二〇	九九一〇六	七四二八七一	七四九五七一	四〇	一三三四一	一三四六一	一〇〇九〇二
一九	九九一〇二	七四一二四〇	七四七九七五	四一	一三三七〇	一三四九一	一〇〇九〇六
一八	九九〇九八	七三九六一六	七四六三四六	四二	一三三九九	一三五二一	一〇〇九一〇
一七	九九〇九四	七三七九九九	七四四七四三	四三	一三四二七	一三五五〇	一〇〇九一四
一六	九九〇九一	七三六三八九	七四三一四八	四四	一三四五六	一三五八〇	一〇〇九一八
一五	九九〇八七	七三四七八六	七四一五六〇	四五	一三四八五	一三六〇九	一〇〇九二二
一四	九九〇八三	七三三一九〇	七三九九七八	四六	一三五一四	一三六三九	一〇〇九二六
一三	九九〇七九	七三一六〇〇	七三八四〇三	四七	一三五四三	一三六六九	一〇〇九三〇
一二	九九〇七五	七三〇〇一八	七三六八三五	四八	一三五七二	一三六九八	一〇〇九三四
一一	九九〇七一	七二八四四二	七三五二七四	四九	一三六〇〇	一三七二八	一〇〇九三八
一〇	九九〇六七	七二六八七三	七三三七一九	五〇	一三六二九	一三七五八	一〇〇九四二
九	九九〇六三	七二五三一〇	七三二一七一	五一	一三六五八	一三七八七	一〇〇九四六
八	九九〇五九	七二三七五四	七三〇六三〇	五二	一三六八七	一三八一七	一〇〇九五〇
七	九九〇五五	七二二二〇四	七二九〇九五	五三	一三七一六	一三八四七	一〇〇九五四
六	九九〇五一	七二〇六六一	七二七五六六	五四	一三七四四	一三八七六	一〇〇九五八
五	九九〇四七	七一九一二五	七二六〇四四	五五	一三七七三	一三九〇六	一〇〇九六二
四	九九〇四三	七一七五九四	七二四五二九	五六	一三八〇二	一三九三五	一〇〇九六六
三	九九〇三九	七一六〇七一	七二三〇一九	五七	一三八三一	一三九六五	一〇〇九七〇
二	九九〇三五	七一四五五三	七二一五一七	五八	一三八六〇	一三九九五	一〇〇九七五
一	九九〇三一	七一三〇四二	七二〇〇二〇	五九	一三八八九	一四〇二四	一〇〇九七九
〇	九九〇二七	七一一五三七	七一八五三〇	六〇	一三九一七	一四〇五四	一〇〇九八三
八二			七度				

	弦正	線切	線割		弦正	線切	線割
六〇	九九〇二七	七一一五三七	七一八五三〇	〇	一三九一七	一四〇五四	一〇〇九八三
五九	九九〇二三	七一〇〇三八	七一七〇四六	一	一三九四六	一四〇八四	一〇〇九八七
五八	九九〇一九	七〇八五四六	七一五五六八	二	一三九七五	一四一一三	一〇〇九九一
五七	九九〇一五	七〇七〇五九	七一四〇九六	三	一四〇〇四	一四一四三	一〇〇九九五
五六	九九〇一一	七〇五五七九	七一二六三〇	四	一四〇三二	一四一七三	一〇〇九九九
五五	九九〇〇六	七〇四一〇五	七一一一七一	五	一四〇六一	一四二〇二	一〇一〇〇四
五四	九九〇〇二	七〇二六三七	七〇九七一七	六	一四〇九〇	一四二三二	一〇一〇〇八
五三	九八九九八	七〇一一七四	七〇八二六九	七	一四一一九	一四二六二	一〇一〇一二
五二	九八九九四	六九九七一八	七〇六八二八	八	一四一四八	一四二九一	一〇一〇一六
五一	九八九九〇	六九八二六八	七〇五三九二	九	一四一七七	一四三二一	一〇一〇二〇
五〇	九八九八六	六九六八二三	七〇三九六二	一〇	一四二〇五	一四三五一	一〇一〇二四
四九	九八九八二	六九五三八五	七〇二五三八	一一	一四二三四	一四三八一	一〇一〇二九
四八	九八九七八	六九三九五二	七〇一一二〇	一二	一四二六三	一四四一〇	一〇一〇三三
四七	九八九七三	六九二五二五	六九九七〇八	一三	一四二九二	一四四四〇	一〇一〇三七
四六	九八九六九	六九一一〇四	六九八三〇一	一四	一四三二〇	一四四七〇	一〇一〇四一
四五	九八九六五	六八九六八八	六九六九〇〇	一五	一四三四九	一四四九九	一〇一〇四六
四四	九八九六一	六八八二七八	六九五五〇五	一六	一四三七八	一四五二九	一〇一〇五〇
四三	九八九五七	六八六八七四	六九四一一五	一七	一四四〇七	一四五五九	一〇一〇五四
四二	九八九五三	六八五四七五	六九二七三一	一八	一四四三六	一四五八八	一〇一〇五九
四一	九八九四八	六八四〇八二	六九一三五二	一九	一四四六四	一四六一八	一〇一〇六三
四〇	九八九四四	六八二六九四	六八九九七九	二〇	一四四九三	一四六四八	一〇一〇六七
三九	九八九四〇	六八一三一二	六八八六一二	二一	一四五二二	一四六七八	一〇一〇七一
三八	九八九三六	六七九九三六	六八七二五〇	二二	一四五五一	一四七〇七	一〇一〇七六
三七	九八九三一	六七八五六四	六八五八九三	二三	一四五八〇	一四七三七	一〇一〇八〇
三六	九八九二七	六七七一九九	六八四五四二	二四	一四六〇八	一四七六七	一〇一〇八四
三五	九八九二三	六七五八三八	六八三一九六	二五	一四六三七	一四七九六	一〇一〇八九
三四	九八九一九	六七四四八三	六八一八五六	二六	一四六六六	一四八二六	一〇一〇九三
三三	九八九一四	六七三一三三	六八〇五二一	二七	一四六九五	一四八五六	一〇一〇九七
三二	九八九一〇	六七一七八九	六七九一九一	二八	一四七二三	一四八八六	一〇一一〇二
三一	九八九〇六	六七〇四五〇	六七七八六六	二九	一四七五二	一四九一五	一〇一一〇六
三〇	九八九〇二	六六九一一六	六七六五四七	三〇	一四七八一	一四九四五	一〇一一一一
八一				八度			

	弦正	線切	線割		弦正	線切	線割
三〇	九八九〇二	六六九一一六	六七六五四七	三〇	一四七八一	一四九四五	一〇一一一一
二九	九八八九七	六六七七八七	六七五二三三	三一	一四八一〇	一四九七五	一〇一一一五
二八	九八八九三	六六六四六三	六七三九二四	三二	一四八三八	一五〇〇五	一〇一一一九
二七	九八八八九	六六五一四四	六七二六二〇	三三	一四八六七	一五〇三四	一〇一一二四
二六	九八八八四	六六三八三一	六七一三二一	三四	一四八九六	一五〇六四	一〇一一二八
二五	九八八八〇	六六二五二三	六七〇〇二七	三五	一四九二五	一五〇九四	一〇一一三三
二四	九八八七六	六六一二一九	六六八七三八	三六	一四九五四	一五一二四	一〇一一三七
二三	九八八七一	六五九九二一	六六七四五四	三七	一四九八二	一五一五三	一〇一一四二
二二	九八八六七	六五八六二七	六六六一七六	三八	一五〇一一	一五一八三	一〇一一四六
二一	九八八六三	六五七三三九	六六四九〇二	三九	一五〇四〇	一五二一三	一〇一一五一
二〇	九八八五八	六五六〇五五	六六三六三三	四〇	一五〇六九	一五二四三	一〇一一五五
一九	九八八五四	六五四七七七	六六二三六九	四一	一五〇九七	一五二七二	一〇一一六〇
一八	九八八四九	六五三五〇三	六六一一一〇	四二	一五一二六	一五三〇二	一〇一一六四
一七	九八八四五	六五二二三四	六五九八五五	四三	一五一五五	一五三三二	一〇一一六九
一六	九八八四一	六五〇九七〇	六五八六〇六	四四	一五一八四	一五三六二	一〇一一七三
一五	九八八三六	六四九七一〇	六五七三六一	四五	一五二一二	一五三九一	一〇一一七八
一四	九八八三二	六四八四五六	六五六一二一	四六	一五二四一	一五四二一	一〇一一八二
一三	九八八二七	六四七二〇六	六五四八八六	四七	一五二七〇	一五四五一	一〇一一八七
一二	九八八二三	六四五九六一	六五三六五五	四八	一五二九九	一五四八一	一〇一一九一
一一	九八八一八	六四四七二〇	六五二四二九	四九	一五三二七	一五五一一	一〇一一九六
一〇	九八八一四	六四三四八四	六五一二〇八	五〇	一五三五六	一五五四〇	一〇一二〇〇
九	九八八〇九	六四二二五三	六四九九九一	五一	一五三八五	一五五七〇	一〇一二〇五
八	九八八〇五	六四一〇二六	六四八七七九	五二	一五四一四	一五六〇〇	一〇一二〇九
七	九八八〇〇	六三九八〇四	六四七五七二	五三	一五四四二	一五六三〇	一〇一二一四
六	九八七九六	六三八五八七	六四六三六九	五四	一五四七一	一五六六〇	一〇一二一九
五	九八七九一	六三七三七四	六四五一七一	五五	一五五〇〇	一五六八九	一〇一二二三
四	九八七八七	六三六一六五	六四三九七七	五六	一五五二九	一五七一九	一〇一二二八
三	九八七八二	六三四九六一	六四二七八七	五七	一五五五七	一五七四九	一〇一二三三
二	九八七七八	六三三七六一	六四一六〇二	五八	一五五八六	一五七七九	一〇一二三七
一	九八七七三	六三二五六六	六四〇四二二	五九	一五六一五	一五八〇九	一〇一二四二
〇	九八七六九	六三一三七五	六三九二四五	六〇	一五六四三	一五八三八	一〇一二四七
八一				八度			

	弦　正	線　切	線　割		弦　正	線　切	線　割
六〇	九八七六九	六三一三七五	六三九二四五	〇	一五六四三	一五八三八	一〇一二四七
五九	九八七六四	六三〇一八九	六三八〇七三	一	一五六七二	一五八六八	一〇一二五一
五八	九八七六〇	六二九〇〇七	六三六九〇六	二	一五七〇一	一五八九八	一〇一二五六
五七	九八七五五	六二七八二九	六三五七四三	三	一五七三〇	一五九二八	一〇一二六一
五六	九八七五一	六二六六五五	六三四五八四	四	一五七五八	一五九五八	一〇一二六五
五五	九八七四六	六二五四八六	六三三四二九	五	一五七八七	一五九八八	一〇一二七〇
五四	九八七四一	六二四三二一	六三二二七九	六	一五八一六	一六〇一七	一〇一二七五
五三	九八七三七	六二三一六〇	六三一一三三	七	一五八四五	一六〇四七	一〇一二七九
五二	九八七三二	六二二〇〇三	六二九九九一	八	一五八七三	一六〇七七	一〇一二八四
五一	九八七二八	六二〇八五一	六二八八五三	九	一五九〇二	一六一〇七	一〇一二八九
五〇	九八七二三	六一九七〇三	六二七七一九	一〇	一五九三一	一六一三七	一〇一二九四
四九	九八七一八	六一八五五九	六二六五九〇	一一	一五九五九	一六一六七	一〇一二九八
四八	九八七一四	六一七四一九	六二五四六四	一二	一五九八八	一六一九六	一〇一三〇三
四七	九八七〇九	六一六二八三	六二四三四三	一三	一六〇一七	一六二二六	一〇一三〇八
四六	九八七〇四	六一五一五一	六二三二二六	一四	一六〇三六	一六二五六	一〇一三一三
四五	九八七〇〇	六一四〇二三	六二二一一三	一五	一六〇七四	一六二八六	一〇一三一八
四四	九八六九五	六一二八九九	六二一〇〇四	一六	一六一〇三	一六三一六	一〇一三二二
四三	九八六九〇	六一一七七九	六一九八九八	一七	一六一三二	一六三四六	一〇一三二七
四二	九八六八六	六一〇六六四	六一八七九七	一八	一六一六〇	一六三七六	一〇一三三二
四一	九八六八一	六〇九五五二	六一七七〇〇	一九	一六一八九	一六四〇六	一〇一三三七
四〇	九八六七六	六〇八四四四	六一六六〇七	二〇	一六二一八	一六四三五	一〇一三四二
三九	九八六七一	六〇七三四〇	六一五五一七	二一	一六二四七	一六四六五	一〇一三四六
三八	九八六六七	六〇六二四〇	六一四四三二	二二	一六二七五	一六四九五	一〇一三五一
三七	九八六六二	六〇五一四三	六一三三五〇	二三	一六三〇四	一六五二五	一〇一三五六
三六	九八六五七	六〇四〇五一	六一二二七三	二四	一六三三三	一六五五五	一〇一三六一
三五	九八六五二	六〇二九六二	六一一一九九	二五	一六三六一	一六五八五	一〇一三六六
三四	九八六四八	六〇一八七九	六一〇一二九	二六	一六三九〇	一六六一五	一〇一三七一
三三	九八六四三	六〇〇七九七	六〇九〇六二	二七	一六四一九	一六六四五	一〇一三七六
三二	九八六三八	五九九七二〇	六〇八〇〇〇	二八	一六四四七	一六六七四	一〇一三八一
三一	九八六三三	五九八六四六	六〇六九四一	二九	一六四七六	一六七〇四	一〇一三八六
三〇	九八六二九	五九七五七六	六〇五八八六	三〇	一六五〇五	一六七三四	一〇一三九一
八〇				九度			

	弦　正	線　切	線　割		弦　正	線　切	線　割
三〇	九八六二九	五九七五七六	六〇五八八六	三〇	一六五〇五	一六七三四	一〇一三九一
二九	九八六二四	五九六五一〇	六〇四八三四	三一	一六五三三	一六七六四	一〇一三九五
二八	九八六一九	五九五四四八	六〇三七八七	三二	一六五六二	一六七九四	一〇一四〇〇
二七	九八六一四	五九四三九〇	六〇二七四三	三三	一六五九一	一六八二四	一〇一四〇五
二六	九八六〇九	五九三三三五	六〇一七〇三	三四	一六六二〇	一六八五四	一〇一四一〇
二五	九八六〇四	五九二二八三	六〇〇六六六	三五	一六六四八	一六八八四	一〇一四一五
二四	九八六〇〇	五九一二三六	五九九六三三	三六	一六六七七	一六九一四	一〇一四二〇
二三	九八五九五	五九〇一九一	五九八六〇三	三七	一六七〇六	一六九四四	一〇一四二五
二二	九八五九〇	五八九一五一	五九七五七七	三八	一六七三四	一六九七四	一〇一四三〇
二一	九八五八五	五八八一一四	五九六五五五	三九	一六七六三	一七〇〇四	一〇一四三五
二〇	九八五八〇	五八七〇八〇	五九五五三六	四〇	一六七九二	一七〇三三	一〇一四四〇
一九	九八五七五	五八六〇五一	五九四五二一	四一	一六八二〇	一七〇六三	一〇一四四五
一八	九八五七〇	五八五〇二四	五九三五〇九	四二	一六八四九	一七〇九三	一〇一四五〇
一七	九八五六五	五八四〇〇一	五九二五〇一	四三	一六八七九	一七一二三	一〇一四五五
一六	九八五六一	五八二九八二	五九一四九六	四四	一六九〇六	一七一五三	一〇一四六一
一五	九八五五六	五八一九六六	五九〇四九五	四五	一六九三五	一七一八三	一〇一四六六
一四	九八五五一	五八〇九五三	五八九四九七	四六	一六九六四	一七二一三	一〇一四七一
一三	九八五四六	五七九九四四	五八八五〇二	四七	一六九九二	一七二四三	一〇一四七六
一二	九八五四一	五七八九三八	五八七五一一	四八	一七〇二一	一七二七三	一〇一四八一
一一	九八五三六	五七七九三六	五八六五二四	四九	一七〇五〇	一七三〇三	一〇一四八六
一〇	九八五三一	五七六九三七	五八五五三九	五〇	一七〇七八	一七三三三	一〇一四九一
九	九八五二六	五七五九四一	五八四五五八	五一	一七一〇七	一七三六三	一〇一四九六
八	九八五二一	五七四九四九	五八三五八一	五二	一七一三六	一七三九三	一〇一五〇一
七	九八五一六	五七三九六〇	五八二六〇六	五三	一七一六四	一七四二三	一〇一五〇六
六	九八五一一	五七二九七四	五八一六三五	五四	一七一九三	一七四五三	一〇一五一二
五	九八五〇六	五七一九九二	五八〇六六七	五五	一七二二二	一七四八三	一〇一五一七
四	九八五〇一	五七一〇一三	五七九七〇三	五六	一七二五〇	一七五一三	一〇一五二二
三	九八四九六	五七〇〇三七	五七八七四二	五七	一七二七九	一七五四三	一〇一五二七
二	九八四九一	五六九〇六四	五七七七八四	五八	一七三〇八	一七五七三	一〇一五三二
一	九八四八六	五六八〇九四	五七六八二九	五九	一七三三六	一七六〇三	一〇一五三七
〇	九八四八一	五六七一二八	五七五八七七	六〇	一七三六五	一七六三三	一〇一五四三
八〇				九度			

	弦正	線切	線割		弦正	線切	線割
六〇	九八四八一	五六七一二八	五七五八七七	〇	一七三六五	一七六三三	一〇一五四三
五九	九八四七六	五六六一六五	五七四九二九	一	一七三九三	一七六六三	一〇一五四八
五八	九八四七一	五六五二〇五	五七三九八三	二	一七四二二	一七六九三	一〇一五五三
五七	九八四六六	五六四二四八	五七三〇四一	三	一七四五一	一七七二三	一〇一五五八
五六	九八四六一	五六三二九五	五七二一〇二	四	一七四七九	一七七五三	一〇一五六四
五五	九八四五五	五六二三四四	五七一一六六	五	一七五〇八	一七七八三	一〇一五六九
五四	九八四五〇	五六一三九七	五七〇二三四	六	一七五三七	一七八一三	一〇一五七四
五三	九八四四五	五六〇四五二	五六九三〇四	七	一七五六五	一七八四三	一〇一五七九
五二	九八四四〇	五五九五一一	五六八三七七	八	一七五九四	一七八七三	一〇一五八五
五一	九八四三五	五五八五七三	五六七四五四	九	一七六二三	一七九〇三	一〇一五九〇
五〇	九八四三〇	五五七六三八	五六六五三三	一〇	一七六五一	一七九三三	一〇一五九五
四九	九八四二五	五五六七〇六	五六五六一六	一一	一七六八〇	一七九六三	一〇一六〇一
四八	九八四二〇	五五五七七七	五六四七〇一	一二	一七七〇八	一七九九三	一〇一六〇六
四七	九八四一四	五五四八五一	五六三七九〇	一三	一七七三七	一八〇二三	一〇一六一一
四六	九八四〇九	五五三九二七	五六二八八一	一四	一七七六六	一八〇五三	一〇一六一六
四五	九八四〇四	五五三〇〇七	五六一九七六	一五	一七七九四	一八〇八三	一〇一六二二
四四	九八三九九	五五二〇九〇	五六一〇七三	一六	一七八二三	一八一一三	一〇一六二七
四三	九八三九四	五五一一七六	五六〇一七四	一七	一七八五二	一八一四三	一〇一六三三
四二	九八三八九	五五〇二六四	五五九二七七	一八	一七八八〇	一八一七三	一〇一六三八
四一	九八三八三	五四九三五六	五五八三八三	一九	一七九〇九	一八二〇三	一〇一六四三
四〇	九八三七八	五四八四五一	五五七四九三	二〇	一七九三七	一八二三三	一〇一六四九
三九	九八三七三	五四七五四八	五五六六〇五	二一	一七九六六	一八二六三	一〇一六五四
三八	九八三六八	五四六六四八	五五五七二〇	二二	一七九九五	一八二九三	一〇一六五九
三七	九八三六二	五四五七五一	五五四八三七	二三	一八〇二三	一八三二三	一〇一六六五
三六	九八三五七	五四四八五七	五五三九五八	二四	一八〇五二	一八三五三	一〇一六七〇
三五	九八三五二	五四三九六六	五五三〇八一	二五	一八〇八一	一八三八四	一〇一六七六
三四	九八三四七	五四三〇七八	五五二二〇八	二六	一八一〇九	一八四一四	一〇一六八一
三三	九八三四一	五四二一九二	五五一三三七	二七	一八一三八	一八四四四	一〇一六八七
三二	九八三三六	五四一三〇九	五五〇四六八	二八	一八一六六	一八四七四	一〇一六九二
三一	九八三三一	五四〇四二九	五四九六〇三	二九	一八一九五	一八五〇四	一〇一六九八
三〇	九八三二五	五三九五五二	五四八七四〇	三〇	一八二二四	一八五三四	一〇一七〇三
七九				一〇			

	弦正	線切	線割		弦正	線切	線割
三〇	九八三二五	五三九五五二	五四八七四〇	三〇	一八二二四	一八五三四	一〇一七〇三
二九	九八三二〇	五三八六七七	五四七八八一	三一	一八二五二	一八五六四	一〇一七〇九
二八	九八三一五	五三七八〇五	五四七〇二三	三二	一八二八一	一八五九四	一〇一七一四
二七	九八三一〇	五三六九三六	五四六一六九	三三	一八三〇九	一八六二四	一〇一七二〇
二六	九八三〇四	五三六〇七〇	五四五三一七	三四	一八三三八	一八六五四	一〇一七二五
二五	九八二九九	五三五二〇六	五四四四六八	三五	一八三六七	一八六八四	一〇一七三一
二四	九八二九四	五三四三四五	五四三六二二	三六	一八三九五	一八七一四	一〇一七三六
二三	九八二八八	五三三四八七	五四二七七八	三七	一八四二四	一八七四五	一〇一七四二
二二	九八二八三	五三二六三一	五四一九三七	三八	一八四五二	一八七七五	一〇一七四七
二一	九八二七七	五三一七七八	五四一〇九九	三九	一八四八一	一八八〇五	一〇一七五三
二〇	九八二七二	五三〇九二八	五四〇二六三	四〇	一八五〇九	一八八三五	一〇一七五八
一九	九八二六七	五三〇〇八〇	五三九四三〇	四一	一八五三八	一八八六五	一〇一七六四
一八	九八二六一	五二九二三五	五三八六〇〇	四二	一八五六七	一八八九五	一〇一七六九
一七	九八二五六	五二八三九三	五三七七七二	四三	一八五九五	一八九二五	一〇一七七五
一六	九八二五〇	五二七五五三	五三六九四七	四四	一八六二四	一八九五五	一〇一七八一
一五	九八二四五	五二六七一五	五三六一二四	四五	一八六五二	一八九八六	一〇一七八六
一四	九八二四〇	五二五八八〇	五三五三〇四	四六	一八六八一	一九〇一六	一〇一七九二
一三	九八二三四	五二五〇四八	五三四四八六	四七	一八七一〇	一九〇四六	一〇一七九八
一二	九八二二九	五二四二一八	五三三六七一	四八	一八七三八	一九〇七六	一〇一八〇三
一一	九八二二三	五二三三九一	五三二八五九	四九	一八七六七	一九一〇六	一〇一八〇九
一〇	九八二一八	五二二五六六	五三二〇四九	五〇	一八七九五	一九一三六	一〇一八一五
九	九八二一二	五二一七四四	五三一二四一	五一	一八八二四	一九一六六	一〇一八二〇
八	九八二〇七	五二〇九二五	五三〇四三六	五二	一八八五二	一九一九七	一〇一八二六
七	九八二〇一	五二〇一〇七	五二九六三四	五三	一八八八一	一九二二七	一〇一八三二
六	九八一九六	五一九二九三	五二八八三三	五四	一八九一〇	一九二五七	一〇一八三七
五	九八一九〇	五一八四八〇	五二八〇三六	五五	一八九三八	一九二八七	一〇一八四三
四	九八一八五	五一七六七一	五二七二四一	五六	一八九六七	一九三一七	一〇一八四九
三	九八一七九	五一六八六三	五二六四四八	五七	一八九九五	一九三四七	一〇一八五四
二	九八一七四	五一六〇五八	五二五六五八	五八	一九〇二四	一九三七八	一〇一八六〇
一	九八一六八	五一五二五六	五二四八七〇	五九	一九〇五二	一九四〇八	一〇一八六六
〇	九八一六三	五一四四五五	五二四〇八四	六〇	一九〇八一	一九四三八	一〇一八七二
七九				一〇			

	弦正	線切	線割		弦正	線切	線割
三〇	九七九九二	四九一五一六	五〇一五八五	三〇	一九九三七	二〇三四五	一〇二〇四九
二九	九七九八七	四九〇七八五	五〇〇八六九	三一	一九九六五	二〇三七六	一〇二〇五五
二八	九七九八一	四九〇〇五六	五〇〇一五五	三二	一九九九四	二〇四〇六	一〇二〇六一
二七	九七九七五	四八九三三〇	四九九四四三	三三	二〇〇二二	二〇四三六	一〇二〇六七
二六	九七九六九	四八八六〇五	四九八七三三	三四	二〇〇五一	二〇四六六	一〇二〇七三
二五	九七九六三	四八七八八二	四九八〇二五	三五	二〇〇七九	二〇四九七	一〇二〇七九
二四	九七九五八	四八七一六二	四九七三二〇	三六	二〇一〇八	二〇五二七	一〇二〇八五
二三	九七九五二	四八六四四四	四九六六一六	三七	二〇一三六	二〇五五七	一〇二〇九一
二二	九七九四六	四八五七二七	四九五九一四	三八	二〇一六五	二〇五八八	一〇二〇九七
二一	九七九四〇	四八五〇一三	四九五二一五	三九	二〇一九三	二〇六一八	一〇二一〇三
二〇	九七九三四	四八四三〇〇	四九四五一七	四〇	二〇二二二	二〇六四八	一〇二一一〇
一九	九七九二八	四八三五九〇	四九三八二一	四一	二〇二五〇	二〇六七九	一〇二一一六
一八	九七九二二	四八二八八二	四九三一二八	四二	二〇二七九	二〇七〇九	一〇二一二二
一七	九七九一六	四八二一七五	四九二四三六	四三	二〇三〇七	二〇七三九	一〇二一二八
一六	九七九一〇	四八一四七一	四九一七四六	四四	二〇三三六	二〇七七〇	一〇二一三四
一五	九七九〇五	四八〇七六九	四九一〇五八	四五	二〇三六四	二〇八〇〇	一〇二一四〇
一四	九七八九九	四八〇〇六八	四九〇三七三	四六	二〇三七三	二〇八三〇	一〇二一四七
一三	九七八九三	四七九三七〇	四八九六八九	四七	二〇四二一	二〇八六一	一〇二一五三
一二	九七八八七	四七八六七三	四八九〇〇七	四八	二〇四五〇	二〇八九一	一〇二一五九
一一	九七八八一	四七七九七八	四八八三二七	四九	二〇四七八	二〇九二一	一〇二一六五
一〇	九七八七五	四七七二八六	四八七六四九	五〇	二〇五〇七	二〇九五二	一〇二一七一
九	九七八六九	四七六五九五	四八六九七三	五一	二〇五三五	二〇九八二	一〇二一七八
八	九七八六三	四七五九〇六	四八六二九九	五二	二〇五六三	二一〇一三	一〇二一八四
七	九七八五七	四七五二一九	四八五六二七	五三	二〇五九二	二一〇四三	一〇二一九〇
六	九七八五一	四七四五三四	四八四九五六	五四	二〇六二〇	二一〇七三	一〇二一九六
五	九七八四五	四七三八五一	四八四二八八	五五	二〇六四九	二一一〇四	一〇二二〇三
四	九七八三九	四七三一七〇	四八三六二一	五六	二〇六七七	二一一三四	一〇二二〇九
三	九七八三三	四七二四九〇	四八二九五六	五七	二〇七〇六	二一一六四	一〇二二一五
二	九七八二七	四七一八一三	四八二二九四	五八	二〇七三四	二一一九五	一〇二二二一
一	九七八二一	四七一一三七	四八一六三三	五九	二〇七六三	二一二二五	一〇二二二八
〇	九七八一五	四七〇四六三	四八〇九七三	六〇	二〇七九一	二一二五六	一〇二二三四
七八				一一			

	弦正	線切	線割		弦正	線切	線割
六〇	九八一六三	五一四四五五	五二四〇八四	〇	一九〇八一	一九四三八	一〇一八七二
五九	九八一五七	五一三六五八	五二三三〇一	一	一九一〇九	一九四六八	一〇一八七七
五八	九八一五二	五一二八六二	五二二五二一	二	一九一三八	一九四九八	一〇一八八三
五七	九八一四六	五一二〇六九	五二一七四二	三	一九一六七	一九五二九	一〇一八八九
五六	九八一四〇	五一一二七九	五二〇九六六	四	一九一九五	一九五五九	一〇一八九五
五五	九八一三五	五一〇四九〇	五二〇一九三	五	一九二二四	一九五八九	一〇一九〇一
五四	九八一二九	五〇九七〇四	五一九四二一	六	一九二五二	一九六一九	一〇一九〇六
五三	九八一二四	五〇八九二一	五一八六五二	七	一九二八一	一九六四九	一〇一九一二
五二	九八一一八	五〇八一三九	五一七八八六	八	一九三〇九	一九六八〇	一〇一九一八
五一	九八一一二	五〇七三六〇	五一七一二一	九	一九三三八	一九七一〇	一〇一九二四
五〇	九八一〇七	五〇六五八四	五一六三五九	一〇	一九三六六	一九七四〇	一〇一九三〇
四九	九八一〇一	五〇五八〇九	五一五五九九	一一	一九三九五	一九七七〇	一〇一九三六
四八	九八〇九六	五〇五〇三七	五一四八四二	一二	一九四二三	一九八〇一	一〇一九四一
四七	九八〇九〇	五〇四二六七	五一四〇八七	一三	一九四五二	一九八三一	一〇一九四七
四六	九八〇八四	五〇三四九九	五一三三三四	一四	一九四八一	一九八六一	一〇一九五三
四五	九八〇七九	五〇二七三四	五一二五八三	一五	一九五〇九	一九八九一	一〇一九五九
四四	九八〇七三	五〇一九七一	五一一八三五	一六	一九五三八	一九九二一	一〇一九六五
四三	九八〇六七	五〇一二一〇	五一一〇八八	一七	一九五六六	一九九五二	一〇一九七一
四二	九八〇六一	五〇〇四五一	五一〇三四四	一八	一九五九五	一九九八二	一〇一九七七
四一	九八〇五六	四九九六九五	五〇九六〇二	一九	一九六二三	二〇〇一二	一〇一九八三
四〇	九八〇五〇	四九八九四〇	五〇八八六三	二〇	一九六五二	二〇〇四二	一〇一九八九
三九	九八〇四四	四九八一八八	五〇八一二五	二一	一九六八〇	二〇〇七三	一〇一九九五
三八	九八〇三九	四九七四三八	五〇七三九〇	二二	一九七〇九	二〇一〇三	一〇二〇〇一
三七	九八〇三三	四九六六九〇	五〇六六五七	二三	一九七三七	二〇一三三	一〇二〇〇七
三六	九八〇二七	四九五九四五	五〇五九二六	二四	一九七六六	二〇一六四	一〇二〇一三
三五	九八〇二一	四九五二〇一	五〇五一九七	二五	一九七九四	二〇一九四	一〇二〇一九
三四	九八〇一六	四九四四六〇	五〇四四七一	二六	一九八二三	二〇二二四	一〇二〇二五
三三	九八〇一〇	四九三七二一	五〇三七四六	二七	一九八五一	二〇二五四	一〇二〇三一
三二	九八〇〇四	四九二九八四	五〇三〇二四	二八	一九八八〇	二〇二八五	一〇二〇三七
三一	九七九九八	四九二二四九	五〇二三〇三	二九	一九九〇八	二〇三一五	一〇二〇四三
三〇	九七九九二	四九一五一六	五〇一五八五	三〇	一九九三七	二〇三四五	一〇二〇四九
七八				一一			

	弦正	綫切	綫割		弦正	綫切	綫割
三〇	九七六三〇	四五一〇七一	四六二〇二三	三〇	二一六四四	二二一六九	一〇二四二八
二九	九七六二三	四五〇四五一	四六一四一七	三一	二一六七二	二二二〇〇	一〇二四三五
二八	九七六一七	四四九八三二	四六〇八一三	三二	二一七〇一	二二二三一	一〇二四四一
二七	九七六一一	四四九二一五	四六〇二一一	三三	二一七二九	二二二六一	一〇二四四八
二六	九七六〇四	四四八六〇〇	四五九六一一	三四	二一七五八	二二二九二	一〇二四五四
二五	九七五九八	四四七九八六	四五九〇一二	三五	二一七八六	二二三二二	一〇二四六一
二四	九七五九二	四四七三七四	四五八四一四	三六	二一八一四	二二三五三	一〇二四六八
二三	九七五八五	四四六七六四	四五七八一九	三七	二一八四三	二二三八三	一〇二四七四
二二	九七五七九	四四六一五五	四五七二二四	三八	二一八七一	二二四一四	一〇二四八一
二一	九七五七三	四四五五四八	四五六六三二	三九	二一八九九	二二四四四	一〇二四八八
二〇	九七五六六	四四四九四二	四五六〇四一	四〇	二一九二八	二二四七五	一〇二四九四
一九	九七五六〇	四四四三三八	四五五四五一	四一	二一九五六	二二五〇五	一〇二五〇一
一八	九七五五三	四四三七三五	四五四八六三	四二	二一九八五	二二五三六	一〇二五〇八
一七	九七五四七	四四三一三四	四五四二七七	四三	二二〇一三	二二五六七	一〇二五一五
一六	九七五四一	四四二五三四	四五三六九二	四四	二二〇四一	二二五九七	一〇二五二一
一五	九七五三四	四四一九三六	四五三一〇九	四五	二二〇七〇	二二六二八	一〇二五二八
一四	九七五二八	四四一三四〇	四五二五二七	四六	二二〇九八	二二六五八	一〇二五三五
一三	九七五二一	四四〇七四五	四五一九四七	四七	二二一二六	二二六八九	一〇二五四二
一二	九七五一五	四四〇一五二	四五一三六八	四八	二二一五五	二二七一九	一〇二五四八
一一	九七五〇八	四三九五六〇	四五〇七九一	四九	二二一八三	二二七五〇	一〇二五五五
一〇	九七五〇二	四三八九六九	四五〇二一六	五〇	二二二一二	二二七八一	一〇二五六二
九	九七四九六	四三八三八一	四四九六四二	五一	二二二四〇	二二八一一	一〇二五六九
八	九七四八九	四三七七九三	四四九〇六九	五二	二二二六八	二二八四二	一〇二五七六
七	九七四八三	四三七二〇七	四四八四九八	五三	二二二九七	二二八七二	一〇二五八二
六	九七四七六	四三六六二三	四四七九二八	五四	二二三二五	二二九〇三	一〇二五八九
五	九七四七〇	四三六〇四〇	四四七三六〇	五五	二二三五三	二二九三四	一〇二五九六
四	九七四六三	四三五四五九	四四六七九三	五六	二二三八二	二二九六四	一〇二六〇三
三	九七四五七	四三四八七九	四四六二二八	五七	二二四一〇	二二九九五	一〇二六一〇
二	九七四五〇	四三四三〇〇	四四五六六四	五八	二二四三八	二三〇二六	一〇二六一七
一	九七四四四	四三三七二三	四四五一〇二	五九	二二四六七	二三〇五六	一〇二六二四
〇	九七四三七	四三三一四八	四四四五四一	六〇	二二四九五	二三〇八七	一〇二六三〇
七七				一二			

	弦正	綫切	綫割		弦正	綫切	綫割
六〇	九七八一五	四七〇四六三	四八〇九七三	〇	二〇七九一	二一二五六	一〇二二三四
五九	九七八〇九	四六九七九一	四八〇三一六	一	二〇八二〇	二一二八六	一〇二二四〇
五八	九七八〇三	四六九一二一	四七九六六一	二	二〇八四八	二一三一六	一〇二二四七
五七	九七七九七	四六八四五二	四七九〇〇七	三	二〇八七七	二一三四七	一〇二二五三
五六	九七七九一	四六七七八六	四七八三五五	四	二〇九〇五	二一三七七	一〇二二五九
五五	九七七八四	四六七一二一	四七七七〇五	五	二〇九三三	二一四〇八	一〇二二六六
五四	九七七七八	四六六四五八	四七七〇五七	六	二〇九六二	二一四三八	一〇二二七二
五三	九七七七二	四六五七九七	四七六四一一	七	二〇九九〇	二一四六九	一〇二二七九
五二	九七七六六	四六五一三八	四七五七六六	八	二一〇一九	二一四九九	一〇二二八五
五一	九七七六〇	四六四四八〇	四七五一二三	九	二一〇四七	二一五二九	一〇二二九一
五〇	九七七五四	四六三八二五	四七四四八二	一〇	二一〇七六	二一五六〇	一〇二二九八
四九	九七七四八	四六三一七一	四七三八四三	一一	二一一〇四	二一五九〇	一〇二三〇四
四八	九七七四二	四六二五一八	四七三二〇五	一二	二一一三二	二一六二一	一〇二三一一
四七	九七七三五	四六一八六八	四七二五六九	一三	二一一六一	二一六五一	一〇二三一七
四六	九七七二九	四六一二一九	四七一九三五	一四	二一一八九	二一六八二	一〇二三二三
四五	九七七二三	四六〇五七二	四七一三〇三	一五	二一二一八	二一七一二	一〇二三三〇
四四	九七七一七	四五九九二七	四七〇六七三	一六	二一二四六	二一七四三	一〇二三三六
四三	九七七一一	四五九二八三	四七〇〇四四	一七	二一二七五	二一七七三	一〇二三四三
四二	九七七〇五	四五八六四一	四六九四一七	一八	二一三〇三	二一八〇四	一〇二三四九
四一	九七六九八	四五八〇〇一	四六八七九一	一九	二一三三一	二一八三四	一〇二三五六
四〇	九七六九二	四五七三六三	四六八一六七	二〇	二一三六〇	二一八六四	一〇二三六二
三九	九七六八六	四五六七二六	四六七五四五	二一	二一三八八	二一八九五	一〇二三六九
三八	九七六八〇	四五六〇九一	四六六九二五	二二	二一四一七	二一九二五	一〇二三七五
三七	九七六七三	四五五四五八	四六六三〇七	二三	二一四四五	二一九五六	一〇二三八二
三六	九七六六七	四五四八二六	四六五六九〇	二四	二一四七四	二一九八六	一〇二三八九
三五	九七六六一	四五四一九六	四六五〇七四	二五	二一五〇二	二二〇一七	一〇二三九五
三四	九七六五五	四五三五六八	四六四四六一	二六	二一五三〇	二二〇四七	一〇二四〇二
三三	九七六四八	四五二九四一	四六三八四九	二七	二一五五九	二二〇七八	一〇二四〇八
三二	九七六四二	四五二三一六	四六三二三八	二八	二一五八七	二二一〇八	一〇二四一五
三一	九七六三六	四五一六九三	四六二六三〇	二九	二一六一六	二二一三九	一〇二四二一
三〇	九七六三〇	四五一〇七一	四六二〇二三	三〇	二一六四四	二二一六九	一〇二四二八
七七				一二			

	弦正	線切	線割		弦正	線切	線割
六〇	九七四三七	四三三一四八	四四四五四一	〇	二二四九五	二三〇八七	一〇二六三〇
五九	九七四三〇	四三二五七三	四四三九八二	一	二二五二三	二三一一七	一〇二六三七
五八	九七四二四	四三二〇〇一	四四三四二四	二	二二五五二	二三一四八	一〇二六四四
五七	九七四一七	四三一四三〇	四四二八六七	三	二二五八〇	二三一七九	一〇二六五一
五六	九七四一一	四三〇八六〇	四四二三一二	四	二二六〇八	二三二〇九	一〇二六五八
五五	九七四〇四	四三〇二九一	四四一七五九	五	二二六三七	二三二四〇	一〇二六六五
五四	九七三九八	四二九七二四	四四一二〇六	六	二二六六五	二三二七一	一〇二六七二
五三	九七三九一	四二九一五九	四四〇六五六	七	二二六九三	二三三〇一	一〇二六七九
五二	九七三八四	四二八五九五	四四〇一〇六	八	二二七二二	二三三三二	一〇二六八六
五一	九七三七八	四二八〇三二	四三九五五八	九	二二七五〇	二三三六三	一〇二六九三
五〇	九七三七一	四二七四七一	四三九〇一二	一〇	二二七七八	二三三九三	一〇二七〇〇
四九	九七三六五	四二六九一一	四三八四六六	一一	二二八〇七	二三四二四	一〇二七〇七
四八	九七三五八	四二六三五二	四三七九二三	一二	二二八三五	二三四五五	一〇二七一四
四七	九七三五一	四二五七九五	四三七三八〇	一三	二二八六三	二三四八五	一〇二七二一
四六	九七三四五	四二五二三九	四三六八三九	一四	二二八九二	二三五一六	一〇二七二八
四五	九七三三八	四二四六八五	四三六二九九	一五	二二九二〇	二三五四七	一〇二七三五
四四	九七三三一	四二四一三二	四三五七六一	一六	二二九四八	二三五七八	一〇二七四二
四三	九七三二五	四二三五八〇	四三五二二四	一七	二二九七七	二三六〇八	一〇二七四九
四二	九七三一八	四二三〇三〇	四三四六八九	一八	二三〇〇五	二三六三九	一〇二七五六
四一	九七三一一	四二二四八一	四三四一五四	一九	二三〇三三	二三六七〇	一〇二七六三
四〇	九七三〇四	四二一九三三	四三三六二二	二〇	二三〇六二	二三七〇〇	一〇二七七〇
三九	九七二九八	四二一三八七	四三三〇九〇	二一	二三〇九〇	二三七三一	一〇二七七七
三八	九七二九一	四二〇八四二	四三二五六〇	二二	二三一一八	二三七六二	一〇二七八四
三七	九七二八四	四二〇二九八	四三二〇三一	二三	二三一四六	二三七九三	一〇二七九一
三六	九七二七八	四一九七五六	四三一五〇三	二四	二三一七五	二三八二三	一〇二七九九
三五	九七二七一	四一九二一五	四三〇九七七	二五	二三二〇三	二三八五四	一〇二八〇六
三四	九七二六四	四一八六七五	四三〇四五二	二六	二三二三一	二三八八五	一〇二八一三
三三	九七二五七	四一八一三七	四二九九二九	二七	二三二六〇	二三九一六	一〇二八二〇
三二	九七二五一	四一七六〇〇	四二九四〇六	二八	二三二八八	二三九四六	一〇二八二七
三一	九七二四四	四一七〇六四	四二八八八五	二九	二三三一六	二三九七七	一〇二八三四
三〇	九七二三七	四一六五三〇	四二八三六六	三〇	二三三四五	二四〇〇八	一〇二八四二
七六				一三			

	弦正	線切	線割		弦正	線切	線割
三〇	九七二三七	四一六五三〇	四二八三六六	三〇	二三三四五	二四〇〇八	一〇二八四二
二九	九七二三〇	四一五九九七	四二七八四七	三一	二三三七三	二四〇三九	一〇二八四九
二八	九七二二三	四一五四六五	四二七三三〇	三二	二三四〇一	二四〇六九	一〇二八五六
二七	九七二一七	四一四九三四	四二六八一四	三三	二三四二九	二四一〇〇	一〇二八六三
二六	九七二一〇	四一四四〇五	四二六三〇〇	三四	二三四五八	二四一三一	一〇二八七〇
二五	九七二〇三	四一三八七七	四二五七八七	三五	二三四八六	二四一六二	一〇二八七八
二四	九七一九六	四一三三五〇	四二五二七五	三六	二三五一四	二四一九三	一〇二八八五
二三	九七一八九	四一二八二五	四二四七六四	三七	二三五四二	二四二二三	一〇二八九二
二二	九七一八二	四一二三〇一	四二四二五五	三八	二三五七一	二四二五四	一〇二八九九
二一	九七一七六	四一一七七八	四二三七四六	三九	二三五九九	二四二八五	一〇二九〇七
二〇	九七一六九	四一一二五六	四二三二三九	四〇	二三六二七	二四三一六	一〇二九一四
一九	九七一六二	四一〇七三六	四二二七三四	四一	二三六五六	二四三四七	一〇二九二一
一八	九七一五五	四一〇二一六	四二二二二九	四二	二三六八四	二四三七七	一〇二九二八
一七	九七一四八	四〇九六九九	四二一七二六	四三	二三七一二	二四四〇八	一〇二九三六
一六	九七一四一	四〇九一八二	四二一二二四	四四	二三七四〇	二四四三九	一〇二九四三
一五	九七一三四	四〇八六六六	四二〇七二三	四五	二三七六九	二四四七〇	一〇二九五〇
一四	九七一二七	四〇八一五二	四二〇二二四	四六	二三七九七	二四五〇一	一〇二九五八
一三	九七一二〇	四〇七六三九	四一九七二五	四七	二三八二五	二四五三二	一〇二九六五
一二	九七一一三	四〇七一二七	四一九二二八	四八	二三八五二	二四五六二	一〇二九七二
一一	九七一〇六	四〇六六一六	四一八七三三	四九	二三八八二	二四五九三	一〇二九八〇
一〇	九七一〇〇	四〇六一〇七	四一八二三八	五〇	二三九一〇	二四六二四	一〇二九八七
九	九七〇九三	四〇五五九九	四一七七四四	五一	二三九三八	二四六五五	一〇二九九四
八	九七〇八六	四〇五〇九二	四一七二五二	五二	二三九六六	二四六八六	一〇三〇〇二
七	九七〇七九	四〇四五八六	四一六七六一	五三	二三九九五	二四七一七	一〇三〇〇九
六	九七〇七二	四〇四〇八一	四一六二七一	五四	二四〇二三	二四七四八	一〇三〇一七
五	九七〇六五	四〇三五七八	四一五七八二	五五	二四〇五一	二四七七八	一〇三〇二四
四	九七〇五八	四〇三〇七六	四一五二九五	五六	二四〇七九	二四八〇九	一〇三〇三二
三	九七〇五一	四〇二五七四	四一四八〇九	五七	二四一〇八	二四八四〇	一〇三〇三九
二	九七〇四四	四〇二〇七四	四一四三二三	五八	二四一三六	二四八七一	一〇三〇四六
一	九七〇三七	四〇一五七六	四一三八三九	五九	二四一六四	二四九〇二	一〇三〇五四
〇	九七〇三〇	四〇一〇七八	四一三三五七	六〇	二四一九二	二四九三三	一〇三〇六一
七六				一三			

	弦　正	線　切	線　割		弦　正	線　切	線　割
六〇	九七〇三〇	四〇一〇七八	四一三三五七	〇	二四一九二	二四九三三	一〇三〇六一
五九	九七〇二三	四〇〇五八二	四一二八七五	一	二四二二〇	二四九六四	一〇三〇六九
五八	九七〇一五	四〇〇〇八六	四一二三九四	二	二四二四九	二四九九五	一〇三〇七六
五七	九七〇〇八	三九九五九二	四一一九一五	三	二四二七七	二五〇二六	一〇三〇八四
五六	九七〇〇一	三九九〇九九	四一一四三七	四	二四三〇五	二五〇五六	一〇三〇九一
五五	九六九九四	三九八六〇七	四一〇九六〇	五	二四三三三	二五〇八七	一〇三〇九九
五四	九六九八七	三九八一一七	四一〇四八四	六	二四三六二	二五一一八	一〇三一〇六
五三	九六九八〇	三九七六二七	四一〇〇〇九	七	二四三九〇	二五一四九	一〇三一一四
五二	九六九七三	三九七一三九	四〇九五三五	八	二四四一八	二五一八〇	一〇三一二一
五一	九六九六六	三九六六五一	四〇九〇六三	九	二四四四六	二五二一一	一〇三一二九
五〇	九六九五九	三九六一六五	四〇八五九一	一〇	二四四七四	二五二四二	一〇三一三七
四九	九六九五二	三九五六八〇	四〇八一二一	一一	二四五〇三	二五二七三	一〇三一四四
四八	九六九四五	三九五一九六	四〇七六五二	一二	二四五三一	二五三〇四	一〇三一五二
四七	九六九三七	三九四七一三	四〇七一八四	一三	二四五五九	二五三三五	一〇三一五九
四六	九六九三〇	三九四二三二	四〇六七一七	一四	二四五八七	二五三六六	一〇三一六七
四五	九六九二三	三九三七五一	四〇六二五一	一五	二四六一五	二五三九七	一〇三一七五
四四	九六九一六	三九三二七一	四〇五七八六	一六	二四六四四	二五四二八	一〇三一八二
四三	九六九〇九	三九二七九三	四〇五三二二	一七	二四六七二	二五四五九	一〇三一九〇
四二	九六九〇二	三九二三一六	四〇四八六〇	一八	二四七〇〇	二五四九〇	一〇三一九八
四一	九六八九四	三九一八三九	四〇四三九八	一九	二四七二八	二五五二一	一〇三二〇五
四〇	九六八八七	三九一三六四	四〇三九三八	二〇	二四七五六	二五五五二	一〇三二一三
三九	九六八八〇	三九〇八九〇	四〇三四七九	二一	二四七八四	二五五八三	一〇三二二一
三八	九六八七三	三九〇四一七	四〇三〇二〇	二二	二四八一三	二五六一四	一〇三二二八
三七	九六八六六	三八九九四五	四〇二五六三	二三	二四八四一	二五六四五	一〇三二三六
三六	九六八五八	三八九四七四	四〇二一〇七	二四	二四八六九	二五六七六	一〇三二四四
三五	九六八五一	三八九〇〇四	四〇一六五二	二五	二四八九七	二五七〇七	一〇三二五一
三四	九六八四四	三八八五三六	四〇一一九八	二六	二四九二五	二五七三八	一〇三二五九
三三	九六八三七	三八八〇六八	四〇〇七四五	二七	二四九五四	二五七六九	一〇三二六七
三二	九六八二九	三八七六〇一	四〇〇二九三	二八	二四九八二	二五八〇〇	一〇三二七五
三一	九六八二二	三八七一三六	三九九八四三	二九	二五〇一〇	二五八三一	一〇三二八二
三〇	九六八一五	三八六六七一	三九九三九三	三〇	二五〇三八	二五八六二	一〇三二九〇
七五				一四			

	弦　正	線　切	線　割		弦　正	線　切	線　割
三〇	九六八一五	三八六六七一	三九九三九三	三〇	二五〇三八	二五八六二	一〇三二九〇
二九	九六八〇七	三八六二〇八	三九八九四四	三一	二五〇六六	二五八九三	一〇三二九八
二八	九六八〇〇	三八五七四五	三九八四九七	三二	二五〇九四	二五九二四	一〇三三〇六
二七	九六七九三	三八五二八四	三九八〇五〇	三三	二五一二二	二五九五五	一〇三三一三
二六	九六七八六	三八四八二四	三九七六〇四	三四	二五一五一	二五九八六	一〇三三二一
二五	九六七七八	三八四三六四	三九七一六〇	三五	二五一七九	二六〇一七	一〇三三二九
二四	九六七七一	三八三九〇六	三九六七一六	三六	二五二〇七	二六〇四八	一〇三三三七
二三	九六七六四	三八三四四九	三九六二七四	三七	二五二三五	二六〇七九	一〇三三四五
二二	九六七五六	三八二九九二	三九五八三二	三八	二五二六三	二六一一〇	一〇三三五三
二一	九六七四九	三八二五三七	三九五三九二	三九	二五二九一	二六一四一	一〇三三六〇
二〇	九六七四二	三八二〇八三	三九四九五二	四〇	二五三二〇	二六一七二	一〇三三六八
一九	九六七三四	三八一六三〇	三九四五一四	四一	二五三四八	二六二〇三	一〇三三七六
一八	九六七二七	三八一一七七	三九四〇七六	四二	二五三七六	二六二三五	一〇三三八四
一七	九六七一九	三八〇七二六	三九三六四〇	四三	二五四〇四	二六二六六	一〇三三九二
一六	九六七一二	三八〇二七六	三九三二〇四	四四	二五四三二	二六二九七	一〇三四〇〇
一五	九六七〇五	三七九八二七	三九二七七〇	四五	二五四六〇	二六三二八	一〇三四〇八
一四	九六六九七	三七九三七八	三九二三三七	四六	二五四八八	二六三五九	一〇三四一六
一三	九六六九〇	三七八九三一	三九一九〇四	四七	二五五一六	二六三九〇	一〇三四二四
一二	九六六八二	三七八四八五	三九一四七三	四八	二五五四五	二六四二一	一〇三四三二
一一	九六六七五	三七八〇四〇	三九一〇四二	四九	二五五七三	二六四五二	一〇三四三九
一〇	九六六六七	三七七五九五	三九〇六一三	五〇	二五六〇一	二六四八三	一〇三四四七
九	九六六六〇	三七七一五二	三九〇一八四	五一	二五六二九	二六五一五	一〇三四五五
八	九六六五三	三七六七〇九	三八九七五六	五二	二五六五七	二六五四六	一〇三四六三
七	九六六四五	三七六二六八	三八九三三〇	五三	二五六八五	二六五七七	一〇三四七一
六	九六六三八	三七五八二八	三八八九〇四	五四	二五七一三	二六六〇八	一〇三四七九
五	九六六三〇	三七五三八八	三八八四七九	五五	二五七四一	二六六三九	一〇三四八七
四	九六六二三	三七四九五〇	三八八〇五六	五六	二五七七〇	二六六七〇	一〇三四九五
三	九六六一五	三七四五一二	三八七六三三	五七	二五七九八	二六七〇一	一〇三五〇三
二	九六六〇八	三七四〇七五	三八七二一一	五八	二五八二六	二六七三三	一〇三五一二
一	九六六〇〇	三七三六四〇	三八六七九〇	五九	二五八五四	二六七六四	一〇三五二〇
〇	九六五九三	三七三二〇五	三八六三七〇	六〇	二五八八二	二六七九五	一〇三五二八
七五				一四			

	弦正	線切	線割		弦正	線切	線割
三〇	九六三六三	三六〇五八八	三七四一九八	三〇	二六七二四	二七七三二	一〇三七七四
二九	九六三五五	三六〇一八一	三七三八〇六	三一	二六七五二	二七七六四	一〇三七八三
二八	九六三四七	三五九七七五	三七三四一四	三二	二六七八〇	二七七九五	一〇三七九一
二七	九六三四〇	三五九三七〇	三七三〇二四	三三	二六八〇八	二七八二六	一〇三七九九
二六	九六三三二	三五八九六六	三七二六三五	三四	二六八三六	二七八五八	一〇三八〇八
二五	九六三二四	三五八五六二	三七二二四六	三五	二六八六四	二七八八九	一〇三八一六
二四	九六三一六	三五八一六〇	三七一八五八	三六	二六八九二	二七九二一	一〇三八二五
二三	九六三〇八	三五七七五八	三七一四七一	三七	二六九二〇	二七九五二	一〇三八三三
二二	九六三〇一	三五七三五七	三七一〇八五	三八	二六九四八	二七九八三	一〇三八四二
二一	九六二九三	三五六九五七	三七〇七〇〇	三九	二六九七六	二八〇一五	一〇三八五〇
二〇	九六二八五	三五六五五七	三七〇三一五	四〇	二七〇〇四	二八〇四六	一〇三八五八
一九	九六二七七	三五六一五九	三六九九三一	四一	二七〇三二	二八〇七七	一〇三八六七
一八	九六二六九	三五五七六一	三六九五四九	四二	二七〇六〇	二八一〇九	一〇三八七五
一七	九六二六一	三五五三六四	三六九一六七	四三	二七〇八八	二八一四〇	一〇三八八四
一六	九六二五三	三五四九六八	三六八七八五	四四	二七一一六	二八一七二	一〇三八九二
一五	九六二四六	三五四五七三	三六八四〇五	四五	二七一四四	二八二〇三	一〇三九〇一
一四	九六二三八	三五四一七九	三六八〇二五	四六	二七一七二	二八二三四	一〇三九〇九
一三	九六二三〇	三五三七八五	三六七六四七	四七	二七二〇〇	二八二六六	一〇三九一八
一二	九六二二二	三五三三九三	三六七二六九	四八	二七二二八	二八二九七	一〇三九二七
一一	九六二一四	三五三〇〇一	三六六八九二	四九	二七二五六	二八三二九	一〇三九三五
一〇	九六二〇六	三五二六〇九	三六六五一五	五〇	二七二八四	二八三六〇	一〇三九四四
九	九六一九八	三五二二一九	三六六一四〇	五一	二七三一二	二八三九一	一〇三九五二
八	九六一九〇	三五一八二九	三六五七六五	五二	二七三四〇	二八四二三	一〇三九六一
七	九六一八二	三五一四四一	三六五三九一	五三	二七三六八	二八四五四	一〇三九六九
六	九六一七四	三五一〇五三	三六五〇一八	五四	二七三九六	二八四八六	一〇三九七八
五	九六一六六	三五〇六六六	三六四六四五	五五	二七四二四	二八五一七	一〇三九八七
四	九六一五八	三五〇二七九	三六四二七四	五六	二七四五二	二八五四九	一〇三九九五
三	九六一五〇	三四九八九四	三六三九〇三	五七	二七四八〇	二八五八〇	一〇四〇〇四
二	九六一四二	三四九五〇九	三六三五三三	五八	二七五〇八	二八六一二	一〇四〇一三
一	九六一三四	三四九一二五	三六三一六四	五九	二七五三六	二八六四三	一〇四〇二一
〇	九六一二六	三四八七四一	三六二七九六	六〇	二七五六四	二八六七五	一〇四〇三〇
七四				一五			

	弦正	線切	線割		弦正	線切	線割
六〇	九六五九三	三七三二〇五	三八六三七〇	〇	二五八八二	二六七九五	一〇三五二八
五九	九六五八五	三七二七七一	三八五九五一	一	二五九一〇	二六八二六	一〇三五三六
五八	九六五七八	三七二三三八	三八五五三三	二	二五九三八	二六八五七	一〇三五四四
五七	九六五七〇	三七一九〇七	三八五一一六	三	二五九六六	二六八八八	一〇三五五二
五六	九六五六二	三七一四九六	三八四七〇〇	四	二五九九四	二六九二〇	一〇三五六〇
五五	九六五五五	三七一〇四六	三八四二八五	五	二六〇二二	二六九五一	一〇三五六八
五四	九六五四七	三七〇六一六	三八三八七一	六	二六〇五〇	二六九八二	一〇三五七六
五三	九六五四〇	三七〇一八八	三八三四五七	七	二六〇七九	二七〇一三	一〇三五八四
五二	九六五三二	三六九七六一	三八三〇四五	八	二六一〇七	二七〇四四	一〇三五九二
五一	九六五二四	三六九三三五	三八二六三三	九	二六一三五	二七〇七六	一〇三六〇一
五〇	九六五一七	三六八九〇九	三八二二二三	一〇	二六一六三	二七一〇七	一〇三六〇九
四九	九六五〇九	三六八四八五	三八一八一三	一一	二六一九一	二七一三八	一〇三六一七
四八	九六五〇二	三六八〇六一	三八一四〇四	一二	二六二一九	二七一六九	一〇三六二五
四七	九六四九四	三六七六三八	三八〇九九六	一三	二六二四七	二七二〇一	一〇三六三三
四六	九六四八六	三六七二一七	三八〇五八九	一四	二六二七五	二七二三二	一〇三六四二
四五	九六四七九	三六六七九六	三八〇一八三	一五	二六三〇三	二七二六三	一〇三六五〇
四四	九六四七一	三六六三七六	三七九七七八	一六	二六三三一	二七二九四	一〇三六五八
四三	九六四六三	三六五九五七	三七九三七四	一七	二六三五九	二七三二六	一〇三六六六
四二	九六四五六	三六五五三八	三七八九七〇	一八	二六三八七	二七三五七	一〇三六七四
四一	九六四四八	三六五一二一	三七八五六八	一九	二六四一五	二七三八八	一〇三六八三
四〇	九六四四〇	三六四七〇五	三七八一六六	二〇	二六四四三	二七四一九	一〇三六九一
三九	九六四三三	三六四二八九	三七七七六五	二一	二六四七一	二七四五一	一〇三六九九
三八	九六四二五	三六三八七四	三七七三六五	二二	二六五〇〇	二七四八二	一〇三七〇八
三七	九六四一七	三六三四六一	三七六九六六	二三	二六五二八	二七五一三	一〇三七一六
三六	九六四一〇	三六三〇四八	三七六五六八	二四	二六五五六	二七五四五	一〇三七二四
三五	九六四〇二	三六二六三六	三七六一七一	二五	二六五八四	二七五七六	一〇三七三二
三四	九六三九四	三六二二二四	三七五七七五	二六	二六六一二	二七六〇七	一〇三七四一
三三	九六三八六	三六一八一四	三七五三七九	二七	二六六四〇	二七六三九	一〇三七四九
三二	九六三七九	三六一四〇五	三七四九八四	二八	二六六六八	二七六七〇	一〇三七五八
三一	九六三七一	三六〇九九六	三七四五九一	二九	二六六九六	二七七〇一	一〇三七六六
三〇	九六三六三	三六〇五八八	三七四一九八	三〇	二六七二四	二七七三二	一〇三七七四
七四				一五			

	弦正	線切	線割		弦正	線切	線割
六〇	九六一二六	三四八七四一	三六二七九六	〇	二七五六四	二八六七五	一〇四〇三〇
五九	九六一一八	三四八三五九	三六二四二八	一	二七五九二	二八七〇六	一〇四〇三九
五八	九六一一〇	三四七九七七	三六二〇六一	二	二七六二〇	二八七三八	一〇四〇四七
五七	九六一〇二	三四七五九六	三六一六九五	三	二七六四八	二八七六九	一〇四〇五六
五六	九六〇九四	三四七二一六	三六一三三〇	四	二七六七六	二八八〇一	一〇四〇六五
五五	九六〇八六	三四六八三七	三六〇九六五	五	二七七〇四	二八八三二	一〇四〇七三
五四	九六〇七八	三四六四五八	三六〇六〇一	六	二七七三一	二八八六四	一〇四〇八二
五三	九六〇七〇	三四六〇八〇	三六〇二三八	七	二七七五九	二八八九五	一〇四〇九一
五二	九六〇六二	三四五七〇三	三五九八七六	八	二七七八七	二八九二七	一〇四一〇〇
五一	九六〇五四	三四五三二七	三五九五一四	九	二七八一五	二八九五八	一〇四一〇八
五〇	九六〇四六	三四四九五一	三五九一五四	一〇	二七八四三	二八九九〇	一〇四一一七
四九	九六〇三七	三四四五七六	三五八七九四	一一	二七八七一	二九〇二一	一〇四一二六
四八	九六〇二九	三四四二〇二	三五八四三四	一二	二七八九九	二九〇五三	一〇四一三五
四七	九六〇二一	三四三八二九	三五八〇七六	一三	二七九二七	二九〇八四	一〇四一四四
四六	九六〇一三	三四三四五六	三五七七一八	一四	二七九五五	二九一一六	一〇四一五二
四五	九六〇〇五	三四三〇八四	三五七三六一	一五	二七九八三	二九一四七	一〇四一六一
四四	九五九九七	三四二七一三	三五七〇〇五	一六	二八〇一一	二九一七九	一〇四一七〇
四三	九五九八九	三四二三四三	三五六六四九	一七	二八〇三九	二九二一〇	一〇四一七九
四二	九五九八一	三四一九七三	三五六二九四	一八	二八〇六七	二九二四二	一〇四一八八
四一	九五九七二	三四一六〇四	三五五九四〇	一九	二八〇九五	二九二七四	一〇四一九七
四〇	九五九六四	三四一二三六	三五五五八七	二〇	二八一二三	二九三〇五	一〇四二〇六
三九	九五九五六	三四〇八六九	三五五二三五	二一	二八一五〇	二九三三七	一〇四二一四
三八	九五九四八	三四〇五〇二	三五四八八三	二二	二八一七八	二九三六八	一〇四二二三
三七	九五九四〇	三四〇一三六	三五四五三一	二三	二八二〇六	二九四〇〇	一〇四二三二
三六	九五九三一	三三九七七一	三五四一八一	二四	二八二三四	二九四三二	一〇四二四一
三五	九五九二三	三三九四〇六	三五三八一三	二五	二八二六二	二九四六三	一〇四二五〇
三四	九五九一五	三三九〇四二	三五三四八二	二六	二八二九〇	二九四九五	一〇四二五九
三三	九五九〇七	三三八六七九	三五三一三四	二七	二八三一八	二九五二六	一〇四二六八
三二	九五八九八	三三八三一七	三五二七八七	二八	二八三四六	二九五五八	一〇四二七七
三一	九五八九〇	三三七九五五	三五二四四〇	二九	二八三七四	二九五九〇	一〇四二八六
三〇	九五八八二	三三七五九四	三五二〇九四	三〇	二八四〇二	二九六二一	一〇四二九五
七三				一六			

	弦正	線切	線割		弦正	線切	線割
三〇	九五八八二	三三七五九四	三五二〇九四	三〇	二八四〇二	二九六二一	一〇四二九五
二九	九五八七四	三三七二三四	三五一七四八	三一	二八四二九	二九六五三	一〇四三〇四
二八	九五八六五	三三六八七五	三五一四〇四	三二	二八四五七	二九六八五	一〇四三一三
二七	九五八五七	三三六五一六	三五一〇六〇	三三	二八四八五	二九七一六	一〇四三二二
二六	九五八四九	三三六一五八	三五〇七一六	三四	二八五一三	二九七四八	一〇四三三一
二五	九五八四一	三三五八〇〇	三五〇三七四	三五	二八五四一	二九七八〇	一〇四三四〇
二四	九五八三二	三三五四四三	三五〇〇三二	三六	二八五六九	二九八一一	一〇四三四九
二三	九五八二四	三三五〇八七	三四九六九一	三七	二八五九七	二九八四三	一〇四三五八
二二	九五八一六	三三四七三二	三四九三五〇	三八	二八六二五	二九八七五	一〇四三六七
二一	九五八〇七	三三四三七七	三四九〇一〇	三九	二八六五二	二九九〇六	一〇四三七六
二〇	九五七九九	三三四〇二三	三四八六七一	四〇	二八六八〇	二九九三八	一〇四三八五
一九	九五七九一	三三三六七〇	三四八三三三	四一	二八七〇八	二九九七〇	一〇四三九四
一八	九五七八二	三三三三一七	三四七九九五	四二	二八七三六	三〇〇〇一	一〇四四〇三
一七	九五七七四	三三二九六五	三四七六五八	四三	二八七六四	三〇〇三三	一〇四四一三
一六	九五七六六	三三二六一四	三四七三二一	四四	二八七九二	三〇〇六五	一〇四四二二
一五	九五七五七	三三二二六四	三四六九八六	四五	二八八二〇	三〇〇九七	一〇四四三一
一四	九五七四九	三三一九一四	三四六六五一	四六	二八八四七	三〇一二八	一〇四四四〇
一三	九五七四〇	三三一五六五	三四六三一六	四七	二八八七五	三〇一六〇	一〇四四四九
一二	九五七三二	三三一二一六	三四五九八三	四八	二八九〇三	三〇一九二	一〇四四五八
一一	九五七二四	三三〇八六八	三四五六五〇	四九	二八九三一	三〇二二四	一〇四四六八
一〇	九五七一五	三三〇五二一	三四五三一七	五〇	二八九五九	三〇二五五	一〇四四七七
九	九五七〇七	三三〇一七四	三四四九八六	五一	二八九八七	三〇二八七	一〇四四八六
八	九五六九八	三二九八二九	三四四六五五	五二	二九〇一五	三〇三一九	一〇四四九五
七	九五六九〇	三二九四八三	三四四三二四	五三	二九〇四二	三〇三五一	一〇四五〇四
六	九五六八一	三二九一三九	三四三九九五	五四	二九〇七〇	三〇三八二	一〇四五一四
五	九五六七三	三二八七九五	三四三六六六	五五	二九〇九八	三〇四一四	一〇四五二三
四	九五六六四	三二八四五二	三四三三三七	五六	二九一二六	三〇四四六	一〇四五三二
三	九五六五六	三二八一〇九	三四三〇一〇	五七	二九一五四	三〇四七八	一〇四五四一
二	九五六四七	三二七七六七	三四二六八三	五八	二九一八二	三〇五〇九	一〇四五五一
一	九五六三九	三二七四二六	三四二三五六	五九	二九二〇九	三〇五四一	一〇四五六〇
〇	九五六三〇	三二七〇八五	三四二〇三〇	六〇	二九二三七	三〇五七三	一〇四五六九
七三				一六			

	弦正	線切	線割		弦正	線切	線割
六〇	九五六三〇	三二七〇八五	三四二〇三〇	〇	二九二三七	三〇五七三	一〇四五六九
五九	九五六二二	三二六七四五	三四一七〇五	一	二九二六五	三〇六〇五	一〇四五七八
五八	九五六一三	三二六四〇六	三四一三八一	二	二九二九三	三〇六三七	一〇四五八八
五七	九五六〇五	三二六〇六七	三四一〇五七	三	二九三二一	三〇六六九	一〇四五九七
五六	九五五九六	三二五七二九	三四〇七三四	四	二九三四八	三〇七〇〇	一〇四六〇六
五五	九五五八八	三二五三九二	三四〇四一一	五	二九三七六	三〇七三二	一〇四六一六
五四	九五五七九	三二五〇五五	三四〇〇八九	六	二九四〇四	三〇七六四	一〇四六二五
五三	九五五七一	三二四七一九	三三九七六八	七	二九四三二	三〇七九六	一〇四六三五
五二	九五五六二	三二四三八三	三三九四四八	八	二九四六〇	三〇八二八	一〇四六四四
五一	九五五五四	三二四〇四九	三三九一二八	九	二九四八七	三〇八六〇	一〇四六五三
五〇	九五五四五	三二三七一四	三三八八〇八	一〇	二九五一五	三〇八九一	一〇四六六三
四九	九五五三六	三二三三八一	三三八四八九	一一	二九五四三	三〇九二三	一〇四六七二
四八	九五五二八	三二三〇四八	三三八一七一	一二	二九五七一	三〇九五五	一〇四六八二
四七	九五五一九	三二二七一五	三三七八五四	一三	二九五九九	三〇九八七	一〇四六九一
四六	九五五一一	三二二三八四	三三七五三七	一四	二九六二六	三一〇一九	一〇四七〇〇
四五	九五五〇二	三二二〇五三	三三七二二一	一五	二九六五四	三一〇五一	一〇四七一〇
四四	九五四九三	三二一七二二	三三六九〇五	一六	二九六八二	三一〇八三	一〇四七一九
四三	九五四八五	三二一三九二	三三六五九〇	一七	二九七一〇	三一一一五	一〇四七二九
四二	九五四七六	三二一〇六三	三三六二七六	一八	二九七三七	三一一四七	一〇四七三八
四一	九五四六七	三二〇七三四	三三五九六二	一九	二九七六五	三一一七八	一〇四七四八
四〇	九五四五九	三二〇四〇六	三三五六四九	二〇	二九七九三	三一二一〇	一〇四七五七
三九	九五四五〇	三二〇〇七九	三三五三三六	二一	二九八二一	三一二四二	一〇四七六七
三八	九五四四一	三一九七五二	三三五〇二五	二二	二九八四九	三一二七四	一〇四七七六
三七	九五四三三	三一九四二六	三三四七一三	二三	二九八七六	三一三〇六	一〇四七八六
三六	九五四二四	三一九一〇〇	三三四四〇三	二四	二九九〇四	三一三三八	一〇四七九五
三五	九五四一五	三一八七七五	三三四〇九二	二五	二九九三二	三一三七〇	一〇四八〇五
三四	九五四〇七	三一八四五一	三三三七八三	二六	二九九六〇	三一四〇二	一〇四八一五
三三	九五三九八	三一八一二七	三三三四七四	二七	二九九八七	三一四三四	一〇四八二四
三二	九五三八九	三一七八〇四	三三三一六六	二八	三〇〇一五	三一四六六	一〇四八三四
三一	九五三八〇	三一七四八一	三三二八五八	二九	三〇〇四三	三一四九八	一〇四八四三
三〇	九五三七二	三一七一五九	三三二五五一	三〇	三〇〇七一	三一五三〇	一〇四八五三
七二				一七			

	弦正	線切	線割		弦正	線切	線割
三〇	九五三七二	三一七一五九	三三二五五一	三〇	三〇〇七一	三一五三〇	一〇四八五三
二九	九五三六三	三一六八三八	三三二二四四	三一	三〇〇九八	三一五六二	一〇四八六三
二八	九五三五四	三一六五一七	三三一九三九	三二	三〇一二六	三一五九四	一〇四八七二
二七	九五三四五	三一六一九七	三三一六三三	三三	三〇一五四	三一六二六	一〇四八八二
二六	九五三三七	三一五八七七	三三一三二八	三四	三〇一八二	三一六五八	一〇四八九一
二五	九五三二八	三一五五五八	三三一〇二四	三五	三〇二〇九	三一六九〇	一〇四九〇一
二四	九五三一九	三一五二四〇	三三〇七二一	三六	三〇二三七	三一七二二	一〇四九一一
二三	九五三一〇	三一四九二二	三三〇四一八	三七	三〇二六五	三一七五四	一〇四九二〇
二二	九五三〇一	三一四六〇五	三三〇一一五	三八	三〇二九二	三一七八六	一〇四九三〇
二一	九五二九三	三一四二八八	三二九八一四	三九	三〇三二〇	三一八一八	一〇四九四〇
二〇	九五二八四	三一三九七二	三二九五一二	四〇	三〇三四八	三一八五〇	一〇四九五〇
一九	九五二七五	三一三六五六	三二九二一二	四一	三〇三七六	三一八八二	一〇四九五九
一八	九五二六六	三一三三四一	三二八九一二	四二	三〇四〇三	三一九一四	一〇四九六九
一七	九五二五七	三一三〇二七	三二八六一二	四三	三〇四三一	三一九四六	一〇四九七九
一六	九五二四八	三一二七一三	三二八三一三	四四	三〇四五九	三一九七八	一〇四九八九
一五	九五二四〇	三一二四〇〇	三二八〇一五	四五	三〇四八六	三二〇一〇	一〇四九九八
一四	九五二三一	三一二〇八七	三二七七一七	四六	三〇五一四	三二〇四二	一〇五〇〇八
一三	九五二二二	三一一七七五	三二七四二〇	四七	三〇五四二	三二〇七四	一〇五〇一八
一二	九五二一三	三一一四六四	三二七一二三	四八	三〇五七〇	三二一〇六	一〇五〇二八
一一	九五二〇四	三一一一五三	三二六八二七	四九	三〇五九七	三二一三九	一〇五〇三八
一〇	九五一九五	三一〇八四二	三二六五三一	五〇	三〇六二五	三二一七一	一〇五〇四七
九	九五一八六	三一〇五三二	三二六二三七	五一	三〇六五三	三二二〇三	一〇五〇五七
八	九五一七七	三一〇二二三	三二五九四二	五二	三〇六八〇	三二二三五	一〇五〇六七
七	九五一六八	三〇九九一四	三二五六四八	五三	三〇七〇八	三二二六七	一〇五〇七七
六	九五一五九	三〇九六〇六	三二五三五五	五四	三〇七三六	三二二九九	一〇五〇八七
五	九五一五〇	三〇九二九八	三二五〇六二	五五	三〇七六三	三二三三一	一〇五〇九七
四	九五一四二	三〇八九九一	三二四七七〇	五六	三〇七九一	三二三六三	一〇五一〇七
三	九五一三三	三〇八六八五	三二四四七八	五七	三〇八一九	三二三九六	一〇五一一六
二	九五一二四	三〇八三七九	三二四一八七	五八	三〇八四六	三二四二八	一〇五一二六
一	九五一一五	三〇八〇七三	三二三八九七	五九	三〇八七四	三二四六〇	一〇五一三六
〇	九五一〇六	三〇七七六八	三二三六〇七	六〇	三〇九〇二	三二四九二	一〇五一四六
七二				一七			

	弦正	線切	線割		弦正	線切	線割
三〇	九四八三二	二九八八六九	三一五一五五	三〇	三一七三〇	三三四六〇	一〇五四四九
二九	九四八二三	二九八五八〇	三一四八八一	三一	三一七五八	三三四九二	一〇五四六〇
二八	九四八一四	二九八二九二	三一四六〇八	三二	三一七八六	三三五二四	一〇五四七〇
二七	九四八〇五	二九八〇〇四	三一四三三五	三三	三一八一三	三三五五七	一〇五四八〇
二六	九四七九五	二九七七一七	三一四〇六三	三四	三一八四一	三三五八九	一〇五四九〇
二五	九四七八六	二九七四三〇	三一三七九一	三五	三一八六八	三三六二一	一〇五五〇一
二四	九四七七七	二九七一四四	三一三五二〇	三六	三一八九六	三三六五四	一〇五五一一
二三	九四七六八	二九六八五八	三一三二四九	三七	三一九二四	三三六八六	一〇五五二一
二二	九四七五八	二九六五七三	三一二九七九	三八	三一九五一	三三七一九	一〇五五三二
二一	九四七四九	二九六二八八	三一二七〇九	三九	三一九七九	三三七五一	一〇五五四二
二〇	九四七四〇	二九六〇〇四	三一二四四〇	四〇	三二〇〇六	三三七八三	一〇五五五二
一九	九四七三〇	二九五七二一	三一二一七一	四一	三二〇三四	三三八一六	一〇五五六三
一八	九四七二一	二九五四三七	三一一九〇三	四二	三二〇六一	三三八四八	一〇五五七三
一七	九四七一二	二九五一五五	三一一六三五	四三	三二〇八九	三三八八一	一〇五五八四
一六	九四七〇二	二九四八七二	三一一三六七	四四	三二一一六	三三九一三	一〇五五九四
一五	九四六九三	二九四五九一	三一一一〇一	四五	三二一四四	三三九四五	一〇五六〇四
一四	九四六八四	二九四三〇九	三一〇八三四	四六	三二一七一	三三九七八	一〇五六一五
一三	九四六七四	二九四〇二八	三一〇五六八	四七	三二一九九	三四〇一〇	一〇五六二五
一二	九四六六五	二九三七四八	三一〇三〇三	四八	三二二二七	三四〇四三	一〇五六三六
一一	九四六五六	二九三四六八	三一〇〇三八	四九	三二二五四	三四〇七五	一〇五六四六
一〇	九四六四六	二九三一八九	三〇九七七四	五〇	三二二八二	三四一〇八	一〇五六五七
九	九四六三七	二九二九一〇	三〇九五一〇	五一	三二三〇九	三四一四〇	一〇五六六七
八	九四六二七	二九二六三二	三〇九二四六	五二	三二三三七	三四一七三	一〇五六七八
七	九四六一八	二九二三五四	三〇八九八三	五三	三二三六四	三四二〇五	一〇五六八八
六	九四六〇九	二九二〇七六	三〇八七二一	五四	三二三九二	三四二三八	一〇五六九九
五	九四五九九	二九一七九九	三〇八四五九	五五	三二四一九	三四二七〇	一〇五七〇九
四	九四五九〇	二九一五二三	三〇八一九七	五六	三二四四七	三四三〇三	一〇五七二〇
三	九四五八〇	二九一二四六	三〇七九三六	五七	三二四七四	三四三三五	一〇五七三〇
二	九四五七一	二九〇九七一	三〇七六七五	五八	三二五〇二	三四三六八	一〇五七四一
一	九四五六一	二九〇六九六	三〇七四一五	五九	三二五二九	三四四〇〇	一〇五七五一
〇	九四五五二	二九〇四二一	三〇七一五五	六〇	三二五五七	三四四三三	一〇五七六二
七一				一八			

	弦正	線切	線割		弦正	線切	線割
六〇	九五一〇六	三〇七七六八	三二三六〇七	〇	三〇九〇二	三二四九二	一〇五一四六
五九	九五〇九七	三〇七四六四	三二三三一七	一	三〇九二九	三二五二四	一〇五一五六
五八	九五〇八八	三〇七一六〇	三二三〇二八	二	三〇九五七	三二五五六	一〇五一六六
五七	九五〇七九	三〇六八五七	三二二七四〇	三	三〇九八五	三二五八八	一〇五一七六
五六	九五〇七〇	三〇六五五四	三二二四五二	四	三一〇一二	三二六二一	一〇五一八六
五五	九五〇六一	三〇六二五二	三二二一六五	五	三一〇四〇	三二六五三	一〇五一九六
五四	九五〇五二	三〇五九五〇	三二一八七八	六	三一〇六八	三二六八五	一〇五二〇六
五三	九五〇四三	三〇五六四九	三二一五九二	七	三一〇九五	三二七一七	一〇五二一六
五二	九五〇三三	三〇五三四九	三二一三〇六	八	三一一二三	三二七四九	一〇五二二六
五一	九五〇二四	三〇五〇四九	三二一〇二一	九	三一一五一	三二七八二	一〇五二三六
五〇	九五〇一五	三〇四七四九	三二〇七三七	一〇	三一一七八	三二八一四	一〇五二四六
四九	九五〇〇六	三〇四四五〇	三二〇四五三	一一	三一二〇六	三二八四六	一〇五二五六
四八	九四九九七	三〇四一五二	三二〇一六九	一二	三一二三三	三二八七八	一〇五二六六
四七	九四九八八	三〇三八五四	三一九八八六	一三	三一二六一	三二九一一	一〇五二七六
四六	九四九七九	三〇三五五六	三一九六〇四	一四	三一二八九	三二九四三	一〇五二八六
四五	九四九七〇	三〇三二六〇	三一九三二二	一五	三一三一六	三二九七五	一〇五二九七
四四	九四九六一	三〇二九六三	三一九〇四〇	一六	三一三四四	三三〇〇七	一〇五三〇七
四三	九四九五二	三〇二六六七	三一八七五九	一七	三一三七二	三三〇四〇	一〇五三一七
四二	九四九四三	三〇二三七二	三一八四七九	一八	三一三九九	三三〇七二	一〇五三二七
四一	九四九三三	三〇二〇七七	三一八一九九	一九	三一四二七	三三一〇四	一〇五三三七
四〇	九四九二四	三〇一七八三	三一七九二〇	二〇	三一四五四	三三一三六	一〇五三四七
三九	九四九一五	三〇一四八九	三一七六四一	二一	三一四八二	三三一六九	一〇五三五七
三八	九四九〇六	三〇一一九六	三一七三六三	二二	三一五一〇	三三二〇一	一〇五三六七
三七	九四八九七	三〇〇九〇三	三一七〇八五	二三	三一五三七	三三二三三	一〇五三七八
三六	九四八八八	三〇〇六一一	三一六八〇八	二四	三一五六五	三三二六六	一〇五三八八
三五	九四八七八	三〇〇三一九	三一六五三一	二五	三一五九三	三三二九八	一〇五三九八
三四	九四八六九	三〇〇〇二八	三一六二五五	二六	三一六二〇	三三三三〇	一〇五四〇八
三三	九四八六〇	二九九七三八	三一五九七九	二七	三一六四八	三三三六三	一〇五四一八
三二	九四八五一	二九九四四七	三一五七〇四	二八	三一六七五	三三三九五	一〇五四二九
三一	九四八四二	二九九一五八	三一五四二九	二九	三一七〇三	三三四二七	一〇五四三九
三〇	九四八三二	二九八八六九	三一五一五五	三〇	三一七三〇	三三四六〇	一〇五四四九
七一				一八			

	弦正	線切	線割		弦正	線切	線割
三〇	九四二六四	二八二三九一	二九九五七四	三〇	三三三八一	三五四一二	一〇六〇八五
二九	九四二五四	二八二一三〇	二九九三二九	三一	三三四〇八	三五四四五	一〇六〇九六
二八	九四二四五	二八一八七〇	二九九〇八三	三二	三三四三六	三五四七七	一〇六一〇七
二七	九四二三五	二八一六一〇	二九八八三八	三三	三三四六三	三五五一〇	一〇六一一八
二六	九四二二五	二八一三五〇	二九八五九四	三四	三三四九〇	三五五四三	一〇六一二九
二五	九四二一六	二八一〇九一	二九八三五九	三五	三三五一八	三五五七六	一〇六一四〇
二四	九四二〇六	二八〇八三三	二九八一〇六	三六	三三五四五	三五六〇八	一〇六一五一
二三	九四一九六	二八〇五七四	二九七八六二	三七	三三五七三	三五六四一	一〇六一六二
二二	九四一八六	二八〇三一六	二九七六一九	三八	三三六〇〇	三五六七四	一〇六一七三
二一	九四一七六	二八〇〇五九	二九七三七七	三九	三三六二七	三五七〇七	一〇六一八四
二〇	九四一六七	二七九八〇二	二九七一三五	四〇	三三六五五	三五七四〇	一〇六一九五
一九	九四一五七	二七九五四五	二九六八九三	四一	三三六八二	三五七七二	一〇六二〇六
一八	九四一四七	二七九二八九	二九六六五二	四二	三三七一〇	三五八〇五	一〇六二一七
一七	九四一三七	二七九〇三三	二九六四一一	四三	三三七三七	三五八三八	一〇六二二八
一六	九四一二七	二七八七七八	二九六一七一	四四	三三七六四	三五八七一	一〇六二三九
一五	九四一一八	二七八五二三	二九五九三一	四五	三三七九二	三五九〇四	一〇六二五〇
一四	九四一〇八	二七八二六九	二九五六九一	四六	三三八一九	三五九三七	一〇六二六一
一三	九四〇九八	二七八〇一四	二九五四五二	四七	三三八四六	三五九六九	一〇六二七二
一二	九四〇八八	二七七七六一	二九五二一三	四八	三三八七四	三六〇〇二	一〇六二八三
一一	九四〇七八	二七七五〇七	二九四九七五	四九	三三九〇一	三六〇三五	一〇六二九五
一〇	九四〇六八	二七七二五四	二九四七三七	五〇	三三九二九	三六〇六八	一〇六三〇六
九	九四〇五八	二七七〇〇二	二九四五〇〇	五一	三三九五六	三六一〇一	一〇六三一七
八	九四〇四九	二七六七五〇	二九四二六三	五二	三三九八三	三六一三四	一〇六三二八
七	九四〇三九	二七六四九八	二九四〇二六	五三	三四〇一一	三六一六七	一〇六三三九
六	九四〇二九	二七六二四七	二九三七九〇	五四	三四〇三八	三六二〇〇	一〇六三五〇
五	九四〇一九	二七五九九六	二九三五五四	五五	三四〇六五	三六二三二	一〇六三六二
四	九四〇〇九	二七五七四六	二九三三一八	五六	三四〇九三	三六二六五	一〇六三七三
三	九三九九九	二七五四九六	二九三〇八三	五七	三四一二〇	三六二九八	一〇六三八四
二	九三九八九	二七五二四六	二九二八四九	五八	三四一四七	三六三三一	一〇六三九五
一	九三九七九	二七四九九七	二九二六一四	五九	三四一七五	三六三六四	一〇六四〇七
〇	九三九六九	二七四七四八	二九二三八〇	六〇	三四二〇二	三六三九七	一〇六四一八
七〇				一九			

	弦正	線切	線割		弦正	線切	線割
六〇	九四五五二	二九〇四二一	三〇七一五五	〇	三二五五七	三四四三三	一〇五七六二
五九	九四五四二	二九〇一四七	三〇六八九六	一	三二五八四	三四四六五	一〇五七七三
五八	九四五三三	二八九八七三	三〇六六三七	二	三二六一二	三四四九八	一〇五七八三
五七	九四五二三	二八九六〇〇	三〇六三七九	三	三二六三九	三四五三〇	一〇五七九四
五六	九四五一四	二八九三二七	三〇六一二一	四	三二六六七	三四五六三	一〇五八〇五
五五	九四五〇四	二八九〇五五	三〇五八六四	五	三二六九四	三四五九六	一〇五八一五
五四	九四四九五	二八八七八三	三〇五六〇七	六	三二七二二	三四六二八	一〇五八二六
五三	九四四八五	二八八五一一	三〇五三五〇	七	三二七四九	三四六六一	一〇五八三六
五二	九四四七六	二八八二四〇	三〇五〇九四	八	三二七七七	三四六九三	一〇五八四七
五一	九四四六六	二八七九七〇	三〇四八三九	九	三二八〇四	三四七二六	一〇五八五八
五〇	九四四五七	二八七七〇〇	三〇四五八四	一〇	三二八三二	三四七五八	一〇五八六八
四九	九四四四七	二八七四三〇	三〇四三二九	一一	三二八五九	三四七九一	一〇五八七九
四八	九四四三八	二八七一六一	三〇四〇七五	一二	三二八八七	三四八二四	一〇五八九〇
四七	九四四二八	二八六八九二	三〇三八二一	一三	三二九一四	三四八五六	一〇五九〇一
四六	九四四一八	二八六六二四	三〇三五六八	一四	三二九四二	三四八八九	一〇五九一一
四五	九四四〇九	二八六三五六	三〇三三一五	一五	三二九六九	三四九二二	一〇五九二二
四四	九四三九九	二八六〇八九	三〇三〇六二	一六	三二九九七	三四九五四	一〇五九三三
四三	九四三九〇	二八五八二二	三〇二八一〇	一七	三三〇二四	三四九八七	一〇五九四四
四二	九四三八〇	二八五五五五	三〇二五五九	一八	三三〇五一	三五〇二〇	一〇五九五五
四一	九四三七〇	二八五二八九	三〇二三〇八	一九	三三〇七九	三五〇五二	一〇五九六五
四〇	九四三六一	二八五〇二三	三〇二〇五七	二〇	三三一〇六	三五〇八五	一〇五九七六
三九	九四三五一	二八四七五八	三〇一八〇七	二一	三三一三四	三五一一八	一〇五九八七
三八	九四三四二	二八四四九四	三〇一五五七	二二	三三一六一	三五一五〇	一〇五九九八
三七	九四三三二	二八四二二九	三〇一三〇八	二三	三三一八九	三五一八三	一〇六〇〇九
三六	九四三二二	二八三九六五	三〇一〇五九	二四	三三二一六	三五二一六	一〇六〇二〇
三五	九四三一三	二八三七〇二	三〇〇八一〇	二五	三三二四四	三五二四八	一〇六〇三〇
三四	九四三〇三	二八三四三九	三〇〇五六二	二六	三三二七一	三五二八一	一〇六〇四一
三三	九四二九三	二八三一七六	三〇〇三一五	二七	三三二九八	三五三一四	一〇六〇五二
三二	九四二八四	二八二九一四	三〇〇〇六七	二八	三三三二六	三五三四六	一〇六〇六三
三一	九四二七四	二八二六五三	二九九八二一	二九	三三三五三	三五三七八	一〇六〇七四
三〇	九四二六四	二八二三九一	二九九五七四	三〇	三三三八一	三五四一二	一〇六〇八五
七〇				一九			

	弦　正	線　切	線　割		弦　正	線　切	線　割
六〇	九三九六九	二七四七四八	二九二三八〇	〇	三四二〇二	三六三九七	一〇六四一八
五九	九三九五九	二七四四九九	二九二一四七	一	三四二二九	三六四三〇	一〇六四二九
五八	九三九四九	二七四二五一	二九一九一四	二	三四二五七	三六四六三	一〇六四四〇
五七	九三九三九	二七四〇〇四	二九一六八一	三	三四二八四	三六四九六	一〇六四五二
五六	九三九二九	二七三七五六	二九一四四九	四	三四三一一	三六五二九	一〇六四六三
五五	九三九一九	二七三五〇九	二九一二一七	五	三四三三九	三六五六二	一〇六四七四
五四	九三九〇九	二七三二六三	二九〇九八六	六	三四三六六	三六五九五	一〇六四八六
五三	九三八九九	二七三〇一七	二九〇七五四	七	三四三九三	三六六二八	一〇六四九七
五二	九三八八九	二七二七七一	二九〇五二四	八	三四四二一	三六六六一	一〇六五〇八
五一	九三八七九	二七二五二六	二九〇二九三	九	三四四四八	三六六九四	一〇六五二〇
五〇	九三八六九	二七二二八一	二九〇〇六三	一〇	三四四七五	三六七二七	一〇六五三一
四九	九三八五九	二七二〇三六	二八九八三四	一一	三四五〇三	三六七六〇	一〇六五四二
四八	九三八四九	二七一七九二	二八九六〇五	一二	三四五三〇	三六七九三	一〇六五五四
四七	九三八三九	二七一五四八	二八九三七六	一三	三四五五七	三六八二六	一〇六五六五
四六	九三八二九	二七一三〇五	二八九一四八	一四	三四五八四	三六八五九	一〇六五七七
四五	九三八一九	二七一〇六二	二八八九二〇	一五	三四六一二	三六八九二	一〇六五八八
四四	九三八〇九	二七〇八一九	二八八六九二	一六	三四六三九	三六九二五	一〇六六〇〇
四三	九三七九九	二七〇五七七	二八八四六五	一七	三四六六六	三六九五八	一〇六六一一
四二	九三七八九	二七〇三三五	二八八二三八	一八	三四六九四	三六九九一	一〇六六二二
四一	九三七七九	二七〇〇九四	二八八〇一一	一九	三四七二一	三七〇二四	一〇六六三四
四〇	九三七六九	二六九八五三	二八七七八五	二〇	三四七四八	三七〇五七	一〇六六四五
三九	九三七五九	二六九六一二	二八七五六〇	二一	三四七七五	三七〇九〇	一〇六六五七
三八	九三七四八	二六九三七一	二八七三三四	二二	三四八〇三	三七一二三	一〇六六六八
三七	九三七三八	二六九一三一	二八七一〇九	二三	三四八三〇	三七一五七	一〇六六八〇
三六	九三七二八	二六八八九二	二八六八八五	二四	三四八五七	三七一九〇	一〇六六九一
三五	九三七一八	二六八六五三	二八六六六一	二五	三四八八四	三七二二三	一〇六七〇三
三四	九三七〇八	二六八四一四	二八六四三七	二六	三四九一二	三七二五六	一〇六七一五
三三	九三六九八	二六八一七五	二八六二一三	二七	三四九三九	三七二八九	一〇六七二六
三二	九三六八八	二六七九三七	二八五九九〇	二八	三四九六六	三七三二二	一〇六七三八
三一	九三六七七	二六七七〇〇	二八五七六七	二九	三四九九三	三七三五五	一〇六七四九
三〇	九三六六七	二六七四六二	二八五五四五	三〇	三五〇二一	三七三八八	一〇六七六一
六九			二〇				

	弦　正	線　切	線　割		弦　正	線　切	線　割
三〇	九三六六七	二六七四六二	二八五五四五	三〇	三五〇二一	三七三八八	一〇六七六一
二九	九三六五七	二六七二二五	二八五三二三	三一	三五〇四八	三七四二二	一〇六七七三
二八	九三六四七	二六六九八九	二八五一〇二	三二	三五〇七五	三七四五五	一〇六七八四
二七	九三六三七	二六六七五二	二八四八八〇	三三	三五一〇二	三七四八八	一〇六七九六
二六	九三六二六	二六六五一六	二八四六五九	三四	三五一三〇	三七五二一	一〇六八〇七
二五	九三六一六	二六六二八一	二八四四三九	三五	三五一五七	三七五五四	一〇六八一九
二四	九三六〇六	二六六〇四六	二八四二一九	三六	三五一八四	三七五八八	一〇六八三一
二三	九三五九六	二六五八一一	二八三九九九	三七	三五二一一	三七六二一	一〇六八四三
二二	九三五八五	二六五五七六	二八三七八〇	三八	三五二三九	三七六五四	一〇六八五四
二一	九三五七五	二六五三四二	二八三五六一	三九	三五二六六	三七六八七	一〇六八六六
二〇	九三五六五	二六五一〇九	二八三三四二	四〇	三五二九三	三七七二〇	一〇六八七八
一九	九三五五五	二六四八七五	二八三一二四	四一	三五三二〇	三七七五四	一〇六八八九
一八	九三五四四	二六四六四二	二八二九〇六	四二	三五三四七	三七七八七	一〇六九〇一
一七	九三五三四	二六四四一〇	二八二六八八	四三	三五三七五	三七八二〇	一〇六九一三
一六	九三五二四	二六四一七七	二八二四七一	四四	三五四〇二	三七八五三	一〇六九二五
一五	九三五一四	二六三九四五	二八二二五四	四五	三五四二九	三七八八七	一〇六九三六
一四	九三五〇三	二六三七一四	二八二〇三七	四六	三五四五六	三七九二〇	一〇六九四八
一三	九三四九三	二六三四八三	二八一八二一	四七	三五四八四	三七九五三	一〇六九六〇
一二	九三四八三	二六三二五二	二八一六〇五	四八	三五五一一	三七九八六	一〇六九七二
一一	九三四七二	二六三〇二一	二八一三九〇	四九	三五五三八	三八〇二〇	一〇六九八四
一〇	九三四六二	二六二七九一	二八一一七五	五〇	三五五六五	三八〇五三	一〇六九九五
九	九三四五二	二六二五六一	二八〇九六〇	五一	三五五九二	三八〇八六	一〇七〇〇七
八	九三四四一	二六二三三二	二八〇七四六	五二	三五六一九	三八一二〇	一〇七〇一九
七	九三四三一	二六二一〇三	二八〇五三一	五三	三五六四七	三八一五三	一〇七〇三一
六	九三四二〇	二六一八七四	二八〇三一八	五四	三五六七四	三八一八六	一〇七〇四三
五	九三四一〇	二六一六四六	二八〇一〇四	五五	三五七〇一	三八二二〇	一〇七〇五五
四	九三四〇〇	二六一四一八	二七九八九一	五六	三五七二八	三八二五三	一〇七〇六七
三	九三三八九	二六一一九〇	二七九六七九	五七	三五七五五	三八二八六	一〇七〇七九
二	九三三七九	二六〇九六三	二七九四六六	五八	三五七八二	三八三二〇	一〇七〇九一
一	九三三六八	二六〇七三六	二七九二五四	五九	三五八一〇	三八三五三	一〇七一〇三
〇	九三三五八	二六〇五〇九	二七九〇四三	六〇	三五八三七	三八三八六	一〇七一一五
六九			二〇				

	弦正	線切	線割		弦正	線切	線割
三〇	九三〇四二	二五三八六五	二七二八五〇	三〇	三六六五〇	三九三九一	一〇七四七九
二九	九三〇三一	二五三六四八	二七二六四九	三一	三六六七七	三九四二五	一〇七四九一
二八	九三〇二〇	二五三四三二	二七二四四八	三二	三六七〇四	三九四五八	一〇七五〇三
二七	九三〇一〇	二五三二一七	二七二二四七	三三	三六七三一	三九四九二	一〇七五一六
二六	九二九九九	二五三〇〇一	二七二〇四七	三四	三六七五八	三九五二六	一〇七五二八
二五	九二九八八	二五二七八六	二七一八四七	三五	三六七八五	九三五五九	一〇七五四〇
二四	九二九七八	二五二五七一	二七一六四七	三六	三六八一二	三九五九三	一〇七五五三
二三	九二九六七	二五二三五七	二七一四四八	三七	三六八四〇	三九六二六	一〇七五六五
二二	九二九五六	二五二一四二	二七一二四九	三八	三六八六七	三九六六〇	一〇七五七八
二一	九二九四五	二五一九二九	二七一〇五〇	三九	三六八九四	三九六九四	一〇七五九〇
二〇	九二九三五	二五一七一五	二七〇八五一	四〇	三六九二一	三九七二七	一〇七六〇二
一九	九二九二四	二五一五〇二	二七〇六五三	四一	三六九四八	三九七六一	一〇七六一五
一八	九二九一三	二五一二八九	二七〇四五五	四二	三六九七五	三九七九五	一〇七六二七
一七	九二九〇三	二五一〇七六	二七〇二五八	四三	三七〇〇二	三九八二九	一〇七六四〇
一六	九二八九二	二五〇八六四	二七〇〇六一	四四	三七〇二九	三九八六二	一〇七六五二
一五	九二八八一	二五〇六五二	二六九八六四	四五	三七〇五六	三九八九六	一〇七六六五
一四	九二八七〇	二五〇四四〇	二六九六六七	四六	三七〇八三	三九九三〇	一〇七六七七
一三	九二八五九	二五〇二二九	二六九四七一	四七	三七一一〇	三九九六三	一〇七六九〇
一二	九二八四九	二五〇〇一八	二六九二七五	四八	三七一三七	三九九九七	一〇七七〇二
一一	九二八三八	二四九八〇七	二六九〇七九	四九	三七一六四	四〇〇三一	一〇七七一五
一〇	九二八二七	二四九五九七	二六八八八四	五〇	三七一九一	四〇〇六五	一〇七七二七
九	九二八一六	二四九三八六	二六八六八九	五一	三七二一八	四〇〇九八	一〇七七四〇
八	九二八〇五	二四九一七七	二六八四九四	五二	三七二四五	四〇一三二	一〇七七五二
七	九二七九四	二四八九六七	二六八二九九	五三	三七二七二	四〇一六六	一〇七七六五
六	九二七八四	二四八七五八	二六八一〇五	五四	三七二九九	四〇二〇〇	一〇七七七八
五	九二七七三	二四八五四九	二六七九一一	五五	三七三二六	四〇二三四	一〇七七九〇
四	九二七六二	二四八三四〇	二六七七一八	五六	三七三五三	四〇二六七	一〇七八〇三
三	九二七五一	二四八一三二	二六七五二五	五七	三七三八〇	四〇三〇一	一〇七八一六
二	九二七四〇	二四七九二四	二六七三三二	五八	三七四〇七	四〇三三五	一〇七八二八
一	九二七二九	二四七七一六	二六七一三九	五九	三七四三四	四〇三六九	一〇七八四一
〇	九二七一八	二四七五〇九	二六六九四七	六〇	三七四六一	四〇四〇三	一〇七八五三
六八				二一			

	弦正	線切	線割		弦正	線切	線割
六〇	九三三五八	二六〇五〇九	二七九〇四三	〇	三五八三七	三八三八六	一〇七一一五
五九	九三三四八	二六〇二八三	二七八八三二	一	三五八六四	三八四二〇	一〇七一二六
五八	九三三三七	二六〇〇五七	二七八六二一	二	三五八九一	三八四五三	一〇七一三八
五七	九三三二七	二五九八三一	二七八四一〇	三	三五九一八	三八四八七	一〇七一五〇
五六	九三三一六	二五九六〇六	二七八二〇〇	四	三五九四五	三八五二〇	一〇七一六二
五五	九三三〇六	二五九三八一	二七七九九〇	五	三五九七三	三八五五三	一〇七一七四
五四	九三二七五	二五九一五六	二七七七八〇	六	三六〇〇〇	三八五八七	一〇七一八六
五三	九三二八五	二五八九三二	二七七五七一	七	三六〇二七	三八六二〇	一〇七一九九
五二	九三二七四	二五八七〇八	二七七三六二	八	三六〇五四	三八六五四	一〇七二一一
五一	九三二六四	二五八四八四	二七七一五四	九	三六〇八一	三八六八七	一〇七二二三
五〇	九三二五三	二五八二六一	二七六九四五	一〇	三六一〇八	三八七二一	一〇七二三五
四九	九三二四三	二五八〇三八	二七六七三七	一一	三六一三五	三八七五四	一〇七二四七
四八	九三二三二	二五七八一五	二七六五三〇	一二	三六一六二	三八七八七	一〇七二五九
四七	九三二二二	二五七五九三	二七六三二三	一三	三六一九〇	三八八二一	一〇七二七一
四六	九三二一一	二五七三七一	二七六一一六	一四	三六二一七	三八八五四	一〇七二八三
四五	九三二〇一	二五七一五〇	二七五九〇九	一五	三六二四四	三八八八八	一〇七二九五
四四	九三一九〇	二五六九二八	二七五七〇三	一六	三六二七一	三八九二一	一〇七三〇七
四三	九三一八〇	二五六七〇七	二七五四九七	一七	三六二九八	三八九五五	一〇七三二〇
四二	九三一六九	二五六四八七	二七五二九二	一八	三六三二五	三八九八八	一〇七三三二
四一	九三一五九	二五六二六六	二七五〇八六	一九	三六三五二	三九〇二二	一〇七三四四
四〇	九三一四八	二五六〇四六	二七四八八一	二〇	三六三七九	三九〇五五	一〇七三五六
三九	九三一三七	二五五八二七	二七四六七七	二一	三六四〇六	三九〇八九	一〇七三六八
三八	九三一二七	二五五六〇八	二七四四七三	二二	三六四三四	三九一二二	一〇七三八〇
三七	九三一一六	二五五三八九	二七四二六九	二三	三六四六一	三九一五六	一〇七三九三
三六	九三一〇六	二五五一七〇	二七四〇六五	二四	三六四八八	三九一九〇	一〇七四〇五
三五	九三〇九五	二五四九五二	二七三八六二	二五	三六五一五	三九二二三	一〇七四一七
三四	九三〇八四	二五四七三四	二七三六五九	二六	三六五四二	三九二五七	一〇七四二九
三三	九三〇七四	二五四五一六	二七三四五六	二七	三六五六九	三九二九〇	一〇七四四二
三二	九三〇六三	二五四二九九	二七三二五四	二八	三六五九六	三九三二四	一〇七四五四
三一	九三〇五二	二五四〇八二	二七三〇五二	二九	三六六二三	三九三五七	一〇七四六六
三〇	九三〇四二	二五三八六五	二七二八五〇	三〇	三六六五〇	三九三九一	一〇七四七九
六八				二一			

	弦正	線切	線割		弦正	線切	線割
三〇	九二三八八	二四一四二一	二六一三一三	三〇	三八二六八	四一四二一	一〇八二三九
二九	九二三七七	二四一二二三	二六一一二九	三一	三八二九五	四一四五五	一〇八二五二
二八	九二三六六	二四一〇二五	二六〇九四六	三二	三八三二二	四一四九〇	一〇八二六五
二七	九二三五五	二四〇八二七	二九〇七六三	三三	三八三四九	四一五二四	一〇八二七八
二六	九二三四三	二四〇六二九	二九〇五八一	三四	三八三七六	四一五五八	一〇八二九一
二五	九二三三二	二四〇四三二	二六〇三九九	三五	三八四〇三	四一五九二	一〇八三〇五
二四	九二三二一	二四〇二三五	二六〇二一七	三六	三八四三〇	四一六二六	一〇八三一八
二三	九二三一〇	二四〇〇三八	二六〇〇三五	三七	三八四五六	四一六六〇	一〇八三三一
二二	九二二九九	二三九八四一	二五九八五三	三八	三八四八三	四一六九四	一〇八三四四
二一	九二二八七	二三九六四五	二五九六七二	三九	三八五一〇	四一七二八	一〇八三五七
二〇	九二二七六	二三九四四九	二五九四九一	四〇	三八五三七	四一七六二	一〇八三七〇
一九	九二二六五	二三九二五三	二五九三一一	四一	三八五六四	四一七九七	一〇八三八三
一八	九二二五四	二三九〇五八	二五九一三〇	四二	三八五九一	四一八三一	一〇八三九七
一七	九二二四三	二三八八六三	二五八九五〇	四三	三八六一七	四一八六五	一〇八四一〇
一六	九二二三一	二三八六六八	二五八七七一	四四	三八六四四	四一八九九	一〇八四二三
一五	九二二二〇	二三八四七三	二五八五九一	四五	三八六七一	四一九三三	一〇八四三六
一四	九二二〇九	二三八二七九	二五八四一二	四六	三八六九八	四一九六八	一〇八四四九
一三	九二一九八	二三八〇八四	二五八二三三	四七	三八七二五	四二〇〇二	一〇八四六三
一二	九二一八六	二三七八九一	二五八〇五四	四八	三八七五二	四二〇三六	一〇八四七六
一一	九二一七五	二三七六九七	二五七八七六	四九	三八七七八	四二〇七〇	一〇八四八九
一〇	九二一六四	二三七五〇四	二五七六九八	五〇	三八八〇五	四二一〇五	一〇八五〇三
九	九二一五二	二三七三一一	二五七五二〇	五一	三八八三二	四二一三九	一〇八五一六
八	九二一四一	二三七一一八	二五七三四二	五二	三八八五九	四二一七三	一〇八五二九
七	九二一三〇	二三六九二五	二五七一六五	五三	三八八八六	四二二〇七	一〇八五四二
六	九二一一九	二三六七三三	二五六九八八	五四	三八九一二	四二二四二	一〇八五五六
五	九二一〇七	二三六五四一	二五六八一一	五五	三八九三九	四二二七六	一〇八五六九
四	九二〇九六	二三六三四九	二五六六三四	五六	三八九六六	四二三一〇	一〇八五八二
三	九二〇八五	二三六一五八	二五六四五八	五七	三八九九三	四二三四五	一〇八五九六
二	九二〇七三	二三五九六七	二五六二八二	五八	三九〇二〇	四二三七九	一〇八六〇九
一	九二〇六二	二三五七七六	二五六一〇六	五九	三九〇四六	四二四一三	一〇八六二三
〇	九二〇五〇	二三五五八五	二五五九三〇	六〇	三九〇七三	四二四四七	一〇八六三六
六七				二二			

	弦正	線切	線割		弦正	線切	線割
六〇	九二七一八	二四七五〇九	二六六九四七	〇	三七四六一	四〇四〇三	一〇七八五三
五九	九二七〇七	二四七三〇二	二六六七五五	一	三七四八八	四〇四三六	一〇七八六六
五八	九二六九七	二四七〇九五	二六六五六三	二	三七五一五	四〇四七〇	一〇七八七九
五七	九二六八六	二四六八八八	二六六三七一	三	三七五四二	四〇五〇四	一〇七八九二
五六	九二六七五	二四六六八二	二六六一八〇	四	三七五六九	四〇五三八	一〇七九〇四
五五	九二六六四	二四六四七六	二六五九八九	五	三七五九五	四〇五七二	一〇七九一七
五四	九二六五三	二四六二七〇	二六五七九九	六	三七六二二	四〇六〇六	一〇七九三〇
五三	九二六四二	二四六〇六五	二六五六〇九	七	三七六四九	四〇六四〇	一〇七九四三
五二	九二六三一	二四五八六〇	二六五四一九	八	三七六七六	四〇六七四	一〇七九五五
五一	九二六二〇	二四五六五五	二六五二二九	九	三七七〇三	四〇七〇七	一〇七九六八
五〇	九二六〇九	二四五四五一	二六五〇四〇	一〇	三七七三〇	四〇七四一	一〇七九八一
四九	九二五九八	二四五二四六	二六四八五一	一一	三七七五七	四〇七七五	一〇七九九四
四八	九二五八七	二四五〇四三	二六四六六二	一二	三七七八四	四〇八〇九	一〇八〇〇六
四七	九二五七六	二四四八三九	二六四四七三	一三	三七八一一	四〇八四三	一〇八〇一九
四六	九二五六五	二四四六三六	二六四二八五	一四	三七八三八	四〇八七七	一〇八〇三二
四五	九二五五四	二四四四三三	二六四〇九七	一五	三七八六五	四〇九一一	一〇八〇四五
四四	九二五四三	二四四二三〇	二六三九〇九	一六	三七八九二	四〇九四五	一〇八〇五八
四三	九二五三二	二四四〇二七	二六三七二二	一七	三七九一九	四〇九七九	一〇八〇七一
四二	九二五二一	二四三八二五	二六三五三五	一八	三七九四六	四一〇一三	一〇八〇八四
四一	九二五一〇	二四三六二三	二六三三四八	一九	三七九七三	四一〇四七	一〇八〇九七
四〇	九二四九九	二四三四二二	二六三一六二	二〇	三七九九九	四一〇八一	一〇八一〇九
三九	九二四八八	二四三二二〇	二六二九七六	二一	三八〇二六	四一一一五	一〇八一二二
三八	九二四七七	二四三〇一九	二六二七九〇	二二	三八〇五三	四一一四九	一〇八一三五
三七	九二四六六	二四二八一九	二六二六〇四	二三	三八〇八〇	四一一八三	一〇八一四八
三六	九二四五五	二四二六一八	二六二四一九	二四	三八一〇七	四一二一七	一〇八一六一
三五	九二四四四	二四二四一八	二六二二三四	二五	三八一三四	四一二五一	一〇八一七四
三四	九二四三二	二四二二一八	二六二〇四九	二六	三八一六一	四一二八五	一〇八一八七
三三	九二四二一	二四二〇一九	二六一八六四	二七	三八一八八	四一三一九	一〇八二〇〇
三二	九二四一〇	二四一八一九	二六一六八〇	二八	三八二一五	四一三五三	一〇八二一三
三一	九二三九九	二四一六二〇	二六一四九六	二九	三八二四一	四一三八七	一〇八二二六
三〇	九二三八八	二四一四二一	二六一三一三	三〇	三八二六八	四一四二一	一〇八二三九
六七				二二			

	弦正	線切	線割		弦正	線切	線割
三〇	九一七〇六	二二九九八四	二五〇七八四	三〇	三九八七五	四三四八一	一〇九〇四四
二九	九一六九四	二二九八〇一	二五〇六一七	三一	三九九〇二	四三五一六	一〇九〇五八
二八	九一六八三	二二九六一九	二五〇四四九	三二	三九九二八	四三五五〇	一〇九〇七二
二七	九一六七一	二二九四三七	二五〇二八二	三三	三九九五五	四三五八五	一〇九〇八六
二六	九一六六〇	二二九二五四	二五〇一一五	三四	三九九八二	四三六二〇	一〇九〇九九
二五	九一六四八	二二九〇七三	二四九九四八	三五	四〇〇〇八	四三六五四	一〇九一一三
二四	九一六三六	二二八八九一	二四九七八二	三六	四〇〇三五	四三六八九	一〇九一二七
二三	九一六二五	二二八七一〇	二四九六一六	三七	四〇〇六二	四三七二四	一〇九一四一
二二	九一六一三	二二八五二八	二四九四五〇	三八	四〇〇八八	四三七五八	一〇九一五五
二一	九一六〇一	二二八三四八	二四九二八四	三九	四〇一一五	四三七九三	一〇九一六九
二〇	九一五九〇	二二八一六七	二四九一一九	四〇	四〇一四二	四三八二八	一〇九一八三
一九	九一五七八	二二七九八七	二四八九五四	四一	四〇一六八	四三八六二	一〇九一九七
一八	九一五六六	二二七八〇六	二四八七八九	四二	四〇一九五	四三八九七	一〇九二一一
一七	九一五五五	二二七六二六	二四八六二四	四三	四〇二二一	四三九三二	一〇九二二四
一六	九一五四三	二二七四四七	二四八四五九	四四	四〇二四八	四三九六六	一〇九二三八
一五	九一五三一	二二七二六七	二四八二九五	四五	四〇二七五	四四〇〇一	一〇九二五二
一四	九一五一九	二二七〇八八	二四八一三一	四六	四〇三〇一	四四〇三六	一〇九二六六
一三	九一五〇八	二二六九〇九	二四七九六七	四七	四〇三二八	四四〇七一	一〇九二八〇
一二	九一四九六	二二六七三〇	二四七八〇四	四八	四〇三五五	四四一〇五	一〇九二九四
一一	九一四八四	二二六五五二	二四七六四〇	四九	四〇三八一	四四一四〇	一〇九三〇八
一〇	九一四七二	二二六三七四	二四七四七七	五〇	四〇四〇八	四四一七五	一〇九三二三
九	九一四六一	二二六一九六	二四七三一四	五一	四〇四三四	四四二一〇	一〇九三三七
八	九一四四九	二二六〇一八	二四七一五二	五二	四〇四六一	四四二四四	一〇九三五一
七	九一四三七	二二五八四〇	二四六九八九	五三	四〇四八八	四四二七九	一〇九三六五
六	九一四二五	二二五六六三	二四六八二七	五四	四〇五一四	四四三一四	一〇九三七九
五	九一四一四	二二五四八六	二四六六六五	五五	四〇五四一	四四三四九	一〇九三九三
四	九一四〇二	二二五三〇九	二四六五〇四	五六	四〇五六七	四四三八四	一〇九四〇七
三	九一三九〇	二二五一三二	二四六三四二	五七	四〇五九四	四四四一八	一〇九四二一
二	九一三七八	二二四九五六	二四六一八一	五八	四〇六二一	四四四五三	一〇九四三五
一	九一三六六	二二四七八〇	二四六〇二〇	五九	四〇六四八	四四四八八	一〇九四四九
〇	九一三五五	二二四六〇四	二四五八五九	六〇	四〇六七四	四四五二三	一〇九四六四
六六				二三			

	弦正	線切	線割		弦正	線切	線割
六〇	九二〇五〇	二三五五八五	二五五九三〇	〇	三九〇七三	四二四四七	一〇八六三六
五九	九二〇三九	二三五三九五	二五五七五五	一	三九一〇〇	四二四八二	一〇八六四九
五八	九二〇二八	二三五二〇五	二五五五八〇	二	三九一二七	四二五一六	一〇八六六三
五七	九二〇一六	二三五〇一五	二五五四〇五	三	三九一五三	四二五五一	一〇八六七六
五六	九二〇〇五	二三四八二五	二五五二三一	四	三九一八〇	四二五八五	一〇八六九〇
五五	九一九九四	二三四六三六	二五五〇五七	五	三九二〇七	四二六一九	一〇八七〇三
五四	九一九八二	二三四四四七	二五四八八三	六	三九二三四	四二六五四	一〇八七一七
五三	九一九七一	二三四二五八	二五四七〇九	七	三九二六〇	四二六八八	一〇八七三〇
五二	九一九五九	二三四〇六九	二五四五三六	八	三九二八七	四二七二二	一〇八七四四
五一	九一九四八	二三三八八一	二五四三六三	九	三九三一四	四二七五七	一〇八七五七
五〇	九一九三六	二三三六九三	二五四一九〇	一〇	三九三四一	四二七九一	一〇八七七一
四九	九一九二五	二三三五〇五	二五四〇一七	一一	三九三六七	四二八二六	一〇八七八四
四八	九一九一四	二三三三一七	二五三八四五	一二	三九三九四	四二八六〇	一〇八七九八
四七	九一九〇二	二三三一三〇	二五三六七二	一三	三九四二一	四二八九四	一〇八八一一
四六	九一八九一	二三二九四三	二五三五〇〇	一四	三九四四八	四二九二九	一〇八八二五
四五	九一八七九	二三二七五六	二五三三二九	一五	三九四七四	四二九六三	一〇八八三九
四四	九一八六八	二三二五七〇	二五三一五七	一六	三九五〇一	四二九九八	一〇八八五二
四三	九一八五六	二三二三八三	二五二九八六	一七	三九五二八	四三〇三二	一〇八八六六
四二	九一八四五	二三二一九七	二五二八一五	一八	三九五五五	四三〇六七	一〇八八八〇
四一	九一八三三	二三二〇一二	二五二六四五	一九	三九五八一	四三一〇一	一〇八八九三
四〇	九一八二二	二三一八二六	二五二四七四	二〇	三九六〇八	四三一三六	一〇八九〇七
三九	九一八一〇	二三一六四一	二五二三〇四	二一	三九六三五	四三一七〇	一〇八九二一
三八	九一七九九	二三一四五六	二五二一三四	二二	三九六六一	四三二〇五	一〇八九三四
三七	九一七八七	二三一二七一	二五一九六五	二三	三九六八八	四三二三九	一〇八九四八
三六	九一七七五	二三一〇八六	二五一七九五	二四	三九七一五	四三二七四	一〇八九六二
三五	九一七六四	二三〇九〇二	二五一六二六	二五	三九七四一	四三三〇八	一〇八九七五
三四	九一七五二	二三〇七一八	二八一四五七	二六	三九七六八	四三三四三	一〇八九八九
三三	九一七四一	二三〇五三四	二五一二八九	二七	三九七九五	四三三七八	一〇九〇〇三
三二	九一七二九	二三〇三五一	二五一一二〇	二八	三九八二二	四三四一二	一〇九〇一七
三一	九一七一八	二三〇一六七	二五〇九五二	二九	三九八四八	四三四四七	一〇九〇三〇
三〇	九一七〇六	二二九九八四	二五〇七八四	三〇	三九八七五	四三四八一	一〇九〇四四
六六				二三			

	弦正	線切	線割		弦正	線切	線割
三〇	九〇九九六	二一九四三〇	二四一一四二	三〇	四一四六九	四五五七三	一〇九八九五
二九	九〇九八四	二一九二六一	二四〇九八八	三一	四一四九六	四五六〇八	一〇九九〇九
二八	九〇九七二	二一九〇九二	二四〇八三五	三二	四一五二二	四五六四三	一〇九九二四
二七	九〇九六〇	二一八九二三	二四〇六八一	三三	四一五四九	四五六七八	一〇九九三九
二六	九〇九四八	二一八七五五	二四〇五二八	三四	四一五七五	四五七一三	一〇九九五三
二五	九〇九三六	二一八五八七	二四〇三七五	三五	四一六〇二	四五七四八	一〇九九六八
二四	九〇九二四	二一八四一九	二四〇二二二	三六	四一六二八	四五七八四	一〇九九八二
二三	九〇九一二	二一八二五一	二四〇〇七〇	三七	四一六五五	四五八一九	一〇九九九七
二二	九〇八九九	二一八〇八四	二三九九一八	三八	四一六八一	四五八五四	一一〇〇一二
二一	九〇八八七	二一七九一六	二三九七六六	三九	四一七〇七	四五八八九	一一〇〇二六
二〇	九〇八七五	二一七七四九	二三九六一四	四〇	四一七三四	四五九二四	一一〇〇四一
一九	九〇八六三	二一七五八二	二三九四六二	四一	四一七六〇	四五九六〇	一一〇〇五六
一八	九〇八五一	二一七四一六	二三九三一一	四二	四一七八七	四五九九五	一一〇〇七一
一七	九〇八三九	二一七二四九	二三九一五九	四三	四一八一三	四六〇三〇	一一〇〇八五
一六	九〇八二六	二一七〇八三	二三九〇〇八	四四	四一八四〇	四六〇六五	一一〇一〇〇
一五	九〇八一四	二一六九一七	二三八八五七	四五	四一八六六	四六一〇一	一一〇一一五
一四	九〇八〇二	二一六七五一	二三八七〇七	四六	四一八九二	四六一三六	一一〇一三〇
一三	九〇七九〇	二一六五八五	二三八五五六	四七	四一九一九	四六一七一	一一〇一四四
一二	九〇七七八	二一六四二〇	二三八四〇六	四八	四一九四五	四六二〇六	一一〇一五九
一一	九〇七六六	二一六二五五	二三八二五六	四九	四一九七二	四六二四二	一一〇一七四
一〇	九〇七五三	二一六〇九〇	二三八一〇七	五〇	四一九九八	四六二七七	一一〇一八九
九	九〇七四一	二一五九二五	二三七九五七	五一	四二〇二四	四六三一二	一一〇二〇四
八	九〇七二九	二一五七六〇	二三七八〇八	五二	四二〇五一	四六三四八	一一〇二一八
七	九〇七一七	二一五五九六	二三七六五八	五三	四二〇七七	四六三八三	一一〇二三三
六	九〇七〇四	二一五四三二	二三七五〇九	五四	四二一〇四	四六四一八	一一〇二四八
五	九〇六九二	二一五二六八	二三七三六一	五五	四二一三〇	四六四五四	一一〇二六三
四	九〇六八〇	二一五一〇四	二三七二一二	五六	四二一五六	四六四八九	一一〇二七八
三	九〇六六八	二一四九四〇	二三七〇六四	五七	四二一八三	四六五二五	一一〇二九三
二	九〇六五五	二一四七七七	二三六九一六	五八	四二二〇九	四六五六〇	一一〇三〇八
一	九〇六四三	二一四六一四	二三六七六八	五九	四二二三五	四六五九五	一一〇三二三
〇	九〇六三一	二一四四五一	二三六六二〇	六〇	四二二六二	四六六三一	一一〇三三八
六五				二四			

	弦正	線切	線割		弦正	線切	線割
六〇	九一三五五	二二四六〇四	二四五八五九	〇	四〇六四七	四四五二三	一〇九四六四
五九	九一三四三	二二四四二八	二四五六九九	一	四〇七〇〇	四四五五八	一〇九四七八
五八	九一三三一	二二四二五二	二四五五三九	二	四〇七二七	四四五九三	一〇九四九二
五七	九一三一九	二二四〇七七	二四五三七八	三	四〇七五三	四四六二七	一〇九五〇六
五六	九一三〇七	二二三九〇二	二四五二一九	四	四〇七八〇	四四六六二	一〇九五二〇
五五	九一二九五	二二三七二七	二四五〇五九	五	四〇八〇六	四四六九七	一〇九五三五
五四	九一二八三	二二三五五三	二四四九〇〇	六	四〇八三三	四四七三二	一〇九五四九
五三	九一二七二	二二三三七八	二四四七四一	七	四〇八六〇	四四七六七	一〇九五六三
五二	九一二六〇	二二三二〇四	二四四五八二	八	四〇八八六	四四八〇二	一〇九五七七
五一	九一二四八	二二三〇三〇	二四四四二三	九	四〇九一三	四四八三七	一〇九五九二
五〇	九一二三六	二二二八五七	二四四二六四	一〇	四〇九三九	四四八七二	一〇九六〇六
四九	九一二二四	二二二六八三	二四四一〇六	一一	四〇九六六	四四九〇七	一〇九六二〇
四八	九一二一二	二二二五一〇	二四三九四八	一二	四〇九九二	四四九四二	一〇九六三五
四七	九一二〇〇	二二二三三七	二四三七九〇	一三	四一〇一九	四四九七七	一〇九六四九
四六	九一一八八	二二二一六四	二四三六三三	一四	四一〇四五	四五〇一二	一〇九六六三
四五	九一一七六	二二一九九二	二四三四七六	一五	四一〇七二	四五〇四七	一〇九六七八
四四	九一一六四	二二一八一九	二四三三一八	一六	四一〇九八	四五〇八二	一〇九六九二
四三	九一一五二	二二一六四七	二四三一六二	一七	四一一二五	四五一一七	一〇九七〇七
四二	九一一四〇	二二一四七五	二四三〇〇五	一八	四一一五一	四五一五二	一〇九七二一
四一	九一一二八	二二一三〇四	二四二八四八	一九	四一一七八	四五一八七	一〇九七三五
四〇	九一一一六	二二一一三二	二四二六九二	二〇	四一二〇四	四五二二二	一〇九七五〇
三九	九一一〇四	二二〇九六一	二四二五三六	二一	四一二三一	四五二五七	一〇九七六四
三八	九一〇九二	二二〇七九〇	二四二三八〇	二二	四一二五七	四五二九二	一〇九七七九
三七	九一〇八〇	二二〇六一九	二四二二二五	二三	四一二八四	四五三二七	一〇九七九三
三六	九一〇六八	二二〇四四九	二四二〇七〇	二四	四一三一〇	四五三六二	一〇九八〇八
三五	九一〇五六	二二〇二七八	二四一九一四	二五	四一三三七	四五三九七	一〇九八二二
三四	九一〇四四	二二〇一〇八	二四一七六〇	二六	四一三六三	四五四三二	一〇九八三七
三三	九一〇三二	二一九九三八	二四一六〇五	二七	四一三九〇	四五四六七	一〇九八五一
三二	九一〇二〇	二一九七六九	二四一四五〇	二八	四一四一六	四五五〇二	一〇九八六六
三一	九一〇〇八	二一九五九九	二四一二九六	二九	四一四四三	四五五三八	一〇九八八〇
三〇	九〇九九六	二一九四三〇	二四一一四二	三〇	四一四六九	四五五七三	一〇九八九五
六五				二四			

	弦正	線切	線割		弦正	線切	線割
六○	九○六三一	二一四四五一	二三六六二○	○	四二二六二	四六六三一	一一○三三八
五九	九○六一八	二一四二八八	二三六四七三	一	四二二八八	四六六六六	一一○三五三
五八	九○六○六	二一四一二五	二三六三二五	二	四二三一五	四六七○二	一一○三六八
五七	九○五九四	二一三九六三	二三六一七八	三	四二三四一	四六七三七	一一○三八三
五六	九○五八二	二一三八○一	二三六○三一	四	四二三六七	四六七七三	一一○三九八
五五	九○五六九	二一三六三九	二三五八八五	五	四二三九四	四六八○八	一一○四一三
五四	九○五五七	二一三四七七	二三五七三八	六	四二四二○	四六八四三	一一○四二八
五三	九○五四五	二一三三一六	二三五五九二	七	四二四四六	四六八七九	一一○四四三
五二	九○五三二	二一三一五四	二三五四四六	八	四二四七三	四六九一四	一一○四五八
五一	九○五二○	二一二九九三	二三五三○○	九	四二四九九	四六九五○	一一○四七三
五○	九○五○七	二一二八三二	二三五一五四	一○	四二五二五	四六九八五	一一○四八八
四九	九○四九五	二一二六七一	二三五○○九	一一	四二五五二	四七○二一	一一○五○三
四八	九○四八三	二一二五一一	二三四八六三	一二	四二五七八	四七○五六	一一○五一八
四七	九○四七○	二一二三五○	二三四七一八	一三	四二六○四	四七○九二	一一○五三三
四六	九○四五八	二一二一九○	二三四五七三	一四	四二六三一	四七一二八	一一○五四九
四五	九○四四六	二一二○三○	二三四四二九	一五	四二六五七	四七一六三	一一○五六四
四四	九○四三三	二一一八七一	二三四二八四	一六	四二六八三	四七一九九	一一○五七九
四三	九○四二一	二一一七一一	二三四一四○	一七	四二七○九	四七二三四	一一○五九四
四二	九○四○八	二一一五五二	二三三九九六	一八	四二七三六	四七二七○	一一○六○九
四一	九○三九六	二一一三九二	二三三八五二	一九	四二七六二	四七三○五	一一○六二五
四○	九○三八三	二一一二三三	二三三七○八	二○	四二七八八	四七三四一	一一○六四○
三九	九○三七一	二一一○七五	二三三五六五	二一	四二八一五	四七三七七	一一○六五五
三八	九○三五八	二一○九一六	二三三四二二	二二	四二八四一	四七四一二	一一○六七○
三七	九○三四六	二一○七五八	二三三二七八	二三	四二八六七	四七四四八	一一○六八六
三六	九○三三四	二一○六○○	二三三一三五	二四	四二八九四	四七四八三	一一○七○一
三五	九○三二一	二一○四四二	二三二九九三	二五	四二九二○	四七五一九	一一○七一六
三四	九○三○九	二一○二八四	二三二八五○	二六	四二九四六	四七五五五	一一○七三一
三三	九○二九六	二一○一二六	二三二七○八	二七	四二九七二	四七五九○	一一○七四七
三二	九○二八四	二○九九六九	二三二五六六	二八	四二九九九	四七六二六	一一○七六二
三一	九○二七一	二○九八一一	二三二四二四	二九	四三○二五	四七六六二	一一○七七七
三○	九○二五九	二○九六五四	二三二二八二	三○	四三○五一	四七六九八	一一○七九三
六四				二五			

	弦正	線切	線割		弦正	線切	線割
三○	九○二五九	二○九六五四	二三二二八二	三○	四三○五一	四七六九八	一一○七九三
二九	九○二四六	二○九四九八	二三二一四○	三一	四三○七七	四七七三三	一一○八○八
二八	九○二三三	二○九三四一	二三一九九九	三二	四三一○四	四七七六九	一一○八二四
二七	九○二二一	二○九一八四	二三一八五八	三三	四三一三○	四七八○五	一一○八三九
二六	九○二○八	二○九○二八	二三一七一七	三四	四三一五六	四七八四○	一一○八五四
二五	九○一九六	二○八八七二	二三一五七六	三五	四三一八二	四七八七六	一一○八七○
二四	九○一八三	二○八七一六	二三一四三六	三六	四三二○九	四七九一二	一一○八八五
二三	九○一七一	二○八五六○	二三一二九五	三七	四三二三五	四七九四八	一一○九○一
二二	九○一五八	二○八四○五	二三一一五五	三八	四三二六一	四七九八四	一一○九一六
二一	九○一四六	二○八二五○	二三一○一九	三九	四三二八七	四八○一九	一一○九三二
二○	九○一三三	二○八○九四	二三○八七五	四○	四三三一三	四八○五五	一一○九四七
一九	九○一二○	二○七九三九	二三○七三五	四一	四三三四○	四八○九一	一一○九六三
一八	九○一○八	二○七七八五	二三○五九六	四二	四三三六六	四八一二七	一一○九七八
一七	九○○九五	二○七六三○	二三○四五七	四三	四三三九二	四八一六三	一一○九九四
一六	九○○八二	二○七四七六	二三○三一八	四四	四三四一八	四八一九八	一一一○○九
一五	九○○七○	二○七三二一	二三○一七九	四五	四三四四五	四八二三四	一一一○二五
一四	九○○五七	二○七一六七	二三○○四○	四六	四三四七一	四八二七○	一一一○四一
一三	九○○四五	二○七○一四	二二九九○一	四七	四三四九七	四八三○六	一一一○五六
一二	九○○三二	二○六八六○	二二九七六三	四八	四三五二三	四八三四二	一一一○七二
一一	九○○一九	二○六七○六	二二九六二五	四九	四三五四九	四八三七八	一一一○八七
一○	九○○○七	二○六五五三	二二九四八七	五○	四三五七五	四八四一四	一一一一○三
九	八九九九四	二○六四○○	二二九三四九	五一	四三六○二	四八四五○	一一一一一九
八	八九九八一	二○六二四七	二二九二一一	五二	四三六二八	四八四八六	一一一一三四
七	八九九六八	二○六○九四	二二九○七四	五三	四三六五四	四八五二一	一一一一五○
六	八九九五六	二○五九四二	二二八九三七	五四	四三六八○	四八五五七	一一一一六六
五	八九九四三	二○五七九○	二二八八○○	五五	四三七○六	四八五九三	一一一一八一
四	八九九三○	二○五六三七	二二八六六三	五六	四三七三三	四八六二九	一一一一九七
三	八九九一八	二○五四八五	二二八五二六	五七	四三七五九	四八六六五	一一一二一三
二	八九九○五	二○五三三三	二二八三九○	五八	四三七八五	四八七○一	一一一二二九
一	八九八九二	二○五一八二	二二八二五三	五九	四三八一一	四八七三七	一一一二四四
○	八九八七九	二○五○三○	二二八一一七	六○	四三八三七	四八七七三	一一一二六○
六四				二五			

	弦 正	線 切	線 割		弦 正	線 切	線 割
三〇	八九四九三	二〇〇五六九	二二四一一六	三〇	四四六二〇	四九八五八	一一一七四〇
二九	八九四八〇	二〇〇四二三	二二三九八五	三一	四四六四六	四九八九四	一一一七五六
二八	八九四六七	二〇〇二七七	二二三八五五	三二	四四六七二	四九九三一	一一一七七二
二七	八九四五四	二〇〇一三一	二二三七二四	三三	四四六九八	四九九六七	一一一七八九
二六	八九四四一	一九九九八六	二二三五九四	三四	四四七二四	五〇〇〇四	一一一八〇五
二五	八九四二八	一九九八四一	二二三四六四	三五	四四七五〇	五〇〇四〇	一一一八二一
二四	八九四一五	一九九六九五	二二三三三四	三六	四四七七六	五〇〇七六	一一一八三八
二三	八九四〇二	一九九五五〇	二二三二〇五	三七	四四八〇二	五〇一一三	一一一八五四
二二	八九三八九	一九九四〇六	二二三〇七五	三八	四四八二八	五〇一四九	一一一八七〇
二一	八九三七六	一九九二六一	二二二九四六	三九	四四八五四	五〇一八五	一一一八八六
二〇	八九三六三	一九九一一六	二二二八一七	四〇	四四八八〇	五〇二二二	一一一九〇三
一九	八九三五〇	一九八九七二	二二二六八八	四一	四四九〇六	五〇二五八	一一一九一九
一八	八九三三七	一九八八二八	二二二五五九	四二	四四九三二	五〇二九五	一一一九三六
一七	八九三二四	一九八六八四	二二二四三〇	四三	四四九五八	五〇三三一	一一一九五二
一六	八九三一一	一九八五四〇	二二二三〇二	四四	四四九八四	五〇三六八	一一一九六八
一五	八九二九八	一九八三九六	二二二一七四	四五	四五〇一〇	五〇四〇四	一一一九八五
一四	八九二八五	一九八二五三	二二二〇四五	四六	四五〇三六	五〇四四一	一一二〇〇一
一三	八九二七二	一九八一一〇	二二一九一八	四七	四五〇六二	五〇四七七	一一二〇一八
一二	八九二五九	一九七九六六	二二一七九〇	四八	四五〇八八	五〇五一四	一一二〇三四
一一	八九二四五	一九七八二三	二二一六六二	四九	四五一一四	五〇五五〇	一一二〇五一
一〇	八九二三二	一九七六八一	二二一五三五	五〇	四五一四〇	五〇五八七	一一二〇六七
九	八九二一九	一九七五三八	二二一四〇七	五一	四五一六六	五〇六二三	一一二〇八四
八	八九二〇六	一九七三九五	二二一二八〇	五二	四五一九二	五〇六六〇	一一二一〇〇
七	八九一九三	一九七二五三	二二一一五三	五三	四五二一八	五〇六九六	一一二一一七
六	八九一八〇	一九七一一一	二二一〇二六	五四	四五二四三	五〇七三三	一一二一三三
五	八九一六七	一九六九六九	二二〇九〇〇	五五	四五二六九	五〇七六九	一一二一五〇
四	八九一五三	一九六八二七	二二〇七七三	五六	四五二九五	五〇八〇六	一一二一六六
三	八九一四〇	一九六六八五	二二〇六四七	五七	四五三二一	五〇八四三	一一二一八三
二	八九一二七	一九六五四四	二二〇五二一	五八	四五三四七	五〇八七九	一一二一九九
一	八九一一四	一九六四〇二	二二〇三九五	五九	四五三七三	五〇九一六	一一二二一六
〇	八九一〇一	一九六二六一	二二〇二六九	六〇	四五三九九	五〇九五三	一一二二三三
六三				二六			

	弦 正	線 切	線 割		弦 正	線 切	線 割
六〇	八九八七九	二〇五〇三〇	二二八一一七	〇	四三八三七	四八七七三	一一一二六〇
五九	八九八六七	二〇四八七九	二二七九八一	一	四三八六三	四八八〇九	一一一二七六
五八	八九八五四	二〇四七二八	二二七八四五	二	四三八八九	四八八四五	一一一二九二
五七	八九八四一	二〇四五七七	二二七七一〇	三	四三九一六	四八八八一	一一一三〇八
五六	八九八二八	二〇四四二六	二二七五七四	四	四三九四二	四八九一七	一一一三二三
五五	八九八一六	二〇四二七六	二二七四三九	五	四三九六八	四八九五三	一一一三三九
五四	八九八〇三	二〇四一二五	二二七三〇四	六	四三九九四	四八九八九	一一一三五五
五三	八九七九〇	二〇三九七五	二二七一六九	七	四四〇二〇	四九〇二六	一一一三七一
五二	八九七七七	二〇三八二五	二二七〇三五	八	四四〇四六	四九〇六二	一一一三八七
五一	八九七六四	二〇三六七五	二二六九〇〇	九	四四〇七二	四九〇九八	一一一四〇三
五〇	八九七五二	二〇三五二六	二二六七六六	一〇	四四〇九八	四九一三四	一一一四一九
四九	八九七三九	二〇三三七六	二二六六三二	一一	四四一二四	四九一七〇	一一一四三五
四八	八九七二六	二〇三二二七	二二六四九八	一二	四四一五一	四九二〇六	一一一四五一
四七	八九七一三	二〇三〇七八	二二六三六四	一三	四四一七七	四九二四二	一一一四六七
四六	八九七〇〇	二〇二九二九	二二六二三〇	一四	四四二〇三	四九二七八	一一一四八三
四五	八九六八七	二〇二七八〇	二二六〇九七	一五	四四二二九	四九三一五	一一一四九九
四四	八九六七四	二〇二六三一	二二五九六三	一六	四四二五五	四九三五一	一一一五一五
四三	八九六六二	二〇二四八三	二二五八三〇	一七	四四二八一	四九三八七	一一一五三一
四二	八九六四九	二〇二三三五	二二五六九七	一八	四四三〇七	四九四二三	一一一五四七
四一	八九六三六	二〇二一八七	二二五五六五	一九	四四三三三	四九四五九	一一一五六三
四〇	八九六二三	二〇二〇三九	二二五四三二	二〇	四四三五九	四九四九五	一一一五七九
三九	八九六一〇	二〇一八九一	二二五三〇〇	二一	四四三八五	四九五三二	一一一五九五
三八	八九五九七	二〇一七四三	二二五一六七	二二	四四四一一	四九五六八	一一一六一一
三七	八九五八四	二〇一五九六	二二五〇三五	二三	四四四三七	四九六〇四	一一一六二七
三六	八九五七一	二〇一四四九	二二四九〇三	二四	四四四六四	四九六四〇	一一一六四三
三五	八九五五八	二〇一三〇二	二二四七七二	二五	四四四九〇	四九六七七	一一一六五九
三四	八九五四五	二〇一一五五	二二四六四〇	二六	四四五一六	四九七一三	一一一六七五
三三	八九五三二	二〇一〇〇八	二二四五〇九	二七	四四五四二	四九七四九	一一一六九一
三二	八九五一九	二〇〇八六二	二二四三七八	二八	四四五六八	四九七八六	一一一七〇八
三一	八九五〇六	二〇〇七一五	二二四二四七	二九	四四五九四	四九八二二	一一一七二四
三〇	八九四九三	二〇〇五六九	二二四一一六	三〇	四四六二〇	四九八五八	一一一七四〇
六三				二六			

	弦正	線切	線割		弦正	線切	線割
三〇	八八七〇一	一九二〇九八	二一六五六八	三〇	四六一七五	五二〇五七	一一二七三八
二九	八八六八八	一九一九六二	二一六四四七	三一	四六二〇一	五二〇九四	一一二七五五
二八	八八六七四	一九一八二六	二一六三二六	三二	四六二二六	五二一三一	一一二七七二
二七	八八六六一	一九一六九〇	二一六二〇六	三三	四六二五二	五二一六八	一一二七八九
二六	八八六四七	一九一五五四	二一六〇八五	三四	四六二七八	五二二〇五	一一二八〇七
二五	八八六三四	一九一四一八	二一五九六五	三五	四六三〇四	五二二四二	一一二八二四
二四	八八六二〇	一九一二八二	二一五八四五	三六	四六三三〇	五二二七九	一一二八四一
二三	八八六〇七	一九一一四七	二一五七二五	三七	四六三五五	五二三一六	一一二八五八
二二	八八五九三	一九一〇一二	二一五六〇五	三八	四六三八一	五二三五三	一一二八七五
二一	八八五八〇	一九〇八七六	二一五四八五	三九	四六四〇七	五二三九〇	一一二八九二
二〇	八八五六六	一九〇七四一	二一五三六六	四〇	四六四三三	五二四二七	一一二九一〇
一九	八八五五三	一九〇六〇七	二一五二四六	四一	四六四五八	五二四六四	一一二九二七
一八	八八五三九	一九〇四七二	二一五一二七	四二	四六四八四	五二五〇一	一一二九四四
一七	八八五二六	一九〇三三七	二一五〇〇八	四三	四六五一〇	五二五三八	一一二九六一
一六	八八五一二	一九〇二〇三	二一四八八九	四四	四六五三六	五二五七五	一一二九七九
一五	八八四九九	一九〇〇六九	二一四七七〇	四五	四六五六一	五二六一三	一一二九九六
一四	八八四八五	一八九九三五	二一四六五一	四六	四六五八七	五二六五〇	一一三〇一三
一三	八八四七二	一八九八〇一	二一四五三三	四七	四六六一三	五二六八七	一一三〇三一
一二	八八四五八	一八九六六七	二一四四一四	四八	四六六三九	五二七二四	一一三〇四八
一一	八八四四五	一八九五三三	二一四二九六	四九	四六六六四	五二七六一	一一三〇六五
一〇	八八四三一	一八九四〇〇	二一四一七八	五〇	四六六九〇	五二七九八	一一三〇八三
九	八八四一七	一八九二六六	二一四〇六〇	五一	四六七一六	五二八三六	一一三一〇〇
八	八八四〇四	一八九一三三	二一三九四二	五二	四六七四二	五二八七三	一一三一一七
七	八八三九〇	一八九〇〇〇	二一三八二五	五三	四六七六七	五二九一〇	一一三一三五
六	八八三七七	一八八八六七	二一三七〇七	五四	四六七九三	五二九四七	一一三一五二
五	八八三六三	一八八七三四	二一三五九〇	五五	四六八一九	五二九八五	一一三一七〇
四	八八三四九	一八八六〇二	二一三四七三	五六	四六八四四	五三〇二二	一一三一八七
三	八八三三六	一八八四六九	二一三三五六	五七	四六八七〇	五三〇五九	一一三二〇五
二	八八三二二	一八八三三七	二一三二三九	五八	四六八九六	五三〇九六	一一三二二二
一	八八三〇八	一八八二〇五	二一三一二二	五九	四六九二一	五三一三四	一一三二四〇
〇	八八二九五	一八八〇七三	二一三〇〇五	六〇	四六九四七	五三一七一	一一三二五七
六二				二七			

	弦正	線切	線割		弦正	線切	線割
六〇	八九一〇一	一九六二六一	二二〇二六九	〇	四五三九九	五〇九五三	一一二二三三
五九	八九〇八七	一九六一二〇	二二〇一四三	一	四五四二五	五〇九八九	一一二二四九
五八	八九〇七四	一九五九七九	二二〇〇一八	二	四五四五一	五一〇二六	一一二二六六
五七	八九〇六一	一九五八三八	二一九八九二	三	四五四七七	五一〇六三	一一二二八三
五六	八九〇四八	一九五六九八	二一九七六七	四	四五五〇三	五一〇九九	一一二二九九
五五	八九〇三五	一九五五五七	二一九六四二	五	四五五二九	五一一三六	一一二三一六
五四	八九〇二一	一九五四一七	二一九五一七	六	四五五五四	五一一七三	一一二三三三
五三	八九〇〇八	一九五二七七	二一九三九三	七	四五五八〇	五一二〇九	一一二三四九
五二	八八九九五	一九五一三七	二一九二六八	八	四五六〇六	五一二四六	一一二三六六
五一	八八九八一	一九四九九七	二一九一四四	九	四五六三二	五一二八三	一一二三八三
五〇	八八九六八	一九四八五八	二一九〇一九	一〇	四五六五八	五一三二〇	一一二四〇〇
四九	八八九五五	一九四七一八	二一八八九五	一一	四五六八四	五一三五六	一一二四一六
四八	八八九四二	一九四五七九	二一八七七二	一二	四五七一〇	五一三九三	一一二四三三
四七	八八九二八	一九四四四〇	二一八六四八	一三	四五七三六	五一四三〇	一一二四五〇
四六	八八九一五	一九四三〇一	二一八五二四	一四	四五七六二	五一四六七	一一二四六七
四五	八八九〇二	一九四一六二	二一八四〇一	一五	四五七八七	五一五〇三	一一二四八四
四四	八八八八八	一九四〇二三	二一八二七七	一六	四五八一三	五一五四〇	一一二五〇一
四三	八八八七五	一九三八八五	二一八一五四	一七	四五八三九	五一五七七	一一二五一八
四二	八八八六二	一九三七四六	二一八〇三一	一八	四五八六五	五一六一四	一一二五三四
四一	八八八四八	一九三六〇八	二一七九〇九	一九	四五八九一	五一六五一	一一二五五一
四〇	八八八三五	一九三四七〇	二一七七八六	二〇	四五九一七	五一六八八	一一二五六八
三九	八八八二二	一九三三三二	二一七六六三	二一	四五九四二	五一七二四	一一二五八五
三八	八八八〇八	一九三一九五	二一七五四一	二二	四五九六八	五一七六一	一一二六〇二
三七	八八七九五	一九三〇五七	二一七四一九	二三	四五九九四	五一七九八	一一二六一九
三六	八八七八二	一九二九二〇	二一七二九七	二四	四六〇二〇	五一八三五	一一二六三六
三五	八八七六八	一九二七八二	二一七一七五	二五	四六〇四六	五一八七二	一一二六五三
三四	八八七五五	一九二六四五	二一七〇五三	二六	四六〇七二	五一九〇九	一一二六七〇
三三	八八七四一	一九二五〇八	二一六九三二	二七	四六〇九七	五一九四六	一一二六八七
三二	八八七二八	一九二三七一	二一六八一〇	二八	四六一二三	五一九八三	一一二七〇四
三一	八八七一五	一九二二三五	二一六六八九	二九	四六一四九	五二〇二〇	一一二七二一
三〇	八八七〇一	一九二〇九八	二一六五六八	三〇	四六一七五	五二〇五七	一一二七三八
六二				二七			

	弦正	線切	線割		弦正	線切	線割
六〇	八八二九五	一八八〇七三	二一三〇〇五	〇	四六九四七	五三一七一	一一三二五七
五九	八八二八一	一八七九四一	二一二八八九	一	四六九七三	五三二〇八	一一三二七五
五八	八八二六七	一八七八〇九	二一二七七三	二	四六九九九	五三二四六	一一三二九二
五七	八八二五四	一八七六七七	二一二六五七	三	四七〇二四	五三二八三	一一三三一〇
五六	八八二四〇	一八七五四六	二一二五四〇	四	四七〇五〇	五三三二〇	一一三三二七
五五	八八二二六	一八七四一五	二一二四二五	五	四七〇七六	五三三五八	一一三三四五
五四	八八二一三	一八七二八三	二一二三〇九	六	四七一〇一	五三三九五	一一三三六二
五三	八八一九九	一八七一五二	二一二一九三	七	四七一二七	五三四三二	一一三三八〇
五二	八八一八五	一八七〇二一	二一二〇七八	八	四七一五三	五三四七〇	一一三三九八
五一	八八一七二	一八六八九一	二一一九六三	九	四七一七八	五三五〇七	一一三四一五
五〇	八八一五八	一八六七六〇	二一一八四七	一〇	四七二〇四	五三五四五	一一三四三三
四九	八八一四四	一八六六三〇	二一一七三二	一一	四七二二九	五三五八二	一一三四五一
四八	八八一三〇	一八六四九九	二一一六一七	一二	四七二五五	五三六二〇	一一三四六八
四七	八八一一七	一八六三六九	二一一五〇三	一三	四七二八一	五三六五七	一一三四八六
四六	八八一〇三	一八六二三九	二一一三八八	一四	四七三〇六	五三六九四	一一三五〇四
四五	八八〇八九	一八六一〇九	二一一二七四	一五	四七三三二	五三七三二	一一三五二一
四四	八八〇七五	一八五九七九	二一一一五九	一六	四七三五八	五三七六九	一一三五三九
四三	八八〇六二	一八五八五〇	二一一〇四五	一七	四七三八三	五三八〇七	一一三五五七
四二	八八〇四八	一八五七二〇	二一〇九三一	一八	四七四〇九	五三八四四	一一三五七五
四一	八八〇三四	一八五五九一	二一〇八一七	一九	四七四三四	五三八八二	一一三五九三
四〇	八八〇二〇	一八五四六二	二一〇七〇四	二〇	四七四六〇	五三九二〇	一一三六一〇
三九	八八〇〇六	一八五三三三	二一〇五九〇	二一	四七四八六	五三九五七	一一三六二八
三八	八七九九三	一八五二〇四	二一〇四七七	二二	四七五一一	五三九九五	一一三六四六
三七	八七九七九	一八五〇七五	二一〇三六三	二三	四七五三七	五四〇三二	一一三六六四
三六	八七九六五	一八四九四六	二一〇二五〇	二四	四七五六二	五四〇七〇	一一三六八二
三五	八七九五一	一八四八一九	二一〇一三七	二五	四七五八八	五四一〇七	一一三七〇〇
三四	八七九三七	一八四六八九	二一〇〇二四	二六	四七六一四	五四一四五	一一三七一八
三三	八七九二三	一八四五六一	二〇九九一一	二七	四七六三九	五四一八三	一一三七三五
三二	八七九〇九	一八四四三三	二〇九七九九	二八	四七六六五	五四二二〇	一一三七五三
三一	八七八九六	一八四三〇五	二〇九六八六	二九	四七六九〇	五四二五八	一一三七七一
三〇	八七八八二	一八四一七七	二〇九五七四	三〇	四七七一六	五四二九六	一一三七八九
六一				二八			

	弦正	線切	線割		弦正	線切	線割
三〇	八七八八二	一八四一七七	二〇九五七四	三〇	四七七一六	五四二九六	一一三七八九
二九	八七八六八	一八四〇四九	二〇九四六二	三一	四七七四一	五四三三三	一一三八〇七
二八	八七八五四	一八三九二二	二〇九三五〇	三二	四七七六七	五四三七一	一一三八二五
二七	八七八四〇	一八三七九四	二〇九二三八	三三	四七七九三	五四四〇九	一一三八四三
二六	八七八二六	一八三六六七	二〇九一二六	三四	四七八一八	五四四四六	一一三八六一
二五	八七八一二	一八三五四〇	二〇九〇一四	三五	四七八四四	五四四八四	一一三八七九
二四	八七七九八	一八三四一三	二〇八九〇三	三六	四七八六九	五四五二二	一一三八九七
二三	八七七八四	一八三二八六	二〇八七九一	三七	四七八九五	五四五六〇	一一三九一六
二二	八七七七〇	一八三一五九	二〇八六八〇	三八	四七九二〇	五四五九七	一一三九三四
二一	八七七五六	一八三〇三三	二〇八五六九	三九	四七九四六	五四六三五	一一三九五二
二〇	八七七四三	一八二九〇六	二〇八四五八	四〇	四七九七一	五四六七三	一一三九七〇
一九	八七七二九	一八二七八〇	二〇八三四七	四一	四七九九七	五四七一一	一一三九八八
一八	八七七一五	一八二六五四	二〇八二三六	四二	四八〇二二	五四七四八	一一四〇〇六
一七	八七七〇一	一八二五二八	二〇八一二六	四三	四八〇四八	五四七八六	一一四〇二四
一六	八七六八七	一八二四〇二	二〇八〇一五	四四	四八〇七三	五四八二四	一一四〇四二
一五	八七六七三	一八二二七六	二〇七九〇五	四五	四八〇九九	五四八六二	一一四〇六一
一四	八七六五九	一八二一五〇	二〇七七九五	四六	四八一二四	五四九〇〇	一一四〇七九
一三	八七六四五	一八二〇二五	二〇七六八五	四七	四八一五〇	五四九三八	一一四〇九七
一二	八七六三一	一八一八九九	二〇七五七五	四八	四八一七五	五四九七五	一一四一一五
一一	八七六一七	一八一七七四	二〇七四六五	四九	四八二〇一	五五〇一三	一一四一三四
一〇	八七六〇三	一八一六四九	二〇七三五六	五〇	四八二二六	五五〇五一	一一四一五二
九	八七五八九	一八一五二四	二〇七二四六	五一	四八二五二	五五〇八九	一一四一七〇
八	八七五七五	一八一三九九	二〇七一三七	五二	四八二七七	五五一二七	一一四一八八
七	八七五六一	一八一二七四	二〇七〇二七	五三	四八三〇三	五五一六五	一一四二〇七
六	八七五四六	一八一一五〇	二〇六九一八	五四	四八三二八	五五二〇三	一一四二二五
五	八七五三二	一八一〇二五	二〇六八〇九	五五	四八三五四	五五二四一	一一四二四三
四	八七五一八	一八〇九〇一	二〇六七〇一	五六	四八三七九	五五二七九	一一四二六二
三	八七五〇四	一八〇七七七	二〇六五九二	五七	四八四〇五	五五三一七	一一四二八〇
二	八七四九〇	一八〇六五三	二〇六四八三	五八	四八四三〇	五五三五五	一一四二九九
一	八七四七六	一八〇五二九	二〇六三七五	五九	四八四五六	五五三九三	一一四三一七
〇	八七四六二	一八〇四〇五	二〇六二六七	六〇	四八四八一	五五四三一	一一四三三五
六一				二八			

	弦正	線切	線割		弦正	線切	線割
六〇	八七四六二	一八〇四〇五	二〇六二六七	〇	四八四八一	五五四三一	一一四三三五
五九	八七四四八	一八〇二八一	二〇六一五八	一	四八五〇六	五五四六九	一一四三五四
五八	八七四三四	一八〇一五八	二〇六〇五〇	二	四八五三二	五五五〇七	一一四三七二
五七	八七四二〇	一八〇〇三四	二〇五九四二	三	四八五五七	五五五四五	一一四三九一
五六	八七四〇六	一七九九一一	二〇五八三五	四	四八五八三	五五五八三	一一四四〇九
五五	八七三九一	一七九七八八	二〇五七二七	五	四八六〇八	五五六二一	一一四四二八
五四	八七三七七	一七九六六五	二〇五六一九	六	四八六三四	五五六五九	一一四四四六
五三	八七三六三	一七九五四二	二〇五五一二	七	四八六五九	五五六九七	一一四四六五
五二	八七三四九	一七九四一九	二〇五四〇五	八	四八六八四	五五七三六	一一四四八三
五一	八七三三五	一七九二九六	二〇五二九八	九	四八七一〇	五五七七四	一一四五〇二
五〇	八七三二一	一七九一七四	二〇五一九一	一〇	四八七三五	五五八一二	一一四五二一
四九	八七三〇六	一七九〇五一	二〇五〇八四	一一	四八七六一	五五八五〇	一一四五三九
四八	八七二九二	一七八九二九	二〇四九七七	一二	四八七八六	五五八八八	一一四五五八
四七	八七二七八	一七八八〇七	二〇四八七〇	一三	四八八一一	五五九二六	一一四五七六
四六	八七二六四	一七八六八五	二〇四七六四	一四	四八八三七	五五九六四	一一四五九五
四五	八七二五〇	一七八五六三	二〇四六五八	一五	四八八六二	五六〇〇三	一一四六一四
四四	八七二三五	一七八四四一	二〇四五五一	一六	四八八八八	五六〇四一	一一四六三二
四三	八七二二一	一七八三一九	二〇四四四五	一七	四八九一三	五六〇七九	一一四六五一
四二	八七二〇七	一七八一九八	二〇四三三九	一八	四八九三八	五六一一七	一一四六七〇
四一	八七一九三	一七八〇七七	二〇四二三三	一九	四八九六四	五六一五六	一一四六八九
四〇	八七一七八	一七七九五五	二〇四一二八	二〇	四八九八九	五六一九四	一一四七〇七
三九	八七一六四	一七七八三四	二〇四〇二二	二一	四九〇一四	五六二三二	一一四七二六
三八	八七一五〇	一七七七一三	二〇三九一六	二二	四九〇四〇	五六二七〇	一一四七四五
三七	八七一三六	一七七五九二	二〇三八一一	二三	四九〇六五	五六三〇九	一一四七六四
三六	八七一二一	一七七四七一	二〇三七〇六	二四	四九〇九〇	五六三四七	一一四七八二
三五	八七一〇七	一七七三五一	二〇三六〇一	二五	四九一一六	五六三八五	一一四八〇一
三四	八七〇九三	一七七二三〇	二〇三四九六	二六	四九一四一	五六四二四	一一四八二〇
三三	八七〇七九	一七七一一〇	二〇三三九一	二七	四九一六六	五六四六二	一一四八三九
三二	八七〇六四	一七六九九〇	二〇三二八六	二八	四九一九二	五六五〇一	一一四八五八
三一	八七〇五〇	一七六八六九	二〇三一八二	二九	四九二一七	五六五三九	一一四八七七
三〇	八七〇三六	一七六七四九	二〇三〇七七	三〇	四九二四二	五六五七七	一一四八九六
六〇	二九						

	弦正	線切	線割		弦正	線切	線割
三〇	八七〇三六	一七六七四九	二〇三〇七七	三〇	四九二四二	五六五七七	一一四八九六
二九	八七〇二一	一七六六三〇	二〇二九七三	三一	四九二六八	五六六一六	一一四九一四
二八	八七〇〇七	一七六五一〇	二〇二八六九	三二	四九二九三	五六六五四	一一四九三三
二七	八六九九三	一七六三九〇	二〇二七六五	三三	四九三一八	五六六九三	一一四九五二
二六	八六九七八	一七六二七一	二〇二六六一	三四	四九三四四	五六七三一	一一四九七一
二五	八六九六四	一七六一五一	二〇二五五七	三五	四九三六九	五六七六九	一一四九九〇
二四	八六九四九	一七六〇三二	二〇二四五三	三六	四九三九四	五六八〇八	一一五〇〇九
二三	八六九三五	一七五九一三	二〇二三四九	三七	四九四一九	五六八四六	一一五〇二八
二二	八六九二〇	一七五七九四	二〇二二四六	三八	四九四四五	五六八八五	一一五〇四七
二一	八六九〇六	一七五六七五	二〇二一四三	三九	四九四七〇	五六九二三	一一五〇六六
二〇	八六八九二	一七五五五六	二〇二〇三九	四〇	四九四九五	五六九六二	一一五〇八五
一九	八六八七八	一七五四三七	二〇一九三六	四一	四九五二一	五七〇〇〇	一一五一〇五
一八	八六八六三	一七五三一九	二〇一八三三	四二	四九五四六	五七〇三九	一一五一二四
一七	八六八四九	一七五二〇〇	二〇一七三〇	四三	四九五七一	五七〇七八	一一五一四三
一六	八六八三四	一七五〇八二	二〇一六二八	四四	四九五九六	五七一一六	一一五一六二
一五	八六八二〇	一七四九六四	二〇一五二五	四五	四九六二二	五七一五五	一一五一八一
一四	八六八〇五	一七四八四六	二〇一四二二	四六	四九六四七	五七一九三	一一五二〇〇
一三	八六七九一	一七四七二八	二〇一三二〇	四七	四九六七二	五七二三二	一一五二一九
一二	八六七七七	一七四六一〇	二〇一二一八	四八	四九六九七	五七二七一	一一五二三九
一一	八六七六二	一七四四九二	二〇一一一六	四九	四九七二三	五七三〇九	一一五二五八
一〇	八六七四八	一七四三七五	二〇一〇一四	五〇	四九七四八	五七三四八	一一五二七七
九	八六七三三	一七四二五七	二〇〇九一二	五一	四九七七三	五七三八六	一一五二九六
八	八六七一九	一七四一四〇	二〇〇八一〇	五二	四九七九八	五七四二五	一一五三一五
七	八六七〇四	一七四〇二二	二〇〇七〇八	五三	四九八二四	五七四六四	一一五三三五
六	八六六九〇	一七三九〇五	二〇〇六〇七	五四	四九八四九	五七五〇三	一一五三五四
五	八六六七五	一七三七八八	二〇〇五〇五	五五	四九八七四	五七五四一	一一五三七三
四	八六六六一	一七三六七一	二〇〇四〇四	五六	四九八九九	五七五八〇	一一五三九三
三	八六六四六	一七三五五五	二〇〇三〇三	五七	四九九二四	五七六一九	一一五四一二
二	八六六三二	一七三四三八	二〇〇二〇二	五八	四九九五〇	五七六五七	一一五四三一
一	八六六一七	一七三三二一	二〇〇一〇一	五九	四九九七五	五七六九六	一一五四五一
〇	八六六〇三	一七三二〇五	二〇〇〇〇〇	六〇	五〇〇〇〇	五七七三五	一一五四七〇
六〇	二九						

	弦正	線切	線割		弦正	線切	線割
三〇	八六一六三	一六九七六六	一九七〇二九	三〇	五〇七五四	五八九〇五	一一六〇五九
二九	八六一四八	一六九六五三	一九六九三二	三一	五〇七七九	五八九四四	一一六〇七九
二八	八六一三三	一六九五四一	一九六八三五	三二	五〇八〇四	五八九八三	一一六〇九九
二七	八六一一九	一六九四二八	一九六七三八	三三	五〇八二九	五九〇二二	一一六一一九
二六	八六一〇四	一六九三一六	一九六六四一	三四	五〇八五四	五九〇六一	一一六一三九
二五	八六〇八九	一六九二〇三	一九六五四四	三五	五〇八七九	五九一〇一	一一六一五九
二四	八六〇七四	一六九〇九一	一九六四四八	三六	五〇九〇四	五九一四〇	一一六一七九
二三	八六〇五九	一六八九七九	一九六三五一	三七	五〇九二九	五九一七九	一一六一九九
二二	八六〇四五	一六八八六六	一九六二五五	三八	五〇九五四	五九二一八	一一六二一九
二一	八六〇三〇	一六八七五四	一九六一五八	三九	五〇九七九	五九二五八	一一六二三九
二〇	八六〇一五	一六八六四三	一九六〇六二	四〇	五一〇〇四	五九二九七	一一六二五九
一九	八六〇〇〇	一六八五三一	一九五九六六	四一	五一〇二九	五九三三六	一一六二七九
一八	八五九八五	一六八四一九	一九五八七〇	四二	五一〇五四	五九三七六	一一六二九九
一七	八五九七〇	一六八三〇八	一九五七七四	四三	五一〇七九	五九四一五	一一六三一九
一六	八五九五六	一六八一九六	一九五六七八	四四	五一一〇四	五九四五四	一一六三三九
一五	八五九四一	一六八〇八五	一九五五八三	四五	五一一二九	五九四九四	一一六三五九
一四	八五九二六	一六七九七四	一九五四八七	四六	五一一五四	五九五三三	一一六三八〇
一三	八五九一一	一六七八六三	一九五三九二	四七	五一一七九	五九五七三	一一六四〇〇
一二	八五八九六	一六七七五二	一九五二九六	四八	五一二〇四	五九六一二	一一六四二〇
一一	八五八八一	一六七六四一	一九五二〇一	四九	五一二二九	五九六五一	一一六四四〇
一〇	八五八六六	一六七五三〇	一九五一〇六	五〇	五一二五四	五九六九一	一一六四六〇
九	八五八五一	一六七四一九	一九五〇一一	五一	五一二七九	五九七三〇	一一六四八一
八	八五八三六	一六七三〇九	一九四九一六	五二	五一三〇四	五九七七〇	一一六五〇一
七	八五八二一	一六七一九八	一九四八二一	五三	五一三二九	五九八〇九	一一六五二一
六	八五八〇六	一六七〇八八	一九四七二六	五四	五一三五四	五九八四九	一一六五四一
五	八五七九二	一六六九七八	一九四六三二	五五	五一三七九	五九八八八	一一六五六二
四	八五七七七	一六六八六七	一九四五三七	五六	五一四〇四	五九九二八	一一六五八二
三	八五七六二	一六六七五七	一九四四四三	五七	五一四二九	五九九六七	一一六六〇二
二	八五七四七	一六六六四七	一九四三四九	五八	五一四五四	六〇〇〇七	一一六六二三
一	八五七三二	一六六五三八	一九四二五四	五九	五一四七九	六〇〇四六	一一六六四三
〇	八五七一七	一六六四二八	一九四一六〇	六〇	五一五〇四	六〇〇八六	一一六六六三
五九			三〇				

	弦正	線切	線割		弦正	線切	線割
六〇	八六六〇三	一七三二〇五	二〇〇〇〇〇	〇	五〇〇〇〇	五七七三五	一一五四七〇
五九	八六五八八	一七三〇八九	一九九八九九	一	五〇〇二五	五七七七四	一一五四八九
五八	八六五七三	一七二九七三	一九九七九九	二	五〇〇五〇	五七八一三	一一五五〇九
五七	八六五五九	一七二八五七	一九九六九八	三	五〇〇七六	五七八五一	一一五五二八
五六	八六五四四	一七二七四一	一九九五九八	四	五〇一〇一	五七八九〇	一一五五四八
五五	八六五三〇	一七二六二五	一九九四九八	五	五〇一二六	五七九二九	一一五五六七
五四	八六五一五	一七二五〇九	一九九三九八	六	五〇一五一	五七九六八	一一五五八七
五三	八六五〇一	一七二三九三	一九九二九八	七	五〇一七六	五八〇〇七	一一五六〇六
五二	八六四八六	一七二二七八	一九九一九八	八	五〇二〇一	五八〇四六	一一五六二六
五一	八六四七一	一七二一六三	一九九〇九八	九	五〇二二七	五八〇八五	一一五六四五
五〇	八六四五七	一七二〇四七	一九八九九八	一〇	五〇二五二	五八一二四	一一五六六五
四九	八六四四二	一七一九三二	一九八八九九	一一	五〇二七七	五八一六二	一一五六八四
四八	八六四二七	一七一八一七	一九八七九九	一二	五〇三〇二	五八二〇一	一一五七〇四
四七	八六四一三	一七一七〇二	一九八七〇〇	一三	五〇三二七	五八二四〇	一一五七二四
四六	八六三九八	一七一五八八	一九八六〇一	一四	五〇三五二	五八二七九	一一五七四三
四五	八六三八四	一七一四七三	一九八五〇二	一五	五〇三七七	五八三一八	一一五七六三
四四	八六三六九	一七一三五八	一九八四〇三	一六	五〇四〇三	五八三五七	一一五七八二
四三	八六三五四	一七一二四四	一九八三〇四	一七	五〇四二八	五八三九六	一一五八〇二
四二	八六三四〇	一七一一二九	一九八二〇五	一八	五〇四五三	五八四三五	一一五八二二
四一	八六三二五	一七一〇一五	一九八一〇七	一九	五〇四七八	五八四七四	一一五八四一
四〇	八六三一〇	一七〇九〇一	一九八〇〇八	二〇	五〇五〇三	五八五一三	一一五八六一
三九	八六二九五	一七〇七八七	一九七九一〇	二一	五〇五二八	五八五五二	一一五八八一
三八	八六二八一	一七〇六七三	一九七八一一	二二	五〇五五三	五八五九一	一一五九〇一
三七	八六二六六	一七〇五六〇	一九七七一三	二三	五〇五七八	五八六三一	一一五九二〇
三六	八六二五一	一七〇四四六	一九七六一五	二四	五〇六〇三	五八六七〇	一一五九四〇
三五	八六二三七	一七〇三三二	一九七五一七	二五	五〇六二八	五八七〇九	一一五九六〇
三四	八六二二二	一七〇二一九	一九七四二〇	二六	五〇六五四	五八七四八	一一五九八〇
三三	八六二〇七	一七〇一〇六	一九七三二二	二七	五〇六七九	五八七八七	一一六〇〇〇
三二	八六一九二	一六九九九二	一九七二二四	二八	五〇七〇四	五八八二六	一一六〇一九
三一	八六一七八	一六九八七九	一九七一二七	二九	五〇七二九	五八八六五	一一六〇三九
三〇	八六一六三	一六九七六六	一九七〇二九	三〇	五〇七五四	五八九〇五	一一六〇五九
五九			三〇				

	弦正	線切	線割		弦正	線切	線割
六〇	八五七一七	一六六四二八	一九四一六〇	〇	五一五〇四	六〇〇八六	一一六六六三
五九	八五七〇二	一六六三一八	一九四〇六六	一	五一五二九	六〇一二六	一一六六八四
五八	八五六八七	一六六二〇九	一九三九七三	二	五一五五四	六〇一六五	一一六七〇四
五七	八五六七二	一六六〇九九	一九三八七九	三	五一五七九	六〇二〇五	一一六七二五
五六	八五六五七	一六五九九〇	一九三七八五	四	五一六〇四	六〇二四五	一一六七四五
五五	八五六四二	一六五八八一	一九三六九二	五	五一六二八	六〇二八四	一一六七六六
五四	八五六二七	一六五七七二	一九三五九八	六	五一六五三	六〇三二四	一一六七八六
五三	八五六一二	一六五六六三	一九三五〇五	七	五一六七八	六〇三六四	一一六八〇六
五二	八五五九七	一六五五五四	一九三四一二	八	五一七〇三	六〇四〇三	一一六八二七
五一	八五五八二	一六五四四五	一九三三一九	九	五一七二八	六〇四四三	一一六八四八
五〇	八五五六七	一六五三三七	一九三二二六	一〇	五一七五三	六〇四八三	一一六八六八
四九	八五五五一	一六五二二八	一九三一三三	一一	五一七七八	六〇五二二	一一六八八九
四八	八五五三六	一六五一二〇	一九三〇四〇	一二	五一八〇三	六〇五六二	一一六九〇九
四七	八五五二一	一六五〇一一	一九二九四七	一三	五一八二八	六〇六〇二	一一六九三〇
四六	八五五〇六	一六四九〇三	一九二八五五	一四	五一八五二	六〇六四二	一一六九五〇
四五	八五四九一	一六四七九五	一九二七六二	一五	五一八七七	六〇六八一	一一六九七一
四四	八五四七六	一六四六八七	一九二六七〇	一六	五一九〇二	六〇七二一	一一六九九二
四三	八五四六一	一六四五七九	一九二五七八	一七	五一九二七	六〇七六一	一一七〇一二
四二	八五四四六	一六四四七一	一九二四八六	一八	五一九五二	六〇八〇一	一一七〇三三
四一	八五四三一	一六四三六三	一九二三九四	一九	五一九七七	六〇八四一	一一七〇五四
四〇	八五四一六	一六四二五六	一九二三〇二	二〇	五二〇〇二	六〇八八一	一一七〇七五
三九	八五四〇一	一六四一四八	一九二二一〇	二一	五二〇二六	六〇九二一	一一七〇九五
三八	八五三八五	一六四〇四一	一九二一一八	二二	五二〇五一	六〇九六〇	一一七一一六
三七	八五三七〇	一六三九三四	一九二〇二七	二三	五二〇七六	六一〇〇〇	一一七一三七
三六	八五三五五	一六三八二六	一九一九三五	二四	五二一〇一	六一〇四〇	一一七一五八
三五	八五三四〇	一六三七一九	一九一八四四	二五	五二一二六	六一〇八〇	一一七一七八
三四	八五三二五	一六三六一二	一九一七五二	二六	五二一五一	六一一二〇	一一七一九九
三三	八五三一〇	一六三五〇五	一九一六六一	二七	五二一七五	六一一六〇	一一七二二〇
三二	八五二九四	一六三三九二	一九一五七〇	二八	五二二〇〇	六一二〇〇	一一七二四一
三一	八五二七九	一六三二八五	一九一四七九	二九	五二二二五	六一二四〇	一一七二六二
三〇	八五二六四	一六三一八五	一九一三八八	三〇	五二二五〇	六一二八〇	一一七二八三
五八				三一			

	弦正	線切	線割		弦正	線切	線割
三〇	八五二六四	一六三一八五	一九一三八八	三〇	五二二五〇	六一二八〇	一一七二八三
二九	八五二四九	一六三〇七九	一九一二九七	三一	五二二七五	六一三二〇	一一七三〇四
二八	八五二三四	一六二九七二	一九一二〇七	三二	五二二九九	六一三六〇	一一七三二五
二七	八五二一八	一六二八六六	一九一一一六	三三	五二三二四	六一四〇〇	一一七三四六
二六	八五二〇三	一六二七六〇	一九一〇二六	三四	五二三四九	六一四四〇	一一七三六七
二五	八五一八八	一六二六五四	一九〇九三五	三五	五二三七四	六一四八〇	一一七三八八
二四	八五一七三	一六二五四八	一九〇八四五	三六	五二三九九	六一五二〇	一一七四〇九
二三	八五一五七	一六二四四二	一九〇七五五	三七	五二四二三	六一五六一	一一七四三〇
二二	八五一四二	一六二三三六	一九〇六六五	三八	五二四四八	六一六〇一	一一七四五一
二一	八五一二七	一六二二三〇	一九〇五七五	三九	五二四七三	六一六四一	一一七四七二
二〇	八五一一二	一六二一二五	一九〇四八五	四〇	五二四九八	六一六八一	一一七四九三
一九	八五〇九六	一六二〇一九	一九〇三九五	四一	五二五二二	六一七二一	一一七五一四
一八	八五〇八一	一六一九一四	一九〇三〇五	四二	五二五四七	六一七六一	一一七五三五
一七	八五〇六六	一六一八〇九	一九〇二一六	四三	五二五七二	六一八〇一	一一七五五六
一六	八五〇五一	一六一七〇三	一九〇一二六	四四	五二五九七	六一八四二	一一七五七七
一五	八五〇三五	一六一五九八	一九〇〇三七	四五	五二六二一	六一八八二	一一七五九八
一四	八五〇二〇	一六一四九三	一八九九四八	四六	五二六四六	六一九二二	一一七六二〇
一三	八五〇〇五	一六一三八八	一八九八五八	四七	五二六七一	六一九六二	一一七六四一
一二	八四九八九	一六一二八三	一八九七六九	四八	五二六九六	六二〇〇三	一一七六六二
一一	八四九七四	一六一一七九	一八九六八〇	四九	五二七二〇	六二〇四三	一一七六八三
一〇	八四九五九	一六一〇七四	一八九五九一	五〇	五二七四五	六二〇八三	一一七七〇四
九	八四九四三	一六〇九七〇	一八九五〇三	五一	五二七七〇	六二一二四	一一七七二六
八	八四九二八	一六〇八六五	一八九四一四	五二	五二七九四	六二一六四	一一七七四七
七	八四九一三	一六〇七六一	一八九三二五	五三	五二八一九	六二二〇四	一一七七六八
六	八四八九七	一六〇六五七	一八九二三七	五四	五二八四四	六二二四五	一一七七九〇
五	八四八八二	一六〇五五三	一八九一四八	五五	五二八六九	六二二八五	一一七八一一
四	八四八六六	一六〇四四九	一八九〇六〇	五六	五二八九三	六二三二五	一一七八三二
三	八四八五一	一六〇三四五	一八八九七二	五七	五二九一八	六二三六六	一一七八五四
二	八四八三六	一六〇二四一	一八八八八四	五八	五二九四三	六二四〇六	一一七八七五
一	八四八二〇	一六〇一三七	一八八七九六	五九	五二九六七	六二四四七	一一七八九六
〇	八四八〇五	一六〇〇三三	一八八七〇八	六〇	五二九九二	六二四八七	一一七九一八
五八				三一			

	弦正	線切	線割		弦正	線切	線割
三〇	八四三三九	一五六九六九	一八六一一六	三〇	五三七三〇	六三七〇七	一一八五六九
二九	八四三二四	一五六八六八	一八六〇三一	三一	五三七五四	六三七四八	一一八五九一
二八	八四三〇八	一五六七六七	一八五九四六	三二	五三七七九	六三七八九	一一八六一三
二七	八四二九二	一五六六六七	一八五八六一	三三	五三八〇四	六三八三〇	一一八六三五
二六	八四二七七	一五六五六六	一八五七七七	三四	五三八二八	六三八七一	一一八六五七
二五	八四二六一	一五六四六六	一八五六九二	三五	五三八五三	六三九一二	一一八六七九
二四	八四二四五	一五六三六六	一八五六〇八	三六	五三八七七	六三九五三	一一八七〇一
二三	八四二三〇	一五六二六五	一八五五二三	三七	五三九〇二	六三九九四	一一八七二三
二二	八四二一四	一五六一六五	一八五四三九	三八	五三九二六	六四〇三五	一一八七四五
二一	八四一九八	一五六〇六五	一八五三五五	三九	五三九五一	六四〇七六	一一八七六七
二〇	八四一八二	一五五九六六	一八五二七一	四〇	五三九七五	六四一一七	一一八七九〇
一九	八四一六七	一五五八六六	一八五一八七	四一	五四〇〇〇	六四一五八	一一八八一二
一八	八四一五一	一五五七六六	一八五一〇三	四二	五四〇二四	六四一九九	一一八八三四
一七	八四一三五	一五五六六六	一八五〇一九	四三	五四〇四九	六四二四〇	一一八八五六
一六	八四一二〇	一五五五六七	一八四九三五	四四	五四〇七三	六四二八一	一一八八七八
一五	八四一〇四	一五五四六七	一八四八五二	四五	五四〇九七	六四三二二	一一八九〇一
一四	八四〇八八	一五五三六八	一八四七六八	四六	五四一二二	六四三六三	一一八九二三
一三	八四〇七二	一五五二六九	一八四六八五	四七	五四一四六	六四四〇四	一一八九四五
一二	八四〇五七	一五五一七〇	一八四六〇一	四八	五四一七一	六四四四六	一一八九六七
一一	八四〇四一	一五五〇七一	一八四五一八	四九	五四一九五	六四四八七	一一八九九〇
一〇	八四〇二五	一五四九七二	一八四四三五	五〇	五四二二〇	六四五二八	一一九〇一二
九	八四〇〇九	一五四八七三	一八四三五二	五一	五四二四四	六四五六九	一一九〇三四
八	八三九九四	一五四七七四	一八四二六九	五二	五四二六九	六四六一〇	一一九〇五七
七	八三九七八	一五四六七五	一八四一八六	五三	五四二九三	六四六五二	一一九〇七九
六	八三九六二	一五四五七六	一八四一〇三	五四	五四三一七	六四六九三	一一九一〇二
五	八三九四六	一五四四七八	一八四〇二〇	五五	五四三四二	六四七三四	一一九一二四
四	八三九三〇	一五四三七九	一八三九三八	五六	五四三六六	六四七七五	一一九一四六
三	八三九一五	一五四二八一	一八三八五五	五七	五四三九一	六四八一七	一一九一六九
二	八三八九九	一五四一八三	一八三七七三	五八	五四四一五	六四八五八	一一九一九一
一	八三八八三	一五四〇八五	一八三六九〇	五九	五四四四〇	六四八九九	一一九二一四
〇	八三八六七	一五三九八七	一八三六〇八	六〇	五四四六四	六四九四一	一一九二三六
五七				三二			

	弦正	線切	線割		弦正	線切	線割
六〇	八四八〇五	一六〇〇三三	一八八七〇八	〇	五二九九二	六二四八七	一一七九一八
五九	八四七八九	一五九九三〇	一八八六二〇	一	五三〇一七	六二五二七	一一七九三九
五八	八四七七四	一五九八二六	一八八五三二	二	五三〇四一	六二五六八	一一七九六一
五七	八四七五九	一五九七二三	一八八四四五	三	五三〇六六	六二六〇八	一一七九八二
五六	八四七四三	一五九六二〇	一八八三五七	四	五三〇九一	六二六四九	一一八〇〇四
五五	八四七二八	一五九五一七	一八八二七〇	五	五三一一五	六二六八九	一一八〇二五
五四	八四七一二	一五九四一四	一八八一八三	六	五三一四〇	六二七三〇	一一八〇四七
五三	八四六九七	一五九三一一	一八八〇九五	七	五三一六五	六二七七〇	一一八〇六八
五二	八四六八一	一五九二〇八	一八八〇〇八	八	五三一八九	六二八一一	一一八〇九〇
五一	八四六六六	一五九一〇五	一八七九二一	九	五三二一四	六二八五二	一一八一一一
五〇	八四六五〇	一五九〇〇二	一八七八三四	一〇	五三二三八	六二八九二	一一八一三三
四九	八四六三五	一五八九〇〇	一八七七四八	一一	五三二六三	六二九三三	一一八一五五
四八	八四六一九	一五八七九七	一八七六六一	一二	五三二八八	六二九七三	一一八一七六
四七	八四六〇四	一五八六九五	一八七五七四	一三	五三三一二	六三〇一四	一一八一九八
四六	八四五八八	一五八五九三	一八七四八八	一四	五三三三七	六三〇五五	一一八二二〇
四五	八四五七三	一五八四九〇	一八七四〇一	一五	五三三六一	六三〇九五	一一八二四一
四四	八四五五七	一五八三八八	一八七三一五	一六	五三三八六	六三一三六	一一八二六三
四三	八四五四二	一五八二八六	一八七二二九	一七	五三四一一	六三一七七	一一八二八五
四二	八四五二六	一五八一八四	一八七一四二	一八	五三四三五	六三二一七	一一八三〇七
四一	八四五一一	一五八〇八三	一八七〇五六	一九	五三四六〇	六三二五八	一一八三二八
四〇	八四四九五	一五七九八一	一八六九七〇	二〇	五三四八四	六三二九九	一一八三五〇
三九	八四四八〇	一五七八七九	一八六八八五	二一	五三五〇九	六三三四〇	一一八三七二
三八	八四四六四	一五七七七八	一八六七九九	二二	五三五三四	六三三八〇	一一八三九四
三七	八四四四八	一五七六七六	一八六七一三	二三	五三五五八	六三四二一	一一八四一六
三六	八四四三三	一五七五七五	一八六六二七	二四	五三五八三	六三四六二	一一八四三七
三五	八四四一七	一五七四七四	一八六五四二	二五	五三六〇七	六三五〇三	一一八四五九
三四	八四四〇二	一五七三七二	一八六四五七	二六	五三六三二	六三五四四	一一八四八一
三三	八四三八六	一五七二七一	一八六三七一	二七	五三六五六	六三五八四	一一八五〇三
三二	八四三七〇	一五七一七〇	一八六二八六	二八	五三六八一	六三六二五	一一八五二五
三一	八四三五五	一五七〇六九	一八六二〇一	二九	五三七〇五	六三六六六	一一八五四七
三〇	八四三三九	一五六九六九	一八六一一六	三〇	五三七三〇	六三七〇七	一一八五六九
五七				三二			

	弦　正	線　切	線　割		弦　正	線　切	線　割
六〇	八三八六七	一五三九八七	一八三六〇八	〇	五四四六四	六四九四一	一一九二三六
五九	八三八五一	一五三八八八	一八三五二六	一	五四四八八	六四九八二	一一九二五九
五八	八三八三五	一五三七九一	一八三四四四	二	五四五一三	六五〇二四	一一九二八一
五七	八三八二〇	一五三六九三	一八三三六二	三	五四五三七	六五〇六五	一一九三〇四
五六	八三八〇四	一五三五九五	一八三二八〇	四	五四五六一	六五一〇六	一一九三二七
五五	八三七八八	一五三四九七	一八三一九八	五	五四五八六	六五一四八	一一九三四九
五四	八三七七二	一五三四〇〇	一八三一一六	六	五四六一〇	六五一八九	一一九三七二
五三	八三七五六	一五三三〇二	一八三〇三四	七	五四六三五	六五二三一	一一九三九四
五二	八三七四〇	一五三二〇五	一八二九五三	八	五四六五九	六五二七二	一一九四一七
五一	八三七二四	一五三一〇七	一八二八七一	九	五四六八三	六五三一四	一一九四四〇
五〇	八三七〇八	一五三〇一〇	一八二七九〇	一〇	五四七〇八	六五三五五	一一九四六三
四九	八三六九二	一五二九一三	一八二七〇九	一一	五四七三二	六五三九七	一一九四八五
四八	八三六七六	一五二八一六	一八二六二七	一二	五四七五六	六五四三八	一一九五〇八
四七	八三六六一	一五二七一九	一八二五四六	一三	五四七八一	六五四八〇	一一九五三一
四六	八三六四五	一五二六二二	一八二四六五	一四	五四八〇五	六五五二一	一一九五五四
四五	八三六二九	一五二五二五	一八二三八四	一五	五四八二九	六五五六三	一一九五七六
四四	八三六一三	一五二四二九	一八二三〇三	一六	五四八五四	六五六〇四	一一九五九九
四三	八三五九七	一五二三三二	一八二二二二	一七	五四八七八	六五六四六	一一九六二二
四二	八三五八一	一五二二三五	一八二一四二	一八	五四九〇二	六五六八八	一一九六四五
四一	八三五六五	一五二一三九	一八二〇六一	一九	五四九二七	六五七二九	一一九六六八
四〇	八三五四九	一五二〇四三	一八一九八一	二〇	五四九五一	六五七七一	一一九六九一
三九	八三五三三	一五一九四六	一八一九〇〇	二一	五四九七五	六五八一三	一一九七一三
三八	八三五一七	一五一八五〇	一八一八二〇	二二	五五〇〇〇	六五八五四	一一九七三六
三七	八三五〇一	一五一七五四	一八一七四〇	二三	五五〇二四	六五八九六	一一九七五九
三六	八三四八五	一五一六五八	一八一六五九	二四	五五〇四八	六五九三八	一一九七八二
三五	八三四六九	一五一五六二	一八一五七九	二五	五五〇七二	六五九八〇	一一九八〇五
三四	八三四五三	一五一四六六	一八一四九九	二六	五五〇九七	六六〇二一	一一九八二八
三三	八三四三七	一五一三七〇	一八一四一九	二七	五五一二一	六六〇六三	一一九八五一
三二	八三四二一	一五一二七五	一八一三四〇	二八	五五一四五	六六一〇五	一一九八七四
三一	八三四〇五	一五一一七九	一八一二六〇	二九	五五一六九	六六一四七	一一九八九七
三〇	八三三八九	一五一〇八四	一八一一八〇	三〇	五五一九四	六六一八九	一一九九二〇
五六				三三			

	弦　正	線　切	線　割		弦　正	線　切	線　割
三〇	八三三八九	一五一〇八四	一八一一八〇	三〇	五五一九四	六六一八九	一一九九二〇
二九	八三三七三	一五〇九八八	一八一一〇一	三一	五五二一八	六六二三〇	一一九九四四
二八	八三三五六	一五〇八九三	一八一〇二一	三二	五五二四二	六六二七二	一一九九六七
二七	八三三四〇	一五〇七九七	一八〇九四二	三三	五五二六六	六六三一四	一一九九九〇
二六	八三三二四	一五〇七〇二	一八〇八六二	三四	五五二九一	六六三五六	一二〇〇一三
二五	八三三〇八	一五〇六〇七	一八〇七八三	三五	五五三一五	六六三九八	一二〇〇三六
二四	八三二九二	一五〇五一二	一八〇七〇四	三六	五五三三九	六六四四〇	一二〇〇五九
二三	八三二七六	一五〇四一七	一八〇六二五	三七	五五三六三	六六四八二	一二〇〇八三
二二	八三二六〇	一五〇三二二	一八〇五四六	三八	五五三八八	六六五二四	一二〇一〇六
二一	八三二四四	一五〇二二八	一八〇四六七	三九	五五四一二	六六五六六	一二〇一二九
二〇	八三二二八	一五〇一三三	一八〇三八八	四〇	五五四三六	六六六〇八	一二〇一五二
一九	八三二一二	一五〇〇三八	一八〇三〇九	四一	五五四六〇	六六六五〇	一二〇一七六
一八	八三一九五	一四九九四四	一八〇二三一	四二	五五四八四	六六六九二	一二〇一九九
一七	八三一七九	一四九八四九	一八〇一五二	四三	五五五〇九	六六七三四	一二〇二二二
一六	八三一六三	一四九七五五	一八〇〇七四	四四	五五五三三	六六七七六	一二〇二四六
一五	八三一四七	一四九六六一	一七九九九五	四五	五五五五七	六六八一八	一二〇二六九
一四	八三一三一	一四九五六六	一七九九一七	四六	五五五八一	六六八六〇	一二〇二九二
一三	八三一一五	一四九四七二	一七九八三九	四七	五五六〇五	六六九〇二	一二〇三一六
一二	八三〇九八	一四九三七八	一七九七六一	四八	五五六三〇	六六九四四	一二〇三三九
一一	八三〇八二	一四九二八四	一七九六八二	四九	五五六五四	六六九八六	一二〇三六三
一〇	八三〇六六	一四九一九〇	一七九六〇四	五〇	五五六七八	六七〇二八	一二〇三八六
九	八三〇五〇	一四九〇九七	一七九五二七	五一	五五七〇二	六七〇七一	一二〇四一〇
八	八三〇三四	一四九〇〇三	一七九四四九	五二	五五七二六	六七一一三	一二〇四三三
七	八三〇一七	一四八九〇九	一七九三七一	五三	五五七五〇	六七一五五	一二〇四五七
六	八三〇〇一	一四八八一六	一七九二九三	五四	五五七七五	六七一九七	一二〇四八〇
五	八二九八五	一四八七二二	一七九二一六	五五	五五七九九	六七二三九	一二〇五〇四
四	八二九六九	一四八六二九	一七九一三八	五六	五五八二三	六七二八二	一二〇五二七
三	八二九五三	一四八五三六	一七九〇六一	五七	五五八四七	六七三二四	一二〇五五一
二	八二九三六	一四八四四二	一七八九八四	五八	五五八七一	六七三六六	一二〇五七五
一	八二九二〇	一四八三四九	一七八九〇六	五九	五五八九五	六七四〇九	一二〇五九八
〇	八二九〇四	一四八二五六	一七八八二九	六〇	五五九一九	六七四五一	一二〇六二二
五六				三三			

	弦正	線切	線割		弦正	線切	線割
三〇	八二四一三	一四五五〇一	一七六五五二	三〇	五六六四一	六八七二八	一二一三四一
二九	八二三九六	一四五四一〇	一七六四七七	三一	五六六六五	六八七七一	一二一三六五
二八	八二三八〇	一四五三二〇	一七六四〇二	三二	五六六八九	六八八一四	一二一三八九
二七	八二三六三	一四五二二九	一七六三二八	三三	五六七一三	六八八五七	一二一四一四
二六	八二三四七	一四五一三九	一七六二五三	三四	五六七三六	六八九〇〇	一二一四三八
二五	八二三三〇	一四五〇四九	一七六一七九	三五	五六七六〇	六八九四二	一二一四六二
二四	八二三一四	一四四九五八	一七六一〇五	三六	五六七八四	六八九八五	一二一四八七
二三	八二二九七	一四四八六八	一七六〇三一	三七	五六八〇八	六九〇二八	一二一五一一
二二	八二二八一	一四四七七八	一七五九五六	三八	五六八三二	六九〇七一	一二一五三五
二一	八二二六四	一四四六八八	一七五八八二	三九	五六八五六	六九一一四	一二一五六〇
二〇	八二二四八	一四四五九八	一七五八〇八	四〇	五六八八〇	六九一五七	一二一五八四
一九	八二二三一	一四四五〇八	一七五七三四	四一	五六九〇四	六九二〇〇	一二一六〇九
一八	八二二一四	一四四四一八	一七五六六一	四二	五六九二八	六九二四三	一二一六三三
一七	八二一九八	一四四三二九	一七五五八七	四三	五六九五二	六九二八六	一二一六五八
一六	八二一八一	一四四二三九	一七五五一三	四四	五六九七六	六九三二九	一二一六八二
一五	八二一六五	一四四一四九	一七五四四〇	四五	五七〇〇〇	六九三七二	一二一七〇七
一四	八二一四八	一四四〇六〇	一七五三六六	四六	五七〇二四	六九四一六	一二一七三一
一三	八二一三二	一四三九七〇	一七五二九三	四七	五七〇四七	六九四五九	一二一七五六
一二	八二一一五	一四三八八一	一七五二一九	四八	五七〇七一	六九五〇二	一二一七八一
一一	八二〇九八	一四三七九二	一七五一四六	四九	五七〇九五	六九五四五	一二一八〇五
一〇	八二〇八二	一四三七〇三	一七五〇七三	五〇	五七一一九	六九五八八	一二一八三〇
九	八二〇六五	一四三六一四	一七五〇〇〇	五一	五七一四三	六九六三一	一二一八五五
八	八二〇四八	一四三五二五	一七四九二七	五二	五七一六七	六九六七五	一二一八七九
七	八二〇三二	一四三四三六	一七四八五四	五三	五七一九一	六九七一八	一二一九〇四
六	八二〇一五	一四三三四七	一七四七八一	五四	五七二一五	六九七六一	一二一九二九
五	八一九九九	一四三二五八	一七四七〇八	五五	五七二三八	六九八〇四	一二一九五三
四	八一九八二	一四三一六九	一七四六三五	五六	五七二六二	六九八四七	一二一九七八
三	八一九六五	一四三〇八〇	一七四五六二	五七	五七二八六	六九八九一	一二二〇〇三
二	八一九四九	一四二九九二	一七四四九〇	五八	五七三一〇	六九九三四	一二二〇二八
一	八一九三二	一四二九〇三	一七四四一七	五九	五七三三四	六九九七七	一二二〇五三
〇	八一九一五	一四二八一五	一七四三四五	六〇	五七三五八	七〇〇二一	一二二〇七七
五五				三四			

	弦正	線切	線割		弦正	線切	線割
六〇	八二九〇四	一四八二五六	一七八八二九	〇	五五九一九	六七四五一	一二〇六二二
五九	八二八八七	一四八一六三	一七八七五二	一	五五九四三	六七四九三	一二〇六四五
五八	八二八七一	一四八〇七〇	一七八六七五	二	五五九六八	六七五三六	一二〇六六九
五七	八二八五五	一四七九七七	一七八五九八	三	五五九九二	六七五七八	一二〇六九三
五六	八二八三九	一四七八八五	一七八五二一	四	五六〇一六	六七六二〇	一二〇七一七
五五	八二八二二	一四七七九二	一七八四四五	五	五六〇四〇	六七六六二	一二〇七四〇
五四	八二八〇六	一四七六九九	一七八三六八	六	五六〇六四	六七七〇五	一二〇七六四
五三	八二七九〇	一四七六〇七	一七八二九一	七	五六〇八八	六七七四八	一二〇七八八
五二	八二七七三	一四七五〇四	一七八二一五	八	五六一一二	六七七九〇	一二〇八一二
五一	八二七五七	一四七四二二	一七八一三八	九	五六一三六	六七八三二	一二〇八三六
五〇	八二七四一	一四七三三〇	一七八〇六二	一〇	五六一六〇	六七八七五	一二〇八五九
四九	八二七二四	一四七二三八	一七七九八六	一一	五六一八四	六七九一七	一二〇八八三
四八	八二七〇八	一四七一四六	一七七九一〇	一二	五六二〇八	六七九六〇	一二〇九〇七
四七	八二六九二	一四七〇五四	一七七八三三	一三	五六二三二	六八〇〇二	一二〇九三一
四六	八二六七五	一四六九六二	一七七七五七	一四	五六二五六	六八〇四五	一二〇九五五
四五	八二六五九	一四六八七〇	一七七六八一	一五	五六二八〇	六八〇八八	一二〇九七九
四四	八二六四三	一四六七七八	一七七六〇六	一六	五六三〇五	六八一三〇	一二一〇〇三
四三	八二六二六	一四六六八六	一七七五三〇	一七	五六三二九	六八一七三	一二一〇二七
四二	八二六一〇	一四六五九五	一七七四五四	一八	五六三五三	六八二一五	一二一〇五一
四一	八二五九三	一四六五〇三	一七七三七八	一九	五六三七七	六八二五八	一二一〇七五
四〇	八二五七七	一四六四一一	一七七三〇三	二〇	五六四〇一	六八三〇一	一二一〇九九
三九	八二五六一	一四六三二〇	一七七二二七	二一	五六四二五	六八三四三	一二一一二三
三八	八二五四四	一四六二二九	一七七一五二	二二	五六四四九	六八三八六	一二一一四七
三七	八二五二八	一四六一三七	一七七〇七七	二三	五六四七三	六八四二九	一二一一七一
三六	八二五一一	一四六〇四六	一七七〇〇一	二四	五六四九七	六八四七一	一二一一九五
三五	八二四九五	一四五九五五	一七六九二六	二五	五六五二一	六八五一四	一二一二二〇
三四	八二四七八	一四五八六四	一七六八五一	二六	五六五四五	六八五五七	一二一二四四
三三	八二四六二	一四五七七三	一七六七七六	二七	五六五六九	六八六〇〇	一二一二六八
三二	八二四四六	一四五六八二	一七六七〇一	二八	五六五九三	六八六四二	一二一二九二
三一	八二四二九	一四五五九二	一七六六二六	二九	五六六一七	六八六八五	一二一三一六
三〇	八二四一三	一四五五〇一	一七六五五二	三〇	五六六四一	六八七二八	一二一三四一
五五				三四			

	弦正	線切	線割		弦正	線切	線割
六〇	八一九一五	一四二八一五	一七四三四五	〇	五七三五八	七〇〇二一	一二二〇七七
五九	八一八九九	一四二七二六	一七四二七二	一	五七三八一	七〇〇六四	一二二一〇二
五八	八一八八二	一四二六三八	一七四二〇〇	二	五七四〇五	七〇一〇七	一二二一二七
五七	八一八六五	一四二五五〇	一七四一二八	三	五七四二九	七〇一五一	一二二一五二
五六	八一八四八	一四二四六二	一七四〇五六	四	五七四五三	七〇一九四	一二二一七七
五五	八一八三二	一四二三七四	一七三九八三	五	五七四七七	七〇二三八	一二二二〇二
五四	八一八一五	一四二二八六	一七三九一一	六	五七五〇一	七〇二八一	一二二二二七
五三	八一七九八	一四二一九八	一七三八四〇	七	五七五二四	七〇三二五	一二二二五二
五二	八一七八二	一四二一一〇	一七三七六八	八	五七五四八	七〇三六八	一二二二七七
五一	八一七六五	一四二〇二二	一七三六九六	九	五七五七二	七〇四一二	一二二三〇二
五〇	八一七四八	一四一九三四	一七三六二四	一〇	五七五九六	七〇四五五	一二二三二七
四九	八一七三一	一四一八四七	一七三五五二	一一	五七六一九	七〇四九九	一二二三五二
四八	八一七一四	一四一七五九	一七三四八一	一二	五七六四三	七〇五四二	一二二三七七
四七	八一六九八	一四一六七二	一七三四〇九	一三	五七六六七	七〇五八六	一二二四〇二
四六	八一六八一	一四一五八四	一七三三三八	一四	五七六九一	七〇六二九	一二二四二八
四五	八一六六四	一四一四九七	一七三二六七	一五	五七七一五	七〇六七三	一二二四五三
四四	八一六四七	一四一四〇九	一七三一九五	一六	五七七三八	七〇七一七	一二二四七八
四三	八一六三一	一四一三二二	一七三一二四	一七	五七七六二	七〇七六〇	一二二五〇三
四二	八一六一四	一四一二三五	一七三〇五三	一八	五七七八六	七〇八〇四	一二二五二八
四一	八一五九七	一四一一四八	一七二九八二	一九	五七八一〇	七〇八四八	一二二五五四
四〇	八一五八〇	一四一〇六一	一七二九一一	二〇	五七八三三	七〇八九一	一二二五七九
三九	八一五六三	一四〇九七四	一七二八四〇	二一	五七八五七	七〇九三五	一二二六〇四
三八	八一五四六	一四〇八八七	一七二七六九	二二	五七八八一	七〇九七九	一二二六二九
三七	八一五三〇	一四〇八〇〇	一七二六九八	二三	五七九〇四	七一〇二三	一二二六五五
三六	八一五一三	一四〇七一四	一七二六二八	二四	五七九二八	七一〇六六	一二二六八〇
三五	八一四九六	一四〇六二七	一七二五五七	二五	五七九五二	七一一一〇	一二二七〇六
三四	八一四七九	一四〇五四〇	一七二四八七	二六	五七九七六	七一一五四	一二二七三一
三三	八一四六二	一四〇四五四	一七二四一六	二七	五七九九九	七一一九八	一二二七五六
三二	八一四四五	一四〇三六七	一七二三四六	二八	五八〇二三	七一二四二	一二二七八二
三一	八一四二八	一四〇二八一	一七二二七五	二九	五八〇四七	七一二八五	一二二八〇七
三〇	八一四一二	一四〇一九五	一七二二〇五	三〇	五八〇七〇	七一三二九	一二二八三三
五四				三五			

	弦正	線切	線割		弦正	線切	線割
三〇	八一四一二	一四〇一九五	一七二二〇五	三〇	五八〇七〇	七一三二九	一二二八三三
二九	八一三九五	一四〇一〇九	一七二一三五	三一	五八〇九四	七一三七三	一二二八五八
二八	八一三七八	一四〇〇二二	一七二〇六五	三二	五八一一八	七一四一七	一二二八八四
二七	八一三六一	一三九九三六	一七一九九五	三三	五八一四一	七一四六一	一二二九〇九
二六	八一三四四	一三九八五〇	一七一九二五	三四	五八一六五	七一五〇五	一二二九三五
二五	八一三二七	一三九七六四	一七一八五五	三五	五八一八九	七一五四九	一二二九六〇
二四	八一三一〇	一三九六七九	一七一七八五	三六	五八二一二	七一五九三	一二二九八六
二三	八一二九三	一三九五九三	一七一七一五	三七	五八二三六	七一六三七	一二三〇一二
二二	八一二七六	一三九五〇七	一七一六四六	三八	五八二六〇	七一六八一	一二三〇三七
二一	八一二五九	一三九四二一	一七一五七六	三九	五八二八三	七一七二五	一二三〇六三
二〇	八一二四二	一三九三三六	一七一五〇六	四〇	五八三〇七	七一七六九	一二三〇八九
一九	八一二二五	一三九二五〇	一七一四三七	四一	五八三三一	七一八一三	一二三一一四
一八	八一二〇八	一三九一六五	一七一三六八	四二	五八三五四	七一八五七	一二三一四〇
一七	八一一九一	一三九〇七九	一七一二九八	四三	五八三七八	七一九〇一	一二三一六六
一六	八一一七四	一三八九九四	一七一二二九	四四	五八四〇一	七一九四六	一二三一九二
一五	八一一五七	一三八九〇九	一七一一六〇	四五	五八四二五	七一九九〇	一二三二一七
一四	八一一四〇	一三八八二四	一七一〇九一	四六	五八四四九	七二〇三四	一二三二四三
一三	八一一二三	一三八七三八	一七一〇二二	四七	五八四七二	七二〇七八	一二三二六九
一二	八一一〇六	一三八六五三	一七〇九五三	四八	五八四九六	七二一二二	一二三二九五
一一	八一〇八九	一三八五六八	一七〇八八四	四九	五八五一九	七二一六七	一二三三二一
一〇	八一〇七二	一三八四八四	一七〇八一五	五〇	五八五四三	七二二一一	一二三三四七
九	八一〇五五	一三八三九九	一七〇七四六	五一	五八五六七	七二二五五	一二三三七三
八	八一〇三八	一三八三一四	一七〇六七七	五二	五八五九〇	七二二九九	一二三三九九
七	八一〇二一	一三八二二九	一七〇六〇九	五三	五八六一四	七二三四四	一二三四二四
六	八一〇〇四	一三八一四五	一七〇五四〇	五四	五八六三七	七二三八八	一二三四五〇
五	八〇九九七	一三八〇六〇	一七〇四七二	五五	五八六六一	七二四三二	一二三四七六
四	八〇九七〇	一三七九七六	一七〇四〇三	五六	五八六八四	七二四七七	一二三五〇二
三	八〇九五三	一三七八九一	一七〇三三五	五七	五八七〇八	七二五二一	一二三五二九
二	八〇九三六	一三七八〇七	一七〇二六七	五八	五八七三一	七二五六六	一二三五五五
一	八〇九一九	一三七七二二	一七〇一九八	五九	五八七五五	七二六一〇	一二三五八一
〇	八〇九〇二	一三七六三八	一七〇一三〇	六〇	五八七七九	七二六五四	一二三六〇七
五四				三五			

	弦正	線切	線割		弦正	線切	線割
三〇	八〇三八六	一三五一四二	一六八一一七	三〇	五九四八二	七三九九六	一二四四〇〇
二九	八〇三六八	一三五〇六〇	一六八〇五一	三一	五九五〇六	七四〇四一	一二四四二七
二八	八〇三五一	一三四九七八	一六七九八五	三二	五九五二九	七四〇八六	一二四四五四
二七	八〇三三四	一三四八九六	一六七九一九	三三	五九五五二	七四一三一	一二四四八一
二六	八〇三一六	一三四八一四	一六七八五三	三四	五九五七六	七四一七六	一二四五〇八
二五	八〇二九九	一三四七三二	一六七七八八	三五	五九五九九	七四二二一	一二四五三四
二四	八〇二八二	一三四六五〇	一六七七二二	三六	五九六二二	七四二六七	一二四五六一
二三	八〇二六四	一三四五六八	一六七六五六	三七	五九六四六	七四三一二	一二四五八八
二二	八〇二四七	一三四四八七	一六七五九一	三八	五九六六九	七四三五七	一二四六一五
二一	八〇二三〇	一三四四〇五	一六七五二五	三九	五九六九三	七四四〇二	一二四六四二
二〇	八〇二一二	一三四三二三	一六七四六〇	四〇	五九七一六	七四四四七	一二四六六九
一九	八〇一九五	一三四二四二	一六七三九四	四一	五九七三九	七四四九二	一二四六九六
一八	八〇一七八	一三四一六〇	一六七三二九	四二	五九七六三	七四五三八	一二四七二三
一七	八〇一六〇	一三四〇七九	一六七二六四	四三	五九七八六	七四五八三	一二四七五〇
一六	八〇一四三	一三三九九八	一六七一九九	四四	五九八〇九	七四六二八	一二四七七七
一五	八〇一二五	一三三九一六	一六七一三三	四五	五九八三二	七四六七四	一二四八〇四
一四	八〇一〇八	一三三八三五	一六七〇六八	四六	五九八五六	七四七一九	一二四八三二
一三	八〇〇九一	一三三七五四	一六七〇〇三	四七	五九八七九	七四七六四	一二四八五九
一二	八〇〇七三	一三三六七三	一六六九三八	四八	五九九〇二	七四八一〇	一二四八八六
一一	八〇〇五六	一三三五九二	一六六八七三	四九	五九九二六	七四八五五	一二四九一三
一〇	八〇〇三八	一三三五一一	一六六八〇九	五〇	五九九四九	七四九〇〇	一二四九四〇
九	八〇〇二一	一三三四三〇	一六六七四四	五一	五九九七二	七四九四六	一二四九六七
八	八〇〇〇三	一三三三四九	一六六六七九	五二	五九九九五	七四九九一	一二四九九五
七	七九九八六	一三三二六八	一六六六一五	五三	六〇〇一九	七五〇三七	一二五〇二二
六	七九九六八	一三三一八七	一六六五五〇	五四	六〇〇四二	七五〇八二	一二五〇四九
五	七九九五一	一三三一〇七	一六六四八六	五五	六〇〇六五	七五一二八	一二五〇七七
四	七九九三四	一三三〇二六	一六六四二一	五六	六〇〇八九	七五一七三	一二五一〇四
三	七九九一六	一三二九四六	一六六三五七	五七	六〇一一二	七五二一九	一二五一三一
二	七九八九九	一三二八六五	一六六二九二	五八	六〇一三五	七五二六四	一二五一五九
一	七九八八一	一三二七八五	一六六二二八	五九	六〇一五八	七五三一〇	一二五一八六
〇	七九八六四	一三二七〇四	一六六一六四	六〇	六〇一八二	七五三五五	一二五二一四
五三				三六			

	弦正	線切	線割		弦正	線切	線割
六〇	八〇九〇二	一三七六三八	一七〇一三〇	〇	五八七七九	七二六五四	一二三六〇七
五九	八〇八八五	一三七五五四	一七〇〇六二	一	五八八〇二	七二六九九	一二三六三三
五八	八〇八六七	一三七四七〇	一六九九九四	二	五八八二六	七二七四三	一二三六五九
五七	八〇八五〇	一三七三八六	一六九九二六	三	五八八四九	七二七八八	一二三六八五
五六	八〇八三三	一三七三〇二	一六九八五八	四	五八八七三	七二八三二	一二三七一一
五五	八〇八一六	一三七二一八	一六九七九〇	五	五八八九六	七二八七七	一二三七三八
五四	八〇七九九	一三七一三四	一六九七二三	六	五八九二〇	七二九二一	一二三七六四
五三	八〇七八二	一三七〇五〇	一六九六五五	七	五八九四三	七二九六六	一二三七九〇
五二	八〇七六五	一三六九六七	一六九五八七	八	五八九六七	七三〇一〇	一二三八一六
五一	八〇七四八	一三六八八三	一六九五二〇	九	五八九九〇	七三〇五五	一二三八四三
五〇	八〇七三〇	一三六八〇〇	一六九四五二	一〇	五九〇一四	七三一〇〇	一二三八六九
四九	八〇七一三	一三六七一六	一六九三八五	一一	五九〇三七	七三一四四	一二三八九五
四八	八〇六九六	一三六六三三	一六九三一八	一二	五九〇六一	七三一八九	一二三九二二
四七	八〇六七九	一三六五四九	一六九二五〇	一三	五九〇八四	七三二三四	一二三九四八
四六	八〇六六二	一三六四六六	一六九一八三	一四	五九一〇八	七三二七八	一二三九七五
四五	八〇六四四	一三六三八三	一六九一一六	一五	五九一三一	七三三二三	一二四〇〇一
四四	八〇六二七	一三六三〇〇	一六九〇四九	一六	五九一五四	七三三六八	一二四〇二八
四三	八〇六一〇	一三六二一七	一六八九八二	一七	五九一七八	七三四一三	一二四〇五四
四二	八〇五九三	一三六一三四	一六八九一五	一八	五九二〇一	七三四五七	一二四〇八一
四一	八〇五七六	一三六〇五一	一六八八四八	一九	五九二二五	七三五〇二	一二四一〇七
四〇	八〇五五八	一三五九六八	一六八七八二	二〇	五九二四八	七三五四七	一二四一三四
三九	八〇五四一	一三五八八五	一六八七一五	二一	五九二七二	七三五九二	一二四一六〇
三八	八〇五二四	一三五八〇二	一六八六四八	二二	五九二九五	七三六三七	一二四一八七
三七	八〇五〇七	一三五七一九	一六八五八二	二三	五九三一八	七三六八一	一二四二一三
三六	八〇四八九	一三五六三七	一六八五一五	二四	五九三四二	七三七二六	一二四二四〇
三五	八〇四七二	一三五五五四	一六八四四九	二五	五九三六五	七三七七一	一二四二六七
三四	八〇四五五	一三五四七二	一六八三八二	二六	五九三八九	七三八一六	一二四二九三
三三	八〇四三八	一三五三八九	一六八三一六	二七	五九四一二	七三八六一	一二四三二〇
三二	八〇四二〇	一三五三〇七	一六八二五〇	二八	五九四三六	七三九〇六	一二四三四七
三一	八〇四〇三	一三五二二四	一六八一八三	二九	五九四五九	七三九五一	一二四三七三
三〇	八〇三八六	一三五一四二	一六八一一七	三〇	五九四八二	七三九九六	一二四四〇〇
五三				三六			

	弦正	線切	線割		弦正	線切	線割
六〇	七九八六四	一三二七〇四	一六六一六四	〇	六〇一八二	七五三五五	一二五二一四
五九	七九八四六	一三二六二四	一六六一〇〇	一	六〇二〇五	七五四〇一	一二五二四一
五八	七九八二九	一三二五四四	一六六〇三六	二	六〇二二八	七五四四七	一二五二六九
五七	七九八一一	一三二四六四	一六五九七二	三	六〇二五一	七五四九二	一二五二九六
五六	七九七九三	一三二三八四	一六五九〇八	四	六〇二七四	七五五三八	一二五三二四
五五	七九七七六	一三二三〇四	一六五八四四	五	六〇二九八	七五五八四	一二五三五一
五四	七九七五八	一三二二二四	一六五七八〇	六	六〇三二一	七五六二九	一二五三七九
五三	七九七四一	一三二一四四	一六五七一七	七	六〇三四四	七五六七五	一二五四〇六
五二	七九七二三	一三二〇六四	一六五六五三	八	六〇三六七	七五七二一	一二五四三四
五一	七九七〇六	一三一九八四	一六五五八九	九	六〇三九〇	七五七六七	一二五四六二
五〇	七九六八八	一三一九〇四	一六五五二六	一〇	六〇四一四	七五八一二	一二五四八九
四九	七九六七一	一三一八二五	一六五四六二	一一	六〇四三七	七五八五八	一二五五一七
四八	七九六五三	一三一七四五	一六五三九九	一二	六〇四六〇	七五九〇四	一二五五四五
四七	七九六三五	一三一六六六	一六五三三六	一三	六〇四八三	七五九五〇	一二五五七二
四六	七九六一八	一三一五八六	一六五二七二	一四	六〇五〇六	七五九九六	一二五六〇〇
四五	七九六〇〇	一三一五〇七	一六五二〇九	一五	六〇五二九	七六〇四二	一二五六二八
四四	七九五八三	一三一四二七	一六五一四六	一六	六〇五五三	七六〇八八	一二五六五六
四三	七九五六五	一三一三四八	一六五〇八三	一七	六〇五七六	七六一三四	一二五六八三
四二	七九五四七	一三一二六九	一六五〇二〇	一八	六〇五九九	七六一八〇	一二五七一一
四一	七九五三〇	一三一一九〇	一六四九五七	一九	六〇六二二	七六二二六	一二五七三九
四〇	七九五一二	一三一一一〇	一六四八九四	二〇	六〇六四五	七六二七二	一二五七六七
三九	七九四九四	一三一〇三一	一六四八三一	二一	六〇六六八	七六三一八	一二五七九五
三八	七九四七七	一三〇九五二	一六四七六八	二二	六〇六九一	七六三六四	一二五八二三
三七	七九四五九	一三〇八七三	一六四七〇五	二三	六〇七一四	七六四一〇	一二五八五一
三六	七九四四一	一三〇七九五	一六四六四三	二四	六〇七三八	七六四五六	一二五八七九
三五	七九四二四	一三〇七一六	一六四五八〇	二五	六〇七六一	七六五〇二	一二五九〇七
三四	七九四〇六	一三〇六三七	一六四五一八	二六	六〇七八四	七六五四八	一二五九三五
三三	七九三八八	一三〇五五八	一六四四五五	二七	六〇八〇七	七六五九四	一二五九六三
三二	七九三七一	一三〇四八〇	一六四三九三	二八	六〇八三〇	七六六四〇	一二五九九一
三一	七九三五三	一三〇四〇一	一六四三三〇	二九	六〇八五三	七六六八六	一二六〇一九
三〇	七九三三五	一三〇三二三	一六四二六八	三〇	六〇八七六	七六七三三	一二六〇四七
五二				三七			

	弦正	線切	線割		弦正	線切	線割
三〇	七九三三五	一三〇三二三	一六四二六八	三〇	六〇八七六	七六七三三	一二六〇四七
二九	七九三一八	一三〇二四四	一六四二〇六	三一	六〇八九九	七六七七九	一二六〇七五
二八	七九三〇〇	一三〇一六六	一六四一四四	三二	六〇九二二	七六八二五	一二六一〇四
二七	七九二八二	一三〇〇八七	一六四〇八一	三三	六〇九四五	七六八七一	一二六一三二
二六	七九二六四	一三〇〇〇九	一六四〇一九	三四	六〇九六八	七六九一八	一二六一六〇
二五	七九二四七	一二九九三一	一六三九五七	三五	六〇九九一	七六九六四	一二六一八八
二四	七九二二九	一二九八五三	一六三八九五	三六	六一〇一五	七七〇一〇	一二六二一六
二三	七九二一一	一二九七七五	一六三八三四	三七	六一〇三八	七七〇五七	一二六二四五
二二	七九一九三	一二九六九六	一六三七七二	三八	六一〇六一	七七一〇三	一二六二七三
二一	七九一七六	一二九六一九	一六三七一〇	三九	六一〇八四	七七一四九	一二六三〇一
二〇	七九一五八	一二九五四一	一六三六四八	四〇	六一一〇七	七七一九六	一二六三三〇
一九	七九一四〇	一二九四六三	一六三五八七	四一	六一一三〇	七七二四二	一二六三五八
一八	七九一二二	一二九三八五	一六三五二五	四二	六一一五三	七七二八九	一二六三八七
一七	七九一〇五	一二九三〇七	一六三四六四	四三	六一一七六	七七三三五	一二六四一五
一六	七九〇八七	一二九二二九	一六三四〇二	四四	六一一九九	七七三八二	一二六四四三
一五	七九〇六九	一二九一五二	一六三三四一	四五	六一二二二	七七四二八	一二六四七二
一四	七九〇五一	一二九〇七四	一六三二七九	四六	六一二四五	七七四七五	一二六五〇〇
一三	七九〇三三	一二八九九七	一六三二一八	四七	六一二六八	七七五二一	一二六五二九
一二	七九〇一六	一二八九一九	一六三一五七	四八	六一二九一	七七五六八	一二六五五七
一一	七八九九八	一二八八四二	一六三〇九六	四九	六一三一四	七七六一五	一二六五八六
一〇	七八九八〇	一二八七六四	一六三〇三五	五〇	六一三三七	七七六六一	一二六六一五
九	七八九六二	一二八六八七	一六二九七四	五一	六一三六〇	七七七〇八	一二六六四三
八	七八九四四	一二八六一〇	一六二九一三	五二	六一三八三	七七七五四	一二六六七二
七	七八九二六	一二八五三三	一六二八五二	五三	六一四〇六	七七八〇一	一二六七〇一
六	七八九〇八	一二八四五六	一六二七九一	五四	六一四二九	七七八四八	一二六七二九
五	七八八九一	一二八三七九	一六二七三〇	五五	六一四五一	七七八九五	一二六七五八
四	七八八七三	一二八三〇二	一六二六六九	五六	六一四七四	七七九四一	一二六七八七
三	七八八五五	一二八二二五	一六二六〇九	五七	六一四九七	七七九八八	一二六八一六
二	七八八三七	一二八一四八	一六二五四八	五八	六一五二〇	七八〇三五	一二六八四四
一	七八八一九	一二八〇七一	一六二四八七	五九	六一五四三	七八〇八二	一二六八七三
〇	七八八〇一	一二七九九四	一六二四二七	六〇	六一五六六	七八一二九	一二六九〇二
五二				三七			

	弦正	線切	線割		弦正	線切	線割
三〇	七八二六一	一二五七一七	一六〇六三九	三〇	六二二五一	七九五四四	一二七七七八
二九	七八二四三	一二五六四二	一六〇五八〇	三一	六二二七四	七九五九一	一二七八〇七
二八	七八二二五	一二五五六七	一六〇五二一	三二	六二二九七	七九六三九	一二七八三七
二七	七八二〇六	一二五四九二	一六〇四六三	三三	六二三二〇	七九六八六	一二七八六七
二六	七八一八八	一二五四一七	一六〇四〇四	三四	六二三四二	七九七三四	一二七八九六
二五	七八一七〇	一二五三四三	一六〇三四六	三五	六二三六五	七九七八一	一二七九二六
二四	七八一五二	一二五二六八	一六〇二八七	三六	六二三八八	七九八二九	一二七九五六
二三	七八一三四	一二五一九三	一六〇二二九	三七	六二四一一	七九八七七	一二七九八五
二二	七八一一六	一二五一一八	一六〇一七一	三八	六二四三三	七九九二四	一二八〇一五
二一	七八〇九八	一二五〇四四	一六〇一一二	三九	六二四五六	七九九七二	一二八〇四五
二〇	七八〇七九	一二四九六九	一六〇〇五四	四〇	六二四七九	八〇〇二〇	一二八〇七五
一九	七八〇六一	一二四八九五	一五九九九六	四一	六二五〇二	八〇〇六七	一二八一〇五
一八	七八〇四三	一二四八二〇	一五九九三八	四二	六二五二四	八〇一一五	一二八一三四
一七	七八〇二五	一二四七四六	一五九八八〇	四三	六二五四七	八〇一六三	一二八一六四
一六	七八〇〇七	一二四六七二	一五九八二二	四四	六二五七〇	八〇二一一	一二八一九四
一五	七七九八八	一二四五九七	一五九七六四	四五	六二五九二	八〇二五八	一二八二二四
一四	七七九七〇	一二四五二三	一五九七〇六	四六	六二六一五	八〇三〇六	一二八二五四
一三	七七九五二	一二四四四九	一五九六四八	四七	六二六三八	八〇三五四	一二八二八四
一二	七七九三四	一二四三七五	一五九五九〇	四八	六二六六〇	八〇四〇二	一二八三一四
一一	七七九一六	一二四三〇一	一五九五三三	四九	六二六八三	八〇四五〇	一二八三四四
一〇	七七八九七	一二四二二七	一五九四七五	五〇	六二七〇六	八〇四九八	一二八三七四
九	七七八七九	一二四一五三	一五九四一八	五一	六二七二八	八〇五四六	一二八四〇四
八	七七八六一	一二四〇七九	一五九三六〇	五二	六二七五一	八〇五九四	一二八四三四
七	七七八四三	一二四〇〇五	一五九三〇二	五三	六二七七四	八〇六四二	一二八四六四
六	七七八二四	一二三九三一	一五九二四五	五四	六二七九六	八〇六九〇	一二八四九五
五	七七八〇六	一二三八五八	一五九一八八	五五	六二八一九	八〇七三八	一二八五二五
四	七七七八八	一二三七八四	一五九一三〇	五六	六二八四二	八〇七八六	一二八五五五
三	七七七六九	一二三七一〇	一五九〇七三	五七	六二八六四	八〇八三四	一二八五八五
二	七七七五一	一二三六三七	一五九〇一六	五八	六二八八七	八〇八八二	一二八六一五
一	七七七三三	一二三五六三	一五八九五九	五九	六二九〇九	八〇九三〇	一二八六四六
〇	七七七一五	一二三四九〇	一五八九〇二	六〇	六二九三二	八〇九七八	一二八六七六
五一				三八			

	弦正	線切	線割		弦正	線切	線割
六〇	七八八〇一	一二七九九四	一六二四二七	〇	六一五六六	七八一二九	一二六九〇二
五九	七八七八三	一二七九一七	一六二三六六	一	六一五八九	七八一七五	一二六九二一
五八	七八七六五	一二七八四一	一六二三〇六	二	六一六一二	七八二二二	一二六九六〇
五七	七八七四七	一二七七六四	一六二二四六	三	六一六三五	七八二六九	一二六九八八
五六	七八七二九	一二七六八八	一六二一八五	四	六一六五八	七八三一六	一二七〇一七
五五	七八七一一	一二七六一一	一六二一二五	五	六一六八一	七八三六三	一二七〇四六
五四	七八六九四	一二七五三五	一六二〇六五	六	六一七〇四	七八四一〇	一二七〇七五
五三	七八六七六	一二七四五八	一六二〇〇五	七	六一七二六	七八四五七	一二七一〇四
五二	七八六五八	一二七三八二	一六一九四五	八	六一七四九	七八五〇四	一二七一三三
五一	七八六四〇	一二七三〇六	一六一八八五	九	六一七七二	七八五五一	一二七一六二
五〇	七八六二二	一二七二三〇	一六一八二五	一〇	六一七九五	七八五九八	一二七一九一
四九	七八六〇四	一二七一五三	一六一七六五	一一	六一八一八	七八六四五	一二七二二一
四八	七八五八六	一二七〇七七	一六一七〇五	一二	六一八四一	七八六九二	一二七二五〇
四七	七八五六八	一二七〇〇一	一六一六四六	一三	六一八六四	七八七三九	一二七二七九
四六	七八五五〇	一二六九二五	一六一五八六	一四	六一八八七	七八七八六	一二七三〇八
四五	七八五三二	一二六八四九	一六一五二六	一五	六一九〇九	七八八三四	一二七三三七
四四	七八五一四	一二六七七四	一六一四六七	一六	六一九三二	七八八八一	一二七三六六
四三	七八四九六	一二六六九八	一六一四〇七	一七	六一九五五	七八九二八	一二七三九六
四二	七八四七八	一二六六二二	一六一三四八	一八	六一九七八	七八九七五	一二七四二五
四一	七八四六〇	一二六五四六	一六一二八八	一九	六二〇〇一	七九〇二二	一二七四五四
四〇	七八四四二	一二六四七一	一六一二二九	二〇	六二〇二四	七九〇七〇	一二七四八三
三九	七八四二四	一二六三九五	一六一一七〇	二一	六二〇四六	七九一一七	一二七五一三
三八	七八四〇五	一二六三二〇	一六一一一一	二二	六二〇六九	七九一六四	一二七五四二
三七	七八三八七	一二六二四四	一六一〇五一	二三	六二〇九二	七九二一二	一二七五七二
三六	七八三六九	一二六一六九	一六〇九九二	二四	六二一一五	七九二五九	一二七六〇一
三五	七八三五一	一二六〇九三	一六〇九三三	二五	六二一三八	七九三〇六	一二七六三〇
三四	七八三三三	一二六〇一八	一六〇八七四	二六	六二一六〇	七九三五四	一二七六六〇
三三	七八三一五	一二五九四三	一六〇八一五	二七	六二一八三	七九四〇一	一二七六八九
三二	七八二九七	一二五八六七	一六〇七五六	二八	六二二〇六	七九四四九	一二七七一九
三一	七八二七九	一二五七九二	一六〇六九八	二九	六二二二九	七九四九六	一二七七四八
三〇	七八二六一	一二五七一七	一六〇六三九	三〇	六二二五一	七九五四四	一二七七七八
五一				三八			

	弦正	線切	線割		弦正	線切	線割
六〇	七七七一五	一二三四九〇	一五八九〇二	〇	六二九三二	八〇九七八	一二八六七六
五九	七七六九六	一二三四一六	一五八八四五	一	六二九五五	八一〇二七	一二八七〇六
五八	七七六七八	一二三三四三	一五八七八八	二	六二九七七	八一〇七五	一二八七三七
五七	七七六六〇	一二三二七〇	一五八七三一	三	六三〇〇〇	八一一二三	一二八七六七
五六	七七六四一	一二三一九六	一五八六七四	四	六三〇二二	八一一七一	一二八七九七
五五	七七六二三	一二三一二三	一五八六一七	五	六三〇四五	八一二二〇	一二八八二八
五四	七七六〇五	一二三〇五〇	一五八五六〇	六	六三〇六八	八一二六八	一二八八五八
五三	七七五八六	一二二九七七	一五八五〇三	七	六三〇九〇	八一三一六	一二八八八九
五二	七七五六八	一二二九〇四	一五八四四七	八	六三一一三	八一三六四	一二八九一九
五一	七七五五〇	一二二八三一	一五八三九〇	九	六三一三五	八一四一三	一二八九五〇
五〇	七七五三一	一二二七五八	一五八三三三	一〇	六三一五八	八一四六一	一二八九八〇
四九	七七五一三	一二二六八五	一五八二七七	一一	六三一八〇	八一五一〇	一二九〇一一
四八	七七四九四	一二二六一二	一五八二二一	一二	六三二〇三	八一五五八	一二九〇四二
四七	七七四七六	一二二五三九	一五八一六四	一三	六三二二五	八一六〇六	一二九〇七二
四六	七七四五八	一二二四六七	一五八一〇八	一四	六三二四八	八一六五五	一二九一〇三
四五	七七四三九	一二二三九四	一五八〇五一	一五	六三二七一	八一七〇三	一二九一三三
四四	七七四二一	一二二三二一	一五七九九五	一六	六三二九三	八一七五二	一二九一六四
四三	七七四〇二	一二二二四九	一五七九三九	一七	六三三一六	八一八〇〇	一二九一九五
四二	七七三八四	一二二一七六	一五七八八三	一八	六三三三八	八一八四九	一二九二二六
四一	七七三六六	一二二一〇四	一五七八二七	一九	六三三六一	八一八九八	一二九二五六
四〇	七七三四七	一二二〇三一	一五七七七一	二〇	六三三八三	八一九四六	一二九二八七
三九	七七三二九	一二一九五九	一五七七一五	二一	六三四〇六	八一九九五	一二九三一八
三八	七七三一〇	一二一八八七	一五七六五九	二二	六三四二八	八二〇四四	一二九三四九
三七	七七二九二	一二一八一四	一五七六〇三	二三	六三四五一	八二〇九二	一二九三八〇
三六	七七二七三	一二一七四二	一五七五四七	二四	六三四七三	八二一四一	一二九四一一
三五	七七二五五	一二一六七〇	一五七四九一	二五	六三四九六	八二一九〇	一二九四四二
三四	七七二三六	一二一五九八	一五七四三六	二六	六三五一八	八二二三八	一二九四七三
三三	七七二一八	一二一五二六	一五七三八〇	二七	六三五四〇	八二二八七	一二九五〇四
三二	七七一九九	一二一四五四	一五七三二四	二八	六三五六三	八二三三六	一二九五三五
三一	七七一八一	一二一三八二	一五七二六九	二九	六三五八五	八二三八五	一二九五六六
三〇	七七一六二	一二一三一〇	一五七二一三	三〇	六三六〇八	八二四三四	一二九五九七
五〇				三九			

	弦正	線切	線割		弦正	線切	線割
三〇	七七一六二	一二一三一〇	一五七二一三	三〇	六三六〇八	八二四三四	一二九五九七
二九	七七一四四	一二一二三八	一五七一五八	三一	六三六三〇	八二四八三	一二九六二八
二八	七七一二五	一二一一六六	一五七一〇三	三二	六三六五三	八二五三一	一二九六五九
二七	七七一〇七	一二一〇九四	一五七〇四七	三三	六三六七五	八二五八〇	一二九六九〇
二六	七七〇八八	一二一〇二三	一五六九九二	三四	六三六九八	八二六二九	一二九七二一
二五	七七〇七〇	一二〇九五一	一五六九三七	三五	六三七二〇	八二六七八	一二九七五二
二四	七七〇五一	一二〇八七九	一五六八八一	三六	六三七四二	八二七二七	一二九七八四
二三	七七〇三三	一二〇八〇八	一五六八二六	三七	六三七六五	八二七七六	一二九八一五
二二	七七〇一四	一二〇七三六	一五六七七一	三八	六三七八七	八二八二五	一二九八四六
二一	七六九九六	一二〇六六五	一五六七一六	三九	六三八一〇	八二八七四	一二九八七七
二〇	七六九七七	一二〇五九三	一五六六六一	四〇	六三八三二	八二九二三	一二九九〇九
一九	七六九五九	一二〇五二二	一五六六〇六	四一	六三八五四	八二九七二	一二九九四〇
一八	七六九四〇	一二〇四五一	一五六五五一	四二	六三八七七	八三〇二二	一二九九七一
一七	七六九二一	一二〇三七九	一五六四九七	四三	六三八九九	八三〇七一	一三〇〇〇三
一六	七六九〇三	一二〇三〇八	一五六四四二	四四	六三九二二	八三一二〇	一三〇〇三四
一五	七六八八四	一二〇二三七	一五六三八七	四五	六三九四四	八三一六九	一三〇〇六六
一四	七六八六六	一二〇一六六	一五六三三二	四六	六三九六六	八三二一八	一三〇〇九七
一三	七六八四七	一二〇〇九五	一五六二七八	四七	六三九八九	八三二六八	一三〇一二九
一二	七六八二八	一二〇〇二四	一五六二二三	四八	六四〇一一	八三三一七	一三〇一六〇
一一	七六八一〇	一一九九五三	一五六一六九	四九	六四〇三三	八三三六六	一三〇一九二
一〇	七六七九一	一一九八八二	一五六一一四	五〇	六四〇五六	八三四一五	一三〇二二三
九	七六七七二	一一九八一一	一五六〇六〇	五一	六四〇七八	八三四六五	一三〇二五五
八	七六七五四	一一九七四〇	一五六〇〇五	五二	六四一〇〇	八三五一四	一三〇二八七
七	七六七三五	一一九六六九	一五五九五一	五三	六四一二三	八三五六四	一三〇三一八
六	七六七一七	一一九五九九	一五五八九七	五四	六四一四五	八三六一三	一三〇三五〇
五	七六六九八	一一九五二八	一五五八四三	五五	六四一六七	八三六六二	一三〇三八二
四	七六六七九	一一九四五七	一五五七八九	五六	六四一九〇	八三七一二	一三〇四一三
三	七六六六一	一一九三八七	一五五七三四	五七	六四二一二	八三七六一	一三〇四四五
二	七六六四二	一一九三一六	一五五六八〇	五八	六四二三四	八三八一一	一三〇四七七
一	七六六二三	一一九二四六	一五五六二六	五九	六四二五六	八三八六〇	一三〇五〇九
〇	七六六〇四	一一九一七五	一五五五七二	六〇	六四二七九	八三九一〇	一三〇五四一
五〇				三九			

	弦正	線切	線割		弦正	線切	線割
三〇	七六〇四一	一一七〇八五	一五三九七七	三〇	六四九四五	八五四〇八	一三一五〇九
二九	七六〇二二	一一七〇一六	一五三九二四	三一	六四九六七	八五四五八	一三一五四一
二八	七六〇〇三	一一六九四七	一五三八七二	三二	六四九八九	八五五〇九	一三一五七四
二七	七五九八四	一一六八七八	一五三八二〇	三三	六五〇一一	八五五五九	一三一六〇七
二六	七五九六五	一一六八〇九	一五三七六八	三四	六五〇三三	八五六一〇	一三一六四〇
二五	七五九四六	一一六七四一	一五三七一五	三五	六五〇五五	八五六六〇	一三一六七二
二四	七五九二七	一一六六七二	一五三六六三	三六	六五〇七七	八五七一〇	一三一七〇五
二三	七五九〇八	一一六六〇三	一五三六一一	三七	六五一〇〇	八五七六一	一三一七三八
二二	七五八八九	一一六五三五	一五三五五九	三八	六五一二二	八五八一一	一三一七七一
二一	七五八七〇	一一六四六六	一五三五〇七	三九	六五一四四	八五八六二	一三一八〇四
二〇	七五八五一	一一六三九八	一五三四五五	四〇	六五一六六	八五九一二	一三一八三七
一九	七五八三二	一一六三二九	一五三四〇三	四一	六五一八八	八五九六三	一三一八七〇
一八	七五八一三	一一六二六一	一五三三五一	四二	六五二一〇	八六〇一四	一三一九〇三
一七	七五七九四	一一六一九二	一五三二九九	四三	六五二三二	八六〇六四	一三一九三六
一六	七五七七五	一一六一二四	一五三二四七	四四	六五二五四	八六一一五	一三一九六九
一五	七五七五七	一一六〇五六	一五三一九六	四五	六五二七六	八六一六六	一三二〇〇二
一四	七五七三八	一一五九八七	一五三一四四	四六	六五二九八	八六二一六	一三二〇三五
一三	七五七一九	一一五九一九	一五三〇九二	四七	六五三二〇	八六二六七	一三二〇六八
一二	七五七〇〇	一一五八五一	一五三〇四一	四八	六五三〇二	八六三一八	一三二一〇一
一一	七五六八〇	一一五七八三	一五二九八九	四九	六五三六四	八六三六八	一三二一三四
一〇	七五六六一	一一五七一五	一五二九三八	五〇	六五三八六	八六四一九	一三二一六八
九	七五六四二	一一五六四七	一五二八八六	五一	六五四〇八	八六四七〇	一三二二〇一
八	七五六二三	一一五五七九	一五二八三五	五二	六五四三〇	八六五二一	一三二二三四
七	七五六〇四	一一五五一一	一五二七八四	五三	六五四五二	八六五七二	一三二二六七
六	七五五八五	一一五四四三	一五二七三二	五四	六五四七四	八六六二三	一三二三〇一
五	七五五六六	一一五三七五	一五二六八一	五五	六五四九六	八六六七四	一三二三三四
四	七五五四七	一一五三〇八	一五二六三〇	五六	六五五一八	八六七二五	一三二三六八
三	七五五二八	一一五二四〇	一五二五七九	五七	六五五四〇	八六七七六	一三二四〇一
二	七五五〇九	一一五一七二	一五二五二七	五八	六五五六二	八六八二七	一三二四三四
一	七五四九〇	一一五一〇四	一五二四七六	五九	六五五八四	八六八七八	一三二四六八
〇	七五四七一	一一五〇三七	一五二四二五	六〇	六五六〇六	八六九二九	一三二五〇一
四九				四〇			

	弦正	線切	線割		弦正	線切	線割
六〇	七六六〇四	一一九一七五	一五五五七三	〇	六四二七九	八三九一〇	一三〇五四一
五九	七六五八六	一一九一〇五	一五五五一八	一	六四三〇一	八三九六〇	一三〇五七三
五八	七六五六七	一一九〇三五	一五五四六五	二	六四三二三	八四〇〇九	一三〇六〇五
五七	七六五四八	一一八九六四	一五五四一一	三	六四三四六	八四〇五九	一三〇六三六
五六	七六五三〇	一一八八九四	一五五三五七	四	六四三六八	八四一〇八	一三〇六六八
五五	七六五一一	一一八八二四	一五五三〇三	五	六四三九〇	八四一五八	一三〇七〇〇
五四	七六四九二	一一八七五四	一五五二五〇	六	六四四一二	八四二〇八	一三〇七三二
五三	七六四七三	一一八六八四	一五五一九六	七	六四四三五	八四二五八	一三〇七六四
五二	七六四五五	一一八六一四	一五五一四三	八	六四四五七	八四三〇七	一三〇七九六
五一	七六四三六	一一八五四四	一五五〇八九	九	六四四七九	八四三五七	一三〇八二九
五〇	七六四一七	一一八四七四	一五五〇三六	一〇	六四五〇一	八四四〇七	一三〇八六一
四九	七六三九八	一一八四〇四	一五四九八二	一一	六四五二四	八四四五七	一三〇八九三
四八	七六三八〇	一一八三三四	一五四九二九	一二	六四五四六	八四五〇七	一三〇九二五
四七	七六三六一	一一八二六四	一五四八七六	一三	六四五六八	八四五五六	一三〇九五七
四六	七六三四二	一一八一九四	一五四八二二	一四	六四五九〇	八四六〇六	一三〇九八九
四五	七六三二三	一一八一二五	一五四七六九	一五	六四六一二	八四六五六	一三一〇二二
四四	七六三〇四	一一八〇五五	一五四七一六	一六	六四六三五	八四七〇六	一三一〇五四
四三	七六二八六	一一七九八六	一五四六六三	一七	六四六五七	八四七五六	一三一〇八六
四二	七六二六七	一一七九一六	一五四六一〇	一八	六四六七九	八四八〇六	一三一一一九
四一	七六二四八	一一七八四六	一五四五五七	一九	六四七〇一	八四八五六	一三一一五一
四〇	七六二二九	一一七七七七	一五四五〇四	二〇	六四七二三	八四九〇六	一三一一八三
三九	七六二一〇	一一七七〇八	一五四四五一	二一	六四七四六	八四九五六	一三一二一六
三八	七六一九二	一一七六三八	一五四三九八	二二	六四七六八	八五〇〇六	一三一二四八
三七	七六一七三	一一七五六九	一五四三四五	二三	六四七九〇	八五〇五七	一三一二八一
三六	七六一五四	一一七五〇〇	一五四二九二	二四	六四八一二	八五一〇七	一三一三一三
三五	七六一三五	一一七四三〇	一五四二四〇	二五	六四八三四	八五一五七	一三一三四六
三四	七六一一六	一一七三六一	一五四一八七	二六	六四八五六	八五二〇七	一三一三七八
三三	七六〇九七	一一七二九二	一五四一三四	二七	六四八七八	八五二五七	一三一四一一
三二	七六〇七八	一一七二二三	一五四〇八二	二八	六四九〇一	八五三〇八	一三一四四三
三一	七六〇五九	一一七一五四	一五四〇二九	二九	六四九二三	八五三五八	一三一四七六
三〇	七六〇四一	一一七〇八五	一五三九七七	三〇	六四九四五	八五四〇八	一三一五〇九
四九				四〇			

	弦正	線切	線割		弦正	線切	線割
六〇	七五四七一	一一五〇三七	一五二四二五	〇	六五六〇六	八六九二九	一三二五〇一
五九	七五四五二	一一四九六九	一五二三七四	一	六五六二八	八六九八〇	一三二五三五
五八	七五四三三	一一四九〇二	一五二三二三	二	六五六五〇	八七〇三一	一三二五六八
五七	七五四一四	一一四八三四	一五二二七三	三	六五六七二	八七〇八二	一三二六〇二
五六	七五三九五	一一四七六七	一五二二二二	四	六五六九四	八七一三三	一三二六三六
五五	七五三七五	一一四六九九	一五二一七一	五	六五七一六	八七一八四	一三二六六九
五四	七五三五六	一一四六三二	一五二一二〇	六	六五七三八	八七二三六	一三二七〇三
五三	七五三三七	一一四五六五	一五二〇六九	七	六五七五九	八七二八七	一三二七三七
五二	七五三一八	一一四四九八	一五二〇一九	八	六五七八一	八七三三八	一三二七七〇
五一	七五二九九	一一四四三〇	一五一九六八	九	六五八〇三	八七三八九	一三二八〇四
五〇	七五二八〇	一一四三六三	一五一九一八	一〇	六五八二五	八七四四一	一三二八三八
四九	七五二六一	一一四二九六	一五一八六七	一一	六五八四七	八七四九二	一三二八七二
四八	七五二四一	一一四二二九	一五一八一七	一二	六五八六九	八七五四三	一三二九〇五
四七	七五二二二	一一四一六二	一五一七六六	一三	六五八九一	八七五九五	一三二九三九
四六	七五二〇三	一一四〇九五	一五一七一六	一四	六五九一三	八七六四六	一三二九七三
四五	七五一八四	一一四〇二八	一五一六六五	一五	六五九三五	八七六九八	一三三〇〇七
四四	七五一六五	一一三九六一	一五一六一五	一六	六五九五六	八七七四九	一三三〇四一
四三	七五一四六	一一三八九四	一五一五六五	一七	六五九七八	八七八〇一	一三三〇七五
四二	七五一二六	一一三八二八	一五一五一五	一八	六六〇〇〇	八七八五二	一三三一〇九
四一	七五一〇七	一一三七六一	一五一四六五	一九	六六〇二二	八七九〇四	一三三一四三
四〇	七五〇八八	一一三六九四	一五一四一五	二〇	六六〇四四	八七九五五	一三三一七七
三九	七五〇六九	一一三六二七	一五一三六四	二一	六六〇六六	八八〇〇七	一三三二一一
三八	七五〇五〇	一一三五六一	一五一三一四	二二	六六〇八八	八八〇五九	一三三二四五
三七	七五〇三〇	一一三四九四	一五一二六五	二三	六六一〇九	八八一一〇	一三三二七九
三六	七五〇一一	一一三四二八	一五一二一五	二四	六六一三一	八八一六二	一三三三一四
三五	七四九九二	一一三三六一	一五一一六五	二五	六六一五三	八八二一四	一三三三四八
三四	七四九七三	一一三二九五	一五一一一五	二六	六六一七五	八八二六五	一三三三八二
三三	七四九五三	一一三二二八	一五一〇六五	二七	六六一九七	八八三一七	一三三四一六
三二	七四九三四	一一三一六二	一五一〇一五	二八	六六二一八	八八三六九	一三三四五一
三一	七四九一五	一一三〇九六	一五〇九六六	二九	六六二四〇	八八四二一	一三三四八五
三〇	七四八九六	一一三〇二九	一五〇九一六	三〇	六六二六二	八八四七三	一三三五一九
四八				四一			

	弦正	線切	線割		弦正	線切	線割
三〇	七四八九六	一一三〇二九	一五〇九一六	三〇	六六二六二	八八四七三	一三三五一九
二九	七四八七六	一一二九六三	一五〇八六六	三一	六六二八四	八八五二四	一三三五五四
二八	七四八五七	一一二八九七	一五〇八一七	三二	六六三〇六	八八五七六	一三三五八八
二七	七四八三八	一一二八三一	一五〇七六七	三三	六六三二七	八八六二八	一三三六二二
二六	七四八一八	一一二七六五	一五〇七一八	三四	六六三四九	八八六八〇	一三三六五七
二五	七四七九九	一一二六九九	一五〇六六九	三五	六六三七一	八八七三二	一三三六九一
二四	七四七八〇	一一二六三三	一五〇六一九	三六	六六三九三	八八七八四	一三三七二六
二三	七四七六〇	一一二五六七	一五〇五七〇	三七	六六四一四	八八八三六	一三三七六〇
二二	七四七四一	一一二五〇一	一五〇五二一	三八	六六四三六	八八八八八	一三三七九五
二一	七四七二二	一一二四三五	一五〇四七一	三九	六六四五八	八八九四〇	一三三八三〇
二〇	七四七〇三	一一二三六九	一五〇四二二	四〇	六六四八〇	八八九九二	一三三八六四
一九	七四六八三	一一二三〇三	一五〇三七三	四一	六六五〇一	八九〇四五	一三三八九九
一八	七四六六四	一一二二三八	一五〇三二四	四二	六六五二三	八九〇九七	一三三九三四
一七	七四六四四	一一二一七二	一五〇二七五	四三	六六五四五	八九一四九	一三三九六八
一六	七四六二五	一一二一〇六	一五〇二二六	四四	六六五六六	八九二〇一	一三四〇〇三
一五	七四六〇六	一一二〇四一	一五〇一七七	四五	六六五八八	八九二五三	一三四〇三八
一四	七四五八六	一一一九七五	一五〇一二八	四六	六六六一〇	八九三〇六	一三四〇七三
一三	七四五六七	一一一九〇九	一五〇〇七九	四七	六六六三二	八九三五八	一三四一〇八
一二	七四五四八	一一一八四四	一五〇〇三〇	四八	六六六五三	八九四一〇	一三四一四二
一一	七四五二八	一一一七七八	一四九九八一	四九	六六六七五	八九四六三	一三四一七七
一〇	七四五〇九	一一一七一三	一四九九三三	五〇	六六六九七	八九五一五	一三四二一二
九	七四四八九	一一一六四八	一四九八八四	五一	六六七一八	八九五六七	一三四二四七
八	七四四七〇	一一一五八二	一四九八三五	五二	六六七四〇	八九六二〇	一三四二八二
七	七四四五一	一一一五一七	一四九七八七	五三	六六七六二	八九六七二	一三四三一七
六	七四四三一	一一一四五二	一四九七三八	五四	六六七八三	八九七二五	一三四三五二
五	七四四一二	一一一三八七	一四九六九〇	五五	六六八〇五	八九七七七	一三四三八七
四	七四三九二	一一一三二一	一四九六四一	五六	六六八二七	八九八三〇	一三四四二三
三	七四三七三	一一一二五六	一四九五九三	五七	六六八四八	八九八八三	一三四四五八
二	七四三五三	一一一一九一	一四九五四四	五八	六六八七〇	八九九三五	一三四四九三
一	七四三三四	一一一一二六	一四九四九六	五九	六六八九一	八九九八八	一三四五二八
〇	七四三一四	一一一〇六一	一四九四四五	六〇	六六九一三	九〇〇四〇	一三四五六三
四八				四一			

	弦　正	線　切	線　割		弦　正	線　切	線　割
三〇	七三七二八	一〇九一三一	一四八〇一九	三〇	六七五五九	九一六三三	一三五六三四
二九	七三七〇八	一〇九〇六七	一四七九七二	三一	六七五八〇	九一六八七	一三五六七〇
二八	七三六八八	一〇九〇〇三	一四七九二五	三二	六七六〇二	九一七四〇	一三五七〇七
二七	七三六六九	一〇八九四〇	一四七八七八	三三	六七六二三	九一七九四	一三五七四三
二六	七三六四九	一〇八八七六	一四七八三一	三四	六七六四五	九一八四七	一三五七七九
二五	七三六二九	一〇八八一三	一四七七八四	三五	六七六六六	九一九〇一	一三五八一五
二四	七三六一〇	一〇八七四九	一四七七三八	三六	六七六八八	九一九五五	一三五八五二
二三	七三五九〇	一〇八六八六	一四七六九一	三七	六七七〇九	九二〇〇八	一三五八八八
二二	七三五七〇	一〇八六二二	一四七六四四	三八	六七七三〇	九二〇六二	一三五九二四
二一	七三五五一	一〇八五五九	一四七五九八	三九	六七七五二	九二一一六	一三五九六一
二〇	七三五三一	一〇八四九六	一四七五五一	四〇	六七七七三	九二一七〇	一三五九九七
一九	七三五一一	一〇八四三二	一四七五〇四	四一	六七七九五	九二二二四	一三六〇三四
一八	七三四九一	一〇八三六九	一四七四五八	四二	六七八一六	九二二七七	一三六〇七〇
一七	七三四七二	一〇八三〇六	一四七四一一	四三	六七八三七	九二三三一	一三六一〇七
一六	七三四五二	一〇八二四三	一四七三六五	四四	六七八五九	九二三八五	一三六一四三
一五	七三四三二	一〇八一七九	一四七三一九	四五	六七八八〇	九二四三九	一三六一八〇
一四	七三四一三	一〇八一一六	一四七二七二	四六	六七九〇一	九二四九三	一三六二一七
一三	七三三九三	一〇八〇五三	一四七二二六	四七	六七九二三	九二五四七	一三六二五三
一二	七三三七三	一〇七九九〇	一四七一八〇	四八	六七九四四	九二六〇一	一三六二九〇
一一	七三三五三	一〇七九二七	一四七一三四	四九	六七九六五	九二六五五	一三六三二七
一〇	七三三三三	一〇七八六四	一四七〇八七	五〇	六七九八七	九二七〇九	一三六三六三
九	七三三一四	一〇七八〇一	一四七〇四一	五一	六八〇〇八	九二七六三	一三六四〇〇
八	七三二九四	一〇七七三八	一四六九九五	五二	六八〇二九	九二八一七	一三六四三七
七	七三二七四	一〇七六七六	一四六九四九	五三	六八〇五一	九二八七二	一三六四七四
六	七三二五四	一〇七六一三	一四六九〇三	五四	六八〇七二	九二九二六	一三六五一一
五	七三二三四	一〇七五五〇	一四六八五七	五五	六八〇九三	九二九八〇	一三六五四八
四	七三二一五	一〇七四八七	一四六八一一	五六	六八一一五	九三〇三四	一三六五八五
三	七三一九五	一〇七四二五	一四六七六五	五七	六八一三六	九三〇八八	一三六六二二
二	七三一七五	一〇七三六二	一四六七一九	五八	六八一五七	九三一四三	一三六六五九
一	七三一五五	一〇七二九九	一四六六七四	五九	六八一七九	九三一九七	一三六六九六
〇	七三一三五	一〇七二三七	一四六六二八	六〇	六八二〇〇	九三二五二	一三六七三三
四七				四二			

	弦　正	線　切	線　割		弦　正	線　切	線　割
六〇	七四三一四	一一一〇六一	一四九四四八	〇	六六九一三	九〇〇四〇	一三四五六三
五九	七四二九五	一一〇九九六	一四九三九九	一	六六九三五	九〇〇九三	一三四五九九
五八	七四二七六	一一〇九三一	一四九三五一	二	六六九五六	九〇一四六	一三四六三四
五七	七四二五六	一一〇八六七	一四九三〇三	三	六六九七八	九〇一九九	一三四六六九
五六	七四二三七	一一〇八〇二	一四九二五五	四	六六九九九	九〇二五一	一三四七〇四
五五	七四二一七	一一〇七三七	一四九二〇七	五	六七〇二一	九〇三〇四	一三四七四〇
五四	七四一九八	一一〇六七二	一四九一五九	六	六七〇四三	九〇三五七	一三四七七五
五三	七四一七八	一一〇六〇八	一四九一一一	七	六七〇六四	九〇四一〇	一三四八一一
五二	七四一五九	一一〇五四三	一四九〇六三	八	六七〇八六	九〇四六三	一三四八四六
五一	七四一三九	一一〇四七八	一四九〇一五	九	六七一〇七	九〇五一六	一三四八八二
五〇	七四一二〇	一一〇四一四	一四八九六七	一〇	六七一二九	九〇五六九	一三四九一七
四九	七四一〇〇	一一〇三四九	一四八九一九	一一	六七一五一	九〇六二一	一三四九五三
四八	七四〇八〇	一一〇二八五	一四八八七一	一二	六七一七二	九〇六七四	一三四九八八
四七	七四〇六一	一一〇二二〇	一四八八二四	一三	六七一九四	九〇七二七	一三五〇二四
四六	七四〇四一	一一〇一五六	一四八七七六	一四	六七二一五	九〇七八一	一三五〇六〇
四五	七四〇二二	一一〇〇九一	一四八七二八	一五	六七二三七	九〇八三四	一三五〇九五
四四	七四〇〇二	一一〇〇二七	一四八六八一	一六	六七二五八	九〇八八七	一三五一三一
四三	七三九八三	一〇九九六三	一四八六三三	一七	六七二八〇	九〇九四〇	一三五一六七
四二	七三九六三	一〇九八九九	一四八五八六	一八	六七三〇一	九〇九九三	一三五二〇三
四一	七三九四四	一〇九八三四	一四八五三八	一九	六七三二三	九一〇四六	一三五二三八
四〇	七三九二四	一〇九七七〇	一四八四九一	二〇	六七三四四	九一〇九九	一三五二七四
三九	七三九〇四	一〇九七〇六	一四八四四三	二一	六七三六六	九一一五三	一三五三一〇
三八	七三八八五	一〇九六四二	一四八三九六	二二	六七三八七	九一二〇六	一三五三四六
三七	七三八六五	一〇九五七八	一四八三四九	二三	六七四〇九	九一二五九	一三五三八二
三六	七三八四六	一〇九五一四	一四八三〇一	二四	六七四三〇	九一三一三	一三五四一八
三五	七三八二六	一〇九四五〇	一四八二五四	二五	六七四五二	九一三六六	一三五四五四
三四	七三八〇六	一〇九三八六	一四八二〇七	二六	六七四七三	九一四一九	一三五四九〇
三三	七三七八七	一〇九三二二	一四八一六〇	二七	六七四九五	九一四七三	一三五五二六
三二	七三七六七	一〇九二五八	一四八一一三	二八	六七五一六	九一五二六	一三五五六二
三一	七三七四七	一〇九一九五	一四八〇六六	二九	六七五三八	九一五八〇	一三五五九八
三〇	七三七二八	一〇九一三一	一四八〇一九	三〇	六七五五九	九一六三三	一三五六三四
四七				四二			

	弦正	線切	線割		弦正	線切	線割
三〇	七二五三七	一〇五三七八	一四五二七四	三〇	六八八三五	九四八九六	一三七八六〇
二九	七二五一七	一〇五三一七	一四五二二九	三一	六八八五七	九四九五二	一三七八九八
二八	七二四九七	一〇五二五五	一四五一八五	三二	六八八七八	九五〇〇七	一三七九三六
二七	七二四七七	一〇五一九四	一四五一四一	三三	六八八九九	九五〇六二	一三七九七四
二六	七二四五七	一〇五一三三	一四五〇九六	三四	六八九二〇	九五一一八	一三八〇一二
二五	七二四三七	一〇五〇七二	一四五〇五二	三五	六八九四一	九五一七三	一三八〇五一
二四	七二四一七	一〇五〇一〇	一四五〇〇七	三六	六八九六二	九五二二九	一三八〇八九
二三	七二三九七	一〇四九四九	一四四九六三	三七	六八九八三	九五二八四	一三八一二七
二二	七二三七七	一〇四八八八	一四四九一九	三八	六九〇〇四	九五三四〇	一三八一六五
二一	七二三五七	一〇四八二七	一四四八七五	三九	六九〇二五	九五三九五	一三八二〇四
二〇	七二三三七	一〇四七六六	一四四八三一	四〇	六九〇四六	九五四五一	一三八二四二
一九	七二三一七	一〇四七〇五	一四四七八七	四一	六九〇六七	九五五〇六	一三八二八〇
一八	七二二九七	一〇四六四四	一四四七四二	四二	六九〇八八	九五五六二	一三八三一九
一七	七二二七七	一〇四五八三	一四四六九八	四三	六九一〇九	九五六一八	一三八三五七
一六	七二二五七	一〇四五二二	一四四六五四	四四	六九一三〇	九五六七三	一三八三九六
一五	七二二三六	一〇四四六一	一四四六一〇	四五	六九一五一	九五七二九	一三八四三四
一四	七二二一六	一〇四四〇一	一四四五六七	四六	六九一七二	九五七八五	一三八四七三
一三	七二一九六	一〇四三四〇	一四四五二三	四七	六九一九三	九五八四一	一三八五一二
一二	七二一七六	一〇四二七九	一四四四七九	四八	六九二一四	九五八九七	一三八五五〇
一一	七二一五六	一〇四二一八	一四四四三五	四九	六九二三五	九五九五二	一三八五八九
一〇	七二一三六	一〇四一五八	一四四三九一	五〇	六九二五六	九六〇〇八	一三八六二八
九	七二一一六	一〇四〇九七	一四四三四七	五一	六九二七七	九六〇六四	一三八六六六
八	七二〇九五	一〇四〇三六	一四四三〇四	五二	六九二九八	九六一二〇	一三八七〇五
七	七二〇七五	一〇三九七六	一四四二六〇	五三	六九三一九	九六一七六	一三八七四四
六	七二〇五五	一〇三九一五	一四四二一七	五四	六九三四〇	九六二三二	一三八七八三
五	七二〇三五	一〇三八五五	一四四一七三	五五	六九三六一	九六二八八	一三八八二二
四	七二〇一五	一〇三七九四	一四四一二九	五六	六九三八二	九六三四四	一三八八六〇
三	七一九九五	一〇三七三四	一四四〇八六	五七	六九四〇三	九六四〇〇	一三八八九九
二	七一九七四	一〇三六七四	一四四〇四二	五八	六九四二四	九六四五七	一三八九三八
一	七一九五四	一〇三六一三	一四三九九九	五九	六九四四五	九六五一三	一三八九七七
〇	七一九三四	一〇三五五三	一四三九五六	六〇	六九四六六	九六五六九	一三九〇一六
四六				四三			

	弦正	線切	線割		弦正	線切	線割
六〇	七三一三五	一〇七二三七	一四六六二八	〇	六八二〇〇	九三二五二	一三六七三三
五九	七三一一六	一〇七一七四	一四六五八二	一	六八二二一	九三三〇六	一三六七七〇
五八	七三〇九六	一〇七一一二	一四六五三七	二	六八二四二	九三三六〇	一三六八〇七
五七	七三〇七六	一〇七〇四九	一四六四九一	三	六八二六四	九三四一五	一三六八四四
五六	七三〇五六	一〇六九八七	一四六四四五	四	六八二八五	九三四六九	一三六八八一
五五	七三〇三六	一〇六九二五	一四六四〇〇	五	六八三〇六	九三五二四	一三六九一九
五四	七三〇一六	一〇六八六二	一四六三五四	六	六八三二七	九三五七八	一三六九五六
五三	七二九九六	一〇六八〇〇	一四六三〇九	七	六八三四九	九三六三三	一三六九九三
五二	七二九七六	一〇六七三八	一四六二六三	八	六八三七〇	九三六八八	一三七〇三〇
五一	七二九五七	一〇六六七六	一四六二一八	九	六八三九一	九三七四二	一三七〇六八
五〇	七二九三七	一〇六六一三	一四六一七三	一〇	六八四一二	九三七九七	一三七一〇五
四九	七二九一七	一〇六五五一	一四六一二七	一一	六八四三四	九三八五二	一三七一四三
四八	七二八九七	一〇六四八九	一四六〇八二	一二	六八四五五	九三九〇六	一三七一八〇
四七	七二八七七	一〇六四二七	一四六〇三七	一三	六八四七六	九三九六一	一三七二一八
四六	七二八五七	一〇六三六五	一四五九九二	一四	六八四九七	九四〇一六	一三七二五五
四五	七二八三七	一〇六三〇三	一四五九四六	一五	六八五一八	九四〇七一	一三七二九三
四四	七二八一七	一〇六二四一	一四五九〇一	一六	六八五三九	九四一二五	一三七三三〇
四三	七二七九七	一〇六一七九	一四五八五六	一七	六八五六一	九四一八〇	一三七三六八
四二	七二七七七	一〇六一一七	一四五八一一	一八	六八五八二	九四二三五	一三七四〇六
四一	七二七五七	一〇六〇五六	一四五七六六	一九	六八六〇三	九四二九〇	一三七四四三
四〇	七二七三七	一〇五九九四	一四五七二一	二〇	六八六二四	九四三四五	一三七四八一
三九	七二七一七	一〇五九三二	一四五六七六	二一	六八六四五	九四四〇〇	一三七五一九
三八	七二六九七	一〇五八七〇	一四五六三一	二二	六八六六六	九四四五五	一三七五五六
三七	七二六七七	一〇五八〇九	一四五五八七	二三	六八六八八	九四五一〇	一三七五九四
三六	七二六五七	一〇五七四七	一四五五四二	二四	六八七〇九	九四五六五	一三七六三二
三五	七二六三七	一〇五六八五	一四五四九七	二五	六八七三〇	九四六二〇	一三七六七〇
三四	七二六一七	一〇五六二四	一四五四五二	二六	六八七五一	九四六七六	一三七七〇八
三三	七二五九七	一〇五五六二	一四五四〇八	二七	六八七七二	九四七三一	一三七七四六
三二	七二五七七	一〇五五〇一	一四五三六三	二八	六八七九三	九四七八六	一三七七八四
三一	七二五五七	一〇五四三九	一四五三一九	二九	六八八一四	九四八四一	一三七八二二
三〇	七二五三七	一〇五三七八	一四五二七四	三〇	六八八三五	九四八九六	一三七八六〇
四六				四三			

	弦正	線切	線割		弦正	線切	線割
三〇	七一三二五	一〇一七六一	一四二六七二	三〇	七〇〇九一	九八二七〇	一四〇二〇三
二九	七一三〇五	一〇一七〇二	一四二六三〇	三一	七〇一一二	九八三二七	一四〇二四三
二八	七一二八四	一〇一六四二	一四二五八七	三二	七〇一三二	九八三八四	一四〇二八三
二七	七一二六四	一〇一五八三	一四二五四五	三三	七〇一五三	九八四四一	一四〇三二四
二六	七一二四三	一〇一五二四	一四二五〇三	三四	七〇一七四	九八四九九	一四〇三六四
二五	七一二二三	一〇一四六五	一四二四六一	三五	七〇一九五	九八五五六	一四〇四〇四
二四	七一二〇三	一〇一四〇六	一四二四一九	三六	七〇二一五	九八六一三	一四〇四四四
二三	七一一八二	一〇一三四七	一四二三七七	三七	七〇二三六	九八六七一	一四〇四八五
二二	七一一六二	一〇一二八八	一四二三三五	三八	七〇二五七	九八七二八	一四〇五二五
二一	七一一四一	一〇一二二九	一四二二九三	三九	七〇二七七	九八七八六	一四〇五六五
二〇	七一一二一	一〇一一七〇	一四二二五一	四〇	七〇二九八	九八八四三	一四〇六〇六
一九	七一一〇〇	一〇一一一二	一四二二一〇	四一	七〇三一九	九八九〇一	一四〇六四六
一八	七一〇八〇	一〇一〇五三	一四二一六八	四二	七〇三三九	九八九五八	一四〇六八七
一七	七一〇五九	一〇〇九九四	一四二一二六	四三	七〇三六〇	九九〇一六	一四〇七二七
一六	七一〇三九	一〇〇九三五	一四二〇八四	四四	七〇三八一	九九〇七三	一四〇七六八
一五	七一〇一九	一〇〇八七六	一四二〇四二	四五	七〇四〇一	九九一三一	一四〇八〇八
一四	七〇九九八	一〇〇八一八	一四二〇〇一	四六	七〇四二二	九九一八九	一四〇八四九
一三	七〇九七八	一〇〇七五九	一四一九五九	四七	七〇四四三	九九二四七	一四〇八九〇
一二	七〇九五七	一〇〇七〇一	一四一九一八	四八	七〇四六三	九九三〇四	一四〇九三〇
一一	七〇九三七	一〇〇六四二	一四一八七六	四九	七〇四八四	九九三六二	一四〇九七一
一〇	七〇九一六	一〇〇五八三	一四一八三五	五〇	七〇五〇五	九九四二〇	一四一〇一二
九	七〇八九六	一〇〇五二五	一四一七九三	五一	七〇五二五	九九四七八	一四一〇五三
八	七〇八七五	一〇〇四六七	一四一七五二	五二	七〇五四六	九九五三六	一四一〇九三
七	七〇八五五	一〇〇四〇八	一四一七一〇	五三	七〇五六七	九九五九四	一四一一三四
六	七〇八三四	一〇〇三五〇	一四一六六九	五四	七〇五八七	九九六五二	一四一一七五
五	七〇八一三	一〇〇二九一	一四一六二七	五五	七〇六〇八	九九七一〇	一四一二一六
四	七〇七九三	一〇〇二三三	一四一五八六	五六	七〇六二八	九九七六八	一四一二五七
三	七〇七七二	一〇〇一七五	一四一五四五	五七	七〇六四九	九九八二六	一四一二九八
二	七〇七五二	一〇〇一一六	一四一五〇四	五八	七〇六七〇	九九八八四	一四一三三九
一	七〇七三一	一〇〇〇五八	一四一四六三	五九	七〇六九〇	九九九四二	一四一三八〇
〇	七〇七一一	一〇〇〇〇〇	一四一四二一	六〇	七〇七一一	一〇〇〇〇〇	一四一四二一
四五				四四			

	弦正	線切	線割		弦正	線切	線割
六〇	七一九三四	一〇三五五三	一四三九五六	〇	六九四六六	九六五六九	一三九〇一六
五九	七一九一四	一〇三四九三	一四三九一二	一	六九四八七	九六六二五	一三九〇五五
五八	七一八九四	一〇三四三三	一四三八六九	二	六九五〇八	九六六八一	一三九〇九五
五七	七一八七三	一〇三三七二	一四三八二六	三	六九五二九	九六七三八	一三九一三四
五六	七一八五三	一〇三三一二	一四三七八三	四	六九五四九	九六七九四	一三九一七三
五五	七一八三三	一〇三二五二	一四三七三九	五	六九五七〇	九六八五〇	一三九二一二
五四	七一八一三	一〇三一九二	一四三六九六	六	六九五九一	九六九〇七	一三九二五一
五三	七一七九二	一〇三一三二	一四三六五三	七	六九六一二	九六九六三	一三九二九一
五二	七一七七二	一〇三〇七二	一四三六一〇	八	六九六三三	九七〇二〇	一三九三三〇
五一	七一七五二	一〇三〇一二	一四三五六七	九	六九六五四	九七〇七六	一三九三六九
五〇	七一七三二	一〇二九五二	一四三五二四	一〇	六九六七五	九七一三三	一三九四〇九
四九	七一七一一	一〇二八九二	一四三四八一	一一	六九六九六	九七一八九	一三九四四八
四八	七一六九一	一〇二八三二	一四三四三八	一二	六九七一七	九七二四六	一三九四八七
四七	七一六七一	一〇二七七二	一四三三九五	一三	六九七三七	九七三〇二	一三九五二七
四六	七一六五〇	一〇二七一三	一四三三五二	一四	六九七五八	九七三五九	一三九五六六
四五	七一六三〇	一〇二六五三	一四三三一〇	一五	六九七七九	九七四一六	一三九六〇六
四四	七一六一〇	一〇二五九三	一四三二六七	一六	六九八〇〇	九七四七二	一三九六四六
四三	七一五九〇	一〇二五三三	一四三二二四	一七	六九八二一	九七五二九	一三九六八五
四二	七一五六九	一〇二四七四	一四三一八一	一八	六九八四二	九七五八六	一三九七二五
四一	七一五四九	一〇二四一四	一四三一三九	一九	六九八六二	九七六四三	一三九七六四
四〇	七一五二九	一〇二三五五	一四三〇九六	二〇	六九八八三	九七七〇〇	一三九八〇四
三九	七一五〇八	一〇二二九五	一四三〇五三	二一	六九九〇四	九七七五六	一三九八四四
三八	七一四八八	一〇二二三六	一四三〇一一	二二	六九九二五	九七八一三	一三九八八四
三七	七一四六八	一〇二一七六	一四二九六八	二三	六九九四六	九七八七〇	一三九九二四
三六	七一四四七	一〇二一一七	一四二九二六	二四	六九九六六	九七九二七	一三九九六三
三五	七一四二七	一〇二〇五七	一四二八八三	二五	六九九八七	九七九八四	一四〇〇〇三
三四	七一四〇七	一〇一九九八	一四二八四一	二六	七〇〇〇八	九八〇四一	一四〇〇四三
三三	七一三八六	一〇一九三九	一四二七九九	二七	七〇〇二九	九八〇九八	一四〇〇八三
三二	七一三六六	一〇一八七九	一四二七五六	二八	七〇〇四九	九八一五五	一四〇一二三
三一	七一三四五	一〇一八二〇	一四二七一四	二九	七〇〇七〇	九八二一三	一四〇一六三
三〇	七一三二五	一〇一七六一	一四二六七二	三〇	七〇〇九一	九八二七〇	一四〇二〇三
四五				四四			

清・安清翹《矩線原本》卷四《割圓一線表》

自初度至十二度五十分順查。

	初	十分	二十分	三十分	四十分	五十分	六十分	七十分	八十分	九十分
初度	○○○○○	○○六二八	○一二五六	○一八八五	○二五一三	○三一四一	○三七六九	○四三九七	○五○二四	○五六五一
一度	○六二七九	○六九○六	○七五三二	○八一五九	○八七八五	○九四一一	一○○三六	一○六六一	一一二八五	一一九○九
二度	一二五三三	一三一五六	一三七七九	一四四○一	一五○二三	一五六四三	一六二六四	一六八八三	一七五○二	一八一二一
三度	一八七三八	一九三五五	一九九七一	二○五八六	二一二○一	二一八一四	二二四二七	二三○三九	二三六四九	二四二六○
四度	二四八六九	二五四七七	二六○八四	二六六九○	二七二九五	二七八九九	二八五○二	二九一○三	二九七○四	三○三○三
五度	三○九○二	三一四九八	三二○九四	三二六八九	三三二八二	三三八七四	三四四六四	三五○五三	三五六四一	三六二二七
六度	三六八一二	三七三九六	三七九七八	三八五五八	三九一三七	三九七一五	四○二九一	四○八六五	四一四三八	四二○○九
七度	四二五七八	四三一四六	四三七一二	四四二七六	四四八三八	四五三九九	四五九五八	四六五一五	四七○七○	四七六二四
八度	四八一七五	四八七二五	四九二七三	四九八一八	五○三六二	五○九○四	五一四四四	五一九八二	五二五一七	五三○五一
九度	五三五八三	五四一一二	五四六三九	五五一六五	五五六八八	五六二○八	五六七二七	五七二四三	五七七五七	五八二六九
十度	五八七七八	五九二八六	五九七九○	六○二九三	六○七九三	六一二九一	六一七八六	六二二七九	六二七六九	六三二五七
十一度	六三七四二	六四二二五	六四七○六	六五一八三	六五六五九	六六一三一	六六六○一	六七○六九	六七五三三	六七九九五
十二度	六八四五五	六八九一一	六九三六五	六九八一六	七○二六五	七○七一○				

自十二度五十分至二十五度逆查。

度		九十分	八十分	七十分	六十分	五十分	四十分	三十分	二十分	一十分
二十五度	一〇〇〇〇〇	九九九九八	九九九九二	九九九八二	九九九六八	九九九五一	九九九二九	九九九〇三	九九八七四	九九八四〇
二十四度	九九八〇三	九九七六一	九九七一五	九九六六八	九九六一四	九九五五六	九九四九五	九九四三〇	九九三六一	九九二八八
二十三度	九九二一一	九九一三一	九九〇四六	九八九五八	九八八六五	九八七六九	九八六六九	九八五六四	九八四五六	九八三四四
二十二度	九八二二九	九八一〇九	九七九八五	九七八五八	九七七二七	九七五九二	九七四五三	九七三一〇	九七一六三	九七〇一二
二十一度	九六八五八	九六七〇〇	九六五三八	九六三七二	九六二〇三	九六〇二九	九五八五二	九五六七一	九五四八六	九五二九八
二十度	九五一〇六	九四九一〇	九四七一〇	九四五〇六	九四二九九	九四〇八八	九三八七三	九三六五五	九三四三三	九三三〇七
十九度	九二九七七	九二七四四	九二五〇八	九二二六七	九二〇二三	九一七七五	九一五二四	九一二六九	九一〇一一	九〇七四八
十八度	九〇四八二	九〇二一三	八九九四一	八九六六四	八九三八四	八九一〇一	八八八一三	八八五二三	八八二二九	八七九三二
十七度	八七六三〇	八七三二六	八七〇一八	八六七〇七	八六三九二	八六〇七四	八五七五三	八五四二八	八五〇九九	八四七六八
十六度	八四四三二	八四〇九四	八三七五三	八三四〇八	八三〇六〇	八二七〇八	八二三五三	八一九九五	八一六三四	八一二六九
十五度	八〇九〇二	八〇五三一	八〇一五七	七九七七九	七九三九九	七九〇一六	七八六二九	七八二三九	七七八四六	七七四五〇
十四度	七七〇五一	七六六四九	七六二四四	七五八三六	七五四二五	七五〇一一	七四五九四	七四一七四	七三七五一	七三三二六
十三度	七二八九七	七二四六五	七二〇三一	七一五九四	七一一五三	五十分十二度 七〇七一〇				

度		一十分	二十分	三十分	四十分
初度	○○○○○	○○六二八	○一二五六	○一八八五	○二五一三
	五十分	六十分	七十分	八十分	九十分
	○三一四一	○三七六九	○四三九七	○五○二四	○五六五一
一度		一十分	二十分	三十分	四十分
	○六二七九	○六九○六	○七五三二	○八一五九	○八七八五
	五十分	六十分	七十分	八十分	九十分
	○九四一一	一○○三六	一○六六一	一一二八五	一一九一○
二度		一十分	二十分	三十分	四十分
	一二五三三	一三一五六	一三七七九	一四四○一	一五○二三
	五十分	六十分	七十分	八十分	九十分
	一五六四三	一六二六四	一六八八三	一七五○二	一八一二一
三度		一十分	二十分	三十分	四十分
	一八七三八	一九三五五	一九九七一	二○五八六	二一二○一
	五十分	六十分	七十分	八十分	九十分
	二一八一四	二二四二七	二三○三九	二三六四九	二四二六○
四度		一十分	二十分	三十分	四十分
	二四八六九	二五四七七	二六○八四	二六六九○	二七二九五
	五十分	六十分	七十分	八十分	九十分
	二七八九九	二八五○二	二九一○三	二九七○四	三○三○三
五度		一十分	二十分	三十分	四十分
	三○九○二	三一四九八	三二○九四	三二六八九	三三二八二
	五十分	六十分	七十分	八十分	九十分
	三三八七四	三四四六四	三五○五三	三五六四一	三六二二七
六度		一十分	二十分	三十分	四十分
	三六八一二	三七三九六	三七九七八	三八五五八	三九一三七
	五十分	六十分	七十分	八十分	九十分
	三九七一五	四○二九一	四○八六五	四一四三八	四二○○九
七度		一十分	二十分	三十分	四十分
	四二五七八	四三一四六	四三七一二	四四二七六	四四八三八
	五十分	六十分	七十分	八十分	九十分
	四五三九九	四五九五八	四六五一五	四七○七○	四七六二四
八度		一十分	二十分	三十分	四十分
	四八一七五	四八七二五	四九二七三	四九八一八	五○三六二
	五十分	六十分	七十分	八十分	九十分
	五○九○四	五一四四四	五一九八二	五二五一七	五三○五一
九度		一十分	二十分	三十分	四十分
	五三五八三	五四一一二	五四六三九	五五一六五	五五六八八
	五十分	六十分	七十分	八十分	九十分
	五六二○八	五六七二七	五七二四三	五七七五七	五八二六九
十度		一十分	二十分	三十分	四十分
	五八七七八	五九二八六	五九七九○	六○二九三	六○七九三
	五十分	六十分	七十分	八十分	九十分
	六一二九一	六一七八六	六二二七九	六二七六九	六三二五七
十一度		一十分	二十分	三十分	四十分
	六三七四二	六四二二五	六四七○六	六五一八三	六五六五九
	五十分	六十分	七十分	八十分	九十分
	六六一三一	六六六○一	六七○六九	六七五三三	六七九九五

度	度值	一十分	二十分	三十分	四十分	五十分	六十分	七十分	八十分	九十分
十二度	六八四五五	六八九一一	六九三六五	六九八一六	七〇二六五	七〇七一〇	七一一五三	七一五九四	七二〇三二	七二四六五
十三度	七二八九七	七三三二六	七三七五一	七四一七四	七四五九四	七五〇一一	七五四二五	七五八三六	七六二四四	七六六四九
十四度	七七〇五一	七七四五〇	七七八四六	七八二三九	七八六二九	七九〇一六	七九三九九	七九七七九	八〇一五七	八〇五三一
十五度	八〇九〇二	八一二六九	八一六三四	八一九九五	八二三五三	八二七〇八	八三〇六〇	八三四〇八	八三七五三	八四〇九四
十六度	八四四三二	八四七六八	八五〇九九	八五四二八	八五七五三	八六〇七四	八六三九二	八六七〇七	八七〇一八	八七三二六
十七度	八七六三〇	八七九三二	八八二二九	八八五二三	八八八一三	八九一〇一	八九三八四	八九六六四	八九九四一	九〇二一三
十八度	九〇四八二	九〇七四八	九一〇一一	九一二六九	九一五二四	九一七七五	九二〇二三	九二二六七	九二五〇八	九二七四四
十九度	九二九七七	九三二〇七	九三四三三	九三六五五	九三八七三	九四〇八八	九四二九九	九四五〇六	九四七一〇	九四九一〇
二十度	九五一〇六	九五二九八	九五四八六	九五六七一	九五八五二	九六〇二九	九六二〇三	九六三七二	九六五三八	九六七〇〇
二十一度	九六八五八	九七〇一二	九七一六三	九七三一一	九七四五三	九七五九二	九七七二七	九七八五八	九七九八五	九八一〇九
二十二度	九八二二九	九八三四四	九八四五六	九八五六四	九八六六九	九八七六九	九八八六五	九八九五八	九九〇四六	九九一三一
二十三度	九九二一一	九九二八八	九九三六一	九九四三〇	九九四九五	九九五五六	九九六一四	九九六六八	九九七一五	九九七六一
二十四度	九九八〇三	九九八四〇	九九八七四	九九九〇三	九九九二九	九九九五一	九九九六八	九九九八二	九九九九二	九九九九八
二十五度	一〇〇〇〇〇半徑全數十萬	一象限								

球面三角學部

題解

清·《曆象考成》上編卷二《弧三角形上》 弧三角形綱領

凡弧三角形，皆在球面。球面之腰圍一線，謂之大圈。如甲乙丙丁爲子午規，戊己爲赤道，庚辛爲黄道，壬乙癸丁爲地平規。如此之類，皆爲大圈。其周度皆相等，故可以相爲比例。凡圈皆有極，極距圈皆九十度。如赤道則有南北極，黄道則有黄極。若圈不相等，則爲距等圈。如子、丑二圈，其四圍之距大圈皆相等，而與大圈平行。雖亦爲三百六十度，其分則小於大圈。距大圈愈遠，距極愈近，則其圈愈小，至極一點而止，不能與大圈爲比例。故弧三角形之角度邊度，皆大圈之度也。

凡兩弧相交所成角，相距皆半周一百八十度。名其角度，則必取其兩弧各足象限九十度，其對角之弧，即爲本角之度。如甲乙丙丁爲黄道，甲戊丙己爲赤道。甲丙二處相交，相距各半周一百八十度，即如春秋分。試於甲丙弧之各平分九十度處，作丁己、乙戊垂弧，凡言垂弧，皆曲線。畫圖於平面不能顯出，故作虚線以别之。則丁己弧，爲甲丁己三角形之甲角度，亦爲丙丁己三角形之丙角度。其乙戊弧，爲甲乙戊三角形之甲角度，亦爲丙乙戊三角形之丙角度。即如冬夏至之大距，爲春秋分之角度。蓋甲丙爲極，則丁己、乙戊爲腰圈，所謂大圈者是也。

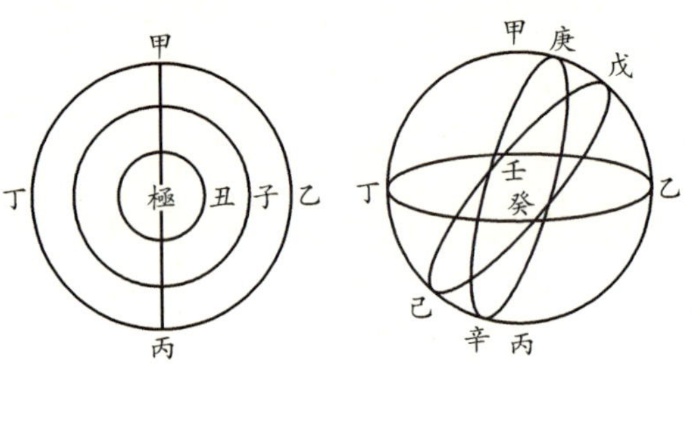

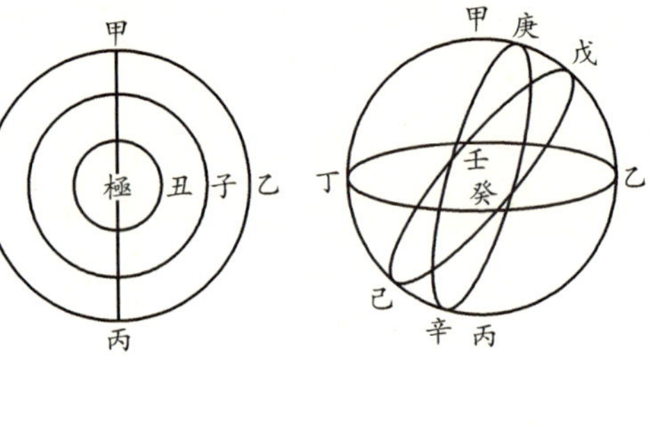

凡弧三角形之三弧，不足九十度者，必引長至九十度，其對角之弧，方爲本角之度。如甲乙丙弧三角形，三弧皆不足九十度。則將甲乙弧引長至丁，甲丙弧引長至戊，作丁戊弧。其丁戊弧之度，即甲角之度也。又將乙甲弧引長至己，乙丙弧引長至庚，作己庚弧。其己庚弧之度，即乙角之度也。又將丙甲弧引長至辛，丙乙弧引長至壬，作辛壬弧。其辛壬弧之度，即丙角之度也。

（几）[凡]弧三角形，其角適足九十度者，爲直角，爲正弧三角形。甲圖是也。大於九十度者，爲鈍角。不及九十度者，爲鋭角。俱爲斜弧三角形，乙圖、丙圖是也。因三邊皆弧，故與直線三角形不同。直線三角形，有一直角，或一鈍角，餘二角必鋭。弧三角形，則有一直角二鋭角者，如丁形。有一直角二鈍角者，如戊形。有一直角一鈍角一鋭角者，如己形。有二直角一鋭角者，如庚形。有二直角一鈍角者，如辛形。有三角俱直者，如壬形。有一鈍角二鋭角者，如癸形。有三角俱鈍者，如子形。有一鋭角二鈍角者，如丑形。而弧三角之形勢，大槩盡於此數端矣。

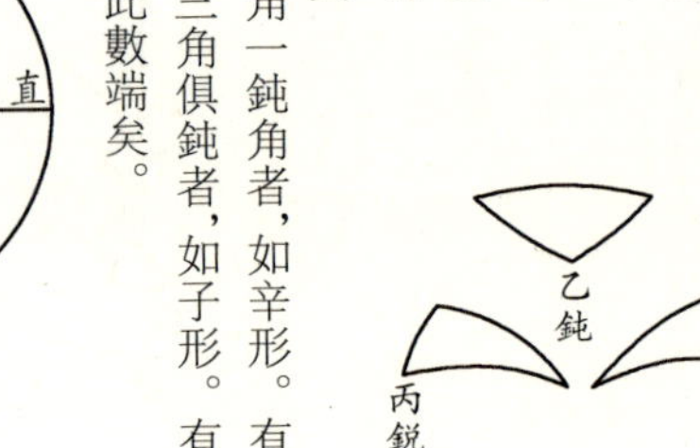

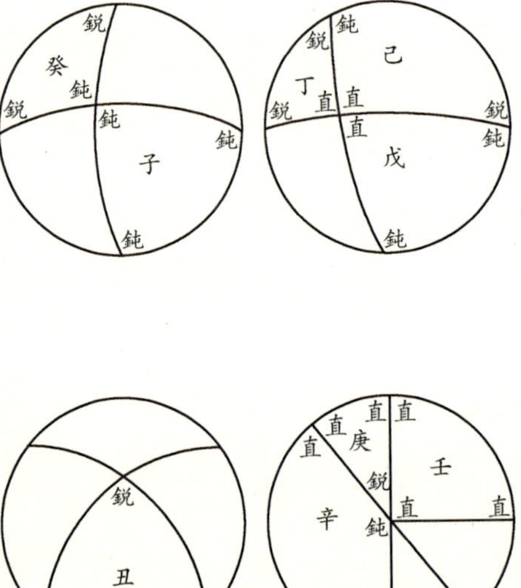

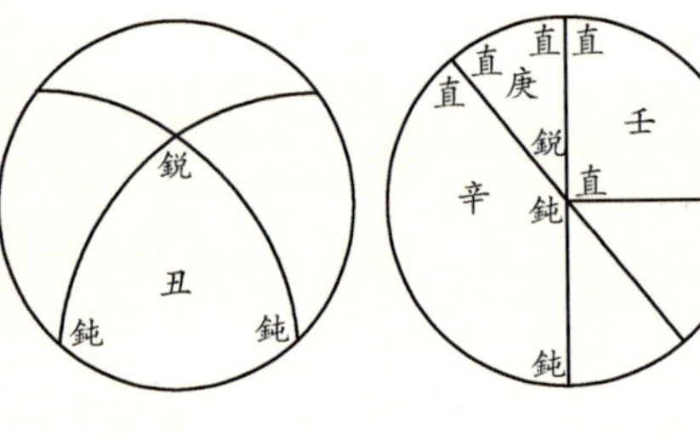

清·安清翹《矩線原本》卷三《測量篇下》 凡渾圓面任指一點，皆謂之極。自極點作直線，過渾圓心，即有相對之點，是爲兩極。兩極者，渾圓徑之兩端也。距兩極而等，爲中圍大圈，所謂腰圍也。謂之圓周。即如平圓之周。

如北極爲一點，則赤道爲中圍大圈。黄極爲一點，則太虚黄道爲中圍大圈。京師爲一點，則京師之地平圈爲中圍大圈。

三極三大圈俱在地面，立算所以然者，以地爲渾圓體與太虚静天相應也。

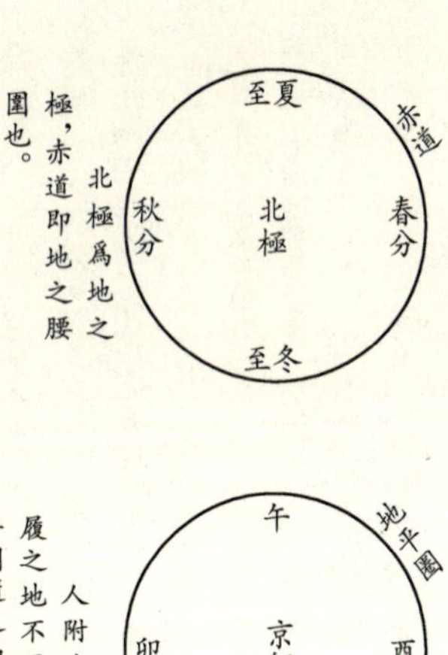

北極爲地之極，赤道即地之腰圍也。

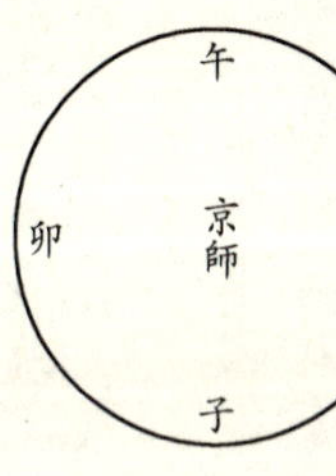
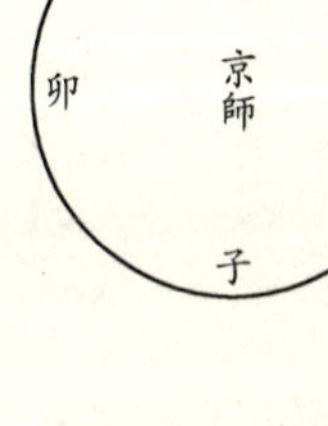

人附地面，所履之地不同，則地平圈隨之而異。

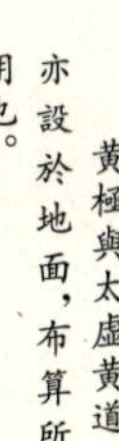

黄極與太虚黄道，亦設於地面，布算所用也。

凡渾圓，環而視之，皆中圍大圈也。兩大圈無平行之理，其與大圈平行者，皆距等小圈也。

春、秋二分，爲中圍大圈，餘皆距等小圈也。各圈俱設於地面，日影心正射各圈之上，即爲定氣。此古法所謂七衡六間，西法所謂寒暖五帶也。

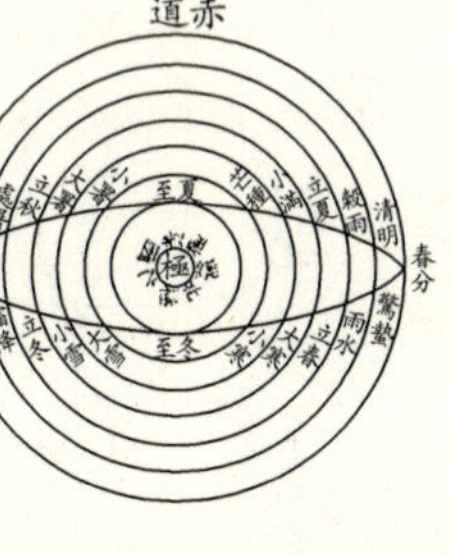
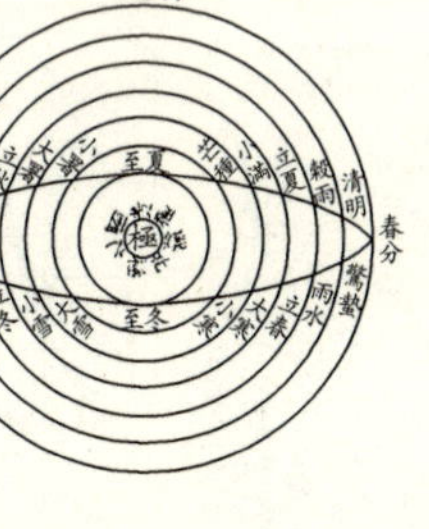

又 渾圓内所涵之立方，自方角斜剖之，分各方面爲句股形，謂之立句股儀。立句股儀分四面，一爲平面，一爲斜平面，一爲立面，一爲斜立面。凡平立之名，可以互易。正弦、餘弦之名，可以互易。猶句股之名，可以互易也。

又 凡渾圓面有三點，即爲三角。其三點之相距，即爲三邊，謂之弧三角形。

弧三角之三邊，對三角。大邊對大角，次邊對次角，小邊對小角。與平三角同理，但平三角之三邊爲直線，弧三角之三邊爲弧線耳。

弧三角形有一正角，謂之正弧形。

正弧形之三邊，一爲句邊，一爲股邊，一爲弦邊。弦邊對正角，其對句邊之角爲句角，對股邊之角爲股角。正弧形似句股，故以句股之名名之。凡正弧形，邊之最小者，即以直線算。蓋其理本同也。

又 凡正弧形，三邊過二十五度者，用外弧，謂之次形。凡正弧形，其餘弧所成之各形，亦爲次形。

又 弧三角無正角正邊者，謂之斜弧形。斜弧形三角對三邊，大角對大邊，次角對次邊，小角對小邊。

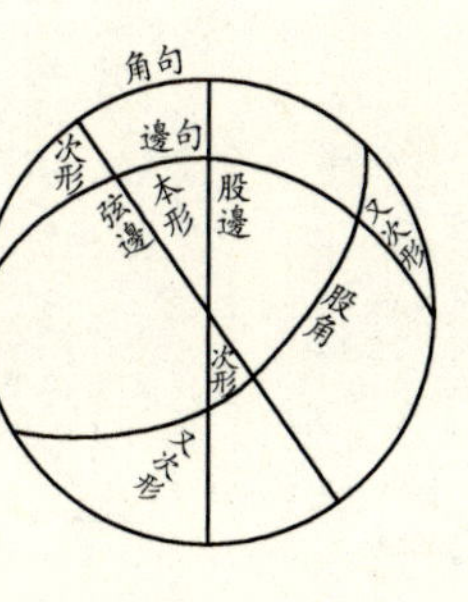

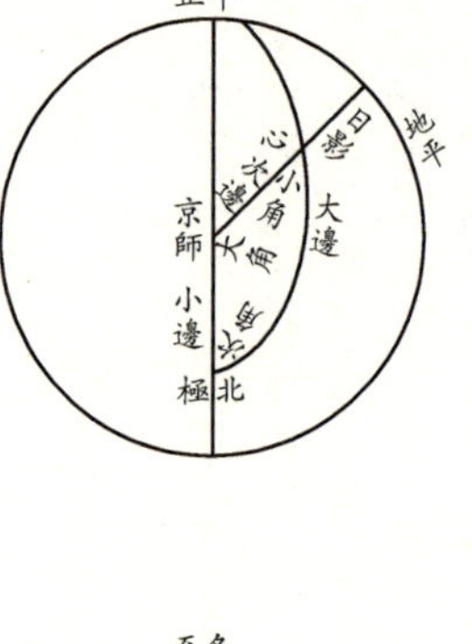

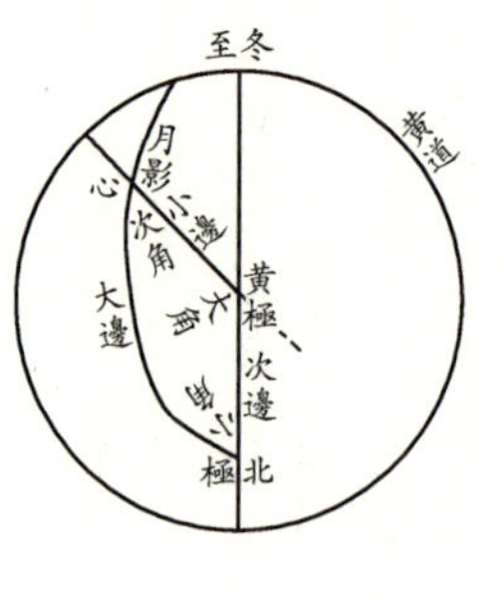

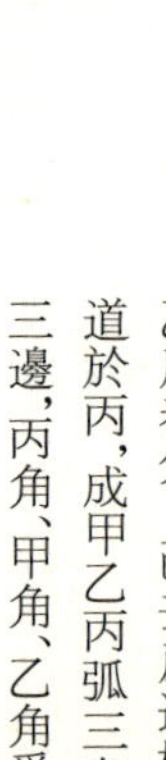

清・張作楠《弧角設如》卷上　釋例

弧三角爲球面弧線所成，線皆曲，故曰弧。三弧交則成角。步算之目，曰以角求弧；曰以弧求角；曰以弧角求弧；曰以弧角求角。其術則曰弧角相求；曰次形；曰垂弧；曰總較。明乎其術，以八線比例各相當四率馭之，周天經緯如指諸掌矣。

弧三角俱在球面大圈，爲腰圍之一線。每圈均分三百六十度，半之，各一百八十度，曰半周。四分之各九十度，曰象限。六分之各六十度，曰紀限。十二分之各三十度，曰宮、曰時。二十四分之各一十五度，曰節氣、曰小時、曰地平方位。其比例以度，不以丈尺。

如圖，甲乙、丙丁爲子午規，戊己爲赤道，庚辛爲黃道，壬乙癸丁爲地平規，皆爲大圈。

圈必有極，於大圈上作十字弧線，引長之，必過兩極。自兩極出弧線，曰過極經圈，亦必十字正交。如赤道則有南北極，黃道則有黃極，地平則以天頂爲極。兩極距大圈四面皆九十度。蓋大圈相遇有割無切，若相切，則不相等，而爲距等圈。

如圖，甲乙丙丁爲大圈，戊、己、庚、辛皆小圈，與大圈平行，雖亦三百六十度，然其分，則遞小於大圈，不能爲比例。故弧三角之度，皆大圈度也。

三大圈相遇，則成三角、三邊。

如圖，己爲北極，戊辛爲赤道，丁庚爲黃道，乙爲春分。己壬爲過極經圈，截黃道於甲，截赤道於丙，成甲乙丙弧三角形。甲乙、甲丙、乙丙爲三邊，丙角、甲角、乙角爲三角。

凡兩弧相交，所成之角，相距皆半周。求其角度，必取角旁兩弧各足象限，其對角之弧，視大圈上幾何度，即角度。

如圖，兩圈相交，如甲丙相距皆半周。試於甲丙弧平分一象限處作己乙戊垂弧，凡垂弧皆曲線圖於平面，故作虛線別之。則丁己弧爲甲丁己三角形之甲角度，亦爲丙丁己之丙角度。乙戊弧同。

若三弧不足九十度，必引長至九十度，其對角之弧方爲本角度。

如圖，甲乙丙弧三角形，三弧皆不足九十度，則將甲乙弧引長至丁，甲丙弧引長至戊，作丁戊弧，即甲角度。丙甲弧引長至辛，丙乙弧引長至壬，作辛壬弧，即丙角度。

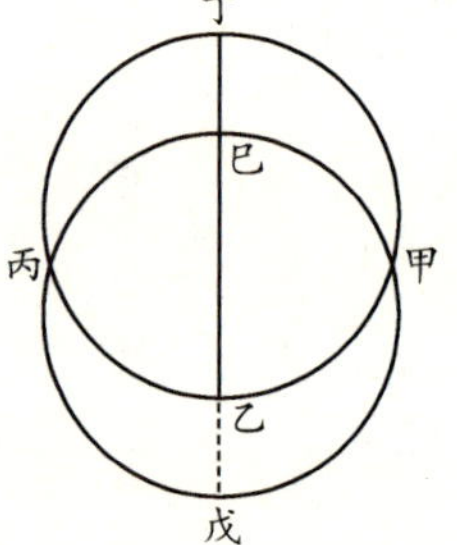

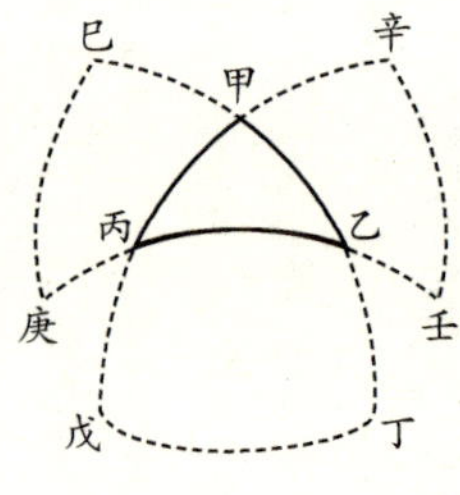

角所當之弧，足象限者曰直角，不滿象限曰鋭角，過象限曰鈍角。亦曰過弧。有直角曰正弧，無直角曰斜弧。所求之角曰本角，與半周相減餘爲外角。對弧者曰對角。居弧兩旁者曰夾角。角兩旁之弧曰夾弧。角之左曰左弧，右曰右弧。對角者曰對弧。夾角之大者曰大弧，其小者曰小弧。兩弧相併曰總弧，相減曰較弧。減半周之餘曰餘弧。以本形減象限或減半周。餘爲次形。大圈之縱絡者爲經度。距等圈之橫亘者爲緯度。圜之徑線曰全徑，半之曰半徑。割圜直線曰通弦，半之曰正弦。正弦以十字截半徑，曰正矢。即半徑減餘弦。全徑減正矢曰大矢。兩矢相減，餘曰矢較，半之曰半矢較。切圜直線曰正切。引半徑於圜外，與切線相遇，曰正割。其四線在餘弧者，則爲餘弦、餘矢、餘切、餘割，是謂

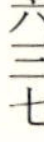

八線。

如圖，甲乙丙丁爲全圜，甲乙丙爲半周，甲乙爲象限，乙丁爲全徑，丁戊爲半徑，己丁爲本弧，甲己爲餘弧，己辛爲通弦，己庚爲正弦，己壬爲餘弦，丁庚爲正矢，甲壬爲餘矢，乙庚爲大矢，丁癸爲正切，甲子爲餘切，戊癸爲正割，戊子爲餘割。

若直角足象限，無八線，即以半徑爲正弦。鈍角過象限，則減半周，用餘弧八線。過半周則減半周，用餘弧限外八線。過三象限則減全圜，用餘弧八線，而比例生焉。

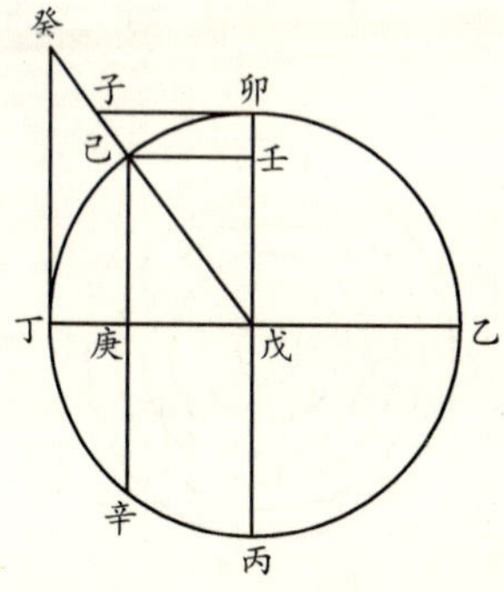

綜論

清・梅文鼎《弧三角舉要》 弧三角與平異理，故先體勢。知體勢然後可以用算。而算莫先於正弧。猶平三角之有句股形也，故以爲弧度之宗。正弧形之乙角，取法於黄赤交角，則有定度。而餘角，取法於過極圈交黄道之角，則隨度而移，互用之。其理益顯，故有求餘角法。弧三角以一角對一邊，而比例等，與平三角同，而其理迥別，故有弧角比例法。斜弧無相對之弧角，則比例之法窮，故有垂弧法。三角求邊，則垂弧之法又窮，故有次形法。垂弧與次形合用，則有捷法。弧與角各有八綫，而可以互視，故有相當法。餘詳《環中黍尺》及《塹堵測量》。

又 卷一 弧三角體勢

一，弧度與天相應。弧三角之法，以測渾圓。渾圓之大者，莫如天。圓之至者，亦(莫)〔莫〕如天。故弧三角之度，皆天度也。以平測圓，其難百倍。以圓測圓，其簡百倍，而得數且真。是故測天者，必以弧度，而論弧度者必以天爲法。

一，測弧度必以大圈。渾球上弧度，有極大之圈，乃腰圍之一線也。如赤道帶天之紘，原止一綫，如黄道、如子午規、如地平規，盡然。又如，測得兩星相距之遠近，亦爲大圈之分。若以此兩星之距弧，引而長之，必匝於渾圓之體而成大圈。不論從衡斜側，皆同一法。

一，球上大圈必相等。所以必用大圈者，以其相等也。渾球上從衡斜側，皆可爲大圈，而其大必相等者，以俱在腰圍之一綫也。如黄道、赤道，及子午規、地平規，俱係大圈，必皆相等。不相等，即非大圈，故惟大圈可相爲比例。任測兩星之距，不必當黄赤道，而能與二道相比例者，以其皆大圈也。

一，球上兩大圈無平行者。大圈在渾球，既爲腰圍之一綫，則必無兩圈平行之法。若平行，即非大圈。如黄赤道，並止一綫而無廣，即無地可容平行綫也。子午規、地平規，亦然。

一，球上圈能與大圈平行者皆小圈，謂之距等圈。離大圈左右作平行圈，皆曰距等圈，謂其四圍與大圈相距皆等。如於黄道内外作緯圈，其與黄道相距，或近則四面皆近，或遠則四面亦皆遠。無毫忽之不同，平行故也。赤道緯圈，地平高度，並同。而其自相距亦等，故曰距等也。如黄道内外，或近或遠，處處可作距等圈。而皆與黄道平行，即其圈亦自相平行，故並爲等距。距等圈皆小於大圈，如黄道内外緯圈，但離數分，其圈即小於黄道，其距益遠，其圈益小，小之極，至一點而止。諸緯圈並然。不能與大圈爲比例，大圈惟一，距等圈無數。無一同者，無法可爲比例。故爲比例者，必大圈也。圖如後。

距等圈旁視圖

距等圈正視圖

如圖，甲乙爲大圈，大圈只一，丙丁及戊庚等，皆小圈。小圈無數，漸近圓頂己，即其圈愈小而成一點。大小懸殊，故不可以相爲比例。

一，大圈之比例以度，不拘丈尺。凡圈皆可分三百六十度。每圈平分之，成半周。四平分之，成象限。象限又各平分之，爲九十度，成三百六十度。而球大者其大圈大，球小者其大圈小，皆以本球之圍徑自爲比例，不拘丈尺。儘本球之圈，分爲全周之度。其球上之度，即皆以此爲準，但在本球上爲最大，故謂之大圈。非以丈尺言其大小。

古人以八尺渾儀準周天，蓋以此也。又如，古渾儀原有三重，其在内之環周，必小於外，而其度皆能相應者，在内環間雖小，而在内之渾圜，以此爲大圈，即在内之各度，並以此爲準，故也。

一，大圈之度爲公度。凡球上距等圈，亦可平分三百六十度，而其圈皆小於本球之大圈，又大小不倫，則其所分之細度，亦皆小於大圈，而大小不倫矣。惟本球腰圍大圈上所分之度，得爲公度，故凡言度者，必大圈也。

如圖，甲乙爲大圈一象限。丙丁及戊庚，各爲距等小圈一象限，象限雖同，而大小迥異。又如甲辛爲大圈三十度。丙壬及戊癸，亦各爲小圈之三十度。其爲三十度，雖同，而大小亦異。再細攷之，至一度，或至一分，亦大小異也。故惟大圈之度爲公度。

一，大圈即本球外周，其度即外周之度，而横直皆相等。平圓有徑有周，渾圓亦有徑有周。立渾圓於前，則外周可見，即腰圍之大圈也。旋而視之，皆可爲外周。故大圈之横直皆等。皆以外周度爲其度，故等。

如圖，子午規爲渾儀外周，其度三百六十，乃直度也。地平爲腰圍，度亦三百六十，乃横度也。横度直度，皆得爲外周，故其度相等。若依北極論之，則赤道又爲腰圍，而亦即外周也。推是言之，渾球上大圈，從横斜側皆相等。何則？旋而視之，皆得爲腰圍，即皆得爲外周故也。

一，大圈上相遇，有相割無相切。大圈相割，各成兩平分。球上從衡斜側，既皆成大圈，則能相割矣。而皆爲渾圓之外周，則必無相切之理。若相切者，必在外周之内爲距等小圈。

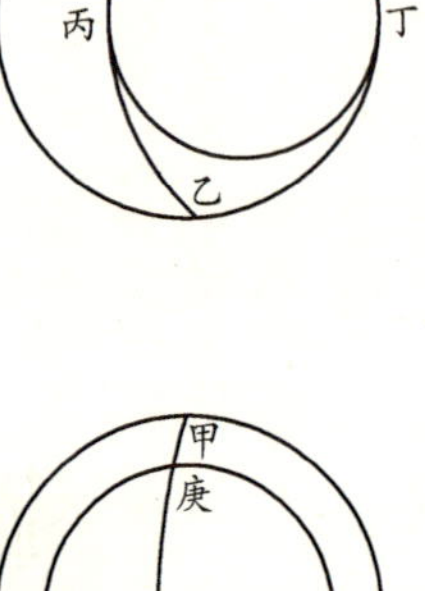

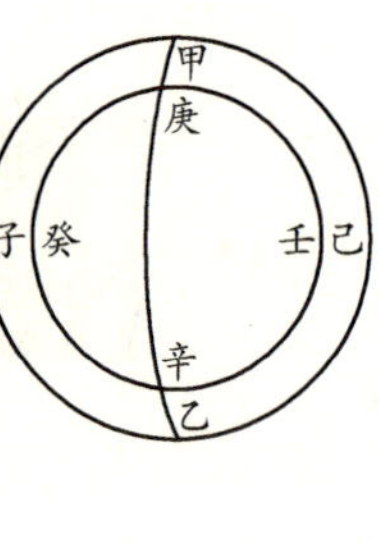

如圖，甲丙乙爲大圈半周，能割大圈于甲、于乙，而不能相切，丙丁成小圈，則能切大圈于丙于丁。

如圖，甲庚辛乙爲大圈半周，割大圈于庚于辛，割外圈于甲、于乙，則甲己乙、乙子甲，亦各成半周。若壬癸距等圈，割大圈于庚于辛，而庚辛非半周。

球上兩大圈相割，必有二處，此二處必相距一百八十度，而各成兩平分。如黄赤二道相交於春分，必復相交於秋分。即二分之距，必皆半周一百八十度。而黄道成兩平分，赤道亦兩平分也。若距等圈與大圈相割，必不能成兩平分。

一，兩大圈相遇則成角。球上大圈既不平行，則其相遇，必相交相割而成角。弧三角之法，所由立也。角有正有斜，斜角又有鋭鈍共三種，而角兩旁皆弧線，與直線角異。

如圖，己午戊子爲子午規，辛午乙子爲地平規。兩大圈正相交于南地平之午，北地平之子，則皆正角，而四角皆等，並九十度角也。正角，一名直角，一名十字角，一名正方角。

如圖，午辛子爲地平規，丁辛癸爲赤道規，兩大圈斜相交于辛，則丁辛子鈍角，大于九十度。丁辛午鋭角，小于九十度。兩角相並一百八十度。減鋭角其外角必鈍。若減鈍角，亦得鋭角也，故有内角，即知外角。又兩鋭角相對，兩鈍角相對，其度分必等。故有此角，即知對角。

凡此數端，並與平三角同。然而實有不同者，以角兩旁之爲弧綫也。

一，弧綫之作角必兩。直綫剖平圓作角，形如分餅，角旁兩綫皆半徑，至周而止。弧綫剖渾冪作角，形如剖瓜，角旁兩弧綫皆半周，必復相交作角面等。如黄赤道交於二分，其角相等。

一，角有大小，量之以對角之弧，其角旁兩弧，必皆九十度。弧綫角既如瓜瓣，則其相距，必兩端狹而中闊。其最闊處，必離角九十度，此處離兩角各均，即球上腰圍大圈也。故其度，即爲角度。如黄赤道之二分交角二十三度半，即二至時距度。此時黄赤道離二分各九十度，乃腰圍最闊處也。

一，大圈有極。大圈能分渾圓之面冪爲兩，則各有最中之處而相對，是爲兩極。兩極距大圈，四面各九十度。

如圖，甲辛乙爲赤道大圈，己爲北極，壬爲南極。甲己、丁己等弧綫，距北極各九十度，距南極亦然。若己爲天頂，甲辛乙爲地平大圈，亦同。如甲正北，辛正東，乙正南，丁東北，丙東南，所在不同，而甲乙等高弧，距天頂各九十度皆等。

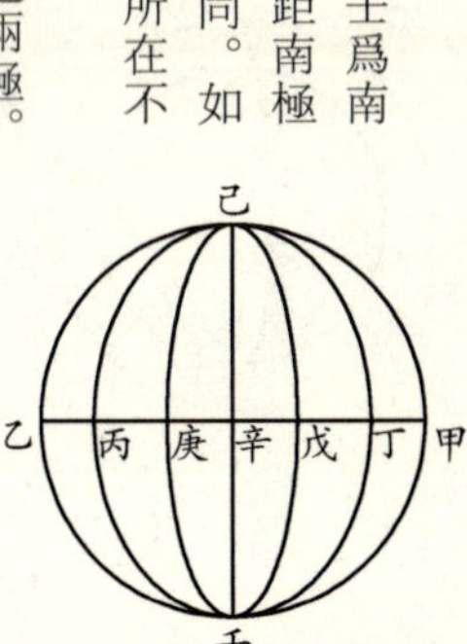
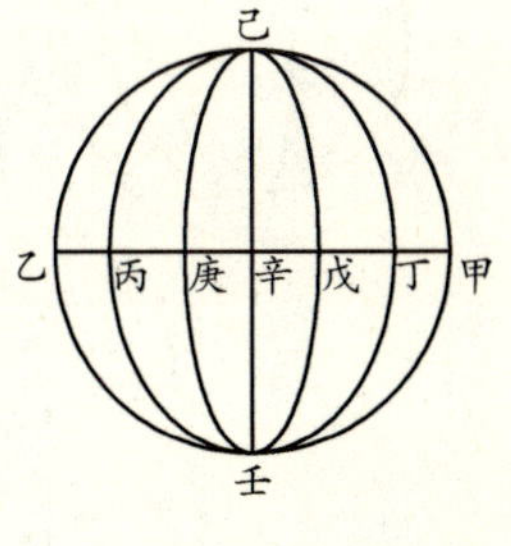

一，大圈上作十字弧線。引長之，必過兩極。

兩極出弧線至大圈，必皆十字正交。如赤道上經圈，皆與赤道正交爲十字角，則其圈必上過北極，下過南極也。然則從兩極出弧綫過赤道，必十字正交矣。

一，大圈之極，爲衆角所輳。如赤道上逐度經圈，皆過兩極，則極心一點，爲衆角之宗。經圈之弧，在赤道上成十字者，本皆平行漸遠漸狹，至兩極，則成角形之鋭尖。角無論大小，皆輳於極，而合成一點。離此一點外，即成鋭鈍之形，而皆與赤道度相應，所謂量角以對弧度，而角兩旁皆九十度以此。

如圖，己爲北極，即衆角之頂鋭，其所當赤道之度。如乙丙等，則己角爲鋭角。如丙庚等，則己角爲鈍角。若己爲天頂，外圈爲地平，亦然。

一，角度與角旁兩弧之度，並用本球之大圈度。故量角度者以角爲極。有弧綫角不知其度，亦不知角旁弧之度，法當先求本球之九十度。其法，以角旁二弧，各引長之，使復作角，乃中分其弧，即成本弧之九十度。而角旁弧之度可知。以角爲心，九十度爲界，作大圈。與角旁兩弧，並本球大圈，而其分度等。乃視角所當之弧，即角旁兩九十度弧所界。於大圈上得若干度分，即角度也。故曰以角爲極。

一，三大圈相遇，則成三角三邊，此所謂弧三角形也。如黄道赤道，既相交於二分，又有赤道經圈，截兩道而過之，則成乙丙甲弧三角形。

如圖，己爲北極，戊辛爲赤道，丁庚爲黄道。二道相交於春分，成乙角。又己壬爲過極經圈。自北極己出弧線，截黄道於丙，得丙乙邊，爲黄道之一弧。亦截赤道於甲，成甲乙邊，爲赤道之一弧。而過極經圈，爲二道所截，成丙甲邊，爲經圈之一弧，是爲三邊，即又成丙角、甲角，合乙角爲三角。

一，弧三角不同於平三角之理。弧三角形有三角三邊，共六件。以先有之三件，求餘三件，與平三角同。所不同者，平三角形之三角，并之皆一百八十度。弧三角不然，其三角最小者，比一百八十度必盈，三邊在一度以下，可借平三角立算，因其差甚微。然其角度，視半周必有微盈。但不得滿五百四十度。角之極大者，合之以比三半周，必不能及。平三角之邊，小僅咫尺，大則千百萬里。弧三角邊，必在半周以下，不得滿一百八十度。合三邊，不得滿三百六十度。如滿全周，即成全員，而不得成三角。平三角有兩角，即知餘角。弧三角非算不知。平三角有一正角，餘二角必鋭。弧三角則否。有三正角，兩正角者，其餘角有鈍有鋭。或兩鋭，或兩鈍，或一鋭一鈍，不等。平三角有一鈍角，餘二角必鋭。弧三角則否。其餘角或鋭，或正，或鈍，甚有三鈍角者。平三角以不同邊而同角爲相似形，同邊又同角爲相等形。弧三角則但有相等之形，而無相似之形，以同角者必同邊也。平三角但可以三邊求角，不可以三角求邊。弧三角則可以三角求邊。弧三角之邊，皆圓度也。初無丈尺可言，故三角可以求邊。若平三角邊，各有丈尺，則必有先得之邊，以爲之例。所以不同。前條言有相等之形，無相似之形，亦謂其所得之度相等，非謂其丈尺等也。

一，弧三角用八綫之理。平三角用八綫，惟用於角。弧三角用八綫，並用於邊。平三角以角之八綫與邊相比，弧三角是以角之八綫與邊之八綫相比。平三角有正角，即爲句股。若正弧三角形，實非句股，而以其八綫輳成句股。平三角以角求邊，是用弧綫求直綫也。有角即有弧。以邊求角，是用直綫求弧綫也。然角以八綫爲用，仍是以直綫求直綫也，句股法也。弧三角以邊求角，以角求邊，並是以弧綫求弧綫也。而角與邊並用八綫，仍是以直綫求直綫也，亦句股法也。蓋惟直線可成句股。所不同者，平三角所成句股形，即在平面。而弧三角所成句股，不在弧面，而在其内外。

一，弧三角之點綫面體。測量家有點、有綫、有面、有體。弧三角備有之。其所測之角，即點也。但其點俱在弧面，如於渾球任指一星，爲所測之點，即角度從茲起。如太陽太陰角度，並從其中心一點論之。弧三角之邊，即綫也。但其綫皆弧綫。如渾球上任指兩星，即有距綫或於一星出兩弧綫與他星相距，即成角。而角旁兩綫，皆弧綫也。弧三角之形，即面也。但其面皆渾球上面冪之分形。弧三角之所麗，即渾體也。剖渾圓至心，即成錐體，而並以弧三角之形爲底。詳《塹堵測量》。

一，渾圓內點綫面體，與弧三角相應。前條點綫面體，俱在球面，可以目視器測，但皆弧綫，難相比例。比例必用句股，句股必直綫故也。賴有相應之點綫面體，在渾體內，歷歷可指，雖不可以目視，而可以算得。弧三角之法，所以的確不易也。

如渾球中剖，則成平圓，即面也。於是以球面之各點，即弧三角之各角。依視法移於平圓面，即渾圓內相應之點也。又以弧與角之八綫，移至平面成句股，以相比例，是渾圓內相應之綫也。又如弧三角之三邊，各引長之成大圈。各依大圈以剖渾圓，即各成平圓面，是亦渾圓內相應之面也。二平圓面相割，成瓜瓣之體。三平圓面相割，成三楞錐體。若又依八綫横剖之，即成塹堵諸體，是渾圓體內相應之分體也。此皆與弧面相離。在渾圓之內，非剖渾圓，即不可見，而可以算得，即不啻目視而器測矣。

一，大圈與渾圓同心。渾球上大(圓)〔圈〕之心，即渾圓之心。若依各大圈剖渾圓，成平圓面。其平圓心，即渾圓之心。若距等小圈，則但以渾圓之軸爲心，而不能以渾圓心爲心。同心者亦同徑。大(圓)〔圈〕以渾圓徑爲徑，若距等圓，則但以通弦爲徑。渾體內諸綫，能與弧三角相應者，以此。渾圓體內諸綫，皆宗其徑。弧三角既以大圈相割而成，必宗大圈之徑。徑同，故內外相應。弧三角之邊，不用小圈，亦以此也。距等圈既與大圈異徑，則其度不齊，不能成邊焉。所作之角，必非真角，無從考其度分。

一，弧三角視法。弧三角非圖不明，然圖弧綫於平面，必用視法，變渾爲平。

平置渾儀，從北極下視，則惟赤道爲外周不變，而黃道斜立，即成撱形。其分至各經圈，本穹然半圓。今以正視，皆成圓徑，是變弧綫爲直綫也。

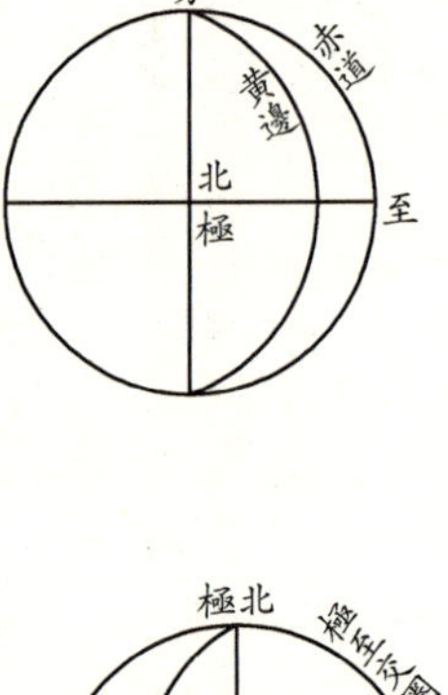

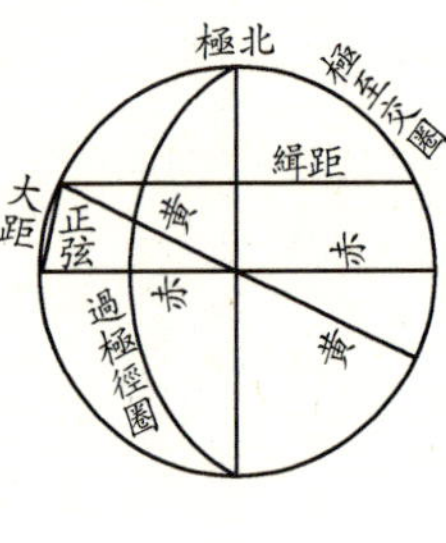

立置渾儀，使北極居上。而從二分平視之。則惟極至交圈爲外周不變。其赤道、黃道，俱變直綫爲圓徑，而成輳心之角。即大距度平面角。是變弧綫角爲直綫角也。又距等圈，亦變横綫而成各度正弦，與圓徑平行。其赤道上逐度經圈之過黃赤道者，雖變撱形，而其正弦不變，且歷歷可見，如在平面，而與平面上之大距度正弦同角，成大小句股比例。是弧面各綫，皆可移于平面也。故視法不但作圖之用，即步算之法已在其中。

以上謂之正視。以黃、赤道爲式，若于六合儀取天頂、地平諸綫，亦同。他可類推。

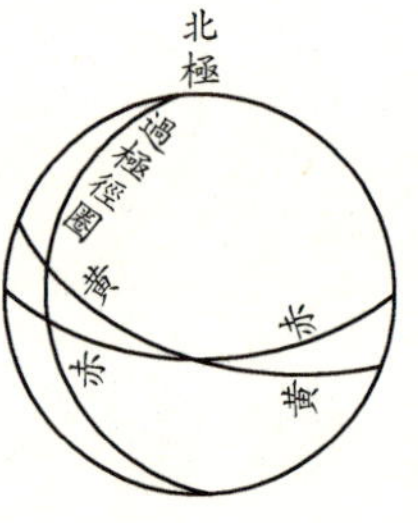

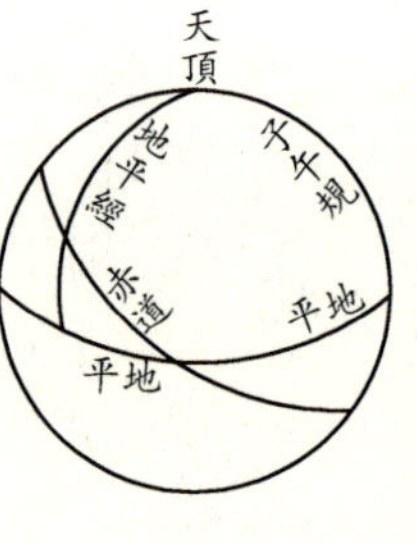

以上謂之旁視。渾圓上有垜疊諸綫，從旁側視之，庶幾可見，雖不能按度肖形，而大意不失，以顯弧三角之理，爲用亦多。

一，角之矢。如圖，甲丙乙丁半渾圓，以甲戊乙弧界之，則其弧面分兩角，爲一鋭一鈍。以視法移此弧度于相應之平面，亦一鋭一鈍，即分圓徑爲大小二矢。而戊丙正矢，爲戊甲丙鋭角之度。戊乙丙亦同。戊丁大矢，爲戊甲丁鈍角之度。戊乙丁亦同。故得矢即得角。

一，角之八綫。如前圖，丙戊弧爲甲鋭角之度，與丙庚等。則丙戊之在平面者，變爲直綫，即爲甲鋭角之矢，而戊己爲角之餘弦，戊庚爲角之正弦，丙辛爲角之切綫，己辛爲角之割綫，皆與平面丙庚弧之八綫等。

丁己戊過弧，爲甲鈍角之度，與丁乙庚過弧等。則丁戊在平面者，變爲鈍角之大矢，而戊己餘弦，戊庚正弦，丙辛切綫，己辛割綫，並與鋭角同。平面鈍角之八綫，與外角同用。

一，(王)〔正〕弧斜弧之角與邊，分爲各類。弧三角亦然。

凡三角內有一正角，謂之正弧三角形。三角內並無正角，謂之斜弧三角形。

正弧三角形之角，有三正角者，有二正角一鋭角者，有二正角一鈍角者。以上三種不須用算。又有一正角兩鋭角者，內分二種，一種兩鋭角同度，一種兩鋭角不同度。有一正角兩鈍角者，內分二種，一種兩鋭角同度，一種兩鈍角不同度。有一正角一鋭角一鈍角者，內分二種，一種鋭鈍兩角合之成半周，一種合鋭鈍兩角不能成半周。計正弧之角九種，而用算者六也。

正弧三角形之邊，有三邊並足者，足謂足九十度。有二邊足一邊小者，在象限以下爲小。有二邊足一邊大者。過象限以上爲大，以上三種可不用算。有三邊並小者，內分二種，一種二邊等，一種三邊不等。有二邊大而一小者，內分三種，一種二大邊等，一種二大邊不等，一種小邊爲一大邊減半周之餘。計正弧之邊八種，而用算者五也。

二邊俱小，則餘邊必不能大，故無二小一大之形。二邊俱大，則餘邊亦不能大，故無三邊並大之形。一邊若足，則餘邊亦有一足，故無一邊足之形。

正弧三角形圖一。計三種。

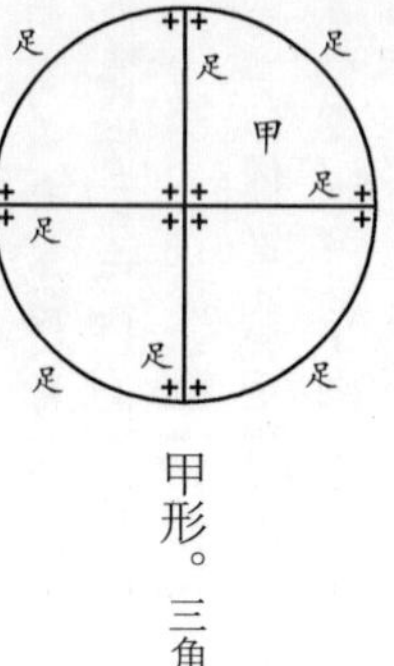

甲形。三角並十字正方，三邊並足九十度。

乙形。角二正一鋭，邊二足一小。

丙形。角二正一鈍，邊二足一大。

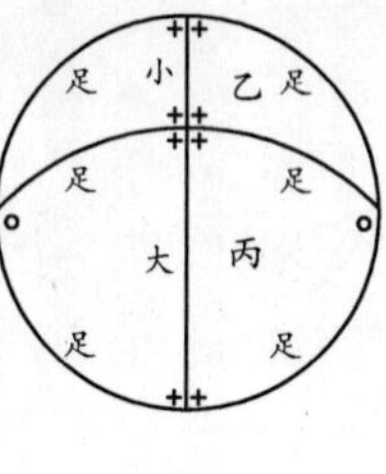

此置正角在凸面，與正角在邊者，並一法。

以上三種，不須用算。

正弧三角形圖二。計三種。

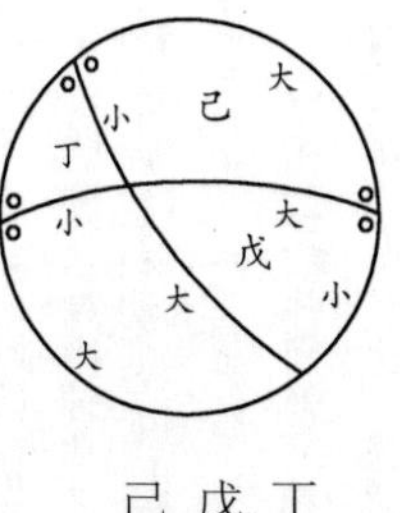

丁形。角一正二鋭，鋭同度，三邊並小，同者二。

戊形。角一正二鈍，鈍同度，邊二大同度，一小。

己形。角一正一鋭一鈍，其鈍鋭兩角成半周，邊二大一小，內一大邊與小邊成半周。

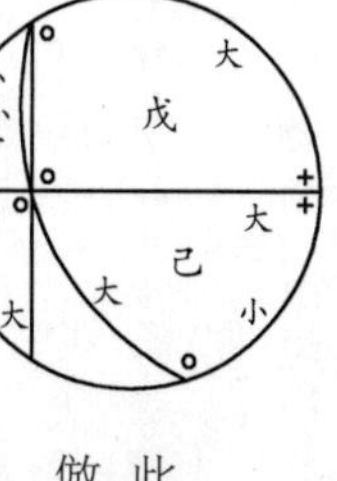

此正角在邊，與前圖正角在面者同法。後庚辛壬形倣此。

以上正弧形三種，有同度之邊與角，謂之二等邊形。內有己形，雖無同等之邊角，而有共爲半周之邊角。度雖不同，而所用之正弦則同，即同度也。凡邊等者角亦等，後倣此。

正弧三角形圖三。計三種。

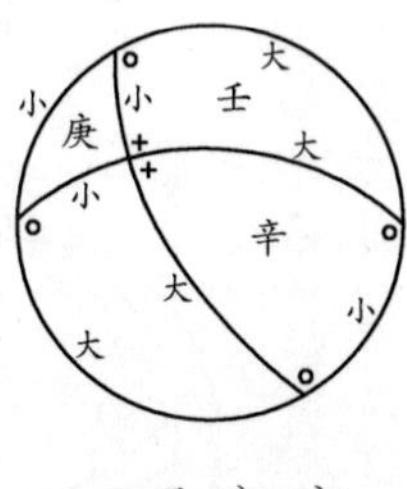

庚形。角一正二鋭，三邊並小，並同丁形，而無等度。

辛形。角一正二鈍，邊二大一小，並同戊形，而無等度。

壬形。角一正一鋭一鈍，邊二大一小，並同己形，而大小二邊不能成半周，角亦然。

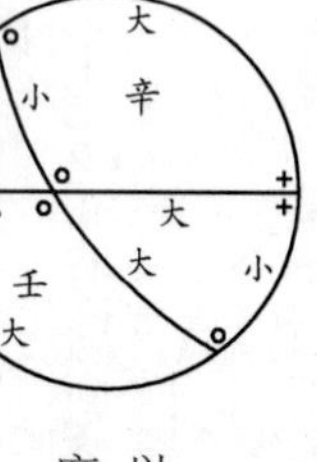

以上正弧形三種，邊角與丁、戊、己三種無異，但無同度之邊。

斜弧三角形之角，有三角並鋭者，內分三種，一種有二角相等，一種三角不相等，一種三角俱等。有二角鋭而一鈍者，內分四種，一種二鋭角相等，一種二鋭角不相等，一種鈍角爲一鋭角減半周之餘，一種二鋭角相等，而又並爲鈍角減半周之餘。有二角鈍而一鋭者，內分四種，一種二鈍角相等，一種二鈍角不相等，一種鋭角爲一鈍角減半周之餘，一種二鈍角相等，而又並爲鋭角減半周之餘。有三角並鈍者，內分三種，一種有二角相等，一種三角不相等，一種三角相等。計斜弧之角十有四種。

斜弧三角形之邊，有一邊足二邊小者，內分二種，一種二小邊相等，一種二小邊不等。有一邊足二邊大者，內分二種，一種二大邊等，一種二大邊不等。有一邊足一邊小一邊大者，內分二種，一種大小二邊，合之成半周。一種合二邊不能成半周。有三邊並小者，內分三種。一種三邊不等。一種二邊等。一種三邊俱等。有二邊大而一小者，內分四種。一種二大邊等。一種二大邊不等。一種小邊爲一大邊減半周之餘。一種二大邊等而又並爲小邊減半周之餘。有二邊小而一大者，內分四種。一種二小邊等，一種二小邊不等。一種大邊爲一小邊減半周之餘。一種二小邊等，而又並爲大邊減半周之餘。有三邊並大者，內分三種。一種三邊不等。一種二邊等。一種三邊俱等。計斜弧之邊二十種。

斜弧三角形圖一。計四種。

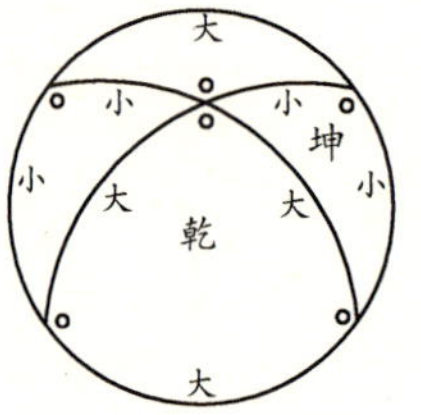

乾形。三角並鈍，又皆同度。三邊並大，又皆同度。

坤形。角一鈍二鋭，鋭同度。其鈍角爲鋭角減半周之餘。邊一大二小，小同度。其大邊爲小邊減半周之餘。

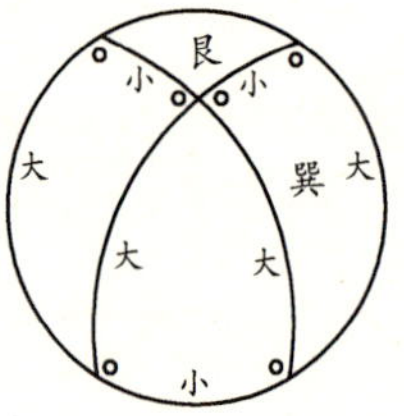

艮形。三角並鋭，又皆同度。三邊並小，又皆同度。

巽形。角一鋭二鈍，鈍同度，又皆爲鋭角減半周之餘。邊一小二大，大同度，又皆爲小邊減半周之餘。

以上斜弧形四種，並三角三邊同度，謂之三等邊形。內有二等邊者，其一邊爲等邊減半周之餘，與三等邊同法。以同用正弦故。

斜弧三角形圖二。計十二種。

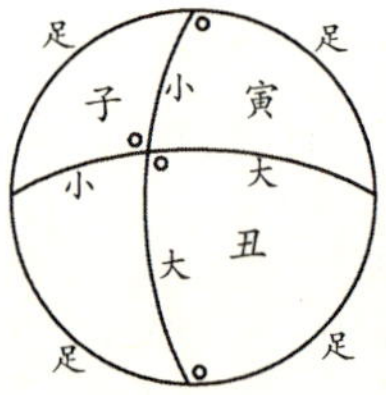

子形。二鋭角同度，一鈍。二小邊同度，一足。

丑形。三鈍角，內同度者二。二大邊同度，一足。

寅形。二鋭角一鈍，內一鋭角，爲鈍角減半周之餘。邊一足一大一小，小邊爲大邊減半周之餘。

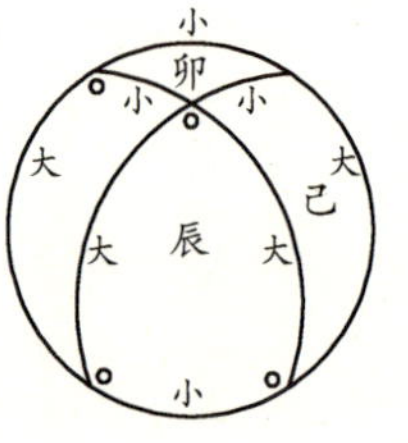

卯形。二鋭角同度，一鈍。三邊並小，同者二。

辰形。三角並鈍，內同度者二。二大邊同度，一小。

己形。二鋭角一鈍，內一鋭角，爲鈍角減半周之餘。二大邊一小，內一大邊，爲小邊減半周之餘。

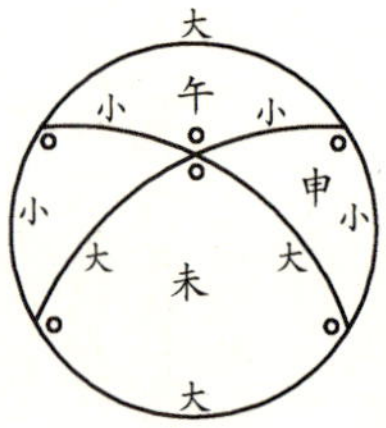

午形。二鋭角同度。一鈍。二小邊同度，一大。

未形。三角並鈍，同度者二。三邊並大，同度者二。

申形。二鋭角[同度，二]鈍，內一鋭角，爲鈍角減半周之餘。二小邊一大，內一小邊，爲大邊減半周之餘。

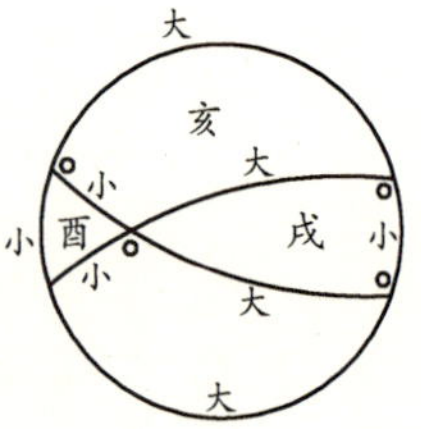

酉形。三角並鋭，同度者二。三邊並小，同度者二。

戌形。二鈍角同度，一鋭。二大邊同度，一小。

亥形。二鈍角一鋭，內一鈍角，爲鋭角減半周之餘。二大邊一小，內一大邊，爲小邊減半周之餘。

以上斜弧三角形十二種，並二等邊形，內有四種，以大小二邊度成半周，與二等邊同法。小邊爲大邊減半周之餘，則同用一正弦。

斜弧三角形圖三。計十種。《曆書》只九種，遺一鋭二鈍形。

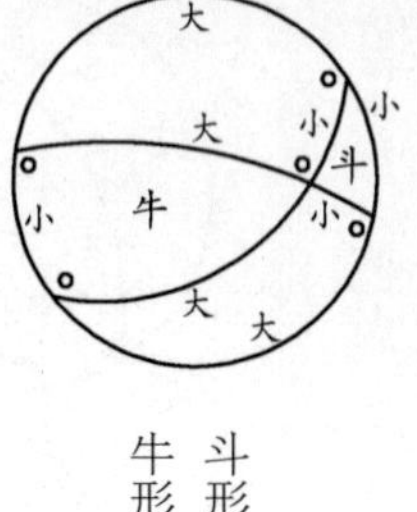

斗形。三角並鋭，三邊並小。

牛形。角一鋭二鈍，邊二大一小。

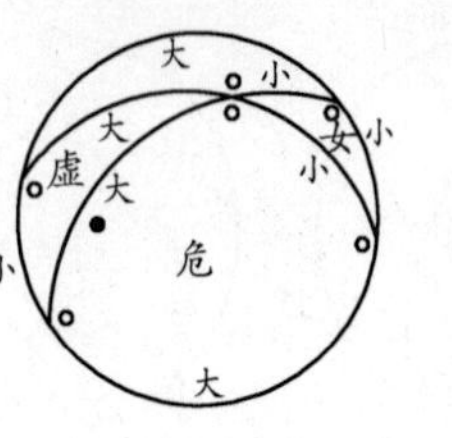

女形。角一鈍二鋭，三邊並小。

虛形。角一鈍二鋭，邊二大一小。

危形。三角並鈍，三邊二大一小。

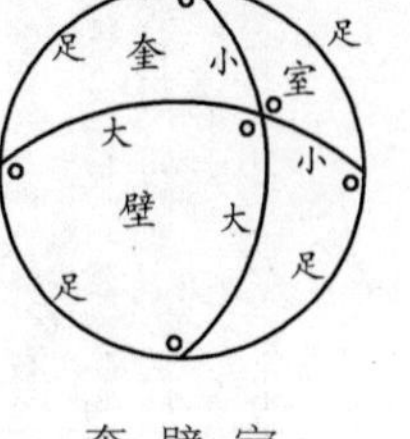

室形。角一鈍二鋭，邊一足二小。

壁形。三角並鈍，邊一足二大。

奎形。角一鈍二鋭，邊一大一足一小。

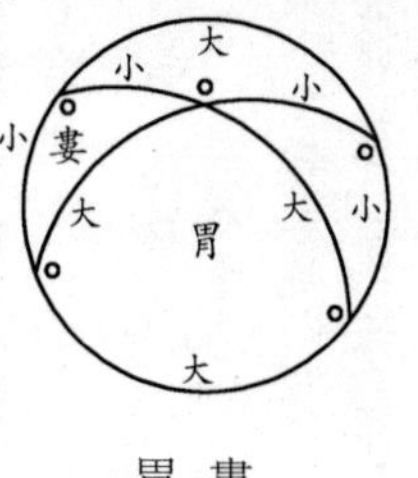

婁形。角一鈍二鋭，邊一大二小。

胃形。三角並鈍，三邊並大。

以上斜弧三角形十種，並三邊不等。用算只四種。

通共弧三角形三十五種。内除正弧三種不須用算，實三十二種。

又梅文鼎《環中黍尺》凡例

一，有垂弧及次形，而斜弧可算。乃若三邊求角，則未有以處也。《環中黍尺》之法，則可以三邊求角，如有黄、赤兩緯度，可求其經。可以徑求對角之邊。如有黄道經緯，可徑求赤道之緯。而取徑遥深，非專書備論難諳厥故矣。書成于康熙庚辰，非一時之筆，故與舉要，各自爲首尾。

一，測算必有圖，而圖弧角者，必以正形，厥理斯顯。于是以測渾圓，則衡縮欹衺，環應無窮，殆不翅纍黍定尺也。本書命名，蓋取諸此。

一，用八綫，至弧度而奇。然理本平實，以八綫量弧度，至用矢而簡。然義益多通，要亦惟平儀正形，與之相應，一卷之先數後數，所爲直探其根，以發其藏也。

一，平儀以視法，變渾爲平，而可算者亦可量，即視度皆實度矣。二卷之平儀論，所以博其趣。而三極通幾，其用法也。黍尺名書于兹益著。

一，矢度之用，已詳首卷，而餘弦之用，亦可參觀，故又有三卷之初數次數也。初數次數，本用乘除，亦可以加減代之。故有加減法，以疏厥義。自三卷以後，亦非一時所撰，今以類相附，而仍各爲之卷。

一，四卷之甲乙數，即初數次數之變也。而彼以乘除，此以加減，則繁簡殊矣。

一，五卷之法，亦加減也。而特爲省徑，故稱捷焉。用初數，不用次數，用矢度，不用餘弦，以視甲乙數，又省其半。然不可不知其變，故又有補遺之術也。

一，恒星歷指之法，别成規式，而以加減法相提而論，固異名而同實，是以命之又法也。

以上《環中黍尺》之法，約之有六，用乘除者二。其一先數後數，其一初數次數也。用加減者四。初數次數也，甲乙數也，捷法也，又法也。本書中具此六術，然而加減捷法，其尤爲善之善者歟。

一，外有不係三邊求角之正用，並可通之以加減之法者，是爲加減通法。蓋術之約者，其理必精。數之確者，爲用斯博。兹附數則于五卷之末，以發其例。

又　卷一　總論

弧三角用平儀正形之理

作圖之法有二。一爲借象，一爲正形。以平寫渾，不得已而爲側睨遥望之形。以曲狀其變，然多借象而非正形。兹一準平儀法度，寘二極于上下，而從旁平視之，如置身大圓之表，以觀大圓。則渾球上凸面之經緯弧角，一一可寫于平面，而悉爲正形。于是測望之法，步算之源，皆不煩籤疏而解。

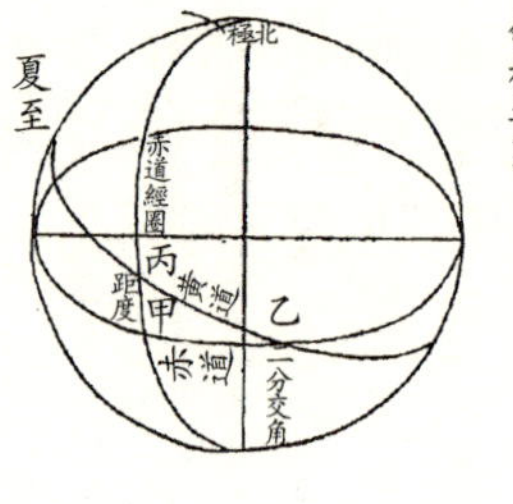

斜視之圖

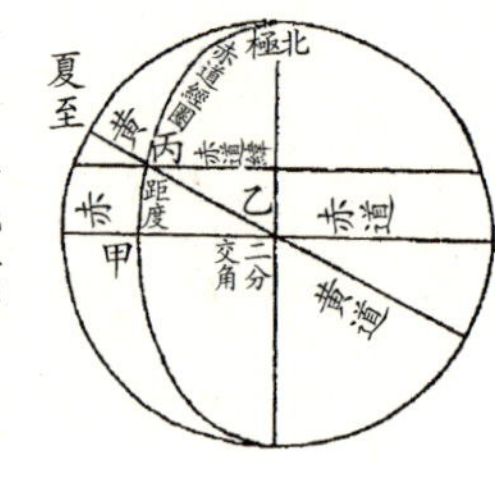

平儀正形

平儀用實度之理

斜視之圖，無實度可紀。弧角之形，聊足相擬，其實度非算不知。玆者平儀既歸正形，則度皆實度，循圖可得，即量法與算法，通爲一術。以横徑查角度，以距緯查弧度，並詳二卷。

平儀用矢綫之理

八綫中有矢，他用甚稀，乃若三邊求角，則矢綫之用爲多，而又特爲簡易，信古人以弧矢測渾圓，其法不易，然亦惟平儀正形，能著其理。下文詳之。

矢綫之用有二。

一，矢綫爲角度之限。鈍角用大矢，鋭角用小矢。小矢即正矢也，從半徑言之爲正矢。從全徑言之，爲小矢。法曰：置角度于平儀之周，則平圓全徑爲角綫所分，而一爲小矢，一爲大矢。平儀横徑，即渾圓之腰圍，故大矢即鈍角度，小矢即鋭角度。

如圖，渾球上甲戊、甲丁、甲丙三小弧，與甲己同度，故同用甲己爲正矢。

丁乙、戊乙、丙乙三過弧，與己乙同度，故同用己乙爲大矢。

一，矢較爲弧度之差。大弧用大矢，弧度過象限爲大弧，故大矢亦大于半徑。小弧用小矢。弧度不及象限爲小弧，故正矢小于半徑。較弧與對弧並同。法曰：置較弧對弧于圓周，角旁兩弧之較，爲較弧，亦曰存弧。對角之弧爲對弧，亦曰底弧。則各有矢綫而同軸，可得其差，謂之兩矢較也。較弧對弧並小，則爲兩正矢之較。兩弧俱象限以下，故俱用正矢。較弧小對弧大，爲正矢大矢之較。較弧在象限以下，用正矢。對弧過象限，用大矢。較弧對弧並大，爲兩大矢之較。兩弧俱過象限，故俱用大矢。

凡較弧，必小于對弧，則較弧矢，亦小于對弧矢，故無以較弧大矢較對弧正矢之事。法所以恒用加也。若較弧用大矢，則對弧必更大。

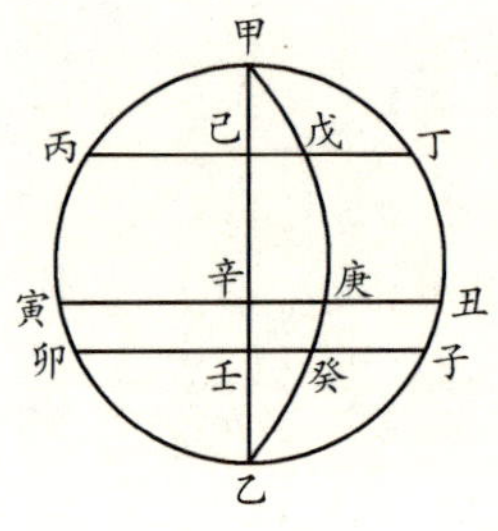

如圖，丑乙弧之正矢辛乙。庚乙、寅乙二弧同用。子乙弧之正矢壬乙。癸乙、卯乙同用。則辛壬爲兩矢之較，即爲癸乙、寅乙。兩弧度之較也。或丑乙與子乙，或庚乙與癸乙，或寅乙與卯乙，並同。又如戊乙弧之大矢己乙與丑乙弧之正矢辛乙相較，得較己辛，或子乙弧之正矢壬乙，與丙乙弧之大矢己乙相較，得較己壬，皆大矢與正矢較也。又如甲丑弧之大矢辛甲與甲卯弧之大矢壬甲相較，得較辛壬，則兩大矢較也。

約法

凡求對角之弧，並以角之矢爲比例，鈍角用大矢，鋭角用正矢。求得兩矢較，半徑方一率，正弦矩二率，角之矢三率，兩矢較四率。以加較弧之矢，較弧小，用正矢。較弧大，用大矢。得對弧矢，加滿半徑以上爲大矢，其對弧大。過象限。加不滿半徑爲小矢，其對弧小。不過象限。此不論角之鋭鈍，邊之同異，通爲一法。

凡三邊求角，並以兩矢較爲比例。求角之矢，半徑方一率，餘割矩二率，兩矢較三率，角之矢四率。得數大於半徑爲大矢，其角則鈍。得數小於半徑爲正矢，其角則鋭。亦不論邊之同異，通爲一法。

問：用矢用餘弦異乎？曰：矢、餘弦，相待而成者也。可以矢算者，亦可用餘弦算。但加減尚須詳審。若矢綫，則一例用加，尤爲簡妙。

又梅文鼎《塹堵測量》卷一

總論

塹堵測量者，句股法也。以西術言之，則立三角法也。古《九章》以立方斜剖成塹堵，其兩端皆句股。再剖之，則成錐體，而四面皆句股矣。任以此錐體之一面平寘爲底，則其鋭上指，環而視之，皆成立面之句股，而各有三角三邊，故謂之立三角也。

立三角之法以測體積，方圓斜側，靡所不通。其測渾圓之弧度則有二理。

其一用視法，如弧三角所詮。用三角三弧之正弦切綫，移於平面，謂渾圓立剖之平面。即成三層句股相似之比例。今謂之渾圓容立三角也。其一不用視法而用實數，如句股錐形等法。用三弧三角之割綫餘弦，各於其平面自成相似之句股，以爲比例。三弧直剖至渾圓之心，即各成句股形之面。今謂之塹堵測量也。渾圓内容之立三角，亦塹堵之小形。而塹堵測量所測，亦渾圓之度。因書匠一時所爲，而意各有屬，其名遂别。二而一，一而二者也。

以上通論立三角及塹堵測量命名之意，并其同異之處。因立三角有塹堵之名，因渾圓内三層勾股生塹堵之用，故存此二者，以爲《塹堵測量》基本。

凡數之可算者皆可作圖以明之。故渾圓可變爲平圓。如古者蓋天之圖是也。數之可算可圖者，皆可製器以象之。故渾圓可剖爲錐體，塹堵測量之儀器是也。

凡測算之器，至今日大備，且益精益簡。古者渾儀經緯相結，爲儀三重。至郭太史之簡儀，立運儀，則一環而已足。今則更省之爲象限儀。是益簡益精之效也。至於渾象，無與於測，而有資於算，所以證理也。西法之簡平渾，蓋以平寫渾，亦可謂工巧之至，獨未有器以證八綫。夫用句股以算渾圓，其法莫便於八綫。然八綫之在平圓者，可以圖明。在渾圓者，難以筆顯。鼎蓋嘗深思其故，而見渾圓中諸綫犁然，有合於古人塹堵之法。乃以堅楮肖之爲徑寸之儀，而三弧三角各綫所成之句股，了了分明，省筆舌之煩，以象相告。於作圓布算，不無小補。而又非若渾象之難成，因名之曰《塹堵測量》，從其質也。

塹堵形，析渾象之一體。亦如象限儀，剖渾儀之一隅。環而測之，則象限即渾儀之全周也。周徧析之，則塹堵即渾象之全體也。是故塹堵形可析爲兩，可合爲一。其析者，一爲句股錐，亦曰立三角儀。則起二分訖二至。一爲句股方錐，亦曰方直儀。則起二至訖二分。起二分者西率，起二至者古率也。是兩者，九十度中皆可爲之。自分訖至九十度，並可爲句股錐。自至訖分九十度，並可爲句股方錐。然至半象以上，割切二綫太長，溢出於方塹堵之外，故又有互用之法也。其合者，近分度用句股錐，近至度用句股方錐。以黄道四十七度赤道四十五度爲限。過此者互用其餘。如是則兩錐形，合之成方塹堵矣。

方塹堵内，又成圓塹堵二。其一下爲赤道圓象限，而上爲撱形之象限。距度之割切二綫所成也。其一下爲撱形象限，而上爲黄道之圓象限。距度正弦黄道半徑所成也。兩圓塹堵之用已括於兩錐形内。兩圓塹堵内，又以黄道正弦距度正弦，成小方塹堵之象。則郭太史圓容方直本法也。于是又有圓容方直儀簡法。而立三角之儀，遂有三式。一句股錐，其形四鋭。一方直儀，其底長方。一圓容方直簡法儀，其底爲渾圓羃之分。

之三者，或兼用割切，或專用正弦，而並不用角，合渾圓内三層句股觀之，可以明立法之根。

以上論塹堵測量儀器。句股錐形及句股方錐形二種，爲塹堵測量正用。而圓容方直形，專用正弦成小塹堵。尤正用中之正用也。此小塹堵在兩重圓塹堵内，故兼論之。又此小塹堵足闡授時弧矢之秘，因遂以郭法附焉。

問：八綫生於角，用八綫而不用角，何也？曰：角與弧相應，故用角即用弧也，用弧即用角也。明於斯理而後可以用角。渾圓内三層句股是也。明於斯理而後可以不用角。塹堵三儀是也。用角者西法也。而用角即用弧，則通於古法也。不用角者古法也。而用弧即用角，則通於西法也。于是而古法西法，可以觀其會通，息其煩喙矣。

以上論角即弧解之理。

立三角法

立三角者，量體之法也。西學以《幾何原本》言度數，而所譯六卷之書，止於測面。其測體法，則未之及。蓋難之也。余嘗以句股法釋幾何，而稍爲推廣其用謂之《幾何補編》，亦曰，立三角法。本爲體積而設，然其中義類，頗有與渾圓弧度之法相通者，故摘録之以明《塹堵測量》之理。

清·《曆象考成》上編卷二《弧三角形上》

弧三角形總論

弧三角形者，球面弧線所成也。古曆家有黄赤相準之率。大約就渾儀度之，僅得大槩，未能形諸算術。惟元郭守敬，以弧矢命算，黄赤相求，始有定率，視古爲密。但其法用三乘方，取數甚難。自西人利瑪竇、湯若望等，翻譯曆書，始有曲線三角形之法。三弧度相交成三角形，其三弧三角，各有相應之八線。弧與弧相交，即線與線相遇，而勾股比例生焉。於是乎有黄道可以知赤道，有赤道可以知黄道。有經可以知緯，有緯可以知經。曆象之法，至此而備。勾股之用，至此而極矣。

弧三角形凡例

一，直線三角形之三角相加，成一百八十度。弧三角形之三角相加，最小者亦必大於一百八十度，但不得滿五百四十度。因其有三鈍角，每一鈍角不得滿一百八十度，故三鈍角不得滿五百四十度。

一，直線三角形，知兩角，即知其所餘一角。弧三角形，雖知兩角，其餘一角，非算不知。

一，直線三角形之邊，小則咫尺，大則千百萬里，實有尺度之可量。弧三角形之邊，俱係弧度，必在半周一百八十度之內。但合三邊，不得滿三百六十度。蓋三百六十度，則成全圜，而不得成角矣。

一，直線三角形之八線，惟用於角。弧三角形之八線，并用於邊。角之八線與邊之八線相求，仍以勾股爲比例也。

一，直線三角形，兩形之三邊各相等者，爲相等形。兩形之三角各相等者，爲同式形。弧三角形，則但有相等形，而無同式形。蓋以兩形之三角同，其三邊必各相同也。

一，直線三角形，可以三邊求角，不可以三角求邊。而弧三角形，既可以三邊求角，又可以三角求邊。

一，弧三角形，三角三弧共六件，知三件可求其餘，理與直線三角形同。

一，正弧三角形，除直角外，二角三弧共五件，知二件可求其餘，理與直線三角形同。

一，斜弧三角形，作垂弧分爲兩正弧三角形，與直線三角形作中垂線之理同。

一，弧三角形，所知之三件，有弧角相對者，即用弧角爲比例，理與直線三角形同。

一，正弧三角形，弧角不相對者，則用次形法。

一，斜弧三角形，知三邊求角者，用總較法。知三角求邊者，先用次形法，將角易爲邊，邊易爲角，然後用總較法。

一，斜弧三角形，知兩邊一角，而角在兩邊之間者，用總較法，或用垂弧法。知兩角一邊，而邊在兩角之間者，先用次形法，將角易爲邊，邊易爲角，然後用總較法，或用垂弧法。

正弧三角形論

正弧三角形，必有一直角者。蓋因南北二極爲赤道之樞紐，皆距赤道九十度。故凡過南北二極經圈與赤道相交所成之角，俱爲直角。其相當之弧，皆九十度。又凡有一圈，即有兩極。其過兩極經圈，與本圈相交，亦必爲直角。其所成三角形，必皆爲正弧三角形。夫正弧三角形，所知之三件，弧角相對者，用弧角之八線所成勾股爲比例。而弧角不相對者，則用次形。蓋以弧角之八線所成勾股比例，不生於本形，而生於次形。而次形者，乃以本形與象限相減之餘度所成。故用本形之餘弦、餘切，即用次形之正弦、正切也。其法可易弧爲角，易角爲弧。若斜弧三角形，可易大形爲小形，易大邊爲小邊，易鈍角成鋭角。邊與角雖不相對，可易爲相對。且知三角，即可以求邊，其理實一以貫之也。今以黃道、赤道與過極經圈所成之三角形設例，而正弧三角形比例推算之法，無不統於是矣。

正弧三角形圖説設黃赤大距二十三度三十分。

如甲乙丙丁爲赤道，甲戊丙己爲黃道，相交於甲丙。甲爲春分，丙爲秋分，戊爲夏至，己爲冬至，庚爲北極，辛爲南極。庚戊乙、辛己丁爲二極二至交圈，戊至乙，己至丁，俱二十三度三十分，爲黃赤大距。今作庚壬癸辛爲過南北二極經圈，與黃道交於壬，與赤道交於癸，成甲癸壬正弧三角形。甲爲黃道、赤道交角，當戊乙弧二十三度三十分。癸爲直角。蓋庚辛二極，即赤道之極，皆距赤道九十度。故凡過南北極經圈與赤道所成之角，皆爲直角。其相當之弧，皆九十度。又如子丑爲黃道兩極，若從子丑二處，作子寅卯丑過黃極經圈，與黃道交於卯，與赤道交於寅，成甲寅卯正弧三角形，則卯亦爲直角。蓋子丑爲黃道兩極，皆距黃道九十度。故凡過黃極經圈，與黃道所成之角，皆爲直角。其相當之弧，皆九十度。由此推之，凡有一圈，必有兩極。其過兩極圈與本圈相交，必爲直角。其所成三角形，必皆爲正弧三角形可知矣。

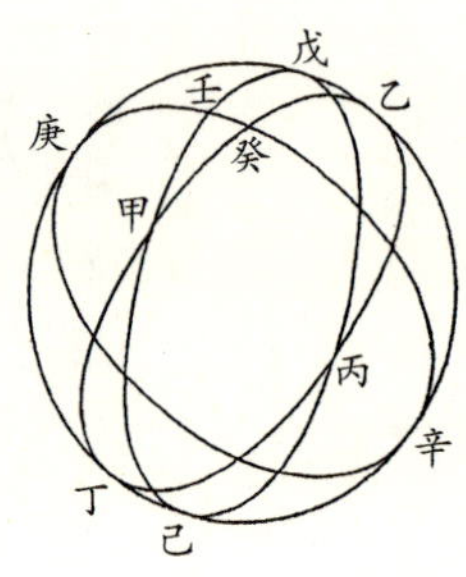

正弧三角形八線勾股比例圖説設黃道四十五度。

甲爲黃道、赤道交角，甲乙爲黃道四十五度，甲丙爲赤道同升度，乙丙爲黃赤距度，成甲乙丙正弧三角形。甲丁、甲戊皆象限，丁戊爲黃赤大距二十三度三十分，即甲角度。己爲北極，庚爲南極，己丁庚壬爲二極二至交圈。甲爲春分，丁爲夏至，辛爲秋分，壬爲冬至，癸爲地心，己乙丙庚爲過南北二極經圈。其甲乙丙三角形之八線，各成相當比例之勾股形。丁子爲甲角之正弦，子癸爲甲角之餘弦，丑戊爲甲角之正切，丑癸爲甲角之正割。戊癸、丁癸皆爲半徑，成丑戊癸及丁子癸同式兩勾股形。乙寅爲乙丙距緯弧之正弦，乙卯爲甲乙黃道弧之正弦。將兩正弦之寅卯二處，作

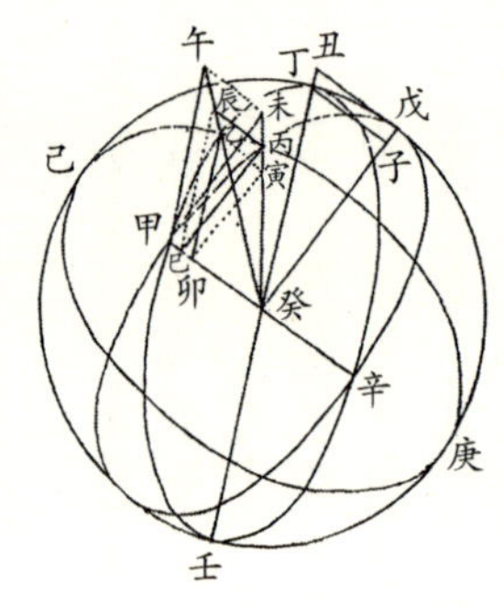

虛線聯之，成乙寅卯勾股形。兩正弦之末，立於各半徑寅卯二處。而寅卯二處，皆未抵於弧界，故不得爲正弦。今以虛線聯之者，爲明勾股之理也。辰丙爲乙丙距緯弧之正切，丙巳爲甲丙赤道弧之正弦。將正切、正弦之辰巳二處，作虛線聯之，成辰丙巳勾股形。午甲爲甲乙黄道弧之正切，未甲爲甲丙赤道弧之正切。將兩正切之午未二處，作虛線聯之，成午未甲勾股形。此三勾股形與前二勾股形，皆爲同式形。夫甲癸辛原係一線，如將甲癸辛平視之，則甲癸辛合成一點，而辛癸卯巳甲五角皆合爲一角。甲戊象限，亦成一直線。而戊癸半徑，寅卯聯線，丙巳正弦，未甲正切，亦皆合爲一線矣。赤道既平置，則黄道斜倚。從辛視之，甲丁象限，亦成一直線。而丁癸半徑，乙卯正弦，辰巳聯線，午甲正切，亦皆合爲一線矣。夫五勾股形既同角，而各股皆合爲赤道之一線，各弦皆合爲黄道之一線，則各勾必皆與赤道徑線相交成直角，而自相平行，故皆爲相當比例之勾股形，而可以互相比例也。

正弧三角形用次形圖説

如甲乙丙形，可易爲乙巳丁次形。蓋甲戊、甲丁、巳丙、巳戊四弧，皆象限九十度。於甲丁象限弧內，減去甲乙弧，餘乙丁弧，即次形之乙丁邊。於巳丙象限弧內，減去乙丙弧，餘巳乙弧，即次形之巳乙邊。於巳戊象限弧內，減去丁戊弧，即甲角度。餘巳丁弧，即次形之巳丁邊。於甲戊象限弧內，減去甲丙弧，餘丙戊弧，即次形之巳角度。是次形之三邊一角，即本形三邊一角之餘度。而用本形之餘弦、餘切，實即用次形之正弦、正切也。又次形之丁角爲直角，與本形之丙角等。乙爲交角，其度又等。故算乙巳丁形，即得甲乙丙形也。

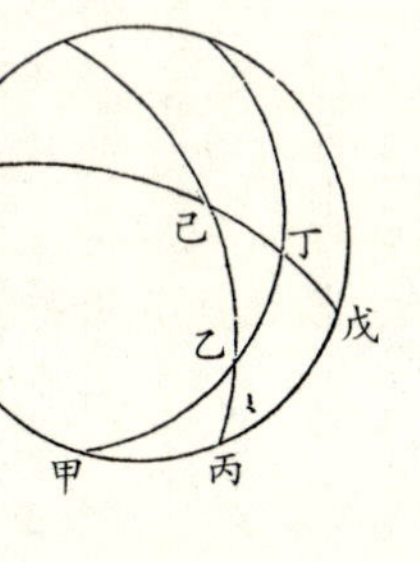

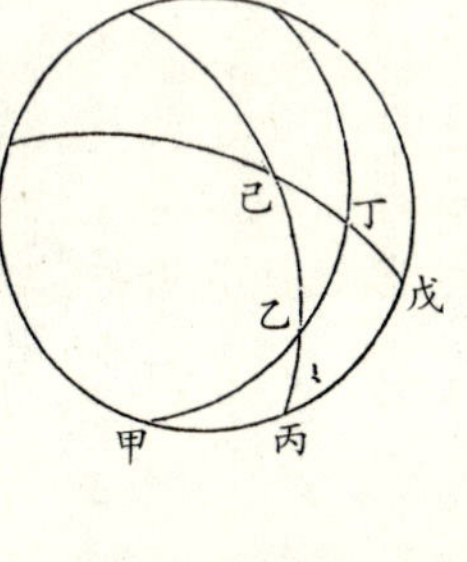

又甲乙丙形，可易爲巳庚辛次形。蓋庚丁爲象限弧，與巳戊等。丁戊即甲角度。則庚巳與丁戊等。故本形之甲角，即次形之庚巳邊。乙辛、壬庚、乙壬皆爲象限弧，與甲丁等。則壬丁即與甲乙等。故本形之甲乙邊，即次形之庚角。庚壬與庚丁俱象限，故壬丁弧爲庚角度。乙壬與乙辛既皆爲象限，則辛壬弧，即乙角之度。故象限內，減去乙角之辛壬弧，餘即次形之庚辛邊。丙戊弧，即巳角之度。故於甲戊象限弧內，減去甲丙弧，餘丙戊弧，即次形之巳角。又次形之辛角爲直角，與本形之丙角等。次形之辛巳邊，與本形之乙丙邊等。辛乙與巳丙等，故辛巳與乙丙等。故算巳庚辛形，亦得甲乙丙形也。

又 上編卷三《弧三角形下》 斜弧三角形論

弧三角之有斜弧形，猶直線三角之有鋭鈍形也。但直線三角之鋭鈍形惟二種。一種三角俱鋭，一種一鈍兩鋭。而斜弧形則不然，或三角俱鋭，或三角俱鈍，或兩鋭一鈍，或兩鈍一鋭。其三邊或俱大，過於九十度。或俱小，不及九十度。或兩大一小，或兩小一大。參錯成形，爲類甚多。而《新法曆書》所載推算之法，抑復繁雜難稽。蓋三角三邊，各有八線。但線與線之比例相當，即可相求。是故或同步一星，或同推一數，而所用之法彼此互異。遂使學者莫知所從。茲約以三法求之，無論角之鋭鈍，邊之大小，並視先所知之三件爲斷。其一，先知之三件，有相對之邊角，又有對所求之邊角，則用邊角比例法。其一，先知之三件，有相對之邊角，而無對所求之邊角，或求角而無對角之邊。或求邊而無對邊之角。則用垂弧法。其一，先知之三件，無相對之邊角，或三邊求角。或有兩邊一角，而角在所知兩邊之間。或三角求邊。或有兩角一邊，而邊在所知兩角之間。則用總較法。明此三法，則斜弧之用已備。而七政之升降出没，經緯之縱横交加，無不可推測而知矣。

清·江永《翼梅》卷八《算賸》 勿菴先生論算極詳，觀玩之餘，有得輒筆之此，爲賸義云爾。

正弧三角會通

弧三角以正者爲宗，《舉要》第二卷論正弧，其法散出。有見於求餘角法者，有見於第四卷次形法者，又有見於《塹堵測量》、《環中黍尺》二書者。今爲薈萃，總計求角、求邊凡若干正法，別法附之。臚列分明，學者庶易會通焉。

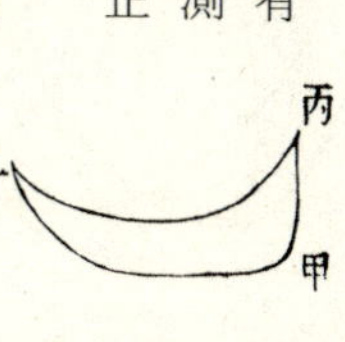

甲爲正角，乙猶春分角，丙爲交角，乙甲猶赤道，乙丙猶黄道，丙甲猶距緯。正弧隨處有之，不止黄赤道，而以黄赤道爲喻。諸法皆以甲乙丙爲鈐記。

次形

斜弧三角求邊，必弧角互易，用次形求之，圖與算例皆詳明矣。然易角爲邊，有用本角度，有用外角度，恐易混淆。今爲釐定，開列如左，庶用之無誤。

凡三角俱鋭者，在圓周之兩角用本角度，其交角用外角度。凡三邊，必有一邊就圓周。凡三角，必有兩角在圓周，餘一角爲交角。

凡三角俱鈍者，皆用外角度。

凡兩鈍一鋭，鈍在圓周，鋭在交角者，亦猶三角俱鈍，皆用外角度。

凡兩鈍一鋭，鋭在圓周者，用本角度。其兩鈍，一在圓周者，用外角度。一在交角者，用本角度。

凡兩鋭一鈍，鋭在圓周者，用本角度。鈍在交角者，用外角度。

凡兩鋭一鈍，鋭在圓周者，用本角度。在交角者，用外角度。鈍在圓周者，亦用外角度。

又江永《數學》卷八　《授時》弧矢割員論

勿菴先生員容方直簡法附《授時曆》弧矢割員圖，又附求黄赤内外度及黄赤道差法。論之云：割員之算始于魏劉徽，至劉宋祖冲之父子，尤精其術。唐宋以算學設科，古書猶未盡亡，邢臺蓋有所本。又云：郭法用員容方直，起算冬至。西法用三角，起算春分，郭用三乘方，以先得矢。西用八綫，故先得弦。又西專用角，而郭只用弧。西兼用割切，而郭只用弦。種種各别而不害其同，有所以同者，在耳。且夫數者所以合理也，曆者所以順天也。法有可采，何論中西。理所當明，何分新舊。在善學者，知其所以異，又知其所以同。去中西之見，以平心觀理，則弧三角之詳明，郭圖之簡括，皆足以資探索而啟深思。務集衆長以觀其會通，毋拘名相而取其精粹。

永按：員者，徑一圍三。古人之恒言，算家之贏率，精於算者覺其未密，因有割員之術。劉、祖二家，各有其率。蓋欲細求周徑之數，以究平員之理，未嘗剖之爲度，析之爲分，一一紀其縱横之線，以爲測天之用也。而算家相承，仍用粗疎之率，立弧矢之法。或欲以曲承直，則用三乘方法求矢。或欲以直求曲，則因矢以求半背弦差。夫弧背爲曲線，矢弦爲直線，亘古無相通之率。不相通而强求之，其所求得之數，必非真數也。嘗讀唐荆川先生《弧矢論》，攷其求背弦差之法。所得者，猶是徑一圍三，六邊之周耳。古法求背弦差，以矢自乘爲實，以徑爲法，除實得半背弦差，倍之得全背弦差。假令半徑五，自乘二十五，徑十除之，得二五。倍之，得五。加於徑，則半周十五。又如徑十而矢一者，通弦六，餘通弦八，餘矢二。以矢一自乘，以徑除之，得小數一，倍之得二，爲背弦差。又以餘矢二自乘，以徑除之，得小數四。倍之得八，爲背弦差。合兩通弦十四，加兩差一半周，亦得十五，皆徑一圍三之半周。又攷邢氏《律曆考衍》三乘方求矢法，迂曲煩難，究其所得，仍是圍三徑一耳。此緣《八線表》未傳，不得不如此立算，其得數之非真，雖前人亦未嘗覺也。郭太史之求黄赤内外度也，先用帶從三乘方求各度矢，則得矢不真矣。其既得黄赤内外半弧弦也，又以矢度求半背弦差，加入半弧弦，得内外半弧背，則弧度亦非真。其求黄赤差法，以黄道矢求半背弦差，減黄道度，得黄道半弧弦，則得弦不真矣。其既得赤道半弧弦也，又求半背弦差，以加半弧弦得赤道，則赤道度亦非真。夫表端者景正，源潔者流清。徑一圍三，其本先失，而欲數之不謬也，得乎？八線之法至矣，剖析大員細至分秒，無非真數，以此測天，絲毫莫能遁。愚謂郭圖之弦矢，猶八線之弦矢也。其句股皆八線所有之句股也。究之郭法、西法終莫能同，有所以不同者在耳。先生謂當去中西之見，平心以觀理。夫理有真亦有似，使其似是而未真。則與真者相提而論，雖欲比而同之不可得矣。

先生於郭法各添註，求黄道矢與弦，則註云：本法如此，原法如此。見前。求内外半弧背及赤道，則註云：原法如此，見前。今省。夫存其本法而不論其法之是與非，豈不欲苛求古人與？原法所有而今省，豈微覺其法之未善與？愚豈敢苛論古人哉！亦謂理數精微，不能兩是，寧割愛於古人耳。

清・戴震《句股割圜記》卷中　渾圜，中其圜而規之，二規之交，循圜半周，而得再交。

如赤道爲一規，黄道爲一規。赤道即周髀之中衡。黄道自南而北，交於春分；自北而南，交於秋分。二分相距半天周。

距交四分圜周之一，規之，翕闢之節也。

第二十九圖

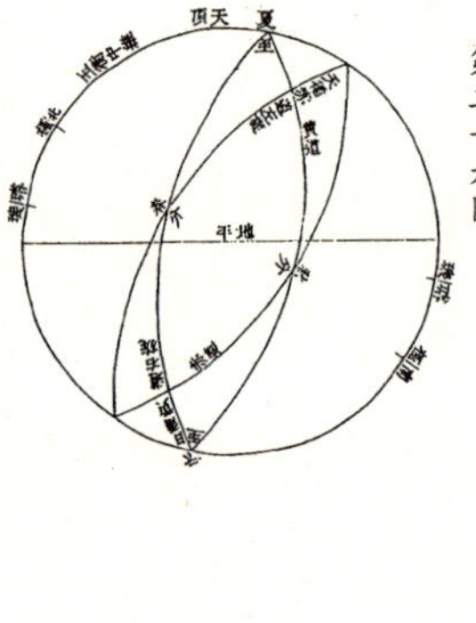

玉衡中維平視，黄赤道側視。

第三十圖

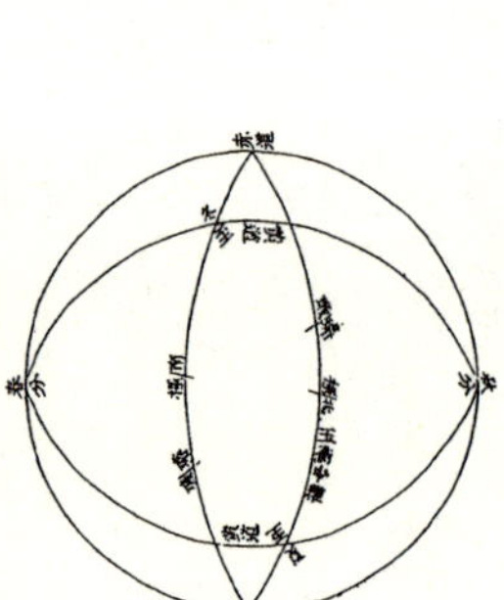

赤道平視，黄道及玉衡中維皆側視。

如分至相距四分天周之一，更爲一規。過二至二極，爲玉衡之中維。吴曰：今名二極二至交圈。赤道距北極，黄道距北極璿璣，吴曰：今名黄道極。皆四分天周之一。北極璿璣距正北極，與黄道距赤道相等。

緣是以爲經，謂之經限。橫截經限之外，謂之緯限。《大傳禮》東西爲緯，南北爲經。故古歷皆以黄赤道之度爲緯度，二道二極相距之度爲經度。吴曰：今歐羅巴反之。緯度之宗，赤道是也。經度之宗，玉衡中維是也。黄赤道二至相距之度，《授時歷草》謂之二至内外半弧背。夏至爲内，冬至爲外。吴曰：今名黄赤大距。赤道離二至之度，《授時歷草》謂之赤道半弧背。吴曰：今從二分起數，則爲赤道餘弧。

經之内，規之謂之經弧。緯之内，截其規謂之緯弧。

經弧，如各度黄赤道相距之數，《授時歷草》謂之黄赤道内外半弧背。春分後爲内，秋分後爲外。吴曰：今名黄赤距緯。緯弧如日躔黄道離二至之數，《授時歷草》謂之黄道半弧背。吴曰：今爲黄道餘弧。

經緯之限界其外，經緯之弧截其内，是爲半弧背者四。以句股御之，半弧背之外内矩分，平行相應，得同限之句股弦各四。古弧矢術之方直儀也。

第三十一圖

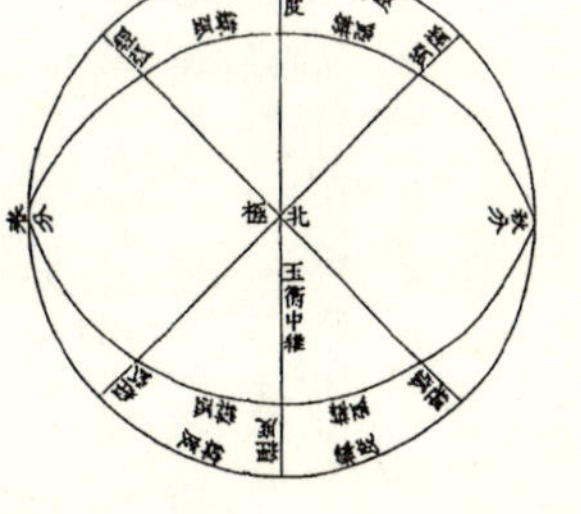

赤道平視，黄道側視，截二道之規皆正視。以北極爲渾圜之頂，自頂視下，則赤道爲其中圜，黄道側勢如張弓，交於北極之規，但成一直綫而已。

儀不具次矩分之句股徑隅，面各一，圜半徑爲句，次矩分爲股，次引數爲弦，與本弧外内矩分之句股弦三三相應，詳上篇第十二。圖方直儀所不必具，而可知者。加一於四而五。是故參其體，兩其用。用也者，旁行而觀之也。

第三十二圖

方直儀

旁行以用於經限，則經弧矩分爲句，緯限次内矩分爲之股，經弧内矩分爲句，緯弧次内矩分爲之徑隅。

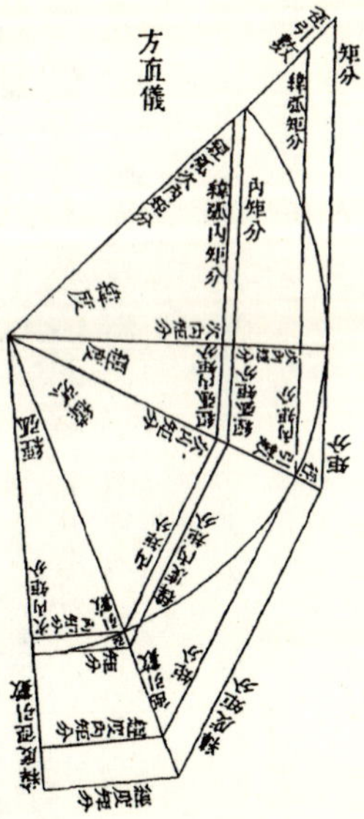

互求率一	句	股	弦
表一	經度矩分	圜半徑	經度徑引數
表二	經度内矩分	經度次内矩分	徑隅
表三	圜半徑	經度次矩分	經度次引數
表四	經弧矩分	緯度次内矩分	虛
表五	經弧内矩分	虛	緯弧次内矩分

表一、表二、表三，皆經度本有之句股弦，所謂參其體也。表四、表五，平行相應之句股弦，所謂兩其用也。體與用，可以按表互求。

旁行用於緯限，則緯弧矩分爲句，經限次内矩分爲之股，緯弧内矩分爲句，經弧次内矩分爲之徑隅。

互求率二	句	股	弦
表一	緯度矩分	圜半徑	緯度徑引數
表二	緯度内矩分	緯度次内矩分	徑隅
表三	圜半徑	緯度次矩分	緯度次引數
表四	緯弧矩分	經度次内矩分	虛
表五	緯弧内矩分	虛	經弧次内矩分

旁行用於經弧，則經限矩分爲句，緯限徑引數爲之股，經限内矩分爲句，緯弧徑引數爲之徑隅。

互求率三	句	股	弦
表一	經弧矩分	圜半徑	經弧徑引數
表二	經弧内矩分	經弧次内矩分	徑隅
表三	圜半徑	經弧次矩分	經弧次引數

續表

句	股	弦	互求率三
經度矩分	緯度徑引數	虛	表四
經度內矩分	虛	緯弧徑引數	表五

旁行用於緯弧，則緯限矩分爲句，經限徑引數爲之股，緯限內矩分爲句，經弧徑引數爲之徑隅。

句	股	弦	互求率四
緯弧矩分	圜半徑	緯弧徑引數	表一
緯弧內矩分	緯弧次內矩分	徑隅	表二
圜半徑	緯弧次矩分	緯弧次引數	表三
緯度矩分	經度徑引數	虛	表四
緯度內矩分	虛	經弧徑引數	表五

儀之立也，爲方四成。旁行而得同限之句股四，經限矩分爲句，則緯限矩分爲之股。經限內矩分爲句，則緯弧矩分爲之股。經弧矩分爲句，則緯限內矩分爲之股。經弧內矩分爲句，則緯弧內矩分爲之股。

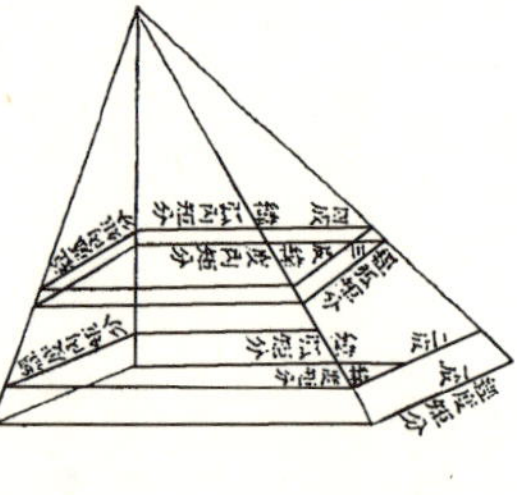
第三十三圖

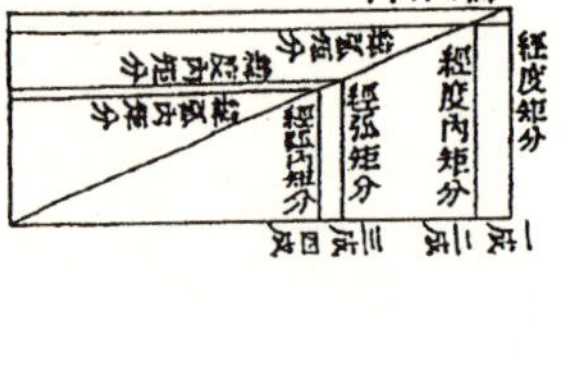

第三十四圖

句	股	弦	互求率五
經度矩分	緯度矩分	虛	表一
經度內矩分	緯弧矩分	虛	表二
經弧矩分	緯度內矩分	虛	表三
經弧內矩分	緯弧內矩分	虛	表四

凡句股二十有四，爲互求之率五，遵古已降，推步起日至，斯其本法也。

清・焦循《釋弧》卷中 平三角自内以例外，弧三角自外以例内。内弧之度，成於半周，與距等圈之度異。

距等之周，本小於圜周，小周大周同度。故以大當大以小當小，亦同度。兩半周之大同，而兩徑之閒，一當大，一當小，則其度遂不同矣。蓋平三角所求者尺寸，必以度與尺寸相比例，故同度之中，而有不同。弧三角所求者角度，自一度以至半周，不出大弧之内，故不同度之中，而有同焉之理也。

右圖子乙爲距等圈，庚乙寅爲半周，同於庚辰寅。戊卯半徑所截，在距等圈，則子辛、子甲爲弦。在半周，則癸丙、癸己爲弦。子乙與戊辰大小同度。癸乙與戊辰大小不同度。

平三角，所以測平圓也。弧三角，所以測渾圓也。渾圓之周，等於平圓。其線之帀於渾圓者，皆爲圓周。半之皆半周。半周之縱絡者曰經，距等圈之横亘者曰緯。爲緯線者爲經度，爲經線者爲緯度。

《大戴禮》云：南北爲經，東西爲緯。經之半周，所以有百八十度者，緯線成之也。緯之半周，所以有百八十度者，經線成之也。以線言之，則縱爲經而横爲緯。以度言之，則縱爲緯而横爲經。求黄赤道之度，即求北極剖分之三百六十綫也。求過極經圈之度，即求黄赤距緯之距等圈也。今

緯線即距等圈

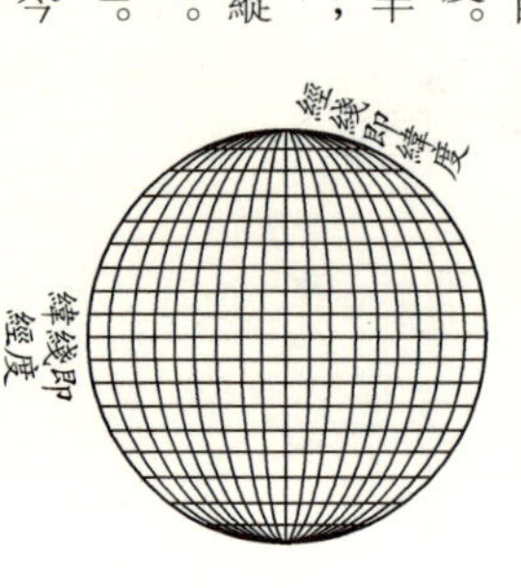

恐易於惑人，惟以弧角言之，而辨明於此。

線以曲而成弧，弧以交而成角。弧之去角適當半徑者，爲角度。不合者，爲弧度。正角用半徑，鈍角、鋭角各用其弦切。渾圓之弦切，即平圓之弦切也。

右圖癸乙午、亥乙辰、庚丙寅，皆半周，相交成甲乙丙三角形，即弧三角也。癸辰爲乙角度，丙甲爲弧度。午寅爲丙角度，乙甲爲弧度。庚亥爲甲角度，乙丙爲弧度。

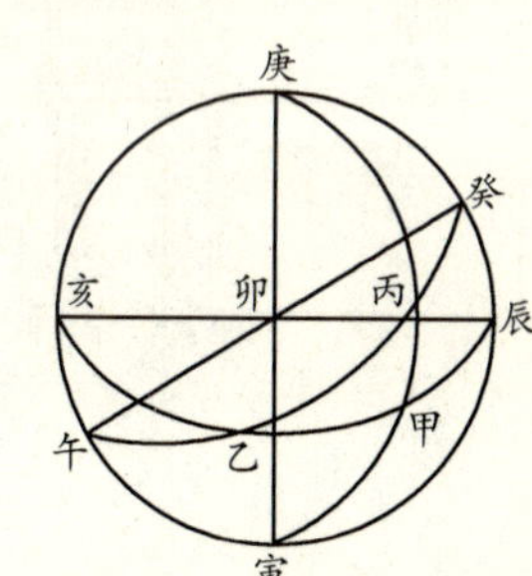

渾圓之冪。弧有短長，爲弧則遇，爲弦則違，各主一周，互爲高下。欲知其端，必辨厥角。角之在心者，切所集也。角之近極者，弦所湊也。在心者，兩經兩緯之交也。近極者，經緯之斜交也。經緯之正交者，正角也。正角居半徑之間。從乎縱則成切，從乎横則成弦。故對弧之切，連於右弧之弦。右弧之切，連於左弧之切。左弧之弦，連於對弧之弦。皆因諸其角也。

平圓半徑，以每度分之，則有三百六十，皆自心達於周。渾圓之周，以徑線分之，則有三百六十，每周半徑三百六十，共得半徑一十二萬九千六百，皆自心達於渾圓之冪。每周内弧線滿乎九十度，則兩平圓相御共一半徑。若不及九十度而有弧以截之，則自所截之處，必交爲二角。此二角之弦，必行於心之外，冪之内。隨所截之多寡，以爲高下。切線皆在冪外。總之每一弧，即爲一平圓周之所截。三弧雖合成一三角形，其實爲三平圓之周所成。故各依平圓周爲切爲弦，必不能相交而成三角矣。經與經交，緯與緯交，必居正中。經交在赤道之中，緯交在兩極之中。經緯十字相交，必爲正角。居經角緯角之偏，自一度以至九十度。其經緯斜交在經角，必近兩分，在緯角必近兩極。自心旁行，由高向下，故綫浮冪外爲切。由側向心，故綫行渾圓體中爲弦。正角一旁，由高向下，一旁由側向心，故一綫在外，一綫在内也。對弧左弧右弧之稱，以所知之角定之。而角度與對弧爲一例。其左右之弧，即與角度之兩半徑爲例。大約對弧之弦切，與角度之弦切爲例。其左右弧之當正角者，與半徑餘弦爲例。其左右弧之當鋭角者，與半徑正割爲例。正角則恒爲半徑之例也。

《測量全義》弟七卷弟一題下有圖。爲赤道，即右亥甲辰半周。爲黄道，即右午丙癸半周。爲極至交圈，即右庚辰寅亥全周。二分爲心，則兩至爲各度。爲過極經圈，即右庚丙寅半周。爲黄赤距度之垂綫，成弦切割餘弦，即右癸辰度之戊辰、切。癸巳、弦。卯癸、割。卯巳。餘弦。自黄道垂綫爲經圈正弦，又垂綫爲黄弧正弦，即右丙辛、丙丑兩正弦。自赤道作綫，上行爲經圈正切，又旁行爲赤弧正弦，即右子甲切與甲壬弦。以赤弦合經切，爲半徑與角切之比例。以黄弦合經弦，爲半徑與角弦之比例。梅氏《弧三角舉要》以雅谷所圖闕黄、赤二弧之切，則舉角可以求弧，舉弧不可以得角。乃補二綫爲乙未、爲乙酉。右圖依之。有此二切，可以爲半徑餘弦之比例，可以爲正割半徑之比例。正弧三角於此盡矣。乃雅谷於經弦黄弦之端，與赤弦經切之端，作虚綫連之，爲直綫直角形。即句股形。《弧三角舉要》因之爲五句股，以明其相似。又取《九章》商功之塹堵、鼈臑，明立三角之理。蓋自弧言之，爲弧三角。自弦割半徑言之，則爲立三角。觀其裏可知其表也。戴東原《句股割圜記》本之爲立三角三成圖。一成，兩切也。二成，一弦一切也。三成，兩弦也。以赤爲句，以經爲股，以黄爲弦。兩切爲弦句，加以虚股。兩弦爲弦股，加以虚句。一弦一切爲句股，加以虚弦。亦緣《全義》《舉要》之圖，分析明之，以盡其致也。循謂黄、赤兩道，夾經綫之弧爲角度。則自一度以至九十度，其度移，則相距之經度亦移，多寡均可以相例。則乙丙甲之三弧，等於乙癸辰之三弧，其相似而可爲比例也。不待辨而自見。惟平圜八綫之法，所以用弦切者，固以曲綫不可算，必直之而後可算也。直之而後算，則任以一半徑爲底，直其内爲弦，直其外爲切，此自然之理也。有弦則短半徑，以就之爲餘弦。有切則續半徑，以就之爲正割，亦自然之理也。今三弧皆曲綫，其不可算，猶之乎平圜之一弧也。如卯癸辰止癸辰一弧爲曲綫。皆曲綫而欲算之，必皆直之爲弦切無惑也。其乙癸辰之三弧，乙癸、乙辰，皆滿弧限，皆以半徑爲弦，與心與角度，無高下之不齊，故其端相遇。然黄弦卯癸，與角弦癸巳爲弦股，則赤弦卯辰，即不可以爲句。赤弦卯辰，與角切戊辰，爲句股。則黄弦卯癸，即不可以爲弦。黄弦卯癸，與赤弦卯辰爲弦句，則角之弦切，均不可以爲股。所有之餘弦正割，仍癸辰角度之半徑所成，非增損黄赤兩弦以就之也。因角度應有之半徑與黄赤之弦適合，故槩曰用半徑，不知同一半徑，而各有所主也。如以酉乙黄切，例卯癸

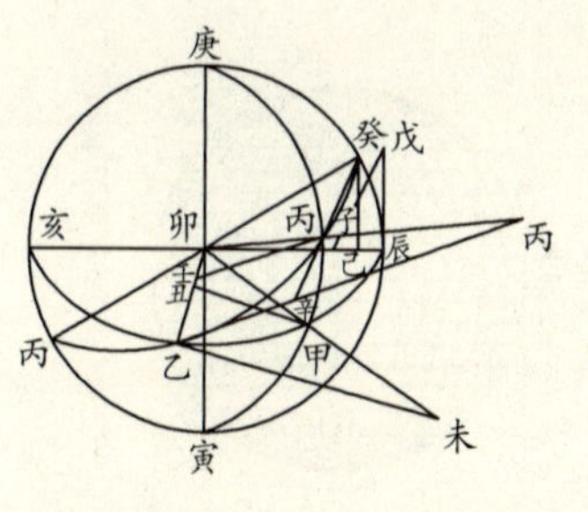

半徑。以乙未赤切，例卯已餘弦。此半徑爲乙癸之弦，餘弦自屬角度癸辰，與乙辰之弦無涉。以卯辰半徑，例赤切乙未。以卯戊正割，例黄切酉乙，此半徑爲乙辰之弦，正割自屬角度癸辰，與乙癸之弦無涉。顯然可見。此卯戊正割、卯已餘弦，與戊辰正切，癸已正弦爲一類，不屬諸黄赤兩弦。既爲緯度所截，成乙丙甲三弧，而每弧皆曲，猶之乙癸辰三弧，每弧皆曲也。乙癸、乙辰滿限，用半徑爲弦，截爲乙丙、乙甲，不滿象限，自當別爲弦切。試自乙丙、丙甲、甲乙三弧，各剖爲平圜，則各有半徑，卯丙、卯甲、卯乙。各有餘弦，卯辛、卯丑、卯壬。各有正割，卯子、卯酉、卯未。與角度等，又何詫於黄赤兩弧之切，出於體外哉？其酉乙與乙未連，不與子甲連，猶卯癸與卯辰連，不與戊辰癸已連也。其丙丑與丙辛連，不與甲壬連，猶卯癸與卯已連，不與卯辰連也。子甲與甲壬連，不與丙丑連，猶戊辰與卯辰連，不與卯癸連也。惟其有一綫之不連，此半徑之或與弦用，或與切用。所以各有指歸，而乙丙甲三弧之弦切，不能漫取爲例，亦於是乎定。故相似比例之義，觀乙癸辰與乙丙甲兩形可見。設爲虛綫，轉令炫矣。今不以立三角明之，而廣諸半周爲全圜，以明三弧比例之義。

右圖庚甲寅與庚辰寅側交如一瓣瓜形，從圜外截之於癸，則得癸辰角度。截之於丙，則得丙甲角度。卯丙與卯癸，同是半徑也。庚甲與庚辰，同是象限也。剖庚辰寅爲平圓，而卯癸截之。剖庚甲寅爲平圓，而卯丙截之。其爲角度，其有弦，有切，有割，無不同。而卯癸所截之癸辰，得稱角度。卯丙所截之丙甲，不得稱角度。何也？弧三角以弧線爲主，所以截自癸者，以癸乙弧交庚辰於癸也。截自丙者，以癸乙弧交庚甲於丙也。乙癸滿一象限，乙丙不滿一象限，故丙甲在平圓，同是角度，而在弧線不得爲角度也。惟其在平圓同是角度，伸丙甲合諸癸辰，則子甲切，猶之戊辰切，丙辛弦，猶之癸已弦，得爲比例。卯戊割，與卯子割，不平行，則不得爲比例也。

右二圖伸甲乙弧，爲辰乙亥平圓，合諸癸辰弧之平圓，則乙未正切，丑甲正弦，與卯辰半徑平行，即與卯已餘弦平行。故乙未切，丑甲弦，得與卯辰半徑，卯已餘弦爲比例。而卯未割線，不與卯癸割線平行。因而卯乙半徑，亦與癸辰弦線相差，均不可爲比例矣。伸丙乙弧爲癸乙午平圓，合諸癸辰弧之平圓，則乙酉正切，壬丙正弦與卯癸半徑平行，即與卯戊割線平行。故乙酉切，壬丙弦，得與卯癸半徑，卯戊割線，爲比例。而卯酉割線，不與卯辰半徑（半）〔平〕行，卯乙半徑，不與戊（而）〔辰〕切線平行，不可爲比例矣。

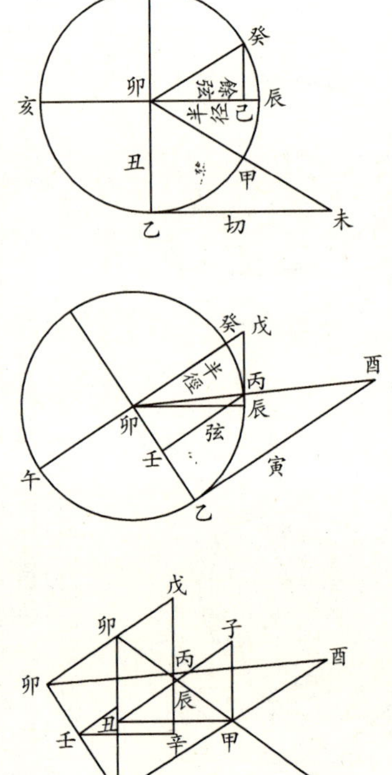

右圖，戊卯辰、子丑甲、丙壬辛、酉乙未，四形相等，可爲比例。酉卯乙、未卯乙，與戊卯辰不相等，故不可爲比例。子甲爲丙甲弧之切，甲丑爲甲乙弧之弦，合之以例戊丙與丙卯。丙辛爲丙甲弧之弦，丙壬爲丙乙弧之弦，合之以例丙戊與戊卯。酉乙爲乙丙弧之切，未乙爲甲乙弧之切，合之以例戊卯與卯辰。觀於此圖，而弧三角比例之理，如視掌矣。

角度在經，則經之弧皆正。角度在緯，則緯之弧皆正。緯線不爲角而爲弧，則交於緯之正弧者爲斜弧。經線不爲角而爲弧，則交於經之正弧者爲斜弧。有兩正弧，乃有一正角。有正角，而後半徑可用也。

又 卷下 求二鈍、三鈍之術，必以次形。立三弧、三角之法，必以矢較。次形之設有二。一互以小大，一互以弧角。互以弧角者，以角爲心，距半徑而弧之，以爲半周弧。其三角爲三弧，交其三弧爲三角，是爲次形。在此爲外角，在彼爲弧。在此爲餘弧，在彼爲角。故鈍可易而鋭也。鈍易而爲鋭，正弧斜弧之恒術可施矣。

《弧三角舉要》言垂弧之法有三。一内垂，一外垂，一垂於次形。又曰正弧三角、斜弧三角，並有次形法，而其用各有二。其一易大形爲小形，則大邊成小邊，鈍角成鋭角。其一易角爲弧，易弧爲角，則三角可以求邊，亦二邊可求一邊。此言次形甚明。又云： 三角減半周，得次形三邊。算得次形三角，減半周，得原設三邊。又云： 法以本形三外角之度，爲次形三邊。以本形三邊，減半周之餘，爲次形三角。次形之義，數言盡之矣。循按：渾圓之上，有一周，必有一周與之相交，縱横成十字。縱者爲弧，則横者爲角。横者爲弧，則縱者爲角。弧三角爲三弧之相交，每弧一縱一横。縱者交爲三弧，横者亦交爲三弧。兩横之相交爲鈍角，其兩縱相交必爲鋭角。蓋此縮則彼盈，此盈則彼縮。數之自然者也。

右圖，乙丙丁三鈍角爲心，作未甲庚、午丑辛、壬卯申或辰申癸。三半周，相交成卯子甲三鋭角形，是爲次形。酉未爲乙角，酉庚爲乙外角。午丑爲丙角，辛丑爲丙外角。申辰爲丁角，申癸爲丁外角。壬辰亦丁外角。卯甲酉與甲酉庚皆象限，同減甲酉，則次形甲卯弧與乙外角酉庚同。辛丑甲與丑甲子皆象限，同減丑甲，則次形子甲弧與丙外角辛丑同。癸申卯與申卯子皆象限，同減申卯，則次形子卯弧與丁外角癸申同。壬辰子與辰子卯同減辰子，壬辰，亦與子卯同。己丙爲乙丙弧之餘，午未爲甲角。丁己爲乙丁弧之餘，酉辰爲卯角。戊丁爲丁丙弧之餘，丑申爲子角。己丙未與丙未午皆象限，同減丙未，則乙丙餘弧之己丙，與甲角度午未同。己丁酉與丁酉辰皆象限，同減酉丁，則乙丁餘弧之丁己，與卯角度酉辰同。依丁角之半周，則酉辰爲卯角度。依乙角之平周，則庚亥爲卯角度。庚亥之於乙午，猶酉辰之於丁己，其度亦同。戊丁丑與丁丑申皆象限，同減丑丁，則丁丙餘弧之戊丁與子角度丑申同。依丁角之半周，則丑申爲子角之度。依丙角之半周，則戊辛爲子角之度。戊辛與丙未猶丑申與丁戊，或以寅癸爲子角，亦同。辛未爲甲外角，與乙丙弧同。酉癸爲外角，與乙丁弧同。壬丑爲子外角，與丁丙弧同。

右圖乙丙丁，二鈍角、一鋭角。次形子卯甲，二鋭角、一鈍角。二圖本梅勿菴《弧三角舉要》，今復爲二圖於左，以明其理。

右二圖，室斗與尾氐交，亢牛與心井交。若以亢房尾爲三角形，則尾心室亢爲角度，而外角亢氐，即室心次形一弧也。室房爲尾角度，心房爲亢角度，即爲心房室次形之兩弧。且尾心室亢爲本形弧，亢氐爲餘弧，心室亦爲次形房角度。

於此可明弧角相易之理。

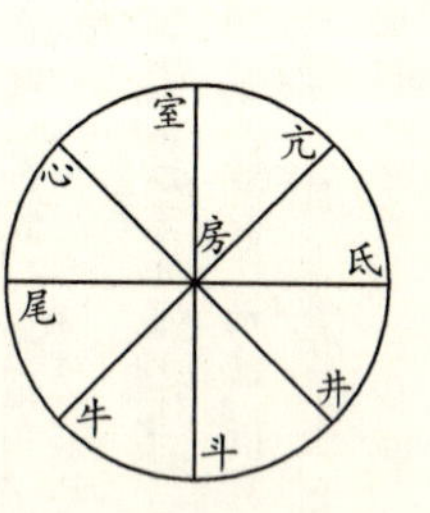

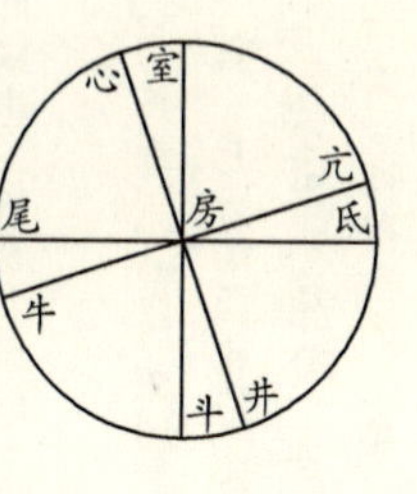

互以小大者，於圓中爲兩半周，相交而得四形。鋭角之弧，必鈍角之餘。減餘之弧二，共用之弧一。合而成之，亦曰次形。三鈍之形，減本形而得次形。次形所得，不待減而得本形。兩鈍之形，次形必三鋭。角之鋭者，弧之朒者，不必兩相易也。

對角外角之理，詳於《幾何原本》。凡圓内分四形，各形必有兩外角，一對角，必有兩餘弧，一共用之弧。三鋭形，隨舉一角一弧，皆必減半周，用外用餘。而所得者，必對角，必共用之弧。故次形所得，即本形之度，不必復減半周，如弧角相易之例也。兩鈍一鋭形，其每形之爲兩外角，一對角，兩餘弧，一共用之弧，無異也。唯所舉兩鈍角，必易爲次形之鋭角。若所舉爲鋭角，其外角轉爲鈍角，則不可用外角，而宜用對角。對角無容易者也。抑唯所舉兩大弧，必易爲次形之小弧。若所舉爲小弧，其餘弧轉爲大弧，則不可用餘弧，而宜用共用之弧。共用之弧，無容易者也。其次形之所得，亦然。求得外角鋭角，必仍易爲鈍角。求得餘弧之小弧，必仍易爲大弧。若對角及共用之弧，則無容易，何也？對角即本形之鋭角，共用之弧，即本形之小弧也。

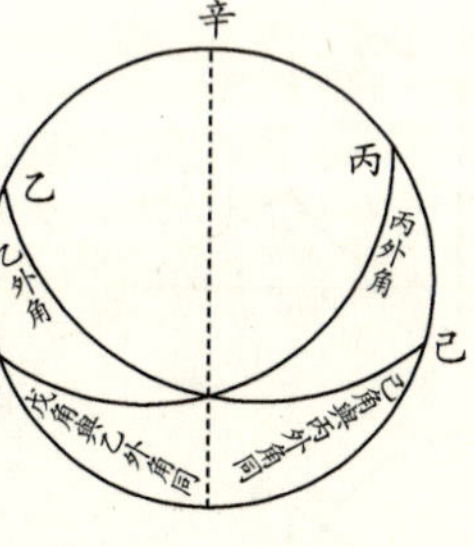

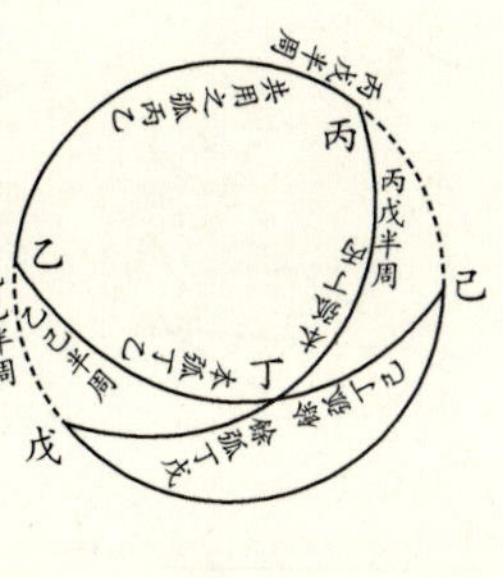

【略】矢較之法有二，一以總弧較存弧，一以初數得後數。

二法並詳梅氏《環中黍尺》，戴氏《句股割圓記》謂之正視之規。差角與弧爲比例，止舉三弧，無比例之處，故不用弦而用矢，不用側視而用平儀。

所求之角曰本角，居兩個者曰夾角，角兩個之弧曰夾弧，對本角曰對弧，夾弧之修者曰大弧，促者曰小弧。循弧而規之，其一爲圓周，其二爲半周。夾弧之半周，形必縮。對弧之半周，形必側。其弧縮者弦縮，其弧側者弦側。惟其縮故度不減，惟其側故法以互。弧有大小，而較生焉。較弧有弦，而矢截焉。以較弧之矢，減對弧之矢，其減之餘曰兩矢較。欲得對弧之矢，必先得兩矢之較。以兩矢之較，合較弧之矢，而對弧之矢得矣。兩矢之較，未易得也。求同於兩矢之較者，曰後數。同於兩矢之較，未易得也。求比於角度之矢者，曰初數。此初數後數之義也。

用平儀，則距等弧之矢，可以例全徑。距等矢之半，可以例半徑。角度之矢，依角之鈍鋭爲大小。鈍角則大於半徑，鋭角則小於半徑。以半徑與角度之矢，例正弦，則所得之數爲初數。以半徑與小弧之弦，例初數，則所得之數爲後數。以初數爲弦，後數爲句，以半徑爲弦，小弦爲句，其例一也。有一半徑，一大弦，一小弦，求初數用大弦，則求後數用小弦。或求初數用小弦，求後數用大弦。皆可相通，無一定之例。

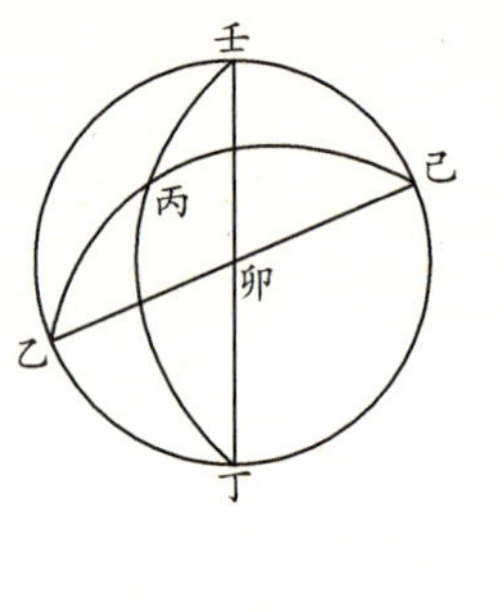

右圖乙丙丁，兩鋭角，一鈍角。依乙丁夾弧，規爲圓周。依乙丙弧、丙丁弧，規爲己丙乙、壬丙丁兩半周。壬丙丁必縮，己丙乙必側。

清・安清翹《矩線原本》卷三《測量篇下》 凡地面各地相距皆弧線也，各地之距北極不等，則地平圈因之而異，東西有偏，則子午圈因之而異。

以京師爲主，其餘或偏東，或偏西。然其以所履之地爲極，以地平圈爲中圍大圈，則一也。

凡渾圓中圍大圈，平視之，其圓中規。側視之，勢如張弓。正視之，成一直線。

如從北極視赤道，則北極與地心合爲一點，北極即如平圓之心，赤道即如平圓之周，謂之平視。若從北極視黄道，則黄道之交子赤道如橢圓形，謂之側視。若從北極視子午圈，則子午圈之上半、下半，成一直線，謂之正視。

赤道平視，黄道側視，過極圈正視。

地平圈平視，赤道側視，子午圈正視。

凡渾圓大圈，其一經一緯相交，爲正角。二十五度。若兩大圈斜交，其角或鋭或鈍，内角爲鋭，則外角爲鈍。内角爲鈍，則外角爲鋭。皆弧線相交而成角也。

如地平圈與子午圈相交，過北極經圈，與赤道相交；過黄極經圈，與太虚黄道相交，皆爲正角。若兩大圈斜交，所成之角非鋭即鈍，然其爲弧線角，則一也。

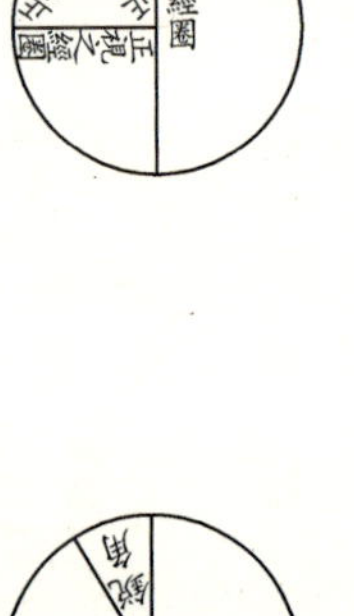

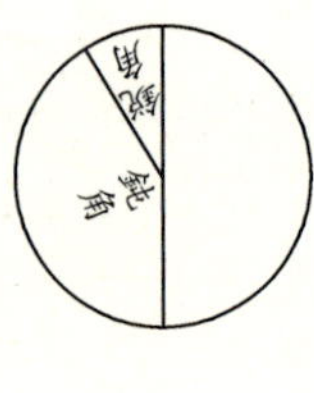

又 立句股儀之平面與斜平面爲同句之兩句股形。立面與斜立面爲同股之兩句股形。斜平面與斜立面爲同弦之兩句股形。而平面之弦又爲斜立面之句，立面之弦又爲斜平面之股，平面之股又爲立面之句。

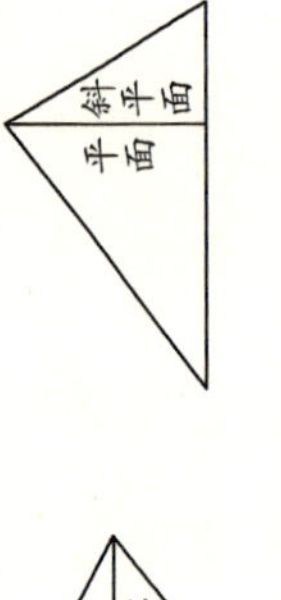

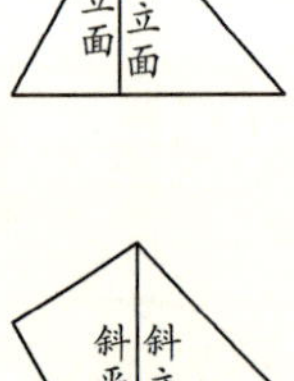

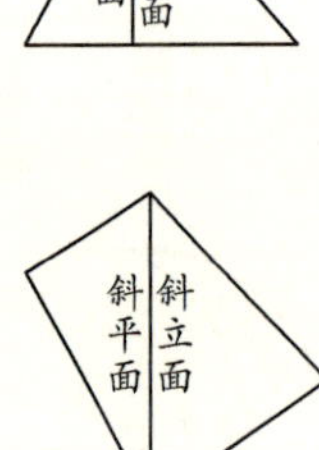

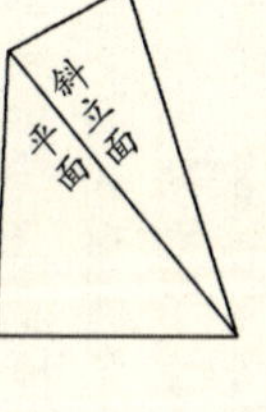

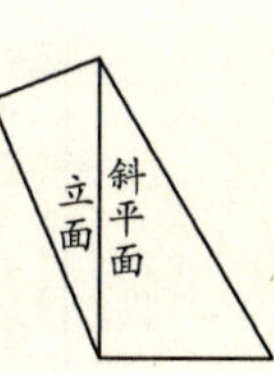

又　正弧形之三邊，剖至渾圓心，成立句股形者二。三邊剖至渾圓心，分爲三半徑。自股角半徑作直線，抵正角半徑，即句邊之正弦。剖爲平面之句。又自股角半徑作直線，抵句角半徑，即弦邊之正弦。剖爲平面之弦，成立句股形之平面。以句邊之正弦、餘弦爲斜平面。以弦邊之正弦、餘弦爲斜立面，以句邊之餘弦爲立面之弦，弦邊之餘弦爲立面之股，成立句股形者一。

自句角半徑作直線，抵正角半徑，即股邊之正弦。剖爲平面之句。又自句角半徑作直線，抵股角半徑，即弦邊之正弦。剖爲平面之弦，成立句股形之平面。以股邊之正弦、餘弦爲斜平面，以弦邊之正弦、餘弦爲斜立面，以股邊之餘弦爲立面之弦，弦邊之餘弦爲立面之股，成立句股形者一。

句角　股角　弦邊正弦　句邊正弦　句角正弦　半徑　股邊正弦　股角正弦

右爲句角所成之平面。左爲股角所成之平面。合之爲同弦兩句股形。

兩形之平面不同，一爲句角，一爲股角。其斜平面與立面，則句邊與股邊互易，而弦邊之爲斜立面不動。凡句股之名，可以互易。

又　凡弧三角用矢之法，自初度至二十五度、自七十五度至一百度，用小矢。自二十五度至七十五度用大矢。適足二十五度，或適足七十五度，用半徑爲矢。適足五十度，用全徑爲矢。

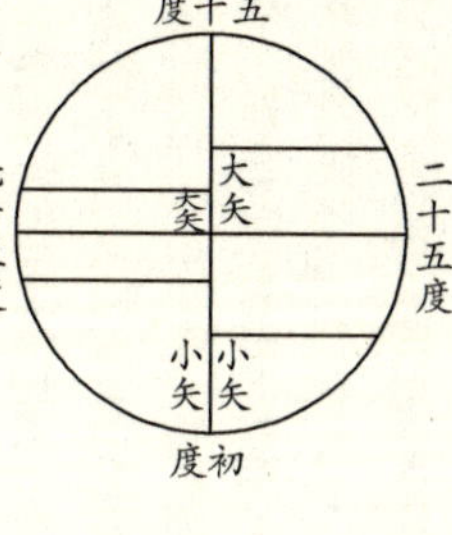

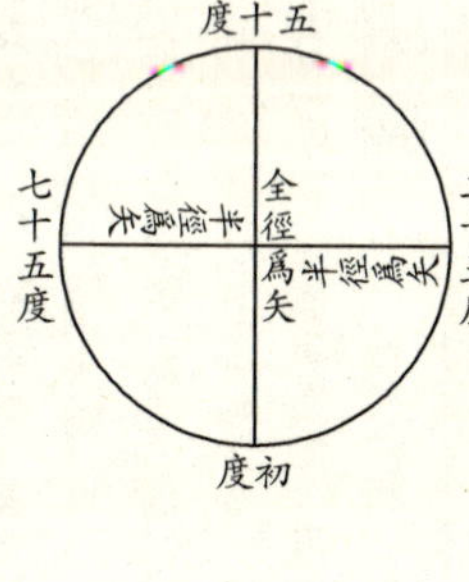

凡正視之大圈與正視之距等圈爲側視之大圈所截，成大小矢。其大圈小矢、大矢之比例，同於距等圈小矢、大矢之比例，爲比例四隅。

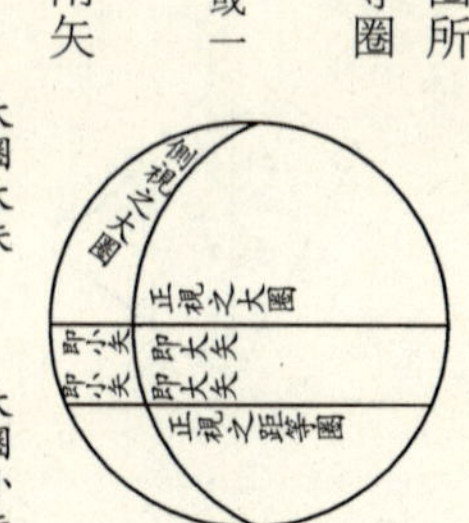

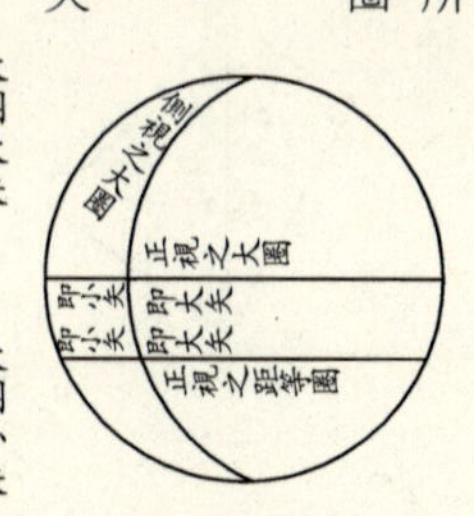

大圈大矢　大圈小矢　距等圈大矢　距等圈小矢

凡兩弧之矢相減，或兩小矢相減、或兩大矢相減、或一大一小相減。謂之兩矢差，半之爲矢半差。

若一弧適足二十五度，或適足七十五度，則兩矢差即餘弦也。

若一弧適足五十度，則兩矢差即餘弦加半徑也。

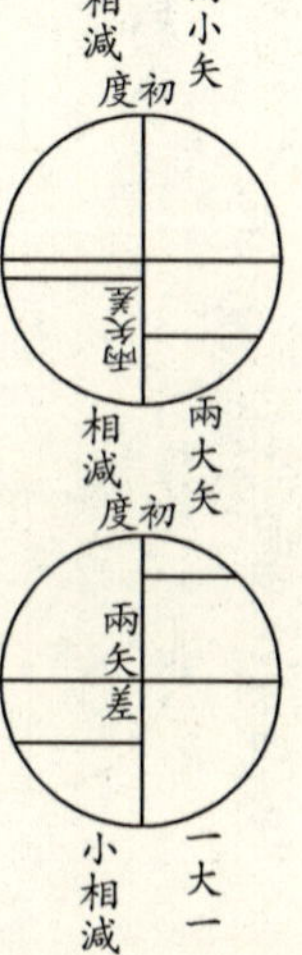

正弧形之句股兩邊相加，爲和弧。相減，爲較弧。較弧、和弧之矢半差與較弧弦邊之兩矢差等。

弧　句　較　弦　矢　句

清・張作楠《弧角設如》卷上

釋例

正弧三角形弧角相求，用本形例九。

角度左弧求對弧　角度右弧求對弧　角度對弧求左弧　角度對弧求右弧　角度右弧求左弧　角度左弧求右弧　右弧對弧求角度　左弧對弧求角度　右弧左弧求角度

用次形例九。

角度左弧求角度　角度右弧求角度　角度對弧求角度　兩弧求直角左弧　兩弧求直角右弧　兩弧夾直角求對弧　三角求直角左弧　三角求直角右弧　三角求直角對弧

斜弧三角形弧角相求，例二。

有對角求對弧　有對弧求對角

用垂弧例四。

垂弧形內　垂弧形外　垂弧次形內　垂弧次形外

用切線分外角，例二。

兩弧夾一角附垂弧總較法。　兩角夾一弧附垂弧總較法。

用總較例二。

三弧求角附開平方得半角正弦法。　三角求弧附開平方得半角正弦法。

又　正弧三角形

凡正弧三角形，必有一直角。蓋有一圈，即有兩極，其過極經圈與本圈相交，俱爲直角。

如圖，乙丁爲赤道，戊己爲黃道，甲爲春分，丙爲秋分，戊爲夏至，己爲冬至，庚爲北極，辛爲南極。戊乙辛己丁庚爲二極二至交圈，戊至乙、己至丁俱爲黃赤大距。二十三度二十九分。今作庚壬辛癸爲過極經圈，與黃道交於壬，與赤道交於癸，成甲壬癸正弧三角形。甲爲黃赤交角，當戊己弧二十三度二十九分。癸爲直角。如以庚辛爲黃極，庚子丑辛爲過極經圈，則與黃道交於丑，與赤道交於子，成甲子丑正弧三角形，丑亦爲直角。

所成三角形有三種。

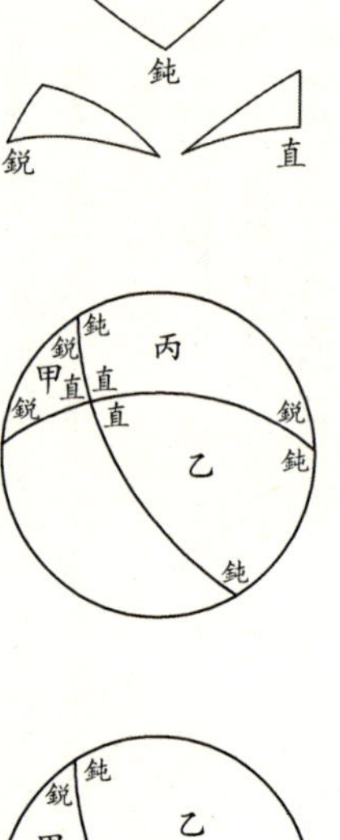

一直角二銳角。如甲形。

一直角二鈍角。如乙形。

一直角一銳角一鈍角。如丙形。

此外，如二直一銳、二直一鈍及三角俱直，三種不須算。

又　卷中

斜弧三角形

凡斜弧三角形所成之角，皆不與過極圈交，故無直角。其弧角或銳或鈍，或大或小，或俱銳俱鈍俱大俱小，參互錯綜，其形不一。故正弧三角知二即可求三，斜弧三角必知三方可求三。然八線相當比例則同。

如圖，甲乙戊己爲子午規，又爲極至交圈。甲爲赤極，即北極。乙爲黃極，甲戊爲過赤極經圈，乙己爲過黃極經圈。兩圈相交於丙，成甲乙丙、丙戊己、甲丙己、乙丙戊四斜弧三角形。

所成斜弧三角形有四種。

兩銳角一鈍角。如甲形。

兩鈍角一銳角。如乙形。

三角俱銳。如丙形。

三角俱鈍。如丁形。

四種內又有三等邊、二等邊及三邊不等。諸形然大綱皆不外此四種。

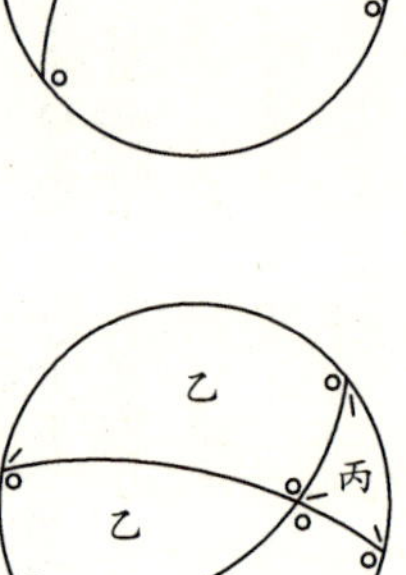

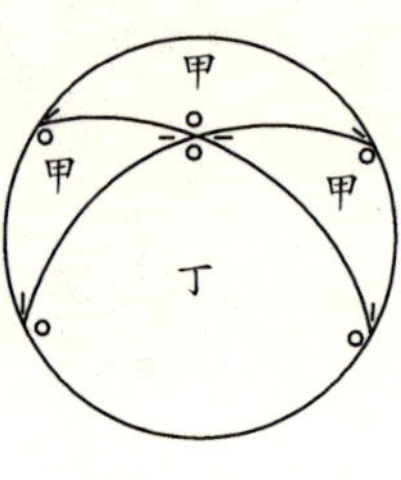

斜弧三角形，不論角之銳鈍，弧之大小，並視先知之三件爲斷。

清・江臨泰《弧三角舉隅》

正弧三角形

弧三角形爲球上大圈所成，圈必有極，其過極經圈，與本圈交，皆成直角，相當弧皆九十度，故爲正弧三角形。所知之三件，弧角相對者，用弧角八線比例。不相對者，則用次形，次形之度，即本形與象限相減之餘度，故用本形之餘弦、餘切，即次形之正弦、正切也。其法可易弧爲角，易角爲弧。弧與角不相對，可易爲相對。

斜弧三角形

正弧三角有直角，斜弧三角無直角。猶平三角之有鋭、鈍也。今約以三法。一曰邊角比例，二曰垂弧，三曰總較。不論角之鋭鈍、邊之大小，並視先所知之三件爲斷。總較法不便用對數，另立對數總較法及各簡法通之。

清・吴嘉善《弧三角術》 弧三角，有正弧三角，凡有直角者，爲正弧。有斜弧三角，無直角者，爲斜弧。以步天治厤，其用甚大，而法亦最難。究之皆比例相求，無他謬巧。惟其頭緒煩多，變幻百出，是以易於移步之迷。今採録舊法，參以己意，立爲弧三角都術。其正弧形，則鎔各術爲一比例表，檢表求之，可得各比例式。其斜弧三角，則約爲三術，鎔爲十二比例表，以盡各式。弧三角，得此可八面應矣。至其比例根源，詳《數理精蘊》中。

清・劉澤楨《中西數學通解》卷二〇 垳弧三角説

天算之學，古疏今密，其要皆推本於弧角。宋以前法無傳人，至元郭太史始以弧角命算，有平視側視諸圖，推步立成諸數，黄赤相求，乃有定率。但其法先立天元一爲矢，用三乘方開算，得數不易，故只能列一象限中之度率，不能復求細數。明時偏重文藝，斯道不講，西人乃承乏以顯其長。遞我朝術精測量，疇人子弟，仰窺《御製歷象攷成》前後編，并讀梅徵君《舉要》《黍尺》《塹堵》諸書，及項、戴、焦、李諸家算法，皆用西人八線比例，布算之法，視郭氏較捷。然梅項諸書，或説理過深，或立法太簡，或舉例而未徵諸數，學者輒望洋思返。惟張君丹邨設如一書，融會諸法，括以二十八題。江君雲樵，又於每題增衍對數，省用乘除，立法尤捷。顧設如左弧右弧諸目，後學恒移步即迷，不若江雲樵之《舉隅》，可按題以得其比例，而圖説尤精。今攷《舉隅》，以十八題括正斜弧角各形。西人訥氏之法，則正斜弧角形各六公式。因節取《舉隅》十四題，以訥氏十二公式御之。《舉隅》斜弧三角邊角比例二題，若用訥氏公式，則較繁。爰仿訥氏之法，别增二公式以演之。又總較法四題，《舉隅》用餘弦加減求矢較，不便用對數，故後另列對數總較法。兹以設如法入之，使常法對數及訥氏公式，無不一一相通，纍如貫珠，即鈍根人業此，亦可觸類旁通豁於一旦，是亦學算之一樂也。

又《垳弧三角》卷上

弧三角圖説

午癸丁辰爲極至交圈，癸寅乙爲黄道圈，丁寅乙爲赤道圈，午丙辰爲過極經圈，極至交圈者，冬夏黄赤大距所得緯道也。黄道圈者，日輪每日所行道也。赤道圈者，南北極中腰圈也。過極經圈者，分至各節前後每日所得距緯道也。

凡欲求弧三角法，當先知此四圈交線之形，而取八線爲同式比例，彼此互比，各線皆得。其總法有二。一爲正弧三角，一爲斜弧三角。形内有直角者爲正弧，無直角者爲斜弧。

今繪所求形如左。

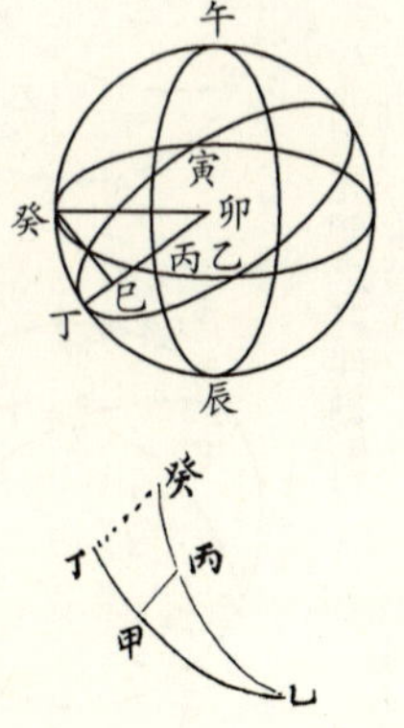

如圖，癸丁爲黄赤大距已知數，乙癸及乙丁皆一象限。今欲求過極經圈上所得丙甲距緯度。則乙癸丁及乙丙甲兩弧三角爲同式勾股直角形。既知爲同式勾股直角形，當求所以用線之法，蓋從極至交圈之八線視之。試取卯丁及癸卯線，皆爲半徑，則癸已線即爲黄赤大距度之正弦無疑。今若用大距半徑之比距度正弦，必同於丙乙正弦之比過極經圈距度丙甲正弦，無疑矣。

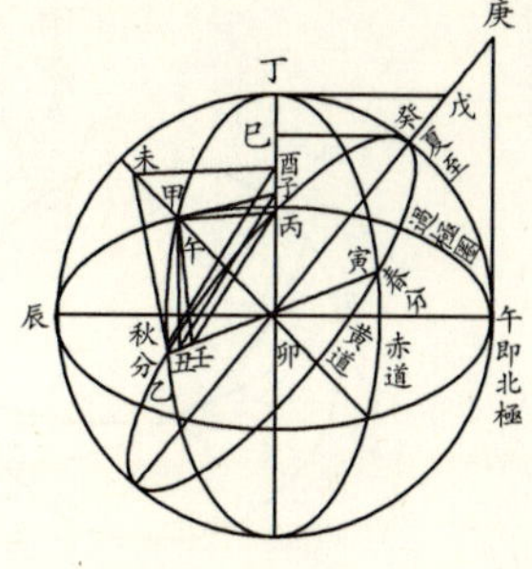

又圖，乙丁寅爲赤道，乙丙癸爲黄道，乙與寅爲春秋分，癸爲夏至，午癸丁辰爲極至交圈，午與辰爲南北極圈，丙乙爲黄道距二分之度，甲乙爲赤道距二分之度，即同升度。丙甲爲黄赤距緯，成丙乙甲弧三角形。甲爲正角，乙爲春秋分角，與渾圓心卯角相應。癸丁弧爲黄赤大距，即乙角之弧，亦即卯角之弧。癸已爲乙角正弦，卯已其餘弦，戊丁爲乙角正切，戊卯其割線。卯癸及卯丁皆半徑，成癸已卯及戊丁卯兩勾股形。又午卯半徑，庚午爲乙角餘切，庚卯爲乙角餘割，成午卯庚倒勾股形。又丙辛爲丙甲距度正弦，丙壬爲丙乙黄道正弦，作辛壬線與丁卯平行，成丙辛壬勾股形。又子甲爲甲丙距度切線，甲丑爲甲乙赤道正弦，作子丑線與丙壬平行，成子甲丑勾股形。又酉乙爲乙丙黄道切線，未乙爲甲乙赤道切線，作酉未線與子甲平行，成酉未乙句股形。

凡斜弧三角形所成之角，皆不與過極圈交，其弧角或鋭或鈍或大或小或俱鋭俱鈍或俱大俱小，參互錯綜，其形不一。故與正弧三角不同。而八線勾股相當比例，其理則一。

如圖，甲乙戊己爲子午規，又爲極至交圈。甲爲赤極，即北極。乙爲黄極，甲戊爲過赤極經圈，乙己爲過黄極經圈。兩圈相交於丙，成甲乙丙、丙戊己、乙丙戊、甲丙己四斜弧三角形。照前各檢八綫，俱成爲句股形。

凡正弧、斜弧三角形各邊角之名例已備，其求法不過用勾股比例，絶無深奥之理。所難者形俱渾圓，各線倒錯，弦可以比切，切可以比弦，隨題擇用，不拘一格。學者得其領要，則諸題不難解矣。

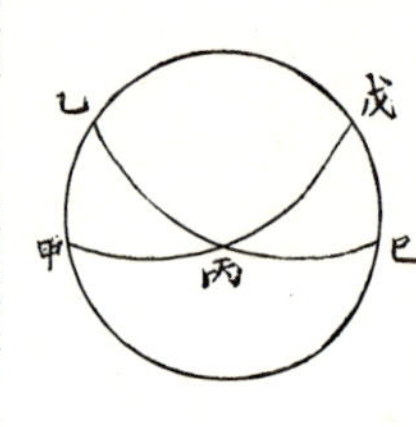

弧三角不同於平三角之理

弧三角形有三角三邊共六件，以先有之三件求餘三件，與平三角同。所不同者，平三角之三角，併之得一百八十度。弧三角不然，其三角最小者，比一百八十度必盈，但不得滿五百四十度。角之極大者，合之以比三半周必不及。平三角之邊，小僅咫尺，大則千百萬里。弧三角之邊，必在半周以内，不過一百八十度。合三邊，不得滿三百六十度。如滿三百六十度，即成全圓，而不得爲三角。

平三角有兩角，即知餘一角，弧三角非算不知。

平三角有一正角，餘兩角必鋭。弧三角有一正角，二正角者，其餘角有鋭有鈍，或兩鋭兩鈍、或一鋭一鈍不等。

平三角有一鈍角，餘二角必鋭。弧三角有一鈍角，其餘或一鈍一鋭，或兩鋭，或兩鈍，或一正，甚有三角俱鈍者。

平三角以不同邊而同角爲相似形，同邊又同角爲相等形。弧三角但有相等之形，而無相似之形，以同角者必同邊也。

平三角但可以三邊求角，不可以三角求邊。弧三角則可以三角求邊，蓋弧三角之邊皆屬圜度，初無丈尺可言，故三角可以求邊。若平三角，邊各有丈尺，則必有先得之邊以爲比例，所以不同。

訥氏法

凡西人繪圖紀字，於角皆加口旁，於邊皆不用口旁。故知甲爲呷角所對之邊，乙爲吔角所對之邊，丙爲哂角所對之邊。至其弧角之大小，仍與中法甲乙丙弧三角形之弧角無異。學者勿爲誌號所迷，此固無關算理。

凡正弧三角形，不計其正角，但知夾一角之兩弧，與對弧之餘弧，及餘兩角之餘角，共爲五個弧角分件。

以五件中任以一件爲主，定之爲中件，則在中件之兩旁者名爲倚件，其餘兩件名爲對件。

其中件無論如何，或爲弧，或爲對正角之餘弧，或爲他角之餘角，中件之正弦，必等於兩倚件之切線相乘數，亦必等於兩對件之餘弦相乘數。

九〇°丁甲＝對弧之餘弧
九〇°丁吔＝吔角之餘角
九〇°丁哂＝哂角之餘角

邊角關係分部

算法

清・梅文鼎《弧三角舉要》卷二 正弧三角形以八綫成句股。

乙丁寅爲赤道，乙丙癸爲黄道，乙與寅爲春秋分，癸爲夏至。午癸丁辰爲極至交圈，午與辰爲南北極，午丙甲爲過極經圈。

丙乙爲黄道距二分之度，甲乙爲赤道距二分之度，即同升度。丙甲爲黄赤距緯，成丙乙甲三角弧形。甲爲正角，乙春秋分角，與渾圓心卯角相應。

癸丁弧爲黄赤大距，即乙角之弧，亦爲卯角之弧。癸己爲乙角正弦，卯己其餘弦，戊丁爲乙角切綫，戊卯其割綫，卯癸及卯丁皆半徑，成癸己卯及戊丁卯兩句股形。

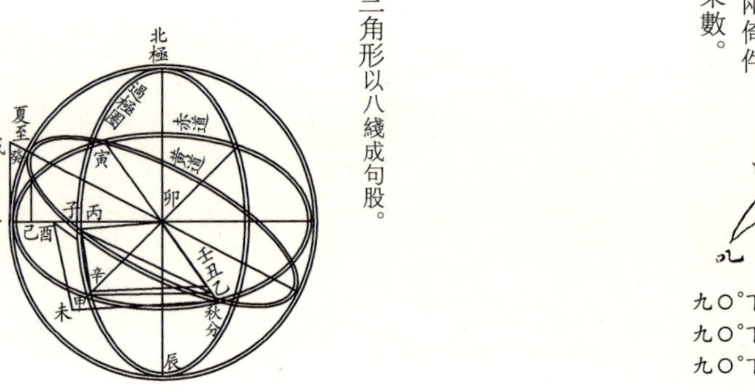

丙辛爲丙甲距度正弦，丙壬爲丙乙黄道正弦。作辛壬綫與丁卯平行，成丙辛壬句股形。

子甲爲丙甲距度切綫，甲丑爲甲乙赤道正弦，作子丑綫與丙壬平行，成子甲丑句股形。

酉乙爲丙乙黄道切綫，未乙爲甲乙赤道切綫，作酉未綫與子甲平行，成酉未乙句股形。

前二句股形，在癸丁大距弧内外。癸巳卯用正餘弦，在弧内。戊丁卯用割切綫，出弧外。後三句股形在丙乙甲三角内外。丙辛壬在丙角，用兩正弦，在渾圜内。子甲丑在甲角，兼用正弦切綫，半在内，半在外。酉未乙用兩切綫，在渾圜外。

論曰：此五句股形皆相似，故其比例等。何也？赤道平安，從乙視之，則丁乙象限，與丁卯半徑，視之成一綫。而辛壬聯綫，甲丑正弦，未乙切綫，皆在此綫之上矣。以其綫皆平安，皆在赤道平面，與赤道半徑平行，故也。是爲句綫。

赤道平安，則黄道之斜倚亦平。其癸乙象限，與癸卯半徑，從乙視之，成一綫。而丙壬正弦，子丑聯綫，酉乙切綫，皆在此綫之上矣。以其綫皆斜倚，皆在黄道平面，與黄道半徑平行，故也。是爲弦綫。黄、赤道相交成乙角。而赤道既平安，則從乙窺卯，卯乙半徑，竟成一點，而乙丑壬卯角，合成一角矣。

諸句股形既同角，而其句綫皆同赤道之平安，其弦綫皆同黄道之斜倚，則其股綫，皆與赤道半徑爲十字正角，而平行矣。是故形相似而比例皆等也。

又論曰：丙辛壬形，兩正弦丙辛、丙壬。俱在渾體之内，其理易明。子甲丑形，甲丑正弦在渾體内，子甲切綫在渾體之外，已足詫矣。酉未乙形，兩切綫酉乙、未乙。俱在渾體之外。雖習其術者，未免自疑。《曆書》置而不言，蓋以此耶。今爲補説詳明，庶令學者用之不疑。

用法

假如有丙乙黄道距春分之度，求其距緯丙甲。法爲半徑癸卯，與乙角之正弦癸巳，若丙乙黄道之正弦丙壬，與丙甲距緯之正弦丙辛也。

若先有丙甲距度，而求丙乙黄道距二分之度，則反用之。爲乙角之正弦癸巳，與半徑癸卯，若丙甲距緯之正弦丙辛，與丙乙黄道之正弦丙壬也。

假如有甲乙赤道同升度，求距緯丙甲。法爲半徑卯丁，與乙角切綫丁戊，若甲乙赤道正弦甲丑，與丙甲距緯切綫子甲也。

若先有丙甲距緯而求甲乙赤道，則反用之。爲乙角之切綫戊丁，與半徑丁卯，若丙甲距緯之切綫子甲，與甲乙赤道之正弦甲丑也。

假如有丙乙黄道距二分之度，徑求甲乙赤道同升度。法爲半徑卯癸，與乙角之餘弦卯巳，若丙乙黄道之切綫酉乙，與甲乙赤道之切綫未乙也。

若先有甲乙赤道，而求黄道丙乙。法爲半徑丁卯，與乙角之割綫戊卯，若甲乙赤道之切綫未乙，與丙乙黄道之切綫酉乙也。論曰：以上兩條，酉未乙形用法，予所補也。有此二法，黄赤道可以自相求而正角弧形之用始備矣。外此仍有三弧割綫餘弦之用，具如别紙。

十餘年前曾作弧三角所成句股書一册，稾存兒輩行笈中，覓之不可得也。庚辰年乃復作此，至辛巳夏復得舊稾，爲之憫然。然其理固先後一揆，而説有詳畧可以互明。不妨並存以徵予學之進退。因思古人畢生平之力而成一事，良自不易。世有子云：「或不以覆瓿置之乎？」康熙辛巳七夕，前兩日勿菴梅文鼎識。是日也爲立秋之辰，好雨生凉，炎歊頓失，稍簡殘帙，殊散人懷。

附舊稾。甲乙丙正弧三角形，即《測量全義》第七卷原圖，稍爲酌定，又增一酉未乙形。

又圖。測圜之用甚博，非止黄赤也。然黄道、赤道南北，極二分、二至諸名，皆人所習聞，故仍借用其號，以便識别。

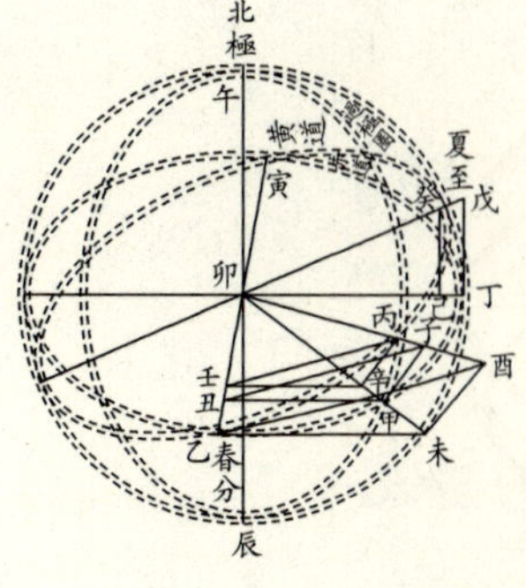

案：圖中句股形凡五，皆形相似。

其一癸巳卯形。以癸卯半徑爲弦，即黄道半徑。癸巳正弦爲股，即黄赤大距弧之正弦。巳卯餘弦爲句。即黄赤大距弧之餘弦。

其二戊丁卯形。以戊卯割綫爲弦，即黄赤大距弧之正割綫。戊丁切綫爲股，即黄赤大距弧之正切綫。丁卯半徑爲句。即赤道半徑。

以上二句股形，生於黄赤道之大距度，乃總法也。兩句股形，一在渾體之内，一出其外，同用卯角。即黄道心，亦即春分角。

其三丙辛壬形。以丙壬正弦爲弦，即黄經乙丙弧之正弦，以丙卯黄道半徑爲其全數，而卯壬其餘弦。丙辛正弦爲股，即黄赤距緯丙甲弧之正弦，亦以丙卯黄道半徑爲其全數，而辛卯其餘弦。辛壬横綫爲句。法於赤道平面上作横綫，聯兩餘弦，成卯壬辛平句股形。此形以距緯餘弦卯辛爲弦，黄經餘弦卯壬。爲股，而辛壬其句也。此辛壬綫，既爲兩餘弦平句股形之句，亦即能爲兩正弦立句股形之句矣。《曆書》以辛壬爲丙辛之餘弦，誤也。然則當命爲何綫？曰：此非八綫中所有，乃立三角體之楞綫也。

其四子甲丑形。以子丑斜綫爲弦，此亦立三角體之楞綫也，非八綫中之綫。子甲切綫爲股，即黄赤距緯弧之正切綫，以赤道半徑甲卯爲其全數，而子卯其割綫也。甲丑正弦爲句，即赤經乙甲弧之正弦，亦以赤道半徑甲卯爲其全數，而丑卯其餘弦也。

其五酉未乙形。以酉乙切綫爲弦，即黄經丙乙弧之正切綫，以黄赤半徑卯乙爲其全數，而酉卯其割綫也。酉未立綫爲股，此亦立三角之楞綫，非八綫中之綫。未乙切綫爲句。即赤經乙甲弧之正切綫，亦以黄赤半徑卯乙爲其全數，而未卯其割綫也。

以上三句股形，生於設弧之度，第三形在渾體之内，第四形半在渾體之内，而出其外。第五形全在渾體之外。

問：既在體外，其狀何如？曰：設渾圓在立方之内，而以兩極居立方底蓋之心，以乙春分居立方立面之心，則黄、赤兩經之切線，酉乙、未乙。皆在方體之立面。而未乙必爲句，酉乙必爲弦，于是作立綫聯之，即成酉未乙句股形矣。此一形，《曆書》遺之，予所補也。詳《塹堵測量》。

論曰：此五句股形，皆同角，故其比例等。然與弧三角真同者，乙角也。

第一形癸己卯形。第二形戊丁卯形。兩形，皆乙角原有之八綫，即春秋分角也，其度則兩至之大距也。

或先有角以求邊。則以此兩形中綫，例他形中綫，得綫則得邊矣。

或先有邊以求角。則以他形中綫，例此兩形中綫，得綫則亦得角矣。蓋卯角即乙角也。若欲求丙角，則以丙角當乙角，如法求之。

第三形丙辛壬形。以黄經之正弦，丙壬。黄赤距度之正弦，丙辛。爲弦與股，是以黄經與距緯相求。

或先有乙角，有黄經，以求距緯。用乙角，實用壬角，下同。

或先有乙角，有距緯，以求黄經。

或先有黄經距緯，可求乙角，亦可求丙角。

第四形子甲丑形。以黄赤距緯之切綫、子甲。赤經之正弦甲丑。爲股與句，是以距緯與赤經相求。

或先有乙角，有赤經，以求距緯。用乙角，實用丑角，下同。

或先有乙角，有距緯，以求赤經。

或先有赤經距緯，可求乙角，亦可求丙角。

第五形酉未乙形。以赤經之正切、未乙。黄經之正切酉乙。爲句與弦，是黄赤經度相求。

或先有乙角，有黄經，以求赤道同升度。

或先有乙角，有赤道同升，以求黄經。

或先有黄、赤二經度，可求乙角，亦可求丙角。

又論曰：諸句股形所用之卯壬丑乙四角，實皆一角，何也？側望則弧度皆變正弦，而體心卯，作直綫至乙，爲卯壬丑乙綫，即半徑也。今以側望之故，此半徑直綫，化爲一點。則乙角即卯角，亦即壬角，亦即丑角矣。

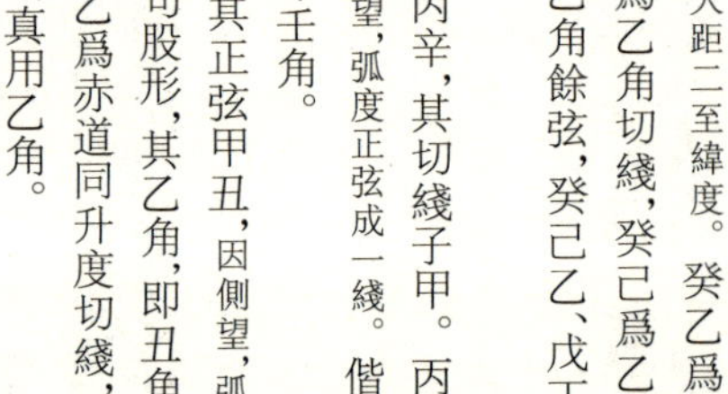

癸丁爲乙角之度，即黄赤大距二至緯度。癸乙爲黄道半徑，丁乙爲赤道半徑，戊丁爲乙角切綫，癸己爲乙角正弦，戊乙爲乙角割綫，己乙爲乙角餘弦，癸己乙、戊丁乙，皆句股形，其乙角即卯角。

丙甲爲設弧距度，其正弦丙辛，其切綫子甲。丙乙爲所設黄道度，其正弦丙壬，因側望，弧度正弦成一綫。偕距度正弦丙辛，成句股形，其乙角即壬角。

甲乙爲所設赤道同升度，其正弦甲丑，因側望，弧度正弦成一綫。偕距度切綫子甲成句股形，其乙角，即丑角。

酉乙爲所設黄經切綫，未乙爲赤道同升度切綫，此兩綫成一酉未乙句股形，在體外，真用乙角。

正弧三角形求餘角法

凡弧三角，有三邊三角，先得三件可知餘件，與平三角同理。前論正弧形以黄、赤道爲例，而但詳乙角者，因春分角有一定之度，人所易知，故先詳之。或疑求乙角之法不可施於丙角，兹復爲之條析如左。仍以黄道上過極經圈之交角爲例。

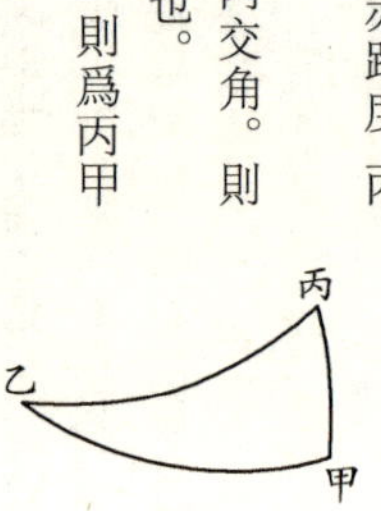

丙乙爲黄道度，甲乙爲赤道同升度，丙甲爲黄赤距度，丙角爲黄道上交角，乙爲春分角，甲常爲正角。

假如有乙丙黄道度，有乙甲赤道同升度，而求丙交角。則爲乙丙之正弦與乙甲之正弦，若半徑與丙角之正弦也。

假如有丙甲距度，及乙甲同升度，而求丙交角。則爲丙甲之正弦與乙甲之切綫，若半徑與丙角之切綫。

假如有丙甲距度，及乙丙黄道度，而求丙交角。則爲乙丙之切綫與丙甲之切綫，若半徑與丙角之餘弦。

又如有丙交角，有乙丙黄道度，而求乙甲同升度。則爲半徑與丙角之正弦，若乙丙之正弦與乙甲之正弦。

或先有乙甲同升度，而求乙丙黄道度。則以前率更之，爲丙角之正弦與半徑，若乙甲之正弦與乙丙之正弦。

又如有丙交角，有乙甲同升度，而求丙甲距度。則爲丙角之切綫與半徑，若乙甲之切綫與丙甲之正弦。

或先有丙甲距度，而求乙甲同升度。則以前率更之，爲半徑與丙角切綫，若丙甲正弦與乙甲切綫。

又如有丙交角，有乙丙黄道度，求丙甲距度。則爲半徑與丙角餘弦，若乙丙切綫與丙甲切綫。

或先有丙甲距度，而求乙丙黄道。則以前率更之，爲丙角餘弦與半徑，若丙甲切綫與乙丙切綫。

論曰：求丙角之法，一一皆同乙角。更之而用丙角求餘邊，亦如其用乙角也。所異者，乙角定爲春分角，則其度不變。丙角爲過極經圈交黄道之角，隨度而移，交角近大距則甚大，類十字角，近春分只六十六度半弱。中間交角，度度不同。他形亦然，皆逐度變丙角。有時大於乙角，有時小於乙角。乙角不及半象限，則丙角大。乙角過半象限，則丙角有時小。故必求而得之。乙角所成諸句股，皆以戊丁卯爲例。丙角所成諸句股，皆以亥辰卯爲例。

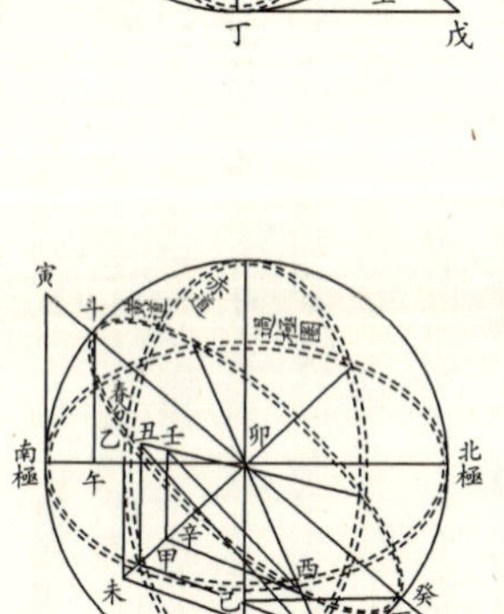

乙角所成句股

丙角所成句股

如圖，丙角第一層句股，兑乙心形，即乙角之壬丙辛也。在乙角，兩正弦交於丙。在丙角，兩正弦交於乙。皆弦與股之比例，而同弦不同股。乙角丙角，並以乙丙正弦爲弦。而乙角以丙甲正弦爲股，丙角以乙甲正弦爲股，皆正弦也。而弦同股別。丙角第二層句股，女甲亢形，即乙角之子甲丑也。乙角、丙角並以一正弦一切綫交於甲，爲句與股之比例，而所用相反。乙角於乙甲用正弦，於丙甲用切綫。丙角則於乙甲用切綫，於丙甲用正弦。皆乙甲、丙甲兩弧之正弦切綫，而所用迥別。丙角第三層句股，艮丙氐形，即乙角之酉乙未也。在乙角以兩切綫聯於乙。在丙角，以兩切綫交於丙。皆弦與句之比例，而同弦不同句。乙、丙兩角，並以乙丙切綫爲弦。而乙角以乙甲切綫爲句。丙角以丙甲切綫爲句。皆切綫也。而弦同句別。

論曰：丙交角既隨度移，而甲角常爲正角，何也？凡球上大圈相交成十字者，必過其極。今過極經圈乃赤道之經綫，惟二至時則此圈能過黄赤兩極。其餘則但過赤道極而不能過黄道極。故其交黄道也，常爲斜角，即丙角。交赤道則常爲正角。即甲角。

又論曰：丙角與乙角共此三邊，其所用比例者，亦共此三邊之八綫，而所成句股形遂分兩種，可互觀也。

球面弧三角形弧角同比例解

第一題　正弧三角形，以一角對一邊，則各角正弦，與對邊之正弦，皆爲同理之比例。

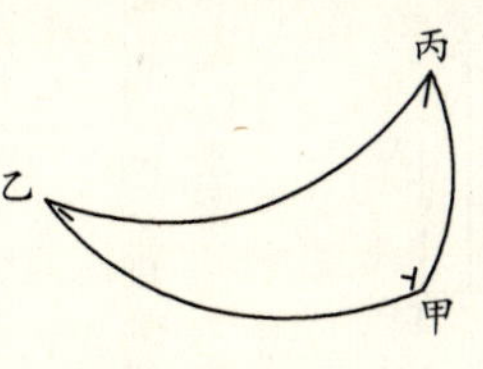

如圖，乙甲丙弧三角形。甲爲正角。法爲半徑與乙角之正弦，若乙丙之正弦與丙甲之正弦。更之，則乙角之正弦與對邊丙甲之正弦，若半徑與乙丙之正弦也。又丙角之正弦與其對邊乙甲之正弦，亦若半徑與乙丙之正弦也。合之，則乙角之正弦與其對邊丙甲之正弦，亦若丙角之正弦與其對邊乙甲之正弦。

論曰：乙丙兩角與其對邊之正弦，既並以半徑與乙丙爲比例，則其比例亦自相等。而兩角與兩對邊，其正弦皆爲同比例。

又論曰：甲爲正角，其度九十。而乙丙者，甲正角所對之邊也。半徑者，即九十度之正弦也。以半徑比乙丙之正弦，即是以甲角之正弦比對邊之正弦。故以三角對三邊，皆爲同比例。

第二題　凡四率比例二宗，內有二率三率之數相同，則兩理之首末二率，爲互視之同比例。即斜弧比例之所以然，故先爲之。

假如有甲乙丙丁四率。甲四與乙八，若丙六與丁十二，皆加倍之比例也。又有戊乙丙辛四率，戊二與乙八，若丙六與辛二十四，皆四倍之比例也。此兩比例原不同理，特以兩理之第二、第三，同爲乙八丙六，故兩理之第一、第四，能互用爲同理之比例。先理之第一甲四與次理之第四辛二十四，若次理之第一戊二，與先理之第四丁十二，皆六倍之比例也。

	先理	次理		互用
一	甲四	戊二	一	甲四
二	乙八	乙八	二	辛二十四
三	丙六	丙六	三	戊二
四	丁十二	辛二十四	四	丁十二

論曰：凡二率、三率相乘爲實，首率爲法，得四率。今兩理所用之實，皆乙八丙六相乘四十八之實，惟甲四爲法，則得十二。若戊二爲法，則得二十四矣。法大者得數小，法小者得數大。而所用之實本同，故互用之，即爲同理之比例也。

試以先理之四率，更爲首率，其理亦同。丁與辛，若戊與甲，皆加倍比例。若反之，令兩四率並爲首率，亦同。甲與戊，若辛與丁，皆折半比例。並如後圖。

	先理	次理		互用
一	丁十二	戊二	一	丁十二
二	乙八	乙八	二	辛二十四
三	丙六	丙六	三	戊二
四	甲四	辛二十四	四	甲四

第三題　斜弧三角形，以各角對各邊，其正弦皆爲同比例。

乙丙丁斜弧三角形，任從乙角作乙甲垂弧至對邊，分元形爲兩正角形。甲爲正角。依前正角形論各對邊之正弦，與所對角之正弦，比例皆等。乙甲丁形丁角正弦與乙角正弦，若半徑即甲角正弦。與丁乙正弦，是一理也。乙甲丙形，丙角正弦與乙甲正弦，若半徑與乙丙正弦。是又一理也。兩理之第二同爲乙甲，第三同爲半徑，則兩理之首末二率，爲互視之同比例。故丁角之正弦與乙丙之正弦，若丙角之正弦與丁乙之正弦也。

又如，法從丁角作丁戊垂弧至對邊，分兩形，而戊爲正角。則乙角正弦與丁丙正弦，亦若丙角正弦與乙丁正弦。又從丙作垂弧分兩形，而壬爲正角。則乙角與丁丙，亦若丁角與乙丙。

	先理	次理		互用
一	丁角正弦	丙角正弦	一	丁角正弦
二	乙角正弦	乙甲正弦	二	乙丙正弦
三	甲正角半徑	甲正角半徑	三	丙角正弦
四	乙丁正弦	乙丙正弦	四	乙丁正弦

若垂弧在形外，其理亦同。

乙丙丁斜弧三角形，丁爲鈍角。法從乙角作乙甲垂弧於形外，亦引丙丁弧會於甲，成乙甲丁虛形。亦湊成乙甲丙虛實合形，甲爲正角。乙甲丁形，丁角之正弦與乙甲邊，若半徑與乙丁邊正弦，一理也。乙甲丙形，丙角之正弦與乙甲邊，若半徑與乙丙正弦，又一理也。准前論，兩理之第二第三既同，則丁角正弦與乙丙正弦，若丙角正弦與乙丁正弦也。

論曰：丁角在虛形，是本形之外角也。何以用爲內角？曰：凡鈍角之正弦，與外角之正弦同數。故用外角，如本形角也。

若用乙角與丁丙邊，則作丙庚弧於形外，取庚正角，其理同上。或作丁戊垂弧於形內，取戊正角分兩形，則如前法，並同。

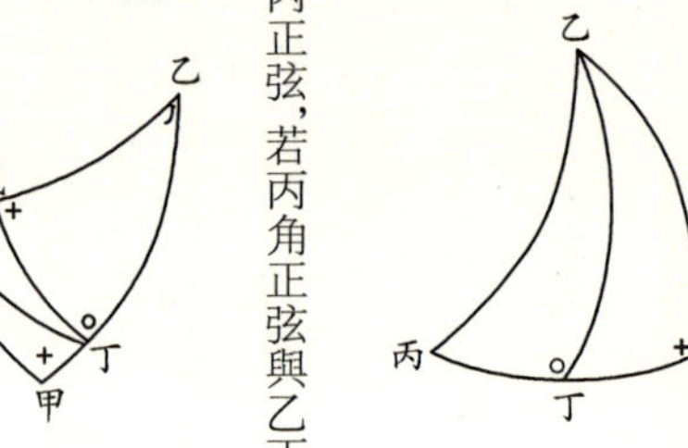

用法

凡弧三角形，不論正角斜角。但有一角，及其對角之一弧，則其餘有一角者，可以知對角之弧。而有一弧者，亦可以知對弧之角。皆以其正弦用三率比例求之。

假如乙丁丙三角形，先有丁角，及相對之乙丙弧。則其餘但有丙角，可以知乙丁弧。有乙角，可以知丁丙弧。此爲角求弧也。若有乙丁弧，亦可求丙角。有丁丙弧，亦可求乙角。此爲弧求角也。

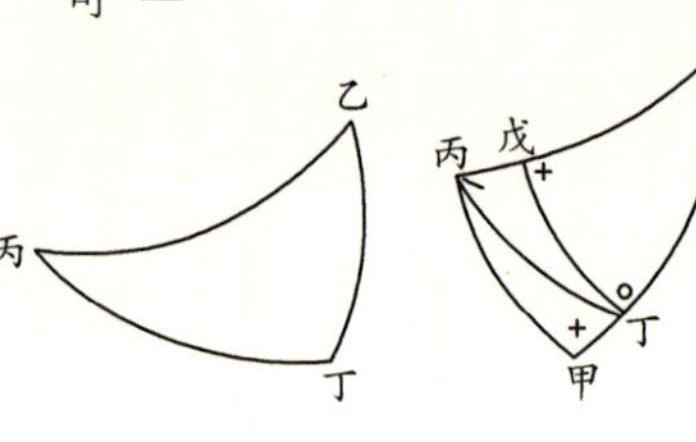

又梅文鼎《環中黍尺》卷一　先數後數法

此以平儀弧角正形，解渾球上斜弧三角，用矢度矢較爲比例之根也。

先得數者，正弦上距等圈矢也，與角之矢相比。

後得數者，兩矢較也，與較弧矢相加。

設丙乙丁斜三角形，有乙鋭角，有丙乙弧小于象限，丁乙弧大于象限，是爲角旁之兩弧不同類。求丁丙，爲對角之弧。用較弧角旁兩弧相減。及對弧兩正矢之較，爲加差。

法以大小兩邊各引長之，滿半周遇于戊，作戊甲乙圜徑。又于圜徑折半處，己命爲渾圜心。又自己心作横半徑，如己寅辛。則寅辛即乙角之弧，亦即爲乙角之矢。平視之爲矢度，實即角度之弧蹟縮而成。而寅己即乙角之餘弧，亦即爲乙角餘弦。因視法，能令餘弧蹟縮成餘弦。又自丁作横半徑己辛。之平行綫。如壬丁甲。此平行綫，即乙丁大邊之正弦。因平視故。乙丁小于乙壬，其實乙丁弧之度與乙壬同大。今壬甲既爲戊壬及乙壬之正弦，亦即爲乙丁之正弦矣。而此正弦，壬甲又即爲距等圈之半徑也。想戊己乙爲半渾圜之中剖圜面側立形，乃自壬丁甲横切之，則壬甲爲其横切之半徑。則其丁壬分綫，亦爲距等圈上丁壬弧之矢綫矣。有距等圈半徑，即有其弧。而此大小兩矢綫，各與其半徑之比例皆等。己辛大圜之半徑大，故寅辛矢亦大。甲壬距等圈之半徑小，故壬丁矢亦小。然其度皆乙角，故比例一也。距等雖用戊角，而戊角即乙角，有兩弧綫限之，故也。法爲己辛與甲壬，若寅辛與壬丁。

次從丙向己心作丙己半徑，此綫爲加減之主綫。以較弧對弧俱用爲半徑而生矢度。又從壬作壬卯，爲壬丙較弧之正弦。壬乙既同丁乙，則丁乙弧之大于丙乙，其較爲壬丙。又從丁作癸丁午綫，爲丁丙對弧之正弦。因平視，故丁丙弧小于癸丙，其實丁丙弧與癸丙同大。癸午既爲癸丙正弦，亦即丁丙之正弦矣。因兩正弦平行，又同抵己丙半徑，爲十字正方角，故比例生焉。此立算之根本。又從丁作丁子綫，與午卯平行而等。以有對弧較弧兩正弦爲之限也。成壬丁子句股形。一又從丙作丙辰綫，爲乙丙小邊之正弦，成己丙辰句股形。此大小兩句股形相似。己丙辰與卯己奎小形相似，則亦與壬丁子形相似，等角等勢故也。

法爲丙己與辰丙，若壬丁與丁子。

省算法用合理。因上兩四率內，各有先得數，而一爲三率，一爲四率，故對去不用。

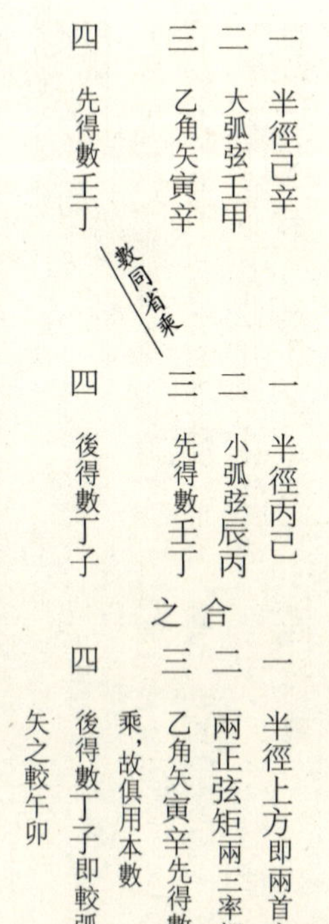

率		率		率	
一	半徑己辛	一	半徑丙己	一	半徑上方即兩首率相乘
二	大弧弦壬甲	二	小弧弦辰丙	二	兩正弦矩兩三率相乘
三	乙角矢寅辛	三	先得數壬丁	三	乙角矢寅辛先得數對去不乘，故俱用本數
四	先得數壬丁	四	後得數丁子	四	後得數丁子即較弧對弧兩矢之較午卯

乃以後得數爲矢較，加較弧矢，以午卯加卯丙也。成對弧矢，午丙。末以對弧矢午丙。減半徑，己丙。成對弧餘弦。午己。撿表得對弧丁丙。之度。

又法，以後得數減較弧餘弦，以午卯減卯己。成對弧餘弦，午己撿表，得對弧丁丙度。亦同。兩正矢之較，即兩餘弦較也。故加之得矢者，減之即得餘弦。

若先有三邊而求乙鋭角，則反用其率。因前四率反之，以首率爲次率，三率爲四率。

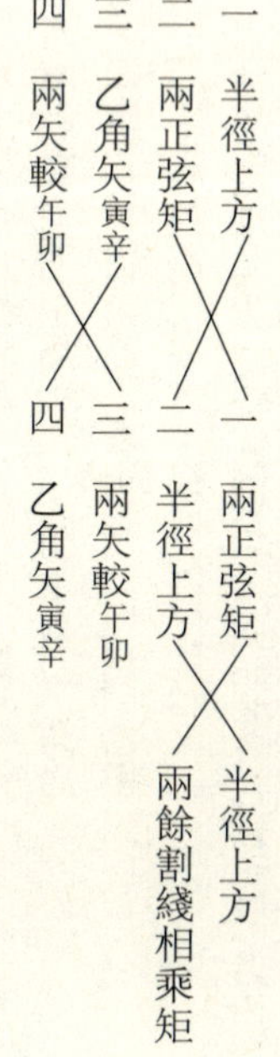

率		率	
一	半徑上方	一	兩正弦矩
二	兩正弦矩	二	半徑上方
三	乙角矢寅辛	三	兩矢較午卯
四	兩矢較午卯	四	乙角矢寅辛

以乙角矢寅辛。減半徑辛己。得餘弦，寅己。撿表得乙角之度。

右鋭角以二邊求對邊，及三邊求角，並以兩矢較爲加差，以差加較弧矢，得對弧矢。三邊求角，則爲三率。亦爲兩餘弦較。依又法，以差減較弧餘弦爲對弧餘弦。三邊求角，則兩餘弦相減，爲三率。角旁弧異類對邊小。

設亥乙丁斜弧三角形，有乙鈍角，有亥乙小弧，丁乙大弧，求亥丁。對角弧。用較弧正矢與對弧大矢之較，爲加差。

戊乙徑，爲取角度之根。亢寅角度及房甲與亥虛兩正弦，皆依之以立。

大矢即鈍角之弧度，小矢即鋭角之弧度。

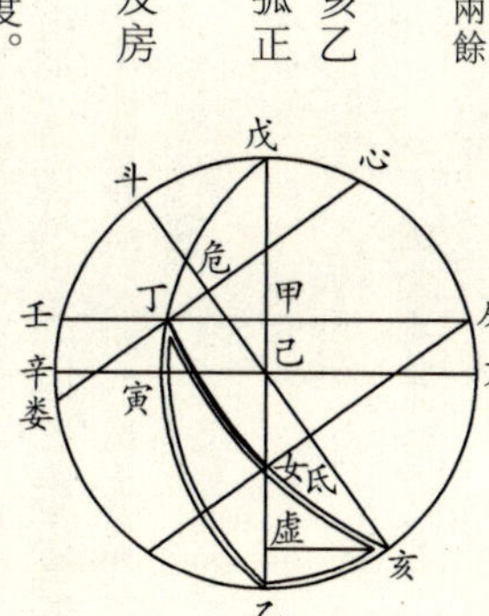

亥斗徑爲加減之根，房氐及危心兩正弦，依之以立。有兩正弦，即有兩餘弦及大小矢，而加減之用生焉。

法以大小兩邊各引長之滿半周，遇于戊。又依小邊半周，乙亥戊。補其餘半周，戊辛乙。成全圓。又從戊至乙作圓徑。又作亢辛横徑。兩徑相交于己，即圓心。則寅辛爲乙角之小矢，而寅亢爲乙角之大矢。寅己亢即乙鈍角之弧度，平視之，成大矢。若自寅點作直綫，與戊乙平行，取距戊乙之度，加象限，即角度。又從丁作房丁壬横綫，與亢辛横徑平行，此綫即丁乙大邊正弦之倍數。房丁壬與亢辛平行，則房乙即丁乙也，因平視故。丁乙小于房乙耳。而房甲既爲房乙之正弦，亦即丁乙正弦也。房甲既爲正弦，房壬則倍正弦矣。倍正弦，即通弦。而此房壬。倍正弦，又即爲距等圈之全徑。想全體渾圓，從壬丁房横切之，成距等圈，而房壬其全徑。則房丁分綫，亦即爲距等圈上丁甲房弧之大矢。有距等因全徑，即有其全圈。而房甲丁其切弧。而此兩大矢綫，各與其全徑之比例皆等，亢辛全徑大，故寅亢大矢亦大。房壬距等圈之全徑小，故房丁大矢亦小。然其度皆乙角之度。在乙丁戊及乙房戊兩弧綫之中，故各與其全圓之比例等。而其大矢，亦各與其全徑之比例等。即各與其半徑之比例亦等。若以甲爲心，壬爲界，作半圓于房壬綫上，則距等之弧度見矣。法爲亢辛全徑。與房壬，距等全徑，即倍正弦。若寅亢鈍角大矢。與房丁。先得數，亦距等大矢。而亢己半徑。與房甲，乙丁正弦，亦距等半徑。亦若寅亢與房丁。

次從亥過己心，作亥己斗全徑，爲加減主綫。較弧對弧之弦，俱過此全徑，而生大小矢。又從房作房氐綫，爲房亥較弧之正弦。准前論。房乙同丁乙，則丁乙之大于亥乙，其較房亥。又從丁作心丁婁綫，與房氐正弦平行，而交亥斗徑于危，如十字。則此綫爲亥丁對弧之倍正弦。因視法，心亥弧大于亥丁，其實即亥丁也。亥丁爲平視蹟縮之形。心亥爲正形，而心危者，心亥弧之正弦也。是即亥丁弧之正弦，而心丁婁其倍弦矣。又從丁作丁女綫，與斗亥徑平行。亦引房氐較弧之正弦爲通弦，而與丁女綫遇于女，成丁女房句股形。又從亥作亥虛綫，與亢辛横徑及大邊之正弦房甲俱平行，成亥虛己句股形。此大小兩句股形相似。亥己即徑綫，與丁女平行。亥虛與房甲丁平行，則大形之丁角，與小形之亥角等。而女與虛並正角，則爲等角而相似。法爲己亥半徑。與亥虛，小邊正弦。若房丁先得數，師距等大矢。與丁女。後得數，亦即氐危，爲較弧正矢氐亥及對弧大矢危亥之較。

乃以省算法平之。

一	亢己半徑	一	己亥半徑	一	半徑自乘方	
二	房甲大邊正弦	二	亥虛小邊正弦	二	正弦相乘矩	合
三	寅亢鈍角大矢	三	房丁先得數	三	鈍角大矢	之
四	房丁先得數	四	丁女後得數即氐危	四	後得數即較弧正矢與對弧大矢之較	

數同省乘

乃以後得數加較弧正矢，以氐危加氐亥，成危亥。爲對弧大矢，內減半徑得對弧餘弦。檢表得度，以減半周，爲對弧之度。

又法，于後得數內，減去較弧餘弦，成對弧餘弦。于氐危內減氐己，其餘危己，即對弧餘弦。乃以餘弦檢表，得度，以減半周，爲對弧之度。大矢與小矢之較，即兩餘弦併也。內減去一餘弦，即得一餘弦矣。觀圖自明。前用銳角，是于較弧餘弦內減得數，爲對弧餘弦。此用鈍角，是于得數內減較弧餘弦，爲對弧餘弦。

若有三邊而求角度者，則反用其率。法爲兩正弦矩與半徑，若兩餘弦并氐危即較弧正矢與對弧大矢之較。與鈍角大矢寅亢。

乃于所得大矢內，減去半徑，成餘弦。以餘弦檢表得度，用減半周，爲鈍角之度。

右鈍角求對邊，及三邊求鈍角，並用兩矢之較爲加差。以差加較弧正矢，得對弧大矢。又爲三邊求角之三率。亦爲兩餘弦并。依又法，減較弧餘弦，得對弧餘弦。三邊求角，即并兩餘弦爲三率。其鈍角旁兩弧異類，對弧大。

設丁辛乙斜弧三角形，有辛丁邊，五十度一十分。丁乙對角邊，六十度。辛乙邊，八十度。三邊並小，求辛銳角。

法先爲戊亢辛全員，作戊辛員徑。又作亢己横員徑。兩徑十字相交于己心，此綫上有角度。

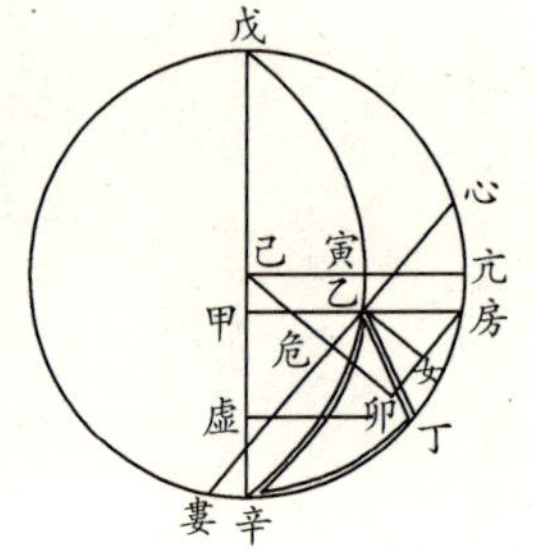

次于戊辛徑左右任取自辛數至丁。如所設角旁小邊五十度一十分。之數，截丁辛爲小邊。又從丁過己作徑綫，此綫上有加減度。爲較弧對角弧兩正弦所依。仍自辛過丁數至房。如所設大邊八十度。之數，截房丁爲大小兩邊之較弧。又自丁過房數至心。如所設對邊六十度。之數，截心丁與乙丁等。仍自丁過辛截婁丁度如心丁。乃作婁心直綫聯之，爲心丁對弧之倍正弦。又從房作房甲横綫，與亢已横徑平行，此爲乙辛大邊之正弦。因視法，房辛即乙辛，詳後。次視婁心倍弦與房甲正弦兩綫相遇于乙，命爲斜弧形之角。乃從乙角向辛作乙辛弧，此弧亦八十度，與房辛同大。是所設角旁之大邊。理在平儀視法，房辛是真度，乙辛是視凸爲平躋縮之形。想平儀原係渾體，從房乙甲横切之，則自房至甲，爲距等圈之九十度。從此綫上，度度作弧至辛極，並八十度不惟，乙辛與房辛同大，即甲辛亦與房辛同大也。他倣此。

又從乙向丁作乙丁弧，此弧亦六十度，與心丁同大。是所設對角之邊。切渾員以心婁距等圈，而以丁爲極，則危丁亦六十度，與心丁同大矣。乙丁同大，不言可知。遂成乙辛丁斜弧三角在球上之形，與所設等。又從乙引乙辛弧綫至戊，成辛乙戊半周側立形。此綫截亢已半徑于寅，則亢寅爲辛角矢度，而寅已其餘弦。次從丁作丁虛横綫，與房甲正弦平行，是爲辛丁小邊之正弦。又從房作房卯綫，與心危婁平行，則此綫爲房丁較弧之正弦，其心危則乙丁對弧之正弦。又從乙作乙女綫，與卯危平行而等，綫在兩正弦平行綫之中，而亦平行，不得不等。是爲較弧與對弧兩正矢之較。房卯爲較弧正弦，則卯已爲餘弦，而卯丁其矢。又心危爲對弧正弦，則危已爲餘弦，而危丁其矢。此兩正矢之較，爲危卯。而乙女與之等，則乙女亦兩矢之較矣。

法曰：　已丁虛句股形，與房乙女句股形相似。房乙與丁虛平行，乙女與已丁平行，則所作之大形丁角小形乙角必等。而大形之虛，小形之女，並正角。則兩形相似。故丁虛小邊正弦。與丁已，半徑。若乙女即卯危較弧餘弦與對弧餘弦之較。與乙房。先得數。

又房甲正弦之分爲乙房，猶亢已之分爲寅亢，其全與分之比例皆相似。從房甲綫切渾員成距等圈，而房甲爲其半徑，猶渾員之有亢已爲半徑也。兩半徑同爲戊寅辛弧綫所分，則乙房爲距等圈半徑之矢度，猶寅亢爲大員半徑之矢度也。其比例俱相似。故房甲大邊正弦，即距等圈半徑。與亢已，大員之半徑。若乙房先得數，即距等圈之矢。與寅亢。後得數，即角之矢綫。

以省算法平之，即甲同乘，異除同除。

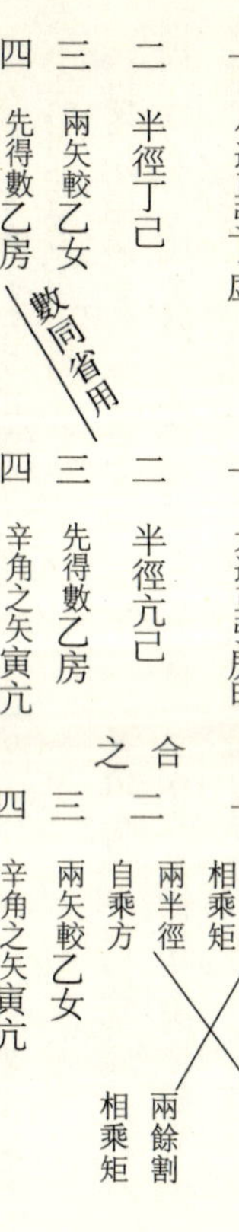

大邊八十度
小邊五十度一十分　餘割　一〇一五四三
　　　　　　　　　　　　一三〇二二三　相乘　一三二二三二三四〇八九
較弧二十九度五十分　餘弦　八六七四八　正矢　一三二五二
對弧六十度　　　　　　　　五〇〇〇〇　　　　五〇〇〇〇　其較　三六七四八

一　半徑方一〇〇〇〇〇〇〇〇〇〇　首率除，宜去十尾位，先于二率去五位，
二　餘割矩一三二二三二三四〇八九　故得數只去五位，即如共去十位也。
三　兩矢較三六七四八
四　鋭角矢四八五九二　用減半徑，得辛角餘弦五一四〇八。

檢表得五十九度四分，爲辛角之度。此與《曆書》所算五十八度五十三分，只差十一分。

又法，徑求餘弦。

法曰：　房甲之分爲乙房，而其餘乙甲，猶亢已之分爲亢寅，而其餘寅已也。故其全與分餘之比例亦相似。法爲房甲正弦。與亢已，半徑。若乙甲正弦分綫之餘。與寅已。半徑截矢之餘，即角之餘弦。準前論，小邊之正弦虛丁句。與半徑丁已，弦。若較弧對弧兩矢之較乙女小句。與大邊正弦之分綫乙房小弦。也。先求乙房爲先得數，以轉減大邊正弦房甲，得分餘綫乙甲。

一　小邊五十度一〇正弦丁虛　七六六七九一
二　半徑丁已一〇〇〇〇〇
三　較弧廿九度五〇，對弧六十度〇〇兩正矢較乙女三六七四八
四　先得數大邊正弦之分綫乙房　四七八五四

以先得數減大邊八十度正弦房甲九八四八一，得大邊正弦內乙房分綫之餘乙甲五〇六二七，末以分餘綫爲三率。

一　大邊正弦房甲九八四八一
二　半徑亢已一〇〇〇〇〇
三　分餘綫乙甲五〇六二七
四　角之餘弦寅已五一四〇七。

檢表得五十九度〇四分，與先算合。

設角之一邊適足九十度，一邊大，用鋭角。餘角一鈍一鋭。

法爲半徑與大邊之正弦，若角之矢與兩矢較也，亦若角之餘弦與對弧之餘弦。

乙丁丙斜三角形，丙丁邊適足九十度，乙丁邊大于九十度，丁鋭角，求對邊丙乙。

法先作平圓分十字，從丁數丁壬及丁丑，並如乙丁度，作距等綫聯之。壬丑。又于壬丑綫上取乙點，法以壬己爲度，己爲心，作半圓，分勻度，而自壬取角度，得乙點。作庚乙癸直綫，爲對弧之正弦。又取壬丙爲較弧，作壬卯正弦，較弧之矢卯丙，對弧之矢癸丙，其較卯癸與壬乙等。壬己正弦，又即距等圈半徑，而爲丁乙戊弧所分，則壬乙如矢，乙己如餘弦，與角之丙子矢，子甲餘弦同比例。

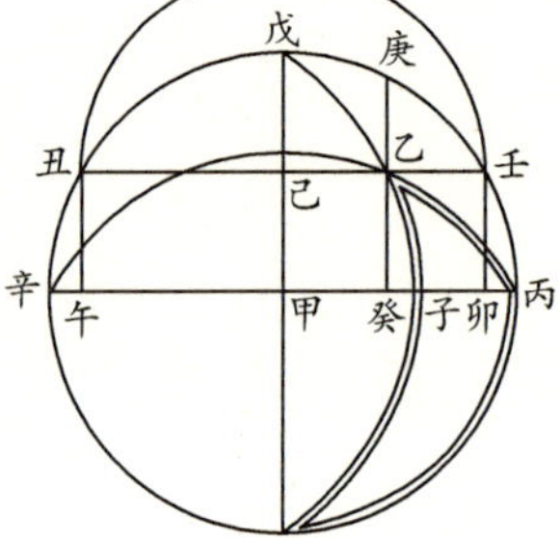

一　半徑丙甲	一　半徑丙甲
二　大邊正弦壬己	二　大邊正弦壬己
三　角之矢子丙	三　角之餘弦子甲
四　兩矢較壬乙即卯癸	四　對弧餘弦乙己即癸甲

若丁爲鈍角，用大矢。

法爲半徑與大邊之正弦，若角之大矢與兩矢較也。亦若鈍角之餘弦與對弧之餘弦。

借前圖，作乙辛爲對角之弧，成乙丁辛三角形。三角俱鈍。作丑午爲較弧丑辛正弦，以丑丁同乙丁故。其庚癸爲對弧乙辛之正弦。以庚辛即乙辛故。較弧之正矢午辛對弧之大矢癸辛，其較癸午與丑乙等。

依前論，壬乙爲距等圈小矢，則乙丑爲大矢，壬丑爲距等圈全徑，與其大矢乙丑之比例，若丙辛全徑與鈍角之大矢子辛，則己丑爲距等半徑與其大矢丑乙，亦若甲辛半徑與鈍角之大矢子辛也。而丑己原爲乙丁大邊之正弦。丑乙原與癸午等。故法爲半徑甲辛。與鈍角之大矢，子辛。若大邊之正弦己丑。與兩矢較丑乙或癸午。也。

一　半徑甲辛	一　半徑甲辛
二　大邊正弦丑己	二　大邊正弦丑己
三　鈍角大矢子辛	三　鈍角餘弦子甲
四　兩矢較癸午	四　對邊餘弦乙己

用餘弦入表得度，以減半周，得對邊之度。

一系，距等圈上弧度所分之矢，與餘弦與大矢，與其半徑或全徑，並與大圈上諸數比例俱等。

又按前法，亦可以算一邊小于象限之三角。

於前圖，取乙戊丙斜三角形，用戊鋭角，餘角一鈍一鋭。有丙戊大邊足九十度，有乙戊邊小于九十度，求對戊角之乙丙邊。

法從乙點作壬己線，爲小邊乙戊之正弦。以壬戊即乙戊故。又取壬丙爲較弧，作壬卯爲其正弦。又從乙點作庚癸，爲對弧乙丙之正弦。以庚丙即乙丙故。于是較弧之矢爲卯丙，對弧之矢爲癸丙，而得兩矢之較爲癸卯。則又引戊乙小邊之弧過半徑于子，而合大圈于丁，分子丙爲戊角之矢，子甲爲角之餘弦。

法曰：丙甲半徑。與壬己，小邊弦。若子丙戊角之矢。與乙壬兩矢較。也，得乙壬，即得癸卯。

捷法，不用較弧，但作壬己，爲小弧乙戊之正弦。作庚癸，爲乙丙對弧之正弦，其餘弦癸甲。又引小邊戊乙分半徑于子，得子甲，爲戊角之餘弦。

法曰：丙甲半徑。與壬己，小邊正弦。若子甲戊角餘弦。與乙己，對邊餘弦。得乙己，得癸甲矣。

又于前圖，取辛戊乙三角形，用戊鈍角，餘角並鋭。有戊辛大邊九十度，有戊乙邊小于九十度，求對戊鈍角之辛乙邊。

用捷法，于乙點作壬丑，爲乙戊小邊之通弦。作庚癸，爲乙辛對弧之正弦，其餘弦甲癸。又引戊乙小邊割丙辛全徑於子，分子辛爲鈍角大矢，子甲爲鈍角餘弦。

法爲甲辛與丑己，若子甲與乙己，得乙己即得癸甲。

若先有三邊而求角，則反用其率。法爲小邊正弦與半徑，若對邊餘弦與角之餘弦。

一系，凡斜弧三角形，有一邊足九十度，其餘一邊，不拘小大，通爲一法，皆以半徑與正弦，若角之矢與兩矢較也，亦若角之餘弦與對邊之餘弦。

若置大小邊于員周，其算亦同。乙丁丙斜弧三角形，乙丁邊適足九十度，丁丙邊小于九十度，有丁鋭角，求對邊丙乙。

法于平員邊取丙丁度，作丙己，爲小邊之正弦。又自丙作丙甲過心綫，又作壬卯綫，爲丙壬較弧之正弦。又作庚乙癸綫，爲對弧乙丙之正弦。庚丙即乙丙故。

乙壬爲丁角之矢，乙甲爲丁角之餘弦，癸丙爲對弧之矢，癸甲爲餘弦，卯丙爲較弧之矢，卯甲爲餘弦，對弧較弧兩矢之較卯癸。亦即乙辰。

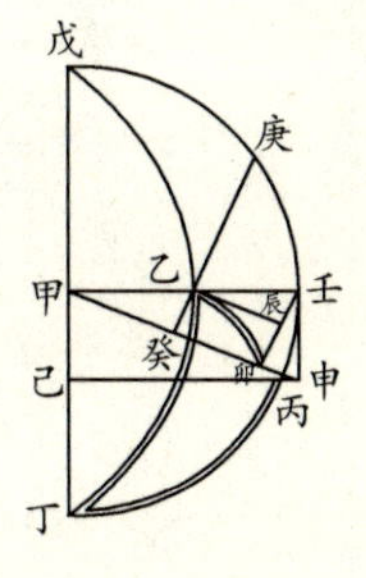

法曰：甲丙己、壬乙辰、乙甲癸三句股相似，故甲丙半徑。與丙己，小邊正弦。若壬乙角之矢。與乙辰，兩矢較。亦若乙甲角之餘弦。與甲癸。對弧餘弦。

三邊求角，法爲半徑壬甲即甲丙。與小邊餘割，申甲。若對弧餘弦癸甲。與角之餘弦。乙甲。

又于前圖取乙戊丙三角形，用戊鋭角，餘角一鈍一鋭。有乙戊邊九十度，有戊丙大邊，求對戊角之丙乙邊。

用捷法，自丙作丙己，爲丙戊大邊之正弦，即從丙作丙甲半徑。乃于乙點作庚癸，爲丙乙對弧之正弦，其餘弦癸甲，而戊乙弧，原分乙甲爲戊角之餘弦。

法曰：甲丙己句股與乙甲癸相似，故甲丙半徑。與丙己，大邊之弦。若乙甲角之餘弦。與甲癸。對邊餘弦。

若丁爲鈍角，餘角並鋭。用大矢。

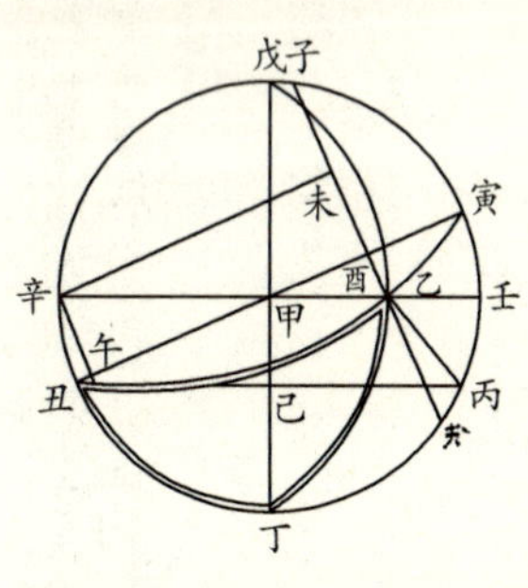

如上圖，作丑乙爲對角之弧，成丑丁乙三角。丁爲鈍角。作丑甲寅徑，又作辛丑較弧之正弦辛午。以辛丁同丁乙故。作丑乙對弧之正弦子酉，引過乙至亥，成通弦。又作辛未綫與酉午平行而等。較弧之正矢午丑，對弧之大矢酉丑，相較得酉午。亦即未辛。乙辛爲丁鈍角大矢，乙甲爲鈍角餘弦。

法曰：甲丑己、乙辛未、乙甲酉三句股相似，故甲丑半徑。與丑己，小邊正弦。若乙辛角大矢。與未辛，兩矢較。亦若乙甲角之餘弦。與甲酉。對弧餘弦。

又于前圖，取乙戊丑形，用戊鈍角，三角俱鈍。有乙戊邊九十度，有丑戊大邊，求對鈍角之丑乙邊。

用捷法，自丑作丑己，爲丑戊大邊之正弦。又自丑作丑甲寅全徑。又自乙作亥酉，爲對邊丑乙之正弦。以亥丑即乙丑故。其餘弦酉甲，而乙甲原爲戊鈍角之餘弦。

法曰：甲丑己句股形，與乙甲酉相似，故甲丑半徑。與丑己，大邊正弦。若乙甲鈍角餘弦。與甲酉。對邊餘弦。

又設丙乙丁三角形，乙爲鋭角，餘一鈍一鋭。乙丙邊小，丁乙邊大，對弧丁丙大于象限，較弧壬丙小于象限，所得爲對弧大矢與較弧小矢之較。

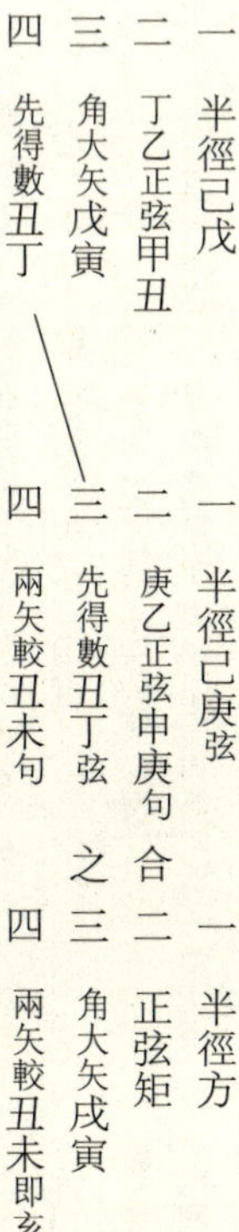

其正弦比例，仍用小矢，以乙鋭角故。

一 半徑己辛	一 半徑己丙		一 半徑方
二 大邊弦甲壬	二 小邊弦辰丙	合	二 正弦矩
三 角之矢寅辛	三 先得數丁壬	之	三 角之矢寅辛
四 先得數丁壬	四 兩餘弦并丁子		四 兩餘弦并丁子即午卯

兩餘弦并，即大矢與小矢之較也。

法以得數午卯，加較弧之正矢卯丙，成午丙爲對弧之大矢。午丙内減去半徑己丙，得午己餘弦。乃以餘弦檢表，得度以減半周，得對弧丁丙之度。

若于得數内減較弧餘弦卯己，亦即得午己餘弦。餘如上。

又于前圖取丁乙庚三角形，乙爲鈍角，三角俱鈍。角旁兩邊俱大于象限，惟對邊小，故用兩正矢較，其正弦比例仍用大矢，以鈍角故。乙丁弧之通弦丑壬，爲乙丁弧所割，成丑丁，亦割其戌辛全徑于寅，成寅戌，爲鈍角大矢，而比例等。又丑庚爲較弧，其正弦丑亥，其矢亥庚。對弧庚丁之通弦酉癸，其矢午庚。兩矢之較爲亥午。

一 半徑己戌	一 半徑己庚弦		一 半徑方
二 丁乙正弦甲丑	二 庚乙正弦申庚句	合	二 正弦矩
三 角大矢戌寅	三 先得數丑丁弦	之	三 角大矢戌寅
四 先得數丑丁	四 兩矢較丑未句		四 兩矢較丑未即亥午

仍于前圖，取丁戊庚三角形，戊鈍角，餘並鋭。三邊俱小于象限。戊丁弧之通弦丑壬，正弦甲壬。又引戊丁弧過全徑于寅，會于乙，則寅戌爲戊鈍角之大矢，亦割丑壬通弦于丁。則丑丁與通弦，若寅戌大矢與全徑也。又戊庚弧之正弦庚申爲句，則己庚半徑爲其弦，其比例，若丑未爲句而丑丁爲弦也。

又丑庚爲較弧，其正弦丑亥，其餘弦亥己，其矢亥庚。對弧庚丁之通弦酉癸，正弦癸午，餘弦午己，其矢午庚。兩矢之較爲亥午。對弧小，故用兩小矢之較。戊鈍角，故以角之大矢爲比例，並同上條。

一　半徑戊己	一　半徑庚己弦	一　半徑方
二　丁戊正弦丑甲	二　戊庚正弦庚申句　合	二　正弦矩
三　角大矢戊寅	三　先得數丑丁弦　之	三　角大矢戊寅
四　先得數丑丁	四　兩矢較未丑句	四　兩矢較未丑即亥午

兩法並用鈍角，其度同，所求之庚丁弧又同，故其法並同。即此可明三角之理。

仍于前圖，取丁丙戊三角形，有丁丙及戊丙二大邊，有丙鋭角，餘一鈍一鋭。求丁戊對邊。法引丁丙及戊丙二弧會于庚，作庚丙徑，作己亢及己戊兩半徑，作癸午爲丁丙邊正弦，而丁丙弧割癸午正弦于丁，亦割亢己半徑于心，則亢己之分爲心亢，猶癸午之分癸丁也。又作戊井，爲戊丙弧之正弦，成戊己井句股形。又從丁作壬甲，爲對弧戊丁之正弦，其矢甲戊。又取癸戊爲較弧，以癸丙同丁丙故。作癸氐爲較弧正弦，其矢氐戊，兩矢之較爲氐甲。又從丁作斗丁，與氐甲平行而等，成丁斗癸小句股形，與戊己井形相似。則己戊弦與井戊句，若癸丁弦與斗丁句也。此因對弧小，故所得爲小矢之較，而用丙鋭角，故只用角之正矢爲比例。又此因用丙角求戊丁邊，故另爲比例。若用戊角求丁丙弧，則與第一條之法同矣。

一　半徑己亢	一　半徑己戊弦	一　半徑方
二　丁丙正弦午癸	二　戊丙正弦井戊句　合	二　正弦矩
三　角之矢心亢	三　先得數丁癸弦　之	三　角之矢心亢
四　先得數丁癸	四　兩矢較斗丁句	四　兩矢較斗丁即甲氐

以甲氐加較弧之矢氐戊，成甲戊，爲對弧之矢。如法取其度，得丁戊。

右例，以一圖而成四種三角形，皆可以入算，而諸綫錯綜，有條不紊，可見理之真者，如取影于燈，宛折惟肖也。又丁丙戊三角形，亦可以戊角。立算餘三角並然。丁乙丙形，可用丙角，庚戊丁形，庚乙丁形，俱可用庚角。

論曰：先得數何以能爲句股比例也？曰：先得數，即距等圈徑之分綫也。其勢既與全徑平行，又其綫爲弧綫所分，其分之一端，必與對弧相會。蓋對弧亦從此分也。其又一端，必與較弧相會。是此分綫恒在較弧對弧兩正弦平行綫之中，斜交兩綫作角而爲弦，則兩正弦距綫，必爲此綫之句矣。而兩矢之較，即從兩正弦之距而生，故不論大矢小矢，其義一也。

然則正弦上所作句股，何以能與先得數之句股相似邪？曰：兩全徑相交于圓心，則成角。各正弦又皆爲各全徑之十字横綫，則其相交，亦必成角。而横綫所作之角，必與其徑綫輳心之角等。角等則比例等矣。大邊小邊之正弦，皆全徑之十字横綫也。較弧對弧之正弦，皆又一全徑之十字横綫也。此兩十字之各綫相交，而成種種句股，其角皆等。

一係，凡三角形，以一邊就全圓，則此一邊之兩端，比可作綫過心，爲全圓之徑，而一爲主綫，一爲加減綫，皆視其所用之角。

凡所用角在徑綫之端，則此徑爲主綫，餘一徑爲加減綫。

凡用鋭角，則主綫在形外。用鈍角，則主綫在形内。

凡角旁兩弧綫引長之，各成半周，必復相會而作角，其角必與原角等。

凡主綫皆連于所用角之鋭端，或在形内，或在形外，並同。其引長之對角，亦必連于主綫之又一端也，若主綫在形内，破鈍角端者，其引長之鈍角亦然。

一係，凡兩徑綫，必與兩弧相應。如角旁弧，引長成半周，其首尾皆至主綫之端，是主綫即爲此弧之徑也。如對角弧，引長成半周，首尾皆至加減綫之端，是加減綫，即爲對弧之徑也。主綫既爲引長角旁一弧之徑，又原爲全圓之徑。而角旁又一弧之引長綫，即全圓也。故角旁兩弧，皆以主綫爲之徑。

加減綫既爲對弧之徑，而較弧在圓周，其端亦與加減綫相連。又加減綫原爲全圓徑。故較弧對弧皆以加減綫爲徑。

一係，凡全徑，必有其十字過心之横徑，而正弦皆與之平行。皆以十字交于全徑，引之即成通弦。

主綫既爲角旁兩弧之徑，故角旁兩弧之正弦通弦，皆以十字交于主綫之上，而其餘弦、其矢，皆在主綫。

加減綫既爲對弧較弧之徑，故對弧較弧之正弦，皆以十字交于加減綫，而其餘弦、其矢，皆在加減綫。

一係，凡角旁之弧，引長之必過横徑，分爲角之矢，角之餘弦，若鈍角，則分大矢。

角旁引長之弧，過横徑者，亦過正弦通弦，故其全與分之比例，皆與角之大小矢，及餘弦之比例等。

又　卷二

平儀論

論以量代算之理

以橫綫截弧度，以直綫取角度，並與外周相應。

如艮己弧，距極三十度，爲申未橫綫所截，故其度與外周未己相應。坎乙應戌乙亦同。又乾乙弧，距極六十度，爲丑卯橫綫所截，故其度與外周丑乙相應。巽己應午己亦同。

又如戊己辛角，有未戊辰直綫爲之限，知其爲六十度角，以與外周未午辛之度相應也。癸乙子三十度角，應子丑度亦然。又庚己子鈍角，有午庚卯直綫爲之限。知其爲百五十度角，以與外周午未己申寅子弧度相應也。壬乙辛百二十度角，應戌乙辰。卯辛弧亦然。

平儀應外周度圖

論曰：平儀有實度，有視度。有直綫，有弧綫。直綫在平面，皆實度也。弧綫在平面，則惟外周爲實度，其餘皆視度也。實度有正形，故可以量。視度無正形，故不可以量。然而亦可量者，以有外周之實度與之相應也。何以言之？曰：平儀者，渾體之畫影也。置渾球于案，自其頂視之，則惟外周三百六十度無改觀也。其近内之弧度，漸以側立，而其綫漸縮而短。離邊愈遠，其側立之勢益高，其蹟縮愈甚。至于正中，且變爲直綫，而與圓徑齊觀矣。此蹟縮之狀，隨度之高下而遷，其數無紀，故曰不可以量也。然而以法量之，則有不得而遁者，以有距等圈之緯度爲之限也。試橫置渾球于案，任依一緯度直切之，則成側立之距等圈矣。此距等圈與中腰之大圈平行，其相距之緯度等，故曰距等也。其距既等，則其圈雖小於大圈，而爲三百六十度者不殊也。從此距等圈上，逐度作經度弧，其距極亦皆等。特以側立之故，各度之視度蹟縮不同，而皆小于邊之真度，其實與邊度並同，無小大也。特外周則眠體而内綫立體耳。故曰不可量而可量者。以有外周之度與之相應也。此量弧度之法也。弧度者，緯度也。量法詳後。然則其量角度也奈何？曰：角度者，乃經度也。經度之數，皆在腰圍之大圈。此大圈者，在平儀，則變爲直綫，不可以量。然而亦可以量者，亦以外周之度與之相應也。試于平儀内，任作一弧角。

如乙己丙平員，内作己丙戊角，欲知其度，則引此弧綫過橫徑于戊，而會于乙。則己戊弧，即丙鋭角之度。戊壬弧，即丙鈍角之度也。然己戊與戊壬兩弧，皆以視法變爲平綫，又何以量其度。法于戊點作庚辛直綫，與乙丙直徑平行。則己庚弧之度，即戊己弧之度，亦即丙鋭角之度矣。其餘庚乙壬之度，即戊丁壬弧之度，亦即丙鈍角之度矣。故曰不可量而實可量者，以有外周之度與之相應也。

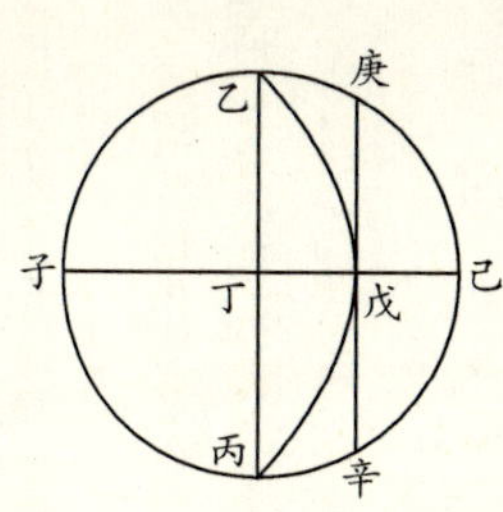

然此法，惟角旁弧度適足九十度如戊丙，則其數明晰。若角旁弧或不足九十度，又何以量之。

曰：凡言弧角者，必有三邊如上所疏，既以一邊就外周真度，其餘二邊，必與此一邊之兩端。相遇于外周而成角。此相遇之兩點，即餘兩弧起處，法即從此起數。借外周以求其度而各循其度，作距等橫綫，乃視兩距等綫交處，而得餘一角之所在，遂補作餘兩弧。而弧三角之形，宛在平面，再以法量之，則所求之角，可得其度矣。此量角度之法也。

今設乙丁丙弧三角形，丁丙邊五十〇度，乙丙邊五十五度，乙丁邊六十〇度，而未知其角。

法先作戊己庚丙平圓，又作己丙及戊庚縱橫兩徑。任以丁丙邊之度，自直綫之左從丙量至丁，得五十〇度，爲丁丙邊。又自丙左右各數五十五度，如辛丙及子丙，皆如乙丙之度。乃作辛子綫聯之，爲五十五度之距等圈。又自丁作卯丁徑綫，自丁左右各數六十〇度，爲癸丁及丑丁，皆如乙丁之數。亦作丑癸綫聯之，爲六十〇度之距等圈。

此兩距等綫相交于乙，則乙點，即爲乙丙及乙丁兩邊相遇之處，而又爲一角也。乃自乙角，作乙丙及乙丁兩弧。則乙丙丁三角弧形，宛然平面矣。再以法量之。則丁丙兩角，亦俱可知。

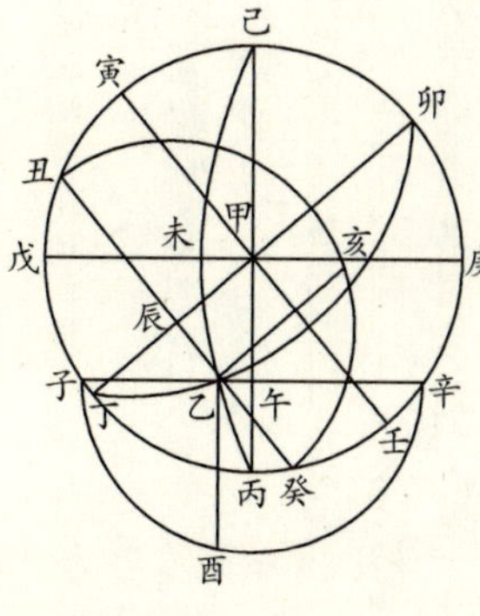

欲知丙角，即用辛子距等綫，以半綫午子爲度，以午爲心，作子酉辛半圓，勻分一百八十度。此辛子徑上距等圈之真形也。乃自乙點作直綫，與午丙徑平行，截半圓于酉，乃從酉數至子，得酉子若干度。此即乙丙丁鋭角之度。以減半周，得酉辛若干度，亦即乙丙辛鈍角之度也。欲知丁角，亦即用丑癸距等綫，以半綫辰癸爲度，辰爲心，作丑亥癸半圓分一百八十度。此亦丑癸徑上距等圈之正形也。乃自乙點作直綫，與辰卯徑平行，截半圓于亥，即從亥數至癸，得亥癸若干度。此即乙丁丙鋭角之度。以減半周，得亥丑若干度，又即乙丁丑鈍角之度也。量得丙角七十八度稍弱。以算玫之，得七十七度五十五分。丁角六十七度三分度之二。以算玫之，得六十七度三十九分。

右量角度以圖代算，欲得零分，須再以算法考之，即知無誤。

又設乙丙丁弧三角形，有六十〇度丙角，有乙丙邊一百〇〇度，有丁丙邊一百二十〇度，求丁乙邊。對角之邊。

法先爲己戊丙庚大圈，作己丙及庚戊十字徑。乃自丙數至辛，如所設丁丙邊一百二十〇度，自丙至子亦如之。作辛午子綫爲一百二十〇度之距等圈。又以距等之半綫辛午爲度。午爲心，作辛酉子半圈，匀分一百八十度。乃自辛數至酉，如所設丙角六十度。而自酉作酉丁直綫與已甲徑平行至丁遂如法作丁丙邊。

又，自丙數至乙，如所設乙丙邊一百〇〇度。又從乙過甲心至卯作大圈徑，亦作寅壬横徑，乃補作丁乙邊。乙丙丁三角弧形宛然在目。

又，自丁作丑丁癸距等綫，與寅壬平行。末自乙數至癸得若干度，即乙丁之度。量得丁乙綫五十九度强。以算玫之，得五十九度〇七分。

右量弧度以圖代算。若用規尺，可免逐圈匀分之度，有例在後條。

又，若先有乙丁對角邊，丁丙角旁邊，有丙角而求乙丙角旁之邊。仍用前圖。

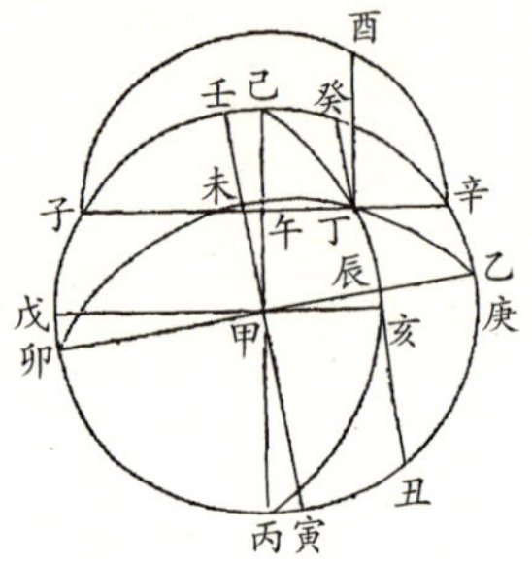

法先作己戊丙圓，及十字徑綫。又以丁丙邊之度，取丙辛及丙子，作辛子距等線。又作子酉辛半圓，取辛酉角度，作酉丁直綫，遂從丁作丁丙邊，皆如前。次以所設丁乙邊五十九度，倍之，作一百十八度少。于本圓周，取其通弦。即距等綫癸丑之度。乃以通弦綫就丁點，遷就游移使合于外周而不離丁點，成丑丁癸綫。即有所乘丑乙癸弧，乃以弧度折半于乙，則乙丙外周之度，即所求乙丙邊。于是補作乙丁綫，成三角之象。

又，法以丁乙倍度之通弦丑癸。半之于辰。乃從辰，作卯甲辰過心徑綫，即割大圓周于乙。而乙癸及乙丑之弧度，以平分而等，皆如乙丁度，亦遂得乙丙度。餘如上。

又，若先有乙丙兩角，及乙丙邊，在兩角之中。亦仍用前圖。

法先作己戊丙圓，及十字徑綫，皆如前。乃自丙數至乙，截乙丙爲所設之邊。次作丙角，法于戊庚横徑，如前法求庚亥。如所設丙角之度，遂從亥點作弧，如丙亥己。則丙角成矣。次作乙角。法于乙點作乙甲卯徑，亦作壬寅横徑，乃自寅至未，如前法。

未如所設乙角之度，遂從未點作弧，如見未乙。則乙鈍角亦成矣。

兩弧綫交于丁角，乃補作丑癸及辛子兩距等綫，則弧度皆得。案：此兩弧綫，必以雞子形作之方準。若丁點離兩横徑不遠，則所差亦不多也。

凡平儀上，弧綫皆經度而直綫皆緯度。

惟外周經度，亦可當緯度。又最中長徑，緯度，亦爲經度。

平儀上，弧綫皆在渾面，而直綫皆在平面。

試以渾球，從兩極中半圓處直切之，如用極至交圈爲度，以剖渾儀。則成平面矣。以此平面覆置于案，面從中腰横切之，如赤道半圈。則成横徑于平面矣。如赤道之徑。又以此横徑爲主，離其上下，作平行綫而横切之，則皆成距等圈之徑綫于平面矣。大横徑各距極九十度，逐度皆可作距等圈，即皆有距等徑綫在平面，故曰皆緯度也。此綫既爲距等圈之徑，則其徑上所乘之距等圈，距極皆等，即任指一點作弧度，其去極度皆等，故以爲緯度之限也。

若又別指一處爲極，如赤道極、黄道極，又如天頂亦爲極。則其對度亦一極也。亦可如前横切，作横徑如黄道之徑。于平面，其横徑上下亦皆有九十度之距等圈與其徑綫矣。如黄道亦有緯度。故直綫有相交之用也。

準此觀之，渾球之外圈，隨處可指爲極。即有對度之極兩極相對，則皆有直綫爲之軸。軸上作横徑，横徑上下，即皆有九十度之距等徑綫，而相交相錯，其象千變，而句股之形成，比例之用生，加減之法出矣。如黄赤兩極外，又有天頂地心之極，而天頂地心隨北極之高下而變。又此所用外周，特渾球上經圈之一耳。若準上法于球上，各經圈皆平切之，皆爲大圈，則亦可隨處爲極以生諸距等緯綫。而相交相錯之用，乃不可以億計矣。如天頂地心，既隨極出地度而異，其南北亦可因各地經度而異，其東西由是推之，渾球上無一處不可爲極，故所求之點即極也。何以言之，凡于球上任指一點，于此點作十字直綫，即能會于所對之點。而十字所分之角，皆九十度，即逐度可作綫以會于對點。而他綫之極，此點上綫皆能與之會，故曰所求之點即極也。

凡平儀上弧綫，皆經度也。而弧有長短者，則緯度也。是故弧綫爲經度，而即能載緯度，蓋載緯度者，必以經度也。若無經度，則亦無緯度矣。

平儀上直綫皆緯度也。而綫有大小者，則經度也。是故直綫爲緯度，而即能載經度，蓋載經度者，必以緯度也。若無緯度，則亦無經度矣。所云直綫，指橫徑及其上下之距等徑而言。

弧綫能載緯度，即又能分緯度之大小。直綫能載經度，即又能分經度之長短。假如平面作一弧，引長之，其兩端皆至外周，則分此外周爲兩半圓，而各得百八十度，即所作之弧，亦百八十度矣。此百八十者皆緯度，故曰能載緯度也。而此平面上所乘之半渾圓，其經度亦百八十，而皆紀于腰圍之緯圈，若于腰圍緯圈上任指一經度作弧綫，必會于兩極，而因此弧綫，割緯圈以成角度，故又曰能分緯度也。不但此也，若從此弧綫之百八十度上，任取一度，作平行距等緯圈，其距等圈上所分之緯，必小于腰圍之緯圈，而其所載距等圈之經度，皆與角度等。即近極最小之緯圈亦然。何以能然？曰：緯圈小，則其度從之而小，而爲兩弧綫所限角度不變也，故緯圈之大小弧度分之也。

然弧綫之長短，又皆以緯圈截之而成。而緯圈必有徑在平面上，與圈相應。故曰：直綫能載經度，即又能分經度之長短也。

平儀上直綫弧綫，皆正形也。問前論，直綫有正形，弧綫躋縮無正形，茲何以云皆正形？曰：躋縮者，球上度也。然其在平面，則亦正形矣。有中剖之半渾球于此，覆而觀之，任于其緯度直切至平面，則皆直綫也。而其切處，則皆距等圈之半圓，即皆載有經度一百八十也。從此半圓上，任指一經度作直綫，下垂至平面，直立如縣針，則距等圈度之正弦也。若引此經度作弧，以會于兩極，則此弧度上，所載之緯度一百八十，每度皆可作距等圈，即每度皆可作距等圈之正弦矣。由是觀之，此弧上一百八十緯度，既各帶有距等圈之正弦，即皆能正立于平面，而平面上亦有弧形矣。夫以弧之在球面言之，則以側立之故，而視爲躋縮。而平面上弧形，非躋縮也。故曰皆正形也。惟其爲正形，故可以量法御之也。

問平儀經緯之度，近心闊而近邊狹，何也？曰：渾圓之形，從其外而觀之，則成中凸之形。其中心隆起處，近目而見大。四周遠目而見小。此視法一理也。又中心之經緯度平鋪，而其度舒，故見大。四周之經緯側立，而其度垜疊，故見小。此又視法一理也。若以量法言之，則近内之經緯，無均平之數，數皆紀之于外周。外周之度，皆以距等綫爲限，而近中綫之距等綫，以兩旁所用之弧度皆直過，與橫直綫所差少，故其間闊，近兩極之距等綫，則其兩旁之弧度皆斜過，與橫直綫縣殊。故其間窄，此量法之理也。固不能强而齊一之矣。夫惟不能强而齊，故正弦之數以生，八綫由斯以出。尺算比例之法，由斯可以量代算。而測算之用，遂可以坐天之内，觀天之外已。

取角度又法

設已戊丙庚圓，有子辛距等緯綫，有所分丁辛小緯綫，求其所載經度，以命所求之角。

本法取距等半徑，辛午。作子酉辛半圓。從丁作酉丁綫，乃紀酉辛之度，爲丁辛之度。

今用捷法，徑于丁點，作女丁壬綫與已甲徑平行。再用距等半徑午辛。爲度，從甲心，作虛半圓，截女壬綫于亢，即從此引甲亢綫至癸，則數大圈庚癸之度，爲丁辛角度。即丙角也。

解曰：試作氐亢房半圓，其亢甲半徑，既與午辛等，則氐亢房半圓，與辛酉子等，而氐亢房半圓，又與大圓同甲心，則庚癸之度與氐亢等，即亦與酉辛等矣。

又如，先有丙角之度，及辛子距等綫，而求丁點所在，以作丙丁弧。法從大圈庚數至癸，令庚癸如丙角之度，即從癸向甲心，作癸甲綫。半徑。次以距等之半徑辛午爲度，從甲心作半圓，截癸甲半徑于亢。乃自亢作亢丁壬綫，截辛午于丁，即得丁點。

用規尺法

設如乙丁辛弧三角形，有乙丁邊六十度，有丁辛邊五十度一十分，有乙辛邊八十度，求辛鋭角。

如法，依三邊各作圖。法以十字剖平員，自主綫端辛，數所設丁辛五十度奇至丁。乃自丁作徑綫過已心。又依所設丁乙六十度，自丁左數至婁，右數至丙，皆六十度，作丙婁綫爲距等圈之徑。又自辛依所設辛乙八十度至房，亦左至壬作房壬距等徑綫。此兩距等綫交于乙。乃作乙丁及辛乙兩綫，

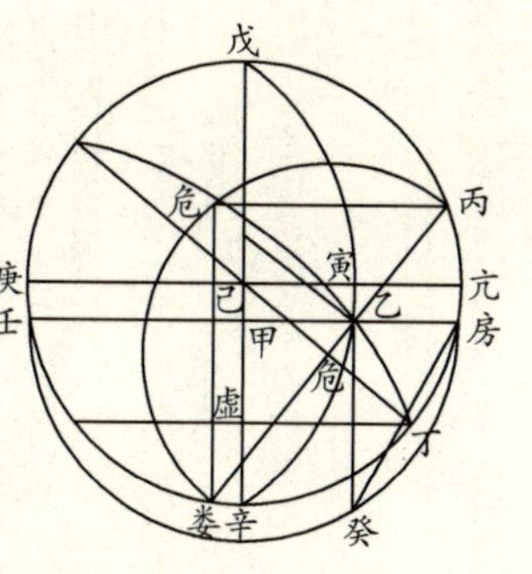

則三角形，宛然在目。

今以量法求辛角。

法曰：房甲距等半徑與乙甲分綫，若亢己半徑與辛角之餘弦寅己。

法以比例尺正弦綫，用規器取圖中房甲之度，于半徑九十度定尺。再取乙甲度，于本綫求正弦等度，得角之餘度。乃以所得餘度轉減象限，命爲辛角之度。

依法得餘弦三十一度弱，即得辛角爲五十九度强。

又法以房甲爲度，甲爲心，作房癸壬距等半圈。又作乙癸正弦，與己辛平行。如前以房甲度，于正弦九十度定尺，再以乙癸度取正弦度，命爲辛角度。

又法作房癸綫用分圓綫。取房甲度，于六十度定尺。再取房癸綫，于分圓綫求等度。得數，命爲辛角之度。更捷。

論曰：既以房甲爲半徑，則乙癸即正弦，乙甲即餘弦，房癸即分圓，皆距等圈上比例也。其取角度，與分半周度而數房癸之度並同，然量法較捷。

又，求丁鈍角。

法以丙危爲度，危爲心，作婁丑丙半圓。又作丑乙綫，當角之正弦，則乙危當餘弦。

乃取距等半徑，丙危度，于正弦綫九十度定尺。再取乙危度，求得正弦綫等度，命爲鈍角餘弦，以所得加九十度，爲丁鈍角度。依法得餘弦十二度太，即得丁鈍角一百〇二度太。

或取丑乙綫，求正弦綫上度，命爲鈍角之正弦。以所得減半周度，餘爲丁鈍角度。兩法互用相考，更確。

又法作婁丑分圓綫，取丙危半徑，于分圓綫六十度定尺。而求婁丑分圓之度分爲丁鈍角。亦可與正弦法參考。

論曰：兼用正弦兩法，分圓綫一法以相考，理明數確。然此半周度之工，尚爲省力。是故量捷于算，而尺更捷矣。

若兼作丙丑分圓，以所得度減半周亦同。如此，則分圓綫亦有兩法。合之正弦，成四法矣。

又論曰：此條三邊求角，前條有二邊一角求弧，可互明也。故用圖亦可以求角，用尺亦可以求弧，智者通之可也。

三極通機

平圓則有心，渾圓則有極。如赤道以北辰爲極，而黄道亦有黄極。人所居又以天頂爲極，故曰三極也。極云者，經緯度之所宗，如赤道經緯悉宗北極，而黄道經緯自宗黄極，地平上經緯又宗天頂，亦如屋之有極，爲楹桷宇梠棨棁之所宗也。既有三極，即有三種之經緯。于是有相交相割而成角度，角之鋭端即兩綫相交之點。任指一點而皆有三種經緯之度與之相應焉。故可以黄道之經緯求赤道之經緯。亦可以赤道之經緯求地平上之經緯。以地平求赤道，以赤道求黄道，亦然。舉例如後。

以黄道經緯求赤道經緯。

己辰庚斜弧三角形，己丁乙丙爲極至交圈，己爲北極，丙甲丁爲赤道，庚爲黄極，壬甲寅爲黄道。星在辰，辰庚爲黄極距星之緯，辰庚酉角爲黄道經度，今求赤道經緯。

法自辰作黄道距等緯圈。酉辛。又自辰作赤道距等緯圈。戊午。即知此星辰。在赤道之北，其距緯戊丙。或午丁。次以赤道距等半徑戊卯爲度，卯爲心，作午未戊半圓。又作未辰直綫，與己甲平行，則未戊弧即爲赤道經度。即戊己辰角。

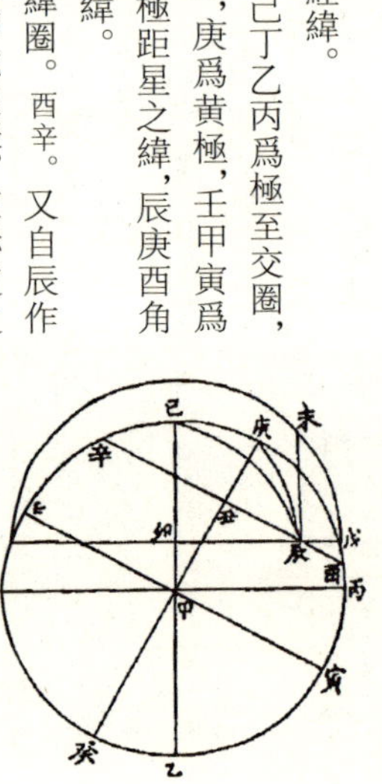

若先有赤道經緯，而求黄道經緯，亦同。

以赤道經緯求地平經緯。

己子戊三角形，三角皆鋭。戊壬庚辛爲子午規，壬辛爲地平，戊爲天頂，己爲北極，丁丙爲赤道。星在子，子己爲星距北極，己角爲星距午規經度，即緯圈上丑子之距。求地平上經緯。

法自子作寅亥綫，與辛壬地平平行，即知地平上星之高度亥辛。或壬寅。次作寅酉亥半圓，以亥寅半綫亥午爲度，午爲心。又從子作酉子直綫，與戊甲天頂垂綫平行。即子寅爲星距午方之度，爲子戊寅角。數酉至寅之弧，即得星在午左或午右之方位，是爲地平上之經度。按此圖爲星在卯酉綫之北，數酉辰若干度，即知其星距卯酉綫若干度也。若先得地平上經緯，高度爲緯，方位爲經。而求赤道經緯，星距赤道爲緯，距午綫時刻爲經。其理亦同。

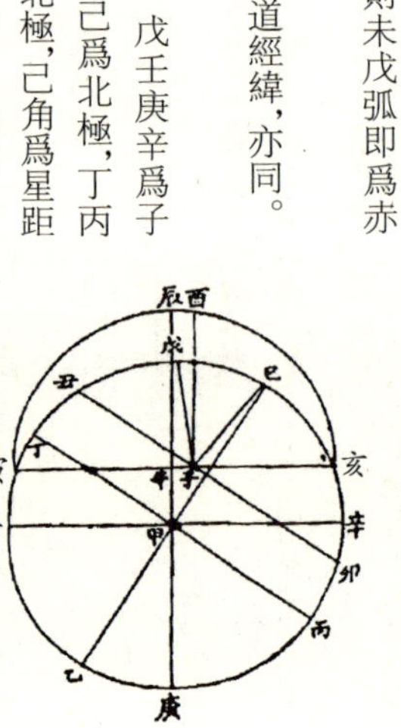

以兩緯度求經度。

己子戊三角形，假如北極高三十度，己辛。戊寅壬爲午規，太陽在子，距赤道北十度。其距丑丁或卯丙緯度。子丑爲太陽距午加時經度，即子己丑角。寅壬爲太高度，亥辛。求太陽所在之方。

法以太陽高度，亥辛。作亥寅高度緯綫。又以太陽距赤道緯，丑丁卯丙作丑卯赤道北緯綫。兩綫交于子。乃以亥午爲度，午爲心，作亥酉寅半圓。分百八十度。又自子作酉子綫，與戊甲平行，截半圓于酉。則酉至寅之度，即太陽所到方位離午正度。即子戊寅外角。若求加時，以北極赤緯綫準此求之，用子己戊角。

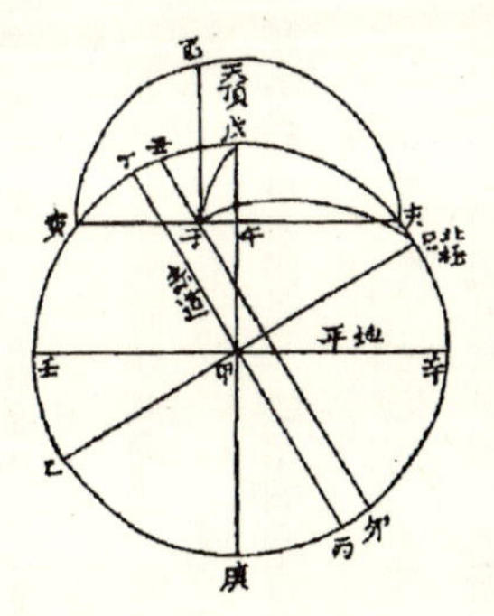

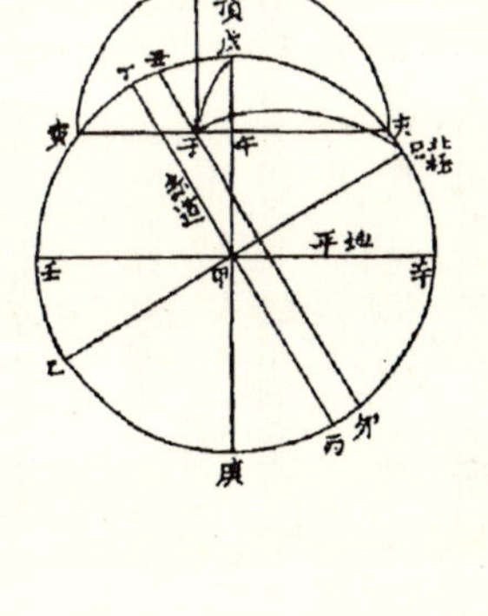

求北極出地簡法。可以出洋知其國土所當經緯，西北廣野亦然。與地度弧角可以參用。

不拘何日何時刻，但有地平真高度，及真方位，即可得之。

法曰：先以所測高度，及方位，如法作圖，取作平儀上太陽所在之點。即地平經緯交處。次查本日太陽在赤道南北緯度，用作半徑。于儀心作一小圓。末自太陽所在點，作横綫，切小圓而過，引長之至邊。此即赤緯通弦也。乃平分通弦，作十字全徑過儀心，即兩極之軸，數其度得出地度。

假如測得太陽在辰高三十四度，方位在正卯南三度强，而不知本地極高，但知本日太陽赤緯十九度，今求北極度。

如法作圖，安太陽于辰。詳下文。先作丙丁綫，爲地平高度。次用法，自正東卯數正弦度至辰，得近南三度，爲地平經度。或以丙卯爲半徑，作半規，取直應度分，亦同。次依本日太陽赤緯十九度，以圓半徑取庚甲十九度正弦。爲小圓半徑，作子庚小圓。末自太陽辰作横綫戊壬，切小圓于庚。乃自庚向甲心，作大圓徑綫己午，則己即半極。數己丑之度，爲極出地度。依法求得本地極高四十度。

論曰：此法最簡最真。然必得正方案之法，以測地平經度始無錯誤。

又　卷三　初數次數法加減代乘除之法，從初數次數而生，故先論之。

上卷之法，用角旁兩正弦相乘。今則兼用兩餘弦。故別之爲初數次數。其法有二。其一，次數與對弧餘弦相加。其一，相減也。相加又有二。一鋭角，一鈍角也。相減有四。或餘弦内減次數，或次數内減去餘弦，而又各分鋭角、鈍角也。

約法　三邊求角

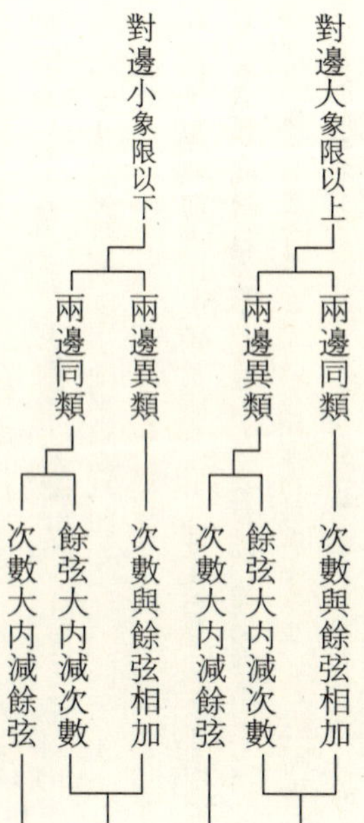

對邊大象限以上
- 兩邊同類——次數與餘弦相加 ┐
- 兩邊異類 ┬ 餘弦大内減次數 ┘——角鈍
-　　　　　└ 次數大内減餘弦——角鋭

對邊小象限以下
- 兩邊異類——次數與餘弦相加 ┐
- 兩邊同類 ┬ 餘弦大内減次數 ┘——角鋭
-　　　　　└ 次數大内減餘弦——角鈍

角求對邊

(鈍)(鋭)角
- 兩邊異類——得數與次數相加 ┐
- 兩邊同類 ┬ 得數大内減次數 ┘——對邊大象限以上
-　　　　　└ 次數大内減得數——對邊小象限以下

(鋭)(鈍)角
- 兩邊同類——得數與次數相加 ┐
- 兩邊異類 ┬ 得數大内減次數 ┘——對邊小象限以下
-　　　　　└ 次數大内減得數——對邊大象限以上

餘弦次數相加例鋭角法、鈍角法，各一。

丁乙丙形，有三邊，求乙鋭角。

角旁大弧丁乙，正弦辛戊，餘弦己戊。小弧丙乙。正弦丙癸，餘弦己癸。兩正弦相乘，全數除之，成初得數戊庚。又以兩餘弦相乘，全數除之，成次得數戊丑。即卯己。乃以次得數卯己，加對弧之餘弦己戌，成卯戌。即申戌。

一　初得數　戊庚

二　次得數與對弧餘弦相并申戌

三　半徑　亥己

四　角之餘弦　己乾

以餘弦檢表，得乙鋭角之度。

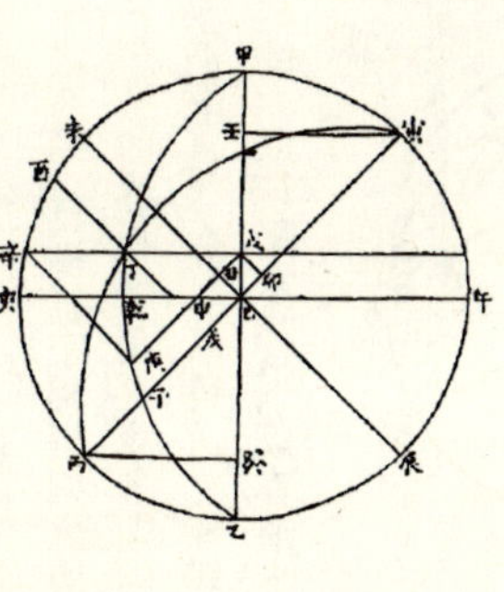

若先有角求對邊，則反之。

一　半徑　亥己

二　角之餘弦　己乾

三　初得數　戊庚

四　次得數與對弧餘弦相并申戊以次得數戊丑減之，得對弧餘弦丑申，即己戊

論曰：　辛戊正弦與亥己半徑，同爲乙丁弧所分，則辛戊全與丁戊分，若亥己全與乾己分也。而辛戊弦與丁戊小弦，又若戊庚句與申戊小句也。故戊庚與申戊，必若亥己與乾己。

右係對邊小於象限，角旁弧異類，故其法用加，而爲鋭角。

若用丁甲丙形，其算並同。何以明之？甲丁者，乙丁半周之餘。甲丙者，乙丙半周之餘。其所用正弦並同，又同用丁丙爲對角之弧，甲角又同乙角，皆以乾己爲餘弦故也。

仍用前圖，取丁甲寅三角形，有三邊求甲鈍角。角兩旁弧同類，對角邊大，爲寅丁，其正弦酉戊，餘弦戊己。旁弧丁甲，其正弦辛戊，餘弦己戊。又旁弧寅甲，其正弦寅壬，餘弦壬己。

初得數戊庚，半徑除兩正弦矩。次得數卯己。半徑除兩餘弦矩。

所用三率，與前鋭角形並同。亦以卯己加己戊，成申戊，爲三率。所得四率乾己，亦爲甲角之餘弦。末以餘弦檢表，得度，以減半周，餘爲甲鈍角之度。

若先有甲鈍角，求對邊丁寅。則反用其率。一半徑亥己，二角餘弦乾己，三初數戊庚，四申戊末。以次數戊丑，去減得數甲戊，餘丑申，爲對弧餘弦。

論曰：　對弧寅丁係過弧，與鋭角形對弧丁丙，相與爲半周之正餘度，同用酉戊爲正弦，戊己爲餘弦。角旁弧丁甲，即乙丁半周之餘度，同用辛戊爲正弦，戊己爲餘弦。甲寅弧，又與乙丙弧等度，其正弦壬寅，同癸丙，餘弦壬己，同癸己。故加減數並同。所異者對弧大，而兩旁弧又同類，故爲鈍角。

若用寅乙丁形，其算並同。以同用丁寅對弧，而兩弧在角旁者，寅乙爲寅甲半周之餘，丁乙爲丁甲半周之餘，所用之正弦餘弦並同故也。甲角同乙角，皆以乾己餘弦度，轉減半周爲其度。

右係對邊大于象限，而角旁兩弧同類，故用加，而爲鈍角。

正餘交變例

若角旁兩邊以象限相加減，而用其餘弧，則正弦餘弦之名互易，而所得初數次數不變，三率之用亦不變。

解曰：　弧小以減象限得餘弧。弧大以象限減之而用其餘，亦餘弧也。其故何也？凡過弧與其減半周之餘度，同用一正弦，故過弧內減象限之餘，即反爲過弧之餘弧，亦曰剩弧。而此剩弧之正弦，即過弧之餘弦也。

若兩弧內，一用餘度，則其初數次數，皆爲正弦乘餘弦半徑除之之數。然其數不變。何也？一弧既用餘度，則本弧之正弦，變爲餘弧之餘弦。而其又一弧，仍係本度，則正弦不變，然則先所用兩正弦相乘爲初數者，今不變而爲餘乘正乎？次數倣此。

試仍以前圖明之。丁乙丙形，任以乙角旁之乙丁弧即辛乙。內，減去亥乙象弧，其剩弧亥辛之正弦戊己，即乙辛過弧之餘弦也。又亥辛之餘弦辛戊，即過弧乙辛之正弦也。然則先以辛戊正弦乘丙癸正弦者，今不變爲辛戊餘弦乘丙癸正弦乎？然但變其名爲餘乘正，而辛戊之數不變，則其所得之初數戊庚，亦不變也。次數倣論。

若角旁兩弧，俱改用餘弧，則初數變爲兩餘弦相乘，次數變爲兩正弦相乘。蓋以正變餘，餘變正，而所得之初數次數不變。

試仍以前圖明之。丁乙丙形，乙角旁兩弧乙丁改用辛亥，義見前。乙丙改用丙亥，皆餘弧也。則丙癸、辛戊兩正弦，皆變餘弦。丙癸爲丙亥弧餘弦，辛戊爲辛亥弧餘弦。癸己、戊己兩餘弦，皆變正弦。癸己爲丙亥弧正弦，戊己爲辛亥弧正弦。然則先以兩正相乘者，今爲兩餘。然雖變兩餘，而其爲丙癸與辛戊者不變，故其所得之初數戊庚，亦不變也。次數倣論。

凡弧度與半周相減之餘，則所用之正弦同。餘弦亦同。

凡弧度與象限相減之餘，則所用之正弦變餘，餘弦變正。

餘弦內減次數例鈍角法、鋭角法，各一。

丁乙丙弧三角形，有三邊，求乙鈍角。

丙乙小弧，其正弦丙辰，餘弦辰己。丁乙大弧，其正弦癸甲，餘弦甲己。是爲角旁之兩弧不同類。癸乾初得數，兩正弦乘，半徑除之數。午己次得數。兩餘弦乘，半徑除之數。丁丙對邊大，其正弦壬卯，餘弦卯己。

對邊大于象限，而角旁弧不同類，宜相減。

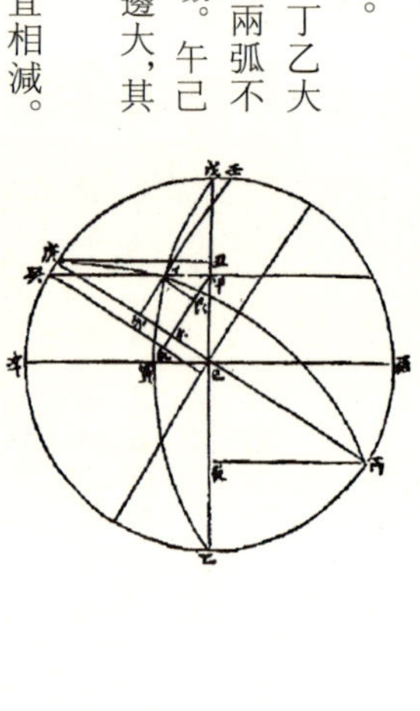

對弧餘弦大于次數，法當于餘弦卯己內，減去次得數午己，餘午卯即艮丁。爲二率。

一　初得數癸乾　三　半徑辛己

二　次得數減餘弦艮丁　四　角餘弦寅己

對邊大，角旁弧異類。而次數小，減對弧餘弦，其角爲鈍。宜以四率寅己，撿餘弦表，得度以減半周，餘爲乙鈍角之度。即寅酉大矢之度。若先有乙鈍角，求對弧，則反用其率。以一率與三率，二率與四率，更易求之。

既得艮丁，乃以次數加之，成卯己餘弦，檢表，得度以減半周，得丁丙對邊之度。凡過弧與其減半周之餘度，同用一餘弦，故以餘弦檢表，得度以減半周，即得過弧。

若丁戊庚三角形，係鋭角，此形有三鋭角。有三邊求戊角。

戊庚小邊，其正弦庚丑，餘弦丑己。丁戊次小邊，其正弦癸甲，餘弦甲己。是爲角旁弧同類。初得數癸乾，半徑除兩正弦矩。次得數午己。半徑除兩餘弦矩。丁庚對邊小，其正弦壬卯，餘弦卯己。對邊小于象限，而角旁弧同類，宜相減。次數午己小于對弧餘弦卯己，以午己去減卯己，餘卯午。即艮丁。

一　初得數癸乾　三　半徑辛己

二　次得數減餘弦艮丁　四　角餘弦寅己

對邊小，角旁弧同類，而次數小，去減餘弦，其角爲鋭。宜以四率寅己，檢餘弦表，得戊鋭角之度。

若先有戊鋭角度，求對邊丁庚，則反用其率。一率與三率，二率與四率，更易之。以所得艮丁加次數午己，檢餘弦表，得丁庚對邊之度。因鋭角，角旁弧同類，次數小於餘弦，得數後，宜加次數爲對邊餘弦。

論曰：丁戊庚形與丁乙丙形，爲相易之形。故丁戊爲丁乙減半周之餘，戊庚等乙丙。此兩弧所用之正弦餘弦並同。則初數次數亦同矣。而丁庚對弧，亦丁丙對弧減半周之餘，則所用餘邊又同。加減安得不同。

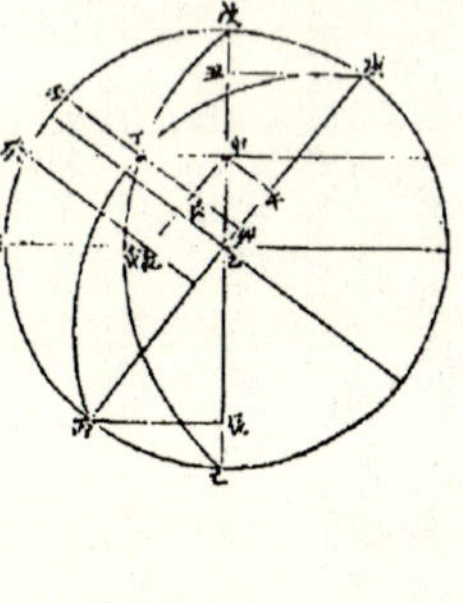

次數內轉減餘弦例鋭角法、鈍角法各一。

丁乙丙形，三邊求乙角。係鋭角。

丙乙小邊，正弦辰丙，餘弦辰己。丁乙大邊，正弦癸甲，餘弦甲己。是爲角旁之兩邊不同類。初得數甲乾，半徑除兩正弦矩。次得數午己。半徑除兩餘弦矩。丁丙對邊大，正弦壬卯，餘弦卯己。對邊大，而角旁弧不同類，宜相減。次數午己，大於對弧餘弦卯己。法當于午己內，減卯己，餘午卯即甲艮。爲二率。

一　初得數甲乾　三　半徑辛己

二　餘弦減次數之餘甲艮　四　角餘弦寅己

對邊大，角旁弧異類，而次數大，受對弧餘弦之減，其角爲鋭，宜以四率寅己，檢餘弦表，得乙鋭角之度。即寅辛矢度。

若先有乙角，而求對邊丁丙，則反用其率。以一率與三率，二率與四率，更易求之。末以所得甲艮，轉減次數午己，得對弧餘弦卯己，檢表，得度以減半周，爲對弧丁丙度。

若丁戊庚形，三邊求戊角。係鋭角。

戊庚小邊，正弦丑庚，餘弦丑己。丁戊次小邊，正弦癸甲，餘弦甲己。是爲角旁兩弧同類。初數甲乾，半徑除兩正弦矩。次數午己。半徑除兩餘弦矩。丁庚對邊小，正弦壬卯，餘弦卯己。對邊小，而角旁兩弧同類，宜相減。次數午己，大於對邊餘弦卯己，當于午己內，減卯己，餘午卯。即甲艮。

一　初得數甲乾　三　半徑辛己

二　餘弦減次數之餘甲艮　四　角餘弦寅己

對邊小角旁弧同類，而次數大，內減去餘弦，其角爲鈍，宜以四率寅己，檢餘弦表，得度以減半周，得戊鈍角之度。

若先有戊鈍角，而求對邊丁庚，則反用其率。即得甲艮，末以甲艮轉減次數午己，得對弧餘弦卯己。檢表，得對弧丁庚之度。

一係，半渾圓面所成斜三角形，左右皆相對。如左鋭角者，右必鈍也。對邊左小者，右必大也。角旁之邊，左爲同類者，右必異類也。角旁兩弧，一居圓周，一居圓面。此圓面弧綫，左右所同用也。而圓周之弧，左右有大小，故同于左者，不同于右。

加減法以代乘除。

初數次數，並以乘除而得。今以總弧存弧之餘弦，加減而半之，與乘除之所得胳合。法簡而妙。而甲數乙數之用，亦從此生矣。

總法曰：凡兩弧相并爲總弧，相減爲存弧。存弧一曰較弧。

總弧存弧，各取其餘弦以相加減，成初數次數。

法曰：視總弧過象限，則總存兩餘弦相加。總弧不過象限，則相減。皆折半爲初數。即原設兩弧之正弦相乘，半徑除之之數。以初數轉減存弧餘弦，即爲次數。即原設兩弧之餘弦相乘，半徑除之之數。又法，總弧過象限，兩餘弦相減。不過象限，則相加並折半，爲次數。又法，初數以相加成者，以總弧餘弦減初數。以相減成者，以總弧餘弦加，並加減初數，爲次數，亦同。

又，取總弧存弧之正弦相加減，成甲數乙數。

法曰：以總存兩正弦相加，折半爲甲數。即原設大弧正弦乘小弦餘弦，半徑除之之數。總存兩正弦相減，折半，爲乙數。即原設小弧正弦，乘大弧餘弦半徑除之之數。又法，以存弧正弦減甲數，其餘爲乙數。亦同。又法，以甲數減總弧正弦，即得乙數。

圖式一

總弧在象限內，兩餘弦相減，

大弧丙寅，小弧辰丙。即丑丙。二弧相加爲總弧辰寅，相減得存弧丑寅。丑寅存弧之餘弦丑癸。亦即丁乙。辰寅總弧之餘弦卯辰。即癸子，亦即乙午。兩餘弦相減，丑癸內減子癸，存丑子。或乙丁內減乙午，存午丁。其餘半之，丑子半之于壬，戌壬丑，即亥丁。爲丙寅，辰丙。二弧兩正弦相乘，半徑除之之數，即初得數也。

以初得數轉減存弧之餘弦，以壬丑減丑癸，其餘癸壬，亦即亥乙。其餘爲大小二弧兩餘弦相乘，半徑除之之數，即次得數也。

論曰：丙辛，大弧之正弦也。丑戌，小弧之正弦也。以句股形相似之故。乙丙半徑弦。與丙辛正弦，股。若丑戌正弦小弦。與丑壬初得數也。小股。其半而得者何也？曰：辰戌同丑戌，則戌己亦同丑壬。而壬子即己戌，則子丑者，初得數壬丑。之倍數，故半之即得。

辛乙，大弧之餘弦也。戊乙，小弧之餘弦也。乙丙半徑弦。與辛乙餘弦，句。若戊乙餘弦小弦。與亥乙次得數也。小句。又以存弧餘弦內兼有初得次得兩數，故減初得次也。丑癸餘弦內，有丑壬初數，癸壬次數。故減丑壬，即得癸壬也。或于乙丁內，減亥丁，得亥乙。並同。

又，丑寅存弧之正弦丑丁。即午子或癸乙。辰寅總弧之正弦辰午。即卯乙。兩正弦相加半之，爲大弧正弦乘小弧餘弦，半徑除之之數，即甲數也。以甲數轉減總弧之正弦，以午己減辰午，其餘己辰，亦即卯未。是爲大弧餘弦乘小弧正弦，半徑除之之數，即乙數也。

論曰：乙辛，大弧之餘弦也。辰戌，小弧之正弦也。以兩句股形同比例之故，丙乙半徑與乙辛餘弦，若辰戌正弦與辰己乙數也。又丙辛，大弧之正弦也。戊乙，小弧之餘弦也。而丙乙半徑與丙辛正弦，若戊乙餘弦與戊亥甲數也。又以總弧正弦內，兼有甲乙兩數，故減乙得甲，減甲亦得乙矣。辰午正弦內，有辰己乙數，己午甲數，故減辰己得己午。若減己午，亦必得辰己。

若以酉丙爲大弧，丙丑爲小弧，則其總弧酉丑，正弦丑丁，餘弦丑癸。其存弧辰酉。正弦辰午，餘弦卯辰。但互易存總之名，其他並同。

論曰：凡過象限之弧，與其減半周之餘弧，同用一正弦。如丙酉過弧，以減半周得丙寅。所用正弦丙辛。餘弦辛乙。皆丙酉弧與丙寅弧之所同也。故但易總存之名，而正餘加減之用不變。

又法，凡過象限之弧，即截去象限，用其餘度。如法加減，但以總弧爲存弧，存弧爲總弧。而總存之餘弦爲正弦，正弦爲餘弦。如酉丙過弧，截去酉甲象限，只用丙甲，爲大弧與丙丑小弧相加減，則丑甲爲總弧，其正弦丑癸，餘弦丑丁。而辰甲爲存弧，其正弦卯辰，餘弦辰午。是總存正餘名，皆互易也。

法以總存兩正弦相減，而其餘折半爲甲數。丑癸內減卯辰，餘丑子。半之得丑壬，爲甲數。仍以甲數轉減總弧正弦。甲數丑壬，轉減丑癸，其餘癸壬，即乙數。是其名雖易而其實不易也。但橫易爲直。

論曰：過弧去象限而用之，則過弧之正弦爲餘，餘弦爲正矣。故加減而得之數，皆兩弧之正弦乘餘，餘弦乘正。而非復正乘正，餘乘餘之數也。何也？過弧之正餘互易，而小弧之正餘如故也。如丙酉過弧，去象限爲丙甲。則其正弦丙庚，即過弧之餘弦也。丙庚即辛乙故。其餘弦庚乙，即過弧之正弦也。庚乙即丙辛故。而小弧丙丑之正弦丑戌，餘弦戊乙皆如舊。故先得之丑壬，爲大弧餘弦丙辛。乘小弧正弦丑戌，而丙乙半徑除之也。非兩正弦相乘也。乙數轉減正弦而得之亥乙，即癸壬，亦即戊未。爲大弧正弦辛乙乘小弧餘弦戊乙，而半徑除之也。非兩餘弦相乘也。

又論曰：元法依圖直看，直者正弦，橫者餘弦。又法正餘互易，則圖當橫看，變立體爲眠體。本以總存兩餘弦加減者，變爲兩正弦加減，然其數並同。

又論曰：又法，是用大弧之餘度，而小弧則用元度。何以言之《歷書》如測星條，用星之赤緯，即去極之餘度也。其用赤道高，則極去天頂之元度也。然而赤緯在南者，則是于星去極度，截去象限之數也。何以亦爲餘度？曰：過弧既與其減半周之餘度，同一正弦，則此減半周之餘度，亦即正弧也。然則此截去象限而餘者，非即正弧之餘度乎？大弧過象限若干度，與不及象限若干度，其正弦並同。故加減可通爲一法。

約法，兩弧俱用本度，或俱用餘度，相加減以取總存二弧，是兩正或兩餘也。或分則用總存兩餘弦加減法，取初得數。惟視總存二弧，俱在一象限則相減。或分跨兩象限，則相加。皆以初數減存弧之餘弦，爲次得數。若兩弧內有一過弧，則總弧之正弦，小於存弧。而餘弦反大。當以初數減總弧之餘弦，爲次數。若一弧用本度，一弧用餘度，相加減以取總存之弧，是一正一餘也。則用總存兩正弦加減法。其加減皆視兩正弦原法，或加或減取甲數，即以甲數減總弧正弦，餘爲乙數。若過弧去象限而用其剩度，與餘度同法。凡餘度，是以本度減象限而得名。今反以象限減過弧，故別之曰剩。若兩俱剩弧，與兩餘弧同法。若只一剩弧，與一正一餘同法。又按，凡存弧之餘弦內，兼有兩正弦相乘，兩餘弦相乘兩數，即初次兩得數也。凡總弧之正弦內，兼有此正弦乘彼餘弦，彼正弦乘此餘弦之數，即甲乙兩數也。故易其名以別之也。

圖式二

大弧寅丙，正弦丙辛，餘弦辛乙。小弧辰丙，即丑丙。正弦辰戊，即丑戊。餘弦戊乙。二弧相加爲總弧辰寅，正弦辰午，餘弦午乙。相減爲存弧丑寅，正弦丑丁，餘弦丁乙。存總兩餘弦午乙、丁乙。相併，成午丁。半之于亥，成亥丁，即初得數。大小二弧兩正弦丙辛、辰戊。相乘，半徑除之之數也。以初得數亥丁，轉減存弧之餘弦丁乙，餘亥乙，即次得數。大小二弧兩餘弦辛乙、戊乙相乘，半徑除之之數也。

論曰：以句股形相似之故，丙乙半徑與丙辛正弦，若戊丑正弦與初數丑壬即亥丁。也。皆弦比股也。

又，丙乙半徑與辛乙餘弦，若戊乙餘弦與次數亥乙也。皆弦比句也。

又，存弧正弦丑丁與總弧正弦辰午相加，成辰乾。以午乾等丁艮，亦即丑丁也。折半，得已午，即戊亥、辰子折半爲已子。子乾折半爲午子。合之成已午。爲甲數。大弧正弦丙辛，乘小弧餘弦戊乙，半徑丙乙除之也。以甲數已午，轉減總弧正弦辰午，餘辰已，爲乙數。大弧餘弦辛乙，乘小弧正弦辰戊，半徑丙乙除之也。

若用酉丙過弧爲大弧，丙丑爲小弧，則其總弧酉丑，存弧酉辰。但互易存總之名。其他並同。以過弧酉丙所用之正弦丙辛，餘弦辛乙，即丙寅弧所同用故也。

又，法于酉丙過弧內，截去象限酉甲，只用其剩弧甲丙，則甲丙反爲小弧，丙丑反爲大弧。說見前條。

圖式三

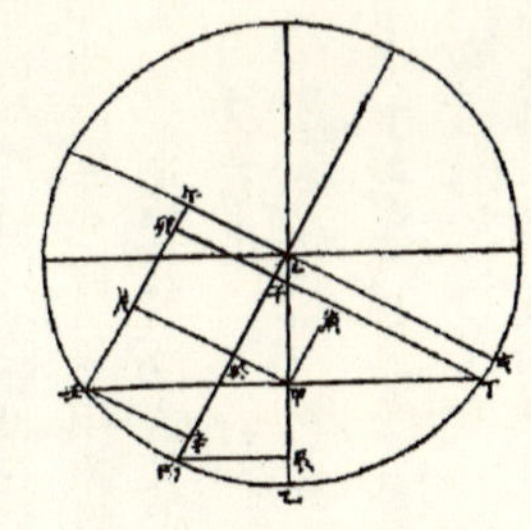

總弧在象限內，兩餘弦相減。乙丙小弧，其正弦丙辰，餘弦辰已。丁乙稍大弧，其正弦丁甲，餘弦甲已。戊壬初得數，兩正弦相乘，半徑除也。即庚甲，或戊卯。午戊次得數。兩餘弦相乘，半徑除也。即己癸。今改用加減，以省乘除。以二弧相加，成總弧丁丙。其正弦子丁，餘弦子已。又二弧相較，成存弧壬丙。其正弦壬辛，即午已。餘弦辛已。于存弧之餘弦辛已內，減去總弧之餘弦已子，存子辛。半之于癸，得子癸及辛癸，皆初得數也，亦即戊壬也。或于壬午內減午卯，半之于戊，得卯戊及戊壬，亦同。亦即庚甲也。又于存弧餘弦辛已內，仍減去初得數辛癸，存癸已，即次得數也。壬午內，減戊壬存午戊，亦同。

此因總弧在象限內，故以總弧餘弦，減存弧餘弦，求初數，是初數小于次數。其句股比例同前論。

又，丁庚爲甲數，丁甲大弧正弦，乘辰已小弧餘弦，半徑除之也。亦即庚卯，即甲戊。子庚爲乙數。辰丙小弧正弦，乘甲已大弧餘弦，半徑除之也。即癸甲。今改用加減法，以存弧正弦子卯，即辛壬。加總弧正弦子丁，成卯丁。而半之于庚，得丁庚，爲甲數。亦即庚卯，即戊甲。仍于總弧正弦丁子內，減去甲數丁庚，存子庚，即癸甲。爲乙數。

此亦總弧在象限內，亦總存兩正弦相加，求甲數，是甲數大于乙數，其句股比例同前論。

一係，凡兩弧內無過弧，則存弧之餘弦大，故其中有初次兩數。而總弧則正弦大，故其中有甲乙兩數。雖兩數相加，能令總弧跨過象限，此理不變。餘弦仍係存弧大，正弦仍係總弧大。

圖式四

總弧過象限，兩餘弦相加。乙丙小弧，正弦辰丙，餘弦辰己。乙丁過弧，正弦丁甲，餘弦甲己。初得數戊丁，半徑除兩正弦矩，即子癸，亦即癸辛，亦即庚甲。次得數癸己。半徑除兩餘弦矩。

今用加減代乘除。以二弧相加成總弧丁丙，正弦丁子，餘弦子己。

又，二弧相較，成存弧壬丙，正弦壬辛，餘弦辛己。乃以總存兩餘弦相加，成子辛，子己加辛己。而半之于癸，得子癸及癸辛，亦即丁戊，即庚甲。初得數也。又以初數子癸，轉減總弧之餘弦子己，餘癸己，次得數也。此因總弧跨過象限，故兩餘弦相加，求初數，是初數大于次數。其句股比例同前。

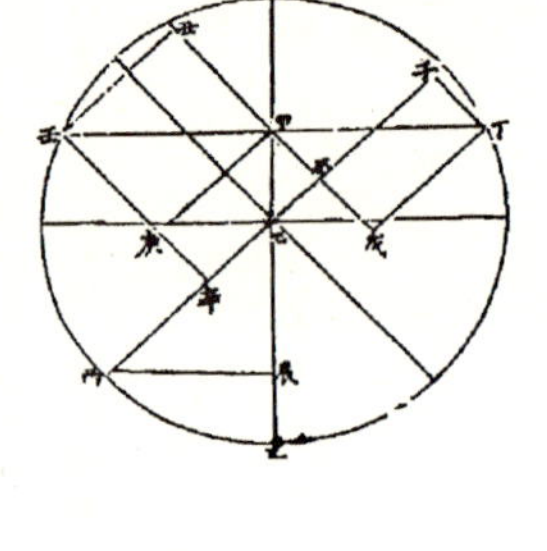

又甲數丑甲，小弧餘弦辰己，乘過弧正弦丁甲，半徑除之也。乙數癸甲，小弧正弦辰丙，乘過弧餘弦甲己，半徑除之也。今用加減，總存兩正弦相加，成丑戊。癸戊與正弦丁子等，丑癸與正弦辛壬等，故以相加，即成丑戊。半之于甲，得丑甲，亦即甲戊。爲甲數。仍以甲數丑甲，轉減存弧正弦丑癸，餘癸甲，爲乙數。或總弧正弦癸戊，減甲數甲戊，亦得乙數癸甲。此亦總弧跨象限外，仍係總存兩正弦相加，求甲數。甲數仍大于乙數。其句股比例同前。

一係，凡兩弧內有過弧者，總弧之餘弦反大。故初次兩數皆在總弧餘弦內，而總弧之正弦反小，故甲乙兩數皆在存弧正弦內也。此必原有一過弧，始用此例，非謂總弧過象限也。觀圖自明。

又　卷四　甲數乙數用法黃赤道經緯相求。

黃赤二道經緯相求，用斜弧三角形。以星距黃極爲一邊，星距北極爲一邊，并兩極之距爲三邊。此本法也。今不用距極度，而用其餘度。距極度本爲緯度之餘。今用三角形，以距極度爲邊，故緯度皆爲餘度。徑取黃緯爲一邊，此先有黃緯而求赤緯也。若先有赤道而求黃道，即用赤緯爲邊。二至之黃赤大距爲一邊，黃赤大距，原與兩極之距等。而取二邊之總存兩正弦爲用。以加減省乘除。故在本法爲初數次數者，別之爲甲乙數焉。甲數乙數，不止爲求黃赤，而舉此爲式，其理特著，故命之曰甲數乙數用法，實黃赤相求簡法矣。

第一圖，黃緯小於黃赤大距，甲數大，乙數小。

甲丙亢危大圈，爲過兩極之經圈，即二至經圈。心乙亢軸，即黃道二分經綫。丙乙室爲黃道，心爲黃極。寅乙危爲赤道，甲爲北極。辰胃婁爲黃道北緯，即丙辰度。丑尾奎爲黃道南緯。即丙丑度。星在箕。箕心爲星距黃極緯，箕女爲星距黃道緯。即丙辰度。甲心箕鋭角爲黃道經度，其餘弦女乙。甲心爲兩極相距。二十三度卅一分半。寅丙爲夏至距緯。同甲心度。

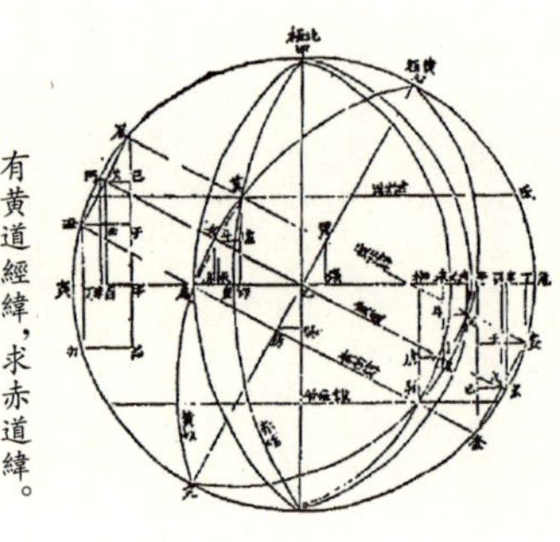

有黃道經緯，求赤道緯。

今求甲箕爲星距北極緯度。其餘弧箕翌，爲星距赤道緯。即氐危之度。用甲心箕三角形，有心角，黃道經。有心箕弧，星距黃極緯。有甲心弧，爲兩極之距。而求對角弧甲箕。星赤道北極緯。依加減代乘除，改用寅丙夏至距，即心甲。辰丙黃道緯。即心箕之餘箕女，又即丙丑度。寅丙、辰丙，相加爲總弧辰寅，其正弦辰午。又相減爲較弧丑寅，其正弦丑丁。亦即丁井，亦即午昴，亦即子午。以丑丁正弦，即午昴。加辰午正弦，成辰昴。折半得己午甲數。己子爲辰子之半，子午爲子昴之半，合之成己午。甲數己午。轉減正弦，辰午。餘辰己爲乙數。或以丑丁正弦即子午。減辰午正弦，餘辰子，折半得辰己爲乙數。以乙數轉減總弧正弦辰午，得己午爲甲數亦同。法爲丙乙黃道半徑。與女乙，心角餘弦。若己午甲數與斗未也。用四率求之。

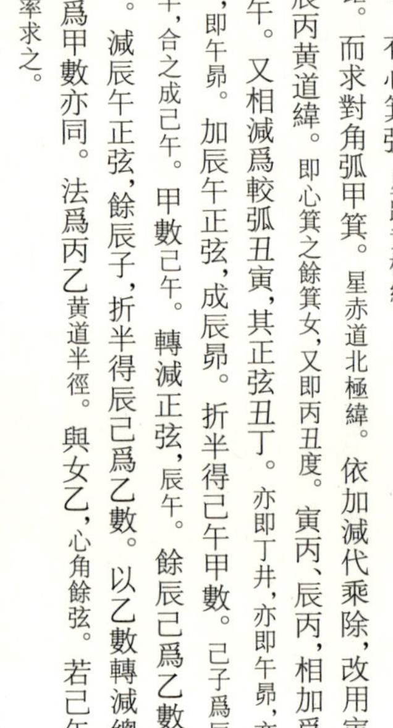

論曰：丙乙半徑與女乙餘弦，原若辰胃與箕胃。辰胃者，箕心黃緯之正弦，即距等圈半徑。因箕心角綫過箕至女，分辰胃正弦于箕，亦分丙乙半徑于女。故丙乙與女乙，若辰胃與箕胃，皆全與分比例。而辰胃同戊乙，箕胃同斗乙，皆弦也。戊酉乙大句股，以戊乙爲弦，戊酉爲句。斗未乙小句股，以斗乙爲弦，斗未爲句。戊酉同己午。斗未皆句也，則其比例等。故丙乙一率。與女乙二率。能若戊乙與斗乙，亦即若己午三率。與斗未。四率。

以乙數辰己即箕虛。加斗未，即虛柳。成箕柳，即所求赤道緯度正弦。檢表，得箕翌度，爲赤緯在北。即氐危。

若先有赤緯、黃緯，而求黃經，心角。則互用其率，以三四爲一二。

假如前圖，星在尾，爲黃道南緯。則所用之甲數乙數並同，所得之四率斗未亦無不同。而赤緯迥異。

何以言之？曰：心不在箕而在尾，則心甲弧兩極距度。心角黃道經度。皆

不變。唯尾心弧大于箕心，故甲心箕三角形，變爲甲心尾三角，而所求對角之甲尾弧，亦大于甲箕，故赤緯異也。

然則所用之甲數乙數又同。何也？曰：尾心爲過弧，則用在女尾。尾心丙，減去女心象限。女尾爲黄道南緯，與箕女北緯同度，亦即同正弦。則相加爲總弧，相減爲較弧，亦同。而甲乙數不得不同矣。而三率算法亦必同矣。但所得斗未，視黄緯在北則用加；在南則用減。緯度迥異，理勢自然也。

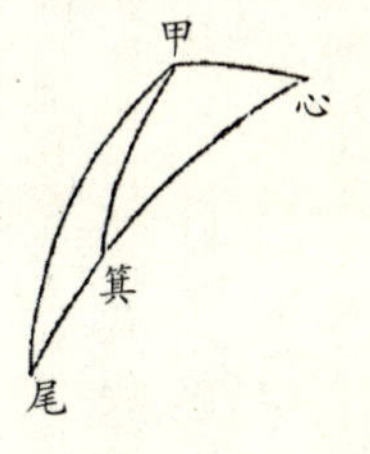

以乙數辰已減四率斗未，減盡無餘，爲星正當赤道，無緯度。

論曰：此因乙數與四率同大，故減盡也。減盡，則甲尾正九十度，而星在赤道無緯也。亦有四率小於乙數者，則當以四率轉減乙數，用其餘爲緯度正弦，在赤道南。

又論曰：星在箕，爲黄道北。在尾，爲黄道南。然所得赤緯皆在北者，以箕尾經度，皆在夏至前後兩象限中也。故所得四率在赤道北而加乙數，則北緯大。減乙數，則北緯小。皆北緯也。惟四率轉減乙數，則變爲南緯。此亦惟黄南緯星，又近二分，則雖在夏至前後象限中，而有南緯。

亦有無四率者，心角必九十度，其星必在黄道二分經度。無角度，餘弦爲次率，故亦無第四率可求。但以乙數爲用，視星在南北，即以乙數命爲南北緯度之正弦。

假如前圖中，有星在胃，是在北也，即以乙數胃張，即辰已。命爲赤道北緯之正弦。若星在房，是在南也，即以乙數乙癸，亦即辰已。命爲赤道南緯之正弦。

又，有所得四率，北反用減，南反用加者。心角必爲鈍角，其星必在冬至前後兩象限。其角度餘弦，必爲大矢内減象限之餘。則所得第四率，在赤道之外。外即南也。而加減後所得，皆赤道之南緯也。故加減皆反。求北緯以加，而南緯必減者，星在北也。求北緯以減，而南緯必加者，星在南也。蓋所得第四率，原係在北在南兩星緯度之中數。星在北在南，皆主黄道言。

假如前圖中，有星在兑，爲黄道北。而甲心兑三角形，心爲鈍角，其餘弦艮乙，爲艮丙大矢内減象限之餘，故所得第四率未斗在赤道之外，爲赤道南緯。此南緯是黄道軸距赤道軸。而兑星在黄道之北，則其南緯正弦，小于未斗。故必以乙數牛斗。即辰已，亦即奎已。減之，其餘牛未，同兑庚。即兑星赤道南緯之正弦。

若星在巽，同用心鈍角，爲甲心巽三角形。艮乙餘弦，四率未斗，在赤道外，並同。但巽星又在黄道南，則其南緯，大于未斗四率。故必以乙數虚巽即辰已，亦即斗未。加之，成巽柳，即巽星南緯之正弦。亦有四率小於乙數者，則以四率轉減乙數，用其餘爲北緯。

又論曰：星在兑，爲黄道北。在巽，爲黄道南。然所得赤緯皆在南者，以兑巽經度，皆在冬至前後兩象限中也。故所得四率，在赤道南，而以乙數減，則南緯小。以乙數加，則南緯大，皆南緯也。惟四率轉減乙數者，則變爲北緯。此亦必黄北緯星，又近二分，故雖在冬至前後象限中，而仍有北緯。凡以乙數及四率相加減，成緯度者，並主緯度之正弦而言。後倣此。

總論曰：凡乙數，皆南北兩赤緯度相減，折半之數。甲數，則兩緯度之中數也。如箕女與女尾兩黄緯同度，而不能以女庚爲兩赤緯弦之中數者，弧度有斜正故也。

而所得四率，即所求星南北兩緯正弦中數，故與甲數爲比例。

凡所得四率，星在夏至前後兩象限，四率在赤道北。星在冬至前後兩象限，四率在赤道南。

凡總弧正弦内，兼有甲數乙數，不論黄南黄北，並同一法。但視黄緯之大小。若黄緯小于黄赤大距，則以總存兩正弦，相併而半之，爲甲數。若黄緯大于黄赤大距，則以總存兩正弦，相減而半之，爲甲數。並以甲數轉減總弧正弦爲乙數。

又法，黄緯小於黄赤大距，以總存兩正弦相減而半之，則先得乙數。黄緯大於黄赤大距，以總存兩正弦相併而半之，亦先得乙數。並以乙數轉減總弧正弦爲甲數。

求赤緯約法

凡星有黄緯之南北，有黄經之南北。黄經南北，即南六宫，北六宫。星在夏至前後，先得之黄經爲鋭角，是經在北也。星在冬至前後，先得之黄經爲鈍角，是經在南也。若星之黄緯南北與黄經同者，其赤緯南北亦與黄緯同。法用四率，乙數相加爲緯度正弦，加惟一法。

星在黄道北，又係夏至前後兩象限，先得黄經鋭角。是經緯同在北，則赤緯亦在北。星在黄道南，又係冬至前後兩象限，先得黄經鈍角。是經緯同在南，則赤緯亦在南。

若星之黄緯南北，與黄經異者，赤緯有同有異，皆四率乙數相減爲赤緯正弦。減有二法。

但視乙數大，受四率轉減者，赤緯之南北與黃緯同。如星在黃道北，而在冬至前後兩象限，黃經角鈍，是緯北而經南也。而乙數大，受四率轉減，則赤緯仍在北。星在黃道南，而在夏至前後兩象限，黃經角銳，是緯南而經北也。而乙數大，受四率轉減，則赤緯仍在南。

若乙數小去減四率者，赤緯之南北與黃緯異。如星在黃道北，而在冬至前後，黃經角鈍，爲緯北經南，而乙數又小，去減四率，則赤緯變而南。星在黃道南，而在夏至前後，黃經角銳，爲緯南經北，而乙數又小，去減四率，則赤緯變而北。

若星在黃道軸，正當二分經度，其角必九十度，無餘弦，亦無四率。但以乙數爲用。星在北，即以乙數爲赤道北緯正弦。星在南，即以乙數爲赤道南緯正弦。

若遇乙數四率相減至盡者，其星正當赤道，無緯度。

第二圖，黃緯大於黃赤大距，甲數小，乙數反大。

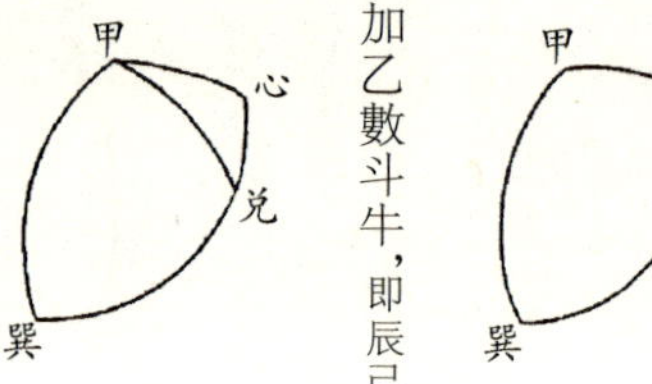

有黃道經緯，求赤緯。

甲北極，心黃極，甲心爲兩極距，丙室黃道，寅危赤道，寅丙爲夏至大距，同甲心。乙爲二分，以上並與前圖同。所異者，黃緯丙丑，大於寅丙，故乙數亦大於甲數。寅丙之正弦丙辛，餘弦辛乙。丙丑之正弦辰戊，餘弦戊乙。

甲數戊酉，乃寅丙正弦乘丙丑餘弦，半徑除之也。法爲丙乙半徑與正弦丙辛，若戊乙餘弦與甲數戊酉。

乙數辰己，或己子，或戊壬。乃辛乙餘弦，乘辰戊正弦，半徑除之也。法爲丙乙半徑與餘弦辛乙，若辰戊正弦與乙數辰己。

假如星在箕，爲在黃道北，箕心爲距黃極之度，其餘箕女，黃道北緯也。有箕心、甲心兩極距。二邊有心銳角，黃經。用甲心箕三銳角弧形，求赤緯甲箕，爲對角之弧。依加減代乘除，改用寅丙、辰丙二弧，相加爲總弧辰寅，其正弦辰午。相減成較弧寅丑，其正弦丑丁。即午子。以丑丁正弦加辰午正弦，成辰子，折半于己，爲乙數辰己。即子己。以辰己轉減總弧正弦辰午，得己午，爲甲數。即戊酉。本法以丑丁減辰午，折半得己午，爲甲數。甲數己午，轉減辰午，得辰己，爲乙數。

法爲半徑丙乙一率。與餘弦女乙，二率。若甲數戊酉三率。與斗未四率。也。

右係黃緯在北，而心爲銳角，黃經亦在北，法宜用加，以斗未加乙數箕虛成箕柳，爲赤緯正弦。查表，得箕翌赤緯度，在赤道北。若先有黃赤緯度而求黃經，則互用其率，亦同前式。以二爲三四。假如前圖，星在尾，爲在黃道南，則所用之甲數乙數，及所得之四率並同，惟赤緯異。

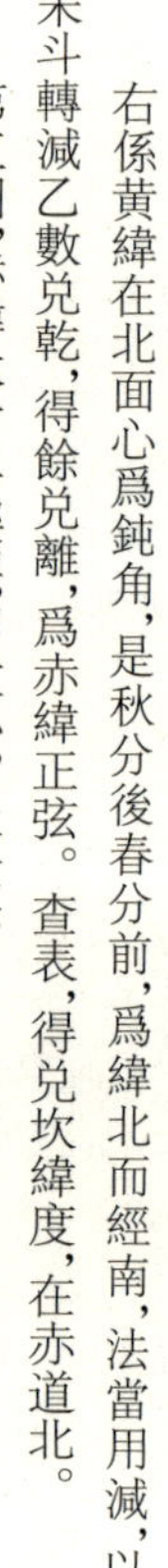

論曰：星不在箕而在尾，則甲心箕三銳角形，變爲甲心尾三角形，而心尾弧大于心箕。故所求對角之甲尾弧，亦大于甲箕。而赤緯大異。心尾大于心箕。而甲數乙數悉同者，因用餘弧。則女尾南緯，與女箕北緯同度故也。其四率斗未亦同。但黃緯在南而心爲銳角，是緯南而經北。法當用減，以斗未轉減乙數斗牛，得餘未牛，即尾申。爲赤緯正弦。查表，得尾卯緯度，在赤道南。

論曰：此係乙數跨赤道，故乙數內兼有赤緯及四率之數，而以四率轉減，亦得赤緯。

假如前圖，星在巽，則所用之甲數乙數亦同，惟四率異。因巽艮黃緯即室奎之度，與丙丑同。故(申)[甲]數酉戊與戊酉同大，而乙數斗牛兌乾，並同辰己。

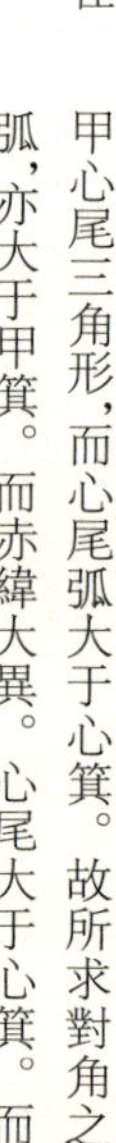

又巽星在黃道南，而心爲鈍角，星在秋分後春分前，黃經亦在南，則赤緯亦在南。法當用加，求得四率未斗，以加乙數斗牛，即辰己。成未牛，爲赤緯正弦。即柳巽。查表，得震巽緯度，在赤道南。

假如前圖，星在兌，爲黃道北，所用之甲數乙數四率並同，惟赤緯異。兌艮北緯，與巽艮南緯，並同丙丑之度。故甲數乙數同甲心巽與甲心兌兩鈍角形，同用心鈍角，故四率亦同。惟心兌弧小于心巽，故所求對角弧甲兌，亦小于甲巽，而赤緯異。

右係黃緯在北面心爲鈍角，是秋分後春分前，爲緯北而經南，法當用減，以未斗轉減乙數兌乾，得餘兌離，爲赤緯正弦。查表，得兌坎緯度，在赤道北。

第三圖，赤緯大于二極距，甲數小，乙數大。

心甲箕三銳角形，星在箕，有黃極緯心箕，有北，赤緯甲箕，有黃赤極心甲，即室危。求甲角爲赤經。辰危赤緯，大于危室大距，即心甲。與前圖畧同。故乙數亦大于甲數。所異者，此求赤經，故諸數皆生于赤緯。謂總弧較弧，皆用赤緯也。而加減正弦，反在黄道矣。室危兩極距之正弦室辛，餘弦辛乙。辰危赤緯即箕女，爲甲箕距北極之餘。之正弦辰酉，餘弦酉乙。依加減代乘除，改用辰危、室危相加爲總弧辰室，其正弦辰午。又相減爲較弧婁室，其正弦婁丁。即午昴。又以較弧正弦午昴，減總弧正弦辰午，餘數半之，得己午，爲甲數。即戊酉也。法于辰午内，截減辰坤。如午昴其餘坤午半之于己，即得己午。甲數轉減辰午正弦，餘辰己爲乙數。或以甲數己午，加較弦午昴，成己昴乙數，亦同。箕虛及未牛並同。皆乙數也。

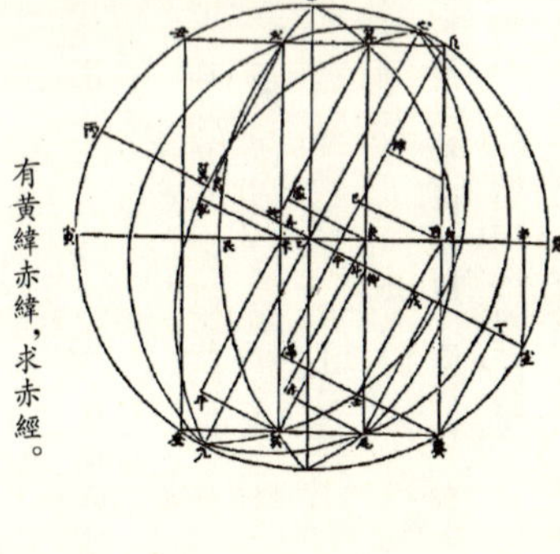
有黄緯赤緯，求赤經。

又，以箕翌黄緯之正弦箕柳，與乙數箕虛相減，得虛柳，即未斗。以爲次率。因箕柳黄緯大，乙數箕虛小，故于黄緯正弦内減乙數，得未斗。法爲甲數戊酉一率。與未斗，二率。若酉乙與未乙，亦即若危乙半徑三率。與甲角之餘弦女乙四率。也。

論曰：赤道經度，春分至秋分北六宮。爲鈍角，秋分至春分南六宮。爲鋭角，其角與黄經正相反，此條星在箕，是赤緯在北也。而黄緯亦北，兩緯同向，宜相減成次率。而乙數小于黄緯，必以乙數減黄緯而得未斗，乙數減黄緯而緯在北，赤經必南六宮，爲鋭角。查表得度，爲甲角度，即赤經也。在秋分後，以所得減三象限。在冬至後，以所得加三象限。皆命爲其星距春分赤道經度。

若星在尾，用甲心尾三角形。則以黄緯正弦反減乙數爲次率，未牛乙數，大于黄緯斗牛。故以斗牛反減未牛，得未斗。餘率並同。

論曰：此條星在尾，是赤緯在南也。而黄緯亦並在南，兩緯同向，宜相減而成次率。而乙數大于黄緯，宜于乙數内轉減去黄緯，成未斗也。乙數大，受黄緯轉減而緯在南。赤經必亦在南六宮，爲鋭角。

假如前圖，星在兑，用心甲兑三角形。有心兑邊，星距黄極。有甲兑邊，星距北極。有心甲邊，兩極距。求甲鈍角，爲赤道經度。

因赤緯同，故甲數乙數同。

星在兑，赤緯在北，黄緯亦在北，緯同向北，宜相減而乙數大。以黄緯轉減之，得斗未爲次率。乙數兑乾内減去黄緯兑離，餘離乾，即斗未。

乙數大，受黄緯轉減。而赤緯在北，必赤經亦在北六宮，爲鈍角。求得四率艮乙，查餘弦表，得度，用減半周，爲甲鈍角，即赤經也。在春分後，以象限減鈍角度。在夏至後，以鈍角度與三象限相減，皆命爲星距春分赤道經度。

假如星在巽，用心甲巽三角形。有心巽邊，距黄極。有甲巽邊，距北極。有甲心邊，兩極距。求甲鈍角爲赤經。

甲數乙數並同。

惟心在巽，是赤緯南也，黄緯亦南也。兩緯並南，宜相減成次率。乙數小，黄緯大，故以乙數減黄緯，得斗未。斗牛黄緯，即柳巽也。丙減乙數未牛，餘即斗未矣。

乙數小，去減黄緯，而赤緯在南，赤經必在北六宮，爲鈍角。

求得四率艮乙，查餘弦表，得度。春分後減象限，夏至後加象限，皆命爲距春分赤經。

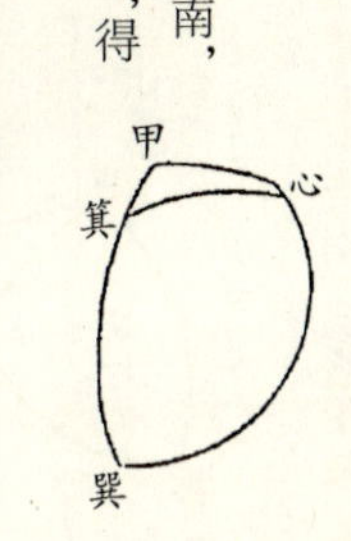

第四圖，赤緯小于二極距，甲數大，乙數小。

假如星在箕，用心甲箕鈍角形。有心箕邊，距黄極，對角邊也。其餘箕翌，即黄緯。有甲箕邊，距北極，即辰危之餘。有心甲邊，兩極距，寅丙及危室，並同。求甲鈍角，爲赤道經。

兩極距危室之正弦危辛，餘弦辛乙。

赤緯危辰之正弦辰戊，餘弦戊乙。

依加減代乘除，以辰危、危室兩弧相加爲總弧辰室，其正弦辰午。又相減爲較弧婁室，其正弦婁丁。或丁井，即午昴。

以總弧正弦辰午加較弧正弦午昴，成辰昴，而半之，爲甲數己午，己坤爲辰坤之半，坤午爲坤昴之半，合之爲己午。即戊酉。

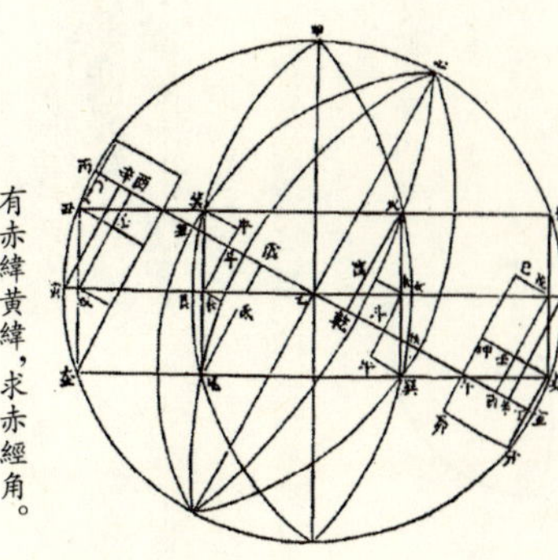
有赤緯黄緯，求赤經角。

又，以甲數己午，轉減正弦辰午，得辰己爲乙數。亦即戊壬。

星在箕，爲赤緯北，而黄緯亦在北。兩緯同向，宜相減而乙數大。當以黄緯轉減之，成斗未，爲次率。午未乙數内，減牛斗黄緯，餘斗未。

乙數大，受黄緯反減，而緯在北，赤經在北六宮，爲鈍角。

法爲甲數酉戊一率。與乙數減餘斗未，二率。若赤道半徑寅乙三率。與甲角餘弦艮乙四率。也。以艮乙查餘弦，得度。春分後用減象限，夏至後加象限，命爲距春分經度。

若星在尾，用心甲尾三角形，則爲南緯，而黄緯亦南。兩緯同向，宜相減成次率。而乙數小于黄緯，故以乙數減黄緯，成斗未。虚尾黄緯内減乙數氐尾，餘虚氐，即斗未。

其甲數乙數等算並同。乙數小，去減黄緯，而緯在南，赤經必在北六宫。爲鈍角。

若星在兑，用心甲兑三角形。兑爲北緯，而黄緯亦北，兩緯同向，宜相減成次率。而乙數小于黄緯，故以乙數減黄緯，成未斗。兑乾黄緯内，減乙數兑離，餘離乾，即未斗。

甲數乙數並同。乙數小，去減黄緯，而緯在北，赤經反在南六宫，爲鋭角。

求得四率女乙，查餘弦得度。秋分後減三象限，冬至後加三象限，命爲距春分赤經。下同。

若星在巽，用心甲巽三角形。赤緯南，黄緯亦南，兩緯同向，宜相減成次率。而乙數大，以黄緯轉減之，成未斗。未牛乙數内減黄緯斗牛，即柳巽，其餘即未斗。

乙數大，受黄緯轉減，而緯在南，赤經即在南六宫，爲鋭角。

又 卷五

加減捷法

用加減，則乘除省矣。今惟用初數，則次數亦省。又耑求矢度，省餘弦。則角之鋭鈍，得矢自知。邊之大小，加較即顯。無諸擬議之煩，故稱捷法。

如法，角旁兩弧度相加爲總，相減爲存。視總弧過象限，以總存兩餘弦相加，不過象限則相減。並折半爲初數。若總弧過兩象限，與過象限法同。其餘弦仍相加。過三象限，與在象限内同。其餘弦仍相減。若存弧亦過象限，則反其加減，總弧過象限，或過半周，宜相加，今反以相減，若總弧過於三象限，宜相減。今反以相加。並以兩餘弦同在一半徑相減，不然則加也。

乙丁丙形，三邊求丁角。

小邊乙丁，正弦卯辛。大邊丙丁，正弦壬丙。初數卯癸，兩正弦相乘，半徑除之也。今改用加減。總弧卯丙，餘弦己戊。存弧庚丙，餘弦己房。兩餘弦相減，餘房戊。折半，得丑戊，即初數卯癸。與先所得同。對弧乙丙。大矢、甲丙。存弧庚丙。大矢，房丙。兩矢較房甲。即牛乙。

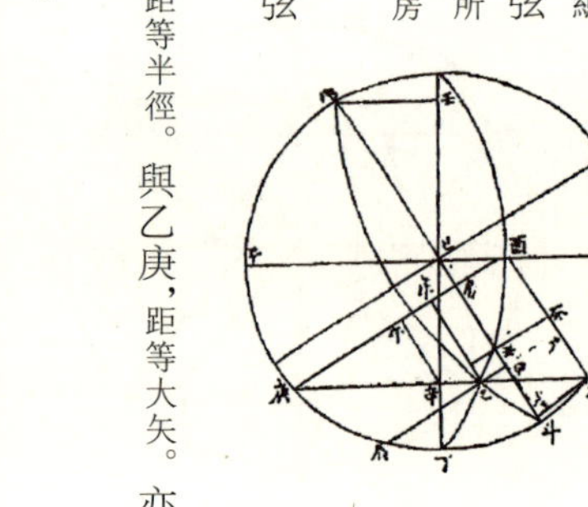

一系，總弧過半周，而存弧亦過象限，則餘弦相減。

法爲卯癸初數與兩矢較牛乙，若卯辛正弦距等半徑。與乙庚，距等大矢。亦即若寅已半徑與角之大矢酉子。

若先有丁鈍角，而求乙丙對邊，則反用其率。

法爲半徑寅已與角之大矢酉子，若初數卯癸與兩矢較牛乙。以所得兩矢較牛乙加存弧大矢房丙，得乙丙對邊大矢甲丙。

乙丁丙形，三邊求丁角。

小邊乙丁，正弦乙辛。大邊丙丁，正弦戊壬。總弧乙戊，餘弦辰已。存弧乙庚，餘弦甲已。兩餘弦相減，餘辰甲。折半，得辰丑，即初數戊癸。對弧乙丙。大矢、斗乙。存弧乙庚。大矢、甲乙。兩矢較斗甲。

法爲初數戊癸與兩矢較斗甲，若戊壬正弦距等半徑。與丙庚，距等大矢。亦即若寅已半徑與角之大矢酉子。

論曰：此移小邊于外周，如法求之，所得並同。其故何也？先有之角，及角旁二邊並同，則諸數悉同矣。然則句股之形不同，何也？曰：前圖是用乙丁小弧之正弦，爲徑分大矢之比例。則所用句股，是丁丙大弧之正弦。此圖是用丁丙大弧正弦，爲徑分大矢比例。則所用句股，是乙丁小弧正弦。故句股形異也。然句股形既異，而所得初數，何以復同？曰：此三率之精意也。初數原爲兩正弦相乘，半徑除之之數。前圖用大弧正弦，偕半徑爲句與弦。而小弧正弦用爲大矢分徑之比例。是以大弧正弦爲二率，而小弧正弦爲三率也。今改用小弧弦爲二率，大弧弦爲三率，而首率之半徑不變，則四率所得之初數亦不變也。又何疑焉。

一系，角旁二弧，可任以一弧之正弦，爲全徑上分大小矢之比例。其餘一弧之正弦，即用爲句股比例，不拘大小同異，其所得初數並同。

又論曰：以句股比例言之，則戊庚通弦爲弦，即距等圈全徑。戊女倍初數爲句，即總存兩餘弦相加減之數。一也。戊壬正弦爲弦，則戊癸初數爲句，二也。丙庚爲弦，通弦之大分，即距等大矢。則斗甲兩矢較爲句，即丙房。三也。丙壬爲弦，正弦之分綫，即距等餘弦。則斗丑爲句，對弧餘弦內，減次數丑己，得斗丑，亦即丙牛。四也。戊丙爲弦，正弦之分綫，即距等小矢。則午戊爲句，五也。

以全與分之比例言之，則戊庚爲距等全徑，與寅子全徑相當，一也。戊壬正弦爲距等半徑，當寅己半徑，二也。丙庚如距等大矢，當酉子大矢，三也。丙壬如距等餘弦，當酉己餘弦，四也。戊丙如距等小矢，當寅酉正矢，五也。

一系，初數恒與角旁一弧之正弦，爲句股比例。其正弦恒爲弦，初數恒爲句。而其全與分之比例俱等，又即與圓半徑上全與分之比例俱等。若倍初數，即與全圓徑上大小矢之比例等。若先有丁鈍角，求對邊乙丙，則更其率。

以四率斗甲，加存弧大矢乙甲，成斗乙，爲對弧大矢。內減己乙半徑，得斗己，爲對弧餘弦。檢表，得未丙弧度，以減半周，得對弧丙乙度。

乙丁丙形，三邊求丁角。

乙丁邊九十五度，丁丙邊一百一十二度，乙丙對弧一百一十九度。總弧丙未二百〇七度，餘弦辛己八九一〇一。存弧丙戊一十七度，餘弦壬己九五六三〇。兩餘弦相加辛壬一八四七三一。初數卯亥即半辛壬，丑辛。九二三六五。對弧大矢癸丙一四八四八一。存弧正矢壬丙〇四三七〇。兩矢較癸壬一四四一一一。

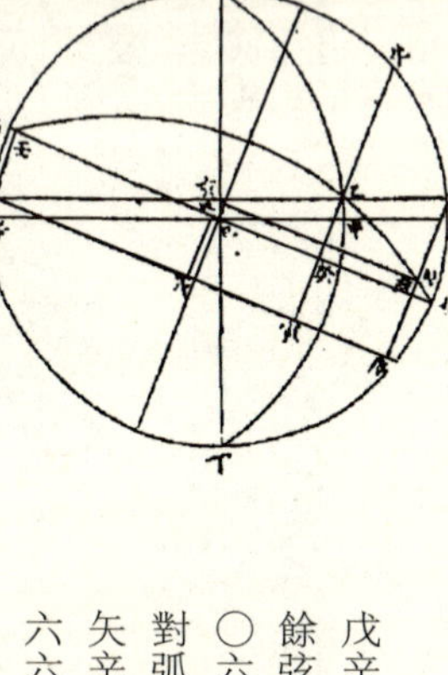

法曰：卯亥即丑辛。與癸壬，若未亥與乙戊，亦必若庚己與申子。

一　初數卯亥九二三六五

二　兩矢較癸壬一四四一一一

三　半徑庚己一〇〇〇〇〇

四　角之矢申子一五六〇二二

四率大于半徑爲大矢，其角鈍。法當以半徑一〇〇〇〇〇減之，餘五六〇二二，爲鈍角餘弦。檢表，得餘弦度五十五度五十六分，以減半周，爲丁角度。

依法，求到丁鈍角一百二十四度〇四分。

論曰：試作辰戊綫，與倍初數辛壬平行而等。又引未辛總弧正弦。至辰，成未辰戊句股形。又引牛乙癸對弧正弦。至寅，作亥丑綫引至斗，各成句股形而相似，則其比例等。

一，未辰戊大句股，以辰戊倍初數爲句，未戊通弦爲弦。

一，乙寅戊次句股，以寅戊兩矢較爲句，乙戊距等大矢。爲弦。

一，未卯亥、亥斗戊兩小句股，並以卯亥、斗戊。初數爲句，未亥，亥戊。正弦爲弦。

辰戊倍初數與寅戊兩矢較，若未戊通弦與乙戊距等大矢，是以大句股比小句股也。

卯亥初數與癸壬兩矢較，若未亥正弦與乙戊距等大矢，是以小句股比大句股也。用亥斗戊形，比乙寅戊，其理更著。

又，未戊通弦上全與分之比例，原與全圓徑上全與分之比例等。故三者之比例，可通爲一也。

辛丁乙形，三邊求丁角。

辛丁邊五十度一十分，乙丁邊六十度。總弧卯辛一百一十度一十分。存弧戊辛，九度五十分。餘弦庚丙二四四七五。餘弦子丙九八五三一。餘弦并子庚一三三〇〇六。初數子午，即戊癸。六六五〇三。辛乙對弧八十度。對弧矢辛酉八二六三五。存弧矢辛子〇一四六九。兩矢較子酉八一一六六。

一　初數子午六六五〇三

二　兩矢較子酉八一一六六

三　半徑壬丙一〇〇〇〇〇

四　丁角大矢壬申一二二〇五〇用餘弦入表，得丁外角，減半周得丁角度。

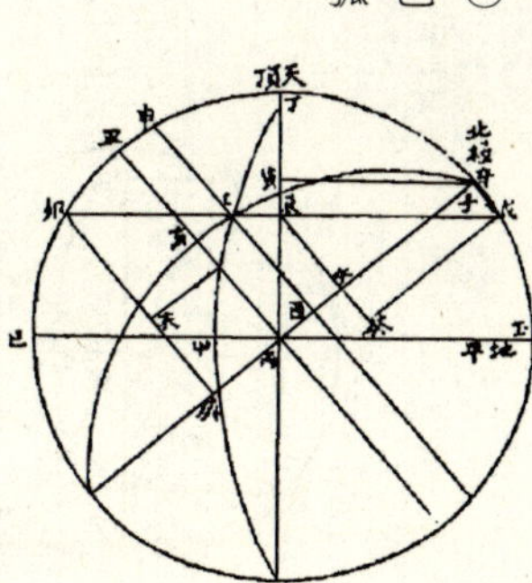

依法，求到丁鈍角一百〇二度四十四分。

論曰：此如以日高度，求其地平上所加方位也。乙爲太陽，乙甲其高度，其餘度丁乙，日距天頂也。亥乙赤道北緯，辛乙爲距緯之餘，即去極緯度也。辛壬爲極出地度，其餘辛丁，極距天頂也。所求丁鈍角百〇二度太，距正北壬之度，外角七十七度少，距正南己之度也。算得太陽在正東方過正卯位一十二度太。

恒星歲差算例

老人星，黄道鶉首宫九度三十五分二十七秒，爲庚角。康熙甲申年，距歷元戊辰七十七算，每年星行五十一秒，計行一度〇五分二十七秒，以加戊辰年經度鶉首八度三十分，得今數。

黄道南緯七十五度，距黄極一百六十五度，爲庚己邊。兩極距二十三度三十一分半，爲庚已邊。

用己庚乙三角形，一角二邊。求對弧己乙。赤緯。

總己庚辛。一百八十八度三十一分半，餘弦丁丙九八八九五，存己壬一百四十一度二十八分半，餘弦甲丙七八二三四，餘弦較丁甲二〇六六一，初數甲戊一〇三三〇，庚角正矢申酉〇一三九八。

一　半徑申丙一〇〇〇〇〇

二　庚角矢申酉〇一三九八

三　初數甲戊一〇三三〇

四　兩矢較甲丑一四四

加存弧大矢己甲一七八二三四，得對弧大矢己丑一七八三七八。

大矢内減半徑，取餘弦，檢表，得三十八度廿三分半，以減半周，得星距北極一百四十一度三十六分半，爲對弧己乙。

求到甲申年老人星赤緯，在赤道南五十一度三十六分半。以校歷元戊辰年緯五十一度三十三分，及《儀象志》康熙壬子年緯五十一度三十五分，可以略見恒星赤緯歲差之理。

求己角。赤經。

己庚角旁弧，二十三度三十一分半。己乙角旁弧，一百四十一度三十六分半。庚乙對弧，一百六十五度。

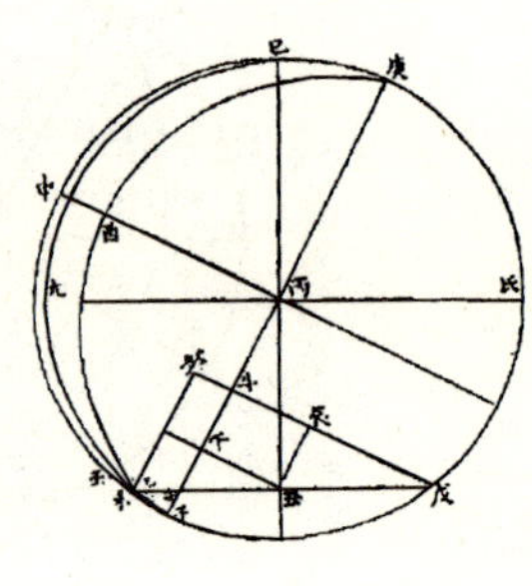

三邊求角。

總庚己未。一百六十五度〇八分，餘弦子丙九六六五三，存庚戌一百一十八度〇五分，餘弦斗丙四七〇七六，餘弦較子斗四九五七七，初數午斗二四七八八，對弧大矢庚亥一九六五九三，存弧大矢庚斗一四七〇七六，兩矢較亥斗四九五一七。

法爲初數午斗與兩矢較亥斗，若半徑丙氐與角大矢亢氐。求得角大矢亢氐一九九七六一。

大矢内減半徑，得餘弦。檢表得度，以減半周，得己角度一百七十六度〇二分。置三象限，以己角度減之，得星距春分九十三度五十八分。

求到甲申年老人星赤道經度，在鶉首宫三度五十八分。以校戊辰年赤經九十三度三十九分，及《儀象志》壬子年赤經九十三度五十一分，可以見恒星赤經東移之理。

加減捷法補遺

捷法以兩餘弦相加減，以兩矢較備四率，其用已簡。然有闕餘弦無可加減，闕矢度無可較者，雖非恒用，而時或遇之，亦布算者所當知也。

一，加減變例。

凡餘弦必小於半徑，常法也。然或總弧適足半周，則餘弦極大，即用半徑爲總弧餘弦。法以存弧餘弦，加減半徑，折半爲初數。視存弧不適象限，則相加。存弧過象限，則相減。

又，若角旁兩弧同數，則無存弧，而餘弦反大，即用半徑爲存弧餘弦。法以總弧餘弦，加減半徑，折半爲初數。視總弧過象限或過半周，則相加。總弧在象限内或過三象限，則相減。

以上用半徑爲餘弦者六。

凡加減取初數，必用兩餘弦，常法也。然或總弧適足一象限，或三象限，或存弧適足一象限，皆無餘弦。法即用一餘弦折半，爲初數，不須加減。總弧無餘弦，即單用存弧餘弦。存弧無餘弦，即單用總弧餘弦。

又，或總弧適足象限，或三象限。無餘弦而兩弧又同數，準前論，即以半徑爲存弧餘弦。或存弧適足象限。無餘弦而總弧又適足半周，即以半徑爲總弧餘弦。二者並，以半徑之半爲初數，不須加減。

以上無加減者六。

一，兩矢較變例。

凡兩矢相較，常法也。然或其弧滿象限，則即以半徑爲矢。對弧滿象限，則以半徑爲對弧矢，與存弧矢相較。存弧滿象限，亦然，並即以半徑與對弧矢相較。

捷法視對弧存弧內，但有一弧滿象限，即命其又一弧之餘弦爲兩矢較，不用更求矢。對弧滿象限，即用存弧餘弦。存弧滿象限，即用對弧餘弦，並即命爲兩矢較，與上法同。

凡以矢較加存弧矢，成對弧矢，正矢則對弧小，大矢則對弧大。常法也。然或有相加後適足半徑者，其對弧必適足象限。

又，有四率中無兩矢較者，以無存弧矢，故也。準前論，角旁兩弧同度。無存弧則亦無存弧矢之可較。法即以對弧矢爲用，不必更求矢較。若角求對邊，其所得第四率，即對弧矢。若三邊求角，其所用第三率，亦對弧矢。

餘詳後例

設角旁兩弧同度，總弧在象限以內，求對角之邊。

丙乙丁形。乙角一百十度，餘弦三四二〇二，乙丙、乙丁並三十度，總丙壬六十度餘弦五〇〇〇〇庚己，存空餘弦一〇〇〇〇〇，即丙己半徑，兩餘弦相減五〇〇〇〇丙庚，半之爲初數二五〇〇〇丙癸。

一　半徑寅己一〇〇〇〇〇

二　初數丙癸二五〇〇〇

三　乙角大矢寅午 一三四二〇二

四　對弧矢丙甲三三五五〇四率本爲兩矢較，因無存弧矢，故即爲對弧之矢。

對弧餘弦甲己六六四五〇，求到對弧丁丙四十八度二十二分。

論曰：以半徑爲存弧餘弦，何也？弧大者餘弦小，弧小者餘弦大。今存弧既相減而至于無，則小之至也，故其餘弦亦大之至，而成半徑也。四率即爲對弧矢，何也？弧大矢亦大，弧小矢亦小。既無存弧，則亦無矢矣。無矢則無可較，故四率即對弧矢也。

然則其比例奈何？曰：半徑寅己與大矢寅午，若正弦子丙與距等大矢丁丙，亦即若初數丙癸與對弧矢丙甲。

若總弧過三象限，其法亦同。

一系，兩邊同度無存弧矢，則徑以對弧矢，當兩矢較之用。

設總弧滿半周而較弧亦過象限，求對角之邊。

前圖卯丑丁形，丑角七十度餘弦三四二〇二午己，丑丁一百五十度，丑卯三十度。

總卯丑丙一百八十度餘弦一〇〇〇〇〇丙己，存卯壬一百二十度餘弦五〇〇〇〇庚己，相減五〇〇〇〇庚丙，初數二五〇〇〇庚癸，存弧大矢一五〇〇〇〇庚卯，丑角矢六五七九八午酉。

一　半徑酉己一〇〇〇〇〇

二　初數丙癸即庚癸二五〇〇〇

三　丑角矢午酉六五七九八

四　兩矢較庚甲 一六四四九

加存弧大矢庚卯一五〇〇〇〇，得對弧大矢甲卯一六六四四九，求到對弧卯丁一百三十一度三十八分。

設三小邊同數，求角。

丙乙丁形，三邊並三十度，求乙角。

丁乙、丙乙並三十度。

總壬丙六十度餘弦五〇〇〇〇庚己，存空餘弦一〇〇〇〇〇丙己，相減五〇〇〇〇丙庚，初數二五〇〇〇丙癸，對弧丁丙三十度餘弦八六六〇三甲己，矢一三三九七丙甲。

一　初數丙癸二五〇〇〇

二　半徑寅己一〇〇〇〇〇

三　對弧矢丙甲一三三九七

四　乙角矢寅午五三五八八

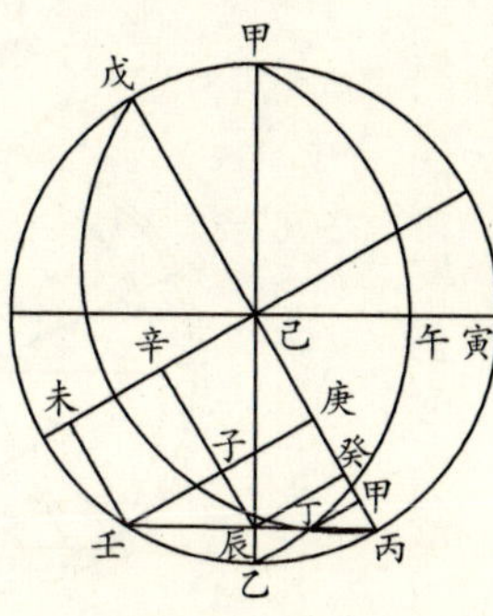

餘弦午己四六四一二，求到乙角六十二度二十分，丁丙二角同。

論曰：此亦因存弧無矢，故以對弧矢爲三率也。其比例，爲初數丙癸與對弧矢丙甲，若乙丙正弦丙辰與丙丁距等矢，則亦若寅己半徑與乙角矢寅午。

一系，凡三邊等者，三角亦等。

前圖，丁丑丙形，二大邊同度，一小邊爲大邊減半周之餘。三邊求角。

丑丁、丑丙並一百五十度。

總丙丑壬三百度餘弦五〇〇〇〇庚己，存空餘弦一〇〇〇〇〇丙己半徑。

其對弧丁丙亦三十度，所用四率並同上法。所得丑角六十二度二十分，亦同乙角。惟餘兩角丁丙並一百一十七度四十分，皆爲丑角減半周之餘。

若先有角，求對邊則反其率。

又于前圖取丁丑戊形，丑丁一百五十度，丑戊三十度。

總戊丑丙一百八十度餘弦一〇〇〇〇〇丙己，存戊壬一百二十度餘弦五〇〇〇〇庚己。

其對弧戊丁，一百五十度。爲丑戊三十度。減半周之餘，故所用四率亦同。但所得矢度，爲丑外角之矢，當以其度減半周，得丑角。一百一十七度四十分。戊角同丑角。丁角六十二度二十分。即丑外角。

一系，凡二邊同度，其餘一邊，又爲減半周之餘，與三邊同度者同法。但知一角，即知餘角。其一角不同者，亦爲相同兩角之外角。

設角旁兩弧同數，而總弧適足一象限，求對角之邊。

子乙丙形，乙角一百度餘弦一七三六五，子乙、丙乙並四十五度。

總丁丙九十度餘弦空，存空餘弦一〇〇〇〇〇丙己，即半徑。初數五〇〇〇〇丙辛。即半徑之半。

一　半徑壬己一〇〇〇〇〇

二　初數丙辛五〇〇〇〇

三　乙角大矢壬丑一一七三六五

四　對弧矢丙癸五八六八二

餘弦癸己四一三一八，求到對弧子丙六十五度三十六分。

論曰：半半徑爲初數，何也？準前論，半徑即存弧餘弦。而總弧無餘弦，無可相減。故即半之爲初數。問總弧何以無餘弦？曰：弧大者餘弦小，總弧滿象限，則大之極也，故無餘弦。其比例可得言乎？曰：壬己與壬丑，若丙甲與丙子，則亦若丙辛與丙癸。

若所設爲子戊丙形，戊角同乙角一百度，戊子、戊丙同爲一百三十五度，總二百七十度，滿三象限。亦無餘弦，亦如上法。以半半徑爲初數，依上四率，求到對戊角之子丙弧，六十五度三十六分。

設角旁兩弧之總滿半周，而存弧亦滿象限，求對角之弧。

用前圖，子戊卯形，戊角八十〇度餘弦一七三六五，子戊一百三十五度，卯戊四十五度。

總卯丙一百八十度餘弦一〇〇〇〇〇，即丙己半徑。存卯丁九十度餘弦空。餘弦無，減半徑，爲初數五〇〇〇〇己辛即庚甲。存弧滿象限，半徑爲正矢一〇〇〇〇〇，即卯己半徑。

一　半徑辰己一〇〇〇〇〇

二　初數己辛五〇〇〇〇

三　戊角矢辰丑八二六三五

四　兩矢較己癸四一三一七即對弧卯子餘弦

對弧大矢卯癸一四一三一七，以兩矢較加存弧矢，得對弧大矢。求到對弧卯子，一百一十四度二十四分。

論曰：總弧以半徑爲餘弦，何也？凡過弧大者餘弦大，過弧滿半周，則大之至也。故其餘弦亦最大，而即爲半徑也。

然則存弧又能以半徑爲矢，何也？弧大者矢大，存弧既滿象限，故其矢亦滿半徑矣。

問兩矢較己癸，即對弧之餘弦也，何以又得爲兩矢較？曰：他存弧之矢有大小，而不得正爲半徑。故其與對弧矢相較，亦有大小，而不得正爲餘弦。今矢既爲半徑，較必餘弦矣。

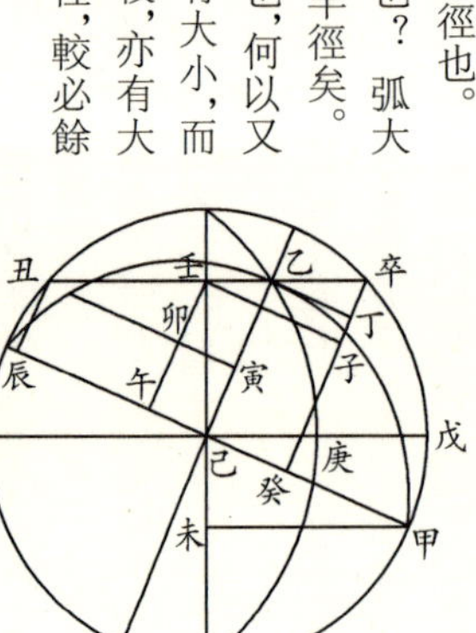

設對弧滿象限，三邊求角。

乙丙甲形，對弧乙甲九十度無餘弦，角旁二邊乙丙一百三十三度，甲丙六十八度。求丙角。

總甲丙丑二百○一度餘弦辰己九三三五九，存甲辛六十五度餘弦癸己四二二六二，相加辰癸一三五六二一，初數午癸六七八一○，對弧滿象限，矢即半徑己甲一○○○○○。

用捷法，即以存弧餘弦癸己爲矢較。

一　初數午癸六七八一○

二　半徑己戊一○○○○○

三　矢較己癸四二二六二即存弧餘弦

四　丙角矢庚戊六二九○四

求到丙角六十八度一十四分。

其比例，爲初數午癸與餘弦己癸，若正弦壬辛與距等矢乙辛也，亦必若半徑己戊與角之矢庚戊。

若先有兩角，求對弧，則反其率。

一　半徑戊己　二　初數午癸　三　丙角矢戊庚　四　兩矢較己癸

以所得四率，與存弧矢甲癸五七七三八相加，適足半徑，戊己甲。命對弧乙甲適足九十度。

捷法，視所得四率矢較，與存弧餘弦同數，即知對弧爲象限，不必更問存弧之矢。

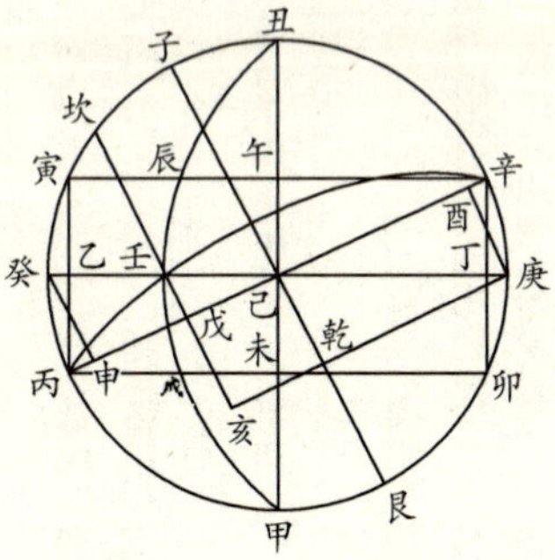

日月食地經赤道差算例

月距北極六十七度，月距天頂九十度，北極距天頂五十度，求地經赤道差角。

壬甲丙鋭角形，壬甲邊九十度，月距天頂。丙甲邊六十七度，月距北極。壬丙對弧五十度，極距天頂。求甲角。

總弧庚丙一百五十七度，存弧庚卯二十三度，總弧餘弦申己、存弧餘弦丁己，並九二○五○。對弧壬丙。餘弦己戊。六四二七九，初數即用總弧餘弦申己。九二○五○，對弧矢戊丙。三五七二一，存弧矢乙癸或甲丙。○七九五○，兩矢較申戊。二七七七一。

法以初數申己爲一率，矢較申戊爲二率，半徑己癸爲三率，得四率三○一六九，爲甲角矢壬癸。其餘弦壬己六九八三一。查表，得四十五度四十二分，爲甲角。

解曰：壬爲天頂，丙爲北極，子艮爲赤道，甲爲地平。帶食時月當地平如甲，壬甲爲月距天頂高弧，丙甲爲月距北極，甲艮即月距赤道，亦即黄赤距度。交食時月必當黄道，故甲艮即黄赤距度。甲壬弧減去甲丙，餘存弧癸丙與甲艮等。壬丙對弧，極距天頂也。其餘弦己戊，即極出地正弦。所求甲角，即地經赤道差也。

論曰：凡角旁弧適足九十度，則總存兩餘弦同數。法即以餘弦命爲初數。

又論曰：總弧過象限及過半周，宜以餘弦相加，折半爲初數。今兩餘弦相同而徑用爲初數，亦折半之理也。

捷法，以黄赤距度餘弦，與極出地正弦相減，餘進五位爲實，仍以距度餘弦除之，得差角矢。

解捷法曰：極出地正弦，即對弧餘弦。黄赤距度餘弦，即存弧餘弦。兩餘弦之較，即矢較也。

嚮作加減法補遺，自謂已盡其變，不知仍有此法，故特記之。因算帶食得此，其用捷法更奇，甚矣！學問之無窮也。

加減又法解《恒星歷指》第四題。三率法與加減捷法同理。

弧三角，有一角，及角旁二邊，求對角之弧。

法曰：以角旁大弧之餘度，與小弧相加，求其正弦爲先得弦。

次以角旁兩弧相加，視其度，若適足九十度，即半先得弦爲次得弦。此大弧之餘弧，與小弧等。

若角旁兩弧總大于象限，此大弧之餘弧小于小弧。則以大弧之餘弦減小弧，而求其弦以加先得弦，然後半之爲次得弦。

若兩弧總不及象限，此大弧之餘弧大于小弧。則以小弧減大弧之餘弧，而求其弦以減先得弦，然後半之爲次得弦。即初數。

又，以角之矢爲後得弦。

以後得弦乘次得弦爲實，半徑爲法除之，得數爲他弦。即兩矢較。並以他弦與先得弦相減,爲所求對角弧之餘弦,若他弦大于先得弦,即以先得弦減他弦。不問何弦,但以小減大。

右法,不載《測量全義》,而附見《歷指》。人自江南來,得小兒以燕家信,以此爲問,謂與《環中黍尺》有合也,乃爲摘録,以疏其義。

補三邊求角法

法用角旁兩弧大弧用餘度,小弧用本度。相加得數,取正弦爲先得弦。又相減得較,取正弦以與先得弦相加減,角旁兩弧大于象限,則相加。若小于象限,則相減。而半之爲次得弦,若角旁兩弧,并之適足一象限,則徑以先得弦半之,爲次得弦,不須加減。用爲首率。次以對角弧之餘弦,與先得弦相加減,得他弦爲次率。對弧大于象限,相加。小于象限,則相減。半徑爲三率。求得角之矢爲四率。正矢爲鋭角,大矢爲鈍角。

論曰:此亦加減代乘除之一種也。加減法,以總弧存弧之餘弦,相加減以取初數。此則不用存弧,而用存弧之餘度。以餘度取正弦,即存弧之餘弦故也。又不正用存弧之餘度,而用大弧之餘度。以大弧之餘度加小弧,即存弧之餘度故也。至其加減,又不用總弧,而用大弧餘度與小弧相減之較弧。以此較弧之正弦,即總弧之餘弦故也。取徑迂迴,而理數脗合,非兩法相提並論,不足以明其立法之意也。舉例如後。

乙丙丁形,有乙角,及角旁二邊。求對弧丁丙。以加減捷法求得諸數,與《恒星歷指》法,相參論之。

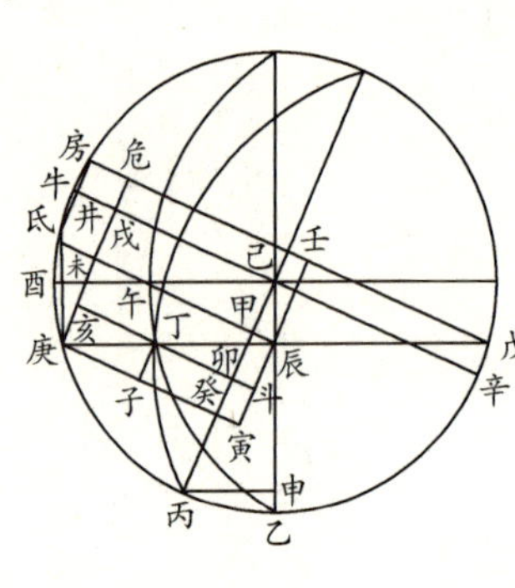

乙丙小弧正弦申丙,乙丁大弧正弦辰庚,總弧戊丙餘弦壬己,存弧庚丙餘弦癸己,餘弦并癸壬,初數癸甲即辰寅,丁丙對弧正矢卯丙,庚丙存弧正矢癸丙,兩矢較卯癸。

一　半徑酉己

二　角之矢酉午

三　初數甲癸,即辰寅

四　兩矢較卯癸,即丁子

末以卯癸加癸丙得卯丙爲對弧矢。乃查其度,得對弧丁丙。

右加減法也。

今改用《恒星歷指》之法。先以酉庚爲角旁大弧乙丁。之餘弧,乙庚同乙丁,大弧度也。乙酉同乙午,皆象限也。乙酉象限内減乙庚,猶之乙午内減乙丁也。故庚酉即乙丁之餘。又以牛酉當角旁小弧乙丙。乙酉與牛丙皆象限内,減同用之丙酉,則牛酉同乙丙。二者相加成牛庚,取其正弦戊庚,是爲先得弦。

次視角旁兩弧乙丙,乙丁。之總,丙戊。大于象限。丙辛。法當以大弧餘度,去減小弧,得較,于同小弧之牛酉内,減同大弧餘度之氐酉,其較牛氐與牛房等。而取其弦,牛氐較與牛房等,則氐井弦與房井等,而即與危戊等。是危戊即牛氐較之弦也。以加先得弦,以危戊加戊庚,成危庚。然後半之,危庚半之于未,成未庚。爲次得弦。又以乙角之矢午酉。爲後得弦,與次得弦未庚。相乘爲實,半徑爲法除之,得他弦。亥庚。末以他弦亥庚。減先得弦,戊庚。其餘亥戊,爲對弧丁丙。之餘弦。查表,得對弧。

論曰:牛庚之正弦戊庚,與癸己平行而等,即存弧之餘弦也。牛庚爲小弧與大弧餘度之并,實即存弧丙庚之餘度,故戊庚即同癸己。次得弦未庚,與甲癸平行而等,即初數也。以危戊如戊庚而成危庚。猶總存兩餘弦相加,成癸壬也。危庚既同癸壬,則其半未庚,亦同甲癸。

他弦庚亥與卯癸平行而等,即兩矢較也。末以他弦與先得弦相減,而得對弧餘弦。猶以兩矢較與存弧矢相加,而得對弧矢也。兩矢較,即兩餘弦較也。故加之得矢者,減之即得餘弦。然則此兩法,固異名而同實矣。

又論曰:加減法,用大弧小弧之總與較,取其餘弦相加減。此法則用大弧餘度與小弧之總與較,而取其正弦相加減。如牛庚是大弧餘度與小弧之總。牛氐是大弧餘度與小弧之較。用若相反,而得數並同者,何也?曰:餘弧與正弧互爲消長,其數相待。是故大弧之餘度大於小弧,則總弧不及象限矣。大弧之餘度小於小弧,則總弧過象限矣。總弧過象限,宜相加,此條是也。總弧不及象限,宜相減,後條是也。宜加宜減之數,無一不同,得數安得不同。得數,謂初數也。在此法,則爲次得弦。

又論曰:此法之於加減法,猶甲數乙數之於初數次數也。初數次數用餘弦,甲數乙數用正弦,加減法用餘弦,此法用正弦。所以然者,皆以角旁之弧,半用餘度也。甲數乙數法内,一弧用本度,一弧用餘度。此法小弧用本度,大弧用餘度。一加減法乃有四用,其省乘除並同,而繁簡殊矣。

乙丙丁形，有乙角，及角旁二邊。求對弧丁丙。

乙丙小弧正弦申丙，乙丁大弧正弦辰庚，總弧戊丙餘弦壬己，存弧庚丙餘弦癸己，餘弦較壬癸，初數癸甲，丁丙對弧正矢卯丙，庚丙存弧正矢癸丙，兩矢較卯癸。

一　半徑酉己

二　角大矢酉午

三　初數甲癸

四　兩矢較卯癸

末以卯癸加癸丙，成卯丙，爲對弧矢，查其餘弦，得對弧丁丙。

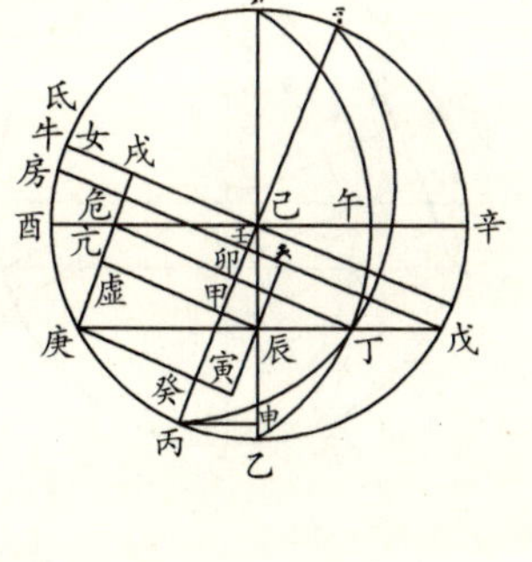

右加減法也。

今依《恒星》法，改用大弧之餘度，庚酉即午丁。與小弧牛酉即乙丙。相加，戊牛庚，即存弧丙庚之餘度。求其正弦爲先得弦。戊庚同己癸，即存弧之餘弦。次視兩弧之總，戊丙。不及象限，當以小弧減大弧餘度，取氐酉如酉庚，以牛酉減之。得較。氐牛與牛房等。取其正弦，女房即女氐，亦即戊危。以減先得弦。戊危減戊庚，餘危庚，與癸壬等。半之，危庚半之於虛，成庚虛，與甲癸等。爲次得弦。又以乙鈍角大矢午酉。爲後得弦，與次得弦相乘爲實，半徑爲法除之，得他弦。亢庚與卯癸等。末以他弦亢庚。減先得弦，戊庚。其餘戊亢，即卯己。爲對弧餘弦。查表，得對弧丁丙。

論曰：角求對邊者，求緯度也。三邊求角者，求經度也。二者之分，祇在四率中互換，無他繆巧。《歷指》注云：求緯用正弦，求經用切綫，殊不可曉。及查其後條用例，亦無用切綫之法，殆有缺誤。《歷書》中如此者甚多，故在善讀耶。

加減通法

加減代乘除以算三邊求角，及二邊一角求對角之邊，皆斜弧三角之難者也。其算最難，而其法益簡。故凡算例中兩正弦相乘者，即可以加減代之。則雖正弧諸法，實多所通。故謂之通法。

法曰：凡四率中，有以兩正弦相乘爲實，半徑爲法者，皆可以初數取之。有以兩餘弦相乘爲實，半徑爲法者，皆可以次數取之。有以餘弦與正弦相乘爲實，半徑爲法者，皆可以甲乙數取之。

假如正弧形，有角，有角旁弧，而求對角之弧。此如有春分角，有黃道，而求距度。

本法當以角之正弦，與角旁弧之正弦相乘，半徑除之也。今以角度與黃道度相加減爲總存弧，取初數，即命爲所求度正弦。

設黃道三十度，求黃赤距度。

總弧五十三度三十一分半，餘弦五九四四七。

存弧六度二十八分半，餘弦九九三六二。

用初數爲正弦，檢表得度。相減三九九一五。折半一九九五七，即初數。

求到黃赤距度一十一度三十〇分四十二秒。

又設黃道七十五度，求黃赤距度。

總弧九十八度三十一分半，餘弦一四八二四。

存弧五十一度二十八分半，餘弦六二二八五。

用初數爲正弦，檢表得度。相加七七一〇九。折半三八五五四，即初數。

求到黃赤距度二十二度四十分三十九秒。

又如，句股方錐法有大距，有黃道，而求距緯。本以大距正弦黃道餘弦相乘，半徑除之也。今以甲數取之。

設黃道六十度，求距緯。句股方錐，黃道以距二至起算，下同。

總弧八十三度三十一分半，正弦九九三六二。

存弧三十六度二十八分半，正弦五五四四七。

用甲數爲正弦，檢表得度。相減三九九一五。半之一九九五七，爲甲數。

求到距緯一十一度三十〇分四十二秒。

設黃道一十五度，求距緯。

總弧三十八度三十一分半，正弦六二二八五。

存弧〇〇八度三十一分半，正弦一四八二四。

用甲數爲正弦，查表得度。相加七七一〇九。半之三八五五四，爲甲數。

求得距緯二十二度四十分三十九秒。

又如次形法。本以一正弦與一餘弦相乘，半徑除之，得所求之餘弦，今以初數取之。

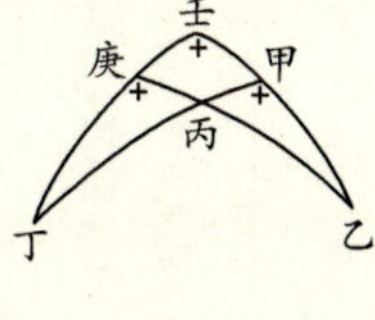

設甲丙乙形，有甲正角，有丙角，及甲丙邊，而求乙角。

本法，爲半徑與丙角正弦，若甲丙餘弦與乙角餘弦。今以初數，即命爲乙角餘弦。

丙角度 相并爲總弧
甲丙餘度 相減爲存弧，各取其餘弦。如法相加減而半之，成初數，即命爲乙角餘弦。

本法用正弦與餘弦相乘，而亦以初數取之，何也？曰：甲丙餘弦實次形丁丙正弦也，故仍用初數。

假如斜弧形作垂弧法，本爲半徑與角之正弦，若角旁弧之正弦與垂弧之正弦也。今以初數，即命爲垂弧正弦。

設丁乙丙形，有乙鋭角，有丁乙邊，求作丁甲垂弧。

乙角度 相并爲總弧
乙丁弧 相減爲存弧，而取其餘弦。如法相加減而半之，成初數，即命爲丁甲垂弧正弦。

設丁乙丙形，乙爲鈍角，而先有丁乙邊，其法亦同。

乙外角 相并爲總弧
丁乙邊 相減爲存弧，而各取其餘弦。如上法取初數，命爲甲丁垂弧正弦。

又如弧角比例法。本爲角之正弦與對角邊之正弦，若又一角之正弦與其對邊之正弦。今以初數進五位，即爲兩正弦相乘之實，可以省乘。

設乙甲丙形，有丙角、甲角，有乙甲邊，求乙丙邊。

本以甲角正弦與乙甲正弦相乘爲實，丙角正弦爲法除之，得乙丙正弦。今以甲角度與乙甲弧，相并減爲總存弧。如法取初數，進五位爲實，以丙角正弦除之，亦得乙丙正弦。若有乙丙邊，求丙角，則以乙丙邊正弦爲法除之，即得丙角之正弦。

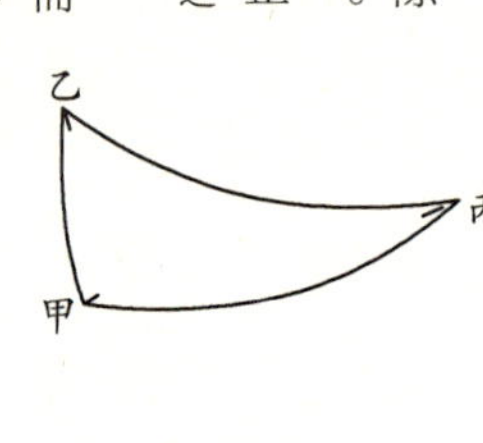

又如垂弧捷法。本以兩餘弦相乘爲實，以餘弦爲法除之，而得所求之餘弦。今以次數進五位，爲兩餘弦相乘之實，即可省乘。

設甲丁亥鈍角形，有亥甲邊，有亥丁邊，有引長之丁己邊，而求甲丁邊。

本法爲亥己邊之餘弦與亥甲邊之餘弦，若丁己邊之餘弦與甲丁邊之餘弦也。今以次數代乘。

亥甲、丁己二弧相并爲總弧，相減爲存弧。而各取其餘弦。如法相加減而半之爲次數，下加五〇，即同亥甲與丁己兩餘弦相乘之實，但以亥己邊之餘弦爲法除之，即得甲丁邊之餘弦。進五〇何也？曰：初數者，兩正弦相乘，半徑除之之數。故必進五位，即同兩正弦相乘之實矣。次數進位之理倣此。

清・《曆象考成》上編卷三《測量篇下》

斜弧三角形邊角比例法

凡斜弧三角形，先知之三件，有相對之邊角，又有對所求之邊角者，則用邊角比例法。

如甲乙丙斜弧三角形，有甲角，有甲乙邊，有乙丙邊，而求丙角。

則乙丙爲對所知之邊，甲爲所知之角，甲乙爲對所求之邊。乃以對所知之乙丙邊正弦，與對所求之甲乙邊正弦之比，同於所知之甲角正弦，與所求之丙角正弦之比也。

又如丁戊己斜弧三角形，有丁角，有己角，有丁戊邊，而求戊己邊。

則己角爲對所知之角，丁戊爲所知之邊，丁爲對所求之角。乃以對所知之己角正弦，與對所求之丁角正弦之比，同於所知之丁戊邊正弦，與所求之戊己邊正弦之比也。

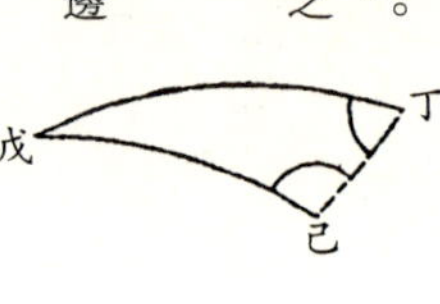

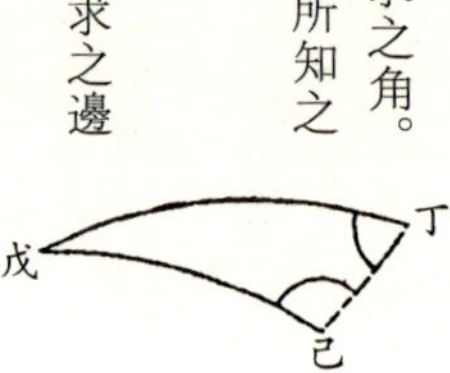

斜弧三角形作垂弧法

凡斜弧三角形，先知之三件，有相對之邊角，而無對所求之邊角者，則用垂弧法。

如甲乙丙斜弧三角形，有甲角，有甲乙邊，有乙丙邊，而求乙角，及甲丙邊。

乃自乙角作乙丁垂弧於形內，分爲甲乙丁、丙乙丁兩正弧三角形算之。先用甲乙丁形，求乙丁垂弧，甲丁分邊，及乙分角。蓋此形有甲角，有甲乙邊，有丁直角。以丁角正弦即半徑。與甲角正弦之比，同於甲乙邊正弦與乙丁垂弧正弦之比，而得乙丁垂弧。以半徑與甲角餘弦之比，同於甲乙邊正切與甲丁邊正切之比，而得甲丁分邊。以甲乙邊正弦與甲丁邊正弦之比，同於丁角正弦即半徑。與乙分角正弦之比，而得乙分角。次用丙乙丁形，求乙分角，及丁丙分邊。蓋此形有乙丙邊，有乙丁垂弧，有丁直角。以乙丙邊正切與乙丁垂弧正切之比，同於半徑與乙分角餘弦之比，而得乙分角。以丁角正弦即半徑。與乙分角正弦之比，同於乙丙邊正弦與丁丙邊正弦之比，而得丁丙分邊。既得兩分角，並之，即乙角。得兩分邊，並之，即甲丙邊也。

又如戊己庚斜弧三角形，有戊角，有庚角，有己庚邊，而求戊庚邊，及己角。

乃自己角作己辛垂弧於形外，將戊庚弧引長至辛。作戊己辛、庚己辛兩正弧三角形算之。先用庚己辛形，求己辛垂弧，庚辛虛邊，及己虛角。蓋此形有庚外角，有己庚邊，有辛直角。以辛角正弦即半徑。與庚角正弦之比，同於己庚邊正弦與己辛垂弧正弦之比，而得己辛垂弧。以半徑與庚角餘弦之比，同於己庚邊正切與庚辛虛邊正切之比，而得庚辛虛邊。以己庚邊正弦與庚辛邊正弦之比，同於辛角正弦即半徑。與己虛角正弦之比，而得己虛角。次用戊己辛形，求戊辛總邊，及己總角。蓋此形有戊角，有己辛垂弧，有辛直角。以戊角正切與半徑之比，同於己辛垂弧正切與戊辛邊正弦之比，而得戊辛總邊。以己辛垂弧正弦與戊辛邊正弦之比，同於戊角正弦與己角正弦之比，而得己總角。既得戊辛總邊，內減去庚辛虛邊，即戊庚邊。得己總角，內減去己虛角，即己角也。

斜弧三角形用總較法

凡斜弧三角形，知三邊求角者，則用總較法。以角傍之兩邊，相加爲總弧，相減爲較弧。

一率　中數
二率　矢較
三率　半徑
四率　角之正矢

各取其餘弦相加減，總弧較弧俱不過象限，或俱過象限，則兩餘弦相減。若一過象限，一不過象限，則兩餘弦相加。其或過二象限者與過一象限，同過三象限者，與不過象限同。折半爲中數。又以對邊之矢與較弧之矢相減，餘爲矢較。乃以中數與矢較爲比，同於半徑與所求角之正矢之比也。

一率　半徑
二率　角之正矢
三率　中數
四率　矢較

如知兩邊一角，而角在兩邊之間者，以半徑與所知角之正矢爲比，同於中數與矢較之比。既得矢較，與較弧之矢相加，即得對邊之矢也。

如甲乙丙斜弧三角形，有三邊，求甲角。

則以甲角傍之甲乙、甲丙二邊相加，得乙丁，甲丙、甲戊、甲丁三弧，同爲丁戊距等圈所截，故其度相等。爲總弧，其正弦爲丁己，餘弦爲己庚。甲乙與甲丙相減，餘乙戊，爲較弧。其正弦爲戊辛，餘弦爲辛庚。兩餘弦相加得己辛，乙丁總弧過象限，乙戊較弧不過象限，其兩餘弦在圜心之兩邊，故相加。折半，得辛壬與癸子等，爲中數。乙丙對邊與乙丑等，乙丙與乙丑兩弧，同爲丑寅距等圈所截，故其度相等。其正弦爲丑卯，餘弦爲卯庚，正矢爲乙卯。以乙卯與乙戊較弧之正矢乙辛相減，餘辛卯，與辰巳等，爲矢較。戊辰巳與戊癸子爲同式兩勾股形，故癸子與辰巳之比，同於戊子與戊巳之比也。又午庚爲半徑，戊子爲距等圈之半徑。午未與戊巳兩段，同爲甲丙申大圈所分，則戊子與戊巳之比，原同於午庚與午未之比。是以中數癸子與矢較辰巳之比，即同於半徑午庚與甲角正矢午未之比也。以午未與午庚半徑相減，餘未庚，爲甲角之餘弦。檢表，即得甲角所當午申弧之度也。若先有甲角，及甲乙、甲丙二邊，求乙丙對邊。則以半徑午庚與甲角正矢午未之比，即同於中數癸子與矢較辰巳之比。既得辰巳，與辛卯等，與乙戊較弧之正矢乙辛相加，得乙卯，爲乙丙對邊之正矢也。

如有甲乙、甲丙、乙丙三邊，求乙角。

則以乙角傍甲乙、乙丙二邊相加，得甲丁，乙丙、乙丁、乙戊三弧，同爲戊丁距等圈所截，故其度相等。爲總弧。其正弦爲丁己，餘弦爲己庚。甲乙與乙丙相減，餘甲戊，爲較弧。其正弦爲戊辛，餘弦爲辛庚。兩餘弦相減，餘辛己。甲丁總弧，甲戊較弧，皆不過象限，其兩餘弦同在圜心之一邊，故相減。折半得辛壬。與癸子等，爲中數。甲丙對邊與甲丑等，甲丙與甲丑兩弧，同爲寅丑距等

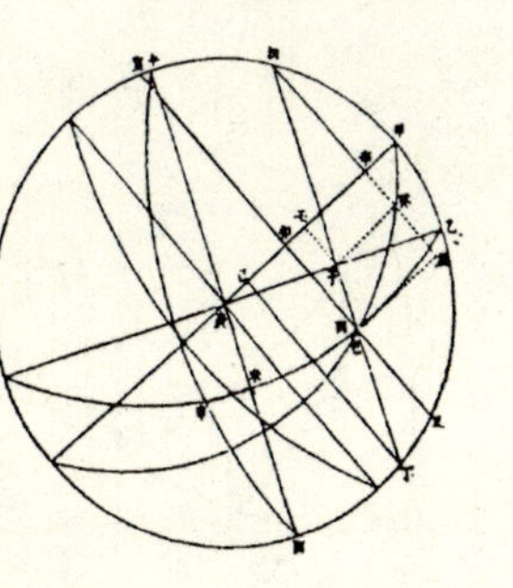

圈所截，故其度相等。其正弦爲丑卯，餘弦爲卯庚，正矢爲甲卯。以甲卯與甲戊較弧之正矢甲辛相減，餘辛卯，與辰己等，爲矢較。戊癸子與戊辰己爲同式兩勾股形，故癸子與辰己之比，同於戊子與戊己之比也。又午庚爲半徑，戊子爲距等圈之半徑，戊己與午未兩段，同爲乙丙申大圈所分。則戊子與戊己之比，原同於午庚與午未之比。是以中數癸子與矢較辰己之比，即同於半徑午庚與乙角大矢午未之比也。凡鈍角所用諸線，皆與外角同。惟矢則有正矢、大矢之別。如庚未爲乙鋭角所當申酉弧之餘弦，亦爲乙鈍角所當午申弧之餘弦。檢表，鋭角即得本角度，鈍角與半周相減亦即得本角度。而未酉爲乙鋭角之正矢，乃於酉庚半徑内減庚未餘弦。午未爲乙鈍角之大矢，乃於午庚半徑加庚未餘弦也。此正矢大矢之别。過弧亦然。於午未大矢内減午庚半徑，餘庚未，爲乙角之餘弦。檢表，得乙外角度，與半周相減，餘即乙鈍角之度也。若先有乙鈍角及甲乙、乙丙二邊，求甲丙對邊。則以半徑午庚與乙角大矢午未之比，即同於中數癸子與矢較辰己之比。既得辰己，與辛卯等，與甲戊較弧之正矢甲辛相加，得甲卯，爲甲丙對邊之正矢也。

斜弧三角形，知三角求邊者，則用次形法。如甲乙丙形，可易爲丁戊己次形。蓋甲角之度，當庚辛弧，而庚辛與己戊等，庚己與辛戊皆象限，故庚辛與己戊等。故本形之甲角，即次形之己戊邊。乙外角之度，當壬癸弧，而壬癸與己丁等，壬己與癸丁皆象限，故壬癸與己丁等。故本形之乙外角，即次形之己丁邊。丙角之度，當子丑弧，而子丑與戊丁等，子戊與丑丁皆象限，故子丑與戊丁等。故本形之丙角，即次形之戊丁邊。是本形之三角，即次形之三邊也。又次形丁角之度，當癸丑弧，而癸丑與乙丙等，丙丑與乙癸皆象限，故癸丑與乙丙等。故次形之丁角，即本形之乙丙邊。戊外角之度，當辛子弧，而辛子與甲丙等，丙子與甲辛皆象限，故辛子與甲丙等。故次形之戊外角，即本形之甲丙邊。己角之度，當庚壬弧，而庚壬與甲乙等，乙壬與甲庚皆象限，故庚壬與甲乙等。故次形之己角，即本形之甲乙邊。是本形之三邊，即次形之三角也。故用丁己戊次形，仍用總較法算之。求得次形之三角，即得本形之三邊也。如有乙角，丙角，及乙丙邊，而求甲角。亦用丁戊己次形。有己丁邊，戊丁邊，及丁角，仍用總較法算之。求得己戊邊，即甲角也。

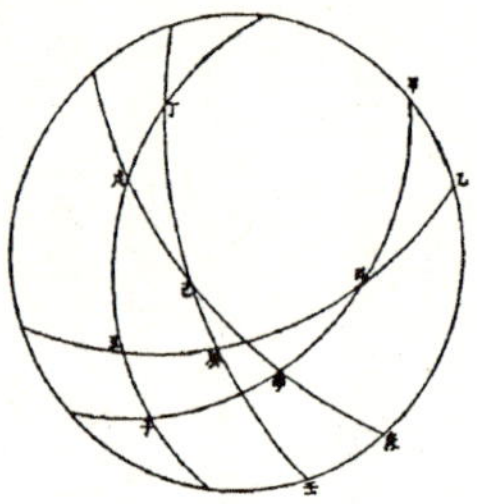

清・安清翹《矩線原本》卷三《測量篇下》 立句股儀之四面，或同句，或同股，或同弦，或句股弦互相同，則四面之角度，可以大小互求矣。

以斜平面角之正弦爲小句，斜立面角之正弦爲小弦，平面角之正弦爲大句，半徑爲大弦，爲比例四隅。

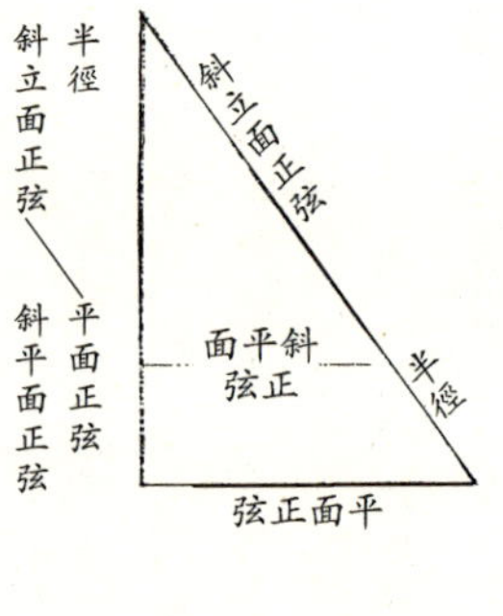

以斜立面角之餘弦爲小股，斜平面角之餘弦爲小弦，立面角之餘弦爲大股，半徑爲大弦，爲比例四隅。

斜立面正弦　半徑　斜平面正弦　平面正弦

半徑　斜立面正弦╱平面正弦　斜平面正弦

斜平面餘弦　斜立面餘弦　立面餘弦　半徑

半徑　斜立面餘弦╱立面餘弦　斜平面餘弦

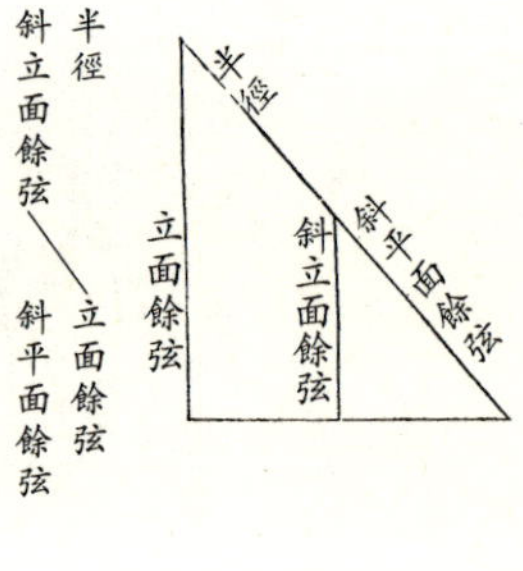

又　正弧形，凡五弧除正角不算。立句股儀。凡四面，以五弧錯居四面，迭互更易，而爲儀者十，前二儀爲本形，餘八儀爲次形。爲比例四隅者五。正弧形之比例備矣。

斜立面	弦邊	弦邊	股邊餘弧	句邊餘弧	股邊餘弧	句邊餘弧	句角	股角	句角	股角
立面	股邊	句邊	股角餘弧	句角餘弧	弦邊餘弧	弦邊餘弧	股角餘弧	句角餘弧	句邊	股邊
斜平面	句邊	股邊	弦邊餘弧	弦邊餘弧	股角餘弧	句角餘弧	句邊	股邊	股角餘弧	句角餘弧
平面	句角	股角	句邊餘弧	股邊餘弧	句角	股角	弦邊	弦邊	股邊餘弧	句邊餘弧

半徑　句角正弦╱弦邊正弦　句邊正弦

半徑　股邊餘弦╱句邊餘弦　弦邊餘弦

半徑　股角正弦╱弦邊正弦　股邊正弦

半徑　句角正弦╱股邊餘弦　股角餘弦

半徑　股角正弦╱句邊餘弦　句角餘弦

半徑與弦邊正弦之比例，同於句角正弦與句邊正弦之比例，爲比例四隅。第一圖。半徑與股邊餘弦之比例，同於句邊餘弦與弦邊餘弦之比例，爲比例四隅。第二圖。半徑與股角正弦之比例，同於弦邊正弦與股邊正弦之比例，爲比例四隅。第三圖。半徑與句角正弦之比例，同於股邊餘弦與股角餘弦之比例，爲比例四隅。第四圖。半徑與股角正弦之比例，同於句邊餘弦與句角餘弦之比例，爲比例四隅。第五圖。

論曰：句邊、股邊、弦邊互相求，有句邊，有股邊，求弦邊。有句邊，有弦邊，求股邊。有股邊，有弦邊，求句邊。凡言互相求者，倣此。爲術者三。弦邊、句角、句邊互相求，爲術者三。弦邊股角、股邊互相求，爲術者三。句角、股角、句邊互相求，爲術者三。句角、股角、股邊互相求，爲術者三。共十五事，皆按比例四隅求之。其句邊、股邊、句角互相求，爲術者三。句邊、股邊、股角互相求，爲術者三。股邊、弦邊、句角互相求，爲術者三。句邊、弦邊、句角互相求，爲術者三。句角、股角、弦邊互相求，爲術者三。共十五事，須按比例四隅，作兩次求之。如有句邊，有股邊，求句角，則先按第二圖，求弦邊。次按第一圖，求句角。餘可類推。從十五事若兼用切線，則止比例一次。別詳《學算存略》。

以測量言之，黄道爲句邊大距，餘弧爲股邊距緯，餘弧爲弦邊，赤道爲句角，黄道赤經交角爲股角。從冬至起算。

又 斜弧形小角小邊之正弦，與大角大邊之正弦，爲比例四隅。

斜弧形自一角作垂弧，分爲同股邊之兩正弧形，其大小兩邊俱爲弦邊，其大小兩角俱爲股角。而正弧形之股邊股角與弦邊直角原爲比例四隅，則同股邊之大小兩弦邊與大小兩股角必爲比例四隅矣。與平三角同股之兩句股形同理。

大邊　小邊　垂弧　大角　小角

小邊正弦　大邊正弦

小角正弦　大角正弦

斜弧形之大邊次邊夾小角，大邊小邊夾次角，次邊小邊夾大角。夾角傍之兩邊相加，爲和弧。相減，爲較弧。較弧、和弧之矢相減，半之，爲矢半差。較弧之矢與對邊對夾角之邊。之矢相減，爲兩矢差。

半徑與夾角之矢之比例，同於矢半差與兩矢差之比例，爲比例四隅。

半徑　夾角之矢

矢半差　兩矢差

矢半差爲句，距等圈之半徑爲之弦。兩矢差爲句，距等圈之大小矢爲之弦。凡兩句之比例同於兩弦之比例，而距等圈之半徑大小矢原與大圈之半徑大小矢平行相應，則矢半差與兩矢差之比例，必同於半徑與夾角之矢之比例，而爲比例四隅矣。

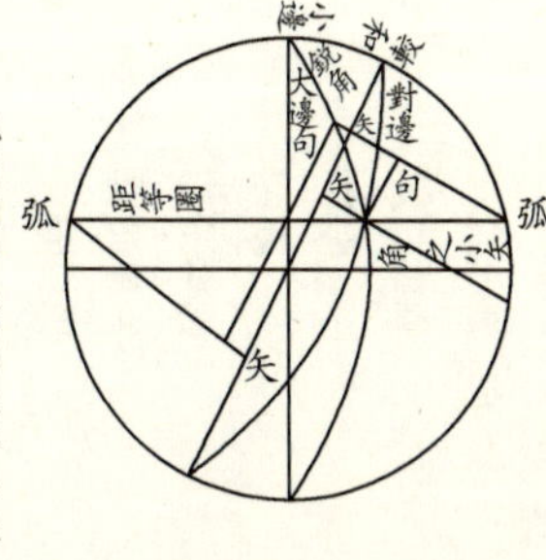

銳角用小矢，則矢半差大於兩矢差。

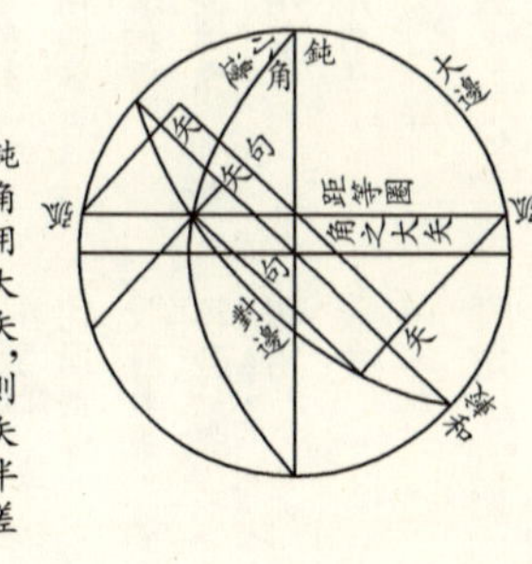

鈍角用大矢，則矢半差小於兩矢差。

清・張作楠《弧角設如》卷上 正弧三角形所知之三件，弧角相對者用弧角之八線爲比例。

如圖，甲乙丙三角形，丁戊爲甲角度，丁子爲甲角正弦，子癸爲餘弦，丑戊爲正切，丑癸爲正割，戊癸、丁癸皆半徑。乙寅爲乙丙弧正弦，辰丙爲正切。乙卯爲甲乙弧正弦，午甲爲正切。丙己爲甲丙弧正弦，未甲爲正切。聯之皆成句股，如於寅、卯二點，聯以虚線，成乙寅卯句股形。又於辰、己二點，聯以虚線，成辰丙己句股形。又於午、未二點，聯以虚線，成午未甲句股形。與各線所成句股，皆爲同式。可以互爲比例。

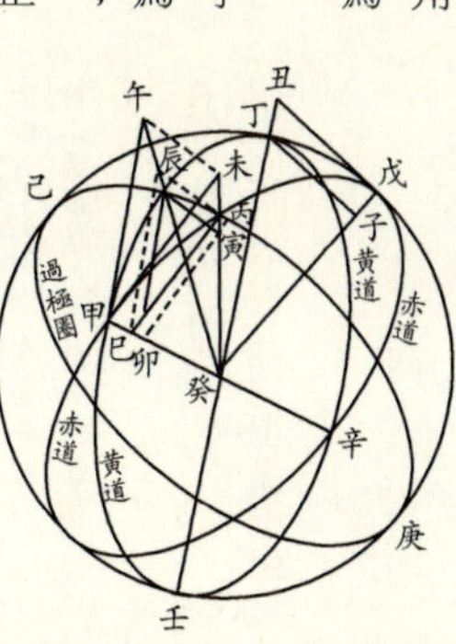

若弧角不對，則用次形。次形爲本形與象限相減鈍角則減半周。之餘度所成，故用本弧之餘弦、餘切，即次形之正弦、正切也。其法可易弧爲角，易角爲弧，若斜弧三角形，可易大形爲小形，易大

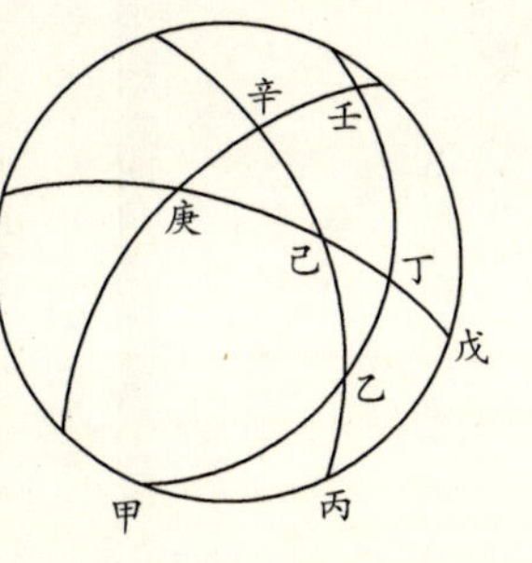

邊爲小邊，易鈍角爲鋭角。邊與角不相對，可易爲相對。

如圖，甲乙丙形，可易爲乙己丁次形。蓋甲戊、甲丁、己丙、己戊四弧，皆象限。於甲丁象限内減甲乙，餘即爲次形之乙丁。於己丙象限内減乙丙，餘即爲次形之己乙。於己戊象限内減丁戊，即甲角度。餘即爲次形之己丁。於甲戊象限内減甲丙，餘即爲次形己角度。丙戊。是次形之三弧一角，即本形三弧一角之餘度。又次形丁角爲直角，與丙角等。乙爲交角，其度亦等。故算乙己丁形，即得甲乙丙形也。又甲乙丙形，可易爲己庚辛次形。蓋庚丁爲象限，與己戊等，則庚己即與丁戊等。即甲角度。故本形甲角，即次形庚己弧。乙辛、壬庚、乙壬皆象限，與甲丁等，則壬丁即與甲乙等。故本形甲乙弧，即次形庚角。辛壬即乙角度。故象限減辛壬，即次形庚辛弧。丙戊即己角度，故於甲戊象限内減甲丙，即次形己角。又次形辛角爲直角，與丙角等。次形辛己與乙丙等。故算己庚辛形，亦得甲乙丙形也。

又 卷中 如有相對之弧角，又有對所求之弧角，則用弧角相求法。

如甲乙丙斜弧三角形，有甲角，甲乙弧，乙丙弧，求丙角。則乙丙爲對所知之弧，甲爲所知之角，甲乙爲對所求之弧。若有丙角、乙角、甲丙弧，求甲乙弧。則乙爲對所知之角，甲丙爲所知之弧，丙爲對所求之角，俱以正弦比例，與正弧三角法同。

如有相對之弧角，無對所求之弧角，則用垂弧法。垂在形内曰形内垂弧。垂在形外曰形外垂弧。在本形者二，在次形者亦二。三角俱鋭，垂在形内。一鈍二鋭或在形内或在形外。從鈍角垂，則在内。從鋭角垂，則在外。兩鈍一鋭或三角俱鈍，則垂於次形，亦分内外。次形無鈍角，則在内。有鈍角，則在外。若破鈍角，亦可在内。如知兩角一弧，則垂於不知之角。若三角皆鋭，而兩角夾對所求之弧，則又不可垂於不知之角致破所知之弧。知兩弧一角，則垂於不知之弧。有鈍角者，在内，多垂於鈍角；在外，多垂於鋭角。内垂之法，從角至對弧，分元形爲兩正三角形，求得兩弧角度，相併，即得所求。外垂之法，從鋭角至鈍角，湊成兩正三角形，求得兩弧角度，相減，即得所求。其次形則易鈍角爲鋭角，易大弧爲小弧求之。

如圖，甲爲正角，甲丙乙爲正弧三角，若易甲爲丁，則變爲斜弧三角，丁爲鋭角，則丙甲爲形内垂弧。如上圖。丁爲鈍角，則丙甲爲形外垂弧。如下圖。庚甲亥如庚卯亥，丑丁亥如丑卯亥，子甲亥如子卯亥。觀此，則角之或正或鋭或鈍明矣。蓋乙角乙丙弧俱爲正弧三角所有，亦即爲斜弧三角所有，故求得正弧三角，弧角度相併、相減，即得斜弧三角弧角度。

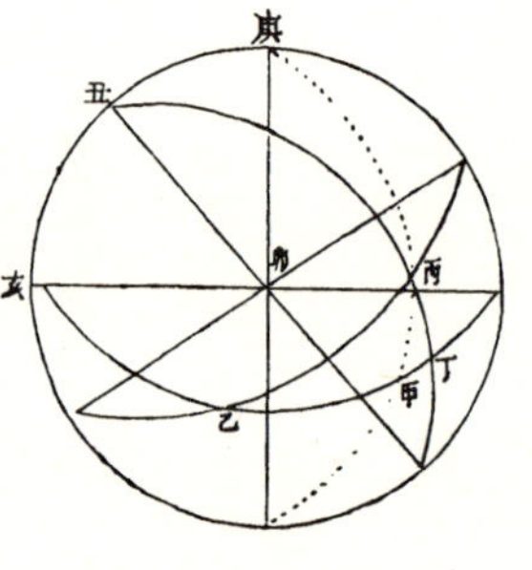

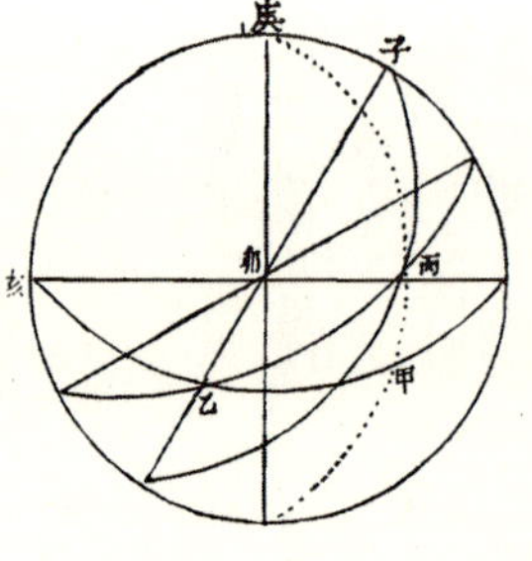

若無相對之弧角，有兩弧一角，而角在所知兩弧之間。或兩角一弧，而弧在所知兩角之間，則用切線分外角法。按此例，用垂弧法或用總較法俱得。但垂弧有内垂外垂之殊，總較法不能用對數。此法既無内外之歧，又可馭以對數，較之總較法，雖多一次乘除，然其餘不知之三件，一算俱得，殊爲簡捷。法見平三角兩邊夾一角條。如兩弧夾一角，則以兩弧和折半正弦與兩弧較折半正弦之比，同於半角餘切即外角正切。與半較角正切之比。又以兩弧和折半餘弦與兩弧較折半餘弦之比，同於半角餘切與半較角正切之比。檢表得兩半角度，相併即小邊角度；相減即大邊角度。再用對弧對角法得對弧度。如兩角夾一弧，則用次形，易角爲弧，易弧爲角求之。

【略】然弧三角不能如平三角法，有兩角即知餘角。故必以和較折半之正弦、餘弦各比例得兩半較角，相併、相減，而後得餘角也。

若無相對之弧角，有三弧求角或三角求弧，則用總較法。如三弧求角。以角旁兩弧相加，爲總弧。相減，爲較弧。各取餘弦加減。總弧、較弧俱不過象限，或俱過象限，則兩餘弦相減。若一過一不過，則相加。過二象限，與過一象限同。過三象限，與不過同。折半，爲中數。又以對弧之矢與較弧之矢相減，餘爲矢較。乃以中數與矢較之比，同於半徑與所求角正矢若過半徑，則爲大矢。之比。若兩弧夾一角，則以半徑與所知角正矢之比，同於中數與矢較之比。既得矢較，與較弧之矢相加，即得對弧之矢。若兩角夾一弧，用次形法。如三角求弧，則用次形，易弧爲角，易角爲弧求之。本形三弧，即次形三角，求得次形三角，即得本形三弧。

如圖，甲乙丙斜弧三角形，有三弧，求甲角。則以甲角旁兩弧甲乙、甲丙相加，爲總弧，如乙丁。其正弦丁己，餘弦己庚。兩弧相減，餘爲較弧，如乙戊。其正弦戊辛，餘弦辛庚。兩餘弦相加，乙丁總弧過象限，乙戊較弧不過象限，其兩餘弦在圜心之兩邊，故相加。得已辛，折半，得辛壬，與癸子等，爲中數。乙丙對弧與乙丑等，其正弦丑卯，餘弦卯庚，正矢乙卯。以乙卯與乙戊較弧之正矢乙辛相減，餘辛卯，與辰已等，爲矢較。午庚爲半徑，戊子爲距等圈半徑，午未與戊已兩段同爲甲丙申大圈所分。是以中數癸子與矢較辰已之比，即同於半徑午庚與甲角正矢午未之比也。以午未與半徑相減，餘未庚，爲甲角餘弦。檢表，得甲角度。

若求乙角，加後圖。以乙角旁甲乙、乙丙兩弧相加，爲總弧，如甲丁。其正弦丁已，餘弦已庚。兩弧相減，餘爲較弧，如甲戊。其正弦戊辛，餘弦辛庚。兩餘弦相減，甲丁總弧，甲戊較弧，皆不過象限，其兩餘弦同在圜心之一邊，故相減。餘辛已，折半，得辛壬與癸子等，爲中數。甲丙對弧與甲丑等，其正弦丑卯，餘弦卯庚，正矢甲卯。以甲卯與甲戊較弧之正矢甲辛相減，餘辛卯，與辰已等，爲矢較。午庚爲半徑，戊子爲距等圈半徑，午未與戊已兩段同爲乙丙申大圈所分。是以中數癸子與矢較辰已之比，即同於半徑午庚與乙角大矢午未之比也。凡鈍角，諸線皆與外角同，惟矢則有正矢、大矢之別。如庚未爲乙鋭角所當申酉弧餘弦，亦爲乙鈍角所當午申弧餘弦。檢表，鋭角即得本角度，鈍角與半周相減，亦得本角度。其未酉爲乙鋭角正矢，乃酉庚半徑内減庚未餘弦數，午未爲乙鈍角大矢，乃午庚半徑加庚未餘弦數，故不同也。過弧亦然。於午未大矢内減半徑，餘庚未，爲乙角餘弦。檢表得乙外角度，與半周相減，餘即乙角度。若有乙角及甲乙、乙丙二弧，求對弧。則以半徑午庚與乙角大矢午未之比，同於中數癸子與矢較辰已之比。既得辰已，與辛卯等。與甲戊較弧正矢甲辛相加，得甲卯，爲甲丙對弧正矢。餘同前法。按戴氏《句股割圜記》此例用矢較不用餘弦。蓋因用餘弦，則過象限與不過象限，有加減之殊，矢較則無之。焦里堂、汪仲子皆以爲補梅氏所未及。按《環中黍尺》加減捷法云，專求矢度省餘弦，是梅氏早見及此，但八線表不列矢線，以餘弦減半徑得正矢，正弦減半徑得餘矢。若用矢較，必取兩餘弦，各減半徑，方得兩弧之矢。又兩相減，方得矢較，何如用餘弦省兩次相減乎？梅法現蒙採入《曆象考成》，知非遷就之法矣。

總較法，弦矢加減不便，用對數。江雲樵採《赤水遺珍》三弧求角，用開平方，得半角正弦法通之。其法以三弧相加，折半爲半總，與所求角之角旁兩弧各相減，得兩較弧。乃以角旁小邊正弦爲一率，小邊較弧正弦爲二率，大邊較弧正弦爲三率，求得四率，爲初數。又以角旁大邊正弦爲一率，初數爲二率，半徑爲三率，求得四率，爲末數。再以半徑乘末數爲實，開平方，得半角正弦。檢表得度，倍之，即所求角度。

如圖，甲乙丙斜弧三角形，有甲乙、甲丙、乙丙三弧，求甲角。甲庚、甲丁俱與甲乙大邊等，其正弦丁乾。甲丙弧小邊正弦丙癸。丙辛與對邊乙丙等，其正弦辛戌。庚甲丙辛爲總弧，折半於已，已辛爲半總，與甲午等。以甲午與甲丙小邊較，餘丙午，其正弦丙亥。以甲已與甲丁大邊較，餘丁午，其正弦丁子。申酉弧爲甲角度，其正弦申未。以申酉弧半之於戌，則戌酉爲半甲角度，其正弦戌辰，亦即卯辰。乃以丙癸小邊正弦。與丙亥小邊較弧正弦。之比，同於丁子大邊較弧正弦。與丁壬初數。之比。又以丁乾大邊正弦。與丁壬初數。之比，同於丑酉半徑。與已酉末數。之比。既得已酉，與寅卯等。用連比例之首率丑卯半徑。與末率寅卯末數。相乘爲實，開平方，得中率卯辰，即半甲角正弦。又法，以角旁兩弧較與對弧相加減，半之，各取正弦，相乘，爲初數。又以角旁兩弧餘割相乘，以乘初數，爲實，開平方，得數以半徑除之，得半角正弦。

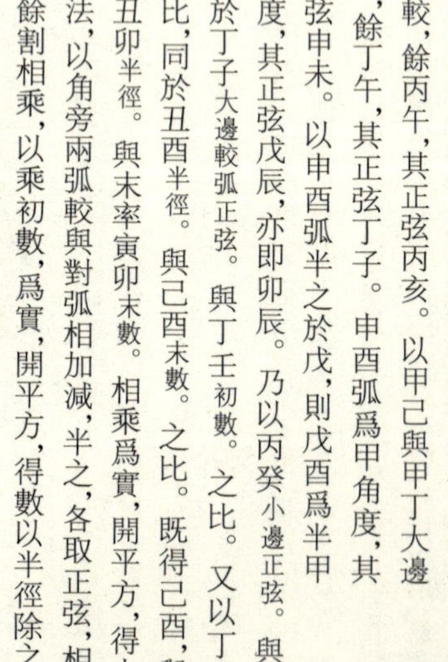

清・江臨泰《弧三角舉隅》

邊角比例法

斜弧三角，所知三件，有對所知之邊角，又有對所求之邊角，則用邊角比例法。如甲乙丙斜弧三角形，欲求丙角，則甲角爲所知之角，甲乙邊爲對所求之邊，乙丙邊爲對所知之邊。

法以對所知之乙丙邊正弦與對所求之甲乙邊正弦之比，同於所知之甲角正弦與所求丙角正弦之比。若求甲乙邊，則以對所知之乙角正弦與對所求之丙角正弦之比，同於所知之甲丙邊正弦與所求甲乙邊正弦之比。

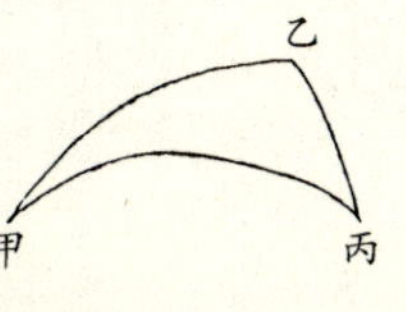

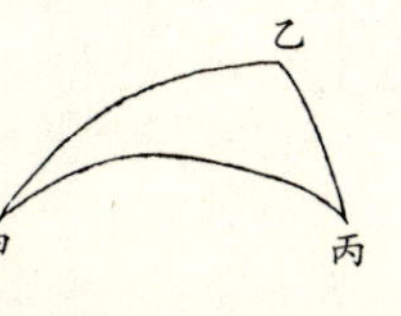

設如申正初刻測得太陽高三十二度，地平經度偏西八十一度四十二分四十八秒，求太陽距赤道緯度。

如圖，甲爲北極，乙爲天頂，丙爲太陽，乙子、戊己爲子午經圈，子己爲地平，庚辛爲赤道。庚壬爲赤道上時刻，即甲角。丙癸爲太陽高弧，子癸爲地平偏西度。丙壬爲太陽距赤道緯度，與象限相減，餘甲丙，爲太陽距北極度。故用甲乙丙斜弧三角形，求甲丙弧。

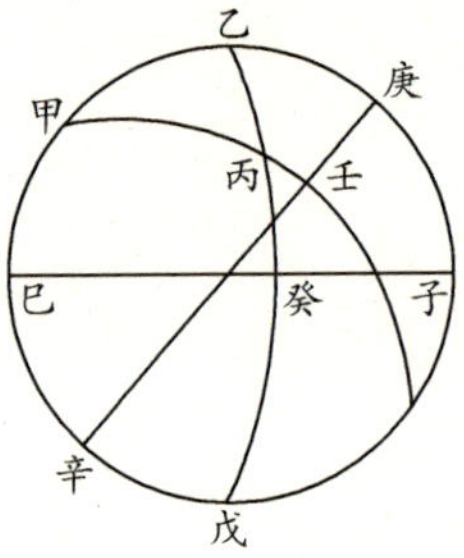

有甲角，申正初刻距赤道午正六十度，即甲角，爲對所知之角。

有乙角，以地平偏西度減半周，餘九十八度十七分十二秒，即乙角，爲對所求之角。

有乙丙弧。以太陽高度減象限，餘五十八度，即乙丙弧，爲所知之邊。

一率　甲角正弦〇八六六〇二五四　對數〇九九三七五三一
二率　乙角正弦〇九八九五五九三　〇九九九五四四一
三率　乙丙弧正弦〇八四八〇四八一　〇九九二八四二〇
四率　甲丙弧正弦〇九六九〇一七六　〇九九八六三三一

檢表得，七十五度四十二分。即甲丙弧度，以減象限，餘十四度十八分。即太陽距赤道北緯度。檢表用餘度，省減象限。

又如太陽距赤道北十四度十八分，測得高弧三十二度，地平經度偏西八十一度四十二分四十八秒，求得何時刻。

法用甲乙丙斜弧三角形，求甲角。圖見上。

有乙角，以地平偏西度減半周，餘九十八度十七分十二秒，即乙角，爲所知之角。

有甲丙弧，以太陽距赤道北緯度減象限，餘七十五度四十二分，即甲丙弧，爲對所知之邊。

有乙丙弧。以太陽高度減象限，餘五十八度，即乙丙弧，爲對所求之邊。

一率　甲丙弧正弦〇九六九〇一七六　對數〇九九八六三三一
二率　乙丙弧正弦〇八四八〇四八一　〇九九二八四二〇
三率　乙角正弦〇九八九五五九三　〇九九九五四四一
四率　甲角正弦〇八六六〇二五四　〇九九三七五三一

檢表得，六十度。即甲角度，變時得二大時，自午正後推之，爲申正初刻。變時法，三十度爲一大時，十五度爲一小時，三度四十五分爲一刻，七度三十分爲二刻，十一度十五分爲三刻，一度爲時之四分，十五分爲一分，一分爲四秒，十五秒爲一秒。

垂弧法

斜弧三角所知三件，有對所知之邊角，無對所求之邊角，則用垂弧法。

垂弧形內，如甲乙丙斜弧三角形，有甲角，有甲乙邊，有乙丙邊，求乙角及甲丙邊。

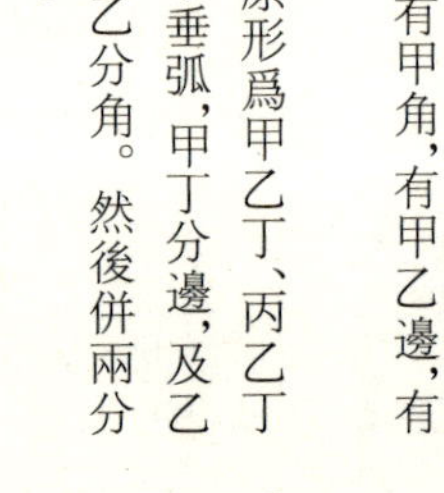

法從乙角作乙丁垂弧於形內，分原形爲甲乙丁、丙乙丁兩正弧三角形。先用甲乙丁形，求乙丁垂弧，甲丁分邊，及乙分角。次用丙乙丁形，求丁丙分邊，及乙分角。然後併兩分角，即得乙角。併兩分邊，即得甲丙邊。

設如北極出地四十度，申正初刻測得太陽高三十二度，求太陽距赤道緯度，及地平經度。

如後圖，甲己爲北極出地度，甲乙爲北極距天頂度。庚壬爲赤道上時刻距午正度，即甲角。丙癸爲太陽高度。乙丙爲太陽距天頂度。丙壬爲太陽距赤道緯度，甲丙爲其餘。子癸爲地平經度，即乙外角。乙角當癸己弧，故外角當子癸。

法用甲乙丙斜弧三角形，求甲丙邊及乙角。

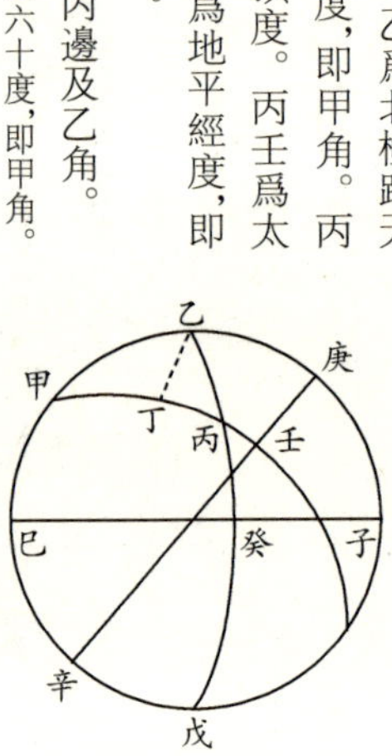

有甲角，太陽申正初刻距赤道午正六十度，即甲角。

有甲乙弧，以北極出地度減象限，餘爲北極距天頂五十度，即甲乙弧。

有乙丙弧。以太陽高弧減象限，餘爲太陽距天頂五十八度，即乙丙弧。

有對所知之弧，無對所求之弧，乃從乙角作乙丁垂弧於形內，分爲甲乙丁、丙乙丁兩正弧三角形。

先求甲乙丁形之乙丁垂弧。用正弧三角第一題，求乙丙弧法。

一率　半徑即丁角正弦一〇〇〇〇〇〇〇　對數一〇〇〇〇〇〇〇〇
二率　甲角正弦〇八六六〇二五四　〇九九三七五三一
三率　甲乙弧正弦〇七六六〇四四四　〇九八八四二五四
四率　乙丁弧正弦〇六六三四一三九　〇九八二一七八五

檢表得，四十一度三十三分三十九秒。即乙丁弧度。

次求甲乙丁形之甲丁分邊。用正弧三角第一題，求甲丙弧法。

一率　半徑一〇〇〇〇〇〇〇　對數一〇〇〇〇〇〇〇〇〇
二率　甲角餘弦〇五〇〇〇〇〇〇　〇九六九八九七〇
三率　甲乙弧正切一一九一七五三六　一〇〇七六一八六
四率　甲丁弧正切〇五九五八七六八　〇九七七五一五六

檢表得，三十度四十七分二十二秒。即甲丁弧度。

次求甲乙丁形之乙分角。用正弧三角第七題，求乙角法。

一率　甲乙弧正弦〇七六六〇四四四　對數〇九八八四二五四
二率　甲丁弧正弦〇五一一八八八八　〇九七〇九一七二
三率　半徑一〇〇〇〇〇〇〇　一〇〇〇〇〇〇〇〇〇
四率　乙分角正弦〇六六八二二三四　〇九八二四九一八

檢表得，四十一度五十五分四十八秒。即乙分角度。

次求丙乙丁形之丁丙分邊。用正弧三角第八題，求甲丙弧法。

一率　乙丁弧餘弦〇七四八二五二六　對數〇九八七四〇四八
二率　乙丙弧餘弦〇五二九九一九三　〇九七二四二一〇
三率　半徑一〇〇〇〇〇〇〇　一〇〇〇〇〇〇〇〇〇
四率　丁丙弧餘弦〇七〇八二〇九一　〇九八五〇一六二

檢表得，四十四度五十四分三十八秒。即丁丙弧度。

次求丙乙丁形之乙分角。用正弧三角第八題，求甲角法。

一率　乙丙弧正弦〇八四八〇四八一　對數〇九九二八四二〇
二率　丁丙弧正弦〇七〇六〇〇二七　〇九八四八八〇六
三率　半徑一〇〇〇〇〇〇〇　一〇〇〇〇〇〇〇〇〇
四率　乙分角正弦〇八三二五〇三一　〇九九二〇三八六

檢表得，五十六度二十一分二十四秒。即乙分角度。乃以甲丁、丁丙相併，得七十五度四十二分〇一秒。即甲丙太陽距北極度，以減象限，餘十四度十七分五十九秒。即太陽距赤道北緯度。如甲丙大於象限，則減去象限，餘爲太陽距赤道南緯度。兩乙分角相併，得九十八度十七分十二秒。以減半周，餘八十一度四十二分四十八秒。即太陽距午正偏西地平經度。

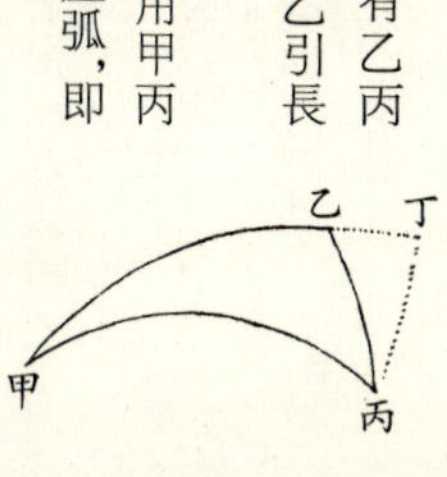

垂弧形外，如甲乙丙斜弧三角形，有甲角，有乙角，有乙丙邊，求甲乙邊及丙角。則自丙角作丙丁垂弧於形外，將甲乙引長至丁，成甲丙丁、乙丙丁兩正弧三角形。

先用乙丙丁形，求丙丁虛弧、乙丁虛弧及丙虛角。次用甲丙丁形，求甲丁總弧及丙總角。然後於甲丁總弧內減乙丁虛弧，即得甲乙邊。於丙總角內減丙虛角，即得丙角。

設如申正初刻測得太陽高三十二度，地平經度偏西八十一度四十二分四十八秒，求北極出地度。

如圖，甲爲北極，乙爲天頂，庚辛爲赤道，丙爲太陽。庚壬爲赤道上時刻距午正度，即甲角。戊己爲地平。己癸爲地平偏西經度，戊癸爲其餘，即乙角。丙癸爲太陽高，乙丙爲太陽距天頂度，甲戊爲北極出地度，甲乙爲北極距天頂度。法用甲乙丙斜弧三角形，求甲乙邊。

有甲角，太陽申正初刻距赤道午正六十度，即甲角。

有乙角，以地平經度減半周，餘九十八度十七分十二秒，即乙角。

有乙丙弧。以太陽高度減象限，餘爲太陽距天頂五十八度，即乙丙弧。

有對所知之弧，無對所求之弧。乃從丙角作丁丙垂弧於形外，補成甲丁丙、乙丁丙兩正弧三角形。

先求乙丁丙形之丁丙虛弧。用正弧三角第一題，求乙丙弧法。

一率　半徑一〇〇〇〇〇〇〇　對數一〇〇〇〇〇〇〇〇〇
二率　乙角正弦〇九八九五五九三　〇九九九五四四二
三率　乙丙弧正弦〇八四八〇四八一　〇九九二八四二〇
四率　丁丙弧正弦〇八三九一九三九　〇九九二三八六二

檢表得，五十七度〇三分十八秒。即丁丙虛弧度。

次求乙丁丙形之乙丁虛弧。用正弧三角第一題，求甲丙弧法。

一率　半徑一〇〇〇〇〇〇〇　對數一〇〇〇〇〇〇〇
二率　乙角餘弦〇一四四一二六〇　〇九一五八七四二
三率　乙丙弧正切一六〇〇三三四五　一〇二〇四二一一
四率　乙丁弧正切〇二三〇六四九八　〇九三六二九五三

檢表得,十二度五十九分十七秒。即乙丁虛弧度。

次求甲丁丙形之甲丁總弧。用正弧三角第五題,求甲丙弧法。

一率　甲角正切一七三二〇五〇八　對數一〇二三八五六一
二率　半徑一〇〇〇〇〇〇〇　一〇〇〇〇〇〇〇
三率　丁丙弧正切一五四三一〇五九　一〇一八八三九六
四率　甲丁弧正弦〇八九〇九一二六　〇九九四九八三五

檢表得,六十二度五十九分十七秒。即甲丁總弧度。

乃以甲丁乙丁相減,餘五十度。即甲乙北極距天頂度,以減象限,餘四十度。即北極出地度。

總較法

斜弧三角,或三邊求角,或三角求邊,或兩邊一角而角在兩邊之間,或兩角一邊而邊在兩角之間,無相對之邊角者,俱用總較法。

如三邊求角,則以所求角傍兩邊相加,爲總弧。相減,爲較弧。各取其餘弦相加減,總弧、較弧俱不過象限,或俱過象限,則兩餘弦相減。若一過一不過,則相加。若過兩象限,與過一象限同。過三象限,與不過同。折半爲中數。又以對邊之正矢與較弧之正矢相減,爲矢較。凡角度過象限,爲鈍角。弧度過象限,爲過弧。所用諸線皆與減半周餘度同。惟矢,則有正矢、大矢之別。弧角度在象限内,用正矢,即半徑減餘弦也。過象限,用大矢,即餘弦加半徑也。乃以中數與矢較之比,同於半徑與所求角正矢之比。既得正矢,與半徑相減,得所求角餘弦。

設如北極出地三十二度,夏至太陽赤道北二十三度二十九分,求昏旦時刻。

如圖,甲爲天頂,乙爲北極,戊己爲地平,乙戊爲北極出地度,甲乙爲北極距天頂度,庚辛爲赤道,丙爲太陽,丙丁爲太陽距赤道北緯度,壬癸爲太陽隨天西轉之赤道距等圈,丙子爲曚影限,十八度。甲丙爲太陽距天頂度,丑寅爲地平下曚影限距等圈,丁點爲太陽所當昏旦時刻。庚丁爲太陽距午正前後赤道度,即乙角。用甲乙丙斜弧三角形,求乙角。

有甲乙邊,以北極出地度減象限,餘五十八度,即甲乙邊。

有乙丙邊,以赤道緯北度減象限,餘六十六度三十一分,即乙丙邊。

有甲丙邊。以曚影限十八度,加象限,得一百〇八度,即太陽距天頂之甲丙邊。

三邊求角,用總較法。以夾乙角之甲乙邊與乙丙邊相加,得一百二十四度三十一分。爲總弧,其餘弦。〇五六六六四五九。又兩邊相減,餘八度三十一分。爲較弧,其餘弦。〇九八八九七二八。兩餘弦相加,一過象限,一不過象限,故相加。折半得〇七七七八〇九四。爲中數。又以對乙角之甲丙邊一百〇八度。大矢一三〇九〇一七〇。與較弧八度三十一分正矢〇〇一一〇二七二。相減,餘一二九七九八九八。爲矢較。

一率　中數〇七七七八〇九四
二率　矢較一二九七九八九八
三率　半徑一〇〇〇〇〇〇〇
四率　乙角大矢一六六八七七六三

於大矢内減半徑,餘〇六六八七七六三。爲乙角餘弦。若正矢,則與半徑相減。

檢表得,四十八度〇一分四十秒。與半周相減,餘一百三十一度五十八分二十秒。爲乙角度,即旦刻太陽距午正前昏刻太陽距午正後赤道度。變時得,八小時三刻〇二分五十三秒。與午正十二小時。相減,得寅初二刻十二分〇七秒。即旦刻與午正。十二小時。相加得戌正三刻〇二分五十三秒。即昏刻。

若三角求邊,則用次形法。易邊爲角,易角爲邊,求之。

如甲乙丙斜弧三角形,可易爲癸子丑形。

法設本形,引乙甲作圜。次引乙丙至辰,引甲丙至己,並半周。次以甲爲心,作己子丑壬庚弧。以乙爲心,作癸子寅卯弧。三弧相交,别成一癸子丑形,與本形相當。而本形之角盡易爲邊,邊盡易爲角。甲角之度,當庚壬,而庚壬與子丑等,故本形甲角,即次形丑子邊。乙外角之度,當辛戊,而辛戊與丑癸等,故本形乙外角,即次形丑癸邊。丙角之度,當寅卯,而寅卯與子癸等,故本形丙角,即次形子癸邊。是本形三角,即次形三邊也。又次形癸角之度,當寅辛,而寅辛與乙丙等,故次形癸角,即本形乙丙邊。子角之度,當卯壬,而卯壬與甲丙等,故次形子外角,即本形甲丙邊。丑角之度,當戊庚,而戊庚與甲乙等，故次形丑角，即本形甲乙邊。是次形三角，亦即本形三邊也。仍用總較法，求得次形之三角，即得本形之三邊。

設如大角星黃道經度卯宮十九度四十分，距夏至一百〇九度四十分。赤道經度卯宮初度一十三分四十四秒，距夏至一百二十度一十三分四十四秒。黃赤兩過極經圈交角二十三度四十二分四十五秒，求黃道緯度及赤道緯度。

如圖，甲爲赤極，即北極。乙爲黃極，甲乙爲兩極距度，丙爲大角星，丁戊爲黃道，己庚爲赤道。丁辛爲黃道經度，即乙角。己壬爲赤道經度，即甲外角。丙角爲甲己乙辰兩經圈交角。丙辛爲黃道北緯度，乙丙爲其餘。丙壬爲赤道北緯度，甲丙爲其餘。

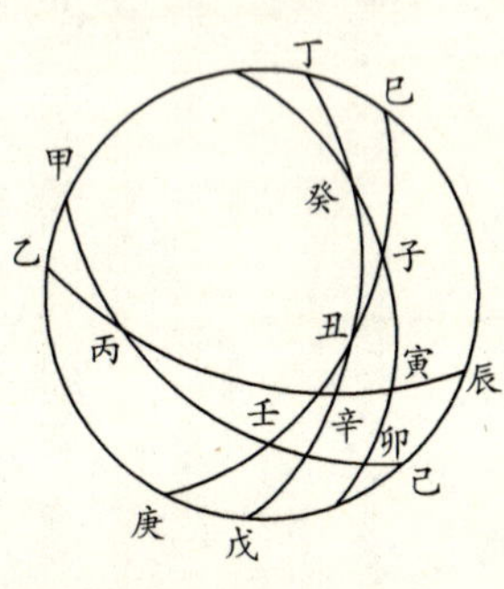

法用甲乙丙斜弧三角形，求乙丙、甲丙二邊。今依次形法，將甲乙丙形易爲癸子丑次形。本形甲角，即次形子丑邊。本形乙外角，即次形癸丑邊。本形丙角，即次形癸子邊。故用癸子、癸丑、子丑三邊，求癸角。即乙丙邊。子角。即甲丙邊。

有癸子邊，即丙角，爲黃赤過極經圈交角二十三度四十二分四十五秒，今易爲次形癸子邊。

有癸丑邊，即乙外角，以黃道距夏至經度減半周，餘七十度二十分，即癸丑邊。

有子丑邊。即甲角，以赤道距夏至經度減半周，餘五十九度四十六分十六秒，即子丑邊。

既易爲三邊，仍用總較法。先求癸角，以夾癸角之癸子邊與癸丑邊相加，得九十四度〇二分四十五秒。爲總弧，其餘弦。〇〇七〇五五四四。又兩邊相減，餘四十六度三十七分十五秒。爲較弧，其餘弦。〇六八六八二三二。兩餘弦相加，折半，得〇三七八六八八八。爲中數。又以對癸角之子丑邊五十九度四十六分十六秒。正矢〇四九六五四四五。與較弧四十六度三十七分十六秒。正矢〇三一三一七六八。相減，餘〇一八三三六七七。爲矢較。

一率　中數〇三七八六八八八
二率　矢較〇一八三三六七七
三率　半徑一〇〇〇〇〇〇〇
四率　癸角正矢〇四八四二一七四

以正矢減半徑，餘〇五一五七八二六。爲癸角餘弦。檢表得，五十八度五十七分。即癸角度，亦即乙丙邊度。以減象限，餘三十一度〇三分。即黃道北緯度。既得乙丙邊，再以對邊對角法，求甲丙邊。

一率　甲角正弦〇八六四〇二一一
二率　乙角正弦〇九四一六六六五
三率　乙丙弧正弦〇八五六七一七五
四率　甲丙弧正弦〇九三三七〇六五

檢表得，六十九度〇一分十三秒。即甲丙弧度，以減象限，餘二十度五十八分四十七秒。即赤道北緯度。

若知兩邊一角，而角在兩邊之間，則以半徑與所知角正矢鈍角則用大矢。之比，同於中數與矢較之比。既得矢較，與較弧之矢相加，即得對邊之矢。若大矢減半徑，得餘弦，查表得度，後仍與半周相減，方得本弧之度。

設如北極出地三十二度，已正初刻夏至太陽距赤道北二十三度二十九分，求地平經緯度。

如圖，甲爲北極，乙爲天頂，丙爲太陽，戊己爲地平，庚辛爲赤道，甲戊爲北極出地度，甲乙爲極距天頂度，丙丁爲太陽距赤道北緯度，甲丙爲太陽距極度，丁爲已正初刻。丁庚爲太陽距午東度，即甲角。乙丙爲太陽距天頂度。丙壬爲太陽高弧，即地平緯度。己壬爲太陽正南偏東地平經度，即乙外角。用甲乙丙斜弧三角形，求乙丙邊及乙角。

有甲角，已正初刻太陽距赤道午東三十度。

有甲乙邊，北極距天頂五十八度。

有甲丙邊。太陽距北極六十六度三十一分。

兩邊夾一角，用總較法。本用垂弧形外法，然不若總較簡捷。先求乙丙邊。

一率　半徑一〇〇〇〇〇〇〇
二率　甲角正矢〇一三三九七四六
三率　中數〇七七七八〇九四求中數法見三邊求角條。
四率　矢較〇一〇四二〇六七

既得矢較，與較弧八度三十一分。正矢〇〇一一〇二七二。相加，得〇一一五二三三九。與半徑相減，餘〇八八四七六六一。爲乙丙弧餘弦。檢表得，二十七度四十六分三十八秒。爲乙丙弧太陽距天頂度，以減象限，餘六十二度十三分二十二秒。爲丙壬太陽高弧。即地平緯度。再以對邊對角法，求乙角。

一率　乙丙弧正弦〇四六六〇三四九
二率　甲丙弧正弦〇九一七一七六〇
三率　甲角正弦〇五〇〇〇〇〇
四率　乙外角正弦〇九八四〇二〇七

檢表得，七十九度四十四分四十秒。爲乙外角度，即太陽正南偏東地平經度。

若知兩角一邊，而邊在兩角之間，亦用次形法，易邊爲角，易角爲邊，求之。

設如上星黃道經度卯宮二度二十九分，距夏至一百二十二度二十九分。赤道經度辰宮二十九度二十分五十秒，距夏至一百十九度二十分五十秒。黃赤極相距二十三度三十分。求黃道緯度及赤道緯度。

如圖，甲爲赤極，乙爲黃極，甲乙爲黃赤大距，丙爲土星，丁戊爲赤道，己庚爲黃道，甲辰爲赤道過極圈，乙巳爲黃道過極圈。己辛爲黃道距夏至經度，即乙角。丁壬爲赤道距夏至經度，即甲外角。丙辛爲黃道南緯度，乙丙爲星距黃極度，丙壬爲赤道南緯度，甲丙爲星距赤極度。

法用甲乙丙斜弧三角形，有甲、乙二角及甲乙邊，求甲丙、乙丙二邊。今亦依次形法，將甲乙丙形易爲癸子丑次形。故用丑角及癸丑、子丑二邊。先求癸子邊。即丙角。

有丑角，即甲乙弧黃赤大距二十三度三十分。蓋丑角即秋分角也。

有癸丑邊，即乙外角，以黃道距夏至經度減半周，餘五十七度三十一分，即癸丑邊。

有子丑邊。即甲角，以赤道距夏至經度減半周，餘六十度三十九分一十秒，即子丑邊。

既易爲兩邊夾一角，仍用總較法。

一率　半徑一〇〇〇〇〇〇〇
二率　丑角正矢〇〇八二九三九九
三率　中數〇七三五二九一五求中數法，見三邊求角條。
四率　矢較〇〇六〇九八五〇

既得矢較，與較弧三度〇八分一十秒。正矢〇〇〇一四九七六。相加，得〇〇六一四八二六。爲癸子弧正矢。減半徑，餘〇九三七五一七四。爲癸子弧餘弦。檢表得，二十度二十一分四十一秒。爲癸子弧度，亦即丙角度。再以對邊對角法，求乙丙邊。

一率　丙角正弦〇三四七九三八七
二率　甲角正弦〇八七一六六五七
三率　甲乙弧正弦〇三九八七四九一
四率　乙丙弧正弦〇九九八九五七三

檢表得，八十七度二十三分。減半周，餘九十二度三十七分。即乙丙弧度。內減象限，餘二度三十七分。即星距黃道南緯度。次求甲丙邊。

一率　丙角正弦〇三四七九三八七
二率　乙角正弦〇八四三五四七七
三率　甲乙弧正弦〇三九八七四九一
四率　甲丙弧正弦〇九六六七三三一

檢表得，七十五度一十分四十六秒。減半周，餘一百〇四度四十九分十四秒。即甲丙弧度。內減象限，餘十四度四十九分十四秒。即星距赤道南緯度。

對數總較法

總較法，餘弦加減及矢較不便用對數，今另立對數總較法通之。以下各例八線，俱用對數。

三邊求角，仍用總較法。以三邊相加，折半，爲半總。與角旁兩邊各相減，爲兩較弧。各取其正弦相加，得數加半徑，爲初數。又以角旁兩邊之兩正弦相加，與初數相減，得數仍加半徑，折半，得半角正弦。檢表，得度倍之，得全角度。

又法，以角旁兩弧相減，餘與對弧相加，折半，爲總弧。相減，折半，爲較弧。各取其正弦相加爲初數。次四因半徑，以角旁兩弧兩正弦減之，得數加初數，折半，減半徑，若改四因半徑爲倍半徑，則折半即得，不須減半徑。得數爲半角正弦。檢表，得度倍之，亦得全角度。

如前例，以三邊求角法求昏旦時刻。今以對數馭之。

法以甲乙、乙丙、甲丙三邊相加，得二百三十二度三十一分。折半，得一百十六度十五分三十秒。爲半總，與甲乙邊相減，餘五十八度十五分三十秒。其正弦。○九九二九六三八。又與乙丙邊相減，餘四十九度四十四分三十秒。其正弦。○九八八二六○三。兩正弦相加，得一九八一二二四一。加半徑，得二九八一二二四一。爲初數。次以角旁甲乙邊五十八度。正弦，○九九二八四二○。又乙丙邊六十六度三十一分。正弦，○九九六二四五三。兩正弦相加，得一九八九○八七三。與初數相減，餘○九九二一三六八。仍加半徑，得一九九二一三六八。折半，得○九九六○六八四。爲半角正弦。檢表得，六十五度五十九分一十秒。倍之，得一百三十一度五十八分二十秒。即乙角全度。

又法，以角旁兩弧相減，餘八度三十一分。與對弧相加，折半，得五十八度十五分三十秒。其正弦。○九九二九六三八。又相減，折半，得四十九度四十四分三十秒。其正弦。○九八八二六○三。兩正弦相加，得一九八一二二四一。加倍半徑二○○○○○○○。得三九八一二二四一。爲初數。次以角旁甲乙邊正弦○九九二八四二○。與乙丙邊正弦○九九六二四五三。相加，得一九八九○八七三。與初數相減，餘一九九二一三六八。折半，得○九九六○六八四。爲半角正弦。檢表，得度倍之，亦得全角度。一法總弧、較弧兩正弦相加，又與角旁兩弧之兩餘割相加，折半得數，減半徑，亦得半角正弦。

若三角求邊，亦用次形，易爲三邊，求角，然後馭以前術。

如前例，以三角求邊，用次形法，求大角星黄赤道緯度。今以對數馭之。

法先用次形，將甲乙丙形易爲癸子丑次形。然後以癸子、癸丑、子丑三邊相加，得一百五十三度四十九分○一秒。折半，得七十六度五十四分三十秒半。爲半總，與癸子邊相減，餘五十三度十一分四十五秒半。其正弦。○九九○三四六三。又與癸丑邊相減，餘六度三十四分三十秒半。其正弦。○九○五八八二○。兩正弦相加，得一八九六二二八三。加半徑，得二八九六二二八三。爲初數。次以角旁癸子邊二十三度四十二分四分五秒。正弦，○九六○四三八五。又癸丑邊七十度二十分。正弦，○九九七三八九七。兩正弦相加，得一九五七八二八二。與初數相減，餘○九三八四○○一。仍加半徑，得一九三八四○○一。折半，得○九六九二○○一。爲半角正弦，檢表得，二十九度二十八分三十秒。倍之，得五十八度五十七分。即癸角全度。

又法，以角旁兩弧相減，餘四十六度三十七分十五秒。與對弧相加，折半，得五十三度十一分四十五秒半。其正弦。○九九○三四六三。又相減，折半，得六度三十四分三十秒半。其正弦。○九○五八八二○。兩正弦相加，得一八九六二二八三。加倍半徑，二○○○○○○○。得三八九六二二八三。爲初數。次以角旁癸子邊正弦○九六○四三八五。與癸丑邊正弦○九九七三八九七。相加，得一九五七八二八二。與初數相減，餘一九三八四○○一。折半，得○九六九二○○一。爲半角正弦。檢表，得度倍之，亦得全角度。

若兩邊夾一角，而角在兩邊之間，亦用總較法。以兩弧相加，折半爲總弧。兩弧相減，折半爲較弧。先以總弧餘弦與較弧餘弦之比，同於角度折半餘切與兩角半較正切之比。又以總弧正弦與較弧正弦之比，同於角度折半餘切與兩角半較正切之比。俱檢表得度，相加，爲近大邊角度。相減，爲近小邊角度。既得兩角度，任取一角，用對邊對角法求之，即得又一邊。

如前例，以兩邊夾一角法，求地平經緯度。今以對數馭之。

一率　甲乙甲丙弧相加折半六十二度十五分三十秒餘弦○九六六七九○六

二率　甲乙甲丙弧相減折半四度十五分三十秒餘弦○九九九八七九九

三率　甲角三十度折半十五度餘切一○五七一九四七

四率　兩角半較正切一○九○二八四○

檢表得八十二度五十二分一十五秒。

一率　甲乙甲丙弧相加折半六十二度十五分三十秒正弦○九九四六九七○

二率　甲乙甲丙弧相減折半四度十五分三十秒正弦○八八七○七一七

三率　甲角三十度折半十五度餘切一○五七一九四七

四率　兩角半較正切○九四九五六九四

檢表得十七度二十三分○九秒。

二算相加，得一百度○○十五分二十四秒。爲乙角減半周，餘七十九度四十四分三十六秒。即乙外角，己壬地平經度。二算相減，餘六十五度二十九分十五秒。即丙角度。亦即黄赤過極經圈交角度。既得乙角，再以對邊對角法，求得乙丙弧度，減象限，即得地平經度。法見前。

若兩角夾一邊，而邊在兩角之間，亦用次形，易爲兩邊夾一角，然後馭以前術。

如前例，以兩角夾一邊，用次形法，求土星黄赤道緯度。今以對數馭之。

法先用次形法，將甲乙丙形易爲癸子丑次形，然後依前術求之。

一率　癸丑子丑弧相加折半五十九度〇五分〇五秒餘弦〇九七一〇七六九

二率　癸丑子丑弧相減折半一度三十四分〇五秒餘弦〇九九九九八三七

三率　丑角折半一十一度四十五分餘切一〇六八一九三六

四率　兩角半較正切一〇九七一〇〇四

檢表得八十三度五十三分五十三秒。

一率　癸丑子丑弧相加折半五十九度〇五分〇五秒正弦〇九九三三四五一

二率　癸丑子丑弧相減折半一度三十四分〇五秒正弦〇八四三七一八四

三率　丑角折半一十一度四十五分餘切一〇六八一九三六

四率　兩角半較正切一〇九一八五六六九

檢表得八度四十三分〇七秒。

二算相加，得九十二度三十七分。爲癸外角，即乙丙弧度。內減象限，餘二度三十七分。即星距黃道南緯度。二算相減，餘七十五度一十分四十六秒。爲子角，減半周，餘一百〇四度四十九分十四秒。即甲丙弧度。內減象限，餘十四度四十九分十四秒。即星距赤道南緯度。

清・顧觀光《算賸餘稾》卷上

正弧形邊角比例法

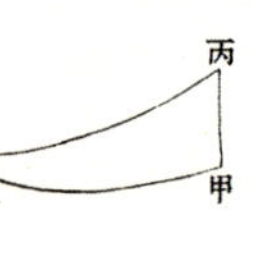
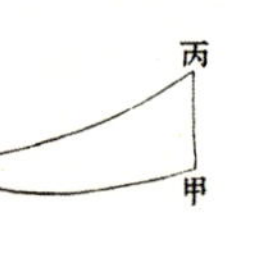

設甲乙丙正弧三角形，甲乙爲赤道，丙乙爲黃道，甲丙爲黃赤距緯。甲爲正角，乙爲春秋分角，丙爲黃道赤經交角。以甲、乙、丙三角弧爲界，直剖至圓心，則成三稜錐體。乃以八綫變爲句股，其法有二。

設以甲乙赤道爲底，則斜面爲丙乙黃道，立面爲甲丙距緯，而三弧八綫所成之句股，一一與乙角相應。

一，丙乙正弦爲弦，甲丙正弦爲股，稜綫爲句。

二，甲乙正弦爲句，甲丙正切爲股，稜綫爲弦。

三，丙乙正切爲弦，甲乙正切爲句，稜綫爲股。

設以甲丙距緯爲底，則斜面爲丙乙黃道，立面爲甲乙赤道，而三弧八綫所成之句股，一一與丙角相應。

四，丙乙正弦爲弦，甲乙正弦爲股，稜綫爲句。

五，甲丙正弦爲句，甲乙正切爲股，稜綫爲弦。

六，丙乙正切爲弦，甲丙正切爲句，稜綫爲股。

引丙乙、丙甲二弧皆滿九十度，以乙爲心，展規作戊丁弧，成丙戊丁次形。此形有丙戊邊，爲丙甲之餘。有丙丁邊，爲丙乙之餘。戊丁邊，爲乙角餘度。角易邊也。丙爲交角。丁正角，與甲正角等。戊角爲乙甲邊之餘邊易角也。以丙、戊、丁三角弧爲界，直剖至圓心，則成三稜錐體。乃以八綫變爲句股，其法有二。

設以丙丁弧爲底，則斜面爲丙戊弧，立面爲戊丁弧，而三弧八綫所成之句股，一一與丙角相應。

一，丙戊正弦爲弦，即甲丙餘弦。戊丁正弦爲股，即乙角餘弦。稜綫爲句。

二，丙丁正弦爲句，即丙乙餘弦。戊丁正切爲股，即乙角餘切。稜綫爲弦。

三，丙戊正切爲弦，即甲丙餘切。丙丁正切爲句，即丙乙餘切。稜綫爲股。

設以戊丁弧爲底，則斜面爲丙戊弧，立面爲丙丁弧，而三弧八綫所成之句股，一一與戊角相應。戊角即乙甲邊餘度。

四，丙戊正弦爲弦，即甲丙餘弦。丙丁正弦爲股，即丙乙餘弦。稜綫爲句。

五，戊丁正弦爲句，即乙角餘弦。丙丁正切爲股，即丙乙餘切。稜綫爲弦。

六，丙戊正切爲弦，即甲丙餘切。戊丁正切爲句，即乙角餘切。稜綫爲股。

引丙乙甲乙二弧皆滿九十度，以丙爲心，展規作己庚弧，成乙己庚次形。此形有乙己邊，爲乙甲之餘。有乙庚邊，爲乙丙之餘。己庚邊，爲丙角餘度。角易邊也。乙爲交角。庚正角與甲正角等。己角爲丙甲邊之餘邊易角也。以乙己庚三角弧爲界，直剖至圓心，則成三稜錐體。乃以八綫變爲句股，其法有二。

設以庚乙弧爲底，則斜面爲乙己弧，立面爲己庚弧，而三弧八綫所成之句股，一一與乙角相應。

一，乙己正弦爲弦，即乙甲餘弦。己庚正弦爲股，即丙角餘弦。稜綫爲句。

二，庚乙正弦爲句，即乙丙餘弦。己庚正切爲股，即丙角餘切。稜綫爲弦。

三，乙己正切爲弦，即乙甲餘切。庚乙正切爲句，即乙丙餘切。稜綫爲股。

設以己庚弧爲底，則斜面爲乙己弧，立面爲庚乙弧，而三弧八綫所成之句股，一一與己角相應。己角即丙甲邊餘度。

四，乙己正弦爲弦，即甲乙餘弦。庚乙正弦爲股，即丙乙餘弦。稜綫爲句。

五，己庚正弦爲句，即丙角餘弦。庚乙正切爲股，即丙乙餘弦。稜綫爲弦。

六，乙己正切爲弦，即甲乙餘弦。己庚正切爲句，即丙角餘切。稜綫爲股。

以乙爲心，作丁壬弧。以丙爲心，作辛壬弧。引甲丙弧與之相交，成丁辛壬，又次形。此形有丁辛邊，與甲丙邊等。丁壬邊即乙角度。辛壬邊爲丙角之餘角易邊也。辛正角與甲正角等，壬角即乙丙邊度，丁角爲甲乙邊之餘邊易角也。

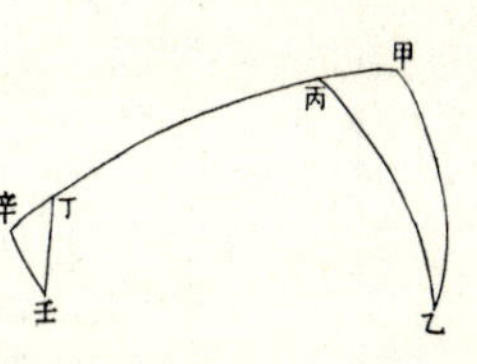

以丁、辛、壬三角弧爲界，直剖至圓心，則成三稜錐體。乃以八綫變爲句股，其法有二。

設以辛壬弧爲底，則斜面爲丁壬弧，立面爲丁辛弧，而三弧八綫所成之句股，一一與壬角相應。壬角即乙丙邊度。

一，丁壬正弦爲弦，即乙角正弦。丁辛正弦爲股，即甲丙正弦。稜綫爲句。

二，辛壬正弦爲句，即丙角餘弦。丁辛正切爲股，即甲丙正切。稜綫爲弦。

三，丁壬正切爲弦，即乙角正切。辛壬正切爲句，即丙角餘切。稜綫爲股。

設以丁辛弧爲底，則斜面爲丁壬弧，立面爲辛壬弧，而三弧八綫所成之句股，一一與丁角相應。丁角即甲乙邊餘度。

四，丁壬正弦爲弦，即乙角正弦。辛壬正弦爲股，即丙角餘弦。稜綫爲句。

五，丁辛正弦爲句，即甲丙正弦。辛壬正切爲股，即丙角餘切。稜綫爲弦。

六，丁壬正切爲弦，即乙角正切。丁辛正切爲句，即甲丙正切。稜綫爲股。

以乙爲心，作壬癸弧。以丙爲心，作壬子弧。引甲乙弧與之相交，成壬癸子，又次形。此形有子癸邊，與甲乙邊等。壬子邊，即丙角度。壬癸邊，爲乙角之餘角易邊也。癸正角與甲正角等。壬角即乙丙邊度。子角爲甲丙邊之餘邊易角也。以壬、癸子、三角弧爲界，直剖至圓心，則成三稜錐體。乃以八綫變爲句股，其法有二。

設以壬癸弧爲底，則斜面爲壬子弧，立面爲子癸弧，而三弧八綫所成之句股，一一與壬角相應。壬角即乙丙邊度。

一，壬子正弦爲弦，即丙角正弦。子癸正弦爲股，即甲乙正弦。稜綫爲句。

二，壬癸正弦爲句，即乙角餘弦。子癸正切爲股，即乙角正切。稜綫爲弦。

三，壬子正切爲弦，即丙角正切。壬癸正切爲句，即乙角餘切。稜綫爲股。

設以子癸弧爲底，則斜面爲壬子弧，立面爲壬癸弧，而三弧八綫所成之句股，一一與子角相應。子角即丙甲邊餘度。

四，壬子正弦爲弦，即丙角正弦。壬癸正弦爲股，即乙角餘弦。稜綫爲句。

五，子癸正弦爲句，即甲乙正弦。壬癸正切爲股，即乙角餘切。稜綫爲弦。

六，壬子正切爲弦，即丙角正切。子癸正切爲句，即甲乙正切。稜綫爲股。

有甲正角，有乙角，有乙丙邊，求諸數。

全數與乙角正弦，若乙丙正弦與甲丙正弦。一之一又四之一。

全數與乙角餘割，若乙丙餘割與甲丙餘割。

全數與乙角餘弦，若乙丙正切與乙甲正切。一之三又五之二。

全數與乙角正割，若乙丙餘切與乙甲餘切。三之三。

全數與乙角正切，若乙丙餘弦與丙角餘切。三之二又四之三。

全數與乙角餘切，若乙丙正割與丙角正切。五之三。

有甲正角，有乙角，有甲乙邊，求諸數。

全數與乙角正切，若甲乙正弦與甲丙正切。一之二又四之六。

全數與乙角餘切，若甲乙餘割與甲丙餘切。二之六。

全數與乙角正割，若甲乙正切與丙乙正切。一之三。

全數與乙角餘弦，若甲乙餘切與丙乙餘切。二之五又三之三。

全數與乙角餘割，若甲乙餘弦與丙角餘弦。三之一又四之四。

全數與乙角餘割，若甲乙正割與丙角正割。

有甲正角，有乙角，有丙甲邊，求諸數。

全數與乙角餘切，若丙甲正切與甲乙正弦。一之二又五之五。

全數與乙角正切，若丙甲餘切與甲乙餘割。

全數與乙角正弦，若丙甲正弦與丙乙正弦。一之一。

全數與乙角正弦，若丙甲餘割與丙乙餘割。

全數與乙角餘弦，若丙甲正割與丙角正弦。五之四。

全數與乙角正割，若丙甲餘弦與丙角餘割。

有甲正角，有丙角，有丙乙邊，求諸數。

全數與丙角正弦，若丙乙正弦與甲乙正弦。一之四又五之一。

全數與丙角餘割，若丙乙餘割與甲乙餘割。
全數與丙角餘弦，若丙乙正切與甲丙正切。一之六又四之二。
全數與丙角正割，若丙乙餘切與甲丙餘切。二之三。
全數與丙角正切，若丙乙餘弦與乙角餘切。二之二又五之三。
全數與丙角餘切，若丙乙正割與乙角正切。四之三。
有甲正角，有丙角，有甲丙邊，求諸數。
全數與丙角正切，若甲丙正弦與甲乙正切。一之五又五之六。
全數與丙角餘切，若甲丙餘割與甲乙餘切。三之六。
全數與丙角正割，若甲丙正切與丙乙正切。一之六。
全數與丙角餘弦，若甲丙餘切與丙乙餘切。二之三又三之五。
全數與丙角正弦，若甲丙餘弦與乙角餘弦。二之一又五之四。
全數與丙角餘割，若甲丙正割與乙角正割。
有甲正角，有丙角，有甲乙邊，求諸數。
全數與丙角餘切，若甲乙正切與甲丙正弦。一之五又四之五。
全數與丙角正切，若甲乙餘切與甲丙餘割。
全數與丙角餘割，若甲乙正弦與丙乙正弦。一之四。
全數與丙角正弦，若甲乙餘割與丙乙餘割。
全數與丙角餘弦，若甲乙正割與乙角正弦。四之四。
全數與丙角正割，若甲乙餘弦與乙角餘割。
有甲正角，有丙乙、甲乙二邊，求諸數。
全數與甲乙正切，若丙乙餘切與乙角餘弦。二之五又五之二。
全數與甲乙餘切，若丙乙正切與乙角正割。
全數與丙乙餘割，若甲乙正弦與丙角正弦。五之一。
全數與丙乙正弦，若甲乙餘割與丙角餘割。
全數與甲乙正割，若丙乙餘弦與甲丙餘弦。二之四。
全數與甲乙餘弦，若丙乙正割與甲丙正割。
有甲正角，有丙乙、甲丙二邊，求諸數。
全數與甲丙正切，若丙乙餘切與丙角餘弦。三之五又四之二。
全數與甲丙餘切，若丙乙正切與丙角正割。
全數與丙乙餘割，若甲丙正弦與乙角正弦。四之一。
全數與丙乙正弦，若甲丙餘割與乙角餘割。
全數與甲丙正割，若丙乙餘弦與甲乙餘弦。三之四。
全數與甲丙餘弦，若丙乙正割與甲乙正割。
有甲正角，有甲乙、甲丙二邊，求諸數。
全數與甲乙正弦，若甲丙餘切與乙角餘切。二之六又五之五。
全數與甲乙餘割，若甲丙正切與乙角正切。四之六。
全數與甲丙正弦，若甲乙餘切與丙角餘切。三之六又四之五。
全數與甲丙餘割，若甲乙正切與丙角正切。五之六。
全數與甲乙餘弦，若甲丙餘弦與丙乙餘弦。二之四又三之四。
全數與甲乙正割，若甲丙正割與丙乙正割。

三角求邊

全數與乙角餘割，若丙角餘弦與甲乙餘弦。三之一。
全數與乙角正弦，若丙角正割與甲乙正割。
全數與丙角餘割，若乙角餘弦與甲丙餘弦。二之一。
全數與丙角正弦，若乙角正割與甲丙正割。
全數與丙角餘切，若乙角餘切與丙乙餘弦。二之二又三之二。
全數與丙角正切，若乙角正切與丙乙正割。

右正弧形邊角比例，竝以全數爲首率，取其數無奇零，便於布算也。爲術六十，爲用三十，不論角之鋭鈍，邊之大小，皆可以前法馭之。

斜弧三角形用垂弧法

算斜弧形之法，竝以正弧形爲根。其以一角對一邊，而比例等者，以有垂弧作之合也。

設甲乙丙斜弧三角形，任自乙角作乙丁垂弧，即分本形爲兩正弧形。而此兩正弧之比例，皆等。

全數
垂弧正弦
甲角餘割　丙角餘割　甲乙餘割　丙乙餘割
甲乙正弦　丙乙正弦　甲角正弦　丙角正弦

右皆全數與垂弧正弦之比例。反之，則若全數與餘割。

全數
垂弧餘割
甲丁正切　丁丙正切　丁乙甲角餘切　丁乙丙角餘切
丁乙甲角正切　丁乙丙角正切　甲丁餘切　丁丙餘切
右皆全數與垂弧餘割之比例。反之，則若全數與正弦。

全數
垂弧餘弦
丙乙正割　甲乙正割　丁丙餘弦　甲丁餘弦
丁丙正割　甲丁正割　丙乙餘弦　甲乙餘弦
右皆全數與垂弧餘弦之比例。反之，則若全數與正割。

全數
垂弧正割
丁乙丙角餘割　丁乙甲角餘割　丙角餘弦　甲角餘弦
丙角正割　甲角正割　丁乙丙角正弦　丁乙甲角正弦
右皆全數與垂弧正割之比例。反之，則若全數與餘弦。

全數
垂弧正切
丙角餘切　甲角餘切　丁丙餘割　甲丁餘割
丁丙正弦　甲丁正弦　丙角正切　甲角正切
右皆全數與垂弧正切之比例。反之，則若全數與餘切。

全數
垂弧餘切
甲乙正切　丙乙正切　丁乙甲角餘弦　丁乙丙角餘弦
丁乙甲角正割　丁乙丙角正割　甲乙餘切　丙乙餘切
右皆全數與垂弧餘切之比例。反之，則若全數與正切。

論曰：用垂弧以算斜弧者，仍正弧法也。而用八綫以算正弧者，仍句股法也。吾於是而知聖人立法之精微廣大。

斜弧三角形用次形法

梅氏《弧三角舉要》云：甲乙丙形易丑寅癸次形，三邊三角皆本形減半周之餘。甲角易癸寅邊，乙角易丑癸邊，丙角易寅丑邊。甲乙邊易癸角，甲丙邊易寅角，乙丙邊易丑角。竝用餘度。若他形，則不盡然，必須詳審。如甲未丙形易丑癸寅次形，則其角易爲邊，用本度者二，甲角易癸寅邊，丙角易寅丑邊。用餘度者一。未角易丑癸邊。而其邊易爲角，用本度者二，未丙邊易丑角，甲未邊易癸角。用餘度者一。甲丙邊易寅角。若一概用餘度算次形，豈不大謬。

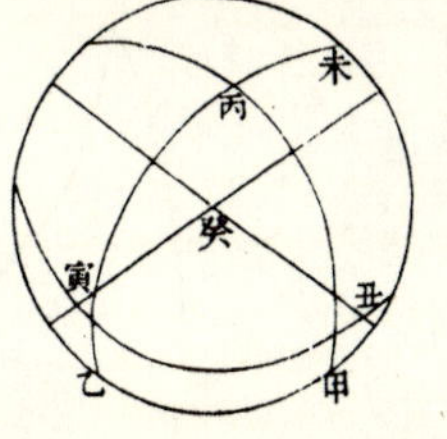

今按：用餘度算次形，未爲大謬。如梅氏説，或用本度，或用餘度，必先按圖詳審，然後可以入算，乃膠柱鼓瑟之甚者也。凡角旁兩弧引長之，必復相會而成角。其角必與原角等，故本形、次形皆有大小互易之法，西法謂之又次形。然內角外角所用八綫竝同，則亦可直名爲次形，而不必復言又次矣。次形大小互易，一角與對角之邊仍用本度，其餘二角二邊，皆用餘度。然則先以本形之外角爲次形之邊者，今不轉用內角。而先以本形之邊爲次形外角者，今不反爲內角乎？故凡本形一鋭二鈍者，皆可以三外角之度易爲次形三邊，或任用一外角爲次形之邊，而以對角之邊爲次形對邊之外角。其餘二角二邊，仍用本度。依法求之，無不脗合。

由是推之，凡三角俱鋭或一鈍二鋭者，亦可以三外角之度爲次形三邊。凡三角俱鈍者，亦可任用一外角爲次形之邊，而以對角之邊爲次形對邊之外角。皆本于大小互易之法。斜弧形立法之妙，似無定而實有定矣。諸書所論皆未及此，宜其求之愈詳去之愈遠也。

又，兩次形法相爲對待。大小互易之法，有三邊俱用本度者，有一邊用本度而兩邊用餘度者。弧角互易之法，有三邊俱用餘度者，有一邊用餘度而兩邊用本度者。然本度爲邊，則對角亦爲本度。餘度爲邊，則對角亦爲餘度。此又兩次形所同也。

大小互易之法。一本形有三次形，任以一邊爲本形次形同用之邊，其餘二邊爲本形減半周之餘度。

弧角互易之法。一本形有四次形，其三次形任以一外角爲次形之邊，而餘二邊仍用本度。其一次形三邊爲本形之三外角。

凡三大圈相交，即成三角弧者四，而皆可爲相易之形，故弧角互易有四次形，大小互易有三次形，亦合本形而爲四也。此理至爲明顯，而秝書略，不言及，豈非缺陷之一大端。

又，次形無定，隨人所用，而本形得數並同，即此可明弧三角之理。

清·董祐誠《斜弧三邊求角補術》 梅文穆公《赤水遺珍》有弧三角形三邊求角，開平方得半角正弦法解，與薛儀甫《天學會通》三邊求角用對數術略同。其術視總較術稍繁，然用于對數，則此爲簡省矣。薛氏有法無解，梅氏以平行線作同式三角形釋之，義亦未顯。暇日尋繹迺知角旁大弧之弦線與對弧之弦線相交，成平三角形。以邊角比例術求之，可得所求角正矢之半爲末數。故倍末數，即得角之矢。而術必求半角正弦者，八線對數表無矢線，知此術之專爲對數立也。別爲圖解並補求又一角術，推步之士或有取焉。

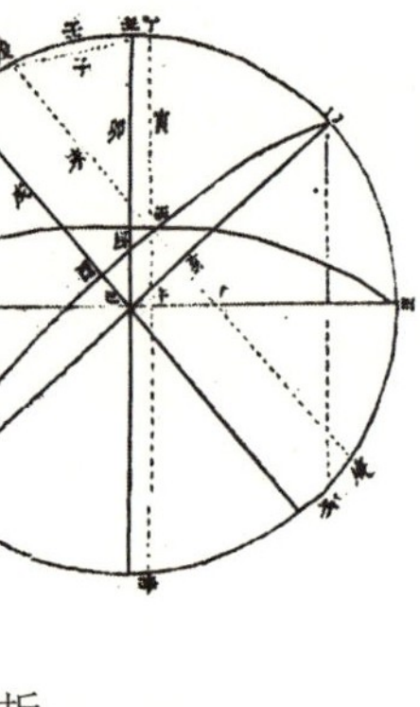

如圖，甲乙丙斜弧三角形，甲乙爲小弧，甲癸同。甲丙爲大弧，甲丁與甲辛並同。乙丙爲對弧。乙庚與乙戊並同。丑辰爲乙甲丙角之矢，半之爲丑卯。丁午爲大弧正弦，丁丙爲丁午作半徑所成之乙甲丙角矢，半之，爲丁寅。申酉爲丙乙甲外角之矢，半之，爲申戌。戊亥爲對弧乙丙弧正弦。戊丙爲戊亥作半徑所成之丙乙甲外角矢，半之，爲戊未。戊乙甲辛弧爲全總弧，甲乙小邊，加甲辛大邊，又加乙戊對邊。甲丁壬爲半總弧。全總弧原合丁甲辛弧與丁戊弧。今以丁甲辛弧半之于甲，丁戊弧半之丁壬，則甲丁壬即爲半總弧。丁壬爲大弧與半總弧之較弧。甲壬弧減去甲丁弧。丁乙甲庚弧爲倍小弧與全總弧之較弧，半之，即小弧與半總弧之較弧。乙丁弧爲大小弧之較弧。戊丁乙甲辛全總弧，本爲一小弧、一大弧、一對弧內，減乙庚對弧，又減乙丁大小弧之較弧，所餘丁戊弧，加庚辛弧，即爲兩小弧。而丁乙甲庚弧自爲全總內，減兩小弧之餘，半之，則爲小弧與半總弧之較弧矣。

丙丁戊平三角形，丁戊丙角爲小弧與半總弧之較弧，丁戊丙角在圜周，其界角爲丁庚弧，心角半之，則即小弧與半總弧之較弧。戊丁丙角爲半總減半周之餘弧。戊丁丙角在圜周，其界角爲辛戊弧，即戊甲辛全總弧與全周相減之餘弧，心角半之，則即半總弧與半周相減之餘弧。丁丙戊角爲小弧。平三角并三角度與半周等，則并三角倍度，亦與全周等。今丁戊丙角之倍度爲丁庚弧，戊丁丙角之倍度爲辛戊弧，全周所餘庚辛弧并丁戊弧，必爲丁丙戊角之倍度。而庚辛弧并丁戊弧，原與兩小弧等，則丁丙戊角自即小弧矣。丁戊邊爲丁戊弧之通弦，即大弧與半總較弧之倍正弦。丁壬弧爲丁戊弧之半，則丁子正弦爲丁戊通弦之半。以平三角術御之。

求乙甲丙角。戊丁丙平三角形，求丁丙邊。

一率　丙角正弦即小弧正弦。

二率　丁戊邊之半丁子即大弧與半總較弧之正弦。

三率　戊角正弦即小弧與半總較弧之正弦。

四率　丁丙邊之半丁寅丙角正弦與對丙角之丁戊邊，若戊角正弦與對戊角之丁丙邊。今二率丁戊邊既用丁戊邊之半，則所得四率，亦爲丁丙邊之半。

既得丁寅，在甲丙大弧正弦丁午上，當以半徑變之。

一率　丁午大弧正弦。

二率　丁寅大弧正弦爲半徑所成乙甲丙角矢之半。

三率　丑己半徑。

四率　丑卯丁午與丑己，若丁丙與丑辰，即若丁寅與丑卯，爲乙甲丙角矢之半。

凡以半徑爲連比例一率，正矢加倍爲三率，則本弧通弦爲二率。若以正矢折半爲三率，則半弧正弦爲二率。今丑卯既爲乙甲丙角正矢之半，即爲三率，以半徑爲一率乘之，開方，得二率，而爲半角之正弦。倍之，即得全角。

求對前角旁大弧之丙乙甲角。用前戊丁丙平三角形，求戊丙邊。

一率　丙角正弦理數同前者，不具釋。

二率　丁戊邊之半丁子。

三率　丁角正弦即半總減半周餘弧之正弦。

四率　戊丙邊之半戊未

既得戊未，在前所用對弧乙丙弧正弦戊亥上，亦當以半徑變之。

一率　戊亥前所用對弧正弦。

二率　戊未

三率　申己半徑。

四率　申戌丙乙甲外角矢之半。

既得申戌，亦以半徑乘之，開方，爲半外角之正弦。倍之，減半周，即得本角。

三邊求角用《赤水遺珍》術。

法以三邊相加折半，爲半總，與角旁兩邊各相較得兩較弧。乃以角旁小邊之正弦爲一率，小邊較弧之正弦爲二率，大邊較弧之正弦爲三率，得四率，爲初數。又以角旁大邊之正弦爲一率，初數爲二率，半徑爲三率，得四率，爲末數。置末數，以半徑乘之，爲實，平方開之，得半角之正弦。

求對大邊之又一角補。

即以前所用角旁小弧之正弦爲一率，半總減半周餘弧之正弦爲二率，前所用大邊較弧之正弦爲三率，得四率，爲初數。又以前所用對弧之正弦爲一率，初數爲二率，半徑爲三率，得四率，爲末數。置末數以半徑乘之爲實，平方開之，得半外角之正弦。

三邊求角用對數參用《天學會通》術。

如前加減得半總弧、大邊較弧、小邊較弧。乃以大邊較弧正弦對數與小邊較弧正弦對數相加，又加半徑對數二次，得數置上。別置大邊正弦對數與小邊正弦對數相加，得數減上餘數，半之，得半角正弦對數。

求對大邊之又一角，用對數補。

如前以大邊較弧正弦對數與半總減半周餘度之正弦對數相加，又加半徑對數二次，得數置上。別置對邊正弦對數與小邊正弦對數相加，得數減上餘數，半之，得半外角正弦對數。

清・李善蘭《天算或問》 或問曰：泰西顔家樂測北極出地簡法，先于其處測一恒星自出地平至正午所歷之時及其高度，以時變赤道度，以其大矢爲一率，正矢爲二率，高度正弦爲三率，得四率，爲正弦。查表，得度，内減去星距天頂度，餘與九十度相加折半，轉減九十度，得北極出地度。載《赤水遺珍》《疇人傳》亦采之。然攷之，不甚合。如北極出地三十度，星之高度七十六度，則求得之弧必爲十六度。求得之弧，乃星入地最深度與高度相加，折半，爲星距極度。減星距天頂十四度，得二度，與九十度相加，折半，得四十六度，轉減九十度，得四十四度，較三十度多十四度。敢問其法果不密乎？抑別有故乎？

答曰：此法必北極出地不滿四十五度，星過正午在天頂南，又必爲赤道北之星，則合。不如是，則不合。今所取星，其正午點在天頂北，故不合也。今爲改其法曰：星在赤道北，則大矢爲一率，正矢爲二率，高度正弦爲三率，求得四率，爲星入地最深度正弦，查表得度。視星之正午在天頂北，則與高度相減，折半，爲北極出地度。在天頂南，則與高度相加，以減一百八十度，餘折半，爲北極出地度。星在赤道南，則正矢爲一率，大矢爲二率，高度正弦爲三率，得四率，爲深度正弦，查表得度。攷星之最深點在地底點北，則以加高度，以減一百八十度，折半。在地底點南，則與高度相減，折半，俱得北極出地度。如此則任測一星，俱可推矣。

或問曰：《赤水遺珍》弧三角三邊求角法，以三弧之和折半，爲半總，與角旁兩弧相較，得二較弧，乃以角旁小弧正弦爲一率，小弧之較弧正弦爲二率，大弧之較弧正弦爲三率，得四率，爲初數。又以角旁大弧正弦爲一率，初數爲二率，半徑爲三率，得四率，爲末數。以半徑乘末數，開平方，得半角正弦。圖解不甚明晰，願更詳言之。

答曰：此以天元推之，理自明。識別得角旁兩弧之正弦各爲半徑，其距等圈内二半角正弦相乘積與二較弧正弦相乘積等。立天元一爲半角正弦，以角旁大弧正弦乘之，半徑除之，不除寄爲母，得太〇，大弧正弦。爲大距等圈内半角正弦。内帶半徑爲母。又以角旁小弧正弦乘天元，半徑除之，不除寄爲母，得太〇，小弧正弦。爲小距等圈内半角正弦。内帶半徑爲母。二正弦相乘，得〇元〇，小弧正弦×大弧正弦爲相乘積。内帶半徑冪爲母，〇寄左。乃以二較弧正弦相乘，又半徑冪通之，得小較正弦×大較正弦×半徑冪，爲同數，與左相消，得小較正弦×大較正弦×半徑冪〇小弧正弦×大弧正弦，實與隅俱以小弧正弦×大弧正弦約之，得小弧正弦×大弧正弦，小較正弦×大較正弦×半徑冪〇×，開平方，得半角正弦。實之上爲分母，下爲分子，乃大較正弦與小較正弦相乘，又以半徑冪乘之，而以大小弧正弦相乘積除之也。若分言之，大小二較正弦相乘，以小弧正弦除之，以半徑乘之，又以大弧正弦除之，又以半徑乘之，乃開平方，則即西人之法也。

又問曰：兩距等半角正弦相乘之積，何以知其與兩較弧正弦相乘積等也？

答曰：自三角心作三弧正交三邊，分三邊爲六弧，對邊二分，即二較弧也。以三角心爲球頂點，則六弧之切線合成一平三角形，容一距等圈。距等圈之半徑，即所作三弧之正弦。六弧之切線，亦即距等圈之切線。則角旁兩弧正弦及兩距等正弦成二同式三角形，其面與六弧切線所成之面平行，其邊交互成四率比例。兩距等正弦相乘，即一四率相乘。兩較弧正弦相乘，即二三率相乘。故二積等也。

甲乙丙弧三角形，頂點之上視之其形如此。求甲角。自三角心，作心子、心丑、心寅三弧，從頂視之，凡過頂之弧，皆成直線。正交三邊。以三交點分三邊爲甲子、甲寅、乙子、乙丑、丙丑、丙寅六弧，兩兩相等。乙丑即小邊之較弧，丙丑即大邊之較弧。

六邊之切線午子、午寅、未子、未丑、申丑、申寅合成午未申平三角形，中容子丑寅小圓，乃球之距等圈也。心子、心丑、心寅三弧之正弦，爲小圓半徑，其六切線，即爲小圓之切線。作午心卯線平分乙甲丙弧角，亦平分未午申平角。乃作乙斗、丙亢二線，即兩距等半角正弦。作乙氐、丙房二線，即二較弧正弦。作斗氐、房亢二聯線，成乙斗氐、丙房亢二三角形，必同式。蓋心乙斗與心丙房二句股形同式，乙心斗角爲心午子、心未子二角之和，等于心申丑之餘角。蓋午未申三全角合之，得半周，三平角必得一象限也。而丙心房即心申丑之餘角，與乙心斗角等。凡句股形，有等角，必同式也。心乙氐、心丙亢二句股形亦同式。乙心斗、丙心房二角内，各加一丑心斗角，爲二形之等角。乙斗氐形，以乙氐、乙斗二大股爲二邊。丙房亢形，以丙亢、丙房二小股爲二邊。氐乙斗、亢丙房二角，又等。故二形必同式。故乙氐、丙房相乘，與乙斗、丙亢相乘等積也。平三角未牛與申女相乘，未丑與申丑相乘，亦等積。

或問曰：弧三角兩弧夾一角，求餘二角。用切線分外角法，以兩弧半和之餘弦爲一率，半較之餘弦爲二率，半外角正切爲三率，得四率，爲餘角半和之正切。又以兩弧半和之正弦爲一率，半較之正弦爲二率，半外角正切爲三率，得四率，爲餘角半較之正切。前人未有圖解，顧詳其理。

答曰：此當列款明之。

一，凡弧三角，若一角不變，餘二角漸變，其和恒等，則其較角愈小，夾定角之二邊和，亦愈小，二角相等，無較角，夾角之二邊和爲最小。如圖，甲乙丙、甲丁戊二弧三角形同用一甲角，即定角。乙、丙二角和，丁、戊二角和相等，丁戊之較角大，乙丙之較角小，則甲丙、甲乙二邊和必小于甲丁、甲戊二邊和。理易明。

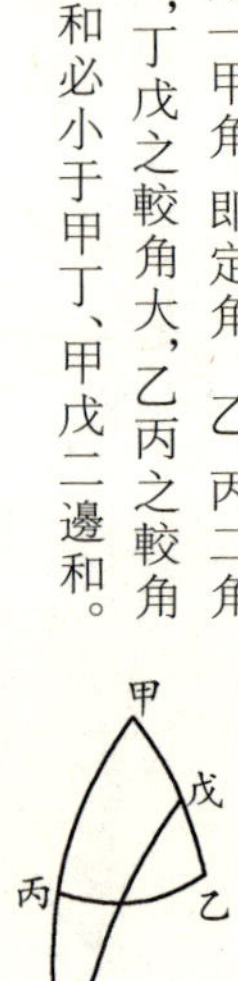

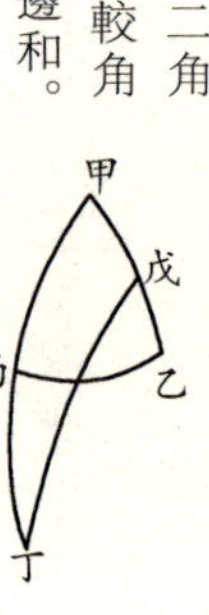

二，凡相對二弧二角，其半較半和二正切同比例，皆若半較正弦與引長線之比。如圖，甲乙爲大弧，甲丙爲小弧。設對大弧之角度爲丁戊，對小弧之角度爲丁己，則乙庚戊辛二正弦比，若丙角己亢二正弦比。作丙子線，正交乙庚。作己寅線，正交戊辛。則乙子爲乙庚丙角二正弦較，戊寅爲戊辛己亢二正弦較。又平分乙子于丑，平分戊寅于卯。則乙丑爲乙庚丙角半較，丑庚爲半和。平分戊寅于卯，則戊卯爲戊辛己亢半較，卯辛爲半和。故乙丑與丑庚比，若戊卯與卯辛比。作乙丙線，引長之至氐。作戊己線，引長之至房。則乙壬戊癸俱爲半較正弦，壬氐癸房俱爲引長線，乙丑爲股，乙壬爲弦，乙庚爲股，乙氐爲弦。又戊卯爲股，戊癸爲弦，戊辛爲股，戊房爲弦，故乙壬與壬氐比，若乙丑與丑庚比，戊癸與癸房比，若戊卯與卯辛比。夫戊卯與卯辛比，若乙丑與丑庚比，故戊癸與癸房比，若乙壬與壬氐比。未申半較弧正切與未午半和弧正切比，若乙壬與壬氐比。戌亥半較角正切與戌酉半和角正切比，若戊癸與癸房比。故申未與未午比，若亥戌與戌酉比，而亥戌與戌酉比，亦若乙壬與壬氐比也。

三，凡正弧三角對正角之弧，其正切與正弦比，若一角正切與又一角餘切比。正弧三角舊法，有一角，有對正角之弧，求餘一角者，以弧之餘弦爲一率，半徑爲二率，角之餘切爲三率，得四率，爲所求角正切。夫餘弦與半徑比，若正弦與正切比，故弧之正弦正切與一角餘切一角正切同比例也。

四，凡和弧較弧之引長線二款。與他弧共用一割線，則他弧正切與此引長線比，若他弧正弦與此半和弧正弦比。他弧正切與此半較弧餘弦比，若他弧正弦與此半和弧餘弦比。如圖，甲未爲半和弧，乙未爲半較弧，甲丙爲他弧，甲戊爲半和弧正弦，乙壬爲半較弧正弦，甲己爲他弧正弦，丁丙爲他弧正切。丁壬爲引長綫，同以丁心爲割線。心戊爲半和弧餘弦，心壬爲半較弧餘弦，丁丙與甲己比，若丁心與甲心比，丁壬與甲戊比，亦若丁心與甲心比，故丁丙與丁壬比，若甲己與甲戊比也。又壬心與戊心比，亦若丁心與甲心比，故丁丙與壬心比，若甲己與戊心比也。

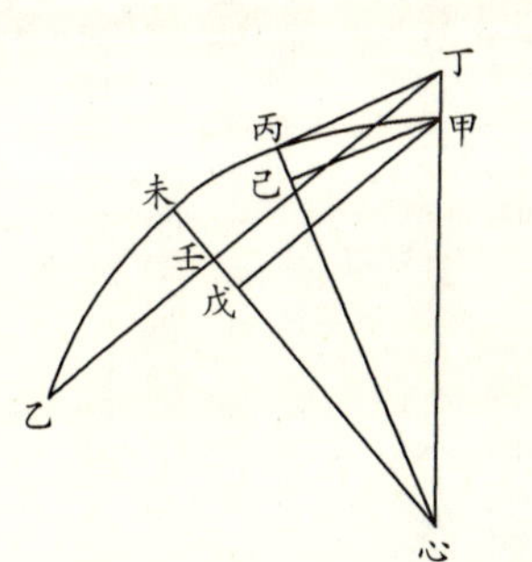

詳觀右四款，即可明此題之理。夾角之二邊，或相等，或不相等，若所夾之角不變，餘二角之和恒等，一款。則以二邊相等爲根，二邊相等，自所夾角作垂弧平分爲相等二正弦三角形，則三款之又一角餘切，乃此題之分角餘切，即半外角正切也。三款之一角正切，即此題半和角正切也。四款之他弧，乃此題相等二邊之一，即相等二邊之半和也。四款之半和弧、半較弧，則即不等二邊之半和半較也。相等二邊之半和，其正弦正切比，既若半外角正切與半和角正切比，三款。又若不相等二邊之半和弧餘弦與半較弧餘弦比四款。故半和弧餘弦與半較弧餘弦比，若半外角正切與半和角正切比也。引長線與半和角正切比，若半和弧正弦與半外角正切比，又若半較弧正弦與半較角正切比，二款。故半和弧正弦與半較弧正弦比，若半外角正切與半較角正切比也。

又附圖，甲乙丙斜弧三角形，有甲角，有甲乙、甲丙二邊，甲辛、甲壬、甲癸俱九十度，辛壬即甲角度，壬癸即甲外角度。取甲丁等于甲乙，取甲戊等于甲丙，作丁戊弧等于乙丙弧，則戊角必等于丙角。平分乙戊于己，平分丁丙于庚，作庚己弧，此弧必平分乙丙弧于戌，丁戊弧于亥。又引長之，必平分外角度壬癸于子，故子癸爲半外角度。乃取己午、己未俱九十度，作

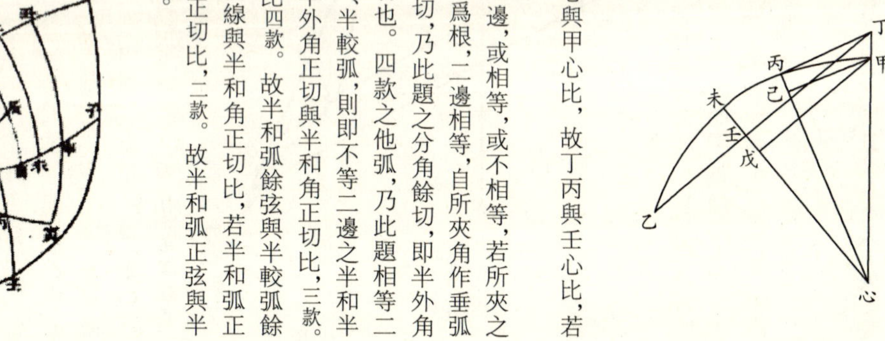

午未弧。取戊卯、戊辰各九十度，作卯辰弧，即丙角度。取乙丑、乙寅各九十度，作丑寅弧，即乙角度。卯辰弧交己庚弧于酉，丑寅弧交己庚弧于申，辰酉、寅申二弧必等。何則？亥辰酉、戌寅申二三角形，亥戌二角既等，辰寅又俱爲正角，亥辰、戌寅二弧又等，戊辰乙寅俱九十度，所去戊亥、乙戌二弧，既等，則餘二弧，亦必等矣。則辰酉、寅申二弧不得不等矣。故丑申卯酉俱爲半和角度。午丑申未、午卯酉未二四角形，申、酉二角既等，丑午未及卯午未又俱爲三正角，丑午、卯午二弧又相等，故丑申卯酉亦相等也。甲己爲半和弧，與癸午等。甲癸、己午俱九十度故。己戊、己乙俱爲半較弧，與午卯、午丑等。戊卯、己午、乙丑俱九十度故。癸午未子四角形，癸午未三角俱正，卯午未酉四角形，卯午未三角俱正。乃作二四角合儀觀之，其比例相當之理顯然矣。

如圖，午角爲半和弧正切，午亢爲半較弧正切。尾癸爲半和弧正弦，尾心爲餘弦。氐卯爲半較弧正弦，氐心爲餘弦。卯女爲半和角正切，與房牛等。癸斗爲半外角正切。尾心半和弧餘弦。與氐心半較弧餘弦。比若癸斗半外角正切。與房牛半和角正切。比，觀圖自明也。準二款，氐房與氐卯比，若房牛與半較角正切比。今以尾癸代氐房，則當以癸斗代房牛，故尾癸半和弧正弦。與氐卯半較弧正弦。比，若癸斗半外角正切。與半較角正切比也。

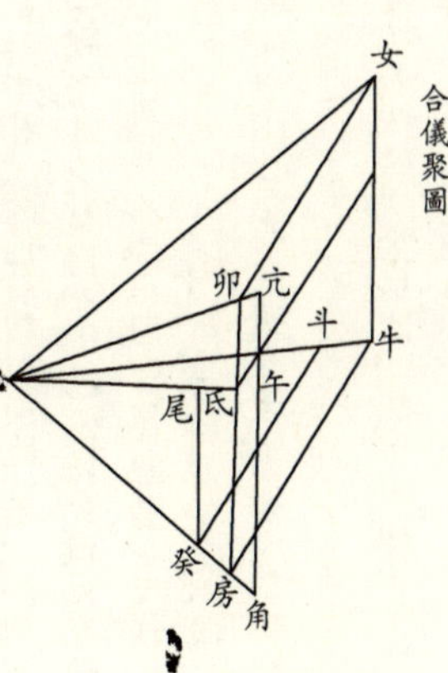

合儀聚圖

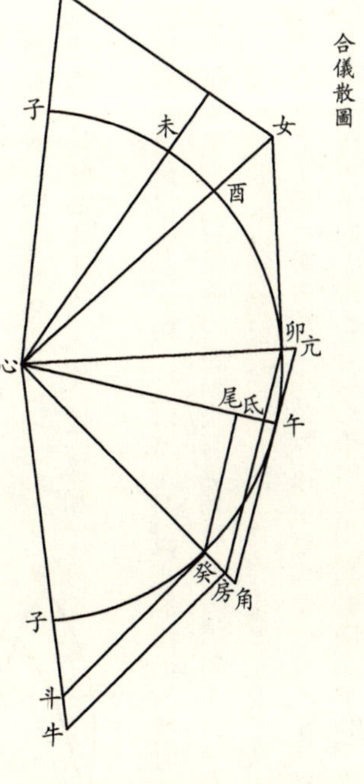

合儀散圖

清・吴嘉善《弧三角術》

正弧比例表以直角命爲丙，以餘二角命爲甲爲乙。

		乙角餘切	甲角正切	○	乙丙正切		
	甲丙正切	○	甲角餘弦	○	○	○	
乙丙正弦	○	○	甲角正弦	乙角餘弦	○	○	
甲乙正弦	甲乙正切	甲乙餘弦	半　徑	甲丙餘弦	甲丙正弦	乙丙正弦	乙丙餘弦
甲丙正弦	○	○	乙角正弦	○	○	○	甲角餘弦
	乙丙正切	○	乙角餘弦	○	○	○	
		甲角餘切	乙角正切	○	○	甲丙正切	
			乙丙餘弦	甲乙餘弦			

假如有黄赤交角若干度，如甲角。太陽在黄道上若干度，如甲乙弧。問太陽距赤道緯度，如乙丙弧，及赤道經度，如甲丙弧，及黄道赤經交角，如乙角，各若干度。

法先繪正弧形，定直角爲丙，餘角爲甲、爲乙，如下圖。

此形既定以甲丙爲赤道度，以甲乙爲黄道，甲角爲黄赤交角，亦爲春秋分點，乙丙爲距緯，則乙爲太陽。太陽在黄道上度，即甲乙弧度也。是爲有甲角，有甲乙弧，求餘弧、餘角。

如求太陽距赤道緯度，則所求爲乙丙弧也。

法視比例表中甲角、甲乙弧、乙丙弧，比例若何？先視表中第一行第四格，有甲角，從横尋之不與甲乙、乙丙爲比例，乃舍之。視第二行第四格，有甲角，從横尋之，不與甲乙、乙丙爲比例，又舍之。視第三行第四格，甲角乃與乙丙、甲乙爲比例，即用之。得半徑，與甲角正弦之比，同於甲乙弧正弦與乙丙弧正弦之比例，爲比例式。如下。

半徑
甲角正弦
甲乙弧正弦
乙丙弧正弦

依式求之，可得乙丙度，爲太陽距赤道緯度。

若求赤道經度，是爲求甲丙弧。如前檢表得式列之如下。

半徑　甲角正切　乙丙弧餘弦
甲角餘弦若用對數，亦可用下二式。　半徑　甲乙弧餘弦
甲乙弧正切　乙丙弧正切　半徑
甲丙弧正切　甲丙弧正弦　甲丙弧餘弦

依式求之，可得甲丙度，爲赤道經度也。

若求黄道赤經交角，是爲求乙角。如前檢表得式列之。

半徑　甲乙弧正弦
甲角正切若用對數，亦可用下三式。　半徑
甲乙弧餘弦　甲丙弧正弦
乙角餘切　乙角正弦
甲乙弧餘弦　甲乙正切
半徑　半徑
甲角餘切　乙丙弧正切
乙角正切　乙角餘弦

依式求之，得乙角度，爲黄道赤經交角度也。凡正弧形，均倣此入之。

斜弧三角術採徐君卿氏法。

釋名。已知之弧、角。爲所知。弧、角。今求之弧、角。爲所求。弧、弧、角。角。在兩角、弧。之閒爲所夾之，弧、角。對弧、角。者爲對。角、弧。

第一術。知相對之弧角及又一，弧、角。求弧、角。所對之。角、弧。

比例表

對所知弧、角。之角、弧。正弦	對所知角、弧。之弧、角。正弦
對所求弧、角。之角、弧。正弦	所求之弧、角。正弦

求得之正弦，爲内弧、角。外弧、角。同用之數。此内外兩弧、角。皆可爲對角、弧。

之，弧、角。成弧三角形者二，得度後視所求之弧、角。大，則對角、弧。必大；小，則對角、弧。必小。

案：所謂內弧、角。外弧、角。者，此兩弧、角。并之，必適足半周。一在象限內，一在象限外也。假如內弧、角。八十度，則外弧、角。必一百度。凡八綫例過象限之弧、角。則以其度減半周，用其餘度之八綫爲八綫。故內弧、角。八十度與外弧、角。一百度同用一正弦，故得正弦後，當審其應爲內弧、角。抑應爲外弧、角。也。

用上法求得對弧、角。之角、弧。更求餘弧、餘角。

加減法。任以一形，兩弧相加，半之，爲半總弧。相減，半之，爲半存弧。兩角相加而半之，爲半和角。相減而半之，爲半較角。

比例表

半較角、存弧。正弦	半存弧、較角。正切	半和角、總弧。正弦	半總弧、和角。正切
半和角、總弧。正弦	半所求弧、角、正、餘。切	半較角、存弧。正弦	又形半所求弧、角。正切

第二術。此術先得兩角、弧。後得對所夾角、弧。之弧、角。

知兩弧、角。及所夾之角、弧。求對兩弧、角。之兩角、弧。

加減法。兩弧、角。相加而半之，爲半總弧、和角。相減而半之，爲半存弧、較角。

比例表

半總弧、和角。正弦	半夾角、弧、餘。正切	半總弧、和角。餘弦	半夾角、餘、弧。正切
半存弧、較角。正弦	半較角、存弧。正切	半存弧、較角。餘弦	半和角、總弧。正切

加減法。半較角、存弧。與半和角、總弧。相加，得對大弧、角。之角、弧。相減，得對小弧、角。之角、弧。

又，求對夾角、弧。之弧、角。

比例表

半較角。正、餘。弦	半存、總弧。正切	半存弧。正、餘。弦	半較、和角。正切
半和角。正、餘。弦	半對弧。正切	半總弧。正、餘。弦	半對角。餘切

第二術。之又法。此術求對兩弧、角。之角、弧。與求對所夾角、弧。之弧、角。不分次第。

比例表

半徑所知弧餘弦	所知角餘弦半徑
所用弧、角。正、餘。切	分弧、角。正切

加減法。以分弧、角。減餘一弧、角。餘爲較。弧、角。

比例表

較弧、角。正、餘。弦	分弧、角。正、餘。弦
所知角、弧。正切	對所用弧、角。之角、弧。正切

比例表

分弧、角。餘、正。弦	較弧、角。餘、正。弦
所用弧、角。餘弦	對所知角、弧。之弧、角。餘弦

第三術。知三弧、角。求三角、弧。

加減法。三弧、角。相并而半之，爲三弧、角。半總，各以某弧、角。減之，爲某弧、角。較度。

比例表

半徑自乘	餘兩弧、角。兩較度正、餘。弦相乘	三弧、角。半總及用弧、角。較度兩正、餘。弦相乘
餘兩弧、角。兩餘割相乘	所求之半角、弧。度正、餘。弦自乘	所求之半角、弧。度餘、正。弦自乘

比例表

餘兩弧、角。兩正弦相乘	半徑自乘
餘兩弧、角。兩較度正、餘。弦相乘所求之半角、弧。度正、餘。弦	自乘
三弧、角。半總及用弧、角。較度兩正、餘。弦相乘所求之半角、弧。度餘、正。弦	自乘

假如太陽在丙點，其距午正赤道若干度，如庚壬弧。測得高弧若干度，如丙癸弧。地平經圈偏若干度，如癸丁弧。求太陽距赤道緯度若干，如丙壬弧。

如甲乙丙斜弧三角形，甲爲北極，乙爲天頂，丙爲太陽，庚辛爲赤道，丁己爲地平，乙丁、戊己爲子午圈，乙丙、癸戊爲地平經圈，甲丙、壬子爲過赤極經圈，甲己爲北極出地，甲乙爲極距天頂，丙癸爲日高弧，乙丙爲日距天頂，丙壬爲赤北緯，甲丙爲日距北極。

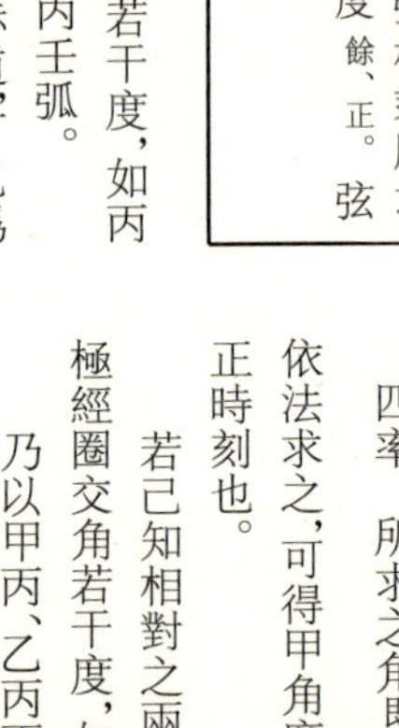

法以丙癸高弧減乙癸象限，餘日距天頂，爲乙丙弧。以癸丁地平偏度減丁己半周，餘己癸弧，爲乙角度。庚壬弧爲甲角度。是爲有甲、乙兩角及乙丙弧，求甲丙弧。乃以甲角爲對所知弧之角，乙角爲對所求弧之角，乙丙弧爲對所知角之弧，甲丙弧爲所求之弧。法視第一術第一比例表中，得對所知弧之角正弦與對所求弧之角正弦之比，同於對所知角之弧正弦與所求之弧正弦之比。列式如下。

一率　對所知弧之角即甲角。正弦
二率　對所求弧之角即乙角。正弦
三率　對所知角之弧即乙丙弧。正弦
四率　所求之弧即甲丙弧。正弦

依法求之，可得甲丙弧度。以減甲壬象限，餘丙壬弧，即太陽距赤道緯度也。

若有赤緯，有高弧及地平偏度，求距午正時刻者。是爲有甲丙、乙丙兩弧及乙角，求甲角。乃以甲丙弧爲對所知角之弧，乙丙弧爲對所求角之弧，乙角爲對所知弧之角，甲角爲所求之角如前檢表。列式如下。

一率　對所知角之弧即甲丙弧。正弦
二率　對所求角之弧即乙丙弧。正弦
三率　對所知弧之角即乙角。正弦
四率　所求之角即甲角。正弦

依法求之，可得甲角度。即庚壬弧度。變時加減午正，午前減，午後加。即太陽距午正時刻也。

若己知相對之兩弧兩角，更求北極出地若干度，如甲己弧，及地平經圈與過極經圈交角若干度，如丙角。

乃以甲丙、乙丙兩弧相加，半之，爲半總弧。相減，半之，爲半存弧。以甲、乙兩角相加，半之，爲半和角。相減，半之，爲半較角。

如求北極高度。即甲己弧。法視第一術第二比例表中，得半較角正弦與半和角正弦之比，同於半存弧正切與半所求弧正切之比。列式如下。

一率　半較角即甲乙兩角相減折半。正弦
二率　半和角即甲乙兩角相加折半。正弦
三率　半存弧即甲丙、乙丙兩弧相減折半。正切
四率　半所求弧即甲乙弧之半。正切

依法求之，可得半甲乙弧度。倍之，以減乙己象限，餘即北極出地度也。

如求兩經圈交角即丙角。度者，如前檢表，依法求之。

若欲求又形之餘弧、角。者，則檢第三比例表，依法求之。

假如太陰在丙點，距夏至黃道經度若干，如己辛弧。黃道南緯度若干，如丙辛弧。黃赤相距度若干，如甲乙弧。求距夏至赤道經度，如壬丁弧。赤道南緯度，如壬丙弧。及過兩極之兩經圈交角即丙角。各度若干。

如甲乙丙斜弧三角形，甲爲赤極，乙爲黃極，丙爲太陰，丁戊爲赤道，己庚爲黃道，甲壬、丙子爲過赤極經圈，乙辛、丙癸爲過黃極經圈，甲己丁、庚戊乙爲過二極二至經圈，己爲夏至，己辛爲月距夏至黃道經度，即乙角所當弧。丙辛爲黃道南緯，乙丙爲月距黃極度，即黃道南緯加象限。丁壬爲月距夏至赤道經度，即甲外角所當弧。丙壬爲赤道南緯，甲丙爲月距赤極度，即赤道南緯加象限。甲乙爲兩極相距。是爲有甲乙、乙丙兩弧

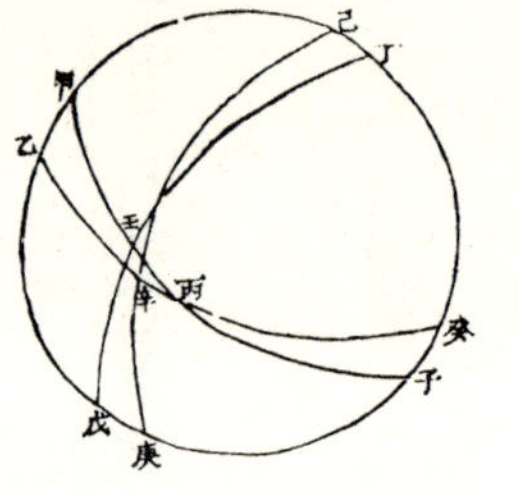

及所夾之乙角，求對兩弧之兩角與對夾角之弧。乃以甲乙、乙丙兩弧相加，半之，爲半總弧。相減，半之，爲半存弧。

先求對乙丙、甲乙兩弧之甲、丙兩角。

法視第二術第一比例表中，得半總弧正弦與半存弧正弦之比，同於半夾角餘切與半較角正切之比。列式如下。

一率　半總弧即甲乙、乙丙兩弧相加折半。　正弦
二率　半存弧即甲乙、乙丙兩弧相減折半。　正弦
三率　半夾角即乙角折半。　餘切
四率　半較角即所求甲、丙兩角相較之半。　正切

依法求之，可得半甲、丙兩角度之較。再視第二比例表中，得半總弧餘弦與半存弧餘弦之比，同於半夾角餘切與半和角正切之比。列式如下。

一率　半總弧即甲乙、乙丙兩弧相加折半。　餘弦
二率　半存弧即甲乙、乙丙兩弧相減折半。　餘弦
三率　半夾角即乙角折半。　餘切
四率　半和角即所求甲、丙兩角相和之半。　正切

依法求之，可得半甲丙兩角度之和。以半和、半較兩角相加，得對乙丙弧之甲角度。以減半周，餘即太陰距夏至赤道經度也。又兩角相減，得對甲乙弧之丙角度，即太陰過兩極經圈之交角也。

次求對夾乙角之甲丙弧。

法視第三比例表中，得半較角正弦與半和角正弦之比，同於半存弧正切與半對弧正切之比。列式如下。

一率　半較角即甲、丙兩角相較折半。　正弦
二率　半和角即甲、丙兩角相和折半。　正弦
三率　半存弧即甲乙、乙丙兩弧相減折半。　正切
四率　半對弧即對乙角之甲丙弧折半。　正切

依法求之，可得半甲丙弧。倍之，與象限相減，餘即太陰距赤道南緯度也。

若有兩角及所夾之弧，求餘兩弧一角者，仿此求之。

又法。此法不分次第，隨便可求。準前題，有甲乙、乙丙兩弧及所夾之乙角，求餘一弧兩角者，則可用垂弧法。

如求丙角及甲丙弧，當先求分弧。

法視第二術之又法第一比例表中，得半徑與所用弧正切之比，同於所知角餘弦與分弧正切之比。列式如下。

一率　半徑
二率　所用弧即甲乙弧。　正切此以甲乙弧爲用弧，其乙丙弧即垂弧所在之弧也。
三率　所知角即乙角。　餘弦
四率　分弧即乙丙弧之分。　正切

依法求之，可得分弧度。與乙丙弧相加，爲總弧。凡垂弧在形外者，以分弧與垂弧所在之弧相加，爲總弧。若在形內，乃相減，爲較弧。

如求丙角，則視第二比例表中，得較弧正弦與所知角正切之比，同於分弧正弦與對所用弧之角正切之比。列式如下。

一率　總弧即分弧與乙丙弧相加。　正弦表中所列爲較弧，因兩弧相加，改用總弧。
二率　所知角即乙角。　正切
三率　分弧正弦
四率　對用弧之角即所求之丙角。　正切

依法求之，可得丙角度，即太陰過兩極經圈交角也。

如求甲丙弧，則視第三比例表中，得分弧餘弦與所用弧餘弦之比，同於較弧餘弦與對所知角之弧餘弦之比。列式如下。

一率　分弧餘弦
二率　所用弧即甲乙弧。　餘弦
三率　較弧餘弦
四率　對所知角之弧即所求甲丙弧。　餘弦

依法求之，可得甲丙弧度。以象限減之，餘即太陰距赤道南緯度也。

如求甲角及甲丙弧，則以乙丙弧爲用弧，其甲乙弧即垂弧所在之弧也。餘仿此。

假如北極出地若干度，如甲戊弧。太陽距赤道北緯若干度，如丙丁弧。矇景限若干度，如丙子弧。求昏旦時刻若干度，即赤道經度。如庚丁弧。

如甲乙丙斜弧三角形，甲爲北極，乙爲天頂，丙爲太陽，戊己爲地平，丑寅爲矇景限距等圈，庚辛爲赤道，壬癸爲太陽隨天左旋距赤道之距等圈，乙己辛戊爲子午圈，乙子、丙卯爲地平經圈，甲丙、丁辰爲太陽過北極經圈。

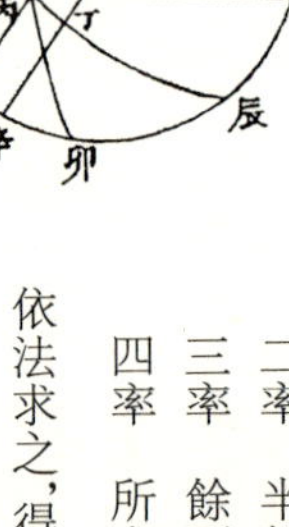

以甲戊北極高度，減乙戊象限，餘甲乙弧。即北極距天頂。以丙丁赤緯度，減甲丁象限，餘甲丙弧。即太陽距北極。以丙子矇景度，加乙子象限，爲乙丙弧。即太陽距天頂。是爲有三弧求甲角。即所當赤道上之庚丁弧。乃以三弧相加，半之爲半總弧。以甲乙弧減之，餘爲甲乙弧較度。以甲丙弧減之，餘爲甲丙弧較度。以乙丙弧減之，餘爲乙丙弧較度。

法視第三術第一比例表中，得半徑自乘方與餘兩弧兩餘割相乘方之比，同於餘兩弧兩較度正弦相乘方與所求之半角度正弦自乘方之比。列式如下。

一率　半徑自乘
二率　餘兩弧即所求甲角傍之甲乙、甲丙兩弧。兩餘割相乘
三率　餘兩弧即所求甲角傍之甲乙、甲丙兩弧。兩較度正弦相乘
四率　所求之半角即甲角之半。度正弦自乘

依法求之，可得半甲角度。倍之，即太陽距午正赤道度。變時加減午正，求旦減，求昏加。爲所求昏旦時刻也。

又法，仍視原表中，得半徑自乘方與餘兩弧兩餘割相乘方之比，同於三弧半總及用弧較度兩正弦相乘方與所求之半角度餘弦自乘方之比。列式如下。

一率　半徑自乘
二率　餘兩弧兩餘割相乘
三率　三弧半總及用弧即對所求甲角之乙丙弧。較度兩正弦相乘
四率　所求之半角度餘弦自乘

依法求之，得數同上。

又法，視第二比例表中，得餘兩弧兩正弦相乘方與半徑自乘方之比，同於餘兩弧兩較度正弦相乘方與所求之半角度正弦自乘方之比。列式如下。

一率　餘兩弧兩正弦相乘
二率　半徑自乘
三率　餘兩弧兩較度正弦相乘
四率　所求之半角度正弦自乘

依法求之，得數同上。

又法，仍視原表中，得餘兩弧兩正弦相乘方與半徑自乘方之比，同於三弧半總及用弧較度兩正弦相乘方與所求之半角度餘弦自乘方之比。列式如下。

一率　餘兩弧兩正弦相乘
二率　半徑自乘
三率　三弧半總及用弧較度兩正弦相乘
四率　所求之半角度餘弦自乘

依法求之，得數同上。

若有三角，[求]弧者。仿此求之。

補式

正弧三角命丙角爲正角。知兩角，求三弧。

有甲角、乙角，求甲乙弧。

一率半徑，二率甲角餘切，三率乙角餘切，四率甲乙餘弦。

又式，一率半徑，二率甲角正切，三率乙角正切，四率甲乙正割。

如上題，求甲丙弧。

一率半徑，二率甲角餘割，三率乙角餘弦，四率甲丙餘弦。

又式，一率半徑，二率甲角正弦，三率乙角正割，四率甲丙正割。

如上題，求乙丙弧。

一率半徑，二率甲角餘弦，三率乙角餘割，四率乙丙餘弦。

又式，一率半徑，二率甲角正割，三率乙角正弦，四率乙丙正割。

知一弧一角，求餘一角二弧。

有甲角、甲乙弧，求乙角。

一率半徑，二率甲角正切，三率甲乙餘弦，四率乙角餘切。

又式，一率半徑，二率甲角餘切，三率甲乙正割，四率乙角正切。

如上題，求甲丙弧。

一率半徑，二率甲角餘弦，三率甲乙正切，四率甲丙正切。
又式，一率半徑，二率甲角正割，三率甲乙餘切，四率甲丙餘切。
如上題，求乙丙弧。
一率半徑，二率甲角正弦，三率甲乙正弦，四率乙丙正弦。
又式，一率半徑，二率甲角餘割，三率甲乙餘割，四率乙丙餘割。
有甲角、甲丙弧，求乙角。
一率半徑，二率甲角正弦，三率甲丙餘弦，四率乙角餘弦。
又式，一率半徑，二率甲角餘割，三率甲丙正割，四率乙角正割。
如上題，求甲乙弧。
一率半徑，二率甲角正割，三率甲丙正切，四率甲乙正切。
又式，一率半徑，二率甲角餘弦，三率甲丙餘切，四率甲乙餘切。
如上題，求乙丙弧。
一率半徑，二率甲角正切，三率甲丙正弦，四率乙丙正切。
又式，一率半徑，二率甲角餘切，三率甲丙餘割，四率乙丙餘切。
有甲角、乙丙弧，求乙角。
一率半徑，二率甲角餘弦，三率乙丙正割，四率乙角正弦。
又式，一率半徑，二率甲角正割，三率乙丙餘弦，四率乙角餘割。
如上題，求甲乙弧。
一率半徑，二率甲角餘割，三率乙丙正弦，四率甲乙正弦。
又式，一率半徑，二率甲角正弦，三率乙丙餘割，四率甲乙餘割。
如上題，求甲丙弧。
一率半徑，二率甲角餘切，三率乙丙正切，四率甲丙正弦。
又式，一率半徑，二率甲角正切，三率乙丙餘切，四率甲丙餘割。
有乙角、甲乙弧，求甲角。
一率半徑，二率乙角餘切，三率甲乙正割，四率甲角正切。
又式，一率半徑，二率乙角正切，三率甲乙餘弦，四率甲角餘切。
如上題，求甲丙弧。
一率半徑，二率乙角正弦，三率甲乙正弦，四率甲丙正弦。
又式，一率半徑，二率乙角餘割，三率甲乙餘割，四率甲丙餘割。
如上題，求乙丙弧。
一率半徑，二率乙角餘弦，三率甲乙正切，四率乙丙正切。
又式，一率半徑，二率乙角正割，三率甲乙餘切，四率乙丙餘切。
有乙角、甲丙弧，求甲角。
一率半徑，二率乙角餘弦，三率甲丙正割，四率甲角正弦。
又式，一率半徑，二率乙角正割，三率甲丙餘弦，四率甲角餘割。
如上題，求甲乙弧。
一率半徑，二率乙角餘割，三率甲丙正弦，四率甲乙正弦。
又式，一率半徑，二率乙角正弦，三率甲丙餘割，四率甲乙餘割。
如上題，求乙丙弧。
一率半徑，二率乙角餘切，三率甲丙正切，四率乙丙正弦。
又式，一率半徑，二率乙角正切，三率甲丙餘切，四率乙丙餘割。
有乙角、乙丙弧，求甲角。
一率半徑，二率乙角正弦，三率乙丙餘弦，四率甲角餘弦。
又式，一率半徑，二率乙角餘割，三率乙丙正割，四率甲角正割。
如上題，求甲乙弧。
一率半徑，二率乙角正割，三率乙丙正切，四率甲乙正切。
又式，一率半徑，二率乙角餘弦，三率乙丙餘切，四率甲乙餘切。
如上題，求甲丙弧。
一率半徑，二率乙角正切，三率乙丙正弦，四率甲丙正切。
又式，一率半徑，二率乙角餘切，三率乙丙餘割，四率甲丙餘切。
知兩弧，求餘兩角一弧。
有甲乙弧、甲丙弧，求甲角。
一率半徑，二率甲乙餘切，三率甲丙正切，四率甲角餘弦。
又式，一率半徑，二率甲乙正切，三率甲丙餘切，四率甲角正割。
如上題，求乙角。
一率半徑，二率甲乙餘割，三率甲丙正弦，四率乙角正弦。
又式，一率半徑，二率甲乙正弦，三率甲丙餘割，四率乙角餘割。
如上題，求乙丙弧。
一率半徑，二率甲乙餘弦，三率甲丙正割，四率乙丙餘弦。
又式，一率半徑，二率甲乙正割，三率甲丙餘弦，四率乙丙正割。

有甲乙弧、乙丙弧，求甲角。
一率半徑，二率甲乙餘割，三率乙丙正弦，四率甲角正弦。
又式，一率半徑，二率甲乙正弦，三率乙丙餘割，四率甲角餘割。
如上題，求乙角。
一率半徑，二率甲乙餘切，三率乙丙正切，四率乙角餘弦。
又式，一率半徑，二率甲乙正切，三率乙丙餘切，四率乙角正割。
如上題，求甲丙弧。
一率半徑，二率甲乙餘弦，三率乙丙正割，四率甲丙餘弦。
又式，一率半徑，二率甲乙正割，三率乙丙餘弦，四率甲丙正割。
有甲丙弧、乙丙弧，求甲角。
一率半徑，二率甲丙餘割，三率乙丙正切，四率甲角正切。
又式，一率半徑，二率甲丙正弦，三率乙丙餘切，四率甲角餘切。
如上題，求乙角。
一率半徑，二率甲丙正切，三率乙丙餘割，四率乙角正切。
又式，一率半徑，二率甲丙餘切，三率乙丙正弦，四率乙角餘切。
如上題，求甲乙弧。
一率半徑，二率甲丙餘弦，三率乙丙餘弦，四率甲乙餘弦。
又式，一率半徑，二率甲丙正割，三率乙丙正割，四率甲乙正割。

右各比例式，有不載在比例全表中者，蓋用表以取比例，不皆得半徑爲一率。今準八線乘約互更例，凡用正弦爲一率，半徑爲二、三率者，可更爲半徑爲一率，餘割爲二、三率，比例同。凡用餘弦爲一率，半徑爲二、三率者，可更爲半徑爲一率，正割爲二、三率，比例同。凡用正切爲一率，半徑爲二、三率者，可更爲半徑爲一率，餘切爲二、三率，比例同。凡用餘切爲一率，半徑爲二、三率者，可更爲半徑爲一率，正切爲二、三率，比例同。以更表中取得之式，故統得半徑爲一率，以省除法之繁。若用對數，即用原表中之式，亦無不可也。

又，每題有二式者，亦準八線互更例變之而得也。置原式，除一率半徑，不必更外。凡正弦與餘割互更，餘弦與正割互更，正切與餘切互更，即得各第二式法云。

斜弧三角

第一術。

知相對之弧角及又一，角、弧。求對角、弧。之。弧、角。
有甲角、乙角及乙丙弧，求甲丙弧。
一率甲角正弦，二率乙丙正弦，三率乙角正弦，四率甲丙正弦。
有甲角、乙角及甲丙弧，求乙丙弧。
一率乙角正弦，二率甲丙正弦，三率甲角正弦，四率乙丙正弦。
有甲角、丙角及乙丙弧，求甲乙弧。
一率甲角正弦，二率乙丙正弦，三率丙角正弦，四率甲乙正弦。
有甲角、丙角及甲乙弧，求乙丙弧。
一率丙角正弦，二率甲乙正弦，三率甲角正弦，四率乙丙正弦。
有乙角、丙角及甲丙弧，求甲乙弧。
一率乙角正弦，二率甲丙正弦，三率丙角正弦，四率甲乙正弦。
有乙角、丙角及甲乙弧，求甲丙弧。
一率丙角正弦，二率甲乙正弦，三率乙角正弦，四率甲丙正弦。
有乙丙弧、甲丙弧及甲角，求乙角。
一率乙丙正弦，二率甲角正弦，三率甲丙正弦，四率乙角正弦。
有乙丙弧、甲丙弧及乙角，求甲角。
一率甲丙正弦，二率乙角正弦，三率乙丙正弦，四率甲角正弦。
有甲乙弧、甲丙弧及乙角，求丙角。
一率甲丙正弦，二率乙角正弦，三率甲乙正弦，四率丙角正弦。
有甲乙弧、甲丙弧及丙角，求乙角。
一率甲乙正弦，二率丙角正弦，三率甲丙正弦，四率乙角正弦。
有甲乙弧、乙丙弧及丙角，求甲角。
一率甲乙正弦，二率丙角正弦，三率乙丙正弦，四率甲角正弦。
有甲乙弧、乙丙弧及甲角，求丙角。
一率乙丙正弦，二率甲角正弦，三率甲乙正弦，四率丙角正弦。

右各式，求得之正弦，係内外兩弧、角。公用之數，皆可爲對角、弧。之，弧、角。成弧三角形者二。

又，求兩弧三角形之餘兩。角、弧。

加減法。任以一形之兩弧、角。相加，半之，爲半。流弧、和角。相減，半之，爲半。存弧、較角。

有甲角、乙角及乙丙弧、甲丙弧，求丙角。

一率半乙丙、甲丙。存弧正弦，二率半乙丙、甲丙。流弧正弦，三率半甲、乙。較角正切，四率半丙角餘切。

又式，凡又式中流存弧、和較角即原式之弧角，故不記甲、乙等字。一率半存弧餘弦，二率半流弧餘弦，三率半和角正切，四率半丙角餘切。

如上題，求甲乙弧。

一率半甲、乙。較角正弦，二率半甲、乙和角正弦，三率半乙丙、甲丙。存弧正切，四率半甲乙正切。

又式，一率半較角餘弦，二率半和角餘弦，三率半流弧正切，四率半甲乙正切。

如上題，求又形之餘角。

一率半乙丙、甲丙。流弧正弦，二率半乙丙、甲丙。存弧正弦，三率半甲、乙。和角正切，四率半又形餘角正切。

又式，一率半流弧餘弦，二率半存弧餘弦，三率半較角正切，四率半又形餘角正切。

如上題，求又形之餘弧。

一率半甲、乙。和角正弦，二率半甲、乙。較角正弦，三率半乙丙、甲丙。存弧正切，四率半又形餘弧正切。

又式，一率半和角餘弦，二率半較角餘弦，三率半存弧正切，四率半又形餘弧正切。

有甲角、丙角及乙丙弧、甲乙弧，求乙角。

一率半乙丙、甲乙。存弧正弦，二率半乙丙、甲乙。流弧正弦，三率半甲、丙。較角正切，四率半乙角餘切。

又式，一率半存弧餘弦，二率半流弧餘弦，三率半和角正切，四率半乙角餘切。

如上題，求甲丙弧。

一率半甲、丙。較角正弦，二率半甲、丙。和角正弦，三率半乙丙、甲乙。存弧正切，四率半甲丙正切。

又式，一率半較角餘弦，二率半和角餘弦，三率半流弧正切，四率半甲丙正切。

如上題，求又形之餘角。

一率半乙丙、甲乙。流弧正弦，二率半乙丙、甲乙。存弧正弦，三率半甲、丙。和角正切，四率半又形餘角正切。

又式，一率半流弧餘弦，二率半存弧餘弦，三率半較角正切，四率半又形餘角正切。

如上題，求又形之餘弧。

一率半甲、丙。和角正弦，二率半甲、丙。較角正弦，三率半乙丙、甲乙。流弧正切，四率半又形餘弧正切。

又式，一率半和角餘弦，二率半較角餘(玄)[弦]，三率半存弧正切，四率半又形餘弧正切。

有乙角、丙角及甲乙弧、甲丙弧，求甲角。

一率半甲乙、甲丙。存弧正弦，二率半甲乙、甲丙。流弧正弦，三率半乙、丙。較角正切，四率半甲角餘切。

又式，一率半存弧餘弦，二率半流弧餘弦，三率半和角正切，四率半甲角餘切。

如上題，求乙丙弧。

一率半乙、丙。較角正弦，二率半乙、丙。和角正弦，三率半甲乙、甲丙。存弧正切，四率半乙丙正切。

又式，一率半較角餘弦，二率半和角餘弦，三率半流弧正切，四率半乙丙正切。

如上題，求又形之餘角。

一率半甲乙、甲丙。流弧正弦，二率半甲乙、甲丙。存弧正弦，三率半乙、丙。和角正切，四率半又形餘角正切。

又式，一率半流弧餘弦，二率半存弧餘弦，三率半較角正切，四率半又形餘角正切。

如上題，求又形之餘弧。

一率半乙、丙。和角正弦，二率半乙、丙。較角正弦，三率半甲乙、甲丙。流弧正切，四率半又形餘弧正切。

又式，一率半和角餘弦，二率半較角餘弦，三率半存弧正切，四率半又形餘弧正切。

第二術。

知兩弧、角。及所夾之，角、弧。求對兩弧、角。之兩。角、弧。

加減法。兩弧、角。相加，半之，爲半。流弧、和角。相減，半之，爲半。存弧、較角。

有甲乙弧、甲丙弧及所夾之甲角，求乙角與丙角。

一率半甲乙、甲丙。流弧正弦，二率半甲乙、甲丙存弧正弦，三率半甲角餘切，四率半乙、丙。較角正切。

一率半甲乙、甲丙。流弧餘弦，二率半甲乙、甲丙。存弧餘弦，三率半甲角餘切，四率半乙、丙。和角正切。

求得半，較、和。兩角相加，爲對大弧之角。相減，爲對小弧之角。後二題同。

有甲乙弧、乙丙弧及所夾之乙角，求甲角與丙角。

一率半甲乙、乙丙。流弧正弦，二率半甲乙、乙丙。存弧正弦，三率半乙角餘切，四率半甲、丙。較角正切。

一率半甲乙、乙丙。流弧餘弦，二率半甲乙、乙丙。存弧餘弦，三率半乙角餘切，四率半甲、丙。和角正切。

加減法，同上。

有甲丙弧、乙丙弧及所夾之丙角，求甲角與乙角。

一率半甲丙、乙丙。流弧正弦，二率半甲丙、乙丙。存弧正弦，三率半丙角餘切，四率半甲、乙。較角正切。

一率半甲丙、乙丙。流弧餘弦，二率半甲丙、乙丙。存弧餘弦，三率半丙角餘切，四率半甲、乙。和角正切。

加減法，同上。

有甲角、乙角及所夾之甲乙弧，求甲丙弧與乙丙弧。

一率半甲、乙。和角正弦，二率半甲、乙。較角正弦，三率半甲乙弧正切，四率半甲丙、乙丙。存弧正切。

一率半甲、乙。和角餘弦，二率半甲、乙。較角餘弦，三率半甲乙弧正切，四率半甲丙、乙丙。流弧正切。

求得半存、流。兩弧，相加爲對大角之弧。相減，爲對小角之弧。後二題同。

有甲角、丙角及所夾之甲丙弧，求甲乙弧與乙丙弧。

一率半甲、丙。和角正弦，二率半甲、丙。較角正弦，三率半甲丙弧正切，四率半甲乙、乙丙。存弧正切。

一率半甲、丙。和角餘弦，二率半甲、丙。較角餘弦，三率半甲丙弧正切，四率半甲乙、乙丙。流弧正切。

加減法，同上。

有乙角、丙角及所夾之乙丙弧，求甲乙弧與甲丙弧。

一率半乙、丙。和角正弦，二率半乙、丙。較角正弦，三率半乙丙弧正切，四率半甲乙、甲丙。存弧正切。

一率半乙、丙。和角餘弦，二率半乙、丙。較角餘弦，三率半乙丙弧正切，四率半甲乙、甲丙。流弧正切。

加減法，同上。

又，求對夾角、弧。之。弧、角。

有半甲、乙。和角，半甲、乙。較角，半甲丙、乙丙。流弧，半甲丙、乙丙。存弧，求對丙角之甲乙弧。

一率半甲、乙。較角正弦，二率半甲、乙。和角正弦，三率半甲丙、乙丙。存弧正切，四率半甲乙弧正切。

又式，一率半較角餘弦，二率半和角餘弦，三率半流弧正切，四率半甲乙弧正切。

如上題，求對甲乙弧之丙角。

一率半甲丙、乙丙。存弧正弦，二率半甲丙、乙丙。流弧正弦，三率半甲、乙。較角正切，四率半丙角餘切。

又式，一率半存弧餘弦，二率半流弧餘弦，三率半和角正切，四率半丙角餘切。

有半甲、丙。和角，半甲、丙。較角，半甲乙、乙丙。流弧，半甲乙、乙丙。存弧，求對乙角之甲丙弧。

一率半甲、丙。較角正弦，二率半甲、丙。和角正弦，三率半甲乙、乙丙。存弧正切，四率半甲丙弧正切。

又式，一率半較角餘弦，二率半和角餘弦，三率半流弧正切，四率半甲丙弧正切。

如上題，求對甲丙弧之乙角。

一率半甲乙、乙丙。存弧正弦，二率半甲乙、乙丙。流弧正弦，三率半甲、丙較角正切，四率半乙角餘切。

又式，一率半存弧餘弦，二率半流弧餘弦，三率半和角正切，四率半乙角餘切。

有半乙、丙。和角，半乙、丙。較角，半甲乙、甲丙。流弧，半甲乙、甲丙。存弧，求對甲角之乙丙弧。

一率半乙、丙。較角正弦，二率半乙、丙。和角正弦，三率半甲乙、甲丙。存弧正切，四率半乙丙弧正切。

又式，一率半較角餘弦，二率半和角餘弦，三率半流弧正切，四率半乙丙弧正切。

如上題，求對乙丙弧之甲角。

一率半甲乙、甲丙。存弧正弦，二率半甲乙、甲丙。流弧正弦，三率半乙、丙。較角正切，四率半甲角餘切。

又式，一率半存弧餘弦，二率半流弧餘弦，三率半和角正切，四率半甲角餘切。

第二術。又法，即垂弧法也。

有甲乙弧、甲丙弧及所夾之甲角，求丙角與乙丙弧。

一率半徑，二率甲角餘弦，三率甲乙正切，四率分弧正切。

此以甲乙弧爲用弧，則甲丙弧即餘一弧，又即垂弧所在之弧也。後仿此。以分弧減餘一弧，爲較弧。不云相加爲總弧者，用君青先生原術也。

一率較弧正弦，二率分弧正弦，三率甲角正切，四率丙角正切。

一率分弧餘弦，二率較弧餘弦，三率甲乙餘弦，四率乙丙餘弦。

如上題，求乙角與乙丙弧。

一率半徑，二率甲角餘弦，三率甲丙正切，四率分弧正切。

加減法，同上。

一率較弧正弦，二率分弧正弦，三率甲角正切，四率乙角正切。

一率分弧餘弦，二率較弧餘弦，三率甲丙餘弦，四率乙丙餘弦。

有甲乙弧、乙丙弧及所夾之乙角，求甲角與甲丙弧。

一率半徑，二率乙角餘弦，三率乙丙正切，四率分弧正切。

加減法，同上。

一率較弧正弦，二率分弧正弦，三率乙角正切，四率甲角正切。

一率分弧餘弦，二率較弧餘弦，三率乙丙餘弦，四率甲丙餘弦。

如上題，求丙角與甲丙弧。

一率半徑，二率乙角餘弦，三率甲乙正切，四率分弧正切。

加減法，同上。

一率較弧正弦，二率分弧正弦，三率乙角正切，四率丙角正切。

一率分弧餘弦，二率較弧餘弦，三率甲乙餘弦，四率甲丙餘弦。

有甲丙弧、乙丙弧及所夾之丙角，求甲角與甲乙弧。

一率半徑，二率丙角餘弦，三率乙丙正切，四率分弧正切。

加減法，同上。

一率較弧正弦，二率分弧正弦，三率丙角正切，四率甲角正切。

一率分弧餘弦，二率較弧餘弦，三率乙丙餘弦，四率甲乙餘弦。

如上題，求乙角與甲乙弧。

一率半徑，二率丙角餘弦，三率甲丙正切，四率分弧正切。

加減法，同上。

一率較弧正弦，二率分弧正弦，三率丙角正切，四率乙角正切。

一率分弧餘弦，二率較弧餘弦，三率甲丙餘弦，四率甲乙餘弦。

有甲角、乙角及所夾之甲乙弧，求乙丙弧與丙角。

一率甲乙餘弦，二率半徑，三率甲角餘切，四率分角正切。

此以甲角爲用角，則乙角即餘一角，又即垂弧所在之角也。後仿此。以分角加減餘一角，凡餘一角所對之弧小加大減。爲較角。

一率較角餘弦，二率分角餘弦，三率甲乙正切，四率乙丙正切。

一率分角正弦，二率較角正弦，三率甲角餘弦，四率丙角餘弦。

如上題，求甲丙弧與丙角。

一率甲乙餘弦，二率半徑，三率乙角餘切，四率分角正切。

加減法，同上。

一率較角餘弦，二率分角餘弦，三率甲乙正切，四率甲丙正切。

一率分角正弦，二率較角正弦，三率乙角餘弦，四率丙角餘弦。

有甲角、丙角及所夾之甲丙弧，求甲乙弧與乙角。

一率甲丙餘弦，二率半徑，三率丙角餘切，四率分角正切。

加減法，同上。

一率較角餘弦,二率分角餘弦,三率甲丙正切,四率甲乙正切。

一率分角正弦,二率較角正弦,三率丙角餘弦,四率乙角餘弦。

如上題,求乙丙弧與乙角。

一率甲丙餘弦,二率半徑,三率甲角餘切,四率分角正切。

加減法,同上。

一率較角餘弦,二率分角餘弦,三率甲丙正切,四率乙丙正切。

一率分角正弦,二率較角正弦,三率甲角餘弦,四率乙角餘弦。

有乙角、丙角及所夾之乙丙弧,求甲丙弧與甲角。

一率乙丙餘弦,二率半徑,三率乙角餘切,四率分角正切。

加減法,同上。

一率較角餘弦,二率分角餘弦,三率乙丙正切,四率甲丙正切。

一率分角正弦,二率較角正弦,三率乙角餘弦,四率甲角餘弦。

如上題,求甲乙弧與甲角。

一率乙丙餘弦,二率半徑,三率丙角餘切,四率分角正切。

加減法,同上。

一率較角餘弦,二率分角餘弦,三率乙丙正切,四率甲乙正切。

一率分角正弦,二率較角正弦,三率丙角餘弦,四率甲角餘弦。

第三術。此術必用對數,方爲捷便。

知三弧、角。求三弧、角。

加減法。三弧、角。相并而半之,爲半。流弧、和角。各以某弧、角。減之,餘爲某弧、角。較度。

有甲乙弧、甲丙弧、乙丙弧,求甲角。

一率半徑自乘方,二率甲丙弧餘割乘甲乙弧餘割方,三率甲丙弧較度正弦乘甲乙弧較度正弦方,四率半甲角正弦自乘方。

又式,一率半徑自乘方,二率甲丙弧餘割乘甲乙弧餘割方,三率半流弧正弦乘乙丙弧較度正弦方,四率半甲角餘弦自乘方。

又式,一率甲丙弧正弦乘甲乙弧正弦方,二率半徑自乘方,三率甲丙弧較度正弦乘甲乙弧較度正弦方,四率半甲角正弦自乘方。

又式,一率甲丙弧正弦乘甲乙弧正弦方,二率半徑自乘方,三率半流弧正弦乘乙丙弧較度正弦方,四率半甲角餘弦自乘方。

如上題,求乙角。

一率半徑自乘方,二率甲乙弧餘割乘乙丙弧餘割方,三率甲乙弧較度正弦乘乙丙弧較度正弦方,四率半乙角正弦自乘方。

又式,一率半徑自乘方,二率甲乙弧餘割乘乙丙弧餘割方,三率半流弧正弦乘甲丙弧較度正弦方,四率半乙角餘弦自乘方。

又式,一率甲乙弧正弦乘乙丙弧正弦方,二率半徑自乘方,三率甲乙弧較度正弦乘乙丙弧較度正弦方,四率半乙角正弦自乘方。

又式,一率甲乙弧正弦乘乙丙弧正弦方,二率半徑自乘方,三率半流弧正弦乘甲丙弧較度正弦方,四率半乙角餘弦自乘方。

如上題,求丙角。

一率半徑自乘方,二率甲丙弧餘割乘乙丙弧餘割方,三率甲丙弧較度正弦乘乙丙弧較度正弦方,四率半丙角正弦自乘方。

又式,一率半徑自乘方,二率甲丙弧餘割乘乙丙弧餘割方,三率半流弧正弦乘甲乙弧較度正弦方,四率半丙角餘弦自乘方。

又式,一率甲丙弧正弦乘乙丙弧正弦方,二率半徑自乘方,三率甲丙弧較度正弦乘乙丙弧較度正弦方,四率半丙角正弦自乘方。

又式,一率甲丙弧正弦乘乙丙弧正弦方,二率半徑自乘方,三率半流弧正弦乘甲乙弧較度正弦方,四率半丙角餘弦自乘方。

有甲角、乙角、丙角,求乙丙弧。

一率半徑自乘方,二率乙角餘割乘丙角餘割方,三率乙角較度餘弦乘丙角較度餘弦方,四率半乙丙弧餘弦自乘方。

又式,一率半徑自乘方,二率乙角餘割乘丙角餘割方,三率半和角餘弦乘甲角較度餘弦方,四率半乙丙弧正弦自乘方。

又式,一率乙角正弦乘丙角正弦方,二率半徑自乘方,三率乙角較度餘弦乘丙角較度餘弦方,四率半乙丙弧餘弦自乘方。

又式,一率乙角正弦乘丙角正弦方,二率半徑自乘方,三率半和角餘弦乘甲角較度餘弦方,四率半乙丙弧正弦自乘方。

如上題,求甲丙弧。

一率半徑自乘方,二率甲角餘割乘丙角餘割方,三率甲角較度餘弦乘丙角較度餘弦方,四率半甲丙弧餘弦自乘方。

又式，一率半徑自乘方，二率甲角餘割乘丙角餘割方，三率半和角餘弦乘乙角較度餘弦方，四率半甲丙弧正弦自乘方。

又式，一率甲角正弦乘丙角正弦方，二率半徑自乘方，三率甲角較度餘弦乘丙角較度餘弦方，四率半甲丙弧餘弦自乘方。

又式，一率甲角正弦乘丙角正弦方，二率半徑自乘方，三率半和角餘弦乘乙角較度餘弦方，四率半甲丙弧正弦自乘方。

如上題，求甲乙弧。

一率半徑自乘方，二率甲角餘割乘乙角餘割方，三率甲角較度餘弦乘乙角較度餘弦方，四率半甲乙弧餘弦自乘方。

又式，一率半徑自乘方，二率甲角餘割乘乙角餘割方，三率半和角餘弦乘丙角較度餘弦方，四率半甲乙弧正弦自乘方。

又式，一率甲角正弦乘乙角正弦方，二率半徑自乘方，三率甲角較度餘弦乘乙角較度餘弦方，四率半甲乙弧餘弦自乘方。

又式，一率甲角正弦乘乙角正弦方，二率半徑自乘方，三率半和角餘弦乘丙角較度餘弦方，四率半甲乙弧正弦自乘方。

清・劉澤楨《中西數學通解・埘弧三角》卷上

正弧三角六公式

一爲已知對正角之弧甲與叱角，求乙、丙、㖠。

連取乙與 九〇T叱 及 九〇T甲 爲中件，即得 正弦乙 ══ 正弦甲 正弦叱 ㈠子 餘弦叱 ══ 餘切甲 正切丙 ㈠丑 餘弦甲 ══ 餘切叱 餘切㖠 ㈠寅

二爲已知對正角之弧甲，及又一弧乙，求丙、叱、㖠。

連取 九〇T甲 及乙與 九〇T㖠 爲中件，即得 餘弦甲 ══ 正切甲 正弦叱 ㈠丑 餘弦甲 ══ 餘弦乙 餘弦丙 ㈠子 正弦乙 ══ 正切丙 正切㖠...

三爲已知正弧旁之一弧乙，並其倚角㖠，求甲、丙、叱。

連取 九〇T㖠 及乙與 九〇T叱 爲中件，即得 餘弦㖠 ══ 正切乙 餘切甲 ㈠子 正切丙 ══ 正弦乙 正切㖠 ㈠丑 餘弦叱 ══ 餘弦乙 正弦㖠 ㈠寅

四爲已知正角旁之一弧乙，並其對角叱。求甲、丙、㖠。

連取乙與丙及 九〇T叱 爲中件，即得 正弦乙 ══ 正弦叱 正弦甲 ㈠子 正弦丙 ══ 餘切叱 正切乙 ㈠丑 正弦叱 ══ 正弦㖠 餘弦乙 ㈠寅

五爲已知夾正角之兩弧乙與丙，求甲、叱、㖠。

連取 九〇T甲 與丙及乙爲中件，即得 餘弦甲 ══ 餘弦乙 餘弦丙 ㈠子 正弦丙 ══ 餘切叱 正切乙 ㈠丑 正弦乙 ══ 餘切㖠 正切丙 ㈠寅

六爲已知兩個斜角叱㖠，求甲、乙、丙。

連取 九〇T甲 及 九〇T叱 與 九〇T㖠 爲中件，即得 餘弦甲 ══ 餘切叱 餘切㖠 ㈠子 餘弦叱 ══ 餘弦乙 正弦㖠 ㈠丑 餘弦㖠 ══ 餘弦丙 正弦叱 ㈠寅

以上六公式，爲求正弧三角形比例之總法。若用對數，另有加減之法。如相乘之對數，當於乘得數後，減去首位之一，方與左項方程等。如相除之對數，當於首項實數上加一，然後以移除之法除之，方與左項方程等。蓋公式內之每層，即是一個比例。

譬如原式 正弦乙 ══ 正弦甲正弦叱 作爲比例，即 一：正弦甲 :: 正弦叱：正弦乙 試照用對數常法解之，當將二、三兩率對數相加，一率對數減之，此即前所云於乘得數後，減去首位之一是也。訥氏不及載者，因此爲常法，人所共知，故從省耳。若用除法，亦同此理。如此又可見訥氏之法，亦不外比例之理而已。

斜弧三角六公式

一爲有甲、乙、丙三邊，求呷、叱、㖠。

令申代其三邊之半和，則 呷丄丙 ══ 二申 ㈠子 而 呷丄丙 ══ 二(申丙) ㈠丑 呷丄丙 ══ 二(申丙) ㈠寅 所以用約法及開方，可得 正弦½呷 ══ 正弦(申乙)正弦(申丙)／正弦乙正弦丙 ㈠卯 又 餘弦½呷 ══ 正弦申正弦(申甲)／正弦乙正弦丙 又 正切½呷 ══ 正弦(申乙)正弦(申丙)／正弦申正弦(申甲) 既得呷角，餘二角用第二題法可得。

二爲有兩弧甲、乙，並其對角呷，求丙、叱、㖠。

其對乙弧之角吃，可從 $正弦吃=\frac{正弦呷正弦乙}{正弦甲}$ 子式得之，則其呐與丙，能從訥氏法，得 $正切\frac{1}{2}呐=\frac{餘弦\frac{1}{2}(甲-乙)}{餘弦\frac{1}{2}(甲+乙)}餘切\frac{1}{2}(呷+吃)$ ㊀丑 $正切\frac{1}{2}丙=\frac{餘弦\frac{1}{2}(呷+吃)}{餘弦\frac{1}{2}(呷-吃)}正切\frac{1}{2}(甲+乙)$ 寅

三爲有甲、乙、兩弧，並所成之角呐，求呷、吃、丙。

依訥氏之法，得 $正切\frac{1}{2}(呷+吃)=\frac{餘弦\frac{1}{2}(甲-乙)}{餘弦\frac{1}{2}(甲+乙)}餘切\frac{1}{2}呐$ 子 $正切\frac{1}{2}(呷-吃)=\frac{正弦\frac{1}{2}(甲-乙)}{正弦\frac{1}{2}(甲+乙)}餘切\frac{1}{2}呐$ 丑

從此兩式，能得 $\frac{1}{2}(呷+吃)$ 與 $\frac{1}{2}(呷-吃)$ 故可得呷與吃。其呷吃既知，則從 $正弦丙=\frac{正弦呐}{正弦呷}正弦甲$ 寅 而得丙，惟勿忘大弧必對大角。

四爲有呷、吃、兩角，並其所倚之弧丙，求甲、乙、呐。

依訥氏之法，得 $正切\frac{1}{2}(甲+乙)=\frac{餘弦\frac{1}{2}(呷-吃)}{餘弦\frac{1}{2}(呷+吃)}正切\frac{1}{2}丙$ 子 $正切\frac{1}{2}(甲-乙)=\frac{正弦\frac{1}{2}(呷-吃)}{正弦\frac{1}{2}(呷+吃)}正切\frac{1}{2}丙$ 丑 從此能定其 $\frac{1}{2}(甲+乙)$ 與 $\frac{1}{2}(甲-乙)$ 所以能得其甲與乙，既得甲乙，則從 $正弦呐=\frac{正弦丙}{正弦甲}正弦呷$ 寅 而得呐，惟勿忘大弧必對大角。

五爲有兩角呷、吃，並此兩角内任一角所對之弧甲，求其乙、丙、兩弧，及呐角。

先從 $正弦乙=\frac{正弦吃}{正弦呷}正弦甲$ 子 得乙。又從 $正切\frac{1}{2}丙=\frac{餘弦\frac{1}{2}(呷+吃)}{餘弦\frac{1}{2}(呷-吃)}正切\frac{1}{2}(甲+乙)$ 丑 $正切\frac{1}{2}呐=\frac{餘弦\frac{1}{2}(甲-乙)}{餘弦\frac{1}{2}(甲+乙)}餘切\frac{1}{2}(呷+吃)$ 寅 案：此式末項之餘切，當作正切。而得其呐與丙。

六爲有三角呷、吃、呐，求甲、乙、丙三弧。

此題算式，可與一題式同法求之。

令 $呷+吃+呐=二申$ 子 $吃+呐-呷=二(申-呷)$ 丑 開方，得

$正切\frac{1}{2}甲=\sqrt{\frac{-餘弦申餘弦(申-呷)}{正弦吃正弦呐}}$ 寅 同理，又得 $餘弦\frac{1}{2}甲=\sqrt{\frac{餘弦(申-吃)餘弦(申-呐)}{正弦吃正弦呐}}$ 卯

$正切\frac{1}{2}甲=\sqrt{\frac{-餘弦申餘弦(申-呷)}{餘弦(申-吃)餘弦(申-呐)}}$ 辰

又《堉弧三角》卷下

邊角比例

斜弧三角所知三件，有對所知之邊角，又有對所求之邊角，則用邊角比例法。

如甲乙丙斜弧三角形，欲求丙角，則甲角爲所知之角，甲乙邊爲對所求之邊，乙丙邊爲對所知之邊。

法以對所知之乙丙邊正弦，與對所求之甲乙邊正弦之比，同於所知之甲角正弦，與所求丙角正弦之比。若求甲乙邊，則以對所知之乙角正弦，與對所求之丙角正弦之比，同於所知之甲丙邊正弦，與所求甲乙邊正弦之比。

設如申正初刻，測得太陽高三十二度，地平經度偏西八十一度四十二分四十八秒，求太陽距赤道緯度。

如圖，甲爲北極，乙爲天頂，丙爲太陽，乙子戊己爲子午經圈，子己爲地平，庚辛爲赤道，庚壬爲赤道上時刻，即甲角，丙癸爲太陽高弧，子癸爲地平偏西度，丙壬爲太陽距赤道緯度，與象限相減，餘甲丙爲太陽距北極度。故用甲乙丙斜弧三角形求甲丙弧。

有甲角。申正初刻，距赤道午正六十度，即甲角，爲對所知之角。

有乙角。以地平偏西度減半周，餘九十八度十七分十二秒，即乙角，爲對所求之角。

有乙丙弧。以太陽高度減象限，餘五十八度，即乙丙弧，爲所知之弧。

一率	甲角正弦〇八六六〇二五四	對數〇九九三七五三一
二率	乙角正弦〇九八九五五九三	〇九九九五四四二
三率	乙丙弧正弦〇八四八〇四八一	〇九九二八四二〇
四率	甲丙弧正弦〇九六九〇一七六	〇九九八六三三一

檢表，得七十五度四十二分，即甲丙弧度。以減象限，餘十四度十八分，即太陽距赤道北緯度。檢表用餘度，省減象限。

案：此題爲知兩角呷、吃，並兩角内任一角所對之邊甲，求

乙邊，宜用訥氏五題。然訥氏五題，用於垂弧，則甚便。用於邊角比例，則較繁。茲仿訥氏之法，另設一式爲 正弦乙 ＝ 正弦呷/正弦叱 正弦甲 以真數代之。得 正弦乙 ＝ 〇八六六〇二五四/〇九八九五五九三 × 〇八四八〇四八一 即 正弦乙 ＝ 〇九六九〇一七六

檢表，得 乙 ＝ 七五°四二′ 對數 對正弦乙 ＝ 對正弦叱 ＋ 對正弦甲 － 對正弦呷 即 對正弦乙 ＝ 〇九九九五四四二 ＋ 〇九九二八四二〇 － 〇九九三七五三一 即 對正弦乙 ＝ 〇九九八六三三一 檢表數同。

解曰：如將 正弦乙 ＝ 正弦呷/正弦叱 正弦甲 作爲比例，則 正弦呷：正弦叱：：正弦甲：正弦乙 二、三率相乘，一率除之，得四率。故仍可作爲 正弦乙 ＝ 正弦呷/正弦叱 正弦甲 對數比例 對正弦呷：對正弦叱：：對正弦甲：對正弦乙 二、三率相加，一率減之得四率，故作爲 對正弦乙 ＝ 對正弦叱 ＋ 對正弦甲 － 對正弦呷

又如，太陽距赤道北十四度十八分，測得高弧三十二度，地平經度偏西八十一度四十二分四十八秒，求是何時刻。

法用甲乙丙斜弧三角形，求甲角。圖見上。

有乙角。以地平偏西度減半周，餘九十八度十七分十二秒，即乙角，爲所知之角。

有甲丙弧。以太陽距赤道北緯度減象限，餘七十五度四十二分，即甲丙弧，爲對所知之邊。

有乙丙弧。以太陽高度減象限，餘五十八度，即乙丙弧，爲對所求之邊。

一率　甲丙弧正弦〇九六九〇一七六　對數〇九九八六三三一

二率　乙丙弧正弦〇八四八〇四八一　〇九九二八四二〇

三率　乙角正弦〇九八九五五九三　〇九九九五四四二

四率　甲角正弦〇八六六〇二五四　〇九九三七五三一

檢表，得六十度，即甲角度，變時得二大時，自午正後推之，爲申正初刻。

變時法，三十度爲一大時，十五度爲一小時，三度四十五分爲一刻，七度三十分爲二刻，十一度十五分爲三刻，一度爲時之四分，十五分爲一分，一分爲四秒，十五秒爲一秒。

案：此題爲知兩邊甲乙，並其對角呷，求叱角。宜用訥氏斜弧三角二題，然訥氏二題，用於垂弧則甚便，用於邊角比例則較繁，復因訥氏之法，另立一式，爲 正弦叱 ＝ 正弦乙/正弦甲 正弦呷 即 正弦叱 ＝ 〇九六九〇一七六/〇八四八〇四八一 × 〇九八九五五九三 即 正弦叱 ＝ 〇八六六〇二五四 檢表，得 叱 ＝ 六〇° 對數 對正弦叱 ＝ 對正弦呷 ＋ 對正弦乙 － 對正弦甲 即 對正弦叱 ＝ 〇九九九五四四二 ＋ 〇九九八六三三一 － 〇九九二八四二〇 即 對正弦叱 ＝ 〇九九三七五三一 檢表數同。

垂弧形

斜弧三角所知三件，有對所知之邊角，無對所求之邊角，則用垂弧形法。

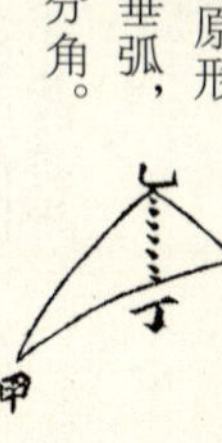

垂弧形內。如甲乙丙斜弧三角形，有甲角，有甲乙邊，有乙丙邊，求乙角，及甲丙邊。法從乙角作乙丁垂弧於形內，分原形爲甲乙丁、丙乙丁、兩正弧三角形。先用甲乙丁形，求乙丁垂弧，甲丁分邊，及乙分角。次用丙乙丁形，求丁丙分邊，及乙分角。然後將兩分角併之，即得乙角。併兩分邊，即得甲丙邊。

設如北極出地四十度，申正初刻，測得太陽高三十二度，求太陽距赤道緯度，及地平經度。

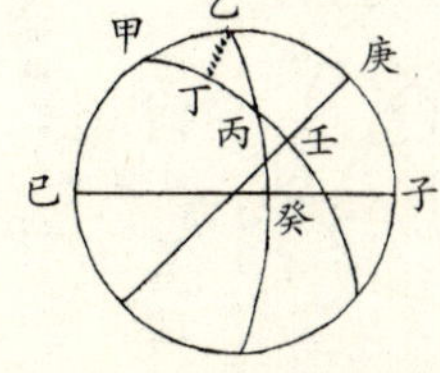

如圖，甲己爲北極出地度，甲乙爲北極距天頂度，庚壬爲赤道上時刻距午正度，即甲角，丙癸爲太陽高度，乙丙爲太陽距天頂度，丙壬爲太陽距赤道緯度，甲丙爲其餘，子癸爲地平經度，即乙外角。乙角當癸己弧，故外角當子癸。

法用甲乙丙斜弧三角形，求甲丙邊及乙角。

有甲角。太陽申正初刻，距赤道午正六十度，即甲角。

有甲乙弧。以北極出地度減象限，餘爲北極距天頂度五十度，即甲乙弧。

有乙丙弧。以太陽高弧減象限，餘爲太陽距天頂五十八度，即乙丙弧。

有對所知之弧，無對所求之弧，乃從乙角作乙丁垂弧於形內，分爲甲乙丁、丙乙丁兩正弧三角形。

先求甲乙丁形之乙丁垂弧。用正弧三角法。

一率　半徑即丁角正弦一〇〇〇〇〇〇〇　對數一〇〇〇〇〇〇〇〇

二率　甲角正弦〇八六六〇〇五四　〇九九三七五三一

三率　甲乙弧正弦〇七六六〇四四四　〇九八八四二五四
四率　乙丁弧正弦〇六六三四一三九　〇九八二一七八五

檢表，得四十一度三十三分三十九秒，即乙丁弧度。

次求甲乙丁形之甲丁分邊。

一率　半徑一〇〇〇〇〇〇〇　對數一〇〇〇〇〇〇〇
二率　甲角餘弦〇五〇〇〇〇〇〇　〇九六九八九七〇
三率　甲乙弧正切一一九一七五三六　一〇〇七六一八六
四率　甲丁弧正切〇五九五八七六八　〇九七七五一五六

檢表，得三十度四十七分二十二秒，即甲丁弧度。

次求甲乙丁形之乙分角。

一率　甲乙弧正弦〇七六六〇四四四　對數〇九八八四二五四
二率　甲丁弧正弦〇五一一八八八八　〇九七〇九一七二
三率　半徑一〇〇〇〇〇〇〇　一〇〇〇〇〇〇〇
四率　乙分角正弦〇六六八二二三四　〇九八二四九一八

檢表，得四十一度五十五分四十八秒，即乙分角度。

次求丙乙丁形之丁丙分邊。

一率　乙丁弧餘弦〇七四八二五二六　對數〇九八七四一四八
二率　乙丙弧餘弦〇五二九九一九三　〇九七二四二一〇
三率　半徑一〇〇〇〇〇〇〇　一〇〇〇〇〇〇〇
四率　丁丙弧餘弦〇七〇八二〇九一　〇九八五〇一六二

檢表，得四十四度五十四分三十八秒，即丁丙弧度。

次求丙乙丁形之乙分角。

一率　乙丙弧正弦〇八四八〇四八一　對數〇九九二八四二〇
二率　丁丙弧正弦〇七〇六〇〇二一　〇九八四八八〇六
三率　半徑一〇〇〇〇〇〇〇　一〇〇〇〇〇〇〇
四率　乙分角正弦〇八三二五〇三一　〇九九二〇三八六

檢表，得五十六度二十一分二十四秒，即乙分角度。

乃以甲丁、丁丙，相併，得七十五度四十二分〇一秒，即甲丙，太陽距北極度。以減象限，餘十四度十七分五十九秒，即太陽距赤道北緯度。如甲丙大於象限，則減去象限，餘爲太陽距赤道南緯度。兩乙分角相併，得九十八度十七分十二秒，以減半周，餘八十一度四十二分四十八秒，即太陽距午正偏西地平經度。

案：此題爲知兩邊甲乙，並其對角呷，求丙邊及呐角。用訥氏斜弧三角二題，先取子式　正弦叿 ═ 正弦甲 正弦呷 / 正弦乙　即　正弦叿 ═ 〇.八六六〇二五四 × 〇.八四八〇四八一 / 〇.七六六〇四四四　即　正弦叿 ═ 〇.九五八八〇六　乃用丑式　正切 ½ 呐 ═ 餘弦 ½(甲−乙) / 餘弦 ½(甲+乙) 餘切 ½(呷−叿)　即　正切 ½ 呐 ═ 餘弦(五十五) / 餘弦(五) 餘切(六十一、十五)　即　正切 ½ 呐 ═ 〇.五七三五七六四 / 〇.九九六一九四七 × 〇.五五四〇二二五　即　正切 ½ 呐 ═ 〇.三一八八九八二　檢表，得　½ 呐 ═ 十七度四十一分三十六秒　移得　呐 ═ 三十五度二十三分十二秒　次用寅式　正切 ½ 丙 ═ 餘弦 ½(呷−叿) / 餘弦 ½(呷+叿) 正切 ½(甲−乙)　即　正切 ½ 丙 ═ 餘弦(二十八、四十) / 餘弦(九十、二十) 正切(五)　即　正切 ½ 丙 ═ 〇.八七七七二七 / 〇.〇〇五八二三三 × 〇.〇八七四八八七　即　正切 ½ 丙 ═ 一.三一八六三一八九　檢表，得　½ 丙 ═ 五十二度四十八分二十七秒　移得　丙 ═ 一百〇五度三十六分五十四秒　對數用丑式變爲　對正切 ½ 呐 ═ 對餘弦 ½(甲−乙) − 對餘弦 ½(甲+乙) + 對餘切 ½(呷−叿)　即　對正切 ½ 呐 ═ 〇九.五〇三六九八一八　檢表數同。寅式變爲　對正切 ½ 丙 ═ 對餘弦 ½(呷−叿) − 對餘弦 ½(呷+叿) + 對正切 ½(甲−乙)　即　對正切 ½ 丙 ═ 一〇.一二〇〇二〇三二　檢表數同。

解曰：《舉隅》須作兩正弧三角形，列數比例算之，乃得所求之數。訥氏法只用一式，即可直得所求之一數，其式又不過一個比例。如將丑式作比例，則　餘弦 ½(甲+乙) ∶ 餘弦 ½(甲−乙) ∷ 餘切 ½(呷−叿) ∶ 正切 ½ 呐　二、三率相乘，一率除之，得四率。故仍可作 昜三丙 $=\frac{餘弦三(甲⊥乙)}{餘弦三(甲⊤乙)}$ 餘切三(呷⊥吆) 寅式同。對數仿此。即此知訥氏法之較捷於《舉隅》也。

垂弧形外。如甲乙丙斜弧三角形，有甲角，有乙角，有乙丙邊，求甲乙邊及丙角。則自丙角作丙丁垂弧於形，外將甲乙引長至丁，成甲丙丁、乙丙丁兩正弧三角形。

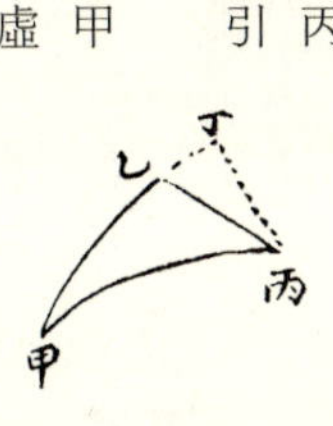

先用乙丙丁形，求丙丁虛弧，乙丁虛弧及丙虛角。次用甲丙丁形，求甲丁總弧，及丙總角。然後於甲丁總弧內，減乙丁虛弧，即得甲乙邊。於丙總角內，減丙虛角，即得丙角。

設如申正初刻，測得太陽高三十二度，地平經度偏西八十一度四十三分四十八秒，求北極出地度。

如後圖，甲爲北極，乙爲天頂，庚辛爲赤道，丙爲太陽，庚壬爲赤道上時刻距午正度，即甲角，戊己爲地平，己癸爲地平偏西經度，戊癸爲其餘，即乙角，丙癸爲太陽高弧，乙丙爲太陽距天頂度，甲戊爲北極出地度，甲乙爲北極距天頂度。

法用甲乙丙斜弧三角形，求甲乙邊。

有甲角。太陽申正初刻，距赤道午正六十度，即甲角。

有乙角。以地平經度減半周，餘九十八度十七分十二秒，即乙角。

有乙丙弧。以太陽高度減象限，餘爲太陽距天頂五十八度，即乙丙弧。

有對所知之弧，無對所求之弧。乃從丙角作丁丙垂弧於形外，補成甲丁丙、乙丁丙兩正弧三角形。

先求乙丁丙形之丁丙虛弧。

一率	半徑一〇〇〇〇〇〇〇	對數一〇〇〇〇〇〇〇〇
二率	乙角正弦〇九八九五五九三	〇九九九五四四二
三率	乙丙弧正弦〇八四八〇四八一	〇九九二八四二〇
四率	丁丙弧正弦〇八三九一九三九	〇九九二八三六二

檢表，得五十七度〇三分十八秒，即丁丙虛弧度。

次求乙丁丙形之乙丁虛弧。

一率	半徑一〇〇〇〇〇〇〇	對數一〇〇〇〇〇〇〇〇
二率	乙角餘弦〇一四四一二六〇	〇九一五八七四二
三率	乙丙弧正切一六〇〇三三四五	一〇二〇四二一一
四率	乙丁弧正切〇二三〇六四九八	〇九三六二九五三

檢表，得十二度五十九分十七秒，即乙丁虛弧度。

次求甲丁丙形之甲丁總弧。

一率	甲角正切一七三二〇五〇八	對數一〇二三八五六一
二率	半徑一〇〇〇〇〇〇〇	一〇〇〇〇〇〇〇〇
三率	丁丙弧正切一五四三一〇五九	一〇一八八三九六
四率	甲丁弧正弦〇八九〇九一二六	〇九九四九八三五

檢表，得六十二度五十九分十七秒，即甲丁總弧度。

乃以甲丁、乙丁相減，餘五十度，即乙甲北極距天頂度。以減象限，餘四十度，即北極出地度。

案：此題爲知兩角呷、吆，並此兩角任一角所對之弧甲，求丙邊。宜用訥氏五題。先從子式 正弦乙 $=\frac{正弦呷}{正弦吆}$ 正弦甲 即 正弦乙 $=\frac{〇八六六〇二五四}{〇九八九五五九三}$ × 〇八四八〇四八一 亦即 正弦乙 = 〇九六九〇一八四 檢表，得 乙 = 七五°四二′ 乃用寅式 正切三丙 $=\frac{餘弦三(呷⊤吆)}{餘弦三(呷⊥吆)}$ 正切三(甲⊥乙) 即 正切三丙 $=\frac{餘弦(一九°〇八′三六″)}{餘弦(七九°〇八′三六″)}$ 正切(六六°五一′) 即 正切三丙 $=\frac{〇九四四七〇一二}{〇一八八三五二七}$ × 二三三八八〇九五 即 正切三丙 = 〇四六六三〇七七 檢表，得 三丙 = 二五° 移得 丙 = 五〇 若用對數，則子式變爲 對正弦乙 = 對正弦吆⊥對正弦甲⊤對正弦呷 即 對正弦乙 = 〇九九九五四四二⊥〇九九二八四二〇⊤〇九九三七五三〇 即 對正弦乙 = 〇九九八六三三二 檢表數同。寅式變爲 對正切三丙 = 對餘弦三(呷⊤吆)⊥對正切三(甲⊥乙)⊤對餘弦三(呷⊥吆) 即 對正切三丙 = 〇九九七五二九四⊥〇三六九〇〇六⊤〇九二七四九七〇 即 對正切三丙 = 〇九六六八六七二 檢表數同。

總較法

斜弧三角形，或三邊求角，或三角求邊。或兩邊一角，而角在兩邊之間。或兩角一邊，而邊在兩角之間，無相對之邊角者，俱用總較法。

案：總較法凡三，而餘弦加減及矢較，不便用對數。惟開方得半角正弦二術，可用對數。而第一術且與訥氏之法脗合，故特録之。

設如北極出地三十二度，夏至太陽赤道北二十三度二十九分，求昏旦時刻。

如後圖，甲爲天頂，乙爲北極，戊己爲地平，乙戊爲北極出地度，甲乙爲北極距天頂度，庚辛爲赤道，丙爲太陽，丙丁爲太陽距赤道北緯度，壬癸爲太陽隨天西轉之赤道距等圈，丙子爲曚影限，十八度。甲丙爲太陽距天頂度，丑寅爲地平下曚影限距等圈，丁點爲太陽所當昏旦時刻，庚丁爲太陽距午正前後赤道度，即乙角。用甲乙丙斜弧三角形，求乙角。

有甲乙邊。以北極出地度減象限，餘五十八度，即甲乙邊。

有乙丙邊。以赤道北緯度減象限，餘六十六度三十一分，即乙丙邊。

有甲丙邊。以曚影限十八度，加象限，得一百○八度，即太陽距天頂之甲丙邊。

法以甲乙、乙丙、甲丙三邊相加，得二百三十二度三十一分，折半，得一百一十六度一十五分三十秒爲半總。與甲乙邊相減，餘五十八度十五分三十秒爲小弧較。與乙丙邊相減，餘四十九度四十四分三十秒爲大弧較。乃以角旁小弧五十八度正弦○八四八○四八一爲一率，小弧較五十八度十五分三十秒之正弦○八五○四二八七爲二率，大弧較四十九度四十四分三十秒正弦○七六三一三八五爲三率，求得四率○七六五二八○七爲初數。又以角旁大弧六十六度三十一分正弦○九一七一七六○爲一率，初數○七六五二八○七爲二率，半徑一○○○○○○○○爲三率，求得四率○八三四三八五○爲末數。以半徑乘末數，則得八三四三八五○○爲實，開平方得○九一三四四六八爲半角正弦。檢表，得六十五度五十九分十秒，倍之，得一百三十一度五十八分二十秒，即乙全角度，即旦刻太陽距午正前，昏刻太陽距午正後赤道度。變時得八小時三刻○二分五十三秒，與午正十二小時相減，得寅初二刻十二分○七秒，即旦刻。與午正十二小時相加，得戌正三刻○二分五十三秒，即昏刻。此草法，詳《弧角設如》，後題同。若用對數，則以三邊相加，得二百三十二度三十一分，折半，得一百一十六度十五分三十秒爲半總。與甲乙邊相減，餘五十八度十五分三十秒，其正弦○九九二九六三八。又與乙丙弧相減，餘四十九度四十四分三十秒，其正弦○九八八二六○三。兩正弦相加，得一九八一二二四一。加半徑，得二九八一二二四一爲初數。次以角旁甲乙邊五十八度正弦○九九二八四二○，又乙丙邊六十六度三十一分正弦○九九六二四五三，兩正弦相加，得一九八九○八七三，與初數相減，餘○九九二一三六八。仍加半徑，得一九九二一三六八，折半，得○九九六○六八四，爲半角正弦。檢表，得六十五度五十九分一十秒。倍之，得一百三十一度五十八分二十秒，即乙角全度。

案：此題爲已知三邊甲、乙、丙，求呷角，宜用訥氏一題，命 甲＝一〇八、乙＝六六三一、丙＝五八 故 甲乙丙＝二三二三一＝二申 所以 申＝一一六一五三〇″ 而 申丅丙＝五八一五三〇″、申丅乙＝四九四四三〇″

乃用卯式 $正弦\frac{1}{2}呷=\sqrt{\frac{正弦(申丅乙)正弦(申丅丙)}{正弦乙正弦丙}}$ 即 $正弦\frac{1}{2}呷=\sqrt{\frac{正弦(四九四四三〇″)正弦(五八一五三〇″)}{正弦(六六三一)正弦(五八)}}$

即 $正弦\frac{1}{2}呷=\sqrt{\frac{〇七六三一三八五〇八五〇四二八七}{〇九一七一七六〇〇八四八〇四八一}}$ 即 $正弦\frac{1}{2}呷=〇九一三四四六八$

檢表，得 $\frac{1}{2}呷=六五五九一〇″$ 移得 $呷=一三一五八二〇″$ 用對數，

則卯式宜變爲 $對正弦\frac{1}{2}呷=\frac{對正弦(申丅乙)丄對正弦(申丅丙)丄半徑丅對正弦乙丅對正弦丙丄半徑}{二}$ 即 $對正弦\frac{1}{2}呷=\frac{〇九八八二六〇三丄〇九九二九六三八丄一〇丅〇九九六二四五三丅〇九九二八四二〇丄一}{二}$ 即 $對正弦\frac{1}{2}呷=\frac{一九九二一三六八}{二}$ 即

$對正弦\frac{1}{2}呷=〇九九六〇六八四$ 檢表數同。

解曰：如 小弧正弦即正弦丙 ∶ 小弧較正弦即正弦(申丅丙) ∷ 大弧較正弦即正弦(申丅乙) ∶ 初數即〇 ㈠

大弧正弦即正弦乙 ∶ 初數即〇 ∷ 半徑 ∶ 乙半角正弦²即正弦²½呷 ㈡ 依合率比例之理，將一二兩式，合爲一式，則得式爲 正弦乙×正弦丙 ∶ 正弦(申丅乙) ∷ 正弦(申丅丙) ∶ 半徑×正弦²½呷

以其二三率相乘，一率除之，得四率。故仍可作爲 $正弦\frac{1}{2}呷=$

對數比例。依此推之，後題同。

若三角求邊，則用次形法，易邊爲角，易角爲邊求之。

如圖，甲乙丙斜弧三角形，可易爲癸子丑形。

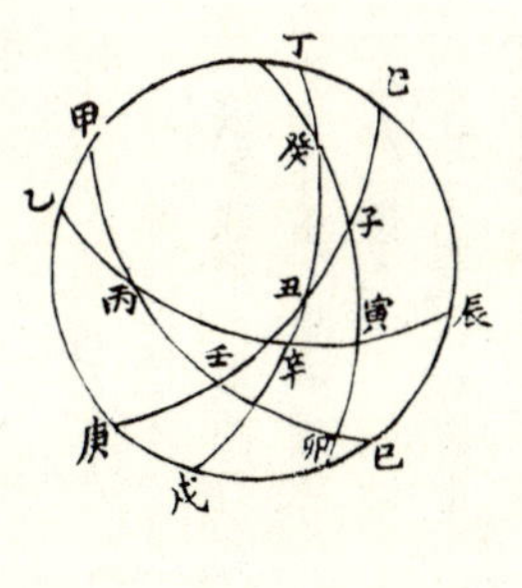

法設本形引乙甲作圜。次引乙丙至辰，引甲丙至己，並半周。次以甲爲心，作己子丑壬庚弧。以乙爲心，作癸子寅卯弧。三弧相交，則成一癸子丑形，與本形相當。而本形之角盡易爲邊，邊盡易爲角。甲角之度當庚壬，而庚壬與子丑等，故本形甲角，即次形丑子邊。乙外角之度當辛戌，而辛戌與丑癸等，故本形乙外角，即次形丑癸邊。丙角之度當寅卯，而寅卯與子癸等，故本形丙角，即次形子癸邊。是本形三角，即次形三邊也。又次形癸角之度當寅辛，而寅辛與乙丙等，故次形癸角，即本形乙丙邊。子外角之度當卯壬，而卯壬與甲丙等，故次形子外角，即本形甲丙邊。丑角之度當戌庚，而戌庚與甲乙等，故次形丑角，即本形甲乙邊。是次形三角，即本形三邊也。故仍用總較法，求得次形之三角，即得本形之三邊也。

設如大角星黃道經度卯宮十九度四十分，距夏至一百〇九度四十分，赤道經度卯宮初度一十三分四十四秒，距夏至一百二十度一十三分四十四秒，黃赤兩過極經圈交角二十三度四十二分四十五秒，求黃道緯度及赤道緯度。

如圖，甲爲赤極，即北極。乙爲黃極，甲乙爲兩極距度，丙爲大角星，丁戊爲黃道，己庚爲赤道，丁辛爲黃道經度，即乙角，己壬爲赤道經度，即甲外角，丙角爲甲己乙辰兩經圈交角，丙辛爲黃道北緯度，乙丙爲其餘，丙壬爲赤道北緯度，甲丙爲其餘。

法用甲乙丙斜弧三角形，求乙丙、甲丙二邊。今依次形法，將甲乙丙形易爲癸子丑次形，本形甲角，即次形子丑邊。本形乙外角，即次形癸丑邊。本形丙角，即次形癸子邊。故用癸子、癸丑、子丑三邊，求癸角、即乙丙邊。子角。即甲丙邊。

有癸子邊。即丙角，爲黃赤過極經圈交角二十三度四十二分四十五秒，今易爲次形癸子邊。

有癸丑邊。即乙外角，以黃道距夏至經度減半周，餘七十度二十分，即癸丑邊。

有子丑邊。即甲角，以赤道距夏至經度減半周，餘五十九度四十六分十六秒，即子丑邊。

既易爲三邊求角，仍用前法。以癸子、癸丑、子丑三邊相加，得一百五十三度四十九分〇一秒，折半，得七十六度五十四分三十秒半爲半總。與癸子邊相減，餘五十三度十一分四十五秒半爲小弧較。與癸丑邊相減，餘六度三十四分三十秒半爲大弧較。乃以角旁小弧二十三度四十二分四十五秒半正弦〇四〇二一四七五爲一率，小弧較五十三度十一分四十五秒半正弦〇八〇〇六八九三爲二率，大弧較六度三十四分三十秒半正弦〇一一四五〇三七爲三率，求得四率〇二二七九八〇七爲初數。又以角旁大弧七十度二十分正弦〇九四一六六六五爲一率，初數〇二二七九八〇七爲二率，半徑一〇〇〇〇〇〇〇爲三率，求得四率〇二四二一〇七〇爲末數。以半徑乘末數，得二四二一〇七〇〇爲實，開方，得〇四九二〇四三七爲半角正弦。檢表，得二十九度二十八分三十秒。倍之，得五十八度五十七分，即癸角全度，亦即乙丙邊度。以減象限。餘三十一度〇三秒，即黃道北緯度。

若用對數，則以次形三邊相加，得一百五十三度四十九分〇一秒，折半，得七十六度五十四分三十秒半爲半總。與癸子邊相減，餘五十三度十一分四十五秒半，其正弦〇九九〇三四六三又與癸丑邊相減，餘六度三十四分三十秒半，其正弦〇九〇五八八二〇。兩正弦相加，得一八九六二一八三，加半徑，得二八九六二二八三爲初數。次以角旁癸子邊正弦〇九六〇四三八五與癸丑邊正弦〇九九七三八九七相加，得一九五七八二八二。與初數相減，餘〇九三八四〇〇一。仍加半徑，則得一九三八四〇〇一，折半，得〇九六九二〇〇〇爲半角正弦。檢表數同。

既得乙丙邊，再以對邊對角法，求甲丙邊。

一率　甲角正弦〇八六四〇二一一　對數〇九九三六五二四

二率　乙角正弦〇九四一六六六五　〇九九七三八九七

三率　乙丙弧正弦〇八五六七一七五　〇九九三二八三七

四率　甲丙弧正弦〇九三三七〇六五　〇九九七〇二一〇

檢表，得六十九度〇一分十三秒，即甲丙弧度。以減象限，餘二十度五十八分四十七秒，即赤道北緯度。

案：此題爲知三角呷、叱、呐，求甲與乙兩邊。宜用訥氏六題推算。然訥氏六題，雖爲此題正法，不若用訥氏一題，如法算之，較爲直捷，且與上法相符。爰易呷、叱、呐三角爲甲、乙、丙三邊，易甲、乙、丙三邊爲呷、叱、呐三角。命 $甲=五九°四六′一六″$、$乙=七八°二○′$、$丙=二三°四三′四五″$、$甲乙丙=二甲=一五三°四九′○二″$、$甲=\frac{一五三°四九′○二″}{二}=七六°五四′三一″$、$甲丙=五三°一○′四五″三○‴$、$甲乙=六°三四′二二″三○‴$。

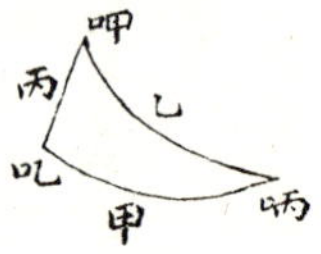

乃用卯式 $正弦\frac{呷}{2}=\sqrt{\frac{正弦乙正弦丙}{正弦(甲乙)正弦(甲丙)}}$ 所以 $正弦\frac{呷}{2}=\sqrt{\frac{○九四一六六六五×○四二○一四七五}{○一一四五○三七×○八○○六八九三}}$ 即 $正弦\frac{呷}{2}=\sqrt{二○四一○七○○}$ 即 $正弦\frac{呷}{2}=○四九二○四三七$

檢表，得 $\frac{呷}{2}=二九°二八′三○″$ 移得 $呷=五八°五七′$ 即乙丙邊。既得呷角，用二題子式，求叱角，則 $正弦叱=\frac{正弦甲}{正弦呷正弦乙}$ 即 $正弦叱=\frac{○八六四○二一一}{○九四一六六六五×○八五六七一七五}$ 即 $正弦叱=○九三三七○六五$ 檢表得 $叱=六九°○′一二″$ 即甲丙邊。用對數，卯式宜變爲 $對正弦\frac{呷}{2}=\frac{對正弦(甲乙)+對正弦(甲丙)-對正弦乙-對正弦丙+半徑}{二}$ 即 $對正弦\frac{呷}{2}=\frac{\text{[illegible]}}{二}$ 即 $對正弦\frac{呷}{2}=\frac{一九三八四○○一}{二}$ 即 $對正弦\frac{呷}{2}=○九六九二○○○$ 檢表，得 $\frac{呷}{2}=二九°二八′三○″$ 移得 $呷=五八°五七′$ 次求叱角，則 $對正弦叱=對正弦呷+對正弦乙-對正弦甲$ 即 $對正弦叱=○九九三八三×○九九七三九一$ 即 $對正弦叱=○九九七○二一○$ 檢表數同。

若知兩邊一角而角在兩邊之間。本用垂弧形外法，然不若總較簡便。

法以兩弧相加折半爲總弧，相減折半爲較弧。先以總弧餘弦與較弧餘弦之比，同於角度折半餘切與兩角半較較字疑誤，當云半和。正切之比。又以總弧正弦與較弧正弦之比，同於角度折半餘切與兩角半較正切之比。俱檢表得度，相加，爲近大邊角度。相減，爲近小邊角度。既得兩角度，任取一角用對角對邊法求之，即得又一邊。

設如北極出地三十二度，巳正初刻，夏至太陽距赤道北二十三度二十九分，求地平經緯度。

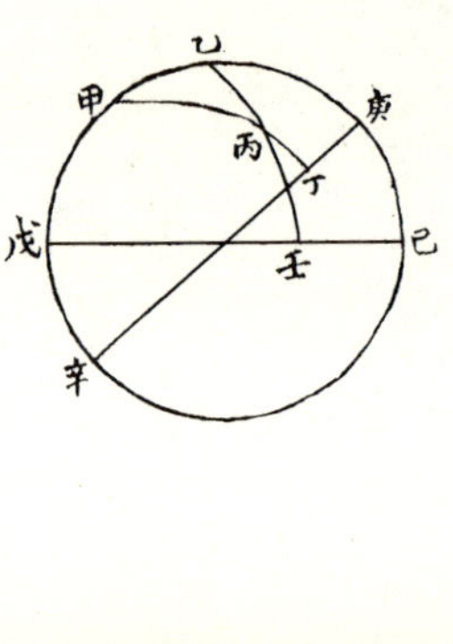

如後圖，甲爲北極，乙爲天頂，丙爲太陽，戊己爲地平，庚辛爲赤道，甲戊爲北極出地度，甲乙爲極距天頂度，丙丁爲太陽距赤道北緯度，甲丙爲太陽距極度，丁爲巳正初刻，丁庚爲太陽距午東度，即甲角，乙丙爲太陽距天頂度，丙壬爲太陽高弧，即地平緯度，己壬爲太陽正南偏東地平經度，即乙外角。用甲乙丙斜弧三角形，求乙丙邊及乙角。

有甲角。巳正初刻太陽距赤道午東三十度。

有甲乙邊。北極距天頂五十八度。

有甲丙邊。太陽距北極六十六度三十一分。

一率	甲乙丙弧相加折半六十二度十五分三十秒餘弦○四六五四八五八	對數○九六六七九○六
二率	甲乙丙弧相減折半四度十五分三十秒餘弦○九九七二三九四	○九九九八七九九
三率	甲角三十度折半十五度餘切三七三二○五○八	一○五七一九四七
四率	兩角半和正切七九九五二九一四	一○九○二八四○

檢表，得八十二度五十二分一十五秒。

一率	甲乙丙弧相加折半六十二度十五分三十秒正弦○八八五○五五三	對數○九九四六九七○
二率	甲乙丙弧相減折半四度十五分三十秒正弦○一○九○一一四	○八八七○七一七
三率	甲角三十度折半十五度餘切三七三二○五○八	一○五七一九四七
四率	兩角半較正切○三一三一○九五	○九四九五六九四

檢表，得十七度二十三分○九秒。

二算相加，得一百度〇〇十五分二十四秒，爲乙角。減半周，餘七十九度四十四分三十六秒，即乙外角，己壬地平經度。二算相減，餘六十五度二十九分一十五秒，即丙角度，亦即黃赤過極經圈交角度。既得乙角，再以對邊對角法，求乙丙弧。

一率　乙角正弦〇九八四〇一九九　對數〇九九九三〇〇三

二率　甲角正弦〇五〇〇〇〇〇〇　〇九六九八八九七〇

三率　甲丙弧正弦〇九一七一七六〇　〇九九六二四五二

四率　乙丙弧正弦〇四六六〇三四八　〇九六六八四一九〇

檢表，得二十七度四十六分三十八秒，爲乙丙弧，即太陽距天頂度。以減象限，餘六十二度十三分二十二秒，爲丙壬，太陽高弧，即地平緯度。

案：此題宜用訥氏三術，先從子式　$正切\frac{1}{2}(呷-叱)=\frac{餘弦\frac{1}{2}(甲-乙)}{餘弦\frac{1}{2}(甲+乙)}餘切\frac{1}{2}丙$

亦即　$正切\frac{1}{2}(呷+叱)=\frac{正\frac{1}{2}(甲-乙)}{切\frac{1}{2}(甲+乙)}=\frac{〇四六五四八五八}{〇九九七三三九四}\times\frac{1}{三七三二〇五〇八}$　檢表，得　$\frac{1}{2}(呷+叱)=$

$八〇五二一五$　㊀　次從丑式　$正切\frac{1}{2}(呷-叱)=\frac{正弦\frac{1}{2}(甲-乙)}{正弦\frac{1}{2}(甲+乙)}餘切\frac{1}{2}丙$　即

$正切\frac{1}{2}(呷-叱)=\frac{〇八八五三五三}{〇一〇九〇一四}\times\frac{1}{三七三二〇五〇八}$　即　$正切\frac{1}{2}(呷-叱)=〇三一二三一〇九五$

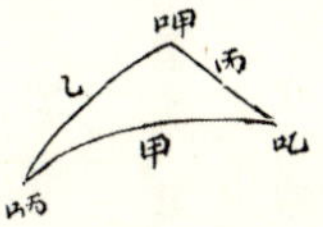

檢表，則得　$\frac{1}{2}(呷-叱)=一七°二二'三〇''九$　㊁　將一、二兩式相加，得

$呷=一〇八°一五'一三''$　以減半周，餘　$七一°四四'四七''$　即己壬地平經度。一、二兩式相減，得　$叱=六二°一三'二〇''六$　即黃赤過極經圈交角。

乃用辰式　$正弦丙=\frac{正弦叱}{正弦呷}正弦甲$　即　$正弦丙=\frac{〇九八四〇一九九}{〇五〇〇〇〇〇}\times$

$〇九一七一七六〇$　即　$正弦丙=〇四六六〇三四八$　檢表，得　$丙=$

$二七°四六'三八''$　以減象限，得　$六二°一三'二二''$　爲地平緯度。用對數，子式變爲

$對正切\frac{1}{2}(呷+叱)=對餘弦\frac{1}{2}(甲-乙)-對餘弦\frac{1}{2}(甲+乙)+對餘切\frac{1}{2}丙$　即　$對正切\frac{1}{2}(呷+叱)=〇九九九九八七九九$

$-〇五九七一九四四+〇九九九九六九六$　即　$對正切\frac{1}{2}(呷+叱)=〇九四九五六九四$　檢表數同。丑式

變爲　$對正切\frac{1}{2}(呷-叱)=對正弦\frac{1}{2}(甲-乙)-對正弦\frac{1}{2}(甲+乙)+對餘切\frac{1}{2}丙$　即　$對正切\frac{1}{2}(呷-叱)=$

$〇八八七〇一四九-〇五九七一九四四+〇九九九四九六九七〇$　即　$對正切\frac{1}{2}(呷-叱)=〇九四九五六九四$　檢表

數同。辰式宜變爲　$對正弦丙=對正弦叱-對正弦呷+對正弦甲$　即　$對正弦丙=$

〇九九六九九八九二八三〇一一九九九九九六九六〇二四五二〇〇九九一一〇五三〇　即　$對正弦丙=〇九六六八四一九$　檢表數同。

解曰：其　$\frac{1}{2}(呷+叱)$　即總弧折半。　$\frac{1}{2}(甲-乙)$　即較弧折半。　$\frac{1}{2}丙$　即角度折半。　$\frac{1}{2}(甲+乙)$　即兩角半和。　$\frac{1}{2}(甲-乙)$　即兩角半較。訥氏子式，即第一個比例。丑式，即第二個比例。辰式，即第三個比例。如將各比例以二、三率相乘，一率除之，皆可作訥氏之式。

若知兩角一邊，而邊在兩角之間，亦用次形，易爲兩邊夾一角，然後馭以前術。

設如土星黃道經度，卯宮二度二十九分，距夏至一百二十二度二十九分，赤道經度，辰宮二十九度二十分五十秒，距夏至一百十九度二十分五十秒，黃、赤極相距二十三度三十分，求黃道緯度及赤道緯度。

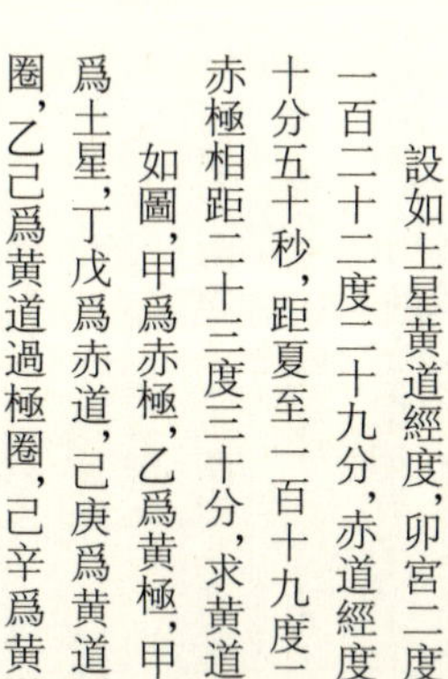

如圖，甲爲赤極，乙爲黃極，甲乙爲黃赤大距，丙爲土星，丁戊爲赤道，己庚爲黃道，甲辰爲赤道過極圈，乙己爲黃道過極圈，己辛爲黃道距夏至經度，即乙角，丁壬爲赤道距夏至經度，即甲外角，丙辛爲黃道南緯度，乙丙爲星距黃極度，丙壬爲赤道南緯度，甲丙爲星距赤極度。

法用甲乙丙斜弧三角形，有(甲乙)〔呷、叱〕二角，及甲乙邊，求甲丙、乙丙二邊。今亦依次形法，將甲乙丙形易爲癸子丑次形，故用丑角及癸丑、子丑二邊，求癸外角，即乙丙（邊）〔弧〕。子角。即甲丙（邊）〔弧〕減半周度。

有丑角。即甲乙弧，黃赤大距二十三度三十分。蓋丑角即秋分角也。

有癸丑邊。即乙外角，以黃道距夏至經度減半周，餘五十七度三十一分，即癸丑邊。

有子丑邊。即甲角，以赤道距夏至經度減半周，餘六十度三十九分一十秒，即子丑邊。

既易爲兩邊夾一角，仍用總較法。

一率　癸子丑弧相加折半五十九度〇五分〇五秒餘弦〇五一三七七〇〇　對數〇九七一〇七六九

二率　癸子丑弧相減折半一度三十四分〇五秒餘弦〇九九九六二五六　〇九九九九八三七

三率　丑角折半一十一度四十五分餘切四八〇七六八五四　一〇六八一九三六

四率　兩角半和正切九三五四二二九五　一〇九七一〇〇四

檢表，得八十三度五十三分五十三秒。

一率　癸子丑弧相加折半五十九度○五分○五秒正弦○八五七九二七九　對數○九九三三四五一

二率　癸子丑弧相減折半一度三十四分○五秒正弦○○二七三一四四　○八四三七一八四

三率　丑角折半一十一度四十五分餘切四八○七六八五四　一○六八一九三六

四率　兩角半較正切○一五三三五三九　○九一八五六六九

檢表，得八度四十三分○七秒。

二算相加，得九十二度三十七分，爲癸外角，即乙丙弧度。內減象限，餘二度三十七分，即星距黃道南緯度。二算相減，得七十五度一十分四十六秒，爲子角。減半周，餘一百○四度四十九分十四秒，即甲丙弧。內減象限，餘十四度四十九分十四秒，即星距赤道南緯度。

按：此題爲知兩角呷、叱，並所倚之弧呐，求其甲、乙兩邊，宜用訥氏四題。若用次形易邊爲角，易角爲邊，則依訥氏第三術推之。先從子式 [formula] 以真數代之，則得 [formula] 即 [formula] 檢表，得 [formula] ① 次從丑式 [formula] 即 [formula] 即 [formula] 檢表，得 [formula] ②

一、二式相加，得 [formula] 即呷叱呐三角形之甲邊，亦即甲乙丙三角形之乙丙邊。則 [formula] 即星距黃道南緯度。一、二兩式相減，則又得 [formula] 即呷叱呐三角形之乙邊餘弧。則 [formula] 即呷叱呐三角形之乙邊，亦即甲乙丙三角形之甲丙邊。故 [formula] 即星距赤道南緯度。

用對數 [formula] 即 [formula] 檢表數同。又 [formula] 即 [formula] 即 [formula] 檢表數同。

論曰：案弧三角法，不便用天元，說已見前。然依比例之理，亦可用天元步算。如正弧三角第一題，有丙直角，有甲角二十三度三十分，甲乙弧四十五度，求乙丙弧。

法立天元一爲乙丙弧正弦，以半徑十萬乘之，得太 [illegible] 寄左。乃以甲角正弦 [illegible] 與甲乙弧正弦 [illegible] 相乘，得 [illegible] 爲同數。與寄左數相消，得 [illegible] 上實下法，得二萬八千一百九十五小餘八，爲乙丙弧正弦。檢表，得一十六度二十一分三十八秒，爲乙丙弧度。餘題仿此類推。此可見算無定規，神而明之，存乎其人。

解三角形分部

算法

清·薛鳳祚《三角算法》

圈線

圈線三角，邊皆割圓，其數俱一百八十度畧少。圈線角測量亦割圓，獨離，其極九十度。

邊角俱在九十度外或俱在九十度內，稱爲同類。或一多一少，稱異類。

圈綫三邊揔計三百六十度微少。三角各一百八十度微多，揔計五百四十度微少。

一割圓從，一割圓起，成兩角，共一百八十度。但明一角，即知。左邊一角爲右邊一角之餘，兩割圓相交，上下及兩旁之對角同大。

三角之內，二角正線與二角對邊之正線，其比例相等。

圈線正角法

先有三件算三件。第一，有正角，有兩邊。第二，有兩角一邊。第三，有三角。

第一，有一正角兩邊，正角在二邊之中。算一邊二角。

算子寅邊。

如圖，有丑正角，有子丑邊，有丑寅邊，二邊異類，正角對邊九十度外。二邊同類，正角對邊九十度內。

設丑正角通弦一〇〇〇〇〇〇〇爲一率，丑寅邊四十二度三十八分餘線九八六八七八五爲二率，子丑邊六十度六六分餘線九六九六七七四爲三率。揔數一九五七五五五九，較數九五七五五五九，得二十一度五十八分，爲子寅邊正線。其餘六十八度四十二分爲子寅邊。

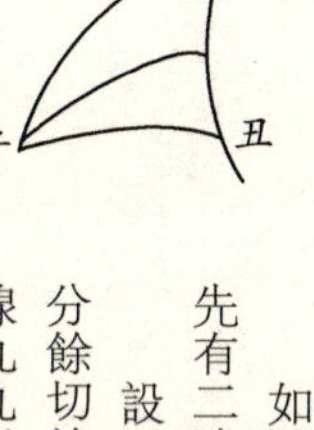

算寅角。

如圖，有寅角相連丑寅邊，有寅角對子丑邊，有正角。對邊九十度大爲鈍角，小爲鋭角。

設丑寅邊四十三度十六分正線九八二八三〇一爲一率，通弦一〇〇〇〇〇〇〇爲二率，子丑邊六十度十六分切線一〇二四一四八三爲三率。揔數二〇二四一四八三，較數一〇四一三一八二，得六十八度八十八分爲寅角切線。

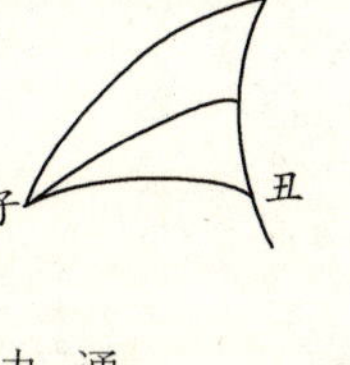

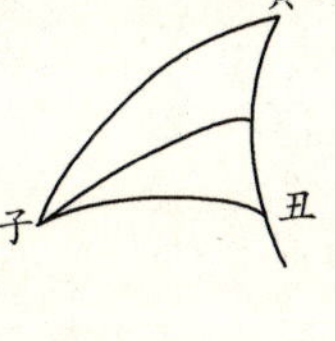

算子角。

如圖，有子角相連子丑邊，有丑正角，有子角對丑寅邊。對邊九十度大爲鈍角，小爲鋭角。

設子丑邊六十度十六分正弦九九三八二五七爲一率，通弦一〇〇〇〇〇〇〇爲二率，丑寅邊四十二度三十三分切線九九五九五一五爲三率。揔數一九九五九五一五，較數一〇〇二一二五八，得四十六度四十〇分爲子角切線。

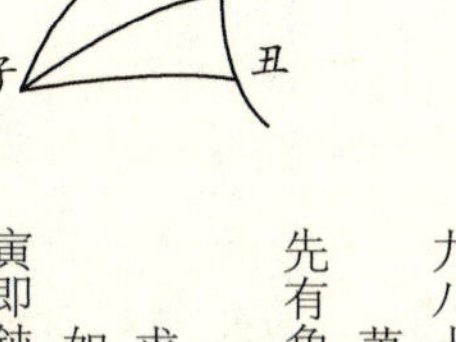

第二（法），有一角兩邊，一邊與正角相對，一邊與正角相連。求兩角一邊。

算子丑邊。

如圖，有丑正角，有正角相對子寅邊，有正角相連子丑邊。

子寅、丑寅二邊同類，郎子丑邊九十度小。異類，則九十度大。

設丑寅邊四十二度〇十分餘線九八六八七八五爲一率，通弦一〇〇〇〇〇〇〇爲二率，子寅邊六十八度四十一分餘線九五六五六七五爲三率。揔數一九五六五六七五，較數九六九九六八九〇，得二十九度八十四分爲子丑邊餘線，其六十度十六分爲子丑邊。

算寅角。先有相連之邊。

如圖，有丑正角，有正角對子寅邊，有所求角相連丑寅邊。

先有二邊同類，寅爲鋭角。異類，爲鈍角。

設通弦一〇〇〇〇〇〇〇爲一率，子寅邊六十八度二十五分餘切線九五九七三四七爲二率，丑寅邊四十二度三十三分切線九九五九九五一五爲三率。揔數一九五五六八六二，較數九五五六八六二，得二十一度十二分爲寅角正線，其餘六十八度八十八分爲寅角。

算子角。對邊在九十度以外爲鈍角，對邊在九十度以内爲鋭角。

如圖，有丑正角，有正角對子寅邊，有所求角對丑寅邊。

設子寅邊六十八度四十一分正線九九六八四二八爲一率，通弦一〇〇〇〇〇〇〇爲二率，丑寅邊四十三度三十三分正線九八二八三〇一爲三率。揔數一九八二八三〇一，較數九八五九八七三，爲四十六度四十〇分子角正線。

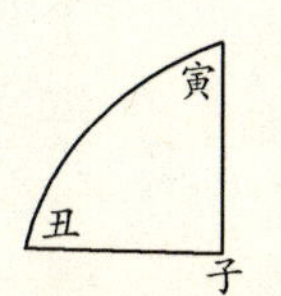

第三，有兩角一邊，有三法。一法，先有邊爲所求角對邊。二法，先有邊爲先有角對邊。三法，先有邊爲正角對邊。

一法，先有一邊爲所求角對邊。

求寅角。先有邊所對之角。

如圖，有丑正角，有子丑邊爲寅角對邊，寅角對邊在九十度外，寅即鈍角。在內，即鋭角。

設通弦一〇〇〇〇〇〇〇爲一率，子丑邊六十度十六分餘線九

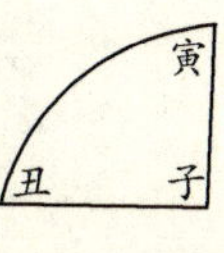

六九六七七四爲二率，子角四十六度四十〇分正線九八五九八四二爲三率。揔數一九五五六六一六，較數九五五六六一六，得二十二度十二分爲寅角正線，其餘六十八度八十八分爲寅角。

求子寅邊。正角對邊。

先有角與先有邊同類，正角對邊九十度内。異類，九十度外。

如圖，有丑正角，有子角，有子丑邊。

設通弦一〇〇〇〇〇〇〇爲一率，子角四十六度四十〇分餘線九八三八六〇九爲二率，子丑邊六十度十六分餘切線九七五八五一七爲三率。揔數一九五九七一二六，較數九五六七一二六，得二十一度五十八分爲子寅邊餘[切]線，其餘六十八度四十二分爲子寅邊。

求丑寅邊。先有角對邊。

所求邊對角在九十度外，爲鈍角。在内，爲鋭角。

如圖，有丑正角，有子角，有子丑邊。

設通弦一〇〇〇〇〇〇〇爲一率，子丑邊六十度十六分正線九九三八二五七爲二率，子角四十六度四十〇分切線一〇〇二一二三二爲三率。揔數一九九五九四八九，較數九九五九四八九，得四十二度三十三分，爲丑寅邊正[切]線。

一法，有兩角一邊，先有邊爲先有角對邊，求一角二邊。求子角。若知對邊在九十度外，子爲鈍角。在内，爲鋭角。

又法，正角對邊在九十度内，先有角爲鋭角，則子角亦鋭角。先有角爲鈍角，則子角亦鈍角。正角對邊在九十度外，先有角爲鋭角，則子角爲鈍角。先有角爲鈍角，則子角爲鋭角。不知鋭鈍不可筭。

如圖，有丑正角，有寅角，有寅角對子丑邊。

設子丑邊六十度十六分餘線九六九六七七四爲一率，通弦〇〇〇〇〇〇〇〇爲二率，寅角六十八度八十七分餘線九五五六六二六爲三率。揔數一九五五六六二六，較數九八五九八五二，得四十六度四十〇分爲子角正線。若子角爲鈍角，則加九十度。

求子寅邊。正角對邊。

如圖，有丑正角，有寅角，有子丑邊。

一法，先有寅角同後得子角，同類，正角對邊在九十度内。異類，在九十度外。

二法，正角相連子丑、丑寅二邊同類，正角對邊在九十度内。異類，在九十度外。不知其鋭鈍，不可筭。

設寅角五十八度八十八分正線九九六九八一一爲一率，通弦一〇〇〇〇〇〇〇爲二率，先有子丑邊六十度十六分正弦九九三八二五七爲三率。揔數一九九三八二五七，較數九九六八四四六，得六十八度四十二分，爲子寅邊正線。

求丑寅邊。與先有角相(對)[連]之邊。

如圖，有子丑邊，有寅角，有丑正角。

一法，求邊對子角爲鋭角，即丑寅邊在九十度内。鈍角，在九十度外。

二法，正角對子寅邊與子丑邊同類，即在九十度内。異類，即在九十度外。不知鋭鈍不能算。

設通弦一〇〇〇〇〇〇〇爲一率，子丑邊六十度十八分切線一〇二四一四八三爲二率，寅角六十八度八十八分餘切線九五八六八一五爲三率。揔數一九八二八二九八，較數九八二八二九八，得四十二度三十三分，爲丑寅邊正線。

第四，有兩角一邊，其邊爲正角對邊。

筭寅角。

如圖，有丑正角，有子角，有正角對子寅邊。正角對子寅邊與子角同類，寅爲鋭角。異類，寅爲鈍角。

設通弦一〇〇〇〇〇〇〇爲一率，子寅邊六十八度四十二分餘線九五六五六七五爲二率，子角四十六度四十四分切線一〇〇二一二三二爲三率。揔數一九五八六九〇七，較數九五八六九〇七，得二十一度十二分，爲寅角餘切線，其餘六十八度八十八分爲寅角。

算子丑邊。先有角相連之邊。

如圖，有子角，有丑正角，有正角對子寅邊。正角對邊九十度外，子爲鋭角或爲鈍角，子丑邊即九十度内。正角對邊九十度内，子爲鈍角。或爲鋭角，子丑邊即九十外度。

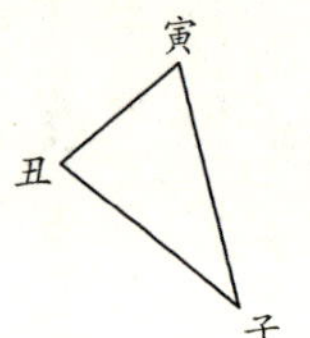

設通弦一〇〇〇〇〇〇〇爲一率，子角四十六度四十〇分餘線九八三八六〇九爲二率，子寅邊六十八度四十二分切線一〇四〇二七五三爲三率。揔數二

○二四一三六二，較數一○二四一三六二，得六十度十六分，爲子丑邊切線。

算丑寅邊。

如圖，有丑正角，有求邊對子角，有子寅邊，所求邊對子角是鋭角，即丑寅邊在九十度內。是鈍角，在外。

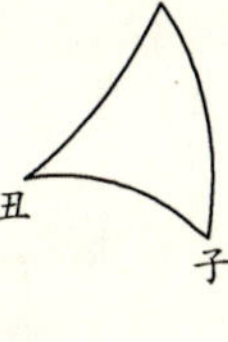

設通弦一○○○○○○爲一率，子寅邊六十八度四十二分正線九九六八四二八爲二率，子角四十六度四十○分正線九八五九八四二爲三率。捴數一九八二八二七○，較數九八二八二七○，得四十二度三十三分爲丑寅邊正線。

第五，有三角求三邊。

求子寅邊。正角對邊。

如圖，有子角，有正角，有寅角。

子角、寅角同類，正角對子寅邊在九十內。異類，在外。

設通弦一○○○○○○○爲一率，子角四十六度四十四分餘切線九九七八七八爲二率，寅角六十八度八十八分餘切線九五八六八一五爲三率。捴數一九五六五五八三，較數九五六五五八三，得二十一度五十八分爲子寅邊餘線。其餘六十八度四十二分爲子寅邊。

求丑寅邊。子角對邊。

所求丑寅邊對子角爲鋭角，丑寅邊在九十度內。爲鈍角，在外。

如圖，有正角，有子對角，有相連寅角。

設寅角六十八度五十八分正線九九六九八一一爲一率，通弦一○○○○○○○爲二率，子角四十六度四十○分餘線九八三八六○九爲三率。捴數一九八三八六○九，較數九八六六八七九八，得四十七度六十七分。爲丑寅邊餘切線，其餘四十二度三十三分爲丑寅邊。

求子丑邊。

子丑邊對角爲鋭角，子丑邊在九十度內。爲鈍角，在九十度外。

如圖，有相連子角，有正角，有寅角。

設子角四十六度四十○分正線九八五九八四二爲一率，通弦一○○○○○○○爲二率，寅角六十八度八十八分餘線九五五六六二六爲三率。捴數一九五五六六二六，較數九六六九六七八四，得二十九度八十三分，爲子丑邊餘線，其餘六十度十七分爲子丑邊。

圈線鈍角三角形

三角鈍角之内無正角，其三角或鈍角，或鋭角。

算鈍角有二法。一分鈍角爲兩正角，與算正角同法。下文止言理，不作設數。其設數已詳于前。二法，不分正線，易爲者著于一法之後，不易爲者省之。

凡鈍角分兩正角，其下面二角同類者，線在角內。異類者，線在角外。

圈線鈍角三角法。

有三件算三件。有六法。

第一，先有一角兩邊，其一邊與先有角相對。第二，有一角兩邊，其先有角在兩邊之中。第三，有兩角一邊，其邊與先有一角相對。第四，有兩角一邊，其邊在先有二角之中。第五，先有三角。第六，先有三邊。

第一，先有一角兩邊，其一邊與先有角相對。求二角一邊。

如圖，有丑寅邊，有丑角對子寅邊，有丑角，算寅角，算子角，算子丑邊。角不明鋭鈍，不可筭，用下文。二邊捴數在一百八十度內，丑爲鈍角，子即鋭角。二邊捴數在一百八十度外，丑爲鋭角，子即鈍角。

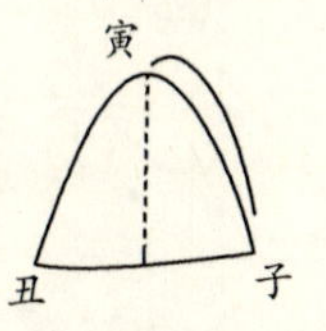

分鈍角爲兩正三角，作線在先有二邊之中，線即當從，寅上起。又當分在外、在內。兩角同類，線在內。兩角異類，線在外。線在內，如上圖，先算丑卯三角。

有卯正角，有丑角，有正角，有正角對丑寅邊，用上正角法，算卯寅邊，算卯丑邊，算卯寅丑角。如上圖，又筭子寅卯三角。

有卯正角，有卯寅邊，有正角對子寅邊。

用上正角法，算子角，筭子卯邊，子卯邊與子丑邊相加，即子丑邊。

算子寅卯角。子寅卯角與卯寅丑角相加，即子寅丑角。

若正線在外，先算丑寅卯大三角。

如圖，有卯正角，有丑角，有丑寅邊爲正角對邊。

用上正角法，算卯寅邊，算卯丑邊，算丑寅卯角。

如上圖，又算子寅卯小三角。

有卯正角，有卯寅邊，有子寅邊。

算卯子邊。以卯子邊減卯丑邊，爲子丑邊。

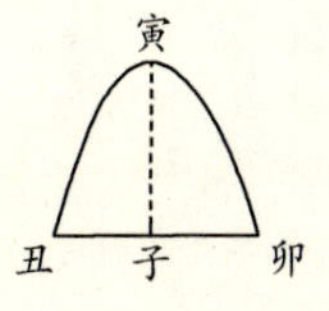

算子寅卯角。子寅卯角減丑寅卯角，即子寅丑角。

算卯子寅角。卯子寅角一百八十度之餘，即寅子丑角。

內算第二，子角先有邊對角。有截法，不用分線。

如圖，有丑角一百〇五度，有丑寅邊三十八度，有子寅邊八十一度三十三分。

子寅邊八十一度三十三分正線九九四九九三爲一率，丑角一百五度正線九九八四九四四爲二率，丑寅邊三十八度正線九七八九三四二爲三率。捴數一九七七四二八六，較數九七七九二九三，得三十六度九十九分爲子角正線。

知第二角，算第三角第三邊，用下法。

第二，先有一角兩邊。先有角在先有二邊之中，求兩角一邊。

如圖，有丑角，有子丑邊，有丑寅邊。

[算]子角，算丑角，算子寅邊。

線分鈍角爲兩三角，作線當從不知之角分。不拘向一角，如作寅卯線。欲知分線在內，分線在外，先算丑寅卯三角。有卯正角，有丑角，有正角對丑寅邊，用上正角法，算卯丑邊。卯丑比子丑大，正線在外。小，正線在內。

分線在內，如上圖，算丑寅卯三角。

用上正角法，筭卯寅邊，算卯寅丑角。

如上圖，又算子寅卯三角。

有卯正角，有卯寅邊，有子卯邊，卯丑邊減子丑邊，即卯子邊。

用上正角法，算子角，算子寅邊，算子寅卯角。卯寅丑角加子寅卯角，即子寅丑角。

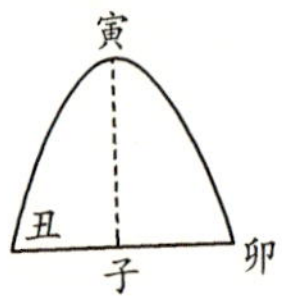

分正線在外，先算丑寅卯大三角。

如圖，有卯正角，有丑角，有寅丑邊。正角對邊。

用上法，算卯寅邊，算丑寅卯角，算卯丑邊。以卯丑邊減丑子邊，即子卯邊。

又算子寅卯小三角。

如圖，有卯正角，有子卯邊，有卯寅邊。

用上法，先有兩邊正角在兩邊中間，算卯子寅角，算子寅邊，算子寅卯角。子寅卯角減卯寅丑角，即子寅丑角。

算子角。

卯子寅角減一百八十度，即寅子丑角。

若不用分線，有三率法。

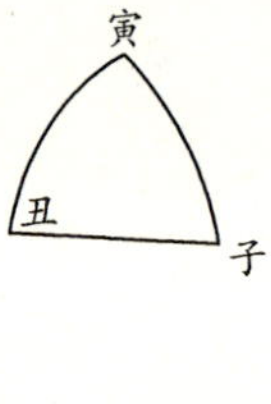

如圖，有子角，有子寅邊，有子丑邊，求丑角，求寅角。

設子角一百〇五度，子寅邊三十八度，子丑邊六十七度七十七分。兩邊捴數一百〇五度七十七分，半之五十二度八十八分，餘線九七八〇六三四爲一率。兩邊較數二十九度七十七分，半之十四度八十八分，餘線九九八五一八〇爲二率。子角一百〇五度，半之五十二度十分，餘切線九八八四九八〇一爲三率。捴數一九八七〇一六〇，較數一〇〇八九五二六，得五十度八十七分，爲二角捴數之半數。

又，算兩邊捴數之半五十二度八十七分，正線九九〇一六八一爲一率。兩邊較數半之十四度八十七分，正線九四〇九六八二爲二率。子角半數五十二度五十分，餘切線九八八四九八〇爲三率。捴數九二九四六六二，較數九三九二九八一，爲十三度八十八分切線，爲二角餘之半數。

二半數相加，得六十四度七十五分，爲大寅角。大邊對者是。二數相減，三十六度九十九分爲小丑角。小邊對者是。

有兩角，算第三丑寅邊，用下。有兩角一邊，算一邊法。在第三法，不分線內。

(弟)[第]三，先有兩角一邊，其邊與先有一角相對，求一角兩邊。要求不知一角對邊，或在九十度內，或在九十度外。

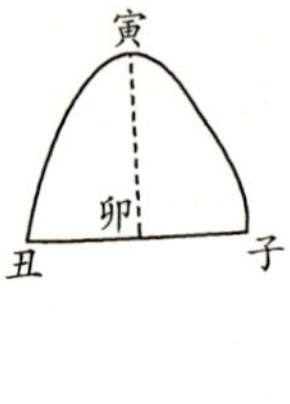

如圖，有丑角，有子角，有丑寅邊。

筭子寅邊，筭子丑邊，算寅角。

線分鈍角爲兩三角，作線當從不知之角分。子、丑二角同類，正線在內。二角異，類，正線外。

正線在內，如上圖，算丑寅卯小三角。

有卯正角，有丑角，有丑寅邊。

用上法，算卯丑邊，算卯寅邊，算丑寅卯角。

如上圖，又算子卯寅小三角。

有卯正角，有子角，有卯寅邊。

用上法，筭子卯邊。子卯邊如卯丑邊，即子丑邊。

算子寅邊，算子寅卯用。子寅卯角加丑寅卯角，即子寅丑角。

正線在外，先筭卯寅丑大三角。

如圖，有卯正角，有丑角，有正角對丑寅邊。

用上法，算卯寅邊，算卯寅丑角，算卯丑邊。

又，算卯子寅小三角。

如圖，有卯正角，有卯寅邊，有丑子寅角減一百八十度，即卯子寅角。

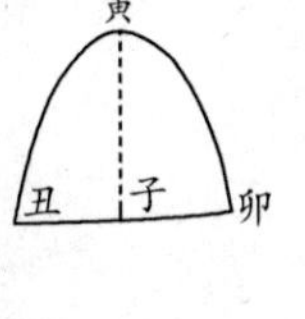

用上法，算子寅邊，算卯子邊，卯子邊減卯丑邊，即子丑邊。

算卯寅丑角。卯寅子角減卯寅丑角。

若不用分線，有三率法，算丑寅邊。

如圖，有子角，有丑角，有丑寅邊。

設子角三十六度九十九分正線九七七九二九五爲一率，丑寅邊三十八度正線九七八九三四二爲二率，所求邊對丑角一百○五度餘七十五度正線九九八四九四四爲三率。揔數一九七七四二八六，較數九九九四九五九，得八十一度三十三分爲子寅邊正線。

又，算子丑邊。

設子角三十六度九十九分，丑角一百○五度，相較六十八度○一分正線九七四七七四九爲一率。子丑二角揔數一百四十一度九十九分，半之七十度九十九分，正線九九七五六二六爲二率。子寅邊三十六度丑寅邊八十一度三十三分相較四十三度三十二分，半之二十一度六十七分，切線九五九九○九一爲三率。揔數一九五七四七一七，較數九八二六九六八爲三十三度八十八分切線，倍之，得六十切度七十七分爲子丑邊。

算寅角。

先有二邊，有三角，用圈線鈍角第一法，末後有設數得寅角之法。

第四，有二角一邊，其邊在兩角之中，算一角二邊。

如圖，有子角，有丑角，有子丑邊。

分鈍角爲兩三角，從先有之一角作線。如先有子丑寅角，有丑子寅角，又有子丑角中間之子丑邊。即從丑作線至卯。

欲知分線在內，分線在外，先算子丑寅角。

有正角，有子丑邊，有子角爲先有邊相連之角。用上法，算子丑寅角。子卯角較子寅丑角大，分線在外。小，分線在內。

分線在內，如上圖，算卯丑子三角。

有卯正角，有子角，有子丑邊。

用上法，算卯丑邊，算子卯邊。

又，算卯丑寅三角。

有卯正角，有卯丑邊，有卯丑寅角，子丑卯角減子丑寅角，爲卯丑寅角。

算寅卯邊。子卯邊與寅卯邊相加，即子寅邊。

算丑寅邊。有三件用上法。

算寅角。有三件用上法。

若分線在外，先算子丑卯大三角。

如圖，有卯正角，有子角，有子丑邊。

用上法，筭卯丑邊，算子卯邊。

用上法，算子丑卯角，子丑卯角減子丑寅角，即寅丑卯角。

又，算丑寅卯小三角。

如圖，有卯丑邊，有卯正角，有丑寅卯角。

同上法算寅卯邊。寅卯邊減卯子邊，即子寅邊。

同上法，算丑寅邊，算卯寅丑角。卯寅丑角減一百八十度，即丑寅子角。

若不分線，用三率法。

如圖，有丑角，有子角，有子丑邊。爲二角中間之邊。

算子寅邊，寅丑邊，[算]子寅丑角。

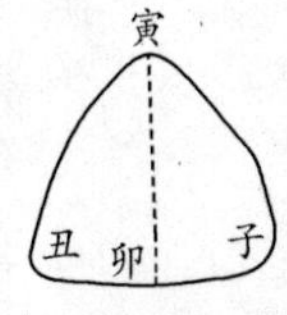

設丑角一百五度，子角三十六度九十九分，相加一百四十一度九十九分，半之七十度四十九分，餘線九五一三○○九爲一率。二角相減六十八度一分，半之三十四度○一分，餘線九九一八四八九爲二率。子丑邊六十七度七十七分半之三十三度八十八分，切線九八二七○七八爲三率。揔數一九七四五五六七，較數一○二三五五八爲五十九度六十六分切線，即子寅、子丑兩邊之半數。

又，算兩角揔數之半七十度五十九分，正線九九七五六二六爲一率。兩角較數之半三十四度○一分，正線九七四七七四九爲二率。子丑邊三十三度八十七分切線九八二七○七八爲三率。揔數一九五七四八二七，較數九五九九二○

一，得二十一度六十六分，爲子丑、子寅兩邊所餘之半數。二數相加，得八十一度三十二分，爲子寅大邊。二數相減，得三十八度爲丑寅小邊。

若算角，用圈線鈍角第一，後有設數之法。

第五，有三角，算三邊。

第六，有三邊，算三角。

三角與三邊各大小不同者，不用分線法，用下別法。各不同，則分線不省便。

若先有三角，內兩角同大，線平分第三角，亦平分對邊。

若先有三邊，內兩邊同大，線平分第三邊，亦平分對角。

但兩角同大，則兩對邊亦同大。

有三邊，求三角。若有兩邊大小同者，自同邊中間之角分線，向不同之邊，爲兩正角，線定在內。

算子寅丑三角，有子寅邊與寅丑邊同大。

算子卯寅三角。

如圖，有子卯邊，即子丑之半，以有平分線。有子寅邊，有卯正角。

用上法，算卯子寅角。又算子寅卯角。

又，算卯寅丑三角。

如圖，有卯丑邊，子丑之半。有丑寅邊。

用上法，算卯寅丑角，算丑寅卯角。丑寅卯角、卯寅子角相加，即丑寅子角。

有三角求三邊。若有兩角大小同者，從不同角分線，爲兩正角，線定在內。

算子寅丑三角。有卯寅丑角，爲子寅卯角之半。

算卯寅丑三角。

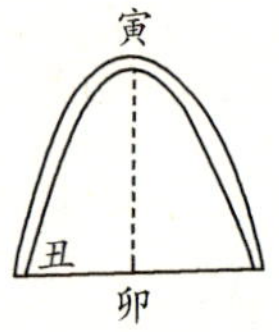

如圖，有卯正角，有丑角，有丑寅卯角。

用上圈線正角法，算丑寅邊，算卯丑邊，算子卯寅三角。

如圖，有子角，有卯寅子角，有正角。

用上圖線正角法，算子寅邊，算子卯邊。子寅邊與子卯邊相加，即得子丑邊。

若三邊俱卯同，算三角不用分線，用省法。

算丑角。

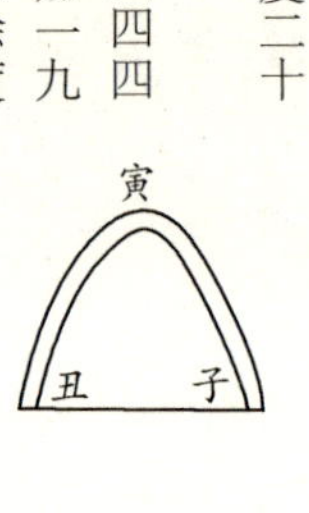

如圖，有子丑邊六十七度四十六分，有子寅邊八十二度二十分，有丑寅邊，三十八度。

設丑角相連子丑邊六十七度七十六分正線九九六六四四七，相連丑寅邊三十八度正線九七八九三四二，兩正線相加一九七五五七八九爲一率。二邊相減餘度二十九度七十六分，餘度同所求角對子寅邊八十一度三十三分相加，一百一十一度十分。半之，五十五度五十五分。正線九九一六二五四。二邊相減餘度二十九度七十六分。餘度同所求角對子寅邊八十一度三十三分相減，餘五十一度五十六分，半之二十五度十八分，正線九六三八四五八。二正線相加一九八四四七二二爲二率。倍通弦二〇〇〇〇〇〇〇爲三率。揔數三九五四四七二二，較數一九七九八九二三，半之九八九九四六一，得五十二度五十分。正線加一倍二百〇五度爲丑角。

算子角。

算寅角。二法皆與算丑角同理同法。

若三角俱不同，算三角不用分線。一圈不能算，當用相對之圈，別作一圈線三邊。

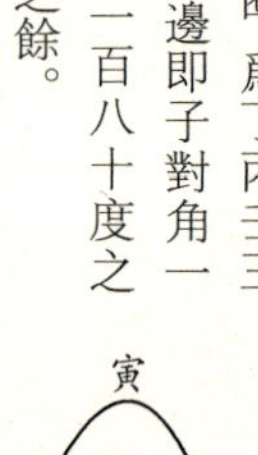

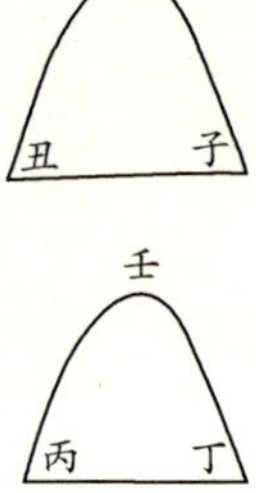

如圖，有子寅丑三角，別作一圈，爲丁丙壬三邊，即子丑寅三角之餘邊。如壬丙邊即子對角一百八十度之餘。丁丙邊即寅對角一百八十度之餘。丁壬邊即丑對角一百八十度之餘。

反之，則丁壬丙作角子寅丑，亦其餘。故欲知子丑寅三角，要求丁丙壬三邊。

設算子丑寅三角。有丑角一百〇五度，一百八十度之餘(十)[七]十五度爲丁壬邊，有子角三十六度九十九分，一百八十度之餘一百四十三度〇一分。爲丙壬邊，有寅角六十四度七十五分，一百八十度之餘一百一十五度二十五分。爲丁丙邊。

有上法，先有三邊求三角。今有三角，又有三邊，若求丑寅邊。算丁角。丑寅爲丁角對邊，以丁角一百八十度之餘，即丑寅邊。

設丁角相連丁丙邊一百一十五度二五分正線九九五六三八七，丁角相連丁壬邊七十五度正線九九八四八四四。二正線相加一九九四一三三一爲一率。二邊相減餘度四十度二五分，同丁角對丙壬邊一百四十三度一分相加一百八十三度二十六分，半之九十一度六十三分，即八十八度三十八分正線九九九九八二三。二邊相減，餘四十度二十五分，同丁角對丙壬邊一百四十三度一分相減一百二度七十六分，半之五十一度三十八分，正線八九九二八三九八。兩正線相合一九八九二六六二，較數一九九五一三三一。二通弦二〇〇〇〇〇〇〇爲三率。揔數九八九二六六二爲二率。半之，九九七五六六五爲七十一度正線。加一倍，得一百四十二度，爲丁角。以減一百八十度，其餘三十八度，爲丑寅邊。

算子丑邊。

算子寅邊。與上算丑寅邊同法同。

上法有三角，不能遽求三邊，而别算一三角，其邊爲此角之角，即是丁壬丙三邊一百八十度之餘。

(二)[二]百八十度之邊。

如圖，有兩三角，第一子丑寅三角，第二丁丙壬三角。丁丙壬三角之邊，即子寅丑三角一百八十度之餘。子寅丑三角之角，即是丁壬丙三邊一百八十度之餘。閱圖自明，其理備載圈線幾何。

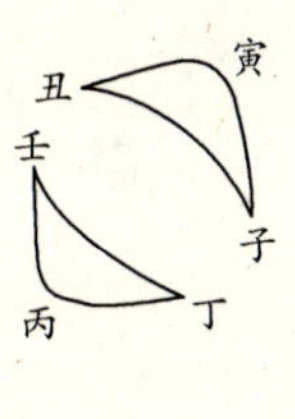

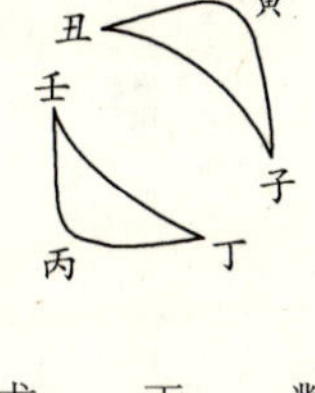

清·梅文鼎《弧三角舉要》卷三　斜弧三角形作垂弧説

正弧形有正角，如平三角之有句股形也。斜弧形無正角，如半三角之有鋭鈍形也。平三角鋭鈍二形，並以虛綫成句股，故斜弧形亦以垂弧成正角也。正弧形以正弦等綫立算，句股法也。斜弧形仍以正角立算，亦句股法也。

垂弧之法有三。其一作垂弧於形内，則分本形爲兩正角形。其二作垂弧於形外，則補成正角形。其三作垂弧於次形。

總法曰：三角俱鋭，垂弧在形内。一鈍二鋭，或在形内，或在形外。自鈍角作垂弧，則在形内。自鋭角作垂弧，則在形外。兩鈍一鋭或三角俱鈍，則用次形，其所作垂弧在次形之内之外。次形無鈍角，垂弧在其内。有鈍角，垂弧在其外。若破鈍角，亦可在内。

第一法，垂弧在形内，成兩正角。内分五支。

設甲乙丙形，有丙鋭角，有角旁相聯之乙丙、甲丙二邊，求對邊及餘兩角。

法於乙角在先有乙丙邊之端，乃不知之角。作垂弧，如乙丁。凡垂弧之所到，必正角也。角不正，即非垂弧。故所分兩角皆正，後倣此。至甲丙邊，分甲丙邊爲兩，即分本形爲兩，而皆正角。

一，乙丁丙形。此形有丁正角，丙角，乙丙邊，爲兩角一邊，可求丁丙邊，乃丙甲之分。乙丁邊，即垂弧。及丁乙丙角，即乙分角。次乙丁甲形。有丁正角，甲丁邊，甲丙内減丁丙，其餘丁甲。乙丁邊，爲一角兩邊，可求乙甲邊、甲角及丁乙甲分角。末以兩乙角并之，成乙角。

或如上圖，于甲角端作垂弧至乙丙邊，分乙丙爲兩，亦同。

右一角二邊，而先有者皆角旁之邊，爲形内垂弧之第一支。此所得分形丁丙邊，必小於元設邊，即垂弧在形内，而甲爲鋭角。

設甲乙丙形，有丙鋭角，有角旁相連之丙乙邊及與角相對之乙甲邊，求餘兩角一邊。

法于不知之乙角，在先有二邊之中。作乙丁垂弧，分兩正角形。

一，乙丙丁形。此形有丁正角，有丙角，有乙丙邊，可求乙丁分綫及所分丁丙邊及丁乙丙分角。

次乙甲丁形。此形有丁正角，有乙丁邊，有乙甲邊，可求甲角及丁乙甲分角、丁甲邊。末以兩分角丁乙丙及丁乙甲。并之成乙角，以兩分邊丁丙及丁甲。并之，成甲丙邊。

右一角二邊，而先有對角之邊，爲形内垂弧之第二支。

設甲乙丙形，有乙丙二角，有乙丙邊，在兩角之間。求甲角及餘邊。

法于乙角作垂弧，分兩形並如前。但欲用乙丙邊，故破乙角，存丙角。

一，乙丙丁形，有丁正角，丙角，乙丙邊，可求乙丁邊，丁丙邊，丁乙丙分角。次乙丁甲形，有乙丁邊，丁正角，丁乙甲分角，原設乙角内減丁乙丙得丁乙甲。可求乙甲邊、甲角及甲丁邊。末以甲丁并丁丙，得甲丙邊。

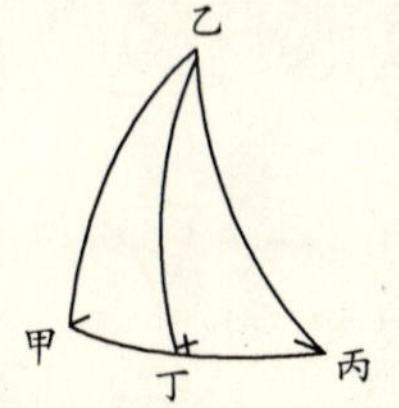

或於丙角作垂綫，亦同。若角一鈍一鋭，即破鈍角作垂綫，其法並同。

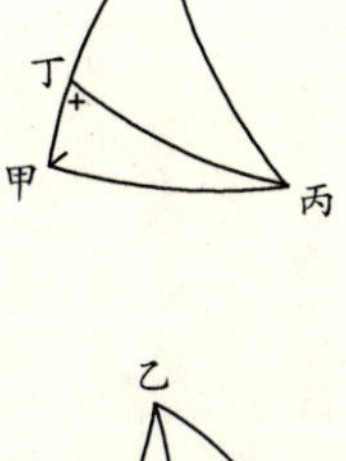

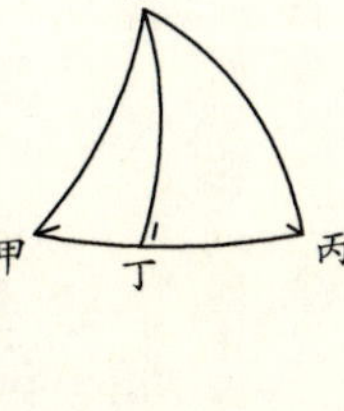

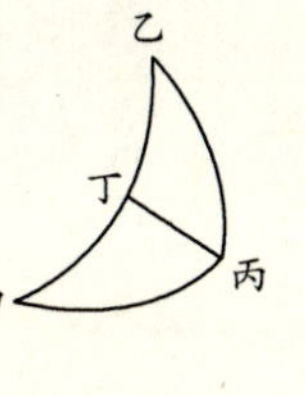

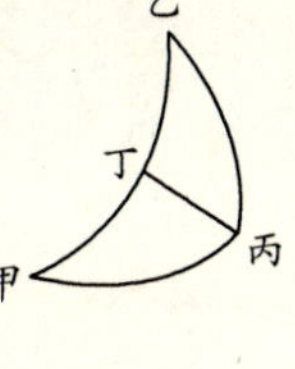

右二角一邊而邊在兩角之間，不與角對爲形內垂弧之第三支。此必未知之角爲鋭角，則垂弧在形內。

設甲乙丙形，有丙甲二角，有乙甲邊，求乙角及餘邊。

法於乙角爲未知之角。作垂弧，分爲兩形，而皆正角。一，乙丁甲形，有丁正角，甲角，乙甲邊，可求甲丁邊、乙丁邊、丁乙甲分角。次丁乙丙形，有丁正角，乙丁邊，丙角，可求乙丙邊、丁丙邊、丁乙丙分角。末以甲丁、丁丙并之，成甲丙邊。以兩分角丁乙甲、丁乙丙。并之，成乙角。

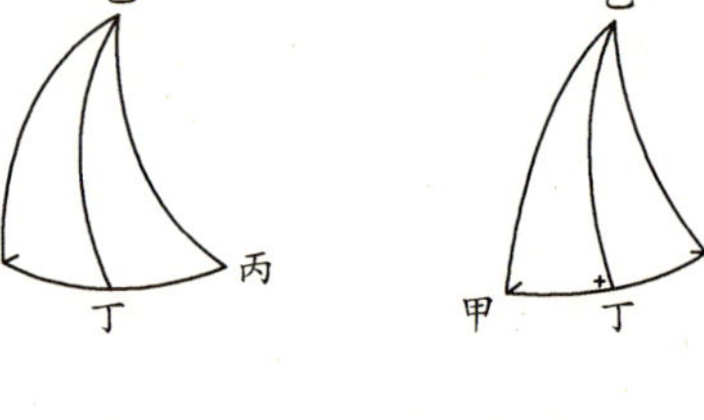

右二角一邊，而先有對角之邊，爲形內垂弧之第四支。此先有二角必俱鋭，則垂弧在內。

設乙甲丙形，有三邊，而內有乙甲、乙丙。二邊相同，求三角。

法從乙角在相同二邊之間。作垂弧至丙甲邊，乃不同之一邊。分兩正角形。其形必相等，而甲丙綫，必兩平分。乙丙丁形，有丁正角，乙丙邊、丁丙邊，即甲丙之半。可求丙角，乙分角，乃乙角之半。倍之成乙角，而甲角，即同丙角。不須再求。

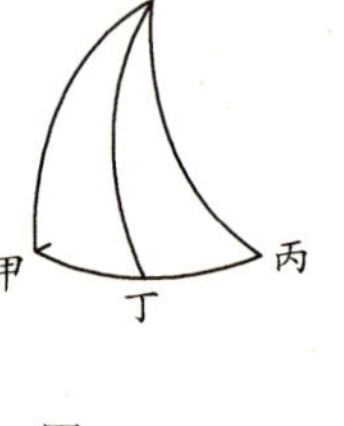

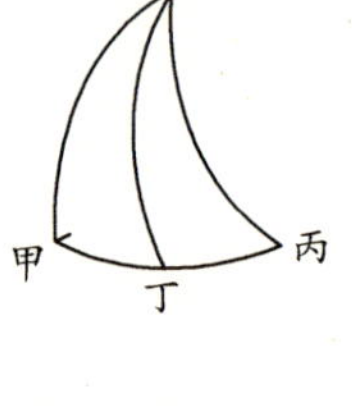

右三邊求角，而內有相同之邊，故可平分，是爲形內垂弧之第五支。此必乙丙、乙甲二邊並小，在九十度內。若九十度外，甲丙二角必俱鈍。當用次形。詳第三又法。

第二法，垂弧在形外，補成正角。內分七支。

設甲乙丙形，有丙鋭角，有夾角之兩邊，乙丙、甲丙。求乙甲邊及餘角。

法自乙角，在先有邊之一端。作垂弧乙丁。於形外，引丙甲邊至丁，補成正角形二。一丙乙丁半虛半實形，二甲乙丁虛形。

先算丙乙丁形。此形有乙丙邊，丙角，有丁正角，可求丙乙丁角。半虛半實。乙丁邊，形外垂弧。丁丙邊。丙甲引長邊。次甲乙丁虛形，有丁正角，有乙丁邊，甲丁邊，丁丙內減丙甲，得甲丁。可求乙甲邊、甲角及甲乙丁虛角。末以甲角減半周，得原設甲角。以甲乙丁虛角，減丙乙丁角，得原設丙乙甲角。

右一角二邊，角在二邊之中，而爲鋭角，是爲形外垂弧之第一支。此所得丁丙，必大于原設邊，即垂弧在形外，而甲爲鈍角。

設乙甲丙形，有甲鈍角，有角旁之丙甲、乙甲。二邊，求乙丙邊及餘角。

法於乙角作垂弧，乙丁。引丙甲至丁，補成正角。

先算乙丁甲虛形。此形有丁正角，甲角，即原設甲角減半周之餘，亦曰外角。有乙甲邊，可求甲丁邊、乙丁邊、丁乙甲虛角。次丁乙丙形，有乙丁邊，丁丙邊，甲丙加丁甲得之。丁正角，可求乙丙邊、丙角、丙乙丁角。末於丙乙丁內減丁乙甲虛角，得原設乙角。

或從丙作垂弧至戊，引乙甲邊至戊，補成正角，亦同。

右一角二邊，角在二邊之中，爲鈍角，乃形外垂弧第二支。

設乙甲丙形，有丙鋭角，有角旁之乙丙邊，有對角之乙甲邊，求丙甲邊及餘二角。

法從乙角作垂弧至丁，成正角。亦引丙、甲至丁。

先算丙乙丁形。有丁正角、丙角、乙丙邊，可求諸數。乙丁邊，丁丙邊，丙乙丁角。次丁乙甲虛形，有丁正角，乙丁乙甲二邊，可求諸數。乙甲丁角，甲乙丁角，甲丁邊。末以所得虛形甲角減半周，得原設甲鈍角。於丙乙丁內減虛乙角，得原設乙角。於丁丙內減甲丁，得原設丙甲。

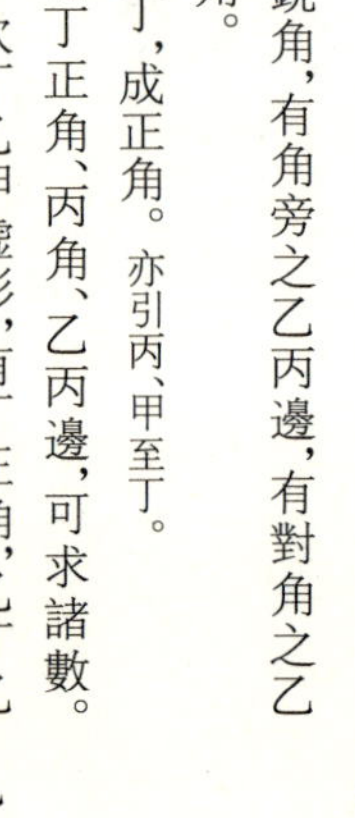

右一角二邊，角有所對之邊，而爲鋭角，乃形外垂弧之第三支。此必甲爲鈍角，故垂弧在外。

設乙甲丙形，有甲鈍角，有角旁之甲丙邊及對角之乙丙邊，求乙甲邊及餘二角。

法於丙角作垂弧至戊，補成正角。

先算虛形。甲丙戊。有戊正角，甲角，甲鈍角減半周之餘。甲丙邊，可求諸數。丙戊邊，甲戊邊，丙虛角。次虛實合形，乙丙戊。有戊正角，丙戊邊，乙丙邊，可求原設乙角，及諸數。丙角內減丙虛角，得原設丙角。乙戊內減甲戊虛引邊，得原設乙甲邊。

右一角二邊，角有所對之邊，而爲鈍角，乃形外垂弧之第四支。此先得鈍角，垂綫必在外。

設乙甲丙形，有丙甲二角，一鋭、一鈍。有丙甲邊，在兩角之中。

法於丙鋭角作垂弧至丁，在甲鈍角外。補成正角。丁丙甲虚形，有丁正角，甲外角，丙甲邊，可求諸數。丙丁邊，甲丁邊，丙虚角。次乙丙丁形，半虚實。有丁正角，丙丁邊，丙角，以丙虚角補原設丙角，得丁丙乙角。可求原設乙丙邊、乙角及乙甲邊。求得乙丁邊，内減虚形之甲丁邊，得原設甲乙邊。

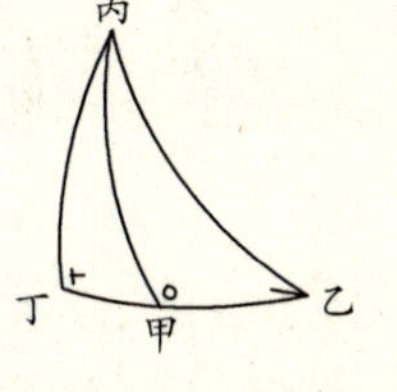
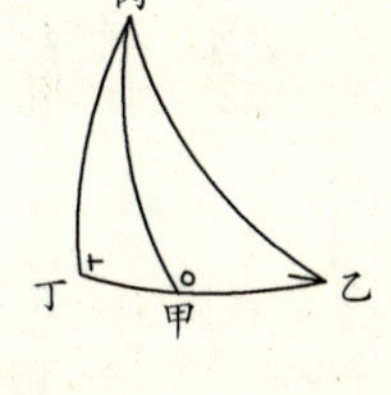

右二角一邊，邊在兩角間，爲形外垂弧之第五支。此亦可于甲鈍角作垂弧，則在形内。法在第一法之第三支。

設乙甲丙形，有乙甲二角，乙鋭、甲鈍。有丙甲邊，與乙鋭角相對。鈍角相連。

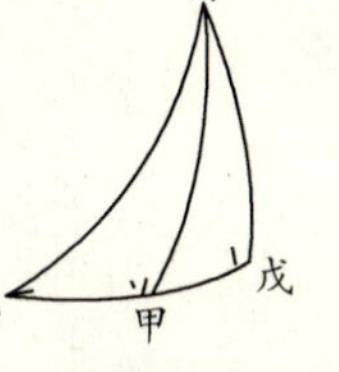

法于丙鋭角作垂弧至戊，在丙甲邊外。補成正角。甲戊丙虚形，有戊正角，有丙甲邊，甲角，原設形之外角。可求諸數。丙戊、甲戊二邊，丙虚角。次乙丙戊形，有戊正角，乙角，丙戊邊，可求丙角，求得乙丙戊角，内減丙虚角，得原設丙角。乙丙邊，乙甲邊。求到乙戊邊，内減甲戊，得乙甲。

右二角一邊，而邊對鋭角，爲形外垂弧之第六支。

設乙甲丙形，有乙鋭角，甲鈍角，有丙乙邊，與甲鈍角相對。鋭角相連。

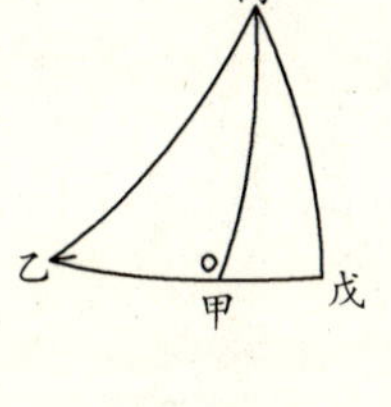

法于丙鋭角，作垂弧至戊，在甲鈍角外。補成正角。乙丙戊形，有戊正角，乙角，乙丙邊，可求諸數。丙戊、乙戊二邊，乙丙戊角。次甲丙戊虚形，有戊正角，甲外角，丙戊邊，可求原設丙甲邊、甲乙邊，求到戊甲虚邊，以減乙戊，得原設乙甲。丙角。求到丙虚角，以減乙丙戊角，得原設丙角。

右兩角一邊，而邊對鈍角，爲形外垂弧之第七支。

第三垂弧又法，用次形。内分九支。

設乙甲丙形，有乙丙二角，有乙丙邊，在兩角間，而兩角並鈍，求餘二邊及甲角。

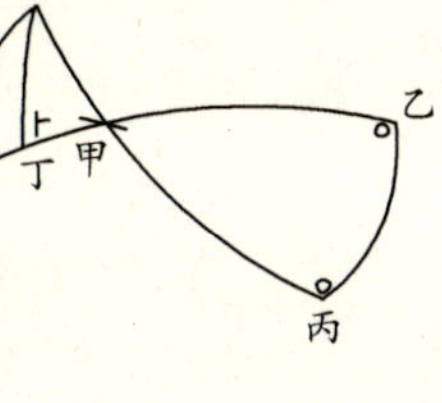

法引丙甲至己，引乙甲至戊，各滿半周。作戊己邊，與乙丙等。而己與戊並乙丙之外角，成甲戊己次形。乃作垂弧於形内，如己丁。分爲兩形。一己丁戊，一己丁甲。可求乙甲邊，以己丁戊分形，求丁戊。以己丁甲形，求甲丁。合之成甲戊，以減半周，即乙甲。丙甲邊，以己丁甲分形，求己甲。以減半周，即丙甲。甲角。以己丁分形，求甲交角。

右二角一邊，邊在角間，而用次形，爲垂弧又法之第一支。

論曰：舊説弧三角形，以大邊爲底，底旁兩角同類，垂弧在形内。異類，垂弧在形外。由今考之，殆不盡然。蓋形内垂弧，分底弧爲兩，成兩正角形，所用者鋭角也。底旁原有兩鋭角，分兩正角形，則各有兩鋭角。形外垂弧，補成正角形，所用者亦鋭角也。底旁原有一鋭角，補成正角形，則虚實兩形，各有兩鋭角。故惟三鋭角形，作垂弧于形内。一鈍兩鋭，則垂弧或在形内，或在形外。若兩鈍一鋭，則形内形外，俱不可以作垂弧，垂弧雖有内外，而其用算時，並爲一正角兩鋭角之比例。若形有兩鈍角，則雖作垂弧，只能成一正一鈍一鋭之形，無比例可求，則垂弧爲徒設矣。故必以次形通之。而所作垂弧，即在次形，不得謂之形内。然則同類之説，止可施于兩鋭。若兩鈍雖亦同類，而不可于形内作垂弧。異類之説，止可施于一鈍兩鋭。若兩鈍一鋭，而底弧之旁，一鈍一鋭，雖亦異類，然不可于形外作垂弧。非通法矣。兩鈍角不用次形，垂弧之法已窮，况三鈍角乎？

又論曰：以垂弧之法徵之，則大邊爲底之説，理亦未盡。蓋鈍角所對邊必大，既有形外立垂線垂弧之法，則鈍角有時在下，而所對之邊在上矣。不知何術能常令大邊爲底乎！此尤易見。設乙甲丙形，有丙甲二角，有乙甲邊，與丙角相對，而兩角俱鈍，求乙角及餘邊。

如法，引甲乙丙乙俱滿半周，會于己，成丙甲己次形。作己丁垂弧于次形内，分次形爲兩，可求乙角，依法求到分形兩己角，合之爲次形己角，與乙對角等。甲丙邊，求到分形甲丁及丁丙，并之即甲丙。乙丙邊。求到次形己丙，以減半周，得之。

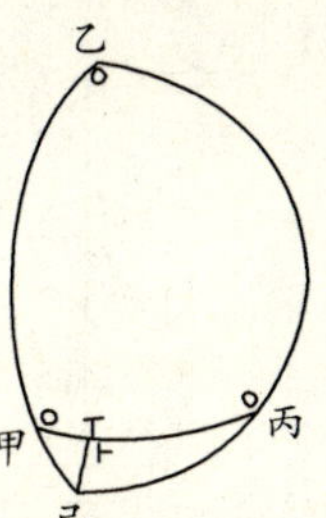

右二角一邊，邊與角對，而用次形，爲垂弧又法之第二支。此三角俱鈍也，或乙爲鋭角，亦同。

設乙甲丙形，有乙丙、乙甲兩邊，有乙角，在兩邊之中。

法用甲乙戊次形。有乙甲邊，有乙戊邊，爲乙丙減半周之餘，有乙外角。作甲丁垂弧，分爲兩形。可求丙甲邊，及餘兩角。以乙甲丁分形，求到丁乙及甲分角。又以甲戊丁形，求到甲戊，以減半周爲丙

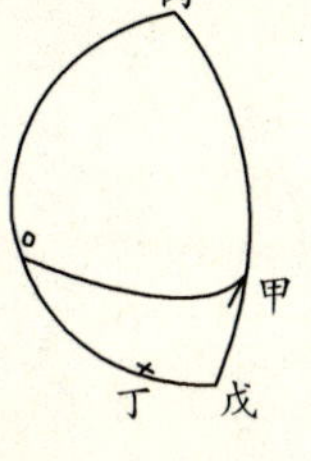

甲，又得甲分角。并先所得成甲角，即甲外角。又得戊角，即丙對角。

角，則於次形戊角作垂弧，法同上條。

右二邊一角，角在二邊之中，而用次形，爲垂弧又法之第三支。或丙爲鋭

設乙甲丙形，有丙角，有甲丙邊與角連，有乙甲邊與角對。

法用甲己戊次形。甲己爲甲乙減半周之餘。甲戊爲甲丙減半周之餘。戊角爲丙之外角。作垂弧甲丁。于内，分爲兩形，可求丙乙邊，及餘兩角。以甲丁戊分形，求丁戊及甲分角。又以甲丁己形，求得丁己。以并丁戊，成己戊，即丙乙也。又得甲分角，以并先得分角，即甲交角也。又得己角，即乙外角也。

右二邊一角，角與邊對，而用次形，爲垂弧又法之第四支。若甲爲鈍角，亦同。

論曰：先得丙鈍角，宜作垂弧於外。而乙亦鈍角，不可作垂弧。故用次形。

設乙甲丙形，有三邊，内有乙甲、丙甲。二邊相同，而皆爲過弧，求三角。

法引相同之二邊，各滿半周。作弧綫聯之，成戊甲己次形。如法作甲丁垂弧，分次形爲兩，其形相等。可求相同之二角，任以甲丁戊分形，求到戊角，以減半周，得乙角，亦即丙角。及甲角，求到甲半角，倍之，成甲角。

右三邊求角，内有相同兩大邊，爲垂弧又法之第五支。若甲爲鋭角，亦同。

以上垂弧並作於次形之内。

設乙甲丙形，有丙甲二鈍角，有甲丙邊，在兩角間。

法引乙丙、乙甲滿半周，會於戊，成甲形。自甲作垂弧，與丙戊引長弧會于正角，可求乙甲邊，乙丙邊，乙角。先求丙甲丁形諸數。次求甲戊丁，得甲戊以減半周，爲乙甲。又以丁戊減先得丁丙，得丙戊，以減半周爲乙丙。又求得戊虚角，減半周爲戊角，即乙對角。或自丙角作垂弧，亦同。

右兩鈍角一邊，邊在角間，而於次形外作垂弧，爲又法之第六支。

設乙甲丙形，有乙甲二鈍角，有甲丙邊與角對。

法引設邊成丙戊甲次形。有甲外角，有戊鈍角，爲乙對角，有丙甲邊。如上法，作丙丁垂弧。引次形邊會於丁，可求乙丙邊，先求甲丁丙形諸數。次丙丁戊虚形，求到丙戊，以減半周爲乙丙。乙甲邊，先求到丁甲，以虚線丁戊減之，得戊甲，即得乙甲。丙角。先求到甲。丙丁角，内減丙虚角，得丙外角，即得元設丙角。

右二角一邊，邊與角對，垂弧在次形外，爲又法之第七支。

設乙甲丙形，有丙鈍角，有角旁之兩邊。丙乙、丙甲。

法用甲戊丙次形，作甲丁垂弧。引丙戊會於丁，可求乙甲邊，及甲乙二角。先以甲丁丙形，求到諸數。再以甲丁戊虚形，求甲戊，即得乙甲。又甲虚角，減先得甲角，成甲外角。又戊虚角，即乙外角。

右二邊一角，角在二邊之中，垂弧在次形外，爲又法之第八支。

設乙甲丙形，有甲鈍角，有一邊與角對，乙丙。一邊與角連。丙甲。

法用丙戊甲次形。自丙作垂弧，與甲戊引長邊會于丁，可求乙甲邊，及餘兩角。依法求到甲戊，即得乙甲。求戊角，即乙角。以丙虚角減先得丙角，即丙外角。

右二邊一角，角有對邊，垂弧在次形外，爲又法之第九支。

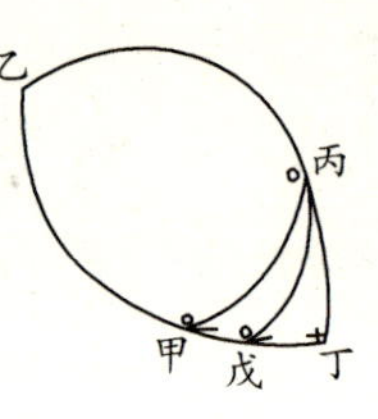

以上垂弧並作於次形之外。

論曰：三角俱鈍，則任以一邊爲底，其兩端之角皆同類矣。今以次形之法求之，而垂弧尚有在次形之外者，益可與前論相發也。

又 卷四 弧三角次形法，其用有二。正弧三角、斜弧三角，並有次形法，而其用各有二。其一易大形爲小形，則大邊成小邊，鈍角成鋭角。其一易角爲弧，易弧爲角，則三角可以求邊，亦二邊可求一邊。

第一，正弧三角形，易大爲小，用次形

如圖，戊己甲乙半渾圜，以戊丙甲、己丙乙。兩半周綫，分爲弧三角形四。一戊丙乙。二己丙戊。三己丙甲，並大。四乙丙甲，爲最小。今可盡易爲小形。

一，戊丙乙形，易爲乙甲丙形。戊丙減半周，餘丙甲。又戊乙減半周，餘乙甲。而乙丙爲同用之弧，則三邊之正弦同也。乙

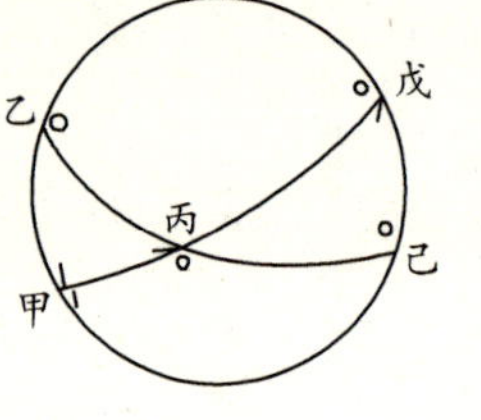

丙甲角爲戊丙乙外角。甲乙丙爲戊乙丙外角。戊角又同甲角。則三角之正弦同也。故算甲丙乙，即得戊丙乙。

二，己丙戊形，易爲乙甲丙形。乙甲己及甲己戊，並半周。內各減己甲，則乙甲同己戊。而乙丙于己丙，及甲丙于戊丙，皆半周之會。又甲戊並正角。丙爲交角，而乙角又爲己角之外角。故算乙丙甲，得己丙戊。

三，己丙甲形，易爲乙丙甲形。乙甲爲己甲減半周之餘，乙丙爲丙己減半周之餘，而同用甲丙。又次形丙角，爲元形之外角。乙角同己角，甲同爲正角。故算乙丙甲，得己丙甲。

凡正弧三角內，有大邊及鈍角者，皆以次形立算。但於得數後，以次形之邊與角減半周，即得元形之大邊及鈍角。其元形內，原有小邊及鋭角，與次形同者，徑用得數命之，不必復減半周。斜弧同。

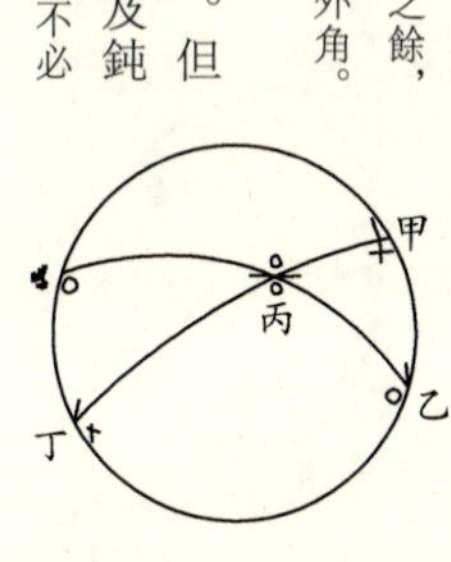

以上易大形爲小形，而大邊成小邊，鈍角成鋭角，爲正弧三角次形之第一用。大邊易小，鈍角易鋭，則用算畫一，算理易明，其算例並詳第二用。

第二，正弧三角形弧角相易，用次形。內分四支。

一，乙甲丙形，易爲丁丙庚次形。

解曰：丁如北極，戊己壬甲如赤道圈，己庚乙如黃道半周，辛丁壬如極至交圈，壬如夏至，辛如冬至。戊丁甲如所設過極經圈，乙如春分，己如秋分，並以庚壬大距爲其度。丙如所設某星黃道度，丙乙如黃道距春分度，其餘丙庚，即黃道距夏至，爲次形之一邊。丙甲如黃赤距度，其餘丙丁，即丙在黃道距北極度，爲次形又一邊。庚丁如夏至黃道距北極，而爲乙角餘度，是角易爲邊也。壬庚爲乙角度，其餘庚丁。是爲次形之三邊。又丙交角如黃道上交角。庚正角如黃道夏至。甲乙如赤道同升度，其餘壬甲，如赤道距夏至，即丁角之弧，是邊易爲角也。則次形又有三角。假如有丙交角，乙春分角，而求諸數，是三角求邊也。乙丙兩角并甲正角而三。法爲丙角之正弦與乙角之餘弦，若半徑與丙甲之餘弦，得丙甲邊可求餘邊。

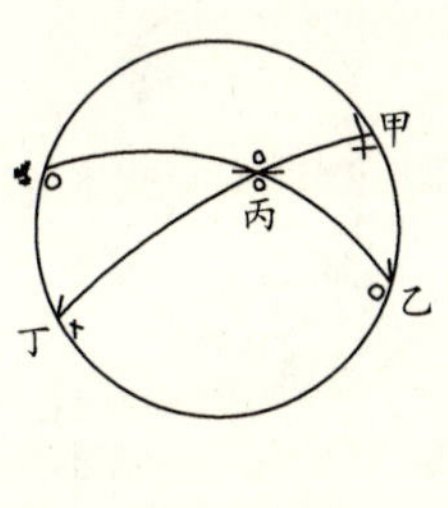

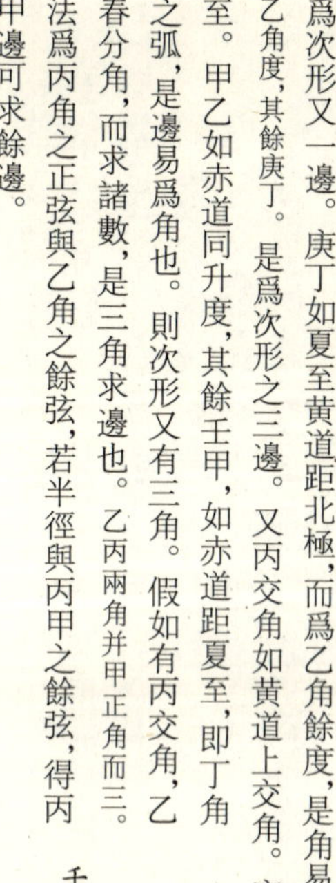

	元形	次形
一	丙角正弦	丙角正弦
二	乙角餘弦	丁庚正弦
三	半徑甲角　在次形	半徑庚角
四	甲丙餘弦	丁丙正弦

右以三角求邊也。若三邊求角，反此用之。

若先有乙丙邊，乙甲邊，而求甲丙邊，則爲乙甲餘弦即次形丁角正弦。與乙丙餘弦，即庚丙正弦。若半徑甲角，即次形庚角。與甲丙餘弦。即丁丙正弦。或先有乙丙邊，甲丙邊，而求乙甲邊。則爲甲丙餘弦即丁丙正弦。與乙丙餘弦，即庚丙正弦。若半徑甲角，即庚角。與乙甲餘弦。即丁角正弦。

或先有乙甲邊，甲丙邊，而求乙丙邊。則爲半徑甲角，即庚角。與甲丙餘弦，即丁丙正弦。若乙甲餘弦即丁角正弦。與乙丙餘弦。即庚丙正弦。

右皆以兩弧求一弧，而不用角也。

以上爲乙甲丙形用次形之法。本形三邊皆小，一正角偕兩鋭角，次形亦然。所以必用次形者，爲三角求邊之用也。是爲正弧三角次形，第二用之第一支。

二，己丙甲形，甲正角，餘二角丙鈍己鋭，丙甲邊小，餘二邊並大。易爲丁丙庚次形。

法曰：截己甲於壬，截己丙於庚，使己壬、己庚皆滿九十度。作壬庚丁象限弧。又引丙甲邊至丁，亦滿象限，而成丁丙庚次形。此形有丁丙邊，爲丙甲之餘。有庚丙邊，爲己丙之餘。凡過弧丙去象限，其餘度正弦，即過弧之餘弦。故己丙內減己庚，而庚丙爲其餘弧。有庚丁邊，爲己角之餘，乃角易爲邊也。庚與壬皆象限，即庚壬爲己角之度，而丁庚爲其餘。又有丙鋭角，爲元形丙鈍角之外角。有庚正角，與元形甲角等。壬庚既爲己角之弧，則壬與庚必皆正角。有丁角爲己甲邊之餘。己甲過弧，以壬甲爲餘度，說見上文。乃邊易爲角也。

假如有甲正角，己鋭角，丙鈍角，而求丙甲邊。法爲丙鈍角之正弦即次形丙鋭角正弦，蓋外角內角，正弦同用也。與己角之餘弦，即次形丁庚邊之正弦。若半徑即次形庚正角之正弦。與丙甲邊之餘弦。即次形丁丙邊之正弦。

既得丙甲，可求己丙邊。法爲半徑與丙角餘弦，若甲丙餘切次形爲丁丙正切。

與己丙餘切。次形爲庚丙正切。得數以減半周，爲己丙。下同。此以八綫取弧角度者，若係大邊鈍角，皆以得數與半周相減命度，後倣此。

求己甲邊。法爲己角之餘弦即庚丁正弦。與丙角之正弦，若己丙之餘弦即庚丙正弦。與己甲之餘弦。即丁角正弦，其弧壬甲。

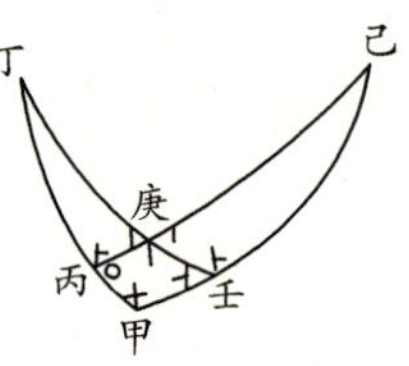

右三角求邊。

又如有己甲、己丙兩大邊，求丙甲邊。法爲己甲餘弦即丁角正弦。與己丙餘弦，即庚丙正弦。若半徑與丙甲餘弦。即丁丙正弦。

或有己甲丙甲兩邊，求己丙大邊。法爲半徑與丙甲餘弦，即丁丙正弦。若己甲餘弦即丁角正弦。與己丙餘弦。即庚丙正弦，得數減半周，爲己丙。下同。

或有丙甲己丙二邊，求己甲大邊。法爲丙甲餘弦與半徑，若己丙餘弦與己甲餘弦。即上法之反理。

右二邊求一邊。

以上己丙甲形，用次形之法。本形有兩大邊，一鈍角，次形則邊小角鋭。而且以本形之邊，易爲次形之角。本形之角，易爲次形之邊。後二形並同。是爲正弧三角次形第二用之第二支。

三，己丙戊形，戊正角，己鈍角，丙鋭角，己丙與戊丙，並大邊。易爲丁丙庚次形。

法曰：以象限截己丙於庚，其餘庚丙。截戊丙於丁，其餘丁丙。爲次形之二邊。作丁庚弧，其度爲己角之餘，己鈍角與外鋭角同以壬庚之度取正弦，其餘丁庚爲己外角之餘，亦即爲己鈍角之餘。角易邊也。次形又爲元形之截形，同用丙角。又庚正角，與戊角等。而丁角即己戊邊之餘度，試引己戊至辛，成象限。則戊辛等壬甲，皆丁角之度。而又爲己戊之餘。邊易角也。

假如有丙鋭角，己鈍角，偕戊正角，求戊丙邊。

法爲丙角正弦與己角餘弦，即庚丁正弦。若半徑與戊丙餘弦。即丁丙正弦。得數減半周爲戊丙。下同。

既得戊丙，可求己丙。

法爲半徑與丙角餘弦，若戊丙餘切即丁丙正切。與己丙餘切。即庚丙正切。

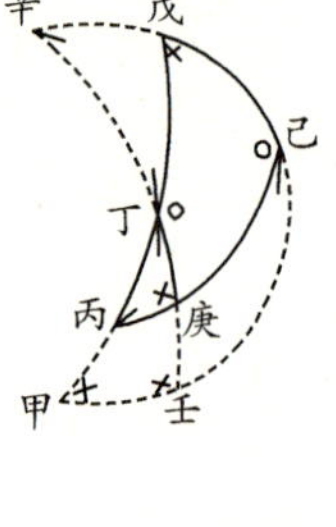

求己戊邊。

法爲戊丙餘弦即丁丙正弦。與半徑，若己丙餘弦。即庚丙正弦。與己戊餘弦。即丁角正弦。

以上三角求邊，爲正弧三角次形第二用之第三支。

四，乙丙戊形，戊正角，乙、丙並鈍角，戊乙、戊丙並大邊，乙丙小邊。易爲丁丙庚次形。

法曰：引乙丙邊至庚滿象限，得次形丙庚邊。即乙丙之餘。於丙戊截戊丁象限，得次形丁丙邊。爲戊丙之餘。而丁即爲戊乙弧之極。戊正角至丁九十度，故知之。從丁作弧至庚，成次形庚丁邊，爲乙角之餘，是角易爲邊也。試引庚丁至辛，則辛丁亦象限。而辛爲正角，庚亦正角，乙庚、乙辛皆象限弧，是庚丁辛即乙鈍角之弧度。內截丁辛象限，而丁庚爲乙鈍角之餘度矣。又庚正角與戊等，丙爲外角，丁角爲乙戊邊之餘，是邊易爲角也。乙戊內截乙辛象限，其餘戊辛，即丁交角之弧。

假如三角求邊，以丙角正弦爲一率，乙角餘弦爲二率，半徑爲三率。求得戊丙餘弦爲四率。以得數減半周，爲戊丙。餘並同前。

以上三角求邊，爲正弧三角次形第二用之第四支。

論曰：《曆書》用次形止有乙甲丙形一例。若正角形有鈍角及大邊者，未之及也。故特詳其法。

又論曰：依第一用法，大邊可易爲小，鈍角可易爲鋭。則第二、三、四支皆可用第一支之法。而次形如又次形矣。己丙甲形，己丙戊形，乙丙戊形皆易爲乙甲丙形。而乙甲丙又易爲丁丙庚。是又次形也。

正弧形弧角相易又法。用又次形。

甲乙丙形。依前法，引乙丙邊、甲乙邊各滿象限，至庚、至己。作庚己弧，引長之至丁，亦引甲丙會於丁，亦各滿象限，成丁丙庚次形。

又引丙庚至辛，引丙丁至戊，亦滿象限。作辛戊弧，引之至壬。亦引庚丁會於壬，則辛壬庚壬亦皆象限，成丁戊壬又次形。此形與甲乙丙形相當。

論曰：乙丙邊易爲壬角，乙庚及丙辛皆象限，內減同用之丙庚，則辛庚即乙丙，而辛庚即壬角之弧。乙甲邊易爲丁角，乙甲之餘庚己甲，即丁交角之弧。是次形之兩角，即元形之兩邊也。乙角易爲丁壬邊，丁己及庚壬俱象限，丙減同用之庚丁，則丁壬即己庚，而爲元形乙角之弧。丙角易爲戊壬邊，丙交角之弧辛戊，其餘爲次形戊壬。是次形之兩邊，即元形之兩角。而次形戊丁邊，即元形丙甲。次形戊角，即元形甲角。

若原形有三角，則次形有戊直角。有戊壬、丁壬二邊，可求乙甲邊。

法爲乙角之正弦即丁壬正弦。與半徑，若丙角之餘弦即戊壬正弦。與乙甲之餘弦。即丁角正弦。

求乙丙邊。

法爲乙角之切綫即丁壬切綫。與丙角之餘切，即戊壬正切。若半徑與丙乙之餘弦。即壬角餘弦。既得兩邊，可求餘邊。

以上又次形三角求邊，爲正弧三角第二用之又法。

論曰：用次形止一弧一角相易。今用又次形，則兩弧並易爲角，兩角並易爲弧。故於前四支並峙，而爲又一法也。

第三，斜弧三角易大爲小。用次形。內分二支。

一，甲乙丙二等邊形，三角皆鈍。

如法先引乙丙邊成全圜。又引甲丙、甲乙兩邊出圜周外會于丁。又引兩邊各至圜周，如戊、如己。成乙丁丙及戊甲己兩小形，皆相似而等。即各與元形相當，而大形易爲小形。

論曰：次形甲戊、甲己。二邊，爲元形邊減半周之餘，則同一正弦。次形己、戊。二角，爲元形之外角，亦同一正弦。甲乙戊爲甲乙丙外角，而與次形己角等。甲丙己爲甲丙乙外角，亦與次形戊角等。而次形甲角原與元形爲交角，戊己邊又等乙丙邊，戊乙丙及己戊乙並半周，各減乙戊，則戊己等乙丙。故算小形與大形同法。惟於得數後以減半周，即得大邊及鈍角之度。置半周，減戊甲得甲丙，減己甲亦得甲乙。又置半周減己鋭角，得元形乙鈍角。減戊鋭角亦得元形丙鈍角。其交角甲及相等之戊己邊，只得數便是，并不用減。

論曰：凡兩大圈相交皆半周，故丁丙與丁乙亦元形減半周之餘。又同用乙丙，而乙與丙皆外角，丁爲對角，故乙丁丙形與戊甲己次形，等邊等角，而並與元形甲乙丙相當。

右二邊等形易大爲小，爲斜弧次形第一用之第一支。

二，甲乙丙三邊不等形，角一鈍二鋭。

如法引乙丙作圜。又引餘二邊甲乙、甲丙。至圜周，己戊。得相當次形己甲戊，算戊甲得甲丙。算己甲得甲乙。算己戊得乙丙。其角亦一鈍二鋭。算戊鈍角得丙鋭角。算己鋭角得乙鈍角。而甲交角一算得之。

又戊甲乙形，角一鈍二鋭。

如法引戊乙作圜，又引乙甲至圜周，己。成次形己甲戊，與元形相當。算己甲得甲乙。算己戊得戊乙。又同用戊甲邊，故相當。算甲鋭角得甲鈍角。算戊鈍角得戊鋭角。算己角即乙角。

又甲己丙形，三角俱鈍。

如上法引丙己作圜，又引丙甲至戊，成次形己甲戊，與元形相當。元形甲丙與戊甲，元形己丙與己戊並減半周之餘，又同用己甲，又丙鈍角即戊鈍角，甲己兩鋭角並元形之外角。

右三邊不等形易大爲小，爲斜弧次形第一用之第二支。

第四，斜弧三角形弧角互易，用次形。內分三支。

一，乙甲丙形，三角俱鋭。易爲丑癸寅形。一鈍、二鋭。

法曰：引乙甲作圜。次引乙丙至酉，引甲丙至未，並半周。次以甲爲心，作丁辛癸寅弧。乙爲心，作戊丑癸壬弧。丙爲心，作丑子午寅弧。三弧交處，別成一丑癸寅形，與元形相當。而元形之角盡易爲邊，邊盡易爲角。

論曰：甲角之弧丁辛與次形癸寅等，則甲角易爲癸寅邊。丁癸及辛寅皆象限，減同用之辛癸，則癸寅同丁辛。乙角之弧己壬與次形丑癸等，則乙角易爲丑癸邊。癸己及丑壬皆象限，減同用之癸壬，即丑癸同壬己。丙外角之弧午申，引丑午寅至申，取亥甲與庚子等，成午申。與次形寅丑等。則丙外角易爲寅丑弧，丑午及寅申皆象限，各加同用之午寅即午申，等丑寅。是元形有三角即次形有三邊也。又甲乙邊之度，易爲癸外角，乙己及甲辰皆象限，丙減同用之甲己，則乙甲同己辰，爲癸外角

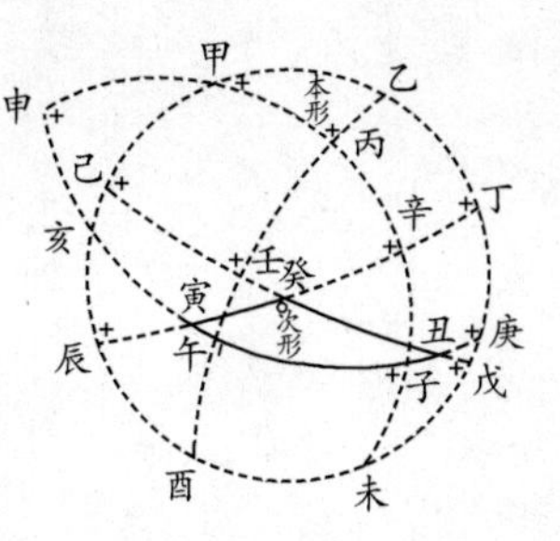

弧。甲丙邊易爲寅角，甲辛及丙子皆象限，丙減同用之丙辛，則甲丙等辛子，而同爲寅角之弧。乙丙邊易爲丑角。乙壬及午丙皆象限，內減同用之丙壬，則乙丙等午壬，而同爲丑角之弧。是元形有三邊，即次形有三角也。

又論曰：有此法，則三角可以求邊。既以三角易爲次形之三邊，再用三邊求角法，求得次形三角，即反爲元形之三邊。三邊求角法詳別卷。

又論曰：引丙甲出圜外至申，亦引庚亥弧出圜外會於申，則庚亥與子申並半周。內各減子亥，即子庚同亥申。而子寅既象弧，則寅申亦象弧矣。以寅申象弧加午寅，與以丑午象限午壬爲丑角之弧，故丑午亦象限。加午寅必等。而申午者丙外角之度，丑寅者次形之邊也。故丙角能爲次形之邊也。

又論曰：凡引弧綫出圜外者，其弧綫不離渾圓面冪，因平視故，爲周綫所掩，稍轉其渾形，即可見之矣。但其所引出之綫，原爲半周之餘。見此餘綫時，即當別用一圈爲外周。而先見者反有所掩。如見亥申即不能見子庚，故其度分恒必相當，亦自然之理也。

又論曰：依第三用法之第二支，丙未酉形及丙未乙形、丙酉甲形，並可易爲甲乙丙，則又皆以癸丑寅爲又次形矣。

右三角俱銳形，弧角相易，爲斜弧次形第二用之第一支。

二，未丙酉形，三角俱鈍。易爲丑癸寅形。一鈍二銳。

法曰：引酉未弧作圜，又引兩邊至圜周。如乙、如甲。乃以未爲心，作丁辛癸寅辰弧。以酉爲心，作戊丑癸于己弧。以丙爲心，作庚子丑寅午申弧。亦引丙甲出圜外會於申。三弧相交，成丑癸寅形。此形與元形相當，而角盡易爲弧，弧盡易爲角。

論曰：未外角之弧丁辛，成次形癸寅弧。癸丁及寅辛皆象限，內減同用之癸辛，則癸寅即丁辛。酉外角之弧壬己，成次形丑癸弧。壬丑及癸己皆象限，各減癸壬，則丑癸即壬己。丙外角之弧申午，成次形寅丑弧。準前論。庚亥及子申並半周，則申亥等子庚，而申寅爲象限，與午丑象限各減午寅，即寅丑同申午。是三角盡易爲邊也。酉未邊成癸外角，酉戊反未丁皆象限，各減未戊，則丁戊即酉未，而爲癸外角之弧。若以丁戊減戊乙己半周，其餘丁乙己過弧，亦即爲癸交角之弧。未丙邊減半周，其餘甲丙，成寅角。甲辛及子丙皆象限，各減辛丙，則辛子即甲丙，而爲寅角之弧。酉丙邊減半周，其餘乙丙，成丑角。午丙及壬乙皆象限，各減丙壬，則壬午即乙丙，而爲丑角之弧。是三邊盡易爲角也。寅角丑角並原邊減半周，則原邊即兩外角弧，與酉未成癸外角等。故三角減半周，得次形三邊。算得次形三角減半周，得原設三邊。

右三角俱鈍形，弧角相易，爲斜弧次形第二用之第二支。

論曰：若所設爲乙未丙形，則未角易爲次形癸寅邊。徑用丁辛于形內，以當癸寅，不須言外角。乙外角爲丑癸邊。亦以己壬當丑癸，與用酉外角同理。丙所爲丑寅邊。徑以丙交角之弧申午當丑寅，不言外角。若所設爲甲酉丙形，則酉角易爲丑癸邊。己壬徑當丑癸，不言外角。甲外角爲寅癸邊。用丁辛當癸寅，即甲外角。丙角爲丑寅邊。亦申午當丑寅，不言外角。又論曰：此皆大邊徑易次形，不必復言。

三，甲乙丙形，一鈍角，兩銳角。易爲丑癸寅形。

如法，引甲乙邊作全圜，引餘二邊各滿半周。又以甲爲心，作丁壬癸丑辰半周。以乙爲心，作戊庚辛癸寅亥弧。以丙爲心，作己午子丑寅卯弧。三弧綫相交，成丑癸寅次形，與元形相當而角爲弧，弧爲角。

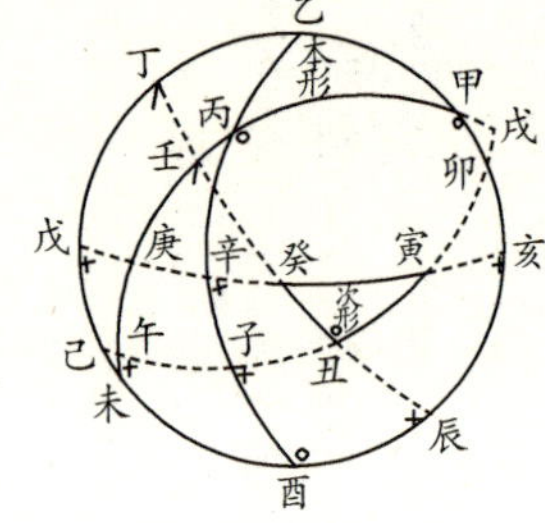

論曰：易甲角爲次形丑癸邊，於癸丁象限減壬癸，成丁壬，爲甲角之弧。於丑壬象限，亦減壬癸，即成癸丑邊，其數相等。乙外角爲次形癸寅邊，於癸戊象限減癸辛，成辛戊，爲乙外角之弧。于寅辛象限，亦減癸辛，即成癸寅邊，其數相等。丙角爲次形丑寅邊，于丑午象限減丑子，成午子，爲丙角之弧。于寅子象限，亦減丑子，即成丑寅邊，其數相等。則角盡爲邊。又甲乙邊爲癸角，于甲丁象限、乙戊象限各減乙丁，則戊丁等甲乙，而爲癸角之弧。乙丙邊成寅角，于乙辛及子丙兩象限各減丙辛，則辛子等乙丙，而爲寅角之弧。甲丙邊爲丑外角，于甲壬及午丙兩象限各減丙壬，則午壬等甲丙，而爲丑外角之弧。則邊盡爲角。

右一鈍角兩銳角形，弧角相易，爲斜弧次形第二用之第三支。

論曰：若所設爲甲丙酉形，三角俱鈍，而有兩大邊。則以甲外角爲次形丑癸邊，酉外角爲癸寅邊，丙外角爲丑寅邊。又以三邊爲次形三外角。並與第二支未丙酉形三鈍角同理。若所設爲丙未酉形、乙未丙形，並一鈍二銳而有兩大邊。皆依上法，可徑易爲丑癸寅次形。觀圖自明。

甲乙丙形，三邊並大，三角並鈍。易爲次形。

法以本形三外角之度，爲次形三邊。午己爲乙外角之度，而與癸壬等。丑辛爲甲外角之度，而與癸寅等。申亥爲丙外角之度，而與寅壬等。以本形三邊減半周之餘，爲次形三角。甲乙減半周，其餘戌乙或子甲，而並與辰丁等，即癸角之度。甲丙減半周，其餘戌丙，而與丑庚等，即寅角之度。乙丙減半周，其餘子丙，而與午亥等，即壬角之度。並同前術。

論曰：此即《曆學會通》所謂別算一三角，其邊爲此角一百八十度之餘者也。然惟三鈍角，或兩鈍角則然，其餘則兼用本角之度，不皆外角。

右三角俱鈍形，弧角相易，同第二支。惟三邊俱大。

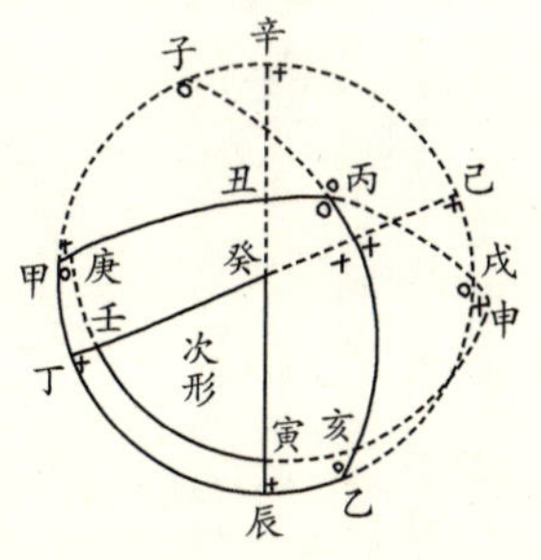

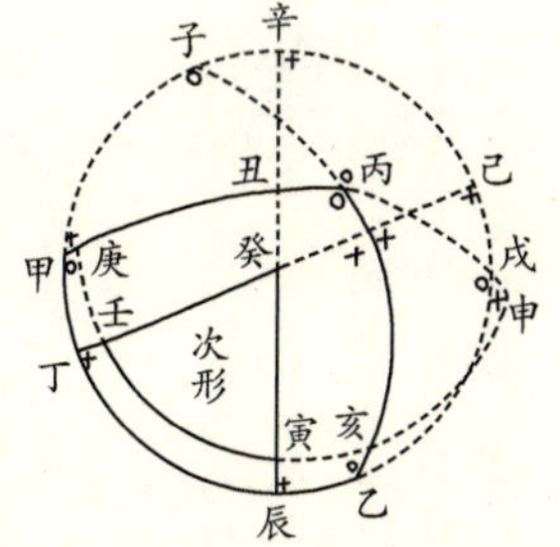

子戌丙形。一大邊二小邊，一鈍角二鋭角。

其法亦以次形癸壬、癸寅。二邊爲本形子、戌二角之度，寅壬邊爲丙外角之度，次形寅、壬。二角爲本形二小邊之度，癸角爲大邊減半周之度。

論曰：此所用次形與前同，而用外角度者惟丙角，其子角、戌角，只用本度爲次形之邊，非一百八十度之減餘也。若設戌丙乙形、子丙甲形，並同。戌丙乙形，惟次形癸寅邊爲戌外角，其餘癸壬邊之度爲乙角，寅壬邊之度爲丙角，則皆本度。子丙甲形，惟次形癸壬邊爲子外角，其餘寅壬邊之度爲丙角，癸寅邊之度爲甲角，則皆本度。

右一鈍角二鋭角，與第三支同。惟邊爲一大一小。

第五，斜弧正弧，以弧角互易。內分二支。

一，甲乙丙形，甲乙邊適足九十度，餘二邊一大一小，角一鈍二鋭。易爲丑癸寅正弧形。癸正角，餘鋭，三邊並小。

法曰：引乙丙小邊成半周，於乙引至卯，補成丙乙卯象限。又于丙引至午，成丙辛午象限，即成半周。作卯亥庚丑寅午以丙爲心之半周。截丙甲大邊于庚，使丙庚與丙乙卯等。乃作庚卯弧爲丙角之度，即庚與卯皆正角。依此引至午，亦得正角，而成半周，以丙爲心。作甲丑癸辛戌以乙爲心之半周。引甲乙象限至戌成半周。于甲、于戌各作正角聯之，即又成半周。而截乙辛成象限，與乙戌等，即辛戌爲乙外角度。而此半周以乙爲心。作乙壬癸寅弧，以甲爲心。甲戌半周折半于癸，成兩象限。從癸作十字正角弧，一端至寅，一端至乙，成癸乙象限。其所截甲壬亦象限，即乙壬爲甲角之弧，而甲爲其心。二弧綫相交，成一丑癸寅次形，與本形弧角相易，而有正角。

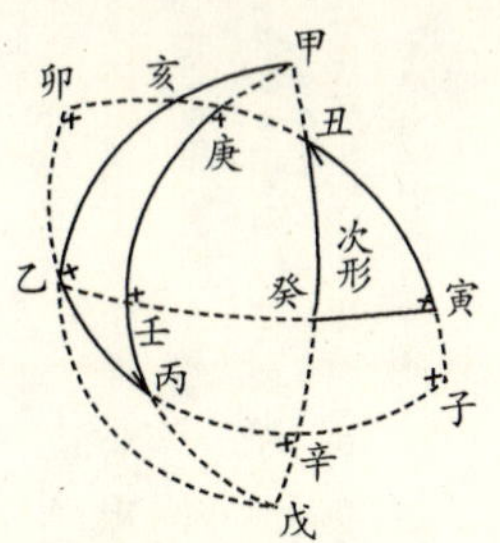

論曰：次形丑寅邊，即本形丙角之度。丑卯及寅庚皆象限，各減丑庚，則丑寅即庚卯，而爲丙角之弧。癸寅邊即甲角之度。寅壬及癸乙皆象限，各減癸壬，則癸寅即壬乙，而爲甲角之弧。丑癸邊即乙外角之度。丑辛及癸戌皆象限，各減癸辛，則丑癸即辛戌，而爲乙外角之弧。是角盡易邊也。又寅角爲甲丙邊所成，庚丙及壬戌皆象限，各減丙壬，則寅角之弧庚壬，與甲丙減半周之丙戌等。丑角爲乙丙邊所成，午丙及辛乙皆象限，各減辛丙，則丑角之弧午辛，與乙丙邊等。若減半周，則乙戌象限爲癸外角弧。癸正角，爲甲乙邊所成。癸正角內外並九十度，而甲乙象限爲癸外角弧。是邊盡爲角而有正角也。

又辰戌丙形，辰戌邊象限，餘並同前。易爲正弧形。並同前法，觀圖自明。乙丙戌形，乙戌邊足一象限，餘並小。易爲正角形，則丑寅度即丙外角，丑癸度即乙角，寅癸度即戌角。是角爲邊也。又寅角生于丙戌，丑角生于乙丙，癸正角生于乙戌，是邊爲角而有正角也。

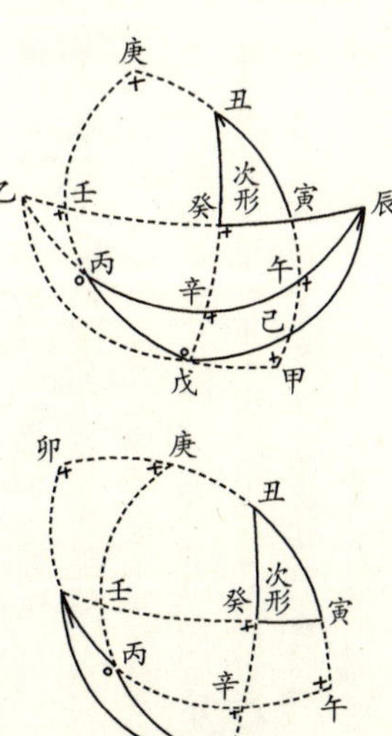

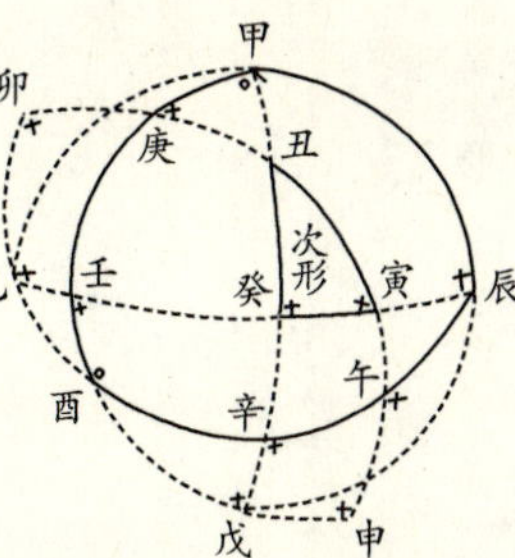

辰甲丙形，辰甲象弧，餘二邊大，三角並鈍。易爲正角形。則丑寅邊爲丙外角，丑癸邊爲辰外角，寅癸邊爲甲外角，角爲邊也。又寅角生于甲丙，丑角生于辰丙，而癸正角生于辰甲。並準前條諸論推變。是邊爲角，而且有正角也。

右本形有象限弧，即次形有正角，而斜弧變正弧，爲弧角互易之第一支。

丙乙甲形丙正角，餘兩鋭角相等，邊三小相等者二。

易爲己癸壬次形。角一鈍二鋭，鋭相等。

法以甲爲心，作寅己丑半周，則甲角之度子寅弧。成次形一邊。己壬。以乙爲心，作卯己午半周，則乙角之度卯辰弧。成次形又一邊，己癸。此所成二邊相等。以丙爲心，作亥癸壬未半周，則丙角之度癸壬象限。即爲次形第三邊。

依法平分次形。以己壬酉形求壬角，得原設甲丙邊，壬角之度癸子，與甲丙等。乙丙邊。壬癸兩鋭角原同度，而癸角之度辰壬，與乙丙等。故一得兼得也。求半己角，倍之成己角，以減半周，得原設乙甲邊。己外角之度午寅或丑卯，並與乙甲等。

論曰：本形有正角，次形無正角而有象限弧，得次形之象限弧，得本形之正角矣。

若設丙戊丁形，丙正角，兩鈍角同度，二大邊同度，一邊小。易爲己癸壬次形，與上同法，惟丁戊用外角。

若設甲丙戊形，丙正角，餘一鋭一鈍，而鋭角鈍角合成半周。邊二大一小，而小邊與一大邊合成一半周。易爲己癸壬次形，亦同上法。惟甲用外角，戊用本角，而同度。所得次形之邊亦同度。甲外角之度子寅，成次形己壬邊。戊本角之度辰卯，成次形己癸邊，而四者皆同度。其轉求本形也。用次形之壬角，得甲丙以減半周，即得丙戊。或乙丙丁形，亦同。

右本形有正角，而次形無正角，爲弧角互易之第二支。或三角形無相同之邊角而有正角。其次形，必有象限邊。或無正角而有相同之邊角。其次形亦有等邊等角。準此論之。

次形法補遺。角一鋭二鈍，邊二大一小。

算例。

甲乙丙形。甲角一百二十度，乙角一百一十度，丙角八十五度。爲一鋭二鈍。三角求邊。

如法易爲丑寅癸次形。癸寅邊六十度當甲角，丑癸邊七十度當乙角，寅丑邊當丙角。並以角度減半周得之。

求甲乙邊。即次形癸外角。

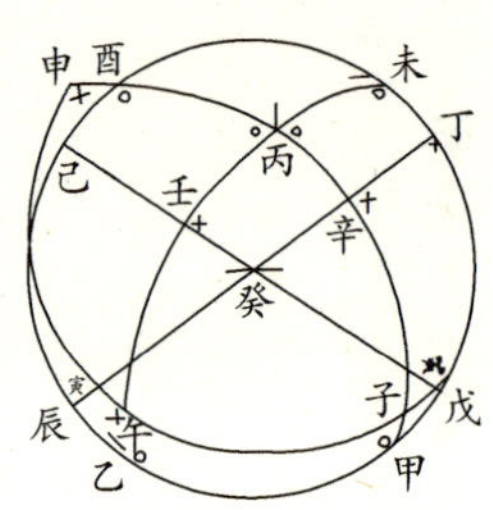

法以甲、乙。兩角正弦相乘，半徑除之，得數八一三八○。爲一率，半徑一○○○○○。爲二率，甲、乙兩角相較十度。之矢與丙角減半周九十五度。大矢相較，得數一○七一九七。爲三率。求得四率一三一七二四。爲次形癸角大矢。內減半徑，成餘弦。三一七二四。檢表得癸外角七十一度三十分。爲甲乙邊。小宜求癸角，以減半周得甲乙。今用省法，亦同。

論曰：三角求邊而用次形，實即三邊求角也。故其求甲乙邊，實求次形癸角。得癸角，得甲乙邊矣。然則兩角正弦，仍用本度者，何也？凡減半周之餘度，與其本度同一正弦也。甲角一百二十度之正弦八六六○三，即次形癸寅邊六十度之正弦。乙角一百一十度之正弦九三九六九，即次形丑癸邊七十度正弦。獨丙角用餘度大矢，何也？正弦可同用，而矢不可以同用也。丙以外角易爲次形丑寅邊九十五度，其大矢一○八七一六。而丙角本八十五度，是鋭角，當用正矢。故不可以通用。然則兩角較矢，又何以仍用本度？曰：兩餘度之較，與本度同，故也。甲角、乙角之較十度，所易次形之癸寅邊、丑癸邊，其較亦十度。所得四率爲大矢而甲乙邊小，何也？曰：餘度故也。甲乙邊易爲癸外角，而四率所得者癸內角也。故爲甲乙減半周之餘度。用餘度，宜減半周命度矣。今何以不減？曰：省算也。雖不減，猶之減矣。四率係大矢，必先得於外角七十一度半，以減半周，得癸內角一百○八度半。再以癸內角減半周，仍得七十一度半，爲甲乙邊。今徑以先得癸外角之度爲甲乙邊，其理無二。

求甲丙邊。

如上法，以邊左右兩角正弦甲八六六○三，丙九九六一九。相乘，半徑除之，得數八六二七三爲一率。半徑一○○○○○爲二率。甲、丙兩角相較三十五度矢一八○八五與乙外角七十度矢六五七九八相較，得數四七七一三爲三率。求得甲丙邊半周餘度之矢五五三○四爲四率。檢表，得六十三度二十七分，以減半周，得甲丙邊一百一十六度三十三分。

論曰：此亦用次形，三邊求寅角也。以甲角所易癸寅邊，丙角所易寅丑邊，爲角旁二邊。以乙角所易丑癸邊，爲對角之邊。求得寅角之度辛子，與酉丙等。即甲丙減半周餘度。

求乙丙邊。

如法以邊左右兩角正弦丙九九六一九，乙九三九六九。相乘，半徑除之，得數九三六一二。爲一率。半徑一○○○○○。爲二率。丙、乙。兩角較二十五度。矢○九三六九。與甲外角六十度。矢相較四〇六三一。爲三率。求得餘度矢四三四〇三。爲四率。檢表，得五十五度卅二分。以減半周，得乙丙邊。一百廿四度廿八分。

論曰：此用次形，三邊求丑角也。丙角易寅丑邊，乙角易丑癸邊，爲角旁二邊。甲角易癸寅爲對邊，求得丑角度午壬，與未丙等，即乙丙邊減半周餘度。

又論曰：此所用次形之三邊三角，皆本形減半周之餘度。甲乙同己辰，即癸外角度。則次形癸角，爲甲乙邊之半周餘度也。寅角之度子辛與酉丙等，甲丙邊之餘度也。丑角之度午壬與未丙等，乙丙邊之餘度也。是次形三角，皆本形三邊減半周之餘度矣。其次形三邊爲本形三角減半周之餘，已詳前註。故所得四率爲角之大小矢者，皆必減半周，然後可以命度。若他形則不盡然，必須詳審。

如甲未丙形，甲角六十度，丙角九十五，未角一百一十。易丑寅癸次形。則其角易爲邊，用本度者二，甲角弧丁辛六十度，易次形寅丑邊。丙角弧申午九十五度，易次形癸寅邊。用餘度者一。未角弧于戊，一百一十度，其半周餘度，己壬七十度，易次形丑癸邊。而其邊易爲角，用本度者二，未丙邊五十五度三十二分，與午壬等，成次形丑角。甲未邊餘度未酉七十一度三十分，與丁戊等，成癸外角。則次形癸角一百〇八度三十分，爲甲未之本度。用餘度者一。甲丙邊一百十六度三十三分，其餘度酉角六十三度二十七分，與辛子等，成次形寅角。若一槩用，餘度算次形，豈不大謬。

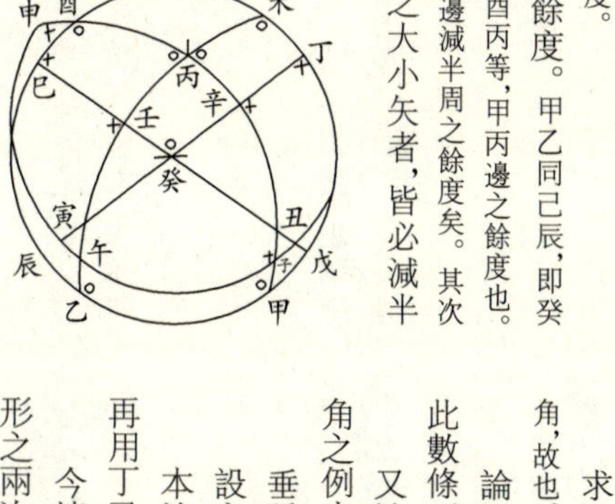

又如乙丙酉形，乙角七〇，丙角九五，酉角一二。用癸寅丑。次形，前圖。求丙酉邊。

如法以邊左右兩角正弦丙九九六一九，酉八六六〇三。相乘，去末五位，得數八六二七三。爲一率。半徑一〇〇〇〇〇。爲二率。以酉外角、丙角。相差三十五度。矢一八〇八五。與乙角矢六五七九八。相較四七七一三。爲三率。求得正矢五五三〇四。爲四率。次形寅角之矢。檢表，得六十三度二十七分，爲丙酉邊。

論曰：此所用四率，與前條求甲丙邊之數同，而邊之大小迥異。一爲餘度，一爲本度也。前條爲餘度之矢，故甲丙邊大。此條爲本度之矢，故丙酉邊小。又所用矢較，亦以不同而成其同。前條以兩角相差。此則以酉外角與丙角相差，不同也。而相差卅五度，則同。前條用乙外角之矢。此條用乙本角。又不同也。而矢數六五七九八則同。其理皆出次形也。

求酉乙邊。

如法以兩角正弦乙九三九六九，酉八六六〇三。相乘，去末五位，得八一三八〇。爲一率。半徑爲二率。酉外角，乙角。相差十度。之矢與丙角九十五度。之矢相較，得一〇六一九七。爲三率。求得大矢次形癸角之矢。爲四率。一三一七二四。檢表，得一百〇八度三十分。爲酉乙邊。此與前條求甲乙邊參看，即見次形用法不同之理，如前所論。

求乙丙邊，與前條同法。因丙乙兩内角之正弦及差度並與兩外角同，而酉角又同甲角，故也。

論曰：三角求邊，必用次形。而次形之用數得數，並有用本度餘度之異，即此數條，可知其槩。

又論曰：在本形爲三角求邊者，在次形爲三邊求角。故此數條，即三邊求角之例也。餘詳《環中黍尺》。

垂弧捷法，作垂弧而不用其數，故稱捷法。亦爲次形雙法。用兩次形，故稱雙法。

設亥甲丁形，有甲亥邊、亥丁邊，亥角，在二邊之中。求甲丁邊。對角之邊。

本法作垂弧分兩形，先求甲己邊，次求亥己邊分丁己邊。再用丁己、甲己二邊，求甲丁邊。

今捷法，不求甲己邊，但求亥己邊分丁己邊。即用兩分形之兩次形，以徑得甲丁。

一　亥己餘弦　即次形亥戊正弦
二　亥甲餘弦　即次形亥丙正弦
三　己丁餘弦　即次形辛丁正弦
四　甲丁餘弦　即次形庚丁正弦

法引甲亥邊至丙，引甲丁邊至庚，引甲己垂弧至乙，皆滿象限。又引分形邊亥己至戊，引丁己至辛，亦滿象限。末作辛庚乙丙戊半周，與亥己遇于戊，與丁己遇于辛，成亥丙戊次形，與甲己亥分形相當。丁庚辛次形，與甲己丁分形相當。而此兩次形又自相當。戊角、辛角，同以己乙爲其度，則兩角等。丙與庚又同爲正角，則其正弦之比例皆等。

論曰：半徑與戊角之正弦，若戊亥之正弦與亥丙之正弦。又半徑與辛角即戊角。之正弦，若辛丁之正弦與丁庚之正弦。合之，則戊亥正弦與亥丙正弦，亦若辛丁正弦與丁庚正弦。

又論曰：辛丁己亥戊如黃道半周，辛庚乙丙戊如赤道半周，甲如北極，辛如春分，戊如秋分，己乙如黃赤大距，即夏至之緯，乃二分同用之角度，即戊角辛角之度。亥丙及丁庚皆赤緯，甲亥及甲丁皆距北極之度。即赤緯之餘。

一　戊亥正弦　黄經

二　亥丙正弦　赤緯

三　辛丁正弦　黄經

四　丁庚正弦　赤緯

戊亥爲未到秋分之度，辛丁爲已過春分之度。似有不同，而二分之角度既同，故其比例等。

若丁爲鈍角，則如上圖，作甲己綫于形外。

一　亥己餘弦　即亥戊正弦

二　亥甲餘弦　即亥丙正弦

三　己丁餘弦　即戊丁正弦

四　甲丁餘弦　即庚丁正弦

論曰：此理在前論中。蓋以同用戊角，故比例同也。

又論曰：乙庚丙戊如赤道，己丁亥戊如黄道，皆象弧。戊角如秋分，其弧己乙如夏至距緯。此兩黄經，並在夏至後秋分前，其理易見。或先有者是丁鈍角，甲丁丁亥二邊，則先求丁己綫。亦用前圖。

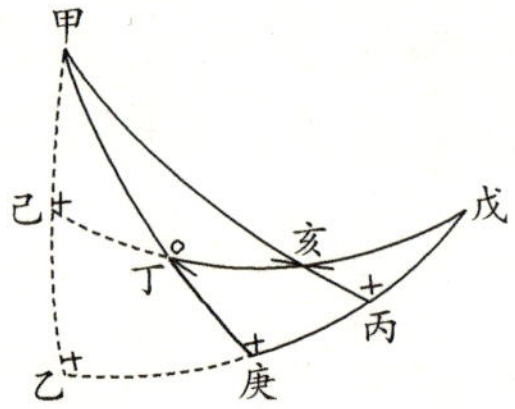

一　丁己餘弦　即戊丁正弦

二　甲丁餘弦　即丁庚正弦

三　亥己餘弦　即亥戊正弦

四　亥甲餘弦　即亥丙正弦

又論曰：假如星在甲，求其黄赤經緯。則亥丁如兩極之距，亥角若爲黄經，則丁角爲赤經，而亥甲黄緯，丁甲赤緯也。若丁角爲黄經，則亥角爲赤經，而丁甲黄緯，亥甲赤緯也。弧三角之理，隨處可施，故舉此以發其例。

又梅文鼎《塹堵測量》卷一

渾圜内容立三角體法

總圖

全形爲塹堵，分形爲鼈臑，即立三角體，又爲句股立錐，西法所用。

若内切小塹堵，則爲圜容方直形，即郭太史弧矢法。

先解全形，塹堵體。

亢戊乙卯，爲塹堵斜面，其形長方。

卯乙爲渾圜半徑，卯爲渾圜之心。亢戊爲四十五度切綫，與卯乙同度，同爲横邊。亢卯爲乙角割綫，與戊乙同度，同爲直邊。

亢氐戊丁，爲塹堵立面，其形横長方。

亢氐者，乙角切綫也，與戊丁同度，以爲之高。亢戊及氐丁，皆四十五度切綫，與半徑同度，以爲之闊。

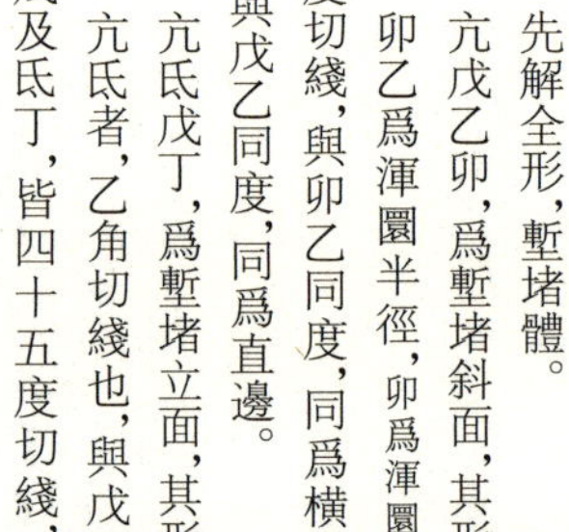

亢氐卯，戊丁乙，皆塹堵兩和之牆，其形皆立句股。氐卯同丁乙，皆半徑，爲句。亢氐同戊丁，皆乙角切綫，爲股。亢卯同戊乙，皆乙角割綫，爲弦。

卯乙丁氐，爲塹堵之底，其形正方。

卯乙及卯氐，皆渾圜半徑，其對邊悉同。

法曰：先爲立方體，以容渾球，使北極在上，南極在下，皆正切于立方底蓋之中心，則赤道平安，而赤道之二分二至，亦皆在立方四面之中心矣。

次依赤道，横剖方體爲均半，而用其上半，爲半立方容半渾圜，則二分二至皆在半立方之底綫各中心，而赤道全圈居其底。

次依二分二至，從北極十字剖之，又成四小立方，各得原立方八之一，而小立方内，各容渾圜分體八之一。此小立方，有一角之楞，直立爲北極之軸，上爲北極，下即渾圜心卯角也。其立方根，皆渾圜半徑。

次依黄赤道大距，取切綫爲高。作横綫于小立方夏至之一邊，即亢戊綫。

次依亢戊横綫，斜剖至對邊之足，則成塹堵矣。對邊之足，即卯乙也。本爲黄赤道半徑。今在小立方體，爲方底之邊，故云足也。

塹堵體有五面，其一斜面，亢戊乙卯長方。其三立面，一亢氐戊丁長方，二亢氐卯、戊丁乙相等兩句股。其一方底。卯乙氐丁平方。

底面總形

塹堵形面。有赤道象弧在方底，有黄赤大距弧在立句股邊，即兩和之牆。

底形正方，其卯角即黄赤道心。氐甲乙，爲亦道一象限。乙爲春分，氐爲夏至赤道，卯氐及卯乙，皆赤道半徑。其對邊氐丁及乙丁，皆四十五度切線。

立句股之面有二，一亢氐卯、一戊丁乙。皆同角同邊。亢氐卯形內有氐癸弧，爲夏至黃赤大距，二十三度半强。氐卯爲赤道半徑。癸卯爲黃道半徑。卯角爲黃赤大距角。氐癸弧之角。

亢氐者，氐癸弧之切綫。亦即卯角切綫。亢卯者，氐癸弧之割綫。亦即卯角割綫。

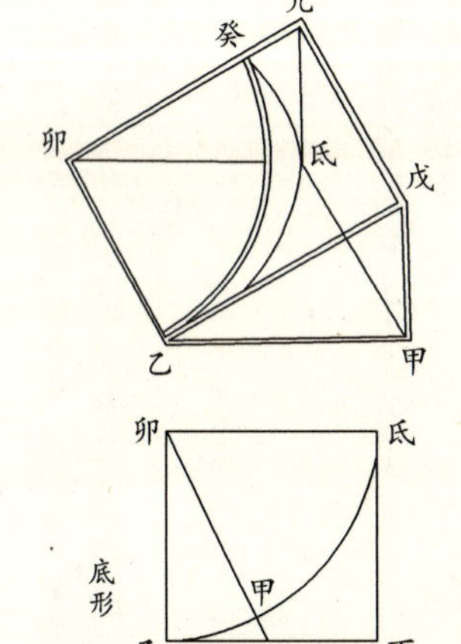
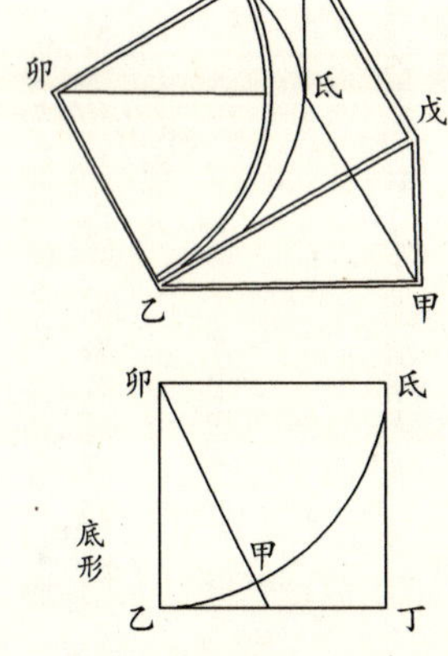

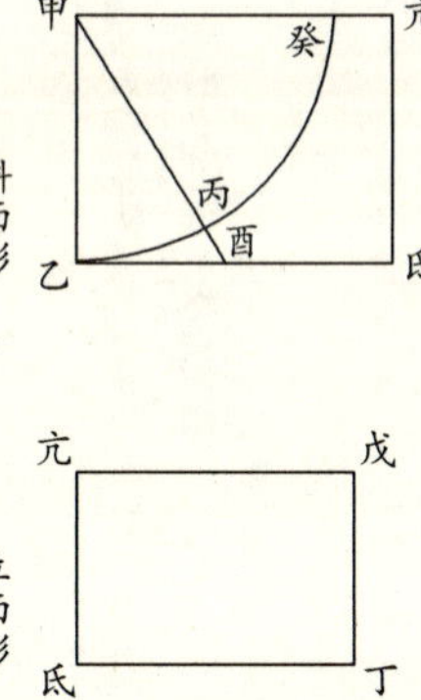
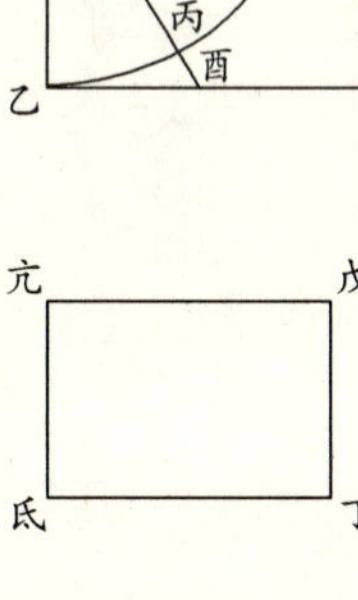

立句股面形一

立句股面形二

斜面形

立面形

底形

戊乙丁形，即前圖亢氐卯形之對面。戊丁高同亢氐句綫。如弦。戊乙斜綫，同亢卯割綫。如弦。丁乙橫綫同氐卯。如句。乙角同卯角。

又有黃道象弧在斜面。

斜面形長方，其斜立之勢依黃道。其卯角爲黃道心，即赤道心。乙丙癸爲黃道一象限。乙爲春分。與赤道同用。癸爲黃道夏至卯癸及卯乙，皆黃道半徑。內卯乙，與赤道同用。亢卯爲二十三度半强之割綫。夏至黃赤大距割綫。其相對戊乙邊，與亢卯割綫同度。亢戊邊與卯乙半徑相對同度，乃四十五度之切綫。與底上切綫氐丁相應。

立面形，亦長方，其勢直立。亢戊及氐丁二邊，爲其闊，皆四十五度切綫，與半徑同度。亢氐及戊丁，爲其高，皆二十三度半之切綫。夏至黃赤大距切綫。以亢戊邊，庚起斜面之亢戊邊，而成角體。仍以氐丁邊聯于方底之氐丁邊，則其形直立矣。

次解分形，立三角體。古謂鼈臑，即句股錐。

內含乙甲丙弧三角形及乙甲丙卯弧三角錐體。卯爲渾圜心，黃赤同用。卯乙渾圜半徑，黃赤同用。乙丙弧爲黃道經度，丙卯爲黃道半徑，乙甲弧爲赤道經度，甲卯爲赤道半徑，丙甲弧爲黃赤距緯，乙爲春分點。酉乙未角，爲春分角二十三度半，與二至大距之緯度相應，此角不動。丙角所設黃道度距春分後之點。此點移，則丙之交角變，而諸數皆從之而變。

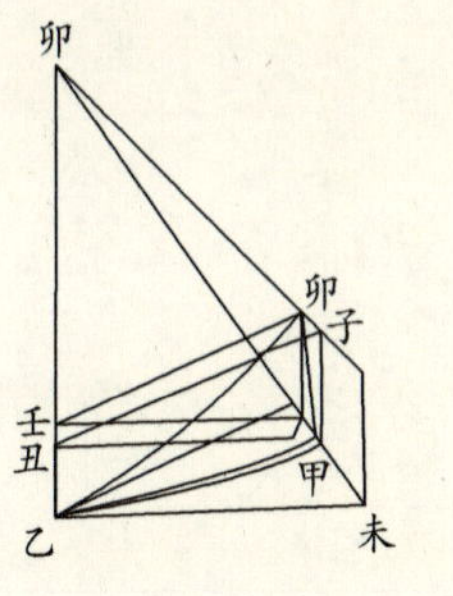

法曰：于前圖全形塹堵斜面黃道象弧內，尋所設黃道經度。自春分乙起，數設度至丙。從丙向圜心卯，作丙卯半徑。遂依半徑引長，至塹堵之邊酉，成酉卯直綫。依酉卯直綫，直剖至底，未卯綫爲底，酉未綫爲邊。成酉未乙卯立三角體。此立三角體有四面，而皆句股，故又曰句股立錐。

立句股之錐尖爲酉。

其斜面，爲酉乙卯句股形。乙正角，乙酉爲股，乙卯爲句，酉卯爲弦。

其立面二。

一爲，酉未乙句股形。未正角，酉未垂綫爲股，未乙爲句，酉乙爲弦。

一爲，酉未卯句股形。未正角，酉未垂綫爲股，未卯爲句，酉卯爲弦。

其底爲未乙卯句股形。乙正角，未乙爲股。乙卯爲句，未卯爲弦。

以上四句股面，凡楞綫六。

卯乙，半徑也。酉乙，黃道丙乙弧之切綫也。而酉卯，則其割綫也。未乙，赤道乙甲弧之切綫也。而未卯，則其割綫也。惟酉未垂綫，於八綫無當。今名之曰錐尖垂綫，亦曰錐尖柱，亦曰外綫，以其離於渾圜之體也。

句股面有四，而用者一，酉未乙也。以其能與乙角之大句股爲比例也。

楞綫六，而用者二，酉乙、及未乙也。以其爲二道之切綫，爲八綫中有定數，可爲比例也。

酉未乙句股形，以黃道切綫，酉乙。赤道切綫，未乙。相連于乙角。成銳角。則酉乙爲弦，未乙爲句，而戊丁乙及牛昴乙二句股形，同在一立面，又同用乙角，故可以相爲比例。

術爲以赤道半徑丁乙。比乙角之割綫，戊乙。若赤道切綫未乙。與黄道切綫酉乙。也。此爲以句求弦。

又，以黄道半徑午乙。比乙角之餘弦，昴乙。若黄道切綫酉乙。與赤道切綫未乙。也。此爲以弦求句。

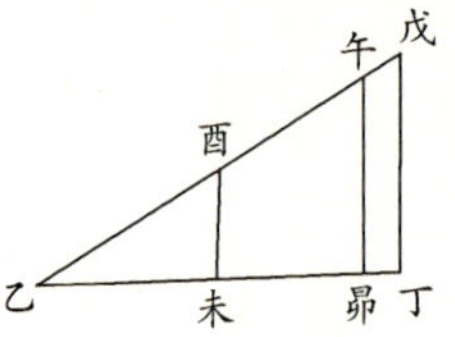

解曰：丁乙與氐昴同大，則皆赤道半徑也。戊乙與亢卯同大，則皆乙角割綫也。午乙與癸卯同大，皆黄道半徑。昴乙與己卯同大，皆乙角餘弦也。從乙窺卯，則成一點。而乙角、卯角，合爲一角。其角之割綫、餘弦，盡移于塹堵之第一層，而同在一立面，爲句若弦。觀總圖自明。

以赤道求黄道	以黄道求赤道
一 赤道半徑	一 黄道半徑
二 乙角割綫	二 乙角餘弦
三 赤道切綫	三 黄道切綫
四 黄道切綫	四 赤道切綫

若求角者反用其率		又法	
一 赤道切綫	半徑	一 黄道切綫	半徑
二 黄道切綫	赤道餘切	二 赤道切綫	黄道餘切
三 半徑		三 半徑	
四 乙角割綫		四 乙角餘弦	

第二層句股比例圖

子甲丑句股形，以黄赤距度之切綫，子甲。赤道之正弦甲丑。相連于甲，成正角。則子甲爲股，甲丑爲句。而與坎震丑及女婁丑二句股形，同在一立面，又同丑角，故可相求。

術爲以赤道半徑震丑。比乙角之切綫，坎震。若赤道正弦甲丑。與距度之切綫子甲。也。是爲以句求股。

又爲以乙角之正弦女婁。與乙角餘弦，婁丑。若距度之切綫子甲。與赤道之正弦甲丑。也。是爲以股求句。

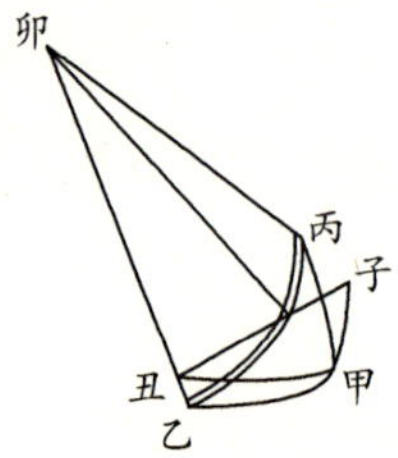

解曰：震丑即氐卯，赤道半徑也。坎震即亢氐，乙角之切綫也。女婁即癸己，而婁丑即己卯，乙角之正弦、餘弦也。從乙窺卯，則乙、丑、卯成一點，而合爲一角，其角之切綫、正弦、餘弦，盡移于塹堵第二層立面，爲句與股。

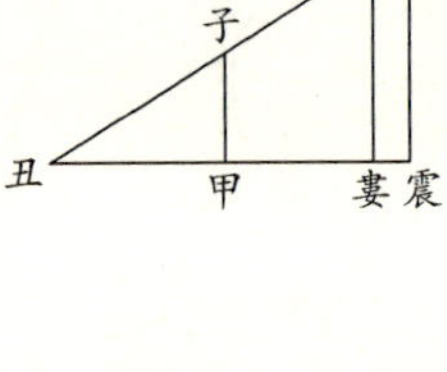

以赤道求距度	以距度求赤道	又法	
一 半徑	一 乙角正弦	一 乙角切綫	半徑
二 乙角切綫	二 乙角餘弦	二 半徑	乙角餘切
三 赤道正弦	三 距度切綫	三 距度切綫	
四 距度切綫	四 赤道正弦	四 赤道正弦	

若求角則反用其率		又法	
一 距度切綫	半徑	一 赤道正弦	半徑
二 赤道正弦		二 距度切綫	
三 半徑	距度餘切	三 半徑	赤道餘割
四 乙角餘切		四 乙角切綫	

第三層句股比例圖

丙辛壬句股形，以距度正弦、丙辛。黄道正弦丙壬。相連于丙，而成鋭角。則丙壬爲弦，丙辛爲股，而與乾艮壬及奎胃壬二句股，同在一立面，同用壬角，故可相求。

術爲以黄道半徑奎壬。比乙角之正弦，奎胃。若黄道正弦丙壬。與距度之正弦丙辛。也。是爲以弦求股。

又爲以乙角之切綫乾艮。比乙角之割綫，乾壬。若距度之正弦丙辛。與黄道正弦丙壬。也。是爲以股求弦。

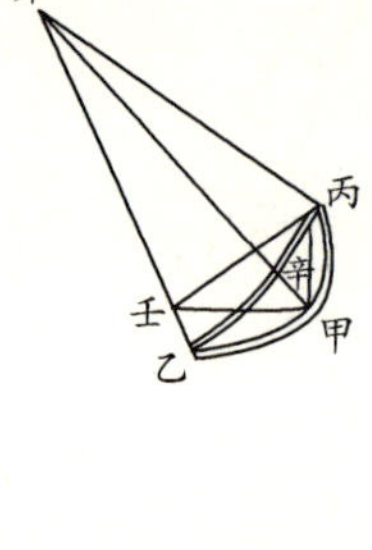

解曰：奎壬即癸卯，黄道半徑也。奎胃即癸己，距度正弦也。乾艮即亢氐，而乾壬即亢卯，則乙角之切綫、割綫也。從乙窺卯，則乙丑、壬卯半徑，因直視成一點，而合爲一角。其角之正弦切割綫，盡移于塹堵之第三層立面。以爲弦爲股。

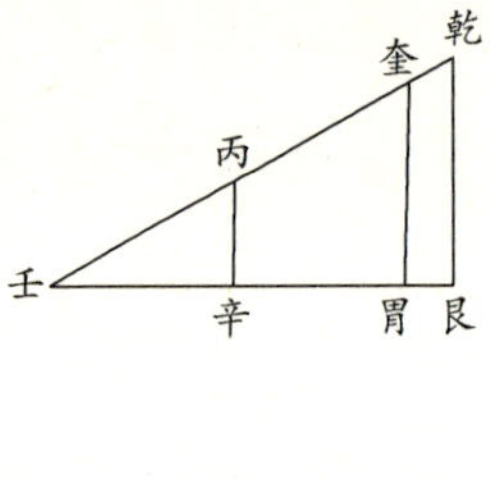

以黄道求距度	以距度求黄道	又法	
一 半徑	一 乙角切綫	一 乙角正弦	半徑

二　乙角正弦　三　黄道正弦　四　距度正弦

二　乙角割綫　三　距度正弦　四　黄道正弦

二　半徑　乙角餘割　三　距度正弦　四　黄道正弦

求角則反用其率

又法

一　距度正弦　半徑　二　黄道正弦　三　半徑　距度餘割　四　乙角正割

一　黄道正弦　半徑　二　距度正弦　三　半徑　黄道餘割　四　乙角正弦

弧三角錐體即割渾圜體之一分。

法曰：依前論，從丙點對卯直剖至底，則截黄道于丙，截赤道于甲，得丙乙及甲乙二弧。所剖渾圜之跡，又成丙甲弧。爲兩道距緯。三弧相湊，成丙甲乙弧三角面。丙卯、甲卯、乙卯，同爲半徑。三半徑爲楞，輳于卯心。卯爲三角之尖，乙甲丙弧三角面爲底，成乙甲丙卯弧三角錐體，爲割渾圜體之一分也。

此弧三角錐體，含于句股立錐體內，準前論，可以明之。

因此弧三角錐，與句股錐同鋭卯尖。異底。一以弧三角面爲底，一以句股平面爲底。故以弧三角變爲句股，以求其比例，而有三法。即前條所論三層句股。

其一爲酉未乙句股形。用酉乙弦，爲黄道丙乙弧切綫。未乙句，爲赤道乙甲弧切綫。以當乙角之弦與句。

其一爲子甲丑句股形。用子甲股，爲距度丙甲弧切綫。甲丑句，爲赤道乙甲弧正弦。以當乙角之股與句。

其一爲丙辛壬句股形。用丙辛股，爲距度丙甲弧正弦。丙壬弦，爲黄道丙乙弧正弦。以當乙角之股與弦。

問：兩弧求一弧非句股錐乎？與此所用同耶異耶？曰：形不異也，乃法異耳。何言乎法異？曰：句股錐一也，而有用角不用角之殊。此用角度，其句股在錐形之底，以卯心爲錐形之鋭，則三層句股皆爲其底。而遥對渾體之心，以視法成比例。兩弧求一弧不用角度，其句股同在錐形之一面，無假視法，自成比例，所以不同。然其爲句股之比例一而已矣。然則兩弧求一弧，惟用割綫、餘弦。此所用者惟正弦、切綫，又何不同若是耶？曰：角之句股在心，如卯亢氐等形，皆依極至交圈平剖渾圜成平面，其象始著，是在渾圜之心。與爲比例之句股在面，如酉未乙等形，皆以一角連于渾圜之面。二者相離，以視法相疊如一平面。然惟正弦、切綫能與之平行。從凸面平視，則設度之正弦、切綫皆與渾圜中剖之平面諸綫平行。若割綫、餘弦皆非平行，因視法而蹐縮，失其本象，或斜對，則長綫成短綫。或對視，則直綫成一點。不能爲比例，無所用之矣。若兩弧求一弧，則其句股自相垛疊于一平面，平、立、斜三面各具三句股，面如相垛疊，並以一大句股横截成三。皆以本數自相爲比例，全不關于視法，故無蹐縮。而其算皆割綫、餘弦所成，于正弦、切綫反無所取，所以不同。若以量體之法言之，割綫、餘弦爲量立楞、斜楞之法，正弦、切綫則量底之法也。兩弧求一弧，法見二卷。

如圖，以卯爲句股立錐之頂，卯乙爲直立之楞，如渾圜半徑，卯未、卯酉，爲斜面之楞，並如割綫。酉乙、未乙兩底綫，並如切綫。若依底綫平截之，成大小三形，則比例見矣。

剖渾圜用餘度法。塹堵内割句股方錐之眠體。

乙丙黄道弧，在四十五度以上，求甲乙赤道弧。即同升度。

依前法，半徑癸卯亦即庚乙。與乙角春分。之餘弦，乙壬亦即卯己。若乙丙黄道。之切綫，尾乙。與乙甲赤道。之切綫。箕乙。

此法無誤，但如此則兩切綫大于塹堵，須引之于形外，是以小比例，例大比例也。若至八十度，切綫太大，不可作圖矣。

今改用餘度。

法自卯渾圜心，遇黄道設弧丙，作綫至酉。剖至底。以乙丙黄道之餘弧癸丙，取其切綫于斜面，如癸斗。又以乙甲赤道之餘弧甲氐，取其切綫于底，如氐未。即以氐未移至斜面之楞，如亢酉。變立句股尾箕乙。爲平斜句股。酉亢卯，及斗癸卯，兩形皆相似。

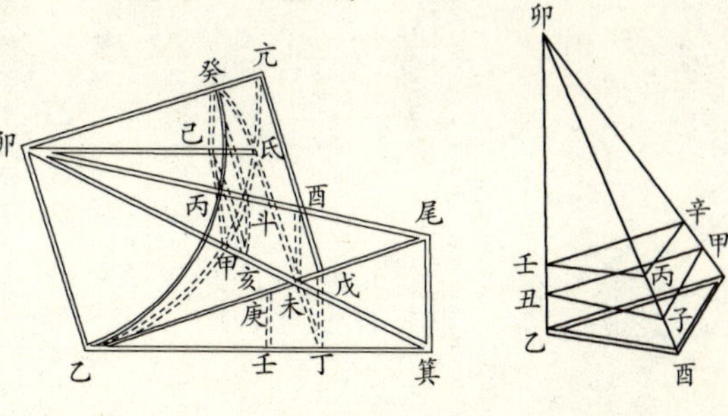

法爲半徑癸卯。與乙角之正割綫，乙角即卯角，其割綫戊乙，亦即卯亢。若乙丙黄道

之餘切綫癸斗。與乙甲赤道之餘切綫也。亢酉亦即氐未。

按：此法從亢戊邊，剖塹堵，成句股方錐之眂體。

其剖形，以亢氐酉未長方形爲底，以卯爲錐尖，以斜面之卯亢酉句股形及平面之卯氐未句股形，爲相對之二邊。又以卯氐亢之立面句股形，及卯未酉之斜立面句股形爲相對之二邊。其四面皆句股，其底長方，而以卯爲尖，故曰眂形。

不直曰方錐者，以面皆句股而卯氐綫正立，故不得僅云陽馬。謂之句股方錐可也。亦如句股錐立三角，不得僅謂鼈臑。

又　卷二

句股錐形

正弧三角之法，即郭太史側視圖也。郭法以側視取立句股，又以平視取平句股，故有圓容方直之法，而不須用角。西法專以側視之圖爲用，故必用角。用角即用弧也。惟其用角，故所用者皆側立之句股也。余此法則兼用平、立、斜三種句股，而其大小句股之比例，並在一平面，尤爲明白易見，而不更言角。既與授時之法相通，其兼用割綫，起算春分，又西曆之理也。蓋義取適用，原無中外之殊。算不違天，自有源流之合。敬存此稾以質方來，其《授時歷》側視平視之圖詳具別卷。

正弧三邊形以兩弧求一弧法句股錐形之理。

句股錐形，割員諸綫所成。

丙甲乙三角弧形，甲爲正角。卯爲渾圓心，丙乙爲黄道距春分之一弧，甲乙爲赤道同升之弧，丙甲爲黄赤距度，即過極圈之一弧。丙卯爲黄道半徑，甲卯爲赤道半徑，卯乙爲黄赤兩道之半徑。壬卯爲丙乙黄道之餘弦，以丙壬爲其正弦故。丑卯爲甲乙赤道之餘弦，以甲丑爲其正弦故。辛卯爲丙甲距度之餘弦，以丙辛爲其正弦故。子卯爲丙甲割綫，以子甲爲切綫知之。酉卯爲丙乙割綫，以酉乙爲切綫知之。未卯爲甲乙割綫。以未乙爲切綫知之。

斜面酉乙卯及子丑卯及丙壬卯皆句股形。乙、丑、壬皆正角。又同用卯角，角之弧爲丙乙黄道。平面未乙卯及甲丑卯及辛壬卯皆句股形，乙、丑、壬皆正角。又同用卯角，角之弧爲甲乙赤道。立面酉未卯及子甲卯及丙辛卯皆句股形，未、甲、辛皆正角。又同用卯角，角之弧爲丙甲距度。

論曰：因諸綫成平面句股形爲底，兩立面句股形爲牆，斜面句股形爲面。則四面皆句股形矣。而酉未聯綫及子甲切綫、丙辛正弦，皆直立。故謂之句股錐形也。其比例相等，可以相求。

用法，半徑與赤道之餘弦，若黄道之割綫與距度之割綫。

一　半徑　乙卯大句
二　甲乙餘弦　丑卯小句
三　丙乙割綫　酉卯大弦
四　丙甲割綫　子卯小弦

反之，則赤道餘弦與半徑，若距度割綫與黄道割綫。

又更之，則黄道割綫與半徑，若距度割綫與赤道餘弦。

右取斜面酉乙卯、子丑卯兩句股形，以乙卯半徑爲比例，偕一餘弦兩割綫而成四率。

斜面四率圖

半徑與距度之割綫，若黄道之餘弦與赤道之餘弦。

反之，則距度割綫與半徑，若赤道餘弦與黄道餘弦。

又更之，則黄道餘弦與半徑，若赤道餘弦與距度割綫。

右取斜面丙壬卯、子丑卯二句股形，以丙卯半徑，偕一割綫兩餘弦而成四率。

半徑與赤道割綫，若距度割綫與黄道割綫。

一　半徑　甲卯小句
二　甲乙割綫　未卯大句
三　丙甲割綫　子卯小弦
四　丙乙割綫　酉卯大弦

更之，則赤道割綫與半徑，若黄道割綫與距度割綫。

又更之，則距度割綫與半徑，若黄道割綫與赤道割綫。

右取立面酉未卯、子甲卯二句股形，以甲卯半徑，偕三割綫而成四率。

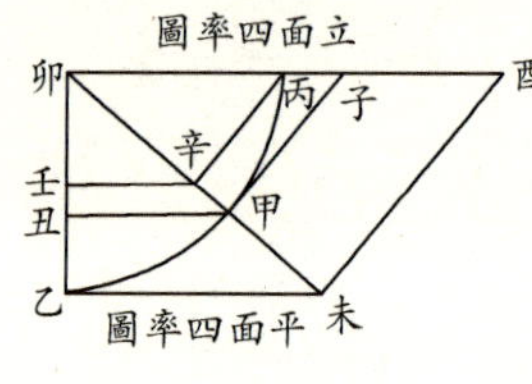
立面四率圖
平面四率圖

半徑與黃道餘弦，若赤道割綫與距弧餘弦。

一　半徑　乙卯大句
二　丙乙餘弦　壬卯小句
三　甲乙割綫　未卯大弦
四　丙甲餘弦　辛卯小弦

更之，則黃道餘弦與半徑，若距弧餘弦與赤道割綫。

又更之，則赤道割綫與半徑，若距弧餘弦與黃道餘弦。

右取平面未乙卯、辛壬卯二句股形，以乙卯半徑，偕兩餘弦一割綫而成四率。

半徑與距度餘弦，若赤道餘弦與黃道餘弦。

一　半徑　甲卯大弦
二　丙甲餘弦　辛卯小弦
三　甲乙餘弦　丑卯大句
四　丙乙餘弦　壬卯小句

更之，則距度餘弦與半徑，若黃道餘弦與赤道餘弦。

又更之，則赤道餘弦與半徑，若黃道餘弦與距度餘弦。

右取平面甲丑卯、辛壬卯二句股，以甲卯半徑，偕三餘弦而成四率。

平面四率圖

半徑與黃道割綫，若距弧餘弦與赤道割綫。

一　半徑　丙卯小率
二　丙乙割綫　酉卯大弦
三　丙甲餘弦　辛卯小句
四　甲乙割綫　未卯大句

更之，則黃道割綫與半徑，若赤道割綫與距弧餘弦。

又更之，則距弧餘弦與半徑，若赤道割綫與黃道割綫。

右取立面酉未卯、丙辛卯二句股形，以丙卯半徑，偕兩割綫一餘弦，而成四率。

立面四率圖

作立三角儀法即句股錐形。

展形

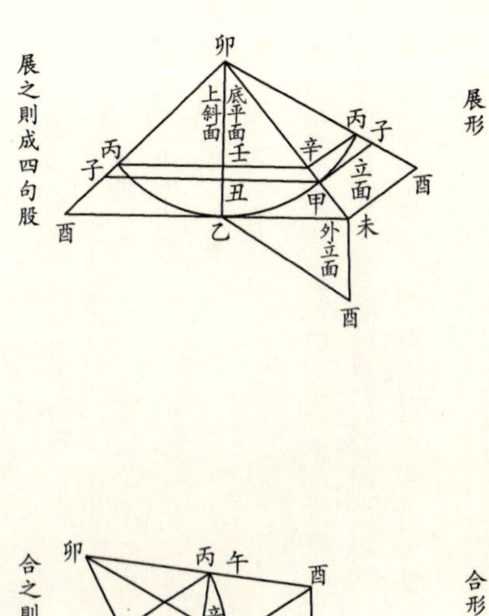

展之則成四句股

合形

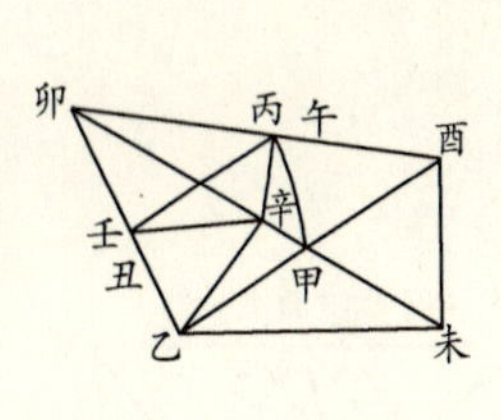

合之則成立錐

法以堅楮，依各綫畫，成句股。而摺輳之，則各綫之在渾圓者，其可覩矣。

任取黃道之一弧爲例，則各弧並同。

底上甲乙弧，赤道同升度也。赤道各綫，俱在平面爲底。面上丙乙弧，黃道度也。

黃道各綫，俱在斜面。立面丙甲弧度，黃赤距緯也。距緯各綫，俱在立面。外立面爲黃赤兩切綫之界。

論曰：此即郭若思太史員容方直之理也。太史法從二至起算，先求大立句股。依距至黃道度，取其正半弦爲界。直切至赤道平面，截黃赤道兩半徑，成小立句股。以此爲法，求得平面大句股。則赤道之正半弦也。其直切兩端下垂之跡，在二至半徑者，既成小立句股。其在所求本度者，又成斜立句股。此斜立句股之股，則本度黃赤距度之正半弦也。于是直切之跡，有黃道正半弦爲其上下之橫長，有黃赤距度之正半弦爲兩端之直闊，成直立之長方形。而在渾體之中，故曰弧容直闊也。此側立長方之四角，各有黃赤道之徑爲其楞，以直湊渾體之心，成眡體之句股方錐。句股方錐者，底雖方而錐尖偏在一楞。則其四面皆成句股。此郭太史之法也。今用八綫之法。以句股御渾體，其意略同。但其法主于用角，故從二分起算，遂成立句股錐形。立句股錐形，亦可以卯心爲錐尖，是爲眡體錐形。如此則兩錐形之尖，皆在員心，一郭法，一今法。而可通爲一法。是故用郭太史法，則以句股方錐爲主。而句股錐形，其餘度所成之餘形。今以句股錐形爲主，則員容直闊所成句股方錐，又爲餘度餘形矣。然則此兩法者，不惟不相違，而且足以相發。古人可作，固有相視而笑，莫逆于心者矣。余竊怪夫世之學者，入主出奴，不能得古人之深，而輕肆詆訶者皆是也。吾安得好學深思其人，與之上下其議哉。

句股方錐

塹堵虛形以測渾員，原有二法。一爲句股錐形，一爲句股方錐。其句股錐之法，嚮有耑論。方錐之法，亦略見于諸篇，而未暢厥旨。故復著之。其法以弧求弧而不言角，與句股錐同。而起算二至，則郭太史本法矣。方錐與錐形，互相爲正餘。故亦可以算距分之度也。

算黄赤道及其距緯，以兩弧求一弧。又法，用句股方錐形，亦塹堵形之分。以八綫法立算，起數二至，本郭太史員容方直之理而稍廣其用，亦不言角。圖見後。

如圖，癸爲二至黄道，癸丙爲距至黄道之一弧，氐爲二至赤道，氐甲爲距至赤道之一弧。與癸丙黄道相應。癸氐爲二至黄赤大距弧，二十三度半強。丙甲爲所設各度之黄赤距緯，即過極圈之一弧。卯爲渾圓心。

黄道癸丙之正弦丙張，餘弦張卯，正矢癸張，切綫癸斗，割綫斗卯。

赤道氐甲之正弦甲庚，餘弦庚卯，正矢氐庚，切綫氐室，割綫室卯。

大距度癸氐之正弦癸己，餘弦己卯，正矢氐己，切綫氐亢，割綫亢卯。

距緯丙甲之正弦丙辛，餘弦辛卯，正矢甲辛，切綫甲子。割綫子卯。

論曰：因諸綫成各句股形，爲句股方錐之面。其鋭尖皆會于卯心，又成方直形以爲之底。遂成句股方錐之眂體。

一斜平面，有黄道弧諸綫，成句股形二。一丙張卯、一斗癸卯。又有相應之赤道諸綫，亦成句股形二。一壁亢卯、一子房卯。四者皆相似而比例等。

一平面，有赤道弧諸綫，成句股二。一甲庚卯、一室氐卯。又有相應之黄道諸綫，亦成句股二。一辛井卯、一亥己卯。四者皆形相似而比例等。

一立面，有大距弧諸綫，成句股二。一癸己卯、一亢氐卯。又有相對之距緯諸綫，亦成句股二。一張井卯、一房庚卯。四者皆形相似而比例等。

一斜立面，有黄赤距度諸綫，成句股二。一丙辛卯、一子甲卯。又有相對之大距度諸綫，亦成句股二。一斗亥卯、一壁室卯。四者皆相似而比例等。

論曰：斜平面、平面、立面、斜立面，各具四句股，而並爲相似之形者，皆以一大句股截之成四也。其股與弦並原綫，而所截之句又平行，其比例不得不等。

一，内外兩方直形，一在渾圓形内，即郭法所用，乃黄道及距緯兩正弦所成。一在渾圓形外，乃赤道及大距兩切綫所成。有平立諸綫，爲各相似相連句股形之句，亦即爲相似兩方錐之底，而比例等。

一，不内不外兩方直形，一跨黄道内外，乃赤道正弦及距緯切綫所成。一跨赤道内外，乃黄道切綫及大距正弦所成。有平立諸綫，爲各相似相連句股形之句，亦即爲相似兩方錐之底，而比例等。

論曰：方錐眂體，以平行之底橫截之，即四種方直形，皆方錐之底。成大小四方錐。其錐體之頂鋭，卯與其四棱皆不動。所截之底又平行，故其比例相似而等。

又論曰：黄道在斜平面，赤道在平面，而其綫互居者，以方直形故也。大距度在立面，距緯度在斜立面，而其綫畢具者，亦以方直形故也。蓋形既方直，則橫綫直綫兩兩相對而等。

用斜平面比例

黄道半徑與黄道正弦，若距緯割綫與赤道正弦。

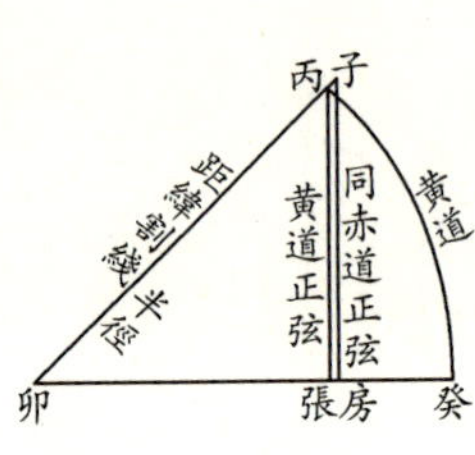

斜平面四率圖一

一　半徑　丙卯小弦

二　黄道正弦　丙張小股

三　距緯割綫　子卯大弦

四　赤道正弦　子房大股

更之，黄道正弦與黄道半徑，若赤道正弦與距緯割綫。

又更之，距緯割綫與黄道半徑，若赤道正弦與黄道正弦。

右取斜平面張丙卯、房子卯二句股形，以丙卯半徑偕一割綫兩正弦，而成四率。

黄道半徑與黄道切綫，若大距割綫與赤道切綫。

一　半徑　癸卯小句

二　黄道切綫　癸斗小股

三　大距割綫　亢卯大句

四　赤道切綫　亢壁大股

更之，黃道切綫與黃道半徑，若赤道切綫與大距割綫。

又更之，大距割綫與黃道半徑，若赤道切綫與黃道切綫。

右取斜平面斗癸卯、壁亢卯二句股形，以癸卯半徑借一割綫兩切綫，而成四率。

平面比例

赤道半徑與赤道正弦，若距緯餘弦與黃道正弦。

一　半徑　甲卯大弦

二　赤道正弦　甲庚大股

三　距緯餘弦　辛卯小弦

四　黃道正弦　辛井小股

更之，赤道正弦與赤道半徑，若黃道正弦與距緯餘弦。

一　甲庚大股

二　甲卯大弦

三　辛井小股

四　辛卯小弦

又更之，距緯餘弦與赤道半徑，若黃道正弦與赤道正弦。

右取平面井辛卯、庚甲卯二句股形，以甲卯半徑，借一餘弦兩正弦，而成四率。

赤道半徑與赤道切綫，若大距餘弦與黃道切綫。

一　半徑　氐卯大句

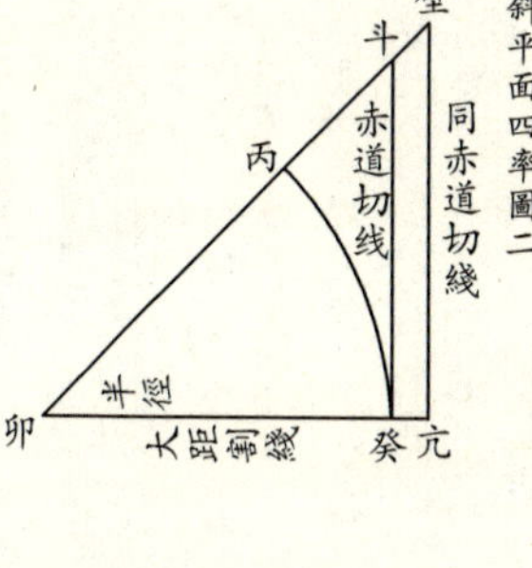

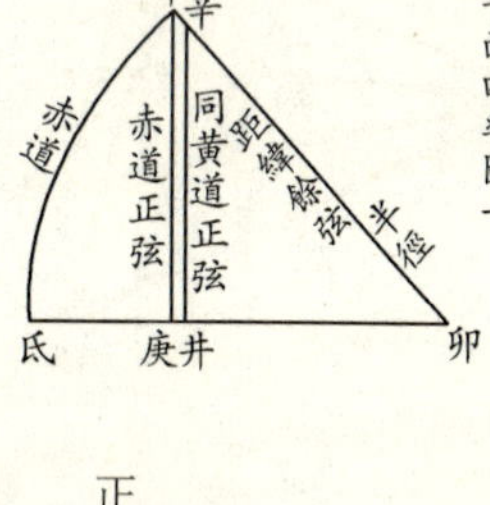

二　赤道切綫　氐室大股

三　大距餘弦　己卯小句

四　黃道切綫　己亥小股

更之，赤道切綫與赤道半徑，若黃道切綫與大距餘弦。

又更之，大距餘弦與赤道半徑，若黃道切綫與赤道切綫。

右取平面亥己卯、室氐卯二句股形，以氐卯半徑借一餘弦兩切綫而成四率。

立面比例

黃道半徑與大距正弦，若黃道餘弦與距緯正弦。

一　半徑　癸卯大弦

二　大距正弦　癸已大股

三　黃道餘弦　張卯小弦

四　距緯正弦　張井小股

更之，大距正弦與黃道半徑，若距緯正弦與黃道餘弦。

又更之，黃道餘弦與黃道半徑，若距緯正弦與大距正弦。

右取立面已癸卯、井張卯二句股形，以癸卯半徑，借一餘弦兩正弦而成四率。

赤道半徑與大距切綫，若赤道餘弦與距緯切綫。

一　半徑　氐卯大句

二　大距切綫　氐亢大股

三　赤道餘弦　庚卯小句

四　距緯切綫　庚房小股

更之，大距切綫與赤道半徑，若距緯切綫與赤道餘弦。

又更之，赤道餘弦與赤道半徑，若距緯切綫與大距切綫。

右取立面房庚卯、亢氐卯二句股形，以氐卯半徑，借一餘弦兩切綫而成四率。

斜立面比例

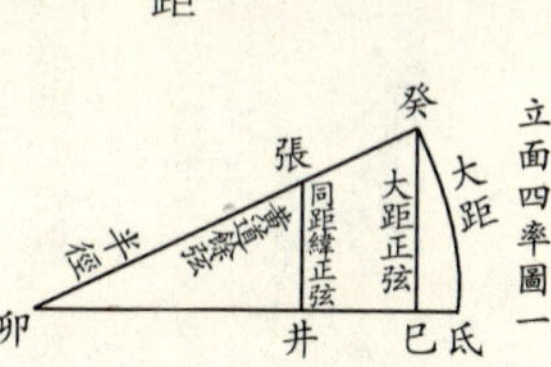
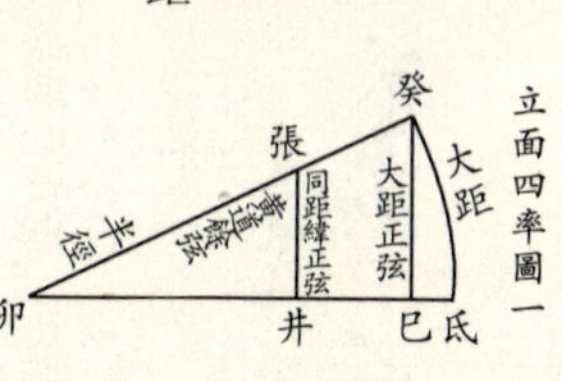

黃道半徑與距緯正弦，若黃道割綫與大距正弦。

一　半徑　丙卯小弦

二　距緯正弦　丙辛小股

三　黃道割綫　斗卯大弦

四　大距正弦　斗亥大股

更之，距緯正弦與黃道半徑，若大距正弦與黃道割綫。

又更之，黃道割綫與黃道半徑，若大距正弦與距緯正弦。

右取斜立面辛丙卯、亥斗卯二句股形，以丙卯半徑，偕一割綫兩正弦而成四率。

斜立面四率圖一

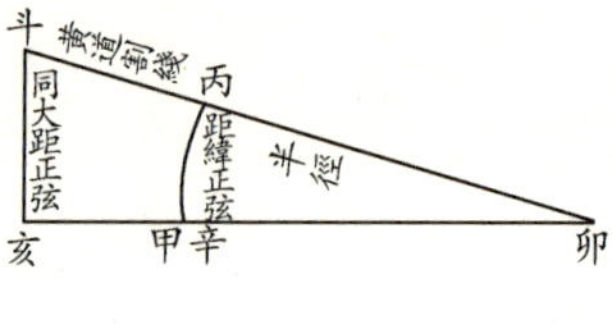

赤道半徑與距緯切綫，若赤道割綫與大距切綫。

一　半徑　甲卯小句

二　距緯切綫　甲子小股

三　赤道割綫　室卯大句

四　大距切綫　室壁大股

更之，距緯切綫與赤道半徑，若大距切綫與赤道割綫。

又更之，赤道割綫與赤道半徑，若大距切綫與距緯切綫。

右取斜立面子甲卯、壁室卯二句股形，以甲卯半徑，偕一割綫兩切綫而成四率。

斜立面四率圖二

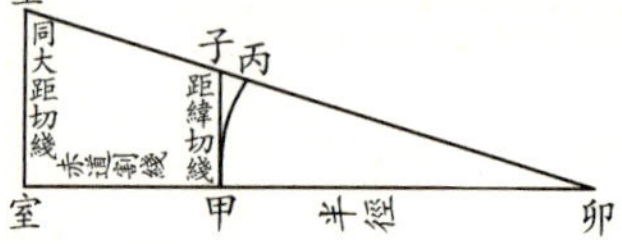

以上方錐形之四面，每面有大小四句股形，即各成四率比例者六，合之則二十有四，並以兩弧求一弧而不言角。方直形比例。

黃道正弦與距緯正弦，若赤道切綫與大距切綫。

一　黃道正弦　井辛小句

二　距緯正弦　張井小股

三　赤道切綫　氐室大句

四　大距切綫　亢氐大股

更之，距緯正弦與黃道正弦，若大距切綫與赤道切綫。

方直形四率圖一

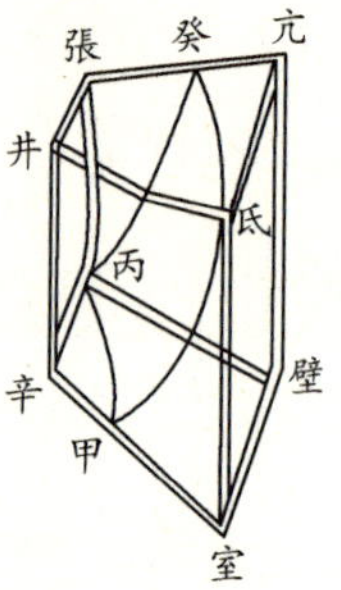

又更之，赤道切綫與大距切綫，若黃道正弦與距緯正弦。

再更之，大距切綫與赤道切綫，若距緯正弦與黃道正弦。

右取渾體內所容方直形上黃道及距緯兩正弦，偕渾體外所作方直形上赤道及大距兩切綫，而成四率。

赤道正弦與距緯切綫，若黃道切綫與大距正弦。

一　赤道正弦　庚甲小句

二　距緯切綫　房庚小股

三　黃道切綫　己亥大句

四　大距正弦　癸己大股

方直形四率圖二

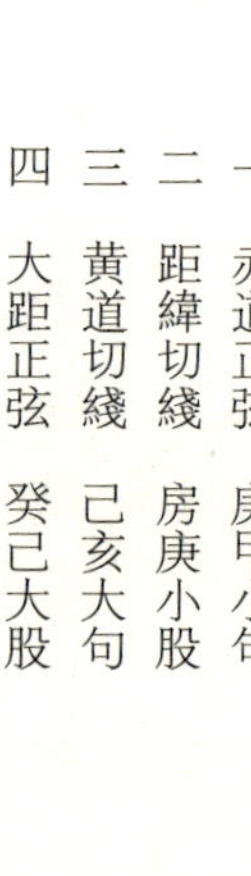

更之，距緯切綫與赤道正弦，若大距正弦與黃道切綫。

又更之，黃道切綫與大距正弦，若赤道正弦與距緯切綫。

再更之，大距正弦與黃道切綫，若距緯切綫與赤道正弦。

右取方直形上黃道切綫大距正弦，偕又一方直形上赤道正弦距緯切綫，而成四率。

以上大小方錐形之底，各成方直形，而兩兩相偕，即各成四率比例者四，合之則八，並以三弧求一弧而不言角。

凡句股方錐形所成之四率比例，共三十有二，皆不言角。內四率中有半徑者二十四，並兩弧求一弧。四率中無半徑者八，以三弧求一弧，其不言角則同。

問：各面之句股形，並以形相似而成比例，若方直形所用，皆各形之大小句，然不同居一面，又非相似之形，何以得相爲比例？曰：句股形一居平面，一居立面，而能相比例者，以有棱綫爲之作合也。何以言之？如亢卯割綫爲方錐形之一棱。而此綫既爲斜平面句股形壁亢卯。之弦。故其比例在斜平面爲亢卯與張卯，若亢壁與張丙也。而在立面爲亢卯與張卯，若亢氐與張井也。合而言之，則亢壁與張丙，亦若亢氐與張井。餘倣此。

問：此以方直相比，非句股本法矣。曰：亦句股也。試平置方錐，以方底著地，使卯銳直指天頂，而卯氐棱綫正立如垂。而從其卯頂俯視之，則卯井庚己氐棱綫上分段之界，因對視而成一點。亢卯棱綫與亢氐綫相疊，室卯綫與室氐相疊，皆脗合爲一。惟亢壁室氐直方形，因平視而得正形。其壁卯棱綫，則成壁氐。而斜界于對角，分直方形爲兩句股形矣。又其分截之三方直形，亦以平視得正形，亦各以棱綫分爲兩句股，而大小相疊，成相似之形。而比例等矣。

如圖，亢氐室壁長方，以壁氐綫成兩句股。而張井辛丙長方，即張氐辛丙。亦以丙卯綫即丙井，亦即丙氐。成兩句股。並形相似。則亢壁與張丙，若亢氐與張井。張井即張氐。

又癸己亥斗長方，即癸氐亥斗。以斗卯綫即斗己，又即斗氐。成兩句股。而房庚甲子長方，即房氐甲子。亦以子卯綫即子庚，又即子氐。成兩句股，而形相似。則癸斗與房子，若癸己與房庚。癸己與房庚，即癸氐與房氐。

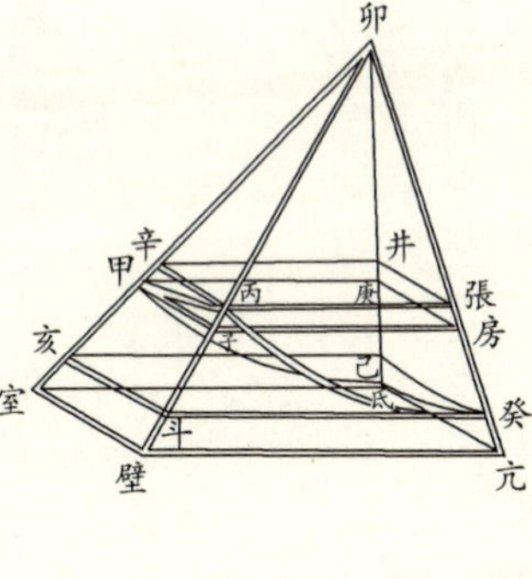

合形。合之則成句股方錐。

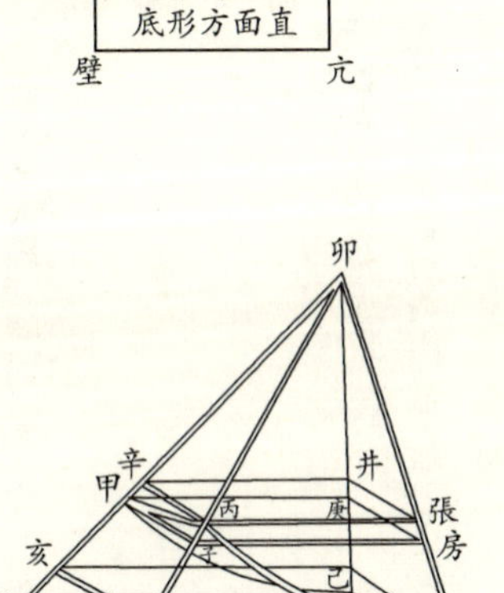

展形。展之成四句股面，一方直底。

作方直儀法即句股立方錐。

法以堅楮，依黄赤大距二十三度半，畫成立面。再任設赤道距至度，畫成平面。再依法畫距緯斜立面，及黄道距至度斜平面，并方直底。然後依棱摺輳，即渾圓上各綫相爲比例之故，了然共見。

任指黄道或赤道之距至一弧爲式，即各弧可知。其所用距至弧或在至前，或在至後，或冬至，或夏至，並同一理。

方塹堵内容圓塹堵法

先解方塹堵。

塹堵，以正方爲底。氐卯丁乙形。其上有赤道象限。氐乾乙弧，乙春分，氐夏至。以長方爲斜面，亢卯戊乙形。其上有黄道象限。癸巽乙弧，乙春分，巽夏至。底與面，一邊相連，卯乙邊，爲底與斜面所同用，故相連，乃黄赤道之半徑。一邊相離，氐丁邊，在底，與赤道平行。亢戊邊在斜面，或相離，其距爲亢氐，爲戊丁，皆大距度癸氐弧之切綫。其形似斧。

從斜面作戊卯對角綫，切至底，成丁卯對角成于底。分塹堵爲兩。則赤道爲兩平分，赤道平分于乾，乾乙距春分，乾氐距夏至，各得四十五度。而黄道爲不平分。黄道分于巽，則巽乙距春分四十七度二十九分弱。而巽癸距夏至四十二度三十一分强。于是黄道切綫戊乙。與大距度割綫亢卯。等，而方塹堵之形以成。亢卯爲大距二十三度三十一分半之割綫，其數一〇九〇六五。戊乙爲黄道四十七度二十九分之切綫，其數亦一〇九〇六五。兩數既同，故能作長方斜面，而成塹堵。乃黄道求赤道用兩切綫之所賴也。若赤道求黄道，則反用其率。

法曰：自黄道四十七度二十九分以前，用正切，是立面句股比例。戊丁乙句股比例，即亢氐卯，或用癸己卯，皆大句股也。其酉未乙，則爲小句股。

一 戊乙即巽乙黄道之切綫，而與大距割綫亢卯等 ╳ 癸卯黄道半徑 大弦
二 丁乙即乾乙赤道之切綫，而與赤道半徑氐卯等 ╳ 己卯大距餘弦 大句
三 酉乙丙乙黄道之正切 小弦
四 未乙甲乙赤道之正切 小句

右黄道求赤道，爲以弦求句。

一 赤道半徑氐卯 大句
二 大距割綫亢卯 大弦
三 赤道切綫未乙甲乙赤道。 小句
四 黄道切綫酉乙丙乙黄道。 小弦

右赤道轉求黄道，爲以句求弦。

自黄道四十七度二十九分以後，用餘切，是斜平面句股比例。斜面亢虚卯爲大句股，癸斗卯爲小句股。在平面，則爲氐危卯大句股，己心卯小句股。

一　黄道半徑癸卯　小股

二　大距割綫亢卯　大股

三　黄道餘切癸斗　小句　牛乙黄道，其餘弧牛癸。

四　赤道餘切亢虛　大句　女乙赤道，其餘弧女氐。

右黄道求赤道，爲以股求句。

一　赤道半徑氐卯　大股

二　大距餘弦己卯　小股

三　赤道餘切危氐即亢虛。　大句　女氐即女乙赤道之餘。

四　黄道餘切心己即癸斗。　小句　牛癸即牛乙黄道之餘。

右以赤道轉求黄道，亦爲以股求句。

論曰：赤道求黄道，用句股于赤道平面，即郭太史員容方直之理。但郭法起二至，則此所謂餘弧，乃郭法之正弧。又郭法只用正弦，而此用切綫，爲差別耳。

又論曰：正切綫法亦可用于半象限以上，餘切綫亦可用于半象限以下。此因方塹堵之底正方，則所用切綫至方角而止，故各用其所宜。云半象限者，主赤道而言。若黄道，以四十七度二十九分爲斷。一平一斜，故其比例如弦與句。

又論曰：正切綫法，即句股錐形也。餘切綫法，即句股方錐也。以對角斜綫，分塹堵爲兩，成此二種錐形，遂兼兩法。

圓塹堵圖一

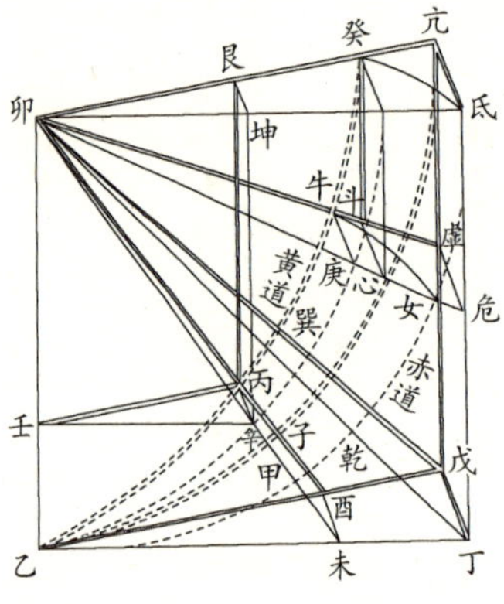

次解員塹堵。

方塹堵內，容割渾員之分體，以癸牛丙乙黄道，爲其斜面之界。以氐女甲乙赤道，爲其底之界。而以癸氐大距弧及牛女丙甲等逐度距弧，爲其高。高之勢曲抱，如渾員之分。斜面平面，皆爲平員四之一。其高自癸氐大距，漸殺至春分乙角，而合爲一點。

員塹堵者，雖亦在方塹堵之內，然又在所容割渾員分體之外，與割渾員體同底。亦以赤道爲界而不同面，其面自乙春分，過子過奎至亢。其形卯乙短而亢卯長，如割平橢員面四之一。其橢員邊之距心，皆以逐度距緯如丙甲牛女等。之割綫所至爲其界，如卯子爲丙甲距弧割綫，卯奎爲牛女距弧割綫之類。而以逐度距緯之切綫爲其高。如子甲爲丙甲距弧切綫，奎女爲牛女距弧切綫之類。

法以赤道爲圍作圓柱，置渾圓在圓柱之內。對赤道橫剖之，則所剖圓柱之平圓底，即赤道平面也。又自夏至依大距二十三度三十分半之切綫爲高，斜對春秋分剖至心，則黄道半周在所剖之斜面矣。

然黄道半周雖在所剖斜面，而黄道自爲半平圓，所剖斜面則爲半橢員。黄道平圓在橢圓內，兩端同而中廣異，兩端是二分如乙，爲平橢同用點。中廣是夏至，如黄道癸在橢面亢之內，其距爲癸亢。此圓塹堵之全體也。

于是，又從亢癸對卯心直剖到底，則成圓塹堵之半體，即方塹堵所容也。此圓塹堵斜面之高，俱爲其所當距緯弧之切綫。渾圓上弧三角法，以距緯切綫與赤道平面之正弦，相連爲句股而生比例，是此形體中所具之理。

圓塹堵圖二

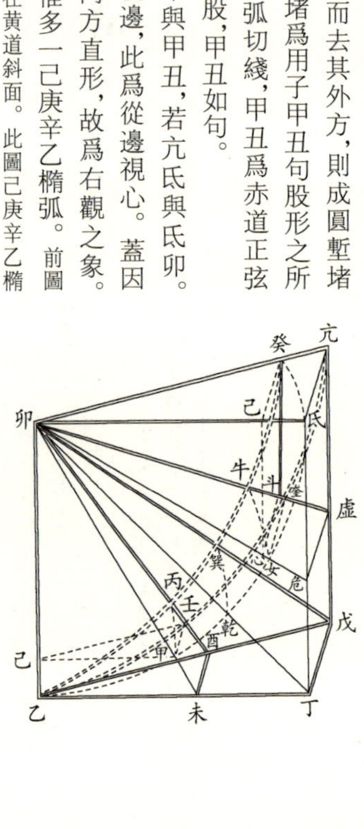

此塹堵體與前圖同，惟多一亢奎子乙橢弧。以此爲橢圓界，立剖至底，令各度俱至赤道。而去其外方，則成圓塹堵真體。此圓塹堵爲用子甲丑句股形之所賴。子甲爲距弧切綫，甲丑爲赤道正弦也。又子甲如股，甲丑如句。

法爲子甲與甲丑，若亢氐與氐卯。

前圖爲從心視邊，此爲從邊視心。蓋因欲顯圓塹堵內方直形，故爲右觀之象。與前圖一理，惟多一己庚辛乙橢弧。前圖亢奎子乙橢弧，在黄道斜面。此圖己庚辛乙橢弧，在赤道平面。

圓塹堵有二。

若自斜面之黄道象限各度，直剖至赤道平面，亦成圓塹堵象限。然又在剖渾圓體分之內，其體以斜面爲正象限，但斜立耳，其底在赤道者，轉成橢圓。

此橢圓形，在赤道象限之(丙)[內]，惟乙點相連，此即簡平儀之理。其椭之法，則以卯乙半徑爲大徑，癸氏距弧之餘弦卯己爲小徑。小徑當二至、大徑當二分，與前法正相反。然其比例等，何也？割綫與全數，若全數與餘弦也。

此圓塹堵以橢形爲底，象限爲斜面，以距度逐度之正弦爲其高。乃黄道距緯相求，用兩正弦之所賴也。

此圓塹堵內，又容小方塹堵，乃郭太史所用圓容方直也。

渾圓因斜剖作角而生比例，成方圓塹堵形，其角自〇度一分以至九十度，凡五千四百。則方圓塹堵亦五千四百矣。乙角以春分爲例，則其度二十三度半强，其實自一分至九十度，並得爲乙角，合計之則五千四百。

每一塹堵，依度對心剖之，成立句股錐及方句股錐之眠體，自〇度一分至大距止，亦五千四百。

以五千四百自乘，凡二千九百一十六萬，而渾圓之體之勢，乃盡得其比例。烏虖至矣！

每度分有方塹堵。方塹堵內函赤道所生橢體。赤道橢體內又函黄道所生橢體。黄道橢體內又函小方塹堵。每度分有此四者，則一象限內爲五千四百者四，共二萬一千六百。以乙角五四〇〇乘之，則一一六六四〇〇〇〇。

每度有正有餘，對心斜分，則正度成句股錐，餘度成方底句股錐之眠體。一象限凡四萬三千二百。以五四〇〇乘之，則二三三二八〇〇〇〇。

圓容方直簡法

古未有預立算數以盡句股之變者，有之自西洋八綫表始。古未有作爲儀器以寫渾圓內句股之形者，自愚所撰立三角始。立三角之儀，分之曰句股錐形，曰句股方錐形。合之則成塹堵形。其稱名也小，其取類也大。徑寸之物以狀渾圓。而弧三角之理，如指諸掌。即古法之通于弧三角者，亦如指諸掌矣。雖然，猶無解于古法之不用割切也。故復作此簡法，以互徵之，而《授時曆》三圖附焉。蓋理得數而彰，數得圖而顯，圖得器而真。草野無諸儀象藉，兹以自擇其疑，不敢自私，故以公之同好云爾。句股錐形，是以西法通郭法。句股方錐形，是以郭法通西法。今此簡法，是專解郭法。而兩法相同之故，自具其中。

圓容方直儀簡法即句股方錐之方直儀，而不用割切綫，祇以各弧正弦矢度相求，其用已足，亦不須用角。

分形

立面中有句股形二。其一大句股形，癸己乙。以黄道半徑癸乙。爲弦，大距度正弦癸己。爲股，大距度餘弦己乙。爲句。其一小句股形，壬戊乙。以黄道餘弦壬乙。爲弦，距緯正弦壬戊。爲股，楞綫戊乙。爲句。

平面中亦有句股形二。其一小句股形，庚戊乙。以距緯丙甲之餘弦庚乙。爲弦，以黄道正弦戊丁。爲股，楞綫戊乙。爲句。其一大句股形，甲辛乙。以赤道半徑甲乙。爲弦，以赤道正弦甲辛。爲股，赤道餘弦辛乙。爲句。戊乙綫，于弧度無取，然平立二形並得。此補成句股，謂之楞綫。圖如後。

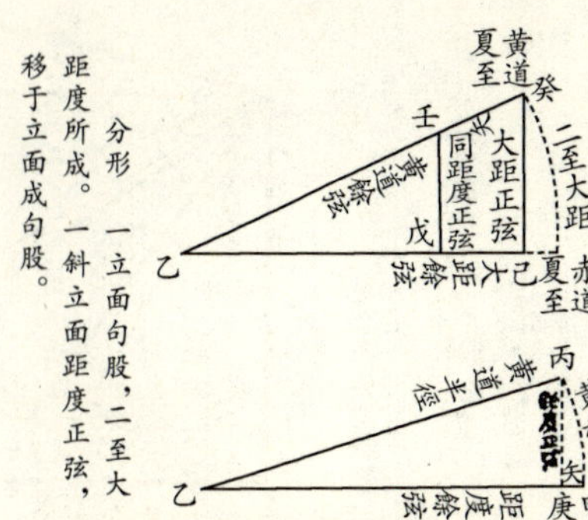

分形　一立面句股，二至大距度所成。一斜立面距度正弦，移于立面成句股。

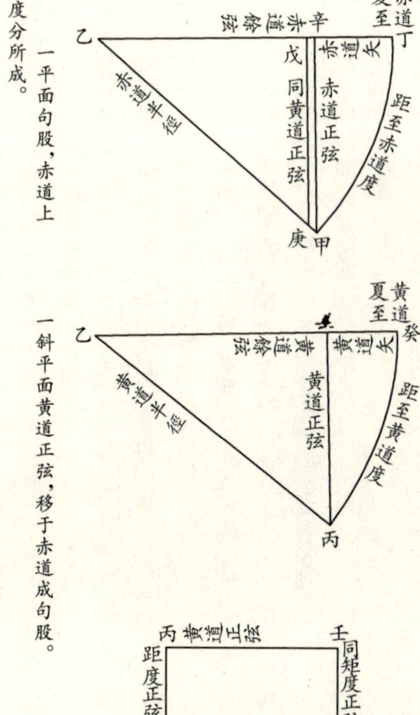

一斜平面黄道正弦，移于赤道成句股。

一平面句股，赤道上度分所成。

黄道正弦本在斜平面，而能移于平面者，有相望兩立綫丙庚、壬戊。爲之限也。距度正弦本在斜立面，而能移于立面者，有上下兩横綫丙壬、庚戊。爲之限也。此四綫兩立兩横相得成長方，其立如堵，故又曰弧容直闊也。

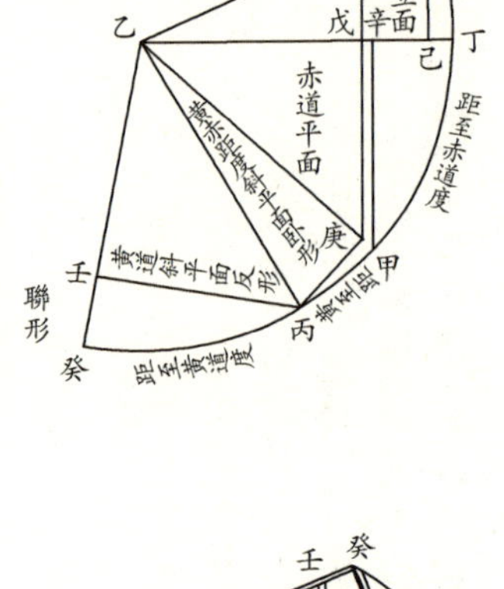

作儀法與前同。

用法

有大距有黃道而求距緯。　更之，可求大距。　反之，可求黃道。

一	半徑	癸乙	一	黃道餘弦	一	大距正弦
二	大距正弦	癸己	二	距緯正弦	二	半徑
三	黃道餘弦	壬乙	三	半徑	三	距緯正弦
四	距緯正弦	壬戊	四	大距正弦	四	黃道餘弦

有赤道有距緯而求黃道。　更之，可求赤道。　反之，可求距緯。

一	半徑	甲乙	一	距緯餘弦	一	赤道正弦
二	赤道正弦	甲辛	二	黃道正弦	二	半徑
三	距緯餘弦	庚乙	三	半徑	三	黃道正弦
四	黃道正弦	庚戊	四	赤道正弦	四	距緯餘弦〔略〕

角即弧解

問：古法只用弧，而西法用角，有以異乎？曰：角之度在弧，故用角實用弧也。何以明其然也？假如辰庚己三角形，有庚鈍角，有己庚、辰庚二邊，欲求諸數。

依垂弧法，于不知之辰角打虛綫，先補求辰辛及辛庚，成辰辛庚三角虛形。此必用庚角以求之。而庚角之度爲丙丁，是用庚角者，實用丙丁也。其法，庚丙九十度之正弦即半徑。與丙丁弧之正弦，即庚角正弦。若庚辰正弦與辰辛正弦。是以大句股之例，例小句股也。又丙丁弧之割綫即庚角割綫。與庚丁九十度之正弦，亦即半徑。凡角度所當弧，其兩邊並九十度。若庚辰之切綫與庚辛之切綫。亦是以大句股之例，例小句股也。既補成辰辛己三角形，可求己角。而己角之度爲乙甲，是求己角者，實求乙甲也。其法，辛己弧之正弦與辰辛弧之切綫，若己甲象弧之正弦即半徑。與乙甲弧之切綫。即己角切綫。是以小句股例大句股也。

又如己辰庚形，庚爲鋭角。當自不知之辰角打綫，分爲二形，以求諸數。其一辰辛庚分形，先用庚角。而庚角之度爲丙丁，用庚角，實用丙丁也。法爲丙庚象弧之正弦即半徑。與丙丁弧之正弦，即庚角正弦。若辰庚之正弦與辰辛之正弦。又丙庚象弧之正弦即半徑。與丙丁弧之餘弦，即庚角餘弦。若辰庚之切綫與辛庚之切綫。是以大句股例小句股也。

其一辰辛己分形，以庚辛減己庚，得己辛。有辰辛、己辛二邊，可求己角。而己角之度爲乙甲，求己角，實求乙甲也。法爲己辛之正弦與辰辛之切綫，若己甲象限之正弦即半徑。與乙甲弧之切綫。即己角切綫。是以小句股例大句股也。

一系，用角求弧，是以大句股比例，比小句股。用弧求角，是以小句股比例，比大句股。

清・《曆象考成》上編卷二《弧三角形上》　正弧三角形邊角相求法

正弧三角形，邊角相求，錯綜變换，共三十則。用黃赤交角所生八線勾股比例者九，用黃道交極圈角所生八線勾股比例者亦九，用次形者十二。依題比類列目於前，按法循序設問於後，以便觀覽。

有直角，有黃赤交角，有黃道，求距緯。第一。

有直角，有黃赤交角，有黃道，求赤道。并見第一。

有直角，有黃赤交角，有黃道，求黃道交極圈角。并見第一。

有直角，有黃赤交角，有赤道，求距緯。第二。

有直角，有黃赤交角，有赤道，求黃道。并見第二。

有直角，有黃赤交角，有赤道，求黃道交極圈角。并見第二。

有直角，有黃赤交角，有距緯，求黃道。第三。

有直角，有黃赤交角，有距緯，求赤道。并見第三。

有直角，有黃赤交角，有距緯，求黃道交極圈角。并見第三。

有直角，有黃道，有赤道，求黃赤交角。第四。

有直角，有黃道，有赤道，求距緯。并見第四。

有直角，有黃道，有赤道，求黃道交極圈角。并見第四。

有直角，有黃道，有距緯，求黃赤交角。第五。

有直角，有黃道，有距緯，求赤道。并見第五。

有直角，有黃道，有距緯，求黃道交極圈角。并見第五。

有直角，有赤道，有距緯，求黃赤交角。第六。

有直角，有赤道，有距緯，求黃道。并見第六。

有直角，有赤道，有距緯，求黃道交極圈角。并見第六。

有直角，有黃道交極圈角，有黃道，求距緯。與第一之理同。

有直角，有黃道交極圈角，有黃道，求赤道。與第一之理同。

有直角，有黃道交極圈角，有黃道，求黃赤交角。與第一之理同。

有直角，有黃道交極圈角，有距緯，求赤道。與第二之理同。

有直角，有黃道交極圈角，有距緯，求黃道。與第二之理同。

有直角，有黃道之極圈角，有距緯，求黃赤交角。與第二之理同。

有直角，有黃道交極圈角，有赤道，求黃道。與第三之理同。

有直角，有黃道交極圈角，有赤道，求距緯。與第三之理同。

有直角，有黃道交極圈角，有赤道，求黃赤交角。與第三之理同。

有直角，有黃赤交角，有黃道交極圈角，求黃道。第七。

有直角，有黃赤交角，有黃道交極圈角，求赤道。并見第七。

有直角，有黃赤交角，有黃道交極圈角，求距緯。并見第七。

設如黃赤交角二十三度三十分，黃道弧四十五度，求距緯度及赤道度併黃道交極圈角各幾何。第一。

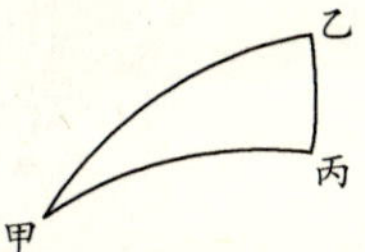

一率　丙角正弦
二率　甲角正率
三率　甲乙正弦
四率　乙丙正弦

甲乙丙正弧三角形，甲爲黃赤交角，丙爲直角，甲乙爲黃道弧，求乙丙距緯弧。則以丙直角爲對所知之角，其正弦即半徑一千萬爲一率。甲角二十三度三十分爲對所求之角，其正弦三百九十八萬七千四百九十一爲二率。甲乙弧四十五度爲所知之邊，其正弦七百零七萬一千零六十八爲三率。求得四率二百八十一萬九千五百八十二，爲乙丙弧之正弦。檢表，得一十六度二十二分三十八秒，即乙丙距緯弧之度也。

如圖，丁癸爲半徑，丁子爲甲角之正弦，乙卯爲甲乙弧之正弦，乙寅爲乙丙弧之正弦。丁子癸勾股形，與乙寅卯勾股形爲同式形，故以丁癸與丁子之比，同於乙卯與乙寅之比也。

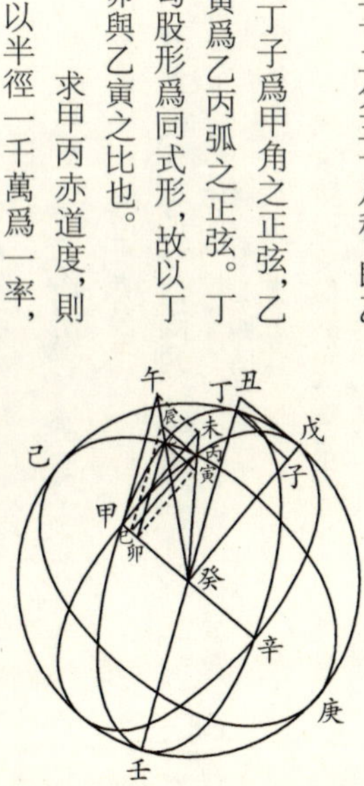

一率　半徑
二率　甲角餘弦
三率　甲乙正切
四率　甲丙正切

求甲丙赤道度，則以半徑一千萬爲一率，甲角二十三度三十分之餘弦九百一十七萬零六百零一爲二率，甲乙弧四十五度之正切一千萬爲三率。仍得四率九百一十七萬零六百零一，爲甲丙弧之正切。檢表，得四十二度三十一分二十二秒，即甲丙赤道弧之度也。

如圖，丁癸爲半徑，子癸爲甲角之餘弦，午甲爲甲乙弧之正切，未甲爲甲丙弧之正切。丁子癸勾股形，與午未甲勾股形爲同式形，故以丁癸與子癸之比，同於午甲與未甲之比也。

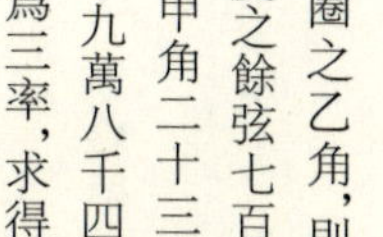

一率　甲乙餘弦
二率　甲角餘切
三率　半徑
四率　乙角正切

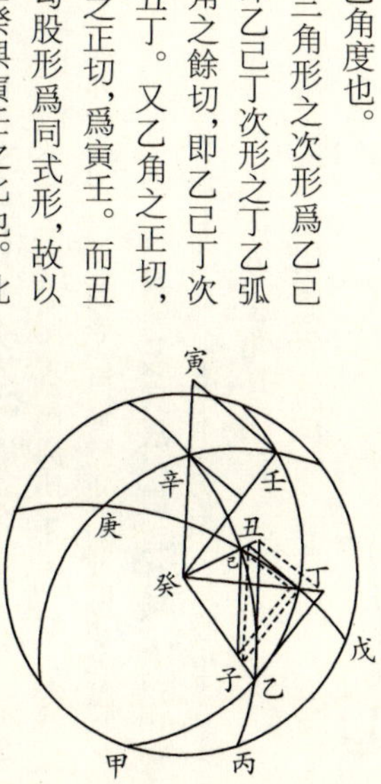

求黃道交極圈之乙角，則用次形法。以甲乙弧四十五度之餘弦七百零七萬一千零六十八爲一率，甲角二十三度三十分之餘切二千二百九十九萬八千四百二十五爲二率，半徑一千萬爲三率，求得四率三千二百五十二萬四千六百八十三，爲乙角之正切。檢表，得七十二度五十四分三十四秒，即黃道交極圈之乙角度也。

如圖，甲乙丙正弧三角形之次形爲乙己丁。蓋甲乙弧之餘弦，即乙己丁次形之丁乙弧之正弦，爲丁子。而甲角之餘切，即乙己丁次形之己丁弧之正切，爲丑丁。又乙角之正切，亦即乙己丁次形之乙角之正切，爲寅壬。而丑丁子勾股形，與寅壬癸勾股形爲同式形，故以丁子與丑丁之比，同於壬癸與寅壬之比也。此法用乙己丁次形，有丁乙邊，甲乙餘弧。己丁邊，甲角餘弧。及丁直角，求乙角。即與有赤道，有距緯，求黃赤交角之理同。蓋乙角即如黃赤交角。丁乙即如赤道。己乙即如黃道。己丁即如距緯。其八線所成之勾股，皆由乙角而生，故其相當之比例皆同也。

設如黃赤交角二十三度三十分，赤道弧四十二度三十一分二十二秒，求距緯度及黃道度，併黃道交極圈角，各幾何。第二。

一率　半徑
二率　甲角正切
三率　甲丙正弦
四率　乙丙正切

甲乙丙正弧三角形，甲爲黃赤交角，丙爲直角，甲丙爲赤道弧，求乙丙距緯弧。則以半徑一千萬爲一率，甲角二十三度三十分之正切四百三十四萬八千一百二十四爲二率，甲丙弧四十二度三十一分二十二秒之正弦六百七十五萬八千八百二十一爲三率。求得四率二百九十三萬八千八百一十九爲乙丙弧之正切。檢表，得一十六度二十二分三十八秒，即乙丙距緯弧之度也。

如圖，戊癸爲半徑，丑戊爲甲角之正切，丙己爲甲丙弧之正弦，辰丙爲乙丙弧之正切。丑戊癸勾股形，與辰丙己勾股形爲同式形，故以戊癸與丑戊之比，同於丙己與辰丙之比也。

一率　甲角餘弦
二率　半徑
三率　甲丙正切
四率　甲乙正切

求甲乙黃道度，則以甲角二十三度三十分之餘弦九百一十七萬零六百零一爲一率，半徑一千萬爲二率，甲丙弧四十二度三十一分二十二秒之正切九百一十七萬零六百零一爲三率。仍得四率一千萬，爲甲乙弧之正切。檢表，得四十五度，即甲乙黃道弧之度也。

如圖，子癸爲甲角之餘弦，丁癸爲半徑，未甲爲甲丙弧之正切，午甲爲甲乙弧之正切。丁子癸勾股形，與午未甲勾股形爲同式形，故以子癸與丁癸之比，同於未甲與午甲之比也。

一率　半徑
二率　甲丙餘弦
三率　甲角正弦
四率　乙角餘弦

求黃道交極圈之乙角，則用次形法。以半徑一千萬爲一率，甲丙弧四十二度三十一分二十二秒之餘弦七百三十七萬零九十八爲二率，甲角二十三度三十分之正弦三百九十八萬七千四百九十一爲三率，求得四率二百九十三萬八千八百二十，爲乙角之餘弦。檢表，得七十二度五十四分三十四秒，即黃道交極圈之乙角度也。

如圖，甲乙丙正弧三角形之次形爲己庚辛。蓋甲丙弧之餘弦，即己庚辛次形之己角之正弦，爲卯辰。而甲角之正弦，亦即己庚辛次形之己庚弧之正弦，爲庚己。又乙角之餘弦，即己庚辛次形之庚辛弧之正弦，爲庚午。而庚午己勾股形，與卯辰癸勾股形爲同式形。故卯癸與卯辰之比，同於庚己與庚午之比也。此法用己庚辛次形，有己角，甲丙餘弧。己庚邊，與甲角等。及辛直角，求庚辛邊。乙角餘弧。即與有黃赤交角，有黃道，求距緯之理同。蓋己角即如黃赤交角，己庚即如黃道，己辛即如赤道，庚辛即如距緯。其八線所成之勾股，皆由己角而生，故其相當之比例皆同也。

設如黃赤交角二十三度三十分，距緯弧一十六度二十二分三十八秒，求黃道度及赤道度，併黃道交極圈角，各幾何。第三。

一率　甲角正弦
二率　丙角正弦
三率　乙丙正弦
四率　甲乙正弦

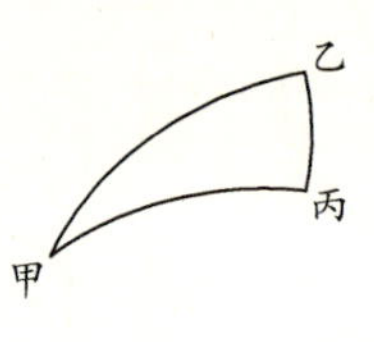

甲乙丙正弧三角形，甲爲黃赤交角，丙爲直角，乙丙爲距緯弧，求甲乙黃道弧。則以甲角二十三度三十分爲對所知之角，其正弦三百九十八萬七千四百九十一爲一率。丙直角爲對所求之角，其正弦即半徑一千萬爲二率。乙丙弧一十六度二十二分三十八秒爲所知之邊，其正弦二百八十一萬九千五百八十一爲三率。求得四率七百零七萬一千零六十八，爲甲乙弧之正弦。檢表，得四十五度，即甲乙黃道弧之度也。

如圖，丁子爲甲角之正弦，丁癸爲半徑，乙寅爲乙丙弧之正弦，乙卯爲甲乙弧之正弦。丁子癸勾股形，與乙寅卯勾股形爲同式形，故丁子與丁癸之比，同於乙寅與乙卯之比也。

一率　甲角正切
二率　半徑
三率　乙丙正切
四率　甲丙正弦

求甲丙赤道度，則以甲角二十三度三十分之正切四百三十四萬八千一百二十四爲一率，半徑一千萬爲二率，乙丙弧一十六度二十二分三十八秒之正切二百九十三萬八千八百一十九爲三率。求得四率六百七十五萬八千八百二十一，爲甲丙弧之正弦。檢表，得四十二度三十一分二十二秒，即甲丙赤道弧之度也。

如圖，丑戊爲甲角之正切，戊癸爲半徑，辰丙爲乙丙弧之正切，丙己爲甲丙弧之正弦。丑戊癸勾股形，與辰丙己勾股形爲同式形，故丑戊與戊癸之比，同於辰丙與丙己之比也。

一率　乙丙餘弦
二率　甲角餘弦
三率　半徑
四率　乙角正弦

求黃道交極圈之乙角，則用次形法。以乙丙弧一十六度二十二分三十八秒之餘弦九百五十九萬四千二百六十七爲一率，甲角二十三度三十分之餘弦九百一十七萬零六百零一爲二率，半徑一千萬爲三率。求得四率九百五十五萬八千四百一十七，爲乙角之正弦。檢表，得七十二度五十四分三十四秒，即黃道交極圈之乙角度也。

如圖，甲乙丙正弧三角形之次形爲乙己丁。蓋乙丙弧之餘弦，即乙己丁次形之己乙弧之正弦，爲己未。而甲角之餘弦，即乙己丁次形之己丁弧之正弦，爲己申。又乙角之正弦，亦即乙己丁次形之乙角之正弦，爲辛酉。而己申未勾股形，與辛酉癸勾股形爲同式形，故己未與己申之比，同於辛癸與辛酉之比也。

設如黃道弧四十五度，赤道弧四十二度三十一分二十二秒，求黃赤交角及距緯度，併黃道交極圈角各幾何。第四。

一率　甲乙正切
二率　甲丙正切
三率　半徑
四率　甲角餘弦

甲乙丙正弧三角形，丙爲直角，甲乙爲黃道弧，甲丙爲赤道弧，求黃赤相交之甲角。則以甲乙弧四十五度之正切一千萬爲一率，甲丙弧四十二度三十一分二十二秒之正切九百一十七萬零六百零一爲二率，半徑一千萬爲三率。仍得四率九百一十七萬零六百零一，爲甲角之餘弦。檢表，得二十三度三十分，即黃赤相交之甲角度也。

如圖，午甲爲甲乙弧之正切，未甲爲甲丙弧之正切，丁癸爲半徑，子癸爲甲角之餘弦。午未甲勾股形，與丁子癸勾股形爲同式形，故午甲與未甲之比，同於丁癸與子癸之比也。

一率　甲丙餘弦
二率　半徑
三率　甲乙餘弦
四率　乙丙餘弦

求乙丙距緯度，則用次形法。以甲丙弧四十二度三十一分二十二秒之餘弦七百三十七萬零九十八爲一率，半徑一千萬爲二率，甲乙弧四十五度之餘弦七百零七萬一千零六十八爲三率。求得四率九百五十九萬四千二百六十六，爲乙丙弧之餘弦。檢表，得一十六度二十二分三十八秒，即乙丙距緯弧之度也。

如圖，甲乙丙正弧三角形之次形爲乙己丁。蓋甲丙弧之餘弦，即乙己丁次形之己角之正弦，爲丙辰。而甲乙弧之餘弦，即乙己丁次形之乙丁弧之正弦，爲乙子。又乙丙弧之餘弦，即乙己丁次形之乙己弧之正弦，爲乙未。而丙辰癸勾股形，與乙子未勾股形爲同式形，故丙辰與丙癸之比，同於乙子與乙未之比也。此法用乙己丁次形，有己角，甲丙餘弧。乙丁邊，甲乙餘弧。及丁直角，求乙己邊。乙丙餘弧。即與有黃赤交角，有距緯，求

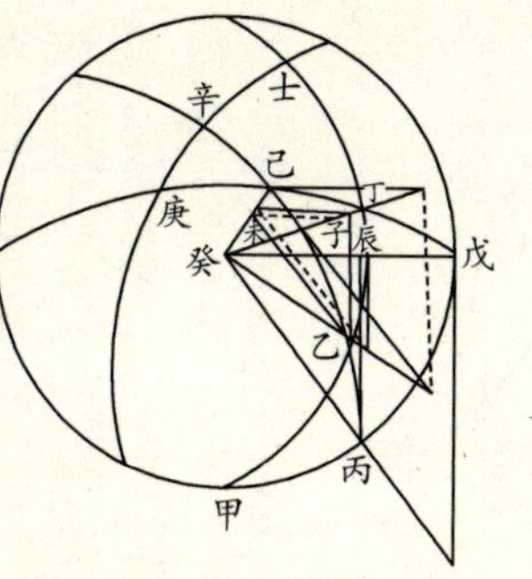
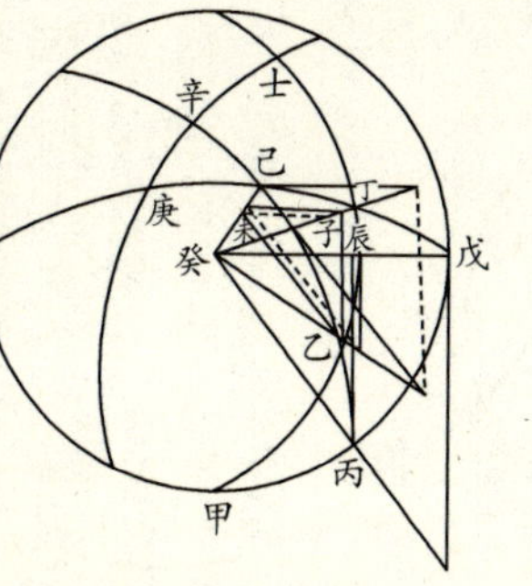

黃道之理同。蓋己角即如黃赤交角，己乙即如黃道，己丁即如赤道，乙丁即如距緯。其八線所成之勾股，皆由己角而生，故其相當之比例皆同也。

求黃道交極圈之乙角，則以甲乙弧四十五度爲對所知之邊，其正弦七百零七萬一千零六十八爲一率。甲丙弧四十二度三十一分二十二秒爲對所求之邊，其正弦六百七十五萬八千八百二十一爲二率。丙直角九十度爲所知之角，其正弦即半徑一千萬爲三率。求得四率九百五十五萬八千四百一十六，爲乙角之正弦。檢表，得七十二度五十四分三十四秒，即黃道交極圈之乙角度也。

一率　甲乙正弦
二率　甲丙正弦
三率　丙角正弦
四率　乙角正弦

如圖，甲申爲甲乙弧之正弦，甲酉爲甲丙弧之正弦，戌癸爲半徑，戌亥爲乙角之正弦。甲酉申勾股形，與戌亥癸勾股形爲同式形，故甲申與甲酉之比，同於戌癸與戌亥之比也。此與有黃道，有距緯，求黃赤交角之理同。蓋乙角即如黃赤交角，甲乙爲黃道，乙丙即如赤道，甲丙即如距緯。其八線所成之勾股，皆由乙角而生，故其相當之比例皆同也。

設如黃道弧四十五度，距緯弧一十六度二十二分三十八秒，求黃赤交角及赤道度，併黃道交極圈角各幾何。第五。

甲乙丙正弧三角形，丙爲直角，甲乙爲黃道弧，乙丙爲距緯弧，求黃赤相交之甲角。則以甲乙弧四十五度爲對所知之邊，其正弦七百零七萬一千零六十八爲一率。乙丙弧一十六度二十二分三十八秒爲對所求之邊，其正弦二百八十一萬九千五百八十二爲二率。丙直角九十度爲所知之角，其正弦即半徑一千萬爲三率。求得四率三百九十八萬七千四百九十一，爲甲角之正弦。檢表，得二十三度三十分，即黃赤相交之甲角度也。

一率　甲乙正弦
二率　乙丙正弦
三率　丙角正弦
四率　甲角正弦

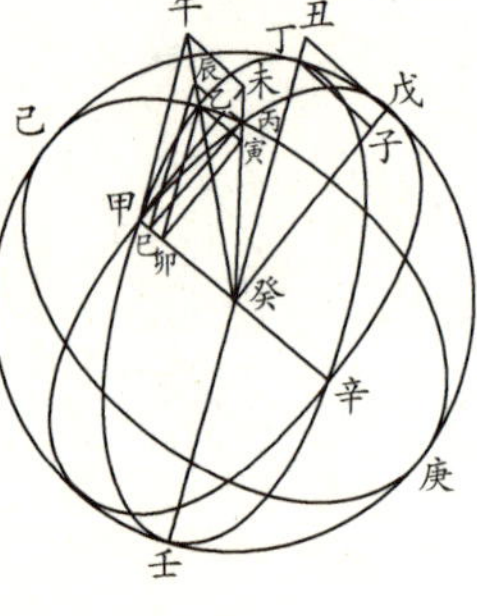

如圖，乙卯爲甲乙弧之正弦，乙寅爲乙丙弧之正弦，丁癸爲半徑，丁子爲甲角之正弦。乙寅卯勾股形，與丁子癸勾股形爲同式形，故乙卯與乙寅之比，同於丁癸與丁子之比也。

求甲丙赤道度，則用次形法。以乙丙弧一十六度二十二分三十八秒之餘弦九百五十九萬四千二百六十七爲一率，甲乙弧四十五度之餘弦七百零七萬一千零六十八爲二率，半徑一千萬爲三率。求得四率七百三十七萬零一百一十三，爲甲丙弧之餘弦。檢表，得四十二度三十一分二十二秒，即甲丙赤道弧之度也。

一率　乙丙餘弦
二率　甲乙餘弦
三率　半徑
四率　甲丙餘弦

如圖，甲乙丙正弧三角形之次形爲乙己丁。蓋乙丙弧之餘弦，即乙己丁次形之乙己弧之正弦，爲乙未。而甲乙弧之餘弦，即乙己丁次形之乙丁弧之正弦，爲乙子。又甲丙弧之餘弦，即乙己丁次形之己角之正弦，爲丙辰。而乙子未勾股形，與丙辰癸勾股形爲同式形，故乙未與乙子之比，同於丙癸與丙辰之比也。

求黃道交極圈之乙角，則與前第四問有黃道，有赤道，求黃赤交角之理同。蓋乙角即如黃赤交角，甲乙爲黃道，乙丙即如赤道，其勾股比例同也。

設如赤道弧四十二度三十一分二十二秒，距緯弧一十六度二十二分三十八秒，求黃赤交角及黃道度，併黃道交極圈角各幾何。第六。

甲乙丙正弧三角形，丙爲直角，甲丙爲赤道弧，乙丙爲距緯弧，求黃赤相交之甲角。則以甲丙弧四十二度三十一分二十二秒之正弦六百七十五萬八千八百二十一爲一率，乙丙弧一十六度二十二分三十八秒之正切二百九十三萬八千八百一十九爲二率，半徑一千萬爲三率。求得四率四百三十四萬八千一百零九，爲甲角之正切。檢表，得二十三

一率　甲丙正弦
二率　乙丙正切
三率　半徑
四率　甲角正切

度三十分,即黄赤相交之甲角度也。

如圖,丙己爲甲丙弧之正弦,辰丙爲乙丙弧之正切,戊癸爲半徑,丑戊爲甲角之正切。辰丙己勾股形,與丑戊癸勾股形爲同式形,故丙己與辰丙之比,同於戊癸與丑戊之比也。

一率　半徑
二率　甲丙餘弦
三率　乙丙餘弦
四率　甲乙餘弦

求甲乙黄道度,則用次形法。以半徑一千萬爲一率,甲丙弧四十二度三十一分二十二秒之餘弦七百三十七萬零九十八爲二率,乙丙弧一十六度二十二分三十八秒之餘弦九百五十九萬四千二百六十七爲三率。求得四率七百零七萬一千零六十八,爲甲乙弧之餘弦。檢表,得四十五度,即甲乙黄道弧之度也。

如圖,甲乙丙正弧三角形之次形爲乙己丁。蓋甲丙弧之餘弦,即乙己丁次形之己角之正弦,爲丙辰。而乙丙弧之餘弦,即乙己丁次形之乙己弧之正弦,爲乙未。又甲乙弧之餘弦,即乙己丁次形之乙丁弧之正弦,爲乙子。而丙辰癸勾股形,與乙子未勾股形爲同式形,故丙癸與丙辰之比,同於乙未與乙子之比也。

求黄道交極圈之乙角,則與求黄赤交角之理同。蓋乙角即如黄赤交角,乙丙即如赤道,甲丙即如距緯。其勾股比例同也。

設如黄赤交角二十三度三十分,黄道交極圈角七十二度五十四分三十四秒,求黄道度及赤道度,併距緯度各幾何。第七。

一率　乙角正切
二率　半徑
三率　甲角餘切
四率　甲乙餘弦

甲乙丙正弧三角形,甲爲黄赤交角,丙爲直角,乙爲黄道交極圈角,求甲乙黄道弧。則用次形法。以乙角七十二度五十四分三十四秒之正切三千二百五十二萬四千六百八十三爲一率,半徑一千萬爲二率,甲角二十三度三十分之餘切二千二百九十九萬八千四百二十五爲三率。求得四率七百零七萬一千零六十八,爲甲乙弧之餘弦。檢表,得四十五度,即甲乙黄道弧之度也。

如圖,甲乙丙正弧三角形之次形爲乙己丁。蓋乙角之正切,亦即乙己丁次形之乙角之正切,爲寅壬。而甲角之餘切,即乙己丁次形之丁己弧之正切,爲丑丁。又甲乙弧之餘弦,即乙己丁次形之丁乙弧之正弦,爲丁子。而寅壬癸勾股形,與丑丁子勾股形爲同式形,故寅壬與壬癸之比,同於丑丁與丁子之比也。

一率　甲角正弦
二率　乙角餘弦
三率　半徑
四率　甲丙餘弦

求甲丙赤道弧,亦用次形法。以甲角二十三度三十分之正弦三百九十八萬七千四百九十一爲一率,乙角七十二度五十四分三十四秒之餘弦二百九十三萬八千八百二十爲二率,半徑一千萬爲三率。求得四率七百三十七萬零九十八,爲甲丙弧之餘弦。檢表,得四十二度三十一分二十二秒,即甲丙赤道弧之度也。

如圖,甲乙丙正弧三角形之次形爲己庚辛。蓋甲角之正弦,亦即己庚辛次形之庚己弧之正弦,爲庚己。而乙角之餘弦,即己庚辛次形之庚辛弧之正弦,爲庚午。又甲丙弧之餘弦,即己庚辛次形之己角之正弦,爲卯辰。而庚午己勾股形,與卯辰癸勾股形爲同式形,故庚己與庚午之比,同於卯癸與卯辰之比也。

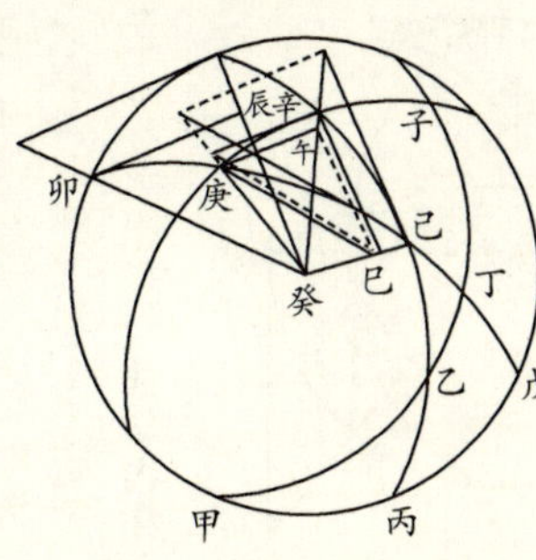

一率　乙角正弦
二率　半徑
三率　甲角餘弦
四率　乙丙餘弦

求乙丙距緯弧,亦用次形法。以乙角七十二度五十四分三十四秒之正弦九百五十五萬八千四百一十七爲一率,半徑一千萬爲二率,甲角二十三度三十分之餘弦九百一十七萬零六百零一爲三率。求得四率九百五十九萬四千二百六十七,爲乙丙弧之餘弦。檢表,得一十六度二十二分三十八秒,即乙丙距緯弧之度也。

如圖，甲乙丙正弧三角形之次形爲乙己丁。蓋乙角之正弦，亦即乙己丁次形之乙角之正弦，爲辛酉。而甲角之餘弦，即乙己丁次形之己丁弧之正弦，爲己申。又乙丙弧之餘弦，即乙己丁次形之己乙弧之正弦，爲己未。而辛酉癸勾股形，與己申未勾股形爲同式形，故辛酉與辛癸之比，同於己申與己未之比也。

又　上解卷三《弧三角解下》

設如申正初刻，測得太陽高三十二度，地平經度偏西八十一度四十二分四十八秒，求太陽距赤道緯度幾何。

甲乙丙三角形，甲爲北極，乙爲天頂，丙爲太陽，乙丁戊己爲子午經圈，乙丙癸戊爲地平經圈，丁己爲地平，庚辛爲赤道。庚壬爲申正初刻距午正赤道六十度，即甲角。丙癸爲太陽高三十二度，即地平緯度，一名高弧。與乙癸象限相減，餘太陽距天頂五十八度，即乙丙邊。丁癸爲地平經度偏西八十一度四十二分四十八秒，與丁己半周相減，餘癸己九十八度一十七分一十二秒，即乙角。丙壬爲太陽距赤道緯度，與甲壬象限相減，餘甲丙邊，爲太陽距北極度。

故用甲乙丙三角形，有甲、乙二角及乙丙邊，求甲丙邊。以甲角六十度爲對所知之角，其正弦八百六十六萬零二百五十四爲一率。乙角九十八度一十七分一十二秒爲對所求之角，其正弦九百八十九萬五千五百九十三爲二率。乙丙五十八度爲所知之邊，其正弦八百四十八萬零四百八十一爲三率。求得四率九百六十九萬零一百七十六，爲所求甲丙邊之正弦。檢表，得七十五度四十二分零一秒，即甲丙弧之度。與九十度相減，餘一十四度一十七分五十九秒，即太陽距赤道北之緯度也。

一率　甲角正弦
二率　乙角正弦
三率　乙丙正弦
四率　甲丙正弦

此法用邊角相比例，與直線三角形同。但直線三角形，以角之正弦與邊相比，見《數理精蘊》第十七卷。此以角之正弦與邊之正弦相比，其比例之理一也。又以正弧之理明之。

一率　丁角正弦
二率　乙角正弦
三率　乙丙正弦
四率　丙丁正弦

試將甲乙弧引長至丁，自丙角作丙丁垂弧，則成甲丁丙、乙丁丙兩正弧三角形。先求乙丁丙形。丁角正弦即半徑。爲一率，乙角正弦爲二率，乙丙正弦爲三率，丙丁正弦爲四率。此第一比例也。

一率　甲角正弦
二率　丁角正弦
三率　丙丁正弦
四率　甲丙正弦

次求甲丁丙形。甲角正弦爲一率，丁角正弦即半徑。爲二率，丙丁正弦爲三率，甲丙正弦爲四率。此第二比例也。

然第二比例之二率三率，即第一比例之一率四率。而二率三率相乘，與一率四率相乘之數等。故用第一比例之二率三率，而用第二比例之一率，即得第二比例之四率。此有對角求對邊之法也。

一率　甲角正弦
二率　乙角正弦
三率　乙丙正弦
四率　甲丙正弦

設如太陽距赤道北一十四度一十七分五十九秒，測得高弧三十二度，地平經度偏西八十一度四十二分四十八秒，求係何時刻。

甲乙丙三角形，甲爲北極，乙爲天頂，丙爲太陽。丙壬爲太陽距赤道北一十四度一十七分五十九秒，甲丙即爲太陽距北極七十五度四十二分零一秒，丙癸爲太陽高三十二度，乙丙即爲太陽距天頂五十八度，丁癸爲地平經度偏西八十一度四十二分四十八秒，癸己爲九十八度一十七分一十二秒，即乙角。庚壬爲太陽距午正赤道度，即甲角。

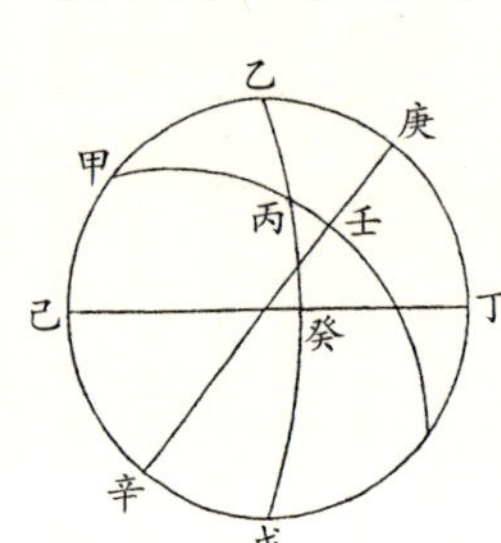

故用甲乙丙三角形，有乙角，及甲丙、乙丙二邊，求甲角。以甲丙七十五度四十二分零一秒爲對所知之邊，其正弦九百六十九萬零一百七十六爲一率。乙丙五十八度爲對所求之邊，其正弦八百四十八萬零四百八十一爲二率。乙角九十八度一十七分一十二秒爲所知之角，其正弦九百八十九萬五千五百九十三爲三率。求得四率八百六十六萬零二百五十四，爲所求甲角之正弦。檢表，得六十度，即甲角度。以

一率　甲丙正弦
二率　乙丙正弦
三率　乙角正弦
四率　甲角正弦

六十度變得二時，從午正初刻後計之，因偏西故爲午正後。爲申正初刻也。此有對邊求對角之法也。

設如北極出地四十度，申正初刻測得太陽高三十二度，求太陽距赤道緯度及地平經度各幾何。

甲乙丙三角形，甲爲北極，乙爲天頂，丙爲太陽。甲己爲北極出地四十度，甲乙即爲北極距天頂五十度。庚壬爲申正初刻距午正赤道六十度，即甲角。丙癸爲太陽高三十二度，乙丙即爲太陽距天頂五十八度。丙壬爲太陽距赤道緯度，甲丙爲其餘。丁癸爲地平經度，即乙角之外角。甲乙丙形之乙角，當癸己弧。其癸乙丁外角，即當丁癸弧。

故用甲乙丙三角形，有甲角及甲乙、乙丙二邊，求甲丙邊及乙角。乃自乙角作乙丁垂弧，分爲甲乙丁、丙乙丁兩正弧三角形。先求甲乙丁形，以丁角正弦即半徑一千萬爲一率，甲角六十度之正弦八百六十六萬零二百五十四爲二率，甲乙五十度之正弦七百六十六萬零四百四十四爲三率。求得四率六百六十三萬四千一百三十九，爲乙丁弧之正弦。檢表，得四十一度三十三分三十九秒，即乙丁弧之度也。此即正弧三角形，有黃赤交角，有黃道，求距緯之法。蓋甲角即如黃赤交角，甲乙即如黃道，甲丁即如赤道，乙丁即如距緯。

一率　丁角正弦
二率　甲角正弦
三率　甲乙正弦
四率　乙丁正弦

又以半徑一千萬爲一率，甲角六十度之餘弦五百萬爲二率，甲乙五十度之正切一千一百九十一萬七千五百三十六爲三率。求得四率五百九十五萬八千七百六十八，爲甲丁弧之正切。檢表，得三十度四十七分二十三秒，即甲丁弧之度也。此即正弧三角形，有黃赤交角，有黃道，求赤道之法。

一率　半徑
二率　甲角餘弦
三率　甲乙正切
四率　甲丁正切

又以甲乙五十度之正弦七百六十六萬零四百四十四爲一率，甲丁三十度四十七分二十三秒之正弦五百一十一萬八千八百八十八爲二率，丁角正弦即半徑一千萬爲三率。求得四率六百六十八萬二千二百三十四，爲乙分角之正弦。檢表，得四十一度五十五分四十八秒，即乙分角之度也。此即正弧三角形，有黃道，有赤道，求黃道交極圈角之法。

一率　甲乙正弦
二率　甲丁正弦
三率　丁角正弦
四率　乙分角正弦

次求乙丙丁形，以乙丁四十一度三十三分三十九秒之餘弦七百四十八萬二千五百二十六爲一率，乙丙五十八度之餘弦五百二十九萬九千一百九十三爲二率，半徑一千萬爲三率。求得四率七百零八萬二千零九十一，爲丙丁弧之餘弦。

一率　乙丁餘弦
二率　乙丙餘弦
三率　半徑
四率　丙丁餘弦

檢表，得四十四度五十四分三十八秒，即丙丁弧之度也。此即正弧三角形，有黃道，有距緯，求赤道之法。蓋丙角即如黃赤交角，乙丙即如黃道，丙丁即如赤道，乙丁即如距緯。

又以乙丙五十八度之正弦八百四十八萬零四百八十一爲一率，丙丁四十四度五十四分三十八秒之正弦七百零六萬零二十七爲二率，丁角正弦即半徑一千萬爲三率。求得四率八百三十二萬五千零三十，爲乙分角之正弦。檢表，得五十六度二十一分二十四秒，即乙分角之度也。此即正弧三角形，有黃道，有距緯，求黃赤交角之法。蓋乙分角即如黃赤交角，乙丙即如黃道，乙丁即如赤道，丙丁即如距緯。

一率　乙丙正弦
二率　丙丁正弦
三率　丁角正弦
四率　乙分角正弦

乃以甲丁、丙丁相併，得甲丙七十五度四十二分零一秒，即太陽距北極度，與九十度相減，餘一十四度一十七分五十九秒，即太陽距赤道北之緯度。如甲丙大於九十度，則減去九十度，餘爲太陽距赤道南緯度。以兩乙分角相併，得九十八度一十七分一十二秒。與一百八十度相減，餘八十一度四十二分四十八秒，即太陽距午正偏西之地平經度也。此作垂弧於形內之法也。

設如申正初刻，測得太陽高三十二度，地平經度偏西八十一度四十二分四十八秒，求北極出地度幾何。

甲乙丙三角形，甲爲北極，乙爲天頂，丙爲太陽。丙癸爲太陽高三十二度，乙丙即爲太陽距天頂五十八度。庚壬爲申正初刻距午正赤道六十度，即甲角。丁癸爲地平經度偏西八十一度四十二分四十八秒，即乙角之外角。甲己爲北極出地度，甲乙爲其餘。

一率　丁角正弦
二率　乙角正弦
三率　乙丙正弦
四率　丙丁正弦

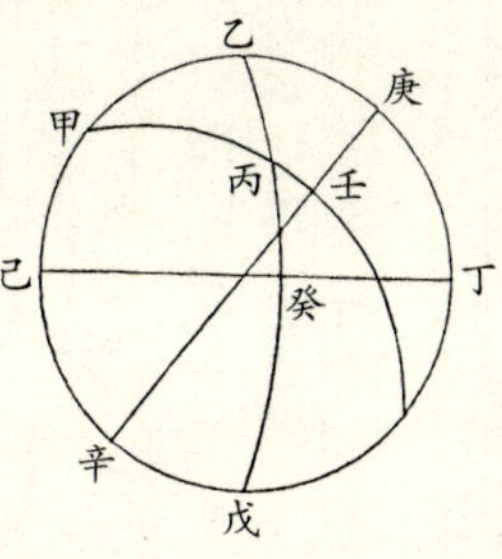

故用甲乙丙三角形，有甲、乙二角及乙丙邊，求甲乙邊。乃自丙角作丙丁垂弧，補成甲丙丁、乙丙丁兩正弧三角形。先求乙丙丁形，以丁角正弦即半徑一千萬爲一率，乙角九十八度一十七分一十二秒之正弦九百八十九萬五千五百九十三爲二率，乙丙五十八度之正弦八百四十八萬零四百八十一爲三率。求得四率八百三十九萬一千九百三十九，爲丙丁弧之正弦。檢表，得五十七度零三分一十八秒，即丙丁弧之度也。此即正弧三角形，有黄赤交角，有黄道，求距緯之法。蓋乙角即如黄赤交角，乙丙即如黄道，乙丁即如赤道，丙丁即如距緯。

一率　半徑

二率　乙角餘弦

三率　乙丙正切

四率　乙丁正切

又以半徑一千萬爲一率，乙角九十八度一十七分一十二秒之餘弦一百四十四萬一千二百六十爲二率，乙丙五十八度之正切一千六百萬零三千三百四十五爲三率。求得四率二百三十萬六千四百九十八，爲乙丁弧之正切。檢表，得一十二度五十九分一十七秒，即乙丁弧之度也。此即正弧三角形，有黄赤交角，有黄道，求赤道之法。次求甲丙丁形，以甲角六十度之正切一千七百三十二萬零五百零八爲一率，半徑一千萬爲二率，丙丁五十七度零三分一十八秒之正切一千五百四十三萬一千零五十九爲三率。求得四率八百九十萬九千一百二十六，爲甲丁弧之正弦。檢表，得六十二度五十九分一十七秒，即甲丁弧之度也。此即正弧三角形，有黄赤交角，有距緯，求赤道之法。蓋甲角即如黄赤交角，甲丙即如黄道，甲丁即如赤道，丙丁即如距緯。乃以甲丁與乙丁相減，餘甲乙五十度，即北極距天頂。又與九十度相減，餘四十度，即北極出地度也。若求丙角，則求得丙總角與丙虛角，相減即得。此作垂弧於形外之法也。

一率　甲角正切

二率　半徑

三率　丙丁正切

四率　甲丁正弦

設如大角星，黄道緯北三十一度零三分，赤道緯北二十度五十八分四十七秒，黄極、赤極即北極。相距二十三度三十分，求黄道經度赤道經度各幾何。

甲乙丙三角形，甲爲赤極，即北極。乙爲黄極，甲乙相距二十三度三十分。丙爲大角星，丁戊爲黄道。己庚爲赤道。丙辛爲黄道緯北三十一度零三分，乙丙即爲星距黄極五十八度五十七分，丙壬爲赤道緯北二十度五十八分四十七秒，甲丙即爲星距赤極六十九度零一分一十三秒。丁辛爲星距夏至後黄道經度，即乙角。己壬爲星距夏至後赤道經度，即甲角之外角。

一率　中數

二率　矢較

三率　半徑

四率　乙角大矢

故用甲乙丙三角形，有甲乙、甲丙、乙丙三邊，求甲乙二角。先求乙角，則以夾乙角之甲乙邊二十三度三十分，與乙丙邊五十八度五十七分相加，得八十二度二十七分，爲總弧。其餘弦一百三十一萬三千九百一十三。又以甲乙、乙丙兩邊相減，餘三十五度二十七分，爲較弧。其餘弦八百一十四萬六千二百二十。兩餘弦相減，總弧、較弧俱不過象限，或俱過象限，則兩餘弦相減。若一過象限，一不過象限，則兩餘弦相加。其或過二象限者，與過一象限同。過三象限者，與不過象限同。餘六百八十三萬二千三百零七。折半，得三百四十一萬六千一百五十四，爲中數，爲一率。以對乙角之甲丙邊六十九度零一分一十三秒之正矢六百四十一萬九千六百二十五，餘弦與半徑相減，得矢度。與較弧三十五度二十七分之正矢一百八十五萬三千七百八十相減，餘四百五十六萬五千八百四十五，爲矢較，爲二率。半徑一千萬爲三率。求得四率一千三百三十六萬五千四百五十四，爲乙角之大矢。凡矢度過於半徑者，爲大矢，其角爲鈍角。內減半徑一千萬，餘三百三十六萬五千四百五十四，爲乙角之餘弦。檢表，得七十度二十分。與半周相減，餘一百零九度四十分，爲乙角度，即星距夏至後黄道經度。自夏至未宫初度逆計之，爲卯宫一十九度四十分也。

如圖，甲乙與乙丙相加，得甲癸，爲總弧。乙丙、乙癸、乙子三弧，同爲癸子距等圈所截，故其度相等。其正弦爲癸丑，餘弦爲丑寅。甲乙與乙丙相減，餘甲子，爲較弧。其正弦爲子卯，餘弦爲卯寅。以丑寅與卯寅兩餘弦相減，餘卯丑。折半，得卯辰，與巳午等，爲中數。又對乙角之甲丙邊，與甲未等。其正弦爲未申，餘弦爲申寅，正矢爲甲申。以甲申與甲子較弧之正矢甲卯相減，餘卯申，與酉戌等，爲矢較。遂成子酉戌與子巳午同式兩勾股形。故巳午與酉戌之比，必同於子午與子戌之比也。又丁寅爲半徑，子午爲距等圈之半徑。子戌與丁亥兩段，同爲乙丙辛黄道經圈之所分，

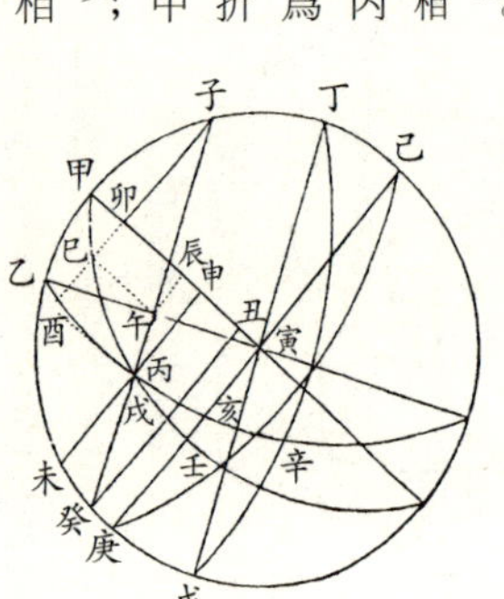

則子午與子戌之比，原同於丁寅與丁亥之比。是以中數巳午與矢較酉戌之比，即同於半徑丁寅與乙角大矢丁亥之比也。既得丁亥大矢，內減丁寅半徑，餘寅亥，即乙外角之餘弦。檢表，得乙外角所當辛戌弧之度，復與半周相減，即得乙角所當丁辛弧之度也。既得乙角，則以對邊對角之法求之，即得甲角度矣。

如先求甲角，則以夾甲角之甲乙邊二十三度三十分，與甲丙邊六十九度零一分一十三秒相加，得九十二度三十一分一十三秒，爲總弧。其餘弦四十三萬九千七百二十九。又以甲乙、甲丙兩邊相減，餘四十五度三十一分一十三秒，爲較弧。其餘弦七百萬零六千五百六十八。兩餘弦相加，總弧過象限，較弧不過象限，故兩餘弦相加。得七百四十四萬六千二百九十七。折半，得三百七十二萬三千一百四十八，爲中數，爲一率。以對甲角之乙丙邊五十八度五十七分之正矢四百八十四萬二千一百四十一，與較弧四十五度三十一分一十三秒之正矢二百九十九萬三千四百三十二相減，餘一百八十四萬八千七百零九，爲矢較，爲二率。半徑一千萬爲三率。求得四率四百九十六萬五千四百四十五，爲甲角之正矢。與半徑一千萬相減，餘五百零三萬四千五百五十五，爲甲角之餘弦。檢表，得五十九度四十六分一十六秒，即甲角度。與半周相減，餘一百二十度一十三分四十四秒，即星距夏至後赤道經度。自夏至未宮初度逆計之，爲卯宮初度一十三分四十四秒也。

一率　中數
二率　矢較
三率　半徑
四率　甲角正矢

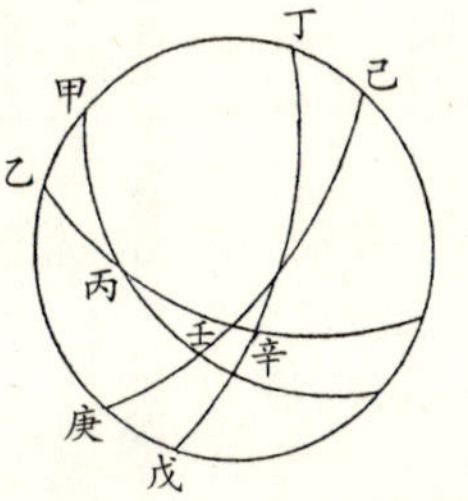

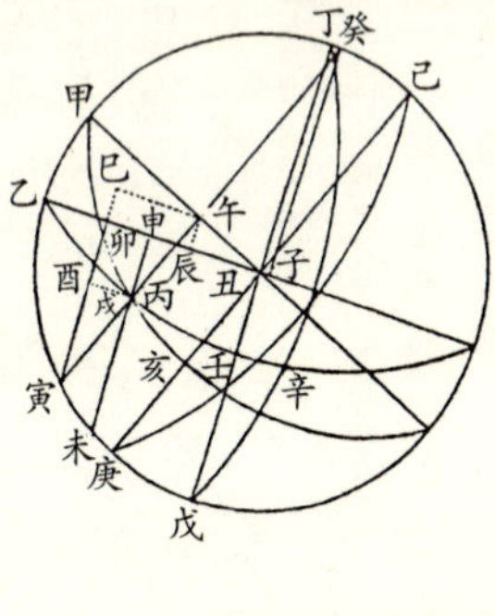

如圖，甲乙與甲丙相加，得乙癸，爲總弧。其正弦爲癸子，餘弦爲子丑。甲乙與甲丙相減，餘乙寅，爲較弧。其正弦爲寅卯，餘弦爲卯丑。兩餘弦相加，得卯子。因兩餘弦在圜心之兩邊，故相加。折半，得卯辰，與巳午等，爲中數。又對甲角之乙丙邊，與乙未等。其正弦爲未申，餘弦爲申丑，正矢爲乙申。以乙申與乙寅較弧之正矢乙卯相減，餘卯申，與酉戌等，爲矢較。遂成寅巳午與寅酉戌同式兩勾股形。故巳午與酉戌之比，同於寅午與寅戌之比。又庚丑爲半徑寅午爲距等圈之半徑，寅戌與庚亥兩段，同爲甲丙壬赤道經圈之所分。則寅午與寅戌之比，原同於庚丑與庚亥之比。是以巳午中數與矢較酉戌之比，即同於半徑庚丑與甲角正矢庚亥之比也。既得庚亥正矢，與庚丑半徑相減，餘亥丑，即甲角之餘弦。檢表，即得甲角所當庚壬弧之度也。既得甲角，則以對邊對角之法求之，亦即得乙角度矣。此三邊求角之法也。

設如大角星，黃道經度距夏至一百零九度四十分，赤道經度距夏至一百二十度一十三分四十四秒，黃赤兩過極經圈交角二十三度四十二分四十五秒，求黃道緯度，赤道緯度各幾何。

甲乙丙三角形，甲爲赤極，即北極。乙爲黃極，甲乙爲兩極距度。丙爲大角星，丁戊爲黃道，己庚爲赤道。丁辛爲黃道經度距夏至一百零九度四十分，即乙角。己壬爲赤道經度距夏至一百二十度一十三分四十四秒，即甲角之外角。丙角爲甲壬、乙辛兩經圈交角二十三度四十二分四十五秒。丙辛爲黃道北緯度，乙丙爲其餘。丙壬爲赤道北緯度，甲丙爲其餘。

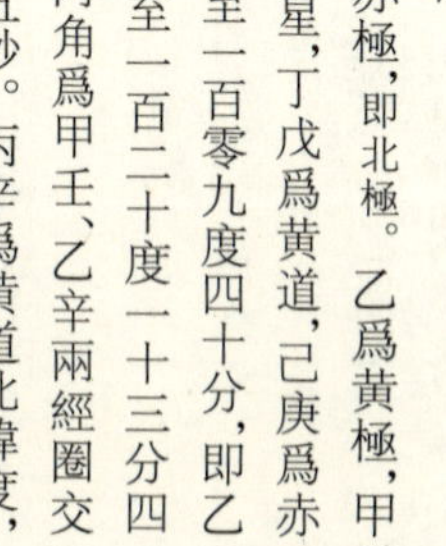

故用甲乙丙三角形，有甲、乙、丙三角，求乙丙、甲丙二邊。乃用次形法。先求乙丙邊，將甲乙丙形易爲癸子丑次形。蓋本形之甲角，即次形之子丑邊。甲角當庚壬弧，與子丑等。乙角之外角，即次形之癸丑邊。乙角之外角當戊辛弧，與癸丑等。本形之丙角，即次形之癸子邊。丙角當寅卯弧，與癸子等。本形之甲乙邊，即次形之丑角。丁己弧與甲乙等，即丑角度。本形之乙丙邊，即次形之癸角。辛寅弧與乙丙等，即癸角度。本形之甲丙邊，即次形子角之外角。壬卯弧與甲丙等，即子銳角度，爲癸子丑形子鈍角之外角。故用癸子丑三角形，有三邊，求癸角。即乙丙邊。以夾癸角之癸子邊即丙角。二十三度四十二分四十五秒，與癸丑邊即乙外角。七十度二十分相加，得九十四度零二分四十五秒，爲總弧。其餘弦七十萬五千五百四十四。又以癸子、癸丑兩邊相減，餘四十六度三十七分一十五秒，爲較弧。其餘弦六百八十六萬八千二百三十

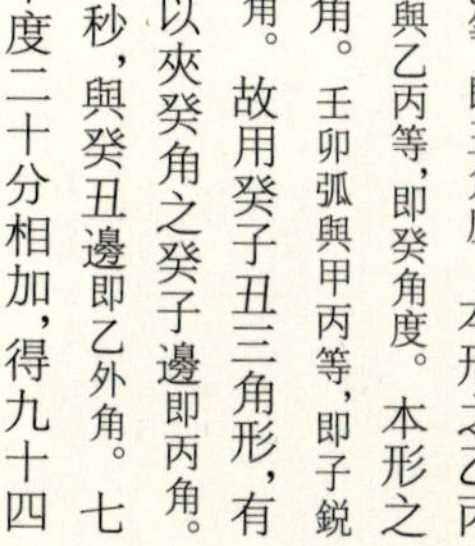

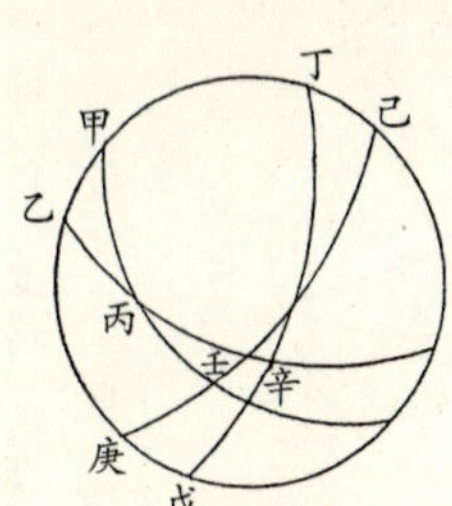

一率　中數
二率　矢較
三率　半徑
四率　癸角正矢

二。兩餘弦相加，總弧過象限，較弧不過象限，故兩餘弦相加。得七百五十七萬三千七百七十六，折半，得三百七十八萬六千八百八十八，爲中數，爲一率。以對癸角之子丑邊即甲角。五十九度四十六分一十六秒之正矢四百九十六萬五千四百四十五，與較弧四十六度三十七分一十五秒之正矢三百一十三萬一千七百六十八相減，餘一百八十三萬三千六百七十七，爲矢較，爲二率。半徑一千萬爲三率。求得四率四百八十四萬二千一百七十四，爲癸角之正矢。與半徑一千萬相減，餘五百一十五萬七千八百二十六，爲癸角之餘弦。檢表，得五十八度五十七分，即癸角度，亦即乙丙邊度。與象限相減，餘三十一度零三分，即黄道北之緯度也。既得乙丙邊，則以對邊對角之法求之，即得甲丙邊矣。

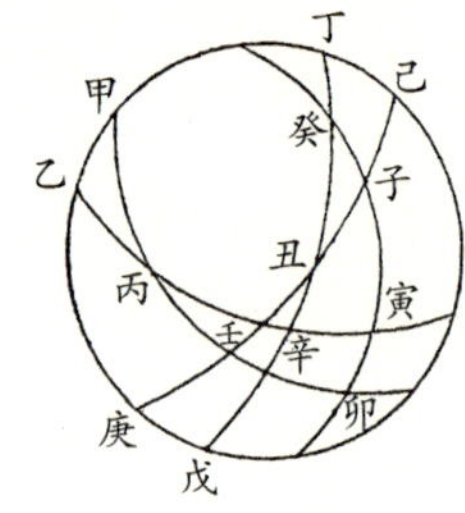

如先求甲丙邊，則用癸子丑次形，求子角。子角之外角當壬卯弧，與甲丙等。以夾子角之子丑邊即甲角。五十九度四十六分一十六秒，與癸子邊即丙角。二十三度四十二分四十五秒相加，得八十三度二十九分零一秒，爲總弧。其餘弦一百一十三萬四千八百七十四。又以子丑、癸子兩邊相減，餘三十六度零三分三十一秒，爲較弧。其餘弦八百零八萬四千一百五十二。兩餘弦相減，總弧較弧俱不過象限，故兩餘弦相減。餘六百九十四萬九千二百七十八，折半，得三百四十七萬四千六百三十九，爲中數，爲一率。以對子角之癸丑邊即乙外角。七十度二十分之正矢六百六十三萬四千五百二十五，與較弧三十六度零三分三十一秒之正矢一百九十一萬五千八百四十八相減，餘四百七十一萬八千六百七十七，爲矢較，爲二率。半徑一千萬爲三率。求得四率一千三百五十八萬零三百三十七，爲子角之大矢。內減半徑一千萬，餘三百五十八萬零三百三十七，爲子角之餘弦。檢表，得六十九度零一分一十三秒，即子角之外角度，亦即甲丙邊度。與象限相減，餘二十度五十八分四十七秒，即赤道北之緯度也。既得甲丙邊，則以對邊對角之法求之，亦即得乙丙邊矣。此三角求邊之法也。

一率　中數
二率　矢較
三率　半徑
四率　子角大矢

設如土星，黄道經度卯宫二度二十九分，距夏至一百二十二度二十九分，黄道南緯度二度三十七分，黄極、赤極相距二十三度三十分，求赤道經度、緯度各幾何。

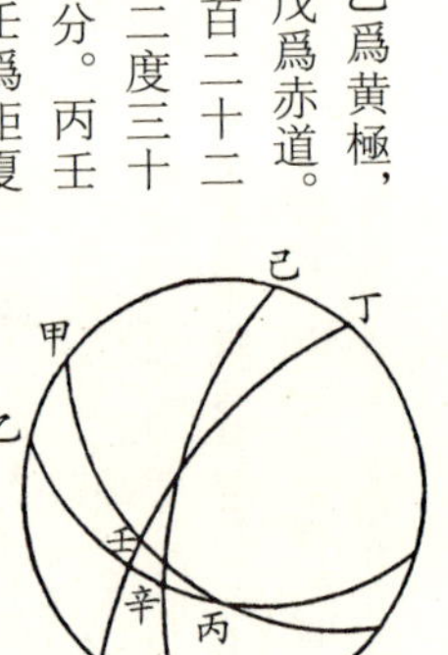

甲乙丙三角形，甲爲赤極，即北極。乙爲黄極，甲乙相距二十三度三十分。丙爲土星，丁戊爲赤道。己庚爲黄道。己辛爲黄道經度距夏至一百二十二度二十九分，即乙角。丙辛爲黄道南緯度二度三十七分。乙丙爲星距黄極九十二度三十七分。丙壬爲赤道南緯度。甲丙即星距北極度。丁壬爲距夏至赤道經度，即甲角之外角。

一率　半徑
二率　乙角大矢
三率　中數
四率　矢較

故用甲乙丙三角形，有乙角及甲乙、乙丙二邊，求甲丙邊及甲角。先求甲丙邊，以半徑一千萬爲一率。乙角一百二十二度二十九分之大矢一千五百三十七萬零五百四十二爲二率。以夾乙角之甲乙邊二十三度三十分，與乙丙邊九十二度三十七分相加，得一百一十六度零七分，爲總弧。其餘弦四百四十萬二千零四。又以甲乙、乙丙兩邊相減，餘六十九度零七分，爲較弧。其餘弦三百五十六萬四千六百六十二。兩餘弦相加，總弧過象限，較弧不過象限，故兩餘弦相加。得七百九十六萬六千六百六十六，折半，得三百九十八萬三千三百三十三，爲中數，爲三率。求得四率六百一十二萬二千五百九十九，爲矢較。與較弧六十九度零七分之正矢六百四十三萬五千三百三十八相加，得一千二百五十五萬七千九百三十七，爲甲丙對邊之大矢。凡矢度過於半徑者，爲大矢，其弧即爲過弧。內減半徑一千萬，餘二百五十五萬七千九百三十七，爲甲丙邊之餘弦。檢表，得七十五度一十分四十六秒。與半周相減，餘一百零四度四十九分一十四秒，即甲丙邊之度。內減九十度，餘一十四度四十九分一十四秒，爲赤道南之緯度也。

如圖，己癸爲半徑，己子爲甲角之大矢。甲乙與乙丙相加，乙丙與乙丑、乙卯皆相等。得甲丑，爲總弧。其正弦爲丑寅，餘弦爲寅癸。甲乙與乙丙相減，餘甲卯，爲較弧。其正弦爲卯辰，餘弦爲辰癸。兩餘弦相加，得辰寅，折半，得辰己，與午未等，爲中數。又對乙角之甲丙邊，與甲申等。其正弦爲申酉，餘弦爲酉癸，大矢爲甲酉。以甲酉與甲卯較弧之正矢甲辰相減，餘辰酉，與戊亥等，爲矢較。遂成卯午未與卯戊亥同式兩勾股形。而卯未與卯亥之比，同於午未與戊亥之比。又卯未爲丑卯距等圈之半徑卯亥與已子兩段，同爲乙辛丙黃道經圈之所分。則卯未與卯亥之比，原同於已癸與乙子之比。是以半徑已癸與乙角大矢已子之比，即同於中數午未與矢較戊亥之比也。既得戊亥矢較，與甲卯較弧之正矢甲辰相加，得甲酉，即爲甲丙弧之大矢。內減甲癸半徑，餘酉癸，爲甲丙弧之餘弦，亦即丙乾弧之餘弦。檢表，得丙乾弧之度。故與半周相減，始爲甲丙弧之度也。次求甲角，則以

一率　甲丙正弦
二率　乙丙正弦
三率　乙角正弦
四率　甲角正弦

甲丙弧一百零四度四十九分一十四秒之正弦九百六十六萬七千三百一十六爲一率，乙丙弧九十二度三十七分之正弦九百九十八萬九千五百七十三爲二率，乙角一百二十二度二十九分之正弦八百四十三萬五千四百七十七爲三率，求得四率八百七十一萬六千六百七十一，爲甲角之正弦。檢表，得六十度三十九分一十秒，即甲角之度。與半周相減，餘一百一十九度二十分五十秒，即星距夏至赤道經度。自夏至未宮初度逆計之，爲辰宮二十九度二十分五十秒也。

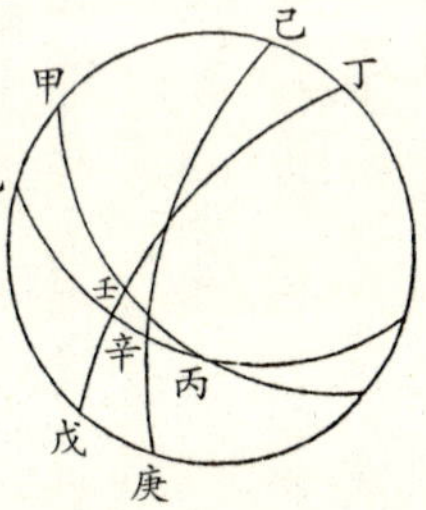

一率　丁角正弦
二率　乙角正弦
三率　甲乙正弦
四率　甲丁正弦

又法，將乙丙弧引長至丁，自甲作甲丁垂弧，補成甲丁乙、甲丁丙兩正弦三角形。先求甲丁乙形。以丁角正弦即半徑一千萬爲一率，乙外角五十七度三十一分之正弦八百四十三萬五千四百七十七爲二率，甲乙弧二十三度三十分之正弦三百九十八萬七千四百九十一爲三率。求得四率二百三十六萬三千六百三十八，爲甲丁弧之正弦。檢表，得一十九度三十九分二十秒，即甲丁弧之度也。此即正弧三角形，有黃赤交角，有黃道，求距緯之法。

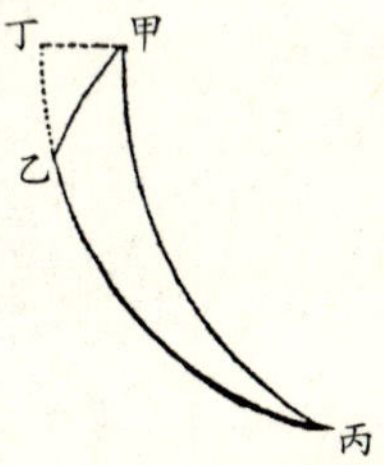

一率　半徑
二率　乙角餘弦
三率　甲乙正切
四率　乙丁正切

又以半徑一千萬爲一率，乙外角五十七度三十一分之餘弦五百三十七萬零五百四十二爲二率，甲乙二十三度三十分之正切四百三十四萬八千一百二十四爲三率。求得四率二百三十三萬五千一百七十八，爲乙丁弧之正切。檢表，得一十三度零八分三十八秒，即乙丁弧之度也。此即正弧三角形，有黃赤交角，有黃道，求赤道之法。次求甲丁丙形。以半徑一千萬爲一率。乙丙弧九十二度三十七分，與乙丁弧一十三度零八分三十八秒相加，得丙丁弧一百零五度四十五分三十八秒，其餘弦二百七十一萬六千一百七十八爲二率。甲丁弧一十九度三十九分二十秒之餘弦九百四十一萬七千三百一十八爲三率。求得四率二百五十五萬七千九百一十一，爲甲丙弧之餘弦。檢表，得七十五度一十分四十六秒，與半周相減，餘一百零四度四十九分一十四秒，即甲丙邊之度也。此即正弧三角形，有赤道，有距緯，求黃道之法。既得甲丙邊，則以對邊對角之法求之，即得甲角矣。此兩邊夾一角之法也。

一率　半徑
二率　丙丁餘弦
三率　甲丁餘弦
四率　甲丙餘弦

設如土星，黃道經度卯宮二度二十九分，距夏至一百二十二度二十九分，赤道經度辰宮二十九度二十分五十秒，距夏至一百一十九度二十分五十秒，黃極、赤極相距二十三度三十分，求黃道緯度、赤道緯度各幾何。

甲乙丙三角形，甲爲赤極，即北極。乙爲黃極，甲乙相距二十三度三十分。丙爲土星，丁戊爲赤道，已庚爲黃道。已辛爲黃道經度距夏至一百二十二度二十九分，即乙角。丁壬爲赤道經度距夏至一百一十九度二十分五十秒，即甲角之外角。丙辛爲黃道南緯度，乙丙爲星距黃極度，丙壬爲赤道南緯度，甲丙爲星距赤極度。

故用甲乙丙三角形，有甲乙二角及甲乙邊，求甲丙、乙丙二邊。乃用次形法，先求丙角，將甲乙丙形易爲癸子丑次形。蓋本形之甲角，即次形之子丑邊。甲角當壬戊弧，與子丑等。本形乙角之外角，即次形之癸丑邊。乙外角，當辛庚弧，與癸丑等。本形之丙角，即次形之癸子邊。丙角當寅卯弧，與癸子等。本形之甲乙邊，即次形之丑角。丁已與甲乙等，即丑角度。本形之乙丙邊與半周相減之餘度，即次形癸角之外角。乙丙邊與半周相減，餘丙辰，與卯辛等，即辛癸卯角，爲癸子丑形癸角之外角。蓋卯丙與辛辰皆象限，各減辛丙，故卯辛與丙辰等。本形之甲丙邊與半周相減之餘度，即次形之子角。甲丙邊與半周相減，餘丙已，與寅壬等，即子角度。蓋寅丙與壬已皆象限，各減壬丙，故寅壬與丙已等。

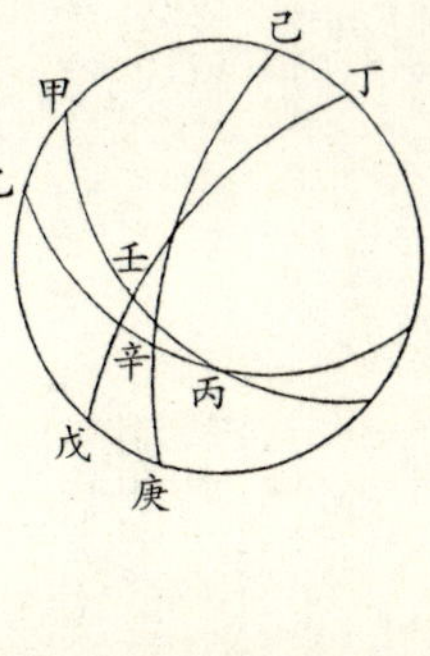

一率　半徑
二率　丑角正矢
三率　中數
四率　矢較

故用癸子丑三角形，有丑角及癸丑、子丑二邊，求癸子邊。即丙角。以半徑一千萬爲一率。丑角二十三度三十分之正矢八十二萬九千三百九十九爲二率。以癸丑邊即乙外角。五十七度三十一分，與子丑邊即甲角。六十度三十九分一十秒相加，得一百一十八度一十分一十秒，爲總弧。其餘弦四百七十二萬零八百零七。又以癸丑、子丑兩邊相減，餘三度零八分一十秒，爲較弧，其餘弦九百九十八萬五千零二十四。兩餘弦相加，得一千四百七十萬五千八百三十一，折半，得七百三十五萬二千九百一十五，爲中數，爲三率。求得四率六十萬九千八百五十，爲矢較。與較弧三度零八分一十秒之正矢一萬四千九百七十六相加，得六十二萬四千八百二十六，爲癸子對邊之正矢。與半徑一千萬相減，餘九百三十七萬五千一百七十四，爲癸子對邊之餘弦。檢表，得二十度二十一分四十一秒，爲癸子邊之度，亦即丙角度也。次求乙丙邊，則以丙角之

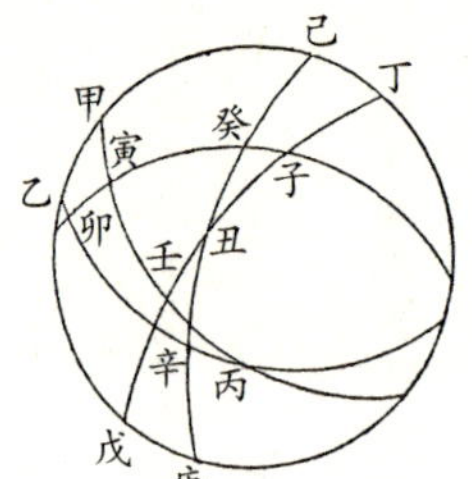

一率　丙角正弦
二率　甲角正弦
三率　甲乙正弦
四率　乙丙正弦

正弦三百四十七萬九千三百八十七爲一率，甲角六十度三十九分一十秒之正弦八百七十一萬六千六百五十七爲二率，甲乙邊二十三度三十分之正弦三百九十八萬七千四百九十一爲三率。求得四率九百九十八萬九千五百七十三，爲乙丙邊之正弦。檢表，得八十七度二十三分。與半周相減，餘九十二度三十七分，即乙丙邊之度。內減九十度，餘二度三十七分，即星距黄道南之緯度也。次求甲丙邊，以丙角之正弦三百四十七萬九千三百八十七爲一率，乙角一百二十二度二十九分之正弦八百四十三萬五千四百七十七爲二率，仍以甲乙邊之正弦三百九十八萬七千四百九十一爲三率。求得四率九百六十六萬七千三百三十一，爲甲丙邊之正弦。檢表，得七十五度一十分四十六秒。與半周相減，餘一百零四度四十九分一十四秒，即甲丙邊之

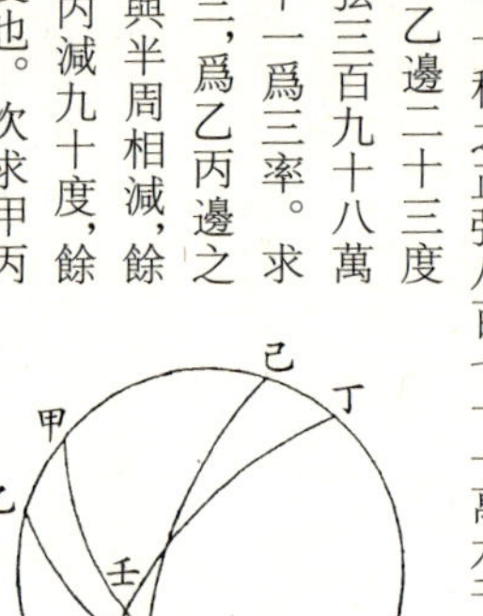

一率　丙角正弦
二率　乙角正弦
三率　甲乙正弦
四率　甲丙正弦

度。內減九十度，餘一十四度四十九分一十四秒，即星距赤道南之緯度也。

一率　丁角正弦
二率　乙角正弦
三率　甲乙正弦
四率　甲丁正弦

又法，將乙丙弧引長至丁，自甲作甲丁垂弧，補成甲丁乙、甲丁丙兩正弧三角形。先求甲丁乙形。以丁角正弦即半徑一千萬爲一率，乙外角五十七度三十一分之正弦八百四十三萬五千四百七十七爲二率，甲乙弧二十三度三十分之正弦三百九十八萬七千四百九十一爲三率。求得四率三百三十六萬三千六百三十八，爲甲丁弧之正弦。檢表，得一十九度三十九分二十秒，即甲丁弧之度也。此即正弧三角形，有黄赤交角，有黄道，求距緯之法。

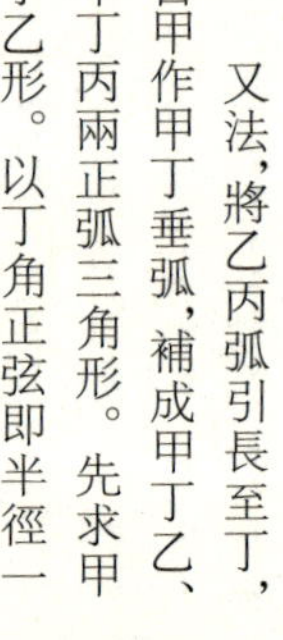

一率　甲乙正切
二率　甲丁正切
三率　半徑
四率　甲虛角餘弦

又以甲乙弧二十三度三十分之正切四百三十四萬八千一百二十四爲一率，甲丁弧一十九度三十九分二十秒之正切三百五十七萬一千七百五十二爲二率，半徑一千萬爲三率。求得四率八百二十一萬四千四百六十七，爲甲虛角之餘弦。檢表，得三十四度四十六分一十二秒，即甲虛角之度也。此即正弧三角形，有黄道，有赤道，求黄赤交角之法。次求甲丁丙形。以丙甲乙角六十度三十九分一十秒，與甲虛角三十四度四十六分一十二秒相加，得九十五度二十五分二十二秒，爲丙甲丁角。

一率　甲角餘弦
二率　半徑
三率　甲丁正切
四率　甲丙正切

乃以其餘弦九十四萬五千零六十四爲一率，半徑一千萬爲二率，甲丁弧一十九度三十九分二十秒之正切三百五十七萬一千七百五十二爲三率。求得四率三千七百七十九萬三千七百五十七，爲甲丙弧之正切。檢表，得七十五度一十分四十六秒。與半周相減，餘一百零四度四十九分一十四秒，即甲丙邊之度也。此即正弧三角形，有黄赤交角，有赤道，有黄道之法。既得甲丙邊，則以對邊對角之法求之，即得乙丙邊矣。此兩角夾一邊之法也。

清・江永《翼梅》卷八《算賸》

求丙甲邊法

半徑與乙角正弦，若乙丙正弦與丙甲正弦。中二率相乘爲實，首率爲法，除實得

四率。後倣此。

半徑與乙角正切，若乙甲正弦與丙甲正切。

丙角正切與半徑，若乙甲正切與丙甲正弦。

若欲用半徑爲首率，以省除。則爲半徑與丙甲餘切，若乙甲正切與丙甲正弦。

半徑與丙角餘弦，若乙丙正切與丙甲正切。

又法，丙角餘弦與半徑，若乙丙餘切與丙甲餘切。

乙甲餘弦與半徑，若乙丙餘弦與丙甲餘弦。

若欲用半徑爲首率，以省除。則爲半徑與乙甲正割，若乙丙餘弦與丙甲餘弦。

又法，半徑與乙甲餘弦，若乙丙正割與丙甲正割。

又法，乙丙餘弦與半徑，若乙甲餘弦與丙甲正割。

又法，乙甲正割與半徑，若乙丙正割與丙甲正割。

又法，乙丙正割與半徑，若乙甲正割與丙甲餘弦。

丙角正弦與半徑，若乙角餘弦與丙甲餘弦。

半徑與丙角餘割，若乙角餘弦與丙甲餘弦。

又法，不用四率，但以加減法取初數，即得丙甲正弦。

法爲乙甲度與乙丙邊度相併爲總弧，相減爲存弧。

各取餘弦，如法相加減，總弧過象限，則兩餘弦相加。不過象限，則相減。折半爲初數，即爲丙甲正弦。

求乙丙邊法

乙角正弦與半徑，若丙甲正弦與乙丙正弦。

若欲用半徑爲首率，以省除。則爲半徑與乙角餘割，若丙甲正弦與乙丙正弦。

乙角餘弦與半徑，若乙甲正切與乙丙正切。

若欲用半徑爲首率，以省除。則爲半徑與乙角正割，若乙甲正切與乙丙正切。

丙角正弦與半徑，若乙甲正弦與乙丙正弦。

若欲用半徑爲首率，以省除。則爲半徑與丙角餘割，若乙甲正弦與乙丙正弦。

丙角餘弦與半徑，若丙甲正切與乙丙正切。

若欲用半徑爲首率，以省除。則爲半徑與丙角正割，若丙甲正切與乙丙正切。

半徑與丙甲餘弦，若乙甲餘弦與乙丙餘弦。

又法，乙甲餘弦與半徑，若丙甲正割與乙丙正割。

又法，丙甲正割與半徑，若乙甲餘弦與乙丙餘弦。

又法，半徑與乙甲正割，若丙甲正割與乙丙正割。

又法，乙甲正割與半徑，若丙甲餘弦與乙丙餘弦。

又法，丙甲餘弦與半徑，若乙甲正割與乙丙正割。

乙角正切與半徑，若丙角餘切與乙丙餘弦。

半徑與乙角餘切，若丙角餘切與乙丙餘弦。

附句股方錐法

半徑與赤道正弦，若距緯餘弦與黃道正弦。

距緯正割與半徑，若赤道正弦與黃道正弦。

半徑與赤道正切，若大距餘弦與黃道正切。

大距正割與半徑，若赤道正切與黃道正切。

大距正弦與半徑，若距緯正弦與黃道餘弦。

距緯正弦與半徑，若大距正弦與黃道正割。

求乙甲邊法

乙角正切與半徑，若丙甲正切與乙甲正弦。

若欲用半徑爲首率，以省除。則爲半徑與乙角餘切，若丙甲正切與乙甲正弦。

又法，乙角正弦與乙角餘弦，若丙甲正切與乙甲正弦。

半徑與乙角餘弦，若乙丙正切與乙甲正切。

又法，乙角正割與半徑，若乙丙正切與乙甲正切。

半徑與丙角正弦，若乙丙正弦與乙甲正弦。

半徑與丙角正切，若丙甲正弦與乙甲正切。

甲丙餘弦與半徑，若乙丙餘弦與乙甲餘弦。

又法，乙丙正割與半徑，若丙甲正割與乙甲餘弦。

又法，半徑與丙甲正割，若乙丙餘弦與乙甲餘弦。

又法，乙丙餘弦與半徑，若丙甲餘弦與乙甲正割。

又法，半徑與乙丙正割，若丙甲餘弦與乙甲正割。

又法，丙甲正割與半徑，若乙丙正割與乙甲正割。

乙角正弦與半徑，若丙角餘弦與乙甲餘弦。

半徑與乙角餘割，若丙角餘弦與乙甲餘弦。

求乙角法

乙丙正弦與半徑，若丙甲正弦與乙角正弦。

若欲用半徑爲首率，以省除。則爲半徑與乙丙餘割，若丙甲正弦與乙角正弦。

又法，丙甲正弦與半徑，若乙丙正弦與乙角正割。

又法，半徑與丙甲餘割，若乙丙正弦與乙角正割。

又法，乙丙正弦與丙甲正弦，若乙角正割與乙角正切。永補。

乙甲正弦與半徑，若丙甲正切與乙角正切。

若欲用半徑爲首率，以省除。則爲半徑與乙甲餘割，若丙甲正切與乙角正切。

又法，丙甲正切與半徑，若乙甲正弦與乙角餘切。

又法，半徑與丙甲餘切，若乙甲正弦與乙角餘切。

又法，乙甲正弦與丙甲正切，若乙角餘弦與乙角正弦。永補。

乙丙正切與半徑，若乙甲正切與乙角餘弦。

若欲用半徑爲首率，以省除。則爲半徑與乙丙餘切，若乙甲正切與乙角餘弦。

又法，乙甲正切與半徑，若乙丙正切與乙角正割。

又法，半徑與乙甲餘切，若乙丙正切與乙角正割。

又法，乙甲正弦與丙甲正切，若乙角餘弦與乙角正弦。永補。

半徑與丙甲餘弦，若丙角正弦與乙角餘弦。永補。

乙甲餘弦與半徑，若丙角餘弦與乙角正弦。永補。

半徑與乙甲正割，若丙角餘弦與乙角正弦。永補。

乙丙餘弦與半徑，若丙角餘切與乙角正切。永補。

半徑與乙丙正割，若丙角餘切與乙角正切。

求丙角法

乙丙正弦與半徑，若乙甲正弦與丙角正弦。

若欲用半徑爲首率，以省除。則爲半徑與乙丙餘割，若乙甲正弦與丙角正弦。

又法，半徑與乙丙正割，若乙角餘切與丙角正切。

又法，乙甲正弦與半徑，若乙丙正弦與丙角餘割。永補。

丙甲正弦與半徑，若乙甲正切與丙角正切。

若欲用半徑爲首率，以省除。則爲半徑與丙甲餘割，若乙甲正切與丙角正切。

又法，乙甲正切與半徑，若丙甲正弦與丙角餘切。永補。

乙丙正切與半徑，若丙甲正切與丙角餘弦。

若欲用半徑爲首率，以省除。則爲半徑與乙丙餘切，若丙甲正切與丙角餘弦。

又法，丙甲正切與半徑，若乙丙正切與丙角正割。永補。

丙甲餘弦與半徑，若乙角餘弦與丙角正弦。永補。

半徑與丙甲正割，若乙角餘弦與丙角正弦。

半徑與乙角正弦，若乙甲餘弦與丙角餘弦。永補。

半徑與乙角正切，若乙丙餘弦與丙角餘切。永補。

已上求邊求角諸法，具足有未備者，永爲補之。一種有數法，擇用一焉，可也。永所補者，亦因他法，隅反非臆測也。用之可勿疑。

垂弧法趨捷

《舉要》第三卷論垂弧，但言可求某邊某角，不詳其求之之法，以有正弧三角法可攷也。然算以捷爲貴，有可省者徑省之。諸形中各求捷法以趨簡易。

形内垂弧第一支。甲乙丙形，有丙鋭角，有角旁相連之乙丙、甲丙二邊，求對邊及餘兩角。

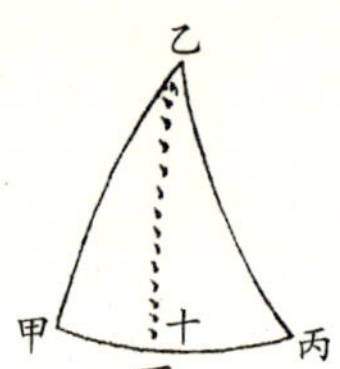

作垂弧乙丁丁爲正角。按：兩邊夾一角求對角之邊，有《環中黍尺》專書備論，可不作垂弧。欲以垂弧算之，第四卷有捷法。但求丁丙邊，半徑與丙角餘弦，若乙丙正切與丁丙正切。分甲丁邊，丙丁之餘爲甲丁。即用兩分形之兩邊，以徑得乙甲，丁丙餘弦與乙丙餘弦，若丁甲餘弦與乙甲餘弦。甚捷也。得乙甲，則二角乙、甲。可求矣。若按次求之，先求丁丙，次求乙丁，次求丁乙丙分角，次求乙甲，次求甲角及丁乙甲分角。末以兩乙角併之，成乙角，較爲煩曲。

形內垂弧第二支。甲乙丙形，有丙鋭角，有角旁相連之乙丙邊，及與角相對之乙甲邊，求餘兩角一邊。

此當先求甲角，乙甲正弦與丙角正弦，若乙丙正弦與甲角正弦。次求丁丙、半徑與丙角餘弦，若乙丙正切與丁丙正切。次求丁甲、半徑與甲角餘弦，若乙甲正切與甲丁正切。分邊，併得甲丙。則乙角可得，不必求垂弧與分角。

形內垂弧第三支。甲乙丙形，有乙、丙二角，有乙丙邊，求甲角及餘邊。

邊在兩角之間，斜弧三角之難求者也。若以垂弧法求之，當求乙丁邊，半徑與丙角正弦，若乙丙正弦與乙丁正弦。丁乙丙分角。乙丙餘弦與半徑，若丙角餘切與乙角正切。原設乙角，內減丁乙丙，得丁乙甲分角。次求甲角，半徑與乙分角正弦，若乙丁餘弦與甲角餘弦。乙甲邊，甲角正弦與半徑，若乙丁正弦與乙甲正弦。甲丙邊。甲角正弦與乙丙正弦，若原設乙角正弦與甲丙正弦。此不得不求垂弧與分角者也。按次形法，三角求邊，以角易爲邊，邊易爲角。此形雖止兩角，亦可弧角相易，以次形求之。蓋在本形爲兩角夾一邊，在次形即爲兩邊夾一角。在本形爲求對邊之角，在次形即爲求對角之邊。徑用《環中黍尺》加減捷法，以求之一。求而甲角可得矣。此理隱於次形篇中，永於三角求邊悟得之。

形內垂弧第四支。甲乙丙形，有丙、甲二角，有乙甲邊，求乙角及餘二邊。

此當先求乙丙邊。丙角正弦與甲角正弦，若乙甲正弦與乙丙正弦。次求丙丁、半徑與丙角餘弦，若乙丙正切與丙丁正切。丁甲半徑與甲角餘弦，若乙甲正切與丁甲正切。分邊，併得丙甲，而乙角可得。

形內垂弧第五支。

係二邊相同，求三角。此形易求畧之。

形外垂弧第一支。甲乙丙形，有丙鋭角，有夾角之兩邊，求乙甲邊及餘兩角。

自乙角作垂弧於形外，補成正角。丁角。

本法須求丙乙丁角，乙丙餘弦與半徑，若丙角餘切與乙角正切。乙丁邊，半徑與乙丙正弦，若丙角正弦與乙丁正弦。丁丙邊。半徑與乙丙正弦，若乙角正弦與丁丙正弦。乃可求乙甲邊，丁丙內減丙甲，得甲丁。半徑與甲丁餘弦，若乙丁餘弦與乙甲餘弦。甲角乙甲正弦與半徑，若乙丁正弦與甲角正弦。及甲乙丁虛角。乙甲正弦與半徑，若甲丁正弦與虛乙角正弦。末以甲角減半周，得原設甲角。以甲乙丁虛角減丙乙丁角，得原設丙乙甲角。若用《環中黍尺》加減捷法，則不用作垂弧，一求可得乙甲邊，而甲、乙兩角皆可求矣。

形外垂弧第二支。甲乙丙形，有甲鈍角，有角旁之二邊，求乙丙邊及餘二角。

本法亦作垂弧於形外，補成正角。先求虛邊、虛角，而後可求形內之邊角。今按此亦可用《環中黍尺》法，角求對邊，鈍角用大矢。徑得乙丙。因以求二角則不必作垂弧。

形外垂弧第三支。甲乙丙形，有丙鋭角，有角旁之乙丙邊，有對角之乙甲邊，求丙甲邊及餘二角。

本法先求虛邊、虛角。今按此可求甲角。乙甲正弦與乙丙正弦，若丙角正弦與甲角正弦。乃求丁丙邊半徑與丙角餘弦，若乙丙正切與丁丙正切。與甲丁邊。半徑與甲外角餘弦，若乙甲正切與甲丁正切。于丁丙內減甲丁，得丙甲，而乙角可求矣。

形外垂弧第四支。乙甲丙形，有甲鈍角，有角旁之甲丙邊及對角之乙丙邊，求乙甲邊及餘二角。

本法亦先算虛形。今按此亦可倣第三支。先求乙角，次求乙戊邊與甲戊邊。于乙戊內減甲戊，得乙甲，因以求丙角。

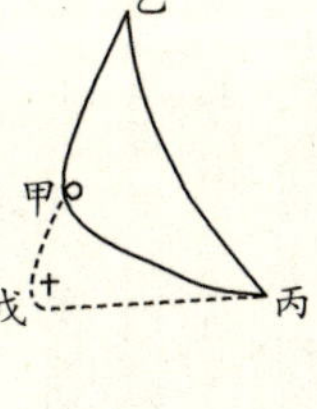

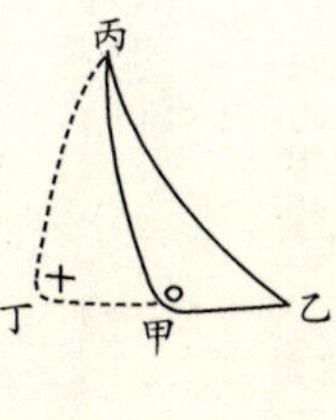

形外垂弧第五支。乙甲丙形，有丙、甲二角，一鋭一鈍，有丙甲邊，在兩角之中，求乙角。

本法作垂弧，先算虛邊、虛角。今按兩角夾一邊，求對邊之角。猶之兩邊夾一角，求對角之邊。徑易角爲邊，易邊爲角，用加減捷法，可得對丙甲邊之乙角。

形外垂弧第六支。乙甲丙形，有乙、甲二角，乙鋭、甲鈍。有丙甲邊，與乙鋭角相對，鈍角相連。

此當先求乙丙邊，有本形弧角比例。次求乙戊虛邊，半徑與乙角餘弦，若乙丙正切與乙戊正切。次求甲戊虛邊。半徑與甲外角餘弦，若丙甲正切與甲戊正切。於乙戊內減甲戊，得乙甲，因以求丙角。

形外垂弧第七支。乙甲丙形，有乙鋭角、甲鈍角。有丙乙邊，與甲鈍角相對，鋭角相連。

此當先求丙甲邊，餘如第六支之法。

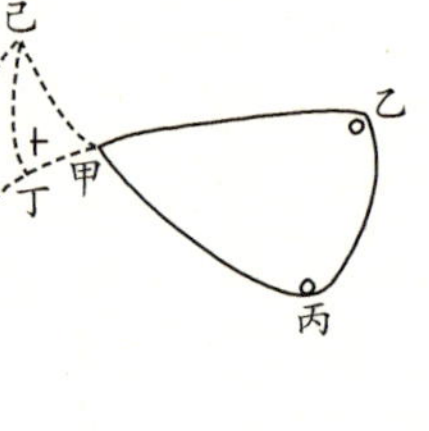
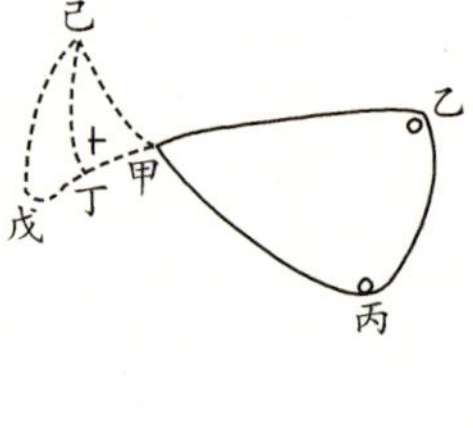

垂弧又法第一支。乙甲丙形，有乙丙邊，在兩角間，而兩角並鈍，求餘二邊及甲角。

法引丙甲至己，引乙甲至戊，各滿半周。作戊己邊，與乙丙等。而己與戊並乙丙之外角，成甲戊己次形。依法作垂弧于次形之內，如己丁。分爲兩形。本法求乙甲邊，以己丁戊分形求到丁戊，半徑與戊角餘弦，若己戊正切與丁戊正切。以己丁甲形求到甲丁。先于己丁戊形，求得己角。以減原有之己角，餘爲丁己甲分角。又求得己丁垂弧，乃求甲丁。法爲半徑與己分角正切，若己丁正弦與甲丁正切。合之成甲戊，以減半周，得乙甲。求丙甲邊，以己丁甲分形求到己甲，丁己甲角餘弦與半徑，若己丁正切與己甲正切。以減半周，得丙甲。乃以己丁甲分形，求到甲交角。己甲正弦與半徑，若己丁正弦與甲角正弦。按此殊多曲折，徑易角爲邊，易邊爲角。或用本形之乙、丙兩鈍角，易爲邊，以乙丙邊爲角，取矢。或用次形之己、戊兩鋭角，易爲邊，取己戊矢，皆可。用加減捷法求之，即可得甲角，因以求二邊。

垂弧又法第二支。乙甲丙形，有丙、甲二角，有乙甲邊，與丙角相對，而兩角俱鈍，求乙角及餘邊。

如法，引甲乙、丙乙俱滿半周，會于己，成丙甲己次形。作己丁垂弧于次形內，分次形爲兩。本法求乙角，惟求分形兩己角，合之爲次形己角，與乙對角等。又求分形甲丁、丁丙，併之爲甲丙。以求到次形己丙，減半周爲乙丙。今按此形，當先求乙丙邊。丙角正弦與乙甲正弦，若甲角正弦與乙丙正弦。減半周，餘爲己丙虛邊。次求甲丁、乙甲減半周，得甲己。半徑與甲外角餘弦，若甲己正切與甲丁正切。丁丙，半徑與丙外角餘弦，若己丙正切與丁丙正切。併得甲丙。因以求乙角，有弧角比例。稍爲直捷。若欲先知乙角，如本法可矣。己甲餘弦與半徑，若甲外角餘切與甲己丁分角正切。又半徑與甲己正弦，若甲外角正弦與丁正弦。又丁己餘弦與半徑，若丙外角餘弦與丁己丙角正弦。合兩分形己角，爲次形己角，即爲本形乙角。

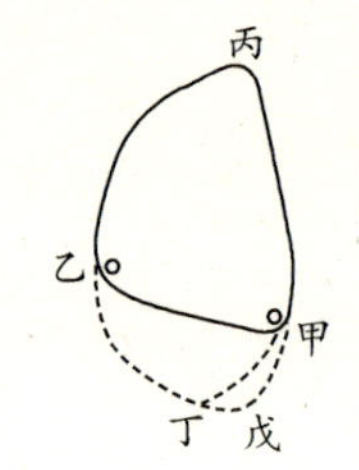

垂弧又法第三支。乙甲丙形，有乙丙、乙甲兩邊，有乙角在兩邊之中。

本法用甲乙戊次形算之。今按此，亦可用加減捷法，徑得丙甲。

垂弧又法第四支。乙甲丙形，有丙角，有甲丙邊，與角連，有乙甲邊，與角對。

法用甲己戊次形，甲己爲甲乙減半周之餘。甲戊爲甲丙減半周之餘。戊角爲丙之外角。作垂弧于內，求乙丙邊及餘兩角。按此形，當先求乙角，乙甲正弦與丙角正弦，若甲丙正弦與乙角正弦。因知己虛角。己爲乙之外角。次求丁己，半徑與己角餘弦，若甲己正切與丁己正切。戊丁，半徑與戊角正切，若甲戊正弦與戊丁正切。併得己戊，即丙乙，因以求甲角。若欲先知甲角，即于丁戊甲分形，求之，半徑與戊角正切，若甲戊餘弦與甲角餘切。因以求乙丙邊。丙角正弦與乙甲正弦，若甲角正弦與乙丙正弦。

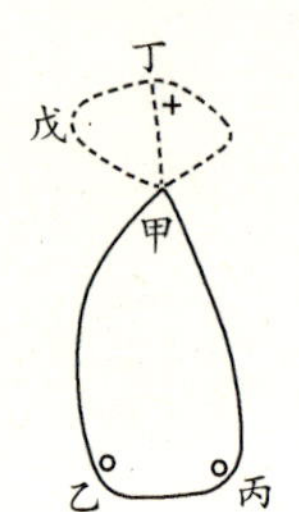

垂弧又法第五支。乙甲丙形，有三邊，（丙）（併）有乙甲、丙甲二邊相同，而皆爲過弧，求三角。

本法用次形，作垂弧求之。今按此亦可用加減捷法，求甲角。角旁兩弧同度，則加減有變例，檢《環中黍尺》五卷補遺用之。

垂弧又法第六支。乙甲丙形，有丙、甲二鈍角，有甲丙

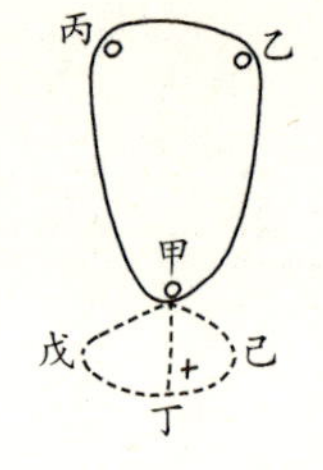

邊，在兩角間。

本法引乙丙、乙甲滿半周，會于戊，成甲戊丙次形。作垂弧于次形外，以求之。今按此亦可易角爲邊，易邊爲角。依加減捷法求之，徑得乙角。因以求二邊。

垂弧又法第七支。乙甲丙形，有乙、甲二鈍角，有甲丙邊，與角對。

法引設邊成丙戊甲次形，戊爲乙對角與乙角等。作垂弧于次形外，此或先求乙丙，乙角正弦與甲丙正弦，若甲角正弦與乙丙正弦。減半周得丙戊。或先求丙戊，戊角正弦與丙甲正弦，若甲外角正弦與丙戊正弦。減半周，得乙丙。次求丁甲、甲外角餘弦與半徑，若甲丙正切與甲丁正切。丁戊戊外角正割與半徑，若丙戊正切與丁戊正切。以丁戊減丁甲，餘爲戊甲。以戊甲減半周，餘爲乙甲，因以求丙角。

垂弧又法第八支。乙甲丙形，有丙鈍角，有角旁之兩邊丙乙、丙甲。

本法用甲戊丙次形，作甲丁垂弧，引丙戊會于丁，可求乙甲邊及甲、乙二角。

今按此亦可用加減捷法，徑求乙甲對邊，因以求二角。若欲先知丙角，先求甲丁對邊，即可求得丙角。

垂弧又法第九支。乙甲丙形，有甲鈍角，有乙丙邊，與甲對，丙甲邊，與角連。

法用丙戊甲次形，自丙角作垂弧，與甲戊引長邊會于丁。此當先求乙角，本形有甲丙對邊比例。即戊角。對角等。次求丁甲與丁戊。與第七支求法同。于丁甲內減丁戊，爲甲戊，即得乙甲。法同七支。因以求丙角。

又江永《續數學》卷一　正弧三角疏義

目録

分支列目，隨其所欲求者，因目以檢後題。

第一支。有正角，有餘角，有對正角之邊，而求兩邊一角。

凡正弧三角，鈐記甲爲正角，乙爲餘角，丙爲交角，乙丙爲對正角之邊，丙甲爲對餘角之邊，乙甲爲對交角之邊。

求對餘角之邊。第一題。

求對交角之邊。第二題。

求交角。第三題。

第二支。有正角，有餘角，有對餘角之邊，而求兩邊一角。

求對正角之邊。第四題。

求對交角之邊。第五題。

求交角。第六題。

第三支。有正角，有交角，有對正角之邊，而求兩邊一角。

求對交角之邊。第七題。

求對餘角之邊。第八題。

求餘角。第九題。

第四支。有正角，有交角，有對交角之邊，而求兩邊一角。

求對正角之邊。第十題。

求對餘角之邊。第十一題。

求餘角。第十二題。

第五支。有正角，有角旁相連之兩邊，而求一邊兩角。

求對正角之邊。第十三題。

求餘角。第十四題。

求交角。第十五題。

第六支。有正角、餘角，夾一邊，而求兩邊一角。

求對正角之邊。第十六題。

求對餘角之邊。第十七題。

求交角。第十八題。

第七支。有正角、交角，夾一邊，而求兩邊一角。

求對正角之邊。第十九題。

求對交角之邊。第二十題。

求餘角。第二十一題。
第八支。有正角,有對正角、交角之邊,而求一邊兩角。
求對餘角之邊。第二十二題。
求交角。第二十三題。
求餘角。第二十四題。
第九支。有正角,有對正角、餘角之邊,而求一邊兩角。
求對交角之邊。第二十五題。
求餘角。第二十六題。
求交角。第二十七題。
第十支。有三角求三邊。
求對正角之邊。第二十八題。
求對餘角之邊。第二十九題。
求對交角之邊。第三十題。
已上正法已具。
第十一支。不用正角,以餘角、交角二邊相對相求。
餘角、交角偕對餘角之邊,求對交角之邊。第三十一題。
交角、餘角偕對交角之邊,求對餘角之邊。第三十二題。
對餘角、交角之邊偕餘角,求交角。第三十三題。
對交角、餘角之邊偕交角,求餘角。第三十四題。

正弧三角形

甲爲正角,乙爲餘角,丙爲交角,圓内全形圖及解義詳後。

分題舉法

第一支。有正角,有餘角,有對正角之邊,求兩邊一角。

第一題。有甲角,有乙角,有對甲角乙丙邊,求對乙角丙甲邊。

法曰:半徑即甲角正弦。後倣此。與乙角正弦,若乙丙正弦與丙甲正弦。凡首舉者爲一率,言與者爲二率,言若者爲三率,後言與者爲四率。凡數以二率、三率相乘爲實,以一率爲法,除之,而得第四率爲所求之數。凡二率可易爲三,三率可易爲二。凡半徑爲全數,在首率者,升位可省除。在中間者,升位可省乘。後倣此。

第二題。有甲角,有乙角,有對甲角乙丙邊,求對丙角乙甲邊。

法曰:半徑與乙角餘弦,若乙丙正切與乙甲正切。

第三題。有甲角,有乙角,有對甲角乙丙邊,求丙角。

法曰:半徑與乙角正切,若乙丙餘弦與丙角餘切。

第二支。有正角,有餘角,有對餘角之邊,而求兩邊一角。

第四題。有甲角,有乙角,有對乙角丙甲邊,求對甲角乙丙邊。

法曰:乙角正弦與半徑,若丙甲正弦與乙丙正弦。

若欲用半徑爲首率,以省除。則爲半徑與乙角餘割,若丙甲正弦與乙丙正弦。

第五題。有甲角,有乙角,有對乙角丙甲邊,求對丙角乙甲邊。

法曰:乙角正切與半徑,若丙甲正切與乙甲正弦。

若欲用半徑爲首率,以省除。則爲半徑與乙角餘切,若丙甲正切與乙甲正弦。

第六題。有甲角,有乙角,有對乙角丙甲邊,求丙角。

法曰:丙甲餘弦與半徑,若乙角餘弦與丙角正弦。

第三支。有正角,有交角,有對正角之邊,而求兩邊一角。

第七題。有甲角,有丙角,有對甲角乙丙邊,求對丙角乙甲邊。

法曰:半徑與丙角正弦,若乙丙正弦與乙甲正弦。

第八題。有甲角,有丙角,有對甲角乙丙邊,求對乙角丙甲邊。

法曰:半徑與丙角餘弦,若乙丙正切與丙甲正切。

第九題。有甲角,有丙角,有對甲角乙丙邊,求乙角。

法曰:乙丙餘弦與半徑,若丙角餘切與乙角正切。首率易半徑,則次率易乙丙正割。

第四支。有正角,有交角,有對交角之邊,而求兩邊一角。

第十題。有甲角,有丙角,有對丙角乙甲邊,求對甲角乙丙邊。

法曰:丙角正弦與半徑,若乙甲正弦與乙丙正弦。

若欲用半徑爲首率,以省除。則爲半徑與丙角餘割,若乙甲正弦與乙丙正弦。

第十一題。有甲角,有丙角,有對丙角乙甲邊,求對乙角丙甲邊。

法曰:丙角正切與半徑,若乙甲正切與丙甲正弦。

若欲用半徑爲首率,以省除。則爲半徑與丙角餘切,若乙甲正切與丙甲正弦。

正弦。

第十二題。有甲角，有丙角，有對丙角乙甲邊，求對乙角。

法曰：乙甲餘弦與半徑，若丙角餘弦與乙角正弦。首率易半徑，則次率易乙甲正割。

第五支。有正角，有角旁相連之兩邊，而求一邊兩角。

第十三題。有甲角，有乙甲邊，丙甲邊，求對甲角乙丙邊。

法曰：半徑與丙甲餘弦，若乙甲餘弦與乙丙餘弦。

第十四題。有甲角，有乙甲邊，丙甲邊，求乙角。

法曰：乙甲正弦與半徑，若丙甲正切與乙角正切。

若欲用半徑爲首率，以省除。則爲半徑與乙甲餘割，若丙甲正切與乙角正切。

第十五題。有甲角，有乙甲邊，丙甲邊，求丙角。

法曰：丙甲正弦與半徑，若乙甲正切與丙角正切。

若欲用半徑爲首率，以省除。則爲半徑與丙甲餘割，若乙甲正切與丙角正切。

第六支。有正角、餘角夾一邊，而求兩邊一角。

第十六題。有甲角，有乙角，有乙甲邊，求對甲角乙丙邊。

法曰：乙角餘弦與半徑，若乙甲正切與乙丙正切。

若欲用半徑爲首率，以省除。則爲半徑與乙角正割，若乙甲正切與乙丙正切。

第十七題。有甲角，有乙角，有乙甲邊，求對乙角丙甲邊。

法曰：半徑與乙角正切，若乙甲正弦與丙甲正切。

第十八題。有甲角，有乙角，有乙甲邊，求丙角。

法曰：半徑與乙角正弦，若乙甲餘弦與丙角餘弦。

第七支。有正角、交角夾一邊，而求兩邊一角。

第十九題。有甲角，有丙角，有丙甲邊，求對甲角乙丙邊。

法曰：丙角餘弦與半徑，若丙甲正切與乙丙正切。

若欲用半徑爲首率，以省除。則爲半徑與丙角正割，若丙甲正切與乙丙正切。

第二十題。有甲角，有丙角，有丙甲邊，求對丙角乙甲邊。

法曰：半徑與丙角正切，若丙甲正弦與乙甲正切。

第二十一題。有甲角，有丙角，有丙甲邊，求乙角。

法曰：半徑與丙角正弦，若丙甲餘弦與乙角餘弦。

第八支。有正角，有對正角、交角之邊，而求一邊兩角。

第二十二題。有甲角，有乙丙邊，乙甲邊，求丙甲邊。

法曰：乙甲餘弦與半徑，若乙丙餘弦與丙甲餘弦。

若欲用半徑爲首率，以省除。則爲半徑與乙甲正割，若乙丙餘弦與丙甲餘弦。

第二十三題。有甲角，有乙丙邊，乙甲邊，求丙角。

法曰：乙丙正弦與半徑，若乙甲正弦與丙角正弦。

若欲用半徑爲首率，以省除。則爲半徑與乙丙餘割，若乙甲正弦與丙角正弦。

第二十四題。有甲角，有乙丙邊，乙甲邊，求乙角。

法曰：乙丙正切與半徑，若乙甲正切與乙角餘弦。

若欲用半徑爲首率，以省除。則爲半徑與乙丙餘切，若乙甲正切與乙角餘弦。

第九支。有正角，有對正角、餘角之邊，而求一邊兩角。

第二十五題。有甲角，有乙丙邊，丙甲邊，求乙甲邊。

法曰：丙甲餘弦與半徑，若乙丙餘弦與乙甲餘弦。

若欲用半徑爲首率，以省除。則爲半徑與丙甲正割，若乙丙餘弦與乙甲餘弦。

第二十六題。有甲角，有乙丙邊，丙甲邊，求乙角。

法曰：乙丙正弦與半徑，若丙甲正弦與乙角正弦。

若欲用半徑爲首率，以省除。則爲半徑與乙丙餘割，若丙甲正弦與乙角正弦。

第二十七題。有甲角，有乙丙邊，丙甲邊（丙甲邊），求丙角。

法曰：乙丙正切與半徑，若丙甲正切與丙角餘弦。

若欲用半徑爲首率，以省除。則爲半徑與乙丙餘切，若丙甲正切與丙角餘弦。

第十支。有三角，求三邊。

第二十八題。有甲角、乙角、丙角，求乙丙邊。

法曰：乙角正切與半徑，若丙角餘切與乙丙餘弦。首率易半徑，則次率易乙角餘切。

第二十九題。有甲角、乙角、丙角，求丙甲角。

法曰：丙角正弦與半徑，若乙角餘弦與丙甲餘弦。首率易半徑，則次率易丙角餘割。

第三十題。有甲角、乙角、丙角，求乙甲邊。

法曰：乙角正弦與半徑，若丙角餘弦與乙甲餘弦。首率易半徑，則次率易乙角餘割。

已上皆有甲角半徑者，正法已具。其不用甲角者，別爲一支四題如左。

第十一支。不用正角，以餘角、交角二邊相對相求。

第三十一題。有乙角、丙角、丙甲邊，求乙甲邊。

法曰：乙角正弦與丙甲正弦，若丙角正弦與乙甲正弦。

第三十二題。有丙角、乙角、乙甲邊，求丙甲邊。

法曰：丙角正弦與乙甲正弦，若乙角正弦與丙甲正弦。

第三十三題。有乙角，有丙甲、乙甲邊，求丙角。

法曰：丙甲正弦與乙角正弦，若乙甲正弦與丙角正弦。

第三十四題。有丙角，有乙甲、丙甲邊，求乙角。

法曰：乙甲正弦與丙角正弦，若丙甲正弦與乙角正弦。

平圓正弦三角圖

天上隨處皆可作弧三角，此姑以黃赤道圖之。已辛癸丁圓爲極至交圈，已爲北極，辛乙丁爲赤道，庚爲黃極，壬乙戊爲黃道，壬爲冬至，乙爲春秋分，戊爲夏至。丙者設太陽所在，已丙甲者。從北極出線，過太陽抵赤道，爲過極圈之一象限。九十度。乙丙者，太陽行過春分之經度。乙甲，赤道同升度。丙甲，距緯度。戊丁者，乙角之度也。凡角度皆在九十度之圓周上，春分至夏至黃赤皆足九十度。故戊丁爲乙角度，此角度爲黃赤道距緯，古今不同。古時不止二十三度半，今度不及二十三度半。姑以二十三度半算之可也。庚已者，黃極距北極之度，亦與戊丁同度也。甲爲正角，即直角。其正弦滿半徑，故即以半徑爲甲角。此甲乙丙形即前圖之灣曲形，因側視，故黃赤道成直線，稍轉即成灣曲矣。

此圖又有次形。丙戊者，黃道乙丙之餘弧。甲丁者，乙甲赤道之餘弧。已丙者，丙甲距緯之餘弧。已戊者，乙角、丁戊之餘弧。而甲丁弧又爲已角之度。是次形又有已戊丙之三角形，戊爲正角，同甲角。丙爲交角，同丙角。已爲餘角，似乙角也。本形有不能以正弦比例者，則以次形易之，而別法生焉。

正弧形弧角相易又次形圖

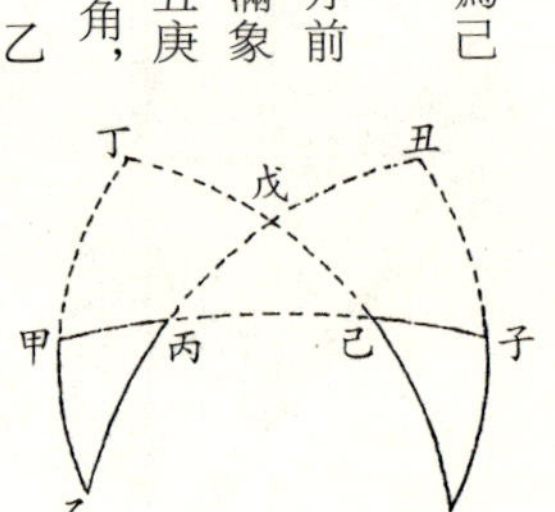

甲乙丙正弧三角形既易爲已丙戊次形，又易爲已庚子形。

圖之已丙戊形，即前圖之已丙戊形，丁與庚，亦前圖之丁及庚。此引丙戊線至丑，引丙已線至子，皆滿象限。作丑子弧，引之至庚，與戊已庚弧會，則戊庚、丑庚亦皆一象限，成已子庚形，與甲乙丙形相當。子爲正角，同甲角。已爲交角，似丙角。庚爲餘角，似乙角也。乙丙邊易爲庚角，乙戊及丙丑皆象限，內減同用之丙戊，則戊丑即乙丙，而戊丑即庚角之弧。乙甲邊易爲已角。乙甲之餘度丁甲，即已交角之弧。是又次形之兩角，即元形之兩邊也。乙角易爲已庚邊。前設乙甲、丁戊爲黃赤距度，則已庚者，黃極赤極距度，故二邊相等。丙角易爲子庚邊。丙交角之弧丑子，其餘弧爲子庚。是又次形之兩邊，即元形之兩角。而子已爲丙甲子角，即甲角。於是次形有不能比例者，易爲又次形而別法又生焉。

清·戴震《句股割圜記》卷中

句股第十五術

有經度，吴曰：如黃赤大距，亦名黃赤交角。有緯弧，吴曰：如黃道離二至度，若起二分，則爲黃道餘弧。求經弧。吴曰：如黃赤距緯。以經度内矩分乘緯弧次内矩分，徑隅除之，得經弧内矩分。於前表中，擇其用徑隅半徑，省除者，餘竝不具列。

《授時曆草》云：置黃赤道小弦，緯弧次内矩分，旁行用於經度，故名黃赤道小弦。以二至内外半弧弦。即經度内矩分。乘之爲實，黃赤大弦即經度徑隅。爲法除之，得黃赤道内外半弧弦。即經弧内矩分。

句股第十六術

有經度，有緯弧，求緯度。吴曰：如起二至，赤道離度。若起二分，則爲赤道餘弧。以緯弧矩分乘經度徑引數，圜半徑除之，得緯度矩分。

句股第十七術

有經度，有經弧，求緯弧。以經度次引數乘經弧内矩分，圜半徑除之，得緯弧次内矩分。

句股第十八術

有經度，有經弧，求緯度。以經度次矩分乘經弧矩分，圜半徑除之，得緯度次内矩分。

句股第十九術

有緯度，有經弧，求緯弧。以緯度内矩分乘經弧次内矩分，徑隅除之，得緯弧内矩分。

句股第二十術

有緯度，有經弧，求經度。以經弧矩分乘緯度經引數，圜半徑除之，得經度矩分。

句股第二十一術

有經度，有緯度，求緯弧。以緯度矩分乘經度次内矩分，圜半徑除之，得緯弧矩分。

句股第二十二術

有經度，有緯度，求經弧。以經度矩分乘緯度次内矩分，圜半徑除之，得經弧矩分。

句股第二十三術

有緯度，有緯弧，求經弧。以緯度次引數乘緯弧内矩分，圜半徑除之，得經弧次内矩分。

句股第二十四術

有緯度，有緯弧，求經度。以緯度次矩分乘緯弧矩分，圜半徑除之，得經度次内矩分。

句股第二十五術

有經弧，有緯弧，求緯度。以緯弧内矩分乘經弧徑引數，徑隅除之，得緯度内矩分。

或以緯弧内矩分與徑隅相乘，經弧次内矩分除之，得緯度内矩分。列此以明古法。《授時歷草》云：置黄道半弧弦，即緯弧内矩分。以周天半徑即緯弧徑隅。乘之爲實，赤道小弦經弧次内矩分，旁行用於緯度，故名赤道小弦。爲法除之，得赤道半弧弦。即緯度内矩分。

句股第二十六術

有經弧，有緯弧，求經度。以經弧内矩分乘緯弧徑引數，徑隅除之，得經度内矩分。

吴曰：就黄赤道言之，古推步起二至，或先知二至黄赤距及黄道，有經度、有緯弧。或先知二至黄赤距及各度黄赤距，有經度、有經弧。或先知赤道及各度黄赤距，有緯度、有經弧。或先知二至黄赤距及赤道，有經度、有緯度。或先知赤道黄道，有緯度、有緯弧。或先知各度黄赤距及黄道，有經弧、有緯弧。皆以其二得其四。古謂之二至黄赤距者，今之大距。古謂之各度黄赤距者，今之距緯。

引而伸之，以經限爲節者，其二規皆緯也。自交已至經弧，謂之次緯儀。以緯限爲節者，其二規皆經也。自交已至緯弧，謂之次經儀。儀各爲半弧背者三，成規限之句股徑隅。吴曰：今之正弧三角。于是命半弧背之外内矩分曰方數句股徑隅。規限句股徑隅也者，古弧矢術也，必以方數句股徑隅御之。方數爲典，以方出圜，立術之通義也。次緯儀經弧爲其句限，緯限之次半弧背爲其股限，緯弧之次半弧背爲其隅限。

規限句股徑隅，其外内矩分，平行相應，得同度之方數句股徑隅各三。

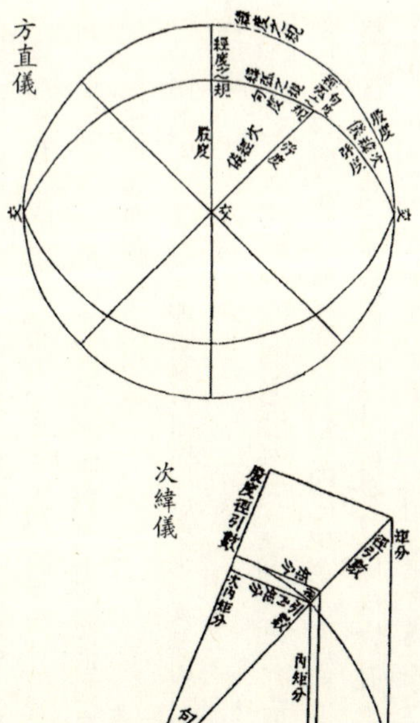

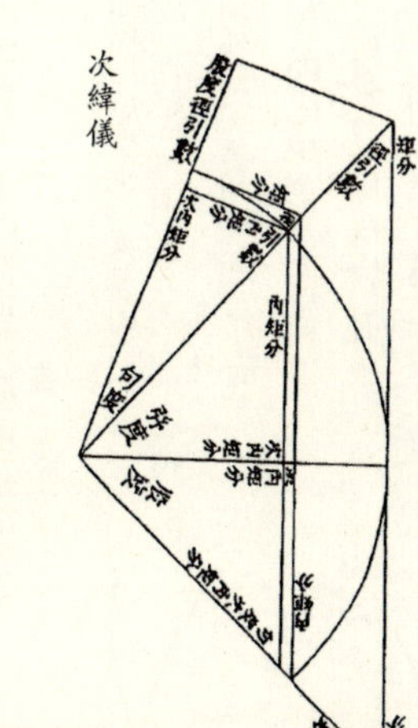

第三十六圖

次緯儀

第三十五圖

方直儀

儀不具次矩分之句股徑隅面各一，加一於三而四，旁行觀之，股限徑引數爲股，則隅限徑引數爲之徑隅，以用於句限。

句	股	弦	互求率一
句度矩分	圜半徑	句度徑引數	表一
句度內矩分	句度次內矩分	徑隅	表二
圜半徑	句度次矩分	句度次引數	表三
虛	股度徑引數	弦度徑引數	表四

句限次內矩分爲徑隅，則隅限次內矩分爲之股，以用於股限。

句	股	弦	互求率二
股度矩分	圜半徑	股度徑引數	表一
股度內矩分	股度次內矩分	徑隅	表二
圜半徑	股度次矩分	股度次引數	表三
虛	弦度次內矩分	句度次內矩分	表四

股限次內矩分爲股，則句限徑引數爲之徑隅，以用於隅限。

句	股	弦	互求率三
弦度矩分	圜半徑	弦度徑引數	表一
弦度內矩分	弦度次內矩分	徑隅	表二
圜半徑	弦度次矩分	弦度次引數	表三
虛	股度次內矩分	句度徑引數	表四

儀之立也，旁行而得同限之方數句股徑隅三，爲三成。股限矩分爲股，則隅限矩分爲之徑隅，句限矩分爲句，則股限內矩分爲之股。隅限內矩分爲徑隅，則句限內矩分爲之句。取節於方直儀之經限，以爲其限。合方直儀、次緯儀成斜剖之立方形，兩端必成同度句股形。

吴曰：此一條，備正弧三角之理與法，就此七十有八字，神而明之，可以盡推步之能事矣。

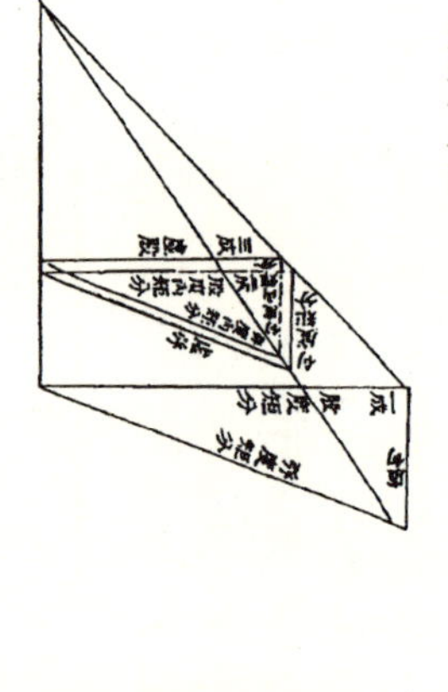

第三十七圖

第三十八圖

句	股	弦	互求率四
經度矩分	圜半徑	經度徑引數	表一
經度內矩分	經度次內矩分	徑隅	表二
圜半徑	經度次矩分	經度次引數	表三
虛	股度矩分	弦度矩分	表四
句度矩分	股度內矩分	虛	表五
句度內矩分	虛	弦度內矩分	表六

凡句股十有八，爲互求之率四，次經儀亦如之。次緯儀翕闢之節經限也，是故有經限互求之率。次經儀翕闢之節緯限也，有緯限互求之率。

方直儀、次緯儀，梗概之法畧有，餘諸儀之圜度，與外內方數句股弦，但存方直儀、次緯儀之弧度本稱而理自見，其製竝倣是二者爲之，不別具圖表，檢五儀通率及十儀通率，則各得其用矣。

距經緯之弧四分圜周之一，規之，謂之外規。

如交於北極璿璣，爲一規。

爲總儀，凡構綴之規法五，皆四分之以爲其限，而交加前卻之。

分儀，半弧背四合而爲儀者五，曰方直儀、曰右方儀、曰右次方儀、曰左方儀、曰左次方儀。

右方儀，經弧次半弧背爲其經度，外規度爲其緯度，緯弧爲其經弧緯度，次半弧背爲其緯弧。

右次方儀，緯弧次半弧背爲其經度，經度爲其緯度，緯度次半弧背爲其經弧，外規次半弧背爲其緯弧。左方儀，外規度爲其經度，緯弧次半弧背爲其緯度，經度次半弧背爲其經弧，經弧爲其緯弧。

左次方儀，緯度爲其經度，經弧次半弧背爲其緯度，外規次半弧背爲其經弧，經度次半弧背爲其緯弧。

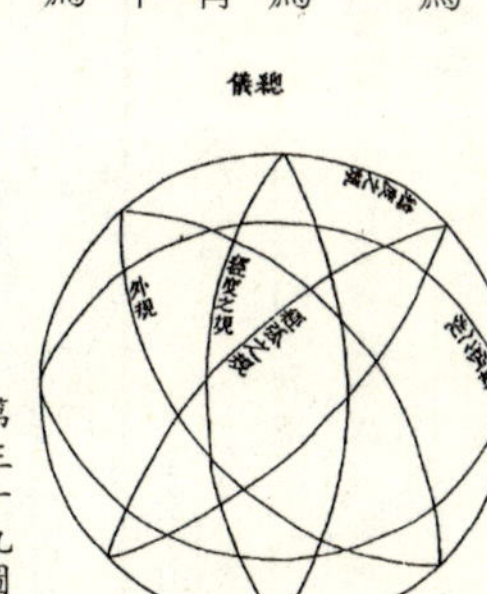

第三十九圖

五儀通率	左欹面	右欹面	右平面	左平面
方直儀	緯弧	經弧	緯度	經度
右方儀	緯度次半弧背	緯弧	外規度	經弧次半弧背
右次方儀	外規次半弧背	緯度次半弧背	經度	緯弧次半弧背
左方儀	經弧	經度次半弧背	緯弧次半弧背	外規度
左次方儀	經度次半弧背	外規次半弧背	經弧次半弧背	緯度

半弧背三合而爲儀者十，曰次緯儀、曰次經儀、曰兩緯儀、曰兩經儀、曰次經緯度儀。儀之句度股度互易，則外內矩分各旋而易，故五名而其儀十。

次緯儀，爲方直儀之右儀，旋而爲右方儀之左儀，則易句度爲股度，股度爲句度，有外規度互求之率。

次經儀，爲方直儀之左儀，弦度次半弧背爲其句度，即緯弧主次緯儀爲之通率。經度次半弧背爲其股度，句度次半弧背爲其弦度，即經弧次半弧背。有股度次半弧背互求之率。即緯度。旋而爲左方儀之右儀，則經度次半弧背爲其句度，弦度次半弧背爲其股度，句度次半弧背爲其弦度，有外規度互求之率。

兩緯儀，爲右方儀之右儀，弦度次半弧背爲其句度，外規次半弧背爲其股度，股度次半弧背爲其弦度，有句度次半弧背互求之率。旋而爲右次方儀之左儀，則外規次半弧背爲其句度，弦度次半弧背爲其股度，股度次半弧背爲其弦度，有經度互求之率。

兩經儀，爲左方儀之左儀，句度爲其句度，外規次半弧背爲其股度，經度爲其弦度，有弦度互求之率。旋而爲左次方儀之右儀，則外規次半弧背爲其句度，句度爲其股度，經度爲其弦度，有股度次半弧背互求之率。

次經緯度儀，爲右次方儀之右儀，股度爲其句度，經度次半弧背爲其股度，外規度爲其弦度，有弦度互求之率。旋而爲左次方儀之左儀，則經度次半弧背爲其句度，股度爲其股度，外規度爲其弦度，有句度次半弧背互求之率。

股度、弦度二規翕闢之節。

十儀通率	弦	股	句	
次緯儀	弦度	股度	句度	經度
次緯儀之旋	弦度	句度	股度	外規度
次經儀	句度次半弧背	經度次半弧背	弦度次半弧背	股度次半弧背
次經儀之旋	句度次半弧背	弦度次半弧背	經度次半弧背	外規度
兩緯儀	股度次半弧背	外規次半弧背	弦度次半弧背	句度次半弧背
兩緯儀之旋	股度次半弧背	弦度次半弧背	外規次半弧背	經度
兩經儀	經度	外規次半弧背	句度	弦度
兩經儀之旋	經度	句度	外規次半弧背	股度次半弧背
次經緯度儀	外規度	經度次半弧背	股度	弦度
次經緯度儀之旋	外規度	股度	經度次半弧背	句度次半弧背

吳曰：今之正弧三角法，有三角三弧，凡六事，借黄赤道名之，曰黄道弧者，次緯儀之弦度也。曰赤道弧者，股度也。曰黄赤距弧者，亦名距緯弧。句度也。有直角，其度適一象限，是爲句度、股度交處。有黄赤交角，其度即黄赤大距，方直儀之經度也，是爲弦度、股度交處。有黄道交極圈角，右方儀左方儀之外規度爲其度，是爲句度、弦度交處。方直儀之經弧，即黄赤距弧。緯度爲赤道餘弧，緯弧爲黄道餘弧。斯記設諸儀於渾圜循環一徧，極正弧三角法所未備，亦補梅勿菴《塹堵測量》所未備。雖不必盡用，於正弧三角法之用八綫比例，無或遺矣。

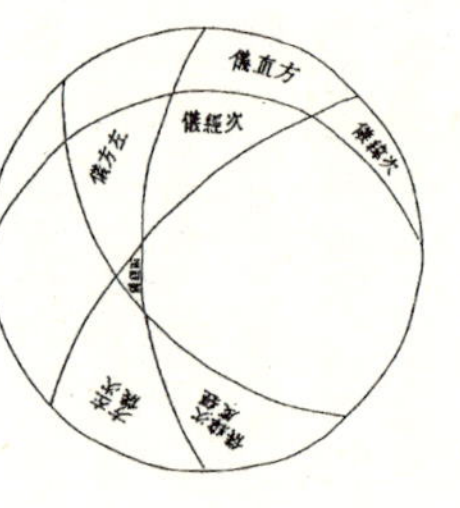
第四十圖

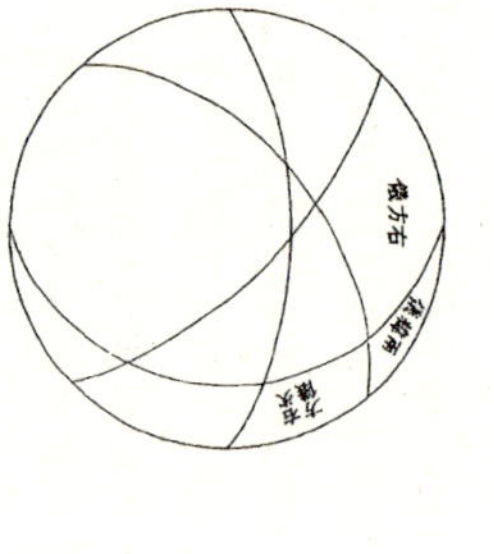
第四十一圖

凡爲儀十有五，是謂一終，得方數之句股徑隅三百，弧矢術之正。整之就叙矣。

句股第二十七術第十九術通用。

有句度，有股度，求弦度。以句度徑引數乘股度徑引數，圜半徑除之，得弦度徑引數。

句股第二十八術第二十五術通用。

有句度，有弦度，求股度。以弦度次内矩分乘句度徑引數，徑隅除之，得股度次内矩分。

句股第二十九術第二十三術通用。

有股度，有弦度，求句度。以股度徑引數乘弦度次内矩分，圜半徑除之，得句度次内矩分。

已上三距互求者三。句度股度之名，可互易，則與前術同。吴曰：如黄道離二分度，赤道同二十度，黄赤距度三者互求，用次緯儀。

句股第三十術第十七術通用。

有經度，有句度，求弦度。以經度次引數乘句度内矩分，圜半徑除之，得弦度内矩分。

句股第三十一術第十八術通用。

有經度，有句度，求股度。以經度次矩分乘句度矩分，圜半徑除之，得股度内矩分。

句股第三十二術第二十一術通用。

有經度，有股度，求弦度。以經度徑引數乘股度矩分，圜半徑除之，得弦度矩分。

句股第三十三術第二十二術通用。

有經度，有股度，求句度。以經度矩分乘股度内矩分，圜半徑除之，得句度矩分。

句股第三十四術第十五術通用。

有經度，有弦度，求句度。以經度内矩分乘弦度内矩分，徑隅除之，得句度内矩分。

句股第三十五術第十六術通用。

有經度，有弦度，求股度。以經度次内矩分乘弦度矩分，徑隅除之，得股度矩分。

已上一觚一距，求其餘距者六。經度恒爲所知之一觚規度。吴曰：如經度爲黄赤交角度，則黄赤距爲句，赤道爲股，黄道爲弦。經度當黄道交極圈角度，則赤道爲句，黄赤距爲股，黄道爲弦。皆用次緯儀已備。

句股第三十六術第二十術通用。

有句度，有股度，求經度。以圜半徑乘句度矩分股度，内矩分除之，得經度矩分。或用兩經儀之旋，吴曰：今之又次形法。爲股度、經度、弦度，同第三十二術。

句股第三十七術第二十六術通用。

有句度，有弦度，求經度。以徑隅乘句度内矩分，弦度内矩分除之，得經度内矩分。或用兩經儀，爲句度、經度、弦度。同第三十術。以弦度次引數乘句度内矩分，圜半徑除之，得經度内矩分。

句股第三十八術第二十四術通用。

有股度，有弦度，求經度。以圜半徑乘弦度矩分，股度矩分除之，得經度徑引數。或用次經緯度儀，爲句度、經度、股度，同第三十一術。以弦度次矩分乘股度矩分，圜半徑除之，得經度次内矩分。

已上兩距求一觚者三，經度恒爲所求之一觚規度。吴曰：如求黄赤交角，則黄赤距爲句，赤道爲股，黄道爲弦。求黄道交極圈角，則赤道爲句，黄赤距爲股，黄道爲弦。凡一觚一距與餘距互求，其術九，餘一觚如之。

句股第三十九術

有經度，有句度，求外規度。用次經緯度儀之旋，爲句度、經度、弦度，同第三十術。以句度徑引數乘經度次内矩分，圜半徑除之，得外規度内矩分。

句股第四十術

有經度，有股度，求外規度。用兩緯儀之旋，爲經度、弦度、句度，同第三十四術。以經度内矩分乘股度次内矩分，徑隅除之，得外規度次内矩分。

句股第四十一術

有經度，有弦度，求外規度。用次經緯度儀，爲股度、經度、弦度，同第三十二術。以弦度徑引數乘經度次矩分，圜半徑除之，得外規度矩分。

已上一觚一距求一觚者三，經度恒爲所知之觚規度，外規度恒爲所求之觚規度。吴曰：如求黄道交極圈角，以經度爲黄赤交角度，黄赤距爲句，赤道爲股，黄道爲弦。或黄道交極圈角求黄赤交角，則經度又當黄道交極圈角，外規度當黄赤交角，易赤道爲句，黄赤距爲股，而弦不改。

句股第四十二術

有經度，有外規度，求弦度。用兩緯儀之旋，爲經度、句度、股度，同第三十一術。以經度次矩分乘外規度次矩分。圜半徑除之，得弦度次内矩分。

句股第四十三術

有經度，有外規度，求句度。用次經儀之旋，爲句度、經度、弦度，同第三十術。以外規度次引數乘經度次内矩分，圜半徑除之，得句度次内矩分。

句股第四十四術

有經度，有外規度，求股度。用兩緯儀之旋，爲經度、句度、弦度，同第三十術。以經度次引數乘外規度次内矩分，圜半徑除之，得股度次内矩分。若所求之一距不論句度、股度，恒以句度當之，經度恒爲對所求一距之觚規度，則與前術同。

已上兩觚求一距者三。吴曰：如黄赤交角及黄道交極圈角，求黄道、赤道、黄赤距。

凡兩觚與距互求，其術六。擇諸儀省便於算者用之，不可勝用也，術中無煩具列。

吴曰：就黄赤道起二分言之，黄道、赤道、黄赤距爲正弧三角之三邊。其三角，一直角爲赤道交極圈角，兩鋭角爲黄赤交角、黄道交極圈角。置直角不須求，三邊互求者三，黄赤交角與三邊互求者九，黄道交極圈角與三邊互求者亦九，理同黄赤交角與三邊互求。合兩角與邊互求者又得九，黄赤交角與三邊求黄道交極圈角者三，黄道交極圈角與三邊求黄赤交角者亦三，同屬一理。共三十事。斯記約其術十有八。

又　卷下　三觚非弧矢術之正，以句股弧矢御之。渾圜之規限，正視之中繩，側視之隨其高下而羡，惟平視之中規。胥以平寫之，循規限之端竟半周，得圜徑，衡截圜徑，齊規限之末抵外周，得規限所爲半弧弦。弧與弦易正側之勢以爲平，於是命外周之限分爲其規限。

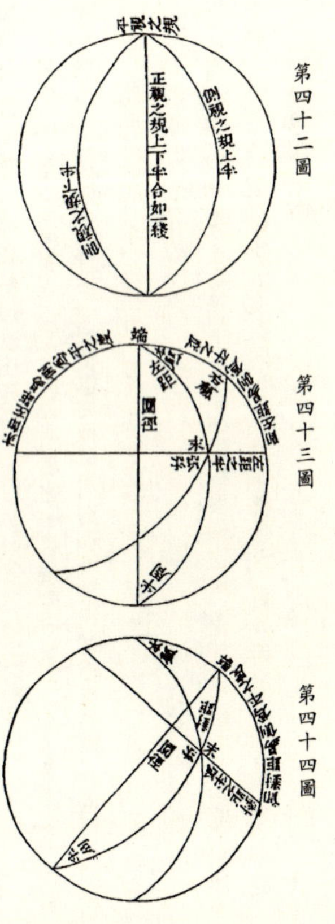

第四十二圖

第四十三圖

第四十四圖

凡矢屬於規限之端，弦屬於規限之末。一從一衡相遇也。用矢、用内矩分，準是率率之。

過四分圜周之一，用大矢，過半周如之。適四分圜周之一，矢與半弧弦皆適圜半徑，用半徑爲矢，爲内矩分。適四分圜周之三如之，適圜半周，大矢宜甚大。滿圜徑用圜徑爲矢，過四分圜周之三，猶往而復，仍用小矢。

凡過四分圜周之一，以減半周而得餘弧。過半周以半周減之，而得剩弧。減餘弧、剩弧之矢於圜徑，得大矢。惟過四分圜周之三，以減圜周，用其餘弧之矢。

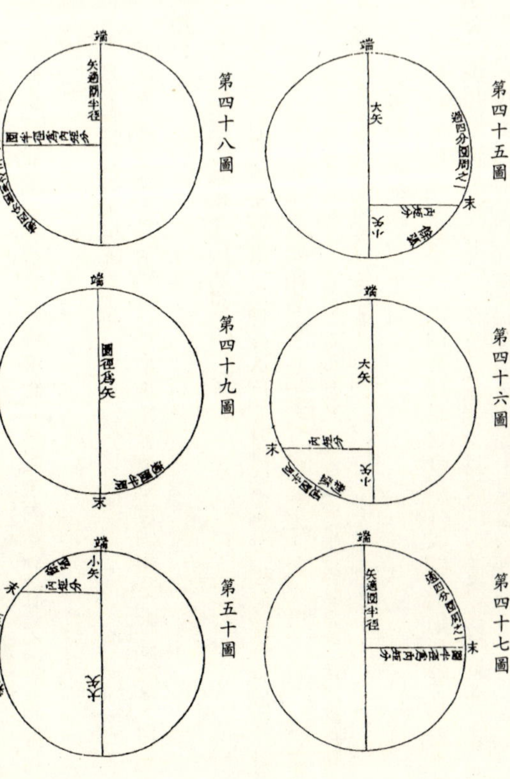

第四十五圖

第四十六圖

第四十七圖

第四十八圖

第四十九圖

第五十圖

四分圜周之一，古推步法謂之象限，周天分四象。是爲一矩之規，率之變也。減兩距於圜半周，用其餘弧爲兩距。減對兩距之觚於圜半周，用其外弧爲兩觚内矩分，共用之半弧弦也。餘一距及其對觚，共用之觚與距也。

吴曰：上圖正弧三角法之變率，其用之距即句度。兩餘弧，一爲股度，一爲弦度，其直角無内外弧之別。下圖斜弧三角法之變率，理同。今名次形法。

若三觚各以爲渾圜之一極，距觚四分圜周之一規之三規之交，成三觚三距，則觚同其距之規限距同其觚之規限。

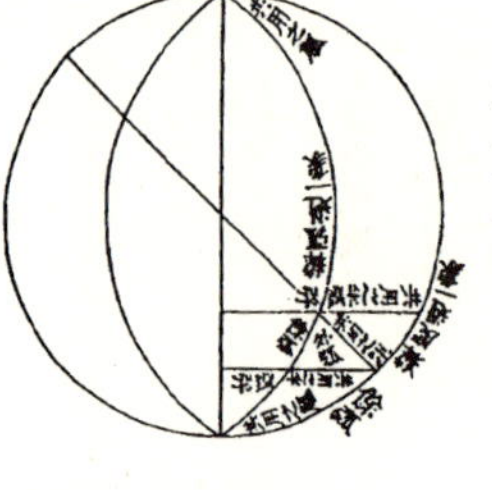
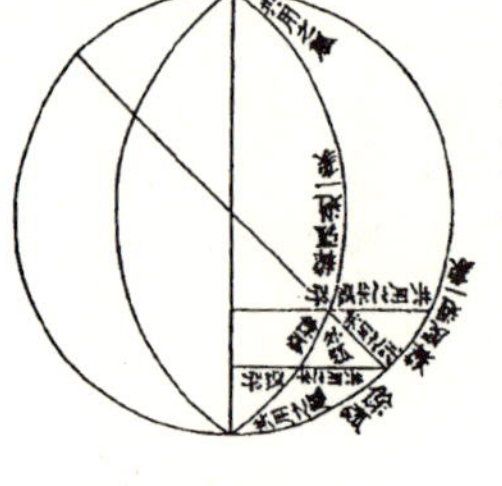
第五十一圖

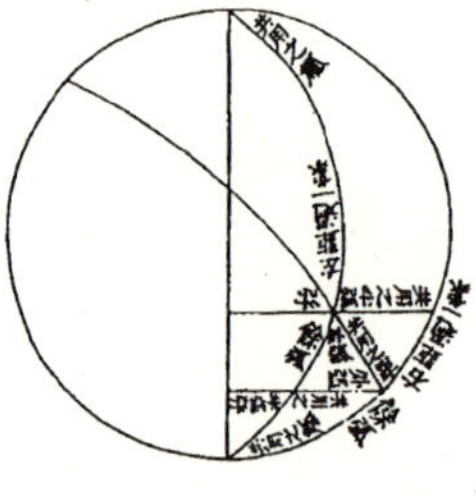

第五十二圖

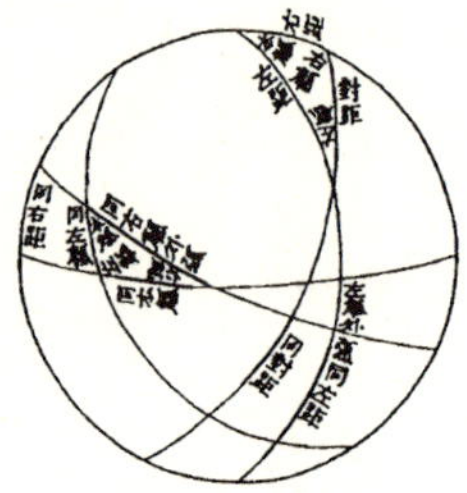

第五十三圖

第五十四圖

吴曰：上圖三邊俱小，一鈍角，二鋭角。下圖三角俱鈍，兩大邊，一小邊。皆斜弧三角法之邊盡易爲角，角盡易爲邊，以入算者，今亦名次形法。餘倣此求之。

前術大小倨句之體更也，後術觚與距之體更也。

吴曰：今之斜弧三角法，有鋭角，有鈍角，或三角俱鋭，或兩鋭一鈍，或兩鈍一鋭，或三角俱鈍。其三邊或俱不滿一象，或一邊過之，或兩邊過一象，或三邊俱過。約其大致，有相對之邊角及對所求之邊角，用邊角互求法。有相對之邊角又有一邊或一角非對所求之邊角，則用垂弧法，截爲兩正弧三角。若有兩邊一角求對角之邊，或有三邊求角，則用矢較法。不能直用三法者，如上前後二術，易大邊爲小邊，易鈍角爲鋭角，及邊易爲角，角易爲邊，然後隨其體勢，總不出三法之範圍矣。

句股相權之大恒，觚之規限内矩分，各與對距相應。三距爲渾圜之規限，則觚之内矩分與對距之内矩分相應。相應而展轉互權矣。

所知之觚與所知之距，爲相對之觚與距，其觚曰正觚，其距曰對正觚之距。所知之觚與所求之距，爲相對之觚與距，其觚曰對所求一距之觚。或所知之距與所求之觚相對，其距曰對所求一觚之距。

凡觚與距適四分圜周之一者，内矩分適圜半徑。

句股第四十五術吴曰：此邊角互求法，以對角求對邊。

以對正觚之距内矩分乘對所求一距之觚内矩分，正觚内矩分除之，得所求之距内矩分。

句股第四十六術吴曰：此亦邊角互求法，以對邊求對角。

以正觚内矩分乘對所求一觚之距内矩分，對正觚之距内矩分除之，得所求之觚内矩分。若所求爲倨於句股之觚，則所得爲其外弧内矩分，以外弧減圜半周，得所求之觚。

所求非對距對觚，則截之成規限句股徑隅者二，各視次緯儀之率通之。

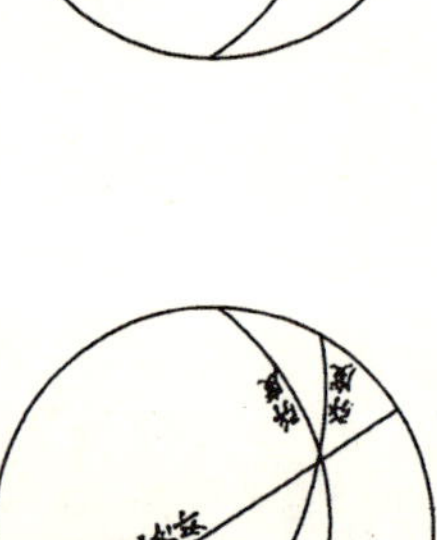
第五十五圖

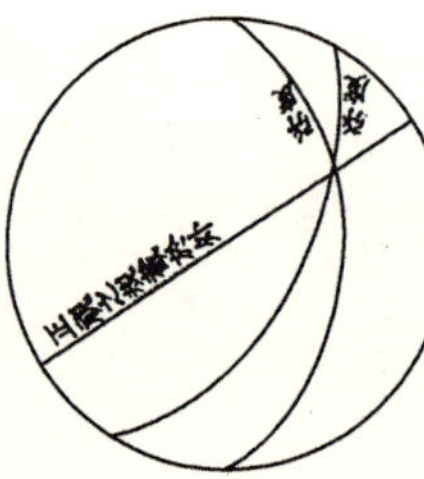
第五十六圖

吴曰：如圖，側視之規俱成弦度，正視之規今所謂垂弧。與平視之規相遇，成直角，可互易爲句度股度。凡垂弧，或在形内，或在形外，須細辨之。

句股第四十七術吴曰：此垂弧法，及作垂弧於次形法。

三觚皆句，於句股自内截之，分一觚及其對距爲二，成圜度之句股弦者二。三觚一倨於句股，或自内截之，分倨於句股之一觚及其對距爲二。或自外截之。而倨於句股之觚有外弧，亦皆成圜度之句股弦者二。若兩觚倨於句股，或三觚竝倨，用前變率，大小倨句之體更，別成一三觚。然後或截其內，或截其外。既得圜度之句股弦，隨其體勢，無不與次緯儀相應，按中篇諸術求之。

凡內矩分爲半弧弦，其弧背，渾圜大規也。半弧弦不滿圜半徑者，以矢爲樞，以半弧弦規之，成渾圜之小規。吴曰：今名距等圈，其周徑距大圈之周徑平行相等。衡截正視側視之規，移其度爲平視。側視之規亦截小規，而與中圍之大規相應。截小規之徑爲大小矢，則與中圍大規之徑，爲大小矢相應。

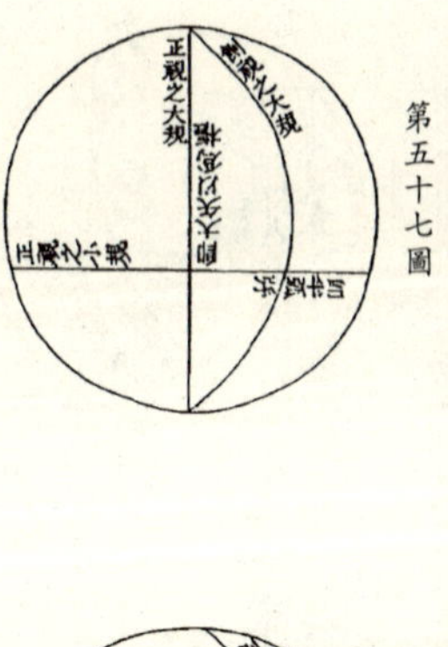

第五十七圖

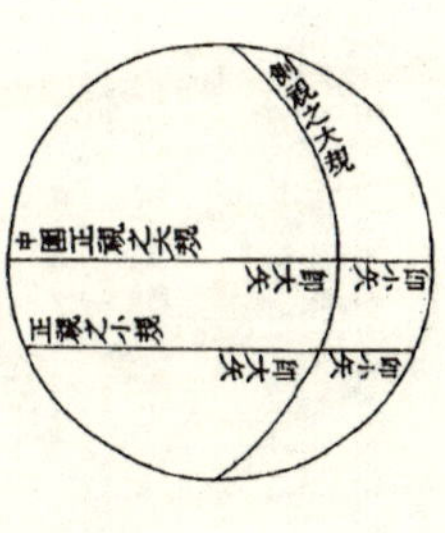

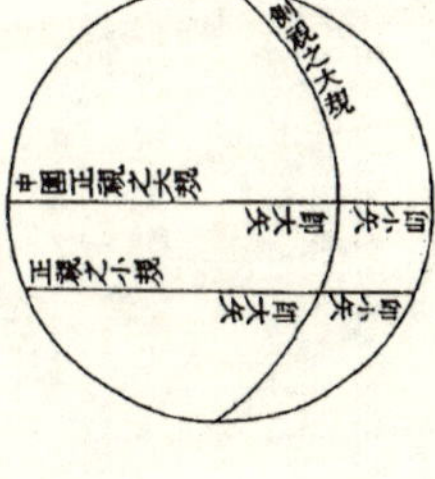

第五十八圖

吴曰：凡正視之規，規與徑視之如一綫，故施於圖既爲大小規，又即爲半弧弦及矢也。

三觚之用兩距和較也，所求之觚，或所知之觚，所知之兩距旁之，其觚謂之本觚。旁於本觚之右距，以平寫之，爲平視之規，則左距爲側視之規。截左距之末成小規，而識左距於平，兩距和限較限之矢較，半之，爲矢半較，以爲句。小規之半徑，爲之徑隅。

第五十九圖

第六十圖

吴曰：上圖三邊俱小，一鈍角二鋭角。下圖三角俱鈍，兩大邊一小邊。所用和度、較度之矢半較爲句，小規半徑爲弦，則一也。

以較限與對本觚之距兩矢較，爲句，左距側視之規截小規之徑成大小矢，爲之徑隅。

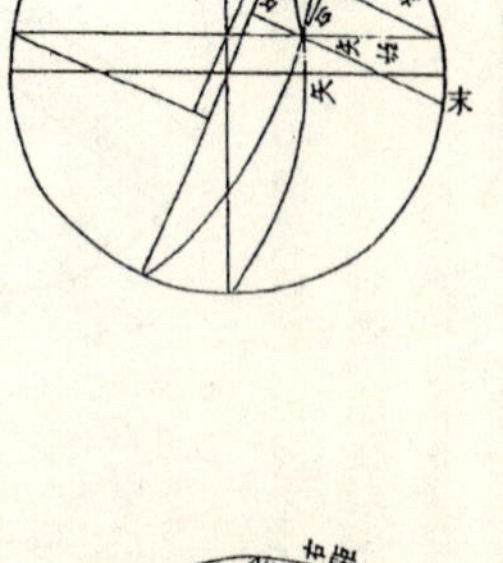

第六十一圖

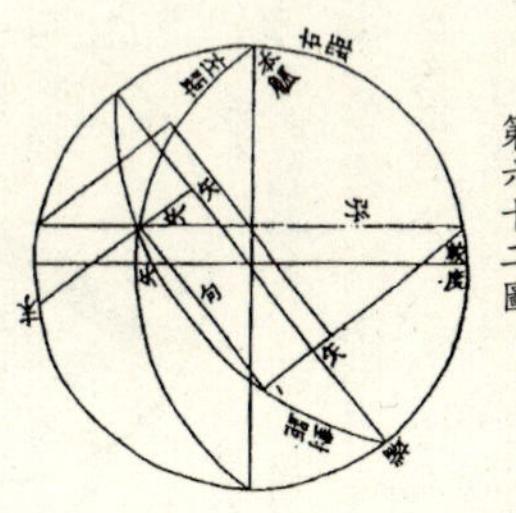

第六十二圖

前兩圖，矢半較、小規半徑成句與弦。此兩圖，矢較、小規之矢成句與弦。而兩句與中圍大規矢半徑互求，猶兩弦與之互求也。大規之矢即本觚之矢。

如是得同限之句股二，而句與徑隅通一爲率。凡觚之規度，中圍大規也。大小規之半徑及其矢，竝通一爲率。

句	弦	本觚規度	
矢半較和度較度。	小規半徑	大規半徑	表一
矢較較度對距。	小規之矢	大規之矢	表二

若左距適四分圜周之一，則所成之規，適爲中圍大規。小規之半徑，即左距所爲半弧背之弦。凡半弧背適四分圜周之一者，半弧弦亦適圜半徑。若左右距相等，無較限，則和限之矢，半之爲句。小規之半徑爲之徑隅。對距之矢爲句，小規之大小矢爲之徑隅。若無較度，而左距又適四分圜周之一，和度必適圜半周，以圜徑爲之矢，半之即半徑，不復成句股。對距之矢即爲本觚之矢，亦不復成句股。對距之度即本觚規度，直不須求矣。

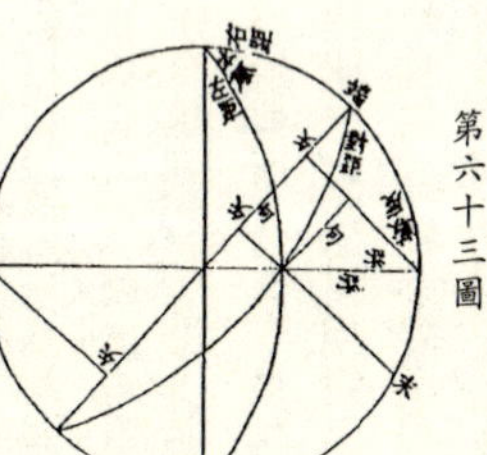

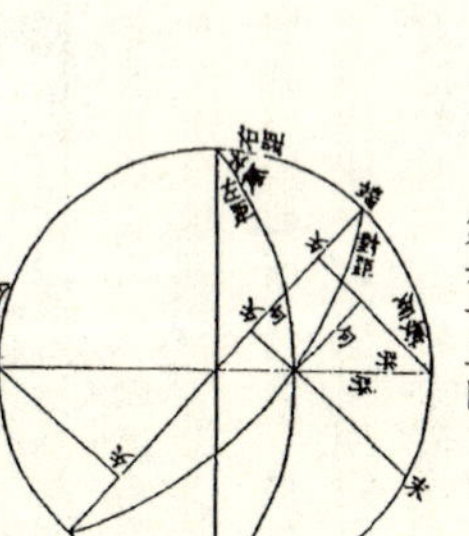

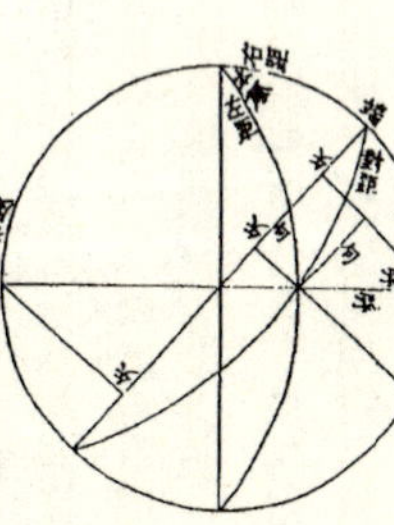

第六十三圖

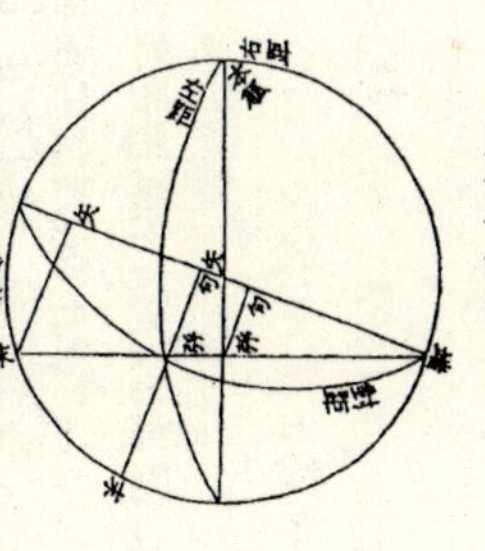

第六十四圖

上圖無小規，尤足明大小規之矢，半徑通一爲(道)[率]。下圖無較度、和度之矢、半之爲句，而對距之矢即爲句，以與中圍大規矢半徑互求。

吴曰：據《八綫表》，減餘弦於半徑全數，爲正矢，即小矢，併餘弦半徑爲大矢。梅勿菴《環中黍尺》卷五云：角旁兩弧度即左距右距。相加爲總，即兩距之和度。相減爲存。即兩距之較度。視總弧過象限，以總存兩餘弦相加。不過象限則相減，竝折半爲初數。若總弧過兩象限，與過象限法同。其餘弦仍相加。過三象限，與在象限内同。其餘弦仍相減。若存弧亦過象限，則反其加減，總弧過象限，或過半周，宜相加，今反以相減。若總弧過於三象限宜相減，今反以相加。竝以兩餘弦同在一半徑相減，不然則加也。如勿菴法，用時宜審餘弦同在半徑，不同在半徑。蓋過一象限、過半周，餘弦皆在外半徑。不過象限、過三象限，餘弦皆在内半徑。知此庶幾，加減不誤。又過一象限、過半周，皆與半周相減，而用餘弧、剩弧之餘弦。過三象限與圜周相減，而用其餘弧之餘弦。知此庶幾，用餘弦不誤。二條當爲勿菴補其例。其書又云：或總弧適足半周，用半徑爲總弧餘弦。若角旁兩弧同數，則無存弧，用半徑爲存弧餘弦。此勿菴遷就之法，非算理也。適足半周，無餘弧，戴君所謂大矢宜甚大滿圜徑耳，不當設半徑爲餘弦。又無存弧者，無由有存弧之餘弦而空設半徑以入加減，二者不可以算理揆之。因知兩餘弦加減立法之根，殆屬假借。斯記立新法，改用兩矢較，半之，與勿菴所得初數同，不須强設，且免詳審加減之煩。

以觚求距，求對距之矢也。以距求觚，求本觚規隅之大小矢也。

句股第四十八術吴曰：此矢較法，今名兩邊夾一角求對邊及兩角夾一邊求對角。

知一觚兩距，而距在觚之左右，求對觚之距。其觚曰本觚，以左右兩距相併爲和度，相減爲較度，和度、較度之矢相減，半之爲矢半較，吴曰：即所謂初數，又名中數，但彼用餘弦，此用矢，立法不同耳。乘本觚之矢，圜半徑除之，得對距與較度之兩矢較。加較度矢，即對距之矢。凡無較度，則用和度之矢半之，乘本觚之矢，所得即對距之矢。若知兩觚一距而觚在距之兩端，準前易觚爲距，易距爲觚，則其術同。

句股第四十九術吴曰：此亦矢較法，今名三邊求角及三角求邊。

知三距，求觚，所求之觚曰本觚。以旁兩距相併爲和度，相減爲較度。對距之矢與較度之矢相減，爲兩矢較，與圜半徑相乘，和度、較度之矢半較除之，得本觚之矢。凡無較度，則圜半徑乘對距之矢，和度之矢半之，除得本觚之矢。若三觚求距，準前易觚爲距，易距爲觚，則亦三距求觚矣。凡矢或小矢或大矢，例已見前。

總三篇，凡爲圖五十有五，爲術四十有九，記二千四百一十七字。因《周髀》首章之言衍而極之，以備步算之大全，補六藝之逸簡。書成實著雝攝提格之歲日在營室也。

吴曰：《準望簡法》首章云：爲矩，以準望。凡百分大其器則分十之，謂之小分矩積。其分萬，小分百萬，以矩之百分爲圜半徑，自一觚規之，規度適四分圜周之一。其觚設垂綫，截規度成半弧背者二。弧背外方謂之矩分，半弧弦謂之内矩分。垂綫在弧内謂之徑隅，圜半徑徑隅一也。抵弧外與矩分相應謂之徑引數。矩分過滿百，不與垂綫值，垂綫所指，知次弧背之矩分矩積爲實，次矩分爲法，實如法而一，得過滿百之矩分。減半弧背於規度，是爲次半弧背。半之，以其矩分加於半弧背之矩分，得徑引數。内矩分與弧外方數平行相應也。規度全圜凡百，應晝夜之數。度六十分，以十分爲一小度，應晝夜之刻分。分不容六千，則參分其小度，命以太少，三之一曰少半度，三之二曰太半度。一矩一規，小度百有五十，方圜之致備矣。非圜無以盡方之變，非方無以明圜之用。

又曰：天本無度，步算家設度，以推測日月星之行。古法三百六十五度四分度之一，古歲實三百六十五日四分日之一，畧舉大致耳。蓋隨宜修改，不與天争時。每晝夜日右旋一度，度也者，行而過之之名。今用三百六十整度，則每晝夜日行不及一度。雖失名度之義，算器無妨用之。此擬《周髀》製矩，故用古刻法爲度法。古晝夜百刻，刻六十分。凡十分爲一小刻，隸十二辰，每一辰八大刻二小刻。梁天監中改爲晝夜九十六整刻，今刻法用之。得名度者，日左旋一刻所度也。

清·焦循《釋弧》卷中　凡弧三角，三角正三弧足者，兩正角兩足弧者，均無俟算而自知。其待算者，或正角一，鈍角二；或正角一，鋭角二；或正鈍鋭各一；或大弧二，小弧一；或三弧竝小。皆謂之正弧。正弧者，弧之正行不斜之謂也。三正角，兩正角，既不用算。三鈍三鋭，及二鈍一鋭，二鋭一鈍，竝爲斜弧之角。故正弧之角，止於三類。三足弧、兩足弧既不用算。三大弧爲三鈍之弧。二大二小，必無足弧。二小一大，二大一小，均必兩鋭一鈍。皆斜弧之弧。故正弧之弧，止於二類。其兩鋭兩鈍，又有同度不同度之分，而比例之法一也。

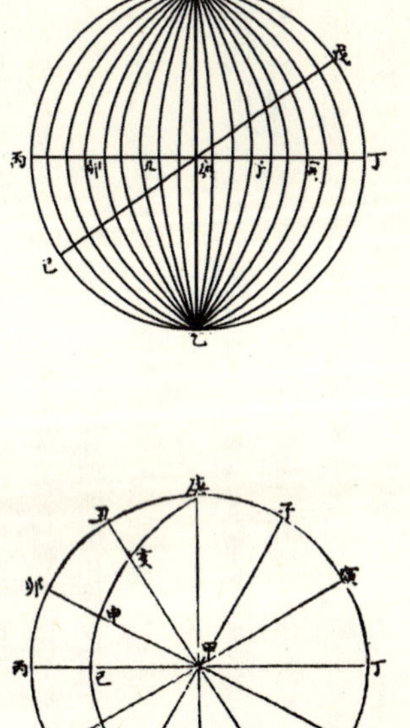

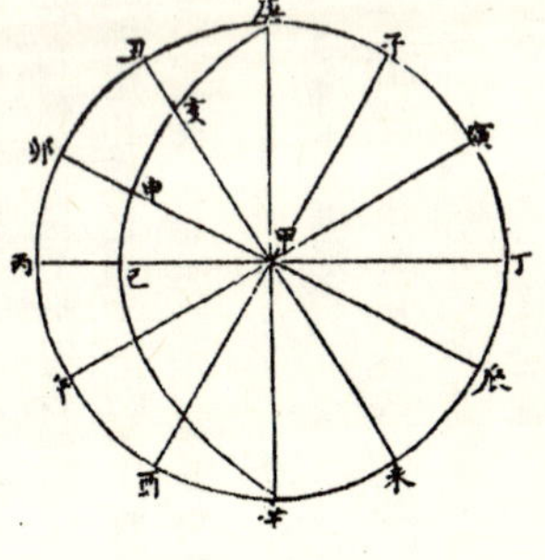

右圖，甲庚丁爲三正三足。甲丁寅爲兩正一鋭，兩足一小。甲丁卯爲兩正一鈍，兩足一大。庚亥未爲一正二鈍。庚亥丑爲一正二鋭。亥辛未爲正鋭鈍各一。庚申辰爲二大弧一小弧。庚申卯爲三小弧。兩緯交則角度在經，如戊丁是也。丁丙爲緯正弧，與甲丁、甲寅等經線交，皆成正角。戊己於丁丙爲斜弧，若經線所交，以緯爲角，如丁寅、子卯之類。則庚又爲丁甲丙之極，而己庚之斜弧爲正弧甲寅、甲子、甲丑、甲卯諸正弧，又爲斜弧矣。

角度對弧求右弧。

一率　角度切　二率　對弧切　三率　半徑　四率　右弧弦

角度對弧求左弧。

一率　角度弦　二率　對弧弦　三率　半徑　四率　左弧弦

角度右弧求對弧。

一率　半徑　二率　角度切　三率　右弧弦　四率　對弧切

角度左弧求對弧。

一率　半徑　二率　角度弦　三率　左弧弦　四率　對弧弦

角度右弧求左弧。

一率　角度餘弦　二率　半徑　三率　右弧切　四率　左弧切

角度左弧求右弧。

一率　角度正割　二率　半徑　三率　左弧切　四率　右弧切

對弧右弧求角度。

一率　右弧弦　二率　對弧切　三率　半徑　四率　角度切

對弧左弧求角度。

一率　左弧弦　二率　對弧弦　三率　半徑　四率　角度弦

右弧左弧求角度。

一率　右弧切　二率　左弧切　三率　半徑　四率　角度正割

斜弧之垂線曰垂弧，在內曰形內垂弧，在外曰形外垂弧。角兩鋭、上鈍角，而內垂，得正角二。上鋭角而內垂得正角一，一正角，不可以算。故上鈍角必內垂、上鋭角必外垂。上鈍角，則下之類同也。上鋭角，則下之類異也。

《九章算術》題云：今有圭田，廣十二步，正從二十一步。圭田即三鋭角形，正從者，中垂線也。有中垂線，則分爲兩句股。故半其廣，而以正從除之，化三角爲句股之理，已發蒙於是。蓋兩句股相背，三鋭角也。有全形闕半者，一鋭角一鈍角居於下也。合者分之，作其股於中，則爲中垂線。闕者補之，作其股於外，爲外垂線。三角均鋭爲中垂無疑。惟兩鋭一鈍，則或中或外，不可豫定。何也？凡三角必剖爲兩句股，以兩鋭向下，其上或鋭或鈍。自中剖之，兩形皆句股。若一鋭一鈍向下，其上之鋭角，不能居正中而斜偏於一畔。依鈍角中垂，則必不能得兩句股。故宜自鋭下垂虛作一小句股，以補成一大句股。《測量全義》云：凡底邊兩旁角爲同類，垂弧在形內。若異類，垂弧在形外。勿菴以兩鈍雖同類，不可以內垂。兩鈍一鋭雖異類，不可以外垂。然兩鈍一鋭，必用次形。次形之內垂、外垂，仍不外同類異類之例也。

垂弧之法，非别有術也。垂弧者，所以欲得正角也。斜弧無半徑，徑用之，不得斜弧，得正弧矣。得正弧，斯得斜弧矣。

粟米章，法賤實貴之術，不可以平除，而先以平除得之。然後加減得其貴賤。斜弧之理亦如是耳。先得正弧，或在形外，或在形內，皆得諸自然。既得而以形名之，故謂之垂弧。有垂弧，而更求斜弧。猶平除而後得貴賤也。

垂弧之法，無定角也，視其所舉也。舉兩角一弧，則垂於不舉之角。舉兩弧一角，則垂及於不舉之弧。連角之弧，其不連之端，弧之所垂也。內垂之法，得其半而求其半。外垂之法，得其全而用其虛。

內垂，惟一角分爲兩角，一弧分爲兩弧，與原角、原弧不同。其左右之兩角、兩弧，則與正角共之也。故隨取兩畔之一角一弧，合正角求之，得中線。外垂之鈍角，廣而爲正角，一鋭角因垂線增之。一弧設於形內，一弧增長，皆異於原角、原弧。其餘一弧一角，則與正角共之，故合正角求之得外線。

正弧之法，舉二可得，有正角也。斜弧之法，舉二不可得，無正弧也。

求正弧者，有一弧一角，或兩弧合正角爲三。斜弧必舉兩弧一角，或兩角一弧，其故何也？一弧一角，合正角求得垂線，又必有一弧或一角。合此垂線及正角，乃可得其斜也。

平角之垂，例以正弦。弧角之垂，例以半徑。平角之垂，有三邊而角可得也。弧角之垂，有三邊而不等，則角不可得也。

三弧求角之法，可施於正弧。若斜弧，惟三弧中有二弧相等者，而後可。蓋正弧有三弧，任取二弧，與正角合求，則得角。斜弧之三弧，自中作垂線。則兩形均止一弧，與正角同其底。弧中分爲二，惟兩(要)[腰]之弧相等，則垂弧所折半之底弧，亦相等。故可分底弧之半，與正角及所知之弧，求得角也。苟兩(要)[腰]有大小，則底弧爲垂弧所分者，亦有大小，其數不可知矣。

平角之垂，有一鈍角，無兩鈍角，垂線得而盡也。弧角之垂，有二鈍角，有三鈍角，垂弧不得而窮也。惟兩鋭角而後成平角之形，惟平角而後得弧角之度。

弧線皆曲，故有二鈍、三鈍之角，弧必改爲弦切，則亦平三角矣。兩鈍、三鈍之綫，在平角必不能成三角形，故弧角之兩鈍、三鈍者，不可改爲平三角形，即不可作垂弧也。

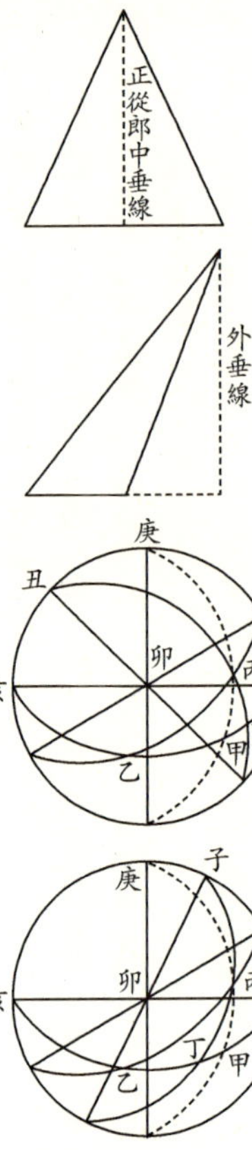

右圖，甲爲正角，甲丙乙爲正弧三角，易甲爲丁，則變爲斜弧三角。丁爲鋭角，則丙甲爲形內垂弧。丁爲鈍角，則丙甲爲形外垂弧。庚甲亥如庚卯亥，丑丁亥如丑卯亥，子甲亥如子卯亥，觀此正、鋭、鈍可見。乙角、乙丙弧爲甲乙丙正弧三角之所有，亦即爲乙丙丁斜弧三角之所有。故據此可求得正弧。有正弧以爲之推移，斜弧可求得矣。今用甲乙丙丁爲識，表其算例於左。

有乙角，有乙丙弧，有丁丙弧，求乙丁弧。

先以乙角、甲角、乙丙弧，求得丙甲弧，又求得乙甲弧。次以甲角、丁丙弧、丙甲弧，求得甲丁弧。次以乙甲弧併甲丁弧，得乙丁弧。

有乙角，有乙丙弧，有乙丁弧，求丁丙弧。

先以乙角、甲角、乙丙弧，求得丙甲弧，又求得乙甲弧。次以乙甲弧減乙丁弧，得甲丁弧。次以甲角、甲丁弧、丙甲弧，求得丁丙弧。

有乙角，有丙角，有乙丙弧，求乙丁弧。

先以乙角、甲角、乙丙弧，求得丙甲弧，又求得乙丙半角，又求得乙甲弧。次以乙丙半角減丙角，得丁丙半角。次以丁丙半角、甲角、丙甲弧，求得甲丁弧。次以乙甲弧併甲丁弧，得乙丁弧。

有乙角，有丙角，有乙丙弧，求丁丙弧。

先以乙角、甲角、乙丙弧，求得丙甲弧，又求得乙丙半角。次以乙丙半角減丙角，得丁丙半角。次以丁丙半角、甲角、丙甲弧，求得丁丙弧。

有乙角，有丁角，有乙丙弧，求乙丁弧。

先以乙角、甲角、乙丙弧，求得丙甲弧，又求得乙甲弧。次以丁角、甲角、丙甲弧，求得丁甲弧。次以丁甲弧併乙甲弧，得乙丁弧。

有乙角有丁角有乙丙弧，求丁丙弧。

先以乙角、甲角、乙丙弧，求得丙甲弧。次以丙甲弧、丁角、甲角，求得丁丙弧。

有乙角，有乙丙弧，有乙丁弧，求丙角。

先以乙角、甲角、乙丙弧，求得丙甲弧，又求得乙甲弧。次以乙甲弧減乙丁弧，得甲丁弧。次以甲丁弧、丙甲弧、甲角，求得丁丙半角。次以乙甲弧、乙丙弧、甲角，求得乙丙半角。次以乙丙半角併丁丙半角，得丙角。

有乙角，有乙丙弧，有乙丁弧，求丁角。

先以乙角、甲角、乙丙弧，求得丙甲弧。次以丙甲弧、乙丙弧、甲角，求得乙丙半角。次以乙丙半角、乙丙弧、甲角，求得乙甲弧。次以乙甲弧減乙丁弧，得甲丁弧。次以甲丁弧、丙甲弧、甲角，求得丁角。

有乙角，有乙丙弧，有丁丙弧，求丙角。

先以乙角、甲角、乙丙弧，求得丙甲弧。又求得乙丙半角。次以丙甲弧、丁丙弧、甲角，求得丁丙半角。次以丁丙半角併乙丙半角，得丙角。

有乙角，有乙丙弧，有丁丙弧，求丁角。

先以乙角、甲角、乙丙弧，求得丙甲弧。次以丙甲弧、丁丙弧、甲角，求得丁角。

有乙角，有丁角，有乙丙弧，求丙角。

先以乙角、甲角、乙丙弧，求得丙甲弧，又求得乙丙半角。次以丙甲弧、甲角、丁角，求得丁丙半角。次以丁丙半角併乙丙半角，得丙角。

有乙角，有丙角，有乙丙弧，求丁角。

先以乙角、甲角、乙丙弧，求得丙甲弧。次以丙甲弧、乙丙弧、甲角，求得乙丙半角。次以乙丙半角減丙角，得丁丙半角。次以丁丙半角、丙甲角、甲角，求得甲丁弧。次以甲丁弧、丙甲弧、甲角，求得丁角。

形内垂弧按所舉乙角、乙丙弧，故以乙角爲本角。若所舉丁角、丁丙弧，則丁角爲本角矣。若乙角與乙丁弧並舉，或與丁丙弧並舉，則垂弧並在丁。

有乙角，有乙丙弧，有丁丙弧，求乙丁弧。

先以乙角、甲角、乙丙弧，求得丙甲弧。次以乙角、甲角、丙甲弧，求得乙甲弧。次以丁丙弧、丙甲弧、甲角，求得甲丁弧。次以甲丁弧減乙甲弧，得乙丁弧。

有乙角，有乙丙弧，有乙丁弧，求丁丙弧。

先以乙角、甲角、乙丙弧，求得丙甲弧，又求得乙甲弧。次以乙甲弧減乙丁弧，得丁甲弧。次以丁甲弧、丙甲弧、甲角，求得丁丙弧。

有乙角，有丙角，有乙丙弧，求乙丁弧。

先以乙角、甲角、乙丙弧，求得丙甲弧。次以乙角、甲角、丙甲弧，求得乙甲弧。次以乙甲弧、丙甲弧、甲角，求得丙全角。次以丙全角減丙角，得丙半角。次以甲丙弧、丙半角、甲角，求得丁甲弧。次以丁甲弧減乙甲弧，得乙丁弧。

有乙角，有丙角，有乙丙弧，求丁丙弧。

先以乙角、甲角、乙丙弧，求得丙甲弧。次以丙甲弧、乙丙弧、甲角，求得丙全角。次以丙全角減丙角，得丙半角。次以丙半角、甲角、丙甲弧，求得丁丙弧。

有乙角，有丁角，有乙丙弧，求乙丁弧。

先以乙角、甲角、乙丙弧，求得丙甲弧，又求得乙甲弧。次以丁角減半周，得丁外角。次以丁外角、甲角、丙甲弧，求得甲丁弧。次以甲丁弧減乙甲弧，得乙丁弧。

有乙角，有丁角，有乙丙弧，求丁丙弧。

先以乙角、甲角、乙丙弧，求得丙甲弧。次以丁角減半周，得丁外角。以丁外角、甲角、丙甲弧，求得丁丙弧。

有乙角，有乙丙弧，有乙丁弧，求丙角。

先以乙角、甲角、乙丙弧，求得丙甲弧。以丙甲弧、乙丙弧、甲角，求得丙全角，又求得乙甲弧。次以乙甲弧減乙丁弧，得丁甲弧。次以丁甲弧、丙甲弧、甲角，求得丙半角。次以丙半角減丙全角，得丙角。

有乙角，有乙丙弧，有乙丁弧，求丁角。

先以乙角、甲角、乙丙弧，求得丙甲弧。次以丙甲弧、乙丙弧、甲角，求得乙甲弧。次以乙甲弧減乙丁弧，得丁甲弧。次以丁甲弧、丙甲弧、甲角，求得丁外角。次以丁外角減半周，得丁角。

有乙角，有乙丙弧，有丁丙弧，求丙角。

先以乙角、甲角、乙丙弧，求得丙甲弧。次以丙甲弧、丙丁弧、甲角，求得丙半角。次以丙甲弧、乙丙弧、甲角，求得丙全角。次以丙全角減丙半角，得丙角。

有乙角，有乙丙弧，有丁丙弧，求丁角。

先以乙角、甲角、乙丙弧，求得丙甲弧。次以丙甲弧、丁丙弧、甲角，求得丁外角。以丁外角減半周，得丁角。

有乙角，有丁角，有乙丙弧，求丙角。

先以乙角、甲角、乙丙弧，求得丙甲弧。次以丁角減半周，得丁外角。次以丁外角、甲角、丙甲弧，求得丙半角。次以乙丙弧、丙甲弧、甲角，求得丙全角。次以丙全角減丙半角，得丙角。

有乙角，有丙角，有乙丙弧，求丁角。

先以乙角、甲角、乙丙弧，求得丙甲弧。次以乙丙弧、丙甲弧、甲角，求得丙全角。次以丙全角減丙角，得丙半角。次以丙半角、甲角、丙甲弧，求得丁丙弧。次以丁丙弧、丙甲弧、丙半角，求得丁外角。次以丁外角減半周，得丁角。

形外垂弧按形外垂弧與形内垂弧同，惟丁角之度在形内，則居丙丁甲正弧之内。在形外，則屬乙丙丁(邪)[斜]弧之中。故必多一求外角之例。

又 卷下

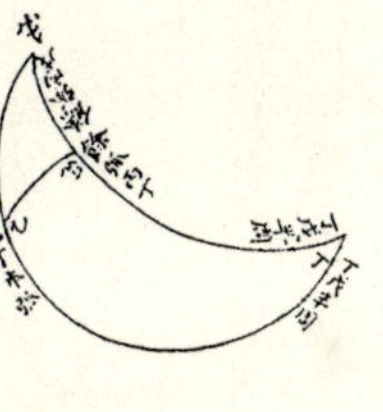

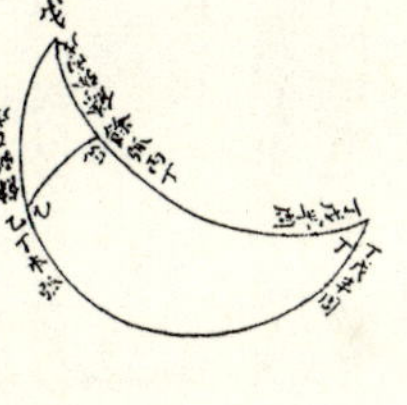

右圖，戊角爲丙對角，己角爲乙對角，其度皆等。本形乙、丙、丁三鈍，次形爲兩鋭一鈍，鈍角戊、己皆對角。

右圖丁丙乙，兩鈍角一鋭角。次形丙乙戊，必三鋭角。丙、乙兩鈍角用外角，丁鋭角即用本角。丁丙、丁乙兩大弧，用餘弧，丙乙小弧即用本弧。此本形變次形，與三鈍角異也。得戊角，不減半周，即丁角。得丙、乙兩鋭角，必減半周，乃得丙、乙兩鈍角。得次形丙乙弧，不減半周，即本形丙乙弧。戊丙、戊乙兩小弧，必減半，乃得丁丙、丁乙兩大弧。

以角得角，以弧得弧爲簡。然鈍角、鋭角之減不減，二鈍、三鈍之不同法，算時宜分别不誤。以角得弧，以弧得角，兩費減半周之勞。而其用外角，用餘弧，無分鋭角、鈍角也。用之爲便，故表其例於左。又正弧及斜弧之二鋭、三鋭者，均可用次形。梅氏書詳言之，然以無正角而用垂弧，不能垂弧而用次形。次形者，爲三鈍、二鈍而設也。今專詳三鈍二鈍之次形，而正角、鋭角者略焉。顧鈍角之次形明，則正角、鋭角之次形，可以推而識之。惟不同於鈍角者有二。凡鋭角弧度滿於限，則次形必得正角。二鈍、三鈍之弧無滿限者，則次形必無正角之理。一也。三鋭、二鋭，用一外角，兩本角以得次形。三鈍、二鈍，皆用外角以得次形。二也。明於此二者之異，其同者不待言矣。

有兩角一弧，求弧。

以兩角一弧，各減半周，爲次形之兩弧一角。用兩弧一角，求得次形。所求之角，減半周，得本形之弧。

有兩角一弧，求角。

以兩角一弧，各減半周，爲次形之兩弧一角。用兩弧一角，求得次形所求之弧，減半周，得本形之角。

有兩弧一角，求弧。

以兩弧一角，各減半周，爲次形之兩角一弧。用兩角一弧，求得次形所求之角，減半周，得本形之弧。

有兩弧一角，求角。

以兩弧一角，各減半周，爲次形之兩角一弧。用兩角一弧，求得次形所求之弧，減半周，得本形之角。

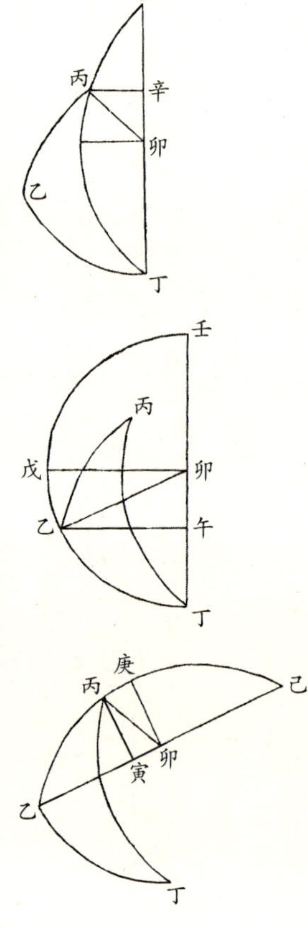

右圖，丁丙弧，丙辛正弦，卯辛餘弦。丙乙弧，丙寅正弦，辛寅餘弦。乙丁弧，乙午正弦，卯午餘弦。

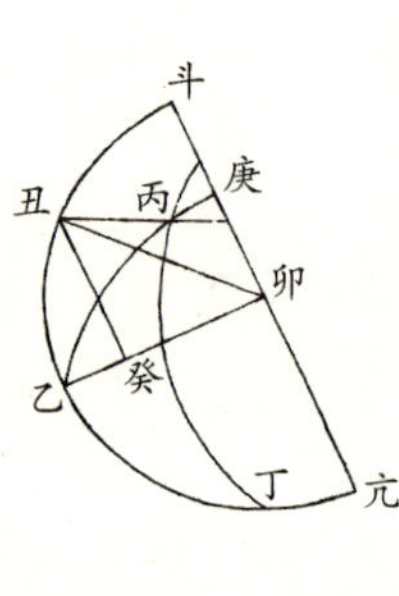

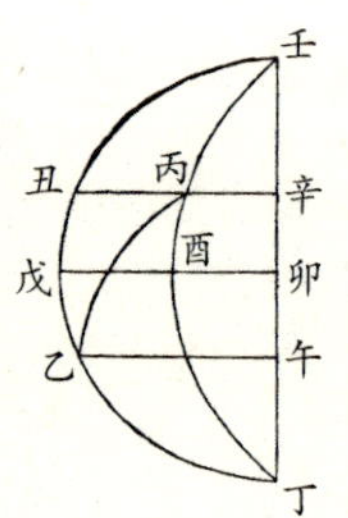

右圖，丁丙即丁丑，丑乙爲較弧，乙癸爲較弧矢，丑癸爲較弧弦，辛丁爲丙丁之矢，午丁爲乙丁之矢，辛午爲矢較，辛卯與卯午爲半矢較，辛丙與辛丑同，丁丙之正弦辛丙如丁丑之正弦辛丑。

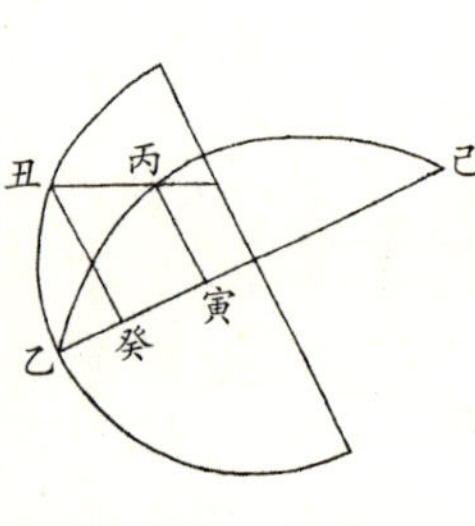

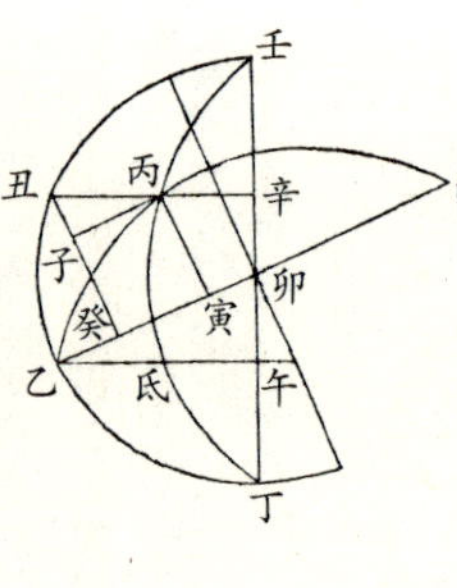

右圖，乙癸爲較弧矢，寅乙爲對弧矢，寅癸爲兩矢較。丑丙爲初數，與乙氐同。丙子爲後數，與寅癸同。卯戊與酉戊，猶辛丑與丙丑。卯乙與乙午，猶丙丑與丙子。卯戊爲丁角之半徑，卯乙爲丁乙弧之半徑。辛丑爲丁丙弧之弦，乙午爲乙丁弧之弦。凡距等之矢皆夾弧之弦。卯乙午句股形，猶丑丙子句股形，或大或小，而比例皆同也。以午乙與乙卯，例丙子與丙丑，則得丙丑。以辛丑與丙丑，例卯戊與酉戊，則得酉戊，是爲丁角度。以半徑卯戊與大弦辛丑，例丁角酉戊與初數丙丑。以卯乙例小弧之弦，得後數丙子。或以卯戊與乙午比例，得乙午，得乙氐，爲初數。次以卯丁與辛丑比例，得後數。其義亦同。

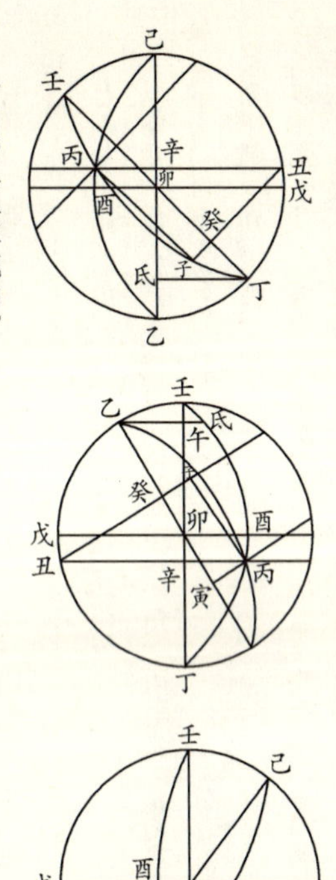

右圖，三弧求鈍角。

右圖，乙丙丁三鈍角，以卯戊與酉戊，例小弧之弦丙辛，得初數丙丑。以卯乙例大弧之弦乙午，得後數。

右圖，乙丙丁三鋭角，戴氏《句股割圜記》第五十、第五十一二圖，吴氏以上圖爲三鋭、下圖爲三鈍。按之弟五十圖，仍兩鋭也。今曲阜孔氏刻本，雖爲改正，遂缺三鋭一圖，爲此補之。

一角兩弧，求角。

先以角度之矢，乘一弧正弦，半徑除之，得初數。次以初數乘一弧正弦，半徑除之，得後數。次以後數併較弧之矢，得對弧之矢。次以對弧之矢，減半徑，得對弧餘弦。

兩角一弧，求角。

先以本形求次形。次以兩弧一角，求得弧。又以次形復爲本形。

三弧求角。

先以兩矢較乘半徑，以一弧正弦除之，得初數。次以初數乘半徑，以一弧正弦除之，得角度之矢。次以角度之矢，減半徑，得餘弦。

三角求弧。

先以本形求次形。次以三弧求角，又以次形復爲本形。

大弧小弧之和曰總弧，其較曰存弧。截總弧之所至而畫之，爲總弧之弦。以弦截矢，爲總弧之矢。截存弧之所至而畫之，爲存弧之弦。以弦截矢，爲存弧之矢。自所截以及於心，爲兩弧之餘弦。總弧之矢減存弧之矢，亦曰兩矢較。中兩矢較而半之，曰半矢較。兩矢並集一半徑，則兩餘弦相減，減之同半矢較之度。兩矢各居一半徑，則兩餘弦相加，加之同半矢較之度。以半矢較求對弧，較弧之兩矢較，猶以半徑與本角之矢，此之謂以總弧較存弧也。總弧適足半周，則存弧之矢必半徑，其餘弦亦如之。於是總弧以全徑爲之矢，以半徑爲兩弧之矢較。兩夾弧同度，則無對弧、存弧、矢較，而有對弧之矢。於是以正弦爲總弧之弦，以對弧之矢爲半矢較，此又總弧存弧之變也。

右圖，乙丁己總弧，戊乙存弧，合得半周。己寅總弧弦，寅乙總弧矢，戊癸存弧弦，癸乙存弧矢，寅卯總弧餘弦，癸卯存弧餘弦，子癸爲對弧矢，減較弧矢之兩矢較，寅癸爲總弧存弧之兩矢較。

右圖，總弧存弧均過象限，前圖寅癸折半恰當卯，此折半當丑。寅丑與癸丑皆半矢較，鈍角丑在子癸之閒，鋭角丑在子癸之外。

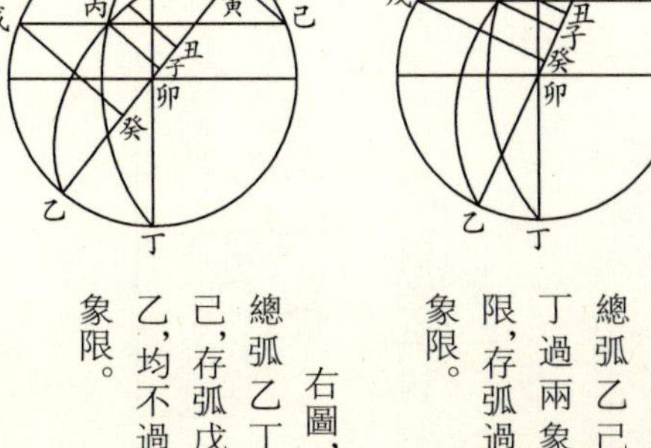

右圖，總弧乙丁己過象限，存弧戊乙不過象限。

右圖，總弧乙己丁過兩象限，存弧不過象限。

右圖，總弧乙己丁過兩象限，存弧過象限。

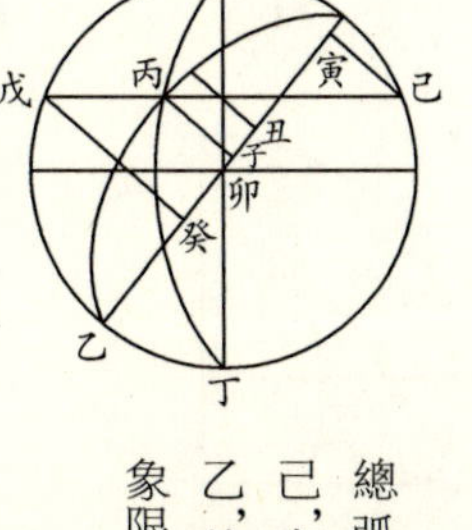

右圖，總弧乙丁己，存弧戊乙，均不過象限。

（右）[如]圖，總弧乙丁己過三象限，存弧戊乙不過象限。

《環中黍尺》之例云：角旁兩弧度相加爲總，相減爲存。總弧過象限，以總存兩餘弦相加，不過象限則相減，並折半爲初數。若總弧過兩象限，與過象限法同。過三象限，與在象限內同。若存弧亦過象限，則反其加減。以循考之，餘弦必以矢端至心爲度，如癸之於卯，寅之於卯，是也。癸爲存弧之矢端，寅爲總弧之矢端，卯爲圜周之心。今所用者癸寅兩餘弦，必兼以卯各居一半徑，則卯在寅癸之閒，卯無礙於寅癸。直以寅卯與卯癸合之，可也。共集一半徑，則卯或在寅外，如右總弧過三象限。或在癸外。如前總弧存弧均過限圖。用寅癸，則卯爲多度，故必去寅卯，存寅癸。或去癸卯，存癸寅。然則餘弦之或加或減，視乎卯之在外在中。卯之在外在中，視乎兩矢端之在一半徑，與兩半徑。而兩矢端之所在，正不繫乎？總弧存弧之過與不過，故直易其過不過之例，曰竝集，曰各居，而後爲一定之例也。然所用者癸寅也。癸寅者何？即兩矢端之間，餘弦之所以加所以減，皆由兩矢端之故。則與其用餘弦而多一加減之緐，何如直用兩矢端之爲捷。故東原氏之例曰以左右兩距，相併爲和度，相減爲較度，即總弧存弧和度較度之矢，相減半之，爲矢半較。東原氏之術，視勿菴爲約矣。

右圖戊卯爲存弧之弦，乙卯爲存弧之矢。總弧滿半周，則無弦，其矢即乙卯寅。則以乙卯減乙卯寅，存卯寅，爲兩矢較，亦即爲半徑也。勿菴以半徑爲餘弦，東原氏駁之。蓋大矢已滿圜徑，不容有弦，何有餘弦？則半徑爲矢較之説長也。然存弧以半徑爲矢，與全徑相減，故半徑得爲總弧存弧之矢較。而存弧以半徑爲矢，即以半徑爲弦。以半徑爲弦，即以半徑爲餘弦，則謂半徑爲總弧之餘弦，不可。謂半徑爲存弧之餘弦，無不可。存弧總弧之餘弦，加減而折半之例也。梅氏之例。今止有存弧餘弦，無總弧餘弦相減，則竟用而半之爲初數。用矢半較，自捷於用餘弦。總弧滿半周，既一於用半徑，則從乎矢較。謂之矢較，可也。從乎餘弦，謂之存弧餘弦，可也。

右圖，乙丁、丙丁兩夾弧同度，卯子爲半徑，甲子爲丁角。寅乙爲夾角正弦，丙乙爲對弧之矢。無存弧不得有存弧之餘弦。無矢較，自不必有矢半較。總弧之弦已寅，猶正弦寅乙。半徑角度，與正弦比例，得矢半較。此比例得對弧之矢，亦如矢半較矣。

一角兩弧求弧。

以兩弧相併爲總弧，又相減爲存弧。次以總弧之矢，減存弧之矢，又折半之爲半矢較。以半矢較乘本角之矢，半徑除之，得對弧之兩矢較。加較弧之矢，得對弧矢，以減半徑，得餘弦。

一弧兩角求角。

以本形減半周作次形，用兩弧一角求弧法求之，復減半周，爲本形。

三弧求角。

以兩矢較乘半徑，半矢較除之，得本角之矢。

三角求弧。

以本形減半周作次形，用三弧求角法求之，復減半周，爲本形。

若弧與限等，則兩矢之較，即以例本角之矢。或兩弧相若，而端抵於限，則本角之矢，即對角之弧，正角有兩，無容算矣。

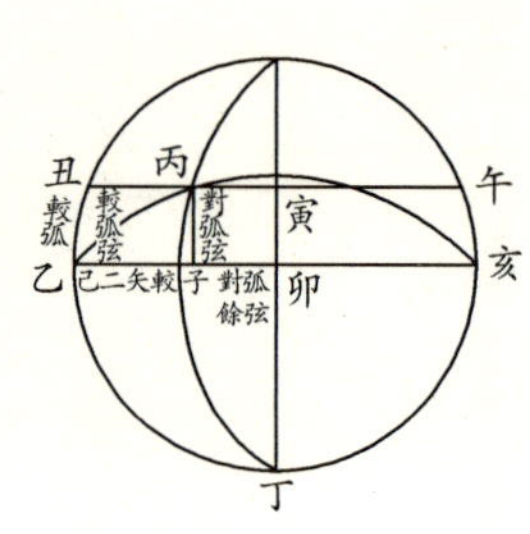

右圖，乙丁弧適滿象限，丑乙爲較弧，丑己爲較弧弦，丙子爲對弧弦，丑丙爲兩矢較，丙寅爲大弧弦，丑丙即子己，寅丑即寅丙。三弧求角，以丙丑乘半徑，寅丑除之，得角度之矢。以角矢乘寅丑，半徑除之，即丙丑。

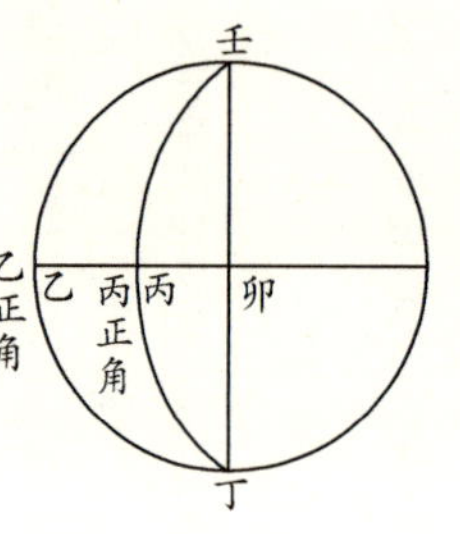

右圖，乙丙、乙丁皆九十度，則丙乙爲丁角之度，即對弧之矢矣。其丙角、乙角，皆滿九十度，既無待求。而丁鋭角即對小弧，對小弧即丁鋭角。不待算而知也。

清·陳昌齊《測天約術》

正弧三角形以下各三率法，用《八線表》，以二三率相乘，一率除之，得四率。若用《八線對數表》，則以二三率相加，一率減之，得四率。

一，有正角，有所知之角，有對所未知角之邊。

求所未知之角。一率全數，即正角之正弦。二率所知邊餘弦，三率所知角正弦，四率所求角餘弦。

求對所知角之邊。一率全數，二率所知邊正弦，三率所知角正切，四率所求邊正切。

求對正角之邊。一率全數，二率所知角餘弦，三率所知邊餘切，四率所求邊餘切。

二，有正角，有所知角，有對所知角之邊。

求所未知之角。一率全數，二率所知邊正割，三率所知角餘弦，四率所求角正弦。

求對所未知角之邊。一率全數，二率所知邊正切，三率所知角餘切，四率所求邊正弦。

求對正角之邊。一率全數，二率所知角餘割，三率所知邊正弦，四率所求邊正弦。

三，有正角，有所知角，有對正角之邊。

求所未知之角。一率全數，二率所知邊餘弦，三率所知角正切，四率所求角餘切。

求對所未知角之邊。一率全數，二率所知角餘弦，三率所知邊正切，四率所求邊正切。

求對所知角之邊。一率全數，二率所知邊正弦，三率所知角正弦，四率所求邊正弦。

四，有正角，有所知之二邊中無對正角之邊。

求所未知之角。一率全數，二率對所未知又一角之邊正弦，三率對所求之角之邊餘切，四率所求角餘切。

求所未知之邊。一率全數，二率所知之一邊餘弦，三率所知之又一邊餘弦，四率所求邊餘弦。

五，有正角，有所知之二邊中有對正角之邊。

求對所未知邊之角。一率全數，二率對正角之邊餘切，三率對所未知又一角之邊正切，四率所求角餘弦。

求對所知邊之角。一率全數，二率對正角之邊餘割，三率對所求之角之邊正弦，四率所求角正弦。

求所未知之邊。一率全數，二率所知之一邊正割，三率所知之又一邊餘弦，四率所求邊餘弦。

六，有正角，有所知之二角。

求對正角之邊。一率全數，二率所知之一角餘切，三率所知之又一角餘切，四率所求邊餘弦。

求餘二邊。一率全數，二率所知之一角餘割，三率所知之又一角餘弦，四率所求邊餘弦。

以上各術皆以全數爲第一率，所以省除。〔略〕

斜弧三角形

一，有所知一角，二邊中有對所知角之邊，求餘角餘邊。

法先以對所知角之邊正弦爲一率，所知角正弦爲二率，對所求角之邊正弦爲三率。求得四率，爲對所知邊之角正弦。凡（弦）〔斜〕三角形不論斜角正角，但有一角及其對角之一弧，則其餘有一角者，可以知對角之弧。而有一弧者，亦可以知對弧之角。皆以其正弦用三率比例求之。既得此角，則此形有所知二角二邊矣。求又一角及邊用後法。

二，有所知一角，二邊中無對所知角之邊，求餘角餘邊。

法先以所知二邊相併，半之，餘弦爲一率。相減，半之，餘弦爲二率。所知角半之，餘切爲三率。求得四率，爲所未知二角之半正切。又以所知二邊相併，半之，正弦爲一率。相減，半之，正弦爲二率。所知角半之，餘切仍爲三率。求得四率，爲所未知二角之又半正切。兩得數相加，爲對所知大邊之角。相減，爲對所知小邊之角。求得此二角，則此形有三角二邊矣。求所未知之邊，用後法。

三，有所知二角，有對所知角之一邊，求餘角、餘邊。

先以對所知邊之角正弦爲一率，所知邊正弦爲二率，對所求邊之角正弦爲三率，求得四率，爲對所知角之邊正弦。既得此邊，則此形有二角二邊矣。

求對所未知角之邊。以所知二角相減，半之，正弦爲一率。所知二角相併，半之，正弦爲二率。所知二邊相減，半之，正切爲三率。求得四率，爲所求邊之半正切。倍之，爲所求邊。求又一角，用前法。

四，有所知二角，有對所未知角之邊，求餘角、餘邊法。

先以所知二角相併，半之，餘弦爲一率。相減，半之，餘弦爲二率。所知邊半之，正切爲三率。求得四率，爲所未知二邊之半正切。又以所知二角相併，半之，正弦爲一率。相減，半之，正弦爲二率。所知邊半之，正切爲三率。求得四率，爲所未知二邊之又半正切。兩得數相加，爲對所知大角之邊。相減，爲對所知小角之邊。求所未知角，用前法。

五，有三邊，求三角。

法任指一角爲所求之角，以所求之角兩腰角旁二邊。正弦相加，爲一率。兩腰之較，以兩腰相減餘數。與所求之角對邊一相加、一相減，各半之，取兩正弦相加，爲二率。倍全數，全數一倍之爲二。爲三率。求得四率，半之，爲所求角之半弧正弦。倍弧爲所求角。既得此角，則此形有三邊一角矣。求餘二角，用前法。

六，有三角，求三邊。

法以三角各與半周相減，用其餘度，是爲有三角形爲有三邊形，用上法求之，得角度，即爲邊之度。

清・江萊《弧三角形》

弧角比例鋭鈍大小知不知條目

對角求對邊

一，原所知角鋭，對邊大。又所知角鋭，所求對邊恒小。

一，原所知角鈍，對邊大。又所知角鈍，所求對邊恒大。

一，原所知角鋭，對邊足九十度，與對邊大同。

一，原所知角鋭，對邊小。又所知角鋭，審又所知角，小於原所知角，則所求對邊小；若大於原所知角，則不能定。

一，原所知角鋭，對邊小。又所知角鈍，審又所知角之外角，小於原所知角，則所求對邊大；若大於原所知角，則不能定。

一，原所知角鈍，對邊小。又所知角鈍，所求對邊恒大。

一，原所知角鈍，對邊小。又所知角鋭，所求對邊恒小。

一，原所知角鈍，對邊足九十度，與對邊小同。

一，原所知角鈍，對邊大。又所知角鈍，審又所知角，大於原所知角，則所求對邊大；若小於原所知角，則不能定。

一，原所知角鈍，對邊大。又所知角鋭，審又所知角，小於原所知角之外角，則所求對邊小；若大於原所知角之外角，則不能定。

一，原所知無論角鋭、對邊小，角鈍、對邊大，但又所知角正九十度者，所求對邊皆不能定。

一，原所知角正九十度，對邊無論大小足，又所知角鋭，所求對邊恒小。又所知角鈍，所求對邊恒大。

對邊求對角

一，原所知邊小，對角鈍。又所知邊小，所求對角恒鋭。

一，原所知邊小，對角鈍。又所知邊大，所求對角恒鈍。

一，原所知邊小，對角正九十度，與對角鈍同。

一，原所知邊小，對角鋭。又所知邊小，審又所知邊，小於原所知邊，則所求對角鋭；若大於原所知邊，則不能定。

一，原所知邊小，對角鋭。又所知邊大，審又所知邊較兩象限之餘，小於原所知邊，則所求對角鈍；若大於原所知邊，則不能定。

一，原所知邊大，對角鋭。又所知邊小，所求對角恒鋭。

一，原所知邊大，對角鋭。又所知邊大，所求對角恒鈍。

一，原所知邊大，對角正九十度，與對角鋭同。

一，原所知邊大，對角鈍。又所知邊大，審又所知邊，大於原所知邊，則所求對角鈍；若小於原所知邊，則不能定。

一，原所知邊大，對角鈍。又所知邊小，審又所知邊較兩象限之餘，大於原所知邊，則所求對角鋭；若小於原所知邊，則不能定。

一，原所知無論邊大、對角鈍，邊小、對角鋭，但又所知邊足九十度者，所求對角皆不能定。

一，原所知邊足九十度，對角無論鋭鈍正。又所知邊大，所求對角恒鈍。又所知邊小，所求對角恒鋭。

附録弧角比例算法凡附録，皆古法。

對角求對邊

一率原所知角正弦，二率所知對邊正弦，三率又所知角正弦，四率所求對邊正弦。

對邊求對角

一率原所知邊正弦，二率所知對角正弦，三率又所知邊正弦，四率所求對角正弦。

正弧三角鋭鈍大小相從條目

一，交角鋭，上弧對正角弧。大，下弧對餘角弧。大，必畧長於上弧。餘角鈍，此角之外角必大於交角減象限之餘弧。對弧對交角弧。小。必小於交角度。

一，交角鋭，上弧小，下弧小，必畧短於上弧。餘角鋭，此角必大於交角減象限之餘弧。對弧小。必小於交角度。

一，交角正，上弧足，下弧足，餘角正，對弧即交角度。

一，交角正，上弧足，下弧即餘角度，餘角鋭，對弧足。

一，交角正，上弧足，下弧即餘角度，餘角鈍，對弧足。

一，交角正，上弧足，下弧足，餘角正，對弧足。

一，交角鈍，上弧大，下弧小，餘角鋭，此角必大於交角去象限之餘弧。對弧大。必大於交角度。

一，交角鈍，上弧小，下弧大，餘角鈍，此角之外角必大於交角去象限之餘弧。對弧大。必大於交角度。

一，交角鈍，上弧足，下弧足，餘角正，對弧即交角度。

斜弧三角用垂弧分兩正弧三角形通法

正算

一，所知一邊在所知兩角之間。

法以所知邊爲上弧，先任以所知一角爲交角，用正弧三角法，求得下弧、對弧、餘角三件。以所知又一角與此餘角相減，餘又爲交角。前對弧爲下弧，用正弧三角法，求得上弧、對弧、餘角三件。後所求得之上弧，常爲對先用所知角不知之邊，再審所知又一角，大於前餘角，則後餘角即爲不知之角，後對弧與前下弧相加爲對所知又一角不知之邊；若所知又一角，小於前餘角，則後餘角之外角爲不知之角，後對弧與前下弧相減，餘爲對所知又一角不知之邊。

一，所知一角在所知兩邊之間。

法以所知角爲交角，先任以所知一邊爲上弧，用正弧三角法，求得下弧、對弧、餘角三件。以所知又一邊與此下弧相減，餘又爲對弧。前對弧爲下弧，用正弧三角法，求得交角、上弧、餘角三件。後所求得之上弧常爲不知之邊。再審所知又一邊，大於前下弧，則後餘角即爲對先用所知邊不知之角，後交角與前餘角相加，爲對所知又一邊不知之角。若所知又一邊小於前下弧，則後餘角之外角爲對先用所知邊不知之角，後交角與前餘角相減，餘爲對所知又一邊不知之角。

一，所知兩邊對所知兩角。

法先任以所知一角爲交角，對所知又一角所知之邊爲上弧，用正弧三角法，求得下弧、對弧、餘角三件。又審所知又一角之鋭鈍，與先用所知角相同，即以所知又一角爲交角。若所知又一角之鋭鈍，與先用所知角不同，則以所知又一角之外角爲交角。前對弧復爲對弧所知，對先用所知角之邊爲上弧，用正弧三角法求得下弧、餘角二件。審所知二角鋭鈍相同，以前後兩下弧相加爲不知之邊，前後兩餘角相加爲不知之角。若所知二角鋭鈍不同，以前後兩下弧相減，餘爲不知之邊，前後兩餘角相減，餘爲不知之角。

省算

一，所知一邊在所知兩角之間。

法以所知邊爲上弧，先任以所知一角爲交角，用正弧三角法，求得下弧、餘角二件。以所知又一角與此餘角相減，餘爲分角。乃以分角之餘弦爲一率，前餘角之餘弦爲二率，原所知邊切綫爲三率。求得四率爲對先用角不知之邊切綫。

大小定例。

先用角鈍，分角鋭，此邊大。

先用角鈍，分角鈍，此邊小。

先用角鋭，分角鋭，此邊小。

先用角鋭，分角鈍，此邊大。

又以前餘角之切綫爲一率，前下弧切綫爲二率，分角切綫爲三率。求得四率爲加減邊切綫。

大小定例。

分角鋭，此邊小。

分角鈍，此邊大。

審所知又一角，大於前餘角，以此邊與前下弧相加；若小於前餘角，以此邊與前下弧相減，皆加減爲對所知又一角不知之邊。又以前餘角之正弦爲一率，先用角之餘弦爲二率，分角之正弦爲三率。求得四率爲不知之角餘弦。

鋭鈍定例。

先用角鈍，所知又一角大於前餘角，此角鈍。
先用角鈍，所知又一角小於前餘角，此角銳。
先用角銳所知又一角大於前餘角，此角銳。
先用角銳，所知又一角小於前餘角，此角鈍。

一，所知一角在所知兩邊之間。

法以所知角爲交角，先任以所知一邊爲上弧，用正弧三角法，求得下弧。以所知又一邊與此下弧相減，餘爲分邊。乃以前下弧之餘弦爲一率，先用邊之餘弦爲二率，分邊之餘弦爲三率。求得四率爲不知之邊餘弦。

大小定例。
原角鈍，分邊大，此邊小。
原角鈍，分邊小，此邊大。
原角銳，分邊小，此邊小。
原角銳，分邊大，此邊大。

又以分邊之正弦爲一率，前下弧之正弦爲二率，原所知角之切綫爲三率。求得四率爲對先用邊不知之角切綫。

銳鈍定例。
原角鈍，又一邊大於前下弧，此角鈍。
原角鈍，又一邊小於前下弧，此角銳。
原角銳，又一邊小於前下弧，此角鈍。
原角銳，又一邊大於前下弧，此角銳。

乃以所得對先用邊之角爲交角，所知又一邊爲上弧，用正弧三角法，求得下弧置之。又以對原所知角之邊正弦爲一率，原所知角之正弦爲二率，所知又一邊之正弦爲三率。求得四率爲對所知又一邊不知之角正弦。

銳鈍定例。
對先用邊角鈍，對原角之邊大於後下弧，此角鈍。
對先用邊角鈍，對原角之邊小於後下弧，此角銳。
對先用邊角銳，對原角之邊小於後下弧，此角鈍。
對先用邊角銳，對原角之邊大於後下弧，此角銳。

一，所知兩邊對所知兩角。

法先任以所知一角爲交角，對所知又一角之邊爲上弧，用正弧三角法，求其下弧。審所知又一角之銳鈍與先用角相同，即以又一角爲交角；若與先用角不同，則以又一角之外角爲交角。對所知先用角所知之邊爲上弧，用正弧三角法，求得下弧。審所知二角銳鈍相同，則前後兩下弧相加；若所知二角銳鈍不同，則前後兩下弧相減，皆加減爲不知之邊。復以所知又一角爲交角，所得之邊爲上弧，用正弧三角法，求其下弧置之。又以對先用角之邊正弦爲一率，先用角之正弦爲二率，所得之邊正弦爲三率。求得四率爲不知一角之正弦。

銳鈍定例。
原又一角鈍，對先用角之邊大於後下弧，此角鈍。
原又一角鈍，對先用角之邊小於後下弧，此角銳。
原又一角銳，對先用角之邊小於後下弧，此角鈍。
原又一角銳，對先用角之邊大於後下弧，此角銳。

附録正弧三角算法五條。
有交角與上弧，求下弧。
一率半徑，二率交角餘弦，三率上弧切綫，四率下弧切綫。
有交角與下弧，求對弧。
一率半徑，二率交角切綫，三率下弧正弦，四率對弧切綫。
有上下二弧，求餘角。
一率上弧正弦，二率下弧正弦，三率半徑，四率餘角正弦。
有下弧與對弧，求交角。
一率下弧正弦，二率對弧切綫，三率半徑，四率交角切綫。
有交角與下弧，求上弧。
一率交角餘弦，二率半徑，三率下弧切綫，四率上弧切綫。

量角度新法

設甲乙丙斜弧三角形，如圖，甲、乙二角，有甲乙邊爲二角之角旁弧倚，於平儀之外周，量取甚易。取丙角，則視丙乙弧應外周，爲乙戊弧。從戊作識數之過乙到己，得九十度。以乙己弧應於內下曲弧爲乙丁識之。又視甲丙弧應外周爲甲庚弧，從庚作識數之向甲到辛，得九十度。以庚辛弧應於內上曲弧爲丙壬識之。乃以兩內上曲弧交角丙對圜心丑作虛直

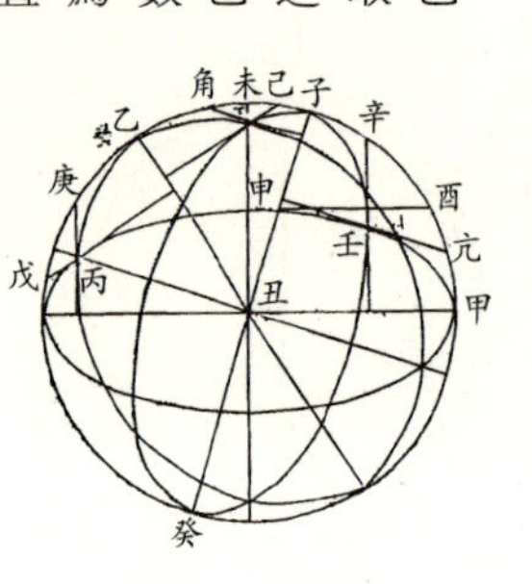

距，遂作虛十字橫距，割外周於子癸。從子割丁到癸作內下曲弧，從子割壬到癸作內上曲弧。合子丁、子壬應外周之度，如自角至亢之度，即丙角度。

附録有角旁弧在外周量法

如前圖，甲乙丙三角形，量取甲角。法先從甲點向圜心丑作虛直距，遂作虛十字橫距割上曲弧於申，引之割外周於未。乃從申作虛十字綫，割外周於酉。數外周自未至酉之度。即甲角度。量取乙角與量取甲角法同。

三角求邊，用次形通法

斜弧布角度，以明次形之理。

設甲乙丙三角形，甲角一百四度半，乙角一百二十八度，丙角一百九度。如圖，首置一平圜，任先依甲角度作甲角，用二圜一作甲丁上下曲弧，一作戊己橫距角度。次依丙角度作丙角，用二圜一作丙辛上下曲弧，虛交於甲丁弧上。一作亢戌橫距角度。隨之又用二圜，作卯丑辰、午丑寅十字對乙交角界之，又數乙壬得九十度。即用一圜作卯辰上曲弧就之，視子壬適得乙外角度，即繪爲真形。不合，則遷就之。

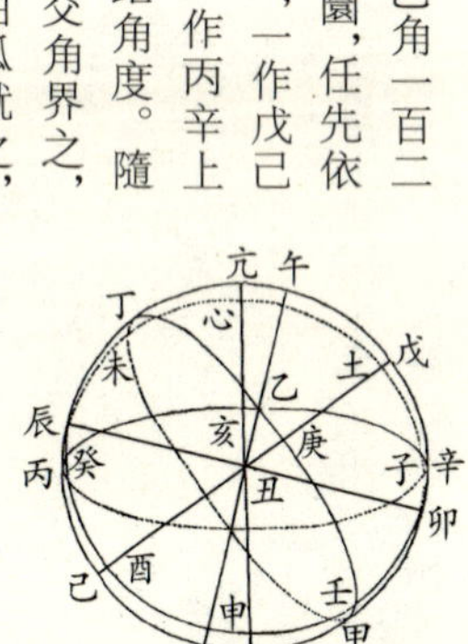

取次形。

知布三角，則次形明矣。此形若取三外角，即應丑申酉。次形如前圖，以甲角庚已減半周，得戊庚，應丑酉次形邊。丙角亥戌減半周，得亢亥，應丑申次形邊。乙角壬癸減半周，得癸未，應申酉次形邊。何以審之？試側置前圖，先明甲角。甲庚弧之交戊己弧成十字，交卯辰弧亦成十字。戊己爲甲庚之角，卯辰爲乙壬之角也。故卯辰之交戊己，常在酉。而甲庚弧，即爲酉庚角。故庚酉常九十度，戊丑同庚酉。而庚丑爲交數，故戊庚同丑酉。乙、丙二角(放)[倣]此。若取甲外角，乙、丙兩內角，即應丑心酉次形。乙外角，甲、丙兩內角，即應丑心土次形。丙外角，甲、乙兩內角，即應丑申土次形。四形任取，理解竝通。

正弧布角度，以明次形之理。

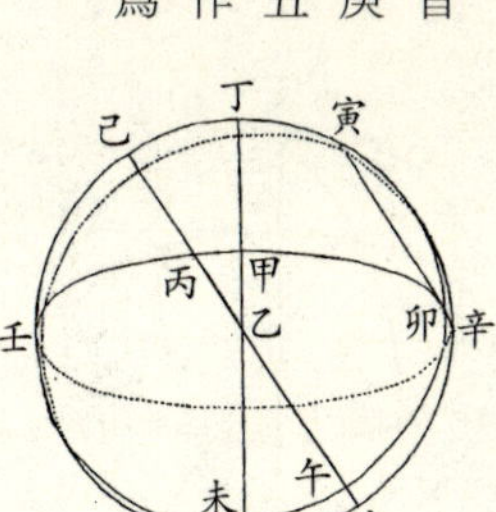

設甲乙丙三角形，甲角九十度，乙角三十一度，丙角六十一度。能布斜弧，則正弧極易。如圖，首置一平圜，任先依乙角度，用二圜作丁乙戊、己乙庚兩徑弧，成乙角。次從庚數到丑，得丙角度，即從丑與庚己平行，作丑寅虛距等綫界之。乃用一圜，作辛甲壬上曲弧，就之視丙卯適足九十度，即繪爲真形。

取次形。

此形任取連丙角之丙已壬爲次形，丙角與本形同。已角與甲角同，乙角減象限，即得已壬邊。或取連乙角之乙午未爲次形，乙角與本形同。午角與甲角同，丙角減象限，即得午未邊。

論曰：凡三邊弧相交，上下同具四形。三角弧相交，上下亦皆四形。三邊弧、三角弧互交成三角、四角各種形。正弧邊角互用，取其連本形交角之三角形爲次形。但除正角外，以一角爲交角，一角加減象限爲對弧，即得次形矣。若斜弧，則惟於三角弧相交，八形取之，但用三外角或兩內角一外角，則上下各有一形之三邊應之也。即如前圖，甲乙丙三角，臚列已詳。若設甲、乙、辛三角，則三外角之應爲丑申土次形。其餘三次形爲兩內角一外角相應之三形。

設辛乙丁三角，則三外角之應爲丑心土次形。其餘三次形，爲兩內角一外角相應之三形。設丁乙丙三角，則三外角之應爲丑心酉次形。其餘三次形爲兩內角一外角相應之三形。故斜弧無論何形，皆可用三外角，亦可任用兩內角一外角。

正弧以一角加減象限，爲次形對弧定例。

兩鋭恒置，一象限減之。

兩鈍恒置，三象限減之。

一鋭一鈍，用鋭加一象限，用鈍減去一象限。

正弧算法。

理爲求得次形上弧之正弦，命爲本形下弧之餘弦。

法以交角之正弦爲一率，餘角之餘弦爲二率，半徑爲三率。求得四率，爲下弧之餘弦。大小依相從條目定之，得下弧，再求上弧、對弧，竝依正弧三角法。

斜弧算法。

理爲求得次形三角，以爲本形三邊。凡本形之角，爲次形邊，即以其邊所對之角，爲本形角所對之邊。凡本形之外角，爲次形邊，即以其邊所對角之外角，爲本形角所對之邊。

法以半徑自乘爲一率，所求邊旁兩角餘割綫相乘爲二率，併邊旁兩角較半周餘弧之矢與對角矢相減餘爲三率。求得四率，爲所求邊之矢。或以邊旁兩角相減餘弧之矢與對角外角之矢相減餘爲三率，求得四率，爲所求邊較半周餘弧之矢。得一邊，再求餘二邊，并用垂弧省算法。

又 設弧三角形有無定限條目

一，設三邊，先設二邊，總數過半周，後設一邊定小於先設二邊總數較全周之餘數。

一，設三邊，先設二邊總數不過半周，後設一邊定小於先設二邊之總數。

一，設三邊，先設二邊相等，後設一邊無定大限。

一，設三邊，先設二邊不相等，後設一邊定大於先設二邊之較數。

一，設三角，先設二角相等，後設一角無定小限。

一，設三角，先設二角不相等，後設一角定小於先設二角較數較半周之餘數。

一，設三角，先設二角總數適足半周，後設一角無定大限。

一，設三角，先設二角總數非適足半周，後設一角定大於先設二角一內一外相減之餘數。

一，設一邊在所設兩角之間，無定限。

一，設一角在所設兩邊之間，無定限。

一，設一邊小，對一角鋭。又設一邊小。

審先設一邊小於所對角度，别以先設一邊爲對弧，所對角爲交角，作上下弧俱小正弧三角形。又設一邊定不大於此形之上弧。若大於所對角度，則無定限。

一，設一邊小，對一角鋭。又設一邊大。審先設一邊小於所對角度，别以先設一邊爲對弧所對角爲交角，作上下弧俱大正弧三角形。又設一邊定不小於此形之上弧。若大於所對角度，則無定限。

一，設一邊小，對一角鈍。又設一邊小，定小於先設一邊。

一，設一邊小，對一角鈍。又設一邊大，定大於先設一邊減半周之餘弧。

一，設一邊小，對一角正。又設一邊小，定小於先設一邊。

一，設一邊小，對一角正。又設一邊大，定大於先設一邊較半周之餘弧。

一，設一邊大，對一角鋭。又設一邊小，定小於先設一邊較半周之餘弧。

一，設一邊大，對一角鋭。又設一邊大，定大於先設一邊。

一，設一邊大，對一角鈍。又設一邊小。

審先設一邊大於所對角度，别以先設一邊爲對弧，所對角爲交角，作下弧大上弧小正弧三角形。又設一邊定不大於此形之上弧。若小於所對角度，則無定限。

一，設一邊大，對一角鈍。又設一邊大。

審先設一邊大於所對角度，别以先設一邊爲對弧，所對角爲交角，作上弧大下弧小正弧三角形。又設一邊定不小於此形之上弧。若小於所對角度，則無定限。

一，設一邊大，對一角正。又設一邊小，定小於先設一邊較半周之餘弧。

一，設一邊大，對一角正。又設一邊大，定大於先設一邊。

一，設一邊足，對一角無論鋭鈍。又設一邊，大小皆無定限。

一，設一邊足，對一角正，又設一邊無定限。

一，設一角鋭，對一邊小。又設一角鋭。

審先設一角小於所對邊度，别以先設角度爲對邊，所對一邊爲上弧，作正弧三角形。又設一角定不大於此形之交角。若大於所對邊度，則無定限。

一，設一角鋭，對一邊小。又設一角鈍。

審先設一角小於所對邊度，别以先設角度爲對邊，所對一邊爲上弧，作正弧三角形。又設一角定不小於此形交角之外角。若大於所對邊度，則無定限。

一，設一角鋭，對一邊大。又設一角鋭，定小於先設一角。

一，設一角鋭，對一邊大。又設一角鈍，定大於先設一角之外角。

一，設一角鋭，對一邊足。又設一角鋭，定小於先設一角。

一，設一角鈍，對一邊足。又設一角鈍，定大於先設一角之外角。

一，設一角鈍，對一邊小。又設一角鋭，定小於先設一角之外角。

一，設一角鈍，對一邊小。又設一角鈍，定大於先設一角。

一，設一角鈍，對一邊大。又設一角鋭。

審先設一角大於所對邊度，别以先設角度爲對邊，所對一邊爲上弧，作正弧三角形。又設一角定不大於此形交角之外角。若小於所對邊度，則無定限。

一，設一角鈍，對一邊大。又設一角鈍。

審先設一角大於所對邊度，别以先設角度爲對邊，所對一邊爲上弧，作正弧三角形。又設一角定不小於此形之交角。若小於所對邊度，則無定限。

一，設一角鈍，對一邊足。又設一角鋭，定小於先設一角之外角。

一，設一角鈍，對一邊足。又設一角鈍，定大於先設一角。

一，設一角正，對一邊無論小大，又設一角鋭鈍皆無定限。

一，設一角正，對一邊足，又設一角無定限。

一，凡又設一邊小大無定限者，惟先設一邊足，對一角或鋭或鈍者，不可足。餘皆可足。

一，凡又設一角鋭鈍無定限者，惟先設一角正，對一邊或大或小者，不可正。餘皆可正。

清·安清翹《矩線原本》卷三《測量篇下》

正弧形第一術

有句邊，有股邊，求弦邊。置股邊餘弦，以句邊餘弦乘之，半徑除之，得弦邊餘弦。

有句邊，有股邊，求句角。先求弦邊，次置句邊正弦，以半徑乘之，弦邊正弦除之，得句角正弦。

有句邊，有股邊，求股角。先求弦邊，次置股邊正弦，以半徑乘之，弦邊正弦除之，得股角正弦。

正弧形第二術

有弦邊，有句邊，求股邊。置弦邊餘弦，以半徑乘之，句邊餘弦除之，得股邊餘弦。

有弦邊，有句邊，求句角。置句邊正弦，以半徑乘之，弦邊正弦除之，得句角正弦。

有弦邊，有句邊，求股角。先求股邊，次置股邊正弦，以半徑乘之，弦邊正弦除之，得股角正弦。

正弧形第三術

有弦邊，有股邊，求句邊。置弦邊餘弦，以半徑乘之，股邊餘弦除之，得句邊餘弦。

有弦邊，有股邊，求股角。置股邊正弦，以半徑乘之，弦邊正弦除之，得股角正弦。

有弦邊，有股邊，求句角。先求句邊，次置句邊正弦，以半徑乘之，弦邊正弦除之，得句角正弦。

正弧形第四術

有弦邊，有句角，求句邊。置弦邊正弦，以句角正弦乘之，半徑除之，得句邊正弦。

有弦邊，有句角，求股邊。先求句邊，次置弦邊餘弦，以半徑乘之，句邊餘弦除之，得股邊餘弦。

有弦邊，有句角，求股角。先求句邊，次置句角餘弦，以半徑乘之，句邊餘弦除之，得股角正弦。

正弧形第五術

有弦邊，有股角，求股邊。置弦邊正弦，以股角正弦乘之，半徑除之，得股邊正弦。

有弦邊，有股角，求句邊。先求股邊，次置弦邊餘弦，以半徑乘之，股邊餘弦除之，得句邊餘弦。

有弦邊，有股角，求句角。先求股邊，次置股角餘弦，以半徑乘之，股邊餘弦除之，得句角正弦。

正弧形第六術

有句邊，有句角，求弦邊。置句邊正弦，以半徑乘之，句角正弦除之，得弦邊正弦。

有句邊，有句角，求股角。置句角餘弦，以半徑乘之，句邊餘弦除之，得股角正弦。

有句邊，有句角，求股邊。先求弦邊，次置弦邊餘弦，以半徑乘之，句邊餘弦除之，得股邊餘弦。

正弧形第七術

有股邊，有股角，求弦邊。置股邊正弦，以半徑乘之，股角正弦除之，得弦邊正弦。

有股邊，有股角，求句邊。先求弦邊，次置弦邊餘弦，以半徑乘之，股邊餘弦除之，得句邊餘弦。

有股邊，有股角，求句角。置股角餘弦，以半徑乘之，股邊餘弦除之，得句角正弦。

正弧形第八術

有弦邊，有股邊，求句角。先求句邊，次置句邊正弦，以半徑乘之，弦邊正弦有句邊，有股角，求句角。置股角正弦，以句邊餘弦乘之，半徑除之，得句角餘弦。

有句邊，有股角，求弦邊。先求句角，次置句邊正弦，以半徑乘之，句角正弦除之，得弦邊正弦。

有句邊，有股角，求股邊。先求句角，次置股角餘弦，以半徑乘之，句角正弦除之，得股邊餘弦。

正弧形第九術

有股邊，有句角，求股角。置句角正弦，以股邊餘弦乘之，半徑除之，得股角餘弦。

有股邊，有句角，求弦邊。先求股角，次置股邊正弦，以半徑乘之，股角正弦除之，得弦邊正弦。

有股邊，有句角，求句邊。先求股角，次置句角餘弦，以半徑乘之，股角正弦除之，得句邊餘弦。

正弧形第十術

有句角，有股角，求句邊。置句角餘弦，以半徑乘之，股角正弦除之，得句邊餘弦。

有句角，有股角，求股邊。置股角餘弦，以半徑乘之，句角正弦除之，得股邊餘弦。

有句角，有股角，求弦邊。先求句邊，次置句邊正弦，以半徑乘之，句角正弦除之，得弦邊正弦。

正弧形第十一術和較加減術。

有句邊，有股邊，求弦邊。以句、股兩邊相加，爲和弧。相減，爲較弧。和弧、較弧之矢相加，半之，即弦邊之矢。即矢半差加較弧之矢。

有句角，有弦邊，求句邊。以句角餘弧與弦邊餘弧相加，爲和弧。相減，爲較弧。和弧、較弧之矢相加，半之，即句邊餘弧之矢。

有股角，有弦邊，求股邊。以股角餘弧與弦邊餘弧相加，爲和弧。相減，爲較弧。和弧、較弧之矢相加，半之，即股邊餘弧之矢。

有句邊，有股角，求句角。以句邊與股角餘弧相加，爲和弧。相減，爲較弧。和弧、較弧之矢相加，半之，即句角之矢。

有股邊，有句角，求股角。以股邊與句角餘弧相加，爲和弧。相減，爲較弧。和弧、較弧之矢相加，半之，即股角之矢。

弧三角之三邊，其一邊適足二十五度，亦爲正弧次形。二十五度之邊，謂之正邊。對正邊之角，爲正角。餘兩邊一爲大邊，一爲小邊。大邊對大角，小邊對小角。

以正角爲夾角，則大小兩邊爲角傍之兩邊，正邊爲對角之邊。

以大角爲夾角，則小邊正邊爲角傍之兩邊，大邊爲對角之邊。

以小角爲夾角，則大邊正邊爲角傍之兩邊，小邊爲對角之邊。

角傍之兩邊，一爲正邊，則餘一邊謂之傍邊。

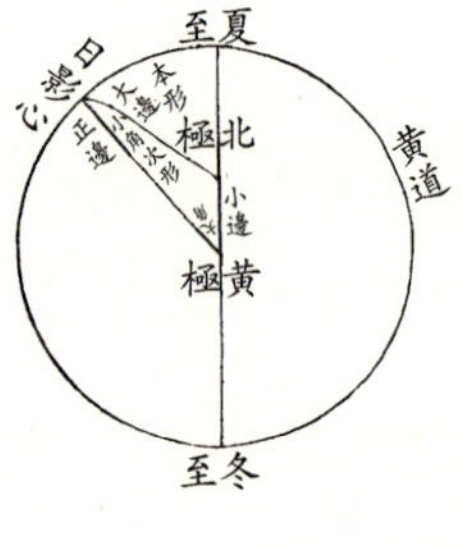

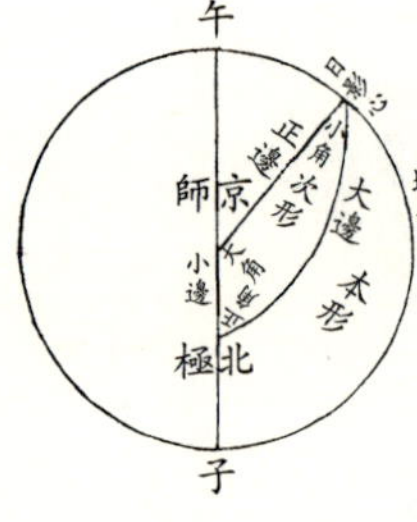

角傍之兩邊相加，爲和弧。相減，爲較弧。較弧之矢與和弧之矢相減，半之，爲矢半差。較弧之矢與對邊之矢相減，爲兩矢差。

半徑與夾角之矢之比例，同於矢半差與兩矢差之比例，爲比例四隅。

半徑　夾角之矢
矢半差　兩矢差

對角之邊爲正邊，則兩矢差即較弧之餘弦。若正邊爲角傍之一邊，則矢半差即較弧之餘弦，亦即和弧之餘弦。

正弧形第十二術用次形。

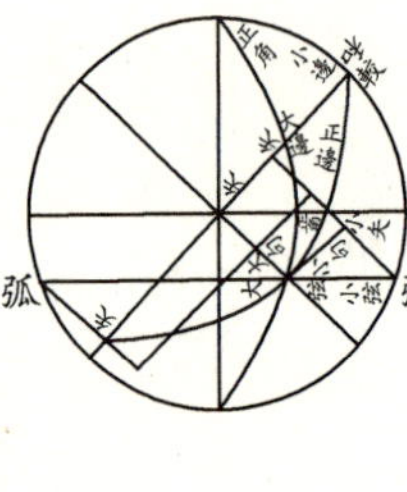

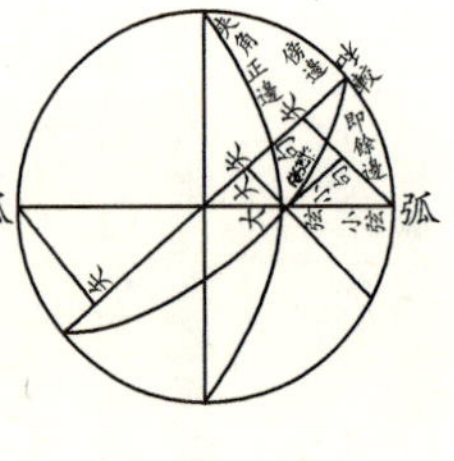

有正邊，有大邊，有小邊，求正角。

以大小兩邊相加，爲和弧。相減，爲較弧。次置較弧之餘弦，即兩矢差。以半徑乘之，和弧較弧之矢半差除之，得正角之矢。得大矢，則爲鈍角。得小矢，則爲鋭角。

有正邊，有傍邊，有夾角，求對夾角之邊。

以傍邊餘弧爲較弧，置較弧之餘弦，即矢半差。以夾角之矢乘之，半徑除之，得較弧對邊之兩矢差，加較弧之矢，即對邊之矢。得大矢，則邊鈍。得小矢，則邊鋭。

有正邊，有傍邊，有對邊，求對邊之角。

以傍邊餘弧爲較弧，置較弧與對邊之兩矢差，以半徑乘之，較弧之餘弦即矢半差。除之，得角之矢。

正弧用次形

有弦邊，有股邊，求句角。

以句角外弧爲正角，以弦邊與股邊餘弧爲角傍之兩弧，以正邊爲對角之邊。

有弦邊，有句邊，求股角。

以股角外弧爲正角，以弦邊與句邊餘弧爲角傍之兩弧，以正邊爲對角之邊。

有句邊，有句角，求股邊。

以股邊餘弧之外弧以股邊餘弧減半周，即本弧加二十五度。爲正角，以句角與句邊餘弧爲角傍之兩弧，以正邊爲對角之邊。

有股邊，有股角，求句邊。以句邊餘弧之外弧同上。爲正角，以股角與股邊餘弧爲角傍之兩弧，以正邊爲對角之邊。

有句角，有股角，求弦邊。

以弦邊外弧爲正角，以句角與股角爲角傍之兩弧，以正邊爲對角之邊。

右五術，皆正弧形十術内，作兩次求之者。

凡正弧次形邊角互求，與本形理同。又本形十術，改用和較術，俱可按次形求之，茲不重列。【略】

斜弧形第一術

有大邊，有小邊，有對大邊之角，求對小邊之角。置大角正弦，以小邊正弦乘之，大邊正弦除之，得小角正弦。有小角求大角，術同。

斜弧形第二術

有大角，有小角，有對大角之邊，求對小角之邊。

置大邊正弦，以小角正弦乘之，大角正弦除之，得小邊正弦。有小邊求大邊，術同。

斜弧形第三術

有兩邊，有一角，角在兩邊之間，名爲夾角，求對角之邊。

以兩邊相加，爲和弧。相減，爲較弧。和弧、較弧之矢相減，半之，爲矢半差。乃置矢半差，以角之矢乘之，半徑除之，得較弧與對邊之兩矢差。加較弧之矢，即對邊之矢。如無較弧，則用和弧之矢半之，乘夾角之矢，半徑除之，得對邊之矢。

斜弧形第四術

有三邊，求對一邊之角。

以所求角爲夾角，以角傍之兩邊相加，爲和弧。相減，爲較弧。和弧、較弧之矢相減，半之，爲矢半差。又以較弧之矢與對邊之矢相減，爲兩矢差，以半徑乘之，矢半差除之，得角之矢。如無較弧，則置半徑十萬，以對邊之矢乘之，半和弧之矢除之，得夾角之矢。

斜弧形第五術

有兩邊，有一角，角在兩邊之間，求對兩邊之角。作兩次求之。

先用兩邊夾一角術，求對角之邊。次用三邊求角術，求對兩邊之角。

凡斜弧形，自一角作垂弧，分爲同股邊之兩正弧形。

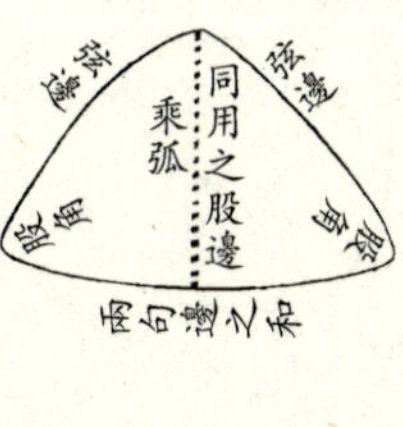

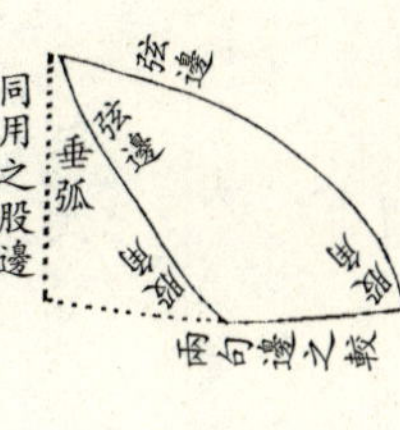

斜弧形之三角，以三角爲三極點。其中圍之三大圈相交，復成三邊三角，則原形之三邊，易爲三角。原形之三角，易爲三邊。謂之斜弧次形。

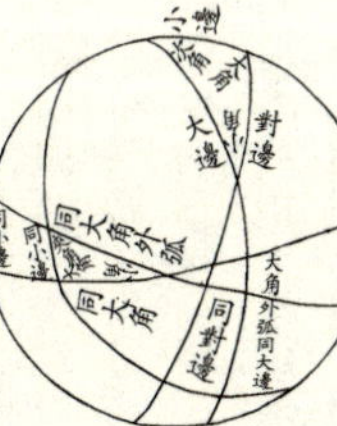

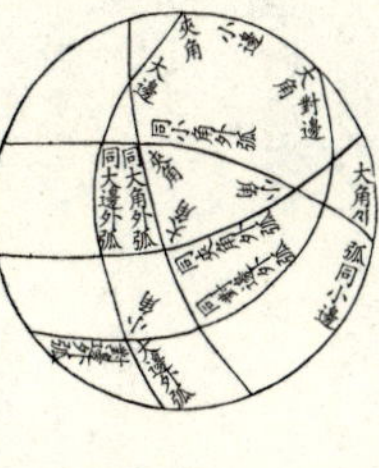

斜弧次形各種，倣此求之。次形或用外弧，或用本弧。布算時須詳審之。

斜弧形第六術

有兩邊，有一角，角在兩邊之間，求對邊及對兩邊之角。

以一邊爲底，作垂弧，分爲兩正弧形。按正弧形術求之。

斜弧形第七術

有兩邊，有一角，角有所對之邊，而所求之角不與邊對，所求之邊不與角對。

法先求對又一邊之角，再用垂弧求之。其所求之角，或爲兩句角之和，或爲兩句角之較。所求之邊，或爲兩句邊之和，或爲兩句邊之較。和則兩句角相加，較則兩句角相減，得所求之角。和則兩句邊相加，較則兩句邊相減，得所求之邊。

斜弧形第八術

有兩角，有一邊，邊在兩角之間，求對邊之角。

用次形，邊易爲角，角易爲邊。按兩邊夾一角求對角之邊術求之。

有三角，求對角之邊。

用次形，角易爲邊，邊易爲角。按三邊求角術求之。

又安清翹《一線表用》卷一 弧三角正弧形似句股，以句股之名名之，弦邊對直角，句邊對句角，股邊對股角。斜弧形三邊對三角。

正弧形一術邊角互求，有對角，求對邊。有對邊，求對角。

有弦邊，有句角，求句邊。

置句角正弦，以弦邊正弦乘之，半徑十萬。除之，得句邊正弦。有弦邊，有股角，求股邊，術同。

有弦邊，有句邊，求句角。

置半徑，十萬。以句邊正弦乘之，弦邊正弦除之，得句角正弦。有弦邊，有股邊，求股角，術同。

正弧形二術三邊互求。

有句邊，有股邊，求弦邊。

置股邊餘弦，以句邊餘弦乘之，半徑十萬。除之，得弦邊餘弦。

有句邊，有弦邊，求股邊。

置半徑，十萬。以弦邊餘弦乘之，句邊餘弦除之，得股邊餘弦。有股邊，有弦邊，求句邊，術同。句股之名可以互易。

正弧形三術邊角互求，用次形易爲三邊互求。

句角弦邊句邊互相求。有句角，有弦邊，求句邊。有句角，有句邊，求弦邊。有句邊，有弦邊，求句角。凡互求，倣此。

用次形，以弦邊餘弧爲句邊，以句角餘弧爲股邊，以句邊餘弧爲弦邊，按二術三邊互求法求之。股角弦邊股邊互相求，用次形，以弦邊餘弧爲句邊，以股角餘弧爲股邊，以股邊餘弧爲弦邊。

句邊股角句角互相求，用次形。句邊仍爲句邊，以股角餘弧爲股邊，以句角爲弦邊。股邊句角股角互相求，用次形。股邊仍爲股邊，以句角餘弧爲句邊，以股角爲弦邊。俱按二術三邊互求法求之。

正弧形四術句股求弦，用矢較加減術。

有句邊，有股邊，求弦邊。

以句股兩邊相加，爲和弧。相減，爲較弧。和弧、較弧之矢，相加，半之，即弦邊之矢。用矢之法。自初度至二十五度，用小矢。自二十五度至七十五度，用大矢。自七十五度至一百度，仍用小矢。若適足二十五度或七十五度，用半徑爲矢。適足半周，用全徑爲矢。無較弧者，用和弧之矢，半之，即弦邊之矢。

正弧形五術有對角，求對邊，用矢較加減術。

有句角，有弦邊，求句邊。

以句角餘弧與弦邊餘弧相加，爲和弧。相減，爲較弧。和弧、較弧之矢相加，半之，即句邊餘弧之矢。用矢之法同前。有股角，有弦邊，求股邊，術同。

正弧形六術兩角夾一邊，求對邊之角，用矢較加減術。

有句邊，有股角，求句角。

以句邊與股角餘弧相加，爲和弧。相減，爲較弧。和弧、較弧之矢相加，半之，即句角之矢。用矢之法同前。有股邊，有句角，求股角，術同。

正弧形七術三角求邊。

有句角，有股角，求弦邊。

以句角、股角相加，爲和弧。相減，爲較弧。和弧、較弧之矢，相減，半之，爲矢半較。乃置較弧之餘弦，以半徑乘之，矢半較除之，得弦邊外弧之矢。

正弧形八術兩邊求所夾之角，用次形。

有句邊，有弦邊，求股角，用次形。

以句邊餘弧與弦邊相加，爲和弧。相減，爲較弧。和弧、較弧之矢相減，半之，爲矢半較。乃置較弧之餘弦，以半徑乘之，矢半較除之，得股角外弧之矢。

有股邊，有弦邊，求句角，術同。止易句股之名。

正弧形九術邊角不對，用次形。

有句邊，有句角，求股邊。

以句邊餘弧與句角相加，爲和弧。相減，爲較弧。和弧、較弧之矢相減，半之，爲矢半較。乃置較弧之餘弦，以半徑乘之，矢半較除之，得股邊餘弧之外矢。有股邊，有股角，求句邊，術同。止易句股之名。

正弧形十術邊角不對，作兩次求之。

有句邊，有股邊，求句角。作兩次求之。

先以句邊股邊求弦邊。用矢較加減術。次用對邊求對角術求句角。有句邊，有股邊，求股角，術同。

有句角，有股邊，求句邊。作兩次求之。

先用兩角夾一邊句角、直角爲股邊之傍兩角。求股角。用矢較加減術。次用三角求邊術求句邊。股角直角爲句邊之傍兩角，句角爲對邊之角。有股角，有句邊，求股邊，術同。

有句邊，有股角，求弦邊。作兩次求之。

先用兩角夾一邊術求句角。直角、股角爲句邊傍之兩角，用矢較加減術求對邊之角爲句角。次用對角求對邊術求弦邊。有股邊，有句角，求弦邊，術同。

有弦邊，有股角，求句邊。作兩次求之。

先用對角求對邊術求股邊。用矢較加減術。次用三邊互求術求句邊。有弦邊，有句角，求股邊，術同。有弦邊，有句角，求股角。作兩次求之。先用對角求對邊術求句邊。用矢較加減術。次用兩邊求夾角次形術求股角。有弦邊，有股角，求句角，術同。

斜弧形一術邊角互求，有對邊求對角，有對角求對邊。

有大邊，有小邊，有對大邊之角，求對小邊之角。省稱止曰大角、小角。

置大角正弦，以小邊正弦乘之，大邊正弦除之，得小角正弦。有大邊，有小邊，有對小邊之角，求對大邊之角，術同。

有大角，有小角，有對大角之邊，求對小角之邊。省稱止曰大邊、小邊。

置大邊正弦，以小角正弦乘之，大角正弦除之，得小邊正弦。有大角，有小角，有對小角之邊，求對大角之邊，術同。

斜弧形二術兩邊夾一角，求對角之邊。兩角夾一邊，求對邊之角。

有兩邊，有一角，角在兩邊之間，求對角之邊。

以兩邊相加，爲和弧。相減，爲較弧。和弧、較弧之矢相減，半之，爲矢半較。乃置矢半較，以角之矢乘之，半徑除之，得較弧。與對邊之兩矢較加較弧之矢，即對邊之矢。用矢之法，見前。無較弧者，用和弧之矢，半之，以乘角之矢，半徑除之，得對邊之矢。有兩角，有一邊，邊在兩角之間，求對邊之角，術同。邊角互易。

斜弧形三術三邊求角，三角求邊。

有三邊，求對一邊之角。

以所求角傍之兩邊相加，爲和弧。相減，爲較弧。和弧、較弧之矢相減，半之，爲矢半較。又以較弧之矢與對邊之矢相減，爲兩矢較。乃置兩矢較，以半徑乘之，矢半較除之，得角之矢。無較弧者，以半徑乘對邊之矢和弧之矢，半之，除得角之矢。有三角，求對一角之邊，術同。邊角互易。

斜弧形四術兩邊夾一角，求對兩邊之角。兩角夾一邊，求對兩角之邊。作兩次求之。

有兩邊，有一角，角在兩邊之間，求對兩邊之角。作兩次求之。

先用兩邊夾一角術，求對角之邊。次用三邊求角術，求對兩邊之角。有兩角，有一邊，邊在兩角之間，求對兩角之邊，術同。邊角互易。

清・張作楠《弧角設如》卷上　今將正弧三角形弧角相求，用本形例九，次形例九，各設數如左。

角度左弧求對弧本形一。

設如甲乙丙正弧三角形，丙爲直角，甲爲黄赤交角二十三度二十九分，甲乙黄道弧四十五度，求乙丙距緯度幾何。

法以丙角爲對所知之角，其正弦即半徑，一〇〇〇〇〇〇〇。爲一率。甲角二十三度二十九分。爲對所求之角，其正弦〇三九八四八二三。爲二率。甲乙弧四十五度。爲所知之邊，其正弦〇七〇七一〇六八。爲三率。求得四率，〇二八一七六九五。爲乙丙弧正弦。檢表，得一十六度二十一分五十七秒。即乙丙距緯度。

若以對數馭之，一率半徑，一〇〇〇〇〇〇〇。二率甲角正弦，〇九六〇〇四〇九。三率甲乙弧正弦，〇九八四九四八五。求得四率，〇九四四九八九四。爲乙丙弧正弦。檢表數同。

凡用正數八線，二率三率相乘，一率除之，得四率。若用對數八線，則二率三率相加，一率減之，得四率。

如有丙直角，黃道交極圈角即乙角。七十二度五十五分二十秒，甲乙黃道弧四十五度，求甲丙赤道弧。則以半徑一〇〇〇〇〇〇〇。爲一率，乙角七十二度五十五分二十秒。正弦〇九五五九〇七〇爲二率，甲乙弧四十五度。正弦〇七〇七一〇六八爲三率。求得四率，〇六七五九二八二。爲甲丙弧正弦。檢表，得四十二度三十一分三十五秒。即甲丙赤道同升度。

若以對數馭之，一率半徑，一〇〇〇〇〇〇〇。二率乙角正弦，〇九九八〇四一六。三率甲乙弧正弦。〇九八四九四八五。求得四率，〇九八二九九〇一。爲甲丙弧正弦。檢表數同。

角度右弧求對弧本形二。

設如甲乙丙正弧三角形，丙爲直角，甲爲黃赤交角二十三度二十九分，甲丙赤道弧四十二度三十一分三十五秒，求乙丙距緯度幾何。

法以半徑一〇〇〇〇〇〇〇。爲一率，甲角二十三度二十九分。正切〇四三四四六六六。爲二率，甲丙弧四十二度三十一分三十五秒。正弦〇六七五九二八三。爲三率。求得四率，〇二九三六六八三。爲乙丙弧正切。檢表，得一十六度二十一分五十七秒。即乙丙距緯度。

若以對數馭之，一率半徑，一〇〇〇〇〇〇〇。二率甲角正切，〇九六三七九五六。三率甲丙弧正弦。〇九八二九九〇〇。求得四率，〇九四六七八五六。爲乙丙弧正切。檢表數同。

如有丙直角，黃道交極圈角即乙角。七十二度五十五分二十秒，乙丙距緯弧一十六度二十一分五十七秒，求甲丙赤道弧。

則以半徑一〇〇〇〇〇〇〇。爲一率，乙角七十二度五十五分二十秒。正切三二五五〇四二四。爲二率，乙丙弧一十六度二十一分五十七秒。正弦〇二八一七六九五。爲三率。求得四率，〇九一七一七一七。爲甲丙弧正切。檢表，得四十二度三十一分三十五秒。即甲丙赤道同升度。

若以對數馭之，一率半徑，一〇〇〇〇〇〇〇。二率乙角正切，一〇五一二五五七。三率乙丙弧正弦。〇九四四九八九三。求得四率，〇九九六二四五〇。爲甲丙弧正切。檢表數同。

角度對弧求左弧本形三。

設如有丙直角，黃赤交角即甲角。二十三度二十九分，乙丙距緯弧一十六度二十一分五十七秒，求甲乙黃道弧幾何。

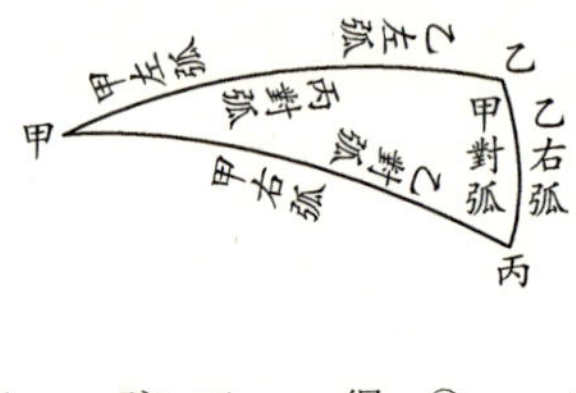

法以甲角二十三度二十九分。正弦〇三九八四八二三。爲一率，半徑一〇〇〇〇〇〇〇。爲二率，乙丙弧一十六度二十一分五十七秒。正弦〇二八一七六九五。爲三率。求得四率，〇七〇七一〇六八。爲甲乙弧正弦。檢表，得四十五度。即甲乙黃道度。

若以對數馭之，一率甲角正弦，〇九六〇〇四〇九。二率半徑，一〇〇〇〇〇〇〇。三率乙丙弧正弦。〇九四四九八九三。求得四率，〇九八四九四八四。爲甲乙弧正弦。檢表數同。

如有丙直角，黃道交極圈角即乙角。七十二度五十五分二十秒，甲丙赤道弧四十二度三十一分三十五秒，求甲乙黃道弧。

則以乙角七十二度五十五分二十秒。正弦〇九五五九〇七〇。爲一率，半徑一〇〇〇〇〇〇〇。爲二率，甲丙弧四十二度三十一分三十五秒。正弦〇六七五九二八三。爲三率。求得四率，〇七〇七一〇六八。爲甲乙弧正弦。檢表，得四十五度。即甲乙黃道度。

若以對數馭之，一率乙角正弦，〇九九八〇四一六。二率半徑，一〇〇〇〇〇〇〇。三率甲丙弧正弦。〇九八二九九〇〇。求得四率，〇九八四九四八四。爲甲乙弧正弦。檢表數同。

角度對弧求右弧本形四。

設如有丙直角，黃赤交角即甲角。二十三度二十九分，乙丙距緯弧一十六度二十一分五十七秒，求甲丙赤道弧幾何。

法以甲角二十三度二十九分。正切〇四三四四六六六。爲一率，半徑一〇〇〇〇〇〇〇。爲二率，乙丙弧一十六度二十一分五十七秒。正切〇二九三六六八三。爲三率。求得四率，〇六七五九二八三。爲甲丙弧正弦。檢表，得四十二度三十一分三十五秒。即甲丙赤道同升度。

若以對數馭之，一率甲角正切，〇九六三七九五六。二率半徑，一〇〇〇〇〇〇〇。三率乙丙弧正切。〇九四六七八五六。求得四率，〇九八二九九〇〇。爲甲丙弧正弦。檢表數同。

試求太陰食限。有丙直角，有黃白大距四度五十八分三十秒，有太陰半徑，與地景半徑相併，五十八分三十一秒三十微，求太陰距交度。

如圖，甲乙爲黃道，甲丙爲白道，甲爲黃白大距角，乙爲地景心，丙爲月心，兩周相切於丁，則乙丁丙爲兩半徑之併，故用甲乙丙正弧三角形。求甲丙距交度。

法以甲角四度五十八分三十秒。正切〇〇八七〇四九一。爲一率，半徑一〇〇〇〇〇〇〇。爲二率，乙丙兩半徑相併距緯度五十八分三十一秒三十微。正切〇〇一七〇二五九。爲三率。求得四率，〇一九五五八九七。爲甲丙弧正弦。檢表，得一十一度一十六分四十五秒。即太陰交周距交度。

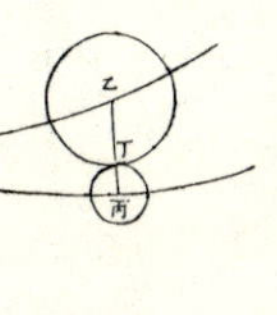

若以對數馭之，一率甲角正切，〇八九三九七六四。二率半徑，一〇〇〇〇〇〇〇。三率乙丙弧正切。〇八二三二一〇九。求得四率，〇九二九一三四五。爲甲丙弧正弦。檢表數同。

若有丙直角，黄道交極圈角即乙角。七十二度五十五分二十秒，甲丙赤道弧四十二度三十一分三十五秒，求乙丙距緯弧。則以乙角七十二度五十五分二十秒。正切三二五五〇四二四。爲一率，半徑一〇〇〇〇〇〇〇。爲二率，甲丙弧四十二度三十一分三十五秒。正切〇九一七一七。爲三率，求得四率，〇二八一七六九五。爲乙丙弧正弦。檢表得，一十六度二十一分五十五秒。即乙丙距緯度。

若以對數馭之，一率乙角正切一〇五一二五五七。二率半徑，一〇〇〇〇〇〇〇。三率甲丙弧正切，〇九九六二四五三。求得四率，〇九四四九八九六。爲乙丙弧正弦。檢表數同。

試求太陽出入時刻。有丙直角，有甲丙赤道北緯二十三度二十九分，有乙角六十度，象限内減北極高度，餘此數。求乙丙日出入卯前酉後赤道度。

如圖，庚爲天頂，庚戊己丁爲子午圈，戊己爲地平，丁爲北極出地，三十度。辛壬爲赤道，辛戊爲赤道高弧，六十度即乙角度。甲爲太陽，丙甲爲太陽緯北，二十三度二十九分。乙爲卯酉正，乙丙爲日出入卯前酉後赤道度，故用甲乙丙正弧三角形。法以乙角六十度。正切一七三二〇五〇八。爲一率，半徑一〇〇〇〇〇〇〇。爲二率，甲丙弧二十三度二十九分。正切〇四三四四六六六。爲三率，求得四率，〇二五〇八三九四。爲乙丙弧正弦。檢表得，一十四度三十一分三十八秒。即日出入卯前酉後赤道度。變時法以十五度爲一小時，三度四十五分爲一刻，一度爲時之四分，十五分爲一分，十五秒爲一秒。得，三刻一十五分〇六秒。以減卯正得日出。卯初初刻一分五十四秒。以加酉正得日入。酉正三刻一十三分〇六秒。

若以對數馭之，一率乙角正切，一〇二三八五六〇。二率半徑，一〇〇〇〇〇〇〇。三率甲丙弧正切。〇九六三七九五六。求得四率，〇九三九九三五六。爲乙丙弧正弦。檢表數同。

角度右弧求左弧本形五。

設如有丙直角，黄赤交角即甲角。二十三度二十九分，甲丙赤道弧四十二度三十一分三十五秒，求甲乙黄道弧幾何。

法以甲角二十三度二十九分。餘弦〇九一七一七六〇。爲一率，半徑一〇〇〇〇〇〇。爲二率，甲丙弧四十二度三十一分三十五秒。正切〇九一七一七六〇。爲三率。求得四率一〇〇〇〇〇〇〇。爲甲乙弧正切，檢表，得四十五度。即甲乙黄道度。

若以對數馭之，一率甲角餘弦，〇九九六二四五三。二率半徑，一〇〇〇〇〇〇〇。三率甲丙弧正切。〇九九六二四五三。求得四率，一〇〇〇〇〇〇〇。爲甲乙弧正切，檢表數同。

如有丙直角，黄道交極圈角即乙角。七十二度五十五分二十秒，乙丙距緯弧一十六度二十一分五十五秒，求甲乙黄道弧。則以乙角七十二度五十五分二十秒。餘弦〇二九三六六九六。爲一率，半徑一〇〇〇〇〇〇〇。爲二率，乙丙弧一十六度二十一分五十五秒。正切〇二九三六六九六。爲三率。求得四率，一〇〇〇〇〇〇〇。爲甲乙弧正切。檢表，得四十五度。即甲乙黄道度。

若以對數馭之，一率乙角餘弦，〇九四六七八五七。二率半徑，一〇〇〇〇〇〇〇。三率乙丙弧正切。〇九四六七八五七。求得四率，一〇〇〇〇〇〇〇。爲甲乙弧正切。檢表數同。

角度左弧求右弧。本形六。

設如有丙直角，黄赤交角即甲角。二十三度二十九分，甲乙黄道弧四十五度，求甲丙赤道弧幾何。

法以半徑一〇〇〇〇〇〇〇。爲一率，甲角二十三度二十九分。餘弦〇九一七一七六〇。爲二率，甲乙弧四十五度。正切一〇〇〇〇〇〇〇。爲三率。求得四率，〇九一七一七六〇。爲甲丙弧正切。檢表，得四十二度三十一分三十五秒。即甲丙赤道同升度。

若以對數馭之，一率半徑，一〇〇〇〇〇〇〇〇。二率甲角餘弦，〇九九六二四五三。三率甲乙弧正切。一〇〇〇〇〇〇〇〇。求得四率，〇九九六二四五三。爲甲丙弧正切。

檢表數同。

又法，一率甲角正割，一〇九〇三〇三二。二率甲乙弧正切，一〇〇〇〇〇〇〇。三率半徑。一〇〇〇〇〇〇〇。求得四率，〇九一七一七六〇。爲甲丙弧正切。檢表亦得。

若以對數馭之，一率甲角正割，一〇〇三七五四七。二率甲乙弧正切，一〇〇〇〇〇〇〇。三率半徑。一〇〇〇〇〇〇〇。求得四率，〇九九六二四五三。爲甲丙弧正切。檢表數亦同。

試求太陽食甚交周及食甚實緯。有丙直角，有黃白交角即甲角。四度五十八分三十秒，有甲乙弧實朔交周過正交後一十二度，求甲丙食甚交周弧及乙丙食甚距緯弧。

如圖，甲丁爲黃道，甲戊爲白道，甲爲正交，甲己爲實朔交周過正交後一十二度，與甲乙等。甲丙爲食甚交周，乙丙爲食甚距緯。故用甲乙丙正弧三角形。

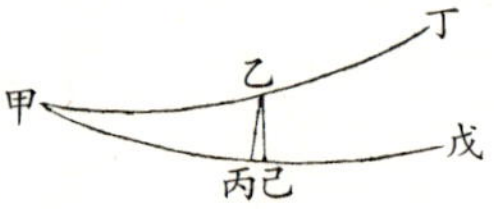

先求甲丙弧。法以半徑一〇〇〇〇〇〇〇。爲一率，甲角四度五十八分三十秒。餘弦〇九九六二三二六。爲二率，甲乙弧一十二度。正切〇二一二五五六五。爲三率。求得四率，〇二一一七五五七。爲甲丙弧正切。檢表，得一十一度五十七分二十二秒。即食甚交周度。

次求乙丙弧。則用角度左弧求對弧法，以半徑一〇〇〇〇〇〇〇。爲一率，甲角四度五十八分三十秒。正弦〇〇八六七二一一。爲二率，甲丙弧一十一度五十七分二十二秒。正弦〇二〇七一六二四。爲三率。求得四率，〇〇一七九六五四。爲乙丙弧正弦。檢表，得一度〇一分四十六秒。即食甚實緯度。

若以對數馭之，先求甲丙弧。一率半徑，一〇〇〇〇〇〇〇。二率甲角餘弦，〇九九九八三六一。三率甲乙弧正切，〇九三二七四七五。求得四率，〇九三二五八三六。爲甲丙弧正切。檢表數同。

次求乙丙弧，一率半徑，一〇〇〇〇〇〇〇。二率甲角正弦，〇八九三八一二五。三率甲丙弧正弦，〇九三一六三一。求得四率，〇八二五四四三六。爲乙丙弧正弦。檢表數同。

如有丙直角，黃道交極圈角即乙角。七十二度五十五分二十秒，甲乙弧四十五度，求乙丙距緯弧。

則以半徑一〇〇〇〇〇〇〇。爲一率，乙角七十二度五十五分二十秒。餘弦〇二九三六六九六。爲二率，甲乙弧四十五度。正切一〇〇〇〇〇〇〇。爲三率。求得四率，〇二九三六六九六。爲乙丙弧正切。檢表，得一十六度二十一分五十五秒。即乙丙距緯度。

若以對數馭之，一率半徑，一〇〇〇〇〇〇〇。二率乙角餘弦，〇九四六七八五六。三率甲乙弧正切。一〇〇〇〇〇〇〇。求得四率，〇九四六七八五六。爲乙丙弧正切。檢表數同。

又法，一率乙角正割，三四〇五一八七四。二率甲乙弧正切，一〇〇〇〇〇〇〇。三率半徑。一〇〇〇〇〇〇〇。求得四率，〇二九三六六九六。爲乙丙弧正切。檢表、亦得。

若以對數馭之，一率乙角正割，一〇五三二一四四。二率甲乙弧正切，一〇〇〇〇〇〇〇。三率半徑。一〇〇〇〇〇〇〇。求得四率，〇九四六七八五六。爲乙丙弧正切。檢表數亦同。

右弧對弧求角度本形七。

設如有丙直角，甲丙赤道弧四十二度三十一分三十五秒，乙丙距緯弧一十六度二十一分五十七秒，求黃赤交角即甲角。幾何。

法以甲丙弧四十二度三十一分三十五秒。正弦〇六七五九二八三。爲一率，乙丙弧一十六度二十一分五十七秒。正切〇二九三六六八三。爲二率，半徑一〇〇〇〇〇〇〇。爲三率。求得四率，〇四三四四六六六。爲甲角正切。檢表，得二十三度二十九分。即黃赤交角度。

若以對數馭之，一率甲丙弧正弦，〇九八二九九〇〇。二率乙丙弧正切，〇九四六七八五六。三率半徑。一〇〇〇〇〇〇〇。求得四率，〇九六三七九五六。爲甲角正切。檢表數同。

又法，一率半徑，一〇〇〇〇〇〇〇。二率甲丙弧餘割，一四七八三九六六。三率乙丙弧正切。〇二九三六六八三。求得四率，〇四三四四六六六。爲甲角正切。檢表亦得。

若以對數馭之，一率半徑，一〇〇〇〇〇〇〇。二率甲丙弧餘割，一〇一七〇二三六。三率乙丙弧正切。〇九四六七八五六。求得四率，〇九六三七九五六。爲甲角正切。檢表數亦同。

如有丙直角，乙丙距緯弧一十六度一十一分五十七秒，甲丙赤道度四十二度三十一分三十五秒，求黃道交極圈角。即乙角。

則以乙丙弧一十六度二十一分五十七秒。正弦〇二八一七六九五。爲一率，甲丙弧四十二度三十一分三十五秒。正切〇九一七一七一七。爲二率，半徑一〇〇〇〇〇〇〇。爲三率。求得四率，三三五五〇四二四。爲乙角正切。檢表，得七十二度五十五分二十秒。即黃道交極圈角度。

若以對數馭之，一率乙丙弧正弦，〇九四四九八九六。二率甲丙弧正切，〇九九六二四五三。三率半徑。一〇〇〇〇〇〇〇。求得四率，一〇五一二五五七。爲乙角正切。檢表數同。

又法，一率半徑，一〇〇〇〇〇〇〇。二率乙丙弧餘割，三五四八九九九。三率甲丙弧正切。〇九一七一七一七。求得四率，三三五五〇四二四。爲乙角正切。檢表亦得。

若以對數馭之，一率半徑，一〇〇〇〇〇〇〇。二率乙丙弧餘割，一〇五五〇一〇四。三率甲丙弧正切。〇九九六二四五三。求得四率，一〇五一二五五七。爲乙角正切。檢表數亦同。

試求赤道與天頂十二宮相交各差度。有丙直角，有甲丙午正赤道高弧六十度，象限九十度，內減北極出地三十度，餘此數。乙丙赤道每宮三十度。求天頂第十宮至十一宮甲角度。

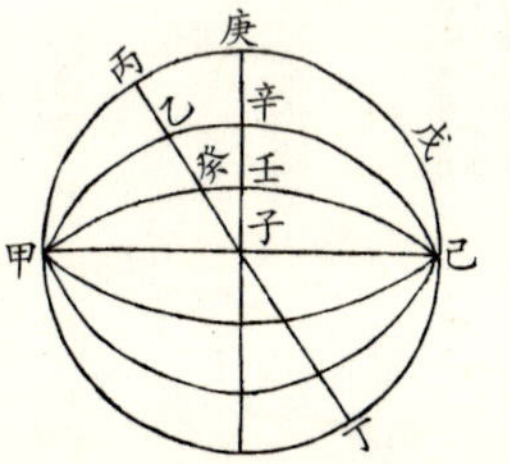

如圖，戊爲北極，甲己爲地平，丙丁爲赤道，庚辛爲天頂十宮至十一宮度，即丙甲乙角之甲角。辛壬爲十一宮至十二宮度，乙、癸、子皆赤道上每宮三十度。

用正弧三角形，先求丙甲乙角。

法以甲丙弧六十度。正弦〇八六六〇二五四。爲一率，乙丙弧三十度。正切〇五七七三五〇三。爲二率，半徑一〇〇〇〇〇〇〇。爲三率。求得四率，〇六六六六六六七。爲甲角正切。檢表，得三十三度四十一分二十五秒。即天頂庚至乙十宮度。四宮同。

次用丙甲癸正弧三角形，求丙甲癸角。十宮十一宮共度。甲丙弧六十度。正弦〇八六六〇二五四。爲一率，丙癸弧六十度。正切一七三二〇五〇八。爲二率，半徑一〇〇〇〇〇〇〇。爲三率。求得四率二〇〇〇〇〇〇〇。爲甲角正切。檢表，得六十三度二十六分〇六秒。即十宮、十一宮共度。三五九三宮同。若求十二宮，以共度減象限，即得。二六八三宮同，其一宮、七宮皆足九十度，不須算。

若以對數馭之，先求丙甲乙角。

一率甲丙弧正弦，〇九九三七五三。二率乙丙弧正切，〇九七六一四三九。三率半徑。一〇〇〇〇〇〇〇。求得四率，〇九八二三九〇八。爲甲角正切。檢表數同。

次求丙甲癸角。一率甲丙弧正弦，〇九九三七五三一。二率丙癸弧正切，一〇二三八五六一。三率半徑。一〇〇〇〇〇〇〇。求得四率，一〇三〇一〇三〇。爲甲角正切。檢表數亦同。

左弧對弧求角度本形八。

設如有丙直角，甲乙黃道弧四十五度，乙丙距緯弧一十六度二十一分五十七秒，求黃赤交角即甲角。幾何。

法以甲乙弧四十五度。正弦〇七〇七一〇六八。爲一率，乙丙弧一十六度二十一分五十七秒。正弦〇二八一七六九五。爲二率，半徑一〇〇〇〇〇〇〇。爲三率。求得四率，〇三九八四八二三。爲甲角正弦。檢表，得二十三度二十九分。即黃赤交角度。

若以對數馭之，一率甲乙弧正弦，〇九八四九四八五。二率乙丙弧正弦，〇九四四九八九六。三率半徑。一〇〇〇〇〇〇〇。求得四率，〇九六〇〇四〇九。爲甲角正弦。檢表數同。

如有丙直角，甲乙黃道弧四十五度，甲丙赤道弧四十二度三十一分三十五秒，求黃道交極圈角。即乙角。

則以甲乙弧四十五度。正弦〇七〇七一〇六八。爲一率，甲丙弧四十二度三十一分三十五秒。正弦〇六七五九二八三。爲二率，半徑一〇〇〇〇〇〇〇。爲三率。求得四率，〇九五五九〇七〇。爲乙角正弦。檢表，得七十二度五十五分二十秒。即黃道交極圈角度。

若以對數馭之，一率甲乙弧正弦，〇九八四九四八五。二率甲丙弧正弦，〇九八二九九〇〇。三率半徑。一〇〇〇〇〇〇〇。求得四率，〇九九八〇四一六。爲乙角正弦。檢表數同。

右弧左弧求角度本形九。

設如有丙直角，甲乙黃道弧四十五度，甲丙赤道弧四十二度三十一分三十五秒，求黃赤交角即甲角。幾何。

法以甲乙弧四十五度。正切一〇〇〇〇〇〇〇。爲一率，甲丙弧四十二度三十一分三十五秒。正切〇九一七一七一七。爲二率，半徑一〇〇〇〇〇〇〇。爲三率。求得四率，○九一七一七。爲甲角餘弦。檢表，得二十三度二十九分。即黃赤交角度。

若以對數馭之，一率甲乙弧正切，一○○○○○○○○。二率甲丙弧正切，○九九六二四五三。三率半徑。一○○○○○○○○。求得四率，○九九六二四五三。爲甲角餘弦。檢表數同。

又法，一率甲丙弧正切，○九一七一七。二率甲乙弧正切，一○○○○○○○○。三率半徑。一○○○○○○○○。求得四率，一○九○三○三二。爲甲角正割。檢表亦同。

若以對數馭之，一率甲丙弧正切，○九九六二四五三。二率甲乙弧正切，一○○○○○○○○。三率半徑。一○○○○○○○○。求得四率，一○○三七五四七。爲甲角正割。檢表數亦同。

如有丙直角，乙丙距緯弧一十六度二十一分五十七秒，甲乙黃道弧四十五度，求黃道交極圈角。即乙角。

則以甲乙弧四十五度。正切一○○○○○○○○。爲一率，乙丙弧一十六度二十一分五十七秒。正切○二九三六六九六。爲二率，半徑一○○○○○○○○。爲三率。求得四率○二九三六六九六。爲乙角餘弦。檢表，得七十二度五十五分二十秒。即黃道交極圈角度。

若以對數馭之，一率甲乙弧正切，一○○○○○○○○。二率乙丙弧正切，○九四六七八五九。三率半徑。一○○○○○○○○。求得四率，○九四六七八五九。爲乙角餘弦。檢表數同。

又法，一率乙丙弧正切，○二九三六六九六。二率甲乙弧正切，一○○○○○○○○。三率半徑。一○○○○○○○○。求得四率，三四○五一八七四。爲乙角正割。檢表亦得。

若以對數馭之，一率乙丙弧正切，○九四六七八五九。二率甲乙弧正切，一○○○○○○○○。三率半徑。一○○○○○○○○。求得四率，一○五三二一四一。爲乙角正割。檢表數亦同。

角度左弧求角度次形一。

設如有丙直角，甲乙黃道弧四十五度，黃赤交角即甲角。二十三度二十九分，求黃道交極圈角即乙角。幾何。

法以甲乙弧四十五度。餘弦○七○七一○六八。爲一率，甲角二十三度二十九分。餘切二三○一六七三二。爲二率，半徑一○○○○○○○○。爲三率。求得四率，三二五五○四二四。爲乙角正切。檢表，得七十二度五十五分二十秒。即黃道交極圈角度。此用乙己丁次形，有丁乙弧，甲乙餘弧。己丁弧，甲角餘弧。丁直角，求乙角法與本形七同。圖見前。

若以對數馭之，一率甲乙弧餘弦，○九八四九四八五。二率甲角餘切，一○三六二○四四。三率半徑。一○○○○○○○○。求得四率，一○五一二五五七。爲乙角正切。檢表數同。

如有丙直角，甲乙黃道弧四十五度，黃道交極圈角即乙角。七十二度五十五分二十秒，求黃赤交角。即甲角。

則以甲乙弧四十五度。餘弦○七○七一○六八。爲一率，乙角七十二度五十五分二十秒。餘切○三○七二二五七。爲二率，半徑一○○○○○○○○。爲三率。求得四率，○四三四四六六六。爲甲角正切。檢表，得二十三度二十九分。即黃赤交角度。

若以對數馭之，一率甲乙弧餘弦，○九八四九四八五。二率乙角餘切，○九四八七四四三。三率半徑。一○○○○○○○○。求得四率，○九六三七九五八。爲甲角正切。檢表數同。

角度右弧求角度次形二。

設如有丙直角，甲丙赤道弧四十二度三十一分三十五秒，黃赤交角即甲角。二十三度二十九分，求黃道交極圈角即乙角。幾何。

法以半徑一○○○○○○○○。爲一率，甲丙弧四十二度三十一分三十五秒餘弦○七三六九六六一。爲二率，甲角二十三度二十九分。正弦○三九八四八二三。爲三率。求得四率，○二九三六六九六。爲乙角餘弦。檢表，得七十二度五十五分二十秒。即黃道交極圈角度。此用己庚辛次形，有辛直角，己庚弧，與甲角等。己角，甲丙餘弧。求庚辛弧，乙角餘弧。法與本形一同。

若以對數馭之，一率半徑，一○○○○○○○○。二率甲丙弧餘弦，○九八六七四四七。三率甲角正弦。○九六○○四○九。求得四率，○九四六七八五九。爲乙角餘弦。檢表數同。

如有丙直角，乙丙距緯弧一十六度二十一分五十七秒，黃道交極圈角即乙角。七十二度五十五分二十秒，求黃赤交角。即甲角。

則以半徑一○○○○○○○○。爲一率，乙丙弧一十六度二十一分五十七秒。餘弦○九五九四八二三。爲二率，乙角七十二度五十五分二十秒。正弦○九五五九○七○。爲三率。求得四率，○九一七一七五七。爲甲角餘弦。檢表，得二十三度二十九分。即黃赤交角度。

若以對數馭之，一率半徑，一〇〇〇〇〇〇〇。二率乙丙弧餘弦，〇九九八二〇三七。三率乙角正弦。〇九九八〇四一六。求得四率，〇九九六二四五三。爲甲角餘弦。檢表數同。

角度對弧求角度次形三。

設如有丙直角，乙丙距緯弧一十六度二十一分五十七秒，黃赤交角即甲角。二十三度二十九分，求黃道交極圈角即乙角。幾何。

法以乙丙弧一十六度二十一分五十七秒。餘弦〇九五九四八二二。爲一率，甲角二十三度二十九分。餘弦〇九一七一七六〇。爲二率，半徑一〇〇〇〇〇〇〇。爲三率。求得四率，〇九五五九〇七二。爲乙角正弦。檢表，得七十二度五十五分二十秒。即黃道交極圈角度。此亦用乙己丁次形。

若以對數馭之，一率乙丙弧餘弦，〇九九八二〇三七。二率甲角餘弦，〇九九六二四五三。三率半徑。一〇〇〇〇〇〇〇。求得四率，〇九九八〇四一六。爲乙角正弦。檢表數同。

如有丙直角，甲丙赤道弧四十二度三十一分三十五秒，黃道交極圈角即乙角。七十二度五十五分二十秒，求黃赤交角。即甲角。

則以甲丙弧四十二度三十一分三十五秒。餘弦〇七三六九七〇二。爲一率，乙角七十二度五十五分二十秒。餘弦〇二九三六六九六。爲二率，半徑一〇〇〇〇〇〇〇。爲三率。求得四率，〇三九八四八二三。爲甲角正弦。檢表，得二十三度二十九分。即黃赤交角度。

若以對數馭之，一率甲丙弧餘弦，〇九八六七四四七。二率乙角餘弦，〇九四六七八五六。三率半徑。一〇〇〇〇〇〇〇。求得四率，〇九六〇〇四〇九。爲甲角正弦。檢表數同。

兩弧求直角左弧次形四。

設如有丙直角，乙丙距緯弧一十六度二十一分五十七秒，甲乙黃道弧四十五度，求甲丙赤道弧幾何。

法以乙丙弧一十六度二十一分五十七秒。餘弦〇九五九四八二二。爲一率，甲乙弧四十五度。餘弦〇七〇七一〇六八。爲二率，半徑一〇〇〇〇〇〇〇。爲三率。求得四率，〇七三六九六七一。爲甲丙弧餘弦。檢表，得四十二度三十一分三十五秒。即甲丙赤道度。此亦用乙己丁次形。

若以對數馭之，一率乙丙弧餘弦，〇九九八二〇三七。二率甲乙弧餘弦，〇九八四九四八五。三率半徑。一〇〇〇〇〇〇〇。求得四率，〇九八六七四四八。爲甲丙弧餘弦。檢表數同。

兩弧求直角右弧次形五。

設如有丙直角，甲丙赤道弧四十二度三十一分三十五秒，甲乙黃道弧四十五度，求乙丙距緯弧幾何。

法以甲丙弧四十二度三十一分三十五秒。餘弦〇七三六九六七一。爲一率，甲乙弧四十五度。餘弦〇七〇七一〇六八。爲二率，半徑一〇〇〇〇〇〇〇。爲三率。求得四率，〇九五九四八二二。爲乙丙弧餘弦。檢表，得一十六度二十一分五十七秒。即乙丙距緯度。此亦用乙己丁次形。

若以對數馭之，一率甲丙弧餘弦，〇九八六七四四八。二率甲乙弧餘弦，〇九八四九四八五。三率半徑。一〇〇〇〇〇〇〇。求得四率，〇九九八二〇三七。爲乙丙弧餘弦。檢表數同。

試求日食初虧復圓距食甚弧度。有丙直角，視緯交白道角。有甲丙弧食甚視緯二十分，有甲乙弧太陽太陰視半徑相併。三十一分，求乙丙初虧距食甚弧度。復圓距食甚同。

如圖，戊己爲黃道，戊庚爲白道，戊爲正交，甲爲太陽，甲丙爲食甚視緯二十分，太陰視經食甚在丙，初虧在乙。復圓在丁甲辛，爲太陽視半徑，一十六分丁壬同。甲乙爲兩半徑併，三十一分甲丁同。乙丙爲初虧距食甚弧，丙丁爲復圓距食甚弧。故用甲乙丙正弧三角形，求乙丙弧。

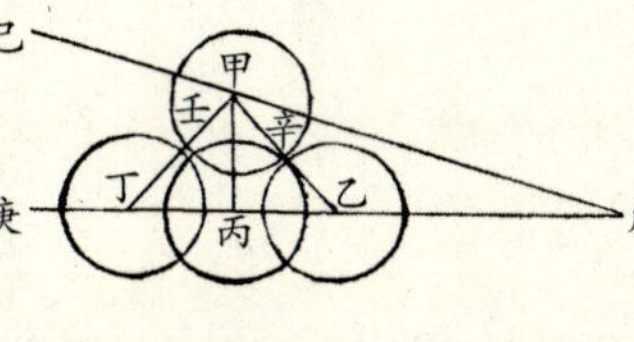

法以甲丙弧二十分。餘弦〇九九九九八三一。爲一率，甲乙弧三十一分。餘弦〇九九九五九三。爲二率，半徑一〇〇〇〇〇〇〇。爲三率。求得四率，〇九九九七六二。爲乙丙弧餘弦。檢表，得二十三分四十一秒。即初虧距食甚度。復圓距食甚同。以減食甚真時，爲初虧用時。以加食甚真時，爲復圓用時。有用時方可求初虧復圓真時。

若以對數馭之，一率甲丙弧餘弦，〇九九九九九九三。二率甲乙弧餘弦，〇九九九九八二。三率半徑。一〇〇〇〇〇〇〇。求得四率，〇九九九九九八九。爲乙丙弧餘弦。檢表數同。

兩弧夾直角求對弧次形六。

設如有丙直角，甲丙赤道弧四十二度三十一分三十五秒，乙丙距緯弧一十六度二十一分五十七秒，求甲乙黄道弧幾何。

法以半徑一〇〇〇〇〇〇〇。爲一率，甲丙弧四十二度三十一分三十五秒。餘弦〇七三六九六六一。爲二率，乙丙弧一十六度二十一分五十七秒。餘弦〇九五九四八二二。爲三率。求得四率，〇七〇七一〇六八。爲甲乙弧餘弦。檢表，得四十五度。即黄道度。

若以對數馭之，一率半徑，一〇〇〇〇〇〇〇。二率甲丙弧餘弦，〇九八六七四四七。三率乙丙弧餘弦。〇九八二〇三七。求得四率，〇九八四九四八五。爲甲乙弧餘弦。檢表數同。

試求黄白大距及交均度。有丙直角，有甲丙弧黄白大距中數五度〇八分二十七秒半，有乙丙弧兩距度半較八分五十二秒半，求甲乙黄白大距及交均甲角度。

如圖，甲爲黄極，丁己庚戊爲黄道，午未巳申爲白道。以朔望距度、四度五十九分三十五秒。兩弦距度五度一十七分二十秒。相加，折半，得五度〇八分二十七秒半。爲黄白大距中數。如甲丙。以中數爲半徑，作丙辛壬癸圈，爲白極繞黄極本輪。又以兩距度較數一十七分四十五秒。折半，得八分五十二秒半。爲半徑，如丙寅。作丑寅乙小圈，爲負白極均輪。甲乙爲黄白大距，與卯辰等。甲角爲交均，故用甲乙丙正弧三角形。

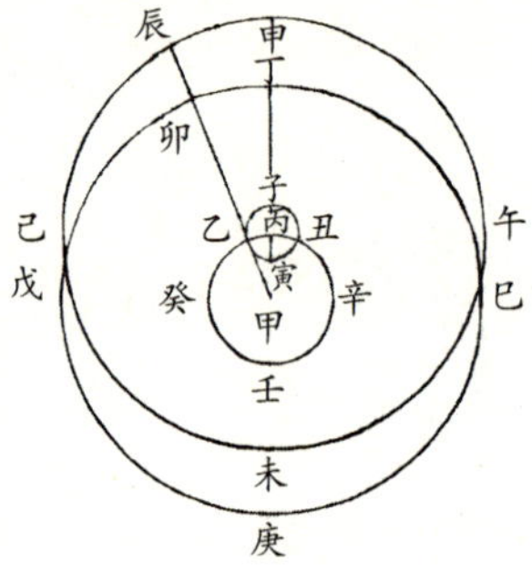

先求甲乙弧。法以半徑一〇〇〇〇〇〇〇。爲一率，甲丙弧五度〇八分二十七秒半。餘弦〇九九五九七七三。爲二率，乙丙弧八分五十二秒半。餘弦〇九九九九九六七。爲三率。求得四率，〇九九五九七四〇。爲甲乙弧餘弦。檢表，得五度〇八分三十四秒。即黄白大距度。

次求甲角，則用本形左弧對弧求角度法。以甲乙弧五度〇八分三十四秒。正弦〇〇八九六三七九。爲一率，乙丙弧八分五十二秒半。正弦〇〇〇二五八一六。爲二率，半徑一〇〇〇〇〇〇〇。爲三率。求得四率，〇〇二八八〇〇三。爲甲角正弦。檢表，得一度三十九分〇一秒。即交均度。此法算交均與今表一度二十九分四十秒不合，蓋《後編》以五十九爲一率，五十六爲二率，日距正交正切爲三率。求得四率爲正切線。檢表得度，與日距正交相減，餘爲交均。因非弧三角法，故仍遵《上編》立算，而黄白距度，則從《後編》新率。

若以對數馭之，先求甲乙弧。一率半徑，一〇〇〇〇〇〇〇。二率甲丙弧餘弦，〇九九九八二四九。三率乙丙弧餘弦。〇九九九九九九八。求得四率，〇九九九九八二四七。爲甲乙弧餘弦。檢表數同。

次求甲角。一率甲乙弧正弦，〇八九五二四九二。二率乙丙弧正切，〇七四一一八七五。三率半徑。一〇〇〇〇〇〇〇。求得四率，〇八四五九三八三。爲甲角正弦。檢表數同。

三角求直角左弧次形七。

設如有丙直角，黄赤交角即甲角。二十三度二十九分，黄道交極圈角即乙角。七十二度五十五分二十秒，求甲丙赤道同升度幾何。

法以甲角二十三度二十九分。正弦〇三九八四八二三。爲一率，乙角七十二度五十五分二十秒。餘弦〇九五五九〇七〇。爲二率，半徑一〇〇〇〇〇〇〇。爲三率。求得四率，〇七三六九六六一。爲甲丙弧餘弦。檢表，得四十二度三十一分三十五秒。即赤道同升度。此亦用己庚辛次形。

若以對數馭之，一率甲角正弦，〇九六〇〇四〇九。二(角)[率]乙角餘弦，〇九四六七八五九。三率半徑。一〇〇〇〇〇〇〇。求得四率，〇九八六七四四七。爲甲丙弧餘弦。檢表數同。

三角求直角右弧次形八。

設如有丙直角，黄赤交角即甲角。二十三度二十九分，黄道交極圈角即乙角。七十二度五十五分二十秒，求乙丙距緯度幾何。

法以乙角七十二度五十五分二十秒。正弦〇九五五九〇七〇。爲一率，半徑一〇〇〇〇〇〇〇。爲二率，甲角二十三度二十九分。餘弦〇九一七一七六〇。爲三率。求得四率，〇九五九四八二二。爲乙丙弧餘弦。檢表，得一十六度二十一分五十七秒。即乙丙距緯度。

若以對數馭之，一率乙角正弦，〇九九八〇四一六。二率半徑，一〇〇〇〇〇〇〇。三率甲角餘弦，〇九九六二四五三。求得四率，〇九九八二〇三七。爲乙丙弧餘弦。檢表數同。

三角求直角對弧次形九。

設如有丙直角，黄赤交角即甲角。二十三度二十九分，黄道交極圈角即乙角。七十二度五十五分二十秒，求甲乙黄道度幾何。

法以乙角七十二度五十五分二十秒。正切三二五五〇四二四。爲一率，半徑一〇〇〇〇〇〇〇。爲二率，甲角二十三度二十九分。餘切二三〇一六七三二。爲三率。求得四率，〇七〇七一〇六八。爲甲乙弧餘弦。檢表，得四十五度。即黄道度。此亦用乙己丁次形。

若以對數馭之，一率乙角正切，一〇五一二五五七。二率半徑，一〇〇〇〇〇〇〇。三率甲角餘切。一〇三六二〇四。求得四率，〇九八四九四八五。爲甲乙弧餘弦。檢表數同。

又　卷中　今將斜弧三角形弧角相求例二，垂弧例四，切線分外角例二，總較例二，各設數如左。

有對角求對弧弧角相求一。

設如木星黄道經度午宮一十五度，距夏至四十五度，赤道經度午宮一十九度四十七分一十七秒，距夏至四十九度四十七分一十七秒，緯北一度三十分，距黄極八十八度三十分，求赤道緯度幾何。

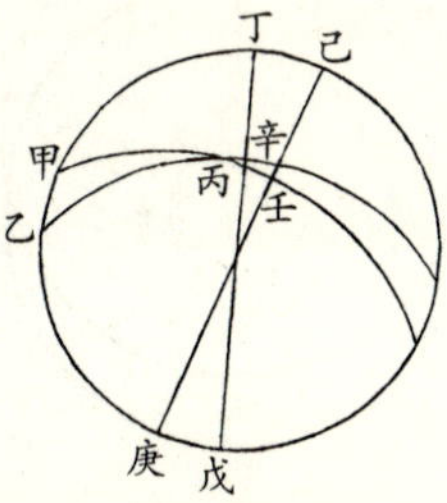

如圖，甲爲赤極，即北極。乙爲黄極，甲乙爲兩極距度，丙爲木星，丁戊爲黄道，己庚爲赤道，丁爲黄道夏至，己爲赤道夏至。丁辛爲黄道經度，即乙角。己壬爲赤道經度，即甲角。丙辛爲黄道北緯度，乙丙爲其餘。丙壬爲赤道北緯度，甲丙爲其餘。用甲乙丙斜弧三角形，求甲丙弧。有甲角、乙角、乙丙弧，有相對之弧角。

法以甲角四十九度四十七分一十七秒。爲對所知之角，其正弦〇七六三六六一四。爲一率。乙角四十五度。爲對所求之角，其正弦〇七〇七一〇六八。爲二率。乙丙弧八十八度三十分。爲所知之弧，其正弦〇九九九六五七三。爲三率。求得四率，〇九二五六二五九。爲甲丙弧正弦。檢表，得六十七度四十五分四十六秒。爲星距北極度。以減象限，餘二十二度一十四分一十四秒。即木星距赤道北緯度。

若以對數馭之，一率甲角正弦，〇九八八二九〇一。二率乙角正弦，〇九八四九四八五。三率乙丙弧正弦。〇九九九九八五一。求得四率，〇九九六六四三五。爲甲丙弧正弦。檢表數同。

又如太陽夏至緯北二十三度二十九分，已初初刻距赤道午正四十五度，地平經度偏東八十八度〇九分四十秒，求太陽出地平高弧度。

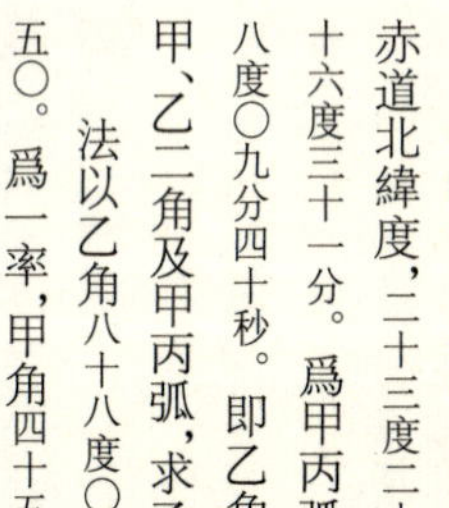

如圖，甲爲北極，乙爲天頂，丙爲太陽，丁己爲地平，庚辛爲赤道。庚壬爲已初初刻距午正赤道，四十五度。即甲角。丙壬爲太陽距赤道北緯度，二十三度二十九分。與甲壬象限相減，餘六十六度三十一分。爲甲丙弧。丁癸爲地平經度偏東，八十八度〇九分四十秒。即乙角。故用甲乙丙斜弧三角形，有甲、乙二角及甲丙弧，求乙丙弧。

法以乙角八十八度〇九分四十秒。正弦〇九九九四八五〇。爲一率，甲角四十五度。正弦〇七〇七一〇六八。爲二率，甲丙弧六十六度三十一分。正弦〇九一七一七六〇。爲三率。求得四率，〇六四八八七五六。爲乙丙弧正弦。檢表，得四十度二十七分二十五秒。減象限，餘四十九度三十二分三十五秒。即太陽高弧度。

若以對數馭之，一率乙角正弦，〇九九九九七七六。二率甲角正弦，〇九八四九四八五。三率甲丙弧正弦。〇九九六二四五三。求得四率，〇九八一二二六二。爲乙丙弧正弦。檢表數同。

有對弧求對角弧角相求二。

設如木星黄道經度午宮一十五度，距夏至四十五度，即乙角。緯北一度三十分，距黄極八十八度三十分，即乙丙弧。赤道緯北二十二度一十四分一十四秒，距北極六十七度四十五分四十六秒，即甲丙弧。求赤道經度幾何。

此即前例甲乙丙斜弧三角形，有乙角，有乙丙、甲丙二弧，求甲角。圖見前。

法以甲丙弧六十七度四十五分四十六秒。爲對所知之弧，其正弦〇九二五六二五九。爲一率。乙丙弧八十八度三十分。爲對所求之弧，其正弦〇九九九六五七三。爲二率。乙角四十五度。爲所知之角，其正弦〇七〇七一〇六八。爲三率。求得四率，〇七六三六六一四。爲甲角正弦。檢表，得四十九度四十七分一十七秒。即木星距夏至赤道經度。自夏至未宮初度逆計之，得午宮一十九度四十七分一十七秒，爲木星赤道宮度。

若以對數馭之，一率甲丙弧正弦，〇九九六六四三五。二率乙丙弧正弦，〇九九九九八五一。三率乙角正弦。〇九八四九四八五。求得四率，〇九八八二九〇一。爲甲角正弦。檢表數同。

垂弧形内垂弧一。

設如土星黄道經度午宮初度距夏至三十度，即乙角。赤道緯北二十二度三十七分四十八秒，黄赤大距二十三度二十九分，求赤道經度及黄道緯度幾何。

如圖，甲乙丙斜弧三角形，甲爲赤極，乙爲黄極，甲乙相距。二十三度二十九分。丙爲土星，即黄赤兩極圈交角。丙辛爲黄道緯北度，乙丙爲星距黄極度，丙壬爲赤道緯北，二十二度三十七分四十八秒。甲丙爲星距赤極。六十七度二十二分一十二秒。以赤道緯北度減象限，得此數。癸辛爲星距夏至後黄道經度，三十度。即乙角。己壬爲星距夏至後赤道經度，即甲角之外角。

此形有乙角，有甲乙、甲丙二弧，求甲角及乙丙弧。有相對之弧角，無對所求之弧角，用垂弧形内法。自甲角作甲丁垂弧，分乙丙弧爲兩，即分本形爲甲乙丁、甲丙丁兩正弧三角形。

先求甲乙丁形之甲丁垂弧。丁爲直角，即以半徑一〇〇〇〇〇〇〇。爲一率，乙角三十度。正弦〇五〇〇〇〇〇〇。爲二率，甲乙弧二十三度二十九分。正弦〇三九八四八二三。爲三率。求得四率，〇一九九二四一六。爲甲丁垂弧正弦。檢表，得一十一度二十九分三十五秒。即甲丁垂弧度。此即正弧三角本形第一法。

次求乙丁弧。半徑一〇〇〇〇〇〇〇。爲一率，乙角三十度。餘弦〇八六六〇二五四。爲二率，甲乙弧二十三度二十九分。正切〇四三四四六六六。爲三率。求得四率，〇三七六二五九一。爲乙丁弧正切。檢表，得二十度三十七分〇九秒。即乙丁弧度。此即正弧三角本形第二法。

次求甲乙丁形之甲分角。以甲乙弧二十三度二十九分。正弦〇三九八四八二三。爲一率，乙丁弧二十度三十七分〇九秒。正弦〇三五二二五四八。爲二率，半徑一〇〇〇〇〇〇〇。爲三率。求得四率，〇八八三七四〇一。爲甲分角正弦。檢表，得六十二度〇五分四十八秒。即甲分角度。此即正弧三角本形第八法。次求甲丙丁形之丙丁弧。以甲丁弧一十一度二十九分三十五秒。餘弦〇九七九九四八八。爲一率，甲丙弧六十七度二十二分一十二秒。餘弦〇三八四七七八七。爲二率，半徑一〇〇〇〇〇〇〇。爲三率。求得四率，〇三九二六五一八。爲丙丁弧餘弦。檢表，得六十六度五十二分五十一秒。即丙丁弧度。此即正弧三角次形第四法。

次求甲丙丁形之甲分角。以甲丙弧六十七度二十二分一十二秒。正弦〇九二三〇〇八九。爲一率，丙丁弧六十六度五十二分五十一秒。正弦〇九一九六八八三。爲二率，半徑一〇〇〇〇〇〇〇。爲三率。求得四率，〇九九六四〇二四。爲甲分角正弦。檢表，得八十五度〇八分二十秒。即甲分角度。此即正弧三角本形第八法。

乃以乙丁、丙丁兩弧相併，得乙丙弧，八十七度三十分。爲土星距黄極度，減象限，餘二度三十分。即土星距黄道北緯度。若乙丙弧過象限，則減象限，餘爲星距黄道南緯度。兩甲分角相併，得，一百四十七度一十四分〇八秒。減半周，餘三十二度四十五分五十二秒。即土星距赤道夏至經度。

若以對數馭之，先求甲丁垂弧。一率半徑，一〇〇〇〇〇〇〇。二率乙角正弦，〇九六九八九七〇。三率甲乙弧正弦。〇九六〇〇四〇九。求得四率，〇九二九九三七九。爲甲丁垂弧正弦。檢表數同。

次求乙丁弧。一率半徑，一〇〇〇〇〇〇〇。二率乙角餘弦，〇九九三七五三〇。三率甲乙弧正切。〇九六三七九五六。求得四率，〇九五七五四八六。爲乙丁弧正切。檢表數同。

次求甲乙丁形甲分角。一率甲乙弧正弦，〇九六〇〇四〇九。二率乙丁弧正弦，〇九五四六七三三。三率半徑。一〇〇〇〇〇〇〇。求得四率，〇九九四六三二四。爲甲分角正弦。檢表數同。

次求丙丁弧。一率甲丁弧餘弦，〇九九九一二〇三。二率甲丙弧餘弦，〇九五八五二一一。三率半徑。一〇〇〇〇〇〇〇。求得四率，〇九五九四〇〇八。爲丙丁弧餘弦。檢表數同。

次求甲丙丁形甲分角。一率甲丙弧正弦，〇九九六五二〇八。二率丙丁弧正弦，〇九九六三六四三。三率半徑。一〇〇〇〇〇〇〇。求得四率，〇九九九八四三五。爲甲分角正弦。檢表數同。

又如土星交黄赤兩極圈角一十二度二十七分五十六秒，赤道緯北二十二度三十七分四十六秒，黄赤大距二十三度二十九分，求黄道經度。

如甲乙丙斜弧三角形，有丙角土星交黄赤兩極圈角。一十二度二十七分四十六秒。有甲丙弧，以赤道緯北二十二度三十七分四十八秒。減象限，餘。六十七度二十二分一十二秒。有甲乙弧。二十三度二十九分。求乙角黄道經度。用垂弧形内法。自甲角作甲丁垂弧，分爲甲乙丁、甲丙丁兩正弧三角形。

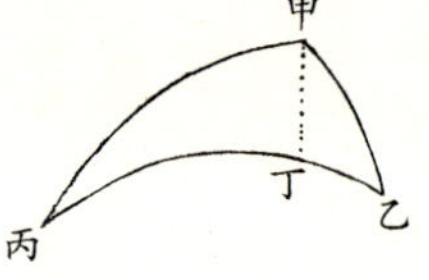

先求甲丁垂弧。以半徑一〇〇〇〇〇〇〇。爲一率，丙角一十二度二十七分五十七秒。正弦〇二一五八六〇九。爲二率，甲丙弧六十七度二十二分一十二秒。正弦〇九二三〇〇八九。爲三率。求得四率，〇一九九二四一六。爲甲丁垂弧正弦。檢表得，一十一度二十九分三十五秒。即甲丁垂弧度。此即正弧三角本形第一法。

次以甲乙弧二十三度二十九分。正弦○三九八四八二三。爲一率，甲丁垂弧一十一度二十九分三十五秒。正弦○一九九二四一六。爲二率，半徑一○○○○○○○。爲三率。求得四率，○五○○○○○○。爲乙角正弦。檢表，得三十度。即土星距黄道夏至經度。此即正弧三角本形第八法。

若以對數馭之，先求甲丁垂弧。一率半徑，一○○○○○○○。二率丙角正弦，○九三三四一六二。三率甲丙弧正弦。○九九六五二○七。求得四率，○九二九九三六九。爲甲丁垂弧正弦。檢表數同。

次求乙角。一率甲乙弧正弦，○九六○○四○九。二率甲丁垂弧正弦，○九二九九三六九。三率半徑。一○○○○○○○。求得四率，○九六九八九七○。爲乙角正弦。檢表數同。

垂弧形外垂弧二。

設如大角星黄道經度辰宮二十一度四十七分，距冬至六十八度一十三分，即乙角。赤道經度卯宮一度五十七分三十五秒，距冬至五十八度○二分二十五秒，即甲角。黄道緯北三十度五十七分，求赤道緯度及黄赤交極圈角幾何。

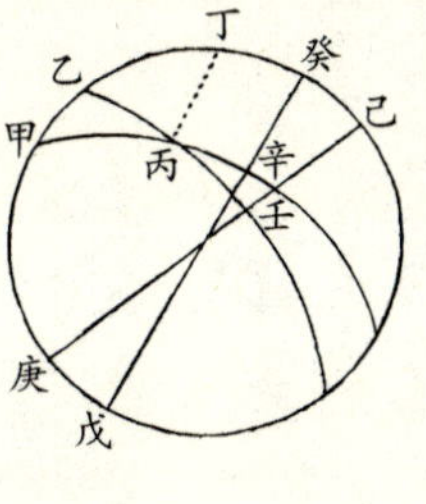

如圖，甲乙丙斜弧三角形，甲爲赤極，乙爲黄極，甲乙爲兩極距度。丙爲大角星，癸戊爲赤道，己庚爲黄道。壬點爲黄道辰宮。二十一度四十七分。己壬爲星距冬至前黄道經度，六十八度一十三分。即乙角。辛點爲赤道卯宮。一度五十七分三十五秒。癸辛爲星距冬至前赤道經度，五十八度○二分二十五秒。即甲角。丙壬爲黄道緯北，三十度五十七分。乙丙爲星距黄極，五十九度○三分。象限内減緯北度，得此數。辛丙爲赤道北緯度，甲丙爲星距赤極度，丙角爲甲辛乙壬兩經圈交角。此形有乙角，甲角，乙丙弧，求甲丙弧及丙角。

有相對之弧角，無對所求之弧角，用垂弧形外法。自丙角作丙丁垂弧於形外，補成乙丙丁、甲丙丁兩正弧三角形。

先求丙丁垂弧。丁爲直角，即以半徑一○○○○○○○。爲一率，乙角六十八度一十三分。正弦○九二八五九三八。爲二率，乙丙弧五十九度○三分。正弦○八五七六一六四。爲三率。求得四率，○七九六三七七三。爲丙丁垂弧正弦。檢表，得五十二度四十七分○八秒。即丙丁垂弧度。此即正弧三角本形第一法。

次求乙丁虚弧。以半徑一○○○○○○○。爲一率，乙角六十八度一十三分。餘弦○三七一○九七七。爲二率，乙丙弧五十九度○三分。正切一六六七五四一。爲三率。求得四率，○六一八八三九。爲乙丁虚弧正切。檢表，得三十一度四十五分○五秒。即乙丁虚弧度。此即正弧三角本形第六法。

次求丙虚角。以乙丙弧五十九度○三分。餘弦○五一四二八九九。爲一率，乙角六十八度一十三分。餘切○三九九六三四一。爲二率，半徑一○○○○○○○。爲三率。求得四率，○七七七○六○○。爲丙虚角正切。檢表，得三十七度五十分五十六秒。即丙虚角度。此即正弧三角次形第一法。

次求丙全角。以丙丁弧五十二度四十七分○八秒。餘弦○六○四七九九一。爲一率，甲角五十八度○二分二十五秒。餘弦○五二九三三二九。爲二率，半徑一○○○○○○○。爲三率。求得四率，○八七五二○四五。爲丙全角正弦。檢表，得六十一度○四分一十秒。即丙全角度。此即正弧三角次形第三法。既得丙全角，以減丙虚角，三十七度五十分五十六秒。餘二十三度一十三分一十四秒。即丙角黄赤過兩極圈交角度。

次求甲丙弧。以甲角五十八度○二分二十五秒。正弦○八四八四二○四。爲一率，半徑一○○○○○○○。爲二率，丙丁弧五十二度四十七分○八秒。正弦○七九六三七七三。爲三率。求得四率，○九三八六五八九。爲甲丙弧正弦。檢表，得六十九度四十九分四十秒。即甲丙星距赤極度。此即正弧三角本形第三法。以減象限餘，二十度一十分二十秒。即星距赤道緯北度。若欲再求甲乙黄赤大距度，則先求甲丁弧。以甲角五十八度○二分二十五秒。正切一六○二八四○七。爲一率，半徑一○○○○○○○。爲二率，丙丁弧五十二度四十七分○八秒。正切一三一六七三三六。爲三率。求得四率，○八二一五○○○。爲甲丁弧正弦。檢表，得五十五度一十四分○五秒。即甲丁弧度。此即正弧三角本形第四法。以減乙丁虚弧，三十一度四十五分○五秒。餘二十三度二十九分。即甲乙黄赤大距度。

若以對數馭之，先求丙丁垂弧。一率半徑，一○○○○○○○。二率乙角正弦，○九九六七八二六。三率乙丙弧正弦。○九九三三二九三。求得四率，○九九○一一一九。爲丙丁垂弧正弦。檢表數同。

次求乙丁虚弧。一率半徑，一○○○○○○○。二率乙角餘弦，○九五六九四八三。三率乙丙弧正切。一○二二二○八五。求得四率，○九七九一五六八。爲乙丁虛弧正切。檢表數同。

次求丙虛角。一率乙丙弧餘弦，○九七一一二○八。二率乙角餘切，○九六○一六六三。三率半徑。一○○○○○○○。求得四率，○九八九○四五五。爲丙虛角正切。檢表數同。

次求丙全角。一率丙丁弧餘弦，○九七八一六一二。二率甲角餘弦，○九七二三七二二。三率半徑。一○○○○○○○。求得四率，○九九四二一○九。爲丙全角正弦。檢表數同。

次求甲丙弧。一率甲角正弦，○九九二八六一一。二率半徑，一○○○○○○○。三率丙丁弧正弦。○九九○一一一九。求得四率，○九九七二五○八。爲甲丙弧正弦。檢表數同。

若求甲丁弧。一率甲角正切，一○二○四八九一。二率半徑，一○○○○○○○。三率丙丁弧正切。一○一一九五○七。求得四率，○九九一四六一六。爲甲丁弧正弦。檢表數同。

又如北極出地二十九度一十分，夏至太陽赤道緯北二十三度二十九分，地平經度偏午正東二十二度三十分，丙方。求係何時刻。

如左圖，甲爲北極，庚辛爲赤道，丑己爲黃道，乙爲天頂，戊癸爲地平，丙爲太陽，甲戊爲北極出地度，二十九度一十分。甲乙爲極距天頂度，六十度五十分。象限內減北極出地度，得此數。壬丙爲太陽夏至赤道緯北度，二十三度二十九分。丙甲爲太陽距北極度。六十六度三十一分。象限內減緯北度，得此數。癸子爲地平偏午正東經度，二十二度三十分。即乙外角，子戊爲其餘，即乙角度。一百五十七度三十分。半周內減偏東度，得此數。庚壬爲赤道上時刻度，即甲角。此甲乙丙斜弧三角形，有乙角，甲乙、甲丙二弧，求甲角。

用垂弧形外法。自甲角作甲丁垂弧，補成甲丁乙、甲丁丙兩正弧三角形。

先求甲丁垂弧。以半徑一○○○○○○○。爲一率，乙外角二十二度三十分。正弦○三八二六八三四。爲二率，甲乙弧六十度五十分。正弦○八七三二○五八。爲三率。求得四率，○三三四一六一四。爲甲丁垂弧正弦。檢表，得一十九度三十一分一十七秒。即甲丁垂弧度。此即正弧三角本形第一法。

次求乙甲丁形之甲虛角。以甲乙弧六十度五十分。餘弦○四八七三五一七。爲一率，乙外角二十二度三十分。餘切二四一四二一三六。爲二率，半徑一○○○○○○○。爲三率。求得四率，四九五三七四九九。爲甲虛角正切。檢表，得七十八度三十五分一十六秒。即甲虛角度。此即正弧三角次形第一法。

次求丙甲丁形之甲全角。以甲丙弧六十六度三十一分。正切二三○一六七三二。爲一率，甲丁弧一十九度三十一分一十七秒。正切○三五四四一五。爲二率，半徑一○○○○○○○。爲三率。求得四率，○一五四○三六三。爲甲全角餘弦。檢表，得八十一度○八分二十秒。即甲全角度。此即正弧三角本形第九法。於甲全角內減甲虛角，七十八度三十五分一十六秒。餘二度三十三分○四秒。爲甲角度。變時得，一十分一十二秒。以減午正，爲午初，三刻○四分四十八秒。即太陽到丙方真時刻。若地平偏西則，加午正。

若以對數馭之，先求甲丁垂弧。一率半徑，一○○○○○○○○。二率乙外角正弦，○九五八二八四一。三率甲乙弧正弦。○九九四一一一六。求得四率，○九五二三九五六。爲甲丁垂弧正弦。檢表數同。

次求甲虛角。一率甲乙弧餘弦，○九六八七八四二。二率乙外角餘切，一○三八二七七六。三率半徑。一○○○○○○○○。求得四率，一○六九四九三四。爲甲虛角正切。檢表數同。

次求甲全角。一率甲丙弧正切，一○三六二○四四。二率甲丁弧正切，○九五三九六六七。三率半徑。一○○○○○○○○。求得四率，○九一八七六二三。爲甲全角餘弦。檢表數同。

如北極出地三十九度五十九分三十秒，太陽高一十度三十四分四十二秒，地平經度距午正八十三度，距赤道緯北一度二十六分，求清蒙氣差度。

如圖，丁爲地心，乙爲天頂，丙爲太陽，甲爲北極，戊癸爲地平，乙丙己爲高弧，丙己爲太陽實高弧，庚己爲視高弧。用甲乙丙斜弧三角形，此形有北極距天頂之甲乙弧，五十度○三十秒。以出地度減象限，得此數。有太陽距北極之甲丙弧，八十八度三十四分。此距緯度減象限，得此數。有乙角，九十七度。以距午正度減半周，得此數。求太陽實距天頂之乙丙弧。

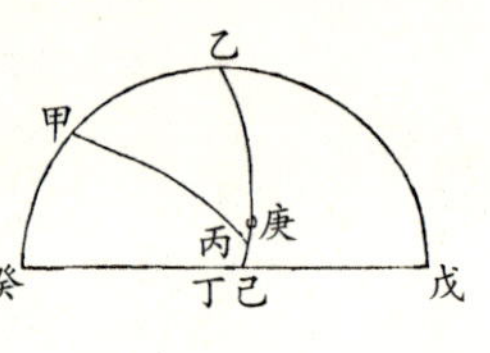

法以乙丙引長至辛，從辛至甲作辛甲形外垂弧，補成甲辛乙、甲辛丙兩正弧三角形。

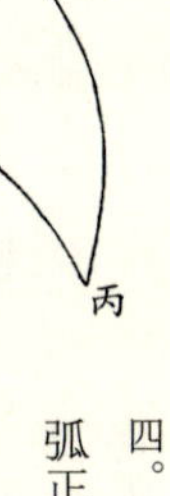

先求甲辛乙形之辛甲虛弧。以半徑一〇〇〇〇〇〇〇。爲一率，乙角八十三度。正弦〇九九二五四六二。爲二率，乙甲弧五十度〇三十秒。正弦〇七六六一三七九。爲三率。求得四率，〇七六〇四二三七。爲辛甲弧正弦。檢表，得四十九度三十分〇七秒。即辛甲虛弧度。此即正弧三角本形第一法。

次求乙辛虛弧。以半徑一〇〇〇〇〇〇〇。爲一率，乙角八十三度。餘弦〇一二一八六九三。爲二率，乙甲弧五十度〇三十秒。正切一一九二一〇五六。爲三率。求得四率，〇一四五二八一一。爲乙辛弧正切。檢表，得八度一十五分五十八秒。即乙辛虛弧度。此即正弧三角本形第六法。

次求甲丙辛形之丙角。以甲丙弧八十八度三十四分。正弦〇九九九六八七一。爲一率，辛甲虛弧四十九度三十分〇七秒。正弦〇七六〇四二七三。爲二率，半徑一〇〇〇〇〇〇〇。爲三率。求得四率，〇七六〇六六五三。爲丙角正弦。檢表，得四十九度三十一分二十二秒。即丙角度。此即正弧三角本形第八法。次求辛丙弧。以丙角四十九度三十一分二十二秒。正切一一七一七九二七。爲一率，半徑一〇〇〇〇〇〇〇。爲二率，辛甲虛弧四十九度三十分〇七秒。正切一一七〇九三〇二。爲三率。求得四率，〇九九九二六三九。爲辛丙弧正弦。檢表，得八十七度四十八分〇五秒。即辛丙弧度。此即正弧三角本形第四法。既得辛丙弧，減乙辛虛弧，八度一十五分五十八秒。餘乙丙弧，七十九度三十二分〇七秒。爲太陽實高距天頂度。再以乙丙弧與乙己象限相減，餘丙己弧，一十度二十七分五十三秒。爲太陽實高度。

乃以實高與視高一十度三十四分四十二秒。相減，餘六分四十九秒。加地半徑差，二分五十七秒。得，九分四十六秒。即太陽地平上一十度三十四分四十二秒。之清蒙氣差度。按《厤象考成上編》氣差度與《後編》不合。因《後編》係由實測而得，不用弧三角法，故仍遵《上編》立算。

若以對數馭之，先求辛甲虛弧。一率半徑，一〇〇〇〇〇〇〇〇。二率乙角正弦，〇九九九六七五一。三率乙甲弧正弦。〇九八八四二〇七。求得四率，〇九八八一〇五八。爲辛甲弧正弦，檢表數同。

次求乙辛虛弧。一率半徑，一〇〇〇〇〇〇〇〇。二率乙角餘弦，〇九〇八五八九四。三率乙甲弧正切。一〇〇七六三一五。求得四率，〇九一六二二〇九。爲乙辛弧正切。檢表數同。

次求丙角。一率甲丙弧正弦，〇九九九九八六四。二率辛甲虛弧正弦，〇九八八一〇五八。三率半徑。一〇〇〇〇〇〇〇〇。求得四率，〇九八八一一九四。爲丙角正弦。檢表數同。

次求辛丙弧。一率丙角正切，一〇〇六八八五一。二率半徑。一〇〇〇〇〇〇〇〇。三率辛甲虛弧正切，一〇〇六八五三〇。求得四率，〇九九九九六七九。爲辛丙弧正弦。檢表數同。

垂弧次形內垂弧三。

設如北極出地二十九度一十分，冬至太陽赤道緯南二十三度二十九分，地平經度偏午正東四十五度，巽方。求時刻幾何。

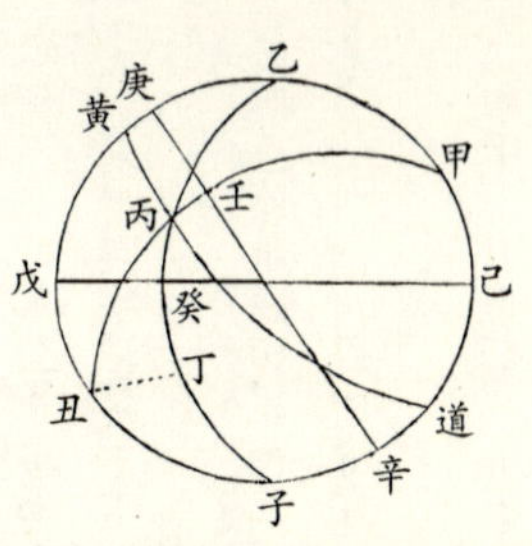

如左圖，甲爲北極，丑爲南極，庚辛爲赤道，寅卯爲黃道，乙爲天頂，戊己爲地平，丙爲太陽，甲己爲北極出地度，二十九度一十分。甲乙爲極距天頂度，六十度五十分。以極出地度減象限，得此數。壬丙爲太陽冬至赤道南緯度，二十三度二十九分。丙丑爲太陽距南極度，六十六度三十一分。以緯南度減象限，得此數。丙甲爲太陽距北極度。一百十三度十九分。以緯南度加象限，得此數。戊癸爲地平偏午正東經度，四十五度。即乙外角。庚壬爲赤道上時刻度，即甲角。因甲丙弧過象限，故將甲乙丙形易爲子丑丙次形。本形之甲乙極距天頂度，即次形之子丑弧。壬丙爲赤道緯度，丑丙爲其餘弧。戊癸爲地平方位乙角度，亦即子角度。庚壬爲赤道上時刻甲角，亦即丑角。此形有子角地平偏東，四十五度。子丑弧北極距天頂，六十度五十分。丙丑弧太陽距南極，六十六度三十一分。求丑角，用垂弧形內法。

自丑角作丑丁垂弧，分子丙弧爲兩，即分次形爲丙丑丁、子丑丁兩正弧三角形。先求丑丁垂弧。以半徑一〇〇〇〇〇〇〇。爲一率，子角四十五度。正弦〇七〇七一〇六八。爲二率，子丑弧六十度五十分。正弦〇八七三二〇五八。爲三率。求得四率，〇六一七四四九七。爲丑丁垂弧正弦。檢表，得三十八度〇七分四十八秒。即丑丁垂弧度。此即正弧三角本形第一法。

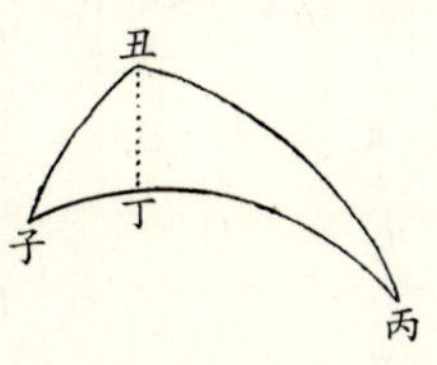

次求子丑丁形之丑分角。以子丑弧六十度五十分。餘弦〇四八七三五一七。爲一率，子角四十五度。餘切一〇〇〇〇〇〇〇。爲二率，半徑一〇〇〇〇〇〇〇。爲三率。求得四率，二〇五一九〇五九。爲丑分角正切。檢表，得六十四度〇一分〇四秒。即丑分角度。此即正弧三角次形第一法。

次求丙丑丁形之丑分角。以丑丙弧六十六度三十一分。正切二三〇一六七三二。爲一率，丑丁弧三十八度〇七分四十八秒。正切〇七八四九四六七。爲二率，半徑一〇〇〇〇〇〇〇。爲三率。求得四率，〇三四一〇三三一。爲丑分角餘弦。檢表，得七十度〇三分三十七秒。即丑分角度。此即正弧三角本形第九法。既得兩丑角，併之，得一百三十四度〇四分四十一秒。以減半周，餘四十五度五十五分一十九秒。爲丑角，即赤道庚壬度。變時得，三小時〇三分四十一秒。以減午正，爲辰正，三刻一十一分一十九秒。即太陽到巽方真時刻。

若以對數馭之，先求丑丁垂弧。一率半徑，一〇〇〇〇〇〇〇〇。二率子角正弦，〇九八四九四八五。三率子丑弧正弦。〇九九四一一一六。求得四率，〇九七九〇六〇一。爲丑丁垂弧正弦。檢表數同。

次求子丑丁形之丑分角。一率子丑弧餘弦，〇九六八七八四二。二率子角餘切，一〇〇〇〇〇〇〇〇。三率半徑。一〇〇〇〇〇〇〇〇。求得四率，一〇三一二一五八。爲丑分角正切。檢表數同。

次求丙丑丁形之丑分角。一率丑丙弧正切，一〇三六二〇四四。二率丑丁弧正切，〇九八九四八三九。三率半徑。一〇〇〇〇〇〇〇〇。求得四率，〇九五三二七九五。爲丑分角餘弦。檢表數同。

垂弧次形外。垂弧四。

設如北落師門赤道經度亥宮一十一度五十七分三十秒，距冬至七十一度五十七分三十秒，即乙角。黃道緯南二十一度〇四分五十四秒，黃赤距緯二十三度二十九分，求黃道經度及赤道緯度幾何。

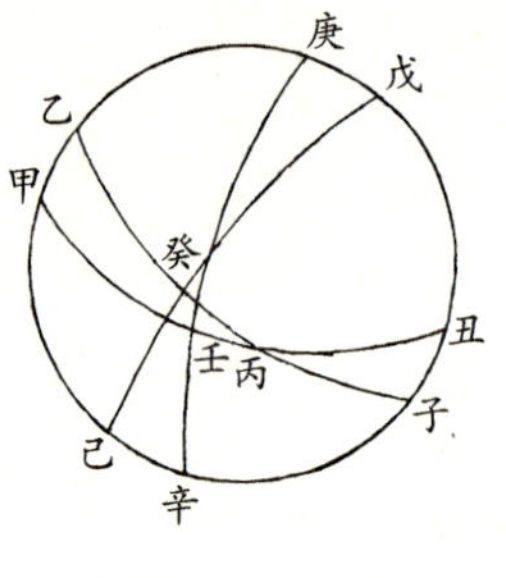

如圖，甲爲黃極，乙爲北極，丙爲北落師門，戊己爲赤道，庚辛爲黃道。癸己爲星距赤道冬至經度，七十一度五十七分三十秒。即乙角。壬丙爲黃道緯南度，二十一度〇四分五十四秒。甲丙爲星距黃極度，一百一十一度〇四分。以緯南度加象限，得此數。甲乙爲黃赤距緯。二十三度二十九分。壬辛爲星距黃道冬至經度，即甲角。癸丙爲赤道南緯度，乙丙爲星距北極度。因兩弧俱過象限，故將甲乙丙形易爲子丑丙次形。本形甲乙距緯弧，即次形子丑弧。甲丙爲黃道緯度，丑丙爲其餘。己癸爲赤道經度，即乙角度，亦即子角度。癸辛爲黃道經度，即甲角度，亦即丑角度。乙丙爲赤道緯度，子丙爲其餘。此形有子角，七十一度五十七分三十秒。子丑弧，二十三度二十九分。丑丙弧，六十八度五十五分〇六秒。即星距黃極南度。求丑角及子丙弧，用垂弧次形外法。

自丑角作丑丁垂弧於形外，補成丙丑丁、子丑丁兩正弧三角形。先求丑丁垂弧。以半徑一〇〇〇〇〇〇〇。爲一率，子角七十一度五十七分三十秒。正弦〇九五〇八三一五。爲二率，子丑弧二十三度二十九分。正弦〇三九八四八二三。爲三率。求得四率，〇三七八八八九五。爲丑丁弧正弦。檢表，得二十二度一十五分五十五秒。即丑丁垂弧度。此即正弧三角本形第一法。

次求子丑丁形之丑虛角。以子丑弧二十三度二十九分。餘弦〇九一七一七六〇。爲一率，子角七十一度五十七分三十秒。餘切〇三二五七二三九。爲二率，半徑一〇〇〇〇〇〇〇。爲三率。求得四率，〇三五五一三七三。爲丑虛角正切。檢表，得一十九度三十三分〇五秒。即丑虛角度。此即正弧三角次形第一法。

次求丙丑丁形之丑全角。以丑丙弧六十八度五十五分〇六秒。正切二五九四〇三一三。爲一率，丑丁弧二十二度一十五分五十五秒。正切〇四〇九四三三一。爲二率，半徑一〇〇〇〇〇〇〇。爲三率。求得四率，〇一五七八三六七。爲丑全角餘弦。檢表，得八十度五十五分〇五秒。即丑全角度。此即正弧三角本形第九法。既得丑全角，減丑虛角，一十九度三十三分〇五秒。餘六十一度二十二分。爲丑角度，亦即甲角度。

自冬至後丑宮初度逆計之，爲亥宮，一度二十二分。即黃道經度。再以弧角相求法，求子丙弧。以子角七十一度五十七分三十秒。正弦〇九五〇八三一五。爲一率，丑丙弧六十八度五十五分〇六秒。正弦〇九三三〇六八六。爲二率，丑角六十一度二十二分。正弦〇八七七〇四三。爲三率。求得四率，〇八六一三〇七五。爲子丙弧正弦。檢表，得五十九度二十七分五十秒。以減半周，餘一百二十度三十二分一十秒。爲星距北極度。即乙丙弧。又減象限，餘三十度三十二分一十秒。即星距赤道南緯度。

若以對數馭之，先求丑丁垂弧。一率半徑，一〇〇〇〇〇〇〇。二率子角正弦，〇九九七八一〇三。三率子丑弧正弦。〇九六〇〇四〇九。求得四率，〇九五七八五一二。爲丑丁垂弧正弦。檢表數同。

次求子丑丁形之丑虛角。一率子丑弧餘弦，〇九九六二四五三。二率子角餘切，〇九五二八四九。三率半徑。一〇〇〇〇〇〇〇。求得四率，〇九九五〇三九六。爲丑虛角正切。檢表數同。

次求丙丑丁形之丑全角。一率丑丙弧正切，〇四一三九七二。二率丑丁弧正切，〇九六二二一七一。三率半徑。一〇〇〇〇〇〇〇。求得四率，〇九一九八一九九。爲丑全角餘弦。檢表數同。

再求子丙弧。一率子角正弦，〇九九七八一〇三。二率丑丙弧正弦，〇九九六九九二一。三率丑角正弦。〇九九四三三四八。求得四率，〇九九三五一五六。爲子丙弧正弦。檢表數同。

又　卷下　斜弧三角形

兩弧夾一角。切線分外角一。附垂弧總較法。

設如北極出地二十九度一十分，清明後五日太陽距赤道緯北七度五十分，己正初刻，求太陽地平經緯度及黃赤過兩極經圈交角各幾何。

如甲乙丙斜弧三角形，甲爲北極，乙爲天頂，庚辛爲赤道，戊己爲地平，甲戊爲北極出地，二十九度一十分。甲乙爲北極距天頂度。六十度五十分。丙爲太陽，即交極圈角。丙癸爲太陽距赤道北，七度五十分。甲丙爲太陽距北極。八十二度一十分。以距緯度減象限，得此數。庚癸爲己正初刻太陽距赤道午正，三十度。即甲角。己壬爲太陽地平正午偏東經度，乙丙爲太陽距天頂弧。丙壬爲高弧，即地平緯度。

此形有甲角及甲乙、甲丙二弧，求乙角及乙丙餘弧。兩弧夾一角，而所知角在兩弧之間，用切線分外角法。以甲乙弧六十度五十分。與甲丙弧八十二度一十分。相加，得一百四十三度。半之，得七十一度三十分。爲半總。兩弧相減，餘二十一度二十分。半之，得一十度四十分。爲半較。甲角三十度。半之，得一十五度。爲半外角。乃以半總七十一度三十分。正弦〇九四八三二三七。爲一率，半較一十度四十分。正弦〇一八五〇九四九。爲二率，半外角一十五度。餘切三七三二〇五〇八。爲三率。求得四率，〇七二八四二五九。爲兩角半較正切。檢表，得三十六度〇四分一十五秒。即半較角度。

又以半總七十一度三十分。餘弦〇三一七三〇四七。爲一率，半較一十度四十分。餘弦〇九八二七二〇六。爲二率，半外角一十五度。餘切三七三二〇五〇八。爲三率。求得四率，一一五五八四九〇。爲兩角半較正切。檢表，得八十五度〇三分一十九秒。即半較角度。兩半較角度相加，得一百二十一度〇七分三十四秒。爲乙角度。如戊壬。以減半周，餘五十八度五十二分二十六秒。即乙外角，太陽地平午正偏東經度。兩半較角度相減，餘四十八度五十九分〇四秒。爲丙角度，即黃赤過兩極經圈交角。

再以弧角相求法，求乙丙弧。以乙外角五十八度五十二分二十六秒。正弦〇八五六〇三一六。爲一率，甲丙弧八十二度一十分。正弦〇九九〇六六八七。爲二率，甲角三十度。正弦〇五〇〇〇〇〇〇。爲三率。求得四率，〇五七八六四〇二。爲乙丙弧正弦。檢表，得三十五度二十一分一十五秒。即太陽距天頂度。以減象限，餘五十四度三十八分四十五秒。即太陽己正初刻地平緯度。即高弧。

若以對數馭之，一率半總正弦，〇九九七六九五六。二率半較正弦，〇九二六七三九四。三率半外角餘切。一〇五七一九四七。求得四率，〇九八八六二三八五。爲半較角正切。檢表數同。又，一率半總餘弦，〇九五〇一四七六。二率半較餘弦，〇九九九二四三〇。三率半外角餘切。一〇五七一九四七。求得四率，一〇九二二九〇一。爲半較角正切。檢表數同。再，一率乙外角正弦，〇九九三二四九〇。二率甲丙弧正弦，〇九九九五九二八。三率甲角正弦。〇九六九八九九七〇。求得四率，〇九七六二四〇八。爲乙丙弧正弦。檢表數同。

若用垂弧法，則試從太陽丙點引長至丁，作丙丁垂弧於形外，補成甲丙丁、乙丙丁兩正弧三角形。先求甲丙丁形之甲丁、乙丁兩弧。以半徑一〇〇〇〇〇〇〇。爲一率，甲角三十度。餘弦〇八六六〇二五四。爲二率，甲丙弧八十二度一十分。正切七二六八七二五五。爲三率。求得四率，六二九四九〇〇〇。爲甲丁弧正切。檢表，得八十度五十八分二十秒。即甲丁弧度。此即正弧三角本形第六法。與甲乙弧六十度五十分。相減，餘二十度〇八分二十秒。即乙丁虛弧度。

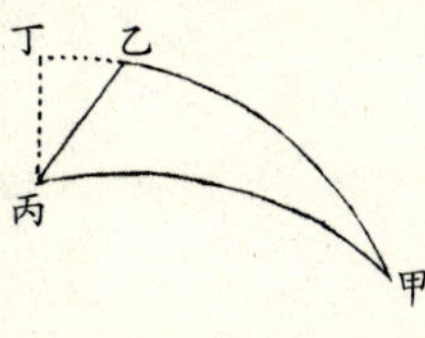

次求丙丁弧。以半徑一〇〇〇〇〇〇〇。爲一率，甲角三十度。正切〇五七七三五〇五。爲二率，甲丁弧八十度五十八分二十秒。正弦〇九八七六一二四。爲三率。求得四率，〇五七〇一九八五。爲丙丁弧正切。檢表，得二十九度四十一分三十秒。即丙丁弧度。此即正弧三角本形第二法。

次求乙丙丁形之乙丙弧。以半徑一〇〇〇〇〇〇〇。爲一率，乙丁弧二十度〇八分二十秒。餘弦〇九三八八六〇八。爲二率，丙丁弧二十九度四十一分三十秒。餘弦〇八六八七〇三五。爲三率。求得四率，〇八一五五九一七。爲乙丙弧餘弦。檢表，得三十五度二十一分一十四秒。即乙丙太陽距天頂度。此即正弧三角次形第六法。

若從太陽丙點至卯正寅點作丙寅弧，則成丙寅癸、丙寅壬兩正弧三角形。此形有癸寅壬角，六十度五十分，如庚己。即寅角度。有丙癸弧太陽距赤道北，七度五十分。有癸寅弧赤道距卯正後，六十度。

先求丙寅癸形丙寅癸之寅角。以癸寅弧六十度。正弦〇八六六〇二五四。爲一率，丙癸弧七度五十分。正切〇一三七五五七。爲二率，半徑一〇〇〇〇〇〇〇。爲三率。求得四率，〇一五八八五八七。爲丙寅癸之寅角正切。檢表，得九度〇一分三十五秒。與癸寅壬角，六十度五十分。相加，太陽在赤道南，則相減。得六十九度五十一分三十五秒。即丙寅壬角之寅角度。此即正弧三角本形第七法。

次求丙寅弧。以丙寅癸之寅角九度〇一分三十五秒。餘弦〇九八七六一六八。爲一率，半徑一〇〇〇〇〇〇〇。爲二率，癸寅弧六十度。正切一七三二〇五〇八。爲三率。求得四率，一七五三七七二。爲丙寅弧正切。檢表，得六十度一十八分二十九秒。即丙寅弧度。此即正弧三角本形第五法。

次求丙寅壬形之丙壬弧。以半徑一〇〇〇〇〇〇〇。爲一率，丙寅壬之寅角六十九度五十一分三十五秒。正弦〇九三八八五二五。爲二率，丙寅弧六十度一十八分二十九秒。正弦〇八六八八七〇一一。爲三率。求得四率，〇八一五五八二二。爲丙壬弧正弦。檢表，得五十四度三十八分四十五秒。即丙壬地平緯度。此即正弧三角本形第一法。

若用總較法，則以半徑一〇〇〇〇〇〇〇。爲一率。甲角三十度。正矢〇一三三九七四六。爲二率。即餘弦與半徑相減數。夾甲角之甲乙弧六十度五十分。與甲丙弧八十二度一十分。相加，得一百四十三度。爲總弧，其餘弦。〇七九八六三五五。又兩弧相減，餘二十一度二十分。爲較弧，其餘弦。〇九三一四七九七。兩餘弦相加，總弧過象限，較弧不過象限，故相加。得一七三〇一一五二。半之，得〇八六五〇五七六。爲中數，爲三率。若用矢較法，則以總弧餘弦加半徑，得一七九八六三五五，爲總弧大矢。以較弧餘弦減半徑，餘〇〇六八五二〇三，爲較弧正矢。兩矢相減，餘一七三〇一一五二，半之，得〇八六五〇五七六，爲半矢較，與中數同。求得四率，〇一一五八九七五。爲矢較。與較弧二十一度二十分。正矢〇〇六八五二〇三。相加，得〇一八四四一六〇。爲乙丙弧正矢。以減半徑，餘〇八一五五八二二。爲乙丙弧餘弦。檢表，得三十五度二十一分一十五秒。即太陽距天頂度。若以半徑一〇〇〇〇〇〇〇。爲一率，甲角三十度。餘弦〇八六六〇二五四。爲二率。甲乙弧六十度五十分。與丙癸弧七度五十分。相加，得六十八度四十分。爲總弧，其正弦。〇九三一四七九七。又兩弧相減，餘五十三度。爲較弧，其正弦。〇七九八六三五五。兩正弦相加，得一七三〇一一五二。半之，得〇八六五〇五七六。爲中數，爲三率。求得四率。〇七四九一六一八。再以兩正弦相減，餘〇一三三八四四二。半之，得〇〇六六四二二一。與所得四率相加，得〇八一五五八三九。爲丙壬弧正弦。若以總弧正弦與中數相減，餘與四率相加，得數亦同。檢表，得五十四度三十八分四十五秒。亦得丙壬地平緯度。

又如太陰黄道經度辰宫一十九度一十分，距夏至一百〇九度一十分，黄道南緯度四度，黄赤大距二十三度二十九分，求赤道經緯度及太陰過兩極經圈交角。

如甲乙丙斜弧三角形，甲爲赤極，即北極。乙爲黄極，甲乙相距二十三度二十九分。丙爲太陰，丁戊爲赤道，己庚爲黄道。己辛爲太陰距黄道夏至，一百〇九度一十分。即乙角。丙辛爲黄道緯南，四度。乙丙爲太陰距黄極，九十四度。以距緯加象限，得此數。丙壬爲赤道南緯度。甲丙即太陰距北極度。丁壬爲距赤道夏至經度，即甲外角。丙角爲太陰過兩極經圈交角。

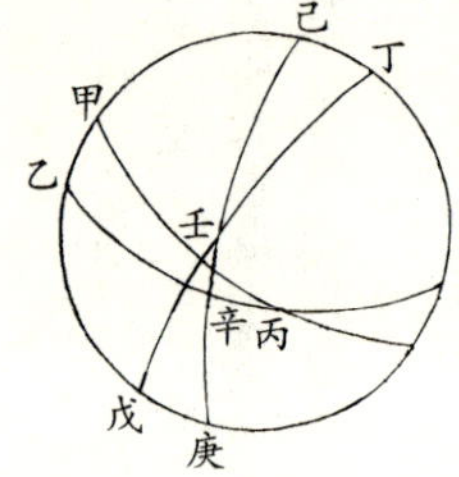

此形有乙角及甲乙、乙丙二弧，求甲角、丙角及甲丙弧。兩弧夾一角，用切線分外角法。以甲乙弧二十三度二十九分。與乙丙弧九十四度。相加，得一百一十七度二十九分。半之，得五十八度四十四分三十秒。爲半總。兩弧相減，餘七十度三十一分。半之，得三十五度一十五分三十秒。爲半較。乙角一百〇九度一十分。半之，得五十四度三十五分。爲半外角。乃以半總五十八度四十四分三十秒。正弦〇八五四八三六四。爲一率，半較三十五度一十五分三十秒。餘切〇七一一〇〇九。爲三率。求得四率，〇四八〇二〇〇五。爲兩角半較正切。檢表，得二十五度三十九分〇一秒。即半較角度。

又以半總五十八度四十四分三十秒。餘弦〇五一八八九七六。爲一率，半較三十五度一十五分三十秒。餘弦〇八一六五五七六。爲二率，半外角五十四度三十五分。餘切〇七一一〇〇九。爲三率。求得四率，一一一九〇五二三。爲兩角半較正切。檢表，得四十八度一十二分五十六秒。即半較角度。兩半較角度相加，得七十三度五十一分五十七秒。即甲角度。如戊壬。以減半周，餘一百〇六度〇八分〇三秒。爲甲外角度，如丁壬。即赤道經度從夏至未宮初度。逆計之，爲辰宮一十六度〇八分〇三秒。

又以兩半較角度相減，餘二十二度三十三分五十五秒。爲丙角度，即太陰過兩極經圈交角。

再用弧角相求法，求甲丙弧。以甲角七十三度五十一分五十七秒。正弦〇九六〇六一三七。爲一率，乙丙弧九十四度。正弦〇九九七五六四〇。爲二率，乙外角七十度五十分。以乙角減半周，得此數。正弦〇九四四五六七五。爲三率。求得四率，〇九六〇三四二四。爲甲丙弧正弦。檢表，得七十八度四十七分一十秒。以減半周，餘一百〇一度一十二分五十秒。即甲丙太陰距北極度。減象限，餘一十一度一十一分五十秒。即太陰赤道南緯度。五星、恒星，俱準此推。

若以對數馭之，一率半總正弦，〇九九三一八八三。二率半較正弦，〇九七六一三七四。三率半外角餘切。〇九八五一九三一。求得四率，〇九六八一四二二。爲半較角正切。檢表數同。一率半總餘弦，〇九七一五〇八二。二率半較餘弦，〇九九一一九八七。三率半外角餘切。〇九八五一九三一。求得四率，一〇〇四八八三六。爲半較角正切。檢表數同。

次求甲丙弧。一率甲角正弦，〇九九八二五四五。二率乙丙弧正弦，〇九九九八九四〇。三率乙角正弦。〇九九七五二三三。求得四率，〇九九九一六二八。爲甲丙弧正弦。檢表數同。

若用垂弧法，則將乙丙弧引長至丁，從甲作甲丁垂弧，補成甲丁乙、甲丁丙兩正弧三角形。先求甲丁乙形之甲丁弧。以半徑一〇〇〇〇〇〇〇。爲一率，乙外角七十度五十分。正弦〇九四四五六七五。爲二率，甲乙弧二十三度二十九分。正弦〇三九八四八二三。爲三率。求得四率，〇三七六三九三四。爲甲丁弧正弦。檢表，得二十二度〇六分三十八秒。即甲丁弧度。此即正弧三角本形第一法。

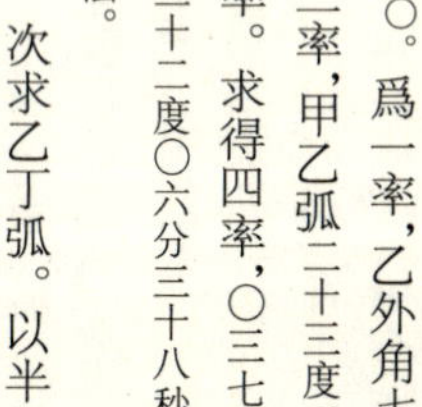

次求乙丁弧。以半徑一〇〇〇〇〇〇〇。爲一率，乙外角七十度五十分。餘弦〇三二八三一七二。爲二率，甲乙弧二十三度二十九分。正切〇四三四四六六六。爲三率。求得四率，〇一四二六四二八。爲乙丁弧正切。檢表，得八度〇七分〇六秒。即乙丁弧度。此即正弧三角本形第六法。

次求甲丁丙形之甲丙弧。以半徑一〇〇〇〇〇〇〇。爲一率。乙丙弧九十四度。與乙丁弧八度〇七分〇六秒。相加，得丙丁弧一百〇二度〇七分〇六秒。餘弦〇二〇九三一四。爲二率。甲丁弧二十二度〇六分三十八秒。餘弦〇九二六四五九三。爲三率。求得四率，〇一九四四八八八。爲甲丙弧餘弦。檢表亦得。

若用總較法，則以半徑一〇〇〇〇〇〇〇。爲一率，乙角一百〇九度一十分。大矢一三二八三一七二，以餘弦加半徑，得此數。爲二率。夾乙角之甲乙弧二十三度二十九分。與乙丙弧九十四度。相加，得一百一十七度二十九分。爲總弧，其餘弦。〇四六一四九〇六。又兩弧相減，餘七十度三十一分。爲較弧，其餘弦。〇三三三五三二七。兩餘弦相加，總弧過象限，較弧不過象限，故相加。得〇七九五〇二三三。半之，得〇三九七五一一六。爲中數，爲三率。若用矢較，則以總弧餘弦加半徑，得一四六一四九〇六，爲總弧大矢。以較弧餘弦減半徑，餘〇六六六四六七三，爲較弧正矢。兩矢相減，餘〇七九五〇二三三，半之，得〇三九七五一一六，爲半矢較，與中數同。求得四率，〇五二八〇二一五。爲矢較。與較弧七十度三十一分。正矢〇六六六四六七三。相加，得一一九四四八八八。爲甲丙弧正矢。以減半徑，餘〇一九四四八八八。爲甲丙弧餘弦。檢表亦得。

若以半徑一〇〇〇〇〇〇〇。爲一率。乙角一百〇九度一十分。餘弦〇三二八三一七二。爲二率。甲乙弧二十三度二十九分。與黄道南緯丙辛弧四度。相加，得二十七度二十九分。爲總弧，其正弦。〇四六一四九〇六。又兩弧相減，餘一十九度二十九分。爲較弧，其正弦。〇三三三五三二七。兩正弦相加，得〇七九五〇二三三。半之，得〇三九七五一一六。爲中數，爲三率。求得四率。〇一三〇五〇九九。

再以總弧正弦〇四六一四九〇六。與中數〇三九七五一一六。相減，餘〇〇六三九七九〇。與所得四率相加，得〇一九四四八八九。爲丙壬弧正弦。即甲丙餘弦。檢表，得一十一度一十二分五十秒。即得丙壬赤道緯南度。此法省減象限。

又如土星赤道經度未宮初度距赤道北緯度二十四度，木星赤道經度酉宮一十五度，距赤道北緯度一十六度，求二星斜距度。

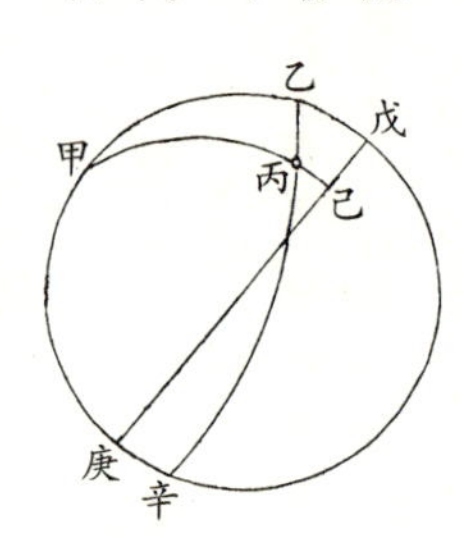

如甲乙丙斜弧三角形，甲爲赤極，乙爲土星，丙爲木星，戊庚爲赤道，戊點爲土星所當赤道經度，未宮初度。乙戊爲距赤道北，二十四度。甲乙爲土星距赤極，六十六度。己點爲木星，所當赤道經度，酉宮十五度。丙己爲距赤道北，一十六度。甲丙爲木星距赤極。七十四度。乙戊爲二星相距赤道經度，四十五度。即甲角度。

自乙、丙二點作乙丙辛腰圍大圈，則乙丙爲二星斜距弧。此形有甲角二星相距赤道經度，甲乙弧土星距赤極度，甲丙弧木星距赤極度，求乙丙二星斜距度。兩弧夾一角，用切線分外角法，先求乙角。以甲乙弧六十六度。與甲丙弧七十四度。相加，得一百四十度。半之，得七十度。爲半總。兩弧相減，餘八度。半之，得四度。爲半較。甲角四十五度。半之，得二十二度三十分。爲半外角。

乃以半總七十度。正弦〇九三九六九二六。爲一率，半較四度。正弦〇〇六九七五六五。爲二率，半外角二十二度三十分。餘切二四一四二一三六。爲三率。求得四率，〇一七九二一五一。爲兩角半較正切。檢表，得一十度〇九分三十四秒。即半較角度。

又以半總七十度。餘弦〇三四二〇二〇一。爲一率，半較四度。餘弦〇九九七五六四〇。爲二率，半外角二十二度三十分。餘切二四一四二一三六。爲三率。求得四率，七〇九一四九四二。爲兩角半較正切。檢表，得八十一度五十八分二十四秒。即半較角度。兩半較角相加，得九十二度〇七分五十八秒。即乙角度。

再用弧角相求法，求乙丙弧。以乙角九十二度〇七分五十八秒。正弦〇九九九三〇七三。爲一率，甲丙弧七十四度。正弦〇九六一二六一七。爲二率，甲角四十五度。正弦〇七〇七一〇六八。爲三率。求得四率，〇六八〇一八五八。爲乙丙弧正弦。檢表，得四十二度五十一分二十五秒。即二星斜距度。若以兩半較角相減，餘七十一度四十八分五十秒，即丙角度。

若以對數馭之，一率半總正弦，〇九九九二九八六。二率半較正弦，〇八八四三五八四。三率半外角餘切。一〇三八二七七五。求得四率，〇九二五三三七三。爲半較角正切。檢表數同。一率半總餘弦，〇九五三四〇五二。二率半較餘弦，〇九九九八九四一。三率半外角餘切。一〇三八二七七五。求得四率，一〇八四七六六四。爲半較角正切。檢表數同。

次求乙丙弧。一率乙角正弦，〇九九九九六九九。二率甲丙弧正弦，〇九九八二八四二。三率甲角正弦。〇九八四九四八五。求得四率，〇九八三二六二八。爲乙丙弧正弦。檢表數同。

若用垂弧法，則從乙至丁作乙丁垂弧於形内，分爲甲乙丁、丙乙丁兩正弧三角形。先求甲乙丁形之甲丁弧。以半徑一〇〇〇〇〇〇〇。爲一率，甲角四十五度。餘弦〇七〇七一〇六八。爲二率，甲乙弧六十六度。正切二二四六〇三六八。爲三率。求得四率，一五八八一八七九。爲甲丁弧正切。檢表，得五十七度四十八分一十三秒。即甲丁弧度。此即正弧三角本形第六法。與甲丙弧七十四度。相減，餘一十六度一十一分四十七秒。爲丙丁弧度。

又以甲丁弧五十七度四十八分一十三秒。餘弦〇五三二八二三〇。爲一率，半徑一〇〇〇〇〇〇〇。爲二率，甲乙弧六十六度。餘弦〇四〇六七三六六。爲三率。求得四率，〇七六三三六一六。爲乙丁弧餘弦。此即正弧三角次形第五法。

乃求丙乙丁形之乙丙弧。以半徑一〇〇〇〇〇〇〇。爲一率，丙丁弧一十六度一十一分四十七秒。餘弦〇九六〇三一一二。爲二率，前所得乙丁弧餘弦〇七六三三六一六。爲三率。求得四率，〇七三三〇六四七。爲乙丙弧餘弦。檢表亦得乙丙斜距度。此即正弧三角次形第六法。

若用總較法，以半徑一〇〇〇〇〇〇〇。爲一率。甲角四十五度。正矢〇二九二八九三二。爲二率。甲丙弧七十四度。與甲乙弧六十六度。相加，得一百四十度。爲總弧，其餘弦。〇七六六〇四四四。又兩弧相減，餘八度。爲較弧，其餘弦。〇九九〇二六八〇。兩餘弦相加，一過象限，一不過象限，故相加。得一七五六三一二四。半之，得〇八七八一五六二。爲中數，爲三率。求得四率，〇二五七二〇六〇。爲矢較。與較弧，八度。正矢〇〇〇九七三二〇。相加，得〇二六六九三八〇。爲乙丙弧正矢，以減半徑，餘〇七三三〇六二〇。爲乙丙弧餘弦。檢表亦得乙丙斜距度。

若以半徑一〇〇〇〇〇〇〇。爲一率。甲角四十五度。餘弦〇七〇七一〇六八。爲二率。甲乙弧六十六度。與木星距赤道北丙己弧一十六度相加，得八十二度。爲總弧，其正弦。〇九九〇二六八〇。又兩弧相減，餘五十度。爲較弧，其正弦。〇七六六〇四四四。兩正弦相加，得一七五六三二二四。半之，得〇八七八一五六二。爲中數，爲三率。求得四率。〇六二〇九五〇二。

再以總弧正弦〇九九〇二六八〇。與中數〇八七八一五六二。相減，餘〇一一二一二八。與所得四率相加，得〇七三三〇六二〇。爲乙丙弧餘弦。檢表亦得乙丙斜距度。

兩角夾一弧切線分外角二。附垂弧總較法。

設如木星黄道經度辰宫二十一度二十四分，距夏至一百一十一度二十四分，赤道經度辰宫一十九度，距夏至一百〇九度，黄赤相距二十三度二十九分，求黄赤道緯度各幾何。

如圖，甲乙丙斜弧三角形，甲爲赤極，乙爲黄極，甲乙相距，二十三度二十九分。丙爲木星，丁戊爲赤道，己庚爲黄道。己辛爲黄道經度距夏至，一百一十一度二十四分。即乙角。丁壬爲赤道經度距夏至，一百〇九度。即甲外角。丙辛爲黄道緯南度，乙丙爲星距黄極度，丙壬爲赤道緯南度，甲丙爲星距赤極度。

此形有甲、乙二角及甲乙弧，求甲丙、乙丙二弧。兩角夾一弧，而所知弧在兩角之間，用次形法，將甲乙丙形易爲癸子丑次形。本形甲角，即次形子丑弧。本形乙外角，即次形癸丑弧。本形丙角，即次形癸子弧。本形甲乙弧，即次形丑角。本形乙丙弧減半周，餘度即次形癸外角。本形甲丙弧減半周，餘度即次形子角。有丑角及癸丑、子丑二弧，求子、癸二角。依前兩弧夾一角用切線分外角法，以癸丑弧六十八度三十六分。乙角減半周餘度。與子丑弧七十一度。甲外角減半周餘度。相加，得一百三十九度三十六分。半之，得六十九度四十八分。爲半總。兩弧相減，得二度二十四分。半之，得一度一十二分。爲半較。丑角二十三度二十九分。半之，得一十一度四十四分三十秒。爲半外角。

乃以半總六十九度四十八分。正弦〇九三八四九三〇。爲一率，半較一度一十二分。正弦〇二〇九四二四。爲二率，半外角一十一度四十四分三十秒。餘切四八一一一九六四。爲三率。求得四率，〇一〇七三六一四。爲兩角半較正切。檢表，得六度〇七分四十秒。即半較角度。

又以半總六十九度四十八分。餘弦〇三四五二九八二。爲一率，半較一度一十二分。餘弦〇九九九七八〇六。爲二率，半外角一十一度四十四分三十秒。餘切四八一一一九六四。爲三率。求得四率，一三九三〇三九七。爲兩角半較正切。檢表，得八十五度五十三分四十秒。即半較角度。兩半較角相加，得九十二度〇一分二十秒。即癸角度，亦即乙丙弧度。內減象限，餘二度〇一分二十秒。即星距黄道南緯度。兩半較角相減，得七十九度四十六分。即子角度。以減半周，餘一百度〇一十四分。即甲丙弧度。內減象限，餘一十度一十四分。即星距赤道南緯度。

若以對數馭之，一率半總正弦，〇九九七二四三一。二率半較正弦，〇八三二一〇二七。三率半外角餘切。一〇六八二二五三。求得四率，〇九〇三〇八四九。爲半較角正切。檢表數同。一率半總餘弦，〇九五三八一九四。二率半較餘弦，〇九九九九〇五。三率半外角餘切。一〇六八二二五三。求得四率，一一一四三九六四。爲半較角正切。檢表數同。

若用垂弧法，則將乙丙弧引長至丁，從甲至丁作甲丁垂弧於形外，補成甲丁乙、甲丁丙兩正弧三角形。

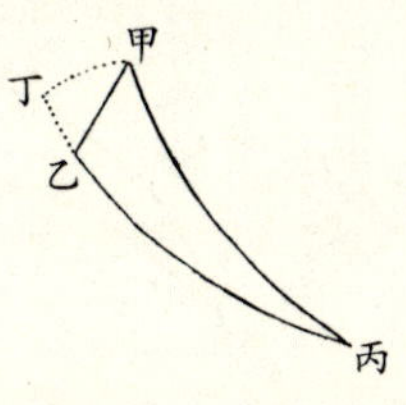

先求甲丁乙形之甲丁虚弧及甲虚角。以半徑一〇〇〇〇〇〇〇。爲一率，乙外角六十八度三十六分。正弦〇九三一〇五五八。爲二率，甲乙弧二十三度二十九分。正弦〇三九八四八二三。爲三率。求得四率，〇三七一〇〇九四。爲甲丁虚弧正弦。檢表，得二十一度四十六分四十秒。即甲丁虚弧度。此即正弧三角本形第一法。

又以甲乙弧二十三度二十九分。正切〇四三四四六六六。爲一率，甲丁弧二十一度四十六分四十秒。正切〇三九九五三三四。爲二率，半徑一〇〇〇〇〇〇〇。爲三率。求得四率，〇九一九五七二一。爲甲虚角餘弦。檢表，得二十三度〇二分一十秒。即甲虚角度。此即正弧三角本形第九法。

次求甲丁丙形之甲丙弧。以甲角七十一度。與甲虚角二十三度〇八分一十秒。相加，得九十四度〇八分一十秒。爲甲全角，其餘弦，〇〇七二二六五。爲一率。半徑一〇〇〇〇〇〇〇。爲二率。甲丁弧二十一度四十六分四十秒。正切〇三九九五二三四。爲三率。求得四率，五五三八八九二一。爲甲丙弧正切。檢表，得七十九度四十六分。以減半周，餘一百度〇一十四分。即甲丙弧度。此即正弧三角本形第五法。

再用弧角相求法，得乙丙弧度。

若用總較法，亦用癸子丑次形。有丑角及癸丑、子丑二弧，先求癸子對弧。即丙角。以半徑一〇〇〇〇〇〇〇。爲一率。丑角二十三度二十九分。正矢〇〇八二八二四〇。爲二率。癸丑弧六十八度三十六分。與子丑弧七十一度。相加，得一百三十九度三十六分。爲總弧，其餘弦。〇七六一五三八三。又兩弧相減，餘二度二十四分。爲較弧，其餘弦。〇九九九一二二八。兩餘弦相加，一過象限，一不過象限，故相加。得一七六〇六六一一。半之，得〇八八〇三三〇六。爲中數，爲三率。求得四率，〇〇七二九一二五。爲矢較。與較弧二度二十四分。正矢〇〇〇〇八七七二。相加，得〇〇七三七八九七。爲癸子對弧正矢。以減半徑，餘〇九二六二一〇三。爲癸子對弧餘弦。檢表，得二十二度〇八分五十四秒。即癸子對弧度，亦即丙角度。

再用弧角相求法，得癸角、子角度，亦即得甲丙、乙丙兩弧度。若以半徑一〇〇〇〇〇〇〇。爲一率。丑角二十三度二十九分。餘弦〇九一七一七六〇。爲二率。癸丑弧六十八度三十六分。與子丑弧減象限，餘度一十九度。相加，得八十七度三十六分。爲總弧，其正弦。〇九九九一二二八。又兩弧相減，餘四十九度三十六分。爲較弧，其正弦。〇七六一五三八三。兩正弦相加，得一七六〇六六一一。半之，得〇八八〇三三〇六。爲中數，爲三率。求得四率，〇八〇七四一八一。

再以總弧正弦〇九九九一二二八。與中數〇八八〇三三〇六。相減，餘〇一一八七九二二。與所得四率相加，得〇九二六二一〇三。爲癸子對弧餘弦。檢表亦得。

三弧求角總較一。附開平方得半角正弦法。

設如老人星黄道緯南七十五度五十分一十九秒，赤道緯南五十二度三十四分四十秒，黄赤相距二十三度二十九分，求黄赤道經度各幾何。

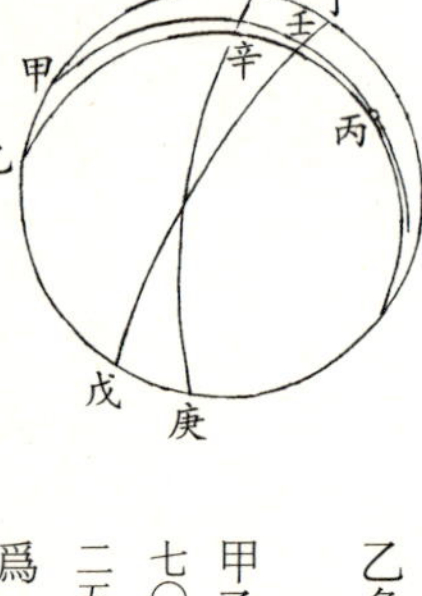

如甲乙丙斜弧三角形，甲爲赤極，乙爲黄極，甲乙爲黄赤相距，二十三度二十九分。丙爲老人星，丁戊爲赤道，己庚爲黄道，丙辛爲黄道緯南度，七十五度五十分一十九秒。乙丙爲星距黄極，一百六十五度五十分一十九秒。丙壬爲赤道緯南度，五十二度三十四分四十秒。甲丙爲星距赤極。一百四十二度三十四分四十秒。己辛爲黄道經度，即乙角。丁壬爲赤道經度，即甲角。

此形有甲乙、乙丙、甲丙三弧，求甲、乙二角。三弧求角，用總較法。先求乙角。以夾乙角之甲乙弧二十三度二十九分。與乙丙弧一百六十五度五十分一十九秒。相加，得一百八十九度一十九分一十九秒。爲總弧，其餘弦。〇九八六七九三七。又兩弧相減，餘一百四十二度二十一分一十九秒。爲較弧，其餘弦。〇七九一八一三一。兩餘弦相減，俱過象限，故相減。餘〇一九四九八〇六。半之，得〇〇九七四九〇三。爲中數，爲一率。以對乙角之甲丙弧一百四十二度三十四分四十秒。大矢一七九四一七九〇。與較弧一百四十二度二十一分一十九秒。大矢一七九一八一三一。相減，餘〇〇〇二三六五九。爲矢較，爲二率。半徑一〇〇〇〇〇〇〇。爲三率。求得四率，〇〇二四二六八〇。爲乙角正矢。以減半徑，餘〇九七五七三一九。爲乙角餘弦。檢表，得一十二度三十八分五十九秒。爲乙角度，即星距黄道夏至未宫經度。

若先求甲角，則以夾甲角之甲乙弧二十三度二十九分。與甲丙弧一百四十二度三十四分四十秒。相加，得一百六十六度〇三分四十秒。爲總弧，其餘弦。〇九七〇五五三二。又兩弧相減，餘一百一十九度〇五分四十秒。爲較弧，其餘弦。〇四八六二五〇七。兩餘弦相減，俱過象限，故相減。餘〇四八四三〇二五。半之，得〇二四二一五一二。爲中數，爲一率。以對甲角之乙丙弧一百六十五度五十分一十九秒。大矢一九六九六一〇四。與較弧一百一十九度〇五分四十秒。大矢一四八六二五〇七。相減，餘〇四八三三五九七。爲矢較，爲二率。半徑一〇〇〇〇〇〇〇。爲三率，求得四率，一九九六一〇五九。爲甲角大矢。以減半徑，餘〇九九六一〇五九。爲甲角餘弦。檢表，得五度〇三分三十秒。爲甲角度，即星距赤道夏至未宫經度。

又法先求乙角。以夾乙角之乙丙弧減象限，餘七十五度五十分一十九秒。與甲乙弧二十三度二十九分相加，得九十九度一十九分一十九秒。爲總弧，其正弦。〇九八六七九三七。又兩弧相減，餘五十二度二十一分一十九秒。爲較弧，其正弦〇七九一八一三一。兩正弦相減，俱不過象限，故相減。餘〇一九四九八〇六。半之，得〇〇九七四九〇三。爲中數，爲一率。以對乙角之甲丙弧一百四十二度三十四分四十秒。餘弦〇七九四一七九〇。與總弧正弦〇九八六七九三六。相減，餘〇一九二六一四七。爲二率。半徑一〇〇〇〇〇〇〇。爲三率。求得四率，一九七五七三一九。爲乙角大矢。以減半徑，餘〇九七五七三一九。爲乙角餘弦。檢表亦得。

若先求甲角。則以夾甲角之甲丙弧減象限，餘五十二度三十四分四十秒。與甲乙弧二十三度二十九分。相加，得七十六度〇三分四十秒。爲總弧，其正弦。〇九七〇五五三二。又兩弧相減，餘二十九度〇五分四十秒。爲較弧，其正弦。〇四八六二五〇七。兩正弦相減，餘〇四八四三〇二五。半之，得〇二四二一五一二。爲中數，爲一率。以對甲角之乙丙弧一百六十五度五十分一十九秒。餘弦〇九六九六一〇四。

與總弧正弦○九七○五三二。相減，餘○○○○九四二八。爲二率。半徑一○○○○○○○。爲三率，求得四率○○○三八九四一。爲甲角正矢。以減半徑，餘○九九六一○五九。爲甲角餘弦。檢表亦得。

若用開平方得半角正弦法，先求乙角。以三弧相加，得三百三十一度五十三分五十九秒。半之，得一百六十五度五十六分五十九秒半。爲半總。與夾乙角之甲乙弧二十三度二十九分。相減，餘一百四十二度二十七分五十九秒半。爲小弧較。又與乙丙弧一百六十五度五十分一十九秒。相減，餘六分四十秒半。爲大弧較。

乃以角旁小弧二十三度二十九分。正弦○三九八四八二三。爲一率，小弧較一百四十二度二十七分五十九秒半。正弦○六○九二二二九。爲二率，大弧較六分四十秒半。正弦○○○一九四一六。爲三率。求得四率，○二九六八五○四。爲初數。

又以角旁大弧一百六十五度五十分一十九秒。正弦○二四四六五四○。爲一率，初數○二九六八五○四。爲二率，半徑一○○○○○○○○。爲三率。求得四率，○一二一三三四八。爲末數。以半徑乘末數，得一二一三三四八○。爲實，開平方，得○一一○一六五六。爲半角正弦。檢表，得六度一十九分二十九秒半。倍之，得乙角度。先求甲角同。

又法以角旁兩弧相減，餘一百四十二度二十一分一十九秒。與對角甲丙弧一百四十二度三十四分四十秒。相加，得二百八十四度五十五分五十九秒。半之，得一百四十二度二十七分五十九秒半。其正弦。○六○九二二二九。又相減，餘一十三分二十一秒。半之，得六分四十秒半。其正弦。○○○一九四一六。兩正弦相乘，得一一八二八六七二。爲初數。又以角旁甲乙弧二十二度二十九分。餘割二五○九五二一八。與乙丙弧一百六十五度五十分一十九秒。餘割四○八七四○五○。相乘，得。一○二五七四三二。又與初數相乘，得一二一三三三七八。爲實，開平方，得。一一○一六五六一。以半徑除之，得○一一○一六五六。爲半角正弦。檢表亦得。

若以對數馭之，先求乙角。以三弧相加半之，得一百六十五度五十六分五十九秒半。爲半總。與夾乙角之甲乙弧相減，餘一百四十二度二十七分五十九秒半。其正弦。○九七八四七七七。又與乙丙弧相減，餘六分四十秒半。其正弦。○七二八八一七一。兩正弦相加，得一七○七二九四八。加半徑，得二七○七二九四八。爲初數。又以甲乙弧二十三度二十九分。正弦○九六○○四○九。與乙丙弧一百六十五度五十分一十九秒。正弦○九八三八五五二。相加，得一八九八八九六一。與初數相減，餘○八○八三九八七。加半徑，得一八○八三九八七。半之，得○九○四一九九四。爲半角正弦。檢表數同。

又法以角旁兩弧相減，與對弧相加，半之，其正弦。○九七八四七七七。又相減，半之，其正弦。○七二八八一七一。兩正弦相加，得一七○七二九四八。爲初數。再以甲乙弧餘割一○三九九五九一。與乙丙弧餘割一○六○一四五四。相加，得二一○一一○四五。加初數，得三八○八三四四三。半之，得一九○四一九九六。減半徑，餘○九○四一九九六。爲半角正弦。檢表亦同。

又如北極出地二十九度，立夏後七日太陽赤道緯北一十八度一十八分，曚景限一十八度，求昏旦時刻。

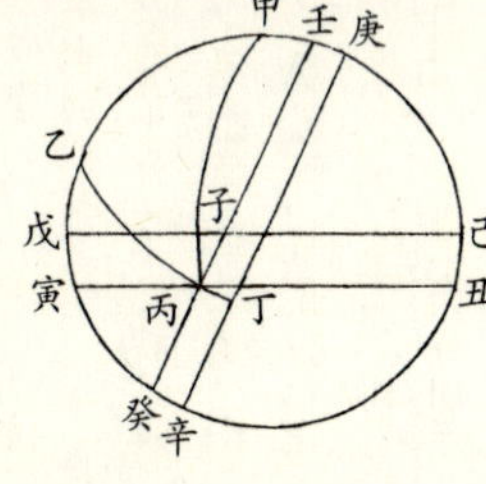

如甲乙丙斜弧三角形，甲爲天頂，乙爲北極，戊己爲地平，乙戊爲北極出地，二十九度。甲乙爲北極距天頂，六十一度。庚辛爲赤道，丙爲太陽，丙丁爲太陽距赤道北緯，一十八度一十八分。乙丙爲太陽距北極，七十一度四十二分。壬癸爲太陽隨天左旋之赤道距等圈，丙子爲曚景限，一十八度。甲丙爲太陽距天頂，一百○八度。曚景限加象限，得此數。丑寅爲地平下曚景限距等圈，丁點爲太陽所當昏旦時刻，庚丁爲太陽距赤道午正前後度，即乙角。

此形有甲乙、乙丙、甲丙三弧，求乙角，用總較法。以夾乙角之甲乙弧六十一度。與乙丙弧七十一度四十二分。相加，得一百三十二度四十二分。爲總弧，其餘弦。○六七八一五九七。又兩弧相減，餘一十度四十二分。爲較弧，其餘弦。○九八一六一二七。兩餘弦相加，一過象限，一不過象限，故相加。得一六五九七二四。半之，得○八二九八六二。爲中數，爲一率。以對乙角之甲丙弧一百○八度。大矢一三○九○一七○。與較弧一十度四十二分。正矢○○一八三八七三。相減，餘一二九○六二九七。爲矢較，爲二率。半徑一○○○○○○○○。爲三率。求得四率，一五五五一八八七。爲乙角大矢。減半徑，餘○五五五一八八七。爲乙角餘弦。檢表，得五十六度一十六分三十五秒。以減半周，餘一百二十三度四十三分二十五秒。爲乙角度，即旦刻太陽距午正前昏刻太陽距午正後赤道度。變時，得八小時○一十四分五十三秒。以減午正，得寅初，三刻○七秒。即旦刻。加午正，得戌正，初刻○一十四分五十三秒。即昏刻。以減日出入刻分，餘即曚景刻分。

又法以夾乙角之乙丙弧減象限，餘一十八度一十八分。與甲乙弧六十一度。相加，得七十九度一十八分。爲總弧，其正弦。○九八一六一二七。又兩弧相減，餘四十二度四十二分。爲較弧，其正弦。〇六七八一五九七。兩正弦相加，大弧餘度小於小弧，則總弧過象限。大弧餘度大於小弧，則總弧不及象限。過則加，不及則減。得一六五九七二四。半之，得〇八二九八八六二。爲中數，爲一率。以對乙角之甲丙弧一百〇八度。餘弦〇三〇九〇一七〇。與總弧正弦〇九八一六一二七。相加，得一二九〇六二九七。爲二率。半徑一〇〇〇〇〇〇〇。爲三率。求得四率，一五五五一八八七。爲乙角大矢。減半徑，餘〇五五五一八八七。爲乙角餘弦。檢表亦得。

若用開平方得半角正弦法，以三弧相加，得二百四十度〇四十二分。半之，得一百二十度〇二十一分。爲半總。與夾乙角之甲乙弧六十一度。相減，餘五十九度二十一分。爲小弧較。又與乙丙弧七十一度四十二分。相減，餘四十八度三十九分。爲大弧較。

乃以角旁小弧六十一度。正弦〇八七四六一九七。爲一率，小弧較五十九度二十一分。正弦〇八六〇二九七五。爲二率，大弧較四十八度三十九分。正弦〇七五〇六八七九。爲三率。求得四率，七三八三九五一一。爲初數。

又以角旁大弧七十一度四十二分。正弦〇九四九四二五五。爲一率，初數七三八三九五一一。爲二率，半徑一〇〇〇〇〇〇〇。爲三率。求得四率，〇七七七七二八三。爲末數。以半徑乘末數，得七七七七二八三八。爲實，開平方，得〇八八一八三四二。爲半角正弦。檢表，得六十一度五十一分四十二秒半。倍之，即乙角度。

又法以角旁兩弧相減，餘一十度四十二分。與對角甲丙弧一百〇八度。相加，得一百一十八度四十二分。半之，得五十九度二十一分。其正弦。〇八六〇二九七五。又相減，餘九十七度一十八分。半之，得四十八度三十九分。其正弦。〇七五〇六八七九。兩正弦相乘，得六四五八一四九一。爲初數。又以角旁甲乙弧六十一度。餘割一一四三三五四一。與乙丙弧七十一度四十二分。餘割一〇五三二六八六相乘，得一二〇四二五八九。又與初數相乘，得〇七七七二八三。爲實，開平方，得八八一八三四二。以半徑除之，得〇八八一八三四二。爲半角正弦。檢表亦得。

若以對數馭之，以三弧相加，半之，得一百二十度二十一分。爲半總。與夾乙角之甲乙弧相減，餘五十九度二十一分。其正弦。〇九三四六四八。又與乙丙弧相減，餘四十八度三十九分。其正弦。〇九八七五四五九。兩正弦相加，得一九八一〇一〇七。加半徑，得二九八一〇一〇七。爲初數。

又以甲乙弧六十一度。正弦〇九九四一八一九。與乙丙弧七十一度四十二分。正弦〇九九七七四六一。相加，得一九九一九二八〇。與初數相減，餘〇九八九〇八二七。加半徑，得一九八八九〇八二七。半之，得〇九九四五四一四。爲半角正弦。檢表數同。

又法以角旁兩弧相減，與對弧相加，半之，其正弦。〇九九三四六四八。又相減，半之，其正弦。〇九八七五四五九。兩正弦相加，得一九八一〇一〇七。爲初數。再以甲乙弧餘割一〇〇五八一八一。與乙丙弧餘割一〇〇二二五三九。相加，得二〇〇八〇七二〇。加初數，得三九八九〇八二七。半之，得一九九四五四一四。減半徑，餘〇九九四五四一四。爲半角正弦。檢表數亦同。

若三弧求角，而角旁兩弧同度，則無較弧，即以半徑爲餘弦，依前法求之。亦可用垂弧形內法。

如北極出地三十度，太陽夏至緯北二十三度二十九分，測得高弧三十度，求時刻及地平經度。

如甲乙丙斜弧三角形，甲爲北極，乙爲天頂，丙爲太陽，庚辛爲赤道，戊己爲地平，甲戊爲北極出地，三十度。甲乙爲極距天頂，六十度。丙癸爲太陽距赤道北，二十三度二十九分。甲丙爲太陽距北極，六十六度三十一分。丙壬爲太陽高弧，三十度。乙丙爲太陽距天頂。六十度。己壬爲地平偏午正東西經度，即乙角度。庚癸爲赤道上時刻，即甲角度。

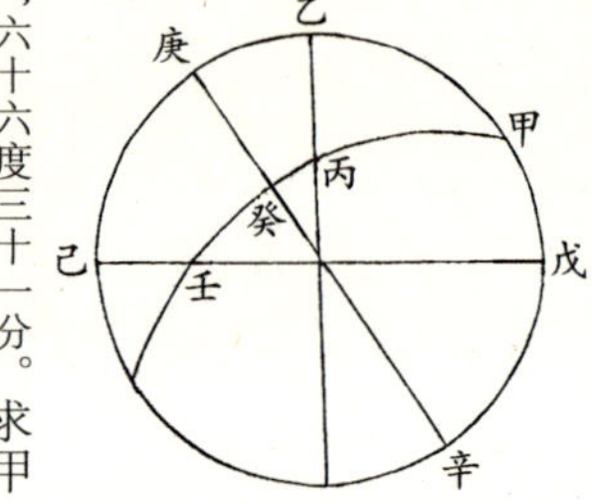

此形有甲乙、乙丙二弧相等，各六十度。有甲丙弧，六十六度三十一分。求甲乙二角。用垂弧形內法，從乙角作乙丁垂弧，分爲甲乙丁、丙乙丁相等兩正弧三角形。

先求甲乙丁形之甲角。以甲乙弧六十度。正切一七三二〇五〇八。爲一率，甲丙弧半之爲甲丁弧，三十三度一十五分三十秒。正切〇六五五八三六七。爲二率，半徑一〇〇〇〇〇〇〇。爲三率。求得四率，〇三七八六四六九。爲甲角餘弦。檢表，得六十七度四十五分。即甲角度。丙角同。變時，得四小時二刻〇一分。以減午正，爲辰初。一刻一十四分。加午正，爲申正，二刻〇一分。即太陽出入前後高三十度。真時刻。

次求乙分角，以甲乙弧六十度。正弦〇八六六〇二五四。爲一率，甲丁弧三十三度一十五分三十秒。正弦〇五四八四一四九。爲二率，半徑一〇〇〇〇〇〇〇。爲三率。求得四率，〇六三三二五五〇。爲乙分角正弦。檢表，得三十九度一十七分二十七秒。爲乙分角度。倍之，得七十八度三十四分五十四秒。爲乙角度，即太陽出入前後地平偏午正東西經度。

若以對數馭之，先求甲乙丁形之甲角。一率甲乙弧正切，一〇二三八五六一。二率甲丁弧正切，〇九八一六七九三。三率半徑，一〇〇〇〇〇〇〇。求得四率，〇九五七八二三五。爲甲角餘弦。檢表數同。

次求乙分角。一率甲乙弧正弦，〇九九三七五三〇。二率甲丁弧正弦，〇九七三九一〇九。三率半徑，一〇〇〇〇〇〇〇。求得四率，〇九八〇一五七九。爲乙分角正弦。檢表數同。

若三弧求角，而角旁弧有一滿象限，兩餘弦相同，即以餘弦爲中數。

如日月帶食，月距北極六十七度，距天頂九十度，北極距天頂五十度，求地經赤道差角。

如甲乙丙斜弧三角形，乙爲天頂，丙爲北極，丁戊爲赤道，甲爲地平，（帶食時月當地平，如甲。）乙甲爲月距天頂高弧，九十度。丙甲爲月距北極。六十七度。甲戊爲月距赤道，二十三度。亦即黄赤距度。（交食時，月必當黄道，故甲戊即黄赤距度。）乙丙爲極距天頂，五十度。乙庚即所求甲角地經赤道差度。

此形有乙甲、丙甲、乙丙三弧，求甲角用總較法。以夾甲角之乙甲弧九十度。與丙甲弧六十七度。相加，得一百五十七度。爲總弧，其餘弦。〇九二〇五〇四九。又兩弧相減，餘二十三度。爲較弧，其餘弦。〇九二〇五〇四九。兩餘弦相同，即用爲中數，爲一率。以對甲角之乙丙弧五十度。正矢〇三五七二二二四。與較弧二十三度。正矢〇〇七九四九五一。相減，餘〇二七七一七三。爲矢較，爲二率。半徑一〇〇〇〇〇〇〇。爲三率。求得四率，〇三〇一七〇一〇。爲甲角正矢。減半徑，餘〇六九八二九九〇。爲甲角餘弦。檢表，得四十五度四十二分三十三秒。即地經赤道差角度。

又捷法，以黄赤距度二十三度。餘弦〇九二〇五〇四九。與極出地四十度。正弦〇六四二七八七六。相減，仍以黄赤距度餘弦〇九二〇五〇四九。除之，亦得甲角矢度。

三角求弧總較二。附開平方得半角正弦法。

設如土星黄道經度距夏至一百二十二度二十九分，赤道經度距夏至一百一十九度二十一分〇三秒，黄赤兩過極經圈交角二十度二十分四十七秒，求黄赤緯度各幾何。

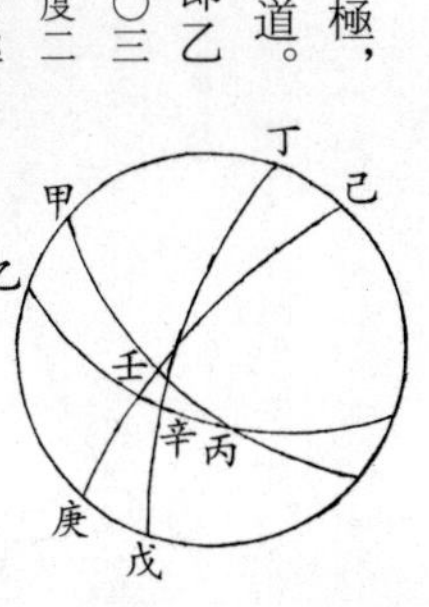

如左圖，甲乙丙斜弧三角形，甲爲赤極，乙爲黄極，甲乙爲兩極距度，丙爲土星，丁戊爲黄道，己庚爲赤道。丁辛爲黄道經度距夏至，一百二十二度二十九分。即乙角。己壬爲赤道經度距夏至，一百一十九度二十一分〇三秒。即甲外角。丙角爲甲壬乙辛兩經圈交角，二十度二十分四十七秒。丙辛爲黄道緯南度，乙丙爲星距黄極度，丙壬爲赤道緯南度，甲丙爲星距赤極度。

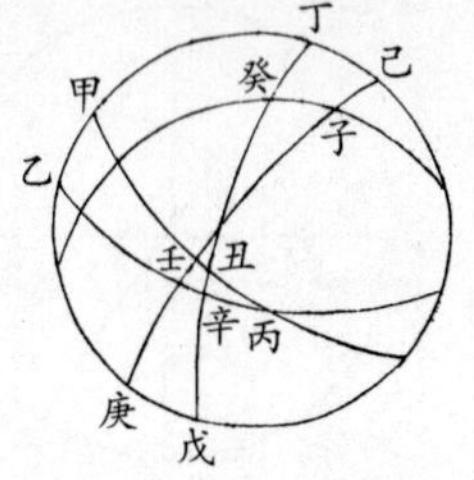

此形有甲、乙、丙三角，求乙丙、甲丙二弧。先用次形法，求乙丙弧。將甲乙丙形易爲癸子丑次形，（本形甲角，即次形子丑弧。本形乙角之外角，即次形癸丑弧。本形丙角，即次形癸子弧。本形甲乙弧，即次形丑角。本形乙丙弧，即次形癸角。本形甲丙弧，即次形子角之外角。）有癸丑、子丑、癸子三弧，求癸角。即乙丙弧。以夾癸角之癸子弧即丙角二十度二十分四十七秒。與癸丑弧即乙外角五十七度三十一分。（以黄經減半周，得此數。）相加，得七十七度五十一分四十七秒。爲總弧，其餘弦。〇二一〇二四九〇。又兩弧相減，餘三十七度一十分一十三秒。爲較弧，其餘弦。〇七九六六七七。兩餘弦相減，（俱不過象限，故相減。）餘〇五八六四一八七。半之，得〇二九三二〇九三。爲中數，爲一率。以對癸角之子丑弧即甲角六十度三十八分五十七秒。（以赤經減半周，得此數。）正矢〇五〇九八四四〇。與較弧三十七度一十分一十三秒。正矢〇二〇三三三三。相減，餘〇三〇六五一一七。爲矢較，爲二率。半徑一〇〇〇〇〇〇〇。爲三率。求得四率，一〇四五三六八三。爲癸角大矢。減半徑，餘〇〇四五三六八三。爲癸角餘弦。檢表，得八十七度二十三分五十九秒。以減半周，餘九十二度三十六分〇一秒。爲癸角度，即乙丙弧度。減象限，餘二度三十六分〇一秒。即星距黄道南緯度。

次用弧角相求法，求甲丙弧。以甲角一百一十九度二十一分〇三秒。正弦〇八七一六三四八。爲一率，乙丙弧九十二度三十六分〇一秒。正弦〇九九八九七〇三。爲二率，乙角一百二十二度二十九分。正弦〇八四三五四七七。爲三率。求得四率，

○九六六七七九九。爲甲丙弧正弦。檢表，得七十五度一十一分二十五秒。以減半周，餘一百○四度四十八分三十五秒。爲甲丙弧度，減象限，餘一十四度四十八分三十五秒。即星距赤道南緯度。

又法先求乙丙弧，亦用癸子丑次形。以夾癸角之癸子弧二十度二十分四十七秒。與癸丑弧減象限，餘三十二度二十九分。相加，得五十二度四十九分四十七秒。爲總弧，其正弦。○七九六六六七七。又兩弧相減，餘一十二度○八分一十三秒。爲較弧，其正弦。○二一○二四九○。兩正弦相減，餘○五八六四一八七。半之，得○二九三二○九三。爲中數，爲一率。以對癸角之子丑弧，六十度三十八分五十七秒。餘弦○四九○一五六○。與總弧正弦。○七九六六六七七。相減，餘○三○六五一一七。爲二率。半徑一○○○○○○○。爲三率。求得四率，一○四五三六八三。爲癸角大矢。減半徑，餘○四五三六八二七。爲癸角餘弦。檢表亦得。

若用開平方得半角正弦法，亦用次形。以三弧相加，得一百三十八度三十分四十四秒。半之，得六十九度一十五分二十二秒。爲半總。與夾癸角之癸子弧二十度二十分四十七秒。相減，餘四十八度五十四分三十五秒。爲小弧較。又與癸丑弧五十七度三十一分。相減，餘一十一度四十四分二十二秒。爲大弧較。

乃以角旁小弧二十度二十分四十七秒。正弦○三四七六九四九。爲一率，小弧較四十八度五十四分三十五秒。正弦○七五三六七四九。爲二率，大弧較一十一度四十四分二十二秒。正弦○二○三四六一三。爲三率。求得四率，○四四一○二九四。爲初數。

又以角旁大弧五十七度三十一分。正弦○八四三五四七七。爲一率，初數○四四一○二九四。爲二率，半徑一○○○○○○○。爲三率。求得四率○五二二八二六八。爲末數。以半徑乘末數，得五二二八二六八七。爲實，開平方，得○七二二九六九一。爲半角正弦。檢表得，四十六度一十八分○半秒。倍之，得九十二度三十六分○一秒。即癸角度。

又法以角旁兩弧相減，餘三十七度一十分一十三秒。與對角子丑弧六十度三十八分五十七秒。相加，得九十七度四十九分一十秒。半之，得四十八度五十四分三十五秒。其正弦。○七五三六七四九。又相減，餘二十三度二十八分四十四秒。半之，得一十一度四十四分二十二秒。其正弦。○二○三四六一三。兩正弦相乘，得一五三三四三六七。爲初數。

又以角旁癸子弧二十度二十分四十七秒。餘割二八七六○四五○。與癸丑弧五十七度三十一分。餘割一一八五四六九四。相乘，得三四○九五一○七。又與初數相乘，得五二二八二六八八。爲實，開平方，得七二二九六九一二。以半徑除之，得○七二二九六九一。爲半角正弦。檢表亦得。

若以對數馭之，三弧相加半之，得六十九度一十五分二十二秒。爲半總。與夾癸角之癸子弧相減，餘四十八度五十四分三十五秒。其正弦。○九八七七一八四。又與癸丑弧相減，餘一十一度四十四分二十二秒。其正弦。○九三○八四八二。兩正弦相加，得一九一八五六六六。加半徑，得二九一八五六六六。爲初數。又以癸子弧二十度二十分四十七秒。正弦○九五四一一九八。與癸丑弧五十七度三十一分。正弦○九九二六一○九。相加，得一九四六七三○七。與初數相減，餘○九七一八三五九。加半徑，得一九七一八三五九。半之，得○九八五九一七九。爲半角正弦。檢表數同。

又法以角旁兩弧相減，與對弧相加，半之，其正弦。○九八七七一八四。又相減，半之，其正弦。○九三○八四八二。兩正弦相加，得一九一八五六六六。爲初數。再以癸子弧餘割一○四五八八○一。與癸丑弧餘割一○○七三八九○。相加，得二○五三二六九一。加初數，得三九七一八三五七。半之，得一九八五九一七九。減半徑，餘○九八五九一七九。爲半角正弦。檢表數亦同。

又如北落師門赤道經度亥宮一十一度五十七分三十秒，距夏至二百五十一度五十七分三十秒，大角星赤道經度卯宮一度五十七分二十六秒，距夏至一百二十一度五十七分二十六秒，兩星相距赤道經度一百三十度○○四秒，即甲角。北落師門過極經圈交角八十九度一十四分三十二秒，即乙角。大角星過極經圈交角一百一十三度二十五分五十八秒，即丙角。求兩星赤道緯度及兩星斜距度。

如甲乙丙斜弧三角形，圖如左。甲爲北極，乙爲北落師門，丙爲大角星，甲乙爲北落師門距北極度，甲丙爲大角星距北極度，乙丙爲兩星斜距度，戊己爲赤道。丁己爲兩星相距赤道經度，一百三十度○○四秒。即甲角度。乙己爲北落師門赤道緯南度，丁丙爲大角星赤道緯北度，乙角爲北落師門過極經圈交角，八十九度一十四分三十二秒。丙角爲大角星過極經圈交角。一百一十三度二十五分五十八秒。

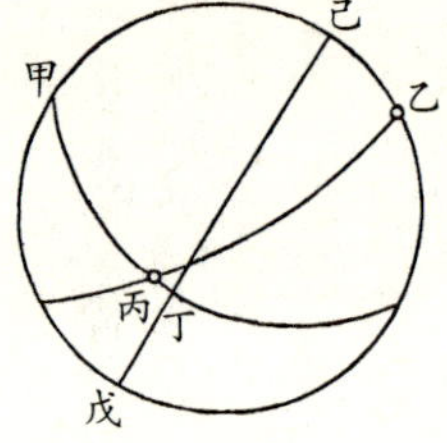

此形有甲、乙、丙三角，求甲乙、甲丙、乙丙三弧。用次形法，先求甲乙弧。

將甲乙丙形易爲壬癸寅次形，本形甲外角，即次形壬癸弧。本形乙角，即次形寅癸弧。本形丙外角，即次形壬寅弧。本形甲乙弧，即次形癸外角。本形甲丙弧，即次形壬角。本形乙丙弧，即次形寅外角。角易爲弧，弧易爲角。有壬癸、癸寅、壬寅三弧，求癸、壬、寅三角。

先求癸外角。即甲乙孤。以夾癸角之壬癸弧四十九度五十九分五十六秒，即甲角減半周度。與癸寅孤八十九度一十四分三十二秒。即乙角度。相加，得一百三十九度一十四分二十八秒。爲總弧，其餘弦。〇七五七四六三八。又兩弧相減，餘三十九度一十四分三十六秒。爲較弧，其餘弦。〇七七四四六六二。兩餘弦相加，一過象限，一不過象限，故相加。得一五三二一九三〇〇。半之，得〇七六五九六五〇。爲中數，爲一率。以對癸角之壬寅弧六十六度三十四分〇二秒。即丙角減半周度。正矢〇六〇二三二七二。與較弧三十九度一十四分三十六秒。正矢〇二二五五三三八。相減，餘〇三七六七九三四。爲矢較，爲二率。半徑一〇〇〇〇〇〇〇。爲三率。求得四率，〇四九一九一九八。爲癸角正矢。減半徑，餘〇五〇八〇八〇二。爲癸角餘弦。檢表，得五十九度二十七分五十秒。以減半周，餘一百二十度三十二分一十秒。爲癸外角度，即甲乙弧度。減象限，餘三十度三十二分一十秒。即北落師門距赤道南緯度。

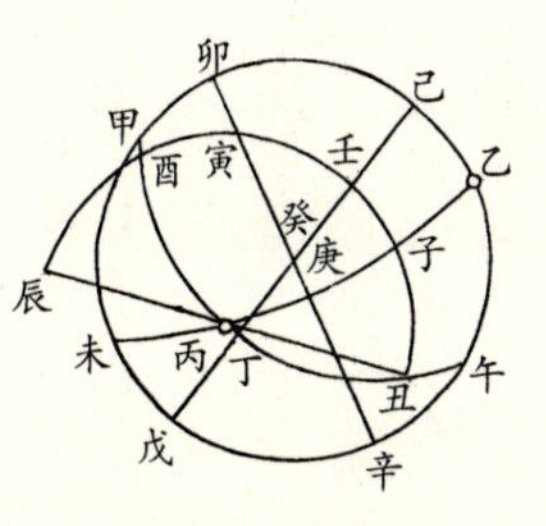

於癸戊象限內減丁癸，餘丁戊，爲甲外角弧。於丁壬象限內亦減丁癸，餘爲次形壬癸弧。於癸辛象限內減庚癸，餘庚辛，爲乙角弧。於庚寅象限內亦減庚癸，餘爲次形寅癸弧。於丑壬象限內減子壬，餘子丑，爲丙外角弧。於子寅象限內亦減子壬，餘爲次形壬寅弧。於甲午半周內減甲乙，餘乙午，與己卯等，即癸角弧，故甲乙爲癸外角度。於乙未半周內減乙丙，餘丙未，與子庚等，即寅角弧，故乙丙爲寅外角度。於甲丁象限內減丁丙，與減甲酉等，則丁酉即與甲丙等，故甲丙爲壬角度。

次求甲丙弧。用弧角相求法，以丙角一百一十三度二十五分五十八秒。正弦〇九一七五二七三。爲一率，甲乙弧一百二十度三十二分一十秒。正弦〇八六一三〇九一。爲二率，乙角八十九度一十四分三十二秒。正弦〇九九九九一二五。爲三率。求得四率，〇九三八六四六四。爲甲丙弧正弦。檢表，得六十九度四十九分三十二秒。即大角星距北極度。以減象限，餘二十度一十分二十八秒。即大角星距赤道北緯度。

次求乙丙弧。以丙角一百一十三度二十五分五十八秒。正弦〇九一七五二七三。爲一率，甲乙弧一百二十度三十二分一十秒。正弦〇八六一三〇九一。爲二率，甲角一百三十度〇〇四秒。正弦〇七六六〇三一九。爲三率。求得四率，〇七一九〇九六〇。爲乙丙弧正弦。檢表，得四十五度五十八分四十四秒。以減半周，餘一百三十四度〇一分一十六秒。即乙丙兩星斜距度。

又法以夾癸角之壬癸弧四十九度五十九分五十六秒。與癸寅弧減象限，餘四十五分二十八秒。相加，得五十度四十五分二十四秒。爲總弧，其正弦。〇七七四四六六二。又兩弧相減，餘四十九度(十)四分二十八秒。爲較弧，其正弦。〇七五七四六三八。兩正弦相加，得一五三一九三〇〇。半之，得〇七五九九六五〇。爲中數，爲一率。以對癸角之壬寅弧六十六度三十四分〇二秒。餘弦〇三九七六七二八。與總弧正弦〇七七四四六六二。相減，總弧、對弧俱不過象限，故相減。得〇三七六七九三四。爲二率。半徑一〇〇〇〇〇〇〇。爲三率。求得四率，〇四九一九一九八。爲癸角正矢。減半徑，餘〇五〇八〇八〇二。爲癸角餘弦。檢表亦得。

若用開平方得半角正弦法，以三弧相加，得二百〇五度四十八分三十秒。半之，得一百〇二度五十四分一十五秒。爲半總。與夾癸角之壬癸弧四十九度五十九分五十六秒。相減，餘五十二度五十四分一十九秒。爲小弧較。又與癸寅弧八十九度一十四分三十二秒。相減，餘一十三度三十九分四十三秒。爲大弧較。

乃以角旁小弧四十九度五十九分五十六秒。正弦〇七六六〇三一九。爲一率，小弧較五十二度五十四分一十九秒。正弦〇七九七六三九五。爲二率，大弧較一十三度三十九分四十三秒。正弦〇二三六一九二八。爲三率。求得四率，二四五九三八四一。爲初數。

又以角旁大弧八十九度一十四分三十二秒。正弦〇九九九九一二五。爲一率，初數二四五九三八四一。爲二率，半徑一〇〇〇〇〇〇〇。爲三率。求得四率，〇二四五九五九九。爲末數。以半徑乘末數，得二四五九五九九二。爲實，開平方得，〇四九五九五五五。爲半角正弦。檢表，得二十九度四十三分五十五秒。倍之，得五十九度二十七分五十秒。即癸角度。

又法以角旁兩弧相減，餘三十九度一十四分三十六秒。與對角壬寅弧六十六度三十四分〇二秒。相加，得一百〇五度四十八分三十八秒。半之，得五十二度五十四分一十九秒。其正弦。〇七九七六三九五。又相減，餘二十七度一十九分二十六秒。半之，得一十三度三十九分四十三秒。其正弦。〇二三六一九二八。兩正弦相乘，得一八八三九七六〇。爲初數。又以角旁壬癸弧四十九度五十九分五十六秒。餘割一三〇五四二八五。與癸寅弧八十九度一十四分三十二秒。餘割一〇〇〇〇八七五。相乘，得一三〇五五四二七。又與初數相乘，得二四五九五九九二。爲實，開平方，得四九五九五五五一。以半徑除之，得〇四九五九五五五。爲半角正弦。檢表亦得。

若以對數馭之，先求甲乙弧。以三弧相加，半之，得一百〇二度五十四分一十五秒。爲半總。與夾癸角之癸寅弧相減，餘一十三度三十九分四十三秒。其正弦。〇九三七三二六六。又與壬癸弧相減，餘五十二度五十四分一十九秒。其正弦。〇九九〇一八〇六。兩正弦相加，得一九二七五〇七二。加半徑，得二九二七五〇七二。爲初數。又以壬癸弧四十九度五十九分五十六秒。正弦〇九八八四二四七。與癸寅弧八十九度一十四分三十二秒。正弦〇九九九九六二。相加，得一九八八四二〇九。與初數相減，餘〇九三九〇八六三。加半徑，得一九三九〇八六三。半之，得〇九六九五四三二。爲半角正弦。檢表數同。

又法以角旁兩弧相減，與對弧相加，半之，其正弦。〇九三七三二六六。又相減，半之，其正弦。〇九九〇一八〇六。兩正弦相加，得一九二七五〇七二。爲初數、再以壬癸弧餘割一〇一一五七五三。與癸寅弧餘割一〇〇〇〇三八。相加，得二〇一一五七九一。加初數，得三九三九〇八六三。半之，得一九六九五四三二。減半徑，餘〇九六九五四三二。爲半角正弦。檢表數同。

次求甲丙弧。一率丙角正弦，〇九九六二六一九。二率甲乙弧正弦，〇九九三五一五九。三率乙角正弦。〇九九九九六二。求得四率，〇九九七二五〇二。爲甲丙弧正弦。檢表數同。

次求乙丙弧。一率丙角正弦，〇九九六二六一九。二率甲角正弦，〇九八八四二四七。三率甲乙弧正弦。〇九九三五一五九。求得四率，〇九八五六七八七。爲乙丙弧正弦。檢表數同。

清・江臨泰《弧三角舉隅》

第一題　設如甲乙丙正弧三角形，有丙直角，有甲角二十三度三十分，甲乙弧四十五度，求乙丙弧。用本形。

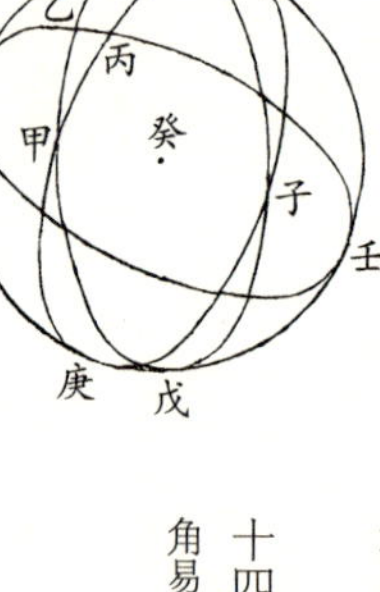

如圖，甲己子庚爲赤道，甲丁子戊爲黃道，兩道相交於甲、子。甲爲春分，子爲秋分，丁爲夏至，戊爲冬至，辛爲北極，壬爲南極，癸爲地心。己丁辛、庚戊壬爲二極二至交圈。丁至己庚至戊，爲黃赤大距。二十三度半。

今作辛乙丙壬過極經圈，與黃道交於乙，與赤道交於丙，成甲乙丙正弧三角形。甲爲黃赤交角，當丁己弧。二十三度半，亦即戊庚。丙爲直角，辛壬爲兩極，與赤道皆距九十度，故凡過極經圈與赤道所成之角，皆爲直角，相當弧皆九十度。推之天頂圈與地平圈相交，亦然。若於黃極作過極經圈，則黃道所交之角，亦爲直角，相當弧亦九十度。甲乙爲黃道度，甲丙爲赤道同升度，乙丙爲黃赤距度，乙角爲黃道交極圈角。

一率	半徑	一〇〇〇〇〇〇〇	對數一〇〇〇〇〇〇〇〇
二率	甲角正弦	〇三九八七四九一	〇九六〇〇六九九
三率	甲乙弧正弦	〇七〇七一〇六八	〇九八四九四八五
四率	乙丙弧正弦	〇二八一九五八二	〇九四五〇一八四

檢表，得十六度二十二分三十八秒，爲乙丙距緯弧度。

若求甲丙弧。

一率	半徑	一〇〇〇〇〇〇〇	對數一〇〇〇〇〇〇〇〇
二率	甲角餘弦	〇九一七〇六〇一	〇九九六二三九八
三率	甲乙弧正切	一〇〇〇〇〇〇〇	一〇〇〇〇〇〇〇〇
四率	甲丙弧正切	〇九一七〇六〇一	〇九九六二三九八

檢表，得四十二度三十一分二十二秒，爲甲丙赤道弧度。

若求乙角。用次形。

一率	甲乙弧餘弦	〇七〇七一〇六八	對數〇九八四九四八五
二率	甲角餘切	二二九九八四二五	一〇三六一六九八
三率	半徑	一〇〇〇〇〇〇〇	一〇〇〇〇〇〇〇〇
四率	乙角正切	三二五二四六八三	一〇五一二一三三

檢表，得七十二度五十四分三十四秒，爲黃道交極圈乙角度。

第二題　設如甲乙丙正弧三角形，有丙直角，有乙角七十二度五十四分三十四秒，甲乙弧四十五度，求甲丙弧。圖見前，下同。與第一題求乙丙弧法同。甲角易乙角，乙丙弧易甲丙弧。

若求乙丙弧。與第一題求甲丙弧法同。甲角易乙角，甲丙弧易乙丙弧。

若求甲角。與第一題求乙角法同。甲乙角互易。

第三題　設如甲乙丙正弧三角形，有丙直角，有甲角二十三度三十分，甲丙弧四十二度三十一分二十二秒，求乙丙弧。用本形。

一率　半徑　一〇〇〇〇〇〇〇　對數一〇〇〇〇〇〇〇
二率　甲角正切　〇四三四八一二四　〇九六三八三〇二
三率　甲丙弧正弦〇六七五八八二一　〇九八二九八七七
四率　乙丙弧正切〇二九三八八一九　〇九四六八一七九

檢表，得十六度二十二分三十八秒，爲乙丙距緯弧度。

若求甲乙弧。用本形。

一率　甲角餘弦　〇九一七〇六〇一　對數〇九九六二三九八
二率　半徑　一〇〇〇〇〇〇〇　一〇〇〇〇〇〇〇
三率　甲丙弧正切〇九一七〇六〇一　〇九九六二三九八
四率　甲乙弧正切一〇〇〇〇〇〇〇　一〇〇〇〇〇〇〇

檢表，得四十五度，爲甲乙黄道弧度。

若求乙角。用次形。

一率　半徑　一〇〇〇〇〇〇〇　對數一〇〇〇〇〇〇〇
二率　甲丙弧餘弦〇七三七〇〇九八　〇九八六七四六八
三率　甲角正弦　〇三九八七四九一　〇九六〇〇六九九
四率　乙角餘弦　〇二九三八八二〇　〇九四六八一六四

檢表，得七十二度五十四分三十四秒，爲黄道交極圈乙角度。

第四題　設如甲乙丙正弧三角形，有丙直角，有乙角七十二度五十四分三十四秒，乙丙弧十六度二十二分三十八秒，求甲丙弧。與第三題求乙丙弧法同。甲角易乙角，乙丙弧與甲丙弧互易。

若求甲乙弧。與第三題求甲乙弧法同。甲角易乙角，甲丙弧與乙丙弧互易。

若求甲角。與第三題求乙角法同。甲丙弧易乙丙弧，甲角與乙角互易。

第五題　設如甲乙丙正弧三角形，有丙直角，有甲角二十三度三十分，乙丙弧十六度二十二分三十八秒，求甲乙弧。用本形。

一率　甲角正弦　〇三九八七四九一　對數〇九六〇〇六九九
二率　半徑　一〇〇〇〇〇〇〇　一〇〇〇〇〇〇〇
三率　乙丙弧正弦〇二八一九五八二　〇九四五〇一八四
四率　甲乙弧正弦〇七〇七一〇六八　〇九八四九四八五

檢表，得四十五度，爲甲乙黄道弧度。

若求甲丙弧。用本形。

一率　甲角正切　〇四三四八一二四　對數〇九六三八三〇二
二率　半徑　一〇〇〇〇〇〇〇　一〇〇〇〇〇〇〇
三率　乙丙弧正切〇二九三八八一九　〇九四六八一七九
四率　甲丙弧正弦〇六七五八八二一　〇九八二九八七七

檢表，得四十二度三十一分二十二秒，爲甲丙赤道弧度。

若求乙角。用次形。

一率　乙丙弧餘弦〇九五九四二六七　對數〇九九八二〇二〇
二率　甲角餘弦　〇九一七〇六〇一　〇九九六二三九八
三率　半徑　一〇〇〇〇〇〇〇　一〇〇〇〇〇〇〇
四率　乙角正弦　〇九五五八四一七　〇九九八〇三七八

檢表，得七十二度五十四分三十四秒，爲黄道交極圈乙角度。

第六題　設如甲乙丙正弧三角形，有丙直角，有乙角七十二度五十四分三十四秒，甲丙弧四十二度三十一分二十二秒，求甲乙弧。與第五題求甲乙弧法同。甲角易乙角，乙丙弧易甲丙弧。

若求乙丙弧。與第五題求甲丙弧法同。甲角易乙角，甲丙弧與乙丙弧互易。

若求甲角。與第五題求乙角法同。乙丙弧易甲丙弧，甲角與乙角互易。

第七題　設如甲乙丙正弧三角形，有丙直角，有甲乙弧四十五度甲丙弧四十二度三十一分二十二秒，求甲角。用本形。

一率　甲乙弧正切一〇〇〇〇〇〇〇　對數一〇〇〇〇〇〇〇
二率　甲丙弧正切〇九一七〇六〇一　〇九九六二三九八
三率　半徑　一〇〇〇〇〇〇〇　一〇〇〇〇〇〇〇
四率　甲角餘弦　〇九一七〇六〇一　〇九九六二三九八

檢表，得二十三度三十分，爲黄赤相交之甲角度。

若求乙丙弧。用次形。

一率　甲丙弧餘弦〇七三七〇〇九八　對數〇九八六七四六五

二率	半徑	一〇〇〇〇〇〇〇	一〇〇〇〇〇〇〇
三率	甲乙弧餘弦	〇七〇七一〇六八	〇九八四九四八五
四率	乙丙弧餘弦	〇九五九四二六七	〇九九八二〇二〇

檢表，得十六度二十二分三十八秒，爲乙丙距緯弧度。

若求乙角。用本形。

一率	甲乙弧正弦	〇七〇七一〇六八	對數〇九八四九四八五
二率	甲丙弧正弦	〇六七五八八二一	〇九八二九八七七
三率	半徑	一〇〇〇〇〇〇〇	一〇〇〇〇〇〇〇
四率	乙角正弦	〇九五五八四一六	〇九九八〇三九二

檢表，得七十二度五十四分三十四秒，爲黄道交極圈乙角度。

第八題　設如甲乙丙正弧三角形，有丙直角，有甲乙弧四十五度，乙丙弧十六度二十二分三十八秒，求甲角。與第七題求乙角法同。甲丙弧易乙丙弧，乙角易甲角。

若求甲丙弧。與第七題求乙丙弧法同。甲丙弧與乙丙弧互易。

若求乙角。與第七題求甲角法同。甲丙弧易乙丙弧，甲角易乙角。

第九題　設如甲乙丙正弧三角形，有丙直角，有甲角二十三度三十分，乙角七十二度五十四分三十四秒，求甲乙弧。用次形。

一率	乙角正切	三二五二四六八三	對數一〇五一二二一三
二率	半徑	一〇〇〇〇〇〇〇	一〇〇〇〇〇〇〇
三率	甲角餘切	二二九九八四二五	一〇三六一六九八
四率	甲乙弧餘弦	〇七〇七一〇六八	〇九八四九四八五

檢表，得四十五度，爲甲乙黄道弧度。

若求甲丙弧。用次形。

一率	甲角正弦	〇三九八七四九一	對數〇九六〇〇六九九
二率	乙角餘弦	〇二九三八八二〇	〇九四六八一六四
三率	半徑	一〇〇〇〇〇〇〇	一〇〇〇〇〇〇〇
四率	甲丙弧餘弦	〇七三七〇〇九八	〇九八六七四六五

檢表，得四十二度三十一分二十二秒，爲甲丙赤道弧度。

若求乙丙弧。與本題求甲丙弧法同。甲角與乙角互易，甲丙弧易乙丙弧。

第十題　設如甲乙丙正弧三角形，有丙直角，有甲丙弧四十二度三十一分二十二秒，乙丙弧十六度二十二分三十八秒，求甲角。用本形。

一率	甲丙弧正弦	〇六七五八八二一	對數〇九八二九八七七
二率	乙丙弧正切	〇二九三八八一九	〇九四六八一七九
三率	半徑	一〇〇〇〇〇〇〇	一〇〇〇〇〇〇〇
四率	甲角正切	〇四三四八一〇九	〇九六三八三〇二

檢表，得二十三度三十分，爲黄赤交角度。

若求甲乙弧。用次形。

一率	半徑	一〇〇〇〇〇〇〇	對數一〇〇〇〇〇〇〇
二率	甲丙弧餘弦	〇七三七〇〇九八	〇九八六七四六五
三率	乙丙弧餘弦	〇九五九四二六七	〇九九八二〇二〇
四率	甲乙弧餘弦	〇七〇七一〇六八	〇九八四九四八五

檢表，得四十五度，爲甲乙黄道弧度。

若求乙角，與本題求甲角法同。甲丙弧與乙丙弧互易，甲角易乙角。

清·顧觀光《算賸餘稾》卷上　甲乙丙斜弧三角形，甲角一百二十度，乙角一百十度，丙角八十五度，求甲乙邊。依戴氏《句股割圜記》以矢綫代餘弦。

法以甲外角六十度與乙外角七十度相併，得一百三十度，爲總弧。相減，餘十度，爲存弧。總弧大矢一六四二七八七六。與存弧矢〇〇一五一九二三。相減，折半，得〇八一三七九七七。爲初數。丙外角九十五度大矢一〇八七一五五七。與存弧矢相減，得一〇七一九六三四。爲兩矢較。乃以初數爲一率，全數爲二率，兩矢較爲三率。求得四率，一三一七二三五七。爲大矢。檢表，得一百〇八度三十分，轉減半周，得七十一度三十分，爲甲乙邊。此甲、乙、丙皆用外角。

若以甲角一百二十度與乙角一百十度相併，得二百三十度，爲總弧。相減，餘十度，爲存弧。則諸數竝與前同。蓋二百三十度之大矢與一百三十度等也。此甲、乙用內角，丙用外角。

若以甲外角六十度與乙角一百十度相併，得一百七十度，爲總弧。相減，餘五十度，爲存弧。總弧大矢一九八四八〇七七。與存弧矢〇三五七二二二四。相減，折半，亦得〇八一三七九七七。爲初數。丙角八十五度矢〇九一二八四四三。與存弧矢相減，得〇五五五六三一九。爲兩矢較。乃以初數爲一率，全數爲二率，兩矢較爲三率。求得四率，〇六八二七六四二。爲矢。檢表，得七十一度三十分，即甲乙邊。此乙、丙用內角，甲用外角。

若以甲角一百二十度與乙外角七十度相併，得一百九十度，爲總弧。相減，餘五十度，爲存弧。則諸數竝與前同。蓋一百九十度之大矢與一百七十度等也。此甲、丙用內角，乙用外角。

依西法，求白道交周，當用正弧三角形。

一率　黄赤大距廿三度廿九分半正弦三九八六一五七

二率　全數一〇〇〇〇〇〇〇

三率　黄白大距四度五十八分半正切八七〇四九一

四率　兩正交距正切　二一八三七八五

檢表，得十二度十九分一三。

如《授時》法，當以半徑自乘之百萬億爲帶縱平方積，即黄白大距正弦與餘割相乘之數。

黄白大距正弦，餘割差一一四四四四九七九，爲從方，即長濶較正弦〇〇八六七二二一。即股弦差。餘割一一五三二二一九〇。即股弦和。兩數相併，得一一六一七九四〇一。即《授時》之大圓徑矣。

黄赤大距餘割自之，得六平方二九三四八五五，爲從隅。

本法以大距正弦除大距餘弦，得數自之，即餘切冪也。再加一平方，爲從隅，即如於餘切冪中加半徑冪矣。

開得長方之濶八三五四〇三，爲小句，乃以四率求之。

一率　大句即黄赤大距正弦。三九八六一五七

二率　小句八三五四〇三

三率　全數一〇〇〇〇〇〇〇

四率　兩正交距正弦二〇九五七六〇

檢表，得十二度五分八五，比前算少十三分二八。

更以平三角法攷之。大圓半徑五八〇八九七〇一。爲對所知之邊，即爲一率。大圓半徑內減黄白大距正弦，餘五七二二二四九〇。爲對所求之邊，即爲二率。黄赤大距廿三度廿九分半，加一象限，得百十三度廿九分半，爲所知角，其外角六十六度三十分，半之，正弦〇九一七一一八一。爲三率。求得四率，〇九〇三四二六六。爲正弦數。檢表，得六十四度三十六分七三，與所知角相併，轉減半周，餘一度五十三分七七。復以所知角爲對所知之角，正弦〇九一七一一八一。爲一率。減餘度爲對所求之角，正弦〇〇三三〇八三。爲二率。大圓半徑五八〇八九七〇一。爲三率。求得四率。〇二〇九五七九三。檢正弦表，得十二度五分八六，與《授時》法合。

依西法，求里差刻漏，當用正弧三角形。

一率　全數一〇〇〇〇〇〇〇

二率　極高三十九度五十五分正切八三六六二四二

三率　大距廿三度廿九分半正切四三四六三九五

四率　赤道正弦三六三六二九九

檢表，得廿一度十九分三九七四。以三百六十度除之，得五刻九十二分，爲二至日出入距卯酉正前後刻分，與《授時》合。

如《授時》法，當以極高正弦六四一六七二八爲大三斜中股，以大距正弦三九八六一五七乘之，爲實，全數爲法除之，得二五五七八〇九，爲小三斜中股。夏至日高七十三度三十四分半正弦九五九一九〇七，內減小三斜中股，餘七〇三四〇九八，爲大股。置大距餘弦九一七一一八〇，以小三斜中股乘之爲實，大股爲法除之，得三三三四九一六，爲出入差正弦。檢表，得十九度廿八分八五，爲二至出入差。倍大距餘弦，得一八三四二三六，以半周一百八十度乘之，加太陽每日平行百分度之九十八分五六四七，得三百三十一度一四八一，爲日行百刻度。

置出入差十九度四八〇八，以日行百刻度除之，得五刻八十八分，比前算少四分。

如求冬至後四十四度晝夜刻，當先求距緯度。

一率　全數一〇〇〇〇〇〇〇

二率　大距正弦三九八六一五七

三率　距春分四十六度正弦七一九三三九八
四率　距緯正弦二八六七四〇一
檢表，得十六度三十九分七四六八，爲距緯度。
一率　全數一〇〇〇〇〇〇〇
二率　極高正切八三六六二四二
三率　距緯正切二九九三〇〇〇
四率　赤道正弦二五〇四〇一六
檢表，得十四度三十〇分〇七六七，以三百六十度除之，得四刻〇二八一，爲日出入距卯酉正前後刻分。

如《授時》當置二至出入差十九度四八〇八，以距分正弦乘之爲實，全數爲法除之，得十四度〇一三三，爲所求出入差。置距緯餘弦九五八〇一〇六，以三百六十度乘之，加太陽每日平行九八五六四七，得三百四十五度八六九四六，爲日行百刻度。置出入差，以日行百刻度除之，得四刻〇五分一六，比前算多二分三五。

論曰：《授時》術中以弦矢求弧背，凡有四條，其黄赤道差、黄赤道内外度二條，爲西人弧三角法所從出，宣城梅氏攷之詳矣。此二條與西法微異，故置而不論。然其理甚微，非熟于法者，未易辨其疎密也。今竝列其法，以俟知者。

求黄道高弧交角簡法丁亥。

求黄道高弧交角，西人新舊三法，一從子午圈立算，一從地平黄道立算，一從赤道經圈立算。取徑迂迴，均非算家上乘。今以天頂與黄赤二極聯爲斜弧三角形，黄極距北極與北極距天頂其度終古不易。而黄極環繞赤極晝夜一周而過一度，則其距天頂之遠近時時不同。因以本時正午赤道度，取赤極交角，求得對角之弧，爲黄極距天頂，即黄平象限距地平之高。求得赤極距天頂弧之對角爲黄極交角，即黄平象限宫度。反覆推求，毫無凝滯，謹存此稾，以質方來。

一求正午赤道。各限距午時刻變赤道度，以加減太陽赤道經度，午前減，午後加。爲正午赤道距冬至後度分。過半周者，減半周，用其餘爲距夏至後。

二求限距地高。本省北極距天頂爲一邊，黄赤極相距爲一邊，正午赤道爲兩邊所夾之角。正午赤道距冬至後爲所夾之内角，距夏至後爲所夾之外角。依法求得對角之弧，即限距地高度。

三求黄平象限。限距地高爲一邊，黄赤極相距爲一邊，北極距天頂爲一邊。依法求得北極距天頂邊之對角，與半周相加減，正午赤道距冬至後者，與半周相減。距夏至後者，與半周相加。即黄平象限宫度。《秝書》名九十度限。

四求月距限。食甚用時，即以太陽黄道經度與黄平象限相減，爲月距限度。食甚近時，置太陽黄道經度加減用時東西差。食甚真時，置太陽黄道經度加減近時東西差。初虧復圓，置太陽黄道經度加減虧復距弧。初虧減，復圓加。又加減真時東西差，竝與九十度限相減，爲月距限度。竝以太陽黄道經度大於九十度限爲限東，小於九十度限爲限西。

五求太陰高弧。全數與限距地高之正弦，若月距限之餘弦與高弧正弦。

六求黄道高弧交角。全數與限距地高之正切，若月距限之正弦與交角餘切。

正午赤道一百六十三度四十八分廿三秒。

京師北極距天頂五十度〇五分。

舊測黄赤大距二十三度廿九分三十秒。

法以北極距天頂與黄赤大距相併，爲總弧七十三度三十四分半。相減，爲存弧廿六度三十五分半，總弧矢〇七一七二四〇〇。與存弧矢〇一〇五七八〇七。相減折半，餘〇三〇五七二九七。爲初數。乃以全數爲一率，初數爲二率，正午赤道大矢一九六〇三三四八。爲三率。求得四率，〇五九九三三九五。爲兩矢較加存弧矢得對弧矢。〇七〇五一一〇二。檢表，得七十二度五十分〇五十七秒，即限距地高度。

次以限距地高與黄赤大距相併，爲總弧九十六度二十分〇廿七秒，相減爲存弧四十九度廿一分廿七秒，總弧大矢一一一〇四四二七。與存弧矢〇三四八六六二八。相減折半，餘〇三八〇八九〇〇。爲初數。

又以北極距天頂爲對弧，取其矢〇三五八三三七二。與存弧矢相減，得兩矢較。〇〇〇九六六四四。乃以初數爲一率，全數爲二率，兩矢較爲三率。求得四率，〇〇二五三七三二。爲黄道矢。檢表，轉減半周，得一百六十七度〇三分五十六秒，即黄平象限宫度内，減太陽黄道實行一百〇五度，餘六十二度〇三分五十六秒，即月距限西之度也。

又以全數爲一率，限距地高正弦〇九五五三一七。爲二率，月距限餘弦〇四六八四六〇九。爲三率。求得四率，〇四四七六二九二。爲高弧正弦。檢表，得太陰高弧廿六度三十五分三十秒。

又以全數爲一率，限距地高正切三二四〇三一八九。爲二率，月距限正弦〇八八三四八四一。爲三率。求得四率，二八六二七七〇二。爲交角餘切。檢表，得黄道高弧交角十九度十五分十八秒。

求白道高弧交角算例己丑。

日食三差必用白平象限，新舊二法皆以黄白大距，加減黄道高弧交角，爲白道高弧交角。入算雖簡而得數未真。《秝書》已明言之，蓋取其便於用而已。梅氏交會管見，用斜弧三角形求白道九十度限。用意甚佳，惜有圖説而無算例，且其圖説止於求限距地高，餘皆引而不發。學者雖欲推明真數，苦無成法可師。今本其意而引伸之，先究法原，次詳算例，使黄赤白三綫相求之法全備無遺。百世以下有聖人出焉，當在所兼收而亟取也。

先以黄白大距爲一邊，黄赤大距爲一邊，正交距二分度，即半交距二至度。爲兩邊所夾之角。正交在春分前後爲所夾之外角，在秋分前後爲所夾之内角。〇此依西法，以白道自南而北過黄道之點，爲正交與古法異。求得對角之弧爲赤白大距度。又求得黄白大距弧之對角爲赤極交角。正交在春分後半周者，角在極至圈東。在秋分後半周者，角在極至圈西。又求得黄赤大距弧之對角爲白極交角。

次以赤白大距爲一邊，北極距天頂爲一邊，以本時正午赤道度取赤極交角。正午赤道在冬至後者，角在子午綫西。在夏至後者，角在子午綫東。與先所得之赤極交角相加減，東西同加異減。爲兩邊所夾之角。求得對角之弧爲白極距天頂。即白平象限距地平之高。又求得北極距天頂弧之對角，爲白極交角。與先所得之白極交角相加減，加減與赤極交角相反。即白平象限距半交度，與月距半交度相減，月距半交度以白道交周交前減九十度，交後加九十度得之。餘爲月距限度，竝以月距半交，大於限距半交爲限東，小於限距半交爲限西。

既得限距地與月距限，乃用比例四率求大陰高弧及白道高弧交角。竝與前同。

設太陽在春分後十五度，食甚用時爲申正初刻，實朔交周過正交後六度。黄道度。食甚交周過正交後五度五十八分三十九秒。白道度。求白平象限諸數。

正午赤道一百六十三度四十八分廿三秒。在子午綫西。

京師北極距天頂五十度〇五分

舊測黄赤大距二十三度二十九分半，朔望黄白大距四度五十八分半。

法以黄白大距與黄赤大距相併爲總弧廿八度廿八分，相減爲存弧十八度三十一分，總弧矢〇一二〇九〇五四。與存弧矢〇〇五一七六八七。相減折半，餘〇〇三四五六八四。爲初數。乃以全數爲一率，初數爲二率，正交距春分九度爲兩邊所夾之外角其内角一百七十一度大矢一九八七六八三。爲三率。求得四率，〇〇六八七一二二。爲兩矢較，加存弧矢得對弧矢。〇一二〇四七九九。檢表，得廿八度廿四分五十六秒，即赤白大距度。

乃以赤白大距爲對所知之邊正弦〇四七五八六三〇。爲一率，黄白大距爲對所求之邊正弦〇〇八六七二一一。爲二率，正交距春分九度爲所知角正弦〇一五六四三四五。爲三率。外角正弦與内角同。求得四率，〇〇二八五〇八六。爲交角正弦。檢表，得一度三十八分〇一秒，即赤極交角。在極至圈東。

又以赤白大距爲對所知之邊正弦〇四七五八六三〇。爲一率，黄赤大距爲對所求之邊正弦〇三九八六一五七。爲二率，正交距春分九度爲所知角正弦〇一六六四三四五。爲三率。求得四率，〇一三一〇四〇三。爲交角正弦。檢表，得七度三十一分四十七秒，即白極交角。

約法

正交在春分前後者，皆以正交距春分度轉減半周，餘爲兩邊所夾之角。其角必鈍，白極交角必鋭，皆以正弦檢表所得之度，即爲角度。

正交在秋分前後者，即以正交距秋分度爲兩邊所夾之角。其角必鋭，白極交角必鈍，當以正弦檢表所得之度轉減半周，餘爲角度。

正交距春秋分適九十度，則成正弧三角形。法爲全數與黄赤大距之餘弦，若黄白大距之餘弦與赤白大距之餘弦也。又爲全數與黄赤大距之正弦，若黄白大距之餘切與赤極交角之餘切也。又爲全數與黄白大距之正弦，若黄赤大距之餘切與白極交角之餘切也。皆用一比例即可得之。

正交適當春秋分，則黄赤白三極聯爲一綫，無諸交角。在春分者，以黄白大距加黄赤大距，得廿八度廿八分爲赤白大距度。在秋分者，以黄白大距減黄赤大距，得十八度三十一分爲赤白大距度。

次以北極距天頂與赤白大距相併爲總弧七十八度廿九分五十六秒，相減爲存弧廿一度四十分〇四秒，總弧矢〇八〇〇六一九八。與存弧矢〇〇七〇六五九七。相減折半，得〇三六四九八〇一。爲初數。乃以全數爲一率，初數爲二率，正午赤道距冬至一百六十三度四十八分廿三秒與先所得之赤極交角相減餘一百六十二度十分〇廿二秒爲兩邊所夾之角大矢一九五一九八四〇。爲三率。求得四率，〇七一二四三五三。爲兩矢較加存弧矢得對弧矢。〇七八三〇八五〇。檢表，得七十七度廿八分二十秒，爲白極距天頂，即白平象限距地平之高。

乃以白極距天頂爲對所知之邊正弦〇九七六一九一〇。爲一率，北極距天頂爲對所求之邊正弦〇七六六九六八五。爲二率，所知角一百六十二度十分〇廿二秒其外角十七度四十九分三十八秒正弦〇三〇六一四七七。爲三率。求得四率，〇二四〇五三五六。爲交角正弦。檢表，得十三度五十五分〇五秒與先所得之白極交角相併，轉減半周，得一百五十八度三十三分〇八秒，即白平象限距半交度內減月距半交九十五度五十八分三十九秒。餘六十二度三十四分廿九秒，即月距限西之度也。

又　**卷下**　設本弧三十度以各對數求之。

正弦對數九六九八九七〇〇〇四三，以減半徑對數餘數，倍之，得六〇二〇五九九九一四爲乘法。

置十九乘差，以乘法乘之得六，以加十七乘差。正負同號故相加。後凡言加者竝同。又以乘法乘之，得四五二，以減十五乘差。正負異號故相減。後凡言減者竝同。又以乘法乘之，得八〇〇七，以加十三乘差。又以乘法乘之，得五二七三九二，以減十一乘差。又以乘法乘之，得一四五三五四三八，以加九乘差。又以乘法乘之，得一一〇二八〇八六五七，以減七乘差。又以乘法乘之，得一五四〇七六一五八〇七，以加五乘差。又以乘法乘之，得二七七三七一八四九二六一四，以減三乘差。又以乘法乘之，得一五七九四九一七一二九三三六四，以減平差。又以乘法乘之，得三五九九九，爲弧度冪。開平方得六十度，以減象限得本弧。

餘割對數一〇三〇一〇二九九九五七，內減半徑對數，餘數倍之，亦得六〇二〇五九九九一四爲乘法。與前算同。

餘弦對數九九三七五三〇六三一七，以減半徑對數，餘數倍之，得一二四九三八七三六六爲乘法。

置十九乘差，以乘法乘之，得一，以加十七乘差。又以乘法乘之，得八七，以減十五乘差。又以乘法乘之，得二一一八，以加十三乘差。又以乘法乘之，得一〇二〇八六，以減十一乘差。又以乘法乘之，得三五四七七四八，以加九乘差。又以乘法乘之，得二二五一二五五九二，以減七乘差。又以乘法乘之，得四三〇六三六六九一七，以加五乘差。又以乘法乘之，得五六一七二八八三三二二二，以減三乘差。又以乘法乘之，得三五五四一〇四六四六一四四九，以減平差。又以乘法乘之，得八九九九九九九九，爲弧度冪，開平方得三十度，即本弧。

正割對數一〇〇六二四六九三六八三，內減半徑對數，餘數倍之，亦得一二四九三八七三六六爲乘法。與前算同。

正矢對數九一二七〇二二四五六七，以減圓徑對數一〇三〇一〇二九九九五七，即半徑加二之對數。餘一一七四〇〇七五三九〇爲乘法。

置十九乘差以乘法乘之，得一二，以加十七乘差。又以乘法乘之，得九五一，以減十五乘差。又以乘法乘之，得九七五六，以加十三乘差。又以乘法乘之，得一〇四八九四一，以減十一乘差。又以乘法乘之，得二二三二〇八五二，以加九乘差。又以乘法乘之，得二二四〇六八六九二一，以減七乘差。又以乘法乘之，得一六六八五二四七五三一，以加五乘差。又以乘法乘之，得五四二三七〇七〇四三三六一，以減三乘差。又以乘法乘之，得二七六八八七三四〇九七九九四，以減平差。又以乘法乘之，得五六二三五八爲弧度冪，開平方得七十五度，倍之，以減半周得本弧。

大矢對數一〇二七〇九一七五五一九，以減圓徑對數餘三〇一一二四四三八爲乘法。

置十七乘差以乘法乘十九乘差不足一數棄之。以乘法乘之，得二一，以減十五乘差。又以乘法乘之，得五三〇，以加十三乘差。又以乘法乘之，得二四一二六，以減十一乘差。又以乘法乘之，得八七八五四五，以加九乘差。又以乘法乘之，得五一〇四五三〇八，以減七乘差。又以乘法乘之，得一〇八七三一九一二五，以加五乘差。又以乘法乘之，得一三四四一七二四三三四九，以減三乘差。又以乘法乘之，得八六九四六九四三四三九二四，以減平差。又以乘法乘之，得二二五爲弧度冪，開平方得十五度，倍之即本弧。

正切對數九七六一四三九三七二六，以減半徑之一餘〇〇二三八五六〇六二七四。乃以單一爲第一數。以正數根二〇五六七一七七六乘減餘數得四九〇六五一八七九爲第一乘法，即爲第二數。次以第一乘法加正數根得六九六三二三六五五爲第二乘法，以乘第二數取二之一，得一七〇八二六二五五爲第三數。又以第二乘法加正數根得九〇一九九五四三一爲第三乘法，以乘第三數取三之一，得五一三六一五〇〇爲第四數。又以第三乘法加正數根得一一〇七六六七二〇七爲第四乘法，以乘第四數取四之一，得一四二二八六二爲第五數。

又以第四乘法加正數根得一三一三三三八九八三爲第五乘法，以乘第五數取五之一，得三七三五八八八爲第六數。又以第五乘法加正數根得一五一九〇一〇七五九爲第六乘法，以乘第六數取六之一，得九四五八〇九爲第七數。又以第六乘法加正數根得一七二四六八二五三五爲第七乘法，以乘第七數取七之一，得二三三〇一三〇爲第八數。又以第七乘法加正數根得一九三〇三五四三一一爲第八乘法，以乘第八數取八之一，得五六二二九爲第九數。又以第八乘法加正數根得二一三六〇二六〇八七爲第九乘法，以乘第九數取九之一，得一三三四五爲第十數。又以第九乘法加正數根得二三四一六九七八六三爲第十乘法，以乘第十數取十之一，得三一二五爲第十一數。又以第十乘法加正數根得二五四七三六九六三九爲第十一乘法，以乘第十一數取十一之一，得七二四爲第十二數。又以第十一乘法加正數根得二七五三〇四一四一五爲第十二乘法，以乘第十二數取十二之一，得一六六爲第十三數。又以第十二乘法加正數根得二九五八七一三一九一爲第十三乘法，以乘第十三數取十三之一，得三八爲第十四數。又以第十三乘法加正數根得三一六四三八四九六七爲第十四乘法，以乘第十四數取十四之一，得〇八爲第十五數。併諸數得一七三二〇五〇八五八，自之得三〇〇〇〇〇〇〇，即屢除數也。

乃置半徑五十七度二九五七七九五一三一，以併數除之，得三十三度〇七九七三三爲第一數。正。以屢除數除第一數取三之一，得三度六七五五二六爲第二數。負。以屢除數除第二數取五之三，得七三五一〇五爲第三數。正。以屢除數除第三數取七之五，得一七五〇二五爲第四數。負。以屢除數除第四數取九之七，得四五三七七爲第五數。正。以屢除數除第五數取十一之九，得一二三七五爲第六數。負。以屢除數除第六數取十三之十一，得三四九〇爲第七數。正。以屢除數除第七數取十五之十三，得一〇〇八爲第八數。負。以屢除數除第八數取十七之十五，得二九六爲第九數。正。以屢除數除第九數取十九之十七，得八八爲第十數。負。以屢除數除第十數取二十一之十九，得二六爲第十一數。正。以屢除數除第十一數取二十三之二十一，得八爲第十二數。負。以屢除數除第十二數取二十五之二十三，得二爲第十三數。正。併諸正數又併諸負數減之，得二十九度九九九九九九即本弧。若正切對數大於半徑則所得爲餘弧。

餘切對數一〇二三八五六〇六二七四，內減半徑之一亦得〇〇二三八五六〇六二七四。與前算同。

八綫對數求弧度術，惟切綫不能以諸乘差算，故別立法以通之。

清・劉澤楨《中西數學通解・附弧三角》卷下　弧三角舉隅

正弧三角形

設如甲乙丙正弧三角形，有丙直角，有甲角二十三度三十分，甲乙弧四十五度，求乙丙弧。

答曰：乙丙弧十六度二十二分三十八秒。

如圖，甲己子庚爲赤道，甲丁子戊爲黃道，兩道相交於甲、子。甲爲春分，子爲秋分，丁爲夏至，戊爲冬至，辛爲北極，壬爲南極，癸爲地心。己丁辛庚戊壬爲二極二至交圈，丁至己、庚至戊，爲黃赤大距。二十三度半。今作辛乙丙壬過極經圈，與黃道交於乙，與赤道交於丙，成甲乙丙正弧三角形。甲爲黃赤交角，當丁己弧。二十三度半，亦即戊庚。丙爲直角。辛壬爲兩極，與赤道皆距九十度。故凡過極經圈，與赤道所成之角，皆爲直角相當弧九十度。若黃極作過極經圈，則黃道所交之角，亦爲直角相當弧九十度。推之天頂圈與地平圈相交，亦然。甲乙爲黃道度，甲丙爲赤道同升度，乙丙爲黃赤距度，乙角爲黃道交極圈角。

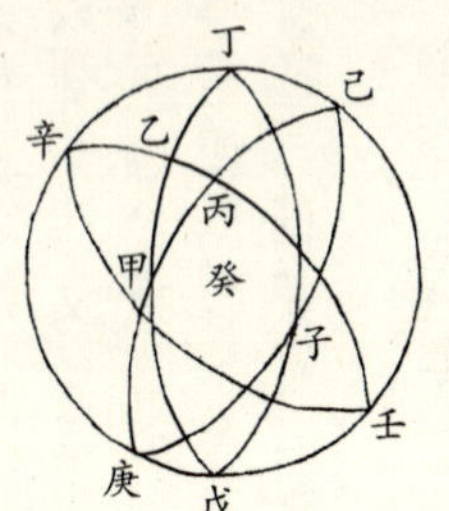

一率	半徑一〇〇〇〇〇〇〇	對數一〇〇〇〇〇〇〇
二率	甲角正弦〇三九八七四九一	〇九六〇〇六九九
三率	甲乙弧正弦〇七〇七一〇六八	〇九八四九四八五
四率	乙丙弧正弦〇二八一九五八二	〇九四五〇一八四

檢表，得十六度二十二分三十八秒，爲乙丙距緯弧度。

案：此題爲知對正角之弧甲，與叱角，求乙邊。宜用訥氏公式第一題之子式 正弦乙 = 正弦甲正弦叱 即以真數代之，得 正弦乙 = 〇三九八七四九一×〇七〇七一〇六八 即 正弦乙 = 〇二八一九五八二 檢表，得 乙 = 一六°二二′三八″ 若用對數以馭之，則子式變爲 對正弦乙 = 對正弦甲 + 對正弦叱 以數代之，得 對正弦乙 = 〇九六〇〇六九九 + 〇九八四九四八五 即 對正弦乙 = 〇九四五〇一八四檢表數同。若欲求丙邊，則用丑式。求㫄角，則用寅式。後仿此。

解曰：如將訥氏式 正弦乙＝正弦甲正弦叱 變作比例，則爲

半徑∶正弦叱∷正弦甲∶正弦乙 二三率相乘，一率除之，則得四率。其式爲

$正弦乙=\frac{正弦甲正弦叱}{半徑}$ 而半徑數爲一，所除之數不變，故仍可作 正弦乙＝正弦甲正弦叱 此可見訥氏法非比例，而仍不外比例之理。若用對數，亦依然一比例，説已詳前，茲不贅。

設如甲乙丙正弧三角形，有丙直角，有乙角七十二度五十四分三十四秒，乙丙弧十六度二十二分三十八秒，求甲丙弧。圖見前，下同。

答曰：甲丙弧四十二度三十一分二十二秒。

一率　半徑一〇〇〇〇〇〇〇　　對數一〇〇〇〇〇〇〇〇

二率　乙角正切三二五二四六八三　　一〇五一二一二一三

三率　乙丙弧正弦〇二八一九五八二　　〇九四五〇一八四

四率　甲丙弧正切〇九一七〇六〇二　　〇九九六二三九七

檢表，得四十二度三十一分二十二秒，爲甲丙赤道弧度。

案：此題爲知正角旁之一弧乙並其倚角㫄，求丙邊。宜用訥氏法三題丑式

正弦乙＝正切丙餘切㫄 移爲 $正切丙=\frac{正弦乙}{餘切㫄}$ (甲) 以真數代之，得 $正弦乙=\frac{正弦甲正弦叱}{半徑}$ 即 正切丙＝〇九一七〇六〇一 檢表，得

丙＝四二°三一′二二″ 用對數，變甲式爲 對正切丙＝對正弦乙－對餘切㫄 即

對正切丙＝〇九四五〇一八四－〇九四八〇七八七 即 對正切丙＝〇九九六二三九七

檢表數同。

解曰：如將訥氏法式 $正切丙=\frac{正弦乙}{餘切㫄}$ 變作比例，則爲 餘切㫄∶

半徑∷正弦乙∶正切丙 二三率相乘，一率除之，得 $正切丙=\frac{半徑\times正弦乙}{餘切㫄}$ 前題訥氏法用

而半徑數爲一，所乘之數不變，故仍可作 $正切丙=\frac{正弦乙}{餘切㫄}$

對數，因其比例以半徑爲一率，二三率相加，宜以一率半徑減之，所以必減去一也。此題訥氏法用對數，因其比例以半徑爲二率，宜以二三率相加，一率減之，所以必加一也。後仿此。

設如甲乙丙正弧三角形，有丙直角，有甲角二十三度三十分，乙丙弧十六度二十二分三十八秒，求甲乙弧。

答曰：甲乙弧四十五度。

一率　甲角正弦〇三九八七四九一　　對數〇九六〇〇六九九

二率　半徑一〇〇〇〇〇〇〇　　一〇〇〇〇〇〇〇〇

三率　乙丙弧正弦〇二八一九五八二　　〇九四五〇一八四

四率　甲乙弧正弦〇七〇七一〇六八　　〇九八四九四八五

檢表，得四十五度，爲甲乙黄道弧度。

案：此題爲知正角旁之一弧乙，並其對角叱，求甲邊。宜用訥氏四題子式

正弦乙＝正弦叱正弦甲 移爲 $正弦甲=\frac{正弦乙}{正弦叱}$ 以數代入，得

$正弦甲=\frac{〇二八一九五八二}{〇三九八七四九一}$ 即 正弦甲＝〇七〇七一〇六八 檢表得 甲＝四五°

若用對數，則 對正弦甲＝〇九四五〇一八四－〇九六〇〇六九九 即 對正弦甲＝〇九八四九四八五 檢表數同。

設如甲乙丙正弧三角形，有丙直角，有甲乙弧四十五度，甲丙弧四十二度三十一分二十二秒，求甲角。

答曰：甲角二十三度三十分。

一率　甲乙弧正切一〇〇〇〇〇〇〇　　對數一〇〇〇〇〇〇〇〇

二率　甲丙弧正切〇九一七〇六〇一　　〇九九六二三九八

三率　半徑一〇〇〇〇〇〇〇　　一〇〇〇〇〇〇〇〇

四率　甲角餘弦〇九一七〇六〇一　　〇九九六二三九八

檢表，得二十三度三十分，爲黄赤相交之甲角度。

案：此題爲知對正角之弧甲及又一弧丙，求叱角。宜用訥氏二題子式 餘弦甲＝餘弦乙餘弦丙 移爲 $餘弦乙=\frac{餘弦甲}{餘弦丙}$

以真數代之，得 $餘弦乙=\frac{〇七〇七一〇六八}{〇七三七〇〇九八}$ 即 餘弦乙＝

〇九九九四二六七　檢表得　乙＝一六°二二′三八″　乃用丑式　正弦乙＝正弦甲正弦叱　移爲　正弦叱＝$\frac{正弦乙}{正弦甲}$　即　正弦叱＝$\frac{〇二八一九五八二}{〇七〇七一〇六八}$　即

正弦叱＝〇三九八七四九一　檢表得　叱＝二三°三〇′　用對數，則

對餘弦乙＝〇九八四九四八五上下〇九八六七四六八　即　對餘弦乙＝〇九九八二〇一七

檢表數同。用丑式，則　對正弦叱＝〇九四五〇一八四上下〇九八四九四八五　即

對正弦叱＝〇九六〇〇六九九　檢表數同。

設如甲乙丙正弧三角形，有丙直角，有甲角二十三度三十分，乙角七十二度五十四分三十四秒，求甲乙弧。

答曰：甲乙弧四十五度。

一率　乙角正切三二五二四六八三　對數一〇五一二一二一三

二率　半徑一〇〇〇〇〇〇〇　一〇〇〇〇〇〇〇〇〇

三率　甲角餘切二二九九八四二五　一〇三六一六九八

四率　甲乙弧餘弦〇七〇七一〇六八　〇九八四九四八五

檢表，得四十五度，爲甲乙黄道弧度。

案：此題爲知兩個斜角叱呐，求對正角之甲弧。宜用訥氏六題子式

餘弦甲＝餘切叱餘切呐　即　餘弦甲＝二二九九八四二五×〇三〇七四五八八

即　餘弦甲＝〇七〇七一〇六八　檢表數同。用對數，則　對餘弦甲＝

一〇三六一六九八上〇九四八七七八七下一　即　對餘弦甲＝〇九八四九四八五　檢表數同。

設如甲乙丙正弧三角形，有丙直角，有甲丙弧四十二度三十一分二十二秒，乙丙弧十六度二十二分三十八秒，求甲角。

答曰：甲角二十三度三十分。

一率　甲丙弧正弦〇六七五八八二一　對數〇九八二九八七七

二率　乙丙弧正切〇二九三八八一九　〇九四六八一七九

三率　半徑一〇〇〇〇〇〇〇　一〇〇〇〇〇〇〇〇〇

四率　甲角正切〇四三四八一〇九　〇九六三八三〇二

檢表，得二十三度三十分，爲黄赤交角度。

案：此題爲知正角旁之兩弧乙與丙，求叱角，宜用訥氏五題丑式

正弦丙＝餘切叱正切乙　移爲　餘切叱＝$\frac{正弦丙}{正切乙}$　即

餘切叱＝$\frac{〇六七五八八二一}{〇二九三八八一九}$　即　餘切叱＝二二九九八四二五　對數

對餘切叱＝〇九八二九八七七上下〇九四六八一七九　即　對餘切叱＝一〇三六一六九八

檢表數同。

解曰：《舉隅》正弧三角共十題，三十算式。而茲特取其六，訥氏正弧三角六公式，每一公式又有子丑寅三式，茲於每公式内只取一式者，蓋欲初學因此以悟彼也。如欲求他數，用他式，則皆仿此類推。

正弧三角形比例表分部

圖表

一率	半徑	半徑	甲乙弧餘弦	半徑	乙丙甲丙弧餘弦	甲乙弧正切	甲丙乙丙弧餘弦	甲乙弧正弦
二率	甲乙角正弦	甲乙角餘弦	甲乙角餘切	甲乙角正切	甲乙角餘弦	甲丙乙丙弧正切	半徑	甲丙乙丙弧正弦
三率	甲乙弧正弦	甲乙弧正切	半徑	甲丙乙丙弧正弦	半徑	半徑	甲乙弧餘弦	半徑
四率	乙丙甲丙弧正弦	甲丙乙丙弧正切	甲乙角正切	乙丙甲丙弧正切	乙甲角正弦	甲乙角餘弦	乙丙甲丙弧餘弦	乙甲角正弦

清・江臨泰《弧三角舉隅》

正弧三角形四率比例表

一率	二率	三率	四率
甲乙角餘弦	半徑	甲丙乙丙弧正切	甲乙弧正切
半徑	甲丙乙丙弧餘弦	甲乙角正弦	乙甲角餘弦
甲乙角正弦	半徑	乙丙甲丙弧正弦	甲乙弧正弦
甲乙角正切	半徑	乙丙甲丙弧正切	甲丙乙丙弧正弦
一率	二率	三率	四率
乙角正切	半徑	甲角餘切	甲乙弧餘弦
甲乙角正弦	乙甲角餘弦	半徑	甲丙乙丙弧餘弦
甲丙乙丙弧正弦	乙丙甲丙弧正切	半徑	甲乙角正切
半徑	甲丙弧餘弦	乙丙弧餘弦	甲乙弧餘弦

清・吳嘉善《弧三角術》

正弧比例表以直角命爲丙，以餘二角命爲甲、爲乙。

		乙角餘切	甲角正切	○	乙丙正切		
	甲丙正切	○	甲角餘弦	○	○	○	
乙丙正弦	○	○	甲角正弦	乙角餘弦	○	○	
甲乙正弦	甲乙正切	甲乙餘弦	半徑	甲丙餘弦	甲丙正弦	乙丙正弦	乙丙餘弦
甲丙正弦	○	○	乙角正弦	○	○	○	甲角餘弦
	乙丙正切	○	乙角餘弦	○	○	○	
		甲角餘切	乙角正切	○	○	甲丙正切	
			乙丙餘弦	甲乙餘弦